Manual de
DIREITO CIVIL

DANIEL CARNACCHIONI

Manual de
DIREITO
CIVIL

7ª edição
2025

- O autor deste livro e a editora empenharam seus melhores esforços para assegurar que as informações e os procedimentos apresentados no texto estejam em acordo com os padrões aceitos à época da publicação, *e todos os dados foram atualizados pelo autor até a data de fechamento do livro.* Entretanto, tendo em conta a evolução das ciências, as atualizações legislativas, as mudanças regulamentares governamentais e o constante fluxo de novas informações sobre os temas que constam do livro, recomendamos enfaticamente que os leitores consultem sempre outras fontes fidedignas, de modo a se certificarem de que as informações contidas no texto estão corretas e de que não houve alterações nas recomendações ou na legislação regulamentadora.

- Data do fechamento do livro: 09/01/2025

- O autor e a editora se empenharam para citar adequadamente e dar o devido crédito a todos os detentores de direitos autorais de qualquer material utilizado neste livro, dispondo-se a possíveis acertos posteriores caso, inadvertida e involuntariamente, a identificação de algum deles tenha sido omitida.

- Direitos exclusivos para a língua portuguesa
  Copyright ©2025 by
  Saraiva Jur, um selo da SRV Editora Ltda.
  Uma editora integrante do GEN | Grupo Editorial Nacional
  Travessa do Ouvidor, 11
  Rio de Janeiro – RJ – 20040-040

- **Atendimento ao cliente: https://www.editoradodireito.com.br/contato**

- Reservados todos os direitos. É proibida a duplicação ou reprodução deste volume, no todo ou em parte, em quaisquer formas ou por quaisquer meios (eletrônico, mecânico, gravação, fotocópia, distribuição pela Internet ou outros), sem permissão, por escrito, da **SRV Editora Ltda.**

- Capa: Tiago Dela Rosa
  Diagramação: Rafael Cancio Padovan

- **DADOS INTERNACIONAIS DE CATALOGAÇÃO NA PUBLICAÇÃO (CIP)
  VAGNER RODOLFO DA SILVA – CRB-8/9410**

C288r   Carnacchioni, Daniel
Manual de Direito Civil / Daniel Carnacchioni. – 7. ed. – São Paulo : Saraiva Jur, 2025.

1528 p.
ISBN 978-85-5362-438-6 (Impresso)

1. Direito. 2. Direito Civil. I. Título.

	CDD 347
2024-4524	CDU 347

Índices para catálogo sistemático:
1. Direito Civil   347
2. Direito Civil   347

À minha filha Clara Carnacchioni, responsável por me fazer compreender o mais puro significado da palavra amor. A Clarinha cresceu e se tornou mulher admirável, orgulho do pai, minha parceira de vida e inestimável conselheira. Todavia, não se engane minha filha, você sempre será o meu bebê. Te amo desde o dia que nos olhamos pela primeira vez e você tinha apenas algumas horas de vida.

À minha mãe, Soeli, referência de vida, ser humano mais nobre e delicado que já conheci, obrigado pelos princípios e valores que me ensinou, como amor ao próximo, honra, disciplina, simplicidade, humildade e dedicação às causas humanas, os quais, mesmo sem a sua grandeza, tento seguir. Você foi embora cedo, mas se tornou meu anjo da guarda.

Às minhas avós, Saide e Iolanda, guerreiras, pessoas humanas admiráveis, exemplos de bondade e caráter, obrigado pelos ensinamentos e pela sabedoria de me fazerem entender que as grandes coisas da vida são as mais simples.

Apresentação

Apresento à comunidade jurídica, em especial aos alunos que me acompanham nesta longa jornada na defesa do direito civil, bem como a todos os profissionais do direito, muitos que nunca tive a honra de conhecer, mas que confiam no nosso trabalho, o *Manual de direito civil* em volume único.

O *Manual de direito civil* é fruto de trabalho árduo, dedicação plena ao direito civil e respeito à história desse que é, de longe, o mais importante ramo do direito. O direito civil é o retrato da vida e acompanha o seu ciclo. As pessoas humanas são concebidas, nascem, se desenvolvem, adquirem capacidade jurídica (direito e de fato), se emancipam, assumem obrigações, contratam, se tornam titulares dos mesmos diversos direitos reais, constituem família, se responsabilizam por seus atos e morrem. O direito civil é o direito da vida. Todavia, a sua compreensão demanda estudo, dedicação, disciplina, entrega, abdicação, renúncia e, principalmente, amor pela arte que é o direito. O direito civil somente respeita quem o respeita. E o objetivo deste manual é demonstrar que o direito civil, embora se reinvente ao longo da história, mantém a sua essência, o respeito e admiração às pessoas humanas.

O *Manual de direito civil* caracteriza-se pela análise profunda de todos os institutos de direito civil, com linguagem objetiva e estudo minucioso dos temas que integram a matéria. Muito embora se trate de um volume único, o que significa dizer, por óbvio, que o conteúdo está mais condensado, é importante destacar que se trata de obra completa do direito civil. O objetivo deste *Manual* é integrar o leitor ao universo do direito civil, para que se forme permanente aliança entre o leitor e a matéria.

Os cinco livros do Código Civil foram divididos em capítulos para melhor explanação e consequente compreensão da matéria.

Optou-se pela abordagem didática e direta de todo o conteúdo tratado, dando primazia para os institutos mais cobrados em provas de concurso e aplicados na prática forense.

O direito civil, na presente obra, é esmiuçado e explicado sempre com a abordagem constitucional, pois a Constituição Federal e seus principais valores fundamentais justificam e legitimam os institutos da matéria.

Espero que esta obra possa proporcionar conhecimento, reflexão, desejo pela matéria, críticas e, mais do que isso, que seja útil para que cada um dos leitores possa alcançar os seus objetivos.

Desde já o meu sincero obrigado a todos aqueles que, de alguma forma, contribuíram para a confecção desta obra.

Daniel Carnacchioni

Prefácio

Apresento, com imensa satisfação, à comunidade jurídica a mais recente obra do ilustre civilista Dr. Daniel Eduardo Carnacchioni, intitulado *Manual de Direito Civil*, abordando os principais temas do direito civil brasileiro.

O livro constitui uma referência fundamental não apenas para estudiosos da matéria, mas para todos os operadores do Direito, analisando com profundidade, em linguagem acessível, os grandes temas de direito civil.

A leitura da obra permite afirmar a consagração de um jurista de nosso tempo.

O autor concilia teoria e prática jurídica, agregando a sua experiência como Professor de direito civil em renomadas instituições de ensino com a de Juiz de Direito do Distrito Federal e dos Territórios, para brindar à comunidade jurídica com um portentoso manual acerca de relevantes questões jurídicas pertinentes ao direito civil, como a Lei de Introdução ao Direito, a teoria geral de direito civil (parte geral), a teoria geral das obrigações, a teoria geral dos contratos, os contratos em espécie, a responsabilidade civil, os direitos reais, o direito das famílias e o direito das sucessões.

A obra é exaustiva, abrangendo, com maestria, os principais temas de direito civil em todas as suas áreas.

Afasta-se o autor da dogmática tradicional dos civilistas clássicos, pautada em uma visão liberal, privatista e individualista, para uma narrativa contemporânea, mais sofisticada, do sistema de direito civil, com a demonstração de que este ramo do ordenamento jurídico se apresenta como instrumento eficaz para a promoção e concreção de direitos fundamentais.

O direito civil, associado aos valores sociais constitucionais, constitui a base de sustentação que permeia toda a obra, sendo, na visão do autor, instrumento para a concretização do valor supremo que fundamenta a nossa República, a dignidade da pessoa humana.

Esse contexto de abordagem axiológica, de viés constitucional, é destacado com esmero ao longo de toda a obra, no exame de todos os institutos de direito privado, com destaque para os direitos da personalidade da pessoa humana, pessoa jurídica, bens jurídicos, teoria do negócio jurídico, obrigação, contrato, propriedade, família e sucessão.

Na análise dos institutos de direito civil, principia pelas situações jurídicas existenciais fundadas na tutela da autonomia, passando pela renovada visão do patrimônio como instrumento de proteção à pessoa humana.

A hermenêutica construtiva do direito civil deve ser ressaltada, percebendo-se, no livro, uma linha de raciocínio coerente de um doutrinador maduro, capaz de aliar seriedade e a boa técnica a uma forte disposição a romper com velhos e superados paradigmas de uma sociedade liberal e individualista.

Além disso, fácil perceber o recurso a uma pesquisa rica e variada, verdadeiro trabalho de fôlego, que poucos civilistas abnegados teriam condições de realizar.

O amparo doutrinário de quilate e a investigação jurisprudencial atualizada, com destaque para os precedentes do Superior Tribunal de Justiça, incluindo os enunciados das Jornadas de Direito Civil, fazem reluzir a grandeza da obra.

O autor não se restringe a comentar artigos do Código Civil ou elaborar considerações superficiais, estabelecendo, ao longo de toda a obra, uma constante inter-relação entre os institutos e as mais diversas normas de direito material que consubstanciam o sistema de direito privado.

Não se trata, enfim, de um livro destinado apenas aos acadêmicos de Direito, mas de uma obra projetada para suprir as mais diversas exigências de todos os operadores do Direito, constituindo uma singular contribuição do autor e da Editora para o elevado debate acerca dos grandes temas do direito civil brasileiro.

Paulo de Tarso Vieira Sanseverino
Ministro do STJ

Sumário

Apresentação VII
Prefácio IX

INTRODUÇÃO 1

LEI DE INTRODUÇÃO ÀS NORMAS DO DIREITO BRASILEIRO

1. Noções gerais 2
2. Vigência da lei 2
3. Obrigatoriedade das leis 3
4. Eficácia da lei no tempo (período de vida da lei – extensão) 4
5. Fontes de direito, interpretação e integração das normas 4
6. Eficácia da lei no espaço (questão territorial) – Regras sobre direito internacional privado 5
7. Competência e jurisdição 7
8. Casamento: regras sobre direito espacial 8
9. Relações jurídicas cujo objeto seja imóvel e móvel 9
10. Obrigações 9
11. Sucessão 9
12. Prova 9
13. O direito público e as inovações 10

CAPÍTULO 1
PARTE GERAL

1.1. Direito civil contemporâneo 16
    1.1.1. Introdução: premissas para a compreensão do direito civil contemporâneo 16
    1.1.2. Diferença básica entre cláusula geral e conceito jurídico indeterminado 17
    1.1.3. Como compreender o direito civil contemporâneo? 18
    1.1.4. O direito civil e a transição do estado liberal para o estado social democrático de direito 19
1.2. Liberalismo e direito civil 19
1.3. Estado social (e democrático de direito) e o direito civil 21
1.4. Princípios constitucionais e sua relevância para o direito civil 22
    1.4.1. E o direito civil nesse panorama? Direito civil constitucional 23
    1.4.2. Características do direito civil contemporâneo (pós-positivismo) 24
    1.4.3. Princípios constitucionais a serem observados nas relações jurídicas entre particulares 25

	1.4.4.	Diferença entre regras e princípios	26
	1.4.5.	Princípio da dignidade da pessoa humana	29
	1.4.6.	Solidariedade social e igualdade substancial	31
	1.4.7.	Paradigmas do direito civil contemporâneo	32
		1.4.7.1. Reflexões sobre a lógica de "justiça" incorporada pelo Código Civil de 2002	33
	1.4.8.	Direito civil e os tratados e convenções internacionais (controle de convencionalidade)	33
	1.4.9.	O direito civil e o estado de coisas inconstitucionais	33
1.5.	Teoria geral da personalidade civil da pessoa humana		33
	1.5.1.	Noções gerais sobre a personalidade da pessoa humana	33
	1.5.2.	Evolução da ideia de pessoa e personalidade	35
	1.5.3.	Personalidade e capacidade jurídica: de direito e de fato	37
	1.5.4.	Aquisição e início da personalidade jurídica da pessoa humana	38
	1.5.5.	Nascituro e embrião – Personalidade jurídica	43
1.6.	Teoria geral da capacidade jurídica da pessoa humana: capacidade de direito e capacidade de fato		45
	1.6.1.	Noções gerais sobre capacidade de direito	45
	1.6.2.	Capacidade de fato (exercício) – Noções gerais	46
		1.6.2.1. Teoria da incapacidade no CC e as pessoas com deficiência (Lei n. 13.146/2015)	47
		1.6.2.2. Convenção de Nova Iorque e as Pessoas com Deficiência – Repercussão na legislação brasileira e impacto na teoria da incapacidade e reflexões sobre a Lei das Pessoas com Deficiência	50
		1.6.2.3. Pessoa com deficiência e proteção	51
	1.6.3.	Capacidade de fato e sua nova concepção. Crítica ao Código Civil. Incapacidade formal e material sob a perspectiva do Código Civil	52
		1.6.3.1. Incapacidade material	52
		1.6.3.2. Incapacidade formal – arts. 3º e 4º do CC	53
		1.6.3.3. Incapacidade formal absoluta	54
		1.6.3.4. Incapacidade formal relativa	59
	1.6.4.	Proteção dos incapazes – Disposições específicas do Código Civil	63
		1.6.4.1. Benefício de restituição	64
	1.6.5.	Incapacidade e legitimação. Diferenças	65
	1.6.6.	Cessação da incapacidade e emancipação	66
1.7.	Término da personalidade civil e registro da pessoa natural		71
	1.7.1.	Noções preliminares sobre o término da personalidade civil	71
		1.7.1.1. Morte real	71
		1.7.1.2. Morte presumida sem decretação de ausência	72
	1.7.2.	Comoriência	73
	1.7.3.	Registro público e pessoa natural. Questões sobre estado	74
1.8.	Término da personalidade civil e ausência		75
	1.8.1.	Considerações preliminares sobre o instituto da ausência	75
	1.8.2.	Conceito de ausência	75

1.8.3.	Fases da ausência – procedimento			77
	1.8.3.1.	Curadoria dos bens do ausente – 1ª fase		77
		1.8.3.1.1.	Procedimento da primeira fase	77
			1.8.3.1.1.1. Requisitos para a declaração de ausência	77
			1.8.3.1.1.2. Curador	77
			1.8.3.1.1.3. Providências na fase de curadoria	78
			1.8.3.1.1.4. Cessação da fase de curadoria	78
	1.8.3.2.	Fase da sucessão provisória – 2ª fase		79
	1.8.3.3.	Fase da sucessão definitiva – 3ª fase		85
1.8.4.	Hipótese especial de sucessão definitiva			87
1.8.5.	Efeitos extrapatrimoniais da sucessão definitiva			88
1.9. Teoria dos direitos da personalidade da pessoa humana				89
1.9.1.	Considerações preliminares			89
1.9.2.	Evolução dos direitos da personalidade – Origem histórica			91
1.9.3.	Conceito dos direitos da personalidade			93
1.9.4.	Objeto dos direitos da personalidade			93
1.9.5.	Fontes dos direitos de personalidade			94
1.9.6.	Características dos direitos da personalidade			96
	1.9.6.1.	Indisponíveis e irrenunciáveis		96
	1.9.6.2.	Absolutos		98
	1.9.6.3.	Extrapatrimoniais		98
	1.9.6.4.	Imprescritíveis		99
	1.9.6.5.	Inatos		100
	1.9.6.6.	Vitalícios e impenhoráveis		100
	1.9.6.7.	Ampla tutela		100
1.9.7.	Direitos da personalidade, eficácia horizontal e liberdades públicas			103
1.9.8.	Direitos da personalidade, direitos fundamentais e direitos humanos			104
1.9.9.	Classificação dos direitos da personalidade			105
	1.9.9.1.	Classificação – Direito à vida e integridade física		105
		1.9.9.1.1.	A questão dos transplantes	106
		1.9.9.1.2.	A "indicação" médica e o transexual	107
		1.9.9.1.3.	Integridade física e as cirurgias estéticas	108
		1.9.9.1.4.	Esterilização	108
		1.9.9.1.5.	*Wannabes* e experiência científica com pessoas humanas	108
			1.9.9.1.5.1. Gestação em substituição	109
		1.9.9.1.6.	Integridade física e disposição de parte do corpo morto	109
		1.9.9.1.7.	O tratamento médico e o princípio do consentimento informado	110
	1.9.9.2.	Classificação dos direitos da personalidade – Direito ao nome		111
		1.9.9.2.1.	Alteração do prenome	113
		1.9.9.2.2.	Alteração do sobrenome	115

		1.9.9.2.3.	Tutela especial do nome..	116

- 1.9.9.3. Classificação dos direitos da personalidade – Integridade moral – Imagem e honra 118
- 1.9.9.4. Classificação dos direitos da personalidade – Direito à intimidade e vida privada 120

1.10. Marco civil da internet – Lei n. 12.965/2014... 125
    1.10.1. Introdução... 125
    1.10.2. Direitos e garantias dos usuários 125
    1.10.3. Diferenças fundamentais entre "provedor de conexão" e "provedor de aplicação" para fins de responsabilidade civil... 126
        1.10.3.1. Responsabilidade pela guarda dos registros de conexão e dos registros de aplicação na internet.. 126
    1.10.4. Responsabilidade civil dos provedores de conexão e dos provedores de aplicação em relação a conteúdo gerado por terceiro 127

1.11. Lei Geral de Proteção de Dados Pessoais – LGPD (Lei Federal n. 13.709/2018) 128

1.12. Pessoa jurídica – teoria geral.. 129
    1.12.1. Noção geral – teoria geral e princípios... 129
    1.12.2. Origem. Evolução da pessoa jurídica como conceito e sujeito de direito 133
    1.12.3. Existência e natureza da pessoa jurídica. Teorias..................................... 134
        1.12.3.1. Teoria da ficção legal 135
        1.12.3.2. Teoria da realidade objetiva ou orgânica (principal teoria da corrente realista).. 135
        1.12.3.3. Teoria da realidade técnica... 136
        1.12.3.4. Teoria institucional.. 137
    1.12.4. Conceito de pessoa jurídica.. 137
    1.12.5. Requisitos ou pressupostos para a existência da pessoa jurídica (fases para a constituição). Aquisição da personalidade jurídica.................................. 138
    1.12.6. Personalidade e efeitos... 140
        1.12.6.1. Responsabilidade civil da pessoa jurídica no âmbito contratual e extracontratual.. 142
            1.12.6.1.1. Teoria *ultra vires* e teoria da aparência. Análise do art. 47 do CC em confronto com essas teorias 143
            1.12.6.1.2. Responsabilidade civil das pessoas jurídicas de direito público... 145
            1.12.6.1.3. Responsabilidade penal das pessoas jurídicas........... 148
    1.12.7. Pessoa jurídica. Direitos que decorrem da personalidade e a teoria do dano institucional.. 148
    1.12.8. Desconsideração da personalidade da pessoa jurídica no Código Civil............ 151
        1.12.8.1. Terminologia e conceito.. 151
        1.12.8.2. Evolução da teoria *disregard doctrine*....................................... 152
        1.12.8.3. Teoria maior e teoria menor da desconsideração..................... 153
        1.12.8.4. Desconsideração da personalidade jurídica no Código Civil – Art. 50......... 156

	1.12.8.5.	A teoria da desconsideração da personalidade jurídica e a questão da responsabilidade direta dos administradores. Análise crítica	160
	1.12.8.6.	O incidente da desconsideração da personalidade da pessoa jurídica	162
1.12.9.	Modificação e extinção da pessoa jurídica		163
1.12.10.	Classificação das pessoas jurídicas		164
	1.12.10.1.	Pessoas jurídicas de direito público externo e interno	164
		1.12.10.1.1. Autarquias, associações públicas e outras entidades de caráter público, criadas por lei	165
	1.12.10.2.	Pessoas jurídicas de direito privado	166
		1.12.10.2.1. Associações	167
		1.12.10.2.2. Fundação privada (noção geral)	173
		1.12.10.2.3. Sociedades empresárias e simples	177
		1.12.10.2.4. Organizações religiosas e partidos políticos	179
		1.12.10.2.5. Empreendimentos de economia solidária	180
	1.12.10.3.	Entes despersonalizados	180
1.13. Do domicílio			181
1.13.1.	Considerações preliminares. Conceito de domicílio		181
	1.13.1.1.	Elementos do domicílio, segundo a definição legal	181
	1.13.1.2.	Domicílio da pessoa natural. Pluralidade	182
	1.13.1.3.	Domicílio desvinculado da residência	183
1.13.2.	Mudança ou alteração do domicílio		183
1.13.3.	Domicílio necessário e legal		184
1.13.4.	Domicílio das pessoas jurídicas		185
1.13.5.	Domicílio de eleição		185
1.14. Teoria dos bens jurídicos – objeto de direitos			186
1.14.1.	Sistematização dos bens no Código Civil		186
	1.14.1.1.	Compreensão da teoria dos bens jurídicos – Qual a justificativa de uma classificação?	187
1.14.2.	Análise dos termos: bem jurídico e coisa		190
1.14.3.	Definição de bem jurídico. Conceito		191
1.14.4.	Estrutura do objeto da relação jurídica		191
1.14.5.	Disciplina dos bens corpóreos e incorpóreos		192
1.14.6.	A questão do patrimônio		193
1.14.7.	Classificação dos bens no Código Civil – bens em si considerados; bens reciprocamente considerados e bens públicos e privados		197
	1.14.7.1.	Os bens em si considerados	197
		1.14.7.1.1. Bens imóveis e bens móveis	197
		1.14.7.1.2. Bens fungíveis e infungíveis	202
		1.14.7.1.3. Bens consumíveis	203
		1.14.7.1.4. Bens divisíveis e bens indivisíveis	204
		1.14.7.1.5. Bens singulares e coletivos	205
		1.14.7.1.6. Bens fora de comércio	207

	1.14.7.2.	Os bens reciprocamente considerados	207
		1.14.7.2.1. Análise dos bens principais e acessórios. Características	207
		1.14.7.2.2. Pertenças. Conceito. Natureza e regime jurídico	211
1.14.8.	Bens públicos e bens privados		218
1.14.9.	Bem de família		221

1.15. Teoria geral do fato jurídico 221

    1.15.1. Noções preliminares 221

        1.15.1.1. Teoria do fato jurídico e os planos da existência, validade e eficácia 223

    1.15.2. Classificação dos fatos jurídicos em sentido amplo 223

        1.15.2.1. Fato jurídico em sentido estrito 224

        1.15.2.2. Ato-fato jurídico 225

        1.15.2.3. Ações humanas – Lícitas (ato jurídico em sentido amplo) e ilícitas 227

            1.15.2.3.1. Ato jurídico em sentido estrito 228

            1.15.2.3.2. Teoria do negócio jurídico – Considerações preliminares 229

            1.15.2.3.3. Interpretação do negócio jurídico e o silêncio 240

1.16. Teoria da representação 253

    1.16.1. Noções preliminares 253

    1.16.2. Conceito de representação 254

    1.16.3. Representação própria e representação imprópria (interesses e interposição) 254

    1.16.4. Representação aparente e a questão do poder na representação 256

    1.16.5. Espécies de representação – legal e convencional 258

    1.16.6. Representação convencional e teoria da separação 261

    1.16.7. Representação e contrato consigo mesmo 262

    1.16.8. Conflito de interesses entre representante e representado 263

1.17. Elementos acidentais do negócio jurídico (condição, termo e encargo) 264

    1.17.1. Considerações preliminares 264

    1.17.2. Condição – arts. 121 a 130 264

        1.17.2.1. Condição e licitude – condições ilícitas e proibidas 266

        1.17.2.2. Condição e possibilidade 267

        1.17.2.3. Condição – modo de atuação – suspensiva e resolutiva 268

    1.17.3. Termo 272

    1.17.4. Encargo – arts. 136 e 137 273

1.18. Teoria dos defeitos do negócio jurídico 274

    1.18.1. Introdução 274

    1.18.2. Erro ou ignorância – arts. 138 a 144 do CC 275

        1.18.2.1. Erro de direito 279

        1.18.2.2. Erro-vício e erro-obstáculo 280

        1.18.2.3. Erro e vício redibitório 280

        1.18.2.4. Erro e motivo – o problema do falso motivo 280

        1.18.2.5. Transmissão errônea da vontade 281

	1.18.2.6.	Erro não prejudicial à validade do negócio...................................	281
1.18.3.	Dolo – arts. 145 a 150 do CC		282
	1.18.3.1.	Dolo principal e dolo acidental...	282
	1.18.3.2.	Dolo positivo e dolo negativo..	283
	1.18.3.3.	Dolo do próprio interessado e dolo de terceiro......................	284
	1.18.3.4.	Dolo do representante legal e convencional...........................	285
	1.18.3.5.	Dolo bilateral ou recíproco...	285
1.18.4.	Coação – arts. 151 a 155 do CC		285
	1.18.4.1.	Coação exercida por terceiro..	288
1.18.5.	Lesão – art. 157 do CC		288
	1.18.5.1.	Introdução...	288
	1.18.5.2.	Evolução e história da lesão até sua introdução na legislação civil	289
		1.18.5.2.1. Lesão no Código de Defesa do Consumidor	290
	1.18.5.3.	Princípios e fundamentos da lesão	290
	1.18.5.4.	Espécies de lesão...	291
		1.18.5.4.1. Lesão civil – art. 157 do CC	291
	1.18.5.5.	Lesão e contratos aleatórios	293
	1.18.5.6.	Efeitos da lesão e princípio da conservação ou preservação do negócio jurídico...	294
	1.18.5.7.	Momento da lesão	296
1.18.6.	Estado de perigo – art. 156 do CC		296
1.18.7.	Fraude contra credores – arts. 158 a 165 do CC...		299
	1.18.7.1.	Considerações preliminares	299
	1.18.7.2.	Elementos da fraude contra credores (subjetivo e objetivo)	299
	1.18.7.3.	Elementos da fraude e natureza dos negócios jurídicos	300
	1.18.7.4.	Preservação do negócio jurídico em que se caracteriza a fraude..........	301
	1.18.7.5.	Questão da legitimidade. A quem aproveita a anulação dos negócios fraudulentos e quem tem legitimidade para pedir a anulação?	302
	1.18.7.6.	Processo e ação pauliana – efeitos da ação pauliana........................	303
	1.18.7.7.	Presunção de boa-fé em relação a atos e negócios praticados por devedor insolvente	305
	1.18.7.8.	Casos específicos de fraude	305
	1.18.7.9.	Fraude à execução e fraude contra credores – breves considerações..........	305
1.19. Teoria geral da invalidade do negócio jurídico			307
1.19.1.	Considerações preliminares		307
1.19.2.	Espécies de invalidade – ato e negócio nulo e anulável – nulidade e anulação – regimes jurídicos		309
	1.19.2.1.	Ato ou negócio jurídico nulo – regime jurídico	309
		1.19.2.1.1. Hipóteses legais de nulidade.................................	310
	1.19.2.2.	Simulação..	312
		1.19.2.2.1. Considerações preliminares – introdução............	312
		1.19.2.2.2. Conceito de simulação..	312
		1.19.2.2.3. Espécies de simulação...	313
		1.19.2.2.4. Legitimidade	315

		1.19.2.2.5. Simulação objetiva e subjetiva e casos específicos de simulação	315
		1.19.2.2.6. Tutela aos interesses de terceiro de boa-fé	316
		1.19.2.2.7. Simulação e reserva mental	316
	1.19.2.3.	Legitimidade para arguir a nulidade e reconhecimento de ofício	317
	1.19.2.4.	Confirmação e convalescimento do negócio nulo pelo decurso do tempo	317
	1.19.2.5.	"Conversão" do negócio jurídico nulo	319
	1.19.2.6.	Resumo do regime das nulidades	321
1.19.3.	Ato ou negócio jurídico anulável – regime jurídico		321
	1.19.3.1.	Hipóteses legais de anulação	321
	1.19.3.2.	Legitimidade para anulação e possibilidade de reconhecimento de ofício	322
	1.19.3.3.	Confirmação ou convalescimento do ato ou negócio jurídico anulável	323
	1.19.3.4.	Prazo para o legitimado requerer a anulação	323
	1.19.3.5.	Convalescimento do ato ou negócio pela autorização posterior de terceiro	324
1.19.4.	Invalidade do instrumento e invalidade parcial (redução do negócio jurídico)		325
1.19.5.	Efeitos do negócio nulo e anulável – nulidade de pleno direito e tutela dos interesses de terceiros de boa-fé		326
1.20. Teoria do ato ilícito e abuso de direito			328
1.20.1.	Considerações preliminares sobre o ato ilícito		328
1.20.2.	Ato ilícito – elementos – art. 186		330
	1.20.2.1.	Nexo de causalidade, dano e responsabilidade civil	332
	1.20.2.2.	Conclusão do ato ilícito	332
1.20.3.	Ato ilícito objetivo como fonte de responsabilidade civil		333
1.20.4.	Teoria do abuso de direito e ilícito objetivo		334
	1.20.4.1.	A questão da boa-fé objetiva e da culpa na teoria do abuso de direito	336
	1.20.4.2.	Casos específicos de abuso de direito	337
	1.20.4.3.	Proibição do comportamento contraditório (*venire contra factum proprium*), *supressio* (*verwirkung*), *surrectio* (*erwirkung*) e *tu quoque*	338
		1.20.4.3.1. *Supressio – surrectio – tu quoque*	340
		1.20.4.3.2. Resumo: abuso de direito	342
1.20.5.	Causas excludentes da ilicitude (atos lícitos)		342
1.21. Prescrição e decadência			343
1.21.1.	Considerações preliminares. Conceito de prescrição e decadência		343
1.21.2.	Prescrição		345
	1.21.2.1.	Requisitos para a caracterização da prescrição	348
	1.21.2.2.	Exceção e prescrição	349
	1.21.2.3.	Prescrição e renúncia	349
	1.21.2.4.	Prazo de prescrição e alteração	351
	1.21.2.5.	Prescrição e momento para alegação	351

	1.21.2.6.	Prescrição e responsabilidade civil em favor dos assistidos e da pessoa jurídica	352
	1.21.2.7.	Prescrição e sucessão	353
	1.21.2.8.	Causas impeditivas e suspensivas da prescrição	353
	1.21.2.9.	Causas interruptivas da prescrição e a prescrição intercorrente	359
		1.21.2.9.1. Legitimidade para interromper a prescrição e efeitos da interrupção da prescrição	364
	1.21.2.10.	Prazos de prescrição	365
1.21.3.	Decadência		370
1.22. Prova do negócio jurídico			372
1.22.1.	Considerações preliminares		372
1.22.2.	Meios de prova do fato jurídico		373
	1.22.2.1.	Confissão	373
	1.22.2.2.	Documento	374
	1.22.2.3.	Testemunhas	376
	1.22.2.4.	Presunções	377
	1.22.2.5.	Perícia	377

CAPÍTULO 2
OBRIGAÇÕES E RESPONSABILIDADE CIVIL

2.1.	Introdução ao direito das obrigações		379
	2.1.1.	Noções gerais	379
	2.1.2.	Obrigação e novos horizontes	382
	2.1.3.	Direito das obrigações sob a perspectiva constitucional	384
	2.1.4.	Características do direito das obrigações no novo sistema civil pautado em princípios	385
	2.1.5.	Obrigação como um processo	385
2.2.	Obrigações: estrutura, conceito e características		387
	2.2.1.	Conceito de obrigação no sentido técnico-jurídico	387
	2.2.2.	Definições doutrinárias sobre obrigação	389
	2.2.3.	Elementos essenciais e estruturais da obrigação (elementos constitutivos da obrigação)	389
		2.2.3.1. Elemento subjetivo	389
		2.2.3.2. Elemento objetivo	390
		2.2.3.3. Vínculo jurídico	392
		2.2.3.4. Elementos essenciais e estruturais da obrigação (sujeitos, prestação e vínculo jurídico), agregados aos valores sociais constitucionais que integram o conteúdo da relação obrigacional material	392
	2.2.4.	Obrigação e deveres morais	393
	2.2.5.	A questão da prisão civil como consequência do não cumprimento da obrigação	393
	2.2.6.	Superação da dicotomia clássica entre o direito das obrigações e os direitos reais (situações híbridas)	394
		2.2.6.1. Situações híbridas	396
		2.2.6.1.1. Obrigações *propter rem*	396

			2.2.6.1.2.	Ônus reais	396
			2.2.6.1.3.	Obrigações com eficácia real.....................................	396
	2.2.7.	Obrigações *propter rem*			397
	2.2.8.	A relação das obrigações com os direitos da personalidade			398
	2.2.9.	Fontes das obrigações..			399
	2.2.10	Modalidades das obrigações: quanto ao objeto (prestação de coisa e de fatos)			400
		2.2.10.1.	Introdução		400
2.3.	Obrigação de dar coisa certa (prestação de coisa)...				401
	2.3.1.	Considerações preliminares...			401
	2.3.2.	Conceito e características da obrigação de dar coisa certa			403
	2.3.3.	Perda ou deterioração do objeto da prestação de dar coisa certa			404
		2.3.3.1.	Perda (perecimento) da coisa na obrigação de dar propriamente dita...		405
		2.3.3.2.	Deterioração (perecimento parcial) da coisa na obrigação de dar propriamente dita		406
		2.3.3.3.	A questão da tradição, dos melhoramentos e acrescidos nas obrigações de dar propriamente ditas (transferência de domínio ou transmissão de posse)...		407
		2.3.3.4.	Perda (perecimento) da coisa na obrigação de dar que implica restituição..		407
		2.3.3.5.	Deterioração (perecimento parcial) da coisa na obrigação de dar que implica restituição		408
		2.3.3.6.	Melhoramentos na coisa objeto da prestação na obrigação de restituir..		409
2.4.	Obrigação de dar coisa incerta				410
	2.4.1.	Considerações preliminares...			410
		2.4.1.1.	Conceito e características da obrigação de dar coisa incerta...........		410
2.5.	Obrigação de fazer				412
	2.5.1.	Obrigação de fazer – fungíveis e personalíssimas.....................................			412
	2.5.2.	Consequências do inadimplemento da obrigação de fazer, fungível e infungível			414
2.6.	Obrigação de não fazer..				415
	2.6.1.	Obrigação de não fazer e inadimplemento..			416
	2.6.2.	Obrigação de não fazer e teoria da mora...			416
2.7.	Classificação das obrigações sob a perspectiva da pluralidade de prestações ou de sujeitos: objetiva e subjetiva				417
	2.7.1.	Introdução sobre a classificação das obrigações – em relação à unicidade ou pluralidade do objeto (simples e complexas) e à pluralidade dos sujeitos			417
	2.7.2.	Classificação em relação ao objeto (objetivamente plurais)			417
		2.7.2.1.	Obrigação complexa cumulativa...		418
		2.7.2.2.	Obrigação complexa alternativa (ou disjuntiva)		418
			2.7.2.2.1.	Escolha para fins de concentração.....................	419
			2.7.2.2.2.	Obrigações alternativas e impossibilidade das prestações...	421

	2.7.2.3.	Obrigações complexas facultativas	422
2.7.3.	Classificação em relação aos sujeitos (obrigações subjetivamente plurais)		423
	2.7.3.1.	Obrigação fracionária	423
	2.7.3.1.1.	Obrigações disjuntivas	424
	2.7.3.2.	Disciplina jurídica das obrigações solidárias	424
	2.7.3.2.1.	Solidariedade e presunção	426
	2.7.3.2.2.	Solidariedade ativa	426
	2.7.3.2.3.	Solidariedade passiva	429
	2.7.3.3.	Disciplina jurídica das obrigações divisíveis e indivisíveis	434
	2.7.3.3.1.	Indivisibilidade e consequências: pluralidade de devedores ou de credores	436
	2.7.3.3.2.	Diferenças entre solidariedade e indivisibilidade	438
2.8. Classificação das obrigações quanto ao conteúdo e à exigibilidade			438
2.8.1.	Introdução		438
2.8.2.	Obrigações de meio, resultado e garantia		438
2.8.3.	Obrigações civis e obrigações judicialmente inexigíveis (as obrigações naturais)		439
2.8.4.	Obrigações principais e acessórias, líquidas e ilíquidas		440
	2.8.4.1.	Principais e acessórias	440
	2.8.4.2.	Líquidas e ilíquidas	441
2.8.5.	Obrigações de execução instantânea, diferida e continuada; obrigações simples, condicionais, a termo e modais		441
2.9. Transmissão das Obrigações – Cessão de Crédito e Assunção de Dívida			442
2.9.1.	Introdução		442
2.9.2.	Cessão de crédito		443
	2.9.2.1.	Conceito e noções gerais	443
	2.9.2.2.	Restrições à cessão de crédito	443
	2.9.2.2.1.	Cessão parcial ou total e cessão de acessórios	445
	2.9.2.2.2.	Cessão e formalidade	445
	2.9.2.2.3.	Cessão: natureza jurídica e objeto e o endosso (dualidade de regimes de transmissão de crédito)	446
	2.9.2.2.4.	Cessão de crédito e a figura do "devedor" cedido	448
	2.9.2.2.5.	Cessão de crédito e oponibilidade das exceções pessoais	450
	2.9.2.2.6.	Cessão de crédito e responsabilidade do cedente: cessão onerosa e gratuita	450
2.9.3.	Cessão de débito ou assunção de dívida		452
	2.9.3.1.	Introdução	452
	2.9.3.2.	Conceito e características da assunção de obrigação	453
	2.9.3.3.	Natureza jurídica da assunção de dívida	453
	2.9.3.4.	Assunção de dívida: modalidades e dinamismo	454
	2.9.3.4.1.	Assunção cumulativa	454
	2.9.3.4.2.	Assunção liberatória	455

	2.9.3.5.	Assunção de dívida e a questão da extinção das garantias (restrita à assunção liberatória)	457
	2.9.3.6.	Substituição do devedor e invalidação da assunção	458
	2.9.3.7.	Assunção e exceções pessoais a serem opostas ao credor pelo novo devedor	459
	2.9.3.8.	Assunção e aquisição de imóvel hipotecado	459
	2.9.3.9.	Diferença entre a cessão de contrato (cessão de posição contratual) e os modos tradicionais de transmissão de obrigações (cessão de crédito e assunção de dívida)	460

2.10. Teoria do adimplemento 461
    2.10.1. Introdução. Pressupostos subjetivos e objetivos do pagamento 461
        2.10.1.1. Introdução 461
        2.10.1.2. Natureza jurídica do adimplemento 462
        2.10.1.3. Teoria do adimplemento substancial 462
        2.10.1.4. Pressupostos subjetivos e objetivos para eficácia do adimplemento 463
            2.10.1.4.1. Pressupostos subjetivos 463
            2.10.1.4.2. Pressupostos objetivos 469
    2.10.2. Pagamento indireto ou especial. Modalidades: consignação em pagamento. Sub-rogação. Dação em pagamento. Imputação de pagamento. Novação. Compensação. Remissão 487
        2.10.2.1. Introdução 487
        2.10.2.2. Consignação em pagamento 488
            2.10.2.2.1. Introdução e conceito 488
            2.10.2.2.2. Natureza jurídica da consignação 488
            2.10.2.2.3. Direito subjetivo de consignar e obrigação como processo 489
            2.10.2.2.4. Objeto a ser consignado e consignação judicial e extrajudicial 489
            2.10.2.2.5. Pressupostos para eficácia da consignação e sua equiparação a pagamento 491
            2.10.2.2.6. Pressupostos objetivos e subjetivos para a equiparação da consignação a pagamento 491
            2.10.2.2.7. Consignação e prazo 493
            2.10.2.2.8. Consignação e lugar 494
            2.10.2.2.9. Hipóteses legais de consignação (ausência de cooperação ou segurança) 494
            2.10.2.2.10. Consequência da consignação e efeitos do depósito 496
            2.10.2.2.11. Depósito e questões processuais relevantes 497
        2.10.2.3. Pagamento com sub-rogação 500
            2.10.2.3.1. Introdução 500
            2.10.2.3.2. Natureza jurídica da sub-rogação e efeitos 501
            2.10.2.3.3. Espécies de sub-rogação 502

		2.10.2.3.4.	Principal efeito da sub-rogação legal e da convencional..	506
		2.10.2.3.5.	Limites da sub-rogação e caráter especulativo	506
		2.10.2.3.6.	Sub-rogação parcial...	507
	2.10.2.4.	Imputação de pagamento..		508
		2.10.2.4.1.	Introdução...	508
		2.10.2.4.2.	Requisitos para a imputação de pagamento............	508
		2.10.2.4.3.	Espécies de imputação (Quem pode imputar?)........	510
	2.10.2.5.	Dação em pagamento...		511
		2.10.2.5.1.	Introdução...	511
		2.10.2.5.2.	Requisitos da dação em pagamento.........................	512
		2.10.2.5.3.	Dação em pagamento e dação em cumprimento	513
		2.10.2.5.4.	Dação em pagamento e compra e venda	513
		2.10.2.5.5.	Dação em pagamento e títulos de crédito...............	513
		2.10.2.5.6.	Dação em pagamento e evicção	514
	2.10.2.6.	Novação...		514
		2.10.2.6.1.	Introdução...	514
		2.10.2.6.2.	Conceito	515
		2.10.2.6.3.	Requisitos para a caracterização da novação...........	515
		2.10.2.6.4.	Espécies de novação..	518
		2.10.2.6.5.	Efeitos da novação...	519
	2.10.2.7.	Compensação..		520
		2.10.2.7.1.	Introdução...	520
		2.10.2.7.2.	Espécies de compensação...	521
		2.10.2.7.3.	Pressupostos para a compensação legal	521
		2.10.2.7.4.	Impossibilidade da compensação legal devido à causa	524
		2.10.2.7.5.	Regras especiais sobre a compensação	524
	2.10.2.8.	Confusão		525
	2.10.2.9.	Remissão...		526
		2.10.2.9.1.	Requisitos para a remissão..	526
		2.10.2.9.2.	Formalidades da remissão..	526
		2.10.2.9.3.	Remissão expressa e tácita, gratuita e onerosa	526
		2.10.2.9.4.	Remissão limitada à garantia da dívida	527
		2.10.2.9.5.	Remissão e solidariedade..	527
2.11.	Teoria do inadimplemento – Parte I...			527
2.11.1.	O inadimplemento e a obrigação como processo			527
2.11.2.	A questão da obrigação e os deveres jurídicos			528
2.11.3.	A teoria do inadimplemento e o ato ilícito (ilícito relativo).................................			529
2.11.4.	O inadimplemento e a causa: a questão da imputabilidade.................................			529
2.11.5.	Espécies de Inadimplemento			530
	2.11.5.1.	Inadimplemento absoluto; relativo (teoria da mora) e violação positiva do contrato (princípio da boa-fé objetiva)		530
	2.11.5.2.	Inadimplemento absoluto		531

		2.11.5.3.	Inadimplemento relativo	532
			2.11.5.3.1. Conceito e caracterização da mora e a *mora solvendi* (devedor)	533
			2.11.5.3.2. Exigibilidade da prestação e constituição em mora	535
			2.11.5.3.3. Efeitos da mora do devedor ou *mora solvendi*	537
			2.11.5.3.4. Mora do credor ou *mora accipiendi*: caracterização e efeitos	539
			2.11.5.3.5. Purgação e cessação da mora	540
	2.11.5.4.	O inadimplemento imputável e o inadimplemento fortuito		541
	2.11.5.5.	A violação positiva do contrato como espécie do gênero inadimplemento		543
2.12. Teoria do inadimplemento – Parte II				544
	2.12.1. Introdução			544
	2.12.2. Perdas e danos: noção geral			545
		2.12.2.1. Elementos constitutivos das perdas e danos: dano emergente e lucro cessante – dano material ou dano patrimonial		546
		2.12.2.2. A teoria da perda de uma chance		547
		2.12.2.3. As perdas e danos e as obrigações de prestar dinheiro: disciplina específica		549
		2.12.2.4. Dano moral: conceito (o tema também será analisado no capítulo que trata da responsabilidade civil)		550
			2.12.2.4.1. Dano moral decorrente de inadimplemento contratual	551
			2.12.2.4.2. Cumulação do dano moral com dano material	552
			2.12.2.4.3. Dano moral e dano estético	552
			2.12.2.4.4. Dano moral coletivo: possibilidade?	553
			2.12.2.4.5. Arbitramento e finalidade do dano moral – critérios e requisitos	554
	2.12.3. As perdas e danos e as teorias sobre nexo de causalidade			556
		2.12.3.1. A questão da solidariedade na responsabilidade contratual		559
	2.12.4. A teoria dos juros de mora de mora no Código Civil			560
		2.12.4.1. Os juros e a questão da prova do prejuízo		560
		2.12.4.2. Juros moratórios e incidência		561
	2.12.5. A teoria da cláusula penal: conceito e introdução			561
		2.12.5.1. Introdução		561
		2.12.5.2. Natureza jurídica da cláusula penal		562
			2.12.5.2.1. Caráter acessório da cláusula penal	563
		2.12.5.3. Hipótese de incidência da cláusula penal – A questão da culpa		564
		2.12.5.4. Cláusula penal – inadimplemento absoluto e relativo – Total e parcial		565
		2.12.5.5. Cláusula penal – espécies – Compensatória e moratória		566
			2.12.5.5.1. Cláusula penal compensatória	566
			2.12.5.5.2. Cláusula penal moratória	568

	2.12.5.6.	Limites da cláusula penal...	568
	2.12.5.7.	Redução equitativa e a função social da cláusula penal	570
	2.12.5.8.	Cláusula penal e a divisibilidade ou indivisibilidade da obrigação............	573
	2.12.5.9.	Cláusula penal e vinculação a prejuízo..	574
	2.12.5.10.	Cláusula penal e indenização suplementar	574
	2.12.5.11.	Cláusula penal e institutos afins	576
2.12.6.	Arras...		577
	2.12.6.1.	Introdução..	577
	2.12.6.2.	Espécies de arras: confirmatórias e penitenciais	578
	2.12.6.3.	Crítica à classificação tradicional...	580
		2.12.6.3.1. Resumo da diferença entre cláusula penal e arras.........	581
	2.12.6.4.	Incorporação imobiliária e teoria do inadimplemento – Inovações da Lei n. 13.786/2018. Introdução...	582

2.13. Teoria da responsabilidade civil... 589
    2.13.1. Introdução... 589
        2.13.1.1. "Modalidades" ou "espécies" de responsabilidade civil.................. 589
        2.13.1.2. Fonte, origem e causa (que decorram da conduta humana) – responsabilidade civil negocial ou extranegocial.................................... 590
        2.13.1.3. Responsabilidade subjetiva e objetiva (noção geral) 591
        2.13.1.4. Nexo de causalidade 592
        2.13.1.5. Teoria dos danos (sistematizada) – danos patrimoniais e extrapatrimoniais (moral, imagem, estético e existencial)............................ 594
    2.13.2. A cláusula geral da responsabilidade civil... 596
    2.13.3. A responsabilidade civil do incapaz 598
    2.13.4. A indenização em favor de terceiro inocente no caso de ato ilícito............. 599
    2.13.5. Responsabilidade civil e empresas e empresários individuais 599
    2.13.6. Responsabilidade civil por fato de terceiro ou de outrem 600
    2.13.7. Responsabilidade civil e criminal... 601
    2.13.8. Responsabilidade civil pelo fato da coisa... 602
    2.13.9. Responsabilidade civil pela cobrança de dívida paga ou vincenda............. 602
    2.13.10. Responsabilidade patrimonial e solidária dos autores e responsáveis....... 603
    2.13.11. A transmissão da responsabilidade civil para os herdeiros 603
    2.13.12. Regras sobre liquidação do dano: indenização.. 603

CAPÍTULO 3
CONTRATOS

3.1. Noções gerais sobre contrato. Conceito e evolução histórica 607
    3.1.1. Noções gerais do contrato – Considerações preliminares 607
    3.1.2. Contrato e teoria geral do fato jurídico 608
    3.1.3. Contrato e negócio jurídico.. 609
    3.1.4. Autonomia da vontade e autonomia privada (relevância para a teoria contratual).. 610
    3.1.5. Contrato – Conceito e evolução histórica.. 610

	3.1.5.1.	Modelo romano de contrato (tentativa de superação das formalidades)	610
	3.1.5.2.	Modelo do contrato na Idade Média – contrato medieval	611
	3.1.5.3.	Modelo liberal – contrato (consagração do consensualismo)	612
	3.1.5.4.	Modelo – Estado social e democrático – Contrato	614

3.2. Princípios contratuais – clássicos e contemporâneos 617
    3.2.1. Introdução 617
    3.2.2. Autonomia da vontade 618
    3.2.3. Obrigatoriedade (*pacta sunt servanda*) 619
    3.2.4. Relatividade dos contratos 620
    3.2.5. Princípio do consensualismo 621
    3.2.6. Princípios contemporâneos (função social dos contratos e boa-fé objetiva – tutela da confiança) 621
        3.2.6.1. Contrato e o princípio da função social 621
        3.2.6.2. A função social como causa do contrato 624
        3.2.6.3. A função social e os limites à autonomia privada 624
        3.2.6.4. A função social e a sua relação com os princípios clássicos 625
        3.2.6.5. Função social: eficácia interna e externa do contrato 626
            3.2.6.5.1. Interesses transindividuais 627
            3.2.6.5.2. Terceiro ofendido 628
            3.2.6.5.3. Terceiro ofensor 629
        3.2.6.6. Princípio da boa-fé objetiva e tutela da confiança como direito fundamental 630
        3.2.6.7. *Duty to mitigate the own loss* 633
        3.2.6.8. Princípio do equilíbrio contratual ou equivalência material 634

3.3. Formação dos contratos paritários. Fases de formação 635
    3.3.1. Formação dos contratos – considerações preliminares 635
        3.3.1.1. Negociações preliminares (fase de puntuação) 637
        3.3.1.2. Proposta 638
            3.3.1.2.1. Requisitos da proposta 638
            3.3.1.2.2. Proposta ao público 638
        3.3.1.3. Proposta e vinculação: regras e exceções 640
            3.3.1.3.1. A questão da morte do proponente antes da resposta 641
        3.3.1.4. Aceitação 642
            3.3.1.4.1. Aceitação sem eficácia jurídica 643
            3.3.1.4.2. Retratação do aceitante 644
            3.3.1.4.3. Aceitação e contrato entre ausentes 644
        3.3.1.5. Lugar da celebração do contrato 646

3.4. Classificação tradicional dos contratos 646
    3.4.1. Classificação dos contratos quanto à formação ou ao momento de aperfeiçoamento 646
        3.4.1.1. Contratos consensuais e reais (plano da existência – contratos) 646

3.4.2. Classificação dos contratos quanto aos efeitos (direitos e deveres das partes): bilaterais, unilaterais e bilaterais imperfeitos...... 650
    3.4.2.1. Contrato bilateral (plano da eficácia) 650
    3.4.2.2. Contrato unilateral (plano da eficácia) 651
    3.4.2.3. Contrato bilateral imperfeito (plano da eficácia)...... 651
    3.4.2.4. Distinção entre contratos bilaterais e unilaterais – Relevância 652
3.4.3. Classificação dos contratos quanto à reciprocidade de vantagens e sacrifícios: contratos onerosos e gratuitos ou benéficos...... 653
3.4.4. Classificação dos contratos quanto à previsão do resultado: contratos comutativos e aleatórios (plano da eficácia)...... 655
    3.4.4.1. Contratos comutativos 655
    3.4.4.2. Contratos aleatórios...... 656
        3.4.4.2.1. Contratos aleatórios e origem...... 657
        3.4.4.2.2. Contratos aleatórios e as disposições da teoria geral dos contratos...... 657
        3.4.2.2.3. Assunção de risco pela existência de coisa ou fato futuro...... 658
        3.4.4.2.4. Assunção de risco pela quantidade de coisa futura...... 658
        3.4.4.2.5. Contrato aleatório e risco pela existência de coisa atual (plano da validade)...... 659
        3.4.4.2.6. Questões relevantes sobre os contratos comutativos e aleatórios...... 659
3.4.5. Classificação dos contratos quanto ao método de contratação: contratos paritários e contratos de adesão 660
3.4.6. Contratos típicos e atípicos (classificação quanto à previsão legal) 663
3.4.7. Contratos principais e acessórios (ao modo por que existem) 664
3.4.8. Contratos pessoais (ou *intuito personae*) e impessoais...... 665
3.4.9. Contratos solenes e não solenes (classificação quanto à forma) 666
3.4.10. Contratos instantâneos e de longa duração (classificação quanto ao momento de execução)...... 667
3.4.11. Contratos de consumo 668
3.5. Classificação contemporânea dos contratos...... 671
  3.5.1. Contrato com pessoa a declarar: considerações preliminares...... 671
  3.5.2. Contrato com pessoa a declarar ou da cláusula de reserva 672
    3.5.2.1. Formalidade da nomeação...... 673
    3.5.2.2. Eficácia retroativa da nomeação do terceiro...... 673
    3.5.2.3. Eficácia do contrato apenas entre os contratantes originários...... 674
  3.5.3. Contrato *tipo*...... 674
  3.5.4. Contratos individuais, coletivos e acordos normativos...... 675
  3.5.5. Contratos coativos e necessários 676
  3.5.6. Contratos relacionais e contratos cativos...... 676
  3.5.7. Contratos derivados...... 678
  3.5.8. Contratos mistos e coligados 679
  3.5.9. Contratos existenciais e comunitários 683
  3.5.10. Contratos ilícitos...... 683

3.6.	Contrato preliminar – promessa de contrato		683
	3.6.1.	Introdução e considerações preliminares: evolução histórica e regulamentação no ordenamento jurídico brasileiro	683
		3.6.1.1. Contrato preliminar e contrato definitivo	685
		3.6.1.2. Contrato preliminar e natureza jurídica	685
		3.6.1.3. Definição de contrato preliminar	685
		3.6.1.4. Objeto	686
		3.6.1.5. Contrato preliminar e negociações preliminares	686
		3.6.1.6. Pressupostos e requisitos	686
		3.6.1.7. A questão do contrato preliminar e registro	688
		3.6.1.8. O registro e a questão do disposto no art. 1.418 do CC	689
		3.6.1.9. Modalidades: contrato preliminar bilateral e contrato preliminar unilateral	690
		3.6.1.10. Efeitos jurídicos: adimplemento e inadimplemento	690
3.7.	Relatividade dos contratos – estipulação e promessa em favor de terceiro		692
	3.7.1.	Considerações preliminares	692
	3.7.2.	Estipulação em favor de terceiro	693
		3.7.2.1. Introdução	693
		3.7.2.2. Natureza jurídica	693
		3.7.2.2.1. Teoria da oferta	693
		3.7.2.2.2. Teoria da gestão de negócios	694
		3.7.2.2.3. Teoria da declaração unilateral	694
		3.7.2.2.4. Teoria do contrato *sui generis*	694
		3.7.2.3. O Código Civil e a estipulação em favor de terceiro: características do instituto	695
		3.7.2.4. Contratos que podem caracterizar estipulação em favor de terceiro	697
	3.7.3.	Promessa de fato de terceiro	697
		3.7.3.1. Introdução	697
		3.7.3.2. Natureza jurídica	697
		3.7.3.3. Estrutura jurídica da promessa de fato de terceiro	697
		3.7.3.4. Hipótese especial de exclusão da responsabilidade do promitente	699
3.8.	Contratos e garantias legais. Teoria dos vícios redibitórios e teoria da evicção		700
	3.8.1.	Teoria dos vícios redibitórios	700
		3.8.1.1. Considerações preliminares	700
		3.8.1.2. Fundamento dos vícios redibitórios e da garantia. Natureza jurídica do instituto	701
		3.8.1.3. Elementos constitutivos e conceito de vício redibitório	701
		3.8.1.4. Ciência do contratante/alienante a respeito do vício e consequência	705
		3.8.1.5. Efeitos dos vícios redibitórios: ações edilícias	706
		3.8.1.6. A questão dos vícios redibitórios relativos às coisas adquiridas em hasta pública	707
		3.8.1.7. Prazos de decadência legal para as ações edilícias	707

	3.8.1.8.	Prazos de garantia e de decadência convencional............................	710
	3.8.1.9.	Vícios redibitórios: dispositivos específicos.....................................	710
	3.8.1.10.	Vícios redibitórios no CC e no CDC..	711
	3.8.1.11.	Diferença entre erro e vício redibitório..	712
3.8.2.	Evicção		713
	3.8.2.1.	Considerações preliminares...	713
	3.8.2.2.	Evicção e teoria geral do contrato (a questão dos contratos onerosos e o contrato de compra e venda)..	714
	3.8.2.3.	Contorno jurídico da evicção..	714
	3.8.2.4.	Questão da posse originária e da posse derivada (posse civil e natural) e sua relação com a evicção	715
	3.8.2.5.	Conceito e requisitos essenciais para a consumação da evicção.....	716
	3.8.2.6.	A questão da responsabilidade civil do alienante e a cláusula de não indenizar..	718
	3.8.2.7.	Responsabilidade do alienante e deterioração da coisa (dissociação entre dolo e culpa)	720
	3.8.2.8.	Evicção e benfeitorias	720
	3.8.2.9.	Espécies de evicção: evicção total e parcial.....................................	721
	3.8.2.10.	Evicção expropriatória e hasta pública..	722
	3.8.2.11.	Aspectos processuais da evicção...	722
	3.8.2.12.	Evicção lícita e evicção invertida..	723
	3.8.2.13.	Evicção reivindicatória (resulta de sentença), expropriatória e resolutória (aquisição do vendedor se resolve por estar subordinada a uma condição resolutiva). A evicção no direito sucessório. A evicção e dação em pagamento. A evicção na doação. A evicção no contrato de transação. A evicção no direito empresarial............	724
3.9. Extinção dos contratos			725
3.9.1.	Introdução – Causas de extinção dos contratos		725
3.9.2.	Causas de extinção dos contratos		725
	3.9.2.1.	Adimplemento (causa normal e regular de extinção dos contratos)...	726
	3.9.2.2.	Causas de extinção anormal dos contratos, anteriores ou contemporâneas à formação (invalidade, vício redibitório, arrependimento, frustração de condição suspensiva, cláusula resolutiva expressa) e supervenientes à formação (resilição, resolução e falecimento)...	726
	3.9.2.3.	Resilição (causa anormal de extinção dos contratos, superveniente à formação)...	728
	3.9.2.4.	Resolução...	733
	3.9.2.5.	Conexão entre inadimplemento e cláusula resolutiva (expressa e tácita)..	737
		3.9.2.5.1. Resolução por alteração das circunstâncias (onerosidade excessiva)	741

CAPÍTULO 4
CONTRATOS EM ESPÉCIE

4.1.	Contrato de compra e venda	748
	4.1.1. Conceito e características	748
	4.1.2. Elementos do contrato de compra e venda	750
	4.1.2.1. Elementos constitutivos do contrato de compra e venda: coisa, preço e consenso	750
	4.1.2.2. Objeto do contrato de compra e venda	750
	4.1.3. Compra e venda: regra especial que se realiza à vista de amostras, protótipos ou modelos	750
	4.1.4. Compra e venda e fixação do preço sob a responsabilidade de terceiro	751
	4.1.5. Compra e venda e preço: disposição específica	751
	4.1.6. Nulidade do contrato de compra e venda em razão de cláusula puramente potestativa	752
	4.1.7. Responsabilidade pelas despesas no contrato de compra e venda	752
	4.1.8. Contrato de compra e venda à vista	753
	4.1.9. Compra e venda e a responsabilidade pela perda ou deterioração da coisa	753
	4.1.10. Insolvência do comprador e possibilidade de sobrestamento da entrega da coisa	754
	4.1.11. Restrições ao consentimento no contrato de compra e venda	754
	4.1.11.1. Venda de ascendente para descendente	754
	4.1.11.2. Compra e venda entre cônjuges	756
	4.1.11.3. As restrições dos arts. 497 e 498 do CC – Compra e venda entre pessoas que administram bens alheios	757
	4.1.11.4. Venda *ad corpus* e venda *ad mensuram*	757
	4.1.11.5. Responsabilidade por débitos pendentes e a questão dos vícios redibitórios em caso de venda de coisas em conjunto (arts. 502 e 503 do CC)	759
	4.1.11.6. Regra especial para a venda de bem indivisível que está em regime de condomínio	760
	4.1.12. Cláusulas especiais do contrato de compra e venda	761
	4.1.12.1. Pacto de retrovenda	761
	4.1.12.1.1. Consequência da recusa do comprador em receber as quantias para viabilizar o resgate pelo vendedor	762
	4.1.12.1.2. Cessão e transferência do direito de retrato	762
	4.1.12.1.3. Direito de retrato entre condôminos	762
	4.1.12.2. Venda a contento e venda sujeita à prova	763
	4.1.12.3. Preempção ou preferência convencional	765
	4.1.12.3.1. A questão do condomínio e o direito de prelação em favor de mais de uma pessoa	766
	4.1.12.3.2. As consequências da violação do direito de preferência	766
	4.1.12.3.3. O direito de preferência nas desapropriações	767

		4.1.12.3.4.	Caráter personalíssimo do direito de preempção........	767
	4.1.12.4.	Da venda com reserva de domínio..		768
		4.1.12.4.1.	Formalização do pacto..	769
		4.1.12.4.2.	A transferência da propriedade e os riscos assumidos pelo comprador............................	769
		4.1.12.4.3.	Consequências do inadimplemento do comprador........	769
		4.1.12.4.4.	Intervenção de instituição financeira.....................	770
	4.1.12.5.	Venda sob documentos (arts. 529 a 532 do CC)...................		770
4.2.	Contrato de troca ou permuta..			771
	4.2.1.	Conceito e características..		771
	4.2.2.	A permuta e as regras comuns ao contrato de compra e venda........		772
	4.2.3.	Objeto do contrato de permuta..		773
	4.2.4.	Natureza jurídica da permuta...		773
4.3.	Contrato estimatório..			774
	4.3.1.	Noções gerais...		774
	4.3.2.	Características e natureza jurídica..		774
	4.3.3.	Natureza jurídica: obrigação alternativa ou facultativa.....................		776
	4.3.4.	Efeitos jurídicos quanto aos riscos pelo perecimento ou deterioração da coisa consignada...		776
	4.3.5.	Impenhorabilidade da coisa consignada...		777
	4.3.6.	Indisponibilidade da coisa..		777
4.4.	Contrato de doação...			778
	4.4.1.	Noções gerais sobre o contrato de doação..		778
	4.4.2.	Elementos estruturais do contrato de doação: classificação do contrato de doação..		779
		4.4.2.1.	Características especiais......................................	780
	4.4.3.	Aceitação da doação..		781
	4.4.4.	Formalidade da doação: regra e exceção (análise do art. 541 do CC)...............		782
	4.4.5.	Doação em contemplação do merecimento do donatário (doação meritória)............		783
	4.4.6.	Doação remuneratória e doação mista..		783
	4.4.7.	Doação pura e simples, doação com encargo (modal) e doação condicional...........		785
	4.4.8.	Doação ao nascituro e doação em favor do absolutamente incapaz..............		786
	4.4.9.	Doação entre ascendentes e descendentes e de um cônjuge a outro: adiantamento de legítima, se a doação for colacionável.............................		787
	4.4.10.	Doação em forma de subvenção periódica.......................................		788
	4.4.11.	Doação feita em contemplação de casamento futuro com pessoa determinada...		788
	4.4.12.	Doação e cláusula de reversão: propriedade resolúvel.....................		789
	4.4.13.	Vedações legais à doação: doação universal, doação inoficiosa e doação ao cônjuge adúltero..		790
		4.4.13.1.	Doação universal...	790
		4.4.13.2.	Doação inoficiosa..	790
		4.4.13.3.	Doação do cônjuge adúltero ao seu cúmplice........	792

4.4.14.		Doação em favor de pluralidade de sujeitos (doação conjuntiva) e garantias do doador em relação ao bem doado (evicção e vício redibitório)	793
4.4.15.		Doação para entidade futura	794
4.4.16.		Revogação da doação: causas de revogação	794
	4.4.16.1.	Revogação por inexecução de encargo	795
	4.4.16.2.	Revogação por ingratidão do donatário	795
4.4.17.		Promessa de doação	798
4.4.18.		A doação e cláusulas restritivas apostas pelo doador (impenhorabilidade, inalienabilidade e incomunicabilidade)	801

4.5. Contrato de locação de coisas 802
    4.5.1. Introdução: noções gerais, conceito e características 802
        4.5.1.1. Elementos essenciais: consentimento, coisa e preço 803
            4.5.1.1.1. Coisa 803
            4.5.1.1.2. Preço 804
    4.5.2. Obrigações do locador 804
    4.5.3. Deterioração da coisa locada no curso do contrato e consequências 806
    4.5.4. Obrigações do locatário 806
    4.5.5. Restituição antecipada e direito de retenção 807
    4.5.6. Extinção da locação por prazo determinado e prorrogação da locação 809
    4.5.7. Alienação da coisa locada durante a locação 810
    4.5.8. Transferência da locação para herdeiros do locador e locatário 810

4.6. Contrato de locação de imóveis urbanos (Lei n. 8.245/91) 810
    4.6.1. Noção geral 810
    4.6.2. Ação do locador, denúncia da locação e extinção da locação vinculada a usufruto ou fideicomisso 812
    4.6.3. Alienação do bem locado durante a locação 813
    4.6.4. Hipóteses legais de extinção da locação de imóveis urbanos 813
    4.6.5. Morte das partes e consequências 814
    4.6.6. Dissolução da sociedade conjugal e da união estável e consequências 814
    4.6.7. Da cessão da locação e das sublocações 814
    4.6.8. Regras sobre o aluguel 815
    4.6.9. Deveres do locador e do locatário 816
    4.6.10. Direito de preferência 817
    4.6.11. As benfeitorias realizadas pelo locatário 818
    4.6.12. Das garantias da locação 819
    4.6.13. Das nulidades da locação 821
    4.6.14. Da locação residencial 821
        4.6.14.1. Da locação para temporada 822
    4.6.15. Da locação não residencial 822
    4.6.16. Disposições gerais sobre os procedimentos das ações relativas a esta lei 824
        4.6.16.1. Despejo 824
        4.6.16.2. Da ação de consignação de aluguel e acessórios da locação 826
        4.6.16.3. Da ação revisional de aluguel 827
        4.6.16.4. Da ação renovatória 828

	4.6.17.	Regras relevantes	828
4.7.	Contrato de comodato e contrato de mútuo (empréstimo)		828
	4.7.1.	Introdução: noções gerais, conceito e características	828
	4.7.2.	Do comodato	829

- 4.7.2.1. Conceito e características ... 829
  - 4.7.2.1.1. Infungibilidade do objeto ... 830
  - 4.7.2.1.2. Gratuidade ... 830
  - 4.7.2.1.3. Temporariedade ... 831
  - 4.7.2.1.4. Natureza real do comodato ... 831
  - 4.7.2.1.5. Unilateralidade (efeitos obrigacionais) ... 831
  - 4.7.2.1.6. Contrato impessoal? ... 832
- 4.7.2.2. Prazo do comodato: outras questões sobre a temporariedade ... 832
- 4.7.2.3. Comodato na tutela, curatela e administração em geral ... 833
- 4.7.2.4. Comodatário: obrigações ... 834
  - 4.7.2.4.1. Obrigação de conservação da coisa ... 834
  - 4.7.2.4.2. Obrigação de uso de acordo com a natureza do bem e a função do contrato ... 834
  - 4.7.2.4.3. Obrigação de restituição ... 835
- 4.7.2.5. Assunção de risco integral na obrigação de conservação e responsabilidade pelas despesas com a coisa ... 835
- 4.7.2.6. Pluralidade de comodatários ... 836
- 4.7.2.7. Deveres e obrigações do comodante ... 836
- 4.7.2.8. Extinção do comodato ... 836

4.7.3. Mútuo (empréstimo de coisas fungíveis) ... 837
- 4.7.3.1. Conceito e noções gerais ... 837
- 4.7.3.2. Características e classificação do mútuo ... 837
  - 4.7.3.2.1. Transferência da propriedade ... 837
  - 4.7.3.2.2. Temporariedade (prazo) ... 837
  - 4.7.3.2.3. Coisa móvel e fungível ... 838
  - 4.7.3.2.4. Natureza real do mútuo ... 838
  - 4.7.3.2.5. Unilateralidade (efeitos obrigacionais) ... 838
  - 4.7.3.2.6. Gratuidade/onerosidade ... 839
- 4.7.3.3. Mútuo em favor de menor ... 839
- 4.7.3.4. Mútuo e garantia de restituição ... 840
- 4.7.3.5. Mútuo feneratício (oneroso) ... 840

4.8. Da prestação de serviços ... 841
- 4.8.1. Noções gerais ... 841
- 4.8.2. Contrato de prestação de serviços: formalidade e remuneração ... 843
  - 4.8.2.1. Contrato de prestação de serviços: prazo máximo, prazo determinado e prazo indeterminado ... 843
  - 4.8.2.2. Contrato de prestação de serviços: justa causa e efeitos ... 844
  - 4.8.2.3. O caráter personalíssimo do contrato de prestação de serviços ... 845
  - 4.8.2.4. Causas de extinção do contrato de prestação de serviços ... 846
  - 4.8.2.5. Aliciamento de terceiros ofensores ... 847

4.9. Empreitada 848
    4.9.1. Noções gerais, conceito e características 848
        4.9.1.1. Empreitada: espécies e efeitos 848
        4.9.1.2. Empreitada por preço certo, por medida e por administração 849
        4.9.1.3. Conclusão da obra: dever de recebimento e direito de rejeição 850
        4.9.1.4. Responsabilidade do empreiteiro quanto aos materiais inutilizados por sua culpa 850
        4.9.1.5. A responsabilidade civil do empreiteiro na empreitada de edifícios e outras construções consideráveis 850
        4.9.1.6. Cláusula de reajustamento na empreitada por preço certo 852
        4.9.1.7. Possibilidade de revisão do preço 852
        4.9.1.8. Modificação do projeto da obra pelo seu proprietário 852
        4.9.1.9. Subempreitada 853
        4.9.1.10. A suspensão da obra pelo dono e o empreiteiro e os efeitos 853
        4.9.1.11. Extinção da empreitada em decorrência de morte do empreiteiro ... 854
4.10. Contrato de depósito 854
    4.10.1. Noções gerais e características 854
    4.10.2. Local de restituição da coisa e responsabilidade pelas despesas de restituição 857
    4.10.3. Depósito no interesse de terceiro 857
    4.10.4. Depósito judicial em caso de recusa do depositário quanto ao recebimento da coisa 857
    4.10.5. Perda da coisa depositada e responsabilidade do depositário (teoria dos riscos no depósito) 858
    4.10.6. Dever de restituição e herdeiros 858
    4.10.7. Restituição obrigatória como dever principal 859
    4.10.8. Pluralidade de depositantes e divisibilidade da coisa depositada 859
    4.10.9. Proibições ao depositário quanto a uso e subcontratação 859
    4.10.10. Incapacidade do depositário 860
    4.10.11. Responsabilidade do depositário pelos casos de força maior 860
    4.10.12. Obrigação do depositante pelas despesas da coisa e prejuízos que do depósito provierem 860
    4.10.13. Depósito e direito de retenção do depositário 860
    4.10.14. Depósito irregular 861
    4.10.15. Espécies de depósito 861
    4.10.16. Depósito e prisão civil 863
    4.10.17. Responsabilidade do depositário na guarda de veículos 863
4.11. Contrato de mandato 864
    4.11.1. Noções gerais, conceito e natureza jurídica 864
    4.11.2. Formalidades do mandato: mandato expresso, tácito, verbal e escrito. Sujeição da forma ao ato 865
    4.11.3. Mandato: onerosidade e gratuidade 866
    4.11.4. Modalidades de mandato: geral e especial 866
    4.11.5. Atos praticados pelo mandatário sem poderes ou com excesso de poderes – o mandato aparente 867

4.11.6.	A vinculação do mandante aos atos praticados pelo mandatário, a prática de atos em nome próprio e o excesso de poderes do mandatário	868
4.11.7.	O mandato e o direito de retenção	869
4.11.8.	Obrigações do mandatário	869
4.11.9.	Obrigações do mandante	871
4.11.10.	Causas de extinção do mandato (art. 682 do CC)	872
4.11.11.	O mandato em causa própria	874
4.11.12.	Mandato judicial	875
4.12. Contrato de comissão		876
4.12.1.	Noções gerais, conceito e características	876
4.12.2.	Obrigações do comissário	876
4.12.3.	Responsabilidade do comissário pela solvência do terceiro e cláusula *del credere*	877
4.12.4.	Dilação de prazo para pagamentos	877
4.12.5.	A remuneração do comissário	877
4.12.6.	Possibilidade de o comitente alterar as ordens e instruções dadas ao comissário	878
4.12.7.	A demissão do comissário sem justa causa e os efeitos quanto à remuneração	878
4.12.8.	O contrato de comissão e os juros recíprocos	878
4.12.9.	Natureza do crédito do comissário e direito de retenção	878
4.12.10.	Regras subsidiárias ao contrato de comissão	879
4.13. Contrato de agência e distribuição		879
4.13.1.	Noções gerais, conceito e características	879
4.13.2.	A questão da "exclusividade" dos contratos de agência e distribuição	880
4.13.3.	Obrigação do agente	880
4.13.4.	Responsabilidade pelas despesas com a agência ou distribuição	880
4.13.5.	Remuneração do agente ou distribuidor	880
4.13.6.	Indenização ao agente ou distribuidor por fato imputável ao proponente	881
4.13.7.	A resilição do contrato de agência e distribuição por prazo indeterminado e a relação com a teoria do abuso de direito	881
4.13.8.	Regras subsidiárias ao contrato de agência e distribuição	881
4.14. Contrato de corretagem		882
4.14.1.	Noções gerais, conceito e características	882
4.14.2.	Obrigações do corretor	882
4.14.3.	A remuneração do corretor	883
4.14.4.	O contrato de corretagem e a compatibilidade com outras normas	883
4.15. Contrato de transporte		883
4.15.1.	Noções gerais, conceito e características	883
4.15.2.	Transporte de pessoas – regras gerais	885
4.15.3.	Transporte gratuito	886
4.15.4.	Horários e responsabilidade civil	886
4.15.5.	Recusa de passageiros	887
4.15.6.	Resolução do contrato de transporte e interrupção da viagem	887
4.15.7.	Retenção da bagagem	887
4.15.8.	Transporte de coisas	887

4.16. Contrato de seguro 889
 4.16.1. Conceito e noções gerais sobre o contrato de seguro (natureza jurídica) 889
 4.16.2. O contrato de seguro e a prova da constituição (apólice e bilhete de seguro) 891
 4.16.3. A nulidade do contrato de seguro para garantia de risco por ato doloso 891
 4.16.4. Efeitos jurídicos da mora do segurado em relação ao prêmio e a possibilidade de purgação 892
 4.16.5. Obrigação do segurado em relação ao prêmio independente da consumação do risco 893
 4.16.6. O princípio da boa-fé objetiva como valor referência do contrato de seguro 893
 4.16.7. O seguro à conta de outrem 894
 4.16.8. A perda do direito à indenização em caso de agravamento intencional do risco 894
 4.16.9. O dever de informação decorrente do princípio da boa-fé objetiva quanto ao agravamento do risco 895
 4.16.10. As consequências da redução do risco 895
 4.16.11. O dever de informação sobre a ocorrência do sinistro 896
 4.16.12. Os efeitos jurídicos da mora do segurador 896
 4.16.13. Sanção ao segurador que expede a apólice ciente da consumação do risco 896
 4.16.14. A cláusula de recondução tácita do contrato pelo mesmo prazo 897
 4.16.15. Os agentes autorizados e os efeitos dos atos por ele praticados 897
 4.16.16. A indenização e a cláusula de reposição 898
 4.16.17. Aplicação subsidiária do Código Civil 898
 4.16.18. O seguro de dano 898
 4.16.19. O seguro de dano e a possibilidade de transferência 899
 4.16.20. A sub-rogação do segurador e os efeitos do pagamento da indenização 900
 4.16.21. O seguro de responsabilidade civil como modalidade de seguro de dano 901
 4.16.22. Os seguros de responsabilidade legalmente obrigatórios 902
 4.16.23. O seguro de pessoa 903
 4.16.24. O seguro de pessoa como bem intangível 905
 4.16.25. A nulidade do pagamento reduzido do capital estipulado 905
 4.16.26. O pagamento do prêmio no seguro de vida 906
 4.16.27. Seguro de pessoa para o caso de morte e prazo de carência 906
 4.16.28. O seguro de pessoa e a questão do suicídio 907
 4.16.29. Obrigação do segurador quanto à indenização em situações específicas 907
 4.16.30. A vedação da sub-rogação no seguro de pessoa 908
 4.16.31. O seguro de pessoa coletivo ou em grupo 908
4.17. Contrato de constituição de renda 908
 4.17.1. Noções gerais e natureza jurídica 908
 4.17.2. A constituição de renda onerosa 909
  4.17.2.1. Modos de constituição da renda e o caráter temporário 910
 4.17.3. A constituição de renda em favor de pessoa falecida ou enferma: nulidade 910
 4.17.4. Inadimplemento do rendeiro e consequências 911
 4.17.5. Periodicidade da renda e a renda constituída em benefício de várias pessoas .. 911

4.17.6.	Impenhorabilidade das rendas	912
4.17.7.	Extinção do contrato de constituição de renda	912

4.18. Contrato de jogo e aposta 912
    4.18.1. Noções gerais e natureza jurídica 912
    4.18.2. Espécies de jogos 914
    4.18.3. Mútuo para jogo e contratos com títulos em bolsa 915

4.19. Fiança 915
    4.19.1. Noções gerais 915
    4.19.2. Natureza e características da fiança 915
    4.19.3. Fiança: regras especiais e principais 916
        4.19.3.1. Dispensa do consentimento do fiador 916
        4.19.3.2. Garantia de dívida atual ou futura 916
        4.19.3.3. Extensão da fiança (limitada ou ilimitada) 917
        4.19.3.4. Fiança e obrigações nulas 917
        4.19.3.5. Fiança e a idoneidade do fiador 917
        4.19.3.6. Fiador incapaz ou insolvente 918
        4.19.3.7. Efeitos da fiança: benefício de ordem 918
        4.19.3.8. Efeitos da fiança: benefício de divisão 919
        4.19.3.9. Efeitos da fiança: sub-rogação 920
        4.19.3.10. Responsabilidade do devedor pelas perdas e danos do fiador e a questão dos juros do desembolso pela taxa estipulada 922
        4.19.3.11. Inércia do credor quanto à execução do fiador: efeitos 922
        4.19.3.12. Efeitos da fiança: a exoneração do fiador na fiança sem limitação de tempo e no caso de morte 922
    4.19.4. Extinção da fiança 923

4.20. Atos unilaterais (promessa de recompensa, gestão de negócios, pagamento indevido e enriquecimento sem causa) 925
    4.20.1. Introdução 925
    4.20.2. Promessa de recompensa 925
    4.20.3. Gestão de negócios 925
    4.20.4. Pagamento indevido 927
    4.20.5. Enriquecimento sem causa 927

CAPÍTULO 5
DIREITOS REAIS

5.1. Direitos reais 932
    5.1.1. Introdução 932
    5.1.2. Conceito e relação jurídica 932
    5.1.3. Evolução histórica 933
    5.1.4. Características 934
        5.1.4.1. Eficácia absoluta 934
        5.1.4.2. Permanência 934
        5.1.4.3. Preferência 935

5.1.4.4.	Imediatidade	935
5.1.4.5.	Sequela	935
5.1.4.6.	Taxatividade	935

5.2. Posse 935
    5.2.1. Histórico e premissas para compreensão da posse 935
    5.2.2. Principais teorias da posse – Subjetiva (*Savigny*) e Objetiva (*Ihering*) (uma tentativa de compreender a estrutura do fenômeno possessório) – elementos que integram o conteúdo da posse: *corpus* e *animus* 936
        5.2.2.1. Teoria subjetiva clássica (*Savigny*) 936
        5.2.2.2. Teoria objetiva (*Ihering*) 938
        5.2.2.3. Teoria adotada no Código Civil e a teoria social da posse 940
        5.2.2.4. Teorias da posse e o STJ 943
    5.2.3. Natureza jurídica da posse 944
    5.2.4. A tensão entre as teorias objetiva e social da posse sob a perspectiva do instituto da desapropriação judicial (art. 1.228, §§ 4º e 5º, do CC) e a atuação do Ministério Público na posse 945
        5.2.4.1. Da desapropriação judicial 945
            5.2.4.1.1. Desapropriação judicial e bens públicos 949
            5.2.4.1.2. Desapropriação judicial e usucapião coletiva do Estatuto da Cidade 949
        5.2.4.2. A posse e o Ministério Público 950
    5.2.5. Objeto da posse 950
        5.2.5.1. Objeto da posse e bens públicos 951
    5.2.6. Desdobramento da posse (posse direta ou indireta) 952
    5.2.7. Composse (art. 1.199 do CC) 954
    5.2.8. Detenção (distinção da posse) 956
    5.2.9. Classificação da posse 961
        5.2.9.1. Posse violenta, clandestina e precária (vícios objetivos da posse) 961
            5.2.9.1.1. Vícios objetivos da posse e características (Relatividade dos vícios e a questão da interversão da posse – temporários) 963
            5.2.9.1.2. Vícios subjetivos da posse (posse de boa-fé e posse de má-fé) 966
            5.2.9.1.3. Vício subjetivo da posse e alteração do caráter 967
            5.2.9.1.4. Classificação da posse: posse *ad interdicta* e *ad usucapionem* 968
    5.2.10. Classificação, perda e transmissão da posse 969
        5.2.10.1. Posse originária e posse derivada 969
        5.2.10.2. Constituto possessório 970
    5.2.11. O exercício dos poderes de fato por ato próprio ou por terceiro (art. 1.205 do CC) 971
    5.2.12. Transmissão da posse e acessão de posse 974
    5.2.13. Presunção dos móveis na posse de imóvel 975
    5.2.14. Efeitos da posse 975

	5.2.14.1.	Introdução	975
	5.2.14.2.	Proteção possessória – 1º efeito da posse: interditos possessórios e autodefesa (tutela e defesa da posse)	976
	5.2.14.3.	Interditos possessórios	977
		5.2.14.3.1. Proteção possessória por meio dos interditos	977
		5.2.14.3.2. Posse nova e posse velha: Questão de direito material ou processual?	979
		5.2.14.3.3. Exceção de domínio e tutela possessória	980
		5.2.14.3.4. A questão da melhor posse	983
		5.2.14.3.5. Breves anotações sobre o procedimento das ações possessórias	983
	5.2.14.4.	Direito à percepção dos frutos	985
	5.2.14.5.	Efeitos da posse: benfeitorias e o direito de retenção	987
	5.2.14.6.	Responsabilidade civil por danos: perda ou deterioração da coisa possuída	990
	5.2.14.7.	Usucapião (noções gerais como efeito da posse)	991
5.2.15.	Perda da posse		991
	5.2.15.1.	Abandono da coisa	992
	5.2.15.2.	Tradição	992
	5.2.15.3.	Perda ou destruição da coisa possuída	992
	5.2.15.4.	Constituto possessório	993
	5.2.15.5.	Posse de outrem	993
	5.2.15.6.	A perda da posse e a ausência do possuidor	993
5.3. Propriedade			994
5.3.1.	Introdução		994
5.3.2.	Considerações preliminares e evolução histórica		994
5.3.3.	Fundamento e legitimidade da propriedade (função social). As três acepções da propriedade contemporânea (propriedade como garantia, acesso e função social)		995
5.3.4.	Propriedade funcionalizada e patrimônio coletivo		997
5.3.5.	Conceito de propriedade (análise estrutural e funcional)		998
5.3.6.	Propriedade e domínio		999
5.3.7.	Faculdades do proprietário (uso, gozo, disposição e reivindicação)		1000
	5.3.7.1.	Direito de usar (*ius utendi*)	1000
	5.3.7.2.	Direito de gozo ou fruição (*ius fruendi*)	1001
	5.3.7.3.	Direito de disposição (*ius abutendi*)	1001
	5.3.7.4.	Direito de reivindicar (*rei vindicatio*)	1002
	5.3.7.5.	O domínio no âmbito da propriedade e da posse: conexões	1002
5.3.8.	A propriedade e a teoria dos atos emulativos (abuso de direito)		1002
	5.3.8.1.	A teoria do abuso de direito (ilícito objetivo) no art. 187 do CC	1004
5.3.9.	Atributos da propriedade		1005
	5.3.9.1.	Introdução	1005
	5.3.9.2.	Principais atributos da propriedade	1005
		5.3.9.2.1. Exclusividade (a questão dos terceiros)	1005

		5.3.9.2.2.	Perpetuidade	1006
		5.3.9.2.3.	Elasticidade	1007
		5.3.9.2.4.	Multipropriedade (*time sharing*) – arts. 1.358-B a 1.358-U do CC	1008
	5.3.9.3.		Objeto da propriedade: bens corpóreos e incorpóreos (propriedade intelectual)	1014
	5.3.9.4.		Extensão das faculdades do proprietário (limites ao direito de propriedade)	1014
	5.3.9.5.		Limitações às faculdades jurídicas do proprietário	1016
	5.3.9.6.		Os acessórios da propriedade	1017
	5.3.9.7.		Expropriação privada – (art. 1.228, §§ 4º e 5º, do CC)	1017
	5.3.9.8.		Da descoberta	1018
		5.3.9.8.1.	Caracterização da descoberta	1018
		5.3.9.8.2.	Direito de recompensa	1018
		5.3.9.8.3.	Responsabilidade do descobridor	1018
		5.3.9.8.4.	Ato da autoridade competente para localizar o dono ou o legítimo possuidor e procedimento	1019
5.4.	Modos de aquisição da propriedade imóvel			1019
	5.4.1.	Introdução		1019
	5.4.2.	Registro		1020
		5.4.2.1.	Natureza e características	1020
		5.4.2.2.	O registro, o direito de propriedade constituído em favor de terceiros e a questão da boa-fé	1022
		5.4.2.3.	Atributos do registro	1023
		5.4.2.4.	Distinção necessária entre vício no título e vício no registro	1025
	5.4.3.	Da usucapião		1026
		5.4.3.1.	Noções preliminares	1026
		5.4.3.2.	Aquisição originária ou derivada da propriedade?	1026
		5.4.3.3.	Fundamento da usucapião (posse e função social)	1027
		5.4.3.4.	Requisitos da usucapião (teoria geral da usucapião)	1028
			5.4.3.4.1. Requisitos genéricos da usucapião	1028
			5.4.3.4.1.1. Requisitos formais genéricos ou comuns (posse *ad usucapionem* e tempo)	1034
			5.4.3.4.2. Requisitos formais específicos (cada espécie de usucapião possui requisitos próprios): as espécies de usucapião	1036
			5.4.3.4.2.1. Usucapião extraordinária (art. 1.238 do CC)	1037
			5.4.3.4.2.2. Usucapião ordinária (art. 1.242 do CC)	1038
			5.4.3.4.2.3. Usucapião especial rural ou *pro labore* (arts. 1.239 do CC e 191 da CF/88)	1041
			5.4.3.4.2.4. Usucapião especial urbano ou *pro*	

		moradia (art. 1.240 do CC, art. 183 da CF/88 e art. 9º do Estatuto da Cidade)	1043
	5.4.3.4.2.5.	Usucapião especial urbano coletivo (art. 10 do Estatuto da Cidade)	1046
	5.4.3.4.2.6.	Usucapião especial urbano residencial familiar (art. 1.240-A do CC, introduzido pela Lei n. 12.424/2011)	1047
	5.4.3.4.2.7.	Usucapião indígena (art. 33 do Estatuto do Índio)	1049
	5.4.3.4.2.8.	Usucapião tabular (art. 214, § 5º, da Lei n. 6.015/73)	1049
	5.4.3.4.2.9.	Usucapião e regularização fundiária – Lei n. 13.465/2017	1050
	5.4.3.4.2.10.	Usucapião de quilombolas	1052
5.4.3.5.	Algumas breves questões processuais relativas à ação de usucapião		1052
5.4.3.6.	Usucapião e direito intertemporal		1053
5.4.3.7.	Usucapião "administrativo" – art. 1.071 do CPC		1053

5.4.4. Acessão 1054

    5.4.4.1. Acessão de móvel a móvel (acessões naturais) – Incorporação de imóvel a imóvel 1056

        5.4.4.1.1. Formação de ilhas 1056

        5.4.4.1.2. Aluvião 1056

        5.4.4.1.3. Avulsão 1057

        5.4.4.1.4. Álveo abandonado 1058

    5.4.4.2. Acessões artificiais (construções e plantações) – de móvel a imóvel 1058

        5.4.4.2.1. Introdução 1058

        5.4.4.2.2. Não coincidência entre a titularidade do móvel (sementes e materiais) e a titularidade do imóvel (solo) 1059

    5.4.4.3. Acessão invertida e função social da posse 1061

    5.4.4.4. Regras sobre invasão de pequena área ou invasão de extensa área ou desapropriação no interesse privado 1062

        5.4.4.4.1. Invasão parcial de pequena área (art. 1.258 do CC) 1063

        5.4.4.4.2. Invasão parcial de extensa área (art. 1.259 do CC) 1064

5.5. Modos de aquisição da propriedade móvel 1064

    5.5.1. Introdução 1064

    5.5.2. Ocupação 1064

    5.5.3. Achado de tesouro 1065

    5.5.4. Tradição 1066

    5.5.5. Especificação 1069

    5.5.6. Confusão, comissão e adjunção 1070

	5.5.7.	Usucapião	1071
5.6.	Modos de perda da propriedade	1072
	5.6.1.	Introdução	1072
	5.6.2.	Propriedade resolúvel e propriedade *ad tempus* (arts. 1.359 e 1.360 do CC)	1076
	5.6.3.	Propriedade aparente	1078
	5.6.4.	Propriedade fiduciária (direito real de garantia sobre coisa própria)	1079
		5.6.4.1. Introdução	1079
		5.6.4.2. Conceito de propriedade fiduciária sob a perspectiva do Código Civil	1080
		5.6.4.3. Elementos: sujeitos, objeto e natureza jurídica da propriedade fiduciária sob a perspectiva do Código Civil	1081
	5.6.5.	Constituição da propriedade fiduciária	1083
5.7.	Características da propriedade fiduciária	1085
	5.7.1.	Propriedade fiduciária como propriedade resolúvel	1085
	5.7.2.	Propriedade fiduciária e o desdobramento da posse direta em indireta	1086
	5.7.3.	Propriedade fiduciária como patrimônio de afetação	1086
	5.7.4.	Consequências do inadimplemento do devedor e a vedação do pacto comissório	1087
	5.7.5.	A propriedade fiduciária e as regras dos direitos reais de garantia em coisa alheia	1089
	5.7.6.	Ação de busca e apreensão (direito processual, objeto do Decreto-lei n. 911/69, Com as alterações da Lei n. 10.931/2004)	1090
	5.7.7.	Propriedade fiduciária de bens imóveis	1092
5.8.	Propriedade superficiária	1095
	5.8.1.	Introdução	1095
	5.8.2.	Conceito e natureza jurídica	1096
	5.8.3.	Objeto do direito de superfície no Código Civil e a superfície por cisão	1097
	5.8.4.	Modo de constituição da propriedade superficiária	1098
	5.8.5.	A gratuidade ou onerosidade do direito de superfície	1099
	5.8.6.	Responsabilidade pelos encargos e tributos	1099
	5.8.7.	A transferência do direito de superfície por ato *inter vivos* ou *causa mortis*	1100
	5.8.8.	O direito de preferência e a alienação do imóvel ou da propriedade superficiária	1101
	5.8.9.	Extinção do direito de superfície (Código Civil)	1102
	5.8.10.	Efeitos da extinção do direito de superfície	1102
	5.8.11.	Extinção do direito de superfície por desapropriação e efeitos	1103
	5.8.12.	O direito de superfície constituído por pessoa jurídica de direito público interno	1103
	5.8.13.	Direito de superfície e o CPC de 2015	1105
5.9.	Direitos de vizinhança	1105
	5.9.1.	Introdução	1105
	5.9.2.	Uso anormal da propriedade e regras de vizinhança	1106
	5.9.3.	Árvores limítrofes	1109
	5.9.4.	Passagem forçada	1110

	5.9.5.	Da passagem de cabos e tubulações	1111
	5.9.6.	Das águas	1112
	5.9.7.	Dos limites entre prédios e o direito de tapagem	1114
	5.9.8.	Direito de construir	1116
5.10.	Condomínio		1120
	5.10.1.	Introdução ao condomínio e noções preliminares	1120
		5.10.1.1. Fontes ou origem do condomínio	1121
	5.10.2.	Natureza jurídica	1122
	5.10.3.	Conteúdo do condomínio e da comunhão de interesses	1122
	5.10.4.	Exercício do condomínio – deveres e obrigações	1125
	5.10.5.	Extinção do condomínio voluntário	1126
	5.10.6.	Administração do condomínio	1128
	5.10.7.	Do condomínio necessário	1130
	5.10.8.	Condomínio edilício (arts. 1.331 a 1.358 do CC)	1131
		5.10.8.1. Considerações preliminares e noção geral (art. 1.331 do CC)	1131
		5.10.8.2. Natureza jurídica	1132
		5.10.8.3. A instituição e constituição do condomíno edilício e o dever de pagar contribuições condominiais	1133
		5.10.8.4. Direitos e deveres dos condôminos (arts. 1.335 e 1.336 e 1.340 a 1.346 do CC)	1135
		5.10.8.5. As sanções punitivas condominiais e outras questões relativas ao condomínio edilício	1136
		5.10.8.6. Administração do condomínio edilício	1137
		5.10.8.7. Extinção	1138
		5.10.8.8. Questões polêmicas	1139
		5.10.8.9. O loteamento fechado de acesso controlado, condomínio de fato e o condomínio de lotes. Art. 1.358-A	1139
5.11.	Direitos reais sobre coisa alheia (*juris in re aliena*)		1141
	5.11.1.	Servidão predial	1141
		5.11.1.1. Servidão e função social da propriedade	1142
		5.11.1.2. Servidão predial e fundamento	1142
		5.11.1.3. Servidão predial e breve comentário sobre a evolução histórica	1142
		5.11.1.4. Conceito, objeto e características da servidão predial	1143
		5.11.1.5. Servidão e perpetuidade	1144
		5.11.1.6. Atipicidade da servidão	1144
		5.11.1.7. Não presunção da servidão predial	1144
		5.11.1.8. Modos de constituição das servidões prediais	1144
		5.11.1.9. Servidão administrativa	1146
		5.11.1.10. Classificação das servidões	1146
		5.11.1.11. Distinções da servidão com os direitos de vizinhança	1146
		5.11.1.12. Exercício da servidão	1147
		5.11.1.13. Remoção da servidão predial	1148
		5.11.1.14. Limites da servidão	1148
		5.11.1.15. Extinção das servidões	1148

	5.11.1.16.	Tutela processual das servidões	1150
5.11.2.	Usufruto		1151
	5.11.2.1.	Introdução e noções preliminares	1151
	5.11.2.2.	Características do usufruto	1151
	5.11.2.3.	Objeto do usufruto	1152
		5.11.2.3.1. Bens consumíveis e usufruto impróprio (quase usufruto)	1153
		5.11.2.3.2. Usufruto e a existência de florestas e recursos minerais	1154
		5.11.2.3.3. Usufruto e títulos de crédito	1154
	5.11.2.4.	Usufruto e transferência do direito real (caráter personalíssimo)	1154
	5.11.2.5.	Modos de constituição do usufruto	1155
	5.11.2.6.	Direitos do usufrutuário	1156
	5.11.2.7.	Deveres do usufrutuário	1157
	5.11.2.8.	Extinção do usufruto	1159
5.11.3.	Uso		1161
5.11.4.	Direito real de habitação		1162
5.11.5.	Enfiteuse		1163

5.12. Direito do promitente comprador do imóvel 1163
    5.12.1. Direito do promitente comprador no ordenamento jurídico brasileiro 1163

5.13. A concessão de direito real de uso e a concessão de uso especial para fins de moradia 1166
    5.13.1. Noção e características 1166
    5.13.2. Direito real de laje 1168

5.14. Direitos reais de garantia sobre coisa alheia 1169
    5.14.1. Considerações preliminares 1169
    5.14.2. Requisitos (objetivos, subjetivos e formais) 1171
    5.14.3. Efeitos da garantia real – princípios e regras comuns à hipoteca, penhora e anticrese 1172

	5.14.3.1.	Sequela e aderência (sujeição, por vínculo real, ao cumprimento da obrigação)	1172
	5.14.3.2.	Excussão e vedação do pacto comissório	1173
	5.14.3.3.	Indivisibilidade	1174
	5.14.3.4.	Sub-rogação	1175
	5.14.3.5.	Preferência (prelação)	1175
	5.14.3.6.	Especialização	1177
5.14.4.	Espécies: direitos reais de garantia sobre coisa alheia. Penhor, hipoteca e anticrese. Regras especiais		1177
	5.14.4.1.	Penhor – conceito e noções gerais	1177
		5.14.4.1.1. Características do penhor	1178
		5.14.4.1.2. Causas de extinção do penhor	1180
		5.14.4.1.3. Espécies de penhor	1181
	5.14.4.2.	Hipoteca – noções gerais, objeto e extensão da garantia	1183
		5.14.4.2.1. Regras especiais sobre a hipoteca	1184

5.14.4.2.2.	Espécies de hipoteca	1185
5.14.4.2.3.	Registro da hipoteca	1186
5.14.4.2.4.	Extinção da hipoteca	1186
5.14.4.2.5.	Hipoteca de vias férreas	1186
5.14.4.2.6.	Anticrese	1187

CAPÍTULO 6
FAMÍLIA

- 6.1. Família contemporânea – princípios constitucionais ... 1190
  - 6.1.1. Princípios constitucionais e a nova concepção de família (efeito pós-positivismo) ... 1190
  - 6.1.2. Família e o "afeto": O afeto é princípio jurídico? ... 1191
  - 6.1.3. O direito de família e outros valores sociais constitucionais ... 1193
  - 6.1.4. Família e princípios constitucionais ... 1193
  - 6.1.5. Os modelos de família (espécies de entidades familiares): princípio da pluralidade de modelos familiares ... 1194
  - 6.1.6. Família simultânea e poliamor ... 1197
- 6.2. Evolução histórica da família (da "família instituição" para a "família instrumento") ... 1198
  - 6.2.1. Relações familiares e evolução da família – da "família tradicional" para a "família contemporânea" ... 1198
- 6.3. Teoria do casamento ... 1200
  - 6.3.1. Casamento – introdução e noção geral ... 1200
  - 6.3.2. Natureza jurídica do casamento – teorias ... 1200
  - 6.3.3. Casamento civil e casamento religioso com efeitos civis ... 1202
  - 6.3.4. Características e pressupostos para o casamento ... 1203
  - 6.3.5. Capacidade (e não legitimidade) para o casamento: capacidade matrimonial ... 1204
  - 6.3.6. Impedimentos que invalidam o casamento (nulidade – violação de interesse público) ... 1207
  - 6.3.7. Causas suspensivas (sanção que repercute no regime de bens) ... 1209
  - 6.3.8. Processo de habilitação do casamento ... 1210
  - 6.3.9. Procedimento para celebração do casamento ... 1212
  - 6.3.10. Hipóteses especiais para a celebração do casamento ... 1213
    - 6.3.10.1. Moléstia grave e iminente risco para a vida de um dos nubentes: casamento nuncupativo ... 1213
    - 6.3.10.2. Casamento por procuração ... 1215
    - 6.3.10.3. Casamento consular ... 1215
  - 6.3.11. Provas do casamento ... 1216
  - 6.3.12. Teoria da invalidade do casamento (causas originárias): introdução ... 1217
    - 6.3.12.1. Hipóteses de nulidade do casamento e legitimidade (nulidade) ... 1218
    - 6.3.12.2. Hipóteses de anulação do casamento e legitimidade ... 1220
  - 6.3.13. Efeitos da invalidade do casamento e o casamento putativo ... 1225
  - 6.3.14. Eficácia do casamento (efeitos jurídicos do casamento válido – sociais, pessoais e patrimoniais) ... 1227
- 6.4. Estatuto patrimonial dos cônjuges – pacto antenupcial e regime de bens ... 1232

6.4.1. Teoria do direito patrimonial (regime de bens entre cônjuges): estatuto patrimonial do casamento.. 1232
6.4.2. Características do regime de bens e o princípio da liberdade de escolha........... 1234
6.4.3. Regime legal e regime convencional: a variedade de regimes e a combinação de elementos de regimes diferentes 1234
6.4.4. Alteração do regime de bens durante a sociedade conjugal: Possibilidade? Motivação e intervenção judicial (requisitos questionáveis)................................. 1235
6.4.5. Hipóteses legais do regime de separação (separação obrigatória e legal): exceção à liberdade de escolha do regime de bens.. 1236
    6.4.5.1. O regime da separação obrigatória de bens e a Súmula 377 do STF (a possibilidade de pacto antenupcial e a questão do esforço comum em relação aos aquestos) 1238
6.4.6. Atos de mera gestão ou administração: atos praticados pelos cônjuges durante a sociedade conjugal em relação aos bens que prescindem de vênia conjugal – relação com os regimes de bens e a desnecessidade de vênia conjugal 1240
    6.4.6.1. Os atos jurídicos que independem de autorização do cônjuge no âmbito doméstico (arts. 1.643 e 1.644 do CC) 1243
    6.4.6.2. Atos de disposição patrimonial: atos praticados pelo cônjuge que dependem de vênia (consentimento) conjugal 1243
    6.4.6.3. Os atos praticados por um dos cônjuges sem autorização do outro e a tutela dos terceiros de boa-fé prejudicados pela invalidação destes negócios jurídicos.. 1245
    6.4.6.4. Legitimidade para as hipóteses previstas nos arts. 1.642, III, IV e V, e 1.647, III e IV, CC 1246
    6.4.6.5. Efeitos jurídicos da ausência do cônjuge quando necessária (anulação). A outorga e o suprimento de consentimento: a decretação da invalidade dos atos praticados sem outorga ou sem consentimento do juiz 1246
    6.4.6.6. O art. 1.647, inciso I, e a Lei n. 14.118/2021 (Programa "Casa Verde e Amarela") 1247
6.4.7. União estável e exigência de outorga ou autorização para administração de bens ou atos de disposição patrimonial.. 1248
6.4.8. Impossibilidade do exercício da administração dos bens por um dos cônjuges e efeitos... 1249
6.4.9. Pacto antenupcial: noções gerais, formalidades essenciais e questões especiais.. 1249
6.4.10. Espécies de regime de bens: variedade de regimes... 1251
    6.4.10.1. O regime da comunhão parcial de bens 1252
    6.4.10.2. O regime da comunhão universal de bens 1256
    6.4.10.3. O regime da separação convencional de bens 1257
    6.4.10.4. O regime da participação final dos aquestos 1258
6.5. Dissolução da sociedade conjugal e do vínculo matrimonial – causas supervenientes ao casamento válido... 1259
    6.5.1. Noções gerais 1259
    6.5.2. Causas supervenientes ao casamento válido: causas legais 1261
    6.5.3. Separação judicial e polêmicas sobre a subsistência deste instituto (Tema

		1.053 do STF)...	1262
6.5.4.	Divórcio...		1265
	6.5.4.1.	Evolução histórica e fundamento constitucional..........................	1265
	6.5.4.2.	Requisitos gerais..	1265
	6.5.4.3.	Aspectos processuais e materiais relevantes (natureza da demanda; intervenção obrigatória do MP; reconciliação do casal; foro privilegiado da mulher; sobrenome; e a questão da necessidade, ou não, de prévia partilha)..	1266
	6.5.4.4.	Proteção dos filhos (guarda unilateral e guarda compartilhada)..........	1268
6.5.5.	A morte real e a morte presumida como causas de dissolução do vínculo matrimonial...		1271
6.6. Adoção			1273
6.7. Poder familiar			1275
6.7.1.	Noções gerais		1275
6.7.2.	Exercício do poder familiar..		1277
6.7.3.	Causas de suspensão e extinção do poder familiar.............................		1278
6.7.4.	Teoria da alienação parental – Lei n. 12.318/2010................................		1280
6.8. Família e relações de parentesco			1283
6.8.1.	Relações de parentesco: disposições gerais...		1283
6.9. Família e teoria da filiação			1285
6.9.1.	Noções gerais e o princípio da não discriminação		1285
6.9.2.	Filiação: modos de constituição do vínculo de filiação e fundamento biológico e afetivo..		1286
6.9.3.	Multiparentalidade (pluralidade de vínculos)......................................		1287
6.9.4.	A filiação e o casamento: a constituição da filiação pela presunção legal...........		1289
6.9.5.	A presunção *pater is est* nas técnicas de reprodução assistida: a filiação e os métodos de reprodução assistida..		1290
	6.9.5.1.	Reprodução homóloga..	1291
	6.9.5.2.	Reprodução heteróloga...	1292
6.9.6.	Legitimidade para contestar a paternidade		1293
6.9.7.	Reconhecimento de filhos – introdução		1293
	6.9.7.1.	Reconhecimento voluntário dos filhos...	1293
	6.9.7.2.	Reconhecimento forçado dos filhos: ação de investigação de paternidade ou de maternidade..	1294
6.9.8.	O reconhecimento judicial: ações de filiação e questões processuais................		1295
6.9.9.	Ação de investigação de ancestralidade (origem genética) e de investigação avoenga..		1298
6.9.10.	Prova da filiação; possibilidade da posse do estado de filho e a paternidade socioafetiva...		1298
6.9.11.	Questões específicas do filho havido fora do casamento, lar conjugal e guarda......		1300
6.9.12.	O casamento nulo e a filiação		1300
6.9.13.	Resumo da teoria da filiação (temas relevantes)..................................		1301
6.10. Usufruto e administração dos bens dos filhos menores..............................			1302

6.10.1. Atos de disposição patrimonial: limites dos poderes dos pais e intervenção judicial.. 1302
6.10.2. Hipóteses de exclusão do direito de administração dos bens dos pais.............. 1303
6.11. A teoria dos alimentos 1303
    6.11.1. Noções gerais sobre alimentos no código civil e as espécies de alimentos....... 1303
    6.11.2. Natureza jurídica dos alimentos 1306
    6.11.3. Alimentos e a concretização do princípio da dignidade da pessoa humana...... 1306
    6.11.4. As principais características dos alimentos 1308
        6.11.4.1. Personalíssimos.. 1308
        6.11.4.2. Transmissibilidade... 1308
        6.11.4.3. Irrenunciabilidade 1310
        6.11.4.4. Atualidade... 1311
        6.11.4.5. Futuridade... 1311
        6.11.4.6. Imprescritibilidade 1311
        6.11.4.7. Não solidariedade.. 1311
        6.11.4.8. Irrepetibilidade 1312
        6.11.4.9. Incompensabilidade.. 1313
        6.11.4.10. Impenhorabilidade 1313
    6.11.5. Os sujeitos ativo e passivo da obrigação alimentar (noções gerais – reciprocidade).. 1313
    6.11.6. A divisibilidade da obrigação alimentar e a natureza da intervenção subjetiva prevista no art. 1.698 do CC... 1314
    6.11.7. Alimentos entre cônjuges, alimentos entre companheiros e alimentos decorrentes da relação de parentesco 1315
        6.11.7.1. Alimentos em razão da relação de parentesco (descendentes, ascendentes, nascituro, avoenga, guarda e tutela, irmãos e parentes colaterais).. 1315
        6.11.7.2. Os alimentos em favor do descendente maior e capaz................... 1316
        6.11.7.3. Alimentos em favor de ascendentes: idosos e não idosos 1317
        6.11.7.4. Alimentos avoengos.. 1317
        6.11.7.5. Alimentos gravídicos 1318
        6.11.7.6. Alimentos em razão de guarda e tutela... 1319
        6.11.7.7. Alimentos entre irmãos.. 1319
        6.11.7.8. Alimentos entre companheiros.. 1319
        6.11.7.9. Alimentos entre cônjuges 1320
        6.11.7.10. Critérios para a fixação do *quantum* 1321
    6.11.8. Parentalidade alimentar 1322
    6.11.9. Revisão de alimentos 1322
    6.11.10. A questão do procedimento indigno do credor em relação ao devedor.......... 1322
    6.11.11. Aspectos processuais dos alimentos 1323
    6.11.12. Procedimento da ação de alimentos e da ação de oferta de alimentos 1324
    6.11.13. Procedimento da execução dos alimentos (análise comparativa entre o CPC/73 e o CPC/2015).. 1325
6.12. Bem de família... 1326

6.12.1.	Bem de família convencional: vinculação com a teoria do patrimônio mínimo	1326
6.12.2.	Quem possui legitimidade para instituir o bem de família voluntário e qual a formalidade para tanto?	1327
6.12.3.	Limites da constituição do bem de família	1327
6.12.4.	Objeto do bem de família voluntário. Que bem poderá ser considerado de família?	1327
6.12.5.	Isenções relativas ao bem de família e exceções à regra da impenhorabilidade do bem de família voluntário	1328
6.12.6.	Desvio de finalidade do bem de família	1328
6.12.7.	Impossibilidade de manutenção do bem de família	1328
6.12.8.	Administração do bem de família, o bem de família e a dissolução da unidade familiar, e a extinção do bem de família	1329
6.12.9.	A Lei n. 8.009/90 e o bem de família legal	1329
6.13. União estável		1330
6.13.1.	Evolução histórica – de família "ilegítima" até ser considerada entidade familiar reconhecida e tutelada pelo Estado (art. 226 da CF/88)	1330
6.13.2.	Pressupostos para a caracterização da união estável como entidade familiar	1333
6.13.3.	Relações pessoais entre companheiros	1334
6.13.4.	Estatuto patrimonial na união estável	1335
6.13.5.	União estável e concubinato	1336
6.13.6.	Alimentos e sucessão entre companheiros	1337
6.14. Tutela		1338
6.14.1.	Noções gerais	1338
6.14.2.	Tutela por nomeação dos pais (documental e testamentária) e tutela legítima	1338
6.14.3.	Tutor nomeado pelo juiz (tutela dativa)	1339
6.14.4.	Tutela para irmãos órfãos	1339
6.14.5.	Ausência de legitimação para o exercício da tutela: impedidos de serem tutores	1340
6.14.6.	A legítima escusa dos tutores	1340
6.14.7.	Exercício da tutela	1341
6.14.8.	Os bens do tutelado	1342
6.14.9.	Prestações de contas pelo tutor	1343
6.14.10.	Cessação da tutela	1343
6.15. Curatela		1344
6.15.1.	Noções gerais	1344
6.15.2.	Interdição e legitimidade	1345
6.15.3.	Interdição e procedimento	1346
6.15.4.	Curatela e as regras da tutela	1348
6.15.5.	Legitimidade para ser curador (quem pode ser nomeado curador das pessoas que serão submetidas ao regime jurídico da curatela – art. 1.767 do CC)	1348
6.15.6.	Curatela do nascituro, enfermo e deficiente físico	1349
6.15.7.	Exercício da curatela	1349
6.15.8.	Da tomada de decisão apoiada	1350

CAPÍTULO 7
SUCESSÕES

7.1. Noções gerais: a sucessão sob a perspectiva civil-constitucional (direito fundamental à herança) 1354

7.2. Pressupostos para abertura da sucessão: morte real ou presumida 1355

7.3. Conceito de herança: objeto da herança e diferença entre meação e herança e herança e espólio 1355

7.4. Efeito jurídico decorrente da abertura da sucessão (*saisine* e seus efeitos) 1357

7.5. Espécies de sucessores: legítimos (herdeiros necessários e não necessários/facultativos) e testamentários (herdeiros ou legatários) 1358

    7.5.1. Herdeiros necessários e direito à legítima (proteção da legítima nas doações e testamentos) 1358

    7.5.2. Cálculo da legítima (direito dos herdeiros necessários) 1360

    7.5.3. A justa causa na sucessão testamentária como requisito necessário para a inserção de cláusula restritiva (inalienabilidade, impenhorabilidade e incomunicabilidade) sobre os bens da legítima 1362

    7.5.4. Herdeiro necessário: coexistência da parte disponível com a legítima 1363

    7.5.5. Modo de exclusão de herdeiros colaterais 1363

    7.5.6. Comoriência 1363

7.6. O direito de representação (em favor de descendentes e filhos de irmãos): exceção em que o herdeiro mais próximo exclui o mais remoto 1363

    7.6.1. Direito do representante e a partilha do quinhão 1364

    7.6.2. O renunciante à herança de uma pessoa não perde o direito de representá-la na sucessão de outra (a renúncia não é sanção civil, ao contrário da indignidade e da deserdação) 1365

7.7. Lugar da sucessão 1365

7.8. Espécies de sucessão: legítima e testamentária 1365

7.9. A Sucessão legítima e o seu caráter supletivo – a coexistência de sucessão legítima e testamentária 1366

7.10. Sucessão testamentária e limites na autonomia privada do testador (proteção à legítima) 1366

7.11. Lei da sucessão e legítima sucessória 1367

7.12. Vocação hereditária (capacidade sucessória – sucessão legítima e testamentária) 1367

    7.12.1. Noções gerais 1367

    7.12.2. Capacidade sucessória na sucessão legítima e na testamentária: peculiaridades ... 1368

    7.12.3. A ausência de legitimidade para receber herança na sucessão testamentária (quem não pode ser nomeado herdeiro nem legatário) e a sanção pela inobservância da regra proibitiva 1372

    7.12.4. Sucessão testamentária e igualdade entre filhos 1373

7.13. Herança e administração 1373

    7.13.1. Responsabilidade dos herdeiros quanto às obrigações do titular da herança 1375

    7.13.2. Herança e a cessão de direitos hereditários (pressupostos objetivos, temporal e subjetivos). A cessão de direitos hereditários e os bens jurídicos individualizados (ineficácia). A cessão de direitos hereditários e o direito de acrescer e a substituição 1375

Sumário

7.13.3.	A cessão dos direitos hereditários e a tutela do direito de preferência em favor de herdeiro	1377
7.14. Da aceitação e da renúncia da herança		1378
7.14.1.	Características da aceitação da herança	1378
7.14.2.	Falecimento de sucessor (herdeiro/legatário) antes de aceitar a herança: consequências	1381
7.14.3.	Renúncia da herança: natureza jurídica, capacidade e formalidade	1382
7.14.4.	Diferença entre renúncia abdicativa e renúncia translativa	1384
7.14.5.	Efeitos da renúncia à herança na sucessão legítima e na sucessão testamentária	1384
7.14.6.	Renúncia e representação do herdeiro do renunciante	1385
7.14.7.	Ineficácia da renúncia da herança em detrimento de credores (tutela do crédito)	1386
7.15. Dos excluídos da sucessão legítima e testamentária: indignidade		1386
7.15.1.	Hipóteses de indignidade	1387
7.15.2.	Modo de exclusão do indigno e legitimidade para requerer a exclusão	1388
7.15.3.	Efeitos pessoais da exclusão e a perda do direito de administração e usufruto em relação aos filhos menores	1389
7.15.4.	Os atos de disposição patrimonial praticados pelo indigno antes da exclusão e a tutela do terceiro de boa-fé	1389
7.15.5.	A reabilitação do indigno	1390
7.16. Da herança jacente e a declaração de vacância		1390
7.17. Da petição de herança		1392
7.18. Sucessão legítima		1395
7.18.1.	Disposições gerais: noções e fundamentos	1395
7.18.2.	A ordem de vocação hereditária (legal)	1397
7.18.3.	Hipóteses para a incidência da sucessão legítima	1399
7.18.4.	A sucessão dos descendentes: regras gerais (cabeça e estirpe) e as hipóteses de concorrência com o cônjuge	1399
7.18.5.	A sucessão dos ascendentes: regras internas de preferência (direito próprio e divisão por linhas) e a necessária concorrência com o cônjuge	1401
7.18.6.	A sucessão do cônjuge: pressupostos para ser herdeiro; o instituto da concorrência e o direito de concorrência eventual com descendentes	1402
	7.18.6.1. Comunhão universal e concorrência sucessória	1405
	7.18.6.2. Separação obrigatória e separação convencional (relação destes regimes com a concorrência sucessória)	1405
	7.18.6.3. Concorrência sucessória com descendente e o regime da comunhão parcial de bens	1406
7.18.7.	A cota a que tem direito o cônjuge e o companheiro (após a decisão do STF) no caso de concorrer com descendentes	1408
7.18.8.	O direito de concorrência obrigatória com ascendentes. A cota a que tem direito o cônjuge (e o companheiro – após a decisão do STF – RE 646.721-RS e RE 878.694-MG) no caso de concorrer com ascendentes	1409
7.18.9.	A sucessão do cônjuge (e do companheiro) e o direito real de habitação	1409
7.18.10.	A sucessão dos colaterais (regras internas de preferência)	1410

7.18.11. A ausência de herdeiros legítimos e testamentários: jacência e vacância 1410
        7.18.11.1. Sucessão do companheiro.. 1411
7.19. Sucessão testamentária: regras gerais sobre testamento e capacidade testamentária................ 1412
    7.19.1. Limites à vontade do testador, testamento, legítima (respeito à legítima e a possibilidade de coexistência com a sucessão testamentária) e disposição de caráter patrimonial.. 1416
        7.19.1.1. Testamento vital 1417
    7.19.2. Espécies de testamento: disposições gerais e regras sobre as espécies ordinárias... 1417
        7.19.2.1. Testamento público 1418
        7.19.2.2. Testamento cerrado ou místico.. 1419
        7.19.2.3. Testamento particular ou hológrafo.. 1419
7.20. Codicilos... 1420
7.21. Testamentos especiais: disposições gerais... 1421
    7.21.1. Testamento militar 1421
7.22. Disposições testamentárias 1421
    7.22.1. Noções gerais 1421
    7.22.2. Cláusulas testamentárias e elementos acidentais (condição, termo e encargo) . 1422
    7.22.3. Regra geral de interpretação das disposições testamentárias 1423
    7.22.4. Nulidade das disposições testamentárias: hipóteses legais 1423
    7.22.5. Disposições testamentárias especiais e validade em função da causa............. 1425
    7.22.6. Disposições testamentárias e erro na designação do herdeiro, do legatário ou do legado... 1425
    7.22.7. Disposições testamentárias e regras especiais 1426
    7.22.8. Disposições testamentárias e vícios de consentimento.................................... 1426
    7.22.9. Disposições testamentárias e cláusulas restritivas: extensão 1427
    7.22.10. O instituto das "reduções" e a conexão com o testamento e a doação 1428
7.23. Legado: disposições gerais 1429
    7.23.1. Legado e encargo (exceção de que a coisa deve pertencer ao testador no momento da abertura da sucessão).. 1430
    7.23.2. Legado de coisa que se determina pelo gênero (exceção de que a coisa legada não precisa pertencer ao patrimônio do testador no momento da abertura da sucessão)... 1431
    7.23.3. Legado de coisa e lugar 1431
    7.23.4. Legado de crédito ou de quitação de dívida 1431
    7.23.5. Legado de alimentos.. 1432
    7.23.6. Legado de usufruto.. 1432
    7.23.7. Legado de imóvel... 1432
7.24. Dos efeitos do legado 1433
    7.24.1. Efeitos e litígio sobre legado... 1433
    7.24.2. Efeitos – legado em dinheiro e renda vitalícia 1434
    7.24.3. Legado em prestações periódicas 1434
    7.24.4. Legado alternativo 1434
7.25. Cumprimento dos legados 1434

7.26.	Da caducidade dos legados	1435
7.27.	Direito de acrescer entre herdeiros e legatários	1436
7.28.	Substituições testamentárias: vulgar e recíproca	1438
7.29.	Da deserdação e da indignidade	1441
7.30.	Revogação do testamento	1443
7.31.	Rompimento do testamento	1443
	7.31.1. Testamenteiro	1445
	7.31.2. Resumo da teoria geral do testamento (questões relevantes)	1445
7.32.	Inventário e partilha	1446
7.33.	Sonegados	1448
7.34.	Do pagamento das dívidas	1449
7.35.	Da colação	1450
	7.35.1. Cálculo da legítima e colação	1454
7.36.	Partilha	1456
	7.36.1. Garantia dos quinhões hereditários	1457
	7.36.2. Anulação da partilha	1458

Referências bibliográficas 1459

INTRODUÇÃO

Em tempos em que as pessoas buscam, cada vez mais, objetivação de tempo, dinamização do estudo e contenção de despesas, um *Manual de direito civil em volume único* se apresenta como a alternativa mais plausível, viável, eficaz e econômica não só para o estudante de direito como também para os operadores, que encontram em uma única publicação todo o conteúdo de que necessitam para a sua prática e aprendizado.

Vale ressaltar que de modo algum se diminui a importância e a necessidade de uma coleção bem feita que, neste viés atual, se mostra como uma forma de complementação e aprofundamento do estudo de maneira mais completa e abrangente.

Isso não significa dizer, obviamente, que neste volume único os temas mais importantes do direito civil são tratados de modo superficial; pelo contrário. O aprofundamento e o exaurimento da matéria, traços característicos de minhas obras, estão igualmente presentes, mas agora de uma forma mais dinâmica e ainda mais didática e acessível.

O fato é que o direito como um todo, no decorrer dos anos, principalmente a forma de estudá-lo, modificou-se e aprimorou-se, justamente em virtude da escassez de tempo crescente em nosso dia a dia. Nesse sentido, a condensação da matéria em um livro único se mostra, além de mais objetiva, economicamente mais acessível, o que tem relevância ímpar em tempos de crise.

O livro, para melhor entendimento, possui a divisão a seguir.

O capítulo inicial traz Noções Gerais sobre a Lei de Introdução às Normas do Direito Brasileiro.

No capítulo 1 é tratada a Parte Geral do Código Civil e todos os seus institutos, sendo importante frisar que a parte histórica e evolutiva da mudança de perspectiva estritamente privada para a constitucionalizada, com viés social, se faz presente em toda a obra.

No capítulo 2 é abordada exaustivamente a Teoria Geral das Obrigações, com análise pormenorizada de todos os temas a ela referentes, inclusive o da responsabilidade civil, que está intrinsicamente ligado com o direito obrigacional.

O capítulo 3, por sua vez, cuida da Teoria Geral dos Contratos, dispondo sobre a evolução das relações contratuais até os dias atuais, na forma como os contratos atualmente são conhecidos e elaborados, especialmente com a abordagem de todos os institutos que o rodeiam, dando-lhe um viés social muito além do individual e privado.

Na sequência, no capítulo 4, é feito um estudo sistemático e exauriente dos Contratos em Espécie, ressaltando-se as principais características e os principais pontos de cada um deles, de modo a proporcionar ao leitor uma visão completa dos contratos existentes em nosso ordenamento jurídico e todas as suas nuances e peculiaridades.

O capítulo 5 dispõe sobre os Direitos Reais, que podemos definir como o embrião do Direito, porquanto todos os conflitos iniciais, surgidos em tempos remotos, se deram pela disputa de terra. Contempla as questões controvertidas e polêmicas da posse e da propriedade, suas formas de perda e de aquisição, bem como os conflitos a elas relacionados.

O capítulo 6 discorre sobre a "menina dos olhos" de grande parte dos civilistas, apesar de não menos polêmico, o Direito de Família, já sob um viés constitucionalizado e extremamente moderno, analisando e combatendo entendimentos primários e preconceituosos para se valorizar a família moderna, real, aquela que mais se encaixa na sociedade atual, em que não cabem posicionamentos discriminatórios; pelo contrário, uma família agregadora, plural, totalmente balizada por princípios constitucionais, em especial a tão valorizada dignidade da pessoa humana.

Por fim e não menos importante, o capítulo 7 versa sobre o Direito das Sucessões, trazendo em seu bojo todas as questões atinentes à sucessão de forma atual, analisando pormenorizadamente todos os seus institutos e suas teorias.

Portanto, nesse formato está estruturado este volume único do meu *Manual de direito civil*, que, embora condensado, nada perdeu em seu conteúdo, em sua profundidade, tampouco, muitas vezes, em sua forma crítica e questionadora de exposição de alguns institutos.

Como a ideia chave foi dinamizar e tornar ainda mais didático o estudo do direito civil, esta humilde obra é lançada com esse objetivo, além de primar pela qualidade de cada assunto aqui tratado para que não só os estudantes logrem êxito nas suas empreitadas de graduação e concursos públicos, mas também os operadores de Direito possam utilizá-la em sua prática diária.

LEI DE INTRODUÇÃO ÀS NORMAS DO DIREITO BRASILEIRO

Sumário 1. Noções Gerais – **2.** Vigência da Lei – **3.** Obrigatoriedade das Leis – **4.** Eficácia da Lei no Tempo (período de vida da lei – extensão) – **5.** Fontes de Direito, Interpretação e Integração das Normas – **6.** Eficácia da Lei no Espaço (questão territorial) – Regras sobre Direito Internacional Privado – **7.** Competência e Jurisdição – **8.** Casamento: Regras sobre Direito Espacial – **9.** Relações Jurídicas cujo Objeto seja Imóvel e Móvel – **10.** Obrigações – **11.** Sucessão – **12.** Prova – **13.** O Direito Público e as Inovações.

1. NOÇÕES GERAIS

O Decreto-lei n. 4.657/42 teve a sua ementa alterada pela Lei federal n. 12.376/2010, a fim de aumentar o seu âmbito de aplicação. Na redação original da ementa, tal decreto se referia à Lei de Introdução ao Direito Civil, mas na prática tinha aplicação muito mais abrangente. Portanto, com a finalidade de adequar a aplicação prática e a abrangência real da Lei de Introdução ao seu aspecto formal (nome da ementa), a Lei n. 12.376/2010 passou a mencionar que o decreto é, de fato, lei de introdução às normas do direito brasileiro – e não apenas às normas de caráter civil. Em 2018, a Lei de Introdução às Normas do Direito Brasileiro (LINDB) foi novamente alterada para incorporar regras destinadas a garantir a segurança jurídica e a eficiência na criação e aplicação do direito público (Lei n. 13.655/2018).

O Decreto-lei n. 4.657/42 possui 30 (trinta) artigos, cujo conteúdo transcende o direito civil e pode ser dividido em três partes: Parte 1– normas sobre vigência, eficácia, interpretação, aplicação e integração de leis (arts. 1º a 6º), ou seja, lei sobre leis; Parte 2– normas que disciplinam a eficácia das leis no espaço e, por isso, são a base de referência (além de outras normas não previstas na LINDB) do direito internacional privado (arts. 7º a 19); e Parte 3: normas, regras e princípios, destinados a segurança jurídica e eficiência na aplicação do direito público (arts. 20 a 30).

Na parte 1, foco principal da análise, a LINDB estabelece alguns parâmetros genéricos para formação, elaboração, vigência, eficácia, interpretação, integração e aplicação das leis.

2. VIGÊNCIA DA LEI

A vigência está relacionada à força vinculante da lei ou à sua obrigatoriedade. É a norma jurídica apta e pronta para produção dos efeitos a que ela se propôs.

Nesse ponto, não se deve confundir vigência com validade. Norma válida é a que foi formada, originada e elaborada por órgão competente, com a obediência ao devido processo legal legislativo. No âmbito formal, a lei válida é a que obedece a todos os parâmetros legais de formação e do processo legislativo. No âmbito material, lei válida é a que está adequada e conforme os preceitos da Constituição Federal (CF). A vigência está relacionada ao momento em que a norma válida, sob o aspecto formal e material, passa a ter força vinculante para os seus destinatários.

O art. 1º da LINDB estabelece que, salvo disposição contrária, a lei começa a vigorar em todo o país quarenta e cinco dias depois de oficialmente publicada. Se a lei for omissa quanto ao início da vigência, aplica-se a regra geral do art. 1º, entra em vigor quarenta e cinco dias após ser publicada. No entanto, se a lei dispuser a data de vigência, prevalece a norma específica. O tempo de início da vigência deve estar expresso no texto. Tal vigência se dá em todo o território nacional simultaneamente (princípio da obrigatoriedade simultânea). Os atos administrativos entram em vigor na data da publicação no órgão oficial (não se aplica a eles a Lei de Introdução).

De acordo com o § 1º do art. 1º, nos Estados estrangeiros a obrigatoriedade da lei brasileira, quando admitida, se inicia três meses depois de oficialmente publicada.

O período entre a publicação da lei e o início de vigência é denominado *vacatio legis*. A lei se torna obrigatória com a vigência, e não com a publicação. Com a publicação, a lei já existe, mas não é vinculante. Como já existe, pode ser modificada no período de *vacatio* por meio de outra lei. No caso de revisão da lei no período anterior à vigência, mas posterior à publicação, a fim de corrigir erros materiais ou falhas na redação, aplica-se o § 3º desse decreto: "§ 3º Se, antes de entrar a lei em vigor, ocorrer nova publicação de seu texto, destinada à correção, o prazo deste artigo e dos parágrafos anteriores começará a correr da nova publicação". Neste caso, a alteração ocorrerá quando a lei já existe (por isso, posterior à publicação) e somente a parte retificada submeter-se-á a novo período de *vacatio legis*. O prazo volta a fluir apenas para a parte modificada.

Se a alteração ocorrer após a vigência, as correções ao texto serão consideradas lei nova, conforme § 4º do art. 1º. Por isso, não é a publicação o marco para se considerar como lei nova alterações em leis existentes, mas o início do período de vigência (que pode coincidir com a publicação, quando houver previsão de que a lei inicia a vigência na data da publicação). Se a lei é publicada e alterada antes do início da vigência, a alteração no período de *vacatio* não é lei nova, mas se a alteração ocorrer após o início da vigência, qualquer alteração será considerada lei nova.

O prazo de *vacatio legis* e o modo de cômputo do prazo deve ser de acordo com o art. 8º da Lei Complementar n. 95/98.

Em regra, a lei terá vigência por prazo ou período indeterminado (princípio da continuidade), até que outra a revogue, expressa ou tacitamente. Tal princípio está expresso no art. 2º do decreto em comento: "Não se destinando à vigência temporária, a lei terá vigor até que outra a modifique ou revogue". A temporariedade de qualquer lei é excepcional.

A regra é a lei ter vigência por prazo indeterminado.

O exemplo de lei de vigência temporária é a Lei n. 14.010/2020, que dispõe sobre o regime jurídico emergencial e transitório de algumas relações jurídicas de direito privado, no período da pandemia do coronavírus (Covid-19) – RJET, cujo vigência teve início em 12 de junho de 2020, com previsão para desaparecer do mundo jurídico em 30 de outubro de 2020. Tal lei de vigência temporária, após os vetos presidenciais, restou esvaziada e não revoga ou altera qualquer norma do direito privado que com ela se incompatibilize (art. 2º – apenas suspende temporariamente a aplicação destas normas). A lei dispõe que os prazos de prescrição e decadência consideram-se impedidos ou suspensos durante o período de vigência da lei, salvo se já estiverem impedidos, suspensos ou interrompidos por situações especiais previstas na legislação comum (portanto, a lei temporária é residual e supletiva), suspende os prazo de usucapião durante a sua vigência, prevê a possibilidade de assembleias e reuniões virtuais no âmbito das pessoas jurídicas e do condomínio edilício, impõe a prisão domiciliar para o devedor de alimentos no período de vigência e altera os prazos para instauração e encerramento de inventários no mesmo período, entre outras disposições.

As leis de vigência temporária, como a Lei n. 14.010/2020, já contêm a previsão da data de sua extinção.

As leis de vigência indeterminada, em regra, desaparecem do ordenamento jurídico quando revogadas. A revogação (ab-rogação – supressão total – e derrogação – supressão de uma parte da lei) ocorre com o advento de lei posterior que a revogue ou cujos termos sejam com a lei anterior incompatíveis. Portanto, a revogação pode ser expressa ou tácita (lei nova incompatível, por exemplo). A lei revogadora deve ter hierarquia normativa.

Como é a revogação expressa e tácita? A lei posterior revoga a anterior quando expressamente o declare (expressa), quando seja com ela incompatível (tácita) ou quando regule inteiramente a matéria de que tratava a lei anterior (tácita – não deixa de ser uma forma de incompatibilidade). A Lei Complementar n. 95/98 sugere sempre no art. 9º a revogação expressa. Segundo o § 1º do art. 2º da LINDB, a lei posterior revoga a anterior quando expressamente o declare (expressa), quando seja com ela incompatível ou quando regule inteiramente a matéria de que tratava a lei anterior (tácita).

O § 2º do art. 2º do decreto apresenta obviedades. A revogação somente pode ser expressa ou tácita, razão pela qual, caso a lei nova estabeleça disposições gerais ou especiais a par das já existentes, não há revogação nem modificação da lei anterior.

O § 3º do art. 2º da LINDB trata da repristinação, que é a possibilidade de a lei revogada ter os efeitos restaurados porque a lei que a revogou perdeu a vigência. Em regra, não há repristinação. A repristinação depende de previsão e autorização expressa. Se a lei "A" revoga a lei "B" e, posteriormente, a lei "A" (revogadora), perde vigência porque foi revogada expressamente pela lei "C", a lei "B", que havia sido revogada pela lei "A", não volta a produzir efeitos, ou seja, não há, em regra, repristinação. Todavia, o § 3º, de forma excepcional, admite a repristinação, se houver previsão expressa: "Salvo disposição em contrário (possibilidade de efeitos repristinatórios quando houver expressa disposição neste sentido), a lei revogada não se restaura por ter a lei revogadora perdido a vigência". Portanto, como regra, nossa legislação não admite o efeito repristinatório.

Tal repristinação não se confunde com a "ultratividade" – a possibilidade material e concreta que uma lei revogada possa produzir efeitos. Tal princípio está diretamente relacionado com a garantia constitucional da não retroatividade das normas. O Código Civil (CC) de 2002 manteve a vigência de vários dispositivos do CC/1916, com o que conferiu ultratividade a algumas normas específicas, ou "sobrevida", mesmo após a revogação do CC/1916 pelo CC/2002.

3. OBRIGATORIEDADE DAS LEIS

A norma jurídica, geral e abstrata, quando publicada e vigente, obriga a todos os membros da coletividade ou comunidade que a ela se submetem, sem qualquer distinção. As leis, portanto, são obrigatórias.

Nessa toada, nos termos do art. 3º da LINDB, ninguém se escusa de cumprir a lei alegando que não a conhece. É irrelevante a condição social, cultural, sexual, racial, econômica e pessoal do sujeito. Todos os indivíduos se sujeitam ao seu império. Tal norma garante a eficácia do sistema e traz segurança jurídica. No entanto, há exceções, como o erro de direito, previsto no art. 139, III, do CC, que não necessariamente implica não aplicar a lei por desconhecê-la. Sobre a relação entre o erro de direito e o princípio da obrigatoriedade da lei, remetemos o leitor para o capítulo que trata do erro de fato e do erro de direito.

4. EFICÁCIA DA LEI NO TEMPO (PERÍODO DE VIDA DA LEI - EXTENSÃO)

A eficácia de uma legislação no tempo possui relevância, em especial nas situações que envolvem o denominado "direito intertemporal". Há relações jurídicas que foram estabelecidas sob a vigência de uma lei e acabam por projetar os seus efeitos quando já vigente outra lei. O direito intertemporal cuidará de regular e disciplinar essas situações jurídicas em que os efeitos de fato jurídico nascido e originado na vigência de uma lei refletirão em período quando já em vigor outra legislação.

A fim de resolver conflitos de lei no tempo, há dois pressupostos:

1. a lei não poderá retroagir, razão pela qual não pode a lei nova ser aplicada a situações anteriores já devidamente consumadas. Os fatos antigos continuam regidos pela lei anterior;
2. a lei possui efeito imediato para regular todas as situações e relações jurídicas a partir de sua vigência.

O art. 6º da LINDB retrata e reproduz esses pressupostos ao dispor que a lei em vigor (vigência) terá efeito imediato e geral, respeitados o ato jurídico perfeito, o direito adquirido e a coisa julgada. As situações jurídicas já consolidadas sob a vigência da lei antiga devem ser preservadas pela nova legislação. O ato jurídico perfeito é aquele já inteiramente consumado sob a vigência da lei ao tempo em que se concretizou.

De acordo com o § 2º do art. 6º, consideram-se adquiridos assim os direitos que o seu titular, ou alguém por ele, possa exercer, como aqueles cujo começo do exercício tenha termo pré-fixo, ou condição preestabelecida inalterável, a arbítrio de outrem. O STF faz referência ao direito adquirido em várias decisões (RE 114.282, RE 364.317, AI 410.946 e RE 602.029). Não há direito adquirido em face do poder constituinte originário, quando se institui nova ordem jurídica. Em relação ao poder constituinte derivado, deve-se respeitar os direitos adquiridos. De acordo com Caio Mário[1], "abrange os direitos que o seu titular ou alguém por ele possa exercer, como aqueles cujo começo de exercício tenha termo prefixado ou condição preestabelecida, inalterável ao arbítrio de outrem. São os direitos definitivamente incorporados ao patrimônio do seu titular, sejam os já realizados, sejam os que simplesmente dependem de um prazo para o seu exercício, sejam ainda os subordinados a uma condição inalterável ao arbítrio de outrem".

A distinção entre ato jurídico perfeito e direito adquirido é que este resulta diretamente da lei e o ato perfeito decorre da vontade, que a exterioriza de acordo com a lei. O exemplo de ato jurídico perfeito é o contrato que, formado e consolidado sob a vigência de uma lei, também quanto aos efeitos, não se expõe ao domínio normativo de leis supervenientes. A Súmula Vinculante 1 do STF faz referência ao respeito a termo de adesão, como ato jurídico perfeito.

Por fim, coisa julgada material, com efeito negativo, torna a decisão judicial imutável, com trânsito em julgado (art. 505 do Código de Processo Civil – CPC e art. 6º, § 3º, da LINDB). É certo que, atualmente, há certa relativização da coisa julgada – em especial quando esta for inconstitucional (RE 363.889 – STF).

A lei não tem eficácia retroativa. No entanto, essa regra comporta algumas exceções, em que haverá retroatividade, aplicação da lei nova a fatos jurídicos anteriores à sua vigência. Em primeiro lugar, a própria lei poderá prever a retroatividade. No caso de omissão, a lei é irretroativa. Segundo, quando retroativa por previsão legal, essa lei não pode prejudicar o ato jurídico perfeito, o direito adquirido e a coisa julgada (seja a norma de direito público ou privado).

Portanto, a retroatividade é mínima. É exceção, não se presume e, por isso, deve estar prevista em lei. Bernardo Gonçalves[2] destaca seus graus: "Retroatividade de grau máximo – a lei nova não estabelece o respeito às situações já decididas em decisões judiciais ou em situações nas quais o direito de ação já havia caducado; retroatividade de grau médio – há o respeito às *causae finitae*, mas aqueles fatos que não foram objeto de decisões judiciais, nem cobertos por títulos, podem ser modificados pela lei nova; retroatividade de grau mínimo – no qual há o respeito aos efeitos jurídicos já produzidos pela situação fixada anteriormente à nova legislação". O STF, no RE 226.855, decidiu que as leis que afetam os efeitos futuros de contratos celebrados anteriormente são retroativas (retroatividade mínima), afetando a causa, que é um fato ocorrido no passado, ou seja, os efeitos futuros dos fatos ocorridos sob a vigência da lei antiga podem ser atingidos pela lei nova.

5. FONTES DE DIREITO, INTERPRETAÇÃO E INTEGRAÇÃO DAS NORMAS

Tais questões são objeto de disciplina dos arts. 4º e 5º, ambos da LINDB.

A lei é a fonte primária e direta do direito, ainda que seja valorada, aberta e, muitas vezes, indeterminada quanto ao alcance. O pós-positivismo trabalha com as normas jurídicas como gênero, das quais são espécies os princípios e as regras. Essa questão foi objeto de análise no capítulo que trata da Parte Geral, para onde remetemos o leitor. A lei é uma ordem (determinação do legislador) com caráter geral, universal e permanente, deve se originar de autoridade competente e dotada de sanção ou coercibilidade. Essa norma, em sentido amplo, regra ou princípio, pode ser omissa.

Nesse caso, de acordo com o art. 4º da LINDB, entram em cena as denominadas fontes indiretas e mediatas: "Quando a lei for omissa, o juiz decidirá o caso

---

[1] PEREIRA, Caio Mário da Silva. *Instituições de direito civil:* Introdução ao direito civil. Teoria geral de direito civil. 20. ed. Atualizado por Maria Celina Bodin de Moraes. Rio de Janeiro: Forense, 2004. v. 1, p. 159.

[2] FERNANDES, Bernardo Gonçalves. *Curso de direito constitucional.* 12. ed. Salvador: JusPodivm, 2020.

de acordo com a analogia, os costumes e os princípios gerais de direito". A analogia consiste em aplicar a uma dada situação, que não está prevista de forma específica em lei, norma jurídica assemelhada, que possui sintonia com aquele caso. O aplicador do direito estende o preceito legal aos casos não diretamente compreendidos em seu dispositivo. A ordem jurídica é estendida para situações não previstas, desde que haja semelhança jurídica. A analogia não é regra de interpretação, mas fonte de direito.

Os costumes são as práticas reiteradas no tempo. Nas palavras de Caio Mário[3], ocorrem quando "um grupo social adota uma prática reiterada de agir, sua repetição constante a transforma em regra de comportamento, que o tempo consolida em princípio de direito". O costume é fonte secundária de direito, porque pressupõe omissão da fonte primária – a lei. A repetição de usos e comportamentos os torna obrigatórios, na ausência de legislação. Para o mestre, o costume possui dois elementos constitutivos, um externo e outro interno: "O primeiro, externo, é a constância da repetição dos mesmos atos, a observância uniforme de um mesmo comportamento, capaz de gerar a convicção de que daí nasce uma norma jurídica. O segundo, interno, é a convicção de que a observância da prática costumeira corresponde a uma necessidade jurídica, *opinio necessitatis*". Ainda que com tais elementos, é essencial o reconhecimento estatal para que o costume seja jurídico. O costume não pode contrariar a lei, por mais antigo que seja.

Nos princípios gerais, também fontes secundárias, há investigação da cultura jurídica. São linhas de orientações genéricas, premissas implícitas, ou seja, verdadeiras ideias gerais que orientam o sistema jurídico, ainda que não de forma objetiva, traduzido em norma.

Além da analogia entre costumes e princípios gerais de direito, também são fontes secundárias a doutrina (entendimento dos juristas), a jurisprudência – em especial com a sua eficácia vinculante, após a Emenda Constitucional n. 45 – e o direito comparado.

Por fim, de acordo com o art. 5º da LINDB, na aplicação da lei, o juiz atenderá aos fins sociais a que ela se dirige e às exigências do bem comum.

As regras tradicionais de interpretação, muito mais do que simples meio de compreensão da norma, tentam explicar o sentido lógico do sistema. Essa deve ser a visão em relação aos meios tradicionais de interpretação, como a gramatical ou literal (análise dos textos, tornando precisos os significados dos vocábulos), lógica (busca-se a razão da norma, o motivo do texto, o contexto social e político) em sentido estrito, histórica (todo o processo de história do texto, de onde se originou, quais foram as suas proposições, mudanças, os trabalhos preparatórios que resultaram na aprovação da lei), teleológica (busca pela finalidade da norma, com a aproximação da lei à necessidade concreta e social) e sistemática (a lei analisada em conjunto com todas as normas do sistema – a norma está subordinada a um conjunto de disposições de maior generalidade e, por isso, é também um processo lógico de interpretação).

Não há dúvida de que tais métodos clássicos de interpretação não são suficientes para conferir respostas adequadas para os problemas complexos da sociedade e do modelo pós-positivista, em que as normas jurídicas são gênero do qual são espécies as regras e os princípios. Tais questões sobre a nova hermenêutica serão analisadas com a devida profundidade. A constitucionalização dos direitos em geral e do direito civil em particular impõe um novo modelo de hermenêutica. Não se excluem ou dispensam esses métodos clássicos de interpretação, mas devem estar conectados à nova hermenêutica constitucional, que será o parâmetro para análise das relações jurídicas privadas. Apenas como exemplo, princípios como função social, boa-fé objetiva, igualdade substancial, entre outros, irão impor um novo modelo de interpretação, conforme analisamos.

6. EFICÁCIA DA LEI NO ESPAÇO (QUESTÃO TERRITORIAL) – REGRAS SOBRE DIREITO INTERNACIONAL PRIVADO

A Lei de Introdução às Normas de Direito Brasileiro é o diploma que fundamenta e serve de base de referência para o que se convencionou denominar "direito internacional privado". O objetivo dessa disciplina é solucionar conflitos de leis no espaço, que decorrem da diversidade de legislação em cada Estado (País/Nação) e da interação das pessoas com todas essas sociedades. Tais normas são fundamentais para apurar qual é a legislação aplicável a determinado fato quando se conecta, por questão objetiva ou subjetiva, com outro Estado ou nação estrangeira.

Os conflitos de leis no tempo ocorrem no âmbito de um mesmo sistema jurídico e se resolvem por regras de direito intertemporal. O conflito de leis no espaço ocorre com base em leis de sistemas jurídicos de Estados diferentes, o que exigirá a definição de qual desses ordenamentos jurídicos regerá o fato e suas consequências ou efeitos jurídicos. Por isso devem ser analisadas as normas internas de cada país.

A regra geral é a aplicação do direito pátrio (princípio da territorialidade). O direito estrangeiro é apenas aplicado por exceção, quando a ordem estiver prevista em lei interna. Em razão da possibilidade excepcional de se aplicar a legislação estrangeira, a LINDB adota o princípio da territorialidade moderada, temperada ou mitigada. Nos casos excepcionais permitidos em lei, é possível e admitida a aplicação de lei estrangeira.

A compreensão das normas relativas à eficácia da lei no espaço tem a seguinte premissa e questão central: algumas relações jurídicas transcendem a ordem jurídica interna e se interconectam com leis estrangeiras, *autônomas* e *independentes*. Desta conexão nascem problemas que muitas vezes devem ser solucionados pelo Judiciário.

---

[3] PEREIRA, Caio Mário da Silva. *Instituições de direito civil:* Introdução ao direito civil. Teoria geral de direito civil. 20. ed. Atualizado por Maria Celina Bodin de Moraes. Rio de Janeiro: Forense, 2004. v. 1.

Como resolver esses problemas quando a questão jurídica estiver conectada com leis de distintos países? Sempre que a relação jurídica se perfaz entre ordens jurídicas distintas, *pode* nascer o problema relativo a *conflito de leis no espaço* (porque as leis de cada País são distintas e autônomas e podem extrapolar as fronteiras daquele território). Para viabilizar a aplicação das regras que transcendem a ordem jurídica interna o Estado deve aceitar a eficácia de norma estrangeira na sua ordem jurídica interna. *Se as relações jurídicas* envolvem ordens estatais diversas nasce o problema decisivo das opções a serem tomadas para resolver a questão da aplicação de mais de uma lei ao mesmo caso concreto.

Qual o objetivo das regras sobre leis no espaço, Direito Internacional Privado (DIP)? *Escolher*, dentre as ordens jurídicas em conflito, qual mais se aproxima da discussão. DIP é causa de interação legislativa em nível global.

Como é impossível uniformizar regras em nível global, os Estados estabelecem, por meio de direito interno, regras de solução de conflitos de leis no espaço, desde que haja conexão internacional. A base de entendimento das regras sobre conflito de leis no espaço é a extraterritorialidade das leis (nacionais e estrangeiras) e a possibilidade de sua aplicação em ordens jurídicas distintas (aplicação da lei nacional no estrangeiro e vice-versa).

É fundamental entender que as normas sobre conflito de leis no espaço não resolvem o direito material ou a questão jurídica em discussão, ou seja, apenas indicará qual a lei que resolverá, a nacional ou estrangeira. Por isso, as normas são indicativas e indiretas: Apenas indicam qual a ordem jurídica substancial (nacional ou estrangeira) deverá ser aplicada no caso concreto para o fim de resolver a questão principal, por exemplo: não diz se o casamento é válido ou inválido, ou se o indivíduo tem ou não herança, mas apenas qual lei irá disciplinar a validade do casamento e a herança). As regras de lei no espaço não resolvem a questão jurídica, mas criam mecanismos que servem de instrumento para se chegar ao conhecimento da norma material (nacional ou estrangeira) que será aplicada ao caso concreto. As normas são instrumentais, auxiliares, pois apenas indicarão se é o direito estrangeiro ou o direito nacional que resolverá a questão.

Como não é possível submeter a relação jurídica a dois ordenamentos estatais distintos, tal parte da LINDB ajuda a escolher qual deles resolverá a questão principal (direito sobre direito). A missão das normas sobre conflito de leis no espaço se esgota quando encontra a norma substancial, nacional ou estrangeira, indicada a resolver a questão concreta em discussão. Para tanto, há duas operações a serem realizadas: *primeiro* – qualificar o instituto jurídico em causa (família, sucessões, obrigações); *segundo* – localizar o elemento de conexão que levará à norma para resolver a questão principal.

Para a incidência das regras sobre conflito de leis no espaço há um pressuposto, que é o *elemento de conexão*. Os *fatos* devem estar em *conexão espacial com leis estrangeiras divergentes, autônomas* e *independentes* (denominado *elemento estrangeiro*).

O *que* é a *conexão espacial*, premissa para a incidência das regras sobre conflito de leis no espaço?

Exemplos: ausência de conexão (dois brasileiros se casam no Brasil, adquirem bens no Brasil, dissolvem no Brasil a sociedade conjugal – lei brasileira – não há elemento que se conecta com lei estrangeira); presença de conexão (brasileiro se casa com italiano na França, lá residem, adquirem bens e resolvem voltar a morar no Brasil – há vários elementos de conexão fática entre leis diferentes).

Qual a metodologia de aplicação das regras sobre conflito de leis no espaço? Duas etapas:

- *primeiro (objeto da conexão)* – qualificação da relação jurídica (objeto da conexão – *família, sucessão, contrato*) – ou seja, definir a matéria que será conectada;
- *segundo (elemento da conexão)* – determinação da lei aplicável (elemento de conexão) – *definição da lei que regerá o assunto* – exemplo: domicílio como elemento.

Exemplos de objeto e elemento de conexão: art. 8º - para qualificar os bens *(objeto de conexão)* e regular as relações a eles concernentes, aplicar-se-á a lei do *país em que estiverem situados (elemento de conexão – local dos bens)*; art. 9º - para qualificar e reger as obrigações *(objeto de conexão)*, aplicar-se-á a lei do País onde se constituírem *(elemento de conexão – local da constituição da obrigação)*.

O objeto de conexão é a matéria regulada pela norma indicativa. Os elementos são as questões fáticas que ligam ou vinculam internacionalmente (domicílio, local da obrigação etc.), que é o que torna possível saber qual lei (nacional ou estrangeira) deve ser aplicada ao caso concreto para resolver a questão principal.

Em resumo, *elementos de conexão são elementos de localização do direito a ser aplicado, aqueles que a legislação interna de cada Estado toma em consideração e entende como relevantes para a indicação do direito substancial aplicável.*

A *determinação* do elemento de conexão é dada pelas *normas de cada país, dependendo o seu estabelecimento das tradições (costumes) e da política legislativa de cada qual.*

Portanto, para que essa aplicação de norma estrangeira ocorra, exige-se uma regra de "conexão" (questões jurídicas vinculadas ou elementos de fatores sociais). O elemento viabiliza a solução do direito a ser empregado no caso concreto. Os elementos de conexão podem ser pessoais (nacionalidade, domicílio), reais (localização de imóvel) e conducistas (celebração e execução de contrato). A nacionalidade e o domicílio são os elementos de conexão mais adotados. Em resumo, o elemento de conexão irá definir as situações em que a lei estrangeira pode surtir efeito no território nacional.

A conexão adotada pela LINDB é o estatuto pessoal (art. 7º). A lei do país em que estiver domiciliada a pessoa determina as regras sobre o começo e o fim da personalidade, o nome, a capacidade e os direitos de família. Será aplicável a norma legal do domicílio do estrangeiro para essas questões, bem como para bens móveis que o proprietário tiver consigo (art. 8º), penhor e capacidade para sucessão (art. 10, § 2º). As pessoas jurídicas também se submetem a esse critério, pois devem obediência à lei do Estado em que foram constituídas.

O critério do estatuto pessoal tem exceções. Utiliza-se o critério real para a aplicação da lei do lugar da coisa para regular as relações de posse e propriedade sobre imóveis (art. 8º) e a regra conducista, que determina a aplicação do lugar em que foi constituída para as relações obrigacionais (art. 9º). De acordo com o art. 10, § 1º, incide a lei do domicílio do falecido ou do ausente na sucessão por morte ou ausência. Nesse caso, o art. 5º, XXXI, da CF permite a aplicação da lei mais favorável em relação aos bens de estrangeiro morto situados no Brasil. Em proteção do cônjuge e dos filhos, ainda que a lei favorável seja a estrangeira, esta será aplicada.

No caso das pessoas jurídicas, as regras sobre conflito de lei no espaço estão no art. 11 da LINDB.

As organizações destinadas a fins de interesse coletivo, como as sociedades e as fundações, obedecem à lei do Estado em que se constituírem. Portanto, é a lei do local de sua constituição que rege os atos das pessoas jurídicas, com ou sem fins econômicos. Não poderão, entretanto, ter no Brasil filiais, agências ou estabelecimentos antes de serem os atos constitutivos aprovados pelo governo brasileiro, ficando sujeitas à lei brasileira. Os governos estrangeiros, bem como as organizações de qualquer natureza, que eles tenham constituído, dirijam ou hajam investido de funções públicas não poderão adquirir no Brasil bens imóveis ou susceptíveis de desapropriação. Os governos estrangeiros podem adquirir a propriedade dos prédios necessários à sede dos representantes diplomáticos ou dos agentes consulares.

7. COMPETÊNCIA E JURISDIÇÃO

O art. 12 da LINDB tem conexão com os arts. 21 a 25 do Código de Processo Civil (CPC) de 2015, que disciplinam questões e matérias sobre jurisdição da autoridade judiciária brasileira.

É competente a autoridade judiciária brasileira (na realidade, possui jurisdição) quando for o réu domiciliado no Brasil ou aqui tiver de ser cumprida a obrigação (*caput* do art. 12 da LINDB). No mesmo sentido é o art. 21 do CPC, incisos I e II (réu domiciliado no Brasil, independentemente da nacionalidade e se a obrigação for cumprida no Brasil). O art. 21 do CPC vai além para prever a jurisdição da autoridade brasileira quando as ações tenham por fundamento fato ou ato praticado no Brasil. Nesses casos, a jurisdição é concorrente com outros países estrangeiros. Nessas hipóteses do art. 21, se houver jurisdição prestada no estrangeiro, a sentença será válida e eficaz no Brasil após ser homologada pelo STJ (art. 105, I, "i", da CF).

O Código de Processo Civil de 2015 ampliou as hipóteses de jurisdição concorrente, no art. 22, cuja norma não existia na lei anterior. A autoridade brasileira tem jurisdição concorrente para processar e julgar as ações de alimentos quando o credor tiver domicílio ou residência no Brasil ou o réu mantiver vínculos no Brasil, tais como posse ou propriedade de bens, recebimento de renda ou obtenção de benefícios econômicos; as ações decorrentes de relações de consumo, quando o consumidor tiver domicílio ou residência no Brasil e as ações em que as partes, expressa ou tacitamente, se submeterem à jurisdição nacional. Trata-se de novas hipóteses de jurisdição concorrente.

Nos casos de jurisdição concorrente, arts. 21 e 22 do CPC e art. 12, *caput*, da LINDB, a existência de ação idêntica ou conexa em país estrangeiro não obsta o andamento de ação ajuizada no Brasil (art. 24). Portanto, não há litispendência entre as ações no Brasil e no estrangeiro. Tal norma não se aplica às hipóteses de jurisdição exclusiva (arts. 23 do CPC e 12, § 1º, da LINDB). A pendência de ação no Brasil e no estrangeiro não induz litispendência e não obsta que uma sentença estrangeira seja homologada pelo STJ, mas a homologação e a superveniência de coisa julgada em uma delas, provocará a extinção, sem mérito, do processo que estiver em curso (art. 485, V, do CPC).

O § 1º do art. 12 trata de hipóteses de jurisdição exclusiva (não concorrente), da mesma forma que o art. 23 do CPC. Só à autoridade judiciária brasileira compete conhecer as ações relativas a imóveis situados no Brasil. É o que prevê também o art. 23, I, do CPC. No entanto, além de ações relativas a imóveis situados no Brasil, é da jurisdição exclusiva da autoridade brasileira, com a exclusão de qualquer outra, matéria de sucessão hereditária, proceder à confirmação de testamento particular e ao inventário e à partilha de bens situados no Brasil, ainda que o autor da herança seja de nacionalidade estrangeira ou tenha domicílio fora do território nacional (inciso II do art. 23), e em divórcio, separação judicial ou dissolução de união estável, proceder à partilha de bens situados no Brasil, ainda que o titular seja de nacionalidade estrangeira ou tenha domicílio fora do território nacional (inciso III do art. 23). O CPC é bem mais abrangente que o art. 12, § 1º, da LINDB no que se refere à jurisdição exclusiva. Para não violar a norma em questão, que trata da jurisdição exclusiva, a regra prevista no art. 961, § 5º, que trata da eficácia de sentença estrangeira de divórcio consensual no Brasil, poderá tratar de outros temas, como alimentos e guarda, mas não de partilha de bens, cuja questão, por força do art. 23, III, não terá eficácia no Brasil.

Para finalizar, o CPC 2015, em nítida valorização da autonomia da vontade, inova no art. 25 ao prever que a autoridade judiciária brasileira não terá jurisdição para o processamento e o julgamento da ação quando houver cláusula de eleição de foro exclusivo estrangeiro em contrato internacional, arguida pelo réu na contestação. Portanto, encerrando as discussões, passa a ser válida a cláusula de eleição de foro estrangeiro em contratos internacionais que, constantes em negócios jurídicos, afastem a jurisdição brasileira. No entanto, a regra de afastamento da jurisdição brasileira é relativa, pois fica prorrogada a jurisdição brasileira se o réu não invocar a cláusula na contestação. Somente é possível afastar a jurisdição brasileira em contratos internacionais (necessária ligação deste com leis estrangeiras – elementos de estraneidade). É inválida a cláusula que trata de jurisdição sobre as matérias exclusivas, previstas no art. 23. Portanto, a cláusula de afastamento da jurisdição brasileira somente é válida e eficaz para os casos de jurisdição concorrente.

O § 2º do art. 12 da LINDB dispõe que a autoridade judiciária brasileira cumprirá, concedido o *exequatur* e segundo a forma estabelecida pela lei brasileira, as diligências deprecadas por autoridade estrangeira competente, observando a lei desta quanto ao objeto das diligências. As leis brasileiras que disciplinam o assunto são a CF e o CPC (arts. 960 a 965).

8. CASAMENTO: REGRAS SOBRE DIREITO ESPACIAL

O art. 7º da LINDB adota o critério do estatuto pessoal (lei do domicílio da pessoa) para questões relativas a direito de família. No caso do casamento, há regras específicas. Em relação à capacidade para o casamento, segue-se a regra geral da lei do país do domicílio da pessoa, em razão do que consta no *caput*.

Os parágrafos do mesmo artigo apresentam situações especiais. Caso o casamento seja realizado no Brasil, será aplicada a lei brasileira quanto aos impedimentos dirimentes e às formalidades da celebração. Portanto, a lei brasileira será a norma referência quando o casamento for realizado no Brasil quanto aos impedimentos para o casamento e também as formalidades legais estabelecidas no Código Civil, independentemente do país de domicílio dos nubentes.

Se os cônjuges forem estrangeiros, o casamento poderá celebrar-se perante autoridades diplomáticas ou consulares do país de ambos os nubentes. Nesse caso, as regras, formalidades e procedimentos serão as do país de origem. Excepciona-se a regra do § 1º, de que as formalidades se regem pela lei do local da celebração. É possível o casamento de brasileiros no exterior, com a aplicação da lei brasileira, se celebrado perante autoridade consular brasileira (art. 18 da LINDB). Ambos os nubentes devem ser brasileiros.

De acordo com o § 1º do art. 18, as autoridades consulares brasileiras também poderão celebrar a separação consensual e o divórcio consensual de brasileiros, não havendo filhos menores ou incapazes do casal e observados os requisitos legais quanto aos prazos, devendo constar da respectiva escritura pública as disposições relativas à descrição e à partilha dos bens comuns e à pensão alimentícia e, ainda, ao acordo quanto a retomada pelo cônjuge de seu nome de solteiro ou a manutenção do nome adotado quando se deu o casamento. Nesse caso, nos termos do § 2º do mesmo artigo, é indispensável a assistência de advogado, devidamente constituído, que se dará mediante a subscrição de petição, juntamente com ambas as partes, ou com apenas uma delas, caso a outra constitua advogado próprio, não se fazendo necessário que a assinatura do advogado conste da escritura pública. Os §§ do art. 18 da LINDB estão em absoluta sintonia com o art. 733 do CPC.

De acordo com o art. 19 da LINDB, reputam-se válidos todos os atos indicados no art. 18 e celebrados pelos cônsules brasileiros na vigência do Decreto n. 4.657/42, desde que satisfaçam todos os requisitos legais. No caso em que a celebração desses atos tiver sido recusada pelas autoridades consulares, com fundamento no art. 18 em referência, ao interessado é facultado renovar o pedido dentro de 90 (noventa) dias contados da data da publicação dessa lei.

Se os nubentes tiverem domicílio diverso, regerá os casos de invalidade do matrimônio a lei do primeiro domicílio conjugal. Assim, a validade do casamento será apurada com base nas regras da lei do local do primeiro domicílio conjugal.

Com relação ao regime de bens, legal ou convencional, obedece à lei do país em que tiverem os nubentes domicílio, e, se este for diverso, a do primeiro domicílio conjugal.

Assim, para a capacidade: lei do país do domicílio; impedimentos e formalidades: local do casamento, com a exceção acima referida; invalidade: lei do país do primeiro domicílio conjugal; e regime de bens: lei do país do domicílio dos nubentes ou, de forma alternativa, do primeiro domicílio, se estes forem diferentes. Portanto, as regras variam a depender da matéria que se relaciona com o casamento.

O § 5º do art. 7º da LINDB confere ao estrangeiro casado, que se naturaliza brasileiro, adotar o regime da comunhão parcial de bens, com respeito aos direitos de terceiros e dada esta adoção ao competente registro. No caso, a opção pelo regime de bens não precisa se submeter aos requisitos gerais estabelecidos pelo Código Civil. O regime de bens não é mais imutável, mas sua alteração se submete a regras especiais. No caso de estrangeiro, basta, por ocasião da naturalização, fazer a opção pelo regime legal vigente no País, o da comunhão parcial, desde que não haja prejuízo a interesse e direito de terceiro.

O § 6º do art. 7º da LINDB disciplina o divórcio realizado por brasileiro no estrangeiro e seu reconhecimento no Brasil. Basta que um dos cônjuges seja brasileiro. Para que esse divórcio tenha eficácia no Brasil, deverá se submeter a alguns requisitos e às condições para homologação de sentenças estrangeiras. Em primeiro lugar, é necessário o lapso temporal de 1 (um) ano da data da sentença, salvo se houver sido antecedida de separação judicial por igual prazo, caso em que a homologação produzirá efeito imediato. Segundo, a sentença deverá ser submetida aos pressupostos para a homologação de sentenças estrangeiras no país (arts. 960 a 965 do CPC). O Superior Tribunal de Justiça, na forma de seu regimento interno, poderá reexaminar, a requerimento do interessado, decisões já proferidas em pedidos de homologação de sentenças estrangeiras de divórcio de brasileiros, a fim de que passem a produzir todos os efeitos legais. A eficácia de decisão estrangeira depende da homologação desta no Brasil.

O § 5º do art. 961 do CPC dispõe que a sentença estrangeira de divórcio consensual produzirá efeitos no Brasil, independentemente de homologação pelo Superior Tribunal de Justiça. Poderá ser levada a cartório para registro, independentemente de qualquer atividade judicial. Os requisitos indispensáveis para a homologação de sentença estrangeira estão previstos no art. 963 do CPC (autoridade competente, citação regular, eficácia no país em que proferida, não ofender a coisa julgada brasileira, tradução oficial e não ofensa à ordem pública).

Em relação à homologação de sentença estrangeira, no mesmo sentido são os arts. 15 a 17 da LINDB. Será executada no Brasil a sentença proferida no estrangeiro que reúna os seguintes requisitos: a) haver sido proferida por juiz competente; b) terem sido as partes citadas ou haver-se legalmente verificado a revelia; c) ter passado em julgado e estar revestida das formalidades necessárias para a execução no lugar em que foi proferida; d) estar traduzida por intérprete autorizado; e) ter sido homologada pelo Supremo Tribunal Federal (agora STJ).

Se houver de aplicar a lei estrangeira, ter-se-á em vista a disposição desta, sem considerar-se qualquer remissão por ela feita a outra lei. As leis, atos e sentenças de outro país, bem como quaisquer declarações de vontade, não terão eficácia no Brasil quando ofenderem a soberania nacional, a ordem pública e os bons costumes (arts. 16 e 17 da LINDB). A ordem pública deve estar baseada em valores e princípios constitucionais.

Ainda em relação à homologação de sentença estrangeira, se a decisão for proferida por países que integram o Mercosul, em razão do Protocolo de "Las Leñas", o procedimento é mais célere, mas não dispensa a necessária chancela do Superior Tribunal de Justiça.

O § 7º do art. 7º da LINDB não está em sintonia com a Constituição Federal porque faz referência a "chefe de família", figura que não se coaduna com a igualdade de direitos e deveres entre os cônjuges e companheiros. Os tutelados e curatelados se ajustarão à lei do domicílio dos seus tutores e curadores. Se a pessoa não tiver domicílio, considerar-se-á domiciliada no lugar de sua residência ou naquele em que se encontre (§ 8º do art. 71 do CC).

9. RELAÇÕES JURÍDICAS CUJO OBJETO SEJA IMÓVEL E MÓVEL

No que se refere aos imóveis e aos móveis permanentes, o critério, como já ressaltado, não é o pessoal ou o subjetivo, mas o real, localização dos bens. Aplica-se a lei do país em que tais bens estiverem situados (princípio da territorialidade). Essa regra possui exceções. No caso de móveis destinados ao transporte ou deslocamento, aplica-se a lei do país de domicílio do proprietário. Em relação a navios e aeronaves, a lei do país onde estiverem matriculados.

De acordo com o § 2º do art. 8º da LINDB, o penhor regula-se pela lei do domicílio que tiver a pessoa, em cuja posse se encontre a coisa apenhada. É a lei do domicílio do possuidor. Trata-se, portanto, de critério pessoal.

10. OBRIGAÇÕES

O art. 9º, em relação às obrigações, adota outro critério para fins de aplicação de lei em caso de conflito no espaço. Para qualificar e reger as obrigações, será aplicada a lei do país onde se constituírem. Destinando-se a obrigação a ser executada no Brasil e dependendo de forma essencial, será esta observada, admitidas as peculiaridades da lei estrangeira quanto aos requisitos extrínsecos do ato.

Portanto, a obrigação contraída no exterior, mas executada no Brasil, segue a lei brasileira.

Se a obrigação for constituída por contrato ou decorrer de contrato, afasta-se a regra do *caput* e aplica-se a regra especial do § 2º do art. 9º. Nessa situação, a obrigação reputa-se constituída no lugar em que residir o proponente. É o lugar de residência do proponente, e não o lugar da proposta ou da constituição do contrato que definirá a legislação aplicável à relação jurídica contratual.

11. SUCESSÃO

A sucessão por morte ou por ausência obedece à lei do país em que domiciliado o defunto ou o desaparecido, qualquer que seja a natureza e a situação dos bens. Aplica-se a teoria da unidade sucessória. A sucessão será regida pela lei do local de domicílio do falecido. Não são relevantes a nacionalidade e o local da situação dos bens.

A sucessão de bens de estrangeiros situados no País será regulada pela lei brasileira em benefício do cônjuge ou dos filhos brasileiros, ou de quem os represente, sempre que não lhes seja mais favorável a lei pessoal do *de cujus*. Tal disposição do art. 10, § 1º, repetido pelo art. 5º, XXXI, da CF, constitui exceção ao critério do último domicílio, pois a lei de nacionalidade do *de cujus* será aplicada se for mais favorável ao cônjuge ou filhos.

A lei do domicílio do herdeiro ou legatário regula a capacidade para suceder.

12. PROVA

A LINDB também disciplina a questão da prova de fatos ocorridos no exterior. O art. 13 dispõe que a prova dos fatos ocorridos em país estrangeiro rege-se pela lei que nele vigorar, quanto ao ônus e aos meios de produzir-se, não admitindo os tribunais brasileiros provas que a lei brasileira desconheça. Portanto, o ônus e os meios de prova são aqueles estabelecidos pela lei do país onde o fato ocorreu. Não se admite, entretanto, prova cujo meio não é reconhecido pela legislação brasileira. Por exemplo, a Constituição Federal veda a utilização de provas ilícitas.

O CPC brasileiro adota o princípio da atipicidade das provas (art. 369), ou seja, além dos meios de provas previstas em lei, também são admitidas as não previstas, desde que observados meios lícitos e morais. O sistema processual brasileiro é aberto, pois não especifica os meios que podem ser utilizados para a demonstração da verdade dos fatos. O uso de provas atípicas não é ilimitado, pois deve respeitar os direitos e garantias fundamentais de natureza processual e material.

Se o juiz não conhecer a lei estrangeira, poderá exigir de quem a invoca prova do texto e da vigência (art. 14 da LINDB). Há regra semelhante no CPC, art. 376, segundo o qual a parte que alegar direito estrangeiro, entre outros, provar-lhe-á o teor e a vigência, se assim o juiz determinar. O juiz, em caso concreto, verificará a pertinência de se determinar a prova do teor e da vigência de lei estrangeira que é alegada pelas partes.

13. O DIREITO PÚBLICO E AS INOVAÇÕES

O direito público e a segurança jurídica: inovações da Lei n. 13.655/2018, que acrescentou os arts. 20 a 30 à Lei de Introdução às Normas de Direito Brasileiro.

O direito civil, ramo do direito privado, não é o ambiente apropriado para discussão das referidas alterações na LINDB que, por razões óbvias, vinculam-se ao direito público. O objetivo fundamental das disposições constantes dos arts. 20 a 30 do Código Civil é conferir segurança jurídica e eficiência na criação e aplicação do direito público.

Não por outro motivo, os pilares das novas normas são a consideração das consequências práticas (consequencialismo) das decisões que envolvem o direito público, nas esferas administrativa, controladora e judicial, e do contexto social, fático e econômico, que motivaram as decisões e diretrizes do gestor público. Feitas estas breves considerações, a lei inova o direito público e impõe ao operador do direito parâmetros que deverão ser observados na interpretação e aplicação de qualquer regra de direito público.

No mês de abril do ano de 2018 foi aprovada a Lei federal n. 13.655, de autoria do Senador mineiro Antônio Anastasia (PSDB-MG), que acrescentou os artigos 20 a 30 à Lei de Introdução às Normas de Direito Brasileiro (Decreto-lei n. 4.657/42), a fim de disciplinar e dispor sobre a segurança jurídica e eficiência na criação e na aplicação do direito público. A partir desta nova legislação, não há dúvida de que haverá alteração de paradigmas na criação e na aplicação do direito público. A nova legislação vem acompanhada de profundas controvérsias e dúvidas, em especial porque nasceu sem que houvesse debate mais qualificado com a sociedade civil e instituições que dependem do direito público.

O PL 7.448, que resultou na lei em referência, foi aprovado pelo Congresso Nacional no mesmo dia em que o STF julgava o HC do ex-Presidente Luís Inácio Lula da Silva. Tal lei traz regras obscuras que restringem de forma clara e inequívoca a atuação do Judiciário e dos órgãos de controle na aplicação do direito público. A lei, com redação truncada, palavras rebuscadas, termos extremamente técnicos e com ares de casuísmos, certamente será alvo de críticas, porque interferirá na responsabilização de gestores públicos e na efetividade e concretização da Lei de Improbidade Administrativa. A pretendida segurança jurídica e a propugnada eficiência poderão mascarar o seu verdadeiro objetivo: criar obstáculo para responsabilidade de gestores públicos.

Como já mencionado, a referida legislação não tem relação direta com o direito privado, objeto desta obra, mas, como a Lei de Introdução às Normas do Direito Brasileiro, tradicionalmente, integra o manual de direito civil, pois possui regras de vigência, eficácia e aplicação de leis que também interessam ao direito civil, serão realizadas algumas considerações sobre a nova legislação. O foco da legislação é o direito público, âmbito de atuação dos agentes políticos, em especial aqueles que se beneficiarão dos efeitos da lei. Em momento tão complexo da sociedade brasileira, onde se busca a transparência de atos de gestores públicos e se impõe a responsabilidade de agentes públicos que não têm compromisso com a ética e a moralidade administrativa, a lei deveria ter sido precedida de amplo debate.

Após estas breves considerações, o que diz a lei?

De início, importante ressaltar que, há algum tempo, a discussão acerca da análise consequencialista das decisões judiciais toma conta do cenário mundial. O estudo do *Law and Economics*, demanda dos operadores do direito, análise efetiva dos efeitos práticos das decisões, não apenas para as partes, mas também para todos os afetados, principalmente nos casos em que há grande repercussão econômica.

Desse modo, urge seja realizada análise argumentativa das consequências das decisões judiciais ou administrativas, no momento de decidir.

A teoria consequencialista foi introduzida no Brasil, por meio da edição da Lei n. 13.655/2018, que alterou a LINDB para trazer segurança jurídica e eficiência na criação e na aplicação do direito público.

Nesse contexto, o art. 20 dispõe: "Nas esferas administrativa, controladora e judicial, não se decidirá com base em valores jurídicos abstratos sem que sejam consideradas as consequências práticas da decisão".

A norma busca evitar que as decisões proferidas tanto em âmbito judicial quanto administrativo apresentem apenas argumentos principiológicos vagos e imprecisos, sem a devida fundamentação, ou seja, sem explicar o motivo concreto de sua incidência no caso.

A norma tem o objetivo de reforçar a responsabilidade decisória estatal, em face da existência de normas jurídicas indeterminadas, e que por isso, admitem diversas hipóteses interpretativas e, portanto, mais de uma solução.

De acordo com o parecer da Comissão de Constituição e Justiça e de Cidadania (CCJ) da Câmara, tal mudança se justificou pela falta de capacidade de as normas regularem todas as atividades humanas, cabendo aos operadores do direito interpretá-las e aplicá-las com base em princípios e direitos fundamentais. O referido relatório ressalta que, apesar de os princípios adaptarem melhor a complexidade da sociedade, sobretudo em um momento de evolução tecnológica, sua simples aplicação conferiria margem para amplas divergências interpretativas e contribui para o aumento da insegurança jurídica.

Os professores Carlos Ari Sundfeld e Bruno Meyerhof Salama[4] fizeram as seguintes observações sobre a referida norma: "O projeto de lei sugere um art. 20 para a LICC. Ele trataria das decisões judiciais, administrativas e controladoras (dos tribunais de contas, hoje ativos e interventivos) que se baseiem em 'valores jurídicos abs-

---

[4] SUNDFELD, Carlos Ari; SALAMA, Bruno Meyerhof, apud ANDRADE, Vitor Morais de. A Lei de Introdução às Normas do Direito Brasileiro e as sanções administrativas impostas pelos Procons. Migalhas, n. 5.790. Disponível em: https://www.migalhas.com.br/depeso/281304/a-lei-de-introducao-as-normas-do-direito-brasileiro-e-as-sancoes-administrativas-impostas-pelos-procons.

tratos' (que podem ser entendidos como princípios). É fácil entender a importância de uma norma desse tipo. Como hoje se acredita cada vez mais que os princípios podem ter força normativa – não só nas omissões legais, mas em qualquer caso – o mínimo que se pode exigir é que juízes e controladores (assim como os administradores) pensem como políticos. Por isso, a proposta é que eles tenham de ponderar sobre 'as consequências práticas da decisão' e considerar as 'possíveis alternativas'" (art. 20, *caput* e parágrafo único).

Todavia, podemos dizer, em tom crítico, que o art. 20 impõe restrições à atuação do Judiciário e de órgãos de controle, como Tribunais de Contas, em relação a atos praticados na esfera administrativa. Segundo tal norma, os órgãos de controle e o Judiciário não poderão decidir com base em valores jurídicos abstratos sem que sejam consideradas as consequências práticas da decisão. O que seria decisão com base em "valores jurídicos abstratos"? Como mencionado acima, é a decisão com base em princípios que orientam a atividade administrativa, como moralidade, eficiência, legalidade, entre outros, valores jurídicos com alto grau de abstração, somente poderão fundamentar decisões judiciais e de órgãos de controle se foram consideradas as consequências "práticas" e concretas da decisão. Tal visão consequencialista deve ser ponderada, pois a administração pública tem como pilares princípios e valores jurídicos abstratos (art. 37 da CF).

O parágrafo único deste mesmo artigo dispõe que a motivação dos órgãos de controle ou do Judiciário deverá demonstrar a necessidade e a adequação da medida imposta ou da invalidade do ato, contrato, ajuste, processo ou norma administrativa, inclusive se houver alternativas menos danosas. A restrição à atuação dos órgãos de controle e do Judiciário preocupa, justamente em razão do alto grau de abstração destas novas orientações normativas. Além de observar as consequências práticas de decisões baseadas em valores jurídicos abstratos, os princípios que orientam administração pública, a decisão de qualquer órgão de controle ou do Judiciário, que vise aplicação de medida ou invalidação de atos, contratos, ajustes ou normas administrativas deverá estar pautada no binômio necessidade/adequação e ainda considerar alternativas. O problema a ser apurado no caso concreto é identificar estas alternativas. Quais seriam estas alternativas? A aplicação de medidas menos gravosas? A manutenção de atos viciados? A não responsabilidade do mau gestor?

Exemplo: ao anular licitação eivada de fraude, o administrador deve demonstrar que essa medida é necessária e adequada para resguardar a moralidade administrativa, e considerando que houve prejuízo ao erário não seria possível a convalidação (possível alternativa).

O art. 21, em desdobramento do dispositivo anterior, reforça a necessidade de os órgãos de controle e do Judiciário observarem, no âmbito administrativo, com "indicação" e de forma "expressa", as consequências jurídicas e administrativas de suas decisões quando decretar a invalidação de ato, contrato, ajuste, processo ou norma administrativa. O que o legislador pretende? Impor uma relação de custo-benefício? Se o custo da invalidação de ato administrativo for muito alto, mesmo violador de princípios que orientam a administração pública, será mantido?

A pretexto de segurança jurídica e eficiência, com retóricas vazias da lei, será dado salvo-conduto para administradores e gestores públicos, com restrições para a responsabilização, com amarras para o controle destes atos pelos Tribunais de Contas e órgãos judiciais? Não se compreende a atuação do Poder Legislativo. Não há dúvida de que a realidade fática não pode estar desvinculada da conclusão final tomada. Todavia, a imposição para indicar de modo expresso as consequências administrativas e jurídicas de qualquer decisão, muitas vezes, impossíveis de serem previstas, poderá inviabilizar o controle de atos administrativos.

A decisão de órgãos de controle e de autoridade judicial, no âmbito administrativo, que implicar na invalidação de ato ou norma administrativa, deverá, segundo a lei, quando for o caso, indicar as condições para que a regularização ocorra de modo proporcional e equânime e sem prejuízo aos interesses gerais, não se podendo impor aos sujeitos atingidos ônus ou perdas que, em função das peculiaridades do caso, sejam anormais ou excessivos (parágrafo único do art. 21). Não basta ter em conta as consequências jurídicas e administrativas da decisão que invalidar ato ou norma administrativa. Se o caso (e quando isso seria?), a regularização do ato ou norma viciada deverá ocorrer de modo proporcional, equânime e sem prejuízo ao interesse geral!!! Por exemplo: no caso de invalidação de contrato administrativo, a autoridade pública julgadora que determinar a invalidação, deverá definir, se serão ou não preservados os efeitos do contrato, como por exemplo, se os terceiros de boa-fé terão seus direitos garantidos. Deverá decidir, ainda, se é ou não caso de pagamento de indenização ao particular que já executou as prestações, conforme disciplinado pela Lei de Licitações.

Os arts. 21 e 22 retratam o consequencialismo. Todavia, não pode ser confundido com utilitarismo. O utilitarismo, de Jeremy Bentham e John Stuart Mill, afirma que as ações são boas quando tendem a promover a felicidade, maximizar a utilidade e o prazer. Bentham propunha, por exemplo, a criação de um reformatório para abrigar mendigos, reduzindo a presença deles nas ruas. Para ele, quanto mais mendigos nas ruas, menor é a felicidade dos transeuntes. Tal teoria sofre duras críticas, em especial por violar direitos fundamentais, quando de sua aplicação.

Assim apesar da linha tênue entre o consequencialismo e o utilitarismo, é plenamente possível que o julgador decida com argumentos consequencialistas, sem utilizar das premissas utilitaristas.

O exemplo mais marcante da utilização do consequencialismo pelo STF, está previsto na própria Lei n. 9.868/99 (Lei da ADI), que em seu art. 27 assegura a modulação dos efeitos da decisão de inconstitucionalidade de lei ou ato normativo, tendo em vista razões de segurança jurídica ou de excepcional interesse social.

Um exemplo dado por Marcio Cavalcante: em tese, pela aplicação do art. 20 da LINDB, o juiz poderia deixar de condenar o Estado a fornecer a um doente grave determinado tratamento médico de custo muito elevado sob o argumento de que os recursos alocados para fazer frente a essa despesa fariam falta para custear o tratamento de centenas de outras pessoas ("consequências práticas da decisão").

O art. 22 da LINDB retrata o princípio do primado da realidade. Na prática, impedirá a responsabilidade administrativa de gestores públicos que não são bons administradores. A norma impõe que os órgãos de controle e o Judiciário deverão considerar os obstáculos e as dificuldades reais do gestor e as exigências das políticas públicas a seu cargo, sem prejuízo dos direitos dos administrados. Cria-se para o gestor a "muleta" para não ser responsabilizado por omissões no desempenho de função pública. Quais seriam estes "obstáculos" e as "dificuldades reais do gestor" ou "as exigências públicas a seu cargo" que deverão ser consideradas pelos Tribunais de Contas e pelo Judiciário? Há claro intuito de impor restrições à atuação dos órgãos de controle. As dificuldades orçamentárias sempre serão invocadas como defesa para a não implementação de políticas públicas mínimas. Na atualidade, os órgãos de controle, antes de qualquer responsabilização ou atuação, já leva em conta os obstáculos e as dificuldades reais do gestor. Não há motivo para normatizar questão que é objeto de análise concreta, em especial para afastar eventuais imputações dolosas no âmbito de improbidades administrativas ou contratações públicas. Todavia, ao mencionar "obstáculos" e "exigências públicas do cargo", termos sem qualquer precisão científica e jurídica, haverá considerável redução no controle de atos administrativos.

O § 1º do art. 22, que se refere à análise da conduta dos gestores, dispõe que em decisão sobre regularidade de conduta ou validade de ato, contrato, ajuste, processo ou norma administrativa, serão consideradas as circunstâncias práticas que houverem imposto, limitado ou condicionado a ação do agente. Quais seriam estas "circunstâncias práticas"? A opção por utilizar termos tão vagos e imprecisos é proposital. Não haverá mais limites precisos para a análise da conduta de gestores sem compromisso com a coisa pública. O que ocorrerá com a moribunda Lei de Licitações? E a Lei de Improbidade Administrativa? O que farão os Tribunais de Contas?

Se houver a possibilidade de aplicar sanções ao gestor, a lei dispõe que serão consideradas a natureza e a gravidade da infração cometida, os danos que dela provierem para a administração pública, as circunstâncias agravantes ou atenuantes e os antecedentes do agente. As sanções aplicadas ao agente serão levadas em conta na dosimetria das demais sanções de mesma natureza e relativas ao mesmo fato.

Será que o tratamento desta matéria no âmbito da Lei de Introdução às Normas de Direito Brasileiro é adequado? Será que a lei teria chamado a atenção da mídia e da sociedade se tivesse sido disciplinada como lei autônoma e não de forma escamoteada, por trás da terminologia pura da LINDB?

Os arts. 23 e 24 realçam o princípio da segurança jurídica, ao prever regime de transição quando houver mudança de orientação e respeito a situações jurídicas constituídas com base na legislação anterior.

De acordo com o art. 23 da LINDB, a decisão administrativa, controladora ou judicial que estabelecer interpretação ou orientação nova sobre norma de conteúdo indeterminado, impondo novo dever ou novo condicionamento de direito, deverá prever regime de transição quando indispensável para que o novo dever ou condicionamento de direito seja cumprido de modo proporcional, equânime e eficiente e sem prejuízo aos interesses gerais. Houve veto ao malsinado parágrafo único deste dispositivo.

Segundo esta norma, a fim de evitar surpresas aos agentes públicos em caso de interpretação ou nova orientação sobre norma de conteúdo indeterminado, capaz de impor novos deveres ou condições a direitos, é essencial, para fins de segurança jurídica e eficiência, estabelecer regime de transição. No dispositivo vetado, o regime de transição poderia ser objeto de negociação, inclusive com celebração de compromisso. O problema é a ausência de parâmetros para essa denominada interpretação ou nova orientação. Não há nenhum indicativo na lei da origem desta interpretação e desta nova orientação, seus limites, sentido e alcance.

O artigo permitirá o casuísmo, a ineficiência administrativa, a impunidade e, diante de termos genéricos e indeterminados, a pretexto de segurança jurídica, potencializará a insegurança jurídica.

O art. 24 disciplina a revisão que repercute na validade de ato, contrato, ajuste, processo ou norma administrativa, a ser estabelecida por órgãos de controle ou ainda judicialmente, em relação a situações jurídicas já consolidadas. Nesta hipótese, também a pretexto de segurança jurídica, não se pode invalidar situações plenamente constituídas, declaradas válidas com base em orientações anteriores. As orientações gerais a serem levadas em consideração são aquelas contemporâneas à prática do ato administrativo. Se houver mudança de orientação geral, o ato já constituído e consumado não poderá ser invalidado ou revisto a pretexto de nova orientação geral. Portanto, o objetivo é a segurança jurídica. A lei define como orientações gerais as interpretações e especificações contidas em atos públicos de caráter geral ou em jurisprudência judicial ou administrativa majoritária, e ainda as adotadas por prática administrativa reiterada e de amplo conhecimento público.

O art. 25 foi vetado, ante a manifesta inconstitucionalidade.

De acordo com o art. 26, para eliminar irregularidade, incerteza jurídica ou situação contenciosa na aplicação do direito público, inclusive no caso de expedição de licença, a autoridade administrativa poderá, após oitiva do órgão jurídico e, quando for o caso, após realização de consulta pública, e presentes razões de relevante interesse geral, celebrar compromisso com os interessados, observada a legislação aplicável, o qual só produzirá efeitos a partir de sua publicação oficial. O compromisso buscará solução jurídica proporcional, equânime, eficiente e compatível com os interesses gerais; não poderá conferir desoneração permanente de dever ou condicionamento de direito reconhecidos por orientação geral e deverá prever com clareza as obrigações das partes, o prazo para cumprimento e as sanções aplicáveis em caso de descumprimento.

Houve veto ao inciso II do § 1º deste artigo, pois, na lógica dos vetos anteriores, se pretendeu proibir que o compromisso envolvesse acordo quanto a sanções e créditos do passado (como uma "delação premiada do bem") e foi vedado qualquer acordo sobre um regime de transição em caso de interpretações capazes de gerar insegurança jurídica e novas orientações.

O § 2º do art. 26, que admitia pedido de autorização judicial para celebração do compromisso, em procedimento de jurisdição voluntária, para o fim de excluir a responsabilidade pessoal do agente público por vício do compromisso, salvo por enriquecimento ilícito ou crime, foi vetado.

O art. 27, introduzido pela nova legislação, dispõe que a decisão do processo, na esfera administrativa, por meio de órgãos de controle ou judiciais, poderá impor compensação por benefícios indevidos ou prejuízos anormais ou injustos resultantes do processo ou da conduta dos envolvidos.

Tal dispositivo é confuso e deixa margem a dúvidas. Na prática, tal compensação será quase impossível, pois pressuporá irregularidades ou malfeitos que nunca serão admitidos pelos gestores públicos. Ademais, não há qualquer critério sobre como seria a mencionada compensação, seus limites e extensão. Não há nada sobre o conteúdo da compensação e a relação desta compensação com eventuais responsabilidades dos gestores. O § 1º do dispositivo, na tentativa de apresentar algum parâmetro, dispõe que a decisão sobre a compensação será motivada, ouvidas previamente as partes sobre seu cabimento, sua forma e, se for o caso, seu valor. A necessidade de motivação é uma obviedade. A oitiva dos envolvidos apenas atende preceitos constitucionais fundamentais, como o contraditório necessário. O problema é justamente a forma, o modelo e os limites desta compensação. O risco será o casuísmo, para que a compensação seja o pretexto para se excluir responsabilidades de maus gestores. O § 2º deste artigo admite que é possível prevenir ou regular a compensação por meio de compromisso processual celebrado entre os envolvidos.

O art. 28 retrata o óbvio no que tange à responsabilidade do agente público por decisões ou opiniões técnicas no caso de dolo ou erro grosseiro. Todavia, há uma armadilha não perceptível à primeira vista. Em caso de dolo ou erro grosseiro do agente público em qualquer decisão ou quando expressar opinião técnica, a responsabilidade é pessoal, ou seja, nestas duas situações, aquele que tiver interesse ou direito lesado não poderá vincular a pessoa jurídica à qual o referido agente está vinculado. A pessoa jurídica que integra a administração direta ou indireta não mais responderá por atos dolosos ou erros grosseiros do agente público, fato que, a pretexto de segurança jurídica, retira eficiente proteção de lesados por tais decisões e opiniões.

O erro grosseiro é sinônimo de culpa grave. O dispositivo em comento é aplicável, em tese, em caso de responsabilidade regressiva. Porém, neste caso, o dispositivo conflita com a regra prevista na CF, art. 37, § 6º. Isso porque a responsabilidade regressiva da CF, se contenta com dolo ou culpa, senão vejamos: § 6º As pessoas jurídicas de direito público e as de direito privado prestadoras de serviços públicos responderão pelos danos que seus agentes, nessa qualidade, causarem a terceiros, *assegurado o direito de regresso contra o responsável nos casos de dolo ou culpa*. (grifei)

Registre que o referido artigo trata da responsabilidade pessoal do agente, e não da pessoa jurídica ao qual ele está vinculado, à semelhança da Lei de Improbidade Administrativa (LIA). Neste ponto, doutrina majoritária entende que a disciplina do art. 28 da LINDB não entra em contradição com aquela trazida pela LIA que no art. 10 admite a configuração da improbidade administrava, por mera culpa no agente. Isso porque a culpa prevista na LIA, é a culpa do direito administrativo. Em outras palavras, a culpa resultante de erro técnico ou de violação deveres de cargo, emprego ou função. Ilegalidade + Imoralidade = violação da legalidade qualificada. Logo, é de se concluir que se trata da mesma culpa grave exigida pela LINDB.

Vale ressaltar, que o objetivo da norma foi de estabelecer limites a responsabilização do gestor e dos profissionais que emitem opiniões técnicas na administração, a fim de extirpar o medo dos agentes de boa-fé, quando urge a necessidade de atuação. Isso porque em muitos casos o não agir trará consequências desastrosas, como por exemplo, o efeito que passou a ser denominado "apagão das canetas".

Os parágrafos do art. 28 foram vetados. Os vetos eram absolutamente necessários, pois além de excluir da consideração de erro grosseiro a decisão ou opinião baseada em jurisprudência ou doutrina, ainda que não pacificadas, em orientação geral ou, ainda, em interpretação razoável, mesmo que não venha a ser posteriormente aceita por órgãos de controle ou judiciais, tais dispositivos conferiam vantagem pessoal ao agente público, em especial com o custo de sua defesa, que poderia ser bancada pela entidade ao qual estivesse vinculado. Tal regra era incompatível com a moralidade administrativa.

Em qualquer órgão ou Poder, a edição de atos normativos por autoridade administrativa, salvo os de mera organização interna, poderá ser precedida de consulta pública para manifestação de interessados, preferencialmente por meio eletrônico, a qual será considerada na decisão. A princípio, tal consulta pública denota transparência, mas poderá servir para ratificar ilegalidades, em especial porque a população não tem a cultura de se manifestar sobre edição de atos normativos e, muitas vezes, o mero fato de ter submetido um ato a consulta pública, servirá de pretexto para legitimar o ato, sem que de fato houvesse manifestação em massa da coletividade.

Neste caso, a convocação conterá a minuta do ato normativo e fixará o prazo e demais condições da consulta pública, observadas as normas legais e regulamentares específicas, se houver.

O art. 30 finaliza esse microssistema principiológico do direito público com notável retórica. De acordo com este dispositivo, as autoridades públicas devem atuar para aumentar a segurança jurídica na aplicação das normas, inclusive por meio de regulamentos, súmulas administrativas e respostas a consultas. Tais instrumentos terão caráter vinculante em relação ao órgão ou entidade a que se destinam, até ulterior revisão.

Capítulo 1
PARTE GERAL

Sumário 1.1. Direito Civil Contemporâneo – **1.1.1.** Introdução: Premissas para a compreensão do direito civil contemporâneo – **1.1.2.** Diferença básica entre cláusula geral e conceito jurídico indeterminado – **1.1.3.** Como compreender o Direito Civil contemporâneo? – **1.1.4.** O Direito Civil e a transição do Estado Liberal para o Estado Social democrático de direito – **1.2.** Liberalismo e Direito Civil – **1.3.** Estado Social (e democrático de direito) e o Direito Civil – **1.4.** Princípios constitucionais e sua relevância para o Direito Civil – **1.4.1.** E o Direito Civil nesse panorama? Direito Civil Constitucional – **1.4.2.** Características do Direito Civil Contemporâneo (Pós-Positivismo) – **1.4.3.** Princípios constitucionais a serem observados nas relações jurídicas entre particulares – **1.4.4.** Diferença entre regras e princípios – **1.4.5.** Princípio da Dignidade da Pessoa Humana – **1.4.6.** Solidariedade Social e Igualdade Substancial – **1.4.7.** Paradigmas do Direito Civil contemporâneo – **1.4.8.** Direito Civil e os Tratados e Convenções Internacionais (Controle de convencionalidade) – **1.4.9.** O Direito Civil e o Estado de Coisas Inconstitucionais – **1.5.** Teoria Geral da Personalidade Civil da Pessoa Humana – **1.5.1.** Noções gerais sobre a personalidade da pessoa humana – **1.5.2.** Evolução da ideia de pessoa e personalidade – **1.5.3.** Personalidade jurídica e capacidade – **1.5.4.** Aquisição e início da personalidade jurídica da pessoa humana – **1.5.5.** Nascituro e embrião – Personalidade jurídica – **1.6.** Teoria Geral da Capacidade Jurídica da Pessoa Humana: Capacidade de Direito e Capacidade de Fato – **1.6.1.** Noções gerais sobre capacidade de direito – **1.6.2.** Capacidade de fato (exercício) – Noções gerais – **1.6.3.** Capacidade de fato e sua nova concepção. Crítica ao Código Civil. Incapacidade formal e material sob a perspectiva do Código Civil – **1.6.4.** Proteção dos incapazes – Disposições específicas do Código Civil – **1.6.5.** Incapacidade e legitimação. Diferenças – **1.6.6.** Cessação da incapacidade e emancipação – **1.7.** Término da Personalidade Civil e Registro da Pessoa Natural – **1.7.1.** Noções preliminares sobre o término da personalidade civil – **1.7.2.** Comoriência – **1.7.3.** Registro público e pessoa natural. Questões sobre estado – **1.8.** Término da Personalidade Civil e Ausência – **1.8.1.** Considerações preliminares sobre o instituto da ausência – **1.8.2.** Conceito de ausência – **1.8.3.** Fases da ausência – Procedimento – **1.8.4.** Hipótese especial de sucessão definitiva – **1.8.5.** Efeitos extrapatrimoniais da sucessão definitiva – **1.9.** Teoria dos Direitos da Personalidade da Pessoa Humana – **1.9.1.** Considerações preliminares – **1.9.2.** Evolução dos direitos da personalidade – Origem histórica – **1.9.3.** Conceito dos direitos da personalidade – **1.9.4.** Objeto dos direitos da personalidade – **1.9.5.** Fontes dos direitos de personalidade – **1.9.6.** Características dos direitos da personalidade – **1.9.7.** Direitos da personalidade, eficácia horizontal e liberdades públicas – **1.9.8.** Direitos da personalidade, direitos fundamentais e direitos humanos – **1.9.9.** Classificação dos direitos da personalidade – **1.10.** Marco Civil da Internet – Lei n. 12.965/2014 – **1.10.1.** Introdução – **1.10.2.** Direitos e garantias dos usuários – **1.10.3.** Diferenças fundamentais entre "provedor de conexão" e "provedor de aplicação" para fins de responsabilidade civil – **1.10.4.** Responsabilidade civil dos provedores de conexão e dos provedores de aplicação em relação a conteúdo gerado por terceiro – **1.11.** Lei Geral de Proteção de Dados Pessoais – LGPD (Lei Federal n. 13.709/2018) – **1.12.** Pessoa Jurídica – Teoria Geral – **1.12.1** Princípios – **1.12.2.** Origem. Evolução da pessoa jurídica como conceito e sujeito de direito – **1.12.3.** Existência e natureza da pessoa jurídica. Teorias – **1.12.4.** Conceito de pessoa jurídica – **1.12.5.** Requisitos ou pressupostos para a existência da pessoa jurídica. Aquisição da personalidade jurídica – **1.12.6.** Personalidade e efeitos – **1.12.7.** Pessoa jurídica. Direitos que decorrem da personalidade – **1.12.8.** Desconsideração da personalidade da pessoa jurídica no Código Civil – **1.12.9.** Modificação e extinção da pessoa jurídica – **1.12.10.** Classificação das pessoas jurídicas – **1.13.** Do Domicílio – **1.13.1.** Considerações preliminares. Conceito de domicílio – **1.13.2.** Mudança ou alteração do domicílio – **1.13.3.** Domicílio necessário e legal – **1.13.4.** Domicílio das pessoas jurídicas – **1.13.5.** Domicílio de eleição – **1.14.** Teoria dos Bens Jurídicos Objeto de Direitos – **1.14.1.** Sistematização dos bens no Código Civil – **1.14.2.** Análise dos termos: Bem jurídico e coisa – **1.14.3.** Definição de bem jurídico. Conceito – **1.14.4.** Estrutura do objeto da relação jurídica – **1.14.5.** Disciplina dos bens corpóreos e incorpóreos – **1.14.6.** A questão do patrimônio – **1.14.7.** Classificação dos bens no Código Civil – Bens reciprocamente considerados – Bens considerados em si mesmo e bens públicos e privados – **1.14.8.** Bens públicos e bens privados – **1.14.9.** Bem de família – **1.15.** Teoria Geral do Fato Jurídico – **1.15.1.** Noções preliminares – **1.15.2.** Classificação dos fatos jurídicos em sentido amplo – **1.16.** Teoria da Representação – **1.16.1.** Noções preliminares – **1.16.2.** Conceito de representação – **1.16.3.** Representação própria e representação imprópria (interesses e interposição) – **1.16.4.** Representação aparente e a questão do poder na representação – **1.16.5.** Espécies de representação – Legal e convencional – **1.16.6.** Representação convencional e teoria da separação – **1.16.7.** Representação e contrato consigo mesmo – **1.16.8.** Conflito de interesses entre representante e representado – **1.17.** Elementos Acidentais do Negócio Jurídico (Condição; Termo; e Encargo) – **1.17.1.** Considerações preliminares – **1.17.2.** Condição – Arts. 121 a 130 – **1.17.3.** Termo – **1.17.4.** Encargo – Arts. 136 e 137 – **1.18.** Teoria dos Defeitos do Negócio Jurídico – **1.18.1.** Introdução – **1.18.2.** Erro ou ignorância – Arts. 138 a 144 do CC – **1.18.3.** Dolo – Arts. 145 a 150 do CC – **1.18.4.** Coação – Arts. 151 a 155 do CC – **1.18.5.** Lesão – Art. 157 do CC – **1.18.6.** Estado de perigo – Art. 156 do CC – **1.18.7.** Fraude contra credores – Arts. 158 a 165 do CC – **1.19.** Teoria

Geral da Invalidade do Negócio Jurídico – **1.19.1.** Considerações preliminares – **1.19.2.** Espécies de invalidade – Ato e negócio nulo e anulável – Nulidade e anulação – Regimes jurídicos – **1.19.3.** Ato ou negócio jurídico anulável – Regime jurídico – **1.19.4.** Invalidade do instrumento e invalidade parcial (redução do negócio jurídico) – **1.19.5.** Efeitos do negócio nulo e anulável – Nulidade de pleno direito e tutela dos interesses de terceiros de boa-fé – **1.20.** Teoria do Ato Ilícito e Abuso de Direito – **1.20.1.** Considerações preliminares sobre o ato ilícito – **1.20.2.** Ato ilícito – Elementos – Art. 186 – **1.20.3.** Ato ilícito objetivo como fonte de responsabilidade civil – **1.20.4.** Teoria do abuso de direito e ilícito objetivo – **1.20.5.** Causas excludentes da ilicitude (atos lícitos) – **1.21.** Prescrição e Decadência – **1.21.1.** Considerações preliminares. Conceito de prescrição e decadência – **1.21.2.** Prescrição – **1.21.3.** Decadência – **1.22** Prova do Negócio Jurídico – **1.22.1.** Considerações preliminares – **1.22.2.** Meios de prova do fato jurídico.

1.1. DIREITO CIVIL CONTEMPORÂNEO

1.1.1. Introdução: Premissas para a compreensão do direito civil contemporâneo

O Direito Civil sempre foi considerado a "Constituição" das relações privadas, pois constitui o conjunto de normas jurídicas, regras e princípios, onde estão os temas e institutos jurídicos relevantes para a sociedade civil. É destinado a disciplinar as relações jurídicas entre atores privados. Atualmente, é a Constituição Federal que confere unidade ao sistema jurídico civil, codificado ou não (leis civis extravagantes).

A base normativa do direito civil é o Código Civil de 2002, mas o sistema civil também abrange leis extravagantes. A atual codificação tem como parâmetros a eticidade, socialidade e operabilidade. Em tempos modernos, a legalidade constitucional é caminho obrigatório para a compreensão do direito civil. Não basta, no entanto, considerar que os institutos de direito civil devem ser analisados, a partir de seus fundamentos e finalidades, sob perspectiva constitucional (que impõe releitura, integração e diálogo do direito civil com as normas constitucionais fundamentais), mas ter a consciência de que somente é possível dominar o direito civil de forma global, ou seja, com a associação de institutos e conexão dos temas de direito civil. A fragmentação da análise impedirá a compreensão do direito civil. Apenas a título de exemplo, no contrato de compra e venda de imóvel, levado a efeito por vendedor casado, será essencial compreender que tal pacto dependerá da junção de noções da parte geral (capacidade, bem jurídico, teoria do negócio jurídico), obrigações (tal contrato gera obrigações, direitos e deveres, para os contratantes), contratos (é espécie de contrato e, portanto, se submete à teoria contratual), direitos reais (o adimplemento deste contrato implicará a transferência da propriedade imobiliária, pelo registro), direito de família (a depender do regime de bens do vendedor, será necessário outorga conjugal) e direito sucessório (no caso de morte de qualquer das partes, após a formação e antes da execução, os direitos e deveres são transferidos aos sucessores). Tal exemplo singelo evidencia como um simples contrato conecta todo o direito civil.

O direito civil é construído não apenas a partir de parâmetros normativos, mas forjado em aspectos históricos e culturais. Desde o empirismo romanista até os conceitos e ficções aperfeiçoadas pelos pandectistas, o direito civil acompanha a evolução da sociedade. O direito civil moderno é fruto de sociedade plural, complexa, multifacetada, o que exigirá do intérprete a construção de soluções jurídicas sob perspectiva das partes e da sociedade. O direito civil contemporâneo valoriza a pessoa humana, motivo pelo qual as dimensões existenciais do ser humano se sobrepõe às patrimoniais. O direito civil reafirma o pluralismo da sociedade para proteger e reconhecer a dignidade de cada pessoa humana.

A sociedade se torna complexa. As regras jurídicas, embora necessárias, não são mais suficientes para sugerir e construir soluções no âmbito das relações disciplinadas pelo direito civil. Os princípios, espécies de normas, passam a integrar o direito civil e permitirão a construção de soluções criativas, com a incorporação de valores da sociedade. A aproximação entre moral e direito é viabilizada pela abertura valorativa fruto de interação entre regras e princípios, em relação de complementariedade.

É essencial potencializar o diálogo de fontes normativas e reaproximar o direito civil de parâmetros fundamentais da sociedade, que são a base da Constituição Federal.

Após anos de vigência do Código Civil, os operadores e intérpretes ainda tentam compreender os fundamentos, contornos e limites da legislação vigente, em especial por retratar modelo constitucionalizado e funcionalizado. O modelo atual, conectado com perspectiva pós-positivista, baseado em princípios, cláusulas gerais (algumas também são princípios) e conceitos jurídicos indeterminados rompe, definitivamente, com o paradigma positivista, fechado, formal, abstrato e individualista e, por isso, exigirá do intérprete nova postura e profunda humildade hermenêutica. A transição do positivismo para o pós-positivismo altera os paradigmas do direito civil. Tal sistema aberto, com aproximação entre moral e direito, é perfeitamente compatível com a perspectiva filosófica de Miguel Reale, que se conecta com a sua teoria do conhecimento (a ontognoseologia jurídica), segundo a qual a compreensão, aplicação, interpretação e validação do direito civil pressupõe considerar não apenas a norma jurídica e o fato (como no positivismo), mas o fato, os valores e a norma. Em síntese, para tal teoria, o direito é fato, valor e norma, o que se ajusta ao modelo contemporâneo civil, que exigirá esforço hermenêutico para soluções casuísticas. Tal teoria é compatível com o modelo contemporâneo de direito civil em razão de sua concretude (análise das situações fáticas, que devem ser valoradas e relacionados, numa situação de interdependência, com as normas jurídicas) e dinamismo.

No positivismo normativista (Kelsen), o mundo do dever/ser é restrito às normas jurídicas, que não se relaciona com o mundo do ser (da vida real), que deve ser preocupação de estudo de outras ciências sociais, como sociologia e filosofia. Na teoria tridimensional, assim como ocorre no pós-positivismo, o mundo do dever/ser interage com o mundo do ser. Os fatos e as normas passam a ser valorados pelo intérprete, levando em conta elementos culturais próprios, a experiência, a história e o contexto social. Na perspectiva de Miguel Reale, o sistema é aberto, plural, interativo, dinâmico, o que é reforçado pela perspectiva constitucional e funcional do direito civil moderno. A resolução de conflitos sociais pelo sistema lógico-formal oriundo do positivismo (subsunção entre fato e norma) cede lugar para sistema concreto-substancial, com plena interação entre os mundos do ser e do dever/ser, o que será possível por conta de mecanismos como as cláusulas gerais e conceitos indeterminados, por exemplo.

As cláusulas gerais e os conceitos jurídicos indeterminados são exemplos deste poder hermenêutico, porque exigem do intérprete a necessária tarefa de integrar o conteúdo da norma (aberta) com valores pessoais pautados em um sentido de justiça.

O atual Código Civil está impregnado de cláusulas gerais e conceitos jurídicos indeterminados, tudo a fim de dar ao sistema civil maior *operabilidade* ou *mobilidade*. O *conteúdo da norma passa a ser preenchido por valores* no caso concreto. É por isso que o Código Civil é considerado sistema "aberto" (aberto para a atividade hermenêutica).

O direito civil contemporâneo é aberto (sistema jurídico se conecta com valores da sociedade – o direito, a moral e a ética se interconectam), plural (ressalta a diversidade), dinâmico (impõe construção de soluções por meio de argumentação jurídica sofisticada), interativo (dialoga com a sociedade) e democrático (permite que todos os atores sociais com ele se relacionem). Os institutos do Código civil ainda ostentam enorme carga patrimonial, fruto de sua historicidade. Todavia, como a dignidade do ser humano é a base de sustentação de todo o direito civil contemporâneo, há ampliação considerável dos espaços de liberdade nas situações jurídicas subjetivas existenciais. De um lado, há redução da autonomia no âmbito patrimonial e ampliação da liberdade nas situações existenciais, mas sem comprometer a dignidade da pessoa humana. A funcionalidade do direito civil impõe a interconexão entre os planos normativo e social, em diálogo constante entre norma e fato, com a devida valoração, para a construção de soluções jurídicas, que impõe a compreensão mais integral e plena. O processo de constitucionalização do direito em geral e do direito civil em especial exige nova postura metodológica e interpretativa, a fim de que as relações privadas sejam analisadas sob a perspectiva de valores, princípios e regras da CF, edificados na dignidade da pessoa humana, que é e deve ser a origem de todas as construções normativas e concretas.

1.1.2. Diferença básica entre cláusula geral e conceito jurídico indeterminado

Neste ponto, uma questão relevante deve ser considerada: há diferença entre cláusula geral e conceito jurídico indeterminado? A resposta deve ser positiva. Tanto a cláusula geral quanto o, impropriamente denominado, conceito jurídico indeterminado possuem conteúdo vago, abstrato e genérico. Os poderes que deles derivam exigem do intérprete que preencha os seus conteúdos com valores. Mas o que os diferencia? Preenchido o conceito jurídico indeterminado, o resultado (solução jurídica) já está previsto ou preestabelecido na norma. Ou seja, a consequência jurídica é dada pelo legislador e não pelo intérprete. Por exemplo: no caso do art. 317 do CC, caberá ao intérprete preencher o sentido da expressão "motivos imprevisíveis" com valores pessoais. Preenchido este conteúdo, a consequência jurídica, qual seja, a revisão judicial da obrigação, já está prevista na lei. Logo, no conceito jurídico indeterminado a lei estabelece o conceito indeterminado e dá as consequências. Já nas cláusulas gerais, o intérprete preenche os valores e atribui a solução que lhe pareça a mais correta. Ou seja, nas cláusulas gerais tanto a integração quanto a consequência são levadas a efeito pelo intérprete. Como exemplo, o princípio da função social previsto no art. 421 do CC.

Portanto, é na consequência jurídica (efeito) que se localiza a principal diferença entre cláusula geral e conceito jurídico indeterminado.

Há uma resistência injustificada a esse novo sistema baseado em valores (princípios). Na realidade, o operador do direito sempre preferiu uma "muleta", no caso, a lei, para uma resposta prévia a um caso concreto. Por conta do novo modelo e da dificuldade de compreensão dos atuais paradigmas, o direito civil ainda não provocou a transformação social que deveria gerar nas relações privadas civis e nas relações privadas de um modo geral.

Apenas para citar alguns exemplos desse poder delegado pelo legislador no Código Civil de 2002, as relações privadas devem se nortear pelos princípios da boa-fé objetiva e da função social. No entanto, em nenhum momento a Lei Civil define, com limites bem precisos, boa-fé objetiva e função social. Qual a razão para isso? Simples: no caso concreto, o operador do direito vai ter a obrigação de verificar se, naquela relação jurídica privada, em si considerada, foram observados tais princípios. Em termos abstratos, é praticamente impossível resolver um conflito entre particulares. A análise do caso concreto, mais do que nunca, passou a ser fundamental para a realização da tão sonhada justiça social.

Sem utopias ou preconceitos, é possível realizar as transformações sociais relevantes com a correta aplicação dos princípios e regras que estão inseridos no Código Civil de 2002.

Atualmente, alguns princípios constitucionais, como a dignidade da pessoa humana, solidariedade social e igualdade substancial são a base de sustentação de todas as relações jurídicas privadas e, nesse contexto, norteiam a aplicação de todas as normas, regras e princípios existentes na legislação civil.

O direito civil, hoje, é baseado em princípios e regras e não mais apenas em regras objetivas descritivas de condutas.

1.1.3. Como compreender o direito civil contemporâneo?

Neste ponto, importante ressaltar que o direito civil contemporâneo pode ser compreendido a partir de algumas premissas fundamentais: 1. É essencial verificar os paradigmas que fundamentam o direito civil clássico e o direito civil contemporâneo, pois o atual Código retrata e muito o velho sistema; 2. Antes de analisar as normas que os disciplinam, é essencial apurar o fundamento e a finalidade de cada instituto (permitirá compreensão lógica do sistema); 3. O Código Civil ostenta algumas regras "privadas de justiça" (tutela simplificada do agraciado, ou seja, aquele que é agraciado não tem a mesma proteção que o não agraciado – é por isso, por exemplo, que na cessão gratuita de crédito o cessionário não pode responsabilizar o cedente pela existência do crédito; na fraude contra credores relacionada a atos de disposição gratuito, os terceiros não terão a mesma proteção como nos negócios onerosos, pois naquele bastará demonstrar o dano; na propriedade aparente, arts. 879, 1.817 e 1.827, por exemplo, os terceiros, ainda que de boa-fé, somente terão a propriedade tutelada em detrimento do proprietário real se não forem agraciados, ou seja, se os negócios forem onerosos; os vícios redibitórios e a evicção, em regra, são garantias legais que somente podem ser invocadas em negócios onerosos, motivo pelo qual o agraciado não teria tais garantias (ex. art. 552 do CC), entre outras); e 4. O direito civil somente é passível de compreensão se o operador associar e conectar institutos. É impossível compreender a dimensão e a repercussão do direito civil se os institutos foram analisados de forma fragmentada. Por isso, ao analisar posse civil (apenas um exemplo), o operador deve imediatamente associá-la à teoria do negócio jurídico, obrigações em sentido estrito, contratos, responsabilidade civil, família, sucessões e propriedade, ou seja, compreender como a posse civil repercutirá em todos estes institutos, a partir das circunstâncias do caso concreto.

A partir destas premissas, é possível dialogar com o direito civil contemporâneo.

A lei civil (tanto as normas que estão no Código Civil, assim como em leis especiais) não é suficiente para compreender o direito civil. A lei civil é a última etapa deste processo complexo de compreensão, que pressupõe a compreensão do fundamento, da causa de justificação e da finalidade do direito civil. Somente após esse processo preparatório de compreensão, podemos analisar as normas jurídicas que retratam (ou tentam retratar) o direito civil.

No que se refere ao fundamento, à causa de justificação e à finalidade do direito civil (premissa para compreensão da matéria), é conveniente analisá-lo a partir de dois grandes modelos: direito civil clássico x direito civil contemporâneo. Cada um destes modelos possui pilares de sustentação e paradigmas que permitirão a compreensão do sistema jurídico no qual o direito está inserido e, como consequência, do próprio direito civil.

Em relação ao direito civil clássico (considerando o direito civil codificado, pós-revolução francesa – sem voltar para o direito civil romano/antigo), os paradigmas que o caracterizam são: vinculação a um modelo positivista (em um primeiro momento, positivismo clássico e, em seguida, positivismo normativo); análise dos elementos que constituem a estrutura dos institutos de direito civil (o que é?) – o direito civil é concebido sob uma perspectiva estrutural (o objetivo é buscar conceitos e o entendimento formal e abstrato de cada instituto) e, por fim, o modelo liberal de Estado (tal aspecto reflete no direito civil, uma vez que o Estado Liberal outorga ao direito civil competência plena e exclusiva para disciplinar questões da sociedade privada.

Por outro lado, o direito civil contemporâneo (que começa a ser delineado no século XX após a Primeira Guerra Mundial e que no Brasil se consolida após a CF/88), possui outros paradigmas: em primeiro lugar, a vinculação a um modelo que se convencionou denominar pós-positivista (fundamento filosófico do neoconstitucionalismo – as normas jurídicas se dividem em princípios e regras, a moral se associa ao direito; além da análise dos elementos que constituem a estrutura dos institutos de direito civil, passa a ser imperioso e essencial apurar a finalidade ou funcionalidade destes institutos na perspectiva do caso concreto – tal finalidade ou funcionalidade passa a constituir causa de justificação e legitimação dos institutos de direito civil a serem apurados concretamente (objetivo não é apenas entender os limites conceituais de um instituto, mas, a partir de um entendimento concreto e material, buscar a finalidade, a função dos direitos vinculados a estes institutos) e, por fim, o modelo Social/Democrático de Estado (tal aspecto reflete no direito civil, uma vez que a Constituição passa a ser o paradigma do direito civil, a Constituição é que dá unidade ao direito civil, a Constituição é o fundamento do direito civil e os princípios constitucionais são a causa de justificação do direito civil).

A partir desses paradigmas e pilares de sustentação do direito civil em cada um dos modelos (clássico e contemporâneo), é possível compreender os institutos de direito civil, as teorias relacionadas a tais institutos e, principalmente, o modo de interpretação e aplicação das normas jurídicas de direito civil.

No direito civil clássico os institutos de direito civil são fins em si mesmos. A norma de direito civil é justa porque é válida (concepção positivista). Não se faz juízo de valor sobre questões morais. O fundamento e a causa de justificação do direito civil é o Código Civil. A legitimidade dos institutos de direito civil envolve a compatibilidade formal do fato com a norma (análise estrutural), independente da finalidade. No direito civil contemporâneo, os institutos de direito civil são instrumentos ou meios para a concretização de valores constitucionais, em especial a dignidade da pessoa humana. A norma de direito civil será justa se for válida e estiver adequada a estes valores sociais constitucionais que a fundamentam e a legitimam. Há interação entre moral e direito. O fundamento e a causa de justificação do direito civil contemporâneo é a Constituição Federal, e não o Código Civil. A finalidade e a função dos direitos subjetivos integram o próprio conteúdo desses direitos e lhes conferem legitimidade. A finalidade justifica e legitima os direitos subjetivos.

Com estas ideias básicas e fundamentais, podemos iniciar o estudo do direito civil.

1.1.4. O direito civil e a transição do estado liberal para o estado social democrático de direito

O direito civil teve seu auge no chamado "Estado Liberal", período em que se exaltava a liberdade e a autonomia dos indivíduos nas relações privadas e, como consequência, não se admitia a intervenção do Poder Público nos assuntos particulares. O "Estado Liberal" teve sua consolidação com a Revolução Francesa de 1789, embora as ideias liberais tenham iniciado antes com vários movimentos sociais, em especial o Iluminismo.

Antes da revolução francesa, durante a Idade Média, a Igreja teve forte influência na sociedade e tentou incutir a filosofia religiosa, cuja base era a evocação de divindades. Na verdade, tal pensamento da Igreja acabou dando suporte para o absolutismo, regime em que se concentrava o poder nas mãos de um monarca. O pretexto de que "tudo era desejo de Deus" acabou por servir como justificativa para o reinado de vários déspotas monarcas durante a Idade Média. Neste período pré-Revolução Francesa não havia codificação. O Direito Civil era basicamente representado por valores medievais e do mencionado absolutismo monárquico e, de certa forma, não passava de um emaranhado de regras costumeiras somadas a resquícios dos ideais que ainda sobreviviam do combalido e decadente direito romano. A "codificação" civil, como a conhecemos hoje, teve início com o Estado Liberal e se materializou com o Código Civil francês de 1804, denominado Código Napoleônico.

Com a decadência da monarquia absolutista, surge, então, um movimento que visava se contrapor a essas ideias até então reinantes, o Iluminismo, que forneceu as bases ideológicas para a Revolução Francesa.

O Iluminismo se iniciou na França, no século XVII, e defendia o domínio da razão sobre a visão teocêntrica que dominava a Europa desde a Idade Média. Os pensadores iluministas pregavam que o pensamento racional deveria prevalecer sobre crenças religiosas e questões místicas.

O apogeu do Iluminismo foi no século XVIII, conhecido como o Século das Luzes. O Iluminismo foi intenso na França, onde influenciou a Revolução Francesa por meio de seu lema: liberdade, igualdade e fraternidade.

Para os filósofos iluministas de forma geral, o homem era naturalmente bom, porém era corrompido pela sociedade com o passar do tempo. Eles acreditavam que, se todos fizessem parte de uma sociedade justa, com direitos iguais, a felicidade comum seria alcançada. Por essa razão, os iluministas eram contra as imposições de caráter religioso, as práticas mercantilistas, o absolutismo do rei e, principalmente, os privilégios dados à nobreza e ao clero.

Os iluministas lutaram bravamente contra o absolutismo, caracterizado pela concentração de poder no monarca ou em uma única pessoa. Tal resistência iluminista acabou eclodindo como a mais importante revolução da história da humanidade, justamente a Revolução Francesa.

Embora tenha por marco o ano de 1789, na realidade, a Revolução Francesa teve início muito antes, pois filósofos e pensadores iluministas, de forma silenciosa, já alardeavam na sociedade francesa as ideias liberais. Foram décadas de reuniões, traições e conspirações antes de a inevitável Revolução tomar as ruas da capital francesa, Paris.

Nesse período estava em plena ascensão, na França, uma classe abastada e rica, mas completamente destituída de poderes ou influência política. Tal classe emergente era a burguesia francesa e, por conveniências políticas e econômicas, passou a se interessar pela filosofia iluminista. As ideias iluministas eram compatíveis com os interesses da burguesia: filósofos iluministas e cidadãos burgueses eram igualmente contrários ao absolutismo real e à concentração de privilégios para os nobres e para o clero.

Na verdade, a burguesia francesa "encampou" o movimento iluminista, porque, embora fosse uma classe abastada em termos financeiros, buscava poder e influência política, dos quais era desprovida.

Os burgueses tiveram participação decisiva no sucesso da Revolução Francesa, movimento que teve por objetivo principal a liberdade dos cidadãos em relação ao Estado Absolutista.

Entre os pensadores iluministas, havia diferenças consideráveis, mas o objetivo era o mesmo: a busca da liberdade, na crença de que esta levava à felicidade. A própria concepção de felicidade, como a conhecemos hoje, é fruto do individualismo liberal.

As ideias iluministas sofriam variações de acordo com a concepção de cada filósofo, mas o objetivo principal era a salvaguarda da liberdade, o que influenciou, decisivamente, o direito civil durante todo o Estado Liberal, servindo como principal instrumento para assegurar a autonomia dos indivíduos, "protegendo-os" de intervenções do Estado.

1.2. LIBERALISMO E DIREITO CIVIL

O liberalismo burguês teve influência intensa no Direito Civil, na medida em que o próprio Código Civil passou a ser considerado a "Constituição das relações privadas". No Estado Liberal, o objetivo do direito civil era assegurar a plena autonomia do indivíduo em suas relações privadas.

Com isso, durante o liberalismo, passou a existir um paralelismo entre a Constituição e o Código Civil. A Constituição, basicamente, servia para limitar o poder do Estado, ao passo que o Código Civil regulava as relações privadas.

O marco histórico do direito civil é, sem dúvida, o Código Civil Napoleônico de 21-3-1804. Antes deste, outros Códigos existiram, mas nada comparado ao Código Civil francês, batizado de Código Napoleônico[5].

Por isso, o parâmetro do Direito Civil da época era o Código Civil Francês de 1804, diploma "impregnado" pelas ideias liberais, decorrentes da Revolução Francesa e do pensamento Iluminista. Tal Código influenciou vários diplomas civis que o sucederam, em especial o nosso bom e velho Código Civil de 1916, o qual, no conteúdo, acolheu o pensamento liberal francês e, na estrutura, passou a adotar a metodologia (divisão em Parte Geral e Especial) apresentada ao mundo pelo Código Civil alemão, o famoso BGB, datado de 1896, que entrou em vigor no ano de 1900.

Durante o Estado Liberal, os indivíduos tinham plena liberdade para atuar em qualquer relação jurídica privada. O liberalismo exaltava a autonomia da vontade. Aliás, os grandes pilares do direito civil durante o liberalismo foram justamente a propriedade, considerada pelo Código Civil francês como um direito mais que absoluto (os franceses conseguiram um superlativo para a palavra "absoluto"), e o contrato, no qual a liberdade de atuação era plena, tendo em vista que o Estado Liberal não intervinha nas relações privadas.

Nessa época, os burgueses, que dominavam o Parlamento e ainda tinham receio dos magistrados, egressos da nobreza, passaram a controlar os juízes com um sistema "fechado" de leis, não admitindo, em um primeiro momento, qualquer tipo de interpretação. Apenas no final do século XIX passou-se a admitir a interpretação meramente literal da lei.

Assim, os burgueses passaram a controlar o Estado em todas as suas vertentes. Dominavam o Parlamento, detinham o poder político e passaram a controlar o Judiciário com leis que descreviam, de forma pormenorizada, todos os institutos jurídicos, justamente para impedir a interpretação. Os juízes eram dominados pelas leis. Montesquieu, em sua obra *Do espírito das leis*, chegou a dizer que o juiz era apenas a boca que pronunciava as palavras da lei, caracterizando os magistrados como seres inanimados que não podiam moderar nem a força nem o rigor da lei.

O liberalismo conviveu com um sistema positivista (em termos clássicos) "fechado", as leis eram autoexplicativas, absolutamente conceituais, com preceitos determinados e preestabelecidos pelo Parlamento burguês. Com essa estratégia política, a burguesia conseguiu transformar o liberalismo em um verdadeiro Estado Burguês.

Os burgueses não hesitaram em explorar o mais fraco, a pretexto de que todos eram livres e iguais perante a lei (igualdade meramente formal). Todos sabem que não existe igualdade em uma sociedade desigual. A liberdade intensificou tanto a exclusão social que, nesse período, chegou-se a dizer que a "liberdade escraviza e a lei liberta". Como pode a liberdade escravizar? É um paradoxo. Mas tem sua razão de ser, pois a liberdade plena faz com que a vontade do mais poderoso venha a prevalecer sobre a vontade do mais fraco. Este permanece escravo de sua vontade e da sua própria liberdade.

A liberdade plena pressupõe igualdade substancial, inexistente durante o Estado Liberal. Em razão dessa falsa liberdade, começou-se a perceber a necessidade de mudança para admitir ao Estado, de alguma forma, intervir nas relações privadas, amparando o mais fraco.

No liberalismo, o Código Civil desempenhava o papel de constituição das relações privadas, relegando-se à Constituição o papel de regular as relações entre Estado e indivíduo, justamente para limitar a atuação dos governantes.

Como bem ressalta Sarmento: "Na lógica do Estado Liberal, a separação entre Estado e sociedade traduzia-se em garantia da liberdade individual. O Estado deveria reduzir ao mínimo sua ação, para que a sociedade pudesse se desenvolver de forma harmoniosa. Entendia-se, então, que sociedade e Estado eram dois universos distintos, regidos por lógicas próprias e incomunicáveis, aos quais corresponderiam, reciprocamente, os domínios do direito público e do direito privado. No âmbito do direito público, vigoravam os direitos fundamentais, erigindo rígidos limites à atuação estatal, com o fito de proteção do indivíduo, enquanto no plano do direito privado, que disciplinava relações entre sujeitos formalmente iguais, o princípio fundamental era o da autonomia da vontade"[6].

O culto da lei pelo liberalismo e a ideia de que a sociedade perfeita era aquela que não admitia a intervenção do Estado nas relações privadas começou a ruir já no final do século XIX. Diante da desigualdade provocada pelo liberalismo, o movimento passou a suportar críticas, principalmente porque os valores humanitários não estavam sendo observados nesse período.

O patrimônio preponderava sobre a pessoa humana. O liberalismo tinha como pilares a propriedade e o contrato.

Durante o Estado Liberal, o direito civil centralizou as regras e princípios referentes à regulação das relações privadas. A Constituição, influenciada por esse ideal liberal, tinha uma concepção estritamente política, não dispondo sobre regras e princípios de direito privado. Nas relações entre particulares, a única fonte legislativa era o direito civil. As regras e os princípios constitucionais somente eram invocados nas relações entre o indivíduo e o Poder Público para garantir a liberdade individual (por isso, as liberdades públicas, ou direitos fundamentais de primeira geração). A Constituição tinha como objetivo limitar o poder do Estado.

O Código Civil de 1916 é essencialmente patrimonialista e individualista, com protagonismo do contratante, marido, testador e do proprietário.

Gustavo Tepedino bem destaca essa característica do Código Civil de 1916: "O Código Civil de 1916, bem se

---

[5] Como relata Renan Lotufo: Código de Ur-Nammu, de 2100 a.C., descoberto em Nipur, no começo do século XX, e o babilônico, o famoso Código de Hamurabi, que data de 1780 a.C. No âmbito do direito civil, o primeiro Código referido é o que Cristiano V, em 1683, publicou para a Dinamarca e que veio a vigorar também na Noruega, a partir de 1687, e na Islândia, ao qual se seguiu o Código de 1743, da Suécia, entre outros.

[6] SARMENTO, Daniel. *Direitos fundamentais e relações privadas*. 2. ed. Rio de Janeiro: Lumen Juris, 2008.

sabe, é fruto da doutrina individualista e voluntarista que, consagrada pelo Código de Napoleão e incorporada pelas codificações posteriores, inspiraram o legislador brasileiro quando, na virada do século, redigiu o nosso primeiro Código Civil. Àquela altura, o valor fundamental era o indivíduo. O direito privado tratava de regular, do ponto de vista formal, a atuação dos sujeitos de direito, notadamente o contratante e o proprietário, os quais, por sua vez, a nada aspiravam senão ao aniquilamento de todos os privilégios feudais: poder contratar, fazer circular as riquezas, adquirir bens como expansão da própria inteligência e personalidade, sem restrições ou entraves legais. Eis aí a filosofia do século XIX que marcou a elaboração do tecido normativo consubstanciado no Código Civil de 1916. (...) o Código Civil brasileiro, como os outros Códigos de sua época, era a Constituição do Direito privado. De fato, cuidava-se da garantia legal mais elevada quanto à disciplina das relações patrimoniais, resguardando-as contra a ingerência do Poder Público ou de particulares que dificultasse a circulação de riquezas. O direito público, por sua vez, não interferia na esfera privada, assumindo o Código Civil, portanto, o papel de estatuto único e monopolizador das relações privadas"[7].

No Estado Liberal, diante da autonomia plena da vontade, as pessoas tinham a liberdade de contratar, de regular os interesses e, ao se vincularem, deveriam cumprir as obrigações contratuais, como se o contrato fosse um ordenamento jurídico. Não se admitia a intervenção do Estado para rever uma obrigação ou um contrato que violasse, de forma flagrante, o direito de uma das partes. A liberdade pregada pelos burgueses não admitia qualquer intervenção estatal, evidenciando o estrago causado pelo Estado Liberal.

Ou seja, no Estado Liberal tivemos duas etapas: a primeira, a da conquista da liberdade, e a segunda, a da exploração dessa liberdade. Este era o retrato do direito civil no Estado Liberal.

As críticas ao liberalismo econômico se acentuavam dia após dia, principalmente pelos socialistas, que repudiavam o capitalismo burguês, e por uma ala mais social da Igreja, que defendia direitos para o trabalhador.

A Primeira Guerra Mundial (1914/1918), a Revolução Russa de 1917, a influência do modelo soviético em vários países que passaram a adotar esse novo regime, dentre outros movimentos sociais, começaram a minar as resistências a um novo modelo de Estado, iniciando-se a transição do Estado Liberal para o Estado Social, o qual posteriormente se converteu no atual Estado Democrático de Direito.

O Estado Liberal conseguiu se sustentar enquanto havia uma relativa estabilidade econômica. Já no final do século XIX e início do século XX, as crises econômicas provocadas por vários fatores e que se intensificaram durante a Primeira Grande Guerra, deixaram de ser conjunturais ou excepcionais e, a partir de então, se vislumbrou a necessidade da mudança de paradigmas, a necessidade de se permitir que o Estado interferisse nas relações privadas.

1.3. ESTADO SOCIAL (E DEMOCRÁTICO DE DIREITO) E O DIREITO CIVIL

A transição do liberalismo para essa perspectiva social de Estado repercutiu no direito civil.

Começa o movimento para romper com o sistema patrimonialista oriundo do liberalismo para dar lugar à humanização do direito civil, passando este a se respaldar em valores e princípios sociais voltados para a tutela adequada do ser humano, deixando em segundo plano questões estritamente patrimoniais.

A consolidação dessas ideias sociais no Brasil somente se deu com a Constituição Federal de 1988, até porque, após a Segunda Grande Guerra Mundial e um pequeno período de estabilidade política, o país acabou mergulhado por 20 anos em uma ditadura, cujo regime não estava sintonizado (para dizer o mínimo) com esse movimento social.

O Estado Social faz o Poder Público deixar de lado a sua inércia, que o caracterizava no Estado Liberal com o evidente absenteísmo na esfera econômica, passando a assumir um papel ativo. Nesse novo modelo, o direito civil passa a ter uma preocupação efetiva com a tutela da pessoa humana. O Estado começa a ter deveres positivos, de prestação, das mais variadas naturezas, em prol da pessoa humana (as liberdades públicas deixam de ser meramente negativas e passam a ser positivas). Os direitos fundamentais da pessoa humana, a serem analisados em tópico próprio, dão sustentação a tais deveres de prestação.

Os direitos de prestação exigem do Estado uma atuação ativa para atenuar as desigualdades sociais. Nas palavras de Mendes e Gonet, em seu *Curso de direito constitucional*, os direitos à prestação partem do pressuposto de que o Estado deve agir para libertar os indivíduos das necessidades sociais. Tais direitos supõem que, para a conquista e manutenção da liberdade, os Poderes Públicos devem assumir comportamento ativo na sociedade civil. O traço característico dos direitos à prestação está no fato de se referirem a uma exigência de prestação positiva, e não de uma omissão.

Nesse contexto, o Estado intervém nas relações sociais sempre no intuito de tutelar o mais fraco no caso concreto.

No âmbito do direito civil isso fica evidente, pois começam a se multiplicar normas de ordem pública, ampliam-se as limitações à autonomia da vontade, modificam-se os paradigmas, tudo agora em prol do interesse coletivo e não mais do indivíduo. Com isso, o Estado passa a intervir nas relações privadas e buscam, embora sem sucesso, promover a igualdade concreta, chamada de igualdade substancial, diferente da mera igualdade formal do sistema liberal.

O direito civil passa por uma profunda transformação com a transição do Estado Liberal para o Estado Social. A autonomia da vontade passa a ser mitigada por princípios e valores sociais e a propriedade, instituto pilar

---

[7] TEPEDINO, Gustavo. *Temas de direito civil*. 4. ed. Rio de Janeiro: Renovar, 2008.

do Estado Liberal ao lado do contrato, no Estado Social somente tem a tutela estatal se tiver uma função social.

A primazia deixa de ser a vontade para ser a justiça social. A preocupação com o patrimônio cede lugar para a preocupação com a pessoa humana. O direito civil deixa de ser instrumento para a garantia da autonomia e liberdade dos cidadãos para servir como meio de promoção de justiça social nas relações privadas.

Com o Estado Social, que se converte em Democrático de Direito, acaba o paralelismo entre Código Civil e Constituição Federal, pois, nesse novo estágio, a Constituição deixa de ter uma concepção estritamente política para adotar também uma concepção jurídica. Assim, todas as normas constitucionais possuem força normativa, sendo todas as suas disposições espécies de normas jurídicas. O Código Civil passa a interagir com a Constituição Federal em um verdadeiro e bem-sucedido "diálogo de fontes".

A Constituição Federal incorpora regras e princípios de direito privado que, antes, apenas integravam as legislações infraconstitucionais, exigindo uma releitura do Direito Civil, agora à luz do Direito Constitucional. O Código Civil não mais monopoliza os institutos de direito privado, devendo observar os princípios e valores estabelecidos na Constituição Federal para que as relações privadas mereçam a devida tutela estatal.

Com o Estado Social, sai de cena o proprietário para dar lugar à pessoa; desponta a afetividade como valor essencial da família; a função social como limite e conteúdo das obrigações e da propriedade; a equivalência material; dentre outros valores.

No Brasil, todo esse movimento social, que fez com que o Estado interviesse de forma efetiva nas relações privadas, passou a ser percebido, de forma mais intensa, após a promulgação da Constituição Federal de 1988, que, certamente, revolucionou o Direito Civil.

1.4. PRINCÍPIOS CONSTITUCIONAIS E SUA RELEVÂNCIA PARA O DIREITO CIVIL

No ordenamento jurídico brasileiro, o Estado Democrático de Direito, com viés social, se consolidou com a Constituição Federal de 1988. O novo texto constitucional, pós-ditadura militar, procurou dar ênfase para os direitos ditos sociais em contraposição aos direitos liberais. O objetivo dos direitos sociais é promover uma justiça distributiva, fato muito claro na Constituição quando trata dos objetivos da República Federativa do Brasil. Segundo o art. 3º, I e III, da CF/88 a nossa República tem como objetivos fundamentais a construção de uma sociedade livre, justa e solidária, bem como erradicar a pobreza e a marginalização e reduzir as desigualdades sociais e regionais.

Os direitos sociais exigem uma ação efetiva do Estado, consistente na alocação de recursos públicos, elaboração de leis, execução de projetos sociais e políticas públicas, aparelhamento adequado do Judiciário, tudo para concretizar os objetivos dessa nova concepção de Estado.

Atualmente, a força normativa dos princípios constitucionais e a eficácia jurídica dos direitos sociais previstos na Constituição Federal são uma realidade. Em razão disso, passa a ser construída uma teoria dos direitos fundamentais, toda ela baseada no princípio constitucional e cláusula geral da dignidade da pessoa humana. A nossa Constituição passa a colocar a pessoa humana no centro das relações jurídicas, lhe conferindo uma tutela diferenciada, principalmente no âmbito dos direitos fundamentais.

Como a pessoa humana passa a ter tutela especial do Estado, a preservação de sua dignidade constitui o próprio fundamento do nosso Estado Democrático de Direito. Os direitos fundamentais cumprem esse papel, qual seja, preservar a dignidade, para garantir à pessoa humana o mínimo necessário para ter uma vida digna. É o que a Corte Constitucional alemã chamou de "mínimo existencial", ou seja, o Estado Social deve garantir à pessoa humana um conjunto de direitos fundamentais para que ela tenha o mínimo para sua existência, sendo que esse "mínimo" se refere a questões espirituais (garantia da honra, por exemplo) e materiais (subsistência, a impenhorabilidade do bem de família é exemplo disso). Tal princípio será objeto de estudo em separado.

A Constituição Federal passa a ser interpretada de forma a dar plena efetividade aos princípios fundamentais que norteiam o Estado brasileiro, em especial àqueles previstos no art. 1º, os quais dão sustentação à República, e aos mencionados no art. 3º, que são os objetivos a serem alcançados pelo Estado Social.

Para a concretização desses princípios fundamentais no mundo dos fatos, a doutrina estabelece vários princípios específicos de interpretação do texto constitucional, integrando a chamada "hermenêutica constitucional".

Entre eles, pode ser citado o princípio da unidade da Constituição, segundo o qual as normas constitucionais devem ser interpretadas como um todo harmônico ou, como diz Canotilho, "o princípio da unidade obriga o intérprete a considerar a Constituição na sua globalidade e a procurar harmonizar os espaços de tensão existentes entre as normas constitucionais"[8]. Ou seja, a Constituição é um conjunto de normas a serem consideradas e, no processo de interpretação, é imprescindível afastar eventuais conflitos, utilizando, se for o caso, técnicas específicas, como é a ponderação de interesses.

Igualmente relevantes são os princípios do efeito integrador e da máxima efetividade. O primeiro, princípio do efeito integrador, decorre do princípio da unidade da Constituição e indica que, na solução de conflitos entre normas constitucionais, deve-se privilegiar a interpretação que favorecer a integração política e social, possibilitando o reforço da unidade política.

Já o princípio da máxima efetividade indica que, na interpretação das normas constitucionais, é preciso utilizar aquela que lhes dê maior eficácia. Conforme ensina

---

[8] CANOTILHO, J. J. Gomes. *Direito constitucional*. 5. ed. Coimbra: Almedina, 1991.

Celso Ribeiro Bastos[9], "as normas constitucionais devem ser tomadas como normas atuais e não como preceitos de uma Constituição futura, destituída de eficácia imediata". Por meio do princípio da máxima efetividade reconhece-se normatividade aos princípios e valores constitucionais, em especial no que tange aos direitos fundamentais.

Segundo Barroso[10], a ideia de efetividade expressa o cumprimento da norma, o fato real de ela ser aplicada e observada, de uma conduta humana se verificar na conformidade de seu conteúdo. Efetividade, em suma, significa a realização do direito, o desempenho concreto de sua função social.

As normas constitucionais possuem força normativa.

No Brasil, notadamente, a influência do modelo francês deslocava a ênfase do estudo para a parte orgânica da Constituição, com o foco voltado para as instituições políticas. Consequentemente, negligenciava-se a sua parte dogmática (prescritiva, deontológica), a visualização da Constituição como carta de direitos e de instrumentação de sua tutela.

Outro a ser considerado é o princípio da concordância prática ou harmonização, o qual nada mais é do que um desdobramento do princípio da unidade, pois não há supremacia entre princípios, devendo o intérprete buscar a harmonização do sistema.

Nas regras de hermenêutica, também se apresenta o princípio da força normativa, que assume papel preponderante na hermenêutica constitucional, segundo o qual deve ser extraída de todas as normas constitucionais a efetividade jurídica, para que seja cobrado do Estado o cumprimento de seus deveres sociais e de prestação, mitigando-a ideia de que algumas normas são meramente programáticas ou sem eficácia jurídica concreta (interessante essa contradição, pois, no Estado Social, as normas programáticas deveriam ser exaltadas como aquelas que possuem a maior carga normativa, justamente porque são as que retratam com maior fidelidade o Estado Social).

Também merecem destaques os princípios da proporcionalidade ou da razoabilidade. Estes, relacionados à hermenêutica constitucional, são essenciais para a compreensão e aplicação dos princípios fundamentais da Constituição nas relações jurídicas privadas.

O princípio da proporcionalidade, conforme leciona Karl Larenz[11], pode ser "entendido genericamente como adequação entre meios e fins, visando a menor restrição possível a um bem jurídico que, no caso concreto, tem de ceder a outro bem jurídico igualmente protegido" (*Sistema aberto e princípios da ordem jurídica na metódica constitucional*). Trata-se da busca da "justa medida" consagrada no direito segundo um "equilíbrio de interesses reciprocamente contrapostos na linha do menor prejuízo possível".

O grande jurista Daniel Sarmento[12] faz uma interessante consideração sobre a relação entre o Estado Social e as normas programáticas, em tom de crítica: "(...) As alterações do perfil do Estado refletiram-se, como não poderia deixar de ser, sobre as constituições. Estas, que no liberalismo se limitavam a traçar a estrutura básica do Estado e a garantir direitos individuais, tornam-se mais ambiciosas, passando a ocupar-se de uma multiplicidade de assuntos, assumindo funções de direção das instâncias políticas e da própria sociedade. No afã de conformarem a realidade social, as constituições passam a se valer com frequência de normas de conteúdo programático, que traçam fins e objetivos a serem perseguidos pelo Estado, sem especificar, de modo suficientemente preciso, de que modo os mesmos devem ser atingidos. Elas não mais se limitam à disciplina do fenômeno estatal, passando a cuidar também da ordem econômica e das relações privadas. O direito constitucional, em suma, não é mais 'a lei do Estado', mas o Estatuto fundamental do Estado e da sociedade".

1.4.1. E o direito civil nesse panorama? Direito civil constitucional

A Constituição deixa de ter papel estritamente político e não mais se limita a regular a estrutura do Estado.

O direito civil sempre monopolizou as regras e os princípios de direito privado, mas agora passa a interagir com a Constituição Federal. Como ressaltamos linhas atrás, a Constituição Federal passa a ser o fundamento e a causa de justificação do direito civil e seus institutos. A consequência é a necessidade de submeter o direito civil a um controle de validade, que é a sua adequação com os valores sociais constitucionais.

O direito civil constitucional encontra fundamento e justificativa na Constituição Federal. A Constituição Federal é que confere unidade ao direito civil. O direito civil contemporâneo é direito/função e poder/dever.

A função e finalidade que condicionam a legitimidade dos direitos subjetivos encontram justificação nos valores sociais constitucionais. Tais valores passam a integrar o conteúdo dos direitos e condicionam a sua legitimidade. É essencial que os direitos estejam adequados e sintonizados com a finalidade e a função que os justifiquem e legitimem. Essa legitimação finalística está nos valores sociais da Constituição Federal, como dignidade da pessoa humana, igualdade substancial, solidariedade social, entre outros.

Esse novo movimento é chamado por alguns doutrinadores de "direito civil constitucional", expressão relacionada a regras de hermenêutica. O direito civil continua a incorporar o conjunto de princípios e regras disciplinadoras das relações jurídicas de natureza privada. Isso não mudou com essa interação entre direito civil e Constituição Federal.

---

[9] BASTOS, Celso Ribeiro. *Curso de direito constitucional*. 21. ed. São Paulo: Saraiva, 2000.

[10] BARROSO, Luís Roberto. *Interpretação e aplicação da Constituição*. 7. ed. São Paulo: Saraiva, 2009.

[11] LARENZ, Karl. Sistema aberto e princípios na ordem jurídica e na metódica constitucional. Rio de Janeiro, *Revista da Faculdade de Direito Candido Mendes*, 1975.

[12] SARMENTO, Daniel. *Direitos fundamentais e relações privadas*. 2. ed. Rio de Janeiro: Lumen Juris, 2008.

O direito civil deve ser interpretado e aplicado de acordo e em consonância com os princípios constitucionais fundamentais. Todas as normas privadas integrantes do Código Civil devem estar em harmonia e ser compatíveis com os princípios constitucionais. A Constituição Federal confere unidade e serve como parâmetro hermenêutico dos institutos de direito civil.

Daí a expressão "direito civil constitucional" ou "direito civil sob a perspectiva constitucional". Como regras e princípios de direito privado passaram a integrar o texto constitucional, as relações privadas, reguladas pelo Código Civil, necessariamente devem se sujeitar a esses princípios. Não há texto jurídico desvinculado da normatividade constitucional.

O direito civil constitucional está diretamente vinculado ao neoconstitucionalismo, que tem como um de seus pilares a constitucionalização dos direitos em geral, e do direito civil em especial. Os direitos foram constitucionalizados. É a eficácia irradiante ou constitucionalização dos direitos, que também repercute no direito civil. Isso não significa que o direito civil passa a ser ramo do direito público. O direito civil continua a ser o conjunto de normas jurídicas, regras e princípios, que disciplina e regula, fundamentalmente, relações jurídicas entre atores privados. No entanto, como o direito civil está funcionalizado e essa função ou finalidade o legitima e justifica, não há dúvida de que é essencial que os direitos subjetivos e institutos de direito civil, na aplicação concreta do mundo da vida, estejam harmonizados com os valores sociais da Constituição Federal.

A constitucionalização do direito civil não pode ser confundida com a "recivilização constitucional do Direito Civil" que, embora reconheça a influência da Constituição no direito civil, o diálogo entre o sistema civil e constitucional é mais restrito. O objetivo é prestigiar o direito civil com a busca de soluções no próprio sistema civil e, no caso de insuficiência do sistema, recorrer a normas constitucionais. A conexão entre direito civil e constituição é mais de diálogo e intermediação legislativa do que de submissão.

1.4.2. Características do direito civil contemporâneo (pós-positivismo)

Em razão da constitucionalização do direito civil, os institutos são analisados não apenas na sua perspectiva estrutural (elementos que integram cada instituto), mas também funcional. O direito civil contemporâneo passa a ser o resultado da análise dos elementos estruturais (Código Civil) e funcional (valores constitucionais que fundamentam e legitimam os institutos jurídicos – Constituição Federal).

Nesse novo modelo, entra em cena o pós-positivismo, que é o fundamento jusfilosófico do neoconstitucionalismo. No pós-positivismo, as normas jurídicas são gênero, do qual são espécies as regras e os princípios. O sistema civil passa a ser aberto. Os princípios passam a ter força normativa primária. A pessoa humana é inserida no centro do sistema jurídico e a ela deve ser garantida uma vida digna. A pessoa humana passa a ser um fim em si mesma.

O pós-positivismo implica na superação do jusnaturalismo (justiça) e do positivismo (segurança jurídica) ou seria uma junção destes dois movimentos? Essa é uma pergunta filosófica cuja resposta dependerá de vários fatores. A finalidade do positivismo era e sempre foi a segurança jurídica e a objetivação do sistema. No pós-positivismo, não se abandona a segurança jurídica, mas os valores são carregados para o interior do sistema jurídico pelos princípios. A moral e a ética interagem com o direito no pós-positivismo. O sistema se abre para dialogar com esses valores sociais.

No positivismo, a justiça é baseada na validade formal da norma. Se a norma é válida é justa, ainda que não seja moral. A moral é dissociada do direito. No pós-positivismo, a norma, para ser justa, deve estar adequada a valores morais, que no atual modelo estão relacionados à finalidade e função do direito, que justifica e legitima todos os institutos de direito civil. No positivismo os princípios são fontes secundárias e supletivas de direito.

No pós-positivismo a moral se relaciona com o direito. Os valores socialmente relevantes são convertidos em normas jurídicas. A aplicação concreta do direito tem como parâmetros uma justiça moral e não uma justiça por validade, como é no positivismo. O pós-positivismo não despreza o direito posto, mas permite que o sistema interaja com os valores da sociedade.

Como destacam Rosenvald e Chaves[13]: "O pós-positivismo é a ultrapassagem de um sistema de legalidade estrita (positivista normativa), sem recorrer ao amplo (perigoso e autoritário) subjetivismo do jusnaturalismo. Sua âncora é a ascensão de valores, maior força de princípios e de direitos fundamentais".

O pós-positivismo é o fundamento jusfilosófico do neoconstitucionalismo, que tem as seguintes características: constitucionalização do direito – irradiação das normas e valores constitucionais para todo o sistema; princípios com força normativa; reaproximação entre direito e moral; judicialização da política e das relações sociais; modificação da teoria das normas, fontes e interpretação (hermenêutica) e teoria dos direitos fundamentais edificados na dignidade da pessoa humana.

Há diferença entre o pós-positivismo, o positivismo débil ou inclusivo (Hart) e o positivismo crítico (Luigi Ferrajoli)?

A resposta a esta indagação está conectada com a relação ou não entre direito e moral O positivismo defende que o estudo do direito deve ser desprovido de valores. A moral, portanto, é extrínseca ao sistema jurídico. A norma jurídica é justa porque é válida. O intérprete, quando da concreção da norma, não poderá buscar a justiça ou injustiça da norma. Será válida se for justa. Em suma, há uma dissociação ou separação entre direito e moral. Tal é o ponto fundamental que diferencia o modelo positivista

---

[13] ROSENVALD, Nelson; DE FARIAS, Cristiano Chaves; BRAGA NETTO, Felipe. *Manual de direito civil*. 7. ed. v. único. Salvador: JusPodivm, 2022, p. 39.

do que se convencionou denominar pós-positivismo. Por isso, nesta vertente, o positivismo recebeu a denominação de exclusivo.

O positivismo débil ou inclusivo e o positivismo crítico admitem a possibilidade de conexão entre moral e direito. No entanto, essa conexão ou relação entre moral e direito é eventual e não necessária. Embora se permita a abertura do sistema jurídico ao sistema moral, essa abertura é leve, débil, tímida, pois embora possa haver essa vinculação entre direito e moral, tal vinculação não é necessária. Os pós-positivistas defendem o oposto, ou seja, a relação entre direito e moral é necessária, fundamental e pressuposto da compreensão do sistema jurídico. Portanto, o positivismo débil admite relação entre direito e moral, mas essa vinculação não é obrigatória ou necessária, como defende o pós-positivismo.

Qual a consequência do pós-positivismo para o direito civil?

Abertura valorativa do sistema civil. As normas possuem valores e o sistema passa a permitir a valoração quando da concreção da norma. Como se viabiliza essa abertura valorativa? Princípios – equiparados a normas jurídicas – passam a ter força normativa. Consequência: impõe-se um constante diálogo do intérprete com a norma jurídica (deste diálogo emerge a compreensão) e a funcionalização (finalidade) dos direitos subjetivos.

Tal diálogo exige uma nova teoria da interpretação: a compreensão em uma dimensão histórica – o intérprete não pode ignorar a concreta situação histórica em que se encontra. Processo de comunicação envolve relação de intersubjetividade. A verdade deixa de ser metafísica e passa a ser algo construído. A compreensão é seguida de uma reconstrução para situação presente do intérprete – compreensão e aplicação como atos simultâneos. O conhecimento é falível e precário. Tudo é datado – o olhar é permeado pela historicidade e, portanto, sempre socialmente condicionado (filtrado por nossas vivências e tradições). Não há neutralidades científicas – os conceitos e compreensões se assentam em pré-conceitos e pré-compreensões. As verdades são precárias e datadas.

O jurista Paulo Luiz Netto Lobo esclarece que o constitucionalismo e a codificação são contemporâneos ao Estado Liberal e à afirmação do individualismo jurídico. Cada um cumpriu seu papel, a Constituição limitou profundamente o Estado e o poder político, ao passo que o Código assegurou autonomia aos indivíduos (*Constitucionalização do direito civil*).

As primeiras Constituições nada regularam sobre relações privadas, cumprindo-lhes a mera função de delimitar o Estado mínimo. Consumou-se o *darwinismo jurídico*, com a hegemonia dos economicamente mais fortes, sem qualquer espaço para a justiça social. A codificação liberal gerou conflitos, que redundaram no advento do Estado Social.

O Estado Social, no plano jurídico, é todo aquele que tem incluído na Constituição a regulação da ordem econômica e social. Além da limitação do poder político, limita-se o poder econômico e projeta-se para além dos indivíduos a tutela dos direitos. A ideologia social pode ser traduzida em justiça social e distributiva.

O fato de a Constituição tratar de relações privadas, prever regras e princípios privados, não transforma o direito civil em ramo do direito público, mas impõe aos seus operadores uma interpretação compatível com os princípios constitucionais. É questão de pura hermenêutica.

As normas do direito civil não são de direito privado, são normas que regulam relações entre particulares e, nessa condição, todas têm por objetivo fundamental a tutela do interesse coletivo e a concretização da dignidade da pessoa humana. Isso não altera a essência do direito civil, mas apenas o modo de interpretar e aplicar suas normas. O operador do direito não deve mais se restringir àquela relação enclausurada entre os atores privados, sendo obrigatória a análise da compatibilidade dessa relação com os princípios constitucionais, os quais passam a fundamentar as normas existentes no Código Civil, do primeiro ao último artigo.

Quais são esses princípios constitucionais que fundamentam as relações jurídicas privadas?

1.4.3. Princípios constitucionais a serem observados nas relações jurídicas entre particulares

O Código Civil atual se apresenta como um sistema aberto, repleto de princípios, cláusulas gerais e conceitos indeterminados. O direito civil abandona o modelo clássico ou subsuntivo, baseado em regras jurídicas, no qual a interpretação jurídica se resumia a um silogismo lógico, com premissa maior, premissa menor e conclusão. Em razão disso, há uma sintonia perfeita entre os princípios constitucionais e as normas, princípios e regras dispostos na legislação civil, em um verdadeiro "diálogo de fontes".

Os princípios estão no centro do sistema jurídico. Segundo Luís Barroso[14], "os princípios tiveram de conquistar o status de norma jurídica, superando a crença de que teriam dimensão puramente axiológica, ética, sem eficácia jurídica ou aplicabilidade direta e imediata".

Princípio, no sentido etimológico, significa origem, começo, alicerce ou orientação de caráter geral. Aliás, a generalidade é uma das principais características dos princípios. No âmbito jurídico, os princípios identificam os valores fundamentais da sociedade, a base jurídica de um povo, o fundamento da própria nação, a causa de todas as coisas ou a representação das diretrizes gerais de um ordenamento jurídico (ou de parte dele).

A melhor definição de princípio é de autoria do mestre Celso Antônio Bandeira de Mello[15], que define princípio jurídico "como mandamento nuclear de um sistema, verdadeiro alicerce dele, disposição fundamental que se irradia sobre diferentes normas compondo-lhes o espírito e servindo de critério para sua exata compreensão e inteligência, exatamente por definir a lógica e a racionalidade

---

[14] BARROSO, Luís Roberto. *Temas de direito constitucional*. Rio de Janeiro/São Paulo: Renovar. t. II.

[15] MELLO, Celso Antônio Bandeira de. *Curso de Direito Administrativo*. 26. ed. São Paulo: Malheiros, 2009.

do sistema normativo, no que lhe confere a tônica e lhe dá sentido harmônico".

No que tange especificamente aos princípios constitucionais, é importante ressaltar a lição de Celso Ribeiro Bastos[16] em seu *Curso de direito constitucional*: "Os princípios constitucionais são aqueles que guardam os valores fundamentais da ordem jurídica. Isso só é possível na medida em que estes não objetivam regular situações específicas, mas sim desejam lançar a sua força sobre todo o mundo jurídico. Alcançam os princípios esta meta à proporção que perdem o seu caráter de precisão de conteúdo, isto é, conforme vão perdendo densidade semântica, eles ascendem a uma posição que lhes permite sobressair, pairando sobre uma área muito mais ampla do que uma norma estabelecedora de preceitos. Portanto, o que o princípio perde em carga normativa ganha como força valorativa a espraiar-se por cima de um sem-número de normas".

O espectro de incidência de um princípio é amplo. Em uma sociedade onde os princípios representam os valores a serem preservados, estes passam a ter eficácia jurídica, sendo uma das espécies do gênero norma jurídica. Dentre esses valores, certamente terão preferência os existenciais, relacionados à própria existência da pessoa, como é o caso dos direitos que decorrem da personalidade, da valorização da ética e da função social de vários institutos, ficando em segundo plano a tutela de valores patrimoniais.

A Constituição Federal de 1988 levou os princípios a alcançarem o *status* de norma jurídica. A dogmática atual entende que as normas jurídicas representam o gênero, dos quais são espécies os princípios e as regras jurídicas. Ambas as categorias de normas têm eficácia jurídica.

As regras jurídicas descrevem condutas, de forma objetiva, tendo incidência absolutamente restrita.

Por outro lado, no Estado Social Democrático de Direito, como é o nosso caso, principalmente após a Constituição de 1988, os princípios ganharam força normativa primária. E, no caso do direito civil, o princípio da dignidade da pessoa humana, é a base de referência. O direito civil contemporâneo é voltado para a promoção e tutela plena da pessoa humana, ou seja, viabilizar ambientes jurídicos para propiciar o pleno desenvolvimento da personalidade do ser humano.

Alguns princípios constitucionais, carregados de força normativa, são a base de sustentação de todas as relações jurídicas entre atores particulares. Tais princípios constitucionais são complementados por outros princípios civis, de forma harmônica e conciliadora.

Quais seriam então os principais (não únicos) princípios constitucionais que retratam os valores que conferem fundamento de validade concreta nas soluções jurídicas a partir da interpretação do direito civil?

1. Dignidade da Pessoa Humana: art. 1º, III, da CF/88, fundamento da República Federativa do Brasil; 2. Solidariedade Social: art. 3º, I, da CF/88, cujo dispositivo estabelece a construção de uma sociedade livre, justa e solidária, como sendo um dos objetivos fundamentais da República; e 3. Igualdade Substancial, o qual pode ser extraído do art. 3º, III, da CF/88, segundo o qual também é objetivo da República erradicar a pobreza e reduzir as desigualdades sociais e regionais, bem como do art. 5º, *caput*, que consagra a igualdade de todos os cidadãos brasileiros perante a lei.

É óbvio que há outros relevantes princípios incorporados ao texto constitucional (como, por exemplo, princípios relativos à existência, forma, estrutura e tipo de Estado, à forma de governo e organização dos Poderes, princípios relativos à organização da sociedade, ao regime político e à comunidade internacional, entre outros). No entanto, os três princípios retromencionados (dignidade da pessoa humana, solidariedade e igualdade substancial) possuem íntima conexão com as relações jurídicas privadas, sendo a base normativa da legislação civil reguladora de todas as relações entre atores privados.

Os princípios constitucionais fundamentais seriam aqueles que se traduzem em normas fundamentais, normas-síntese ou normas-matriz, e explicitam as valorações políticas fundamentais do legislador constituinte, normas que contêm as decisões políticas fundamentais. Já os princípios gerais formam a teoria geral do direito constitucional, por envolver conceitos gerais, relações, objetos, que podem ter seu estudo destacado da dogmática jurídica constitucional.

Antes de analisar esses princípios constitucionais e sua repercussão na legislação civil, importante estabelecer, neste momento, as principais diferenças entre os princípios e as regras jurídicas, tudo para se ter a exata noção de como se deve trabalhar com um sistema baseado em princípios, como é o caso do direito civil atual.

1.4.4. Diferença entre regras e princípios

Como já ressaltado, a Constituição Federal impôs uma releitura dos institutos fundamentais de direito civil, pois alguns princípios gerais e regras referentes às instituições privadas simplesmente migraram para o texto constitucional.

Em razão dos princípios constitucionais de interpretação (hermenêutica), em especial os da máxima efetividade das normas constitucionais, da unidade da Constituição e da força normativa, os princípios e as regras jurídicas estabelecidos no texto constitucional têm efetividade e força normativa, ou *status,* de norma jurídica.

Sendo assim, é necessário estabelecer as diferenças entre essas duas categorias.

As regras jurídicas possuem um conteúdo objetivo e previamente definido pelo legislador. As regras de conduta são descritas de forma objetiva para terem incidência em uma situação jurídica determinada.

---

[16] BASTOS, Celso Ribeiro. *Curso de direito constitucional.* 21. ed. São Paulo: Saraiva, 2000.

Como diz Luís Barroso[17], "as regras são, normalmente, relatos objetivos, descritivos de determinadas condutas e aplicáveis a um conjunto delimitado de situações".

Gilmar Mendes e Paulo Gonet Branco[18] afirmam que, "em se tratando de regras de direito, sempre que a sua previsão se verificar numa dada situação de fato concreta, valerá para essa situação exclusivamente a sua consequência jurídica, com o afastamento de quaisquer outras que dispuserem de maneira diversa, porque no sistema não podem coexistir normas incompatíveis".

A regra jurídica detalha a conduta a ser seguida. Por essa razão, a atividade do intérprete é absolutamente simples. Segundo Barroso[19], "nas regras, o intérprete não faz escolhas próprias, mas revela o que há de conter a norma. O juiz desempenha uma função técnica de conhecimento, ao passo que no princípio o intérprete exerce função integradora da norma, à luz do caso concreto". Assim, a *regra* deve incidir pelo mecanismo tradicional da subsunção, enquadrando-se os fatos na previsão abstrata da lei, com o que se terá uma conclusão. Silogismo puro.

Sobre a aplicação, continua Barroso dizendo: "A aplicação de uma regra se opera na modalidade tudo ou nada, ou ela regula a matéria em sua inteireza ou é descumprida. Nas hipóteses de conflito entre duas regras, só uma será válida e irá prevalecer".

Portanto, as regras se limitam a traçar condutas. Os valores da norma, no caso de regras, já foram previamente definidos pelo legislador, motivo pelo qual basta conhecer a norma (regra) para aplicá-la ao caso concreto. Regras são proposições normativas aplicáveis sob a forma de tudo ou nada. Se os fatos nela previstos ocorrerem, a regra deve incidir de modo direto e automático, produzindo seus efeitos.

As regras jurídicas nada exigem do intérprete. O legislador, previamente, já valorou a norma jurídica. Para lidar com um sistema de regras jurídicas, como ocorria durante o Estado Liberal, basta "conhecer a lei". Desse sistema fechado, que é o mundo das regras jurídicas, vem o adágio "aplicação da lei ao caso concreto". É suficiente a subsunção, a adequação da conduta ao disposto na lei.

Não há conflitos entre regras jurídicas. Considerando que as regras descrevem as condutas de forma objetiva para situações específicas e determinadas, diante de um caso concreto, o operador da norma aplicará a regra "X", "Z" ou "H", sendo que as demais serão excluídas. Não há como conceber a "colisão" ou "tensão" entre regras. Isso é próprio dos princípios.

Por isso que se diz que as regras são aplicadas no sistema do "tudo ou nada". Ou o fato se amolda à regra jurídica ou não se amolda. Havendo várias regras, apenas uma pode se encaixar na situação concreta, ao passo que as demais são automaticamente excluídas. Há um processo automático de exclusão de regras.

Desse modo, se a regra "X" for aquela que se enquadra na situação específica, nenhuma outra regra será "válida" para aquele caso. Por tudo isso, é muito fácil trabalhar em um sistema de regras.

O "princípio" tem conteúdo mais denso, pois identifica valores a serem preservados, em especial valores existenciais, tendo em vista que a pessoa humana foi colocada no centro do sistema jurídico.

Não há como comparar essa categoria de norma jurídica com as regras. Os princípios contêm relatos com maior grau de abstração, não especificam a conduta a ser seguida, não descrevem situações em termos objetivos e se aplicam a um conjunto amplo e indeterminado de fatos e situações.

Portanto, em matéria de conteúdo, o princípio é mais denso, pois, quando a Constituição diz que a República tem por fundamento a dignidade da pessoa humana, está expressando um valor básico a ser preservado. Ou seja, todas as normas do Estado devem ter por objetivo tutelar e garantir ao ser humano o mínimo necessário para que tenha uma vida digna, o denominado "mínimo existencial".

Explicando o conteúdo dos princípios, Barroso[20] afirma: "Quanto ao conteúdo, destacam-se os princípios como normas que identificam valores a serem preservados ou fins a serem alcançados. Trazem em si, normalmente, um conteúdo axiológico ou uma decisão política. Isonomia, moralidade, eficiência são valores (...). Já os princípios indicam fins, estados ideais a serem alcançados. Como a norma não detalha a conduta a ser seguida para sua realização, a atividade do intérprete será mais complexa, pois a ele caberá definir a ação a tomar".

Como os princípios não descrevem as condutas objetivamente, não as detalhando, a atividade do intérprete é mais complexa, cabendo a ele definir a função da norma, a ser exercida no caso concreto. Exemplo simples é o princípio da função social.

O legislador disse que a propriedade e o contrato devem ter função social. No entanto, não definiu, objetivamente, qual o sentido da expressão "função social".

Os princípios são dotados de generalidade e abstração. Não se prestam a definições precisas e objetivas, o que permite que a norma se adapte, ao longo do tempo, a diferentes realidades.

Segundo Barroso[21]: "Os princípios contêm uma maior carga valorativa, um fundamento ético, uma decisão política relevante, e indicam uma determinada direção a seguir. Ocorre que, em uma ordem pluralista, existem outros princípios que abrigam decisões, valores ou fundamentos diversos, por vezes contrapostos. A colisão de princípios, portanto, não é possível, como faz parte da lógica do sistema, que é dialético. Por isso a sua incidência não pode ser

---

[17] BARROSO, Luís Roberto. *Temas de direito constitucional*. Rio de Janeiro/São Paulo: Renovar. t. II.

[18] BRANCO, Paulo; COELHO, Inocêncio. MENDES, Gilmar. *Curso de direito constitucional*, 1ª ed. São Paulo, Editora Saraiva, 2007.

[19] BARROSO, Luís Roberto. *Temas de direito constitucional*. Rio de Janeiro/São Paulo: Renovar. t. II.

[20] BARROSO, Luís Roberto. *Temas de direito constitucional*. Rio de Janeiro/São Paulo: Renovar. t. II.

[21] BARROSO, Luís Roberto. *Temas de direito constitucional*. Rio de Janeiro/São Paulo: Renovar. t. II.

posta em termos de tudo ou nada, de validade ou invalidade. Deve-se reconhecer aos princípios uma dimensão de peso ou importância. À vista dos elementos do caso concreto, o intérprete deverá fazer escolhas fundamentais, quando se defronte com antagonismos inevitáveis".

Somente é possível a aplicação de princípio à luz do caso concreto, ao contrário das regras jurídicas, em que o intérprete consegue uma solução em termos abstratos, justamente porque as regras descrevem objetivamente as condutas.

No que se refere à aplicação, ante a possibilidade de colisão dos princípios, o intérprete deverá fazer escolhas fundamentais quando se defrontar com uma situação em que vários princípios possam ser invocados no mesmo caso concreto. Em caso de colisão ou tensão entre princípios, não há como partir para a técnica do "tudo ou nada", relacionada às regras jurídicas.

No caso dos princípios, o intérprete fará as escolhas fundamentais por um juízo de "ponderação". Na "ponderação" ele identifica as normas pertinentes, seleciona os fatos relevantes e, com a conclusão, atribui o peso ou a ponderação do mais relevante. Em razão da unidade da Constituição, não há hierarquia entre normas constitucionais, cabendo ao intérprete a busca da harmonização entre comandos que tutelam valores que se contraponham.

Segundo Luís Roberto Barroso, a ponderação é uma técnica de decisão judicial aplicável aos casos difíceis, em especial quando uma situação concreta dá ensejo à aplicação de normas de mesma hierarquia que indicam soluções diferentes. O juízo de ponderação liga-se ao princípio da proporcionalidade. A prevalência de um direito sobre outro se determina em função das peculiaridades do caso concreto, pois não existe um critério de solução de conflitos entre princípios válido em termos abstratos, como acontece com as regras jurídicas.

Em relação à aplicação, considerando as características dos princípios que não definem objetivamente condutas, pois identificam valores, somente por meio da técnica da ponderação de interesses ou dos valores será possível solucionar um caso concreto.

Por exemplo, no caso de tensão entre os princípios da liberdade de expressão e o direito à privacidade, não há como o intérprete afastar um e aplicar o outro em termos abstratos, como ocorre na aplicação das regras jurídicas. Para solucionar o caso concreto, ele deverá ponderar os interesses e valores em conflito para decidir qual deles irá preponderar, no caso específico, sem excluir o outro.

Assim, se o autor de um latrocínio tem sua imagem divulgada pela imprensa, haveria uma tensão entre a privacidade do autor do crime e o princípio da liberdade de imprensa. O que fazer? Preservar a privacidade ou garantir a liberdade de imprensa? Ambos os direitos podem ser invocados no caso.

No entanto, poderá o intérprete, por meio de um juízo de ponderação de interesses e valores, entender que, naquele caso específico, "o valor coletivo" deverá prevalecer sobre o "valor individual". Ou seja, definir que, naquele caso concreto, o interesse da sociedade em saber a identidade do criminoso é mais relevante do que a tutela da sua privacidade.

Nessa linha, interessante a constatação de Mendes e Gonet[22] sobre a aplicação dos princípios: "No campo da aplicação dos princípios, ao contrário, a maioria entende que não se faz necessária a formulação de regras de colisão, porque essas espécies normativas – por sua própria natureza, finalidade e formulação – parece não se prestarem a provocar conflitos, criando apenas momentâneos estados de tensão ou de mal-estar hermenêutico, que o operador jurídico *prima facie* verifica serem passageiros e plenamente superáveis no curso do processo de aplicação do direito (...) diferentemente das regras de direito, os princípios jurídicos não se apresentam como imperativos categóricos, mandatos definitivos nem ordenações de vigência diretamente emanados do legislador, antes apenas enunciam motivos para que seu aplicador decida neste ou naquele sentido. Noutras palavras, enquanto em relação às regras e sob determinada concepção de justiça, de resto integrada na consciência jurídica geral, o legislador desde logo e com exclusividade define os respectivos suposto e disposição, isto é, cada hipótese de incidência e a respectiva consequência jurídica, já no que se refere aos princípios jurídicos – daí o seu caráter não conclusivo (...) pode-se dizer que os princípios jurídicos se produzem necessariamente em dois tempos e quatro mãos: primeiro são formulados genérica e abstratamente pelo legislador; depois se concretizam, naturalmente, como normas do caso ou de decisão, pelos intérpretes e aplicadores do direito".

Como bem ponderaram Gilmar Mendes e Paulo Gonet, diante das antinomias de princípios, quando, em tese, mais de uma pauta lhe parecer aplicável à mesma situação de fato, ao invés de se sentir obrigado a escolher este ou aquele princípio, com exclusão de outros que, *prima facie*, repute igualmente utilizáveis como normas de decisão, o intérprete fará uma ponderação entre *standarts* concorrentes, obviamente se todos forem princípios válidos, pois só assim podem entrar em rota de colisão, optando, afinal, por aquele que, nas circunstâncias, lhe pareça mais adequado em termos de otimização de justiça.

Para definir essas diferenças entre regras e princípios, Gomes Canotilho[23] adota os seguintes critérios: *grau de abstração* – os princípios jurídicos são normas com um grau de abstração relativamente mais elevado do que as regras de direito; *grau de determinabilidade na aplicação do caso concreto* – os princípios, por serem vagos e indeterminados, carecem de mediações concretizadoras (do legislador ou do juiz), enquanto as regras são suscetíveis de aplicação direta; *caráter de fundamentabilidade no sistema das fontes dos direitos* – os princípios são normas de natureza ou com um papel fundamental no ordenamento jurídico devido à sua posição hierárquica no sistema das fontes (os princípios constitucionais) ou à sua importância estruturante dentro do sistema jurídico

---

[22] MENDES, Gilmar; COELHO, Inocêncio; BRANCO, Paulo Gonet. *Curso de direito constitucional*. 4. ed. São Paulo: Saraiva, 2009.

[23] CANOTILHO, J. J. Gomes. *Direito constitucional e teoria da Constituição*. 6. ed. Coimbra: Almedina, 1993.

(princípio do Estado de Direito); *proximidade da ideia de direito* – os princípios são *standards* juridicamente vinculantes, radicados nas exigências de justiça (Dworkin) ou na ideia de direito (Larenz), as regras podem ser normas vinculativas com um conteúdo meramente funcional; *natureza normogenética* – os princípios são fundamentos de regras, isto é, são normas que estão na base ou constituem a ratio de regras jurídicas, desempenhando, por isso uma função normogenética fundamentante.

Isso tudo nada mais é do que o método de ponderação de valores e interesses à luz do caso concreto.

Dessa forma, considerando que alguns princípios constitucionais são a base de sustentação de todo o direito civil – principalmente a dignidade da pessoa humana como o princípio matriz, a base de toda a ordem jurídica ou o valor-fonte de todos os demais valores –, a aplicação das regras e princípios de direito privado se torna uma árdua tarefa.

O intérprete do direito civil deve exercer uma função "integradora da norma jurídica", ou seja, tem a obrigação de buscar o valor preponderante ou o valor que a norma pretende tutelar e, apenas diante do caso concreto, recomendar ou dar uma solução justa.

O direito civil está inserido nesse sistema aberto de princípios, cláusulas gerais (função social, boa-fé objetiva, direitos da personalidade, responsabilidade objetiva em decorrência do exercício de atividade de risco etc.) e conceitos indeterminados (é um termo estranho, pois, se é indeterminado, não pode ser um conceito – mas tal expressão é largamente utilizada), exigindo do intérprete coragem, mudança de postura, assunção de responsabilidade social.

1.4.5. Princípio da dignidade da pessoa humana

A Constituição Federal, em seu art. 1º, III, dispõe que a República Federativa do Brasil tem por fundamento a dignidade da pessoa humana. Tal cláusula geral de tutela da pessoa humana repercute diretamente nas relações privadas, em que os princípios de direito civil terão a função de identificar valores existenciais, ou seja, valores que garantem à pessoa humana viver com dignidade.

De acordo com Ingo Sarlet[24], a dignidade humana é "a qualidade intrínseca e distintiva de cada ser humano que o faz merecedor do mesmo respeito e consideração por parte do Estado e da comunidade, implicando, neste sentido, um complexo de direitos e deveres fundamentais que assegurem a pessoa tanto contra todo e qualquer ato de cunho desumano e degradante, como venham a lhe garantir as condições existenciais mínimas para uma vida saudável".

As normas de direito civil são direcionadas para a tutela das pessoas humanas e a garantia da dignidade destas. O princípio da dignidade da pessoa humana insere o ser humano no centro do sistema jurídico, em torno do qual gravitam todos os demais institutos. O Estado só existe como nação se a dignidade da pessoa humana estiver preservada e assegurada.

O direito civil deve auxiliar a efetivação e concretização deste princípio, referência do sistema jurídico atual. Por meio de um viés positivo, a dignidade conduzirá todo o ordenamento jurídico à afirmação da dignidade, com a imposição de obrigações e deveres ao Estado e à coletividade (estes deverão adimplir deveres sociais). Em termos negativos, a dignidade criará restrição ao Estado e à coletividade em relação ao exercício de direitos que possam afetar ou violar a dignidade.

A tutela do ser humano é intensa, a ponto de a Constituição Federal, no art. 170, ao tratar da ordem econômica e financeira (fundada na valorização do trabalho humano e na livre-iniciativa), enunciar que esta tem por finalidade assegurar a todas as pessoas existência digna. É interessante observar um Estado capitalista ressaltar a ordem econômica como sendo instrumento necessário para garantir a todos os cidadãos existência com dignidade.

Em direito civil, esse dispositivo constitucional serve para nortear a atividade das pessoas jurídicas, conforme se verá em capítulo próprio, bem como os contratos. O fato a ser ressaltado é que, ao tratar da ordem econômica, novamente, aparece a dignidade da pessoa humana como o objetivo principal desta.

No que tange à tutela da pessoa humana, a Constituição Federal foi além, ao permitir a intervenção da União nos Estados e no Distrito Federal em caso de violação dos princípios constitucionais sensíveis, conforme disposto no seu art. 34, VII. A União poderá efetivar essa intervenção sempre quando houver necessidade de assegurar a observância de alguns princípios constitucionais, em especial (alínea *b*) direitos da pessoa humana. Se um Estado ou o Distrito Federal violar direitos da pessoa humana, sujeitar-se-á à intervenção federal. Considerando que a intervenção é exceção no Estado Democrático de Direito, fica evidente a valorização do ser humano ou da pessoa no atual ordenamento jurídico.

O princípio da dignidade da pessoa humana também é ressaltado no capítulo da Constituição Federal referente à família, à criança, ao adolescente e ao idoso. No § 7º do art. 226 da CF/88, cujo dispositivo foi regulamentado pela Lei n. 9.263/96, que trata do planejamento familiar, está disposto o seguinte: "Fundado nos princípios da dignidade da pessoa humana e da paternidade responsável, o planejamento familiar é livre decisão do casal, competindo ao Estado propiciar recursos educacionais e científicos para o exercício desse direito, vedada qualquer forma coercitiva por parte de instituições oficiais ou privadas".

Em direito civil, a base de todo o sistema jurídico é o princípio da dignidade da pessoa humana. Toda e qualquer relação privada deve, necessariamente, observar se a dignidade da pessoa está sendo preservada. Em caso de violação desta dignidade, pelo Estado ou por outros particulares, a pessoa humana será tutelada e, neste contexto, a sua condição existencial sempre prevalecerá sobre os aspectos patrimoniais.

---

[24] SARLET, Ingo Wolfgang. *Dignidade da pessoa humana e direitos fundamentais na Constituição Federal de 1988*. 10. ed. Porto Alegre: Livr. do Advogado, 2019.

Essa preocupação da Constituição Federal com a pessoa em si considerada tem reflexos no Direito Civil, o qual também insere o ser humano como o principal protagonista do sistema jurídico privado. Pode-se dizer que todas as normas jurídicas de Direito Civil, princípios e regras, possuem um só objetivo, garantir à pessoa humana o mínimo necessário para que tenha uma existência digna. Esse é o desafio do Direito Civil neste século.

O atual Código Civil nitidamente humanizou as relações jurídicas privadas, ao deixar em segundo plano as questões e valores meramente patrimoniais. Os valores existenciais certamente devem prevalecer sobre os valores patrimoniais. É a pessoa se sobrepondo ao patrimônio.

O Estado, por meio de normas constitucionais, garante à pessoa humana um mínimo de direitos fundamentais, como nome, honra, liberdade, intimidade, imagem, vida privada, integridade física, vida, dentre outros, tudo para que o ser humano, durante a sua existência, viva com dignidade. Da mesma forma, o direito civil apresenta regras e princípios com o mesmo objetivo: função social – adimplemento substancial, equilíbrio econômico e financeiro das obrigações etc. –, boa-fé objetiva – ética nas relações privadas, responsabilidade civil objetiva e regras sobre direitos da personalidade.

Essa dignidade está relacionada a valores do espírito e a condições materiais de subsistência, o que, neste último caso, é denominado pelos alemães "mínimo existencial", ou seja, o mínimo necessário e indispensável para que a pessoa tenha uma vida digna. Portanto, somente terá dignidade aquele que tiver preservados sua vida, integridade física, nome, honra, liberdade, vida privada, imagem, intimidade, a função social de suas relações privadas, a ética nessas relações e a responsabilidade objetiva daqueles que lhe causarem danos, bem como acesso a bens materiais mínimos.

A dignidade da pessoa humana é cláusula geral, a base de todo o ordenamento jurídico e o princípio norteador das relações privadas. Embora indeterminada, como os demais princípios, a dignidade da pessoa humana também possui um núcleo essencial. A dificuldade do intérprete será justamente concretizar esse princípio, pois seu grau de generalidade e abstração é muito intenso. A dignidade da pessoa humana não pode ser um "soldado de reserva" ou um "remédio para todos os males", como está ocorrendo na atualidade, devendo ser a condição ou pressuposto fundamental de legitimidade de toda e qualquer relação jurídica, e não a própria relação. Essa confusão deve ser dirimida: a preservação de direitos essenciais da pessoa humana é a garantia da dignidade. Portanto, a *dignidade é a base das relações intersubjetivas*, o solo sobre o qual será construído todo o edifício de relações intersubjetivas. A dignidade é anterior, o alicerce e o fundamento das manifestações privadas. Por isso, a dignidade da pessoa humana é um princípio e não o complexo de relações.

Há parâmetros mínimos de aferição que devem sempre ser observados para a concretização normativa da dignidade da pessoa humana: 1 – Não instrumentalização – a pessoa não é meio, mas fim em si mesma; 2 – Autonomia Existencial – direito de fazer escolhas, projetos de vida e atuar de acordo com estas escolhas e projetos; 3 – Direito ao Mínimo Existencial – condições materiais e espirituais mínimas para vida com dignidade; e 4 – Direito ao Reconhecimento – necessidade de respeito às identidades singulares.

Essa base ou esse núcleo essencial fundamental extraído deste princípio é o respeito aos valores espirituais e o mínimo existencial, condição material mínima em qualquer relação jurídica privada.

O que não é possível é afastar o princípio da dignidade humana das relações privadas, sob o pretexto de que "serve para tudo" ou porque é "subjetivo", "abstrato", dentre outros rótulos que tentam minimizar a sua relevância. É nesse ponto que o intérprete concede a maior contribuição, pois terá a árdua tarefa de identificar se aquele núcleo mínimo ou se as mínimas garantias foram observadas em determinada relação privada. E isso somente será possível na análise do caso concreto. Nesta situação, a dignidade não poderia ser confrontada com outros princípios ou regras, mas apenas com ela mesma. Em determinadas condições, poderá ocorrer um conflito entre a dignidade de dois particulares e, nesta hipótese, seria possível a ponderação ou harmonização.

Por conta desta dificuldade de aplicação, a questão que se coloca é se tal princípio tem ou não caráter absoluto.

Robert Alexy[25], em sua *Teoria dos direitos fundamentais*, ressalta esse aspecto da dignidade, quando diz que tal princípio comporta graus de realização. Diz, ainda, que o fato de que, sob determinadas condições, com alto grau de certeza, preceda a todos os outros princípios, não confere ao princípio da dignidade da pessoa humana um caráter absoluto, significando apenas que quase não existem razões jurídico-constitucionais que não se deixem comover para uma relação de preferência em favor da dignidade da pessoa humana sob determinadas condições.

Entretanto, tese como essa, de posição central, vale também para outras normas de direitos fundamentais, sem que isso afete o seu caráter de princípio. Por isso, pode-se dizer que a norma da dignidade da pessoa humana não é um princípio absoluto e que a impressão de que o seja resulta do fato de que esse valor se expressa em duas normas – uma regra e um princípio –, assim como da existência de uma série de condições sob as quais, com alto grau de certeza, ele precede a todos os demais.

Não se discute o valor da dignidade da pessoa humana em si mesma, até porque, sob esse aspecto, ele parece imune a questionamentos, mas tão somente se, em determinadas situações, ele foi ou não respeitado, caso em que, se a resposta for negativa, legitima-se a precedência da norma ou da conduta impugnadas em nome desse princípio fundamental.

Não há dúvida de que a dignidade da pessoa humana é um princípio supraconstitucional, valor fundamental para a sociedade e existência do Estado. A dignidade, como qualidade intrínseca do ser humano, como dever de vida digna, imporá ao direito civil, por meio de seu

---

[25] ALEXY, Robert. *Teoria dos direitos fundamentais*. São Paulo: Malheiros, 2008.

conjunto de normas, a missão de concretizá-la no munda da vida.

De fato, a dignidade da pessoa humana não é princípio qualquer. É a base de todos os princípios, superior, o que leva a doutrina à conclusão correta de que ele somente poderia conflitar com ele mesmo, na medida em que se sobrepõe a qualquer outro princípio. Significa que ele está em um grau superior e, não tendo outro ao lado de igual valor, só poderia se confrontar com ele mesmo.

Essa tutela diferenciada, fundamental e existencial da pessoa e a preservação da sua dignidade é o objetivo principal das normas, regras e princípios, de direito civil.

1.4.6. Solidariedade social e igualdade substancial

Além da dignidade, o atual Código Civil tem por base os princípios da solidariedade social e da igualdade substancial.

A solidariedade social pode ser extraída da Constituição Federal. Segundo o disposto no art. 3º, I, da CF/88, constitui objetivo da República Federativa do Brasil construir uma sociedade livre justa e solidária. A solidariedade implica em mútua cooperação nas relações privadas. Não se trata de uma ideia romântica, mas sim de um princípio base, valor fundamental a ser buscado, com força jurídica.

O direito das obrigações é todo influenciado pela solidariedade, cujo princípio alterou a concepção clássica de que a obrigação é uma relação de sujeição, na qual o devedor se subordina aos interesses do credor. Com a solidariedade, modificam-se os conceitos de adimplemento, inadimplemento e a caracterização da relação entre credor e devedor.

Atualmente, credor e devedor são ambos titulares de direitos fundamentais e, por conta da solidariedade que norteia a obrigação moderna, há entre eles uma relação de mútuo respeito e cooperação, um auxiliando o outro, sempre na busca de um adimplemento satisfatório para o credor e menos oneroso para o devedor.

A teoria do adimplemento substancial nada mais é do que um desdobramento do princípio da solidariedade constitucional. Em caso de adimplemento parcial, mas substancioso, ou seja, quase total, é possível preservar a obrigação, evitando a resolução desta com base no inadimplemento mínimo.

Assim, o credor, ao invés de pretender resolver um contrato ou uma obrigação em que o inadimplemento foi mínimo, nessa relação pautada pela solidariedade, deverá exigir apenas o valor da parcela inadimplida sem a resolução do contrato. Isso é apenas um exemplo de solidariedade nas relações privadas. Tal princípio "abalou" toda a concepção clássica de obrigação.

A solidariedade é exigida em todas as relações entre atores privados, seja qual for a sua natureza. Essa sociedade solidária pretendida pela Constituição Federal passa pelas normas de direito privado, sendo o Direito Civil um dos principais instrumentos para o alcance desse objetivo.

Tal princípio busca uma conciliação entre as exigências coletivas e os interesses particulares. O Direito Civil agora suporta grande alteração em seu conteúdo. Os valores mudaram. As relações são privadas, o direito é privado, mas o interesse público sempre deve preponderar, o que não desnatura sua essência privada.

Na mesma linha de pensamento, outro princípio constitucional se interpenetra com as normas de direito civil. Trata-se do princípio da igualdade substancial.

O mesmo art. 3º da CF/88 dispõe, em seu inciso III, ser objetivo da nossa República erradicar a pobreza e a marginalização e reduzir as desigualdades sociais e regionais. Tal isonomia também é retratada no art. 5º, *caput*, segundo o qual todas as pessoas são iguais perante a lei, sem distinção de qualquer natureza.

A igualdade substancial é diferente da igualdade formal. A formal era aquela garantida pelo Estado Liberal, que partia do princípio de que todos deviam ter o mesmo tratamento, como se todos tivessem os mesmos poderes. Todos sabiam que a vontade do mais forte, no liberalismo, sempre prevalecia sobre a vontade do mais fraco. Tal ideia ingênua de igualdade provocou intensas injustiças sociais, permitindo que a oligarquia burguesa explorasse essa igualdade, "garantida" pelo Estado Liberal.

Com o Estado Social, o princípio da isonomia passou a ter outro significado. Não basta que todos sejam iguais perante a lei, deve o Estado tratar igualmente os iguais e desigualmente os desiguais, na medida da sua desigualdade. O Código de Defesa do Consumidor expressa esse sentimento, ao tratar desigualmente fornecedores e consumidores, porque, na essência, são desiguais. É essa igualdade substancial que repercute nas relações privadas.

O Código Civil também busca essa igualdade nas relações privadas (que não sejam de consumo, pois estas têm estatuto próprio), quando, no art. 157, permite a anulação do negócio jurídico se restar caracterizada a lesão, no art. 317, que prevê a revisão judicial de qualquer obrigação se, por motivo imprevisível, houver desequilíbrio da prestação comparada em dois momentos (formação e execução da obrigação) e no art. 478, que admite a resolução do contrato se houver excessiva onerosidade.

Tais dispositivos representam a igualdade substancial nas relações privadas, ou seja, tais relações devem nascer equilibradas, sob pena de rescisão por lesão e, após a formação, devem se manter equilibradas (equivalência material), sob pena de revisão ou resolução.

A igualdade material também dá sustentação aos princípios da função social e da boa-fé objetiva, paradigmas do direito civil. A relação jurídica somente terá função social, entre outros motivos, se a dignidade das pessoas estiver sendo preservada, se houver solidariedade ou cooperação mútua e se, principalmente, houver equilíbrio econômico e financeiro e tratamento materialmente igualitário, ou seja, desigual para pessoas desiguais, na exata medida e proporção desta desigualdade.

Em relação à boa-fé objetiva, cláusula geral que serve como parâmetro de interpretação dos negócios jurídicos (art. 113 do CC), ela limita o exercício dos direitos subjetivos, sob pena de caracterizar o abuso de direito (art. 187 do CC) e cria deveres anexos, colaterais, secundários ou instrumentais (art. 422 do CC). A igualdade material serve como seu substrato.

A boa-fé objetiva está relacionada a aspectos exteriores da pessoa, como padrão de comportamento e dever de conduta. É o agir com ética e probidade nas relações privadas. Em razão disso, se houver desequilíbrio em uma relação jurídica, por conta da boa-fé objetiva, a pessoa já deve ter a consciência prévia de que o Estado poderá intervir para garantir esse equilíbrio ou essa equivalência material.

Em razão desses princípios, é conferido grande poder de interpretação ao magistrado e outros operadores do direito, que devem saber lidar com esse sistema aberto, de cláusulas gerais, princípios e conceitos indeterminados, voltado e preocupado com a tutela do ser humano e da vida humana. É, como dito, a humanização do direito civil, das relações privadas, em que o individualismo e as questões patrimoniais que inspiraram o legislador de 1916, por conta das ideias liberais da Revolução Francesa, são colocados em um plano inferior.

Com isso, supera-se a dicotomia entre o direito público e o privado. A Constituição Federal realizou uma interpenetração do público com o privado, pois, ambos, devem respeito aos princípios constitucionais fundamentais. A dignidade da pessoa humana passa a ser uma cláusula geral de proteção da dignidade.

Tepedino[26] ressalta a superação dessa dicotomia ao dizer que é inevitável a alteração dos confins entre o direito público e o direito privado, de tal sorte que a distinção deixa de ser qualitativa e passa a ser meramente quantitativa, nem sempre se podendo definir qual exatamente é o território do direito público e qual é o território do direito privado.

1.4.7. Paradigmas do direito civil contemporâneo

O direito civil contemporâneo, constitucionalizado e inserido em um modelo ou sistema pós-positivista, se submete a alguns paradigmas: socialidade, eticidade e operabilidade.

No que se refere à operabilidade, a fim de conferir maior flexibilidade (e por que não poder) ao intérprete, a lei civil faz uso sistemático de cláusulas gerais e conceitos jurídicos indeterminados (já analisamos as diferenças entre cláusula geral e conceitos jurídicos indeterminados). A técnica adotada pela lei civil permitirá análise concreta, efetiva, pontual e adequada na solução de casos complexos e difíceis. O Código Civil de 2002 está impregnado de cláusulas gerais e conceitos jurídicos indeterminados que vão exigir do intérprete valoração específica, em cada caso, com a integração do conteúdo da norma à luz e de acordo com o contexto do caso. Todavia, tais cláusulas abertas não são um salvo-conduto para o intérprete introduzir valores pessoais, subjetivos e arbitrários na interpretação e aplicação de norma. É óbvio que essa valoração e essa integração deverão ser de acordo com os valores fundamentais do sistema, ainda que (e principalmente se) estes valores não coincidam com os valores pessoais do intérprete.

Em relação à socialidade, ocorre a superação do individualismo e do sentido absoluto da vontade. Os direitos subjetivos, baseados na vontade, passam a ter uma função. Essa funcionalização do direito é a adequação da vontade com os valores sociais constitucionais. Portanto, o direito civil, em razão deste paradigma, passa a ser direito/função e poder/dever. A todo direito subjetivo deve corresponder uma função social que o justifica e o legitima. Essa função ou finalidade concreta é, em síntese, a adequação ou justaposição do direito com os valores estabelecidos na Constituição Federal, que o justificam e o legitimam. A função social nada mais é do que finalidade. O interesse individual do titular do direito somente será legítimo se a finalidade que o justifica for concretizada. Por isso, além de poderes, o titular do direito também possui deveres, positivos e negativos, capazes de manter a adequação entre direito e finalidade. A finalidade e a funcionalidade passam a conformar os direitos. Não seria uma limitação externa e negativa, mas causa de justificação (interna e positiva).

Em resumo, em termos clássicos, o direito subjetivo é o poder de agir do indivíduo, que o ordenamento jurídico concede e tutela, para satisfazer o próprio interesse, por meio do qual poderá exigir comportamentos de outrem, sem qualquer preocupação com os interesses da coletividade.

Em razão do paradigma da socialidade, acrescenta-se ao direito subjetivo uma função ou finalidade correspondente. O interesse próprio deverá estar conformado com os interesses da coletividade, porque a finalidade condiciona a legitimidade do direito. A finalidade passa a atuar como limite interno e positivo. Interno porque incorpora no conteúdo do próprio direito e positivo porque o valoriza, conforma, exalta quando for exercido pelo titular.

Por fim, o terceiro paradigma é a eticidade, retratada no princípio da boa-fé objetiva ou boa-fé de comportamento/conduta, que difere da boa-fé subjetiva, boa-fé de conhecimento. Nas relações privadas tal princípio impõe às partes padrão ético de comportamento e conduta em suas relações. Tal princípio tem três funções de alta relevância no direito civil atual: 1– Função de Interpretação/Integração – parâmetro de interpretação para atos jurídicos em sentido estrito e negócio jurídico (art. 113 do CC); 2– Função de controle – a boa-fé objetiva impõe limites ao exercício de direitos subjetivos e potestativos (art. 187 do CC), fundamento da teoria do abuso de direito, seja por ação ou omissão. No abuso de direito, o titular do direito, ao exercê-lo, não age de acordo com a função ou finalidade que legitima e justifica o seu próprio direito. Portanto, o abuso de direito nada mais é do que uma incompatibilidade concreta e material entre o direito e a finalidade que o justifica; 3– Função de complemento – criação de deveres anexos, colaterais, secundários, ainda que implícitos ou não explícitos nas obrigações em geral, como dever de lealdade, proteção, informação, entre outros, essenciais para o adimplemento de obrigações, pois a violação destes deveres de conduta poderá caracterizar inadimplemento (violação positiva do contrato), independente do cumprimento da prestação principal (art. 422 do CC).

---

[26] TEPEDINO, Gustavo; BARBOZA, Heloisa Helena; MORAES, Maria Celina Bodin de. *Código civil interpretado conforme a Constituição da República*. 2. ed. Rio de Janeiro: Renovar, 2007. v. I.

1.4.7.1. Reflexões sobre a lógica de "justiça" incorporada pelo Código Civil de 2002

O Código Civil de 2002 é um sistema lógico. A lógica das normas inseridas no Código Civil pode ser extraída, fundamentalmente, do fundamento, causa de justificação e finalidade dos institutos. A partir da compreensão da razão que justifica o instituto, é possível apurar que os artigos que o disciplinam são desdobramentos lógicos do seu fundamento. Todavia, para além da lógica relacionada ao fundamento dos institutos, também é possível identificá-la a partir de algumas observações mais amplas. Explico:

É possível observar que a pessoa "agraciada" ostenta proteção menor dos que as pessoas não agraciadas. Por exemplo, no âmbito dos negócios jurídicos gratuitos, a interpretação é restrita (art. 114 do CC), porque o beneficiário ou agraciado não teve contraprestação; nos negócios gratuitos que envolve fraude contra credores, o agraciado destes negócios se submeterá à invalidade independente da prova do elemento subjetivo pelo credor (art. 158 do CC, ou seja, o credor tem maior proteção do que o agraciado); a teoria dos vícios redibitórios e evicção não podem ser invocadas em negócios gratuitos, ou seja, o beneficiário não tem tal proteção legal; salvo dolo, o cedente de crédito gratuito não responde pela existência dele, justamente porque alguém foi agraciada pelo crédito; a proteção do terceiro adquirente de boa-fé é restrita para atos e alienações onerosas, não para os gratuitos, onde há agraciados (indignidade, 1.817, herdeiro aparente, 1.827, etc.).

É apenas um exemplo da lógica do sistema. No âmbito da responsabilidade civil, aquele que é generoso, ou seja, que pratica atos gratuitamente, só responde por dolo, conforme art. 392 do CC. No caso, mais uma vez, o agraciado terá proteção menor, porque só poderá imputar ao generoso, ou seja, quem realizou algum ato por puro altruísmo (carona, por exemplo), responsabilidade civil por ato doloso, jamais culposo.

Tal lógica também se visualiza na proteção excessiva de parentes próximos, que são considerados herdeiros necessários, têm vantagens na ausência, na fase de sucessão provisória, podem se habilitar como herdeiros mesmo após a declaração de vacância, se causam danos ao parente segurado, só haverá sub-rogação do segurador no caso de dolo etc. Portanto, há lógica no sistema e isso será demonstrado.

1.4.8. Direito civil e os tratados e convenções internacionais (controle de convencionalidade)

Não há dúvida de que os tratados e convenções internacionais devem ser compatibilizados com as normas jurídicas de direito interno, em especial (e o que nos interessa) as de direitos humanos que vão repercutir no direito civil.

Os tratados e convenções internacionais sobre direitos humanos que forem aprovados pelo Congresso Nacional, nos termos do § 3º, art. 5º, da CF, terão *status* de norma constitucional. Portanto, em relação a estes, basta o controle tradicional de constitucionalidade, ou seja, verificar se as normas de direito civil são compatíveis com estes tratados e convenções de direitos humanos, por serem equivalentes às normas constitucionais.

No entanto, em relação aos tratados e convenções de direitos humanos que não forem aprovados com as formalidades previstas no referido dispositivo constitucional, sejam anteriores ou posteriores à emenda 45, que instituiu e incorporou aquela norma ao texto constitucional, por óbvio, não terão o status de norma constitucional. Neste caso, não há que se cogitar em controle de constitucionalidade, mas em controle de convencionalidade. Tais tratados ou convenções internacionais de direitos humanos que não foram incorporados no direito interno com as formalidades previstas no § 3º do art. 5º da CF terão status de supralegalidade (como já decidiu o STF), motivo pelo qual também vinculam as normas de direito civil, por estarem em posição hierárquica superior.

Neste caso, as normas de direito civil devem ser compatibilizadas com os tratados e convenções internacionais de direitos humanos, por meio do denominado controle de convencionalidade (adequação das normas de direito civil aos tratados e convenções internacionais de direitos humanos que não foram submetidos à formalidade legal para ostentarem o *status* de norma constitucional).

1.4.9. O direito civil e o estado de coisas inconstitucionais

As normas de direito civil estão vinculadas aos direitos fundamentais de natureza social. As normas de direito civil devem ser interpretadas e aplicadas de acordo com os direitos fundamentais sociais que, em última análise, concretizam a dignidade do ser humano, principal objetivo das normas jurídicas de direito privado. Tais direitos sociais fundamentais são paradigmas normativos e integram o conteúdo de regras e valores de direito civil, em especial no âmbito da moradia, saúde etc.

O estado de coisas inconstitucional, segundo Rosenvald e Chaves[27] "está fundamentada na existência de uma generalizada violação, de forma sistemática e contínua, de direitos fundamentais, individuais e sociais, dentro de uma sociedade. Ou seja, é a constatação de uma prática generalizada, difusa, de afronta aos direitos fundamentais e sociais".

Nestes casos, os direitos fundamentais sociais estão em risco, porque há uma generalizada violação que escapa do controle estatal, o que exigirá intervenção profunda do Judiciário, com imposição de atos e ações pelos Poderes Constituídos, a fim de fazer cessar tais violações (STF tratou da questão na ADPF 347/DF – crise no sistema prisional).

1.5. TEORIA GERAL DA PERSONALIDADE CIVIL DA PESSOA HUMANA

1.5.1. Noções gerais sobre a personalidade da pessoa humana

O Código Civil de 2002 inicia o Livro I, Título I, com a disciplina jurídica "Das pessoas naturais", o qual se divide em três capítulos: Capítulo I – Da personalida-

---

[27] ROSENVALD, Nelson; DE FARIAS, Cristiano Chaves; BRAGA NETTO, Felipe. *Manual de direito civil.* 7. ed. v. único. Salvador: JusPodivm, 2022, p. 84.

de e da capacidade; Capítulo II – Dos direitos da personalidade; e Capítulo III – Da ausência. A novidade em relação ao diploma anterior é a inserção do capítulo sobre os direitos decorrentes da personalidade. A personalidade civil passa a ter nova dimensão com o princípio da dignidade da pessoa humana, cláusula geral de tutela da pessoa/ser humano, fundamento da República e princípio supraconstitucional.

A valorização do "ser humano" e a sua tutela diferenciada passam a ser os principais fundamentos e objetivos do direito civil. Isso altera toda a teoria da personalidade civil e a concepção clássica de pessoa.

O capítulo do Código Civil que trata dos direitos relativos a essa personalidade deixa evidente a valorização da pessoa humana e das relações jurídicas existenciais. A ampliação da autonomia privada no âmbito das dimensões existenciais é forte referência da valorização do ser humano. Ao mesmo tempo em que há limitações na autonomia patrimonial, há ampliação considerável dos espaços de liberdade nas situações subjetivas existenciais, o que reflete também na capacidade jurídica e na teoria da incapacidade. A capacidade passa a ser a regra, mesmo para as pessoas humanas arroladas nos arts. 3º e 4º, salvo se houver necessidade de proteção à luz do caso concreto (ampliação da autonomia existencial do ser humano).

A pessoa humana foi inserida no centro do sistema jurídico civil, em torno do qual gravitam todos os demais institutos de direito privado.

Os institutos de direito civil (obrigações, contratos, posse, propriedade, família etc.) são meios ou instrumentos para a concretização do principal valor social/humano/existencial constitucional que fundamenta o direito civil, a dignidade da pessoa humana. Dentro dessa nova concepção constitucionalizada do direito civil, qual o sentido de personalidade civil?

No âmbito do tema personalidade, em regra, são associadas as expressões "pessoa", "personalidade", "ser humano" e "sujeito de direito". Como compreender a personalidade, a partir destes termos? Não há dúvida que a utilização dos termos de forma associada ou dissociada dependerá de uma visão positivista/formal da personalidade ou pós-positivista/material da personalidade.

O sujeito de direito é concepção mais ampla, que não se confunde com os termos pessoa, ser humano e personalidade. Portanto, sujeito de direito é gênero, do qual são espécies as pessoas, os seres humanos e os entes não personalizados.

Na concepção positivista, os sujeitos de direito se subdividem em sujeitos de direito com personalidade jurídica (pessoa que nasce com vida e pessoa jurídica) e sujeitos de direito sem personalidade jurídica (como é o nascituro, que não seria pessoa e os demais entes despersonalizados) a partir de critério normativo.

Na concepção pós-positivista, os sujeitos de direitos também possuem a mesma divisão. Todavia, há uma diferença: pessoa, ser humano e personalidade são ideias conexas e interligadas. Se há ser humano, há pessoa e, portanto, personalidade, ou seja, a pessoa não é construção jurídica, mas condição existencial que, por si só, é capaz de produzir personalidade. Por outro lado, há sujeitos de direito sem personalidade, como os entes despersonalizados. A personalidade civil, no direito civil constitucionalizado e pós-positivista, confunde-se com a ideia de ser humano (sujeito de direito). Se o ser humano é considerado pessoa, necessariamente goza de personalidade e vice-versa. Nesta concepção, a personalidade se origina e tem como fonte a própria natureza humana. A personalidade civil passa a ser considerada valor fundamental, inerente à própria natureza humana.

Em resumo, há duas concepções sobre a personalidade: A primeira é a concepção formal/jurídica decorrente do modelo positivista. A personalidade é atribuição ou investidura do direito. Pessoa e ser humano não coincidem. Nesta concepção positivista, pessoa é termo técnico jurídico que não se confunde com ser humano dotado de razão. A pessoa, sujeito de direito criado pelo ordenamento jurídico, terá personalidade porque a ordem jurídica assim determina. A personalidade, nesta concepção positivista, tem como fonte a norma jurídica e não o ser humano. O termo "pessoa" tem concepção normativa e, para ser pessoa, é necessário o nascimento com vida. Se há pessoa (porque nasceu com vida), há personalidade. A personalidade decorre da concepção normativa pessoa.

A segunda concepção decorre do modelo pós-positivista (relacionado à constitucionalização do direito civil, por ser efeito desta). Nesta, a personalidade tem com fonte o próprio ser humano e por isso se associa à condição humana. Se houver ser humano, haverá personalidade, independente de previsão legal. A personalidade como parte integrante da pessoa. Pessoa é o ser humano, nascido com vida ou não, (ou pessoa jurídica) dotado de personalidade jurídica. Neste caso, se há ser humano, há personalidade e, como consequência, pessoa. O termo "pessoa" decorre de personalidade. Há inversão, porque pessoa é desdobramento de personalidade e ser humano, concepções que se interpenetram.

A personalidade jurídica, fundada na dignidade do ser humano, tem concepção mais ampla, pois passa a ser valor jurídico/ético, que não se esgota na potencialidade de ser sujeito de direito. A capacidade de direito é apenas um atributo da personalidade, mas não se confunde com a personalidade, que se relaciona à essência do ser humano ou à sua natureza.

Por isso, em decorrência da constitucionalização do direito civil e do modelo pós-positivista[28], não pode a per-

---

[28] Há ou deve haver uma aproximação e relacionamento entre direito e a justiça (moral). O pós-positivismo é a matriz jusfilosófica que embasa as ideias neoconstitucionais ou a concepção teórica do neoconstitucionalismo. Ocorre a abertura valorativa do sistema jurídico. As normas se dividem em regras e princípios e o Judiciário passa a ter papel preponderante neste novo sistema (criação de norma). Por outro lado, na visão positivista os valores são externos ao direito. Tais valores externos conduzem a atuação dos legisladores. A moral é externa ao direito e os valores ingressam nas normas tão somente por meio de atividade legislativa. Busca-se a vontade do legislador, sem qualquer aferição de justiça ou injustiça. No pós-positivismo os valores permeiam o sistema tanto no momento da confecção da norma como durante a sua aplicação. Os va-

sonalidade ser equiparada à capacidade de direito[29], pois estaria restrita a ser caracterizada como a aptidão para ser sujeito de direito, titular de direitos, obrigações e deveres na ordem civil, em especial de natureza patrimonial. Não há dúvida de que a capacidade de direito decorre da personalidade civil e com esta se associa, mas não de forma absoluta, como expressões sinônimas, pois a capacidade de direito é apenas atributo da personalidade.

Ao inserir o ser humano como o protagonista das relações civis, a personalidade civil passa a integrar a própria ideia de pessoa. A pessoa humana é o valor axiológico máximo do sistema jurídico. Pessoa e personalidade são conceitos que se interpenetram, não existe um sem o outro. Se existe a pessoa humana, ela tem personalidade e, se tem personalidade, é porque é pessoa.

Tal ideia é fundamental para se compreender os direitos que decorrem dessa personalidade, como o direito à vida, à integridade física, à honra, à imagem, ao nome, à vida privada e à intimidade, os quais têm por objetivo garantir à pessoa condições mínimas para viver com dignidade.

A personalidade, como valor fundamental da pessoa humana, não se constitui como direito subjetivo, sendo a fonte, a base e o pressuposto de todos estes direitos, inclusive aqueles ditos "fundamentais", que decorrem da própria personalidade. Da personalidade irradiam-se direitos da pessoa, muitos destes fundamentais e essenciais para que a pessoa humana tenha condições mínimas de subsistência.

A personalidade deve ser entendida em dois sentidos. Primeiro, como possibilidade de ser sujeito de direitos e obrigações, mas ela não se esgota aqui. Há o segundo sentido: associar a personalidade à expressão do ser humano, traduzido como valor objetivo, interesse central do ordenamento e bem juridicamente relevante. Nesse sentido, é o reconhecimento da personalidade como valor ético emanado do princípio da dignidade da pessoa humana. A pessoa é um valor que requer tutela privilegiada ao conjunto de atributos inerentes e indispensáveis ao ser humano.

A concepção clássica de personalidade civil, em que se confunde com a capacidade de direito, deve ser definitivamente superada. Portanto, a personalidade civil da pessoa humana não pode se restringir à possibilidade de a pessoa ser sujeito de direito, ou seja, ter aptidão para ser titular de direitos e deveres na ordem civil. A capacidade de direito é apenas um dentre vários dos atributos da personalidade. Não há dúvida disso. Portanto, a capacidade de direito não se confunde com a personalidade, ao contrário do que já afirmou o mestre Orlando Gomes e Rosenvald e Chaves[30].

Como bem sintetiza Miguel Reale, o ser humano é valor fundamental, algo que vale por si.

Portanto, não é correto definir a personalidade jurídica como aptidão genérica para adquirir direitos e contrair obrigações ou deveres na ordem civil. Esta é a definição de capacidade de direito ou de gozo, também denominada capacidade de aquisição de direitos, com viés patrimonial. Tal capacidade é atributo relevante da personalidade, o que não se questiona. A capacidade de direito ou de aquisição também decorre da personalidade da pessoa natural, como outros direitos relacionados à personalidade jurídica do ser humano.

Entretanto, como já ressaltado, a personalidade é base e premissa de todos os direitos e deveres. Segundo Francisco Amaral[31], a personalidade deve ser considerada um princípio, um bem, um valor em que se inspira o sistema jurídico, superando a concepção tradicional, própria do individualismo do século XIX, que exaltava a pessoa apenas do ponto de vista formal ou técnico jurídico.

Em uma concepção clássica, a personalidade jurídica era considerada a aptidão genérica para adquirir direitos e contrair obrigações. Modernamente, sob uma perspectiva civil-constitucional, passa a ser um atributo inerente à condição humana, podendo integrar situações jurídicas existenciais e patrimoniais, tendo em vista que o ordenamento jurídico é fundado na dignidade do ser humano. A capacidade de direito envolve, basicamente, o exercício de direitos patrimoniais. Portanto, nessa concepção, a personalidade é um princípio, valor intrínseco e inseparável da pessoa. Dessa personalidade projetam-se direitos e atributos, dentre estes, a própria capacidade de direito.

A personalidade jurídica permitirá ao titular reclamar tutela jurídica especial, invocar direitos fundamentais para a interação com outros sujeitos e o Estado, bem como viabilizar direito ao mínimo ético e existencial. Tal proteção especial decorre do fato de a personalidade ser edificada no princípio da dignidade da pessoa humana.

1.5.2. Evolução da ideia de pessoa e personalidade

O Código Civil inicia a parte geral tratando da pessoa natural. A pessoa natural está relacionada e intimamente vinculada à ideia de personalidade. São valores que se interpenetram.

Toda pessoa humana tem personalidade. Se há personalidade é porque existe um sujeito de direito, uma pessoa, que tem a potencialidade de ser titular de relações jurídicas e ainda possuir direitos fundamentais vinculados a essa personalidade.

O termo "pessoa" surge da ideia de *persona* que, na Antiguidade, significava a máscara com que os atores participavam dos espetáculos teatrais e religiosos, tudo para que a voz ficasse mais forte. Em seguida, a palavra passou a ser utilizada como personagem. Francisco Amaral, citando Ferrara, afirma que o termo "pessoa" passou a ser usado como sinônimo de personagem, pois, como na vida

---

lores servem-se dos princípios para oxigenar o sistema. Os princípios carregam os valores para essa concretização.

[29] Alguns autores associam a personalidade jurídica com a capacidade de direito e tratam as expressões como sinônimas. Neste modelo pós-positivista, tal associação absoluta é equivocada, porque capacidade de direito é construção puramente jurídica e personalidade se conecta com a condição existencial da pessoa humana.

[30] ROSENVALD, Nelson; DE FARIAS, Cristiano Chaves; BRAGA NETTO, Felipe. *Manual de direito civil*. 7. ed. v. único. Salvador: JusPodivm, 2022, p. 265.

[31] AMARAL, Francisco. *Direito civil* – introdução, 6. ed. rev. e atual. Rio de Janeiro: Renovar, 2006.

real, os indivíduos desempenhavam papéis à semelhança dos atores no palco. O termo passou, então, a significar o ser humano nas suas relações sociais e jurídicas.

Na Roma Antiga, a personalidade jurídica do homem estava condicionada à existência de requisitos físicos e de três estados. Nessa época, escravos e condenados, estes considerados mortos civis, não eram tidos como pessoas. Então, para ter personalidade jurídica, era necessário o nascimento com vida e a forma humana. Além disso, o sujeito teria que ser livre (não ser escravo), cidadão romano (não ser estrangeiro) e chefe de família. São justamente estes os três estados necessários para que fosse conferida personalidade: *status libertatis, status civitatis* e *status familiae*.

Como argutamente observa Caio Mário[32], no direito romano o escravo era tratado como coisa, desprovido da faculdade de ser titular de direitos e, na relação jurídica, ocupava a situação de seu objeto e não de seu sujeito.

No direito moderno, segundo Francisco Amaral[33] e Washington de Barros Monteiro[34], pessoa é sinônimo de sujeito de direito ou sujeito de relação jurídica, lembrando que a relação jurídica se estabelece entre indivíduos, porque o direito tem por escopo regular os interesses humanos. Ensina-nos Amaral que, no direito moderno, extinta a escravidão, reconhecido aos estrangeiros o gozo de direitos civis e admitindo que a situação familiar não altera a capacidade jurídica, a personalidade surge como projeção da natureza humana. Passa a pessoa a ser sinônimo de ser humano e de sujeito de direito.

A ordem jurídica reconhece duas espécies de pessoa, a natural e a jurídica. Em relação a esta última pessoa, se subdividem: os agrupamentos humanos visando fins de interesses comuns (associações e sociedades) ou um patrimônio dirigido a uma finalidade específica (fundações).

Atualmente, no que se refere à pessoa natural, o direito brasileiro reconhece a personalidade jurídica a todo ser humano, sem exceções. Todos são sujeitos de direito e participam de relações jurídicas.

Em nosso ordenamento jurídico, os animais não possuem personalidade jurídica nem os direitos dela decorrentes. Possuem, no entanto, especial proteção, inclusive constitucional, no capítulo referente ao meio ambiente, onde está expresso ser dever do Poder Público proteger a fauna e a flora, impedir práticas que coloquem em risco sua função ecológica, provoquem a extinção das espécies e, principalmente, proibir que os animais sejam submetidos a tratamento cruel (art. 225, § 1º, VII, da CF/88). Aliás, nas propostas de alterações do Código Civil, há sugestão para inclusão de seção para destacar que os animais são seres vivos sencientes e passíveis de proteção jurídica

própria e, por isso, devem ser submetidos a tratamento adequado, tanto físico quanto ético.

Como defende a doutrina moderna, dentro de uma perspectiva constitucional, a personalidade, por estar relacionada à natureza ou essência humana e, tendo como fundamento o princípio da dignidade do ser humano, é o valor máximo do ordenamento jurídico. Como bem define Carlos Roberto Gonçalves[35], a personalidade é parte integrante da pessoa, sendo parte juridicamente intrínseca.

Neste ponto, importante ressaltar que o direito civil não reconhece qualquer situação de perda da personalidade em vida, o que vulgarmente se chama de "morte civil". A personalidade é um dos atributos intrínsecos à condição humana. A existência da pessoa natural somente termina com a morte, real ou presumida, com o que cessará a personalidade.

Como a ausência e a indignidade, de alguma forma, têm relação com a morte e, como a morte acarreta o término da personalidade civil, com base nessas premissas, alguns passaram a afirmar que essas seriam hipóteses de resquícios de morte civil em nosso ordenamento jurídico. Qual o erro dessa afirmação?

No caso da ausência, presume-se a morte quando ocorre a abertura da sucessão definitiva, para efeitos sucessórios. Como se verá adiante, o objetivo principal da ausência é transferir o patrimônio do ausente, após longo período de desaparecimento, para os seus sucessores. Embora a ausência tenha efeitos civis, além dos naturalmente patrimoniais, o procedimento previsto no Código Civil, dos artigos 22 a 39, justifica-se para que a herança do ausente não fique em estado permanente de indefinição sobre sua titularidade. Tanto isso é verdade que o artigo considera, nessa hipótese, o ausente morto por presunção. Há, portanto, uma presunção de morte para fins específicos, sejam eles patrimoniais (sucessão) ou pessoais (tutela para os filhos menores do ausente, por exemplo – art. 1.728 do CC).

No entanto, o ausente, onde estiver, é considerado "pessoa", podendo ser titular de relações jurídicas e invocar a proteção dos direitos que decorrem da sua personalidade, inerentes à sua condição humana, em razão da base constitucional, do princípio da dignidade da pessoa humana. O ausente não poderia ser considerado morto civil, quando sua personalidade é fundada em um princípio constitucional. Por isso, a ausência tem efeitos específicos e bem delineados, não podendo o desaparecido ser privado de sua própria condição humana.

São usados exatamente os mesmos argumentos para se afastar a afirmação de que o indigno seria morto civil. O legislador, no art. 1.816 do CC, por presunção, o considera morto apenas para uma finalidade específica, qual seja, privar o indigno da sucessão e até do usufruto dos bens dos filhos menores, conforme art. 1.693, IV, do CC. A questão diz respeito a valores patrimoniais e não a valores existenciais. Assim, a indignidade não passa de uma pena

---

[32] PEREIRA, Caio Mário da Silva. *Instituições de direito civil:* Introdução ao direito civil. Teoria geral de direito civil. 20. ed. Atualizado por Maria Celina Bodin de Moraes. Rio de Janeiro: Forense, 2004. v. 1.

[33] AMARAL, Francisco. *Direito civil* – introdução, 6. ed. rev. e atual. Rio de Janeiro: Renovar, 2006.

[34] MONTEIRO, Washington de Barros. *Curso de direito civil.* v. I (Parte Geral). 37. ed. (atualizada por Ana Cristina de Barros Monteiro França Pinto). São Paulo: Saraiva, 2000.

[35] GONÇALVES, Carlos Roberto. *Direito civil brasileiro:* parte geral. 10. ed. São Paulo: Saraiva, 2012. v. I.

civil, para fins estritamente patrimoniais. O indigno é considerado como se morto fosse para um fim específico.

Portanto, poderá ser considerado sujeito de direito, podendo ser titular de qualquer outra relação patrimonial que não tenha vínculo com a sucessão, tendo toda a tutela dos direitos fundamentais relacionados à sua personalidade.

1.5.3. Personalidade e capacidade jurídica: de direito e de fato

O Código Civil, como primeiro assunto, disciplina, na parte geral, no Livro I, Título I, Capítulo I, a pessoa natural, a personalidade e a capacidade (de direito e de fato).

O art. 1º do CC afirma que "toda pessoa é capaz de direitos e deveres na ordem civil". O atual Código Civil alterou a redação do seu antecessor, substituindo a palavra "homem" por "pessoa". O significado dessa alteração semântica foi ajustar a lei civil aos princípios constitucionais, em especial à dignidade da pessoa humana, fundamento da República e base de todas as relações jurídicas privadas.

Nesse sentido, a lição de Miguel Reale[36]: "Pequena diferença aparentemente, mas que representa profunda mudança na colocação inicial da vida jurídica, uma vez que a palavra homem tem o sentido genérico e abstrato de indivíduo, ao passo que a palavra pessoa já indica o ser humano enquanto situado perante os demais componentes da coletividade. Efetivamente, o conceito de pessoa resulta da relação do eu com outros "eus", o que distingue o ser humano de todos os outros animais".

Portanto, pessoa natural é sujeito de relações jurídicas.

Com relação à expressão "pessoa natural", Caio Mário[37] explica que tal é corrente em nosso direito. Diz o mestre que Teixeira de Freitas teria se insurgido contra a expressão "pessoa natural", pois ela poderia dar a ideia de existirem "pessoas não naturais", o que não seria exato. Por isso, teria ele sugerido as designações "ser de existência visível" em contraposição aos entes morais que batizava de "seres de existência ideal". Tal nomenclatura foi aceita no Código Civil argentino.

Ainda segundo Caio Mário, "pessoa física" é a denominação corrente no direito francês, italiano e em outros, e usada na legislação brasileira regulamentar do Imposto sobre a Renda. Na corrente dos civilistas nacionais, a expressão "pessoa natural" é a utilizada.

Por outro lado, ao contrário do que muitos afirmam e defendem, o Código Civil não definiu a personalidade jurídica no art. 1º. O referido dispositivo disciplina um dos principais atributos da personalidade, que dela decorre: a capacidade de direito, de gozo ou de aquisição. A possibilidade de alguém ser sujeito de direito e participar de relações jurídicas, sendo "capaz de direitos e deveres na ordem civil", nada mais é do que um atributo ou qualidade inerente à personalidade jurídica. Já foi dito que a personalidade jurídica não pode ser considerada sinônimo de capacidade de direito. Neste ponto, ousamos discordar de outro grande mestre, Orlando Gomes.

A personalidade é valor fundamental, a base da ordem jurídica.

A personalidade é valor ético oriundo dos matizes constitucionais, especialmente a dignidade da pessoa humana.

No mesmo sentido a lição de Rafael Garcia Rodrigues[38], segundo o qual se faz necessária a superação da compreensão que esgota a personalidade unicamente como aptidão para que o sujeito figure como titular de direitos e obrigações. A personalidade não pode ser tomada como sinônimo, equiparada à noção de capacidade.

O ser humano não tem direito à personalidade, porque esta é inerente à natureza humana. A personalidade é a base de sustentação da pessoa humana e nela se apoiam os direitos e deveres que dela irradiam.

Por isso, não é correto afirmar que capacidade e personalidade são conceitos que se sobrepõem ou que estão intimamente ligados. Tal afirmação gera confusão no entendimento da capacidade de direito e da própria personalidade.

A capacidade de direito, de gozo ou de exercício, ou seja, a possibilidade de a pessoa ser titular de relações jurídicas decorre da personalidade, é seu atributo, sua qualidade, uma das principais características da personalidade, mas não é, nunca foi e jamais será a própria personalidade. A personalidade jurídica é pressuposta da capacidade de direito ampla e genérica, que permite a invocação de direitos fundamentais. Com exceção dos entes não personalizados (condomínio, massa falida, sociedades não personificadas, entre outros), somente poderá ser titular de relações jurídicas, ser sujeito de direito, quem tem personalidade.

Em resumo, a personalidade, na perspectiva civil-constitucional, se relaciona com a titularidade e o exercício de questões existenciais do ser humano. A capacidade de direito envolve a titularidade de relações patrimoniais.

O Código Civil, no art. 1º, ao dizer que a pessoa é "capaz", está se referindo à capacidade de direito, de gozo ou aquisição, um dos atributos. Interessante a observação de Francisco Amaral[39] sobre capacidade e personalidade. Segundo ele, são conceitos que se interpenetram sem se confundir: a personalidade não se identifica com a capacidade, como costuma defender a doutrina tradicional. Pode existir personalidade sem capacidade, como se verifica com o nascituro, que ainda não tem capacidade (neste ponto, discordamos), e com os falecidos, que já a perderam.

Francisco Amaral[40] é perfeito quando argumenta que, enquanto a personalidade é um valor, a capacidade é a projeção desse valor que se traduz em um *quantum*. Capa-

---

[36] REALE, Miguel. *História do novo Código Civil*. São Paulo: Saraiva.

[37] PEREIRA, Caio Mário da Silva. *Instituições de direito civil*: Introdução ao direito civil. Teoria geral de direito civil. 20. ed. Atualizado por Maria Celina Bodin de Moraes. Rio de Janeiro: Forense, 2004. v. 1.

[38] RODRIGUES, Rafael Garcia. A pessoa e o ser humano no novo Código Civil – Arts. 1.º a 10. In: TEPEDINO, Gustavo (coord.). *A parte geral do novo código civil*: estudos sob a perspectiva civil-constitucional. 2. ed. Rio de Janeiro: Renovar, 2003.

[39] AMARAL, Francisco. *Direito civil* – introdução. 6. ed. rev. e atual. Rio de Janeiro: Renovar, 2006.

[40] AMARAL, Francisco. *Direito civil* – introdução. 6. ed. rev. e atual. Rio de Janeiro: Renovar, 2006.

cidade, de capaz (que contém), liga-se à ideia de quantidade e, portanto, há possibilidade de medida e de graduação. Termina sua consideração com uma frase magistral: "Pode-se ser mais ou menos capaz, mas não se pode ser mais ou menos pessoa". Compreende-se, assim, a existência de direitos de personalidade, não de direitos de capacidade.

Assim, a capacidade jurídica emana da personalidade, como projeção desta.

A personalidade jurídica, como valor inerente ao ser humano, independe da consciência e vontade do indivíduo. Se há ser humano, há personalidade e, como consequência, pessoa. É valor inseparável da condição humana, a qual não decorre do preenchimento de qualquer requisito.

O ser humano (nascido ou não com vida) dotado de personalidade jurídica, como decorrência desta, tem aptidão genérica para contrair direitos e obrigações (art. 1º do CC), ou seja, tem capacidade de direito. A capacidade de direito nada mais é do que a aptidão para o sujeito ser titular de relações jurídicas, em especial patrimoniais. Tal atributo da personalidade, na concepção pós-positivista e constitucional, é extensivo a todos os seres humanos. Não existe incapacidade de direito. A capacidade de direito, atributo de entes personalizados é ampla e viabiliza a tutela das mais diversas situações em prol de direitos fundamentais.

A teoria da incapacidade se refere à capacidade de fato e não à capacidade de direito.

A capacidade de direito não condiciona a personalidade. Ao contrário, como a personalidade tem como fonte a própria existência humana (e não a lei), é a personalidade que, como regra (a exceção são os entes não personalizados), condiciona a capacidade de direito. Esta é projeção daquela. A personalidade é valor absoluto, já a capacidade de direito, valor relativo. Enfim, deve ser superada a concepção clássica (positivista) que associa a capacidade de direito à personalidade civil.

A personalidade não comporta restrições, como pode, eventualmente, ocorrer com a capacidade de direito. Se assim o é, não se pode afirmar que onde não houver capacidade de direito não haverá personalidade.

É possível restrições à capacidade de direito, pois, como decorre do ordenamento jurídico, o Estado pode impedir que o sujeito de direito (pessoa natural ou jurídica), em determinadas circunstâncias, fique impedido de ser titular de direito ou dever jurídico específico. A personalidade, associada à condição humana existencial, não pode ser restringida por qualquer ato Estatal.

As pessoas naturais são os sujeitos de direito, pois é à pessoa que a lei atribui a faculdade ou obrigação de agir, exercendo poderes ou cumprindo deveres. A capacidade de direito ou de aquisição é justamente a aptidão ou a potencialidade para ser titular de relações jurídicas, na qualidade de sujeito de direito.

Como diz Orlando Gomes[41], quem é sujeito de determinado direito é o seu titular, assim ocorrendo também com a pessoa, sujeito de certa obrigação. É titular, por outras palavras, a pessoa física ou jurídica que tem o direito. No entanto, pode tê-lo em função da capacidade de direito, sem ter o poder de exercê-lo (por ausência de capacidade de fato).

A titularidade de um direito é a união do sujeito com esse direito, pois não existem sujeitos sem direitos, como não há direitos sem titulares. A possibilidade de a pessoa participar de relações jurídicas decorre da capacidade de direito, que é uma qualidade ou atributo da personalidade.

Como toda pessoa tem personalidade, todos podem ser titulares de relações jurídicas, ou seja, sujeitos de direito. Tal personalidade, por ser inerente à própria natureza humana, é irrenunciável. A personalidade jurídica é expressão da dignidade da pessoa humana, objeto de tutela privilegiada.

Em decorrência da capacidade de direito, o ser humano com personalidade pode ser sujeito de direito, titular de direitos e deveres na ordem civil, mas nem toda pessoa tem o poder de exercer esses direitos, ou seja, capacidade de fato (será objeto de estudo em tópico próprio). A capacidade jurídica envolve a capacidade de direito (aquisição, neste ponto analisada) e a capacidade de fato (exercício – que tem como contraponto a incapacidade).

Em relação à capacidade de fato, é passível de restrição, por meio do instituto da incapacidade, fundada na proteção de pessoas vulneráveis (o que deverá ser apurado em concreto). Na incapacidade, há restrição do poder de ação, motivo pelo qual, excepcionalmente, são submetidas ao regime jurídico da incapacidade. Nesse caso, entra em cena a capacidade de fato ou de exercício que será analisada após o item que trata do início da personalidade.

1.5.4. Aquisição e início da personalidade jurídica da pessoa humana

A aquisição da personalidade jurídica da pessoa humana é tema controvertido do direito civil contemporâneo, em especial porque repercute em outros institutos com viés patrimonial.

A discussão sobre o início da personalidade da pessoa humana se relaciona ao fundamento da própria personalidade. Ao se considerar que a personalidade tem fundamento normativo/formal, chega-se à teoria natalista (a norma define o início da personalidade). Se o fundamento da personalidade for a própria condição existencial, ou seja, o ser humano é fundamento da sua personalidade, a aquisição ocorre com a existência que coincide com a concepção (teoria concepcionista). Portanto, o fundamento da personalidade da pessoa humana condiciona a discussão e repercute nas teorias.

O Código Civil, no art. 2º, dispõe que a personalidade civil da pessoa humana começa do nascimento com vida. Na segunda parte do dispositivo, a lei põe a salvo, desde a concepção, os direitos do nascituro. Embora o Código Civil não reconheça personalidade jurídica ao nascituro, garante-lhe proteção especial, desde a concepção.

Diante da redação do Código Civil, surgiram várias teorias para justificar e fundamentar o momento da aquisição da personalidade jurídica da pessoa humana. Entre estas, a teoria *natalista*, com forte viés positivista, a teoria da *personalidade condicional* (que é variação da teoria natalista), a

---

[41] GOMES, Orlando. *Introdução ao direito civil*. 19. ed. rev. e atual. Rio de Janeiro: Forense, 2008.

teoria da *concepção* (conectada com o princípio da dignidade da pessoa humana, o pós-positivismo e os valores sociais constitucionais que representam parâmetros hermenêuticos da atual Codificação) e, para nós, a teoria *puramente concepcionista*.

A doutrina civilista faz essa divisão, mas, na realidade, as quatro teorias retromencionadas resumem-se em duas linhas de entendimento apenas: a personalidade começa do nascimento com vida ou desde a concepção. As outras linhas de pensamento são apenas variações ou desdobramentos dessas duas correntes ou teorias. No entanto, para facilitar o entendimento do tema, passaremos a tratar de todas as teorias, com as necessárias observações:

Teoria natalista

É a teoria adotada pela doutrina majoritária. Defende a tese de que a personalidade civil começa do nascimento com vida. Para essa teoria, a aquisição da personalidade jurídica depende de dois requisitos: *nascimento e vida*.

Nascimento seria o fato, natural ou artificial, de separação do feto do ventre materno. A vida é comprovada com a presença de ar nos pulmões, ou seja, pela respiração, verificada pelo procedimento médico denominado docimasia hidrostática de Galeno.

Tal teoria, embora não reconheça personalidade jurídica ao nascituro e ao embrião, não questiona que o Código Civil lhes concede proteção especial.

Caio Mário[42], um dos expoentes dessa teoria, ao fazer referência histórica, argumenta que, para o direito romano, a personalidade jurídica coincidia com o nascimento, antes do qual, não havia falar em sujeito ou em objeto de direito. O feto, nas entranhas maternas, era uma parte da mãe, *portio mulieris vel viscerum*, e não uma pessoa, um ente ou um corpo. Por isso mesmo, não podia ter direitos nem atributos reconhecidos ao homem, embora seus interesses, já naquela época, fossem resguardados.

O direito moderno assenta a regra do início da personalidade no sistema romano, mas difunde outras que, às vezes, complicam a exatidão de conceitos. Conclui defendendo que o nascituro não é pessoa e, por isso, não é dotado de personalidade jurídica. Os direitos que lhe reconhecem permanecem em estado potencial. Chega a mestre a dizer que "não há falar, portanto, em reconhecimento de personalidade ao nascituro, nem se admitir que antes do nascimento já é ele sujeito de direito".

Embora de forma confusa, Orlando Gomes[43] parece seguir essa teoria, quando diz que "a personalidade civil do homem começa no nascimento com vida. Não basta o nascimento. É preciso que o concebido nasça vivo. O natimorto não adquire personalidade. Entende-se que alguém nasceu com vida quando respirou". Digo confusa, porque o jurista sustenta que o nascituro teria personalidade ficta e artificial ou presumida. Diz ele que o nascituro não tem personalidade, mas, desde a concepção, é como se tivesse. Essas ficções atribuem personalidade porque reconhecem, aos beneficiados, aptidão para ter direitos, mas é logicamente absurdo admitir a condição de pessoa natural em quem ainda não nasceu ou já morreu.

Para essa teoria, apenas se reconhece um direito potencial ao ente concebido, mas, em qualquer desses casos (curatela, doação etc.), não há se falar em pessoa do nascituro, pois o resguardo dos seus interesses equipara-se à doação à prole eventual de determinado casal (art. 546 do CC).

No entanto, ao contrário de outras legislações, o nosso direito não exige os requisitos da viabilidade e forma humana.

O Código Civil brasileiro segue a mesma linha dos Códigos suíço (art. 31), português de 1966 (art. 66, I), alemão (art. 1º) e italiano (art. 1º) a respeito do início da personalidade. O nascimento e a vida, ainda que por um instante, são suficientes para a aquisição da personalidade civil. Como bem ressalta Washington de Barros Monteiro[44], perante o nosso Código, qualquer criatura que provenha de uma mulher e que nasça com vida será um ente humano, sejam quais forem as anomalias e as deformidades que apresente.

A teoria natalista é inspirada no modelo clássico de direito civil, forjado no positivismo normativo. Há íntima relação com a concepção positivista da personalidade. Se a personalidade tem base normativa, é a lei que definirá o momento em que se inicia a personalidade, como ocorre no art. 2º do CC.

Teoria da personalidade condicional

Tal teoria defende a tese de que a personalidade do nascituro fica sujeita a uma condição, qual seja, nascimento com vida. Essa teoria é apenas uma variação, absolutamente sem sentido, da teoria da natalidade. Até por isso, muitos doutrinadores não as tratam de forma distinta.

Para a teoria da personalidade condicional, o ordenamento jurídico protege os direitos em potencial do nascituro, os quais se realizam com o advento de uma *condição suspensiva*, ou seja, nascer com vida.

Tal teoria representa uma dissidência dos defensores da natalidade. Na realidade, não há nenhuma diferença entre essa teoria e a *natalista*. Afirmar a personalidade condicional do nascituro, ou seja, subordinar a aquisição desta personalidade a uma condição suspensiva (nascimento e vida) é o mesmo que dizer que a personalidade civil começa apenas com o nascimento com vida.

O mais absurdo dessa teoria é sujeitar a personalidade, valor ético e fundamento do Estado, inerente e inseparável da natureza humana, a uma condição, como se a personalidade jurídica pudesse ser condicionada. De fato, ela não comporta qualquer condição, pois não se pode condicionar a própria natureza e existência humanas.

---

[42] PEREIRA, Caio Mário da Silva. *Instituições de direito civil:* Introdução ao direito civil. Teoria geral de direito civil. 20. ed. Atualizado por Maria Celina Bodin de Moraes. Rio de Janeiro: Forense, 2004. v. 1.

[43] GOMES, Orlando. *Introdução ao direito civil*. 19. ed. revista e atualizada. Rio de Janeiro: Forense, 2008.

[44] MONTEIRO, Washington de Barros. *Curso de direito civil*. v. I (Parte Geral). 37. ed. (atualizada por Ana Cristina de Barros Monteiro França Pinto). São Paulo: Saraiva, 2000.

No que se refere aos direitos fundamentais, tal teoria seria ainda mais desprovida de sentido. Imagine a situação se afirmarmos que o ente concebido tem direito à vida, subordinado à condição de nascer com vida.

Teoria da concepção com viés condicional

Essa teoria sustenta o início da personalidade civil da pessoa humana desde a concepção. Este seria o momento da aquisição da personalidade. No entanto, embora a pessoa tenha personalidade desde a concepção, para essa teoria, tal personalidade fica sujeita a uma condição, não suspensiva, como na teoria anterior, mas resolutiva.

Como ressalta Maria Alice Lotufo[45], essa corrente, denominada "concepcionista", interpreta essa proteção no sentido de que os direitos do nascituro lhe são concedidos sob a forma condicional resolutiva e não suspensiva, quer dizer, ele já os tem, mas, caso nasça morto, serão imediatamente resolvidos. A diferença entre essa teoria e a anterior, da personalidade condicional, está na condição. Aqui, a condição seria resolutiva, lá suspensiva.

Assim, enquanto para a teoria da personalidade condicional, vista anteriormente, a aquisição da personalidade somente se consuma quando houver nascimento e vida, não se reconhecendo, antes disso, personalidade civil ao nascituro e ao embrião; para a teoria da concepção com viés condicional, a personalidade civil é adquirida desde a concepção. Porém, se nascer morto, os direitos adquiridos imediatamente serão resolvidos, como se o nascituro e o embrião jamais tivessem existido.

Teoria da concepção ou concepcionista

Para essa teoria, a personalidade civil da pessoa humana é adquirida desde a concepção, sem qualquer condição ou restrição.

Como partidários dessa corrente, estariam Silmara Chinelato, Teixeira de Freitas, Francisco dos Santos Amaral, R. Limongi França, André Franco Montoro, Anacleto de Oliveira Faria e Mário Emílio Bigotte Chorão, dentre outros.

No entanto, em que pese a qualidade dos defensores dessa teoria, ela não é tão pura como se apresenta. Explica-se: embora tal teoria defenda que a personalidade civil da pessoa humana é adquirida desde a concepção, condiciona (condição resolutiva) a aquisição dos direitos patrimoniais, como doação e herança, ao nascimento com vida. Em relação aos direitos fundamentais ou existenciais, a aquisição dar-se-ia desde a concepção, sem qualquer restrição ou condição.

A teoria da concepção divide a personalidade formal da personalidade material. O ser humano em formação teria personalidade formal (direitos existenciais), desde a concepção, mas a personalidade material (direitos patrimoniais) depende do nascimento com vida.

Segundo Silmara Chinelato[46], defensora dessa teoria, a personalidade começa desde a concepção e não a partir do nascimento com vida, em razão de todos os direitos já mencionados, em especial os que decorrem da personalidade, bastando apenas um direito não condicional, subordinado ao nascimento com vida, para que a personalidade não fosse condicional. Afirma que, apenas os direitos materiais dependem do nascimento com vida. A posse dos bens herdados e doados ao nascituro pode ser exercida, por seu representante legal, desde a concepção, legitimando-o a perceber os frutos e rendimentos, na qualidade de titular de direito subordinado à condição resolutiva.

Após uma breve consideração sobre as teorias relacionadas à aquisição da personalidade jurídica da pessoa natural, as questões que se colocam são as seguintes:

Qual a teoria adotada pelo Código Civil? Qual a condição jurídica do nascituro e do embrião?

Dentre as teorias em referência, a natalista é aquela que, no Brasil, congrega a maioria dos doutrinadores. Para estes, muito embora o nascituro não seja pessoa, o ordenamento jurídico lhe confere proteção. A personalidade, para estes, só existe no momento do nascimento com vida, quando passa, a partir desse fato natural, a existir uma pessoa e a possibilidade de ser titular de direitos e obrigações. Se nascer com vida, mesmo que morra em seguida, ocorre a aquisição da personalidade.

A teoria natalista é decorrência lógica do modelo positivista que inspirou o direito civil clássico. É complexa a tarefa de explicar a teoria natalista a partir dos paradigmas constitucionais que inspiram o direito civil contemporâneo, cujo valor referência é a dignidade do ser humano, nascido ou ainda em formação ou em processo de desenvolvimento.

Tal teoria não explica como o nascituro (e o embrião) tem proteção especial sem ser o titular deste direito fundamental, pois não é considerado pessoa, na acepção jurídica do termo. A teoria natalista adota a concepção normativa de pessoa, pois só haverá pessoa se o ser humano nascer com vida. O ser humano em formação, embrião e nascituro, para a teoria natalista, não é pessoa, mas tem proteção especial.

Defensor da teoria natalista, o mestre Caio Mário[47] radicaliza quando diz que, subordinando a personalidade ao nascimento com vida, não cabe indagar a maneira como se processa a concepção: por via de relações sexuais normais, se devido à inseminação artificial ou se mediante processos técnicos de concepção extrauterina. Assim, para os adeptos dessa corrente (como também Orlando Gomes, Silvio Rodrigues, Arnold Wald, apenas para citar alguns), apenas se atribui personalidade ao ente nascido com vida. O nascituro seria ser humano sem personalidade jurídica. Sujeito de direito despersonalizado.

Diante do princípio da dignidade da pessoa humana, fundamento e valor referência do direito civil contemporâneo, a teoria da concepção é a que mais se ajusta ao atual modelo civil/constitucional.

---

[45] LOTUFO, Maria Alice. Teoria geral *do direito civil*. São Paulo: Atlas.

[46] ALMEIDA, Silmara J. A. S. Chinelato e. *Tutela civil do nascituro*. São Paulo: Saraiva, 2000.

[47] PEREIRA, Caio Mário da Silva. *Instituições de direito civil*: Introdução ao direito civil. Teoria geral de direito civil. 20. ed. Atualizado por Maria Celina Bodin de Moraes. Rio de Janeiro: Forense, 2004. v. 1.

Em comentários ao art. 2º do CC, os defensores da teoria natalista ainda têm a referência do direito civil clássico e seus paradigmas, como o positivismo.

No sistema jurídico vigente, o princípio da dignidade da pessoa humana, valor fundamental de todo o sistema normativo, impõe, sem restrições ou condições, o reconhecimento da condição humana, de pessoa, de ser humano, desde a concepção.

Os defensores da teoria natalista não explicam como o ser humano em formação, a pessoa em desenvolvimento, que tem direito a alimentos (alimentos gravídicos), com características e natureza humanas, com vida própria, dotado dos mais variados sentimentos (conforme estudos científicos), não ser ente personalizado? A personalidade é fundamental para que o ser humano tenha o reconhecimento de direitos fundamentais, tutela diferenciada e ampla proteção, que somente é possível aos entes com personalidade. A proteção conferida aos seres humanos fora da personalidade é deficiente, precária e incompleta. Ao fim e ao cabo, percebe-se que a resistência tem forte viés patrimonialista, pois mesmo aqueles que defendem a teoria da concepção negam direitos patrimoniais, desde a concepção e independente do nascimento com vida, ao embrião e ao nascituro. Qual é a base jurídica para reconhecer ao ente concebido direitos de natureza existencial e negar os de natureza patrimonial? Por que essa resistência em relação ao ser humano concebido, à pessoa em formação ou em desenvolvimento?

Nenhum argumento convence. Não há explicação jurídica razoável para essa condição resolutiva em relação aos direitos patrimoniais do ente concebido.

Se o ser humano deve ter a sua dignidade preservada e tutelada de forma privilegiada, se essa dignidade impõe ao Estado a garantia de direitos fundamentais mínimos para que o ser humano, seja qual for a sua condição, tenha existência digna, não há como condicionar direitos patrimoniais da pessoa humana, quando a Constituição Federal e o próprio Código Civil não impõem qualquer condição. O chamado "mínimo existencial" refere-se a valores patrimoniais e existenciais mínimos, para que o ser humano, concebido ou já nascido, tenha existência digna.

A doutrina civilista está a inverter os valores ao condicionar a aquisição de direitos patrimoniais ao nascimento com vida, em relação ao ente concebido (nascituro e embrião). O próprio Código Civil, ao reconhecer direitos patrimoniais, doação e herança, em favor do nascituro, arts. 542 e 1.798, não impõem qualquer condição para sua aquisição. O STJ, em avanço considerável, reconheceu ao nascituro o direito de receber indenização (Recurso Especial n. 1.415.727/SC).

Diz o art. 542 do CC: "a doação feita ao nascituro valerá, sendo aceita pelo seu representante legal". Já o art. 1.798 dispõe: "Legitimam-se a suceder as pessoas nascidas ou já concebidas no momento da abertura da sucessão". Não há na norma condição para estes direitos patrimoniais. Não há condição. O nascituro, ente concebido, tem direito à doação e à herança, ou seja, pode ser titular desses direitos, independentemente da sua condição futura, pois o próprio Código Civil o reconhece como pessoa, desde a concepção. Os termos são imperativos: "valerá a doação" e "legitima-se a sucessão". O patrimonialismo ainda forja nossa alma.

A condição resolutiva em questões patrimoniais, defendida pela teoria da concepção pura, muitas vezes viola os princípios básicos da família.

Não é razoável, em termos jurídicos, a resistência em admitir direitos existenciais e patrimoniais desde a concepção. Na realidade, as teorias sobre aquisição da personalidade só existem por conta de questões patrimoniais.

Em conclusão, defendemos o início da personalidade jurídica desde a concepção, independentemente de qualquer condição, referente a valores materiais ou existenciais. Trata-se da teoria da *concepção incondicionada*.

Considerando tais premissas, quais são os principais fundamentos para afirmar que a personalidade jurídica é adquirida desde a concepção, independentemente de condições ou restrições, em especial de ordem material?

Em primeiro lugar, o princípio da dignidade da pessoa humana não distingue o ser humano como pessoa em formação ou pessoa já nascida. O Estado deve garantir direitos fundamentais mínimos para o ser humano, nascido ou concebido, ter existência digna.

Em decorrência desse princípio, é garantido a todos o direito à vida (art. 5º, *caput*, da CF/88), seja esta vida, desde a concepção ou após o nascimento do ser humano. O fundamento básico é o ente concebido ser considerado pessoa. Por essa razão, o Código Penal, no capítulo dos crimes contra a vida, nos arts. 124 a 128, proíbe o aborto. Por que o aborto é proibido? Porque o ente concebido é considerado ser humano, pessoa, com existência própria, autônoma e distinta daquela pessoa que a concebe em seu ventre.

A teoria da natalidade não é compatível com a proteção do Estado, conferida ao ente concebido no Código Penal, pois, segundo a referida teoria, a personalidade jurídica ou a condição de pessoa somente é adquirida com o nascimento com vida. Antes disso, o que seria o ente concebido se não é pessoa? Seria objeto? Se for objeto, não há crime de aborto, pois objeto não tem vida. Para contornar essa situação, dizem que o ente concebido (o nascituro mais especificamente) tem proteção especial, pois a segunda parte do art. 2º do CC dispõe que a lei põe a salvo, desde a concepção, os direitos do nascituro.

Entretanto, há uma contradição na teoria da natalidade. Se o nascituro é titular do direito à vida e tem essa proteção do Estado, isso significa reconhecer a ele uma personalidade jurídica, pois apenas quem tem personalidade pode titularizar direitos existenciais. Lembre-se: a personalidade jurídica é o pressuposto de qualquer direito existencial. Se alguém titulariza direitos existenciais é porque possui personalidade. Não existe direito existencial sem sujeito! É fato que há sujeitos de direito sem personalidade, os entes despersonalizados. E, nesta condição, podem titularizar direitos para situações especiais apenas para concretização de suas finalidades patrimoniais, como é o caso da massa falida, do condomínio edilício, entre outros, mas não existenciais, como é o caso do nascituro.

Não se pode esquecer que quem afirma direito, afirma personalidade. Nesse sentido, Silmara Chinelato[48] aduz que "quem afirma direitos e obrigações afirma personalidade, sendo a capacidade de direito e o *status* atributos da personalidade".

A cláusula constitucional de proteção da vida não pode estar limitada aos que nasceram com vida. Tais questões relativas ao direito à vida do nascituro e o aborto foram debatidas à exaustão na ADPF 54/DF (anencefalia) e no HC 124.306/RJ (admissão do aborto até o terceiro mês de gravidez – não haveria delito no aborto praticado até o referido prazo.

Além do direito à vida, o ente concebido também pode ser titular de vários outros direitos fundamentais, como o direito à integridade física, o direito à imagem (no caso de ultrassonografia), o direito ao nome, a uma vida sadia enquanto não nascido, a alimentos, o direito ao conhecimento da paternidade, dentre outros especificados no Código Civil. O direito subjetivo à vida é a base de todos esses direitos.

Quais seriam os direitos subjetivos previstos na legislação civil em favor de nascituro?

O art. 1.609, parágrafo único, do CC, garante ao nascituro o direito subjetivo ao reconhecimento como filho (o reconhecimento pode preceder o nascimento do filho ou ser posterior ao seu falecimento, se ele deixar descendentes). Aliás, o ato de reconhecimento impede qualquer condicionamento, como expressa o art. 1.613 do CC. O art. 542 do CC admite que o nascituro venha a ser titular do direito à doação (a doação feita ao nascituro valerá, sendo aceita pelo seu representante). O art. 1.779 trata da curatela do nascituro, cujo curador, além de zelar pelos direitos patrimoniais do nascituro, tem a função de fiscalizar a gravidez. Nesse caso, não é necessário o processo de interdição.

Segundo esse dispositivo, o nascituro terá direito subjetivo a um curador, se o pai falecer, estando sua mãe grávida, mas, por algum motivo, desprovida do poder familiar. Além disso, o art. 1.798 do CC prevê que o ente concebido, embora não nascido, tem legitimidade para receber herança.

O nascituro pode ainda ser adotado, tem direito à representação pelos pais (art. 1.634, V) em ações de alimentos, investigação de paternidade, reparação de danos, dentre outros direitos.

A Lei n. 11.804/2008 disciplina o direito aos alimentos gravídicos da mulher gestante, que beneficia, diretamente, o ente concebido.

O bem jurídico tutelado pela referida lei é a vida do feto, nascituro, e não da gestante.

Em decisão de 2012, o STJ[49], por maioria, embora com fundamentos no contrato de seguro (não foi enfrentada a tese dos direitos patrimoniais do nascituro, independentemente do fato de nascer com vida), reconheceu aos parentes do nascituro o direito subjetivo ao seguro obrigatório (DPVAT).

O STJ, no Recurso Especial n. 1.415.727/SC, de fato, trouxe à tona toda a discussão jurídica doutrinária a respeito das teorias relativas ao início da personalidade da pessoa humana.

Embora sem conclusões precisas, considerou a nossa legislação civil mais afinada com a tese concepcionista.

Como o nascituro é titular de todos esses direitos subjetivos, tendo plena aptidão para ser sujeito de direito, significa que tem capacidade de direito e, portanto, personalidade jurídica. A personalidade jurídica inicia-se ou é adquirida a partir da concepção. Não é possível reconhecer e afirmar direitos para quem não é pessoa ou sujeito de direito. Como a aptidão para ser titular desses direitos decorre da personalidade, esta já existe desde a concepção.

A doutrina brasileira, adepta da teoria da concepção, não admite a consolidação dos direitos patrimoniais previstos em lei para o nascituro antes do nascimento com vida. Assim, tais doutrinadores acabam por impor condição inexistente para a aquisição definitiva desses direitos subjetivos patrimoniais.

O nascituro e o embrião teriam personalidade jurídica formal, direitos da personalidade (natureza existencial), mas não personalidade jurídica material, direitos patrimoniais (cuja concretização é condicionada ao nascimento com vida).

Além dos direitos subjetivos retromencionados, o Código Civil, em outros dispositivos, reforça essa tese ou teoria da concepção incondicionada, que defendemos nesta obra.

No capítulo que regula a filiação, o art. 1.596 do CC, como desdobramento do princípio constitucional estabelecido no art. 227, § 6º, da CF/88, proíbe qualquer designação discriminatória em relação aos filhos, os quais terão os mesmos direitos e qualificações. Desse dispositivo, é possível extrair que a igualdade de direitos entre filhos proíbe diferenças entre o nascido e o concebido, pois filho é filho.

Em razão desse princípio constitucional, todos têm os mesmos direitos, fulminando a teoria da concepção pura que prega o condicionamento de direitos patrimoniais do nascituro ao seu nascimento com vida.

Além disso, o Código Civil, no art. 1.597, denomina como filhos aqueles havidos por fecundação artificial homóloga ou heteróloga, inclusive fazendo referências ao embrião. Se o ente concebido, entre eles o embrião, é denominado "filho" e, se todos os filhos possuem os mesmos direitos, não podendo existir discriminações entre eles, é óbvio que a personalidade jurídica é adquirida desde a concepção, sendo que o ente concebido passa a ser titular de relações jurídicas existenciais e patrimoniais, sem qualquer condição ou restrição.

Ainda em reforço a essa teoria da concepção incondicional, a Lei de Biossegurança, inclusive objeto da ADIn 3.510-0/DF, julgada pelo STF, em seu art. 6º, tutela o ente

---

[48] ALMEIDA, Silmara J. A. Chinelato e. *Tutela civil do nascituro*. São Paulo: Saraiva, 2000.

[49] STJ, REsp 1.120.676/SC, 3ª T., j. 7-12-2010, m.v., rel. Min. Massami Uyeda, DJ 4-2-2012.

concebido, proibindo a engenharia genética em organismo vivo ou o manejo *in vitro* de ADN/ARN natural ou recombinante, realizado em desacordo com as normas previstas na lei, a engenharia genética em celular germinal humana, zigoto humano e embrião humano, a clonagem humana, entre outras restrições.

No Enunciado 2 da Jornada de Direito Civil, foi consolidado o seguinte entendimento: "Sem prejuízo dos direitos de personalidade, nele assegurados, o art. 2º do CC não é sede adequada para questões emergentes da reprogenética humana, que deve ser objeto de um estatuto próprio".

Assim, não há dúvida de que o nascituro tem personalidade jurídica formal e material. Não há condições para a aquisição de direitos subjetivos, sejam estes relacionados a valores existenciais ou patrimoniais. É um sujeito de direito, dotado de personalidade jurídica, como qualquer pessoa. Se pode ser titular de direito, se tem capacidade de direito, se goza dos atributos da personalidade, se tem a tutela de direitos relativos a essa personalidade, é porque tem personalidade, pois esta é pressuposto da capacidade de direito e de todos os direitos inerentes à pessoa humana, os quais se irradiam ou decorrem dessa personalidade.

Nessa tendência concepcionista, a Jornada de Direito Civil, no Enunciado 1, dispõe que "a proteção que o Código defere ao nascituro alcança o natimorto no que concerne aos direitos da personalidade, tais como o nome, imagem e a sepultura".

1.5.5. Nascituro e embrião – Personalidade jurídica

Na realidade, o grande problema relativo à personalidade jurídica do nascituro ou do momento de sua aquisição, está relacionado aos direitos patrimoniais e, principalmente, ao embrião concebido fora do útero materno. A grande questão é: Qual o destino a ser dado aos embriões excedentários, ou seja, aqueles provenientes de técnicas de reprodução assistida, mas que "sobraram", "excederam" e, por isso, não serão utilizados para implante?

Se for considerado o momento da concepção como aquele em que se adquire a personalidade, também é pessoa o embrião (ovo fecundado), mesmo fora do útero da mãe. E aí se iniciam as divergências. O embrião implantado e o nascituro são titulares de relações jurídicas. Mas e o embrião não implantado ou excedente, pode ser considerado pessoa?

A resposta é simples: sim. A própria Lei n. 11.105/2005 (Lei de Biossegurança), ao tutelar o embrião no art. 6º, proibindo a engenharia genética em embrião humano e a clonagem humana, evidencia que o nosso Estado reconhece direitos ao embrião. E só quem possui personalidade jurídica pode titularizar direitos. Aliás, não poderia ser diferente, na medida em que o embrião já é um nascituro. Não há diferença entre nascituro e embrião, pois ambos são entes concebidos.

Em seu livro *Tutela civil do nascituro*, Silmara Chinelato ressalta que o nascituro é a pessoa por nascer, já concebida no ventre materno. Em caso de fecundação *in vitro*, realizada em laboratório, há necessidade de implantação do embrião, para que se desenvolva. Embora o conceito tradicional pressuponha concepção *in vivo*, única realidade até então existente, é necessário uma proteção legal ao embrião pré-implantatório ou *in vitro*. A Lei de Biossegurança protege o embrião, pois prevê pena para quem manipulá-lo em desacordo com o art. 5º.

Continua a professora[50]: "O conceito de nascituro é amplo. Assim, o ser concebido e não nascido pode ter sido concebido em qualquer local, abrangendo o embrião, pois, este é apenas uma fase ou estágio de desenvolvimento do ovo (zigoto, mórula, blástula, embrião e feto). O embrião, portanto, já é um nascituro".

Por isso, concordamos com a professora ser um equívoco o Projeto de Lei Federal n. 6.960/2002, que visa alterar dispositivos do Código Civil, para acrescentar o "embrião" ao art. 2º do CC. O projeto dispõe que a lei põe a salvo, desde a concepção, os direitos do nascituro e do embrião.

A Lei de Biossegurança renovou a discussão acerca da natureza jurídica do embrião, pois procurou compatibilizar interesses antagônicos, fixando as condições para o uso de embriões excedentes no art. 5º, cujo dispositivo foi objeto da ADIn 3.510-0/DF.

Na verdade, a lei em referência acabou sendo mal interpretada, inclusive por setores conservadores da sociedade civil. Na realidade, ela protege o embrião humano, justamente porque o considera um valor fundamental, dotado de personalidade jurídica. O embrião, sendo um ente concebido, tem a mesma proteção do nascituro, até porque é um nascituro em estágio inicial de vida.

A proteção é tão intensa que a Lei n. 11.105/2005 proíbe a manipulação ou engenharia genética com o embrião humano. Por quê? O embrião é um ser vivo, mais especificamente um ser humano e, portanto, dotado de personalidade jurídica, tendo aptidão para ser titular de direitos subjetivos. Enfim, é sujeito de direito. O embrião pode ser reconhecido como filho, receber doação e ser considerado herdeiro, pois é um ente concebido e, inclusive, pode ter um curador, na forma do art. 1.779 do CC.

Como argumenta Silmara Chinelato, pode-se fazer testamento em favor do embrião *pré-implantatório*, com fundamento no art. 1.798 do CC, cujo dispositivo admite a sucessão de entes concebidos, não importando o local da concepção. Por isso, não pode ser atingido pelo prazo de dois anos (previsto no art. 1.800 do CC), o qual se refere à prole eventual, mesmo que ainda não gerada. O embrião já foi concebido, aguardando-se apenas a gestação. O embrião pode ser herdeiro legítimo ou testamentário.

A única divergência com a referida professora é o fato de ela condicionar a aquisição dos direitos patrimoniais do embrião e do nascituro ao nascimento com vida. Segundo ela, o nascimento somado à vida terá o condão de consolidar o direito patrimonial, sendo condição resolutiva para doação e herança. No entanto, reconhece ao em-

---

[50] ALMEIDA, Silmara J. A. Chinelato e. *Tutela civil do nascituro*. São Paulo: Saraiva, 2000.

brião todos os direitos decorrentes da personalidade, em especial o direito à vida.

Portanto, o embrião humano, por ser um ente concebido, é dotado de personalidade jurídica, não importando o local da concepção, já que este não é requisito legal. O momento exato da concepção é questão médica e científica, não devendo os doutrinadores tomarem partido nessa discussão. Concebido de acordo com a ciência, o embrião e o nascituro passam a ser considerados sujeitos, pessoas com personalidade jurídica própria.

Em relação à Lei n. 11.105/2005, que traz uma ampla tutela ao embrião humano, dissemos que ela foi mal compreendida pela sociedade civil justamente por conta do seu art. 5º, que permite, para fins de pesquisa e terapia, a utilização de células-tronco embrionárias obtidas de embriões humanos produzidos por fertilização *in vitro* e não utilizados no respectivo procedimento, desde que atendidas às condições especificadas no mesmo dispositivo.

A Lei n. 11.105/2005 somente permite a utilização em pesquisas de células-tronco embrionárias obtidas de embriões humanos, se esses embriões forem inviáveis ou, se viáveis, forem descartados, porque são "excedentes". Segundo a lei, as condições para a utilização do embrião são que: I – sejam inviáveis; ou II – sejam embriões congelados há três anos ou mais (na data da publicação da lei, ou que, já congelados na data da publicação da lei, depois de completarem três anos, contados a partir da data do congelamento).

Como se observa, a lei, na ponderação de interesses, conciliou direitos fundamentais antagônicos. De um lado, garantiu proteção especial ao embrião, proibindo a sua manipulação e a engenharia genética. De outro, permitiu a utilização de embriões inviáveis (veja só, *inviáveis*) e embriões viáveis, congelados há mais de três anos, que seriam descartados ou jogados no lixo. Em qualquer uma dessas duas situações excepcionais, a lei exige, no § 1º do art. 5º, o consentimento dos genitores. Todos os interesses e princípios foram conciliados.

O direito à vida foi garantido ao embrião. Isso é um fato. Não é possível manipular ou realizar procedimentos genéticos com o embrião, como dispõe claramente o art. 6º da Lei de Biossegurança. Ponto final.

No entanto, por exceção, a lei admite a utilização de embriões para fins de pesquisa e terapia, desde que preenchidos os requisitos do seu art. 5º. Por exemplo, em técnicas de reprodução assistida, utilizadas por casais ou pessoas com dificuldades de conceber um filho por métodos naturais, pode haver embriões que "sobram", chamados de "excedentes". A grande questão é: O que fazer com esses embriões excedentários, que podem ser inviáveis ou, se viáveis, congelados há mais de três anos?

A questão é de ponderação de interesses fundamentais, nada mais do que isso. De um lado está o direito à vida de um embrião congelado há mais de três anos e que não será utilizado, ou até mesmo de um embrião inviável. Do outro lado, o direito à dignidade de pessoas que podem se beneficiar de pesquisas com a utilização desses embriões, ou, indo mais além, o direito à própria vida daqueles que dependam de avanços científicos para nascer ou para continuarem vivos. Diante desse conflito, o Estado, por meio de uma ponderação de interesses, optou por resguardar o direito à vida digna dos possíveis beneficiários de tais pesquisas, em detrimento do direito à vida desses embriões excedentes. Até porque estes, de qualquer forma, não viveriam, ou por serem inviáveis ou porque não seriam implantados de qualquer sorte, já que, nos dois casos, a lei exige o consentimento dos únicos que poderiam realizar tal implante, os genitores, para a utilização de tais embriões.

Essa ponderação de interesses entre direitos de mesmo nível, como é o caso da vida, também é feita pelo Estado em situações extremas, como a legítima defesa, o estado de necessidade e o aborto, quando a gravidez implica risco de vida para a gestante. Nesses casos, sacrifica-se uma vida humana, ou por estar em legítima defesa, por conta de um estado de necessidade ou porque a vida da gestante está em risco, sem que haja qualquer resistência da sociedade ou da Igreja. Questiona-se, então, o porquê da resistência ao sacrifício de embriões inviáveis ou viáveis, congelados há mais de três anos, para se tutelar outras vidas? Nesse caso, é permitido o sacrifício de uma vida improvável para a tutela de uma vida existente. São direitos do mesmo nível.

Todos esquecem que o princípio da dignidade da pessoa humana é o valor fundamental do sistema jurídico. O Estado deve garantir direitos mínimos fundamentais para que as pessoas vivam com dignidade, e essa tutela abrange também os portadores de alguma anomalia ou deficiência física, que devem ter a dignidade assegurada pelo Estado.

Entre os direitos garantidos a esses portadores de deficiência, está o direito a terapias e pesquisas com células-tronco embrionárias, obtidas de embriões humanos, tudo para viverem com dignidade. Entre o descarte ou o eterno congelamento de um embrião e a vida digna de pessoas que dependem dessas pesquisas, resolveu o Estado tutelar a dignidade dessas pessoas. Perceba que estamos falando de embriões *inviáveis* e embriões que *serão descartados*. Em caso de conflito entre direitos fundamentais (no caso a vida) que estão no mesmo nível, podem o legislador e o intérprete sacrificar um em detrimento do outro, desde que esse sacrifício seja necessário e útil para a preservação ou a melhoria da qualidade de vida do outro.

Como dissemos acima, essa ideia é a mesma que serve de fundamento para considerar legal o sacrifício de uma vida humana em casos como o da legítima defesa, do estado de necessidade e do aborto legal, quando houver risco para a vida da gestante. Nesses casos, muitas vezes estarão em conflito direitos fundamentais do mesmo nível (vida) e admite-se o sacrifício de um em detrimento do outro. Isso nunca foi estranho ao nosso ordenamento.

Esta era a discussão a ser travada no STF, e não quando a vida se inicia.

Em que pese a centralização equivocada do debate jurídico, o STF, na ADIn 3.510-0/DF, por maioria e nos termos do voto do relator, julgou improcedente a ação direta de inconstitucionalidade, vencidos, parcialmente, em diferentes extensões, os Senhores Ministros Menezes Direito, Ricardo Lewandowski, Eros Grau, Cezar Peluso e o então Presidente, Min. Gilmar Mendes.

O nascituro tem ainda proteção no Estatuto da Criança e do Adolescente (art. 7º – proteção à vida e à saúde para permitir nascimento sadio, em condições dignas de existência), no Código Civil (direito a receber doação, ser herdeiro, ter curador, ser reconhecido como filho no útero da mãe), na Lei de Alimentos Gravídicos (alimentos em favor do nascituro – Lei n. 11.804/2008), na Lei n. 13.363/2016 (advogada gestante tem direito à suspensão do processo e do prazo e a lactante à prioridade e m audiências) e, ainda, na jurisprudência.

1.6. TEORIA GERAL DA CAPACIDADE JURÍDICA DA PESSOA HUMANA: CAPACIDADE DE DIREITO E CAPACIDADE DE FATO

1.6.1. Noções gerais sobre capacidade de direito

A pessoa natural, desde a concepção[51], tem personalidade jurídica (premissa de que o fundamento da personalidade é o ser humano, como consequência do princípio da dignidade da pessoa humana) e, portanto, é sujeito de direito com personalidade. Nessa condição, pode ser titular de direitos e deveres na ordem civil.

Como projeção dessa personalidade, a pessoa humana tem capacidade de direito, gozo ou aquisição, expressa na potencialidade de adquirir direitos e obrigações na ordem civil (art. 1º do CC).

A capacidade jurídica das pessoas naturais se subdivide em capacidade de direito (aquisição) e capacidade de fato (exercício). A capacidade de direito ou de aquisição, reconhecida indistintamente a todo e qualquer ente com personalidade jurídica, é um dos principais atributos dessa personalidade. A capacidade de direito, em regra, decorre e pressupõe a personalidade jurídica (em regra, porque há entes despersonalizados que têm capacidade de direito restrita). De acordo com o mestre Francisco Amaral[52], enquanto a personalidade é um valor, a capacidade é a projeção desse valor que se traduz em um *quantum*.

Nos itens anteriores, já tratamos das diferenças entre capacidade de direito e personalidade.

Neste ponto, é relevante apenas relembrar as diferenças (ou não) entre personalidade, ser humano, pessoa, capacidade direito e sujeito de direito. Não há na doutrina linearidade sobre tais institutos.

A questão é que há entes sem personalidade jurídica que podem assumir a titularidade de direitos (os entes despersonalizados). Se assim o é, o termo "sujeito de direito" é concepção mais ampla de personalidade e capacidade. Sujeito de direito é gênero. Há sujeitos de direito com personalidade e, portanto, capacidade de direito e, por outro lado, há sujeitos de direito sem personalidade, mas dotados de capacidade de direito (os entes despersonalizados que podem assumir a titularidade de direitos e deveres: massa falida, condomínio, herança jacente etc.).

O sujeito de direito é aquele que pode ser titular de direitos e deveres. É construção jurídica. Há sujeito de direito com personalidade e desprovido de tal atributo. Ocorre que a personalidade pode ter como fonte a pessoa humana (para os pós-positivistas) ou a norma jurídica (os positivistas formais). E nesse último caso, haveria semelhança nos conceitos de personalidade e capacidade de direito.

O sujeito de direito é, portanto, conceito mais amplo que o de personalidade e capacidade de direito.

A visão clássica dissocia a ideia de ser humano da concepção de pessoa e personalidade. O ser humano que ainda não é pessoa (e só será pessoa quando preencher os requisitos previstos em lei – nascimento e vida) não tem personalidade, mas pode ter capacidade de direito (ex.: nascituro). O ser humano que não é pessoa não tem personalidade jurídica, mas pode ser sujeito de direito (sem personalidade).

Em uma visão contemporânea, constitucionalizada e pós-positivista, ser humano, pessoa e personalidade são conceitos que se interpenetram. Essa a diferença. Se for ser humano, é pessoa e, se é pessoa, tem personalidade. Embora se admita entes não personalizados, a pessoa humana sempre será ente personalizado, mesmo antes do nascimento com vida.

Em consequência do direito civil constitucional, a personalidade tem como fundamento a própria existência humana. Por isso, se houver ser humano, há personalidade e, portanto, há pessoa. De acordo com a concepção clássica, pessoa é construção jurídica e, portanto, só haverá pessoa quando a norma admitir tal condição. O ser humano não nascido não é pessoa e, portanto, não tem personalidade, para essa concepção tradicional.

Nessa perspectiva civil/constitucional há sujeitos de direito com personalidade (pessoa jurídica e seres humanos que são sinônimos de pessoas) e sujeitos de direito não personalizados (a capacidade jurídica neste caso é restrita). Na perspectiva clássica, há sujeitos de direito com personalidade (pessoa jurídica e pessoa humana nascida com vida) e sujeitos de direito não personalizados (entre estes os seres humanos que não nasceram, como o nascituro e o embrião).

A capacidade de direito não se confunde com a personalidade jurídica, pois é apenas projeção desta, quando o ente for personalizado. A capacidade de direito do ente não personalizado é restrita e específica, pois somente poderá estar vinculada à finalidade do ente não personalizado. A capacidade de direito dos entes personalizados pressupõe personalidade. É atributo desta e é genérica.

Após o estabelecimento destas premissas, pode-se afirmar que se há sujeito de direito, há capacidade de direito, que pode ser genérica ou restrita. Não existe incapacidade de direito.

O sujeito que tem capacidade de direito e capacidade de fato possui capacidade civil plena (capacidade jurídica plena ou geral).

---

[51] Segundo a tese que defendemos: Teoria da Concepção.

[52] AMARAL, Francisco. *Direito civil* – introdução, 6. ed. rev. e atual. Rio de Janeiro: Renovar, 2006.

No caso, partiremos de uma concepção civil/constitucional de personalidade

Na visão constitucionalizada, todo ser humano, desde a concepção (para aqueles que adotam a teoria da concepção pura ou da concepção incondicional), é pessoa e, por isso tem personalidade, da qual decorre a aptidão para ser titular de direitos subjetivos e deveres jurídicos. A personalidade da pessoa humana nasce de sua condição existencial. A pessoa humana é a fonte de seus próprios direitos e de sua personalidade. Todo ser humano é um sujeito de direito, porque tem personalidade e capacidade de direito que decorre dessa personalidade. É possível entes despersonalizados, desde que não sejam seres humanos.

Tais direitos e deveres se incorporam em seu patrimônio jurídico pela mera condição de ser uma pessoa humana ou ser humano, independente da concepção formal de pessoa.

No entanto, para poder exercer esses direitos ou utilizá-los efetivamente, é essencial que se tenha outra capacidade, que é a capacidade de fato. Por isso, esta última é denominada capacidade de exercício, pois, somente com ela, é possível exercer os direitos de que a pessoa humana passa a ser titular. Em decorrência da constitucionalização do direito civil, a capacidade de fato, que é dinâmica, se submete a controle de merecimento, porque o exercício de direitos/deveres deve estar condicionado à observância da função e finalidade que os legitima e justifica. Os valores sociais constitucionais (dignidade da pessoa humana, solidariedade social e igualdade substancial), além de serem parâmetros hermenêuticos para os institutos de direito civil, integram o conteúdo e a substância destes. Portanto, o exercício ou não exercício (capacidade de fato) dos direitos/deveres titularizados em função da capacidade de direito se submetem ao controle da função e finalidade, como imposição dos valores constitucionais.

Em resumo, a plena capacidade jurídica caracterizar-se-á quando a pessoa humana tiver capacidade de direito (todos têm) e capacidade de fato (excepcionalmente, alguns podem ser dela privados). Com a capacidade jurídica plena, a pessoa, titular de um direito subjetivo, terá o poder jurídico de exercê-lo por si mesmo, ou seja, por meio de sua própria manifestação de vontade.

A capacidade de direito é a aptidão para alguém ser titular de direitos e deveres, ser sujeito de relações jurídicas. Para os clássicos, o ser humano pode ser sujeito de direito, mesmo não tendo personalidade (nascituro e embrião – só será pessoa com o nascimento com vida). Para a concepção moderna de personalidade, o ser humano é sujeito de direito, porque é pessoa e tem personalidade (é pessoa mesmo antes do nascimento com vida).

A capacidade de direito é estática, indivisível, irredutível e irrenunciável, provém do ordenamento jurídico que a confere aos indivíduos (Francisco Amaral[53]), e ninguém pode ser totalmente privado dessa espécie de capacidade, porque toda pessoa é capaz de ter direitos. No entanto, é na capacidade de ser titular de direitos e obrigações que a personalidade se mede, influindo na capacidade de agir.

1.6.2. Capacidade de fato (exercício) – Noções gerais

O estudo da teoria da incapacidade e da capacidade de fato também se submete aos novos parâmetros hermenêuticos do direito civil contemporâneo, destinado a viabilizar o pleno desenvolvimento da personalidade e dignidade da pessoa humana.

A capacidade de fato sempre foi entendida como a aptidão para o sujeito exercer, por si mesmo, os direitos de que é titular em decorrência da capacidade de direito. É o poder de exercer, pela sua própria manifestação de vontade, os direitos subjetivos e potestativos de que é titular. Por isso, é também chamada de capacidade de ação ou capacidade de exercício. É a possibilidade de exercer, pessoalmente, os atos da vida civil. A palavra "pessoalmente" significa o poder da vontade daquele que a manifesta, pois, para a validade dessa exteriorização de vontade, não é necessária representação ou assistência, ou seja, dispensam-se vontades de terceiros para "suprir" aquela vontade da pessoa humana.

A regra é, então, que toda pessoa tem capacidade de direito, mas nem toda pessoa tem a capacidade de fato. Toda pessoa tem a faculdade de adquirir direitos, mas nem toda pessoa tem o poder de usá-los pessoalmente e transmiti-los a outrem por ato de vontade.

A capacidade de fato é dinâmica, pois é o poder de colocar em movimento os direitos, produzindo transformações por meio de atuação jurídica própria. Nas precisas palavras de Rafael Rodrigues[54], o sujeito capaz age juridicamente exercendo seus direitos e cumprindo as suas obrigações, ou seja, exercita e modifica sua própria situação jurídica por meio da manifestação de sua vontade.

A capacidade de fato ou de exercício constitui desdobramento da autonomia privada – ou seja, do poder de regular os próprios interesses. No caso daquele que possui a capacidade de fato, o poder é pleno porque a ordem jurídica garante eficácia aos atos por ele praticados, pessoalmente, na ordem civil.

Ou seja, capacidade de exercício ou de fato é a possibilidade de praticar atos com efeitos jurídicos, como aquisição, modificação e extinção de relações jurídicas.

No direito civil contemporâneo a capacidade de fato se submete, no mundo concreto, quando exercida ou não exercida pelo titular do direito/dever, a controle. Em razão do processo de constitucionalização do direito civil, os direitos/deveres devem ser exercidos de acordo com a função e finalidade que os justifica, ou seja, devem estar de acordo com os valores sociais impostos pela Constituição Federal, pois qualquer desconformidade no exercício da capacidade de fato pode caracterizar abuso de direito.

---

[53] AMARAL, Francisco. *Direito civil* – introdução, 6. ed. rev. e atual. Rio de Janeiro: Renovar, 2006.

[54] RODRIGUES, Rafael Garcia. A pessoa e o ser humano no novo Código Civil – Arts. 1.º a 10. In: TEPEDINO, Gustavo (coord.). *A parte geral do novo código civil*: estudos sob a perspectiva civil-constitucional. 2. ed. Rio de Janeiro: Renovar, 2003.

Tal controle da capacidade de fato é inerente ao direito civil contemporâneo.

É importante registrar que a diferença entre capacidade de direito e de fato se justifica e faz sentido no âmbito e para a titularidade e o exercício de direitos patrimoniais. No âmbito das relações jurídicas existenciais, a titularidade e o exercício não suportam qualquer restrição, porque a capacidade de direito e de fato estão fundamentadas na cláusula geral de tutela da dignidade da pessoa humana. A incapacidade é restrita para atos concretos e específicos e limitada para atos patrimoniais.

Teoria da Incapacidade (proteção de vulneráveis específicos)

Todavia, ao contrário da capacidade de direito, nem todas as pessoas são dotadas de capacidade de fato ou de exercício. É o que o Código Civil qualifica de "incapacidade". Os incapazes são aqueles que praticam atos jurídicos por meio de representantes ou assistentes, a depender do "grau" ou da intensidade dessa incapacidade. Os incapazes são pessoas vulneráveis e, por este motivo, são submetidos a regime jurídico específico de proteção: da incapacidade.

Neste ponto, é fundamental estabelecer algumas premissas para se compreender a teoria da incapacidade. A incapacidade é o regime jurídico destinado à proteção de vulneráveis específicos (menores e enfermos com restrição de discernimento). Não se pode confundir vulnerabilidade com incapacidade. As pessoas com deficiência são vulneráveis. Os idosos são vulneráveis. Os menores capazes (emancipados) são vulneráveis. O sistema civil tem multiplicidade de regimes jurídicos de proteção de vulneráveis. A incapacidade é apenas um destes regimes protetivos. Os deficientes, físicos ou mentais, serão protegidos por estatuto próprio, ou seja, o regime protetivo destes não é o da incapacidade, mas de seu microssistema. O idoso é capaz, mas vulnerável. Como vulnerável, é submetido à proteção do Estatuto do Idoso. Portanto, a depender da vulnerabilidade, haverá regime protetivo para proteger a pessoa humana.

É possível que haja sobreposição de regimes protetivos em relação à mesma pessoa, o que implica harmonização para potencializar a proteção. Por exemplo, o menor não emancipado é incapaz. Tal menor se submeterá a dois regimes protetivos, da incapacidade e do Estatuto da Criança e do Adolescente (ECA), sem qualquer conflito. O menor emancipado é capaz e, por isso, não pode se submeter ao regime protetivo da incapacidade, mas como menor continua vulnerável e, por isso, se submeterá ao regime protetivo do ECA.

No direito civil contemporâneo, no qual a Constituição Federal é o fundamento e a causa de justificação do direito civil, a incapacidade deve ser restringida para o exercício de direitos patrimoniais. No âmbito das relações jurídicas existenciais, não há incapacidade.

A "incapacidade de fato" se relaciona a alguns temas centrais que devem integrar qualquer dissertação sobre o assunto. Quais temas são relevantes para a compreensão de toda teoria da incapacidade?

O estudo da teoria da incapacidade implica a compreensão dos seguintes temas: 1– fundamento (o fundamento da incapacidade é a proteção – o Estado considera determinadas pessoas naturais incapazes a pretexto de protegê-las – tal tema repercute em todos os demais, porque a necessidade de proteção é a justificativa jurídica e social da incapacidade); 2– causas de incapacidade (qual o fato da vida que provoca a incapacidade? A incapacidade está relacionada a fatos da vida, como idade e enfermidade – causa objetiva e causa subjetiva, mas sempre relacionadas a circunstâncias pessoais e da vida); 3– critério (qual o critério para considerar alguém incapaz? O critério adotado pelo Código Civil é o formal/abstrato, ou seja, para ser incapaz basta que a pessoa natural integre o rol dos incapazes. Todavia, em razão do princípio da dignidade da pessoa humana, o critério deve ser o concreto/material, ou seja, se o fundamento é a proteção e se a pessoa natural deve ter dignidade, apenas à luz do caso concreto é que será apurado se determinada pessoa, de fato, necessita de proteção); 4– poder (capacidade implica no poder da vontade e a incapacidade é a restrição deste poder – ao considerar alguém incapaz o Estado está por restringir o poder da pessoa a atuar pessoalmente na vida civil, o que reflete na sua dignidade e justifica a adoção de critério material/concreto); 5– lei (só o Estado, por meio da norma jurídica, pode determinar qual o fato que gera incapacidade); 6– exceção (a incapacidade é excepcional e, em decorrência do pós-positivismo, da constitucionalização do direito civil e da vinculação do fundamento da incapacidade ao princípio da dignidade da pessoa humana, o caráter de excepcionalidade é ainda mais restrito – não basta estar nos arts. 3º e 4º para ser incapaz, pois é essencial que no caso concreto, a pessoa natural, formalmente incapaz, necessite de efetiva proteção); 7– institutos protetivos (se incapacidade é proteção, se dará por meio de institutos protetivos, como poder familiar, tutela, curatela e tomada de decisão apoiada); 8– graus de incapacidade (a depender do grau, a proteção é mais ou menos intensa e, por isso, o sujeito se submeterá a determinado regime jurídico – o regime jurídico dos absoluta e relativamente incapazes são distintos); 9– a capacidade civil e a Lei das Pessoas com Deficiência Física e Mental (analisar a teoria da incapacidade após a Lei das Pessoas com Deficiência) e; 10– rede de proteção dos incapazes (para concretizar o fundamento da incapacidade, o Código Civil tem um conjunto normativo para proteger o incapaz).

Tais temas são premissas para a compreensão da teoria da incapacidade.

1.6.2.1. Teoria da Incapacidade no CC e as pessoas com deficiência (Lei n. 13.146/2015)

No direito civil contemporâneo, não se presume a vulnerabilidade daqueles que o Código Civil considera incapazes. A vulnerabilidade deve ser apurada concretamente. A incapacidade é integrada pelo princípio da dignidade da pessoa humana e, por isso, só incidirá o regime protetivo da incapacidade se, no caso concreto, restar comprovada a vulnerabilidade, para que se faça presente o seu fundamento e objetivo: *proteção*.

O fundamento da incapacidade é a proteção. No caso dos incapazes, a vulnerabilidade não é mais presumida, genérica e abstrata. É essencial apurar, concretamente, se o menor e o enfermo estão vulneráveis, ou seja, se necessitam da proteção nos atos e negócios jurídicos ou em atos da vida civil que acarretem consequências jurídicas e que pretendem praticar. Se o fundamento da incapacidade (necessidade de concreta proteção) não estiver presente no caso concreto, não há vulnerabilidade e, portanto, a pessoa não é considerada incapaz e não se submete ao regime jurídico da incapacidade. A proteção se concretiza e se materializa por meio de direitos específicos e diferenciados, regras especiais, que é o regime jurídico protetivo dos incapazes. Só se justifica a restrição de poder (considerar o sujeito incapaz) para proteger.

A causa de incapacidade, objetiva ou subjetiva, decorre da lei. A incapacidade implica restrição ao poder de agir. No mundo da vida, o exercício de direitos subjetivos e potestativos suporta restrições. Por isso, é legal (só o Estado pode selecionar as hipóteses em que a pessoa natural merece proteção) e excepcional (a regra é a capacidade, como já ressaltado).

Há duas causas de incapacidade: 1– incapacidade em decorrência da *idade* (critério puramente biológico – causa objetiva); e 2– incapacidade em decorrência de *enfermidade* (qualquer causa transitória ou permanente, como o coma, a embriaguez e o vício em tóxico, além da prodigalidade) que prive ou restrinja o discernimento da pessoa.

O incapaz é a pessoa que tem limitações para o exercício e a prática de atos jurídicos que têm na vontade humana a condição necessária para a sua existência. A capacidade de fato ou de exercício depende da maioridade civil e da ausência de enfermidade capaz de prejudicar o discernimento.

A teoria da incapacidade do Código Civil foi alterada com a edição da Lei Federal n. 13.146/2015, que instituiu a lei brasileira de inclusão da pessoa com deficiência (Estatuto da Pessoa com Deficiência), destinada a assegurar e a promover, em condições de igualdade, o exercício dos direitos e das liberdades fundamentais por pessoa com deficiência, visando à sua inclusão social e cidadania.

A referida legislação alterou a redação original dos arts. 3º e 4º do Código Civil, com a finalidade de excluir o deficiente, físico ou mental, do rol de incapazes. Antes da Lei n. 13.146/2015, na redação original, as duas causas de incapacidade eram assim definidas: 1– objetiva (incapacidade por idade) e; 2– subjetiva (incapacidade com enfermidade, desde que esta afetasse o discernimento da pessoa – nesta causa estavam incluídas todas as enfermidades, como prodigalidade, viciados, ébrios e os deficientes mentais).

Após a edição da Lei Federal n. 13.146/2015, as duas causas de incapacidade, objetiva e subjetiva, permanecem no sistema civil, mas foi suprida da causa subjetiva (incapacidade por enfermidade) qualquer referência ao deficiente, inclusive e, em especial, o mental, que passa a se submeter a regime jurídico próprio, estabelecido pela nova legislação (microssistema ou Estatuto da Pessoa com Deficiência). Não se questiona a vulnerabilidade da pessoa com deficiência, mas será submetida ao regime protetivo do estatuto próprio, não ao regime protetivo da incapacidade (salvo se, por causa transitória ou permanente, *diversa* da deficiência, não puder exprimir a vontade. Neste caso, como a causa da ausência de discernimento não é a deficiência, pode ser considerado relativamente incapaz e ser submetido ao regime da incapacidade relativa).

A pessoa com deficiência não está inserida no rol de incapazes do Código Civil e, por isso, a proteção desta, quando, em razão da deficiência, ostentar privações ou não puder exprimir vontade, será objeto de regime próprio, estabelecido pela Lei n. 13.146/2015. A Lei das Pessoas com Deficiência dissocia incapacidade de deficiência, física ou mental. A pessoa com deficiência passa a ter plena capacidade civil.

O art. 6º da lei dispõe que a *deficiência não afeta a plena capacidade civil da pessoa. Em complemento, o art. 84 estabelece que a pessoa com deficiência tem assegurado o direito ao exercício de sua capacidade legal em igualdade de condições com qualquer ser humano.* A capacidade da pessoa com deficiência é imposta pela lei especial. Portanto, impossível, sob qualquer pretexto ou motivo, ser considerada incapaz à luz do art. 4º, III, do CC, ou seja, quando não puder exprimir a vontade em razão da deficiência. Não se pode defender a tese de que as pessoas com deficiência possam ser consideradas incapazes quando, por causa transitória ou permanente, em razão da deficiência, não puderem exprimir a sua vontade. A proteção deverá ocorrer fora do instituto da incapacidade.

Se a pessoa com deficiência, por qualquer motivo dissociado da deficiência, não puder exprimir a vontade, pode sim ser considerada relativamente incapaz (como qualquer pessoa). Por exemplo, pessoa com deficiência que é vítima de acidente e permanece em coma. No caso, será considerada relativamente incapaz, mas sem qualquer conexão com a deficiência. Se o impedimento para exprimir a vontade tiver como causa a deficiência, a proteção se dará única e exclusivamente no âmbito do Estatuto das Pessoas com Deficiência.

O Código Civil rotula determinados sujeitos de incapazes para protegê-los. Como "incapazes", automaticamente, tais pessoas são submetidas a regime jurídico protetivo próprio, da incapacidade – que é apenas regime de proteção (regras que estão no CC – prescrição, 198, responsabilidade civil, 928 etc.). A incapacidade, pressuposto do regime protetivo da lei civil, estigmatizava a pessoa com deficiência de modo negativo e gerava exclusão social. Como o objetivo principal da Lei das Pessoas com Deficiência é a inclusão social, estas somente serão incluídas socialmente quando se desvincularem do rótulo odioso e preconceituoso que é a "incapacidade" (ainda que juridicamente necessário para fins de proteção). As pessoas com deficiência não podem ser consideradas incapazes apenas para terem a proteção do regime jurídico da incapacidade, ainda que na hipótese excepcional do art. 4º, inciso III. O custo social, emocional e pessoal de carregar esse rótulo jamais compensará. Como mencionado, a pessoa com deficiência poderá ser considerada relativamente incapaz se a causa que a impede de exprimir a vontade não tiver qualquer conexão com a deficiência (como qualquer pessoa).

O STJ, em precedentes recentes, ainda que faça referência à capacidade da pessoa com deficiência, continua a afirmar que pode ser considerada relativamente incapaz se não puder exprimir a vontade em razão da deficiência, tudo com fundamento no art. 4º, III, do CC (Recurso Especial n. 1.927.423/SP e Recurso Especial n. 1.943.699/SP). A defesa da tese de que os deficientes mentais que não podem exprimir a vontade podem ser considerados relativamente incapazes por conta da generalidade do art. 4º, III, do CC, permite a associação entre deficiência e capacidade, o que contraria os objetivos do estatuto que é promover a inclusão social, a não discriminação e a isonomia.

Se as pessoas com deficiência não puderem exprimir vontade, não serão consideradas incapazes? NÃO, nunca. E como serão protegidas? Hermenêutica.

É óbvio que pessoas com deficiência que não possam exprimir vontade devem ser protegidas, mas sem considerá-las incapazes (tal proteção deve ser buscada no microssistema em que estão inseridas e nos valores constitucionais que o fundamentam). Os deficientes, em especial mentais, terão a devida proteção como capazes civis que são. A Lei n. 13.146/2015, é verdade, deixou lacunas e foi até certo ponto omissa na proteção de pessoas com deficiência ao não explicar como seria a proteção se a deficiência impedir a exteriorização da vontade. Isso não justifica o retrocesso e a manutenção do estigma social.

A atividade do intérprete será árdua, porque deverá buscar tal proteção em cada caso concreto. A referência para tanto será o princípio da dignidade da pessoa humana e a teoria dos direitos fundamentais. A pessoa com deficiência será submetida a regime protetivo (prescrição, responsabilidade civil subsidiária e mitigada, invalidade de atos jurídicos, casamento etc.) como capaz, a partir da construção de soluções jurídicas para cada caso concreto. Será essencial o uso da hermenêutica constitucional, argumentação jurídica sofisticada e aplicação dos direitos fundamentais, o que permitirá a concretização da proteção concreta e plena.

O Código Civil associava a deficiência à incapacidade, o que estigmatizava o deficiente mental. Diante deste novo paradigma, é essencial dissociar deficiência de incapacidade.

Com exceção das pessoas com deficiência, as demais enfermidades que repercutem no discernimento, como os viciados em tóxicos ou álcool e os pródigos, continuam no rol de incapazes.

O deficiente se submeterá a regime próprio, o Estatuto da Pessoa com Deficiência. De acordo com esse regime jurídico especial e próprio para o deficiente (inclusive mental), será considerado plenamente capaz. A deficiência não altera a capacidade do deficiente para questões de natureza existencial, conforme o art. 6º[55].

Há sistema protetivo no Estatuto da Pessoa com Deficiência, como a tomada de decisão apoiada e, em casos excepcionais e mais graves, quando a deficiência compromete a capacidade de autodeterminação, a curatela. A curatela em favor do deficiente será restrita, proporcional, excepcional e limitada.

A Lei n. 13.146/2015 disciplina a questão da curatela em favor dos deficientes. O art. 84 da legislação em referência ressalta que a curatela somente ocorrerá se necessário e ainda constitui medida protetiva extraordinária, proporcional às necessidades e às circunstâncias de cada caso, e durará o menor tempo possível.

Quanto aos limites da curatela do deficiente, o art. 85 a limita para os atos relacionados aos direitos de natureza patrimonial e negocial. A curatela, de acordo com a lei, não alcança questões existenciais, como o direito ao próprio corpo, à sexualidade, ao matrimônio, à privacidade, à educação, à saúde, ao trabalho e ao voto.

O curador, de preferência, será pessoa que tenha vínculo familiar, afetivo ou comunitário com o deficiente. Em casos de relevância e urgência e a fim de proteger os interesses da pessoa com deficiência em situação de curatela, será lícito ao juiz, ouvido o Ministério Público, de ofício, ou a requerimento do interessado, nomear, desde logo, curador provisório.

A alteração legislativa ocorreu em relação aos critérios para se considerar alguém como deficiente. Isso é evidente. O CC adota critério puramente formal/abstrato para considerar pessoa incapaz (basta estar no rol de incapaz). A Lei n. 13.146/2015 adota critério completamente diferente, material/concreto para considerar a pessoa com deficiência hipossuficiente e com pontual necessidade de curador. O deficiente não se submete ao regime jurídico da incapacidade do CC (não basta ser pessoa com deficiência – é essencial que a deficiência inviabilize a pessoa de praticar um ato específico patrimonial no caso concreto para ter direito à curatela), como já ressaltamos.

O fundamento de eventual vulnerabilidade jurídica da pessoa com deficiência é a preservação de sua dignidade no caso concreto. Houve alteração considerável em relação aos critérios para se considerar uma pessoa deficiente vulnerável e passível de curatela, o que não necessariamente induz incapacidade. O critério do Código Civil (formal/abstrato) não se confunde com o critério do Estatuto da Pessoa com Deficiência (material/concreto).

Embora a lei especial considere a pessoa com deficiência, como regra, capaz para exercer os atos da vida civil, tal fato não impede que, em caso de necessidade, seja a ele nomeado curador para gerir e administrar suas questões no âmbito patrimonial.

A teoria geral da incapacidade continua a subsistir no sistema jurídico civil brasileiro, mas a pessoa com deficiência não se submete a tal regime protetivo. As pessoas

---

[55] Art. 6º: A deficiência não afeta a plena capacidade civil da pessoa, inclusive para: I – casar-se e constituir união estável; II – exercer direitos sexuais e reprodutivos; III – exercer o direito de decidir sobre o número de filhos e de ter acesso a informações adequadas sobre reprodução e planejamento familiar; IV – conservar sua fertilidade, sendo vedada a esterilização compulsória; V – exercer o direito à família e à convivência familiar e comunitária; e VI – exercer o direito à guarda, à tutela, à curatela e à adoção, como adotante ou adotando, em igualdade de oportunidades com as demais pessoas.

com deficiência passam a ter a sua capacidade regulada por lei especial, em estatuto próprio, também de acordo com as suas peculiaridades, critérios próprios, condições pessoais e toda espécie de situação que justifica a tutela especial e diferenciada.

Portanto, a incapacidade por idade (causa objetiva) e a incapacidade por enfermidade com privação ou redução de discernimento (causa subjetiva) permanecem na lei civil. Todavia, se eventual enfermidade estiver relacionada a qualquer das pessoas com deficiência definidas como tais na Lei Federal n. 13.146/2015, estas não serão tuteladas pela teoria geral da incapacidade do Código Civil, mas pelas regras que disciplinam o estatuto.

Além disso, para proteção integral da pessoa com deficiência, de forma excepcional e fundamentada, caso seja submetida ao instituto protetivo da curatela, os poderes do curador poderão ser estendidos para atos existenciais, ainda que o art. 85 do EPD restrinja os poderes do curador para atos patrimoniais e negociais. Nesse sentido, o Enunciado 637[56] das Jornadas de Direito Civil, incorporado pelo STJ em recente precedente. No Recurso Especial n. 2.013.021/MG, o STJ permitiu a extensão dos poderes do curador para outros atos da vida civil, que não apenas os de caráter patrimonial e negocial, de forma excepcional e fundamentada, desde que essencial para proteção do curatelado, diante das peculiaridades do caso concreto. Portanto, se houver necessidade concreta, os poderes do curador podem ser ampliados para alcançar situações existenciais, como promover internações compulsórias e tratamentos médicos.

1.6.2.2. Convenção de Nova Iorque e as Pessoas com Deficiência – Repercussão na legislação brasileira e impacto na teoria da incapacidade e reflexões sobre a Lei das Pessoas com Deficiência

A Convenção de Nova Iorque, convenção internacional sobre os direitos das pessoas com deficiência, impôs aos Países signatários a proibição de qualquer discriminação baseada na deficiência. Tal convenção foi assinada pelo Brasil e incorporada no ordenamento jurídico interno, com status de norma constitucional, pelo Decreto n. 6.949/2009. Entre outros assuntos, tal tratado internacional de direitos humanos disciplina a capacidade civil das pessoas com deficiência. A pessoa com deficiência deve exercer plenamente os direitos civis, existenciais e patrimoniais. Em consequência da referida Convenção Internacional, foi promulgada a Lei n. 13.146/2015, com a finalidade de incluir na sociedade pessoas com deficiência, o que levou a legislação a excluí-los do rol de incapazes.

A partir da referida legislação, afinada com o movimento pós-positivista e a constitucionalização do direito civil (que elevou a tutela do ser humano ao seu grau máximo), as pessoas com deficiência foram excluídas do rol de incapazes dos arts. 3º e 4º do CC. De acordo com o art. 6º da Lei n. 13.146/2015, a deficiência não afeta a plena capacidade civil da pessoa.

Portanto, a partir da referida legislação, não há que se cogitar em incapacidade da pessoa com deficiência? Não é mais possível vincular a incapacidade com a deficiência, ainda que esta prejudique o discernimento da pessoa? Como tutelar de forma efetiva tais pessoas? Tais questionamentos não possuem resposta pronta.

É fato que o objetivo da Lei n. 13.146/2015 foi dissociar a incapacidade da deficiência, a fim de incluir tais pessoas e concretizar o direito fundamental à "diferença" (se é que as pessoas ditas "não deficientes" sejam iguais). A questão é muito mais de fundo (viabilizar uma tutela diferenciada a estas pessoas) do que de forma (rotulá-las ou não de incapazes). As pessoas com deficiência se submetem a regime jurídico próprio. Se em razão da deficiência o discernimento destas pessoas estiver prejudicado, poderão se submeter à curatela (que deve ser específica, excepcional, proporcional à deficiência, temporária e restrita a atos patrimoniais) ou à tomada de decisão apoiada (tratamos deste novo instituto no capítulo sobre a curatela). Esse é o seu regime jurídico. Não é relevante se são ou não incapazes.

A Lei das Pessoas com Deficiência, como já ressaltado, adota critério diferenciado, como condição para submetê-las a regime jurídico protetivo (curatela ou tomada de decisão apoiada): critério concreto/material. A pessoa somente será submetida a curatela ou a tomada de decisão apoiada em situações excepcionais. Isso ocorrerá quando tais pessoas pretenderem realizar atos de natureza patrimonial. Nestes casos, tais pessoas poderão ter auxílio de curador ou apoiador, independente de processo de interdição (mais em processo de jurisdição voluntária denominado curatela ou pedido para tomada de decisão apoiada), para a prática de atos patrimoniais específicos incompatíveis com a sua incapacidade. Portanto, a "incapacidade" dessas pessoas para a prática de atos patrimoniais é específica, temporária e concreta, jamais genérica e permanente. No âmbito das situações existenciais, não há que se cogitar em curatela ou tomada de decisão apoiada.

Se a pessoa com deficiência ostentar plena autodeterminação, não será submetida a curatela ou a tomada de decisão apoiada. Se a pessoa com deficiência ostentar autodeterminação, mas a deficiência cria barreiras que podem torná-la vulnerável em atos e negócios, poderá ser auxiliada por um apoiador, que é escolhido pelo próprio deficiente (tomada de decisão apoiada). Se a pessoa com deficiência tiver a sua autodeterminação comprometida, em relação a atos de natureza patrimonial, será submetida a curatela para fins de ampla proteção.

Até este ponto, a Lei das Pessoas com Deficiência merece aplausos. No entanto, na ânsia extremada de proteger e conferir tutela diferenciada ao deficiente acabou por submeter os deficientes extremamente vulneráveis a situações de risco.

Explica-se: haverá situações em que deficiências (mentais) impedirão qualquer capacidade de compreensão ou implicarão em grave prejuízo ao discernimento. Nes-

---

[56] Enunciado 637 das Jornadas: "Admite-se a possibilidade de outorga ao curador de poderes de representação para alguns atos da vida civil, inclusive de natureza existencial, a serem especificados na sentença, desde que comprovadamente necessários para a proteção do curatelado em sua dignidade".

tes casos, como tais pessoas foram retiradas da condição de incapazes, de acordo com o art. 6º da Lei n. 13.146/2015, poderão casar, reproduzir e ter relações sexuais! Tais questões existenciais não podem ser neutralizadas pela deficiência. É o escopo da lei. Como admitir que uma pessoa com deficiência mental grave possa casar ou manter relação sexual, se não tem discernimento para estes atos? A interpretação destas normas deverá ser sob uma perspectiva civil constitucional. A pessoa com deficiência poderá casar, manter relações sexuais, reproduzir, fazer planejamento familiar, entre outros atos existenciais, *se e desde que* tais atos não violem, no mundo concreto da vida, a sua dignidade e condição existenciais (essa ressalva é fundamental para manter a coerência entre a inclusão pretendida e a tutela da dignidade dessas pessoas). O que a norma pretende é garantir ao deficiente a plena autonomia para tais atos da vida. Evidente que se a deficiência tornar a pessoa vulnerável a ponto de não compreender tais atos, haverá proteção, seja pela tomada de decisão apoiada, seja pela curatela ou, ainda, pela impossibilidade de praticar o ato.

Apenas à luz do caso concreto será possível apurar se o ato praticado pelo deficiente deve se submeter a um regime jurídico mais rígido ou não. Por exemplo: Os atos patrimoniais praticados por um deficiente com problemas de discernimento são válidos ou inválidos? São nulos ou anuláveis? Tais pessoas devem ser representadas ou assistidas? Corre ou não prazos de prescrição e decadência contra as pessoas com deficiência? As regras especiais de proteção do Código Civil ao incapaz podem ser estendidas ao deficiente? No Código Civil, a resposta a tais perguntas é fácil porque tudo está atrelado ao fato de o sujeito se enquadrar como absoluta ou relativamente incapaz. As pessoas com deficiência, por serem capazes, não têm essa referência formal. Em razão disso, somente à luz do caso concreto, tais perguntas, após árdua argumentação jurídica, poderão ter uma resposta minimamente adequada.

Para finalizar, não há dúvida de que a causa de justificação da Lei n. 13.146/2015 é o direito fundamental à dignidade. O direito de ser diferente não é restrito às pessoas com deficiência. Isso é preconceito. O direito de ser diferente envolve todas as pessoas humanas.

A deficiência, por si só, nunca foi causa de incapacidade. Para que a deficiência levasse à incapacidade era essencial que a deficiência provocasse a privação ou redução do discernimento. A lei poderia ter mantido tal critério, sem se cogitar em incapacidade.

O STF, na ADI 5.357/DF, considerou constitucionais as normas do estatuto, no que se refere à obrigatoriedade de as escolas privadas concretizarem a inclusão de pessoas com deficiência, sem ônus financeiro adicional.

1.6.2.3. Pessoa com deficiência e proteção

A Lei n. 13.146/2015 tem por objetivo a inclusão social, a não discriminação, a concretização da dignidade humana e a tutela efetiva da pessoa com deficiência. Nesse ponto, a lei em referência só merece aplausos.

A efetiva inclusão social do deficiente foi ressaltada no Recurso Especial n. 1.733.468-MG: "O novo modelo inaugurado juridicamente pela Convenção Internacional sobre os Direitos das Pessoas com Deficiência trouxe à lume o princípio da inclusão em lugar da integração, que se distingue "por chamar a sociedade à ação, isto é, por exigir que a sociedade se adapte para acolher as pessoas com deficiência" (op. cit.). Deveras, sob esse novo paradigma, é a sociedade que deve se modificar para poder incluir, em seus sistemas sociais gerais, as pessoas com deficiência, para atender às necessidades de todos os seus membros".

Não há dúvida de que o objetivo principal do Estatuto das Pessoas com Deficiência é a inclusão social, a não discriminação, a igualdade plena e busca por dignidade no mundo real. Todavia, há deficiência que não prejudica o discernimento (em especial a física) e há deficiência que prejudica o discernimento (algumas deficiências mentais).

Em relação às deficiências físicas ou mentais que não afetam o discernimento e não impedem que a pessoa possa, livremente e com plena autonomia, exprimir a vontade, a proteção prevista no estatuto é eficiente.

Em relação à deficiência mental, que afeta o discernimento e impede que a pessoa tenha autonomia para exprimir a vontade, as regras do estatuto não são suficientes para tutelar os interesses desses deficientes, em especial no âmbito patrimonial (questões como validade ou invalidade de atos e negócios jurídicos, prazos de prescrição, responsabilidade civil, entre outras situações relativas ao deficiente, não foram objeto do estatuto). É por esta razão que alguns doutrinadores, a nosso ver, de forma equivocada, defendem que os deficientes que não podem expressar vontade devem ser considerados incapazes, a fim de se submeterem ao regime civil protetivo dos incapazes. Todavia, a Lei das Pessoas com Deficiência, para plena inclusão social, dissocia, em definitivo, deficiência e incapacidade. Portanto, em relação às pessoas com deficiência, em especial mental, que não possam exprimir a vontade, a proteção deverá ser buscada no próprio estatuto e na construção de soluções a partir de cada caso concreto, com base em valores constitucionais, como dignidade.

Em relação aos atos patrimoniais (arts. 84 e 85 da lei) e, excepcional, a situações existenciais (Enunciado 637 das Jornadas de Direito Civil), a pessoa com deficiência poderá ser representada ou assistida por um curador ou auxiliada por um apoiador (tomada de decisão apoiada). E, mesmo submetida a curatela ou ao apoio, continua capaz, de acordo com o Estatuto da Pessoa com Deficiência. Portanto, se a deficiência impede a plena autonomia para exteriorização da vontade, em cada caso concreto, deverá se buscar soluções para a validade ou invalidade de atos e negócios jurídicos, o curso do prazo prescricional e a responsabilidade civil, sem submetê-lo ao regime protetivo da incapacidade previsto no CC.

No que se refere a atos existenciais, como casamento, relações sexuais, planejamento familiar, entre outros (art. 6º da lei), a Lei das Pessoas com Deficiência é taxativa quanto à plenitude da capacidade jurídica. Ocorre que haverá situações extremas em que a deficiência mental é tão grave que priva a pessoa de qualquer discernimento e, nestes casos, não haveria como defender a sua plena capacidade, motivo pelo qual os poderes do curador, de forma fundamentada e excepcional, para proteger a dignidade da pessoa com deficiência, podem ser estendidos para atos de natureza existencial. No caso concreto, caberá ao juiz avaliar se o curador será representante ou assistente, se os atos praticados sem curador são nulos ou anuláveis, se o grau de enfermidade implica submeter o deficiente a um regime jurídico mais protetivo (não corre prescrição) ou menos protetivo (corre prescrição) e os efeitos jurídicos dos atos realizados. Isto porque o regime jurídico em relação a atos patrimoniais no Código Civil é vinculado a uma questão formal (grau de incapacidade). A Lei das Pessoas com Deficiência não tem essa referência formal e, por isso, será no caso concreto que deverá ser apurado o regime jurídico mais compatível com a deficiência e o ato patrimonial (e, em situações excepcionais, existenciais) que o sujeito pretende praticar.

1.6.3. Capacidade de fato e sua nova concepção. Crítica ao Código Civil. Incapacidade formal e material sob a perspectiva do Código Civil

1.6.3.1. Incapacidade material

A capacidade de fato (no âmbito do Código Civil, principalmente) deve ser analisada sob uma perspectiva civil constitucional. O que significa dizer que, para uma correta compreensão dessa nova concepção da capacidade de fato, é necessário extrair do texto legal a justificativa para o Estado considerar determinadas pessoas incapazes. E, além disso, o princípio/valor da Constituição Federal que fundamenta o direito civil, dignidade da pessoa humana, deve estar associado à teoria da incapacidade.

A proteção é a justificativa e o fundamento para submeter qualquer pessoa humana ao regime jurídico da incapacidade.

A teoria das incapacidades nega aos titulares de direitos subjetivos a possibilidade de os exercerem pessoalmente. Portanto, reduz (no caso dos relativamente incapazes) ou suprime (no caso dos absolutamente capazes) o poder de ação e de exercício destes direitos subjetivos e potestativos. A proteção, no Código Civil anterior, se dava a partir de viés patrimonialista.

O Código Civil atual, nos arts. 3º e 4º, enumera os absolutamente e os relativamente incapazes, sem fazer qualquer distinção entre as situações patrimoniais e existenciais das pessoas ali arroladas.

Em razão dessa grave omissão do Código Civil, a capacidade de fato deve ser entendida com base em princípios constitucionais que tutelam a pessoa e sua condição existencial. Como o intuito da teoria das incapacidades é proteger o incapaz, presumindo-o inabilitado para os atos da vida civil, será possível considerar válido e eficaz um ato ou negócio jurídico realizado por qualquer incapaz (sob a perspectiva formal), ainda que, no plano concreto e no mundo dos fatos, não esteja representado ou assistido. A valorização da vontade da pessoa permite que, em determinadas circunstâncias, se valide atos e negócios realizados por sujeitos rotulados pela lei de incapazes.

Em quais circunstâncias isso ocorrerá? Naquelas situações concretas, nas quais o incapaz (menor ou enfermo: viciados em tóxico e álcool, pródigos e enfermidades que não estejam relacionadas à deficiência – como causa transitória ou permanente que prejudique o discernimento: exemplo da pessoa em coma por um acidente de trânsito) não precisa de proteção estatal para exteriorizar a sua vontade. Nessas situações, a pessoa poderá, plenamente, exercer direitos subjetivos, direitos potestativos e deveres jurídicos.

O objetivo é, nas pegadas do princípio da dignidade da pessoa humana, *valorizar* a vontade manifestada pelo denominado "incapaz" e, em razão disso, considerar válidos os atos por ele praticados, desde que não haja necessidade de intervenção estatal para protegê-lo no caso concreto. Essa valorização da vontade do incapaz está em absoluta harmonia com o princípio da dignidade da pessoa humana. Não se pode simplesmente privar uma pessoa de realizar atos no mundo jurídico só porque o Código Civil, ainda sob uma perspectiva individual e formal, o rotula de incapaz.

Assim, para se considerar alguém incapaz, não basta estar no rol da incapacidade formal dos arts. 3º e 4º do CC. É essencial a incapacidade sob o aspecto material, substancial, ou seja, que a pessoa, no caso concreto, efetivamente deve necessitar de uma tutela estatal. A teoria das incapacidades não pode ser estudada com os olhos voltados apenas para o critério formal/abstrato adotado pelo Código Civil.

Em um sistema em que a dignidade da pessoa humana é o fundamento do Estado, não se pode desprezar toda e qualquer vontade manifestada pelo incapaz, quando este, no caso concreto, não necessita de proteção do Estado. Se a proteção do Estado é o fundamento e a justificativa para a teoria das incapacidades, deve tal proteção ser dispensada no caso concreto, quando a pessoa não necessita dessa proteção. Nessa hipótese, os atos realizados por estas pessoas são válidos e repercutem na ordem jurídica.

Desse modo, não é porque o Código Civil, formalmente, considera determinada pessoa como incapaz que, no caso concreto, seus atos serão invalidados. A invalidação do ato ou negócio jurídico realizado pelo incapaz, com fundamento nos arts. 166, I, e 171, I, somente poderá se consumar caso a incapacidade seja formal (arrolada em qualquer das hipóteses dos arts. 3º e 4º do CC) e material (no caso concreto o incapaz deve necessitar de proteção do Estado).

Atualmente, a incapacidade (de fato) é a *soma da incapacidade formal* (hipóteses dos arts. 3º e 4º) com a *incapacidade material* (necessidade efetiva de proteção, pois a vontade do incapaz deve ser valorizada). Presentes os dois requisitos, pode-se considerar a pessoa incapaz de manifestar a sua própria vontade.

O exemplo a seguir esclarecerá essa nova concepção da incapacidade: um menino de seis anos de idade recebe R$ 10,00 do pai para comprar um salgado na lanchonete da escola. Segundo o art. 3º do CC, essa criança de seis anos é absolutamente incapaz. Certo. O art. 166, I, do CC, invalida, por considerar nulo, qualquer ato realizado pelo absolutamente incapaz. Tudo isso está correto. A criança, ao chegar à escola, vai à lanchonete e compra o seu salgado. Ninguém questiona que houve aí um contrato de compra e venda (arts. 481 e 482 do CC). Considerando que esse negócio jurídico foi realizado por uma criança de seis anos, absolutamente incapaz, deve ser invalidado? Na concepção clássica sim. Porém, analisando a teoria das incapacidades em sintonia com os princípios constitucionais, a resposta é negativa.

Nesse caso, está caracterizada a incapacidade formal, mas não a incapacidade material. Isso porque aquele ato não violou os interesses econômicos e existenciais do incapaz. Para aquele negócio singelo, a criança não necessitou da proteção do Estado. A sua personalidade e condição existencial eram suficientes para a compreensão dos limites daquele negócio jurídico.

Nesses casos, o Estado, ao invés de neutralizar a vontade do incapaz, a valoriza, conferindo uma nova dimensão para essa pessoa. A vontade da pessoa não pode ser desprezada quando, no caso concreto, ela não necessita de qualquer proteção ou tutela. Se a proteção é o fundamento da incapacidade e a necessidade de proteção inexiste no caso concreto, não há que se cogitar em incapacidade. Qual o prejuízo para a criança na referida compra e venda? Nenhum. Ela tinha consciência do negócio que estava praticando? Plenamente. Se assim o é, por que desprezar a vontade desse ser humano, com a invalidação do negócio praticado? Não há sentido para isso. Exige-se, então, uma releitura da teoria das incapacidades, a qual deve se adequar aos princípios constitucionais, em especial ao da dignidade da pessoa humana.

Há quem defenda que, no exemplo acima, o negócio seria válido, pois seria um ato-fato jurídico. Ocorre que, nessa espécie de fato jurídico, a principal característica é desprezar a vontade daquele que o pratica, atribuindo relevância para o resultado ou para a consequência jurídica. Ora, o que se busca é justamente valorizar a vontade dos incapazes e não desconsiderar, como pretendem os defensores dessa tese.

A incapacidade, da forma como prevista no Código, está calcada na lógica de que, ao direito civil tão somente é dado preocupar-se com as situações patrimoniais. No entanto, é necessário repensar o regime das incapacidades quando estiverem em jogo situações jurídicas existenciais, envolvendo o próprio desenvolvimento humano do indivíduo.

Segundo Perlingieri[57], "não há lógica em separar a titularidade da possibilidade de exercício do direito quando estiverem em jogo situações jurídicas existenciais, pois estes são concebidos com a finalidade de promover o próprio desenvolvimento da personalidade humana, não havendo sentido, portanto, em reconhecer-se a titularidade sem o exercício das situações jurídicas existenciais".

Logo, é inadmissível que o menor, os viciados em tóxico, os ébrios habituais, os pródigos ou aqueles que, por qualquer causa transitória ou permanente, tenha o seu discernimento prejudicado por conta destas enfermidades, vejam desprezadas suas manifestações de vontade acerca de questões que tocam ao seu desenvolvimento humano. Delegar essas questões a um representante caracteriza violação do princípio da dignidade da pessoa humana.

Essa valorização da vontade do incapaz nas relações existenciais foi recentemente consolidada no Enunciado 138 da III Jornada de Direito Civil, o qual dispõe que "a vontade dos absolutamente incapazes, na hipótese do inciso I do art. 3º, é juridicamente relevante na concretização de situações existenciais a eles concernentes, desde que demonstrem discernimento bastante para tanto". Já houve uma evolução nesse Enunciado, mas faltou considerar relevante juridicamente a vontade do incapaz nas relações de cunho patrimonial, quando a proteção buscada pelo Estado puder ser dispensada no caso concreto.

Além dessas críticas relacionadas à incapacidade, cujo fundamento é a "proteção" do ser humano, no âmbito dos direitos fundamentais, nem sempre é possível reconhecer a regra que distingue a capacidade de direito da capacidade de fato. Em certos casos, não haveria sentido em reconhecer direitos fundamentais a pessoas que não os podem exercer (vida e integridade pessoal, por exemplo).

Se a pessoa humana, ainda que formalmente rotulada de incapaz, tem aptidão para ser titular de direitos fundamentais, relacionados à sua condição existencial (pessoa humana), deve, necessariamente, ter o poder de exercer, pessoalmente, esses direitos, independentemente de representação e assistência (*Direito constitucional*).

Se a pessoa é titular do direito à vida, pode exercer, por sua própria vontade, esse direito. Da mesma forma ocorre com a integridade física, a honra, a imagem, entre outros direitos fundamentais e existenciais.

Assim, quanto aos direitos fundamentais que não implicarem a exigência de conhecimento ou tomada de decisões, não é possível cogitar a distinção entre capacidade de fato e capacidade de direito, pois o direito fundamental não pode ser visto como dependente de limitação de idade, já que sua fruição independe de capacidade intelectiva. Por esse motivo diversos autores são contrários à distinção entre capacidade de fato e capacidade de direito quanto aos direitos fundamentais. Todos os seres humanos são titulares de tais direitos, ditos fundamentais.

O Estatuto das Pessoas com Deficiência, Lei n. 13.146/2015, concretiza, na integra, o princípio da dignidade humana, ao restringir eventual curatela dos deficientes a atos meramente patrimoniais, pois em relação às questões existenciais do portador de deficiência, não há que se cogitar em incapacidade.

1.6.3.2. Incapacidade formal – arts. 3º e 4º do CC

A incapacidade formal (disciplinada em lei), também relacionada ao aspecto da proteção, é graduada em abso-

---

[57] PERLINGIERI, Pietro. *Perfis do direito civil*: introdução ao direito constitucional. 3. ed. Trad. Maria Cristina de Cicco. Rio de Janeiro: Renovar.

luta e relativa. Tal restrição impossibilita a pessoa de agir pessoalmente de forma plena.

A extensão da incapacidade varia conforme a maior ou menor proteção a ser dada ao ser humano. Às pessoas que carecem de maior proteção, o Estado as priva de todo e qualquer poder de ação ou exercício, razão pela qual atuam por meio de terceiros, representantes, na ordem civil. Por outro lado, as pessoas que necessitam de menor proteção podem atuar diretamente na ordem jurídica, embora o poder de ação seja restringido, pois a validade desses atos é condicionada à assistência de um terceiro.

A diferença se dá porque, na representação, quem manifesta vontade é o representante, em nome do representado. Na assistência, o próprio incapaz manifesta sua vontade, intervém diretamente no ato, mas deve ser assistido por um terceiro.

A incapacidade de fato é excepcional e decorre da lei. A lei limita o poder de ação em virtude de fatos como a idade e o estado de saúde da pessoa.

O Código Civil, nos arts. 3º e 4º, classifica os incapazes em dois grupos: os absolutamente incapazes, aqueles totalmente inaptos à prática de atos da vida civil, que assim são considerados apenas em decorrência da idade (redação dada pela Lei n. 13.146/2015 ao referido artigo); e os relativamente incapazes, que são os indivíduos que possuem discernimento mínimo, não sendo totalmente desprovidos de capacidade de exercício ou de fato.

Na lição de Caio Mário[58], ainda sob a vigência da lei civil antes da Lei n. 13.146/2015, as deficiências podem ser mais ou menos profundas: alcançar a totalidade do discernimento; ou, ao revés, mais superficiais: aproximar o seu portador da plena normalidade psíquica. O direito observa essas diferenças e, em razão delas, gradua a extensão da incapacidade, considerando, de um lado, aqueles que se mostram inaptos para o exercício dos direitos, seja em consequência de um distúrbio da mente, seja em razão da total inexperiência, seja em função da impossibilidade material de participação no comércio civil; de outro lado, os que são mais adequados à vida civil, portadores de um *déficit* psíquico menos pronunciado, ou já mais esclarecidos por uma experiência relativamente ponderável. Tendo em vista essa diversidade de condições pessoais dos incapazes e a maior ou menor profundidade da redução no discernimento, o Código Civil destaca, de um lado, os que são inaptos para a vida civil na sua totalidade, e, de outro lado, os que são incapazes apenas quanto a alguns direitos ou à forma de seu exercício. Aos primeiros denomina absolutamente incapazes e, aos segundos, relativamente incapazes.

1.6.3.3. Incapacidade formal absoluta

A incapacidade formal absoluta, após a Lei n. 13.146/2015, que alterou a redação do art. 3º do Código Civil, está relacionada apenas à idade (menores de 16 anos). Antes da referida legislação, eram absolutamente incapazes os menores de 16 anos e outras pessoas cujas condições de saúde fossem precárias.

Tal fator (idade) pode provocar a incapacidade total para o exercício de atos da vida jurídica.

O Código Civil, em seu art. 3º, especifica aquelas pessoas consideradas absolutamente incapazes de exercer pessoalmente os atos da vida civil (apenas os menores de 16 anos). O Estado, nesse caso, priva totalmente tais pessoas do poder de ação ou do poder de manifestar a própria vontade na ordem jurídica, tudo no intuito de protegê-las.

A incapacidade absoluta acarreta a proibição total do exercício, por si só, do direito. No que tange aos efeitos, a incapacidade absoluta acarreta a invalidade do ato ou negócio jurídico, conforme será estudado em capítulo próprio.

Em comparação ao Código Civil de 1916, houve considerável evolução em relação ao rol dos absolutamente incapazes. Em primeiro lugar, o ausente deixou de ser considerado absolutamente incapaz. Assim, pelo atual diploma legal, ele só pode ser considerado absolutamente incapaz se for menor de 16 anos, mas não pela condição de ausente. A ausência, por si só, não é mais causa de incapacidade.

Além dessa importante alteração na legislação, o Código Civil de 2002, em sua redação original, quando entrou em vigor, havia melhorado, consideravelmente, a redação do dispositivo em relação às enfermidades. No art. 5º, II, do CC/1916, eram considerados incapazes os "loucos de todo o gênero", o que dificultava a caracterização dessa incapacidade, tendo em vista que tal expressão, principalmente na área da medicina, não tinha um conceito definido, ou seja, não fazia parte da ciência. O atual Código, na redação original, substituiu aquela expressão para considerar incapazes todos aqueles que, por enfermidade mental, não tenham o necessário discernimento para a prática dos atos da vida civil.

E finalmente, com a Lei n. 13.146/2015 (Estatuto da Pessoa com Deficiência), a redação do art. 3º do Código Civil atual foi alterada para considerar como absolutamente incapazes apenas os menores de 16 anos de idade. Portanto, a incapacidade absoluta está restrita à causa objetiva (idade). A Lei n. 13.146/2015 excluiu do rol dos absolutamente incapazes qualquer referência à incapacidade por causa subjetiva.

Portanto, a causa de incapacidade absoluta está arrolada no art. 3º do CC e é restrita aos menores.

Idade – Os menores de 16 anos

O Código Civil considera absolutamente incapazes de exercerem pessoalmente os atos da vida civil os menores de 16 anos, à semelhança do seu antecessor. Nesse caso, o Estado presume que tais pessoas ainda são imaturas e, em razão disso, não teriam discernimento suficiente para exercer, pela própria manifestação da vontade, os atos da vida civil.

Tal presunção é relativa, tendo em vista que a incapacidade formal não é suficiente para privar o menor de 16 anos de todo e qualquer ato da vida civil. Nas relações existenciais e até patrimoniais, em que a proteção do Estado for dispensada, serão plenamente válidos os atos rea-

---

[58] PEREIRA, Caio Mário da Silva. *Instituições de direito civil*: Introdução ao direito civil. Teoria geral de direito civil. 20. ed. Atualizado por Maria Celina Bodin de Moraes. Rio de Janeiro: Forense, 2004. v. 1.

lizados por eles. Lembre-se que o fundamento da teoria das incapacidades é a necessidade de proteção. Sendo essa proteção dispensável no caso concreto, em atenção ao princípio da valorização do ser humano, deve ser valorizada a vontade exteriorizada pelo menor de 16 anos.

Ao comentar essa causa de incapacidade, Caio Mário afirma que o critério para fixação do termo da incapacidade absoluta em razão da idade é evidentemente arbitrário.. O legislador pode escolher os 16 anos, como ocorre no Código Civil, ou outro limite qualquer, mais avançado ou mais recuado e, na verdade, a diversidade das legislações é patente e mostra como o arbítrio legislativo se faz sentir de forma variada.

O direito quer a proteção dos menores, mas quer também a estabilidade das relações sociais. Por isso, atendendo ao momento da transição em que o menor passar, de uma situação de inércia na participação da vida jurídica, para sobre ela ter mais ação, não pode deixar à apreciação de cada caso a aferição do grau de aptidão e de discernimento, sob pena de instituir grave insegurança nos negócios. Valendo-se, então, dos dados que a experiência científica põe ao seu alcance, como da observação do que no comum dos casos acontece, o legislador estatui um limite certo e demarca o termo da incapacidade absoluta.

O critério, portanto, é de política legislativa. Em outras ordenações, como no direito francês, por exemplo, o juiz, no caso concreto, aprecia se o menor possui ou não discernimento para os atos da vida civil.

Senilidade

A senilidade ou velhice, por si só, não é, nunca foi e, enquanto estivermos nesse regime constitucional, nunca será causa de incapacidade. Por mais idosa que seja a pessoa, não havendo qualquer processo patológico que prejudique a capacidade de discernimento e compreensão, a idade avançada não serve como fundamento para se questionar qualquer ato por ela praticado. Apenas se a senilidade estiver relacionada a uma enfermidade que leva à ausência de discernimento poderá se cogitar em incapacidade.

Cristiano Chaves e Nelson Rosenvald[59] ressaltam que a Lei n. 10.741/2003, o Estatuto do Idoso, estabelece especial proteção para a pessoa maior de 60 anos, como expressão da universalização do exercício da cidadania. De fato, o idoso merece tratamento diferenciado, como expressão do reconhecimento de sua dignidade, independentemente de sua classe social ou produtividade econômica.

Surdo-mudo

O art. 5º do CC/1916 considerava absolutamente incapaz o surdo-mudo que não pudesse exprimir a sua vontade. Em boa hora, tal hipótese foi excluída do rol dos absolutamente incapazes pelo CC/2002. Agora, após a Lei n. 13.146/2015, por se caracterizar como deficiência, o surdo-mudo se submete ao regime de tutela da Lei das Pessoas com Deficiência. Se essa deficiência não o impede de manifestar a vontade, ele é plenamente capaz. Mas se tal condição o priva totalmente ou reduz o seu discernimento, poderá ser submetido ao regime da curatela, para atos de natureza patrimonial, de acordo com a Lei n. 13.146/2015.

Intervalos lúcidos

A nossa legislação civil não adotou a noção de intervalos lúcidos. O que isso significa? Há casos em que a pessoa tem doença mental ou enfermidade grave, que a priva de todo discernimento, mas, inexplicavelmente (até para a ciência), possui intervalos de plena lucidez. É o caso, mais recente, do transtorno bipolar, que ainda é objeto de estudos.

Os atos realizados (pelo doente ou enfermo) nesses intervalos de plena lucidez seriam válidos? Para a nossa legislação, não. Não há intermitências na incapacidade, razão pela qual, antes da Lei n. 13.146/2015, eram considerados inválidos tanto os atos praticados nos momentos de crises psicopáticas quanto os celebrados nos intervalos de lucidez. A discussão era mais interessante antes dessa lei, que retira as pessoas com deficiência do rol de incapazes.

A pessoa com deficiência, física ou mental, se submete ao regime jurídico da Lei n. 13.146/2015. Portanto, tem plena capacidade para praticar qualquer ato da vida civil. Nesta toada, se tal pessoa pratica ato de natureza patrimonial em momento de perfeita lucidez, ou seja, sem que seu discernimento estivesse comprometido, não há que se cogitar em incapacidade ou invalidade do ato. Essa lei revoluciona a tese dos denominados "intervalos lúcidos". Tais pessoas apenas podem ter curador quando houver necessidade e para atos de natureza patrimonial. Se no intervalo de lucidez não tinham necessidade de curador, porque tinham perfeita e plena compreensão de seus atos, não há qualquer censura ao ato. Ao contrário, neste caso, privilegia-se a pessoa e sua dignidade. Não há dúvida de que a preocupação do legislador é com a segurança social, e, por isso, a doutrina era levada (antes da Lei n. 13.146/2015) a assumir a incapacidade por enfermidade como um estado permanente e contínuo.

No entanto, nos socorríamos dos princípios constitucionais, em especial, a dignidade da pessoa humana, a solidariedade e a igualdade substancial para, no caso concreto, excepcionalmente, tutelar os interesses de quem, de boa-fé, tivesse praticado ato com um incapaz que estivesse em intervalo lúcido, mitigando e flexibilizando a rigidez com que se trata o tema.

Dessa forma, se a incapacidade não era notória e o terceiro estivesse de boa-fé, subjetiva e objetivamente, excepcionalmente, na ponderação de interesses e valores, seria possível, no caso concreto, sacrificar os interesses do incapaz (em intervalo de lucidez) para que preponderasse os interesses daquele terceiro que agiu de boa-fé.

Tal entendimento devia ser aplicado com a devida cautela. Os atos realizados pelo incapaz, em regra, podiam ser invalidados, ainda que não houvesse sentença de interdição. Todavia, para proteger interesses de pessoas de extrema boa-fé, era possível validar um ato ou negócio realizado com incapaz, principalmente se este estivesse em intervalo de lucidez. Ainda que estivesse de boa-fé,

---

[59] FARIAS, Cristiano Chaves de; ROSENVALD, Nelson. *Direito civil: teoria geral*. 8. ed. Rio de Janeiro: Lumen Juris, 2009.

não poderia o Estado tutelar os negligentes em detrimento dos incapazes. Por isso, exigia-se a boa-fé subjetiva, ignorância da incapacidade e, principalmente, a boa-fé objetiva, retratada em comportamento ético, honesto, cauteloso e diligente. Além disso, deveriam ser analisadas as condições do local do ato, a natureza do negócio, a conduta do incapaz, entre outros aspectos a serem levados em consideração diante das peculiaridades do caso concreto.

A Lei das Pessoas com Deficiência deve ser compatibilizada com essa questão dos intervalos lúcidos. Se o intervalo de lucidez estiver relacionado a qualquer deficiência mental ou física, a pessoa simplesmente se submeterá ao regime jurídico da Lei n. 13.146/2015. E não há dúvida de que o foco central dos intervalos de lucidez são situações relacionadas a deficiência física ou mental.

Interdição e curatela

A insanidade decorrente de doença mental (Lei n. 13.146/2015), bem como as enfermidades que são causas de incapacidade relativa (art. 4º do CC), podem ser apuradas por meio de processo de curatela. O objetivo será nomear curador ao incapaz arrolado nos arts. 4º e 1.767 do CC e ao deficiente, de forma restrita, no que for necessário para a realização de atos patrimoniais específicos (arts. 84 e 85 da Lei n. 13.146/2015).

Segundo dispõe o art. 1.767 do CC, com a redação dada pela Lei n. 13.146/2015, estão sujeitos à curatela aqueles que, por causa transitória ou permanente, não puderem exprimir a sua vontade, os ébrios habituais, os viciados em tóxicos e, finalmente, os pródigos.

Há absoluta conexão entre os arts. 4º (rol dos relativamente incapazes) e 1.767 do CC (curatela). Com exceção da incapacidade em decorrência da idade, todos os demais relativamente incapazes estão sujeitos à curatela, cujo curador será nomeado em um processo de interdição (o CPC ainda mantém a terminologia "interdição" nos arts. 747 a 758, quando deveria manter a redação dada pela Lei n. 13.146/2015 – ação de curatela. O termo "interdição" é pejorativo e é carregado de forte simbolismo exclusivo).

O relativamente incapaz arrolado no art. 4º do CC (com exceção dos menores) pode ser interditado para os atos da vida civil, com as devidas restrições. A curatela deve atender sempre ao melhor interesse do curatelado (§ 1º, art. 755 do CPC) e será sempre limitada, ou seja, *segundo o estado e o desenvolvimento mental do interdito. Além disso, deverão ser consideradas as características pessoais do interdito, observando suas potencialidades, habilidades, vontades e preferências. Os deficientes físicos e mentais podem ser submetidos à curatela, mas não há interdição. A Lei n. 13.146/2015 prevê a possibilidade de curatela, sem interdição para tais pessoas naturais.*

Além da curatela, os enfermos do art. 4º do CC também podem se submeter ao instituto da tomada de decisão apoiada.

Legitimidade para o processo de curatela, impropriamente denominado de "interdição"

Antes do Código de Processo Civil de 2015, que entrou em vigor em 18-3-2016, o Código Civil, com a redação dada pela Lei n. 13.146/2015, previa que a interdição deveria ser promovida pelos pais ou tutores, pelo cônjuge ou qualquer parente, pelo Ministério Público e, finalmente, pelo próprio incapaz, em nome próprio (art. 1.768 do CC). Em que pese a omissão do legislador, em atenção ao princípio constitucional que considera a união estável entidade familiar, não há dúvida de que o companheiro ou a companheira sempre teve plena legitimidade para requerer a interdição, estando subentendidos na expressão "cônjuge". Aliás, o companheiro integrava o rol do art. 1.775 do CC como uma das pessoas que podiam ser nomeadas curadoras do interditado.

Em relação ao Ministério Público, que tem a função institucional de defender interesses sociais e individuais indisponíveis, sua legitimação apresentava características especiais, conforme o art. 1.769 do CC (hoje, revogado pelo CPC/2015). Assim, possuía legitimação concorrente com as pessoas arroladas nos incisos I e II do art. 1.768 em caso de doença mental ou intelectual. Nas demais hipóteses ensejadoras da interdição, teria o Ministério Público legitimidade subsidiária, caso não promovessem a interdição as pessoas arroladas nos incisos I e II do art. 1.768. Finalmente, teria o Ministério Público legitimidade supletiva se, existindo tais pessoas, forem elas incapazes.

A amplitude da legitimação do Ministério Público para requerer a interdição sempre foi considerada desdobramento do princípio constitucional da dignidade da pessoa humana.

De acordo com a redação original do art. 1.770 do CC: "Nos casos em que a interdição for promovida pelo Ministério Público, o juiz nomeará defensor ao suposto incapaz; nos demais casos o Ministério Público será o defensor". A segunda parte desta norma sempre foi criticada por não ser compatível com a Constituição Federal. Não se trataria de mera atividade de fiscalização, pois, na lógica da primeira parte do dispositivo, que exige a nomeação de defensor ao incapaz, essa atividade seria de representação de interesses.

Ocorre que o art. 129, IX, da CF/88, proíbe a representação judicial por parte do Ministério Público, fato que tornava a segunda parte do art. 1.770 do CC inconstitucional. Caso não promovesse a interdição, deveria o Ministério Público intervir no processo como *custos legis*, ao passo que a defesa técnica do interditando deveria ficar a cargo de advogado, e não do Ministério Público.

Os verbos estão sendo utilizados no passado porque os arts. 1.768 a 1.773 do Código Civil, que haviam sido alterados pela Lei n. 13.146/2015, e que tratavam do procedimento da interdição, foram expressamente revogados pelo art. 1.072, II, do CPC/2015.

O procedimento da interdição de incapazes, de forma exclusiva, é disciplinado pelo CPC/2015.

O Código de Processo Civil, nos arts. 747 a 758, disciplina o procedimento da interdição (jurisdição voluntária), que se inicia com o exame pessoal do interditando, ocasião em que o juiz deverá fazer perguntas sobre a vida, negócios, bens e tudo o mais que for necessário para averiguar o seu estado mental (art. 751). Na referida entrevista pessoal, o juiz poderá estar assistido por equipe multidisciplinar. Durante a entrevista, é assegurado o emprego de recursos tecnológicos capazes de permitir ou de auxiliar o interditando a expressar suas vontades e preferências e a responder às perguntas formuladas. A critério do juiz, poderá ser requisitada a oitiva de parentes e de pessoas próximas.

Legitimidade

Segundo o art. 747 do CPC, a interdição pode ser promovida: I – pelo cônjuge ou companheiro; II – pelos parentes ou tutores; III – pelo representante da entidade em que se encontra abrigado o interditando; IV – pelo Ministério Público. Parágrafo único. A legitimidade deverá ser comprovada por documentação que acompanhe a petição inicial.

O Ministério Público só promoverá interdição em caso de doença mental grave e de forma subsidiária. Em qualquer outra causa que justifique a nomeação de curador, de acordo com o atual CPC, o MP não terá legitimidade. De acordo com o art. 748, o MP somente promoverá a interdição no caso de doença mental grave se as pessoas legitimadas no art. 747 não existirem, forem omissas ou incapazes. Registre-se que a única hipótese de legitimação do MP envolve doença mental, cuja pessoa não pode ser considerada incapaz, porque se submete ao microssistema da Lei das Pessoas com Deficiência.

E, no caso dos deficientes, físicos e mentais, embora possam, como capazes, ser protegidos por curadores (e apoiadores), seria curatela sem interdição. Não há previsão de interdição para os deficientes. Não é por outro motivo que a lei dos deficientes, ao alterar o CC na parte da curatela, não fazia menção a interdição, mas a processo de curatela, porque a interdição também estigmatiza, fato que contraria a finalidade inclusiva da lei especial.

Em resumo, com esta ressalva, o MP, de forma subsidiária, participará do processo como fiscal da lei. A legitimidade do MP suportou considerável redução. No entanto, poderão ocorrer situações em que não será o caso de doença mental grave e não há qualquer parente ou entidade para requerer a interdição. Nesta situação, em razão da função institucional do MP, poderá intervir e requerer a nomeação de curador para tal pessoa. A previsão processual de legitimidade não pode se sobrepor a interesses materiais dignos de tutela, como é o caso de pessoas com alguma enfermidade que necessite de um curador.

Procedimento da interdição e sentença

Incumbe ao autor, na petição inicial, especificar os fatos que demonstram a incapacidade do interditando para administrar seus bens e, se for o caso, para praticar atos da vida civil, bem como o momento em que a incapacidade se revelou. Justificada a urgência, o juiz pode nomear curador provisório ao interditando para a prática de determinados atos.

O requerente deverá juntar laudo médico para fazer prova de suas alegações ou informar a impossibilidade de fazê-lo.

Dentro do prazo de 15 (quinze) dias contado da entrevista, o interditando poderá impugnar o pedido. O interditando poderá constituir advogado, e, caso não o faça, deverá ser nomeado curador especial. Caso o interditando não constitua advogado, o seu cônjuge, companheiro ou qualquer parente sucessível poderá intervir como assistente. Decorrido o prazo, o juiz determinará a produção de prova pericial para avaliação da capacidade do interditando para praticar atos da vida civil. A perícia pode ser realizada por equipe composta por expertos com formação multidisciplinar. O laudo pericial indicará especificadamente, se for o caso, os atos para os quais haverá necessidade de curatela. Apresentado o laudo, produzidas as demais provas e ouvidos os interessados, o juiz proferirá sentença.

O juiz determinará os limites da curatela, segundo a potencialidade da pessoa. O art. 755 do CPC obriga o juiz, na sentença de interdição, a nomear o curador e fixará os limites da curatela, segundo as potencialidades do interditando. Tanto o interrogatório quanto o exame pericial são atos obrigatórios no processo de interdição, sob pena de nulidade do processo.

Após a Lei n. 13.146/2015, que disciplina a curatela e a tomada de decisão apoiada das pessoas com deficiência, não mais se admite a sua interdição. Tais pessoas podem ser protegidas por curadores e apoiadores, que serão nomeados em procedimento de jurisdição voluntária, independente da interdição. A vedação de interdição, como mencionado, se justifica em razão do caráter estigmatizante da interdição em nossa sociedade. Nesta toada, se acirra a discussão sobre a possibilidade ou não de interdição das pessoas arroladas no art. 4º do Código Civil (relativamente incapazes que estão submetidas à curatela – art. 1.767 do CC). É fato que o CPC/2015 impõe que o juiz, no processo de interdição, determine os limites da curatela, segunda a potencialidade da pessoa.

No entanto, o CPC/2015 ainda mantém a interdição, como pressuposto para a nomeação de curador. Em decorrência da constitucionalização do direito civil, o que o submete a valores fundamentais, como a dignidade da pessoa humana, é cada vez mais difícil compatibilizar a interdição com a teoria contemporânea da incapacidade. O melhor caminho a trilhar é aquele já percorrido pela Lei n. 13.146/2015, que dissocia a curatela e a nomeação de curador do estigma da interdição.

Sentença e natureza jurídica da sentença de interdição

Na doutrina e jurisprudência, há discussão sobre a natureza jurídica da sentença de interdição (declaratória ou constitutiva). O debate é legítimo, mas apenas para fins processuais, jamais para solucionar o problema relativo à validade ou não do ato ou negócio jurídico praticado pelo incapaz antes (ou mesmo após) da interdição. Esse o ponto. A natureza jurídica da sentença de interdição jamais interfere na validade ou não de ato ou negócio jurídico praticado pelo incapaz.

Ainda há quem relacione a natureza da sentença de interdição com a questão em debate. O próprio STJ, em alguns precedentes, fez tal associação. Qual a consequência? A validade ou invalidade dependeria da natureza da interdição. Se declaratória, o efeito seria *ex tunc* e, portanto, retroagiria à data da incapacidade, o que levaria à automática invalidade dos atos praticados pelo incapaz. Se constitutiva, o efeito seria *ex tunc* e os atos anteriores à sentença seriam preservados, mesmo que o sujeito já fosse incapaz. É correta essa vinculação? Não.

A validade ou invalidade dos atos e negócios jurídicos realizados por incapaz independe do momento e da natureza da sentença de interdição. A interdição poderá apenas e eventualmente ser considerada meio de prova. É a análise do caso concreto, da situação do incapaz e da conduta do terceiro com quem aquele se relaciona juridicamente que determinará a validade ou invalidade destes atos e negócios jurídicos.

Não é a sentença de interdição que incapacita a pessoa para os atos da vida civil e sim o fato ou a causa determinante prevista na lei (art. 4º do CC). Por isso, a sentença de interdição tem natureza meramente declaratória, pois reconhece estado anterior ou situação fática preexistente. Tal sentença resolve uma crise de certeza (art. 19, inciso I, do CPC).

A incapacidade decorre de um fato previsto em lei ou de uma causa determinada, e não da sentença de interdição. A causa da incapacidade é o fato previsto na lei. A sentença deverá se pautar no art. 755 do CPC.

O argumento de que a sentença é constitutiva, porque cria estado novo, não convence. Trata-se do viés processual da interdição e não material. O "estado novo" se caracteriza a partir da ocorrência da causa prevista em lei. O fato de o juiz nomear curador ao incapaz não altera aquele estado de fato preexistente. Da mesma forma que o menor tem representante ou assistente, o maior incapaz também o terá. O curador é nomeado em decorrência de fato da vida, qual seja, a incapacidade (não a sentença).

O Código Civil traz evidências de que não é possível atrelar a incapacidade do enfermo com discernimento prejudicado à sentença de interdição e o consequente registro. No capítulo que disciplina a curatela, permite curador ao nascituro (art. 1.779 do CC), *independentemente de processo de interdição*. O Estatuto do Deficiente também permite a curatela da pessoa independente de processo de interdição. São situações em que o sujeito não tem qualquer das enfermidades previstas no art. 4º do CC, mas não tem condições de expressar a vontade.

Tais situações permitem a nomeação de curador para a realização de atos específicos relacionados ao nascituro ou a deficiência, mas que, de qualquer modo, dispensa o processo de interdição.

Na sentença de interdição, o juiz declara e reconhece a incapacidade. Em consequência, nomeará curador ao incapaz.

A defesa da tese da natureza constitutiva da sentença de interdição é contrária ao próprio fundamento da incapacidade: proteção para determinados seres humanos vulneráveis. A proteção está relacionada a fato da vida eleito pelo legislador, e não a sentença judicial que apenas atesta a legitimidade e a existência do fato da vida previsto em lei. A proteção, para ser efetiva, deve ser desde a incapacidade, e não desde a sentença.

A sentença não cria novo estado sob a perspectiva material e, por isso, não pode ser considerada constitutiva. O sistema de proteção ao incapaz independe da sentença de interdição. Afirmar que a sentença de interdição é constitutiva, significaria dizer que a proteção do incapaz ficaria condicionada a esse ato estatal, o que seria inadmissível.

A sentença de interdição apenas formaliza situação fática preexistente. Declarada a incapacidade, se resolve crise de certeza. O registro da sentença que reconhece a incapacidade apenas confere publicidade a essa incapacidade, tudo para tutelar o incapaz e terceiros de boa-fé. É plena a convicção de que a sentença de interdição tem natureza meramente declaratória. Essa a posição majoritária na doutrina.

Todavia, o STJ, em alguns precedentes, adota a posição (que está a prevalecer) de que a sentença de interdição tem natureza constitutiva. A análise do STJ deve ter viés processual, não material. Não se pode justificar a natureza constitutiva da interdição para proteger terceiros de boa-fé que, antes da decisão judicial, tenham, de alguma forma, realizado ato ou negócio jurídico com o incapaz. A validade ou invalidade dos atos praticados por incapaz antes da interdição deverão ser solucionados à luz do caso concreto e com base em normas de direito material. A sentença de interdição, se existente, seria apenas prova pré-constituída da incapacidade. Nada mais do que isso. Não é a existência ou inexistência da sentença de interdição e sua natureza que determinará a validade ou invalidade de atos e negócios praticados pelo incapaz, mas a situação fática concreta e a ponderação entre os interesses do incapaz e do sujeito que mantém relação jurídica com o incapaz. Portanto, independentemente da natureza jurídica da sentença de interdição, declaratória ou constitutiva, em relação aos atos praticados pelo maior incapaz antes da sentença de interdição, podem ser ou não passíveis de invalidação.

No caso concreto, se o incapaz realiza ato ou negócio jurídico com sujeito de boa-fé, se a incapacidade não for notória ou evidente e, se o sujeito que formalizou relação jurídica material com incapaz adotou postura ética adequada, comportamento probo e tomou todas as cautelas e diligências que qualquer pessoa teria na situação, na ponderação de interesses, será tutelada a boa-fé objetiva e subjetiva do sujeito com sacrifício dos interesses do incapaz. Não há necessidade de "apelar" para a natureza jurídica da sentença de interdição para resolver esse conflito entre os interesses do incapaz e do terceiro de boa-fé em ato ou negócio realizado entre ambos antes da sentença de interdição. No caso concreto, será realizada a devida ponderação de interesses entre o interesse do incapaz e do sujeito que agiu com boa-fé subjetiva e objetiva, a fim de se apurar qual será sacrificado e qual prevalecerá.

A sentença de interdição apenas reconhece e declara realidade preexistente, ou seja, a enfermidade que privou ou reduziu o discernimento do sujeito. As questões de direito material não serão solucionadas pela natureza da sentença de interdição. Essa a questão. O STJ não pode pretender resolver o conflito entre a incapacidade e os terceiros que com ele se relacionam juridicamente não pela análise do caso concreto, mas por uma perspectiva processual, natureza da sentença de interdição, pois, se constitutiva, terá efeitos *ex nunc*, e os atos e negócios jurídicos realizados anteriormente seriam válidos, mesmo que antes da sentença a pessoa, sob a perspectiva do direito material, já fosse incapaz. Neste caso, como os efeitos da sentença não retroagirão, os interesses do sujeito que agiu de boa-fé estão preservados, independente da análise do caso concreto.

Em tempos recentes, o STJ buscou dissociar a questão de direito material dos efeitos processuais da sentença de interdição. Portanto, no STJ, passou a prevalecer a tese de que a sentença de interdição é declaratória quanto à causa que gera incapacidade e constitutiva quanto ao estado da pessoa o que, em termos de direito material, não tem significado relevante. Nesse sentido, o Recurso Especial n. 1.694.984/MS ("a sentença de interdição tem natureza constitutiva, caracterizada pelo fato de que ela não cria a incapacidade, mas sim, situação jurídica nova para o incapaz, diferente daquele em que, até então, se encontrava") e o Recurso Especial n. 1.943.699/SP. Para o STJ, a sentença de interdição tem efeito *ex nunc* e, atos praticados antes da sentença, podem até ser declarados inválidos, não como efeito da sentença de interdição, mas com base em ação própria, com a demonstração de que, à época do ato, a pessoa não tinha capacidade de autodeterminação.

Em conclusão, a validade ou não de atos e negócios jurídicos praticados por incapaz é questão de direito material, a ser resolvida à luz do caso concreto, com a necessária ponderação entre os interesses do incapaz e do sujeito (terceiro) que com ele se relaciona juridicamente. Tal conflito de interesses será resolvido pelo direito material, e não pela natureza da sentença de interdição. O que isso significa?

No caso concreto, será apurado se o incapaz, no momento da formação do ato ou negócio jurídico, estava vulnerável e se a incapacidade era notória e, de outro lado, se o terceiro estava de boa-fé subjetiva (ignorava a incapacidade) e objetiva (adotou o comportamento necessário e as diligências e cautelas esperadas para aquele ato – em resumo, agiu com ética). Ademais, será essencial levar em conta o contexto fático, a relevância e complexidade do ato ou negócio jurídico, a condição social e cultural dos sujeitos envolvidos, entre outras questões. Em cada situação concreta, com base em parâmetros normativos de direito material e dos valores constitucionais, será validado ou não o ato jurídico em que um dos atores é incapaz.

A sentença de interdição não interfere na resolução desta questão. O objetivo da interdição é apenas e tão somente nomear curador para o incapaz enfermo (cuja enfermidade prejudica a capacidade de discernimento para atos da vida civil, em especial de natureza patrimonial). A sentença de interdição pode apenas auxiliar na questão da prova da incapacidade no momento da formação do ato ou negócio jurídico. Se o sujeito já estava interditado, a interdição, se for o caso, servirá como prova pré-constituída (portanto, questão meramente processual).

Por fim, na sentença de interdição, o juiz deverá nomear curador ao interditado, observando a ordem preferencial estabelecida no Código Civil, em seu art. 1.775.

O art. 1.775-A do mesmo diploma passou a admitir a denominada curatela compartilhada, em favor da pessoa com deficiência.

Apenas três registros para finalizar a interdição: em relação ao nascituro (art. 1.779 do CC) e ao enfermo ou pessoa com deficiência (Estatuto do Deficiente), dar-se-á curador, independentemente de processo de interdição. A outra observação é que a interdição do pródigo é sempre limitada a aspectos patrimoniais, não podendo envolver questões existenciais (art. 1.782 do CC).

A sentença de interdição deverá ser registrada no registro público, nos termos do art. 9º, III, do CC.

1.6.3.4. Incapacidade formal relativa

A incapacidade formal relativa também tem relação com a idade e condições precárias de saúde. Tais fatores provocam a redução da capacidade, e não a privação total da capacidade de discernimento, para o exercício de atos da vida jurídica. A única figura que destoa das clássicas hipóteses de incapacidade é o pródigo, cuja curatela é limitada a questões patrimoniais, nos termos do art. 1.782 do CC.

O Código Civil, em seu art. 4º, arrola as pessoas que são consideradas relativamente incapazes de exercer pessoalmente certos atos ou a maneira de exercê-los. O Estado, nesse caso, restringe o poder de ação ou de disposição dessas pessoas, no intuito de protegê-las em determinadas relações jurídicas. O relativamente incapaz necessita de uma proteção menor e, por isso, participa do ato ou negócio, mas, para a validade destes, deve ser assistido por um representante ou curador.

No que tange aos efeitos, a incapacidade relativa também pode acarretar a invalidade do ato ou negócio jurídico, conforme será estudado em capítulo próprio.

Em comparação ao Código Civil de 1916, houve considerável alteração no rol dos relativamente incapazes, na medida em que passaram a integrar essa categoria os ébrios habituais, os viciados em tóxicos, os que, por deficiência mental, tenham o discernimento reduzido e os excepcionais sem desenvolvimento mental completo. Antes, nessa categoria, somente estavam os menores entre 16 e 21 anos, os pródigos e os silvícolas.

Após a edição do Estatuto da Pessoa com Deficiência, Lei n. 13.146/2015, foram excluídos do rol dos relativamente incapazes os deficientes mentais com discernimento reduzido e os excepcionais sem o desenvolvimento mental completo, cujas pessoas passam a ser tuteladas por um regime jurídico próprio e diferenciado do próprio Estatuto. Ademais, aqueles que, por causa transitória, não puderem exprimir sua vontade, que eram considerados absolutamente incapazes, após a referida legislação, passaram para o rol dos relativamente incapazes.

As causas de incapacidade relativa estão arroladas no art. 4º do CC, com redação atualizada pela Lei n. 13.146/2015:

- **Os maiores de 16 e menores de 18 anos**

O Código Civil reduziu a maioridade civil, passando-a para os 18 anos, com o que acabou reduzindo o universo de relativamente incapazes em razão da idade. O menor, com mais de 16 e menos de 18 anos, pode, independentemente de assistência, aceitar mandato (art. 666 do CC), ser testemunha em atos jurídicos (art. 228, I, do CC), fazer testamento (art. 1.860, parágrafo único, do CC), ser eleitor, exercer emprego público quando não for exigida a maioridade e, ainda, dentre outros atos, ser empresário, desde que autorizado.

Da mesma forma que os menores absolutamente incapazes, o critério aqui é de mera política legislativa. O Estado considera que a pessoa maior de 16 anos não necessita de uma tutela ampla, razão pela qual admite que tais menores possam intervir em atos e negócios, pessoalmente, desde que assistidos ou, mesmo sem assistência, nas hipóteses do parágrafo anterior.

Orlando Gomes[60] ressalta que, até certa idade, a pessoa não adquire a maturidade de espírito indispensável ao exercício pessoal dos atos da vida civil. Atingindo esse limite, embora não se lhe reconheça plena aptidão para exercer todos os direitos, admite-se que possa praticar certos atos e realize outros sob vigilância.

Em relação ao menor relativamente incapaz, o Código Civil, em dispositivo específico, flexibiliza a proteção que lhe é conferida pelo art. 4º, no caso de não agir de forma correta, honesta e ética. Assim, segundo dispõe o art. 180 do CC, o menor, entre 16 e 18 anos, não pode, para eximir-se de uma obrigação, invocar a sua idade se, dolosamente, a ocultou quando inquirido pela outra parte, ou se, no ato de obrigar-se, declarou-se maior.

A ética e a boa-fé nas relações privadas é uma exigência tão acentuada que, na ponderação entre a boa-fé e a proteção do relativamente incapaz, o Código tutela a boa-fé em detrimento da conduta desonesta e desleal da pessoa, mesmo ela sendo relativamente incapaz.

- **Os ébrios habituais e os viciados em tóxicos**

Como já ressaltado, os deficientes mentais, com discernimento reduzido, são objeto de proteção especial no Estatuto da Pessoa com Deficiência. Entre essas causas de incapacidade, a deficiência mental era a mais coerente com o sistema de proteção dos incapazes.

Antes da Lei n. 13.146/2015, em caso de deficiência mental e, havendo privação total do discernimento ou da capacidade de compreensão, a incapacidade era absoluta, com fundamento no inciso II do art. 3º. No entanto, caso a enfermidade, doença ou deficiência mental não prejudicasse a completa capacidade de discernimento, a pessoa seria considerada relativamente incapaz.

A questão era de intensidade da enfermidade mental. Tal causa poderia privar a pessoa de todo o discernimento ou apenas reduzi-lo. Era a perícia médica a prova decisiva para, efetivamente, definir a extensão da incapacidade, até para que o juiz pudesse, no caso de interdição, definir os limites da curatela que, nesse caso, poderiam ser idênticos aos limites impostos ao pródigo (art. 1.772 do CC). Era o caso concreto o parâmetro para definir essa extensão. Agora, as pessoas com deficiência possuem regime jurídico próprio.

No que tange aos ébrios habituais e aos viciados em tóxicos, em nosso entendimento, houve um grande retrocesso do legislador. O ébrio habitual e o viciado em tóxico deveriam ser enquadrados em outros dispositivos. Tais causas ou situações fáticas podem ser consideradas "causas transitórias" de incapacidade. Se o ébrio e o viciado, por conta de seus vícios, ficarem plenamente privados de discernimento, serão considerados absolutamente incapazes, na forma do inciso III do art. 3º do CC em sua redação original. Após a Lei n. 13.146/2015, com a transposição daquela causa de incapacidade para o art. 4º e, com a restrição da incapacidade absoluta aos incapazes por idade, não há mais como defender a incapacidade absoluta por conta destas enfermidades.

A restrição da incapacidade absoluta à idade (menores de 16 anos) poderá trazer consequências graves nos casos concretos, uma vez que o regime jurídico dos relativamente incapazes, por exemplo, não admite representação, mas mera assistência. Como ficaria a situação de uma pessoa em coma, sem qualquer discernimento para os atos da vida civil ou viciado em tóxico, cujo vício foi capaz de privá-lo de qualquer discernimento? Como tais pessoas participariam de atos e negócios jurídicos se a assistência aos relativamente incapazes exige que os incapazes participem dos atos da vida civil? Seria possível admitir a representação em prol destes relativamente incapazes?

Tais questões práticas concretas não foram observadas pelo referido legislador. O regime jurídico da incapacidade relativa terá que suportar algumas adaptações, como admissão da representação, caso tais pessoas, arroladas no art. 4º, não tenham qualquer discernimento para os atos da vida civil e necessitem de um curador para praticar atos em seus nomes, como seus substitutos.

O legislador quis inovar, ao criar espécie de incapacidade, e acabou por gerar dúvidas, em razão da indeterminação das expressões "ébrio habitual" e "viciado em tóxico" para fins de incapacidade.

É difícil definir os limites entre o "ébrio habitual" e o "ébrio social". Muitos ébrios habituais não perdem a capacidade de discernimento e, por isso, não podem ser considerados incapazes. Lembre-se que a incapacidade relativa do ébrio e do viciado depende da redução de discernimento. Tais causas (viciados e ébrios) devem ter uma consequência (redução de discernimento). É relação de causa e efeito. A redução do discernimento deve ter como causa aquelas situações fáticas.

Na verdade, são situações ou causas que podem prejudicar o desenvolvimento da mente, tornando a saúde mental deficiente. Até porque, se não houver prejuízo para o discernimento ou para a saúde mental, ainda que a pessoa viva embriagada, ou mesmo que seja usuária coti-

---

[60] GOMES, Orlando. *Introdução ao direito civil*. 19. ed. rev. e atual. Rio de Janeiro: Forense, 2008.

diana de substância entorpecente, não há que se cogitar em incapacidade.

Tal incapacidade tem relação com os problemas que a embriaguez e o tóxico podem acarretar à mente (discernimento). Fora isso, tais causas não interessam para a teoria das incapacidades. Por isso, a embriaguez e o vício, necessariamente, integram a ideia de deficiência mental – podem prejudicar as faculdades mentais e só há interesse se houver esse prejuízo. Por esses motivos, o retrocesso do legislador.

• **Aqueles que, por causa transitória ou permanente, não puderem exprimir sua vontade**

Após a edição da Lei Federal n. 13.146/2015, que alterou os arts. 3º e 4º do CC, tal causa legal de incapacidade se mantém, mas passa para o rol das incapacidades relativas, com todas as consequências daí decorrentes (regime jurídico da invalidade mais flexível, submissão a prazos de decadência, sujeição à assistência, e não à representação). Essa causa de incapacidade é uma novidade no Código Civil. É diferente das demais causas por retratar conceito indeterminado (causa transitória ou permanente). Dois são os requisitos para a caracterização dessa incapacidade: 1– a transitoriedade ou permanência da causa e 2– causa que prejudica o discernimento e, por isso, impede, em algum grau, a plena expressão da vontade.

A "causa transitória ou permanente" pode estar relacionada a qualquer fato da vida cotidiana. É um "conceito" aberto, uma verdadeira cláusula geral em matéria de incapacidade relativa, o que dá aos operadores do direito enorme margem para apreciação dessa hipótese de incapacidade. A "causa transitória ou permanente" não ostenta qualquer definição prévia e, no mundo dos fatos, muitas situações poderão ser consideradas causa de incapacidade, desde que, tenha como efeito a impossibilidade de expressão da vontade.

Não será fácil dar contornos e limites a tal conceito jurídico indeterminado. É no caso concreto que o operador do direito terá de verificar se a situação de fato pode ser qualificada como causa de uma incapacidade transitória ou permanente.

Em harmonia com o art. 1.767 do CC, também há referência para causa permanente.

A causa pode ser permanente ou transitória. A "permanência" exigida para a curatela também é considerada um conceito jurídico indeterminado a ser analisada à luz do caso concreto.

Por exemplo, se, em razão de acidente automobilístico, o coma dura seis meses, tal causa é permanente (embora não definitiva). Nessa situação, tal pessoa necessitaria da intervenção do Estado e de um curador para defender seus interesses, razão pela qual pode ser considerada incapaz durante aquele período de tempo. A transitoriedade ou permanência estão relacionadas ao tempo. Se o tempo for curto, a causa é transitória e se for mais prolongado, será permanente, embora não definitivo.

Assim, para não arrolar as infinitas situações transitórias e permanentes que poderiam levar à ausência temporária de discernimento, resolveu o legislador optar por uma cláusula geral, uma expressão genérica, de alcance indeterminado, para que, no caso concreto, tivesse a pessoa maior possibilidade de ter a tutela ou proteção estatal.

Como já ressaltado, de forma desvirtuada e inadequada, parte da doutrina, a pretexto da generalidade da hipótese, defende que pessoas deficientes, que não possam exprimir a vontade, poderiam ser consideradas relativamente incapazes. Não concordamos com a tese, pelas razões já expostas.

• **Os pródigos**

A incapacidade relativa do pródigo é um mistério a ser desvendado. A doutrina, de uma maneira geral, define o pródigo como o sujeito que dissipa o seu patrimônio ou, como dizia Beviláqua, aquele que, desordenadamente, gasta e destrói a sua fazenda. Outros, mais atuais, defendem a tese de que o pródigo é portador de um desvio de personalidade, sendo a prodigalidade uma patologia (*Teoria geral do direito civil*).

Na verdade, nenhuma dessas ideias é segura. O problema é delimitar a causa da "prodigalidade", e não o seu conceito. O que seria um pródigo? Como diferençar, concretamente, a pessoa que dispõe de seu patrimônio por ser um péssimo gestor de recursos daquela que teria um desvio de personalidade?

Segundo o dicionário, o pródigo é o dissipador de bens, gastador, esbanjador e perdulário. O conceito de pródigo não auxilia na resolução do problema. A questão é como identificar o pródigo no caso concreto. A investigação deve recair sobre a causa da prodigalidade, e não sobre o conceito do instituto. A prodigalidade é *consequência* de uma enfermidade, e não a causa da incapacidade.

A medicina psiquiátrica teria dificuldades de estabelecer limites à prodigalidade, se fosse desvinculada de problemas patológicos. Essa necessidade de gastar, de dispor dos bens, deve, necessariamente, ter relação com algum problema relativo ao psíquico.

A prodigalidade, então, deve ser o efeito de uma doença ou uma enfermidade. Se assim o é, não há motivos para considerar o pródigo em uma categoria distinta dos enfermos. O enfermo é considerado absoluta ou relativamente incapaz se, em razão dessa enfermidade, for privado de todo o discernimento ou o tiver reduzido. Relação de causa e efeito, como já ressaltado.

É um erro gravíssimo considerar a prodigalidade como causa de incapacidade. Na verdade, a prodigalidade é efeito de uma patologia ou enfermidade. Não há como compatibilizar a prodigalidade com a pessoa que tem pleno discernimento.

O Código Civil, mais uma vez, retrocedeu. A prodigalidade é a consequência da consequência. Como assim? Em razão de enfermidade, a pessoa humana tem o seu discernimento prejudicado e, em razão desse desvio de personalidade, passa a esbanjar, dilapidar e dissipar o seu patrimônio. A prodigalidade tem como causa problemas psicológicos, o que a torna mera consequência de uma enfermidade e não a causa da incapacidade.

O pródigo, em si considerado, não é incapaz. Só será incapaz se essa prodigalidade estiver relacionada a uma enfermidade. Quem é incapaz é o enfermo que tem o discernimento prejudicado e, por conta disso, se torna pródigo.

Ainda que a interdição do pródigo seja restrita a atos de disposição patrimonial, conforme o art. 1.782 do CC, tal "rótulo" não é compatível com o princípio da dignidade da pessoa humana, quando a prodigalidade não tem relação com problemas psicológicos. O objetivo é proteger a própria pessoa do pródigo, sua dignidade material ou mínimo existencial material (teoria do patrimônio mínimo associada à prodigalidade). Portanto, apenas atos patrimoniais que podem comprometer a dignidade do pródigo serão vedados e proibidos. Neste sentido, o pródigo ostenta plena capacidade testamentária ativa, pois como o efeito deste negócio jurídico depende da morte, não haveria risco para sua dignidade material.

A incapacidade do pródigo, no Código Civil de 1916, era fundada em questões meramente patrimoniais. Segundo o art. 446, III, do CC/1916, o pródigo também estava sujeito à curatela. Da mesma forma que o atual Código Civil, o seu antecessor, no art. 459, limitava a curatela do pródigo aos atos de disposição patrimonial, como emprestar, transigir, dar quitação, alienar, hipotecar ou praticar qualquer ato que não fosse de mera administração.

Até aí nada de novidade em relação ao atual Código Civil. No entanto, uma diferença sutil entre os dois diplomas revoluciona o tratamento jurídico do pródigo. O art. 461, segunda parte, do CC/1916, dispunha que a interdição do pródigo seria levantada se não mais existissem os parentes designados no art. 460, quais sejam, cônjuge, ascendente ou descendente. Assim, a finalidade era interditar o pródigo para preservar interesses patrimoniais dos seus parentes. Por trás dessa falsa proteção do Estado, estava oculto um interesse econômico, que era o de que os parentes próximos não fossem prejudicados com a dilapidação do patrimônio.

E a pessoa do pródigo? Caso não tivesse nenhum parente, poderia ele reduzir-se à miséria, pois, na ausência daquelas pessoas, não teria proteção estatal. A questão era puramente patrimonial.

O atual Código Civil, objetivando a valorização e a dignidade da pessoa humana, fundamento material de todos os direitos fundamentais, simplesmente não mais prevê a possibilidade de levantamento da interdição do pródigo caso não existam parentes próximos, pois, o objetivo fundamental não é a preservação do patrimônio, mas a tutela da pessoa do pródigo.

O objetivo é garantir que o pródigo tenha condições materiais mínimas para viver com dignidade. Agora preserva-se o patrimônio para garantir a sua dignidade. Por isso, mesmo se não houver parentes próximos, o Ministério Público tem plena legitimidade para requerer a interdição dele.

O atual Código Civil tutela a pessoa do pródigo e não os seus parentes, quando o impede de realizar atos de disposição patrimonial.

Finalizando, registre-se que o Código Civil, no art. 1.782, restringe a curatela do pródigo a atos de disposição patrimonial. Não há limitações relativas à pessoa do pródigo, em especial no que diz respeito a situações existenciais. A restrição é apenas patrimonial, no que tange à disposição de bens, quando puder comprometer a sua dignidade material, o que não é o caso do testamento.

Assim, a interdição do pródigo só o privará de, sem o curador, emprestar, transigir, dar quitação, alienar, hipotecar, demandar ou ser demandado, e praticar, em geral, os atos que não sejam de mera administração. O curador se obriga a prestar contas dos seus atos em nome do curatelado, exceto quando é cônjuge sob regime de comunhão universal e não há determinação judicial em contrário, pela regra do art. 1.783 do CC.

Povos Indígenas

O parágrafo único do art. 4º do CC dispõe que a capacidade dos indígenas será regulada por legislação especial. No diploma civil de 1916, os índios, lá denominados "silvícolas", eram considerados relativamente incapazes (art. 6º, IV). O parágrafo desse dispositivo dispunha que os silvícolas ficariam sujeitos ao regime tutelar, estabelecido em leis e regulamentos especiais, o qual cessaria à medida que eles fossem adaptados à civilização do país.

O atual Código não trata da capacidade dos indígenas, pois remete tal questão para legislação específica, Lei n. 6.001/73, denominada "Estatuto do Índio".

1.6.4. Proteção dos incapazes – Disposições específicas do Código Civil

Os absoluta e relativamente incapazes estão especificados nos arts. 3º e 4º do CC. O fundamento da incapacidade é a proteção ou tutela especial a ser garantida a tais pessoas, dependendo da situação jurídica concreta em que estiverem envolvidas.

Nesse intuito de proteção, o Código Civil traz regras para tutelar essas pessoas de forma efetiva.

Caracterizada a incapacidade, formal e material, o sistema de proteção aos incapazes entra em cena.

A proteção é ampla e variada. A curatela às pessoas arroladas no art. 1.767 do CC é um dos institutos que mais retrata essa rede de proteção ao incapaz. Trata-se de um múnus público destinado à proteção de portadores de enfermidades, dos ébrios habituais, dos viciados em tóxicos, dos pródigos, nascituros e portadores de deficiência, que, por qualquer causa, não puderem exprimir a vontade.

O instituto da curatela é previsto nos arts. 1.767 a 1.783 da Lei Civil, agora com as alterações do Estatuto das Pessoas com Deficiência e do CPC/2015. O nascituro, a pessoa com deficiência (estes, independente de interdição) e o interditado, por meio de um processo judicial de interdição de jurisdição voluntária, terão direito a um curador, cuja pessoa ficará responsável pela representação do curatelado nos atos da vida civil. A curatela poderá ter limites, conforme a causa da incapacidade (arts. 3º, 4º e 1.772 do CC).

No art. 1.728 do CC está prevista outra proteção para uma categoria específica de incapaz, qual seja, os filhos menores. Trata-se da tutela. Os filhos menores estão sujeitos à tutela com o falecimento dos pais, sendo estes julgados ausentes ou em caso de os pais decaírem do poder familiar. A tutela pode ser testamentária (art. 1.729) ou legítima (art. 1.731). No exercício da tutela, deverá o tutor cuidar da pessoa tutelada e ainda administrar os bens e o patrimônio dele (arts. 1.740, 1.741 e 1.747 a 1.752, todos do CC).

Além da curatela e da tutela, os absolutamente incapazes terão a sua incapacidade suprida pela representação, ao passo que os relativamente incapazes deverão ser assistidos. A assistência, segundo Francisco Amaral[61], consiste na intervenção conjunta do relativamente incapaz e do seu assistente, na prática do ato jurídico. São assistentes pais e tutores. Enquanto na representação é o representante quem pratica o ato em nome e no interesse do representado, embora sem intervenção deste, na assistência, o assistente pratica o ato juntamente com o assistido.

Por exemplo, em relação aos filhos menores (incapacidade por idade), dispõe o art. 1.634, V, do CC, competir aos pais representá-los até os 16 anos de idade, nos atos da vida civil e assisti-los, após essa idade, nos atos em que forem partes, para lhes suprir o consentimento.

Em relação aos menores colocados sob tutela, o tutor terá os mesmos poderes dos pais no que tange à representação e à assistência do tutelado (art. 1.747, I, do CC).

Os curatelados, dependendo do grau de incapacidade (absoluta ou relativa), também serão representados ou assistidos pelo curador.

Orlando Gomes[62] argumenta que, para possibilitar o exercício dos direitos dos incapazes, a ordem jurídica criou institutos apropriados, que são: a representação, a assistência e a autorização. Sobre seus alicerces, implantam-se outros institutos, como o poder familiar, a tutela e a curatela, por meio dos quais se organiza o suprimento da incapacidade.

Além dos institutos da representação (arts. 115 e 120 do CC), da assistência (art. 1.634, V e art. 1.747, I, do CC), da curatela, do poder familiar e da tutela, há vários dispositivos espalhados pelo Código Civil que visam a proteger os incapazes.

Por exemplo, dispõe o art. 198, I, do CC, que não corre a prescrição contra os absolutamente incapazes (aqueles do art. 3º). Para favorecê-los, o prazo flui, mas para prejudicar não.

O menor, categoria específica de incapaz (arts. 3º 4º, I), no contrato de mútuo, tem um tratamento diferenciado. Segundo o art. 588 do CC, o mútuo feito a menor, sem prévia autorização daquele sob cuja guarda estiver, não pode ser reavido nem dos mutuários nem dos fiadores. Assim, se alguém empresta coisa fungível a um menor, absoluta ou relativamente incapaz, não incide a obrigação prevista no art. 586 do CC, segundo o qual o mutuário é obrigado a restituir ao mutuante o que dele recebeu em coisa do mesmo gênero, qualidade e quantidade. O menor mutuário não tem essa obrigação de restituição, salvo nas restritas hipóteses do art. 589 do CC.

Nas dívidas de jogo ou de aposta, não há obrigação de pagamento. Trata-se de obrigação natural, pois, embora haja o débito, não há o poder de exigibilidade. No entanto, se houver pagamento voluntário, este não pode ser repetido, ou seja, não é possível recobrar a quantia que voluntariamente se pagou (art. 814 do CC). No entanto, se quem perdeu é menor (incapaz, portanto), este tem o direito subjetivo de recobrar o que voluntariamente pagou. Por isso, caso o perdedor seja um menor que voluntariamente efetivou o pagamento, tem o direito de repetição ou de recobrar o que pagou. Para proteger o menor incapaz, o Código Civil transforma, nessa hipótese absolutamente excepcional, o valor recebido a título de dívida de jogo em "indevido". Nesse caso, aplica-se o art. 876 do CC ("Todo aquele que recebeu o que não era devido, fica obrigado a restituir") e afasta-se o art. 882 do CC (não se pode repetir o que pagou para cumprir obrigação judicialmente inexigível – como é o caso da dívida de jogo).

O art. 181 do CC, referindo-se a qualquer incapaz (aqueles previstos pelos arts. 3º e 4º do CC), dispõe que ninguém pode reclamar o que, por uma obrigação anulada, pagou a um incapaz, salvo se provar que a importância paga reverteu em proveito dele.

Conforme ressaltam Maria Helena Diniz e Carlos Roberto Gonçalves, o art. 2.015 do CC também protege o incapaz, pois impede a partilha amigável se qualquer dos herdeiros for incapaz. Nesse caso, o inventário deverá, necessariamente, ser judicial.

O art. 928 do CC, em matéria de responsabilidade civil, revoluciona a situação jurídica do incapaz. O incapaz (todos aqueles arrolados nos arts. 3º e 4º) agora responde pelos prejuízos que causar. Mas onde está a proteção, se a lei o responsabiliza civilmente?

A responsabilidade do incapaz é subsidiária e mitigada. Subsidiária porque o incapaz só responderá civilmente

---

[61] AMARAL, Francisco. *Direito civil* – introdução, 6. ed. rev. e atual. Rio de Janeiro: Renovar, 2006.

[62] GOMES, Orlando. *Introdução ao direito civil*. 19. ed. rev. e atual. Rio de Janeiro: Forense, 2008.

se as pessoas por ele responsáveis não tiverem obrigação de fazê-lo ou não dispuserem de meios suficientes para efetuar tal restituição. Na prática, dificilmente se responsabilizará o incapaz, pois sempre haverá alguém responsável por ele. Apenas se essa pessoa responsável não tiver recursos, poderá se responsabilizar o incapaz.

Mitigada, pois, mesmo na remota hipótese de o incapaz responder pela indenização, esta será fixada por equidade (e não com base na extensão do dano – art. 944 do CC). Além disso, o incapaz ficará desobrigado de qualquer indenização se provar que o pagamento o privará do necessário para o seu sustento ou das pessoas que dele dependam. O parágrafo único do art. 928 do CC é um desdobramento do princípio da dignidade da pessoa humana, pois, entre o sustento do incapaz (necessário para sua dignidade) e o direito do credor a uma indenização, este foi sacrificado em detrimento daquele.

No mesmo sentido, o Enunciado 39 da I Jornada de Direito Civil.

Ainda há outros dispositivos a serem considerados. Em relação ao usufruto e à administração dos bens de filhos menores, o art. 1.692 do CC dispõe que, se houver colisão de interesses dos pais com o filho no exercício do poder familiar, a requerimento do filho ou do Ministério Público, o juiz nomeará um curador especial para tutelar os interesses do menor.

O art. 1.691 do CC ainda limita o poder dos pais em relação aos bens dos filhos, impedindo a realização de atos que ultrapassem os de mera administração, salvo se houver necessidade ou interesse do filho, com a devida autorização judicial. São regras de proteção dos menores, categoria específica de incapazes.

O Código Civil contém inúmeras regras para proteger os incapazes. Aí estão apenas alguns exemplos dessa rede de proteção.

1.6.4.1. Benefício de restituição

Tal proteção ao incapaz ainda persiste em nosso ordenamento jurídico? O que seria o benefício de restituição?

O benefício de restituição consiste na possibilidade de invalidar ato ou negócio válido, mas que acarreta prejuízo ao incapaz. Nesse caso, o incapaz é representado ou assistido, dependendo do "grau" da incapacidade. Ou seja, a sua incapacidade está suprida. No entanto, o representante ou assistente acaba participando de ato ou negócio que prejudica o incapaz. Nesse caso, mesmo assistido ou representado, o incapaz poderia pretender a invalidade do ato jurídico.

O Código Civil de 1916 vedava expressamente o benefício de restituição. Segundo o art. 8º daquele diploma, "na proteção que o Código Civil confere aos incapazes não se compreende o benefício de restituição". O atual Código Civil não repete aquela regra, silenciando sobre o assunto. Em razão disso, seria possível ao incapaz invocar esse instituto.

Entretanto, não há divergências na doutrina a respeito do assunto. Todos, de uma maneira ou de outra, defendem que o "benefício de restituição" não é compatível com o nosso sistema de proteção dos incapazes. E a razão seria a seguinte: o incapaz sempre estaria protegido por um representante ou assistente, fato suficiente para validar o negócio perante terceiros.

Sem pretender polemizar, devemos ter cautela na análise do benefício de restituição (*restitutio in integrum*). Diante dessa nova ordem constitucional, certamente não foi por acaso o silêncio do legislador em relação a esse tema. Por quê? As relações de natureza privada ou entre particulares são baseadas em princípios constitucionais e cláusulas gerais inseridas no Código Civil.

Diante disso, não é possível, em termos abstratos, como pretendem alguns doutrinadores, dizer que o benefício da restituição está excluído da nossa realidade.

Em regra, a conclusão é correta. Assim, observados os requisitos legais do ato a ser praticado, não poderia o incapaz pretender invalidá-lo se, posteriormente, ele se revelar prejudicial aos seus interesses. Isso em regra.

Todavia, no caso concreto, será possível sim admitir a invalidação de ato prejudicial ao incapaz, principalmente se não observados os princípios constitucionais e as cláusulas gerais do sistema civil. Tal instituto não pode simplesmente ser excluído da rede de proteção dos incapazes. É essencial analisar o caso concreto. É assim que se trabalha com o novo sistema civil. Em termos abstratos, não se consegue uma decisão justa e adequada.

O silêncio do atual Código Civil tem algum significado. O legislador não poderia privar o incapaz de invalidar um ato se, no caso concreto, provasse a existência de prejuízo substancial aos seus valores patrimoniais e/ou existenciais.

A questão que aqui se apresenta é outra. O benefício da restituição visa a atingir o terceiro que realizou o negócio com o representante ou na presença do assistente do incapaz. Este é o ponto. Se esse terceiro sabia que o ato ou negócio era prejudicial ao incapaz e, mesmo assim, resolveu realizá-lo, é possível sim admitir a invalidação do ato. Assim, se houver violação de princípios pelo terceiro, como a boa-fé objetiva, a solidariedade e a dignidade do incapaz, o ato ou negócio pode ser invalidado.

Ao negar o *benefício da restituição*, a doutrina, de forma simplista, dá as costas para os princípios que norteiam todas as relações jurídicas privadas. Obviamente, se o terceiro agir com idoneidade, honestidade e lealdade, não haverá possibilidade de se invalidar o ato ou negócio, ainda que prejudicial ao incapaz. Nesse caso, poderá o incapaz se voltar contra o seu representante ou assistente, mas essa discussão interna não tem relação com o benefício da restituição, o qual se refere à invalidação dos atos realizados com terceiros e não à prestação de contas entre assistente e assistido ou representante e representado.

Há mesmo silêncio do Código Civil em relação a esse instituto? A surpresa é que o benefício da restituição é admitido expressamente, de uma forma diferente e para uma hipótese específica, pelo Código Civil.

Qual seria esse artigo? O art. 119. Segundo esse dispositivo, é anulável o negócio concluído pelo representante em conflito de interesses com o representado, se tal fato era ou devia ser de conhecimento de quem com aquele contratou.

Havendo conflito de interesses entre representante e representado, e se o terceiro, sabendo desse conflito ou tendo possibilidade de saber, realiza o negócio com o representante, o incapaz representado, no prazo de 180 dias, a contar da cessação da incapacidade, poderá pleitear a invalidação desse negócio, se prejudicial aos seus interesses. Está aí um dispositivo que retrata, em termos restritos, é verdade, o benefício da restituição.

Além dessa hipótese expressamente prevista em lei, o incapaz poderá invocar o benefício da restituição, mesmo se não houver conflito no momento do negócio. Em qual situação? Cessada a incapacidade, tomando ciência de que o negócio foi prejudicial aos seus interesses e, tendo o terceiro agido de má-fé, não há dúvida de que, com base em princípios gerais (como a boa-fé objetiva, que veda o abuso de direito e impõe um comportamento ético), poderá o incapaz invalidar o negócio.

Somente no caso concreto, e não em termos abstratos, será possível verificar a possibilidade de invalidação. Não admitir o benefício da restituição poderia deixar o incapaz fragilizado, por exemplo, por um conluio entre o representante e um terceiro de má-fé, tudo para prejudicar o incapaz. Não é esse o objetivo da lei.

Em conclusão, dependendo do caso concreto, será possível admitir ao incapaz invocar o benefício da restituição.

1.6.5. Incapacidade e legitimação. Diferenças

A legitimidade seria a aptidão para a prática de um ato específico ou determinado. A capacidade de fato é o poder de, pessoalmente, manifestar a sua própria vontade em relação aos atos da vida civil.

Tal capacidade decorre do sujeito, em si considerado, e é fundada na proteção desta própria pessoa.

A legitimidade decorre de uma *circunstância* ou de uma *posição jurídica* em que o sujeito se encontra e tem como fundamento a proteção de terceiros.

A incapacidade é subjetiva (decorre de uma condição da pessoa) e a legitimidade objetiva (posição jurídica). A legitimidade é eventual e circunstancial e, a sua ausência, é causa de invalidação de atos e negócios jurídicos.

O Estado exige a legitimidade em situações jurídicas específicas em que existe a necessidade de proteger interesse privado de pessoas que têm relação jurídica ou social com os sujeitos que pretendem praticar determinado ato ou negócio jurídico ou o interesse público. Se o objetivo é proteger o interesse público, não haverá legitimidade, razão pela qual a impossibilidade de legitimidade se converte em impedimento (ex.: impedimentos matrimoniais – não há legitimidade). No caso de interesse privado, a ausência de legitimidade é superada pela autorização, que é a necessária habilitação para a prática do ato ou negócio jurídico.

No caso da legitimidade, em termos concretos, é possível que tal pessoa, plenamente capaz de exercer os atos da vida civil, não tenha legitimidade para um ato específico. A legitimidade nada mais é do que uma habilitação para a prática de um ato específico.

Francisco Amaral[63] é preciso quando afirma que a legitimidade é a aptidão para a prática de determinado ato, ou para o exercício de certo direito, resultante, não da qualidade da pessoa, mas de sua posição jurídica em face de outras pessoas. A legitimidade decorre de certas situações jurídicas do sujeito, do que lhe advém limitações ao poder de agir. Pode definir-se, sinteticamente, como a específica posição de um sujeito em relação a certos bens ou interesses. É o poder da pessoa de atuar concretamente em determinada relação jurídica. A pessoa pode ser capaz e não ter legitimidade para certos atos, como ocorre com o falido, que é capaz, mas não pode atuar em relação aos bens da massa falida, enquanto o administrador judicial, que não é o titular desses bens, pode sobre eles praticar determinados atos.

Tais casos, e outros previstos expressamente, importam em impedimento para determinado ato jurídico, mas não traduzem incapacidade, pois conservam poder livre do exercício dos direitos civis. Apenas, por uma razão de moralidade, são atingidos por uma restrição limitada especificamente aos atos previstos.

Com essas considerações, fica evidente que a legitimação não afeta a capacidade civil e não tem qualquer relação com o sujeito em si, mas com a posição jurídica da pessoa diante de um negócio específico. Na verdade, como ressalta a doutrina, por questões fáticas circunstanciais, a pessoa, no caso concreto, pode estar impedida ou inibida de realizar determinado ato.

Por exemplo, o art. 496 do CC (acima citado), exige que o ascendente que realizar um negócio com descendente seu, esteja autorizado pelo cônjuge e pelos demais descendentes, sob pena de invalidação do ato. Tal autorização é o que confere legitimidade para as partes realizarem o negócio. Como se percebe, a legitimidade não decorreu da condição subjetiva das pessoas envolvidas neste negócio, mas de um fato objetivo (relação de parentesco), que exige deles uma habilitação específica (autorização de outros parentes).

---

[63] AMARAL, Francisco. *Direito civil* – introdução, 6. ed. rev. e atual. Rio de Janeiro: Renovar, 2006.

1.6.6. Cessação da incapacidade e emancipação

A emancipação antecipa um dos efeitos da maioridade, a capacidade de fato ou de exercício. O objetivo é conferir plena autonomia para menores que, por decisão de seus protetores (pais ou tutores) ou em razão de fatos da vida previstos em lei, possuem maturidade para os atos civil. Com a emancipação, continuarão menores (com toda a proteção legal a estes conferidas), mas capazes.

Neste ponto, é fundamental o seguinte registro: Embora os incapazes por idade possam ser emancipados, permanecem na condição de menores, ainda que emancipados e, portanto, capazes. Serão menores com capacidade. Tal afirmação significa que a emancipação confere poder de ação para os menores, mas não lhes retira a proteção que a Constituição e a legislação infraconstitucional conferem, independentemente de serem incapazes ou capazes (neste último caso, como decorrência de uma emancipação).

Por exemplo, a Constituição Federal, no art. 227, afirma ser dever da família, da sociedade e do Estado assegurar à criança, ao adolescente e ao jovem, com absoluta prioridade, o direito à vida, à saúde, à alimentação, à educação, ao lazer, à profissionalização, à cultura, à dignidade, ao respeito, à liberdade e à convivência familiar e comunitária, além de colocá-los à salvo de toda forma de negligência, discriminação, exploração, violência, crueldade e opressão. Tais garantias e proteções serão conferidas ao menor, ainda que venham a ser emancipados. Por óbvio, da mesma forma, mesmo emancipados, continuam inimputáveis no âmbito penal e, como consequência, sujeitos ao Estatuto da Criança e do Adolescente (art. 228 da CF/88).

A Constituição Federal impõe tratamento diferenciado ao menor de 18 anos, ainda que venha a ser emancipado, no caso de crime ou prática de ato infracional. Se praticar ato infracional, responderá na forma do Estatuto da Criança e do Adolescente (é inimputável, nos termos do art. 228 da CF/88). Neste sentido, aliás, foi o entendimento na VI Jornada de Direito Civil, promovida pelo STJ (Enunciado 530: "A emancipação, por si só, não elide a incidência do Estatuto da Criança e do adolescente"). A emancipação não afasta as normas especiais de caráter protetivo previstas no Estatuto da Criança e do Adolescente devido à vulnerabilidade relacionada ao aspecto biopsíquico.

A incapacidade cessa com o fim da causa (no caso dos incapazes menores, a maioridade). A capacidade civil plena (de direito e de fato – formal e material) advém com a maioridade, aos 18 (dezoito) anos de idade. Portanto, é automática. No caso dos enfermos, a incapacidade cessará com o fim da situação fática descrita em lei que a justificou (vícios, ebriedade, prodigalidade ou condições de exprimir a vontade).

A emancipação se relaciona apenas com uma causa de incapacidade: a menoridade. Possibilita aos menores antecipar a capacidade de fato, jamais a própria maioridade. Caso o menor não se emancipe, ao completar 18 anos de idade e, se não ostentar a condição de enfermo (situações descritas no art. 4º do CC), fica habilitado para todos os atos da vida civil (art. 5º, *caput*, do CC).

Segundo o art. 5º do CC, aos 18 anos a pessoa fica habilitada à prática de todos os atos da vida civil, salvo se incapaz por outra causa diversa da idade. Tal dispositivo é específico, pois disciplina apenas a cessação da incapacidade decorrente da idade. A novidade é a redução da maioridade dos 21 para os 18 anos de idade.

Entretanto, o menor ou incapaz por idade pode tornar-se plenamente capaz antes de atingir a maioridade civil, ou seja, antes de completar 18 anos. Isso é possível pelo instituto da emancipação.

O art. 5º, parágrafo único, do CC, trata da emancipação, cujo instituto somente é compatível com a incapacidade por idade (dos menores). É instituto que antecipa a capacidade de fato dos menores, que passarão a ter o poder de exercer os atos da vida civil antes da maioridade. Quais menores podem ser emancipados? No caso da emancipação voluntária e judicial, dos menores relativamente incapazes, entre 16 e 18 anos de idade. Por outro lado, a emancipação legal permite a antecipação da capacidade civil, sob o ponto de vista jurídico, de menores de 16 anos (casamento, por exemplo). Assim, no caso da emancipação legal, é possível que menores absoluta e relativamente incapazes sejam emancipados.

A emancipação é o ato pelo qual se antecipa a capacidade de civil dos menores de 18 anos de idade. Por meio da emancipação, a pessoa, incapaz em razão da idade, passa a ter aptidão plena para os atos da vida civil. A outra causa de incapacidade (enfermidade) é incompatível com o instituto da emancipação (art. 5º, parágrafo único, não deixa dúvidas quando limita e restringe a emancipação aos menores).

Em resumo, a emancipação antecipa a capacidade civil do menor, seja ele relativamente incapaz (art. 4º, I – emancipação voluntária, judicial e legal) ou absolutamente incapaz (art. 3º – emancipação legal).

A emancipação é irrevogável (porque a revogação é superveniente à emancipação – plano da eficácia), mas pode ser invalidada em casos específicos. Não pode ser confundida a irrevogabilidade da emancipação por qualquer fato superveniente, com a possibilidade de invalidação da emancipação por conta de vício de consentimento (no caso da voluntária) ou problemas relacionados à formação ou origem do emancipatório.

Não é por outra razão que, na V Jornada de Direito Civil, realizada em novembro de 2011, foi aprovado o Enunciado 397: "A emancipação por concessão dos pais ou por sentença do juiz está sujeita a desconstituição por vício de vontade".

O Código Civil, nos incisos do parágrafo único do art. 5º prevê as hipóteses em que o menor poderá ser emancipado. As hipóteses de emancipação podem ser classificadas em três espécies: voluntária, judicial e legal.

Emancipação voluntária

"I – pela concessão dos pais, ou de um deles na falta do outro, mediante instrumento público, independentemente de homologação judicial (...)".

A emancipação voluntária ocorrerá por concessão dos pais que estiverem no pleno exercício do poder familiar. Na falta de um deles, o outro poderá conceder a emancipação.

Tal emancipação independe de intervenção judicial, mas a lei exige dupla formalidade: escritura pública e registro. A inobservância dessa formalidade poderá invalidar esse ato jurídico, nos termos dos arts. 104 e 166, ambos do CC. A emancipação deverá ser registrada no registro público competente, nos termos do art. 9º, II, do CC.

Segundo o Código Civil, tal espécie de emancipação é uma concessão e, sendo assim, os pais têm a liberdade plena de decidir ou não pela emancipação do filho menor. Assim, os filhos menores não podem exigir que os pais ou, na falta de um *ou* do outro, os emancipe. A emancipação não cabe ser exigida ou reivindicada. Somente os genitores são os juízes de sua conveniência.

Em caso de divergência entre os pais sobre a emancipação, como esta decorre do poder familiar, incidirá a regra prevista no parágrafo único do art. 1.631 do CC, segundo o qual, divergindo os pais quanto ao exercício do poder familiar, é assegurado a qualquer deles recorrer ao juiz para a solução do desacordo.

Portanto, o fundamento e a causa da emancipação voluntária é o poder familiar. O titular do poder familiar (pais), instituto protetivo, considera que o filho menor não mais é vulnerável e, portanto, pode ser excluído do regime protetivo da incapacidade (embora, continuem com a proteção dos menores, mesmo capazes).

A emancipação decorre do exercício do poder familiar, sendo causa de sua extinção (art. 1.635, II, do CC).

Em relação à emancipação voluntária, há uma questão relevante a ser tratada, qual seja, a responsabilidade civil dos pais pelos atos praticados pelos filhos emancipados.

Segundo a jurisprudência, em especial do STJ, os pais continuam responsáveis pelos ilícitos praticados pelos filhos emancipados. A emancipação não teria o efeito de isentar os pais da responsabilidade civil em relação aos atos praticados pelos filhos menores de 18 e maiores de 16 anos (relativamente incapazes).

O art. 932, I, do CC, dispõe serem responsáveis pela reparação civil os pais, pelos filhos menores que estiverem sob sua autoridade e em sua companhia. Tal responsabilidade civil é objetiva (art. 933 do CC). A emancipação dos filhos menores não teria o condão de tornar ineficaz o referido dispositivo. Fábio Oliveira de Azevedo afirma que o argumento utilizado para se chegar a esse entendimento consiste na inviabilidade de um simples ato de vontade poder afastar a responsabilidade civil imposta pelo próprio legislador (*Direito civil:* introdução e teoria geral).

No REsp 122.573/PR, de relatoria do Min. Eduardo Ribeiro, a 3ª Turma do STJ definiu que "a emancipação por outorga dos pais não exclui, por si só, a responsabilidade decorrente de atos ilícitos do filho". Esse ainda é o entendimento predominante no STJ. Há precedente isolado recente em sentido contrário (REsp 764.488/MT, de relatoria do Min. Honildo Amaral de Mello Castro – Desembargador convocado do TJAP), que não alterou o entendimento dominante sobre a questão na referida Corte.

Por outro lado, embora a emancipação não exima os pais da responsabilidade civil em relação aos filhos menores, tal ato interfere, segundo a doutrina, na extensão e nos limites dessa responsabilidade. Em que sentido? O art. 928 do CC dispõe que o incapaz (entre eles o menor entre 16 e 18 anos) responde apenas subsidiariamente pelos prejuízos que causar. Ou seja, a responsabilidade civil do incapaz é subsidiária, pois este só responderá se as pessoas por ele responsáveis não tiverem obrigação de fazê-lo ou não dispuserem de meios suficientes.

No entanto, o parágrafo único do art. 942 do CC estabelece a solidariedade de autores e coautores com as pessoas arroladas no art. 932, entre eles, os filhos menores. O art. 928 dispõe que todos os incapazes respondem subsidiariamente. Como compatibilizar os arts. 928 e 942, parágrafo único, do CC?

A fim de resolver esse aparente conflito entre os dispositivos, a doutrina passou a defender que a responsabilidade civil de qualquer incapaz, inclusive dos menores, é subsidiária, nos termos do art. 928 do CC. O argumento é simples: o art. 928 é regra especial que prevalece sobre a disposição genérica do parágrafo único do art. 942. Portanto, esse último dispositivo se aplica a todas as hipóteses do art. 932, exceto o inciso I, que deve ser harmonizado com a regra específica do art. 928 do CC.

Todavia, se o filho menor for emancipado, nos termos do parágrafo único do art. 5º do CC, deixa a categoria dos incapazes e não mais poderá se beneficiar da regra do art. 928 do CC. Na condição de emancipado e, portanto, capaz, o filho menor entre 16 e 18 anos, responderá, solidariamente, com os pais pelo ilícito praticado. Ou seja, no caso de emancipação, se submete à regra geral da solidariedade, expressa no parágrafo único do art. 942 do CC. Registre-se que a responsabilidade dos pais ocorrerá mesmo que estejam separados (Enunciado 449, da V, Jornada de Direito Civil).

Tal entendimento da doutrina foi consolidado no Enunciado 41, da I Jornada de Direito Civil promovida pelo CJF: "A única hipótese em que poderá haver responsabilidade solidária do menor de 18 anos com seus pais é ter sido emancipado nos termos do art. 5º, parágrafo único, I, do novo Código Civil".

No caso de atos infracionais, a responsabilidade civil do menor, emancipado ou não, para reparação do dano (art. 116 do ECA), é exclusiva. Tal responsabilidade exclusiva decorre do princípio da individualização da pena.

Emancipação judicial

> "II – (...) ou por sentença do juiz, ouvido o tutor, se o menor tiver dezesseis anos completos."

A segunda hipótese de emancipação é denominada judicial, porque somente pode ser concedida por uma sentença. A exigência da sentença ocorre porque, nesse caso, o menor entre 16 e 18 anos está sob tutela.

A tutela é múnus público, cabível nas hipóteses previstas no art. 1.728 do CC (falecimento, ausência dos pais ou no caso de os pais decaírem do poder familiar). A tutela é instituto que substitui o poder familiar. É função de confiança exercida por pessoa nomeada pelos pais que estiverem no exercício do poder familiar (art. 1.729 do CC) ou pelo juiz na falta de tutor nomeado (arts. 1.731 a 1.734 do CC).

Por essa razão, não pode o tutor, por sua própria vontade, "renunciar" a esse múnus público, por meio da emancipação do tutelado. Competirá ao tutor representar o menor sob tutela até os 16 anos e assisti-lo até a maioridade, nos termos do art. 1.747, I, do CC.

O Código Civil admite a emancipação do tutelado, com 16 anos completos, desde que tal ato se dê por meio de sentença judicial, ouvido o tutor para saber os motivos da emancipação. Convencido de que a emancipação será benéfica ao menor, o juiz a concede. Conforme bem esclarece Caio Mário[64], ao tutor não confere a lei o poder de emancipar o pupilo. Nesse caso, a emancipação resulta de procedimento judicial, de iniciativa do emancipando.

Segundo dispõe o art. 1.763, I, do CC, a condição de tutelado cessa com a emancipação do menor. Tal emancipação será viabilizada por procedimento de jurisdição voluntária, ouvidos sempre o tutor e o Ministério Público. É o que dispõe o art. 725, inciso I, do CPC/2015 (em tal procedimento, o juiz não é obrigado a observar critério de legalidade estrita – art. 723, parágrafo único). A sentença que concede a emancipação deverá ser registrada em registro público, como condição de eficácia da emancipação, conforme exigência do art. 9º, II, do CC.

Emancipação legal

"II – pelo casamento;

III – pelo exercício de emprego público efetivo;

IV – pela colação de grau em curso de ensino superior;

V – pelo estabelecimento civil ou comercial, ou pela existência de relação de emprego, desde que, em função deles, o menor com dezesseis anos completos tenha economia própria."

A emancipação legal se dará nessas hipóteses, previstas nos incisos II a V do parágrafo único do art. 5º do CC. A diferença entre a emancipação legal e as emancipações voluntária e judicial é que, na legal, não há necessidade de registro público. Verificada a hipótese prevista na lei, a emancipação é automática e direta. Independe de registro ou sentença judicial.

• **Inciso II do parágrafo único do art. 5º: emancipação legal pelo casamento**

O homem e a mulher com 16 anos podem casar (art. 1.517 do CC). Trata-se da idade núbil. Se a própria Lei Civil autoriza o casamento de menores com idade mínima de 16 anos, em razão da relevância desse ato da vida civil, estará automaticamente emancipado.

A emancipação se justifica neste caso porque não haveria coerência em submeter pessoa casada, com família constituída, obrigações e deveres de alta relevância decorrentes deste ato jurídico (casamento), à autoridade alheia.

O casamento dessas pessoas dependerá de autorização de ambos os pais ou de seus representantes legais e, no caso de divergência entre eles, como tal autorização decorre do poder familiar, aplica-se o disposto no art. 1.631, parágrafo único, do CC. Se as pessoas em idade núbil contraírem núpcias sem autorização dos pais, o casamento é passível de anulação (art. 1.550, II, do CC).

O CC, na redação original do art. 1.520, admitia, excepcionalmente, o casamento de quem ainda não completou os 16 anos, idade núbil (art. 1.520 do CC). As exceções se relacionavam à gravidez e para evitar a imposição de pena criminal. Em relação à questão criminal, após as alterações do art. 107 do Código Penal e dos crimes contra a liberdade sexual, tal exceção restou esvaziada.

A Lei Federal n. 13.811/2019 alterou a redação do art. 1.520 do CC para proibir, em qualquer caso, o casamento de quem não completou a idade núbil. Portanto, a emancipação pelo casamento, em tese, somente é possível quando o menor completar 16 anos de idade, que coincide com a idade núbil.

O problema é que embora a lei proíba o casamento antes da idade núbil, o casamento pode ocorrer. E, neste caso, o CC dispõe que o casamento é anulável, art. 1.550, I, do CC. Se é anulável, pode ser mantido se não observado o prazo de decadência para anulação. Tal fato pode se concretizar porque a Lei n. 13.811 apenas alterou o art. 1.520 do CC, mas não faz qualquer referência às demais normas do CC que tratam do casamento antes da idade núbil ou do casamento em casos de gravidez. O Código Civil proíbe a anulação do casamento, por motivo de idade, de que resultou gravidez (art. 1.551 do CC). Este artigo não foi alterado. Se ocorrer o casamento, em que pese a proibição, em benefício da nova família, base da sociedade e merecedora de proteção especial do Estado (art. 226 da CF/88), haverá emancipação. Tal hipótese de emancipação enseja outra discussão. No caso de separação judicial, divórcio, nulidade ou anulação do casamento, como ficam os efeitos da emancipação decorrentes do casamento? Em regra, emancipado pelo casamento válido, a emancipação se torna definitiva, ainda que seja dissolvida a sociedade conjugal. Em caso de separação e divórcio não haverá qualquer reflexo na emancipação, ou seja, a pessoa continuará emancipada.

No caso de invalidação do casamento, embora haja divergências na doutrina, a questão não pode ser resolvida com base na teoria geral das nulidades previstas na parte geral do Código Civil, pois, em matéria de casamento, há um regime próprio de nulidades.

Por isso, a invalidação da emancipação em razão da invalidade (nulo ou anulável) do casamento dependerá da boa ou má-fé dos cônjuges. Segundo dispõe o art. 1.561 do CC, embora anulável ou mesmo nulo, se contraído de boa-

---

[64] PEREIRA, Caio Mário da Silva. *Instituições de direito civil*: Introdução ao direito civil. Teoria geral de direito civil. 20. ed. Atualizado por Maria Celina Bodin de Moraes. Rio de Janeiro: Forense, 2004. v. 1.

-fé por ambos os cônjuges, o casamento, em relação a estes, produz todos os efeitos até o dia da sentença anulatória, ou seja, essa sentença terá efeitos *ex nunc* (não retroage para invalidar a emancipação decorrente do casamento).

Nesse caso, não se aplica a regra geral sobre efeitos de invalidação dos negócios jurídicos, previsto no art. 182 do CC ou a regra especial do art. 1.563 do CC, diante do texto expresso do art. 1.561 do CC. Se apenas um dos cônjuges estiver de boa-fé, apenas em relação a ele aproveitar-se-ão os efeitos do casamento, inclusive a emancipação. Se ambos estiverem de má-fé, os efeitos da sentença retroagem a data do casamento, invalidando a própria emancipação. De qualquer forma, a invalidação afeta o ato constitutivo da emancipação, que é o casamento, razão pela qual tal hipótese não se confunde com uma revogação da emancipação, cujo ato é irrevogável. Desaparecida a causa da emancipação, por invalidação, como consequência, desaparecem os seus efeitos, entre eles a emancipação.

Finalmente, há uma discussão sobre a emancipação em caso de união estável. Como a Constituição Federal, no § 3º do art. 226, equipara a união estável à entidade familiar, poderia se pensar na emancipação dos companheiros entre 16 e 18 anos.

A doutrina, em geral, não aceita essa equiparação para fins de emancipação por dois motivos. Primeiro, porque o casamento de menores em idade núbil depende de autorização dos pais ou de suprimento judicial, requisitos estes não exigidos para a união estável. Segundo, a emancipação, por retirar a proteção do Estado em relação a determinadas pessoas, deve ser interpretada restritivamente.

Assim, a incapacidade é fundada na proteção do Estado. Por isso, não se poderia fazer analogia em situações que pudessem prejudicar o incapaz, retirando-lhe tal proteção. Por essas razões, tal equiparação não vem sendo admitida. Tal posição, a nosso ver, é correta.

• Inciso III do parágrafo único do art. 5º: emancipação legal pelo exercício de emprego público efetivo

A emancipação do menor também pode ocorrer pelo "exercício de emprego público". Essa hipótese de emancipação dificilmente ocorrerá na prática, tendo em vista que a função pública normalmente é exercida por pessoas com idade superior a 18 anos, quando já são plenamente capazes (*caput* do art. 5º do CC). Como bem recorda Carlos Roberto Gonçalves[65], "é essa a idade mínima exigida para se ingressar no funcionalismo público, em caráter efetivo, como exige a lei. Dificilmente esta admitirá o acesso, nestas condições, ao maior de 16 e menor de 18 anos".

A crítica que se faz ao dispositivo é a imprecisão da terminologia empregada pelo Código Civil, qual seja, "exercício de emprego público efetivo". O termo "emprego público", no âmbito administrativo, tem aspecto restrito, pois se refere a servidores vinculados ao serviço público pela Consolidação das Leis Trabalhistas, sendo que os ocupantes de cargos públicos possuem vínculo estatutário. Além disso, há os ocupantes de cargos comissionados ou de confiança.

Assim, embora o Código Civil tenha utilizado uma terminologia incorreta, não há dúvida de que o menor de 18 anos que venha a se vincular à Administração Pública, independentemente do regime jurídico (estatutário ou CLT), emancipar-se-á.

Há duas explicações para isso: em primeiro lugar, o serviço público é relevante para a coletividade e para o atendimento do interesse público. A pessoa que tem competência e capacidade para ocupar cargo, emprego ou qualquer função pública certamente tem pleno discernimento para os demais atos da vida civil. Como bem ressalta Silvio Rodrigues[66], se o próprio Poder Público reconhece no indivíduo a maturidade para representá-lo, ainda que numa pequena área de sua atividade, incompreensível seria continuar a tratá-lo como incapaz.

Segundo, o dispositivo deve ser interpretado de forma sistemática e coerente com as demais hipóteses de emancipação. O atual Código Civil, no inciso V do art. 5º, permite a emancipação do menor com 16 anos pela mera existência de relação de emprego no âmbito privado.

Se é possível a emancipação em decorrência de qualquer relação de emprego privado, desde que, consequentemente, o menor tenha economia própria, no caso de o menor exercer qualquer atividade pública, seja cargo, emprego ou função, considerando a relevância das atribuições e a intensidade das responsabilidades do servidor público, não há por que não ser emancipado, ainda que posteriormente venha a ser exonerado ou demitido.

Importante lembrar, que a emancipação é irrevogável em qualquer hipótese, salvo casos de evidente fraude, razão pela qual a demissão ou a exoneração não pode fazer com que a pessoa retorne à condição de incapaz.

A atividade pública só pode ser exercida por pessoas de extrema capacidade e pleno discernimento. Admitindo que o maior de 16 (dezesseis) anos ingresse no serviço público, o Estado estaria reconhecendo que ele já possui pleno discernimento para a prática de qualquer ato no âmbito de sua vida privada. Dessa forma, basta o menor exercer qualquer atividade pública para consumar sua emancipação.

• Inciso IV do parágrafo único do art. 5º: emancipação legal pela colação de grau em curso de ensino superior

Essa hipótese de emancipação será raríssima. Salvo casos absolutamente excepcionais dos chamados "gênios", ninguém conseguirá colar grau em ensino superior antes dos 18 anos. A razão é simples. Os prazos exigidos pelas leis que traçam diretrizes para a educação fazem com que, aos 17 ou 18 anos a pessoa esteja apenas ingressando no ensino superior e, independentemente do curso escolhido, levará anos para concluí-lo. Assim, quando completar o curso superior, a pessoa terá mais de 18 anos.

---

[65] GONÇALVES, Carlos Roberto. *Direito civil brasileiro*: parte geral. 10. ed. São Paulo: Saraiva, 2012. v. I.

[66] RODRIGUES, Sílvio. *Direito civil*: parte geral. 34. ed. São Paulo: Saraiva. v. 1.

• **Inciso V do parágrafo único do art. 5º:** emancipação legal pelo estabelecimento civil ou comercial, ou pela existência de relação de emprego, desde que, em função deles, o menor com 16 anos completos tenha economia própria

O Código Civil, nesse inciso, traz duas hipóteses de emancipação: 1– estabelecimento civil ou comercial gerido e administrado por pessoa com mais de 16 e menor de 18 anos de anos; e 2– vinculação a emprego privado.

Em qualquer dessas hipóteses, o menor entre 16 e 18 anos, necessariamente, deverá ter economia própria. O que isso significa? Ao se tornar empresário ou passar a exercer emprego privado, o menor entre 16 e 18 anos, em função de qualquer dessas atividades, deverá ter condições de se manter economicamente sem auxílio de terceiros, sejam esses parentes ou não. Este é o sentido a ser dado à expressão "economia própria".

No que se refere ao estabelecimento comercial, permite o Código Civil, por via indireta, que a pessoa, com 16 anos completos, se torne empresária.

Segundo o art. 966 do CC, considera-se empresário quem exerce, profissionalmente, atividade econômica organizada para a produção ou a circulação de bens ou de serviços. O profissionalismo, o exercício de atividade econômica organizada, a finalidade de lucro e a produção ou a circulação de bens, ou a prestação de serviços, caracterizam a atividade empresária. Assim, será empresário individual ou sociedade empresária aquele que exercer atividade para a qual a organização dos fatores da produção tenha mais relevância do que a atividade pessoal desenvolvida.

Sempre que houver preponderância da organização em detrimento da pessoalidade, a atividade será empresária.

O art. 972 do CC dispõe sobre a capacidade para ser empresário.

A capacidade civil se constitui como pressuposto para o exercício da atividade de empresário (art. 972 do CC). Diante desta regra, o incapaz não pode ser empresário?

É empresário quem exerce, de forma profissional (com habitualidade), atividade (empresa) econômica (com fim de lucro) organizada para a produção ou circulação de bens e serviços (é obrigatório o registro para a regularidade da atividade, mas não para a caracterização da condição de empresário – exceção: rural, registro é facultativo e constitutivo e, se o fizer, se submeterá ao regime jurídico de empresário).

Há duas espécies de empresários: 1 – empresário individual (pessoa natural); 2 – sociedade empresária (pessoa jurídica com pluralidade de pessoas ou unipessoal). A capacidade civil tem relevância para o empresário individual, caso em que a própria pessoa natural, em seu nome, exercerá a atividade de empresário.

Em *tese*, o incapaz não pode *iniciar* a atividade de empresário individual, porque não ostenta requisito exigido pela lei: capacidade civil (art. 972 do CC). Todavia, excepcionalmente, poderá o incapaz (por meio de representante ou assistente) dar *continuidade* (atender ao princípio da preservação da "empresa") à atividade de empresário individual em duas hipóteses: 1– incapacidade superveniente do empresário individual (iniciou a atividade capaz e se tornou incapaz); ou 2– incapaz que é sucessor de empresário individual falecido. É o que dispõe o Enunciado 203 da III Jornada de Direito Civil.

O incapaz somente poderá continuar a atividade de empresário individual se houver autorização judicial (que pode ser revogada), após análise do risco da atividade e da conveniência em mantê-la. A continuação de atividade empresarial como empresário individual dependerá de autorização judicial em procedimento de jurisdição voluntária, com participação do MP, com todas as restrições dos §§ 1º e 2º do art. 974. Neste caso, também haverá proteção patrimonial em relação aos bens que o incapaz possuía ao tempo em que se tornou incapaz ou no momento da abertura da sucessão, salvo se já estavam vinculados à atividade empresarial. O incapaz é protegido (fundamento da incapacidade) pela teoria do patrimônio mínimo.

E a relação desta situação com a emancipação? A palavra "em tese" se justifica porque o exercício de empresa (atividade econômica organizada) é uma das causas de emancipação legal (art. 5º, inciso V, do CC). O que isso significa? Se o menor entre 16 e 18 anos (incapaz) pode se emancipar pelo exercício de atividade de empresário, para tanto terá que *iniciá-la* e, neste momento, será incapaz (a emancipação exige atividade de empresário + economia própria)!

A afirmação comum e reiterada de que o incapaz não pode iniciar, mas apenas continuar o exercício de atividade de empresário individual deve ser considerada "em termos". Se a própria atividade de empresário (individual) conduz à emancipação que tem como consequência a antecipação da capacidade civil, é óbvio que o incapaz, a partir dos 16 anos (pode até ser assistido), poderá *iniciar* a atividade de empresário. Caso contrário, tal causa de emancipação não teria sentido. Após iniciar atividade como empresário individual, ao alcançar a economia própria, se emancipa e, a partir de então, passa a ter plena capacidade. Se o menor estiver emancipado por outra causa que não o exercício de atividade de empresário individual, poderá ser empresário individual porque a emancipação o torna capaz.

O problema surge quando a emancipação se relaciona com a própria atividade de empresário individual, pois não basta iniciar a atividade para se emancipar. É essencial que tal atividade econômica empresarial lhe garanta autonomia financeira (economia própria). Entre o início da atividade e o momento da aquisição da economia própria (ninguém inicia atividade empresária com autonomia financeira) será, necessariamente, empresário individual incapaz.

No caso da sociedade empresária, como o empresário é a pessoa jurídica (sociedade), nada impede que o incapaz, desde a constituição (início) da sociedade, figure como sócio/acionista. O sócio incapaz não se confunde com o empresário individual incapaz. No caso do sócio incapaz, para protegê-lo, a lei civil cria restrições: não pode ser administrador; deverá estar representado ou assistido e, por fim, o capital social deverá estar totalmente integralizado (§ 3º do art. 974).

O art. 5º do Código Civil trata de situação em que o menor poderá ser emancipado como empresário individual, e não como sócio de sociedade empresária.

Conjugando os dispositivos acima, verifica-se que, para ser empresário individual, o inciso V do parágrafo único do art. 5º permite a emancipação, se o maior de 16 anos vier a se estabelecer empresarialmente, ou seja, caso se torne empresário e, em razão dessa atividade empresarial, consiga se manter com recursos próprios. O problema é que a emancipação, decorrente do exercício da atividade empresarial individual, pressupõe economia própria.

A emancipação somente ocorrerá se, em razão dessa atividade ou em função dela, tiver o empresário individual maior de 16 anos economia própria. O art. 972 do CC deve ser interpretado de forma sistemática, pois somente terá a capacidade civil o maior de 18 anos e os menores arrolados no art. 5º (emancipados). E uma das formas de emancipação é justamente o estabelecimento comercial ou o exercício de empresa (que é a atividade econômica). Se exercer empresa na condição de empresário individual e, em função dela, tiver economia própria, estará emancipado e, por isso, terá capacidade civil.

Se o maior de 16 anos exerce atividade empresarial como empresário individual, mas, em função dela, não consegue ter economia própria, é possível considerá-lo como capaz para o exercício da empresa? Não. Entretanto, deve ser admitido que inicie atividade empresarial, mesmo antes da capacidade civil, quando pretender a capacidade civil pela condição de empresário individual, sob pena de torna letra morta o art. 5º, V, do CC.

A emancipação somente ocorrerá no caso de o menor exercer atividade empresarial e, em função dela, ter economia própria. O exercício de empresa, por si só, sem a economia própria, não emancipa. Se não emancipa, não há capacidade civil. E se não há capacidade civil, a princípio, não poderia exercer atividade empresária, pois o art. 972 exige a capacidade civil para que se desenvolva tal atividade. Ocorre que a atividade empresária é uma das causas de emancipação.

Por fim, a relação de emprego privado também deve garantir ao menor, *economia própria* ou independência financeira, como condição para a emancipação. A regra é mais rígida do que a estabelecida para o exercício de atividade pública. No serviço público basta o exercício da atividade, independentemente de economia própria. No âmbito privado, além da relação de emprego, é indispensável que, em função dela, o menor tenha independência financeira.

No direito do trabalho há uma regra que pode conflitar com esta causa de emancipação. Segundo o art. 439 da CLT, é vedado ao menor de 18 anos dar, sem assistência de seus responsáveis legais, quitação ao empregador para o recebimento de indenização decorrente de rescisão de contrato de trabalho. Como a Consolidação das Leis do Trabalho apenas faz referência ao menor, sem esclarecer se é ou não emancipado, surgirá a dúvida se, neste caso, é necessária ou não atuação dos responsáveis para a rescisão do contrato de trabalho.

Em que pese esse requisito econômico, o fato é que o dispositivo aumentará consideravelmente o número de pessoas emancipadas.

Por fim, o art. 73 da Lei n. 4.375/64 considera emancipados o homem e a mulher com 17 anos completos para fins de serviço militar.

1.7. TÉRMINO DA PERSONALIDADE CIVIL E REGISTRO DA PESSOA NATURAL

1.7.1. Noções preliminares sobre o término da personalidade civil

A personalidade civil da pessoa natural termina com a morte. É o que dispõem os arts. 6º, 7º e 8º do CC.

O art. 6º, na primeira parte, dispõe que a existência da pessoa natural termina com a morte. Na segunda parte, enuncia que a morte será presumida, quanto aos ausentes, nos casos em que a lei autoriza a abertura da sucessão definitiva. O art. 7º também apresenta outro fundamento para a morte presumida.

No caso de morte presumida, há duas situações a serem consideradas:

A primeira está relacionada ao ausente (art. 6º, segunda parte, do CC): *morte presumida após a abertura da sucessão definitiva do ausente*.

A segunda hipótese de morte presumida está prevista no art. 7º do CC: *morte presumida após procedimento judicial que apure a probabilidade de morte de quem estava em perigo de vida ou o desaparecimento de prisioneiro de guerra*. Neste último caso, não há necessidade do procedimento da ausência para a declaração de morte presumida, conforme se depreende do *caput* e do parágrafo único do art. 7º do CC.

Nas duas situações, há probabilidade e não certeza da morte. Tal probabilidade é fundada no fator risco (art. 7º) ou no fator tempo (art. 6º, segunda parte, e arts. 22 a 39 do CC).

Se a pessoa estiver em situação de risco grave (situações do art. 7º) no momento do desaparecimento, presume-se a morte (a situação de risco é contemporânea ao desaparecimento). Por outro lado, se a pessoa se ausentar sem deixar notícias do paradeiro e o desaparecimento se prolonga no tempo, presume-se a morte pelo fator tempo (a situação de risco é superveniente ao desaparecimento). É por essa razão que no caso de presunção de morte fundada no fator tempo (ausência prolongada), há procedimento (de razoável duração, dividido em fases) para a tutela dos bens e da pessoa do ausente até que a certeza do desaparecimento se converta em presunção de morte.

Como já ressaltado anteriormente, nossa legislação não reconhece qualquer hipótese de morte civil ou perda da personalidade em vida.

1.7.1.1. Morte real

A morte real tem por principal efeito o término da personalidade jurídica da pessoa natural. Com ela, "termina a existência da pessoa natural" e, sem existência, não há mais personalidade civil.

A morte real ocorre com a paralisação das atividades cerebrais ou morte encefálica, conforme dispõe o art. 3º da Lei de Remoção de Órgãos (Lei n. 9.434/97). Prova-se tal morte com a certidão extraída do assento de óbito, nos termos do art. 77 da Lei n. 6.015/73 (Lei de Registros Públicos). O registro do óbito é obrigatório, nos termos do art. 9º, I, do CC.

O art. 79 da Lei de Registros Públicos dispõe sobre aqueles que são obrigados a fazer a declaração de óbito e no seu art. 80 arrola todos os elementos ou requisitos que o assento ou registro de óbito deverá conter.

A morte real é apurada com o exame do corpo ou do cadáver e, diante da constatação da paralisação da atividade encefálica, declara-se o óbito.

Na ausência de atestado de óbito para comprovação da morte real, esta poderá ser provada por outros meios, como é a hipótese do art. 83 da Lei n. 6.015/73 (testemunhas que presenciaram o falecimento ou enterro).

A morte real também pode ser atestada por meio de um processo judicial de justificação de óbito (procedimento de jurisdição voluntária). O art. 88 da Lei n. 6.015/73 dispõe sobre uma dessas hipóteses de morte real por meio de justificação, em casos de pessoas desaparecidas em catástrofes, quando estiver provada sua presença no local da catástrofe e houver impossibilidade de encontro do cadáver para exame.

A morte real pode ser comprovada por meio de prova direta, quando se examina o próprio corpo ou cadáver e se constata a paralisação da atividade encefálica. Todavia, também pode ser comprovada por meio de provas indiretas, quando, embora não se tenha o cadáver, seja possível chegar à certeza jurídica da morte por meio de outras provas, como testemunhas, por exemplo.

Por que o termo "pode"? Pois se, em razão das provas, o juiz se convencer de que a pessoa desaparecida estava no local da catástrofe e, naquela situação de risco, seria impossível a sua sobrevivência, a morte dessa pessoa será real (haverá uma certeza jurídica da morte). No entanto, se as provas não levarem a essa certeza, mas apenas à conclusão de probabilidade de que a pessoa desaparecida estivesse no local da catástrofe, o caso não é de morte real, mas sim de morte presumida. Ou seja, se as provas forem insuficientes para apurar a certeza jurídica da morte, esta não pode ser considerada real. É questão de prova.

Por isso, a morte real deve ser comprovada por meio do exame do cadáver ou de qualquer outro meio de prova que possa dar certeza jurídica do óbito. Ausente a certeza, a morte é considerada presumida.

Qual a importância da certeza ou não da morte?

No caso de morte real, a existência da pessoa natural efetivamente termina ou cessa. O principal efeito da morte real é o fim da personalidade civil. A pessoa deixa de existir juridicamente, embora possa subsistir a sua vontade manifestada em testamento (art. 1.857 do CC) ou codicilo (art. 1.881 do CC). A morte real também acarreta a extinção do poder familiar, a dissolução do vínculo matri-

monial, determina a abertura da sucessão, põe fim aos contratos personalíssimos de natureza patrimonial, extingue a obrigação de pagar alimentos, extingue o usufruto, dentre outros efeitos específicos.

É necessário cautela com essa questão da prova da morte, pois somente no caso da morte real haverá perda da personalidade civil. No caso de presunção de morte, seja aquela fundada no fator risco (hipóteses do art. 7º do CC), seja a fundada no fator tempo (ausência prolongada – desaparecimento), a perda da personalidade é apenas presumida, por não haver certeza jurídica da morte.

Por outro lado, não pode ser confundida a morte real, comprovada por meios indiretos, com a morte presumida, fundada no fator risco (art. 7º), na qual as provas não levam à certeza jurídica da morte, mas apenas à existência de extrema probabilidade de que a pessoa tenha falecido. Juízos de certeza e probabilidade não se confundem.

O art. 7º do CC trata de morte presumida fundada no fator risco. Se as provas levarem à certeza da morte, é óbvio que esta será real e, nesse caso, não se aplica o art. 7º. O próprio art. 88 da Lei n. 6.015/73, quando menciona a justificação de morte ocorrida em desastre, não trata, necessariamente, de morte real. Poderá ser real ou presumida, a depender das provas sobre a certeza ou a mera probabilidade de morte.

1.7.1.2. Morte presumida sem decretação de ausência

Na morte presumida sem decretação de ausência existe a probabilidade extrema de morte, mas não certeza jurídica. Por isso, é morte por presunção. Tais hipóteses estão arroladas no art. 7º do CC e no art. 88 da Lei n. 6.015/73. No caso, é dispensado o procedimento da ausência porque o fundamento da presunção de morte é o fator risco e não o fator tempo, como na ausência, que pressupõe desaparecimento. Nas hipóteses do art. 7º a presunção de morte tem como premissa a existência de uma situação de risco. Não há vínculo com o fator tempo. Como o procedimento da ausência somente se justifica porque a presunção de morte está atrelada ao fator tempo, não há que se cogitar em ausência nas situações de presunção de morte vinculadas ao fator risco.

Desse modo, segundo o art. 7º do CC, pode ser declarada a morte presumida, sem decretação de ausência, nos seguintes casos:

Nessa primeira hipótese, exigem-se dois requisitos cumulativos: 1– extrema probabilidade de morte; e 2– estar a pessoa em situação de perigo de vida.

Como os termos são indeterminados, tal hipótese é muito abrangente. Em qualquer situação de perigo de vida (causa) e extrema probabilidade de morte (efeito) em decorrência desse perigo, é possível a declaração de morte presumida, por meio de um procedimento judicial, em que a sentença deverá fixar a data provável do óbito.

O termo "extrema probabilidade" evidencia a preocupação do Estado com a declaração de morte, sem o seguro e moroso procedimento da ausência, que está associado à presunção de morte baseada no fator tempo. As provas relacionadas à situação de perigo de vida em que a pessoa natural estava inserida devem levar a um juízo de alta probabilidade a respeito do óbito.

Se as provas forem suficientes para se chegar a uma certeza do óbito, a morte será real.

O art. 88 da Lei n. 6.015/73 trata de uma hipótese específica de morte que, a depender das provas no procedimento de justificação, poderá ser real ou presumida. Já o art. 7º, I, do CC, traz uma hipótese genérica ou uma cláusula geral de morte presumida em caso de perigo de vida. A presunção de morte neste caso tem como fundamento o fator risco ou "pessoa em situação de risco", cujo efeito é a probabilidade de morte. Na Lei de Registros Públicos, a hipótese específica pode levar à probabilidade ou certeza da morte. No Código Civil, a hipótese é de morte presumida.

Situação específica de morte presumida está também prevista na Lei n. 9.140/95, alterada pela Lei n. 10.536/2002, que, em seu art. 1º, reconhece como mortas, para todos os efeitos legais, as pessoas que tenham participado, ou tenham sido acusadas de participação em atividades políticas, no período de 2-9-1961 a 5-10-1988, e que, por esse motivo, tenham sido detidas por agentes públicos, achando-se, desde então, desaparecidas, sem que delas haja notícias.

> "II – se alguém, desaparecido em campanha ou feito prisioneiro, não for encontrado até dois anos após o término da guerra."

Tal dispositivo tem aplicação para conflitos internacionais e internos, e se aplica a militares e civis. Se o inciso I traz hipótese genérica ou cláusula geral de morte presumida em qualquer situação envolvendo risco de vida, aqui o Código Civil estabelece uma hipótese específica de morte presumida. Na verdade, esse dispositivo é plenamente dispensável. Explica-se: se alguém desapareceu em campanha ou foi feito prisioneiro e, dois anos após o término da guerra não foi encontrado, não há dúvida de que estava em perigo de vida e que é extremamente provável a sua morte.

Não há justificativa para esse dispositivo quando tal situação já está inserida na hipótese genérica do inciso I. A incoerência é tanta que, se imaginarmos uma pessoa desaparecida em campanha, passados apenas 1 ano e 10 meses do término da guerra, não será possível considerá-la morta por presunção. Não há dúvida de que, apenas pelo fato de estar na guerra, a pessoa já está em perigo de vida. Por isso, se não for encontrada após o término da guerra, independentemente de qualquer prazo, é extremamente provável que esteja morta, razão pela qual pode ser declarada a morte presumida com fundamento no art. 7º, I, do CC.

Em relação à morte presumida sem decretação de ausência, resta apenas ressaltar o disposto no parágrafo único do art. 7º, segundo o qual a declaração da morte presumida, nos casos do mencionado artigo, somente poderá ser requerida depois de esgotadas as buscas e averiguações, devendo a sentença fixar a data provável do falecimento.

A morte presumida, nesses casos, exige cautela, justamente por conta dos vários efeitos jurídicos decorrentes do falecimento, tanto em termos pessoais ou existenciais quanto em termos patrimoniais.

Por isso, antes da declaração da morte, é necessário esgotar as buscas e averiguações, ou seja, é preciso exaurir todas as possibilidades de localizar provas para a declaração da morte real. Após todas as buscas e averiguações, não sendo possível acumular provas para atestar a morte real, pode ser requerida a morte presumida, desde que a situação se ajuste aos requisitos legais, caso em que o juiz, nesse procedimento de jurisdição voluntária, deverá fixar a data provável do falecimento.

Na VIII Jornada de Direito Civil, realizada em abril de 2018, foi aprovado enunciado para reconhecer que "os efeitos patrimoniais da presunção de morte posterior à declaração de ausência são aplicáveis aos casos do art. 7º, de modo que, se o presumivelmente morto reaparecer nos dez anos seguintes à abertura da sucessão, receberá igualmente os bens existentes no estado em que se acharem". No caso do art. 7º, a sucessão se abre com o reconhecimento judicial da probabilidade de morte fundada no fator risco. Como é mera presunção de morte, é possível, em tese, o retorno da pessoa que estava em situação de risco. Se retornar, os efeitos jurídicos do art. 39 do CC a ela se aplicam.

Por fim, resta analisar a morte presumida em relação aos ausentes, que será objeto de tópico próprio.

Tal hipótese está prevista na segunda parte do art. 6º do CC, segundo o qual, em relação aos ausentes, a presunção de morte somente ocorrerá na última fase do procedimento da ausência, qual seja, abertura da sucessão definitiva. O fundamento desta presunção é o fator tempo. O desaparecimento da pessoa, após longo período de tempo, converte a certeza do desaparecimento em presunção de morte.

1.7.2. Comoriência

A morte simultânea ou comoriência é tratada no art. 8º do CC, na parte geral, pois tem relação com o término da personalidade. Como já visto, a personalidade civil termina com a morte. No caso da morte presumida, a perda da personalidade civil também é presumida.

Segundo dispõe o art. 8º do CC, se dois ou mais indivíduos falecerem na mesma ocasião, não sendo possível averiguar se algum dos comorientes precedeu aos outros, presumir-se-ão simultaneamente mortos.

Embora a morte simultânea tenha relação com o fim da personalidade civil, o assunto seria mais adequado para o livro das sucessões. A explicação para isso é muito simples. Em regra, dois ou mais indivíduos que falecem na mesma ocasião e não se consegue apurar quem veio a óbito em primeiro lugar, é fato irrelevante. Excepcionalmente, tal fato terá relevância se os comorientes tiverem vínculo afetivo ou familiar, o que poderá repercutir no direito sucessório. Assim, o interesse em se apurar quem primeiro faleceu só existirá se um for herdeiro ou beneficiário do outro, ou seja, se forem sucessíveis entre si.

Nessa hipótese excepcional (para fins de sucessão), não se podendo apurar qual dos indivíduos, falecidos na mesma ocasião, precedeu ao outro ou outros, não haverá transferência de bens entre tais parentes, ou seja, não há sucessão ou transmissão de herança entre os comorientes.

Por exemplo, se um casal morre na mesma ocasião, sem deixar descendentes, não sendo possível apurar quem primeiro faleceu. A herança do homem irá para os seus ascendentes e a da mulher para os seus ascendentes. O casal não herda entre si. Entre comorientes não há transmissão de herança. Nesse mesmo exemplo, se ficar provado que o homem faleceu antes, ainda que por alguns instantes, sua esposa concorrerá na herança com os ascendentes do marido.

O art. 8º do CC dispõe que a morte simultânea deve ocorrer "na mesma ocasião", ou seja, ao mesmo tempo, ainda que em lugares diferentes. Embora difícil de ocorrer, a norma não restringe a morte simultânea ao mesmo evento, mas apenas à mesma ocasião.

O fato é que, somente haverá interesse na comoriência se as pessoas forem sucessíveis entre si, ou seja, a comoriência impede a transmissão de qualquer direito entre as pessoas comorientes.

O Código Civil está afinado com a legislação internacional quando considera a morte simultânea em caso de comoriência.

Fábio de Oliveira Azevedo[67] menciona, ainda, a possibilidade de haver comoriência entre morte real e morte presumida ou comoriência entre duas mortes presumidas.

1.7.3. Registro público e pessoa natural. Questões sobre estado

O Código Civil, nos art. 9º e 10, faz referência ao registro público de questões relacionadas às pessoas naturais. O art. 9º determina o registro do nascimento, casamento e óbito, assim como da emancipação voluntária, por outorga dos pais, e judicial, nos casos de tutela. Também estão sujeitas ao registro civil a interdição em decorrência da incapacidade absoluta ou relativa e a sentença declaratória de ausência, proferida na primeira fase do procedimento da ausência, art. 22 do CC, e a sentença de morte presumida, sem declaração de ausência, nas hipóteses do art. 7º da Lei Civil.

Nas lições de Ceneviva[68], o registro civil produz três efeitos jurídicos: constitutivos, comprobatórios e publicitários. Os primeiros estão ligados à própria existência do direito; os segundos à comprovação da existência e à veracidade do ato ao qual se refere; os terceiros à possibilidade de ser conhecido, via de regra, por quem quer que tenha ou não interesse.

O art. 10 do CC trata das averbações no registro civil. A anotação às margens do registro civil é diferente do próprio registro. Segundo Walter Ceneviva[69], "averbar é ação de anotar, à margem de assento existente, fato jurídico que o modifica ou cancela. É privativa do oficial ou de funcionário autorizado, a ser praticada com tanto cuidado e atenção quanto o próprio registro, do qual é acessório".

Segundo o art. 98 da Lei de Registros Públicos, a averbação será feita à margem do assento e, quando não houver espaço, no livro corrente, com as notas e remissões recíprocas, que facilitem a busca.

Devem ser averbadas em registro público as sentenças que decretem a nulidade ou a anulação do casamento, o divórcio, a separação judicial e o restabelecimento da sociedade conjugal, declarando-se a data em que o juiz proferiu, a conclusão, o nome das partes e o trânsito em julgado. Antes da averbação, as sentenças não produzirão efeitos em relação a terceiros. As sentenças de nulidade e anulação de casamento não serão averbadas enquanto sujeitas a recurso, qualquer que seja o seu efeito (art. 10, I, do CC e art. 100 da Lei n. 6.015/73).

Os atos, judiciais ou extrajudiciais, que declarem ou reconheçam filiação, também devem ser averbados em registro público. Os filhos podem ser reconhecidos por sentença ou voluntariamente. O reconhecimento de filhos é objeto dos arts. 1.607 a 1.617 do CC.

Entre as questões mais relevantes sobre o reconhecimento voluntário, está a disposição sobre a irrevogabilidade desse reconhecimento, mesmo se feito por testamento (arts. 1.609 e 1.610 do CC). O reconhecimento de filho não admite qualquer condição ou termo e, se apostos, são considerados ineficazes. O filho maior não pode ser reconhecido sem o seu consentimento, e o menor poderá impugnar o reconhecimento, nos quatro anos subsequentes à maioridade ou à emancipação. Finalmente, o reconhecimento poderá até preceder o nascimento do filho ou ser posterior ao seu falecimento, se ele deixar descendentes. Portanto, os filhos podem ser reconhecidos por ato judicial (sentença) ou extrajudicial (voluntariamente).

Por fim, devem ser averbados os atos judiciais ou extrajudiciais de adoção (inciso III do art. 10 do CC). O inciso III do art. 10 do CC era equivocado quando admitia a averbação de adoção por ato extrajudicial. O ordenamento jurídico brasileiro, principalmente após o advento do atual Código Civil, não mais permite adoção por ato extrajudicial. A adoção, de pessoa menor ou maior, dependerá, necessariamente, de uma sentença a ser proferida em processo judicial com a observância de todos os princípios do devido processo legal. De qualquer forma, a Lei n. 12.010/2009 corrigiu o equívoco ao revogar, em seu art. 8º, o inciso III do art. 10 do CC.

O Código Civil, em sua redação original, no art. 1.623, determinava que a adoção deveria obedecer a processo judicial e, quando relacionada a maiores de 18 anos, dependeria igualmente de assistência efetiva do Poder Público e de sentença constitutiva.

---

[67] AZEVEDO, Fábio de Oliveira. *Direito civil*: introdução e teoria geral. Rio de Janeiro: Lumen Juris, 2009.

[68] CENEVIVA, Walter. *Lei dos registros públicos comentada*. 20. ed. São Paulo: Saraiva, 2010.

[69] CENEVIVA, Walter. *Lei dos registros públicos comentada*. 20. ed. São Paulo: Saraiva, 2010.

Com a nova Lei de Adoção, n. 12.010/2009, foram revogados expressamente os art. 1.620 a 1.629 do CC, inclusive o art. 1.623, que tratava da sentença judicial. No entanto, a nova lei alterou a redação do art. 1.619, o qual está em plena vigência, prevendo que a adoção de maiores de 18 anos dependerá da assistência efetiva do Poder Público e de sentença constitutiva, aplicando-se, no que couber, as regras gerais da Lei n. 8.069/90 – Estatuto da Criança e do Adolescente.

Assim, a previsão de sentença judicial para adoção de maiores de 18 anos, antes prevista no art. 1.623, revogado pela Lei n. 12.010/2009, agora faz parte da redação do atual art. 1.619.

Em relação aos menores, a adoção dependerá, necessariamente, de sentença judicial, conforme art. 47 da Lei n. 8.069/90 – Estatuto da Criança e do Adolescente.

Como se percebe, não há possibilidade de adoção por ato extrajudicial no nosso ordenamento jurídico, devendo ser desconsiderada essa referência inserida no inciso III do art. 10 do CC.

Aliás, por conta desse inciso, foi aprovado o Enunciado 272 da 4ª Jornada de Direito Civil: "Não é admitida em nosso ordenamento jurídico a adoção por ato extrajudicial, sendo indispensável a atuação jurisdicional, inclusive para adoção de maiores de 18 anos".

Ainda sobre o registro da adoção, o Enunciado 273, da mesma Jornada, assim dispõe: "Tanto na adoção bilateral quanto na unilateral, quando não se preserva o vínculo com qualquer dos genitores originários, deverá ser averbado o cancelamento do registro originário de nascimento do adotado, lavrando-se novo registro. Sendo unilateral a adoção, e sempre que se preserve o vínculo originário com um dos genitores, deverá ser averbada a substituição do nome do pai ou da mãe natural pelo nome do pai ou da mãe adotivos".

Em relação ao estado das pessoas, há uma conexão com a questão da capacidade. O estado é uma qualidade jurídica decorrente da inserção de um sujeito numa categoria social, da qual derivam, para este, direitos e deveres. Estado, em direito privado, é noção técnica destinada a caracterizar a posição jurídica do indivíduo na sociedade política ou familiar. No fundo, o estado é uma qualificação que encerra elementos de individualização da personalidade.

O estado é indivisível, indisponível e imprescritível, e pode ser político, familiar (cônjuge e parente) ou individual (idade, sexo, saúde etc.).

1.8. TÉRMINO DA PERSONALIDADE CIVIL E AUSÊNCIA

1.8.1. Considerações preliminares sobre o instituto da ausência

O instituto da ausência passa a ter relevância porque se conecta com a dignidade da pessoa humana. O destaque se evidencia por integrar a parte geral do Código.

A ausência também possui previsão na legislação processual civil, arts. 744 e 745 do CPC (jurisdição voluntária), como será analisado.

O princípio da dignidade da pessoa humana é a base de referência para o instituto da ausência. Como a pessoa humana está no centro do sistema jurídico e como as regras e princípios de direito privado possuem a finalidade de garantir dignidade à pessoa, com a concretização de situações existenciais no mundo da vida, a ausência, por ter relação com o término da personalidade civil da pessoa humana, passa a se submeter a parâmetros hermenêuticos mais sofisticados que estão na Constituição Federal.

A premissa para compreensão das regras que disciplinam a ausência é observar que o objetivo principal é proteger a pessoa humana que está desaparecida.

A pessoa natural, que desaparece de seu domicílio sem deixar notícias, será considerada ausente, mas, onde estiver, terá personalidade civil e plena capacidade jurídica (de direito e de fato). O CC de 2002, de forma definitiva, dissocia a ausência da incapacidade.

A ausência, portanto, demanda estudo integrado na dogmática civil-constitucional de promoção da pessoa humana, independentemente das questões patrimoniais relacionadas ao tema. Ainda há muito interesse na preservação do patrimônio do ausente, mas tal preservação deve também atender aos interesses da pessoa do ausente e não apenas dos sucessores e interessados.

É por isso que a pessoa desprovida de patrimônio ou bens poderá ser declarada ausente. O instituto, portanto, tem a finalidade de tutelar, em primeiro plano, a pessoa do ausente e, secundariamente, o aspecto patrimonial. Nesse sentido, aliás, já decidiu o STJ (Recurso Especial n. 1.016.023/DF).

1.8.2. Conceito de ausência

O Código Civil define a ausência no art. 22. Ausente é a pessoa que desaparece de seu domicílio ou dos seus domicílios (pois, atualmente, a pessoa natural pode ter vários domicílios – princípio da pluralidade domiciliar), sem deixar notícia sobre o seu destino e sem deixar representante ou procurador a quem caiba administrar-lhe os bens. Portanto, a ausência se caracteriza pelo desaparecimento da pessoa, sem que ninguém saiba o seu destino ou paradeiro. Trata-se de situação fática.

Nas palavras de Washington de Barros Monteiro[70], a ausência se caracteriza pela *não presença*, somada à *carência de notícias* e à *inexistência de procurador* para gerir o patrimônio do ausente.

Após a caracterização do desaparecimento, o juiz, a requerimento do Ministério Público ou de qualquer interessado, declarará a ausência e nomeará um curador para administrar os bens do ausente, nos termos do art. 22 do CC.

O art. 22 do CC inaugura o capítulo que disciplina a ausência (da pessoa humana) e as providências necessárias

---

[70] MONTEIRO, Washington de Barros. *Curso de direito civil*. v. I (Parte Geral). 37. ed. (atualizada por Ana Cristina de Barros Monteiro França Pinto). São Paulo: Saraiva, 2000.

dela decorrentes. A ausência é situação de fato e se caracteriza quando pessoa humana desaparece do seu domicílio (ou domicílios, caso tenha mais de um), sem que haja notícias do seu destino/paradeiro. O desaparecimento ocorre em circunstância desconhecida (e não em situação de risco conhecida). Por este motivo, no momento do desaparecimento, ainda não há probabilidade de morte, que somente surgirá após o decurso de longo período.

A ausência também pressupõe ausência de procurador/representante, pois este atua juridicamente em nome de outrem e, se houver representante, a pessoa, na realidade, estará presente na pessoa do procurador. Se alguém nomeia procurador com poderes suficientes para administrar seus bens, ainda que desapareça sem notícias, não é considerado ausente.

Portanto, o art. 22, primeira parte, trata dos requisitos necessários para a caracterização do estado de ausência: desaparecimento do domicílio (ou dos domicílios), sem qualquer notícia do destino e, finalmente, inexistência de procurador/representante nomeado com poderes suficientes para administrar os bens. Não há prazo mínimo de desaparecimento para ser considerado ausente. Neste caso, devem ser analisadas as circunstâncias pessoais e o contexto da pessoa que desapareceu (rotina, modo de vida, relação com familiares etc.).

A ausência, devidamente caracterizada, é causa justa e legítima para o início de providências para resguardar a pessoa e os bens do ausente. Tais providências serão submetidas ao procedimento previsto em lei, dividido em 3 (três) fases: curadoria dos bens, sucessão provisória e sucessão definitiva. O objetivo do procedimento é proteger a pessoa do ausente e seus bens. O ausente, onde estiver, é considerado plenamente capaz para qualquer ato da vida civil.

Com a ausência caracterizada, entra em cena a segunda parte do art. 22 do CC: o procedimento judicial da ausência, com as fases mencionadas.

A legitimidade para requerer a declaração e o reconhecimento do estado fático da ausência é ampla e concorrente: qualquer interessado (parente ou não) e o Ministério Público. O juiz, após constatar que estão presentes os requisitos da ausência (previstos na primeira parte do artigo), profere sentença declaratória da ausência e, no mesmo ato, nomeia o curador (de acordo com a ordem do art. 25) responsável pela gestão patrimonial dos bens do ausente durante a primeira fase do procedimento (na sucessão provisória e definitiva a gestão será dos herdeiros) e, a depender do patrimônio e dos interesses em jogo, fixará os poderes do curador. Com esta sentença, tem início o procedimento da ausência, com a 1ª fase: curadoria dos bens.

O art. 23 do CC é complemento da primeira parte do artigo anterior (22), que trata dos pressupostos necessários para a caracterização da ausência.

De acordo com o art. 22, primeira parte, se a pessoa que desaparece deixa procurador/representante para administrar os seus bens, em termos jurídicos, não pode ser considerado ausente. Todavia, se o procurador/mandatário por qualquer motivo se recusar a exercer tal função, não puder ou se os poderes forem insuficientes, também se declarará a ausência.

Tal norma visa a proteger a pessoa desaparecida, pois a recusa ou impossibilidade do procurador, além da insuficiência de poderes para a boa gestão patrimonial, não podem ser obstáculos para o reconhecimento e a declaração judicial de ausência, o que permitirá que um curador e, na sequência, os herdeiros, zelem pelos bens da pessoa desaparecida. No caso de retorno, a pessoa desaparecida terá seus bens preservados pelo curador ou herdeiros, o que lhe garantirá o mínimo existencial material necessário para vida digna. Portanto, é norma destinada a tutelar a pessoa do ausente quando houver qualquer problema com o procurador ou os poderes a ele conferidos.

A questão que se coloca nessa hipótese é a seguinte: Se houver procurador com poderes insuficientes, declarada a ausência, o curador nomeado assumiria a plena administração dos bens do ausente ou apenas atuaria nos negócios em que o procurador do ausente não tivesse poderes, com uma administração conjunta?

A resposta a essa questão deve ser dada de acordo com princípios constitucionais. O instituto da ausência visa a tutelar a pessoa do ausente e, por conta disso, sua vontade deve ser respeitada, mesmo na condição de desaparecido.

Por isso, caso os poderes do procurador nomeado pelo ausente sejam insuficientes, o curador, nomeado pelo juiz, terá uma atuação restrita em relação à administração do seu patrimônio, ou seja, apenas exercerá atos de administração naquilo que não é alcançado pelo mandato deixado pelo ausente. Haverá, portanto, uma administração conjunta do procurador, nos limites de seus poderes, e do curador, em relação aos demais atos residuais de administração. Tal solução valoriza a pessoa do ausente, permitindo à pessoa de sua confiança manutenção de contato com seus bens, conforme era o seu desejo antes do desaparecimento.

A ausência não é mais definida pelo atual CPC, como fazia a lei processual de 1973 no art. 1.159. O atual CPC, no art. 744, dispõe que a ausência será declarada nos termos da lei civil (arts. 22 a 39 do CC). Após a declaração de ausência, a lei processual determina a arrecadação de bens e a nomeação de curador.

O Código Civil, como já mencionado, desdobrou a caracterização da ausência nos arts. 22 (desaparecimento sem procurador) e 23 (desaparecimento com procurador), e ainda inovou ao permitir a declaração de ausência se os poderes do procurador não forem suficientes para a administração dos bens do ausente.

A ausência também possui íntima relação com o término da personalidade jurídica. A personalidade termina com a morte, que pode ser real ou presumida. A abertura da sucessão definitiva, última fase do procedimento da ausência, é uma das espécies de morte presumida previstas na Lei Civil.

A finalidade do instituto da "ausência" é tutelar a pessoa do ausente, preservar seus bens para que tenha condições mínimas de subsistência em caso de retorno e, em segundo plano, atender aos interesses dos herdeiros. No que tange à questão patrimonial, o ordenamento jurídico procura preservar os bens do ausente para a hipótese de um eventual retorno. Após determinado lapso temporal, sem que o ausente retorne, passa o legislador a cuidar dos interesses dos sucessores e outros interessados (credores, por exemplo ou titulares de direitos que dependem da morte da pessoa).

1.8.3. Fases da ausência – Procedimento

O Código Civil supõe, em primeiro lugar, o desaparecimento transitório da pessoa e toma medidas para preservar o patrimônio do ausente em seu próprio benefício. É a fase da curadoria dos bens do ausente. Nessa fase, apenas há preocupação com a administração dos bens do ausente devido à alta probabilidade de seu retorno. Está disciplinada nos arts. 22 a 25 do CC e se inicia com a decisão judicial que declara a ausência (a pedido de qualquer interessado ou do MP – legitimidade concorrente e ampla justamente para proteger a pessoa), ocasião em que o juiz nomeia curador (art. 25) e fixa os poderes e as obrigações do curador (art. 24), além de determinar que ele promova a arrecadação dos bens e publique os editais necessários, nos termos da lei processual civil.

Após o decurso do prazo previsto em lei, caso o ausente não retorne, torna-se menos provável o seu regresso, razão pela qual o Código mantém a preservação de seus bens, mas inicia a transição para atender aos sucessores e interessados. É a fase da sucessão provisória. Nesta fase, já se defere a posse dos bens aos sucessores, mas são impostas diversas restrições, com o intuito de proteger os interesses do ausente, caso retorne.

Após o prazo previsto na lei, é deferida a sucessão definitiva. Nessa última fase, a propriedade dos bens passa para os sucessores, adstritos apenas a restituí-la ao ausente, caso este apareça no prazo de dez anos subsequentes, contados da abertura da sucessão definitiva (art. 39 do CC).

A declaração judicial da ausência e as sucessões, provisória e definitiva, também podem acarretar efeitos extrapatrimoniais, como adiante será analisado.

1.8.3.1. Curadoria dos bens do ausente – 1ª fase

No sistema do Código Civil, a ausência possui três fases: a declaração da ausência e curadoria dos bens do ausente, a sucessão provisória e a sucessão definitiva. A primeira fase é disciplinada pelos arts. 22 a 25.

A primeira fase tem início com a declaração judicial da ausência, a requerimento do Ministério Público ou de qualquer interessado. A expressão "qualquer interessado" não significa relação de parentesco. Basta que a pessoa demonstre algum interesse na declaração de ausência, como o credor do ausente, por exemplo.

O juiz, de ofício, pode declarar a ausência. Tal poder decorre da regra de simetria com a possibilidade de abertura de inventário de ofício, uma vez que na ausência poderá haver sucessão provisória e definitiva. O art. 22 do CC arrola os legitimados para requererem a declaração de ausência. Como se trata de procedimento de jurisdição voluntária, caracterizada a situação fática prevista na lei, poderia o Estado, de ofício, agir para tutelar a pessoa desaparecida do seu domicílio. Tal entendimento é compatível com o princípio da dignidade da pessoa humana, no caso, do ausente.

Nessa primeira fase, o objetivo é nomear curador para arrecadar e administrar os bens do ausente. Caso este não tenha deixado bens para serem administrados, será possível a declaração de ausência, mas não haverá necessidade de nomeação de curador. A curatela é dos bens e não da pessoa do ausente (*cura rei* e não *cura personae*).

A declaração de ausência, na hipótese de inexistência de bens a serem administrados, também é possível, em razão dos efeitos não patrimoniais que o desaparecimento de uma pessoa pode acarretar.

1.8.3.1.1. Procedimento da primeira fase

1.8.3.1.1.1. Requisitos para a declaração de ausência

O desaparecimento da pessoa natural sem notícias do paradeiro e sem procurador/representante para administrar os bens, caracteriza ausência. Ainda que o ausente deixe procurador, será possível a declaração da ausência na hipótese do art. 23 do CC.

A sentença declaratória de ausência deve ser registrada em registro público, nos termos do art. 9º, IV, do CC. A sentença "declaratória" de ausência é constitutiva, pois cria novo estado civil.

1.8.3.1.1.2. Curador

Na sentença declaratória de ausência, o juiz deve nomear curador para administrar os bens do ausente. Tal curatela visa à manutenção e à conservação dos bens do desaparecido. É curatela dos bens e não da pessoa do ausente.

Caso o ausente não tenha bens a serem administrados, declara-se a ausência, mas, obviamente, não se nomeia curador.

Qual a decisão judicial após a nomeação do curador?

Segundo o art. 24 do CC, ao nomear o curador, o juiz fixar-lhe-á os poderes e obrigações para exercer essa curadoria. Os poderes aqui concedidos são para o curador agir no interesse da preservação dos bens do ausente e não no interesse próprio. Cabe ao juiz definir os poderes e obrigações do curador dos bens.

Os poderes e as obrigações do curador do ausente, conforme as circunstâncias, no que for aplicável e com as devidas adaptações, serão equivalentes aos dos tutores e curadores. Quais obrigações e poderes? Prestar compromisso e caução, se necessário; arrecadar, inventariar e administrar os bens do ausente; representar o ausente; pagar dívidas; aceitar herança; prestar contas etc.

Nesse sentido, os arts. 1.747 (receber rendas e pensões, fazer as despesas para administração, conservação e melhoramento dos bens, arrendar os bens de raiz), 1.748 (pagar dívidas, aceitar herança, legado ou doações, vender bens quando conveniente, propor ações), 1.749 (proibição de adquirir os bens do ausente), 1.750 (possibilidade de venda de imóvel quando houver manifesta vantagem), 1.751 (declaração de débito) e 1.752 (responsabilidade pelos prejuízos que causar). O juiz, ao fixar os poderes do curador, pode se basear nessas regras da tutela, desde que compatíveis com a administração dos bens do ausente.

Os poderes do curador serão aqueles "suficientes" para uma boa gestão patrimonial. O juiz, no caso concreto, vai apurar quais são esses poderes, os seus limites, as responsabilidades e obrigações do curador, e tudo o mais que for necessário para uma administração adequada e eficiente.

De acordo com o art. 744 do CPC, a arrecadação dos bens do ausente é essencial para a gestão deste patrimônio. Segundo esse dispositivo, logo após declarar a ausência, o juiz mandará arrecadar os bens do ausente. É o próprio curador nomeado quem ficará responsável por essa arrecadação ou inventário dos bens.

Quem poderá ser nomeado o curador nessa 1ª fase de curadoria?

O art. 25 do CC responde a essa indagação, pois indica os legitimados para exercerem a curatela dos bens do ausente. Em primeiro lugar, o cônjuge do ausente, desde que não esteja separado judicialmente ou de fato por mais de 2 (dois) anos antes da declaração da ausência. E o companheiro pode ser curador? Não há dúvida que sim.

A união estável, na forma do art. 226, § 3º, da CF/88, é entidade familiar tutelada pelo Estado. Nesse sentido, é o Enunciado 97 da I Jornada de Direito Civil: "No que tange à tutela especial da família, as regras do Código Civil que se referem apenas ao cônjuge devem ser estendidas à situação jurídica que envolve o companheiro, como por exemplo na hipótese de nomeação de curador dos bens do ausente – art. 25 do CC".

Na falta do cônjuge, a curatela caberá aos pais ou descendentes, nessa ordem, não havendo impedimento que os iniba de exercer o cargo.

Há duas questões a serem ressaltadas sobre o § 1º desse art. 25 do CC:

Primeira questão: em relação aos ascendentes, o Código Civil restringe a curatela ao primeiro grau da linha ascendente. Ao invés de dizer que "os ascendentes" podem ser os curadores, diz que os "pais" o podem ser.

É legítima essa limitação? Na perspectiva civil-constitucional não há razão ou justificativa plausível para excluir outros ascendentes, como avós, por exemplo, da referida curatela. Não são raros os casos em que a relação de afetividade entre avós e netos é muito mais intensa do que entre pais e filhos. Por isso, no caso concreto, poderá o juiz, a bem da pessoa do ausente (veja a importância de se valorizar a pessoa, e não o patrimônio), nomear outro ascendente diferente dos "pais" para ser curador.

O juiz deve analisar qual ascendente atenderá melhor aos interesses da pessoa do ausente, qual mantém maior laço de afetividade com ele, qual é mais próximo dele, dentre outras circunstâncias preponderantemente pessoais. A limitação imposta pelo § 1º do art. 25 na linha ascendente não é compatível com os princípios constitucionais e civis que tutelam a pessoa humana.

Segunda questão: quando o Código Civil, no referido dispositivo, diz "nessa ordem", tal disposição também deve ser interpretada levando em conta os interesses da pessoa do ausente. Se o juiz, no caso concreto, perceber ser mais conveniente a nomeação de um ascendente em detrimento do cônjuge ou companheiro, poderá subverter a "ordem" estabelecida, tudo em benefício da pessoa do ausente. Essa visão existencial, e não patrimonial, é fundamental nesse instituto.

Como bem menciona Fábio de Azevedo[71], o procedimento da ausência está inserido dentro dos procedimentos especiais de jurisdição voluntária, em que o juiz não está obrigado a observar o regime da legalidade estrita, como prevê o art. 1.109 do CPC (atual art. 723).

Segundo dispõe o § 2º do art. 25, entre os descendentes, os mais próximos precedem os mais remotos, evidenciando a intenção equivocada do legislador em limitar em um grau a curatela na classe ascendente.

Na falta de qualquer das pessoas próximas ao ausente (cônjuge ou companheiro, ascendentes – pais – e descendentes), será nomeado livremente um curador, a ser escolhido pelo juízo.

Assim, a curadoria, então, pode ser legítima (exercida pelo cônjuge e parentes) ou dativa (exercida pelo curador nomeado pelo juízo).

1.8.3.1.1.3. Providências na fase de curadoria

Ainda na fase da curadoria do ausente, o Código de Processo Civil traz regras específicas sobre essa situação: após a nomeação do curador e arrecadação dos bens do ausente, o juiz mandará publicar editais durante 1 (um) ano, reproduzidos de 2 (dois) em 2 (dois) meses, anunciando a arrecadação e chamando o ausente a entrar na posse de seus bens (art. 745 do CPC).

De acordo com o art. 745, *caput*, do CPC, feita a arrecadação, o juiz mandará publicar editais na rede mundial de computadores, no sítio do tribunal a que estiver vinculado e na plataforma de editais do Conselho Nacional de Justiça, onde permanecerá por 1 (um) ano, ou, não havendo sítio, no órgão oficial e na imprensa da comarca, durante 1 (um) ano.

A novidade é a publicação do edital na rede mundial de computadores.

1.8.3.1.1.4. Cessação da fase de curadoria

A primeira fase do procedimento da ausência, na qual o curador, de acordo com os poderes que lhe foram concedidos, administra os bens do ausente, pode cessar em três hipóteses: 1– pelo comparecimento, retorno do ausente, do seu procurador ou de quem o represente; 2– pela certeza da morte do ausente; e 3– pela abertura da fase da sucessão provisória, analisada em seguida.

Findo o prazo previsto em lei e não havendo manifestação do ausente, o legislador passa a considerar os interesses dos sucessores do ausente, quando permite a abertura da sucessão provisória. Após essas providências na fase da curadoria de bens (publicação de editais) e, não

---
[71] AZEVEDO, Fábio de Oliveira. *Direito civil*: introdução e teoria geral. Rio de Janeiro: Lumen Juris, 2009.

tendo o ausente retornado para entrar na posse de seus bens, se inicia a 2ª fase, qual seja, sucessão provisória.

A primeira fase da curadoria dos bens dura aproximadamente 1 (um) ano, cujo prazo, segundo o disposto no art. 745, § 1º, tem início com a publicação do primeiro edital. Contudo, nos termos do art. 26 do CC, tal prazo se inicia logo após a arrecadação dos bens. Como o CPC de 2015 é norma posterior e trata do mesmo assunto, prevalece sobre o disposto na lei civil, contando-se o prazo, portanto, a partir da publicação do primeiro edital.

No entanto, ao contrário das demais fases (sucessão provisória e definitiva), não há prazo para que os legitimados requeiram a declaração da ausência. A pessoa pode ficar mais de ano desaparecida e isso não terá influência no procedimento da ausência, o qual se sujeita aos prazos legais. Assim, declarada a ausência, a fase da curadoria dos bens, independentemente do período do desaparecimento, perdurará por 1(um) ano, conforme já ressaltado.

Finalmente, há questão interessante a ser destacada. A pessoa humana é considerada ausente quando desaparece de seu domicílio sem dar notícias de seu paradeiro. Assim, um dos requisitos da ausência é o desaparecimento do domicílio. Em razão disso, passa a ser relevante o conceito de domicílio, extraído dos arts. 70 a 78 do CC.

Há uma situação em que o Código Civil considera como domicílio da pessoa natural, que não tenha residência habitual, o lugar onde for encontrada. Ora, nesse caso, qualquer lugar é o seu domicílio. Assim, como tal pessoa poderia desaparecer para fins de ausência se todo local é o seu domicílio? Nessa situação, seria impossível a declaração de ausência?

Nesse caso, devemos nos socorrer dos princípios constitucionais, em especial o da dignidade da pessoa humana, para admitir a declaração de ausência da pessoa que não tenha residência habitual. Mitiga-se a ideia de domicílio prevista no art. 22 do CC, em prol da dignidade dessa pessoa ausente. Com isso, para essa situação específica, exige-se uma releitura do art. 22 do CC, para admitir, excepcionalmente, a declaração de ausência sem o desaparecimento do domicílio, bastando, nessa hipótese, a ausência de notícias da referida pessoa. É a dignidade da pessoa humana devendo prevalecer sobre regras jurídicas. No entanto, não deixa de ser uma situação extremamente curiosa.

1.8.3.2. Fase da sucessão provisória – 2ª fase

A segunda fase do procedimento de ausência possui algumas características próprias. Nessa fase, abre-se o inventário e se defere a posse dos bens do ausente aos sucessores deste. No entanto, tal sucessão é "provisória" e assim é porque a posse dos sucessores se submeterá a restrições.

Tais restrições em relação aos sucessores caracterizam a segunda fase do procedimento. Aberta a sucessão provisória, cessa a fase da curadoria dos bens do ausente. Nesse momento, os interesses do ausente começam a ser ponderados com os interesses dos sucessores e outros interessados (mencionados no art. 27 do CC).

O art. 26 do CC inaugura a segunda fase do procedimento da ausência com uma redação absolutamente infeliz e passível de diversas críticas: "Decorrido um ano da arrecadação dos bens do ausente ou três anos, caso ele tenha deixado representante ou procurador, poderão os interessados requerer a declaração de ausência e a abertura da sucessão provisória".

A norma jurídica em referência trata de duas hipóteses bem distintas: (a) se o ausente não deixou procurador; e (b) se o ausente deixou procurador.

O art. 26 é de uma infelicidade ímpar. Além da péssima redação, capaz de gerar dúvidas e controvérsias, confunde as fases do procedimento da ausência.

A primeira fase, curadoria dos bens do ausente, tem duração aproximada de 1 (um) ano, período em que são tomadas providências essenciais para resguardar o patrimônio do ausente para restituí-lo no caso de retorno.

Entre as principais providências da primeira fase (curadoria dos bens), está a arrecadação dos bens, primeiro ato do curador nomeado (por determinação judicial, inclusive, art. 744 do CPC). Após ser nomeado, o curador arrecada os bens do ausente. Neste caso, decorrido um ano da data desta arrecadação, afirma o art. 26 que os interessados (arrolados no art. 27) poderão requerer que se declare a ausência e se abra a sucessão provisória. A abertura da sucessão provisória, a pedido dos interessados arrolados no art. 27, faz sentido e tem coerência, pois após 1 ano sem notícias da pessoa desaparecida, é essencial iniciar os preparativos para a transição da titularidade deste patrimônio, do ausente para os seus sucessores.

Todavia, não faz qualquer sentido a norma fazer menção a "declarar a ausência". A declaração de ausência já ocorreu no início do procedimento judicial, conforme art. 22. Não faz sentido essa declaração de ausência em duplicidade. A sucessão provisória é mera continuidade do processo que teve início com a declaração de ausência, e não processo novo. Por isso, nada justifica nova declaração de ausência.

Em resumo, decorrido um ano da arrecadação dos bens do ausente na primeira fase (de acordo com o art. 745 do CPC, o prazo de 1 ano é contado da publicação do edital), primeiro ato do curador nomeado, os interessados arrolados no art. 27, terão legitimidade para requerer apenas a abertura da sucessão provisória (e não também nova declaração de ausência). A primeira fase, curadoria dos bens, pode ser encerrada por três motivos: retorno do ausente, localização do ausente (vivo ou morto) e abertura da sucessão provisória. A sucessão provisória encerra a primeira fase: curadoria dos bens do ausente.

Por fim, o art. 26 faz menção ao fato de o ausente ter deixado representante ou procurador e, neste caso, o prazo sobe de um para três anos. O problema é que se a pessoa desaparecida deixa procurador ou representante para administrar os seus bens (art. 22), não pode ser reconhecido e declarado judicialmente como ausente, o que evidencia a perplexidade gerada por esta previsão legal do art. 26. Se há procurador não há ausência e, se não há ausência, não há como abrir sucessão provisória. A doutrina diverge sobre esse ponto do artigo, para tentar compatibilizá-lo com os demais, mas nenhuma solução convence.

Alguns dizem que se a pessoa desaparecida deixou procurador e, passados 3 anos do desaparecimento (não da arrecadação, até porque não há ausente), mesmo tendo procurador, pode ser, na mesma decisão, declarada a ausência e aberta a fase de sucessão provisória. Seria suprimida a fase da curadoria.

Para nós, a única interpretação possível, para manter intangível todo o procedimento é considerar que se houver procuração, há prazo máximo desta representação. Após 3 anos sem notícias, mesmo tendo deixado procurador, é possível considerá-lo ausente. Neste caso, após 3 anos do desaparecimento, qualquer legitimado pode requerer a declaração de ausência. Inicia-se a primeira fase e, passado 1 ano da arrecadação dos bens pelo curador (ou da publicação do edital, segundo o art. 745 do CPC), os interessados poderão requerer a sucessão provisória. Como o objetivo é proteger a pessoa do ausente, não pode ser admitida a supressão da fase da curadoria de bens. Na fase da curadoria de bens são realizadas providências de grande relevância, como a publicação de editais para dar publicidade ao procedimento, essencial para a localização da pessoa desaparecida. A finalidade protetiva do instituto impede a supressão desta fase.

Portanto, se a pessoa nomeia procurador, mas durante período superior a 3 (três) anos não dá notícias de seu paradeiro, é razoável, mesmo com procurador, a abertura do procedimento da ausência.

Inicialmente, defendíamos que essa limitação do prazo para a procuração poderia violar o princípio da autonomia privada. No entanto, após refletir melhor sobre a questão, passamos a defender a tese de que o objetivo desta limitação legal aos poderes do procurador está conectado com a tutela da pessoa do ausente. Não há razão para manter os poderes de determinado procurador, se o ausente há mais de 3 anos não dá notícias de seu paradeiro. A mitigação da autonomia privada em prol da tutela da pessoa do ausente se justifica.

O Código Civil impôs limite máximo para o contrato de mandato outorgado pelo ausente em favor de um procurador, pois, se não é admitida a declaração de ausência existindo procurador e o art. 26 do CC permite a abertura da sucessão provisória se o ausente deixou procurador, os poderes de representação passam a ter limite legal, qual seja, 3 (três) anos.

Como se daria a contagem desse prazo? O art. 26 exige que o prazo se inicie da data da arrecadação dos bens do ausente, se não houver procurador. O CPC de 2015 impõe que o prazo se inicie com a publicação do edital, que prevalece por ser norma posterior. Portanto, se não houver procurador, decorrido 1 (um) ano da publicação do edital, os interessados poderão requerer a abertura da sucessão provisória (§ 1º do art. 744 do CPC).

Por outro lado, se houver procurador, limita-se o Código a dizer que "em se passando 3 anos". Mas qual é o termo inicial desses 3 (três) anos? A arrecadação de bens? Parece que não, pois na primeira parte menciona "decorrido um ano da arrecadação" ou, se deixou procurador,

"em se passando 3 anos". Nessa última hipótese, não há relação entre os 3 (três) anos e a arrecadação.

Em resumo, há duas possíveis formas de se compatibilizar o art. 26 com os demais dispositivos.

Na primeira possibilidade, o prazo de 3 (três) anos teria que ser contado a partir da data do desaparecimento da pessoa e não da data da arrecadação dos bens ou da publicação do edital, conforme novo CPC. Nesse caso, passados três anos sem notícias do ausente, mesmo tendo deixado procurador, poderia ser declarada a ausência, iniciando-se a fase da curadoria dos bens, caso em que cessariam os poderes do mandatário nomeado pelo ausente, cuja pessoa seria substituída pelo curador nomeado pelo juiz. Esta é uma possibilidade e, nesse caso, não se suprime nenhuma das fases da ausência. É nossa posição.

Importante, nesse ponto, ressaltar nosso desacordo com a fixação de prazo para o mandato, sendo que este deve ser analisado no caso concreto, dentro de um juízo de razoabilidade e proporcionalidade.

Em uma *segunda possibilidade* de se interpretar tal disposição do art. 26 do CC, se o ausente deixou procurador, passados 3 (três) anos do seu desaparecimento, considerando que o objetivo patrimonial da curadoria é nomear alguém para administrar os bens do ausente, poderia ser suprimida a primeira fase. E, depois de 3 (três) anos contados também do desaparecimento, poderia o juiz, na mesma decisão, declarar a ausência e determinar a abertura da sucessão provisória. Tal possibilidade é compatível inclusive com a última parte do art. 26 do CC, segundo o qual poderão os interessados requerer que se declare a ausência e se abra provisoriamente a sucessão.

Estas são as únicas formas de compatibilizar a péssima e infeliz redação do art. 26 do CC com as demais normas sobre esse relevante instituto.

Com essa norma confusa, se dá o início da fase da sucessão provisória.

Quem possui legitimidade, nessa segunda fase, para requerer a abertura da sucessão provisória?

Não são os mesmos (Ministério Público ou qualquer interessado) que possuem legitimidade para requerer a declaração de ausência na 1ª fase e, também, não são os mesmos que poderiam ter sido nomeados curadores na primeira fase (*lembre-se de que, com a abertura da sucessão provisória, cessa a fase da curadoria*). Cessada a fase da curadoria, inicia-se uma nova fase, com a sucessão provisória, a qual tem por objeto o inventário e a partilha dos bens do ausente.

Portanto, na fase da sucessão provisória, outros são os legitimados. O art. 27 arrola os legitimados para requerer a abertura da sucessão provisória: cônjuge não separado judicialmente, os herdeiros presumidos, legítimos ou testamentários, os que tiverem sobre os bens do ausente direito dependente de sua morte – *donatário de bem a que o ausente reservou para si o usufruto e o doador com direito de retorno em caso de morte do donatário*, e os credores de obrigações vencidas e não pagas.

O cônjuge, mesmo separado de fato por mais de 2 (dois) anos, pode requerer a sucessão provisória, embora não possa ser nomeado curador. O companheiro, em razão da isonomia constitucional, também tem plena legitimidade, conforme inciso II do art. 27 do CC. E se nenhum dos legitimados do art. 27 pedir a abertura da sucessão provisória? Findo o prazo e não havendo interessados, cumpre ao Ministério Público requerer tal medida em juízo (art. 28 do CC). Terá, dessa forma, legitimidade subsidiária para requerer a sucessão provisória.

A legitimidade subsidiária do MP se justifica a partir de duas questões: Primeiro porque a ausência tem efeito extrapatrimonial, como a morte presumida, o que ocorrerá apenas na última fase do procedimento, abertura da sucessão definitiva. O MP deve zelar pela pessoa do ausente e, neste sentido, a presunção de morte, implicará o fim da personalidade do desaparecido. Segundo, sob o aspecto patrimonial, se não houver interessado na herança, tal massa de bens será considerada como herança jacente e, com a declaração de vacância, após determinado período, os bens são transferidos ao Poder Público, o que evidencia o interesse público indireto que legitima a atuação do MP neste momento. Na fase da sucessão provisória não há possibilidade de cessão dos direitos pelos herdeiros presumidos, legítimos ou testamentários, pois somente com a abertura da sucessão definitiva não haverá restrições em relação à posse e à propriedade. Tal transferência constitui violação ao art. 426 do CC, o qual proíbe contrato que tenha por objeto herança de pessoa viva. Durante a sucessão provisória, o ausente mantém a propriedade sobre os bens.

Se o ausente retornar durante a fase da sucessão provisória, cessarão as vantagens dos sucessores, na forma do art. 36 do CC. Os bens deverão retornar para o dono, o ausente. Isso impede a realização de atos de disposição patrimonial, a título oneroso ou gratuito, pelos sucessores.

Como o legislador, nessa 2ª fase (sucessão provisória), ainda considera possível o retorno do ausente, a fim de assegurar seus direitos patrimoniais, prevê medidas para garantir-lhe a restituição dos bens em caso de regresso. São verdadeiras restrições aos herdeiros. Mas quais são essas medidas?

1. Prazo complementar da sentença que determina a abertura da sucessão provisória;
2. Garantias que os herdeiros deverão dar, como condição para imissão na posse dos bens do ausente;
3. Restrições relacionadas a frutos e rendimentos; e
4. Inalienabilidade dos bens imóveis.

As medidas "1" e "4" são restrições gerais, pois todos os herdeiros a elas se submetem. As medidas "2" e "3" são restrições específicas, pois somente se aplicam a herdeiros não necessários.

A primeira restrição está relacionada ao prazo complementar da sentença relativa à sucessão provisória. Segundo dispõe o art. 28 do CC, a sentença que determina a abertura da sucessão provisória só produzirá efeitos cento e oitenta dias depois de publicada pela imprensa. Tal prazo "complementar" visa a impedir a posse dos bens do ausente pelos herdeiros. Se a sentença de abertura da sucessão provisória não produz efeitos, não há possibilidade de imissão na posse.

Assim, a sentença que determina a abertura da sucessão provisória só produzirá efeitos 180 (cento e oitenta) dias depois de publicada pela imprensa. Trata-se de um prazo suplementar concedido ao ausente (art. 28 do CC).

No entanto, após transitar em julgado essa sentença, proceder-se-á à abertura do testamento, se houver, ao inventário e à partilha dos bens, como se o ausente fosse falecido. Isso significa que na fase da sucessão provisória há efetiva preocupação com os herdeiros, embora ainda seja possível o retorno do ausente.

O inventário e a partilha são evidências desse interesse do legislador em relação aos sucessores do ausente. Antes da partilha, poderá o juiz determinar a conversão dos bens móveis, sujeitos à deterioração ou extravio, em imóveis ou títulos (art. 29 do CC). Tal medida será tomada para preservar tais bens, mas apenas se, no caso concreto, for conveniente.

E se não comparecer nenhum herdeiro ou interessado para requerer a abertura do inventário?

Não comparecendo herdeiro ou interessado para requerer o inventário até 30 (trinta) dias depois de passar em julgado a sentença que manda abrir a sucessão provisória, proceder-se-á a arrecadação de bens do ausente, na forma estabelecida nos arts. 1.819 a 1.823 do CC (§ 2º do art. 28).

Por outro lado, em relação à segunda e terceira medidas para garantir a restituição dos bens ao ausente, há vários aspectos a serem considerados. A segunda restrição está relacionada às garantias necessárias para os herdeiros serem imitidos na posse e a terceira ao destino dos frutos e rendimentos integrantes da cota-parte de cada herdeiro.

Segundo o art. 30 do CC, os herdeiros, para se imitirem na posse dos bens do ausente na fase da sucessão provisória, estão obrigados a dar garantia de restituição desses bens, para o caso de eventual retorno do ausente. As "garantias de restituição" são limitadas pelo Código Civil a penhores ou hipotecas (garantias reais), as quais devem ser equivalentes aos quinhões de cada herdeiro.

Ao mencionar a expressão "quinhão", presume-se a necessidade de prévia partilha a fim de determinar e especificar o valor da garantia de cada herdeiro.

Portanto, trata-se de outra medida para assegurar e resguardar os direitos do ausente. No entanto, trata-se de aparente garantia, pois o § 2º do art. 30 do CC excepciona o dever de garantia para uma classe especial de herdeiros, quais sejam, os ascendentes, descendentes e o cônjuge. Esses herdeiros necessários estão dispensados da prestação das garantias reais (penhor e hipoteca) exigida pelo Código Civil.

Assim, esses herdeiros necessários, independentemente de qualquer garantia, poderão entrar na posse dos bens do ausente. Os demais herdeiros, denominados "não necessários", como os colaterais e eventualmente herdeiros testamentários, somente poderão se imitir na posse prestando garantia. Com a garantia prestada por esses demais herdeiros que não foram privilegiados, se preservam os direitos do ausente na hipótese de seu retorno.

E se um herdeiro não contemplado com a benesse do § 2º do art. 30 não puder prestar tal garantia?

Nesse caso, esse herdeiro será "excluído" não da sucessão, mas do direito de imitir-se na posse dos bens do ausente. É o que dispõe o § 1º do art. 30 do CC, ao dizer que aquele que tiver direito à posse provisória, mas não puder prestar a garantia exigida, será excluído, mantendo-se os bens que lhe deviam caber sob a administração do curador, ou de outro herdeiro designado pelo juiz, e que preste essa garantia.

O quinhão do herdeiro "excluído" da posse dos bens do ausente será administrado por um curador de confiança do juiz, que pode ser livremente escolhido. Tal curatela não tem nenhuma relação com a curatela dos bens do ausente, definida na primeira fase da ausência, motivo pelo qual o rol do art. 25 do CC, embora possa servir como parâmetro para a nomeação de curador, não precisa, necessariamente, ser observado pela autoridade judiciária. Tal curador terá poderes de administração em relação ao quinhão do excluído, recebendo remuneração a ser fixada. Essa remuneração poderá ser uma parte dos frutos e rendimentos do próprio quinhão.

Além desse curador, qualquer outro herdeiro que tenha interesse na administração do quinhão do "herdeiro excluído" poderá requerer ao juiz a sua nomeação para esse encargo. Nesse caso, esse herdeiro pode ser inclusive o herdeiro necessário já contemplado com outro quinhão.

Todavia, esse herdeiro interessado na administração da cota-parte do excluído da posse, necessariamente, deverá prestar garantia, conforme determina a última parte do § 1º do art. 30 do CC. Como será administrada a cota de um herdeiro não necessário, o qual não dispunha de bens para dar em garantia, mesmo o herdeiro necessário e interessado na administração dessa cota será obrigado a prestar a garantia.

Essa é a única situação em que o herdeiro necessário deverá prestar garantia para imitir-se na posse desse quinhão, pois estará por administrar a cota de herdeiro não necessário, a qual se aplica o regime jurídico a ele correspondente, com a exigência de garantia.

A garantia a ser prestada pelo herdeiro não necessário ou pelo herdeiro necessário que tiver interesse em administrar a cota de um herdeiro não necessário, deve ser de bens de propriedade do próprio herdeiro ou de terceiro que se disponha a prestar hipoteca ou penhor em favor do herdeiro. O próprio bem do ausente, por razões óbvias, não pode ser dado em garantia.

Em primeiro lugar, a finalidade da garantia é a preservação dos bens do ausente e isso somente é possível com outros bens e não com o mesmo bem. Segundo fato, em sendo possível dar a cota-parte do herdeiro, ou seja, o próprio bem do ausente em garantia, não teria nenhum sentido exigir garantias dos herdeiros não necessários e dispensar os necessários de garantia.

Segundo o art. 32 do CC, os herdeiros empossados nos bens representarão, ativa e passivamente, o ausente, de modo que contra esses herdeiros correrão as ações pendentes e as que no futuro vierem a ser movidas. No caso, haverá uma sucessão processual no caso de ações pendentes.

Contudo, o herdeiro excluído, embora privado da posse dos bens, justificando falta de recursos, pode requerer lhe seja entregue metade dos rendimentos do quinhão que lhe caberia, tudo nos termos do art. 34 do CC, que dispõe: "O excluído, segundo o art. 30, da posse provisória poderá, justificando falta de meios, requerer lhe seja entregue metade dos rendimentos do quinhão que lhe tocaria".

Essa possibilidade prevista no art. 34 do CC é um desdobramento do princípio da dignidade da pessoa humana, pois entre o interesse econômico do ausente e o direito à vida digna do herdeiro excluído, o Código, fazendo a ponderação necessária, ficou com esse último.

Tal dispositivo deve ser analisado em conjunto com a segunda restrição exposta no art. 33 do CC.

O herdeiro do ausente (sucessor provisório) tem direito aos frutos e rendimentos decorrentes de seu respectivo quinhão. A distribuição desses frutos e rendimentos aos herdeiros ou sucessores provisórios dependerá da qualidade do herdeiro.

Segundo o art. 33 do CC, o descendente, o ascendente ou cônjuge, sucessores provisórios do ausente e herdeiros necessários, farão jus e terão direito à totalidade dos frutos e rendimentos dos bens que lhe couberam na partilha, em relação aos quais estão na posse e administração, por força do disposto nos arts. 30 e 32 do CC.

Por outro lado, os demais sucessores provisórios, denominados "herdeiros não necessários" (colaterais e testamentários), os quais foram obrigados (art. 30 do CC) a prestar garantia como condição para imissão na posse dos bens do ausente, somente têm direito à metade dos frutos e rendimentos relativos aos bens que lhe couberam na partilha. A outra metade dos frutos e rendimentos, obrigatoriamente, tais sucessores provisórios deverão capitalizar, de acordo com o disposto no art. 29 do CC, ou seja, em imóveis ou títulos garantidos pela União (título da dívida pública, por exemplo). Caberá ao Ministério Público sugerir a forma de capitalização e ainda fiscalizar a regularidade da capitalização a ser levada a efeito pelos sucessores provisórios denominados "herdeiros não necessários".

Assim, se um herdeiro colateral, não necessário, recebe um quinhão correspondente a uma fazenda e, durante o mês, essa fazenda gera frutos e rendimento líquidos de R$ 20.000,00 (vinte mil reais), tal herdeiro, todo mês, deverá capitalizar metade desses rendimentos, ou seja, R$ 10.000,00 (dez mil reais), em imóveis ou títulos da dívida pública e a outra metade, R$ 10.000,00 (dez mil reais), pertencerá ao herdeiro colateral, podendo dar o destino que entender mais conveniente, inclusive utilizar tais recursos em seu próprio benefício.

Portanto, os herdeiros não necessários, na fase da sucessão provisória, possuem duas restrições, as quais não atingem os herdeiros necessários. Os herdeiros não necessários estão obrigados a prestar garantia como condição de imissão na posse do seu quinhão e, mesmo tendo prestado a garantia real prevista no art. 30 do CC, só terão direito à metade dos frutos e rendimentos relativos a esse seu quinhão. Além disso, se sujeitam à fiscalização do Ministério Público em relação a essa captação e têm o dever de, anualmente, prestar contas dessa capitalização ao juiz competente.

Assim, durante 10 (dez) longos anos, que é o prazo médio da sucessão provisória, deverá o herdeiro não necessário capitalizar metade dos frutos e rendimentos do seu quinhão e, todo ano, prestar contas ao juiz dessa capitalização.

O ausente, durante a fase da sucessão provisória, ainda é o legítimo proprietário dos bens. Em razão disso, os herdeiros não necessários suportam maiores restrições. Em relação ao colateral até se justificam tais restrições relativas à garantia (art. 30), aos frutos e rendimentos (art. 33 do CC), mas não em relação a um herdeiro testamentário não necessário (óbvio, desde que esse não seja descendente, ascendente e cônjuge, pois, nesse caso, não haverá restrição), o qual foi escolhido pelo ausente para receber uma parte de sua herança.

O herdeiro testamentário deveria ter as mesmas benesses dos herdeiros necessários, pois é um herdeiro eleito e escolhido, da confiança do ausente. Isso valorizaria a pessoa e a vontade do ausente.

Os herdeiros necessários não se sujeitam a qualquer fiscalização do Ministério Público, além de estarem dispensados de qualquer prestação de contas. A prestação de contas está vinculada à capitalização dos frutos e rendimentos exigida pelo art. 33 do CC.

Em relação aos valores não sujeitos à capitalização, sejam estes valores dos herdeiros necessários ou a metade disponível dos não necessários, tais frutos e rendimentos pertencem exclusivamente aos herdeiros, não havendo qualquer necessidade de repasse desses valores ao ausente em caso de retorno.

A propriedade dos bens na sucessão provisória continua sendo do ausente, mas os frutos e rendimentos pertencem aos herdeiros, sucessores provisórios.

O parágrafo único do art. 33 deve ser interpretado de acordo com esses princípios. Segundo esse dispositivo, "se o ausente aparecer, e ficar provado que a ausência foi voluntária e injustificada, perderá ele, em favor do sucessor, sua parte nos frutos e rendimentos".

Tal dispositivo estabelece sanção civil ao ausente desaparecido de forma voluntária e injustificada. Tais questões devem ser objeto de análise no caso concreto.

Tal parágrafo menciona a "parte do ausente". Qual é essa parte? No art. 33, *caput*, está expresso que o sucessor provisório do ausente, "fará seus" todos os frutos e rendimentos. A expressão "fará seus" indica propriedade, ou seja, os frutos e rendimentos são dos herdeiros. Não há necessidade de devolução desses valores em caso de retorno do ausente, independentemente da sanção civil estabelecida no parágrafo único do art. 33.

Por outro lado, o parágrafo único do mesmo artigo fala em "perda da parte do ausente". Ora, se o *caput* do art. 33 concede aos herdeiros, embora sucessores provisórios, a propriedade dos frutos e rendimentos, "a parte" a que se refere seu parágrafo único é justamente a parte capitalizada pelo herdeiro não necessário, a única que lhe pertence.

Dessa forma, aparecendo o ausente e provando que a ausência foi voluntária e injustificada, ele, ausente, perderá para os sucessores não necessários todos os bens capitalizados, na forma do art. 29 do CC. Em relação aos frutos e rendimentos dos herdeiros necessários e à parte disponível dos herdeiros não necessários, o ausente, retornando, não tem direito a nenhum desses frutos e rendimentos incorporados definitivamente ao patrimônio dos sucessores provisórios. Nesse caso, os bens capitalizados seriam perdidos em favor dos sucessores provisórios, obrigados a fazer a capitalização. Esta é a única interpretação possível, para compatibilizar as expressões do *caput* com os termos do parágrafo único do art. 33 do CC.

O art. 34 do CC também tem relação com essa restrição imposta aos herdeiros não necessários, relativa à obrigação de capitalizar metade dos frutos e rendimentos.

O herdeiro não necessário, sucessor provisório, excluído da posse de seu quinhão, por não dispor das garantias reais, penhor e hipoteca, exigidas dele pelo art. 30 do CC, poderá, justificando falta de meios ou recursos necessários para a sua subsistência, requerer metade dos rendimentos do "quinhão que lhe tocaria" (art. 34 do CC). A norma tem caráter humanitário e, por isso, é plenamente compatível com os princípios da dignidade da pessoa humana e da solidariedade social, os quais norteiam todos os institutos e relações jurídicas privadas.

No entanto, embora essa norma resolva o problema da falta de recursos financeiros do herdeiro não necessário excluído, pode acarretar problemas a outro herdeiro. Recorde-se que o quinhão do herdeiro excluído pode ser administrado por outro herdeiro, desde que ele preste a garantia exigida pela lei (hipoteca ou penhor), nos termos do § 1º do art. 30 do CC.

O herdeiro ou sucessor provisório responsável pela administração do quinhão do herdeiro excluído, além de prestar a garantia para se imitir na posse desse quinhão, também só terá direito à metade dos frutos e rendimentos (art. 33 do CC), pois, como a cota pertence a um herdeiro não necessário, ela se submete ao regime jurídico da cota dos não necessários (exigindo garantia para imissão na posse e capitalização de metade dos frutos e rendimentos).

Se o herdeiro excluído, justificando ausência de recursos, requerer a metade dos rendimentos de sua cota, como ficará a situação desse outro herdeiro responsável pela administração da cota do excluído? Por exemplo, o herdeiro "X" resolve imitir-se na posse da cota-parte de um herdeiro excluído. Para tanto, deve prestar a garantia exigida pela lei e somente terá direito à metade dos frutos e rendimentos. Nessa situação, a cota do excluído é um imóvel que rende um aluguel mensal de R$ 10.000,00 (dez mil reais). O herdeiro "X" terá direito à metade desses frutos e rendimentos (R$ 5.000,00) e a outra metade deverá ser capitalizada (R$ 5.000,00, a serem capitalizados na forma do art. 29). Se o herdeiro excluído necessitar da metade dos rendimentos na forma prevista no art. 34, qual será essa metade a que ele faz jus? A metade do herdeiro responsável pela administração ou a metade a ser capitalizada em favor do ausente? A Lei Civil não soluciona essa questão.

A questão é: se o herdeiro excluído terá direito a R$ 5.000,00 (cinco mil reais), ou seja, "metade dos rendimentos do quinhão que lhe tocaria", ou essa metade é a parte do herdeiro possuidor ou a parte a ser capitalizada. Se entendermos que a parte a ser entregue ao herdeiro excluído é aquela metade do herdeiro possuidor, este ficará extremamente prejudicado, não lhe restando nada, uma vez que, por disposição do art. 34 do CC, a outra metade dos frutos e rendimentos deve ser capitalizada. Como resolver esse problema?

Nesse caso, deve ser feita a ponderação de todos os interesses envolvidos, do herdeiro possuidor, do herdeiro excluído e do ausente. Nessa ponderação, alguém deverá ser sacrificado. O herdeiro possuidor não pode ser sacrificado, pois já lhe foi imposto o sacrifício de prestar garantias como condição de imitir-se na posse do quinhão do excluído. Não poderia ser imposto a ele um segundo sacrifício: que os bens de sua propriedade servissem para garantir o quinhão do excluído, sem que, no entanto, recebesse qualquer rendimento. Restariam os interesses do herdeiro excluído e do ausente.

Nesse caso, de um lado há o interesse econômico do ausente, onde a finalidade da capitalização é a preservação de parte dos rendimentos dos bens para um eventual e improvável retorno. De outro lado há o interesse existencial do herdeiro excluído, o qual necessita de metade dos rendimentos para satisfação de suas necessidades existenciais, como a sua sobrevivência.

Dessa forma, se a justificativa apresentada pelo herdeiro excluído for a falta de meios para sua sobrevivência, em razão do princípio da dignidade da pessoa humana, deve ser sacrificada a capitalização e metade dos rendimentos deve ser destinada ao excluído. Tal solução, aliás, não é nenhum absurdo, pois, cessada a sucessão provisória, esses bens capitalizados devem ser entregues justamente ao sucessor provisório responsável pela capitalização.

Nessa hipótese, metade dos bens caberá ao herdeiro possuidor e administrador e a outra metade deverá ser entregue ao herdeiro excluído. Prevalece a dignidade humana do excluído em detrimento do interesse econômico do ausente. Entretanto, se a justificativa apresentada pelo excluído não tiver relação com meios e recursos necessários para sua própria existência, deve ser negado o pedido formulado, nos termos do art. 34 do CC.

Se ao invés de um herdeiro, um curador qualquer a ser nomeado pelo juiz for administrar a cota ou quinhão do ausente, não haverá esse problema. O curador será devidamente remunerado para exercer essa administração. Metade dos rendimentos líquidos esse curador deverá capitalizar e a outra metade entregará ao herdeiro excluído, provada a hipótese do art. 34 do CC.

Se o herdeiro excluído não fizer o requerimento previsto no art. 34, o curador, remunerado para o encargo, deverá capitalizar a totalidade dos frutos e rendimentos, cujos bens capitalizados deverão ser destinados e entregues ao excluído após o final da sucessão provisória, não havendo retorno do ausente.

Além das restrições relativas ao prazo complementar da sentença da abertura da sucessão provisória, da necessidade de garantia e de capitalização de metade dos frutos e rendimentos relativos aos herdeiros provisórios não necessários, durante a sucessão provisória, não há possibilidade de alienação dos imóveis. Tal restrição geral abrange todos os herdeiros, independentemente da origem e natureza.

Segundo o art. 31 do CC, "os imóveis do ausente só se poderão alienar, não sendo por desapropriação, ou hipoteca, quando o ordene o juiz, para lhes evitar ruína". Portanto, a regra geral é a inalienabilidade dos bens imóveis de propriedade do ausente na fase da sucessão provisória.

Tal regra comporta duas exceções: a primeira, de interesse público e, portanto, inevitável, seja pelos herdeiros possuidores ou pelo próprio ausente proprietário, é em caso de desapropriação. A segunda hipótese é justamente para evitar o perecimento ou a deterioração do imóvel. Mediante autorização judicial e, para evitar ruína, será possível a alienação.

Os imóveis aí referidos são aqueles de propriedade do ausente por ocasião do seu desaparecimento, bem como os imóveis adquiridos posteriormente ao desaparecimento, por força da capitalização prevista no art. 33 do CC, a qual deve ser materializada em imóveis ou títulos da União.

Em relação aos bens móveis do ausente, o regime jurídico é o estabelecido no art. 29 do CC, qual seja, conversão em imóveis ou títulos da União, quando houver receio de deterioração ou extravio. Os móveis devem ser convertidos em imóveis ou títulos nessas duas hipóteses e os imóveis são inalienáveis, salvo nas duas exceções previstas no art. 31 do CC.

Os móveis não convertidos também são inalienáveis, pois os arts. 32 e 33 do CC apenas se referem a "bens", sem especificar a natureza jurídica destes (móveis ou imóveis). No art. 32 se cogita em posse nos bens, sejam móveis ou imóveis, e no art. 33 está expresso ser do sucessor provisório os frutos de rendimentos dos bens, móveis ou imóveis.

Se não houver a conversão dos móveis em imóveis nas hipóteses especificadas no art. 29, quais sejam, deterioração ou extravio, os móveis não convertidos em imóveis também se tornam inalienáveis e se sujeitam ao regime jurídico dos imóveis, inclusive para representação do ausente (art. 32) e destino dos frutos e rendimentos dos móveis (art. 33).

A sucessão provisória tem início com a sentença prevista no art. 28 (abertura de inventário e partilha) e, durante todo o período previsto no art. 37 (10 anos), os sucessores provisórios se sujeitam a várias restrições em relação à posse do quinhão respectivo, alguns mais, outros menos.

Se durante a posse provisória ou o período da sucessão provisória, ficar provada a época exata do falecimento do ausente, considerar-se-á, nessa data, aberta a sucessão em favor dos herdeiros, que o eram ao tempo da morte (art. 35).

Portanto, se houver certeza jurídica da morte do ausente, suspende-se a sucessão provisória e esta passa a ser definitiva, retroagindo os efeitos à data exata do falecimento, devendo ser contemplados os herdeiros que o eram à época da morte do ausente. Como ressalta Gustavo Tepedino[72]: "Portanto, o direito à herança retroage àquela data, considerando-se nela realizada a transmissão da propriedade. Se, por conta dessa diferença, os herdeiros reais não forem os provisórios, isto é, aqueles para quem foi atribuída a posse dos bens, aos herdeiros definitivos se garantirão as ações contra os presuntivos para reaver os bens".

E se o ausente regressar durante o período da posse e sucessão provisória? Se o ausente regressar ou provar a existência durante a fase da sucessão provisória, o art. 36 do CC estabelece os efeitos para tal hipótese.

Nesse caso, cessarão as vantagens dos sucessores nela imitidos. Por isso, devem ser tomadas todas as medidas assecuratórias para entregar os bens ao dono, bem como aqueles que foram capitalizados, sob pena de responderem por perdas e danos. Com o retorno do ausente, cessa para os sucessores a posse justa sobre os bens provisoriamente entregues. Ou seja, a sucessão provisória cessa também em caso de retorno do ausente.

1.8.3.3. Fase da sucessão definitiva - 3ª fase

A fase da sucessão provisória cessa com o retorno do ausente, quando houver certeza jurídica da morte do ausente ou, finalmente, 10 (dez) anos após o trânsito em julgado da sentença de abertura da sucessão provisória.

A última hipótese de cessação da sucessão provisória é a denominada "sucessão definitiva", que, nos termos do art. 37 do CC, ocorrerá: "dez anos depois de passar em julgado a sentença que concede a abertura da sucessão provisória." Após tal prazo, poderão os interessados (legitimados para a sucessão provisória) requerer a sucessão definitiva e o levantamento das cauções prestadas.

Os legitimados para requerer a sucessão definitiva são os mesmos legitimados da sucessão provisória, pois a sucessão definitiva é consequência ou sequência da sucessão provisória. No Código Civil de 1916 o prazo, que também era contado da data da abertura da sucessão provisória, era de 20 (vinte) anos. A redução substancial do prazo se justifica pelas novas tecnologias e volume de informações, que facilitam a localização de pessoas desaparecidas.

Aberta a sucessão definitiva, todas as restrições existentes na fase da sucessão provisória cessam imediatamente. Os herdeiros não necessários, excluídos da posse provisória por não terem prestado garantia, passam a ter o direito de imissão na posse e também se tornam proprietários do quinhão. Os herdeiros não necessários terão o direito aos bens capitalizados e, ainda, poderão requerer o levantamento das garantias prestadas como condição para imissão na posse, conforme dispõe o art. 37 do CC, quando prevê a possibilidade de ser requerido o "levantamento das cauções prestadas".

Além disso, os bens, móveis e imóveis, se tornam disponíveis e passam a integrar o patrimônio jurídico dos herdeiros do ausente, legítimos e testamentários. Portanto, com a abertura da sucessão definitiva, cessam todas as restrições gerais e especiais existentes na fase da sucessão provisória e, a partir de então, passam os herdeiros a ter plena disponibilidade em relação aos bens objeto da sucessão.

Em síntese, com a sucessão definitiva, poderão os herdeiros não necessários levantar as cauções, garantias reais, penhora ou hipoteca prestadas; utilizar os frutos e rendimentos como lhes aprouver, estarão dispensados de capitalização e prestação de contas; e, finalmente, todos os herdeiros, necessários ou não, poderão alienar os bens recebidos (móveis e imóveis).

Na sucessão definitiva, o interesse dos sucessores passa a preponderar sobre o interesse do ausente. Como a sucessão definitiva somente é aberta após considerável período, a probabilidade de morte do ausente fundada no fator tempo justifica a transferência da propriedade dos bens e a superação das restrições em favor dos sucessores.

Entretanto, em razão do disposto no art. 39 do CC, grande parcela da doutrina denomina a sucessão definitiva "quase definitiva". O termo é equivocado, pois na sucessão definitiva não há restrições em relação à posse e à propriedade dos bens.

Tal nomenclatura se justifica porque segundo o referido artigo, "regressando o ausente nos dez anos seguintes à abertura da sucessão definitiva, ou algum de seus descendentes ou ascendentes, aquele ou estes haverão só os bens existentes no estado em que se acharem, os sub-rogados em seu lugar, ou o preço que os herdeiros e demais interessados houverem recebido pelos bens alienados depois daquele tempo". No caso, não basta a mera notícia do ausente como na sucessão provisória, é essencial o efetivo regresso ou retorno do ausente, para que se consolide o direito patrimonial previsto no art. 39, *caput*.

É uma espécie de condição resolutiva imprópria imposta pelo art. 39 do CC, pois se não existir bens por ocasião do regresso do ausente ou do aparecimento de algum herdeiro, aquele e estes não terão qualquer direito à indenização.

O eventual terceiro que adquire ou realiza negócio tendo como objeto os bens do ausente não suporta qualquer restrição. Nesse caso, restará ao ausente, seu ascendente ou descendente, exigir o valor recebido do herdeiro que alienou ou realizou negócio jurídico com o bem. No entanto, inexistindo bens ou dinheiro, não haverá direito à indenização. Como ressalta Tepedino[73]: "Embora dentro do prazo de dez anos tenha direito aos bens, o ausente não faz jus aos frutos percebidos, rendimentos, juros ou qualquer tipo de compensação".

De fato, os riscos correm por sua conta, pois receberá os bens no estado em que se encontrem, mesmo se depreciados e ainda que tal depreciação tenha ocorrido por culpa do sucessor. Ainda que os herdeiros e sucessores defi-

---

[72] TEPEDINO, Gustavo et al. *Código civil interpretado*. v. I (Parte geral e Obrigações - artigos 1º a 420). Rio de Janeiro/São Paulo: Renovar, 2004.

[73] TEPEDINO, Gustavo et al. *Código civil interpretado*. v. I (Parte geral e Obrigações - artigos 1º a 420). Rio de Janeiro/São Paulo: Renovar, 2004.

nitivos tenham transferido os bens do ausente a título gratuito, por doação, por exemplo, o ausente ou qualquer herdeiro que apareça, não terá direito a nada, pois, aberta a sucessão definitiva, a disponibilidade em relação aos bens é absoluta e incondicional.

Por isso, não concordamos com a ideia de "sucessão quase definitiva", pois ela pode implicar na equivocada compreensão de existirem restrições após a abertura da sucessão definitiva, fato que não ocorre.

É uma situação *sui generis*, a qual também não se encaixa na ideia de propriedade resolúvel. Na propriedade resolúvel, resolvida a propriedade pelo implemento da condição ou advento do termo, entendem-se também resolvidos os direitos reais concedidos na sua pendência, e o proprietário, em cujo favor se opera a resolução, pode reivindicar a coisa de quem a possua ou detenha (art. 1.359 do CC). Não é o que ocorre na hipótese do art. 39 do CC, pois, regressando o ausente ou aparecendo algum herdeiro, os direitos reais concedidos antes desses fatos, como a alienação dos bens, por exemplo, não se resolvem.

Os direitos de terceiros ficam resguardados e o proprietário ausente ou novo herdeiro não poderão reivindicar a coisa do terceiro, como determina o art. 1.359 do CC. Assim, não há como tratar essa questão dentro do instituto da "propriedade resolúvel".

Então, em razão da disponibilidade plena após a abertura da sucessão definitiva, qualquer direito real transferido a terceiro não se resolve com o retorno do ausente ou o surgimento de algum herdeiro.

A ideia inicial é de propriedade resolúvel, pois a titularidade dos bens é subordinada a um evento futuro e incerto (condição resolutiva), havendo perspectiva de resolução. No entanto, não se aplica à hipótese do art. 39 do CC os efeitos da resolução. Na propriedade resolúvel, os terceiros, adquirentes de bens, serão sacrificados, o que não ocorre na fase da sucessão definitiva da ausência. Na ausência, os direitos de terceiros serão preservados, não tendo o ausente ou qualquer outro novo herdeiro ação contra os adquirentes desses bens. Assim, não há como considerar o art. 39 do CC como hipótese de propriedade resolúvel.

Noutra vertente, poderia se cogitar a aplicação do art. 1.360 do CC, o qual trata da propriedade *ad tempus*, na qual a extinção do direito de propriedade decorre de uma causa superveniente, não havendo efeitos retroativos como na propriedade resolúvel prevista no art. 1.359 do CC.

No caso da propriedade *ad tempus* serão preservados todos os atos praticados pelos titulares da propriedade até a extinção desta, restando à pessoa, em cujo benefício houve a resolução, ação contra aquele cuja propriedade se resolveu para haver a própria coisa ou seu valor.

Essa forma de propriedade prevista no art. 1.360 é mais compatível com o disposto no art. 39 do CC, pois preserva todas as transferências de direitos reais até o momento da extinção da propriedade, não havendo prejuízo a terceiros adquirentes. Todavia, há uma diferença. Na propriedade *ad tempus*, o beneficiado pela resolução terá direito a reaver a coisa ou seu valor, ainda que não mais exista nem a coisa e nem o valor.

No caso da ausência, se houver o retorno do ausente ou o surgimento de novo herdeiro, aquele ou este terá direito à coisa, ao bem sub-rogado ou ao valor, desde que estes existam. Se nada existir, o ausente e o herdeiro novo não terão direito a nenhuma compensação ou indenização, diferente da hipótese prevista no art. 1.360 do CC. Por isso, o art. 39 não se coaduna com os princípios da propriedade resolúvel (art. 1.359) e tampouco da propriedade *ad tempus* (art. 1.360).

É, portanto, uma hipótese *sui generis* de "propriedade resolúvel", com efeitos próprios e diferenciados da propriedade resolúvel tradicional.

Diante da impossibilidade de indenização contra os sucessores e da proteção de terceiros de boa-fé em relação a atos de disposição patrimonial após a abertura da sucessão definitiva, a regra se torna injusta para aqueles que preservaram os bens do ausente, que deverão restituí-los. Por isso, é essencial apurar as circunstâncias da ausência, se voluntária ou involuntária, se abusiva ou não. O abuso de direito, retratado no art. 187, se manifestará, com a supressão do direito patrimonial e eventual do ausente, garantido pelo art. 39, *caput*, caso o desaparecimento tenha sido injustificado, abusivo, consciente e voluntário. Portanto, os efeitos patrimoniais previstos no art. 39 em favor do ausente devem ser compatibilizados com a teoria do abuso de direito, fundado na boa-fé objetiva, cuja função é exercer o controle de direitos subjetivos e potestativos. Apenas se a ausência foi involuntária e não abusiva, tal direito patrimonial em favor do ausente poderia ser admitido. Não pode ser tutelado direito patrimonial em favor de desaparecimento voluntário e injustificado. A omissão reiterada e injustificada do ausente, que desaparece de forma voluntária, caracterizará abuso de direito, o que impactará no direito patrimonial após a abertura da sucessão definitiva. Nesta situação de abuso, o direito subjetivo patrimonial do ausente que retorna será suprimido e, simultaneamente, surgirá (*surrectio*) a consolidação definitiva dos direitos patrimoniais em favor dos sucessores.

Finalmente, o parágrafo único do art. 39 do CC dispõe sobre as consequências da ausência de requerimento para abertura da sucessão definitiva e o não retorno do ausente no prazo do *caput*.

O dispositivo tem redação absolutamente infeliz. O *caput* do art. 39 pressupõe a abertura da sucessão definitiva, na qual os herdeiros, habilitados e legitimados, se tornam proprietários dos bens do ausente. Assim, no referido período haverá herdeiros, pois a sucessão definitiva é apenas sequência da sucessão provisória. Portanto, não haveria possibilidade de arrecadação dos bens pelo Município ou o Distrito Federal.

A arrecadação somente se consumará se, por ocasião da sucessão provisória, nenhum herdeiro se habilitar ou se todos os herdeiros renunciarem à herança, na forma do art. 28, § 2º, da Lei Civil. A sucessão definitiva pressupõe que herdeiros tenham se habilitado na fase da sucessão provisória, o que inviabiliza a ocorrência da hipótese prevista no parágrafo único do art. 39 do CC.

A única situação em que seria possível a aplicação do parágrafo único do art. 39 é a omissão de qualquer dos interessados em relação à abertura da sucessão definitiva. Se os herdeiros, imitidos provisoriamente na posse, não requererem a abertura da sucessão definitiva nos dez anos seguintes à abertura da sucessão provisória, tal omissão seria penalizada com a arrecadação dos bens em favor do Município e do Distrito Federal. Trata-se, portanto, de uma sanção civil de duvidosa legalidade. A Lei Civil equipara tal omissão a uma espécie de "renúncia" da herança. Tal fato dificilmente se caracterizaria, uma vez que a omissão teria que ser de todos os herdeiros.

O fato é que haverá herdeiros na posse dos bens do ausente e tal situação inviabilizará a mencionada arrecadação, ainda que tais herdeiros sejam omissos em relação à abertura da sucessão definitiva. Portanto, como os bens podem passar para o domínio público se há herdeiros na posse dos bens em razão da sucessão provisória? A sucessão definitiva pressupõe sucessão provisória, conforme o art. 37 (dez anos após o trânsito em julgado da sentença que abre a sucessão provisória). Na sucessão provisória, há herdeiros, pois, se não houvesse, a herança seria jacente nos termos do § 2º do art. 28 do CC.

O dispositivo cria uma hipótese *sui generis* de herança jacente. Explica-se: segundo o art. 1.819 do CC, se falecer alguém sem deixar herdeiro legítimo, notoriamente conhecido e sem testamento, os bens da herança, depois de arrecadados, ficarão sob a guarda e administração de um curador, até sua entrega a um sucessor habilitado ou a declaração de vacância.

A inexistência de herdeiro é o principal pressuposto para a herança ser considerada jacente. Após 1 (um) ano, sem que haja herdeiro habilitado, será a herança declarada vacante. A jacência é um estado transitório, necessariamente anterior à vacância, período em que são expedidos editais para a habilitação de herdeiros (art. 1.820 do CC).

Depois de 5 (cinco) anos da abertura da sucessão, os bens arrecadados passarão ao domínio do Município ou do Distrito Federal, se localizados nas respectivas circunscrições, incorporando-se ao domínio da União quando situados em território federal (art. 1.822 do CC).

Em razão disso, impossível compatibilizar as regras da herança jacente (arts. 1.819 a 1.823 do CC) com o parágrafo único do art. 39 da mesma Lei Civil.

Não há sentido na redação do parágrafo único do art. 39, pois os 10 (dez) anos a que se refere o *caput* dependem da abertura da sucessão definitiva, a requerimento de algum dos legitimados do art. 27 do CC. Se não há abertura da sucessão definitiva, não se iniciam os 10 (dez) anos do parágrafo único. Assim, impossível a transferência dos bens para o domínio público.

Tal regra, simplesmente, é inaplicável. Ou os herdeiros não se habilitam para requerer a sucessão provisória e, nesse caso, aplicam-se os arts. 1.819 a 1.823 sobre jacência e vacância ou, havendo sucessão provisória, esta implica a existência de herdeiros e, por essa razão, não há como transferir esses bens para o domínio público.

Os dez anos mencionados no *caput* contam-se da abertura da sucessão definitiva, a qual dependerá de requerimento. Se nenhum interessado requerer a sucessão definitiva, não há possibilidade de transferência dos bens para o domínio público, porque essa transferência depende do término do prazo de decenal, o que somente ocorrerá se houver abertura da sucessão definitiva, caso em que não se aplica o parágrafo único. Por isso, a redação é incoerente e contraditória.

Finalmente, após 10 (dez) anos, contados da data da abertura da sucessão definitiva, se houver o regresso do ausente ou aparecer novos herdeiros, estes não terão nenhum direito sobre os bens da herança.

1.8.4. Hipótese especial de sucessão definitiva

O art. 38 do CC dispõe sobre uma hipótese excepcional, na qual a abertura da sucessão definitiva independe de prévia sucessão provisória ou da fase de curadoria dos bens do ausente. Nessa hipótese do art. 38, a sucessão definitiva poderá ser requerida diretamente: "Pode-se requerer a sucessão definitiva, também, provando-se que o ausente conta 80 (oitenta) anos de idade, e que de 5 (cinco) anos datam as últimas notícias dele".

Ao contrário do que prevê o art. 37, para o qual a sucessão provisória é condição necessária e indispensável para a abertura da sucessão definitiva, no art. 38, não há qualquer referência à sucessão provisória, podendo os interessados requererem, diretamente, a abertura da sucessão definitiva.

Para tanto, são essenciais três requisitos: (i) A pessoa deve desaparecer de seu domicílio sem deixar notícias do paradeiro ou procurador para administrar seus negócios e interesses, ou seja, deve ser um ausente. O art. 38, parte final, exige esse requisito quando menciona "(...) as últimas notícias dele"; (ii) no momento do requerimento da abertura da sucessão definitiva já devem ter decorrido mais de 5 (cinco) anos da data do desaparecimento; (iii) no momento do requerimento da abertura da sucessão definitiva, o ausente deve contar com, no mínimo, 80 (oitenta) anos de idade. Como o ausente deve ter 80 (oitenta) anos de idade na data do requerimento da abertura da sucessão definitiva e, considerando a necessidade de 5 (cinco) sem notícias, o ausente, deverá ter, no mínimo, 75 (setenta e cinco) anos de idade na data do desaparecimento. Após 5 anos, completará 80 anos e, passados esses 5 anos sem notícias, estarão preenchidos os requisitos dois e três.

Nessa hipótese excepcional, os legitimados são os mesmos do art. 27 do CC e a sucessão (abertura de inventário e partilha de bens) será definitiva, sem qualquer restrição aos herdeiros, sejam eles legítimos, testamentários, necessários ou não.

Embora sejam dispensadas as fases da curatela de bens do ausente e da sucessão provisória, plenamente justificável pela idade avançada do ausente e pelo longo prazo da sucessão provisória, aplica-se à hipótese o *caput* do art. 39 do CC, ou seja, com o regresso do ausente nos 10 (dez) anos posteriores à abertura da sucessão definitiva, só terá direito aos bens existentes no estado em que se acharem, os sub-rogados ou os preços desses bens. O ausente não pode, por ser idoso, ser privado desse benefício do art. 39.

No caso de retorno do ausente nestas circunstâncias, dispõe o art. 745, § 4º, do CPC: "§ 4º Regressando o ausente ou algum de seus descendentes ou ascendentes para requerer ao juiz a entrega de bens, serão citados para contestar o pedido os sucessores provisórios ou definitivos, o Ministério Público e o representante da Fazenda Pública, seguindo-se o procedimento comum".

De acordo com o § 3º do art. 745 do CPC, presentes os requisitos legais no curso da sucessão provisória, como morte real ou a caracterização dos requisitos da sucessão sumária do art. 38, poderá ser convertida em definitiva.

1.8.5. Efeitos extrapatrimoniais da sucessão definitiva

A abertura da sucessão definitiva pode gerar efeitos extrapatrimoniais. Os principais efeitos da ausência são patrimoniais, ou seja, curadoria e administração dos bens do ausente, inventário e partilha dos bens em favor dos herdeiros e sucessores. Entretanto, há efeitos extrapatrimoniais a serem considerados.

O primeiro efeito extrapatrimonial da sentença que determina a abertura da sucessão definitiva é a morte presumida. Segundo dispõe o art. 6º do CC, presume-se a morte, quanto aos ausentes, nos casos em que a lei autoriza a abertura da sucessão definitiva. Então, aberta a sucessão definitiva, isso implicará no término da personalidade da pessoa humana ou da sua existência, sendo este, portanto, um efeito extrapatrimonial.

O segundo efeito extrapatrimonial decorrente da abertura da sucessão definitiva é a dissolução da sociedade e do vínculo conjugal. As causas de dissolução da sociedade conjugal estão previstas no art. 1.571 do CC (morte de um dos cônjuges, nulidade ou anulação do casamento, separação judicial ou divórcio). Segundo o § 1º desse dispositivo, o casamento válido só se dissolve pela morte de um dos cônjuges ou pelo divórcio, aplicando-se a presunção estabelecida nesse Código quanto ao ausente. Ou seja, a morte presumida pela ausência passa a ser causa de dissolução do vínculo matrimonial.

A última parte do § 1º do art. 1.571 do CC, que diz "aplicando-se a presunção estabelecida neste Código quanto ao ausente", implica que a morte presumida pela ausência também poderá dissolver o matrimônio. Como a morte presumida pela ausência somente ocorrerá na abertura da sucessão definitiva, é este o momento a ser considerado para a dissolução do matrimônio.

A sucessão definitiva será aberta depois de 11 (onze) ou 13 (treze) anos, considerando o desaparecimento sem e com procurador, fato já devidamente analisado. Portanto, somente após esse longo período, com a abertura da sucessão definitiva haverá, em definitivo, a dissolução do vínculo matrimonial. Em razão disso, muitos poderiam indagar sobre a inconveniência de aguardar 11 ou 13 anos, quando, com fundamento no § 6º do art. 226 da CF/88, com a redação dada pela Emenda Constitucional n. 66, poderia o cônjuge requerer o divórcio imediatamente, independentemente de qualquer período de separação de fato. Para requerer o divórcio, não há necessidade de aguardar qualquer prazo de separação de fato.

Com a ausência do cônjuge, seria fácil demonstrar a separação de fato, com a citação do ausente por edital. Dessa forma, basta requerer a dissolução do vínculo com fundamento na separação de fato (independentemente de qualquer prazo – Emenda Constitucional n. 66), não sendo necessário aguardar o prazo para a abertura da sucessão definitiva. Isso é perfeitamente possível e muitas vezes recomendável.

Todavia, há uma questão relevante a ser considerada caso o cônjuge resolva pedir o divórcio com base na separação de fato ao invés de aguardar a abertura da sucessão definitiva: Esta questão relevante tem relação com o direito sucessório do cônjuge.

Se o cônjuge, após a ausência ou o desaparecimento depois de 11 ou 13 anos (após tal período o ausente é considerado morto por presunção), resolve pedir o divórcio, o cônjuge presente e divorciado terá perdido a capacidade sucessória. Ou seja, a condição de cônjuge é um dos requisitos para a capacidade sucessória.

Segundo dispõe o art. 1.830 do CC, somente é reconhecido direito sucessório ao cônjuge sobrevivente se, ao tempo da morte do outro (seja essa morte real ou presumida), não estavam separados judicialmente, nem separados de fato há mais de 2 (dois) anos, salvo prova, nesse caso, de que essa convivência se tornara impossível sem culpa do sobrevivente.

O cônjuge sobrevivente, para ser herdeiro e sucessor, por ocasião da morte, real ou presumida, não pode estar separado judicialmente nem de fato há mais de dois anos do cônjuge falecido. No caso da ausência, o pedido de divórcio com fundamento na separação de fato feito pelo cônjuge do ausente, gera o seguinte efeito: quando houver a abertura da sucessão definitiva e o ausente for considerado morto, por força do art. 1.830 do CC, não terá o cônjuge (responsável em tomar a iniciativa de requerer o divórcio) capacidade sucessória.

Atualmente, essa questão é de alta relevância, pois, nos termos do art. 1.829 do CC, em algumas hipóteses o cônjuge concorre na herança com os descendentes e, em qualquer hipótese, concorre com os ascendentes. Dependendo da herança do desaparecido e da existência ou não de descendentes ou ascendentes, poderá ele suportar intensos prejuízos. Por isso, antes de requerer o divórcio, em caso de ausência, o cônjuge deve se atentar para essa questão sucessória.

Na concorrência com descendentes, o cônjuge terá direito a quinhão igual aos dos que sucederem por cabeça e sua parte não pode ser inferior à quarta parte da herança (25% da herança. Assim, se o cônjuge falecido tiver mais de quatro filhos, a parte do cônjuge sobrevivente será necessariamente maior que a dos filhos, pois, não pode sua quota parte ser inferior a 25%). Ressalte-se, ainda, que tudo isso sem prejuízo da sua meação, de acordo com o regime de bens, cuja menção não integra a herança (art. 1.832).

Em relação aos ascendentes, terá o cônjuge 1/3 da herança, se os ascendentes forem de primeiro grau (pai e mãe do falecido). Se os ascendentes forem de grau maior ou se houver apenas um ascendente, independentemente do grau, caberá ao cônjuge metade da herança (art. 1.837 do CC).

Em falta de ascendentes e descendentes, o cônjuge sobrevivente sucederá por inteiro, ou seja, terá direito à totalidade da herança. Isso tudo apenas para demonstrar o prejuízo que um mero pedido de divórcio poderá acarretar.

Em resumo, a abertura da sucessão definitiva opera, automaticamente ou de pleno direito, a dissolução do vínculo matrimonial.

A ausência também pode ser causa de nomeação de tutor. Segundo dispõe o art. 1.728 do CC, os filhos menores são postos em tutela com o falecimento dos pais, casos estes decaiam do poder familiar ou se forem julgados ausentes. A ausência pode provocar também esse efeito extrapatrimonial, ou seja, a nomeação de tutor para o menor cujos pais estão desaparecidos. No entanto, ao contrário da morte presumida e da dissolução do vínculo matrimonial, a nomeação de tutor ao menor em razão da ausência pode ocorrer na primeira fase e não por ocasião da abertura da sucessão definitiva. Dessa forma, declarada a ausência na primeira fase, dentre outros efeitos, aquela sentença declaratória inicial é suficiente para a nomeação de tutor ao menor. Caso o próprio tutor do menor seja declarado ausente, as contas serão prestadas pelos herdeiros ou representantes do tutor.

A ausência também provoca efeitos previdenciários. Embora estes sejam de natureza patrimonial, os abordaremos neste tópico como se fosse um regime especial de ausência.

A Lei Federal n. 8.213/91, quando trata do benefício previdenciário "pensão por morte", no art. 78, faz referência ao instituto da ausência.

Então, decorridos 6 (seis) meses da declaração ou reconhecimento judicial da ausência, os beneficiários do ausente terão direito à pensão por morte, de natureza provisória, cujo benefício cessará com o reaparecimento do segurado. Esta é a primeira hipótese.

A segunda hipótese de pensão por morte não tem, necessariamente, relação com o instituto da ausência, mas com a morte presumida, sem declaração de ausência, prevista no inciso I do art. 7º do CC (perigo de vida que leva a uma alta probabilidade de morte). O desaparecimento do segurado em razão de acidente, desastre ou catástrofe dá direito à pensão provisória, independentemente da declaração de ausência e do prazo do desaparecimento.

1.9. TEORIA DOS DIREITOS DA PERSONALIDADE DA PESSOA HUMANA

1.9.1. Considerações preliminares

As normas de direito privado, princípios e regras jurídicas têm por objetivo principal a tutela da pessoa humana. O atual Código Civil eleva os valores existenciais da pessoa humana à condição de direito fundamental e, por conta disso, passam a preponderar sobre os valores patrimoniais.

Os direitos da personalidade da pessoa humana são situações jurídicas existenciais destinadas a tutelar atributos essenciais do ser humano, consideradas em si e as projeções sociais. Por isso, o objeto dos direitos da personalidade são atributos inerentes à própria pessoa (ou ao titular). O objeto de análise não é externo, como os direitos reais e obrigacionais (no âmbito dos direitos patrimoniais, o objeto é externo ao titular).

Os direitos e situações patrimoniais se conformam com os direitos fundamentais existenciais, que os legitimam. A funcionalização daqueles os conecta com os direitos fundamentais da personalidade da pessoa humana. Aliás, direitos e situações patrimoniais serão relevantes para a plena tutela de situações existenciais. A proteção da propriedade é fundamental para a tutela da intimidade e privacidade, por exemplo. Portanto, situações patrimoniais muitas vezes viabilizarão a concretização da proteção de direitos fundamentais existenciais.

A base de sustentação dessa tutela privilegiada é o princípio constitucional da dignidade da pessoa humana (art. 1º, III, da CF/88), cláusula geral norteadora de todas as normas jurídicas privadas. O objetivo dos direitos da personalidade é proteger a pessoa humana, com a concretização da dignidade humana no mundo da vida (mínimo existencial espiritual).

A dignidade da pessoa humana representa o direito geral da personalidade, a base de todos os demais direitos relacionados à personalidade da pessoa natural, denominados direitos especiais, como honra, liberdade, nome, imagem, vida, privacidade, intimidade, entre outros. Essa cláusula geral é o ponto de referência, o valor fundamental a ser objeto de tutela do Estado e a base de inúmeras situações existenciais.

O atual Código Civil se associa a esse objetivo principal do Estado Democrático de Direito, retratado na Constituição Federal, e incorpora em seu texto capítulo sobre alguns direitos decorrentes da personalidade da pessoa humana (Capítulo II – "dos direitos da personalidade").

Embora a Lei Civil seja alvo de críticas (pois os direitos subjetivos da personalidade, disciplinados nos arts. 11 a 21, já integram a Constituição Federal, no capítulo dos direitos e garantias fundamentais), o fato a ser considerado é a inserção da pessoa humana no centro do sistema jurídico civil, com tutela especial e diferenciada.

A pessoa humana ganha destaque no Código Civil, o que é retratado nos arts. 11 a 21, com capítulo todo voltado para a proteção de seus direitos mais essenciais, íntimos e fundamentais. Por óbvio, o rol de direitos fundamentais da personalidade, elencado nos arts. 13 a 21, é meramente exemplificativo. Por isso, a omissão de alguns direitos fundamentais não impede a plena compreensão da teoria dos direitos relacionados à personalidade da pessoa humana.

Com a inserção de capítulo destinado a disciplinar os direitos da personalidade da pessoa humana, o Código

Civil deixa evidente o objetivo das normas jurídicas, regras e princípios inseridos em todo o seu texto, qual seja, a tutela da dignidade da pessoa humana. Em razão desta opção em relação aos valores existenciais, as questões de natureza patrimonial são relegadas a um plano secundário (o que não significa irrelevância). A pessoa humana está no centro do sistema jurídico civil e em torno dela gravitam todos os demais direitos.

Em síntese, o Código Civil, nos arts. 11 a 21, de maneira exemplificativa, arrola alguns direitos decorrentes da personalidade humana, como nome (arts. 16 a 19), integridade física (arts. 13 a 15), imagem e honra (art. 20) e vida privada (art. 21).

Os direitos da personalidade da pessoa humana devem ser compreendidos a partir de três perspectivas: 1– fundamento e finalidade de tais direitos existenciais e a teoria geral destes direitos fundamentais; 2– características (essencial para identificar a natureza de determinado direito como existencial); 3– dinâmica em relação à compreensão quando envolve o mesmo titular ou titularidades diversas (explicação adiante).

O fundamento e a finalidade justificam toda a teoria dos direitos da personalidade da pessoa humana. Com base (fundamento) na cláusula geral de tutela da dignidade da pessoa humana, os direitos da personalidade têm por objetivo (finalidade) proteger a pessoa, a integridade física, intelectual e moral da pessoa no mundo da vida, com o que estará por concretizar o seu fundamento (dignidade da pessoa humana). Toda a teoria dos direitos da personalidade tem como referência tal fundamento e finalidade.

Em relação à dignidade da pessoa humana, são parâmetros para sua aferição: não instrumentalização (a pessoa humana é fim em si mesma), autonomia existencial da pessoa humana, direito ao mínimo existencial (material – teoria do patrimônio mínimo; e espiritual – direitos da personalidade) e o direito ao reconhecimento pelos demais (independente da raça, grupo, etnia ou religião).

As características permitirão identificar a natureza de determinado direito para inseri-lo na teoria dos direitos da personalidade. Se determinado direito ostentar determinadas características, essenciais e comuns a qualquer direito relacionado à personalidade da pessoa humana, tipificado ou não, será rotulado como "direito da personalidade da pessoa humana" (nos tópicos seguintes as características serão analisadas em detalhes).

No que se refere à compreensão, interpretação e aplicação dos direitos fundamentais da personalidade da pessoa humana, relevante retratar a dinâmica destes, sob duas perspectivas, premissa para compreensão plena da teoria dos direitos da personalidade da pessoa humana.

Os direitos que decorrem da personalidade da pessoa humana devem ser submetidos, para fins de aplicação, interpretação e tutela, a duas questões bem distintas:

1 – Limites – A pessoa humana, titular destes direitos essenciais e fundamentais, está proibida de realizar atos de disposição que os tenha como objeto (indisponíveis e irrenunciáveis). Isto porque há outros direitos fundamentais, relacionados ao mesmo titular, que irão se confrontar com o desejo do titular em dispor de aspectos relacionados a estes direitos da personalidade. Neste caso, direitos fundamentais do mesmo titular estarão em confronto (a pessoa humana e seus limites quanto aos atributos existenciais, objeto dos direitos da personalidade). Como assim? A mesma pessoa humana que é titular de direitos da personalidade, também é titular do direito à liberdade de atuar no mundo jurídico (autonomia da vontade e autonomia privada). Por isso, ao impor a indisponibilidade a qualquer direito fundamental da personalidade, estará por ser sacrificado o direito fundamental desta pessoa à liberdade de atuar juridicamente. Trata-se de limitação à liberdade e autonomia privada, para resguardar a dignidade da pessoa humana. Perceba que neste caso, há direito fundamentais em confronto do mesmo titular. Não é por outro motivo que o art. 11 do CC dispõe que tais direitos fundamentais da personalidade não podem ser limitados voluntariamente, ou seja, não pode a pessoa, com base na autonomia da vontade e autonomia privada, impor restrições aos seus próprios direitos (existenciais).

Todavia, a própria lei, em algumas circunstâncias, relativiza a proibição (exemplos: arts. 13 e 20) e, por outro lado, para tutelar a liberdade/autonomia privada, passou-se a admitir a disponibilidade do exercício de direitos relacionados à personalidade, para fins patrimoniais, desde que com restrições (não pode ser permanente, geral e abusiva). A admissão da cessão do exercício, com restrições, é a conciliação entre os direitos fundamentais da personalidade e a autonomia privada (poder de dispor de aspectos destes direitos, quando tiverem repercussão econômica). Neste caso, se analisa apenas os limites e a extensão, ou seja, qual o limite para dispor de aspectos e atributos existenciais, relacionados ao exercício, jamais a titularidade. O art. 20, por exemplo, admite, com as restrições mencionadas, desde que autorizados de forma expressa ou tácita pelo titular, a cessão da imagem. O art. 18 permite a cessão do exercício do nome, para fins comerciais, desde que atendidas as restrições. Portanto, quando se confrontam direitos do mesmo titular, a análise é restrita aos limites (qual o limite ou até onde há poder para disposição – as restrições serão acentuadas, porque a disponibilidade do exercício se conecta com direitos fundamentais e essenciais da personalidade);

2 – Confrontação e Ponderação – a outra questão que se relaciona à dinâmica dos direitos da personalidade é bem mais singela, pois não se trata de discutir os limites, ou tentar conciliar direitos fundamentais do mesmo titular, mas de confrontar os direitos fundamentais da personalidade do titular "X" com direitos fundamentais (da personalidade ou não) do titular "Y". Portanto, se confrontam direitos fundamentais de titularidades diversas (a discussão aqui não é de limite – não se cogita em disposição de atributos existenciais relacionados ao exercício). Nesta situação, parte-se de outra premissa: os direitos fundamentais, entre eles os da personalidade, não são absolutos. A não absolutização dos direitos fundamentais é essencial para compreender esse confronto. Em determinadas situações, o direito fundamental da personalidade do titular "X" irá se confrontar com o direito fundamen-

tal do titular "Y", que pode ser da personalidade ou não (ex.: intimidade x liberdade de informação; privacidade x liberdade de imprensa; imagem x liberdade de informação, entre outras inúmeras situações). Nestes casos, a discussão não envolve autonomia privada ou "limites" do titular, mas a ponderação entre direitos fundamentais de titularidades diversas. A partir do caso concreto, será analisado, de forma casuística, qual direito deverá prevalecer. Ao sopesar os direitos fundamentais em confronto, episodicamente, se sacrifica um para tutelar o outro. Nesta situação, não há conflito entre direitos do mesmo titular. Neste caso, não há menção a exercício, mas a titularidade. A imagem, por exemplo, cede lugar para o interesse coletivo na informação, quando for essencial para a administração da justiça (apenas um exemplo – art. 20 do CC).

Em resumo, nas milhares de decisões do STF e STJ que envolvem direitos fundamentais, em especial direitos fundamentais da personalidade, a aplicação e interpretação se restringem a estas duas questões: ou se analisa qual o limite de disponibilidade do titular do direito fundamental da personalidade ou se analisa, diante de direitos fundamentais em confronto, qual deles, naquela situação específica, irá prevalecer. É fundamental tal premissa para compreender a dinâmica dos direitos fundamentais da personalidade, em termos de aplicação e interpretação.

1.9.2. Evolução dos direitos da personalidade – Origem histórica

A concepção dos direitos relacionados à personalidade da pessoa humana suportou profundas transformações ao longo dos séculos. A doutrina costuma afirmar ser recente a construção da teoria dos direitos da personalidade. A análise da evolução histórica desses direitos subjetivos deve ser cautelosa, pois em épocas distantes já se tutelava direitos da pessoa humana sem a atual terminologia, os quais, na atualidade, são rotulados de "direitos da personalidade".

Mesmo quando não havia um estudo em conjunto ou uma teoria sobre os direitos da personalidade considerados de forma global, direitos específicos da pessoa humana eram objeto de proteção pelo Estado, sem serem denominados "direitos da personalidade". O fato é que, desde tempos remotos a pessoa humana tem algum tipo de proteção em relação aos seus atributos mais íntimos, relacionados à sua dignidade.

Portanto, recente é a consideração sistemática de toda uma teoria sobre esses direitos subjetivos, pois a proteção à pessoa, como bem ressalta o mestre, sempre existiu.

Na verdade, os direitos da personalidade da pessoa humana percorreram um longo caminho até serem sistematizados e inseridos nos sistemas jurídicos como objeto de tutela especial e diferenciada.

O início da análise dos direitos da personalidade deve começar na Antiguidade, em especial nos direitos romano e grego. Os romanos não possuíam uma regulação normativa sobre direitos subjetivos da pessoa humana, até porque não eram dados a abstrações. Eles eram extremamente formalistas, materialistas, e seus atos, em regra, eram cercados de simbolismos.

No entanto, os romanos previam a ação contra a injúria, chamada *actio injuriarum*, cujo objetivo era evitar atentados contra a pessoa. Não havia uma sistematização dessa ação, mas a pessoa, por meio dela, era defendida de ofensas à honra, à vida e à integridade física. Esses direitos protegidos pela *actio injuriarum* romana são hoje considerados direitos da personalidade. Com isso, fica evidente que a tutela da pessoa não é recente, mas assim o é a consideração da pessoa como valor máximo, bem como o reconhecimento formal desses direitos nos ordenamentos jurídicos mais modernos.

Amaral[74] relata que a ação de injúria "(...) consistia, em sentido lato, em todo ato contrário ao direito e, em sentido estrito, em qualquer agressão física, com golpes, e também a difamação, o ultraje, a violação de domicílio. Além da *actio injuriarum*, dispositivos da *Lex Aquilia e da Lex Cornélia* reforçavam a tutela jurídica da personalidade no direito romano, principalmente no que diz respeito à agressão física e à violação de domicílio".

Na filosofia grega, houve grande contribuição a tais direitos subjetivos, com o surgimento do dualismo das fontes jurídicas: direito natural, como ordem suprema criada pela natureza, pois tal direito era a expressão ideal de valores morais superiores da ordem vigente, e direito positivo, as leis estabelecidas na cidade.

A *hybris* grega e a *actio injuriarum* romana são consideradas os embriões dos direitos relativos à personalidade humana conhecidos com essa designação. O próprio Código de Hamurabi, com aproximadamente 4.000 (quatro mil) anos de idade, o mais velho documento de leis e punições, já estabelecia sanções para o caso de violação da integridade física ou moral da pessoa humana, direitos considerados essenciais no universo "da teoria dos direitos da personalidade".

Após esse período remoto, já no início da Idade Média, o cristianismo teve papel fundamental na valorização da pessoa humana e, em consequência, na evolução dos direitos da personalidade. Os cristãos pregavam a igualdade entre todos, como uma fraternidade (que às vezes era apenas retórica, nesse período) e pugnavam pelo reconhecimento da existência de um vínculo entre homem e Deus.

Os romanos apenas atribuíam a qualidade de pessoa àqueles que gozavam de três atributos, quais sejam, ser cidadão romano, chefe de família e livre (*status libertatis, status civitatis* e *status familiae*). Os cristãos questionavam as razões políticas e filosóficas consideradas pelo Império a fim de que um sujeito fosse qualificado como pessoa. Isso contribuiu para o fortalecimento e a tutela da pessoa humana. O homem passou a ser a personificação da imagem do criador.

A influência do Cristianismo eleva o homem à condição de sujeito dotado de valores espirituais e intrínsecos, não sendo mais considerado objeto, pois a doutrina cristã considera o homem a imagem e semelhança de Deus. A

---

[74] AMARAL, Francisco. *Direito civil* – introdução, 6. ed. rev. e atual. Rio de Janeiro: Editora Renovar, 2006.

mudança de padrões filosóficos e religiosos ocorrida na Idade Média é o início da consolidação da denominada "teoria dos direitos da personalidade".

Ainda na Idade Média, o "divisor de águas" dos direitos da personalidade, sem dúvida, foi a declaração de direitos na Inglaterra, no ano de 1215, conhecida como "Magna Carta" (em latim, "Grande Carta").

Essa declaração de direitos surgiu no período em que a Inglaterra se destacava no cenário internacional e, já no início do século XIII, o rei inglês era considerado o soberano mais poderoso e influente da Europa. Em razão desse fato, a Magna Carta repercutiu intensamente em outros países, inclusive nas colônias inglesas. Tal documento data de 1215 e sua principal característica foi a limitação do poder do monarca.

Isso somente foi possível por conta de dois fatores. O rei inglês João, conhecido como "João sem-terra", porque, na qualidade de filho mais novo, não recebeu terras em herança, era considerado um monarca fraco. Além disso, a Igreja, por meio do Papa, e os barões ingleses, representantes da elite da Inglaterra, estavam insatisfeitos com as decisões, os fracassos e as prerrogativas do rei e, por isso, impuseram a ele a assinatura desse importante documento, em que renunciava a vários direitos e ainda assumia o compromisso de respeitar os procedimentos legais.

A Magna Carta, na maioria de seus 63 itens, apenas retrata questões locais daquela época, de interesse exclusivo do povo inglês. Esse documento, embora de alta relevância, não chegou a ser considerado como uma declaração universal de direitos, mas uma declaração de direitos regional, restrita à Inglaterra.

No referido documento, os barões ingleses consignaram uma cláusula de segurança, a qual lhes permitia rever e reformar qualquer decisão real. Tal cláusula reduzia, drasticamente, o poder absoluto do monarca.

Para os direitos da personalidade, a cláusula mais importante do texto é a 39, onde foi expresso que "nenhum homem livre seria preso, aprisionado ou privado de uma propriedade, ou tornado fora da lei, ou exilado, ou de maneira alguma destruído, nem agiremos contra ele ou mandaremos alguém contra ele, a não ser por julgamento legal dos pares, ou pela lei da terra". Esse dispositivo obrigava o monarca a submeter o sujeito a julgamento de acordo com o devido processo legal, e não de acordo com a sua vontade.

Assim, a Magna Carta de 1215 assegurava garantias legais expressas contra a violação de direitos fundamentais, tutelando, em específico, o direito de liberdade, hoje um dos principais direitos da personalidade humana. Em complemento, o item 40 da Carta Magna previa "direito e justiça" ("a ninguém venderemos, a ninguém negaremos ou retardaremos direito ou justiça").

Essas cláusulas previstas na Magna Carta acabaram sendo o início do "constitucionalismo". Embora tenham sido garantidos direitos aos cidadãos ingleses, a Magna Carta não chegou ser um documento universal.

No ano de 1689, uma nova Declaração de Direitos, denominada *Bill of Rights*, também contribuiu para a consolidação da proteção da pessoa humana. Essa declaração de direitos teve por origem a chamada Revolução Gloriosa, nos anos de 1688 e 1689, quando o Parlamento inglês, em acordo secreto com Guilherme de Orange, príncipe holandês e genro do Rei Jaime II, conspiraram para que Guilherme se tornasse rei da Inglaterra.

As tropas de Jaime II foram derrotadas e, em 1689, Guilherme e a filha do rei deposto assumiram o trono. O Parlamento inglês impôs ao novo rei a assinatura da declaração de direitos, a qual previa a liberdade de imprensa e garantia poderes ao Parlamento, em especial em matéria tributária. Essa fase representou a transição da Monarquia Absolutista para a Monarquia Parlamentar, em que o poder real estava submetido ao Parlamento.

Com o *Bill of Rights* inglês foram reconhecidos direitos fundamentais ao cidadão inglês, pois a população teria liberdade de expressão, liberdade política e tolerância religiosa. Em seu art. 5º, por exemplo, estava prevista a vedação de prisões ilegais "e vexações de qualquer espécie que sofram por esta causa", no art. 8º era garantida a liberdade de eleições do Parlamento e, de acordo com o art. 10, não seriam impostas penas demasiadamente severas.

Todavia, da mesma forma que a Carta Magna de 1215, o *Bill of Rights* não chegou a ser uma declaração universal, tendo também um caráter regional.

Na sequência, se sucederam outras declarações de direitos, como a Declaração de Direitos da Virgínia, nos Estados Unidos, em 1776, a Declaração de Independência dos Estados Unidos da América, também no ano de 1776 e, finalmente, as Declarações Universais de Direitos.

Com o Renascimento e o Humanismo do século XVI e o Iluminismo, nos séculos XVII e XVIII, passou-se a reconhecer o indivíduo como valor central do direito e a se desenvolver a teoria dos direitos subjetivos como tutela dos interesses e dos valores fundamentais da pessoa.

A primeira Declaração de Direitos Universal foi a "Declaração de Direitos do Homem e do Cidadão", de 1789, durante a Revolução Francesa. A grande característica dessa declaração foi justamente garantir direitos à pessoa humana, em um sentido universal, e não apenas no território francês.

O Código Civil italiano de 1942 disciplinou os direitos da personalidade, assim como a Constituição alemã de 1949, quando, de fato, a teoria dos direitos da personalidade teve destaque. Em 1950 foi promulgada a Convenção Europeia dos Direitos Humanos. A Constituição portuguesa de 1976 e a espanhola de 1978 passaram a incorporar os direitos da personalidade. Na verdade, a Declaração Universal de 1948 teve o grande êxito de influenciar as Constituições que lhe sucederam, cujos textos passaram a incorporar a proteção da pessoa humana e da sua personalidade, conferindo à pessoa posição de destaque, transformando conceitos em verdadeiros preceitos jurídicos, princípios fundamentais do sistema.

Não foi diferente com a nossa Constituição de 1988, que, em seu art. 1º, III, traz uma cláusula geral de tutela e proteção da personalidade da pessoa humana, sendo fundamento da República a dignidade da pessoa humana e, no art. 5º, todo um capítulo sobre direitos e garantias fundamentais. Dessa forma, com o advento da Constituição Federal de 1988, os direitos da personalidade foram acolhidos e integrados ao texto constitucional.

O Código Civil de 2002 seguiu a tendência mundial e incorporou direitos especiais, decorrentes da personalidade da pessoa humana, nos arts. 11 a 21. Com isso, foi consolidada no sistema civil a "teoria dos direitos da personalidade".

1.9.3. Conceito dos direitos da personalidade

Os direitos da personalidade são direitos subjetivos, essenciais, inatos, permanentes (vitalícios) e fundamentais para resguardar a dignidade da pessoa humana.

Tais direitos são subjetivos, porque inerentes à condição humana, tendo natureza existencial. Não há pessoa humana sem personalidade. E, como tais direitos decorrem da personalidade, a caracterização implica a própria existência humana. A essencialidade está relacionada ao fato de estes direitos serem imprescindíveis para a existência humana. Inatos porque independem de qualquer previsão legal para serem reconhecidos, ou seja, são contemporâneos ao início da existência da pessoa humana (supralegais). Permanentes porque perduram por toda a vida da pessoa (desde a concepção até a morte da pessoa humana) e fundamentais para o ser humano ter uma existência digna.

A doutrina, em geral, ao conceituar estes direitos da personalidade, traz os mesmos elementos caracterizadores.

Francisco Amaral[75] argumenta que os "direitos da personalidade são direitos subjetivos que têm por objeto os bens e valores essenciais da pessoa, no seu aspecto físico, moral e intelectual".

Cristiano Chaves e Nelson Rosenvald[76] definem os direitos da personalidade como aqueles direitos subjetivos reconhecidos à pessoa, tomada em si mesma e em suas necessárias projeções sociais, direitos essenciais ao desenvolvimento da pessoa humana.

Os direitos da personalidade, portanto, são direitos ligados à existência da pessoa humana, pois esta é personalidade. Estão compreendidos no núcleo essencial de sua dignidade. Se pessoa e personalidade são ideias e concepções inseparáveis, ou seja, uma não subsiste sem a outra, os direitos decorrentes da personalidade, na realidade, são os direitos da própria pessoa humana, constituindo as projeções física, psíquica e intelectual do ser humano.

Em razão da constitucionalização de institutos de direito privado, os direitos da personalidade foram elevados à categoria de direitos fundamentais. Em função disso, a teoria dos direitos fundamentais se aplica na construção da teoria daqueles direitos essenciais e integrantes da interioridade da pessoa humana.

Tais direitos são denominados "subjetivos" por serem inseparáveis do titular e inerentes à pessoa. No entanto, na linha da crítica de Orlando Gomes, é difícil dar uma definição exata aos direitos da personalidade, porque as concepções sobre a natureza humana são divergentes. Essa dificuldade advém da ainda existente resistência ao reconhecimento desses direitos e, principalmente, porque seria impossível dar uma definição de pessoa. Se a pessoa é personalidade e se os direitos em questão decorrem da própria pessoa, definir esses direitos seria uma busca ingrata na tentativa de definir a própria composição humana.

A dignidade da pessoa humana, a cidadania, a preservação dos valores sociais do trabalho (art. 1º, II, III e IV, da CF/88), princípios fundamentais da República e a busca de uma sociedade livre, justa e solidária, a necessidade de promoção do bem de todos, sem preconceitos de origem, raça, sexo, cor, idade e quaisquer outras formas de discriminação, a tentativa de erradicar a pobreza e a incessante busca da redução das desigualdades sociais (art. 3º, I, III e IV, da CF/88), como objetivos fundamentais a serem atingidos pelo Estado, são a base de sustentação da "teoria dos direitos da personalidade".

Os direitos da personalidade, quais sejam, vida, integridade física, liberdade, honra, imagem, vida privada e intimidade, dentre outros, são inerentes à existência da pessoa humana e essenciais para a pessoa ter dignidade material e concreta (no mundo da vida), não ser discriminada pelos demais membros da coletividade, gozar de oportunidades sociais e ser efetivamente reconhecido como ser humano.

Portanto, tais direitos da personalidade são *essenciais*, *inatos* e *permanentes*, pois, sem eles, não há personalidade e, consequentemente, não há pessoa humana.

Cristiano Chaves e Nelson Rosenvald[77] são precisos quando ressaltam a necessidade de se tutelar os valores mais significativos do indivíduo: "(...) os direitos da personalidade – ultrapassando a setorial distinção emanada da histórica dicotomia direito público e privado – derivam da própria dignidade reconhecida à pessoa humana para tutelar os valores mais significativos do indivíduo, seja perante outras pessoas, seja em relação ao Poder Público. Com as cores constitucionais, os direitos da personalidade passam a expressar o *minimum* necessário e imprescindível à vida com dignidade".

Como ressaltamos, a essencialidade está sempre presente em qualquer definição desses direitos, pois as normas são feitas para as pessoas e sua realização existencial. Por isso, é necessário que seja garantido um mínimo de direitos fundamentais para proporcionar à pessoa vida com dignidade. Este é o valor máximo, o fundamento mais relevante a ser tutelado pela ordem jurídica.

1.9.4. Objeto dos direitos da personalidade

O objeto dos direitos decorrentes da personalidade é tema relevante na teoria geral da personalidade, pois, nesse ponto, está o maior foco de resistência em admitir direitos relacionados ao ser humano e sua condição existencial.

---

[75] AMARAL, Francisco. *Direito civil* – introdução, 6. ed. rev. e atual. Rio de Janeiro: Editora Renovar, 2006.

[76] FARIAS, Cristiano Chaves de; ROSENVALD, Nelson. *Direito civil*: teoria geral. 8. ed. Rio de Janeiro: Lumen Juris, 2009.

[77] FARIAS, Cristiano Chaves de; ROSENVALD, Nelson. *Direito civil*: teoria geral. 8. ed. Rio de Janeiro: Lumen Juris, 2009.

Por muito tempo, pareceu estranho admitir a pessoa humana como sujeito e objeto de direitos. Como conciliar essa ideia com a necessária tutela da pessoa humana? A pessoa (natural ou jurídica) é sujeito de direito e, nessa condição, não poderia ser objeto de direito. Na teoria dos bens jurídicos, o objeto de direito é representado por valores materiais e imateriais, considerados relevantes pelo Estado. Somente pode ser objeto de direito aquilo capaz de ser objeto de relação jurídica. Em síntese, o bem jurídico não se confunde com o sujeito de direito, a pessoa natural ou jurídica. A pessoa humana não é um bem jurídico e, por isso, não pode ser objeto de direito, mas sujeito de direito.

Os direitos da personalidade não invertem essa lógica, simplesmente porque a personalidade não é objeto de direito. A personalidade é base ou pressuposto de todos os direitos. Personalidade está ligada à pessoa, razão pela qual não há possibilidade de a personalidade ser objeto de direito, porque integrada na concepção do sujeito de direito.

Os direitos decorrem ou irradiam da personalidade. Por isso, o objeto dos direitos da personalidade são os atributos, as projeções físicas ou psíquicas da pessoa humana, as quais não se confundem com a própria pessoa. Todavia, não há dúvida de que tal objeto é inerente e vinculado ao titular (interno), ao contrário do objeto dos direitos obrigacionais e reais, que é externo ao titular.

Dessa forma, os direitos da personalidade jamais teriam por objeto a pessoa em si, mas apenas os atributos, as expressões e as projeções dessa personalidade. O objeto de direito ou bem jurídico a ser tutelado pode ser imaterial. Na teoria geral dos bens jurídicos, estes são considerados como todos os valores materiais e imateriais ou incorpóreos. Os direitos da personalidade são valores imateriais, incorpóreos e, por esta razão, podem ser considerados como bens jurídicos e, em consequência, se submetem ao poder do sujeito de direito, nesse caso, a pessoa titular desses direitos.

As projeções da pessoa humana, suas expressões, qualidades ou atributos são os bens tutelados pelo ordenamento jurídico. As utilidades, materiais e imateriais, podem ser consideradas bens jurídicos, como são os casos dos direitos da personalidade.

Em relação ao objeto, interessante destacar a questão da tipificação dos direitos da personalidade. Havia duas correntes, uma que defendia a tese da tipificação dos direitos, tendo como expoente Adriano de Cupis e outra, originária da Alemanha, que pregava a existência de um direito geral de personalidade, sem especificação dos direitos. Prevalece em nosso sistema a não tipificação desses direitos, pois, por serem essenciais à pessoa humana, são dinâmicos.

Tipicidade aberta

Portanto, há direito geral da personalidade que leva ao reconhecimento da denominada "tipicidade aberta" (não há um número fechado de hipóteses a serem tuteladas; o que se tutela é o valor da pessoa sem limites). Os tipos previstos na Constituição e na Lei Civil são apenas enunciativos.

O direito ao esquecimento (poder de obstar, em razão da passagem do tempo, a divulgação de dados ou fatos verídicos e licitamente obtidos e publicados em meios de comunicação social) era considerado direito autônomo da personalidade, não tipificado. Todavia, o STF, ao definir a tese no Tema 786, Recurso Extraordinário 1.010.606, alterou o entendimento firmado pelo STJ, para considerar que tal direito não é compatível com a Constituição Federal ("os excessos ou abusos no exercício da liberdade de expressão e de informação devem ser analisados caso a caso, a partir dos parâmetros constitucionais, especialmente os relativos à proteção à honra, da imagem, privacidade e personalidade em geral").

Ainda no âmbito da tipicidade aberta, o STF, na análise de ação declaratória de inconstitucionalidade por omissão e mandado de injunção, que tratavam da omissão do Estado em relação à criminalização da homofobia, ressaltou que "o gênero e a orientação sexual constituem elementos essenciais e estruturantes da própria identidade da pessoa humana e integram uma das mais íntimas e profundas dimensões de sua personalidade". O relator destas ações no STF destacou que "a omissão do Congresso Nacional em produzir normas legais de proteção penal à comunidade LGBT, numa atitude de inadimplemento manifesto de indeclinável obrigação jurídica, traduz situação configuradora de ilicitude, em afronta ao texto da CF" (ADO 26/DF e MI 4.733/DF). Nesse sentido, a orientação sexual passou a ser considerada como direito autônomo da personalidade.

Ainda que o direito ao esquecimento não tenha sido reconhecido como direito autônomo da personalidade (tese com a qual concordamos, pois, na realidade a privacidade e a intimidade, são suficientes para tutelar o direito de não ter revelados fatos pretéritos sem qualquer justificativa – ou seja, o esquecimento é aspecto que integra o direito à intimidade e a privacidade, não direito autônomo), é possível o reconhecimento de direitos da personalidade, mesmo que não positivados, desde que sejam essenciais para a tutela concreta e efetiva da dignidade da pessoa humana.

Em tempos mais modernos, o direito ao cuidado, que decorre do direito à convivência (fundamento para a condenação daqueles que violam o dever de exercer adequadamente a paternidade responsável – abandono afetivo), assim como o direito à informação (interesse no controle de danos ou informações da pessoa, diverso da privacidade) e o direito à ancestralidade genética, são considerados direitos da personalidade da pessoa humana, ainda que não tipificados.

1.9.5. Fontes dos direitos de personalidade

As fontes dos direitos da personalidade despertam interesse em razão das graves e cotidianas violações dos direitos humanos e fundamentais do homem por alguns países. Há Estados soberanos nos quais a mutilação de partes do corpo (ofensa à integridade física), restrições à liberdade e penas capitais, como a de morte (violando o mais expressivo dos direitos decorrentes da personalidade, a vida), integram os costumes locais e, em algumas hipóteses, estão previstas no próprio ordenamento jurídico interno de cada país ou de tribos isoladas.

Em razão dessa realidade, constatada pela comunidade internacional, é relevante a análise da fonte ou origem desses direitos relacionados à existência humana.

Nesse ponto, há o confronto entre a Escola Positivista e a Escola de Direito Natural. Em síntese, os positivistas defendem a tese da necessidade do reconhecimento dos direitos decorrentes da personalidade pela ordem jurídica interna de cada Estado Soberano, como condição para serem objetos de tutela.

A Escola de Direito Natural caminha em sentido diametralmente oposto, com argumento no sentido de serem os direitos da personalidade inatos, inerentes à condição humana, e objeto de tutela, independentemente do seu reconhecimento pela ordem jurídica interna.

A Escola de Direito Natural trata os direitos existenciais como direitos *supralegais*, ou seja, independentes da ordem jurídica vigente ou acima de qualquer concepção positivada. Para essa escola, os direitos à vida, honra, imagem, liberdade, vida privada, intimidade, integridade física, dentre outros, devem ser tutelados, independentemente de previsão normativa, pois se referem a valores fundamentais e essenciais, sem os quais a pessoa humana não terá a garantia de uma existência digna. Ou seja, para essa escola, esses valores e princípios estão acima da lei e merecem tutela em qualquer circunstância. No RE 466.343/SP, de relatoria do Min. Cezar Peluso, o STF, ao discutir a prisão civil do depositário infiel, se aproximou da Escola de Direito Natural quando considerou que os tratados internacionais de direitos humanos são supralegais.

Já a Escola de Direito Positivo defende uma concepção, a nosso ver, equivocada, de tutela desses direitos. A base do positivismo jurídico é o respeito à ordem jurídica interna de cada Estado soberano. Portanto, a lei fundamental de cada país deve ser respeitada pela comunidade internacional, levando a ideia de constitucionalismo ao seu limite máximo. Os defensores da Escola Positiva afirmam que a Escola de Direito Natural não teria condições de explicar os sistemas positivos legais de países nos quais ainda são permitidas a escravidão, a mutilação e a pena de morte. Como confrontar a ideia de direitos inatos com esses sistemas jurídicos?

A concepção é absolutamente desvirtuada, pois valoriza o constitucionalismo e a ordem jurídica interna, quando a humanidade caminha em sentido oposto, ou seja, para a submissão de Estados soberanos a tratados internacionais e respeito a convenções e declarações universais sobre direitos humanos. O internacionalismo é o futuro do direito, com clara mitigação ao constitucionalismo. A decisão do STF no mencionado RE 466.343 é exemplo claro desta relativização da ideia de soberania. O direito dos tratados internacionais já é uma realidade.

Por isso não é possível, a pretexto de respeito ao constitucionalismo interno de certos Estados e de uma falsa preservação de costumes, a aceitação de práticas como a mutilação, a escravidão e a pena de morte. Ou seja, a comunidade internacional não pode admitir a violação a direitos fundamentais e essenciais da pessoa humana.

Na realidade, as ordens jurídicas internas desses países devem se adequar a essas convenções de declarações internacionais de tutela do ser humano e, em caso de violação, devem ser sancionados pelos organismos internacionais. O constitucionalismo e a soberania não podem ser escudos para a violação de direitos humanos e para negativa de tutela dos direitos relativos à personalidade do ser humano. Tal tutela independe da ordem jurídica interna, pois esses direitos, essencialmente inatos, estão conectados, vinculados ao ser humano, como o corpo e a alma.

É majoritária a doutrina brasileira e estrangeira na defesa dos direitos fundamentais, tendo por fontes *supralegais* a justificativa de sua tutela. Por serem atributos inerentes à pessoa humana, decorreriam do chamado Direito Natural. Tal Escola proclama a existência de direitos inatos. A expressão ideal de valores morais é superior à ordem vigente. Assim, em razão da dignidade da pessoa humana, reconhece-se valor à pessoa como entidade independente e preexistente ao ordenamento, dotada de valores invioláveis que lhe são inerentes.

Não foi delegado à ordem jurídica interna de cada Estado o direito de dispor sobre questões existenciais da pessoa humana, como se esse direito fosse "propriedade" do Estado. O constitucionalismo encontra limites em valores fundamentais, reconhecidos nas convenções e declarações universais.

Por isso, discordamos de Gustavo Tepedino, Cristiano Chaves e Nelson Rosenvald, os quais defendem a necessidade de os direitos da personalidade estarem previstos na norma positiva, como condição de tutela. Tal tese é minoritária e equivocada. Segundo Tepedino[78], citando Perlingieri: "Os direitos do homem, para ter uma efetiva tutela jurídica, devem encontrar seu fundamento na norma positiva. O Direito positivo é o único fundamento jurídico da tutela da personalidade". E continua: "(...) no estado de direito, a ordem jurídica serve exatamente para evitar os abusos de poder cometidos por quem, com base em valores supralegislativos, ainda que em nome de interesses aparentemente humanistas, viesse a violar garantias individuais e sociais estabelecidas, através da representação popular, pelo direito positivo".

Na afirmação há a premissa de que a ordem jurídica interna de cada Estado é suficiente para a tutela dos direitos da personalidade, fato que não corresponde à realidade. Com efeito, há alguns países nos quais a escravidão, a mutilação e a pena de morte estão previstas na ordem jurídica ou fazem parte dos costumes, representando grave violação dos direitos da personalidade, a qual a ordem jurídica não é capaz de impedir.

Por outro lado, também é demasiadamente inoportuna a ideia de que valores culturais poderiam justificar a ausência de tutela de alguns direitos da personalidade. Tais valores culturais, embora relevantes, podem e devem

---

[78] TEPEDINO, Gustavo et al. *Código civil interpretado*. v. I (Parte geral e Obrigações - artigos 1º a 420). Rio de Janeiro/São Paulo: Renovar, 2004.

suportar restrições quando atentarem contra os valores mais essenciais do ser humano. Nada justifica a escravidão ainda existente em alguns países. A "cultura" não pode servir de pretexto a essa forma odiosa de violação de direitos da personalidade.

A ordem jurídica interna não é suficiente para a tutela desses direitos da pessoa humana, que se tornam frágeis na concepção positivista.

A pessoa humana, considerada como valor universal, independentemente de qualquer ordem jurídica, terá tutela bem mais abrangente e intensa do que simplesmente uma previsão normativa. O positivismo nada garante em matéria de direitos da personalidade. A concepção desses direitos como inatos fortalece a pessoa humana em seu aspecto mais essencial, qual seja, sua dignidade. A escravidão, infelizmente, permanece até os dias de hoje e, em sua forma contemporânea, apresenta-se dos mais diversos modos: da prostituição infantil ao tráfico de órgãos e do tráfico internacional de mulheres à exploração de imigrantes ilegais e à servidão por dívida.

Os direitos da personalidade são inatos, integrados à própria pessoa humana. Somente com essa concepção naturalista é possível uma tutela adequada e eficiente desses direitos. São valores acima e independentes da lei. Alguns direitos da personalidade, como os direitos autorais, adquiridos durante a existência da pessoa, não descaracterizam o caráter inato de tais direitos. Isso porque nada impede que os direitos mais essenciais e fundamentais sejam inatos, como de fato o são, e outros direitos secundários, não tão relevantes, possam ser previstos pela ordem jurídica, como os direitos autorais.

O objetivo da Escola de Direito Natural é garantir, de forma plena, a tutela dos direitos da personalidade considerados essenciais, relevantes e fundamentais para o resguardo da dignidade humana. E, embora respeitemos opiniões em contrário, entendemos que o direito autoral não é e nunca será equiparado a outros direitos inatos e fundamentais para a dignidade da pessoa humana. A pessoa humana terá, assim, resguardada a sua dignidade, independentemente da tutela de seus direitos autorais, embora estes estejam, de alguma forma, vinculados à sua personalidade.

1.9.6. Características dos direitos da personalidade

Os direitos da personalidade se caracterizam pelas suas qualidades. A relevância destas características decorre do fato de que a presença delas em determinado direito o identifica como direito da personalidade. Tais direitos são indisponíveis, irrenunciáveis, objeto de ampla tutela, inatos, absolutos, desprovidos de caráter patrimonial, imprescritíveis, vitalícios e impenhoráveis.

1.9.6.1. Indisponíveis e irrenunciáveis

A indisponibilidade e a impossibilidade de renúncia dos direitos decorrentes da personalidade da pessoa humana obstam a disposição desses direitos por parte do titular (pessoa humana).

Os direitos da personalidade são indisponíveis em sua essência ou natureza. A indisponibilidade está relacionada ao direito subjetivo em si considerado ou à titularidade, pois são vinculados à pessoa humana. O titular não pode dispor de sua vida, integridade física, honra, imagem, liberdade, intimidade e vida privada (dentre outros). A disposição desses direitos implicaria autorizar a pessoa humana a dispor de si mesma, da sua condição existencial, o que é inadmissível. A renúncia equivaleria renunciar a si mesmo com a conversão do sujeito em objeto de direito. Por isso, a titularidade dos direitos da personalidade não pode ser transferida a terceiros. Esta é a regra.

No entanto, excepcionalmente, para salvaguardar direitos de maior valor, o Código Civil, no âmbito existencial, no art. 11, admite a disposição da essência ou da titularidade do próprio direito, de forma permanente.

Segundo tal artigo, "com exceção dos casos previstos em lei, os direitos da personalidade são intransmissíveis e irrenunciáveis, não podendo o seu exercício sofrer limitação voluntária".

A primeira parte do dispositivo relativiza a indisponibilidade e a proibição de renúncia desses direitos, mas apenas nos casos previstos em lei e para preservar interesses ou outros direitos da personalidade de maior valor (questão meramente existencial). O sacrifício de qualquer direito vinculado à personalidade humana em detrimento de outro somente será possível pela técnica da ponderação de interesses, com base nos princípios da proporcionalidade e da razoabilidade, quando confrontando com direitos fundamentais (da personalidade ou não) de titularidade diversa ou, ainda, pela análise do limite, quando o próprio titular, a partir da sua liberdade e autodeterminação, deseja dispor do exercício de situações relacionados a direitos da personalidade.

Na disposição pelo próprio titular, é certo que, quando admitida, é restrita ao exercício (e com restrições, adiante analisadas). Todavia, em casos excepcionalíssimos, a lei permite a disposição do próprio direito integrado à personalidade ou da titularidade mesma, não apenas do exercício desses direitos, o que será possível em razão da necessidade de preservação da dignidade da pessoa humana.

Por exemplo, no art. 13, o Código Civil proíbe expressamente a disposição permanente da integridade física. A integridade física é um dos principais direitos da personalidade da pessoa humana. Todavia, será admissível a disposição da integridade física quando houver "indicação médica" e em casos de "transplantes de órgãos".

Se o sujeito é portador de grave doença que torna necessária a amputação de sua perna, será possível dispor de sua integridade física, da própria titularidade do direito subjetivo, desse valor essencialmente integrante da sua existência e condição humana. Nesse caso, a disposição da integridade física é admitida porque essencial para salvaguardar outro direito da personalidade de maior valor, qual seja, a vida humana.

Assim, quando estiverem em confronto dois direitos da personalidade (em caso de colisão) e houver necessidade de sacrificar o de menor valor para salvar o de maior valor, a partir de juízo de ponderação de interesses, será admitida a disponibilidade da própria titularidade do direito, da essência do direito, de forma permanente (tal questão é restrita para situações em que forem confrontados direitos existenciais).

Sobre essa questão da colisão dos direitos da personalidade, interessante a análise do Enunciado 274 da IV Jornada de Direito Civil do CJF: *"Os direitos da personalidade, regulados de maneira não exaustiva pelo Código Civil, são expressões da cláusula geral de tutela da pessoa humana, contida no art. 1º, III, da CF (princípio da dignidade da pessoa humana). Em caso de colisão entre eles, como nenhum pode sobrelevar os demais, deve-se aplicar a técnica da ponderação".*

Por outro lado, quando não houver a necessidade de salvaguardar direitos da personalidade de maior valor e, ausente qualquer previsão legal, ou seja, inexistindo conflito entre direitos da personalidade, será impossível a disposição ou a renúncia (abdicação) do direito da personalidade e de sua titularidade em si considerada. Salvo em casos absolutamente excepcionais, a titularidade destes direitos deve ser considerada única e exclusiva, fato que impede a transmissão para terceiros. O transplante, a ser objeto de análise junto com a integridade física, em tópico específico, também é exemplo de disposição permanente da essência desse direito da personalidade. O órgão da pessoa humana será sacrificado para salvaguardar bem ou direito da personalidade de maior relevância, qual seja, a vida de outrem dependente desse transplante para sobreviver.

Portanto, constitui equívoco a afirmação de que a indisponibilidade, embora relativa, não alcança a essência ou titularidade dos direitos da personalidade, mas apenas o exercício de alguns desses direitos, os quais podem ser objeto de cessão. Em situações absolutamente excepcionais e no âmbito existencial, como no caso de transplantes, a essência do próprio direito existencial é objeto de transmissão, o que se justifica para preservar direitos da personalidade de maior dimensão.

No que se refere ao exercício dos direitos da personalidade, que tem repercussão patrimonial, não há dúvida, a indisponibilidade é relativa. Em que pese a indisponibilidade garantida pelo art. 11, doutrina e jurisprudência passaram a mitigar tal característica para permitir, em relação ao exercício, certa disponibilidade, regrada e condicionada, para fins patrimoniais. A pessoa humana, quando no pleno exercício de sua capacidade de fato, poderá provocar, como decorrência deste exercício, repercussão patrimoniais. Assim, tal exercício, mesmo involuntariamente, pode ter repercussão patrimonial. Neste sentido, passou-se a admitir a disponibilidade pontual e específica do exercício, por meio de cessão de direitos (negócio jurídico entre vivos), mas desde que observadas algumas restrições (objeto dos Enunciados 04 e 11 das Jornadas de Direito Civil).

Aliás, o Enunciado 4 da Jornada de Direito Civil, que diz que "o exercício dos direitos da personalidade pode sofrer limitação voluntária, desde que não seja permanente nem geral", é compatível apenas com aquelas situações em que o sujeito, efetivamente, tem a possibilidade de ceder apenas o exercício do uso e não a titularidade. Na cessão do direito de imagem, o objeto da cessão é apenas o exercício e não a titularidade deste direito.

Embora intransmissíveis e irrenunciáveis, os efeitos patrimoniais, que decorrem do exercício destes direitos, podem, excepcionalmente e de forma restrita, ser objeto de cessão. Tal cessão não pode ser permanente, genérica, indeterminada e abusiva, porque o objeto da relação jurídica envolverá questão existencial. Respeitados estes critérios, o titular poderá limitar, voluntariamente, os seus próprios direitos. A autolimitação voluntária deve ser expressa, precisa, clara e inequívoca. A autolimitação tácita implica grave violação dos direitos fundamentais e da dignidade do ser humano e, por isso, não pode ser admitida. Nesse sentido, se concilia os direitos da personalidade com o princípio da autonomia privada, que é a própria causa que justifica a existência do direito civil. Tal situação envolve a análise do limite, acima mencionado (autonomia privada do titular e os limites da sua autodeterminação).

Na linha do Enunciado 4 da I Jornada de Direito Civil, embora intransmissível em sua essência (salvo em hipóteses excepcionais já mencionadas), os efeitos patrimoniais de alguns direitos da personalidade podem ser objeto de cessão. Nesta situação, não haverá a possibilidade de cessão ou transmissão da essência ou titularidade desses direitos. A titularidade dos direitos da personalidade é única, exclusiva e pessoal e, por isso, não pode ser objeto de transmissão *inter vivos* para terceiros ou, após a morte, para herdeiros e sucessores. Tais direitos não estão submetidos à desapropriação do Poder Público.

Por exemplo, a imagem é direito decorrente da personalidade da pessoa humana. O titular desse direito não pode a ele renunciar, tampouco ceder a titularidade ou a sua própria imagem para terceiro. Entretanto, admite-se a cessão do uso ou exercício dessa imagem para fins patrimoniais, sem prejudicar a essência do direito à imagem, o qual permanecerá integrado à pessoa do titular. O direito permanecerá inviolável e intransmissível, porque inerente à pessoa humana.

Ao se admitir a cessão do exercício e uso desse direito, não pode ser permanente, genérica e indeterminada, pois o objeto do negócio envolve aspecto relacionado à questão existencial: personalidade da pessoa humana. Por esta razão, qualquer negócio ou ato jurídico que envolva a cessão ou a transmissão da projeção dos efeitos patrimoniais deve ser interpretado restritivamente. Se o titular cede o uso da sua imagem para um determinado espetáculo público, essa imagem não pode ser utilizada em outro espetáculo. A interpretação é sempre restritiva. O exercício dos direitos de personalidade pode, portanto, nessas situações, ser limitado voluntariamente pelo titular, desde que respeitadas as mencionadas restrições. A transmissão excepcional de efeitos patrimoniais relacionados a aspectos da personalidade deve ser temporária, específica e determinada.

A limitação voluntária deve ser excepcional. O titular poderá ceder o exercício do direito da personalidade para fins exclusivamente patrimoniais, mas não pode ocorrer abuso de direito e violação do princípio da boa-fé objetiva.

Dessa forma, a disposição do uso ou de efeitos patrimoniais decorrentes de alguns direitos da personalidade, como é caso da imagem, deve se sujeitar aos princípios da probidade e boa-fé, sob pena de não merecer tutela estatal.

Nesse sentido, foi aprovado o Enunciado 139 da III Jornada promovida pelo CJF: "Os direitos da personalidade podem sofrer limitações, ainda que não especificamente previstas em lei, não podendo ser exercidos com abuso de direito de seu titular, contrariamente à boa-fé objetiva e aos bons costumes".

O abuso de direito pode se caracterizar no momento da cessão do exercício de efeitos patrimoniais de alguns desses direitos, como a cessão de imagem, a transação sobre valor de pensão, dentre outros.

Em relação a essa possibilidade de autolimitação dos direitos da personalidade, há o mínimo intangível. Há questões íntimas, intensamente vinculadas à natureza humana, que não podem ser objeto de disposição. Há um núcleo essencial, insuscetível de disposição ou limitação pelo titular. Apenas no caso concreto será possível verificar se a cessão envolve ou não tais questões absolutamente indisponíveis. Portanto, embora seja admitida a limitação voluntária, não haverá essa possibilidade quando a questão estiver relacionada a direitos absolutos da personalidade, mesmo em relação a eventuais efeitos patrimoniais destes. A privacidade e a intimidade, por exemplo, direitos fundamentais da personalidade, não podem ser autolimitadas pelos titulares sem qualquer critério, o que levaria à banalização destes. Tais limitações voluntárias, mesmo circunscritas a questões patrimoniais, quando dizem respeito à esfera mais íntima do indivíduo, não podem ser tuteladas pelo Estado.

Nas palavras do mestre Paulo Lôbo[79]: "O núcleo essencial e intangível, que diz como a dignidade da pessoa, igual à de todas as outras pessoas, não pode ser objeto de autolimitação, não pela proteção das pessoas concretas em causa, mas pela necessidade de evitar que determinados valores da pessoa humana, amplamente reconhecidos como indisponíveis, sejam publicamente degradados ou aviltados, de modo a estimular essa conduta".

Paulo Lôbo faz referência à doutrina das três esferas desenvolvidas pelo direito alemão. Primeiro, a esfera íntima ou interna, vinculada à dignidade, que constituiria um núcleo subtraído de qualquer ingerência estatal. Segundo: a esfera privada, na qual o indivíduo pode desenvolver livremente a sua personalidade, mas em que o Estado pode intervir quando se devam proteger interesses da coletividade. E, terceiro, a esfera pública ou social, que não tem relação com o desenvolvimento da personalidade e, por isso, não são protegidas como configuração da vida privada. Neste contexto, a esfera íntima ou interna ou o núcleo irredutível e essencial integrante da dignidade de qualquer pessoa, não poderia ser objeto de autolimitação.

1.9.6.2. Absolutos

Os direitos da personalidade são considerados absolutos no sentido da oponibilidade a todas as pessoas, *erga omnes*. A coletividade tem o dever geral de abstenção em relação a eles, pois todos devem respeitar os direitos da personalidade da pessoa.

O fato de serem considerados "absolutos" não significa que não possam ser relativizados em casos excepcionais, conforme já mencionado. Também não implica a afirmação de que são ilimitados e incondicionados. Nenhum direito fundamental ou princípio é absoluto. Como bem pondera Bernardo Fernandes[80], "não haveria possibilidade de absolutização de um direito fundamental ('ilimitação' do seu manuseio), pois ele encontraria limites em outros direitos tão fundamentais quanto ele". O "absoluto" tem apenas o sentido de oponibilidade a todos os particulares e ao Estado, em caso de ameaça de violação.

A eficácia dos direitos da personalidade humana em relação a terceiros, deve ser analisada sob duas dimensões: 1 – dimensão negativa: é a eficácia vertical (em relação ao Poder Público) e horizontal (particulares) dos direitos, com o objetivo de tutela ou proteção. É possível exigir do Poder Público e de qualquer particular dever de abstenção, para evitar violação. Por isso, a dignidade nesta perspectiva é protetiva. Os projetos de vida do ser humano e as situações existenciais são espaços juridicamente resguardados; 2 – dimensão positiva: é a pretensão para que os direitos fundamentais da personalidade sejam promovidos, busca pela inclusão e pertencimento. Se permitirá ao titular do direito fundamental da personalidade exigir o mínimo necessário para vida digna, a fim de garantir o desenvolvimento da personalidade, a liberdade de escolhas existenciais e a plena autodeterminação. Somente haverá dignidade se houver padrões mínimos de liberdade e igualdade substancial. Tal dimensão tem relação com os deveres de prestação, liberdades públicas positivas e o dever de assistência da sociedade e do Estado em relação às pessoas humanas, a fim de suprir suas necessidades mais básicas, no âmbito alimentar, saúde, educação, entre outros.

1.9.6.3. Extrapatrimoniais

Os direitos da personalidade são extrapatrimoniais, pois são insuscetíveis de apreciação econômica. Não é possível mensurar o valor da vida, da integridade física, da liberdade, da honra, da imagem, da vida privada e da intimidade.

Em caso de violação dos direitos da personalidade, estará caracterizado o conhecido "dano moral", que é o dano a direitos extrapatrimoniais.

No caso de violação aos direitos da personalidade, não há como valorar de forma precisa esse dano, pois ele afeta questões subjetivas e existenciais da pessoa humana. Portanto, a lesão a estes direitos pode ser fonte de responsabilidade civil, gerando consequências pecuniárias. Mas é importante entender que o direito da personalidade, em si considerado, não é passível de valoração econômica. O dano moral representa apenas uma compensação pela violação desses direitos da personalidade, pois é impossível traçar um parâmetro objetivo para essa espécie de dano.

---

[79] LÔBO, Paulo Luiz Netto. *Comentários ao código civil* (Coord. Antônio Junqueira de Azevedo), v. 6 (artigos 481 a 564). São Paulo: Saraiva, 2003.

[80] FERNANDES, Bernardo Gonçalves. *Curso de direito constitucional*. 12. ed. Salvador: JusPodivm, 2020.

Os direitos da personalidade são bens jurídicos objeto de tutela, mas sem caráter patrimonial. Por se relacionarem à existência humana, dar-lhes um caráter patrimonial seria o mesmo que tentar impor um preço à personalidade e à pessoa humana. Em relação à violação desses direitos, Roxana Cardoso Borges[81] pondera: "(...) admite-se que os direitos da personalidade possam ter repercussão pecuniária, como, por exemplo, a contraprestação econômica pelo uso da imagem para fins comerciais. Além disso, existe o dever de compensação econômica frente à sua lesão, pois quando há lesão ao direito de personalidade, configurando dano extrapatrimonial, a obrigação em valor pecuniário é devida, uma vez que não há como reparar o dano em sua integralidade, não havendo como restituir à pessoa, de modo satisfatório, o que foi lesionado".

Não se pode confundir o bem juridicamente protegido (aspecto da personalidade) com as medidas sancionatórias decorrentes de sua lesão.

Portanto, os direitos subjetivos decorrentes da personalidade não expressam valor econômico, sendo imensuráveis economicamente, justamente por estarem relacionados a questões existenciais.

O STJ passou a considerar o dano "pessoal" como sinônimo de dano moral, em razão das cláusulas em contratos de seguro, onde não havia especificação sobre a indenização por danos morais, mas apenas por danos pessoais, gerando polêmica se o dano moral integrava o conceito de "dano pessoal", para fins de indenização. Nos termos da Súmula 402 do STJ, "o contrato de seguro por danos pessoais compreende os danos morais, salvo cláusula expressa de exclusão".

Na V Jornada de Direito Civil, foi aprovado o Enunciado 444, segundo o qual: "O dano moral indenizável não pressupõe necessariamente a verificação de sentimentos humanos desagradáveis como dor ou sofrimento".

1.9.6.4. Imprescritíveis

A imprescritibilidade dos direitos decorrentes da personalidade está relacionada ao exercício desses direitos. Tais direitos não se extinguem pelo decurso do tempo ou pelo não uso. Integrando a personalidade e sendo essenciais para a existência da pessoa humana, o titular não tem prazo para garantir o pleno exercício desses direitos subjetivos.

Por outro lado, se houver violação dos direitos da personalidade, caracterizando o dano moral, a reparação civil decorrente dessa lesão, por ter natureza patrimonial, está sujeita ao prazo prescricional de 3 (três) anos, previsto no art. 206, § 3º, V, do CC.

As situações são distintas. Os direitos subjetivos da personalidade podem ser exercidos a qualquer tempo e não há prazo para a tutela e garantia do exercício pleno desses direitos, justamente em razão da sua natureza extrapatrimonial. Já a compensação econômica decorrente da violação desse direito subjetivo retratará uma obrigação pecuniária, uma reparação. Esse direito à reparação se sujeita à prescrição, pois tem natureza patrimonial. Segundo dispõe o art. 189 do CC, violado o direito subjetivo, seja este de natureza existencial ou patrimonial, nasce para o titular do direito uma pretensão, a qual se extingue pela prescrição.

No entanto, se a violação do direito da personalidade não tiver nenhuma repercussão patrimonial e afetar apenas questões existenciais, também não haverá prazo de prescrição para resguardar o pleno exercício desse direito. Por exemplo, se o nome é anotado indevidamente em cadastros restritivos de crédito, há violação do direito ao nome (atributo da personalidade – de natureza existencial) e, em consequência, a caracterização do dano moral. Para a reparação do dano moral o titular do direito dispõe de 3 (três) anos, pois essa reparação é valorada em pecúnia, sujeitando-se aos prazos de prescrição. Todavia, para o pedido de exclusão do nome dos cadastros de inadimplentes não haverá prazo prescricional, podendo tal pedido ser formulado a qualquer tempo, pois, nesse caso, o titular apenas buscará tutela ao livre exercício de seu direito, de natureza estritamente existencial.

Por isso, a reparação econômica decorrente da violação dos direitos da personalidade se sujeita à prescrição. Já a tutela para garantir o exercício do direito, em si considerado, não prescreve.

Os direitos da personalidade também não podem ser adquiridos em decorrência do tempo (não se cogita em prescrição aquisitiva desses direitos subjetivos).

Em relação à tortura de presos políticos durante o regime militar, o Superior Tribunal de Justiça, em vários precedentes (ex.: Recurso Especial n. 1.715.200/SP), afastou a prescrição quinquenal prevista no art. 1º do Decreto n. 20.910/32, sob o argumento de que esta não se aplica aos casos de reparação de danos por violações de direitos fundamentais, que são imprescritíveis.

A reparação dos danos decorrentes da violação dos direitos fundamentais da personalidade, de natureza econômica, está sim sujeita à prescrição.

Nesses acórdãos específicos, há confusão entre a imprescritibilidade da tutela do direito em si, relativa à existência deste, e a tutela econômica. Nosso ordenamento jurídico não admite imprescritibilidade para reparação de danos, mesmo quando decorre da violação de direitos existenciais. Se houver lesão a direitos subjetivos e, decorrendo danos passíveis de mensuração econômica, necessariamente esta reparação se sujeita ao prazo de prescrição.

A reparação deve ser admitida com base no princípio da dignidade dessas pessoas que, diante do regime de exceção e com justo receio de represálias contra a própria vida, não tinham acesso ao Judiciário. O princípio da dignidade humana poderia, em casos específicos, afastar os efeitos da prescrição. Todavia, não significa que a reparação à violação de direitos da personalidade (em geral) é imprescritível.

O fato é que a imprescritibilidade da reparação dos danos em decorrência de violação dos direitos fundamentais é admitida, excepcionalmente, nos casos de tortura de presos políticos do regime militar, época de grave crise

---

[81] BORGES, Roxana Cardoso Brasileiro. Teoria geral *de direito civil*. LOTUFO, Renan; NANNI, Giovanni Ettore (Coords.). São Paulo: Atlas, 2008.

institucional, com base em valores mais relevantes da República, como o princípio da dignidade da pessoa humana, o qual, em certas situações, prepondera sobre institutos como o da "prescrição". No entanto, é importante ressaltar que a admissão dessa imprescritibilidade é excepcional.

O STJ, em 2021, consolidou o entendimento dos precedentes relativos à tortura no regime militar na Súmula 647: "São imprescritíveis as ações indenizatórias por danos morais e materiais decorrentes de atos de perseguição política com violação de direitos fundamentais ocorridos durante o regime militar".

1.9.6.5. Inatos

Os direitos da personalidade são inatos, ou seja, a pessoa humana passa a ser titular desses direitos a partir do início de sua existência, independentemente de qualquer previsão normativa ou concepção jurídico-positiva. Não há necessidade de qualquer ato jurídico para a aquisição desses direitos. São automáticos, contemporâneos e simultâneos ao início da existência humana. Esse é o entendimento da maioria dos nossos doutrinadores e da jurisprudência, em consonância com a Escola de Direito Natural.

Dessa forma, os direitos da personalidade independem e preexistem a qualquer ordenamento jurídico, como restou analisado no item referente às "fontes desses direitos". São valores que estão acima da ordem vigente, porque inerentes à própria condição de ser humano.

A exceção seria o direito autoral, o qual nasce com a superveniente criação de obra intelectual.

1.9.6.6. Vitalícios e impenhoráveis

Tais direitos subjetivos são vitalícios porque terminam com a morte da pessoa humana, conforme dispõe o art. 6º do CC.

A pessoa é titular desses direitos durante toda a sua existência, sendo imprescindíveis à vida. Além disso, não podem ser objeto de constrição judicial, em razão da sua natureza. Os direitos da personalidade, vinculados à existência humana, não são passíveis de penhora.

1.9.6.7. Ampla tutela

O Código Civil, no art. 12, garante ampla tutela aos direitos da personalidade ao dispor que: "Pode-se exigir que cesse a ameaça, ou a lesão, a direito da personalidade, e reclamar perdas e danos, sem prejuízo de outras sanções previstas em lei".

O *caput* do artigo em referência prevê vários tipos de tutela para proteção dos direitos de personalidade. A tutela pode ser genérica ou equivalente em dinheiro e específica. Nesse último caso, o resultado buscado pela parte no processo deve corresponder exatamente ao resultado previsto no direito material (princípio da maior coincidência possível).

O art. 12 do CC dispõe que a tutela específica pode ter natureza *inibitória* ("cesse a ameaça"), *reintegratória* ("cesse a lesão") e *ressarcitória* ("reclamar perdas e danos"). Portanto, a previsão de tutela jurisdicional dos direitos relativos à personalidade é demasiadamente abrangente.

A tutela inibitória é voltada contra o ilícito, visando impedir a sua consumação. Por exemplo, se o sujeito recebe a notificação de que seu nome será anotado em cadastros de inadimplentes, antes da restrição efetiva, poderá exigir tutela para resguardar o seu nome e evitar a violação desse direito da personalidade. A tutela inibitória previne a prática de ato contrário ao direito, sendo espécie de tutela preventiva. Tal tutela independe da alegação ou prova do dano e da demonstração de culpa. A cognição judicial será limitada e, por isso, não há necessidade de se perquirir o dano e a culpa. Basta alegar situação que indique ameaça.

Na tutela para reintegração de direito, pode-se exigir que cesse uma lesão já consumada. Ou seja, nesse caso, já houve violação do dever jurídico e a caracterização do ilícito. O objetivo é neutralizar os efeitos do ilícito já consumado para fazer cessar a violação do direito. Por exemplo, o nome da pessoa foi inserido indevidamente no cadastro de inadimplentes, o ilícito já foi consumado e, por isso, a tutela será destinada a restaurar e recompor o seu direito (fim – fazer cessar a lesão), com a exclusão do nome desse cadastro restritivo. É modalidade de tutela repressiva. Por fim, o art. 12 prevê a possibilidade de o sujeito, titular de qualquer direito da personalidade, reclamar perdas e danos. É a tutela para reparação dos danos, materiais ou morais, os quais decorrem da violação de direito subjetivo da personalidade. A tutela *ressarcitória* visa a promover a reparação do dano já causado, com a recomposição do patrimônio jurídico da vítima à situação anterior.

O Enunciado 140 da III Jornada de Direito Civil corrobora o entendimento a respeito do qual o art. 12 retrata técnicas de tutela específica: "A primeira parte do art. 12 refere-se às técnicas de tutela específica, aplicáveis de ofício, enunciadas no art. 461 do CPC, devendo ser interpretada com resultado extensivo".

Há, portanto, conexão entre o art. 12 do CC e o CPC.

A tutela dos direitos da personalidade e a pessoa falecida

No parágrafo único do art. 12, o Código Civil apresenta o rol dos legitimados para o requerimento das tutelas previstas no *caput* em caso de falecimento do titular do direito subjetivo de personalidade ameaçado ou já lesado. Se o titular do direito da personalidade estiver vivo, será o único legitimado para a tutela de seus direitos subjetivos existenciais.

Se estiver morto, aplica-se o parágrafo único do art. 12 do CC, que dispõe: "Em se tratando de morto, terá legitimação para requerer a medida prevista neste artigo o cônjuge sobrevivente, ou qualquer parente em linha reta, ou colateral até o quarto grau".

A defesa destes direitos pode ser atribuída aos seus familiares, de forma concorrente e autônoma. Nesse sentido, aliás, é o Enunciado 398 da V Jornada de Direito Civil, promovida pelo CJF: "Artigo 12, parágrafo único. As medidas previstas no art. 12, parágrafo único, do Código Civil podem ser invocadas por qualquer uma das pessoas ali mencionadas de forma concorrente e autônoma".

Portanto, o falecimento da pessoa não constitui óbice para que os direitos da personalidade, titularizados em vida, sejam defendidos pelos familiares. A primeira questão a ser colocada é a seguinte: tais pessoas terão legitimidade para requerer a tutela em nome próprio ou em nome do falecido? A solução não é tão simples.

Tais pessoas, parentes do morto, são chamadas pela doutrina de "lesados indiretos".

Em caso de falecimento do titular dos direitos da personalidade, termina a existência da pessoa natural (art. 6º do CC) e, em consequência, não haverá personalidade. Sem personalidade, não há direitos relacionados a essa personalidade. O morto não é titular de direitos da personalidade.

No entanto, a pessoa, mesmo falecida, pode ter tutelados os direitos decorrentes da personalidade de que era titular enquanto estava viva. Explicando melhor: durante a existência, a pessoa natural exerce plenamente os direitos da personalidade, dentre eles a imagem e honra, por exemplo. Após a morte, se houver violação aos direitos que era titular em vida, cuja proteção óbvia se projeta para depois da morte, os parentes poderão exigir que cesse a ameaça, a lesão e até reclamar perdas e danos. Isso não significa que o morto é titular de direitos da personalidade. Os parentes podem buscar a tutela para preservar e garantir os direitos da personalidade (imagem e honra, por exemplo) de que, enquanto vivo, era titular, cujos direitos subjetivos são protegidos (não titularizados) após a morte. Ou seja, os direitos da personalidade existentes durante a vida são objeto de tutela mesmo após a morte do titular.

Os legitimados, neste caso, na forma do parágrafo único do art. 12 do CC, não exercem direito próprio. Agem em nome próprio, na defesa de direito alheio.

Os poderes conferidos pelo referido parágrafo não permitem que os parentes possam limitar voluntariamente os direitos relacionados à personalidade de que o morto era titular em vida. Apenas a pessoa, titular dos direitos da personalidade pode, excepcionalmente, impor restrições e limitações (decorrentes de sua própria vontade) a tais direitos. Não foi por outra razão que na V Jornada de Direito Civil foi aprovado o Enunciado 399: "Artigos 12, parágrafo único, e 20, parágrafo único. Os poderes conferidos aos legitimados para a tutela *post mortem* dos direitos da personalidade, nos termos dos arts. 12, parágrafo único, e 20, parágrafo único, do CC, não compreendem a faculdade de limitação voluntária".

Após essas considerações e retornando à pergunta inicial, os parentes terão legitimidade para requerer quaisquer das medidas previstas no *caput*, em nome próprio, para defender direito do morto.

Por outro lado, é possível que os parentes sejam lesados diretamente. No caso de morte de pessoa próxima, o direito da personalidade é diretamente violado. Nesta situação, passam a, em nome próprio, defender direito próprio.

Se os parentes tiverem seus direitos da personalidade violados em decorrência da violação do direito da personalidade do falecido, serão considerados "lesados indiretos" e, nesta condição, podem requerer tutela inibitória, de reintegração ou de ressarcimento, em nome próprio e por direito próprio (Enunciado 400 da V Jornada de direito civil: "Artigo 12, parágrafo único, e 20, parágrafo único. Os parágrafos únicos dos arts. 12 e 20 asseguram legitimidade, por direito próprio, aos parentes, cônjuges ou companheiro para a tutela contra a lesão perpetrada *post mortem*").

No REsp 1.208.949-MG, j. 7-12-2010, relatado pela Min. Nancy Andrighi, foi reconhecida a legitimidade dos parentes para, em nome próprio, requererem indenização por danos morais em decorrência da morte de filho. Na qualidade de lesados indiretos, os pais pleitearam danos morais reflexos.

No caso dos danos morais reflexos ou danos indiretos, ainda que a pessoa não esteja arrolada no parágrafo único do art. 12 como legitimado para a defesa dos direitos do morto, poderá pleitear, por direito próprio, indenização como lesado indireto. A confusão da doutrina é relacionar os lesados indiretos com os parentes especificados no art. 12. Na maioria das vezes, o parente legitimado para a defesa do falecido também poderá ser considerado lesado indireto. No entanto, é possível que uma pessoa, que tinha intensa afetividade com o morto, seja considerado "lesado indireto" e não esteja relacionado como legitimado para a defesa dos interesses deste. Não há uma correlação necessária entre os parentes legitimados para a defesa dos interesses do morto e os lesados indiretos, que podem ou não ser os parentes.

Por outro lado, os parentes podem, em favor do morto, referente aos direitos de que este era titular em vida, requerer as medidas previstas no art. 12, *caput*. Neste caso, todos os sucessores serão beneficiados com esse pedido no que diz respeito a questões patrimoniais (indenizações, por exemplo), porque o direito tutelado é do morto. Para fins de sucessão, nesse caso, qualquer dano fixado será rateado entre os herdeiros, pois tal valor integrava o patrimônio jurídico do *de cujus*. Se alguém viola a imagem ou a honra de pessoa falecida, a indenização fixada beneficiará todos os herdeiros, ainda que apenas um dos legitimados tenha pleiteado o ressarcimento do dano.

Segundo dispõe o art. 943 do CC, "o direito de exigir reparação e a obrigação de prestá-la transmitem-se com a herança". Os sucessores do morto, portanto, também o sucedem no direito de pretender a reparação dos danos a ele causados em vida. Aliás, nesse sentido a Súmula 642 do STJ, segundo a qual o direito à indenização por danos morais transmite-se com o falecimento do titular, possuindo os herdeiros da vítima legitimidade ativa para ajuizar ou prosseguir a ação indenizatória. Admite-se a transmissão *causa mortis* do direito à reparação das ofensas ou violações de direitos suportadas em vida pelo falecido, sem prejuízo de os mesmos legitimados, em nome próprio, por direito próprio, pretenderem indenização como lesados indiretos.

Como ressaltado, além de requererem tutela em nome próprio, para defender o morto, os parentes também podem requerer as medidas previstas no art. 12 em nome próprio, para buscar direito próprio e, nesse caso, qualquer decisão não repercutirá na esfera jurídica dos demais legitimados, ainda que herdeiros do morto. Assim, imagine a hipótese de filho requerer indenização por danos morais porque diretamente lesado pela morte do pai. Nessa hipótese, a tutela será em nome próprio, por direito próprio e, se for beneficiado com a indenização, tal valor integrará diretamente o seu patrimônio. É o caso de pessoas que pedem indenização pela morte de parentes, mas em nome próprio. Como argutamente observa Paulo Lôbo[82]: "Os familiares podem ser atingidos diretamente, não apenas por via reflexa, nas hipóteses em que a ofensa não apenas lesa os direitos do falecido, mas se estende a seus familiares; nessas hipóteses não se cuida de legitimação, mas de exercício direto de direito (*jure proprio*)".

Nessas situações, não se aplica o art. 12, parágrafo único, pois o parente age em nome próprio e na defesa de direito próprio.

A hipótese legal (parágrafo único do art. 12) é para o exercício de tutela e requerimento de medidas em favor do morto, agindo os parentes como legitimados extraordinários. É uma espécie de legitimação extraordinária, em que o parente não é o titular do direito material objeto de discussão judicial, mas sim o morto.

Diante disso, não é possível confundir o requerimento de medidas por parentes, quando agem como lesados indiretos (tutela em nome próprio, por direito próprio) e quando atuam como meros legitimados (tutela em nome próprio, mas buscam direito de outrem – falecido). Como legitimados, o cônjuge sobrevivente (companheiro[83]) ou qualquer parente em linha reta (ascendentes e descendentes) ou na colateral até o quarto grau (até os primos), terão legitimidade concorrente para requererem as medidas inibitórias, reintegratórias e ressarcitórias previstas no *caput* desse artigo.

O item I do Enunciado 5 da I Jornada de Direito Civil apenas ressalta o óbvio, ou seja, que as disposições do art. 12 aplicam-se, genericamente, a todos os direitos da personalidade. "As disposições do art. 12 do CC têm caráter geral e aplicam-se inclusive às situações previstas no art. 20 do CC, excepcionados os casos expressos de legitimidade para requerer as medidas nele estabelecidas".

Em síntese, os direitos da personalidade são objeto de ampla tutela, podendo os legitimados agir em nome próprio, em favor do falecido (nessa condição, como legitimados extraordinários) ou em nome próprio, para defender direito próprio (lesados indiretos).

Essas são as principais características dos direitos da personalidade, que os tornam especiais e objetos de tutela diferenciada.

Em resumo, há quatro situações relativas aos direitos da personalidade de pessoa falecida:

1ª hipótese – A pessoa natural, em vida, suporta violação em algum direito decorrente de sua personalidade e, em razão deste fato, ajuíza ação para reparação do dano. Caso venha a falecer no curso do processo, haverá habilitação dos sucessores, na forma do art. 110 do CPC/2015, mas o direito é do falecido. Neste caso, o morto não transmitirá direitos da personalidade;

2ª hipótese – A pessoa natural, em vida, suporta violação em algum direito decorrente da personalidade e, antes de ajuizar ação de reparação de dano, falece. O direito de reparação, neste caso, se transmite aos herdeiros, mas o direito violado é do morto. O espólio pode propor a ação e defender o direito do morto, violado em vida. Neste caso, quando houve a violação, o falecido estava vivo. Por isso, o titular é o morto e o direito da personalidade também não se transmitiu, mas apenas o direito à reparação. É a hipótese do art. 943 do CC.

3ª hipótese – A pessoa natural faleceu e, depois da morte, é alvo de atos ou fatos relativos a direitos da personalidade. Todavia, o morto não é titular de direitos da personalidade. Neste caso, se a ofensa ao morto repercutir nos direitos da personalidade dos parentes ou de pessoas próximas, estes terão o direito de indenização, como lesados indiretos (podem ser parentes ou não). Trata-se de direito próprio a ser exercido em nome próprio. Neste caso, a ofensa ao morto viola direitos da personalidade do parente/pessoa viva, por reflexo ou repercussão. Não se aplica a estes o parágrafo único do art. 12.

4ª hipótese – Atos ou fatos que afetam a pessoa morta. As pessoas arroladas no parágrafo único do art. 12 têm legitimidade para defender o falecido em relação à violação dos direitos da personalidade de que era titular em vida. Os parentes defendem, após a morte, violação a direitos de que o falecido era titular em vida.

Resumo

O art. 12 do CC trata da legitimidade para a defesa dos direitos da personalidade da pessoa humana (quem pode requerer tutelas para prevenção e repressão a tais direitos). Em regra, cabe ao próprio titular do direito tal legitimidade (em nome próprio, defenderá direito próprio da personalidade). No caso de morto, o parágrafo único dispõe que a legitimidade (que é concorrente e autônoma) para as mesmas tutelas preventiva e repressiva será do cônjuge/companheiro e parentes próximos. O parágrafo único do art. 12 em nada contribuiu para a compreensão do problema (direitos da personalidade *x* pessoa falecida). A doutrina e a jurisprudência, quando tratam do tema, confundem conceitos e apresentam teses sem qualquer fundamento científico.

A personalidade da pessoa natural termina com a morte. O morto não é titular de direitos existenciais. Essa é a premissa básica para se compreender o parágrafo único do art. 12. Se assim o é, qual o objetivo da norma? Tutelar os direitos da personalidade destes legitimados (parágrafo único) que, por repercussão ou de forma reflexa (ricochete), tiveram seus próprios direitos da personalidade violados em razão de lesão *post mortem* (à pessoa do morto)? É óbvio que não. A tutela por dano reflexo ou em

---

[82] LÔBO, Paulo Luiz Netto. *Direito civil. Parte geral*. 10. ed. São Paulo: Saraiva, 2021.

[83] De acordo com o Enunciado 275 da IV Jornada de Direito Civil: "O rol dos legitimados de que tratam os arts. 12, parágrafo único, e 20, parágrafo único, do CC também compreende o companheiro".

ricochete pode ser requerida por qualquer pessoa (parente ou não do morto) cujo direito da personalidade foi lesado por repercussão (de forma indireta). No dano reflexo, a legitimidade é em nome próprio e por direito próprio. A legitimidade será geral (são os impropriamente denominados "lesados indiretos").

O parágrafo único do art. 12 trata de outra situação, bem distinta. Embora morta, a pessoa em vida era titular de direitos da personalidade, cuja proteção e tutela transcende o falecimento. O morto não é titular de direitos existenciais (óbvio), mas foi titular de direitos em vida, como imagem e honra, os quais continuam protegidos, mesmo após a morte. É simples assim. Dessa forma, se pessoa falecida foi vítima de atos ou fatos que violam os direitos da personalidade de que era titular enquanto vivo (como imagem e honra), os legitimados do referido parágrafo único, em nome próprio, podem defender direito alheio (direito da personalidade de que o morto era titular em vida cuja proteção não se extingue com a morte). É uma espécie de legitimação extraordinária.

Em muitos casos, o lesado indireto também está no rol de legitimados do parágrafo único do art. 12, mas não há uma correlação necessária entre os parentes legitimados para a defesa dos interesses do morto e os lesados indiretos, que podem ou não ser os parentes.

1.9.7. Direitos da personalidade, eficácia horizontal e liberdades públicas

A doutrina também faz um paralelo entre os direitos da personalidade e as liberdades públicas.

Os direitos da personalidade estão acima do ordenamento jurídico (direito positivo), sendo considerados, em nosso tempo, inerentes ao homem. O Estado apenas os reconhece e os protege. Já as liberdades públicas devem ser positivadas para serem reconhecidas.

Os direitos da personalidade, em um primeiro momento, visavam a proteger a pessoa contra as intervenções arbitrárias do Estado. Por isso a denominação "liberdades públicas", ou seja, garantia da liberdade do cidadão e da pessoa.

Retornando ao direito civil, em um primeiro momento, no Estado Liberal, as liberdades públicas eram apenas "negativas", tendo um sentido proibitivo e um sentido reparatório, em caso de violação. A função dos direitos fundamentais no liberalismo era servir como direitos de defesa contra intervenções arbitrárias do Estado. Atualmente, os direitos fundamentais assumem novas funções. Por isso, já se cogita em liberdades públicas "positivas", que impõem ao Estado Social deveres de prestação onde o Poder Público, dentre outras obrigações, tem o dever de garantir plenamente a tutela desses direitos. Esta é a nova concepção das liberdades públicas ou relação entre o indivíduo e o Estado.

Por isso, tradicionalmente, os direitos fundamentais são direitos de defesa, destinados a proteger o indivíduo contra a intervenção do Poder Público. Atualmente, a pessoa humana tem direito de exigir proteção do Estado para o livre exercício de seus direitos, principalmente nas relações privadas.

Sobre estas funções dos direitos fundamentais, é precisa a lição de Bernardo Fernandes[84], para quem a função dos direitos fundamentais pode ser dividida em: direitos de defesa (impõe ao Estado um dever de abstenção ou de não interferência no espaço de autodeterminação do indivíduo); direitos de prestação (exigem do Estado atuação positiva) e direitos de participação (visam a garantir a participação do indivíduo como um cidadão ativo na formação da vontade política do Estado e da sociedade).

Esta é a eficácia vertical dos direitos da personalidade, consistente na eficácia dos direitos fundamentais em relação ao poder público, em um sentido positivo e negativo. Impõe-se ao Estado um comportamento negativo, se abster de violar esses direitos, e outro positivo, assegurar, mediante previsão legal, a tutela desses direitos.

As liberdades públicas surgem quando o Estado consagra os direitos individuais ou fundamentais.

Em outra vertente, ao lado da chamada eficácia vertical, surge a teoria sobre a eficácia horizontal dos direitos relativos à personalidade.

Na teoria geral dos direitos da personalidade da pessoa humana, merece destaque a eficácia desses direitos nas relações privadas, entre particulares.

"Os direitos fundamentais da pessoa humana e as relações privadas" é um tema envolvente e dinâmico, pois trata da eficácia horizontal dos direitos da personalidade, ou seja, da eficácia desses direitos nas relações privadas.

A teoria dos direitos fundamentais da personalidade, inicialmente, teve por objetivo limitar o poder do Estado nas relações privadas, obstando intervenções arbitrárias.

Em excelente monografia sobre os direitos fundamentais e as relações privadas, Daniel Sarmento analisa a questão levando em conta os dois principais períodos da modernidade, ou seja, o Estado Liberal e o Estado Social. Segundo Sarmento[85], no liberalismo, em razão da necessidade de proteger o indivíduo contra o despotismo do Estado, os direitos fundamentais foram concebidos como limitações ao poder estatal em prol da liberdade dos governados. Nesse período, nas relações entre Estado e indivíduo, valia a Constituição, que limitava os governantes em prol da liberdade dos governados. No campo privado, o Código Civil desempenhava o papel da Constituição da sociedade civil.

Nesse paradigma liberal, onde a autonomia privada era um princípio absoluto (os poderes de regular os interesses eram plenos), não havia a possibilidade de o sujeito invocar um direito fundamental contra outro sujeito, mas apenas contra o Estado, se houvesse interferência arbitrária deste na relação privada. Por isso, no liberalismo não se cogita em eficácia horizontal dos direitos fundamentais, mas apenas eficácia vertical, entre Estado e cidadão.

---

[84] FERNANDES, Bernardo Gonçalves. *Curso de direito constitucional*. 12. ed. Salvador: JusPodivm, 2020.

[85] SARMENTO, Daniel. *Direitos fundamentais e relações privadas*. 2. ed. Rio de Janeiro: Lumen Juris, 2008.

No Estado Social, o Estado passa a ter um papel mais ativo na sociedade e, em razão disso, passa a intervir nas relações privadas, a fim de preservar a igualdade substancial, a dignidade dos sujeitos, a solidariedade e cooperação, a função social e a boa-fé objetiva. Esses princípios são os pilares do Estado Social moderno.

Nessa nova realidade, o Estado visa ao bem-estar e a justiça social. Acaba a primazia da vontade nas relações privadas, preponderante no Estado Liberal, e passa-se para a primazia da justiça social, o grande objetivo do Estado.

Passa-se a entender que os direitos fundamentais existem para a promoção da dignidade da pessoa humana, tanto em relação ao Estado quanto nas relações privadas.

Segundo Daniel Sarmento[86], "(...) no afã de conformarem a realidade social, as constituições passam a se valer com frequência de normas de conteúdo programático, que traçam fins e objetivos a serem perseguidos pelo Estado, sem especificar, de modo suficientemente preciso, de que modo os mesmos devem ser atingidos. Elas não mais se limitam à disciplina do fenômeno estatal, passando a cuidar também da ordem econômica e das relações privadas. O Direito Constitucional penetra em novos campos, fecundando-os com seus valores".

Continua Sarmento: "Neste cenário, a tradicional dicotomia, de origem romana, Direito Público/Direito Privado, sofre grande impacto, em razão da progressiva publicização do Direito Privado, e da sua "invasão" pela normativa constitucional. Se no Estado Liberal havia o primado do privado sobre o público, seja pelo predomínio da "liberdade dos modernos" sobre a "liberdade dos antigos", seja em razão do respeito não apenas ao sacrossanto espaço da autonomia individual, mas também ao livre jogo das forças do mercado, no Estado Social, invertem-se os termos dessa equação. O primado do público sobre o privado no Estado Social expressa-se pelo aumento da intervenção estatal e pela regulação coativa dos comportamentos individuais e dos grupos intermediários".

O Supremo Tribunal Federal tem um acórdão paradigmático sobre a eficácia horizontal dos direitos da personalidade da pessoa humana, inclusive com referência à aplicação direta ou indireta desses direitos nas relações privadas. Trata-se de um caso envolvendo a União Brasileira de Compositores (UBC), em que um dos associados teria sido excluído e pretendia invocar direito fundamental nessa relação privada, para garantia da ampla defesa. No RE 201.819/RJ, j. 11-10-2005, de relatoria da Min. Ellen Gracie e relatoria para o acórdão do Min. Gilmar Mendes, a tese da eficácia horizontal foi detalhada com muita precisão.

Como se observa, os direitos fundamentais interagem intensamente com as relações jurídicas privadas. As divergências estão relacionadas à forma e à extensão da incidência desses direitos nas relações entre atores privados.

Para finalizar, há ainda a teoria da eficácia indireta e mediata dos direitos fundamentais nas relações privadas, para a qual os direitos fundamentais não integram as relações privadas como direitos subjetivos, negando a aplicação direta, pois isso poderia violar a autonomia privada. Segundo Sarmento[87], "(...) os defensores da teoria dos direitos fundamentais vão sustentar que tais direitos são protegidos no campo privado não através dos instrumentos de Direito Constitucional, e sim através de mecanismos típicos do direito privado. A força jurídica dos preceitos fundamentais estender-se-ia aos particulares apenas de forma mediata, através do legislador privado".

É necessário, para essa teoria, verificar se a relação privada é compatível com os valores e princípios constitucionais.

Como variação dessa teoria, há também a teoria dos deveres de proteção do Estado, a qual, basicamente, defende a tese de que o Estado tem o dever de proteger e tutelar os direitos fundamentais em qualquer relação privada. Apenas o Estado, portanto, estaria vinculado aos direitos fundamentais.

Já a teoria da eficácia direta e imediata dos direitos fundamentais defende a tese de que tais direitos podem ser invocados diretamente nas relações privadas. Os atores privados devem respeitar, de forma direta, os direitos fundamentais garantidos na Constituição. Não há necessidade de uma intermediação legislativa.

No ordenamento jurídico brasileiro, é possível a eficácia direta dos direitos fundamentais nas relações jurídicas entre particulares, sem a eliminação do princípio da autonomia da vontade.

1.9.8. Direitos da personalidade, direitos fundamentais e direitos humanos

Importante delinear as semelhanças ou eventuais diferenças, se é que existem, entre os direitos da personalidade, os direitos fundamentais e os direitos humanos.

Os direitos humanos são aqueles direitos da personalidade ou inerentes à pessoa humana, objeto de estudo do direito internacional público. Tais direitos são reconhecidos pela legislação internacional, declarações universais de direitos e convenções internacionais.

O fundamento dos direitos humanos, sem dúvida, é a Declaração Universal de Direitos Humanos de 1948.

Já os direitos fundamentais da personalidade representam os direitos humanos selecionados por cada Estado Soberano e reconhecidos pela ordem jurídica interna. Ou seja, os direitos humanos positivados nos textos constitucionais de cada país passam a receber a denominação de "direitos fundamentais da personalidade" ou "direitos humanos fundamentais". Fundamentais porque são essenciais para a existência da pessoa humana, a fim de que esta tenha garantida a sua dignidade.

Os direitos fundamentais retratam as situações jurídicas sem as quais a pessoa humana não se realiza, não convive e, às vezes, nem sobrevive. Os direitos fundamentais, como ressaltamos no item anterior, conferem aos seus ti-

---

[86] SARMENTO, Daniel. *Direitos fundamentais e relações privadas*. 2. ed. Rio de Janeiro: Lumen Juris, 2008.

[87] SARMENTO, Daniel. *Direitos fundamentais e relações privadas*. 2. ed. Rio de Janeiro: Lumen Juris, 2008.

tulares a possibilidade de impor seus interesses em face do Estado, sendo a base de um Estado de Direito Democrático, com reflexos nas relações entre particulares.

Como acentua Francisco Amaral[88], "(...) os direitos fundamentais seriam um núcleo ou círculo mais restrito de direitos humanos especialmente protegidos pela Constituição. Dentro da categoria dos direitos fundamentais surge um conjunto de direitos subjetivos que se distinguem ou caracterizam, não só pelo processo de sua formação, já que foram identificados e desenvolvidos pela doutrina jurídico-civil do século XIX, tendo à frente Otto von Gierke, como também pelo objeto de sua tutela, os valores essenciais da personalidade da pessoa humana".

Assim, os direitos da personalidade, quando expressos no texto constitucional de cada país ou ordenação jurídica interna, passam a integrar uma categoria especial denominada "direitos fundamentais". Se tais "direitos fundamentais" tiverem relação com a natureza humana e questões existenciais, serão direitos fundamentais da personalidade ou direitos humanos fundamentais.

Muitos direitos fundamentais são direitos da personalidade, como, por exemplo, integridade física, vida, liberdade, imagem, honra, intimidade, vida privada, dentre outros. Mas nem todos os direitos fundamentais são direitos da personalidade.

Concluindo, os direitos fundamentais são direitos inerentes à pessoa e à sua própria dignidade, ou seja, os direitos mais íntimos e fundamentais do ser humano.

1.9.9. Classificação dos direitos da personalidade

Os direitos da personalidade podem sintetizar-se nos atributos existenciais relacionados à integridade física, intelectual e moral, que são objeto de tutela jurídica especial e diferenciada.

A enumeração de direitos específicos e fundamentais da personalidade da pessoa humana, arts. 13 a 21 do Código Civil, retrata rol meramente exemplificativo (tipicidade aberta). A classificação dos direitos da personalidade suporta variações. Sem desprezar outras situações jurídicas existenciais, não enumeradas no capítulo do Código Civil que disciplina alguns direitos da personalidade da pessoa humana, será objeto deste tópico os mencionados na lei civil: direitos fundamentais à vida e integridade física (arts. 13 a 15, proteção ao corpo vivo, proteção ao corpo morto e consentimento informado para fins de tratamento médico ou intervenção cirúrgica), direito fundamental ao nome (arts. 16 a 19 – prenome, sobrenome, pseudônimo), direito fundamental à imagem e honra, situações jurídicas existenciais autônomas e distintas, ainda que objeto do mesmo dispositivo (art. 20) e, finalmente, direito à privacidade, que inclui a intimidade (art. 21).

A base de todos esses direitos adiante analisados é o fundamento e o princípio geral da personalidade, expresso no art. 1º, III, da CF/88: a dignidade da pessoa humana.

Afirmar a dignidade da pessoa humana é sustentar que o ser humano seja visto como fim em si mesmo. Tal cláusula geral de proteção à personalidade orientará toda a classificação dos direitos da personalidade.

1.9.9.1. Classificação – Direito à vida e integridade física

O direito à vida está intimamente conectado à dignidade da pessoa humana. O objetivo dos direitos fundamentais da personalidade da pessoa humana é proteger a personalidade e a existência digna no mundo real e concreto, com plena tutela da vida, integridade física, imagem, honra, liberdade, privacidade, intimidade, entre outros. A dignidade da pessoa humana é a referência do direito civil contemporâneo e a proteção à vida digna é pressuposto e condição para tal desiderato. O direito à vida digna é pressuposto lógico da personalidade humana. É cláusula geral de proteção da personalidade. A defesa e tutela da vida digna é objetivo principal da CF e, em consequência, do direito civil.

A Constituição Federal, em seu art. 5º, garante a inviolabilidade do direito à vida. Não qualquer vida, mas vida com dignidade, qualidade, com respeito aos projetos individuais de cada pessoa, a partir de garantias mínimas, como acesso à saúde, educação, moradia, lazer, segurança, previdência, dentre outros direitos sociais, que devem ser implementados, para a plena promoção e pertencimento da pessoa humana. A dignidade humana é protetiva e promocional. Concretiza-se o direito à vida por meio de defesa contra violações e busca por prestações. Só haverá vida digna se houver padrões mínimos de liberdade e igualdade material. O direito civil reconhece e tutela o ser humano, para que possa realizar escolhas íntimas, relacionadas à sua vida, que devem ser respeitadas. Os projetos para uma vida digna e as situações existenciais para se concretizar vida plena com dignidade são espaços juridicamente resguardados.

O direito à vida digna é o mais precioso e fundamental dos direitos da personalidade, pois é a base de todos os demais direitos. A vida digna e com qualidade é objeto de preocupação tão intensa, que transcende o direito civil. A vida é protegida, na sua dimensão negativa e finalidade protetiva, pelo Código Penal, que prevê sanções para violações à vida: no art. 121 – qualquer atentado contra esse direito fundamental, crime de homicídio; no art. 122 – proíbe a instigação, auxílio ou induzimento ao suicídio; no art. 123 – prevê o infanticídio como espécie de homicídio especial; e, nos arts. 124 a 128 – garante a vida intrauterina, ao sancionar o aborto.

Tal direito da personalidade desperta interesse em relação a temas polêmicos como o aborto, o direito de personalidade do embrião e à eutanásia.

Na ADPF 54, o STF, a partir da ponderação de direitos fundamentais de alta relevância em conflito, direito da gestante e direito do feto com anencefalia, considerou legítimo o aborto para tutelar a dignidade da vida da mãe, a fim de evitar enorme sofrimento existencial com gravidez desprovida de viabilidade. A finalidade foi preservar a dignidade da gestante. A Lei n. 9.434/97, que trata do

---

[88] AMARAL, Francisco. *Direito civil* – introdução, 6. ed. rev. e atual. Rio de Janeiro: Editora Renovar, 2006.

transplante de órgãos e partes do corpo humano, adota como critério de morte a paralisação das atividades cerebrais. Assim, o STF considerou que não haveria sentido impor à gestante sofrimento intenso para levar a termo uma gravidez de feto que é considerado morto pela legislação em referência.

No caso da eutanásia, também vedada expressamente pelo ordenamento jurídico brasileiro, vem à tona discussão sobre a sua legalização. A eutanásia poderia ser admitida, pois nessas condições a pessoa não tem uma vida digna.

Segundo Roxana Borges[89], "(...) a eutanásia verdadeira é a morte provocada em paciente vítima de forte sofrimento e doença incurável, motivada por compaixão. Chama-se distanásia o prolongamento artificial do processo de morte, com sofrimento do doente. É uma ocasião em que se prolonga a agonia, artificialmente, mesmo que os conhecimentos médicos, no momento, não prevejam possibilidade de cura ou de melhora. Em oposição à distanásia, surge o conceito de ortotanásia, morte correta, ou seja, o não prolongamento artificial do processo de morte, além do que seria o processo natural, sendo conduta atípica frente ao Código Penal, pois não é causa de morte da pessoa, uma vez que o processo de morte já está instalado".

Para o Código Penal, a eutanásia se enquadraria como espécie de homicídio privilegiado, sendo, portanto, punida pelo Estado. Já a ortotanásia constitui fato atípico, pois apenas não se prolonga, por meios artificiais, a vida. Na ortotanásia, deixa-se o processo de morte seguir seu rumo natural.

Em conjunto com o direito à vida, pode ser analisado o direito à integridade física e psíquica. É a proteção jurídica do corpo humano, o que inclui a tutela do corpo vivo e do corpo morto.

O Código Civil disciplina a integridade física nos arts. 13 a 15.

Em relação ao corpo vivo, em regra, a pessoa humana não pode dispor de partes do corpo com diminuição permanente da sua integridade física. O art. 13 do CC veda o ato de disposição do próprio corpo quando importar diminuição permanente da integridade física ou contrariar os bons costumes. Entretanto, em duas hipóteses será possível a disposição permanente da integridade física, da essência e titularidade do próprio direito da personalidade. Em primeiro lugar, na forma do *caput*, quando houver a necessidade de salvaguardar direito existencial de valor maior, ou seja, sempre que a disposição da integridade física for indispensável para a preservação da vida, conforme indicação médica.

A doutrina considera que a expressão "exigência médica" ou, na realidade, "indicação médica", também se relaciona ao bem-estar psíquico do paciente.

A segunda hipótese está expressa no parágrafo único do art. 13, o qual admite a disposição permanente da integridade física para fins de transplantes.

Sobre a integridade física, o Enunciado 401 da V Jornada de Direito Civil permite a cessão gratuita de direitos de uso de material biológico para fins de pesquisa científica, desde que a manifestação de vontade tenha sido livre e esclarecida, e puder ser revogada a qualquer tempo, conforme as normas éticas que regem a pesquisa científica e o respeito aos direitos fundamentais.

1.9.9.1.1. A questão dos transplantes

O transplante de órgãos é regulado pela Lei n. 9.434/97, alterada pela Lei n. 10.211/2001, a qual dispõe sobre a remoção de órgãos, tecidos e partes do corpo humano para fins de transplante e tratamento.

Em vida, a disposição de partes do corpo deve, necessariamente, ser gratuita e ter uma finalidade específica, transplante ou tratamento. O art. 9º e parágrafos da Lei n. 9.434/97 tratam da disposição de partes do corpo em vida, para fins de transplante.

Para a disposição de tecidos, órgãos e partes do próprio corpo vivo são exigidos três requisitos ou, eventualmente, quatro. Se o transplante tiver como destinatário o cônjuge ou parentes consanguíneos até o quarto grau exige-se: 1 – capacidade civil da pessoa; 2 – o caráter gratuito da disposição; e 3 – a finalidade terapêutica ou para transplante. Se o destinatário não for cônjuge, companheiro ou parente, além desses três requisitos, será essencial autorização judicial. O Estado não acredita no altruísmo das pessoas e, em caso de disposição de órgãos, para fins de transplantes em pessoa desconhecida, exige autorização judicial.

Em relação à gratuidade, a Constituição Federal, no art. 199, § 4º, expressamente veda todo tipo de comercialização de órgãos, tecidos e substâncias humanas para fins de transplantes, pesquisa e tratamento.

Além desses requisitos formais, o § 3º do art. 9º da lei em referência impõe limites para não prejudicar a saúde do doador. Assim, "(...) só é permitida a doação referida neste artigo quando se tratar de órgãos duplos, de partes de órgãos, tecidos ou partes do corpo cuja retirada não impeça o organismo do doador de continuar vivendo sem risco para sua integridade e não represente grave comprometimento de suas aptidões vitais e saúde mental e não cause mutilação ou deformação inaceitável, e corresponda a uma necessidade terapêutica comprovadamente indispensável à pessoa receptora".

Portanto, somente é possível o transplante em vida se não houver prejuízo efetivo para a vida do doador. Apenas as partes renováveis e os órgãos duplos, como córnea e rim, podem ser objeto de doação.

A referida lei flexibiliza as exigências legais para o transplante de medula óssea. Por exemplo, a pessoa juridicamente capaz pode dispor gratuitamente, para fins de transplante, para qualquer pessoa, da medula óssea, independentemente de autorização judicial. As gestantes, proibidas de disporem de tecidos, órgãos e partes de seu corpo, estão autorizadas a doar tecido a ser utilizado em transplante de medula óssea, desde que tal procedimento

---

[89] BORGES, Roxana Cardoso Brasileiro. Teoria geral *de direito civil*. LOTUFO, Renan; NANNI, Giovanni Ettore (Coords.). São Paulo: Atlas, 2008.

não represente risco para a sua saúde e a do feto (§ 7º do art. 9º da Lei de Transplantes).

Não estão compreendidas na lei tecidos, sangue, esperma e óvulo. A realização de transplante ou enxerto de tecidos, órgãos ou parte do corpo humano só poderá ser realizada por estabelecimento de saúde, público ou privado, e por equipes médico-cirúrgicas de remoção e transplante previamente autorizados pelo órgão de gestão nacional do SUS, devendo o doador se submeter a testes de triagem para diagnóstico de infecção e infestação, exigidos em normas regulamentares expedidas pelo Ministério da Saúde.

Embora a lei tenha admitido a disposição gratuita de partes do corpo humano vivo ou a disposição permanente da integridade física para fins de transplante, nada dispôs sobre o transexual.

1.9.9.1.2. A "indicação" médica e o transexual

O transexual rejeita a sua condição física, porque é incompatível com sua personalidade existencial. Não há correspondência entre o físico e o psíquico. A integridade física cederá espaço para a vida digna, o que somente será concretizado quando houver a possibilidade, inclusive por meio de tratamentos médicos e intervenções cirúrgicas, de compatibilizar o físico com o psíquico.

Por conta da plena garantia de vida digna, ainda que com disposição da integridade física, é admitida a intervenção cirúrgica para mudança de sexo físico, adequação físico-psíquica, ou seja, torna compatível o corpo físico à integridade psíquica. Apesar de resistências iniciais, em razão do disposto no art. 13, a cirurgia que implica diminuição permanente da integridade física viabilizará aos transexuais, plena vida digna.

A interpretação do art. 13 a partir da cláusula geral da dignidade da pessoa humana, justifica o "sacrifício" de partes do corpo ou da integridade física, a fim de garantir conformação físico/psíquica aos transexuais e, como consequência, plena dignidade. Por isso, o termo "indicação médica", constante no *caput* do art. 13, abrange não só o bem-estar físico, mas, principalmente, o psíquico. A cirurgia do transexual se adapta perfeitamente à exceção prevista no próprio *caput* do art. 13.

Em atendimento a esse tema, foi aprovado o Enunciado 276 da IV Jornada de Direito Civil, promovida pelo CJF, segundo o qual: "O art. 13 do CC, ao permitir a disposição do próprio corpo por exigência médica, autoriza as cirurgias de transgenitalização, em conformidade com os procedimentos estabelecidos pelo Conselho Federal de Medicina, e a consequente alteração do prenome e do sexo no Registro Civil".

O transexual tem a possibilidade de realizar cirurgia de conformação do estado físico com o psíquico, a qual é vulgarmente conhecida como cirurgia de "mudança de sexo". Na ponderação de interesses entre a disposição da integridade física e a vida digna, prevalece essa última em detrimento daquela. O transexual somente terá vida digna se o seu corpo físico ou sexo físico for compatível com o seu estado psicológico.

Além da alteração do sexo físico, admite-se a mudança do prenome e do sexo no Registro Civil. A mudança do prenome, ou primeiro elemento do nome, é essencial para não expor a pessoa ao ridículo. Com essa nova conformação física, o sexo também deve ser alterado no Registro Civil.

A retificação do nome civil do transexual e a mudança do sexo sempre foi alvo de polêmicas e resistências. No entanto, a questão mais debatida está relacionada à origem do transexual, ou seja, alterado o prenome e o sexo, em decorrência da cirurgia, seria possível manter no registro alguma referência à origem, ou como diz Cristiano Chaves[90], "ao *status* anterior da pessoa"?

O fundamento da alteração do prenome e do sexo no registro civil é o princípio da dignidade da pessoa humana. Em razão disso, também ofenderia essa dignidade qualquer referência no registro civil ao estado físico anterior dessa pessoa. Seria inadmissível, por exemplo, inserir qualquer nota no registro para destacar essa condição anterior. Infelizmente, ainda há muito preconceito em relação a essa questão, mas o fato é que a dignidade plena dessa pessoa exige a vedação de qualquer referência ao seu estado anterior.

Nessa decisão, o princípio da dignidade da pessoa humana foi elevado ao seu grau máximo, pois foram superados preconceitos ao tutelar o gênero humano, independentemente do sexo. A questão pode ser resumida com a frase: "Em última análise, afirmar a dignidade humana significa para cada um manifestar sua verdadeira identidade, o que inclui o reconhecimento da real identidade sexual, em respeito à pessoa humana como valor absoluto".

Assim, acentuou que a interpretação conjugada dos arts. 55 e 58 da Lei de Registros Públicos confere amparo legal para que a pessoa obtenha autorização judicial a fim de alterar seu prenome, substituindo-o pelo apelido público e notório pelo qual é conhecido no meio em que vive, ou seja, o pretendido nome feminino.

O STF, na ADI 4.275/DF, avançou ainda mais e, em interpretação conforme em relação ao art. 58 da Lei de Registros Públicos, admitiu a alteração de nome de transgênero, independente de cirurgia. Em resumo: "Interpretação conforme a Constituição e o Pacto de São José da Costa Rica ao art. 58 da Lei n. 6.015/73, de modo a reconhecer aos transgêneros que assim o desejarem, independentemente da cirurgia de transgenitalização, ou da realização de tratamentos hormonais ou patologizantes, o direito à substituição de prenome e sexo diretamente no registro civil". Tal decisão teve como fundamento o princípio da dignidade da pessoa humana.

O Superior Tribunal de Justiça que já avançava no tema, com a referida decisão da Suprema Corte, consolida seu entendimento. No Recurso Especial n. 1.626.739/RS, com base em valores constitucionais, destaca que: "Tal valor (e princípio normativo) supremo envolve um complexo de direitos e deveres fundamentais de todas as dimensões que protegem o indivíduo de qualquer trata-

---

[90] Chaves, Cristiano; Rosenvald, Nelson. *Direito civil*: teoria geral. 8. ed. Rio de Janeiro: Lumen Juris, 2009.

mento degradante ou desumano, garantindo-lhe condições existenciais mínimas para uma vida digna e preservando-lhe a individualidade e a autonomia contra qualquer tipo de interferência estatal ou de terceiros (eficácias vertical e horizontal dos direitos fundamentais). Sob essa ótica, devem ser resguardados os direitos fundamentais das pessoas transexuais não operadas à identidade (tratamento social de acordo com sua identidade de gênero), à liberdade de desenvolvimento e de expressão da personalidade humana (sem indevida intromissão estatal), ao reconhecimento perante a lei (independentemente da realização de procedimentos médicos), à intimidade e à privacidade (proteção das escolhas de vida), à igualdade e à não discriminação (eliminação de desigualdades fáticas que venham a colocá-los em situação de inferioridade), à saúde (garantia do bem-estar biopsicofísico) e à felicidade (bem-estar geral). Consequentemente, à luz dos direitos fundamentais corolários do princípio fundamental da dignidade da pessoa humana, infere-se *que o direito dos transexuais à retificação do sexo no registro civil não pode ficar condicionado à exigência de realização da cirurgia de transgenitalização, para muitos inatingível do ponto de vista financeiro (como parece ser o caso em exame) ou mesmo inviável do ponto de vista médico*. Ademais, o chamado sexo jurídico (aquele constante no registro civil de nascimento, atribuído, na primeira infância, aspecto morfológico, gonádico ou cromossômico) não pode olvidar o aspecto psicossocial defluente da identidade de gênero autodefinido por cada indivíduo, o qual, tendo em vista a *ratio essendi* dos registros públicos, é o critério que deve, na hipótese, reger as relações do indivíduo perante a sociedade".

1.9.9.1.3. Integridade física e as cirurgias estéticas

A discussão envolvendo a integridade física como direito da personalidade também esbarra nas cirurgias estéticas. Tais cirurgias não são realizadas com finalidade terapêutica, mas acabam sendo admitidas em razão do bem-estar físico e psíquico que trazem para a pessoa humana. Tal bem-estar psíquico é extraído da interpretação extensiva da expressão "exigência médica" do art. 13 do CC. No âmbito das cirurgias estéticas, inclusive quando importarem diminuição permanente da integridade física, serão consideradas reduções lícitas deste direito da personalidade, porque o "bem-estar" psíquico que delas decorre integram o conceito jurídico indeterminado: "exigência médica".

Portanto, embora haja disposição da integridade física de forma permanente, essas cirurgias são plenamente justificáveis por garantirem à pessoa a preservação de vida digna, em razão do "bem-estar" psíquico delas decorrentes. A autonomia privada, neste caso, prepondera em relação a qualquer vedação legal relacionada à proibição de disposição de parte do corpo. A dignidade da pessoa humana ou a vida com qualidade pode envolver intervenções cirúrgicas para fins terapêuticos ou meramente estéticos, nesse último caso quando necessárias para o bem-estar psicológico da pessoa humana.

1.9.9.1.4. Esterilização

O art. 226, § 7º, da CF/88 trata do planejamento familiar, o qual tem como fundamento o princípio da dignidade da pessoa humana e a paternidade responsável.

Segundo esse dispositivo, "fundado nos princípios da dignidade da pessoa humana e da paternidade responsável, o planejamento familiar é livre decisão do casal, competindo ao Estado propiciar recursos educacionais e científicos para o exercício desse direito, vedada qualquer forma coercitiva por parte de instituições oficiais ou privadas".

Assim, embora seja livre ao casal o planejamento familiar, o Estado deve propiciar recursos educacionais e científicos para as famílias exercerem tal direito em sua plenitude. Em razão dessa determinação constitucional, foi editada a Lei n. 9.263/96, a qual disciplina aspectos do planejamento familiar. A referida lei define o planejamento familiar como o conjunto de ações de regulação da fecundidade que garanta direitos iguais de constituição, limitação ou aumento da prole pela mulher, pelo homem ou pelo casal.

No art. 10 é admitida a esterilização cirúrgica como método contraceptivo, desde que preenchidos os requisitos legais:: (a) em homens e mulheres com capacidade civil plena e maiores de 21 (vinte e um) anos de idade ou, pelo menos, com dois filhos vivos, desde que observado o prazo mínimo de sessenta dias entre a manifestação da vontade e o ato cirúrgico, período no qual será propiciado à pessoa interessada acesso a serviço de regulação da fecundidade, incluindo aconselhamento por equipe multidisciplinar, visando desencorajar a esterilização precoce; (b) risco à vida ou à saúde da mulher ou do futuro concepto, testemunhado em relatório escrito e assinado por dois médicos.

É condição para que se realize a esterilização, o registro de expressa manifestação da vontade em documento escrito e firmado, após a informação a respeito dos riscos da cirurgia, possíveis efeitos colaterais, dificuldades de sua reversão e opções de contracepção reversíveis existentes. Não será considerada a manifestação de vontade, na forma do § 1º, expressa durante ocorrência de alterações na capacidade de discernimento por influência de álcool, drogas, estados emocionais alterados ou incapacidade mental temporária ou permanente (§§ 1º e 3º).

O § 4º prevê os métodos da esterilização: "A esterilização cirúrgica como método contraceptivo somente será executada através da laqueadura tubária, vasectomia ou de outro método cientificamente aceito, sendo vedada através da histerectomia e ooforectomia".

Na vigência de sociedade conjugal, após alterações promovidas pela Lei n. 14.443/2022, não é mais necessária autorização do cônjuge. A esterilização cirúrgica em pessoas absolutamente incapazes somente poderá ocorrer mediante autorização judicial, regulamentada na forma da lei.

Portanto, em razão dos princípios que fundamentam o planejamento familiar, a esterilização, por trazer uma melhor qualidade de vida ao núcleo familiar, não atenta contra o direito à integridade física.

1.9.9.1.5. Wannabes e experiência científica com pessoas humanas

Cristiano Chaves e Nelson Rosenvald[91] fazem referência em seu livro aos *Wannabes* ou apotemnófilos, ou

---

[91] FARIAS, Cristiano Chaves de; ROSENVALD, Nelson. *Direito civil*: teoria geral. 8. ed. Rio de Janeiro: Lumen Juris, 2009.

seja, "aquelas pessoas portadoras de uma incontrolável compulsão pela amputação de um membro específico de seu corpo, em razão do desconforto de estarem presos em um corpo que não corresponde à verdadeira identidade física que gostariam de ter".

Como o tratamento para essa compulsão ainda não tem critérios científicos definidos, permanece a indagação sobre a possibilidade de autorizar cirurgias para a amputação de membros dessas pessoas.

No direito à integridade física ainda há a questão das experiências científicas em pessoas humanas, o que somente seria permitido após o paciente ter todas as informações sobre o procedimento, a finalidade terapêutica ou de prevenção de moléstias, tudo com base nos princípios e rígidos procedimentos da Res. CNS n. 196/96.

1.9.9.1.5.1. Gestação em substituição

A gestação em substituição também se relaciona à integridade física. No caso, desde que a doadora genética tenha problemas físicos para a gestação (a finalidade, portanto, deve ser médica e não estética), ou ainda no caso de união homoafetiva, somado a necessária gratuidade na cessão do útero, tendo a mãe-gestacional direito a alimentos gravídicos e assistência médica e psicológica, não há violação da integridade física.

1.9.9.1.6. Integridade física e disposição de parte do corpo morto

O Código Civil, no art. 14, bem como a Lei n. 9.434/97 (transplantes), disciplinam a disposição de partes do corpo após a morte.

O art. 14 do CC estabelece ser válida, com objetivo científico ou altruístico, a disposição gratuita do próprio corpo, no todo ou em parte, para depois da morte. Em seu parágrafo único, faz referência à possibilidade de o ato de disposição ser livremente revogado a qualquer tempo.

A lei civil trata da disposição de partes do corpo após a morte se o sujeito, em vida, exteriorizou tal vontade em testamento ou codicilo. Para a validade e eficácia dessa declaração de vontade, são essenciais dois requisitos: 1– a gratuidade da disposição; e 2 – a finalidade, a qual poderá ser para fins de ciência ou por puro altruísmo.

A disposição de partes do corpo morto ou após a morte também não pode ser onerosa, pois vedada a comercialização de partes do corpo, vivo ou morto, em qualquer circunstância.

Assim, se houver declaração de vontade da pessoa humana a respeito do destino de partes de seu corpo, órgãos ou tecidos para depois de sua morte, esta será respeitada. Antes do falecimento, a qualquer tempo, a pessoa poderá revogar livremente o ato de disposição ou mesmo alterá-lo para outra finalidade (parágrafo único do art. 14 do CC).

No entanto, se o sujeito vier a falecer sem ter deixado nenhuma declaração de vontade a respeito do destino de partes do seu corpo, tecidos e órgãos, aplica-se a lei de remoção de órgãos e transplantes, em especial os arts. 3º e 4º.

Segundo o art. 3º da Lei n. 9.434/97, a retirada *post mortem* de tecidos, órgãos ou partes do corpo humano destinados a transplante ou tratamento, deverá ser precedida de diagnóstico de morte encefálica, constatada e registrada por dois médicos não participantes das equipes de remoção e transplante.

Não havendo manifestação de vontade em vida da pessoa, a retirada de órgãos, tecidos e partes do corpo da pessoa falecida para fins de transplantes ou outra finalidade terapêutica dependerá da autorização do cônjuge ou parente, maior de idade, obedecida a linha sucessória, reta ou colateral, até o segundo grau, inclusive, firmada em documento subscrito por duas testemunhas presentes à verificação da morte.

Dessa forma, se a pessoa falecida houver declarado sua vontade em vida a respeito da remoção de seus órgãos, tecidos e partes do corpo, respeita-se a sua vontade, incidindo o art. 14 do CC. Em caso de omissão do falecido, a deliberação a respeito do destino dos órgãos, tecidos e partes do corpo passa para os seus familiares, caso em que será aplicado o art. 4º da Lei n. 9.434/97.

Se o falecido não quiser ser doador de órgãos, deverá consignar tal fato na Carteira de Identidade Civil e na Carteira Nacional de Habilitação. Nesse caso, será respeitada sua escolha. Não havendo nenhuma manifestação do falecido, os parentes decidirão sobre a doação ou remoção dos órgãos.

Antes da Lei n. 10.211/2001, a qual alterou a Lei de Transplantes, em caso de inexistência de manifestação de vontade da pessoa falecida a respeito de ser ou não doadora de órgãos, havia uma presunção de que seria doadora.

Após a referida lei, em caso de omissão do falecido sobre o assunto, não há mais a presunção de que ele seria doador, passando para os seus parentes o direito de deliberar sobre o destino de seus órgãos, partes do corpo e tecidos. Ou seja, foi extinta a doação *post mortem* presumida. Assim, conclui-se que a decisão sobre a doação de órgãos, em sentido positivo ou negativo, é do doador potencial em vida ou, em caso de omissão ou silêncio, dos seus parentes próximos.

O Enunciado 277 da IV Jornada de Direito Civil é nesse sentido: "O art. 14 do CC, ao afirmar a validade da disposição gratuita do próprio corpo, com objetivo científico ou altruístico, para depois da morte, determinou que a manifestação expressa do doador de órgãos em vida prevalece sobre a vontade dos familiares, portanto, a aplicação do art. 4º da Lei n. 9.434/97, ficou restrita à hipótese de silêncio do potencial doador".

O art. 5º da Lei n. 9.434/97 prevê a possibilidade de remoção de órgãos, partes e tecidos do corpo de pessoa juridicamente incapaz, como crianças e deficientes mentais, desde que haja permissão expressa dos pais ou dos representantes legais.

O art. 6º veda a remoção *post mortem* de tecidos, órgãos ou partes do corpo de pessoas não identificadas, denominadas vulgarmente "indigentes".

Na V Jornada de Direito Civil, em relação ao art. 14 do CC, foi aprovado o Enunciado 402: "Art. 14, parágrafo único. O art. 14, parágrafo único, do CC, fundado no consentimento informado, não dispensa o consentimento dos adolescentes para a doação de medula óssea prevista no art. 9º, § 6º, da Lei n. 9.434/97 por aplicação analógica dos arts. 28, § 2º (alterado pela Lei n. 12.010/2009), e 45, § 2º do ECA".

Ao contrário da doação de órgãos e partes do corpo para fins de transplantes em vida, no caso de disposição *post mortem*, o doador não pode escolher o beneficiário dos órgãos.

• **O art. 14 do CC e a criogenia**

A criogenia é técnica de congelamento do corpo após a morte, em baixa temperatura, com o intuito de reanimação futura da pessoa (na expectativa de que a ciência, em razão de alguma descoberta, consiga retornar o corpo congelado à vida – as implicações éticas e morais do procedimento são inimagináveis). No mundo, haveria cerca de 250 pessoas congeladas em tubos de nitrogênio e milhares cadastradas para serem submetidas a este procedimento após a morte.

Em relação a tal técnica, duas questões jurídicas passam a ter relevância: 1– A criogenia viola o ordenamento jurídico? 2– É essencial exteriorização de vontade, em vida, para o congelamento do corpo após a morte?

Em relação à primeira pergunta, independente de questões religiosas, culturais, sociais, antropológicas e filosóficas, não há qualquer impedimento legal/jurídico para a criogenia. Ao contrário, a teoria dos direitos fundamentais da personalidade da pessoa humana protege e tutela o corpo físico (vivo) e a vontade relacionada ao destino deste mesmo corpo ou partes dele após a morte (corpo morto). De acordo com o art. 14 do CC é válida, com objetivo científico (em tese, a criogenia teria esse objetivo científico), a disposição gratuita do corpo ou parte deste, para depois da morte. O instrumento legal para tal destinação, em regra, é o testamento. No direito pátrio, pode ser objeto de testamento não apenas disposições de natureza patrimonial não personalíssimas (herança), como também questões de natureza existencial, conforme § 2º do art. 1.857 do CC. É a função "promocional" do testamento que pode ter por objeto questões existenciais, com o objetivo de potencializar e promover a dignidade da pessoa humana (ex.: testamento sobre disposições do corpo ou que destina material genético para reprodução assistida *post mortem*).

A dignidade da pessoa humana transcende a vida para que o destino do cadáver corresponda exatamente à vontade do titular do corpo. Além do art. 14, a defesa e tutela dos direitos de personalidade após a morte é expresso no parágrafo único do art. 12 da lei civil (o morto não é titular de direitos da personalidade, mas os direitos de que foi titular em vida são protegidos mesmo após a morte). É o direito ao cadáver. Não há como desprezar o avanço da ciência nas últimas décadas (clonagem, métodos avançados de fertilização e reprodução assistida, congelamento de cordão umbilical para preservar células tronco, entre outros), que provoca intensos debates jurídicos/éticos/morais.

Em relação à segunda pergunta, a criogenia pressupõe exteriorização da vontade, em vida, da pessoa que falece. É essencial que não haja dúvida sobre o desejo quanto ao destino dos restos mortais. Por isso, a vontade deve ser exteriorizada em vida. Em regra, por testamento ou codicilo. As disposições de última vontade do falecido, manifestadas em vida, devem ser respeitadas após a morte mesmo que não materializadas em documento escrito (como no caso concreto). É fato que a vontade deve ter sido exteriorizada (expressa), o que não se confunde com a formalidade (expressa é exteriorizar vontade, não materializar vontade). É essencial a existência de prova de que o falecido, em vida, expressamente, manifestou o desejo de ser submetido ao procedimento de criogenia após a morte. A prova não precisa ser documento escrito, testamento ou codicilo.

O STJ, no Recurso Especial n. 1.693.718-RJ, em litígio onde três filhas do falecido discutiam se o corpo do pai falecido deveria ser sepultado ou submetido a procedimento de criogenia, autorizou o congelamento dos restos mortais. No caso, considerou válida disposição de última vontade exteriorizada em vida, ainda que não materializada em documento escrito. Essa é a questão principal na decisão do STJ: afastar a necessidade de documento escrito quanto ao destino do cadáver após a morte.

Se não houve manifestação de vontade em documento, caberá aos familiares mais próximos demonstrarem o desejo do falecido quanto ao destino de seus restos mortais. Se o falecido nada declarou em vida, os familiares decidem sobre o destino. No caso concreto mencionado, o falecido exteriorizou vontade (fato reconhecido por outros meios de prova), razão pela qual restos mortais foram submetidos à criogenia.

Por fim, o direito à morte digna também se relaciona ao tema (diretivas antecipadas; – *living will* – testamento vital). Há debates laterais sobre o tema, em razão dos altos custos do procedimento (por exemplo: quem vai arcar com os custos? São possíveis os custos?). O tema ainda merece muita reflexão, em especial no campo da ética.

1.9.9.1.7. O tratamento médico e o princípio do consentimento informado

Finalmente, sobre a integridade física, direito essencial da personalidade, resta analisar o art. 15 do CC, que trata das intervenções cirúrgicas e assim dispõe: "Ninguém pode ser constrangido a submeter-se, com risco de vida, a tratamento médico ou a intervenção cirúrgica".

Tal artigo veda a violação da integridade física mediante tratamento médico ou intervenção cirúrgica, quando houver risco de vida, sem o consentimento do paciente. Em caso de urgência, se não houver possibilidade de se obter o consentimento do paciente, o médico tem o dever ético e moral de realizar a intervenção cirúrgica necessária para tentar salvar a sua vida.

O princípio do consentimento informado é inerente a contratos de prestação de serviços médicos. Não basta o consentimento genérico (*blanket consent*). A informação sobre o tratamento ou procedimento deve ser clara, precisa, inequívoca e transparente. Após tal informação, o paciente poderá, de forma legítima, consentir. O paciente tem o direito de ter ciência dos possíveis riscos, benefícios, alternativas, consequências previsíveis, técnicas empregadas para que possa, de forma livre e consciente, manifestar consentimento.

O STJ, com base no princípio do consentimento informado, no Recurso Especial n. 1.848.862/RN, condenou médicos e clínica por ausência de informação precisa em relação ao procedimento cirúrgico que vitimou o paciente.

É legítima a intervenção do profissional da saúde em caso de iminente perigo de vida. Segundo o § 3º do art. 146 do CP, não caracteriza crime contra a liberdade pessoal (constrangimento ilegal) a intervenção médica ou cirúrgica, sem o consentimento do paciente ou de seu representante legal, se justificada por iminente perigo de vida. Entretanto, sendo possível o consentimento do paciente ou de seu representante legal, este deve ser pressuposto necessário para a intervenção médica ou procedimento cirúrgico.

Há outra exceção. Ainda que não haja consentimento, será possível a internação forçada/involuntária, conforme Lei n. 10.216/2001, desde que seja justificável à vista do interesse público e se demonstre, concretamente, que a liberdade da pessoa representa perigo para si e terceiros (convivência social). E, nestes casos, a internação, como medida excepcional, visa justamente preservar a vida, a integridade física e a dignidade da pessoa internada

Trata-se do princípio do consentimento informado. Nas lições de Gustavo Tepedino[92], "o consentimento informado seria, portanto, a concordância do paciente, após uma explicação completa e pormenorizada sobre a intervenção médica que inclua sua natureza, objetivos, métodos, duração, justificativa, protocolos atuais de tratamento, contraindicações, riscos e benefícios, métodos alternativos e nível de confidencialidade dos dados".

Sobre o assunto, foi aprovado o Enunciado 533 da VI Jornada de Direito Civil: "O paciente plenamente capaz poderá deliberar sobre todos os aspectos concernentes a tratamento médico que possa lhe causar risco de vida, seja imediato ou mediato, salvo as situações de emergência ou no curso de procedimentos médicos cirúrgicos que não possam ser interrompidos".

Em citação a Tereza Negreiros, esclarece Tepedino[93] que "(...) a exigência do consentimento informado corresponde a uma projeção especial do princípio da boa-fé objetiva, que impõe às partes envolvidas não só uma perspectiva de confiança como uma obrigação de lealdade recíproca, além de deveres acessórios, como o dever de informar".

O art. 15 também deve ser observado quando a pessoa necessitar de transfusão de sangue, fato que poderá repercutir em outros direitos fundamentais, como a liberdade de crença e religião, como é o caso das testemunhas de Jeová. A questão que se coloca é: Em caso de necessidade de transfusão de sangue para tratamento médico, em razão de risco de vida, após devidamente informado pelo profissional de saúde, poderia ser realizado o procedimento?

Não, pois o dispositivo exige o consentimento do paciente como pressuposto para qualquer tratamento médico em sentido amplo, incluindo as transfusões de sangue ou intervenção cirúrgica.

O STF, em sede de repercussão geral, no âmbito dos Recursos Extraordinários n. 979742 e n. 1217272, passou a admitir que as testemunhas de Jeová, quando maiores e capazes, têm o direito de recusar procedimento médico que envolve transfusão de sangue, com base na autonomia individual e liberdade religiosa. Por esse motivo, para a tutela do direito à vida e saúde, têm direito a tratamentos alternativos oferecidos pelo SUS. Portanto, na ponderação de interesses, a liberdade religiosa, como direito fundamental, prevaleceu sobre outros direitos fundamentais, como saúde e vida.

Na referida decisão, o princípio do consentimento informado foi destacado.

Isto porque a recusa a tratamento de saúde por motivos religiosos é condicionada à decisão inequívoca, livre, informada e esclarecida do paciente, inclusive quando veiculada por meio de diretiva antecipada de vontade. Portanto, tal recusa somente será legítima se baseada em informações precisas e concretas. Portanto, as teses foram fixadas pelo STF nos Temas 952 e 1.069. As teses incorporaram o conteúdo do Enunciado 403 da V Jornada de Direito Civil.

1.9.9.2. Classificação dos direitos da personalidade – Direito ao nome

O nome é um dos mais relevantes atributos ou direitos relativos à personalidade da pessoa humana. A pessoa deve ser individualizada no meio social, profissional e familiar. O nome, portanto, integra a personalidade da pessoa humana e, ainda, vincula essa pessoa aos seus ancestrais.

Como afirmam Cristiano Chaves e Nelson Rosenvald[94], "o nome civil é o sinal exterior pelo qual são reconhecidas e designadas as pessoas, no seio familiar e social". Prossegue dizendo que "o nome é direito da personalidade (e não direito de propriedade, como já se quis afirmar doutrinariamente), pois toda e qualquer pessoa – natural ou jurídica – tem direito à identificação".

O nome não pode mais ser associado à propriedade. É elemento fundamental integrante da personalidade da pessoa humana. A Constituição Federal de 1988 e o Código Civil de 2002 reconhecem o nome como elemento de identificação da pessoa, atributo essencial da personalidade.

O nome, fator de identificação do indivíduo no meio social e no seio familiar, é tutelado no Código Civil, nos arts. 16 a 19. Tal direito decorrente da personalidade pos-

---

[92] TEPEDINO, Gustavo et al. *Código civil interpretado*. v. I (Parte geral e Obrigações - artigos 1º a 420). Rio de Janeiro/São Paulo: Renovar, 2004.

[93] TEPEDINO, Gustavo et al. *Código civil interpretado*. v. I (Parte geral e Obrigações - artigos 1º a 420). Rio de Janeiro/São Paulo: Renovar, 2004.

[94] FARIAS, Cristiano Chaves de; ROSENVALD, Nelson. *Direito civil*: teoria geral. 8. ed. Rio de Janeiro: Lumen Juris, 2009.

sui elementos fundamentais/essenciais que o identificam, mas também outros secundários.

Segundo dispõe o art. 16 do CC, "toda pessoa tem direito ao nome, nele compreendidos o prenome e o sobrenome". Portanto, são elementos fundamentais constitutivos do nome, o prenome e o sobrenome. O prenome, também conhecido como "primeiro nome", pode ser simples ou composto. É o elemento que antecede o sobrenome. O sobrenome, já tratado como patronímico, é o elemento responsável pela vinculação da pessoa humana aos seus ancestrais, ou seja, à sua família e origens.

O prenome e o sobrenome são elementos principais e fundamentais do nome. No entanto, o sobrenome tem tutela jurídica especial e diferenciada, principalmente porque tal elemento pode perdurar por gerações e vincula a pessoa humana à sua ancestralidade. Infelizmente, em termos culturais, em terras tupiniquins, não se valoriza o sobrenome ou sua ancestralidade, o que explica a pobreza da nossa cultura e o desprezo à história de nossos ancestrais.

Além desses elementos fundamentais e principais, prenome e sobrenome, o nome também pode ostentar elementos secundários.

O agnome é elemento acrescentado ao nome para distinguir pessoas da mesma família que tenham idênticos nomes e sobrenomes. É o caso de "Júnior", "Neto" e "Filho".

O hipocorístico é característica vulgar do nome no meio social, onde as pessoas, ao designarem outra, retiram uma parte do nome e dão ênfase às sílabas mais fortes, como é o caso de "José", transformado em "Zé", e "Francisco", o qual passa a ser conhecido como "Chico".

O nome, como atributo essencial da personalidade, é direito subjetivo, indisponível, irrenunciável, imprescritível, incessível, obrigatório, vitalício, impenhorável e não passível de expropriação. O art. 12 do CC, que trata das tutelas disponíveis para a proteção dos direitos da personalidade, pode ser invocado para o pleno exercício deste direito fundamental.

O nome da pessoa humana é elemento obrigatório. O art. 50 da Lei n. 6.015/73 (Lei de Registros Públicos) exige o registro civil de todo nascimento ocorrido em território nacional (lugar do parto ou da residência dos pais), no prazo de 15 (quinze) dias, o qual pode ser ampliado em até 3 (três) meses para os lugares mais distantes (a partir de 30 quilômetros da sede do cartório).

O art. 52 da Lei de Registros Públicos dispõe sobre as pessoas obrigadas a fazerem a declaração de nascimento: o pai ou a mãe, de forma isolada, ou em conjunto; no caso de falta ou impedimento de um dos pais, o outro indicado, que terá o prazo para declaração prorrogado em 45 dias; no impedimento do pai e da mãe, o parente mais próximo e, em falta ou impedimento desta, os administradores de hospitais ou os médicos e parteiras que tiverem assistido ao parto.

Se o oficial de registro civil estiver em dúvida quanto à declaração, poderá se deslocar até a casa do recém-nascido para atestar a sua existência ou exigir documento, como atestado médico, para tal comprovação. Se o registro for fora do prazo e houver dúvida, o oficial poderá requerer ao juiz, em procedimento próprio, providências cabíveis para esclarecer os fatos.

O art. 54 da Lei de Registros Públicos, apresenta os requisitos a serem inseridos no assento de nascimento, ou seja, o conteúdo desse documento público. Dentre estes, está a obrigatoriedade do nome da criança, nomes e prenomes dos pais e dos avós maternos e paternos, o que evidencia a relevância social, cultural e existencial deste direito fundamental da personalidade. A naturalidade deverá constar no registro e, de acordo com o § 4º do art. 54, acrescentado pela Lei Federal n. 13.484/2017, a naturalidade poderá ser do Município em que ocorreu o nascimento ou do Município de residência da mãe na data do nascimento (a opção caberá ao declarante no ato do registro de nascimento). A fim de viabilizar os registros de nascimento, a Lei n. 14.382/2022, acrescentou o § 5º ao referido artigo para permitir que o oficial de registro civil do Município, mediante convênio, instale unidade interligada em estabelecimento público ou privado de saúde para a recepção e remessa de dados, lavratura do registro de nascimento e emissão da respectiva certidão.

Finalmente, segundo o art. 53, a criança nascida morta ou cuja morte ocorra por ocasião do parto, também deve ser registrada em livro próprio. Se a criança nasceu e viveu, ainda que por poucos segundos, serão lavrados dois assentos, o de nascimento e o de óbito, com os elementos exigidos pela lei.

O nome, com a redação do art. 16 do CC, se positiva como direito fundamental integrante da personalidade da pessoa humana. O art. 55, com redação dada pela Lei n. 14.382/2022, em sintonia com o art. 16 do CC, dispõe que toda pessoa tem direito ao nome, nele compreendidos o prenome e o sobrenome (elementos fundamentais do nome). Ao prenome devem ser acrescentados os sobrenomes dos genitores e de seus ascendentes, em qualquer ordem, tudo para comprovar a linha ascendente.

O § 1º do art. 55 da Lei de Registros Públicos, como proteção à personalidade humana, proíbe o oficial de registro de registrar prenomes capazes de expor ao ridículo a pessoa a qual se vinculará. Se os genitores não se conformarem com a recusa do oficial, por escrito, podem submeter a questão à apreciação judicial, em procedimento de dúvida.

Se o declarante não indicar o nome completo, o oficial de registro civil está autorizado a lançar adiante ao prenome escolhido ao menos um sobrenome de cada genitor, para vinculação com os ascendentes. O oficial de registro civil passa a ter o dever de instruir e orientar os pais acerca da conveniência de acrescer sobrenomes (§3º do art. 55, incluído pela Lei n. 14.382/2022).

O § 4º do art. 55, incluído pela Lei n. 14.382/2022, passou a prever a possibilidade de oposição fundamentada de qualquer genitor ao prenome e sobrenome indicados pelo declarante, até 15 dias após o registro. Se houver consenso dos genitores, será possível a retificação administrativa e, em caso de divergência, a oposição será encaminhada ao juiz competente para decisão. Portanto, será possível alterar os elementos do nome no referido prazo, desde que a oposição seja fundamentada (erro na indicação, nome com erro de grafia, sobrenome que não se vincula aos familiares etc.).

No mais, salvo em hipóteses absolutamente excepcionais, os elementos que o integram não podem ser alterados: prenome e sobrenome. Portanto, em regra, estes elementos fundamentais do nome são imutáveis. É o princípio da inalterabilidade do nome.

Todavia, ainda que excepcionalmente admitidas, a alteração dos elementos do nome estará sujeita a algumas condições ou pressupostos. Em primeiro lugar, a alteração do nome não pode prejudicar a vinculação da pessoa à sua ancestralidade ou à sua família.

O segundo requisito é que tal alteração não pode prejudicar interesses e direitos de terceiros (da coletividade ou violar o interesse público).

Finalmente, é essencial que tal alteração seja absolutamente necessária, enquadrando-se em uma das exceções admitidas, com base em critérios legais e de razoabilidade (em síntese, justa motivação).

No caso concreto, será analisada a necessidade de alteração, a fim de assegurar a preservação da dignidade da pessoa humana. É o que dispõe o art. 58 da Lei n. 6.015/73, segundo o qual o prenome é definitivo, salvo situações excepcionais, assim como o art. 57, que apresenta condições para alteração do sobrenome. Ocorre que embora o art. 58 da Lei de Registros Públicos sugira que o prenome é definitivo, o art. 56 admite, após a maioridade civil, sem qualquer motivação e de forma administrativa, a mudança do prenome. Incompreensível a flexibilização para modificação de atributo fundamental da personalidade. Neste ponto, há evidente incoerência da lei civil pois no art. 58 enuncia a definitividade do prenome e no art. 56 admite, após a maioridade civil, a qualquer tempo e sem motivo, a alteração administrativa do prenome, seja simples ou composto.

O nome, como atributo da personalidade, é irrenunciável e indisponível. Portanto, a alteração imotivada a qualquer tempo após a maioridade civil atenta contra tal direito fundamental existencial. Ao flexibilizar a alteração do prenome, a Lei n. 14.382/2022, acabou por atentar contra um dos direitos mais fundamentais da personalidade da pessoa humana.

1.9.9.2.1. Alteração do prenome

Os arts. 56, 57 e 58 da Lei n. 6.015/2015 foram alterados pela Lei n. 14.382/2022, o que impacta em aspectos relevantes deste direito da personalidade.

De acordo com o art. 58 da Lei de Registros Públicos, o prenome será definitivo e, embora ressalve situações em que a alteração é possível, na realidade, a partir da nova redação do art. 56 da LRP, tal afirmação não tem mais sentido lógico jurídico.

A partir da nova redação do art. 56 da Lei de Registros Públicos, a alteração do prenome deixa de ser excepcional. Após a maioridade, a qualquer tempo, sem motivo e administrativamente, é possível a alteração do prenome. Portanto, definitivo é que o prenome não é. Além da ampla possibilidade de alterar o prenome após a maioridade

civil administrativamente, o que só poderá ocorrer uma vez, será possível nova e posterior alteração do prenome, por decisão judicial, com a devida motivação, nas seguintes situações (o § 1º do art. 56 da LRP dispõe que a alteração imotivada de prenome poderá ser feita na via extrajudicial apenas 1 (uma) vez, e sua desconstituição dependerá de sentença judicial – assim, a partir da segunda alteração, haverá necessidade de motivação e sentença judicial para a desconstituição):

1. *a primeira causa justa para modificação do prenome ocorrerá quando este expuser a pessoa ao ridículo, pois isso viola sua dignidade*. O § 1º do art. 55 da Lei n. 6.015/73, com redação dada pela Lei n. 14.382/2022, estabelece que os oficiais de registro civil não registrarão prenomes suscetíveis de expor ao ridículo seus portadores. Como a exposição ao ridículo é critério subjetivo, se houver registro de prenome com tal exposição, poderá ser alterado;

2. a outra causa justa de alteração de prenome se refere ao erro gráfico, o qual pode ser evidenciado sem qualquer juízo de valor. Então é o caso de "Cláudia", registrada como "Cráudia", ou "Ulisses", registrado como "Ulice", ou "Cleide", registrada como "Creide", ou "Clóvis", registrado como "Cróvis", ou "Osvaldo", como "Osvardo", ou "Valdemar", registrado como "Vardemá" Esses casos são comuns, principalmente no interior do Brasil. Esses nomes acima mencionados foram todos constatados, na prática, quando exerci a função de Juiz no interior da Bahia. Em determinada Comarca, a oficial de registro civil não era devidamente alfabetizada, provocando erros gráficos dos mais absurdos;

3. *a adoção também é causa para alteração do prenome*. A alteração do prenome do adotado é facultativa, segundo dispõe o art. 47, § 5º, do ECA (Lei n. 8.069/90), com a nova redação dada pela Lei n. 12.010/2009, a "Lei da Adoção".

Segundo esse dispositivo, com a nova redação, o vínculo da adoção constitui-se por sentença judicial, que será inscrita no registro civil, mediante mandado do qual não se fornecerá certidão. A inscrição consignará o nome dos adotantes como pais, bem como o nome de seus ascendentes. O mandado judicial, que será arquivado, cancelará o registro original do adotado.

Em relação ao prenome, a alteração, mesmo com a Lei n. 12.010/2009, permanece facultativa, nos termos do art. 47 do ECA.

A diferença entre a redação original do § 5º do Estatuto e a nova redação é que, antes, a alteração do prenome poderia ser requerida apenas pelo adotante. Após a nova lei, em vigor desde novembro de 2009, a alteração do prenome pode ser requerida pelo adotante e pelo adotado, ou seja, "a pedido de qualquer deles".

A alteração do prenome na adoção é, portanto, facultativa. Em complemento a essa nova redação, o § 6º dispõe que, se o requerimento de alteração do prenome for do adotante, o adotado terá, obrigatoriamente, de ser ouvido, disposição que valoriza a vontade do incapaz, em atendimento ao princípio da dignidade da pessoa humana, conforme ressaltado no capítulo sobre a teoria das incapacidades.

A ressalva da oitiva do adotando está expressa no art. 28, §§ 1º e 2º, do ECA.

A nova Lei de Adoção, em seu art. 8º, revogou expressamente o art. 1.627 do CC, o qual tratava da alteração do prenome, assim como revogou os arts. 1.620 a 1.629 do CC. Apenas foram mantidos os arts. 1.618 e 1.619, segundo os quais, a adoção de criança e adolescente se sujeitará às disposições do Estatuto da Criança e do Adolescente e a adoção dos maiores de 18 (dezoito) anos dependerá de assistência do Poder Público e sentença constitutiva, devendo ser aplicadas a essas adoções, no que forem compatíveis, as novas disposições do Estatuto (ECA);

4. *a alteração do prenome também é possível em razão de apelidos públicos notórios*. Segundo o art. 58 da Lei n. 6.015/73, "o prenome será definitivo, admitindo-se, todavia, a sua substituição por apelidos públicos notórios", ou seja, por designações pelas quais a pessoa é conhecida no meio social.

Assim, é possível a substituição do prenome por apelido público notório. Alguns doutrinadores admitem não apenas a substituição, como o acréscimo de apelidos públicos notórios ao nome. O art. 58 da LRP apenas permite a substituição, por exemplo, quando a pessoa é conhecida no meio social e familiar por nome diverso e, em razão da notoriedade ou publicidade desse apelido (sentido genérico da palavra), poderá requerer a substituição. Entretanto, vem sendo admitida não apenas a substituição, como a inclusão ou o acréscimo de alcunha designativa em nome da pessoa. O STF, em março de 2018, por maioria, julgou procedente pedido formulado em ação direta de inconstitucionalidade (ADI 4.275/DF) para dar interpretação conforme a Constituição e o Pacto de São José da Costa Rica ao art. 58 da Lei n. 6.015/73 (na questão dos transgêneros). Reconheceu aos transgêneros, independentemente da cirurgia de transgenitalização, ou da realização de tratamentos hormonais ou patologizantes, o direito à alteração de prenome e gênero diretamente no registro civil. Segundo o STF, o direito à igualdade sem discriminações abrange a identidade ou a expressão de gênero. A identidade de gênero é manifestação da própria personalidade da pessoa humana e, como tal, cabe ao Estado apenas o papel de reconhecê-la, nunca de constituí-la. A pessoa não deve provar o que é, e o Estado não deve condicionar a expressão da identidade a qualquer tipo de modelo, ainda que meramente procedimental. O Colegiado assentou seu entendimento nos princípios da dignidade da pessoa humana, da inviolabilidade da intimidade, da vida privada, da honra e da imagem, bem como no Pacto de São José da costa Rica;

5. *outro exemplo de causa de alteração do prenome, é a homonímia depreciativa*. Assim, pessoas que possuem o mesmo nome e, em razão dessa homonímia, são submetidas a situações constrangedoras, como permanentes inclusões do nome em cadastros de inadimplentes, cobranças indevidas, prisões equivocadas, dentre outros fatos, podem requerer a alteração do prenome. Portanto, havendo prejuízo econômico e moral em razão da homonímia, será possível a alteração do prenome;

6. *a tradução de nome estrangeiro também pode ser admitida, alterando-se o prenome, caso haja justificativa plausível e razoável;*

7. *alteração do prenome a que se refere à Lei n. 9.807/99, a qual trata da proteção de vítima ou testemunha de crime*. O parágrafo único do art. 58 da Lei n. 6.015/73, acrescentado por essa lei, dispõe que a substituição de prenome será ainda admitida em razão de fundada coação ou ameaça decorrente da colaboração com a apuração de crime, por determinação, em sentença, de juiz competente, ouvido o Ministério Público.

A alteração do prenome da vítima ou testemunha é regulada pelo art. 9º da referida lei, e se dá em casos excepcionais, levando-se em consideração as características e a gravidade da coação ou da ameaça. Nesses casos, o conselho deliberativo encaminhará o requerimento da pessoa protegida ao juiz competente para registros públicos, objetivando a alteração.

Conforme dispõe o § 5º do art. 9º da citada lei, cessada a coação ou ameaça, causa determinante da alteração do nome, o protegido poderá requerer o retorno à situação anterior, caso em que passará novamente a usar o nome original.

• **Alteração *imotivada* (e administrativa) do prenome** – art. 56 da Lei de Registros Públicos

Segundo o art. 56 da LRP, com redação atualizada pela Lei n. 14.382/2022, a pessoa registrada, após ter atingido a maioridade civil, pode requerer, sem motivo e pessoalmente, a alteração de seu prenome, independente de decisão judicial. A alteração será averbada e publicada em meio eletrônico. A alteração imotivada do prenome na via extrajudicial somente poderá ocorrer 1 (um) vez e, eventual pedido de desconstituição posterior, dependerá de sentença judicial.

A Lei n. 14.382/2022 alterou, de forma substancial, o art. 56 da Lei de Registros Públicos. De acordo com o § 4º, se suspeitar de fraude, falsidade, má-fé, vício de vontade ou simulação quanto à real intenção da pessoa requerente, o oficial de registro civil, de forma fundamentada, recusará a retificação. Na realidade, as novidades representam enorme retrocesso. Ainda que os §§ 2º e 3º exijam que na averbação de alteração do prenome informações sobre o prenome anterior, identidade, CPF, passaporte e título de eleitor, além de comunicações oficiais e ao TSE, haverá enorme facilidade para alteração do prenome. E ao contrário da lei anterior, não há mais limitação de prazo, ou seja, o prenome poderá ser alterado a qualquer tempo após a maioridade civil, o que fragiliza a relevância social de um dos atributos mais relevantes da personalidade. Não se compreende o motivo pelo qual se flexibilizou, de forma tão substancial, a possibilidade de alteração de prenome.

Com a nova redação do art. 56 da Lei de Registros Públicos, não há como defender a necessidade de motivação, pois o *caput* é expresso ao mencionar que a alteração do prenome pode ser imotivada. A ausência de motivação é destaque no § 1º do mesmo art. 56. Na redação original, antes da Lei n. 14.382/2022, além de limitar o pedido ao tempo de 1 (um) ano após a maioridade, não havia qualquer referência à ausência de motivação, fato que levava a doutrina a defender a necessidade de motivação, para proteger a personalidade. Tal tese não faz mais sentido, porque agora há expressa referência à ausência de motivação para o pedido.

Embora trate da alteração do "nome", o que poderia compreender o prenome e o sobrenome, na realidade, esse dispositivo apenas permite a alteração do prenome, porque a alteração não poderá prejudicar os apelidos de família ou o sobrenome.

Estas são as causas mais comuns para alteração do prenome. É também possível a alteração do prenome em outras circunstâncias, dependendo sempre da análise fática e das especificidades do caso concreto. A cautela é recomendável, pois a alteração do prenome tem consequências sociais e, muitas vezes, jurídicas. Nada impede, entretanto, a análise de outras situações, desde que, dentro de critérios de proporcionalidade e razoabilidade, tal alteração se mostre recomendável para a preservação da dignidade da pessoa responsável pelo requerimento.

1.9.9.2.2. Alteração do sobrenome

O art. 57 da Lei de Registros Públicos também foi alterado pela Lei n. 14.382/2022 para flexibilizar a alteração de sobrenome. A redação original admitia a alteração, por exceção e de forma motivada (após audiência do Ministério Público e decisão judicial). Agora, de acordo com a nova redação, em algumas situações específicas, a alteração posterior de sobrenomes poderá ser requerida pessoalmente perante o oficial de registro civil, com a apresentação de certidões e de documentos necessários, e será averbada nos assentos de casamento e nascimento, independente de autorização judicial para as seguintes situações:

1 – inclusão de sobrenomes familiares; 2 – inclusão ou exclusão de sobrenome de ex-cônjuge, na constância do casamento; 3 – exclusão do sobrenome do ex-cônjuge após a dissolução da sociedade conjugal, por qualquer causa; 4 – inclusão e exclusão de sobrenomes em razão de alteração das relações de filiação, inclusive para os descendentes, cônjuge ou companheiro da pessoa que teve seu estado alterado.

Nestas situações, não há necessidade de motivação ou autorização judicial. O procedimento de alteração é administrativo e pode se relacionar a integração familiar e casamento ou união estável.

Os conviventes em união estável devidamente registrada no registro civil de pessoas naturais poderão requerer a inclusão do sobrenome do companheiro, a qualquer tempo, bem como alterar os seus sobrenomes nas mesmas hipóteses previstas para as pessoas casadas. De acordo com o § 3º-A da Lei n. 14.382/2022, o retorno ao nome de solteiro ou de solteira do companheiro ou da companheira será realizado por meio da averbação da extinção da união estável em seu registro. Além das situações previstas no art. 57 da LRP, com a redação dada pela Lei n. 14.382/2022, também será permitida a alteração nas seguintes situações:

1. *em primeiro lugar, será possível a alteração do sobrenome em caso de adoção, a fim de vincular o adotando à sua nova família.* Ao contrário do prenome, a modificação do sobrenome, em caso de adoção, é obrigatória (art. 47 do ECA, com a redação dada pela Lei n. 12.010/2009).

Tal alteração é essencial para integrar o adotando à sua nova família. Sendo o sobrenome fator de identificação da pessoa no meio social e familiar e, considerando que a adoção é um dos mais nobres institutos do direito de família, fundado na afetividade, nada mais natural do que vincular o adotando à ancestralidade destas pessoas que resolveram realizar sua adoção;

2. *além da adoção, também é causa de alteração do sobrenome a inclusão da pessoa no programa de proteção de vítimas e testemunhas, nos termos do art. 9º da Lei n. 9.807/99.* O referido dispositivo menciona a "alteração do nome completo", incluindo o nome e o sobrenome. Tal situação está prevista no § 7º do art. 57 da LRP "fundada coação ou ameaça decorrente de colaboração com apuração de crime, o juiz competente determinará que haja a averbação no registro de origem de menção da existência de sentença concessiva da alteração, sem a averbação do nome alterado, que somente poderá ser procedida mediante determinação posterior, que levará em consideração a cessação da coação ou a ameaça que deu causa à alteração";

3. *o casamento e a união estável também poderão provocar a alteração do sobrenome, segundo disposto no art. 1.565, § 1º, do CC, que permite, a qualquer dos nubentes, a possibilidade de acrescer ao seu nome o sobrenome do outro.* Agora, o art. 57, com a nova redação, no inciso I e no § 2º, admite expressamente tal possibilidade. Neste ponto, em que pesem algumas posições em sentido contrário, a lei civil atual não admite, sob qualquer pretexto, a substituição do

sobrenome de um dos cônjuges pelo sobrenome do outro, mas apenas o "acréscimo". O sobrenome vincula a pessoa à sua família e aos seus ancestrais. Por esse motivo não pode ser substituído em razão do casamento, pois isso consiste em gravíssima violação desse direito decorrente da personalidade. A lei é clara nesse sentido quando trata da possibilidade de "acréscimo", jamais de substituição. A pessoa casada não pode perder os vínculos com seus parentes e familiares por conta do casamento.

Infelizmente, a jurisprudência e os cartórios de registro civil admitem a substituição ou supressão do patronímico do nubente, o qual deseja usar o nome do futuro consorte. Tais decisões violam os direitos da personalidade, pois a pessoa humana não pode se desvincular de seus ancestrais ou gerações.

Não há coerência em decisões do STJ, como a do REsp 662.799/MG, j. 8-11-2005, de relatoria do Min. Castro Filho, onde se admitiu a alteração do patronímico em razão do casamento, desde que não haja prejuízo à ancestralidade.

Ora, alterando-se e suprimindo-se o patronímico ou sobrenome, certamente haverá prejuízo à ancestralidade. Nesse caso, não haverá vinculação da pessoa com suas gerações familiares anteriores, o que torna incompreensíveis tais decisões.

Por isso, ousamos discordar do STJ diante da redação inequívoca do § 1º do art. 1.565 e, principalmente, em razão do prejuízo que tal alteração provoca na ancestralidade da pessoa, retirando direitos da sua personalidade, ou melhor, dispondo sobre um direito da personalidade que é, por natureza, indisponível. Espera-se, rapidamente, alteração dessa orientação, inclusive determinando-se aos cartórios de registro civil a vedação a qualquer supressão de sobrenome em razão de casamento.

Ademais, defendemos a necessidade de a criança ostentar o sobrenome do pai e da mãe, vinculando-a a todos os seus parentes, seja na linha paterna ou materna.

A jurisprudência, sem maiores resistências e até no intuito de preservar o vínculo familiar, valor fundamental protegido pelo Estado, admite a inclusão do sobrenome paterno ou materno no nome da pessoa.

A possibilidade de acréscimo de sobrenome também se estende ao companheiro, não havendo motivos para qualquer discriminação, em razão da união estável ser considerada entidade familiar, nos termos do art. 226 da CF/88. O Enunciado 99 da I Jornada de Direito Civil é nesse sentido: "O art. 1.525, § 2º, do CC não é norma destinada apenas às pessoas casadas, mas também aos casais que vivem em companheirismo, nos termos do art. 226, caput e §§ 3º e 7º, e não revogou o disposto na LPF". O art. 57, § 2º, com a redação dada pela Lei n. 14.382/2022, agora é expresso neste sentido.

4. *A Lei Federal n. 11.924/2009 traz mais uma hipótese onde será possível a alteração do nome, em especial do sobrenome, nas relações familiares. Tal lei acrescentou o § 8º ao art. 57 da Lei de Registros Públicos, cuja redação foi atualizada pela Lei n. 14.382/2022: "O enteado ou a enteada, se houver motivo justificável, poderá requerer ao oficial de registro civil que, nos registros de nascimento e de casamento, seja averbado o nome de família de seu padrasto ou de sua madrasta, desde que haja expressa concordância destes, sem prejuízo de seus sobrenomes de família".*

É permitido ao enteado ou enteada, se houver motivo justificável (conceito jurídico indeterminado a ser apreciado a partir de circunstâncias do caso concreto), requerer a averbação do nome de família ou sobrenome do seu padrasto ou de sua madrasta em seu registro de nascimento e de casamento, tudo para fortalecer os vínculos afetivos entre tais pessoas, sem prejuízo do sobrenome já existente. Assim, somente poderá o enteado acrescentar ao seu o sobrenome do padrasto ou madrasta, jamais substituir o seu sobrenome pelo do padrasto ou madrasta.

Em conclusão, estas são as principais hipóteses de alteração do sobrenome, sem prejuízo de outras causas a serem analisadas no caso concreto, mas sempre em caráter excepcional.

Em qualquer circunstância e, apesar da nova redação do art. 57 pela Lei n. 14.382/2022, a alteração do sobrenome, fora das situações definidas pela norma, é excepcional e deve ser devidamente motivada. O art. 57 da LRP, cuja redação foi alterada pela Lei n. 14.382/2022, dispensa a autorização judicial e a motivação apenas para as alterações nas hipóteses mencionadas.

Após a Lei n. 14.382/2022, o princípio da imutabilidade do nome, prenome e sobrenome, suportou profundo impacto.

1.9.9.2.3. Tutela especial do nome

Em relação à proteção do nome e de seus elementos, o titular poderá invocar qualquer das tutelas processuais (inibitória, reparatória etc.) admitidas pelo art. 12 do Código Civil.

Os arts. 17 a 19 da lei civil dispõem sobre situações especiais para a proteção e tutela do nome.

Segundo o art. 17, "o nome da pessoa não pode ser empregado por outrem em publicações ou representações que a exponham ao desprezo público, ainda quando não haja intenção difamatória". O nome não pode ser submetido a publicação ou exposição pública depreciativa, ainda que não haja má-fé. A boa-fé ou ausência de intenção difamatória não impede o exercício do direito de o titular requerer a cessação de tais publicações ou representações capazes de expor a pessoa ao desprezo público, bem como a reclamar indenização por danos, materiais e morais, por violação decorrente destes atos.

Caio Mário[95] afirma que tal artigo comporta a hermenêutica do bom senso, consignando que, "se é certo que a divulgação de nome alheio é vedada, não se pode reprimir o simples fato de mencionar-se através da imprensa, em

---

[95] PEREIRA, Caio Mário da Silva. *Instituições de direito civil:* Introdução ao direito civil. Teoria geral de direito civil. 20. ed. Atualizado por Maria Celina Bodin de Moraes. Rio de Janeiro: Forense, 2004. v. 1.

qualquer de suas modalidades. Entre o direito à privacidade e a divulgação do inconveniente, há uma gama enorme de situações, a ser apreciada *cum arbítrio boni vir*".

Na divulgação pública indevida, a responsabilidade civil por danos daí decorrentes pode ser imputada ao autor da publicação e ao veículo que a divulga, conforme Súmula 221 do STJ: "São civilmente responsáveis pelo ressarcimento do dano, decorrente de publicação pela imprensa, tanto o autor do escrito quanto o proprietário do veículo de divulgação".

O art. 17 também pode (e deve) ser invocado quando o nome da pessoa é indevidamente incluído e anotado em cadastros de inadimplentes. Tal anotação implica publicidade capaz de expor a pessoa ao desprezo público. A expressão "desprezo público" deve ser interpretada de forma ampla, pois, em matéria de direitos da personalidade, a tutela deve ser a mais abrangente possível. A pessoa humana, com o nome inserido em tais cadastros, não tem acesso ao crédito, fato que representa desprezo e desconsideração em relação aos demais membros da coletividade. Entretanto, o art. 17 é apenas complemento ou desdobramento do disposto no art. 12 do CC. O art. 17 seria dispensável diante dos termos genéricos do art. 12, o qual tutela os direitos da personalidade em geral e o nome em especial.

O art. 18 do CC reforça a proteção, nos casos em que o nome é utilizado, sem autorização do titular, para fins comerciais. Tal situação, inclusive, poderá ser fundamento para o titular requerer a restituição de valores, com base no enriquecimento sem causa, nas situações de "lucro de intervenção" (lucro obtido por aquele que, sem autorização, interfere nos direitos ou bens jurídicos de outra pessoa e que decorre justamente desta intervenção"). Em caso especial, o STJ garantiu a restituição de valores em favor de pessoa que teve seu nome utilizado sem autorização, obteve lucro com essa intervenção indevida, independente de dano em relação ao titular do nome. Isto porque o fundamento do lucro da intervenção é o enriquecimento sem causa (Enunciado n. 620 do CJF), razão pela qual se dispensa a prova do dano.

Nesse sentido, o Recurso Especial n. 1.698.701: "Para a configuração do enriquecimento sem causa por intervenção, não se faz imprescindível a existência de deslocamento patrimonial, com empobrecimento do titular do direito violado, bastando a demonstração de que houve enriquecimento do interventor".

Portanto, o art. 18 veda a utilização do nome alheio em propaganda comercial sem autorização do titular desse direito de personalidade. Tal utilização indevida pode ser fundamento para indenização, se presentes os pressupostos da responsabilidade civil, ou para restituição de vantagens patrimoniais indevidas, independente de dano, com fundamento no enriquecimento sem causa.

Ao tratar das características dos direitos de personalidade, não só foi levantada a questão da indisponibilidade desses direitos, mas da possibilidade de cessação do exercício ou da mera faculdade de uso desses direitos, em relação a aspectos patrimoniais. Nesse sentido, é possível a cessão do exercício do uso de nome em propaganda comercial, desde que haja a devida autorização do titular desse direito subjetivo. A finalidade é proteger a pessoa contra qualquer usurpação do nome.

Sobre o assunto, é interessante a redação do Enunciado 278 da IV Jornada de Direito Civil, promovida pelo CJF: "A publicidade que venha a divulgar, sem autorização, qualidades inerentes à determinada pessoa, ainda que sem mencionar seu nome, mas sendo capaz de identificá-la, constitui violação a direito da personalidade".

Assim, determinada publicidade, ainda que não mencione expressamente o nome de alguém, mas, sendo possível, pelo seu conteúdo, identificar a pessoa a que se refere com certa facilidade, é capaz de violar tal direito da personalidade, evidenciando quão intensa é a tutela jurídica desses direitos.

O pseudônimo está normalmente relacionado a atividades artísticas, literárias, esportivas e políticas, mas pode aparecer em outras áreas. A Lei de Direitos Autorais trata da obra pseudônima em seu art. 5º. A obra é pseudônima quando o autor se oculta sob nome suposto. O art. 24 menciona ser direito do autor ter seu pseudônimo indicado ou anunciado, como sendo o do autor, na utilização de sua obra. O art. 40 da Lei n. 9.610/88 também trata do pseudônimo: "Tratando-se de obra anônima ou pseudônima, caberá a quem publicá-la o exercício dos direitos patrimoniais do autor".

O fato é que o art. 19 equipara o pseudônimo ao nome, para fins de proteção, desde que utilizado para atividades lícitas.

Por fim, no que se refere ao nome, em recentes enunciados, o STJ acabou mitigando a tutela jurídica a esse relevante direito decorrente da personalidade. Na Súmula 404, o referido Tribunal Superior tornou dispensável o prévio aviso para informar ao consumidor sobre a anotação de seu nome em cadastros restritivos de crédito. Nos termos da referida súmula: "É dispensável o aviso de recebimento (AR) na carta de comunicação ao consumidor sobre a negativação de seu nome em bancos de dados e cadastros". Para o STJ, o dever de informação é considerado cumprido pelo órgão de manutenção de crédito com o mero envio da correspondência ao endereço do devedor.

Se não bastasse o teor da Súmula 404, o STJ, por meio da Súmula 385, estabeleceu que, "da anotação irregular em cadastro de proteção ao crédito, não cabe indenização por dano moral, quando preexistente legítima inscrição, ressalvado o direito ao cancelamento". De acordo com esse entendimento, aquele cujo nome está anotado de forma regular em cadastro de proteção de crédito, não poderá suportar dano moral caso seu nome, em anotação irregular posterior, seja enviado aos cadastros de inadimplentes.

O nome integra o núcleo essencial da dignidade da pessoa humana e, por isso, qualquer violação indevida levará, necessariamente à caracterização do dano moral, ainda que a pessoa esteja previamente cadastrada nestes órgãos por outro fato, de forma regular. Não é possível restringir a tutela e a plena garantia de um dos direitos mais fundamentais da personalidade, com essa visão míope da realidade.

1.9.9.3. Classificação dos direitos da personalidade – Integridade moral – Imagem e honra

O Código Civil disciplina os direitos à honra e à imagem em seu art. 20.

A redação do dispositivo é confusa, principalmente porque associa, indevidamente, honra e imagem, quando são direitos fundamentais da personalidade autônomos e independentes. A infeliz redação do art. 20 menciona que a violação da imagem dependeria da ofensa à honra. É evidente o equívoco normativo: "Art. 20. Salvo se autorizadas, ou se necessárias à administração da justiça ou à manutenção da ordem pública, a divulgação de escritos, a transmissão da palavra, ou a publicação, a exposição ou a utilização da imagem de uma pessoa poderão ser proibidas, a seu requerimento e sem prejuízo da indenização que couber, se lhe atingirem a honra, a boa fama ou a respeitabilidade, ou se se destinarem a fins comerciais".

A honra e a imagem são direitos autônomos decorrentes da personalidade da pessoa humana. Tal autonomia é evidenciada no inciso X do art. 5º da CF/88, segundo o qual "são invioláveis a intimidade, a vida privada, a honra e a imagem das pessoas, assegurado o direito a indenização pelo dano material ou moral decorrente de sua violação".

A honra subjetiva é distinta para cada indivíduo, e se relaciona ao decoro, moral, o sentimento de autoestima, motivo pelo qual tem valoração individual. A dor não pode ter como parâmetro sentimentos alheios. O dano à imagem é relativo e vai depender da autorização ou não da pessoa que teve a sua imagem exposta ou da presença de uma das hipóteses legais que justificam a exposição ou publicação da imagem.

O art. 20 do CC, em sua redação extremamente defeituosa, associa os direitos à honra e à imagem como se fossem um só atributo da personalidade da pessoa humana. De acordo com a redação do artigo, a proibição da utilização da imagem ocorrerá quando houver violação da honra. O equívoco é gritante ao se pensar que a violação da imagem depende da violação da honra. Não há nenhum sentido técnico jurídico na redação desse artigo em relação a esses direitos fundamentais da pessoa humana.

A honra, direito fundamental e essencial da personalidade, tem autonomia em relação à imagem e pode ser considerada sob duas concepções: a honra subjetiva e a honra objetiva. A honra tem relação com os valores morais da pessoa.

Na honra subjetiva, a tutela está direcionada às questões mais íntimas, interiores e psicológicas da pessoa. A violação da honra subjetiva provoca angústia, dor, sofrimento, abalo emocional e psicológico, pois se refere à autoestima ou ao aspecto interior e subjetivo do ser humano. Enfim, como dizem Cristiano Chaves e Nelson Rosenvald[96], "a honra subjetiva tangencia o próprio juízo de valor que determinada pessoa faz de si mesma. É a autoestima, o sentimento de valorização pessoal, que toca a cada um".

Já a honra objetiva tem aspecto mais social. Seria a reputação da pessoa no meio social. Tal concepção da honra é vinculada à consideração de terceiros em relação à pessoa. Segundo Roxana Borges[97], "refere-se à estima ou consideração social de que a pessoa goza em seu círculo de convívio, ou seja, a reputação, seu conceito perante a opinião pública. Trata-se de uma face externa da honra, voltada mais para a sociedade e os relacionamentos da pessoa do que para o seu interior".

É, portanto, a dignidade pessoal desfrutada pela pessoa na comunidade onde vive. O artigo XII da Declaração Universal dos Direitos do Homem e do Cidadão proíbe qualquer ataque à honra e à reputação da pessoa humana. Na esfera penal, o Código Penal tutela a honra subjetiva e objetiva, ao prever, nos arts. 138 a 140, os crimes de calúnia, injúria e difamação.

O crime de calúnia está relacionado à honra objetiva, à reputação ou ao conceito da pessoa no meio social.

O crime de difamação, também vinculado à honra objetiva, se caracteriza pela imputação a alguém de fato ofensivo à sua reputação. O fato imputado deve ser determinado e, por proteger a honra objetiva, o crime de difamação somente se configura se o fato chegar ao conhecimento de terceira pessoa.

O crime de injúria tutela a honra subjetiva, sendo a ofensa ao decoro, à dignidade de alguém. Como a injúria afeta aspectos íntimos, basta ser conhecida pela vítima para a sua consumação. Na injúria não se imputa fato, mas se emite uma opinião a respeito da vítima.

No direito civil, a violação da honra subjetiva e/ou objetiva pode acarretar o dever de reparação dos danos suportados pela vítima, conforme inciso X do art. 5º da CF/88, bem como o art. 953 do CC, o qual prevê indenização por injúria, difamação e calúnia.

Tal dano, resultante da violação, pode ser moral ou material. Como novidade, está expressa, no parágrafo único do art. 953, a possibilidade de fixação de indenização por equidade, senso de justiça, quando a vítima não tiver condições de provar o prejuízo material.

Finalmente, em caso de colisão entre direitos fundamentais, como honra e liberdade de expressão (ou liberdade de imprensa), deve ser adotada a técnica da ponderação de interesses, juízo de proporcionalidade, a fim de apurar, no caso concreto, qual dos direitos da personalidade deve ser sacrificado em detrimento do outro.

A imagem é direito da personalidade da pessoa humana, também retratada no art. 20 do CC, autônoma em relação à honra. No direito à imagem se tutela a representação física da pessoa humana. Protege-se a pessoa em relação aos seus componentes físicos, capazes de identificá-la. Tal representação física, segundo Roxana Borges[98], pode

---

[96] FARIAS, Cristiano Chaves de; ROSENVALD, Nelson. *Direito civil*: teoria geral. 8. ed. Rio de Janeiro: Lumen Juris, 2009.

[97] BORGES, Roxana Cardoso Brasileiro. Teoria geral *de direito civil*. LOTUFO, Renan; NANNI, Giovanni Ettore (Coords.). São Paulo: Atlas, 2008.

[98] BORGES, Roxana Cardoso Brasileiro. Teoria geral *de direito civil*. LOTUFO, Renan; NANNI, Giovanni Ettore (Coords.). São Paulo: Atlas, 2008.

ser fixada em fotos, filmes, vídeos, pinturas e outros meios que reproduzam o rosto da pessoa ou partes de seu corpo, sinais físicos ou gestos que possam servir à sua identificação ou reconhecimento.

A doutrina considera tal direito da personalidade a partir de três perspectivas: imagem retrato (fisionomia do titular – a fotografia), imagem-atributo (qualificativo social, credibilidade, modo de agir e comportamento – concepção moral) e imagem-voz (identificação da pessoa através do timbre sonoro). É a função tridimensional da imagem.

A imagem pode ser analisada sob estas perspectivas e possui plena autonomia em relação a outros direitos da personalidade da pessoa humana, como honra, intimidade e privacidade.

Nesse sentido, Cristiano Chaves e Nelson Rosenvald[99] afirmam que o conceito de imagem possui diferentes aspectos: "(...) a imagem retrato – referindo-se às características fisionômicas do titular, à representação de uma pessoa pelo seu aspecto visual, enfim, é o seu pôster, a sua fotografia, encarado tanto no aspecto estático – uma pintura – quanto no dinâmico – um filme – art. 5º, X, da CF; a imagem atributo que é o consectário natural da vida em sociedade, consistindo no conjunto de características peculiares de apresentação e identificação social de uma pessoa, referindo aos seus qualificativos sociais, aos seus comportamentos reiterados".

Embora seja interessante essa ampla concepção da imagem, na prática, é impossível diferenciar a denominada imagem-atributo da honra objetiva. Ao afirmar que a imagem atributo consiste no conjunto de peculiaridades de apresentação e identificação social de uma pessoa, representando as qualidades desta, isso nada mais é do que um componente da reputação, objeto da honra objetiva. A pessoa humana que dispõe de boa reputação no meio social é aquela dotada de qualidades em razão de comportamento adequado e reiterado. A reputação é conceito amplo, abrangendo os qualificativos sociais da pessoa.

O art. 20 do CC permite a utilização da imagem da pessoa humana em duas situações. Primeiro, se houver autorização, a qual pode ser expressa ou tácita, que decorre do comportamento da pessoa em relação à reprodução de sua representação física. É o caso das pessoas que chegam a uma festa e, sem dar autorização expressa, fazem pose para fotógrafos de revistas e jornais, dentre outros.

Além da autorização da pessoa para divulgação, publicação, exposição ou utilização de sua imagem, também será permitida essa ampla publicidade quando a divulgação da representação física ou imagem da pessoa for necessária para a administração da justiça ou manutenção da ordem pública. Nesse caso, haverá dois direitos fundamentais em conflito: o direito individual à imagem e o direito público à informação para fins específicos. Em caso de colisão de direitos fundamentais, aplica-se a técnica da ponderação de interesses, baseada nos princípios constitucionais da proporcionalidade e razoabilidade, a fim de se apurar qual direito fundamental será sacrificado em prol do outro.

Por conta da necessidade do interesse público, a divulgação da imagem de presos foragidos é admitida, sacrificando o direito individual à imagem dessa pessoa. O preso foragido tem direito à imagem e isso é fato. No entanto, como há interesses maiores ou valores mais intensos a serem preservados, justifica-se, nessa hipótese excepcional, o sacrifício desse direito fundamental. Em várias situações, a manutenção da ordem pública exigirá a divulgação da imagem de determinadas pessoas (sequestrador procurado pela polícia, pessoas desaparecidas).

Em resumo, a imagem pode ser flexibilizada pelo próprio titular, com as limitações já analisadas (não pode ser permanente, genérica e abusiva), por meio de consentimento expresso ou tácito ou, ainda, quando em confronto com outros direitos fundamentais, como informação e liberdade de imprensa/expressão, para fins de atender o interesse público ou para administração da justiça.

A imagem em local público suporta certo grau de flexibilização. Se houver interesse social na imagem, a pessoa não for individualizada, ou seja, sem que a pessoa seja focalizada em plano diferenciado, não há violação da imagem. Se a imagem de pessoa natural é extraída isoladamente de local público, em meio a cenário destacado, ainda que não haja conotação ofensiva ou vexaminosa, haverá violação (claro, desde que não tenha sido autorizada pelo titular).

No caso das pessoas públicas, o direito de imagem é flexibilizado. Assim, os artistas, esportistas e políticos, pelo fato de serem pessoas públicas, estão sujeitos à divulgação da imagem, mesmo sem autorização, expressa ou tácita. Todavia, é essencial que haja interesse público e interesse legítimo na divulgação de imagens não autorizadas por pessoas públicas, ou seja, função social no dever de informação. Em caso contrário, a imagem será tutelada, ainda que a pessoa seja pública.

A imagem comercial das pessoas públicas somente pode ser divulgada ou veiculada mediante a devida autorização, sem a qual haverá violação desse direito relativo à personalidade, independentemente da finalidade econômica. A divulgação não autorizada da imagem, por si só, independentemente de qualquer repercussão econômica, caracteriza dano moral. O STJ consolidou esse entendimento por meio da Súmula 403: "Independe de prova do prejuízo a indenização pela publicação não autorizada de imagem de pessoa com fins econômicos ou comerciais". Basta, portanto, a publicação não autorizada da imagem para a obtenção de indenização, a título de dano moral.

No entanto, a imagem meramente informativa, com relato de fatos que se conectam com a causa pela qual tais pessoas se tornaram públicas, compromissos e conquistas, dentre outras situações relacionadas à atuação profissional e não pessoal das celebridades, não é capaz de caracterizar violação da imagem.

Por outro lado, a divulgação ou exposição distorcida ou com intuito difamatório poderá caracterizar violação do direito de imagem. Não se exige a prova inequívoca da

---

[99] FARIAS, Cristiano Chaves de; ROSENVALD, Nelson. *Direito civil*: teoria geral. 8. ed. Rio de Janeiro: Lumen Juris, 2009.

má-fé da publicação (*actual malice*), para ensejar a indenização no caso de violação indevida da imagem de pessoas públicas.

A divulgação da imagem dessas pessoas apenas impede sua exposição fora de suas atividades profissionais. Nessas condições, a divulgação da imagem passa a integrar a sua própria personalidade. Isso não significa ausência de tutela da imagem às pessoas públicas, como chegam a afirmar. Pelo contrário, tais pessoas gozam desse direito da personalidade, embora com mais flexibilidade.

A imagem também goza de função social. A divulgação da imagem de pessoas públicas sem autorização somente é possível quando houver interesse legítimo na sua divulgação por força de ofício ou profissão. No REsp 1.082.878/RJ, j. 14-10-2008, de relatoria da Min. Nancy Andrighi, o STJ tutelou a imagem de ator fotografado beijando outra mulher que não era o seu cônjuge, com o que entendeu ter restado caracterizado o abuso no direito de informação.

Entretanto, em razão de suas atividades profissionais, a divulgação da imagem passa a interagir com a própria personalidade, sendo essencial para essas pessoas. Por isso, a divulgação, publicação ou exposição de suas imagens deve se restringir a aspectos sociais e profissionais, jamais a questões íntimas. Se houver conflito de interesses entre o direito à imagem e o interesse público ou a liberdade de informação, cada caso concreto deve ser analisado de forma a verificar qual deverá prevalecer. A cláusula de modicidade é que pautará a liberdade de imprensa. Se o fato for de interesse público, grave e com repercussão social, sua divulgação não é capaz de violar a imagem. Tal cláusula é mecanismo de harmonização entre liberdade de imprensa e os direitos da personalidade.

O STJ, no recurso especial n. 1.594.865/RJ (caso Isis Valverde) no Recurso Especial n. 1.200.482/RJ (caso Danielle Winitskowski), definiu parâmetros para a proteção da imagem de pessoas públicas[100].

Em relação a esse conflito, foi aprovado o Enunciado 279 da IV Jornada de Direito Civil: "A proteção à imagem deve ser ponderada com outros interesses constitucionalmente tutelados, especialmente em face do direito de amplo acesso à informação e da liberdade de imprensa. Em caso de colisão, levar-se-á em conta a notoriedade do retratado e dos fatos abordados, bem como a veracidade destes e, ainda, as características de sua utilização (comercial, informativa e biográfica), privilegiando-se medidas que não restrinjam a divulgação de informações."

Na VIII Jornada de Direito Civil a questão voltou à tona para reafirmar que a liberdade de expressão deve ser ponderada com outros direitos fundamentais da personalidade, razão pela qual não goza de qualquer preferência. Eis o conteúdo do enunciado: "A liberdade de expressão não goza de posição preferencial em relação aos direitos da personalidade no ordenamento jurídico brasileiro".

A tutela do direito de imagem é a mais ampla possível, aplicando-se as disposições do art. 12 do CC. A divulgação não autorizada da imagem pode sujeitar o infrator à reparação por danos morais e materiais.

Finalmente, no direito à imagem, também tem importância a questão do direito à voz, pois é elemento identificador da pessoa, objeto da Lei de Direitos Autorais. A Constituição Federal, no art. 5º, XXVIII, *a*, assegura a proteção às participações individuais em obras coletivas e à reprodução da imagem e voz humanas, inclusive nas atividades desportivas.

Para Bittar[101], a prática das irradiações, das dublagens e de outras modalidades de comunicação aliam uma pessoa à sua emissão vocal e vice-versa, de tal modo que constitui atentado contra o direito à imagem a utilização por outrem, da voz de uma pessoa, que por ela se identifique. O direito à voz é a imagem sonora da pessoa e, por isso, goza de tutela especial, sendo compatíveis as regras que tutelam a imagem para serem aplicadas em relação à voz.

Em relação à legitimidade para a tutela do direito à imagem, o art. 20, parágrafo único, dispõe que, "Em se tratando de morto ou de ausente, são partes legítimas para requerer essa proteção o cônjuge, os ascendentes ou os descendentes". A tutela da imagem, como já mencionado, é objeto do art. 12, conforme, aliás, consta no Enunciado 5 da I Jornada de Direito Civil. Os legitimados do parágrafo único do art. 20 são diferentes dos legitimados do parágrafo único do art. 12.

1.9.9.4. Classificação dos direitos da personalidade – Direito à intimidade e vida privada

A Constituição Federal, no art. 5º, X, prevê a inviolabilidade da intimidade e da vida privada, tratando-os de forma distinta e autônoma.

O Código Civil, no art. 21, regula apenas a vida privada, não fazendo referência à intimidade ao dispor: "A vida

---

[100] "A imagem é forma de exteriorização da personalidade inserida na cláusula geral de tutela da pessoa humana (art. 1º, III, da CF e En. 274 das Jornadas de Direito Civil), com raiz na Constituição Federal e em diversos outros normativos federais, sendo intransmissível e irrenunciável (CC, art. 11), não podendo sofrer limitação voluntária, permitindo-se a disponibilidade relativa (limitada), desde que não seja de forma geral nem permanente (En. 4 das Jornadas de Direito Civil). Em relação especificamente à imagem, há situações em que realmente se verifica alguma forma de mitigação da tutela desse direito. Em princípio, tem-se como presumido o consentimento das publicações voltadas ao interesse geral (fins didáticos, científicos, desportivos) que retratem pessoas famosas ou que exerçam alguma atividade pública; ou, ainda, retiradas em local público. Mesmo nas situações em que há alguma forma de mitigação, não é tolerável o abuso, estando a liberdade de expressar-se, exprimir-se, enfim, de comunicar-se, limitada à condicionante ética do respeito ao próximo e aos direitos da personalidade. No tocante às pessoas notórias, apesar de o grau de resguardo e de tutela da imagem não ter a mesma extensão daquela conferida aos particulares, já que comprometidos com a publicidade, restará configurado abuso do direito de uso da imagem quando se constatar a vulneração da intimidade, da vida privada ou de qualquer contexto minimamente tolerável. Na hipótese, apesar de se tratar de pessoa famosa e de a fotografia ter sido retirada em local público, verifica-se que a forma em que a atriz foi retratada, tendo-se em conta o veículo de publicação, o contexto utilizado na matéria e o viés econômico, demonstra o abuso do direito da demandada, pois excedido manifestamente os limites impostos pelo seu fim econômico ou social, pela boa-fé ou pelos bons costumes (CC, art. 187)".

[101] BITTAR, Carlos Alberto. *Os direitos da personalidade*. 4. ed. rev. e atual. por Eduardo Carlos Bianca Bittar. Rio de Janeiro: Forense Universitária.

privada da pessoa natural é inviolável, e o juiz, a requerimento do interessado, adotará as providências necessárias para impedir ou fazer cessar ato contrário a essa norma".

A privacidade é direito da personalidade, sendo, portanto, objeto de tutela estatal. Em relação à segunda parte do dispositivo, esta seria totalmente dispensável, em razão do disposto no art. 12, que abrange a tutela de todos os direitos relacionados à personalidade, em especial à vida privada. Tais "providências necessárias" se referem à tutela inibitória ("para impedir" – evitar o ilícito) e reintegratória ("fazer cessar" – restabelecer o direito violado).

Em relação a esse direito da personalidade, há na doutrina discussão se a vida privada abrange a intimidade ou se tais expressões retratam o mesmo direito e tutelam o mesmo bem jurídico.

A vida privada, ou direito à privacidade, está relacionada aos aspectos sociais e profissionais da pessoa humana. É o direito de não ser molestado em seu local de trabalho e nas suas relações sociais. A intimidade é o direito da personalidade, cujo objeto de tutela é restrito à vida pessoal. É direito de estar só ou de ficar isolado.

Como desdobramento desse direito à intimidade, a Constituição Federal, no art. 5º, XI, dispõe que a casa é asilo inviolável, ninguém nela podendo entrar sem consentimento do morador, salvo em caso de flagrante delito ou desastre, ou para prestar socorro, ou, durante o dia, por determinação judicial. E aqui cabe a observação de que a expressão "casa" tem um conceito mais amplo do que domicílio, se referindo a qualquer local onde a pessoa esteja acomodada, mesmo que lá não resida com ânimo definitivo.

A inviolabilidade da casa visa justamente a preservar o direito à intimidade. A casa é local onde a pessoa deve ter mais preservada a sua intimidade.

O caráter abrangente do conceito jurídico "casa" abrange o espaço em que o sujeito exerce, com exclusão de terceiro, qualquer atividade de índole profissional. A Polícia Judiciária ou a Administração Tributária não podem invadir domicílio alheio, afrontando o direito à intimidade garantido pela Constituição.

Além disso, também no intuito de tutelar a intimidade, o inciso XII do art. 5º da CF/88 prevê a inviolabilidade do sigilo de correspondência e das comunicações telegráficas, de dados e das comunicações telefônicas, salvo, no último caso, por ordem judicial, nas hipóteses e na forma que a lei estabelecer, para fins de investigação criminal ou instrução processual penal.

A última parte do dispositivo em referência foi regulamentada pela conhecida Lei de Interceptação de Comunicações Telefônicas (Lei n. 9.296/96), em que o interesse público justifica o sacrifício do direito individual da personalidade, intimidade.

Assim, a inviolabilidade da casa, da correspondência, das comunicações telegráficas, dos dados pessoais (sigilo bancário e fiscal, por exemplo) e das conversas telefônicas são desdobramentos do direito à intimidade, âmbito mais restrito da vida privada. Tais inviolabilidades visam à preservação desse relevante direito decorrente da personalidade.

Em relação à diferença entre intimidade e vida privada, Alexandre de Moraes ressalta que: "(...) os conceitos constitucionais de intimidade e vida privada apresentam grande interligação, podendo, porém, ser diferenciados por meio da menor amplitude do primeiro, que se encontra no âmbito de incidência do segundo. Assim, o conceito de intimidade relaciona-se às relações subjetivas e de trato íntimo da pessoa humana, suas relações familiares e de amizade, enquanto o conceito de vida privada envolve todos os relacionamentos da pessoa, inclusive objetivos, tais como relações comerciais, de trabalho, de estudo etc.".

Na verdade, a intimidade está contida no conceito jurídico "vida privada". A privacidade engloba a intimidade. A diferença entre intimidade e privacidade é, realmente, de intensidade ou extensão. A intimidade, como ressaltamos, possui um âmbito bem mais restrito, como evidenciam os incisos XI e XII do art. 5º da CF/88.

Para Roxana Borges[102], "(...) o direito à privacidade tem como objetivo permitir à pessoa excluir do conhecimento de terceiros seus sentimentos, orientações ou comportamentos culturais, religiosos, sexuais, domésticos, suas preferências em geral, características e apelidos conhecidos apenas pelos que participam de sua vida privada, ou seja, seu círculo familiar mais próximo e seus amigos, evitando, também, a divulgação dessas informações. Enfim, o direito à privacidade protege o modo de ser da pessoa do conhecimento alheio e proíbe que uma pessoa que, por motivos familiares, negociais ou de amizade, teve acesso à vida privada de outra divulgue essas informações a terceiros, sem autorização". Em relação à distinção entre privacidade e intimidade, a referida autora entende ser o caso de mera abrangência. No entanto, ressalva que a "distinção entre privacidade e intimidade tem utilidade, pois o direito à intimidade pode ser oposto, inclusive, entre marido e mulher, pais e filhos, entre pessoas que compartilham a vida privada, mas que, apesar disso, são titulares de aspectos íntimos de sua vida que não desejam compartilhar com ninguém".

A violação desse direito da personalidade, quando não autorizada, caracteriza dano moral ou dano à pessoa, passando a ter o direito de ser compensada financeiramente por essa violação.

A pessoa humana tem o direito de estar só ou apenas em companhia de pessoas mais íntimas, como amigos e familiares. A privacidade é o direito da personalidade mais suscetível de violação em tempos atuais. Em todos os lugares as pessoas estão sendo vigiadas por câmeras de vídeo, celulares com câmeras, internet, dentre outras formas de ofensa a esse direito da personalidade.

Por outro lado, a privacidade de pessoas públicas se tornou um grande negócio televisivo. São muitos os programas de televisão, chamados de *reality shows* (shows da realidade), em que artistas famosos e pessoas desconhecidas se submetem às mais absurdas situações para ter uma fama efêmera ou apenas para angariar recursos. São pro-

---
[102] BORGES, Roxana Cardoso Brasileiro. Teoria geral *de direito civil*. LOTUFO, Renan; NANNI, Giovanni Ettore (Coords.). São Paulo: Atlas, 2008.

gramas em que a privacidade é explorada em grau máximo, evidenciando pessoas tomando banho, escovando os dentes, fazendo refeições. A questão a ser colocada é se tais programas poderiam dispor da personalidade humana para elevar índices de audiência. Tais eventos são as maiores violações aos direitos da privacidade, os quais, por estarem relacionados à personalidade, são indisponíveis e irrenunciáveis.

A pessoa não pode dispor ou renunciar à sua intimidade. Não há dúvida de que pode ceder o uso de imagem para os mais diversos fins, mas ceder o uso da intimidade para fins comerciais é uma agressão à pessoa humana em todos os sentidos. Não há limites para essa invasão de privacidade. A cessão do uso da imagem para fins econômicos não pode implicar em cessão do uso da intimidade, direito mais fundamental, restrito e individual da pessoa, o qual deve ser resguardado.

Na V Jornada de Direito Civil, promovida pelo CJF, foram aprovados 2 (dois) enunciados sobre o direito fundamental à privacidade. No Enunciado 404, foi consignado que "a tutela da privacidade da pessoa humana compreende os controles espacial, contextual e temporal dos próprios dados, sendo necessário seu expresso consentimento para tratamento de informações que versem especialmente o estado de saúde, a condição sexual, a origem racial ou étnica, as convicções religiosas, filosóficas e políticas". No Enunciado 405, foram feitas referências às informações genéticas da pessoa humana: "Art. 21. As informações genéticas são parte da vida privada e não podem ser utilizadas para fins diversos daqueles que motivaram seu armazenamento, registro ou uso, salvo autorização do titular".

No âmbito da intimidade, privacidade, honra e imagem da pessoa humana, o STF, na ADI 4.815/DF, conferiu interpretação conforme à Constituição aos arts. 20 e 21 do Código Civil e, na ponderação daqueles direitos com a liberdade de expressão e pensamento, autorizou a publicação de biografias, com a dispensa do consentimento da pessoa biografada (as biografias, mesmo não autorizadas, podem ser publicadas). O sistema jurídico, de acordo com o STF, admite a publicação de biografias não autorizadas. Contudo, se por ocasião da publicação, houver excessos e violação de direitos fundamentais da personalidade, para expor o biografado a fatos que não têm qualquer relevância para o interesse público e sem qualquer vínculo com a história do biografado, este ou seus familiares terão direito à devida reparação. Apenas os fatos de interesse social podem ser publicados. Com a devida ponderação, o respeito aos limites relacionados ao núcleo essencial da dignidade e a reprodução de fatos de interesse público e social, que devem ter vínculo com a relevância da pessoa biografada, a liberdade de expressão e pensamento prevalecerá sobre a intimidade e imagem da pessoa biografada.

Em conclusão, estes são os direitos da personalidade tratados pelo Código Civil. Além destes, há outros direitos, como é o caso do direito do autor, direito à liberdade, em um sentido amplo, dentre outros, objetos de tutela da Constituição Federal, mas fora do âmbito do Código Civil, objeto deste trabalho.

O STF e algumas decisões relevantes no âmbito do confronto entre direitos fundamentais da personalidade:

Aborto de feto anencéfalo – Na ADPF n. 54, foi declarada a inconstitucionalidade da interpretação segundo a qual a interrupção da gravidez de feto anencéfalo seria conduta tipificada nos arts. 124, 126 e 128, I e II, do Código Penal. A interrupção da gravidez de feto anencéfalo foi considerada conduta atípica.

Aborto no primeiro trimestre de gestação – No HC 124.306, o STF considerou-se que a interrupção da gravidez no primeiro trimestre da gestação provocado pela própria gestante ou com seu consentimento não seria crime. A criminalização violaria diversos direitos fundamentais da mulher, como autonomia existencial, integridade físico-psíquica, direitos sexuais e reprodutivos, igualdade de gênero e discriminação social.

Células tronco embrionárias – pesquisas – Na ADI 3.510, o art. 5º da Lei de Biossegurança, que permite, para fins de pesquisa e terapia, a utilização de células tronco embrionárias obtidas de embriões humanos, foi considerado constitucional.

Anistia – O STF, em relação à questão da tortura (dignidade e integridade física), decidiu que a Lei da Anistia é compatível com a Constituição Federal de 1988 e, ainda, registrou que a anistia foi ampla e geral, razão pela qual alcança crimes de qualquer natureza praticados pelos agentes da repressão no período compreendido entre 2-9-1961 e 15-8-1979. Tal decisão, todavia, foi objeto de questionamento pela Corte Interamericana de Direitos Humanos, segundo a qual o entendimento do STF sobre a Lei da Anistia implica em obstáculo para a investigação dos fatos e punição de responsáveis por torturas.

Biografias não autorizadas – o STF, na ADI 4.815, considerou que não é exigível o consentimento de pessoa biografada relativamente a obras biográficas literárias ou audiovisuais. No caso, foi dada interpretação conforme aos arts. 20 e 21 do CC, sem redução de texto, em consonância com os direitos fundamentais à liberdade de pensamento e expressão, criação artística, produção científica, liberdade de informação e proibição de censura. Se houver excesso na biografia, capaz de violar direitos fundamentais do biografada, o que ocorrerá quando a informação não tiver interesse público ou relevância social, será cabível indenização. Portanto, a princípio, a intimidade, imagem, hora e privacidade cedem lugar para a plena liberdade de informação e de pensamento, mas o excesso será punido.

Classificação indicativa de rádio e TV – O STF, na ADI 2.404, considerou inconstitucional a expressão "em horário diverso do autorizado", que consta no art. 254 do ECA, sob o argumento de que o Estado não pode determinar e definir o horário de exibição de determinados programas, porque caracterizaria censura, mas apenas recomendar os horários adequados. A classificação dos programas é indicativa, não obrigatória (apenas aviso aos usuários sobre o conteúdo dos programas), sem prejuízo da responsabilização judicial das emissoras de radiodifusão por abusos ou danos à integridade de crianças e adolescentes. A liberdade de expressão é ponderada com a responsabilidade por eventuais conteúdos abusivos.

Discurso de ódio e liberdade de expressão/pensamento – A ordem constitucional brasileira não tolera o discurso de ódio. Em caso envolvendo livro antissemita, o STF considerou que o direito fundamental à liberdade de expressão não consagra o direito à incitação do racismo.

Lei de Imprensa – Na ADPF n. 130, o STF considerou que a lei de imprensa não foi recepcionada pela ordem constitucional vigente, em razão do caráter não democrático da norma.

Liberdade de expressão e marcha da maconha – Na ADPF n. 187, restou expresso que o direito fundamental de reunião e de livre manifestação do pensamento e expressão deve ser garantido a todos. Assim, foi dada interpretação conforme ao art. 287 do CP, para excluir qualquer possibilidade de criminalizar a defesa da legalização das drogas, em manifestações públicas.

Ensino religioso – O STF, na ADI 4.439, tratou do ensino religioso nas escolas públicas. Por maioria apertada, decidiu que o ensino religioso nas escolas públicas brasileiras pode ter natureza confessional, ou seja, pode estar vinculado a religiões específicas. Com base na laicidade do Estado e liberdade religiosa, o Estado pode autorizar na rede pública, em igualdade de condições, o oferecimento de ensino confessional de diversas crenças. Como o estado é laico e, em razão da liberdade religiosa, os alunos não podem ser obrigados a frequentar aulas de uma religião específica, mas elas podem existir, conforme art. 210, § 3º, da CF.

Cotas Raciais – Na ADPF 186, o STF considerou constitucional a política de cotas raciais para a seleção de estudantes na Universidade de Brasília.

Direitos morais do autor

Em relação aos direitos morais do autor, estes são objeto da Lei n. 9.610/88. Entre as principais características dos direitos do autor estão a inalienabilidade e o fato de serem irrenunciáveis (art. 27), que é desdobramento lógico da sua concepção como direitos existenciais (da personalidade). Os direitos morais do autor estão definidos no art. 24 da lei em questão.

Os direitos autorais, por serem espécie do gênero direitos da personalidade, independem de registro (art. 18). O registro é possível e facilita a prova da autoria, mas o reconhecimento da titularidade deste direito autoral não depende de registro, que terá efeito meramente declaratório. O direito autoral existe a partir da criação intelectual e não do registro.

O direito à integridade intelectual está previsto na Lei n. 9.610/88 e no inciso XXVII do art. 5º da CF/88 (proteção à criação intelectual). Os direitos autorais são incorpóreos e, por isso, não se submetem aos interditos possessórios (Súmula 228 do STJ). Segundo a legislação específica, o direito autoral é considerado bem móvel, para efeitos legais (art. 3º), e a interpretação dos negócios jurídicos relacionados a direitos autorais deve ser restrita (art. 4º).

Objeto

O objeto do direito autoral é a criação, seja uma obra literária, artística, científica ou arquitetônica. Quais são as obras intelectuais protegidas? A resposta está no rol do art. 7º da Lei n. 9.610/88.

De acordo com este dispositivo legal, são obras intelectuais protegidas as criações do espírito, expressas por qualquer meio ou fixadas em qualquer suporte, tangível ou intangível, conhecido ou que se invente no futuro, tais como: I – os textos de obras literárias, artísticas ou científicas; II – as conferências, alocuções, sermões e outras obras da mesma natureza; III – as obras dramáticas e dramático-musicais; IV – as obras coreográficas e pantomímicas, cuja execução cênica se fixe por escrito ou por outra qualquer forma; V – as composições musicais, tenham ou não letra; VI – as obras audiovisuais, sonorizadas ou não, inclusive as cinematográficas; VII – as obras fotográficas e as produzidas por qualquer processo análogo ao da fotografia; VIII – as obras de desenho, pintura, gravura, escultura, litografia e arte cinética; IX – as ilustrações, cartas geográficas e outras obras da mesma natureza; X – os projetos, esboços e obras plásticas concernentes à geografia, engenharia, topografia, arquitetura, paisagismo, cenografia e ciência; XI – as adaptações, traduções e outras transformações de obras originais, apresentadas como criação intelectual nova; XII – os programas de computador (lei específica), e XIII – as coletâneas ou compilações, antologias, enciclopédias, dicionários, bases de dados e outras obras, que, por sua seleção, organização ou disposição de seu conteúdo, constituam uma criação intelectual.

À cópia de obra de arte plástica feita pelo próprio autor é assegurada a mesma proteção de que goza o original.

Ademais, a proteção à obra intelectual abrange o seu título, se original e inconfundível com o de obra do mesmo gênero, divulgada anteriormente por outro autor.

Em contrapartida, o art. 8º dispõe o que está fora da proteção e não pode ser objeto de direitos autorais: I – as ideias, procedimentos normativos, sistemas, métodos, projetos ou conceitos matemáticos como tais; II – os esquemas, planos ou regras para realizar atos mentais, jogos ou negócios; III – os formulários em branco para serem preenchidos por qualquer tipo de informação, científica ou não, e suas instruções; IV – os textos de tratados ou convenções, leis, decretos, regulamentos, decisões judiciais e demais atos oficiais; V – as informações de uso comum tais como calendários, agendas, cadastros ou legendas; VI – os nomes e títulos isolados e VII – o aproveitamento industrial ou comercial das ideias contidas nas obras.

Titularidade

O titular do direito autoral é o criador da obra, pessoa física ou jurídica (arts. 11 a 17 da Lei de Direitos Autorais).

O autor, criador da obra literária, artística ou científica, para se identificar como tal, pode usar seu nome civil, completo ou abreviado até por suas iniciais, pseudônimo ou qualquer outro sinal convencional.

Será considerado autor da obra intelectual aquele que, por uma das modalidades de identificação mencionadas no parágrafo anterior, tiver, em conformidade com o uso, indicada ou anunciada essa qualidade na sua utilização, salvo prova em contrário.

O art. 14 considera titular de direitos de autor quem adapta, traduz, arranja ou orquestra obra caída no domínio público, não podendo opor-se a outra adaptação, arranjo, orquestração ou tradução, salvo se for cópia da sua.

A coautoria de direitos autorais também é admitida. É atribuída àqueles em cujo nome, pseudônimo ou sinal convencional for utilizada. Todavia, não se considera coautor quem simplesmente auxiliou o autor na produção da obra literária, artística ou científica, revendo-a, atualizando-a, bem como fiscalizando ou dirigindo sua edição ou apresentação por qualquer meio. Ao coautor, cuja contribuição possa ser utilizada separadamente, são asseguradas todas as faculdades inerentes à sua criação como obra individual, vedada, porém, a utilização que possa acarretar prejuízo à exploração da obra comum.

Por fim, é assegurada a proteção às participações individuais em obras coletivas.

Direitos morais do autor x direitos patrimoniais do autor

O direito autoral é, ao mesmo tempo, direito da personalidade (criação intelectual) e direito real sobre bem imaterial (propriedade intelectual – exercício). Desta afirmação decorre a ideia de que os direitos autorais se subdividem em "direitos morais do autor" e "direitos patrimoniais do autor".

Em relação aos direitos morais do autor, o art. 24, na esteira de sua natureza existencial, considera que o autor poderá reivindicar, a qualquer tempo, a autoria da obra; ter seu nome, pseudônimo ou sinal convencional indicado ou anunciado, como sendo o do autor, na utilização de sua obra; conservar a obra inédita; assegurar a integridade da obra, opondo-se a quaisquer modificações ou à prática de atos que, de qualquer forma, possam prejudicá-la ou atingi-lo, como autor, em sua reputação ou honra; modificar a obra, antes ou depois de utilizada; retirar de circulação a obra ou suspender qualquer forma de utilização já autorizada, quando a circulação ou utilização implicarem afronta à sua reputação e imagem e ter acesso a exemplar único e raro da obra, quando se encontre legitimamente em poder de outrem, para o fim de, por meio de processo fotográfico ou assemelhado, ou audiovisual, preservar sua memória, de forma que cause o menor inconveniente possível a seu detentor, que, em todo caso, será indenizado de qualquer dano ou prejuízo que lhe seja causado.

Em resumo, podem ser considerados exemplos desses direitos autorais, sob a perspectiva dos direitos morais do autor: direito à paternidade da obra – decorre da criação; direito de conservar a obra inédita; direito à integridade da obra – art. 621 do CC; direito à modificação da obra; direito de arrependimento – retirá-la da exposição ao público e direito de acesso a exemplar único e rato da obra. Tais direitos morais, por terem natureza existencial, espécie de direitos da personalidade, são inalienáveis e irrenunciáveis.

O pseudônimo também é objeto de tutela na Lei de Direitos Autorais (art. 19 do CC e arts. 12, 24, II, 40 e 43, da Lei de Direitos Autorais).

No que tange ao aspecto patrimonial, cabe ao autor o direito exclusivo de utilizar, fruir e dispor da obra literária, artística ou científica. O uso por terceiro depende da autorização expressa do titular. Não há possibilidade de explorar economicamente a criação intelectual sem autorização do autor.

De acordo com o art. 38, o autor tem o direito, irrenunciável e inalienável, de perceber, no mínimo, cinco por cento sobre o aumento do preço eventualmente verificável em cada revenda de obra de arte ou manuscrito, sendo originais, que houver alienado.

Portanto, a lei de direito autorais permite a sua transmissão por ato *inter vivos* (presumidamente onerosa e direito à percepção de, no mínimo, 5% sobre o preço de comercialização da obra – arts. 38 e 50).

Os direitos patrimoniais do autor, excetuados os rendimentos resultantes de sua exploração, não se comunicam, salvo pacto antenupcial em contrário (art. 39).

Em relação à transmissão *causa mortis*, os direitos patrimoniais do autor perduram por setenta anos contados de 1º de janeiro do ano subsequente ao de seu falecimento, obedecida a ordem sucessória da lei civil. O mesmo prazo se aplica às obras póstumas. Se a obra realizada em coautoria for indivisível, o prazo previsto será contado da morte do último dos coautores sobreviventes. Acrescer-se-ão aos dos sobreviventes os direitos do coautor que falecer sem sucessores.

Após setenta anos, a obra cai em domínio público.

A transferência, *inter vivos* ou *causa mortis*, presume-se onerosa. Os direitos de autor poderão ser total ou parcialmente transferidos a terceiros, por ele ou por seus sucessores, a título universal ou singular, pessoalmente ou por meio de representantes com poderes especiais, por meio de licenciamento, concessão, cessão ou por outros meios admitidos em Direito, obedecidas as seguintes limitações: a transmissão total compreende todos os direitos de autor, salvo os de natureza moral e os expressamente excluídos por lei; somente se admitirá transmissão total e definitiva dos direitos mediante estipulação contratual escrita; na hipótese de não haver estipulação contratual escrita, o prazo máximo será de cinco anos; a cessão será válida unicamente para o país em que se firmou o contrato, salvo estipulação em contrário; a cessão só se operará para modalidades de utilização já existentes à data do contrato; não havendo especificações quanto à modalidade de utilização, o contrato será interpretado restritivamente, entendendo-se como limitada apenas a uma que seja aquela indispensável ao cumprimento da finalidade do contrato.

A cessão dos direitos de autor sobre obras futuras abrangerá, no máximo, o período de cinco anos. O prazo será reduzido a cinco anos sempre que indeterminado ou superior, diminuindo-se, na devida proporção, o preço estipulado.

A omissão do nome do autor, ou de coautor, na divulgação da obra não presume o anonimato ou a cessão de seus direitos.

Por fim, não constitui ofensa aos direitos autorais: I – a reprodução: a) na imprensa diária ou periódica, de notícia ou de artigo informativo, publicado em diários ou periódicos, com a menção do nome do autor, se assinados, e da publicação de onde foram transcritos; b) em diários ou periódicos, de discursos pronunciados em reuniões públicas de qualquer natureza; c) de retratos, ou de outra forma de representação da imagem, feitos sob encomenda, quando realizada pelo proprietário do objeto encomendado, não havendo a oposição da pessoa neles representada ou de seus herdeiros; d) de obras literárias, artísticas ou científicas, para uso exclusivo de deficientes visuais, sempre que a reprodução, sem fins comerciais, seja feita mediante o sistema Braille ou outro procedimento em qualquer suporte para esses destinatários; II – a reprodução, em um só exemplar de pequenos trechos, para uso privado do copista, desde que feita por este, sem intuito de lucro; III – a citação em livros, jornais, revistas ou qualquer outro meio de comunicação, de passagens de qualquer obra, para fins de estudo, crítica ou polêmica, na medida justificada para o fim a atingir, indicando-se o nome do autor e a origem da obra; IV – o apanhado de lições em estabelecimentos de ensino por aqueles a quem elas se dirigem, vedada sua publicação, integral ou parcial, sem autorização prévia e expressa de quem as ministrou; V – a utilização de obras literárias, artísticas ou científicas, fonogramas e transmissão de rádio e televisão em estabelecimentos comerciais, exclusivamente para demonstração à clientela, desde que esses estabelecimentos comercializem os suportes ou equipamentos que permitam a sua utilização; VI – a representação teatral e a execução musical, quando realizadas no recesso familiar ou, para fins exclusivamente didáticos, nos estabelecimentos de ensino, não havendo em qualquer caso intuito de lucro; VII – a utilização de obras literárias, artísticas ou científicas para produzir prova judiciária ou administrativa; VIII – a reprodução, em quaisquer obras, de pequenos trechos de obras preexistentes, de qualquer natureza, ou de obra integral, quando de artes plásticas, sempre que a reprodução em si não seja o objetivo principal da obra nova e que não prejudique a exploração normal da obra reproduzida nem cause um prejuízo injustificado aos legítimos interesses dos autores.

Ainda sob o aspecto econômico e patrimonial, o autor tem o direito de utilização e exploração econômica da obra. A proteção do direito do autor independe de registro. De acordo com a Súmula 63 do STJ, é devida a taxa de retransmissão da execução de obra em estabelecimentos comerciais.

No entanto, segundo entendimento do STJ, a execução pública de obra, sem proveito econômico, não garante ao autor direito econômico sobre esta (REsp 514.082/SP, j. 11-11-2003, rel. Min. Barros Monteiro).

Finalmente, podem ser consideradas violações de direitos autorais: plágio (imitação e fraude de criações intelectuais – Como enuncia Cris Chaves: "É a reprodução indevida de trechos ou da inteireza de uma obra pertencente a terceiro, sem a sua devida referência"), contrafação (publicação ou reprodução abusiva de criações intelectuais, que se concretiza por meio de cópias não autorizadas – REsp 979.379/PB, j. 21-8-2008, rel. Min. Nancy Andrighi e REsp 1.032.014/RS, j. 26-5-2009, rel. Min. Nancy Andrighi), usurpação de nome ou de pseudônimo (alguém, que não é o autor, se intitula o autor da obra) e alteração da obra sem a prévia autorização do autor.

Tais direitos do autor estão relacionados à personalidade e também são objeto de tutela, conforme disciplina jurídica específica da Lei n. 9.610/88.

1.10. MARCO CIVIL DA INTERNET – LEI N. 12.965/2014

1.10.1. Introdução

A Lei n. 12.965/2014, que estabelece princípios (art. 3º), garantias (arts. 7º a 8º), direitos e deveres, para o uso da internet em território brasileiro e, ainda, que determina diretrizes para atuação dos entes políticos em relação à matéria, busca conciliar a liberdade de expressão e informação (direitos fundamentais) com a proteção integral à intimidade e privacidade (direitos fundamentais existenciais da personalidade da pessoa humana, não só de usuários, como de terceiros que possa ter seus interesses afetados por estes. Tal conciliação fica evidenciada no art. 3º, incisos I e II que, ao mesmo tempo em que a liberdade de expressão, comunicação e manifestação do pensamento devem ser assegurados, é essencial a proteção à privacidade. O uso inadequado da internet poderá impor aos agentes econômicos e aos usuários, nos limites de suas atuações, responsabilidades civil e criminal.

De qualquer forma, a análise, aplicação e interpretação da legislação também deverá levar em conta a natureza da internet, os usos e costumes e a sua relevância para a promoção do desenvolvimento humano, econômico, social e cultural.

Embora a premissa e fundamento do uso da internet seja o respeito à liberdade de expressão, há outros valores que também devem ser considerados em relação ao tema, como os direitos humanos, o desenvolvimento da personalidade e o exercício da cidadania nos meios digitais, o respeito à pluralidade e diversidade, a função social da rede que tem escala mundial, a cooperação, a livre-iniciativa, livre concorrência e a defesa do consumidor (tendo em vista que a internet também integra a atividade econômica).

1.10.2. Direitos e garantias dos usuários

Não há dúvida de que o acesso à internet é fundamental para potencializar o pleno desenvolvimento da personalidade da pessoa humana e ao exercício da cidadania.

Neste sentido, o marco civil da internet assegura direitos aos usuários, pautados no sigilo das informações.

A intimidade e a privacidade, direitos fundamentais da personalidade da pessoa humana, tem proteção especial e, no caso de violação, seja por provedores de conexão, provedores de aplicação ou outros usuários, haverá direito à indenização pelos danos materiais e morais dele decorrentes. É inviolável e sigiloso o fluxo das comunicações na internet, bem como aquelas que estiverem armazenadas, salvo se houver determinação judicial em sentido contrário. A fim de proteger direitos fundamentais dos usuários, os registros de conexão, os registros de acesso a aplicações na internet e os dados pessoais destes, salvo consentimento informado, expresso e livre, não podem ser fornecidos a terceiros.

No âmbito contratual, é garantido aos usuários a não suspensão da conexão à internet, salvo por débito diretamente decorrente de sua utilização, a manutenção da qualidade contratada da conexão à internet, informações claras e completas constantes dos contratos de prestação de serviços, com detalhamento sobre o regime de proteção aos registros de conexão e aos registros de acesso a aplicações de internet, bem como sobre práticas de gerenciamento da rede que possam afetar sua qualidade, além de informações claras e completas sobre coleta, uso, armazenamento, tratamento e proteção de seus dados pessoais.

1.10.3. Diferenças fundamentais entre "provedor de conexão" e "provedor de aplicação" para fins de responsabilidade civil

O marco civil da internet admite a responsabilidade civil de agentes econômicos (provedores de conexão e provedores de aplicação), a partir de duas perspectivas: 1– de um lado a responsabilidade civil por ato próprio, ou seja, com base nas obrigações contratuais estabelecidas em contratos de prestação de serviços com os usuários (relação contratual – prestador de serviço e usuário) e, ainda, no dever de guarda e armazenamento dos registros de conexão e das aplicações; 2– de outro lado, a responsabilidade civil dos provedores de conexão e de aplicação em relação a conteúdo gerado por terceiros.

Todavia, antes de adentrar na responsabilidade civil, é fundamental estabelecer as diferenças entre o "provedor de conexão (ou acesso)" e o "provedor de aplicação de internet (conteúdo)".

Provedor de conexão

É considerado provedor de conexão aquele que habilita dispositivo eletrônico para encaminhar ou receber dados via internet, ou seja, é o intermediário entre o usuário e a internet. É quem viabiliza o acesso à internet, por meio de relação contratual firmada com este (exs.: VIVO, TIM, CLARO, OI etc.). A lei define a conexão à internet como a habilitação de um terminal para envio e recebimento de pacotes de dados pela internet, mediante a atribuição ou autenticação de um endereço IP (art. 5º, inciso V). Portanto, se conexão é a habilitação, o provedor desta conexão, é justamente que viabiliza tal habilitação.

Provedor de aplicação

Por outro lado, é considerado provedor de aplicação à internet aquele que fornece conjunto de funcionalidades que podem ser acessadas. De acordo com o art. 5º, inciso VII, da lei, são "aplicações de internet" o conjunto de funcionalidades que podem ser acessadas por meio de um terminal conectado à internet. Portanto, que promove e permite o acesso a este conjunto de funcionalidades ou ao conteúdo da internet é considerado provedor de aplicação. Não há na lei definição sobre o provedor de aplicação, mas a junção dos arts. 5º, VII, com o art. 15, permite concluir que é aquele que exerce tal atividade (disponibiliza conjunto de funcionalidades que podem ser acessadas) de forma organizada, profissionalmente e com fins econômicos. Está incluído neste conceito o provedor de correio eletrônico, Gmail, Hotmail etc. – permite o envio de mensagens; o provedor de hospedagem – permite o armazenamento de dados em serviços próprios de acesso remoto e permite o acesso de terceiros a estes dados – UOL, Host, Locaweb, – podem oferecer plataformas prontas para acessar websites – acesso a vídeos no YouTube, acesso a músicas no Spotify; e provedor de conteúdo – toda pessoa que disponibiliza informação – blogs – portais de imprensa.

O "provedor de conexão" é responsável pela guarda dos registros de conexão (art. 13) e o provedor de aplicações na internet é responsável pela guarda dos registros de acesso à aplicação na internet (art. 15).

1.10.3.1. Responsabilidade pela guarda dos registros de conexão e dos registros de aplicação na internet

No caso, não podemos confundir os registros de conexão (é o conjunto de informações referentes à data e hora de início e término de uma conexão à internet, sua duração e o endereço IP utilizado pelo terminal para o envio e recebimento de pacotes de dados – informação apenas sobre a conexão) com os *registros de acesso a aplicações de Internet na provisão de conexão* (o conjunto de informações referentes à data e hora de uso de uma determinada aplicação de internet a partir de um determinado endereço IP – ou seja, informação sobre qual conteúdo foi acessado).

Em relação aos registros de conexão, a guarda destas informações é de responsabilidade dos provedores de conexão. Por outro lado, a guarda das informações relativas aos registros de acesso a aplicações na internet (conteúdo), é de responsabilidade dos provedores de aplicações.

De acordo com o art. 13, na provisão de conexão à internet (provedor de conexão), cabe ao administrador de sistema autônomo (a pessoa física ou jurídica que administra blocos de endereço IP específicos e o respectivo sistema autônomo de roteamento, devidamente cadastrada no ente nacional responsável pelo registro e distribuição de endereços IP geograficamente referentes ao País) respectivo o dever de manter os registros de conexão, sob sigilo, em ambiente controlado e de segurança, pelo prazo de 1 (um) ano, nos termos do regulamento. Tal responsabilidade pela manutenção dos registros de conexão não poderá ser transferida a terceiros (o provedor de conexão deve ter estrutura técnica para manter esses registros no prazo legal).

A autoridade policial ou administrativa ou o Ministério Público poderá requerer cautelarmente que os registros de conexão sejam guardados por prazo superior. Neste caso, a autoridade requerente terá o prazo de 60 (sessenta) dias, contados a partir do requerimento, para ingressar com o pedido de autorização judicial de acesso aos registros previstos no *caput*. O provedor responsável pela guarda dos registros deverá manter sigilo em relação ao requerimento, que perderá sua eficácia caso o pedido de autorização judicial seja indeferido ou não tenha sido protocolado no prazo de 60 dias. Em qualquer hipótese, a disponibilização ao requerente dos registros de que trata este artigo deverá ser precedida de autorização judicial.

O provedor de conexão está proibido por lei de guardar os registros de acesso às aplicações de internet (art. 14). Tal responsabilidade é exclusiva dos provedores de aplicação.

A guarda dos registros de acesso a aplicações de internet (O *que é aplicação de internet?* o conjunto de informações referentes à data e hora de uso de uma determinada aplicação de internet a partir de um determinado endereço IP – estas informações que devem ser guardadas) é de responsabilidade dos provedores de aplicações.

De acordo com o art. 15, o provedor de aplicações de internet constituído na forma de pessoa jurídica e que exerça essa atividade de forma organizada, profissionalmente e com fins econômicos deverá manter os respectivos registros de acesso a aplicações de internet, sob sigilo, em ambiente controlado e de segurança, pelo prazo de 6 (seis) meses, nos termos do regulamento. Da mesma forma que os registros de conexão, a autoridade policial ou administrativa ou o Ministério Público poderão requerer cautelarmente a qualquer provedor de aplicações de internet que os registros de acesso a aplicações de internet sejam guardados por prazo superior. Em qualquer hipótese, a disponibilização ao requerente dos registros deverá ser precedida de autorização judicial.

O objetivo deste dever de guarda em relação aos registros de conexão (art. 13) e registros de aplicação (art. 15) é justamente facilitar a identificação dos usuários da internet pelas autoridades competentes, para fins de eventual responsabilização. De qualquer forma, a privacidade dos usuários deve ser resguardada, motivo pelo qual não há dever de guarda de qualquer conteúdo gerado. Nesse sentido, no Recurso Especial n. 1.885.201-SP, decidiu o STJ que não há previsão legal que atribua aos provedores de aplicações que ofereçam serviços de e-mail (acesso a tal funcionalidade), o dever de armazenar as mensagens recebidas ou enviadas pelo usuário e que foram deletadas. No Recurso Especial n. 1.885.201/SP, também foi excluída a responsabilidade dos provedores de aplicação que oferece serviços de e-mail em relação a danos materiais decorrentes de atuação de *hacker* que, ao acessar e-mail do usuário, teve acesso a mensagem eletrônica que permitiu obter informações para realizar transações.

1.10.4. Responsabilidade civil dos provedores de conexão e dos provedores de aplicação em relação a conteúdo gerado por terceiro

O provedor de conexão à internet jamais será responsabilizado civilmente por danos decorrentes de conteúdo gerado por terceiros. Neste caso, a responsabilidade é do autor do conteúdo (quando identificado) ou, excepcionalmente, do provedor de aplicação. O provedor de conexão nunca responderá civilmente por danos decorrentes de conteúdo gerado por terceiro (outro usuário).

O provedor de aplicação (conteúdo), em regra, também não responde civilmente por danos decorrentes de conteúdo gerado por terceiro. A responsabilidade civil do provedor de aplicação é excepcional e somente ocorrerá em duas hipóteses, bem definidas, nos arts. 19 e 21 do marco civil da internet.

A não responsabilização do provedor de aplicação ou de conteúdo como regra tem como fundamento o fato de que tais conteúdos não constituem risco inerente à sua atividade.

A primeira exceção está prevista no art. 19, segundo o qual o provedor de aplicações de internet somente poderá ser responsabilizado civilmente por danos decorrentes de conteúdo gerado por terceiros se, após ordem judicial específica, não tomar as providências para, no âmbito e nos limites técnicos do seu serviço e dentro do prazo assinalado, tornar indisponível o conteúdo apontado como infringente, ressalvadas as disposições legais em contrário. Portanto, em caso de descumprimento de ordem judicial específica, haverá responsabilidade civil. Antes do marco civil da internet, tal responsabilidade inicia a partir de mero pedido do usuário. Após a lei, a responsabilidade civil depende de ordem judicial específica. Por isso, o STJ, em vários precedentes, adotou a tese de que com o advento da Lei n. 12.965/2014, o termo inicial da responsabilidade do provedor de aplicação foi postergado no tempo, iniciando-se tão somente após a notificação judicial do provedor de aplicação.

De acordo com o STJ: "A regra a ser utilizada para a resolução de controvérsias deve levar em consideração o momento de ocorrência do ato lesivo ou, em outras palavras, quando foram publicados os conteúdos infringentes: (i) para fatos ocorridos antes da entrada em vigor do Marco Civil da Internet – fatos anteriores à publicação do Marco Civil da Internet, basta a ciência inequívoca do conteúdo ofensivo pelo provedor, sem sua retirada em prazo razoável, para que este se torne responsável; (ii) após a entrada em vigor da Lei 12.965/2014, o termo inicial da responsabilidade da responsabilidade solidária do provedor de aplicação, por força do art. 19 do Marco Civil da Internet, é o momento da notificação judicial que ordena a retirada de determinado conteúdo da internet".

De acordo com o § 1º do art. 19, a ordem judicial de que trata o *caput* deverá conter, sob pena de nulidade, identificação clara e específica do conteúdo apontado como infringente, que permita a localização inequívoca do material. A jurisprudência do STJ é pacífica no sentido de que, para a configuração da responsabilidade dos provedores de aplicação por conteúdos gerados por terceiros, a indicação clara e específica de sua localização na internet é essencial, seja por meio de uma notificação do particular seja por meio de uma ordem judicial. Essa necessidade está expressa na redação conferida ao § 1º do art. 19 do Marco Civil da Internet, ao dispor sobre os requisitos de validade da própria ordem judicial que determina a retirada de conteúdo infringente.

A segunda exceção que permite a responsabilidade civil dos provedores de aplicação por conteúdo gerado por terceiros está no art. 21 que, em razão da gravidade do conteúdo, dispensa prévia decisão judicial, como pressuposto da responsabilidade civil.

De acordo com o art. 21, o provedor de aplicações de internet que disponibilize conteúdo gerado por terceiros será responsabilizado subsidiariamente pela violação da intimidade decorrente da divulgação, sem autorização de seus participantes, de imagens, de vídeos ou de outros materiais contendo cenas de nudez ou de atos sexuais de caráter privado quando, após o recebimento de notificação pelo participante ou seu representante legal, deixar de promover, de forma diligente, no âmbito e nos limites técnicos do seu serviço, a indisponibilização desse conteúdo. Portanto, neste caso, em razão da gravidade do conteúdo, será suficiente prévia notificação da pessoa interessada, a qual não deve ter elementos que permitam a identificação do material apontado como violador da intimidade do participante, sob pena de ineficácia.

Em resumo, os provedores de conexão jamais responderão civilmente por conteúdo gerado por terceiro. Os provedores de aplicação ou de conteúdo, em regra, não respondem civilmente pelos danos decorrentes deste conteúdo gerado por terceiro, salvo em duas hipóteses: 1– desobediência à ordem judicial (art. 19); 2– conteúdo com cenas de nudez ou atos sexuais de caráter privado (art. 21).

1.11. LEI GERAL DE PROTEÇÃO DE DADOS PESSOAIS - LGPD (LEI FEDERAL N. 13.709/2018)

LGPD: Lei Geral de Proteção de Dados (relação com os direitos fundamentais da personalidade).

A Lei Geral de Proteção de Dados tem por objetivo disciplinar o tratamento de dados pessoais, inclusive e principalmente nos meios digitais, por pessoa natural ou jurídica, de direito público ou privado.

A premissa básica para compreender a dimensão desta norma revolucionária é definir "tratamento de dados pessoais", bem jurídico a ser tutelado, e a finalidade desta legislação.

O art. 5º, incisos I e X, auxiliam na compreensão da expressão "tratamento de dados pessoais". O "tratamento" consistente em toda operação realizada com dados pessoais (informação relacionada a pessoa natural identificada ou identificável), como as que se referem a coleta, produção, recepção, classificação, utilização, acesso, reprodução, transmissão, distribuição, processamento, arquivamento, armazenamento, eliminação, avaliação ou controle da informação, modificação, comunicação, transferência, difusão ou extração. Portanto, qualquer operação que envolva informação relacionada a pessoa natural que possa ser identificada, estará submetida ao regime jurídico desta legislação.

A concepção de "tratamento" é ampla e assim deve ser em razão do objetivo da lei, a tutela de direitos fundamentais existenciais da pessoa humana.

Em razão do objeto jurídico a ser tutelado, "tratamento de dados pessoais", há conexão direta com direitos da personalidade da pessoa humana, em especial a privacidade. A disciplina jurídica tem objetivo preciso e bem definido: proteger direitos fundamentais da pessoa humana, cujos dados pessoais estão sendo "tratados" por outra pessoa natural ou jurídica, de direito público ou privado. A liberdade, a privacidade e o pleno desenvolvimento dos direitos da personalidade da pessoa natural justificam a nova legislação (art. 1º).

O objetivo e a finalidade da lei são retratados nos fundamentos expressos no art. 2º: respeito à privacidade (questão central); autodeterminação informativa, liberdade de expressão, de informação, de comunicação e de opinião; a inviolabilidade da intimidade, da honra e da imagem e, direitos humanos, o livre desenvolvimento da personalidade, a dignidade e o exercício da cidadania pelas pessoas naturais. Portanto, há íntima conexão com os direitos fundamentais da personalidade da pessoa humana, objetivo de proteção da LGPD. A liberdade, privacidade, poder de autodeterminar o destino das informações pessoais, honra, imagem, dignidade e cidadania são expressões já consagradas no texto constitucional, no Código Civil, no marco civil da internet, entre outras leis, que visam a concretização da dignidade da pessoa humana. A LGPD vem se somar a esse arsenal normativo para potencializar a proteção de informações ou dados pessoas de pessoas naturais que estiverem submetidas ao que definimos como "tratamento" (operações relacionadas a tais dados pessoais).

Não há dúvida de que tais questões existenciais devem ser conciliadas com preceitos da ordem econômico, pois a lei também tem como fundamento o desenvolvimento econômico e tecnológico e a inovação, a observância de preceitos constitucionais como a livre-iniciativa, a livre concorrência e a defesa do consumidor. Portanto, será essencial conciliar a proteção de direitos fundamentais da pessoa humana com valores e princípios que fundamentam a ordem econômica, o que é imperativo constitucional, conforme art. 170. A ordem econômica, desde sempre, baseada na livre-iniciativa, livre concorrência, defesa do consumidor, entre outros valores, tem por objetivo assegurar a todos vida digna. A conciliação entre dignidade humana e ordem econômica já é imperativo constitucional.

• **Quem é o destinatário da lei? Aquele que deverá observá-la?**

Como já enunciado, a lei aplica-se a qualquer operação de "tratamento" (manipulação de dados pessoais/informações de pessoas naturais).

De acordo com o art. 3º, está submetida à lei toda pessoa natural ou jurídica, de direito público ou privado, que realize "operação de tratamento" (manipule dados pessoais/informações de pessoas naturais). É irrelevante o meio, o país da sede ou o país onde os dados das pessoas naturais estejam localizados. Basta que tais pessoas que realizem a operação de tratamento o façam no território nacional (a operação de tratamento seja realizada no Brasil), que a atividade de tratamento tenha por objetivo a oferta ou o fornecimento de bens ou serviços ou o tratamento de dados de indivíduos localizados no território nacional e que os dados pessoais objeto do tratamento tenham sido coletados no território nacional (considera-se coletado no território nacional os dados pessoais do titular que nele se encontre no momento da coleta). Portanto, a territorialidade da operação de tratamento é premissa para que as pessoas naturais ou jurídicas se submetam aos termos da lei.

Todavia, tal regra é excepcionada por situações que envolvam outros interesses, que são dignos de tutela, na ponderação com aqueles que fundamentam a LGPD (art. 2º). A LGPD não se aplica ao tratamento de dados pessoais realizado por pessoa natural para fins exclusivamente privados e não econômicos (pessoa natural que colete dado pessoal de outra pessoa natural, para fins particulares e sem caráter econômico, não se submete a esta lei, mas sim à teoria dos direitos fundamentais da personalidade humana).

A LGPD também não se aplica ao tratamento de dados para fins exclusivamente jornalístico, artístico ou acadêmico (o que não dispensa o consentimento do titular).

A lei também é excluída quando o interesse coletivo justificar tal tratamento, como é o caso de segurança pública, defesa nacional, segurança do Estado ou atividades de investigação e repressão de infrações penais. O tratamento de dados pessoais nestes casos será regido por legislação específica, que deverá prever medidas proporcionais e estritamente necessárias ao atendimento do interesse público, observados o devido processo legal, os princípios gerais de proteção e os direitos do titular previstos nessa lei. Nestas situações, é vedado o tratamento de dados por pessoa jurídica de direito privado, salvo se estiverem sob tutela de pessoa jurídica de direito público, que serão objeto de informe específico à autoridade nacional (porque esta emitirá opiniões técnicas ou deverá solicitar aos responsáveis relatórios de impacto à proteção de dados pessoais) e, desde que não tratem da totalidade dos dados (salvo se o capital for integralmente público). Atendidas estas limitações e restrições, a pessoa jurídica de direito privado poderá tratar esses dados pessoais, sem se submeterem à LGPD. Isto porque, nesta hipótese, o tratamento de dados pessoais não se submete à LGPD.

Por fim, nos termos do inciso IV do art. 4º da LGPD, estão excluídos o tratamento de dados provenientes de fora do território nacional e que não sejam objeto de comunicação, uso compartilhado de dados com agentes de tratamento brasileiros ou objeto de transferência internacional de dados com outro país que não o de proveniência,

desde que o país de proveniência proporcione grau de proteção de dados pessoais adequado ao previsto nessa lei.

Portanto, a lei coíbe o uso indevido e indiscriminado de dados pessoais informados por meio de cadastros e garante ao cidadão o direito de ter ciência de como será o tratamento de suas informações e para qual finalidade serão utilizadas. A fiscalização pelo cumprimento da lei ficará a cargo de uma Autoridade Nacional de Proteção de Dados (ANPD), vinculada à Presidência da República. Será uma espécie de agência reguladora.

O foco da lei é proteger dados pessoais. Esse processo exigirá que as empresas mantenham em seus quadros três figuras, o controlador (quem toma as decisões sobre o tratamento de dados), operador (quem executa as orientações do controlador) e o encarregado (atua como canal de comunicação entre o controlador, os titulares dos dados e a Autoridade Nacional de Proteção de Dados (ANPD). Haverá a necessidade de política interna de compliance digital no que se refere ao tratamento dados de clientes de empresas, tanto do setor público, como do setor privado.

1.12. PESSOA JURÍDICA - TEORIA GERAL

1.12.1. Noção geral – teoria geral e princípios

• **A pessoa jurídica: autonomia e a ordem econômica**

A pessoa jurídica possui aptidão para ser titular de direitos e deveres. É considerada pela ordem jurídica civil sujeito de direito com personalidade jurídica própria, autônoma e independente dos membros que a compõem (sócios, acionistas ou associados e, no caso da antiga EIRELI[103] e da sociedade limitada unipessoal, a própria pessoa natural ou jurídica que, isoladamente, as integram). A pessoa jurídica pode ser constituída por conjunto de pessoas (sociedade, associações), uma única pessoa (natural ou jurídica – a extinta EIRELI e a sociedade limitada unipessoal) ou é estruturada organicamente por conjunto de bens (fundação privada), dotada de personalidade jurídica própria, que não se confunde com a personalidade das pessoas naturais que a integram (sócios, associados, acionistas etc.) ou a administram. A ordem jurídica a reconhece e a tutela como sujeito de direito.

No caso da empresa individual de responsabilidade limitada (EIRELI), o art. 41 da Lei Federal n. 14.195/2021 determinou a sua transformação em sociedade limitada unipessoal, independentemente de qualquer alteração em seu ato constitutivo. Portanto, a partir da vigência da referida lei, todas as empresas individuais de responsabilidade limitada foram extintas de forma automática, ou seja, independente da vontade da única pessoa que a integra e se transformaram em sociedade limitada unipessoal (disciplinada no § 2º do art. 1.052 do Código Civil).

A autonomia da pessoa jurídica em relação às pessoas naturais é realçada pelo art. 49-A, introduzido no Código

---

[103] Na III Jornada de Direito Comercial foi aprovado o Enunciado n. 92, segundo o qual a EIRELI, antes da Lei n. 14.195/2021, poderia ser constituída por pessoa natural ou jurídica, nacional ou estrangeira, sendo a limitação para figurar em uma única EIRELI apenas para a pessoa natural.

Civil pela Lei Federal n. 13.874/2019. De acordo com o *caput* desta norma, a pessoa jurídica não se confunde com os seus sócios, associados, instituidores ou administradores. Embora decorra da compreensão lógica de que a pessoa jurídica é sujeito de direito com personalidade jurídica própria, inconfundível com a personalidade jurídica das pessoas naturais, o objetivo da norma é valorizar a autonomia existencial, funcional e patrimonial da pessoa jurídica, em especial para preservar o patrimônio pessoal daqueles que com ela se relacionam como membros (sócios, acionistas, associados) ou que a administram. Tal concepção segue os princípios da declaração de direitos de liberdade econômica, cuja finalidade é não transferir os riscos da pessoa jurídica para as pessoas naturais.

A proteção patrimonial das pessoas naturais, objetivo principal da referida norma, é realçada de forma explícita pelo parágrafo único do art. 49-A, segundo o qual a autonomia patrimonial das pessoas jurídicas é instrumento lícito de alocação e segregação de riscos, estabelecido pela lei com a finalidade de estimular empreendimentos, para a geração de empregos, tributo, renda e inovação em benefício de todos.

Portanto, no *caput* do art. 49-A, após referência à autonomia existencial e jurídica da pessoa jurídica, a norma, em seu parágrafo único, revela o verdadeiro objetivo do legislador, tornar a pessoa jurídica instrumento de considerável relevância social para circulação de riquezas, com a promessa de proteção do patrimônio das pessoas naturais, tendo em vista que a personalidade da pessoa jurídica, em regra, absorverá os riscos da atividade, com a finalidade única de estimular a economia. Tal autonomia patrimonial, instrumento lícito de alocação de riscos que devem ser assumidos por aqueles que estabelecem relações jurídicas com a pessoa jurídica, se sintoniza com a nova redação do art. 50 do CC, que restringe a possibilidade de desconsideração da personalidade jurídica da pessoa jurídica, em especial se houver desvio de finalidade (agora, se exige dolo). Os arts. 49-A, parágrafo único, e 50, ambos do CC, se complementam.

A ordem jurídica, por meio da pessoa jurídica, permite e viabiliza a constituição de centros unitários de direitos e deveres e os dota de personalidade jurídica para servir como instrumento para a concretização de interesses, finalidades e objetivos das pessoas humanas que os integram ou administram.

A pessoa jurídica e todos os institutos a ela relacionados suportam as influências do processo de constitucionalização do direito civil. Em consequência do movimento pós-positivista (as normas jurídicas têm como espécies as regras e os princípios – ocorre a abertura valorativa do sistema jurídico, a aproximação da moral e da ética com o direito, alteração na teoria das normas, das fontes e da interpretação), tal sujeito de direito passa a ser instrumento para a concretização dos direitos fundamentais da personalidade e da dignidade da pessoa humana. A pessoa jurídica é instrumento de promoção da pessoa humana e não fim em si mesmo. As situações jurídicas patrimoniais vinculadas à pessoa jurídica também deverão ser funcionalizadas para se ajustar a situações existenciais (pessoa jurídica como instrumento de concretização de situações existenciais relacionadas à pessoa humana, e não como fim em si mesma).

A Lei Federal n. 13.874/2019[104], que instituiu a declaração de direitos de liberdade econômica, com normas para proteger a livre-iniciativa e o livre exercício da atividade econômica, conforma a pessoa jurídica contemporânea e norteia sua finalidade e função social. Os temas relacionados à pessoa jurídica, como a desconsideração da personalidade, autonomia existencial e patrimonial, deverão ser interpretados à luz dos paradigmas do referido estatuto, que visa a concretizar o princípio da livre-iniciativa e da interferência mínima do Estado na ordem econômica. Aliás, de acordo com a nova redação do art. 421 do CC e seu parágrafo único, nas relações contratuais privadas, que certamente envolverão a participação de pessoa jurídica, como um dos possíveis sujeitos de direito, prevalecerá o princípio da intervenção mínima do Estado, por qualquer dos seus Poderes. Como já ressaltado, a autonomia existencial, jurídica e patrimonial é realçada pelo novo art. 49-A que, mais como um símbolo (pois, não se questiona tal autonomia deste sujeito de direito), ressuscita o art. 20 do CC/1916.

Ao longo da história, sempre houve inúmeras divergências em relação à estrutura da pessoa jurídica, em especial quanto à sua natureza jurídica, caracterização, possibilidade ou não de desconsideração da personalidade jurídica, direitos da personalidade, responsabilidade penal, dentre outros temas relevantes relacionados a este ente. Após o movimento pós-positivista, tais divergências se intensificaram.

• **A pessoa jurídica: concepção tradicional e contemporânea (a compreensão da pessoa jurídica)**

A concepção contemporânea da pessoa jurídica é diametralmente oposta àquela que justificou o seu reconhecimento nos séculos XVIII e XIX. Desde a sua origem, o principal objetivo para se conceber pessoa fictícia distinta das pessoas naturais, é a separação do patrimônio. A separação de patrimônios ou autonomia patrimonial é o que justifica historicamente a existência da pessoa jurídica, como sujeito de direito autônomo e independente. A fim de proteger o patrimônio daqueles que integram a pessoa jurídica (pessoas naturais), tal ente abstrato e formal passou a ser dotado de autonomia e independência em relação a tais membros, pessoas naturais, que a compõem.

No direito civil clássico (positivista, contemporâneo ao Estado Liberal e estrutural/formal), a pessoa jurídica tinha como função preponderante a econômica (as situações patrimoniais, como finalidade precípua, não passavam por qualquer controle de merecimento em relação a situações existenciais). A autonomia protegia as pessoas

---

[104] Art. 3º da Lei n. 13.874/2019, faz referência aos direitos da pessoa jurídica no âmbito da ordem econômica, com a dispensa de atos públicos de liberação de atividade econômica de baixo risco, receber tratamento isonômico de órgãos e entidades da administração pública quanto ao exercício de atos de liberação da atividade econômica, gozar da presunção de boa-fé nos atos praticados no exercício de atividade econômica, entre outros.

naturais que a integravam e o fundamento e a causa de justificação da pessoa jurídica era o Código Civil.

No direito civil contemporâneo (pós-positivista, atual Estado Democrático de Direito e estrutural/funcional/material), a pessoa jurídica passa a ter caráter instrumental, tendo como objetivo preponderante a concretização de valores sociais constitucionais. A causa de justificação da pessoa jurídica é a Constituição Federal e a autonomia existencial e patrimonial serão preservadas se a função e finalidade da pessoa jurídica, no mundo real, estiver ajustada e adequada a tais valores constitucionais, em especial a dignidade da pessoa humana, valor referência do sistema.

Em decorrência do processo de constitucionalização do direito civil, a análise da estrutura e da finalidade social/econômica da pessoa jurídica terá como parâmetro ou referência axiológica os valores constitucionais, com destaque especial para a dignidade da pessoa humana, tendo em vista que este sujeito de direito especial, de acordo com a nova ordem constitucional, é instrumento fundamental de promoção da pessoa humana (por tanto, as situações patrimoniais se legitimam e se conformam às situações jurídicas existenciais).

Ainda que a autonomia patrimonial da pessoa jurídica tenha sido potencializada pela Lei Federal n. 13.874/2019, por meio do art. 49-A (parágrafo único: autonomia patrimonial das pessoas jurídicas é um instrumento lícito de alocação e segregação de riscos, estabelecido pela lei com a finalidade de estimular empreendimentos, para a geração de empregos, tributo, renda e inovação em benefício de todos) e da nova redação dada ao art. 50, que restringe a possibilidade de desconsideração da personalidade da pessoa jurídica; tal sujeito de direito, necessariamente, se submeterá aos valores constitucionais que a fundamentam e a justificam (em especial os arts. 1º e 170, ambos da CF). Portanto, a autonomia patrimonial e os princípios liberais da declaração de direitos deverão ser observados, desde que, no caso concreto, a atuação da pessoa jurídica esteja conformada com o seu conteúdo, substância e finalidade, cujos parâmetros estão na CF.

A lei protege a autonomia patrimonial da pessoa jurídica em relação aos atos de mera gestão e, de fato, revela que a justificação histórica da existência social e jurídica deste sujeito de direito é a proteção do patrimônio das pessoas naturais e não (apenas) a necessidade social de agregação de esforços para desempenho de determinada atividade. Todavia, no direito civil contemporâneo, será essencial conciliar estes objetivos da nova legislação com o fundamento constitucional da pessoa jurídica, em especial os princípios e objetivos elencados no art. 170 da CF/88.

Apenas um registro: Antes da positivação da antiga EIRELI (agora extinta pelo art. 41 da Lei n. 14.195/2021) e da sociedade unipessoal, doutrinadores, como Amaral, também consideravam que a razão de ser da pessoa jurídica estaria na necessidade ou conveniência de pessoas naturais combinarem recursos de ordem pessoal ou material para a realização de objetivos comuns, que transcendem a possibilidade de cada um. Todavia, no âmbito da antiga EIRELI e da sociedade limitada unipessoal, constituídas por uma única pessoa, não haveria que se cogitar em necessidade ou conveniência de combinar recursos, o que fragiliza este argumento tradicional[105].

O fato é que a pessoa jurídica surge não apenas de uma necessidade social (não mais da necessidade de pessoas agregarem esforços para determinada atividade, mas de necessidade de pessoas que não mais conseguem viabilizar projetos fora do âmbito da pessoa jurídica), mas principalmente para proteger o patrimônio das pessoas naturais. Segundo o grande e inesquecível Orlando Gomes[106], "são estas necessidades sociais que sempre justificaram a instituição das pessoas jurídicas".

• **A pessoa jurídica e o direito civil contemporâneo**

Portanto, no direito civil contemporâneo, além dessa função marcadamente econômica e liberal (em especial após a legislação que disciplina a livre-iniciativa), se agrega outra, de natureza existencial, por imposição dos valores sociais constitucionais. Tal função seria a promoção da pessoa humana, mediante a observância dos direitos fundamentais desta. Em razão destes novos valores, a pessoa jurídica deve ter como um de seus objetivos principais a preservação, a promoção, a tutela, a garantia e a plena satisfação das necessidades existenciais do ser humano, o que altera toda a sua concepção.

A função social das relações patrimoniais (no que diz respeito à função econômica) da pessoa jurídica também reforça essa nova realidade. Devido a esta função social, as situações patrimoniais que constituirão o objetivo da pessoa jurídica deverão se sujeitar à plena realização das relações jurídicas existenciais. A pessoa jurídica, necessariamente, deve visar ao bem-estar da pessoa humana. Esta é sua nova concepção.

Esta alteração de concepção da pessoa jurídica decorre dos princípios constitucionais que dão prevalência para a tutela do ser humano (e o processo de constitucionalização do direito civil, o neoconstitucionalismo[107] e o pós-positivismo, fundamento jusfilosófico deste movimento). Ou seja, a pessoa jurídica passou a um papel fundamental na preservação da dignidade da pessoa humana após a nova ordem constitucional.

A alteração do objetivo e da finalidade da pessoa jurídica ocorreu, principalmente, com a superação das ideias relacionadas ao Estado Liberal, cujo período teve intensa influência das ideologias da Revolução Francesa (no ano de 1789), na qual se pregava a plena autonomia nas relações privadas e a intervenção mínima do Estado.

---

[105] AMARAL, Francisco. *Direito civil* – introdução, 6. ed. rev. e atual. Rio de Janeiro: Editora Renovar, 2006, p. 275.

[106] GOMES, Orlando. *Introdução ao direito civil*. 19. ed. rev. e atual. Rio de Janeiro: Forense, 2008.

[107] São características do neoconstitucionalismo: (CF como norma fundamental); constitucionalização do direito – irradiação das normas e valores constitucionais para todo o sistema; princípios com força normativa; reaproximação entre direito e moral; judicialização da política e das relações sociais; modificação da teoria das normas, fontes e interpretação (hermenêutica) e teoria dos direitos fundamentais edificados na dignidade da pessoa humana.

O liberalismo, cujo movimento repercutiu em todas as legislações do século XIX e, também, no Código Civil brasileiro de 1916, fez com que a pessoa jurídica, nas relações intersubjetivas, tivesse função estritamente patrimonial, diante da autonomia de que gozava e, principalmente, por conta da exaltação plena e do absolutismo com que se consideravam os pilares do direito civil, quais sejam, a propriedade e o contrato.

A pessoa jurídica, durante o Estado Liberal, ainda se consolidava como sujeito de direito, mas a sua função era preponderantemente econômica: meio para atingir fins econômicos e separar o patrimônio da entidade, para não comprometer o patrimônio dos seus membros. A função social da pessoa jurídica estava associada a questões econômicas. Essa visão marcadamente econômica e contemporânea ao Liberalismo teve reflexo direto no conceito e na finalidade desse agrupamento de pessoas ou conjunto de bens no meio social.

A partir da segunda metade do século XX, sob a influência das Declarações Universais de Direitos Humanos, pós-Segunda Guerra Mundial, houve avanço para além da questão social e econômica, a fim de garantir ao ser humano tutela especial e diferenciada. A CF/88, no art. 1º, eleva a dignidade da pessoa humana à condição de fundamento da República e, no art. 170, impõe, como principal objetivo da ordem econômica, assegurar dignidade a todos os seres humanos.

Tal concepção influenciou a própria legitimidade da pessoa jurídica perante o Estado. Assim, como condição para ser tutelada pelo Estado, a pessoa jurídica, sujeito de direito autônomo e independente, deve servir de instrumento para a proteção das situações existenciais da pessoa humana. Entre as finalidades institucionais de qualquer pessoa jurídica deve estar presente a garantia de preservação da dignidade das pessoas humanas que, direta ou indiretamente, estiverem relacionadas ao desempenho de suas atividades.

Estes são os novos parâmetros axiológicos que envolvem a pessoa jurídica. Isso não significa que não possa a pessoa jurídica visar ao lucro ou buscar recursos para a manutenção de suas atividades. Apenas se proíbe que a busca do lucro nas sociedades e a obtenção de recursos econômicos para a manutenção das associações e fundações sacrifique direitos fundamentais essenciais para a garantia da dignidade da pessoa humana (funcionalização das situações patrimoniais às situações existenciais).

De qualquer modo, a razão da existência da pessoa jurídica não é apenas a necessidade ou conveniência de as pessoas naturais combinarem recursos, de ordem pessoal ou material, para a realização de objetivos comuns, que transcendem as possibilidades de cada um dos interessados, por ultrapassarem os limites pessoais de sua existência ou por exigirem a prática de atividades impossíveis de serem viabilizadas isoladamente. Para além da necessidade social, é a separação de patrimônios deste sujeito de direito em relação às pessoas naturais o seu mais forte fator de justificação, o que se evidencia pelas novas disposições legais incorporadas ao CC pela Lei n. 13.874/2019 (arts. 47-A, parágrafo único, e 50, em especial). O art. 980-A, § 7º, introduzido pela Lei n. 13.874/2019, também explicita a plena autonomia patrimonial da pessoa jurídica, no âmbito da antiga empresa individual de responsabilidade limitada (transformadas em sociedades limitadas unipessoais por força do art. 41 da Lei n. 14.195/2021). Em relação aos princípios, não há dúvida de que a pessoa jurídica, no atual Estado Democrático de Direito, nitidamente social e solidário (de mútua cooperação), onde as relações privadas são humanizadas e as situações patrimoniais são relegadas a um segundo plano, também deve obediência ao princípio da dignidade da pessoa humana e desempenhar uma função social.

Segundo o art. 1º, III, da CF/88, a dignidade da pessoa humana é um dos fundamentos da República Federativa do Brasil, princípio orientador de todas as relações jurídicas privadas dos sujeitos de direito, pessoas naturais ou jurídicas.

No art. 1º, IV, a Constituição Federal afirma serem fundamentos da República Federativa do Brasil os valores sociais do trabalho e a livre-iniciativa. Tais princípios também aparecem no art. 170 da CF/88 como fundamentos da ordem econômica. Segundo tal dispositivo, a ordem econômica, fundada na valorização do trabalho humano e na livre-iniciativa, *tem por fim assegurar aos seres humanos existência digna*. Estes dois dispositivos constitucionais são a base de fundamentação da lei n. 13.874/2019, que instituiu a declaração de direito da liberdade econômica, cujos pilares deste diploma normativo são a livre-iniciativa e o livre exercício de atividade econômica.

A pessoa jurídica participa ativamente da ordem econômica e, nessa condição, tem plena liberdade para atuar (livre-iniciativa) de acordo com seus interesses e objetivos. A livre-iniciativa, porém, encontra limites na própria Constituição e na referida legislação. Além do evidente respeito à dignidade das pessoas humanas, a pessoa jurídica ostenta finalidade social. O art. 3º da Lei n. 13.874/2019 dispõe que a pessoa jurídica, embora tenha assegurada a liberdade para desenvolver atividade econômica, deve observar as normas de proteção ao meio ambiente, restrições advindas do direito privado, normas sobre vizinhança e legislação do trabalho. Tais questões se referem à função social da pessoa jurídica. Não há dúvida de que a pessoa jurídica, com a nova legislação, terá maior autonomia e liberdade. Por outro lado, por imposição constitucional, deverá se submeter a determinados valores, em especial à dignidade da pessoa humana: (elemento teleológico do dispositivo).

Segundo o art. 170 da CF/88, a finalidade da ordem econômica é a preservação das situações jurídicas existenciais. A todas as pessoas naturais deve ser assegurada *existência digna*. A *existência* mencionada pelo texto legal é inerente à condição do ser humano (conectada com o princípio da dignidade da pessoa humana), tudo o que diz respeito à sua situação existencial como pessoa, a qual não pode ser prejudicada pelas situações patrimoniais decorrentes da livre-iniciativa ou liberdade de ação nas relações privadas.

Diante disso, não há como defender a existência e a legitimidade de pessoas jurídicas, cuja atividade seja dissociada destes valores.

O caráter social, e porque não dizer a responsabilidade social da pessoa jurídica, está bem claro no mesmo art. 170, quando expressa os princípios da ordem econômica: a função social da propriedade (no caso da pessoa jurídica, que não deixa de estar relacionada à ideia de propriedade), a livre concorrência, a defesa dos consumidores no exercício de suas atividades, a preservação do meio ambiente, a redução das desigualdades regionais e sociais (tal princípio demonstra a importância da pessoa jurídica no Estado Social, sendo um grande mecanismo de inclusão social, o que acaba contribuindo para um dos objetivos da República Federativa do Brasil, que é justamente erradicar a pobreza e a marginalização e reduzir as desigualdades regionais e sociais – art. 3º, III, da CF/88), a busca do pleno emprego e o tratamento favorecido para pequenos empreendimentos ou pessoas jurídicas de pequeno porte. Por óbvio, tais valores e finalidades estão preservados pela nova legislação.

Em resumo, a função social nada mais é do que a atribuição de um conteúdo ético às atividades desenvolvidas pelas pessoas jurídicas, distribuindo responsabilidade social e garantia de qualidade básica de vida digna.

A Constituição Federal, ao estabelecer as diretrizes ao exercício da atividade econômica, pretendeu coibir a colisão entre a livre-iniciativa e os direitos da pessoa humana. Assim, as pessoas jurídicas, embora livres para desempenharem suas atividades e seus objetivos sociais, são limitadas pela necessidade de resguardar os direitos fundamentais da pessoa humana. Portanto, a pretexto da livre-iniciativa, não se pode violar as relações jurídicas existenciais. Essa ponderação de interesses é essencial para garantir a própria legitimidade da pessoa jurídica. A pessoa jurídica não funcionalizada não tem tutela jurídica (qualquer empreendimento deve ter uma função social).

Aliás, este é o sentido do Enunciado 53 da Jornada de Direito Civil, quando, ao tratar do direito de empresa, faz referência à função social dessa pessoa jurídica específica: "Deve-se levar em consideração o princípio da função social na interpretação das normas relativas à empresa, a despeito da falta de referência expressa".

A pessoa jurídica que não cumpre sua função social pode suportar sanções, como a desconsideração da personalidade jurídica, que será analisada em tópico separado, ou até ser dissolvida e extinta. O art. 69 do CC impõe a extinção da fundação privada que não cumpre a sua função social, o que ocorrerá sempre que a finalidade a que visa a fundação tornar-se ilícita, impossível ou inútil.

Em resumo, o fundamento e a causa que justifica a existência e a finalidade da pessoa jurídica está enraizada na Constituição Federal.

1.12.2. Origem. Evolução da pessoa jurídica como conceito e sujeito de direito

O conceito de pessoa jurídica é relativamente recente (séculos XVIII e XIX). A antiga Roma apenas reconhecia agrupamentos de pessoas, mas não como sujeito de direito personalizado. Apenas no século XVIII, doutrinadores alemães deram início a estudos sobre a personalização destes agrupamentos, em razão de necessidades sociais surgidas à época, porque a pessoa, individualmente considerada, não conseguia desempenhar determinadas atividades. O agrupamento de pessoas em prol de uma atividade específica passou a ser uma necessidade e o direito entendeu por bem dotar esse conjunto de pessoas de personalidade jurídica.

Até os alemães darem início à construção de uma teoria sobre a pessoa jurídica, a qual ainda não está encerrada, ao longo da história, não foram poucas as tentativas para justificar a existência de corporação ou universalidade para os mais diversos objetivos: separar o patrimônio destas dos sujeitos a ele vinculados; atender a interesses da Igreja na Idade Média, dentre outros. Por isso, as dúvidas e indagações estão relacionadas à origem e à evolução para se chegar ao conceito atual desses entes autônomos.

Para Paulo Nader[108], não obstante a existência de corporações e sinais da presença de fundações em Roma, reconhece que o Direito Romano não chegou a criar a teoria das pessoas jurídicas.

É essa também a opinião do mestre Francisco Amaral[109], segundo o qual: "(...) o direito romano não conheceu a pessoa jurídica como entidade distinta dos indivíduos que a compõem. Essencialmente práticos não eram dados a tais abstrações. Nos textos jurídicos, *persona* utilizava-se, geralmente, como sinônimo de homem. Encontra-se, porém uma passagem de Florentino em que se empregava *persona* para designar a herança jacente, os bens deixados pelo falecido e ainda sem titular, formando um conjunto patrimonial. Inexistem, porém, outros textos que permitam concluir já terem tido os romanos um conceito técnico de pessoa jurídica que, à semelhança do ser humano, correspondesse a um centro de imputações jurídicas, em entidade com personalidade própria. Para designar os conjuntos unitários de pessoas e bens, utilizavam-se os termos *universitas* e *corpus*, figuras posteriormente consideradas pessoas jurídicas".

Após o período Romano, chega-se ao período medieval, quando, por meio do direito canônico, há contribuição decisiva para a compreensão deste fenômeno histórico que é a pessoa jurídica.

O Prof. Paulo Nader[110] sustenta que "a necessidade de se estabelecer a natureza da Igreja, distinguindo-a de seus fiéis, levou os canonistas a certas distinções básicas e ao conceito de pessoa jurídica. Os fiéis estavam na Igreja, mas não eram a Igreja. Esta seria um corpo místico e que não se confundia com seus membros".

Diante da necessidade de organizar internamente a Igreja e, principalmente, para subtrair a Igreja da respon-

---

[108] NADER, Paulo. *Curso de direito civil*. 2. ed. rev. Rio de Janeiro: Forense, 2004.
[109] AMARAL, Francisco. *Direito civil* – introdução, 6. ed. rev. e atual. Rio de Janeiro: Editora Renovar, 2006.
[110] NADER, Paulo. *Curso de direito civil*. 2. ed. rev. Rio de Janeiro: Forense, 2004.

sabilidade por delitos praticados por seus membros, foi concebida a ideia de pessoa jurídica.

A pessoa jurídica, com seu moderno significado, é de construção atual na história do direito, segundo afirma, com razão, Francisco Amaral. É com a dogmática alemã dos séculos XVIII e XIX que se integra, definitivamente, na terminologia jurídica, como produto do notável esforço de abstração dos juristas desse período, capazes de conceber a existência material e jurídica de uma entidade distinta dos indivíduos que a constituem. Segundo o mestre[111]: "(...) ao sistematizarem a matéria de direito civil, com a elaboração de uma teoria geral reunindo noções, elementos e categorias jurídicas comuns a todos os ramos do direito, os juristas alemães tiveram de considerar a existência de sujeitos de direito distintos das pessoas humanas titulares dos direitos subjetivos. Esta existência concreta de grupos humanos ou de bens para a satisfação de interesses e necessidades coletivas, com individualidade própria e distinta da de seus membros, impunha o seu reconhecimento ao direito, que lhes outorgava então, titularidade jurídica para as suas relações. A personalidade jurídica passa a configurar-se como uma qualidade atribuída a certos entes, com a qual se podem tornar sujeitos de relações jurídicas, titulares de direitos e deveres. A pessoa jurídica surge, assim, como um conjunto unitário de pessoas ou de bens, organizado para a obtenção de fins comuns específicos, com individualidade e autonomia próprias".

Não se pode esquecer que os alemães chegaram à conclusão de que a pessoa jurídica era uma necessidade. A ideia era que a pessoa jurídica surge para suprir a própria deficiência do ser humano que, sozinho, não consegue atingir determinados objetivos sociais. A "necessidade humana", ao longo da história, cede lugar para uma "necessidade econômica e social". A pessoa jurídica é fundamental para as relações intersociais e jurídicas contemporâneas, mas sua justificativa não é mais a necessidade de conjugar esforços, mas uma necessidade econômica, pois sua personalidade protege o patrimônio de seus gestores (autonomia patrimonial), desde que não seja uma gestão temerária, abusiva e fraudulenta, bem como necessidade social, pois a pessoa jurídica viabiliza e instrumentaliza direitos fundamentais da própria pessoa humana.

Diante disso, é possível entender a evolução do conceito e da ideia de pessoa jurídica. A teoria da pessoa jurídica, tal qual a compreendemos hoje, data do final dos séculos XVIII e XIX. A grande dificuldade encontrada pelos juristas em admitir a pessoa jurídica como sujeito de direito foi a abstração desse novo ente. A pessoa jurídica, naturalmente, era considerada uma abstração ou ficção e, por conta disso, havia muita resistência em admitir a sua existência. Até hoje, muitos negam a própria existência da pessoa jurídica.

Em relação à existência da pessoa jurídica e da evolução do seu conceito na atualidade, se formaram algumas teorias, as quais serão analisadas a seguir.

1.12.3. Existência e natureza da pessoa jurídica. Teorias

A existência da pessoa jurídica como sujeito de direito autônomo, com personalidade jurídica própria e distinta das pessoas naturais, sempre foi fonte de divergências entre os juristas.

Na realidade, sempre houve forte resistência em se admitir que outro ente, além da pessoa natural, pudesse ser titular de direitos e deveres e ostentar personalidade jurídica própria. Em razão dessas divergências, surgiram algumas teorias para tentar explicar a existência e a própria natureza da pessoa jurídica (pré-normativistas/realistas e normativistas/formalistas).

Como alerta Silvio Rodrigues[112], embora dezenas de teorias tenham sido elaboradas, cada qual procurando explicar e justificar a existência dessa instituição, apenas quatro são destacadas, quais sejam: 1– Teoria da ficção legal; 2– Teoria da realidade objetiva ou orgânica; 3– Teoria da realidade técnica; e 4–Teoria institucional.

Antes de analisar as teorias mais relevantes, objeto de discussão em todos os manuais de direito civil, importante pontuar algumas questões históricas a elas relacionadas.

Na realidade, desde a concepção moderna da pessoa jurídica (séculos XVIII e XIX), duas correntes de pensamento se formaram em torno da sua natureza jurídica.

Para a *primeira corrente*, cujos pensadores são denominados *realistas*, a pessoa jurídica é uma realidade preexistente ao direito. Para estes, a personalidade da pessoa jurídica decorre da sua própria estrutura orgânica, como se fosse um organismo vivo. Desta corrente surgiu a teoria dos órgãos, concebida por Gierke. A pessoa jurídica é composta por órgãos (Diretoria, Conselhos etc.) e, por ser uma realidade, o ente é *presentado* pelos diretores, gerentes ou administradores. A *presentação* torna a pessoa jurídica capaz, porque independe de um ato Estatal para que exista como pessoa. Para esta corrente, o Estado apenas reconhece e declara uma realidade preexistente.

Para a *segunda corrente*, a pessoa jurídica é uma ficção ou construção jurídica. Tal corrente, segundo Paulo Lôbo[113], é denominada *formalistas*, pois "como construção jurídica, a personalidade seria uma atribuição formal do legislador, concebida como centro de imputação de interesses, de normas ou relações jurídicas, conferindo-lhe autonomia jurídica". Para esta, a pessoa jurídica é uma realidade sob o ponto de vista jurídico, a qual, para existir, necessita do reconhecimento estatal. O principal defensor desta corrente, rotulado de ficcionista, é Savigny. Para os formalistas, os diretores, gerentes e administradores representam a pessoa jurídica, porque estes a consideram como um ente incapaz, o que leva à necessidade de representação.

Estas são as duas principais linhas de pensamento. A pessoa jurídica ou é uma realidade orgânica, composta por órgãos, ou ficção e, por isso, depende de reconheci-

---

[111] AMARAL, Francisco. *Direito civil* – introdução, 6. ed. rev. e atual. Rio de Janeiro: Editora Renovar, 2006.

[112] RODRIGUES, Sílvio. *Direito civil – Parte geral.* 34. ed. São Paulo: Saraiva, 2003. v. I.

[113] LÔBO, Paulo Luiz Netto. *Direito civil. Parte geral.* 10. ed. São Paulo: Saraiva, 2021.

mento estatal para que seja constituída. O objetivo dos realistas era desvincular a pessoa jurídica de qualquer controle estatal. A pessoa jurídica é realidade viva e, para existir como tal, independe do reconhecimento formal do Estado que, se ocorresse, o efeito era meramente declaratório (declarar algo preexistente). Os formalistas submetiam a pessoa jurídica ao pleno controle estatal, pois a existência deste sujeito de direito dependia de reconhecimento formal, por meio de processo técnico/jurídico (registro, averbação de atos, cumprimento de determinações legais etc.).

Se analisarmos com a devida cautela, a teoria da realidade técnica, adotada pelo CC no art. 45, retrata a "fusão" das teorias da ficção e da realidade orgânica. A legislação brasileira considera a pessoa jurídica uma realidade, com vontade própria, autonomia e independência em relação aos membros que a compõem (no caso de sociedades e associações). Entretanto, para se tornar realidade concreta, com autonomia existencial, a pessoa jurídica depende de atribuição formal do Estado: o registro dos atos constitutivos nos órgãos competentes (pessoas jurídicas de direito privado), ou a própria lei, em relação às pessoas jurídicas de direito público. O registro ou a lei, essenciais para a constituição da pessoa jurídica, de fato, a aproxima da corrente formalista.

Então, em nosso sistema, a pessoa jurídica, curiosamente (e sem critério científico), é considerada realidade viva, mas que depende de reconhecimento estatal para adquirir personalidade jurídica e, como consequência, ter a possibilidade de, pela própria vontade, agir no mundo concreto e real.

Após essa ideia preliminar, temos condições de analisar cada uma das teorias.

1.12.3.1. Teoria da ficção legal

A teoria em estudo defende que a pessoa jurídica é uma mera ficção, pois apenas o homem (pessoa humana) pode ser considerado sujeito de direito. A pessoa jurídica não passaria de um *conceito* ou uma mera *abstração*, para a qual o Estado concede personalidade jurídica apenas para justificar a imputação de relações jurídicas a um grupo de pessoas ou conjunto de bens.

A teoria da ficção, defendida por Savigny, segundo o qual a personalidade jurídica só existe por conta da lei, nega vontade própria à pessoa jurídica, cujo ente não tem existência concreta ou material e, por isso, não pode ser considerada sujeito real. Por esse motivo, os defensores dessa teoria apenas tratam a pessoa jurídica como ficção jurídica. É ente intelectual, sendo que a lei, por ficção, lhe atribui existência.

Na verdade, tal teoria despertava o interesse político da época porque, como ficção decorrente da lei, o Estado, de onde a lei se originava, acabava por exercer o controle da própria existência jurídica deste ente abstrato. Tais pessoas jurídicas poderiam significar ameaça real ao poder estatal. Novamente questões políticas acabaram por interferir em institutos jurídicos relevantes, tudo por conta da divisão espacial do poder. Assim, para evitar que grupos sociais reacionários e revolucionários ganhassem força com o reconhecimento de uma personalidade jurídica própria, o Estado acabava por controlar tais agrupamentos por meio da lei. Tal questão política teve influência na elaboração de teorias e no estudo de institutos jurídicos de grande relevância, como é a pessoa jurídica, considerada, hoje, sujeito de direito essencial para a economia, sociedade e relações jurídicas privadas.

Tal teoria suporta críticas, porque constituída sob a ideia de que a pessoa jurídica não passa de criação abstrata ou de um conceito, sem existência real. Dessa forma, o Estado, pessoa jurídica e de onde emanam as leis, também deveria ser considerado ficção. Em consequência, as leis seriam ficções, na medida em que provenientes de ente fictício. Nessa concepção, tudo seria ficção, uma abstração, uma ideia.

Por outro lado, Caio Mário[114] também tem razão quando argumenta que a doutrina de Ihering se enquadra na teoria da ficção. Alguns doutrinadores, sem argumentos sólidos, consideram que Ihering negava a própria pessoa jurídica. O jurista alemão considerava que apenas o homem era sujeito de direito. A pessoa jurídica não teria personalidade, sendo esta atribuída aos indivíduos que a compõem, os quais seriam os únicos sujeitos de direito. Como se vê, não há diferença substancial entre a teoria da ficção, que considera a pessoa jurídica um mero conceito, e a doutrina de Ihering.

1.12.3.2. Teoria da realidade objetiva ou orgânica (principal teoria da corrente realista)

A teoria da realidade objetiva ou orgânica, ao contrário da teoria da ficção, reconhece a existência da pessoa jurídica, como realidade ou ente concreto, com vontade própria. O termo *orgânico* significa que tal teoria defende a pessoa jurídica como se fosse organismo vivo. Nessa concepção, a pessoa jurídica seria equivalente à pessoa natural e, por isso, existiria sobre si, independentemente de qualquer interferência estatal.

A pedra de toque da teoria é justamente dispensar a participação do Estado para o reconhecimento da pessoa jurídica como sujeito de direito, pois a pessoa jurídica seria uma realidade existente antes de qualquer ação estatal. A pessoa jurídica teria vontade própria e plena autonomia em relação às pessoas naturais.

O Estado, nesse caso, não teria qualquer participação na criação da pessoa jurídica que, como dito, existe como realidade, por si mesma. A função do Estado, segundo essa teoria, seria meramente reconhecer a existência de um sujeito de direito, autônomo, independente e com vida própria, assim como os organismos vivos (pessoa natural). Por isso, como já ressaltado, o nome realidade objetiva ou orgânica. A atuação estatal, neste caso, é meramente declaratória.

---

[114] PEREIRA, Caio Mário da Silva. *Instituições de direito civil*: Introdução ao direito civil. Teoria geral de direito civil. 20. ed. Atualizado por Maria Celina Bodin de Moraes. Rio de Janeiro: Forense, 2004. v. 1.

Tal teoria tem procedência germânica, em Gierke e Zitelmann, os quais, segundo Silvio Rodrigues[115], sempre sustentaram a existência da pessoa jurídica como ente originário de uma vontade, pública ou privada; vontade esta suficiente para dar vida a um organismo, o qual passa a ter existência própria e distinta da de seus membros, capaz de tornar-se sujeito de direito, real e verdadeiro. A principal corrente realista é justamente a teoria dos órgãos, desenvolvida por Gierke, para a qual a pessoa jurídica possui personalidade natural, social ou moral e os órgãos são partes da pessoa jurídica, sem o quais não consegue realizar as suas atividades e desenvolver suas finalidades sociais.

A vontade tem papel relevante para esta teoria, pois seria suficiente para a criação de uma pessoa jurídica. O papel secundário do Estado em relação à existência da pessoa jurídica e a autonomia da vontade são as principais características que identificam e tornam tal teoria singular.

1.12.3.3. Teoria da realidade técnica

A teoria da realidade técnica, da mesma forma que a teoria da realidade orgânica, considera a pessoa jurídica realidade, ou seja, trata-se de ente concreto, com autonomia e vontade própria.

As duas teorias em referência defendem a pessoa jurídica com um ente real e concreto. A instituição pessoa jurídica é uma realidade, possui autonomia, vontade própria, existência real e verdadeira. Este é o ponto comum entre as teorias.

Todavia, para a teoria da realidade técnica, que teria sido adotada pelo art. 45 do CC, a vontade humana não é suficiente, por si só, para a criação ou constituição da pessoa jurídica, como sustenta a teoria da realidade orgânica. Na teoria da realidade técnica, além da vontade humana, é indispensável a observância dos requisitos legais para a criação desse sujeito de direito, como condição para ter autonomia, independência e, em consequência, personalidade jurídica própria. Essa condição aproxima a teoria da realidade técnica da corrente formalista, que considera a pessoa jurídica uma construção jurídica.

Portanto, não basta a simples aglomeração de pessoas ou conjunto de bens para que surja uma pessoa jurídica desvinculada da vontade e da autonomia de seus próprios membros. É essencial que o Estado a reconheça como tal, por meio do registro e da lei, cujos instrumentos formais constituem a pessoa jurídica. A lei imporá certos requisitos a serem obedecidos para que a pessoa jurídica possa ser considerada regular e apta a ser sujeito de direito autônomo.

A teoria da realidade técnica se resumiria ao seguinte: Vontade Humana + Lei = Pessoa Jurídica.

Para a teoria da realidade objetiva, vontade humana é suficiente para a criação da pessoa jurídica. A lei, materialização do papel do Estado, não seria indispensável para a criação da pessoa jurídica, mas apenas para reconhecer a pessoa jurídica como tal.

Em relação à teoria da realidade técnica, a conjugação da vontade e da lei fez com que a pessoa jurídica fosse considerada produto da ordem jurídica e, nesta condição, decorre de processo técnico legal, que alguns doutrinadores (como Francisco Amaral) denominam *personificação*.

As pessoas jurídicas, para essa teoria, representam realidade concreta, desde que sejam cumpridos os requisitos legais impostos pelo Estado. Aqui, o Estado teria um papel de criação. Ao contrário da teoria da realidade orgânica, sua essência não consiste em existir por si, mas em uma forma jurídica. A ordem jurídica é quem atribui personalidade a grupos que a lei (Estado) reconhece vontade e objetivos próprios.

Não há dúvida de que o CC adotou a teoria da realidade técnica, conforme se observa em seu art. 45. No entanto, não podemos esquecer que tal é uma junção questionável das teorias da ficção e da realidade orgânica. E, desta forma, uma teoria intermediária ou eclética, pois reconhece traços de validade nas teorias da ficção e da teoria orgânica.

Segundo esse dispositivo, somente começa a existência das pessoas jurídicas de direito privado com a inscrição do ato constitutivo no respectivo registro. Como se observa, o Código Civil condiciona a existência das pessoas jurídicas a determinada formalidade, que é controlada pelo Estado, por meio da lei, a inscrição do ato constitutivo no registro. Logo, entre nós a *vontade humana* não é suficiente para a criação da pessoa jurídica. Além dessa *vontade materializada em ato constitutivo*, é essencial que a pessoa jurídica cumpra os requisitos legais, em especial a exigência do art. 45 do CC, justamente a inscrição dos atos constitutivos (contrato ou estatuto social) no registro competente. Além disso, há determinadas pessoas jurídicas que, devido à sua relevância social e econômica, ainda dependerão de autorização ou aprovação do Poder Executivo Federal (*caput* do art. 45 do CC e parágrafo único do art. 1.123), as quais são precárias, porque podem ser revogadas a qualquer tempo (art. 1.125 do CC). Nestes casos, o controle estatal é ainda maior.

Como dito anteriormente, vontade somada à lei é igual a pessoa jurídica. A vontade é manifestada no estatuto social ou no contrato social, cujos atos constitutivos devem ser inscritos no registro competente para a pessoa existir como sujeito de direito. Por isso, é fácil concluir que a pessoa jurídica decorre de um processo técnico legal, o qual lhe dá personalidade. O Estado tem papel preponderante e relevante para essa teoria.

Em relação às sociedades empresárias, o registro competente é a Junta Comercial de cada Estado. Quanto às sociedades simples, associações e fundações, o registro deve ocorrer no Registro Civil das Pessoas Jurídicas. Aliás, em relação à sociedade empresária, o art. 985 do CC, como condição para aquisição da personalidade, também exige a inscrição de seus atos constitutivos no registro próprio, fazendo referência ao art. 1.150, que trata do registro da sociedade empresária nas juntas comerciais. Dessa forma, a teoria da realidade técnica é a mais ajustada e adequada ao nosso sistema legal.

---

[115] RODRIGUES, Sílvio. *Direito civil – Parte geral*. 34. ed. São Paulo: Saraiva, 2003. v. I.

1.12.3.4. Teoria institucional

Tal teoria, que deve ser imputada a Hauriou, não ganhou muitos adeptos no direito brasileiro. Defende Maurice Hauriou que uma instituição preexiste no momento que a pessoa jurídica nasce. O organismo social concreto se impõe ao reconhecimento do direito. A pessoa jurídica é uma organização social para atingir determinados fins, segundo lembra Francisco Amaral. A teoria da instituição não se apega apenas à vontade humana, como ocorre com as teorias da realidade, pois se fundamenta na ideia de que a instituição é uma obra ou empresa que se realiza e dura no meio social, onde os membros de um grupo social realizam esta ideia.

Segundo Francisco Amaral[116]: "(...) a teoria constata a existência de grupos organizados para a realização de uma ideia socialmente útil, as instituições, sendo estes grupos sociais dotados de ordem e organização próprias. Seu elemento básico é a instituição, sendo a personalidade jurídica o ponto de conexão entre o ordenamento estatal e as instituições, estas como ordenamentos autônomos. Por tal razão, a crítica que se faz a essa teoria decorre da valorização demasiada do elemento sociológico, que não corresponde integralmente ao processo do legislador, assim também como da sua unilateralidade".

Caio Mário[117], em suas *Instituições de direito civil*, afirma que "Hauriou transpôs para a caracterização da pessoa jurídica a ideia da instituição imaginando os entes morais como organizações sociais que, por se destinarem a preencher finalidades de cunho socialmente útil, são personificadas".

Silvio Rodrigues[118], fundado nas lições de Planiol, Ripert e Savatier, explica a teoria afirmando que: "(...) a instituição tem uma vida interior representada pela atividade de seus membros, que se reflete numa posição hierárquica estabelecida entre os órgãos diretores e os demais componentes, fazendo, assim, com que apareça uma estrutura orgânica. Sua vida exterior, por outro lado, manifesta-se por meio de sua atuação no mundo do direito, com o escopo de realizar a ideia comum. Quando a instituição alcança certo grau de concentração e organização torna-se automaticamente pessoa jurídica".

Portanto, quando a ideia de obra ou empresa se firma de tal modo na consciência dos indivíduos e, a partir de então, estes passam a atuar com plena consciência e responsabilidade dos fins sociais, a *instituição* adquire personalidade moral. E, quando essa ideia permite unificar a atuação dos indivíduos de tal modo que essa atuação se manifeste como exercício de poder juridicamente reconhecido, a instituição adquire personalidade jurídica.

---

[116] AMARAL, Francisco. *Direito civil* – introdução, 6. ed. rev. e atual. Rio de Janeiro: Editora Renovar, 2006.

[117] PEREIRA, Caio Mário da Silva. *Instituições de direito civil*: Introdução ao direito civil. Teoria geral de direito civil. 20. ed. Atualizado por Maria Celina Bodin de Moraes. Rio de Janeiro: Forense, 2004. v. 1.

[118] RODRIGUES, Sílvio. *Direito civil – Parte geral*. 34. ed. São Paulo: Saraiva, 2003. v. I.

1.12.4. Conceito de pessoa jurídica

Após analisar a evolução histórica da pessoa jurídica, sua natureza e as teorias relacionadas à existência desse importante e imprescindível sujeito de direito no mundo atual, é relevante compreender a pessoa jurídica, sob a perspectiva estrutural e funcional, de acordo com a nossa legislação civil.

A tarefa não é fácil, pois a pessoa jurídica é, de fato, uma artificialidade jurídica (os próprios adeptos da corrente realista reconhecem), o que não a torna ilegítima. Ao contrário, o direito vive e convive com institutos que são resultado de criações intelectuais. A pessoa jurídica é uma construção jurídica e artificial, verdadeira ficção. Tal criação jurídica ou artificialidade se justifica a partir de uma necessidade social (seja por questões patrimoniais – limitação de responsabilidade das pessoas naturais; seja por questões pessoais – a pessoa jurídica decorre da junção de esforços de várias pessoas, salvo exceções, que isoladamente não teriam condições de desenvolver determinada atividade econômica) e se fundamenta na própria norma jurídica (CF). A sua origem e causa é normativa. A existência da pessoa jurídica depende de lei (ato normativo – pessoas de direito público por exemplo) ou do registro de atos constitutivos no registro competente (submissão à imposição de ato normativo – pessoas jurídicas de direito privado – art. 45 do CC). Algumas pessoas jurídicas de direito privado ainda dependerão de autorização do Poder Executivo Federal (art. 1.123 do CC).

A constituição e a legitimação para a existência da pessoa jurídica decorrem da lei. Após ter existência legal, passa a ser realidade jurídica, jamais fática, como no caso das pessoas humanas.

Por ser produto de criação intelectual ou artificialidade jurídica, não se chega a consenso sobre os grandes temas que se relacionam à pessoa jurídica, como a desconsideração da personalidade, direitos da personalidade, responsabilidade penal, entre outros. A questão não é tentar explicar a existência jurídica da pessoa jurídica, mas verificar a relevância desta existência para o mundo contemporâneo e, especialmente, para as pessoas humanas que a integram ou que com tal ente se relacionam, direta ou indiretamente. A pessoa jurídica viabiliza relações jurídicas que, apenas com pessoas humanas, seria impossível ou inviável.

Nessa linha de raciocínio, pessoa jurídica é o agrupamento de pessoas (sociedades, associações, organizações religiosas e partidos políticos), com exceção da sociedade limitada unipessoal), cujo objetivo é a realização de fins comuns, ou o conjunto de bens (fundações públicas e privadas), todos dotados pela lei (*Estado*) de aptidão para ser titular de direitos e obrigações na ordem civil, com autonomia funcional, independência, patrimônio próprio e personalidade jurídica independente de seus membros.

A noção de pessoa jurídica é compatível com a teoria da realidade técnica, acolhida pelo CC em seus arts. 45 e 985 (sociedades empresárias), mas como realidade meramente jurídica e não fática, como defendem alguns doutrinadores.

As pessoas naturais, quando se agrupam, buscam a realização de objetivos comuns. Tal agrupamento é baseado em uma vontade de todos aqueles que pretendem realizar tais fins. A extinta EIRELI e a sociedade limitada unipessoal (art. 1.052, parágrafo único) rompem com a concepção tradicional de que a pessoa jurídica é resultado de soma de vontades. Na sociedade limitada unipessoal (única remanescente), uma única pessoa, de forma isolada, pode compor a estrutura orgânica da pessoa jurídica.

Tal vontade, materializada em ato constitutivo, estatuto ou contrato social, deve se submeter às prescrições legais para que essa vontade coletiva se transforme em novo ente ou sujeito, dotado de personalidade jurídica própria. Assim nasce a pessoa jurídica, segundo a concepção jurídico-normativa do Código Civil.

Há quem conceitue a pessoa jurídica de forma mais simplista, como entidades ou organizações de pessoas ou de bens a que o direito atribui aptidão para a titularidade de relações jurídicas. A ordem jurídica disciplina o surgimento desses grupos, reconhecendo-os como sujeitos de direito. As pessoas jurídicas buscam a satisfação de interesses e necessidades coletivas, com individualidade própria e distinta dos membros.

Segundo Maria Helena Diniz[119], a pessoa jurídica pode ser considerada como "unidade de pessoas ou patrimônios, que visa a consecução de certos fins, reconhecida a unidade como sujeito de direitos e obrigações".

Francisco Amaral[120] define a pessoa jurídica como "conjunto de bens ou pessoas, dotado de personalidade jurídica".

1.12.5. Requisitos ou pressupostos para a existência da pessoa jurídica (fases para a constituição). Aquisição da personalidade jurídica

A partir da teoria da realidade técnica (pessoa jurídica como produto da ordem jurídica) é possível extrair os requisitos necessários para que uma pessoa jurídica efetivamente exista como sujeito de direito.

A pessoa jurídica passa a ter existência própria, independente e distinta dos membros que a compõemm, com a conjugação de dois elementos. O primeiro é a vontade humana, que o mestre Caio Mário[121] denomina *vontade humana criadora*, justamente porque é uma manifestação de vontade voltada para a instituição ou criação de um novo sujeito de direito.

Além dessa vontade, imprescindível e essencial, temos o segundo elemento, qual seja: sujeição dessa vontade humana criadora aos requisitos ou prescrições da lei.

Segundo o art. 45 do CC, a pessoa jurídica de direito privado adquire personalidade após a inscrição (exigência legal) de seus atos constitutivos (materializações da vontade humana em estatutos ou contratos) no registro competente. A partir daí surge um novo sujeito de direito.

O art. 45 do Código Civil dispõe sobre as fases para a constituição e existência jurídica das pessoas jurídicas de direito privado. No caso, há duas fases obrigatórias e outra fase eventual.

A primeira fase é manifestação volitiva daqueles que pretendem constituir a pessoa jurídica em ato constitutivo, público ou particular (salvo as fundações, cujo estatuto deve ser por escritura pública ou testamento). O ato constitutivo, estatuto ou contrato social, é documento indispensável para a criação deste sujeito de direito. O ato constitutivo deve observar os requisitos formais e substanciais, impostos pela lei, como condição de validade deste ato jurídico. No caso das fundações privadas, o ato constitutivo é revestido de formalidade, escritura pública ou testamento, atos essencialmente solenes, além da participação do MP neste processo.

A segunda fase de constituição é o registro deste ato constitutivo no cartório de registro civil de pessoas jurídicas (art. 114 e s. da Lei de Registros Públicos) ou na junta comercial, a depender da finalidade e natureza da pessoa jurídica. Tal formalidade é essencial para a existência legal da pessoa jurídica de direito privado. Como desdobramento da teoria da realidade técnica, a pessoa jurídica é resultado de processo técnico de personificação, ato constitutivo e registro. Tais fases, necessárias para a existência legal da pessoa jurídica, evidenciam o controle estatal na criação destas pessoas jurídicas.

No caso das fundações privadas, antes do registro, o ato constitutivo é submetido a controle do Ministério Público, que o deve aprovar. Tal aprovação integra a fase de constituição das fundações, o que não existe nas associações e sociedades, em relação às quais o controle de legalidade que pode ser realizado pelo MP é geral e não específico, ou seja, não integra a fase de constituição destas pessoas jurídicas.

A terceira fase, autorização do Poder Executivo, somente será exigida em situações absolutamente excepcionais, a depender da área de atuação da pessoa jurídica, relevância social da atividade ou nacionalidade. De acordo com o art. 1.123 do CC, tal autorização compete ao Poder Executivo Federal e tem caráter precário, porque poderá ser revogada se não observados os preceitos legais ou praticar atos contrários aos seus estatutos (art. 1.124 do CC). A falta de autorização, nestas situações especiais, impede a constituição da pessoa jurídica.

Se o ato constitutivo ostentar defeitos formais ou substanciais, poderá ser anulado no prazo de 3 (três) anos, contado da publicação da inscrição no registro. Trata-se de prazo de decadência, que não se interrompe ou se suspende.

Após o cumprimento destas fases, constitui-se o sujeito de direito, com personalidade jurídica própria. A norma não faz referência às pessoas jurídicas de direito público, porque a constituição destas decorre diretamente da lei (art. 37, XIX, da CF).

---

[119] DINIZ, Maria Helena. *Curso de direito civil brasileiro – Parte geral*. 18. ed. São Paulo: Saraiva, [s.d].

[120] AMARAL, Francisco. *Direito civil* – introdução, 6. ed. rev. e atual. Rio de Janeiro: Editora Renovar, 2006.

[121] PEREIRA, Caio Mário da Silva. *Instituições de direito civil:* Introdução ao direito civil. Teoria geral de direito civil. 20. ed. Atualizado por Maria Celina Bodin de Moraes. Rio de Janeiro: Forense, 2004. v. 1.

Caio Mário[122] ainda acrescenta outro requisito, que seria a licitude do objetivo social.

Na verdade, com todo o respeito ao mestre, há que ser feita uma crítica este terceiro requisito, pois tal, licitude dos propósitos ou da finalidade da pessoa jurídica, já está incluído na observância das condições legais, pois a lei impede a inscrição de registro no caso de o objetivo social não ser lícito. Portanto, a licitude do objeto integra a fase de elaboração do ato constitutivo.

Por exemplo, o art. 46, I, do CC, exige que, no registro, sejam declarados os fins da pessoa jurídica. Se for ilícito, não se faz o registro. Além disso, por analogia, o art. 104, II, como pressuposto de validade de qualquer negócio jurídico (o contrato social e o estatuto são atos jurídicos em sentido amplo), requer que o objeto seja lícito. Se for ilícito, será nulo, com submissão a tal regime jurídico.

A descrição do objeto também é exigência expressa nos arts. 968, IV, e 997, II, ambos do CC.

Nas associações, a licitude do objeto ou dos propósitos é explícita no art. 53, quando informa que estas somente podem visar a fins não econômicos, assim como o faz o parágrafo único do art. 62, quando declara que a fundação somente poderá constituir-se para fins religiosos, morais, culturais e de assistência, e, ainda, segundo o Enunciado 8 das Jornadas de Direito Civil, também para fins científicos, educacionais ou de promoção do meio ambiente.

Dessa forma, a própria lei já exige que o objeto da pessoa jurídica seja lícito. Portanto, a licitude dos propósitos ou objetivos, embora seja requisito para a existência de qualquer pessoa jurídica, já está incluída no segundo elemento, que é a exigência legal.

A finalidade específica, o conjunto de bens ou agrupamento de pessoas e a presença de estatuto ou contrato social são elementos para a constituição da pessoa jurídica, mas que já estão incluídos na "obediência aos requisitos legais". A lei determina qual é a finalidade ou objetivo social, em especial da associação e da fundação; a mesma lei exige a inserção da finalidade no estatuto ou contrato social das sociedades simples e empresárias; também informa quais são os requisitos para a constituição dessas pessoas jurídicas de direito privado (art. 53 – união de pessoas; art. 62 – patrimônio, por exemplo) e, finalmente, ela trata do registro no art. 45, de forma expressa.

Em resumo, tudo pode ser sintetizado na fórmula: *vontade humana* e *lei* (observância dos requisitos legais). Com essa fórmula, nenhum elemento sobrará nesse conceito, pois devemos considerar as peculiaridades de cada pessoa jurídica, sendo que, em relação a algumas delas, há exigências específicas, como ocorre com as associações, fundações, sociedade, organizações religiosas, partidos políticos, dentre outros.

Todavia, não pode esquecer que a pessoa jurídica no direito civil contemporâneo é pautada por valores sociais constitucionais, em especial aqueles expressos no art. 170 da CF. A pessoa jurídica deixa de ser fim em si mesma, para se converter em instrumento de concretização de direitos fundamentais, em especial a concretização da dignidade da pessoa humana, cujo objetivo deverá ser conformado na atualidade com os princípios da declaração de direitos da liberdade econômica (Lei n. 13.874/2019).

Em resumo, a pessoa jurídica pode ser assim explicada juridicamente:

Estrutura (existência jurídica) – vontade humana materializada em ato constitutivo, contrato ou estatuto social + lei ou submissão aos pressupostos que o Estado estabelece para que a pessoa jurídica se torne um sujeito de direito com personalidade jurídica própria (matérias que devem integrar o ato constitutivo e registro – controle estatal) – Tal questão estrutural é disciplinada pelo Código Civil. Tal concepção estrutural da pessoa jurídica é suficiente para lhe conferir legitimidade social e plena tutela estatal? Não. É essencial agregar à pessoa jurídica o aspecto funcional.

Funcional – A pessoa jurídica, após adquirir personalidade jurídica, se legitimará se cumprir a função social e econômica para a qual é destinada. A funcionalização da pessoa jurídica implicará em adequar os seus objetivos e finalidades a valores sociais constitucionais, de natureza existencial (relacionados à pessoa humana) e patrimonial (liberdade econômica – declaração de direitos da liberdade econômica – Lei n. 13.874/2019). Tal funcionalidade deve ser apurada no caso concreto a partir de uma atuação compatível com estes valores sociais constitucionais que a fundamentam e a legitimam (função social, respeito ao meio ambiente, respeito às relações de trabalho, ao consumidor, à ordem tributária e econômica etc.). A inobservância desta função social poderá atrair sanções para a pessoa jurídica, no âmbito civil, administrativo e até penal.

Portanto, a estrutura (CC) somada à funcionalidade (CF) justifica a pessoa jurídica, que será sempre instrumento de concretização destes valores sociais, existenciais e econômicos retromencionados.

Por fim, cumpre ressaltar que em tempos modernos a tendência é substituir a expressão representantes por órgãos (a pessoa jurídica atua por meio destes – que a integram), porque as pessoas naturais que se incorporam a tais órgãos não são meros intermediários da vontade da pessoa jurídica ou seus representantes, porque, nestes casos, haveria duas vontades, do representante e do representado, quando no âmbito da pessoa jurídica há uma única vontade (apenas da pessoa jurídica). Por isso, os órgãos são parte integrante da pessoa jurídica, por meio dos quais tal ente expressa sua vontade no mundo jurídico. Não há representação, mesmo no âmbito da teoria da realidade técnica, que busca explicar a natureza da pessoa jurídica, em termos estruturais/existenciais.

No caso das pessoas jurídicas de direito público, a aquisição da personalidade se dá por meio da lei, diretamente ou, excepcionalmente, após autorização legal, por meio de atos administrativos (art. 37, XIX e XX, da CF/88). O art. 45 do CC é restrito às pessoas jurídicas de direito privado.

---

[122] PEREIRA, Caio Mário da Silva. *Instituições de direito civil:* Introdução ao direito civil. Teoria geral de direito civil. 20. ed. Atualizado por Maria Celina Bodin de Moraes. Rio de Janeiro: Forense, 2004. v. 1.

Em momento oportuno, quando tratarmos das pessoas com personalidade jurídica de direito público, voltaremos ao tema.

• **Administração da pessoa jurídica e "acefalia" na gestão**

A autonomia privada é evidenciada pela última parte do art. 48, que trata da administração, pois o ato constitutivo, contrato social ou estatuto social, em regra, será a base jurídica que disciplinará a administração interna das pessoas jurídicas. Se a administração é unipessoal, o dirigente respectivo tomará as decisões. Se a administração é coletiva, o ato constitutivo disciplinará o modo de deliberação das matérias, inclusive quórum especial se for o caso e peso de votos.

As deliberações e decisões tomadas no âmbito interno da pessoa jurídica podem ser invalidada nos casos de vícios de consentimento, erro e dolo, ou, ainda, em casos de simulação, fraude, violação da lei ou estatuto. O prazo é de três anos.

De acordo com o art. 49, se a administração da pessoa jurídica vier a faltar, o juiz, a requerimento de qualquer interessado, nomeará, em favor deste sujeito de direito, para fins de gestão, administrador provisório.

No caso de eventual acefalia da pessoa jurídica, no que se refere à gestão, o que poderia comprometer a viabilização e a concretização das finalidades institucionais deste sujeito de direito, bem como para evitar prejuízos para aqueles que a ela estão vinculadas ou a terceiros (negócios pendentes, por exemplo), o juiz, a requerimento de qualquer interessado (sócios minoritários sem poder de controle, trabalhadores, credores, MP em algumas situações, como no âmbito das fundações), nomeará, por prazo certo, administrador provisório, com a definição de seus poderes. A ausência de gestores não pode colocar em risco a continuidade da pessoa jurídica. Por isso, seria essencial que o próprio ato constitutivo já previsse tal situação excepcional, a fim de não comprometer o funcionamento, organização e gestão da pessoa jurídica.

Por fim, a Lei n. 14.382/2022, resultado da conversão da MP n. 1.085/2021, introduziu o art. 48-A, com redação atualizada, para dispor que, no âmbito das pessoas jurídicas de direito privado, as assembleias gerais podem ser realizadas por meios eletrônicos, inclusive para, no caso das associações, a reforma do estatuto ou a destituição de administradores (art. 59). Restou consignado na parte final do dispositivo que as assembleias por meio eletrônico devem respeitar o direito de participação e de manifestação. Portanto, o meio eletrônico não poderá inviabilizar a participação e manifestação de sócios, associados, procuradores e todos aqueles que têm a prerrogativa de participar e se manifestar em assembleias presenciais. Todavia, trata-se de mera faculdade, pois sempre será respeitado o que constar em atos constitutivos ou a legislação que disciplina tal espécie de reunião nas mais diversas situações (em qualquer pessoa jurídica de direito privado).

1.12.6. Personalidade e efeitos

A pessoa jurídica, após sua criação e constituição, de acordo e em obediência aos pressupostos de existência acima analisados, passa a ser ente autônomo, sujeito de direito, com aptidão para titularizar relações jurídicas (direitos e deveres), com personalidade jurídica própria e distinta dos membros que a compõem. Portanto, passa a ter plena autonomia jurídica. A pessoa jurídica tem realidade jurídica distinta e inconfundível com as pessoas naturais que a integram como sócias, associadas ou acionistas.

A personificação, como técnica jurídica, nada mais é do que o reconhecimento da personalidade jurídica a um grupo de pessoas ou de um conjunto de bens, observados os requisitos legais, com vistas a objetivos comuns. Para alcançar esses objetivos, a ordem jurídica reconhece à pessoa jurídica alguns atributos. Com esse processo técnico, o grupo ou o conjunto de patrimônio passa a ter personalidade própria, distinta de seus elementos componentes. Por isso se diz que a personalidade é derivada.

A pessoa natural possui personalidade originária, pois, desde a concepção, para os adeptos da teoria da concepção, ou, desde o nascimento com vida, para os natalistas, a pessoa natural passa a ser considerada pessoa, sujeito de direito, dotada de personalidade. O Estado, no caso da pessoa natural, apenas declara ou reconhece uma personalidade preexistente. No caso da pessoa jurídica, o cumprimento dos requisitos legais leva à aquisição da personalidade jurídica, razão pela qual tal personalidade deriva ou decorre da lei, conforme expressa o art. 45, cujo dispositivo define o momento de aquisição dessa personalidade no que tange às pessoas jurídicas de direito privado.

• **Efeitos principais da personalização da pessoa jurídica**

Inicialmente, é importante observar que os efeitos que trataremos abaixo são os principais, que não excluem outros secundários, como a nacionalidade, por exemplo.

a) Capacidade jurídica: de direito e de fato

Após a personificação, forma-se um novo centro de direitos e deveres, dotado de capacidade de direito e de fato. A capacidade de direito é a possibilidade de a pessoa jurídica ser capaz de titularizar relações jurídicas, direitos e deveres na ordem civil. Tal capacidade é um dos principais efeitos da personalização.

Além disso, a pessoa jurídica terá capacidade de fato, ou seja, poderá, pela sua própria vontade, e, independentemente de assistência ou representação, praticar atos da vida civil.

Ao contrário da pessoa natural, não se cogita de incapacidade da pessoa jurídica. Caso não cumpra sua finalidade social ou seus objetivos institucionais, poderá suportar a sanção da desconsideração de um dos efeitos da sua personalidade jurídica (autonomia patrimonial) e, ainda, ser dissolvida e extinta, como é exemplo o art. 69 do CC. Mas sempre terá capacidade para exercer, por si própria, os atos da vida civil (por meio de seus diretores ou gerentes que não são representantes da pessoa jurídica, sendo que atuam como se fossem a própria pessoa jurídica).

No entanto, ao contrário da pessoa natural (que não tem restrições em relação à capacidade de direito e, quando capaz, de fato, pode plenamente exercer atos da vida civil ou, mesmo incapaz, por meio de representantes ou assistentes), a capacidade da pessoa jurídica é *restrita*. A restrição da capacidade da pessoa jurídica tem relação com a sua finalidade ou objetivo social.

A pessoa jurídica somente pode manifestar a sua vontade naquilo que está relacionado aos seus fins e objetivos sociais, sendo que sua atuação é limitada ao objeto constante no contrato ou estatuto social. Tal restrição da capacidade é denominada pela doutrina de princípio da especialização.

Tal princípio tem conexão com o desvio de finalidade, previsto no art. 50 do CC, que pode levar à desconsideração da personalidade jurídica, que representa uma sanção imposta, pelo sistema, às pessoas jurídicas que violam a ideia da capacidade restrita, ou seja, que atuam fora da sua órbita de atuação ou realizam negócios estranhos ao seu objeto social.

b) Existência distinta dos membros que a compõem

Além da capacidade, outro efeito da personalização da pessoa jurídica é o fato de esta passar a ser titular de direitos e deveres, distintos das pessoas que a compõem. A pessoa jurídica passa a ser um centro autônomo e unitário de interesses, sendo possível a imputação de direitos e obrigações.

c) Nome

Como efeito da personalização, a pessoa jurídica passa a ter um nome (art. 46, I, que exige a indicação do nome como condição para o registro; arts. 968, I; 997, I; 1.155 a 1.168, todos do CC; estes últimos relacionados especificamente às sociedades simples e empresárias).

Em relação ao art. 1.155, seu parágrafo único traz uma questão interessante ao equiparar ao nome empresarial, para os efeitos da proteção da lei, a denominação das sociedades simples, associações e fundações.

Ao adquirirem a condição de sujeitos de direito, com aptidão para serem titulares de direitos e obrigações, as pessoas jurídicas têm direito a uma identidade, que é um atributo decorrente da sua personalidade, tendo proteção especial do Estado.

d) Domicílio

O domicílio também pode ser considerado como importante consequência da personalização da pessoa jurídica. Tal questão é tratada no art. 75 do CC.

Segundo esse dispositivo, quanto às pessoas jurídicas, o domicílio é: da União, o Distrito Federal; dos Estados e Territórios, as respectivas capitais; do Município, o lugar onde funcione a administração municipal; e, das demais pessoas jurídicas, em especial aquelas com personalidade de direito privado, como as mencionadas, exemplificativamente, no art. 44 do CC, o lugar onde funcionem as respectivas diretorias e administrações ou onde elegerem domicílio especial no seu estatuto ou ato constitutivo.

As pessoas jurídicas de direito privado podem possuir vários domicílios. É o princípio da pluralidade domiciliar. Assim, pode ser considerado seu domicílio aquele eleito pela pessoa jurídica ou, em caso de omissão, ou mesmo de eleição, o seu centro administrativo, onde funcionam as diretorias e administração em geral.

É necessário ter cautela com tal dispositivo, pois não é incomum pessoas jurídicas terem suas atividades em um determinado local e elegerem como domicílio especial lugar diverso daquele onde exercem normalmente suas atividades. Tal questão será desenvolvida com mais detalhes quando tratarmos do tema *domicílio*.

Apenas para finalizar, o art. 75, § 1º, dispõe que, tendo a pessoa jurídica diferentes estabelecimentos, cada um deles será considerado domicílio para os atos neles praticados. Isso leva à conclusão de que o domicílio da pessoa jurídica, para qualquer fim, é plural, ou seja, pode ser considerado domicílio o local onde a pessoa jurídica exerce suas atividades administrativas e gerenciais ou o local eleito no ato constitutivo (domicílio especial). Nesse sentido, aliás, é a Súmula 363 do STF, segundo a qual: "A pessoa jurídica de direito privado pode ser demandada no domicílio da agência, ou estabelecimento, em que se praticou o ato".

e) Autonomia patrimonial

Tal questão é relevante. Ao adquirir personalidade, a pessoa jurídica passa a ter patrimônio próprio e, por isso, é esse patrimônio, distinto do de seus membros componentes, que vai responder pelos seus atos. Este patrimônio próprio vai permitir à pessoa jurídica a possibilidade de atuar no mundo jurídico, a fim de atender às finalidades e objetivos sociais para os quais foi constituída.

Em caso de desconsideração da personalidade jurídica, o único efeito da personalidade a ser desconsiderado é o princípio da autonomia patrimonial. A desconsideração da autonomia patrimonial é episódica, circunstancial e excepcional, permitindo a vinculação do patrimônio dos sócios à determinada obrigação assumida por uma pessoa jurídica, cuja personalidade foi utilizada por seus membros como instrumento de fraude.

Tal questão será abordada no item que trata da desconsideração da personalidade jurídica.

f) Titularidade processual

A pessoa jurídica passa a ter aptidão para ser titular de direitos e obrigações na ordem civil e, em razão disso, pode perfeitamente atuar em juízo na defesa dos seus interesses, tanto no polo ativo quanto no polo passivo.

Aliás, neste ponto, cumpre uma observação importante, que é bem retratada por Marlon Tomazette, em seu *Curso de direito empresarial*, embora não tenha relação com a titularidade processual, mas com a atuação da pessoa jurídica e forma dessa atuação. Segundo o referido doutrinador, "para exercer direitos e obrigações, a sociedade deve praticar os mesmos atos que um ser humano praticaria, e para tanto necessita dos chamados órgãos. Quando o órgão age, quem age é a pessoa jurídica. Por meio do órgão, se faz presente a vontade da pessoa jurídica, daí se falar que o órgão é presentante da pessoa jurídica e não seu representante".

Realmente, não há representação, pois os órgãos, quando atuam no mundo jurídico, o fazem como sendo a própria pessoa jurídica (como de fato o são).

Finalmente, *a responsabilidade civil e penal da pessoa jurídica* é também outra das principais consequências da personalização. Em razão da importância do tema, ele será tratado em tópico separado.

Não há dúvida que da personalidade da pessoa jurídica decorrem outros efeitos ou atributos (como a nacionalidade, proteção da marca, patentes etc.), mas, nesse caso, é suficiente ressaltar os mais relevantes para a correta compreensão do tema.

O mestre Francisco Amaral[123] ressalta algumas características da pessoa jurídica que, ao final, acabam se confundindo com os seus efeitos. Para ele, a pessoa jurídica "tem como características: capacidade de direito e de fato; existência de estrutura organizativa artificial; objetivos comuns de seus membros, patrimônio próprio e independente de seus membros e publicidade de sua constituição". Acrescentando a responsabilidade, a autonomia patrimonial, o nome, domicílio, dentre outros atributos decorrentes da personalidade da pessoa jurídica, chega-se a um enquadramento das principais características desse ente moral.

No âmbito público, o modelo é o Estado como pessoa jurídica distinta dos cidadãos que o compõem – necessidade de realização de valores coletivos.

No âmbito privado, as pessoas jurídicas *se constituem de acordo com os objetivos específicos de seus membros*. Se o objetivo for de fins não lucrativos, está presente uma associação. Por outro lado, se os objetivos forem lucrativos ou de interesses pecuniários, constituem-se as sociedades, de natureza civil ou empresarial, conforme a atividade desenvolvida.

É a finalidade ou o objetivo que define a natureza do agrupamento de pessoas, mas é a natureza da atividade desenvolvida que diferencia as sociedades simples das sociedades empresárias.

1.12.6.1. Responsabilidade civil da pessoa jurídica no âmbito contratual e extracontratual

A pessoa jurídica, ao adquirir personalidade jurídica e, em consequência, se tornar um sujeito de direito independente e autônomo, a par da personalidade das pessoas naturais que a compõem (estes na qualidade de membros ou administradores), passa a responder, civilmente, pelos próprios atos.

A responsabilidade civil da pessoa jurídica decorre da sua condição de sujeito de direito. Portanto, ao lesar direitos subjetivos de outrem ficará obrigada a reparar os danos causados, sejam eles materiais ou morais. Tal responsabilidade decorre tanto daquele campo delimitado pelo seu objeto social (contratual), assim como naqueles casos em que viole direitos subjetivos de terceiros com quem não mantém nenhum vínculo jurídico. Nesse último caso, a responsabilidade civil estará relacionada a uma conduta culposa ou ao exercício de uma atividade de risco (extracontratual), dentre outras situações.

Como visto, a responsabilidade civil é a consequência de algum fato. Tal fato é a causa ou a fonte geradora de tal responsabilidade. Caso a pessoa jurídica viole um dever jurídico negativo, ou seja, o dever imposto a todos os sujeitos de direito pelo ordenamento jurídico de não lesar outrem, responderá civilmente pela violação do direito subjetivo de outrem, razão pela qual deverá reparar os danos causados ao lesado. É o que se convencionou chamar de responsabilidade extracontratual, pois, nesse caso, não preexiste entre as partes nenhuma relação jurídica de direito substancial.

Por outro lado, se a pessoa jurídica violar dever jurídico positivo, dever de adimplemento, da mesma forma responderá por essa violação. Aqui, como as partes estavam previamente vinculadas por uma relação jurídica de direito material, um contrato, por exemplo, a responsabilidade é qualificada como contratual. A fonte ou o fundamento dessa responsabilidade civil é o inadimplemento de uma obrigação, dever jurídico específico. Para a responsabilidade civil, é essencial a imputabilidade, subjetiva ou objetiva, desse inadimplemento à pessoa jurídica.

Responsabilidade civil e administrativa da pessoa jurídica e a Lei "Anticorrupção".

A Lei n. 12.846/2013 disciplina a responsabilidade objetiva administrativa e civil de pessoas jurídicas pela prática de atos contra a administração pública, nacional ou estrangeira. A lei em referência aplica-se às sociedades empresárias e às sociedades simples, personificadas ou não, independentemente da forma de organização ou modelo societário adotado, bem como a quaisquer fundações, associações de entidades ou pessoas, ou sociedades estrangeiras, que tenham sede, filial ou representação no território brasileiro, constituídas de fato ou de direito, ainda que temporariamente.

De acordo com o art. 2º da referida legislação, as pessoas jurídicas serão responsabilizadas objetivamente, nos âmbitos administrativo e civil, pelos atos lesivos previstos nessa lei praticados em seu interesse ou benefício, exclusivo ou não.

Tal legislação impõe às pessoas jurídicas que venham a se relacionar com a administração pública dever de probidade e ética nos atos praticados. As sanções para a pessoa jurídica que pratica atos contra a administração pública são severas e, vão desde penalidades administrativas até sanções de natureza civil. O art. 5º da legislação define os atos lesivos à administração pública nacional ou estrangeira.

O dever ético imposto às pessoas jurídicas pela referida legislação é mais um meio de manter a atuação da pessoa jurídica de acordo com a sua função social.

A referida legislação é resultado deste movimento de constitucionalização e pós-positivista que repercute nas relações privadas intersubjetivas.

---

[123] AMARAL, Francisco. *Direito civil* – introdução, 6. ed. rev. e atual. Rio de Janeiro: Editora Renovar, 2006.

1.12.6.1.1. Teoria *ultra vires* e teoria da aparência. Análise do art. 47 do CC em confronto com essas teorias

A pessoa jurídica, como analisado no item anterior, após a personalização, adquire a condição de sujeito de direito e, por essa razão, responde civilmente pelos seus atos.

No âmbito da responsabilidade civil, é interessante analisar, ainda que sucintamente, as teorias da aparência e *ultra vires*, as quais repercutem no tema em análise.

O Código Civil privilegia a ética nas relações privadas e, por conta disso, tutela os interesses das pessoas que atuam de boa-fé, não só dos gestores da pessoa jurídica, mas também de terceiros que com tal sujeito de direito se relacionam juridicamente. A boa-fé objetiva é cláusula geral que serve de norte para todas as relações privadas, tendo, basicamente, três funções dentro do sistema. A primeira função é servir como parâmetro de interpretação dos negócios jurídicos (art. 113); a segunda é limitar o exercício de direitos subjetivos (art. 187); e a terceira é o nascimento de deveres anexos, colaterais e secundários, como dever de informação, cuja função está expressa no art. 442, no capítulo que trata da teoria geral dos contratos.

A boa-fé objetiva fundamenta a teoria da aparência, a qual tem a finalidade de tutelar os interesses e direitos de terceiros que venham a ter contato com a pessoa jurídica e que agem com ética, probidade, lealdade, enfim, com boa-fé objetiva (boa-fé de comportamento).

Por força da teoria da aparência, fundada na boa-fé objetiva, a pessoa jurídica se vinculará aos atos que seus administradores praticarem com terceiro de boa-fé, quando tais atos extrapolarem os limites previstos nos atos constitutivos ou, até mesmo, quando os administradores não tiverem nenhum poder para praticá-los. A tutela da boa-fé do terceiro decorrerá de uma aparência de legitimidade.

O terceiro, para ser tutelado, deve ter a plena convicção de que a pessoa jurídica tinha poderes para a prática daqueles atos, em situação de aparência. Na situação concreta, é necessário que haja aparente poder de ação ou de exercício que, na realidade, a pessoa jurídica não desfruta.

Assim, na aparência, o ato era legítimo. Todavia, na realidade, a pessoa jurídica não tinha poderes para a prática do ato, porque o gestor não ostentava poder para tanto no ato constitutivo. A *aparência de legitimidade de poder* do gestor potencializa a boa-fé do terceiro.

O art. 47 do Código Civil sugere que a pessoa jurídica apenas se obriga pelos atos de seus administradores, quando exercidos nos limites dos poderes definidos no ato constitutivo. Portanto, no caso de excesso ou desvio de poder, a pessoa jurídica não se vincularia a tais atos praticados pelos gestores. Todavia, tal dispositivo legal deve ser conformado com a necessária tutela do terceiro que, na relação jurídica com o gestor que age com excesso, está de boa-fé. Ainda que haja excesso, a pessoa jurídica se vincula e se obriga a atos dos gestores, quando e se o terceiro estiver de boa-fé. O art. 47 não adota a teoria *ultra vires*, que impede tal vinculação da pessoa jurídica em relação a excessos dos gestores. E tal percepção é ainda mais clara, quando a Lei n. 14.195/2021, revogou o parágrafo único do art. 1.015 do CC, que para muitos era a base normativa da teoria *ultra vires* em nosso sistema.

A pessoa jurídica se obriga pelos atos exercidos além ou fora dos limites dos poderes definidos no ato constitutivo, em relação aos seus gestores, se o terceiro estiver de boa-fé.

O art. 47 deveria ser complementado de forma a ressalvar a boa-fé de terceiro, justamente para abarcar o princípio da boa-fé objetiva e a teoria da aparência. Em razão da teoria da aparência, se a pessoa jurídica, por meio de seus administradores, excede os limites dos poderes definidos no ato constitutivo ou se agirem sem poderes, tal sujeito de direito se vinculará e se obrigará por tais atos, ao contrário da equivocada percepção a ser extraída de uma leitura apressada do art. 47 do CC. Obviamente, se o terceiro conhecia o excesso ou a ausência de poderes, não haverá vinculação da pessoa jurídica, simplesmente porque, nesse caso, não haverá boa-fé deste terceiro.

A teoria da aparência tem por fundamento e base de sustentação da boa-fé, em especial, objetiva, do terceiro que pratica algum ato com a pessoa jurídica.

Se não houver boa-fé, não há situação de aparência. Ausente a boa-fé do terceiro e, caso o administrador venha a extrapolar os limites do ato constitutivo, responderá este, pessoalmente, pelo excesso.

O Enunciado 145 da III Jornada de Direito Civil, promovida pelo CJF, insere a norma neste contexto: "O art. 47 não afasta a aplicação da teoria da aparência".

Em resumo, responde, civilmente, a pessoa jurídica, pelos atos que seus administradores praticarem, aparentemente, dentro dos limites dos poderes definidos nos atos constitutivos (seja extrapolando esses limites, seja agindo sem poderes), para tutelar a boa-fé do terceiro, que sustenta e fundamenta a teoria da aparência. Aliás, neste sentido, o Enunciado n. 11 da I Jornada de Direito Comercial, segundo o qual a regra do art. 1.015, parágrafo único (que desvincula a pessoa jurídica de atos de administradores), deve ser aplicada à luz da teoria da aparência e do primado da boa-fé objetiva, de modo a prestigiar a segurança do tráfego negocial. As sociedades se obrigam perante terceiros de boa-fé". Tal parágrafo único do art. 1.015 foi revogado expressamente pela Lei n. 14.195/2021, com o que sepulta qualquer referência normativa à teoria *ultra vires* em nosso sistema. Para preservar a segurança jurídica, princípio fundamental das relações empresariais e societárias e, tutelar a boa-fé de terceiros, não é a natureza do ato, mas a boa-fé do terceiro que determinará a vinculação da pessoa jurídica em relação a excesso dos gestores, o que sempre defendemos em edições anteriores. Isto porque o parágrafo único do art. 1.015, em especial o inciso III, admitia a oposição do excesso dos gestores pela pessoa jurídica em relação a terceiros, se o ato fosse evidentemente contrário ao objeto social, independente da boa-fé do terceiro. Com a revogação do parágrafo único do art. 1.015 pela Lei n. 14.195/2021, a vinculação da pessoa jurídica por excesso praticado pelos gestores em relação a terceiros será determinada pela boa-fé destes e não pela teoria *ultra vires*, agora exterminada do sistema.

Se houver excesso do gestor e o terceiro estiver de boa-fé, a pessoa jurídica se vincula a tais atos, com a possibilidade de ação regressiva contra o gestor ou administrador que não respeitou os limites dos poderes constantes no ato constitutivo.

Em que consiste a "teoria *ultra vires*"?

A teoria *ultra vires* é tese que impede a vinculação da pessoa jurídica aos atos e negócios estranhos ao objeto ou finalidade social ou em relação a excessos dos gestores, situações em que a responsabilidade deveria ser pessoal. Portanto, de acordo com a teoria *ultra vires*, a pessoa jurídica não responde por atos praticados em seu nome, quando incompatíveis com seu objeto social ou em caso de excesso de poderes. Assim, tais atos não seriam eficazes em relação à pessoa jurídica.

A questão era: O nosso ordenamento jurídico adotou a teoria *ultra vires*? Durante a vigência do parágrafo único do art. 1.015 do CC, prevalecia o entendimento de que o inciso III era a base normativa da teoria *ultra vires* em nosso sistema, o que sempre contestamos, porque a vinculação da pessoa jurídica no caso de excesso dos gestores deveria se relacionar à boa-fé ou não do terceiro, e não a questões objetivas, ou seja, relação entre atos e poderes conferidos no ato constitutivo. A pessoa jurídica, diante do nosso sistema, no qual se tutelam os interesses do terceiro de boa-fé, se vincula e responde, civilmente, pelos atos praticados em seu nome, mesmo que incompatíveis com seu objeto social, ou ainda em relação aos atos que venham a extrapolar a sua finalidade social. Portanto, no ordenamento jurídico brasileiro, ainda que os atos dos administradores extrapolem os limites de seus poderes (ou mesmo agindo sem poderes), definidos no ato constitutivo, a pessoa jurídica se vincula a tais atos (se o terceiro estiver de boa-fé).

A teoria *ultra vires* é incompatível com o princípio da boa-fé objetiva e com a teoria da aparência, os quais visam a ampliar a responsabilidade contratual da pessoa jurídica, como já ressaltado.

O revogado parágrafo único, inciso III, do art. 1.015 do CC, era considerado exceção, para admitir a teoria *ultra vires* (III – tratando-se de operação evidentemente estranha aos negócios da sociedade). Com a revogação deste dispositivo, não há mais qualquer referência normativa à teoria *ultra vires*, tudo para prestigiar a segurança jurídica e a boa-fé do terceiro.

Na vigência do inciso III, do parágrafo único do art. 1.015 (agora revogado), a doutrina, em geral, defendia a tese da adoção da teoria *ultra vires* neste dispositivo.

Aliás, na III Jornada de Direito Civil, por meio do Enunciado 219, chegou-se à conclusão que a teoria *ultra vires* estaria positivada no direito brasileiro. Confira-se: "Está positivada a teoria *ultra vires* no direito brasileiro, com as seguintes ressalvas: (a) o ato *ultra vires* não produz efeito apenas em relação à sociedade; (b) sem embargo, a sociedade poderá, por meio de seu órgão deliberativo, ratificá-lo; (c) o CC amenizou o rigor da teoria *ultra vires*, admitindo os poderes implícitos dos administradores para realizar negócios acessórios ou conexos ao objeto social, os quais não constituem operações evidentemente estranhas aos negócios da sociedade; (d) não se aplica o art. 1.015 às sociedades por ações, em virtude da existência de regra especial de responsabilidade dos administradores (art. 158, II, da Lei n. 6.404/76)".

Com a revogação do parágrafo único, com todos os seus respectivos incisos, pela Lei n. 14.195/2021, tal enunciado simplesmente perdeu o sentido e a base de sustentação. Inexiste, agora, referência normativa à teoria *ultra vires* no nosso sistema jurídico.

O que sempre defendemos e, agora, foi confirmado pela revogação do inciso III, parágrafo único, do art. 1.015, é que tal dispositivo não poderia retratar a teoria *ultra vires*, porque a boa-fé do terceiro, independente de excesso de poderes e da natureza do ato, seria suficiente para vincular a pessoa jurídica aos atos de seus gestores (com excesso).

Por isso, defendíamos que, se o terceiro participa de operação evidentemente estranha aos negócios da pessoa jurídica (sociedade), não estará de boa-fé e, justamente por conta da ausência dessa boa-fé, a pessoa jurídica não se vincula em relação a esses atos praticados pelos administradores. O artigo exigia que a operação fosse *evidentemente* estranha aos negócios da sociedade.

Assim, a norma revogada previa apenas mais um mecanismo para responsabilizar o terceiro de má-fé e não retroceder na teoria *ultra vires*. Em tal dispositivo, existia apenas presunção de má-fé em razão de determinado fato concreto, qual seja, a operação ou o negócio praticado pelo terceiro ser, evidentemente, completa e totalmente, estranho aos negócios comuns e ordinários da pessoa jurídica.

Não há dúvida de que a pessoa jurídica, mesmo na vigência daquela norma, não poderia opor, ao *terceiro de boa-fé*, atos dos administradores que pratiquem qualquer operação, evidentemente estranha ao objeto social, ficando vinculada a esses atos, sem prejuízo do regresso contra os gestores. Entre a tutela do terceiro de boa-fé e os interesses da pessoa jurídica, não há dúvida da preponderância do princípio da boa-fé nessa situação. O princípio da boa-fé é norteador de todas as relações privadas, sendo um dos pilares do Código Civil. O princípio tutela valores de uma sociedade e, por isso, sempre prevalecerá sobre regras jurídicas. Desse modo, não havia justificativa razoável para considerar a teoria *ultra vires* no sistema civil, mesmo de forma excepcional.

Em qualquer situação em que o terceiro não esteja (após a revogação da norma) ou não estivesse (antes da revogação) de boa-fé, a pessoa jurídica não se vinculará. A não vinculação da pessoa jurídica, devido a excesso de seus gestores, sempre se relacionou à má-fé do terceiro, e não à teoria *ultra vires*.

Portanto, se a questão toda está relacionada à boa ou má-fé do terceiro, nunca foi correto, tecnicamente, defender a teoria *ultra vires* em nosso sistema jurídico (por isso, ainda na vigência do inciso III do parágrafo único do art. 1.015, sempre concordamos com o enunciado n. 11 da I Jornada de Direito Comercial).

A teoria *ultra vires* foi sepultada pela Lei n. 14.195/2021, que revogou o inciso III do parágrafo único do art. 1.015 do CC. Portanto, a questão da vinculação ou não da pessoa jurídica a qualquer ato praticado pelos seus administradores, com excesso de mandato, não enseja aplicação da teoria *ultra vires*, tudo para resguardar a segurança jurídica e tutelar terceiros de boa-fé.

1.12.6.1.2. Responsabilidade civil das pessoas jurídicas de direito público

As pessoas jurídicas de direito público respondem, civilmente, pelos atos de seus agentes (que atuem nesta qualidade ou desde que se envolvam em qualquer situação se aproveitando desta condição – é essencial nexo entre a conduta, comissiva ou omissiva, do agente público e a atividade administrativa que o vincula ao Estado). O Estado, por meio de agentes (em regra, servidores públicos) ou órgãos públicos, executa serviços e atividade e, se em razão destes fatos, causar prejuízo ou lesão a bens, pessoas e direitos, poderá ser responsabilizado civilmente.

• **Base normativa para a responsabilidade civil estatal**

O art. 43 do CC disciplina a responsabilidade civil da pessoa jurídica de direito público de modo mais restrito que a norma constitucional que trata do mesmo tema: as pessoas jurídicas de direito público interno (art. 41) são civilmente responsáveis por atos de seus agentes que, nessa qualidade, causarem danos a terceiros, ressalvado direito regressivo contra os causadores do dano, se houver, por parte destes, culpa ou dolo.

A CF/88, no art. 37, § 6º, é mais abrangente e completa: "As pessoas jurídicas de direito público e as de direito privado prestadoras de serviços públicos responderão pelos danos que seus agentes, nessa qualidade, causarem a terceiros, assegurado o direito de regresso contra o responsável nos casos de dolo ou culpa". A norma constitucional consagra a responsabilidade objetiva do Estado, das entidades que integram a administração indireta com personalidade de direito público (autarquias, fundações públicas) e com personalidade de direito privado, desde que prestadoras de serviço público, tudo com fundamento na teoria do risco (risco administrativo – admite excludentes de responsabilidade, como fato exclusivo da vítima e força maior/fortuito externo).

O objetivo desta obra não é tratar da responsabilidade civil do Estado. Por isso, apenas destacaremos, em resumo, as questões centrais sobre tal responsabilidade:

• **Evolução**

Em relação à evolução do tema, com algumas variações doutrinárias, podem ser destacadas.

Fase 1 – fase da irresponsabilidade do Estado (contemporânea ao absolutismo monárquico – o rei não erra – *the king can do no wrong* –, o Estado não responde pelos seus atos);

Fase 2 – fase da responsabilidade subjetiva (teoria civilista – porque a base era o direito civil, conforme retratado no CC/1916) – Nesta fase, se admite a responsabilidade do Estado por danos causados a terceiros, mas desde que demonstrado o elemento subjetivo, culpa ou dolo do agente público (responsabilidade subjetiva do Estado);

Fase 3 – Segundo Maria Sylvia Zanella Di Pietro[124], na fase civil e subjetiva, em que a responsabilidade era baseada na culpa, em um primeiro momento: "(...) distinguia-se, para fins de responsabilidade, os atos de império e os atos de gestão. Os primeiros seriam os praticados pela Administração com todas as prerrogativas e privilégios de autoridades e impostos unilateral e coercitivamente ao particular independentemente de autorização judicial, sendo regidos por um direito especial, exorbitante do direito comum, porque os particulares não podem praticar atos semelhantes; os segundos seriam praticados pela administração em situação de igualdade com os particulares, para a conservação e desenvolvimento do patrimônio público e para a gestão de seus serviços";

Fase 4 – fase da culpa do serviço – ainda com viés subjetivo, pois baseada na culpa, o objetivo era proteger a vítima com a facilitação da prova da conduta estatal, porque bastava demonstrar que o serviço foi prestado de forma ineficiente, inadequado ou sem a qualidade, independente da identificação do agente responsável. A culpa se desloca da pessoa do agente para o serviço (por isso, "culpa anônima" – não interessa quem é o agente que executa o serviço, basta identificar o serviço e sua falha) e, com isso, a culpa individual evoluiu para a culpa anônima ou impessoal, que ocorre quando o serviço não funciona, funciona mal ou funciona atrasado. Como lembrado por Celso Antônio Bandeira de Mello[125], a responsabilidade por falta do serviço é subjetiva, embora vários doutrinadores cheguem a afirmar que a culpa anônima e a responsabilidade objetiva são a mesma coisa. Este autor acredita que essa confusão tem como uma de suas causas a tradução de *faute*, cuja palavra, em francês, significa culpa. No Brasil, *faute* foi traduzida como *ausência*. A própria Maria Sylvia Di Pietro[126] incorre nessa confusão quando inclui, entre as teorias publicistas, a culpa do serviço: "(...) a teoria da culpa do serviço, também chamada de culpa administrativa, procura desvincular a responsabilidade do Estado da ideia de culpa do funcionário. Passou a falar em culpa do serviço público. Essa culpa do serviço público ocorre quando: O serviço não funcionou (omissão), funcionou atrasado ou funcionou mal. Em qualquer destas três hipóteses, ocorre a culpa (*faute*) do serviço administrativo, incidindo a responsabilidade do estado independentemente de qualquer apreciação da culpa do funcionário";

Fase 5 – fase da responsabilidade objetiva: É a fase atual, consagrada no art. 37, § 6º da CF e no art. 43 do CC. Nesta fase, a responsabilidade estatal independe de qualquer elemento subjetivo. O fundamento é o risco da atividade. Basta demonstrar relação de causalidade entre conduta, comissiva ou omissiva, lícita ou ilícita, e o dano, para fins de responsabilidade civil (é dispensável a demonstração do dolo ou culpa do agente, como na fase civilista ou da culpa do serviço, como fase anterior. Observação: no caso de responsabilidade civil por atos omissivos, prevale-

---

[124] DI PIETRO, Maria Sylvia Zanella. *Direito administrativo*. 20. ed. São Paulo: Atlas, 2007.

[125] MELLO, Celso Antônio Bandeira de. *Curso de direito administrativo*. 26. ed. São Paulo: Malheiros, 2009.

[126] DI PIETRO, Maria Sylvia Zanella. *Direito administrativo*. 20. ed. São Paulo: Atlas, 2007.

ce o entendimento de que a responsabilidade da administração pública é subjetiva, com base na culpa do serviço ou culpa anônima).

• **Responsabilidade civil por atos lícitos**

O Estado pode ser responsabilizado civilmente por atos lícitos, pois, em casos específicos, com o objetivo de beneficiar a coletividade e o público em geral, poderá causar dano a pessoa individualizada. Tal dano decorrente de conduta lícita para ser indenizado deve ser anormal (que transcenda o limite de tolerância e as regras de proporcionalidade) e específico (viola bens, interesses e direitos de pessoas específicas, que não podem suportar ônus excessivo que beneficiaria o coletivo). Os danos genéricos são normais e, por isso, integram o risco social. O fundamento da responsabilidade civil por atos lícitos é o princípio constitucional da isonomia, pois não é justo que indivíduos específicos suportem danos anormais e que transcendem o risco social. Por exemplo, durante a pandemia, os Estados e os Municípios adotaram medidas restritivas necessárias e, também, polêmicas, com base no poder de polícia, de natureza sanitária, para suspender determinadas atividades econômicas. Tais atos administrativos, em especial decretos de chefes dos Executivos estaduais e municipais, decorrentes do poder de polícia, são lícitos. O objetivo com tais medidas restritivas é tutelar a saúde pública. Tais medidas impuseram ônus excessivo a determinadas pessoas, em benefício da coletividade. Aqueles que tiveram suas atividades suspensas poderão, em tese, requerer indenização contra o Estado, porque suportaram danos anormais e específicos. A ausência de isonomia em relação aos demais membros da coletividade justificaria tais indenizações, embora os atos sejam lícitos.

A Lei n. 14.125/2021, que dispõe sobre a responsabilidade civil relativa a eventos adversos pós-vacinação contra Covid-19, no art. 1º, impôs à União, Estados, Distrito Federal e Municípios a responsabilidade civil por ato lícito. Tais entes políticos, autorizados a adquirir vacinas (desde que concedido o registro ou haja autorização temporária de uso emergencial pela Anvisa), assumirão todos os riscos referentes à responsabilidade civil quanto a eventos adversos pós-vacinação. Tais riscos poderão estar especificados nos instrumentos e contratos de aquisição de vacinadas formalizados com os laboratórios/fabricantes. Neste caso, a responsabilidade civil decorrerá de ato lícito, pois autorizado legalmente a assumir os riscos de qualquer efeito adverso pós-vacinação, o que permitirá a qualquer cidadão, com base na referida lei, buscar reparação por tais efeitos contra qualquer dos entes políticos da federação.

• **Responsabilidade objetiva das pessoas jurídica de direito público e de direito privado prestadora de serviços públicos, integrantes (empresas públicas e sociedades de economia mista) ou não (concessionárias e permissionárias) da administração indireta**

A responsabilidade objetiva, fundada na teoria do risco, abrange não só as pessoas jurídicas de direito público, como autarquias e fundações públicas, bem como pessoas jurídicas de direito privado, prestadoras de serviços públicos, como empresas públicas, sociedades de economia mista e particulares que recebem, por delegação da administração direta, a missão de executar tais serviços. Por outro lado, as pessoas jurídicas de direito privado, ainda que integrem a administração indireta, empresas públicas e sociedades de economia mista, exploradoras de atividade econômica, não se inserem na norma constitucional: a responsabilidade civil se dará pelas regras gerais civilistas (estas podem até responder objetivamente, mas não com base nas regras de responsabilidade objetiva do direito público e, sim, com fundamento nas regras de responsabilidade objetiva de direito privado).

As pessoas jurídicas de direito privado que não integram a administração indireta, prestadoras de serviços públicos por delegação (natureza contratual), concessionárias e permissionárias, também se sujeitam ao regime de responsabilidade objetiva dos arts. 37, § 6º, da CF e 43 do CC, caso em que a responsabilidade do Estado é subsidiária e objetiva.

• **Terceiro lesado pela atuação das referidas pessoas e seus agentes (usuário ou não do serviço)**

A responsabilidade civil objetiva das pessoas jurídicas de direito público ou de direito privado prestadoras de serviços públicos independe de o dano ter sido causado a terceiro *não* usuário do serviço público. O dano causado a terceiro *não* usuário é suficiente para a imputação de tal responsabilidade.

• **Responsabilidade objetiva e elementos**

1– Conduta (comissiva) do agente público que atue nesta qualidade ou, pelo menos, se aproveite, direta ou indiretamente, desta condição para causar dano (tal conduta será imputada à pessoa jurídica – teoria do órgão). Observação: ainda prevalece o entendimento de que a responsabilidade civil estatal por atos omissivos é subjetiva, com base na culpa do serviço, e não na culpa civilista; 2– dano – lesão a bens, interesses e direito de terceiros usuários ou não do serviço (se o ato é ilícito, basta o dano comum/jurídico e, se decorre de atos lícitos, como já mencionado, deve também ser anormal e específico) – Se um ato lícito gera dano anormal para alguns e normal para outros, apenas aqueles que suportam o dano anormal será indenizado (teoria do duplo efeito dos atos administrativos) e 3– nexo causal – conduta deve ser adequada e determinante para o dano (teoria da causalidade adequada temperada com a interrupção do nexo causal – a responsabilidade civil pode ser afastada por caso fortuito, força maior ou fato exclusivo da vítima).

• **Teorias da responsabilidade do Estado e das pessoas jurídicas prestadoras de serviços públicos**

1– Teoria do Risco Administrativo – O Estado, ao exercer suas atividades e prestar os serviços, ainda que em benefício coletivo, assume riscos. É o risco administrativo ou decorrente de ações administrativas, de natureza objetiva. Adotada no Brasil, pois admite a exclusão da responsabilidade, com interrupção do nexo causal, se houver caso fortuito, fato exclusivo da vítima ou força maior; 2– Teoria do Risco Integral – Para esta teoria, o Estado assume a responsabilidade integral, universal e genérica, por qualquer dano que decorra de suas atividades. É suficiente a demonstração do nexo causal entre a conduta e o dano e não admite qualquer excludente de responsabilidade. Tal teoria, de forma excepcional, teria sido adotada nos danos decorrentes de atividade nuclear e danos ambientais (polêmico). Segundo Celso Antônio Bandeira de Mello[127], "o fundamento da responsabilidade estatal é garantir uma equânime repartição dos ônus provenientes de atos ou efeitos lesivos, evitando que alguns suportem prejuízos ocorridos por ocasião ou por causa de atividades desempenhadas no interesse de todos. De consequente, seu fundamento é o princípio da igualdade, noção básica do Estado de Direito".

• **Responsabilidade civil por atos omissivos**

A doutrina diverge sobre a natura objetiva ou subjetiva da responsabilidade civil estatal por atos omissivos. Embora prevaleça o entendimento de que tal responsabilidade é subjetiva, o fundamento não é a tese civilista baseada no dolo ou culpa do agente, mas na tese da culpa do serviço, pois facilita a prova e a indenização eventual em favor da vítima. Basta demonstrar que o serviço foi ineficiente ou não funcionou. A culpa é denominada anônima, pois é irrelevante a identificação do agente que prestou serviço ineficiente ou inadequado. A omissão estatal, o dano, nexo de causalidade e a culpa do serviço, ensejam tal responsabilidade. A omissão, ao contrário da comissão (que admite responsabilidade por atos lícitos), deve decorrer de atos omissivos ilícitos (violação de deveres legais).

Todavia, se o próprio Estado, em conduta anterior, criou a situação de risco, a responsabilidade passa a ser objetiva (risco criado ou suscitado). É a situação em que o Estado mantém sob sua responsabilidade presos em custódia ou coisas em seus depósitos. Se não fosse o ato anterior, custódia ou depósito, não haveria o dano. Com base na teoria do fortuito interno, nestes casos, a omissão poderá ensejar a responsabilidade civil objetiva.

Os doutrinadores, em geral, consideram que o Estado responde, objetivamente, tanto por atos comissivos quanto por atos omissivos. Tanto a ação quanto a omissão estariam incluídas na redação dos arts. 43 do CC e 37, § 6º, da CF/88.

Celso Antônio Bandeira de Mello[128], em posição isolada, é verdade, defende que é subjetiva, e não objetiva, a responsabilidade da Administração, sempre que o dano decorrer de omissão do Estado. Segundo o mestre: "Quando o dano foi possível em decorrência de uma omissão do Estado é de aplicar-se a teoria da responsabilidade subjetiva. Com efeito, se o Estado não agiu, não pode, logicamente, ser ele o autor do dano. E, se não foi o autor, só cabe responsabilizá-lo caso esteja obrigado a impedir o dano. Isto é: só faz sentido responsabilizá-lo se descumpriu dever legal que lhe impunha obstar ao evento lesivo".

O entendimento do respeitado autor, em relação aos atos omissivos, é coerente com a sua posição sobre a questão da falta do serviço, cujos atos são omissivos. Como lembrado acima, o professor defende a tese de que, havendo culpa anônima ou falta do serviço, atos omissivos, a responsabilidade é subjetiva. Ou seja, na sua linha de entendimento, e, em coerência com o que sustenta sobre a falta do serviço, defende ele que, havendo omissão (não funcionamento do serviço, mau funcionamento ou funcionamento ineficiente), a responsabilidade é subjetiva por essa omissão. Assim, deve ser demonstrada a culpa do Estado.

Outros doutrinadores (Maria Sylvia, Hely Lopes Meirelles, Celso Bastos, Odete Medauar) consideram a falta do serviço ou culpa anônima como casos de responsabilidade objetiva ou, ainda, como fatos relacionados ao agente e não à administração – e, por isso, não precisam ser provados quando se busca a responsabilidade desta –, também, coerentemente com o que defendem, entendem que a responsabilidade por omissão é objetiva.

Em uma terceira via, Sérgio Cavalieri[129] procurou distinguir a omissão genérica do Estado da omissão específica. Suas palavras merecem transcrição pela inovação: "Haverá omissão específica quando o Estado, por omissão sua, crie a situação propícia para a ocorrência do evento em situação em que tinha o dever de agir para impedi-lo. Assim, por exemplo, se o motorista embriagado atropela e mata pedestre que estava na beira da estrada, a Administração não pode ser responsabilizada pelo fato de estar este motorista ao volante sem condições. Isso seria responsabilizar a Administração por omissão genérica. Mas se esse motorista, momentos antes, passou por uma patrulha rodoviária, teve o veículo parado, mas os policiais, por alguma razão, deixaram-no prosseguir viagem, aí já haveria omissão específica que se erige em causa adequada do não impedimento do resultado. Neste segundo caso, haverá responsabilidade objetiva do Estado".

• **A responsabilidade civil do agente causador do dano (não pode ser responsabilizado diretamente – Tema 940 – STF – repercussão geral):**

Com base na teoria da dupla garantia, prevalece o entendimento de que o agente público causador do dano não poderia ser diretamente responsabilizado. Há decisões isoladas e entendimentos doutrinários que admitem a responsabilidade direta do agente. Todavia, o STF, ao apreciar o Tema 940, em sede de repercussão geral, fixou a tese de que a teor do disposto no art. 37, § 6º, da Constituição Federal, ação por danos causados por agente público deve ser ajuizada contra o Estado ou a pessoa jurídica de direito privado prestadora de serviço público, sendo parte ilegítima para a ação o autor do ato, assegurado o direito de regresso contra o responsável nos casos de dolo

---

[127] MELLO, Celso Antônio Bandeira de. *Curso de direito administrativo*. 26. ed. São Paulo: Malheiros, 2009.

[128] MELLO, Celso Antônio Bandeira de. *Curso de direito administrativo*. 26. ed. São Paulo: Malheiros, 2009.

[129] CAVALIERI, Sérgio. *Programa de responsabilidade civil*. 6. ed. São Paulo: Malheiros, 2006.

ou culpa. Portanto, o STF, na esteira da teoria da dupla garantia (garantia em favor do administrado que pode responsabilizar o Estado de forma objetiva e garantia do agente público de somente ser responsabilizado de forma regressiva, em caso de dolo ou culpa, jamais diretamente), pacificou o tema. Tal tese afasta a polêmica sobre a possibilidade de denunciação à lide do agente público, que deve ser vedada porque o fundamento da eventual responsabilidade civil do agente é a culpa em sentido amplo (subjetiva), diversa da teoria do risco, fundamento da responsabilidade do ente estatal.

O fato é que o Código Civil, no art. 43, disciplina a responsabilidade civil do Estado, no âmbito *extranegocial*, o que seria desnecessário, em função do disposto no art. 37, § 6º, da CF, seara adequada para a matéria, que é objeto dos manuais de direito administrativo, onde o tema é aprofundado. A responsabilidade civil do Estado e todas as suas nuances fogem ao objetivo deste *Manual*, restrito para o mundo irrestrito do direito civil.

1.10.6.1.3. Responsabilidade penal das pessoas jurídicas

A responsabilidade penal das pessoas jurídicas é um dos temas mais controvertidos da atualidade em relação a esses sujeitos de direito.

A controvérsia foi aprofundada e a crise entre os opositores aumentou com a Constituição Federal de 1988, que prevê a responsabilidade penal da pessoa jurídica em matéria ambiental.

O art. 225, § 3º, da CF/88 dispõe o seguinte: "As condutas e atividades consideradas lesivas ao meio ambiente sujeitarão os infratores, pessoas físicas ou jurídicas, a sanções penais e administrativas, independente da obrigação de reparar os danos causados".

O referido dispositivo, de forma inovadora, prevê a possibilidade de a pessoa jurídica suportar sanções penais, caso suas atividades sejam lesivas ao meio ambiente. Em razão desse dispositivo, ficou ainda mais acirrada a controvérsia sobre a responsabilidade penal da pessoa jurídica, ou seja, sobre a possibilidade desse sujeito de direito ser considerado sujeito ativo de crimes.

A partir de perspectiva do direito civil, é fácil perceber que a questão da responsabilidade penal da pessoa jurídica tem íntima relação com as teorias relacionadas à própria existência e natureza desses entes.

Apenas para as teorias realistas, ou da realidade, que reconhecem a pessoa jurídica como sujeito de direito, dotado de autonomia e vontade própria, é possível cogitar na responsabilidade penal da pessoa jurídica.

Tais teorias são as que concebem a pessoa jurídica como ente real. É o caso da teoria da realidade objetiva ou orgânica e da teoria da realidade técnica. Somente no âmbito dessas duas teorias realistas é possível ingressar na discussão sobre a pessoa jurídica como sujeito ativo de crimes.

No entanto, mesmo os que sustentam ser a pessoa jurídica realidade e não mera ficção, possuem divergências sobre a sua responsabilidade penal. Isto porque sob a ótica do direito penal clássico (que exige consciência, vontade, quebra do dever objetivo de cuidado, imputabilidade, potencial consciência da ilicitude, inexigibilidade de conduta diversa, aplicação de pena etc.), verifica-se a incompatibilidade da teoria do crime com a responsabilidade penal da pessoa jurídica.

Os adeptos das teorias da realidade, refratários à ideia de responsabilidade penal da pessoa jurídica, defendem a impossibilidade de caracterização do fato típico sem dolo ou culpa. A pessoa jurídica, por ser sujeito desprovido de inteligência e vontade, seria incapaz, por si própria, de cometer um crime. Além disso, não seria possível exercer juízo de culpabilidade sobre a pessoa jurídica, pois ela não é dotada de consciência própria para compreender o caráter de intimidação da pena. Ademais, não haveria imputabilidade, não seria ela passível de pena privativa de liberdade e, finalmente, a punição poderia acabar alcançando seus integrantes, o que violaria o princípio constitucional da personalidade da pena.

Os argumentos contra a responsabilidade penal da pessoa jurídica são todos fundados na teoria geral do crime, sob a concepção clássica de direito penal.

O STJ admite a responsabilidade penal da pessoa jurídica em todos os crimes ambientais (REsp 889.528/SC). No entanto, em um primeiro momento, para considerar a pessoa jurídica como sujeito ativo de crime, seria necessário também responsabilizar a pessoa natural (sócio ou administrador) que agiu em nome e pela pessoa jurídica (teoria da dupla imputação). Ocorre que o STF, no RE n. 548.181, reconheceu, por maioria, a possibilidade de a pessoa jurídica responder penalmente, de forma isolada, por crimes ambientais. Portanto, dispensou a dupla imputação.

1.12.7. Pessoa jurídica. Direitos que decorrem da personalidade e a teoria do dano institucional

O Código Civil, de forma inovadora, faz referência aos direitos que decorrem da personalidade da pessoa jurídica. Segundo o art. 52, aplica-se à pessoa jurídica, no que couber, a proteção dos direitos da personalidade.

Em razão do texto da lei, que faz referência a "*proteção*" dos direitos, há divergência na doutrina sobre o tema.

A pessoa jurídica é titular de direitos da personalidade?

Para a primeira corrente, a pessoa jurídica é titular de direitos da personalidade, desde que compatíveis com a sua natureza, sem a mesma extensão da teoria em relação às pessoas humanas. O fundamento dos direitos da personalidade é a dignidade da pessoa humana, e não da pessoa jurídica, motivo suficiente para reconhecer que a pessoa jurídica não goza da mesma proteção especial que os seres humanos e tampouco poderia ser titular desses direitos. O fato é que a pessoa jurídica tem personalidade jurídica própria e, desta personalidade, decorrem direitos inerentes à sua estrutura e natureza; tal ente é titular e merece proteção. Tais direitos que decorrem da personalidade da pessoa jurídica não têm o fundamento, finalidade e características dos direitos da personalidade da pessoa humana, mas é inegável que ostenta e é titular de alguns direitos, justamente por ter personalidade própria. E os direitos que decorrem da personalidade da pessoa jurídica, como nome, honra objetiva (credibilidade e reputação), imagem atributo, entre outros, integram a titularidade desta e são objeto de proteção (nossa posição).

A segunda corrente defende a tese de que os direitos da personalidade têm como fundamento a dignidade da pessoa humana e, por isso, objetiva concretizar a tutela de direitos fundamentais existenciais da pessoa humana, a única legítima titular e destinatária de tais direitos. A pessoa jurídica não seria titular, mas poderia invocar a proteção destes direitos. Os direitos da personalidade são concebidos para a tutela do ser humano, não dos entes artificiais ou fictícios.

Para esta corrente, a pessoa natural é que tem proteção privilegiada no sistema jurídico. A pessoa jurídica apenas aproveitaria os direitos da personalidade reconhecidos à pessoa humana para proteger suas atividades e função social.

Como explicita Cristiano Chaves[130]: "(...) tal expansão da tutela dos direitos da personalidade para proteger, também, as atividades desempenhadas pelas pessoas jurídicas é fruto de um verdadeiro atributo da elasticidade inerente a esta categoria jurídica. Sobreleva ressaltar, no entanto, que não se protege a personalidade da pessoa jurídica com o fito de maximizar desempenho econômico, mas, na realidade, como instrumento de tutela da realização de suas funções sociais. Por isso, às pessoas jurídicas não são reconhecidos e assegurados, automaticamente, os direitos da personalidade, admitindo-se, na verdade, uma verdadeira extensão da técnica dos direitos de personalidade para a sua proteção. Ou seja, empresta-se às pessoas jurídicas a técnica de proteção da personalidade para assegurar-lhes tutela jurídica contra violações de seus interesses".

Na mesma linha de entendimento, Gustavo Tepedino[131], assim como Caio Mário, defende que os direitos da personalidade são inerentes ao ser humano, sendo apenas estendidos à pessoa jurídica, para fins de proteção. Para o primeiro: "(...) com base em tais premissas metodológicas, o intérprete deve estar atento para a diversidade de princípios e de valores que inspiram a pessoa física e a pessoa jurídica, e para que esta, como comunidade intermediária, seja merecedora de tutela jurídica apenas e tão somente como um instrumento (privilegiado) para a realização social das pessoas que, em seu âmbito de ação, é capaz de congregar".

Esse segundo entendimento acabou por prevalecer na IV Jornada de Direito Civil, promovida pelo CJF, por meio do Enunciado 286, segundo o qual "os direitos da personalidade são direitos inerentes e essenciais à pessoa humana, decorrentes de sua dignidade, não sendo as pessoas jurídicas titulares de tais direitos".

A segunda corrente, com todo o respeito, adota premissas equivocadas. Não há dúvida de que os direitos da personalidade da pessoa humana não se confundem com os direitos da personalidade da pessoa jurídica. Há diferenças em relação ao fundamento, finalidade, características, extensão, proteção, entre outras questões. A dignidade da pessoa humana, de fato, é o fundamento e o valor referência dos direitos da personalidade da pessoa humana e a pessoa jurídica não tem dignidade. Ocorre que a pessoa jurídica tem autonomia, independência e personalidade própria. Desta personalidade da pessoa jurídica, que é diferente da personalidade da pessoa natural, decorrem direitos e questões existenciais relacionados à estrutura e natureza da pessoa jurídica, cujo fundamento é a necessidade de proteção deste ente coletivo, sua autonomia e função social/econômica. Estes direitos que decorrem da personalidade da pessoa jurídica, como nome, honra objetiva e imagem atributo, por exemplo, são de titularidade destes entes autônomos e gozam de proteção especial e, caso violados, a pessoa jurídica terá direito a danos existenciais (morais). A segunda corrente não explica, em termos científicos, como a pessoa jurídica poderia ter a proteção de alguns direitos sem deles ser titular!!

Qual a corrente que prevalece? A doutrina diverge sobre o tema, como já mencionado. No âmbito do STJ, a Súmula 227 seria indicadora de que a pessoa jurídica pode assumir a titularidade de direitos da personalidade, pois o dano moral pressupõe direitos da personalidade.

Em decisão recente, Recurso Especial n. 1.807.242/RS, de forma confusa, o STJ acolhe o que se convencionou denominar "danos institucionais", cuja "teoria" integra a corrente daqueles que defendem que a pessoa jurídica não pode ser a titular de qualquer dos direitos da personalidade. Na referida decisão, o dano institucional foi considerado como aquele que se relaciona a um dano indireto ao patrimônio material da pessoa jurídica, o que não auxilia na discussão central do tema. Nesta decisão (mero precedente persuasivo), o STJ admite o dano moral em favor da pessoa jurídica (O dano moral pressupõe que o sujeito seja titular de direitos da personalidade, porque o bem jurídico tutelado é a existência e não o patrimônio. As questões existenciais se associariam à pessoa natural e à pessoa jurídica), mas o dissocia do dano institucional, como dano material indireto, quando afetar a credibilidade e reputação da pessoa jurídica. Neste precedente, o STJ associa o dano institucional à honra objetiva (credibilidade e reputação) e, ainda, admite o dano moral (solução da Súmula 227) – a segunda corrente admite o dano institucional, como dano à credibilidade e reputação da PJ, mas não admite o dano moral e não associa o dano institucional à honra objetiva. O STJ inova, ao admitir o dano moral e o dano institucional como dano à honra objetiva, credibilidade e reputação da PJ, o que é questionável, porque a honra objetiva é direito que decorre da personalidade da PJ e, portanto, no caso de violação, enseja indenização por dano moral. Sempre defendemos que o dano institucional é nada mais que o dano moral relacionado à honra objetiva.

O que é o dano institucional? É o dano à credibilidade e reputação da pessoa jurídica, passível de indenização.

A distinção entre o dano moral e os danos institucionais atraem a incidência de um tratamento jurídico distin-

---

[130] FARIAS, Cristiano Chaves de; ROSENVALD, Nelson. *Direito civil*: teoria geral. 8. ed. Rio de Janeiro: Lumen Juris, 2009.

[131] TEPEDINO, Gustavo; BARBOSA, Heloísa Helena; BODIN, Maria Celina et al. *Código civil interpretado*. v. I (Parte geral e Obrigações - artigos 1º a 420). Rio de Janeiro/São Paulo: Renovar, 2004.

to para cada situação, que é revelado, sobretudo, pela necessidade de comprovação do prejuízo material indireto, relacionado à ofensa à valoração social do indivíduo no meio em que atua (bom nome, credibilidade e reputação)". Atualmente, com a compreensão de que o dano moral é apenas espécie do gênero dano extrapatrimonial, a discussão se torna ainda mais interessante. É certo que uma parte da doutrinada associa o dano extrapatrimonial ao dano moral, mas outra considera que o dano extrapatrimonial é gênero, que tem como espécies o dano moral, o dano existencial, o dano à imagem (autônomo em relação ao dano moral) e o dano estético. O dano institucional para quem associa o dano moral a dano extrapatrimonial (sinônimo), é o próprio dano moral. E, para aqueles que diferenciam dano extrapatrimonial de dano moral, gênero e espécie, o dano institucional seria dano a imagem (espécie de dano extrapatrimonial, que não se confunde com o dano moral). Portanto, não se pode restringir a discussão do dano institucional à compatibilidade do dano moral com a pessoa jurídica.

Em nosso entendimento, o dano institucional não se sustenta como teoria, pois não passa de rótulo, retórica ou terminologia para justificar dano diverso do material (que seria moral/honra objetiva ou dano imagem), o que apenas evidencia a dificuldade em se sustentar a tese de que as pessoas jurídicas não podem suportar dano moral.

No caso da pessoa jurídica, a honra objetiva é direito decorrente da sua personalidade e, por isso, no caso de violação, caracterizado estará o dano moral. Afirmar dano à credibilidade é o mesmo que violar a honra objetiva da pessoa jurídica. Não há qualquer fundamento jurídico científico na referida "teoria do dano institucional".

Não há dúvida de que toda a teoria dos direitos relativos à personalidade foi construída com o objetivo de tutelar o ser humano. Entretanto, negar à pessoa jurídica a possibilidade de ser titular de direitos que decorrem da sua personalidade, é recusar a sua condição de sujeito de direito. Obviamente, a pessoa jurídica não tem a mesma proteção da pessoa natural em relação aos direitos relativos à personalidade. O próprio texto do art. 52 afirma que os direitos da personalidade se aplicam à pessoa jurídica quando houver compatibilidade com a essência e a natureza desse sujeito de direito. Ademais, como proteger direitos deste sujeito sem que seja titular do mesmo, como sugere parte da doutrina?

A pessoa jurídica não tem imagem atributo nem honra subjetiva e, tampouco, liberdade de ir e vir, de crença religiosa ou uma integridade física a ser tutelada. A pessoa jurídica pode ser a titular de direito ao nome, nacionalidade, honra objetiva, à proteção de seus dados e sigilos, domicílio, dentre outros.

No entanto, há direitos relativos à personalidade perfeitamente compatíveis com a natureza da pessoa jurídica. De fato, os direitos da personalidade visam a tutela da pessoa humana, pois edificados na dignidade desta, com a finalidade de concretizar tal dignidade. Todavia, para que a pessoa jurídica possa cumprir a sua função social, é essencial atribuir à pessoa jurídica a titularidade de alguns direitos, não na mesma extensão e profundida que são atribuídos à pessoa natural. Tais direitos serão titularizados em nível suficiente e necessário para que a pessoa jurídica possa cumprir a sua finalidade institucional. A pessoa jurídica é sujeito de direito personalizado, autônomo e, de acordo com a teoria da realidade adotada pelo CC, tem vida e vontade próprias em termos jurídicos, independente dos membros que a compõem. É realidade jurídica, que também pode ser titular de alguns bens existenciais, ou seja, relacionados à sua concepção e natureza, como nome e honra objetiva.

De acordo com a teoria da realidade técnica, a pessoa jurídica tem existência legal, é uma realidade, sujeito com vontade própria e autonomia. Embora seja pessoa reconhecida pela ordem jurídica, é titular de alguns direitos da personalidade, desde que compatíveis com a sua natureza e desde que fundamentais para que possa cumprir a sua função social.

A doutrina faz confusão em relação à tutela da pessoa humana, por ser esta diferenciada e privilegiada, cujo fato não se questiona. Por isso, a corrente contrária tenta fazer crer na existência de apenas uma *extensão da técnica* dos direitos de personalidade para a pessoa jurídica ou que os princípios e valores aplicados à pessoa física e jurídica são diversos.

Como já dissemos, não se questiona a condição privilegiada da pessoa humana no sistema jurídico. Por outro lado, tendo a pessoa jurídica uma personalidade que lhe dá a condição de sujeito de direito, não há dúvida de que, dessa personalidade, mesmo em um patamar bem inferior ao da pessoa natural, decorrem direitos e atributos, como o direito ao nome, honra objetiva, imagem atributo, domicílio, dentre outros.

A pessoa jurídica é titular desses direitos, que são expressões e projeções da sua personalidade peculiar e, sendo titular desses direitos, goza de proteção legal. Por isso, em caso de violação de qualquer desses direitos decorrentes da personalidade da pessoa jurídica, se caracteriza o dano moral. A pessoa jurídica somente tem proteção porque é titular desses direitos.

A proteção é consequência do reconhecimento do direito que decorre da personalidade da pessoa jurídica. É mero desdobramento da teoria da realidade técnica, adotada expressamente no art. 45 do CC. Como poderia a pessoa jurídica ser titular de determinada relação jurídica e se negar a ela a possibilidade de ser titular de um direito que diz respeito à sua própria personalidade? Não há sentido lógico jurídico.

Portanto, a pessoa jurídica goza de proteção legal em relação aos direitos de personalidade, como previsto no art. 52, simplesmente porque é titular daqueles direitos, no que forem compatíveis com a sua natureza.

Por fim, em relação ao dano moral, há acirrada discussão se a pessoa jurídica com personalidade de direito público pode suportar dano moral. O STJ, no Recurso Especial 1.722.423-RJ, passou a admitir o dano moral no âmbito da pessoa jurídica de direito público. Segundo o referido precedente, a pessoa jurídica de direito público tem direito à indenização por danos morais relacionados à violação da honra ou da imagem, quando a credibilidade institucional for fortemente agredida e o dano reflexo sobre os demais jurisdicionados em geral for evidente. No caso, a honra objetiva destas pessoas jurídicas, que se relaciona com a credibilidade e reputação, pode ser afetado e, por isso, daria ensejo à indenização por danos morais. Nesta decisão, o STJ associa o dano moral à honra objetiva, com o que se afasta da decisão anteriormente mencionada em que a mesma Corte associa a honra objetiva ao dano institucional, sem prejuízo do dano moral. Tal fato evidencia que a matéria relacionada ao dano moral das pessoas jurídicas, com personalidade de direito privado e pública, ainda envolve muita controvérsia e pouco rigor científico.

Como já mencionado, a pessoa jurídica, de direito público ou privado, é titular de alguns direitos inerentes à sua personalidade (que não se confunde com a personalidade da pessoa natural) e, caso tais direitos sejam violados, independente da repercussão econômica (dano material), terão direito à reparação. A denominação da reparação (dano moral ou institucional) envolve discussão de menor relevância, embora, para nós, se trate de dano moral (violação da honra objetiva, credibilidade e reputação que, em linhas gerais é o que se convencionou denominar dano institucional).

1.12.8. Desconsideração da personalidade da pessoa jurídica no Código Civil

O Código Civil de 2002, em artigo específico (art. 50), disciplina a desconsideração da personalidade da pessoa jurídica. O objetivo principal do instituto é proteger a personalidade da pessoa jurídica. Em razão desta finalidade (lógica) a pessoa jurídica pode requerer a sua própria desconsideração, é possível a desconsideração da personalidade de pessoa jurídica sem fins econômicos, a mera dissolução irregular não é causa suficiente para a desconsideração, entre outras questões. A desconsideração se associa à função social da pessoa jurídica (que é funcional e dinâmica).

A desconsideração da personalidade da pessoa jurídica (PJ) é sanção civil (por violação da função social da PJ) que afeta o princípio da autonomia patrimonial (suspende-se, de modo temporal e pontual, apenas este efeito jurídico que decorre da personalização da PJ). A pessoa jurídica é sujeito de direito com autonomia, em especial patrimonial, com personalidade jurídica própria. Tal autonomia pode ser superada ou afastada episodicamente. Por afetar a principal causa de justificação histórica da existência da PJ (autonomia patrimonial), a desconsideração deve ser excepcional. A valorização da autonomia patrimonial, instrumento lícito de alocação de riscos, retratada no art. 49-A, parágrafo único, do CC, dispositivo introduzido pela declaração de direitos de liberdade econômica, restringe consideravelmente a possibilidade de desconsideração.

Quais são as causas do instituto? Nas relações civis, a desconsideração ocorrerá quando a personalidade da pessoa jurídica for utilizada (abuso de direito) como instrumento de fraude, o que se configurará por meio de desvio de finalidade institucional (teoria maior subjetiva – necessário demonstrar a intenção de manipulação da PJ) ou confusão patrimonial (teoria maior objetiva – basta a confusão de patrimônios da pessoa natural e jurídica). A perspectiva subjetiva do desvio de finalidade e objetiva da confusão patrimonial foi consolidada pela nova redação do art. 50 do CC.

E a finalidade? Busca-se impor moralidade, probidade e boa-fé (conduta ética) aos sócios ou associados administradores ou aos meros gestores da pessoa jurídica. Diante deste objetivo, nas relações civis, a mera insolvência ou a dissolução irregular das atividades da pessoa jurídica, por si sós, não são suficientes para a desconsideração. Apenas as pessoas naturais (controladores sócios ou meros administradores ou não controladores, desde que tenham contribuído para a fraude) que abusaram da personalidade da PJ (os beneficiados direta ou indiretamente pelo abuso, conforme a Lei n. 13.874/2019) podem ter o patrimônio pessoal vinculado à responsabilidade patrimonial decorrente da aplicação deste instituto (limitação subjetiva da responsabilidade).

A Lei n. 13.874/2019 altera artigos do Código Civil e introduz outros com o nítido propósito de proteger a autonomia patrimonial da pessoa jurídica que é uma das (senão a principal) causas de justificação histórica da pessoa jurídica. A autonomia patrimonial da pessoa jurídica que era sistematicamente violada, a pretexto de proteger credores, em especial hipossuficientes, ganha proteção mais que especial com a nova legislação.

Não são poucos os dispositivos da nova lei que conferem destaque e valorizam a autonomia patrimonial. Além das alterações no art. 50 do CC, que serão adiante analisados, o parágrafo único do art. 49-A, que enuncia que a autonomia patrimonial das pessoas jurídicas é instrumento lícito de alocação e segregação de riscos e, o § 7º do art. 980-A, segundo o qual somente o patrimônio social da empresa responderá pelas dívidas da empresa individual de responsabilidade limitada (atualmente extinta pelo art. 41 da Lei n. 14.195/2021), hipótese em que não se confundirá, em qualquer situação, com o patrimônio do titular que a constitui, ressalvados os casos de fraude, evidenciam, com clareza solar, que a autonomia patrimonial da pessoa jurídica e a proteção do patrimônio das pessoas naturais que com este sujeito de direito se relacione, salvo em casos extremos, terá proteção especial. É a finalidade da declaração de direitos da liberdade econômica.

Todavia, as principais alterações promovidas no art. 50 apenas e tão somente positivam entendimento que já estava pacificado, no sentido de dificultar a desconsideração da personalidade da pessoa jurídica e proteger o princípio da autonomia patrimonial.

1.12.8.1. Terminologia e conceito

A pessoa jurídica, sujeito de direito, possui personalidade jurídica própria e, por isso, goza de autonomia e independência em relação às pessoas naturais. Dentre tais efeitos decorrentes da personalidade da pessoa jurídica, um deles (e o principal, aliás) é justamente a autonomia patrimonial. Em razão desse princípio, esse sujeito de direito passa a possuir patrimônio próprio e independente do patrimônio dos membros componentes do quadro social ou dos administradores responsáveis pela gestão da pessoa jurídica.

A teoria da desconsideração da personalidade jurídica tem íntima relação com esse efeito ou atributo relacionado à sua personalidade jurídica (princípio da autonomia ou separação do patrimônio), pois o objetivo e a finalidade da desconsideração é atingir o patrimônio de sócios, associados ou administradores (inclusive administradores não sócios), que não se confunde com o patrimônio da pessoa jurídica. Portanto, a desconsideração da personalidade jurídica tem um viés econômico.

O princípio da separação patrimonial não pode justificar fraudes ou abuso de direito por meio da personalidade da pessoa jurídica. A *armadura jurídica*, como diz Francesco Ferrara, que é a personalidade, não pode ser utilizada para lesar interesses de terceiros.

A terminologia a ser adotada é *"desconsideração de um dos efeitos que decorrem da personalidade da pessoa jurídica"*: autonomia patrimonial. Desconsiderado tal efeito para atingir o objetivo da teoria, não é necessário, e tampouco possível afastar, ainda que transitoriamente, a outros efeitos, relevantes e fundamentais, relacionados à personalidade da pessoa jurídica, como o nome, o domicílio, a honra objetiva, entre outros.

Assim, basta a ineficácia, perante terceiros prejudicados, de um dos efeitos da desconsideração, o princípio da autonomia patrimonial. A desconsideração jamais prejudicará o ato constitutivo da pessoa jurídica. A desconsideração repercute apenas sobre um dos efeitos da personalidade da pessoa jurídica e não sobre a sua própria existência. Se o ato constitutivo fosse desconsiderado, haveria, na verdade, despersonificação, o que afetaria a existência da pessoa jurídica.

Com a suspensão da eficácia desse efeito da personalidade da pessoa jurídica, não haverá separação entre o patrimônio da pessoa jurídica e o de seus membros e/ou administradores, que eventualmente venham a utilizar a personalidade desse ente como instrumento de fraude, fato capaz de possibilitar a vinculação do patrimônio pessoal desses membros e/ou administradores para a garantia de obrigações pecuniárias perante terceiros.

Os sócios ou administradores (mesmo os não sócios), responsáveis pela utilização da estrutura da pessoa jurídica para praticar negócios fraudulentos e desvinculados da função social desta, podem ter seus patrimônios afetados ou vinculados em determinada obrigação, para fins de reparação dos danos causados a terceiros de boa-fé.

Em síntese, com a desconsideração, será possível o afastamento, episódico e excepcional, de um dos efeitos relacionados à personalidade da pessoa jurídica (autonomia patrimonial). Portanto, o afastamento do princípio da autonomia patrimonial é meramente circunstancial.

Caracterizada a fraude ou o abuso de direito, apenas o princípio da autonomia patrimonial será suspenso e desconsiderado, de forma temporária e episódica.

1.12.8.2. Evolução da teoria *disregard doctrine*

A teoria da desconsideração nasceu no século XIX, desenvolvendo-se principalmente nos países da *common law*, sendo que os doutos indicam o caso *Salomon x Salomon Co.*, em 1897, na Inglaterra, como sendo o primeiro indício de aplicação da teoria.

Realmente, foi no direito anglo-saxão que a doutrina se desenvolveu e, como é de conhecimento notório, foi apresentada, no Brasil, pelo autor Rubens Requião, em artigo publicado em 1969. Na época, não havia nenhuma norma expressa sobre a referida teoria, embora Cristiano Chaves[132] defenda a tese de que a Lei n. 4.591/64, em seu art. 66, parágrafo único, que permite responsabilizar o empreendedor por danos causados pela incorporação, assim como o art. 135 do CTN, que responsabiliza os sócios gerentes, seriam indícios legislativos da doutrina da desconsideração.

Neste ponto, discordamos, pois, em ambos os casos, a responsabilidade pessoal do empreendedor e do sócio gerente é direta, ou seja, a personalidade da pessoa jurídica não seria obstáculo para responsabilizar tais pessoas, razão pela qual não haveria e não há necessidade de se invocar a teoria da desconsideração da personalidade jurídica em casos como estes, em que a própria lei admite e permite a responsabilização direta.

A primeira lei brasileira a disciplinar, de forma expressa, a desconsideração da personalidade jurídica, foi o CDC, em seu art. 28. Na mesma linha do CDC, a Lei n. 12.529/2011, art. 34, norma que revogou o art. 18 da Lei n. 8.884/94, e a Lei Ambiental n. 9.605/98, em seu art. 4º, também disciplinam a desconsideração da personalidade jurídica. E, finalmente, o Código Civil, no art. 50. Em 2013, na Lei Anticorrupção, que dispõe sobre a relação das pessoas jurídicas com a administração pública, no art. 14, passou a admitir a desconsideração da personalidade da pessoa jurídica. Este é o histórico normativo da desconsideração no ordenamento jurídico pátrio.

É evidente a ausência de técnica legislativa do Código de Defesa do Consumidor, da Lei n. 12.529/2011 e da Lei Ambiental, quando trataram da teoria da desconsideração da personalidade da pessoa jurídica. Tais leis desvirtuaram toda a construção doutrinária da teoria, que tem suas raízes bem assentadas no direito anglo-saxão, tendo sido difundida largamente nos Estados Unidos da América.

O art. 28 do CDC dispõe que: "O juiz poderá desconsiderar a personalidade jurídica da sociedade quando, em detrimento do consumidor, houver abuso de direito, excesso de poder, infração da lei, fato ou ato ilícito ou violação dos estatutos ou contrato social. A desconsideração também será efetivada quando houver falência, estado de insolvência, encerramento ou inatividade da pessoa jurídica provocados por má administração".

Continua o § 5º do mesmo artigo: "Também poderá ser desconsiderada a pessoa jurídica sempre que sua personalidade for, de alguma forma, obstáculo ao ressarcimento de prejuízos causados aos consumidores".

O art. 4º da Lei n. 9.605/98 determina que "poderá ser desconsiderada a pessoa jurídica sempre que sua personalidade for obstáculo ao ressarcimento de prejuízos

---

[132] FARIAS, Cristiano Chaves de; ROSENVALD, Nelson. *Direito civil*: teoria geral. 8. ed. Rio de Janeiro: Lumen Juris, 2009.

causados à qualidade do meio ambiente". No direito ambiental, ao contrário de desconsiderar a personalidade da pessoa jurídica, será possível desconsiderar a própria pessoa jurídica. Isso demonstra o desconhecimento total da natureza e essência da teoria da desconsideração da personalidade jurídica.

O art. 34 da Lei n. 12.529/2011 dispõe que a personalidade jurídica do responsável por infração da ordem econômica poderá ser desconsiderada quando houver da parte deste abuso de direito, excesso de poder, infração da lei, fato ou ato ilícito ou violação dos estatutos ou contrato social. E, no parágrafo único, dispõe que a desconsideração também será efetivada quando houver falência, estado de insolvência, encerramento ou inatividade da pessoa jurídica provocados por má administração".

Além do CDC (art. 28), da Lei n. 12.529/2011 (art. 34) e da Lei de Crimes Ambientais (art. 4º), a desconsideração da personalidade da pessoa jurídica, como mencionado, também está disciplinada no art. 14 da Lei n. 12.846/2013, que dispõe sobre a responsabilidade administrativa e civil de pessoas jurídicas em relação a atos que venham a praticar com e contra a administração pública.

Segundo o referido dispositivo, a personalidade jurídica poderá ser desconsiderada sempre que utilizada com abuso de direito para facilitar, encobrir ou dissimular a prática dos atos ilícitos previstos nesta lei ou para provocar a confusão patrimonial, sendo estendidos todos os efeitos das sanções aplicadas à pessoa jurídica, aos administradores e sócios com poderes de administração, observados o contraditório e a ampla defesa. O objetivo do legislador é sancionar a pessoa jurídica cuja personalidade é utilizada por sócios ou administradores não sócios para facilitar, encobrir ou dissimular os atos ilícitos previstos na Lei n. 12.846/2013.

Os atos ilícitos e lesivos à administração pública, previstos na lei em referência, que podem levar à desconsideração da personalidade da pessoa jurídica, que atentem contra o patrimônio, os princípios da administração pública ou compromissos internacionais assumidos pelo Brasil estão disciplinados no art. 5º. Assim, qualquer ato praticado por sócio ou administrador não sócio que implicar na facilitação, encobrimento ou dissimulação destes atos poderá ser penalizado com a desconsideração da pessoa jurídica. É um caso típico de abuso de direito específico para os atos que envolvem os atos e contratos entre a pessoa jurídica e a administração pública. Não há dúvida de que tal hipótese de desconsideração se aproxima da teoria *maior* da desconsideração da personalidade da pessoa jurídica, cujo fundamento é a existência de conduta lesiva ao patrimônio ou aos princípios da administração pública e será estudada adiante.

Em razão desses múltiplos diplomas normativos, com inesgotável amplitude e alcance, inseridos no Código de Defesa do Consumidor, na Lei Ambiental e na Lei n. 12.529/2011, bem como por força de algumas decisões proferidas no âmbito tributário e trabalhista, passou-se a admitir, com o aval do STJ, a desconsideração com fundamento na mera insolvência (sem analisar se a personalidade da pessoa jurídica foi utilizada como instrumento de fraude ou para fins de abuso de direito) no âmbito destas relações jurídicas. Em razão destes microssistemas, a teoria da desconsideração da personalidade jurídica, no direito brasileiro, foi desdobrada em teoria maior e teoria menor da desconsideração.

A desconsideração da personalidade da pessoa jurídica disciplinada nestes microssistemas normativos levou a uma variação da teoria denominada "teoria menor". Para tal teoria, o fundamento preponderante para a desconsideração da personalidade da pessoa jurídica é a insolvência. Não há dúvida que a teoria menor desvirtua, por completo, a clássica teoria da desconsideração, cujo objetivo é reprimir o uso indevido da personalidade da pessoa jurídica, quando esta é utilizada por pessoas naturais como instrumento de fraude ou para praticar abusos. Tal teoria menor serve apenas para justificar o afastamento da autonomia patrimonial, em caso de mera insolvência, independentemente de fraude ou abuso de direito. Sob o falso pretexto de defender o consumidor, o meio ambiente, a ordem econômica e o trabalhador, a denominada *teoria menor* não passa de um arremedo para justificar a superação do princípio da autonomia patrimonial, em casos de insolvência, quando a atividade da pessoa jurídica estiver relacionada a algumas destas questões. É a banalização do princípio da autonomia patrimonial. Como a teoria menor, de fato, neutraliza o princípio da separação patrimonial, com risco iminente para o patrimônio pessoal de sócios e administradores não sócios, o STJ, em decisões mais recentes, está por adotar posição mais conservadora, para que a desconsideração do princípio da autonomia patrimonial não seja admitida por conta de mera insolvência.

O art. 50 do Código Civil tentou, desde a redação original, resgatar o princípio da autonomia patrimonial, pois os pressupostos para a desconsideração da personalidade da pessoa jurídica, de acordo com este dispositivo, estão distantes dos fundamentos da teoria menor. Com a Lei n. 13.874/2019, que introduz vários parágrafos ao art. 50 do CC, retorna-se à concepção tradicional da teoria da desconsideração, cujo objetivo é combater a fraude e o abuso de direito, com nítida valorização do princípio da autonomia patrimonial.

1.12.8.3. Teoria maior e teoria menor da desconsideração

A essência da teoria da desconsideração da personalidade jurídica, conforme sua construção pelo direito anglo-saxão, é apenas admitir a desconsideração de um dos efeitos da personalidade jurídica da pessoa jurídica, em casos absolutamente excepcionais, tendo em vista que o princípio da autonomia patrimonial ou separação de patrimônios deve ser valorizado, porque este efeito da personalidade (autonomia patrimonial) é a principal causa de justificação histórica da pessoa jurídica.

O caráter excepcional da desconsideração da personalidade da pessoa jurídica é ressaltado pela Lei n. 13.874/2019, que valoriza a autonomia patrimonial deste sujeito de direito, em especial quando exige dolo se o fundamento for o desvio de finalidade.

A desconsideração da personalidade é sanção civil à pessoa jurídica que não observa a função social e institucional para a qual foi constituída. De acordo com o art. 50 do CC, apenas no caso de abuso de direito (que implica violação da função social) haverá desconsideração, a fim de atingir o patrimônio pessoal dos membros ou administradores que utilizaram a pessoa como instrumento de fraude (aqueles beneficiados direta ou indiretamente pelo abuso, o que está expresso na parte final do art. 50, por força das alterações promovidas pela Lei n. 13.874/2019). No entanto, no direito brasileiro, a teoria foi desvirtuada e, como sempre, em razão do *jeitinho brasileiro*, que também vicia a consciência dos operadores do direito, tal doutrina foi adaptada à nossa realidade, surgindo o que se convencionou chamar de *teoria maior* e *teoria menor* da desconsideração.

Teoria maior

A *teoria maior* da desconsideração traz como fundamentos a verdadeira natureza e essência da doutrina em questão. O afastamento, episódico ou momentâneo e circunstancial, de apenas um dos efeitos da personalidade da pessoa jurídica (autonomia patrimonial), está condicionado à caracterização da fraude ou do abuso de direito.

O objetivo e a finalidade da teoria maior é proteger a pessoa jurídica e sua personalidade. Ao contrário, a finalidade da teoria menor é tutelar interesses econômicos dos credores da pessoa jurídica. Por isso, o fundamento da teoria maior é o abuso de direito no exercício da personalidade da pessoa jurídica, e da teoria menor, a insolvência.

Na *teoria maior* exige-se prova da manipulação efetiva, de forma fraudulenta ou de modo abusivo, da personalidade da pessoa jurídica, cuja fraude ou abuso de direito tenha lesado interesses de terceiros. Tal concepção subjetiva foi adotada pela Lei n. 13.874/2019, em relação ao desvio de finalidade (ainda que tenha sido suprimida do texto a expressão "utilização dolosa"). A teoria maior retrata a própria teoria clássica da desconsideração de um dos efeitos da personalidade jurídica, tendo em vista que o objetivo do instituto é apenas e tão somente reprimir o uso indevido da personalidade jurídica, com valorização do princípio da autonomia patrimonial.

Na perspectiva da *teoria maior*, o descumprimento de obrigações ou a insolvência da pessoa jurídica, por si sós, não são suficientes para a sua invocação, pois o risco é inerente a qualquer empreendimento e a personalidade da pessoa jurídica não deixa de ser uma proteção para o patrimônio pessoal dos membros ou administradores da pessoa jurídica. Como enuncia o parágrafo único do art. 49-A, a autonomia patrimonial da pessoa jurídica é instrumento lícito de alocação de riscos.

O fundamento da *teoria maior* é a fraude e o abuso de direito relacionados ao exercício de atividades que se relacionam com a personalidade jurídica da pessoa jurídica. Para os civilistas, até a alteração do art. 50 do CC promovida pela Lei Federal n. 13.874/2019, a *teoria maior* não se confundia com a desconsideração da personalidade da pessoa jurídica prevista no mencionado dispositivo legal. Na redação original, o art. 50 disciplinava a desconsideração da personalidade da pessoa jurídica com fundamento diverso da teoria menor (insolvência), mas não de acordo com a concepção tradicional da teoria (fraude e abuso de direito – por meio de atos dolosos). A desconsideração da personalidade da pessoa jurídica, na redação original do art. 50, era considerada "terceira concepção", porque o abuso de direito, seja por desvio de finalidade ou por confusão patrimonial, eram considerados de modo objetivo (não se investigava a finalidade ou o dolo).

Portanto, antes da alteração do art. 50, a teoria maior seria a própria teoria da desconsideração da personalidade, construída pelo direito anglo-saxão, cujo fundamento é a fraude (uso indevido da personalidade da PJ), o que exige dolo direcionado à lesão de credores ou à prática de atos ilícitos (concepção subjetiva), que não se confundia com a concepção objetiva de desconsideração positivada na redação original do art. 50 do CC e que, ao contrário da concepção geral da teoria, restringia o abuso de direito a duas hipóteses, desvio de finalidade e confusão patrimonial. Para os civilistas, a redação original do art. 50 retratava concepção objetiva da desconsideração (bastava o desvio de finalidade ou a confusão patrimonial, independentemente da intenção dos sócios, acionistas, associados ou administradores, para ser superado o princípio da autonomia patrimonial).

Ainda na vigência da redação original do art. 50, o STJ consolidou o entendimento (contrário ao da maioria da doutrina civilista) de que a teoria maior estava alocada no Código Civil: o desvio de finalidade equivalia à teoria maior subjetiva e a confusão patrimonial à teoria maior objetiva.

A nova legislação (Lei n. 13.874/2019), que altera a redação do art. 50, *caput* e, ainda, acrescenta parágrafos ao dispositivo, dá contornos subjetivos ao desvio de finalidade e reforça o caráter objetivo da confusão patrimonial. A partir do § 1º do art. 50, a desconsideração da personalidade da pessoa jurídica, com base no desvio de finalidade, finalmente, se aproxima e se identifica, com os fundamentos, a finalidade e estrutura da clássica teoria da desconsideração.

De acordo com a nova redação do art. 50, dada pela Lei n. 13.874/2019, o desvio de finalidade, principal causa de desconsideração, passa a ter conotação subjetiva (desvio de finalidade é a utilização da pessoa jurídica com o propósito de lesar credores e para a prática de ilícitos de qualquer natureza). A expressão "propósito" evidencia a concepção subjetiva do desvio de finalidade.

Portanto, de certa forma, a lei que altera o art. 50 do CC e incluiu alguns parágrafos, com o objetivo de valorizar o princípio da autonomia patrimonial, acabou por adotar entendimento consolidado no STJ, no sentido de que o desvio de finalidade é subjetivo, e a confusão patrimonial, objetiva.

Teoria menor

A denominada *teoria menor* em nada se assemelha à doutrina ou à teoria da desconsideração da personalidade da pessoa jurídica. Tal teoria despreza o princípio da autonomia patrimonial, pois admite a desconsideração em casos de mera insolvência, quando estiverem em jogo direitos do consumidor, danos ambientais, infração da ordem econômica, questões trabalhistas e, principalmente, matéria tributária.

Dessa forma, para a *teoria menor*, bastaria a mera insolvência da pessoa jurídica ou o encerramento de suas atividades, para que o credor pudesse invocar a doutrina da desconsideração, a fim de atingir o patrimônio de membros e administradores. É contrária à finalidade da Lei de Declaração e Direitos da liberdade Econômica, em especial a busca pela autonomia patrimonial retratada no art. 49-A do CC.

Em razão desta *teoria menor*, em qualquer relação de consumo, dano ambiental, infração da ordem econômica e débito trabalhista, simplesmente inexistirá um dos efeitos da personalidade da pessoa jurídica: a autonomia patrimonial. Nesses casos, independentemente de fraude ou de abuso de direito, o patrimônio das pessoas que compõem a pessoa jurídica, seja qual for a condição, será afetado, em caso de mera insolvência da pessoa jurídica.

O art. 28 do CDC e o art. 34 da Lei n. 12.529/2011 citam, expressamente, o "estado de insolvência" como suficiente para a superação do princípio da autonomia patrimonial. O § 5º do art. 28 do CDC e o art. 4º da Lei n. 9.605/98 vão mais além, pois admitem a desconsideração sempre que a personalidade jurídica for obstáculo para ressarcimento dos prejuízos causados aos consumidores ou ao meio ambiente. Ou seja, nessas relações jurídicas *desiguais*, a desconsideração da personalidade jurídica foi banalizada, podendo ser invocada pela mera frustração de um direito de crédito, ainda que a pessoa jurídica não tenha sido utilizada como instrumento de fraude ou ainda que seus sócios não tenham abusado do instituto.

O risco da atividade é plenamente transferido para os membros e administradores. Qualquer obstáculo, e não apenas a mera insolvência, é suficiente para a vinculação do patrimônio dessas pessoas. Por isso, sem qualquer receio, pode ser afirmado, de forma categórica, que, nessas relações sensíveis, não há um dos efeitos da desconsideração da personalidade jurídica, qual seja, autonomia patrimonial ou separação de patrimônios.

O custo social dessa *teoria menor* é inestimável, pois desestimula qualquer investimento e ainda contribui para a criação das chamadas pessoas jurídicas *de fachada*, *laranjas* ou *fantasmas*, pois ninguém, em sã consciência, colocará o seu patrimônio pessoal em risco.

O próprio sistema, ao retirar a principal proteção dos membros e administradores, incentiva a criação dessas pessoas jurídicas paralelas, com objetivos escusos. O sistema é utilizado contra o próprio sistema!

A nossa doutrina, de uma maneira geral, e os Tribunais, de acordo com alguns precedentes, reconhecem a denominada *teoria menor*, principalmente nas matérias retromencionadas, onde não se questiona a ética, o desvio da função social, a fraude ou o abuso de direito, mas apenas a mera insolvência.

A teoria menor, embora restrita a alguns microssistemas, na prática envolve as principais relações jurídicas e sociais da pessoa jurídica: consumidor, meio ambiente, ordem econômica, contratos com a administração pública e relações trabalhista. Restaria pouco para a teoria maior (relações civis).

Doutrina civilista até a alteração da redação original do art. 50

Entre os civilistas, até a nova redação do art. 50, prevalecia o entendimento de que havia três perspectivas da teoria da desconsideração da personalidade da pessoa jurídica: 1– teoria maior (concepção clássica e subjetiva – fundada na fraude e abuso de direito); 2– teoria menor (microssistemas – fundada na insolvência) e 3– Código Civil – art. 50 – concepção objetiva – fundada no abuso de direito, consubstanciado no desvio de finalidade e na confusão patrimonial).

É o que restou consignado no Enunciado 51, da I Jornada de Direito Civil: "A teoria da desconsideração da personalidade jurídica – *disregard doctrine* – fica positivada no novo Código Civil, mantidos os parâmetros existentes nos microssistemas legais e na construção jurídica sobre o tema".

A conclusão é que a construção jurídica sobre o tema (onde a desconsideração só é possível em caso de fraude ou abuso de direito) não prejudicava os parâmetros dos microssistemas e o disposto no art. 50. As três perspectivas, conviviam, harmonicamente, no sistema jurídico.

Após a alteração legislativa, a tendência é restringir a desconsideração para as hipóteses do art. 50 (desvio de finalidade – subjetivo; confusão patrimonial – objetivo), que retrataria a teoria maior e, de outro lado, os microssistemas mencionados, que materializam a teoria menor.

A teoria menor não possui identidade com a natureza e o fundamento da tradicional teoria da desconsideração da personalidade jurídica desenvolvida pelo direito anglo-saxão. O objetivo da teoria menor não é proteger a pessoa jurídica, mas os credores desta. Todavia, com a nova redação do art. 50 do CC, o dualismo teoria maior, subjetiva e objetiva, e teoria menor, prevalecerá.

Para registro, no Enunciado 282 da IV da Jornada de Direito Civil, chegou-se à conclusão diversa da tese defendida pela teoria menor: "O encerramento irregular das atividades da pessoa jurídica, por si só, não basta para caracterizar abuso da personalidade jurídica". Neste caso, a desconsideração dependerá da conexão entre a dissolução irregular e quaisquer dos pressupostos do art. 50 do CC (desvio de finalidade ou confusão patrimonial), o que aproxima tal enunciado da teoria maior.

Para a *teoria menor*, a insolvência é suficiente para a *desconsideração* e responsabilização dos administradores (membros ou não da pessoa jurídica), independente da dissolução irregular (fundamento diverso). Não se presume o abuso de direito no caso de dissolução irregular. O encerramento irregular das atividades não é causa suficiente para a desconsideração (depende dos requisitos do art. 50).

No âmbito da execução fiscal, a dissolução irregular pode ser justa causa para o redirecionamento contra sócio ou administrador (prazo de prescrição se inicia com a prática do ato que inviabiliza a satisfação do crédito – Tema 444 – STJ – *actio nata*, e não com a citação).

Após a edição da Súmula 430 pelo STJ (em 13-5-2010), provavelmente, não será mais possível, ao menos em tese, invocar a *teoria menor* também para questões relacionadas à responsabilidade de sócio e administrador, como decorrência de desconsideração da personalidade da pessoa jurídica, em matéria tributária. Segundo a referida Súmula: "O inadimplemento da obrigação tributária pela sociedade não gera, por si só, a responsabilidade solidária do sócio gerente". No entanto, será possível a desconsideração no caso de relações jurídicas tributárias se caracterizada a situação definida na Súmula 435 do STJ.

A Súmula 430 não impede a responsabilidade direta (e não por meio da desconsideração) de sócios e administradores que violarem a legislação tributária de forma fraudulenta ou maliciosa.

As demais questões (trabalhista, direito econômico, meio ambiente e consumidor) permanecem compatíveis com a *teoria menor* (na visão da jurisprudência). Registre-se, novamente, que o STJ, em decisões recentes, restringe a possibilidade de desconsideração, ao adotar o entendimento de que a dissolução irregular da pessoa jurídica, por si só, não justifica a desconsideração do princípio da autonomia patrimonial.

1.12.8.4. Desconsideração da personalidade jurídica no Código Civil – Art. 50

O Código Civil inovou ao normatizar a teoria da desconsideração da personalidade da pessoa jurídica no art. 50.

A lei civil, na redação original, não retratou, de forma adequada, a teoria da desconsideração da personalidade jurídica. Embora o abuso da personalidade jurídica tenha relação direta com a construção doutrinária da teoria em questão, o art. 50 limitou o referido abuso para apenas duas hipóteses: desvio de finalidade e confusão patrimonial. A clássica teoria da desconsideração é mais abrangente, pois permitiria a aplicação do instituto sempre que a personalidade da pessoa jurídica fosse utilizada como instrumento de fraude.

O objetivo da desconsideração da personalidade jurídica é proteger a pessoa jurídica e tal ocorrerá com a suspensão da eficácia de apenas um dos atributos ou efeitos que decorrem da personalidade desta, a autonomia patrimonial, sempre que a personalidade for utilizada como instrumento de fraude ou quando houver, por parte dos administradores/gestores, abuso dessa personalidade.

O Código Civil restringiu o abuso de direito a duas hipóteses: desvio de finalidade e confusão patrimonial. Todavia, representa considerável avanço quando comparado com outros diplomas normativos que admitem a desconsideração, com base na mera insolvência (arts. 28 do CDC, 34 da Lei n. 12.529/2011 e 4º da Lei 9.605/1998, por exemplo). De acordo com a concepção adotada pelo Código Civil (na redação original ou após a alteração legislativa), a insolvência não basta para a desconsideração (*teoria menor*) e, por outro lado, não se admite a suspensão da eficácia do princípio da autonomia patrimonial em qualquer caso de fraude ou abuso da personalidade (concepção tradicional da *teoria*), mas apenas se caracterizado o desvio de finalidade ou a confusão patrimonial. O STJ consolidou entendimento de que o art. 50 do Código Civil adotou a teoria maior da desconsideração, porque o fundamento é o abuso de direito e não a insolvência.

A Lei n. 13.874/2019, que alterou o art. 50 do CC, e introduziu novos parágrafos, consolida o entendimento do STJ em relação à teoria maior subjetiva, fundada no desvio de finalidade. O Código Civil, na redação original do art. 50, dispensava o elemento subjetivo em relação ao desvio de finalidade.

Após as alterações promovidas pela Lei n. 13.874/2019, o desvio de finalidade, por imposição legal (§ 1º do art. 50), passa a ter conotação subjetiva e, por outro lado, a confusão patrimonial (§ 2º), mantém o caráter objetivo. É o que se convencionou denominar teoria maior subjetiva e objetiva. As hipóteses de desconsideração da personalidade foram mantidas.

No caso de desvio de finalidade, será essencial demonstrar o propósito (intenção – subjetividade é manifesta) de lesar credores e a prática de atos ilícitos de qualquer natureza no uso da personalidade da pessoa jurídica. Tal alteração normativa visa a privilegiar a autonomia patrimonial da pessoa jurídica, o que dificultará a desconsideração desta. Não será tarefa fácil demonstrar tal "propósito" ou intenção no uso indevido da personalidade da pessoa jurídica.

Na III Jornada de Direito Civil, foi aprovado o Enunciado 146, o qual tinha o objetivo de restringir a desconsideração, que estava em processo de banalização: "Nas relações civis, interpretam-se restritivamente os parâmetros de desconsideração da personalidade jurídica previstos no art. 50 (desvio de finalidade social ou confusão patrimonial)".

E o STJ, como interpreta o art. 50 do CC?

O STJ, com a finalidade de proteger o princípio da autonomia patrimonial da pessoa jurídica, em tempos recentes, firmou entendimento no sentido de que a insolvência e/ou a dissolução irregular da pessoa jurídica, por si sós, não são elementos suficientes para a desconsideração da personalidade.

É essencial demonstrar o desvio de finalidade ou a confusão patrimonial, com o objetivo de lesar interesses de terceiros. A insolvência ou a dissolução irregular devem estar associadas aos pressupostos ou causas da desconsideração do art. 50 da Lei Civil.

De acordo com o STJ (EREsp 1.306.553-SC), "não se quer dizer com isso que o encerramento da sociedade jamais será causa de desconsideração de sua personalidade, mas que somente o será quando sua dissolução ou inatividade irregulares tenham o fim de fraudar a lei, com o desvirtuamento da finalidade institucional ou confusão patrimonial. Assim é que o Enunciado 146, da III Jornada de Direito Civil, orienta o intérprete a adotar exegese restritiva no exame do art. 50 do CC, haja vista que o instituto da desconsideração, embora não determine a despersonalização da sociedade – visto que aplicável a certo ou determinado negócio e que impõe apenas a ineficácia da pessoa jurídica frente ao lesado –, constitui restrição ao princípio da autonomia patrimonial. Ademais, evidenciando a interpretação restritiva que se deve dar ao dispositivo em exame, a IV Jornada de direito civil firmou o Enunciado 282, que expressamente afasta o encerramento irregular da pessoa jurídica como causa para desconsideração de sua personalidade: "O encerramento irregular das atividades da pessoa jurídica, por si só, não basta para caracterizar abuso da personalidade jurídica". Entendimento diverso conduziria, no limite, em termos práticos, ao fim da autonomia patrimonial da pessoa jurídica, ou seja, regresso histórico incompatível com a segurança jurídica e com o vigor da atividade econômica".

A desconsideração, na jurisprudência recente do STJ, é medida absolutamente excepcional condicionada à comprovação do abuso da personalidade jurídica da pessoa coletiva, caracterizado pelo desvio de finalidade (ato intencional com a finalidade de desviar da finalidade institucional da pessoa jurídica) ou a confusão patrimonial (caracterizada pela inexistência, no campo dos fatos, da separação de patrimônios da pessoa jurídica e dos sócios). É essencial demonstrar que a personalidade da pessoa jurídica tenha sido utilizada como instrumento de fraude.

O STJ consolidou entendimento de que o art. 50 do Código Civil adotou a teoria maior da desconsideração, que exige a demonstração do elemento previsto na norma, caracterizador de abuso.

Antes mesmo da alteração do art. 50 do CC, em relação ao desvio de finalidade, o STJ já condicionava a desconsideração à demonstração do intuito fraudulento.

Registre-se que nas hipóteses legais que permitem a desconsideração por mera insolvência, como é o caso do art. 28 do CDC, o STJ mantém firme sua posição a favor da teoria menor para admitir a desconsideração pela mera comprovação da insolvência ou pelo mero fato de a personalidade ser obstáculo ao ressarcimento dos prejuízos dos consumidores. Nesse sentido, o Recurso Especial n. 1.735.004/SP.

As diferenças entre o art. 50 do CC, que teria adotado a teoria maior, e sistemas que teriam adotado a teoria menor, como o CDC, foram ressaltadas pelo STJ, em decisão paradigmática (Recurso Especial n. 1.658.648/SP)[133].

Em resumo, de acordo com o STJ, mesmo antes da alteração legislativa, o Código Civil, com exceção da confusão patrimonial, adotou no art. 50 a teoria maior subjetiva (necessidade de demonstrar o elemento subjetivo – intuito fraudulento) e outros sistemas, como o CDC, adotaram a teoria menor, que permite a desconsideração com base na mera insolvência. O CC, no art. 50, é verdade, se aproxima da *teoria maior,* mas com ela não se confunde, pois tem requisitos e finalidades próprios. A aproximação da *teoria maior* ocorre porque a mera insolvência não pode fundamentar o pedido de desconsideração. Todavia, a *teoria maior* tem conotação subjetiva, depende do elemento volitivo, no sentido de utilização da personalidade jurídica da pessoa jurídica como instrumento de fraude ou abuso de direito. O CC, na redação original do art. 50, tratava da desconsideração de forma objetiva, ou seja, admitia a desconsideração da personalidade da pessoa jurídica em qualquer relação civil, nos casos de abuso por desvio de finalidade e confusão patrimonial. Ambas as hipóteses independiam do elemento subjetivo. Agora, tudo se altera em razão da nova lei.

Quais as principais alterações introduzidas pela nova legislação no art. 50?

Em relação aos sócios, associados, acionistas ou gestores da pessoa jurídica, a desconsideração foi restringida, para alcançar apenas e tão somente os beneficiados direta ou indiretamente pelo abuso. É a limitação subjetiva da responsabilidade patrimonial. Nada mais justo. Apenas o patrimônio daquele sujeito que incorreu na fraude ficará vinculado à desconsideração. Portanto, a conduta da pessoa natural passa a ter relevância para a vinculação de seu patrimônio pessoal, no caso de abuso de direito em relação à personalidade da pessoa jurídica. Aliás, o Enunciado n. 7 da I Jornada de Direito Civil já prevê tal limitação há mais de uma década. Adota-se concepção subjetiva da desconsideração, para limitar tal ato àqueles que de alguma forma concorreram para o abuso/fraude.

O benefício, por óbvio deve ser econômico, efetivo ou potencial. Apenas o membro que tenha influência na gestão da pessoa jurídica poderá ser responsabilizado. Não precisa ter o controle formal ou material da pessoa jurídica, mas, ao menos influência na administração e na direção dos negócios. Deve ser o autor intelectual ou responsável material pelos atos capazes de caracterizar desvio de finalidade ou confusão patrimonial. No mais, diante da finalidade do instituto (é sanção civil), a desconsideração não fica limitada ao benefício econômico auferido. O foco de responsabilidade é o ato contra a personalidade da pessoa jurídica que gera ou tem a potencialidade de gerar benefício econômico.

No § 1º do art. 50, introduzido pela Lei n. 13.874/2019, o desvio de finalidade passa a ter natureza subjetiva, pois pressupõe utilização intencional em relação à personalidade da PJ (entendimento já consolidado pelo STJ – denominada "teoria maior subjetiva").

Eis os termos da norma: "§ 1º Para os fins do disposto neste artigo, desvio de finalidade é a utilização da pessoa jurídica com o propósito de lesar credores e para a prática de atos ilícitos de qualquer natureza".

---

[133] "Esta Corte já consolidou o entendimento de que nas relações jurídicas de natureza civil-empresarial, adota-se a *teoria* maior, segundo a qual a *desconsideração* da *personalidade* jurídica é medida excepcional que permite sejam atingidos os bens das pessoas naturais (sócios ou administradores), de modo a responsabilizá-las pelos prejuízos que, em fraude ou abuso, causaram a terceiros, nos termos do art. 50 do CC. É possível atribuir responsabilidade ao administrador não sócio, por expressa previsão legal. Contudo, tal responsabilização decorre de atos praticados pelo administrador em relação as obrigações contraídas com excesso de poder ou desvio do objeto social. A responsabilidade dos administradores, nestas hipóteses, é subjetiva, e depende da prática do ato abusivo ou fraudulento. No caso dos autos, não foi consignada nenhuma prática de ato irregular ou fraudulento do administrador. O art. 50 do CC, que adota a *teoria* maior e permite a responsabilização do administrador não sócio, não pode ser analisado em conjunto com o § 5º do art. 28 do CDC, que adota a *teoria* menor, pois este exclui a necessidade de preenchimento dos requisitos previstos no *caput* do art. 28 do CDC permitindo a *desconsideração* da *personalidade* jurídica, por exemplo, pelo simples inadimplemento ou pela ausência de bens suficientes para a satisfação do débito".

Neste caso, apenas se positivou entendimento já sedimentado, embora com maior rigor, pois apenas o dolo no desvio de finalidade permitirá a desconsideração. A concepção subjetiva do "desvio de finalidade" irá dificultar a desconsideração fundada nesta hipótese? Não há dúvida que sim. Não é tarefa fácil demonstrar o propósito ou a intenção da utilização indevida da personalidade da PJ. Tal restrição teve por objetivo valorizar a pessoa jurídica, proteger o princípio da autonomia patrimonial e resgatar a essência da verdadeira desconsideração (teoria clássica). O custo social e econômico da desconsideração sem critérios é imensurável. A desconsideração deve ser medida excepcional e invocada apenas se restar provado que administradores ou sócios/associados/acionistas tiveram a intenção (dolo) de se valer da personalidade da PJ como instrumento de fraude. Não é por outro motivo que o § 5º, acrescentado pela Lei n. 13.874/2019, dispõe que não constitui desvio de finalidade a mera expansão ou alteração da finalidade original da atividade econômica específica da pessoa jurídica. De acordo com a lei, a alteração da finalidade ou ampliação desta, por si só, não pode ser presumida como fraudulenta. O desvio de finalidade, no caso de alteração da finalidade ou ampliação do objetivo social da pessoa jurídica, dependerá, para sua caracterização, de prova de que tal ato teve por objetivo lesar credores ou praticar ilícito. Os atos em referência, por si só, não se presumem fraudulentos. Esse é o objetivo da norma.

Portanto, a demonstração do propósito de lesar credores ou para a prática de ilícitos de qualquer natureza deve estar associado a esta alteração da finalidade do objetivo social. Ao contrário do que alguns afirmam, não há qualquer retrocesso. Apenas se impedirá o abuso e a arbitrariedade no âmbito da desconsideração.

O objetivo claro da legislação é restringir a desconsideração e proteger a autonomia jurídica e patrimonial da pessoa jurídica, fato que, segundo a norma, estimularia o empreendedorismo com riscos limitados a este sujeito de direito. É certo que a nova redação trará muitas dificuldades interpretativas, pois o "propósito de lesar credores" ou a intenção de "praticar ilícitos de qualquer natureza", por meio da personalidade da pessoa jurídica, permitirá os mais diversos resultados hermenêuticos. Apenas no caso concreto, a partir de todo o contexto fático, será possível se tal propósito ou intenção estará presente.

No § 2º do art. 50, também acrescentado pela Lei n. 13.874/2019, são elencadas situações que caracterizam a confusão patrimonial. O dispositivo era absolutamente desnecessário, mas certamente não fará qualquer mal ao direito civil. Haverá confusão patrimonial quando houver ausência de separação de fato entre os patrimônios da pessoa jurídicas e das pessoas naturais, administradores e/ou sócios, como transferências recíprocas de ativos e passivos sem contraprestação ou quando a PJ, de forma reiterada, cumpre obrigações do sócio ou administrador e vice-versa. Inofensivo o dispositivo, que mantém o viés objetivo da confusão patrimonial, uma das hipóteses de desconsideração.

Eis os termos da norma: "§ 2º Entende-se por confusão patrimonial a ausência de separação de fato entre os patrimônios, caracterizada por: I – cumprimento repetitivo pela sociedade de obrigações do sócio ou do administrador ou vice-versa; II – transferência de ativos ou de passivos sem efetivas contraprestações, exceto os de valor proporcionalmente insignificante; e III – outros atos de descumprimento da autonomia patrimonial".

Os §§ 1º e 2º também se aplicam à extensão das obrigações de sócios ou de administradores à pessoa jurídica, ou seja, para fins de desconsideração inversa da pessoa jurídica, devem ser demonstrados os mesmos pressupostos legais para a desconsideração própria ou direta. O § 4º apenas evidencia o intuito da lei de limitar a intervenção do Estado em atos privados quando ressalta que a mera existência de grupo econômico sem a presença dos requisitos não autoriza a desconsideração (nada mais óbvio). A desconsideração da personalidade da pessoa jurídica será mais complexa no âmbito das relações trabalhista, porque é tradição da justiça trabalhista considerar a mera existência de grupo econômico como condição necessária e suficiente para a desconsideração (sem observar os requisitos da lei para a desconsideração).

A pessoa jurídica pode requerer a sua própria desconsideração?

Sim, em razão da finalidade da teoria, que é preservar a eticidade na condução da pessoa jurídica. Na IV Jornada de direito civil, foi aprovado o Enunciado 285 sobre o assunto, onde ficou consignado que "a teoria da desconsideração, prevista no art. 50 do Código Civil, pode ser invocada pela pessoa jurídica em seu favor".

Resumo:

- **Hipóteses de desconsideração do art. 50 do CC**

1. Desvio de Finalidade: o desvio de finalidade é hipótese bem ampla de desconsideração, tendo em vista que restará caracterizada sempre que a pessoa jurídica descumprir a sua função social ou a finalidade para a qual foi constituída. O desvio de função ou o não cumprimento do objeto social pela pessoa jurídica levará à desconsideração, desde que haja prova da utilização dolosa da pessoa jurídica com o propósito de lesar credores e para a prática de ilícitos de qualquer natureza (concepção subjetiva). Ao se limitar o uso da pessoa jurídica para o fim ou fins para os quais ela foi criada, busca o legislador evitar a participação da pessoa jurídica em negócios estranhos ao seu objeto social.

   O desvio de finalidade está vinculado ao princípio da especialização, já mencionado, segundo o qual a pessoa jurídica somente está autorizada a manifestar sua vontade naquilo que for compatível com o seu objeto ou finalidade social. Se tal princípio for violado, restará caracterizado o desvio de finalidade e, nesse caso, será possível a suspensão da eficácia de um dos efeitos da personalidade da pessoa jurídica, qual seja, a autonomia patrimonial.

2. Confusão Patrimonial: a confusão patrimonial se configura naquelas hipóteses onde se torna impossível separar o patrimônio da pessoa jurídica do patrimônio de seus sócios ou administradores. Nesse

caso, não há como identificar, com absoluta precisão, qual é o patrimônio da pessoa jurídica e o de seus componentes. Em razão dessa má gestão administrativa e contábil, em que os patrimônios de sujeitos de direitos distintos se confundem, é possível a desconsideração da personalidade jurídica, independentemente de elemento subjetivo (*commingling of funds* – promiscuidade de fundos).

O novo § 2º do art. 50, de forma exemplificativa, menciona situações em que se caracteriza a confusão patrimonial, como o cumprimento repetitivo pela sociedade de obrigações do sócio ou do administrador e vice-versa, a transferência de ativos ou de passivos sem efetivas contraprestações, exceto o de valor proporcionalmente insignificante e outros atos de descumprimento da autonomia patrimonial. Este último inciso é tão genérico que abrange os anteriores.

- **Art. 50 e insolvência**

Nas relações civis e, especificamente, nas hipóteses do art. 50 do CC, não é necessária a insolvência para a desconsideração da personalidade jurídica, embora seja difícil invocar a teoria quando não houver insolvência. Nesse sentido, aliás, é o Enunciado 281 da IV Jornada de Direito Civil, promovida pelo CJF: "A aplicação da teoria da desconsideração, descrita no art. 50 do Código Civil, prescinde da demonstração de insolvência da pessoa jurídica".

- **Art. 50 e limitação da responsabilidade dos sócios ou administradores não sócios**

Como já salientado, a teoria da desconsideração tem por finalidade permitir a vinculação do patrimônio particular de sócios e administradores que, no caso do Código Civil, levaram a pessoa jurídica a desviar a sua finalidade ou estão envolvidos na confusão de patrimônios. A questão é: Há limite para a responsabilização de sócios e administradores nas relações civis? Ou melhor, quais sócios e administradores serão responsabilizados?

Nas relações civis, a doutrina, corretamente, limita a responsabilidade patrimonial dos sócios e administradores, para imputar tal responsabilidade apenas àqueles que incorreram no ato irregular.

Esse entendimento acabou sendo consolidado no Enunciado 7 da I da Jornada de Direito Civil, promovida pelo CJF: "Só se aplica a desconsideração da personalidade jurídica quando houver a prática de ato irregular e, limitadamente, aos administradores ou sócios que nela hajam incorrido".

Com a nova redação do art. 50, tal limitação é evidente, pois apenas os beneficiados direta ou indiretamente pelo abuso poderão ter o patrimônio vinculado.

A limitação subjetiva da afetação patrimonial nas pessoas dos sócios e administradores que incorreram ou participaram, efetivamente, dos atos irregulares (desvio de finalidade ou envolvimento com a confusão patrimonial), é medida justa, pois aqueles não detentores do controle da pessoa jurídica, como pequenos acionistas, cotistas ou associados, não possuem poderes suficientes para impedir qualquer ato irregular.

Todavia, se esses sócios, acionistas ou associados minoritários, não detentores do controle da pessoa jurídica, vierem a participar ou contribuir, de qualquer modo, para o desvio de finalidade ou para a confusão patrimonial, certamente seus patrimônios pessoais poderão ser sujeitados ao cumprimento de obrigações com terceiros lesados.

Por isso, não é correto afirmar que somente as pessoas que detêm o poder de controle podem ter seus patrimônios particulares vinculados a uma obrigação da pessoa jurídica perante terceiro.

Os minoritários, que concorrerem ou participarem de atos irregulares, certamente suportarão as consequências da desconsideração, nas hipóteses previstas no art. 50 do CC.

No que tange à *teoria menor*, fundada na mera insolvência, o entendimento consolidado no Enunciado 7 é inaplicável. As razões são óbvias. A finalidade da *teoria menor* é pura e simplesmente satisfazer consumidores, credores trabalhistas, fiscais, a ordem econômica e o meio ambiente, sem que seja necessária a configuração ou a caracterização de qualquer irregularidade.

A *teoria menor* não exige uso abusivo da personalidade da pessoa jurídica, a prática de atos fraudulentos, o desvio de finalidade ou a confusão patrimonial, mas a mera insolvência.

Em relação ao art. 50 do CC, uma novidade deve ser considerada, que é a previsão de se responsabilizar não apenas os bens particulares dos sócios da pessoa jurídica, mas também dos administradores não sócios. Por fim, importante retratar dois enunciados sobre a desconsideração da personalidade jurídica. No primeiro, foi consolidado o entendimento da aplicação da desconsideração em relação à pessoa jurídica sem fins econômicos, como é o caso da associação. O segundo, trata da desconsideração *inversa*, cujo enunciado é autoexplicativo.

Enunciado 284 da IV Jornada de Direito Civil: "As pessoas jurídicas de direito privado sem fins lucrativos ou de fins não econômicos estão abrangidas no conceito de abuso da personalidade jurídica".

- **Desconsideração inversa e desconsideração positiva da personalidade da pessoa jurídica**

Em relação à desconsideração inversa, não há propriamente *desconsideração*, mas a vinculação de bens de sócio que estão ocultados no patrimônio da pessoa jurídica. De qualquer sorte, a desconsideração inversa está positivada no atual CPC, art. 133.

Na desconsideração *comum*, por conta de atos vinculados à pessoa jurídica, é possível atingir *patrimônio de pessoa diversa:* sócios, associados ou administradores não sócios.

A desconsideração inversa passa a ser positivada pela nova redação do art. 50 do CC, que no § 3º, dispõe que o disposto no *caput* e nos §§ 1º e 2º do referido artigo (abuso de direito por desvio de finalidade ou confusão patrimonial) também se aplica à extensão das obrigações de sócios ou de administradores à pessoa jurídica. Os pressupostos legais da desconsideração inversa são os mesmos da desconsideração comum.

Na desconsideração *inversa*, por conta de obrigação de pessoa natural/jurídica, sócia, acionista ou associado, é possível atingir o *patrimônio destes*, o qual está ocultado na personalidade da pessoa jurídica. Nesta hipótese de desconsideração, apenas se vincula patrimônio ocultado, *mas que pertence ao próprio sujeito pessoa natural ou jurídica sócio ou acionista*. Já na desconsideração comum é possível vincular *patrimônio de terceiro* (sócio ou administrador). Tal observação é fundamental para diferenciar a desconsideração *comum* da *inversa*.

Na desconsideração inversa, o patrimônio está formalmente em nome da pessoa jurídica, mas materialmente pertence à pessoa diversa da pessoa jurídica. A personalidade da pessoa jurídica é utilizada como instrumento de fraude, porque oculta bens de terceiros. Nesse sentido, o Enunciado 283 da IV Jornada de Direito Civil: "É cabível a desconsideração da personalidade jurídica denominada 'inversa' para alcançar bens de sócio que se valeu da pessoa jurídica para ocultar ou desviar bens pessoais, com prejuízos a terceiros".

Trata-se, portanto, apenas de mecanismo para a localização e vinculação de bens ocultados do próprio devedor. Não há possibilidade de vincular bens da própria pessoa jurídica, mas bens dos sócios/acionistas/associados que, apenas *formalmente*, estão em nome da pessoa jurídica e que, *na realidade*, pertencem àqueles.

A desconsideração positiva da personalidade da pessoa jurídica ocorrerá quando houver a necessidade de proteger imóvel residencial, que integra o patrimônio da pessoa jurídica, mas é utilizado para moradia de sócios. A pessoa jurídica não pode alegar a impenhorabilidade do bem de família em relação a qualquer bem que integre o seu patrimônio. Todavia, se determinado imóvel da pessoa jurídica é utilizado como bem de família dos sócios, supera-se a autonomia patrimonial, para evitar a penhora. É a associação entre a teoria do patrimônio mínimo, o bem de família e a teoria da desconsideração da pessoa jurídica, analisada de forma positiva. Haverá desconsideração em proveito do sócio morador do imóvel, para que o bem utilizado pela família deste não seja penhorado por dívidas da pessoa jurídica. A confusão patrimonial entre o patrimônio da pessoa jurídica e o dos sócios após a desconsideração justificará a proteção. Tal situação somente poderá ser utilizada em situações excepcionais, pessoas jurídicas familiares, nas quais o patrimônio se restringe ao local de moradia dos sócios e de sua família. Nada impede que outros bens particulares dos sócios, neste caso para compensar a impenhorabilidade, sejam vinculados às dívidas da pessoa jurídica.

• **Desconsideração expansiva da personalidade da pessoa jurídica e a desconsideração indireta**

Na desconsideração expansiva da personalidade da pessoa jurídica poderá ser vinculado, às obrigações deste ente, o patrimônio de sócio ou acionista oculto, que não integra, formalmente, os quadros sociais da pessoa jurídica, mas, de fato, é o verdadeiro sócio ou acionista.

Na desconsideração indireta, as fraudes e os abusos são praticados por pessoas jurídicas controladoras, que utilizam a personalidade jurídica da pessoa jurídica controlada, com a finalidade de lesar o interesse de terceiros ou obter vantagens indevidas.

Segundo Rosenvald e Chaves[134], nessa hipótese, "encontra-se a chamada desconsideração indireta da personalidade jurídica, através da qual é permitido o levantamento episódico do véu protetivo da empresa controlada para responsabilizar a empresa controladora (ou coligada) por atos praticados com aquela de modo abusivo ou fraudulento".

O fato é que passou a ser comum no mercado a utilização de pessoas jurídicas *controladas* por grupos empresariais, a fim de praticarem atos agressivos a terceiros, que caracterizam concorrência desleal, violação de normas tributárias, dentre outros atos fraudulentos.

Tal questão foi objeto do Enunciado 506 da V Jornada de Direito Civil, promovida pelo CJF: "A desconsideração da personalidade jurídica alcança os grupos de sociedade quando presentes os pressupostos do art. 50 do Código Civil e houver prejuízo para os credores até o limite transferido entre as sociedades".

1.12.8.5. A teoria da desconsideração da personalidade jurídica e a questão da responsabilidade direta dos administradores. Análise crítica

Embora a teoria da desconsideração da personalidade jurídica tenha sido amplamente acolhida pela doutrina e jurisprudência, a nossa legislação acaba esvaziando a sua aplicação prática, reduzindo, consideravelmente, seu alcance, em especial nas relações jurídicas civis.

Qual a razão disso?

A pessoa jurídica é administrada por pessoas naturais, que podem ser sócios, associados, acionistas ou apenas administradores. Em caso de excesso, abuso de poder, violação da lei, infração dos atos constitutivos, dentre outras irregularidades, eventualmente praticadas por essas pessoas naturais na condução da pessoa jurídica, a responsabilidade destes será direta e pessoal.

O que se pretende dizer com isso?

Ora, se a responsabilidade desses membros ou administradores da pessoa jurídica, nos casos mencionados, será pessoal e direta, qual o interesse jurídico na desconsideração da personalidade jurídica? A resposta é simples: nenhum.

A invocação da teoria da desconsideração da personalidade da pessoa jurídica somente terá sentido se a personalidade da pessoa jurídica, que é a sua armadura jurídica, for obstáculo para a vinculação do patrimônio dos membros e administradores. Se não houver tal obstáculo, ou seja, se tais pessoas naturais puderem ser responsabilizadas, direta e pessoalmente, não há motivo nenhum para a aplicação da teoria.

A desconsideração tem por finalidade afastar ou suspender, temporariamente, o princípio da autonomia patrimonial, para que os bens particulares dos membros ou administradores sejam atingidos. Ora, se é possível atingir os bens dos membros e administradores, independentemente da suspensão de um dos efeitos da personalidade da pessoa jurídica, para que invocar a teoria da desconsideração? Esta é a questão.

---

[134] FARIAS, Cristiano Chaves de; ROSENVALD, Nelson. *Direito civil*: teoria geral. 8. ed. Rio de Janeiro: Lumen Juris, 2009.

A nossa legislação prevê inúmeros casos de responsabilidade direta e pessoal de sócios e administradores, não havendo necessidade, nesses casos, de os lesados diretos buscarem socorro na teoria da desconsideração para garantir a satisfação de seus créditos junto ao patrimônio particular dessas pessoas. Assim, por mais que se exalte a teoria, sua aplicação prática é restrita.

Por exemplo, segundo o disposto no art. 1.016 do CC, que trata da administração da sociedade simples, cuja regra serve de subsídio para vários modelos societários, os administradores respondem, solidariamente, perante terceiros prejudicados, por culpa no desempenho de suas funções. Como se vê, a responsabilidade do administrador, por culpa, que tem um sentido amplo, é direta e pessoal.

O art. 1.053, que trata das sociedades limitadas, que representam praticamente 90% (noventa por cento) das sociedades empresárias brasileiras, dispõe que, no caso de omissão do contrato, aplicam-se as regras da sociedade simples, entre elas a do art. 1.016. É correto que a sociedade limitada pode prever a aplicação subsidiária da Lei das Sociedades Anônimas. No entanto, a Lei n. 6.404/76, que trata das sociedades anônimas, no art. 158, dispõe que o administrador é, civil e pessoalmente, responsável pelas obrigações que contrair em nome da sociedade, quando agir com culpa ou dolo ou em caso de violação da lei ou do estatuto social.

No caso de excesso de poder, segundo o art. 47 do CC, além da pessoa jurídica se vincular pelo excesso quando o terceiro estiver de boa-fé, o administrador que agiu com excesso, perante o terceiro, também responderá pessoalmente. Portanto, estando de boa-fé, o terceiro poderá acionar a pessoa jurídica pelo excesso, bem como o membro ou administrador que excedeu os poderes cujos limites constavam no ato constitutivo.

Assim, a responsabilidade, direta e pessoal, dos sócios e administradores, torna dispensável e desnecessária a invocação da teoria da *desconsideração da personalidade jurídica*.

Como nosso sistema é impregnado de regras com previsão de responsabilidade direta e pessoal de membros e administradores da pessoa jurídica, sempre que tais pessoas abusarem da personalidade da pessoa jurídica ou agirem com fraude, certamente poderão ser responsabilizadas pessoalmente. Na verdade, o sistema de responsabilidade direta apenas se compatibiliza com a malsinada *teoria menor*.

Desconsideração e execução fiscal

• É possível o incidente da desconsideração da personalidade jurídica na execução fiscal: a reflexão é necessária

O STJ, no Recurso Especial n. 1.786.311-PR, reafirmou sua jurisprudência no sentido de ser desnecessária a instauração de incidente de desconsideração da personalidade jurídica no âmbito de execução fiscal, se houver o redirecionamento em face dos administradores (em especial sócios gestores).

O incidente de desconsideração é disciplinado (procedimento) nos arts. 133 a 137 do CPC/2015. Todavia, no âmbito da execução fiscal, afasta-se a instauração do incidente, sob o pretexto de que a lei especial (n. 6.830/80 – execução fiscal) prevalece sobre a regra procedimental geral (CPC/2015).

Qual o problema? A premissa está equivocada. A causa que justifica a inaplicabilidade não é conflito (aparente) entre lei especial e geral sobre procedimentos, mas a regra legal tributária que autoriza a responsabilidade direta e pessoal do sócio administrador por atuação irregular. Se há norma jurídica que autoriza a responsabilidade direta de administrador, mesmo fora do âmbito tributário, a desconsideração da personalidade jurídica (e, por consequência, o incidente) é desnecessária (e descabida). Lógica!

O incidente de desconsideração da personalidade jurídica não se aplica nas execuções fiscais porque, em caso de atuação irregular do sócio/administrador (gerente), é dispensável o próprio instituto da desconsideração, em razão da previsão legal de responsabilidade pessoal e direta (responsabilidade tributária – denominada "responsabilidade por transferência"), conforme art. 135, inciso III, do CTN.

De acordo com o art. 135, III, do CTN, são pessoalmente responsáveis por créditos decorrentes de obrigações tributárias os gerentes ou administradores de pessoas jurídicas de direito privado por atuação irregular (excesso de poder, violação da lei, do contrato social ou estatuto). O gestor que atua de forma irregular será responsável tributário (o que não afasta a sujeição do devedor originário, contribuinte – de acordo com o STJ, ambos respondem de forma solidária). A responsabilidade tributária, neste caso, é pessoal e direta, fato inclusive reconhecido no referido recurso especial.

Ora, se a responsabilidade tributária por atuação irregular do gestor é pessoal e direta, de fato, não há que se cogitar em desconsideração da personalidade da pessoa jurídica (e no seu instrumento de viabilização, o incidente), que é dispensável em qualquer caso de responsabilidade direta (não só tributária). A conclusão é perfeita, mas a premissa não. No âmbito tributário, se o sócio e administrador, na condução de sociedade empresária, atua de forma irregular (ex.: permite a dissolução irregular da sociedade – Súmula 435; o inadimplemento, por si só, não implica responsabilidade tributária direta do gestor – Súmula 430), responde, de forma direta e pessoal, pelas obrigações tributárias. A responsabilidade direta é a causa da dispensa do incidente, não a questão processual/procedimental de especialidade da lei fiscal em relação ao CPC/2015.

Aliás, costumo defender que a desconsideração da personalidade jurídica, no Brasil, é uma falácia. E a razão é muito simples: o nosso sistema jurídico, em especial no âmbito societário e empresarial, possui inúmeras regras genéricas de responsabilidade direta e pessoal de administradores (ex.: art. 1.016 do CC e Enunciado 220 da III Jornada de Direito Civil). O administrador responde por culpa ou dolo em atos de gestão, o que pode ser tudo! Qual a consequência? Se houver a possibilidade de responsabilidade direta (e sempre há), a desconsideração da personalidade jurídica é absolutamente desnecessária, porque a personalidade da pessoa jurídica não seria obstáculo para a responsabilização do gestor. E, devido à abrangência das normas de responsabilização direta, em todos os casos em que for possível a desconsideração da personalidade, também será possível responsabilizar o administrador diretamente. É o que ocorre na responsabilidade pessoa e direta do sócio administrador no âmbito tributário, em caso de atuação irregular (hipóteses do art. 135 do CTN).

Pergunta: Qual a razão da desconsideração da personalidade jurídica, se o administrador ou sócio gestor poderá, por força de lei, ser responsabilizado de forma pessoal e direta? Nenhuma. Portanto, a discussão do cabimento de incidente de desconsideração da personalidade jurídica na execução fiscal é inócua e inadequada. O gestor, que atua de forma irregular, poderá ser responsabilizado de forma direta (art. 135 do CTN).

O STJ tem entendimento pacificado no sentido de que, na execução fiscal, a ocorrência de alguma das hipóteses descritas nos arts. 134 e 135 do CTN autoriza o redirecionamento do processo executivo, sem a necessidade de instauração do incidente da desconsideração.

Aliás, quando se pretende o redirecionamento da execução fiscal, se há pessoa jurídica que integra o mesmo grupo econômico da sociedade empresária, mas que não foi identificada no ato de lançamento ou que não se enquadra nas hipóteses de responsabilidade tributária, será obrigatório o incidente. Neste sentido o paradigmático Recurso Especial n. 1.775.269/PR: "O redirecionamento de execução fiscal a pessoa jurídica que integra o mesmo grupo econômico da sociedade empresária originalmente executada, mas que não foi identificada no ato de lançamento (nome na CDA) ou que não se enquadra nas hipóteses dos arts. 134 e 135 do CTN, depende da comprovação do abuso de personalidade, caracterizado pelo desvio de finalidade ou confusão patrimonial, tal como consta do art. 50 do Código Civil, daí por que, nesse caso, é necessária a instauração do incidente de desconsideração da personalidade da pessoa jurídica devedora".

1.12.8.6. O incidente da desconsideração da personalidade da pessoa jurídica

O Código de Processo Civil de 2015 disciplina o procedimento pelo qual a desconsideração da personalidade da pessoa jurídica será analisada em juízo, quando presentes os requisitos legais, de direito material (Código Civil e leis especiais).

Trata-se de incidente processual que será instaurado a pedido da parte ou do Ministério Público, quando lhe couber intervir no processo (art. 133, *caput* do CPC). O incidente em questão aplica-se ao processo de competência do Juizado Especial (art. 1.062 do CPC). Embora o art. 795, § 4º, do CPC, de forma expressa, sugira a obrigatoriedade do incidente para fins de desconsideração da personalidade da pessoa jurídica, o próprio art. 134, § 2º, consagra hipótese de dispensa do incidente, quando a desconsideração for requerida na inicial. Portanto, não há obrigatoriedade, diante da exceção prevista no art. 134, § 2º (requerido na inicial, dispensa-se o incidente). O incidente processual permitirá aos sócios, associados, acionistas ou administradores que não integram o quadro social, exercerem, em contraditório, a defesa de seu patrimônio pessoal, quando se pretender a desconsideração do princípio da autonomia patrimonial da pessoa jurídica que integram e/ou administram.

O referido incidente está disciplinado nos arts. 133 a 137 do CPC/2015.

A novidade legislativa consiste na disciplina de procedimento para discussão da desconsideração da personalidade da pessoa jurídica, a previsão expressa da ampla defesa e do contraditório antes da decisão sobre a desconsideração, a positivação da desconsideração inversa e a previsão expressa dos efeitos da desconsideração (ineficácia dos atos processuais).

De acordo com o art. 133, *caput*, do CPC, o incidente de desconsideração da personalidade jurídica será instaurado a pedido da parte ou do Ministério Público, quando lhe couber intervir no processo. Os legitimados são os mesmos já mencionados no art. 50 do CC. O § 1º remete para o direito material a questão relativa aos pressupostos para viabilizar a desconsideração: "§ 1º O pedido de desconsideração da personalidade jurídica observará os pressupostos previstos em lei". Não há dúvida de que são os pressupostos de direito material, abuso de direito por desvio de finalidade ou confusão patrimonial (art. 50 do CC), além de outros requisitos previstos em outros microssistemas, que disciplina a desconsideração, conforme já analisado. O § 4º do art. 134 do CPC dispõe que o requerimento deve demonstrar o preenchimento dos pressupostos legais específicos para desconsideração da personalidade jurídica. Todavia, não há necessidade de prova pré-constituída para demonstrar a desconsideração, até porque é possível, durante o incidente, o direito à prova para demonstrar a existência dos pressupostos de direito material. Portanto, a leitura do § 4º do art. 134 é no sentido de que no requerimento basta alegar os requisitos legais, pois a demonstração pode depender de dilação probatória, o que é possível.

O § 2º do art. 133 trouxe a novidade de normatizar a desconsideração inversa, que agora também está prevista no § 3º do art. 50 do Código Civil.

Tal incidente é cabível em todas as fases do processo de conhecimento, no cumprimento de sentença e na execução fundada em título executivo extrajudicial. A instauração do incidente será imediatamente comunicada ao distribuidor para as anotações devidas (art. 134 do CPC).

Se a desconsideração for requerida na própria inicial, será dispensado o incidente e o pedido será processado no âmbito do próprio processo principal: "§ 2º Dispensa-se a instauração do incidente se a desconsideração da personalidade jurídica for requerida na petição inicial, hipótese em que será citado o sócio ou a pessoa jurídica". É óbvio, pois o pedido já integra a inicial e, neste caso, não haverá suspensão do processo, como ocorre com o incidente de desconsideração (art. 133, § 2º, do CPC). Em razão de tal norma, o incidente não é obrigatório.

O incidente suspende o processo principal. A exceção, como mencionada, ocorrerá quando a desconsideração for requerida na inicial.

Após a instauração do incidente, o sócio ou a pessoa jurídica será citado para manifestar-se e requerer as provas cabíveis no prazo de 15 (quinze) dias. Neste caso, o art. 135 do CPC parece distinguir a desconsideração tradicional da desconsideração inversa. Se for a desconsideração direta, o sócio será citado e, se for a inversa, a citação será da pessoa jurídica. Não há previsão sequer para a intimação do demandado principal, o que pode embaraçar eventual defesa de interesses da própria pessoa jurídica que, na desconsideração tradicional e direta, poderia auxiliar em relação à investigação dos pressupostos legais e até, se o caso, defender os atos de gestão daquele que é o réu do incidente na desconsideração.

Embora cabível a tutela provisória de urgência no incidente, a citação poderá inviabilizar a eficácia da desconsideração, pois, ao tomar ciência do pedido, aquele que tem o seu patrimônio pessoal ameaçado poderá ocultar seus bens, por meio de simulações, entre outros atos. Recorde-se que a desconsideração parte da premissa de uso indevido da personalidade da pessoa jurídica, razão pela qual tais manobras para ocultar bens são comum. Por isso, a única forma de contornar essa questão e não afetar o direito fundamental ao contraditório e a ampla defesa é o requerente juntar elementos suficientes para requerer a tutela de urgência, com antecipação da tutela, no âmbito deste incidente.

De acordo com o § 3º do art. 792 do CPC, após a citação, no caso de desconsideração da personalidade da pessoa jurídica, a alienação ou oneração de bens será considerada fraude à execução. A citação será o momento para se determinar a fraude com a ineficácia dos atos de disposição patrimonial. A fraude não terá caráter absoluto, porque o terceiro sempre poderá demonstrar boa-fé, o que afastará a ineficácia do ato em relação a ele.

O problema é que o § 3º do art. 792, ao mencionar que na desconsideração, a fraude à execução, se verifica a partir da citação, tal ato processual se refere "à parte cuja personalidade se pretende desconsiderar" e não da citação do réu no incidente. Por outro lado, o art. 137 do CPC dispõe que, acolhido o pedido de desconsideração, a alienação ou oneração de bens, havida em fraude de execução, será ineficaz em relação ao requerente. O art. 137 do CPC dispõe que a fraude à execução depende do acolhimento do pedido (decisão final no incidente processual ou na ação, quando requerida com a inicial) e o § 3º do art. 792 é expresso no sentido de que a fraude ocorrerá após a citação (da parte que terá a personalidade desconsiderada, não do réu do incidente). O termo inicial da fraude deve ser o da citação, ainda que da parte da demanda originária, porque o objetivo da desconsideração é proteger a pessoa jurídica. É certo que, neste caso, terceiros que venham a realizar negócios com o réu do incidente podem ser prejudicados, mas não há como contornar o equívoco normativo, quando, de forma expressa, estabelece o termo inicial da fraude à execução a partir da citação da parte da demanda originária e não do réu do incidente.

Concluída a instrução, se esta for necessária, o incidente será resolvido por decisão interlocutória, sujeito ao recurso de agravo sob a forma de instrumento (art. 136, parágrafo único, e art. 1.015, inciso IV, ambos do CPC).

O art. 137, como já mencionado, está em aparente conflito com o art. 792, § 3º: "Acolhido o pedido de desconsideração, a alienação ou a oneração de bens, havida em fraude de execução, será ineficaz em relação ao requerente". A fraude se consolida com a decisão final que acolhe o pedido, mas o termo inicial é a citação da parte cuja personalidade se pretende desconsiderar (normalmente, a citação da pessoa jurídica – que é a parte cuja personalidade será desconsiderada. Após a citação desta, os atos posteriores se presumem em fraude à execução, ainda que realizados pelo réu do incidente, sujeito diverso da pessoa jurídica).

Por fim, é essencial tratar da relação entre a desconsideração da personalidade da pessoa jurídica e do instituto da responsabilidade patrimonial, objeto do art. 790 do CPC. De acordo com o art. 790, inciso VII, são sujeitos à execução os bens do responsável (o termo está correto, porque o responsável pode ser sócio, administrador não sócio, entre outros), nos casos de desconsideração da personalidade da pessoa jurídica. Tal dispositivo legal trata da responsabilidade patrimonial secundária (daqueles que não participaram da relação jurídica material). A responsabilidade patrimonial da pessoa jurídica seria primária e a do sujeito, cujos bens podem ser atingidos no caso de desconsideração, secundária. O inciso II do art. 790 trata da responsabilidade de sócios fora dos casos de desconsideração. Após a desconsideração, o sócio ou responsável é terceiro que, em incidente processual, defende, em nome próprio, direito próprio. No caso da desconsideração requerida na inicial, de fato, poderia surgir litisconsórcio passivo ulterior entre a pessoa jurídica e o responsável.

Ademais, o art. 795 do CPC, que disciplina o benefício de ordem em favor do sócio, é incompatível com a desconsideração da personalidade da pessoa jurídica, tendo em vista a finalidade do instituto. O objetivo da desconsideração é proteger a personalidade da pessoa jurídica contra abuso de direito, por desvio de finalidade ou confusão patrimonial. Nestas hipóteses, a desconsideração é possível ainda que a pessoa jurídica seja solvente. Portanto, tendo em conta a finalidade da desconsideração, não há como o responsável, ainda que sócio, invocar o benefício de ordem previsto neste dispositivo legal, nesta hipótese.

De acordo com o Enunciado 11 das Jornadas de Processo Civil, "aplica-se o disposto nos arts. 133 a 137 do CPC às hipóteses de desconsideração indireta e expansiva da personalidade jurídica".

1.12.9. Modificação e extinção da pessoa jurídica

Na parte geral, o Código Civil trata da dissolução e da extinção da pessoa jurídica em alguns dispositivos – arts. 51, 61 e 69.

O art. 51 do CC disciplina as consequências jurídicas e providências para o caso de dissolução e cassação da autorização para funcionamento (naquelas hipóteses específicas em que a autorização é necessária, arts. 45, segunda parte, 1.123 e 1.125). Nestes casos, a pessoa jurídica subsistirá apenas e tão somente para fins de liquidação (apuração do ativo e pagamento do passivo, prestação de contas, rateio de eventual sobra aos sócios).

Nestas situações, dissolução e cessação de autorização para funcionar, haverá despersonalização, ou seja, o sujeito de direito desaparecerá, ao contrário da desconsideração, que protege e preserva a pessoa jurídica.

A dissolução da pessoa jurídica pode se relacionar a várias causas (vencimento do prazo de duração, deliberação dos sócios, invalidação da constituição, exaurimento da finalidade social, entre outros motivos, como aliás evidenciam os arts. 1.033 a 1.035 do CC). A liquidação da pessoa jurídica se submeterá ao disposto nos arts. 1.102 a 1.112 do CC, salvo se o ato constitutivo ou o instrumento da dissolução estabelecer regras diversas para a fase de liquidação. O art. 1.103 dispõe sobre os deveres do liquidante, como arrecadação, inventário dos bens, cumprimento de obrigações, apresentação de relatórios e balanços. O liquidante será o representante da pessoa jurídica. A prestação de contas é essencial na fase de liquidação.

De acordo com o § 2º do art. 51, as disposições a respeito da liquidação das sociedades, conforme mencionado, se aplicam a todas as pessoas jurídicas de direito privado.

Por outro lado, a Lei das Sociedades Anônimas e o próprio Código Civil, na parte do direito de empresa, admitem a possibilidade de modificação da sociedade empresária pela transformação (a sociedade, independentemente de liquidação ou dissolução, passa de um tipo para outro), incorporação (uma ou várias sociedades são absorvidas por outra, que lhes sucede em todos os direitos e obrigações), fusão (operação em que se determina a extinção das sociedades que se unem, para formar sociedade nova, que a elas sucederá nos direitos e obrigações) e, finalmente, pela alteração de atos constitutivos de pessoa jurídica.

A extinção da pessoa jurídica de direito público ocorrerá por meio de lei. Já a pessoa jurídica de direito privado poderá ser extinta e dissolvida pelas mais diversas causas, como enunciam os arts. 1.033 a 1.035, já mencionados.

O fato é que a dissolução extingue a pessoa jurídica, com o que deixa a condição de sujeito de direito. Não haverá mais ente autônomo e independente em termos existenciais. A pessoa jurídica, com a extinção, desaparece do mundo jurídico. Segundo o art. 51, nos casos de dissolução, a pessoa jurídica ainda subsistirá, mas apenas para fins de liquidação (venda do ativo e pagamento do passivo), até que esse processo seja concluído.

A dissolução deve ser averbada no registro onde a pessoa jurídica estiver inscrita. Encerrada a liquidação, será promovido o cancelamento da pessoa jurídica (art. 51, §§ 1º e 2º) e, a partir de então, deixa de existir como sujeito de direito. A liquidação é disciplinada tanto pelo Código Civil, arts. 1.102 a 1.112, como pela Lei de Sociedades Anônimas, arts. 208 a 218.

A pessoa jurídica é extinta, em definitivo, com o encerramento do processo de liquidação ou pela modificação, nos casos de incorporação ou fusão, ou pela cisão com versão de todo o patrimônio em outras sociedades.

1.12.10. Classificação das pessoas jurídicas

O Código Civil atual classifica as pessoas jurídicas de forma bem mais adequada em comparação ao seu antecessor – CC/16. A classificação se orienta pelo regime jurídico. As pessoas jurídicas com personalidade de direito público são regidas por normas de direito público, enquanto as pessoas jurídicas de direito privado, estrutura e relações jurídicas, são submetidas ao direito privado.

Segundo o art. 40 do CC, as pessoas jurídicas são de direito público, interno ou externo, e de direito privado. As primeiras (de direito público) são especificadas nos arts. 41 e 42, ao passo que as pessoas jurídicas de direito privado foram arroladas, de forma meramente exemplificativa no art. 44.

Aliás, segundo o Enunciado 144 da III Jornada de direito civil, promovida pelo CJF, "a relação das pessoas jurídicas de direito privado constante do art. 41, incisos I a V, do Código Civil não é exaustiva".

A atual legislação é mais precisa na definição das pessoas jurídicas, em especial quando afasta a confusão terminológica antes existente entre associações e sociedades civis, como se analisará adiante.

1.12.10.1. Pessoas jurídicas de direito público externo e interno

Segundo o art. 42 do CC, são pessoas jurídicas de direito público externo os Estados estrangeiros e todas as pessoas que forem reguladas pelo direito internacional público.

O dispositivo em análise trata de matéria relativa ao direito internacional público, o qual tem por objeto, dentre outros institutos, a relação entre Estados soberanos. O direito das gentes, como é chamado o *direito internacional público*, é baseado no consentimento. Os povos se organizam sob a forma de Estados e, em seguida, passam a ingressar em uma comunidade internacional.

Além dos Estados estrangeiros, o art. 42 também denomina pessoas jurídicas de direito público externo, "todas as pessoas que forem regidas pelo direito internacional público". Nessa segunda parte, o Código Civil admite a possibilidade de se imputar *personalidade* internacional a organismos que não se caracterizam como países.

Portanto, admite-se que as organizações internacionais, como a ONU, OEA, OTAN, OMC, Santa Sé, dentre outras, sejam consideradas sujeitos de direito internacional público, as quais serão equiparadas aos Estados soberanos (países), para os fins do art. 42 do CC.

Por outro lado, o art. 41 do CC arrola as pessoas jurídicas de direito público interno: União, Estados, Distrito Federal, Territórios, Municípios, autarquias, associações públicas e demais entidades de caráter público criadas por lei. A pessoas jurídicas de direito público exercem função de interesse imediato da coletividade e, em regra, são submetidas a princípios e regime jurídico de direito público.

É correto afirmar que a análise dessas pessoas jurídicas de direito público interno compete ao Direito Administrativo. Entretanto, algumas questões sobre tais pessoas merecem destaque. A União, Estados, Distrito Federal, Territórios e Municípios são pessoas com caráter político, além de possuírem personalidade jurídica de direito público.

A União, ao atuar em nome da Federação, representa a República Federativa do Brasil, tendo, portanto, soberania. Tal atuação pode ocorrer no plano internacional ou até no plano interno, quando, em nome de toda a Federação, intervém em algum Estado ou no Distrito Federal.

Além disso, a União pode agir, em nome próprio, na qualidade de pessoa jurídica de direito público, com autonomia, personalidade própria e independência em relação às demais pessoas públicas. Assim, a União pode agir por si mesma ou em nome de toda a Federação.

Os Estados e o Distrito Federal representam as unidades da Federação. Tais pessoas de direito público possuem autonomia, o que lhes confere capacidade de autogoverno, autoadministração e auto-organização.

No entanto, não são soberanos. Quanto aos Territórios, atualmente não existem, mas o art. 41 do CC os rotula como pessoas jurídicas de direito público interno, embora tenham um regime jurídico peculiar.

Os Territórios não são dotados de autonomia, por integrarem a estrutura da União Federal, mas são pessoas jurídicas de direito público.

Por fim, os Municípios são pessoas jurídicas de direito público interno, com autonomia assegurada pela Constituição Federal e, por isso, podem se auto-organizar por meio de leis orgânicas, conforme dispõe o art. 29 da Magna Carta, além de terem capacidade administrativa própria e a prerrogativa de escolherem os seus próprios governantes.

Finalmente, cabe analisar as pessoas jurídicas de direito público interno e integrantes da administração pública indireta, dotadas de personalidade jurídica própria. Nessa classificação, estão as autarquias, associações públicas e demais entidades de caráter público, todas criadas por lei.

1.12.10.1.1. Autarquias, associações públicas e outras entidades de caráter público, criadas por lei

O art. 41 do CC trata das pessoas jurídicas de direito público interno, incluindo autarquias, associações públicas (acrescentadas pela Lei 11.107/2005) e demais entidades de direito público, como agências reguladoras (autarquias em regime especial) e fundações públicas. As pessoas jurídicas de direito público interno, que integram a administração indireta, são criadas e organizadas por leis que compõem o direito público, que estabelece as condições de aquisição e exercício de direitos, instituição de deveres, finalidades institucionais e limites de capacidade jurídica.

O parágrafo único desse dispositivo se refere às fundações públicas que tenham a mesma estrutura das fundações de direito privado. O Enunciado 141 da III Jornada, promovida pelo CJF, faz expressa remissão a esse parágrafo único: "A remissão do art. 41, parágrafo único, do Código Civil às pessoas jurídicas de direito público, a que se tenha dado estrutura de direito privado, diz respeito às fundações públicas e aos entes de fiscalização do exercício profissional".

Tais pessoas jurídicas (fundações públicas, com personalidade de direito público ou de direito privado) integram a administração pública indireta. Além das fundações públicas, também integram a administração indireta as autarquias (direito público), associações públicas (direito público), empresas públicas e sociedades de economia mista (ambas com personalidade de direito privado). É o típico caso de descentralização administrativa.

A descentralização administrativa pode ser feita por outorga ou delegação. No caso de outorga, é transferida a titularidade e a execução do serviço público em favor de pessoa jurídica de direito público, como autarquias e fundações públicas com personalidade de direito público (descentralização por serviços). Na delegação, apenas se transfere a execução dos serviços (o Estado permanece com a titularidade) em favor de entes da administração indireta (empresa pública, sociedade de economia mista, fundações públicas com personalidade de direito privado), por meio de lei autorizadora ou em favor de particulares, mediante contratos de concessão ou permissão de serviços públicos, por exemplo (descentralização por colaboração).

A professora Maria Silvia Di Pietro[135] diferencia a descentralização administrativa por serviços, da descentralização administrativa por colaboração: a descentralização por colaboração "se verifica quando, por meio de contrato ou ato administrativo unilateral, se transfere a execução de determinado serviço público a pessoa jurídica de direito privado, previamente existente, conservando o Poder Público a titularidade do serviço".

Sobre a descentralização, afirma Celso Antônio Bandeira de Mello[136]: "O Estado tanto pode desenvolver por si mesmo as atividades administrativas que tem constitucionalmente a seu encargo, como pode prestá-las através de outros sujeitos. Nessa segunda hipótese, ou transfere a particulares o exercício de certas atividades que lhe são próprias ou, então, cria outras pessoas, como entidades adrede concebidas para desempenhar cometimentos de sua alçada. Ao criá-las, a algumas conferirá personalidade de direito público e a outras, personalidade de direito privado. Por meio delas, então, descentralizará as sobreditas atividades".

Portanto, não há dúvida de que a descentralização administrativa pressupõe a existência de pessoas jurídicas diversas.

O CC, no art. 41, arrola algumas pessoas jurídicas de direito público interno que integram a administração indireta, para fins de descentralização administrativa, em especial no que se refere à prestação de serviços públicos.

A administração indireta pode ser definida como o conjunto de pessoas jurídicas, de direito público ou privado, criadas ou autorizadas por lei, para o desempenho de atividades assumidas pelo Estado, como serviço público ou a título de intervenção no domínio econômico.

Autarquias

As autarquias são pessoas jurídicas criadas por lei, com personalidade jurídica pública, capacidade de autoadministração, patrimônio próprio e especialização dos fins. Tal especialização as impede de exercer atividades diversas daquelas para as quais foram instituídas. As autarquias se sujeitam a controle ou tutela administrativa (ente da administração direta ao qual estão vinculadas).

---

[135] DI PIETRO, Maria Sylvia Zanella. *Direito administrativo*. 20. ed. São Paulo: Atlas, 2007.

[136] MELLO, Celso Antônio Bandeira de. *Curso de direito administrativo*. 26. ed. São Paulo: Malheiros, 2009.

O art. 37, XIX, da CF/88, com a redação dada pela EC n. 19/98, dispõe que as autarquias somente podem ser criadas por lei.

Associações públicas. A Lei n. 11.107/2005 criou outra modalidade de pessoa jurídica de direito público, a qual passou a integrar a administração indireta. É o consórcio público.

Este pode ter personalidade de direito público, e aí será uma associação pública – art. 41, IV, do CC, ou de direito privado. Em qualquer modalidade, o consórcio é criado por dois ou mais entes federativos, em conjunto, para a gestão associada de serviços públicos, nos termos do art. 241 da CF/88.

Segundo o art. 1º, § 1º, da Lei n. 11.107/2005, que alterou o inciso IV do art. 41 do CC, o consórcio público constituirá associação pública ou pessoa jurídica de direito privado.

O art. 6º da lei em questão dispõe que o consórcio público adquirirá personalidade jurídica de direito público, no caso de constituir associação pública, mediante a vigência das leis de ratificação do protocolo de intenções, conforme art. 5º. Ao assumir a condição de consórcio público, integrará a administração indireta dos entes da Federação consorciados.

Fundações públicas

Por fim, outra entidade de caráter público, criada por lei, é a fundação pública.

Em que pese a controvérsia, prevalece o entendimento de que o Poder Público tem a possibilidade de instituir fundação e lhe atribuir personalidade de direito público ou de direito privado.

A fundação é constituída por patrimônio destacado, afetado a determinada finalidade específica e dotado de personalidade jurídica própria. No âmbito privado, não há divergências quanto à sua natureza.

As fundações públicas, integradas por patrimônio público, podem ostentar personalidade de direito público ou privado.

A fundação pública se caracteriza como tal, por conta de dois requisitos, a saber: 1– o instituidor é o poder público; e 2– o patrimônio desta fundação é público. Trata-se de patrimônio público, personalizado. Tal fundação integrará a administração indireta do Estado e, em razão da sua natureza e finalidade, não poderá explorar atividade econômica. As fundações públicas de direito público se submetem ao regime jurídico público, podendo ser equiparadas às autarquias. Já as fundações públicas de direito privado, só adquirem personalidade jurídica com a inscrição de seus atos no registro competente, não podem praticar atos que exijam o poder de império, não têm poder normativo, os bens não são públicos, não estão sujeitas ao regime de precatórios, dentre outras características que identificam a atuação das pessoas jurídicas de direito privado. No entanto, como integram a administração indireta do Estado, excepcionalmente, as normas que regulam as relações privadas são derrogadas por normas de interesse geral.

As fundações públicas não são veladas pelo Ministério Público, uma vez que integram a administração indireta e, em consequência, se submetem ao controle da entidade que as criou e das pessoas ou órgãos aos quais estão vinculadas (*supervisão Ministerial*). Na fiscalização das fundações públicas, o Ministério Público apenas exerce um controle *externo* de legitimidade dos atos administrativos por elas praticados, como qualquer controle dos atos da administração em geral, o que é diferente da veladura, prevista no art. 66 do CC, que exige controle efetivo, participação na função, exigência de prestação de contas, acompanhamento da gestão administrativa, participação das reuniões dos órgãos deliberativos, quando entender conveniente, dentre outras importantes funções que a veladura exige para as fundações privadas.

1.12.10.2. Pessoas jurídicas de direito privado

O CC, no art. 44, apresenta rol meramente exemplificativo das pessoas jurídicas de direito privado: associações, sociedades, fundações privadas, organizações religiosas e partidos políticos (o inciso VI do art. 44, que mencionava a EIRELI, foi revogado expressamente pela Lei n. 14.382/2022). O art. 41 da Lei n. 14.195/2021, de forma automática, transformou todas as empresas individuais de responsabilidade limitada existentes antes de sua vigência em sociedades limitadas unipessoais. A Lei Federal n. 14.382/2022 revogou, expressamente, o inciso VI do art. 44 do CC, que incluía a EIRELI como espécie de pessoa jurídica de direito privado. Com a revogação do referido inciso e a conversão de todas as empresas individuais em sociedades limitadas unipessoais, a EIRELI desaparece, em definitivo, do sistema jurídico.

As sociedades limitadas unipessoais são espécie do gênero "sociedade" e, por isso, estão incluídas no inciso II do art. 44 do Código Civil.

Em relação às sociedades por quotas de responsabilidade limitada, o parágrafo único do art. 1.052 do CC, introduzido pela lei que disciplinou a livre-iniciativa e a liberdade econômica, passou a admitir a sociedade limitada unipessoal. A constituição das pessoas jurídicas de direito privado é dividida em fases: ato constitutivo, onde a vontade humana daqueles que agrupam interesses comuns é materializada (contrato social ou estatuto) e, registro no órgão competente. Há pessoas jurídicas de direito privado, que ainda necessitam de autorização do Poder Executivo. E, no caso das fundações, o Ministério Público participa da fase de constituição destas pessoas jurídicas (análise do art. 45 do CC, que trata da teoria da "realidade técnica").

O ato constitutivo pode ser público ou privado, mas há exceções, como as fundações privadas, cuja constituição é materializada em instrumento público ou testamento. A inobservância das formalidades e de outros pressupostos de validade no momento da emissão da vontade para a constituição da pessoa jurídica poderá implicar na invalidade do ato constitutivo.

Em algumas situações específicas, em razão da relevância social e do interesse coletivo que estarão conectados com a função e finalidade da pessoa jurídica, será exigida para algumas pessoas jurídicas autorização estatal ou aprovação governamental, casos em que a existência legal, conforme segunda parte do art. 45 do CC, somente se iniciará com a referida aprovação. As pessoas jurídicas que dependem de aprovação ou autorização do Poder Executivo, se submetem ao disposto nos arts. 1.123 a 1.125. Em relação a tais áreas estratégicas, a competência será do Poder Executivo Federal, o qual poderá, a qualquer tempo, cassar a autorização concedida à sociedade nacional ou estrangeira que infringir disposição de ordem pública ou praticar atos contrários aos fins declarados no seu estatuto.

Ademais, como ressaltado, há situações especiais, como as fundações privadas, onde o ato constitutivo, antes do registro, deve ser submetido à aprovação da autoridade competente, o Ministério Público.

Portanto, as pessoas jurídicas de direito privado, em regra, dependem apenas do ato constitutivo e do registro (salvo as fundações de direito privado, que também dependem da aprovação de seus atos constitutivos pelo Ministério Público). Além destes requisitos, há pessoas jurídicas que atuam em áreas sociais e/ou econômicas estratégicas, as quais também necessitam de autorização do Poder Executivo Federal.

Como enuncia o mestre Caio Mário[137], "da conjugação das duas fases, volitiva e administrativa, é que resulta a aquisição da personalidade".

A atual redação da lei civil é precisa, no que diz respeito à distinção entre as principais pessoas jurídicas de direito privado (associações, sociedades e fundações), porque especifica a natureza e a finalidade de cada uma delas, conforme será adiante analisado. Em relação às demais pessoas de direito privado arroladas no artigo, em especial as organizações religiosas e partidos políticos, não há maiores novidades, uma vez que a natureza jurídica destas é compatível com a associação (no caso das organizações religiosas e partidos políticos). Em relação à sociedade limitada unipessoal, é espécie de pessoa jurídica autônoma, pois não se confunde com associações e sociedades tradicionais, porque é constituída por uma única pessoa e também se distingue das fundações, que é composta organicamente por conjunto de bens.

1.12.10.2.1. Associações

As associações são pessoas jurídicas de direito privado que se formam pelo agrupamento de pessoas com objetivos comuns, mas sem fins econômicos. Nas associações não há pretensão de se obter resultados econômicos dessa atividade. É a regra do art. 53 do CC, segundo o qual as associações são constituídas pela união de pessoas que se organizam para fins não econômicos.

A organização de pessoas em torno de objetivo comum, desde que não haja intenção de partilhar valores decorrentes da atividade associativa, somada à inscrição de seu estatuto social no Registro Civil das Pessoas Naturais, é suficiente para a criação desta pessoa jurídica de direito privado.

Como desdobramento da teoria da realidade técnica, a associação será considerada uma pessoa jurídica com a junção de *vontades* (pessoas que pretendem se associar – materializam as vontades em ato constitutivo) + *observância dos requisitos legais (registro e submissão à imposição da lei em relação às matérias que devem integrar o ato constitutivo)*. Será, a partir disso, novo sujeito de direito, com autonomia, independência e personalidade própria.

Caio Mário[138] define associação como "aquela que se propõe a realizar atividades não destinadas a proporcionar interesse econômico aos associados".

Na verdade, a distinção entre associação e sociedades, simples ou empresárias, está no objetivo específico de seus membros. Na associação não há objetivo econômico ou finalidade de repartir entre os associados qualquer resultado proveniente da atividade associativa. Isso não impede que a associação tenha renda ou lucro para a manutenção de sua atividade ou para melhorar e ampliar sua atividade. O lucro é legítimo, desde que reinvestido na própria pessoa jurídica. O art. 53 do CC veda a distribuição de qualquer resultado econômico entre os associados, mas não a obtenção de resultados econômicos positivos.

Nada impede que a associação desempenhe atividade de natureza econômica, desde que não haja finalidade de lucro. Nesse sentido, aliás, o Enunciado 534 da VI Jornada de Direito Civil: "As associações podem desenvolver atividade econômica, desde que não haja finalidade lucrativa". A associação pode ter resultados econômicos, mas que devem ser reinvestidos na pessoa jurídica. É vedado a partilha destes resultados entre os associados.

Como bem ressalta Tepedino[139], "o que não há nas associações é a finalidade lucrativa, ou seja, o objetivo primordial de produzir lucros e reparti-los entre os associados".

Por outro lado, as sociedades, simples ou empresárias, têm por objetivo a repartição ou partilha dos resultados econômicos (lucros). É essa finalidade que diferencia as sociedades da associação. A distinção entre sociedade simples e empresária não está relacionada à finalidade dessas pessoas jurídicas, mas sim à atividade desenvolvida. É evidente que a associação não poderá ter caráter empresarial. Todavia, a Lei n. 14.193/2021, que incluiu parágrafo único no art. 971 do CC, passou a prever uma exceção, na hipótese de a associação desenvolver atividade futebolística em caráter habitual e profissional. Neste caso *sui generis*, se a associação requerer a inscrição no Registro Público de Empresas Mercantis, será considerada empresária, para todos os efeitos legais.

Segundo o parágrafo único do art. 53 do CC, as associações não geram obrigações e direitos recíprocos entre os associados, mas somente dos associados com a entida-

---

[137] PEREIRA, Caio Mário da Silva. *Instituições de direito civil*: Introdução ao direito civil. Teoria geral de direito civil. 20. ed. Atualizado por Maria Celina Bodin de Moraes. Rio de Janeiro: Forense, 2004. v. 1., p. 347.

[138] PEREIRA, Caio Mário da Silva. *Instituições de direito civil*: Introdução ao direito civil. Teoria geral de direito civil. 20. ed. Atualizado por Maria Celina Bodin de Moraes. Rio de Janeiro: Forense, 2004. v. 1.

[139] TEPEDINO, Gustavo; BARBOSA, Heloísa Helena; BODIN, Maria Celina et al. *Código civil interpretado*. v. I (Parte geral e Obrigações - artigos 1º a 420). Rio de Janeiro/São Paulo: Renovar, 2004.

de, na forma do que dispuser o estatuto social. A ausência de finalidade econômica impede direitos e obrigações recíprocas entre os associados. Os associados têm obrigações, deveres, direitos e prerrogativas em relação à associação. Ao contrário, nas sociedades, as pessoas podem se obrigar, reciprocamente, a contribuir, com bens ou serviços, para o exercício da atividade econômica e partilha dos resultados financeiros (lucros).

A Constituição Federal, no capítulo dos direitos e garantias fundamentais, destaca alguns princípios relacionados à atividade associativa, aplicáveis às associações, pessoas jurídicas disciplinadas nos arts. 53 a 61 do CC. A associação é a pessoa jurídica que ostenta fundamento constitucional, em especial no âmbito dos direitos fundamentais. A liberdade de criação e instituição de fundação é garantida pela CF/88.

O inciso XVII do art. 5º da CF prevê que é garantida a plena liberdade de associação para fins lícitos. Com tal dispositivo, constitui-se em direito fundamental o agrupamento de pessoas para buscarem objetivos comuns, desde que a finalidade da união de pessoas naturais seja para fins lícitos, ou seja, para realizarem projetos que estão de acordo com a ordem jurídica. A CF veda a interferência do Estado em relação às associações no sentido de não sujeitar tais entidades a qualquer autorização do Poder Executivo (segunda parte do art. 45 do CC). O inciso XVIII do art. 5º da CF dispõe que a criação de associações independe de autorização (basta ato constitutivo e registro), sendo vedada a interferência estatal em seu funcionamento. A associação tem função social, se submete aos valores sociais constitucionais, paradigmas do direito civil contemporâneo e, por isso, são instrumentos para a concretização da dignidade da pessoa humana, dos associados e de terceiros, além da relevância social quando cumpre suas finalidades institucionais.

Por outro lado, o inciso XIX do mesmo art. 5º dispõe que as associações só poderão ser compulsoriamente dissolvidas ou ter suas atividades suspensas por decisão judicial, exigindo-se, no primeiro caso, o trânsito em julgado.

Tal norma constitucional visa a proteger a associação contra eventuais interferências administrativas, principalmente pelos agentes do Estado que, por questões políticas, possam dificultar o desenvolvimento da atividade desta pessoa jurídica de enorme relevância social. As associações, por exemplo, possuem legitimidade para tutelas coletivas, como ação civil pública e mandado de segurança coletiva, o que evidencia a relevância desta instituição no meio social.

Com essa norma, a dissolução e extinção da associação somente poderá ocorrer por decisão judicial, com trânsito em julgado, garantida à associação, no referido processo, o direito de ser sentenciada por autoridade competente e, principalmente, respeitado o direito fundamental ao contraditório e à ampla defesa, com os meios e recursos a eles inerentes, de acordo com o princípio do devido processo legal. Esta é considerável para a associação, o que garante autonomia e independência perante os entes estatais, no âmbito administrativo, podendo desempenhar, com segurança e independência, a função social para a qual foi constituída.

A CF/88, no inciso XX do mesmo art. 5º, ainda garante o direito fundamental relacionado às pessoas dos associados, segundo o qual ninguém poderá ser compelido ou obrigado a associar-se ou a permanecer associado. Por essa razão, o art. 54 do CC exige que o estatuto social estabeleça os requisitos para admissão e demissão do associado. A liberdade associativa é o núcleo essencial destas pessoas jurídicas. Os associados devem ter a liberdade de se vincularem e se desligarem a qualquer momento desta pessoa jurídica.

O STF, na ADI 3.045, ressaltou a liberdade associativa em sua dimensão positiva (direito de livremente se associar) e negativa (de não permanecer associado), bem como a não intervenção do Estado no âmbito das associações. Na referida decisão, a Suprema Corte brasileira concretizou o direito fundamental à liberdade de associação.

No caso da admissão, basta que a pessoa preencha os requisitos legais para se associar, não podendo ser obrigada a tanto, ainda que pertença a determinada categoria ou classe. A liberdade associativa e de associar-se é direito fundamental da pessoa humana. O estatuto pode estabelecer critérios razoáveis de admissão, a fim de que a pessoa tenha alguma identidade com função institucional da pessoa jurídica, mas não há como impor a integração como associado.

Por outro lado, a demissão é o direito que o associado tem de, a qualquer tempo, se desvincular da associação, sem qualquer ônus ou penalidade. A retirada não exclui o dever de pagar as contribuições devidas até a data da demissão. Trata-se de exercício de direito fundamental previsto no texto constitucional de não permanecer associado.

Como desdobramento da liberdade de associação, em especial de não se manter associado, o STJ, em sede de recurso repetitivo, no ano de 2015, na discussão do Tema 882, definiu a seguinte tese em relação a condomínios de fato ou irregulares (tese aplica-se a condomínios fechados de acesso controlado irregulares ou a associação de bairro sem controle de entrada): "As taxas de manutenção criadas por associações de moradores não obrigam os não associados ou que a elas não anuíram" (STJ. Recurso Especial n. 1.439.163-SP). Tal tema deve ser compatibilizado com a decisão do STF que, em sede de repercussão geral no RE 695.911/SP, fixou a tese do Tema 492: "É inconstitucional a cobrança por parte de associação de taxa de manutenção e conservação de loteamento imobiliário urbano de proprietário não associado até o advento da lei n. 13.465/2017, ou de anterior lei municipal que discipline a questão, a partir da qual se torna possível a cotização dos proprietários de imóveis, titulares de direitos ou moradores em loteamentos de acesso controlado, que i) já possuindo lote, aderam ao ato constitutivo das entidades equiparadas a administradoras de imóveis ou II) sendo novos adquirentes de lotes, o ato constitutivo da obrigação esteja registrado no competente registro de imóveis".

Portanto, nos casos de imóveis adquiridos após a vigência da Lei n. 13.465/2017, as taxas associativas são devidas desde que haja registro do ato constitutivo, contrato-padrão, no cartório de registro de imóveis ou anuência inequívoca do proprietário. O STF também já decidiu que associação, na defesa dos seus filiados, não necessita da autorização destes (MS coletivo – art. 5º, LXX, da CF/88 – Súmula 629 do STF – art. 21 da Lei n. 12.016/2009), quando atua como substituto processual, no âmbito de tutelas coletivas. É essencial diferenciar as situações em que as associações são dotadas de legitimação extraordinária para tutelas coletivas, inclusive para a defesa de direitos da classe de associados, caso em que não necessita da autorização destes, daquele em que é mera representante dos associados, quando necessita da autorização dos associados (é a hipótese prevista no inciso XXI do art. 5º da CF – as entidades associativas, quando expressamente autorizadas, têm legitimidade para representar seus filiados judicial ou extrajudicialmente).

Na condição de legitimada extraordinária, o art. 5º da Lei da Ação Civil Pública, admite a legitimidade da associação desde que esteja constituída há pelos menos 1 (um) ano e inclua entre suas finalidades institucionais a proteção ao patrimônio público e social, ao meio ambiente, ao consumidor, à ordem econômica, à livre concorrência, aos direitos de grupos raciais, étnicos ou religiosos ou ao patrimônio artístico, estético, histórico, turístico e paisagístico. Este último requisito é a pertinência temática, ou seja, vínculo entre as finalidades institucionais e o bem jurídico a ser tutelado. A representação adequada que legitima a associação no Brasil é *ope legis* e não *ope iudicis* (quando se apura a representação no caso concreto). O requisito da pré-constituição poderá ser dispensado pelo juiz, quando haja manifesto interesse social evidenciado pela dimensão ou característica do dano, ou pela relevância do bem jurídico a ser protegido. A mesma legitimidade consta no art. 82, inciso IV, do CDC e no art. 21 da Lei de Mandado de Segurança.

Então, qualquer associação, como condição de legitimidade, necessariamente, se sujeitará a tais normas constitucionais, em especial aquela que garante a plena liberdade associativa, assim como as regras dispostas na legislação civil, arts. 53 a 61.

O art. 54 do CC relaciona os elementos que devem constar no estatuto social de uma associação, sob pena de nulidade de seu ato constitutivo. A lei estabelece conteúdo mínimo como condição de validade do estatuto social, o que evidencia o controle estatal indireto para a constituição desta pessoa jurídica. Há evidente mitigação da autonomia privada. Aliás, tal controle estatal é compatível com a corrente formalista sobre a natureza da pessoa jurídica, embora se convencionou denominar a teoria adotada pelo CC como "realidade técnica".

Os interessados na constituição da associação, em relação às matérias que deverão integrar o estatuto social, estão submetidos às disposições do art. 54 do CC. Tais temas devem integrar o ato constitutivo, sob pena de nulidade, o que reduz consideravelmente a autonomia privada no âmbito desta pessoa jurídica. Ao contrário do parágrafo único do art. 45 que admite a possibilidade de anular a constituição de qualquer pessoa jurídica, inclusive as associações, por defeito no ato constitutivo, no prazo decadencial de 3 (três) anos, o art. 54 submete ao regime da nulidade e, portanto, independente de prazo de prescrição ou decadência, o ato constitutivo da associação que falte qualquer das matérias nele especificadas. Assim, se o defeito no estatuto social da associação se relacionar às matérias especificadas no art. 54, o ato constitutivo será submetido ao regime da nulidade. Por outro lado, se o defeito no estatuto social se referir a outra causa, diversa daquela mencionada no art. 54, o ato constitutivo poderá ser anulado no prazo de decadência de 3 (três) anos, contado da publicação no registro. Aliás, uma das causas previstas em lei para dissolução judicial da pessoa jurídica de direito privado é a anulação de sua constituição (art. 1.034, I).

Ademais, as normas associativas devem respeitar preceitos de ordem pública, bem como direitos fundamentais dos associados (eficácia horizontal dos direitos fundamentais, já tratada anteriormente). A sanção para a inobservância do disposto no art. 54 é a nulidade do ato constitutivo.

Tal dispositivo é uma norma cogente, razão pela qual não admite disposição estatutária em sentido contrário.

Art. 54, I – Denominação, fins e sede

O art. 54, I, exige que o estatuto contenha a denominação, a finalidade e a sede da associação. A denominação visa identificar a sociedade, até porque o nome ou a denominação social é um atributo que decorre da personalidade jurídica da pessoa jurídica, gozando de tutela estatal (arts. 52 e 1.155, parágrafo único, ambos do CC).

A finalidade é essencial, serve justamente para definir qual será a função social a ser desempenhada pela associação, ou seja, qual será o seu objeto social e o seu âmbito de atuação, para fins de controle de legitimidade de seus atos.

Finalmente, a sede será o local onde a associação desenvolverá suas finalidades sociais, sendo que a especificação desse local é indispensável para aqueles que vierem a se relacionar com a associação, bem como para fixação de seu domicílio, para todos os fins. Também é um atributo que decorre de sua personalidade.

Art. 54, II – Requisitos para admissão, demissão e exclusão do associado

O art. 54, II, é um desdobramento do princípio constitucional de que ninguém é obrigado a se associar ou a manter-se associado.

O estatuto social deve prever os requisitos necessários para a admissão de associado, o qual deve se identificar com a finalidade da associação e se comprometer com a sua função social. A pessoa só será admitida se cumprir os requisitos previstos no estatuto social. Tais requisitos de admissão devem se submeter a critérios de razoabilidade e proporcionalidade, a fim de que não haja abuso de direito. Os requisitos de admissão não poderão estar relacionados a exigências, que não tenham relação com a natureza e a finalidade da associação. Não há dúvida de que, em caso de abuso ou havendo requisitos evidentemente discriminatórios, o interessado poderá se socorrer ao Judiciário. No entanto, tais questões devem ser analisadas no caso concreto, de acordo com as peculiaridades de cada associação. O controle judicial em relação à associação é de legalidade, não de mérito.

A demissão é o direito fundamental que assiste ao associado, que pode desvincular-se a qualquer tempo (direito constitucional de não permanecer associado).

Não pode o estatuto social proibir a desvinculação ou pedido de demissão do associado quando este resolver exercer o direito fundamental de retirada. Não há dúvida de que o associado que pretender exercer tal direito, deve cumprir com todas as obrigações sociais até o momento da sua retirada.

Finalmente, o inciso II trata da exclusão do associado. Ao contrário da demissão, que é exercício do direito de retirada da associação, a exclusão é penalidade imposta pela associação ao associado que praticar algum ato que caracterize justa causa, conforme previsto no estatuto.

A exclusão do associado também é tratada no art. 57 do CC, cujo dispositivo já foi alterado por meio da Lei n. 11.127/2005.

Antes da alteração legislativa, a redação original previa que só era admissível a exclusão se houvesse justa causa e obedecido o disposto no estatuto. Se o estatuto fosse omisso sobre as hipóteses de exclusão, poderia esta ocorrer se fosse reconhecida a existência de motivos graves, em decisão fundamentada, em assembleia geral, especificamente convocada para essa finalidade, ou seja, analisar a exclusão do associado.

Como se observa, o Código Civil, em sua redação original, previa duas hipóteses para exclusão do associado. A primeira, quando caracterizada justa causa, cujas hipóteses deveriam estar consignadas, expressamente, no estatuto social. A segunda, no caso de omissão do estatuto, em qualquer caso de *motivo grave*, termo aberto e indeterminado. Tal motivo seria analisado em assembleia convocada para essa finalidade.

Após a alteração legislativa, o parágrafo único foi revogado e o art. 57, com a nova redação, passou a prever a exclusão do associado, somente se caracterizada a justa causa, assim reconhecida em procedimento que assegure direito de defesa e de recurso, nos termos previstos no estatuto.

Agora, somente é possível a exclusão do associado quando caracterizada justa causa. A controvérsia é a seguinte: a justa causa é conceito indeterminado e subjetivo, que pode ser livremente apreciado pela associação em cada caso concreto, ou as hipóteses de justa causa devem estar consignadas, objetivamente, no estatuto social?

A questão é de fácil solução. A exclusão do associado, prevista no Código Civil, é meramente administrativa. Para essa exclusão e a fim de se evitar arbitrariedades por parte dos demais associados, as hipóteses de justa causa (como regra) devem estar expressas no estatuto social. O ato constitutivo deve trazer as hipóteses em que o associado pode ser excluído, em definitivo, por justa causa.

A exclusão do associado deve ter relação com as atividades da associação, e não com a vida privada do associado, quando não haja nenhum vínculo com a sua participação associativa ou condição de associado.

Por exemplo, podem ser consideradas hipóteses caracterizadoras da justa causa, a ausência de contribuição do associado para manutenção da associação, a má gestão do associado na condução da administração, a apropriação de valores da associação, dentre outros casos que devem constar no estatuto.

A redação original exigia que as hipóteses de justa causa fossem consignadas no estatuto. Com a alteração legislativa, tal motivo de exclusão foi mantido, sendo retirada a previsão de exclusão por critérios subjetivos, no âmbito administrativo. Para impedir decisões políticas e arbitrárias, o legislador entendeu por bem não mais conceder à assembleia poder para excluir o associado em caso de omissão do estatuto. Isso é muito claro. Não haveria outro motivo para alterar a redação do art. 57, que não fosse proibir decisões subjetivas, com base em conceitos indeterminados, para fins de exclusão administrativa do associado.

Agora, todas as hipóteses de justa causa de forma objetiva, devem estar mencionadas ou predeterminadas, no estatuto social, para fins de exclusão administrativa do associado, devendo ainda ser garantido a ele, no âmbito administrativo, o direito de defesa e de recurso para a assembleia geral, por exemplo. Não é mais admitida a exclusão por motivo grave ou justa causa, que não esteja previsto no estatuto.

Não há dúvidas de que o estatuto social terá dificuldades de prever todas as hipóteses que venham a caracterizar justa causa, o que não importa, pois este deve ser minucioso, indicando todas estas hipóteses, para fins de exclusão administrativa.

Em caso de omissão do estatuto social, não restará à associação alternativa: o pedido de exclusão do associado deverá ser judicial, cuja demanda contará com a intervenção do Ministério Público. Aliás, caso o associado venha a ser excluído administrativamente, por se enquadrar em uma das hipóteses de justa causa previstas no estatuto, nada impede que venha a recorrer ao Judiciário, para que este analise a legalidade do processo de exclusão, ou seja, verifique se foram efetivamente obedecidas as normas estatutárias, inclusive com a garantia de defesa e recurso, sendo vedado ao Judiciário reapreciar o mérito da decisão, ou melhor, a hipótese de justa causa constante no estatuto social, por se tratar de assunto *interna corporis*, que não pode se sujeitar a qualquer intervenção Estatal.

Art. 54, III – Direitos e deveres dos associados

O art. 54 obriga o estatuto social, norma interna da associação, a arrolar os direitos e deveres dos associados.

Em relação a esse assunto, o CC, no art. 55, prevê que os associados devem ter direitos iguais, mas o estatuto poderá instituir categorias com vantagens especiais. A redação do artigo é tecnicamente precária.

Se o estatuto poderá instituir categorias com vantagens especiais, como sócios honorários e remidos, os quais não contribuem, já não haverá direitos iguais. Direito igual, no bom português, é direito igual! Se o associado não pagar qualquer contribuição, por exemplo, os demais também não deverão efetivar qualquer pagamento. A atribuição de qualquer vantagem especial violará o princípio da igualdade que a primeira parte do artigo tenta, em vão, assegurar. É lamentável a redação do referido artigo, sob todos os aspectos.

Alguns doutrinadores tentam, sem êxito, justificar a péssima redação do dispositivo. *Nesse sentido,* Fábio Ulhoa Coelho e Maria Helena Diniz[140], a qual argumenta ser "possível ao ato constitutivo criar posições privilegiadas ou outorgar direitos especiais ou preferenciais para certas categorias de membros". Como é possível defender direitos iguais se um ou uma classe de associados têm direitos especiais ou preferenciais?

Outros doutrinadores, como Renan Lotufo[141], argumentam que os direitos iguais seriam apenas os direitos fundamentais, como participar e votar em assembleias, sendo que os direitos não fundamentais estariam sujeitos a esses privilégios. Não há como aceitar tal argumento, pois, no âmbito de uma associação privada, todos os direitos são fundamentais e devem ser exercidos de forma igual. Não há sustentação científica para essa tese, no que diz respeito ao seu confronto com o princípio da igualdade. A questão é: Qual direito do associado não seria fundamental para ele?

Na maioria das vezes, a vantagem está relacionada a alguma isenção de contribuição.

De acordo com o art. 56 do CC, a qualidade de associado é intransferível, salvo se o estatuto dispuser em sentido contrário. Portanto, embora a associação e a condição de associado ostentem certo caráter pessoal, cujo associado deve ter afinidade com a finalidade institucional da pessoa jurídica, a intransmissibilidade da qualidade de associado, *inter vivos* ou *causa mortis,* é relativa. Os estatutos podem admitir a transmissibilidade *causa mortis,* desde que observados alguns critérios, bem como a transferência por negócio entre vivos, desde que esta seja submetida à aprovação de órgãos deliberativos, como a assembleia geral, porque o perfil do associado que pretende adquirir as cotas e assumir tal condição deve ser compatível com a finalidade e os objetivos institucionais da associação. Por isso, o parágrafo único dispõe que a transferência da titularidade da cota ou da fração ideal do patrimônio da associação, não implica, necessariamente, a atribuição da qualidade de associado ao adquirente ou herdeiro. Portanto, há clara dissociação entre o patrimônio, a propriedade da cota, e a condição ou qualidade de associado. É o estatuto que definirá tal questão. No silêncio, a transferência da propriedade da cota, não torna o adquirente ou herdeiro associado. Tal dissociação entre propriedade e qualidade de associado evidencia a afinidade que o integrante da associação deve ter com a finalidade institucional desta pessoa jurídica. Tal intransmissibilidade relativa é fundamental para preservar a natureza desta pessoa jurídica.

Ainda no âmbito do direito do associado, o art. 60 garante direito às minorias, ao prever que 1/5 (um quinto) ou 20% (vinte por cento) dos associados terão o poder de convocar qualquer órgão deliberativo, Conselho Fiscal, Diretorias Assembleia Geral etc., na forma do estatuto social. A redação original do artigo permitia que a minoria convocasse apenas a assembleia geral. Após a Lei n. 11.127/2005, que alterou a redação do dispositivo, os associados minoritários poderão convocar, não só a assembleia geral, mas qualquer órgão deliberativo previsto no estatuto. Isso é a materialização do direito fundamental que as minorias possuem de participar da atividade associativa.

O art. 58 do CC também trata dos direitos do associado. Segundo esse dispositivo: "Nenhum associado poderá ser impedido de exercer direito ou função que lhe tenha sido legitimamente conferido, a não ser nos casos e pela forma previstos na lei ou no estatuto".

Tal artigo assegura ao associado o direito de exercer, efetivamente, os direitos de que é titular na condição de associado, não podendo suportar qualquer cerceamento, salvo alguma previsão em contrário, na própria lei ou no estatuto social. O estatuto não pode violar direitos e deveres fundamentais do associado garantidos pelo texto constitucional, como o direito de não permanecer associado. As limitações estatutárias devem ser restritas às matérias previstas na lei civil, como a previsão de penalidades para exclusão do associado, aplicação de multas por ato contrário aos objetivos da associação, entre outros. O direito legitimamente conferido pela constituição e o CC somente podem ser limitados pela própria lei ou por disposições estatutárias que não afetem direitos fundamentais.

Art. 54, IV – As fontes de recursos para sua manutenção

O referido inciso traz uma importante previsão ao permitir que o estatuto tenha fontes de recursos para manutenção de sua atividade e para o desempenho perfeito de sua função ou finalidade social. Como já ressaltado, a associação pode gerar lucros e recursos. A vedação está relacionada à repartição ou divisão desses lucros entre os associados, pois tais recursos devem ser reinvestidos na pessoa jurídica, em especial para sua manutenção.

A indicação das fontes dos recursos traz transparência para essa pessoa jurídica, evitando que possa ser utilizada como instrumento de fraude por pessoas inescrupulosas que venham a aproveitar de sua personalidade jurídica.

Art. 54, V – O modo de constituição e de funcionamento dos órgãos deliberativos

A associação, para ter tutela estatal, deve indicar, em seu estatuto social, como será constituída (requisitos do associado, tempo de mandato etc.) e como funcionarão os órgãos deliberativos (quando serão as reuniões; qual será a forma de convocação; periodicidade das reuniões; competência de cada órgão deliberativo; atribuições etc.).

---

[140] DINIZ, Maria Helena. *Código civil anotado.* 10. ed. São Paulo: Saraiva, 2004.
[141] LOTUFO, Renan. *Código civil comentado.* 2. ed. São Paulo: Saraiva, 2004, v. I (artigos 1º ao 232).

No que se refere aos órgãos deliberativos, o art. 59 do CC trata da competência privativa da assembleia geral. O estatuto deve indicar a competência de cada um dos órgãos deliberativos. No entanto, essa autonomia privada ou liberdade, concedida pelo art. 54, V, tem limite, que é justamente a norma cogente prevista no art. 59.

No caso, somente a assembleia terá poderes para destituir administradores e para alterar o estatuto. Nenhum outro órgão da associação poderá receber competência para deliberar sobre essas matérias que o legislador reputou como fundamentais e, por isso, previu como sendo de competência privativa da assembleia, o órgão mais soberano da associação.

Aliás, nos termos do Enunciado n. 577 do CJF, "a possibilidade de instituição de categorias de associados com vantagens especiais admite a atribuição de pesos diferenciados ao direito de voto, desde que isso não acarrete a sua supressão em relação às matérias previstas no art. 59 do CC".

O parágrafo único do art. 59 ainda exige que, nas duas hipóteses previstas no dispositivo, a assembleia deve ser convocada especialmente para essa finalidade, cujo *quórum* será o estabelecido no estatuto, o qual também deverá prever os critérios para eleição dos novos administradores.

Art. 54, VI – Condições para alterações estatutárias e para a dissolução da associação

O estatuto social deve arrolar todos os requisitos necessários para a sua alteração que, segundo o inciso II do art. 59, somente pode ocorrer em assembleia geral, especialmente designada para essa finalidade (alteração do estatuto), pois é tema que merece grande reflexão. Além disso, a associação deve estabelecer as condições e os requisitos para eventual dissolução dessa pessoa jurídica, que levará à extinção da associação.

Com a dissolução, os bens da associação devem ter um destino, o que é objeto do art. 61 do CC. Assim, após a dissolução e, caso remanesça algum patrimônio líquido, se for o caso, deduzidas as cotas dos associados, será destinado a entidades de fins não econômicos ou, em caso de omissão do estatuto, por deliberação dos associados, a uma instituição municipal, estadual ou federal, de fins idênticos ou semelhantes.

Segundo o § 1º do mesmo artigo, por cláusula do estatuto ou, no seu silêncio, por deliberação dos associados, podem estes, antes da destinação do remanescente, referida nesse artigo, receber em restituição, atualizado o respectivo valor, as contribuições que tiverem prestado ao patrimônio da associação.

Por fim, não havendo instituição nas condições indicadas nas pessoas jurídicas políticas em que a associação tiver sede, o que remanescer se devolverá à Fazenda do Estado, do Distrito Federal ou da União.

Sobre o art. 61 do CC, relevante ressaltar o teor do Enunciado 407 da V Jornada de Direito Civil, promovida pelo CJF: "A obrigatoriedade de destinação do patrimônio líquido remanescente da associação a instituição municipal, estadual ou federal de fins idênticos ou semelhantes, em face da omissão do estatuto, possui caráter subsidiário, devendo prevalecer a vontade dos associados, desde que seja contemplada entidade que persiga fins não econômicos". Tal enunciado apenas esclarece o que a lei efetivamente já preleciona.

Na VIII Jornada de Direito Civil foi aprovado enunciado para permitir que as associações possam ser transformadas, fundidas ou cindidas, em desdobramento da liberdade que fundamenta tais pessoas jurídicas. De acordo com o enunciado aprovado: "As associações civis podem sofrer transformação, fusão, incorporação ou cisão". Portanto, além de serem incorporadas, fundidas ou cindidas em ou por outras associações, podem ser transformadas em pessoa jurídica com natureza distinta, inclusive sociedade civil ou empresária.

Art. 54, VII – Forma de gestão administrativa e de aprovação das contas

Tal inciso foi acrescentado pela Lei n. 11.127/2005 e trata de assunto dos mais relevantes da associação, que é a responsabilidade dos administradores. O estatuto, necessariamente, deverá prever como será a gestão administrativa. Além disso, nele deve estar expresso quem são os detentores desses poderes administrativos, limites desses poderes, responsabilidades pessoais, no caso de excesso, dentre outras disposições. Ademais, as contas dos administradores devem ser sempre submetidas à análise dos associados, que deverão aprová-las, sob pena de responsabilidade pessoal do associado administrador perante a associação.

Por fim, o art. 56 trata da impossibilidade de transmissão da qualidade de associado, como já mencionado.

Segundo o referido dispositivo legal, tal qualidade é intransmissível, salvo se o estatuto dispuser em sentido contrário. Portanto, não é regra cogente e sim de natureza dispositiva. Em decorrência da autonomia privada, os associados podem admitir a transmissibilidade da condição de associado.

O parágrafo único desse artigo, embora admita a transferência da qualidade de associado, informa que a transmissão de cotas não implicará atribuir, ao terceiro adquirente, a condição de associado, salvo, novamente, se previsto e permitido pelo estatuto. Há clara distinção entre propriedade da cota e condição de sócio.

Caio Mário[142] enuncia que: "O dispositivo dissociou as duas condições. Somente no caso de estabelecer o estatuto, expressamente, a atribuição de sócio à titularidade da fração ideal é que ocorre a conjugação. No silêncio dele, a propriedade da cota não confere a qualidade de sócio".

Observação: a associação, resultado de agrupamento de pessoas, não se confunde com o direito de reunião, direito fundamental previsto no art. 5º, inciso XVI, da CF. De acordo com essa norma, todos podem reunir-se pacificamente, sem armas, em locais abertos ao público,

---

[142] PEREIRA, Caio Mário da Silva. *Instituições de direito civil:* Introdução ao direito civil. Teoria geral de direito civil. 20. ed. Atualizado por Maria Celina Bodin de Moraes. Rio de Janeiro: Forense, 2004. v. 1.

independentemente de autorização, desde que não frustrem outra reunião anteriormente convocada para o mesmo local, sendo apenas exigido prévio aviso à autoridade competente.

Na reunião, conjunto de pessoas (elemento subjetivo), com mínimo de coordenação (elemento objetivo), se encontram, de modo provisório. O local é elemento preponderante.

Na associação, conjunto de pessoas (elemento subjetivo), se agrupa de forma estável e permanente (não há transitoriedade) e o elemento espacial é irrelevante.

1.12.10.2.2. Fundação privada (noção geral)

O art. 44, inciso III, do CC, em respeito à tradição, considera a fundação (privada) pessoa jurídica de direito privado. As pessoas jurídicas de direito privado, em termos históricos, se constituíam a partir de agrupamento de pessoas (corporações – associações e sociedades) ou conjunto de bens (fundações). Na atualidade, há pessoas jurídicas, como a sociedade limitada unipessoal, que pode ser constituída com uma única pessoa.

A fundação privada (porque o patrimônio que constitui a sua estrutura orgânica é privado) será compreendida a partir de temas centrais: noção geral (conceito e finalidade – fundação é conjunto de bens destinado a finalidade social, com personalidade jurídica própria); modo de constituição (fases para a criação/constituição desta pessoa jurídica); atribuições do Ministério Público em todas as fases (antes, durante e após a constituição da fundação) e, finalmente, regime jurídico dos bens que integram a fundação.

A fundação, ao contrário das associações e sociedades, é constituída por conjunto de bens ou patrimônio. Trata-se de patrimônio afetado a finalidade social, definida em lei (parágrafo único do art. 62 do CC).

Tal pessoa jurídica pode ser definida como patrimônio afetado a finalidade específica (de natureza social), dotado de personalidade jurídica própria, sem fins econômicos (portanto, não há distribuição de resultados financeiros para pessoas que administram a fundação – todos os recursos são reinvestidos na concretização da função das fundações). Assim, o *patrimônio* (estrutura orgânica) e *finalidade* social (função – sem fins econômicos) definem a estrutura e a natureza desse sujeito de direito.

Segundo Orlando Gomes[143], "a fundação não se forma pela associação de pessoas físicas; nem é obra de um conjunto de vontades, mas, de uma só, é criada pela atribuição de personalidade ao conjunto de bens destinados à realização de certo fim, socialmente útil".

O Código Civil não define fundação.

Nos arts. 62 a 69 a lei civil disciplina as fases ou etapas para a constituição das fundações privadas (patrimônio privado). Portanto, a fundação se constitui a partir de determinado acervo de bens, frutos de dotação (destaque do patrimônio geral do instituidor para afetação para constituir a estrutura orgânica da fundação), com destinação específica, de natureza social, cujas atividades são sugeridas pelo parágrafo único do art. 62 do CC. Tal dispositivo trata da finalidade social que poderá se vincular a fundação. Na redação original, previa a norma que esta poderia constituir-se somente para fins religiosos, morais, culturais ou de assistência. A doutrina defendia a ampliação para outras finalidades sociais. O parágrafo único do art. 62 do CC foi alterado pela Lei n. 13.151/2015, para acrescentar outras finalidades para as fundações privadas, mas o rol ainda é meramente exemplificativo. Nesse sentido, aliás, o Enunciado n. 09, das Jornadas de Direito Civil, que apenas exclui fundações com fins econômicos.

Segundo a nova redação, a fundação poderá constituir-se para assistência social; cultura, defesa e conservação do patrimônio histórico e artístico; educação; saúde; segurança alimentar e nutricional; defesa, preservação e conservação do meio ambiente e promoção do desenvolvimento sustentável; pesquisa científica, desenvolvimento de tecnologias alternativas, modernização de sistemas de gestão, produção e divulgação de informações e conhecimentos técnicos e científicos; promoção da ética, da cidadania, da democracia e dos direitos humanos e atividades religiosas.

Em síntese, a fundação deve ter finalidade social e, por isso, eventuais resultados ou lucros devem ser reinvestidos na própria fundação, para manutenção de sua atividade. No caso de fundação instituída pelo Poder Público (fundações públicas), caberá à lei definir as suas áreas de atuação. As fundações públicas podem ostentar personalidade de direito público ou de direito privado. Integram a administração indireta e se diferenciam das fundações privadas porque o patrimônio que as constitui é público e, ao contrário das privadas, não são submetidas à veladura do MP, mas a tutela da entidade às quais estão vinculadas.

Processo de criação da fundação: as fundações privadas são constituídas a partir de processo de criação definido em lei a partir de procedimento de quatro etapas:

• **1ª fase: Dotação de bens livres destinados a uma finalidade especial, por ato *inter vivos* ou *causa mortis* (materialização da dotação ou destaque de bens)**

A fundação privada se origina de ato de vontade de sujeito de direito que se denomina "instituidor", o qual, por mera liberalidade, resolve destacar e afetar parcela de seu patrimônio, por meio de dotação, a finalidade específica e social.

Tal manifestação de vontade, segundo o *caput* do art. 62 do CC, pode se materializar em escritura pública (*inter vivos*) ou testamento (*causa mortis*). No caso do testamento, dispõe o art. 1.799, III, do CC que, na sucessão testamentária, podem ser chamadas a suceder as pessoas jurídicas, cuja organização for determinada pelo testador sob a forma de fundação. Assim, há conexão entre o referido dispositivo, que trata da sucessão testamentária e o art. 62, quando o patrimônio da fundação e sua constituição foram objeto de testamento.

---

[143] GOMES, Orlando. *Introdução ao direito civil*. 19. ed. rev. e atual. Rio de Janeiro: Forense, 2008.

O instituidor, por qualquer desses atos constitutivos, destacará conjunto de bens livres, componentes de seu acervo pessoal, para que tal patrimônio seja afetado a uma finalidade específica e social. Essa dotação especial de bens livres, ou seja, de bens desonerados, é essencial para se constituir a fundação, tendo em vista que o patrimônio *destacado* pelo instituidor representará a estrutura orgânica ou a essência da própria fundação. Tal patrimônio será a estrutura orgânica da fundação privada, razão pela qual tal pessoa jurídica é definida como *conjunto de bens*, não como agrupamento de pessoas.

O instituidor, por meio de escritura pública ou testamento, deverá realizar a dotação de bens para constituir a fundação, especificar, nos atos constitutivos, a finalidade social da fundação e, se entender conveniente, poderá, ainda, declarar a maneira que esta pessoa jurídica será administrada. A forma de administração é facultativa no momento da instituição da fundação, ou seja, quando da formalização da escritura pública ou do testamento, primeira etapa para criação desta pessoa jurídica. O modo de gestão da fundação privada não precisa necessariamente ser indicada pelo instituidor nesta fase de dotação, mas deve constar do estatuto social, que será elaborado na próxima fase, caso o próprio instituidor, na escritura pública ou testamento, não resolver apresentar o projeto de estatuto social.

A segunda fase, de elaboração do estatuto social, pode ser antecipada pelo instituidor e integrar a primeira fase. Basta que o próprio instituidor apresente o projeto de estatuto social. Se não o fizer, tal função, elaboração do estatuto social, será delegada a terceiro e se caracterizará como a segunda fase deste processo de constituição.

Quanto aos bens que serão destacados do patrimônio pessoal do instituidor e que passarão a compor a estrutura genética da própria fundação, Caio Mário[144] alerta que "a existência de qualquer ônus ou encargo que pese sobre eles poria em risco a própria existência do ente, na eventualidade de virem a desaparecer, ou de se desfalcarem sensivelmente, frustrando dessa sorte a realização dos objetivos".

Em relação ao patrimônio que será afetado, o art. 63 disciplina o destino dos bens afetados pelo instituidor para a constituição da fundação, caso sejam insuficientes para constituição dessa pessoa jurídica.

No caso de insuficiência dos bens para a criação da fundação, prevalecerá a vontade do instituidor em relação ao destino dos bens destacados para a constituição da fundação. No caso de omissão do instituidor, será aplicada a regra supletiva da vontade prevista no art. 63 do CC: os bens a ela destinados serão incorporados a outra fundação que se proponha a fins iguais ou semelhantes. Portanto, se o instituidor não definir o destino dos bens no caso de insuficiência, outra fundação já constituída, com idêntica finalidade da fundação daquela que se pretendia constituir, receberá tais bens a título de doação.

O Código Civil traz regra importante e inovadora no sistema jurídico para o caso de a fundação ser constituída por negócio jurídico entre vivos, ou seja, por escritura pública. Qual seria essa novidade?

O art. 64 do CC dispõe que, constituída a fundação por negócio jurídico entre vivos, o instituidor é obrigado a transferir-lhe a propriedade ou outro direito real sobre os bens dotados e, se não o fizer, serão registrados, em nome dela, por mandado judicial.

O dispositivo pretende tornar irrevogável a declaração de vontade do instituidor, após a declaração de vontade com o destino de parcela do patrimônio para a constituição da fundação. A grande questão é: O que deve se entender pelo termo *constituição*? Seria necessária a finalização do processo para criação da fundação, o que somente ocorre com o registro do estatuto social ou após a elaboração da escritura pública, antes mesmo da existência formal da pessoa jurídica?

No caso do art. 64, não há dúvida de que o legislador torna irrevogável a declaração de vontade apenas após a constituição da fundação. A fundação somente se *constituirá* como pessoa jurídica, com a inscrição do seu ato constitutivo, no caso a escritura pública, no registro competente, em razão da teoria da realidade técnica (art. 45 do CC).

Antes disso, somente há escritura pública, mas ainda não há pessoa jurídica constituída, nos termos da lei. Tal escritura, por si só, não é suficiente para tornar irrevogável a vontade do instituidor, antes do registro do estatuto social, quando haverá pessoa jurídica.

Após a constituição da fundação, com a inscrição dos atos desta no registro competente, o instituidor não tem o direito de se arrepender ou de revogar a declaração de vontade manifestada na escritura pública, pois o art. 64 o obriga a transferir a propriedade ou qualquer outro direito real sobre os bens dotados ou afetados para a constituição da fundação, sob pena de ser compelido, judicialmente, a tanto.

Qualquer interessado na criação da fundação e, principalmente, o Ministério Público, terão papel importante nas fundações (art. 66) e, por isso, serão legitimados para requerer a expedição de mandado judicial para registro dos bens dotados em seu nome.

A transferência da propriedade dos bens não ocorrerá por conta da elaboração da escritura pública, o que leva a impropriedade técnica na redação do artigo. Tal tese é insustentável, pois, por ocasião da escritura pública, o instituidor apenas indica quais de seus bens particulares integrarão a fundação. Tal escritura não transfere propriedade ou qualquer outro direito real, ainda que registrada, simplesmente porque a elaboração da escritura representa, apenas e tão somente, o início do processo de criação da fundação. Neste momento, ainda não existe a pessoa jurídica.

Como poderia o instituidor transferir a propriedade de bens particulares para ente inexistente juridicamente? Até a constituição da fundação, quem seria o proprietário desses bens? Isso contraria, ainda, o disposto no art. 63,

---

[144] PEREIRA, Caio Mário da Silva. *Instituições de direito civil*: Introdução ao direito civil. Teoria geral de direito civil. 20. ed. Atualizado por Maria Celina Bodin de Moraes. Rio de Janeiro: Forense, 2004. v. 1.

segundo o qual, se os bens forem insuficientes para a constituição da fundação, serão doados para outra fundação, de fins semelhantes, salvo manifestação em sentido contrário do instituidor.

Na escritura pública, há apenas mera promessa de que os bens integrarão futura fundação, caso esta venha a ser constituída. Se não for constituída a fundação, o art. 63 permite que o instituidor, na própria escritura pública, dê outra destinação aos bens que podem, inclusive, retornar para o seu patrimônio pessoal. Se, na escritura, é possível inserir essa cláusula de reversão em caso de não serem os bens suficientes para a constituição da fundação, não há como admitir que tal transfira a propriedade desses bens particulares.

Após a criação da fundação, os bens devem ser, obrigatoriamente, transferidos e registrados em nome da fundação, caso esta tenha sido constituída por escritura pública.

Se o instituidor, na escritura pública, indica quais bens de seu patrimônio irão constituir a fundação e, antes da formalização desta como pessoa jurídica, vem a revogar a declaração de vontade, como seria regulada a situação?

Embora, em tese, seja tal revogação de vontade possível, pois não foi constituída, formalmente, a fundação, conforme exige o art. 64, tal procedimento contraditório poderia violar o princípio da boa-fé objetiva, princípio esse que proíbe qualquer comportamento contraditório (*nemo potest venire contra factum proprium*) sempre que puder causar prejuízo a terceiros ou lesão a interesse coletivo.

Se a declaração de vontade manifestada na escritura pública (comportamento inicial) gerou na coletividade ou nas pessoas que se relacionariam com a fundação uma expectativa legítima de que o instituidor cumpriria com a sua declaração de vontade (legítima confiança inserida em terceiros) e, sem motivo justificado, passa o instituidor a ter um comportamento contrário àquele comportamento inicial (intenção de revogar a escritura antes da constituição da fundação), é perfeitamente possível que o MP, pelos poderes conferidos pelo art. 66 do CC, judicialmente, impeça a conduta contraditória e exija que o instituidor cumpra a sua promessa inicial manifestada em escritura pública.

Por isso, em razão do princípio da boa-fé objetiva, que fundamenta *a venire contra factum proprium*, cuja revogação pode configurar, inclusive, abuso de direito, após a constituição formal da fundação, será possível exigir, judicialmente, o cumprimento da vontade do instituidor manifestada na escritura pública. Por isso, no caso concreto, é possível impedir tal conduta contraditória (revogação da escritura), desde que haja violação efetiva dos princípios retromencionados. A promessa de dotação não possui caráter irrevogável, de acordo com os termos do art. 64, mas pode ser evitada, como ressaltado.

O art. 64 não admite a transferência obrigatória dos bens particulares do instituidor se a fundação for constituída por testamento, pois, de acordo com o art. 1.858, o testamento pode ser revogado ou modificado a qualquer tempo. É declaração unilateral de vontade. Todavia, se a disposição testamentária gerar expectativa ou confiança, da mesma forma que a escritura pública, com base no princípio da boa-fé objetiva, não seria nenhum absurdo impedir a sua revogação. O intérprete do Código Civil deve se conscientizar de que os princípios prevalecem sobre regras jurídicas nas relações privadas, cujo confronto poderá ser feito no caso concreto.

• **2ª fase: Elaboração do estatuto social da fundação e atribuições do Ministério Público**

Na continuidade do processo de criação da fundação privada, após a escritura pública ou o testamento levado a efeito pelo instituidor, passa-se à elaboração do estatuto social. Tal estatuto social pode ser elaborado pelo próprio instituidor, caso em que integrará a primeira fase ou etapa do procedimento. Desta forma, restaria apenas nesta fase a análise do Ministério Público.

Todavia, o comum é o instituidor, na escritura pública ou no testamento, após realizar a dotação patrimoniais, delegar tal encargo (elaboração do estatuto social), a terceiro de confiança, conforme art. 65 do CC.

O terceiro deverá redigi-lo de acordo com as linhas estruturais fixadas ou diretrizes do instituidor. Segundo o parágrafo único, se o estatuto não for elaborado no prazo assinado pelo instituidor ou, se não houver prazo, em 180 (cento e oitenta) dias, caberá ao Ministério Público a incumbência de elaborá-lo. Portanto, no caso de mora do terceiro, no prazo designado pelo instituidor ou, se não houver prazo, em 180 dias, o Ministério Público terá a missão de elaborar o estatuto social da fundação privada, caso em que não haverá necessidade de aprovação por outro membro da mesma instituição.

O Ministério Público tem papel fundamental no processo de criação das fundações. Segundo o art. 65, tem legitimidade subsidiária para elaborar o estatuto e competência para aprovar o estatuto (quando não for o responsável pela elaboração).

Portanto, o Ministério Público participa da fase que antecede a constituição das fundações (pré-constituição), mais especificamente do processo de criação.

A fundação privada, devidamente constituída, deverá, durante toda a sua existência jurídica, se submeter ao controle (veladura) do Ministério Público. Na fase pós-criação da fundação, o MP tem participação decisiva na vida social da fundação privada. O art. 66 da Lei Civil delega ao Ministério Público a nobre função de velar pelas fundações privadas (constituídas por pessoa natural ou pessoa jurídica com personalidade jurídica de direito privado com patrimônio privado). Velar pelas fundações significa exercer plena atividade fiscalizadora, de modo efetivo e eficiente. Não basta verificar se os órgãos dirigentes realizam proveitosa gerência, dentre outros encargos, mas é indispensável que o Ministério Público acompanhe a rotina administrativa das fundações, participe das reuniões dos órgãos deliberativos e mantenha contato permanente com os gestores e administradores, tudo a fim de verificar se a fundação está a cumprir sua finalidade social e institucional. A participação do MP na fiscalização da fundação é a mais ampla possível.

O Ministério Público de cada Estado velará pelas fundações neles situadas (e não onde as fundações foram criadas ou instituídas – é a localização que determina a competência do MP), podendo as atribuições serem divididas, caso a atividade da fundação se estenda para mais de um Estado, nos termos do art. 66 do CC.

E o Ministério Público do Distrito Federal?

O art. 66, § 1º, em sua redação original, dispôs que as fundações que funcionarem no Distrito Federal deverão ser veladas e fiscalizadas pelo Ministério Público Federal. Embora o MPDFT integre o Ministério Público da União, não se confunde com o Ministério Público Federal, conforme art. 128 da CF/88, que os trata como instituições com prerrogativas diferentes.

Ocorre que a Associação Nacional dos Membros do Ministério Público, Conamp, ingressou com Ação Direta de Inconstitucionalidade contra o § 1º do art. 66 do CC, cuja ADI recebeu o n. 2.794, na qual foi declarada a inconstitucionalidade do referido dispositivo (*Informativo* 452 do STF). Com isso, o MPDFT passou a ter plena competência para velar, fiscalizar, aprovar os estatutos, dentre outras atribuições, em relação às fundações situadas no Distrito Federal, ressalvando a competência do Ministério Público Federal, que poderá velar pelas fundações públicas no âmbito federal. Com a edição da Lei n. 13.151/2015, que alterou a redação do art. 66, § 1º, do CC, a discussão foi encerrada. De acordo com a nova redação, as fundações privadas localizadas no Distrito Federal e nos Territórios serão veladas pelo Ministério Público do Distrito Federal e dos Territórios e não pelo MPF, como constava na redação original e que deu ensejo à referida ADI.

Na referida ADI 2.794, o STF incorreu em grave equívoco. A fim de não excluir por completo o poder do MPF em relação à fiscalização das fundações, acabou por registrar que a tal entidade compete velar pelas fundações no âmbito federal. Neste ponto, há dois graves equívocos: Em primeiro lugar, o art. 66 disciplina a veladura e a fiscalização de fundações privadas (patrimônio privado). Não há que se cogitar em fundação privada municipal, estadual, distrital ou federal! Fundação privada é simplesmente fundação privada. Segundo, é possível que os entes públicos, com patrimônio público, venham a constituir fundações públicas com personalidade jurídica de direito privado. No entanto, neste caso, tais fundações integrarão a administração pública indireta do ente municipal, estadual, distrital ou federal que a criou.

Em relação às fundações públicas, a depender do patrimônio público, poderá ser federal, distrital, estadual ou municipal. Todavia, nesta situação, não há que se cogitar em veladura, na forma do art. 66 do CC, mas em simples fiscalização dos atos administrativos praticados pelos gestores destas fundações públicas. A razão é simples: as fundações públicas, mesmo com personalidade jurídica de direito privado, já são submetidas a controle, tutela ou supervisão. Por isso, não precisam ser veladas pelo MP, mas apenas fiscalizadas, como aquele órgão fiscaliza qualquer ato administrativo. As fundações privadas que não têm qualquer controle, têm de ser veladas pelo Ministério Público do Estado onde situadas. É o MP quem controle as fundações privadas, mas não é o MP quem controla as fundações públicas.

• **3ª fase: Aprovação do estatuto social e Ministério Público**

Após a elaboração do estatuto social pelo instituidor ou por terceiro, tal estatuto é submetido à aprovação da autoridade competente. Tal autoridade é o Ministério Público.

O interessado submeterá o estatuto ao órgão do Ministério Público, que verificará se foram observadas as bases da fundação e se os bens são suficientes aos fins a que se destina.

Na análise do estatuto da fundação privada, cabe ao Ministério Público verificar se os bens da fundação são suficientes para que tal pessoa jurídica cumpra a função social para a qual foi constituída; se observou-se o procedimento legal na criação e constituição da fundação, em especial na elaboração do estatuto social; se a finalidade da fundação se ajusta à natureza desta pessoa jurídica e aos preceitos legais; se a fundação privada permitirá o controle de seus atos e negócios e analisará tudo o mais que for necessário para que a fundação concretize seus objetivos sociais.

Se a fundação privada estiver revestida da necessária legalidade e, no caso considere a suficiência dos bens, o MP aprovará o estatuto social, cuja decisão é irrecorrível. Caso o Ministério Público venha a sugerir modificações no estatuto ou, caso não o aprove, pode o interessado recorrer ao juiz, requerendo o suprimento da aprovação, conforme o art. 764 do CPC de 2015. Se o interessado concordar com as modificações sugeridas pelo MP, não haverá necessidade de recurso, que só é cabível em caso de discordância da decisão do MP.

O estatuto das fundações deve observar o disposto no Código Civil.

• **4ª fase: Registro do estatuto social**

Em seguida, a última fase para constituição da fundação é o registro de seus atos constitutivos no Registro Civil das Pessoas Jurídicas.

Então, o processo de criação pode ser resumido em declaração do instituidor, por escritura pública ou testamento; elaboração do estatuto; aprovação do estatuto e registro. Após o registro, é constituída a fundação, que passa a ter personalidade jurídica própria.

– *Alteração do estatuto social*

O art. 67 do CC admite a alteração do estatuto da fundação, caso haja deliberação de 2/3 (dois terços) dos membros responsáveis pela gestão dessa pessoa jurídica, desde que a finalidade social não seja prejudicada e, finalmente, seja aprovada pelo órgão do Ministério Público no prazo máximo de 45 (quarenta e cinco) dias, findo o qual ou no caso de o Ministério Público a denegar, poderá o juiz supri-la, a requerimento do interessado.

Ainda no âmbito da alteração do estatuto, o art. 68 traz regra de proteção aos administradores minoritários, se a aprovação não for unânime. Os administradores minoritários devem ser cientificados da alteração do estatuto para que, se quiserem, no prazo de 10 (dez) dias, impugnem a alteração.

– *Extinção da fundação*

Finalmente, o art. 69 do CC permite que qualquer interessado ou o Ministério Público promova a extinção da fundação, caso a finalidade dessa pessoa jurídica se torne ilícita, impossível de ser viabilizada ou sem qualquer utilidade social. São três os casos que podem fundamentar a extinção: ilicitude do objeto; inutilidade social; e impossibilidade econômica de viabilização de suas finalidades. Tais fatos também são ressaltados no art. 765 do CPC.

A fundação pode ser extinta por meio de decisão judicial, sendo obrigatória a participação do MP, como parte ou fiscal, ou por via administrativa, por deliberação dos órgãos diretivos. No caso de extinção administrativa, a concordância do MP é fundamental para a consumação do ato e, em caso de conflito entre o MP e o órgão deliberativo, caberá recurso judicial.

Nesses casos de extinção, judicial ou administrativa, os bens da fundação, salvo convenção em contrário no ato constitutivo ou no estatuto, serão incorporados à outra fundação, a ser designada pelo juiz, que se proponha a um fim igual ou semelhante.

Finalmente, caso a fundação utilize, arrecade, guarde, gerencie ou administre dinheiro, bens ou valores públicos, além de se submeter à fiscalização do MP, ainda deverá prestar contas ao Tribunal de Contas respectivo, na forma dos arts. 70, parágrafo único, 71, II, e 75, todos da CF/88.

– *Natureza jurídica dos bens das fundações privadas*

O regime jurídico dos bens que integram o patrimônio das fundações privadas ou constituídas por patrimônio privado é peculiar. Em razão da finalidade social e institucional que justifica a criação e a constituição de uma fundação, os bens destas pessoas jurídicas de direito privado, como regra, são inalienáveis, indisponíveis e impenhoráveis. Enquanto o bem estiver vinculado ou afetado à finalidade institucional da fundação não poderá ser alienado ou disponibilizado pelos gestores e administradores da fundação privada.

Os bens da fundação privada são, por óbvio, privados, mas são submetidos ao regime jurídico da inalienabilidade quando vinculados às finalidades institucionais desta. No entanto, outros bens, integrantes do acervo patrimonial ou ativo, e não afetados a qualquer finalidade, podem ser alienados, desde que haja autorização judicial e o Ministério Público seja ouvido previamente, na qualidade de fiscal das fundações privadas (art. 66). Neste sentido, já decidiu o STJ, no REsp 302.128/MG, de relatoria do Min. Castro Filho, julgado em 7-8-2003, onde o relator destacou que: "Para a validade da alienação do patrimônio de fundação é imprescindível autorização judicial, com a participação do órgão ministerial, eis que, por definição, seus bens são inalienáveis, pois, em princípio, são eles que asseguram a concretização dos fins visados pelo instituidor". Em regra, os bens das fundações privadas são bens fora do comércio jurídico de direito privado, dada a sua natureza e finalidade social. Apenas aqueles bens não vinculados às finalidades da fundação podem ser alienados, após oitiva do MP e autorização judicial, em procedimento de jurisdição voluntária.

Assim, somente será possível a alienação de bens afetados à finalidade social da fundação, mediante autorização judicial e prévia manifestação do Ministério Público. O MP fiscalizará a alienação para que os recursos dela decorrentes sejam investidos na própria fundação ou para que sejam adquiridos bens em substituição aos anteriores, como uma espécie de sub-rogação real.

Os bens não afetados à função ou finalidade social da fundação são alienáveis. A inalienabilidade apenas vincula os bens necessários para que a fundação, no mundo concreto, cumpra sua destinação. Ocorre que, mesmo nestas hipóteses excepcionais, a alienação dependerá de autorização judicial com a prévia oitiva do Ministério Público, em procedimento de jurisdição voluntária. Tal fato evidencia o controle a que são submetidas as fundações privadas, justamente em razão de sua finalidade institucional.

O Código Civil impõe vários requisitos para que a fundação seja considerada sujeito de direito, com personalidade jurídica própria. Até a conquista da personalidade, o processo de criação ou constituição da fundação passa por algumas etapas.

1.12.10.2.3. Sociedades empresárias e simples

As sociedades, empresárias e simples, também estão previstas no art. 44, II, do CC, como pessoas jurídicas de direito privado. As regras que disciplinam as sociedades não integram a parte geral, mas a parte especial do CC (arts. 981 e s.). Tal matéria é afeta ao direito empresarial. No entanto, é importante diferenciar as sociedades das demais pessoas jurídicas de direito privado.

As sociedades se constituem pelo agrupamento de pessoas, assim como as associações. A diferença entre as sociedades, simples e empresárias, e as associações, é a finalidade. A associação somente pode ser constituída para uma finalidade não econômica (art. 53 do CC), ou seja, nesta os membros não visam a partilha de resultados positivos (lucros).

Por outro lado, as sociedades, simples e empresárias, são sempre constituídas com objetivos econômicos, cuja finalidade é o que motiva a comunhão de esforços e mantém os integrantes agrupados. É instrumento para organizar esforços que se dirigem à consecução de objetivos econômicos comuns.

A finalidade econômica significa que os sócios, ao constituírem a sociedade, buscam partilhar resultados.

A definição de sociedade está no art. 981 do CC, segundo o qual "celebram contrato de sociedade as pessoas que reciprocamente se obrigam a contribuir, com bens ou serviços, para o exercício de atividade econômica e a partilha, entre si, dos resultados".

As sociedades também se constituem, como regra, em duas fases. Na primeira fase, formaliza-se o ato constitutivo (contrato social). Tal ato constitutivo é espécie do gênero ato jurídico e, por isso, se submete aos pressupostos legais de validade de qualquer ato/negócio jurídico (art. 104). É essencial vontade exteriorizada (de forma livre e sem vícios) com o objetivo de constituir pessoa jurídica, objeto lícito e observância da formalidade prevista em lei (prova escrita em razão da necessidade de o ato constitutivo ser levado a registro). Na segunda fase, o ato constitutivo deverá ser submetido ao registro competente (sociedade empresária na junta comercial e sociedade simples no cartório de registro de pessoas jurídicas). Além dos pressupostos gerais, as sociedades também devem ostentar elementos específicos, como a contribuição do sócio para o capital social (patrimônio inicial da sociedade para que possa desenvolver suas atividades), mediante dinheiro, bens ou trabalho em alguns tipos societários), participação nos lucros e nas perdas (é nula qualquer disposição em sentido contrário – art. 1.008 do CC) e a *affectio societatis* (a vontade recíproca de cooperar ou de atingir determinado fim – desejo de cooperação conjunta).

A partilha dos resultados é o que motiva, efetivamente, os sócios nessa espécie de pessoa jurídica de direito privado. Tal finalidade distingue essas pessoas jurídicas das associações. Os sócios se obrigam, reciprocamente, a contribuir para o exercício da atividade e à partilha dos lucros. Essa obrigação assumida, de forma recíproca, pelos sócios, é o que identifica essa pessoa jurídica. Portanto, a finalidade econômica (expressa no art. 981 do CC), distingue associações e sociedades.

E qual a diferença entre as sociedades empresárias e as sociedades simples, se ambas têm a mesma finalidade (partilha de lucros) e, portanto, se enquadram no conceito previsto no art. 981 do CC?

A diferença está na natureza da atividade desenvolvida (e não na finalidade).

Assim, sociedade empresária é aquela que tem por objeto o exercício de atividade própria de empresário (art. 982 do CC) que esteja sujeito a registro. O art. 966, no *caput*, define empresário como sendo aquele que exerce, profissionalmente, atividade econômica organizada para a produção ou circulação de bens e serviços.

Assim, sociedade empresária é aquela que exerce, profissionalmente, atividade econômica organizada, em que preponderam os fatores de produção. A condição, qualificação ou concepção pessoal dos sócios não tem relevância.

Desse modo, sempre que a exploração da atividade for realizada de forma profissional, privilegiando-se a produção, a atividade em si e a organização empresarial como um todo, será empresária.

Por exclusão, as demais sociedades serão consideradas simples, cujo tipo societário está disciplinado nos arts. 997 a 1.038 do CC.

Nas sociedades simples, como bem lembra Tomazette[145], prepondera e predomina o caráter pessoal, em oposição à atividade de empresário, em que a organização tem o principal papel. Nas sociedades simples, a organização dos fatores de produção tem papel secundário. Por exemplo, o parágrafo único do art. 966 do CC traz algumas hipóteses de sociedade simples, nas quais a questão pessoal é mais importante do que a organização dos fatores de produção.

De acordo com esse dispositivo, não se considera empresário quem exerce profissão intelectual, de natureza científica, literária ou artística, ainda que com o concurso de auxiliares ou colaboradores, como é o caso das sociedades de profissionais liberais, como médicos, advogados, dentistas, contadores etc., em que o caráter pessoal é mais importante do que o negócio como um todo. Apenas se tais atividades constituírem elemento de empresa, será empresária.

Sobre os profissionais liberais, é interessante o Enunciado 194, da III Jornada de Direito Civil: "Os profissionais liberais não são considerados empresários, salvo se a organização dos fatores da produção for mais importante que a atividade pessoal desenvolvida".

Tal enunciado explica a última parte do parágrafo único do art. 966, onde há a ressalva de que os profissionais liberais podem ser considerados empresários, se o caráter pessoal desses profissionais tiver papel secundário em comparação à sociedade como um todo. Há, por exemplo, sociedades de médicos e odontólogos, nas quais prepondera o caráter empresarial, tanto que os tomadores desses serviços muitas vezes não têm contato direto e pessoal com o profissional, mas com gestores da clínica.

A caracterização da sociedade como empresária ou simples pressupõe a análise concreta da atividade e não dos atos constitutivos. Nesse sentido, o Enunciado 199 da III Jornada de Direito Civil: "A inscrição do empresário ou da sociedade empresária é requisito delineador de sua regularidade, e não de sua caracterização".

Se, no exercício da atividade, sobreporem-se e relevarem-se os fatores de produção, a sociedade será empresária. Se, ao contrário, for mais relevante a atividade pessoal, será sociedade simples. Ou seja, o que caracteriza a sociedade, como simples ou empresária, é a sua atividade material e o modo como se concretiza e viabiliza no mundo da vida.

No entanto, há exceções a essa regra. Segundo o parágrafo único do art. 982, independentemente do objeto social, a sociedade por ações será sempre empresária e a cooperativa será sempre uma sociedade simples. Nessas duas hipóteses, basta analisar o tipo societário para desvendar a sua natureza jurídica.

Segundo o Enunciado 207, da III Jornada de Direito Civil, que dispôs sobre a cooperativa, restou consignado que a natureza simples desta, por força legal, não impede de ser sócia de qualquer tipo societário, tampouco de praticar ato de empresa. Todavia, jamais deixará de ser simples, ainda que venha a praticar algum ato de empresa.

Ainda sobre o assunto, o Enunciado 195 da III Jornada de Direito Civil dispõe que "a expressão 'elemento de empresa' demanda interpretação econômica, devendo ser analisada sob a égide da absorção da atividade intelectual,

---

[145] TOMAZETTE, Marlon. *Curso de direito empresarial*. São Paulo: Atlas, 2009.

de natureza científica, literária ou artística, como um dos fatores da organização empresarial".

As sociedades simples não se resumem a atividades intelectuais. Aliás, este é o entendimento consagrado no Enunciado 196, da III Jornada de Direito Civil: "A sociedade de natureza simples não tem seu objeto restrito às atividades intelectuais". Por outro lado, o Enunciado 193, da mesma Jornada, em complemento, explica: "O exercício das atividades de natureza exclusivamente intelectual está excluído do conceito de empresa".

A sociedade empresária poderá ter a *roupagem* de qualquer um dos tipos previstos nos arts. 1.039 a 1.092 do CC, ou seja, poderá ser em nome coletivo (características: somente as pessoas físicas podem ser sócias e todos os sócios respondem, solidária e ilimitadamente, pelas obrigações sociais; só os sócios podem administrá-la); em comandita simples (características: duas categorias de sócios, os comanditados, pessoas físicas, responsáveis, solidária e ilimitadamente, pelas obrigações sociais e os comanditários, obrigados apenas pelo valor da sua cota; os comanditados têm os mesmos direitos e obrigações dos sócios da sociedade em nome coletivo; o comanditário não pode participar da gestão ou ter o seu nome na firma, sob pena de responder na qualidade de sócio comanditado); por cotas de responsabilidade limitada (características: a responsabilidade de cada sócio é restrita ao valor de suas cotas, mas todos respondem, solidariamente, pela integralização do capital social; na omissão, rege-se pelas normas da sociedade simples, podendo o contrato prever a aplicação, subsidiária, da Lei de Sociedade por Ações; o capital social divide-se em cotas, sendo vedada a contribuição que consista em prestação de serviço; pode ser administrada por sócios ou não sócios; pode ter conselho fiscal e as deliberações poderão ser realizadas em assembleia ou reunião); sociedade por ações (se rege por lei especial – Lei n. 6.404/76 – o capital divide-se em ações, obrigando-se cada sócio ou acionista somente pelo preço de emissão das ações que subscrever ou adquirir); e sociedade em comandita por ações.

A sociedade simples pode se constituir por qualquer um dos tipos societários mencionados, mas não deixará de ter a natureza de sociedade simples, ou seja, sempre preponderará na sua atividade o caráter pessoal, ainda que venha a ser disciplinada pelas regras de qualquer das sociedades empresárias. É como se a sociedade empresária emprestasse para a sociedade simples qualquer de suas *roupagens*. O fato de assumir uma das formas da sociedade empresária, não altera a natureza da sociedade simples.

A sociedade simples pode adotar o tipo ou colocar a *roupa* das regras da sociedade limitada, e, nesse caso, se regerá por tais regras, mas não deixará de ser, na essência e na natureza, uma sociedade simples (ex.: sociedade simples por cotas de responsabilidade limitada). Nesse sentido, o Enunciado 57 da I Jornada de Direito Civil, promovida pelo CJF: "A opção pelo rito empresarial não afasta a natureza simples da sociedade". Por outro lado, se a sociedade simples não adotar nenhum dos tipos societários acima mencionados, será disciplinada por suas próprias regras, nos termos dos arts. 997 a 1.038 do CC.

Para finalizar, interessante ressaltar que as regras previstas na parte geral para as associações se aplicam, subsidiariamente, às sociedades, empresárias e simples (art. 44, § 2º, do CC).

1.12.10.2.4. Organizações religiosas e partidos políticos

As organizações religiosas foram destacadas como pessoas jurídicas de direito privado, em função da Lei n. 10.825/2003, que acrescentou o inciso IV ao art. 44 do CC. Na realidade, tais pessoas jurídicas possuem a natureza de associação.

As organizações religiosas, assim como os partidos políticos, passam a ostentar a condição de pessoas jurídicas de direito privado autônomas (em relação às associações) para gozarem de maior liberdade de organização, estruturação interna e concretização de sua finalidade. De acordo com o art. 44, § 1º, do CC, é livre a criação, a organização, a estruturação interna e o funcionamento das organizações religiosas, sendo vedado ao Poder Público negar-lhes reconhecimento ou registro dos atos constitutivos e necessários ao seu funcionamento. Em razão de suas finalidades e dos princípios constitucionais que norteiam as atividades religiosas, a autonomia privada é bem acentuada na organização e estruturação de uma organização religiosa.

Tais pessoas jurídicas têm por fundamento constitucional o art. 5º, VI, da CF/88, onde está expresso o direito fundamental à liberdade de consciência e crença religiosa, sendo assegurado o livre exercício dos cultos religiosos. A plena liberdade religiosa é hoje formalmente prevista como uma garantia individual.

Além desse dispositivo, as organizações religiosas estão relacionadas ao art. 19, I, da CF/88.

Por fim, as organizações religiosas, para evitar interferências estatais ou o controle de suas atividades, indiretamente, pelo Estado, gozam de alguns privilégios em matéria tributária. O art. 150, VI, *b*, da CF/88, dispõe ser vedado à União, aos Estados, ao Distrito Federal e aos Municípios instituir impostos sobre templos de qualquer culto, como desdobramento do direito fundamental à liberdade religiosa ou de crença. A finalidade é impedir a criação de obstáculos econômicos, por meio de impostos, à realização de cultos religiosos. Em complemento, o art. 150, § 4º, dispõe que tal vedação compreende somente o patrimônio, a renda e os serviços relacionados com as finalidades essenciais das entidades nelas mencionadas.

Não há dúvida de que a liberdade de funcionamento das organizações religiosas não afasta o controle de legalidade e legitimidade constitucional de seu registro, nem a possibilidade de reexame, pelo Judiciário, da compatibilidade de seus atos com a lei e com seus estatutos (Enunciado 143 da III Jornada de Direito Civil).

Finalmente, o Código Civil, por meio da Lei n. 10.825/2003, foi alterado para acrescentar o inciso V ao art. 44 do CC, a fim de enunciar o partido político como pessoa jurídica de direito privado.

O art. 17 prevê a liberdade de criação, fusão, incorporação e extinção de partidos políticos, resguardados alguns princípios, como a soberania nacional, o regime democrático, o pluripartidarismo e os direitos fundamentais da pessoa humana. Essas são as diretrizes constitucionais dessas pessoas jurídicas de direito privado.

A CF/88, no art. 17, § 1º, assegura, aos partidos políticos, autonomia plena para definir a sua estrutura interna, organização e funcionamento, e para adotar os critérios de escolha e os regimes de suas coligações eleitorais, sem obrigatoriedade de vinculação entre as candidaturas em âmbito nacional, estadual, distrital ou municipal, devendo seus estatutos estabelecerem normas de disciplina e fidelidade partidária.

Os partidos políticos, após adquirirem personalidade jurídica, na forma do Código Civil, registrarão seus estatutos no TSE. Portanto, não é o registro do estatuto no TSE que confere personalidade a um partido político, mas a obediência aos requisitos legais previstos no Código Civil.

Tais pessoas jurídicas de direito privado também gozam de privilégios tributários, na medida em que o art. 150, VI, *c*, da CF/88, veda a cobrança de impostos sobre a renda, patrimônio e serviços dos partidos políticos, desde que relacionados com suas atividades essenciais (art. 150, § 4º).

Finalmente, o CC, no art. 44, § 3º, dispõe que os partidos políticos serão organizados e funcionarão conforme o disposto em lei específica (Lei n. 9.096/95).

1.12.10.2.5. Empreendimentos de economia solidária

A Lei n. 15.068/2024 altera o art. 44 do Código Civil para incluir no rol de pessoas jurídicas de direito privado os "empreendimentos de economia solidária" (inciso VII). Na realidade, não se trata de "nova" pessoa jurídica, pois a economia solidária nada mais é do que modo especial de organização de determinada atividade econômica. A autogestão é a principal característica da atividade que envolve economia solidária. Há intensa participação dos trabalhadores que cooperam entre si para os resultados e promovem gestão coletiva. Os trabalhadores passam a ter papel relevante na gestão, na distribuição dos lucros e no conhecimento sobre os problemas administrativos e com as diretrizes da pessoa jurídica.

Na realidade, a "economia solidária" é uma qualificação a qualquer pessoa jurídica preexistente (em especial cooperativas e associações, que se afinam com os propósitos desse modo de exercício da atividade econômica) ou a grupos informais, que se ajustem aos pressupostos legais, como autogestão pelos integrantes, justiça e solidariedade na atividade econômica, distribuição equânime dos resultados, entre outros. A lei é expressa no sentido de que o enquadramento como empreendimento de economia solidária independe da forma societária (art. 4º, § 1º, da Lei de economia solidária).

De qualquer modo, não se trata de nova pessoa jurídica, mas de qualificação especial a pessoas jurídicas já constituídas, que exerçam suas atividades econômicas de acordo com a lei de empreendimento de economia solidária.

Todavia, a Lei n. 15.068/2024, em seu art. 4º, § 2º, sem qualquer critério técnico jurídico, dispõe que os empreendimentos econômicos solidários formalizados juridicamente são classificados como pessoas jurídicas de fins econômicos sem finalidade lucrativa. Há uma contradição em termos, pois se tem fim econômico, a finalidade é lucrativa. A lei diz que algo deve ter fim econômico sem ter o fim de lucro. O que diferencia associação de sociedades, simples ou empresária, é justamente a ausência de fim econômico e de lucro na primeira e o fim econômico e de lucro na segunda. Essa modalidade de fins econômicos sem fim lucrativo é uma inovação "à brasileira". Se a própria lei admite a distribuição de lucros entre seus membros, o que não se confunde com remunerações a título de pró-labore, é evidente o intuito de lucro.

Em resumo, trata-se de modo de organizar determinada atividade econômica e não de pessoa jurídica autônoma, com pressupostos especiais de constituição e existência. A pessoa jurídica ou grupos informais que cumprirem os pressupostos da lei de empreendimento de economia solidária terá tal qualificação ou adjetivação.

1.12.10.3. Entes despersonalizados

Os grupos despersonalizados não estão inseridos no conceito de pessoa jurídica. A razão é simples: tais entes não possuem personalidade jurídica, embora a lei discipline a atuação destes grupos em situações específicas. Como tais, podem ser consideradas as sociedades irregulares (sem registro), a herança jacente, a sociedade de fato (desprovida de ato constitutivo), a massa falida, o espólio e o condomínio.

Não há dúvida de que tais entes possuem capacidade de direito e de exercício limitadas e, para os referidos grupos, a ausência de personalidade não é obstáculo para que desenvolvam atividades e desempenhem finalidades absolutamente restritas. A sociedade contemporânea convive com esse tipo de ente despersonalizado, cujos atos que realizam são atestados pelo Estado como legítimos, motivo pelo qual não podem ser desconsideradas.

O CC, nos arts. 986 a 996, disciplina as sociedades em comum (sociedades de fato ou irregulares) e em conta de participação, ambas desprovidas de personalidade jurídica. A sociedade em comum não tem personalidade jurídica e, portanto, não há autonomia patrimonial. O conjunto de bens organizados para a concretização da atividade econômica da sociedade em comum pertence aos sócios em regime de condomínio. É considerado patrimônio especial, pertencente aos sócios, e que responderá pelo cumprimento das obrigações sociais. Nesse sentido o art. 990, segundo o qual os sócios respondem solidária e ilimitadamente pelas obrigações contraídas em proveito da sociedade em comum (o patrimônio especial responde pelas obrigações e, exaurido este, o patrimônio dos sócios é vinculado, ao passo que o sócio que contratou diretamente responde com todo seu patrimônio, sem a necessidade de exaurir o patrimônio especial). O patrimônio social é vinculado aos atos de gestão praticados pelos sócios. A existência da sociedade em comum pode ser provada por qualquer meio (art. 987 do CC). Na relação entre sócios e sociedades, a prova da existência deve ser escrita.

Além da sociedade em comum, também não ostenta personalidade jurídica, a sociedade em conta de participação. Nesta, há dois tipos de sócios, o ostensivo, que aparece e assume toda a responsabilidade perante terceiros e o sócio participante ou oculto, cuja responsabilidade é restrita com o sócio ostensivo, jamais com terceiro (salvo se participar da atividade-fim, quando responde solidariamente com o ostensivo). O ostensivo exercerá a atividade em seu próprio nome e, por isso, assume toda a responsabilidade perante terceiros. É também quem firma os contratos. Há no âmbito desta, patrimônio especial formado pela contribuição do sócio ostensivo e do participante, que pertence a estes em condomínio, não à sociedade.

Portanto, tais entes despersonalizados são uma realidade. Cabe compreendê-los.

Paulo Lôbo[146] defende a tese de que deve ser desligada a noção de sujeito de direito da noção de pessoa. Sujeito de direito é todo aquele que seja portador ou titular de um direito, que possa contrair obrigações autonomamente ou tenha condições de ir a juízo. Para ele, a função da pessoa jurídica não mais coincide com a de sujeito de direito. A pessoa jurídica ostenta a função de sujeito de direito, mas há determinados sujeitos de direito, como as entidades não personalizadas, que não são pessoas jurídicas. A proposta do nobre doutrinador é separar a noção de sujeito de direito, que os grupos não personalizados ostentam, da noção de pessoa, que não ostentam. Portanto, situações especiais justificam a legitimidade de atos praticados por tais entes, sujeitos de direito, que não são pessoas jurídicas.

O reconhecimento de legitimidade processual, capacidade processual e personalidade judiciária para os grupos não personalizados é uma realidade.

O desafio é admitir a qualidade de sujeitos de direito destes entes, também no aspecto material. Não é apenas a capacidade judiciária que se reconhece aos entes não personificados, mas também a capacidade de direito para a realização de atos essenciais para a finalidade destes grupos não personalizados. No caso, a capacidade de direito é, ainda, mais restrita que a das pessoas jurídicas. Tais grupos, não personalizados, apenas podem exercer atividades internas, relacionadas à sua própria natureza e condição de existência. É vedada a prática de atividades externas que não estejam relacionadas aos seus interesses específicos. Por exemplo, nada impede que qualquer pessoa jurídica adquira bens para aumentar o seu ativo, ainda que esse patrimônio não seja indispensável para o desempenho de sua função social. O grupo despersonalizado jamais poderia adquirir patrimônio que não tivesse uma íntima relação com a sua atividade.

Assim, é evidente que o condomínio, por exemplo, pode realizar atos e negócios jurídicos relacionados à sua natureza e para cumprir a sua função social.

1.13. DO DOMICÍLIO

1.13.1. Considerações preliminares. Conceito de domicílio

O Código Civil disciplina o instituto do *domicílio* nos arts. 70 a 78. O Código Civil de 1916 tratava do *domicílio* civil nos arts. 31 a 42, cujos dispositivos serão comparados aos da atual legislação.

O domicílio civil pode ter relação com a pessoa natural e com a pessoa jurídica, ou seja, os sujeitos de direito. A relevância do instituto é evidente, pois é o domicílio o centro de relações jurídicas das pessoas naturais e jurídicas. É a sede jurídica dos negócios e interesses do sujeito de direito.

O domicílio da pessoa natural é conceituado no art. 70: "O domicílio da pessoa natural é o lugar onde ela estabelece a sua residência com ânimo definitivo". No mesmo sentido, era a definição de domicílio da pessoa natural no art. 31 da Lei Civil de 1916.

O conceito de domicílio envolve a análise de dois elementos: objetivo e subjetivo. O domicílio civil da pessoa natural pressupõe residência (elemento material/objetivo) e intenção ou ânimo de residir, em caráter definitivo, em local específico (elemento psíquico ou psicológico/subjetivo). Nas lições de Caio Mário[147], o domicílio resulta da apuração de duas ordens de ideias: uma externa, a residência, e outra interna, a intenção de permanecer.

O domicílio da pessoa natural é o centro principal dos seus negócios jurídicos ou atividades profissionais. Não se confunde com a residência, que se caracteriza com a presença do elemento material, pois a permanência em determinado local, mas não com intenção de ser definitiva.

A fixação do domicílio voluntário nada mais é do que desdobramento da autonomia da vontade, como resultado de um dos direitos de personalidade, qual seja, a liberdade de estabelecer e fixar domicílio. Tal fixação gera efeitos jurídicos concretos previstos em lei e, por esta razão, é considerado ato jurídico em sentido estrito.

De acordo com o Enunciado 408 da V Jornada de Direito Civil, promovida pelo CJF: "Para efeito de interpretação da expressão domicílio do art. 7º da Lei de Introdução das Normas do Direito Brasileiro, deve ser considerada, nas hipóteses de litígio internacional relativo à criança ou adolescente, a residência habitual destes, pois se trata de situação fática internacionalmente aceita e conhecida".

1.13.1.1. Elementos do domicílio, segundo a definição legal

O domicílio envolve, em primeiro lugar, um elemento objetivo e material – fixação da residência em determinado local. Assim, para compreender domicílio é essencial conceituar residência.

A residência é o lugar onde a pessoa estabelece moradia com estabilidade. A moradia é provisória, pois a pessoa se estabelece eventualmente. A residência, por outro lado, implica na morada ou habitação com estabilidade.

Por isso, o elemento objetivo do domicílio resultará na junção das ideias de moradia e residência. A moradia, por si só, não é suficiente, tendo em conta seu caráter eventual (ex.: a pessoa quando se hospeda em hotel). Na residência, a habitação ou moradia adquire estabilidade. A residência é a morada estável.

A residência pressupõe maior estabilidade do que a morada, sendo o lugar onde a pessoa se estabelece habitualmente. Na residência, a *estada* ou morada é permanente. Assim, a residência é o lugar onde a pessoa escolhe para morar com caráter permanente. A ideia de permanência, na residência, é essencial para a caracterização do domicílio da pessoa natural.

Essa habitualidade, permanência e estabilidade é o que dá à morada o caráter de residência. Entretanto, para a caracterização do domicílio, a residência não é suficiente, sendo indispensável a sua integração a elemento psíquico ou subjetivo.

Assim, temos o segundo elemento para a constituição do domicílio, qual seja, o subjetivo, que é a intenção de

---

[146] LÔBO, Paulo Luiz Netto. *Direito civil. Parte geral. 10. ed.* São Paulo: Saraiva, 2021.

[147] PEREIRA, Caio Mário da Silva. *Instituições de direito civil:* Introdução ao direito civil. Teoria geral de direito civil. 20. ed. Atualizado por Maria Celina Bodin de Moraes. Rio de Janeiro: Forense, 2004. v. 1.

permanecer, definitivamente, em determinada localidade. Esse ânimo ou elemento psicológico transforma a residência em domicílio.

Portanto, o domicílio pode ser considerado como a residência qualificada por um elemento interno, subjetivo, que, segundo o mestre mineiro, Caio Mário[148], "é o propósito de permanecer".

A noção de domicílio é mais complexa, porque abrange as noções de morada e residência. Para configuração do domicílio não basta o mero ato de residir (segundo o art. 70, local onde "estabelece sua residência"), sendo essencial o propósito de permanecer (quando diz "com ânimo definitivo"), convertendo aquele local em centro das atividades ou das relações jurídicas da pessoa natural.

O ânimo definitivo, essencial para a caracterização do domicílio, é apurado ou provado por meio de circunstâncias objetivas. Deve ser analisado o caso concreto, como, por exemplo, as relações sociais mantidas pelo sujeito, as amizades, o centro de suas atividades, a comunidade onde atua, a participação do sujeito na vida comunitária, o vínculo do sujeito com o local, os investimentos do sujeito no local, os projetos, a constituição de família, o local de trabalho, ou seja, por meio das relações sociais é possível aferir a existência do ânimo definitivo.

Desse modo, embora seja elemento subjetivo, sua apuração se dá pela análise de circunstâncias e fatos objetivos, envolvendo as relações sociais do sujeito ou da pessoa natural, o desenvolvimento das faculdades de trabalho, a filiação às entidades locais, a aquisição de bens no local, dentre outros elementos a serem verificados no caso concreto.

A intenção de residência definitiva se verifica pelas suas repercussões exteriores, a conduta da pessoa no meio social e, em especial, pelas relações intersubjetivas com membros da mesma comunidade.

Em conclusão, domicílio é o lugar que a pessoa elege para exercer seus negócios e interesses, e onde, habitualmente, possui o centro de sua atividade privada (é o local onde a pessoa desenvolve suas relações econômicas e pessoais). O vocábulo *residência*, empregado no art. 70 do CC, significa estar em determinado local de maneira estável e contínua. Conjugam-se, portanto, o elemento material externo, residência, e outro psíquico e interno, a intenção ou ânimo definitivo de permanecer.

A importância do conceito de domicílio aparece no direito internacional privado, art. 7º da Lei de Introdução às Normas do Direito Brasileiro, ao dispor que "a lei do país em que for domiciliada a pessoa determina as regras sobre o começo e o fim da personalidade, o nome, a capacidade e os direitos de família". Também é importante tal conceito na definição do *lugar do pagamento*, pois, segundo o art. 327, em regra, este é efetuado no domicílio do devedor. Igualmente, é o domicílio que define o local da sucessão hereditária, além de ter especial relevância para a lei processual civil, sendo a regra de foro o domicílio do réu para as ações fundadas em direito pessoal e em direitos reais sobre bens móveis, a competência para as relações de consumo, dos Juizados Especiais Cíveis, dentre outras matérias onde o domicílio tem papel fundamental.

Também o instituto da ausência depende do conceito de domicílio, pois, segundo o art. 22 do CC, ausente é a pessoa natural que desaparece de seu domicílio, sem deixar notícias ou procurador para defender seus interesses e administrar seus bens. Logo, para a declaração de ausência, é essencial apurar o local do domicílio da pessoa natural.

1.13.1.2. Domicílio da pessoa natural. Pluralidade

O Código Civil adota o princípio da pluralidade domiciliar em relação à pessoa natural. Esta pode possuir diversos domicílios, que podem ser privados ou profissionais. A pessoa natural, portanto, pode possuir vários domicílios privados, vários domicílios profissionais e domicílios privado e profissional. A pluralidade de domicílios é da tradição do nosso direito.

Segundo o art. 71 do CC: "Se, porém, a pessoa natural tiver diversas residências, onde, alternadamente, viva, considerar-se-á domicílio seu qualquer delas". No mesmo sentido era o art. 32 do CC/1916.

A pessoa natural pode fixar residência, com ânimo definitivo, em vários lugares. O dinamismo da vida social e a complexidade contemporânea das relações privadas admite perfeitamente a pluralidade de domicílios. Isso faz parte da nossa realidade. Atualmente, tornou-se comum a pessoa ter duas ou mais residências, principalmente em grandes centros urbanos, como é a região metropolitana de São Paulo, onde a pessoa vive, alternadamente, na capital e em alguma cidade próxima, como Vinhedo, Valinhos, São Roque, Mauá, Atibaia, dentre outras. Desde que viva, alternadamente, com ânimo definitivo, em quaisquer delas, todas são consideradas seu domicílio.

A realidade social e o dinamismo das relações privadas intersubjetivas são incompatíveis com o princípio da unidade domiciliar, defendido pelas leis civis francesa e italiana.

A grande novidade do atual Código Civil, em matéria de pluralidade de domicílios, foi destacar dois tipos de domicílio, o privado e o profissional. A legislação de 1916 não fazia essa diferenciação, pois apenas tratou da pluralidade domiciliar no art. 32, de forma genérica.

O art. 72 do CC estabelece a possibilidade do denominado "domicílio profissional" e, em seu parágrafo único, adota, em relação a esse domicílio, o princípio da pluralidade domiciliar.

A noção de domicílio abrange tanto o conceito relacionado à vida privada como aquele relacionado à vida profissional (atividade externa) da pessoa. Neste caso, será domicílio profissional o lugar vinculado a atos profissionais, concernentes à profissão.

A pessoa natural poderá ter domicílio privado, relativo à sua vida privada ou ao centro de seus interesses e relações privadas, e domicílio profissional, este relacionado às relações jurídicas vinculadas ao exercício efetivo da profissão.

Se a pessoa natural possuir atividade profissional em vários lugares, cada um destes será seu domicílio profissional, no que diz respeito àquela atividade específica. Por exemplo, se a pessoa exerce a atividade de vendedora de veículos em Osasco e possui um supermercado em Diadema, ambos serão seus domicílios profissionais, mas, o domicílio de Osasco será aquele cuja atividade estiver vinculada à profissão exercida em Osasco e, se a atividade for em Diadema, nesta estará seu domicílio profissional. Ou seja, deve existir um vínculo entre a atividade profissional e o domicílio profissional.

---

[148] PEREIRA, Caio Mário da Silva. *Instituições de direito civil:* Introdução ao direito civil. Teoria geral de direito civil. 20. ed. Atualizado por Maria Celina Bodin de Moraes. Rio de Janeiro: Forense, 2004. v. 1.

Em conclusão, o Código Civil permite, portanto, dois tipos de domicílio: domicílio relacionado à vida privada (art. 70) e domicílio profissional (art. 72).

O domicílio da vida privada é o lugar onde a pessoa desenvolve suas relações econômicas e pessoais (onde fixa residência estável com ânimo de permanecer).

O domicílio profissional é o local onde a pessoa exerce sua profissão, mas apenas pode ser considerado tal no que diz respeito às relações jurídicas concernentes à profissão da pessoa natural. Assim, somente será considerado domicílio profissional aquele que tem estreita relação com a atividade profissional da pessoa natural.

Como ressaltamos, se houver pluralidade de domicílios profissionais, deve ser investigada a pertinência entre a atividade profissional e a relação jurídica de que está a tratar, de modo a se determinar qual o domicílio profissional que lhe diga respeito.

1.13.1.3. Domicílio desvinculado da residência

O art. 73 do CC arrola hipótese na qual o domicílio não tem por base a residência com ânimo definitivo.

Segundo esse dispositivo, "ter-se-á por domicílio da pessoa natural, que não tenha residência habitual, o lugar onde for encontrada". Se o sujeito não tiver residência habitual e estável, é considerado domicílio o simples paradeiro da pessoa, ou seja, o local onde for encontrada.

Esse dispositivo implica em grave problema no instituto da ausência. Explica-se: o ausente é o sujeito que desaparece do seu domicílio. Assim, é pressuposto para a declaração de ausência o desaparecimento da pessoa do domicílio. Ocorre que, no caso de a pessoa não ter residência habitual ou domicílio profissional, considera-se domiciliada em qualquer lugar do mundo, que será o local onde for encontrada.

A pergunta é: Tal pessoa, como é o caso do andarilho, poderia ser declarada ausente? Como compatibilizar os arts. 22 e 73 do CC?

Se o sujeito que não tem residência habitual tem domicílio em qualquer lugar, não teria como o ausente desaparecer de todos os lugares do mundo. O desaparecimento do domicílio é pressuposto indispensável para a declaração de ausência. Se o domicílio desse sujeito é qualquer lugar em que for encontrado, como considerá-lo ausente? Este é um drama não solucionado pela doutrina.

Nesse caso, devemos nos socorrer aos princípios constitucionais, em especial o da dignidade da pessoa humana, para admitir a declaração de ausência da pessoa que não tenha residência habitual, mitigando a ideia de domicílio prevista no art. 22, em prol da dignidade dessa pessoa ausente da sua comunidade ou dos locais onde costumeiramente se encontrava. Com isso, para essa situação específica, exige-se uma releitura do art. 22, para admitir, excepcionalmente, a declaração de ausência sem o desaparecimento do domicílio, bastando, nessa hipótese, a ausência de notícias da referida pessoa. É a dignidade da pessoa humana devendo prevalecer sobre regras jurídicas.

No art. 73, não se cogita do requisito subjetivo, qual seja, ânimo de permanência. Portanto, nessa hipótese excepcional, será considerado domicílio o local "sem estabilidade". É a teoria do domicílio aparente.

Nas precisas lições de Zeno Veloso[149] sobre esse dispositivo: "(...) tal regra do art. 73 fica exclusivamente destinada àqueles que não se fixam em nenhum lugar, que não se estabelecem em nenhuma localidade, com ânimo definitivo, com a intenção de ali permanecer e ficar (...) onde forem encontradas, não é exatamente o seu domicílio, mas é o lugar que vale como seu domicílio. Onde se acharem é o seu domicílio para os efeitos legais".

1.13.2. Mudança ou alteração do domicílio

O domicílio, obviamente, poderá ser alterado, presentes os requisitos legais. Como fundamento da fixação do domicílio é o pleno exercício da autonomia privada ou liberdade individual, esta mesma vontade pode provocar a alteração do local do domicílio. Segundo o Código Civil, em seu art. 74, muda-se o domicílio, transferindo a residência, com a intenção manifesta de o mudar e a prova da intenção resultará do que declarar a pessoa às municipalidades dos lugares, que deixa, e para onde vai, ou, se tais declarações não fizerem, da própria mudança, com as circunstâncias que a acompanharem.

Tal dispositivo mantém a redação do art. 34 do CC/1916.

Sempre que restar caracterizada a residência, estável e permanente, com ânimo definitivo de habitar, o local do domicílio poderá ser alterado, a qualquer tempo. O art. 74 ressalta a relevância do elemento subjetivo, pressuposto para a caracterização do domicílio, quando menciona "intenção manifesta de o mudar". A intenção ou elemento subjetivo se comprova por meio de circunstâncias objetivas e concretas.

O ato de fixação de domicílio é resultado da manifestação de vontade da pessoa e, por consequência, tal vontade é capaz de alterá-lo. A mudança de domicílio pode, portanto, ser voluntária nessas hipóteses de alteração de residência intencional.

Os requisitos para alteração do domicílio são os mesmos do art. 70: o objetivo, transferência de residência estável e habitual e o subjetivo, intenção manifesta de mudança.

A alteração de domicílio, em regra, é voluntária, como enuncia o art. 74. A mudança de domicílio pode também ser compulsória, nas hipóteses do art. 76, dispositivo que disciplina o domicílio necessário. No caso de alteração voluntária, a prova do elemento objetivo se relaciona à mudança propriamente dita, de forma estável, para outra localidade. Em relação ao elemento subjetivo, o parágrafo único do art. 74, de forma exemplificativa, menciona algumas circunstâncias concretas e objetivas que evidenciam a prova da intenção de alteração (ânimo de residir em outra localidade). A prova da intenção pode ser evidenciada de forma expressa (declaração à municipalidade dos lugares que deixa e para onde vai) ou presumida (circunstâncias fáticas da alteração), conforme estabelece o mencionado dispositivo legal: "A prova da intenção resultará do que declarar a pessoa às municipalidades dos lugares, que deixa, e para onde vai, ou, se tais declarações não fizer, da própria mudança, com as circunstâncias que a acompanharem".

Em regra, a prova da intenção de alterar o domicílio ocorrerá de forma presumida, a partir de circunstâncias objetivas e concretas, como o estabelecimento de víncu-

---

[149] VELOSO, Zeno. O domicílio. *Revista de Direito Civil, Imobiliário, Agrário e Empresarial*, São Paulo, Revista dos Tribunais, 1977.

los pessoais e profissionais com a nova localidade, pois não é provável que alguém se dará ao trabalho de fazer declaração às municipalidades que deixa e para onde vai.

Desta forma, o próprio artigo, em sua parte final, permite a presunção da intenção, quando, na ausência quase certa de tais declarações, a mudança puder se depreender das circunstâncias concretas e objetivas que a acompanharem. Em cada caso, se verificará, diante de determinadas circunstâncias, se houve realmente fixação de novo domicílio.

Caio Mário[150] argumenta que a mudança pode ser vislumbrada pela montagem de casa, aquisição de bens, fixação de estabelecimento profissional e liquidação dos negócios e interesses no local em que está deixando.

1.13.3. Domicílio necessário e legal

O domicílio pode ser voluntário, o qual decorre da livre vontade do sujeito, resultado da autonomia da vontade ou liberdade de atuar com eficácia jurídica. O domicílio voluntário é o lugar onde a pessoa estabelece residência com ânimo definitivo (arts. 70 e 74 do CC).

Além do domicílio voluntário, há o domicílio necessário ou legal. É assim denominado, porque a lei estabelece qual é o domicílio, para fins de proteção do sujeito ou diante de situações jurídicas especiais. Portanto, em razão da posição jurídica do sujeito ou por conta de relação de dependência, o domicílio, nesses casos específicos, será o local determinado pela lei. Tal domicílio, portanto, decorre do mandamento da lei, em atenção à condição especial de determinadas pessoas – art. 76 do CC.

O art. 76 do CC dispõe sobre o domicílio necessário do incapaz, do servidor público, do militar, do marítimo e do preso. Esses sujeitos possuem domicílio legal.

Segundo o parágrafo único do art. 76, o domicílio do incapaz é o do seu representante ou assistente; o do servidor público, o lugar em que exercer, permanentemente, suas funções; o do militar, onde servir, sendo da Marinha ou da Aeronáutica, a sede do comando a que se encontrar imediatamente subordinado; o do marítimo, onde o navio estiver matriculado; e o do preso, o do lugar em que cumprir a sentença.

A posição jurídica dessas pessoas, como a condição de dependência do incapaz, dentre outros fatores, impõe o domicílio em lugares determinados pela lei.

A questão que se coloca é a seguinte: é possível a conjugação do domicílio necessário com o domicílio voluntário? O servidor público, por lei, tem domicílio necessário no local onde exerce, permanentemente, suas funções. Esse servidor, além do domicílio necessário, poderá ter domicílio voluntário?

Se considerarmos a tradição do nosso sistema que trata da pluralidade domiciliar e, desde que não haja prejuízo ao domicílio necessário, não há dúvida da possibilidade de sobreposição dos domicílios necessário e voluntário. Nada impede que, para fins profissionais, o domicílio do servidor público seja o necessário, estabelecido em lei, relacionado ao exercício efetivo de suas atividades.

Tal servidor público, no concernente às relações privadas, pode eleger domicílio voluntário, o que não se incompatibiliza com o domicílio legal. Pela mesma razão, o militar tem domicílio legal e necessário no local onde servir e, pelas mesmas razões, poderá ter domicílio voluntário em relação à sua vida privada.

Os atos concernentes à sua profissão estão vinculados ao domicílio legal, mas os demais atos da vida civil, relativos ao âmbito privado, são relacionados ao domicílio voluntário.

O domicílio necessário engloba, no que tange ao incapaz, o domicílio de origem, o qual se adquire ao nascer. Além do domicílio de origem, há outros quatro casos de domicílio legal: do servidor público, do marítimo, do militar e do preso.

Em relação ao domicílio necessário, no art. 76, foram mencionadas as hipóteses de domicílio necessário, ao contrário do CC/1916 que desdobrava tal domicílio em cinco artigos (36 a 40).

O antigo Código Civil tratava do domicílio de origem; do incapaz; do domicílio da mulher casada, que era o do marido, cuja regra não foi repetida; o domicílio dos funcionários públicos; do militar; dos oficiais e tripulantes da marinha mercante; e, finalmente, do preso ou desterrado.

• **Domicílio diplomático**

O art. 77 do CC trata do domicílio do agente diplomático. O agente diplomático do Brasil que, citado no estrangeiro, alegar extraterritorialidade, sem designar onde tem, no país, o seu domicílio, poderá ser demandado no Distrito Federal ou no último ponto do território brasileiro em que esteve.

No direito internacional, o agente diplomático goza de imunidade de jurisdição e, por isso, consideram-se domiciliados em seu país. O agente diplomático, ao ser citado no estrangeiro, se alegar extraterritorialidade, deve indicar onde é o domicílio no país de origem, no caso o Brasil. Em caso de omissão, poderá ser demandado no Distrito Federal ou no último ponto do território brasileiro onde esteve, independentemente da natureza dessa estada.

O direito diplomático é regulado por duas convenções internacionais, celebradas em Viena, a de 1961, sobre relações diplomáticas, e outra de 1963, sobre relações consulares. O agente diplomático a que faz referência o art. 77 do CC representa o Estado de origem junto ao Estado onde exerce sua função, para o trato de assuntos de Estado.

Os membros do quadro diplomático de carreira, assim como os membros do quadro administrativo e técnico, por força da Convenção de Viena, de 1961, gozam de imunidade civil e penal de jurisdição, além de serem fisicamente invioláveis e desobrigados a depor como testemunha. Assim, diplomatas e integrantes do pessoal administrativo gozam de imunidade, que, na área penal, é ilimitada. No entanto, tal imunidade não impede o agente diplomático de ser investigado no seu Estado de origem, o qual poderá processá-lo.

Entretanto, não se pode confundir imunidade com irresponsabilidade. O agente diplomático deverá prestar contas ao Estado de origem, o qual terá jurisdição para

---

[150] PEREIRA, Caio Mário da Silva. *Instituições de direito civil:* Introdução ao direito civil. Teoria geral de direito civil. 20. ed. Atualizado por Maria Celina Bodin de Moraes. Rio de Janeiro: Forense, 2004. v. 1.

eventual punição, conforme texto da Convenção de Viena. Excepcionalmente, o Estado acreditante, ou seja, da origem do diplomata, poderá renunciar às imunidades de seu agente diplomático para este responder, civil e penalmente, no país onde exerce sua atividade, sendo que tal renúncia não é um fato comum.

Portanto, se tal agente diplomático for citado no estrangeiro e alegar extraterritorialidade, deverá indicar o seu domicílio no país de origem, sob pena de incidirem as regras supletivas do art. 77 do CC (pode ser demandado no DF ou no último ponto do território brasileiro onde esteve), sendo ali considerado seu domicílio para todos os efeitos.

1.13.4. Domicílio das pessoas jurídicas

O art. 75 do CC dispõe sobre o domicílio do outro sujeito de direito, pessoa jurídica.

O domicílio da União é no Distrito Federal; dos Estados e Territórios, nas respectivas capitais; do Município, o lugar onde funcione a administração municipal; e das demais pessoas jurídicas, o lugar onde funcionarem as respectivas diretorias e administrações, ou onde elegerem domicílio especial no seu estatuto ou ato constitutivo.

Os entes políticos, pessoas jurídicas de direito público interno, tem os domicílios definidos nos incisos I, II e III do art. 75 do CC. Em relação às demais pessoas jurídicas, com personalidade de direito público ou de direito privado, dispõe o inciso IV do art. 75 que o domicílio é a sua sede, lugar onde funcionam as respectivas diretorias e administrações (órgãos deliberativos destes sujeitos de direito), o centro administrativo e de tomada de decisões.

Todavia, o inciso IV do art. 75 permite que tais pessoas jurídicas, nos respectivos atos constitutivos, contrato social ou estatuto social, venham a eleger outro domicílio, denominado "especial", que pode ser diverso do lugar da sede. É o domicílio especial, que não se confunde com o local onde está localizada a sede de sua administração.

E se não houver essa fixação, ou seja, se o estatuto ou ato constitutivo for omisso em relação à sede? A lei, supletivamente, considera o domicílio como o lugar onde funcionarem as respectivas diretorias e administrações, ou melhor, o local sede de sua administração.

Em relação à pessoa jurídica, foi adotado o princípio da pluralidade domiciliar, assim como ocorre com a pessoa natural, haja vista o disposto no § 1º do art. 75 do CC: "Tendo a pessoa jurídica diversos estabelecimentos em lugares diferentes, cada um deles será considerado domicílio para os atos nele praticados".

Cada uma dessas localidades será considerada domicílio para os atos nela praticados. Não é necessário que a sucursal possua independência em relação à matriz. Basta a existência, de modo permanente, de centro de atividade administrativa. Tal norma visa a proteger os terceiros que vierem a negociar com a pessoa jurídica.

Isso leva à conclusão de que o domicílio da pessoa jurídica, para qualquer fim, é plural, ou seja, pode ser considerado domicílio o local onde a pessoa jurídica exerce suas atividades administrativas e gerenciais ou o local eleito no ato constitutivo (domicílio especial).

Nesse sentido, aliás, é a Súmula 363 do STF, segundo a qual: "A pessoa jurídica de direito privado pode ser demandada no domicílio da agência, ou estabelecimento, em que se praticou o ato".

As pessoas jurídicas podem ter suas atividades em um lugar e elegerem como domicílio local diverso. Se o domicílio eleito pela pessoa jurídica não tem nenhuma relação com as suas atividades e houver indício de fraude, poderá ser desconsiderado para fins de domicílio da pessoa jurídica.

O Código Civil, no inciso IV do art. 75, permite, expressamente, a possibilidade de a pessoa jurídica eleger domicílio especial. Entretanto, tal domicílio especial deve ter alguma relação ou vinculação com esse sujeito de direito para ser legítimo, sob pena de ser considerado domicílio da pessoa jurídica o local onde funciona a respectiva diretoria ou administração.

Não há razão plausível para eleger, como domicílio local, o lugar onde a pessoa jurídica não exerce suas atividades ou local onde não é o centro de sua administração ou sede administrativa. Se isso ocorrer, poderá restar caracterizado o abuso de direito, pois, embora investida no direito subjetivo de eleger domicílio, a pessoa jurídica não pode utilizar essa prerrogativa para finalidades escusas, com violação da ética e da boa-fé objetiva, princípio norteador das relações privadas.

1.13.5. Domicílio de eleição

O domicílio de eleição decorre de ajuste entre as partes. Dispõe o art. 78 do CC que, "nos contratos escritos, poderão os contratantes especificar domicílio onde se exercitem e cumpram os direitos e obrigações dele resultantes".

Por força desse dispositivo, as partes contratantes, em razão do princípio da autonomia privada, desde que o contrato seja paritário, poderão especificar domicílio onde se exercitem e se cumpram os direitos e obrigações decorrentes desse pacto. Trata-se da chamada cláusula de eleição de foro. Portanto, a pessoa natural pode se submeter ao domicílio voluntário, privado ou profissional, necessário ou de eleição. O domicílio de eleição é específico para a relação jurídica a que se vincula, pois tem origem contratual.

Segundo o mestre Caio Mário[151], quando tal especificação ocorrer, estará se elegendo domicílio especial, que, por seu alcance restrito, se contrapõe ao domicílio geral, que pode ser voluntário ou necessário e que centraliza os negócios e interesses da pessoa, sem distinção ou classificação. No caso, para eficácia dessa cláusula, são necessários dois requisitos: adoção da forma escrita e cláusula explícita. Nesse sentido, o art. 63, § 1º, do CPC 2015: "§ 1º A eleição de foro só produz efeito quando constar de instrumento escrito e aludir expressamente a determinado negócio jurídico".

---

[151] PEREIRA, Caio Mário da Silva. *Instituições de direito civil*: Introdução ao direito civil. Teoria geral de direito civil. 20. ed. Atualizado por Maria Celina Bodin de Moraes. Rio de Janeiro: Forense, 2004. v. 1.

O art. 63 do CPC/2015 trata da cláusula de eleição de foro. De acordo com esta norma: "As partes podem modificar a competência em razão do valor e do território, elegendo foro onde será proposta ação oriunda de direitos e obrigações". O foro contratual obriga os herdeiros e sucessores das partes.

A cláusula de eleição de foro, se abusiva, independentemente da natureza da relação jurídica, pode ser reputada ineficaz de ofício pelo juiz, que determinará a remessa dos autos ao juízo do foro de domicílio do réu.

Caso o juiz não reconheça a abusividade de ofício, incumbe ao réu alegar a abusividade da cláusula de eleição de foro na contestação, sob pena de preclusão. Portanto, a cláusula de eleição de foro, em contrato de adesão, seja o contrato de consumo ou não, é passível de invalidação (não necessariamente) e, caso não reconhecida pelo juiz o abuso ou, se não houver manifestação do réu, haverá preclusão e a cláusula terá plena eficácia.

A questão é objeto do Código de Processo Civil, no capítulo referente à competência. Em função disso, surgiram dificuldades para o entendimento da matéria. Explica-se: apenas a competência relativa (valor e território), ou seja, aquela relativa ao interesse privado das partes, pode ser modificada pelos interessados. O art. 63 do CPC, admite a modificação da competência, em razão do valor e do território. Há, portanto, vinculação entre os arts. 63 do CPC e 78 do CC. Acrescenta o § 1º do art. 63 os requisitos de validade da cláusula de eleição de foro, já mencionados (contrato escrito com cláusula expressa).

Diante disso, a chamada cláusula de eleição de foro somente é compatível com a competência relativa, pois a competência absoluta, em razão da matéria ou da hierarquia, é inderrogável por convenção das partes. A competência absoluta é pressuposto processual de validade da relação jurídica processual e, por isso, não pode ser alterada ou modificada pela vontade das partes. Na forma do art. 64, § 1º, do CPC, deve ser declarada de ofício a incompetência absoluta.

Estabelecidas tais premissas, o § 3º do art. 63 do CPC não pode suscitar dúvidas quanto ao seu alcance e efeitos. A incompetência, para ser reconhecida, depende da arguição em preliminar de contestação. Não pode o juiz reconhecer a incompetência relativa de ofício (Súmula 33 do STJ).

No entanto, embora inserida no capítulo da competência, a nulidade da cláusula de eleição de foro pode ser apenas causa de alteração da competência, não em razão da competência em si, mas devido à violação de direitos fundamentais na eleição do foro, em contratos de adesão, se houver abuso evidente. A consequência da nulidade da cláusula de eleição de foro será a alteração da competência, o que não significa repúdio à própria cláusula de eleição de foro, por ser considerada abusiva e, portanto, invalidade ou ineficaz. Em razão da abusividade da referida cláusula, que viola o amplo direito de acesso ao Judiciário e o princípio da ampla defesa, o efeito dessa nulidade é a alteração da competência relativa. Esta é alterada como consequência da ineficácia de cláusula onde as partes poderiam, por força do art. 63, § 3º, alterar as regras de competência. No entanto, evidenciado o abuso, a cláusula é ineficaz e o juiz determinará a remessa dos autos para o foro do domicílio do réu.

O controle do abuso, materializado em cláusulas de eleição de foro, ocorrerá, na maioria das vezes, em contratos de consumo e de adesão. No direito civil, o contrato de adesão também não admite esse tipo de cláusula, se ficar evidenciado o abuso, ao teor do disposto no art. 424 do CC ("Nos contratos de adesão, são nulas as cláusulas que estipulem a renúncia antecipada do aderente a direito resultante da natureza do negócio"). Nos contratos de adesão civil, a eleição de foro implica renúncia do aderente ao direito de ser demandado em seu domicílio. Por isso, tal cláusula, se abusiva, poder ser ineficaz, podendo ser reconhecida, de ofício, nos termos do art. 63, § 3º, do CPC.

Em conclusão, apenas em contratos paritários e de adesão em que não houver abuso de direito, será possível às partes utilizarem a prerrogativa dos arts. 63 do CPC e 78 do CC, para estabelecerem o foro para dirimir as questões oriundas de direitos e obrigações decorrentes de determinado negócio jurídico. Se a cláusula for considerada abusiva, independente da natureza da relação jurídica material, por violar direitos fundamentais e de ordem pública, será ineficaz. Como consequência dessa ineficácia declarada pelo juiz, de ofício ou por provocação do réu após a citação, haverá alteração da competência relativa, fato admitido por haver interesses mais relevantes a serem tutelados. Decretada a ineficácia da cláusula, esta deixará de produzir efeitos e, em consequência, não haverá eleição de foro, passando a prevalecerem as regras do Código de Processo Civil sobre competência relativa.

A questão está mais relacionada ao interesse público, neutralização dos efeitos de cláusula abusiva, do que preservação da competência relativa. Decretada a ineficácia da cláusula de eleição de foro (causa), a consequência será a alteração dessa competência. É o princípio público que prevalecerá sobre regras privadas de competência.

1.14. TEORIA DOS BENS JURÍDICOS – OBJETO DE DIREITOS

1.14.1. Sistematização dos bens no Código Civil

O Código Civil disciplina a teoria geral dos bens jurídicos nos arts. 79 a 103. O bem jurídico é objeto de direito e, por isso, se submete aos poderes do sujeito de direito nos limites da relação jurídica entre estes mesmos sujeitos. Os bens jurídicos são objetos materiais ou imateriais, corpóreos ou incorpóreos, suscetíveis de apropriação, sobre os quais recairá o direito subjetivo do sujeito, nos limites dos poderes concedidos pela relação jurídica.

O bem jurídico é, portanto, toda coisa ou direito capaz de ser objeto de uma relação jurídica. Os bens, nesta concepção jurídica, são objetos de direitos. Será bem jurídico qualquer objeto que pode ser submetido ao poder de um sujeito (pessoa natural ou jurídica e, em certos casos, de ente despersonalizado), em função de relação jurídica que mantém com outro sujeito, determinado ou indeterminado, como instrumento de realização de suas necessidades jurídicas. Na parte geral, o Código Civil se restringe a classificar os bens jurídicos a partir da sua natureza (em si considerados – o que é um bem jurídico isoladamente considerado), complexidade (reciprocamente considerados – qual a consequência jurídica quando determinado bem se relaciona fática ou juridicamente com outro bem) e titularidade (bens públicos e privados). Cada classificação tem objetivo e finalidade própria. Todavia, antes de compreender o sentido da classificação, essencial estabelecer algumas noções sobre bem jurídico e patrimônio.

A sistemática adotada pelo Código Civil de 2002 é idêntica à de seu antecessor. No entanto, ao privilegiar o método *da classificação*, alguns institutos não tiveram seus contornos bem definidos pelo legislador, como, por exemplo, é o caso das pertenças e as partes integrantes. Em consequência desta omissão quanto à teoria geral do bem jurídico, se torna complexa a atividade do intérprete.

A classificação dos bens no Código Civil, em geral, não destoa do diploma de 1916. As poucas e relevantes novidades da atual legislação podem ser resumidas no seguinte: o Código Civil define, de maneira mais objetiva, a natureza e estrutura de bem jurídico individualmente considerado (bens considerados em si mesmos), a exemplo da diferença entre móveis e imóveis, o que representa avanço em comparação com o seu antecessor. Além disso, o Código Civil inova ao disciplinar o instituto das *pertenças*, fonte de inúmeras controvérsias doutrinárias. Terceiro, a lei civil optou por excluir da parte geral as regras referentes ao bem de família, as quais foram realocadas no livro de família. Por fim, não há mais referência às coisas *que estão fora do comércio*.

A atual legislação civil incorreu em alguns equívocos e é omissa, como o diploma anterior, em relação a temas específicos sobre bens jurídicos, como será observado.

No tocante à classificação, em resumo, o Código Civil trata dos bens considerados em si mesmos (imóveis e móveis, fungíveis e consumíveis, divisíveis e indivisíveis, singulares e coletivos); dos bens reciprocamente considerados (principal e acessório); e, finalmente, dos bens públicos e particulares.

Estes são os grupos e suas subdivisões a serem trabalhados. Antes, porém, de tratar dos bens em espécie, é indispensável fazer uma incursão sobre a conceituação e relevância do bem jurídico, bem como a repercussão no ordenamento jurídico.

1.14.1.1. Compreensão da Teoria dos Bens Jurídicos – Qual a justificativa de uma classificação?

A compreensão da teoria dos bens jurídicos pressupõe a análise de alguns temas, que se relacionam entre si: 1– noção de relação jurídica (bem jurídico é a causa desta); 2– critério para definir e qualificar o bem como jurídico (apenas o bem que recebe a qualificação de jurídico, poderá ser objeto da relação jurídica); e 3– finalidade da classificação dos bens jurídicos no Código Civil (identificar a natureza do bem jurídico, a partir do qual será possível ter ciência do regime jurídica a que será submetida a relação jurídica):

1. Noção de relação jurídica e conexão com a teoria dos bens jurídicos: os poderes do sujeito sobre determinado bem jurídico depende da relação jurídica que os vincula. Por isso, fundamental compreender a relação jurídica para a perfeita dimensão dos bens jurídicos. A relação jurídica é o vínculo que o direito reconhece entre pessoas ou grupos, atribuindo-lhes poderes e deveres. Relação jurídica entre pessoas (poderes e deveres previstos em lei) para a tutela de interesse (necessidade de ter bens – a razão da relação jurídica) legítimo. Portanto, o bem jurídico é a justificativa e a razão da relação jurídica. A relação jurídica delimita os poderes do sujeito em relação ao bem jurídico. Não é por outro motivo que o bem jurídico é um dos elementos essenciais da relação jurídica. Quais são elementos da relação jurídica? Sujeitos, objeto (bens jurídicos – relação jurídica patrimonial pode ser de direito real ou obrigacional) e vínculo jurídico (posição de poder e dever – tal relação jurídica se origina de fatos exteriores a essa relação entre pessoas – fatos jurídicos, que faz gerar o vínculo entre as pessoas).

2. Critério para definir qual bem poderá receber a qualificação de jurídico, para que possa ser objeto de relação jurídica: a teoria dos bens jurídicos padece de critério seguro para a definição de bem jurídico. O "bem" é qualquer coisa que existe no mundo da vida. Tal "bem" deixará o mundo da vida e ingressará no mundo do direito quando for qualificado como "jurídico". E, por ser bem jurídico, pode ser objeto de relação jurídico entre os sujeitos de direito. O problema é a ausência de critério objetivo para se qualificar determinado bem como "jurídico".

No direito civil clássico, com viés positivista, a doutrina tradicional aponta características essenciais para que determinado bem possa receber a qualificação de jurídico: *economicidade, utilidade, suscetibilidade de apropriação e exterioridade*. O bem, para ser qualificado como jurídico, deveria ostentar estas características. Portanto, a partir de algumas características pré-definidas, determinado bem pode ser considerado jurídico. A complexidade do mundo contemporâneo, a revolução tecnológica, científica, social e cultural impede que a noção de bem jurídico seja restrita a critérios abstratos e objetivos, previamente definidos.

Então, o critério objetivo e abstrato do modelo clássico positivista está superado?

A economicidade, utilidade, suscetibilidade de apropriação e exterioridade podem ser bons parâmetros para se qualificar determinado "bem" como "jurídico". Todavia, são parâmetros mínimos, jamais absolutos. Na atual sociedade contemporânea, complexa, multifacetada, com viés pós-positivista, podem ser considerados com bens jurídicos coisas que não necessariamente ostentem todas estas características. Haverá bens jurídicos úteis e não úteis, econômicos e não econômicos, suscetíveis de apropriação ou não, como o meio ambiente. Portanto, no pós-positivismo somente a partir da análise do caso concreto, com base no valor social e na relação do bem para as relações intersubjetivas será possível apurar se determinado bem pode ser ou não considerado jurídico, a fim de que possa ser objeto de relação jurídica entre pessoas. Tais pessoas terão poderes e deveres em relação a tais bens, nos limites da relação jurídica. O fato é que não há critério seguro e absoluto. Nada impede que o critério positivista (as características acima mencionadas) seja levado em conta, mas apenas como um marco de análise, jamais como definição de bem jurídico.

Por exemplo, no positivismo, os bens jurídicos devem ser suscetíveis de apropriação (comercio jurídico de direito privado). A necessidade da vida moderna e a complexidade da sociedade podem levar à necessidade de proteção de coisas que são de todos – sem que haja um titular específico. Nesse sentido coisas fora do comércio podem ser bens jurídicos, mesmo que não possam ser apropriadas por alguém.

3. Finalidade da classificação (permitirá identificar a natureza do bem jurídico, com o que será possível definir o regime jurídico da relação jurídica entre os sujeitos de direito): Cada classificação dos bens jurídicos tem finalidade específica. Definido que determinado bem é jurídico e, portanto, ingressa no mundo jurídico, com o que está habilitado para ser objeto de relação jurídica, a classificação é essencial para identificar a natureza deste bem, o que o levará a regime jurídico que seja compatível com tal natureza. Por exemplo, o regime jurídico do bem imóvel é diferente do regime dos móveis. A relação jurídica cujo objeto seja bem jurídico imobiliário, se submete a regime jurídico diverso daquele que o bem jurídico é bem móvel. Ademais, quando bens jurídicos se integram, interagem ou relacionam-se entre si (juridicamente ou em termos fáticos), poderá existir a necessidade de qualificá-los como principal ou acessório para solucionar questões complexas que decorrem desta relação.

O Código Civil classifica os bens jurídicos a partir de três perspectivas, cuja finalidade é identificar a natureza para definir o regime jurídico da relação jurídica. Impressiona, mas a natureza do bem jurídico define, muitas vezes, o regime jurídico a que a relação jurídica será submetida: 1ª classificação (bens em si considerados – arts. 79 a 91 – identificar a natureza do bem isoladamente considerado); 2ª classificação (bens reciprocamente considerados – arts. 92 a 97 – serve de suporte para a primeira classificação, pois quando bens jurídicos que, individualmente, possuem natureza diversa, interagem, é essencial identificar qual será o principal para que a natureza deste seja a referência do regime jurídico da relação jurídica envolvendo todos os acessórios – a natureza do principal, a partir da 1ª classificação, definirá o regime jurídico da relação jurídica); 3ª classificação (bens públicos e privados – essencial para definir se o bem jurídico será submetido ao direito público ou privado).

Portanto, em primeiro lugar, na classificação dos bens em si considerados, ou seja, os bens considerados isoladamente, se busca identificar a natureza jurídica do bem. Qual a finalidade desta classificação? Identificar a natureza do bem jurídico para definir o regime jurídico ao qual será submetido (móvel ou imóvel; fungível ou infungível etc.). O bem, quando considerado na sua individualidade, de forma isolada, ou seja, sem estar em contato com outros bens, não precisa e não pode ser classificado como principal ou acessório. Esta outra classificação apenas tem sentido se há relação material ou jurídica entre bens jurídicos. Isto ocorre porque, quando individualmente considerado, a primeira classificação resolve todas as questões relativas ao bem jurídico e a vinculação entre os sujeitos de direito. A partir da natureza do bem isoladamente considerado, será possível determinar com precisão o regime jurídico da relação jurídica e a titularidade do bem. A partir da sua natureza jurídica, é possível definir a titularidade, os efeitos jurídicos obrigacionais e reais, poderes, deveres, sujeições, entre outras questões jurídicas relacionadas aos sujeitos de direito.

Se determinado bem jurídico está isolado, basta compreender, em termos estruturais, o que ele é, ou seja, sua natureza jurídica, para que seja possível identificar o titular do bem, aquele que tem poderes/deveres jurídicos e os efeitos jurídicos obrigacionais e reais daí decorrentes. Portanto, na primeira classificação, a partir de critérios estabelecidos na lei, os bens jurídicos são identificados como móveis ou imóveis, fungíveis ou infungíveis, divisíveis e indivisíveis, consumíveis e inconsumíveis. Definida a natureza a partir desta classificação, será submetido a determinado regime jurídico que resolverá problemas relativos aos sujeitos e os efeitos jurídicos (em especial, obrigacionais e reais).

A título de exemplo: um trator, isoladamente considerado, é bem móvel, fungível (pode ser substituído por outro igual), indivisível e, se estiver à venda, consumível juridicamente. Com essa classificação, não haverá dúvidas para identificar a titularidade e os efeitos jurídicos quando esse trator for objeto de relação jurídica entre sujeitos de direito.

Por isso, a primeira classificação ("bens em si considerados") é estática. O bem jurídico, de forma isolada, sempre terá a mesma estrutura e natureza jurídica. Será possível identificar o titular do bem jurídico e os efeitos obrigacionais ou reais entre os sujeitos que se relacionam juridicamente para ter acesso àquele bem jurídico.

Todavia, determinado bem jurídico pode estar relacionado, vinculado ou conectado a outro bem jurídico. Neste caso, a primeira classificação (se considerar cada bem individualmente) não seria suficiente para solucionar questões relativas à titularidade (quem é o titular?) e aos efeitos jurídicos obrigacionais ou reais (poderes/deveres de direito obrigacional ou real). Se o bem jurídico que individualmente é móvel se relaciona com outro bem jurídico que individualmente é imóvel, em regra, impossível submetê-los aos regimes jurídicos de acordo com suas naturezas individuais se estiverem em conexão. A segunda classificação, "bens reciprocamente considerados", serve de suporte para que, nestes casos, o bem jurídico de menor relevância, acessório, se submeta ao regime jurídico do bem jurídico de maior relevância, principal, de acordo com a natureza deste (1ª classificação). Ainda que o acessório, individualmente, ostente determinada natureza, em razão da vinculação com bem jurídico principal de natureza diversa, assumirá, por ficção jurídica, a natureza deste, a fim de viabilizar e conferir maior economicidade para a relação jurídica.

No caso do trator, a partir do momento que é colocado a serviço de uma fazenda, passa a se relacionar com este imóvel (um bem jurídico imóvel e outro móvel). Neste caso, para resolver problemas sobre a titularidade e os efeitos jurídicos obrigacionais e reais, quando este trator for objeto de relações jurídicas, a primeira classificação não será suficiente para definir quem é o titular e os efeitos jurídicos relacionados a este bem, porque possuem, individualmente, natureza jurídica diversa. Todavia, ao considerar o trator bem acessório, ainda que individualmente seja móvel, quando vinculado à fazenda, se submeterá ao regime deste imóvel. Em consequência, o titular da fazenda será o titular do trator, assim como os efeitos jurídicos obrigacionais e reais que envolvam a fazenda afetam o trator.

Assim, a classificação dos bens em "reciprocamente considerados" só existirá se presente determinado pressuposto: relação fática ou jurídica entre dois ou mais bens jurídicos. Isoladamente considerado, qualquer bem jurídico jamais será principal ou acessório. Será simplesmente bem jurídico e, neste caso, a primeira classificação será suficiente para resolver as questões jurídicas e a relação de poder entre ele e o sujeito de direito com o qual se relaciona por força de relação jurídica e nos limites desta. Portanto, a classificação dos bens em reciprocamente considerados apenas existe para resolver problemas jurídicos complexos que a primeira classificação, em regra e naturalmente, não será capaz de solucionar.

Portanto, a classificação dos bens em principais e acessórios tem tal premissa: conexão entre dois ou mais bens jurídicos. Desta relação fática ou jurídica entre bens jurídicos, surgirão problemas jurídicos e dúvidas que a primeira classificação, em regra, não soluciona. Portanto, surge a segunda classificação com algumas regras que terão por objetivo definir titularidade, poderes e deveres dos sujeitos de direito e os efeitos jurídicos obrigacionais e reais. E quais são estas regras?

As regras definirão o bem jurídico como principal (o outro será acessório). O acessório será aquele que se submeterá ao regime jurídico do principal, de acordo com a natureza deste, a partir da primeira classificação. É como se todos fossem bens principais. O acessório se submeterá ao regime jurídico do principal porque, por ficção, passa a ostentar a mesma natureza dele, ainda que individualmente tenha outra natureza. Se o principal é imóvel, o acessório também será. Com a mesma natureza, passam a se submeter ao mesmo regime jurídico. Se o sujeito "X" é dono do principal, também será do acessório. O acessório segue o principal, ou melhor, o regime jurídico do principal, de acordo com a primeira classificação (como se todos tivessem a mesma natureza). A segunda classificação serve para definir o regime jurídico a incidir em relação a todos os bens que, de acordo com a primeira classificação, será a do principal.

Portanto, o trator, que é móvel por natureza e individualmente se submete ao regime jurídico dos bens móveis, quando vinculado a uma fazenda, assume a natureza de imóvel (por ficção), porque a fazenda, que é imóvel, será o bem principal e, portanto, o trator seguirá o regime jurídico do principal, dos imóveis. Simples assim. O regime jurídico do principal incorpora o do bem acessório (como se este não existisse individualmente) e, após esta fusão, retorna-se para a primeira classificação, como se todos fossem um único bem, agora submetido ao regime jurídico do principal. Isto ocorre porque, por ficção, o bem acessório passa a ter a natureza do principal. Ao assumir a natureza do principal, a consequência jurídica é óbvia: se submete ao regime jurídico do principal, em relação à titularidade e efeitos jurídicos. É o que se convencionou como "o acessório segue o principal" (alguns denominam de princípio da gravitação jurídica).

A regra de que o acessório segue o regime jurídico do principal tem duas exceções: autonomia privada (as partes convencionam o contrário) e lei (a própria lei mantém o regime jurídico originário do bem acessório como se individualmente fosse).

Ao contrário da primeira, a segunda classificação ("bens reciprocamente considerados") é dinâmica. O bem jurídico será principal ou acessório a depender do bem com o qual se relaciona, em termos fáticos ou jurídicos. O trator, em relação à fazenda, será acessório, mas o mesmo trator, em relação ao arado, será bem principal. A relevância é que o acessório incorpora a estrutura jurídica do principal e, a partir de então, a natureza individual do acessório é desconsiderada, pois passará a se submeter ao mesmo regime jurídico do principal, como se isoladamente tivesse a mesma natureza deste. O acessório apenas manterá a sua natureza jurídica e regime jurídico próprio se a lei ou os sujeitos assim o determinarem. A lei e a autonomia privada podem excepcionar a regra.

Por fim, a classificação dos bens em públicos e privados tem a finalidade de definir se determinado bem se submeterá ao regime jurídico público ou privado. O regime jurídico público é objeto de estudo no direito administrativo.

Tais premissas são essenciais para a compreensão da teoria do bem jurídico. O bem jurídico é a causa e objeto da relação jurídica entre sujeitos de direito e, para ter a qualificação de jurídico, se submeterá a determinados critérios (adiante analisados). A depender da natureza do bem jurídico, a relação jurídica terá como parâmetro determinado regime jurídico.

1.14.2. Análise dos termos: bem jurídico e coisa

A doutrina diverge sobre a correta terminologia a ser aplicada ao objeto de direito. Não há uniformidade sobre os termos *coisa* e *bem*, como sendo objeto de direito, embora o Código Civil apenas faça referência ao termo *bens*, com a finalidade de abranger os objetos materiais e imateriais.

O Código Civil de 1916 não distinguia os dois conceitos, mas tratava de *bens* e de *coisas* (coisas divisíveis, coisas singulares e compostas, coisas fora do comércio etc.) e o atual, na parte geral, apenas emprega o vocábulo *bem* (bens divisíveis, bens singulares, bens imóveis etc.), compreendendo este, em um sentido amplo, os objetos materiais e imateriais, como já salientado.

Para alguns doutrinadores, como Caio Mário e Orlando Gomes, o conceito de bem é mais amplo, correspondendo ao gênero do qual a coisa é espécie. A coisa, para esses doutrinadores, se refere apenas aos objetos corpóreos (é a concepção do Código Civil alemão, que limita às coisas corpóreas o sentido da palavra "coisa").

Para o mestre Caio Mário[152]: "Em sentido estrito, o bem jurídico deve ser dividido em bens propriamente ditos e coisas. Os primeiros distinguem-se dos segundos em função da materialidade, pois as coisas são materiais ou concretas, enquanto que os bens, em sentido estrito, são imateriais ou abstratos".

Portanto, para esse autor, é sob o aspecto da *materialidade* que se distinguem *bens* e *coisas*. Nesta concepção, nem tudo que é corpóreo é coisa, como o corpo humano. Orlando Gomes[153] segue essa mesma linha de entendimento. No mesmo sentido Renan Lotufo[154], segundo o qual: "A expressão 'bens', muitas vezes é utilizada como sinônimo de coisas, mas a palavra 'bens' tem sentido mais amplo, pois refere-se tanto a coisas quanto a direitos, e pode chegar a ter o sentido de patrimônio".

Em conclusão, os seguidores dessa linha de pensamento consideram o *bem* na concepção alemã, ou seja, em sentido amplo, sendo a *coisa* apenas espécie de bem jurídico. O bem jurídico se divide em bem jurídico, propriamente dito, quando for imaterial ou abstrato, e coisa, bens concretos ou materiais.

A nossa legislação, assim como o direito comparado, não é precisa nessa distinção. Por exemplo, o Código Civil de 1916, ao tratar do *direito das coisas*, também naquele capítulo, tratou de direitos. O novo Código Civil persistiu no equívoco, pois, na parte geral, adotou apenas o termo *bem*.

Noutra vertente, o Código Civil português, de 1966, trata o termo *coisa* em um sentido amplo e inclui entre estas os bens incorpóreos.

Nesta linha de pensamento, capitaneada, dentre outros, por Francisco Amaral, Maria Helena Diniz e Silvio Rodrigues, a *coisa* é considerada o gênero e o *bem* seria espécie de coisa. Para estes, os bens jurídicos seriam a coisa qualificada.

Explica-se: o mundo é um mundo de coisas, mas nem todas têm valor ou são relevantes para a ordem jurídica. Apenas as coisas que possuem algum valor para o Estado recebem a qualificação ou o adjetivo de *bem jurídico*. Então, o *bem jurídico* seria uma *coisa* dotada de algum valor para o Estado ou que este considere relevante para sua tutela.

Por isso, essas coisas qualificadas possuem tutela diferenciada e podem ser objeto de direito subjetivo. Nesta condição, tais coisas são consideradas bens jurídicos. As demais *coisas*, que não recebem a qualificação de *bem jurídico*, não podem ser objeto de direito ou de relações jurídicas.

Segundo Francisco Amaral[155]: "É coisa tudo o que existe no universo e que, sendo útil para a satisfação das necessidades humanas, se torna valioso e, por isso, objeto de apropriação". Por outro lado, existem coisas que não têm valor e, por essa razão, não seria possível considerá-las bens.

Para o mestre, "a utilidade e a possibilidade de apropriação dão valor às coisas, transformando-as em bens. O conceito de bem pressupõe, assim, uma valoração e uma qualificação. Bem é tudo aquilo que tem valor e que, por isso entra no mundo jurídico, como objeto de direito".

Em resumo, os bens seriam *coisas* suscetíveis de apropriação e úteis, razão pela qual possuem valor.

Amaral[156], aprofundando-se no tema, argumenta que: "(...) a ideia clássica de objeto de direitos identifica-se com as coisas materiais – concepção materialista dos romanos – a concepção mais moderna considera objeto de relação jurídica o comportamento, a atividade e a ação ou omissão de sujeitos. Em sentido amplo, tal objeto pode consistir em coisas (direitos reais), ações humanas (direito obrigacional), a própria pessoa (direitos da personalidade) e até direitos. Em sentido estrito, o objeto compreende as coisas e as ações humanas (prestações). E, em acepção mais estrita ainda, é sinônimo de coisas, objeto de direito".

O objeto da relação jurídica pode ser sintetizado como toda coisa capaz de ser submetida ao poder dos sujeitos de direito, como instrumento de realização de suas finalidades jurídicas. Caio Mário[157] diz que sobre o objeto de direito se exerce, "dentro dos limites traçados pelo direito positivo, o poder jurídico da vontade, e se retira da incidência do poder jurídico da vontade alheia".

Nesse ponto, ao considerar tal afirmação, é possível fazer interessante analogia entre os direitos reais e os direitos obrigacionais. Ambos poderão ser objeto de direito subjetivo e, portanto, considerados bens jurídicos.

---

[152] PEREIRA, Caio Mário da Silva. *Instituições de direito civil*: Introdução ao direito civil. Teoria geral de direito civil. 20. ed. Atualizado por Maria Celina Bodin de Moraes. Rio de Janeiro: Forense, 2004. v. 1.
[153] GOMES, Orlando. *Introdução ao direito civil*. 19. ed. rev. e atual. Rio de Janeiro: Forense, 2008.
[154] LOTUFO, Renan. *Código civil comentado*. 2. ed. São Paulo: Saraiva, 2004, v. I (artigos 1º ao 232).
[155] AMARAL, Francisco. *Direito civil* – introdução, 6. ed. rev. e atual. Rio de Janeiro: Editora Renovar, 2006.
[156] AMARAL, Francisco. *Direito civil* – introdução, 6. ed. rev. e atual. Rio de Janeiro: Editora Renovar, 2006.
[157] PEREIRA, Caio Mário da Silva. *Instituições de direito civil*: Introdução ao direito civil. Teoria geral de direito civil. 20. ed. Atualizado por Maria Celina Bodin de Moraes. Rio de Janeiro: Forense, 2004. v. 1.

No caso dos direitos reais, esse poder é exercido, diretamente, sobre a coisa ou o bem jurídico, ou seja, tal relação é realizada sem a presença de intermediários. Basta a vontade do sujeito de direito para exercer poder sobre ele, que são os direitos reais.

Por outro lado, em relação aos direitos obrigacionais, o poder sobre o bem jurídico (direito a uma prestação, que é o objeto da obrigação) é exercido indiretamente, pois depende de intermediário, que é justamente o devedor, sujeito passivo da obrigação. No direito das obrigações, o poder sobre a prestação depende do comportamento do sujeito passivo, titular do dever jurídico, qual seja, cumprimento dessa prestação.

1.14.3. Definição de bem jurídico. Conceito

Como já ressaltado, o Código Civil não define *bem jurídico*, o que dificulta o tratamento da matéria e suscita divergências doutrinárias, a exemplo dos termos *bem* e *coisa*.

De forma bem singela, o termo *bem jurídico* pode ser definido como valores, materiais e imateriais, os quais servem de objeto a uma relação jurídica.

Segundo Amaral[158], tal definição abrange as coisas de existência material, as de existência imaterial, como as diversas formas de energia, as ações ou comportamentos humanos e também os direitos, quando objetos de outros direitos.

Para Caio Mário[159] "bem é tudo que nos agrada". Alguns desses bens são considerados bens jurídicos, mas outros não integram essa categoria.

Os bens jurídicos, objeto de direitos subjetivos (que podem ser submetidos ao poder do sujeito de direito), compreendem, portanto, tudo que pode ser objeto de relação jurídica, sem distinção da materialidade ou do sentido patrimonial. Ou seja, os bens jurídicos podem possuir natureza patrimonial ou serem inestimáveis economicamente, como a manifestação da personalidade.

Assim, é bem jurídico tanto o imóvel, objeto do direito subjetivo de propriedade, quanto a imagem e a honra, objetos do direito subjetivo de personalidade. Exemplo: o automóvel e os direitos do autor são bens economicamente apreciáveis e, respectivamente, materiais e imateriais, assim como a honra e a privacidade são bens imateriais sem expressão econômica.

Dessa forma, é correto afirmar que a qualificação dos bens jurídicos transcende a questão econômica e a materialidade e, por isso, pode existir relação jurídica, cujo objeto não tenha valor econômico ou que não se admita apropriação material.

Bens jurídicos são as utilidades ou, segundo Amaral[160], valores, materiais ou imateriais, que podem ser objeto de direitos subjetivos. O objeto da relação jurídica é um bem sobre o qual recairá o direito subjetivo do sujeito ativo, que exercerá poder sobre ele. Tal poder pode ser exercido de forma direta ou imediata, no caso dos direitos reais, quando não há intermediário (o sujeito ativo, titular do direito real não depende de qualquer comportamento de outra pessoa), e indireta ou mediata, quando tal poder se exerce por meio de outrem, ou seja, sempre é necessária a participação de um intermediário, titular de um dever jurídico.

Nesta toada, a teoria dos bens jurídicos permite compreender a diferença fundamental entre direitos obrigacionais e reais. Como? No âmbito dos direitos reais, a relação de poder entre o titular do direito subjetivo e o objeto de direito (bem jurídico) é direta e imediata, porque a relação jurídica é mantida com a coletividade (sujeito passivo universal). O exercício de poderes sobre o bem jurídico independe do consentimento do sujeito passivo (coletividade), porque inviabilizaria o exercício do direito. Por isso, os direitos reais são taxativos (o poder é intenso). No âmbito dos direitos obrigacionais, a relação de poder entre o titular do direito subjetivo (credor) e o objeto de direito (bem jurídico – prestação) é indireta e mediata, porque a relação jurídica é mantida com pessoa determinada ou, ao menos, determinável. O exercício de poderes sobre a prestação depende do comportamento do devedor (adimplemento da prestação). Por isso, os direitos obrigacionais são exemplificativos. Portanto, relação jurídica e relação de poder, fundamentais para diferenciar direitos reais e obrigacionais (todas as características dos direitos reais e obrigacionais decorrem desta ideia), envolve justamente o poder/dever dos sujeitos em relação aos bens jurídicos.

Com essas ideias, é possível começar a desenvolver o tema de forma adequada.

1.14.4. Estrutura do objeto da relação jurídica

O objeto da relação jurídica é o bem jurídico sobre o qual recairá o direito subjetivo do sujeito ativo. No caso das obrigações, o titular do crédito ou do direito subjetivo de crédito pode exigir do titular do dever jurídico a satisfação da prestação, sendo que esta será o objeto da relação, do direito material que os vincula ou simplesmente o bem jurídico.

A prestação é a atividade comissiva ou omissiva a que o devedor se compromete para atender a interesses específicos em favor do credor – ou seja, é o comportamento como objeto de direito (dever de adimplemento ou de cumprimento da prestação).

Os direitos reais também conferem ao titular do direito subjetivo o poder de exercer esses direitos sobre o objeto da relação jurídica, que é a coisa ou o direito real, como a propriedade, superfície, servidão, usufruto, uso, dentre outros relacionados no art. 1.225 do CC. Esses direitos reais serão os objetos do direito subjetivo do titular, o objeto da relação entre a pessoa e o direito real, enfim, o bem jurídico tutelado.

---

[158] AMARAL, Francisco. *Direito civil* – introdução, 6. ed. rev. e atual. Rio de Janeiro: Editora Renovar, 2006.

[159] PEREIRA, Caio Mário da Silva. *Instituições de direito civil*: Introdução ao direito civil. Teoria geral de direito civil. 20. ed. Atualizado por Maria Celina Bodin de Moraes. Rio de Janeiro: Forense, 2004. v. 1.

[160] AMARAL, Francisco. *Direito civil* – introdução, 6. ed. rev. e atual. Rio de Janeiro: Editora Renovar, 2006.

Nas palavras de Francisco Amaral[161]: "O objeto da relação jurídica ou o bem jurídico pode estar relacionado a: *prestações* (objeto da obrigação); *direitos sobre direitos* (1.451 – penhor sobre direitos e 1.395 – usufruto sobre crédito) e *bens jurídicos* (direitos reais), que podem ser materiais ou imateriais".

Observe, portanto, que direitos sobre direitos podem ser admitidos como objeto de relação jurídica, ou seja, um direito pode ser objeto de um direito subjetivo.

Em conclusão, o bem jurídico é aquele sobre o qual recairá o direito subjetivo do sujeito. Isso será possível porque este bem é útil, suscetível de apropriação e integrante do comércio jurídico. O sujeito de direito, que exerce poder sobre o bem, poderá exigir de uma pessoa determinada (obrigações) ou de todos (reais) um comportamento. Quando o bem passa para a categoria de objeto da relação jurídica, poderá suportar a dominação do sujeito de direito nos termos e limites dos poderes concedidos pela relação jurídica.

A ausência de uma definição legislativa sobre bem jurídico intensifica algumas divergências doutrinárias. Por exemplo, o Código Civil português, no art. 202, define coisa como tudo aquilo que pode ser objeto de relação jurídica. Para os portugueses, qualquer coisa, desde que útil, suscetível de apropriação e integrante do comércio jurídico, possui valor. Nesta condição, passa a ser qualificada como bem jurídico e, em consequência, pode ser objeto de relação jurídica. O legislador português resolveu adotar o bem jurídico como espécie de coisa.

Paulo Lôbo[162] critica essa opção legislativa portuguesa quando argumenta que há uma confusão entre coisa e objeto de relação jurídica, pois, segundo ele, "a prestação de um serviço, por exemplo, é objeto de relação jurídica, mas não é coisa".

Os bens jurídicos podem ser materiais ou imateriais. Mesmo aqueles que seguem a orientação de que a coisa é gênero, por óbvio, não restringem o vocábulo *coisa* para o aspecto material. Por isso, a prestação de serviço é uma coisa valorada e imaterial, portanto, um bem jurídico que pode ser objeto de relação jurídica.

Na atual sociedade contemporânea, complexa e multifacetada, não há como definir, com absoluta precisão, o que é um bem jurídico. Os critérios do positivismo como economicidade, utilidade, suscetibilidade de apropriação e exterioridade podem ser relativizados. Atualmente, haverá bens úteis e não úteis, apropriáveis e não apropriáveis e econômicos e não econômicos. Apenas no caso concreto será possível apurar se determinado bem pode ser qualificado e rotulado como "jurídico".

1.14.5. Disciplina dos bens corpóreos e incorpóreos

Os bens jurídicos são classificados, no Código Civil, em vários grupos e subgrupos, como já ressaltado, mas nessa classificação não foi realizada a distinção entre bens corpóreos e incorpóreos, cuja divisão é de origem romana, que tratava das *coisas corpóreas e incorpóreas*.

Tal classificação sempre foi tradicional, mas, em função das críticas, acabou sendo abandonada pelas legislações.

Segundo o mestre Caio Mário[163], a principal crítica foi realizada por Teixeira de Freitas, que dizia: "Ao separar, de um lado, a coisa, como objeto material sobre o qual recai o direito, fazendo-se abstração do próprio direito e, de outro lado, colocar os direitos, prescindindo-se do objeto dos direitos reais é inexato".

Tal classificação, embora abandonada, em especial pelo Livro II da Parte Geral de nosso Código Civil, ainda persiste na prática, na medida em que *direitos* sempre serão coisas incorpóreas.

Assim, a relação jurídica de direito substancial pode ter por objeto bens corpóreos, materiais, e bens incorpóreos, imateriais.

A grande diferença entre essa classificação moderna e aquela iniciada pelos romanos, é que estes utilizavam, como critério para distinguir as coisas corpóreas das incorpóreas, o fato de ser *tangível* ou a *possibilidade de estas coisas serem tocadas*. Se houver tangibilidade, coisas corpóreas, caso contrário, não.

Atualmente, diante de avanços tecnológicos, de novas definições jurídicas, da repercussão prática, dos institutos relativos à transferência desses bens, o critério não é mais a tangibilidade. Qual seria então o atual critério?

A doutrina, na realidade, tem dificuldade em destacar os bens incorpóreos dos corpóreos. Apenas para que se tenha ideia dessa dificuldade, há doutrinadores que ainda distinguem tais bens, considerando o critério romano da tangibilidade, ou seja, são corpóreos, os que podem ser tocados, e incorpóreos, os que não podem. Por exemplo, Silvio Venosa[164] argumenta que "os bens incorpóreos são aqueles que não têm existência tangível. Os bens incorpóreos são entendidos como abstrações do direito; não têm existência material, mas jurídica". Tal critério (tangibilidade) não é correto, pois a eletricidade, os gases, o vapor, que para os romanos não poderiam ser tocados e, por isso, seriam incorpóreos e intangíveis, atualmente são considerados corpóreos pelo fato de serem perceptíveis pelos sentidos.

Francisco Amaral[165], por exemplo, invoca o critério da percepção dos sentidos para fazer a distinção entre bens corpóreos e incorpóreos. Para ele, "os bens corpóreos são os que têm existência concreta e perceptível pelos sentidos. São os objetos materiais, inclusive as diversas formas de energia. Bens incorpóreos são os que têm existência abstrata e intelectual, como os direitos, as obras do

---

[161] AMARAL, Francisco. *Direito civil* – introdução, 6. ed. rev. e atual. Rio de Janeiro: Editora Renovar, 2006.
[162] LÔBO, Paulo Luiz Netto. *Direito civil. Parte geral*. 10. ed. São Paulo: Saraiva, 2021.
[163] PEREIRA, Caio Mário da Silva. *Instituições de direito civil*: Introdução ao direito civil. Teoria geral de direito civil. 20. ed. Atualizado por Maria Celina Bodin de Moraes. Rio de Janeiro: Forense, 2004. v. 1.
[164] VENOSA, Sílvio de Salvo. *Direito civil – Parte geral*. 3. ed. São Paulo: Atlas, 2003. v. I.
[165] AMARAL, Francisco. *Direito civil* – introdução, 6. ed. rev. e atual. Rio de Janeiro: Editora Renovar, 2006.

espírito, os valores, como a honra, a liberdade e o nome. Sua criação é apenas intelectual e jurídica".

Caio Mário[166] expressa o drama na tentativa de se diferenciar os bens corpóreos dos incorpóreos: "a precisa conceituação do objeto, quando à corporalidade, encontra certas dificuldades, se desprende o observador do imediatismo da relação jurídica, para perquirir o seu escopo mais remoto. Assim é que os direitos reais podem ter por objeto imediato uma coisa corpórea (propriedade), mas podem visar imediatamente a uma coisa incorpórea, e só por via indireta atingir a corpórea: a servidão é um direito real, mas a servidão negativa não tem por objeto imediato uma coisa, porém, uma abstenção. Por outro lado, os direitos de crédito têm por objeto imediato uma prestação, mas às vezes traduzem obrigações que representam uma coisa corpórea, permitindo que o sujeito persiga o próprio bem, como nas obrigações dar coisa certa".

Os bens corpóreos podem, portanto, ser definidos como aqueles de existência concreta ou material, bem como aqueles que não são concretos, mas que podem ser percebidos pelos sentidos humanos.

Por outro lado, os bens incorpóreos são abstratos, criações intelectuais, não visíveis e impossíveis de serem percebidos pelos sentidos. Tais bens não passam de uma idealização, fruto da mente e inteligência humana, com repercussão jurídica.

A questão é: Qual a importância dessa distinção?

Tal definição tem relevantes consequências jurídicas, pois alguns institutos jurídicos somente se aplicam aos bens corpóreos, além da forma de transferência, que também difere, a depender da caracterização do bem em corpóreo ou incorpóreo.

Por exemplo, os bens incorpóreos não possuem tutela possessória. Aliás, nesse sentido, é a Súmula 228 do STJ que não admite tutela possessória para a proteção de direito autoral. Como consequência, os bens incorpóreos não são suscetíveis de usucapião. Segundo a súmula em referência, "é inadmissível o interdito proibitório para a proteção de direito autoral".

Como são abstratos e idealizados pela mente humana, os bens incorpóreos não têm tutela possessória. Não há como considerar a posse de bens imateriais. A tutela dos bens incorpóreos é realizada por meio de outros mecanismos jurídicos, também eficazes, como a tutela específica, a qual pode gerar uma execução indireta e, também, por medidas reparatórias, como a indenização, em caso de violação.

No que tange à transferência, os bens corpóreos podem ser objeto de tradição, compra e venda, dentre outros, enquanto os incorpóreos somente podem ser alienados por cessão, como os direitos.

Atualmente, a distinção entre bens corpóreos e incorpóreos não tem a mesma relevância que no passado, em especial no direito romano.

Dessa forma, embora o Código Civil não classifique os bens em corpóreos e incorpóreos, há ainda algum interesse nessa distinção, principalmente para fins de tutela estatal, na medida em que os bens incorpóreos não podem se sujeitar à tutela possessória. Além disso, em relação à forma de transferência, os bens incorpóreos se transferem por cessão, como é o caso dos direitos, tendo íntima relação com os direitos obrigacionais.

1.14.6. A questão do patrimônio

O patrimônio não é definido pelo Código Civil, mas, como tem relação com os bens jurídicos, é relevante entender a sua ideia, até porque, no seu conceito, podem ser incluídos os bens e os direitos.

O patrimônio é o complexo de relações jurídicas de uma pessoa, apreciáveis economicamente. A pessoa figura como titular de direitos subjetivos e deveres jurídicos e, por isso, o conceito de patrimônio abrange o ativo e o passivo do sujeito. Integram o patrimônio os direitos e obrigações do sujeito. É uma universalidade de direito. Tal concepção de patrimônio é defendida pela teoria clássica ou subjetiva (a principal característica desta teoria é vincular o patrimônio à personalidade). Para esta teoria, o patrimônio é um prolongamento da personalidade, projeção desta ou atributo que dela decorre. Em razão deste vínculo subjetivo entre pessoa e patrimônio, este, em si considerado, não pode ser objeto de relação jurídica.

Sobre o patrimônio, sobressaem duas teorias:

Teoria clássica – Subjetiva

A teoria clássica ou subjetiva considera o patrimônio como a projeção econômica da personalidade da pessoa humana. É denominada subjetiva justamente porque vincula o patrimônio à pessoa humana. Desta concepção subjetiva nasce a teoria do patrimônio mínimo, segundo a qual toda pessoa, no âmbito existencial, tem direito a um mínimo de patrimônio para ter dignidade (sob o aspecto material). A teoria do patrimônio mínimo, aliás, é retratada em alguns dispositivos do CC, como o art. 548 e o parágrafo único do art. 928 do CC. A dignidade da pessoa humana deve concretizar o mínimo existencial, que pode ser a garantia de questões espirituais (direitos da personalidade da pessoa humana) e questões patrimoniais (garantia de patrimônio mínimo).

Na linha da teoria clássica, podem ser feitas as seguintes considerações sobre o patrimônio.

O patrimônio se caracteriza pela unidade do conjunto de direitos e obrigações, sua natureza pecuniária e sua atribuição a um titular. Em relação ao conjunto de direitos, se apresenta o ativo, que forma o patrimônio (direitos reais, direitos pessoais e direitos intelectuais). No conjunto de obrigações, se caracteriza o passivo, deveres jurídicos (dívidas em sentido amplo).

Toda pessoa possui patrimônio, independentemente da sua condição econômica. Isto porque toda pessoa tem personalidade. Se o patrimônio é a projeção da personalidade da pessoa humana, toda pessoa terá patrimônio. Por outro lado, a ideia de patrimônio dependerá do contexto no qual tal vocábulo estiver inserido. Como afirma Paulo

---

[166] PEREIRA, Caio Mário da Silva. *Instituições de direito civil*: Introdução ao direito civil. Teoria geral de direito civil. 20. ed. Atualizado por Maria Celina Bodin de Moraes. Rio de Janeiro: Forense, 2004. v. 1.

Lôbo[167], "não há conceito jurídico unívoco de patrimônio, uma vez que depende da circunstância em que se insere, mas se compreende, grosso modo, como o conjunto das coisas atuais, futuras, corpóreas, incorpóreas, além dos créditos e débitos, que estejam sob a titularidade ou responsabilidade de uma pessoa e que possam ser objeto do tráfico jurídico".

Não integram o patrimônio os direitos personalíssimos (intransmissíveis e irrenunciáveis), os direitos de família puros, as ações de estado e os direitos públicos que não têm valor econômico.

Em que pese o entendimento de Amaral[168], no sentido de que "não entram no patrimônio os objetos dos direitos, as prestações, os bens. Entram, apenas, os respectivos direitos", entendemos em sentido diverso, ou seja, integram o patrimônio as prestações e os bens. Basta um incurso pela teoria geral dos bens para derrubar a afirmação do citado autor. Os bens, assim como os direitos, podem integrar o patrimônio: bem jurídico é tudo aquilo que pode ser objeto de relação jurídica, como é o caso do direito a uma prestação e do direito sobre direitos, razão pela qual devem integrar o patrimônio. Se o direito é bem jurídico e se o direito integra o patrimônio, a conclusão é de que o bem jurídico também o integra.

Portanto, no conceito de patrimônio estão reunidas todas as relações jurídicas economicamente apreciáveis de uma pessoa, ainda que não guardem relação entre si. Quando a pessoa se envolve e participa, ativamente, de uma relação jurídica, qualquer resultado que dela decorra, positivo ou negativo, terá reflexo em seu patrimônio. Assim, não se confundem as ideias de bem jurídico e patrimônio.

Os direitos, de uma maneira geral (créditos e dívidas), e os bens jurídicos, materiais e imateriais, podem integrar o patrimônio de uma pessoa, mas a pessoa terá patrimônio ainda que não tenha nenhum bem jurídico. Ou seja, não se conecta a existência de bens jurídicos com a ideia de patrimônio. Os bens jurídicos podem integrar o patrimônio, mas existirá patrimônio mesmo se a pessoa não for titular de um bem jurídico.

Caio Mário[169], ao afirmar que o patrimônio não é apenas um conjunto de bens, explica: "Para ter uma ideia de patrimônio, é indispensável que observemos a incidência dos resultados positivos e negativos sobre o complexo econômico da pessoa, e aceitando que ele os receba a ambos, concluímos que, num dado momento, tanto os direitos quanto os compromissos o integram. Noutros termos, o patrimônio se compõe de um lado positivo e de outro lado negativo". Com bem obtempera Caio Mário, o patrimônio: "(...) não compreende todos os direitos, mas apenas aqueles que tenham expressão pecuniária, razão pela qual dele não participam os direitos de personalidade, os direitos de família puros sem expressão econômica, o estado de filho, os de ordem política e alguns relativos à própria pessoa (existência, honra e liberdade)".

As expectativas, as probabilidades de êxito e a capacidade de trabalho não são consideradas direitos patrimoniais. Os bens e direitos integrantes do patrimônio poderão ser objetos de transferências, mas o patrimônio, em si, não pode ser transmitido por ato entre vivos, ainda que sejam alienados, um a um, todos os bens que o compõem. Na *causa mortis*, há transmissão do patrimônio do *de cujus* para os herdeiros.

O que isso significa?

O patrimônio é o complexo de relações jurídicas, vinculado a uma pessoa, sendo que essas relações jurídicas ou esse *complexo abstrato* pode ser composto por créditos e débitos, direitos e obrigações, vantagens econômicas e prejuízos, faculdade de exigir e compromissos em geral. Tais dualidades, para integrarem o patrimônio, devem ser apreciáveis economicamente.

O patrimônio, por estar ligado à pessoa e vinculado à personalidade desta, não pode ser objeto de relação jurídica por ato entre vivos.

Por ser o patrimônio emanação da personalidade, não pode ser objeto de cessão e é indivisível. Como a personalidade não pode ser cedida e é indivisível, o patrimônio tem as mesmas características.

Segundo Nader[170], o patrimônio "(...) tem como características derivadas a impossibilidade de cessão (pode, sem dúvida, uma pessoa alienar todos os seus bens, sem, todavia, ceder o seu patrimônio, porque este compreende a capacidade de adquirir novos direitos. Entre vivos a cessão do patrimônio implicaria o aniquilamento da personalidade) e a indivisibilidade do patrimônio, pois, do mesmo modo que a personalidade é indivisível, o patrimônio, sua emanação, também o é".

Além disso, o caráter econômico é essencial para a definição do instituto. Por exemplo, os direitos relacionados à personalidade da pessoa humana têm por característica a extrapatrimonialidade, razão pela qual não integram o patrimônio, assim como os direitos de família puros.

No entanto, efeitos econômicos de alguns desses direitos da personalidade, como a possibilidade de cessão da imagem, em razão desse reflexo econômico e, somente por isso, podem ser objetos de relações jurídicas, podendo, assim, passar a integrar o patrimônio da pessoa.

Teoria realista – Objetiva

Ao contrário da teoria clássica/subjetiva, o patrimônio, para a teoria objetiva, não se relaciona com a personalidade da pessoa humana. A presente teoria aproxima o patrimônio da teoria dos bens jurídicos e o dissocia da personalidade, ao contrário da teoria subjetiva que associa o patrimônio à personalidade e o dissocia dos bens jurídicos.

Portanto, a teoria denominada moderna ou realista defende que o patrimônio seria apenas o ativo, formado

---

[167] LÔBO, Paulo Luiz Netto. *Direito civil. Parte geral*. 10. ed. São Paulo: Saraiva, 2021.

[168] AMARAL, Francisco. *Direito civil* – introdução, 6. ed. rev. e atual. Rio de Janeiro: Editora Renovar, 2006.

[169] PEREIRA, Caio Mário da Silva. *Instituições de direito civil*: Introdução ao direito civil. Teoria geral de direito civil. 20. ed. Atualizado por Maria Celina Bodin de Moraes. Rio de Janeiro: Forense, 2004. v. 1.

[170] NADER, Paulo. *Curso de direito civil*. 2. ed. rev. Rio de Janeiro: Forense, 2004.

de núcleos separados ou conjunto de bens destinados a fins específicos (ideia de afetação).

Entre os defensores desta teoria está Henri de Page, o qual, por exemplo, defende que a ideia de patrimônio estaria reduzida apenas ao aspecto ativo, sendo que as dívidas não integrariam o conceito. Do mesmo modo, o Código Civil alemão trata o patrimônio apenas sob o aspecto ativo. Essa tese de reduzir a ideia do patrimônio para os créditos assusta alguns doutrinadores como Caio Mário[171], pois, nessa linha de entendimento, a ausência de créditos ou bens levaria à ausência de patrimônio: "Se todo homem em sociedade efetua negócios e participa de relações jurídicas de expressão econômica, todo indivíduo passa a ter um patrimônio, que traduz aquelas relações jurídicas. Por isso, e em consequência de não se admitir a pessoa sem patrimônio, é que não é possível dissociar as duas ideias, e é nesse sentido que ele foi definido como a projeção econômica da personalidade".

Segundo Planiol e Ripert: "Há, sem dúvida, uma relação necessária entre a existência do indivíduo em sociedade e o seu patrimônio".

A teoria realista, ou, classificada por alguns, como *moderna*, contrapõe-se à teoria subjetiva, principalmente na questão da indivisibilidade e unidade do patrimônio. Esse ponto de divergência entre as teorias merece destaque.

Para a teoria subjetiva, o patrimônio possui unidade econômica, ainda que a pessoa participe ou se envolva em várias relações jurídicas que repercutam, economicamente, em sua personalidade. Trata do requisito da indivisibilidade ou unidade do patrimônio.

A teoria objetiva defende a divisibilidade do patrimônio (teoria realista).

O entendimento de que a pessoa pode ter vários patrimônios está relacionado à *teoria da afetação*. Esta admite a divisibilidade do patrimônio e, nesse caso, alguns bens integrantes do patrimônio seriam destacados e colocados em garantia de determinado fim, como ocorre com a garantia hipotecária, cujo bem fica afetado ao cumprimento de uma obrigação e, por isso, se torna indisponível.

Portanto, para a teoria da afetação é admitida a separação ou divisão do patrimônio pelo encargo imposto a certos bens, que são postos a serviço de um fim determinado. Na afetação, imobiliza-se um bem em função de uma finalidade (ex.: garantias reais). No caso de garantia real, o bem seria destacado do patrimônio do titular e ficaria vinculado a uma destinação.

Além disso, para os adeptos da teoria da não unidade (afetação), principalmente no direito de família, teria sido afastada a regra do patrimônio uno, ao distinguir o patrimônio próprio do patrimônio comum (art. 1.673 – "Integram o patrimônio próprio os bens que cada cônjuge possuía ao casar e os por ele adquiridos, a qualquer título, na constância do casamento"). Francisco Amaral[172] argumenta que a teoria da afetação está exemplificada na substituição fideicomissária, na massa falimentar, nas garantias reais e na herança. Segundo o mestre: "A situação particular de tais patrimônios especiais decorreria, assim, dos fins que presidiram à sua formação, só fazendo parte de tais acervos os direitos especificados em lei. (...) A Lei n. 10.931/2004 altera a Lei de Condomínio e Incorporações para instituir o patrimônio de afetação nas incorporações imobiliárias, separando o terreno e as acessões objeto da incorporação, do patrimônio do incorporador".

Para a teoria da afetação, nada impede o destacamento de determinados bens do patrimônio geral para se afetarem a fins específicos. Em síntese, para esta teoria, desdobramento da teoria realista, a pessoa pode ter vários patrimônios em sua esfera jurídica.

A afetação ou a destinação de uma parcela de bens integrantes do patrimônio levaria, para os defensores dessa teoria, à possibilidade de se dividir o patrimônio em patrimônio geral e patrimônio especial, destacados e destinados a uma finalidade, em razão da afetação.

Na verdade, tal teoria tinha por finalidade atingir a doutrina tradicional da unidade do patrimônio. A teoria da afetação sustenta que os bens constituem patrimônios de afetação, distintos e separados.

Na realidade, essa questão da unidade ou divisibilidade do patrimônio está relacionada aos critérios, subjetivos e objetivos, adotados por cada um dos pensadores. Explica-se: para a doutrina tradicional, o patrimônio é emanação da personalidade, não havendo pessoa sem patrimônio, ou seja, há uma ligação entre o patrimônio e a pessoa. Tal vinculação a torna uma relação subjetiva, na medida em que cada pessoa é detentora de um patrimônio.

Sob tal critério subjetivo, realmente, não há como admitir que a pessoa tenha vários patrimônios, pois esta tem apenas uma personalidade. Se o patrimônio está ligado à ideia de personalidade, não se admite a divisibilidade, pois a pessoa não pode ter várias personalidades.

Por outro lado, a teoria da afetação não adota esse critério subjetivo e sim objetivo, segundo o qual os bens que compõem o patrimônio da pessoa não seriam emanação da personalidade e, por isso, podem, objetivamente, estar vinculados, pela afetação, a um fim determinado. Ou seja, é o critério objetivo que sustenta a teoria da afetação.

Em relação à teoria moderna ou realista, Amaral[173] critica a ideia de: "(...) patrimônio como universalidade, o patrimônio seria apenas ativo, deixando de fora as dívidas. Também não seria unitário e indivisível, mas formado de vários núcleos separados, conjuntos de bens destinados a fins específicos. Tais bens, como na massa falimentar, na substituição fideicomissária, nas garantias reais e na herança seriam vinculados a uma destinação para garantia, transferência ou utilização, formando patri-

---

[171] PEREIRA, Caio Mário da Silva. *Instituições de direito civil*: Introdução ao direito civil. Teoria geral de direito civil. 20. ed. Atualizado por Maria Celina Bodin de Moraes. Rio de Janeiro: Forense, 2004. v. 1.

[172] AMARAL, Francisco. *Direito civil* – introdução, 6. ed. rev. e atual. Rio de Janeiro: Editora Renovar, 2006.

[173] AMARAL, Francisco. *Direito civil* – introdução, 6. ed. rev. e atual. Rio de Janeiro: Editora Renovar, 2006.

mônios afetados, isto é, destinados a um fim, desfazendo-se a unidade e indivisibilidade tradicionais". Conclui o mestre, dizendo que, "enquanto a teoria clássica defende a tese de que uma pessoa só tem um patrimônio, a teoria moderna admite a possibilidade de existência de várias massas patrimoniais na esfera jurídica do mesmo titular".

No entanto, ainda prevalece na doutrina a teoria clássica ou subjetiva, na medida em que a teoria da afetação não conseguiu abalar as estruturas da teoria clássica, por um simples motivo: nada impede que bens integrantes do patrimônio de uma pessoa sejam destacados ou afetados para uma finalidade específica, mas tal afetação não vai fazer com que tais bens afetados constituam um patrimônio distinto.

Ainda que afetados, permanecerão no patrimônio geral da pessoa, cujo patrimônio está vinculado à sua personalidade, sendo a projeção econômica desta, independentemente da destinação dos bens e direitos que integram esse patrimônio. Mas qual a teoria que prevalece?

O patrimônio deve ser tratado como um conjunto unitário, ou seja, uma verdadeira universalidade de direito, conforme dispõe o art. 91 do CC. Não só o patrimônio, mas a herança, a massa falida, o estabelecimento comercial, dentre outros, também são universalidades de direito, ou seja, complexos de relações jurídicas de uma pessoa, dotados de valor econômico.

Para fins de identificar o patrimônio e compreender a sua estrutura jurídica, é relevante traçar paralelo entre o patrimônio e o estabelecimento comercial, universalidades de direito: o patrimônio e o fundo de comércio, ou estabelecimento comercial, são universalidades de direito. No entanto, há peculiaridades que os diferenciam, as quais merecem destaque. O patrimônio é universalidade diferente do estabelecimento comercial. Este é formado por complexo de bens organizado pelo empresário para o exercício da empresa. Tais bens são ligados, funcionalmente, para determinado fim. É mero conjunto de bens ligados a uma finalidade. Ou seja, no estabelecimento comercial, os bens devem ter ligação e se destinarem a uma finalidade. No patrimônio, os bens que, eventualmente o integram (e digo eventualmente, porque o patrimônio não é composto apenas de bens), não precisam ter relação entre si, ou seja, esses bens que compõem o patrimônio da pessoa não precisam estar vinculados a uma mesma finalidade, como ocorre com o estabelecimento comercial, que é um complexo de bens, mas não se confunde com a ideia de patrimônio.

O patrimônio, então, se forma de direitos e obrigações e engloba tanto os direitos reais quanto os direitos obrigacionais, desde que sejam apreciáveis economicamente. É a totalidade dos direitos e bens, dotados de apreciação econômica, pertencentes a um titular, sejam corpóreos ou incorpóreos.

Como diz Cristiano Chaves[174], o patrimônio representa economicamente a pessoa, vinculando-o à personalidade do seu titular, ou seja, adere à pessoa do titular. É necessária uma visão humanista do patrimônio, afirmando a sua funcionalidade à promoção da dignidade do homem".

O Código Civil de 1916 tratava o patrimônio como unidade abstrata, distinta dos elementos que o compõem (pois, no art. 57, tratava o patrimônio como uma universalidade subsistente por si mesma), o que não foi repetido pelo novo Código (o patrimônio não pode estar desvinculado de seus componentes ou ser considerado uma entidade própria e distinta, sob pena de se tornar relações jurídicas do indivíduo desintegradas da sua pessoa).

Sempre haverá uma relação necessária ou um elo entre o patrimônio, seus valores integrantes e a pessoa. Essa ideia de vinculação subjetiva entre patrimônio e pessoa é a marca registrada da teoria clássica ou subjetiva. Como decorrência da personalidade, toda pessoa tem um patrimônio, sendo ele uno e indivisível, abrangendo todo o conjunto das relações jurídicas do indivíduo. Tal teoria trata o patrimônio como um aspecto ou atributo da personalidade.

Para os adeptos da teoria clássica ou subjetiva, não há pluralidade de patrimônios, embora, em algumas situações, como no casamento, quando os cônjuges adotam o regime da comunhão parcial de bens, possa parecer que a pessoa venha a ser titular de vários patrimônios. Na realidade, o patrimônio pode ter diversas fontes, sendo uma verdadeira unidade econômica, como lembra Cristiano Chaves[175]. Por isso, não há que se cogitar em vários patrimônios, na linha da teoria clássica ou subjetiva.

Como consequência da vinculação entre o patrimônio e a personalidade, todas as pessoas são titulares de patrimônio, que é intransmissível *inter vivos* e, igualmente, unitário e indivisível.

Sobre a indivisibilidade do patrimônio, Caio Mário[176] argumenta: "A doutrina tradicional sustenta que o patrimônio é uno e indivisível no sentido de que não é possível conceber a sua pluralidade na mesma pessoa. Partindo da noção de que é uma decorrência da personalidade, todo indivíduo tem um patrimônio. Um só. Abrangendo todo o conjunto das relações jurídicas, não se pode imaginar que a mesma pessoa tenha mais de um, porque em qualquer circunstância, ainda que se procure teoricamente destacar mais de um acervo ativo-passivo de valores jurídicos, sempre há de exprimir a noção de patrimônio a ideia de conjunto, de reunião, e esta, segundo a própria razão natural, é una. O que há é a distinção de bens de procedência diversa no mesmo patrimônio. No mesmo patrimônio, acervos distintos pela origem ou destinação".

Em resumo: na relação entre bem jurídico e patrimônio, as diferenças são evidentes. As teorias sobre o patrimônio evidenciam essas diferenças.

Teoria subjetiva: vincula o patrimônio aos direitos da personalidade. O patrimônio é universalidade de direito

---

[174] FARIAS, Cristiano Chaves de; ROSENVALD, Nelson. *Direito civil:* teoria geral. 8. ed. Rio de Janeiro: Lumen Juris, 2009.

[175] FARIAS, Cristiano Chaves de; ROSENVALD, Nelson. *Direito civil:* teoria geral. 8. ed. Rio de Janeiro: Lumen Juris, 2009.

[176] PEREIRA, Caio Mário da Silva. *Instituições de direito civil:* Introdução ao direito civil. Teoria geral de direito civil. 20. ed. Atualizado por Maria Celina Bodin de Moraes. Rio de Janeiro: Forense, 2004. v. 1.

(unidade, econômico e vinculação). O patrimônio é universal, não é passível de cessão, é uno e indivisível. Ademais, o patrimônio, para essa teoria, é instrumento de tutela da pessoa humana. Por isso, o vínculo da teoria subjetiva do patrimônio com a teoria do patrimônio mínimo.

A teoria do patrimônio mínimo defende a funcionalização do patrimônio ao mínimo essencial da pessoa – núcleo material fundamental – dignidade da pessoa humana. Considera o patrimônio como instrumento ou meio e não como fim. O Código Civil adota a teoria do patrimônio mínimo nos arts. 548 e 928, parágrafo único, entre outros dispositivos.

Teoria objetiva: tal teoria não associa o patrimônio à personalidade, mas aos bens jurídicos. Defende a divisibilidade do patrimônio, em especial pela possibilidade de afetação de uma parcela desse patrimônio. O patrimônio não seria unitário e indivisível, mas formado de vários núcleos separados – conjuntos de bens destinados a fins específicos (ex.: substituição fideicomissária, nas garantias reais, massa falimentar etc.).

1.14.7. Classificação dos bens no Código Civil – bens em si considerados; bens reciprocamente considerados e bens públicos e privados

O estudo dos bens jurídicos sempre foi centrado na discussão e divisão entre móveis e imóveis. Historicamente, sempre houve a valorização do imóvel, embora tal fator tenha sido, ao longo da história, mitigado em razão da importância dos móveis.

Por exemplo, em Roma, a principal divisão teve como foco os bens úteis e ligados à agricultura, como terras, escravos, dentre outros, que tinham maior relevância e, por isso, os romanos exigiam formalidade especial para a alienação. Era a *res mancipi*. Por exclusão, os demais bens, ou as *res nec mancipi*, seriam todos aqueles que não possuíam qualquer vínculo com a agricultura e, por isso, não se exigiam formalidades para a sua alienação – que ocorria por simples tradição.

Francisco Amaral[177] retrata bem essa questão da transferência na época romana: "a alienação *da res mancipi* era complexa, constituindo-se em verdadeiro cerimonial, enquanto a das *res nec mancipi* era muito mais simples. Essa diferenciação passou a corresponder à existência entre móveis e imóveis, não só pelo critério físico da mobilidade, como pela respectiva importância social. A distinção entre imóveis e móveis é, assim, típica da tradição romanista e latina, embora sujeitos, de modo geral, ao mesmo regime jurídico".

Foi no período feudal que houve a valorização da propriedade imobiliária como fonte de riqueza, o que levou a uma distinção em relação aos bens, entre móveis e imóveis. Nesse período, o bem imóvel era a base do sistema econômico e das relações jurídicas. Por isso, essa classificação sempre foi reputada como a mais relevante na divisão dos bens por categorias: os imóveis sempre foram objeto central de tutela, tendo os móveis uma proteção residual.

1.14.7.1. Os bens em si considerados

Em relação aos bens *em si considerados*, o Código Civil trata dos imóveis e móveis, fungíveis e consumíveis; divisíveis e indivisíveis; singulares e coletivos. Cada um será analisado de forma detalhada. O objetivo desta classificação é definir a natureza jurídica do bem, ou seja, o que o bem efetivamente é em termos de estrutura e função, para que se possa resolver questões jurídicas na sua relação com o sujeito de direito. A natureza do bem jurídico definirá o regime jurídico ao qual será submetido.

Como já ressaltado, o bem jurídico, quando individualmente considerado, deve se submeter a determinado regime jurídico. O fato que definirá o regime jurídico é a natureza jurídica, de acordo com os critérios do Código Civil. Isoladamente, tal classificação é suficiente para resolver problemas relativos à titularidade e efeitos jurídicos obrigacionais e reais.

1.14.7.1.1. Bens imóveis e bens móveis

A classificação mais importante e relevante é a divisão dos bens entre imóveis e móveis, pois cada um desses grupos de bens possui um regime jurídico distinto e sua própria disciplina legal. Os estatutos jurídicos são diferentes e isso fica evidente em alguns dispositivos legais.

Por exemplo, o instrumento público é essencial para o ato constitutivo relativo aos imóveis acima de 30 salários mínimos, ao passo que o negócio jurídico envolvendo direitos reais, sobre bens móveis, pode estar materializado em instrumento particular, ou seja, menos formal; o prazo para aquisição dos bens imóveis, por usucapião, é bem mais longo do que os prazos para aquisição dos bens móveis; no casamento, a regra é a livre alienação dos móveis daquele que estiver na administração, ao passo que, em relação aos imóveis, como regra, somente é possível a transferência da propriedade com a autorização do outro cônjuge; em relação à aquisição, os imóveis têm, como principal modo de aquisição, o registro, ato formal, ao passo que o principal modo de aquisição dos móveis é a tradição; a posse de imóveis faz presumir a dos móveis neles instalados; em relação à garantia, os imóveis (com exceção de navios e aeronaves) podem ser objeto do instituto da hipoteca, ao passo que os móveis do penhor; as diversas restrições existentes sobre os imóveis dos filhos no poder familiar e no instituto da tutela, dentre outras diferenças.

Tal exemplo serve para demonstrar a diversidade das regras jurídicas, a depender da categoria do bem, ou melhor, da sua classificação como móvel ou imóvel, assim como a importância que a nossa legislação ainda atribui aos imóveis.

Na atualidade, os bens móveis conquistam cada vez mais espaço na legislação e, aos poucos, é mais valorizado que os imóveis, até porque ações e direitos obrigacionais, por exemplo, de importância fundamental na atual sociedade, são considerados bens móveis (art. 83, III, do CC). Assim, embora tenha sido dado um tratamento mais no-

---

[177] AMARAL, Francisco. *Direito civil* – introdução, 6. ed. rev. e atual. Rio de Janeiro: Editora Renovar, 2006.

bre ao imóvel pelo nosso Código Civil, o bem móvel vem conquistando o poder econômico e clama pelo mesmo prestígio do imóvel.

• **Imóveis**

Os arts. 79 a 81 do CC tratam dos bens imóveis, que podem ser classificados em três subgrupos, quais sejam, imóveis por natureza, incluindo a acessão natural; imóveis por acessão física ou artificial; e, finalmente, os imóveis por determinação da lei.

Os imóveis por natureza, acessão natural e acessão física foram definidos no art. 79 do CC, cuja redação é bem mais enxuta e objetiva do que a do art. 43 do diploma de 1916, que definia os imóveis.

Segundo o referido art. 79, são bens imóveis o solo e tudo quanto se lhe incorporar, natural ou artificialmente, que tem a definição completada pelos arts. 80 e 81, os quais disciplinam os imóveis por definição legal.

Os arts. 80 e 81 tornaram insubsistente a clássica definição de imóveis como sendo aqueles que não podem ser transportados de um local para outro, sem alteração da sua substância, pois, podem ser considerados como tais, ainda que possam vir a se deslocar para outro local, sem alteração da substância (como é o caso do art. 81, I).

O Código Civil de 1916, no art. 43, classificava os bens imóveis em imóveis por natureza, imóveis por acessão física e, finalmente, os imóveis por destinação do proprietário (acessão intelectual). O atual Código Civil não faz qualquer referência aos imóveis por acessão intelectual, como será ressaltado, e é uma grande novidade.

A omissão do novo Código, entretanto, despertou na doutrina a discussão sobre a manutenção ou não dessa categoria de imóveis por acessão intelectual. Após vários debates e inúmeras discussões, a tendência doutrinária é considerar que tal categoria foi, definitivamente, excluída do sistema jurídico, em que pese algumas resistências, como do grande Caio Mário, por conta, principalmente, do instituto das *pertenças* (objeto de análise em capítulo próprio).

O Enunciado 11 da I Jornada de Direito Civil, promovida pelo CJF, retrata essa tendência jurisprudencial, ao concluir que não persiste, no sistema legislativo, a categoria dos imóveis por acessão intelectual.

Retornando à classificação do Código Civil atual, iniciaremos pelos imóveis por natureza e por acessão natural.

• **Imóveis por natureza e acessão natural**

A definição dos imóveis por natureza e acessão natural está materializada no art. 79 do CC. Podem ser considerados, nessa categoria, o solo, com a sua superfície, os acessórios e adjacências naturais, subsolo e espaço aéreo, e tudo que a ele adere ou se incorpora naturalmente (imóveis por acessão natural). O solo e, principalmente, a incorporação (acessão) natural de qualquer substância ou coisa a ele, estão compreendidos nessa categoria.

O solo e tudo aquilo que a ele é aderente, em estado de natureza, independentemente de qualquer artifício ou engenho humano, são compreendidos como imóveis por natureza. Os arbustos e árvores não podem ser considerados imóveis por natureza, se resultantes de trabalho humano. Na verdade, se houver qualquer contribuição humana para a acessão, incorporação ou aderência, o imóvel passa a ser considerado por acessão física ou artificial.

É a contribuição humana que vai diferenciar os imóveis por acessão natural dos imóveis por acessão física. Se houver qualquer fato humano que contribua para essa incorporação, o imóvel, certamente, será qualificado como por acessão física.

Embora o Código Civil não faça qualquer referência ao subsolo e ao espaço aéreo, não há dúvida de que tais bens também são considerados imóveis por natureza, pois nada mais são do que a projeção física, para cima e para baixo, do próprio solo, ou prolongamento deste. Então, no conceito sintético do Código Civil, o subsolo e o espaço aéreo já estão incluídos no conceito de solo, sendo, portanto, imóveis por natureza.

Neste ponto, é indispensável fazer uma conexão com a parte especial do Código Civil que regula o direito das coisas. A definição de imóvel depende da análise dos limites traçados pela lei civil em relação ao direito de propriedade, quando este direito subjetivo tiver relação com os imóveis.

O Código Civil atual e a Constituição Federal trazem várias limitações ao direito de propriedade imobiliária, como as regras de vizinhança, as limitações administrativas, a própria função social da propriedade (exige que seja dada à propriedade uma destinação econômica e social, sob pena de perda dessa propriedade – art. 1.228, § 4º, do CC, que trata da *desapropriação judicial*), os limites e a extensão da propriedade imobiliária, as disposições sobre os bens públicos e as riquezas do subsolo, dentre outras coisas, as quais repercutirão no conceito de imóvel, no direito subjetivo de propriedade e, finalmente, no exercício efetivo desses direitos sobre esses imóveis.

Os arts. 1.229 e 1.230 do CC limitam a extensão do imóvel, para fins de exercício do direito de propriedade, impondo regras para a profundidade e o espaço aéreo correspondentes ao solo. O subsolo e o espaço aéreo estão compreendidos no solo, que é imóvel por natureza. No entanto, há limites, baseados nos critérios da utilidade e do interesse, para restringir essas projeções físicas do solo.

Segundo o art. 1.229 do CC, a propriedade do solo abrange a do espaço aéreo e subsolo correspondente, em altura e profundidade úteis ao seu exercício, não podendo o proprietário opor-se a atividades que sejam realizadas, por terceiros, a uma altura ou profundidade tais, que não tenha ele legítimo interesse em impedi-las.

Como se vê, o subsolo e o espaço aéreo são considerados imóveis por natureza apenas naquilo que for *útil* ao exercício do direito de propriedade e apenas até aquele limite até o qual o proprietário tenha *interesse* de se opor às obras realizadas por terceiros. Essa limitação da propriedade imobiliária é um desdobramento do princípio da função social da propriedade. O limite é a utilidade e o interesse. A titularidade ao infinito do subsolo e do espaço aéreo contemporânea ao Estado Liberal cede lugar para os critérios do interesse e da utilidade, afinados com o princípio da função social.

Tal dispositivo limita o conceito de imóvel ao restringir o direito de propriedade, no âmbito superior e inferior. Além disso, também é possível invocar o princípio da razoabilidade para se considerar, em concreto, a extensão do solo.

Não é só. O art. 1.230 do CC também traz limite quando prevê que a propriedade do solo não abrange as jazidas, minas e demais recursos minerais, os potenciais de energia hidráulica, os monumentos arqueológicos e outros bens referidos por lei específica. Tal dispositivo é afinado com os arts. 20 e 176, ambos da CF/88.

O art. 20 e seus incisos VIII, IX e X dispõem que são bens da União os potenciais de energia hidráulica, os recursos minerais, inclusive os do subsolo e as cavidades naturais subterrâneas, e os sítios arqueológicos e pré-históricos. Como se observa, todas as riquezas existentes no solo e no subsolo estão fora do domínio privado e pertencem à União.

O solo também se relaciona à superfície (arts. 1.369 a 1.377), na medida em que a superfície, por si só, passa a ter valor econômico autônomo. Segundo o art. 1.369, o proprietário pode conceder a outrem o direito de construir ou de plantar em seu terreno, por tempo determinado, mediante escritura pública registrada, de forma gratuita ou onerosa.

Como já ressaltado, as árvores e frutos pendentes, bem como todos os acessórios e adjacências naturais, que se incorporam ao solo, são considerados imóveis por acessão natural. Aliás, a palavra *acessão* significa aderência, incorporação, adesão etc. Tudo que adere ao solo sem qualquer artifício ou engenho humano ou tudo aquilo que adere naturalmente ao solo é considerado ou qualificado como imóvel por acessão natural.

Apenas uma observação neste momento: as árvores destinadas ao corte, utilizadas pela indústria madeireira, são consideradas bens móveis por antecipação. Caio Mário considera esses imóveis pela *normalidade*.

Em relação aos imóveis por acessão natural, podem implicar na aquisição da propriedade imobiliária (art. 1.248 do Código Civil).

Assim, são considerados imóveis, por acessão natural, porque adquirida a propriedade em decorrência de forças da natureza, ou seja, sem qualquer intervenção humana, as ilhas que se formam no leito de um rio, a aluvião, avulsão e álveo abandonado (arts. 1.249 a 1.252 do CC). Estes são os melhores exemplos de imóveis por incorporação e tal aderência decorre exclusivamente das forças da natureza.

O art. 1.249 enuncia que as ilhas formadas em correntes comuns ou particulares pertencem aos proprietários ribeirinhos fronteiros, observadas as seguintes regras: as que se formarem no meio do rio, naturalmente, consideram-se acréscimos sobrevindos aos terrenos ribeirinhos fronteiros de ambas as margens, na proporção de suas testadas, até a linha que dividir o álveo em duas partes iguais; as que se formarem, também naturalmente, entre a referida linha e a outra margem são considerados acréscimos aos terrenos ribeirinhos fronteiros desse mesmo lado; e, finalmente, as que se formarem, naturalmente, pelo desdobramento de um novo braço de rio continuam a pertencer aos proprietários dos terrenos à custa dos quais se constituírem. Essas ilhas pertencerão aos ribeirinhos, em decorrência de forças da natureza, mas também estão sujeitas a alguns limites, pois a própria Constituição trata como bens da União e dos Estados algumas ilhas.

O art. 1.250, ao disciplinar a aluvião, dispõe que pertencerão aos donos dos terrenos marginais os acréscimos formados de forma sucessiva e imperceptível por depósitos e aterros naturais (aqui entre a acessão natural) ao longo das margens das correntes ou pelo desvio das águas destas.

O art. 1.251, o qual regula a avulsão, também retrata exemplo de imóvel por aderência natural. Quando, por força natural violenta, uma porção de terra se destacar de um prédio e se juntar a outro, o dono desse outro adquirirá a propriedade do acréscimo, se indenizar o dono do primeiro ou, sem indenização, se, em um ano, ninguém houver reclamado.

Finalmente, o art. 1.252 do CC, também ligado ao tema *incorporação natural*, dispõe sobre o álveo abandonado ou leito abandonado. Tal leito abandonado pertencerá aos proprietários ribeirinhos das duas margens, sem que tenham indenização os donos dos terrenos por onde as águas abrirem novo curso, entendendo-se que os prédios marginais se estendem até o meio do álveo.

• **Imóveis por acessão física**

Tal categoria de imóveis está na última parte do art. 79 do CC: "(...) são imóveis tudo que se incorporar artificialmente ao solo".

Assim, como diz Francisco Amaral[178], tudo quanto o homem incorporar, permanentemente ao solo – como sementes lançadas à terra, os edifícios e construções, de modo que não se possa retirar sem destruição, modificação, fratura ou dano –, são considerados imóveis por acessão física.

A acessão, como já ressaltado, é a incorporação ou aderência de uma coisa a outra. Significa, portanto, união física. A diferença entre a acessão natural e a acessão física é que, nesta, a aderência é provocada pelo homem. Aqui, há um ato humano que provoca a incorporação, havendo um elo entre as coisas incorporadas, a coisa que recebe a incorporação e a atividade humana. Não são imóveis, por acessão física, as construções ligeiras ou provisórias, como barracas de feiras, pavilhões de circos, parques de diversões etc. Embora não se exija a perpetuidade, deve haver relativa permanência para que o bem seja qualificado como *imóvel*.

---

[178] AMARAL, Francisco. *Direito civil* – introdução, 6. ed. rev. e atual. Rio de Janeiro: Editora Renovar, 2006.

Importante ressaltar que a acessão ao solo se caracteriza como bem imóvel, independentemente de quem a tenha edificado, pois, em nosso sistema, não se exige, como condição para a imobilização, a circunstância de a coisa móvel pertencer ao dono, como ocorre no Código Civil francês. Assim, ainda que o dono dos materiais ou das sementes (dos móveis) não seja o dono do imóvel a que elas se destinam, se caracterizará o imóvel por acessão física. Aliás, o imóvel sempre prepondera sobre o móvel e, por isso, quando ocorrer a acessão física, este (móvel) assume a natureza daquele (imóvel).

Por outro lado, é importante lembrar que o nosso Código Civil, de forma inovadora, admite a transferência do domínio do solo (ou seja, do próprio imóvel) para o dono do móvel (acessão invertida – art. 1.255, parágrafo único).

Essa situação jurídica está disposta no art. 1.255, parágrafo único, do CC, cujo instituto a doutrina denomina *acessão invertida*. É desdobramento do princípio da função social da propriedade. Ocorrerá quando alguém, proprietário de móvel, construir ou plantar em terreno alheio, de boa-fé, e a construção ou plantação exceder consideravelmente o valor do imóvel (solo). A propriedade imobiliária será sacrificada. Tal questão será objeto de estudo no capítulo relativo aos direitos reais.

Antes de finalizar a matéria sobre os imóveis por acessão, é importante ressaltar algumas considerações sobre os imóveis por *acessão intelectual*. Como já dito, o atual Código Civil não faz qualquer referência a essa categoria. No entanto, em que pese a omissão, é controvertida a opinião dos doutrinadores a respeito da permanência ou não de tal classe de bens imóveis.

Em *substituição* aos bens imóveis por acessão intelectual, a Lei Civil, no art. 93, tratou das *pertenças*. Tal instituto possui outra disciplina jurídica, a qual inclui, em seu conceito, tudo aquilo que antes era considerado imóvel por acessão intelectual.

As pertenças são os bens que, não constituindo partes integrantes, se destinam, de modo duradouro, ao uso, serviço ou aformoseamento de outro. Todavia, isso não indica que possam ser considerados bens imóveis por acessão intelectual, modificando, assim, o tratamento dado à matéria.

As pertenças preenchem, atualmente, o espaço jurídico anteriormente ocupado pelos imóveis por acessão intelectual. Na verdade, são institutos que não mais se compatibilizam, como melhor será analisado adiante.

As pertenças serão tratadas oportunamente, quando cuidarmos dos bens *reciprocamente considerados*.

O art. 79 não faz qualquer referência às acessões intelectuais. Em que pese a omissão legislativa sobre os imóveis por acessão intelectual e, também por conta desta omissão, parte da doutrina, de forma equivocada, considera permanecer a sua disciplina. A discussão perde o sentido quando se verifica que os bens, anteriormente qualificados como imóveis por acessão intelectual, atualmente são as denominadas *pertenças*. De fato, tal instituto abrange todo o espaço antes ocupado pelos imóveis por acessão intelectual. No mais, não há como considerar que os imóveis por acessão intelectual estariam implícitos no art. 79 do CC, quando este regula os imóveis por acessão física.

Os imóveis por acessão intelectual eram bens imobilizados pela vontade humana. Tais bens se mantinham intencionalmente empregados na exploração industrial, aformoseamento ou comodidade, para servir a outro bem.

Os bens imóveis por acessão intelectual, disciplinados no Código Civil de 1916, diferem, substancialmente, da acessão física, pois não há naqueles uma adesão material ou incorporação, mas somente são *rotulados* imóveis pelo fato de o proprietário destinar coisas móveis a serviço do imóvel (afetação do móvel ao imóvel, sendo uma ficção legal).

Nessa categoria de bens, como diz o mestre Caio Mário, se estabelece um vínculo meramente subjetivo, onde os móveis não aderem ao solo, mas a ele se vinculam pelo fato de sua utilização econômica. Como a projeção imobiliária é fruto da mente humana, o caráter de imóvel não é definitivo, pois a mesma mente pode retorná-los à condição de móvel. A coisa móvel deve pertencer ao dono do imóvel e destina-se à finalidade econômica da coisa principal.

O tesouro tem uma situação peculiar. Para ser considerada imóvel, não basta que a coisa móvel esteja dentro do solo, pois o tesouro, mesmo quando enterrado, não perde as características de móvel. Segundo o art. 1.264 do CC, o depósito antigo de coisas preciosas, oculto e de cujo dono não se tenha memória, será dividido, por igual, entre o proprietário do prédio e o que achar o tesouro casualmente. Nesse caso, o tesouro, mesmo incorporado ao solo, é considerado um bem destacado ou distinto do solo, como são as riquezas previstas no art. 176 da CF/88 e, por essa razão, são qualificados como bens móveis.

• **Imóveis por determinação da lei**

Além dos imóveis por natureza e por acessão natural e artificial, ainda há os *imóveis por definição legal*, previstos nos arts. 80 e 81 do CC. Tais bens são considerados imóveis em decorrência de uma imposição legal e, por isso, sua natureza não pode ser alterada pela vontade das partes. Tais imóveis estão excluídos do âmbito da autonomia privada. Em relação à imobilização, por imposição legal, a grande novidade é que as apólices da dívida pública não são mais consideradas bens imóveis (estas são móveis).

Estes são bens, incorpóreos ou imateriais, que o legislador trata como imóveis, com o objetivo de conferir aos mesmos maior segurança nas relações jurídicas. O regime jurídico imobiliário é mais rígido que o mobiliário.

Quais são eles?

Segundo o art. 80 do CC, consideram-se imóveis, para efeitos legais, os direitos reais sobre imóveis e as ações que os asseguram, bem como o direito à sucessão aberta. Entre os primeiros estão o direito subjetivo à propriedade e a enfiteuse, servidão, usufruto, superfície, uso, habitação, direito real do promitente comprador, direitos reais de garantia e as ações que os asseguram, conforme rol do art. 1.225 do CC.

As ações, por exemplo, seriam a reivindicatória, hipotecária, negatória de servidão etc. No caso do direito à sucessão aberta, ainda que todos os bens deixados pelo *de cujus* sejam móveis, para fins legais são considerados imóveis. O regime jurídico imobiliário do direito à sucessão aberta confere maior segurança para a administração da herança que, até a partilha, é considerado todo unitário e indivisível (art. 1.791 do CC).

Além disso, também por ficção, alguns bens, aparentemente móveis, não perdem o caráter de imóveis. Quais são eles? Segundo o art. 81, não perdem o caráter de imóveis as edificações que, separadas do solo, mas conservando a sua unidade, forem removidas para outro local (atende aqui o legislador as novas formas de construção, como edificações ou casas de madeira pré-fabricadas) e os materiais, *provisoriamente* separados de um prédio, para nele se reempregarem (é fundamental que a reutilização do material se dê no mesmo prédio).

O inciso I do art. 81 do CC constitui novidade em matéria imobiliária, atendendo a essas novas formas de construções pré-moldadas. Em relação às edificações separadas, só poderão ser consideradas imóveis se mantiverem essa destinação econômica e social. Se nunca forem imobilizadas, não podem ser consideradas imóveis.

No caso do inciso II do art. 81, deve existir uma finalidade de reaproveitamento. Tal dispositivo leva em conta a intenção do proprietário, no sentido de reempregar os materiais no mesmo imóvel de onde foram retirados, pois ausente essa intenção, os bens consideram-se móveis (art. 84 do CC).

- **Móveis**

Os bens móveis estão definidos nos arts. 82 a 84 do CC. Embora não possam ser equiparados aos imóveis para fins de tutela estatal e relevância social, em tempos recentes é inequívoco o destaque legislativo que ostentam, justamente pela relevância econômica e social que passaram a ostentar, como é o caso das ações e de alguns direitos.

Os bens móveis podem ser definidos em móveis por natureza, por antecipação e por definição legal.

A grande novidade na definição dos móveis por natureza é a necessidade de se preservar a destinação econômica e social em caso de remoção, como condição para caracterizá-los como bens móveis.

O bem móvel por natureza é aquele capaz de ser transportado ou removido de um local para outro, com a condição de serem preservadas a substância e a destinação econômica e social. O art. 82 torna completa a definição dessa espécie de bens ao exigir a preservação da finalidade social em caso de remoção. Prejudicada a finalidade social, o bem será considerado imóvel e se sujeitará ao regime jurídico deste.

Se o bem móvel, ao ser removido de um local para outro, mantiver íntegra e preservada a substância, mas houver prejuízo à destinação econômica e social, passará a ser considerado imóvel, para todos os efeitos.

A finalidade econômica e social acompanharia, necessariamente, a preservação da substância, para manter a natureza mobiliária do bem.

Isso tudo serve para demonstrar a dificuldade em se separar os elementos *preservação da substância* e *preservação da finalidade econômica e social*, para descaracterização do bem móvel. A doutrina civilista não explica tal característica, simplesmente porque não se vislumbra, na prática, quando e em que condições a cisão desses elementos poderia ocorrer.

Apenas um registro: os navios e aeronaves, embora objetos de hipoteca, são considerados bens móveis por natureza (art. 82 do CC).

A acessão natural ou física acaba por transformar a natureza dos bens móveis em imóveis (isso ocorre em razão da relação fática entre bens, que exigirá a invocação dos bens reciprocamente considerados). Até a incorporação a imóvel, o móvel mantém a sua característica. Todavia, após a adesão, passa a integrar o imóvel, como é o caso dos materiais de construção (enquanto separados, são móveis; após a adesão material, passam para a condição de imóveis).

Além dos móveis por natureza, há os móveis *por antecipação* e *por determinação legal*. Os bens móveis por antecipação são aqueles naturalmente incorporados ao imóvel. Embora incorporados ao solo, são destinados a serem destacados e convertidos em móveis.

Caio Mário[179], em relação a esses bens, sintetiza: "(...) trata-se daqueles bens que são naturalmente incorporados ao imóvel, e, portanto, imóveis, mas que destinam a ser proximamente destacados e mobilizados, como a mata destinada ao corte. A mesma vontade humana que tem o condão de imobilizar bens móveis, pondo-os a serviço da coisa imóvel, deve ter o poder de mobilizar bens imóveis, em função da finalidade econômica".

Os móveis por antecipação, assim como o tesouro, ambos vinculados transitoriamente à terra (art. 1.264 do CC), não perdem a natureza de bens móveis, mesmo se conectados materialmente ao solo. Assim, toda coisa que acede, adere ou se incorpora ao solo é considerada imóvel por natureza ou por acessão física. Os móveis por antecipação e o tesouro são exceções a essa regra, pois, embora vinculados materialmente, ligados mesmo à terra ou ao solo, não perdem a natureza jurídica de bens móveis.

No caso dos móveis por antecipação, é a finalidade econômica e social que impede que estes adquiram a natureza imobiliária enquanto estiverem transitoriamente vinculados ao solo. Em relação ao tesouro, por ser uma riqueza, é considerado objeto separado do solo, distinto deste, razão pela qual mantém a sua natureza mobiliária, ainda que enterrado.

No caso dos móveis por antecipação, ausente a finalidade econômica ou caso a incorporação não seja transitória, perderão o caráter de móveis e passarão para a categoria dos imóveis por acessão.

Finalmente, restam os *móveis por determinação legal*.

---

[179] PEREIRA, Caio Mário da Silva. *Instituições de direito civil*: Introdução ao direito civil. Teoria geral de direito civil. 20. ed. Atualizado por Maria Celina Bodin de Moraes. Rio de Janeiro: Forense, 2004. v. 1.

Segundo o art. 83 do CC, consideram-se móveis, para os efeitos legais, as energias com valor econômico (qualquer espécie de energia, como a elétrica, a genética, a mecânica, a térmica, a radioativa, entre outras); os direitos reais sobre móveis e as ações que os asseguram; os direitos pessoais de caráter patrimonial (exemplo mais marcante são os de créditos, objeto do direito das obrigações, e o estabelecimento comercial) e respectivas ações. São bens imateriais que adquirem essa qualidade jurídica por disposição legal.

Os direitos autorais, ao teor do disposto no art. 3º da Lei n. 9.610/88, são considerados bens incorpóreos e móveis.

Ainda segundo Caio Mário[180], são considerados móveis os direitos decorrentes da propriedade intelectual (art. 5º da Lei n. 9.279/96), o estabelecimento formado de elementos incorpóreos e "as quotas de capital ou ações que tenha o indivíduo em uma sociedade, seja esta de que natureza for, os títulos patrimoniais de associações, os títulos de crédito".

De todos os móveis, para fins legais, os mais importantes, sem dúvida, são os direitos obrigacionais. Tais direitos possuem a prestação como seu objeto (dar, fazer ou não fazer), impondo a aplicação de todo o regime jurídico dos móveis, mais flexível, em relação às obrigações de uma maneira geral e aos negócios vinculados a qualquer obrigação.

O art. 84 do CC, por sua vez, apenas faz um esclarecimento, aparentemente desnecessário, sobre os móveis. No caso, em confirmação ao caráter móvel de alguns bens, há referência aos materiais que se destinam à construção (com exclusão dos que seriam reaproveitados) e àqueles provenientes de demolição.

O art. 84 é autoexplicativo: "Os materiais destinados a alguma construção, enquanto não forem empregados, conservam sua qualidade de móveis; readquirem essa qualidade os provenientes de demolição de algum prédio".

Apenas uma observação: caso não se tenha a intenção de reempregar os materiais de construção no mesmo imóvel, consideram-se móveis. Se houver a intenção de reaproveitar, reempregando os materiais na mesma obra, incide a regra do art. 81 e passam para a categoria dos imóveis.

1.14.7.1.2. Bens fungíveis e infungíveis

O art. 85 do CC define a fungibilidade quando diz que são fungíveis os *móveis* que podem, como o dinheiro, substituir-se por outros da mesma espécie, qualidade e quantidade. Já os bens não fungíveis são aqueles que não podem, dessa forma, ser substituídos, como um quadro de pintor famoso.

Assim, a ideia de fungibilidade tem relação com a possibilidade de substituição. As coisas fungíveis não possuem personalidade ou identidade própria, ou seja, não se identificam pela sua individualidade, mas pela quantidade e qualidade. Os bens fungíveis não podem ser individualizados, personalizados ou especificados.

Amaral[181] define, adequadamente, os bens fungíveis quando diz que eles "são substituíveis porque são idênticos, econômica, social e juridicamente".

Caio Mário[182] também traz importante contribuição a respeito dos bens fungíveis: "as coisas fungíveis guardam entre si uma relação de equivalência, o que lhes atribui um mesmo poder liberatório, e significa que o devedor tem a faculdade de se quitar da obrigação, entregando ao credor uma coisa em substituição à outra, desde que do mesmo gênero, da mesma qualidade e da mesma quantidade".

Em contrapartida, ao interpretar o art. 85, sem sentido invertido, pode-se dizer que os bens infungíveis possuem identidade própria, por serem personalizados e específicos. Tais características os tornam insubstituíveis e, em consequência, será reduzido o poder de liberação do devedor. Essa individualidade própria ou essas qualidades individuais caracterizam a *infungibilidade*.

O citado art. 85 restringe a fungibilidade aos bens móveis. Portanto, a fungibilidade é característica exclusiva dessa espécie de bens. Os imóveis seriam sempre infungíveis.

No entanto, a doutrina civilista, de modo geral, admite, por exceção, a fungibilidade dos bens imóveis. Essa tese é sustentada por Caio Mário e ganhou a simpatia de vários autores.

Caio Mário[183] afirma: "(...) o desenvolvimento dos negócios imobiliários veio criar, com certas situações especiais, a extensão da ideia de fungibilidade aos imóveis, como no caso de vários proprietários comuns de um loteamento ajustarem partilhar entre si os lotes ao desfazerem a sociedade: um que se retire receberá certa quantidade de lotes, que são havidos como coisas fungíveis, até o momento da lavratura do instrumento, pois que o credor não o é de corpo certo, mas de coisas determinadas tão somente pelo gênero, pela qualidade e quantidade".

Embora seja quase unânime para a doutrina a adoção desse exemplo como espécie de imóvel infungível em razão da natureza, defendemos a impossibilidade da fungibilidade imobiliária. Os bens *imóveis* sempre serão bens infungíveis, com personalidade e identidade próprias. Não há como transigir com o art. 85 do CC. Tal norma restringe a fungibilidade a uma única categoria de bens, qual seja, os móveis. Portanto, a fungibilidade parte do pressuposto da mobilidade do bem.

A outra questão: haveria dois tipos de fungibilidade, em decorrência da natureza e da convenção das partes?

---

[180] PEREIRA, Caio Mário da Silva. *Instituições de direito civil*: Introdução ao direito civil. Teoria geral de direito civil. 20. ed. Atualizado por Maria Celina Bodin de Moraes. Rio de Janeiro: Forense, 2004. v. 1.

[181] AMARAL, Francisco. *Direito civil* – introdução, 6. ed. rev. e atual. Rio de Janeiro: Editora Renovar, 2006.

[182] PEREIRA, Caio Mário da Silva. *Instituições de direito civil*: Introdução ao direito civil. Teoria geral de direito civil. 20. ed. Atualizado por Maria Celina Bodin de Moraes. Rio de Janeiro: Forense, 2004. v. 1.

[183] PEREIRA, Caio Mário da Silva. *Instituições de direito civil*: Introdução ao direito civil. Teoria geral de direito civil. 20. ed. Atualizado por Maria Celina Bodin de Moraes. Rio de Janeiro: Forense, 2004. v. 1.

Como bem ressalta Paulo Nader[184], fazendo referência ao exemplo de Caio Mário, "se a análise se fizer em função de acordo entre as partes, havemos de considerar que qualquer bem material pode assumir configuração da fungibilidade". Com razão o professor Nader, pois, nesse caso, por conta de acordo, qualquer bem seria fungível, independentemente da sua individualidade. O sistema não permite a alteração da natureza do bem, de infungível para fungível, por acordo das partes. Excepcionalmente, se admite a *infungibilidade* por convenção entre as partes, mas não a fungibilidade.

Ao admitir a fungibilidade por um mero acordo, as partes poderiam destruir a característica e a individualidade de um bem imóvel qualquer, para substituí-lo por outro. E mais, ainda que haja esse acordo, seria impossível a substituição por outro imóvel da mesma espécie, qualidade e quantidade, tendo em conta que cada imóvel tem uma qualidade individual, o que torna impossível a substituição ou a fungibilidade.

Essa autonomia não se vislumbra no art. 85 do CC e tampouco na constatação natural da impossibilidade física de imóveis absolutamente iguais.

Por outro lado, nada impede que as partes, por acordo, convertam bem naturalmente fungível em não fungível. Isso seria possível, pois não haveria afronta ao art. 85 do CC e o interesse econômico e a função social de determinada obrigação podem levar as partes a indispor qualquer bem.

Na verdade, nesse caso, haveria apenas uma limitação ao poder de liberação, com reforço ao vínculo obrigacional. Assim, a vontade das partes poderia tornar não fungíveis certas coisas fungíveis.

A divisão entre bens fungíveis e não fungíveis é de grande relevância. Inicialmente, essa distinção tem importância no caso de destruição da coisa, pois, se for fungível, pode ser substituída por outra da mesma espécie, qualidade e quantidade. Por outro lado, se for não fungível, em caso de danificação, o caminho é a indenização (perdas e danos).

A ideia da fungibilidade repercute também nas obrigações de fazer. Se determinado serviço puder ser prestado por terceiro, é fungível. Em caso contrário, é infungível. O art. 249 do CC torna possível que o objeto da prestação de fazer seja exequível pelo devedor ou por terceiro. Segundo esse dispositivo, se o fato (fato como bem jurídico) puder ser executado por terceiro, será livre ao credor mandá-lo executar, às custas do devedor, havendo recusa ou mora deste. Nesse caso, a obrigação de fazer poderá ser cumprida pelo devedor ou por terceiro, pois, sendo a obrigação de fazer infungível, não se leva em conta as qualidades especiais do devedor, mas, principalmente, o resultado da atividade ou o cumprimento da prestação.

O interesse do credor está relacionado à execução do serviço, independentemente de quem cumprirá a prestação de fazer, razão pela qual é possível substituir o devedor por um terceiro.

Já a prestação infungível deve, obrigatoriamente, ser cumprida pelo próprio devedor, não podendo o credor ser constrangido a receber a prestação de um terceiro. Tal infungibilidade pode resultar de acordo ("art. 247 – (...) a ele só imposta") ou da própria natureza da obrigação ("art. 247 – (...) só por ele exequível").

A distinção também tem relevância para diferenciar mútuo e comodato. É justamente a fungibilidade o fato preponderante a distinguir os dois institutos de maneira precisa. O art. 579 do CC conceitua o comodato como o empréstimo de coisas não fungíveis, ao passo que o art. 586 do CC trata o mútuo como o empréstimo de coisas fungíveis. Tais contratos reais – ou seja, que impõem a tradição do bem para a constituição e formação do próprio contrato – se diferenciam pela fungibilidade, o que torna o mútuo mais flexível, pois o poder de liberação do devedor será maior, uma vez que poderá devolver qualquer coisa da mesma espécie, qualidade e quantidade.

O art. 369 do CC, que regula a compensação legal (a convencional não exige a fungibilidade), e trata de uma das hipóteses de adimplemento da obrigação, *sem pagamento*, impõe a fungibilidade das dívidas como condição para a compensação legal. As prestações devem ser fungíveis entre si.

Os arts. 307 (adimplemento de coisas fungíveis por não proprietário e boa-fé), 565 (locação de coisas) e 645 (o depósito de coisas fungíveis é considerado irregular, porque se submete às regras do mútuo, que é o empréstimo de coisas fungíveis e, por isso, transfere a propriedade ao mutuário – a propriedade é transferida em função da fungibilidade, não do contrato) também fazem referência à fungibilidade.

1.14.7.1.3. Bens consumíveis

Os bens consumíveis estão disciplinados no art. 86 do CC.

Para esse dispositivo, são consumíveis os bens *móveis*, cujo uso importa a destruição imediata da própria substância, sendo também considerados como tais os destinados à alienação.

O dispositivo traz duas espécies de bens consumíveis: os consumíveis por natureza e os consumíveis juridicamente. O consumo pode ser natural ou jurídico. Como diz Francisco Amaral[185]: "(...) a consumibilidade é própria dos móveis e é conceito econômico jurídico que não coincide necessariamente com o sentido físico. É qualidade daquilo que se destrói com o primeiro uso, como os alimentos (consumo natural), ou daquilo que se destina a ser alienado, como as mercadorias de um armazém, roupas, livros etc. (consumo jurídico). A consumibilidade é natural quando se verifica com o simples uso, e jurídica quando ocorre com a alienação".

Os bens consumíveis juridicamente são aqueles que se destinam à alienação, mas que, por natureza, poderão não apresentar a característica de ser consumível. No caso, a diferença entre a consumibilidade *natural* e *jurídica*

---

[184] NADER, Paulo. *Curso de direito civil*. 2. ed. rev. Rio de Janeiro: Forense, 2004.

[185] AMARAL, Francisco. *Direito civil* – introdução, 6. ed. rev. e atual. Rio de Janeiro: Editora Renovar, 2006.

está no critério: o critério para a consumibilidade *natural* é físico e o critério para a *jurídica* é normativo (finalidade). Por exemplo, para o livreiro, o livro é consumível juridicamente, pois é destinado à alienação, mas, para o leitor, é inconsumível por natureza (suporta o uso continuado) e juridicamente (porque não se destina à alienação).

Portanto, os não consumíveis são aqueles bens que suportam uso continuado, sem prejuízo do seu perecimento progressivo e natural (o uso não importa destruição imediata da substância, como o automóvel, o livro para quem compra, a mesa etc.).

Em geral, os consumíveis perdem a substância com o primeiro uso, enquanto os não consumíveis não se exaurem no primeiro uso. Caio Mário afirma que "os não consumíveis são aqueles cuja utilização não atinge a sua integridade. A noção originária da consumibilidade é, pois, ligada à ideia de destruição da própria coisa".

Em síntese, o fato de ser *consumível* se associa com a ideia de *não renovação*, que se exaure com a sua utilização imediata. Além das coisas materialmente consumíveis, consideram-se juridicamente consumíveis os bens destinados à alienação, mesmo se, materialmente, não possam ser assim considerados. Os bens juridicamente consumíveis não podem ser destruídos pelo uso, mas a utilização não pode ser renovada, porque implicará na sua alienação.

É, portanto, a renovação ou não do uso, seja sob o aspecto material ou jurídico, o elemento essencial para definir a consumibilidade ou não do bem.

A doutrina, de maneira geral, também admite que o bem se torne inconsumível pela vontade das partes.

Para finalizar, como bem lembra Amaral: "(...) a consumibilidade não se identifica com a fungibilidade. Esta deriva de uma relação de identidade ou equivalência, não sendo uma característica natural da coisa, aquele diz respeito ao uso a que se destina. No entanto, as coisas fungíveis são em geral consumíveis, embora existam coisas fungíveis não naturalmente consumíveis, como livros, móveis etc.".

1.14.7.1.4. Bens divisíveis e bens indivisíveis

Os arts. 87 e 88 do CC tratam da disciplina jurídica dos bens divisíveis e não divisíveis.

O bem divisível é assim considerado porque pode ser partido em porções reais e distintas, sem alteração da substância ou diminuição considerável do valor ou prejuízo ao uso a que se destina. Tais bens formam cada qual um todo perfeito.

Dessa forma, o bem divisível sempre comportará fracionamento, desde que preservada, na íntegra, a substância ou estrutura, o valor e sua função social e econômica. O Código Civil, no art. 87, tornou mais substancial o conceito de divisibilidade, ao exigir que, em caso de fracionamento, além da essência ou natureza, também seja preservada a sua finalidade econômica, sua utilidade e o valor. Somente será divisível o bem que preserve todas essas características após o fracionamento.

A diferença em relação ao Código Civil de 1916 é nítida, pois, anteriormente, a indivisibilidade levava em conta apenas a alteração da substância, além da exigência legal ou de convenção das próprias partes, conforme art. 53, I e II. No atual Código, por conta do art. 87, como desdobramento do princípio da função social, a ser observado também na esfera dos bens jurídicos, não basta a preservação da substância ou essência, mas, principalmente, da finalidade social, econômica e do valor.

Se o bem jurídico, ao ser fracionado, prejudicar qualquer dos requisitos exigidos pelo art. 87, por exclusão, será considerado indivisível. Por isso, serão indivisíveis as coisas cujo *fracionamento tenha como consequência* a alteração da sua substância, diminuição considerável do seu valor ou acarrete prejuízo ao uso ou à finalidade a que se destinam (art. 87 do CC).

O critério a ser considerado no art. 87 é o respeito às qualidades essenciais do todo, após a fragmentação (preservação da substância, do valor e da finalidade). Portanto, como se pode observar, na atualidade, a divisibilidade não mais se restringe à substância da coisa, vinculando-se também ao valor econômico do bem e à sua destinação.

O art. 87 trata da *indivisibilidade natural* e o art. 88 trata da *indivisibilidade jurídica*.

Além da divisibilidade ou indivisibilidade por natureza ou material, o Código Civil, no art. 88, em reprodução ao art. 53, II, do diploma de 1916, trata da indivisibilidade jurídica, ou seja, aquela relacionada às determinações da lei ou de negócio jurídico (convenção das partes). É nesse sentido o art. 88, quando afirma que "os bens naturalmente divisíveis podem tornar-se indivisíveis por determinação da lei ou por vontade das partes".

Segundo o artigo, o bem passível de fracionamento, sem alteração da substância, da finalidade social ou do valor, ou seja, por natureza e materialmente divisível, pode, em decorrência de uma exigência legal ou de um negócio jurídico, passar para outra categoria, qual seja, dos bens indivisíveis. Neste caso, a eles será aplicado o regime jurídico da indivisibilidade.

Os bens que, embora naturalmente divisíveis, podem ser considerados indivisíveis, por força de lei, são aqueles previstos no ordenamento jurídico. Há vários exemplos. No condomínio edilício, são indivisíveis as partes que integram a propriedade comum dos condôminos, segundo o § 2º do art. 1.331 do CC: "(...) e as demais partes comuns, inclusive o acesso ao logradouro público, são utilizados em comum pelos condôminos, não podendo ser alienados separadamente, ou divididos". O muro que separa terrenos contíguos também é outro exemplo de indivisibilidade legal.

Além destes, podem ser citadas as servidões prediais que, segundo o art. 1.386, são consideradas indivisíveis, por força de lei, na medida em que subsistem, ainda que os imóveis que venham a gravar sejam divididos.

A herança, até a partilha, será indivisível, nos termos do parágrafo único do art. 1.791, razão pela qual, enquanto permanecer em tal estado, se sujeitará às regras do condomínio. Tal indivisibilidade, decorrente da lei, é temporária, pois perdura até a partilha, quando cada um dos coerdeiros terá direito à sua cota-parte. Enquanto não ocorrer a partilha, todos os herdeiros exercerão posse sobre toda a herança e, por isso, todos serão proprietários e possuidores do todo.

O art. 1.322 do CC também faz referência à indivisibilidade legal no caso de condomínio tradicional, pois, se a coisa em condomínio for indivisível e não havendo possibilidade de adjudicação, resta apenas a alienação para a divisão do produto da venda.

Como bem acentua Caio Mário[186], a divisibilidade "é própria dos bens corpóreos; mas o direito estende a ideia aos incorpóreos, admitindo que haja obrigações divisíveis e indivisíveis".

Realmente, a indivisibilidade legal não se restringe aos bens corpóreos ou materiais. Ao contrário, a ideia de divisibilidade ou indivisibilidade é altamente relevante para as obrigações, que podem ter por objeto prestação divisível ou indivisível e, ainda, para os direitos reais, que também, em algumas hipóteses, fazem menção à indivisibilidade.

Em relação ao direito obrigacional, os arts. 257 a 263 do CC tratam das obrigações divisíveis e indivisíveis, sendo a regra a divisibilidade, conforme preceitua o art. 257. O Código Civil considera como indivisível apenas a prestação que tenha por objeto uma coisa ou um fato não suscetível de divisão, por sua natureza, por motivo de ordem econômica ou dada a razão determinante do negócio jurídico (art. 258).

Referido artigo tem correspondência e conexão com a indivisibilidade natural (mencionada no art. 87), com a legal e, finalmente, com a convencional. Se a obrigação, em qualquer dessas hipóteses, for indivisível, a prestação deve ser cumprida por inteiro, justamente porque será impossível o fracionamento do objeto, seja por conta da natureza, da lei ou de um negócio jurídico.

A indivisibilidade da obrigação é objetiva, pois está relacionada ao objeto da obrigação, que não se sujeita ao fracionamento. Os credores podem exigir a prestação por inteiro, assim como os devedores devem cumprir a prestação por inteiro, apenas porque o objeto da prestação, por qualquer das hipóteses do art. 258, não pode ser fracionado.

Além da obrigação, no campo dos direitos imateriais, também é indivisível a hipoteca, direito real de garantia, conforme art. 1.421 da Lei Civil.

Finalmente, o art. 88 do CC menciona a indivisibilidade em decorrência de uma convenção das partes ou de um negócio jurídico. As partes podem transformar a natureza do bem, por acordo, de divisível por natureza para indivisível juridicamente. É desdobramento do princípio da autonomia privada, que terá grande repercussão no campo das obrigações. Assim, por convenção ou manifestação de vontade, estas podem acordar que referidos bens, naturalmente divisíveis, se tornem indivisíveis.

1.14.7.1.5. Bens singulares e coletivos

A disciplina jurídica dos bens singulares e coletivos está disposta nos arts. 89 e 90 do CC.

O art. 89 dispõe que são singulares os bens que, embora reunidos, se consideram de *per si*, independentemente dos demais. O bem singular é simplesmente aquele considerado individualmente, podendo ser objeto de relação jurídica própria, ainda que reunido com outros bens. É, portanto, aquele que não perde a sua autonomia e individualidade própria, mantendo a sua independência em relação a outros bens, como uma árvore em relação à floresta ou um livro em relação à biblioteca.

A árvore pode ser bem singular ou coletivo, conforme seja considerada individualmente ou agregada a uma floresta, pois, embora reunida com outras árvores, é independente das demais. Pode-se dizer que constitui uma unidade física independente.

Os bens singulares podem ser simples ou compostos. Simples são as coisas constituídas de um todo formado naturalmente ou em consequência da arte humana, como um animal, uma planta, um vaso etc. Compostas são as coisas que se juntam, unindo diferentes objetos em um só todo, sem que desapareça a condição particular de cada um, como um edifício, em que há paredes, travas, portas, quadros, ou um navio, em que existe o casco, alguns aparelhos etc. As coisas compostas são sempre artificiais.

Segundo Amaral[187]: "As coisas simples constituem uma unidade material incindível; as compostas formam-se de coisas simples. Em face disso, é possível a existência de direitos, tanto sobre a coisa composta, na sua unidade, como sobre seus elementos componentes, o que não se verifica nas coisas simples". Caio Mário[188] define bem a diferença entre bens singulares simples e compostos com um exemplo: "uma árvore é uma coisa simples, um navio uma coisa composta, mas uma e outra são coisas singulares". Gomes[189] é preciso quando diz que: "nas coisas simples as partes são incindíveis porque, separadamente, não possuem relevância".

As coisas compostas, na lição de Nader[190]: "se formam pela íntima conexão de coisas simples; não a mera reunião de elementos, mas a sua conjunção, pelo que cada qual perde a sua individualidade. O computador, o edifício, o automóvel, são alguns exemplos de coisas compostas".

Por outro lado, os bens singulares, sejam simples ou compostos, não se confundem com os coletivos, que representam justamente a união dos bens singulares, simples ou compostos. Explica-se: uma árvore é bem singular simples ao passo que um automóvel ou navio são bens singulares compostos, pois possuem autonomia e individualidade, mas que se formaram pela conexão de coisas simples,

---

[186] PEREIRA, Caio Mário da Silva. *Instituições de direito civil*: Introdução ao direito civil. Teoria geral de direito civil. 20. ed. Atualizado por Maria Celina Bodin de Moraes. Rio de Janeiro: Forense, 2004. v. 1.

[187] AMARAL, Francisco. *Direito civil* – introdução, 6. ed. rev. e atual. Rio de Janeiro: Editora Renovar, 2006.

[188] PEREIRA, Caio Mário da Silva. *Instituições de direito civil*: Introdução ao direito civil. Teoria geral de direito civil. 20. ed. Atualizado por Maria Celina Bodin de Moraes. Rio de Janeiro: Forense, 2004. v. 1.

[189] GOMES, Orlando. *Introdução ao direito civil*. 19. ed. rev. e atual. Rio de Janeiro: Forense, 2008.

[190] NADER, Paulo. *Curso de direito civil*. 2. ed. rev. Rio de Janeiro: Forense, 2004.

no caso dos veículos e navios, de peças. Os bens coletivos representam a união de vários bens singulares, simples ou compostos, como a floresta ou a frota de navio.

No caso dos bens coletivos, se subdividem em duas modalidades: 1– universalidades de fato, art. 90; 2– universalidades de direito, art. 91:

• **Universalidade de fato**

Segundo o art. 90, constitui universalidade de fato a pluralidade de bens singulares que, pertinentes à mesma pessoa, tenham destinação unitária.

A universalidade de fato exige, portanto, para sua caracterização, dois requisitos: 1– os bens singulares que formam os bens coletivos (ou essa universalidade) devem estar vinculados ao mesmo titular, ou seja, devem pertencer à mesma pessoa; e 2– a pluralidade de bens singulares deve possuir a mesma finalidade (reunião de bens destinados a uma finalidade).

A universalidade de fato é a pluralidade de bens singulares, simples ou compostos, pertencente ao mesmo titular e com a mesma destinação. Não há dúvida de que os bens singulares que integram essa universalidade poderão ser objeto de relações jurídicas próprias, nos termos do parágrafo único do art. 90 do CC.

Se uma frota de navio for de titularidade da mesma pessoa e todos os navios que formam esta frota tiverem a mesma destinação, nada impedirá que um dos navios que integra a frota (a universalidade) venha a ser objeto de uma relação jurídica individualizada, como, por exemplo, contrato de compra e venda, sem prejuízo da universalidade.

Como bem ressalta Amaral[191], a universalidade de fato representa uma união ideal e abstrata de bens, enquanto a coisa composta, considerada singularmente, resulta de uma união material. O referido autor apresenta, como exemplos de universalidade de fato, o rebanho, a biblioteca, a pinacoteca e o estabelecimento comercial, sendo que essa pluralidade de coisas móveis deve ser reunida pelo dono para uma destinação econômica.

Dessa forma, os bens coletivos são os que, sendo compostos de várias coisas singulares, são considerados em conjunto, formando um todo homogêneo. É a reunião das coisas singulares que perdem a sua individualidade em prol da classe que integram.

A universalidade de fato é o conjunto de coisas singulares, agrupadas pela vontade da pessoa, com destinação comum. Portanto, é possível afirmar ser o conjunto de coisas que podem ser consideradas na sua singularidade, mas que, reunidas, adquirem individualidade incomum. Se o livro pode ser considerado coisa singular, uma biblioteca passa a ter uma destinação unitária.

O estabelecimento comercial é o conjunto de bens ligados pela destinação comum de constituir o instrumento da atividade empresarial. Tal liame entre os bens que compõem o estabelecimento permite tratá-los de forma unitária, distinguindo os bens unitários que o compõem.

É o conjunto de bens ligados pela vontade do empresário a uma finalidade comum, qual seja, o exercício da empresa. O estabelecimento é uma universalidade de fato, integrante do patrimônio do empresário.

• **Universalidade de direito**

A universalidade de direito consiste no complexo de direitos e obrigações a que a ordem jurídica atribui caráter unitário, dotado de valor econômico, como o dote, o patrimônio, a massa falida, a herança (art. 91 do CC).

Segundo o art. 91, constitui universalidade de direito o complexo de relações jurídicas de uma pessoa que seja dotado de valor econômico. O patrimônio é universalidade de direito (unidade do conjunto de direitos e obrigações; natureza pecuniária e atribuição a um titular), como já mencionado.

A universalidade de direito pode ser constituída por um conjunto de bens e de dívidas, apresentando, dessa forma, ativo e passivo. Caio Mário afirma[192]: "a herança e o patrimônio são casos típicos de universalidades jurídicas, que subsistem ainda que não constem objetos materiais, porque a ideia fundamental da universalidade jurídica é um conjunto de relações de direito, e não propriamente as coisas que sobre ela recaem".

Aliás, este era o sentido do art. 57 do CC/1916, segundo o qual o patrimônio e a herança constituem coisas universais, ou universalidades, e como tais subsistem, embora não constem de objetos materiais, justamente porque podem ser constituídas de relações jurídicas e bens jurídicos imateriais, como obrigações e créditos, por exemplo.

Por fim, o Código Civil de 2002, ao contrário do diploma de 1916, não faz qualquer menção no que diz respeito à sub-rogação. O art. 56 daquela Lei Civil previa que, na coletividade, ficava sub-rogado ao indivíduo o respectivo valor e vice-versa. Tal dispositivo não foi repetido.

A sub-rogação é a substituição de um bem por outro. A sub-rogação pessoal ocorre quando uma pessoa substitui outra em uma relação jurídica. Já a sub-rogação real tem lugar quando um bem toma o lugar de outro, substituindo o bem objeto da relação jurídica por outro, no caso, pelo seu valor, mantendo o regime jurídico da coisa sub-rogada. Nas universalidades, pode ocorrer a referida sub-rogação real, pois, como diz Amaral[193], os bens que as integram podem ser substituídos pelo respectivo valor e vice-versa.

Sobre o assunto, interessante a observação de Paulo Nader[194]: "as de fato não comportam a substituição de um bem por outro de natureza distinta, pois nelas pode ocorrer a troca de um elemento por outro da mesma espécie ou análoga. Já as universalidades de direito, conforme sustenta Barbero, admitem a substituição por bem de natureza diversa. Tal hipótese ocorre, quando se efetua a venda

---

[191] AMARAL, Francisco. *Direito civil* – introdução, 6. ed. rev. e atual. Rio de Janeiro: Editora Renovar, 2006.

[192] PEREIRA, Caio Mário da Silva. *Instituições de direito civil*: Introdução ao direito civil. Teoria geral de direito civil. 20. ed. Atualizado por Maria Celina Bodin de Moraes. Rio de Janeiro: Forense, 2004. v. 1.

[193] AMARAL, Francisco. *Direito civil* – introdução, 6. ed. rev. e atual. Rio de Janeiro: Editora Renovar, 2006.

[194] NADER, Paulo. *Curso de direito civil*. 2. ed. rev. Rio de Janeiro: Forense, 2004.

de um imóvel daquela universalidade, pela substituição pelo valor correspondente ao preço".

A sub-rogação real, embora não mencionada na parte geral, pode ser encontrada na parte especial.

O § 2º do art. 1.407 do CC trata do seguro da coisa dada em usufruto. Segundo esse dispositivo, em qualquer hipótese, o direito do usufrutuário fica sub-rogado no valor da indenização do seguro. Típico caso de sub-rogação real. O parágrafo único do art. 1.911 do CC, que cuida das disposições testamentárias, também traz previsão de sub-rogação real quando, ao tratar das cláusulas de inalienabilidade, impenhorabilidade e incomunicabilidade dos bens testados, dispõe que, no caso de desapropriação de bens clausulados, ou de sua alienação, por conveniência econômica do donatário ou do herdeiro, mediante autorização judicial, o produto da venda converter-se-á em outros bens, sobre os quais incidirão as restrições impostas aos primeiros.

As cláusulas de inalienabilidade, incomunicabilidade e impenhorabilidade recairão sobre os novos bens. Dessa forma, a sub-rogação real não é estranha ao nosso sistema, podendo ser aplicada nas universalidades de direito.

1.14.7.1.6. Bens fora de comércio

O art. 69 do CC/1916 disciplinava as coisas que estão fora do comércio, definindo-as como aquelas insuscetíveis de alienação e as legalmente inalienáveis. Assim, aquele diploma previa as coisas inalienáveis por natureza e por determinação da lei.

O atual Código Civil não faz qualquer referência a essa categoria de bens, embora a doutrina a reconheça. A regra é que todos os bens podem ser apropriados, ou seja, integram o comércio de direito privado, sendo que a impossibilidade de apropriação constitui exceção.

Tais exceções podem ser divididas em bens insuscetíveis de apropriação por natureza, como a água, o mar, a luz; bens legalmente inalienáveis, como é o caso dos bens públicos, que serão tratados em capítulo específico, alienação da herança de pessoa viva, benefícios previdenciários, bens das fundações, dentre outros; e, finalmente, os bens inalienáveis pela vontade das partes, as quais, em decorrência do princípio da autonomia privada, retiram alguns bens do comércio jurídico de direito privado.

O art. 1.911 do CC é um excelente exemplo de bens inalienáveis por ato de vontade, sendo que a cláusula de inalienabilidade levará à incomunicabilidade e a impenhorabilidade desses bens. A inalienabilidade desses bens, que pode ser temporária ou vitalícia, é estabelecida por doação ou testamento.

Assim, embora o Código Civil não faça referência a essa categoria, não há dúvida de que os bens comerciáveis ou suscetíveis de alienação e apropriação, e os bens não comerciáveis, indisponíveis, inalienáveis e insuscetíveis de apropriação, fazem parte das relações jurídicas de natureza privada merecendo esse destaque.

1.14.7.2. Os bens reciprocamente considerados

Essa classificação leva em conta o liame jurídico entre o bem jurídico *principal e o acessório*. Tal classificação pressupõe que os bens se relacionem entre si. Não há motivo para rotular o bem de principal ou acessório quando é considerado de forma isolada. Tal classificação somente tem sentido quando se relaciona o bem com outros bens. Se houver relação entre bens jurídicos, a primeira classificação, quanto à natureza, não será suficiente para resolver os problemas jurídicos daí decorrentes. Na relação entre bens, surgirão dúvidas sobre efeitos obrigacionais e reais, natureza jurídica a ser considerada, titularidade, entre outros, o que imporá considerar um deles como acessório.

Por isso, como regra, o acessório segue o principal na sua natureza e, como consequência, se submeterá ao regime jurídico do principal, como se tivesse a mesma natureza deste. Tal fato repercutirá nos efeitos jurídicos obrigacionais e reais e na titularidade. Tal regra pode ser afastada por duas causas: a lei ou convenção em contrário.

De acordo com o Código Civil, o bem principal possui autonomia estrutural, ou seja, existe sobre si, abstrata ou concretamente, ao passo que o acessório é aquele bem cuja existência supõe a do bem principal, conforme definição do art. 92 do CC.

1.14.7.2.1. Análise dos bens principais e acessórios. Características

A classificação dos bens em principal e acessório é complexa, pois, muitas vezes, é tênue a linha que os separa. Na realidade, não é fácil definir, com absoluta precisão, o bem principal e o bem acessório. Tal dificuldade, por exemplo, se verifica em relação ao instituto das *pertenças*. E nessa árdua tarefa o Código Civil não fornece qualquer auxílio, pois expressa obviedades. Portanto, apenas à luz do caso concreto e, diante do dinamismo dessa classificação, é possível definir os limites que separam os bens principais dos acessórios.

A distinção é relevante porque o bem que será rotulado como acessório, salvo lei ou autonomia privada, por ficção jurídica, assume a natureza e, como consequência, se submeterá ao regime jurídico do principal, de acordo com a primeira classificação.

O Código Civil, no art. 92, define o bem principal como aquele que existe sobre si, abstrata ou concretamente. Tal "definição" é imprecisa. O bem principal é o preponderante na relação com outros bens. É o que condiciona a funcionalidade dos outros bens com os quais se conecta. O bem principal tem autonomia existencial e funcional e, quando está ladeado por outros, sua função é potencializada.

Na relação fática ou jurídica entre bens jurídicos, o principal será aquele que possui autonomia estrutural, econômica e funcional.

Como mencionado anteriormente, a primeira classificação quanto à natureza, que considera o bem de forma individualizada é estática e a segunda, dos bens reciprocamente considerados, é dinâmica. Portanto, determinado bem poderá ser considerado principal ou acessório a depender do bem com quem se relaciona. Por exemplo, a casa em relação ao solo é acessório, mas a mesma casa em relação ao muro ou janela, será principal. Apenas no caso concreto, a depender da relação entre bens, será possível definir se o bem jurídico é principal ou acessório.

Nos termos do art. 92 do CC, bem acessório é aquele cuja existência supõe a do principal, o que é evidente. O legislador, nesse caso, não foi feliz na definição de bem acessório, simplesmente porque o Código Civil não o define, o que contribui para as divergências sobre o assunto, em especial no que diz respeito às *pertenças*.

Então, qual é o sentido de *bem acessório*?

O bem jurídico acessório é aquele que na relação com outro bem, quando isolado, não cumprirá sua função social e econômica. Tal bem jurídico só terá utilidade e valor jurídico se estiver vinculado a outro bem jurídico, o principal. Por isso, o bem acessório, embora tenha autonomia estrutural ou orgânica, não tem autonomia econômica e funcional. A conexão com outro bem é fundamental para que sua função econômica e funcionalidade seja concretizada. O bem acessório *depende* do bem principal, serve a este e o complementa.

Não é correto dizer que o acessório é aquele cuja *existência* supõe a do principal. O acessório *existe* como bem jurídico, independentemente da existência do bem principal. A existência dos bens principais e acessórios não tem nenhuma relação com a caracterização e a distinção dessas duas espécies. É correto afirmar que alguns bens acessórios, como os frutos, por exemplo, não existirão sem o bem principal. A existência dos frutos depende, obviamente, da existência do principal. No entanto, não é isso que os distingue, pois há outros bens acessórios existentes, desvinculados da existência do bem principal. Isso é um erro de perspectiva.

Segundo a obscura e equívoca regra do Código Civil, se não houver bem principal, não existirá o bem acessório. Como dito, os bens isoladamente considerados são simplesmente bens. Apenas quando se relacionam com outros serão rotulados de acessório ou principal. A sua caracterização como bem acessório é o fato de ele, por si mesmo, quando estiver se relacionando com outro bem, não conseguir desempenhar sua função econômica e social, ou seja, ele depende do bem principal para ter finalidade, mas não, necessariamente, para existir como bem jurídico (em algumas hipóteses, como no caso dos frutos, tal existência é condicionada à existência do bem principal, mas isso não é a regra).

Sobre o assunto, Amaral[195] faz a ponderação de ouro: "Considerados isoladamente, os bens não são principais nem acessórios. Essa distinção decorre de um vínculo de subordinação estabelecido entre duas coisas, pela natureza, pela vontade humana e pela lei".

A análise deve estar restrita à função para a qual foram constituídos. Se, ao se relacionarem, necessitarem de outro bem para exercer essa função, serão acessórios, caso não necessitem, serão principais.

Em relação à função ou finalidade econômica, o bem acessório é aquele capaz de possuir dependência ou que está subordinado a outro bem. Mas apenas no que diz respeito a essa finalidade.

Às vezes, a doutrina e a jurisprudência têm dúvidas sobre a questão da divisão dos bens em acessórios e principais, principalmente porque alguns acessórios, como as edificações, superam o valor do principal (solo).

O grande Orlando Gomes[196] afirma que o principal "tem existência própria, autônoma, concreta ou abstrata", sendo que, para a indicação de qual deva ser considerado principal ou acessório, o mesmo autor informa os seguintes critérios: "superioridade, extensão, qualidade e valor econômico". Observa-se que também não são precisas as definições desse doutrinador.

• **Acessórios**

Os bens acessórios possuem algumas características próprias, que devem ser bem definidas e delineadas.

Em razão do caráter subsidiário, complementar e, tendo em conta a ausência de finalidade social independente, o acessório, em regra, assume a natureza e, como consequência, se submete ao regime jurídico do principal. Tal regra pode ser excepcionada pela lei ou autonomia privada

Além disso, nesse aspecto, há que ser considerados alguns princípios básicos dos acessórios, que têm relação com as suas características.

Inicialmente, o princípio da gravitação, segundo o qual o acessório acompanha o principal em seu destino (art. 59 do CC/1916, cujo dispositivo não foi reproduzido pelo atual diploma civil). Há nexo de subordinação do acessório em relação ao principal.

O acessório, quando passa a se vincular economicamente ao principal, para complementar a função e a finalidade social deste, como regra, assume a sua natureza (neste caso, volta-se para a primeira classificação para submeter ambos, acessório e principal, ao mesmo regime jurídico). Por exemplo, o móvel que adere ao imóvel ou nele é colocado para completar a finalidade social e econômica, torna-se imóvel, por ficção jurídica.

Ademais, em regra, o proprietário do principal também o é do acessório.

Esses princípios, que não são absolutos, devem nortear a análise dos bens acessórios. Tais regras podem ser invertidas pela lei ou por convenção das partes, quando isso for admitido.

A doutrina, em geral, principalmente por conta da ligação e do vínculo com o bem principal, classificam os acessórios em naturais, industriais e civis, sendo que,

---

[195] AMARAL, Francisco. *Direito civil* – introdução, 6. ed. rev. e atual. Rio de Janeiro: Editora Renovar, 2006.

[196] GOMES, Orlando. *Introdução ao direito civil*. 19. ed. rev. e atual. Rio de Janeiro: Forense, 2008.

como bem ressalta Caio Mário[197], ao contrário do diploma de 1916, o atual Código não trouxe essa classificação.

No caso, seriam acessórios naturais os bens que aderem espontaneamente ao principal sem a intervenção humana, sendo fatos da natureza, como os frutos e os minerais. O art. 95 do CC trata dos frutos como bens acessórios. Segundo este dispositivo, os frutos e produtos, mesmo não separados do bem principal, podem ser objeto de negócio jurídico.

No mais, são acessórios industriais as utilidades que provêm da coisa, mas com a contribuição necessária do trabalho do homem, como a casa em relação ao terreno, a escultura em relação à obra-prima, às edificações, máquinas, dentre outros.

Por fim, os acessórios civis são aqueles que decorrem de uma relação abstrata de direito, como os rendimentos e benefícios que alguém tira de uma coisa utilizada por outrem. Não há vinculação material, como é o caso do juro em relação ao capital, os ônus reais em relação à coisa gravada, dividendos, aluguéis, dentre outros.

Segundo o Código Civil, são acessórios os frutos, os produtos e as benfeitorias.

• **Frutos**

Os frutos podem ser retirados sem a alteração da substância do bem principal e têm como principais características a periodicidade, a conservação da substância, a possibilidade de separação, o fato de serem acessórios e o caráter econômico. Portanto, são frutos naturais tudo aquilo que a coisa gera por si mesma, independentemente do esforço ou do engenho humano.

Caio Mário[198], sobre os frutos, menciona: "Sua inclusão na categoria de bens acessórios é uma decorrência da ideia de relação que com a coisa principal mantém, e somente como tais se consideram em razão daquela condição de dependência".

Na lição de Amaral[199]: "(...) frutos são as utilidades que o bem periodicamente dá, sem diminuição da sua substância. Caracterizam-se pela sua periodicidade (nascem e renascem), pela inalterabilidade da substância da coisa principal (possibilidade de reprodução sem que o principal se diminua) e pela separabilidade (pode ser destacado do principal, sem prejuízo a ele, podendo ser objeto de relações jurídicas próprias – art. 95, pois, podem ser destacados do bem principal para alcançarem a sua finalidade econômica), embora tais características não se encontrem em todas as espécies".

Os frutos ainda podem ser considerados quanto à origem, ao estado e ao momento de sua aquisição.

No que diz respeito à origem, os frutos naturais são aqueles que provêm diretamente da coisa, sendo tudo aquilo que a coisa gera por si mesma, independentemente de qualquer atividade humana. Os industriais representam as utilidades que também advêm das coisas, mas tendo a contribuição necessária do trabalho humano. Já os civis são os rendimentos que se retiram de uma coisa utilizada por outrem ou, como diz Nader[200]: "São rendas produzidas pela coisa principal quando utilizada economicamente por quem não é seu proprietário. São os aluguéis decorrentes das locações ou os juros produzidos pelo capital".

Quanto ao estado, os frutos podem ser pendentes, quando ainda vinculados ao bem principal ou unidos à coisa que os produziu; percebidos, quando já separados da coisa que os produziu; estantes, os colhidos, mas, ainda armazenados; percipiendos, os que deveriam ser, mas não foram colhidos; e, consumidos, desde que já utilizados. Tal divisão tem importância em matéria possessória, no caso de indenização, dependendo da boa ou má-fé do possuidor.

A aquisição dos frutos naturais e industriais se dá com a efetiva separação, ao passo que os civis são adquiridos, dia a dia, após o vencimento.

O art. 1.215 do CC trata dos efeitos jurídicos da posse, em especial em relação à percepção dos frutos. Segundo esse dispositivo, os frutos naturais e industriais reputam-se colhidos e percebidos, logo que são separados, ao passo que os civis reputam-se percebidos por dia.

Para finalizar, interessante registrar as palavras de Nader[201] sobre os efeitos jurídicos da classificação pertinente ao estado dos frutos. Segundo ele, nas obrigações de dar coisa certa, os frutos percebidos são de propriedade do devedor e os pendentes, do credor (art. 237); na doação, quando revogada por ingratidão, apenas os frutos percebidos pelos donatários, após a citação, é que deverão ser devolvidos ou pagos (art. 563); na posse de boa-fé, o possuidor terá direito aos frutos percebidos, ou seja, já separados, enquanto perdurar aquele *animus* (art. 1.214), enquanto o possuidor de má-fé responderá pelos prejuízos causados pelos frutos colhidos e percebidos, bem como por aqueles que, por culpa, deixam de perceber (art. 1.216) e, ainda, quando separados, os frutos pertencem ao proprietário da coisa, salvo quando houver disposição legal diversa (art. 1.232).

• **Produtos**

Os produtos podem ser definidos como as utilidades que a coisa principal produz, cuja percepção ou extração diminui a sua substância. A alteração da substância do bem principal é o ponto distintivo entre frutos e produtos. O mineral extraído de uma jazida é produto e não fruto, porque ele não se recompõe. Nos produtos ocorre a ausência de ciclo produtivo. A fonte dos produtos não os reproduz.

---

[197] PEREIRA, Caio Mário da Silva. *Instituições de direito civil:* Introdução ao direito civil. Teoria geral de direito civil. 20. ed. Atualizado por Maria Celina Bodin de Moraes. Rio de Janeiro: Forense, 2004. v. 1.

[198] PEREIRA, Caio Mário da Silva. *Instituições de direito civil:* Introdução ao direito civil. Teoria geral de direito civil. 20. ed. Atualizado por Maria Celina Bodin de Moraes. Rio de Janeiro: Forense, 2004. v. 1.

[199] AMARAL, Francisco. *Direito civil* – introdução, 6. ed. rev. e atual. Rio de Janeiro: Editora Renovar, 2006.

[200] NADER, Paulo. *Curso de direito civil.* 2. ed. rev. Rio de Janeiro: Forense, 2004.

[201] NADER, Paulo. *Curso de direito civil.* 2. ed. rev. Rio de Janeiro: Forense, 2004.

Na lição de Amaral[202]: "(...) produtos são as utilidades que se retiram de uma coisa, diminuindo-lhe a quantidade. Diferem dos frutos pela ausência de periodicidade e pela redução que provocam na coisa principal. Enquanto os frutos nascem e renascem periodicamente, sem diminuição da substância, os produtos levam à progressiva redução do bem principal, como, por exemplo, os minérios, as pedras retiradas de uma pedreira".

Os produtos prejudicam a substância da coisa principal, porque são a própria coisa principal. Os produtos não renovam a coisa principal, ao contrário, a desfalcam. Ao serem dela separados, não se reproduzem como os frutos.

• **Benfeitorias e acessões**

O art. 96 do CC define as espécies de benfeitorias como categoria de bens acessórios.

As benfeitorias são bens acessórios, artificiais, decorrentes de trabalho humano, com o fim de conservar, melhorar ou embelezar o bem principal. No art. 97, o diploma civil exclui do conceito de benfeitorias os melhoramentos ou acréscimos sobrevindos ao bem sem a intervenção do proprietário, possuidor ou detentor.

Assim, quando se originar de fatos da natureza, tais melhoramentos ou acréscimos podem caracterizar acessões naturais, modo de aquisição da propriedade imobiliária, como é o caso da aluvião, da avulsão e do álveo abandonado.

As benfeitorias serão *necessárias* quando se caracterizarem pela indispensabilidade dos serviços, ou seja, tiverem por fim conservar o bem ou evitar que se deteriore. Tal espécie de benfeitoria visa, portanto, preservar as suas condições de funcionamento.

As *úteis* são representadas pelas obras que visam ampliar a funcionalidade ou dar maior utilidade ao bem principal, ou seja, aumentar ou facilitar o uso do bem.

Finalmente, as benfeitorias *voluptuárias* são as obras destinadas ao lazer dos ocupantes do bem principal ou para o embelezamento deste. Segundo o § 1º do art. 96, são voluptuárias as de mero deleite ou recreio, que não aumentam o uso habitual do bem, ainda que o tornem mais agradável ou tenham elevado valor.

Importante relembrar que não se consideram benfeitorias os melhoramentos ou acréscimos sobrevindos ao bem sem a intervenção do proprietário, conforme dispõe o art. 97 do CC (regra das acessões naturais).

A distinção das espécies de benfeitorias é relevante para fins possessórios (arts. 1.219 e 1.220 do CC), na locação (art. 578) e também no exercício do direito de retenção, previsto na Lei Civil.

O art. 1.219 do CC regula a indenização das benfeitorias em matéria possessória, no caso de posse de boa-fé. O possuidor de boa-fé terá direito à indenização das benfeitorias necessárias e úteis, bem como de levantar as voluptuárias, se estas não forem pagas, desde que não prejudique a coisa. Além disso, se estiver de boa-fé, o possuidor poderá exercer o direito de retenção pelo valor das benfeitorias necessárias e úteis.

O art. 1.220 dispõe que, se o possuidor estiver de má-fé, somente terá direito ao ressarcimento das benfeitorias necessárias, não tendo direito de retenção pelo valor destas e nem de levantar as voluptuárias.

É importante ressaltar que a boa ou má-fé do possuidor deve ser analisada de forma subjetiva, pois a legislação civil, nesse caso, adota o critério do conhecimento ou não dos vícios que maculam a posse.

Segundo o art. 1.201 do CC, é de boa-fé a posse, se o possuidor ignora o vício ou o obstáculo que impede a aquisição da coisa, sendo que, aquele que ostenta um título justo (documento hábil para transmitir a posse) tem em seu favor a presunção relativa de boa-fé.

Quanto ao justo título, houve uma ampliação do seu conceito, na medida em que este pode ser considerado como tal, independentemente de estar materializado em instrumento público ou particular, caso em que será considerado justo motivo.

Nesse sentido, o Enunciado 303 da IV Jornada de direito civil, promovida pelo CJF: "Considera-se justo título para presunção relativa de boa-fé do possuidor o justo motivo que lhe autoriza a aquisição derivada da posse, esteja ou não materializado em instrumento público ou particular. Compreensão na perspectiva da função social da posse".

A Lei n. 8.245/91 também disciplina a possibilidade de indenização por benfeitorias, no âmbito do contrato de locação de imóvel urbano, para fins residenciais ou comerciais. As necessárias devem ser indenizadas, ainda que não autorizadas. As benfeitorias úteis serão indenizadas, se autorizadas. De acordo com a Súmula 335 do STJ, é válida a cláusula de renúncia à indenização por benfeitorias e ao direito de retenção no contrato de locação. Todavia, se o contrato de locação for por adesão, tal cláusula de renúncia antecipada pode ser considerada nula, a teor do disposto no art. 424 do CC.

O Enunciado 364 dispõe que "no contrato de fiança é nula a cláusula de renúncia antecipada ao benefício de ordem quando inserida em contrato de adesão".

Por outro lado, o art. 36 da Lei de Locações dispõe sobre as benfeitorias voluptuárias. Estas não serão indenizadas, podendo ser retiradas pelo locatário após o término do contrato de locação, desde que sua retirada não afete a estrutura e a substância do bem jurídico locado.

• **Benfeitorias e acessões**

É relevante estabelecer diferença entre acessões e benfeitorias. A acessão é modo de aquisição da propriedade imobiliária, conforme previsto no art. 1.248 do CC. Assim, a aderência ou incorporação de uma coisa a outra, em decorrência de fenômenos da natureza, caracteriza acessão natural. Se tal incorporação ou adesão decorrer de um trabalho ou atividade humana, como as construções e plantações, estarão caracterizadas a acessão artificial ou física.

Em relação à acessão natural, não há divergências, pois, as benfeitorias necessariamente decorrem de ativida-

---

[202] AMARAL, Francisco. *Direito civil* – introdução, 6. ed. rev. e atual. Rio de Janeiro: Editora Renovar, 2006.

de ou engenho humano, como evidencia o art. 97 do CC. O debate é travado no âmbito das acessões físicas.

A acessão física é modo de aquisição da propriedade imobiliária, cujas consequências jurídicas estão previstas nos arts. 1.253, 1.254, 1.255, 1.256, 1.257, 1.258 e 1.259 do CC. No caso da acessão física, com a ressalva do disposto no art. 1.255, parágrafo único, que trata da acessão invertida, o imóvel prepondera sobre o móvel que irá incorporar ou aderir à estrutura do imóvel. Como já ressaltado, o proprietário do imóvel adquire a propriedade do móvel, ainda que não seja o dono deste. As indenizações estão disciplinadas nos referidos dispositivos, sendo que dependem sempre da boa ou má-fé do dono do móvel ou do imóvel.

Por outro lado, as benfeitorias não têm nenhuma relação com os modos de aquisição da propriedade imobiliária. Tais benfeitorias não passam de melhoramentos ou acréscimos em obras já realizadas ou prontas, sendo que as benfeitorias apenas conservam, melhoram ou embelezam o bem principal, conforme dispõe o art. 96 do CC.

A indenização das benfeitorias também é regulada de acordo com a boa ou má-fé de quem as realiza, quando não forem realizadas pelo próprio dono. Em matéria possessória, por exemplo, os arts. 1.219 a 1.222 da Lei Civil regulam como será a indenização pelas benfeitorias realizadas, que acabam integrando o rol de efeitos da posse.

Aliás, o art. 1.222 trata da hipótese em que o possuidor não é o dono e, caso este reivindique o bem, em relação ao possuidor de má-fé, pode obter na indenização o valor atual ou o custo da benfeitoria. Em relação ao possuidor de boa-fé, a indenização deve, necessariamente, ser pelo valor atual.

Em regra, as acessões se relacionam a obras ou coisas novas, com alteração substancial no bem ao qual aderem. Todavia, em várias situações concretas, será complexo diferenciar o que se caracteriza como alteração substancial (acessão) ou melhoramento (benfeitoria).

Segundo Carlos Roberto Gonçalves[203]: "Benfeitorias não se confundem com acessões industriais e que se constituem em plantações e construções. Benfeitorias são obras ou despesas feitas em coisa já existente. As acessões industriais são obras que criam coisas novas e têm regime jurídico diverso, sendo um dos modos de aquisição da propriedade imóvel".

Gagliano e Pamplona[204] trazem um critério diferente, que é o aumento de volume, mas que também não é preciso. Para esses professores, "a acessão traduz união física com aumento de volume e, diferentemente das benfeitorias, pode também ser natural". Para ilustrar, citam o seguinte exemplo: "Se a estrutura da casa é aproveitada para abrir uma garagem, realiza-se uma benfeitoria. Todavia, se um galpão contíguo é construído para servir de garagem, realiza-se uma acessão artificial. Nesse último caso, houve considerável aumento de volume da coisa principal". O esforço dos notáveis civilistas não dissipa todas as dúvidas que, na prática, poderão ocorrer.

Assim, somente no caso concreto será possível analisar se o acréscimo é melhoramento em obra já existente ou se é nova obra, com características diferentes da coisa principal.

Em relação a esse tema, propomos outro critério para diferenciar as acessões físicas das benfeitorias, bem mais adequado. A benfeitoria introduzida em um bem não descaracteriza a estrutura da coisa principal que, embora receba esse melhoramento, mantém intacta sua destinação econômica e social. No caso da acessão, se formará uma coisa com outra função social e econômica, diversa daquela até então existente.

Dessa forma, a distinção entre benfeitoria e acessão será feita a partir da análise da modificação ou não da finalidade econômica e social da coisa que recebeu o acréscimo, independentemente de volume ou de obra já existente.

Por isso, qualquer acréscimo na coisa principal anteriormente existente, que não a descaracterize ou não altere a sua função social e econômica, será uma benfeitoria, como nova garagem, uma piscina, novo banheiro, dentre outros, mas, se o acréscimo na coisa principal anteriormente existente descaracterizar a sua natureza e alterar a sua função social e econômica, haverá uma acessão – modo de aquisição da propriedade imobiliária –, como é o caso de um terreno vazio que recebe uma casa, um galpão de frutas que é transformado em um escritório etc.

Ainda que se adote tal entendimento, a discussão sobre o tema e as divergências certamente persistirão, mas é importante abrir novos caminhos para que se aprofunde na análise e no estudo dessa relevante matéria.

1.14.7.2.2. Pertenças. Conceito. Natureza e regime jurídico

Este tópico será dedicado ao estudo das pertenças, em razão da relevância desse bem jurídico, incorporado à nossa legislação civil, pela primeira vez, com o Código Civil de 2002, estando disciplinado em seus arts. 93 e 94. As pertenças também são citadas nos arts. 566, I, que trata da locação de coisas, e 1.712, que cuida do bem de família.

Infelizmente, a doutrina ainda não dedicou às *pertenças* a importância devida, até por ser uma novidade em nosso ordenamento jurídico. Talvez por isso, fique evidente a dificuldade da doutrina em caracterizar a pertença, definindo os seus limites, a sua natureza jurídica e, finalmente, seu regime jurídico.

O Código Civil contribuiu para essa dificuldade, pois não esclarece se as pertenças apenas se referem aos móveis, não diz se são bens acessórios ou principais, dentre outras omissões. Nesse tema, é necessário cautela, uma vez que ainda há muita confusão em torno desse instituto.

Segundo o art. 93 do CC, são pertenças os bens que, não constituindo partes integrantes, se destinam, de modo duradouro, ao uso, ao serviço ou ao aformoseamento de outro.

Como se observa, para entender a pertença, indispensável definir parte integrante, pois pertença pode ser tudo,

---

[203] GONÇALVES, Carlos Roberto. *Direito civil brasileiro*. v. VI. Direito de família. São Paulo: Saraiva, 2008.

[204] GAGLIANO, Pablo Stolze; PAMPLONA FILHO, Rodolfo. *Novo curso de direito civil*. 4. ed. São Paulo: Saraiva, 2003.

menos parte integrante. A coisa considerada parte integrante estará automaticamente excluída do conceito de pertença.

Requisitos para a caracterização da pertença

1º requisito: as pertenças não são partes integrantes

Como definir partes integrantes?

As partes integrantes são todas as coisas vinculadas ou conectadas, materialmente, a outro bem e que, em razão disso, garantem a sua funcionalidade ou utilidade. A parte integrante completa a outra coisa, tornando-a perfeita. Essa incorporação ou adesão, somada à utilidade que dá ao outro bem, caracteriza as chamadas partes integrantes.

Tal coisa, efetivamente, integra o bem, como um item necessário para este desempenhar a sua finalidade ou função social. Se a parte integrante, conectada materialmente, for retirada da outra coisa, esta (outra coisa) ficará materialmente desfalcada, alterada, descaracterizada e sem a necessária funcionalidade. Isso porque a união da parte integrante com a outra coisa é corpórea.

Amaral[205] cita exemplos de partes integrantes, que darão um melhor entendimento sobre esse requisito: "As partes integrantes são acessórios que se incorporam a uma coisa composta, completando-a e tornando possível o seu uso, como, por exemplo, as telhas, as portas, as janelas, os pavimentos de uma casa, o motor e as rodas de um carro, as peças de máquina. Sem eles, nem a casa, nem o automóvel, nem a máquina estão completos, não servindo para o seu uso normal".

Como se verá adiante, não é correto afirmar que as partes integrantes não possuem autonomia e, por isso, não podem ser objeto de relação jurídica própria. Assim, não devem, necessariamente, nos negócios, acompanhar a coisa que venham a integrar.

Caio Mário[206], seguindo a doutrina alemã, diferencia as partes integrantes dos bens acessórios, informando que não há como confundir um com outro. A coisa, muitas vezes, é composta de vários itens que a integram ou que a formam, tornando o bem um todo perfeito, como nos exemplos citados por Amaral. Assim, as várias partes que integram a coisa "não se podem erigir na categoria de coisas acessórias". Para esse mestre, "em essência pode-se dizer que as partes integrantes de uma coisa composta são aquelas que se acham em conexão corporal com ela, erigindo-se em complemento da própria coisa, participando de sua própria natureza, e suscetíveis de separação sem destruição do valor econômico".

As partes integrantes não se confundiriam com os acessórios, porque estes, segundo a doutrina, têm uma relação de dependência ou subordinação com a coisa principal, mas não chegam a integrar esta como uma unidade indissociável, ou seja, não aderem, materialmente, a outro bem. Será? E os frutos? Estes são bens acessórios, mas que estão unidos materialmente ao bem principal. Por que, mesmo compondo a coisa principal como unidade indissociável, os frutos são considerados bens acessórios e não partes integrantes? É o que se verá adiante.

Não há dúvida de que as partes integrantes, ao serem distinguidas dos bens acessórios, acabam reduzindo o âmbito destes. Segundo a doutrina alemã, da qual é partidário Caio Mário[207], somente será acessório o que não estiver conectado materialmente, ou seja, aquilo que puder ser retirado da coisa sem alteração da substância, sem descaracterização e sem prejuízo à finalidade ou função econômica e social da coisa principal.

Pontes de Miranda[208], em tempos remotos, afirmou que: "As partes integrantes são partes concretas que entram na unidade que faz a coisa".

O doutrinador Marcelo Calixto[209], em livro coordenado por Gustavo Tepedino, faz uma diferenciação entre partes integrantes essenciais e não essenciais, cujo desdobramento dificulta ainda mais a análise do tema: "Se as partes não podem ser separadas sem que se deteriorem ou modifiquem a natureza da coisa que integram, são chamadas partes integrantes essenciais. Estas não podem ser objeto de relações jurídicas distintas ou de direitos distintos, mas somente com a coisa que integram. Além dessas partes integrantes essenciais, também são conhecidas as partes integrantes não essenciais – aquelas que compartilham do destino jurídico comum da coisa, mas não estão irremissivelmente ligadas a este destino (seriam partes integrantes essenciais), nem uma ajudaria ao destino da outra (seria pertença). As partes integrantes não essenciais, ao contrário das anteriores, podem ser objeto de relações jurídicas autônomas, sendo exemplos o corte de pano para terno de roupa, a moldura em relação ao quadro e a pedra em relação ao anel".

Em que pese tais considerações, não é correta a divisão entre partes integrantes essenciais e não essenciais, por não haver qualquer critério científico ou base normativa para essa equivocada separação.

Além disso, discordamos da afirmação de que as partes integrantes não podem ser objeto de relações jurídicas próprias e de que o bem acessório tem autonomia e, por isso, não está vinculado, materialmente, a outro bem. Tais afirmações são questionáveis, como se explicará.

Em primeiro lugar, a divisão entre partes integrantes essenciais e não essenciais contraria o próprio art. 93 do CC, cujo dispositivo não as diferencia, além de contribuir, de forma intensa, para a confusão dos conceitos de parte

---

[205] AMARAL, Francisco. *Direito civil* – introdução, 6. ed. rev. e atual. Rio de Janeiro: Editora Renovar, 2006.

[206] PEREIRA, Caio Mário da Silva. *Instituições de direito civil*: Introdução ao direito civil. Teoria geral de direito civil. 20. ed. Atualizado por Maria Celina Bodin de Moraes. Rio de Janeiro: Forense, 2004. v. 1.

[207] PEREIRA, Caio Mário da Silva. *Instituições de direito civil*: Introdução ao direito civil. Teoria geral de direito civil. 20. ed. Atualizado por Maria Celina Bodin de Moraes. Rio de Janeiro: Forense, 2004. v. 1.

[208] PONTES DE MIRANDA, Francisco Cavalcanti. *Tratado de direito privado*. 60 v., t. I a XVII. 4. ed. 1983; t. XVIII a LX, 3. ed. São Paulo: Revista dos Tribunais, 1983/1984.

[209] CALIXTO, Marcelo Junqueira. *A parte geral do novo código civil*: estudos na perspectiva civil constitucional (dos bens – artigo 79 a 103). Rio de Janeiro/São Paulo: Renovar, 2002. Obra coletiva.

integrante e pertença, e a relação destas com o conceito de bem acessório. O requisito da *essencialidade* não é exigido pela lei, pois inviabilizaria a sua distinção em relação aos bens acessórios, a menos que se substituíssem estes pelas partes integrantes não essenciais, o que não teria qualquer utilidade, por se tratar de mera questão semântica.

Na verdade, de forma simples e objetiva, parte integrante é aquela que está materialmente vinculada à outra coisa e, se for separada, descaracterizará a natureza da coisa que integra, prejudicando a sua utilidade e finalidade econômica. Se, após a separação, não houver prejuízo para a utilidade ou funcionalidade da coisa a que aderiu, não pode ser qualificada, em nenhuma hipótese, como parte integrante.

Na linha de raciocínio do professor Marcelo Calixto, as chamadas partes integrantes não essenciais ou seriam bens acessórios ou pertenças. Se as partes integrantes não essenciais podem ser separadas, ainda que conectadas materialmente ou incorporadas na coisa composta, sem causar prejuízo à funcionalidade dessa outra coisa, podendo ser objeto de relação jurídica própria, o que as diferencia dos acessórios e das pertenças? Afirmar que partes integrantes não essenciais são pertenças ou bens acessórios não contribui em nada para a análise desse complexo tema, sendo que não há nenhuma justificativa para tal afirmação, na medida em que a denominada *parte integrante não essencial* inexiste como categoria jurídica em nosso sistema.

Por isso, em conclusão, parte integrante é a coisa que se incorpora, materialmente, a outra coisa, complementando-a, sendo sua unidade indissociável e, em razão dessa adesão, garante a funcionalidade econômica ou a utilidade da coisa em que adere. E mais: essa parte *integrante* pode integrar um bem acessório ou um bem principal.

Ademais, excepcionalmente, nada impede que se considere as partes integrantes como objeto hábil de uma relação jurídica própria. A caracterização da parte integrante está relacionada à sua conexão material e a relação de funcionalidade com o bem a qual venha integrar. Se a parte integrante for separada do bem, este perde a sua funcionalidade ou finalidade social. Este é o critério a ser considerado.

Não é correto dizer que as partes integrantes jamais poderão ser objetos de relação jurídica própria. Isso não é critério para distingui-las de outras coisas, como os acessórios e pertenças. Por quê? A peça de uma máquina, a roda de um carro, uma telha, uma janela, uma porta, dentre outras partes integrantes, podem, por exemplo, ser alienadas separadamente da coisa a qual aderem. Nada impede a viabilização desse negócio jurídico.

Portanto, é possível admitir que aquelas partes integrantes sejam objetos de relação jurídica própria (vender a roda de um carro, por exemplo). No entanto, se não estiverem incorporadas a outro bem, esse outro bem não terá qualquer funcionalidade. O carro não se locomove sem a roda, o telhado não tem função sem a telha etc.

Assim, a telha, a porta, a janela, a roda do carro e a peça da máquina, por si sós, não terão funcionalidade, necessitando aderir a outro bem para que possam ter alguma função econômica e social. É apenas isso que as caracteriza como parte integrante, não servindo como critério a possibilidade de serem objeto de relação jurídica própria.

A adesão ou incorporação material, por si só, não é suficiente para a caracterização da parte integrante. É também indispensável que a parte integrante venha garantir a funcionalidade da coisa à qual adere. A conjunção desses dois requisitos caracteriza a parte integrante.

No mais, também é um equívoco afirmar que basta a adesão material para se caracterizar a parte integrante. Por exemplo, o fruto e o produto, que são considerados por todos os doutrinadores bens acessórios (e isso é correto), estão conectados, materialmente, ao bem principal ou a outra coisa. Existe adesão material entre o fruto e a planta, o produto e a terra. Não há dúvida disso.

A adesão, nesses casos, é indissociável, a conexão é corporal, mas não são considerados partes integrantes, por faltar o segundo requisito, pois o fruto e o produto não são indispensáveis para garantir a funcionalidade do bem principal ao qual aderem. A planta e a terra independem desses frutos e produtos para terem e manterem a sua funcionalidade e utilidade. Perceba que tanto frutos quanto produtos, de acordo com o art. 95 do CC, embora conectados materialmente, podem ser objetos de relações jurídicas próprias.

Então, se o fruto está conectado materialmente ao bem principal, por que é considerado acessório e não parte integrante? Porque o fruto não é necessário para garantir a funcionalidade do bem principal.

Isso facilita o entendimento do que vem a ser parte integrante. A doutrina não dedica a esse tema a necessária atenção.

Com isso, chega-se a um conceito ideal do que vem a ser parte integrante. Tal instituto jurídico está excluído do conceito de pertença, segundo o disposto no art. 93 do CC.

2º requisito: autonomia das pertenças

As pertenças sempre manterão a autonomia e a individualidade, mesmo se vinculadas a outro bem.

Por quê? As pertenças, sendo móveis, se vierem a se vincular a um imóvel, manterão a sua natureza jurídica de bens móveis. Por isso, não há como aproximar os institutos das pertenças dos imóveis por acessão intelectual, como pretendem alguns doutrinadores.

No Código Civil de 1916, eram consideradas espécies de imóveis aqueles vinculados a outro bem pela vontade humana (imóveis por acessão intelectual). Havia um vínculo subjetivo entre o bem e a outra coisa a que ele servia. Todavia, quando o bem passava a se vincular a outro bem, ele assumia a natureza jurídica deste.

O exemplo clássico era o trator vinculado ao serviço da fazenda. Esse trator, embora, por natureza, fosse um bem móvel, a partir do momento em que era afetado ou destinado ao uso da fazenda, passava a ser considerado um imóvel por acessão intelectual. Essa modificação da natureza jurídica não ocorre com as pertenças, em nenhuma hipótese.

Esse mesmo trator, considerado imóvel por acessão intelectual no Código de 1916, se hoje for afetado ou destinado a servir à fazenda, será considerado uma pertença e, mesmo assim, manterá a sua natureza de bem móvel. Como se vê, é um erro dizer que os imóveis por acessão intelectual são as pertenças.

As pertenças, destinadas ao uso, serviço ou aformoseamento de outro bem, sempre irão manter a sua natureza jurídica. Se for móvel, continuará a ser móvel, mesmo após a afetação.

As coisas, antes enquadradas no conceito de imóveis por acessão intelectual, hoje se ajustam ao conceito de pertenças, o que não significa que tais institutos jurídicos possam ser tratados da mesma forma, haja vista que, na acessão intelectual, o bem assumia a natureza do outro a que servia, o que não ocorre com as pertenças, que preservam a sua natureza jurídica.

O Código Civil, a fim de reforçar a autonomia das pertenças, prevê, em seu art. 94, que os negócios jurídicos que dizem respeito ao bem principal não abrangem as pertenças, salvo se o contrário resultar da lei, da manifestação de vontade ou das circunstâncias do caso.

Tal dispositivo evidencia a autonomia das pertenças em relação ao bem a que estão afetadas, pois o negócio jurídico que tenha por objeto o bem principal, em regra, não abrangerá as pertenças. Por exemplo, a venda da fazenda não implicará a alienação do trator, pois este, como pertença, em regra, não integra o negócio envolvendo o bem principal.

O legislador inverteu a regra de que o bem acessório, para muitos um exemplo de pertença, segue a sorte do principal. A regra é que o negócio envolvendo o bem principal não abrange as pertenças.

Interessante, neste ponto, a observação de Orlando Gomes[210], principalmente no que diz respeito à identidade própria das pertenças. Segundo o mestre: "Denominam-se pertenças as coisas acessórias destinadas a conservar ou facilitar o uso das coisas principais, sem que destas sejam parte integrante. Conservam a identidade e não se incorporam à coisa a que se juntam. As pertenças são, por outras palavras, coisas acessórias, que o proprietário mantém intencionalmente empregadas num imóvel para servir à finalidade econômica deste. A conexão econômica é necessária à sua caracterização".

Diante da regra do art. 94, nada impede que a pertença seja objeto de relação jurídica própria. O ar-condicionado e as máquinas agrícolas, como o trator, por exemplo, podem ser objeto de relação jurídica própria.

3º requisito: afetação e relação com outro bem

As pertenças são bens que se destinam ao uso, ao serviço ou ao aformoseamento de outro bem. Essa afetação é uma característica essencial para que determinado bem seja considerado uma pertença.

A relação de pertinência somente ocorre entre coisas. Dessa forma, apenas será pertença um bem que estiver destinado a servir ao uso, ao serviço ou ao embelezamento de outro bem, jamais podendo estar a serviço ou ao uso do proprietário desse outro bem.

Como bem ressalta Amaral[211]: "(...) caracterizam-se por sua destinação, duradoura ou permanente, a serviço de outra coisa, tornando-a mais útil ou mais bonita, como ocorre, por exemplo, com um jardim (pertença) em relação à casa (coisa principal). A relação de pertinência mantém-se entre duas coisas, para viabilizar a função da coisa principal, não o interesse imediato do respectivo dono, se bem que, ao final, seja este o beneficiado. Não são, por isso, pertenças os móveis da casa, os instrumentos de trabalho, os livros da biblioteca. O objetivo é econômico ou de utilidade. A ligação pode ser entre bem móvel e imóvel, exemplo os utensílios agrícolas e a propriedade rural, entre um móvel e outro móvel, uma impressora e um computador e entre um imóvel e outro imóvel, exemplo, a área de estacionamento e a casa residencial".

Portanto, a destinação ou afetação da pertença a outro bem é a essência desse instituto. Tal destinação pode até beneficiar o proprietário do outro bem, mas desde que tal benefício seja indireto, pois a finalidade é estar à disposição, melhorar a utilidade, a funcionalidade ou a aparência de outro bem.

As pertenças visam aumentar ou garantir a funcionalidade ou melhorar a aparência de outra coisa.

Não há necessidade de qualquer requisito subjetivo para a qualificação de uma coisa como pertença. Basta que a coisa esteja destinada a atender a finalidade econômica e social de outro bem, independentemente do elemento volitivo do sujeito que coloque uma coisa em conexão com outra. A relação de pertinência é tutelada de modo objetivo. Não há relevância na vontade daquele que pratica o ato de destinação. Nesse sentido o Enunciado 535 da VI Jornada de Direito Civil: "Para a existência da pertença, o art. 93 do Código Civil não exige elemento subjetivo como requisito para o ato de destinação".

4º requisito: durabilidade da destinação

O Código Civil, no art. 93, também exige como requisito das pertenças que a afetação seja duradoura. Assim, as pertenças devem servir de modo duradouro à finalidade econômica de outro bem. A vinculação meramente transitória não caracterizará o bem como pertença. Mas qual seria esse prazo?

O Código Civil é omisso em relação ao prazo e está correto, pois é no caso concreto que será analisado se a afetação é duradoura ou não, a fim de que a decisão seja mais justa e equânime. Não há como regulamentar esse prazo de forma abstrata, pois, dependendo do tipo de pertença, essa ideia de durabilidade variará.

A intenção do legislador foi desconsiderar como sendo pertenças os bens destinados ao uso, ao serviço ou ao embelezamento de outro bem que, de forma maliciosa, venham a estar vinculados a outro apenas para que a pes-

---

[210] GOMES, Orlando. *Introdução ao direito civil*. 19. ed. rev. e atual. Rio de Janeiro: Forense, 2008.

[211] AMARAL, Francisco. *Direito civil* – introdução, 6. ed. rev. e atual. Rio de Janeiro: Editora Renovar, 2006.

soa aproveite o regime jurídico das pertenças, principalmente a regra prevista no art. 94 do CC.

O bem vinculado transitoriamente, sem que haja efetiva melhora da funcionalidade ou da aparência do bem principal, não caracteriza pertença.

Neste ponto, é interessante registrar o dispositivo do Código Civil alemão (§ 97) sobre o assunto: "A utilização momentânea de uma coisa à exploração de uma outra não constitui pertença. A separação momentânea de um acessório da coisa principal também não faz cessar a pertença".

5º requisito: bens que podem ser considerados pertenças

O art. 93 da Lei Civil não esclarece quais bens podem ser conceituados como pertenças. Em razão disso, passou a doutrina a divergir se apenas os móveis ou tanto estes quanto os imóveis poderiam assim ser considerados.

Quanto aos móveis não há dúvida. A controvérsia gira em torno das pertenças imobiliárias.

A tendência dos doutrinadores brasileiros vem sendo no sentido de admitir que imóveis também possam ser considerados como pertenças. Amaral[212], por exemplo, traz como exemplo de pertença imobiliária a área de estacionamento e a casa residencial ou uma quadra de tênis em relação ao hotel.

O direito brasileiro está em descompasso com os mais importantes ordenamentos jurídicos do mundo.

Como revela Marcelo Calixto[213], em nota de rodapé, o direito alemão (§ 97), o direito português (art. 210) e o direito suíço (art. 644) não admitem a pertença de imóveis.

Segundo o Código Civil alemão: "São consideradas como pertenças as coisas móveis", ao passo que o Código Civil português determina que: "são coisas acessórias, ou pertenças, as coisas móveis que, não constituindo partes integrantes, estão afetadas de forma duradoura ao serviço ou ornamentação de uma outra".

O direito italiano, por sua vez, parece admitir a pertença imobiliária, pois, no art. 817, quando define pertenças, não esclarece se são móveis ou imóveis, dispondo que: "são pertenças as coisas destinadas de modo duradouro ao serviço ou ao ornamento de uma outra coisa".

Na verdade, é possível admitir a pertença imobiliária apenas em situações excepcionais. A pertença imobiliária, muitas vezes, caracterizará parte integrante, pois o próprio Código Civil, em seu art. 93, a exclui do conceito de pertença.

Como visto, a parte integrante é aquela que está materialmente vinculada a outro bem e que visa garantir a sua funcionalidade, ou seja, sem a parte integrante, o bem ao qual adere não terá utilidade ou função.

No caso da pertença imobiliária, até pela própria natureza dos imóveis, necessariamente, a pertença estará vinculada, materialmente, a outro bem, como é o caso da área de estacionamento e do jardim em relação à casa ou da quadra de tênis em relação ao hotel.

Não há dúvida de que a pertença imobiliária sempre estará conectada materialmente ao outro bem. Assim, não é a conexão material que irá diferenciar a pertença da parte integrante, mas sim o segundo requisito da parte integrante, que é a garantia da funcionalidade. Por exemplo, uma residência terá funcionalidade sem a área do estacionamento? Se a resposta for positiva, será uma pertença. O hotel terá funcionalidade sem a quadra de tênis ou essa quadra é necessária e indispensável para que o hotel tenha funcionalidade? Como a quadra de tênis não é necessária para manter ou garantir a funcionalidade do hotel, não é parte integrante, e sim pertença.

Isso demonstra a importância em se definir parte integrante, pois, desse conceito, é possível delimitar toda a ideia sobre pertença.

Assim, é incontestável a possibilidade da existência da pertença imobiliária. No entanto, é essencial que o imóvel esteja afetado ao uso, ao serviço ou ao embelezamento de outro bem e que, ainda, tal imóvel não seja indispensável para que o outro bem tenha funcionalidade.

Conclusão:

As pertenças são bens móveis ou imóveis que mantêm a sua autonomia e que estão afetadas ou destinadas ao uso, serviço ou embelezamento de outro bem, de modo duradouro.

A questão da pertença e sua caracterização: bem acessório ou principal?

A celeuma instaurada em torno das pertenças está relacionada à sua caracterização. O Código Civil as incluiu no capítulo que trata dos bens reciprocamente considerados, no qual os bens jurídicos são divididos em principais e acessórios. Em razão disso, surge a controvérsia em torno de se definir se as pertenças são bens acessórios ou principais.

Para tentar entender a caracterização das pertenças é necessário e indispensável relembrar os conceitos de bens principal e acessório, já tratados anteriormente.

O bem será classificado como principal quando puder atingir a função social para a qual é destinado, independentemente de outros bens. Assim, sozinho, atinge os objetivos para o qual foi constituído.

Já o bem jurídico acessório é aquele que, considerado isoladamente, não cumprirá sua função social e econômica. Tal bem só terá utilidade e valor jurídico se estiver vinculado a outro bem jurídico, que seria o principal. Por isso, o bem acessório, embora tenha autonomia estrutural ou orgânica, não tem autonomia econômica e social. O bem acessório não conseguirá atingir sua função social e econômica se não estiver conectado, material ou idealmente, a outro bem, este sim, o principal.

Como já ressaltado, os bens principais e acessórios possuem autonomia estrutural e orgânica, mas não é isso que os diferencia. A diferença entre ambos está na finalidade econômica e social. O principal cumpre tais finalida-

---

[212] AMARAL, Francisco. *Direito civil* – introdução, 6. ed. rev. e atual. Rio de Janeiro: Editora Renovar, 2006.
[213] CALIXTO, Marcelo Junqueira. *A parte geral do novo código civil*: estudos na perspectiva civil constitucional (dos bens – artigo 79 a 103). Rio de Janeiro/São Paulo: Renovar, 2002. Obra Coletiva (Coord. Gustavo Tepedino).

des, independentemente de outros bens. Já o acessório somente cumprirá essas finalidades se estiver conectado a outro bem e é essa vinculação, econômica e social (finalidade e função), que o torna acessório, ou seja, o acessório tem uma relação de dependência com o bem principal.

A maioria da doutrina classifica as pertenças como sendo bens acessórios, como Francisco Amaral, Maria Helena Diniz, Orlando Gomes, Pablo Stolze, Caio Mário da Silva Pereira, Sílvio Venosa, Leoni de Oliveira, Carlos Roberto Gonçalves, dentre outros.

Para esses doutrinadores, a pertença necessita do bem principal para cumprir a sua finalidade ou a sua função social. Sendo assim, a pertença não teria autonomia estrutural, razão pela qual não teria condições de, por si mesma, cumprir a sua finalidade social, tendo, portanto, uma relação de dependência com outro bem, por estar, segundo art. 93 do CC, afetada ou destinada ao uso, serviço ou embelezamento de outro bem.

Orlando Gomes[214], por exemplo, diz que as pertenças "são coisas acessórias destinadas a conservar ou facilitar o uso das coisas principais, sem que destas sejam parte integrante (...). As pertenças são, por outras palavras, coisas acessórias, que o proprietário mantém intencionalmente empregadas num imóvel para servir à finalidade econômica deste". Francisco Amaral, como já dito, qualifica as pertenças "como acessórios que se incorporam a uma coisa composta".

O Código Civil português de 1966, o qual influenciou nosso legislador, em seu art. 210, qualifica as pertenças como bens acessórios.

Para essa parte da doutrina, a pertença não perde o caráter de bem acessório por, em regra, não seguir a sorte do bem principal (art. 94 do CC) e não assumir a sua natureza, pois, ainda que afetada ao uso, serviço ou aformoseamento de outro bem, não perde a sua natureza jurídica, mantendo a sua autonomia (é o caso do trator que, estando a serviço da fazenda, continua sendo considerado um bem móvel – essa vinculação não descaracteriza a sua natureza jurídica). O mesmo também não ocorre por não haver, em regra, uma relação de necessariedade entre a propriedade da pertença e do bem a que ela estará afetada.

A pertença, para a corrente majoritária, assim como os acessórios, complementa a função social do bem principal, o que significa dizer que ela, de forma isolada, sem estar vinculada a outro bem, não teria função econômica e social.

Por outro lado, uma minoria da doutrina, mas que vem ganhando espaço no meio jurídico, defende a tese de que as pertenças são bens principais, e não acessórios. Os argumentos seriam aqueles mesmos que foram afastados pelos que defendem a tese das pertenças acessórias.

Para esses doutrinadores, as pertenças não têm as mesmas características do bem acessório. Em primeiro lugar, de acordo com o art. 94 do CC, os negócios jurídicos que dizem respeito ao bem principal não abrangem, em regra, as pertenças, ou seja, não se aplica às pertenças o princípio da gravitação jurídica.

Em segundo lugar, ao contrário dos acessórios, as pertenças, mesmo vinculadas ou afetadas a outro bem, mantêm a sua natureza jurídica ou a sua autonomia. A pertença móvel, quando afetada a um imóvel, mantém o caráter de bem móvel, sendo que a vinculação não a descaracteriza. Essa autonomia estrutural é relevante para separar as pertenças do bem principal.

O terceiro argumento é que não há uma relação de necessariedade entre a propriedade da pertença e a do bem ao qual ela se vinculará, sendo esse fato irrelevante, pois o proprietário da pertença pode ser diferente do proprietário do outro bem ao qual ela adere e, havendo propriedades diversas, após a vinculação, o dono do outro bem, apenas por conta da afetação, não se tornará proprietário da pertença, por ter ela autonomia.

Esses doutrinadores ainda acrescentam um último argumento para diferenciar as pertenças dos bens acessórios, qual seja, o art. 1.712 do CC, que, ao tratar do bem de família, afirma que o "bem de família consistirá em prédio residencial urbano ou rural, com suas pertenças e acessórios", diferenciando, desse modo, expressamente, bens acessórios e pertenças.

Após refletir sobre o assunto, a conclusão óbvia a que se chega é de que essa discussão doutrinária é um tanto vazia, pois a pertença será um bem principal ou acessório de acordo com o critério utilizado para caracterizar o bem como principal ou acessório.

É o *critério* na definição dos bens que vai dar a correta classificação da pertença. Como dito, ainda há muitas dúvidas na doutrina sobre o que é bem principal e o verdadeiro significado de bem acessório, sendo, muitas vezes, tênue a linha que os diferencia. Isso certamente acaba refletindo no conceito de pertença, que necessita de uma boa definição de bem principal e acessório para que possa ser enquadrada em uma dessas categorias jurídicas. Se não for preciso o conceito de bem principal e acessório, como de fato não é, fica muito difícil estabelecer uma classificação para a pertença.

A doutrina não percebe que a dificuldade em se classificar a pertença como bem principal ou acessório está justamente na dificuldade de se estabelecer os reais contornos do bem principal e do acessório, o que justifica a grande celeuma estabelecida entre os doutrinadores. Enquanto não houver uma definição exata do bem principal e do acessório (e o Código Civil não ajuda nessa definição, como já ressaltado), será impossível classificar a pertença ou incluí-la em uma ou outra categoria.

Em razão disso, dependendo do critério utilizado para a definição de bem principal e de bem acessório, a pertença, como consequência, será considerada bem principal ou acessório.

Para complicar ainda mais essa divisão, o Código Civil ainda inova com as partes integrantes, o que leva uma parte da doutrina a se perder em conceitos e teorias, quando tenta diferenciar o que não deve ser diferenciado, como, por exemplo, quando distingue partes integrantes

---

[214] GOMES, Orlando. *Introdução ao direito civil*. 19. ed. rev. e atual. Rio de Janeiro: Forense, 2008.

essenciais das partes integrantes não essenciais, sendo que estas últimas inexistem como categoria jurídica em nosso ordenamento.

A doutrina, sem qualquer critério, tenta impor as ideias do Código Civil alemão, cujo diploma faz essa diferença em relação às partes integrantes. Isso dificulta a análise dos bens acessórios, pois a parte integrante não essencial será um acessório, para quem faz a diferença, ou uma pertença.

As características dos bens acessórios não são requisitos absolutos para diferenciar esses bens das pertenças. É certo que, em regra, o acessório segue a sorte do principal, mas nada impede que a pertença também siga a sorte do principal, quando assim dispuser a lei (art. 1.712 do CC), a vontade das partes (negócio jurídico em que impera a autonomia privada) e as circunstâncias do caso. Aliás, segundo o art. 95 do CC, os frutos e produtos, bens acessórios, podem ser objeto de negócio jurídico. Dizem que, em regra, o acessório assume a natureza do principal e as pertenças mantêm a sua autonomia. No entanto, isso depende muito do critério a ser adotado para considerar um bem acessório, pois, em muitas situações, o acessório poderá não assumir a natureza do principal.

A dificuldade é patente, pois não há um entendimento harmonioso do que seja bem principal e acessório e, como a pertença depende dessas ideias para ser classificada como um ou outro, tal dificuldade acaba refletindo em seu conceito.

Considerando o critério que adotamos para diferenciar bem principal do acessório, as pertenças devem ser classificadas como bem principal. Mas por quais razões?

Porque a pertença, considerada isoladamente, pode sim cumprir uma função social e econômica, ou seja, não depende de outro bem para atingir uma finalidade. Tal bem terá utilidade e valor jurídico, ainda que não esteja vinculado a outro bem jurídico.

No entanto, o Código Civil, no art. 93, exige que a pertença esteja afetada ou se destine ao uso, serviço ou embelezamento de outro bem, o que é correto. Para o legislador, somente haverá pertença se existir tal afetação. Ocorre que nada impede que um bem principal esteja afetado ou se destine a complementar outro bem principal. A relação de pertinência pode, perfeitamente, existir entre bens principais.

O bem é principal quando, sozinho, pode cumprir a sua finalidade econômica e social, ou seja, não depende de outro bem. O trator, considerado de forma isolada, tem potencialidade para cumprir a sua finalidade de trator. Tal bem não precisa estar vinculado a outro bem, pois tem inúmeras utilidades e valor jurídico próprio. Ocorre que, quando o bem jurídico é afetado ou destinado ao uso, serviço ou aformoseamento de outro bem, ele recebe o rótulo de *pertença*.

Enquanto não estiver afetado, o bem jurídico não se caracteriza como pertença.

A partir do momento em que for destinado para o uso, serviço ou embelezamento de outro bem jurídico, o bem principal, nessa hipótese, passa a ser qualificado de pertença. É simples assim. A pertença, na realidade, é um bem principal afetado, ou seja, tem destinação ou objetivo definido no art. 93. Se não estiver afetado, é considerado, simplesmente, um bem principal, não recebendo o rótulo de pertença.

O legislador teve a intenção de diferenciar as pertenças dos bens acessórios, quando, no art. 94, deixou claro que o princípio da gravitação jurídica, que é a essência dos bens acessórios, em regra, não se aplica às pertenças. Por que isso? Porque as pertenças não são bens acessórios, mas principais afetados.

Portanto, pode ser extraído da redação do art. 94 do CC, ao dispor que: "os negócios jurídicos que dizem respeito ao bem principal não abrangem as pertenças", o entendimento de que estas apenas podem estar afetadas a outro bem principal, jamais acessório. Não foi a intenção do legislador, diferenciar o bem principal da pertença no art. 94, mas apenas esclarecer que a pertença, que é um bem principal, somente pode estar afetada a outro bem principal.

Além disso, a pertença, como todos reconhecem, tem autonomia estrutural, ou seja, mesmo afetada ao bem principal, mantém a sua natureza jurídica. Se for móvel, como é o caso do trator afetado ao serviço da fazenda, continuará sendo móvel, mesmo após a vinculação ou afetação. O bem principal, *trator*, receberá o rótulo de pertença quando for afetado a outro bem principal. A relação de pertinência é uma relação entre bens principais, ou seja, bens que possuem autonomia, mas que, por uma necessidade econômica ou social, estão vinculados.

Por exemplo, no caso da quadra de tênis em relação ao hotel, que consideramos como pertença imobiliária, a quadra de tênis, sozinha, cumpre a sua finalidade social. É possível utilizá-la para jogar tênis, mesmo que não exista o outro bem principal, o hotel. Ela não necessita do hotel para cumprir a sua finalidade econômica e social, razão pela qual é um bem principal. Entretanto, quando a quadra é destinada e colocada a serviço do hotel, passa a receber o rótulo de pertença.

A pertença nada mais é do que um rótulo ou uma qualificação para bens principais que estão afetados, de forma duradoura, a outro bem principal. Esse exemplo evidencia tudo o que foi ressaltado sobre o assunto.

No mais, sinceramente, não se deve *apelar* para o art. 1.712 do CC, que diferencia as pertenças dos bens acessórios, tendo em vista que o legislador nem sempre é técnico. No entanto, nada impede que esse artigo também sirva como parâmetro para considerar as pertenças, bens principais e não acessórios.

Concluindo, levando em consideração o critério que adotamos, as pertenças são bens principais que estão afetadas ao uso, serviço ou embelezamento de outro bem principal, visando a melhorar a sua funcionalidade ou aparência.

Resumo

As pertenças nada mais são do que uma qualificação, adjetivação ou rótulo a determinado bem que se vincula a outro bem. As pertenças pressupõem reciprocidade entre bens (bens que se relacionam). O bem, isoladamente, jamais será qualificado como pertença. Se determinado bem está destinado (está afetado – vinculado), de modo duradouro (necessário uma certa estabilidade), a servir (uso ou serviço) ou a embelezar (aformoseamento) outro bem, desde que não seja parte integrante, receberá a qualificação de pertença. Para ser pertença, é dispensável a vontade ou elemento volitivo. As pertenças se caracterizam como tal de forma objetiva e concreta.

O que é parte integrante? Todos os bens são compostos e integrados por partes. As partes que integram um bem não podem ser pertenças, porque estas pressupõem bem íntegro e completo, capaz de cumprir a sua destinação, quando vinculado a outro bem. Exemplo: a peça que integra um trator não pode ser pertença, mas o trator pode ter essa qualificação, se destinado a servir outro bem.

Qual a relevância desta qualificação como pertença? Tal bem se submeterá a regime jurídico próprio (autonomia jurídica em relação aos bens com os quais se relaciona – art. 94 do CC). Por isso, é irrelevante a discussão se as pertenças são bens principais ou acessórios. Se o bem afetado a outro bem ostentar os pressupostos do art. 93, será qualificado como pertença e se submeterá a regime jurídico próprio. Apenas no caso concreto será possível realizar tal adjetivação. A relação de pertinência é entre bens. Se o bem estiver afetado ao uso ou serviço de uma pessoa, não será pertença.

A doutrina majoritária defende que as pertenças são bens acessórios (o acessório pode ser simplesmente acessório ou pode ser um acessório/pertença, caso em que se submeterá a regime especial). Ademais, se admite pertença de bens móveis e imóveis.

1.14.8. Bens públicos e bens privados

O Código Civil trata da última classificação, bens públicos e particulares, nos arts. 98 a 103.

O referido diploma, seguindo a mesma linha da legislação anterior, considera públicos os bens em função da titularidade (art. 98) e os define no art. 99, de acordo com a destinação. O bem que não se enquadrar nesse conceito é considerado particular. Portanto, o bem particular é definido por exclusão: o bem que não for de titularidade de pessoa jurídica de direito público, será bem particular.

Segundo o art. 98 do CC, são públicos os bens do domínio nacional pertencentes às pessoas jurídicas de direito público interno, que são aquelas definidas no art. 41 da mesma lei. São pessoas jurídicas de direito público interno a União, os Estados, o Distrito Federal e os Territórios, os Municípios, as autarquias, associações públicas, fundações públicas, agências reguladoras, agências executivas e outras entidades que a lei venha a conferir caráter público.

Os bens pertencentes a essas pessoas de direito público interno são qualificados como bens públicos. Para o Código Civil, o bem é público em função dos titulares do domínio, tendo a legislação adotado critério subjetivo para a sua definição. Se qualquer das pessoas arroladas no art. 41 for titular de bem jurídico, este será público.

Na IV Jornada de direito civil, promovida pelo CJF, foi aprovado o Enunciado 287, com o objetivo de ampliar o conceito de bens públicos, para que sejam considerados como tais os bens que estiverem sob o domínio de pessoas jurídicas de direito privado, desde que prestadoras de serviço público.

Segundo o Enunciado: "O critério de classificação de bens indicado no art. 98 do Código Civil não exaure a enumeração dos bens públicos, podendo ainda ser classificado como tal o bem pertencente a pessoa jurídica de direito privado que esteja afetado à prestação de serviços públicos".

Tal enunciado é questionável, tendo em vista que foi utilizado critério diferente do previsto no art. 98 do CC. Para a legislação civil, o bem público é considerado como tal em função da titularidade (pessoas jurídicas de direito público interno), e não em função da sua finalidade ou da sua vinculação.

O enunciado passa a considerar públicos os bens afetados ou vinculados a finalidade pública (serviço público), ainda que pertençam a pessoas jurídicas de direito privado, como empresas públicas, sociedades de economia mista e até concessionárias ou permissionárias de serviço público. O equívoco é evidente, pois os bens privados de pessoas jurídicas que integram a administração indireta ou que atuam em regime de colaboração (concessionárias e permissionárias), prestadoras de serviços públicos, vinculados a tais atividades, se se sujeitem ao regime jurídico dos bens públicos: inalienabilidade relativa ou condicionada, a impossibilidade de serem adquiridos por usucapião, impenhorabilidade, dentre outras peculiaridades.

No entanto, em função da titularidade ou do critério subjetivo adotado pelo legislador, tais bens continuariam sendo particulares. Esta é a objeção em relação ao enunciado que, claramente, contraria o art. 98 do CC.

Em relação ao tema, o STF apreciou a penhora de bens pertencentes à Empresa Brasileira de Correios e Telégrafos por conta dívidas trabalhistas (RE 220.906/DF, j. 16-11-2000, rel. Min. Maurício Corrêa). A empresa pública se defendeu, argumentando ser prestadora de serviço público por delegação da União, motivo pelo qual seus bens seriam impenhoráveis.

No caso, foi decidido que os bens dessa empresa pública são impenhoráveis.

Os bens das empresas públicas são bens particulares, mas, quando utilizados para a prestação de serviço público, se sujeitam ao regime jurídico dos bens públicos, sendo a eles aplicadas as regras destes, como a impenhorabilidade, inalienabilidade e imprescritibilidade. No entanto, embora se sujeitem a outro regime, continuarão particulares.

O Código Civil, como já ressaltado, define os bens particulares, por exclusão. Assim, aqueles bens que não forem de titularidade ou não estiverem sob o domínio das pessoas jurídicas de direito público interno são particulares.

No que tange à classificação referente à utilização ou destinação, os bens públicos podem ser de uso comum, uso especial ou dominical, ao teor do disposto no art. 99 do CC.

Segundo tal dispositivo, são bens públicos os de uso comum do povo, como rios, mares, estradas, ruas e praças, bem como os de uso especial, tais como edifícios ou terrenos destinados a serviço ou estabelecimento da administração federal, estadual, territorial ou municipal, inclusive o de suas autarquias e, finalmente, os dominicais, que constituem o patrimônio das pessoas jurídicas de direito público, como objeto de direito pessoal, ou real, de cada uma dessas entidades.

Embora o Código Civil disponha sobre três espécies de bens públicos no art. 99, na verdade, são apenas dois os regimes jurídicos. Os bens de uso comum e uso especial possuem destinação pública ou afetação e, por conta disso, estão sujeitos ao direito público ou regime jurídico dos bens do domínio público do Estado. Tais bens integram o mesmo regime jurídico.

Por outro lado, os bens dominicais são aqueles que não possuem destinação pública, ou melhor, não estão afetados a nenhuma finalidade pública. Estes bens se submetem ao regime jurídico de direito público, mas por estarem desafetados, podem ser alienados, desde que obedecidas as condições legais (art. 101 do CC – interesse público, avaliação prévia, licitação).

Em seu livro, *Direito administrativo*, Maria Sylvia Di Pietro[215], de forma didática, explica a referida classificação: "o critério dessa classificação é o da destinação ou afetação dos bens, os da primeira categoria são destinados, por natureza ou por lei, ao uso coletivo; os da segunda ao uso da Administração para consecução de seus objetivos, como os imóveis onde estão instalados as repartições públicas, os bens móveis utilizados na realização dos serviços públicos, as terras dos silvícolas, os mercados municipais, os teatros públicos, os cemitérios públicos; os da terceira categoria não tem destinação pública definida, razão pela qual podem ser aplicados pelo Poder Público, para obtenção de renda; é o caso das terras devolutas, dos terrenos da marinha, dos imóveis não utilizados pela Administração, dos bens móveis que se tornem inservíveis".

Há questão a ser ponderada. Essa regra da afetação para a distinção de bens de uso comum, de uso especial e dominical, não é absoluta. O Código Civil, no parágrafo único do art. 99, informa que, não dispondo a lei em sentido contrário, consideram-se dominicais os bens pertencentes às pessoas jurídicas de direito público a que se tenha dado estrutura de direito privado. A redação do dispositivo é confusa, pois, mesmo que o bem esteja afetado a uma finalidade pública, pode ser considerado dominical se a ele for dada estrutura de direito privado.

Na verdade, os bens dominicais são bens sem destinação pública e, nesse ponto, acertada a observação de Bandeira de Melo quando diz que houve um grave equívoco do legislador, pois a intenção era dizer que são dominicais os bens das pessoas da Administração Indireta, salvo se a lei dispuser em sentido contrário. Os bens dominicais, em regra, por não estarem afetados a uma finalidade pública (bens sem destinação), são disponíveis e, por isso, chamados de bens do domínio privado do Estado.

Como a destinação pública é o principal critério para se definir o regime jurídico, nada impede que os bens públicos afetados venham a perder tal destinação e, por isso, passem para a categoria dos bens disponíveis, qual seja, dos bens dominicais (conforme admite o art. 100 do CC). O contrário também pode ocorrer, ou seja, bem dominical pode passar para a categoria de bem de uso especial, por exemplo, se lhe for dada uma destinação pública.

Em resumo, em relação à classificação, os bens públicos podem ser federais, estaduais, municipais ou distritais, a depender da titularidade. No que se refere à destinação, o art. 99 do CC os subdivide em bens de uso comum do povo (bens que para utilização normal independe de autorização do poder público – tal destinação decorre da lei ou da própria natureza); bens de uso especial (utilização para a prestação de serviço público – uso especial direto, ou são conservados com finalidade para finalidade pública, uso especial indireto – garantia a proteção a determinado bem jurídico de interesse da coletividade) e bens dominicais (não tem destinação pública).

Os bens de uso comum do povo e os bens de uso especial são bens afetados e os dominicais desafetados. Afetar é conferir destinação pública e, desafetar, é desvincular o bem de qualquer interesse público. A afetação não depende de lei ou ato administrativo específico, pois a simples utilização, com finalidade pública (destinação de fato), já é suficiente para afetá-lo. Por outro lado, a desafetação, depende de lei ou ato administrativo.

A afetação ou desafetação interfere na disponibilidade do bem públicos. Os afetados, nos termos do art. 100, são inalienáveis, mas os desafetados são passíveis de alienação, respeitadas as condições legais, como a licitação.

- **Regime jurídico público: características**

Em relação às garantias, decorrentes do regime jurídico de direito público, os bens públicos gozam de determinadas prerrogativas decorrentes do regime jurídico de direito público: impenhorabilidade, não sujeitos a oneração (direitos de garantia), imprescritibilidade (nos termos do art. 102 não podem ser adquiridos por usucapião – no mesmo sentido a Súmula 340 do STF – de acordo com a Súmula 619 do STJ, a ocupação indevida de bem público é mera detenção) e alienabilidade condicionada (interesse público, desafetação, avaliação prévia e licitação – no caso de imóveis, ainda depende de autorização legislativa e a concorrência é a modalidade obrigatória).

Antes de analisar o regime, importante uma regressão histórica sobre os bens públicos, na precisa lição de Caio Mário[216]: "O direito romano distinguia os bens do domínio público do Estado, a que os jurisconsultos do período clássico se referiam com frequência, das coisas do príncipe, as chamadas *res fiscis*, que se tinham, não como da sua

---

[215] DI PIETRO, Maria Sylvia Zanella. *Direito administrativo*. 20. ed. São Paulo: Atlas, 2007.

[216] PEREIRA, Caio Mário da Silva. *Instituições de direito civil*: Introdução ao direito civil. Teoria geral de direito civil. 20. ed. Atualizado por Maria Celina Bodin de Moraes. Rio de Janeiro: Forense, 2004. v. 1.

propriedade individual, porém em decorrência de sua qualidade de príncipe. Essa distinção, que vingou até a dissolução do Império, sobreviveu na Idade Média, com características peculiares: o feudalismo, tendo em vista especialmente os imóveis, agrupou as *res publicae* e a *res fisci*, e, quando lhe sucedeu o poder absoluto dos reis, nada mais natural do que sustentar que todas as coisas que não constituíssem patrimônio privado, fossem elas quais fossem, considerar-se-iam bens do domínio real ou bens da coroa. Quando o movimento democrático se tornou vitorioso, uma simples substituição de palavra adveio: colocada a nação no lugar do rei, está readaptada a teoria dos bens públicos, com a sustentação de que o povo soberano, ou a nação, reúne a titularidade do que foram as *res publicae* e a *res fisci*. Daí encontramos na doutrina francesa a base da teoria da distinção do que os autores chamam de bens do domínio público do Estado e os bens do seu domínio privado, substitutos da *res fisci*s".

Como diz o mestre, nosso direito preferiu a classificação dos bens considerando o modo de sua utilização, a teor do disposto no art. 99 do CC.

O art. 100 do CC declara que os bens públicos de uso comum do povo e os de uso especial são inalienáveis, enquanto conservarem a sua qualificação ou a sua destinação pública. Ao perderem a destinação pública, passam para o domínio privado do Estado e, nessa condição, serão denominados bens dominicais. A inalienabilidade é uma das principais características do regime jurídico público em relação a bens, uma vez que tal patrimônio se torna indisponível porque terá a finalidade de atender à coletividade. Afetados, são inalienáveis. Desafetados, podem ser alienados, mas tal ato de disposição patrimonial dependerá de interesse público, avaliação prévia, licitação e, no caso de imóveis, autorização legislativa. Por isso, é alienabilidade condicionada.

No entanto, segundo o art. 100 do CC, tal inalienabilidade não é absoluta, pois tais bens públicos são inalienáveis "enquanto conservarem a sua qualificação", nos termos da lei. Isso normalmente ocorrerá quando perderem a destinação pública. A lei, portanto, pode autorizar a alienação dos bens de uso comum e de uso especial, o que ocorrerá quando forem desafetados. A afetação ou desafetação interfere na disponibilidade do bem públicos. Os afetados, nos termos do art. 100, são inalienáveis, mas os desafetados são passíveis de alienação, respeitadas as condições legais, como a licitação.

Como bem ressalta Di Pietro[217]: "(...) pelos conceitos de afetação e desafetação, verifica-se que uma e outra podem ser expressas ou tácitas. Na primeira hipótese, decorrem de ato administrativo ou de lei; na segunda, resultam de atuação direta da administração, sem manifestação expressa de sua vontade, ou de fato da natureza. Por exemplo, a administração pode baixar decreto estabelecendo que determinado imóvel, integrado na categoria dos bens dominicais, será destinado à instalação de uma escola; ou pode simplesmente instalar essa escola do prédio, sem qualquer declaração expressa".

Por outro lado, o art. 101 do CC admite a alienação dos bens públicos dominicais que constituem o patrimônio das pessoas jurídicas de direito público interno, observadas as exigências legais. Como dito, os bens dominicais integram o domínio privado do Estado e, por isso, são disponíveis pela Administração Pública em sentido amplo. Essa possibilidade de alienação também não é absoluta, pois, se forem afetados, esses bens podem passar para outra categoria e se sujeitarem, integralmente, ao regime jurídico de direito público, cuja característica principal é a inalienabilidade.

Além de inalienáveis, os bens públicos de uso comum, de uso especial e também os dominicais são impenhoráveis. O art. 100 da CF/88 proíbe a penhora de bens públicos, pois os pagamentos devidos pela Fazenda Federal, Estadual ou Municipal, em virtude de sentença judicial, far-se-ão na ordem cronológica de apresentação dos precatórios e à conta dos respectivos créditos, com ressalva das obrigações de pequeno valor, que deverão ser pagas em dinheiro (§ 3º do art. 100 da CF/88), na forma da lei.

Além de inalienáveis e impenhoráveis, os bens públicos, segundo o Código Civil, não estão sujeitos à usucapião (art. 102 da Lei Civil), ou seja, são imprescritíveis.

O Supremo Tribunal Federal, mesmo antes da vigência do Código Civil, já havia sumulado a impossibilidade de os bens dominicais serem adquiridos por usucapião. Segundo a Súmula 340, "desde a vigência do CC/1916, os bens dominicais, como os demais bens públicos, não podem ser adquiridos por usucapião". Essa súmula restou esvaziada com o art. 102 do CC, cujo dispositivo veda a usucapião sobre qualquer bem público.

A Constituição Federal, no art. 183, § 3º, no capítulo que trata da política urbana e no parágrafo único do art. 191, que regula a política agrícola, fundiária e da reforma agrária, dispõe que os imóveis públicos não serão adquiridos por usucapião.

Com isso, os bens públicos se tornaram coisas inábeis para a posse *ad usucapionem*, ou seja, para a posse qualificada (mansa, pacífica etc.), que pode levar à aquisição da propriedade pelo instituto da usucapião. O STJ, por meio da Súmula 619, pacificou o entendimento de que a ocupação irregular de área pública é detenção. Tal tema, ocupação de área pública, será desenvolvido no *direito das coisas*.

Finalmente, o art. 103 do CC trata da forma de uso dos bens públicos. Segundo esse artigo, o uso comum dos bens públicos pode ser gratuito ou oneroso, conforme for estabelecido legalmente pela entidade a cuja administração pertencerem.

A administração pública tem o poder/dever de gerir a utilização de bens públicos por particulares. A utilização pode ser normal ou comum (finalidade originária – não depende de autorização do poder público, o que não significa que não possa disciplinar tal uso coletivo) ou anormal e especial (quando o particular deseja usá-lo para destinação diversa).

---

[217] DI PIETRO, Maria Sylvia Zanella. *Direito administrativo*. 20. ed. São Paulo: Atlas, 2007.

A utilização anormal ou especial privativa dependerá de autorização do poder público (autorização de uso, permissão de uso ou concessão de uso). A autorização de uso é ato discricionário e precário, independente de licitação prévia, por meio da qual o Estado permite a utilização anormal ou privativa de um bem público pelo particular, concedida no interesse desse. A permissão de uso é ato discricionário e precário, dependente de licitação prévia, por meio da qual o Estado permite a utilização privativa de bem público pelo particular, concedida no interesse público. A concessão de uso é contrato administrativo que permite o uso de bem público para situações permanentes, com prazo e licitação.

Ademais, o uso de bem público também pode ocorrer por institutos de direito privado, com as necessárias adaptações impostas pelo regime jurídico público, como é o caso da locação, arrendamento, concessão de direito real de uso, entre outros. Tal uso também poderá ser gratuito ou oneroso.

1.14.9. Bem de família

O Código Civil de 2002, em boa hora, excluiu todas as regras relacionadas ao *bem de família* da parte geral e passou a disciplinar tal instituto na parte especial, no Livro destinado a tratar das relações familiares (*direito de família*), conforme arts. 1.711 a 1.722 do referido diploma. O tema será objeto da parte de direito de família, para onde remetemos o leitor.

1.15. TEORIA GERAL DO FATO JURÍDICO

1.15.1. Noções preliminares

O direito civil e as relações jurídicas de natureza civil têm como base uma situação de fato. O fato, por si só, não passa de evento ou acontecimento do mundo da vida. Se este fato da vida for relevante para o "mundo do direito", a norma jurídica o qualificará e esse fato "da vida" se converterá em fato jurídico.

O fato jurídico é o que provoca o nascimento da relação jurídica entre sujeitos de direito. O vínculo entre os sujeitos de direito (pessoa natural e jurídica) decorre ou nasce do fato jurídico. E tal vínculo é elemento da relação jurídico, ao lado das pessoas (sujeitos de direito) e dos bens jurídicos (objeto de direito).

A relação jurídica nasce, modifica-se e se extingue em decorrência do fato jurídico. As relações jurídicas são consequência dos fatos jurídicos, nascem em função da norma, que considera o fato da vida relevante e o converte em fato jurídico. Em breve síntese, *fato jurídico* é o evento (natural ou humano) capaz de produzir ou que tem a potencialidade de produzir efeitos jurídicos.

O fato, em si considerado, não passa de um mero evento ou acontecimento no *mundo dos fatos*. Entretanto, há fatos relevantes para a sociedade, que são selecionados pelo Estado, o qual lhes atribui efeito jurídico. Tal efeito especial dá qualificação ao fato, que passa a ter valor. Em consequência desta previsão normativa, surge o *fato jurídico* ou *fato socialmente relevante*. A norma jurídica qualifica determinados fatos, garantindo-lhes juridicidade. O fato jurídico é a junção de um *evento* (fato qualquer) + *previsão normativa* (norma legal atribuindo efeitos jurídicos ao fato).

O fato ou evento, independentemente da natureza e origem, com repercussão na ordem jurídica, é denominado *fato jurídico*. A norma jurídica atribui valor ao fato reputado relevante para as relações intersubjetivas, a qual eleva esses fatos *valorados* a uma categoria especial, qual seja, a dos fatos jurídicos.

As normas jurídicas valorativas de fatos seriam tanto as regras quanto os princípios.

A norma jurídica, ao qualificar determinado fato, o retira do "mundo da vida" e o eleva para o "mundo do direito". A conversão de fato do "mundo da vida" para o fato do "mundo do direito" depende da concretização de alguns requisitos.

O primeiro requisito é a norma jurídica que seleciona determinado fato da vida que considera relevante e lhe atribui consequências jurídicas. O segundo requisito é a previsão na norma jurídica do suporte fático concreto, ou seja, quais fatos ou conjuntos de fatos são necessários no "mundo da vida" para que se torne fato do "mundo do direito" ou fato jurídico. O terceiro requisito é a incidência da norma jurídica sobre o fato ou fatos que se concretizam no "mundo da vida". O fato é sempre concreto. A norma jurídica é sempre abstrata.

A norma, para incidir, depende do fato ou suporte fático concreto (previsto na própria norma jurídica dirigida ao plano da existência), que é a efetiva ocorrência no mundo da vida. O fato do mundo da vida, concreto e real, para repercutir no mundo do direito, ou seja, fazer a transição entre o mundo do "ser" e o mundo do "dever ser", depende de norma jurídica abstrata que estabelece os elementos materiais (suporte fático concreto a ser realizado no mundo da vida). A junção do fato real e concreto (mundo da vida) com a norma jurídica abstrata resulta no denominado "fato jurídico".

O nosso mestre Caio Mário[218], sintetiza, de forma perfeita, essa noção sobre o fato jurídico: Ontologicamente considerado, o fato jurídico se biparte em dois fatores constitutivos: de um lado, um fato, ou seja, uma eventualidade de qualquer espécie, que se erige em causa atuante sobre o direito subjetivo, quer gerando-o, quer modificando-o, quer extinguindo-o; de outro lado, uma declaração do ordenamento jurídico, atributiva de efeito àquele acontecimento. Sem esta última o fato não gera direito subjetivo e sem o acontecimento a declaração da lei permanece em estado de mera potencialidade. A conjugação de ambos é que compõe o fato jurídico.

Como ressalta Paulo Lobo[219] "o fato jurídico surgirá no preciso instante em que a norma jurídica incidir sobre o suporte fático que se concretizou – suporte fático con-

---

[218] PEREIRA, Caio Mário da Silva. *Instituições de direito civil*: Introdução ao direito civil. Teoria geral de direito civil. 20. ed. Atualizado por Maria Celina Bodin de Moraes. Rio de Janeiro: Forense, 2004. v. 1.

[219] LÔBO, Paulo Luiz Netto. *Direito civil. Parte geral.* 10. ed. São Paulo: Saraiva, 2021, p. 222.

creto – ou seja, sobre o fato ou fatos que corresponderem à sua descrição"

O fato jurídico é o fato do mundo da vida ou da natureza que o Estado, por meio de uma norma jurídica, selecionou para regular conduta entre sujeitos de direito, por considerar tal fato relevante para as relações intersubjetivas. A seleção estatal converte o mero fato da vida em fato jurídico, pois passará a produzir ou ter a potencialidade de produzir efeitos e consequências jurídicas.

Assim, somente será qualificado de jurídico o fato que tiver repercussão na ordem jurídica e isso ocorrerá sempre quando o Estado considerar determinado fato relevante para as relações sociais intersubjetivas.

O fato, para ser considerado jurídico, deve ter valor social, relevância para as relações intersubjetivas e ainda produzir, ou ter a potencialidade de produzir – como o testamento –, efeitos jurídicos e, em consequência, provocar o nascimento, a modificação ou a extinção de relações jurídicas.

É pertinente a observação de Cristiano Chaves[220], segundo o qual "efetivamente, a vida é uma sucessão de acontecimentos, de fatos, originados por vezes das forças da natureza e em outras oportunidades da conduta humana. O valor desses acontecimentos diuturnos, todavia, não é igual. Ao revés. Surge à norma jurídica exatamente para sopesar o valor dos fatos. Em outras palavras, a norma irá qualificar e adjetivar os fatos cotidianos, jurisdicizando-os".

Com razão Cristiano Chaves, quando ressalta que a doutrina tradicional (Caio Mário, Washington De Barros, Orlando Gomes, Silvio Rodrigues, Maria Helena Diniz) centra o conceito de fato jurídico na produtividade dos efeitos, fazendo com que as relações jurídicas venham a nascer ou serem extintas, modificadas ou substituídas, evidenciando preocupação com os efeitos concretos.

No entanto, o referido professor questiona tal concepção tradicional argumentando que, "(...) nem sempre decorrerão efeitos do fato jurídico, podendo ocorrer que um determinado fato exista e deixe de existir sem que, jamais, produza um único efeito". Traz, como exemplo, o testamento revogado antes da morte do testador. O testamento é um fato jurídico, mas, se for revogado, deixará de existir sem nunca ter produzido um único efeito concreto.

Isso significa que não há necessidade de o fato produzir efeitos concretos para ser qualificado como jurídico. Por isso, nas lições de Pietro Perlingieri[221], o fato jurídico seria qualquer evento idôneo, segundo o ordenamento jurídico, a ter relevância, sendo um acontecimento capaz de criar, modificar, substituir ou extinguir situações jurídicas concretas, tendo a potencialidade de produzir efeitos, mas que não necessariamente os produz.

Na linha tradicional, Francisco Amaral[222] considera que os fatos jurídicos são acontecimentos que produzem efeitos jurídicos, causando o nascimento, a modificação ou a extinção de relações jurídicas e de seus direitos. Os fatos jurídicos dizem-se positivos, quando implicam uma ação ou declaração de vontade, e negativos, quando consistem em uma abstenção ou omissão.

A noção de fato jurídico é extremamente relevante. O ato jurídico, o negócio jurídico, o ato ilícito, os fatos jurídicos em sentido estrito e o ato-fato jurídico são espécies de fato jurídico e, por isso, meros desdobramentos da ideia de *evento + previsão normativa*.

As diferenças em relação a cada uma das espécies de fatos jurídicos são circunstanciais e sempre estarão relacionadas à origem do evento ou à relevância ou não da vontade, mas todas as espécies partem do mesmo princípio, qual seja, um acontecimento ou evento com repercussão jurídica. O fato jurídico é, enfim, o evento relevante para as relações privadas e, por isso, recebe a qualificação de *jurídico*.

Orlando Gomes[223] ressalta a função do fato jurídico: "O fato jurídico apresenta-se como a força de propulsão da relação jurídica, por efeito da qual se movimentam as normas jurídicas adequadas. Da lei não surgem diretamente direitos subjetivos; é preciso uma causa e essa causa se chama fato jurídico. Converte, em relação concreta, o esquema abstrato da lei. Em suma, o fato jurídico exerce tríplice função: a constituição, modificação ou extinção de uma relação jurídica; a substituição de preexistente relação jurídica e a qualificação de uma pessoa, de uma coisa ou de outro fato".

Todo acontecimento, natural ou humano, capaz de criar, modificar, conservar ou extinguir relações jurídicas, é denominado fato jurídico.

Por essa razão, nem todos os fatos possuem forma jurídica. Alguns se situam no domínio dos acontecimentos naturais, sem repercussão na órbita jurídica, como, por exemplo, a chuva que cai e não provoca qualquer dano. Apenas quando o fato repercute no campo do direito, qualquer que seja a sua origem, passa a ter conteúdo, sendo denominado *fato jurídico*.

É correto afirmar que o ordenamento jurídico, para atuar, depende da ocorrência de um fato. Tal fato pode possuir origens diversas. Os fatos jurídicos podem desenrolar-se tanto no campo da atividade humana, como decorrer de causas naturais, razão pela qual são classificados em duas ordens: fatos jurídicos voluntários e fatos jurídicos naturais.

Em uma primeira análise, a noção de fato jurídico comporta os acontecimentos naturais (fato jurídico em sentido estrito) e as ações humanas lícitas ou ilícitas (ato jurídico em sentido amplo e ato ilícito, respectivamente). Além disso, também abrange fatos que, embora decorren-

---

[220] FARIAS, Cristiano Chaves de; ROSENVALD, Nelson. *Direito civil*: teoria geral. 8. ed. Rio de Janeiro: Lumen Juris, 2009.
[221] PERLINGIERI, Pietro. *Manuale di diritto civile*. Napoli: Edizione Scientifiche Italiane, 1997.
[222] AMARAL, Francisco. *Direito civil* – introdução, 6. ed. rev. e atual. Rio de Janeiro: Editora Renovar, 2006.
[223] GOMES, Orlando. *Introdução ao direito civil*. 19. ed. rev. e atual. Rio de Janeiro: Forense, 2008.

tes da atuação humana, esta é desprovida de manifestação de vontade, mas, mesmo assim, produz efeitos jurídicos (ato-fato jurídico). A doutrina clássica diferencia os fatos jurídicos em voluntários e naturais, mas despreza os denominados *atos-fatos jurídicos*.

Por outro lado, a doutrina contemporânea, ao tratar das espécies de fatos jurídicos, dissocia os atos-fatos humanos das ações humanas lícitas (ato jurídico em sentido estrito e negócio jurídico). Ainda que os atos-fatos tenham na base um ato humano, a norma jurídica, quando o qualifica, não exige o elemento subjetivo (vontade), que é imprescindível para o ato jurídico em sentido estrito e o negócio jurídico, como será analisado adiante.

1.15.1.1. Teoria do fato jurídico e os planos da existência, validade e eficácia

A teoria do fato jurídico deve ser analisada e compreendida sob a perspectiva dos planos da existência, validade e eficácia. O plano da existência é o limite entre o mundo dos fatos/vida (ser) e o mundo do direito (dever ser). É óbvio que estamos tratando de existência jurídica, e não de existência fática.

O fato é jurídico quando o fato do mundo da vida preenche todo o suporte fático concreto exigido pela norma jurídica, ou seja, quando o fato preenche todos os elementos que a norma considera essenciais para que ele receba a qualificação de jurídico. Se o fato da vida preenche todo o suporte fático concreto exigido pela norma (dirigida ao plano da existência), se converterá em fato jurídico e, por isso, passará a existir juridicamente. O fato jurídico é que entrou no mundo do direito. Se o fato da vida não preenche os elementos concretos exigidos, será um simples fato da vida e inexistirá juridicamente. Por isso, a definição de um fato como jurídico está diretamente relacionada com os critérios para que o fato seja considerado jurídico. Se o fato da vida inexiste juridicamente, não pode ingressar no mundo do direito e, por isso, não pode produzir efeitos jurídicos. São atos inexistentes juridicamente, embora existam em termos fáticos e reais.

Com a conversão do fato da vida em fato jurídico, ele passa a existir juridicamente, o que o leva para o mundo do direito. No mundo do direito, o fato, agora jurídico, pode (não necessariamente) se submeter ao plano de validade. Não é todo fato jurídico que se submete ao plano de validade. Apenas aqueles fatos jurídicos que no suporte fático concreto exigido pela norma está presente o elemento subjetivo, vontade, como são os casos do ato jurídico em sentido estrito e do negócio jurídico. Por isso, que o CC disciplina apenas os pressupostos de validade do negócio jurídico (art. 104) e do ato jurídico em sentido estrito (art. 185). Os demais fatos jurídicos, como fato jurídico em sentido estrito, ato-fato jurídico e atos ilícitos não se submetem ao plano de validade. Por isso, já ingressam no mundo jurídico produzindo efeitos jurídicos. Já se submetem ao plano da eficácia. No plano de validade, o objetivo do Estado é controlar fatos jurídicos que têm como origem o elemento subjetivo, a vontade humana, a qual deve estar submetida a pressupostos de validade. Em uma visão positivista e clássica, o não preenchimento de algum pressuposto de validade impede que o fato jurídico ingresse no plano da eficácia. No direito civil contemporâneo, pós/positivista e constitucionalizado, é possível que no plano de validade haja o confronto da validade e seus pressupostos com outros interesses e, por isso, mesmo inválido, o fato jurídico (ato jurídico em sentido estrito e negócio jurídico) poderá produzir efeitos jurídicos.

No plano da eficácia, os fatos jurídicos produzirão os efeitos jurídicos previstos da norma jurídica, em especial para a aquisição, modificação e extinção de direitos.

Por isso, o estudo da teoria do fato jurídico deve estar vinculado e associado aos planos de existência, validade e eficácia. É fundamental entender cada um dos planos, a fim de apurar com qual instituto o intérprete deverá trabalhar. Por exemplo, se o problema for no plano da existência, não há fato jurídico, porque o fato ficará restrito ao mundo da vida, onde não há efeito ou consequência jurídica. Se o problema estiver no plano de validade, o intérprete poderá ter que trabalhar com a teoria da invalidade, que é a sanção civil pela inobservância dos pressupostos de validade. E, caso o problema esteja relacionado ao plano da eficácia, entra em cena outros institutos, como a teoria do inadimplemento, por exemplo, que não tem relação com o plano de validade. Portanto, compreender os planos, é fundamental para entender a teoria do fato jurídico, conforme será aprofundado na análise da teoria do negócio jurídico.

1.15.2. Classificação dos fatos jurídicos em sentido amplo

A doutrina diverge sobre a classificação dos fatos jurídicos. É evidente a falta de técnica do Código Civil de 1916 na disciplina da teoria geral do fato jurídico. Tal atecnia contribuiu, decisivamente, para a intensificação dessas divergências.

Antes de analisar as normas do Código Civil de 2002, é relevante registrar a sistematização da matéria pelo legislador de 1916, como ponte necessária para compreender a transição entre os dois estatutos jurídicos, entre os quais há um hiato de mais de 80 (oitenta) anos de história.

O Código Civil de 1916 disciplinava a teoria do fato jurídico nos arts. 74 a 85 e partir de uma perspectiva monista (de inspiração francesa – apenas fazia referência ao ato jurídico). Nas disposições preliminares (artigos 74 a 80), as normas visavam disciplinar a aquisição de direitos, associar direito e ação (a todo direito corresponde uma ação que o assegura), tratar do interesse para propor ação e, ainda, fazer referência à questão relacionada ao perecimento do direito. Como se verifica, a sistematização do legislador de 1916 era diferente da dada pelo seu sucessor (CC/2002), na medida em que apresentava uma concepção unitária de ato jurídico (monismo).

No Título I, onde tratava do ato jurídico (arts. 81 a 85), o Código Civil de 1916 apresentava regras genéricas sobre a definição de ato jurídico, pressupostos de validade do ato jurídico e normas destinadas à interpretação.

A ausência de técnica do legislador de 1916 foi decisiva para as divergências doutrinárias a respeito da classificação dos fatos jurídicos e a compreensão de matéria tão complexa. A legislação civil de 1916 adotava uma concepção unitária de ato jurídico, independentemente de os seus efeitos decorrerem da lei ou da vontade das partes (não eram claras as diferenças entre ato jurídico em sentido estrito e negócio jurídico – aliás, o CC/1916 não utilizava a terminologia do *negócio jurídico* tão presente na atual legislação). Por isso, não havia referência ao negócio jurídico, espécie mais relevante de fato jurídico.

No Código Civil de 2002 se adota concepção dualista (dualismo, por influência germânica e italiana), com a incorporação definitiva da teoria do negócio jurídico, como espécie do gênero ato jurídico. O CC/2002, de forma clara e inequívoca, ressalta as diferenças fundamentais entre ato jurídico em sentido estrito e negócio jurídico (influência alemã). O ato jurídico em sentido amplo, baseado na vontade (elemento volitivo – elemento essencial para a existência jurídica), se subdivide em ato jurídico em sentido estrito (autonomia da vontade com efeitos predeterminados na lei) e negócio jurídico (autonomia da vontade e autonomia privada – possibilidade de alterar e definir efeitos de acordo com interesses privados, nos limites dos espaços concedidos pelo sistema).

No sistema civil anterior, era difícil delimitar o campo de atuação dos atos jurídicos em sentido estrito, cujos efeitos são predeterminados pela lei, e dos negócios jurídicos, instrumento da autonomia privada, cujos efeitos jurídicos decorrem da vontade das partes, ou melhor, são eleitos ou escolhidos pelos interessados.

Em relação à doutrina clássica, Caio Mário e Orlando Gomes classificam os fatos jurídicos em duas ordens: fatos jurídicos voluntários e fatos jurídicos naturais. Por outro lado, a doutrina moderna insere o ato-fato jurídico nessa classificação, como se verá adiante.

A fim de facilitar o entendimento a respeito da classificação do fato jurídico, sistematizamos a matéria da forma que hoje é mais aceita pela doutrina, embora haja divergências sobre questões específicas, como por exemplo, o ato-fato jurídico. Neste ponto, cabe ressaltar que alguns doutrinadores não concordam com essa espécie autônoma de fato jurídico e, por isso, incluem esses fatos como sendo uma subespécie do ato jurídico em sentido estrito ou do negócio jurídico, conforme a situação específica.

Embora o atual Código Civil não tenha sido perfeito nas disposições sobre a teoria geral do fato jurídico (na verdade foi omisso, porque não faz referência ao ato-fato jurídico nem aos elementos de existência do negócio jurídico), houve considerável evolução, principalmente pela concepção dualista adotada, pois diferencia os atos jurídicos em sentido estrito dos negócios jurídicos.

Assim, o Código Civil de 2002, de forma acertada, centra a discussão da teoria geral do fato jurídico no negócio jurídico, inegavelmente o mais relevante dentre os fatos jurídicos. As normas jurídicas giram em torno do negócio jurídico. Em contrapartida, o ato jurídico em sentido estrito possui disciplina jurídica mais restrita. Em consequência desta opção legislativa, impõe a essa espécie de fato jurídico (ato jurídico em sentido estrito) a vinculação às normas do negócio jurídico, naquilo que for compatível com a natureza do ato jurídico em sentido estrito, conforme se verifica no art. 185 do CC.

O negócio jurídico é o destaque das regras e princípios relativos ao fato jurídico na parte geral. A Lei Civil trata dos *pressupostos de validade do negócio jurídico, regras de interpretação do negócio jurídico, defeitos do negócio jurídico* e *invalidação do negócio jurídico.* Há um conjunto de regras e princípios voltados para a tutela do negócio jurídico.

O ato jurídico, antes destacado na Lei Civil de 1916, ganhou apenas um artigo no atual Código Civil (art. 185 – na esteira do Código Civil português de 1966, segundo o qual, aplica-se ao ato jurídico toda a teoria estabelecida no Código para o negócio jurídico naquilo que for compatível com a estrutura, natureza e finalidade do ato jurídico em sentido estrito).

O Código Civil de 2002 omitiu, porém, a figura do ato-fato jurídico.

O negócio jurídico é, de fato, o protagonista entre os fatos jurídicos.

A seguir, será apresentada uma ampla classificação a respeito das espécies de fato jurídico. Tal classificação tem por objetivo identificar a origem, a estrutura, a natureza e os elementos exigidos pela norma jurídica para qualificar cada um destes fatos jurídicos. Qual é a classificação?

FATO JURÍDICO SENTIDO AMPLO (FJSA)		
1. Fato Jurídico em sentido estrito (FJSE)	2. Ato-Fato Jurídico (AFJ)	3. Ação Humana 3.1. Lícita (Ato jurídico em sentido amplo – AJSE) • Ato jurídico em sentido estrito (AJSE) • Negócio jurídico (NJ) 3.2. Ilícita (Ato ilícito)

Na sequência, serão analisadas, uma a uma, de forma detalhada, as espécies do fato jurídico em sentido amplo, ressaltando suas peculiaridades e diferenças.

1.15.2.1. Fato jurídico em sentido estrito

A primeira espécie de fato jurídico é o *fato jurídico em sentido estrito*. Este é também *evento* (acontecimento) com *qualificação jurídica* (a norma jurídica qualifica esse evento). Então qual é a peculiaridade? É a *origem* do evento ou acontecimento.

O fato jurídico em sentido estrito é todo acontecimento natural, determinante de efeitos na órbita jurídica. O evento é provocado por fenômeno natural, cujo fato repercute na ordem jurídica. Os fatos naturais independem da vontade humana, mas podem constituir causa de relações jurídicas. Ao ingressar no mundo jurídico, o fato jurídico em sentido estrito não se submete ao plano de validade: os efeitos jurídicos (eficácia) decorrem automaticamente do preenchimento do suporte fático concreto exigido pela norma jurídica. Assim, ao existir (pressupostos de existência), ingressa no mundo jurídico e produz os efeitos jurídicos previstos na norma.

Como exemplos de fatos jurídicos em sentido estrito podem ser citadas as diversas formas de aquisição da propriedade imobiliária por acessão natural. Segundo o disposto no art. 1.248, I a IV, do CC, a acessão natural poderá dar-se por formação de ilhas, aluvião, avulsão e abandono de álveo.

O que é a acessão natural?

Acessão implica incorporação ou aderência material, no caso, provocada, exclusivamente, pelas forças da natureza. Nessas hipóteses existe um *evento* ou *acontecimento* (incorporação ou adesão material) que a *ordem jurídica* (arts. 1248, I a IV, e 1.249 a 1.252) considera relevante e, por isso, lhe atribui efeito jurídico, qual seja, a aquisição da propriedade imobiliária.

O destaque é a origem, ou melhor, a base do fato, representada por fenômeno da natureza. Não há intervenção humana ou ato humano na origem do fato. O acontecimento é provocado por forças naturais, sendo que a ordem jurídica reconhece a relevância desses eventos e, por essa razão, os insere na categoria especial de fato jurídico.

Os fatos jurídicos, com origem em fenômenos naturais, são, normalmente, divididos pela doutrina em ordinários (nascimento) e extraordinários (terremoto, enchente). Não há razão jurídica para essa subdivisão, posto que isso em nada altera as características nem as consequências dessa espécie de fato jurídico.

O caso fortuito e a força maior, por serem imprevisíveis ou, embora previsíveis, inevitáveis, quando tiverem relação com fenômenos naturais deverão ser considerados *fatos jurídicos em sentido estrito*.

Tal aspecto (fortuito e força maior) é relevante para eventual exclusão da responsabilidade civil. Se for fato provocado por forças da natureza, sem qualquer intervenção humana (uma enchente, um raio, um terremoto), normalmente estará rompido o nexo de causalidade e, em consequência, estará excluída a responsabilidade de indenizar. Por outro lado, se o evento inevitável é provocado por ato humano (assalto a ônibus e responsabilidade do transportador), não será o caso de fato jurídico em sentido estrito.

Explica-se: se o evento inevitável, caso fortuito (art. 393 do CC), tem vínculo com algum ato humano, comissivo ou omissivo, o fato deve ser classificado no âmbito das ações humanas lícitas e ilícitas, e não como fato jurídico em sentido estrito.

Então, o fortuito e a força maior podem estar ou não vinculados a ato humano na origem. Se estiverem vinculados, como no assalto a ônibus, não serão um fato jurídico em sentido estrito.

O fato jurídico em sentido estrito decorre de fato oriundo da natureza. A morte e o nascimento, ainda que vinculados a ato humano na origem, não perdem a sua natureza de fato jurídico em sentido estrito.

Há também discussão sobre a prescrição e a decadência: se seriam fatos jurídicos em sentido estrito ou atos-fatos jurídicos, o que será abordado no tópico seguinte.

1.15.2.2. Ato-fato jurídico

A segunda espécie de fato jurídico é o ato-fato jurídico, não disciplinado pelo Código Civil.

O ato-fato jurídico também se desdobra em *evento + previsão da ordem jurídica*. A principal característica dessa espécie de fato jurídico é a *irrelevância do elemento subjetivo* do agente, qual seja, a *vontade*. No entanto, essa irrelevância do elemento subjetivo decorre de previsão normativa. Explico.

O fato jurídico é a junção de fato da vida com a norma jurídica que o qualifica, com o que será convertido em fato jurídico. A norma jurídica, como pressuposto para essa conversão, exige o denominado suporte fático concreto, ou seja, qual fato ou fatos devem ocorrer no mundo da vida para que o fato se qualifique como jurídico. No caso do ato-fato, a norma jurídica, para resgatar um fato que decorre de um ato humano do mundo da vida para o mundo do direito, não exige no suporte fático concreto qualquer elemento subjetivo do agente. Portanto, no ato-fato a vontade é irrelevante não porque não poderá haver vontade, mas porque essa vontade não é exigida pela norma jurídica para que o fato da vida se converta em fato jurídico. Por isso, no ato-fato pode até existir uma vontade consciente dirigida a uma finalidade e, na maioria das hipóteses, tal elemento subjetivo estará presente. No entanto, tal vontade não é levada em consideração para a configuração do ato-fato, porque é desprezado pela ordem jurídica. A lei atribui efeitos ao ato humano, independentemente da intenção ou vontade do ser humano de dar efeito jurídico ao seu ato. A vontade humana não integra o suporte fático concreto do mundo da vida exigido pela norma.

Ao contrário do fato jurídico em sentido estrito, cujo evento é originário ou decorrente de fenômeno natural, no ato-fato o evento tem origem em ato humano. A norma jurídica qualifica tal evento, sem considerar a vontade humana. O elemento subjetivo (vontade humana) não integra o suporte fático concreto exigido pela norma. Para que o fato deixe o "mundo da vida" e ingresse no "mundo do direito", basta o ato humano (esse é um dos suportes fáticos), independente da vontade deste ser humano. A vontade não faz parte do suporte fático. Ao ingressar no mundo jurídico, assim como o fato jurídico em sentido estrito, o ato-fato-jurídico produz efeitos jurídicos. Não se submete ao controle ou plano de validade.

O ato-fato pressupõe, na base do evento, ato humano objetivamente considerado. Seria uma concepção *objetiva*, relacionada à conduta humana. É o ser humano responsável pelo fato. A ordem jurídica atribui efeito a esse ato humano, independentemente da vontade daquele que se posiciona diante dessa situação fática, efeito jurídico este que decorre diretamente do ato humano. A vontade é desprezada pela ordem jurídica (que não exige tal vontade no suporte fático como condição para que um fato qualquer do mundo da vida ingresse no mundo jurídico) em relação aos efeitos jurídicos decorrentes desse ato humano. Como se vê, pode até existir vontade, mas esta não condiciona a produção de efeitos jurídicos.

No ato-fato jurídico, o importante é verificar a consequência do ato, ou seja, o resultado jurídico, sem dar maior significância para o fato de haver vontade ou não de realizá-lo. A vontade humana aqui não tem importância jurídica, pois é o fato humano, por si só, que deflagrará os efeitos jurídicos previstos na norma. A existência jurídica independe do elemento volitivo, que até poderá estar presente.

No ato-fato jurídico, o importante é verificar a consequência do ato, ou seja, o resultado no mundo jurídico, sem dar maior significância para o fato de haver vontade ou não de realizá-lo. Como o elemento volitivo não é exigido pela norma para existência jurídica, o ato-fato não se submete ao plano de validade. Com o preenchimento do suporte fático concreto exigido pela norma jurídica destinada ao plano da existência, ingressa no mundo jurídico para produzir os efeitos a ele conectados.

Não há consenso na doutrina sobre essa categoria ou espécie de fato jurídico. Alguns doutrinadores clássicos, como Caio Mário e Orlando Gomes, simplesmente desprezam tal ideia, pois, segundo o primeiro autor, os fatos jurídicos são voluntários (decorrentes de ações humanas – negócio jurídico e ato ilícito) ou naturais (fatos jurídicos em sentido estrito, pois, independem da vontade humana); e, para Gomes, os fatos jurídicos classificam-se em acontecimentos naturais e ações humanas, sendo que as ações humanas compreendem aquelas de efeitos jurídicos voluntários – atos jurídicos *lato sensu* – e de efeitos jurídicos involuntários – atos ilícitos.

Os mestres em referência não inserem o ato-fato jurídico como espécie de fato jurídico. Para eles, como a base do ato-fato é um ato humano, seriam esses atos humanos fatos jurídicos voluntários ou ações humanas de efeitos jurídicos voluntários. Aliás, a única diferença entre o ato-fato e os fatos voluntários ou ações humanas de efeitos jurídicos voluntários é a não consideração da vontade, embora essa possa existir no ato-fato.

A questão assim se resume:

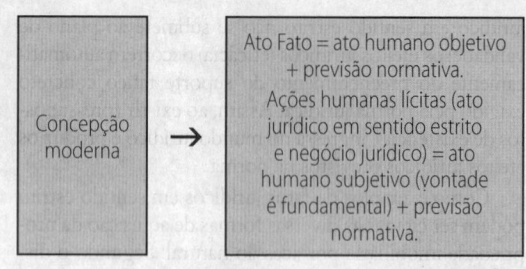

Concepção clássica → Não reconhece o ato-fato como espécie de fato jurídico. Fatos voluntários ou ações humanas = ato humano objetivo e subjetivo + previsão normativa.

Concepção moderna → Ato Fato = ato humano objetivo + previsão normativa. Ações humanas lícitas (ato jurídico em sentido estrito e negócio jurídico) = ato humano subjetivo (vontade é fundamental) + previsão normativa.

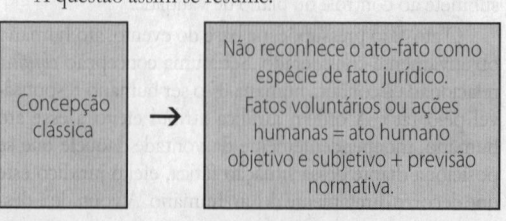

A doutrina moderna passou a aceitar essa nova categoria (ato-fato) justamente por conta do elemento subjetivo. Nas ações e atos humanos (ato jurídico em sentido estrito e negócio jurídico), para fins de existência jurídica, o elemento volitivo (vontade) é elemento exigido pela norma jurídica. Se não há exteriorização de vontade, inexiste juridicamente o ato jurídico em sentido estrito e o negócio jurídico. No ato-fato jurídico, basta o ato humano na origem, independentemente da vontade de provocar, em decorrência do ato humano, alguma consequência jurídica. O elemento subjetivo não é exigido pela norma como pressuposto para a existência jurídica (tal vontade pode existir no mundo real, mas não é considerada pela norma para ingresso no mundo jurídico).

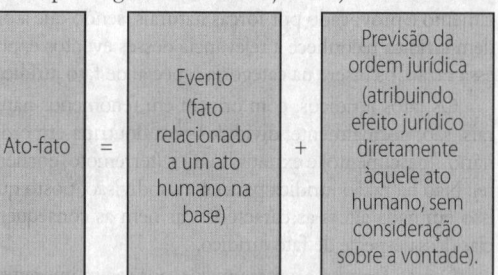

Ato-fato = Evento (fato relacionado a um ato humano na base) + Previsão da ordem jurídica (atribuindo efeito jurídico diretamente àquele ato humano, sem consideração sobre a vontade).

No sistema civil, há inúmeros exemplos de ato-fato jurídico. A posse natural é ato-fato jurídico (basta que alguém exteriorize poderes de fato sobre determinada coisa, com função social, para se caracterizar a posse e a condição de possuidor – o possuidor pode até ter a vontade de ser possuidor, mas essa vontade não é o pressuposto para a existência jurídica da posse natural). A união estável também é ato-fato jurídico, pois tal entidade familiar se caracteriza a partir da evidenciação, no mundo real, dos elementos materiais e imateriais exigidos pelo art. 1.723 do CC/2002. A norma não exige a vontade dos companheiros para que a união estável exista juridicamente. Basta que duas pessoas se relacionem afetivamente, a partir dos elementos exigidos pela norma, para se caracterizar a entidade familiar. O art. 1.264 do CC trata de instituto relacionado à aquisição da propriedade mobiliária, *achado de tesouro, exemplo de ato-fato jurídico*. Segundo o dispositivo, o depósito antigo de coisas preciosas, oculta e de cujo dono não haja memória, será dividido, por igual, entre o proprietário do prédio e o que achar o tesouro casualmente. Como se verifica, um dos requisitos para aquisição da propriedade do tesouro é a casualidade.

Então, se alguém, casualmente, ou seja, sem vontade dirigida a essa finalidade, encontra tesouro, presentes os demais requisitos, incidirão os efeitos jurídicos previstos na norma. A vontade não foi levada em consideração, pois basta ato humano, representado pelo *achado casual*, para haver repercussão jurídica (aquisição da propriedade do tesouro).

Importante ressaltar que, em face da perspectiva civil-constitucional e do princípio da dignidade da pessoa humana, temas destacados nos primeiros capítulos, não é possível admitir, como exemplo de ato-fato jurídico, alguns contratos de compra e venda realizados por pessoas menores de 16 (dezesseis) anos de idade. Se uma criança de 10 anos compra um lanche na escola, sem estar acompanhado de seus pais ou de qualquer representante, terá realizado negócio jurídico, compra e venda, cuja vontade é essencial para a existência jurídica deste. Tal negócio é válido e eficaz, pois a criança não necessita da proteção do regime jurídico da incapacidade para tal compra e venda. Não há incapacidade, pela ausência de necessidade de proteção, fundamento daquela. Não é ato-fato.

O ato-fato jurídico despreza e considera irrelevante a vontade e, no caso, a criança exteriorizou vontade, que foi fundamental para a existência jurídica da compra e venda. Aliás, considerar válido tal contrato é valorizar a autonomia existencial da pessoa humana, cuja incapacidade somente se justifica para fins de proteção, o que não é o caso.

Os atos e negócios realizados por essas pessoas menores de 16 (dezesseis) anos poderão ser considerados válidos, a depender da análise do caso concreto. Ou seja, se não houver necessidade de proteção do Estado para determinado ato ou negócio, não haverá incapacidade material ou substancial, razão pela qual o ato ou negócio será válido. Tal validade, no entanto, decorrerá do reconhecimento da capacidade desses menores de 16 (dezesseis) anos para o negócio ou ato praticado, e não por se tratar, o negócio ou o ato, de um ato-fato jurídico.

Alguns doutrinadores, como Chaves e Marcos Bernardes de Mello, desdobram o ato-fato jurídico em três espécies:

a) *atos reais*: atos humanos de que resultam circunstâncias fáticas, como a descoberta do tesouro, ocupação, posse natural, entre outros;

b) *indenizativos*: nesta espécie estão as situações em que, de um ato humano lícito decorre prejuízo a terceiro, com dever de indenizar. É o caso da deterioração ou destruição da coisa alheia, ou da lesão pessoal, a fim de remover perigo iminente, em que se aceita a licitude do ato, mas se determina a indenização (art. 188 do CC);

c) *caducificantes*: dependem de atos humanos, constituindo fatos jurídicos, cujos efeitos determinam a extinção de determinado direito e, em consequência, da pretensão, da ação e a exceção dela decorrentes. Seria o caso da decadência e da prescrição.

Assim, somente no ato-fato jurídico o elemento psíquico é completamente irrelevante.

Em relação aos chamados atos *caducificantes*, como são a prescrição e a decadência, muitos consideram tais institutos como fatos jurídicos em sentido estrito, pois, na aquisição ou perda de direitos ou pretensões, costuma-se incluir o decurso do tempo. O tempo, evento natural, é capaz de provocar a decadência do direito potestativo ou prescrição da pretensão. Sobre o assunto, Orlando Gomes[224] é preciso: "O tempo é o modo de ser do fato e não ele próprio um fato. O tempo juridicamente relevante é o fato de seu transcurso, que se conta, nas relações jurídicas, pelo termo ou pela data. O termo é o momento no qual se produz ou extingue determinado efeito, isto é, nasce, modifica-se ou morre um direito. O decurso do tempo apresenta-se juridicamente sob a forma de prescrição ou de decadência".

No entanto, ainda prevalece o entendimento de que a prescrição e a decadência seriam ato-fato jurídico. A posição do mestre Orlando Gomes se justifica pelo fato de ele não concordar com a consideração do ato-fato como sendo espécie de fato jurídico. Se os clássicos não inserem o ato-fato nessa classificação, a consequência lógica seria considerá-los espécies de fato jurídico em sentido estrito.

1.15.2.3. Ações humanas – Lícitas (ato jurídico em sentido amplo) e ilícitas

No âmbito das ações humanas (fatos voluntários que resultam da ação humana lícitas, ato jurídico em sentido amplo) estas se subdividem em negócio jurídico e ato jurídico em sentido estrito. Por outro lado, os atos ilícitos ou fatos jurídicos humanos ilícitos.

O negócio jurídico e o ato jurídico em sentido estrito (juntamente com os atos ilícitos) representam os pilares de sustentação no vasto campo de estudo da teoria geral do fato jurídico. Eles decorrem ou se originam de ações humanas lícitas, subespécies de ato jurídico em sentido amplo e espécies de fato jurídico.

O ato ilícito também é considerado espécie de fato jurídico, pois produz efeito jurídico, qual seja, obrigação de indenizar. O ilícito (elementos que compõem o ilícito: antijuridicidade e imputabilidade) pode ser objetivo (abuso de direito) ou subjetivo (conduta culposa), conforme será posteriormente analisado. A violação de dever jurídico preexistente e de direito subjetivo provoca lesão a bem jurídico, imputável a alguém, caracteriza o ilícito (o tema, ato ilícito, será analisado em capítulo próprio).

O ato jurídico em sentido amplo, que engloba o ato jurídico em sentido estrito e o negócio jurídico, é acontecimento ou evento cujo suporte fático concreto é a exteriorização de vontade humana consciente. A base de sustentação do ato jurídico em sentido amplo é o elemento volitivo (questão subjetiva). Tal vontade exteriorizada é voltada à obtenção de um resultado tutelado pelo Estado ou juridicamente protegido, resultado este já predeterminado na norma jurídica (ato jurídico em sentido estrito) ou convencionado pelas partes (negócio jurídico).

A questão se resume no seguinte: Ato jurídico em sentido amplo = Evento + Norma – Evento ou aconteci-

---

[224] GOMES, Orlando. *Introdução ao direito civil*. 19. ed. rev. e atual. Rio de Janeiro: Forense, 2008.

mento jurídico *(vontade humana exteriorizada de forma consciente)* + Vontade voltada a uma finalidade *(obtenção de resultado juridicamente protegido)* = Ato jurídico em sentido amplo. Norma: tal resultado pode estar predeterminado na lei (ato jurídico em sentido estrito) ou pode ser eleito pelos interessados (negócio jurídico).

O resultado desejado, decorrente da exteriorização consciente da vontade, previsto anteriormente na lei ou eleito pelas partes, terá eficácia jurídica, pois esse resultado terá respaldo legal. No ato jurídico em sentido estrito, os efeitos são *ex lege*, pois, após a manifestação da vontade, o resultado buscado estará predeterminado na lei. Não há espaço jurídico para eleição dos efeitos jurídicos.

No negócio jurídico (contrato, por exemplo), os efeitos são *ex voluntate*, pois, ao manifestar a vontade, com o objetivo de alcançar determinado resultado, que terá tutela do Estado, os efeitos, no espaço jurídico permitido, poderá ser escolhido pelos sujeitos. A eficácia jurídica respeitará, dentro de determinados limites, a decisão dos sujeitos.

A diferença fundamental entre ato jurídico em sentido estrito e negócio jurídico (ambos são subespécies do ato jurídico em sentido amplo) é a autonomia privada. O ato jurídico em sentido estrito é pura autonomia da vontade. Neste, existe a vontade e o desejo de praticar o ato, mas não há o poder de regular os efeitos, pois eles já estão predeterminados na lei. Assim, o ato jurídico em sentido estrito é mera exteriorização da vontade.

Por outro lado, o negócio jurídico é autonomia da vontade e autonomia privada, pois os efeitos pretendidos são escolhidos pelas pessoas e tutelados pelo Estado. A autonomia privada representa o poder da vontade ou o poder de regular os interesses.

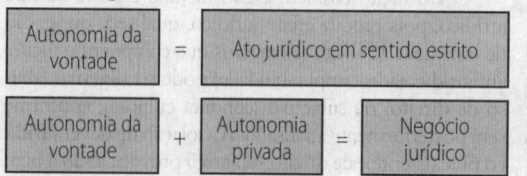

Autonomia da vontade	=	Ato jurídico em sentido estrito	
Autonomia da vontade	+	Autonomia privada	= Negócio jurídico

Em seguida, serão analisadas, detalhadamente, essas subespécies de ato jurídico em sentido amplo: o ato jurídico em sentido estrito e o negócio jurídico.

1.15.2.3.1. Ato jurídico em sentido estrito

O ato jurídico em sentido estrito é fundado na vontade, que pode ser exteriorizada em função da liberdade de agir ou da denominada *autonomia da vontade*. A vontade declarada, dirigida a uma finalidade, é suficiente para produzir os efeitos jurídicos estabelecidos, previamente, na lei.

Os efeitos jurídicos decorrem diretamente da vontade manifestada pelo agente. O resultado jurídico desejado pelo agente já está predeterminado na norma jurídica.

Não existe possibilidade de regular os efeitos relativos ao resultado desejado, pois, no ato jurídico em sentido estrito, não há autonomia privada. O agente exterioriza a vontade de forma consciente e voluntária. Deseja o resultado previsto na lei, mas não tem o poder de modificar esse resultado. Assim, o agente se sujeita aos efeitos já preestabelecidos pelo legislador.

O ato jurídico em sentido estrito constitui simples manifestação de vontade (apenas autonomia da vontade), *sem autonomia privada*. Não há uma declaração de vontade manifestada com o propósito de atingir, dentro do campo da autonomia privada, os efeitos jurídicos pretendidos pelo agente, mas sim um comportamento humano deflagrador de efeitos previamente estabelecidos por lei.

Ou seja, no ato jurídico em sentido estrito as consequências jurídicas, previstas em lei ou previamente tipificadas, são desejadas pelo agente, mas este não pode alterar, restringir, ampliar nem modificar tais efeitos, em razão da ausência de poder para isso.

Em síntese, a vontade é desprovida de poder. O agente manifestará sua vontade, apenas se sujeitando às consequências legais. Sem vontade não existe ato jurídico em sentido estrito, por ser esta o seu fundamento, mas o efeito jurídico decorrente da exteriorização dessa vontade não é escolhido pelo agente, pois já foi previamente definido e tipificado pelo legislador.

Dessa forma, a despeito de atuar a vontade ou a manifestação de uma vontade, os efeitos jurídicos já estão predeterminados pela lei.

Como exemplos de ato jurídico em sentido estrito, podem ser citados o pagamento de obrigação, a fixação de domicílio, o reconhecimento de paternidade, a ocupação de bem, a usucapião e a interpelação, dentre outros.

Caio Mário[225], na obra *Instituições de direito civil: parte geral*, argumenta que os atos jurídicos em sentido estrito são manifestações de vontade, obedientes à lei, porém geradores de efeitos que nascem da própria lei. Logo, no ato jurídico em sentido estrito ocorre manifestação volitiva também, mas os efeitos jurídicos são gerados, independentemente de serem perseguidos diretamente pelo agente.

O Código Civil consolidou a concepção dualista do ato jurídico na esteira da legislação alemã e, por isso, disciplinou o ato jurídico em sentido estrito em dispositivo destacado da teoria do negócio jurídico, mais especificamente no art. 185, segundo o qual "aos atos jurídicos lícitos, que não sejam negócios jurídicos, aplicam-se, no que couber, as disposições do Título antecedente".

O atual Código Civil bipartiu o ato jurídico em sentido amplo em ato jurídico em sentido estrito e negócio jurídico. Ao mencionar "os atos lícitos que não sejam negócios jurídicos", ficou reconhecida a possibilidade de atos jurídicos sem autonomia privada ou atos desprovidos de poder de vontade, que levam essa denominação de ato jurídico em sentido estrito.

---

[225] PEREIRA, Caio Mário da Silva. *Instituições de direito civil*. Parte geral. 20. ed. Rio de Janeiro: Forense, 2004. v. 1. Atualizado por Maria Celina Bodin de Moraes.

Então, por essa concepção dualista, os atos lícitos se subdividem em ato jurídico em sentido estrito (mera vontade ou autonomia da vontade) e negócio jurídico (autonomia da vontade + autonomia privada). Pelo disposto no art. 185 do CC é possível extrair que o ato jurídico em sentido estrito segue a mesma disciplina jurídica dos negócios jurídicos, naquilo em que houver compatibilidade.

Por isso, nem todos os princípios do negócio jurídico, como os vícios do consentimento e as regras sobre a nulidade ou anulabilidade, aplicam-se aos atos jurídicos em sentido estrito não provenientes de uma declaração de vontade, mas de uma simples intenção.

Sobre as características do ato jurídico em sentido estrito, perfeita é a conclusão de Francisco Amaral[226]:"Ato jurídico em sentido estrito e negócio jurídico são manifestações de vontade, mas diferem quanto à estrutura, à função e aos respectivos efeitos. Quanto à estrutura, no ato jurídico em sentido estrito temos uma ação e uma vontade simples. O ato jurídico em sentido estrito não tem conteúdo normativo ou autonomia privada. Quanto à função que podem exercer, o negócio jurídico é o instrumento com que o particular dispõe de seus direitos, o que não se verifica com o ato jurídico em sentido estrito, cujos efeitos é a lei que estabelece. Quanto aos efeitos, no ato jurídico em sentido estrito é a própria lei a determiná-los, enquanto no negócio jurídico é a vontade dos particulares".

Marcos Bernardes de Mello[227], em sua monografia sobre a teoria do fato jurídico, esclarece que o ato jurídico em sentido estrito é aquele que tem por elemento nuclear do suporte fático, manifestação ou declaração unilateral de vontade, cujos efeitos jurídicos são prefixados pelas normas jurídicas e invariáveis, não cabendo às pessoas qualquer poder de escolha da categoria jurídica ou de estruturação do conteúdo das relações jurídicas respectivas.

Os primeiros, atos jurídicos em sentido estrito materiais, consistem numa atuação da vontade que lhes dá existência imediata, porque não se destinam ao conhecimento de determinada pessoa. Trata-se, em síntese, de comportamento ao qual o ordenamento jurídico atribui efeitos invariáveis. Já as participações consistem em declaração para ciência de intenções ou fatos. Sua existência consubstancia-se na destinação, no sentido de que o sujeito pratica o ato para dar conhecimento a outrem de que tem certo propósito ou de que ocorreu determinado fato.

O mestre Orlando Gomes[228] traz exemplos de atos jurídicos em sentido estrito, mas reconhece que a doutrina considera alguns deles como fatos jurídicos em sentido estrito e como negócios jurídicos. Seriam exemplos de atos jurídicos em sentido estrito, para o autor: "(...) a ocupação, a gestão de negócios, o pagamento em débito, a fixação e transferência de domicílio, o reconhecimento de filho ilegítimo, os esponsais, a descoberta de tesouro, a comissão, a confusão, a adjunção, a especificação, a tradição, a percepção de frutos, a constituição de servidão por destinação do pai de família, a confissão, as intimações, as notificações, as oposições, as contestações".

Resumo

Ato jurídico em sentido estrito = Exteriorização consciente de vontade + Resultado típico *(previamente determinado na lei)* + Ausência de autonomia privada *(ou conteúdo normativo)*.

Essa espécie de fato jurídico em sentido amplo apenas concretiza o pressuposto fático contido na norma jurídica.

O agente não goza de ampla liberdade de escolha na determinação dos efeitos resultantes de seu comportamento, como se dá no negócio jurídico, posto que *o efeito está predeterminado na lei* (ou seja, inexiste autonomia privada).

Assim, o elemento básico é a manifestação de vontade. Entretanto, não há escolha dos efeitos dessa vontade, como acontece no negócio jurídico. No ato jurídico em sentido estrito, as ações humanas são obedientes à ordem jurídica constituída, determinantes de consequências jurídicas *ex lege* (independentemente de serem ou não queridas).

1.15.2.3.2. Teoria do negócio jurídico – Considerações preliminares

O Código Civil não define negócio jurídico (NJ). Entretanto, o livro III, da parte geral, destinada aos "fatos jurídicos", destaca a sua principal espécie, o negócio jurídico.

A teoria do negócio jurídico pressupõe a compreensão do conteúdo desta espécie de fato jurídico (autonomia da vontade a autonomia privada), as regras e princípios relacionados à interpretação do negócio jurídico, os pressupostos de validade, a teoria da representação, os defeitos (vícios de consentimento e vícios sociais), além dos elementos acidentais, como a condição, o termo e o encargo. Ademais, como as regras da parte geral são destinadas à formação ou origem do negócio jurídico (momento em que o sujeito exterioriza vontade para constituição do NJ), portanto, plano de validade, a parte geral também dá ênfase para a teoria da invalidade (contraponto da validade, quando não se observa os pressupostos de validade no momento da exteriorização da vontade). E, encerra, com a prescrição, decadência e a prova do negócio jurídico.

A análise dos institutos relacionados ao negócio jurídico tem fundamental relevância para a *teoria geral das obrigações*, local onde este se difunde de forma intensa e, principalmente, para a *teoria geral dos contratos*, tendo em vista ser o contrato o negócio jurídico por excelência e a principal fonte de obrigações.

As regras da teoria geral do negócio jurídico na parte geral, basicamente estão relacionadas à formação ou à origem dessa espécie de fato jurídico. Explica-se: os pressupostos de validade e a *teoria da invalidade do negócio jurídico* referem-se justamente à origem do negócio, pois os elementos ou requisitos de validade e as causas aptas a invalidar o negócio jurídico são anteriores ou contemporâneos à formação desse fato jurídico.

---

[226] AMARAL, Francisco. *Direito civil* – introdução, 6. ed. rev. e atual. Rio de Janeiro: Editora Renovar, 2006.

[227] MELO, Marcos Bernardes de. *Teoria do fato jurídico*: plano da existência. 15. ed. São Paulo: Saraiva, 2008.

[228] GOMES, Orlando. *Introdução ao direito civil*. 19. ed. rev. e atual. Rio de Janeiro: Forense, 2008.

Na parte geral, os institutos são todos voltados para o plano de validade do negócio jurídico e, por isso, os pressupostos de validade, os defeitos e a invalidade do negócio jurídico estão vinculados, mais especificamente, à origem e à formação desse fato jurídico.

Autonomia da vontade e autonomia privada (conteúdo e substância do negócio jurídico)

Evolução: o fundamento do negócio jurídico é a vontade, que é o principal elemento constitutivo do negócio jurídico. Tal vontade expressa o sentimento, o desejo, a motivação, a intenção e, principalmente, as pretensões do agente responsável pela sua exteriorização. Pode-se até dizer que a vontade retrata uma atividade do espírito. A vontade humana é a base de sustentação de toda a teoria do negócio jurídico.

A vontade humana ou autonomia da vontade representa a liberdade de atuar juridicamente. O negócio jurídico tem por pressuposto básico a exteriorização dessa vontade. A vontade impulsiona a pessoa a agir de acordo com o desejado intimamente.

A vontade é o elemento essencial e substancial, nuclear de todo e qualquer ato jurídico em sentido amplo, seja ato jurídico em sentido estrito ou negócio jurídico. A vontade, portanto, pode produzir efeitos jurídicos no âmbito das relações jurídicas intersubjetivas de natureza privada. É inegavelmente a maior fonte jurídica, ou seja, a vontade humana provoca a maioria dos efeitos jurídicos. A vontade humana é o suporte fático de maior relevância exigido pela norma jurídica como condição de existência dos negócios jurídicos e atos jurídicos em sentido estrito.

A respeito da evolução da vontade, após referências sobre o período romano, o cristianismo e os glosadores, lapidar é a lição de Francisco Amaral[229]: "Também a teoria do contrato social, de Jean-Jacques Rousseau, contribui, no plano filosófico, para a teoria da autonomia da vontade. O homem é naturalmente livre; a vida em sociedade exige, todavia, um abandono dessa certa liberdade, mas este abandono não se concede senão quando livremente consentido, nos limites e nas condições que este contrato social determinou. Segundo essa teoria, a autoridade pública tem por base a concordância dos sujeitos de direito, que se unem para formar a sociedade, abandonando, pelo contrato social, uma parte dos direitos que a natureza lhe tinha dado. A vida em sociedade não seria possível se cada um quisesse exercer ao máximo sua liberdade, sendo preciso renunciar a alguns direitos pelo contrato social (...). Com a filosofia de Kant, que teve definitiva influência, a autonomia da vontade adquire conotação dogmática, passando a imperativo categórico de ordem moral, afirmando-se na metafísica do direito (1796) que a vontade individual é a única fonte de toda a obrigação jurídica".

Fazendo um paralelo entre a vontade psicológica e a vontade jurídica, o mestre Francisco Amaral esclarece o seguinte: "Vontade psicológica e vontade jurídica não coincidem (...). Enquanto a psicológica conhece a vontade como tipo especial de tendência psíquica, associada à representação consciente de um fim e de meios eficientes para realizá-lo, estudando-a no campo do ser, o direito aprecia-a no campo do dever ser, reconhecendo-a como fator de eficácia jurídica nos limites e na forma que ele mesmo estabelece. Para o direito, portanto, a vontade tem grande importância na gênese dos direitos subjetivos, sendo critério diferenciador dos fatos e atos jurídicos, e critério doutrinário de justificação desses mesmos direitos".

A autonomia da vontade está relacionada, justamente, a essa possibilidade de a pessoa atuar na ordem jurídica conforme a sua vontade e desejo. A liberdade jurídica é a possibilidade de a pessoa atuar com eficácia jurídica. Levando em conta a pessoa do sujeito, realiza-se no poder de criar, modificar ou extinguir relações jurídicas. Encarada objetivamente, é o poder de regular juridicamente tais relações, dando-lhe conteúdo e efeitos determinados.

Essa liberdade representa, obviamente, a autonomia da vontade, ou seja, a possibilidade de o agente atuar juridicamente, de acordo com seus interesses e pretensões, manifestando seu desejo em declarações de vontade exteriorizadas por qualquer meio.

É diferente da autonomia privada. Esta representa o poder e os limites da vontade. A autonomia privada é o poder do sujeito de direito, relacionado à regulação de seus interesses, criando um ordenamento jurídico próprio. Enfim, a autonomia privada é o poder de autorregulação ou autodeterminação. O poder de estabelecer regras objetivas para tutelar uma determinada relação jurídica corresponde à autonomia privada. Só o negócio jurídico dispõe dessa autonomia privada.

No negócio jurídico os efeitos são eleitos ou escolhidos pelos sujeitos, responsáveis pela constituição, que terão eficácia jurídica, se tutelados pela norma. No negócio jurídico, o agente exterioriza vontade de forma consciente, deseja o resultado, mas, diferente do que ocorre no ato jurídico em sentido estrito, estabelece as regras de acordo com seus interesses, nos estreitos limites admitidos pela norma jurídica. Tal espaço jurídica de atuação é o que justifica o negócio jurídico, porque é o ambiente para a autonomia privada (poder de escolher os efeitos jurídicos).

Em relação ao tema, parte da doutrina trata como sinônimas as expressões autonomia da vontade e autonomia privada, o que é questionável sob o ponto de vista histórico. Autonomia da vontade expressa apenas a liberdade de praticar o ato (terminologia compatível com o Estado Liberal – liberdade era quase absoluta), ao passo que a autonomia privada é o poder conferido ao sujeito de manipular os efeitos da norma, dentro de certos limites que o próprio Estado concede (poder submetido ao controle do Estado). Por isso, a autonomia privada é o poder decorrente da autonomia da vontade. Por meio da autonomia da vontade o sujeito tem a liberdade de exteriorizar vontade para repercutir no mundo jurídico, em especial no plano da eficácia e a autonomia privada determinará os limites legais para o sujeito interferir nos efeitos jurídicos (no espaço deixado pela norma).

---

[229] AMARAL, Francisco. *Direito civil* – introdução, 6. ed. rev. e atual. Rio de Janeiro: Editora Renovar, 2006.

O poder (autonomia privada), com conteúdo normativo, na atualidade, suporta inúmeras restrições.

Em relação à autonomia privada, novamente nos socorremos das lições de Francisco Amaral[230], quando este trata do fundamento da autonomia privada, a liberdade jurídica. Segundo ele: "A liberdade, como valor jurídico, permite ao indivíduo a atuação com eficácia jurídica que se concretiza em duas manifestações fundamentais: uma subjetiva, que é o estabelecimento, modificação ou extinção de relações jurídicas; e outra objetiva, que é a normativização ou regulação jurídica dessas mesmas relações (...). A autonomia privada significa, assim, o espaço livre que o ordenamento estatal deixa ao poder jurídico dos particulares, uma verdadeira esfera de atuação com eficácia jurídica, reconhecendo que, tratando-se de relações de direito privado, são os particulares os melhores a saber de seus interesses e da melhor forma de regulá-los juridicamente".

É exatamente isso. A autonomia privada, no Estado Social e Democrático de Direito, representa o espaço livre, admitido pelo legislador, em determinada relação jurídica privada, a fim de que o particular possa exercer a sua vontade. Além disso, o negócio jurídico, no Estado Social, é orientado pelo princípio da função social.

O negócio jurídico, ainda fundado na autonomia privada, somente terá tutela do Estado Social se tiver função social. Desse modo, o negócio jurídico está funcionalizado para atender às situações existenciais em detrimento das questões patrimoniais, tendo em vista os princípios informadores do direito civil.

O negócio jurídico terá função social quando: 1 – não violar a dignidade dos sujeitos participantes do negócio nem de terceiros não integrantes da relação jurídica (tutela externa do crédito); 2 – houver, entre os sujeitos, solidariedade, cooperação ou mútua assistência do início ao fim da relação jurídica (tal ideia envolve a questão da *obrigação como um processo dinâmico*, em que os sujeitos devem cooperar mutuamente e onde todos os participantes dos negócios são igualmente titulares de direitos fundamentais); 3 – quando a relação ou negócio for equilibrado, tendo em vista a necessária observância do princípio da igualdade substancial; 4 – quando o negócio não violar o meio ambiente, as relações de trabalho, os consumidores, a ordem econômica, a ordem tributária, a ordem previdenciária e a coletividade de uma maneira geral.

Em razão da função social, os efeitos do negócio jurídico transcendem o interesse das partes ou sujeitos integrantes desse negócio, para repercutir na esfera jurídica de terceiros não integrantes do negócio, cujos direitos subjetivos serão tutelados, se violados pelo negócio jurídico.

É o que se convencionou chamar de tutela externa do crédito, ou seja, a tutela do direito subjetivo de terceiros não integrantes do negócio jurídico, mas cujos interesses são violados e atingidos pelo negócio.

Sobre a funcionalidade do negócio jurídico, finaliza Francisco Amaral[231]: "A funcionalização dos institutos jurídicos significa, então, que o direito em particular e a sociedade em geral começam a interessar-se pela eficácia das normas e dos institutos vigentes, não só no tocante ao controle ou disciplina social, mas também no que diz respeito à organização e direção da sociedade (...). Representa, assim, a função econômica e social, a preocupação da eficácia social do instituto, e, no caso particular da autonomia privada, significa que o reconhecimento e o exercício desse poder, ao realizar-se na promoção da livre circulação de bens e de prestação de serviços e na autorregulamentação das relações disso decorrentes, condicionam-se aos efeitos sociais que tal circulação possa causar (...). Emprestar ao direito uma função social significa considerar que os interesses da sociedade se sobrepõem aos do indivíduo, sem que isso implique, necessariamente, a anulação da pessoa humana, justificando-se a ação do Estado pela necessidade de acabar com as injustiças sociais. Função social significa não individual, sendo critério de valoração de situações jurídicas conexas ao desenvolvimento das atividades da ordem econômica. Seu objetivo é o bem comum, o bem-estar econômico coletivo (...). A função social é, por tudo isso, um princípio geral, um verdadeiro *standard* jurídico, uma diretiva mais ou menos flexível, uma indicação programática que não colide nem torna ineficaz os direitos subjetivos, orientando-lhes o respectivo exercício na direção mais consentânea com o bem comum e a justiça social (...). Consagrada, assim, a função econômica-social dos institutos jurídicos e, implicitamente, da autonomia privada, temos que o exercício deste poder jurídico deve limitar-se, de modo geral, pela ordem pública e pelos bons costumes e, em particular, pela utilidade que possa ter na consecução dos interesses gerais da comunidade (...). O que pretende, enfim, é a realização da justiça social, sem prejuízo da liberdade da pessoa humana".

Passaremos, então, a tratar da teoria geral do negócio jurídico.

Negócio jurídico. Conceito

O negócio jurídico corresponde à exteriorização ou declaração da vontade privada, em que o sujeito pretende a produção de efeitos jurídicos de acordo com seus interesses.

Negócio jurídico é *autonomia da vontade* (vontade destinada a uma finalidade ou resultado desejado) e *autonomia privada*. Efetivamente, o elemento diferenciador do ato jurídico em sentido estrito e do negócio jurídico é a autonomia privada (poder de regular os interesses, os quais merecem tutela estatal).

Os efeitos pretendidos pelo sujeito e tutelados pelo Estado são a constituição, a modificação ou a extinção das relações jurídicas.

Não há dúvida em afirmar que o negócio jurídico é o instrumento da autonomia privada, pois os sujeitos possuem o poder de estabelecer regras para o seu próprio comportamento (poder este que hoje é restrito, é verdade,

---

[230] AMARAL, Francisco. *Direito civil* – introdução, 6. ed. rev. e atual. Rio de Janeiro: Editora Renovar, 2006.

[231] AMARAL, Francisco. *Direito civil* – introdução, 6. ed. rev. e atual. Rio de Janeiro: Editora Renovar, 2006.

por conta do Estado Social e Democrático), ou seja, o negócio jurídico tem evidente conteúdo normativo, como se as partes criassem um ordenamento jurídico próprio, com regras próprias, para regular determinada relação.

No negócio jurídico, a declaração de vontade é destinada a produzir os efeitos jurídicos desejados e escolhidos pelos interessados dentro do campo permitido pelo Estado Social, em razão da redução do poder da vontade ou do âmbito de atuação do princípio da autonomia privada.

Perfeita a definição de Orlando Gomes[232] sobre negócio jurídico: "Negócio jurídico é toda declaração de vontade destinada à produção de efeitos jurídicos correspondentes ao intento prático do declarante, se reconhecido e garantido pela lei".

Interessante ressaltar a última expressão da definição acima, *reconhecido e garantido pela lei*. Isso significa a mitigação da autonomia privada em razão dos princípios sociais limitadores do poder da vontade, no momento da exteriorização desta nas relações privadas.

No negócio jurídico, os efeitos jurídicos devem corresponder ao desejado pelo sujeito, mas tal efeito deve ser reconhecido e tutelado pelo Estado.

O negócio jurídico seria, então, a declaração de vontade, emitida em obediência aos seus pressupostos de existência, validade e eficácia, com o propósito de produzir efeitos admitidos pelo ordenamento jurídico, pretendidos pelo agente (Caio Mário da Silva Pereira).

O negócio jurídico e as declarações de vontade, como adverte Orlando Gomes, não são expressões equivalentes. A declaração de vontade é a nota comum de todo negócio jurídico, mas este, quase sempre, tem estrutura mais complexa. Alguns negócios jurídicos exigem concurso de vontades (contratos), em outros a vontade unilateral é suficiente, para outros a declaração deve ser recebida pelo destinatário para ter efeito, dentre várias outras situações concretas.

O negócio jurídico é o instrumento necessário para o sujeito dispor sobre seus interesses privados.

Caio Mário[233], citando Enneccerus e Oertmann, relembra os responsáveis pelo conceito de negócio jurídico: "Foi a doutrina alemã que elaborou o conceito do negócio jurídico (*Rechtsgeschaft*), encarecido pelos escritores tedescos como dos mais importantes da moderna ciência do direito, e imaginou-o como um pressuposto de fato, querido ou posto em jogo pela vontade, e reconhecido como base do efeito jurídico perseguido. O fundamento e os efeitos do negócio jurídico assentam então na vontade, não uma vontade qualquer, mas aquela que atua em conformidade com os preceitos ditados pela ordem legal".

Para Enneccerus, "(...) o negócio jurídico é um pressuposto de fato, que contém uma ou várias declarações de vontade, como base para a produção de efeitos jurídicos desejados". Ruggiero e Maroi afirmam se tratar da "(...) declaração de vontade do indivíduo, tendente a um fim protegido pelo ordenamento jurídico". Finaliza Caio Mário: "No negócio jurídico há, pois, a convergência da atuação da vontade e do ordenamento jurídico. Uma vontade orientada no sentido de uma finalidade jurídica, em respeito à qual atribui efeito ao negócio, e em razão de que se diz que aquele efeito decorre diretamente da vontade".

O professor Antônio Junqueira de Azevedo[234] conceitua negócio jurídico como "o fato jurídico consistente na declaração de vontade, a que o ordenamento jurídico atribui os efeitos designados como queridos, respeitados os pressupostos de existência, validade e eficácia impostos pela norma jurídica que sobre ele incide".

Cristiano Chaves[235] faz interessante referência sobre as correntes dogmáticas responsáveis pelo estudo do conceito de negócio jurídico, merecendo destaque: "Na tentativa de explicar o negócio jurídico, é possível encontrar três correntes que se sobressaem: (a) teoria voluntarista; (b) teoria objetivista e (c) teoria estruturalista. A corrente voluntarista centra a importância do negócio jurídico em sua gênese, sendo a declaração de vontade a causa determinante da consequência pretendida. Pretendia Windscheid que o negócio jurídico fosse declaração privada de vontade, que visa a produzir um efeito jurídico. Crítica aguçada sempre foi disparada a tal corrente, em razão de confundir negócio jurídico e declaração de vontade, olvidando não se tratar de expressões equivalentes (...). Já os objetivistas concebiam o ato negocial como expressão da autonomia privada, tendo essência normativa. Isto é, tratar-se-ia de poder privado de autocriar um ordenamento jurídico particular, próprio. Foi criticada pela visão surreal, indo contra a natureza do próprio negócio. Finalmente, a teoria estruturalista abandona a preocupação com a origem do negócio e a sua gênese. Não importa de onde surge, nem o que é, mas interessa a sua estrutura, podendo ser definido como categoria em cuja estrutura há ato de vontade, com relevância jurídica e este elemento volitivo e também a declaração de vontade, cercada de circunstâncias negociais".

O negócio jurídico decorre da vontade. O elemento volitivo é fundamental para sua caracterização como espécie de fato jurídico – ação humana provocadora de efeitos jurídicos.

Regras de interpretação do negócio jurídico. Considerações preliminares

Após a análise da concepção atual e do conceito de negócio jurídico, indispensável a apresentação das regras de hermenêutica referentes a esta espécie de fato jurídico. A interpretação do negócio jurídico (e do ato jurídico em sentido estrito) deve se pautar em alguns parâmetros estabelecidos pelo Código Civil. A interpretação não se restringe a extrair o significado e o sentido da vontade exteriorizada, mas principalmente avaliar o contexto fático e

---

[232] GOMES, Orlando. *Introdução ao direito civil*. 19. ed. rev. e atual. Rio de Janeiro: Forense, 2008.

[233] PEREIRA, Caio Mário da Silva. *Instituições de direito civil*: Introdução ao direito civil. Teoria geral de direito civil. 20. ed. Atualizado por Maria Celina Bodin de Moraes. Rio de Janeiro: Forense, 2004. v. 1.

[234] AZEVEDO, Antônio Junqueira. *Negócio jurídico*: existência, validade e eficácia. São Paulo: Editora Saraiva.

[235] FARIAS, Cristiano Chaves de; ROSENVALD, Nelson. *Direito civil*: teoria geral. 8. ed. Rio de Janeiro: Lumen Juris, 2009.

social em que o negócio jurídico está inserido, o comportamento/conduta dos sujeitos e a compatibilização da finalidade e interesse concreto com os valores e princípios constitucionais.

O Código Civil de 2002, na Parte Geral, disciplina a interpretação do negócio jurídico em cinco dispositivos: art. 112 (teorias da vontade e declaração), art. 113 (princípio da boa-fé objetiva como parâmetro hermenêutico), art. 114 (negócios jurídicos benéficos), art. 111 (silêncio circunstanciado e interpretação) e art. 110 (teoria da reserva mental). É essencial compreender que o elemento nuclear do negócio jurídico é o elemento volitivo (vontade). A vontade exteriorizada e todo o contexto que a envolve é o elemento central para a interpretação do negócio jurídico e a compatibilização com as regras previstas nos arts. 110 a 114 do Codigo civil. É essencial, portanto, apurar o objetivo das regras de interpretação. Ao exteriorizar vontade para a formação ou constituição do negócio jurídico, tal elemento volitivo deve ser perfeitamente retratado na declaração (exteriorização). Além da conciliação entre vontade real e vontade exteriorizada, as regras de interpretação compatibilizarão a vontade exteriorizada com os valores e princípios que conferem substância e legitimidade ao negócio jurídico levado a efeito no caso concreto.

Portanto, em primeiro plano, a vontade interna, real e desejada, deve ser compatível com a vontade externa, declarada ou exteriorizada. As regras de interpretação, além de conectar o negócio jurídico com princípios como dignidade da pessoa humana, solidariedade social, igualdade substancial, função social, entre outros, terão a função de auxiliar na compatibilização e conciliação da vontade real com a vontade declarada (art. 112). O objetivo será apurar a vontade real, mas de acordo com a exteriorização (declaração), ou seja, vontade consubstanciada na declaração.

Além disso, a análise da conduta/comportamento do sujeito por ocasião da exteriorização da vontade integrará o processo de interpretação do ato jurídico em sentido estrito e do negócio jurídico (art. 113 do CC). É por este motivo que se o sujeito, de forma deliberada, reserva na sua mente desejo diverso do exteriorizado, a vontade interna, desconhecida pelo destinatário da declaração, é desprezada (art. 110 do CC) A preservação e a integridade do elemento volitivo, a fim de que a exteriorização (vontade declarada) coincida com a intenção (vontade real e interna), representa um dos objetivos destas regras de interpretação.

E há situações especiais, como o silêncio circunstanciado (art. 111), equiparado à vontade e que, por isso, poderá produzir efeitos jurídicos, como a renovação automática ou prorrogação de contratos, que passam a viger por prazo indeterminado (locação, por exemplo), sem que haja exteriorização de vontade, expressa ou tácita. O silêncio implica prorrogação do vínculo.

Ademais, por conta da natureza de alguns atos (art. 114), a análise do elemento volitivo é diferenciada, como os negócios jurídicos benéficos e a renúncia, cuja interpretação é restritiva.

Todavia, em algumas situações mais complexas, as regras de interpretação, suporte da preservação da vontade real, não serão suficientes para preservar o negócio jurídico, porque a desconformidade entre vontade real e declarada será tão grave que poderá o sujeito suportar sanção (invalidade), o que ocorre, por exemplo, se houver vício de consentimento (erro, dolo, coação, lesão, estado de perigo e fraude contra credores), que afeta justamente o elemento volitivo, núcleo do negócio jurídico.

Interpretação do negócio jurídico: Teorias da vontade e da declaração

O negócio jurídico se constitui a partir da exteriorização de vontade destinada a produzir efeitos jurídicos. A vontade é elemento nuclear, suporte fático central exigido pela norma, como pressuposto para a existência do negócio jurídico e do ato jurídico em sentido estrito. Em razão do art. 112, o sistema jurídico busca preservar a integridade da vontade, no sentido de que a exteriorização desta, por meio de declaração, coincida com o desejo e a vontade interna. Tal regra de interpretação se destina a tutelar a vontade real, a partir da análise do contexto em que ocorre a exteriorização. Recorde-se que para a existência de ato jurídico em sentido estrito ou negócio jurídico, não é suficiente a vontade, mas a "vontade exteriorizada" pelo sujeito, ou seja, que repercute no mundo exterior. A vontade exteriorizada deve coincidir com a vontade interna. Todavia, em algumas situações, é possível que não haja coincidência entre a vontade real (interna) e a vontade exteriorizada (externa).

Nestes casos, no momento de interpretar o negócio jurídico, para extrair o alcance e a finalidade concreta pretendida, deve ser levada em consideração a vontade real, intencionada, ou a vontade declarada, exteriorizada, expressada? Prevalece a vontade interna ou a vontade materializada em declaração? É justamente a questão que o art. 112 pretende solucionar.

A resposta depende da análise das teorias da vontade (subjetiva) e da declaração (objetiva).

A análise dessas teorias impõe a releitura do direito civil, para compatibilizar suas regras e princípios com os valores constitucionais norteadores das relações entre os particulares. Nesta nova perspectiva civil-constitucional, a interpretação do negócio jurídico, fundamentalmente, terá como referência princípios já mencionados, entre estes a boa-fé objetiva, modelo jurídico que impõe comportamento ético e adequado antes, durante e após a constituição de atos e negócios jurídicos. O comportamento também deve ser levado em consideração para se apurar como solucionar conflito entre a vontade real e a vontade exteriorizada, a partir do art. 112 do CC. Em cada negócio jurídico, a depender do contexto concreto, deverão os sujeitos ajustar o comportamento a determinado padrão de comportamento, que será levado em conta na interpretação. O comportamento objetiva a confiança do destinatário, porque direciona a conduta, que é a esperada e devida. Portanto, a confiança gerada pela conduta é a base de referência para a interpretação.

Tal princípio concretiza e confere densidade ao princípio da solidariedade, disciplinado no art. 3º, I, da CF/88, indispensável para a análise das teorias relativas à interpretação. Com base nesse princípio (boa-fé objetiva), serão detalhadas as referidas teorias.

1ª Teoria da vontade (subjetiva)

A teoria da vontade ou teoria subjetiva busca interpretar o negócio jurídico de acordo com a vontade interna do agente ou a vontade real. Para os defensores dessa teoria, chamados de voluntaristas, nas declarações de vontade deve se atender mais à intenção ou vontade realmente desejada pelo sujeito do que à expressão literal ou à declaração da vontade exteriorizada.

Tal teoria tem uma tendência evidentemente subjetiva.

Segundo Francisco Amaral[236], "(...) para essa teoria o negócio jurídico é essencialmente vontade, a que deve corresponder exatamente a sua forma de declaração, que é simples instrumento de manifestação dessa vontade. Essa teoria protege, naturalmente, os interesses do declarante. Por isso, todas as questões acerca da formação ou do conteúdo do ato levam à pesquisa da real intenção do agente".

Sobre a teoria da vontade, citando Savigny e Windscheid, Orlando Gomes[237] argumenta: "Constituem-se, pois, os negócios jurídicos pela conjunção de dois elementos: a vontade interna e a declaração de vontade que devem ser, portanto, coincidentes. A vontade interna não é apenas o suporte da declaração, mas a força criadora dos efeitos do negócio jurídico, não passando esta de meio pelo qual chega aquela ao conhecimento dos outros. Inexistente juridicamente é, por conseguinte, o ato a que falta vontade interna, e anulável aquele em que está viciada. Havendo divergência entre a vontade e a declaração, decide-se, como diz Brinz, em favor da vontade contra a declaração. Na interpretação dos negócios jurídicos deve-se atender à intenção do declarante, à sua vontade real, visto que a declaração não passa de simples processo de sua revelação".

Como lembra o mestre, para os voluntaristas, a declaração é apenas meio para exteriorização da vontade. Por isso, a vontade real ou íntima e desejada deve prevalecer.

2ª Teoria da declaração (objetiva)

A teoria da declaração ou teoria objetiva defende que a interpretação do negócio jurídico deve ter como base a vontade declarada ou exteriorizada, e não a mera vontade intencionada.

Os partidários da teoria da declaração defendem que a declaração, do modo como exteriorizada, se sobrepõe ao querer íntimo. O fundamento dessa teoria é o princípio da boa-fé objetiva e o objetivo é tutelar a confiança do destinatário na vontade exteriorizada pelo declarante. Neste caso, não pode ser desprezada a expectativa diretamente relacionada ao comportamento daquele que exterioriza vontade, para repercutir no mundo jurídico. É denominada objetiva, porque a interpretação deve ser pautada em questões objetivas, como o comportamento associado à vontade que foi exteriorizada, e não o desejo interno.

A questão que se coloca é: Qual teoria deve ser adotada para a interpretação do negócio jurídico?

A teoria objetiva da declaração se conecta com os paradigmas do direito civil contemporâneo, em especial, o princípio da boa-fé objetiva que, nos termos do art. 113, tem como uma de suas funções servir como parâmetro hermenêutico, a partir da análise de circunstâncias concretas e da confiança decorrente de comportamento, que são esperados e devidos. Os parâmetros objetivos (confiança objetivada) da boa-fé foram potencializados pelos §§ 1º e 2º, acrescentados pela Lei n. 13.874/2019.

Em razão do princípio da boa-fé objetiva, o qual dimensiona, no mundo concreto, aquela cooperação e solidariedade exigidas pela norma constitucional, voltam-se os olhos para o destinatário da declaração. Por quê? O destinatário da declaração *confia* e *acredita* que a vontade *declarada* corresponde à vontade efetivamente *desejada* ou *intencionada* pelo responsável pela declaração.

Essa confiança do destinatário é tutelada pelo Estado em função do princípio da boa-fé objetiva. Como a confiança depositada pelo destinatário na vontade declarada tem relevância, não há como desprezar a vontade materializada em uma declaração, a única conhecida pelo destinatário, para buscar a vontade intencionada, desconhecida pela outra parte, sobre a qual não foi depositada nenhuma expectativa.

Essa mudança de foco, da pessoa do declarante para o destinatário, revoluciona a interpretação do negócio jurídico, sendo legítima apenas a análise da vontade declarada ou exteriorizada.

Todavia, isso não significa que a vontade interna é desprezada. Esse o ponto central: a dicotomia teoria da vontade e teoria da declaração deve ser superada, para que ambas sejam conciliadas a partir deste novo modelo. Na teoria da declaração, a vontade desejada é objeto de interpretação. Ocorre que a vontade submetida à interpretação é a que está consignada na declaração (a que foi exteriorizada, que é conhecida), não a interna, restrita apenas ao declarante. Deve-se buscar a vontade interna, mas a partir da declaração e nos limites desta. O destinatário se comportará de acordo com a vontade exteriorizada, que é conhecida pela declaração. A vontade psíquica ou interna está condicionada pela exteriorizada. Com base na vontade declarada ou exteriorizada, o negócio jurídico será interpretado para buscar a real intenção do sujeito declarante. Ou seja, a teoria da declaração não despreza a intenção. Entretanto, a intenção a ser analisada é aquela baseada na declaração, e não na vontade pensada ou interna, a qual não foi manifestada.

A declaração é o ponto de partida e o marco que delimitará as fronteiras para análise e interpretação do negócio jurídico. A vontade é limitada pelos parâmetros da exteriorização.

No Código Civil de 1916, o art. 85 enunciava que nas declarações de vontade se atenderia mais à sua intenção

---

[236] AMARAL, Francisco. *Direito civil* – introdução, 6. ed. rev. e atual. Rio de Janeiro: Editora Renovar, 2006.

[237] GOMES, Orlando. *Introdução ao direito civil*. 19. ed. rev. e atual. Rio de Janeiro: Forense, 2008.

que ao sentido literal da linguagem. O termo *intenção* levou grande parte da doutrina a enveredar para o lado da teoria da vontade, segundo a qual, na interpretação do negócio jurídico, deveria ser buscada a intenção do declarante, sendo proibido ao intérprete ficar vinculado à manifestação exteriorizada.

Na realidade, desde o Código Civil de 1916, tal dispositivo já não era interpretado corretamente. Não há como analisar a intenção sem que o sujeito tenha exteriorizado vontade. A intenção sempre foi irrelevante, se não exteriorizada.

O destinatário ou receptor da declaração apenas toma conhecimento da vontade exteriorizada, na qual pautará o seu comportamento e conduta. A confiança despertada e as expectativas geradas se relacionam à vontade que foi exteriorizada, e não àquela interna e desconhecida do mundo exterior.

Como dito, a confiança é objeto de tutela especial do Estado, como desdobramento do princípio da boa-fé objetiva. A ética e o comportamento leal e honesto, exigido nas relações privadas dos sujeitos, impõem a conformidade entre a vontade real e a vontade declarada. Se houver divergência entre vontade real e vontade declarada, as regras de interpretação deverão buscar a conciliação. Não sendo possível, em razão da necessária tutela da boa-fé objetiva e da confiança, interpreta-se o negócio jurídico de acordo com a vontade exteriorizada.

O Código Civil apresenta inúmeros dispositivos compatíveis com a teoria da declaração e com o princípio da boa-fé objetiva, dos quais é possível extrair a necessidade de se buscar a vontade consubstanciada na declaração e não aquela oculta no psíquico do declarante.

O primeiro dispositivo que indica a adoção da teoria da declaração é o art. 112 do CC: "Nas declarações de vontade se atenderá mais à intenção nelas consubstanciada do que ao sentido literal da linguagem".

Esse artigo, aparentemente semelhante ao art. 85 do CC/1916, tem uma diferença fundamental, suficiente para alterar, em definitivo, a concepção estritamente subjetiva. Segundo ele, nas declarações de vontade se atenderá mais à intenção *nelas consubstanciadas*, ou seja, é nas declarações de vontade, no momento da interpretação do negócio jurídico, que se buscará a intenção, mas não a intenção psíquica ou psicológica, e sim a intenção consubstanciada na declaração.

Há sintonia entre as expressões plurais *declarações* e *nelas*. Assim, a interpretação é, obviamente, baseada na vontade, consubstanciada ou materializada *nela*, declaração.

Dessa forma, quando o artigo diz que deve se atender mais "à intenção nelas consubstanciada do que ao sentido literal da linguagem", em uma análise superficial, poder-se-ia achar que a teoria adotada seria a da vontade, desprezando-se a declaração. No entanto, o que o texto quer dizer é que, com base na declaração ou no que foi exteriorizado (*nelas consubstanciada*), deve ser buscada a real intenção do agente. Então, a vontade real deve ser apurada por meio da análise da vontade declarada.

Além do art. 112, também o art. 113 fundamenta a teoria da declaração. Tal dispositivo trata de uma das principais funções do princípio da boa-fé objetiva no sistema jurídico, que é justamente servir como parâmetro de interpretação de todo ato ou negócio jurídico.

A boa-fé objetiva exigirá do sujeito comportamento ético e honesto. O sujeito receptor da declaração confia na vontade exteriorizada e vai pautar a sua conduta de acordo com esta, até porque esta é a única que chegará ao seu conhecimento. Nesse caso, como a confiança é objeto de tutela diferenciada, pois é desdobramento do princípio da boa-fé objetiva, não será leal e não agirá com ética o sujeito que pretender seja levada em conta, para fins de interpretação, a vontade não exteriorizada. Isso viola o princípio da confiança nas relações privadas. O destinatário confia na declaração ou na vontade exteriorizada e não em uma vontade integrante apenas do psíquico do sujeito declarante.

A reserva mental, adiante analisada, também é compatível com a teoria da declaração. Segundo o art. 110, se houver divergência entre a vontade intencionada e a vontade declarada, se essa divergência não for conhecida pelo destinatário da declaração, subsiste o negócio jurídico. Veja só: o sujeito reservou na sua mente uma intenção, mas exteriorizou vontade diversa daquela desejada.

Nesse caso, em razão da tutela da boa-fé e da confiança do destinatário, desconhecedor da reserva mental, prevalece o negócio jurídico, porque a vontade real e íntima será desprezada.

Na teoria sobre o erro, também foi adotada a teoria da declaração, como já ressaltado. O requisito da perceptibilidade do erro, relacionado ao destinatário da declaração, é desdobramento da teoria da objetiva (declaração). A percepção do erro pelo destinatário evidencia a valorização da vontade conhecida, que é a exteriorizada. É a partir desta que será apurado se o erro era ou não perceptível, pressuposto para a invalidação do NJ por erro.

O fundamento é justamente a tutela da pessoa receptora da declaração, a qual confiou na emissão da vontade. Se o destinatário da declaração confia nessa vontade exteriorizada e não tem condições de perceber o erro do declarante, ainda que o erro seja essencial e a causa determinante do negócio jurídico, não pode o declarante invocá-lo para invalidar o negócio. A tutela da confiança, como desdobramento da teoria da declaração do negócio jurídico (art. 112 do CC), só permite a invalidação deste se o erro poderia ser percebido pelo destinatário.

Como se observa, o sistema jurídico civil tutela a boa-fé e a confiança. Por essa razão, na interpretação do negócio jurídico, como se visualiza nos arts. 110, 112, 113 e 138 do CC, deve ser analisada a vontade real e desejada, mas a partir da declaração.

Por isso, as teorias devem ser conjugadas. A vontade deve ser interpretada quando exteriorizada ou consubstanciada em uma declaração.

A segurança jurídica, a boa-fé objetiva e a confiança indicam que se deve, na interpretação da vontade, ater-se àquela exteriorizada na declaração.

Alguns doutrinadores defendem uma terceira teoria, a qual chamam de intermediária. Por exemplo, Rose Venceslau[238] afirma: "(...) percebe-se uma relativização do subjetivismo da interpretação do negócio jurídico, uma vez que, se, por um lado, a investigação sobre a intenção é importante, por outro, elementos objetivos também devem ser observados. Desse modo, o novo Código mais parece ter pendido para uma teoria intermediária, como a teoria da confiança, entre a vontade real do agente e a declaração por ele levada a efeito".

Explicando a teoria da confiança, Orlando Gomes[239] ressalta: "Constitui a teoria da confiança um abrandamento da teoria que atribui prelazia da declaração sobre a vontade sobre o fundamento de que o direito deve visar antes a certeza do que a verdade (...). Havendo divergência entre a vontade interna e a declaração, o contraente de boa-fé, a respeito dos quais tal vontade foi imperfeitamente manifestada, tem direito a considerar firme a declaração que se podia admitir como vontade efetiva da outra parte, ainda quando esta houvesse errado de boa-fé (...). Pela teoria da confiança, não se tutelam interesses gerais contrapostos aos interesses individualísticos protegidos nos esquemas jusnaturalistas, senão o interesse individual de quem acredita numa declaração de vontade, tão individual quanto à do proponente que consente defeituosamente. É fora de dúvida, porém, que a proteção dispensada aos que contratam confiantes numa declaração de vontade aparentemente consciente concorre para a estabilidade das relações jurídicas – estabilidade que constitui, obviamente, interesse social".

O Código Civil de 2002 não adotou, de forma inequívoca, qualquer das teorias em referência. A vontade ou elemento volitivo é o suporte central, a referência do negócio jurídico, que será submetido à interpretação. A vontade deve ser preservada e isso somente ocorrerá se houver conciliação entre a vontade interna e a declarada entre todos os sujeitos participantes do negócio jurídico. A interpretação da vontade visa buscar o real desejo, a intenção, mas a partir da declaração quando se torna conhecida do mundo exterior e não do desejo íntimo e desconhecido do mundo interior. A partir da exteriorização, a vontade real e interna deve ser preservada e mantida íntegra.

A confiança, adotada pelos alemães em reação ao individualismo, é afinada com o princípio da boa-fé objetiva e com a necessidade de segurança jurídica nas relações privadas.

A vontade exteriorizada deve corresponder à vontade real ou desejada. Portanto, se houver divergência entre vontade real e vontade exteriorizada, na interpretação do elemento volitivo, busca-se a sua intenção ou seu desejo, mas de acordo com a vontade materializada na declaração.

Com todo o respeito aos que pensam em contrário, a denominada teoria da confiança ou teoria intermediária, nada mais é do que desdobramento pouco sofisticado da teoria da declaração. A confiança e a boa-fé objetiva levam o intérprete à apuração da vontade subjetiva e exteriorizada. Havendo conflito entre o querer e a declaração, para a tutela dos interesses de terceiros de boa-fé, a vontade declarada deverá prevalecer sobre a vontade intencionada. Isso, inclusive, é essencial para a segurança das relações jurídicas, que é de interesse social e público, como bem ressaltou Orlando Gomes.

A vontade e a declaração andam juntas, são conceitos integrantes, unidos de forma indissociável, uma não sobrevive sem a outra, sendo ambas indispensáveis para a interpretação do negócio jurídico. A declaração é o meio de se exteriorizar a vontade, é o seu instrumento. Estando a vontade nela consubstanciada ou materializada, é com base nessa vontade que o negócio será interpretado. Como disse Pablo Stolze[240], vontade e declaração são faces da mesma moeda.

Interpretação do negócio jurídico. Boa-fé objetiva

O princípio da boa-fé objetiva é modelo jurídico (dele decorrem situações jurídicas), modelo de comportamento e princípio/cláusula geral do direito civil contemporâneo, norteador de todas as relações privadas, nas quais se impõe aos sujeitos, a depender do contexto fático e concreto, conduta leal, honesta, direcionada ao que é esperado naquele determinado negócio jurídico. Por ser princípio, depende de concreção. A concretização da boa-fé objetiva dependerá das circunstâncias fáticas, objetivas e concretas de cada situação. Não há padrão predeterminado de conduta, como aliás enuncia o § 1º do art. 113, que menciona que a boa-fé deve observar, por exemplo, as práticas comerciais. O contexto fático condiciona a boa-fé objetiva, e não o contrário.

O art. 113 do Código Civil dispõe sobre a função interpretativa (parâmetro hermenêutico) da boa-fé objetiva. De acordo com a norma, os negócios jurídicos devem ser interpretados conforme a boa-fé e os usos do lugar de sua celebração (a prática comercial do local do negócio condiciona o comportamento das partes).

A boa-fé objetiva retrata o paradigma da ética no Código Civil de 2002. Neste sentido, mais que modelo jurídico, tal boa-fé é modelo de comportamento, porque orienta e ajusta as condutas dos sujeitos, que devem corresponder ao que é normalmente esperado, a depender da natureza, local e contexto do negócio jurídico. É confiança objetivada, pautada no comportamento. A finalidade imediata da boa-fé objetiva é, portanto, direcionar ativamente o comportamento, que deve ser ajustado aos modelos ou padrões legitimamente esperados, o que potencializa a segurança jurídica e a previsibilidade. A conduta que todos esperam é a conduta que deverá ser concretizada. É o dever de agir segundo padrões mínimos de comportamentos.

---

[238] VENCESLAU, Rose Melo. O negócio jurídico e as suas modalidades – Arts. 104 a 114 e 121 a 137. In: TEPEDINO, Gustavo (coord.). *A parte geral do novo Código Civil*: estudos sob a perspectiva civil-constitucional. 2. ed. Rio de Janeiro: Renovar, 2003.

[239] GOMES, Orlando. *Introdução ao direito civil*. 19. ed. rev. e atual. Rio de Janeiro: Forense, 2008.

[240] GAGLIANO, Pablo Stolze; PAMPLONA FILHO, Rodolfo. *Novo curso de direito civil*. 4. ed. São Paulo: Saraiva, 2003.

A boa-fé objetiva também é cláusula geral e princípio que exigirá critérios de concreção, a depender do tipo de relação jurídica, contexto, natureza, grau de confiança, entre outros aspectos. Nesta condição, direciona o comportamento para o agir correto, de forma leal e reta, com coerência e sem lesar os interesses de outrem. Por isso, produz comandos vinculados ao comportamento, com proibições e estímulos.

A depender do tipo de relação jurídica, a boa-fé objetiva poderá apresentar os mais variados graus de modulação. Nas relações obrigacionais gerais, simétricas e paritárias, com presunção de isonomia, a boa-fé é menos intensa, porque os padrões de comportamento são esperados. O atuar e o modo de proceder integram a confiança estabilizada, como ocorre nos contratos em geral, onde cada parte quer maximizar os seus próprios interesses. Nos negócios fiduciários a boa-fé é mais intensa, porque o elemento confiança integra a essência destes, pois uma das partes se comporta para atender interesse alheio, não próprio (é o que ocorre no contrato de mandato, nos contratos associativos etc.).

A boa-fé, como parâmetro hermenêutico, ganhou novos contornos com a introdução dos §§ 1º e 2º, a partir da Lei n. 13.874/2019.

A boa-fé objetiva se relaciona ao comportamento, ou seja, diz respeito a elementos externos. Analisa-se a conduta do sujeito, seu procedimento durante as tratativas, formação e a execução do negócio jurídico. É avaliada a probidade e lealdade com o outro na relação jurídica privada (decorrente da cooperação, proteção e informação). Boa-fé objetiva corresponde à ética da situação.

O princípio da boa-fé objetiva, cláusula geral, tem três funções no ordenamento jurídico civil. A primeira, retratada no art. 113 do CC, é servir como parâmetro de interpretação do negócio jurídico, como mencionado. A segunda função está no art. 187 (função de controle) o qual trata da teoria do abuso de direito, cujo princípio impõe limites ao exercício de direitos subjetivos e potestativos, tornando-os relativos. Tais direitos devem ser exercidos de acordo com a função que os justifica e os legitima, sob pena de abuso. A terceira função foi materializada no art. 422 do CC, segundo o qual a boa-fé objetiva gera para os sujeitos contratantes deveres anexos, secundários e colaterais (ex.: informação adequada, cooperação, proteção, sigilo, lealdade, garantia etc.), ou seja, deveres de conduta e comportamento, que não se confundem com o dever de prestação. Em relação a essa terceira função, importante ressaltar que a boa-fé objetiva acabou por ampliar a concepção de adimplemento e inadimplemento. O sujeito passivo da obrigação será considerado adimplente se cumprir o dever jurídico específico. Tal dever jurídico está relacionado ao dever de prestação, com a concretização, em favor do credor, do bem da vida objeto da prestação e, em razão do princípio da boa-fé objetiva, ao dever de conduta ou comportamento. O adimplemento se caracteriza se ambos os deveres forem cumpridos, prestação (objeto) e conduta (comportamento).

Com isso, será inadimplente o sujeito responsável pela violação de qualquer desses deveres (principal e de conduta. No caso de violação do dever de conduta, haverá violação positiva da obrigação ou do contrato. O inadimplemento do dever de conduta independe de culpa. Basta violar a ética ou a boa-fé objetiva para a configuração do inadimplemento. Tal violação positiva corresponde, portanto, ao descumprimento do dever de conduta (boa-fé objetiva).

Em relação à interpretação do negócio jurídico, a boa-fé objetiva está retratada no art. 113: "O negócio jurídico deve ser interpretado conforme a boa-fé e os usos do lugar de sua celebração".

Tal dispositivo trata da primeira função desse princípio, qual seja, servir como parâmetro de interpretação do negócio jurídico. Este deve ser interpretado em conformidade com a ética, ou seja, a boa-fé, considerando os usos do ambiente social de sua celebração. O art. 113 tem por fontes o art. 1.135 do Código Civil francês, o § 157 do Código Civil alemão, o art. 1.366 do Código Civil italiano e o art. 239 do Código Civil português.

A boa-fé a que se refere o art. 113 do nosso Código Civil é a objetiva. Neste ponto, importante esclarecer que a boa-fé pode ser encarada sob dois pontos de vista: subjetivo ou objetivo.

No sentido subjetivo, procura-se indagar sobre a intenção do sujeito com a conduta praticada no comércio jurídico. Ou seja, na boa-fé subjetiva, analisa-se o estado psicológico atinente diretamente ao sujeito (dados internos, psíquicos), razão pela qual é boa-fé "de conhecimento". A boa-fé subjetiva estará presente quando o sujeito ignora determinada situação fática ou jurídica. Por exemplo, em matéria possessória ainda há resquícios da boa-fé subjetiva, quando o art. 1.201 dispõe sobre a boa-fé do possuidor, caracterizada quando este ignora o vício ou obstáculo que impede a aquisição da coisa.

Assim, a boa-fé subjetiva está relacionada ao psíquico, à ignorância ou ao conhecimento. No casamento putativo, na usucapião, na tradição de móvel, no pagamento indevido, dentre outros institutos, estará presente também a boa-fé de conhecimento ou subjetiva.

Por outro lado, na boa-fé objetiva, não se analisam elementos psicológicos (internos), mas sim o comportamento objetivamente considerado, o modo de proceder, a conduta do sujeito em relação a determinado negócio jurídico. Por isso, é essencial a análise externa, o direcionamento do comportamento ao tráfego negocial, se a conduta se ajusta aos modelos objetivos de comportamento.

O sujeito deve ter procedimento compatível com a conduta que qualquer pessoa honesta e proba teria naquele negócio (padrão de conduta a partir das circunstâncias do caso concreto). Assim, independentemente da boa ou má intenção do sujeito, se ele tiver conduta ética e comportamento padrão de honestidade, caracterizar-se-á a boa-fé objetiva.

Analisa-se a conduta, levando-se em conta se tal conduta ou comportamento se ajusta às regras normalmente admitidas, segundo os princípios da honestidade e da retidão do agir.

Trata-se, portanto, de critério de valoração objetiva para julgar se a conduta alcança o nível exigido. É critério objetivo de valoração, o protótipo de conduta, fundado em regras objetivas que tipificam a honradez no comércio ou nas relações sociais. A boa-fé objetiva, prevista no art. 113 do CC, exige a adoção de um padrão ético de conduta. A conduta e o comportamento serão levados em conta na interpretação do negócio jurídico, ou seja, se estão adequadas ao modelo pretendido e às circunstâncias esperadas.

A Lei n. 13.874/2019, que instituiu a declaração de direitos da liberdade econômica, acrescentou ao art. 113 dois parágrafos, cujo objetivo é conferir coerência à interpretação de negócios jurídicos relacionados com qualquer atividade econômica promovida por pessoa natural ou jurídica.

De acordo com o § 1º, a interpretação do negócio jurídico deve lhe atribuir o sentido que: I – for confirmado pelo comportamento das partes posterior à celebração do negócio; II – corresponder aos usos, costumes e práticas do mercado relativas ao tipo de negócio; III – corresponder à boa-fé; IV – for mais benéfico à parte que não redigiu o dispositivo, se identificável; e V – corresponder a qual seria a razoável negociação das partes sobre a questão discutida, inferida das demais disposições do negócio e da racionalidade econômica das partes, consideradas as informações disponíveis no momento de sua celebração.

No inciso I (regra da confirmação posterior), o negócio jurídico deverá ser interpretado de acordo com a conduta adotada pelos sujeitos após a celebração. O comportamento no momento da exteriorização da vontade deve coincidir com o comportamento adotado posteriormente. A coerência na conduta é a imposição deste inciso. O sujeito, após a celebração do negócio jurídico, deverá adotar comportamento compatível com a aquele sinalizado no momento da formação e esperado após a celebração. É vedado o comportamento posterior contraditório.

Em relação ao inciso II (regra pura da boa-fé), os usos, costumes e práticas de mercados relativos a negócios específicos, devem ser levados em consideração no momento da interpretação, o que, de alguma forma, também já era extraído da redação do *caput* do art. 113. Tal inciso terá relevância nas relações jurídicas empresariais, que em regra são simétricas e paritárias. Há evidente conexão com o art. 421-A do CC. Portanto, nestas relações jurídicas, os sujeitos deverão ajustar a conduta e o comportamento à prática de mercado, ao que é usual e costumeiro, a depender do contexto social e natureza do negócio jurídico.

O inciso III (regra pura da boa-fé, diz uma obviedade, que é o próprio fundamento desta regra interpretativa. A boa-fé, entre outras, tem como função servir como parâmetro de interpretação.

O inciso IV (regra do *contra proferentem*) apenas consolida tese defendida pela doutrina, no sentido de que a interpretação deverá ser mais benéfica para a parte que não redigiu o negócio jurídico ou suas cláusulas. O sentido mais benéfico em termos de interpretação, conforme previsto na norma, tutela aquele que não redigiu o dispositivo, de forma mais ampla, do que a proteção conferida pelo art. 423 ao aderente, nos contratos de adesão de natureza civil. Nestes, a interpretação será mais favorável ao aderente no caso de cláusulas ambíguas e contraditórias. A interpretação será sempre mais benéfica para o que não redigiu o dispositivo, independentemente do método de contratação (paritário ou por adesão) e da natureza das cláusulas, o que evidencia a cooperação, solidariedade e reciprocidade decorrentes da boa-fé objetiva.

O inciso V (regra da vontade presumível) do § 1º do art. 113 retrata a necessidade de observar a racionalidade nos negócios jurídicos. A interpretação deverá estar ajustada à vontade presumível das partes, o que se extrairá das disposições do negócio jurídico, da racionalidade econômica e do contexto fático (as informações disponíveis no momento da celebração do negócio). Os deveres de conduta devem se ajustar à racionalidade esperada tendo em vista a questão discutida. A interpretação deverá corresponder a qual seria a razoável (a partir de critérios de razoabilidade e proporcionalidade) negociação das partes, ou seja, como os sujeitos se comportariam diante daquele negócio, razoabilidade esta que deve ser inferida ou extraída das demais disposições e, principalmente, da racionalidade econômica (pois, em negócios empresariais, por exemplo, as partes visam seus interesses), sempre levando em conta as informações disponíveis no momento da celebração. A racionalidade econômica busca a eficiência no resultado pretendido, que é aquela adotada pelos empresários em especial, que não se restringe ao lucro. Os escopos pessoais a que cada um se propõe também são levados em consideração. De qualquer forma, a redação do inciso é truncada, vaga, imprecisa e certamente trará interpretações dúbias.

Por outro lado, o § 2º do art. 113 será alvo de inúmeras e infindáveis controvérsias. Tal dispositivo é o retrato do objetivo da Lei n. 13.874/2019, que institui a denominada declaração de direitos da liberdade econômica. De acordo com a norma, as partes poderão livremente pactuar regras de interpretação, de preenchimento de lacunas e de integração dos negócios jurídicos diversas daquelas previstas em lei. Não há dúvida de que tal possibilidade de dispor sobre parâmetros para a interpretação amplifica a segurança jurídica e a previsibilidade.

Todavia, será muito complexo dispor sobre regras de interpretação, de integração e de preenchimento de lacunas para pautar o negócio jurídico, inclusive com o afastamento das regras que já estão preestabelecidas na lei. Não há definição destes limites. É certo que o objetivo do art. 113, § 2º, inclusive em sintonia com o art. 421-A, é conferir maior autonomia para as relações civis e empresariais, no que se refere a interpretação de condutas e comportamentos. Há determinados negócios jurídicos cujo padrão de conduta pode ser diferente em razão de circunstâncias objetivas, que as partes poderão precisar. Todavia, será muito difícil estabelecer tais regras, pois decorre do princípio da boa-fé objetiva, que orientará o pacto e, por ser princípio que depende de concreção, jamais pode ser afastado. Trata-se de norma retórica, que em pouco auxiliará na árdua atividade hermenêutica contemporânea. Tal dispositivo não estava na redação original da MP n. 881/2019, mas foi inserida pelo Parlamento, e acabou sancionada como Lei n. 13.874/2019. Certamente, ninguém saberá como viabilizar este dispositivo. Tal norma confere à autonomia da vontade duvidoso prestígio em relação às regras de hermenêutica.

Por fim, o princípio da boa-fé objetiva reforça a teoria objetiva da declaração, pois a confiança estabelecida na relação jurídica privada é um desdobramento da boa-fé objetiva. O sujeito destinatário da declaração (receptor) acredita, confia na declaração exteriorizada, no comportamento e conduta do declarante.

Por isso, confia que a declaração exteriorizada pelo declarante é compatível ou corresponde exatamente à sua intenção ou vontade real, ao desejado. Havendo incompatibilidade entre a vontade real e a vontade declarada, o destinatário de boa-fé não pode ser prejudicado porque confiou na declaração exteriorizada.

Tutela-se, nesse caso, a confiança do destinatário. A teoria da declaração ou da vontade declarada privilegia o sujeito ou agente de boa-fé. Como a boa-fé objetiva passa a ser parâmetro de interpretação do negócio jurídico, impossível desprezar a conduta ética do destinatário da declaração para corrigir um equívoco do declarante. Na teoria do erro, por exemplo, quando se exige o requisito da percepção, está se orientando conforme a teoria da declaração, para proteger o receptor ou destinatário de boa-fé. Se este, agindo com cautela e diligência, não tinha condições de perceber o erro, preserva-se o negócio jurídico viciado por erro para tutelar a boa-fé objetiva do destinatário.

A boa-fé integra o processo de interpretação do negócio jurídico. No que tange à função interpretativa dos contratos, por exemplo, exige-se que a interpretação de cláusulas contratuais privilegie sempre o sentido que mais se conforme a lealdade e honestidade em relação aos propósitos comuns, ou seja, busca-se o sentido mais consentâneo com os objetivos perseguidos pelo negócio.

O Código Civil consagra a concepção objetiva da declaração, a fim de tutelar e proteger a legítima expectativa dos sujeitos, pois a interpretação do negócio jurídico é orientada pelo princípio da boa-fé objetiva. Tal boa-fé integra o negócio jurídico, como um dever recíproco de cooperação, lealdade e probidade.

Sobre o art. 113 do CC, Amaral[241] diz: "No caso do art. 113 do Código Civil, tem-se uma boa-fé objetiva imprópria, no sentido de que, sendo um princípio normativo que se realiza por meio da integração, é, nesse caso, invocado como critério orientador no processo de fixação do conteúdo e sentido da declaração de vontade. Seria, a meu ver, um princípio com função interpretativa-integrativa".

Enquanto a interpretação diz respeito ao conteúdo da declaração de vontade, a integração refere-se aos respectivos efeitos, não havendo, entre ambas, fronteiras ou soluções de continuidade. Integração do negócio jurídico é o processo pelo qual se preenchem as lacunas eventualmente nele existentes, entendendo-se como lacuna a ausência de norma aplicável à hipótese de fato concreto.

Teresa Negreiros[242] argumenta que a boa-fé objetiva torna relativa a subjetividade para a interpretação do negócio jurídico. Abandona-se a análise pura da mera intenção, da vontade, a fim de levar em conta elementos objetivos, igualmente relevantes, como o comportamento dos sujeitos por ocasião da formação, conclusão e execução do negócio jurídico.

Na sua parte final, o art. 113 leva em conta as peculiaridades do local e as características sociais da comunidade onde o negócio jurídico é celebrado. A interpretação deve ser conforme os usos do lugar de sua celebração, ou seja, deve levar em conta os costumes, a realidade social, as características da comunidade, o histórico e a cultura do local do negócio jurídico, a fim de apurar, com precisão, o comportamento.

A ética e a probidade são valores indeterminados, cujos limites não são precisos. Por isso, essa forma de agir, pautada na ética, pode suportar variações, dependendo do local do negócio. A ética deve estar presente em qualquer negócio jurídico, independentemente do local em que é praticado. Entretanto, uma conduta considerada desleal para uma determinada comunidade pode ser perfeitamente tolerável por outras, podendo fazer parte da cultura e daquela realidade social.

Ou seja, a ética representa um valor ou princípio dinâmico. É essencial se ter a compreensão dessa ideia de que a ética suportará mutações de acordo com as peculiaridades de cada comunidade. Deve, portanto, o princípio da boa-fé objetiva se adequar ao lugar onde o negócio está sendo realizado.

Na V Jornada de Direito Civil, promovida pelo CJF, foi aprovado o Enunciado 409, segundo o qual os negócios jurídicos devem ser interpretados não só conforme a boa-fé e os usos do lugar de sua celebração, mas também de acordo com as práticas habitualmente adotadas entre as partes.

Interpretação dos negócios jurídicos benéficos e a renúncia

O Código Civil disciplina a interpretação do negócio jurídico em relação aos negócios jurídicos benéficos e à renúncia.

O Diploma de 1916 tratava desse assunto no art. 1.090, na teoria geral dos contratos, segundo o qual os contratos benéficos interpretar-se-iam estritamente.

O atual Código Civil retira essa regra da teoria geral dos contratos, que é apenas uma espécie de negócio jurídico, e a desloca para a teoria geral do negócio jurídico, servindo como parâmetro de interpretação de todo negócio jurídico, e não apenas do contrato.

Assim, segundo o disposto no art. 114 do CC, os negócios jurídicos benéficos e a renúncia interpretam-se restritivamente.

---

[241] AMARAL, Francisco. *Direito civil* – introdução, 6. ed. rev. e atual. Rio de Janeiro: Editora Renovar, 2006.

[242] NEGREIROS, Teresa. *Teoria do contrato*: novos paradigmas. Rio de Janeiro: Renovar, 2008.

O que é o negócio jurídico benéfico?

No que diz respeito à classificação pela onerosidade, os negócios jurídicos podem ser gratuitos ou onerosos.

Os negócios onerosos são aqueles nos quais há reciprocidade de vantagens e sacrifícios. Por exemplo, na compra e venda, o comprador tem o sacrifício de pagar o preço e a vantagem de receber o bem, ao passo que o vendedor tem a vantagem de receber o dinheiro e o sacrifício de dispor do bem alienado. Nos negócios onerosos as partes terão vantagens e suportarão sacrifícios.

No negócio jurídico oneroso, à vantagem de *A* corresponde o sacrifício de *B* e vice-versa.

Nos negócios jurídicos benéficos ou gratuitos, não há reciprocidade de vantagens e sacrifícios. No caso, uma das partes só tem vantagem e a outra somente suporta sacrifício. Os negócios jurídicos benéficos são os gratuitos.

Assim, para não sacrificar a parte que não obtém qualquer vantagem, suportando apenas sacrifícios, o Código Civil impõe interpretação estrita ou restrita para esses negócios. Na verdade, tal dispositivo é um desdobramento do princípio da solidariedade constitucional, pois, no dever de cooperação e mútua assistência, não pode o sujeito, beneficiado por vantagem, sem o correspondente sacrifício, exigir interpretação diversa da estritamente vinculada aos termos da declaração.

Dessa forma, o negócio jurídico gratuito deve ter seus efeitos limitados exclusivamente à vontade do instituidor do benefício (doação – exemplo acima), o qual responderá pelo exato sentido que deu à sua vontade por ocasião da declaração.

O Código, no dispositivo em referência, conferiu igual tratamento jurídico à renúncia, instituto pelo qual o titular de um direito extingue-o em decorrência de sua própria vontade.

Qual a relevância dessa distinção entre negócios jurídicos gratuitos e onerosos?

Em primeiro lugar, para fins de interpretação, conforme se extrai desse art. 114. Segundo, para fins de responsabilidade civil contratual. Nesse sentido, segundo o art. 392 do CC, nos contratos benéficos, responde, por simples culpa, o contratante, a quem o contrato aproveite, e, por dolo, aquele a quem não favoreça. Nos contratos onerosos, responde cada uma das partes por culpa, salvo as exceções previstas em lei.

Nesse caso de responsabilidade civil, no contrato benéfico ou gratuito, aquele que somente suporta sacrifício apenas responderá por dolo, em caso de inadimplemento. Não tendo vantagem, não seria justo impor a esse sujeito mais um sacrifício ou intensificar o seu sacrifício para que respondesse também por culpa (imprudência e negligência). Por outro lado, o sujeito que apenas tem vantagem nos contratos benéficos, em matéria de responsabilidade civil, responde por dolo e culpa.

Já nos contratos onerosos, como há reciprocidade de vantagens e sacrifícios, não há essa distinção em matéria de responsabilidade civil contratual, pois todos os sujeitos responderão por dolo e culpa.

Além disso, é relevante essa distinção para a análise do instituto da fraude contra credores, conforme será verificado adiante, pois o art. 158 trata da transmissão gratuita de bens e suas consequências. Assim, o negócio jurídico gratuito também tem interesse para esse instituto jurídico.

Nas palavras de Caio Mário[243], "(...) o Código enfatiza o fundamento ético do preceito, assentando que a declaração de vontade benéfica deve ser contida no limite do que o agente especificamente pretendeu. O beneficiado não pode obter mais do que se contém no texto da declaração. O intérprete encontra barreira a todo propósito ampliativo".

A renúncia é ato unilateral de vontade, sendo que seus feitos devem ser limitados à vontade do instituidor.

O Código Civil traz inúmeros dispositivos que tratam da renúncia: arts. 108; 191; 209; 275; 330; 375; 424; 682, I; 828, I; 1.275, II; 1.316, § 1º; 1.410, I; 1.436, III, 1.499, IV; 1.806; 1.971, dentre outros. A interpretação deve ser restrita ou estrita, conforme determina o art. 114 do CC.

1.15.2.3.3. Interpretação do negócio jurídico e o silêncio

A declaração de vontade é o elemento nuclear do suporte fático de todo o negócio jurídico. Não há dúvida quanto a isso.

No entanto, o novo Código Civil, em seu art. 111, empresta grande valor jurídico ao silêncio. Desse modo, o silêncio poderá gerar efeito jurídico, sendo equiparado à declaração de vontade.

O silêncio importará anuência e será equiparado a uma exteriorização de vontade para fins de produção de efeitos jurídicos, se presentes dois requisitos: 1– as circunstâncias concretas e objetivas e os usos e costumes autorizarem essa forma de manifestação da vontade. Tal requisito somente poderá ser analisado no caso concreto; 2– se a lei não exigir para o negócio jurídico uma declaração de vontade expressa, escrita ou verbal. A declaração de vontade expressa é a declaração de vontade exteriorizada, manifestada, podendo ser escrita ou verbal.

O silêncio em questão é a inércia completa. Tal inércia será suficiente para a produção de efeitos jurídicos. Por isso, não se pode confundir o silêncio com a declaração tácita.

Na declaração tácita se analisa o comportamento do sujeito, pois, embora não exteriorize ou declare vontade, seu comportamento é compatível com a conduta daqueles que desejam o negócio. No silêncio não há conduta ou comportamento, existe apenas uma inércia. Na declaração tácita as atitudes do declarante tornam evidente a sua vontade, razão pela qual o silêncio não é espécie de declaração tácita.

Dessa forma, quando as circunstâncias o autorizarem (por isso não ocorre em qualquer caso), o Código Civil atribui valor jurídico ao silêncio, de modo que sua existência poderá configurar consentimento desde que o negócio

---

[243] PEREIRA, Caio Mário da Silva. *Instituições de direito civil:* Introdução ao direito civil. Teoria geral de direito civil. 20. ed. Atualizado por Maria Celina Bodin de Moraes. Rio de Janeiro: Forense, 2004. v. 1.

jurídico não exija declaração expressa. A doutrina passou a denominar o art. 111 de *teoria do silêncio circunstanciado*, pois o silêncio somente produzirá efeitos jurídicos se as circunstâncias objetivas e concretas o permitirem.

Segundo o mestre Caio Mário[244], em algumas situações a ausência de manifestação de vontade pode significar declaração de vontade. Nas palavras de Rose Venceslau[245]: "O silêncio é a inércia do agente que, de acordo com a análise das circunstâncias do caso, pode provocar efeitos de uma declaração volitiva".

Tal silêncio, aliado e somado às circunstâncias do negócio, implica em manifestação de vontade. Portanto, é possível que ao silêncio seja atribuído valor positivo. O silêncio deve ser aquele que, de acordo com a análise das circunstâncias do caso, provoque efeitos de uma declaração volitiva.

Por exemplo, ocorrendo falta de declaração de vontade no prazo fixado, conclui-se pela aceitação da doação pura. Nesse caso, são atribuídos efeitos ao mero silêncio do donatário, independentemente de qualquer conduta ou comportamento. Em circunstâncias dessa ordem, o silêncio implica manifestação de vontade e produz efeitos jurídicos.

De acordo com o art. 111 do CC, a declaração de vontade pode ser expressa ou tácita. Na tácita não se exterioriza a vontade, mas do comportamento é possível depreender a sua existência.

O silêncio não se confunde com a declaração de vontade expressa ou tácita. Na realidade, o silêncio, em circunstâncias excepcionais, é equiparado a uma declaração de vontade, podendo ser entendido como uma *declaração de vontade por equiparação*, como uma ficção, desde que presentes os dois requisitos exigidos pela lei.

Na hipótese específica, a inércia, por si só, será suficiente para produzir efeitos jurídicos. Esta é a concepção do Código Civil. Admitir que o silêncio, como pode ocorrer no caso da doação pura (dependendo das circunstâncias e como não se exige declaração expressa de aceitação), produza efeitos jurídicos, é o objetivo do art. 111 do CC.

Além da doação pura, também pode ser considerado como exemplo de aplicabilidade do silêncio circunstanciado o disposto no parágrafo único do art. 299 do CC e a aceitação presumida da herança, prevista no art. 1.807 do CC, que decorre apenas e tão somente do silêncio.

Interpretação do negócio jurídico e Teoria da reserva mental

A reserva mental figura, pela primeira vez, na legislação civil brasileira, com destaque como regra de interpretação do negócio jurídico, principalmente porque dá embasamento para a teoria objetiva da declaração e, ainda, reforça a tutela da confiança do receptor ou destinatário da declaração.

Em qualquer negócio jurídico a vontade exteriorizada ou manifestada deve coincidir com a vontade real ou psicológica do sujeito declarante. Em caso de divergência entre vontade real e declarada, as teorias da vontade e da declaração e, para alguns, a teoria intermediária da confiança, servem de suporte para a análise do real significado da vontade do sujeito.

Na reserva mental, também há divergência entre a vontade real e a vontade declarada. Todavia, essa divergência é desejada (intencionada) pelo declarante, a fim de prejudicar ou lesar os interesses e direitos do destinatário da declaração.

O sujeito reserva na sua mente (daí o nome reserva mental) desejo e, ao exteriorizá-lo por meio da declaração, insere vontade diversa da intencionada. Há aparência de legitimidade, mas pretende, por meio de declaração de vontade que não corresponde à sua intenção, violar interesse de outrem.

Ou seja, o declarante exterioriza o que aparenta ser a sua vontade, mas, na realidade, a declaração apenas serve para ocultar a sua verdadeira intenção.

Segundo dispõe o art. 110 do CC, a manifestação de vontade subsiste, ainda que o seu autor haja feito a reserva mental de não querer o que manifestou, salvo se dela o destinatário tinha conhecimento.

Assim, na reserva mental, o agente faz a ressalva, em sua mente (na sua esfera íntima e psicológica), de não querer o negócio jurídico objeto da declaração. Dessa forma, ocorre a reserva mental quando um dos declarantes oculta a sua verdadeira intenção. O objetivo, na reserva mental, é enganar o outro sujeito, destinatário da declaração. Se o destinatário não tomou conhecimento da reserva, tutela-se a boa-fé deste, razão pela qual o ato ou negócio subsiste e produz os efeitos não desejados pelo declarante.

Desse modo, a reserva mental pode ser conhecida ou desconhecida do destinatário da declaração.

Na reserva mental desconhecida do destinatário, o declarante, de forma consciente, exterioriza uma vontade diversa da sua verdadeira intenção. A reserva mental da verdadeira e real intenção não prejudicará a validade do negócio jurídico se o destinatário da declaração desconhecia a divergência, em especial a reserva mental.

Na linha do art. 110 do CC, a manifestação de vontade subsiste, ainda que o seu autor haja feito a reserva mental de não querer os efeitos da vontade exteriorizada, e sim os da reserva. Nesse caso, considerando o princípio da boa-fé objetiva, caso o destinatário desconheça a reserva mental, prevalece, na íntegra, o negócio jurídico, desprezando-se, completamente, as intenções do declarante.

A reserva mental desconhecida do destinatário é prova mais evidente da adoção da teoria da declaração (ou da confiança, como queiram) pelo Código Civil, sendo um dos principais fundamentos desta.

Se houver reserva mental, ou seja, divergência entre vontade real e a vontade declarada, determina o art. 110 que deve prevalecer a vontade declarada, com desprezo da

---

[244] PEREIRA, Caio Mário da Silva. *Instituições de direito civil*: Introdução ao direito civil. Teoria geral de direito civil. 20. ed. Atualizado por Maria Celina Bodin de Moraes. Rio de Janeiro: Forense, 2004. v. 1.

[245] VENCESLAU, Rose Melo. O negócio jurídico e as suas modalidades – Arts. 104 a 114 e 121 a 137. In: TEPEDINO, Gustavo (coord.). *A parte geral do novo Código Civil:* estudos sob a perspectiva civil-constitucional. 2. ed. Rio de Janeiro: Renovar, 2003.

vontade intencionada, desde que o destinatário não tenha conhecimento da divergência. O destinatário confia (tutela da confiança) na vontade exteriorizada e, não tendo ciência da vontade real, reservada na mente do declarante, tutela-se a sua boa-fé, justamente pela confiança depositada na manifestação de vontade. Com isso, garante-se a proteção do destinatário de boa-fé e a segurança das relações intersubjetivas.

Por outro lado, na reserva mental conhecida pelo destinatário da declaração, impõe o Código Civil a inexistência do negócio jurídico. Segundo o art. 110, última parte, se o destinatário tinha conhecimento da reserva mental, ou seja, da divergência entre a vontade real e a declarada e, mesmo assim, adere à vontade declarada que não corresponde ao desejo real do declarante, esta deixa de subsistir, como se não existisse vontade. Se não há vontade, o principal pressuposto de existência do negócio jurídico não se faz presente. Isto ocorre porque o objetivo da reserva mental é iludir é enganar o destinatário da declaração de vontade. Se este, ciente deste objetivo, adere à vontade do declarante, o negócio jurídico inexistirá juridicamente (pois, não haverá vontade).

No caso da reserva mental conhecida do destinatário, alguns doutrinadores, como Caio Mário, defendem a tese de que seria espécie de simulação. No entanto, como será ressaltado no estudo da simulação, os institutos não se confundem.

Em primeiro lugar, a reserva mental conhecida do destinatário está situada no plano de existência do negócio jurídico, ao passo que a simulação é causa de invalidade, pressupondo, portanto, negócio jurídico existente. Segundo, na simulação, duas pessoas, em conluio, aparentam realizar negócio jurídico, na realidade, inexistente, a fim de prejudicar terceiros não integrantes do negócio. Na reserva mental, a intenção do declarante em relação a essa aparência é lesar os interesses e direitos do destinatário, que é integrante da relação jurídica.

Por esses motivos, o entendimento dominante é no sentido de que se diferenciam a simulação da reserva mental conhecida do destinatário. Se a intenção, na reserva conhecida, for a de prejudicar terceiros e não o destinatário, caracterizar-se-á a simulação (mas apenas nesta hipótese, porque não estará presente um dos pressupostos da reserva mental, a intenção de ludibriar o destinatário, o parceiro, mas terceiro).

Portanto, em regra, a reserva mental ou a intenção do declarante é indiferente ao mundo jurídico e irrelevante no que se refere à validade e eficácia do negócio, tudo para tutelar a boa-fé objetiva do destinatário da declaração. Essa é a pena civil prevista pelo Código para o declarante. Todavia, se o outro sujeito conhece a reserva mental, considera-se inexistente o negócio jurídico. Nesse último caso, se penalizam os sujeitos, atores privados de má-fé.

A reserva mental possui dois elementos que a caracterizam: 1– divergência ou não coincidência desejada e intencionada entre a vontade real e a vontade declarada; e 2– intenção ou propósito de enganar o destinatário da declaração.

Assim, na reserva mental, o sujeito não deseja o conteúdo jurídico da declaração, mas os efeitos da vontade real. Por isso, para viabilizar a reserva mental, o declarante aparenta desejar a vontade exteriorizada quando, na realidade, deseja resultado ou efeito jurídico diverso da vontade manifestada.

Planos no "mundo do direito": existência, validade e eficácia do negócio jurídico

O atual Código Civil não adotou a tricotomia *existência-validade-eficácia* do negócio jurídico. Os planos de existência, validade e eficácia serão analisados de acordo com a legislação civil.

O ato jurídico em sentido estrito e o negócio jurídico devem existir. Com o preenchimento dos pressupostos fáticos exigidos pela norma jurídica existirão juridicamente. Se existirem (sairão do mundo da vida e ingressarão no mundo do direito) necessário verificar se são válidos. Após o preenchimento do suporte fático concreto exigido pela norma (pressupostos de existência) e superado o plano de validade, deverão produzir efeitos jurídicos (plano da eficácia).

O plano da existência foi completamente (e corretamente – se não existe, não está no mundo do direito e, portanto, não pode estar previsto no ordenamento jurídico) ignorado pela atual legislação, a qual trata apenas dos requisitos ou elementos de validade do negócio jurídico, dos defeitos como causas de invalidade (erro, dolo, coação, lesão, estado de perigo e fraude contra credores), da teoria da invalidade do negócio jurídico e apenas de uma questão pontual da eficácia na parte geral, qual seja, condição do termo e do encargo.

Em que pese a justificada omissão na Lei Civil em relação a aspectos relevantes do negócio jurídico, não nos furtaremos a realizar incursões no plano de existência. Tal plano (existência) envolve os elementos fundamentais para a constituição estrutural, existência propriamente dita, do negócio jurídico. Para bem compreender a teoria do negócio jurídico e não simplesmente produzir regras positivadas, é necessário analisá-lo sob três planos (existência, validade e eficácia). São os elementos do negócio jurídico.

Nas lições de Junqueira de Azevedo[246], "(...) no plano da existência é preciso preencher os pressupostos ou elementos de existência; enquanto no plano da validade é necessário que estejam presentes os requisitos de validade; e, finalmente, no plano da eficácia, encontram-se os fatores de eficácia".

Nesse ponto, é relevante destacar que o estudo dos planos do mundo do direito somente tem sentido em relação a determinadas espécies de fatos jurídicos: o ato jurídico em sentido estrito e o negócio jurídico, os quais deverão ingressar no plano da existência para, em seguida, romper a barreira do plano de validade e produzir efeitos jurídicos no plano da eficácia.

---

[246] AZEVEDO, Antônio Junqueira de. *Negócio jurídico*: existência, validade e eficácia. São Paulo: Editora Saraiva.

O fato jurídico em sentido estrito, o ato-fato jurídico e os atos ilícitos ou se concretizam no "mundo da vida" e produzem efeitos jurídicos ou não existem porque os fatos ou conjunto de fatos necessários para a incidência da norma jurídica não se concretizaram. Portanto, não há que se cogitar em validade ou invalidade de fato jurídico em sentido estrito, ato-fato jurídico (a vontade não integra o suporte fático concreto deste) e ato ilícito.

Os planos do mundo do direito (existência, validade e eficácia) são restritos aos atos jurídicos em sentido estrito e negócio jurídico, cujo suporte fático concreto é baseado em vontade exteriorizada.

Pressupostos de existência do ato jurídico em sentido estrito e do negócio jurídico

Os elementos constitutivos da estrutura orgânica do negócio jurídico são denominados *pressupostos de existência*, ou seja, requisitos fundamentais e essenciais sem os quais o negócio inexiste juridicamente.

O fato jurídico existe quando o suporte fático concreto, descrito e previsto na norma jurídica, se concretiza no "mundo da vida". A existência está relacionada ao fato ou suporte fático concreto. O suporte fático concreto que ingressa no plano da existência pode ser válido ou inválido, eficaz ou ineficaz. A existência apenas é a adequação do suporte fático concreto à previsão normativa.

Marcos Bernardes de Mello[247], em sua monografia sobre a teoria do fato jurídico – plano de existência, argumenta: "(...) no plano da existência não se cogita de invalidade ou eficácia do fato jurídico, importa, apenas, a realidade da existência. Tudo, aqui, fica circunscrito a se saber se o suporte fático suficiente se compôs, dando ensejo à incidência (...). A existência do fato jurídico constitui, pois, premissa de que decorrem todas as demais situações que podem acontecer no mundo jurídico".

Tais elementos essenciais, relacionados à existência do negócio jurídico, são a vontade, o objeto e a forma, sendo que alguns doutrinadores defendem a causa como elemento essencial para existência do negócio jurídico.

Importante registrar que cada fato da vida, para existir juridicamente, deverá preencher determinado suporte fático concreto. No caso do negócio jurídico, o suporte fático concreto para existência jurídica envolve vontade, objeto e forma. No entanto, para outros fatos, os elementos concretos poderão ser diferentes. A vontade é o elemento constitutivo fundamental do negócio jurídico. Trata-se de elemento essencial. No entanto, a vontade, para ser considerada pressuposto de existência do negócio jurídico, precisa ser exteriorizada ou declarada.

Junqueira de Azevedo[248] enuncia que o negócio jurídico apenas surge, nasce, por ocasião da declaração.. Ou seja, a sua existência começa nesse momento, não fazendo parte dele todo o processo volitivo anterior, consistindo o negócio na declaração. Por conta disso, a vontade deve ser exteriorizada.

A vontade íntima ou psicológica é um irrelevante jurídico, sua base estrutural. A interpretação (já estudada) e a representação (que será analisada no tópico seguinte) são aspectos relativos à manifestação desse elemento essencial e estrutural, a vontade.

O negócio jurídico, como condição de existência, deve decorrer de vontade manifestada e exteriorizada por um sujeito. Sem vontade, não há negócio jurídico.

Como alerta Cristiano Chaves[249], "(...) o negócio jurídico inexistente é o que não possui os elementos fáticos que a sua natureza supõe e exige como condição existencial, conduzindo a sua falta à impossibilidade de formação".

Para Francisco Amaral[250], "(...) o termo declaração de vontade, e sua importância é tanta que, sem ela, o ato ou negócio simplesmente inexiste. A declaração de vontade é, assim, o instrumento da manifestação de vontade. Consiste na expressão, ou comunicação, dirigida a publicar a vontade preexistente". A manifestação de vontade pode ser expressa (permite o conhecimento imediato da vontade – escrito e linguagem), tácita (comportamento do agente) e presumida (deduzida pelo ordenamento jurídico).

Além da vontade ou declaração da vontade, o objeto e a forma também são elementos estruturais e essenciais, sem os quais o negócio jurídico não existe. Todo negócio jurídico deve ter um objeto. A licitude, a possibilidade e a determinação do objeto se referem ao plano de validade do negócio jurídico. Para o plano de existência, o objeto é suficiente.

Em relação à forma como pressuposto de existência, esta não se confunde com a forma, requisito de validade. Explica-se: a forma é a declaração propriamente dita, o aspecto exterior do comportamento do sujeito, o modo como exteriorizou sua declaração de vontade. Tal forma não se confunde com a formalidade exigida pela lei para a validade do ato ou negócio jurídico.

A forma, pressuposto de existência, está relacionada à teoria da prova. É a prova mínima para evidenciar a existência jurídica do fato. Não se confunde com a forma pressuposto de validade, que se relaciona com a solenidade exigida pela lei. Esta não tem relação com a teoria da prova.

Amaral[251] é preciso sobre essa diferença: "Distingue-se a forma, modo de exteriorização da vontade, das formalidades ou solenidades, conjunto de atos que compreendem a forma e as medidas preparatórias ou consequentes do ato, necessárias à respectiva eficácia. Forma é, então, o meio de expressão da vontade, o aspecto externo que a declaração assume, sendo, assim, elemento estrutural do negócio jurídico".

---

[247] MELLO, Marcos Bernardes de. *Teoria do fato jurídico*: plano da existência. 15. ed. São Paulo: Saraiva, 2008.

[248] AZEVEDO, Antônio Junqueira de. *Negócio jurídico*: existência, validade e eficácia. São Paulo: Editora Saraiva.

[249] FARIAS, Cristiano Chaves de; ROSENVALD, Nelson. *Direito civil*: teoria geral. 8. ed. Rio de Janeiro: Lumen Juris, 2009.

[250] AMARAL, Francisco. *Direito civil* – introdução, 6. ed. rev. e atual. Rio de Janeiro: Editora Renovar, 2006.

[251] AMARAL, Francisco. *Direito civil* – introdução, 6. ed. rev. e atual. Rio de Janeiro: Editora Renovar, 2006.

Orlando Gomes[252] é ainda mais preciso ao afirmar que: "Emprega-se em duplo sentido o vocábulo forma. No primeiro é a própria expressão do ato; no segundo, a veste externa da declaração de vontade" (*Introdução ao direito civil*).

O agente ou sujeito não é pressuposto de existência do negócio jurídico, pois tal elemento já integra a vontade. A vontade deve ser exteriorizada por um sujeito. Por isso, a vontade já pressupõe a existência de um sujeito. Não existe vontade sem sujeito.

Para validade do negócio jurídico, a vontade deve ser declarada ou manifestada por sujeito capaz e legitimado. A capacidade e a legitimação são adjetivações da vontade, componentes do plano de validade. Não há sentido em considerar o agente ou sujeito como pressuposto de existência do negócio jurídico, pois este já está inserido no pressuposto da vontade, como condição essencial para que esta exista.

A controvertida questão da causa do negócio jurídico

A análise da teoria do negócio jurídico, em especial no âmbito dos pressupostos de existência (constituição), validade e eficácia, não pode prescindir da discussão sobre a "teoria da causa".

A causa constitui pressuposto ou elemento de existência ou validade dos atos e negócios jurídicos? Como a causa se relaciona com tais pressupostos? Qual a noção de causa? Há diferença entre causa e objeto e entre causa e motivo?

A resposta a tais indagações não é simples e atormenta juristas civilistas de todo o mundo há séculos. A discussão destas questões sobre a causa e a tentativa de resposta (que nunca será precisa) é complexa uma vez que não é precisa a noção de causa, em especial quando comparada com o motivo e o objeto. Há sistemas jurídicos causalistas (como o francês, pioneiro e, mais recentemente, o argentino) e anticausalistas (como o germânico, seguido pelo sistema brasileiro).

A noção de causa e motivo para os causalistas diverge da noção de causa e motivo para os anticausalistas. Os causalistas ainda se subdividem em causalistas objetivos e causalistas subjetivos e cada um desses atribui à causa noção diversa.

Portanto, compreender a noção de causa e, antes de associá-la ou não aos pressupostos de existência e validade de atos e fatos jurídicos, é essencial entender suas teorias fundamentais, a história da causa nos ordenamentos jurídicos e as diversas correntes de pensamento sobre a causa. A depender das premissas adotadas, a conclusão será diferente e, neste tema, não há verdades absolutas.

Em razão de todas estas questões complexas relacionadas à teoria da causa, considerá-la ou não como elemento do negócio jurídico, seja no plano da existência ou da validade, dependerá da noção que se adote, o que consistirá em árdua tarefa.

A expressão "causa" é utilizada no direito em sentidos equívocos e múltiplos, como produto das inúmeras concepções do termo. Tal fato dificulta precisar o sentido jurídico do termo causa. Não é por acaso que muitas legislações e gerações de juristas simplesmente ignoram a causa e a busca por uma noção jurídica.

O Código Civil brasileiro não define causa e tampouco esclarece se a causa é ou pode ser pressuposto de existência ou validade de atos e negócios jurídicos. O Código Civil argentino atual define a causa em seu art. 28: "Articulo 281.– Causa. La causa es el fin inmediato autorizado por el ordenamiento jurídico que ha sido determinante de la voluntad. También integran la causa los motivos exteriorizados cuando sean lícitos y hayan sido incorporados al acto en forma expresa, o tácitamente si son esenciales para ambas partes".

O Código Civil argentino inova ao conceituar causa e adota a concepção de "causa final", ou seja, a causa como fim determinante para a manifestação de vontade, que é uma das facetas da causa.

Sobre a função da causa, Orlando Gomes[253] enuncia: "Trata-se, nesta perspectiva, de averiguar se o propósito negocial deve incluir-se entre os requisitos essenciais do negócio jurídico, ou se, ao contrário, é inútil e vexatório o conceito de causa final. A questão de sua utilidade resolve-se, no plano prático, pelo exame de sua funcionalidade. Desempenha a causa dupla função: a) a de tipificação dos negócios; b) a de definição das vicissitudes da relação jurídica oriunda do negócio. Com esta e outras funções, a causa é um requisito útil, particularmente como o meio de se recusar proteção jurídica a negócios sem significação, ou ilícitos. Se não se leva em consideração o propósito negocial definido no ordenamento jurídico – a causa final dos negócios jurídicos – o exercício da autonomia privada não pode, como deve, ser fiscalizado e limitado".

O próprio enquadramento metodológico da causa dificulta sua compreensão exata. A causa, às vezes, é considerada como causa da obrigação (sistema francês) ou requisito de validade e eficácia de todos os negócios jurídicos ou, ainda, se a causa é pressuposto de existência de atos e negócios jurídicos, de forma autônoma em relação aos demais que integram a estrutura orgânica e constitutiva daqueles (vontade, objeto e forma).

De início, em relação aos pressupostos de existência, em algumas oportunidades a causa é associada ao objeto. O objeto se refere ao conteúdo do ato ou negócio jurídico (a pergunta aqui é: o quê?). Esse elemento material estaria atrelado à noção de causa, pois a causa seria o próprio objeto. Em outros casos, a causa é dissociada da noção de objeto e, acreditamos, essa é a melhor forma de entender a causa.

Portanto, objeto e causa são conceitos independentes. O objeto é concreto, deve existir e a causa é abstrata. O objeto envolve o próprio conteúdo a ser apurado no mundo dos fatos (o que quero!!). A causa é abstrata. A causa

---

[252] GOMES, Orlando. *Introdução ao direito civil*. 19. ed. rev. e atual. Rio de Janeiro: Forense, 2008.

[253] GOMES, Orlando. *Introdução ao direito civil*. 19. ed. rev. e atual. Rio de Janeiro: Forense, 2008.

está relacionada à finalidade, objetivo, função (para quê?). A causa, portanto, não se confunde com o objeto. A causa é a finalidade e a razão de ser jurídica para produção de efeitos jurídicos.

Após diferenciar causa de objeto (esse último considerado como pressuposto de existência dos atos e negócios jurídicos), é essencial verificar as duas concepções de causa: na vertente causalista e anticausalista.

Os causalistas se subdividem em causalistas objetivos, que associam a causa à finalidade, fim ou função e causalistas subjetivos que associam a causa aos motivos ou intenção ou como elemento psicológico.

Os causalistas ganham destaque na França (Domat e Pothier) e na Itália. Para os franceses não há obrigação sem causa. No entanto, por conferir uma concepção ampla para causa, Domat não a diferenciava dos motivos.

No entanto, a causa não se confunde com os motivos, mesmo para os causalistas modernos. O motivo é fator interno, psicológico, é subjetivo, atua no ânimo do agente e o conduz à exteriorização de vontade. Por ser elemento interno do agente e anterior à manifestação de vontade, tal motivo não é elemento, em regra, de atos e negócios jurídicos. Os motivos internos são irrelevantes. Não são objeto de investigação. Todavia, tal motivo, pressuposto de atos e negócios jurídicos, pode ser considerado quando violar princípios e valores do sistema civil brasileiro, como a ética (boa-fé objetiva) e socialidade/função (função social). Esses princípios atuam como vetores para controlar a licitude dos motivos. Embora estes não sejam elementos que integram a estrutura dos atos e negócios, se tal motivação interna viola tais valores, tal fato contamina os atos e negócios e podem levar à sua invalidade. Por isso, o art. 166 do CC dispõe que o motivo ilícito, comum a ambas as partes, pode invalidar os atos e negócios jurídicos.

Por outro lado, a causa é o fim econômico e social, ou seja, o que efetivamente se pretende em termos concretos, independente da motivação íntima (impulso) e o objeto (conteúdo).

Para os causalistas subjetivistas, a causa seria a razão determinante e que não se confunde com o motivo (questões íntimas, psicológicas), que é juridicamente irrelevante. O motivo subjetivo que leva alguém a exteriorizar vontade para constituir ato o negócio jurídico não tem relevância (vendo uma casa, porque não gosto mais do bairro ou porque preciso de dinheiro para investir etc. – tais motivos são irrelevantes juridicamente). A causa subjetiva, como razão determinante, envolve o efeito prático concreto (finalidade prática), ou seja, a razão principal, o fator preponderante e esse tem relevância jurídica. Seria a causa na concepção subjetiva. No direito civil brasileiro, a noção de causa subjetiva foi adotada no art. 166, inciso III, do CC.

Para os causalistas subjetivistas, a causa seria pressuposto de existência ou elemento imprescindível para a constituição de ato ou negócio jurídico. Inexiste ato ou negócio sem causa. Essa concepção subjetiva de causa, com a associação aos motivos determinantes, sem se confundir com o motivo psicológico, foi a adotada no art. 281 do CC argentino.

Para os causalistas objetivos, a noção de causa concentra-se na função social. A causa tem nítida conotação social e é criticada justamente porque confunde causa com função social.

Em relação a essa divisão entre causalistas subjetivos e objetivos, importante destacar as considerações de Orlando Gomes e Amaral.

Como diz Orlando Gomes[254], os causalistas ainda se dividiram em duas correntes: teoria subjetiva da causa e teoria objetiva. Explica Francisco Amaral[255]: "Para os subjetivistas clássicos, consiste o problema da causa em determinar o fundamento da obrigação contratual, indagando-se a razão para a qual é contraída. Os prosélitos da concepção subjetiva. Preocuparam-se, como visto, com a razão determinante da vontade de contratar (...). Os objetivistas preocupam-se com a significação social do negócio e sua função, desprendendo a noção de causa de sua conotação psicológica, que dificultava distingui-la da motivação subjetiva. Partiram do exame da causa do contrato, no pressuposto de que o ordenamento jurídico protege apenas os negócios jurídicos socialmente úteis, considerando, pois, a função que a lei lhes atribui".

Segundo Amaral, para a concepção objetiva, a causa é requisito de qualquer negócio jurídico, que o direito reconhece como relevante para os seus fins e que justifica a proteção jurídica da autonomia privada.

A causa seria a função que o sistema atribui a cada tipo de ato. Não se confunde com os motivos, que são as razões de natureza psicológica ou os interesses que a pessoa visa realizar e, por não serem evidentes na manifestação de vontade, são geralmente considerados irrelevantes. Não se confunde com o conteúdo, que é o objeto jurídico. A teoria subjetiva considera a causa a finalidade do contrato, a intenção das partes, seu propósito específico. É a representação mental das circunstâncias que está na base da vontade negocial. Causa seria o motivo determinante da obrigação.

No aspecto objetivo, a causa é categórica na medida em que cumpre um rol tipificado e é jurídica, sendo prevista e regulada pelo direito. Destaca-se também que tem um valor genético, pois se evidencia no momento da celebração do negócio (causa estrutural ou institucional) representando ainda um alcance funcional devido ao mútuo consentimento, perdurando até a extinção do negócio. Cria um meio apto para obter uma vantagem (necessidade e satisfação dos interesses).

Para os romanos, a causa pode ser eficiente (é o fato que produz efeito jurídico), impulsiva (motivos que levam a pessoa à prática do ato) e final (direção da vontade na produção de efeitos).

E como a questão é tratada no ordenamento jurídico brasileiro?

Embora o Código Civil não adote expressamente a causa como elemento de existência ou validade dos atos e

---

[254] GOMES, Orlando. *Introdução ao direito civil*. 19. ed. rev. e atual. Rio de Janeiro: Forense, 2008.

[255] AMARAL, Francisco. *Direito civil* – introdução, 6. ed. rev. e atual. Rio de Janeiro: Editora Renovar, 2006.

negócios jurídicos (o que sugeriria uma vertente anticausalista), não há dúvida de que a legislação civil brasileira adota uma concepção objetiva de causa e, por isso, a causa é requisito ou pressuposto de validade de todo e qualquer ato ou negócio jurídico em geral. A causa como razão econômica, fim prático, função econômica e social que o direito reconhece como relevante para sua validade e fim o que justifica a tutela da autonomia privada. Portanto, a causa, no Brasil, não é pressuposto de existência, mas se submete ao controle estatal de validade e a existência de uma causa que justifique o negócio ou ato é essencial para que estes possam, plenamente, produzir efeitos jurídicos.

A causa (nessa concepção objetiva) não se confunde com os motivos (o impulso que leva o sujeito a praticar um negócio – razões psicológicas) e do objeto (conteúdo do negócio – conjunto de direitos e deveres criados pela declaração de vontade). A causa é a razão, o porquê, e o objeto é o conteúdo ou o quê!

Essa concepção de causa como requisito de validade pode ser observado na teoria do enriquecimento sem causa, que gera efeitos jurídicos e na invalidade pelo motivo comum a ambas as partes e ilícito (art. 166). A causa está implícita em nosso ordenamento jurídico como pressuposto de validade, conforme se verifica, por exemplo, nos arts. 884 a 886, 62 (causa da dotação), entre outros.

Segundo Francisco Amaral[256]: "A causa é, assim, a função que o sistema jurídico atribui a cada tipo de ato. Por exemplo, a compra e venda tem a função de trocar coisa por dinheiro; na locação, a troca do uso de uma coisa por dinheiro, que é o aluguel; na locação, o enriquecimento do donatário, por liberalidade.

A teoria subjetiva considera a causa como a finalidade e a intenção das partes. Na teoria subjetiva, a celeuma gira em torno da causa final, que seria a razão determinante do ato jurídico. O ato ou negócio jurídico se realiza tendo em vista um determinado fim, a sua causa. A causa está ligada à ideia de finalidade. Na teoria do negócio jurídico, nessa concepção subjetiva, a causa seria a razão pela qual as pessoas manifestam a sua vontade.

Com dito, o CC adota, de forma implícita, uma concepção objetiva de causa. Francisco Amaral diz que a causa não seria um elemento do negócio jurídico, pois não atua no plano da existência, como a vontade, o objeto e a forma, mas sim um requisito de validade ou de eficácia. Na visão contemporânea (Códigos Civis italiano e português), a causa teria uma função econômica e social, estando diretamente ligada à função social do contrato.

Em resumo, a aceitação da causa como elemento do negócio jurídico se apresenta em duas correntes bem distintas: *causalistas* e *anticausalistas*. Na esteira do Código Civil francês, uma parcela da doutrina aplica a noção de causa apenas ao campo das obrigações, enquanto outra parte, na linha defendida pelos germânicos, a incorpora a todos os negócios jurídicos.

Os *anticausalistas* contestam a independência da causa como elemento essencial do negócio jurídico, pregando a inutilidade desta. A causa do negócio, realmente, não foi adotada pelo nosso sistema.

Em importante registro histórico, Francisco Amaral[257] ressalta que o direito romano não conheceu a noção de causa. O Direito Canônico trouxe a sua contribuição para a teoria. A doutrina canonista reputava eficazes as simples promessas, partindo da premissa de que toda promessa vale e obriga. Era o reconhecimento da autonomia da vontade como fonte jurígena. A obrigação nasce da só vontade do obrigado, sob a condição *de existir uma causa que a explique e justifique*. Assim, condenavam os contratos com causa ilícita ou imoral. No direito medieval os glosadores fizerem novas colocações que contribuíram com o estudo da teoria.

É com a doutrina francesa que se estabelecem as bases modernas sobre a teoria da causa. Para os franceses, no campo das obrigações pelo menos, nenhum acordo seria obrigatório sem uma causa que a justificasse. A causa era fato jurídico determinante das obrigações. Por sua influência, o Código Civil francês adotou a teoria da causa em matéria contratual. O objetivo era a invalidade dos contratos ilícitos ou imorais. O Código Civil alemão veio a dispor de modo diverso, relegando a causa a um plano secundário, situando-a no campo dos negócios patrimoniais, mais propriamente no campo do enriquecimento sem causa, dela se utilizando para distinguir os negócios jurídicos abstratos dos causais. Para os alemães, a causa não é requisito necessário do contrato, embora seja reconhecida como indispensável a todo o enriquecimento, pois, se for ilícito, cria a obrigação de restituir. O Código Civil brasileiro seguiu a orientação alemã.

A partir dessas concepções (francesa e alemã), foram suscitadas duas vertentes doutrinárias distintas: a primeira, *causalista*, que aceita a causa como requisito do ato, e outra, *anticausalista*, que nega a causa ou lhe atribui importância secundária.

Como já destacado, o nosso Código Civil, assim como o alemão, não adotou expressamente a causa como elemento do negócio jurídico, deixando de inseri-la como requisito de validade dos negócios jurídicos no art. 104 do CC.

No entanto, a inexistência de dispositivo legal referente à causa como elemento do negócio jurídico, não significa que ela não se faça presente no sistema do nosso ordenamento jurídico, ainda que implicitamente, como condição de validade. Como exemplo de sua presença no nosso ordenamento, temos os arts. 62 – causa da doação, causa de extinção; 69 – causas para doação; 564; e 884 a 886.

Finaliza Amaral[258], "se não chega a ser considerado elemento do negócio jurídico, a causa é aceita nas hipóteses legais mencionadas, principalmente no aspecto da função social, sendo uma concepção mais objetiva dos causalistas".

---

[256] AMARAL, Francisco. *Direito civil* – introdução, 6. ed. rev. e atual. Rio de Janeiro: Editora Renovar, 2006, p. 428.

[257] AMARAL, Francisco. *Direito civil* – introdução, 6. ed. rev. e atual. Rio de Janeiro: Editora Renovar, 2006, p. 428

[258] AMARAL, Francisco. *Direito civil* – introdução, 6. ed. rev. e atual. Rio de Janeiro: Editora Renovar, 2006, p. 428.

O direito brasileiro adota uma posição de transigência, não se furtando à indagação da causa quando necessária para a realização da justiça.

Pressupostos de validade do negócio jurídico. Plano de validade

Os requisitos necessários para a validade do negócio jurídico podem ser genéricos ou específicos. Os genéricos são aqueles comuns a todo e qualquer negócio jurídico. Os específicos se referem a determinados negócios, os quais podem, pelas mais diversas circunstâncias, exigir requisitos especiais.

No plano da validade do negócio jurídico, há de se analisar os requisitos capazes de *qualificar* os elementos essenciais (vontade, objeto e forma – pressupostos de existência).

Além do negócio jurídico, o plano de validade também consiste em obstáculo a ser ultrapassado pelo ato jurídico em sentido estrito, em razão de expressa previsão legal (art. 185 do CC). Portanto, ato jurídico em sentido estrito e negócio jurídico se submetem aos planos do mundo do direito (existência, validade e eficácia).

Os requisitos de validade representam os adjetivos a serem acrescentados aos substantivos vontade, objeto e forma. Assim, a declaração de vontade deve ser livre e sem vícios, além de exteriorizada por um sujeito capaz e legitimado; o objeto deve ser lícito, possível, determinado ou determinável; e a forma deve ser a prescrita ou não defesa em lei.

O negócio jurídico possui elementos constitutivos (vontade, objeto e forma), requisitos de validade (qualificação ou adjetivação desses substantivos) e fatos necessários para a plena eficácia (para a regular produção de efeitos jurídicos). Estes são os planos do negócio jurídico.

O Código Civil, no art. 104, enumera os requisitos ou pressupostos de validade do negócio jurídico: agente capaz (capacidade); objeto lícito, possível, determinado ou determinável; e forma prescrita ou não defesa em lei.

No entanto, além dos requisitos previstos no art. 104, o negócio jurídico, para ser válido, deverá se submeter a outras regras e princípios. Desse modo, o negócio jurídico poderá ser invalidado pela inobservância dos requisitos previstos no art. 104, mas também por outros vícios, como o erro, dolo, coação, lesão, estado de perigo, fraude contra credores, simulação, fraude à lei imperativa, motivo determinante ilícito e comum às partes, dentre outras hipóteses que não integram o referido dispositivo. Por exemplo, o sujeito deve ser não apenas capaz, mas também legitimado (habilitação especial em razão da posição jurídica no NJ – questão objetiva).

Assim, os requisitos previstos no art. 104 são necessários, mas não suficientes para a validade do negócio jurídico. A validade pressupõe ausência de vícios que não estão mencionados no art. 104, a exemplo dos vícios de consentimento e dos vícios sociais. Portanto, a análise do art. 104 deve ser crítica. Em seguida, serão analisados os pressupostos de validade previstos no art. 104, com algumas adaptações para permitir a análise completa da matéria:

1º Pressuposto de validade

A vontade deve ser exteriorizada livremente (sem vícios), por agente capaz e legitimado: inciso I do art. 104 do CC: o primeiro pressuposto ou requisito de validade do negócio jurídico (e do ato jurídico em sentido estrito) tem conotação subjetiva, pois relacionado ao sujeito e à declaração de vontade.

A vontade é elemento essencial para a existência do negócio jurídico e do ato jurídico em sentido estrito. No entanto, para a validade do negócio jurídico e do ato jurídico em sentido estrito, a vontade deve ser qualificada ou adjetivada. Tal vontade, em primeiro lugar, deve ser manifestada livremente, ou seja, sem qualquer coação. Em caso de coação moral ou pressão psicológica, o negócio jurídico poderá ser invalidado porque a vontade manifestada não é livre. A validade requer liberdade de expressão da vontade.

Além disso, a vontade exteriorizada deve corresponder à vontade real do declarante. Em caso de divergência entre a vontade real e a vontade declarada, se a causa dessa divergência for erro, dolo, lesão ou estado de perigo, o negócio jurídico também poderá ser invalidado.

Portanto, a vontade manifestada não pode ostentar qualquer vício relacionado ao consentimento para a plena validade do negócio jurídico. No caso da fraude contra credores, a vontade real é compatível com a vontade declarada. No entanto, o negócio será passível de invalidação se tal vontade exteriorizada acabar por violar direitos e interesses de terceiros, credores quirografários do devedor alienante, caracterizando um vício social, pela violação dos princípios da boa-fé objetiva e da solidariedade constitucional (ausência de cooperação do devedor em relação aos seus credores).

Na simulação, a vontade exteriorizada viola o interesse público e, por isso, representa um vício grave, apto a invalidar o negócio aparente ou simulado (art. 167, *caput*).

A vontade manifestada pode ser expressa, tácita ou presumida. A expressa se revela por meio de palavras, sinais, gestos, ou qualquer manifestação explícita. A tácita é a declaração de vontade que se revela pelo comportamento ou pela conduta da pessoa e, finalmente, a presumida é a não realizada expressamente, mas deduzida pela lei como válida, desde que preenchidos alguns pressupostos fáticos e circunstanciais do caso concreto, sem desprezar, por completo, o comportamento do agente.

Em relação à diferença entre a declaração de vontade tácita e a presumida, precisas as lições de Francisco Amaral[259]: "Enquanto na declaração tácita é o destinatário que a deduz do comportamento do declarante, na declaração presumida é a lei que a estabelece, a deduz ou a presume, tendo em vista que a conduta do sujeito corresponde à vontade presumida. Disso resulta que, provado não ter tido o agente a vontade que a lei presume, não se produzirão os efeitos previstos, isto é, a declaração presumida admite prova em contrário. Todavia, se a declaração presumida produzir os efeitos previstos, sua eficácia é *ex lege*,

---

[259] AMARAL, Francisco. *Direito civil* – introdução, 6. ed. rev. e atual. Rio de Janeiro: Editora Renovar, 2006, p. 428.

não *ex voluntate*, donde não ser negócio jurídico, mas simples ato jurídico".

Ademais, as declarações de vontade podem ser receptícias, quando se dirigem a destinatários especiais, os quais dela devem ter ciência, sob pena de ineficácia do ato. As declarações receptícias necessitam de uma recepção para ter eficácia, como são exemplos a proposta e da aceitação, elementos necessários para a formação do contrato.

Por outro lado, as declarações não receptícias produzem efeitos jurídicos independente do conhecimento do destinatário ou de serem efetivamente recepcionadas. Por isso não se dirigem a destinatário especial, como é o caso da promessa de recompensa, revogação de testamento, entre outras situações jurídicas.

Tal análise evidencia a insuficiência do art. 104, uma vez que não faz qualquer referência aos vícios de consentimento, vícios sociais, entre outros que, como causas de invalidade, por via inversa, são também pressupostos de validade.

- **Capacidade e legitimação**

A capacidade é questão subjetiva (se relaciona ao sujeito) e a legitimidade é objetiva (conexão com a posição jurídica do sujeito). A legitimidade é exigida para a proteção de interesses privados ou públicos. Se o objetivo é proteger interesse privado, a legitimidade ocorrerá com a autorização daquele que o Estado pretendeu proteger (outorga uxória para determinados atos, art. 1.647, ou autorização dos demais descendentes na compra e venda entre descendentes e ascendentes, art. 496). Se o objetivo é proteger o interesse público, haverá impedimento, ou seja, não há como praticar o ato (impedimentos matrimoniais ou a proibição de determinados sujeitos realizaram contrato de compra e venda com outros, art. 497).

A noção de capacidade envolve a capacidade de direito e a de fato, conforme já estudado. É indispensável destacar que a capacidade a que se refere o artigo em referência é a de exercício ou de agir (de fato), uma vez que a capacidade de direito (aquisição) é própria de todas as pessoas que tenham personalidade civil.

Dessa feita, a capacidade mencionada pelo art. 104 é a aptidão para intervir em negócios jurídicos como declarante ou para poder exercer, pessoalmente, os atos da vida civil (art. 104, I, do CC). Ou seja, trata-se da *capacidade de fato*. A incapacidade de fato ou de exercício pode ser suprida pelos institutos da representação e da assistência.

Ainda em relação ao primeiro requisito de validade, o art. 105 do CC traz regra específica a ser analisada.

De acordo com o art. 105 do CC: "A incapacidade relativa de uma das partes não pode ser invocada pela outra em benefício próprio, nem aproveita aos cointeressados capazes, salvo se, neste caso, for indivisível o objeto do direito ou a obrigação comum".

Nesse dispositivo, o Código Civil faz referência à incapacidade relativa, a qual também diz respeito à ausência de capacidade de exercício ou de agir. As hipóteses legais de incapacidade relativa estão todas previstas no art. 4º do CC.

Como já ressaltado, o Código Civil possui várias normas no intuito de tutelar e proteger os interesses dos incapazes. É uma verdadeira *rede de proteção*. Nesse caso, há uma regra específica de tutela de uma categoria de incapazes, ou seja, dos relativamente incapazes.

A incapacidade deve ser considerada sob o aspecto formal (hipóteses legais) e material (substância – necessidade de o incapaz ter proteção do Estado).

Nesse dispositivo, o Código Civil busca valorizar a vontade manifestada por um sujeito relativamente incapaz. Ainda é tímida a reação do legislador diante do princípio da dignidade da pessoa humana, o qual exige, entre outras coisas, a valorização da vontade exteriorizada por incapazes, permitindo que essa vontade produza efeitos jurídicos normais, desde que o incapaz, em relação àquele negócio específico, não necessite da proteção estatal.

No art. 105, o Código Civil admite a preservação e conservação do negócio jurídico, pois impede à outra parte, capaz, invocar a incapacidade relativa do sujeito para invalidar o negócio, excepcionando o disposto nos arts. 104, I, e 171, I, do CC, os quais preveem a invalidação do negócio em caso de incapacidade relativa.

Assim, somente o relativamente incapaz poderá invocar a sua incapacidade relativa para invalidar o negócio jurídico. Tal dispositivo valoriza a vontade de um sujeito relativamente incapaz e ainda preserva o negócio jurídico, em sintonia com o princípio da *conservação do negócio jurídico*, orientador das relações jurídicas privadas.

Tal regra de proteção, ao contrário de outras, nas quais se busca a invalidade do negócio levado a efeito pelo incapaz, valoriza a vontade manifestada por um incapaz. Esse artigo está sintonizado com o princípio da dignidade da pessoa humana, como já ressaltamos nos primeiros capítulos deste curso. Este negócio atenderá sua função social, pois preservará os interesses do relativamente incapaz.

A incapacidade relativa permite aos incapazes a prática de certos atos, desde que assistidos por seus representantes legais. Dessa forma, se uma das partes for relativamente incapaz, a outra (capaz, obviamente) não pode invocar essa incapacidade relativa para invalidar o negócio jurídico em seu benefício.

Como o instituto da incapacidade serve para proteger os incapazes, não pode ser invocado para beneficiar outrem, ainda que seja parte no negócio a ser invalidado.

A incapacidade relativa não pode ser invocada pela outra parte capaz, em seu benefício e nem pelos cointeressados capazes. Mesmo nesta última hipótese, ou seja, se ao lado do relativamente incapaz no negócio houver cointeressados capazes, a regra continua a mesma, ou seja, esses cointeressados capazes também não terão legitimidade para invocar a incapacidade relativa do incapaz a fim de invalidar o negócio.

Todavia, o art. 105 apresenta exceção quanto à possibilidade de a invalidação aproveitar ao cointeressado capaz. De acordo com tal dispositivo, excepcionalmente, em caso de *indivisibilidade* do objeto do direito ou da obrigação comum, se o incapaz, com fundamento na sua incapacidade relativa, requerer a invalidação do negócio, tal invalidação aproveitará aos cointeressados capazes.

Nessa exceção, o benefício aos cointeressados capazes decorre não da incapacidade relativa, mas da indivisibilidade do objeto do direito, ou seja, do bem jurídico, objeto da relação jurídica ou da indivisibilidade da obrigação comum.

Por isso, nem os capazes adversários do incapaz ou os cointeressados integrantes do mesmo polo do incapaz terão legitimidade para requerer a invalidação do negócio com base na incapacidade relativa. Entretanto, se o objeto for indivisível, em razão dessa impossibilidade de fracionamento, caso o incapaz requeira a invalidação do negócio jurídico, esta aproveitará aos cointeressados capazes. Por outro lado, se o objeto for divisível, a invalidação do negócio jurídico será parcial, aproveitando, exclusivamente, ao incapaz.

- **Questão da boa-fé objetiva**

A doutrina moderna, em relação a esse primeiro pressuposto de validade, vem considerando a necessidade de a exteriorização de vontade estar pautada no princípio da boa-fé objetiva, como condição de validade do negócio jurídico. Os negócios devem se basear em declarações livres do pensamento, acrescidas da necessária boa-fé, sob pena de nulidade ou anulabilidade, o que significa dizer que a validade da manifestação de vontade pressupõe a sua autonomia e sua boa-fé.

A boa-fé objetiva se refere ao comportamento do sujeito no momento da exteriorização da vontade. O comportamento desleal e desonesto poderá levar à invalidação do negócio jurídico. A boa-fé objetiva seria, portanto, pressuposto de validade do negócio jurídico.

Tal questão exige cautela: a boa-fé objetiva é um princípio norteador de todas as relações jurídicas privadas. É uma verdadeira cláusula geral do sistema normativo civil.

Por isso, todos os sujeitos, em qualquer relação jurídica privada e intersubjetiva, devem ter a sua conduta pautada na ética. Tal conduta ética certamente terá reflexos nos pressupostos de validade e na consequente teoria das invalidades do negócio jurídico, pois alguns pressupostos de validade já estão fundados na necessidade de um comportamento ético por parte dos sujeitos.

Por exemplo, a vontade exteriorizada deve ser manifestada de forma livre e sem vícios. A vontade manifestada sob coação, obviamente, também está viciada por conta da violação ao princípio da boa-fé objetiva, ou seja, o responsável pela coação não tem um comportamento ético e adequado quando intimida, por meio de ameaças e pressões psicológicas, o outro sujeito da relação. A coação também está fundada na violação da boa-fé objetiva.

O dolo também implica em violação do princípio da boa-fé objetiva. No dolo, o sujeito, mediante artimanhas, ardil e manobras fraudulentas, leva o sujeito a exteriorizar uma vontade que não seria exteriorizada, não fosse o dolo. Portanto, no dolo, necessariamente, a boa-fé objetiva também estará violada. O mesmo ocorre na lesão, na qual o beneficiário se aproveita de uma situação de inferioridade da outra parte (premente necessidade ou inexperiência) e do estado de perigo (a outra parte aproveita da vontade manifestada pelo sujeito em verdadeiro estado de necessidade, decorrente de um perigo).

A intenção dessa explanação é ressaltar que o princípio da boa-fé objetiva já está inserido nas causas capazes de levar à invalidação do negócio jurídico, como nos casos de dolo, coação, lesão, estado de perigo, fraude contra credores, simulação, entre outros, justamente por se tratar de uma cláusula geral orientadora de todo o sistema jurídico civil. Em todas essas hipóteses, haverá violação da ética, pois um dos sujeitos não teve comportamento leal e honesto. A boa-fé objetiva está presente, portanto, em todas as relações jurídicas privadas.

Então, dizer que o princípio da boa-fé objetiva pode invalidar o negócio jurídico não é novidade, pois, sendo a base de sustentação das relações jurídicas intersubjetivas, a vontade exteriorizada deve ser pautada em um comportamento ou conduta ética.

Por isso a cautela na análise dessa questão. Nesse sentido, a boa-fé objetiva, por si só, também poderia ser considerada pressuposto de validade do negócio jurídico.

No entanto, isso certamente esvaziaria as demais causas ou pressupostos de validade, pois todas estão baseadas nesse princípio, o que é fato! Bastaria dizer que o princípio da boa-fé objetiva é pressuposto de validade do negócio jurídico, fato suficiente para incorporar todos os demais pressupostos de validade.

Se o sujeito exteriorizar a vontade de forma viciada ou pressionada por coação, se o objeto do negócio for ilícito, impossível ou indeterminado e se ele não observar a forma prescrita em lei, na imensa maioria dessas situações, estará havendo violação do princípio da boa-fé objetiva por alguém que deseja ser beneficiado pelo negócio.

É apenas uma reflexão. Não há dúvida de que a inobservância do princípio da boa-fé objetiva, fora das hipóteses previstas no art. 104 do CC, também poderá servir de fundamento para a invalidação do negócio jurídico. Entretanto, dificilmente a violação da boa-fé objetiva vai estar dissociada de uma hipótese prevista na lei para invalidação do negócio jurídico.

Por exemplo, o art. 166, ao arrolar os casos de nulidade, faz conexão com o art. 104, ao cravar a nulidade do negócio cujo sujeito é absolutamente incapaz, quando o objeto for ilícito, impossível ou indeterminado e, finalmente, se não for observada a forma prescrita em lei. Todavia, o mesmo art. 166 traz uma grande novidade em termos de invalidade, que é verdadeira cláusula geral de invalidade, também fundamentada no princípio da boa-fé objetiva, qual seja, a fraude à lei imperativa. A referida causa de invalidação é genérica, pois tudo pode ser incluído na categoria de fraude à lei imperativa. Não há dúvidas de que essa hipótese de nulidade está diretamente relacionada ao princípio da boa-fé objetiva, fato que dificulta ainda mais a correlação deste princípio com os pressupostos de validade.

Em conclusão, é possível dizer que o princípio da boa-fé objetiva, isoladamente considerado, se violado, poderá invalidar o negócio jurídico. Mas, na maioria dos casos, o princípio da boa-fé objetiva estará associado a uma causa de invalidade já prevista na lei, em especial por conta do emprego, por parte do legislador, de termos genéricos, como é o caso da fraude à lei imperativa.

2º pressuposto de validade

Objeto lícito, possível, determinado ou determinável: inciso II do art. 104: o segundo pressuposto ou requisito de validade do negócio jurídico previsto no art. 104 está relacionado à qualificação ou adjetivação do objeto do direito subjetivo, objeto sobre o qual recairá o poder do sujeito de direito (pessoa natural ou jurídica).

O objeto do direito subjetivo é a condição objetiva do negócio jurídico. O objeto é o conteúdo do negócio jurídico, o bem jurídico que será submetido ao poder do sujeito de direito.

Em primeiro lugar, o objeto deve ser lícito. A licitude traz a ideia de o objeto estar dentro do campo da possibilidade normativa, ou seja, não pode atentar contra a lei, a moral e os bons costumes. Dessa feita, é a conformidade de uma forma ampla do objeto com o ordenamento jurídico. O negócio jurídico que tenha por objeto algo proibido em lei não terá validade.

A ilicitude do objeto pode ser confundida com a impossibilidade jurídica do objeto jurídico. Há uma semelhança entre a impossibilidade jurídica do objeto e a idoneidade ou ilicitude do objeto. No entanto, a ilicitude tem um sentido mais amplo. Explica-se: a impossibilidade jurídica estaria contida na ideia de ilicitude, portanto, tem abrangência mais restrita. O objeto é juridicamente impossível quando a lei proíbe expressamente determinado negócio jurídico envolvendo algum objeto de direito específico. Por exemplo, o art. 426 do CC proíbe qualquer contrato cujo objeto seja a herança de pessoa viva. Da mesma forma, é proibida pela lei a venda de bens públicos de uso comum e uso especial, considerados fora do comércio de direito privado.

A ilicitude tem uma concepção mais ampla, pois, além de estar relacionada à proibição legal (impossibilidade jurídica), também envolve a ideia de imoralidade. O objeto é ilícito quando reprovado pela lei, pelos princípios, por valores morais e éticos de determinada coletividade.

Nesse sentido, afirma Caio Mário[260]: "(...) o objeto do negócio jurídico deve ser idôneo. Não vale se contrário a uma disposição de lei, à moral, ou aos bons costumes, numa palavra, aos preceitos fundamentais que, em determinada época e lugar, governam a vida social".

Por exemplo, um negócio jurídico tendo por objeto a locação de imóvel para a venda de armas em uma sala localizada no interior de uma escola primária seria ilícito, pois imoral, embora possível, juridicamente. O contrato de prestação de serviços de favores sexuais não é juridicamente impossível, mas viola valores morais e, por isso, é ilícito.

Então, a ilicitude do objeto não se restringe às restrições legais, tendo concepção mais ampla, incorporando a impossibilidade jurídica. A impossibilidade jurídica é apenas um aspecto da ilicitude, que também se relaciona a princípios (boa-fé objetiva, função social etc.) e a valores maiores da coletividade.

Dessa forma, pode-se afirmar que a noção de possibilidade do objeto se relaciona, de certa forma, com o sentido de licitude, quando se trata de possibilidade jurídica de um determinado comportamento. Não há dúvida de que a impossibilidade jurídica é uma especificidade da ilicitude.

A impossibilidade do objeto pode ser, além de jurídica, física.

A questão relevante a ser considerada está relacionada à impossibilidade física, que decorre ou emana de leis naturais. O objeto será fisicamente impossível quando o sujeito não tiver condições de materializar ou concretizar o objeto jurídico a que se obrigou.

Neste ponto, existem algumas situações a serem pontuadas.

Em primeiro lugar, a impossibilidade física do objeto jurídico, como requisito de validade, deve ser anterior ou contemporânea à formação do negócio jurídico. Ou seja, no plano de validade, a impossibilidade física deve estar presente desde a formação ou a origem do negócio jurídico.

Caso a impossibilidade física seja superveniente à formação, já se estará no plano da eficácia, regulado dentro do direito das obrigações e contratos (questão de inadimplemento). Sendo assim, a impossibilidade física superveniente parte do pressuposto da validade do negócio jurídico, pois afeta o plano da eficácia, ou seja, da produção dos efeitos jurídicos.

Como requisito de validade do negócio jurídico, a impossibilidade física deve ser originária, causa anterior ou contemporânea à formação do negócio, integrando a sua própria formação: o negócio jurídico nasce com um objeto fisicamente impossível.

Em conclusão, a impossibilidade física deve ser inicial, conforme dispõe o art. 106 do CC, e jamais superveniente. Isso porque, sendo superveniente, não será causa de invalidação do negócio jurídico (plano de validade), mas poderá ser causa de seu inadimplemento (plano da eficácia).

Além de inicial, para invalidar o negócio jurídico, a impossibilidade física deverá ser absoluta.

Neste ponto, cabe esclarecer que a impossibilidade física *inicial* pode ser *absoluta* ou *relativa*. A impossibilidade física absoluta se refere àquelas situações nas quais o objeto do negócio jurídico não pode ser concretizado ou realizado por nenhum sujeito. Ninguém consegue realizar o objeto jurídico. Tal impossibilidade não se limita à pessoa do devedor, sendo, portanto, irrealizável pelos sujeitos do negócio jurídico bem como por qualquer outro sujeito não integrante do negócio.

Por exemplo, se o devedor assume o compromisso de colocar toda água do oceano em uma piscina ou de construir um prédio na Lua ou em Marte, tal negócio não será válido, pois o objeto jurídico é, desde o início ou da for-

---

[260] PEREIRA, Caio Mário da Silva. *Instituições de direito civil:* Introdução ao direito civil. Teoria geral de direito civil. 20. ed. Atualizado por Maria Celina Bodin de Moraes. Rio de Janeiro: Forense, 2004. v. 1.

mação do negócio, absoluta e fisicamente impossível. Nem o devedor, nem ninguém além dele, terá condições físicas de realizá-lo. Assim, na impossibilidade física absoluta, o obstáculo é intransponível pela própria natureza do objeto.

Por outro lado, a impossibilidade física, mesmo inicial, não invalida o negócio jurídico quando for relativa. A impossibilidade física relativa ocorrerá quando o objeto jurídico do negócio não puder ser realizado por um dos sujeitos, o devedor, mas puder perfeitamente ser realizado ou cumprido por terceiros não integrantes da relação jurídica. Assim, se o devedor se compromete a construir uma ponte, mesmo não tendo qualquer capacidade técnica para tanto, o objeto será considerado fisicamente possível, pois pode ser realizado por terceiros. Assim, a impossibilidade física relativa não é suficiente para invalidar o negócio jurídico.

Portanto, no plano de validade, a impossibilidade física somente invalidará o objeto jurídico do negócio se for *inicial* (desde a formação do negócio jurídico) e *absoluta* (irrealizável pelo devedor ou por qualquer outra pessoa).

Se a impossibilidade física do objeto jurídico for relativa, a validade do negócio jurídico permanece intangível. Sendo superveniente, ainda que absoluta a impossibilidade, o plano de validade fica preservado.

Tal questão é tratada no art. 106 do CC: "A impossibilidade inicial do objeto não invalida o negócio jurídico se for relativa, ou se cessar antes de realizada a condição a que ele estiver subordinado". Esse artigo se refere à impossibilidade física.

A impossibilidade física do objeto, segundo esse dispositivo, para invalidar o negócio, deve ser *inicial* e *absoluta*, pois a relativa, como está bem expresso, não tem força suficiente para maculá-lo. A expressão *inicial* exclui do plano de validade o objeto que se torna absolutamente impossível por fato superveniente.

Por exemplo: "A" se compromete com "B" a construir um edifício de 10 andares em uma ilha do pacífico. No momento da formação do negócio jurídico, ou seja, no início, o objeto é fisicamente possível, pois a ilha está bem localizada e apta a receber obra de engenharia. Ainda que "A" não tenha condições técnicas de construir o edifício, terceiros com essa habilidade terão. Portanto, a impossibilidade inicial é apenas relativa. O fato de "A" não ter essa capacidade técnica por ocasião da formação do negócio caracteriza apenas uma impossibilidade física. Concluído o contrato, dois meses após a formação desse negócio jurídico e, antes do início das obras, ocorre um maremoto no oceano pacífico seguido de deslocamento das placas terrestres, fazendo com que a ilha simplesmente desapareça. A construção da ilha se tornou física e absolutamente impossível por um fato superveniente à formação do negócio jurídico.

Nesse caso, o negócio jurídico não poderá ser invalidado, justamente porque a impossibilidade física absoluta não é *inicial*, não existia por ocasião da formação do negócio jurídico. Assim, haverá resolução do negócio jurídico por motivo de força maior, retornando as partes ao estado inicial, caracterizando inadimplemento inimputável, que integra o plano da eficácia, estudado principalmente no direito das obrigações e contratos.

A questão já não está mais relacionada à validade do negócio jurídico, mas sim à teoria geral do adimplemento e inadimplemento das obrigações, sendo que este último poderá ser imputável, objetiva ou subjetivamente, ao devedor. O negócio jurídico será extinto ou resolvido por inadimplemento, no caso inimputável a qualquer das partes, sem direito a indenizações.

Todavia, deve ser destacada a hipótese prevista na última parte do art. 106 do CC. A impossibilidade física do objeto jurídico, nessa hipótese excepcional e única, não invalidará o negócio jurídico, mesmo se a impossibilidade for *inicial* e *absoluta*. Isso ocorrerá quando a impossibilidade absoluta e, existente desde o início, cessar ou se tornar apenas relativa antes de realizada a condição a que o negócio jurídico está subordinado.

Nesse caso, portanto, o negócio jurídico ostenta uma condição suspensiva. A condição é a cláusula que, derivando exclusivamente da vontade das partes, subordina o efeito do negócio jurídico a evento futuro e incerto (art. 121 do CC).

Subordinando-se a eficácia do negócio jurídico à condição suspensiva, como é o caso da última parte do art. 106 do CC, enquanto não for implementada a condição suspensiva, não se terá adquirido o direito a que visava (art. 125 do CC – define a condição suspensiva).

Assim, estando o efeito do negócio jurídico subordinado à implementação ou concretização de uma condição suspensiva, enquanto esta não for verificada no plano concreto, não haverá aquisição de direito subjetivo, pois o negócio estará subordinado a um evento futuro e incerto. Nessa hipótese, a impossibilidade física do objeto, mesmo *inicial* e *absoluta*, não invalidará o negócio jurídico se a impossibilidade física cessar antes do implemento da condição, ou seja, enquanto o negócio jurídico estiver com a eficácia suspensa (não haverá aquisição de direitos subjetivos antes do implemento da condição – o negócio, em razão da condição suspensiva, não produzirá efeitos jurídicos).

Nessa situação, um exemplo tornará mais fácil a compreensão dessa exceção: Se o sujeito "A", no dia 6-6-2005, se compromete (assume um dever jurídico específico), por meio de um negócio jurídico com "B", a construir um edifício de moradia em uma ilha que está coberta pelas águas oceânicas (submersa), tal negócio jurídico terá um objeto, física e absolutamente, impossível, desde o momento da sua formação.

Assim, na origem, o objeto do negócio é absolutamente impossível, pois ninguém consegue construir um edifício para habitação em ilha que está coberta por águas oceânicas. No entanto, as partes condicionaram esse negócio a um evento futuro e incerto (impondo uma cláusula – condição suspensiva), qual seja, o compromisso de "A" somente terá eficácia se "B" conseguir um empréstimo bancário para financiar o projeto. Enquanto não obtido o empréstimo (evento futuro e incerto), "B" não adquirirá o direito subjetivo da prestação assumida por "A".

O empréstimo foi conseguido em 6-6-.2007. No entanto, entre a data do negócio (6-6-2005) e a data do implemento da condição suspensiva (6-6-2007), a ilha, que estava coberta por águas oceânicas, agora pode ser visualizada, estando em perfeitas condições para receber qualquer construção. Assim, antes do implemento da condição suspensiva, o objeto, que era absolutamente impossível no momento da formação do negócio, se torna fisicamente possível ou relativamente impossível, antes do implemento da condição. Dessa forma, quando o negócio jurídico passa a produzir efeitos, a impossibilidade física absoluta já não mais existe, cessou.

Portanto, nessa única hipótese, mesmo que a impossibilidade física do objeto seja *inicial* e *absoluta*, o negócio será válido, pois tal impossibilidade física cessa antes de implementada a condição suspensiva.

Se, implementada a condição, o objeto ainda for fisicamente impossível, ou seja, se a impossibilidade física absoluta cessar apenas após o implemento da condição, o negócio jurídico deve ser invalidado. O principal requisito aqui é a cessação da impossibilidade física absoluta do objeto *antes* do implemento da condição suspensiva.

A condição resolutiva não se aplica a essa exceção, pois tal condição permite que o negócio produza efeitos jurídicos desde o início, efeitos esse que somente cessarão se a condição for implementada (ex.: eu lhe pago esta pensão alimentícia enquanto você não estiver trabalhando).

O objeto do negócio jurídico também deverá ser determinado ou, ao menos, determinável. Objeto determinado é aquele objeto jurídico individualizado, especificado, personalizado e perfeitamente identificado. O objeto determinável corresponde ao objeto ainda não individualizado, mas que deverá e poderá ser especificado e identificado no decorrer do negócio jurídico. É o caso, por exemplo, de contratos cuja prestação seja a entrega de coisa incerta (arts. 243 a 246 do CC – modalidade de prestação de dar).

Na coisa incerta há o gênero e a quantidade, mas não há a qualidade, a especificação, a individualização ou a identificação precisa do objeto. O objeto é uma coisa incerta. No entanto, tal indeterminação é transitória e relativa, pois, embora indeterminada, a coisa será individualizada com um ato denominado de *escolha* (art. 244 do CC). Após a escolha, concretiza-se o objeto, tornando certa a coisa até então incerta.

Por isso, o objeto pode ser determinável, mas não pode ser indeterminado. Ou seja, em algum momento deve ser possível a individualização do objeto do negócio jurídico.

3º requisito de validade

Formalidade: art. 104, III, do CC: o derradeiro requisito de validade é a forma ou formalidade exigida ou prescrita pela lei.

A forma do negócio jurídico pode ser considerada como a própria manifestação de vontade ou expressão exterior do psíquico (elemento de existência do negócio jurídico – meio de expressão da vontade) ou como o conjunto de requisitos materiais e extrínsecos exigidos pela lei ou prescritos pela legislação como necessários para o revestimento do ato ou negócio jurídico.

A regra geral existente no ordenamento jurídico é a liberdade da forma: trata-se do *princípio da liberdade das formas* ou *da forma livre*. A exigência de forma especial é absolutamente excepcional. O próprio ordenamento indica quais são os negócios jurídicos considerados formais, exigindo uma forma específica dentre várias possíveis. Não havendo exigência legal, o ato ou negócio jurídico, quando exteriorizada a vontade, poderá se revestir de qualquer forma.

Não será válido o ato que deixar de revestir a forma determinada em lei. A sanção para o negócio que não obedece a forma prescrita em lei é a nulidade, conforme dispõe o Código Civil, no art. 166, IV e V. Isso porque a inobservância da forma viola o interesse público.

Segundo o art. 107 do CC, em nosso sistema, como já ressaltado, o formalismo foi abandonado, prevalecendo a liberdade da forma na realização do negócio. O princípio do consensualismo rege as regras sobre as formas do negócio jurídico.

Excepcionalmente, a lei exige forma especial ou solene como requisito de validade de determinados negócios jurídicos. Exemplo disso é o art. 108, que considera a escritura pública essencial à validade de transferência de direitos reais imobiliários.

Esse dispositivo é uma das exceções à regra geral do consensualismo ou do princípio da liberdade das formas. Nessas espécies de negócio jurídico, a escritura pública é requisito formal de validade, cuja ausência leva à sua nulidade ou invalidação.

No Enunciado 289 da IV Jornada, promovida pelo CJF, foi definido que o valor de 30 (trinta) salários mínimos, mencionado no art. 108, deve ter por parâmetro a autonomia privada das partes, sem qualquer interferência da Administração Pública: "O valor de 30 (trinta) salários mínimos constante no art. 108 do CC, em referência à forma pública ou particular dos negócios jurídicos que envolvem bens imóveis, é o atribuído pelas partes contratantes, e não qualquer outro valor arbitrado pela Administração Pública com finalidade tributária".

Além disso, o limite de 30 (trinta) salários mínimos representa desdobramento do princípio da dignidade da pessoa humana, pois os negócios jurídicos até o limite em referência serão realizados por pessoas de baixa renda que, nesses casos, não serão oneradas com as despesas de escritura pública, viabilizando seu acesso a direitos reais, em especial à propriedade imobiliária para fins de moradia.

O pacto antenupcial (art. 1.653) e a cessão de direitos hereditários (art. 1.793) também são negócios jurídicos celebrados e materializados em escritura pública, solenidade que deve ser observada, sob pena de nulidade.

Segundo Caio Mário[261]: "Conforme o caso, ora é reclamado *ad solemnitatem*, e, então, diz-se que predomina sobre o fundo, não tendo nenhum valor a vontade que deixa de revestir a forma de emissão imposta pelo ordenamento jurídico (*forma dat esse rei*); ora é adotada *ad probationem*, e estabelece a necessidade dela para prova do negócio jurídico".

Exemplos da forma *ad solemnitatem* são o testamento, a transferência de direitos reais e, nesses casos, o negócio jurídico não valerá se ostentar forma diversa da exigida pela lei, "(...) porque o requisito formal domina o conteúdo do negócio jurídico, criando a integração deste com aquele, de maneira indissolúvel".

Como já ressaltado anteriormente, a forma, meio de exteriorização da vontade (modo mínimo para considerar que o negócio existe juridicamente), constitui pressuposto de existência do próprio ato, ou seja, a ausência impede que o negócio jurídico se constitua. Essa *forma* difere da "forma legalmente prevista em lei", que é pressuposto de validade do negócio jurídico. Nesta, a lei estabelece "um determinado tipo de forma para que o ato tenha validade". A formalidade ou solenidade, revestimento exterior do negócio jurídico, é causa de invalidade deste, se não observada pelo sujeito por ocasião da exteriorização da vontade.

Por último, há a forma convencional, ao teor do disposto no art. 109 do CC (fundamento: autonomia privada). Os sujeitos, mediante convenção, podem determinar que o instrumento público se torne necessário para a validade do negócio jurídico. Os sujeitos, por ato de vontade, podem converter negócio jurídico informal não solene para formal e solene.

O princípio da liberdade das formas é tão exaltado que se garante às partes a possibilidade de afastá-lo, para exigir forma especial. A expressão *da substância do ato* significa que será o negócio jurídico ineficaz, caso não esteja revestido da forma exigida.

Portanto, a forma prescrita em lei é requisito essencial para a validade do negócio jurídico (art. 104, III), pois, caso a forma não seja observada, o negócio jurídico será nulo (art. 166, IV, do CC).

Na VIII Jornada de Direito Civil, realizada em abril de 2018, foi aprovado enunciado no sentido de submeter o negócio jurídico processual aos mesmos pressupostos de validade do negócio jurídico.

De acordo com o enunciado: "Os requisitos de validade previstos no Código Civil são aplicáveis aos negócios jurídicos processuais, observadas as regras processuais pertinentes".

• **O princípio da conservação e o plano de validade**

No âmbito da teoria da invalidade de atos jurídicos em sentido estrito e negócios jurídicos, se associa relevante princípio destinado à conservação destas situações jurídicas que ostentem vícios de origem. É o princípio da conservação do negócio jurídico. O objetivo deste princípio é evitar que ato ou negócio jurídico viciado venha a perecer e não produza os efeitos desejados pelo sujeito que o constituiu. O Código Civil, de forma expressa, em algumas situações, ressalta o princípio e, em outros casos, tal conservação pode ser extraída da própria finalidade de determinado instituto.

O art. 144 do CC retrata o princípio da conservação, quando enuncia que o erro não prejudicará a validade do negócio jurídico quando a pessoa, a quem a manifestação de vontade se dirige, se oferece para executá-la de conformidade com a vontade real daquele que errou. No caso, será neutralizada a causa deste vício de consentimento, a divergência entre vontade real e declarada, que deixará de existir. O art. 170 do CC, que disciplina o instituto da conversão do negócio jurídico nulo, é outro exemplo, pois será aproveitado o suporte fático do negócio nulo para dar eficácia a outro negócio, que pode ser presumido a partir da compreensão da vontade manifestada. Portanto, se valoriza a vontade. O art. 183 que trata da invalidade do instrumento, também tem como fundamento o princípio da conservação, pois o negócio será preservado, quando puder ser provado de outro modo (conversão formal). A redução do negócio jurídico, prevista no art. 184, é desdobramento do princípio da conservação do negócio jurídico.

A substituição do ato de vontade, com base em outro fundamento, também é meio para a conservação do negócio jurídico (se adota outro princípio ou regra jurídica para manter – o mesmo – negócio – lesão e estado de perigo com redução do proveito econômico, propriedade aparente, situações para proteção de boa-fé).

1.16. TEORIA DA REPRESENTAÇÃO

1.16.1. Noções preliminares

O Código Civil, de forma inovadora, introduz capítulo (Capítulo II do Título I do Livro III) para disciplinar a teoria geral da representação. Os arts. 115 a 120 do Código Civil retratam as espécies de representação (legal e convencional), os poderes de representação, a extensão das responsabilidades do representante e do representado, o contrato consigo mesmo e, ainda, o possível conflito de interesses entre representante e representado e suas consequências jurídicas no plano da validade.

Na representação legal, a investidura no poder de agir em nome de outrem decorre diretamente da lei em situações relacionadas à necessidade de proteger o representado. Trata-se de representação destinada à proteção de pessoa humana em situação de vulnerabilidade (menores, curatelados, tutelados, pessoas com deficiência, entre outros). Por outro lado, a representação convencional interessa diretamente à teoria do negócio jurídico, pois, fundada em ato de vontade, o sujeito investe outrem em poderes de representação. A representação convencionada potencializa e dinamiza os negócios jurídicos.

---

[261] PEREIRA, Caio Mário da Silva. *Instituições de direito civil*: Introdução ao direito civil. Teoria geral de direito civil. 20. ed. Atualizado por Maria Celina Bodin de Moraes. Rio de Janeiro: Forense, 2004. v. 1.

A representação convencional, no sistema civil anterior, era restrita a uma espécie contratual, o mandato. O mandato é apenas espécie de contrato, que pode retratar poderes de representação, mas a representação convencional é autônoma em relação à referida espécie contratual. A representação legal sempre foi vinculada à proteção de vulneráveis (tutelados, menores, curatelados etc.).

No CC/2002, há regras e princípios gerais sobre o instituto da representação, que assume novos contornos jurídicos.

1.16.2. Conceito de representação

A representação caracteriza-se quando determinado sujeito de direito atua, juridicamente, em nome de outro sujeito. A prática de atos concretos em nome de outro sujeito é, efetivamente, a principal característica da representação.

Portanto, representação é o instituto pelo qual o sujeito de direito, denominado "representante", exterioriza vontade ou se torna destinatário ou receptor de uma declaração de vontade *em nome* de outro sujeito de direito, denominado "representado".

Como o representante atua, juridicamente, em nome de outrem, os efeitos jurídicos do ato ou negócio jurídico celebrado pelo representante repercutirão na esfera jurídica do representado.

O representado não integra a relação jurídica, mas a vontade exteriorizada pelo representante ou os negócios jurídicos por este praticados em nome do representado repercutirão na esfera jurídica deste último.

Na representação existe verdadeira substituição de pessoas, por ocasião da prática do ato ou negócio jurídico, pois o representado projeta-se na pessoa do representante, como se este fosse o próprio representado. Por ficção jurídica, é como se o representante fosse o próprio representado.

O representante é extensão da vontade do representado. É como se o representante não existisse, fosse uma ficção jurídica, pois, de fato e de direito, os efeitos do ato ou negócio integrarão a esfera jurídica do representado. O representante é a parte formal e o representado, a parte material.

Portanto, a essência ou a substância da representação é a atuação de um sujeito (representante) em *nome* de outro sujeito (representado). A isso se dá o nome de *contemplatio domini*, ou seja, a exteriorização, por parte do representante, de que atua, em determinado negócio jurídico, em nome do representado. Essa exteriorização, publicidade ou notoriedade da representação é a *contemplatio domini*.

A definição da representação como atuação jurídica do representante em nome do representado, com a exteriorização e declaração da representação, independe de o representante estar investido no poder de agir em nome do representado. O poder, como será adiante analisado, não é elemento indispensável para a caracterização da representação, mas apenas a *contemplatio domini*.

Segundo o magistério de Anderson Schreiber[262], "para que se configure a representação, é preciso, ainda, que o representante atue declaradamente em nome de outra pessoa. É necessário que informe à outra parte que atua em nome de um terceiro, a quem representa. Esta publicidade ou exteriorização do fato de que a atuação se dá em nome de um representado é chamado *contemplatio domini*".

O núcleo da essência da representação é a *contemplatio domini*.

O instituto da "representação" é resultado de longa evolução histórica. Os romanos não conheciam o instituto, pois eram personalistas. Somente a pessoa interessada poderia participar de atos ou negócios jurídicos. Além disso, os romanos eram apegados a formalidades e simbolismos, fato este que também dificultou a admissão da representação.

Francisco Amaral argumenta que, excepcionalmente, os romanos utilizavam a representação indireta e direta. A direta, era utilizada no caso da aquisição da posse e, por meio dela, da propriedade, em que se admitia a aquisição por terceiro, assim como também no caso do *institor*, correspondente à figura atual do gerente ou feitor. Mas a regra geral era, todavia, a de que ninguém pudesse adquirir por outrem.

Segundo o mestre Amaral[263], "(...) foi com o direito romano da Idade Média, o chamado direito comum, e, principalmente, com o direito canônico que se começou a contestar a proibição da representação direta. Por força das necessidades econômicas e sociais, e, também, dos interesses da Igreja, essa regra começou a ser contrariada, vindo o Código de Direito Canônico a permitir a representação direta no título *de diversis regulis iuris* (*potest quis per alium quod potest facere per se ipsum* – pode-se fazer por outrem aquilo que se pode fazer por si)".

Segundo o § 164 do BGB (CC alemão), a representação é "uma declaração de vontade, emitida pelo representante nos limites do poder de representação em nome do representado, que produz diretamente seus efeitos a favor e contra o representado". O Código Civil italiano trata da representação na teoria geral dos contratos (art. 1.388) e o português, na parte geral, art. 258.

Em conclusão, a representação é o instituto pelo qual o representante atua na ordem jurídica em nome do representado, substituindo este, cujos efeitos jurídicos, decorrentes de tal atuação, repercutirão na esfera jurídica do representado.

1.16.3. Representação própria e representação imprópria (interesses e interposição)

A representação "própria", imediata ou direta, é justamente a substituição de um sujeito (representado) por outro (representante), em que este atua em *nome* daquele (con-

---

[262] SCHREIBER, Anderson. *A parte geral do novo código civil*: estudos na perspectiva civil constitucional (A representação no Novo Código Civil - artigos 115 a 120). Rio de Janeiro/São Paulo: Renovar, 2002. Obra Coletiva (Coord. Gustavo Tepedino).

[263] AMARAL, Francisco. *Direito civil* – introdução, 6. ed. rev. e atual. Rio de Janeiro: Editora Renovar, 2006.

templatio domini), e os efeitos jurídicos, decorrentes da manifestação de vontade do representante, repercutirão na pessoa do representado. Assim, a representação própria é a conceituada no tópico anterior.

Por outro lado, a representação "imprópria", "de interesses" ou de "interposição" é assim denominada porque o representado não se vincula aos atos e negócios jurídicos praticados pelo representante, porque este age em nome próprio, embora no interesse do representado.

Na representação própria, o representante atua juridicamente em nome do representado, mas não necessariamente no interesse deste (o interesse pode ser do representado ou do próprio representante). Na representação imprópria, o representante atua juridicamente em nome próprio e, necessariamente, no interesse do representado (jamais no próprio interesse – se alguém age em nome e no interesse próprio não há representação nenhuma).

A representação própria ainda se subdivide em representação própria pura (o representado investe o representante no poder de representá-lo) e representação aparente (não há investidura de poder, mas aparência de representação – princípio da boa-fé objetiva).

Na representação própria, pura e aparente, o representado vincula-se aos atos perpetrados pelo representante. Na representação imprópria quem se vincula, perante terceiros, é o próprio representante.

Mas o que as diferencia? A *contemplatio domini*. Amaral[264] define a *contemplatio domini* como "a vontade consciente, o elemento psicológico, a intenção comum dos agentes – que participam do negócio jurídico em que uma das partes atua como representante – de produzirem efeitos jurídicos para o representado. Se não há *contemplatio domini* não há representação, não há eficácia. A atuação em nome do representado é, portanto, requisito de qualificação do ato como representativo".

Na representação própria, o representante age em nome do representado, pois exterioriza essa condição, com a publicidade de que age, juridicamente, em nome de outro sujeito (*contemplatio domini*). Na representação imprópria, o representante age em *nome próprio*, mas no *interesse* do representado. Por isso também é conhecida como representação de interesses ou interposição.

Na representação imprópria, o sujeito (representante) age em seu nome, mas no interesse de outro sujeito (representado). Por essa razão, o sujeito que se vincula perante terceiro não é o representado, mas o representante. Não há, na representação imprópria, atuação jurídica em nome de outrem. O "interesse", irrelevante na representação própria, é o fundamento e a causa da representação imprópria.

Por isso, na representação imprópria, há duas relações jurídicas distintas: 1– relação jurídica entre representado e representante, onde está o interesse que justificará a segunda relação jurídica; 2– relação jurídica entre representante e terceiro. Por este motivo, na representação imprópria, o terceiro não tem ação contra o representado e vice-versa. É o representante quem ficará vinculado aos efeitos do negócio jurídico levado a efeito com o terceiro (parte na segunda relação jurídica).

Como diz Anderson Schreiber[265]: "(...) em casos assim, não há representação propriamente dita, mas mera realização de um ato por interposta pessoa, figura autônoma que recebe o nome de interposição (...). Vê-se que a interposição é essencialmente diversa da representação. Não há nesta figura a *contemplatio domini* (a declaração de que a atuação se dá em nome de outrem), faltando-lhe justamente por isto o efeito típico da representação, que é a vinculação direta do representado".

Dessa forma, a representação imprópria caracterizar-se-á quando o representante agir *em nome próprio*, mas no interesse de outrem. A qualificação de "imprópria" se dá porque o representado não se vinculará ao negócio jurídico perante o terceiro ou ato levado a efeito pelo representante.

O Código Civil tem exemplos de representação imprópria na teoria geral dos contratos e, ainda, nos contratos em espécie.

O contrato de comissão é negócio jurídico bilateral e consensual, realizado entre comitente e comissário, no qual o comissário, em seu próprio nome (sem *contemplatio domini*), adquirirá ou alienará bens à conta e no interesse do comitente (art. 693). O comissário age em seu nome, mas em razão da relação jurídica que mantém com o comitente, no interesse deste. Segundo o art. 694 do CC, o comissário fica *diretamente* obrigado para com as pessoas com quem contratar, sem que estas tenham ação contra o comitente, nem este contra elas, salvo se o comissário ceder os seus direitos a qualquer das partes.

No contrato de comissão, o comissário, perante terceiros, age em nome próprio, mas sempre no interesse do comitente. O comitente não é mencionado ou revelado nesse negócio entre o comissário e o terceiro, razão pela qual esse terceiro não tem ação contra o comitente e vice-versa.

Os atos e negócios jurídicos praticados pelo comissário perante o terceiro não vincularão o comitente. Haverá, como dito, dois negócios distintos, o primeiro entre comitente e comissário e outro entre comissário e terceiro. A responsabilidade civil em relação aos contratantes é toda do comissário que contrata em nome próprio.

O mandato sem representação, no qual o mandatário age em nome próprio, mas no interesse do mandante, é outro exemplo de representação imprópria.

O contrato estimatório ou *em consignação*, atualmente disciplinado nos arts. 534 a 537 do CC, é típico exemplo de representação imprópria. Nesse contrato, de natureza real, o consignante entrega bens móveis ao consignatário, que fica autorizado a vendê-los, pagando ao consignante

---

[264] AMARAL, Francisco. *Direito civil* – introdução, 6. ed. rev. e atual. Rio de Janeiro: Editora Renovar, 2006.

[265] SCHREIBER, Anderson. *A parte geral do novo código civil*: estudos na perspectiva civil constitucional (A representação no Novo Código Civil - artigos 115 a 120). Rio de Janeiro/São Paulo: Renovar, 2002. Obra Coletiva (Coord. Gustavo Tepedino).

o preço ajustado ou, se preferir, deverá restituir a coisa consignada (art. 534 do CC).

O contrato estimatório é negócio jurídico bilateral entre consignante e consignatário. A entrega do bem ao consignatário para venda implica apenas transferência da posse, e não da propriedade (direito real). Todavia, o consignatário, no momento da venda, nas relações jurídicas realizadas com terceiros, agirá em nome próprio, embora no interesse do consignante. Por isso, o contrato de venda realizado pelo consignatário com terceiro não vincula o consignante. Se o bem alienado ostentar algum vício ou defeito, o terceiro comprador não tem pretensão ou ação contra o consignante, pois, nesse negócio entre o consignatário e o terceiro, o nome do consignante também não é revelado. O consignatário age em seu próprio nome, mas no interesse do consignante. O poder de disposição da coisa, característica desse contrato, somado à possibilidade de pagar o preço previamente estimado (razão do nome estimatório), faculta ao consignatário ampla liberdade para disposição da coisa. Obviamente, se o consignatário agir em nome do consignante, estará descaracterizada a consignação e restará caracterizada a representação própria. Desse modo, somente o caso concreto poderá determinar qual a natureza jurídica do ato ou negócio.

Na representação imprópria, como já mencionado, o representante age, juridicamente, em nome próprio, mas no interesse do representado. Assim, o *interesse* é essencial para a caracterização da representação dita *imprópria*. Se alguém age em nome próprio e em seu próprio interesse, não haverá representação nenhuma, seja própria ou imprópria. Portanto, é essencial a atuação jurídica no interesse de outrem para a caracterização da representação imprópria.

Na representação própria, há *contemplatio domini* e, por isso, o representante atua, juridicamente, em nome do representado.

A questão a ser colocada é a seguinte: a atuação no *interesse* (e não apenas em nome) do representado é relevante ou indispensável para a caracterização da representação própria? É possível a representação própria com o representante agindo em nome do representado, mas em seu próprio interesse? Na representação própria, o *interesse* é juridicamente relevante?

A resposta é negativa. A representação própria caracteriza-se, independentemente do *interesse* a ser tutelado (representante ou representado). O núcleo essencial da representação própria é a *contemplatio domini* e não o interesse. Haverá representação, ainda que o representante, agindo em nome do representado (esse requisito é essencial), atue no seu próprio interesse.

Por exemplo, no mandato estipulado no exclusivo interesse do mandatário ou com a cláusula "em causa própria", o mandatário atuará, juridicamente, em nome do mandante, mas no interesse próprio dele, mandatário. Tal situação é corriqueira: "A" (vendedor) aliena um veículo para "B" (comprador). No entanto, ao invés de fazer a transferência administrativa junto aos órgãos de trânsito, "A" entrega a "B" uma procuração para que ele "B" atue em nome de "A" perante os órgãos de trânsito.

Nesse caso, quando "B" for efetivar a transferência administrativa, na qualidade de mandatário de "A", estará atuando em nome do vendedor que lhe outorgou a procuração, mas no seu (dele "B") próprio interesse, pois adquiriu o veículo e deseja a transferência administrativa. Este é um caso típico de representação, no qual o mandatário age em nome do mandante, mas no interesse dele, mandatário.

Não é por outro motivo que o Código Civil, no art. 684, prevê que, se houver cláusula de irrevogabilidade nesse tipo de negócio jurídico, não haverá possibilidade de revogação do mandato. Qual a razão desse impedimento? O mandatário agirá no seu interesse exclusivo, embora em nome do mandante.

Se o mandato contiver cláusula de irrevogabilidade e for celebrado no interesse do mandante, é possível a revogação do mandato, mas o mandante deverá pagar perdas e danos (art. 683). Se o mandato é no interesse do mandatário e houver cláusula de irrevogabilidade, qualquer tentativa de revogação pelo mandante é ineficaz (art. 684).

Aliás, como desdobramento dos arts. 683 e 684, o art. 685 trata do mandato com cláusula "em causa própria", o qual não pode ser revogado e, também, não será extinto pela morte de qualquer das partes, ficando o mandatário dispensado de prestar contas. Isso ocorre porque o mandatário agirá em "causa própria" ou "no próprio interesse".

Essa outorga de poderes para alienação ou a inserção de cláusula em "causa própria" ou cláusula *in rem suam*, segundo a doutrina e jurisprudência, acaba descaracterizando o contrato de mandato. Havendo a cláusula *in rem suam* não haverá conteúdo de mandato, estando caracterizada uma verdadeira cessão de direitos, um negócio jurídico dispositivo, com transferência de direitos, pois, nesse caso, o negócio é todo no interesse do mandatário.

Assim, para a doutrina e jurisprudência, transmitido o direito ao mandatário, por conta da cláusula em "causa própria", o mandatário passaria a agir em nome próprio. O mandato teria sido, nesses casos, mero instrumento de um negócio jurídico de cessão de direitos, com transferência de direitos. Realmente, caracterizando-se a cessão de direitos, o mandato estará descaracterizado.

Em conclusão, o interesse não é elemento indispensável para a caracterização da representação própria. Na realidade, os requisitos essenciais da representação própria são apenas a substituição de sujeitos e atuação jurídica em nome de outrem (*contemplatio domini*).

1.16.4. Representação aparente e a questão do poder na representação

A investidura formal de poderes não é elemento essencial para a representação, ao contrário do que sugere o art. 115 do CC.

O art. 115 do CC dispõe que "os *poderes* de representação conferem-se por lei ou pelo interessado". Nesse dispositivo, o legislador insere o "poder" na base do instituto da representação, ou seja, o representante, para atuar juridicamente em nome de outrem, teria de estar investido em poder, decorrente de negócio jurídico, no caso da *representação convencional* ou da própria lei, na *representação legal*.

Assim, a representação decorreria de poder conferido pela lei ou por negócio jurídico a fim de alguém atuar em nome de outrem.

A interpretação literal do art. 115, o qual menciona "os poderes de representação", induz à impossibilidade de representação sem a investidura formal de poder, seja pela lei ou a vontade. No entanto, a interpretação do dispositivo, sob outra perspectiva, leva à conclusão diversa.

As relações jurídicas privadas são norteadas por cláusulas gerais e princípios, entre eles, o princípio da boa-fé objetiva. A boa-fé objetiva ou boa-fé de comportamento impõe conduta adequada, proba e ajustada às circunstâncias do caso concreto. Em razão desse princípio, o destinatário da declaração de vontade confia na manifestação ou exteriorização da vontade do declarante.

Assim, se o declarante, ao manifestar sua vontade, exteriorizar ser representante de alguém de quem efetivamente não recebeu poderes formais, mas, diante das circunstâncias objetivas e concretas, houver aparência de representação, os atos desse aparente representante vincularão o representado, mesmo se não estiver investido em qualquer poder de representação.

Essa é a representação aparente, a qual dispensa o "poder" para atuação jurídica do representante e a vinculação do representado. É a teoria da aparência aplicada no instituto da representação. O sujeito aparenta ser o representante de alguém e o terceiro, em razão das circunstâncias objetivas, acredita, fielmente, tratar-se de representação.

A fim de tutelar os interesses desse terceiro de boa-fé, que acredita e confia na existência jurídica de representação, o representado, mesmo não tendo investido o representante aparente em qualquer poder se vinculará aos negócios jurídicos por este praticados

O exemplo tornará mais fácil a compreensão da representação aparente, na qual, assim como na representação própria ou direta, os atos do representante vincularão o representado.

Exemplo: "A" celebra contrato de prestação de serviços com a imobiliária "B". "A", em função desse contrato, nomeia a imobiliária "B" para celebrar, em seu nome, contrato de locação com terceiro. "X", interessado no imóvel, celebra o contrato de locação com o representante convencional do proprietário "A", qual seja, a imobiliária "B". Até aí tudo perfeito. Após um ano do contrato de locação, "A", proprietário do imóvel, rescinde o contrato de prestação de serviços celebrado com a imobiliária "B", deixando esta de ser a representante de "A". Ou seja, "B" não está mais investido no poder de representação. Não há mais poder. No entanto, a imobiliária "B" e o proprietário "A" não comunicam o locatário "X" a respeito da resolução do contrato de prestação de serviços. "X", como fez durante todo o contrato de locação, no dia de vencimento do aluguel, dirige-se até a imobiliária "B" e paga o aluguel para quem não é mais representante do locador "A". Nesse caso, o pagamento será válido, pois está caracterizada a representação aparente. Naquela situação objetiva, a imobiliária "B" ainda aparentava ser a representante do locador "A". Por isso, nesse caso, a fim de tutelar a boa-fé objetiva do terceiro locatário ("X"), a imobiliária é considerada representante do proprietário. O pagamento é eficaz. Restará ao dono requerer o valor da imobiliária, pois estará extinta a obrigação para com o locatário.

Assim, na representação aparente, o representante age com *contemplatio domini*, ou seja, exterioriza atuação em nome de outrem, embora não esteja investido em poder de representação. O poder não é requisito ou elemento essencial para a caracterização da representação, tendo em vista a tutela do terceiro de boa-fé. O princípio da boa-fé objetiva, nesse caso, impõe a vinculação do representado, mesmo não tendo este outorgado poderes ao aparente representante. Na ponderação de interesses, entre os interesses do representado e a tutela da boa-fé objetiva do terceiro, o nosso sistema privilegia este último em prejuízo daquele.

A essência da representação não é a investidura de poder, seja essa legal ou convencional, mas a exteriorização de atuação em nome de outrem ou *contemplatio domini*.

Na realidade, a representação aparente está afinada com os princípios constitucionais norteadores das relações privadas, dignidade da pessoa humana e solidariedade social. A confiança é um valor merecedor de tutela do Estado. O Estado protege esses valores relacionados à dignidade da pessoa humana, entre eles a boa-fé objetiva, grande valor relacionado ao comportamento e, portanto, a questões existenciais.

Não há dúvida de que tal confiança conta com a contribuição decisiva, por ação ou omissão, do representado. A representação aparente decorre de situação concreta e objetiva que induz o destinatário a acreditar e confiar na existência de representação. É certo que o representado pode, eventualmente, com sua inércia ou qualquer outra conduta, contribuir para tal confiança despertada no terceiro. Todavia, não será possível tutelar o terceiro negligente ou que não age com as devidas cautelas em relação a determinado ato ou negócio. As circunstâncias concretas, objetivas, devem incutir, no terceiro, a convicção da representação. O terceiro deve agir com toda cautela, cuidado e diligência.

De acordo com as lições de Anderson Schreiber[266]: "(...) não se pode proteger a confiança a qualquer custo. Na questão da representação aparente, a tutela à confiança do terceiro gera um ônus para o representado, que terá de suportar as obrigações decorrentes do ato praticado pelo suposto representante. Tal ônus somente se justifica se o representado contribuiu com sua ação ou omissão para a produção da situação geradora da confiança".

Assim, qualquer situação de aparência, capaz de evidenciar uma representação, vinculará o representado, independentemente de poder.

---

[266] SCHREIBER, Anderson. *A parte geral do novo código civil*: estudos na perspectiva civil constitucional (A representação no Novo Código Civil - artigos 115 a 120). Rio de Janeiro/São Paulo: Renovar, 2002. Obra Coletiva (Coord. Gustavo Tepedino).

Como a representação aparente é fundada no princípio da boa-fé objetiva e, sendo a omissão do representado capaz de gerar expectativa na outra parte, não poderá pretender excluir sua responsabilidade, pois tal situação seria violação ao princípio que veda o comportamento contraditório ou a incoerência (*nemo potest venire contra factum proprium*). Um exemplo é o caso do representante comercial que tem o seu contrato de representação resolvido, mas a empresa representada não comunica tal rescisão aos clientes que com o representante comercial já haviam estabelecido relação de confiança. Tal omissão poderá vincular a empresa, aparentemente representada, aos atos praticados por esse aparente representante, pois sua omissão gerou confiança nos clientes, ou seja, esses clientes tinham confiança de que tal representante comercial ainda era representante da empresa.

Se o ato comissivo ou omissivo dá ensejo à representação aparente (fato próprio – comportamento inicial) e esse comportamento inicial gera expectativa em alguém, não pode o sujeito agir contrariamente àquele comportamento inicial, sob pena de violação ao princípio da boa-fé objetiva. É a teoria da aparência na teoria da representação.

1.16.5. Espécies de representação – legal e convencional

O Código Civil, no art. 115, trata da representação legal e da convencional.

A representação é voluntária ou convencional se deriva de negócio jurídico, como ocorre, por exemplo, no contrato de mandato. Tal representação visa dar mais dinamismo aos negócios jurídicos, pois o sujeito poderá estar em vários lugares ao mesmo tempo.

Por outro lado, será legal a representação quando decorrer da lei (por exemplo, a representação no poder familiar, art. 1.634, V, na tutela, art. 1.747, I, e na curatela, quanto aos curatelados, art. 1.774). A representação legal é, na realidade, representação de proteção.

Assim, a representação, tendo em vista a sua causa, pode ser *legal* ou *convencional*. Na representação, em qualquer de suas espécies, há duas figuras, o *representante* (sujeito que pratica o ato em nome de alguém) e o *representado* (que se torna obrigado e adquire direitos por meio dos atos praticados pelo representante).

A representação voluntária é estabelecida com o fim de possibilitar a multiplicação de atuação jurídica do mandatário, ao passo que a representação legal visa suprir a incapacidade de agir.

A representação convencional tem relação com a teoria geral do negócio jurídico, pois se constitui por declaração de vontade do representado, o qual elege o sujeito, denominado "representante", para atuar juridicamente em seu nome.

A eleição do representante pelo representado caracteriza a representação voluntária ou convencional, razão pela qual está integrada na teoria do negócio jurídico. Normalmente, tal representação viabiliza-se pelo contrato de mandato. Segundo o art. 653 do CC, opera-se o mandato quando alguém recebe de outrem poderes para, em seu nome, praticar atos ou administrar interesses. A procuração seria o instrumento do contrato de mandato.

Em relação ao contrato de mandato e à representação convencional, deve ser pontuada uma divergência doutrinária, a qual será detalhada em item separado. Parte da doutrina trata a representação voluntária e o mandato de forma unitária, ou seja, a representação convencional ou outorga de poderes somente poderia ocorrer no contrato de mandato. Haveria vinculação necessária entre essa espécie de contrato e o instituto da representação.

Por outro lado, há os que sustentam a separação entre o mandato e o instituto da representação, pois, para estes, a representação não decorreria do contrato de mandato, mas sim de negócio jurídico unilateral, denominado "procuração". É a teoria da separação.

Portanto, na representação convencional, alguém, denominado representado, investe terceiro, denominado representante, no poder, para atuar juridicamente em seu nome, a fim de praticar atos ou administrar interesses, com eficácia jurídica. Decorre de negócio jurídico ou convenção entre representante e representado.

Limites dos poderes e responsabilidade pessoal na representação convencional

Ainda no âmbito da representação convencional, a manifestação de vontade do representante deve respeitar os limites outorgados pelo representado, ou seja, os limites dos seus poderes, tudo nos termos do art. 116 do CC.

Segundo o art. 116, "a manifestação de vontade pelo representante, nos limites de seus poderes, produz efeitos em relação ao representado". Assim, *em regra*, a manifestação de vontade do representante apenas vinculará o representado, na medida e nos limites dos poderes a ele conferidos (efeitos da representação em relação ao representado).

Se o representante, ao manifestar ou exteriorizar a vontade em nome do representado, agir com excesso ou praticar atos fora dos limites dos poderes a ele outorgados, responderá, pessoalmente, perante o terceiro.

Todavia, o art. 116 deve ser temperado com o princípio da boa-fé objetiva. Em atenção à tutela da boa-fé, em regra, no caso de excesso, o representado se vinculará perante terceiro, salvo se o terceiro sabia ou tinha como saber da atuação do representante além dos limites de seus poderes ou mesmo sem poderes para tanto. É a tutela da boa-fé do terceiro, cujo princípio prevalece sobre a regra disposta no art. 116. Nesta situação de boa-fé do terceiro, quando o representado responderá pelo excesso do representante, o art. 116 é o fundamento para que o representado, em ação autônoma e regressiva, possa buscar a reparação pelo excesso contra o representante.

O ato ou negócio praticado pelo representante, com excesso de poderes ou mesmo agindo sem poder, vinculará o representado perante terceiro, se este estiver de boa-fé.

A representação aparente, já analisada, é prova disso. Na representação aparente, o representante não tem poderes de representação, mas, a fim de tutelar a confiança e a boa-fé objetiva do terceiro, o ato ou negócio produzirá efeitos na esfera jurídica do representado, vinculando-o plenamente.

A atuação do representante fora dos limites de seus poderes certamente implicará sua responsabilidade na relação mantida com o representado. O terceiro de boa-fé poderá, nesses casos, acionar diretamente o representado e, também, pessoalmente, o representante, em razão do excesso. O art. 118 do CC trata da responsabilidade pessoal e direta do representante perante o terceiro: "O representante é obrigado a provar às pessoas, com quem tratar em nome do representado, a sua qualidade e a extensão de seus poderes, sob pena de, não o fazendo, responder pelos atos que a estes excederem".

Na representação, em regra, o representante não se vincula aos atos e negócios praticados em nome do representado, justamente porque atua juridicamente em nome de outrem, e não em seu próprio nome. Portanto, se respeitar os limites dos poderes a si outorgados, o único a se vincular será o representado, pois os efeitos repercutirão apenas na esfera jurídica deste.

Por outro lado, se o representante agir com excesso e extrapolar os limites dos poderes nos quais havia sido investido, há duas situações a serem consideradas.

Em primeiro lugar, se o terceiro estiver de boa-fé, porque o representante não provou a sua qualidade e, especialmente, "a extensão de seus poderes", os efeitos dos atos praticados pelo representante, mesmo em caso de excesso, vincularão o representado.

Nessa situação, o terceiro poderá, com base no princípio da boa-fé objetiva, exigir o cumprimento do ato ou negócio pelo representado, pois o representante, agindo em nome daquele, no momento do ato ou negócio, não provou a extensão dos seus poderes. Esse poder de exigibilidade em relação ao representado alcança, inclusive, os atos praticados além dos limites dos poderes.

Além disso, poderá também o terceiro de boa-fé, com fundamento no art. 118 do CC, responsabilizar o representante, pessoalmente, pelos atos que excederem os poderes a ele conferidos pelo representado.

Em conclusão, terá o terceiro de boa-fé a possibilidade de responsabilizar o representado pelo todo e o representante pelo excesso. O representado, na relação interna com o representante, poderá responsabilizar este último pelo excesso, indenizando as perdas e danos, se for o caso.

Segundo, se o terceiro estiver de má-fé, ou seja, tiver plena ciência do excesso de poder ou da ausência de poder do representante para aquele determinado ato e, mesmo assim, aceitar praticar o ato ou o negócio com o representante, a situação se inverte. Nesse caso, o terceiro apenas poderá responsabilizar o representado pelos atos e negócios baseados nos poderes conferidos ao representante. Em relação ao excesso, somente poderá responsabilizar o representante, com fundamento no art. 118. Como diz Caio Mário[267]: "Não aprovado o comportamento do representante, que tenha procedido com abuso de poderes, responde ele pessoalmente pelo excesso praticado (art. 118)".

No caso de representação convencional, a prova da qualidade de representante e da extensão dos poderes far-se-á pela exibição do instrumento respectivo.

Na representação legal, os poderes decorrem diretamente da lei. Esta é uma representação especial e, como já ressaltado, integra a rede de proteção dos incapazes. O menor, o tutelado e o curatelado serão representados, respectivamente, pelos pais, em decorrência do poder familiar, tutores e curadores.

Como ressalta Amaral[268], "sua fonte e disciplina estão na lei, independentemente da vontade do representante, que não pode ser privado do respectivo poder por ato do representado. Esse poder é intransferível ou indelegável pelo titular, pelo caráter personalíssimo do seu exercício".

Caio Mário[269], discorrendo sobre o assunto, ressalta: "Pela própria natureza, a representação legal dos incapazes confere ao representante atribuições de conservação e administração, mas nunca de disposição, investido que fica o representante do poder de gerir, e especialmente de zelar pelo patrimônio do representado, o que justifica à maravilha a designação qualitativa de representação de proteção".

Na verdade, a representação legal atualmente pode ser considerada desdobramento do princípio da dignidade da pessoa humana, pois permite aos incapazes (incapacidade material e formal) atuar no mundo jurídico por meio de representantes. A lei confere voz a esses incapazes por meio da representação legal, permitindo o desenvolvimento de sua personalidade, a condição existencial e a sua participação em questões patrimoniais.

Tal participação efetiva dos incapazes, por meio dos representantes, nas relações privadas intersubjetivas, implica intensa valoração da pessoa como ser humano. Este é o objetivo da representação legal, além, obviamente, de ser um dos mais relevantes institutos jurídicos de proteção do incapaz.

Limites dos poderes e responsabilidade pessoal na representação legal

Na representação legal, os limites dos poderes e a responsabilidade pessoal do representante que agir com excesso têm outro tratamento.

Aqui, deve se partir do pressuposto de que a representação legal visa proteger o incapaz, pois este, sozinho, não tem condições de participar das relações privadas, para praticar atos e negócios jurídicos.

Dessa forma, se for representação de proteção, como os poderes do representante decorrem diretamente da lei, a análise dos arts. 116 e 118, os quais cuidam dos limites dos poderes, levará em conta, necessariamente, os interes-

---

[267] PEREIRA, Caio Mário da Silva. *Instituições de direito civil*: Introdução ao direito civil. Teoria geral de direito civil. 20. ed. Atualizado por Maria Celina Bodin de Moraes. Rio de Janeiro: Forense, 2004. v. 1.

[268] AMARAL, Francisco. *Direito civil* – introdução. 6. ed. rev. e atual. Rio de Janeiro: Editora Renovar, 2006.

[269] PEREIRA, Caio Mário da Silva. *Instituições de direito civil*: Introdução ao direito civil. Teoria geral de direito civil. 20. ed. Atualizado por Maria Celina Bodin de Moraes. Rio de Janeiro: Forense, 2004. v. 1.

ses do representado incapaz, mitigando a ideia de proteção irrestrita do terceiro, mesmo de boa-fé.

O representado incapaz não escolhe e não elege o seu representante. É a lei a responsável por essa eleição. Nesse sentido, a concepção relacionada aos limites dos poderes do representante impõe leitura mais rígida dos arts. 116 e 118.

Explica-se: o incapaz não pode constituir representante voluntário para agir em seu nome. Por isso, a manifestação de vontade do representante deve se ater aos limites dos poderes conferidos pela lei e, somente nessa hipótese, o ato ou negócio produzirá efeitos em relação ao representado. Não teria sentido outro entendimento na representação legal, com prejuízo ao incapaz pelo ato de representante por ele não escolhido, a fim de beneficiar terceiro de boa-fé.

Nesse caso, se houver excesso por parte do representante, o terceiro de boa-fé continuará tendo os seus interesses tutelados, pois poderá responsabilizar o representante, direta e pessoalmente, pelo excesso, mas não poderá responsabilizar o representado pelos atos praticados além dos limites conferidos pela lei ao representante, salvo em relação ao proveito que o representado teve. Se o representado teve algum proveito do excesso, apenas neste caso e, para evitar o enriquecimento sem causa do incapaz, será possível responsabilizá-lo.

A responsabilidade do incapaz pelo proveito que teve no caso de excesso do representante legal pode ser extraída do art. 149 do CC, que disciplina o dolo do representante. Se o representante legal agir com dolo, o representado somente estará obrigado a responder civilmente perante terceiro até a importância do proveito que teve. Portanto, há claro limite na sua responsabilidade civil. Se tiver proveito, mesmo se for incapaz, terá que restituir o excesso relacionado ao proveito.

Por outro lado, o incapaz poderá, em algumas situações, agir de má-fé e, tendo plena consciência de seus atos, poderá ter o seu interesse sacrificado em detrimento do terceiro de boa-fé. O Código Civil já demonstrou não tolerar a má-fé, mesmo a proveniente de um incapaz, conforme é o exemplo do art. 180.

Por tudo isso, na representação legal a vinculação do representado incapaz, em regra, é limitada aos poderes conferidos pela lei ao representante (art. 116), sob pena de responsabilidade pessoal e direta deste último pelo excesso (art. 118). Todavia, se tiver algum proveito do excesso, em analogia ao art. 149 do CC, deverá restituir o excesso.

O representante legal, diante da natureza dessa espécie de representação, está impedido de renunciar ou transferir essa representação para terceiros. É um *múnus público*. No entanto, os representantes legais dos menores, dos tutelados e curatelados poderão, nessa qualidade, constituir representantes voluntários para a prática de atos e negócios, com exceção, obviamente, daqueles personalíssimos e indelegáveis.

Segundo o mestre Caio Mário[270], "(...) é inadmissível que o representante legal transfira a outrem a representação que lhe cabe. Pode constituir representante para ato determinado, mas não tem o direito de delegar o cumprimento de seu múnus ou a representação em si mesma".

Assim, a representação legal, em si considerada, por ser um *múnus público*, é intransferível. O representante legal pode constituir representantes convencionais para a prática de atos e negócios não relacionados a questões existenciais do representado, mas apenas para questões patrimoniais, quando houver essa necessidade.

A representação legal não pode ser considerada imprópria, porque o representante age necessariamente no interesse do representado, porque o seu fundamento é a proteção. Orlando Gomes[271] ressalta que a representação legal também pode estar relacionada a capazes, como na família, na falência ou categorias profissionais. Tal posicionamento não é admitido pela maioria dos doutrinadores, os quais inserem e enquadram essas "representações" no âmbito da autonomia privada ou da denominada representação orgânica.

Aliás, por conta das peculiaridades da representação legal, Anderson Schreiber[272] ressalta, com absoluta correção, que "alguns autores têm sustentado que a representação legal não se configura propriamente como representação e deve ser afastada do gênero. Isto porque, na representação legal, a atuação do representante é plenamente independente da vontade do representado, que, a rigor, nada pode fazer para impedir os atos praticados em seu nome". No entanto, como há atuação jurídica em nome de outrem, não há como afastar a representação legal da teoria da representação.

O representante legal, obviamente, deve ser capaz, pois não pode incapaz representar outro incapaz, quando o fundamento da representação legal é justamente a proteção do incapaz. No entanto, na representação convencional viabilizada em contrato de mandato, o nosso sistema permite a representação por um incapaz, quando, no art. 666, prevê a possibilidade de o maior de 16 e menor de 18 anos não emancipado (por isso, incapaz) ser mandatário ou representante convencional do mandante. Isso é possível, pois os efeitos dos atos e negócios não repercutirão na esfera jurídica do representante e sim do representado.

O representante legal e o convencional possuem a disponibilidade de, em nome de outrem, praticar atos e negócios, mas é o representado quem será o titular do direito subjetivo ou do dever jurídico. Na declaração de vontade por outrem existirá uma representação, na qual a vontade exteriorizada é do representante, mas o direito subje-

---

[270] PEREIRA, Caio Mário da Silva. *Instituições de direito civil*: Introdução ao direito civil. Teoria geral de direito civil. 20. ed. Atualizado por Maria Celina Bodin de Moraes. Rio de Janeiro: Forense, 2004. v. 1.

[271] GOMES, Orlando. *Introdução ao direito civil*. 19. ed. rev. e atual. Rio de Janeiro: Forense, 2008.

[272] SCHREIBER, Anderson. A representação no novo Código Civil – Arts. 115 a 120. In: TEPEDINO, Gustavo (coord.). *A parte geral do novo Código Civil: estudos sob a perspectiva civil-constitucional*. 2. ed. Rio de Janeiro: Renovar, 2003.

tivo ou a obrigação específica integrará o patrimônio jurídico do representado.

1.16.6. Representação convencional e teoria da separação

A teoria da separação pressupõe análise mais detalhada da representação convencional e da relação desse instituto com o contrato de mandato.

O contrato de mandato está definido no art. 653 do CC: "Opera-se o mandato quando alguém recebe de outrem poderes para, em seu nome, praticar atos ou administrar interesses".

A questão é: A representação convencional deve ser associada ao contrato de mandato? O nosso ordenamento jurídico adotou a teoria da separação entre o contrato de mandato e a representação convencional?

A parte mais conservadora da doutrina defende a tese do tratamento unitário e da associação da representação convencional ao contrato de mandato. O argumento estaria no art. 120 do CC, segundo o qual os requisitos e efeitos da representação voluntária são os da parte especial do Código, em especial as regras previstas nos arts. 653 a 692 sobre o contrato de mandato.

Tal doutrina vincula, de forma indissociável, a representação convencional ao contrato de mandato, ou seja, não haveria representação convencional sem mandato. A representação convencional viabilizar-se-ia pelo mandato. Esse contrato seria o instrumento da representação convencional.

Assim, para estes, nosso ordenamento jurídico não adotou a teoria da separação entre mandato e representação convencional. Caio Mário, Silvio Rodrigues, Moreira Alves, entre outros, parecem comungar desse entendimento. Caio Mário[273], por exemplo, enuncia: "Dá-se a representação convencional ou voluntária, quando uma pessoa encarrega outra de praticar em seu nome negócios jurídicos ou administrar interesses, sendo normal para este efeito a constituição do mandato".

Essa ideia de vinculação do mandato à representação convencional é fortemente influenciada pela doutrina francesa, materializada no art. 1.984 do Código Civil francês: "Le mandat ou procuration est um acte par lequel une personne donne à une autre le pouvoir de faire quelque chose pour le mandat et em son nom. Le contrat ne se forme que par l' acceptation du mandataire".

No entanto, embora o Código Civil brasileiro de 2002 não tenha adotado, expressamente, a teoria da separação, o fato de criar capítulo próprio para disciplinar, com regras gerais, a teoria da representação, bem como pelo fato de situações jurídicas em que se vislumbra a representação, mesmo que não haja contrato de mandato, permite desvincular a representação convencional do contrato de mandato.

A diferença entre representação convencional e contrato de mandato, conhecida como teoria da separação, já repercutiu na Europa. Os Códigos Civis alemão, no § 164 e s., o português, nos arts. 258 e s. e o italiano nos arts. 1.387 e s., segundo estudo de Maria Helena Brito[274], em sua obra *Direito do comércio internacional*, já adotaram e acolheram a teoria da separação.

Assim, o mandato é apenas espécie de contrato. A representação convencional pode existir, independentemente do mandato. Na representação aparente, por exemplo, não há contrato de mandato. A representação convencional pode se caracterizar, independentemente da outorga de poder de representação.

Anderson Schreiber[275], baseado nas lições de Leonardo Mattietto, esclarece a teoria da separação: "(...) a teoria da separação consagra o entendimento de que o poder de representação nasce não do mandato, mas de um negócio jurídico unilateral, autônomo e abstrato, a que a doutrina tem dado o nome de procuração. Esta independência entre o poder de representar e o mandato torna possível considerar eficaz a representação, vinculando o representado, ainda que se verifique um eventual vício no contrato de mandato ou em qualquer outra relação contratual interna entre o representante e o representado".

A representação independe do contrato de mandato, pois, como já exaustivamente explicado, o poder não é elemento essencial para a sua caracterização. Os autores que tendem a repelir a teoria da separação são os mesmos que consideram o poder relevante e essencial para a representação, chegando Caio Mário[276] ao extremo de afirmar que o poder é a alma da representação.

No momento que se desvincula o poder da representação, fica mais fácil considerar a teoria da separação.

Ao se considerar a investidura em poder como questão jurídica autônoma em relação à representação, é mais fácil compreender a teoria da separação.

O CC não tratou, de forma expressa, da teoria da separação. Ao contrário, confunde ao mencionar no art. 120 que os efeitos da representação convencional são os estabelecidos pela parte especial. A associação da representação convencional ao contrato de mandato é impertinente e inadequada.

A teoria da separação é desdobramento do princípio da boa-fé objetiva, pois tutela os direitos e interesses de terceiros de boa-fé na representação aparente, na qual não há outorga de poderes para o representante, ou seja, não se configura o contrato de mandato, mas se caracteriza a representação.

Além disso, com a teoria da separação, qualquer vício no contrato de mandato entre mandante e mandatário

---

[273] PEREIRA, Caio Mário da Silva. *Instituições de direito civil*: Introdução ao direito civil. Teoria geral de direito civil. 20. ed. Atualizado por Maria Celina Bodin de Moraes. Rio de Janeiro: Forense, 2004. v. 1.

[274] BRITO, Maria Helena. *Direito do comércio internacional*. Coimbra: Almedina, 2004.
[275] SCHREIBER, Anderson. A representação no novo Código Civil – Arts. 115 a 120. In: TEPEDINO, Gustavo (coord.). *A parte geral do novo Código Civil*: estudos sob a perspectiva civil-constitucional. 2. ed. Rio de Janeiro: Renovar, 2003.
[276] PEREIRA, Caio Mário da Silva. *Instituições de direito civil*: Introdução ao direito civil. Teoria geral de direito civil. 20. ed. Atualizado por Maria Celina Bodin de Moraes. Rio de Janeiro: Forense, 2004. v. 1.

não prejudicará o terceiro de boa-fé. Este não pode suportar os ônus e riscos de qualquer problema envolvendo o contrato de mandato. Para o terceiro de boa-fé, haverá representação, ainda que o mandato venha a ser invalidado por causa de nulidade ou de anulação. Ou seja, os vícios do mandato não prejudicarão o terceiro de boa-fé. Este é um dos principais objetivos da teoria da separação, qual seja, tutelar o terceiro de boa-fé, inclusive no caso de invalidade do mandato. Os vícios, nesse contrato, não contaminam a representação.

Na linha defendida por Anderson Schreiber[277]: "Ora, se o novo Código autoriza a interpretação de que o mandato não é essencial à regulação do exercício do poder de representação, não se pode negar que alguns dispositivos permitem também reconhecer – como quer a melhor doutrina – que a outorga do poder de representação prescinde de qualquer regulação contratual do seu exercício".

O problema é desvincular a segunda parte do art. 120 do contrato de mandato. Na verdade, o parâmetro a ser considerado é o disposto no art. 115, o qual faz referência genérica à representação convencional, sem qualquer menção ao contrato de mandato. Segundo o art. 115, os poderes de representação são conferidos pelo interessado.

Orlando Gomes e Renan Lotufo defendem a separação entre o mandato e a representação. Orlando Gomes[278], ao criticar o contrato de mandato, ressalta: "É evidente a confusão entre mandato e representação, acentuada, na mesma disposição legal, *in fine*, que declara ser a procuração o instrumento do mandato. Não somente foi excluída a possibilidade da existência do mandato sem representação, visto que o mandatário há de praticar atos ou administrar interesses sempre em nome do mandante, mas também não se distinguiu, no próprio mandato com representação, as duas faces das relações jurídicas". Defendendo a separação entre mandato e representação, esclarece: "A separação das duas figuras é aceita na doutrina pela grande maioria dos civilistas".

Não há dúvida de que o Código Civil admite a autonomia entre o negócio jurídico de outorga de poder de representação e a possibilidade de representação sem mandato. A recíproca é verdadeira. O mandato sem representação é admitido expressamente no art. 663, quando o mandatário agir em seu próprio nome. Nesse caso haverá mandato, mas não representação. O mandato sem representação, portanto, é realidade jurídica. É a ideia de interposição ou representação imprópria, já objeto de análise.

Anderson Schreiber ressalta os vários tipos contratuais onde, na essência, existe atuação em nome próprio, mas no interesse de outrem. Segundo ele, é o que ocorre nos contratos de comissão (art. 693), corretagem (art. 722) e agência e distribuição (art. 710). O autor afirma[279]: "Não há, em nenhum desses casos, a atuação em nome de outrem nem o seu efeito típico que é a direta vinculação do representado. Ao contrário, nesses novos contratos, há expresso afastamento de uma vinculação direta, tornando incontestável seu caráter não representativo". O comissário, o agente, o distribuidor e o corretor agem em nome próprio e a vinculação é pessoal e direta.

Em conclusão, embora seja confuso e omisso o atual Código Civil, defendemos a adoção da teoria da separação entre representação e mandato, por todas as razões já expostas, mas principalmente porque o mandato é apenas tipo de contrato, mas não o único a regular e tratar do exercício do poder de representação. Além disso, o poder não é essencial para a caracterização da representação, pois é perfeitamente possível a representação sem poder. Por isso, há nítida separação entre esse instituto e aquela espécie de contrato.

1.16.7. Representação e contrato consigo mesmo

O Código Civil, no art. 117, de forma inovadora, apresenta a figura do contrato "consigo mesmo". A expressão não é adequada, pois pode levar ao falso entendimento da possibilidade desse contrato com a participação de apenas um sujeito.

Na verdade, por ser contrato, quanto à formação, necessariamente, deve ser bilateral, ou seja, contar com a participação de, no mínimo, dois sujeitos. Assim, quanto à formação, o contrato é sempre bilateral (acordo de duas vontades). Em relação aos efeitos, o contrato pode ser bilateral (obrigações e direitos recíprocos) ou unilateral (obrigações apenas para um e direitos apenas para o outro contratante).

Nelson Nery Junior[280] define o contrato consigo mesmo como sendo "aquele em que alguém, como representante de outrem, contrata consigo mesmo, ou, como representante de duas pessoas (dupla representação), estabelece com seu ato vínculo contratual entre as duas pessoas por ele representadas".

Em regra, é vedada a estipulação de negócio jurídico que o representante, perseguindo interesse alheio ao do representado, celebra consigo mesmo. No entanto, as duas exceções trazidas pelo próprio artigo (se a lei ou o representado permitirem) mitigam a relevância do instituto, pois, se desejar celebrar tal tipo de negócio jurídico, basta o representante obter autorização do representado.

No art. 117, o Código Civil trata do negócio jurídico que o representante, embora atue juridicamente em nome do representado, objetiva concretizar interesse próprio. O representante age em nome do representado, mas no seu interesse. Existe representação, porque há atuação jurídica em nome de outrem, mas o interesse é do representante, não do representado (exemplo a procuração com a cláusula em causa própria). O "interesse", conforme ressaltado, não constitui elemento para a caracterização da

---

[277] SCHREIBER, Anderson. A representação no novo Código Civil – Arts. 115 a 120. In: TEPEDINO, Gustavo (coord.). *A parte geral do novo Código Civil: estudos sob a perspectiva civil-constitucional*. 2. ed. Rio de Janeiro: Renovar, 2003.

[278] GOMES, Orlando. *Introdução ao direito civil*. 19. ed. rev. e atual. Rio de Janeiro: Forense, 2008.

[279] SCHREIBER, Anderson. A representação no novo Código Civil – Arts. 115 a 120. In: TEPEDINO, Gustavo (coord.). *A parte geral do novo Código Civil: estudos sob a perspectiva civil-constitucional*. 2. ed. Rio de Janeiro: Renovar, 2003.

[280] NERY JUNIOR, Nelson; NERY, Rosa Maria de Andrade. *Código Civil comentado*. 8. ed. São Paulo: Ed. RT, 2011.

representação. É a *contemplatio domini* ou exteriorização da atuação em nome de outrem a essência da representação.

O "contrato consigo mesmo" também se caracteriza quando, na formação de determinado negócio jurídico, o sujeito participa como representante, atuando em nome do representado, "dono" e titular dos direitos emergentes do negócio jurídico e, ao mesmo tempo, como contratante, ao intervir com dupla qualidade.

Segundo o mestre Amaral[281]: "O negócio jurídico do representante consigo mesmo, também chamado de autocontratação, surge quando o procurador pratica ato com dupla qualidade – a de representante e a de parte – em negócio jurídico bilateral. Por exemplo, 'A', procurador de 'B', compra em nome próprio o objeto que está vendendo em nome de 'B'. A mesma pessoa tem o poder dispositivo sobre dois patrimônios independentes: o seu e o do representado. (...) São pressupostos da autocontratação: um negócio jurídico bilateral, uma intervenção do agente com dupla qualidade, isto é, em seu próprio nome e interesse, e em nome do seu representado, vale dizer, um negócio com duas partes e uma declaração de vontade de um só agente".

O mandato com cláusula em "causa própria" ou cláusula *in rem suam*, previsto no art. 685, é exemplo de contrato consigo mesmo. O contrato de mandato está em harmonia com o art. 117 do CC.

O "contrato consigo mesmo" somente será válido se a lei ou o próprio representado o permitir. O mandato com cláusula "em causa própria" é exemplo de permissão legal para o autocontrato. Nos arts. 684 e 685, ambos do Código Civil, é tutelado, de forma plena, o contrato de mandato no exclusivo interesse do mandatário, embora em nome do mandante, hipótese de "contrato consigo mesmo".

Além da permissão legal, respeita-se o princípio da autonomia privada, pois o art. 117 é norma de natureza dispositiva. Se houver autorização do representado, será possível o representante celebrar contrato tendo em conta o seu exclusivo interesse. Se a lei ou o representado não autorizarem, o negócio jurídico é passível de invalidação (anulação – interesse privado). Como não há prazo para anulação, aplica-se a regra geral de dois anos prevista no art. 179 do CC, prazo este contado da data do negócio jurídico[282].

Finalmente, o parágrafo único do art. 117 trata do substabelecimento dos poderes pelo representante. Se o sujeito recebe poderes de representação para atuar em nome de alguém e sem autorização para agir em seu (representante) interesse, caso substabeleça para terceiro, significará que o negócio realizado pelo terceiro será tido como praticado pela própria pessoa que outorgou o substabelecimento. O objetivo é evitar fraudes.

Explico: dispõe o parágrafo único do art. 117 que, para o efeito do "contrato consigo mesmo", tem-se como celebrado, pelo representante, o negócio jurídico realizado por aquele em favor de quem os poderes houverem sido substabelecidos. O sujeito que recebeu o substabelecimento, ao realizar o negócio, é como se este estivesse sendo celebrado pelo próprio representante que substabeleceu.

"A" recebe de "B" poderes para alienar um veículo. Nesse caso, "A", representante, deverá agir em nome e no interesse de "B" (representado). "A" não pode celebrar contrato consigo mesmo, ainda que de forma indireta, salvo nas duas exceções previstas no *caput*: autorização do representado ou permissão da lei. Então, para efeito do *caput*, havendo substabelecimento, persiste a vedação. Se o representante "A" substabelece para o terceiro "X", o negócio realizado por esse terceiro "X", substabelecido, tem-se como celebrado pelo próprio representante. Isso impede que o representante "A" adquira o bem de "X", pois seria uma forma transversa e indireta de "contrato consigo mesmo".

Nesse exemplo, o representante "A" recebeu poderes para agir em nome e no interesse do representado "B", ou seja, não pode "A" agir no seu interesse. Se não fosse a regra do parágrafo único, o representante "B" poderia fraudar a lei ou burlar os poderes de representação, com a aquisição do bem jurídico de "X". Assim, indiretamente, por meio do terceiro substabelecido, agiria no interesse próprio. Tal manobra é vedada, pois o parágrafo único determina que o negócio jurídico realizado pelo terceiro que recebeu os poderes por substabelecimento é como se tivesse sido realizado pelo representante.

Tal dispositivo é desdobramento do princípio da boa-fé objetiva, a impor padrões éticos de conduta ao representante, que não poderá utilizar o substabelecimento para contratar consigo mesmo.

Portanto, salvo as exceções legais, veda-se também "o contrato consigo mesmo" de maneira indireta.

1.16.8. Conflito de interesses entre representante e representado

O art. 119 do CC impõe a anulação do negócio jurídico na hipótese de conflito de interesses entre o representante e o representando, seja a representação legal ou convencional.

O simples conflito de interesses entre representante e representado não leva à anulabilidade do negócio jurídico. É necessária a ciência daquele que se vincula ao representado, por meio do representante, ou seja, o terceiro responsável em realizar o negócio jurídico com o representante legal ou convencional deve, necessariamente, estar de má-fé.

A boa-fé, no caso, é subjetiva, e se revela nas expressões "se tal fato era ou devia ser do conhecimento de quem com aquele tratou". Todavia, não basta a boa-fé subjetiva (ignorar o conflito de interesses), mas também a boa-fé objetiva, ou seja, ter adotado comportamento eticamente adequado, diligências mínimas e necessárias para se preservar de eventual conflito entre representante

---

[281] AMARAL, Francisco. *Direito civil* – introdução, 6. ed. rev. e atual. Rio de Janeiro: Editora Renovar, 2006.

[282] Tal contrato consigo mesmo é previsto no art. 1.395 do CC da Itália e no art. 261 do CC português.

e representado. O Estado tutela a boa-fé objetiva e subjetiva do terceiro. Se este, ao negociar com o representante legal ou convencional, não sabia e não tinha condições objetivas e concretas de saber do conflito de interesses entre representante e representado, é válido o negócio em relação ao terceiro, sendo que, na relação interna entre representante e representado, o conflito resolve-se com indenização ou até resolução da representação, no caso de ser convencional.

Portanto, é pressuposto para a anulação do negócio jurídico que o terceiro tivesse ou pudesse ter conhecimento do conflito de interesses entre representante e representado. Em caso negativo, preserva-se o negócio jurídico para tutelar os interesses e direitos do terceiro de boa-fé.

O art. 119 do CC trata tanto da representação legal quanto convencional ou voluntária. Exige-se ética e lealdade do representante, pois, havendo conflito de interesses com o representado, não pode realizar negócios ou atuar juridicamente em nome daquele. Se o fizer, a depender do comportamento do terceiro, o negócio será passível de anulação.

Em relação ao prazo para anulação, o parágrafo único do art. 119 dispõe ser de 180 dias.

Todavia, se a representação for convencional, o prazo de 180 dias é contado da data da conclusão do negócio. Ao contrário, sendo a representação legal, o prazo de 180 dias tem início com a cessação da incapacidade. Trata-se de prazo de decadência, conforme previsão expressa, ou seja, perde o representado o direito potestativo de influir na esfera jurídica da outra parte caso não pleiteie a anulação no prazo previsto em lei.

1.17. ELEMENTOS ACIDENTAIS DO NEGÓCIO JURÍDICO (CONDIÇÃO, TERMO E ENCARGO)

1.17.1. Considerações preliminares

A condição, o termo e o encargo representam os elementos acidentais do negócio jurídico. Tais elementos se relacionam ao plano da eficácia do negócio jurídico.

Tais elementos acidentais não se caracterizam como requisitos *essenciais* do negócio jurídico, como os pressupostos de existência e validade (já estudados).

Os "elementos acidentais" permitirão a limitação dos efeitos jurídicos da vontade exteriorizada. A plena eficácia do negócio jurídico poderá se submeter, em nítida relação de dependência, à ocorrência de alguns fatores (exógenos).

Esses elementos secundários ou acidentais são incompatíveis com a teoria do ato jurídico em sentido estrito, em razão da incompatibilidade com a estrutura, função e efeitos desta espécie de fato jurídico (no AJSE não há autonomia privada, ou seja, poder para alterar os efeitos jurídicos predeterminados na lei). A condição, o termo e o encargo têm como base o ato volitivo (vontade), associado ao poder de manipular os efeitos jurídicos, com a submissão destes a condição (evento futuro e incerto) ou a termo (evento futuro e certo). No negócio jurídico, em função da autonomia privada, é possível tal interferência volitiva no plano da eficácia.

Portanto, os elementos acidentais, introduzidos facultativamente pela vontade das partes, limitam a manifestação da vontade em determinado negócio jurídico.

Como diz Francisco Amaral[283]: "Elementos acidentais são os que se acrescentam à figura típica do ato para mudar-lhe os respectivos efeitos. São, assim, instrumentos de eficácia à disposição do agente para adaptar os efeitos de sua manifestação de vontade a circunstâncias futuras".

Essas convenções acidentais são admitidas nos atos de natureza patrimonial em geral (com algumas exceções, como é o caso da aceitação e da renúncia de herança), mas não podem integrar os atos de caráter eminentemente pessoal.

Segundo o mestre Caio Mário[284]: "Sua presença normal é nos atos que reflitam um interesse econômico, pois os que dizem respeito ao estado das pessoas, os direitos de família puros, e outros, são insuscetíveis de sofrer modalidades. Ninguém admite a adoção de um filho, o reconhecimento de paternidade, a celebração do casamento, subordinados a condição ou termo. Os negócios jurídicos patrimoniais às vezes são também incompatíveis com a imposição de elementos acidentais, como é o caso da aceitação ou renúncia de uma herança, mas afora esses excepcionais, seja no campo dos direitos de crédito, seja na órbita dos *iura in re*, tranquilamente aceitam tais negócios jurídicos determinações acessórias".

Os atos de caráter pessoal integram duas categorias: os negócios incondicionais por expressa determinação legal, como é o caso da adoção, do reconhecimento de filhos e da celebração de casamento e os negócios sem expressa determinação legal, cuja impossibilidade decorre da própria natureza, os quais, na maioria, estão ligados ao direito de família, a exemplo dos direitos e deveres dos cônjuges, poder familiar, emancipação, tutela, curatela, pactos antenupciais etc.

Rose Venceslau[285] sintetiza bem esses elementos acidentais do negócio jurídico: "De fato, a condição, o termo e o encargo são cláusulas que, apostas a negócios jurídicos, provocam, pela exclusiva vontade do disponente, ou das partes, modificações na eficácia do negócio, ou mesmo na sua abrangência. A determinação voluntária de efeitos é característica basilar dos negócios jurídicos, motivo pelo qual este é o reduto da condição, termo e encargo".

1.17.2. Condição – Arts. 121 a 130

Segundo o art. 121 do CC, considera-se condição a cláusula que, derivando "exclusivamente da vontade das partes" (depende de pactuação), subordina o efeito (a *eficácia jurídica*) do negócio jurídico a evento futuro e incerto.

---

[283] AMARAL, Francisco. *Direito civil* – introdução, 6. ed. rev. e atual. Rio de Janeiro: Editora Renovar, 2006.

[284] PEREIRA, Caio Mário da Silva. *Instituições de direito civil*: Introdução ao direito civil. Teoria geral de direito civil. 20. ed. Atualizado por Maria Celina Bodin de Moraes. Rio de Janeiro: Forense, 2004. v. 1.

[285] VENCESLAU, Rose Melo. O negócio jurídico e as suas modalidades – Artigos 104 a 114 e 121 a 137. In: Tepedino, Gustavo. *A parte geral do novo Código Civil*: estudos na perspectiva civil-constitucional. Rio de Janeiro/São Paulo: Renovar, 2002.

A futuridade e a incerteza do evento a que está subordinada são os elementos que integram a estrutura da condição. Eventos passados e presentes não podem ser considerados como condição. Além disso, não há como prever se o evento irá ocorrer (incerteza).

Trata-se, portanto, de cláusula acessória, a qual subordina a eficácia do negócio jurídico, limitando os efeitos da vontade exteriorizada. Contrapõe-se às cláusulas necessárias à existência e validade do negócio jurídico.

A condição deriva, exclusivamente, da vontade das partes, ou seja, a condição é, por natureza, convencional, está inserida no âmbito da autonomia privada, portanto, no poder das partes de regularem os seus próprios interesses.

No interior deste poder está a prerrogativa de impor restrições ao negócio jurídico, com limitação aos efeitos da vontade (eficácia), a evento futuro e incerto. A condição é o próprio evento futuro e incerto de que depende a eficácia do negócio jurídico.

Após a "condição" ser introduzida no negócio jurídico, passa a ser seu elemento constitutivo e, como tal, deve ser respeitada, pois os efeitos do negócio passam a se subordinar a essa condição.

Requisitos do negócio jurídico sob condição

1. *Voluntariedade:* a condição deriva exclusivamente da vontade das partes. Dessa forma, não constitui condição o requisito proveniente da lei ou da própria natureza do direito (embora existam algumas opiniões em sentido contrário). Por isso, a condição é exclusiva dos negócios jurídicos Francisco Amaral[286] esclarece que "a condição se utiliza apenas nos negócios jurídicos, porque apenas estes são o instrumento da autonomia privada, aplicando-se, por analogia, a alguns atos jurídicos. Não há condição sem autonomia privada". Portanto, essa voluntariedade é típica dos negócios jurídicos, onde está presente o poder da vontade, impondo restrições a essa vontade.
2. *Determinação ou especificação do evento futuro e incerto:* o evento futuro e incerto deve ser determinado, devendo as partes mencionar *qual* é esse evento. O acontecimento futuro pode ser incerto, mas deve ser preciso.
3. *Futuridade e incerteza:* Caio Mário afirma[287]: "É essencial, na caracterização da condição, que o evento de cujo implemento a eficácia da vontade depende, seja futuro e seja incerto". A incerteza deve ser *objetiva* (e não subjetiva). Em razão disso, a eventualidade poderá ou não ocorrer, levando-se em conta critérios objetivos. A futuridade também é requisito essencial da condição. Se o evento já estiver consumado (for contemporâneo ou pretérito) ou não for conhecido do sujeito, não haverá condição. A incerteza diferencia a condição do termo.
4. *Licitude:* as condições devem ser lícitas, sendo vedadas as condições que violem a lei, os princípios de ordem pública e normas imperativas.
5. *Possibilidade:* as condições devem ser possíveis.

A condição é elemento acidental do negócio jurídico e impede a plena eficácia deste (no caso da suspensiva) ou pode levar à sua extinção, no caso da resolutiva. Após o implemento da condição, o negócio torna-se eficaz (na suspensiva). Na resolutiva, o negócio jurídico, desde a formação, tem plena eficácia, até o implemento da condição. A condição "legal" não é tratada pela maioria dos doutrinadores como condição, mas como pressuposto do negócio jurídico.

A existência da "condição legal" ou "imprópria" é verificada quando, ausente qualquer elemento volitivo das partes, a própria condição subordina a eficácia do negócio jurídico a evento futuro e incerto.

A condição propriamente dita é aquela derivada da vontade das partes, como enuncia o art. 121 do CC.

As condições podem ser subdivididas em categorias. Dentre elas, as mais relevantes são as casuais, potestativas, possíveis, impossíveis, lícitas, suspensivas e resolutivas.

A) Casuais

Na condição casual o acontecimento ou evento futuro e incerto independe da vontade humana. A condição fica subordinada a qualquer casualidade, vinculada a questões naturais. A implementação da condição não depende do comportamento das partes, e sim de casualidade. Por exemplo: o negócio somente terá eficácia se, daqui a um mês, a temperatura estiver a menos de 15 graus. Ou seja, o evento condicionante é estranho à vontade das partes, podendo resultar de fato da natureza e, para alguns autores, também de ato de terceiro: se chover amanhã, cumprirei aquela obrigação ou Maria se compromete a doar a José sua biblioteca, desde que ganhe na loteria.

B) Potestativas

Ao contrário das casuais, as condições potestativas se caracterizam quando a eventualidade ou o acontecimento futuro e incerto dependerem da vontade humana para serem implementadas. Exemplo: ganhar uma maratona, conquistar algo etc. É a participação humana, o desempenho humano que levará ao implemento ou não da condição.

No entanto, a doutrina divide as condições potestativas, levando em conta a intensidade da participação humana para o implemento da condição. Com base nesse critério, as condições potestativas podem ser: *simplesmente potestativas e puramente potestativas*.

As condições *puramente potestativas* condicionam a eficácia do negócio jurídico ao puro arbítrio de uma das partes, ou seja, para o seu implemento, basta a volição exclusiva e arbitrária de uma das partes (normalmente são materializadas com a expressão "se eu quiser" ou "quando eu desejar").

---

[286] AMARAL, Francisco. *Direito civil* – introdução, 6. ed. rev. e atual. Rio de Janeiro: Editora Renovar, 2006.
[287] PEREIRA, Caio Mário da Silva. *Instituições de direito civil:* Introdução ao direito civil. Teoria geral de direito civil. 20. ed. Atualizado por Maria Celina Bodin de Moraes. Rio de Janeiro: Forense, 2004. v. 1.

Tais condições puramente potestativas são consideradas ilícitas pelo art. 122 do CC, segundo o qual, entre as condições defesas ou proibidas incluem-se as que sujeitarem o efeito do negócio jurídico ao puro arbítrio das partes. As puramente potestativas dependem de mero capricho de um dos sujeitos, o que submete a pessoa ao puro arbítrio, dominação e opressão. Por conta dessa ilicitude, o art. 123, inciso II, dispõe que as condições ilícitas invalidam o próprio negócio jurídico que lhes é subordinado, seja a condição suspensiva ou resolutiva. A condição ilícita, materializa em cláusula, contamina a totalidade do negócio jurídico. Nas lições de Nery[288]: "É puramente potestativa a condição que faz a eficácia do contrato depender de uma simples e arbitrária declaração de vontade de uma das partes contratantes, seja para produzir (condição suspensiva), seja para conservar (condição resolutiva) os efeitos por elas previstos. Na condição puramente potestativa desaparece qualquer vínculo volitivo entre as partes e, por conseguinte, desaparece a vinculação de um sujeito a outro, reduzindo-se uma das partes à mera sujeição do domínio da vontade alheia".

Portanto, a condição puramente potestativa é ilícita. O STJ, por meio da Súmula 294, pacificou o entendimento a respeito da inexistência de condição puramente potestativa na comissão de permanência, calculada pela taxa média de mercado. Após muitas divergências e discussões, prevaleceu o seguinte entendimento: "Não é potestativa a cláusula contratual que prevê a comissão de permanência, calculada pela taxa média de mercado apurada pelo Banco Central do Brasil, limitada à taxa do contrato". O referido Tribunal entendeu que as cláusulas de comissão de permanência à taxa média de mercado são simplesmente potestativas, portanto, lícitas e não puramente potestativas ou ilícitas.

As condições puramente potestativas distinguem-se das simplesmente potestativas (ou condições potestativas ou meramente potestativas), estas últimas lícitas. Embora tais condições estejam subordinadas à vontade de uma das partes, sua implementação não depende apenas de vontade unilateral ou de puro arbítrio, mas também de determinado acontecimento externo.

As puramente potestativas são ilícitas e, por isso, invalidam o negócio jurídico, sejam suspensivas ou resolutivas.

As simples ou meramente potestativas são lícitas. Há vários institutos jurídicos que se relacionam com as condições simplesmente potestativas. A pactuação de arras para o caso de arrependimento (ato unilateral, direito potestativo de se arrepender – art. 420 do CC), o pacto de retrovenda (art. 503 do CC), a resilição unilateral (art. 473), a venda a contento (art. 509 do CC) e o exercício do direito de preferência (art. 513 do CC), são alguns exemplos de condições simplesmente potestativas e, portanto, lícitas (legítimas).

C) Possíveis

As condições possíveis ou impossíveis estão relacionadas a questões físicas e jurídicas. A impossibilidade da condição pode ser física ou jurídica. As condições impossíveis são aquelas que não poderão ser implementadas ou verificadas, por conta de impedimento legal (jurídicas) ou em razão de eventos físicos.

Tais condições física ou juridicamente impossíveis, quando suspensivas, invalidam o próprio negócio jurídico ao qual se vinculam (art. 123, I) e, quando resolutivas, são consideradas inexistentes (art. 124 do CC).

D) Lícitas e ilícitas

Caso a condição seja contrária ao direito, será ilícita, consideradas tais as contrárias à lei, à ordem pública, as que privarem de todo efeito o negócio e as puramente potestativas, quando sujeitarem o efeito do negócio jurídico ao puro arbítrio de uma das partes. As condições lícitas são as admitidas pelo direito.

E) Quanto à eficácia

Em relação à eficácia, as condições podem ser: *suspensivas* (a eficácia do negócio está suspensa até o implemento da condição) *e resolutivas* (quando o negócio, desde logo, produz os seus efeitos, que cessarão em consequência da realização da condição pactuada pelas partes).

As espécies de condição quanto à licitude, possibilidade, fonte de onde se originam e modo de atuação (eficácia) serão adiante estudadas, separadamente.

1.17.2.1. Condição e licitude – Condições ilícitas e proibidas

Em relação à licitude, enuncia o art. 122 do CC serem lícitas, em geral, todas as condições não contrárias à lei, à ordem pública ou aos bons costumes. Entre as condições proibidas estão aquelas capazes de privar de todo efeito o negócio jurídico (perplexas e contraditórias) e as que sujeitam esse ato ao puro arbítrio de uma das partes (puramente potestativas).

Para estudar as condições sob o âmbito da licitude, é necessário analisar a fonte das condições.

Fonte: casuais, potestativas e mistas

Casuais, como ressaltado, são as condições que dependem do acaso, podendo resultar de um fato da natureza ou da vontade de um terceiro. São alheias à vontade das partes, como já mencionado.

Ao contrário, as potestativas são as que decorrem da vontade das partes, dividindo-se em puramente potestativas e simplesmente potestativas. Somente as primeiras são ilícitas, por sujeitarem o efeito do ato ao puro arbítrio de uma das partes, sem a influência de qualquer fator externo.

As simplesmente potestativas dependem não só da manifestação de vontade das partes como também de algum acontecimento ou circunstância exterior que escapa ao seu controle.

Por isso, estas não dependem, exclusivamente, de um querer arbitrário do interessado, mas também, para realizá-las, é necessário exercitar alguma tarefa que lhe

---

[288] NERY JUNIOR, Nelson; NERY, Rosa Maria de Andrade. *Código Civil comentado*. 8. ed. São Paulo: Ed. RT, 2011.

exige um esforço ou sacrifício (ex.: se você escalar o Everest, te doarei minha casa; se você for a Roma, te venderei meu carro).

Retornando à questão da licitude, o legislador veda a estipulação de condições que contrariem o interesse público, as normas imperativas e os bons costumes (ex.: é ilícita a condição que obriga alguém a mudar de religião, bem como a que obriga alguém a se entregar à prostituição e aquela que proíbe a pessoa de se casar com qualquer pessoa).

Além dessas condições, também são ilícitas as condições perplexas, as quais privam de todo efeito o negócio, como é o caso das disposições absurdas e contraditórias. Nas perplexas, o conteúdo da condição retrata uma contradição (ex.: João será meu herdeiro se eu morrer depois dele. Ou, instituo "A" meu herdeiro universal, se "B" for meu herdeiro universal).

Também são ilícitas as condições *puramente potestativas*, quando o efeito do negócio jurídico fica sujeito ao puro arbítrio de uma das partes, sem a influência de qualquer fator externo (ex.: essas condições sempre são expressas sob a forma "se eu quiser"; "se este for o meu desejo"; "se eu concordar"; "eu entregarei o carro a João se eu quiser" etc.). Essa condição leva à invalidade da integralidade do negócio jurídico, conforme art. 123, II, do CC.

No entanto, as simplesmente potestativas, as quais não dependem do querer arbitrário do interessado, são admitidas. Como já mencionado, há vários exemplos de condições simplesmente potestativas, relacionados ao exercício de direitos legítimos e potestativos, como o direito de arrependimento quando previsto na obrigação, resilição unilateral, exercício de direito de preferência, entre outros.

Segundo dispõe o art. 123, II e III, do CC, invalidam os negócios jurídicos (e não apenas a condição) quando estes estiverem subordinados a condições ilícitas, ou de fazer coisa ilícita e a condições incompreensíveis ou contraditórias (também conhecidas como perplexas). As condições ilícitas estão definidas no art. 122 do CC.

A observação mais relevante é que as condições ilícitas e incompreensíveis ou contraditórias invalidam todo o negócio jurídico, ou seja, é um caso em que a cláusula acessória invalida o negócio principal.

As condições perplexas ou contraditórias tornam o negócio jurídico impossível de ser realizado no plano concreto, pois o privam de todo efeito. Incompreensível é a condição que tem conteúdos confusos, obscuros, incongruentes, de modo que não seja possível determinar o que efetivamente desejaram os sujeitos quando exteriorizaram vontade para formação e produção de efeitos jurídicos. Nessas hipóteses, o próprio negócio jurídico, em sua integralidade, é inválido.

Caio Mário[289] argumenta: "Quando a condição é ilícita o evento, em si, é uma verdadeira condição, e sempre de

natureza potestativa por conduzir alguém a realizar certo fato, fato que é materialmente suscetível de verificar-se, mas sofre a condenação inspirada na contrariedade à lei. Dependente de um ilícito, a eficácia do negócio macula-se da ilicitude da condição, e por isso a lei considera inválido o próprio negócio (art. 123, II)".

Fábio Azevedo[290] menciona uma exceção em que o Código Civil permitiria uma condição puramente potestativa: "No contrato de compra e venda o legislador permite a inserção de cláusulas especiais, como a retrovenda (art. 505 do CC). Nesse caso, o alienante de um imóvel pode estabelecer que pode recobrar o bem quando e como bem entender, dentro do limite máximo de três anos. É uma condição puramente potestativa, excepcionalmente admitida pelo ordenamento jurídico". Em nosso entendimento, trata-se de condição mera ou simplesmente potestativa.

A condição ilícita sempre invalida a integralidade do negócio jurídico, quer seja suspensiva, quer seja resolutiva, assim como as incompreensíveis e contraditórias (art. 123, II e III, do CC). O fato de ser suspensiva ou resolutiva somente tem interferência se a condição for impossível, pois os regimes jurídicos e os efeitos são diferentes.

No entanto, na condição ilícita e na contraditória ou perplexa, sejam elas resolutivas ou suspensivas, a consequência será a mesma, invalidação do próprio negócio jurídico.

1.17.2.2. Condição e possibilidade

Quanto à possibilidade, as condições podem ser física ou juridicamente impossíveis.

As condições fisicamente impossíveis são aquelas irrealizáveis por qualquer pessoa, ou seja, as que não podem ser cumpridas por nenhum ser humano (ex.: colocar toda a água do Rio Solimões em uma piscina olímpica).

As condições juridicamente impossíveis são as vedadas ou proibidas pelo ordenamento jurídico ou que atentam contra a moral e os bons costumes. Por exemplo, o Código Civil proíbe a adoção de pessoa da mesma idade, não podendo tal fato ser condição de negócio jurídico; o Código Civil, no art. 912, proíbe qualquer condição no endosso; a herança de pessoa viva também não pode ser objeto de relação jurídica e, em consequência, não pode tal condição subordinar o efeito e a eficácia de determinado negócio jurídico.

As condições física e juridicamente impossíveis terão influência no negócio jurídico, a depender do momento da eficácia desse fato jurídico. Há conexão entre as condições impossíveis e as condições suspensivas e resolutivas.

Se a condição for resolutiva, enquanto não implementada, o negócio jurídico produz normalmente os efeitos de direito. Se a condição for suspensiva, a eficácia do negócio jurídico dependerá do implemento da condição. Até o implemento da condição suspensiva, o negócio jurídico é ineficaz.

---

[289] PEREIRA, Caio Mário da Silva. *Instituições de direito civil*: Introdução ao direito civil. Teoria geral de direito civil. 20. ed. Atualizado por Maria Celina Bodin de Moraes. Rio de Janeiro: Forense, 2004. v. 1.

[290] AZEVEDO, Fábio de Oliveira. *Direito civil*: introdução e teoria geral. Rio de Janeiro: Lumen Juris, 2009.

Por isso, o tratamento jurídico em relação à invalidade do negócio jurídico onde existe condição impossível será diferente, se tal impossibilidade física ou jurídica estiver relacionada a condição suspensiva ou resolutiva.

Na condição impossível suspensiva, o negócio jurídico deve ser invalidado no todo. Segundo o art. 123, I, invalidam os negócios jurídicos, que lhe são subordinados, as condições física ou juridicamente impossíveis, quando suspensivas.

A sanção prevista em lei para os negócios cujos efeitos estão subordinados à condição impossível suspensiva é a invalidação. Como a condição impossível suspensiva é causa de invalidação, o vício existirá desde a origem do negócio jurídico. Este nasce viciado por conta de a condição impossível suspensiva integrar a sua constituição ou formação. Sendo suspensiva a condição impossível, a invalidade ocorrerá se a impossibilidade for física ou jurídica.

No Código Civil de 1916, o art. 116 previa que as "condições fisicamente impossíveis, bem como as de não fazer coisa impossível, têm-se por inexistentes. As juridicamente impossíveis invalidam os atos a ela subordinados".

O diploma anterior não vinculava as condições impossíveis às condições suspensivas e resolutivas. Segundo o art. 116 do CC/1916, as condições fisicamente impossíveis eram consideradas inexistentes, sendo suspensivas ou resolutivas, ao passo que as condições juridicamente impossíveis invalidavam o negócio jurídico, fossem suspensivas ou resolutivas.

O atual Código Civil alterou profundamente a matéria. Em primeiro lugar, as condições física ou juridicamente impossíveis possuem tratamento jurídico uniforme. Ambas, em conjunto, ou invalidam o negócio ou são consideradas inexistentes. A diferença no regime jurídico dessas condições não está no fato de serem física ou juridicamente impossíveis, como era no Diploma de 1916. Atualmente, a diferença está na eficácia da condição: suspensiva ou resolutiva. Este é o elemento determinante para a condição impossível ser causa de invalidação do negócio jurídico ou para que ela simplesmente seja considerada inexistente.

As condições impossíveis, sejam fisicamente ou juridicamente, seguem o mesmo regime jurídico. Esse regime jurídico variará conforme a natureza da condição impossível. Se suspensiva, a condição, física ou juridicamente impossível, invalida o negócio jurídico (art. 123, I, do CC).

Por outro lado, se a condição impossível, no aspecto físico ou jurídico, for resolutiva, a condição é simplesmente considerada inexistente ou não escrita.

É o disposto no art. 124 do CC, segundo o qual "têm-se por inexistentes as condições impossíveis, quando resolutivas, e as de não fazer coisa impossível".

Nessa situação, as condições resolutivas são inexistentes e consideradas não escritas, preservando-se o negócio jurídico. Como essa condição resolutiva é impossível, será tida como não escrita. A concretização da condição é impossível.

A razão dessa diferença de regimes em relação à eficácia das condições é justificável. Na condição suspensiva, enquanto esta não se verificar ou não for implementada, não se adquire o direito e o negócio não produz efeitos.

Dessa forma, se o negócio jurídico está subordinado a uma condição impossível e suspensiva, tal condição jamais será implementada ou concretizada e, consequentemente, o direito subjetivo jamais será adquirido, justamente porque a condição subordinante é impossível. Nesse caso, diante da impossibilidade de o negócio jurídico produzir efeitos, pois a condição não será implementada, nada mais natural do que impor a invalidade ao próprio negócio jurídico.

Em sendo resolutiva a condição impossível, em nada afetará o negócio jurídico. Na condição resolutiva, o negócio jurídico produz efeitos desde logo, os quais cessarão apenas em caso de implemento da condição. No caso, a condição resolutiva não interfere na produção dos efeitos jurídicos, pois desde o início ou na formação do negócio este é eficaz.

A condição resolutiva apenas provocará a cessação desses efeitos. Por isso, sendo impossível a condição resolutiva, o negócio jurídico produzirá os efeitos jurídicos normalmente, como se tal condição fosse inexistente, pois não terá, em razão da impossibilidade, condições de neutralizar os efeitos jurídicos do negócio.

Finalmente, há certa discussão a respeito de condição física ter que ser necessariamente absoluta.

Para uma parte da doutrina, somente se caracterizará tal impossibilidade quando a circunstância for inalcançável a todas as pessoas, não devendo ser levada em consideração a situação de impossibilidade subjetiva (Silvio Rodrigues, por exemplo, pensa dessa forma). Entretanto, a maioria da doutrina entende que a impossibilidade relativa, ou seja, vinculada a pessoa específica ou determinada, deve ser considerada absoluta, porque imposta no negócio justamente a quem não pode cumpri-la.

1.17.2.3. Condição – modo de atuação – suspensiva e resolutiva

Em relação ao modo de atuação ou ao momento de eficácia do negócio jurídico, a condição pode ser suspensiva ou resolutiva.

Condição suspensiva

A condição suspensiva está definida no art. 125 do CC: "Subordinando-se a eficácia do negócio jurídico à condição suspensiva, enquanto esta não se verificar, não se terá adquirido o direito, a que ele visa".

A condição suspensiva subordina a eficácia do negócio jurídico à concretização de um evento futuro e incerto. Enquanto não for implementada a condição, o negócio jurídico, embora existente e válido, não produz efeitos, ou seja, não é eficaz. Assim, a eficácia desse negócio depende da realização da condição, necessariamente um acontecimento futuro e incerto.

Na pendência de condição suspensiva, por ocasião da formação do negócio jurídico, não é adquirido o direito subjetivo pelo titular. Na condição suspensiva, o direito ainda não será incorporado ao patrimônio da pessoa enquanto a condição não for realizada. O nascimento e a aquisição do direito subjetivo ficam condicionados a um evento futuro e incerto.

A condição suspensiva faz depender do acontecimento condicional e subordinante a própria aquisição do direito a que o negócio visa.

O sujeito, enquanto na expectativa da aquisição de um direito subjetivo em negócio subordinado a uma condição suspensiva, pode efetuar medidas conservatórias desse direito eventual. Assim dispõe o Código Civil: "Art. 130. Ao titular do direito eventual, nos casos de condição suspensiva ou resolutiva, é permitido praticar os atos destinados a conservá-lo".

O direito condicional ou a expectativa de direito admite atos conservatórios, como, por exemplo, medidas cautelares de sequestro e arresto, entre outras. O negócio jurídico existe e é válido, apenas não tem eficácia. Por isso, pode ser preservado pelo titular desse direito eventual.

Os efeitos do negócio jurídico celebrado não são produzidos enquanto o evento futuro e incerto não se verifica. Ou seja, até a ocorrência do evento, ficam suspensos os efeitos do negócio jurídico, retardando-o. Exemplo: Daniel promete dar R$ 10.000,00 a José se ele passar no vestibular. Enquanto não se verifica o evento futuro e incerto (aprovação no vestibular), não se adquire o direito subjetivo a que o negócio visa, permanecendo em suspenso a sua incorporação ao patrimônio do titular, como se fosse uma "expectativa de direito".

É possível a transmissão do direito condicional, mas tal transmissibilidade só é cabível com a conservação da modalidade inseparável do negócio condicionado.

A verificação da condição chama-se implemento. Pendente a condição suspensiva, não se terá adquirido o direito a que visa o negócio jurídico. Segundo a maioria da doutrina, embora a incorporação do direito ao patrimônio do titular ocorra somente com o implemento da condição, o direito condicional constituir-se-á na data da celebração do negócio, como se desde o início não fosse condicional. Dessa forma, os defeitos do negócio consideram-se existentes desde o momento em que foi celebrado, como se fosse puro e simples.

Segundo o art. 126 do CC, "se alguém dispuser de uma coisa sob condição suspensiva, e, pendente esta, fizer quanto àquela novas disposições, estas não terão valor, realizada a condição, se com ela forem incompatíveis".

Embora confusa a redação desse artigo, um exemplo tornará claro os seus dizeres: José doou um imóvel a Pedro, sob a condição suspensiva de Pedro passar no vestibular. No entanto, antes do implemento da condição, qual seja, Pedro passar no vestibular, João alienou o mesmo bem a Hugo. Caso João venha a passar no vestibular, essa nova disposição sobre o bem, venda a Hugo, não terá valor, se realizada a condição – Pedro passar no vestibular –, porque a alienação a Hugo é incompatível com a doação a Pedro.

A expectativa de direito do credor tem tutela estatal. Enquanto pendente a condição, o dono do negócio poderá alienar o bem em questão a terceiros. No entanto, se implementada a condição suspensiva, a pessoa, até então, com mera expectativa de direito, passa a ser titular de um direito subjetivo e, como a alienação anterior é incompatível com a doação, aquela disposição (alienação) não terá valor, preservando-se o direito do sujeito beneficiário da doação.

A ausência de valor dos negócios realizados durante a pendência da condição suspensiva somente será verificada se houver incompatibilidade entre as disposições ou os negócios e o direito subjetivo consumado. Por isso, naquele exemplo, se, em vez de doar o imóvel a Pedro, fosse doado apenas o usufruto, não sendo esse instituto incompatível com a alienação do bem, valeria essa disposição.

Segundo o art. 126, somente não valem as disposições de coisas que estão sob condição suspensiva, se houver incompatibilidade entre a condição e a nova disposição.

Tal dispositivo ressalta o princípio da retroatividade das condições (o direito suspenso, com o implemento, adquire-se *ex tunc*, isto é, desde o momento da declaração de vontade). No caso, serão alcançados os atos e negócios do sujeito o qual dispôs sobre condição, caso estes sejam incompatíveis com a condição.

É válido ou não o negócio realizado durante o denominado "período de pendência" (expressão de Fábio Azevedo)? Depende da compatibilidade desses negócios realizados no período de pendência com a condição.

Em relação à retroatividade dos efeitos após o implemento da condição suspensiva, o Código Civil atual, assim como o Diploma de 1916, não adota regra geral a respeito da retroatividade.

Se após o implemento da condição suspensiva, os efeitos forem retroativos à data da formação do negócio, segundo Rose Venceslau[291], "os atos praticados durante o período de pendência perdem a sua validade e eficácia com o implemento da condição, enquanto se não há, tais atos permanecem íntegros".

Admitida a eficácia retroativa, o ato condicional é considerado como puro desde a formação ou origem. Os Códigos Civis da França (art. 1.179) e de Portugal (art. 276) adotam a retroatividade da condição. Segundo Francisco Amaral[292], a retroatividade não é unanimemente aceita pela doutrina e jurisprudência francesas, as quais reconhecem, nessas regras, caráter meramente dispositivo, excluindo de sua aplicação os atos de administração, percepção de frutos e os riscos da coisa. O direito alemão defende a tese da irretroatividade, ou seja, os efeitos seriam *ex nunc*.

Na realidade, como bem ressalta a nossa doutrina, a questão da retroatividade ou não dos efeitos do implemento da condição acaba sendo secundária, não tendo tanta relevância prática, porque o credor condicional acaba sendo tutelado em todas as circunstâncias.

---

[291] VENCESLAU, Rose Melo. O negócio jurídico e as suas modalidades – Arts. 104 a 114 e 121 a 137. In: TEPEDINO, Gustavo (coord.). *A parte geral do novo Código Civil*: estudos sob a perspectiva civil-constitucional. 2. ed. Rio de Janeiro: Renovar, 2003.

[292] AMARAL, Francisco. *Direito civil* – introdução, 6. ed. rev. e atual. Rio de Janeiro: Editora Renovar, 2006.

No art. 126 do CC, embora não haja previsão expressa da retroatividade, o fato a ser considerado é a proteção do credor condicional, pois qualquer negócio realizado durante o período de pendência da condição, ou seja, entre a formação do negócio jurídico e o implemento da condição, não terá valor, se incompatível com o direito subjetivo subordinado a uma condição.

O nosso legislador, fato comum, ficou no "meio do caminho" nessa questão. Os efeitos poderão ou não retroagir e essa retroatividade ou irretroatividade dependerá da incompatibilidade dos negócios realizados no período de pendência. Assim, apenas no caso concreto será possível apurar se os efeitos da condição retroagirão ou não, pois, não havendo incompatibilidade entre as disposições e o direito subjetivo condicional, as disposições permanecem incólumes.

Os atos de disposição não podem prejudicar o credor condicional. As disposições realizadas durante o período de pendência perdem o efeito com o implemento ou a verificação da condição, em caso de incompatibilidade.

Condição resolutiva

Na condição resolutiva, o negócio jurídico, desde a formação, produz efeitos jurídicos, tendo plena eficácia até o implemento da condição. A condição resolutiva resolve o direito subjetivo, neutralizando os efeitos do negócio jurídico.

A condição resolutiva vem definida no art. 127 do CC: "Se for resolutiva a condição, enquanto esta se não realizar, vigorará o negócio jurídico, podendo exercer-se desde a conclusão deste o direito por ele estabelecido".

A conclusão aí referida é a formação. Formado o negócio jurídico, mesmo condicionado, produz normalmente os efeitos jurídicos ("vigorará o negócio jurídico"), até o implemento ou a verificação da condição. Nesse caso, a condição resolutiva, na acepção do termo, resolve, encerra, neutraliza a eficácia do negócio.

A condição resolutiva é aquela cuja verificação extingue a eficácia do negócio jurídico. Os efeitos do ato terminam com o seu advento. Na condição resolutiva, a eficácia do negócio jurídico é imediata e, enquanto não se realizar a condição, vigorará o negócio jurídico, podendo exercer-se o direito por ele estabelecido.

Se a condição é resolutiva, como esta subordina ao evento a extinção do direito, este nasce desde logo e produz seus efeitos, o adquirente torna-se proprietário e o alienante deixa de o ser; constitui-se desde logo uma obrigação como se fosse pura e simples, porém sujeita a morrer.

O art. 128 do CC trata dos efeitos da condição resolutiva.

A primeira parte do dispositivo trata da consequência do implemento da condição resolutiva. Verificada a condição, extingue-se, para todos os efeitos, o direito subjetivo cuja permanência estava condicionada e subordinada ao não implemento da condição.

A condição resolutiva provoca, portanto, a extinção ou a resolução do direito subjetivo transferido desde a formação ou origem do negócio jurídico. Assim, sendo resolutiva a condição, o negócio existe desde logo, mas fica na expectativa de cessarem os seus efeitos se o evento futuro e incerto vier a ocorrer.

Então, no negócio sob condição resolutiva, o direito nasce desde logo e produz efeitos, mas verificada ou implementada a condição (evento futuro e incerto), é extinto o direito subjetivo ao qual estava vinculada.

Dessa forma, realizada a condição, extingue-se o direito, resolvem-se as faculdades que o compõem, inclusive aquelas que foram instituídas em benefício de terceiros (ex.: doa-se um bem a determinada pessoa, cujo ato produzirá eficácia até que o donatário ou beneficiário se case com determinada pessoa).

A segunda parte do art. 128 do CC ressalva os negócios de execução continuada ou periódica da irretroatividade dos efeitos. De acordo com a segunda parte do art. 128, se a condição resolutiva for inserida em um negócio jurídico de execução continuada ou periódica, implementada a condição, salvo disposição em contrário, tal condição não terá eficácia, ou melhor, não prejudicará os atos já praticados, desde que compatíveis com a natureza da condição pendente e conforme a boa-fé.

Exemplo: um contrato de aluguel, subordinado à condição resolutiva, assegura ao locador o direito aos rendimentos. Desfeito pelo implemento da condição, resolve-se o contrato, mas o locador não tem de restituir o que recebeu. Nesses casos, os efeitos produzidos são preservados. O implemento da condição resolutiva produzirá efeitos *ex nunc*, conservando-se os efeitos já produzidos anteriormente pelo negócio. Entretanto, a regra é dispositiva, porque é admitida convenção diversa pelas partes.

Retorna-se novamente à discussão sobre a retroatividade ou irretroatividade dos efeitos do implemento da condição. A regra da condição resolutiva nos negócios de execução continuada é a irretroatividade, preservando-se os atos já praticados durante o período de pendência da condição, mas tal preservação somente ocorrerá se esses atos forem compatíveis com a condição pendente e estiverem de acordo com a boa-fé.

No caso, somos obrigados a reconhecer os argumentos de Eduardo Espínola, Francisco Amaral e Zeno Veloso, no sentido de que, na prática, é irrelevante a retroatividade ou irretroatividade dos efeitos após o implemento das condições, pois sempre haverá a tutela do credor condicional e a necessidade de analisar o caso concreto. Não há aqui um princípio absoluto.

Na condição suspensiva, o efeito pode ser retroativo, pois, de acordo com o art. 126 do CC, havendo incompatibilidade, as disposições no período de pendência não terão valor. No entanto, se houver compatibilidade, essas disposições são preservadas, caso em que o efeito será *ex nunc*.

Aqui, havendo condição resolutiva e sendo negócio de execução continuada, a regra parece ser a irretroatividade, mas a convenção em contrário poderá prever a retroatividade e, havendo incompatibilidade com a natureza da condição pendente ou violação da boa-fé, os efeitos serão retroativos (segunda parte do art. 128 do CC).

Portanto, não há uma fórmula pronta. Somente no caso concreto será possível verificar a retroatividade ou irretroatividade dos efeitos do negócio após o implemento da condição, seja ela suspensiva ou resolutiva.

Sobre a questão dos efeitos, Caio Mário[293] faz um relevante relato histórico: "A controvérsia, que ainda separa os doutrinadores, e pôs de um lado, na corrente da retroatividade, Planiol e Ripert, e na oposta Colin e Capitant, remonta ao direito romano, onde textos há que autorizam a admiti-la, enquanto outros repelem-na, embora os jurisconsultos romanos jamais houvessem proclamado com visos de generalidade uma tal consequência, e repercute no campo normativo, dividindo a orientação dos sistemas. De uma banda, a escola que enuncia como regra a retroatividade das condições: Código francês (art. 1.179), espanhol (art. 1.120), italiano (art. 1.360) de outra banda a corrente contrária: o Código alemão (§ 158), o suíço das obrigações (arts. 151 a 154), o polonês das obrigações (arts. 46 e 47), não consignam a regra da retroatividade, que assim não passa de um processo explicativo de alguns efeitos produzidos pelo negócio condicional".

Continua o mestre: "O Código Civil de 2002, na esteira do Código Civil de 1916, filiando-se à corrente germânica, e contrariamente à francesa, não enuncia o princípio da retroatividade, e, pois, pelo nosso sistema, não se pode dizer que o implemento da condição tenha dado efeito retro-operante".

Não admitindo a retroatividade da condição, estão também Carvalho de Mendonça, Espínola, Pontes de Miranda, Serpa Lopes, Silvio Rodrigues e Orlando Gomes.

Na prática, é indiferente se o Código Civil adotou ou não o princípio da retroatividade. Isso deve ficar bem claro, pois, retroagindo ou não, o sistema protege o credor condicional, havendo condição tanto suspensiva (art. 126) como resolutiva (art. 128). É certa a omissão do nosso Código Civil, tanto que a doutrina é dividida.

Entretanto, isso se torna absolutamente irrelevante quando o próprio sistema, independentemente da retroação ou não dos efeitos, estabelece regras para os negócios realizados no período de pendência da condição. A discussão é extremamente vazia e sem sentido, já que a retroatividade ou irretroatividade terá pouca repercussão no negócio, até porque, conforme dispõe o art. 128 do CC, a norma tem natureza dispositiva e as partes, com fundamento na autonomia privada, sempre poderão dispor da forma mais conveniente a respeito desses interesses.

Encerrando essa questão, com as palavras de Francisco Amaral[294], o resumo é o seguinte: "As normas jurídicas sobre as condições são meramente dispositivas ou supletivas, por integrarem o sistema normativo da autonomia privada; o Código Civil brasileiro não adota o princípio da retroatividade da condição, filiando-se, por isso, ao sistema do Código Civil alemão, embora proteja, da mesma forma o sistema francês, os atos porventura incompatíveis com a expectativa de direito, guardadas as limitações do direito positivo pertinentes às relações jurídicas típicas mais frequentes e a norma jurídica do art. 126, fonte de toda a controvérsia, é de natureza dispositiva, interpretativa-integrativa, estabelecendo limitações ao poder de disposição do alienante condicional, como decorrência inexorável do respeito ao princípio objetivo da boa-fé, limitação essa modificável a critério das partes".

O Código Civil, no art. 129, trata da verificação ou implementação da condição quando for maliciosamente obstada pela parte a quem desfavorecer. Nesse caso, a parte impede a implementação da condição, pois tal condição poderia ser desfavorável ao seu interesse ou direito.

Trata-se de um desdobramento do princípio da boa-fé objetiva, expresso no art. 422 do CC. Desse modo, se o negócio jurídico estiver subordinado a uma condição, devem as partes agir com lealdade, honestidade, probidade e ética, sem qualquer interferência no sentido de impedir a consumação ou o implemento da condição integrante do negócio jurídico. A violação da boa-fé objetiva trará consequências, sendo algumas já previstas no art. 129 do CC.

Assim, sempre que a parte desfavorecida pelo implemento da condição impedir o seu implemento, intencional ou maliciosamente, considera-se a condição como realizada, para todos os efeitos (implemento fictício da condição).

Por outro lado, quando a parte que tinha proveito do implemento da condição, forçar, intencionalmente, a realização do acontecimento, considera-se a condição como não realizada, para todos os efeitos.

O dispositivo visa evitar a possibilidade de um ato voluntário ser capaz de obstar ou fazer realizar a condição em proveito próprio. Há duas obrigações negativas previstas na norma. A primeira é a de não obstar o implemento da condição, devida pelo sujeito a quem o implemento da condição for desfavorável.

Segundo, a obrigação de não forçar o implemento da condição, devida pelo sujeito que dela tiraria algum proveito. O descumprimento dessa obrigação, na primeira situação, leva à implementação da condição e, na segunda hipótese, a condição maliciosamente levada a efeito por aquele a quem aproveita o seu implemento é considerada não verificada. Com isso, o Estado pune o sujeito que age com má-fé, em qualquer sentido.

Resumo do principal elemento acidental (condição)

A condição é cláusula que limita a eficácia do negócio jurídico. A compreensão deste elemento acidental é essencial para institutos relevantes de direito civil, como contrato, propriedade (quando tal direito é vinculado a negócio jurídico, como a propriedade resolúvel), testamento, entre outros. Em razão da necessária voluntariedade (depende da vontade) e, por afetar o plano da eficácia, apenas se compatibiliza com o negócio jurídico.

O ato jurídico em sentido amplo se subdivide em ato jurídico em sentido estrito (AJSE) e negócio jurídico (NJ). A condição é elemento que pode estar associada ao NJ (e sempre depende da vontade dos sujeitos), no qual a auto-

---

[293] PEREIRA, Caio Mário da Silva. *Instituições de direito civil*: Introdução ao direito civil. Teoria geral de direito civil. 20. ed. Atualizado por Maria Celina Bodin de Moraes. Rio de Janeiro: Forense, 2004. v. 1.

[294] AMARAL, Francisco. *Direito civil* – introdução, 6. ed. rev. e atual. Rio de Janeiro: Editora Renovar, 2006.

nomia privada permite a interferência nos efeitos jurídicos. No AJSE não há autonomia privada, apenas autonomia da vontade. No AJSE o sujeito tem a liberdade de exteriorizar vontade para determinada finalidade jurídica tutelada pelo Estado, mas se submete aos efeitos jurídicos do ato que deseja. Como a condição interfere nos efeitos jurídicos e sua aposição depende da autonomia privada (poder para alterar os efeitos), não se compatibiliza com o AJSE (os efeitos são legais). É relevante tal observação para se compreender a lógica do direito civil. Por exemplo, quando o art. 1.613 enuncia que o reconhecimento de filho não pode estar submetido a condição, a razão desta vedação é que este ato (reconhecimento de filho) é AJSE. Portanto, tal vedação é decorrência lógica da natureza do reconhecimento de filiação (AJSE).

A condição (art. 121 do CC) deriva exclusivamente da vontade das partes e interfere nos efeitos jurídicos (eficácia): É a cláusula que subordina a eficácia do NJ a evento futuro e incerto. Não se confunde com as denominadas "condições legais" (aqui não há vontade – outra natureza).

Modo de atuação: a condição pode ser *suspensiva* (a aquisição e o exercício do direito dependem do seu implemento – Obs.: por isso, se houver cumprimento do NJ antes do implemento, pode ocorrer pagamento indevido, com direito à restituição; se o titular realizar alguma disposição em relação à coisa que está sob condição suspensiva, tal ato não terá valor se for incompatível com a condição quando se realizar, como a doação sob condição suspensiva e nova disposição sobre o bem doado) e *resolutiva* (o NJ tem plena eficácia desde a formação, mas o direito se extingue e se resolve com o implemento da condição: tal condição repercute na retroatividade ou não dos efeitos de contratos de execução continuada ou diferida – os efeitos podem ser mantidos até o implemento da condição – art. 128; é também causa de inadimplemento, art. 474 – cláusula resolutiva expressa e extinção de contrato; e pacto de retrovenda e resolução.

Licitude: a condição pode ser lícita (não contrária à lei, à ordem pública e os bons costumes – ex.: é contrário à lei e é nulo o testamento que institua herdeiro ou legatário sob condição captatória – art. 1.900, I) ou ilícito (se violar estes mesmos valores; se privar de todo efeito o NJ, como as perplexas e contraditórias; e as puramente potestativas – as meramente potestativas, que dependem apenas da vontade de uma das partes, são lícitas "se você viajar" – as puramente potestativas são vedadas porque se sujeitam ao arbítrio de uma das partes – "se eu quiser"). As ilícitas contaminam e invalidam a integralidade do NJ, seja suspensiva ou resolutiva (devido à sua gravidade).

Possibilidade de ser implementada: a condição pode encontrar obstáculo de ordem física ou jurídica para ser implementada (condição física e juridicamente impossível). Neste caso, se estiverem associadas à condição suspensiva, invalidam todo o NJ. Qual a lógica? Não há motivo para preservar o NJ cujo direito jamais será adquirido. Todavia, se associadas a condição resolutiva, são desprezadas e consideradas inexistentes. Qual a lógica? O NJ, desde a formação, produz efeitos e será considerado incondicional.

Observação final: a condição tem como única causa genética a vontade. O que significa? Se a lei estabelece condição, não segue a teoria geral da condição voluntária, mas a norma específica que a estabelece: ex.: – a lei condiciona a renúncia à herança a não prejudicar os credores, art. 1.813 – caso tal condição legal não seja observada, já apresenta o efeito: ineficácia da renúncia em relação aos herdeiros. As "condições" legais não são elementos acidentais do NJ, mas pressupostos de validade ou eficácia de fato jurídico.

1.17.3. Termo

O termo, disciplinado nos arts. 131 a 135 do CC, suspende apenas o exercício, mas não a aquisição do direito.

O termo é elemento acidental ou acessório do negócio jurídico e sempre subordina o início ou término da eficácia do negócio jurídico a evento *futuro* e *certo*. Em razão do termo, determina-se o momento do início ou o final de um prazo.

A futuridade e a certeza caracterizam o termo. Não se confunde com a condição, pois a condição subordina a eficácia do negócio jurídico a evento ou acontecimento futuro e *incerto*. No termo, a eficácia do negócio está subordinada a evento futuro e *certo*. A condição suspensiva suspende o exercício e a aquisição do direito.

O direito subjetivo é adquirido desde a formação do negócio jurídico, mas o exercício do direito fica suspenso até o momento do termo inicial.

Segundo dispõe o art. 131 do CC, "o termo inicial suspende o exercício, mas não a aquisição do direito".

Como o direito subjetivo não é prejudicado pelo termo, ou seja, este é adquirido e se incorpora ao patrimônio jurídico do sujeito desde a formação do negócio jurídico, não há sentido em discutir a retroatividade de seus efeitos.

O termo pode ser inicial e suspensivo ou final e resolutivo (apenas quanto ao exercício). Assim, no negócio submetido a termo inicial, segundo o art. 131 do CC, desde a conclusão se opera a plena aquisição do direito, mas fica suspenso o exercício desse direito.

O art. 132 do CC apresenta regras sobre a contagem dos prazos. Os prazos são contados excluído o dia do começo e incluído o dia do vencimento. Se o dia do vencimento cair em feriado, o prazo é prorrogado até o dia útil seguinte. Os prazos de meses e anos expiram no dia de igual número do de início, ou no imediato, se faltar exata correspondência.

A norma em questão é dispositiva, pois os prazos poderão ser alterados pela vontade das partes.

Os arts. 133 e 134 do CC tratam de prazos específicos para situações jurídicas determinadas.

Segundo o art. 133: "Nos testamentos, presume-se o prazo em favor do herdeiro, e, nos contratos, em proveito do devedor, salvo, quanto a estes, se do teor do instrumento, ou das circunstâncias, resultar que se estabeleceu a benefício do credor, ou de ambos os contratantes".

Tal dispositivo estabelece regra de presunção para favorecer o herdeiro no testamento e o devedor nos contratos e obrigações em geral. Ressalvadas as hipóteses legais (como ocorre com o art. 333, quando se admite a antecipação do prazo contra o devedor), os prazos devem beneficiar esses sujeitos.

Além dessa regra, o Código Civil, no art. 134, enuncia: "Os negócios jurídicos entre vivos, sem prazo, são exequíveis desde logo, salvo se a execução tiver de ser feita em lugar diverso ou depender de tempo". Tal regra deve ser analisada em conjunto com o art. 331 do CC, que trata do tempo do pagamento, quando não houver prazo, bem como com o art. 397, parágrafo único do CC, que disciplina a constituição em mora nas obrigações sem prazo determinado (depende de interpelação judicial ou extrajudicial).

O termo poderá ser expresso ou tácito. Não havendo prazo, a regra é que os negócios jurídicos são, desde logo, exequíveis, salvo se a execução tiver de ser feita em outro local ou depender de tempo. O Código Civil supre eventual omissão das partes, para determinar, nos negócios *inter vivos*, a imediata execução.

O termo, como já mencionado, pode ser inicial ou final. Segundo o art. 135, ao termo inicial e final aplicam-se, naquilo que for compatível, as disposições relativas à condição suspensiva e resolutiva. O Código Civil adotou a similitude entre termo inicial e condição suspensiva e entre termo final e condição resolutiva.

Para Caio Mário[295], "é inicial ou suspensivo, quando é a partir dele que se pode exercer o direito; é final ou extintivo, quando nele encontra fim a produção de efeitos do negócio jurídico". Em relação à diferença entre o termo e a condição, continua Caio Mário: "Dela difere radicalmente pela certeza do evento, que na condição, é obrigatoriamente incerto. Na dupla modalidade de atuação há, também, um ponto de semelhança, equivalendo o termo inicial à condição suspensiva e o termo final à condição resolutiva".

No entanto, há diferenças porque a condição suspensiva impede a aquisição do direito e o termo inicial apenas suspende o exercício do direito. Em relação à condição resolutiva, aproxima-se o termo final, mas este não encerra a relação jurídica, apenas os seus efeitos.

Em relação à necessária correlação entre os arts. 133, 134, 331, 333 e 397, parágrafo único, essencial algumas considerações: O termo é o evento futuro e certo que suspende a exigibilidade (exercício) de determinado direito. O termo não interfere na aquisição, mas apenas no exercício do direito (art. 131 do CC), com mencionado. Se determinado negócio jurídico estiver submetido a termo certo, a exigibilidade dependerá do advento do termo. Aliás, por esta razão, o art. 133 do CC dispõe que nos contratos presume-se o prazo (termo certo) em proveito do devedor. Trata-se de presunção relativa, porque as partes podem convencionar o contrário ou as circunstâncias podem flexibilizar a regra. Em relação às circunstâncias, por exemplo, o art. 333, permite ao credor o direito de cobrar a dívida antes do vencimento do prazo (ou seja, antes do termo). Nas situações ou circunstâncias especificadas no art. 333, o termo certo não será em proveito do devedor.

Nos negócios jurídicos entre vivos sem prazo certo (art. 134), ou seja, quando não há termo predeterminado, são exequíveis desde logo, salvo lugar diverso ou necessidade de tempo (razoabilidade). Na mesma esteira o art. 331 do CC, segundo o qual, não sendo estipulado prazo para pagamento, é possível exigir imediatamente a pretensão. A possibilidade de exigência imediata não se confunde com a mora nos negócios sem prazo determinado. Nestas situações, a constituição em mora dependerá de interpelação, judicial ou extrajudicial (art. 397, parágrafo único). Se não há termo certo, a exigibilidade é imediata. Todavia, não significa que o devedor está em mora. A mora ocorrerá com a interpelação. A exigibilidade de negócios sem termo não pressupõe mora, mas é essencial a constituição em mora para pretender os encargos decorrentes da mora.

Tal questão também interfere no instituto da compensação, pois o art. 369 dispõe que as dívidas ou obrigações recíprocas devem estar exigíveis ou vencidas (se for sem termo, a qualquer momento e se houver termo certo, após o termo).

1.17.4. Encargo – Arts. 136 e 137

O encargo é limitação a uma liberalidade.

Por encargo ou modo entende-se a cláusula que, aposta a negócios jurídicos gratuitos (cláusula acessória às liberalidades), atinge seus efeitos (sem impedir a aquisição ou o exercício do direito), impondo ao beneficiário um ônus ou uma obrigação de dar, fazer ou não fazer, sem que esta configure uma contraprestação.

Segundo dispõe o art. 136 do CC: "O encargo não suspende a aquisição e nem o exercício do direito, salvo quando expressamente imposto no negócio jurídico, pelo disponente, como condição suspensiva".

O encargo, ao contrário da condição suspensiva, não impede a aquisição do direito subjetivo e, diferentemente do termo, também não é obstáculo ou impedimento para o livre exercício desse direito.

O encargo é um ônus ou restrição incidente sobre negócios jurídicos gratuitos, como é o caso da doação. Sua função principal é restringir determinada liberalidade.

O encargo ou modo também não se confunde com a condição resolutiva, porque esta opera automaticamente, de pleno direito, enquanto a inexecução do encargo depende de sentença judicial.

Por exemplo, a doação, típico negócio jurídico gratuito, pode ser onerada por um encargo, conforme art. 539 do CC. O art. 553 do CC dispõe sobre a obrigação do donatário de cumprir os encargos da doação, caso forem a benefício do doador, de terceiro ou do interesse geral e, nessa última hipótese, o Ministério Público terá legitimidade para requerer a execução do encargo após a morte do doador.

Caso o encargo não seja cumprido pelo beneficiário, a doação pode ser revogada, nos termos dos arts. 555 e

---
[295] PEREIRA, Caio Mário da Silva. *Instituições de direito civil:* Introdução ao direito civil. Teoria geral de direito civil. 20. ed. Atualizado por Maria Celina Bodin de Moraes. Rio de Janeiro: Forense, 2004. v. 1.

562, todos da Lei Civil. Este é um exemplo de encargo em negócio jurídico gratuito.

O beneficiário concorda com o sacrifício e, por isso, se sujeita ao cumprimento do encargo. O cumprimento do encargo é obrigatório, embora não impeça a aquisição ou o exercício do direito subjetivo.

Em relação à obrigatoriedade do cumprimento do encargo, não constitui uma contraprestação. Isso não pode representar contrapartida da prestação oposta, sob pena de se descaracterizar o encargo.

É feito com caráter impositivo e sancionado pela exigibilidade a que o obrigado se sujeita. Ninguém pode ser compelido a aceitar uma liberalidade (doação ou legado), mas estando esta acompanhada de um encargo, a sua aceitação implica subordinação do benefício recebido ao dever imposto sob a forma de *modus*.

Por outro lado, o art. 136 admite que o encargo seja imposto no negócio jurídico como condição suspensiva e, nesse caso, seguirá o regime jurídico da condição suspensiva, ou seja, enquanto não cumprido o encargo, o titular não adquirirá o direito e não poderá exercê-lo.

Então, o encargo, como condição suspensiva, deixa de ser um encargo por natureza, para ser uma condição, subordinando a eficácia do negócio jurídico a um evento futuro e incerto. Tal evento, futuro e incerto, é o cumprimento do encargo.

Apenas assumindo o caráter de condição suspensiva, o encargo suspenderá a aquisição e o exercício do direito subjetivo, a teor do art. 125 do CC. Nesse caso, perde a sua natureza e, enquanto não executado o encargo, não se adquire o direito.

Não há limitação em relação ao encargo, podendo não ter repercussão no valor patrimonial (doação de bem com encargo de ficar à disposição do público uma vez por semana), abranger uma parte do patrimônio ou todo o patrimônio. O encargo não pode, em nenhuma hipótese, ser confundido com a contraprestação, pois, nesse caso, se terá um negócio jurídico oneroso e não um negócio jurídico gratuito com encargo.

Como enuncia Amaral[296]: "O modo reduz os efeitos da liberalidade, cabendo, apenas, nos negócios a título gratuito (doação, constituição de renda, promessa de recompensa, instituição de herdeiro), jamais em negócio a título oneroso, pois neste equivaleria a uma contraprestação".

Encargo é, portanto, modalidade acessória compatível com os negócios jurídicos gratuitos. O encargo, de qualquer forma, não interfere na aquisição e no exercício do direito.

O dever jurídico criado pelo encargo gera um vínculo obrigacional para o beneficiário, de modo que seu descumprimento permite ao autor da liberalidade, titular do direito subjetivo correspondente, exigir o cumprimento.

Dessa forma, em relação ao regime jurídico, verifica-se que o encargo impõe uma prestação, ou seja, um dever que grava o beneficiário da liberalidade e cujo implemento pode, como consequência, ser exigido.

Em relação à natureza no encargo, o Código Civil, no art. 137, considera não escrito o encargo ilícito ou impossível, salvo se constituir o motivo determinante da liberalidade, caso em que se invalida o negócio jurídico.

Aqui, há duas situações distintas a serem consideradas. A primeira trata da ilicitude ou impossibilidade do encargo. A prestação exigida do beneficiário há de ser lícita e possível, sob pena de considerar-se não escrita ou inexistente. Nessa primeira situação, desconsidera-se o encargo, como se a liberalidade não estivesse onerada. O negócio jurídico gratuito não ostentará qualquer encargo, ou seja, prevalece o negócio jurídico gratuito, o qual não é afetado.

Por exemplo, se "A" doa um imóvel para "B", impondo ao donatário o ônus ou encargo de disponibilizar esse imóvel, uma vez por semana, para pessoas comercializarem substância entorpecente. Tal encargo é considerado não escrito e inexistente, passando a doação a ser pura ou sem encargo.

A segunda situação leva à invalidação do próprio negócio jurídico gratuito e não apenas do encargo. Nessa hipótese, o encargo ilícito e impossível é o motivo ou a causa determinante da liberalidade. Ou seja, verifica-se que a pessoa somente realizou o negócio gratuito em razão do encargo.

O encargo ilícito ou impossível é causa que determina e impulsiona, é a motivadora da exteriorização da vontade. A pessoa é levada a realizar uma liberalidade apenas por conta do encargo. Sendo o encargo ilícito ou impossível a causa determinante do negócio, não só o encargo, mas o próprio negócio jurídico é invalidado.

É o caso do traficante de drogas que doa um imóvel para um membro da sua comunidade com o encargo de esse imóvel servir como ponto de venda de drogas. A causa determinante da doação é o encargo ilícito. Se não fosse o encargo, não haveria a doação. Portanto, o encargo, nessa situação, é a causa ou o motivo determinante da manifestação de vontade, motivo pelo qual o próprio negócio jurídico é invalidado.

Finalmente, considerando que o encargo gera declaração de vontade modificada, seu descumprimento é causa de revogação da liberalidade.

1.18. TEORIA DOS DEFEITOS DO NEGÓCIO JURÍDICO

1.18.1. Introdução

O pressuposto fundamental do negócio jurídico é a declaração ou exteriorização consciente da vontade do agente, em conformidade com a norma legal. No negócio jurídico, os efeitos jurídicos, nos limites permitidos pela norma jurídica, são escolhidos pelos agentes em razão da autonomia privada (o negócio jurídico é o instrumento da autonomia privada). A autonomia privada é o poder da vontade.

A validade do negócio jurídico depende da exteriorização de vontade sem vícios e completamente livre. Os vícios incidentes sobre a vontade são regulados pelo Có-

---

[296] AMARAL, Francisco. *Direito civil* – introdução, 6. ed. rev. e atual. Rio de Janeiro: Editora Renovar, 2006.

digo Civil, sob a denominação *defeitos do negócio jurídico*. Tais *defeitos* estão relacionados a momento específico do negócio jurídico, qual seja, sua formação ou origem.

Os *defeitos* do negócio jurídico são causas contemporâneas ou anteriores à formação. Integram o plano de validade do negócio jurídico e, caso se caracterizem, podem ser causa de invalidação.

O negócio jurídico poderá ser invalidado se o vício ou defeito for contemporâneo ou anterior à sua formação. Se o vício ou defeito for superveniente à formação do negócio, não é a parte geral a responsável em tutelar a situação, e, sim, a teoria do inadimplemento, tratada na parte especial (obrigações).

Há duas categorias de *defeitos* ou *vícios* capazes de prejudicar a validade do negócio jurídico: os primeiros prejudicam a própria manifestação ou exteriorização da vontade e, por isso, perturbam a elaboração. Atuam, intensamente, sobre o próprio consentimento. Portanto, são denominados *vícios de consentimento*, porque têm a potencialidade de influenciar o consentimento do sujeito, no momento da exteriorização da vontade. Os vícios de consentimento são causa de divergência entre vontade real e vontade declarada.

Os demais defeitos (sociais) repercutem diretamente no negócio jurídico, mas retratam a desconformidade do resultado com o imperativo da lei. Nessas situações, como é o caso da fraude contra credores e da simulação (atualmente na teoria das invalidades), o negócio reflete a vontade real do agente. Estes, desde o início, visam a exteriorizar a vontade em direção contrária ao mandamento legal.

Nessa segunda hipótese, não há divergência entre a vontade real e exteriorizada, mas, sim, entre a vontade do agente e a ordem legal. Estes são os denominados *vícios sociais*, porque não há desarmonia entre o querer do agente e sua manifestação externa, mas violação ou não cumprimento das exigências legais, no que tange ao resultado desejado.

Tanto os vícios de consentimento quanto os vícios sociais integram a *teoria* dos defeitos dos negócios jurídicos.

O fundamento, elemento nuclear do negócio jurídico, é a vontade. Esta, exteriorizada sem vícios e de forma livre, por meio de declaração, provoca o nascimento, a modificação ou a extinção das relações jurídicas.

Nas lições de Francisco Amaral[297], defeitos do negócio jurídico são as imperfeições que neles podem surgir, decorrentes de anomalias na formação da vontade ou na sua declaração.

Se a declaração de vontade for compatível com a vontade íntima ou desejada e, também, com o ordenamento jurídico, o negócio é válido e apto a produzir todos os efeitos jurídicos pretendidos. Se houver divergência da vontade íntima com a declarada ou com a norma legal, o negócio jurídico será defeituoso.

O desequilíbrio na atuação da vontade, relativamente à própria declaração (como ela se exterioriza) – vícios relacionados ao consentimento – ou às exigências da ordem legal – vícios sociais, podem invalidar o negócio jurídico.

O atual Código Civil alterou a sistemática em relação aos defeitos do negócio jurídico. Além de incorporar ao sistema dois novos *vícios*, quais sejam, a lesão e o estado de perigo, ainda passou a considerar a simulação como causa de nulidade e não mais de anulação. A simulação continua sendo um gravíssimo defeito ou vício relacionado à origem ou ao processo formativo do negócio jurídico. Também é causa de invalidação. No entanto, o atual Código Civil apenas alterou o regime jurídico da simulação. Agora, tal defeito se submete ao regime jurídico das nulidades, e não da anulação.

O fato de a simulação estar no capítulo da teoria das invalidades, e não no capítulo dos defeitos do negócio jurídico, não retira dela a condição de ser um vício ou defeito do negócio jurídico. A única diferença é que a simulação passou a ser considerada vício tão grave que constitui causa de nulidade do negócio em qualquer circunstância (art. 167 do CC), conforme será estudado posteriormente.

Passaremos, então, a estudar, um a um, os defeitos do negócio jurídico: *erro, dolo, coação, lesão, estado de perigo, fraude contra credores* e *simulação*.

1.18.2. Erro ou ignorância – Arts. 138 a 144 do CC

O erro ou a ignorância podem ser definidos como a falsa percepção da realidade (erro) ou total desconhecimento a respeito das circunstâncias do negócio jurídico (ignorância), que conduz a uma declaração de vontade desconforme com o que deveria ser, se o agente tivesse conhecimento dos seus verdadeiros pressupostos fáticos.

Ou seja, é a ausência de concordância entre a vontade real e a vontade declarada. O Código Civil trata, indistintamente, do erro e da ignorância.

No erro, o agente, de forma espontânea, exterioriza vontade que certamente não exteriorizaria se tivesse noção perfeita da realidade fática. A percepção equivocada da realidade fática conduz o agente a declarar uma vontade que certamente não declararia se tivesse plena ciência das circunstâncias fáticas relacionadas ao negócio jurídico desejado.

O erro, portanto, é a causa determinante da exteriorização da vontade, elemento impulsionador. É *causa determinante*, justamente porque é o erro ou a falsa percepção da realidade fática o elemento condutor da vontade.

O agente somente realiza o negócio jurídico em razão, única e exclusivamente, do erro. Se não fosse o erro ou falsa percepção da realidade, o agente não teria realizado o negócio. Se o erro ou a ignorância for indiferente para agente, não é qualificado como defeito ou vício do negócio jurídico. Ou seja, para viciar o negócio jurídico, o erro deve ser a causa principal, o motivo único que leva o agente a declarar a vontade.

Segundo Orlando Gomes[298], "tendo sobre um fato ou sobre um preceito noção inexata ou incompleta, o agente

---

[297] AMARAL, Francisco. *Direito civil* – introdução, 6. ed. rev. e atual. Rio de Janeiro: Editora Renovar, 2006.

[298] GOMES, Orlando. *Introdução ao direito civil*. 19. ed. rev. e atual. Rio de Janeiro: Forense, 2008.

emite sua vontade de modo diverso do que a manifestaria, se deles tivesse conhecimento exato, ou completo".

Em razão do desconhecimento do negócio ou de uma falsa percepção, a pessoa atua de forma diferente daquela que seria sua vontade se tivesse percepção exata, completa e perfeita da realidade fática.

No erro, há divergência entre a vontade real, desejada intimamente, e a vontade declarada. Tal divergência é espontânea.

Se a outra parte, de qualquer forma, seja por ação ou omissão, contribuir, ainda que minimamente, para a falsa percepção da realidade, a hipótese não mais será de erro, mas sim outro defeito do negócio jurídico, como o dolo, por exemplo. Assim, a espontaneidade é elemento fundamental para a caracterização do erro como defeito do negócio jurídico.

Mas qual erro terá força para anular o negócio jurídico? Qualquer erro? A resposta é negativa e envolve duas linhas de pensamento.

O erro, para invalidar o negócio jurídico, necessariamente, deve ser substancial ou essencial. Além disso, deve ser a causa determinante do negócio jurídico. Em relação a esses elementos, não há divergência. O problema está relacionado à percepção, bem como ao fato de esse erro ser ou não escusável.

Requisitos necessários para o erro ser considerado defeito capaz de invalidar o negócio jurídico:

1. *Erro substancial:* em relação a esse requisito, não há divergência entre os doutrinadores.

Segundo o art. 138 do CC: "São anuláveis os negócios jurídicos, quando as declarações de vontade emanarem de erro substancial que poderia ser percebido por pessoa de diligência normal, em face das circunstâncias do negócio".

Assim, o erro, para ser considerado causa de anulabilidade do negócio jurídico, deve ser *essencial* ou substancial.

Então, só o erro substancial pode levar à anulação do negócio jurídico. O Código Civil não deixa sob a responsabilidade do intérprete a caracterização do erro substancial. A própria Lei Civil já traz as diretrizes para classificar um erro como substancial.

Mas o que é erro substancial?

O art. 139 do CC o define.

Substancial é o erro que diz respeito à natureza do negócio (se alguém faz doação, supondo estar vendendo), ao objeto principal da declaração (se alguém adquire uma tela de um pintor qualquer, imaginando que é de um pintor famoso ou o que compra a casa número 45 e consta no contrato a casa 54, que é na mesma rua) ou a alguma de suas qualidades essenciais (pessoa que compra uma estátua de marfim, quando na verdade é de osso ou a pessoa que adquire um relógio achando que é de prata quando na verdade é de lata), tudo nos termos do art. 139, I, do CC.

Ainda pode ser anulado o negócio, quando o erro substancial for concernente à identidade ou à qualidade essencial da pessoa a quem se refira a declaração de vontade, desde que tenha influído nesta de modo relevante (art. 139, II, do CC). Tal erro ocorre, por exemplo, quando alguém faz doação em favor de outra pessoa que supõe ter-lhe prestado auxílio e, depois, descobre que o beneficiário da liberalidade não foi quem generosamente lhe atendeu no momento da dificuldade.

Nesses casos, o erro somente poderá invalidar o negócio jurídico quando for a causa determinante, ou seja, tiver influído, de modo relevante, no momento da exteriorização da vontade. Assim, somente pode ser anulado o negócio jurídico se a pessoa tinha plena convicção sobre a identidade ou qualidade essencial da pessoa e, depois, descobre que sua convicção estava fundada em uma falsa percepção da realidade e esta falsa percepção da realidade foi decisiva para influenciar a exteriorização da sua vontade.

Tal erro diz respeito ao conhecimento falso sobre a identidade da outra parte ou sobre suas qualidades essenciais. Como já dito, assim como nos outros casos, tal erro tem que ser a causa determinante do negócio, ou seja, deve ter influído na declaração de vontade de modo relevante.

Finalmente, também pode anular o negócio o erro de direito. Segundo o inciso III do art. 139 do CC, o erro é substancial quando sendo de direito e não implicando recusa à aplicação da lei, for o motivo único e principal do negócio jurídico.

Estas são as hipóteses de erro capazes de viciar a vontade e levar à invalidação do negócio jurídico. O erro acidental não é suficiente para caracterização desse vício de consentimento.

A grande novidade do Código Civil em relação ao erro substancial é considerar como tal o erro de direito ao lado do erro de fato. Dessa forma, não apenas a falsa percepção da realidade fática, como a falsa percepção da norma jurídica, desde que sejam as causas determinantes da exteriorização da vontade, podem ser consideradas substanciais e, por isso, capazes de invalidar o negócio jurídico.

Em conclusão, o erro de direito, com os limites impostos pelo art. 139, III, ao lado do erro de fato, é causa de invalidade do negócio jurídico.

2. *Causa determinante:* em relação a esse requisito, também não há divergência na doutrina.

O erro ou a ignorância, para fundamentar a invalidação do negócio jurídico, deve ser a causa determinante, ou seja, a causa impulsionadora e motivadora da vontade. O agente somente realiza o negócio jurídico porque erra. Ou seja, o erro foi a causa que determinou a vontade. Não fosse o erro, a vontade não teria sido declarada.

Assim, segundo o mestre Caio Mário, para que o negócio se torne defeituoso e, pois, anulável, o erro há de ser a causa determinante (conduz a vontade do agente e influencia na sua deliberação de maneira imediata, falseando a verdade).

3. *Erro perceptível ou cognoscível:* esse requisito é fonte das mais profundas divergências em relação ao erro como causa de anulação do negócio jurídico.

O erro, para anular o negócio jurídico, além de substancial (essencial) e causa determinante da exteriorização da vontade, deve, também, ser perceptível pelo destinatário da declaração.

Apenas com a junção desses três requisitos, o erro pode ser invocado pelo agente para invalidação do negócio jurídico.

O atual Código Civil acrescentou o elemento da *percepção* ao erro, o qual, até então, era inexistente. O art. 86 do CC de 1916 estabelecia serem anuláveis os atos jurídicos, quando as declarações de vontade emanassem de erro substancial. Nos arts. 87 e 88, o CC/1916 tratava das hipóteses de erro substancial, atualmente arroladas no art. 139, I e II.

Portanto, é nova a ideia do erro perceptível, justificando as divergências doutrinárias sobre esse requisito.

Segundo o art. 138 do CC, são anuláveis os negócios jurídicos, quando as declarações de vontade emanarem de erro substancial (até aqui, a redação é idêntica ao art. 86 do CC/1916), que poderia ser percebido por pessoa de diligência normal, em face das circunstâncias do negócio. O erro, para viciar a declaração de vontade e servir de fundamento para invalidação do negócio jurídico, deve, portanto, ser perceptível.

Mas *perceptível* para quem ou por quem? Pelo agente responsável pela exteriorização da vontade ou pelo destinatário da declaração de vontade?

Considerando a injustificável omissão do Código Civil em relação à imputação dessa percepção do erro, surgiram duas correntes na doutrina.

1ª corrente: a primeira corrente defende a tese de que o erro deve ser percebido pelo agente responsável pela declaração de vontade. Tal corrente tem defensores de peso, como Orlando Gomes, Caio Mário e Francisco Amaral. Para estes, o erro anula o negócio jurídico quando for essencial e escusável. Escusável é o erro perdoável, o qual está vinculado ao emissor da declaração de vontade. Assim, o agente responsável pela declaração de vontade somente pode invocar o erro, se esse erro, considerando o padrão médio da sociedade, for um erro perdoável ou escusável.

Tal corrente foca a escusabilidade do erro na pessoa do declarante. Caio Mário[299] afirma: "A doutrina acrescenta ainda que somente é de se considerar o erro escusável, não afetando o negócio, quando o agente procede sem as cautelas normais, ou seja, tal que não cometeria um indivíduo de inteligência comum".

Francisco Amaral[300] menciona: "Além de essencial, deve o erro ser desculpável, isto é, não pode ser consequência da culpa ou falta de atenção daquele que alega o erro para tentar anular o ato que praticou". Amaral, no entanto, não explica de quem seria a falta de atenção.

Para estes, o erro escusável é indispensável para a segurança jurídica, pois o declarante que erra, por negligência ou imprudência, deve suportar as consequências do negócio jurídico. Tal corrente despreza o destinatário da declaração. Em resumo, para essa corrente, o erro, para anular o negócio jurídico, deve ser *substancial, causa determinante da vontade e escusável* (*perceptível pelo declarante*).

2ª corrente: a segunda corrente sustenta a tese de que a percepção do erro não está relacionada ao declarante, e, sim, ao destinatário da declaração. Paulo Nader, Sílvio Venosa, Cristiano Chaves, Gustavo Tepedino e Renan Lotufo, dentre outros, defendem a percepção do erro em relação ao receptor ou destinatário da declaração. O fundamento dessa corrente é justamente a tutela da pessoa receptora da declaração, a qual confiou na emissão da vontade. Se o destinatário da declaração confia nessa vontade exteriorizada e não tem condições de perceber o erro do declarante, ainda que o erro seja essencial e causa determinante do negócio jurídico, não pode o declarante invocá-lo para invalidar o negócio. A tutela da confiança, como desdobramento da teoria da declaração do negócio jurídico (art. 112 do CC), só permite a invalidação deste se o erro poderia ser percebido pelo destinatário.

Em resumo, para essa corrente, o erro, para invalidar o negócio jurídico, deve ser *substancial, causa determinante* e passível de ser *percebido* pelo destinatário da declaração, o qual, por não agir com a devida diligência no negócio jurídico, acaba não o percebendo.

Qual a corrente mais coerente com o nosso sistema legal?

Não há nenhuma dúvida em relação a essa resposta. A segunda corrente é a única compatível com os princípios norteadores do atual Código Civil. No estudo das regras de interpretação do negócio jurídico, foram analisadas as teorias da vontade e da declaração.

A vontade, fundamento do negócio jurídico, deve ser interpretada de acordo com aquilo exteriorizado ou declarado pelo agente e não de acordo com as convicções íntimas do declarante. Por que isso?

Em razão da tutela da boa-fé do destinatário dessas declarações de vontade. O destinatário acredita e confia na vontade exteriorizada. Se o agente, por falsa percepção da realidade ou ignorância, errava ao exteriorizar essa vontade, esse erro não pode, em nenhuma hipótese, prejudicar o destinatário da declaração, cuja pessoa desconhece o erro ou a divergência entre a vontade real, íntima do declarante, e a vontade por ele exteriorizada. O destinatário acredita e confia que a vontade exteriorizada ou declarada corresponde à vontade desejada pelo destinatário.

Assim, quando o art. 138 diz: "Erro substancial que poderia ser percebido por pessoa de diligência normal", está se referindo ao destinatário da declaração, como desdobramento da teoria adotada pelo art. 112 do CC, em relação à hermenêutica do negócio jurídico e, principalmente, em razão do princípio da boa-fé objetiva, orientador das relações privadas e fundamento da tutela da confiança dos destinatários de vontades exteriorizadas.

---

[299] PEREIRA, Caio Mário da Silva. *Instituições de direito civil*: Introdução ao direito civil. Teoria geral do direito civil. 20. ed. Atualizado por Maria Celina Bodin de Moraes. Rio de Janeiro: Forense, 2004. v. 1.

[300] AMARAL, Francisco. *Direito civil* – introdução, 6. ed. rev. e atual. Rio de Janeiro: Editora Renovar, 2006.

A percepção, o reconhecimento ou a cognoscibilidade do erro estão diretamente vinculados ao destinatário da declaração. Tal concepção traz segurança e justiça social aos negócios jurídicos. Como ficaria o destinatário se a perceptibilidade ou cognoscibilidade do erro estivesse relacionada ao declarante?

O erro somente se caracterizará como causa de anulação do negócio jurídico, dependendo da conduta do sujeito para quem a vontade é dirigida. A "pessoa de diligência normal", mencionada no art. 138, é o destinatário da declaração. A expressão em referência significa que o erro deve ser passível ou suscetível de percepção (de ser percebido) se o destinatário da declaração agir com cautela e diligência *normais*, mínimas esperadas de qualquer pessoa em relação àquele negócio.

Caso o destinatário da declaração pudesse perceber o erro, se agisse com diligência normal (considerando as circunstâncias do caso concreto), mas não percebe porque não foi diligente, estaria caracterizado o requisito da cognoscibilidade do erro. Por outro lado, se o sujeito para quem a vontade é emitida tinha condições de perceber o erro e, efetivamente, o percebe, mas mesmo assim aceita o negócio, já não estará mais caracterizado o erro.

A teoria da declaração é compatível com os princípios norteadores do Código Civil, porque pune a pessoa, no caso, o destinatário da vontade, negligente. O erro somente pode ser invocado para anular o negócio jurídico se o destinatário poderia perceber o erro do declarante, se agisse com diligência normal, mas não percebe porque não foi diligente.

O detalhe a ser considerado é o seguinte: poderia perceber, mas não percebe, ou seja, como não foi diligente é punido com a invalidação do negócio jurídico. O requisito da cognoscibilidade do erro impõe cautela e diligência normais em todo o negócio.

O Enunciado n 12 da I Jornada de Direito Civil do CJF seguiu essa concepção aqui defendida: "Na sistemática do art. 138 do CC, é irrelevante ser ou não escusável o erro, porque o dispositivo adota o princípio da confiança".

O requisito da cognoscibilidade do erro foi adotado pelo CC italiano, em seu art. 1.428: "O erro é causa de anulação do contrato quando for essencial e reconhecível pelo outro contratante".

Não se compreende a redação da norma. Bastaria inserir, no art. 138, a expressão "erro substancial que poderia ser percebido pelo destinatário da declaração", como fez o Código Civil italiano. O art. 247 do CC português também adota o requisito da percepção ou cognoscibilidade do erro.

Com razão, Fábio de Oliveira Azevedo[301], quando argumenta: "Desloca-se a análise do erro para a conduta do sujeito para quem a vontade é dirigida, e não mais para a conduta do declarante, de modo a acolher a teoria da confiança".

Há quem defenda uma terceira linha de entendimento, com a qual não concordamos. No entanto, reconhecemos que alguns doutrinadores, de forma equivocada, acabam exigindo a escusabilidade do erro em relação ao declarante juntamente com a perceptibilidade do erro em relação ao destinatário. Para estes, além de *substancial, causa determinante, perceptível pelo destinatário*, o erro *também deve ser escusável* em relação ao declarante.

A ausência de diligência normal do destinatário, por si só, é suficiente para a anulação do negócio jurídico, independentemente da conduta do declarante. A teoria da confiança impõe ao declarante sustentar sua vontade, ainda que esta emane de erro perdoável ou escusável, pois o sujeito, receptor da declaração, confia na vontade exteriorizada, da forma como foi manifestada. É a conduta do receptor ou a cognoscibilidade do erro que definirá a invalidação do negócio jurídico.

Tais doutrinadores partem de uma falsa premissa: se o erro do declarante é escusável, porque ele agiu com a devida cautela, mas não pôde evitar o erro, é possível a anulação do negócio se o erro do declarante for perceptível pelo destinatário da declaração? A resposta é afirmativa. O fato que interfere na caracterização do erro é a conduta diligente ou não do destinatário. O erro do declarante poderá ser perdoável ou imperdoável. Não é essa escusabilidade em relação ao declarante que definirá a invalidade ou não do negócio jurídico. O erro do declarante, perdoável ou imperdoável, escusável ou inescusável, é irrelevante.

No erro perdoável ou escusável, o declarante agiu com diligência. No erro imperdoável ou inescusável, o declarante não agiu com cautela. Para esses doutrinadores, no primeiro caso (escusável), seria possível anular o negócio, ao passo que, no segundo caso (inescusável), o negócio não poderia ser anulado, a fim de não "premiar" o negligente. Certo?

Imaginemos o seguinte exemplo: o declarante, ao exteriorizar a vontade, erra de forma imperdoável ou inescusável, pois não foi diligente. Na outra ponta, o destinatário da declaração poderia ter percebido esse erro imperdoável do declarante, mas não percebe, pois não agiu com diligência. O erro poderia ser percebido pelo destinatário, mas não foi (ante a ausência de cautela). Nesse caso, teríamos um erro inescusável do declarante e perceptível ou cognoscível por parte do receptor da declaração. Ambos não agiram com cautela. O que fazer? Mantém-se o negócio jurídico e "premia-se" a ausência de diligência dos dois sujeitos ou permite-se a anulação do negócio, levando-se em conta a ausência de diligência das partes? Em outra situação, o declarante age com erro escusável ou perdoável (erra, mas foi diligente) e o receptor poderia ter reconhecido o erro, mas não percebeu (não foi diligente). Nesse caso, diligência do declarante e ausência de diligência do destinatário: anula-se o negócio para punir o destinatário ou preserva-se o negócio? Quando a anulação representará punição efetiva? Só o caso concreto poderá responder.

---

[301] AZEVEDO, Fábio de Oliveira. *Direito civil*: introdução e teoria geral. Rio de Janeiro: Lumen Juris, 2009.

Tais considerações servem apenas para demonstrar a dificuldade em se analisar a conduta do declarante no nosso sistema. A pessoa declara a vontade, pouco importando como essa vontade foi declarada. É sobre ela que o negócio jurídico será analisado e interpretado. A doutrina estrangeira, como é o caso da Itália e Portugal, repudia qualquer tentativa de se analisar a conduta do declarante. Não podemos retroceder, restringindo as possibilidades de anulação do negócio jurídico com base no erro, quando a vontade ostentar um vício dessa natureza. O declarante deve sempre "bancar" sua vontade. O destinatário o tutela em razão da confiança depositada na declaração. É o que pensamos.

Presentes esses requisitos (*erro substancial, causa determinante da declaração* e *reconhecível, perceptível ou cognoscível* pelo destinatário da declaração), é possível a anulação do negócio jurídico com fundamento no erro de fato ou na ignorância.

1.18.2.1. Erro de direito

Segundo o inciso III do art. 139 do CC, o erro é substancial quando, sendo de direito e não implicando recusa à aplicação da lei, for o motivo único e principal do negócio jurídico.

Em relação ao erro de direito, ainda há muitas dúvidas sobre seus limites e caracterização. Sempre houve grande resistência em admitir o erro de direito como vício de consentimento, tendo em vista o disposto no art. 3º da Lei de Introdução às Normas do Direito Brasileiro – LINDB, segundo o qual ninguém se escusa de cumprir a lei alegando que não a conhece.

Como seria possível compatibilizar o art. 3º da LINDB com o erro de direito? Como alguém pode pretender invalidar um negócio jurídico argumentando falsa percepção da norma jurídica, quando a própria lei diz que ninguém pode descumprir a lei, alegando o seu desconhecimento? Considerando que o Código Civil equiparou o erro à ignorância, o desconhecimento da norma jurídica seria subespécie do erro de direito e, portanto, em tese, com fundamento no art. 139, III do CC, poderia ser invocado o desconhecimento da lei para anulação do negócio por erro, desde que tal desconhecimento fosse a causa determinante do negócio. Como resolver esse problema?

A aplicação ampla e irrestrita do art. 139, III, certamente poderia prejudicar ou abalar a segurança jurídica nas relações privadas, pois, em todo negócio, em tese, seria possível pretender a anulação, sob o pretexto de desconhecimento da lei. Por isso, devem ser restringidos os limites do referido dispositivo, a fim de torná-lo compatível com o art. 3º da LINDB.

Então, qual é o erro de direito capaz de invalidar o negócio jurídico?

O próprio art. 139, III, já impõe alguns limites, insuficientes, é verdade, mas que podem ser aproveitados. O erro de direito somente pode ser considerado substancial quando *não implicar recusa à aplicação da lei* e, ainda, *quando for o motivo único ou principal do negócio jurídico*.

A recusa à aplicação da lei estaria relacionada a comportamento ético, moral e até intelectual. O agente, para invocar o erro de direito, deve ter tido, em relação ao negócio jurídico, comportamento social adequado, agindo com a devida diligência e probidade. O agente deve agir com honestidade, tendo um padrão de conduta compatível com o esperado de pessoas em relação ao negócio praticado. O que isso significa? A não recusa à aplicação da lei impõe a observância do princípio da boa-fé objetiva em relação ao negócio, o qual, certamente, restringirá as hipóteses de anulação do negócio com base no erro de direito.

O princípio da boa-fé objetiva norteia todas as relações privadas e isso não é diferente com o erro de direito. Nesse caso, exige-se do agente todas as cautelas mínimas e necessárias em relação ao negócio. Se, mesmo sendo extremamente cauteloso, teve uma falsa percepção da norma jurídica, não estaria o agente recusando aplicação da lei que alega desconhecer. É a ética interagindo com os defeitos do negócio jurídico. E não é só. Não basta a boa-fé objetiva. Também é necessária e essencial a boa-fé subjetiva, pois não pode o agente, consciente da norma jurídica e tendo plena consciência de seus comandos, argumentar a existência de uma percepção equivocada da norma para invalidar o negócio. Lembre-se que, no erro de fato, o agente tem uma falsa percepção ou desconhecimento da realidade fática, ao passo que, no erro de direito, o agente tem uma falsa percepção ou desconhecimento da norma jurídica. Certamente, o princípio da boa-fé objetiva reduzirá, em muito, a possibilidade de anulação do negócio por erro de direito, garantindo a segurança das relações privadas. Até porque o princípio do art. 3º da LINDB, como qualquer outro princípio, não é absoluto, podendo ceder em situações excepcionais, como é o caso do art. 139, III.

Por outro lado, "o motivo único e principal do negócio jurídico" está relacionado à questão da causa determinante. Entretanto, não basta a causa ser determinante, sendo indispensável e necessário ser ela a *única* e *exclusiva* causa da declaração de vontade. No erro de fato, o erro deve ser a causa determinante, mas nada impede que concorra com outras causas determinantes. No erro de direito, a falsa percepção da norma jurídica deve ser a causa única e exclusiva da declaração de vontade. Se houver outra causa determinante concorrendo com esta, não haverá possibilidade de invocar o erro de direito. Por isso, o erro de direito se caracteriza quando a falsa percepção da norma jurídica ou o seu desconhecimento é o único motivo ou a única causa impulsionadora da vontade, ou seja, a pessoa só realiza o negócio porque teve uma percepção equivocada da norma jurídica. Se qualquer outra causa ou motivo impulsionar a vontade do agente, que não esteja relacionada à falsa percepção da norma ou desconhecimento desta, não haverá a caracterização do erro de direito.

Tais requisitos exigidos pelo art. 139, III, restringem, de forma considerável, a possibilidade de anulação do negócio jurídico por erro de direito. O agente, tendo comportamento ético, não tendo a intenção de se aproveitar dessa regra legal para anular o negócio e sendo o erro de direito o único motivo ou causa da declaração ou exteriorização da sua vontade, poderá invocar esse erro para invalidar o negócio ou ato jurídico. Com esses requisitos, é possível compatibilizar o erro de direito com o art. 3º da LINDB.

Apenas no caso concreto será possível apurar a boa-fé objetiva do agente, a boa-fé subjetiva e a causa única determinante.

Por isso, não assiste nenhuma razão a doutrinadores, como Francisco Amaral que, sem qualquer explicação científica, diz que o erro de direito somente pode incidir sobre normas dispositivas.

Na verdade, o erro de direito, da forma como mencionamos, pode estar relacionado a normas dispositivas ou cogentes. Isso é absolutamente irrelevante, pois não se analisa a natureza da norma, mas a percepção do agente no momento de exteriorizar a vontade. São situações completamente distintas.

É óbvio que, se o objetivo do agente, ao invocar o erro de direito, é subtrair-se às consequências da inobservância da lei ou suspender a eficácia legal, como diz Maria Helena Diniz, não haverá tutela do Estado, em razão da ausência de boa-fé objetiva e subjetiva. Tal princípio, somado à causa única determinante, é suficiente para invocação do erro de direito, pois tais limitações, impostas pelo art. 139, III, conterão qualquer abuso e, ainda, restringirão, de forma considerável, a possibilidade de anulação do negócio jurídico por conta desse tipo de erro substancial.

Por isso, não se compreende a resistência injustificada de uma parcela da doutrina em relação ao erro de direito como causa de anulação do negócio jurídico. A falsa percepção da norma jurídica ou o desconhecimento da norma jurídica podem estar relacionados à existência, interpretação, limites e à eficácia da norma. O erro de direito jamais violará uma norma jurídica, pois o negócio é realizado, apenas e tão somente, porque o agente teve uma percepção equivocada em função da qual a exteriorização da vontade foi consubstanciada.

Em conclusão, o erro de direito, com os limites impostos pelo art. 139, III, ao lado do erro de fato, é causa de invalidade do negócio jurídico.

1.18.2.2. Erro-vício e erro-obstáculo

O erro-vício ou erro-motivo está relacionado à exteriorização ou formação da vontade. O erro-obstáculo (obstáculo ao acordo de vontades) diz respeito à declaração da parte, não havendo referência à vontade.

Sobre a distinção, são precisas as palavras de Fábio de Oliveira Azevedo[302]: "No erro obstativo, a divergência existe na medida em que a declaração é inconsciente, diferente do que ocorre com o erro-vício, no qual a declaração existe, embora de forma defeituosa. O erro impróprio, por esta razão, conduz à ausência de consentimento, impedindo a própria formação do negócio jurídico. Não existe acordo de vontades".

Segundo o mestre Orlando Gomes[303]: "(...) o erro obstativo conduz à ausência total da vontade (...). O erro obstativo tanto pode ser uma declaração involuntária (*lapsus*) como consistir numa declaração cujas expressões, no seu sentido e na sua importância, sejam totalmente desconhecidas do declarante (...), o erro obstativo é erro na declaração (...) o legislador pátrio, apesar de ter se filiado à doutrina da vontade, não acolheu a distinção entre erro-obstáculo e erro-vício. Todos os casos foram classificados como vício de consentimento".

Nossa legislação apenas trata do erro-vício, não fazendo qualquer distinção entre este e o erro-obstáculo, obstativo ou impróprio. É o pensamento de Caio Mário[304]: "A doutrina legal brasileira, desacolhendo a distinção, equipara-os, por lhe parecer que o erro sobre a natureza do negócio ou sobre a identidade do objeto (erro obstativo) traduz, em última análise, uma declaração volitiva, cujo resultado jurídico difere do efetivo querer do agente, mas que nem por isso deixa de ser uma declaração de vontade".

Tal distinção é irrelevante para o nosso ordenamento jurídico, ao contrário de outros países como Itália e Portugal.

1.18.2.3. Erro e vício redibitório

O erro de fato corresponde a uma falsa percepção da realidade. Em razão de divergência entre o querer psicológico e a vontade exteriorizada ou manifestada (cuja divergência é provocada pelo erro espontâneo), a pessoa acaba realizando um negócio jurídico que, certamente, não realizaria se tivesse noção exata da realidade fática. O erro, como causa de invalidação do negócio jurídico, prejudica o consentimento e vicia a vontade, razão pela qual tem natureza subjetiva.

Por outro lado, o vício redibitório é objetivo, não tendo nenhuma relação com a formação da vontade. A vontade exteriorizada corresponde exatamente à vontade desejada ou querida. No entanto, o objeto ostenta um vício ou defeito que pode fundamentar a redibição de um contrato comutativo.

No erro, o vício está relacionado à formação da vontade. No vício redibitório, o vício é no objeto, e não na pessoa. Neste último, a pessoa tem plena ciência e consciência do negócio que está realizando, mas o objeto ostenta um defeito capaz de levar à resolução do contrato.

1.18.2.4. Erro e motivo – o problema do falso motivo

Segundo dispõe o art. 140 do CC: "O falso motivo só vicia a declaração de vontade quando expresso como razão determinante".

A redação do art. 90 do CC/1916 é diferente, pois refere-se à falsa causa, e não ao falso motivo. A causa do negócio jurídico já foi analisada no capítulo da teoria geral do negócio jurídico. O art. 90 do CC/1916 dispunha: "só vicia o ato a falsa causa, quando expressa como razão determinante ou sob a forma de condição".

---

[302] AZEVEDO, Fábio de Oliveira. *Direito civil*: introdução e teoria geral. Rio de Janeiro: Lumen Juris, 2009.

[303] GOMES, Orlando. *Introdução ao direito civil*. 19. ed. rev. e atual. Rio de Janeiro: Forense, 2008.

[304] PEREIRA, Caio Mário da Silva. *Instituições de direito civil*: Introdução ao direito civil. Teoria geral de direito civil. 20. ed. Atualizado por Maria Celina Bodin de Moraes. Rio de Janeiro: Forense, 2004. v. 1.

Capítulo 1 • Parte Geral

O falso motivo pode invalidar o negócio jurídico apenas quando esse motivo falso for a razão ou causa determinante da exteriorização da vontade. Ou seja, o falso motivo somente viciará a declaração de vontade quando expresso como *razão determinante* de um determinado negócio.

É notório que os motivos ou as razões que levam o sujeito a praticar determinado negócio não o influenciam e são irrelevantes para o direito.

Ora, se os motivos são irrelevantes, como podem viciar a vontade e até fundamentar a invalidação do negócio jurídico? O motivo foi erigido a elemento essencial do negócio jurídico?

Resposta: não. As razões psíquicas e internas do sujeito não possuem qualquer relevância jurídica para viciar a vontade, como já mencionado. Entretanto, se o motivo, a princípio não relevante, for inserido pelas partes como *razão principal e determinante do negócio*, caso ele seja falso, viciará o negócio jurídico.

Por exemplo: a pessoa vai alugar um imóvel para instalar um restaurante, pressupondo que, em frente, será implementada uma escola, que dará movimento ao seu estabelecimento. Se tal motivo (instalação de uma escola) fosse expresso no negócio ou contrato de locação como a razão principal e determinante do negócio (ou seja, sem esse motivo, o negócio não se realizaria), sendo ele falso (inexistente), o negócio jurídico seria anulável.

A falsidade do motivo não implica análise da conduta das partes. A falsidade está relacionada ao fato motivador da vontade. Se o fato impulsionador da vontade for inexistente, será falso para fins de anulação do negócio jurídico.

O motivo é a razão subjetiva ou psicológica que impulsiona a exteriorização da vontade.

Sobre o assunto, interessante a ponderação de Fábio de Oliveira Azevedo[305]: "(...) É possível, entretanto, que esse motivo seja elevado à categoria de razão determinante para a realização do negócio, hipótese em que ele se desloca do campo psíquico e transforma-se em causa".

Finalmente, a doutrina discute se o motivo precisa estar expresso. O art. 140 do CC parece exigir ser o motivo expresso como a razão determinante do negócio. O termo *expresso* não se confunde com a exigência da formalidade escrita. Expresso é aquilo que o sujeito exterioriza, ou seja, a expressão da sua vontade, podendo ser escrita ou verbal. Assim, nada justifica limitar o dispositivo, exigindo a motivação escrita, bastando que esta seja expressa. Não há dúvida que a motivação expressa, mas não escrita, dificultará a prova do motivo como razão determinante para a invalidação do negócio com base no falso motivo, mas isso é questão de prova e não interfere na essência da teoria do erro-motivo.

1.18.2.5. Transmissão errônea da vontade

O art. 141 do CC dispõe que a transmissão errônea da vontade, por meios interpostos, é anulável nos mesmos casos em que o é a declaração direta.

O art. 89 do CC/1916 também tratava da transmissão errônea da vontade, mas informava os meios pelos quais poderia ocorrer tal transmissão errônea (instrumento ou interposta pessoa). O atual Código Civil não é específico a respeito dos meios da transmissão errônea da vontade, podendo esta se dar por qualquer forma, e não apenas por instrumento ou interposta pessoa.

A transmissão errônea da vontade é equiparada ao erro, podendo ocorrer quando o agente ou sujeito age por meio de interposta pessoa (núncio ou mensageiro), a qual acaba manifestando uma vontade divergente da pretendida pelo sujeito, ou quando o instrumento (telex, correio, fax, *e-mail* etc.) utilizado pelo sujeito para transmitir a sua vontade, a desvirtua.

Sendo o erro substancial a causa determinante do negócio e perceptível pelo destinatário, a divergência entre a vontade e a declaração anula o negócio jurídico da mesma forma que uma declaração direta. Havendo transmissão errônea da vontade, por meios indiretos, se anula o negócio, como se fosse uma declaração direta.

Orlando Gomes[306] enuncia que "a transmissão inexata da declaração pode verificar-se, com mais frequência, quando se utiliza o telégrafo – declaração truncada – ocorrendo, igualmente, quando se encarrega alguém de comunicá-la – o núncio".

Finalmente, a doutrina discute se o motivo precisa estar expresso. O art. 140 do CC parece exigir ser o motivo expresso como a razão determinante do negócio. O termo *expresso* não se confunde com a exigência da formalidade escrita. Expresso é aquilo que o sujeito exterioriza, o que ele expressa, ou seja, a expressão da sua vontade, podendo ser escrita ou verbal. Assim, nada justifica limitar o dispositivo, exigindo a motivação escrita, bastando que esta seja expressa. Não há dúvida que a motivação expressa, mas não escrita, dificultará a prova do motivo como razão determinante para a invalidação do negócio com base no falso motivo, mas isso é questão de prova e não interfere na essência da teoria do erro-motivo.

Como espécie de erro secundário ou acidental, não invalida o negócio. Como exemplo, Ana Luiza Nevares[307] cita a seguinte hipótese: "O contrato de compra e venda estabelece que "A" vendeu à "B" o prédio da rua tal, n. 50, quando de fato o n. do prédio é 51 e o prédio de n. 50 não pertence ao vendedor".

1.18.2.6. Erro não prejudicial à validade do negócio

Nesse caso, incide o princípio da conservação do negócio jurídico. O sujeito, a quem a declaração de vontade se dirige, se oferece para executá-la de acordo com a vontade real do manifestante.

É o que dispõe o art. 144 do CC: "O erro não prejudica a validade do negócio jurídico quando a pessoa, a quem

---

[305] AZEVEDO, Fábio de Oliveira. *Direito civil:* introdução e teoria geral. Rio de Janeiro: Lumen Juris, 2009.

[306] GOMES, Orlando. *Introdução ao direito civil.* 19. ed. rev. e atual. Rio de Janeiro: Forense, 2008.

[307] NEVARES, Ana Luiza Maia. Extinção das obrigações sem pagamento: novação, compensação, confusão e remissão (arts. 360 a 388). In: TEPEDINO, Gustavo (coord.). *Obrigações:* estudos na perspectiva civil-constitucional. Rio de Janeiro: Renovar, 2005.

a manifestação de vontade se dirige, se oferecer para executá-la na conformidade da vontade real do manifestante". Como se vê, esse convalescimento estará subordinado, entretanto, à preservação da vontade real do manifestante.

O destinatário da declaração de vontade deverá concordar em alterar as bases do negócio jurídico, para este se conformar com a vontade real do declarante. No erro, há divergência entre a vontade real e a declarada. Para invalidar o negócio, o erro, além de substancial ou essencial, deve ser a causa determinante da declaração e perceptível ou reconhecível pelo destinatário. Presentes todos esses requisitos, se o destinatário concordar em realizar o negócio de acordo com a vontade real do manifestante, preserva-se o negócio jurídico.

Não há dispositivo correspondente no CC/1916. O destinatário ou receptor da declaração, nesse caso, terá interesse na preservação do negócio, pois a anulação ocorreria justamente porque ele, receptor da vontade, não percebeu o erro do declarante (passível de percepção) em razão da ausência de cautela e diligência. A invalidação do negócio, por erro, é uma pena civil para o receptor negligente. O Estado, no art. 144, dá ao receptor negligente a chance de se redimir, se oferecendo para executar o negócio conforme a vontade real do declarante.

Caso o erro não seja perceptível, mesmo o destinatário da declaração tendo sido diligente, de acordo com o art. 138, não haverá possibilidade de anular o negócio. Por isso, nesse caso, não precisa o destinatário se socorrer do art. 144.

O declarante não tem como evitar a preservação do negócio, pois, nesse caso, o destinatário se sujeitará ao íntimo querer, ao desejo ou à vontade real do declarante. Essa forma de preservação do negócio encontrada pelo legislador é perfeita, pois atende aos interesses do declarante e impede a punição civil prevista no art. 138 ao receptor ou destinatário da declaração.

1.18.3. Dolo – arts. 145 a 150 do CC

O dolo é uma das principais causas de invalidação do negócio jurídico. Dolo é todo artifício ou expediente astucioso ou fraudulento utilizado pelo sujeito para levar alguém a declarar uma vontade que não seria exteriorizada se não fosse o dolo. Alguns definem o dolo como o erro provocado por terceiro.

É, portanto, o artifício malicioso empregado por uma das partes ou por terceiro, com o propósito de prejudicar outrem quando da celebração do negócio jurídico.

Por meio do dolo, o sujeito obtém uma declaração de vontade do outro contratante, que não seria emitida se ele não incidisse em erro em virtude do dolo. Daí o conceito de que o dolo é erro induzido.

Segundo Orlando Gomes[308]: "O dolo, portanto, é todo ardil ou manobra astuciosa, utilizada por alguém, com a finalidade exclusiva de induzir outrem à prática do negócio".

O dolo, para viciar a vontade e invalidar o negócio jurídico, deve ser a causa determinante da vontade.

Ao contrário do erro, no dolo, a falsa percepção da realidade é provocada intencionalmente, ao passo que, no erro, esta é espontânea.

1.18.3.1. Dolo principal e dolo acidental

O dolo, para anular o negócio jurídico, deve ser a causa determinante da manifestação da vontade. O art. 145 do CC trata do dolo principal: "São os negócios jurídicos anuláveis por dolo, quando este for a sua causa". O dolo deve ser a causa fundamental ou determinante da declaração de vontade. É o dolo principal, o qual conduz o agente à declaração de vontade em razão daqueles artifícios maliciosos.

A vontade somente foi exteriorizada em razão do dolo da parte ou de terceiro. Se o dolo é indiferente para o sujeito no momento da exteriorização da vontade, não pode ser invocado para anular o negócio jurídico.

O dolo leva a pessoa a se equivocar ou a errar no momento da exteriorização ou manifestação da vontade. Em razão do dolo, o sujeito declara uma vontade diversa daquela que declararia se não fosse o dolo.

O dolo provoca esse erro na manifestação de vontade, impulsiona o sujeito a declarar uma vontade a qual jamais declararia sem o dolo. Por isso é chamado de erro provocado. O sujeito erra porque foi provocado pelo dolo da outra parte ou de terceiro.

Sobre o assunto, Caio Mário[309]: "O que se tem de indagar é se o dolo foi a causa determinante do ato, *dolus causam dans*, chamado dolo principal, que conduz o agente à declaração de vontade, fundado naquelas injunções maliciosas, o que, de outra maneira dito, significa que o dolo só tem o efeito de anular o negócio jurídico quando chegue a viciar e desnaturar a declaração de vontade.

O dolo principal (com potencialidade para enganar em razão dos artifícios ou ardis empregados – os artifícios não podem ser grosseiros a ponto de o dolo ser facilmente perceptível), sob pena de invalidar o negócio, independentemente de prejuízo do sujeito enganado. Ou seja, o sujeito induzido em erro manifesta sua vontade por conta do dolo. Em razão desse vício, pode invocar esse dolo para anular o negócio, mesmo não tendo suportado prejuízo econômico. Assim, verifica-se que o legislador não admite a má-fé e pune os atos realizados por meios ilícitos, mesmo não havendo prejuízo. Basta que o ardil tenha potencialidade para enganar o outro contratante, para se anular o negócio jurídico.

A dispensa do prejuízo é um desdobramento dos princípios da função social e da boa-fé objetiva. O sujeito que utiliza tal expediente para realizar negócios não é ético, não tem um comportamento adequado e, por isso, é punido com a anulação do negócio jurídico, independentemente de prejuízo.

---

[308] GOMES, Orlando. *Introdução ao direito civil*. 19. ed. rev. e atual. Rio de Janeiro: Forense, 2008.

[309] PEREIRA, Caio Mário da Silva. *Instituições de direito civil*: Introdução ao direito civil. Teoria geral de direito civil. 20. ed. Atualizado por Maria Celina Bodin de Moraes. Rio de Janeiro: Forense, 2004. v. 1.

Além disso, o negócio jurídico somente terá função social, entre outros motivos, se a vontade dos atores privados, participantes do negócio, não estiver viciada por condutas ardilosas e fraudulentas. O dolo viola diretamente esses princípios norteadores das relações privadas, ambos fundados na solidariedade constitucional.

Não haveria sentido exigir prejuízo para invalidar um negócio baseado em uma vontade exteriorizada por conta de atos ardilosos e manobras não éticas. Nesse sistema aberto, de cláusulas gerais e princípios, no qual a pessoa humana está no centro do ordenamento jurídico, sua tutela independe de questões econômicas. Isso fica muito evidente no dolo, repudiado pelo ordenamento jurídico em qualquer circunstância, ficando desvinculado do fator prejuízo.

A pessoa humana, quando enganada, ludibriada, humilhada e vítima de fraude, tem a sua dignidade violada. Por isso, merece ampla e irrestrita tutela, independentemente do fator econômico. No caso, se o ardil teve poder ou potencialidade para lhe enganar, será suficiente para a invalidação da sua declaração de vontade. Tal dignidade da vítima do dolo é resguardada no art. 145, no qual se protege a pessoa na sua essência, na sua condição existencial de ser humano humilhado.

Esse dolo capaz de violar a dignidade da pessoa também é conhecido como dolo principal (*dolus causam*) e dolo *malus* ou dolo do mal. Este se manifesta na vontade de iludir, com o intuito de prejudicar.

Por outro lado, existe o chamado dolo acidental. Ao contrário do dolo principal, o dolo acidental apenas obriga o sujeito a reparar as perdas e danos. No dolo acidental, a existência de prejuízo é fundamental, tendo em vista a previsão de satisfação das perdas e danos. Indenizar perdas e danos é, justamente, eliminar ou suprimir um dano ou prejuízo, seja material ou moral.

Tal dolo acidental está previsto no art. 146 do CC: "O dolo acidental só obriga à satisfação das perdas e danos, e é acidental quando, a seu despeito, o negócio seria realizado, embora por outro modo".

No caso do dolo acidental, a vítima não pode pedir a anulação do negócio, mas apenas indenização, pois, mesmo com o dolo, o negócio seria realizado, embora por outro modo, não se justificando, assim, a invalidade. Ex.: uma pessoa tem a intenção de comprar um veículo e vai até a residência do vendedor analisá-lo. Lá chegando, o veículo está na garagem – que é escura. O comprador deseja o veículo e pergunta a cor ao vendedor (porque, no escuro, não é possível identificá-la com precisão). O vendedor diz que a cor é preta, mas, na verdade, é azul--marinho. No mercado, o azul-marinho é R$ 1.000,00 (um mil reais) mais barato. Nesse caso, o comprador, independentemente desse dolo, realizaria o negócio, mas em condições menos vantajosas – razão pela qual pode pedir a indenização.

Para Ana Luiza Nevares[310], "o dolo acidental é aquele que não induz diretamente a manifestação da vontade, uma vez que o ato seria realizado independentemente da malícia do interessado, mas em outras condições".

Por isso, somente o dolo principal conduz à anulação do negócio. O dolo acidental obriga, exclusivamente, à satisfação de perdas e danos.

Além do dolo acidental, o *dolus bonus* ou dolo inocente não pode ser invocado para anular o negócio jurídico. O dolo inocente corresponde ao exagero das práticas comerciais (ex.: "este é o melhor carro da cidade, pode comprar!!!"; "esta é a melhor peça de roupa!" etc.).

Existe malícia, mas é aquela malícia tolerada pelo meio social, a qual não rompe a barreira da ética. Não há intenção de lesar ou prejudicar o outro sujeito.

Diferenças entre dolo principal e acidental

Quanto aos efeitos no negócio jurídico, o dolo pode ser principal ou acidental.

O dolo principal (essencial, determinante ou causal em relação ao negócio) é verificado naquelas hipóteses em que a vítima não teria concluído o negócio se não houvesse o dolo. Logo, seus requisitos são: a finalidade de levar o declarante a praticar o ato, artifício grave e ser a causa da declaração.

Já o dolo acidental é o artifício empreendido, despido do poder de alterar o consentimento da vítima, cuja pessoa, de qualquer maneira, teria celebrado o negócio, embora de maneira diversa, razão pela qual obriga apenas à satisfação das perdas e danos.

Apenas o dolo principal, causa determinante do negócio, invalida este.

Dolo principal, portanto, é aquele capaz de ser a causa do negócio jurídico, sem o qual este não se teria concluído. Por atingir, essencialmente, o consentimento, é considerado um vício que acarreta a anulabilidade do negócio (critério do homem médio).

1.18.3.2. Dolo positivo e dolo negativo

O dolo, como causa de anulação do negócio jurídico, pode ser positivo, por ação, ou negativo, por omissão. Tal dolo tem relação com a forma pela qual o agente engana o sujeito. O ardil ou a fraude podem consistir em um ato positivo comissivo ou em omissão dolosa.

O dolo, como regra geral, é perpetrado por meio de condutas positivas, quando o autor do dolo busca, por meio de artifícios fraudulentos, enganar a pessoa, a fim de levá-la a realizar um negócio que o agente não realizaria se não fosse o dolo.

No entanto, é possível o dolo omissivo, conforme previsto no art. 147 do CC: "Nos negócios jurídicos bilaterais, o silêncio intencional de uma das partes a respeito de fato ou qualidade que a outra parte haja ignorado, constitui omissão dolosa, provando-se que sem ela o negócio não se teria celebrado".

Da mesma forma que o dolo comissivo ou positivo, o dolo omissivo somente poderá ser invocado para invali-

---

[310] NEVARES, Ana Luiza Maia. Extinção das obrigações sem pagamento: novação, compensação, confusão e remissão (arts. 360 a 388). In: TEPEDINO, Gustavo (coord.). *Obrigações:* estudos na perspectiva civil-constitucional. Rio de Janeiro: Renovar, 2005.

dar o negócio jurídico se tiver potencialidade para ludibriar ou enganar o agente, ou seja, tal dolo também deve ser principal, a causa determinante e fundamental da exteriorização ou manifestação da vontade (ou seja, tal silêncio deve ser tão relevante que, sem ele, não se teria realizado o negócio).

O dolo negativo traduz uma abstenção maliciosa, juridicamente relevante (silêncio intencional). Requisitos: intenção de levar o outro a declaração diversa da vontade; silêncio sobre situação desconhecida da outra parte; relação de essencialidade entre a omissão dolosa e a declaração e omissão do próprio contraente e não de terceiro.

O dolo, portanto, também pode ser omissivo. Tal dolo se caracterizará como vício de consentimento sempre que o agente ocultar fato relevante para o negócio, o qual, se revelado, levaria à não celebração da avença. Tal dolo tem relação com o dever geral de lealdade, decorrente da boa-fé objetiva, compondo o regulamento do negócio jurídico.

A omissão dolosa também é chamada de *reticência*.

Tal dolo omissivo não pode ser confundido com o erro, em especial após o atual Código Civil, cujo diploma, no art. 138, passou a exigir o requisito da percepção do erro em relação ao receptor da declaração.

Qual a diferença? No erro, o destinatário da declaração poderia perceber o erro do declarante, mas, como não agiu com a devida diligência, acaba não percebendo o erro. O erro do declarante, portanto, é espontâneo. Não foi provocado pelo receptor da declaração ou por terceiro, seja por ação (positivo), seja por omissão (negativo).

No dolo negativo ou omissivo, o destinatário percebe o erro ou equívoco da pessoa em relação às circunstâncias de fato e, em vez de alertá-la, se mantém em silêncio. Esse silêncio passa à categoria de causa, ou seja, é a causa determinante da exteriorização da vontade. Então, no dolo omissivo, o agente destinatário poderia perceber o erro e, efetivamente percebe, mas se aproveita desse erro, ficando em silêncio com a intenção de obter alguma vantagem. Daí a expressão *silêncio intencional*.

No entanto, como já ressaltado, tal dolo negativo deve ser a causa determinante da exteriorização da vontade. Deve existir uma relação de causalidade ou de essencialidade entre a declaração de vontade e a omissão dolosa.

Nessas condições, pode ser anulado o negócio por dolo negativo.

1.18.3.3. Dolo do próprio interessado e dolo de terceiro

O dolo pode se originar do próprio sujeito interessado na declaração viciada quanto de terceiro.

O dolo de terceiro está previsto no art. 148 do CC: "Pode também ser anulado o negócio jurídico por dolo de terceiro, se a parte a quem aproveite dele tivesse ou devesse ter conhecimento; em caso contrário, ainda que subsista o negócio, o terceiro responderá por todas as perdas e danos da parte a quem ludibriou".

Em regra, o dolo idôneo a conduzir para a invalidade do negócio jurídico é o proveniente da outra parte e não de terceiro. No entanto, se um dos participantes do negócio teve conhecimento do dolo de terceiro e dele se beneficiou, o negócio é passível de anulação.

O Código Civil vigente avançou no tema, pois prevê a possibilidade de o dolo de terceiro invalidar o ato ou negócio jurídico, não apenas quando a parte a quem aproveite efetivamente souber do expediente astucioso, mas também se dele devesse ter conhecimento (dolo eventual), conforme se observa no art. 148 da Lei Civil.

Por outro lado, se a parte a quem aproveita o dolo não sabia, nem tinha como saber do expediente astucioso, é válido e subsiste o negócio, embora o terceiro responda, civilmente, perante o lesado pelo dolo. Em regra, portanto, o dolo de terceiro não anula o negócio. Só anulará se o beneficiado souber ou tiver como saber do dolo. Se ignorado por ambos, o negócio jurídico prevalece, sujeitando-se o terceiro, autor do dolo, ao ressarcimento das perdas e danos a quem foi enganado.

Tal dispositivo exige uma profunda reflexão. O negócio jurídico viciado por dolo de terceiro não é passível de invalidação se o beneficiário do dolo estiver de boa-fé.

A tutela do sujeito de boa-fé é tão intensa no Código Civil que, mesmo havendo um vício tão grave como o dolo, o negócio jurídico será mantido para preservação da boa-fé dos sujeitos participantes do negócio. Na ponderação de interesses, o Estado, em vez de permitir a invalidação do negócio, nega tal direito à vítima do dolo, tudo em prol do beneficiário de boa-fé. Restará à vítima apenas ação de indenização por perdas e danos contra o autor do dolo. Isso é uma demonstração evidente do quanto é importante a boa-fé objetiva nas relações privadas. A vítima, nesse caso, não terá a possibilidade de invalidar o negócio jurídico, justamente por conta da boa-fé da outra parte, a qual desconhecia o dolo do terceiro. Na coação de terceiro, a tutela do sujeito de boa-fé também impede a invalidação do negócio, caso ela esteja presente.

Nos casos de negócios unilaterais, onde uma única vontade é suficiente para formar o negócio, como o dolo de terceiro afetará sempre a declaração de vontade, incidirá a regra geral do art. 145, e não a regra especial do art. 148. Mas isso somente nos casos de negócios unilaterais.

Como ressaltamos, tal dispositivo evidencia a importância do princípio da boa-fé objetiva no ordenamento jurídico civil. No caso do dolo de terceiro, em sendo o dolo desconhecido pelo beneficiário, o Código preserva e mantém o negócio jurídico, justamente para tutelar a boa-fé do beneficiário em detrimento dos interesses do sujeito que exteriorizou sua vontade em razão desse dolo. A vontade exteriorizada está viciada por causa do dolo de terceiro. Entretanto, na ponderação de interesses, entre a tutela da boa-fé do beneficiário do dolo de terceiro e do prejudicado pelo dolo, o Código Civil, ao contrário de seu antecessor, preserva e tutela a boa-fé da outra parte, ainda que ela tenha se aproveitado do dolo de terceiro (obviamente, desde que desconheça o dolo de terceiro; do contrário, o negócio é passível de invalidação).

É relevante essa observação, tanto no dolo quanto na coação de terceiro, porque tal opção do Código Civil, na tutela dos sujeitos de boa-fé, chega ao ponto de impedir a invalidação de um negócio no qual a vontade está viciada por causas gravíssimas, como o dolo e a coação de terceiro, tudo em prol da boa-fé objetiva.

1.18.3.4. Dolo do representante legal e convencional

O dolo também pode ser empregado pelo representante de determinado sujeito de direito.

O assunto é tratado no art. 149 do CC: "O dolo do representante legal de uma das partes só obriga o representado a responder civilmente até a importância do proveito que teve; se, porém, o dolo for do representante convencional, o representado responderá solidariamente com ele por perdas e danos".

Temos, aqui, duas situações: a primeira é o caso de representação *legal*, onde há limitação da responsabilidade do representado. A segunda é o caso da representação *convencional*, onde não há limite, hipótese na qual representante e representado respondem solidariamente pelas perdas e danos.

A relevância dessa distinção está relacionada aos limites da responsabilidade do representante. Considerando a tutela da pessoa humana, mais precisamente do incapaz, a responsabilidade do representado incapaz, nesses casos, é limitada. O limite é justamente o proveito que o representado teve com o dolo do representante legal.

No caso da representação convencional, decorrente de um negócio jurídico comum e não da necessidade de se tutelar pessoas, não há limites em relação à responsabilidade do representado. Este responde, solidariamente, por perdas e danos, com o representante.

Essa diferença de tratamento existe porque, na representação convencional, ao contrário da legal, o representado pode escolher o seu representante. A solidariedade, na representação convencional, deriva, portanto, da má escolha do representante. Na legal, o representado não tem o poder de influenciar na escolha do representante, que lhe é designado por lei.

Os representantes não podem ser considerados terceiros, pois, nessa qualidade, agem como se fossem o próprio representado.

1.18.3.5. Dolo bilateral ou recíproco

Estabelece o art. 150 do CC: "Se ambas as partes procederam com dolo, nenhuma pode alegá-lo para anular o negócio ou reclamar indenização".

Assim, havendo dolo recíproco, não se anula o negócio, em razão do princípio de que ninguém pode aproveitar-se de sua própria torpeza. Tal dolo também é chamado de compensado. Haveria aqui torpeza bilateral. Os dolos se compensam (um dolo neutraliza o outro) e o negócio jurídico é mantido.

Portanto, no caso de manobras maliciosas bilaterais, preserva-se o negócio jurídico.

Fabio Azevedo[311] faz uma ponderação interessante: "E se o dolo de um for principal, e o de outro acidental? Nesse caso, predomina o entendimento de que é possível a compensação, pois não se pode medir a maior ou menor deslealdade na atuação".

Desse modo, como o art. 150 impede a alegação de dolo para anulação do negócio (dolo principal) ou para reclamar indenização (dolo acidental), é irrelevante a intensidade do dolo para fins de compensação, podendo ser compensado dolo acidental com dolo principal, dolo acidental com dolo acidental e dolo principal com dolo principal.

1.18.4. Coação – Arts. 151 a 155 do CC

A vontade exteriorizada no momento da formação do negócio jurídico deve ser livre. Se houver coação do outro sujeito do negócio ou de terceiro, o negócio jurídico é passível de invalidação (anulação).

A coação vicia a vontade. O sujeito acaba declarando uma vontade viciada por conta de pressão psicológica, apta a intimidá-lo. A coação, para anular o negócio jurídico, deve ter poder de intimidação, influenciando o sujeito de forma decisiva em relação à formação da vontade. A coação deve ser a causa determinante da vontade.

Há dois tipos de violência: 1– física, que exclui a vontade; e 2– moral, que atua sobre o ânimo do paciente, levando-o a uma declaração de vontade viciada. Somente a violência moral leva à anulação do negócio jurídico, porque, no caso da violência física, não há sequer emissão volitiva do agente.

A violência física atua no plano da existência do negócio jurídico, pois a vontade manifestada não é a do coagido, e sim do responsável pela coação. Por isso, nesse caso, não há vontade do coagido e, não havendo vontade, inexiste o negócio jurídico.

Já a coação moral atua no plano de validade, pois quem manifesta a vontade é o coagido, a vontade é deste, mas é uma vontade viciada por uma pressão psicológica.

Assim, a coação é uma espécie de vício de consentimento, mas apenas a que resulta da violência moral, onde o coagido formula uma emissão de vontade, mas maculada.

A maioria da doutrina sustenta que a violência física anula completamente a vontade. No entanto, há quem defenda que a violência física pode, em situações excepcionais, se situar no plano de validade, assim como a coação moral. Isso ocorreria quando houvesse a possibilidade de resistência ou superação da ameaça por parte do coagido.

Na verdade, se houver possibilidade de resistência por parte do coagido é porque a coação é apenas moral e não física. Na coação física ou violência corporal, não se pode exigir resistência do coagido pressionado, que está com os movimentos corpóreos tolhidos, eliminando completamente a sua vontade. Por isso, defendemos a coação moral como a única capaz de invalidar o negócio jurídico, estando a física situada no plano da existência.

A coação física, também chamada de *vis absoluta*, impede qualquer movimento corporal por parte do coagido, submetido a um processo de força física. É óbvia a possibilidade de resistência em casos dessa natureza, mas tal possibilidade de superação da força do outro não neutraliza o vício originário. Como assim? Se alguém é subme-

---

[311] AZEVEDO, Fábio de Oliveira. *Direito civil*: introdução e teoria geral. Rio de Janeiro: Lumen Juris, 2009.

tido a um processo de força física (ex.: assina escritura pública sob a mira de um revólver), essa violência física inicial é suficiente para tornar a vontade manifestada inexistente, ainda que houvesse grande possibilidade de reação da vítima. Ou seja, a coação física originária é suficiente para anular qualquer vontade exteriorizada.

Não se deve confundir a coação física com a ameaça de um mal físico. São situações diferentes. A coação moral pode ter por fundamento a ameaça de um mal físico. Já a coação física incide diretamente, havendo concomitância entre a coação e o mal. Na coação física, a força física é o meio da coação, ou seja, a coação se dá através do uso da violência.

No caso da coação, existirão duas vontades: a vontade íntima do paciente (que teria emitido se manifestasse sua vontade com liberdade) e a vontade exteriorizada (que não é a sua própria, mas a daquele que o coage, imposta ao coagido por meio da intimidação moral).

A coação moral ou *vis compulsiva* é a única capaz de invalidar o negócio jurídico. A vítima é literalmente constrangida, intimidada a realizar o negócio, e acaba cedendo aos anseios do coator, justamente porque não consegue suportar a pressão psicológica à qual está submetida.

No entanto, tal espécie de coação deve ostentar vários requisitos. Alguns desses requisitos estão no art. 151 do CC: "A coação, para viciar a declaração de vontade, há de ser tal que incuta no paciente fundado temor de dano iminente e considerável à sua pessoa, à sua família, ou aos seus bens".

Requisitos da coação moral

1º requisito – poder de intimidação e gravidade da ameaça

A coação moral somente será eficaz se incutir na vítima fundado temor de dano à sua pessoa, à sua família ou aos seus bens.

A pressão psicológica ou força externa deve ser intensa a ponto de intimidar, amedrontar, aterrorizar a vítima, o coagido. Em razão desse medo, provocado pela violência psicológica ou coação moral, a vítima acaba cedendo e exteriorizando uma vontade que não seria exteriorizada se não fosse a coação.

A vítima é submetida a um intenso processo de constrangimento, pressão psicológica e, por conta de sua estrutura emocional, cede à pressão, por não ter condições de suportá-la.

A coação terá o poder de intimidar a vítima quando for grave. O art. 151 do CC evidencia essa gravidade quando enuncia que a coação deve ser *tal*, ou seja, tão grave, que incuta ao paciente ou à vítima da coação, fundado temor de dano iminente.

Deve, portanto, ser incutido na vítima sentimento de medo justificado e grave (ex.: o sujeito liga para outro e diz: se você não vender o imóvel, eu vou matar o seu filho, inclusive já contratei uma pessoa para realizar o serviço).

A ameaça ou a intimação deve ser grave, a ponto de abalar a pessoa emocionalmente, deixando a vítima com sentimento de impotência em relação à situação, ficando aterrorizada e amedrontada. Esse medo ou temor incutido na vítima é o parâmetro de eficácia da coação moral.

Ao contrário do erro e do dolo, na coação é necessário considerar as peculiaridades de cada pessoa, ou seja, o poder de intimidação deve ser analisado subjetivamente, em relação a cada vítima.

É o que dispõe o art. 152 do CC: "No apreciar a coação, ter-se-á em conta o sexo, a idade, a condição, a saúde, o temperamento do paciente e todas as demais circunstâncias que possam influir na gravidade dela".

Ou seja, o poder da coação deve ser apreciado levando em conta as peculiaridades, a personalidade e as características pessoais de cada pessoa, individualmente considerada. Não se adota aqui o critério do "padrão do homem médio". Pode ocorrer de uma coação ou ameaça ser considerada grave para um sujeito e em relação a outro não ter qualquer poder de intimidação.

Por isso, em relação a esse primeiro requisito, devem ser levadas em conta as condições pessoais de cada vítima, como sexo, idade, condição física, saúde, temperamento, entre outras circunstâncias a serem analisadas no caso concreto. Tal apreciação subjetiva dará maior segurança no momento de se analisar a possibilidade de invalidação do negócio jurídico. Essa exigência já constava no art. 99 do CC/1916.

Ao contrário do erro e do dolo, por ocasião da formação do negócio jurídico ou da manifestação de vontade, o coagido ou vítima já tem plena ciência do vício, ou seja, de que a vontade declarada não corresponde à sua vontade real. A pressão psicológica do coator atua como fator externo, fazendo a vítima realizar um negócio jurídico completamente contrário aos seus interesses.

2º requisito: a ameaça como causa determinante da coação

A coação somente viciará a vontade e, em razão disso, poderá levar à invalidação do negócio jurídico, se for a causa determinante da exteriorização da vontade.

A causa determinante é aquela responsável pela declaração da vontade, o motivo fundamental da exteriorização do consentimento. Se, mesmo sem a ameaça, aquele negócio se realizaria, então este não pode ser anulado, pois a ameaça grave não foi a causa determinante da vontade.

Para ser a causa determinante, o negócio jurídico somente deve ter sido realizado em razão da coação. Se a coação for indiferente à vítima, a qual realizaria o negócio jurídico com ou sem a coação, tal coação não pode ser invocada para anulação do negócio jurídico.

3º requisito: a ameaça deve ser injusta

A ameaça, além de grave, com poder de intimidação, deve ser injusta.

A ameaça justa, não havendo abuso de direito, não caracteriza coação. Sobre essa questão da injustiça da ameaça, o CC, no art. 153, afirma não se considerar coação a ameaça do exercício normal de um direito e nem o simples temor reverencial.

A análise desse dispositivo deve ser cautelosa. Não haverá coação se o sujeito estiver no exercício *normal* de um direito. A *normalidade* empregada no texto limita o exercício do direito subjetivo. Por exemplo, pode o credor ameaçar o devedor de protestá-lo ou cobrá-lo judicialmente se a dívida não for paga imediatamente. Tal ameaça de protesto e de cobrança judicial está nos limites do direito subjetivo.

No entanto, se esse mesmo credor ameaça o devedor de morte caso a dívida não seja saldada, o exercício do direito deixa de ser *normal* e passa a ser *anormal*, caracterizando o abuso de direito, espécie de ilícito (art. 187 do CC).

Segundo o art. 187 do CC, comete ato ilícito o titular de um direito subjetivo que, ao exercê-lo, excede manifestamente os limites impostos pelo seu fim econômico e social, pela boa-fé e pelos bons costumes. O princípio da boa-fé objetiva também tem a função de limitar o exercício de direitos subjetivos. No caso da coação, a ameaça de alguém, investido em um direito subjetivo, pode se tornar injusta se houver excesso.

O excesso transformará a ameaça em uma coação moral, passível de invalidar o negócio. Assim, há uma conexão entre o art. 153 e a teoria do abuso de direito, fundada no princípio da boa-fé objetiva, expressa no art. 187 do CC. O exercício do direito não pode, sob qualquer pretexto, extrapolar a boa-fé e sua finalidade social. O excesso sempre será punido.

Por outro lado, não se considera coação o *simples* temor reverencial. O temor reverencial é o respeito entre pessoas a quem se deve submissão ou nas situações em que houver uma relação de hierarquia. O temor reverencial poderá ser caracterizado quando o coagido, socialmente, dever respeito a alguém, e, por essa razão, temer contrariar tal pessoa. Este temor, desde que não seja fruto de intimidação, não anula o negócio jurídico.

Orlando Gomes é preciso quando afirma que o temor reverencial é o que temos em relação a pessoas, as quais respeitamos e admiramos. Embora esse respeito e admiração possam exercer influência na determinação da vontade, não constituem coação, por não serem considerados ameaças, influentes na conclusão do negócio.

Tal respeito e admiração entre pessoas que possuem algum vínculo familiar, de trabalho ou social, podem exercer alguma influência no momento da exteriorização da vontade, em razão do receio em desagradar ou desgostar a pessoa a quem se deve obediência, a quem se admira ou com a qual se mantém uma relação de submissão e hierarquia. No entanto, a influência desse temor por reverência ou respeito na exteriorização da vontade, em regra, não caracteriza coação.

Em regra, porque não caracteriza coação o "simples" temor reverencial. Porém, se o sujeito se aproveita desse temor por reverência para realizar o negócio, este deixa de ser simples e passa a ser grave, podendo caracterizar a coação.

Assim, se esse temor reverencial é um meio para intimidar o outro sujeito e a causa determinante do negócio, pode ele se transformar em coação.

Ou seja, o temor reverencial simples é aquele considerado a consequência do negócio e não a sua causa. Já o temor reverencial grave é a própria causa determinante do negócio. Assim, neste, o sujeito somente realiza o negócio porque foi constrangido ou se sentiu ameaçado pelo temor reverencial utilizado como meio de intimidação.

4º requisito – ameaça de dano atual ou iminente e proporcionalidade do mal prometido

O art. 151 do CC dispõe sobre a necessidade de a coação ser tal que incuta à vítima fundado temor de dano iminente.

O temor, portanto, deve dizer respeito a um dano iminente, pois a ameaça que produz efeitos em futuro distante, não se mostra suficiente para coagir alguém a negociar, de modo que não chega a configurar o vício na vontade do agente.

A ameaça deve estar relacionada à consumação de um dano atual ou iminente à pessoa, família ou bens.

Há um detalhe no referido art. 151 do CC: o dano deve ser iminente e *considerável*. O que significa a expressão *considerável*? O art. 98 do CC/1916 exigia que o dano fosse iminente e "igual, pelo menos, ao receável do ato extorquido". O atual Código Civil substituiu a expressão "igual ao menos" pela expressão "considerável".

No diploma anterior, exigia-se um juízo de proporcionalidade e razoabilidade. O mal prometido na ameaça levada a efeito deveria ser da mesma gravidade ou mais grave do que o negócio jurídico que se pretendia extorquir.

Na ponderação de valores, a vítima optava por se sujeitar à extorsão ou coação, porque o mal prometido era mais grave do que o negócio objeto da coação. Por exemplo, se o coator ameaçasse matar o filho da vítima se esta não assinasse um documento, na ponderação dos valores em jogo, a vítima optava pelo negócio extorquido, uma vez que o mal prometido era mais grave. Entre os dois sacrifícios, a vítima optava pela declaração de vontade, como sendo o mal menor, em um juízo de valor e razoabilidade.

O atual Código Civil mantém essa proporcionalidade ou valoração, quando exige o dano iminente e considerável. O dano considerável refere-se ao mal prometido na ameaça. O mal prometido deve ser considerável a ponto de levar a pessoa a sacrificar outro bem jurídico para não se submeter ao mal prometido. Na ponderação de valores, é melhor se sujeitar à coação do que ao mal prometido.

Se o coator ameaça a vítima, prometendo um mal menor do que o próprio negócio, não haverá coação. Por exemplo, se o coator prometer pôr fogo no veículo da vítima, cujo valor é de R$ 5.000,00 (cinco mil reais), caso ela não assine a escritura de venda de um imóvel no valor de R$ 500.000,00 (quinhentos mil reais), não haverá coação, pois o mal prometido é muito menos grave do que o negócio a ser extorquido com a ameaça. Essa ideia da proporcionalidade ou razoabilidade é exigida pelo art. 151 do CC, quando expressa a necessidade de o dano iminente ser *considerável*, ou seja, o mal prometido deve ser mais grave do que o negócio jurídico extorquido. Essa ponderação de valores é essencial para se verificar a caracterização da coação.

Além disso, a ameaça de um mal impossível, remoto ou evitável não caracteriza coação.

5º requisito – destinatário do mal prometido

O dano iminente e considerável ou o mal prometido pela ameaça pode estar relacionado à própria vítima da coação, aos seus familiares ou aos seus bens (última parte do art. 151). Até aí, não há novidade em relação ao CC/1916, em seu art. 98.

A novidade é o teor do parágrafo único do art. 151 do CC. Foi estabelecida uma cláusula geral para garantir justiça social no caso concreto. Se a coação disser respeito à pessoa não pertencente ao coagido ou à sua família, o juiz, com base nas circunstâncias, decidirá se houve coação.

Tal dispositivo é um desdobramento da dignidade da pessoa humana e um avanço nas relações privadas. Há inúmeros casos em que o mal prometido é dirigido à pessoa não integrante da família do coagido, mas a vítima da coação mantém com este relação profunda e intensa de afeto, amizade ou até de solidariedade, levando o coagido a se submeter à ameaça para salvar e proteger a vida, a integridade física ou moral da referida pessoa. A fim de evitar abusos, o legislador, corretamente, impôs ao juiz a análise desse vínculo ou proximidade afetiva da vítima da coação com a pessoa a quem o mal é dirigido, com base nas circunstâncias de cada caso.

1.18.4.1. Coação exercida por terceiro

O art. 154 do Código Civil permite a coação originária de um terceiro, independentemente de ser ou não do conhecimento da parte a quem beneficie a coação.

Se o beneficiário tiver conhecimento da coação, ou se, de qualquer modo, devesse ter, respondem o terceiro e o beneficiário, solidariamente, perante o coagido, por perdas e danos. Por outro lado, se o beneficiário desconhecer a coação do terceiro, o negócio subsiste entre o beneficiário e a vítima, mas o autor da coação responderá por todas as perdas e danos que houver causado à vítima.

É o que dispõem os arts. 154 e 155 do CC.

O art. 101 do CC/1916 também tratava da coação de terceiro.

A modificação é substancial. No diploma anterior, em qualquer circunstância, ou seja, havendo coação de terceiro, com ou sem a ciência do beneficiário, o negócio jurídico estava viciado e, por isso, era passível de anulação.

A única consequência relativa à ciência do beneficiário da coação era isentá-lo de qualquer responsabilidade civil, perdas e danos, no caso de desconhecimento. De qualquer forma, havendo coação, o negócio jurídico poderia ser anulado, em razão desse vício.

Como o atual Código Civil tutela a pessoa de boa-fé (em especial a boa-fé objetiva – ética nas relações privadas), se o beneficiário da coação não sabe e nem tinha como saber da coação de terceiro, o negócio jurídico subsiste, na íntegra (art. 155 do CC), restando à vítima da coação exigir do coator indenização, perdas e danos, materiais e morais. Com isso, o legislador concilia os interesses do beneficiário de boa-fé, mantendo o negócio jurídico e os interesses da vítima, permitindo a cobrança de indenização do autor da coação.

No entanto, se o beneficiário sabia ou tinha como saber da coação, além da anulação do negócio, se sujeitará a indenizar a vítima por todas as perdas e danos, solidariamente com o autor da coação. Trata-se de solidariedade em decorrência da lei (art. 265 do CC – a solidariedade pode ser legal ou convencional).

Tal alteração legislativa evidencia os novos rumos do direito civil e as finalidades das regras e princípios de direito privado. A coação de terceiro não pode, sob qualquer pretexto ou hipótese, prejudicar a pessoa que age de boa-fé, ainda que ela tenha sido beneficiada por essa coação. É a tutela da pessoa humana, como mais um desdobramento dos princípios da dignidade, solidariedade, boa-fé objetiva e função social do negócio jurídico.

1.18.5. Lesão – Art. 157 do CC

1.18.5.1. Introdução

O instituto da *lesão* constitui a maior novidade no Código Civil, na teoria dos defeitos do negócio jurídico e representa um excelente exemplo de intervenção do atual Estado Social nas relações privadas.

A lesão está prevista no art. 157 do CC, no qual o legislador tentou definir o instituto e estabelecer os requisitos ou pressupostos para a sua caracterização.

A lesão representa um dos principais mecanismos para o Estado concretizar o princípio da igualdade substancial. Em razão da lesão, pode ele intervir em uma relação privada para preservar o seu equilíbrio econômico e financeiro.

A finalidade da lesão é proteger a pessoa que, ao contratar, está em uma situação de inferioridade em relação à outra parte e, por conta disso, é levada a realizar um negócio jurídico no qual a prestação a que se submete é manifestamente desproporcional, se comparada com a prestação oposta.

No intuito de proteger tais pessoas inferiorizadas pela inexperiência ou por uma necessidade premente, passou a legislação a tratar desse instituto jurídico de grande relevância.

Todavia, como adiante será analisado, o legislador foi tímido na regulação desse defeito do negócio jurídico, pois, além de pressupostos objetivos, exige a presença de requisitos subjetivos que podem comprometer a aplicação prática desse instituto.

A lesão tem relação com a teoria geral do negócio jurídico, tanto que é tratada como sendo um dos vícios ou defeitos do negócio jurídico.

Como já foi visto, o negócio jurídico é baseado em uma *vontade*. A vontade representa a sua essência, tudo girando em torno da manifestação ou exteriorização dessa vontade. Para que um negócio exista, a vontade é indispensável. Sem vontade, não há negócio jurídico.

Havendo vontade, passa-se para o plano da validade do negócio jurídico, que exige atributos, qualidades ou adjetivações dessa vontade. A lesão está relacionada aos atributos ou qualidades da vontade, pois é um instituto jurídico que pode comprometer a validade do negócio jurídico. O negócio jurídico somente será válido, entre outros requisitos, se a vontade for exteriorizada em um momento em que um dos contratantes não esteja em situação de inferioridade na relação contratual.

Caso a vontade seja manifestada em momentos sensíveis, de fragilidade de um dos contratantes (premente necessidade ou inexperiência) e, por conta disso, este contratante fragilizado acabar realizando um negócio em que as prestações são desproporcionais em termos econômicos, tal vontade estará comprometida, viciada ou maculada, o que pode levar à invalidação do negócio jurídico, com fundamento na lesão.

Portanto, a lesão é um vício ou defeito, peculiar, é verdade, que está diretamente relacionado à exteriorização de uma vontade, vontade esta que é a essência do negócio jurídico.

Ou seja, a lesão pode ser a causa da invalidação (consequência) de um negócio. É uma relação de causa e efeito.

Em caso de lesão, o negócio pode ser invalidado porque a vontade, no momento da formação do negócio jurídico, foi exteriorizada quando um dos contratantes estava em desvantagem, inferiorizado, quase em situação de submissão em relação ao outro, o qual, conscientemente ou não, acaba por realizar o negócio e obtém vantagem econômica desarrazoada.

Aqui, uma importantíssima observação para se compreender a lesão como defeito do negócio jurídico: a lesão somente é considerada causa que vicia a exteriorização da vontade no momento da formação do negócio jurídico, em razão dos pressupostos subjetivos (premente necessidade e inexperiência) que a caracterizam.

Tais requisitos devem ser as causas determinantes da manifestação da vontade, ou seja, são os fatores pessoais que levam o lesado a declarar uma vontade que o prejudicado não declararia se tais fatores estivessem ausentes, ou seja, o que determina, impulsiona e alavanca a manifestação de vontade são essas situações subjetivas que colocam uma das partes em uma situação de inferioridade.

Por isso, e somente por isso, a lesão é considerada vício da vontade, pois o que determina a manifestação dessa vontade é a presença da premente necessidade ou da inexperiência do lesado.

Por esses motivos, as espécies de *lesão* que dispensam os requisitos subjetivos, como é o caso da lesão prevista no Código de Defesa do Consumidor, não são consideradas causas que viciam a vontade e, por isso, não podem ser consideradas defeitos relacionados à exteriorização da vontade em um negócio jurídico.

1.18.5.2. Evolução e história da lesão até sua introdução na legislação civil

A lesão, desde a sua origem, tem passado por inúmeras transformações, variando seus conceitos e requisitos, o que, inclusive, dificulta a análise do instituto sob o aspecto histórico.

De Page[312] define a lesão "como o prejuízo que uma pessoa sofre na conclusão de um ato negocial, resultante da desproporção existente entre as prestações das duas partes". Como ressalta o próprio mestre, a definição é genérica, por isso não satisfatória.

A lesão já era conhecida do direito romano, que previa a ação de rescisão para a venda de imóveis em que o vendedor recebesse menos da metade do justo preço (lesão enorme). Em seguida, na Idade Média, por influência dos canonistas, foi criada a chamada lesão enormíssima, que ocorria sempre que o vendedor suportava prejuízo superior a 2/3 (dois terços) do valor da coisa.

A observação de Leonardo Duarte e Horácio Vanderlei Pithan[313] é pertinente: "Na idade média, os glosadores e canonistas, afastando-se da forma original do instituto, teriam configurado a lesão como uma espécie de vício de consentimento, ou seja, a ocorrência da lesão era concebida apenas nos casos em que o prejuízo de uma das partes fosse decorrido de dolo de aproveitamento. No direito canônico, verificou-se o fenômeno da ampliação da lesão enorme, estendendo-se os seus efeitos a outros contratos, não figurando mais apenas nos de compra e venda como na sua versão original, pelo que teriam exsurgidos os elementos formadores da doutrina geral da lesão. Os canonistas criaram também a figura da lesão enormíssima, identificando-a nos casos em que o vendedor fosse enganado além de dois terços do valor do bem alienado. Observa-se que para os canonistas era fundamental o dolo do comprador".

Em razão da influência liberal, dos ideais da Revolução Francesa e do Código Civil Napoleônico de 1804, o Código Civil de 1916 não tratou do instituto da lesão. No período, prevalecia a liberdade contratual quase absoluta.

A lesão acabou, por vias tortas, sendo disciplinada na Lei n. 1.521/51, que trata dos crimes contra a economia popular.

Segundo o art. 4º da referida lei, constitui crime da mesma natureza a usura pecuniária ou real, assim se considerando: "(...) (b) obter ou estipular, em qualquer contrato, abusando da premente necessidade, inexperiência ou leviandade da outra parte, lucro patrimonial que exceda o quinto do valor corrente ou justo da prestação feita ou prometida".

Como se vê, após a omissão do Código Civil de 1916, a lesão acabou tratada pela lei em referência, que a integrou no ordenamento jurídico pátrio, seguindo a linha da corrente da lesão subjetiva, pois passou a exigir a premente necessidade, inexperiência ou a leviandade da outra parte para a caracterização de tal lesão. Como dizia Caio Mário, no caso, foi seguido o exemplo de outros Códigos ocidentais, como o alemão, o italiano e o suíço.

Ocorre que a lesão fundada na Lei n. 1.521/51 poderia levar à nulidade do negócio jurídico em razão da ilicitude

---

[312] PAGE, Henri de. *Traité élémentaire de droit civil belge*. 3. ed. Bruxelas: Émile Bruylant, 1962. t. 1.

[313] DUARTE, Leonardo; PITHAN, Horácio Vanderlei. Teoria geral *de direito civil*. São Paulo: Atlas, 2008. Renan Lotufo (coord.).

do objeto, pois tal caracterizava crime. Nesse ponto, a lesão usurária diverge da lesão prevista no Código Civil. Neste, a lesão é apreciada sob o enfoque da vontade, essência do negócio jurídico, que é exteriorizada em razão de fatos pessoais que a influenciam, sendo a causa determinante da declaração. No caso da Lei n. 1.521/51, a invalidação também pode ocorrer por conta da lesão, mas porque esta constitui crime. O objeto criminoso e ilícito levava à invalidação do negócio jurídico.

A doutrina acabou reconhecendo que o comportamento do agente levaria à invalidação do contrato, embora se tratasse de norma penal, já que ausente o requisito da licitude do objeto do contrato. O objeto ilícito, no CC/1916 (art. 86), também era causa de invalidação do negócio jurídico.

Após a Lei n 1.521/51, a lesão passou a integrar o ordenamento jurídico pátrio por meio do Código de Defesa do Consumidor (CDC – Lei n. 8.078/90), cujo diploma trata do instituto de forma bem diferente da legislação civil, pois, para a lei do consumidor, a lesão pode se caracterizar, independentemente de qualquer vício relacionado à exteriorização da vontade. Portanto, o CDC dispensa qualquer requisito subjetivo, sendo suficiente a existência de prestações desproporcionais, o que leva a doutrina a denominá-la *lesão objetiva*.

Finalmente, conforme será estudado, a lesão foi inserida no Código Civil de 2002, em seu art. 157, com contornos diferentes da lesão prevista na lei que trata dos crimes contra a economia popular, bem como da *lesão objetiva*, prevista pelo Código de Defesa do Consumidor.

1.18.5.2.1. Lesão no Código de Defesa do Consumidor

O Código de Defesa do Consumidor trata a lesão com um enfoque totalmente diferente do Código Civil. O Código Civil insere a lesão no capítulo que trata dos defeitos ou vícios do negócio jurídico, uma vez que, na lesão civil, se assim pode ser chamada, a causa determinante da exteriorização da vontade está relacionada a fatores pessoais, subjetivos, quais sejam, premente necessidade ou inexperiência.

Em razão disso, a pessoa é levada a declarar uma vontade diversa daquela que exteriorizaria se não estivesse sob premente necessidade ou, se, em relação àquele negócio jurídico, não fosse inexperiente.

A legislação do consumidor não relaciona a lesão com questões relativas à exteriorização ou manifestação da vontade. Para o Código de Defesa do Consumidor, constitui direito básico do consumidor requerer a modificação de cláusulas contratuais que estabeleçam prestações desproporcionais (art. 6º, V, do CDC).

Em uma relação de consumo, basta o requisito objetivo, ou seja, a demonstração de que a prestação é desproporcional em relação à contraprestação, no sentido econômico. No momento da formação do contrato de consumo, as partes (fornecedor e consumidor – arts. 2º e 3º do CDC) acabam estipulando cláusulas que acarretam um desequilíbrio econômico e financeiro no contrato de consumo, violando o princípio da igualdade substancial ou equivalência material.

O Código de Defesa do Consumidor não faz qualquer menção a questões subjetivas, relacionadas ao consentimento ou à manifestação da vontade. É suficiente que as prestações, reciprocamente pactuadas, sejam desproporcionais, ainda que o consumidor tenha plena ciência do teor do contrato de consumo e de suas condições. Não se exige a análise da situação de inferioridade do consumidor, que já é presumida pela legislação especial.

Por conta disso, o Código de Defesa do Consumidor não insere a lesão como vício de consentimento, mas como uma causa que pode ser invocada pelo consumidor para requerer a modificação das condições do contrato de consumo, a fim de que este tenha prestações recíprocas, equilibradas e proporcionais.

1.18.5.3. Princípios e fundamentos da lesão

O instituto da lesão constitui a prova mais evidente da nova concepção dos contratos.

A lesão era incompatível com o Estado Liberal, preponderante nos séculos XVIII e XIX, que teve como marcos a Revolução Francesa e o Código Civil Napoleônico de 1804 (Código Civil francês). No liberalismo, era plena a autonomia privada, prevalecia o individualismo e, por conta disso, o Estado não podia intervir nas relações privadas, em especial em matéria de contrato. Tal época representou o auge de um dos lemas da Revolução Francesa, que era a liberdade, no caso, a liberdade de contratar, de escolher o conteúdo do contrato e com quem contratar.

Nesse período, caso um negócio jurídico, por ocasião de sua formação, nascesse desproporcional, se comparada a prestação com a contraprestação, a parte prejudicada não podia requerer a modificação ou a invalidação do pacto, pois prevalecia, de forma absoluta, o estipulado pelas partes, não podendo nenhuma delas se socorrer junto ao Estado para tutela de seus interesses privados.

O princípio do *pacta sunt servanda*, nesse período, foi elevado ao seu grau máximo. Assim, não havia espaço para a lesão, instituto pelo qual se permitia a intervenção do Estado, sempre que houvesse prejuízo a um dos contratantes. Isso porque tal intervenção era inadmissível no liberalismo. O acordo de vontades era equiparado à lei. Daí surgiu a afirmação de que "o contrato faz lei entre as partes". Tal frase nasceu no liberalismo.

Ocorre que o liberalismo foi fonte de inúmeras injustiças, na medida em que a igualdade (formal) pregada pelos franceses e a plena liberdade, como sinônimo de felicidade, não ocorreram na prática.

A liberdade pós-Revolução Francesa teve dois momentos bem distintos. Em um primeiro momento, a conquista dessa liberdade, que era desejada pela classe burguesa, que acabou tomando o poder. Após conquistarem a liberdade em relação ao Estado, a segunda etapa foi dolorosa, com a exploração dessa liberdade. Tal exploração ocorreu de forma mais intensa em matéria contratual, na medida em que o mais forte acabava levando vantagem sobre o mais fraco, o que criava um desequilíbrio na rela-

Capítulo 1 • Parte Geral

ção jurídica, violando a propalada igualdade pregada pelos franceses.

Em razão dessas injustiças criadas pelo liberalismo, o Estado Liberal acabou cedendo espaço para a participação do Estado nas relações privadas, até chegar ao atual estágio do Estado Social, onde a intervenção estatal é intensa nas relações jurídicas privadas, por institutos como, por exemplo, a lesão, a possibilidade de redução da cláusula penal (art. 413 do CC), a revisão (art. 317 do CC), a função social dos contratos (art. 421 do CC), a teoria da onerosidade excessiva (art. 478 do CC), entre outros.

Assim, o paradigma do contrato mudou. A plena autonomia privada ou o poder de regular interesses de forma ilimitada foi substituído por uma ideia de contrato capaz de atender às situações existenciais e necessidades da pessoa humana. O contrato agora, para ter tutela do Estado, deve ter uma função social. Com isso, o contrato não pode mais ficar restrito ao interesse dos contratantes, pois, em razão da função social, seus efeitos repercutem na coletividade, transcendendo o interesse dos contratantes.

O contrato, com esse novo paradigma, ou seja, como instrumento que serve para satisfazer as necessidades humanas, terá função social quando não violar a dignidade dos contratantes ou de terceiros, quando houver igualdade substancial entre os contratantes, ou seja, quando o contrato for equilibrado economicamente, havendo equivalência material, quando houver solidariedade recíproca entre os contratantes, que devem cooperar mutuamente, um com o outro, para a boa execução do contrato e, principalmente, quando as partes, entre elas, agirem com ética, lealdade, enfim, com boa-fé objetiva.

A autonomia da vontade e a autonomia privada têm a sua relevância, até porque a essência do negócio jurídico é a vontade. Entretanto, essa autonomia privada ou liberdade não é mais absoluta. Atualmente, no Estado Social, solidificado pela Constituição Federal de 1988, o Estado tem o poder de intervir nas relações privadas, em especial quando restar caracterizada a lesão.

A lesão tem por fundamento a necessidade de proteger pessoas que estão vulneráveis, seja pela inexperiência, seja pela premente necessidade, quando exteriorizam vontade para constituir e formar negócios jurídicos.

1.18.5.4. Espécies de lesão

A lesão se apresenta em diversos dispositivos legais, cada um com características próprias.

A denominada *lesão enorme* seria aquela lesão do direito romano que acabou evoluindo na Idade Média, conforme já delineado por ocasião da história da lesão. Tal lesão se caracterizava pelo excesso nas vantagens ou desvantagens, desde que tal desproporção fosse superior à metade do justo preço, dispensando qualquer requisito subjetivo. No mesmo período surgiu a ideia de *lesão enormíssima*, segundo a qual a desproporção ou o prejuízo econômico deveria ser superior a 2/3 (dois terços) do preço.

Tais espécies de lesão não mais existem em nosso ordenamento jurídico, sendo que o direito pátrio trata da lesão na lei que prevê os crimes contra a economia popu-

lar, na Lei do Consumidor e no Código Civil. Temos, então, três espécies de lesão: a *lesão usurária*, a *lesão de consumo* e a *lesão subjetiva*, também chamada de *lesão civil*.

A *lesão usurária* é disciplinada na lei que prevê os crimes contra a economia popular – art. 4º da Lei n. 1.521/51. Tal espécie de lesão levaria à invalidade do negócio jurídico em razão da ilicitude de seu objeto. Os requisitos para a caracterização dessa lesão são subjetivos (inexperiência ou estado de necessidade do lesado e leviandade da parte que se aproveita do estado de inferioridade do lesado – esse requisito relacionado ao beneficiário da lesão é o que se convencionou chamar de dolo de aproveitamento) e objetivos (lucro patrimonial que exceda o quinto do valor corrente ou justo da prestação).

A grande característica desse tipo de lesão é o requisito subjetivo, relacionado tanto ao lesado (inexperiência ou estado de necessidade) como ao beneficiário da lesão (leviandade – que nada mais é do que o dolo de aproveitamento). Além disso, a lei em questão tarifa o requisito objetivo com uma porcentagem, criando um parâmetro concreto.

Tal espécie praticamente perdeu o interesse prático, pois os requisitos das espécies de lesão, previstas no Código de Defesa do Consumidor e no Código Civil são bem mais flexíveis. Portanto, quando for o caso de se aplicar a lesão prevista na lei que define os crimes contra a economia popular, provavelmente já estará caracterizada a *lesão do consumidor*, se a relação for de consumo, ou a lesão civil, se for uma relação civil.

A lesão prevista no Código de Defesa do Consumidor ou *lesão de consumo* já foi analisada separadamente e, como visto, dispensa qualquer elemento subjetivo para sua caracterização, bastando que as prestações recíprocas sejam desproporcionais. No entanto, essa espécie de lesão, ao contrário da lesão enorme, não adota qualquer tarifa como parâmetro objetivo para se analisar eventual desproporção das prestações, devendo o juiz, no caso concreto, apurar a ocorrência da lesão de consumo.

Finalmente, temos a *lesão subjetiva* ou lesão civil que é a prevista no art. 157 do CC, a qual será analisada separadamente nos tópicos seguintes.

1.18.5.4.1. Lesão civil – art. 157 do CC

O CC, no art. 157, trata da lesão, com contornos e requisitos diferentes das demais espécies. A lesão civil ou subjetiva tem requisitos próprios, que a tornam um vício ou defeito relacionado ao consentimento ou à exteriorização de vontade.

A lesão civil tem a finalidade de proteger pessoas que realizam negócios jurídicos, em especial contratos, em situação de grave inferioridade. Essa situação de inferioridade leva a pessoa a exteriorizar uma vontade que não exteriorizaria se não estivesse naquelas condições.

É o requisito subjetivo da lesão que a transforma em um vício de consentimento, pois a inexperiência ou a premente necessidade são as causas pessoais ou subjetivas determinantes da manifestação da vontade. Por isso, a lesão é vício de vontade, podendo ser invocada para anular um negócio jurídico (art. 171, II, do CC).

Anelise Becker[314] define a lesão "como a exagerada desproporção de valor entre as prestações de um contrato bilateral, concomitante à sua formação, resultando do aproveitamento, por parte do beneficiado, de uma situação de inferioridade em que então se encontrava o prejudicado".

Segundo o art. 157 do CC, ocorre a lesão quando uma pessoa, sob premente necessidade, ou por inexperiência, se obriga à prestação manifestamente desproporcional ao valor da prestação oposta.

A lesão civil pode ser definida como o instituto em que se busca tutelar e proteger o sujeito ou agente que, no momento da formação do negócio jurídico, está inferiorizado por ser inexperiente ou por estar em uma situação de necessidade premente e, em razão de um desses fatores pessoais, acaba se obrigando a uma prestação manifestamente desproporcional ao valor da prestação da outra parte, com o que estará violado o princípio da função social do negócio jurídico.

Elemento ou requisito objetivo da lesão

Segundo o art. 157 do CC, a lesão somente se caracteriza se houver um desequilíbrio intenso na economia do negócio jurídico, pois a prestação de uma das partes deve ser manifestamente desproporcional se comparada com a contraprestação ou a prestação da outra parte. O equilíbrio financeiro ou material entre as prestações desaparece com a lesão. A parte beneficiada passa a ter lucro anormal, sem fundamento, injustificado e fora de qualquer propósito.

O Código Civil, de forma acertada, não criou nenhum parâmetro ou tarifa para se analisar a ocorrência dessa desproporção econômica, ao contrário da lesão enorme dos romanos e da lesão prevista na lei contra a economia popular. O juiz, no caso concreto, deverá apurar se as prestações são manifestamente desproporcionais.

A lei exige uma desproporção "manifesta", e não um desequilíbrio qualquer, tendo em conta que o risco de perder ou de ganhar faz parte do mundo dos negócios. O que se busca coibir é um lucro anormal, exorbitante, fora de qualquer propósito e que não encontra justificativa plausível. Faz-se um juízo de razoabilidade no caso concreto.

A desproporção das prestações deve ser analisada sob o ponto de vista econômico, que já se evidencia no momento da formação do negócio jurídico.

Elemento ou requisito subjetivo da lesão

O elemento ou requisito subjetivo é o que justifica o tratamento da lesão como um dos vícios ou defeitos do negócio jurídico.

Tais requisitos são fatores pessoais que dizem respeito, apenas e tão somente, à pessoa prejudicada pela lesão (lesado). A lesão ocorrerá quando o lesado estiver numa condição de inferioridade, conhecida ou não da outra parte, cuja inferioridade se caracteriza pela inexperiência ou por uma premente necessidade, sendo ela a causa determinante da exteriorização da vontade.

A primeira e importante observação é a necessidade de analisar a situação de inferioridade, tendo em conta o negócio jurídico específico que está se formando e não uma inferioridade genérica. Por exemplo, a pessoa pode ser inexperiente para comprar gado, mas experiente para adquirir veículos. É em cada contrato, específico e determinado, que se apura a inferioridade do lesado.

Sobre essa questão, pertinente o Enunciado 410 da V Jornada de Direito Civil, promovida pelo CJF: "A inexperiência a que se refere o art. 157 não deve, necessariamente, significar imaturidade ou desconhecimento em relação à prática de negócios jurídicos em geral, podendo ocorrer, também, quando o lesado, ainda que estipule contratos costumeiramente, não tenha conhecimento específico sobre o negócio em causa".

A segunda relevante observação é que o beneficiário da lesão se aproveita dessa situação de inferioridade, sendo irrelevante se conhece ou desconhece a condição do prejudicado ou da parte inferiorizada. O que isso significa? Na lesão, não se analisa qualquer requisito subjetivo em relação à pessoa beneficiada, que acaba se aproveitando da situação, de forma consciente ou não. Os requisitos subjetivos são exclusivos da parte prejudicada. Isso significa que, na lesão, não há o que se convencionou chamar *dolo de aproveitamento*.

O beneficiário da lesão pode até se aproveitar da situação de inferioridade da outra parte, mas não há necessidade de provar a ocorrência dessa intenção de aproveitamento, nem que o beneficiado conhecia ou não a situação da outra parte. Ou seja, o dolo de aproveitamento pode até existir no caso concreto, mas não é requisito da lesão. Isso deve ficar bem claro. O elemento subjetivo diz respeito à vítima e não ao beneficiário.

Por conta disso, foi aprovado o Enunciado 150, da III Jornada, promovida pelo CJF, segundo o qual "a lesão de que trata o art. 157 não exige dolo de aproveitamento".

A terceira observação que deve ser feita é que os requisitos subjetivos não são presumidos. Ao contrário, devem ser provados. Nesse sentido, o Enunciado 290 da IV Jornada de Direito Civil prevê que "a lesão acarretará a anulação do negócio jurídico quando verificada, na forma deste, a desproporção manifesta entre as prestações assumidas pelas partes, não se presumindo a premente necessidade ou a inexperiência do lesado".

O primeiro requisito subjetivo é a inexperiência

Trata-se de um requisito altamente subjetivo, pois, em termos abstratos, é muito difícil definir o que é uma pessoa inexperiente. A inexperiência coloca uma das partes em situação de inferioridade e, por conta dessa inexperiência, a pessoa acaba realizando um negócio que lhe traz prejuízo e que não realizaria se fosse experiente.

A inexperiência seria a falta de habilidade para um negócio jurídico específico, mas não há necessidade de que a pessoa seja especialista no assunto. Basta à pessoa ter noções básicas sobre o negócio jurídico para não ser conside-

---

[314] BECKER, Anelise. Teoria Geral *da lesão nos contratos*. São Paulo: Saraiva, 2000.

rada inexperiente. Apenas o prejudicado pode estar nessa condição e tal requisito se analisa no plano concreto.

O juiz, diante de um caso concreto, vai analisar se a pessoa era ou não inexperiente para determinado negócio, a fim de considerá-la inferiorizada ou não no momento da exteriorização da vontade. Tal requisito (assim como a premente necessidade) deve ser provado pelo prejudicado que pretende anular o negócio.

Alguns doutrinadores argumentam que a inexperiência seria a falta de conhecimento entre o uso e a prática, como acontece com as pessoas de pouca cultura ou pouca idade. Não é correto estabelecer parâmetros para um conceito jurídico indeterminado, como a *inexperiência*. Somente no caso concreto o juiz terá condições seguras de avaliar a presença desse elemento ou requisito.

Sobre a inexperiência, Leonardo e Horácio[315], no livro coordenado por Renan Lotufo, argumentam que "concernente a inexperiência da parte contratante, o ponto de referência é o conhecimento técnico relativo ao objeto do contrato, ou seja, a falta de habilidade para negociar ('Inexperiência é a falta de prática ou vivência com os usos e costumes da negociação', conforme Roberto Senise Lisboa), ou mesmo a ingenuidade do lesado".

A leviandade não é requisito da lesão civil, mas apenas da lesão prevista na Lei n. 1.521/51, que trata dos crimes contra a economia popular. O *mero equívoco*, segundo uma parcela da doutrina, poderia caracterizar inexperiência, argumento também não correto, sob pena de grave insegurança nas relações jurídicas, até porque, de acordo com o princípio da boa-fé objetiva, não se tutela o sujeito negligente (aquele que age sem a devida diligência).

A inexperiência deve, portanto, ser analisada no caso concreto.

O segundo requisito subjetivo é a premente necessidade

Tal requisito está relacionado àquelas situações em que a parte não tem alternativa, ou seja, a situação impõe a realização de um negócio jurídico, que passa a ser inevitável.

Importante ressaltar que a premente necessidade não tem relação com a condição econômica da parte inferiorizada. Esta pode ser provida de muitos recursos e, em um negócio jurídico específico, estar inferiorizada por se encontrar numa situação de premente necessidade.

O lesado deve se encontrar em uma situação na qual não se permita outra atitude, para que a lesão seja caracterizada. Tal situação fática o impede de rechaçar o negócio jurídico amplamente desfavorável em termos econômicos e financeiros.

Todavia, isso não se confunde com um negócio no qual uma das partes não foi bem-sucedida. Não é isso. A premente necessidade se caracteriza naquelas situações onde o negócio jurídico passa a ser uma imposição por conta de uma situação fática. O fato insere a pessoa, provida ou não de recursos (a condição econômica do lesado é irrelevante), em situação de inferioridade.

A premente necessidade anula ou restringe intensamente o poder de decisão de um dos contratantes, independentemente da sua condição econômica.

Portanto, presentes os dois requisitos, objetivo e subjetivo, estará caracterizada a lesão civil. Apenas um registro: não é necessário que os dois requisitos subjetivos sejam concomitantes ou estejam presentes simultaneamente. Basta um requisito subjetivo, somado ao objetivo, para a configuração da lesão.

A inexperiência e a premente necessidade são conceitos abertos, indeterminados e subjetivos, razão pela qual somente podem ser apreciados no caso concreto, levando em consideração as peculiaridades do negócio, a natureza deste, a complexidade, as condições pessoais dos contratantes e o contexto fático.

Tais requisitos subjetivos, exigidos pela Lei Civil para a anulação ou invalidação do negócio jurídico com base na lesão, dificilmente verificar-se-ão na prática, o que certamente esvaziará o instituto sob a ótica civil.

O Código Civil, ao exigir tais requisitos subjetivos (e por conta deles a lesão é considerada um vício do consentimento), agiu com demasiada cautela, influenciado pela equivocada ideia de que, nas relações civis, as partes estão no mesmo plano de igualdade. Na prática, dificilmente um negócio jurídico (relação civil) será anulado pela lesão, ante a dificuldade da vítima em comprovar a premente necessidade no momento da formação do negócio ou a inexperiência para aquele ato específico e determinado. Tais elementos subjetivos não são presumidos, ao contrário, devem ser provados pela vítima.

Esses requisitos subjetivos, embora justifiquem a lesão como sendo vício de consentimento, retiraram a importância do instituto nas relações privadas de natureza civil. O legislador poderia ter sido mais ousado e ter dispensado os requisitos subjetivos e, assim, não tratar a lesão como vício relacionado ao consentimento ou à exteriorização da vontade, assim como o fez o Código de Defesa do Consumidor, por exemplo.

Fica a crítica para maiores reflexões.

1.18.5.5. Lesão e contratos aleatórios

A lesão é instituto típico dos contratos, o mais relevante de todos os negócios jurídicos. Em regra, os contratos bilaterais, onerosos e comutativos podem ser invalidados pela lesão.

No que tange à bilateralidade (efeitos) e onerosidade dos contratos, como requisitos necessários para a lesão, não há divergências.

• **Bilateral:** em relação aos efeitos (na formação, todo contrato é bilateral – depende do acordo de duas vontades), o contrato é bilateral quando há reciprocidade de prestações e obrigações, ou seja, cada uma das partes tem direitos e obrigações (ex.: contrato de compra e venda). No contrato bilateral, a obrigação de um dos contratantes corresponde ao direito do outro e vice-versa. A característica é o sinalagma, ou seja, a dependência recíproca dos direitos e das obrigações. As obrigações são interdependentes.

---
[315] DUARTE, Leonardo; PITHAN, Horácio Vanderlei. Teoria geral *de direito civil*. São Paulo: Atlas, 2008. Renan Lotufo (coord.).

Como diz Orlando Gomes[316], "realmente, nesses contratos, uma obrigação é a causa, a razão de ser, o pressuposto da outra, verificando-se a interdependência essencial entre as prestações. Nos contratos bilaterais, as duas partes ocupam, simultaneamente, a dupla posição de credor e devedor" (*Introdução ao direito civil*).

• **Oneroso:** o contrato é oneroso quando ambas as partes buscam obter vantagens ou proveito no negócio jurídico, mas, para conseguirem essa vantagem, têm que suportar um sacrifício. Na compra e venda, para receber o bem (vantagem), deve o adquirente pagar o preço (sacrifício). A esse sacrifício corresponde um proveito da outra parte. Em resumo, nos contratos onerosos, as partes têm proveitos e suportam sacrifícios, sendo que o sacrifício de um corresponde ao proveito de outro e o proveito de um corresponderá ao sacrifício de outro.

Assim, para ser invocada a lesão, o contrato, quanto aos efeitos, deve ser bilateral e oneroso.

A divergência está na comutatividade ou no caráter aleatório dos contratos.

Para uma primeira linha de entendimento, a lesão somente pode ser invocada nos contratos comutativos. A segunda corrente defende a tese de que a lesão é compatível com os contratos comutativos e, também, com os contratos aleatórios.

Os contratos comutativos são aqueles em que as obrigações recíprocas são equivalentes desde a origem do acordo de vontades. As partes, desde o início, possuem plenas condições de prever o resultado daquele ajuste de vontades. Há uma certeza objetiva em relação à prestação e à contraprestação, bastando uma equivalência subjetiva entre as prestações.

Se as partes, desde a formação do contrato, têm condições de prever o resultado e os efeitos da manifestação das vontades, significa que as partes podem estimar, previamente, os limites e a extensão das vantagens e dos sacrifícios.

Segundo o professor Caio Mário, nos contratos comutativos as prestações de ambas as partes são de antemão conhecidas e guardam entre si uma relativa equivalência de valores.

Para Orlando Gomes[317]: "(...) nos contratos comutativos pode não haver equivalência objetiva das prestações, exigível, tão só, nos que podem ser rescindidos por lesão. Basta a equivalência subjetiva. Cada qual é juiz de suas conveniências e interesses. O que os distingue não é tanto a correspondência das vantagens procuradas, mas a certeza objetiva das prestações, obtida no ato da conclusão do negócio jurídico. Assim, ao celebrar, por exemplo, um contrato de compra e venda, o vendedor sabe que deverá receber o preço ajustado na medida de sua conveniência, e o comprador, que lhe será transferida a propriedade do bem que quis adquirir".

Por outro lado, os contratos aleatórios são aqueles nos quais não há uma equivalência entre as prestações, ou seja, não há certeza objetiva em relação às prestações ou à extensão das vantagens e dos sacrifícios. Aqui, as partes, no momento da formação do negócio jurídico, não têm condições de estimar os limites e a extensão das vantagens, pois assumem o risco de realizarem um contrato com prestações desproporcionais.

Como diz Orlando Gomes[318], "nos contratos aleatórios, há incerteza para as duas partes sobre se a vantagem esperada será proporcional ao sacrifício. Os contratos aleatórios expõem os contratantes à alternativa de ganho ou perda".

A lesão, nos contratos aleatórios, é admitida em casos excepcionais e com a devida cautela, em razão da própria natureza deste contrato. Nos contratos aleatórios, a prestação pode ser desproporcional ao valor da contraprestação, o que lhe é inerente. Mas o contrato aleatório pode ser lesivo, se houver uma flagrante desproporção no momento de se mensurar os riscos.

Por exemplo, se o risco assumido por uma das partes é mínimo, nada justifica que a prestação assumida pela outra seja muito elevada. Na desproporção entre risco assumido e valor da prestação, é possível invalidar um contrato aleatório pela lesão.

Conforme os ensinamentos de Ana Luiza Maia Nevares[319], "o contrato aleatório poderá ser lesivo se, ao se valorarem os riscos, estes forem inexpressivos para uma das partes, em contraposição àqueles suportados pela outra, havendo exploração da situação de inferioridade de um dos contratantes pelo outro, beneficiado no momento da celebração do negócio".

No mesmo sentido, Anelise Becker[320]: "Em regra, contanto, deve-se admitir a invalidade por lesão nos contratos aleatórios quando a vantagem que obtém uma das partes é excessiva, desproporcional em relação à álea normal do contrato, desde que, como será examinado oportunamente, essa vantagem se produza mediante o aproveitamento da necessidade, leviandade, ou inexperiência".

Dessa forma, excepcionalmente, os contratos aleatórios podem ser invalidados pela lesão, com a condição de uma profunda e manifesta desproporção entre a vantagem obtida por uma das partes, no momento de mensurar os riscos, inexpressivos, se comparados com a vantagem, sendo que essa vantagem deve resultar da inexperiência ou de uma premente necessidade do contratante lesado.

1.18.5.6. Efeitos da lesão e princípio da conservação ou preservação do negócio jurídico

O principal efeito da lesão civil, prevista no art. 157 do CC, é a invalidação do negócio jurídico. A lesão torna

---

[316] GOMES, Orlando. *Introdução ao direito civil*. 19. ed. rev. e atual. Rio de Janeiro: Forense, 2008.

[317] GOMES, Orlando. *Introdução ao direito civil*. 19. ed. rev. e atual. Rio de Janeiro: Forense, 2008.

[318] GOMES, Orlando. *Introdução ao direito civil*. 19. ed. rev. e atual. Rio de Janeiro: Forense, 2008.

[319] NEVARES, Ana Luiza Maia. *A parte geral do novo código civil*: estudos na perspectiva civil constitucional (O erro, o dolo, a lesão e o estado de perigo no Novo Código Civil - artigos 138 a 150, 156 e 157). Rio de Janeiro/São Paulo: Renovar, 2002. Obra Coletiva (Coord. Gustavo Tepedino).

[320] BECKER, Anelise. Teoria geral *da lesão nos contratos*. São Paulo: Saraiva, 2000.

o negócio jurídico passível de anulação, a teor do disposto no art. 171, II, do mesmo diploma legal.

Em relação a esse aspecto, não foi dado ao instituto da *lesão* um tratamento jurídico adequado. Nesse vício de consentimento, o sujeito, inferiorizado por uma necessidade premente ou por ser inexperiente, se obriga a realizar prestação manifestamente desproporcional se comparada à contraprestação.

O problema da lesão é basicamente econômico. O negócio jurídico, desde a origem, é desequilibrado em termos econômicos. Não há equivalência material entre prestação e contraprestação.

Considerando tal fato, o negócio jurídico viciado pela lesão deveria apenas suportar uma revisão ou ajuste para que a prestação fosse proporcional à contraprestação, mantendo-se o negócio.

Aliás, na lesão prevista no Código de Defesa do Consumidor, é possível a revisão do contrato de consumo e não a invalidação. Segundo dispõe o art. 171, II, do CC, é anulável o negócio jurídico por vício resultante de lesão. Essa foi a sistemática adotada pela Lei Civil em relação aos efeitos da lesão: invalidação do negócio, no prazo decadencial de 4 (quatro) anos (art. 178).

No entanto, contrariando a própria regra do Código Civil e, principalmente, em razão do princípio da preservação do negócio jurídico, vem se buscando, cada vez mais, a revisão judicial do negócio jurídico viciado pela lesão ao invés da sua anulação. A explicação é simples: o problema do negócio jurídico viciado por lesão é a desproporção econômica ou a ausência de equivalência entre prestação e contraprestação. Portanto, a fim de atender aos interesses das partes, é muito mais conveniente, para as relações privadas, a revisão judicial do negócio jurídico, como ocorre, por exemplo, na lesão do CDC e na revisão genérica das obrigações, previstas no art. 317 do CC, do que a anulação desse negócio.

O negócio jurídico interessa às partes. Apenas uma delas está sacrificada pela desproporcionalidade econômica da prestação comparada com a contraprestação. A revisão judicial é compatível com os princípios da função social e da boa-fé objetiva.

Em caso de lesão, agirá com ética a parte que aceitar a redução do proveito para equilibrar a relação jurídica em termos financeiros. Além disso, somente terá função social e tutela do Estado o negócio jurídico equilibrado e proporcional em termos financeiros. Ou seja, deve o negócio jurídico ser justo e com bases econômicas razoáveis para os contratantes.

A anulação do negócio jurídico com esse vício não atende aos princípios da função social e da boa-fé objetiva, pois a parte prejudicada por esse vício pode ver desfeito um negócio que atende aos seus interesses.

No caso, pode ser utilizado, por analogia, o art. 317 do CC, segundo o qual, quando, por motivos imprevisíveis, sobrevier desproporção manifesta entre o valor da prestação devida e o do momento de sua execução, poderá ser realizada revisão judicial, assegurando, quando possível, o valor real da prestação.

O próprio art. 157, em seu § 2º, permite a preservação do negócio jurídico, mas não como regra, e sim como exceção. Prevê o dispositivo que não se anulará o negócio jurídico, se for oferecido suplemento suficiente ou se a parte favorecida concordar com a redução do proveito. É uma exceção muito tímida de preservação do negócio jurídico, pois depende da vontade da parte favorecida pela lesão, a qual deverá suplementar a prestação deficitária do prejudicado ou concordar com a redução do proveito relativo à prestação do beneficiado.

A revisão judicial, sempre que possível, deve ser admitida, independentemente da mera vontade da parte beneficiada pela lesão. A parte prejudicada pode requerer a revisão judicial. Assim, o § 2º, tratado como exceção pelo legislador, deve ser o parâmetro para a admissão da revisão judicial e deve-se privilegiar a manutenção do negócio jurídico em qualquer circunstância, desde que possível, e não apenas quando houver vontade da parte beneficiada.

Nesse sentido, foram aprovados dois enunciados, sendo um da III e outro da IV Jornada de Direito Civil, promovida pelo CJF:

Enunciado 149: "Em atenção ao princípio da conservação dos contratos, a verificação da lesão deverá conduzir, sempre que possível, à revisão judicial do negócio jurídico e não à sua anulação, sendo dever do magistrado incitar os contratantes as seguir as regras do art. 157 § 2º, do CC".

Enunciado 291: "Nas hipóteses de lesão previstas no art. 157 do CC, pode o lesionado optar por não pleitear a anulação do negócio jurídico, deduzindo, desde logo, pretensão com vista à revisão judicial do negócio por meio da redução do proveito do lesionador ou do complemento do preço".

A revisão judicial independe da vontade do beneficiário da lesão, podendo ser pretendida, desde logo, pelo lesado, tudo a fim de conservar o negócio jurídico. A autonomia privada deve estar funcionalizada aos valores sociais. A parte tem o poder de requer a invalidação, mas apenas se não for possível a preservação do negócio jurídico, cuja manutenção interessa às partes e a toda a coletividade, principalmente a terceiros que possam ser beneficiados, direta ou indiretamente, com aquele negócio viciado pela lesão. Por isso tudo, a regra deve ser a preservação do negócio.

Também concordamos com a revisão judicial, até porque a lesão não deveria ser considerada como vício de consentimento. O único problema da revisão judicial do negócio jurídico viciado pela lesão será a enorme dificuldade de a parte prejudicada provar todos os requisitos da lesão previstos no Código Civil.

Assim, admitindo-se a revisão judicial do negócio lesivo, o lesado deverá provar a desproporcionalidade entre a prestação e contraprestação e, principalmente, a caracterização de um dos requisitos subjetivos, inexperiência ou premente necessidade. Por isso, embora sejamos partidários da tese da revisão judicial, não nos empolga invocar a lesão como sendo o fundamento da revisão judicial. Há outros institutos jurídicos mais eficazes para se buscar esse equilíbrio econômico e financeiro no negócio jurídico, como é o caso, por exemplo, do art. 317 do CC, cláusula geral do direito das obrigações.

A lesão pode ser fundamento para a revisão do negócio jurídico? Sim. No entanto, é essencial comprovar todos os requisitos da lesão. Tal necessidade, na prática, acaba por inviabilizar a revisão judicial do negócio jurídico com fundamento na lesão. A lesão, no direito civil, é vício de consentimento, relacionado à formação do negócio jurídico. Por isso, o Código Civil exige requisitos subjetivos para que esta se caracterize. Embora seja sedutora a tese da revisão judicial com fundamento na lesão, os requisitos subjetivos, certamente, trarão dificuldades práticas para a revisão do negócio jurídico com fundamento nesse instituto.

O Enunciado 290 da IV Jornada de Direito Civil consolida esse entendimento da necessidade de prova dos requisitos subjetivos, "não se presumindo a premente necessidade ou a inexperiência do lesado". Portanto, é fácil, em tese, pretender transformar a exceção prevista no § 2º do art. 157 do CC, cuja revisão econômica e financeira dependerá da vontade das partes, sendo, portanto, voluntária. No entanto, na prática, invocar o § 2º do art. 157 como fundamento para a revisão judicial tem o seu ônus, qual seja, comprovar todos os requisitos, objetivo e subjetivo, da lesão. No caso da revisão voluntária, retratada no § 2º do art. 157, não há necessidade dessa comprovação, pois o fundamento da revisão é a autonomia privada ou acordo levado a efeito entre as partes.

1.18.5.7. Momento da lesão

Finalmente, a lesão somente se caracteriza como vício do consentimento, capaz de levar à revisão judicial do negócio jurídico ou, excepcionalmente, à sua anulação, se for originária ou contemporânea à formação do negócio.

Os requisitos subjetivo e objetivo da lesão, necessariamente, devem estar presentes no momento da formação do negócio jurídico. Em relação ao requisito objetivo, o negócio jurídico deve ser desproporcional, comparando-se prestação e contraprestação, desde a origem.

O momento para apuração da lesão vem especificado no § 1º do art. 157 do CC: "Aprecia-se a desproporção das prestações segundo os valores vigentes ao tempo em que foi celebrado o negócio jurídico".

Não se pode esquecer que a lesão integra o plano de validade do negócio jurídico, pois, não sendo possível a revisão judicial, o negócio poderá ser invalidado, conforme art. 171, II, do CC.

Nessa condição, e considerando que todas as causas capazes de invalidar o negócio jurídico são contemporâneas ou anteriores à formação do negócio ou da exteriorização da vontade, para caracterização da lesão, tal negócio, desde a origem, deve ser desproporcional. Ou seja, a desproporção manifesta entre prestação e contraprestação surge com o próprio negócio jurídico.

O vício integra sua formação como uma unidade indissociável. Se a desproporção das prestações for superveniente à formação do negócio jurídico, não pode ser invocada a teoria da lesão para revisão judicial ou invalidação do negócio. Mas outros institutos jurídicos poderão ser invocados, como é o caso do art. 317, que trata da revisão judicial das obrigações e o art. 478, o qual regula a teoria da onerosidade excessiva.

Em suma, a lesão sempre deverá ser contemporânea à declaração de vontade.

1.18.6. Estado de perigo – art. 156 do CC

O *estado de perigo* é outro defeito do negócio jurídico, e que pode levar à invalidação (anulação) deste.

Tal instituto, assim como a lesão, representa uma das grandes novidades relacionadas aos defeitos do negócio jurídico.

O Código Civil trata do estado de perigo no art. 156: "Configura-se o estado de perigo quando alguém, premido da necessidade de salvar-se, ou a pessoa de sua família, de grave dano conhecido pela outra parte, assume obrigação excessivamente onerosa".

O estado de perigo tem por escopo desconstituir o negócio jurídico quando a vontade é exteriorizada diante de uma necessidade de salvar o declarante, ou pessoa de sua família, de uma situação de perigo. Ou seja, quando o perigo é causa determinante da manifestação da vontade.

Diante da necessidade de salvar-se ou a membro da família, o sujeito acaba realizando o negócio jurídico. Há um verdadeiro estado de necessidade, gerado por uma situação de perigo, que leva a pessoa a assumir obrigação excessivamente onerosa.

A aproximação entre o estado de perigo e o estado de necessidade é evidente. Segundo o art. 156 do CC, o perigo é causa geradora da necessidade. Em razão do perigo, o sujeito passa a vivenciar um estado de necessidade. É a necessidade de salvar-se a si ou membro da família. O sujeito exterioriza sua vontade sob um estado de necessidade provocado por alguma situação de perigo. A necessidade é a consequência do perigo. Por isso, embora as ideias sejam aproximadas, não podem ser consideradas sinônimas.

Ao contrário da coação, o perigo advém de circunstâncias externas e estranhas aos sujeitos participantes do negócio, e não de uma das partes. O perigo pode ser meio de coação, quando é utilizado por um dos sujeitos para intimidar e constranger a outra parte a realizar determinado negócio. No estado de perigo, a situação de perigo decorre de circunstâncias concretas e objetivas, externas ao negócio, que acabam influenciando a vontade do agente.

O estado de perigo também não se confunde com a lesão. No estado de perigo, busca-se evitar a concretização de um perigo de dano físico ou pessoal. Na lesão, por razões de ordem econômica, o sujeito é levado a assumir um negócio com prestações manifestamente desproporcionais e fora da realidade, prejudicando-se. Além disso, no estado de perigo, exige-se dolo de aproveitamento, conforme será analisado.

O estado de perigo somente viciará o negócio jurídico quando presentes os requisitos objetivo e subjetivo exigidos pela lei. Quais são esses requisitos?

Requisitos ou elementos do estado de perigo: o art. 156 exige elementos subjetivo e objetivo.

Elemento subjetivo em relação à vítima

1º requisito – situação de perigo como causa determinante

Em primeiro lugar, deve existir uma situação de perigo capaz de influenciar a manifestação de vontade do sujeito ou agente. Esse perigo deve ser grave a ponto de tornar necessária e indispensável a exteriorização da vontade. O perigo é causa determinante da declaração de vontade, ou seja, é o fato fundamental a influenciar a vontade do sujeito. A vontade somente é exteriorizada em razão dessa situação de perigo de dano à pessoa do declarante ou à pessoa de sua família.

Não há prévia definição legal sobre a *situação de perigo*. A análise do perigo se dará no caso concreto, no qual será apurado se o perigo foi, efetivamente, a causa determinante da vontade.

2º requisito – necessidade e consequência

O perigo torna necessária a declaração de vontade. O *estado de perigo* insere o sujeito em um contexto fático onde a realização do negócio jurídico passa a ser uma necessidade. A situação de perigo leva à necessidade de a pessoa declarar a vontade para salvar-se ou a membro de sua família.

O perigo coloca o sujeito em estado de inferioridade, caracterizado pela necessidade de salvar-se, ou a pessoa de sua família, de grave dano. O sujeito exterioriza a vontade por estar inferiorizado em razão da situação de perigo. Essa situação de inferioridade torna o negócio necessário.

3º requisito – consciência da vítima em relação ao perigo

Este é um desdobramento do primeiro requisito, pois a vítima deverá ter plena ciência ou convicção de estar em estado de necessidade, em razão de uma situação de perigo. A ciência do perigo por parte da vítima é fundamental, pois o perigo é a causa determinante da exteriorização da vontade.

4º requisito – destinatário do perigo e gravidade do dano

É essencial a existência de perigo de dano físico ou moral grave, em relação à pessoa do declarante, sua família ou, de acordo com o parágrafo único do art. 156, a qualquer pessoa não pertencente à família do declarante, segundo apreciação judicial, levando em conta as circunstâncias do caso. O perigo de dano deve ser atual ou iminente.

Segundo Ana Luiza Nevares[321], citando Teresa Ancona Lopes: "Quanto ao dano que deseja evitar com a celebração do negócio, este poderá ser contra a pessoa tanto fisicamente, quanto moralmente". Na sequência, Nevares argumenta que: "Assim, o dano deve ser atual ou iminente e grave. Dano atual ou iminente é aquele que já está acontecendo ou que está prestes a acontecer. Não se caracteriza o estado de perigo se o perigo já passou ou é futuro. Já a gravidade deve ser avaliada caso por caso, levando-se em conta as circunstâncias da vítima". Sobre a atualidade do dano assinala Teresa Ancona: "Se o dano não for atual, não existe o estado de perigo, pois poderá ser evitado de outras formas, sem que para o declarante exista a pressão da escolha entre dois males, isto é sujeitar-se ao dano ou participar de um negócio em condições desvantajosas".

Fernando Martins[322], no mesmo livro coordenado por Lotufo e Nanni, em relação à gravidade do dano, argumenta: "A expressão grave relativa ao dano deve ser investigada pelo magistrado, a ponto de utilizar-se para tanto do mesmo exercício que se faz quanto à boa-fé objetiva na figura do homem médio" (*Teoria geral do direito civil*). E acrescenta, citando Lotufo: "Essa atualidade do dano pode até não ser real, como na hipótese em que a pessoa apenas julga estar em perigo (putativo)".

Não há dúvida de que deve existir nexo de causalidade entre o dano grave e a declaração de vontade, pois o perigo de dano é a causa determinante da vontade da vítima.

Elemento subjetivo em relação ao beneficiário

Dolo de aproveitamento

Ao contrário da lesão, onde o elemento subjetivo (premente necessidade ou inexperiência) apenas se refere ao lesado ou vítima da lesão, não se exigindo qualquer elemento subjetivo do beneficiário; no estado de perigo, o elemento subjetivo está vinculado à vítima e, principalmente, ao beneficiário do negócio jurídico realizado por alguém em situação de perigo.

O art. 156 informa que o estado de perigo se caracteriza quando alguém, *diante de situação de perigo conhecida pela outra parte*, emite declaração de vontade para salvaguardar direito seu, de sua família ou de pessoa próxima, assumindo obrigação excessivamente onerosa.

Trata-se do dolo de aproveitamento por parte do beneficiário do negócio. Para invalidação do negócio, é indispensável que o beneficiário conheça a circunstância fática que leva a vítima a emitir uma declaração de vontade, ou seja, tenha pleno conhecimento do estado de perigo. Se o beneficiário desconhece a situação de perigo da outra parte, não é possível a invalidação do negócio jurídico.

É, portanto, essencial a intenção dolosa, a má-fé do beneficiário cuja pessoa, ciente do perigo da outra parte, aceita o benefício oriundo desse negócio em que a vontade daquele é viciada pelo perigo de dano.

Na lição de Teresa Ancona Lopes[323], "(...) há aproveitamento da situação para tirar vantagem. Há má-fé do contratante. Este perigo pode nem ser objetivamente grave, mas o estado psicológico da vítima temendo um grave dano pode ser a causa do aproveitamento do outro contratante".

---

[321] NEVARES, Ana Luiza Maia. *A parte geral do novo código civil*: estudos na perspectiva civil constitucional (O erro, o dolo, a lesão e o estado de perigo no Novo Código Civil - artigos 138 a 150, 156 e 157). Rio de Janeiro/São Paulo: Renovar, 2002. Obra Coletiva (Coord. Gustavo Tepedino).

[322] MARTINS, Fernando Rodrigues. Teoria geral *do direito civil*. (Coord. Renan Lotufo e Nanni). São Paulo: Atlas, 2008.

[323] LOPEZ, Teresa Ancona. *O negócio jurídico concluído em estado de perigo*: estudos em homenagem ao Professor Silvio Rodrigues. São Paulo: Saraiva, 1989.

Elemento objetivo do estado de perigo
Onerosidade excessiva da obrigação assumida pela vítima

Finalmente, o requisito objetivo é justamente a onerosidade excessiva da obrigação assumida pela vítima. O sujeito, estando sob premente necessidade em razão de um perigo de dano grave, conhecido pela outra parte (dolo de aproveitamento), acaba assumindo obrigação excessivamente onerosa.

O legislador, corretamente, não dá parâmetros para estabelecer os limites dessa onerosidade excessiva. Assim, somente no caso concreto será possível determinar se a obrigação é ou não excessivamente onerosa.

Em relação a esse requisito há uma observação interessante a ser feita: na lesão, exige-se prejuízo decorrente da manifesta desproporção entre prestação e contraprestação. A lesão impõe, portanto, prestação e contraprestação. No estado de perigo, é desnecessária essa comparação entre prestação e contraprestação e até a existência de prestações recíprocas. Basta que a vítima assuma prestação excessivamente onerosa, independentemente da existência ou não da prestação do outro ou do valor da prestação oposta.

Em razão disso, é possível o estado de perigo em negócios jurídicos de efeitos unilaterais, ou seja, onde não há reciprocidade de prestações. Nos negócios jurídicos de efeitos unilaterais, uma das partes tem apenas *direito* e a outra somente *obrigação*. Nos negócios jurídicos de efeitos bilaterais há reciprocidade de direitos e obrigações, como na compra e venda.

A lesão somente pode ser invocada em negócios jurídicos de efeitos bilaterais, pois o art. 157 exige, como requisitos, a prestação e a contraprestação, ou seja, a reciprocidade de obrigações. O estado de perigo é mais amplo, podendo se caracterizar tanto nos negócios jurídicos de efeitos bilaterais, assim como nos negócios jurídicos de efeitos unilaterais.

Da mesma forma que a lesão, a onerosidade excessiva deve existir desde a origem. Sendo o estado de perigo causa de invalidação do negócio jurídico (art. 171, II) e, considerando que as causas de invalidação (entre elas o estado de perigo) são anteriores ou contemporâneas à formação do negócio jurídico, é imprescindível a presença de todos os requisitos, em especial da excessiva onerosidade, já no momento do nascimento do negócio.

O negócio jurídico nasce viciado. O vício do estado de perigo integra o negócio jurídico. Se a onerosidade excessiva for superveniente à formação do negócio jurídico, já não se estará no plano de validade. Nesse caso, não haverá possibilidade de ser invocado tal instituto para anulação do negócio jurídico e sim outros, como a revisão judicial do art. 317 e a teoria da onerosidade excessiva do art. 478, os quais pressupõem negócio jurídico válido.

Portanto, o negócio jurídico deve ser desequilibrado e prejudicial à vítima em termos econômicos.

Em conclusão, o estado de perigo também é caracterizado por dois elementos, sendo um objetivo (assunção de obrigação excessivamente onerosa) e outros dois subjetivos (situação de inferioridade da vítima em razão de estado de perigo de dano grave, tornando necessário o negócio para salvar-se a si, pessoa da família e até pessoa não pertencente à família, desde que tenha algum vínculo afetivo com aquele que se prejudica, e dolo de aproveitamento do beneficiário).

Estado de perigo:

Vítima	Beneficiário
↓	↓
– Assunção de obrigação excessivamente onerosa – Inferioridade causada pelo perigo: necessidade do negócio	– Dolo de aproveitamento

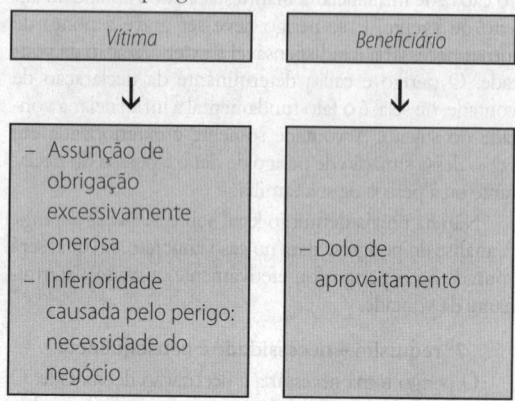

Preservação do negócio jurídico realizado em estado de perigo

Ao contrário da lesão, o art. 156, o qual regula o estado de perigo, não traz previsão, nem mesmo excepcional, para a preservação do negócio jurídico. No entanto, é consenso na doutrina a aplicação analógica do § 2º do art. 157 ao estado de perigo.

Nesse sentido, foi aprovado, na III Jornada de Direito Civil, promovida pelo CJF, o Enunciado 148: "Ao estado de perigo (art. 156 do CC) aplica-se, por analogia, o disposto no art. 157 § 2º, do CC".

Em consequência, aplicam-se ao estado de perigo os Enunciados 149 e 291 das Jornadas de Direito Civil, os quais dão prioridade à preservação do negócio jurídico em caso de lesão, sempre que possível. Assim, estando o negócio jurídico viciado pelo estado de perigo, os sujeitos, em primeiro lugar, devem buscar a revisão judicial do negócio, tudo a fim de preservá-lo, como desdobramento dos princípios da conservação do negócio jurídico, da função social e da boa-fé objetiva.

Na mesma linha, Ana Luiza Nevares[324]: "(...) não se justifica o tratamento diferenciado. A legislação deve atender ao princípio da conservação dos contratos, estabelecendo regras que o satisfaçam, garantindo maior segurança jurídica às relações contratuais. Assim, em virtude da mesma *ratio legis*, será possível aplicar a regra consubstanciada no § 2º do art. 157 do Código Civil de 2002 aos casos de contratos celebrados em estado de perigo".

---

[324] NEVARES, Ana Luiza Maia. *A parte geral do novo código civil*: estudos na perspectiva civil constitucional (O erro, o dolo, a lesão e o estado de perigo no novo código civil - artigos 138 a 150, 156 e 157). Rio de Janeiro/São Paulo: Renovar, 2002. Obra Coletiva (Coord. Gustavo Tepedino).

Não sendo possível a revisão judicial, poderão as partes buscar a invalidação do negócio jurídico (art. 171, II).

1.18.7. Fraude contra credores – arts. 158 a 165 do CC

1.18.7.1. Considerações preliminares

O instituto jurídico da *fraude contra credores* é considerado vício social, pois não há imperfeição no consentimento ou na exteriorização da vontade no momento da formação do negócio jurídico. Na fraude contra credores há divergência entre a vontade (real/declarada) e a norma legal.

A finalidade da *fraude contra credores* é a tutela do interesse patrimonial de determinados sujeitos para que o patrimônio geral do devedor seja a única garantia. A lógica do instituto é a preservação da garantia, retratada no patrimônio geral do devedor.

A norma legal dispõe que os bens do devedor representam a garantia de seus credores. É o princípio da responsabilidade patrimonial. Se o sujeito, ao realizar qualquer ato de disposição patrimonial, de natureza onerosa ou gratuita, viola tal garantia, haverá incompatibilidade entre a vontade exteriorizada e a lei (que considera o patrimônio do sujeito a garantia de seus credores). É nesse sentido que a fraude contra credores representa a incompatibilidade entre a vontade e a lei. Portanto, por meio da fraude contra credores, se tutela o patrimônio geral do devedor, que é a única garantia dos credores quirografários (sem garantia específica).

O devedor, ao realizar negócio jurídico efetivamente real, sem qualquer simulação, desfalca o patrimônio e, como consequência, a garantia, com o que prejudica os credores anteriores a esse negócio, os quais têm no patrimônio do devedor a única garantia de seus créditos.

A fraude contra credores se compreende a partir da finalidade deste instituto (tal finalidade é vinculada ao elemento objetivo – dano). O objetivo é preservar o patrimônio geral, garantia legal dos credores quirografários (garantia é o patrimônio). No entanto, a depender da natureza do ato de disposição patrimonial, o elemento objetivo (dano) será suficiente ou não para a caracterização da fraude. Em relação a atos gratuitos, basta a demonstração do dano, elemento objetivo, para a caracterização da fraude contra credores. Em relação a atos de disposição onerosa, além do dano (a finalidade é preservar o patrimônio para a garantia dos credores), é essencial o elemento subjetivo (antigo *concilium fraudis*, atual má-fé do sujeito que se relaciona juridicamente com o devedor). Se o sujeito que se relaciona juridicamente com o devedor estiver de boa-fé (desconhece que o negócio viola o interesse econômico de credores – elemento objetivo), não haverá fraude. Em resumo: Ato de disposição gratuita: elemento objetivo; Ato de disposição Onerosa: Elemento Objetivo + Elemento Subjetivo. No que tange ao elemento subjetivo, essencial nos atos de disposição onerosos para caracterização da fraude contra credores, em razão de alguns princípios norteadores das relações privadas, como função social e boa-fé objetiva, é indispensável dar novos contornos para o instituto.

A partir destas premissas básicas, é possível compreender a fraude contra credores.

A fraude contra credores ocorre quando o *devedor insolvente* (possui mais dívidas do que crédito – o passivo é maior que o ativo) ou *na iminência de tornar-se insolvente, realiza negócios capazes de desfalcar seu patrimônio em detrimento da garantia* que este (o patrimônio geral) representa para os *direitos creditórios alheios.* Se o ato de disposição for gratuito, basta o dano para a caracterização da fraude. Se oneroso, além da questão patrimonial, é essencial demonstrar que o sujeito que se relacionou juridicamente com o devedor tinha ciência de que o ato prejudicava credores.

A fraude contra credores, como vício social, pode acarretar a anulação do negócio jurídico.

O Código Civil não define a fraude contra credores. Apenas faz referência a elementos para a caracterização dessa espécie de fraude, dependendo da natureza onerosa ou gratuita do negócio jurídico envolvendo a transferência de bens do devedor. Tais elementos, denominados *consilium fraudis* e *eventus damni,* devem ser compatibilizados com os princípios da boa-fé objetiva e da função social, em especial para resguardar e tutelar os interesses do sujeito de boa-fé, adquirente de bens do devedor.

1.18.7.2. Elementos da fraude contra credores (subjetivo e objetivo)

A fraude contra credores sempre foi sustentada com base nos elementos objetivo (dano – essencial independente da natureza do ato de disposição patrimonial) e subjetivo (*concilium fraudis* – exigido apenas nos atos de disposição onerosa).

O elemento subjetivo ou *consilium fraudis* sempre foi considerado a base de sustentação da fraude contra credores. De início, tal elemento significava o conluio existente entre o devedor e o adquirente para prejudicar os interesses econômicos dos credores do devedor. O devedor realizava atos de disposição patrimonial com a "intenção deliberada" de prejudicar seus credores e, para tanto, desfalcava seu patrimônio de forma maliciosa. Tal ideia não mais se sustenta.

Em razão dos princípios que norteiam as relações privadas, para a caracterização do elemento subjetivo, não há necessidade de qualquer conluio fraudulento entre o devedor e terceiro. Aliás, o terceiro adquirente sequer precisa conhecer o devedor (o alienante), situação comum, em que os negócios são intermediados por sociedades e pessoas especializadas, sem preocupação em se identificar o verdadeiro alienante ou dono do bem objeto do negócio jurídico.

A ideia do *conluio fraudulento* entre alienante (devedor) e adquirente (terceiro) é incompatível com a concepção atual da *teoria da fraude contra credores*, fundada nos princípios da função social do negócio jurídico e na ética dos participantes desses atos e negócios (boa-fé objetiva).

O elemento subjetivo se restringe, atualmente, ao comportamento do adquirente no negócio jurídico. Se o negócio jurídico for oneroso e, não houver qualquer simulação (a fraude exige que o negócio retrate a realidade), estando o adquirente de boa-fé, tal negócio cumpriu a função social. A ética, o comportamento honesto e a probidade do adquirente são suficientes para impedir qualquer tentativa de invalidação do negócio por parte dos credores do devedor.

Nas transmissões onerosas de bens do devedor, sempre prevalecerá a boa-fé objetiva do adquirente em detrimento do interesse econômico dos credores do devedor. No caso de negócio jurídico oneroso, este somente será passível de anulação se o terceiro adquirente, efetivamente, tiver ciência e consciência de que aquele negócio está prejudicando o interesse econômico de terceiros. Nesse caso, a invalidação poderá ocorrer, independentemente da malícia, intenção ou qualquer questão subjetiva relacionada ao alienante devedor.

Por isso, a ideia de *consilium fraudis*, relacionada a um conluio entre alienante e adquirente, é atualmente substituída pela ideia de mera ciência do dano por parte do terceiro adquirente (*scientia fraudis*).

Ou seja, o elemento subjetivo da fraude contra credores se resume à ciência do dano patrimonial aos credores do devedor alienante por parte do terceiro adquirente. Assim, fraude é ciência do dano e não conluio entre alienante e adquirente. Este é o elemento subjetivo a ser considerado. Por quê? Em razão do princípio da boa-fé objetiva.

Não se pode esquecer que, na fraude contra credores, o negócio realizado entre alienante e adquirente é real. Não há nenhuma simulação. O adquirente deve pagar o preço de mercado. Por isso, estando o adquirente de boa-fé e, considerando a tutela do Código Civil a todo sujeito que age com probidade, honestidade, lealdade e retidão nos negócios, impossível a invalidação do negócio.

Por exemplo, se o devedor possui uma fazenda que vale R$ 500.000,00 (quinhentos mil reais – este é o preço de mercado) e aliena essa fazenda por esse preço para um terceiro qualquer, o negócio foi absolutamente real. A diferença entre a fraude e a simulação é que na fraude não há negócio aparente ou aparências, ao contrário da simulação.

Na fraude contra credores, todos os atos são absolutamente reais, verdadeiros e os valores correspondentes aos preços de mercado. Por isso, nesse exemplo, estando o adquirente de boa-fé e não tendo ele participado de qualquer negócio aparente ou simulado, sua boa-fé é tutelada em detrimento do interesse dos credores anteriores do devedor.

Em conclusão, o elemento subjetivo se restringe à ciência do dano por parte do adquirente. Se este desconhece os prejuízos do negócio em relação aos credores do devedor, impossível a invalidação desse negócio jurídico. A malícia ou a existência de manobras ardilosas por parte do devedor é desprezada para fins de caracterização do elemento subjetivo. O foco é a conduta do adquirente.

Por outro lado, o elemento objetivo é indispensável para a caracterização da fraude contra credores. Assim, somente haverá fraude se os credores do alienante efetivamente suportarem algum prejuízo em decorrência de uma transmissão de bens.

O dano ou *eventus damni* se verifica quando o alienante realiza negócio jurídico já estando em situação de insolvência, potencializando esse estado, ou, ainda quando é solvente, mas, em decorrência do negócio, acaba se tornando insolvente.

O prejuízo ou dano é essencial para a invalidação de qualquer negócio jurídico envolvendo a fraude contra credores, pois se funda no princípio da responsabilidade patrimonial, ou seja, o patrimônio do devedor-alienante é a garantia de seus credores. Se houve um desfalque desse patrimônio, com prejuízo aos credores, restará caracterizada a fraude.

Como já dissemos, não há necessidade de que o devedor alienante tenha o intuito ou a intenção de prejudicar seus credores com o negócio jurídico. Tal elemento subjetivo é irrelevante para a configuração da fraude. Às vezes, é dispensável, inclusive, a consciência da fraude por parte do devedor-alienante, o qual, diante das grandes oscilações de preços de bens no mercado, poderia não ter a consciência de que o negócio prejudica seus credores.

Se, por exemplo, o adquirente estiver de má-fé, tendo plena ciência de que o negócio é prejudicial aos interesses dos credores do alienante e, ausente a consciência deste de que o negócio prejudica os credores, seria possível a invalidação do negócio? A resposta é afirmativa. O princípio da boa-fé objetiva foi violado pelo adquirente e, independentemente da consciência do alienante em relação ao prejuízo, será aquele sancionado com a invalidação do negócio. Esta é a concepção moderna dos elementos da fraude.

Assim, se o adquirente tiver ciência (elemento subjetivo) do dano ou prejuízo e, evidenciado esse prejuízo (elemento objetivo) aos credores, é possível a invalidação do negócio jurídico.

1.18.7.3. Elementos da fraude e natureza dos negócios jurídicos

O Código Civil, nos arts. 158 e 159, dissocia os atos de disposição patrimonial onerosa daqueles que tem natureza gratuita, no que se refere aos elementos necessários para a caracterização da fraude contra credores:

Ato de disposição patrimonial com caráter oneroso (elementos objetivo e subjetivo)

O ato de disposição patrimonial com caráter oneroso é aquele onde há reciprocidade de vantagens e sacrifícios para ambas as partes. O sacrifício de um corresponde à vantagem do outro e vice-versa. Cada uma das partes suporta sacrifícios e possui vantagens, como o exemplo clássico da compra e venda (arts. 481 e 482 do CC).

Em atos desta natureza, os credores (autores da ação anulatória) terão o ônus de provar o elemento subjetivo *scientia fraudis* por parte do adquirente e o *eventus damni*, prejuízo econômico e patrimonial.

Portanto, além do dano em decorrência da insolvência (elemento objetivo) do devedor, o ato de disposição onerosa somente será invalidado se o credor provar a má-fé do terceiro adquirente ou a ciência deste da situação de insolvência do devedor/alienante (como dissemos, não precisa haver conluio, basta a ciência do adquirente em relação ao dano que o negócio provocará na esfera patrimonial dos credores). Trata-se do elemento subjetivo (*scientia fraudis* – ciência da fraude).

No ato de disposição patrimonial de caráter oneroso, haverá ponderação entre direito de propriedade (devedor – que voltará a integrar o patrimônio deste, que é a única garantia dos credores quirografários) e a boa-fé do terceiro, que se relaciona juridicamente com o devedor. Nesta ponderação, a boa-fé prevalece sobre o direito de propriedade e os credores do devedor ficarão privados da garantia. Não há a menor possibilidade de invalidação de um negócio jurídico oneroso, fundado na fraude contra credores, se o terceiro adquirente estiver de boa-fé.

Por outro lado, o Código Civil, em duas hipóteses específicas, arroladas no art. 159, presume a má-fé do adquirente: "Serão igualmente anuláveis os contratos onerosos do devedor insolvente, quando a insolvência for notória, ou houver motivo para ser conhecido do outro contratante".

Nessas duas hipóteses, a má-fé ou o elemento subjetivo (*scientia fraudis*) é presumido. A presunção é relativa, mas cabe ao terceiro demonstrar que, mesmo diante das situações fáticas prevista no art. 159, não tinha ciência ou não tinha como ter ciência – se agisse com a necessária diligência, da situação patrimonial do devedor.

Apenas no caso concreto será possível apurar se a insolvência poderia ser considerada notória ou se o adquirente tinha motivos para conhecer a precária situação econômica do alienante. Em termos abstratos, não há como definir a notoriedade da insolvência ou a presunção de conhecimento desse estado por parte do adquirente.

Ressalto, finalmente, que não concordamos com a posição de alguns doutrinadores, como Paulo Nader[325], que defende a invalidação do negócio jurídico oneroso apenas nas hipóteses previstas no art. 159 do CC. Tal entendimento não é compatível com os princípios da função social e da boa-fé objetiva. Se o adquirente não estiver de boa-fé, ou melhor, tendo plena ciência de que o negócio é prejudicial aos credores do alienante, deve sim ser penalizado com a invalidação do negócio, tudo para garantir e preservar a ética nas relações privadas.

Ato de disposição patrimonial com caráter gratuito (elemento objetivo)

No ato de disposição patrimonial com caráter gratuito, não há reciprocidade de vantagens e sacrifícios. Apenas uma parte suporta sacrifícios e a outra somente goza de vantagens, como na doação pura, onde o doador suporta o sacrifício relativo à transferência de bens integrantes de seu patrimônio e o donatário apenas tem a vantagem de incorporar esses bens ao seu patrimônio, sem qualquer contrapartida de sua parte.

Em negócios jurídicos dessa natureza, como não poderia deixar de ser, o tratamento da fraude contra credores é diferenciado.

Dessa forma, nas transmissões gratuitas de bens ou remissão de dívida (perdão), o art. 158 exige apenas a demonstração, pelo credor quirografário legitimado, do requisito objetivo (*eventus damni*). Está dispensado de provar e demonstrar o elemento subjetivo ou a ciência do dano ou do prejuízo do ato de disposição patrimonial em relação ao terceiro. No confronto entre propriedade do devedor e boa-fé do terceiro, diante da ausência de contraprestação por parte do terceiro, a propriedade é tutelada, a fim de recompor a garantia dos credores quirografários.

A prova da má-fé do terceiro que se relaciona juridicamente com o devedor é dispensável. No caso das transmissões gratuitas, entre o interesse econômico do terceiro, que apenas gozou de vantagens e benefícios, e dos credores quirografários que perderam a garantia, esta será preservada.

É o que dispõe o art. 158 do CC: "Os negócios de transmissão gratuita de bens ou remissão de dívida, se os praticar o devedor já insolvente, ou por eles reduzido à insolvência, ainda quando o ignore, poderão ser anulados pelos credores quirografários, como lesivos dos seus direitos".

Portanto, nas transmissões ou negócios gratuitos, é dispensada a prova do elemento subjetivo por parte do adquirente (*scientia fraudis*). Isso porque, nas liberalidades ou negócios gratuitos, como ocorre nas doações puras, não há a contraprestação.

A expressão "ainda quando o ignore" é de clareza solar quanto à irrelevância de qualquer elemento subjetivo, consistente na boa ou má-fé do devedor e, especialmente, do terceiro. Ainda que o terceiro esteja de boa-fé e, ignore completamente a insolvência consolidada ou a redução à insolvência em razão do negócio, o ato de disposição patrimonial, devido a sua natureza gratuita, é passível de anulação (invalidação).

1.18.7.4. Preservação do negócio jurídico em que se caracteriza a fraude

O Código Civil, no art. 160, apresenta regra que é desdobramento lógico da finalidade da fraude contra credores: preservar o patrimônio geral do devedor que é a única garantia dos credores quirografários. Se for possível preservar a garantia, seja com a invalidação do negócio jurídico, seja com a sub-rogação do objeto, mas com a preservação do negócio, a finalidade terá sido concretizada. A invalidação poderá ser evitada se não houver prejuízo, ou seja, se o elemento objetivo, o dano, for neutralizado e tal situação ocorrerá com o depósito integral do valor pago, com a cientificação dos credores quirografários, titulares da garantia.

Segundo dispõe o art. 160, "se o adquirente dos bens do devedor insolvente ainda não tiver pago o preço e este for, aproximadamente, o corrente, desobrigar-se-á, depositando-o em juízo, com a citação de todos os interessados". O terceiro preservará o ato de disposição patrimonial se depositar o preço. No caso, não haverá dano, prejuízo e, óbvio, com a manutenção da garantia, impossível a caracterização da fraude.

---
[325] NADER, Paulo. *Curso de direito civil*. 2. ed. rev. Rio de Janeiro: Forense, 2004.

Fica evidente a finalidade estritamente patrimonial da fraude. O intuito é resguardar os interesses do credor ou credores lesados. Não importa se a tutela aos credores será dada por meio da invalidação ou anulação do negócio jurídico ou com a preservação do patrimônio substituído por dinheiro, cujo novo objeto deverá ficar depositado em juízo.

Nesta situação, em razão da possível existência de litígio sobre o objeto do pagamento a ser realizado pelo terceiro, poderá este, com fundamento no art. 335, V, do CC, efetivar a consignação judicial desses valores, com o que ficará desobrigado em relação aos credores quirografários do devedor, os quais devem ser citados no referido processo judicial. No mesmo sentido dispunha o art. 108 do CC/1916: "Se o adquirente dos bens do devedor insolvente ainda não tiver pago o preço e este for, aproximadamente, o corrente, desobrigar-se-á depositando-o em juízo, com citação por edital de todos os interessados".

O Código Civil, também no intuito de manter o negócio jurídico, permite, no parágrafo único do art. 160, ao adquirente, a possibilidade de complementar o depósito se o valor pago pelo bem foi inferior ao real ou ao valor de mercado. A neutralização do dano preserva a garantia e atende à finalidade do instituto da fraude contra credores (lógica).

O art. 160 também pode ser considerado desdobramento do princípio da conservação do negócio jurídico. O terceiro/adquirente poderá preservar o negócio, em qualquer circunstância, se efetivar o depósito do valor real do bem adquirido, a partir de quando estará completamente desobrigado, o que também atende ao princípio da função social.

1.18.7.5. Questão da legitimidade. A quem aproveita a anulação dos negócios fraudulentos e quem tem legitimidade para pedir a anulação?

Em regra (excepcionalmente, o credor com garantia real terá legitimidade, mas apenas para questionar a parte quirografária do crédito, razão pela qual é questionável afirmar que seria exceção), apenas os credores quirografários possuem legitimidade para pleitear a anulação do negócio jurídico, conforme se observa no *caput* do art. 158 ao dispor que "(...) poderão ser anulados pelos credores quirografários". E, mais uma vez, a legitimidade restrita se relaciona com a finalidade do instituto: preservar a garantia dos credores quirografários. A garantia destes é o patrimônio geral do devedor. Portanto, apenas os credores quirografários, terão legitimidade.

Os credores quirografários são aqueles desprovidos de qualquer espécie de garantia em relação ao crédito, seja pessoal ou real.

A sistemática é semelhante à do Código Civil de 1916, com uma diferença fundamental. No Código Civil de 1916, apenas os credores quirografários possuíam legitimidade para requerer a anulação de atos ou negócios lesivos aos seus interesses (art. 106). Se o credor ostentasse alguma garantia e esta fosse insuficiente, poderia requerer a invalidação de atos e negócios jurídicos com fundamento na fraude contra credores, mas seria obrigado a renunciar à garantia especial, real ou pessoal.

Ao renunciar à garantia, passava para a condição de credor quirografário e, por conta dessa reclassificação em função da renúncia, gozava do direito subjetivo de pleitear a anulação do ato ou negócio.

Em relação aos credores com garantia, o atual Código Civil confere tratamento diferente do seu antecessor. A norma jurídica, qual seja, o § 1º do art. 158 do CC, autoriza a utilização da ação pauliana por credor cujo crédito esteja munido de garantia, mas também na condição de quirografário, sem necessidade de renunciar à garantia. Explica-se: tal dispositivo enuncia que "igual direito assiste aos credores cuja garantia se tornar insuficiente". Portanto, como não há necessidade de renúncia da garantia e, como a legitimidade é restrita para questionar a parte não garantida do crédito, ou seja, a quirografária, de fato, não há exceção.

Assim, o credor, cujo crédito esteja garantido, mas sendo essa garantia insuficiente, possuirá plena legitimidade para pleitear a anulação do negócio jurídico, mas na condição de credor quirografário e sem a necessidade de renunciar à garantia. Por exemplo, o credor possui um crédito de R$ 100.000,00 (cem mil reais) com o devedor "X". Esse crédito está garantido por uma hipoteca relativa a um bem imóvel pertencente ao devedor, cujo valor é R$ 50.000,00. Ou seja, o crédito é de cem mil, mas a garantia apenas suporta metade da dívida. Em relação à outra metade, não há nenhuma garantia. Onde não há garantia, o crédito é quirografário. Nesse caso, o credor, sem renunciar à hipoteca referente a R$ 50.000,00 (cinquenta mil reais), que já estão garantidos, poderá ingressar com ação pauliana em relação aos outros R$ 50.000,00 (cinquenta mil reais), não garantidos, justamente por se tratar de um crédito quirografário.

O credor apenas terá legitimidade para ajuizar a pauliana em relação ao seu crédito quirografário, ou seja, relativamente à parte não coberta pela garantia. Assim, pleiteará a anulação do negócio como credor quirografário. Não haverá necessidade de renunciar à garantia, cujo crédito já garantido não será objeto dessa ação.

Há equívoco de alguns doutrinadores que afirmam a possibilidade de o credor com garantia ostentar legitimidade para pleitear a anulação do negócio. O Código Civil, no § 1º do art. 158, não investe os credores com garantia em qualquer legitimidade. Apenas enuncia a possibilidade de esses credores, no caso de a garantia ser insuficiente, ingressarem com a ação pauliana em relação a essa parte insuficiente, onde não há garantia. Neste caso, o litígio se refere ao crédito quirografário. Somente a parte do crédito não garantido poderá ser objeto da ação pauliana.

Em conclusão, em nossa opinião, apenas os credores quirografários detêm legitimidade para pleitear a anulação do negócio jurídico. Os credores com garantia não ostentam essa legitimidade, porque estarão apenas a discutir a parcela do crédito não garantido e, portanto, de natureza quirografária. De qualquer forma, o CC admite a legitimidade do credor com garantia, se esta for insuficiente.

Em relação aos legitimados, credores quirografários, não há necessidade de prévia demonstração da insuficiência da garantia para que tais credores tenham legitimidade para a ação pauliana. Nesse sentido, é o Enunciado 151 das Jornadas de Direito Civil, promovidas pelo CJF: "O ajuizamento da ação pauliana pelo credor com garantia real (art. 158, § 1º) prescinde de prévio reconhecimento judicial da insuficiência da garantia".

A demonstração da insuficiência da garantia pode ser levada a efeito na instrução da ação pauliana.

Questão da legitimidade – Credores quirografários anteriores ao negócio jurídico

Além da condição de quirografário, o credor somente terá legitimidade para pleitear a anulação de negócio jurídico, oneroso ou gratuito, lesivo aos seus interesses econômicos, se já ostentava a condição de credor no momento da realização do negócio jurídico. Os sujeitos que se tornam credores após o ato de disposição patrimonial levado a efeito pelo devedor com terceiro, não possuem legitimidade, mesmo se forem quirografários. Neste caso, quando se tornou credor e, já tinha ou deveria ter ciência da condição econômica do devedor. O risco da insolvência deve ser apurado no momento que resolve se relacionar juridicamente com o devedor. Se houver equívoco ou erro de cálculo, tal fato não o legitima para a ação pauliana, se é posterior aos autos de disposição patrimonial.

É o que enuncia o § 2º do art. 158 do CC: "Só os credores que já o eram ao tempo daqueles atos podem pleitear a anulação deles". No mesmo sentido, o parágrafo único do art. 106 do CC/1916.

Em relação a esse fato, uma questão debatida pela doutrina está relacionada à necessidade de prévio reconhecimento judicial do crédito. A questão é simples: O que determina a anterioridade é a causa ou a certeza do crédito? Tal questão passa a ter relevância naquelas situações em que alguém se torna credor por conta de atos ilícitos, lícitos ou nos casos de responsabilidade civil por risco da atividade. No momento do fato ainda não há crédito.

Nesses casos, para fins de legitimação, por ocasião do negócio jurídico, o crédito já deve ser líquido e certo? Em síntese, é a causa ou a certeza e liquidez que dão legitimidade ao credor?

Exemplo: o sujeito se envolve em acidente de trânsito e, ciente da sua condenação, alguns dias após o fato, aliena todo o seu patrimônio para terceiro, a fim de prejudicar a vítima. No momento do negócio jurídico com o terceiro, ainda não há nenhum crédito líquido e certo em favor da vítima, mas apenas mera expectativa de direito subjetivo. Nesse caso, se considera a vítima como credora na data do evento danoso ou apenas no momento da certeza e liquidez do crédito? A resposta é simples: o crédito deve ser analisado levando em conta a causa, a origem desse crédito, tudo em atenção ao princípio da boa-fé objetiva.

A boa-fé objetiva exige comportamento ético, leal, honesto e probo em todas as relações jurídicas privadas. O sujeito, envolvido nessas situações, tem plena ciência do possível comprometimento de seu patrimônio para reparar os danos causados na vítima (sua futura credora). Por isso, se resolver alienar seu patrimônio logo após o fato, assume o risco da invalidação do negócio, caso seus bens sejam insuficientes para cobrir crédito futuro decorrente daquele fato danoso. Tal conduta viola a ética nas relações privadas, contrariando a essência do princípio norteador destas, a boa-fé objetiva.

Em razão do princípio da boa-fé objetiva, o crédito futuro é passível de tutela, sendo plenamente admitida a fraude de crédito futuro, pois se analisa a origem, a causa do crédito, e não sua liquidez e certeza.

O Enunciado 292 da IV Jornada de Direito Civil, fruto de intensos debates, também segue a mesma conclusão: "Para os efeitos do art. 158, § 2º, a anterioridade do crédito é determinada pela causa que lhe dá origem, independentemente de seu reconhecimento por decisão judicial".

Tal enunciado acaba por reconhecer a possibilidade de invocação da fraude contra credores para a tutela de *crédito futuro*.

Isso evidencia a interação entre os princípios da função social e da boa-fé objetiva com o instituto da fraude contra credores. Tal concepção é mais justa socialmente, o que impede o desfalque do patrimônio e da garantia de credores futuros, quando ainda não há o reconhecimento judicial sobre a certeza e liquidez do crédito.

É a causa ou origem do crédito que fundamenta a anterioridade prevista no § 2º do art. 158 do CC. O pressuposto da liquidez e certeza pode ser afastado quando a fraude é predeterminada para atingir credores futuros.

Ressalte-se que, nesse "defeito" do negócio jurídico, há uma desconformidade entre a declaração de vontade e a ordem jurídica. Funda-se no princípio da responsabilidade patrimonial. O patrimônio do devedor é a garantia de seus credores. Se houve um desfalque desse patrimônio com intuito de prejudicar os credores, atuais ou futuros, restará caracterizada a fraude. Todavia, não há dúvida que o credor terá enorme dificuldade de demonstrar os elementos para a caracterização da fraude, em especial se o ato de disposição patrimonial tiver caráter oneroso. De qualquer forma, independente das dificuldades da prova dos elementos necessários para a caracterização da fraude contra credores, terá legitimidade para pretender a invalidação destes (e o que se discute aqui é a legitimidade).

1.18.7.6. Processo e ação pauliana – efeitos da ação pauliana

A ação pauliana ou revocatória é a medida processual adequada para discussão da fraude contra credores. O próprio STJ, na Súmula 195, já enunciou a impossibilidade de se invocar a fraude contra credores em embargos de terceiro, justamente porque a finalidade da ação pauliana é a desconstituição do negócio jurídico lesivo aos credores quirografários e anteriores a esse ato.

O efeito da ação pauliana é a invalidação ou anulação do negócio jurídico. A fraude contra credores está no plano de validade do negócio jurídico e, por conta disso, não há a mínima possibilidade de defender a tese da ineficácia do negócio, como ocorre na fraude à execução, cujos requisitos são diferentes e bem específicos.

A ação pauliana deve ostentar os seguintes requisitos: 1– legitimidade ativa: ser proposta pelo credor prejudicado (quirografário ou com garantia na condição de quirografário, na parte em que a garantia é insuficiente, devendo a causa ou origem do crédito ser anterior ao negócio); 2– legitimidade passiva: deve ser intentada contra o devedor insolvente, a pessoa que com ele tiver celebrado a estipulação incriminada ou terceiro que haja procedido de má-fé, tudo nos termos do art. 161 do CC (legitimados passivos dessa ação anulatória).

Em relação à legitimidade passiva, dispõe o art. 161 do CC que "a ação, nos casos dos arts. 158 e 159, poderá ser intentada contra o devedor insolvente, a pessoa que com ele celebrou a estipulação considerada fraudulenta, ou terceiros adquirentes que hajam procedido de má-fé". A redação é idêntica à do art. 109 do CC/1916.

Nesse caso, haverá um litisconsórcio necessário em razão da natureza da relação jurídica de direito material (art. 47 do CPC). A ação pauliana é desconstitutiva do negócio jurídico fraudulento e, por isso, o acolhimento da pretensão deduzida interferirá na esfera jurídica do devedor, da pessoa que com ele realizou o negócio, adquirente ou beneficiário do ato, e de qualquer outro terceiro ao negócio, adquirente do bem proveniente da fraude, desde que esteja de má-fé.

Registra-se apenas que, nos negócios jurídicos onerosos, além da má-fé de terceiros, é exigida também a má-fé daquele sujeito que realizou o negócio com o devedor. A boa-fé do sujeito participante do negócio não autoriza a desconstituição do negócio jurídico, como já ressaltado quando da análise dos requisitos da fraude.

Assim, somente se invalida o negócio na seguinte situação:

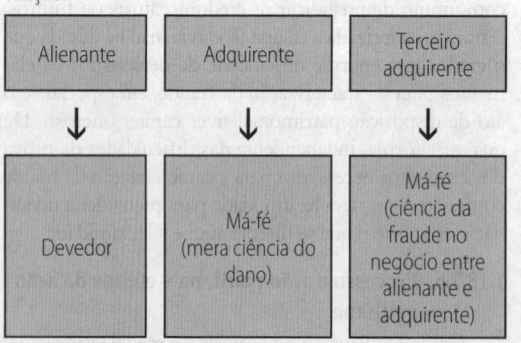

Alienante	Adquirente	Terceiro adquirente
↓	↓	↓
Devedor	Má-fé (mera ciência do dano)	Má-fé (ciência da fraude no negócio entre alienante e adquirente)

Como diz Nelson Nery[326], "como poderá haver repercussão na esfera jurídica dos participantes do negócio fraudulento, todos eles devem estar presentes na relação processual como parte".

Por isso, o "pode" do art. 161 está relacionado à existência ou não de terceiros, além do alienante e do adquirente ou beneficiário originário, pois, não tendo o adquirente, de má-fé, transferido o bem a terceiro, não haverá terceiro a ser chamado ao processo.

É obrigatória, contudo, a participação no processo do alienante e do adquirente, em qualquer circunstância. O litisconsórcio, além de necessário, é unitário, pois a relação jurídica de direito material no negócio jurídico é incindível. Ou seja, a lide deve ser solucionada de modo uniforme para todos os litisconsortes.

Assim:

1. Tem o autor (credor quirografário e anterior ao negócio) de provar o dano, isto é, o prejuízo que o negócio lhe causou.
2. Prova do estado de insolvência do devedor.
3. A fraude ou intuito fraudulento, quando o negócio ou a transmissão de bens for *onerosa*, circunstância que é dispensada no caso de negócio fraudulento gratuito, porque a má-fé, nesse caso, é presumida. A fraude é a demonstração da má-fé do adquirente (ciência do dano), não havendo necessidade de se demonstrar a existência de conluio fraudulento entre o alienante e o adquirente.

Em relação aos efeitos da sentença, o Código Civil, nos arts. 165 e 171, II, eliminou qualquer dúvida quanto à natureza jurídica da sentença na ação pauliana. Os credores quirografários, prejudicados, buscam a anulação e, em consequência, a invalidação do negócio jurídico.

Tal negócio será desconstituído, pois há um vício social no momento da formação da vontade do devedor. Este, ao exteriorizar a vontade, tem plena ciência do ato praticado, mas acaba agindo em desconformidade com a ordem legal, a qual impõe ser o patrimônio do alienante devedor a garantia de seus credores.

Com a alienação, tal regra legal de garantia é violada. Por isso, na declaração de vontade no momento da formação do negócio jurídico, haverá incompatibilidade entre a vontade real e a declarada. O sujeito declara, efetivamente, a vontade intencionada, mas essa vontade exteriorizada é divergente ou incompatível com a ordem jurídica.

Estando no plano de validade, porque se evidencia no momento da formação do negócio jurídico, por ocasião da manifestação de vontade, a natureza da sentença na ação pauliana é constitutiva negativa ou desconstitutiva do negócio jurídico, e não declaratória, como defendem alguns. A sentença não se limita a declarar a ineficácia do negócio em relação ao credor. O Código Civil, no art. 165, não deixa margem a nenhuma dúvida.

Segundo o art. 165 do CC, a finalidade da anulação é recomposição do patrimônio do devedor. "Art. 165. Anulados os negócios fraudulentos, a vantagem resultante reverterá em proveito do acervo sobre que se tenha de efetuar o concurso de credores".

Anulado o negócio, repõe-se o bem no patrimônio do devedor ou cancela-se a garantia concedida a um dos credores. Como se observa, anulado o negócio, a vantagem, ou seja, o patrimônio, *reverterá em proveito do acervo* sobre que se tenha de efetuar o concurso de credores.

---
[326] NERY JUNIOR, Nelson; NERY, Rosa Maria de Andrade. *Código Civil comentado*. 8. ed. São Paulo: Ed. RT, 2011.

A *reversão* implica desconstituição do negócio. Se a sentença tivesse natureza meramente declaratória, não haveria necessidade de *reversão* do bem em proveito do acervo patrimonial do devedor alienante. Bastaria considerar o negócio ineficaz em relação ao devedor. Mas não foi essa a opção legislativa.

A fraude contra credores está no plano de validade do negócio jurídico. Se aí está, é porque o negócio jurídico pode ser invalidado por conta da fraude. A invalidade é uma sanção civil para a inobservância de preceitos ou requisitos legais. Pode estar relacionada a negócios nulos ou simplesmente anuláveis, como são os casos do erro, dolo, coação, lesão, estado de perigo e fraude contra credores.

No plano de validade, onde se discutem imperfeições ou vícios relacionados à exteriorização da vontade, se pretende a invalidação, anulação ou nulidade de negócios jurídicos e não a ineficácia, cujo plano é outro. A ineficácia pressupõe negócio jurídico válido. No caso da fraude, o negócio é passível de invalidação. Caso a fraude seja superveniente à formação do negócio jurídico, aí sim o plano será da eficácia em sentido estrito, mas, em qualquer causa superveniente, não há que se cogitar em defeitos do negócio jurídico, os quais são contemporâneos ou anteriores à formação do negócio (pois ocorrem quando a vontade é exteriorizada).

O art. 165 do CC menciona "anulação" e "reversão", implicando desconstituição. Além disso, o art. 171, II, da mesma lei dispõe ser anulável, e, não, ineficaz, o negócio jurídico por vício resultante de fraude contra credores. Não se trata de interpretação literal, mas interpretação sistemática.

A previsão de anulação tem razão de ser a partir do momento em que a fraude é considerada vício relacionado à exteriorização da vontade, estando no plano de invalidade. A ineficácia, plano posterior, pressuporia negócio válido e, havendo fraude contra credores, o negócio é passível de invalidação.

A parte geral trata do plano de validade, ou seja, de vícios relacionados a causas contemporâneas ou anteriores à formação do negócio jurídico.

1.18.7.7. Presunção de boa-fé em relação a atos e negócios praticados por devedor insolvente

Há algum caso em que se presume a boa-fé do negócio realizado pelo devedor insolvente?

Sim. É o que dispõe o art. 164 do CC: "Presumem-se, porém, de boa-fé e valem os negócios ordinários indispensáveis à manutenção do estabelecimento mercantil, rural, ou industrial ou à subsistência do devedor e de sua família".

Nessas situações excepcionais, o devedor, mesmo insolvente, está autorizado a assegurar sua fonte de renda. As operações ordinárias rotineiras, indispensáveis à manutenção da atividade econômica ou à subsistência do devedor e de sua família não são consideradas fraudulentas. A presunção do dispositivo é relativa, podendo ser desqualificada por credores prejudicados em ação pauliana.

Na verdade, tal regra também está em sintonia com o princípio da função social.

Ao preservar a atividade econômica do devedor, seja por meio direto ou indireto, estarão sendo preservados interesses públicos e sociais relevantes, como a fonte de receitas tributárias e os empregos daqueles prestadores de serviços do devedor. Portanto, há um interesse público e social por trás dessa presunção de boa-fé, plenamente justificável.

O mesmo dispositivo também representa um desdobramento do princípio da dignidade da pessoa humana, quando presumem de boa-fé os negócios ordinários essenciais à subsistência do devedor ou de sua família. Na ponderação de interesses e valores entre a dignidade humana, retratada aqui nas condições materiais mínimas de subsistência (questão existencial), e o interesse econômico dos credores lesados (questão patrimonial), o Estado resolveu sacrificar estes últimos em prol da preservação da dignidade do devedor insolvente.

1.18.7.8. Casos específicos de fraude

O credor quirografário que receber de devedor insolvente o pagamento de dívida ainda não vencida, fica obrigado a repor, em proveito do acervo, aquilo que recebeu, tudo a fim de preservar a igualdade entre os credores. O pagamento antecipado poderia frustrar essa igualdade e prejudicar credores que tivessem alguma preferência no recebimento do crédito.

O legislador equiparou à fraude o pagamento a credor quirografário, cuja dívida ainda não venceu. Com esse ato, ainda que o débito exista, o devedor estará violando o princípio da igualdade entre os credores. Os credores quirografários, cujos créditos são da mesma natureza, não podem ter qualquer tratamento privilegiado ou diferenciado. Essa preferência caracteriza injustiça e viola o princípio da boa-fé objetiva. Não age com ética o devedor que dá preferência para credor, cujo crédito tem a mesma natureza de outros credores. O fundamento dessa fraude é o princípio da boa-fé objetiva.

O art. 163 do CC também traz um caso específico de fraude: "Presumem-se fraudatórias dos direitos dos outros credores as garantias de dívidas que o devedor insolvente tiver dado a algum credor". Trata-se de um desdobramento do disposto no art. 162. Da mesma forma que o adimplemento antecipado viola a igualdade entre os credores quirografários, a concessão de garantias a estes credores, também viola o princípio da boa-fé objetiva, sendo tal preferência injusta. A isonomia entre os credores quirografários deve ser preservada a qualquer custo.

1.18.7.9. Fraude à execução e fraude contra credores – breves considerações

A fraude da execução ou à execução atualmente se identifica com a fraude contra credores.

Em uma concepção clássica e formal, a fraude à execução ocorre nas hipóteses previstas no CPC e pressupõe a existência de demanda em curso quando da alienação dos bens. Embora haja controvérsia, esta somente se configura quando o devedor já estava citado para a demanda. Como ressalta Fábio de Oliveira Azevedo[327]: "(...) caso não se demonstre que o réu alienante tinha conhecimento da demanda por algum motivo, a fraude de execução só poderá ser configurada a partir da citação".

No caso da fraude à execução, o negócio jurídico será considerado apenas ineficaz, independendo de ação autônoma.

Segundo o CPC, considera-se em fraude de execução a alienação ou oneração de bens quando sobre eles pender ação fundada em direito real; quando, ao tempo da alienação ou oneração, corria contra o devedor demanda capaz de reduzi-lo à insolvência; e nos demais casos expressos em lei.

A fraude contra credores visa à anulação do negócio, ao passo que a fraude à execução apenas reconhece a ineficácia do negócio perante a pessoa do credor, não havendo necessidade de ação autônoma para o seu reconhecimento.

A fraude contra credores está situada no plano de validade do negócio jurídico, sendo defeito deste (se caracteriza quando não há ação ou execução em andamento contra o devedor), ao passo que a fraude à execução é incidente do processo disciplinado pelo direito público (esta pressupõe demanda em andamento).

A fraude contra credores, como foi analisado, deve ser pronunciada em ação pauliana, ao passo que a fraude à execução pode ser reconhecida mediante simples petição.

Por isso, para essa concepção clássica formal, não se confunde fraude à execução com fraude contra credores.

No entanto, em uma concepção moderna material, os institutos da fraude contra credores e da fraude da execução não apresentam diferenças substanciais.

Em que pesem aquelas diferenças formais entre os dois institutos, há um fato relevante (material) a ser considerado, que os aproxima. Como ressaltado, após a citação, a alienação ou oneração de bens capaz de reduzir o devedor à insolvência ou já na condição de insolvente, estará configurada a fraude de execução. No entanto, assim como ocorre na fraude contra credores, a jurisprudência vem condicionando a caracterização da fraude de execução à ciência do adquirente a respeito do dano relativo ao negócio, ou seja, analisa-se se o adquirente estava ou não de boa-fé.

Ainda que a alienação ou oneração de bens ocorra após a citação em processo de conhecimento, cautelar ou execução, a fraude de execução e a ineficácia em relação a credores prejudicados pelo ato ou negócio dependerão da má-fé do adquirente.

Estando o adquirente de boa-fé, o ato ou negócio jurídico é plenamente eficaz em relação a ele. É a mesma sistemática da fraude contra credores, onde o elemento subjetivo também leva em conta a boa ou a má-fé do adquirente. Embora existam algumas diferenças, em ambos os institutos não se prejudicam os interesses do adquirente de boa-fé.

Tal constatação é relevante, pois torna secundária qualquer diferença entre a fraude contra credores e a fraude de execução. Assim, nem a fraude contra credores nem a fraude de execução podem, sob qualquer pretexto, serem opostas ao terceiro adquirente de boa-fé.

O STJ pacificou tal entendimento por meio da Súmula 375: "O reconhecimento da fraude à execução depende do registro da penhora do bem alienado ou da prova de má-fé do terceiro adquirente".

A fraude da execução ou à execução somente se caracteriza se a penhora estiver registrada, caso em que o adquirente não pode alegar desconhecimento da constrição ou da prova da má-fé do terceiro adquirente. Se não houver registro da penhora e o terceiro adquirente estiver de boa-fé, a existência de citação em relação ao devedor não é suficiente para a caracterização da fraude da execução. São dois requisitos, cumulativos, para a fraude da execução: citação + prova da má-fé do terceiro adquirente (no caso de registro da penhora, tal má-fé é presumida).

A tutela da boa-fé do terceiro impede qualquer tentativa no sentido de tornar o ato ou negócio jurídico ineficaz. Por isso, substancialmente, não há diferença entre fraude contra credores e fraude da execução. Ambos os institutos tutelam os mesmos valores (boa-fé do terceiro). As outras diferenças são apenas secundárias ou circunstanciais.

Em síntese, a pergunta a ser feita é a seguinte: Há, efetivamente, diferença entre a fraude contra credores e a fraude da execução?

A doutrina ressalta e diverge sobre os efeitos. A fraude contra credores torna o negócio jurídico passível de anulação (plano de validade) e a fraude da execução acarreta a ineficácia do negócio em relação ao credor (plano de eficácia). Porém, diante da tutela da boa-fé do terceiro, tal diferença, com todo o respeito à doutrina, é absolutamente irrelevante.

Na essência, os dois institutos tutelam o mesmo valor, boa-fé objetiva do terceiro adquirente. Evidenciada a boa-fé do terceiro, independentemente da circunstância, ou seja, se antes da existência de processo contra o devedor; se depois da existência de processo; se antes ou depois do ajuizamento da ação; se antes ou depois da citação, a fraude contra credores e a fraude de execução não poderão, sob qualquer pretexto, ser opostas aos terceiros de boa-fé.

A doutrina acaba se perdendo em formalidades secundárias e irrelevantes, quando o objeto principal de tutela dos dois institutos é exatamente o mesmo (boa-fé do terceiro). As consequências da constatação e prova da má-fé do adquirente, anulação ou ineficácia do ato e do negócio jurídico possuem pouquíssima relevância.

Por isso, diante dessa nova configuração da fraude da execução, materializada na Súmula 375 do STJ, defendemos a inexistência de diferença prática relevante entre a fraude contra credores e a fraude da execução, pois ambos os institutos preservam os mesmos interesses e valores, considerados relevantes pela sociedade e pelo direito, em especial, a boa-fé objetiva (comportamento ético e probo) dos sujeitos participantes de qualquer negócio ou ato.

---

[327] AZEVEDO, Fábio de Oliveira. *Direito civil*: introdução e teoria geral. Rio de Janeiro: Lumen Juris, 2009.

Resumo do instituto da fraude contra credores

Os artigos do Código Civil que disciplinam a fraude contra credores são desdobramentos lógicos da finalidade deste instituto. O objetivo da fraude contra credores é preservar a garantia de credores no âmbito das relações jurídicas patrimoniais. Em razão do princípio da responsabilidade patrimonial (conjunto de bens responde por dívidas), o *patrimônio geral* do devedor é a garantia dos seus credores.

Diante desta finalidade, são legitimados para alegar a fraude apenas os credores quirografários (patrimônio geral é a única garantia destes – finalidade ligada à legitimidade – art. 158 CC). Da mesma forma, devido à finalidade, o art. 160 impede o reconhecimento da fraude caso o terceiro adquirente deposite em juízo o preço pactuado com o devedor (a garantia estará preservada – lógica). Ainda devido ao objetivo da fraude, o art. 165 dispõe que com a anulação do NJ, a vantagem econômica reverte em proveito do acervo (a garantia estará preservada – idêntica lógica). O credor quirografário que recebe o pagamento de dívida não vencida deve restituir ao acervo (o recebimento antecipado viola a garantia e a igualdade entre os credores – idêntica lógica – art. 162).

Por outro lado, se determinado credor separar, destacar ou afetar algum bem específico do patrimônio geral do devedor para fins de garantia, será protegido por outros institutos jurídicos (propriedade fiduciária, hipoteca, penhor, anticrese, entre outros), mas não pela fraude. Isto porque a finalidade da fraude contra credores é proteger apenas a garantia dos credores sem garantia especial, que é o patrimônio geral. Se a garantia especial for insuficiente, em relação à parte que será garantida pelo patrimônio geral, pode ser invocada a fraude (§ 1º, art. 158).

Todavia, a preservação da garantia por meio da fraude depende da demonstração concreta de alguns elementos. Como a finalidade da fraude é preservar a garantia, o elemento objetivo (dano – *eventos damni* – só haverá dano se a garantia for prejudicada) deve estar evidenciado em qualquer ato de disposição patrimonial (oneroso ou gratuito). O elemento subjetivo, *scientia fraudis* (provar que o terceiro sabia que o ato viola a garantia dos credores da pessoa com quem realiza NJ), deverá ser demonstrado apenas nos atos de disposição onerosa (nestes, a boa-fé do terceiro prevalece sobre o interesse econômico dos credores).

1.19. TEORIA GERAL DA INVALIDADE DO NEGÓCIO JURÍDICO

1.19.1. Considerações preliminares

A teoria da invalidade se conecta ao plano de validade (é o reverso da validade). A norma jurídica, como condição de eficácia de atos e negócios jurídicos, estabelece alguns pressupostos de validade. O sujeito de direito, no momento da exteriorização da vontade para formação destas espécies de fato jurídico, deve observar estes pressupostos de validade previstos na norma jurídica, sob pena de invalidade. A invalidade é a sanção civil decorrente da inobservância de determinado pressuposto de validade.

A compreensão da invalidade pressupõe o correto entendimento dos planos da existência, validade e eficácia, pois, a invalidade pressupõe existência jurídica, é o reverso do plano de validade e tem a pretensão de evitar o plano da eficácia (produção de efeitos jurídicos).

O plano da validade pressupõe o plano da existência. Se o suporte fático for concretizado, o ato e o negócio jurídico passarão a existir juridicamente. A existência fática e jurídica do fato o leva para o "mundo do direito". E, no "mundo do direito" a primeira barreira que o ato e o negócio jurídico deverão superar é a barreira do plano de validade. Se a barreira não for superada, o ato ou negócio jurídico, embora exista juridicamente, será passível de invalidação (nulidade ou anulação). O ato jurídico em sentido estrito e o negócio jurídico nulo ou anulável já estão no "mundo do direito". Ao superarem o plano da existência, saíram do "mundo da vida" e ingressaram no "mundo do direito". E justamente por estarem no "mundo do direito", alguns atos jurídicos em sentido estrito ou negócio jurídico nulo ou anulável podem eventualmente produzir efeitos jurídicos.

A "invalidade" do negócio jurídico ou ato jurídico em sentido estrito representa uma sanção ou penalidade civil. Caso o sujeito de direito, no momento da exteriorização da vontade destinada a formar e constituir determinado ato ou negócio jurídico, não observe os requisitos legais (pressupostos) para validade desses, incorrerá na sanção: invalidade. A finalidade da invalidade é impedir que o ato ou negócio com vício de origem produza qualquer efeito jurídico.

Ao contrário dos negócios jurídicos e dos atos jurídicos em sentido estrito, os fatos jurídicos em sentido estrito (se originam de eventos naturais) e os atos-fatos jurídicos (a vontade ou elemento volitivo é desprezado pela norma para qualificá-lo como jurídico) não se sujeitam ao plano de validade. Os fatos jurídicos em sentido estrito ou atos-fatos jurídicos são eficazes ou não. Não se submetem às regras e ao regime jurídico da invalidação. Serão eficazes se concretizarem todos os pressupostos fáticos previstos em lei e ineficazes quando faltar algum destes pressupostos.

Como já ressaltado, os fatos jurídicos em sentido estrito, o ato fato jurídico e os atos ilícitos dependem apenas da materialização do suporte fático concreto. Se houver a concretização dos fatos ou conjunto de fatos capaz de se adequar à previsão normativa, automaticamente, tais espécies de fatos jurídicos, produzirão efeitos jurídicos. A existência já provoca a produção dos efeitos jurídicos previstos na norma. Tais espécies de fatos jurídicos não passam pelo plano da validade e, por conta disso, não podem ser invalidados.

A finalidade da teoria das invalidades é privar o ato ou negócio jurídico de todo e qualquer efeito jurídico. A sanção será mais ou menos intensa, a depender do interesse violado, público ou privado. A norma jurídica, por meio da sanção, nulidade ou anulação, é que estabelecerá o interesse que se pretende proteger e tutelar. Se a norma jurídica prevê a nulidade, significa que o interesse a ser preservado é público, mas se a sanção for a anulação, o interesse que está em jogo é privado.

A invalidade é sanção civil por inobservância de pressuposto de validade. É o contraponto da validade. A inobservância de qualquer pressuposto de validade no momento da exteriorização da vontade para formação de ato ou negócio jurídico submete o sujeito de direito a sanção civil, invalidade, que pode ser mais ou menos intensa a depender do interesse que o pressuposto de validade pretendia tutelar. Se o pressuposto de validade pretende preservar o interesse público, a sua inobservância é causa de nulidade. Se visa preservar interesse privado, a inobservância é causa de anulação.

Portanto, o gênero "invalidade" tem por espécies os atos nulos, anuláveis e inexistentes, os quais não se confundem.

Embora aceitas pela doutrina essas espécies, o atual Código Civil, assim como o diploma de 1916, não cogitou dos atos inexistentes, relativos aos pressupostos de existência dos fatos jurídicos em geral (ausência de elementos constitutivos). A razão é simples: se determinado fato da vida não existe juridicamente, porque não chegou a preencher o suporte fático/concreto previsto na norma jurídica, continuará enclausurado no mundo da vida, que não tem relevância para o direito. Com a existência jurídica, automaticamente, ingressa no mundo do direito e se submete ao plano da validade, no caso de atos e negócios jurídicos ou, sem passar pelo plano de validade, passa a produzir os efeitos previstos na norma, como o fato jurídico em sentido estrito e o ato-fato jurídico, por exemplo.

Assim, o Código Civil apenas tratou de distinguir os atos e negócios jurídicos *nulos* dos atos *anuláveis*.

Segundo as lições de Caio Mário[328]: "(...) é válido o negócio jurídico quando a emissão volitiva (declaração de vontade) que dele decorre se submete a todas as determinações legais. Por outro lado, é inválido quando foram deixados sem observância os requisitos indispensáveis à sua produção de efeitos, seja por ter o agente afrontado a lei, seja por não reunir as condições legais de uma emissão útil de vontade".

Francisco Amaral[329] é preciso em relação à invalidade do negócio jurídico: "O descumprimento de tais normas, levando à desconformidade dos atos com os respectivos preceitos legais, torna irregular a declaração de vontade e, por isso mesmo, suscetível de sofrer a sanção prevista no sistema legal, que é a invalidade e, consequentemente, a ineficácia, impossibilitando a declaração de vontade de produzir os efeitos desejados".

A "invalidade" do negócio jurídico pode ser compreendida levando em conta suas principais características, que são quatro:

a) conceito: a invalidade é sanção civil decorrente da não observância dos requisitos ou preceitos legais (pressupostos de validade – plano de validade) por ocasião da exteriorização da vontade manifestada em determinado ato ou negócio jurídico pelo sujeito de direito no momento da formação/constituição ou na origem;

b) legalidade: as hipóteses de invalidação dos atos ou negócios jurídicos estão todas previstas em lei. A legislação é a responsável pela definição do vício capaz de macular o ato ou negócio jurídico. Ao contrário das nulidades do processo civil, não se cogita no direito civil de "nulidades não cominadas" ou não previstas em lei. A lei, pela sanção, define qual o interesse que o pressuposto de validade pretende preservar e tutelar. A nulidade significará que o pressuposto de validade violado pretendia proteger o interesse público e a anulação o interesse privado;

c) finalidade: a invalidade tem a finalidade de neutralizar os efeitos jurídicos do ato ou negócio jurídico. Este é o objetivo da invalidação. O ato ou negócio jurídico viciado não pode sobreviver. Por isso a invalidação o priva de continuar a produzir os efeitos que lhe são próprios. No entanto, em razão do princípio da preservação do negócio jurídico e do dinamismo das relações jurídicas privadas, será possível que o ato ou negócio jurídico viciado produza efeitos jurídicos próprios (por exemplo, em relação a terceiros de boa-fé) ou que venha a produzir outros efeitos não próprios, como é o caso da hipótese prevista no art. 170 do CC, que trata da "conversão" do negócio jurídico nulo;

d) contemporaneidade: as causas capazes de invalidar o negócio jurídico sempre serão anteriores ou contemporâneas à formação do negócio jurídico. A causa, seja qual for a sua natureza, sendo superveniente à formação do ato ou negócio jurídico estará fora do plano de validade. Nesse caso, poderá acarretar o inadimplemento de uma obrigação, a revisão judicial, a resolução por onerosidade excessiva, entre outras situações.

Em relação a essa teoria geral da invalidade do negócio jurídico, Francisco Amaral[330] ressalta a relevância em se estabelecer critérios: "Não obstante, os critérios fundamentais para o intérprete em tal matéria são hoje a consideração da nulidade como sanção e a natureza dos interesses a proteger, interesses gerais que justificam a nulidade absoluta do ato e interesses particulares que levam à anulabilidade, no caso de transgressão das respectivas normas protetivas".

No entanto, o tema ainda suscita mais dúvidas do que certezas. Caio Mário[331] afirmou que "a matéria é muito obscurecida, carece de boa exposição dogmática, e alimenta acentuada desarmonia entre os escritores, não so-

---

[328] PEREIRA, Caio Mário da Silva. *Instituições de direito civil:* Introdução ao direito civil. Teoria geral de direito civil. 20. ed. Atualizado por Maria Celina Bodin de Moraes. Rio de Janeiro: Forense, 2004. v. 1.

[329] AMARAL, Francisco. *Direito civil* – introdução, 6. ed. rev. e atual. Rio de Janeiro: Editora Renovar, 2006.

[330] AMARAL, Francisco. *Direito civil* – introdução, 6. ed. rev. e atual. Rio de Janeiro: Editora Renovar, 2006.

[331] PEREIRA, Caio Mário da Silva. *Instituições de direito civil:* Introdução ao direito civil. Teoria geral de direito civil. 20. ed. Atualizado por Maria Celina Bodin de Moraes. Rio de Janeiro: Forense, 2004. v. 1.

mente no que se refere à fixação dos conceitos, como ainda no que diz respeito à terminologia, que é algo desencontrada e imprecisa".

Leonardo Mattietto[332] também ressalta a dificuldade do tema e faz uma excelente explanação quando comenta o aspecto histórico dogmático da invalidade. Segundo ele "em tema de invalidade dos atos jurídicos, o Código Civil respira direito romano, pois, como ensina Maria Curtis Giordani, a distinção entre as espécies de invalidade remonta a antítese entre o *ius civile* e o *ius honorarium*, bem como porque as causas de invalidade já haviam sido traçadas no direito romano". Ressalta ele as diferentes épocas do direito romano, desde o direito antigo, passando pelo período clássico, até chegar ao *direito justinianeu*. Confira-se: "No direito romano antigo a concepção de nulidade era simples. O ato nulo não existia do ponto de vista da lei e não produzia efeitos jurídicos. No direito romano clássico a anulabilidade também não aparece, ou o ato era válido ou nulo. A anulação aparece em razão da atividade dos pretores que, mesmo diante da impossibilidade de se anular um ato válido, concediam uma espécie de reparação, por meio de um processo específico, a *restitutio in integrum* (provimento jurisdicional constitutivo de anulação, o qual, pela autoridade do magistrado, invalidava atos jurídicos que seriam, de acordo com a lei, formalmente válidos, e tinha então o efeito de repristinar integralmente situações jurídicas subjetivas que aqueles atos houvessem comprometido. Essa concepção era assim em razão da formalidade, era a regra no direito romano, portanto, só se admitia a nulidade baseada no *ius civile*. Na época do período clássico romano, havia duas maneiras de um ato ser declarado nulo: a nulidade civil, que operava de pleno direito, automaticamente e a nulidade pretoriana, que dependia do exercício de uma ação judicial e só se realizava em virtude de sentença".

Antes do Código Civil de 1916, eram distinguidas no Brasil as nulidades em absolutas e relativas, ao passo que o Código em questão dividiu as nulidades entre atos nulos (art. 145) e anuláveis (art. 147). O atual Código Civil inovou na matéria, em especial no que diz respeito à possibilidade de conversão do negócio jurídico nulo (art. 170) e à incorporação ao sistema dos institutos da lesão e do estado de perigo.

Portanto, invalidade, como gênero, é a sanção pela ofensa a determinados requisitos legais, não devendo o negócio jurídico ou ato jurídico em sentido estrito produzir efeitos jurídicos, previsto na norma que qualifica o fato, em função do defeito que o macula.

A intensidade da sanção varia de acordo com o interesse violado. Se houver violação de interesse público, social ou coletivo, o ato ou negócio jurídico será nulo. A violação a interesse privado ou particular torna o ato ou negócio apenas passível de invalidação. É a anulabilidade.

1.19.2. Espécies de invalidade – ato e negócio nulo e anulável – nulidade e anulação – regimes jurídicos

O Código Civil adota a expressão "invalidade" como categoria genérica, que tem como espécies a nulidade e a anulação.

A sanção civil, invalidade, possui dois regimes jurídicos diversos, nulidade e anulação, a depender do interesse protegido pela norma jurídica, alvo de violação (público – nulidade e privado – anulação). Ao estabelecer pressupostos de validade, a norma jurídica pretende, por meio destes pressupostos, proteger o interesse público ou privado. Se o objetivo do pressuposto de validade é proteger o interesse público, caso não seja observado, a sanção é a nulidade. Se o objetivo é proteger o interesse privado, a sanção é a anulação. A partir dos pressupostos de validade é que se determina a espécie de sanção.

O ato jurídico e o negócio jurídico podem se submeter a um destes regimes jurídicos, o que poderá torná-los nulos ou anuláveis.

Invalidade
- Nulo: violação de interesse público.
- Anulável: violação de interesse privado.

O critério adotado pelo Código Civil a fim de distinguir o regime jurídico da nulidade do regime jurídico da anulação é o "critério do interesse", ao contrário do "critério do prejuízo", adotado na teoria das nulidades estabelecida na lei processual civil. A norma jurídica, ao estabelecer a sanção correspondente, nulidade ou anulação, estará, implicitamente, definindo o interesse que pretende tutelar e proteger. É por meio da sanção prevista que se saberá se o interesse a ser protegido é o público ou privado.

O ato ou negócio jurídico será nulo ou anulável de acordo com o interesse violado, e não em razão da existência ou inexistência de prejuízo.

1.19.2.1. Ato ou negócio jurídico nulo – regime jurídico

É nulo o negócio jurídico quando houver violação de interesse público, que é o reputado relevante para a coletividade. A nulidade é sanção jurídica decorrente de ofensa a determinação legal. Como já ressaltamos, sem qualquer menção a prejuízo (adotado pelo processo civil), a nulidade, em nosso direito civil, é inspirada no respeito aos preceitos de ordem pública, que leva em conta o interesse envolvido em determinada relação jurídica privada.

O ato ou negócio jurídico nulo, em regra, não deve produzir os efeitos jurídicos previstos pela norma jurídica no plano da eficácia. Todavia, em razão da relativa autonomia entre os planos da validade e da eficácia, mesmo nulo, é possível (embora não recomendável) que o ato ou negócio jurídico produza efeitos (próprios do ato ou negócio jurídico, como é a previsão do § 2º do art. 167 ou impróprios, como na hipótese do art. 170). De acordo com o § 2º do art. 167 do CC, o ato ou negócio jurídico simulado, que é nulo, poderá ser preservado para tutelar os interesses e direitos de terceiros de boa-fé.

---
[332] MATTIETTO, Leonardo de Andrade. Invalidade dos atos e negócios jurídicos (arts. 166 a 184). In: TEPEDINO, Gustavo (coord.). *A parte geral do novo Código Civil: estudos sob a perspectiva civil-constitucional*. 2. ed. Rio de Janeiro: Renovar, 2003.

No pós-positivismo, a invalidade deve se contrapor a outros interesses, como a boa-fé. Portanto, em determinadas situações, mesmo se houver vício de origem, capaz de invalidar ato ou negócio jurídico, os efeitos jurídicos previstos na norma devem ser preservados para tutelar outros interesses, como a boa-fé. Portanto, a nulidade não será capaz de impedir a produção de efeitos jurídicos. Não é por outro motivo que o art. 182 do CC menciona que os efeitos da invalidade serão retroativos, se possível.

Trata-se de exceção, uma vez que a regra é a neutralização dos efeitos jurídicos previstos na norma, como enuncia o art. 182 do Código Civil.

1.19.2.1.1. Hipóteses legais de nulidade

A teoria geral da invalidade do ato ou negócio jurídico tem por característica fundamental a previsão legal. As hipóteses de invalidade estão todas positivadas. Não é diferente com a nulidade.

As hipóteses de nulidade estão previstas na parte geral e especial do Código Civil.

Na parte geral, os arts. 166 e 167 do CC especificam as hipóteses de nulidade de ato ou negócio jurídico. A nulidade é a sanção prevista em lei para o ato ou negócio jurídico quando, por ocasião da exteriorização da vontade, não se observa pressuposto de validade que visa tutelar e proteger o interesse público.

O referido art. 166 arrola causas específicas e genéricas ou gerais de invalidade (fraude à lei e quando a própria lei declarar nulo o negócio jurídico).

Há duas grandes novidades a serem ressaltadas como causas de nulidade: *a causa como motivação típica para o ato* (o ordenamento jurídico pune o conluio entre as partes e a torpeza dos contratantes, cujo motivo determinante é ilícito) e *a fraude à lei imperativa* (ou fraude à lei: trata-se de manobra engendrada pelo fraudador para violar dispositivo expresso de lei).

Tendo em conta a preservação do interesse público e social, o ato ou negócio jurídico pode ser considerado nulo por razões subjetivas, objetivas e formais.

A primeira hipótese, constante no inciso I, diz respeito à nulidade do negócio jurídico quando celebrado por absolutamente incapaz. A teoria das incapacidades já foi devidamente analisada. Assim, qualquer ato ou negócio jurídico realizado pelo absolutamente incapaz é nulo. No entanto, a nulidade somente se consumará se o sujeito responsável pelo ato ou negócio for formal e materialmente incapaz. Para caracterizar a incapacidade formal, deve o sujeito ser menor de 16 anos. Com a Lei n. 13.146/2015, Estatuto do Portador de Deficiência, a incapacidade absoluta restou restringida para os incapazes por idade. Já o aspecto material da incapacidade significa que o sujeito necessita da proteção do Estado para o ato ou negócio específico. Tal nulidade é baseada em uma questão subjetiva, pois ligada ao sujeito responsável pela exteriorização da vontade. Os incapazes são desprovidos de capacidade de fato ou de exercício.

A segunda hipótese, retratada no inciso II, está relacionada à ilicitude, impossibilidade e indeterminação do objeto, pressupostos de validade do negócio jurídico (art. 104). Trata-se de questão objetiva, pois essa hipótese de nulidade está vinculada ao objeto do ato ou negócio jurídico. Por ocasião da análise dos pressupostos de validade do negócio jurídico, tal assunto já foi analisado, razão pela qual remetemos o leitor para o capítulo pertinente. Em caso de ilicitude, impossibilidade, física (absoluta) ou jurídica do objeto, a sanção prevista em lei é a nulidade. E, por isso, já foi analisada (trata-se, dessa forma, de condição objetiva).

A terceira hipótese mencionada no inciso III, qual seja, nulidade do ato ou negócio jurídico decorrente de o motivo determinante ser ilícito, constitui novidade na atual legislação.

Segundo o inciso III do art. 166, é nulo o negócio jurídico quando o motivo determinante, comum a ambas as partes, for ilícito. Os motivos são irrelevantes para a validade e eficácia de ato ou negócio jurídico e não repercutem nas relações jurídicas privadas. Não interessa ao direito os motivos pelos quais o sujeito exterioriza sua vontade. Entretanto, é possível aos sujeitos elevar o motivo à condição de causa.

Nessa situação, o motivo passa a ser a causa determinante da exteriorização da vontade. Ou seja, entende-se que a vontade somente foi manifestada ou exteriorizada por conta desse motivo.

O motivo, como causa determinante, deve ser comum aos sujeitos participantes do negócio ou ato jurídico, ou seja, ambos sustentam suas vontades naquele motivo. O motivo é comum. Não pode ser unilateral. Além de ser elevado à condição de causa determinante da vontade e comum aos sujeitos, para ser considerada hipótese de nulidade, tal motivo deve ser ilícito.

Assim, são três requisitos para a nulidade: (i) *motivo como causa determinante*; (ii) *motivo comum às partes* e (iii) *ilicitude do motivo*.

Caso as partes erijam ou elevem determinando *motivo* como *a causa* ou razão *determinante de um negócio* (ou seja, somente vão realizar o negócio por conta daquele motivo), se ele for ilícito, o negócio jurídico é nulo. Exemplo: contrato de locação, cuja razão de ser seja a exploração do meretrício; ou o mútuo, que se destina ao jogo, sendo esse motivo comum ao mutuário e ao mutuante.

Se, em vez de ilícito, tal motivo ou causa determinante for falso, o negócio não é *nulo*, mas *anulável* por erro (art. 140 do CC – falso motivo).

Registre-se apenas que o direito civil brasileiro se alinhou ao sistema alemão, não considerando a causa como elemento do negócio jurídico. Nosso sistema é anticausalista. Entretanto, como já analisado em tópico próprio, defendemos a causalidade objetiva e implícita.

A quarta e a quinta hipóteses de nulidade também dizem respeito a um pressuposto de validade do negócio jurídico, qual seja, a forma prescrita ou não defesa em lei ou a solenidade que a lei considera essencial para a validade do ato (art. 104 do CC – já analisado).

O inciso IV do art. 166 dispõe ser nulo o negócio quando não revestir a forma prescrita em lei, ao passo que o seu inciso V, dispõe ser nulo o negócio quando for preterida alguma solenidade que a lei considera essencial para a sua validade.

Tais hipóteses são condições formais para a validade do negócio jurídico. A inobservância de forma ou de solenidade essencial exigida pela lei viola o interesse público, razão pela qual a sanção é intensa: nulidade. Por exemplo, o art. 108 do CC exige escritura pública, como documento essencial à validade do ato ou negócio, que vise à constituição, transferência, modificação ou renúncia de direitos reais sobre imóveis, de valor superior a 30 (trinta) salários mínimos.

A escritura pública, nesse caso, é a forma prescrita em lei. Aliás, sobre esse art. 108 há um enunciado das Jornadas, promovidas pelo Conselho da Justiça Federal: Enunciado 289 – "O valor de 30 salários mínimos constante do art. 108 do CC brasileiro, em referência à forma pública ou particular dos negócios jurídicos que envolvam bens imóveis, é o atribuído pelas partes contratantes e não qualquer outro valor arbitrado pela administração pública com finalidade tributária".

O art. 1.653 do CC dispõe ser nulo o pacto antenupcial se não for feito por escritura pública. Estes são apenas alguns exemplos de formalidades exigidas pela lei. Sobre a formalidade do negócio jurídico, remetemos o leitor para a análise dos pressupostos de validade deste.

A sexta hipótese de nulidade prevista no art. 166, qual seja, inciso VI, é novidade no sistema, principalmente por retratar um "conceito" jurídico indeterminado, o qual diz respeito à fraude à lei imperativa. Nesses casos, o negócio jurídico, embora lícito, é realizado com o objetivo de fraudar a lei. Tudo pode ser fraude à lei. Nesse caso, o legislador se superou, pois arrola uma cláusula geral em matéria de nulidade: em qualquer hipótese de fraude à lei, o negócio jurídico é nulo. A grande dificuldade é justamente estabelecer os limites da expressão "fraude à lei".

A inobservância dos requisitos subjetivos (capacidade), objetivos (objeto lícito, possível e determinado ou determinável) e formais (forma exigida pela lei) também constitui espécie do gênero "fraude à lei". Se o sujeito realizar um negócio jurídico cujo objeto é ilícito estará fraudando a lei, pois a lei impõe a licitude do objeto. Se esse sujeito não observa a formalidade prescrita, da mesma forma estará fraudando a lei, pois, excepcionalmente, o negócio jurídico deve ostentar formalidades.

Em uma interpretação mais restrita, a fraude à lei seria o negócio em que o sujeito teria a intenção de evitar a incidência de determinada norma jurídica de natureza proibitiva, aproximando tal hipótese da simulação.

Cristiano Chaves[333] já suscita outra questão: "Quanto ao negócio jurídico celebrado com fraude à lei, é preciso esclarecer não se confunir com o negócio celebrado em fraude contra credores ou em fraude de execução. Na realidade, o negócio *in fraudem legis* é o que foge da incidência da norma jurídica ou das obrigações legais, sendo realizado sob forma diferenciada. A nulidade por fraude é objetiva, não estando atrelada à intenção de burlar o mandamento legal. Havendo contrariedade à lei, pouco interessa se o declarante tinha, ou não, o propósito fraudatório".

Francisco Amaral[334] afirma: "(...) deve-se considerar também nulo o negócio que vise a fraudar norma jurídica imperativa, no mais das vezes utilizando um negócio lícito para atingir resultado positivo, combinando-se com outros negócios jurídicos". Caio Mário[335], sobre o assunto, declara: "Igualmente, se o agente contraria o imperativo da lei, não pode encontrar amparo para o ato praticado. O dispositivo usa vocábulo fraudar em sentido genérico, de usar subterfúgio para contrariar a lei por via travessa".

A doutrina civil apenas tangencia o assunto, mas não faz uma análise profunda, até pela dificuldade de estabelecer limites para a expressão "fraude à lei". Como já dissemos, tudo pode ser considerado fraude à lei. A simulação é o maior exemplo de fraude à lei, embora Fábio Azevedo, em *Direito civil*: introdução e teoria geral, tente fazer distinção entre os dois institutos. O sujeito responsável pela simulação está fraudando, na maioria das vezes, a lei. Pode se argumentar o seguinte: mas a simulação é uma declaração enganosa visando a resultado diverso do ostensivamente indicado. Ocorre que a fraude à lei, em algumas hipóteses, também pode ser viabilizada por uma declaração enganosa e não apenas por meio de negócio verdadeiro.

O sujeito casado que simula compra e venda com a concubina, quando, na verdade, realiza doação, frauda a lei imperativa, qual seja, o art. 550 do CC.

Então, a fraude à lei imperativa pode sim decorrer de negócio verdadeiro e lícito, onde são realizados vários negócios, mas também pode ser viabilizada por declaração enganosa da vontade, pois o termo "fraude" é genérico. Fraudar a lei imperativa é realizar qualquer manobra no sentido de evitar a incidência de determinado dispositivo legal, podendo tal intento ser viabilizado por negócios aparentes ou reais.

Não há consenso na doutrina, se a fraude é subjetiva ou objetiva. A fraude tem conotação subjetiva, mas pode se caracterizar por atos objetivos. Todavia, a intenção do sujeito é fundamental para a caracterização desta causa de nulidade, conceito aberto e indeterminado, que permitirá a invalidação de negócios jurídicos em situações não previamente determinadas. O art. 166, inciso VI, do CC, menciona que será nulo o negócio jurídico quando tiver por "objetivo", ou seja, quando a finalidade, a intenção, o desejo é fraudar a lei imperativa. No caso, qualquer manobra fraudulenta com esse desiderato de invalidar o negócio jurídico. Se o sujeito, com o objetivo claro e inequívoco de violar o art. 549, que proíbe a doação inoficiosa, promove sucessivas doações, haverá nulidade. Isto porque o objetivo foi fraudar a lei imperativa.

---

[333] FARIAS, Cristiano Chaves de; ROSENVALD, Nelson. *Direito civil*: teoria geral. 8. ed. Rio de Janeiro: Lumen Juris, 2009.

[334] AMARAL, Francisco. *Direito civil* – introdução, 6. ed. rev. e atual. Rio de Janeiro: Editora Renovar, 2006.

[335] PEREIRA, Caio Mário da Silva. *Instituições de direito civil*: Introdução ao direito civil. Teoria geral de direito civil. 20. ed. Atualizado por Maria Celina Bodin de Moraes. Rio de Janeiro: Forense, 2004. v. 1.

Neste ponto, é necessário trazer um assunto para debate. Poderia ser considerada fraude à lei imperativa uma situação na qual as partes tenham por objetivo fraudar princípios? Como seria a fraude a um princípio? O sujeito teria condições de manipular a boa-fé objetiva e a função social? Tais perguntas ainda estão sem respostas. O fato é que o princípio representa o valor relevante e fundamental do sistema. Se a fraude à lei imperativa pode invalidar um negócio jurídico, com mais razão a fraude a valores "imperativos" pode dar azo à nulidade do ato ou negócio jurídico.

Esse tema é relevante, pois todas as hipóteses de nulidade estão previstas na lei, mas a fraude à lei imperativa, embora prevista em lei, é instituto aberto, genérico, sem os rígidos parâmetros das demais hipóteses legais de nulidade. O poder de interpretação pode sim levar à invalidação de negócio jurídico, quando restar evidenciada a fraude a princípios, pois "lei" deve ser interpretada como norma jurídica, da qual são espécies as regras jurídicas e os princípios.

Se a pessoa disfarça um comportamento ético em determinado negócio, este poderá ser invalidado por violação ao princípio da boa-fé objetiva.

Finalmente, será nulo o ato sempre que a lei taxativamente assim o declarar. Assim dispõe o inciso VII do art. 166 do CC: é nulo o negócio jurídico quando a lei taxativamente o declarar nulo, ou proibir-lhe a prática. Essa hipótese é a denominada nulidade expressa, textual ou cominada, decorrente de violação de norma cogente. Há situações em que a lei proíbe o ato ou negócio jurídico, sem fazer menção à nulidade. A proibição, se violada, levará a nulidade. O CC, por exemplo, proíbe, expressamente, no art. 1.863, o testamento conjuntivo. Como menciona "proibição", haverá nulidade do testamento formalizado nestas condições.

Assim, além das hipóteses de nulidade previstas nos arts. 166 e 167 do CC, há outras inúmeras hipóteses de nulidade por todo o Código Civil, que se justificam porque são vícios ou problemas existentes na origem, no momento da exteriorização da vontade para formação deste ato ou negócio (arts. 209, 489, 548, 549, 795, entre outros).

1.19.2.2. Simulação

1.19.2.2.1. Considerações preliminares – introdução

No atual Código Civil a simulação deixou de ser regulada no capítulo relativo aos "defeitos do negócio jurídico". O instituto foi deslocado para a "teoria geral da invalidade do negócio jurídico".

Assim como o erro, o dolo, a coação, a lesão, o estado de perigo e a fraude contra credores, a simulação também é considerada vício relativo à exteriorização da vontade, por ocasião da formação do ato ou negócio jurídico. A simulação (como os demais vícios), por esse motivo, é causa de invalidação do negócio jurídico. Então, por que foi deslocada para a teoria "das invalidades"?

A modificação é apenas circunstancial e se justifica em razão do interesse tutelado pela norma. Nos casos de erro, dolo, coação, lesão, estado de perigo e fraude contra credores, o interesse tutelado é privado ou particular. Em tais situações, o ato ou negócio jurídico é passível de anulação (art. 171, II, do CC), porque o interesse violado é privado, dependendo tal invalidação da provocação da parte interessada (art. 177).

Se a parte prejudicada pelo erro, dolo, coação, lesão, estado de perigo ou fraude contra credores não deduzir pretensão para invalidar o ato ou negócio jurídico no prazo previsto em lei (art. 178), haverá convalidação destes vícios pelo decurso do tempo. Tal fato evidencia o interesse privado, caracterizado em quaisquer desses vícios.

No Código Civil de 1916, a simulação, assim como os demais vícios de consentimento e a fraude contra credores, visava à tutela de interesse ou direito de natureza privada. Por isso, o reconhecimento da simulação dependia de provocação do prejudicado pelo ato ou negócio jurídico simulado.

O atual Código Civil, ao deslocar o instituto para a "teoria da invalidade do negócio jurídico", pretendeu modificar o valor jurídico a ser tutelado. Desse modo, caracterizada a simulação, o ato ou negócio jurídico será nulo e não mais anulável (como o erro, dolo, coação, lesão, estado de perigo e fraude contra credores).

Qual o motivo? A simulação é considerada vício gravíssimo, capaz de violar não só o interesse privado do particular, como, principalmente, o interesse público. Ao tutelar o interesse público social e coletivo, o ato ou negócio jurídico simulado suportará sanção civil mais intensa, qual seja, nulidade.

O princípio da boa-fé objetiva impõe um comportamento ético e adequado dos sujeitos em qualquer relação jurídica de direito privado. A ética exigida nas relações privadas exige a transparência do ato ou negócio. E a simulação é justamente o oposto da transparência, pois, como o próprio nome enuncia, é viabilizada por meio de "aparências" ou atos e negócios "aparentes".

Os atos e negócios, na aparência, são legítimos, mas tal aparência apenas tem a finalidade de enganar, pois o ato ou negócio aparente serve apenas para disfarçar ou ocultar a real intenção do sujeito responsável pela exteriorização de vontade simulada, irreal, fictícia e aparente.

O ato ou negócio jurídico simulado, baseado e fundamentado em aparência, viola a ideia de transparência e lisura, desdobramentos do princípio da boa-fé objetiva. Por conta disso, a sanção é mais intensa, levando à nulidade do ato ou negócio jurídico. Não só o interesse privado, mas o interesse coletivo ou público é prejudicado por tal simulação. O interesse tutelado é o da coletividade, por isso a simulação implica nulidade.

1.19.2.2.2. Conceito de simulação

O que é a simulação, como defeito do negócio jurídico?

Em breve síntese, simulação é "aparência". O ato ou negócio simulado é apenas uma aparência e ficção, desprovido de qualquer conteúdo. Logo, é o ato ou negócio sem conteúdo, sem substância. A "aparência" visa disfarçar ou ocultar a verdadeira intenção do sujeito.

Ao contrário de alguns vícios relacionados ao consentimento (erro e dolo, por exemplo), o sujeito, no momento da exteriorização da vontade, possui plena ciência do ato ou negócio jurídico. Entretanto, para lesar interesses de terceiros, disfarçando sua real intenção, utiliza o expediente da "aparência", declarando uma vontade referente a ato ou negócio jurídico que, na realidade, não existe. É apenas uma aparência.

A simulação também pode ser considerada resultado de uma relação jurídica sem conteúdo (simulação absoluta) ou com conteúdo diverso do aparentado (relativa).

Leonardo Mattietto[336] resume bem a simulação: "Simular é fazer parecer real, imitar, fingir, aparentar".

No ato ou negócio simulado, busca-se infringir a lei ou interesse de terceiro. Na simulação, alguém, conscientemente e com a conivência de outra pessoa, a quem sua declaração é dirigida, faz constar nesta, como "vontade" *declarada*, coisa que nenhuma delas quer ou coisa diversa daquela que ambas querem. Por isso, Clóvis Beviláqua[337], há muito tempo, já dizia ser a simulação uma declaração enganosa da vontade, visando produzir efeito diverso do ostensivamente indicado.

Há, na simulação, desequilíbrio na exteriorização da vontade em relação às exigências legais. Essa desconformidade entre a declaração e a ordem legal evidencia a intenção maliciosa do sujeito. A divergência entre a vontade real e a vontade declarada é consciente, desejada, intencionada, tudo a fim de obter vantagens indevidas.

Como bem ressaltou Cristiano Chaves[338], "na simulação aparenta-se um negócio jurídico que, na realidade, não existe ou oculta-se, sob uma determinada aparência, o negócio verdadeiramente desejado".

Na simulação, celebra-se negócio jurídico com aparência de normal, mas, na realidade, ele não tem conteúdo. A intenção do sujeito não é fazer sua declaração de vontade produzir efeitos jurídicos. O sujeito deseja a aparência, mas apenas para disfarçar ou ocultar sua real e verdadeira intenção. O resultado ou efeito jurídico pretendido não é aquele materializado no negócio aparente, mas outro, oculto ou disfarçado pelo negócio aparente.

Francisco Amaral[339] ainda ressalta os principais elementos da simulação: "(...) divergência intencional entre a declaração e o efeito pretendido; acordo simulatório entre o declarante e o destinatário da declaração e objetivo de enganar terceiro". No caso, faltou ressaltar a própria essência da simulação que é a aparência, mas pode esta ser extraída da mencionada divergência entre a declaração e o efeito pretendido.

Desse modo, na simulação, há um acordo ou conluio entre duas pessoas, o sujeito responsável pela exteriorização da vontade e o destinatário dessa declaração. Ambos, em acordo, aparentam uma situação, um ato ou negócio sem conteúdo, para prejudicar os interesses de terceiros não integrantes desse acordo.

"A", prestes a se separar da sua esposa, a fim de prejudicá-la, em acordo com o amigo "B", simula várias dívidas em favor deste, com o intuito de aumentar o seu passivo e reduzir a cota-parte de seu cônjuge na separação. Assim, "A" declara ser devedor de "B", destinatário dessa vontade manifestada. Essas dívidas são irreais, fictícias, aparentes ou sem conteúdo. A finalidade dessa simulação é prejudicar o cônjuge de "A", terceiro nesse negócio. Ou seja, por meio de uma aparência, "A", em conluio com seu amigo "B", simula negócios jurídicos, por meio dos quais são violados os interesses de terceiro, caracterizando, assim, a simulação.

Portanto, simulação é "aparência".

1.19.2.2.3. Espécies de simulação

A simulação pode ser absoluta ou relativa.

Segundo dispõe o art. 167 do CC, "é nulo o negócio jurídico simulado, mas subsistirá o que se dissimulou, se válido for na substância e na forma".

O *caput* da referida norma jurídica enuncia a possibilidade de a simulação ser absoluta, hipótese na qual haverá apenas um negócio jurídico, o simulado ou aparente, ou de a simulação ser relativa, quando existirão dois negócios, o simulado ou aparente e o dissimulado ou oculto.

Em qualquer circunstância, sendo a simulação absoluta ou relativa, o negócio simulado será sempre nulo. O negócio aparente deve ser invalidado. Todavia, no caso de simulação relativa, onde há dois negócios, o simulado e o oculto, o primeiro será nulo, mas o oculto ou dissimulado poderá subsistir, se válido for na substância e na forma.

Ou seja, o art. 167 do CC permite a preservação apenas do negócio dissimulado ou oculto, jamais do simulado. Este é nulo.

Simulação absoluta

Na simulação absoluta existirá apenas um ato ou negócio jurídico, qual seja, o simulado ou aparente. Nesse caso, as partes, sob a aparência de um negócio, exteriorizam vontade inexistente, irreal ou fictícia. Na simulação absoluta existe apenas uma aparência ou negócio sem qualquer conteúdo. É o exemplo da pessoa que simula dívidas em conluio com um amigo para prejudicar seus credores ou, no caso de separação ou divórcio, o cônjuge. Haverá apenas um único negócio jurídico, o simulado. Este será nulo.

Assim, na simulação absoluta o sujeito emite declaração de vontade para não gerar efeito jurídico algum (o negócio não existe, pois as partes não têm a intenção de celebrar qualquer negócio. Trata-se de mera aparência, porque é destinado a não produzir qualquer efeito). Na simulação absoluta, aparenta-se fato que, na realidade, não existe.

---

[336] MATTIETTO, Leonardo de Andrade. Invalidade dos atos e negócios jurídicos (arts. 166 a 184). In: TEPEDINO, Gustavo (coord.). *A parte geral do novo Código Civil*: estudos sob a perspectiva civil-constitucional. 2. ed. Rio de Janeiro: Renovar, 2003.

[337] BEVILÁCQUA, Clóvis. *Theoria geral do direito civil*. 2. ed. Rio de Janeiro: Francisco Alves, 1929.

[338] FARIAS, Cristiano Chaves de; ROSENVALD, Nelson. *Direito civil*: teoria geral. 8. ed. Rio de Janeiro: Lumen Juris, 2009.

[339] AMARAL, Francisco. *Direito civil* – introdução, 6. ed. rev. e atual. Rio de Janeiro: Editora Renovar, 2006.

Neste ponto, é conveniente diferenciar a simulação da fraude contra credores. Na simulação, a declaração de vontade é uma farsa. O negócio jurídico é apenas uma aparência, pois, na realidade, não tem qualquer conteúdo ou substância. Na fraude contra credores, a declaração de vontade é real, verdadeira, sem aparências. Entretanto, nesta, o declarante acaba prejudicando seus credores por meio de negócio jurídico verdadeiro e com conteúdo.

Retornando à questão da simulação absoluta, Amaral[340] argumenta: "(...) as partes não querem realmente praticar o ato, embora aparentem fazê-lo, como, por exemplo, se o devedor simula vender seus bens a parentes ou amigos. Só existe um negócio, que é o simulado".

Esta é a simulação absoluta.

Simulação relativa

Na simulação relativa haverá dois negócios jurídicos: o negócio jurídico simulado ou aparente e o negócio jurídico dissimulado ou oculto. O negócio jurídico simulado tem a finalidade de camuflar ou ocultar outro negócio, aquele efetivamente desejado pelos sujeitos.

O principal efeito da simulação relativa é a nulidade do ato ou negócio jurídico simulado ou aparente. Tal negócio aparente é nulo, ainda que o dissimulado ou oculto venha a ser preservado.

Repita-se, o ato ou negócio jurídico simulado, seja na simulação absoluta ou na relativa, é sempre nulo.

Nesse ponto, há diferença fundamental entre o atual Código Civil e o seu antecessor, de 1916. No art. 103 do CC anterior, havia a previsão da chamada "simulação inocente". Esta se caracterizava quando o ato ou negócio, embora simulado, não violava o interesse de terceiro e tampouco violava a lei (art. 103 do CC/1916: "A simulação não se considerará defeito em qualquer dos casos do artigo antecedente, quando não houve a intenção de prejudicar a terceiros, ou de violar disposição de lei").

O atual Código Civil não faz qualquer distinção entre a simulação inocente e a simulação maliciosa (arts. 102 a 105 do CC/1916). O negócio simulado, seja a simulação "inocente" ou "maliciosa", havendo ou não intuito de prejudicar terceiros ou violar disposição de lei, será nulo.

Como o negócio simulado viola o interesse público, é nulo, independentemente dos efeitos, da intenção das partes, da violação da lei ou do prejuízo ou não causado a terceiros.

É o que expressa o Enunciado 152 das Jornadas de Direito Civil: "Toda simulação, inclusive a inocente, é invalidante". Por isso, equivocada a posição de Caio Mário, o qual, ainda apegado ao art. 103 do CC/1916, defende a tese de que a simulação inocente não leva à anulação do negócio. O art. 167 do CC atual não faz mais essa distinção.

Não se cogita em simulação inocente ou maliciosa no sistema atual. Tal ideia foi substituída pelo negócio dissimulado. O negócio jurídico oculto ou camuflado pelo negócio aparente ou dissimulado pode prevalecer, se válido for na essência e substância (material), e na forma. Então, na simulação relativa o negócio ou ato dissimulado poderá subsistir, mas o simulado é nulo.

Nesse sentido, o Enunciado 153 da Jornada de Direito Civil, promovida pelo Conselho da Justiça Federal: "Na simulação relativa, o negócio simulado (aparente) é nulo, mas o dissimulado será válido se não ofender a lei nem causar prejuízos a terceiros".

Na dissimulação, ou simulação relativa, emite-se uma declaração de vontade ou confissão falsa (negócio simulado) com o propósito de encobrir ato ou outro negócio de natureza diversa (que é o negócio dissimulado ou aquele realmente pretendido).

O Código Civil, em atenção ao princípio da preservação do negócio jurídico, tutela o negócio dissimulado ou camuflado, se for válido na substância e na forma. É o caso, por exemplo, da doação realizada por pessoa solteira, sob a aparência de um contrato de compra e venda.

O art. 550 do CC dispõe ser passível de anulação a doação do cônjuge adúltero ao seu cúmplice. Se o doador for casado e simular, com seu cúmplice, um contrato de compra e venda, o negócio simulado ou aparente (compra e venda) é nulo por ser simulado e o negócio dissimulado ou oculto (doação), nesse caso, também será nulo, pois viola a lei (art. 550) e prejudica os direitos e interesses de terceiro (cônjuge do sujeito casado).

Esta é a hipótese em que tanto o simulado quanto o dissimulado são nulos, pois o dissimulado, na substância e na forma, é inválido. Por outro lado, se o mesmo sujeito que faz a doação ao seu "cúmplice", sendo essa doação simulada por uma compra e venda, for solteiro, o negócio simulado (compra e venda) será nulo, pelo simples fato de ser simulado, mas o dissimulado (doação de solteiro para uma pessoa com quem tem relação clandestina) será válido, pois não há violação da lei (a lei não impede a doação de solteiro a terceiros) e também não prejudica interesses de terceiros.

Em sendo nula a compra e venda simulada, prevalecerá a doação dissimulada, a real intenção do doador solteiro. Tal ato ou negócio não violou a lei e tampouco prejudicou terceiros, por isso, é válido.

Portanto, o negócio jurídico "dissimulado" pode ser preservado, aplicando-se aqui o princípio da conservação do negócio jurídico no âmbito da simulação.

O Enunciado 293 da IV Jornada de Direito Civil é esclarecedor: "Na simulação relativa, o aproveitamento do negócio jurídico dissimulado não decorre tão somente do afastamento do negócio jurídico simulado, mas do necessário preenchimento de todos os requisitos substanciais e formais de validade daquele".

Em conclusão, segundo o atual Código Civil (art. 167), em caso de simulação absoluta, fulmina-se de invalidade todo o ato (ele será *nulo*). Caso se trate de simulação relativa, declara-se a nulidade absoluta do negócio simulado, subsistindo o dissimulado, se for válido na substância e na forma.

Assim, no caso de simulação relativa, onde há dois atos, o aparente e o dissimulado (aquele que se pretende

---
[340] AMARAL, Francisco. *Direito civil* – introdução, 6. ed. rev. e atual. Rio de Janeiro: Editora Renovar, 2006.

encobrir), o aparente também é invalidado e considerado nulo, mas, se o dissimulado (ou seja, aquele que se encobriu) for válido na substância e na forma, será preservado.

1.19.2.2.4. Legitimidade

No que tange à *legitimidade*, o art. 104 do CC de 1916, a restringia apenas em favor dos sujeitos participantes do negócio simulado.

A explicação para tal restrição era justificável, pois a simulação era considerada vício menos grave, com a violação de interesse meramente privado e, em razão disso, apenas os prejudicados pelo ato ou negócio simulado poderiam invocá-la.

No atual Código Civil, a sanção para o negócio ou ato simulado é mais intensa, prevendo a nulidade do ato ou negócio simulado, por considerar a simulação apta a violar interesses públicos relevantes da sociedade. Nessa condição, segue o regime das nulidades e, entre as regras desse regime, está a prevista do art. 168 do CC, segundo o qual as nulidades podem ser alegadas por qualquer interessado ou pelo Ministério Público, quando lhe couber intervir.

Nesse sentido, o Enunciado 294 da Jornada de Direito Civil: "Sendo a simulação uma causa de nulidade do negócio jurídico, pode ser alegada por uma das partes contra a outra".

Por isso, discordamos da posição de alguns doutrinadores, como é caso do mestre Caio Mário, que defende não ser possível a invocação da simulação pelos sujeitos participantes do ato ou negócio simulado. Tal entendimento se coaduna com o art. 104 do CC/1916, mas não com os arts. 167 e 168 do atual Diploma Civil.

Assim, no sistema vigente, a simulação pode ser invocada por qualquer interessado, em especial pelos sujeitos por ela responsáveis. O negócio ou ato simulado é nulo. Nesse caso, os sujeitos, ao invocarem a simulação para invalidar o negócio, aproveitando da própria torpeza, poderão ser responsabilizados, civilmente, pelos prejudicados pelo ato ou negócio simulado.

Ou seja, não se admite, em qualquer hipótese, a subsistência do ato ou negócio simulado no ordenamento jurídico. O Código Civil repudia a simulação e sanciona intensamente tal vício (art. 167). Em relação aos sujeitos responsáveis pela simulação, podem ser penalizados civilmente, indenizando as vítimas do ato ou negócio.

Por essas razões, qualquer interessado, inclusive aqueles responsáveis pela simulação (art. 168), e o Ministério Público (nos casos em que lhe couber intervir), terão legitimidade para deduzir pedido de invalidação do ato ou negócio simulado. Isso porque agora o regime jurídico aplicável à simulação é o da nulidade e não mais da anulabilidade, como no Código Civil de 1916 (art. 147, II, CC/1916).

1.19.2.2.5. Simulação objetiva e subjetiva e casos específicos de simulação

A simulação subjetiva está relacionada aos sujeitos do ato ou negócio. Nesse caso, a intenção das partes é aparentar um ato ou negócio para determinada pessoa, quando, na realidade, a verdadeira intenção é beneficiar outra pessoa, diversa daquela aparentemente indicada. É o caso de interposição.

Já na simulação objetiva, a intenção é aparentar determinado conteúdo relativo ao ato ou negócio, quando, na realidade, pretende conteúdo diverso. A aparência visa ocultar o objeto do ato ou negócio, e não os sujeitos.

O Código Civil, no § 1º do art. 167, arrola hipóteses específicas de simulação subjetiva (inciso I) e objetiva (incisos II e II).

O inciso I traz uma espécie de simulação subjetiva ou simulação por interposição. Nesse caso, os sujeitos aparentam transmitir direito a pessoas diversas daquelas às quais efetiva e realmente transferem. É o caso do "testa de ferro". Exemplo: "A", casado, pretende doar um bem para sua concubina, "Z". No entanto, sabendo da vedação legal (art. 550 do CC), utiliza um "testa de ferro" para simular a doação para a concubina. Assim, faz uma doação ou contrato de compra e venda para o amigo "F", o qual, em seguida, doa o bem para a concubina de "A" ("Z"). "A" aparentou transmitir direitos a "F", seu amigo, mas, na realidade, estava transmitindo direitos a "Z", sua concubina. "F" era apenas a pessoa interposta, o "testa de ferro".

O inciso II trata da simulação objetiva, referente ao conteúdo ou a natureza do negócio. A simulação objetiva ocorrerá sempre quando o ato ou negócio contiver declaração, confissão, condição ou cláusula não verdadeira. Tal espécie de simulação pode caracterizar o crime de falsidade ideológica, dependendo das circunstâncias do caso concreto.

Hipótese muito comum desse tipo de simulação ocorre quando a pessoa, a fim de prejudicar terceiros ou o cônjuge, às vésperas da separação ou divórcio, simula dívidas (declarações não verdadeiras) em favor de pessoa com quem está em conluio. No entanto, tal declaração não ostenta qualquer conteúdo, pois, na realidade, o negócio inexiste.

Apenas um registro: alguns doutrinadores trazem como exemplo dessa simulação objetiva a omissão do valor real pago por um bem no momento de lavrar escritura, a fim de omitir rendimentos ou pagar menos imposto de transmissão *inter vivos*. Realmente, a hipótese é de simulação, por conter declaração não verdadeira (paga a quantia de 100 e lavra a escritura pública de compra e venda por 70). Entretanto, o Código Tributário Nacional traz um regime jurídico diferente para a simulação com intuito de prejudicar o Fisco.

Assim, a Lei Complementar n. 104/2001 inseriu um parágrafo único no art. 116 do CTN, chamada "norma geral de antielisão fiscal". Segundo tal dispositivo, "a autoridade administrativa poderá desconsiderar atos ou negócios jurídicos praticados com a finalidade de dissimular a ocorrência do fato gerador do tributo ou a natureza dos elementos constitutivos da obrigação tributária, observados os procedimentos a serem estabelecidos em lei ordinária".

A norma autoriza a própria autoridade administrativa a reconhecer a simulação, "desconsiderando" atos ou negócios simulados. A referida norma é de duvidosa constitucionalidade, pois concede à autoridade administrativa poder de "julgar" a legitimidade de atos ou negócios, extrapolando aquilo que seria sua competência constitucional.

A simulação, quando visa a dissimular a ocorrência do fato gerador ou a natureza dos elementos constitutivos da obrigação tributária, é apenas desconsiderada ou tornada ineficaz, ao contrário do Código Civil, onde a simulação é causa de nulidade do ato ou negócio.

Como bem observa Ricardo Alexandre[341]: "(...) perceba-se que existe autorização para que a autoridade administrativa desconsidere determinados negócios jurídicos, mas não para que os desconstitua. Assim, o negócio jurídico celebrado entre as partes continua eficaz, mas a autoridade o desconsidera, entra na essência dos fatos, cobra o tributo e a penalidade porventura devida, e sai de cena. (...) o dispositivo carece de regulamentação legal, pois é encerrado com a expressão observados os procedimentos a serem estabelecidos em lei ordinária, de forma que, enquanto não editada a lei reclamada pelo CTN, não é possível a aplicação da denominada norma geral de antielisão fiscal".

Finalmente, o inciso III do § 1º do art. 167, traz outra hipótese de simulação absoluta. Os sujeitos, nesse caso, visam a disfarçar o momento exato da formalização do ato ou negócio, no intuito de prejudicar interesses econômicos de terceiros. Ao estabelecerem um momento diferente da efetiva constituição ou extinção da relação jurídica, alguém suportará prejuízo.

É uma hipótese muito comum em instrumentos particulares de confissão de dívida, em promessas de compra e venda por instrumento particular e até em contratos de compra e venda de bens móveis, em especial veículos.

1.19.2.2.6. Tutela aos interesses de terceiro de boa-fé

Em razão do princípio da boa-fé objetiva, norteador de todas as relações jurídicas de natureza privada, o sujeito, quando age de boa-fé, tem plenamente tutelados os seus direitos e interesses. Tal tutela já pôde ser evidenciada no caso de dolo e na coação de terceiro, quando o Código Civil impõe a preservação do negócio jurídico se o beneficiário do dolo ou da coação desconhecia tais fatos (arts. 148, 154 e 155, todos do CC).

Na simulação, em que a sanção é muito mais intensa, pois é causa de nulidade (interesse público violado), a Lei Civil não se esqueceu de tutelar os interesses de terceiros de boa-fé, mesmo sendo beneficiados por um negócio ou ato simulado. Em matéria de simulação, a tutela do terceiro de boa-fé deve ser exaltada ao máximo, principalmente se considerarmos o efeito do negócio simulado, a nulidade.

O § 2º do art. 167 do CC dispõe: "Ressalvam-se os direitos de terceiros de boa-fé em face dos contraentes do negócio jurídico simulado".

Assim, se dois sujeitos, em conluio, simulam ato ou negócio para prejudicar "X" e acabam, em razão disso,

por realizar ato ou negócio com terceiro de boa-fé, os interesses deste estarão tutelados ou preservados.

Tal dispositivo desqualifica a tese, adiante analisada, de que o negócio jurídico nulo não produz efeitos jurídicos. Será? O negócio jurídico nulo produz efeitos jurídicos? Em algumas hipóteses, excepcionais, com certeza. O § 2º do art. 167 do CC é o exemplo mais bem acabado a respeito da possibilidade de um negócio jurídico nulo produzir efeitos.

Nesse caso, restará ao prejudicado ou à vítima, pleitear indenização pelas perdas e danos em razão do ato ou negócio simulado. Entre a nulidade do negócio ou ato jurídico que viola interesse público e a tutela dos interesses de terceiro de boa-fé, o Código Civil optou pela preservação deste último, sacrificando o interesse coletivo.

Esta é uma das raríssimas hipóteses em que o interesse individual prevalece sobre o interesse coletivo. A boa-fé objetiva individual prevalece sobre o interesse de toda a sociedade na invalidação de negócio jurídico nulo.

Caracterizada a boa-fé do terceiro, restará ao prejudicado ou vítima, deduzir ação de indenização por perdas e danos contra os responsáveis pelo ato ou negócio simulado. É o que resta também à vítima de coação ou dolo de terceiro, quando o beneficiário do dolo e da coação está agindo de boa-fé.

Exemplo: o sujeito casado, proibido de fazer doação para sua concubina, dissimula a doação pela simulação de uma compra e venda. A compra e venda é o negócio simulado e a doação é o negócio oculto ou dissimulado. Nesse caso, a simulação (compra e venda) é nula, pois é uma mera aparência, e o dissimulado (doação à concubina) também é nulo, pois viola a lei (art. 550 do CC) e os interesses do cônjuge. No entanto, se a concubina, logo após receber o bem em doação o aliena para um terceiro, o qual desconhece completamente a simulação envolvendo o homem casado e sua concubina, o terceiro terá seus direitos preservados.

Nesse caso, o contrato de compra e venda entre a concubina do homem casado e o terceiro adquirente de boa-fé não pode ser invalidado. Em razão do disposto no § 2º do art. 167, embora exista uma simulação e uma dissimulação entre o homem casado e a concubina, não será possível a invalidade do negócio, tudo para preservar os direitos do terceiro de boa-fé. Restará ao cônjuge prejudicado ação de indenização por perdas e danos contra o seu cônjuge e a concubina de seu marido.

Aqui fica clara a plena tutela do terceiro de boa-fé. A boa-fé objetiva é o pilar das relações jurídicas privadas, sendo um princípio-valor, fundamental e objeto de tutela diferenciada, chegando a ponto de preservar interesse privado em detrimento do interesse público.

1.19.2.2.7. Simulação e reserva mental

A simulação ou aparência não se confunde com a reserva mental, esta última disciplinada no art. 110 do CC.

Em primeiro lugar, os institutos estão alocados em planos diferentes na Lei Civil. A reserva mental, conhecida pelo destinatário (como já foi analisado), torna a declara-

---

[341] ALEXANDRE, Ricardo. *Direito tributário esquematizado*. São Paulo: Método, 2008.

ção de vontade insubsistente, ou seja, não subsistindo a vontade, falta o principal pressuposto ou elemento do negócio ou ato jurídico, o que é causa de inexistência jurídica.

Portanto, quando o art. 110 do CC informa não subsistir a vontade declarada pelo agente, caso exista divergência entre essa vontade exteriorizada e a intencionada e, sendo tal divergência conhecida do destinatário, traz a reserva mental conhecida para o plano da existência do negócio jurídico.

O ato ou negócio, desprovido de vontade, inexiste. Tal entendimento predomina na doutrina, como lembra Fábio Azevedo, em sua obra *Direito civil:* introdução e teoria geral. Nesse sentido Nelson Nery Jr., Moreira Alves, Renan Lotufo, Francisco Amaral e Carlos Roberto Gonçalves.

Há pequena parcela da doutrina defensora da tese de que a reserva mental, conhecida pelo destinatário, também seria causa de nulidade, e não de inexistência do negócio jurídico. Tal corrente aproxima a simulação da reserva mental conhecida do destinatário. Os adeptos desse entendimento, que é minoritário, partem de uma premissa equivocada e afirmam que, no caso de a reserva mental ser conhecida, estaria caracterizada a simulação. Onde está o equívoco? Na simulação existe acordo, conluio, conchavo, a premeditação de atos, a preparação do golpe, a análise dos detalhes, ou seja, todo um procedimento voltado para violar direito de terceiro. Na reserva mental conhecida do destinatário, não existe essa preparação ou esse acordo fraudulento. O destinatário da declaração, quando toma conhecimento da reserva mental, resolve manter o negócio, mesmo ciente de que a declaração exteriorizada não retrata a intenção do declarante. O destinatário pretendeu "tirar" proveito ou vantagem de algum descuido do declarante e, por isso, é penalizado com a inexistência do negócio. Não há, na reserva mental, qualquer acordo entre as partes.

Por outro lado, a simulação parte do pressuposto da existência do ato ou negócio. No ato ou negócio simulado haverá vontade, objeto e forma, mas a validade restará comprometida. No art. 167, o Código Civil considera nulo o ato ou negócio simulado e a nulidade é uma das espécies de invalidade, portanto, está no plano da validade do negócio jurídico.

Em conclusão, a reserva mental conhecida do destinatário torna o ato ou negócio inexistente, ao passo que a simulação é causa de nulidade, tornando o ato ou negócio inválido.

Segundo, na simulação haverá acordo ou conluio entre dois ou mais sujeitos, estando todos unidos pelo mesmo objetivo, qual seja, violar a lei ou prejudicar interesse de terceiro.

Os responsáveis pela simulação ou atores do ato ou negócio jurídico visam prejudicar terceiros não integrantes do negócio. Na reserva mental, um terceiro pode até ser prejudicado, direta ou indiretamente, mas a finalidade do declarante é prejudicar o destinatário ou o receptor da declaração, ou seja, a própria parte no negócio.

Entretanto, tanto na reserva mental quanto na simulação, os interesses do terceiro de boa-fé estarão sempre preservados. A reserva mental desconhecida pelo destinatário é irrelevante, sendo válido o negócio ou ato, assim como terceiros de boa-fé não são prejudicados pela simulação (art. 167, § 2º, do CC).

1.19.2.3. Legitimidade para arguir a nulidade e reconhecimento de ofício

Quem pode arguir a *nulidade*?

As causas de nulidade violam preceitos de ordem pública, afetando toda a coletividade. Por essa razão, a nulidade pode ser questionada por *qualquer interessado* e pelo *Ministério Público*, este último apenas nos casos em que lhe couber intervir.

Segundo o art. 168 do CC, estes são os legitimados para arguir e invocar a nulidade de determinado ato ou negócio jurídico ("As nulidades dos artigos antecedentes podem ser alegadas por qualquer interessado, ou pelo Ministério Público, quando lhe couber intervir").

Por se tratar de matéria de ordem pública, de interesse social e geral, qualquer interessado, podendo o interesse ser econômico, jurídico ou moral, terá plena legitimidade para arguir a nulidade.

A nulidade pode ser decretada, de ofício, pelo juiz, ou seja, sem que haja provocação de "qualquer interessado" ou do "Ministério Público". É o que dispõe o parágrafo único do art. 168 do CC: "As nulidades devem ser pronunciadas pelo juiz, quando conhecer do negócio jurídico ou dos seus efeitos e as encontrar provadas (...)".

Assim, ainda que sem provocação das partes envolvidas ou interessadas no negócio, tomando conhecimento o juiz, em algum negócio, de uma nulidade comprovada, deve reconhecer e declarar a sua nulidade.

As nulidades não podem ser supridas pelo juiz, ainda que requerido pela parte interessada (última parte do parágrafo único do art. 168 do CC). O suprimento levaria à convalidação de um negócio nulo, cuja convalidação, em regra, não é permitida pela Lei Civil. A nulidade é a sanção mais intensa, prevista em lei, para o ato ou negócio, aplicada justamente nas situações em que são violados os interesses mais relevantes da coletividade.

No entanto, como será analisado, o Código Civil, revolucionando a teoria das nulidades, permite a chamada "conversão" do negócio jurídico nulo, cuja possibilidade seria uma espécie do gênero "suprimento". Assim, o art. 170 do CC permite a conversão e a preservação do negócio jurídico nulo nas condições que especifica, conforme será estudado adiante.

1.19.2.4. Confirmação e convalescimento do negócio nulo pelo decurso do tempo

O negócio *nulo* não é suscetível de confirmação (ratificação) e também não se convalesce pelo decurso do tempo. Tal princípio, entretanto, não é absoluto.

Segundo o art. 169 do CC, "o negócio jurídico nulo não é suscetível de confirmação, nem convalesce pelo decurso do tempo".

O ato ou negócio jurídico nulo não admite ratificação, expressa ou tácita, diante do vício grave que carrega em sua substância. O interesse público não pode ser desprezado para atender interesse privado por meio da ratificação. Por essa razão, as nulidades podem ser declaradas a qualquer tempo, sendo dever do juiz pronunciá-las, de ofício, sempre que conhecer do negócio jurídico ou de seus efeitos e as encontrar provadas. O ato ou negócio anulável, ao contrário, é passível de confirmação ou ratificação.

A polêmica relacionada a esse dispositivo refere-se à expressão "nem convalesce pelo decurso do tempo". Em razão disso, o ato ou negócio nulo seria imprescritível? Haveria um limite para se reconhecer e declarar a nulidade?

O tema é complexo porque se relaciona com outra questão complexa, que é a possibilidade de determinado ato ou negócio jurídico, mesmo viciado na origem, produzir efeitos jurídicos. Há relativa autonomia entre os planos da validade e eficácia. A invalidade, no caso a nulidade, tem a pretensão de evitar que ato ou negócio jurídico viciado gere efeitos jurídicos, mas é possível que tal finalidade não seja concretizada, porque haverá a necessidade de tutelar interesses de terceiros, em especial se estiverem de boa-fé. Na ponderação entre invalidade e boa-fé, ainda que se reconheça aquela, os efeitos jurídicos podem ser preservados para tutelar os interesses deste terceiro. Portanto, o ato ou negócio jurídico nulo pode produzir efeitos, ainda que a finalidade da invalidação desse ato ou negócio seja neutralizar tais efeitos. Nesse sentido o Enunciado 537 da VI Jornada de Direito Civil: "A previsão contida no art. 169 não impossibilita que, excepcionalmente, negócios jurídicos nulos produzam efeitos a serem preservados quando justificados por interesses merecedores de tutela".

É possível que entre a data da formação do ato ou negócio e o momento da declaração ou reconhecimento da nulidade, esse ato ou negócio nulo tenha produzido algum efeito jurídico.

De acordo com os exemplos mencionados por Leoni de Oliveira, o negócio jurídico nulo pode servir como início de prova de posse; pode produzir efeitos no casamento putativo; e, ainda, pode servir como começo de prova para qualquer situação. Além disso, o negócio nulo é passível de "conversão", se presentes os requisitos do art. 170 do CC, e produz todos os efeitos que lhe são próprios, em caso de simulação, na proteção de terceiros de boa-fé (§ 2º do art. 167 do CC).

Assim, não há como defender a tese de que o negócio jurídico nulo não produz efeitos. Na maioria das vezes, o ato ou negócio nulo produz efeitos que não lhe são próprios, os chamados impróprios, como é a hipótese do art. 170 do CC, mas é possível a produção de efeitos próprios em relação a terceiros de boa-fé (art. 167, § 2º, do CC).

Não existe nulidade de pleno direito na legislação civil. O ato ou negócio jurídico nulo depende de declaração judicial para ser invalidado. Enquanto não houver a declaração judicial de nulidade, o ato ou negócio nulo produz efeitos, próprios ou impróprios.

Por isso, a interpretação correta da última parte do art. 169 do CC demanda a necessária diferenciação entre duas situações bem distintas: a primeira está relacionada à pretensão relativa à declaração de nulidade do negócio ou ato jurídico nulo, a fim de neutralizar os efeitos próprios ou impróprios que este esteja produzindo. A segunda diz respeito à pretensão relacionada aos efeitos produzidos entre a data do ato ou negócio e a declaração judicial de invalidade (em especial os efeitos de natureza patrimonial).

Em relação à primeira situação, a pretensão declaratória é imprescritível, ou seja, não se convalesce pelo decurso do tempo. Não há prazo para a declaração de nulidade de qualquer ato ou negócio jurídico nulo. Como viola o interesse público, a coletividade tem interesse na eliminação desse ato ou negócio das relações intersubjetivas e privadas. Por isso, não há prazo para o reconhecimento judicial, para a declaração da nulidade.

Por outro lado, em relação à segunda situação, relativa aos efeitos, em especial patrimoniais, a pretensão se sujeita à prescrição, tudo para compatibilizar dois princípios, de mesmo nível, que estão em conflito.

A declaração de nulidade visa atender ao interesse público e coletivo, devido ao vício grave do ato ou negócio nulo. A prescrição da pretensão (art. 189) do Código Civil também possui a finalidade de resguardar o interesse público. A prescrição tem como fundamentos a pacificação social, a segurança jurídica e a estabilização das relações jurídicas privadas. Interessa à coletividade a prescrição, assim como a nulidade do ato ou negócio jurídico. O interesse tutelado pelo Estado em relação à nulidade e à prescrição é o mesmo: interesse público.

Nesse ponto, é perfeita a orientação de Caio Mário, quando diz que, entre o interesse social do resguardo da ordem legal (nulidade), contido na vulnerabilidade do negócio, e a paz social, também procurada pela ordem legal (prescrição), prevalece esta última.

Assim, a declaração de nulidade do ato ou negócio jurídico nulo não está sujeita a prazo de prescrição, mas os efeitos patrimoniais decorrentes desse ato ou negócio jurídico nulo prescrevem no prazo máximo previsto em lei, 10 (dez) anos, conforme art. 205 do CC, tudo para resguardar a paz social e a segurança das relações jurídicas privadas.

É impossível a ratificação ou convalidação do negócio jurídico nulo, não sendo permitido às partes requerer ao juiz a regularização do ato, suprindo-se a deficiência, afastando-se o instituto da ratificação ou confirmação de seu conteúdo.

Todavia, no que tange ao convalescimento pelo decurso do tempo, a pretensão meramente declaratória de nulidade é imprescritível, mas os efeitos patrimoniais decorrentes dessa nulidade prescrevem no prazo máximo de 10 (dez) anos. Com isso, haverá conciliação entre os interesses envolvidos (nulidade e prescrição, ambos tutelando a ordem pública e social).

Tal tese foi acolhida, integralmente, na VI Jornada de Direito Civil, no Enunciado 563, que assim dispõe: "Resultando do negócio nulo consequências patrimoniais capazes de ensejar pretensões, é possível, quanto a estas, a incidência da prescrição". Portanto, segundo o Enunciado, os efeitos patrimoniais que porventura forem gerados ou decorrerem de negócios jurídicos nulos se submetem aos prazos prescricionais.

Pablo Stolze[342] também defende essa tese da ação declaratória de nulidade imprescritível, mas a desconstituição dos efeitos se sujeitaria ao prazo prescricional: "O que não prescreve é a ação declaratória de nulidade. No entanto, os efeitos do ato jurídico existente (ex.: posse por usucapião ou pretensões condenatórias correspondentes), embora nulo, sujeitam-se ao prazo máximo prescricional para as ações pessoais – 10 anos – isso para evitar insegurança social".

A interpretação literal do art. 169 do CC levaria à conclusão equivocada de que um negócio ou ato jurídico nulo poderia ser reconhecido como tal a qualquer tempo, cujo fato representaria grave insegurança jurídica nas relações privadas.

A consequência da nulidade é o retorno das partes ao estado em que se encontravam antes da formação do ato ou negócio. Imagine um contrato de compra e venda nulo, cuja nulidade somente venha a ser reconhecida depois de 20 (vinte) anos. Pense nas inúmeras relações jurídicas ocorridas nesse longo período, inclusive envolvendo terceiros de boa-fé.

Por isso, a interpretação não pode ser literal e, sim, sistemática. Não se pode esquecer o instituto da prescrição, o qual, da mesma forma que a teoria das nulidades, também preserva o interesse público, buscando a pacificação social. Em razão disso, os efeitos patrimoniais decorrentes do ato ou negócio jurídico nulo devem, necessariamente, se sujeitar ao prazo prescricional máximo, previsto em lei.

Com a habitual maestria, Caio Mário[343] resume a questão com as seguintes palavras: "Estão, pois, um contra o outro, dois princípios de igual relevância social: o não convalescimento do ato nulo *tractu temporis*, e o perpétuo silêncio que se estende sobre os efeitos do negócio jurídico, também *tractu temporis*. E, do confronto entre estas duas normas, igualmente apoiadas no interesse da ordem pública, continuo sustentando que não há direitos imprescritíveis, e, portanto, perante o novo Código, a declaração de nulidade prescreve em dez anos (art. 205)".

1.19.2.5. "Conversão" do negócio jurídico nulo

O art. 170 do CC representa e retrata, em matéria de nulidades ou na "teoria geral das invalidades", o princípio da conservação de atos e negócios jurídicos.

O art. 170 do CC foi rotulado de "conversão" do negócio jurídico nulo. Tal artigo evidencia que o negócio jurídico nulo pode produzir efeitos jurídicos. Nesse caso, os efeitos serão impróprios, ou seja, como se fosse outro negócio, mas repercutirão na esfera jurídica dos sujeitos responsáveis por esse negócio jurídico nulo.

A ideia de "conversão" é equivocada. Se presentes todos os requisitos previstos no art. 170 do CC, não se converterá o negócio jurídico nulo em válido.

No caso, os elementos substanciais do negócio nulo serão considerados para caracterização de outro negócio, que subsistirá. Na verdade, há o aproveitamento dos elementos do negócio nulo, para considerá-lo como outro negócio, sendo que, para o outro, aqueles requisitos do nulo seriam suficientes para validá-lo.

Explicando melhor.

A "conversão" somente ocorrerá se presentes requisitos objetivos e subjetivos:

a) *requisitos objetivos*: 1– o negócio jurídico deve existir (plano da existência perfeito – vontade, objeto e forma); 2– o negócio jurídico existente deve ser nulo, por violar a ordem pública; 3– o negócio jurídico, existente e nulo, contém os requisitos substanciais, materiais de outro negócio, que é o negócio que vai subsistir (veja só: o art. 170 diz "subsistirá este", fazendo referência ao outro – não é o nulo que vai subsistir e sim o outro, por isso, é equívoco pensar em conversão do nulo – apenas se aproveitam os elementos materiais e substanciais do nulo *para considerá-lo como outro negócio*);

b) *requisitos subjetivos*: os requisitos subjetivos estão na última parte do art. 170 (quando o fim a que visavam as partes permitir supor que o teriam querido): 1– Em relação ao primeiro requisito subjetivo, deve ficar provado, tendo em conta a finalidade e o objetivo concreto das partes, que elas "o teriam querido", ou seja, teriam desejado não o negócio nulo, mas o outro negócio. Diz o art. 170 do CC, que subsistirá o outro e deve haver prova para supor que as partes teriam desejado esse outro negócio, se houvessem previsto a nulidade. Ou seja, se a nulidade fosse passível de previsão, é razoável supor que as partes não realizariam o negócio jurídico nulo, mas sim outro negócio, ou seja, aquele que efetivamente vai subsistir; 2– por isso, o segundo requisito subjetivo está relacionado à impossibilidade de previsão da nulidade (última parte do art. 170 do CC – se houvesse previsto a nulidade). A "conversão" somente é admitida se as partes não previram a nulidade e, por isso, não realizaram, naquele momento o outro negócio, e sim o nulo.

Presentes os requisitos objetivos e subjetivos previstos no art. 170 do CC, é possível a conversão substancial do negócio jurídico nulo, aproveitando todos os seus elementos como se fosse outro negócio.

O exemplo a seguir tornará absolutamente claro o instituto da "conversão substancial".

"A" celebra contrato de compra e venda de imóvel com "B" (arts. 481 e 482 do CC – consentimento em relação ao objeto e preço). O preço pago por "A" é de R$ 600.000,00 (seiscentos mil reais). No momento da forma-

---

[342] GAGLIANO, Pablo Stolze; PAMPLONA FILHO, Rodolfo. *Novo curso de direito civil*. 4. ed. São Paulo: Saraiva, 2003.

[343] PEREIRA, Caio Mário da Silva. *Instituições de direito civil*: Introdução ao direito civil. Teoria geral de direito civil. 20. ed. Atualizado por Maria Celina Bodin de Moraes. Rio de Janeiro: Forense, 2004. v. 1.

lização do negócio e exteriorização da vontade, ambos acabam materializando a compra e venda em questão por um instrumento particular, porque o bem será pago em prestações e, entre as cláusulas do contrato, foi inserida uma onde se admite a lavratura da escritura pública apenas após o pagamento da integralidade do preço. As partes desejavam efetivamente o negócio. Não há nenhum vício na vontade. Por costume e conveniência, acabaram materializando o contrato de compra e venda em um instrumento particular, sendo que ambos acreditavam fielmente ser essa uma forma regular.

O negócio jurídico celebrado entre "A" e "B" existe (há vontade, objeto e forma). Além disso, o negócio jurídico existente entre "A" e "B" é nulo. Por que nulo? Segundo o disposto no art. 104, III, do CC, dentre outros, é pressuposto de validade do negócio jurídico a observância da forma prescrita em lei.

A forma prescrita em lei para a transferência de direitos reais imobiliários de valor superior a 30 (trinta) salários mínimos, é a escritura pública (art. 108 do CC). No referido negócio, o contrato de compra e venda foi materializado em um instrumento particular. Assim, como as partes não observaram a forma prescrita em lei (escritura pública), o negócio jurídico suporta a sanção prevista no art. 166, IV, do CC (é nulo o negócio jurídico quando não revestir a forma prescrita em lei).

Portanto, temos um negócio jurídico existente e nulo (pela inobservância da forma legal). Logo, até aqui, preenchidos os dois primeiros requisitos objetivos.

Passa-se à pergunta relacionada ao 3º requisito objetivo: Esse negócio jurídico, existente e nulo, contém os requisitos substanciais e essenciais de outro negócio?

Sim. Tal negócio jurídico, existente e nulo, contém os requisitos substanciais da promessa de compra e venda, que é um contrato preliminar e, por conta disso, dispensa a formalidade exigida pelo art. 108 do CC. Segundo o art. 462 do CC, o contrato preliminar, *exceto quanto à forma*, deve conter todos os requisitos essenciais ao contrato a ser celebrado. A promessa de compra e venda é o exemplo clássico de contrato preliminar. A promessa de compra e venda, ao contrário do contrato definitivo de compra e venda, pode ser materializada em instrumento particular, pois os contratos preliminares ou as promessas dispensam a formalidade.

Retornando ao exemplo: o negócio jurídico existente e nulo contém todos os elementos essenciais da promessa de compra e venda, espécie de contrato preliminar. Como o contrato preliminar de compra e venda (promessa de compra e venda) dispensa a forma e, considerando que a nulidade do negócio jurídico entre "A" e "B" é provocada pela inobservância da forma legal para esse tipo de contrato envolvendo a transferência de direitos reais imobiliários, a compra e venda nula levada a efeito por "A" e "B" pode ser considerada um contrato preliminar de compra e venda ou promessa de compra e venda.

Nesse caso, segundo o art. 170 do CC, a compra e venda materializada em instrumento particular não será objeto de conversão, para se tornar um negócio válido.

Este é o equívoco. Na realidade serão aproveitados os elementos do negócio nulo, para considerar a compra e venda como outro negócio, ou seja, como uma promessa de compra e venda (que admite o instrumento particular como forma), subsistindo esta, que o art. 170 do CC chama de "outro" e não o contrato de compra e venda. Na verdade, se considera o nulo como outro negócio e, prevalecerá esse outro, jamais o nulo. É como se as partes tivessem, desde o início, celebrado o outro negócio. Os elementos materiais do negócio nulo se encaixam perfeitamente em outro negócio, para o qual aqueles elementos materiais serão suficientes para torná-lo válido.

O negócio jurídico nulo (compra e venda) produzirá efeitos de um negócio jurídico diverso (promessa de compra e venda).

Em relação aos requisitos subjetivos, nesse exemplo, é razoável supor que as partes desejam esse outro negócio jurídico, ou seja, a promessa, até porque a formalidade, nesse caso, não seria suficiente para desestimular as partes. A finalidade e os objetivos das partes serão atingidos, sendo um contrato de compra e venda ou uma promessa, contrato preliminar de compra e venda.

Portanto, é razoável supor que as partes queriam, desejavam a promessa de compra e venda. Apenas no caso concreto, diante de critérios objetivos e bem definidos, será possível apurar "o teriam querido", ou seja, o desejo das partes em relação à subsistência do outro negócio.

Finalmente, é necessária a não previsão inicial da nulidade, pois não pode o Estado tutelar a má-fé e a malícia. A expressão "se houvesse previsto a nulidade", significa que as partes poderiam prever, mas, por negligência, ausência de cautela ou desconhecimento de alguns requisitos necessários para a validade do negócio, não previram a nulidade. Se a houvesse previsto, as partes, desde o início, teriam celebrado a promessa de compra e venda e não o contrato de compra e venda.

A ausência de previsão da nulidade no momento da formalização do negócio ou exteriorização da vontade é imprescindível para a invocação do instituto da "conversão" ou do aproveitamento do negócio nulo como se, desde o início, fosse outro negócio.

O art. 170 é o maior exemplo de incidência do princípio da conservação ou preservação do negócio jurídico. Nas precisas palavras de Antônio Junqueira Azevedo[344]: "(...) o princípio da conservação consiste, pois, em se procurar salvar tudo que é possível num negócio jurídico concreto, tanto no plano da existência, quanto da validade, quanto da eficácia. Seu fundamento prende-se à própria razão de ser do negócio jurídico; sendo este uma espécie de fato jurídico, de tipo peculiar, isto é, uma declaração de vontade (manifestação de vontade a que o ordenamento jurídico imputa os efeitos manifestados como queridos), é evidente que, para o sistema jurídico, a autonomia da vontade produzindo autorregramento de vonta-

---

[344] AZEVEDO, Antônio Junqueira. *Negócio jurídico*: existência, validade e eficácia. São Paulo: Editora Saraiva.

de, isto é, a declaração produzindo efeitos, representa algo de juridicamente útil".

Na mesma linha, Francisco Amaral[345]: "Baseia-se no princípio interpretativo, que é o princípio da conservação dos atos jurídicos, segundo o qual, em caso de dúvida, deve interpretar-se o ato no sentido de produzir algum efeito, e não no sentido contrário, de não produzir nada. Coerentemente com esse princípio, a doutrina alemã da segunda metade do século XIX, criou a figura da conversão do negócio jurídico nulo ou anulável, concretizando-a no § 140 do Código Civil alemão".

A "conversão" foi consagrada no Código Civil italiano, no art. 1.424, e no Código Civil português, no art. 293.

A conversão substancial pode ser requerida em demanda judicial, por meio de pedido expresso da parte interessada. Por outro lado, alguns defendem a tese da possibilidade de o juiz, de ofício, incidentalmente, realizar a conversão do negócio jurídico nulo, não havendo violação ao princípio da demanda, pois a conversão pressupõe a existência de um processo judicial em curso.

Portanto, não é absoluta a regra da invalidade total do negócio jurídico nulo. A possibilidade de conversão traduz o princípio da conservação dos atos e negócios jurídicos. A conversão pode ser substancial (diz respeito à natureza do negócio) ou formal (forma adotada para o negócio).

Dessa forma, a conversão do negócio jurídico é uma decorrência da preservação ou conservação do negócio ou ato jurídico. Embora a conversão possa ser invocada para os atos anuláveis, devido à possibilidade de confirmação, seu maior campo de atuação é na seara dos atos nulos. A doutrina dominante nega a possibilidade de invocação do instituto da "conversão" em relação ao negócio ou ato jurídico inexistente. Aproveitam-se os elementos materiais de um negócio jurídico nulo, convertendo-o, juridicamente, e de acordo com a vontade das partes, em outro negócio válido e de fins lícitos.

1.19.2.6. Resumo do regime das nulidades

O negócio ou ato jurídico nulo pode ser questionado por qualquer interessado e pelo Ministério Público, nos casos em que lhe couber intervir.

O negócio ou ato jurídico nulo pode ser reconhecido, de ofício, pelo juiz e este não suprirá ou sanará a nulidade, ainda que haja pedido dos interessados. Tal ato ou negócio não é suscetível de confirmação ou ratificação e, considerando as ponderações já realizadas, não convalesce pelo decurso do tempo. Finalmente, está sujeito ao instituto da conversão.

1.19.3. Ato ou negócio jurídico anulável – regime jurídico

A anulabilidade difere da nulidade, principalmente pela diversidade de seus fundamentos. Na anulabilidade não prevalece o interesse público, mas o interesse particular dos sujeitos participantes do ato ou negócio jurídico.

Assim, no negócio ou ato jurídico anulável não se vislumbra o interesse público, mas a mera conveniência das partes. A finalidade é a tutela de interesses privados. A anulação também representa uma sanção legal, mas tal penalidade civil é bem menos intensa do que a pena ou sanção civil prevista para o ato ou negócio jurídico nulo.

A consequência da sanção é a ineficácia do ato ou negócio jurídico, ou seja, este deixa de produzir os efeitos jurídicos produzidos até o momento da declaração de nulidade (nulos), ou a desconstituição do negócio ou ato (anuláveis).

Em relação à distinção entre nulidade e anulabilidade, Francisco Amaral[346] ressalta: "(...) foi estabelecida com mais nitidez pela pandectística alemã, mostrando a existência de duas espécies de sanção para os atos jurídicos praticados sem a observância dos requisitos legais de estrutura, ou com vícios ou defeitos na formação ou na declaração de vontade. A sanção mais grave é a nulidade, aplicável aos atos em que predomina o interesse geral da comunidade. Sanção menor é a anulabilidade, para os negócios que afetam apenas interesses privados".

Sobre a anulabilidade, o mestre Caio Mário[347]: "O ato é imperfeito, mas não tão grave, nem profundamente defeituoso, como nos casos de nulidade, razão pela qual a lei oferece ao interessado a alternativa de pleitear a obtenção de sua ineficácia, ou deixar que os seus efeitos decorram normalmente, como se não houvesse irregularidades".

1.19.3.1. Hipóteses legais de anulação

A anulação é espécie de sanção prevista para os atos ou negócios realizados pelo sujeito relativamente incapaz ou em casos de vícios no momento da exteriorização da vontade (proteção do consentimento), como erro, dolo, lesão, estado de perigo e fraude contra credores, sem prejuízo de outras hipóteses previstas em lei.

Na parte geral, o art. 171 do CC arrola algumas hipóteses nas quais será possível anular o ato ou negócio jurídico.

A primeira hipótese, prevista no inciso I, refere-se ao agente relativamente incapaz, ou seja, todas as pessoas enquadradas no art. 4º do CC, as quais necessitam de assistência para agir nos atos jurídicos. Segundo o art. 4º, são incapazes, relativamente a certos atos, ou à maneira de exercê-los, os maiores de 16 (dezesseis) e menores de 18 (dezoito) anos, os ébrios habituais, os viciados em tóxicos, aqueles que, por causa transitória, não puderem exprimir a sua vontade e os pródigos. Tal incapacidade relativa já foi devidamente analisada. O ato ou negócio jurídico realizado pelo relativamente incapaz é passível de anulação.

Regras específicas em matéria de invalidade direcionada a um dos relativamente incapazes (menor entre 16 e 18 anos)

Segundo dispõe o art. 180 do CC, o menor, entre 16 (dezesseis) e 18 (dezoito) anos, portanto, relativamente inca-

---

[345] AMARAL, Francisco. Direito civil – introdução, 6. ed. rev. e atual. Rio de Janeiro: Editora Renovar, 2006.

[346] AMARAL, Francisco. Direito civil – introdução, 6. ed. rev. e atual. Rio de Janeiro: Editora Renovar, 2006.
[347] PEREIRA, Caio Mário da Silva. Instituições de direito civil: Introdução ao direito civil. Teoria geral de direito civil. 20. ed. Atualizado por Maria Celina Bodin de Moraes. Rio de Janeiro: Forense, 2004. v. 1.

paz, para eximir-se de uma obrigação, não pode invocar a sua idade se dolosamente a ocultou quando inquirido pela outra parte, ou se, no ato de obrigar-se, declarou-se maior.

A Lei Civil tutela o incapaz e, para tanto, dispõe várias regras em todo o sistema, como já analisado no capítulo referente à teoria da "incapacidade". No entanto, mesmo sendo incapaz, em determinadas hipóteses, essa proteção é retirada.

Caso o menor relativamente incapaz, ao exteriorizar a vontade, aja de má-fé, ou seja, oculte sua idade dolosa ou expressamente e se declare maior, não poderá invocar essa incapacidade relativa para invalidar o negócio jurídico, com fundamento no art. 171, I, do CC. Nesse caso, o ato ou negócio jurídico será preservado e conservado para tutelar a boa-fé da outra parte prejudicada pela malícia do menor relativamente incapaz.

A tutela da boa-fé no atual Código Civil impressiona. Nesse caso, entre a tutela do menor relativamente incapaz, que age de má-fé, e a tutela do terceiro de boa-fé, o Estado não teve dúvida em privilegiar este último, afastando a sanção prevista no art. 171, I, do CC, a qual poderia favorecer o menor relativamente incapaz.

O terceiro de boa-fé, prejudicado pela conduta maliciosa do menor relativamente incapaz, poderá, inclusive, invocar a incapacidade relativa do menor para requerer a invalidação ou anulação do negócio ou ato jurídico, se a invalidação for mais benéfica aos seus interesses do que a preservação do negócio ou ato jurídico. O menor relativamente incapaz, por sua vez, estará impedido de invocar o art. 171, I, do CC, nessa hipótese do art. 180, para deduzir pedido relativo à invalidação do ato ou negócio.

Aqui se prestigia a ética, a boa-fé e a probidade que permeiam a relação contratual, vedando que o relativamente incapaz, responsável por ocultar a idade ou por emitir informação inverídica quanto à sua pessoa, possa se eximir da obrigação assumida. Dessa forma, o menor que agiu de má-fé na conclusão do negócio perde o direito de pleitear a anulação, beneficiando-se da própria torpeza.

A segunda hipótese de anulabilidade, prevista no inciso II do art. 171 do CC (vícios relacionados ao consentimento e a fraude contra credores, considerada vício social), está disciplinada nos arts. 138 a 165 da Lei Civil, que já foram devidamente analisados, para cujos comentários remetemos o leitor.

Assim, o erro, dolo, coação, lesão, estado de perigo e fraude contra credores podem levar à anulação do ato ou negócio jurídico, pois são considerados vícios menos graves, responsáveis pela violação de interesses meramente privados.

Além dessas hipóteses gerais, previstas nos incisos I e II do art. 171 do CC, na primeira parte do *caput* esse mesmo dispositivo ressalva a possibilidade de outras causas de anulação tratadas em artigos específicos, seja na parte geral ou na parte especial. Por exemplo, na parte geral, o art. 117 do CC prevê a anulabilidade do negócio jurídico que o representante, no seu interesse ou por conta de outrem, celebrar consigo mesmo.

Ainda na parte geral, o art. 119 do CC traz outra causa específica, admitindo a anulação de negócio concluído pelo representante em conflito de interesses com o representado, sendo tal fato de conhecimento do terceiro. Além disso, na parte especial, o art. 461 trata da anulação em contratos aleatórios, referente a coisas existentes, mas expostas a risco, e o art. 496 prevê a possibilidade de anulação do contrato de compra e venda entre ascendente e descendente, se não houver o consentimento dos demais descendentes e do cônjuge do ascendente alienante, entre outros.

1.19.3.2. Legitimidade para anulação e possibilidade de reconhecimento de ofício

A anulação do ato ou negócio jurídico somente pode ser invocada pelos interessados ou por aqueles diretamente afetados pelos efeitos do negócio, pois as causas de anulação violam apenas interesses privados. Nunca se pode esquecer do critério adotado pelo Código Civil para sancionar um ato ou negócio. Se o interesse a ser tutelado é privado, o ato ou negócio é passível de invalidação pelos respectivos interessados.

É o que dispõe a segunda parte do art. 177 do CC: "(...) só os interessados a podem alegar, e aproveita exclusivamente aos que a alegarem, salvo o caso de solidariedade ou indivisibilidade".

Assim, apenas os sujeitos detentores de interesse direto no ato ou negócio podem deduzir, em juízo, o pedido de anulação, e tal invalidação, em regra, tem efeitos pessoais, ou seja, só aproveita à pessoa ou ao sujeito que alegou a anulação. Os "interessados" são todos os sujeitos que suportam as consequências do ato ou negócio jurídico e, por isso, podem ser sucessores e até terceiros prejudicados. Nos casos previstos no art. 171, por exemplo, terão legitimidade o relativamente incapaz (salvo a exceção do art. 180) e as vítimas do erro, dolo, coação, lesão, estado de perigo e fraude contra credores.

No entanto, a regra dos efeitos pessoais da anulação tem duas exceções: solidariedade e indivisibilidade. A solidariedade diz respeito aos sujeitos, sendo subjetiva (não se presume – resulta da lei ou da vontade das partes – art. 265 do CC).

No caso de solidariedade, todos os credores são credores do todo e todos os devedores devem o todo ou a obrigação por inteiro, pois, subjetivamente, se vincularam ao todo. A análise da solidariedade é direcionada aos sujeitos, vinculados por determinação legal ou em decorrência de um negócio jurídico. Dessa forma, se houver vários sujeitos solidariamente vinculados a determinada obrigação, a invalidação desse ato ou negócio repercutirá na esfera jurídica de todos os sujeitos unidos pelo vínculo da solidariedade.

Por outro lado, a indivisibilidade é objetiva. Na indivisibilidade se analisa o objeto. A obrigação é indivisível pela impossibilidade de fracionamento do objeto da obrigação. Tal impossibilidade pode decorrer da natureza do objeto da prestação, de determinação legal ou da convenção das partes. Os credores ou devedores de obrigação indivisível são credores ou devedores da totalidade da obrigação apenas em razão da impossibilidade de fracionamento do objeto da prestação. Nessa hipótese, em caso de invalidação do ato ou negócio jurídico, os efeitos da anulação também repercutirão na esfera jurídica de todos os sujeitos vinculados na mesma obrigação pela impossibilidade de fracionamento do objeto da prestação.

Ao contrário do ato ou negócio nulo, a anulabilidade não pode, sob qualquer pretexto, ser pronunciada de ofício. Tal vedação é expressa na primeira parte do art. 177 do CC. Cabe ao interessado ou particular alegar a causa de anulação, conforme a sua conveniência.

Interessante a observação de Nelson Nery[348]: "É necessário que seja deduzida mediante pedido, vale dizer, só pode ser reconhecida se houver pretensão anulatória ajuizada (ação anulatória). A pretensão anulatória é de natureza constitutiva negativa (desconstitutiva) e, portanto, está sujeita a exercício por meio de direito potestativo. Todos os que participaram do ato anulado devem figurar na ação, pois o litisconsórcio é necessário-unitário".

1.19.3.3. Confirmação ou convalescimento do ato ou negócio jurídico anulável

O ato ou negócio jurídico anulável pode convalescer ou ser confirmado, ao contrário do *nulo*, o qual não admite qualquer possibilidade de confirmação.

As partes interessadas podem confirmar o ato ou negócio jurídico, pois o interesse tutelado é meramente privado. Se o interesse é privado, os sujeitos prejudicados podem perfeitamente sanar o vício ou defeito do ato ou negócio, atendendo às suas conveniências e interesses.

Segundo dispõe o art. 172 do CC, "o negócio anulável pode ser confirmado pelas partes, salvo direito de terceiro".

A confirmação é um desdobramento do princípio da preservação ou conservação do negócio ou ato jurídico, o qual norteia a teoria das invalidades e também da autonomia privada (poder de regular os próprios interesses).

Francisco Amaral define a confirmação ou ratificação como sendo o ato pelo qual se convalida o negócio jurídico anulável, eliminando dele o vício que o inquinava, sendo unilateral, não receptício (dispensa a manifestação de ciência ou até de concordância da outra parte) e com eficácia retroativa ao momento da prática do ato (*ex tunc*).

Somente os sujeitos responsáveis pelo negócio jurídico têm legitimidade para ratificá-lo ou confirmá-lo.

Em relação aos requisitos para a plena eficácia da confirmação, dispõe o art. 173 do CC que o ato de confirmação deve conter a substância do negócio celebrado e a vontade expressa de mantê-lo. Portanto, são dois requisitos: objetivo e subjetivo.

No requisito objetivo a confirmação deve suprir, na íntegra, o defeito ou vício que maculava o negócio, pois "deve conter a substância do negócio", ou seja, o ato ou negócio a ser confirmado deve ostentar todos os elementos e requisitos do ato ou negócio a ser confirmado. Por outro lado, as partes legitimadas devem exteriorizar a vontade no sentido da manutenção do ato ou negócio. Tal vontade ou intenção de confirmação deve estar bem evidenciada.

Há na doutrina uma discussão se a confirmação deve ou não ter a mesma forma que a do ato ou negócio a ser confirmado.

A doutrina majoritária, como bem acentua Fábio Oliveira Azevedo, entende ser obrigatória a observância da forma do ato a ser confirmado. Assim, o negócio "confirmação" deveria ter a mesma forma exigida para o negócio que se pretende confirmar.

Tal entendimento é absolutamente correto, pois o ato "de confirmação" e o "ato ou negócio a se confirmar" integram o mesmo ato ou negócio. A confirmação é a integração para a plena validade do ato ou negócio a ser confirmado.

Por isso, quando o art. 173 dispõe que o "ato de confirmação deve conter a substância do negócio", torna a confirmação não um negócio diferente, mas parte essencial e indissociável do negócio que se pretende confirmar. A confirmação deve conter a substância do negócio e, nessa substância, obviamente, está a forma exigida para o negócio. Como a confirmação é parte do negócio, integra o negócio, deve seguir a mesma forma para este exigida. Somente assim se estará dando plena efetividade à primeira parte do art. 173 do CC.

No que tange à forma de a vontade confirmatória ser exteriorizada, o art. 174 admite a possibilidade de ser expressa ou tácita: "É escusada a confirmação expressa, quando o negócio já foi cumprido em parte pelo devedor, ciente do vício que o inquinava".

A confirmação expressa ocorre quando há efetiva exteriorização da vontade nesse ou naquele sentido. A confirmação tácita se analisa pelo comportamento do sujeito, que, no caso, mesmo ciente do vício, cumpre parcialmente o negócio, demonstrando ser tal vício irrelevante. O comportamento do sujeito passa a ser incompatível com o comportamento daqueles que pretendem a invalidação.

Finalmente, o art. 175 trata das consequências da confirmação do ato ou negócio jurídico, seja expressa ou tácita: "A confirmação expressa, ou a execução voluntária de negócio anulável, nos termos dos arts. 172 a 174, importa a extinção de todas as ações, ou exceções, de que contra ele dispusesse o devedor".

Com a confirmação, o vício ou defeito que inquinava o negócio ou ato jurídico desaparece, razão pela qual a parte prejudicada pelo vício perde o direito de ação ou de deduzir pedido de anulação ou, ainda, em defesa, invocar o vício ou defeito, contra pedido formulado pela outra parte.

1.19.3.4. Prazo para o legitimado requerer a anulação

O vício do ato ou negócio jurídico anulável pode convalescer pelo decurso do prazo decadencial previsto em lei para os legitimados deduzirem tal pretensão.

O decurso do tempo previsto em lei, para fins de anulação, sana qualquer vício referente ao ato ou negócio jurídico, tornando-o plenamente válido.

---

[348] NERY JUNIOR, Nelson; NERY, Rosa Maria de Andrade. *Código Civil comentado*. 8. ed. São Paulo: Ed. RT, 2011.

O prazo de decadência para anulação se subdivide em três hipóteses bem distintas:

1ª hipótese: a primeira hipótese está relacionada ao prazo de decadência previsto no art. 178 do CC, que está vinculado às causas de anulação especificadas no art. 171 da Lei Civil.

Segundo o art. 178, é de quatro anos o prazo de decadência para pleitear-se a anulação do negócio jurídico, nos casos do art. 171 (erro, dolo, coação, lesão, estado de perigo, fraude contra credores e incapacidade relativa). Embora o prazo seja o mesmo para tais causas de anulação, o início do prazo de 4 (quatro) anos ocorrerá em momentos diferentes, tendo em vista as peculiaridades de algumas situações mais sensíveis.

Nos casos de erro, dolo, lesão, estado de perigo e fraude contra credores, o prazo de quatro anos é contado do dia em que se realizou o negócio jurídico (inciso II do art. 178 do CC).

Nas hipóteses de coação e incapacidade relativa do sujeito, o prazo se inicia quando cessar a coação e a incapacidade (incisos I e III do art. 178 do CC).

2ª hipótese: a segunda hipótese refere-se aos prazos de decadência especificados em cada dispositivo do Código Civil onde há previsão de anulação e do respectivo prazo para dedução de pedido de natureza constitutiva. Por exemplo, o art. 119 do CC dispõe ser anulável o negócio concluído pelo representante em conflito de interesses com o representado, se tal fato era ou devia ser de conhecimento do terceiro.

O parágrafo único do art. 119 do CC menciona ser de 180 (cento e oitenta) dias o prazo de decadência para pleitear-se a anulação, contado da conclusão do negócio, no caso de representação convencional, ou da cessação da incapacidade, na hipótese de representação legal. Outro exemplo pode ser extraído do art. 445 do CC, o qual regula os prazos decadenciais para pleitear a anulação ou indenização em caso de vício redibitório. Portanto, quando determinado artigo prevê a anulação do negócio e já dispõe sobre o prazo para pleitear-se a anulação, prevalece o prazo especificado no artigo, como na hipótese mencionada.

3ª hipótese: finalmente, a terceira hipótese é residual e subsidiária, conforme art. 179 do CC. Tal dispositivo enuncia que "quando a lei dispuser que determinado ato é anulável, sem estabelecer o prazo para pleitear-se a anulação, será este de 2 (dois) anos, a contar da data da conclusão do ato".

Nesse caso, a Lei Civil prevê a anulação, mas não especifica no artigo qual é o prazo. Havendo omissão sobre o prazo, aplica-se a regra geral prevista no art. 179.

Por exemplo, o art. 496 do CC dispõe ser anulável a venda de ascendente para descendente se não houver consentimento dos outros descendentes ou do cônjuge do alienante. A lei dispõe que esse negócio é anulável, mas não especifica ou estabelece prazo para o legitimado pleitear a anulação. Tal situação se enquadra no art. 179, razão pela qual os legitimados terão dois anos para pleitear a invalidação desse negócio jurídico.

O art. 461 do CC, o qual trata da alienação de negócio jurídico aleatório, cujo objeto é uma coisa existente, mas exposta a risco, também não prevê prazo, sendo este, portanto, também de 2 (dois) anos. Aplica-se a regra subsidiária do art. 179 do CC. Da mesma forma, o art. 117, relativo ao contrato consigo mesmo, também prevê a anulação, mas não especifica o prazo, que será, novamente, de 2 (dois) anos (art. 179 do CC).

Em conclusão, estas são as hipóteses previstas em lei relativas aos prazos para o legitimado deduzir pretensão anulatória. Decorrido o prazo de decadência previsto em lei para anulação, haverá convalescimento do vício, tornando o negócio ou ato plenamente válido.

Sobre este art. 179, dispõe o Enunciado 538 da VI Jornada de Direito Civil, que, "no que diz respeito a terceiros eventualmente prejudicados, o prazo decadencial de que trata o art. 179 do CC não se conta da celebração do negócio jurídico, mas da ciência que dele tiveram".

1.19.3.5. Convalescimento do ato ou negócio pela autorização posterior de terceiro

O vício também pode ser sanado quando a anulabilidade do ato resultar da falta de autorização de terceiro, se este a der posteriormente, conforme art. 176 do CC.

Nessas situações jurídicas, o ato ou negócio, para ser válido, depende de autorização de terceiro ou do suprimento judicial dessa autorização. Não havendo autorização ou suprimento, o ato ou negócio é passível de anulação.

Exemplo: em direito de família, o art. 1.647 do CC serve como exemplo dessa ausência de autorização a que faz referência o art. 176.

Segundo o art. 1.647, ressalvada a hipótese prevista no art. 1.648 (nesse caso, a outorga conjugal é suprida judicialmente quando um dos cônjuges a denegue sem motivo ou quando impossível ao cônjuge concedê-la), nenhum dos cônjuges pode, sem autorização do outro, exceto no regime da separação absoluta: I – alienar ou gravar de ônus real os bens imóveis; II – pleitear, como autor ou réu, acerca desses bens ou direitos; III – prestar fiança ou aval; e IV – fazer doação, não sendo remuneratória, de bens comuns, ou dos que possam integrar futura meação.

Nesses casos específicos, o cônjuge necessita da outorga ou autorização do outro, sob pena de anulação. O art. 1.649 dispõe que a falta de autorização nas hipóteses do art. 1.647, não suprida judicialmente, tornará anulável o ato praticado, podendo o outro cônjuge pleitear a anulação, até 2 (dois) anos depois de terminada a sociedade conjugal.

Complementa o art. 1.650: "A decretação de invalidade dos atos praticados sem outorga, sem consentimento, ou sem suprimento do juiz, só poderá ser demandada pelo cônjuge a quem caiba concedê-la, ou por seus herdeiros".

Portanto, a legitimidade é restrita ao cônjuge prejudicado ou, em caso de falecimento deste, aos seus herdeiros. Como a hipótese é de anulação, o interesse violado é privado, razão pela qual a legitimidade é restrita (art. 177 do CC).

O Superior Tribunal de Justiça, por meio da Súmula 332, acabou ampliando a proteção da família, ao enunciar o seguinte: "A fiança prestada sem autorização de um dos cônjuges implica a ineficácia total da garantia". Tal orientação do STJ contraria os princípios relativos ao regime jurídico da anulabilidade do negócio. Explica-se: a sanção da anulação é menos intensa, justamente porque viola interesses privados.

O negócio jurídico anulável (como será analisado) produz efeitos jurídicos até o momento do reconhecimento judicial, ou seja, enquanto a fiança prestada por um só dos cônjuges, sem anuência do outro, não for invalidada, continuará garantindo o negócio e, obviamente, apenas o cônjuge que a prestou ficará pessoalmente vinculado a essa garantia pessoal.

O Superior Tribunal de Justiça não poderia desconsiderar os efeitos produzidos pelo negócio anulável, principalmente se repercutiram na esfera jurídica de terceiros de boa-fé, conforme será detalhado.

No entanto, segundo decidiu o STJ, a ausência de consentimento torna ineficaz o negócio jurídico de garantia por inteiro, ou seja, no todo, não gerando qualquer efeito jurídico. A decisão é equivocada sob o ponto de vista dos efeitos do negócio jurídico nulo e anulável.

Enquanto não invalidado, seria o negócio ineficaz perante o cônjuge que não prestou o consentimento, mas eficaz perante aquele responsável pela anuência. Aliás, nesse sentido, é o teor do Enunciado 114 da I Jornada de Direito Civil, referente ao aval, mas que pode ser aplicado à fiança, por analogia: "O aval não pode ser anulado por falta de vênia conjugal, de modo que o art. 1.647, III, do CC apenas caracteriza a inoponibilidade do título ao cônjuge que não assentiu".

Infelizmente, o STJ, por meio da Súmula 332, seguiu orientação diversa. Esperamos a revisão dessa Súmula, a fim de adequar a jurisprudência à teoria das invalidades, em especial no que tange aos efeitos jurídicos decorrentes de ato ou negócio inválido.

Então, o ato previsto no art. 1.647 necessita de outorga ou autorização do cônjuge (salvo suprimento judicial – art. 1.648), sob pena de se tornar passível de invalidação. No entanto, se o cônjuge der o seu consentimento posteriormente ao negócio, conforme prevê o art. 176 do CC, tal autorização superveniente à formação do negócio o validará, sanando o vício até então existente.

Este é o objetivo do art. 176, ou seja, permitir a validação de um negócio dependente de autorização de terceiro, com o consentimento posterior desse terceiro, preservando e conservando tal negócio jurídico.

1.19.4. Invalidade do instrumento e invalidade parcial (redução do negócio jurídico)

O art. 183 do CC trata da invalidade do instrumento, por meio do qual, às vezes, se viabiliza um ato ou negócio jurídico. Não sendo o instrumento da substância do ato ou negócio e, podendo este ser provado de outra forma, a sua invalidade não contamina o negócio jurídico ("A invalidade do instrumento não induz a do negócio jurídico sempre que este puder provar-se por outro meio").

A forma, em regra, é livre (art. 107 do CC – princípio da liberdade das formas). Nesse caso, não sendo a formalidade exigida pela lei para a validade do negócio jurídico, caso o instrumento onde o negócio foi materializado ostente algum vício, isso não prejudica o negócio em si, a substância ou a essência do negócio, desde que este possa ser provado por meio diverso daquele instrumento.

Todavia, excepcionalmente, pode a lei exigir determinada formalidade como elemento ou requisito de validade do próprio negócio jurídico. Nessa situação, a invalidade do instrumento acaba invalidando o próprio negócio, porque o instrumento é necessário e indispensável para a validade do negócio, é da substância deste.

Na verdade, o art. 183 do CC nada mais é do que um desdobramento do princípio da conservação ou da preservação do negócio jurídico.

O Código Civil também trata da "redução do negócio jurídico", no art. 184: "Respeitada a intenção das partes, a invalidade parcial de um negócio jurídico não o prejudica na parte válida, se esta for separável; a invalidade da obrigação principal implica a das obrigações acessórias, mas a destas não induz a da obrigação principal".

A invalidação de uma parte do negócio não se comunica ou não contamina a parte válida. Aqui, busca-se a preservação parcial do negócio jurídico, reduzindo o âmbito desse negócio.

A expressão a ser levada em consideração é "se esta for separável". O que isso significa? A redução do negócio jurídico somente será possível se, após a separação da parte válida, esta tiver plenas condições de cumprir a função social para a qual o negócio foi destinado.

A separação da parte invalidada não pode prejudicar a substância ou a essência do negócio jurídico. Embora não haja comunicação ou contaminação da parte válida pela inválida, após a separação ou redução, a sobra deve ser suficiente e apta a produzir os efeitos jurídicos necessários para a tutela do referido negócio.

Portanto, não pode haver prejuízo substancial à parte válida, sob pena de invalidação total.

Na segunda parte do artigo, está disposto o clássico princípio de que o acessório segue a sorte do principal (gravitação jurídica, ou seja, o acessório gravita em torno do principal). Invalidado o principal, o acessório também restará comprometido. Por outro lado, se o acessório for invalidado, o principal não suportará qualquer prejuízo. Na locação, se o contrato for invalidado, a fiança também o será. Mas, se apenas a fiança for invalidada, o contrato de locação permanecerá intangível.

O Código Civil traz uma exceção ao art. 184, não admitindo a invalidação parcial, ainda que mínima. Trata-se do contrato de transação.

Segundo dispõe o art. 848 do CC, sendo nula qualquer das cláusulas da transação, haverá nulidade da integralidade do contrato de transação. A transação não admite a invalidação parcial. O motivo é simples: a transação é baseada em concessões mútuas e recíprocas (art. 840

do CC) e, havendo invalidade de uma cláusula, isso poderá desequilibrar a relação, pois, talvez, justamente aquela cláusula ou parte do negócio, tenha sido levada em consideração por alguém para fazer concessões e aderir à transação. Então, a transação não admite a redução do negócio, sendo exceção ao disposto pelo art. 184.

1.19.5. Efeitos do negócio nulo e anulável – nulidade de pleno direito e tutela dos interesses de terceiros de boa-fé

A teoria da "invalidade do negócio jurídico" não confere um tratamento adequado aos efeitos do negócio ou ato jurídico nulo e anulável, provocando intensas divergências e acirrados debates.

O entendimento do assunto demanda uma breve consideração sobre o princípio da boa-fé objetiva.

As relações jurídicas privadas são orientadas pelo princípio da boa-fé objetiva. O sujeito de boa-fé tem ampla tutela no Código Civil. O § 2º do art. 167, o qual trata da simulação, é um exemplo da extensão dessa tutela. Segundo tal dispositivo, se houver simulação de negócio jurídico, tal aparência não pode, sob qualquer pretexto, prejudicar os direitos e interesses de terceiros de boa-fé.

O dolo e a coação de terceiro (arts. 148, 154 e 155 do CC) representam outros exemplos de tutela da boa-fé. Nesses casos, mesmo evidenciado o vício da vontade, se o sujeito, beneficiado pelo dolo ou coação de terceiro, não tinha ciência desses atos, tutela-se a boa-fé do beneficiário, em detrimento da vítima do dolo e da coação.

A simulação, por exemplo, viola o interesse público. No entanto, havendo um terceiro de boa-fé prejudicado, o interesse privado deste merece tutela.

Assim, para compreender os "efeitos" do negócio jurídico nulo e anulável, necessariamente, deve-se partir do pressuposto de que o sistema tutela, muitas vezes em detrimento da própria invalidade do negócio, os interesses do sujeito que age de boa-fé.

Desse modo, é preciso ressaltar que o princípio da boa-fé objetiva irá orientar a análise dos efeitos do negócio nulo e anulável.

Em primeiro lugar, deve ser registrada a impossibilidade de "nulidades de pleno direito" no sistema de invalidades do Código Civil. Desse modo, nenhuma invalidade será automática, ainda que o vício maculador do negócio jurídico viole o interesse público. A invalidade dependerá sempre do reconhecimento judicial. Ou seja, é o Estado o responsável pelo reconhecimento da nulidade, impondo a cessação ou neutralização dos efeitos de um negócio nulo ou anulável.

Assim, como não há "nulidade de pleno direito", enquanto a causa de nulidade ou anulação não for reconhecida judicialmente, o ato ou negócio produzirá efeitos jurídicos, mesmo viciado. Esta é a grande questão a ser considerada.

O negócio ou ato jurídico, nulo ou anulável, poderá produzirá efeitos jurídicos. No caso do negócio anulável, de acordo com a primeira parte do art. 177 do CC, tais efeitos serão próprios, ou seja, aqueles relacionados ao próprio negócio viciado. Por outro lado, na hipótese de negócio nulo, este também produzirá efeitos, principalmente na esfera jurídica de terceiros de boa-fé, como na hipótese do § 2º do art. 167 do CC, outras vezes impróprios, como ocorre na teoria da "conversão" (art. 170).

A tese defendida por alguns doutrinadores de que o negócio nulo não produz efeitos é incompatível com a tutela privilegiada dada pelo Código Civil. O negócio, nulo ou anulável, possui eficácia, produz efeitos, até ser declarada e reconhecida a causa de invalidade.

O próprio art. 170 do CC, o qual revoluciona a teoria das nulidades, admite efeitos jurídicos ao negócio nulo. No caso, é correto dizer que o negócio nulo não produz os efeitos que lhe seriam próprios, mas produz os efeitos jurídicos de outro negócio, o qual subsistirá. No exemplo do contrato de compra e venda de imóvel no valor de R$ 100.000,00 (cem mil reais), formalizado em instrumento particular, o negócio seria nulo por vício de forma. Entretanto, embora esse negócio não produza os efeitos de um contrato definitivo de compra e venda, produz efeitos jurídicos de outro negócio, qual seja, do contrato preliminar de compra e venda. Ou seja, são produzidos efeitos não próprios (contrato definitivo de compra e venda), mas impróprios (preliminar de compra e venda). De qualquer forma, tem eficácia.

No caso da simulação, em relação a terceiros de boa-fé, o ato ou negócio jurídico produz, plenamente, os efeitos jurídicos, como se fosse um negócio válido. Por quê? Tutela dos interesses dos terceiros de boa-fé, os quais sempre prevalecerão em detrimento de qualquer nulidade. Esta é a questão.

Por isso, com razão Mattietto[349], quando diz que "a distinção entre nulidade e anulabilidade se prende às causas ensejadoras de cada uma das espécies de invalidade, e não propriamente aos seus efeitos ou mesmo ao modo de operar".

É justamente isso. O atual Código Civil apenas diferencia a nulidade da anulação em relação às causas e não aos efeitos. Os efeitos são exatamente os mesmos, foram unificados pela lei. É o interesse, público ou privado, que definirá a intensidade da sanção, nulidade ou anulação. Quanto aos efeitos, nulo ou anulável, o negócio jurídico produz efeitos até ser reconhecido judicialmente.

A diferença de causas serve para dar regime jurídico diferenciado à nulidade e à anulação. Nada mais do que isso. Cada um tem o seu regime jurídico:

• **nulidade:** a nulidade não pode ser sanada; deve ser reconhecida, de ofício, e qualquer interessado e o Ministério Público, quando lhe couber intervir, pode suscitá-la; não é suscetível de confirmação e não convalesce pelo decurso do tempo. Este é o regime jurídico da nulidade.

• **anulação:** a anulação somente pode ser alegada pelo interessado, não podendo o juiz reconhecê-la de ofí-

---

[349] MATTIETTO, Leonardo de Andrade. Invalidade dos atos e negócios jurídicos (arts. 166 a 184). In: TEPEDINO, Gustavo (coord.). *A parte geral do novo Código Civil:* estudos sob a perspectiva civil-constitucional. 2. ed. Rio de Janeiro: Renovar, 2003.

cio; admite confirmação; convalesce pelo decurso do tempo; convalesce pela autorização posterior de terceiro; a anulação, portanto, pode ser sanada ou convalescer. Este é o seu regime jurídico.

Em relação aos efeitos, a consequência é exatamente a mesma, seja o negócio nulo ou anulável. A diferença dos regimes é vinculada à causa de invalidação, e não aos efeitos. Quando a causa envolve interesse público, segue-se o regime da nulidade e, sendo o interesse da causa privado, o regime é o da anulação.

O efeito jurídico produzido pelo negócio nulo ou anulável não tem interferência nos regimes jurídicos próprios de cada um. Não há sentido em diferenciar o negócio nulo do anulável quanto aos efeitos.

Após tais ponderações, vale ressaltar o dispositivo específico do Código Civil a respeito dos efeitos do ato nulo e anulável: "Art. 182. Anulado o negócio jurídico, restituir-se-ão as partes ao estado em que antes dele se achavam, e, não sendo possível restituí-las, serão indenizadas com o equivalente".

Assim, a expressão "anulado" mencionada no texto do art. 182 do CC abrange os atos *nulos* e *anuláveis*.

A razão é simples. Se na anulação as partes devem ser restituídas ao estado em que se encontravam (apenas se isso for possível), ou seja, efeitos *ex tunc*, com mais razão, no caso de nulidade, a decisão judicial que determina a anulação deve retroagir à data do negócio.

No entanto, segundo o próprio texto enuncia, a retroatividade dos efeitos está condicionada à possibilidade de as partes serem restituídas ao estado anterior ao ato.

O art. 158 do CC de 1916 regulava os efeitos do negócio jurídico em caso de invalidação: "Anulado o ato, restituir-se-ão as partes ao estado, em que antes dele se achavam, e não sendo possível restituí-las, serão indenizadas com o equivalente".

Retornando à questão da possibilidade, a retroatividade não pode, em nenhuma hipótese, prejudicar interesses de terceiros. Essa a razão da expressão "não sendo possível restituí-las". Caso o ato ou negócio jurídico seja invalidado e não seja possível restituir as partes ao estado anterior, principalmente por conta de interesses de terceiros envolvidos nesse ato ou negócio, tais efeitos jurídicos produzidos serão preservados e restará à parte prejudicada indenização.

O próprio Código condiciona a retroatividade dos efeitos à "possibilidade". Entende-se por essa "possibilidade" a preservação de interesses de sujeitos de boa-fé, cujo ato ou negócio jurídico teve alguma repercussão na esfera jurídica. Assim, os efeitos produzidos pelo negócio jurídico nulo ou anulável devem ser preservados, em regra, por conta da tutela da boa-fé de terceiros.

No entanto, não havendo interesse a preservar, os efeitos, seja a hipótese de nulidade ou de anulação, retroagem à data do ato ou negócio, fazendo com que as partes retornem ao estado em que se encontravam antes do negócio.

Uma observação aqui é necessária e explica muita coisa: no art. 182, o Código Civil dispõe que as *partes* serão restituídas ao estado em que se encontravam antes do negócio, e não terceiros. A Lei Civil não faz referência a terceiros. Apenas as partes retornam ao estado anterior ao ato ou negócio, terceiros jamais. Isso significa que, havendo interesse de terceiro de boa-fé envolvido no ato ou negócio, as partes somente serão restituídas ao estado anterior se for possível, ou seja, se não houver prejuízo aos interesses desse terceiro de boa-fé.

Há quem defenda a tese equivocada de que o negócio nulo tem eficácia retroativa e o anulável não tem. Caio Mário[350], por exemplo, argumenta: "O decreto judicial de nulidade produz efeitos *ex tunc*, ao passo que a do ato anulável está sujeito a sentença que produz efeitos *ex nunc* (...)". Nelson Nery[351], do mesmo modo, afirma: "(...) as principais diferenças entre ato nulo e anulável: a) a eficácia retroativa (*ex tunc*) da declaração de nulidade, atingindo irremediavelmente os atos viciados pela nulidade e os posteriores praticados com base nele; b) contra a eficácia não retroativa (*ex nunc*) da declaração de anulabilidade, que não atinge os atos praticados com base no ato anulável".

Tais doutrinadores partem de premissa equivocada. Analisam a questão da diferença levando em conta os efeitos, quando o Código Civil apenas os diferencia em função da causa.

O fundamento para a diferença em relação aos efeitos seria o disposto no art. 177 do CC, segundo o qual a anulabilidade não tem efeito antes de julgada por sentença. Isso não significa nada. Aliás, é uma obviedade. Considerando que não há nulidade de pleno direito, a anulabilidade somente invalidará o ato ou negócio jurídico quando julgada por sentença, assim como ocorre com o ato ou negócio nulo. Este também produz efeitos, próprios ou impróprios e, enquanto não for declarada a nulidade por sentença, os efeitos do negócio nulo não são neutralizados.

O art. 177 do CC trata apenas da neutralização dos efeitos futuros de ato ou negócio anulável. A partir da decisão judicial, o ato ou negócio jurídico anulável, e até o nulo, não produzem mais efeitos para o futuro. No entanto, os efeitos produzidos até então, entre a data do ato ou negócio e a data da decisão judicial, são regulados pelo art. 182 e não pelo disposto no art. 177 do CC.

Por isso, quanto aos efeitos pretéritos, dispõe o art. 182 do CC que as partes serão restituídas ao estado anterior, mas apenas se isso for possível, ou seja, se não houver direitos ou interesses de terceiros de boa-fé a serem preservados. Caso haja terceiro de boa-fé, restará à parte prejudicada a "vala comum" da indenização.

Portanto, estamos convencidos de que o ato e o negócio jurídico nulo ou anulável produzem efeitos jurídicos até que uma decisão judicial reconheça ou declare a nulidade. Após o reconhecimento judicial da causa de nulidade ou de anulação, as partes, se possível, devem ser restituídas ao estado em que se achavam antes do negócio.

---

[350] PEREIRA, Caio Mário da Silva. *Instituições de direito civil:* Introdução ao direito civil. Teoria geral de direito civil. 20. ed. Atualizado por Maria Celina Bodin de Moraes. Rio de Janeiro: Forense, 2004. v. 1.

[351] NERY, Nelson; NERY, Rosa Maria de Andrade. *Código civil comentado.* 6. ed. São Paulo: Revista dos Tribunais, 2008.

Entretanto, tendo em vista a tutela de interesses de terceiros de boa-fé, não sendo possível a restituição das partes ao estado anterior, o caminho será a indenização.

1.20. TEORIA DO ATO ILÍCITO E ABUSO DE DIREITO

1.20.1. Considerações preliminares sobre o ato ilícito

O ato ilícito é espécie do gênero fato jurídico em sentindo amplo. Na composição do ato ilícito, há sempre fato representado por conduta humana (comissiva ou omissiva) e a previsão normativa para esse fato, atribuindo-lhe efeito jurídico, qual seja, responsabilidade civil, obrigação de reparar o dano, moral ou material, causado a outrem.

Por isso, é espécie de fato jurídico, ou seja, é evento capaz de produzir efeito jurídico – obrigação de indenizar.

O ilícito (conduta antijurídica e imputável) não é mero fato gerador de responsabilidade civil. O ilícito poderá ter consequências diversas da obrigação de reparar o dano (ilícito indenizante – art. 186 do CC). O ilícito indenizante tem como efeito o dever de indenizar. Há ainda o ilícito caducificante (tal conduta antijurídica e imputável provoca a perda de direito – perda de direito como efeito do ilícito, como a prática de qualquer ato previsto no art. 1.638 do CC, que implicará na perda do poder familiar). O ilícito invalidante é a conduta contraria ao direito e imputável que provoca a invalidade de atos e negócios jurídicos (ou seja, nulidade ou anulação – relação com a teoria da invalidade). E, ainda, há o ilícito autorizante, cujo efeito é uma autorização (neste caso, em razão do ilícito, a vítima está autorizada a reagir contra o ofensor, como ocorre na legítima defesa da posse ou no caso de revogação da doação por ingratidão do donatário).

A par das várias consequências ou efeitos possíveis do ilícito, neste momento, trataremos do ilícito indenizante (cujo efeito é o dever de indenizar).

O CC apresenta sistema de cláusulas gerais deste ilícito, art. 186, cuja responsabilidade civil é fundada na culpa, art. 187, cuja responsabilidade é fundada no abuso de direito e art. 927, parágrafo único, responsabilidade que tem como parâmetro o risco (atividade de risco ou risco da atividade).

O ilícito é simplesmente composto pela antijuridicidade (conduta contrária ao direito) e imputabilidade (elemento subjetivo – possibilidade de atribuir responsabilidade para alguém).

No art. 186 do CC, se observa cláusula geral de ilícito culposo (não mais a culpa psicológica, mas a culpa normativa, analisada a partir de padrão geral de comportamento, diante das circunstâncias do caso.

O ato ilícito é uma das principais fontes de responsabilidade civil. O Código Civil de 2002 sistematiza a teoria do ilícito indenizante e subjetivo de forma diferente do seu antecessor, pois, na parte geral, art. 186, disciplina juridicamente o ato ilícito e, na parte especial, art. 927, trata da consequência do ilícito, a responsabilidade civil ("Aquele que, por ato ilícito – arts. 186 e 187 – causar dano a outrem, fica obrigado a repará-lo").

O ato ilícito pode ser resumido como toda conduta humana desobediente às prescrições da lei ou em desacordo com a ordem legal. É a conduta antijurídica.

O sujeito de direito, nas relações privadas intersubjetivas, pode atuar conforme o ordenamento jurídico ou contrariamente às determinações legais. Nesta última hipótese, tal conduta será capaz de violar direito preexistente e, em consequência, estará caracterizado o ilícito. O ilícito é, portanto, toda conduta humana contrária à lei ou que acarrete lesão a interesse relevante tutelado pelo ordenamento jurídico.

Tal ilícito pode ser qualificado de civil (quando é fato gerador de indenização – responsabilidade civil), penal (quando é capaz de responsabilizar o sujeito por um fato típico, em sentido material e formal) e administrativo (quando a responsabilidade do sujeito é administrativa). Portanto, o ilícito, em si considerado, representa a conduta antijurídica ou contrária à lei, imputável a determinado sujeito. A consequência desse ilícito determinará sua qualificação, como ilícito civil, penal ou administrativo.

O ilícito não se confunde com a culpa. O ilícito é autônomo em relação à culpa e ao dano. A conduta ilícita ostenta dois elementos: *elemento objetivo: antijuridicidade* (violação da ordem jurídica – não há juízo de censura – por isso não se confunde com a culpa: exemplo é o abuso de direito) – ofensa a dever genérico e absoluto; *elemento subjetivo: imputabilidade* (juízo sobre o agente) – imputável é a pessoa a quem se pode atribuir o comportamento antijurídico ou a conduta contrária ao direito.

O art. 186 do CC estabelece cláusula geral de ilícito e, de forma imprópria, vincula o ilícito à culpa (por questões históricas) e à reparação. O ilícito tem autonomia em relação à culpa e ao dano. É possível ilícito sem culpa (abuso de direito, por exemplo) e sem o dano (não há lesão a qualquer bem jurídico). Portanto, o art. 186 transcende o ilícito.

Portanto, não há justificativa para vincular o ato ilícito à reparação de forma absoluta, até porque há tutela preventiva e repressiva, cujos ilícitos não se esgotam na reparação (autonomia entre ilícito e dano).

Por isso, há intensa celeuma em torno da teoria do "ato ilícito", principalmente por conta da responsabilidade civil. Em primeiro lugar, deve ser feita a necessária distinção entre ato ilícito e responsabilidade civil. A falta de critério e as divergências para a correta definição do ilícito estão relacionadas à consequência do ilícito civil, ou seja, à responsabilidade civil. A "teoria do ilícito" e a "responsabilidade civil" devem ser analisadas em separado, pois cada uma tem requisitos próprios e específicos. O ato ilícito e a responsabilidade civil, eventualmente, podem estar conectados. Tal vinculação somente ocorrerá quando o ilícito for a fonte geradora de responsabilidade no âmbito civil, quando então passará a integrar a estrutura daquela responsabilidade no caso específico.

O ato ilícito é uma das várias fontes de responsabilidade civil. O ato ilícito ostenta características próprias (antijuridicidade e imputabilidade). A responsabilidade civil é mera consequência do ato ilícito, ou seja, o sujeito responderá civilmente se praticar ilícito denominado "civil" (desde que a conduta ilícita seja culposa, haja nexo de causalidade e dano).

A responsabilidade civil, como consequência de ilícito (objetivo ou subjetivo), somente existirá se estiverem presentes todos os elementos necessários para a sua configuração: a fonte geradora (no caso, um ato ilícito), o nexo de causalidade e o dano, material ou moral.

Ato ilícito e responsabilidade civil são conectados pelo nexo de causalidade e, principalmente, pela existência do dano. O ato ilícito representa a violação de dever jurídico preexistente, legal ou contratual. E ponto. A violação desse dever jurídico preexistente é a consequência da conduta humana desobediente às prescrições legais ou à determinação do ordenamento jurídico.

Em razão da violação desse dever jurídico preexistente, poderá ou não haver responsabilidade civil, dependendo do dano ocasionado a alguém e do nexo de causalidade entre essa conduta e este dano.

Portanto, o nexo de causalidade e o dano são elementos necessários para a configuração da responsabilidade civil, mas não para a caracterização do ato ilícito.

O ato ilícito é apenas causa, fonte de responsabilidade civil, assim como, por exemplo, o abuso de direito, o exercício de atividades de risco, o defeito na prestação de serviços, o vício de qualidade, os atos lícitos e os vícios de informação, entre outros.

Tal premissa é relevante para se estabelecer os limites do ato ilícito. Assim, o ato ilícito está relacionado à teoria da responsabilidade civil apenas e tão somente por ser fonte desta. Por isso, o sujeito, ao praticar determinado ato ilícito, poderá ou não ser responsabilizado civilmente.

Essa responsabilidade civil somente existirá se do ilícito resultar lesão a bem jurídico de outrem e desde que, entre a conduta ilícita e esse dano ou lesão, haja nexo de causalidade.

Desse modo, o ilícito não acarreta, necessariamente, a responsabilidade civil, como sugere a defeituosa redação do art. 186 do CC. Tal dispositivo contribui para a incompreensão da teoria do ilícito e a confusão entre tal teoria e a "responsabilidade civil". A responsabilidade civil é eventual. Somente haverá responsabilidade civil se, em razão da fonte (que pode ser um ilícito), estiverem presentes o nexo de causalidade e o dano. Assim, o ilícito, mesmo consumado, não leva, necessariamente, à responsabilidade civil, pois esta tem requisitos próprios (nexo de causalidade e dano, elementos não integrantes do ilícito, mas da responsabilidade civil, consequência do ilícito denominado "civil").

Segundo dispõe o art. 186, aquele que, por ação ou omissão voluntária, negligência ou imprudência, violar direito e causar dano a outrem, ainda que exclusivamente moral, comete ato ilícito.

A redação do art. 186 é equivocada, pois traz elementos não pertencentes à teoria do ato ilícito, mas apenas à consequência do ilícito, a responsabilidade civil. Dessa forma, tal dispositivo legal apenas contribui para as divergências doutrinárias em torno do tema.

As expressões "causar" e "dano a outrem, ainda que exclusivamente moral", não possuem qualquer relação com a teoria do ato ilícito. O dispositivo dá a entender que somente comete ato ilícito quem, por ação ou omissão, violar um direito e causar dano a outrem, o que é um erro gravíssimo.

Na realidade, comete ato ou fato ilícito o sujeito que, por ação ou omissão, violar direito tutelado pelo ordenamento jurídico, agir em desacordo com as prescrições legais. Ao atuar de forma contrária ao ordenamento jurídico, pratica o ilícito. O termo "causar" está relacionado ao nexo de causalidade e a palavra "dano", à lesão ao bem jurídico de outrem, ambos elementos da responsabilidade civil e não do ato ilícito.

Por exemplo, o sujeito que trafega a 200 km/h em uma via pública cuja velocidade máxima é 60 km/h comete ato ilícito, pois sua conduta está em desacordo com a ordem legal ou às prescrições do ordenamento jurídico. No caso, houve violação de um dever jurídico preexistente, qual seja, violação das normas de trânsito as quais não permitem excesso de velocidade naquele local. O ilícito está configurado. No entanto, se essa pessoa, trafegando em altíssima velocidade, não causou (nexo de causalidade) dano a ninguém (lesão a bem jurídico), tal ilícito não poderá ser qualificado de "civil" (não incidirá a consequência do ilícito civil, ou seja, a responsabilidade civil ou a obrigação de reparar o dano causado), sendo um ilícito meramente administrativo (poderá ter repercussão administrativa). Mas o ilícito, nessa situação, estará caracterizado.

Na situação acima narrada, a conduta humana foi contrária à lei, mas não houve lesão a bem jurídico de outrem, razão pela qual não há responsabilidade civil, mas mero ilícito (administrativo). Tal ilícito poderá acarretar, no máximo, uma infração administrativa, mas não responsabilidade civil, porque esta depende, necessariamente, da existência de dano e do nexo de causalidade.

Dessa forma, não é possível confundir a causa (ato ilícito) com o efeito (responsabilidade civil), como ocorre no art. 186 do CC. O ato ilícito independe da existência de dano material ou moral e do nexo de causalidade. Tais elementos compõem a estrutura da responsabilidade civil e não do ato ilícito. Por isso, para a caracterização do ilícito dispensa-se o nexo de causalidade e o dano.

Na redação do art. 186, o ato ilícito se associa à culpa, o que é equivocado. A conduta ilícita pode ser culposa (dolo ou culpa em sentido estrito: imprudência, negligência ou imperícia) ou não (abuso de direito).

A resistência ao ato ilícito objetivo justifica-se por razões históricas. Até o início do século passado, o ilícito era vinculado à ideia de culpa, pois, basicamente, somente se cogitava em responsabilidade civil subjetiva. Com o início da derrocada do Estado Liberal, a primeira Grande Guerra Mundial, entre 1914 e 1918, a Revolução Russa e com os movimentos sociais de trabalhadores revoltados com as péssimas condições de trabalho, começou a surgir a responsabilidade civil denominada "objetiva", ou seja, a obrigação de reparar o dano, independentemente da indagação da culpa na fonte ou na causa dessa responsabilidade. Até esse momento, toda a teoria do ilícito era vinculada à ideia de culpa.

O art. 159 do CC/1916 atrelava a culpa à caracterização do ilícito, da mesma forma que o art. 186 do CC. Por conta disso, muitos doutrinadores contestam o fato de o atual Código Civil, no art. 187, tratar o abuso de direito como espécie de ilícito. O ilícito, na sua moderna concepção, não está vinculado à culpa e o art. 187 é a prova mais evidente do ilícito objetivo, pois, para a caracterização do abuso de direito, é prescindível a análise de qualquer elemento subjetivo.

O Código Civil, no art. 187, ao tratar o abuso de direito como espécie de ato ilícito, dá um grande passo para a desvinculação definitiva do ilícito da ideia de culpa. Não há dúvida nenhuma de que a aferição do abuso no exercício de direito deve ser exclusivamente objetiva. E o art. 187 do CC dispensa o elemento subjetivo para a caracterização do abuso de direito, em total sintonia e harmonia os princípios do Estado Social atual, onde a teoria do ilícito não incorpora a culpa como elemento ou estrutura dessa espécie de fato jurídico.

Portanto, o ato ilícito deve ser considerado de forma objetiva e subjetiva.

O ilícito é a transgressão de dever jurídico preexistente, legal ou contratual (antijuridicidade). A contrariedade ao direito é a condição objetiva que se configura por ter sido violada a ordem jurídica. O conceito está intimamente ligado à ideia de imputabilidade.

No ilícito objetivo, leva-se em conta a conduta ou o fato em si mesmo, sua materialidade e exterioridade, analisando-se a desconformidade dessa conduta, comissiva ou omissiva, com a finalidade social da norma jurídica. A conduta humana, contrária ao direito, só por si, merece a qualificação de ilícita, independentemente de vontade livre e consciente. Assim, por exemplo, a pessoa que trafega a 120 km/h em uma via onde a velocidade máxima é 100 km/h, acreditando estar a 100 km/h, velocidade permitida, pois o velocímetro de seu carro estava quebrado, age contrariamente à lei, que limita a velocidade a 100 km/h. Neste caso, mesmo não tendo vontade e consciência, estará caracterizado o ato ilícito.

Como diz Cavalieri[352], o legislador, ao impor determinada conduta, o faz porque, em momento prévio, valorou positivamente o fim a que essa conduta visa atingir. A antijuridicidade dessa conduta é normalmente estabelecida à luz de certos valores sociais. O que se pretende é proteger o interesse comum ou social. Sempre que há um comportamento contrário à ordem jurídica tal valor é ferido.

O ato ilícito, no aspecto subjetivo, exige a valoração da conduta da pessoa humana. Subjetivamente, a qualificação de uma conduta como ilícita implica fazer um juízo de valor a seu respeito. Só é possível esse juízo de valor se tal conduta resultar de ato humano consciente e livre.

Dessa forma, se o ilícito for subjetivo, a responsabilidade civil será subjetiva, pois a sua fonte ou causa depende do elemento subjetivo para se caracterizar como ilícito.

A responsabilidade civil será objetiva quanto o ilícito for objetivo, como é o caso da teoria do abuso de direito prevista no art. 187, fundada no princípio da boa-fé objetiva.

Ou seja, a qualificação da responsabilidade civil como objetiva ou subjetiva decorre da sua fonte e não da própria responsabilidade civil.

Se, na origem ou fonte, for analisada a culpa, a consequência, responsabilidade civil, será subjetiva. Ao contrário, se na fonte for dispensada a análise do elemento subjetivo, a responsabilidade civil será objetiva.

Com essas considerações preliminares, é possível traçar as principais características do ato ilícito e fazer a necessária distinção entre este e a responsabilidade civil.

1.20.2. Ato ilícito – elementos – art. 186

O ato ilícito, subjetivo ou objetivo, tem como elementos a antijuridicidade e a imputabilidade. É conduta humana contrária às prescrições legais ou ao ordenamento jurídico e imputável ao sujeito. Em síntese, é a conduta antijurídica e imputável. Tais elementos são suficientes para a caracterização do ato ilícito.

Segundo o mestre Caio Mário[353], "a ilicitude da conduta está no procedimento contrário a um dever preexistente. Sempre que alguém falta ao dever a que é adstrito, comete um ilícito, e como os deveres, qualquer que seja a sua causa imediata, na realidade são sempre impostos pelos preceitos jurídicos, o ato ilícito importa na violação do ordenamento jurídico".

O tema pressupõe: conduta humana (que inclui a imputabilidade) e contrariedade ao direito (violação do ordenamento jurídico e de direito preexistente).

A violação do dever jurídico preexistente pode ser legal ou contratual. A conduta humana, responsável pela violação de dever jurídico preexistente legal, tem como fundamento o art. 186 do CC. A maioria da doutrina defende a existência de cláusula geral de responsabilidade subjetiva no art. 186 e, portanto, essa responsabilidade seria a regra em nossa legislação.

O ato ilícito pode, ainda, ser objetivo ou subjetivo, como já ressaltamos. No ilícito subjetivo, analisa-se a conduta do sujeito, sua intenção, ou seja, a existência de dolo ou culpa. Ao fazer referência ao dolo (voluntária) e à culpa (imprudência e negligência), o art. 186 do CC apresenta apenas uma das espécies do gênero ato ilícito, o subjetivo. Todavia, o ilícito também pode prescindir da culpa para gerar reparação de dano (a conduta objetivamente considerada pode ser suficiente para a responsabilidade civil, independente de culpa), como são os casos do art. 187 do CC (abuso de direito) e do parágrafo único do art. 927 do CC (exercício habitual e normal de atividade de risco).

---

[352] CAVALIERI, Sérgio. *Programa de responsabilidade civil*. 6. ed. São Paulo: Malheiros, 2006.

[353] PEREIRA, Caio Mário da Silva. *Instituições de direito civil:* Introdução ao direito civil. Teoria geral de direito civil. 20. ed. Atualizado por Maria Celina Bodin de Moraes. Rio de Janeiro: Forense, 2004. v. 1.

O art. 186, efetivamente, materializa cláusula geral de responsabilidade subjetiva. Isso é fato, até porque não há como definir, aprioristicamente, a culpa ou delimitar os conceitos de "imprudência" e "negligência".

A "culpa" é expressão "aberta", "indeterminada" e intensamente "subjetiva".

A culpa, autônoma em relação ao ilícito, é pressuposto da denominada responsabilidade civil subjetiva. Neste caso, além do ilícito, é essencial que a conduta ilícita seja culposa. E que culpa é essa, fator de atribuição de responsabilidade subjetiva?

A culpa *lato sensu* (*dolo* – amplo – qualquer situação específica de má-fé – mais amplo que o penal; *culpa* em sentido estrito – negligência, imprudência e imperícia – violação de dever de cuidado) é a inobservância de dever de conduta. São elementos da culpa: voluntariedade da conduta e resultado involuntário (dolo voluntariedade da conduta e do resultado), previsibilidade e violação de dever de cuidado.

A culpa em sentido estrito se materializada por negligência (inobservância do dever de cuidado por omissão), imprudência (desejo de enfrentar o perigo de forma desnecessária) e imperícia (falta de aptidão ou habilidade específica para a realização de atividade técnica ou científica).

Em tempos modernos, a culpa ostenta concepção objetiva e abstrata. Haverá culpa se o comportamento for contrário a padrão médio de conduta, ou seja, a dimensão é normativa, sem perfil psicológico. É essencial sopesar o grau de cuidado do indivíduo com aquele esperado e identificar o agir no caso concreto com o modo de proceder de uma pessoa com similar base intelectual, que pratica a mesma atividade, tem o mesmo comportamento e exerce a mesma atividade no mesmo contexto. A análise da culpa é externa e não interna. De acordo com Chaves e Rosenvald, o erro de conduta, abstrata e objetivamente, deve ser confrontado com parâmetros médios de comportamento e diligência social.

Caracterizado o ilícito subjetivo, haverá responsabilidade civil apenas se houver dano, moral ou material, e nexo de causalidade entre a conduta subjetiva e o dano. Porém, mesmo e principalmente na responsabilidade subjetiva, antes da análise da culpa, é essencial apurar se a conduta do sujeito foi a causa determinante, adequada, decisiva para o resultado danoso. Em sendo afirmativa a resposta, passa-se então à análise da culpa. Ou seja, a verificação do nexo de causalidade deve preceder a apreciação da culpa. O elemento culpa torna-se secundário, inclusive na chamada "responsabilidade civil subjetiva". Tal questão tem repercussão intensa em casos concretos, em que a responsabilidade é denominada "subjetiva", pois será comum a análise do nexo de causalidade esvaziar o elemento subjetivo.

Por quê? Em matéria de responsabilidade civil subjetiva, a culpa, por si só, não será suficiente para impor ao sujeito a obrigação de indenizar, pois será essencial apurar se essa conduta, dolosa ou culposa, foi adequada e suficiente para a produção do resultado. O nexo de causalidade é o principal protagonista da responsabilidade civil, e não a culpa. Na responsabilidade civil objetiva ocorrerá o mesmo fenômeno. A análise do nexo de causalidade e, em consequência, da existência de dano ou lesão a direito de outrem, será a causa determinante da indenização.

Como o principal objeto de análise na responsabilidade civil é o nexo de causalidade, a culpa ou elemento subjetivo deixa de ser elemento determinante e, por isso, passa a ser elemento secundário da teoria da responsabilidade civil.

Considerando que a conduta do sujeito foi determinante e decisiva para o resultado, provavelmente estará caracterizada a culpa. Na responsabilidade civil subjetiva, a culpa acabará integrando o próprio nexo de causalidade, pois, ao considerar a conduta do sujeito como a causa determinante e adequada para o resultado danoso, provavelmente, tal conduta determinante também será qualificada como culposa. Assim, mesmo em responsabilidade civil subjetiva, o foco de análise principal é o nexo de causalidade, e não a culpa.

O Código Civil também apresenta cláusulas gerais da responsabilidade civil denominada "objetiva", ou seja, independente de culpa, as quais abrangerão infinitas situações.

É o que dispõem o art. 187 e o parágrafo único do art. 927. No art. 187, há uma cláusula geral de ilícito objetivo, o qual se caracteriza quando o titular de um direito subjetivo, ao exercê-lo, exceder manifestamente os limites impostos pelo seu fim econômico e social, boa-fé objetiva e bons costumes.

É a teoria do abuso de direito, cláusula geral relacionada a qualquer direito subjetivo, cujo ilícito caracteriza-se independentemente de culpa, do nexo de causalidade e do dano, esses dois últimos elementos da responsabilidade civil (não há responsabilidade civil sem dano e sem nexo de causalidade, mas pode existir abuso de direito sem dano e sem nexo de causalidade). Serão infinitas as situações de abuso de direito, sendo esta uma das principais fontes de responsabilidade civil objetiva, obrigação de indenização.

Por outro lado, o parágrafo único do art. 927 do CC traz outra cláusula geral de ato ilícito objetivo, o qual pode gerar responsabilidade civil objetiva, se houver dano e nexo de causalidade.

Segundo o referido dispositivo, haverá obrigação de reparar o dano, independentemente de culpa, nos casos especificados em lei, ou quando a atividade normalmente desenvolvida pelo autor do dano implicar, por sua natureza, risco para os direitos de outrem.

O parágrafo único do art. 927 ressalva os inúmeros casos especificados em lei, como, por exemplo, as hipóteses previstas no art. 932 (os pais, pelos filhos menores que estiverem sob sua autoridade e companhia, o empregador ou comitente, por seus empregados, serviçais e prepostos, no exercício do trabalho que lhe competir, ou em razão dele, entre outros), por imposição do art. 933 ("As pessoas indicadas nos incisos I a V do artigo antecedente, ainda que não haja culpa de sua parte, responderão pelos atos praticados pelos terceiros ali referidos"), a responsabilidade objetiva do empresário individual e das empresas, nos termos do art. 931, a responsabilidade objetiva dos fornecedores de produtos e prestadores de serviços nas relações de consumo, responsabilidade ambiental, nuclear, entre outras.

Além dos casos especificados em lei, a responsabilidade civil será objetiva sempre que a atividade normalmente desenvolvida implicar, por sua natureza, risco para os direitos de outrem. Assim, qualquer atividade de risco para os direitos de outrem, havendo dano e nexo de causalidade caracterizados, estará sujeita a responsabilidade civil objetiva.

A responsabilidade subjetiva, atualmente, é absolutamente secundária, pois, mesmo quando é invocada, elemento subjetivo "culpa" fica subordinado ao nexo de causalidade, principal elemento e protagonista da responsabilidade civil em nosso sistema.

Apenas para evidenciar a importância do nexo de causalidade no atual sistema, interessante algumas considerações, antes de retornarmos para a análise do ato ilícito.

1.20.2.1. Nexo de causalidade, dano e responsabilidade civil

O nexo de causalidade é o elo ou elemento imaterial que permite atribuir a alguém responsabilidade civil. É a relação de causa e efeito estabelecida entre a conduta humana, comissiva ou omissiva, dolosa ou culposa ou ainda por conduta humana que gera risco e o dano (bem jurídico lesado) suportado por alguém. Constitui a relação entre o fato, o sujeito e o dano. A explicação do nexo de causalidade passa pela análise de algumas teorias, como a teoria da equivalência dos antecedentes, da causalidade adequada e da teoria do dano direto e imediato ou da interrupção do nexo causal, que são objeto de análise no capítulo de obrigações (2.11. – teoria do inadimplemento), para onde remetemos o leitor.

O dano é pressuposto da responsabilidade civil. O dano é a lesão a bem jurídico relevante. Tradicionalmente, o sistema civil é todo construído para disciplinar o dano material ou patrimonial. Após o dano moral assumir autonomia jurídica, passou a ser admitida sua indenização. No entanto, a lei civil não possui regras para definir o dano moral (apenas afirma que o dano moral é indenizável – art. 186), ou seja, como tal dano se caracteriza e também não há normas para liquidação deste dano. As questões que evolvem o dano moral serão tratados em capítulo próprio. Em tempos recentes, a doutrina passou a prever outros tipos de dano e os trata como autônomos em relação aos tradicionais danos material e moral. Seriam os danos pela perda de uma chance, estético, sociais, coletivos (moral e material), entre outros. O dano é lesão a bem jurídico relevante. Ao se qualificar ou adjetivar o dano, apenas está por indicar qual é o bem jurídico violado. O problema é a ausência de normas para a caracterização e liquidação destes outros danos, uma vez que o Código Civil é todo voltado para a caracterização e liquidação do dano material. Em relação à teoria dos danos, trataremos do assunto no capítulo de obrigações sobre inadimplemento.

1.20.2.2. Conclusão do ato ilícito

Tais considerações foram necessárias e essenciais para serem demonstradas as diferenças entre a teoria do ato ilícito e a teoria da responsabilidade civil. São temas distintos, cada um com requisitos e elementos próprios.

O ato ilícito analisado neste tópico é apenas uma das várias fontes ou causas capazes (ou seja, com potencialidade) de gerar responsabilidade civil. O ato ilícito é a conduta humana contrária ao direito, a qual viola um dever jurídico preexistente. O ilícito caracteriza-se, *independentemente* da existência do dano e do nexo de causalidade entre a conduta ilícita, antijurídica, e o dano, material ou moral.

O nexo de causalidade e o dano são irrelevantes para a teoria do ilícito, mas são *essenciais* para a responsabilidade civil, sendo esta consequência da conduta humana ilícita. Não haverá responsabilidade civil sem dano e sem nexo de causalidade.

Retornando à análise da conduta humana ilícita, esta se caracteriza com a violação de um dever jurídico preexistente. Esse dever violado pode ser legal ou contratual.

No dever legal, o sujeito viola um dever negativo, ou seja, o dever que todos têm de não lesar os direitos de outrem (é o que se denomina "responsabilidade civil extracontratual", pois não preexiste entre os sujeitos nenhuma relação jurídica). Tal responsabilidade civil, extracontratual, pode ser subjetiva (art. 186 – ato ilícito subjetivo) ou objetiva (art. 187, art. 927, parágrafo único, do CC, art. 14 do CDC etc.).

Na violação do dever contratual, o sujeito infringe um dever positivo, ou seja, o dever de adimplemento, relacionado às obrigações, responsabilidade esta denominada "responsabilidade civil contratual", a qual também pode ser subjetiva (art. 389 – inadimplemento culposo da obrigação) e objetiva (por exemplo, contrato de transporte e o inadimplemento dos contratos de consumo, conforme previsão do Código de Defesa do Consumidor, cujo inadimplemento independe da análise da culpa).

Portanto, a responsabilidade civil contratual ou a extracontratual (subjetiva ou objetiva) representam apenas o resultado ou a consequência de algum "fato", ou seja, de um ilícito subjetivo ou objetivo, do abuso de um direito, do exercício de uma atividade de risco, do inadimplemento de um contrato (art. 389. "Não cumprida a obrigação – causa – responde o devedor – consequência – responsabilidade civil"), entre outros.

A violação de dever jurídico específico, também denominado ilícito contratual, é objeto de análise na teoria do inadimplemento, e não no art. 186 do CC, que disciplina a violação de deveres jurídicos genéricos. Por isso, o equívoco do Enunciado 411 da V Jornada de Direito Civil não é o seu teor, mas a referência ao art. 186 da Lei Civil em relação ao dano moral decorrente de descumprimento de contrato. O inadimplemento contratual (violação de dever jurídico específico) pode gerar dano moral, mas não com fundamento na teoria do ato ilícito e sim com base na teoria do inadimplemento (obrigações).

Não se deve dar tanto valor à responsabilidade civil, a qual não passa da consequência de algum ato ou conduta. A análise deve ser direcionada para as fontes, as causas, ou seja, o fato gerador da responsabilidade civil. Por isso, para a caracterização da responsabilidade civil, é essencial a existência de uma conduta onde há violação de um dever jurídico preexistente, dano e nexo de causalidade. Presentes todos esses requisitos, haverá responsabilidade civil.

No entanto, o ato ilícito é apenas a fonte daquela responsabilidade e, por isso, é a infração de um dever preexistente, legal ou contratual, e a possibilidade de imputar esse ato à consciência do sujeito.

Resumo

1. Elementos essenciais do ato ilícito:
   a) ação humana (positiva ou negativa), conforme já mencionado;
   b) contrariedade ao direito ou ilicitude – violação de dever jurídico preexistente ou procedimento contrário a um dever jurídico preexistente.

2. Elemento acidental do ato ilícito:
   a) o ilícito pode ser objetivo ou subjetivo. Assim, há dupla forma de imputação: subjetiva (princípio da inculpação – presença da culpa) e objetiva (resulta de normas que atribuem a alguém a assunção de um risco ou dever de segurança, com é o caso da hipótese do art. 927, parágrafo único, do CC).

3. Elementos essenciais da responsabilidade civil:
   a) uma fonte qualquer: causas ou um fato gerador da responsabilidade civil – ato ilícito subjetivo, ato ilícito objetivo, abuso de direito, exercício de atividade de risco, vício no produto, inadimplemento contratual, defeito no serviço, defeito no produto etc.;
   b) nexo de causalidade entre qualquer fato gerador e o dano – teoria da causalidade adequada como regra e teoria da equivalência dos antecedentes como exceção;
   c) dano, material ou moral.

Este é o tratamento mais adequado para não se confundir as teorias do ato ilícito e da responsabilidade civil.

O ato ilícito é considerado um fato jurídico, pois essa conduta antijurídica ou contrária ao direito, traduzida no comportamento comissivo (aquele que age por ação) ou omissivo (o que atua por omissão, como o negligente, por exemplo), tem repercussões jurídicas, obrigando o responsável pelo ato ilícito a reparar os danos causados à vítima (responsabilidade civil se houver dano e nexo de causalidade).

O ilícito objetivo implica apenas a violação de normas, princípios e valores, como é o caso da teoria do abuso de direito e do exercício normal de uma atividade de risco.

O sujeito que exerce atividade de risco, se causar dano a alguém, estará cometendo um ilícito objetivo, pois violou um dever jurídico legal preexistente, relacionado à segurança de sua atividade. Essa responsabilidade civil decorre da violação das regras de segurança por conta do exercício de uma atividade de risco.

A violação a esse dever jurídico preexistente, de não lesar ninguém quando do exercício dessa atividade, poderá gerar responsabilidade civil. O fundamento ou o fato gerador dessa responsabilidade será um ilícito objetivo (violação da norma legal prevista no parágrafo único do art. 927, independentemente da análise da culpa).

Por outro lado, a responsabilidade civil pode ter por fundamento um ato ilícito subjetivo e, nesse caso, além da violação de um dever jurídico preexistente, da conduta antijurídica, do nexo de causalidade e do dano, é necessário apurar se a conduta foi culposa, ou seja, se houve dolo, imprudência, negligência ou imperícia do sujeito. Considerando o valor atual a ser dado ao nexo de causalidade, tal elemento subjetivo perde força, tornando-se secundário.

O efeito da responsabilidade civil é a reparação dos danos materiais ou morais. O responsável pelo ilícito é obrigado a restabelecer o equilíbrio rompido, indenizando a vítima. O ilícito subjetivo, previsto no art. 186, compõe a estrutura da responsabilidade civil.

Por isso, segundo o art. 186, aquele que causa um dano (seja material ou moral), tem a obrigação de indenizar, desde que observados os pressupostos legais da responsabilidade civil: ação humana culposa (comissiva ou omissiva) e contrária ao direito – *ilícito subjetivo*; dano material ou moral (o prejuízo suportado pela vítima); e, finalmente, nexo de causalidade entre a conduta do agente e o dano – esses dois últimos fundamentais para a *responsabilidade civil*.

Então a responsabilidade civil, no caso do art. 186, é soma do ilícito subjetivo, do dano (material ou moral) e do nexo de causalidade.

1.20.3. Ato ilícito objetivo como fonte de responsabilidade civil

Na parte geral do Código Civil, o ilícito objetivo não é regulado no art. 186, mas no art. 187, referente à teoria do abuso de direito, a qual será objeto de análise em separado. O ato ilícito objetivo caracteriza-se pela conduta humana capaz de violar um dever jurídico preexistente ou pela conduta antijurídica e contrária ao direito, sem a necessidade de se atentar para o elemento subjetivo. O elemento subjetivo, culpa em sentido amplo (dolo ou culpa em sentido estrito), não integra a estrutura do ilícito objetivo.

A teoria do abuso de direito, prevista no art. 187 do CC, e a teoria do risco da atividade, tratada no parágrafo único do art. 927 da mesma Lei Civil, são exemplos de ilícito objetivo, ou seja, que se caracterizam independentemente de culpa.

Os princípios constitucionais norteadores das relações privadas, em especial a solidariedade, a objetivação das fontes de responsabilidade civil e as cláusulas gerais do sistema, como a função social e a boa-fé objetiva, tornam o ilícito subjetivo uma "ave rara", próxima da extinção.

A tendência é dispensar a apuração do elemento subjetivo nas fontes de responsabilidade civil, até porque a teoria do abuso de direito e a teoria do risco, causas objetivas geradoras de responsabilidade civil, abrangem a quase totalidade das situações sociais e privadas, restando pouco, ou quase nada, para o campo restritíssimo do ilícito subjetivo.

O fundamento do ilícito objetivo é o sentimento de solidariedade social. Em relação à teoria do abuso de direito, serão feitos comentários em separado.

Em relação à teoria do risco, segundo o mestre Caio Mário[354]: "No campo objetivista situa-se a teoria do risco proclamando ser de melhor justiça que todo aquele que disponha de um conforto oferecido pelo progresso ou que realize um empreendimento portador de utilidade ou prazer, deve suportar os riscos a que exponha os outros. Cada um deve sofrer o risco de seus atos, sem cogitação da ideia de culpa, e, portanto, o fundamento da responsabilidade civil desloca-se da noção de culpa para a ideia de risco".

O risco pode ser o risco-proveito, em que a reparação do dano é consequência de uma atividade realizada em benefício do responsável; risco-criado, a que subordina todo aquele que, sem indagação de culpa, expuser alguém a suportá-lo; e o risco da atividade, onde o fato danoso gera a responsabilidade pelo simples exercício de uma atividade.

Não há dúvida de que, atualmente, coexistem em nosso sistema a responsabilidade subjetiva, fundada no ilícito subjetivo, e a responsabilidade objetiva, baseada e sustentada no ilícito objetivo, cujo ilícito pode estar relacionado às mais diversas situações, como o abuso de um direito, o risco de uma atividade, as previsões legais específicas, entre outras causas.

Na responsabilidade *objetiva* basta a conduta contrária ao direito, o dano e o nexo de causalidade entre a conduta e o dano. Nada mais do que isso. Como o objetivo deste volume não é tratar da responsabilidade civil, mas apenas do ilícito, estas são as considerações essenciais.

Eis a síntese da responsabilidade civil:

1. Responsabilidade objetiva:
   a) conduta humana (comissiva ou omissiva) contrária ao direito – qualquer fonte relacionada a ilícito objetivo;
   b) dano material ou moral;
   c) nexo de causalidade.

2. Responsabilidade subjetiva:
   a) conduta humana *culposa* (comissiva ou omissiva) contrária ao direito – *ilícito subjetivo*;
   b) dano material ou moral;
   c) nexo de causalidade.

1.20.4. Teoria do abuso de direito e ilícito objetivo

O art. 187 do CC também considera ato ilícito o abuso de direito. Trata-se de espécie de ilícito objetivo, pois prescinde da apuração de qualquer elemento subjetivo (dolo ou culpa) para sua configuração.

A teoria do abuso de direito passou a ser regulada, de forma expressa e por meio de cláusula geral, pela primeira vez na legislação civil, com o Código Civil de 2002.

O art. 187 do Código Civil retrata uma das principais funções da boa-fé objetiva no sistema civil: a função de controle, que consiste na imposição de limites ao exercício, no mundo fático, de direitos subjetivos e potestativos.

Portanto, o fundamento da teoria do abuso de direito é o princípio da boa-fé objetiva. O abuso de direito pode decorrer de conduta comissiva ou omissiva no momento do exercício de situações jurídicas.

O Código Civil de 1916 era omisso sobre o tema, levando a doutrina a admitir o abuso de direito mediante interpretação invertida do art. 160, I, daquele diploma. Segundo esse dispositivo, não constituía ato ilícito o exercício regular de um direito subjetivo reconhecido. Portanto, em uma interpretação a *contrario sensu*, entendia-se que constituía ato ilícito o exercício irregular ou anormal e abusivo de um direito. Esta foi a forma encontrada pela doutrina para contornar a omissão legislativa do Código Civil de 1916 sobre o abuso de direito como causa ou fonte de responsabilidade civil.

Com o novo Código Civil, o abuso de direito não só passa a ser regulado de forma expressa, como é um dos paradigmas do sistema jurídico civil, impondo aos sujeitos limites éticos no exercício de direitos subjetivos. A teoria do abuso de direito é uma cláusula geral inserida no direito civil, cujo fundamento é o princípio da boa-fé objetiva.

Uma das funções do princípio da boa-fé objetiva é, justamente, a limitação ao exercício dos direitos subjetivos e potestativos. Assim, o sujeito, investido na titularidade de um direito subjetivo, ao exercer esse direito, não poderá extrapolar, abusar ou agir com excesso.

Portanto, o fundamento e a base de sustentação da teoria do abuso de direito é o princípio da boa-fé objetiva. Este imporá padrão ético de conduta aos sujeitos investidos na titularidade de direitos subjetivos e potestativos, no momento de exercê-los (quando coloca em ação a capacidade de fato, que é dinâmica). Na realidade, a teoria do abuso de direito relativiza os direitos subjetivos e potestativos.

O abuso de direito é definido no art. 187 do CC: "Também comete ato ilícito o titular de um direito que, ao exercê-lo, excede manifestamente os limites impostos pelo seu fim econômico ou social, pela boa-fé ou pelos bons costumes".

Trata-se de uma categoria autônoma em relação à responsabilidade civil, espécie de ilícito objetivo. O abuso de direito se caracteriza independente de eventual resultado danoso. Nesse sentido, o Enunciado 539 da VI Jornada de Direito Civil: "O abuso de direito é uma categoria jurídica autônoma em relação à responsabilidade civil. Por isso, o exercício abusivo de posições jurídicas desafia controle independentemente de dano".

---
[354] PEREIRA, Caio Mário da Silva. *Instituições de direito civil:* Introdução ao direito civil. Teoria geral de direito civil. 20. ed. Atualizado por Maria Celina Bodin de Moraes. Rio de Janeiro: Forense, 2004. v. 1.

O exercício abusivo de direitos subjetivos e potestativos dispensa qualquer espécie de dano. É possível que haja abuso sem a ocorrência de dano. O abuso de direito pode ser utilizado como controle preventivo e repressivo.

No abuso de direito, na origem, o ato será lícito, pois o sujeito ou ator privado estará investido na titularidade de direito subjetivo ou potestativo. Todavia, durante o exercício desse direito subjetivo, o sujeito titular excede, manifestamente, os limites impostos pelo seu fim econômico e social, pela boa-fé e bons costumes. Neste caso, estará caracterizado o ilícito pela violação de valores éticos exigidos a todos os sujeitos no momento de exercerem seus direitos.

O exemplo clássico é o abuso do direito de propriedade, art. 1.228 do CC. O § 1º estabelece que o direito de propriedade deve ser exercido em consonância com suas finalidades econômicas e sociais. O § 2º proíbe atos que não tragam ao proprietário qualquer comodidade ou utilidade e sejam animados pela intenção de prejudicar outrem.

A teoria do abuso de direito está inserida em todas as relações jurídicas privadas. É cláusula geral e aberta, compatível com qualquer fato jurídico, independentemente da natureza deste. Significa a imposição de limites éticos aos direitos subjetivos, tornando-os relativos.

No abuso de direito o sujeito passa a ter um comportamento contrário e incompatível com os fundamentos materiais da norma jurídica. Haverá desvio de direito do seu espírito, da sua finalidade e função social, levando em conta os valores a serem tutelados.

A pergunta é: Onde estão os limites do direito subjetivo ou potestativo que devem ser observados pelos respectivos titulares: Resposta: no fundamento axiológico da norma jurídica.

O direito civil é direito/função, ou seja, a função e finalidade justificam e legitimam os direitos. Integram o conteúdo do direito. O exercício ou não exercício do direito subjetivo ou potestativo em contrariedade com a função que o legitima e o justifica o torna abusivo.

O conflito entre a finalidade própria do direito (subjetivo e potestativo) e a atuação concreta da parte (titular destes direitos) o torna antifuncional. No abuso de direito, o titular de um direito subjetivo ou potestativo, viola os valores éticos que justificam o reconhecimento e a tutela deste mesmo direito subjetivo. O direito subjetivo é um direito função e o seu exercício (ou não exercício) abusivo motiva a ruptura do equilíbrio dos interesses sociais concorrentes. O sujeito de direito viola os fundamentos materiais, sociais e substanciais da norma.

Em qualquer ato ou negócio jurídico praticado com abuso de direito, além da violação da boa-fé objetiva, conduta não ética, tal ato ou negócio também não estará de acordo com o princípio da função social. Se houver abuso, o ato ou negócio jurídico não terá tutela do Estado, dentre outras razões, porque o abuso de direito é incompatível com a função social. A ética e o fim social e econômico passam a integrar a própria estrutura do direito subjetivo, razão pela qual o abuso pode caracterizar o ilícito.

Como bem ressalta Cristiano Chaves[355]: "(...) no momento atual, direciona-se a investigação do abuso de direito para o campo interno e estrutural do direito subjetivo, identificando a sua essência no confronto entre o exercício formal do direito e o seu fundamento valorativo. Ou seja, aparentemente o comportamento do sujeito atende ao direito, mas no ato concreto de seu exercício surge violação de ordem material, posto descumprido o sentido axiológico da norma. A finalidade social do direito penetra na sua própria estrutura, a ponto de justificar o seu reconhecimento pelo ordenamento jurídico".

No abuso de direito, haverá uma contrariedade entre o comportamento do sujeito e o fundamento valorativo e substancial de uma determinada norma jurídica. O sujeito tem um comportamento em que os princípios e valores exigidos pelo ordenamento jurídico acabam sendo confrontados, levando à ilicitude dessa conduta humana.

O abuso de direito é, inegavelmente, espécie de ato ilícito objetivo. Segundo o art. 187, "também comete ato ilícito". Esta é a orientação. No entanto, deve ser registrada a posição contrária dos defensores da distinção do ato abusivo e do ato ilícito. Para estes, o ato abusivo seria uma categoria jurídica autônoma, a qual não se confunde com a teoria do ato ilícito.

Para resumir essa linha de entendimento, interessante ressaltar as palavras de Heloísa Carpena[356]: "O que diferencia as duas espécies é a natureza da violação a que eles se referem. No ato ilícito, o sujeito viola diretamente o comando legal, pressupondo-se então que este contenha previsão expressa daquela conduta. No abuso, o sujeito aparentemente age no exercício de seu direito, todavia há uma violação dos valores que justificam o reconhecimento desse mesmo direito pelo ordenamento jurídico. Diz-se, portanto, que no primeiro, há inobservância de limites lógico-formais e, no segundo, axiológico-materiais".

Não há como concordar com essa linha de entendimento, também defendida por Gustavo Tepedino.

Essa resistência de alguns doutrinadores em considerar o abuso de direito como espécie de ato ilícito se dá, principalmente, porque, tradicionalmente, o ilícito sempre esteve associado à ideia de culpa e o abuso de direito dispensa a análise e apuração desse elemento subjetivo.

Ocorre que o ato ilícito pode ser subjetivo e objetivo, pois o ilícito nada mais é do que a violação de dever jurídico preexistente.

Assim, ao exercer um direito subjetivo, se o sujeito abusa ou se excede no uso desse direito, estará, da mesma forma, violando deveres jurídicos preexistentes, altamente relevantes, ou seja, a ética e a finalidade social, valores essenciais para a legitimidade de qualquer relação jurídica privada.

---

[355] FARIAS, Cristiano Chaves de; ROSENVALD, Nelson. *Direito civil*: teoria geral. 8. ed. Rio de Janeiro: Lumen Juris, 2009.

[356] CARPENA, Heloísa. O abuso de direito no Código Civil de 2002. In: TEPEDINO, Gustavo (coord.). *A parte geral do novo Código Civil*: estudos na perspectiva civil constitucional. Rio de Janeiro: Renovar, 2002.

Os argumentos dos que sustentam o ato abusivo como categoria jurídica autônoma não convencem.

Ao violar os valores, o sujeito age em contrariedade aos deveres jurídicos impostos pelo ordenamento, portanto, a conduta é antijurídica.

Dessa forma, o ato ilícito comporta, atualmente, a teoria do abuso de direito, pois esse abuso implicará uma conduta contrária ao direito. Aquele que respeita os limites do direito subjetivo, não pratica abuso e, portanto, não há ilícito. Por outro lado, o sujeito, ao agir com excesso, a ser apurado no caso concreto, desrespeita dispositivo legal. Se houver desrespeito à lei, caracterizado estará o ilícito. Ou seja, ilícito é tudo aquilo contrário à lei, como é o caso do abuso de direito.

No abuso de direito, não há limites previamente fixados, pois, o abuso de direito, por natureza, representa cláusula geral, aberta e indeterminada. Em caso de abuso de direito, haverá violação de valores éticos e sociais. Isso faz parte do sistema aberto do atual Código Civil, onde o ilícito, de uma maneira geral, será verificado no caso concreto. Isso porque as normas jurídicas dividem-se em regras e princípios. Os princípios são preponderantes no sistema civil.

O ato ilícito e o abuso de direito são apenas fontes ou causas de responsabilidade civil. O fato determinante a ser considerado para a introdução do abuso de direito na teoria do ato ilícito é que, no abuso de direito, o sujeito age em contrariedade ao ordenamento jurídico e sem respeito aos valores éticos impostos pelo princípio da boa-fé objetiva àquele investido na titularidade de um direito. O conceito de ato ilícito, desse modo, é plenamente compatível com o abuso de direito.

No abuso de direito, a atividade do intérprete será muito mais intensa, pois em cada situação concreta terá de ser observado se houve ou não violação dos valores éticos impostos pelo art. 187. E isso somente é possível no caso concreto. Não há como, abstratamente, determinar o abuso de direito, pois somente comparando o comportamento concreto, a situação fática, a realidade social, a finalidade do ato, o objetivo a ser alcançado, a natureza do negócio, entre outros aspectos será possível determinar se houve ou não abuso de direito.

O critério a nortear a teoria do abuso de direito é a ética. O princípio da boa-fé objetiva impõe um dever de agir de acordo com padrões de lealdade e confiança. Por isso, o uso imoderado do direito subjetivo, excedendo manifestamente os limites valorativos e éticos, levará à caracterização do abuso de direito, o qual surge no interior do próprio direito subjetivo. É quebrada a necessária relação de cooperação e solidariedade que deve existir em uma relação entre atores privados.

Nesse sentido é o Enunciado 414 da V Jornada de Direito Civil: "Art. 187. A cláusula geral do art. 187 do CC tem fundamento constitucional nos princípios da solidariedade, devido processo legal e proteção da confiança e aplica-se a todos os ramos do direito".

Em síntese, o abuso de direito pode ser compreendido em etapas ou fases. Em primeiro lugar, o sistema jurídico reconhece e atribui aos sujeitos de direito a capacidade de ser titular de direitos subjetivos e potestativos. Em seguida, tais sujeitos, em razão da investidura destes direitos, terão o poder para exercê-los (capacidade de fato) no mundo real ou da vida. O abuso de direito tem por objetivo controlar a conduta/comportamento destes sujeitos de direito no momento do exercício destes direitos subjetivos e potestativos. Tal controle ocorrerá no mundo concreto, a partir da apuração da compatibilidade entre o exercício destes direitos com a função ou finalidade que os justifica. Haverá abuso de direito quando houver desconformidade ou incompatibilidade entre o exercício do direito e a finalidade.

Como apurar o abuso de direito? O conflito entre a finalidade própria do direito (subjetivo e potestativo) e a atuação concreta do titular (sujeito), levará à caracterização do abuso. No abuso, o titular de direito subjetivo ou potestativo viola valores éticos que justificam o reconhecimento e a tutela deste mesmo direito.

1.20.4.1. A questão da boa-fé objetiva e da culpa na teoria do abuso de direito

O abuso de direito, como espécie de ilícito, prescinde de qualquer elemento subjetivo.

O legislador adotou, como se depreende do art. 187 do CC, um critério *finalístico* para identificação do abuso de direito.

Tal teoria prescinde da ideia de culpa, pois a aferição do abuso no exercício de um direito deve ser exclusivamente objetiva, dependendo apenas da verificação da desconformidade concreta entre o exercício do direito e os valores tutelados pelo ordenamento jurídico, como já ressaltamos.

Essa questão foi objeto do Enunciado 37, da I Jornada de Direito Civil: "A responsabilidade civil decorrente do abuso de direito independe de culpa e fundamenta-se somente no critério objetivo-finalístico".

A razão disso é o fundamento da teoria do abuso de direito, qual seja, o princípio da boa-fé objetiva. Tal princípio tem a função de servir como parâmetro de interpretação do negócio jurídico (art. 113), criar deveres anexos e colaterais (art. 422) e impor limites ao exercício de direitos subjetivos (art. 187).

No abuso de direito é violada a finalidade do direito, o seu escopo social e ético. A aferição dessa violação é objetiva, ou seja, independe de dolo ou culpa.

O Código Civil tomou de empréstimo o art. 334 do Código Civil português de 1966, cujo dispositivo trata da teoria do abuso de direito nos mesmos moldes do nosso art. 187 (Art. 334. "É ilegítimo o exercício de um direito, quando o titular exceda manifestamente os limites impostos pela boa-fé, pelos bons costumes ou pelo fim social ou econômico desse direito").

As críticas em relação à redação do art. 187 são pertinentes e procedem. A expressão "manifestamente" é geradora de dúvidas e incompatível com o princípio da boa-fé objetiva. Estamos tratando de valores e, por isso, o excesso, ainda que mínimo, constitui abuso.

Aliás, é difícil definir os limites da expressão "em referência". Assim, o sujeito deve abusar muito do seu direito, intensamente, para cometer um ilícito? Obviamente a redação torna complexa a atividade do intérprete. Abuso é abuso. Não existe "abusão" e "abusinho". Não existe ética maior e ética menor. Portanto, o excesso não precisa ser manifesto, pois o princípio da boa-fé objetiva não comporta graduação. Ética é ética.

A outra crítica correta está relacionada ao termo "exercê-lo", pois o abuso de direito também pode ser caracterizado por uma conduta humana omissiva. A omissão ou passividade poderá caracterizar abuso, principalmente quando tal omissão for seguida de um comportamento incoerente ou contraditório, conforme será analisado na sequência.

O abuso de direito, por ser uma cláusula geral, poderá caracterizar-se em uma obrigação, em qualquer contrato, nos direitos reais, como o exemplo da propriedade, em matéria possessória, em especial na mudança do caráter da posse, no direito de família e, de uma maneira geral, em qualquer relação jurídica privada.

Se toda relação se sujeita ao princípio da boa-fé objetiva e, sendo esse princípio o elemento principal a compor a estrutura do abuso de direito, tal poderá ser invocado pelo sujeito prejudicado em qualquer situação ou relação jurídica.

Segundo Teresa Negreiros[357], "boa-fé e abuso de direito completam-se, operando aquela como parâmetro de valoração do comportamento dos contratantes: o exercício de um direito será irregular e, nesta medida, abusivo, se consubstanciar quebra de confiança e frustração de legítimas expectativas".

Em conclusão, o princípio da boa-fé objetiva e a finalidade social integram a teoria do abuso de direito, representando seus valores fundamentais.

No encontro da V Jornada de Direito Civil, promovida pelo Conselho da Justiça Federal, foi aprovado enunciado relativo aos bons costumes, com a admissão de que possam ter natureza subjetiva ou objetiva. Tal tese é discutível, tendo em vista que a natureza subjetiva desvirtua o critério objetivo eleito pelo art. 187. Segundo o Enunciado 413: "Art. 187. Os bons costumes previstos no art. 187 do CC possuem natureza subjetiva, destinada ao controle da moralidade social de determinada época, e objetiva, para permitir a sindicância da violação dos negócios jurídicos em questões não abrangidas pela função social e pela boa-fé objetiva".

No intuito de preservar alguns efeitos produzidos por ato ou negócio jurídico que possam se caracterizar como abusivos, foi aprovado enunciado na VIII Jornada de Direito Civil: "O abuso do direito impede a produção de efeitos do ato abusivo de exercício, na extensão necessária a evitar sua manifesta contrariedade à boa-fé, aos bons costumes, à função econômica ou social do direito exercido". O abuso de direito somente vai impedir que o ato produza efeitos na medida necessária para controlar o abuso, caso em que serão preservados os atos praticados no exercício de direito subjetivo ou potestativo que não forem abusivos.

1.20.4.2. Casos específicos de abuso de direito

O abuso de direito pode ser visualizado em vários dispositivos do Código Civil. Citaremos alguns, apenas a título de exemplo.

Segundo o art. 235 do CC, não sendo culpado o devedor pela deterioração de uma coisa certa, objeto da obrigação (venda de um veículo, por exemplo), poderá o credor resolver a obrigação ou aceitar a coisa, abatido de seu preço o valor que perdeu.

Assim, o credor terá o direito subjetivo de resolver o negócio ou aceitar do devedor o bem deteriorado, com abatimento de preço. Em razão do princípio da boa-fé objetiva e da teoria do abuso de direito, o credor, mesmo havendo previsão legal, não poderá exercer o direito subjetivo de resolver o contrato se a deterioração for mínima. Se o veículo vale R$ 100.000,00 e a deterioração não passa de R$ 1.000,00, não pode o credor pretender resolver o contrato, pois isso caracterizaria abuso do direito subjetivo à resolução.

Em outra situação, nas obrigações de dar coisa incerta, onde o objeto ainda não foi especificado ou individualizado, no momento da escolha, o credor ou o devedor, segundo o art. 244, não poderá dar ou escolher a pior ou ser obrigado a prestar a melhor. Se o devedor for obrigado a escolher as melhores coisas, haverá abuso de direito, por violação da boa-fé objetiva. A escolha deve ser pela média. Portanto, se alguém vende cem cabeças de gado, sem especificar os animais, no momento da escolha, não poderá o comprador escolher as piores e nem o vendedor será obrigado a dar as melhores, pois a escolha é pela média. Ao contrário disso, haverá abuso de direito.

No art. 299 do CC está expresso que o credor poderá recusar o novo devedor na assunção de uma obrigação. O negócio jurídico *assunção*, por delegação (negócio entre o devedor primitivo e o novo devedor), deve ter a anuência do credor. O credor tem o direito subjetivo de recusar o novo devedor. No entanto, essa recusa deve ser justificada, sob pena de abuso de direito.

O art. 473, parágrafo único, do CC, também é um excelente exemplo de abuso de direito. O sujeito pode resilir o contrato pela sua própria vontade. A resilição é a possibilidade de extinguir determinados contratos, normalmente por prazos indeterminados, pela mera vontade de um dos contratantes. No parágrafo único do art. 473, para evitar abuso de direito no exercício do poder de resilição, dependendo da natureza do contrato e, se uma das partes houver feito investimentos consideráveis para sua execução, a denúncia unilateral ou a resilição somente produzirá efeitos depois de transcorrido prazo compatível com a natureza e o vulto dos investimentos.

Nesse caso, suspende-se a eficácia do direito potestativo à resilição unilateral por um dos contratantes, enquanto não for superado o lapso temporal suficiente

---

[357] NEGREIROS, Teresa. *Teoria do contrato*: novos paradigmas. Rio de Janeiro: Renovar, 2008.

para a outra parte se compensar quanto aos investimentos efetuados para a execução do contrato. Trata-se de evidente imposição de limites éticos à autonomia privada (Cristiano Chaves). É o Estado impedindo o abuso do direito.

A teoria do adimplemento substancial, relacionada às obrigações, também tem relação com a teoria do abuso de direito. No adimplemento substancial, o sujeito já adimpliu a quase totalidade do contrato, atendendo à substância do direito subjetivo do credor (por isso a denominação adimplemento "substancial").

Por exemplo, em um contrato de alienação fiduciária, com 36 prestações, tendo o devedor pago 33 prestações e inadimplido três, restou caracterizado o adimplemento ou cumprimento substancioso do contrato.

Em tese, como base no inadimplemento dessas três prestações, poderia o credor requerer a resolução do contrato, com fundamento no art. 475 do CC. No entanto, nesse caso, o pedido de resolução do contrato pelo credor, embora seja um direito subjetivo previsto em lei, caracterizaria abuso do direito à resolução. Nas obrigações entre credor e devedor deve existir cooperação mútua e recíproca em função da solidariedade constitucional. Assim, nesse caso, o credor teria o direito legítimo de cobrar as três parcelas inadimplidas, mas não de requerer a resolução do contrato, pois a preservação deste interessa ao devedor. Com isso, preservam-se os interesses do credor, podendo cobrar as parcelas inadimplidas, e do devedor, relacionado à manutenção do contrato.

Nos termos do Enunciado 361 da IV Jornada de Direito Civil: "O adimplemento substancial decorre dos princípios gerais contratuais, de modo a fazer preponderar a função social do contrato e o princípio da boa-fé objetiva, balizando a aplicação do art. 475 do CC".

A teoria do adimplemento substancial tem por fundamentos a função social e a boa-fé objetiva. O contrato adimplido na substância, na quase totalidade, já cumpriu a sua função social e, por conta disso, não seria ético ao credor pleitear a resolução desse pacto. Essa conduta violaria valores protegidos pela norma jurídica, caracterizando abuso de direito.

Tais situações são apenas exemplos de abuso de direito, como já demonstramos no direito de propriedade, art. 1.228, §§ 1º e 2º.

Como bem ressalta Cristiano Chaves[358], "(...) o abuso de direito só ocupa posição de relevo em ordenamentos jurídicos que reconheçam a prevalência axiológica dos princípios constitucionais e superem a visão míope dos direitos como construções fracionadas e atomizadas. Apenas sistemas abertos terão a capacidade de captar os valores imantados em princípios e enviá-los diretamente às normas privadas, garantindo a supremacia da Lei Maior e a necessária unidade e coerência com os demais sistemas".

1.20.4.3. Proibição do comportamento contraditório (*venire contra factum proprium*), supressio (*Verwirkung*), surrectio (*Erwirkung*) e *tu quoque*

A *venire contra factum proprium* é um desdobramento da teoria do abuso de direito, tendo como fundamento o princípio da solidariedade social, o qual impõe a consideração da posição alheia na relação jurídica privada.

O *nemo potest venire contra factum proprium* veda o comportamento contraditório e a incoerência do sujeito em determinada relação privada. O comportamento ou a conduta do sujeito deve ser coerente, desde o início até a conclusão do ato ou negócio jurídico.

O princípio da boa-fé objetiva exige do sujeito conduta leal e ética durante o ato ou negócio jurídico. Por isso, se o sujeito se orienta no início do negócio jurídico de uma forma e, no decorrer do negócio, sem qualquer justificativa, passa a ter uma conduta incompatível e contrária à conduta inicial, restará caracterizado o abuso de direito. O objetivo desse instituto é a tutela da confiança do sujeito que acreditou no comportamento inicial da outra parte. A finalidade do *nemo potest venire contra factum proprium* é a tutela da confiança.

Para a caracterização do abuso de direito pela conduta ou comportamento contraditório são essenciais alguns pressupostos.

O *primeiro pressuposto* é um *factum proprium*, ou seja, conduta ou comportamento denominado "inicial". Essa conduta inicial é a forma de o sujeito orientar-se no primeiro contato com a outra parte, em determinado ato ou negócio. Para não caracterizar abuso de direito e violação do princípio da boa-fé objetiva, esse comportamento inicial, exteriorizado, deve estender-se até a conclusão do negócio jurídico.

A expressão comportamento "inicial" é utilizada para diferenciá-lo do comportamento "posterior". Não há sentido nessa diferença se a pessoa tem o mesmo comportamento durante todo o ato ou negócio. No entanto, havendo comportamentos diferentes, em momentos distintos, passa a ser relevante destacar o comportamento inicial do posterior.

Assim, somente se cogitará em comportamento inicial se, em determinando momento, o sujeito passa a ter comportamento diverso daquele inicial e, por isso, este último será classificado como "posterior". Na comparação entre o comportamento inicial e o comportamento posterior há uma incoerência ou contradição injustificada.

Em relação a esse pressuposto, correta a análise de Anderson Schreiber[359]: "O *factum proprium* é, por definição, uma conduta não vinculante. Torna-se vinculante apenas porque e na medida em que, despertando a confiança de outrem, atrai a incidência do princípio de proibição do comportamento contraditório e impõe ao seu praticante a conservação do seu sentido objetivo. O *factum proprium* não consiste em ato jurídico, no sentido tradicio-

---

[358] FARIAS, Cristiano Chaves de; ROSENVALD, Nelson. *Direito civil*: teoria geral. 8. ed. Rio de Janeiro: Lumen Juris, 2009.

[359] SCHREIBER, Anderson. *A proibição de comportamento contraditório*. Rio de Janeiro: Renovar, 2005.

nal; passa a produzir efeitos jurídicos somente por força da necessidade de tutelar a confiança legítima depositada por outrem. Em síntese não é jurídico, torna-se jurídico".

O fato próprio é uma conduta não vinculante, em si considerada, porque apenas retrata um comportamento, o qual poderá gerar expectativa na outra parte, mas difere dos atos vinculantes. Por exemplo, se alguém celebra um contrato de compra e venda e, no momento de transferir o bem, recusa-se a cumprir o contrato, caracterizado estará o inadimplemento, justamente porque as obrigações contratuais possuem força vinculante. No entanto, se alguém tem um comportamento no sentido de concordar em firmar um contrato de venda, tal comportamento gera expectativa na outra parte. Se, antes de concluir o acordo, o sujeito resolve não o consumar, de forma injustificada, aí se terá o primeiro requisito para a análise da *venire contra factum proprium*. Ou seja, não há interesse nesse princípio quando os sujeitos já estão vinculados em obrigações onde é possível a resolução da questão com base na tradicional teoria do inadimplemento contratual.

Por isso, precisa a observação de Schreiber[360] quando diz: "Se alguém se obriga, por meio de um contrato de compra e venda, a transferir certo bem ao comprador, e posteriormente contraria esse comportamento (isto é, contraria o acordo de vontades formalmente vinculante), deixando de entregar o bem na data devida, não se faz necessário falar em violação à confiança ou em *nemo potest venire contra factum proprium*. A hipótese será aí de simples inadimplemento e consequente responsabilidade obrigacional, por meio do qual o direito positivo já assegura a necessária proteção à contraparte".

O *factum proprium*, isoladamente considerado, não terá força para vincular o sujeito. No entanto, se esse fato próprio ou comportamento inicial gerar na outra parte uma expectativa legítima ou confiança de consumação daquele comportamento, aí, por conta da expectativa, e não apenas pelo fato próprio, esse passa a ter caráter vinculante.

O sujeito passa a se obrigar em função do seu próprio comportamento, mas apenas porque essa conduta teve o poder de criar, na esfera subjetiva da outra parte, uma confiança na materialização do comportamento. Assim, o fato próprio, ou comportamento inicial, terá força vinculante apenas se tiver o poder de gerar expectativas legítimas na contraparte. O fato próprio, isoladamente, não vincula o sujeito.

Como bem observa Schreiber[361], "(...) o que se exige do *factum proprium* não é que seja vinculante, nem que seja juridicamente relevante ou eficaz, mas que possa, sob o ponto de vista fático e objetivo, repercutir na esfera alheia, gerando legítima confiança".

O *segundo pressuposto* é a legítima confiança gerada na outra parte em função daquele fato próprio, denominado "comportamento inicial". O comportamento ou a conduta inicial do sujeito deve ser apto e idôneo a influenciar a esfera psicológica da contraparte. No entanto, isso não é suficiente.

É essencial que a outra parte crie, em seu íntimo, a expectativa sobre a consumação daquele comportamento inicial. Se a conduta inicial não tiver esse poder, não se caracterizará a *nemo potest venire contra factum proprium*.

Não há como padronizar essa "legítima expectativa" ou considerá-la em termos abstratos. Somente no caso concreto será possível apurar se o comportamento ou a conduta do sujeito despertou na outra parte íntima e legítima convicção, séria e apta a levar a contraparte a acreditar na consumação ou consolidação do comportamento.

A vedação ao comportamento contraditório obsta e impede que alguém possa contrariar o seu próprio comportamento, após ter gerado na outra pessoa determinada expectativa e uma legítima confiança. A outra parte não pode estar de má-fé e, para sua confiança ou expectativa legítima merecer a devida tutela, deverá agir com a cautela e diligência que se espera em determinado negócio jurídico, em atenção ao princípio da boa-fé objetiva, fundamento da *nemo potest venire contra factum proprium* e da teoria do abuso de direito.

O *terceiro pressuposto* é justamente um comportamento contrário ou contraditório à conduta do sujeito até então. É a contradição ao *factum proprium*. Somente há sentido em cogitar em fato próprio ou em comportamento inicial se, em determinado momento, o sujeito passar a agir de forma diferente, em contradição ou de forma incoerente à sua conduta inicial.

Por isso, na *nemo potest venire contra factum proprium* haverá comparação entre o comportamento inicial e o comportamento posterior. Por exemplo, se um sujeito resolve vender um imóvel e, para tanto, anuncia esse bem para a venda, contrata um corretor, conversa com amigos, inicia conversas, ouve propostas etc., estará tornando evidente, com essas condutas, o desejo de dispor desse bem jurídico. Suponha que alguém se interesse efetivamente pelo bem, concordando com o preço, com as condições de pagamento ofertadas e tudo o mais. Esse pretenso comprador, diante de uma legítima expectativa de adquirir o bem, criada pelo comportamento inicial do proprietário do imóvel, inclusive aliena outros bens para ter dinheiro para pagar pelo imóvel. Se, no momento da conclusão do negócio ou no momento do acordo, o sujeito responsável pela venda, sem qualquer justificativa, informar ao interessado que não mais venderá o imóvel, tal conduta caracterizará abuso de direito, pois esse comportamento posterior é incompatível e contraditório com o comportamento inicial. Se desse comportamento decorrer dano ao interessado em adquirir o imóvel, seja moral ou material, caberá indenização, com base na teoria do abuso de direito.

A contradição é analisada de forma objetiva, independentemente do desejo de ser incoerente. Basta a contradição entre o comportamento inicial (manifesta o desejo de vender) e o segundo comportamento (desiste de vender). No entanto, o abuso de direito, como já ressaltado, somente estará configurado se a primeira conduta for capaz

---

[360] SCHREIBER, Anderson. *A proibição de comportamento contraditório*. Rio de Janeiro: Renovar, 2005.
[361] SCHREIBER, Anderson. *A proibição de comportamento contraditório*. Rio de Janeiro: Renovar, 2005.

de gerar na outra parte expectativa legítima a ser analisada no caso concreto.

O *quarto e último pressuposto* é o dano material ou moral. Tal lesão ao bem jurídico é provocada por dois comportamentos, contraditórios, do sujeito, ambos da mesma origem, ou seja, os dois comportamentos são provenientes do mesmo sujeito, cuja conduta incoerente é vedada pelo princípio da boa-fé objetiva, por caracterizar abuso de direito.

Em razão desse comportamento contraditório, o sujeito que teve a sua legítima expectativa frustrada, pode ter tido prejuízos, dano material, ou direitos da sua personalidade violados, configurando o dano moral.

Além do dano material e moral, será possível ao sujeito prejudicado exigir da outra parte tutela específica, ou seja, o cumprimento forçado do comportamento inicial, obviamente se for possível, se houver interesse e se isso não violar os direitos da personalidade. Não sendo possível o cumprimento da conduta inicial, resta ao prejudicado requerer indenização por perdas e danos. O prejudicado também poderá pretender tutela inibitória, exigindo do sujeito a abstenção a que se comprometeu com o seu comportamento inicial, evitando o próprio ilícito.

A caracterização do *nemo potest venire contra factum proprium* está totalmente relacionada à teoria do abuso de direito, pois o comportamento incoerente, em determinada relação privada, configura-se em ato abusivo, podendo ser fundamento para a reparação do dano ou para obtenção de tutela específica ou inibitória. É espécie de abuso de direito pela violação do princípio da boa-fé objetiva, devendo seguir os parâmetros do art. 187 do CC.

Tal princípio foi consagrado na IV Jornada de Direito Civil, promovida pelo Conselho da Justiça Federal, no Enunciado 362: "A vedação do comportamento contraditório (*venire contra factum proprium*) funda-se na proteção da confiança, tal como se extrai dos arts. 187 e 422 do CC".

O Enunciado 363, da IV Jornada, promovida pelo Conselho da Justiça Federal, demonstra como deve ser a análise concreta da lesão a esse princípio: "Os princípios da probidade e da confiança são de ordem pública, estando a parte lesada somente obrigada a demonstrar a existência da violação".

A boa-fé objetiva é uma cláusula geral do sistema, a qual também fundamenta a teoria do abuso de direito, exigindo dos sujeitos, em qualquer negócio jurídico, padrão de conduta, agindo como ser humano leal e honesto. Em resumo, é a imposição de um padrão ético para as relações privadas, seja qual for a sua natureza.

1.20.4.3.1. Supressio – surrectio – tu quoque

A *supressio*, *surrectio* e *tu quoque* são desdobramentos da *nemo potest venire contra factum proprium*, estando, portanto, integradas na teoria do abuso de direito.

A *supressio* implica a supressão de direitos ou de situações jurídicas em função de um determinado comportamento. A *surrectio* seria o lado oposto, representando o surgimento de um direito.

Como define Cristiano Chaves[362], "(...) é possível dizer que a *supressio* é o fenômeno da perda, supressão, de determinada faculdade jurídica pelo decurso do tempo, ao revés da *surrectio* que se refere ao fenômeno inverso, isto é, o surgimento de uma situação de vantagem para alguém em razão do não exercício por outrem de um determinado direito, cerceada a possibilidade de vir a exercê-lo posteriormente".

A *supressio* ou *Verwirkung* (expressão alemã), segundo Anderson Schreiber[363]: "(...) foi consagrada pela jurisprudência alemã a partir do fim da Primeira Guerra Mundial, para designar a inadmissibilidade de exercício de um direito por seu retardamento desleal. Em 1925, ainda na Alemanha, ficou célebre o caso *Goldina*, relativo a uma ação de impugnação ao uso de marca. O autor da ação havia depositado, em 1906, junto ao órgão público competente a marca *Goldina* para um complexo de produtos laticínios, que incluía manteiga, leite condensado e margarina, dos quais apenas a margarina veio efetivamente a comercializar. O réu havia depositado, em 1896, a mesma marca *Goldina* para identificar a sua produção de cacau e chocolate, que acabou tendo um grande desenvolvimento nos anos seguintes, ampliando-se, a partir de 1918, para abranger também manteiga e leite condensado. Em 1921, também o autor decidiu iniciar a produção de manteiga e leite condensado, valendo-se da marca *Goldina*, depositada, e já conhecida por conta de uma ampla campanha publicitária promovida pelo réu. Concomitantemente, propôs ação para que o réu fosse impedido de usar a marca para tais produtos, com base na prioridade do registro. O Tribunal alemão rejeitou a ação, concluindo ser inadmissível o exercício tardio deste direito".

A *supressio* e *surrectio* possuem íntima relação com a *venire contra factum proprium*, pois a supressão ou a perda do direito decorre, justamente, de uma omissão, que gera na outra parte uma legítima expectativa de que o sujeito omisso não tem mais interesse no direito.

No momento em que o sujeito omisso pretende reaver o seu direito, esse novo comportamento, contraditório à omissão, poderá caracterizar abuso de direito, se aquela omissão inicial gerou na outra parte expectativa legítima, fazendo surgir para ela um novo direito subjetivo.

Em matéria possessória, é fácil visualizar esses institutos.

Posse: a posse pode ser justa ou injusta. A justiça ou injustiça da posse analisa-se em relação ao adversário do atual possuidor. Segundo o art. 1.200 do CC, será justa a posse que não for violenta, clandestina e precária.

O sujeito "A", proprietário de um apartamento, realiza contrato de comodato com o sujeito "B". Em razão da teoria objetiva da posse, o comodante, "A", terá a posse indireta e o comodatário, "B", a posse direta em razão de um direito pessoal (contrato de comodato) que os vincu-

---

[362] FARIAS, Cristiano Chaves de; ROSENVALD, Nelson. *Direito civil*: teoria geral. 8. ed. Rio de Janeiro: Lumen Juris, 2009.

[363] SCHREIBER, Anderson. *A proibição de comportamento contraditório*. Rio de Janeiro: Renovar, 2005.

la (art. 1.197 do CC). A posse do comodatário, "B", é justa, pois ele não a obteve de forma violenta, clandestina ou precária. Em razão disso, terá tutela possessória contra o próprio comodante durante o contrato. No entanto, vencido o prazo do contrato, o comodante pede a devolução do imóvel e o comodatário simplesmente se recusa a devolvê-lo.

Em razão da recusa injustificada do comodatário, "B", sua posse, até então justa, se torna injusta pelo vício da precariedade. A partir desse momento, o comodante, dono do imóvel, terá ação possessória contra o comodatário.

No entanto, em vez de ingressar com ação possessória contra o comodatário, o comodante resolve viajar e volta depois de dois anos e, durante esse período, o comodatário, "B", continua na posse do bem. Assim, depois de dois anos, resolve o comodante, "A", ingressar com ação possessória contra o comodatário. A posse do comodante, "A", nesse caso, merece tutela?

A resposta é negativa. A omissão inicial de "A" durante longos dois anos gerou no comodatário, "B", a expectativa de que o comodante não tinha mais interesse no bem. Em razão dessa omissão, foi suprimido o direito subjetivo à tutela possessória de "A" em relação ao comodatário "B" (*supressio*), surgindo um novo direito subjetivo à tutela possessória, inclusive em relação ao comodante, para "B" (*surrectio*).

Ou seja, a supressão ou perda de um direito provocou o surgimento de outro direito. Nesse caso, ao tentar reaver o bem depois de dois anos da recusa do comodatário em devolvê-lo, tal conduta ativa é contraditória com aquela omissão inicial e, em razão dessa incoerência, tal pretensão caracterizará abuso de direito e o comodante perde o seu direito subjetivo à tutela possessória em relação ao comodatário, embora possa reaver o imóvel pela ação de domínio.

Tal exemplo também pode ser aplicado ao contrato de locação, quando o locador, caracterizado o inadimplemento do locatário e, não tomando atitude para reaver o bem, poderá, posteriormente, perder o direito à tutela possessória em relação ao locatário.

Esta é a prova de que o vício da posse, seja qual for a sua natureza, inclusive o da precariedade, cessa diante da omissão do anterior possuidor, invertendo o sujeito a ser tutelado. A doutrina costuma defender a equivocada tese de que o vício da precariedade não cessa. Nesse caso, não só cessa, como o possuidor direto terá tutela possessória contra o possuidor indireto.

Há um enunciado sobre essa matéria possessória, o Enunciado 237 da III Jornada de Direito Civil, onde fica evidente a mudança do caráter da posse se o possuidor direto exteriorizar oposição ao indireto e, em razão disso, este último se mantiver omisso: "É cabível a modificação do título da posse – *interversio possessionis* – na hipótese em que o até então possuidor direto demonstrar ato exterior e inequívoco de oposição ao antigo possuidor indireto, tendo por efeito a caracterização do *animus domini*".

Ou seja, a teoria do abuso de direito tem o condão de mudar o caráter de uma posse injusta para justa, ainda que o vício seja o da precariedade.

O art. 330 do CC, o qual trata do pagamento realizado em local diferente do previsto no contrato, também é uma prova da *supressio* e *surrectio*. O pagamento, reiteradamente feito em outro local, torna ineficaz o local previsto no contrato. Assim, a omissão do credor, ao aceitar o pagamento em outro local, acarreta a supressão do direito subjetivo de exigir o pagamento no local do contrato e faz surgir o direito subjetivo do devedor de impor o pagamento nesse local diverso. Se, após essa omissão, o credor pretender fazer valer a cláusula contratual, haverá abuso de direito, pois esse direito subjetivo já foi suprimido pela sua reiterada omissão anterior, admitindo o pagamento em outra localidade.

Com razão Cristiano Chaves[364], quando diz: "(...) na *surrectio*, o exercício continuado de uma situação jurídica ao arrepio do convencionado ou do ordenamento implica nova fonte de direito subjetivo, estabilizando-se tal situação para o futuro. *Supressio* e s*urrectio* são dois lados de uma mesma moeda: naquela ocorre a liberação do beneficiário; nesta, a aquisição de um direito subjetivo em razão do comportamento continuado. Em ambas preside a confiança, seja pela fé no não exercício superveniente no direito da contraparte, seja pelo credo na excelência do próprio direito. Equivale a dizer, o que se protege no reconhecimento da *surrectio* e *supressio* nada mais é do que a própria confiança, decorrente da boa-fé objetiva (comportamental)".

Finalmente, em relação ao *tu quoque*, que significa, literalmente, "até tu", ensina Schreiber que é a indagação que se atribuiu a Júlio César, em 44 a.C., ao reconhecer entre aqueles que haviam conspirado para o seu assassinato, Marco Júnio Bruto, a quem considerava como filho. Continua o autor afirmando que é a expressão, universalmente consagrada, como forma de designar espanto, surpresa, decepção com a atuação inconsciente de determinada pessoa.

O *tu quoque* representa a adoção de critérios diferentes para situações assemelhadas. Então, a pessoa, diante da mesma situação, adota comportamentos diferentes em relação a cada um dos sujeitos.

Como diz Schreiber, em seu livro, *A proibição de comportamento contraditório*, é a prática de "dois pesos e duas medidas" como o caso em que uma parte, após violar a norma, pretende exercer posição jurídica que esta mesma norma lhe assegura. O sujeito age de forma desleal, pois adota critério valorativo diferente para situações substancialmente idênticas. Haverá um comportamento valorativo distinto de outro adotado em hipótese objetivamente assemelhada.

No *tu quoque* também há uma contradição, aproximando esse instituto da *venire contra factum proprium*. Dessa forma, comete abuso de direito o sujeito que não possui coe-

---

[364] FARIAS, Cristiano Chaves de; ROSENVALD, Nelson. *Direito civil*: teoria geral. 8. ed. Rio de Janeiro: Lumen Juris, 2009.

rência em relação a situações idênticas para sujeitos diferentes. Haverá injustiça social, abuso de direito e violação da boa-fé objetiva, porque o sujeito, em relação ao mesmo ato, dá valoração diversa, em momentos diferentes.

Em relação a estas vertentes da teoria do abuso de direito, foi aprovado, na V Jornada de Direito Civil, o Enunciado 412: "Art. 187. As diversas hipóteses de exercício inadmissível de uma situação jurídica subjetiva, tais como *supressio*, *tu quoque*, *surrectio* e *venire contra factum proprium*, são concreções da boa-fé objetiva".

Por fim, cumpre ressaltar que as sanções decorrentes do abuso de direito são atípicas.

1.20.4.3.2. Resumo: abuso de direito

Tal teoria retrata o direito civil contemporâneo. É possível compreender o direito civil "apenas" a partir do abuso de direito. O Código Civil, pelos mais diversos institutos jurídicos (obrigações, contratos, posse, propriedade, família, sucessões), reconhece e atribui aos sujeitos de direito, pessoa natural e jurídica, direitos subjetivos (que possuem dever jurídico correlato) e potestativos (poder × sujeição).

Tais sujeitos, quando investidos na titularidade destes direitos, passam a ostentar o *poder* que decorre do conteúdo do próprio direito para exercê-los (tal exercício se dá pela capacidade de fato). Qual é o objetivo da teoria do abuso de direito diante deste cenário? Controlar o comportamento/conduta do sujeito quando estiver no exercício do direito (subjetivo ou potestativo – os direitos, quanto ao modo de exercício, são relativos). Como é esse controle? É realizado no mundo concreto, a partir da verificação de adequação ou compatibilidade entre o exercício do direito e a função ou finalidade que o justifica e o legitima.

O abuso de direito se caracteriza se houver inadequação ou desconformidade entre o comportamento do sujeito (comissivo ou omissivo) no exercício de um direito no mundo concreto e a finalidade que justifica o direito de que é titular.

A função e a finalidade se relacionam com os valores axiológicos que fundamentam a norma que investe o sujeito em determinado direito (estes valores são o limite do direito).

Para evitar o abuso de direito, o comportamento deve *sempre* estar ajustado à função/finalidade do direito, quando este é exercido. Como a boa-fé objetiva se relaciona à conduta ou comportamento, tal princípio fundamenta a teoria do abuso de direito, justamente na função de controle, com o que impõe limites éticos ao exercício do direito. O controle do comportamento (comissivo ou omissivo), para evitar abuso, só é possível no caso concreto (porque o abuso se conecta com a capacidade de fato – exercício). O controle é realizado sem se apurar intenção ou culpa do titular do direito.

Como o direito civil é norteado pela boa-fé objetiva, em toda relação jurídica haverá o controle dos direitos por meio da verificação concreta deste princípio, para manter o equilíbrio entre o *direito* e a *função* que o justifica.

O desequilíbrio nesta relação entre direito e função, caracteriza abuso. O titular do direito, para não incorrer em abuso, tem que adimplir deveres, positivos ou negativos. É a fórmula de todo o direito civil: *direito* × *função* e *poder* × *dever*.

Em resumo, o conflito entre a finalidade própria do direito (subjetivo ou potestativo) e o modo de atuação concreta do sujeito no momento do exercício deste direito, o torna antifuncional (o que caracteriza o abuso).

O exercício abusivo de situações jurídicas específicas desafia controle independente de dano (é categoria autônoma em relação à responsabilidade civil, embora, eventualmente, possa ser causa desta).

1.20.5. Causas excludentes da ilicitude (atos lícitos)

O Código Civil, no art. 188, trata das hipóteses excludentes da ilicitude.

Deve-se entender por causas de exclusão da ilicitude aquelas circunstâncias em que o comportamento do agente, embora contrário ao direito, é justificado. Em certas situações, o legislador justifica a ação ou omissão, considerando-as lícitas.

O Código Civil de 1916 tratava do tema no art. 160, basicamente com a mesma redação do atual diploma. A única diferença é a referência do inciso II do art. 188, o qual deve ser conectado com o disposto nos arts. 929 e 930 do CC. Os atos praticados nessas condições são lícitos. No entanto, mesmo lícitos, tais atos podem servir de fonte e fundamento para a responsabilidade civil, quando terceiro inocente tiver seu direito violado em razão de uma legítima defesa ou estado de necessidade.

Assim, em determinadas situações, o Código exclui a ilicitude da conduta. O fato danoso está demonstrado, assim como a relação de causalidade entre a ação e o dano. Entretanto, o procedimento do agente encontra "perdão" do legislador, que lhe retira a qualificação de ilícito.

E quais são essas causas que excluem a ilicitude da conduta humana?

A primeira delas é a legítima defesa: se o agente provocou o dano, mas foi levado a provocá-lo na repulsa a uma agressão injusta, o seu comportamento, ainda que cause dano contra aquele que o agride, será imune a qualquer punição. Tomando de empréstimo o disposto no art. 25 do CP, entende-se em legítima defesa quem, usando moderadamente dos meios necessários, repele injusta agressão, atual ou iminente, a direito seu ou de outrem.

A segunda é o exercício regular de um direito reconhecido: o ilícito é procedimento contrário ao direito. Dessa forma, se o agente procede, não de modo contrário, mas *conforme* o direito, não há que se cogitar em ilícito. No exercício regular de direito, ainda que se gere dano a alguém, não se deflagra o dever de repará-lo.

A terceira e última excludente é o estado de necessidade: este se encontra na deterioração ou destruição de coisa alheia, a fim de remover perigo iminente. Para se afastar uma ameaça a um direito, permite-se que outro bem jurídico, de igual ou menor valor, seja sacrificado. Exemplo: o motorista que lança seu veículo sobre outro de modo a evitar um atropelamento, ou o sujeito que arromba uma porta para salvar uma vida. Na iminência do perigo à pessoa ou bens, o agente tem a alternativa de deixá-los perecer ou levar dano à coisa de outrem. Optando em danificar a coisa alheia, não praticará ato ilícito, desde que não exceda os limites do indispensável à remoção do perigo (parágrafo único do art. 188).

Entretanto, se, na prerrogativa de defesa ou na tentativa de afastar o perigo iminente (estado de necessidade), é atingido terceiro inocente, terá de indenizá-lo (indenizar o inocente), cabendo ação regressiva contra o que provou a situação de perigo. Exemplo: um motorista que desvia seu veículo para não atropelar uma criança de dois anos, que se desgarrou da mãe e correu para a via pública, e, ao desviar, colide com um terceiro veículo que estava devidamente estacionado. Como o dono desse veículo estacionado é inocente e não criou a situação de perigo, o motorista que fez o desvio do carro para salvar a criança terá que indenizar os prejuízos causados ao dono do carro estacionado, mas poderá cobrar os valores gastos da mãe da criança, em ação regressiva, já que foi ela a culpada no evento.

Segundo dispõem os arts. 929 e 930 do CC, se, a pessoa lesada, o dono da coisa, no caso do inciso II do art. 188, não for culpada do perigo, a ela assistirá direito à indenização do prejuízo que sofreu e, se, no caso do inciso II do art. 188, o perigo ocorrer por culpa de terceiro, contra este terá o autor do dano ação regressiva para reaver a importância que tiver ressarcido ao lesado. No parágrafo único do art. 930 está disposto que a mesma ação competirá contra aquele em defesa de quem se causou o dano (art. 188, I).

Como se vê, os atos praticados sob a proteção dessas excludentes de ilicitude podem ensejar o dever de reparar danos, principalmente se for violada a esfera jurídica de terceiro inocente.

Em resumo, são excludentes do dever de indenizar a legítima defesa (art. 188, inciso I, primeira parte), o exercício regular de direito (art. 188, inciso I, segunda parte) e o estado de necessidade ou remoção de perigo iminente (art. 188, inciso II). Se a pessoa lesada, ou o dono da coisa, no caso do *inciso II do art. 188*, não forem culpados do perigo (o *prejudicado não foi o responsável pela situação de perigo – terceiro inocente*), assistir-lhes-á direito à indenização do prejuízo que sofreram. Não há a mesma regra na legítima defesa: *aquele que*, ao se defender de injusta agressão, causa danos ao agressor, sem excesso e sem danos a terceiros inocentes, não responde. Se causa dano a terceiro inocente, responde.

No caso do inciso II do art. 188, se o perigo ocorrer por culpa de terceiro, contra este terá o autor do dano ação regressiva para haver a importância que tiver ressarcido ao lesado. Parágrafo único (*legítima defesa*). A mesma ação competirá contra aquele em defesa de quem se causou o dano (art. 188, inciso I) – *Na legítima defesa de terceiro, se causa danos* a terceiros que não os agressores, ou seja, *inocentes*, terá de indenizar, mas na forma do parágrafo único do art. 930, terá ação regressiva contra quem estava sendo agredido (*legítima defesa: agressor nunca será indenizado;* terceiro vítima pode ser indenizado por quem agiu em legítima defesa, mas este tem ação regressiva contra o agressor na própria e contra aquele que visou defender, na legítima defesa de terceiro).

A relação entre as excludentes de ilicitude e as responsabilidades civil e penal (fato da vida repercute no cível e no crime). A independência é relativa, de acordo com o art. 935 do CC: "A responsabilidade civil é independente da criminal (*relativa*), não se podendo questionar mais sobre a existência do fato (*materialidade*), ou sobre quem seja o seu autor (*autoria*), quando estas questões se acharem decididas no juízo criminal (categoricamente decididas – Enunciado 45)". A sentença penal, com base nestes fundamentos, encerra a discussão no cível.

O CPP vai além do art. 935 do CC para esclarecer que também não é mais possível discussão sobre excludentes de ilicitude quando decididas no crime (faz coisa julgada no cível): "Art. 65. *O reconhecimento de excludentes de ilicitude faz coisa julgada no cível, mas os efeitos podem ser diversos* – o juiz cível é obrigado a aceitar tal decisão, mas os efeitos serão os da lei civil", justamente porque é possível a reparação de danos com base em atos lícitos, conforme arts. 188, 929 e 930, todos do CC. A responsabilidade por atos lícitos também é possível no âmbito dos direitos reais, arts. 1.313 e 1.285.

1.21. PRESCRIÇÃO E DECADÊNCIA

1.21.1. Considerações preliminares. Conceito de prescrição e decadência

A prescrição e a decadência são institutos relacionados, respectivamente, à pretensão (poder de exigibilidade que surge com a violação do direito pelo titular de dever jurídico – concepção alemã de prescrição vinculada à teoria concretista da ação) e ao exercício de direitos potestativos (poder de interferir na esfera jurídica de outrem, independentemente de qualquer comportamento deste). Ambos estão vinculados a fenômeno natural, qual seja: o decurso do tempo. O decurso do tempo é fato natural e inevitável. Não há como parar o tempo. Portanto, prescrição e decadência estão, necessariamente, associadas ao fator temporal.

O direito subjetivo em sentido amplo se subdivide em direito subjetivo em sentido estrito (prescrição) e direito potestativo, formativo ou de formação (decadência).

O direito potestativo não gera dever de agir para a outra parte da relação jurídica. O direito potestativo permite que o sujeito interfira na esfera jurídica de outra, para constituir, modificar ou extinguir determinada situação jurídica, o qual apenas se sujeita a tal interferência. O direito subjetivo em sentido estrito, direito colaborativo, é o poder que o sujeito tem de exigir comportamento da outra parte, pois a satisfação do direito depende da conduta de outrem. Há relação de poder/dever, onde de um lado há o poder de agir e de outro o dever de comportamento (dever correlato). A decadência se relaciona ao direito potestativo e a prescrição ao direito subjetivo em sentido estrito.

No âmbito da prescrição, a pretensão se conecta com o direito subjetivo em sentido estrito. Caso o sujeito descumpra o dever jurídico, violará o direito subjetivo e, como consequência, nascerá a pretensão (poder que o titular de direito subjetivo violado tem de exigir o cumprimento de outro dever daquele que descumpriu o dever originário).

O atual Código Civil disciplina a decadência e a prescrição nos arts. 189 a 211. O Código Civil de 1916 era omisso em relação ao instituto da decadência. Devido a este fato, sempre houve forte e acirrada divergência no âmbito doutrinário a respeito da natureza dos prazos previstos na lei civil, ou seja, se de decadência ou prescrição.

Em relação ao tempo, sob a égide da lei anterior, sempre coube à doutrina e à jurisprudência a responsabilidade pela definição do conceito e dos efeitos jurídicos da decadência.

Sobre essa omissão da legislação anterior quanto à decadência, o mestre Caio Mário destacava[365]: "o Código Civil de 1916, sob a epígrafe genérica 'da prescrição' reunia todas as hipóteses de extinção do direito por ação do tempo, relegando à doutrina a sua extremação da decadência. Essa distinção não é fácil, e tem desafiado os melhores juristas. O Código Civil de 2002, ao contrário do de 1916, destacou a prescrição e a decadência, não apenas sob o aspecto de sua colocação, dedicando à primeira os arts. 189 a 206, enquanto aludiu à decadência nos arts. 207 a 211".

Após tal registro e, diante dos contornos jurídicos atuais conferidos à prescrição e à decadência pelo CC de 2002, Tepedino[366] é preciso ao pontuar as diferenças entre prescrição e decadência: "A prescrição origina-se do direito subjetivo, já que só o direito subjetivo é dotado da pretensão, consistente na exigibilidade do dever jurídico a ele correspondente. A pretensão prescritível decorre da violação do direito. Já a decadência decorre de direitos potestativos, isto é, situações jurídicas diversas do direito subjetivo, nas quais, ao contrário deste, não há dever jurídico contraposto ao interesse do seu titular. A ordem jurídica assegura ao titular de um direito potestativo o poder de interferir na esfera jurídica alheia sem que o titular do centro de interesse atingido possa se opor. O exercício do direito potestativo não depende, portanto, ao contrário do direito subjetivo, do comportamento de um devedor".

O atual Código Civil, embora esteja há léguas da perfeição quanto ao tratamento do tema, sistematiza melhor a prescrição, disciplina algumas questões relacionadas à decadência e sinaliza a natureza dos prazos: se prescricional ou decadencial. Como decorrência da operabilidade propugnada pelos mentores do atual sistema civil, os prazos previstos nos arts. 205 e 206 são de prescrição e qualquer outro previsto no Código Civil possui natureza decadencial.

A atual sistematização da prescrição e da decadência, com prévia definição da natureza dos prazos, representa, portanto, a concretização de uma das principais vertentes do Código Civil atual, a *operabilidade*.

O Código Civil de 2002 incorporou a tese de Agnelo Amorim Filho na sistematização da prescrição e da decadência. Os prazos de prescrição disciplinados nos arts. 205 e 206 se referem a direitos a uma prestação, os quais geram tutela de natureza condenatória (seja inibitória, reintegratória e ressarcitória). No caso da decadência, a opção foi, em sua maioria, vinculá-la a tutelas constitutivas (direitos potestativos). O objetivo deste método foi eliminar a permanente confusão entre a natureza de determinado prazo, prescricional ou decadencial. Ao vincular a prescrição e a decadência à natureza das tutelas processuais, houve o aperfeiçoamento do tema.

A opção da lei civil quando à prescrição da "pretensão" também é alvo de críticas. E a razão é simples: a concepção de pretensão adotado pelo Código Civil no art. 189 é alemã (poder de exigibilidade). Tal concepção é atrelada à visão concretista de ação (vinculada ao direito material), ou seja, ação como meio para concretizar um seguro e garantido direito material. A tese concretista de ação está superada. A ação, na atualidade, é autônoma em relação ao direito material. Por isso, a ação não prescreve. Entretanto, a pretensão, como decorrência da violação do direito, está atrelada à tese concretista da ação e isso pode trazer problemas de difícil solução. Haverá situações em que o sujeito, titular de direito violado, exercerá sua pretensão e receberá resposta negativa do Estado (improcedência). Como admitir que pretensão é poder de exigibilidade se essa exigibilidade pode não ser reconhecida pelo Estado? Ou seja, como trabalhar com as pretensões infundadas na concepção do sistema civil? Na versão italiana, a pretensão é apenas uma aspiração para provimento judicial favorável, o que compatibiliza a prescrição e a pretensão com a moderna teoria da ação, adotada pelo CPC/2015 e a CF/88.

Em relação à prescrição, há algumas novidades, embora vários dispositivos não passem de positivação de entendimento jurisprudencial já consolidado.

A matéria é relevante, pois, no caso da prescrição, haverá perda da pretensão ou do poder de exigir do outro sujeito um cumprimento do dever jurídico específico. Já a decadência levará à perda de um direito potestativo, consistente no poder do sujeito interferir na esfera jurídica de outrem, independentemente da violação de qualquer direito subjetivo, conforme será adiante analisado.

Os fundamentos da prescrição e da decadência são a pacificação social, estabilidade das relações jurídicas privadas e segurança jurídica. A coletividade tem interesse na consolidação e na estabilidade das relações intersubjetivas ou no afastamento das incertezas em torno da existência e eficácia dos direitos subjetivos.

A existência de prazos disciplina a conduta social e sanciona os titulares de direitos e pretensões. Em síntese, a prescrição e a decadência representam uma sanção civil aos titulares de pretensões ou de direitos potestativos.

---

[365] PEREIRA, Caio Mário da Silva. *Instituições de direito civil*: Introdução ao direito civil. Teoria geral de direito civil. 20. ed. Atualizado por Maria Celina Bodin de Moraes. Rio de Janeiro: Forense, 2004. v. 1.

[366] TEPEDINO, Gustavo; BARBOSA, Heloísa Helena; BODIN, Maria Celina et al. *Código civil interpretado*. v. I (Parte geral e Obrigações - artigos 1º a 420). Rio de Janeiro/São Paulo: Renovar, 2004.

A relevância do tempo como fato jurídico, pressupõe a análise de alguns conceitos relacionados à prescrição e decadência, como o direito subjetivo, a pretensão, o direito potestativo e as faculdades jurídicas.

O direito subjetivo é o poder que o ordenamento jurídico reconhece a alguém de ter, fazer ou exigir de outrem determinado comportamento. Como diz Amaral, é verdadeira permissão jurídica ou, ainda, é um poder concedido ao indivíduo para realizar seus interesses.

A pretensão é o poder de exigir de outrem ação ou omissão e nasce com a violação do direito subjetivo de que é titular um determinado sujeito.

Enfim, há direitos subjetivos incapazes de provocar o nascimento de pretensões, pois destituídos do dever correlato. É o caso do direito potestativo, ou seja, o poder do sujeito de influir na esfera jurídica de outrem para constituir, modificar ou extinguir uma relação jurídica, sem que este nada possa fazer, a não ser se sujeitar a esse poder ou ao exercício desse direito.

As faculdades jurídicas são poderes (de agir) contidos na estrutura dos direitos subjetivos, sendo dependentes destes. Por isso, o direito subjetivo é a faculdade jurídica ou o conjunto de faculdades jurídicas (exemplo desse último caso é o direito subjetivo de propriedade onde o proprietário tem várias faculdades jurídicas – usar, gozar, dispor, reivindicar etc. – art. 1.228 do CC).

Por fim, cumpre ressaltar que há pretensões perpétuas, não sujeitas a prazos de prescrição ou de decadência. São as pretensões: declaratórias (arts. 19 e 20 do CPC/2015) e constitutivas (positiva ou negativa) sem prazo para o exercício previsto em lei, desde que não seja anulatória (art. 179 do CC). Exemplos: ações negatórias de paternidade e divórcio.

Feitas essas considerações preliminares, cada instituto jurídico será analisado separadamente.

1.21.2. Prescrição

A prescrição acarreta a perda da pretensão, poder de exigibilidade. A pretensão nasce com a violação do direito (viés objetivo da *actio nata* – regra: art. 189 do CC) ou com a ciência inequívoca da lesão ou violação do direito subjetivo (viés subjetivo da *actio nata* – exceção). A violação ou lesão ao direito subjetivo depende de comportamento daquele que possui dever jurídico correlato ou contraposto, genérico (por força de lei) ou específico (por força de relação material específica). A perda da pretensão nos prazos previstos nos arts. 205 e 206 do CC leva à consumação da prescrição. É a prescrição da pretensão. A inércia do titular de direito subjetivo violado nos prazos previstos em lei caracterizará a prescrição.

A pretensão é o poder de exigibilidade (concepção alemã, vinculada à teoria concretista), que nasce e se origina da violação de direito subjetivo. Com a violação do direito subjetivo, nasce a pretensão (regra: art. 189 do CC). Esta nasce, necessariamente, da violação do direito subjetivo. Se não houver violação de direito, não há pretensão e, portanto, não há prescrição. O responsável pela violação do direito subjetivo é aquele sujeito que tem dever jurídico contraposto, genérico (lei impõe a toda a coletividade comportamento determinado) ou específico (há relação jurídica individualizada entre titular do direito e sujeito que tem dever jurídico).

O Código Civil, no art. 189, ao reproduzir o art. 194 do BGB (Código Civil alemão), passa a prever a prescrição da pretensão. Segundo o art. 189, violado o direito (direito subjetivo), nasce para o titular desse direito (normalmente o credor) uma pretensão, a qual se extingue pela prescrição, nos prazos previstos nos arts. 205 e 206 do CC. Prescrição, portanto, está associada à ideia de pretensão (poder de exigibilidade). No art. 189 o Código Civil adotou o viés objetivo da *actio nata* (basta a violação do direito subjetivo para nascer a pretensão).

A ação e o direito não prescrevem. O direito subjetivo, ainda que consumada a prescrição, se mantém intangível, conforme será verificado. A ação é direito público, abstrato e subjetivo, de natureza constitucional. O direito de ação confere à pessoa o direito de pedir uma tutela jurisdicional ao Estado-juiz. Nem a ação e tampouco o direito subjetivo são passíveis de prescrição. A prescrição atinge apenas e tão somente o poder *de exigir* de outrem uma ação ou omissão.

Dessa forma, de acordo com o art. 189 do CC, somente haverá prescrição se o direito subjetivo for violado por alguém, pois a pretensão, sujeita à prescrição, depende da violação desse direito. O que isso significa?

A prescrição exige, portanto, *direito subjetivo* (poder de ter, fazer ou exigir de alguém determinado comportamento) de um lado e *dever jurídico* de outro lado. O titular do direito subjetivo, enquanto este não for violado pelo titular do dever jurídico, não terá o poder de exigir a prestação da outra parte.

A pretensão somente existirá se o titular do dever jurídico específico, o descumpre.

Com a violação do direito subjetivo, a situação se enquadra da seguinte forma:

	Credor		Devedor
1º Plano: →	Titular de um direito subjetivo	→	Dever jurídico específico
2º Plano: →	Pretensão, pois o direito foi violado	→	Responsabilidade civil

O direito subjetivo está conectado ao dever jurídico no primeiro plano, denominado plano primário. No primeiro plano ainda não há pretensão, pois não houve violação do direito subjetivo. Com a violação do direito subjetivo, passa-se para o segundo plano, onde a pretensão está associada à responsabilidade civil. Violado o direito subjetivo, nasce um segundo poder, que é a pretensão, onde o titular poderá imputar ao devedor a responsabilidade pela violação do direito.

Veja só: a prescrição apenas afeta o segundo plano ou plano secundário, pois ainda que o titular do direito violado venha a perder a pretensão em razão da sua inércia nos prazos legais, seu direito subjetivo permanecerá intacto, assim como o dever jurídico primário ou originário do devedor. O credor continua credor e o devedor permanece devedor. O plano primário não é atingido. Por isso, é um erro grosseiro falar em prescrição do direito. O direito subjetivo, no primeiro plano, não prescreve.

A prescrição depende da violação de direitos subjetivos, ou seja, estes devem ser lesados, violados, pelos sujeitos titulares dos deveres jurídicos, para o nascimento da pretensão, justamente o poder a ser submetido à prescrição.

A prescrição depende do comportamento do sujeito passivo da obrigação, pois somente se este violar o direito subjetivo do sujeito ativo haverá pretensão e, em consequência, prescrição.

Prescrição é igual a um *poder-dever* ou direito subjetivo *versus* dever jurídico.

Por exemplo, "A" e "B" celebram um contrato de empréstimo. "A" é credor de R$ 100.000,00 (cem mil reais) e "B" devedor dessa importância. "A" é titular do direito subjetivo de crédito e "B" titular do dever jurídico. Tal empréstimo deve ser pago por "B" no prazo de 60 (sessenta) dias. Enquanto não vencer o prazo para adimplemento, "A" terá apenas o direito subjetivo de crédito, mas ainda não terá pretensão, pois essa depende da violação daquele direito, o que ainda não ocorreu. Se "B", na data convencionada, efetivar o pagamento do empréstimo, não haverá violação de direito e, consequentemente, essa obrigação jamais passará para o plano secundário da *pretensão versus responsabilidade civil* (no caso contratual). Nessa obrigação, "A" não terá pretensão, pois seu direito não foi violado.

Por outro lado, se "B" não cumpre a prestação na data pactuada, haverá violação do direito subjetivo de "A", credor. Com a violação desse direito subjetivo, nasce para o credor uma pretensão, ou seja, um poder para exigir do devedor o cumprimento da prestação, responsabilizando-o, civilmente, pelo inadimplemento (art. 189).

Portanto, a prescrição depende da conduta da outra parte. Sempre haverá, na prescrição, um dever jurídico contraposto, porque o nascimento da pretensão depende do comportamento do titular desse direito contraposto.

Como diz Amaral[367]: "(...) a pretensão que nasce no momento em que o credor pode exigir a prestação, e esta não é cumprida, causando lesão no direito subjetivo, pressupõe, assim, a existência de um crédito, com o qual não se confunde. Embora a prescrição seja um conceito técnico jurídico aplicável às várias espécies de relações jurídicas, em tese, é nas obrigações que ela encontra a sua natural aplicação".

Assim, a prescrição é a perda da *pretensão* de reparação do direito violado, em virtude da inércia do titular, no prazo previsto em lei. A pretensão deve ser exigível, judicialmente, em determinado prazo, sob pena de perecer. É, portanto, a perda da pretensão pelo titular negligente, ao fim de certo lapso de tempo.

O art. 189 do CC trata da prescrição *da pretensão* e não mais da prescrição como sendo a *perda da ação atribuída a um direito*, como antes era denominada pela doutrina do início do século passado (Art. 189: "Violado o direito, nasce para o titular a pretensão, a qual se extingue, pela prescrição, nos prazos a que aludem os arts. 205 e 206".).

Além disso, o fato de a obrigação prescrita se tornar obrigação natural, evidencia que o instituto se relaciona com a pretensão e não com o direito subjetivo. Na obrigação natural, o credor mantém intacto o direito subjetivo (o núcleo ou a essência do direito não é atingido pela prescrição, ficando preservado), mas não detém o poder de exigibilidade desse direito, em caso de violação.

Todavia, se o devedor, prescrita a pretensão, de forma voluntária, resolver concretizar o dever jurídico, para satisfação do direito subjetivo, não terá direito de repetição, justamente porque a prescrição não afeta o primeiro plano, ou plano primário, onde está o direito subjetivo, mas apenas o plano secundário, local da pretensão.

Por isso, prescrita a pretensão, a obrigação torna-se natural, por ausência do poder de exigibilidade. Nesse caso, legítimo será o pagamento voluntário realizado pelo devedor, pois o direito subjetivo do credor não se altera com a prescrição.

Resumo

Em resumo, a prescrição é tema que ainda suscita inúmeras dúvidas e controvérsias, em especial quanto aos limites de seu conceito e o momento do início do prazo previsto em lei. O atual Código Civil, em atenção aos princípios da simplicidade e operabilidade, sistematiza a matéria com critérios mais precisos que aqueles utilizados na legislação anterior.

O instituto da prescrição pressupõe a compreensão de alguns temas como "pretensão", "direito subjetivo" (poder de exigir um comportamento – que é o dever jurídico contraposto) e "dever jurídico" (necessidade de adotar comportamento positivo ou negativo). A prescrição, para existir como instituto jurídico, depende de direito subjetivo (absoluto ou relativo) e do dever jurídico correlato (geral ou especial).

A prescrição se relaciona com a pretensão (art. 189, CC). O que prescreve é a pretensão (poder de exigibilidade – concepção do direito alemão, atrelada a visão concretista de ação, já superada). O dever jurídico pode ser geral (imposto pela lei) ou específico (decorrente de uma relação jurídica entre sujeitos, como um contrato).

O sujeito que tem dever jurídico, caso não se comporte como determina a lei (geral) ou a relação jurídica específica (relação material específica), estará por violar o direito subjetivo de alguém. O sujeito, titular do direito subjetivo violado, passa a ter pretensão, que é o poder de

---

[367] AMARAL, Francisco. *Direito civil* – introdução, 6. ed. rev. e atual. Rio de Janeiro: Editora Renovar, 2006.

exigir do sujeito que não cumpriu o dever jurídico originário, outro dever jurídico, o sucessivo ou derivado, que nada mais é do que a responsabilidade civil (esta decorre da não observância de dever jurídico originário: se o dever originário não observado for o geral, a violação implica em ilícito e, se for o especial, inadimplemento). RC contratual é a que decorre da violação de dever específico e extracontratual, o genérico.

Portanto, a prescrição depende da existência de uma pretensão, o que somente ocorrerá com a violação de direito subjetivo por alguém que tem dever jurídico (por isso, a pretensão sempre depende do comportamento daquele que tem o dever jurídico). Prescrição é a perda da pretensão (o direito subjetivo permanece intacto – exemplo: como obrigação natural, o pagamento de obrigação prescrita não é repetível ou indevido), que surgirá com a violação do direito subjetivo. Por isso, a pretensão e a prescrição são sempre supervenientes à aquisição ou titulação do direito subjetivo. Fórmula:

direito subjetivo × **dever jurídico** (plano primário – não há pretensão)
pretensão (poder) × **dever jurídico sucessivo** – (plano secundário)

Início do prazo prescricional (viés objetivo e subjetivo da Teoria da *actio nata*)

Em matéria de prescrição, as controvérsias contemporâneas giram em torno do início do prazo prescricional. Não há dúvida que o prazo de prescrição depende da violação do direito subjetivo por alguém que ostenta dever jurídico, que pode ser genérico (imposto pela lei a todos) ou específico (decorrente de relação jurídico- material). Portanto, o prazo teria início com a violação do direito subjetivo. O art. 189 adotou, como regra, o viés objetivo da *actio nata*.

A regra é a teoria da *actio nata* em seu viés objetivo: o termo inicial da prescrição é o momento da lesão, violação do direito subjetivo, expressamente adotado no art. 189 do Código Civil.

Portanto, em relação ao início do prazo prescricional, o art. 189 do CC estabelece como termo para o nascimento da pretensão a violação do direito subjetivo. É a violação do direito subjetivo que determina e deflagra o prazo de prescrição, pois com a violação, imediatamente, nasce a pretensão (e é esta que prescreve). A violação do direito subjetivo é necessária e suficiente para a deflagração do prazo prescricional em seu viés objetivo.

Todavia, excepcionalmente, é possível aplicar a vertente subjetiva ou viés subjetivo da teoria da *actio nata*. No viés subjetivo, que é excepcional, o termo inicial da prescrição depende do conhecimento inequívoco da lesão ou da violação do direito subjetivo. A violação do direito subjetivo é necessária, mas não suficiente para deflagrar o prazo prescricional.

O titular do direito subjetivo violado (no viés subjetivo) deverá ter plena ciência da lesão e de toda sua extensão para deflagrar o prazo de prescrição. A adoção excepcional do viés subjetivo da *actio nata* poderá ocorrer a partir da observância de alguns critérios: submissão a prazo prescricional curto; constatação concreta sobre a possibilidade ou não de o credor ter ou, ao menos, dever ter ciência do nascimento da pretensão; o fato de se relacionar, principalmente, a ilícito absoluto (responsabilidade extranegocial) e, previsão legal para impor o sistema subjetivo. Tais critérios não precisam estar todos presentes, de forma cumulativa. Caberá, no caso concreto, a partir de um ou mais destes critérios, a partir da valoração do princípio da boa-fé objetiva, conectado ao paradigma da eticidade, apurar a conveniência do viés subjetivo da teoria da *actio nata*.

Na Súmula 573, o STJ adotou o viés subjetivo da teoria da *actio nata*, para dispor que nas ações de indenização decorrentes de seguro DPVAT, a ciência inequívoca do caráter permanente da invalidez, para fins de contagem do prazo prescricional, depende de laudo médico, exceto nos casos de invalidez permanente notória ou naqueles em que o conhecimento anterior resulte comprovado na fase de instrução.

A ciência inequívoca da invalidez permanente somente ocorre quando a vítima obtém laudo médico que ateste tal condição. Não seria razoável, a partir do primado da boa-fé objetiva, submeter a vítima ao viés objetivo da teoria da *actio nata*.

O Superior Tribunal de Justiça, em recentes julgados, pelos mais variados motivos, adotou a teoria da *actio nata, no viés subjetivo,* para disciplinar o termo inicial do prazo prescricional em relações jurídicas de natureza civil. No Recurso Especial n. 1.622.450-SP, o STJ ressaltou que a regra geral do termo inicial da prescrição, previsto no art. 189 (violação do direito) é mitigada justamente pela teoria da *actio nata* que "confere ao conhecimento da lesão pelo titular do direito subjetivo violado a natureza de pressuposto indispensável ao início do prazo de prescrição". Registre-se que a regra do termo inicial é a violação do direito subjetivo (viés objetivo da *actio nata* – regra), mas a *actio nata*, no viés subjetivo, pode ser admitida em situações excepcionais, em especial quando o titular do direito violado está em situação fática que o impede plenamente de ter ciência da lesão ao direito. O STJ adotou a teoria em outros julgados também (REsp 1.020.801; REsp 489.895/SP; REsp 1.172.028/RJ; REsp 1.089.390/SP; REsp 1.116.842/PR e REsp 1.124.714/BA).

O viés subjetivo da teoria da *actio nata* tem estreita conexão com o princípio da boa-fé objetiva. Segundo o viés subjetivo, o prazo prescricional deve ter início a partir do conhecimento ou da ciência da lesão ao direito subjetivo e não apenas da violação em si. Não basta a violação do direito subjetivo. É essencial que o titular do direito violado tenha plena ciência ou conhecimento de que o seu direito foi lesado ou violado.

Tal teoria foi adotada expressamente para disciplinar o início do prazo prescricional nas relações de consumo. De acordo com o art. 27 do CDC: "Prescreve em cinco anos a pretensão à reparação pelos danos causados por fato do produto ou do serviço prevista na Seção II deste Capítulo, iniciando-se a contagem do prazo a partir do conhecimento do dano e de sua autoria".

Nas relações de consumo, o início do prazo prescricional depende de três fatores: 1– violação do direito subjetivo do consumidor; 2– o consumidor ter conhecimento e ciência da violação do seu direito; e 3– o consumidor deve ter ciência do autor da violação do direito. A junção destes três fatores deflagra o prazo prescricional em relações de consumo.

Todavia, não foi essa a sistemática adotada pelo Código Civil no art. 189, o qual exige apenas a violação do direito subjetivo pelo sujeito que é titular de determinado dever jurídico, genérico ou específico. O CC, no art. 189, não adota a concepção ou viés subjetivo, mas objetivo da *actio nata*.

O fato é que o Superior Tribunal de Justiça está por aplicar, de forma excepcional, em algumas relações civis, o viés subjetivo da teoria da *actio nata*, que foi incorporada pelo sistema consumerista no art. 27 do CDC.

Além da Súmula 573, o STJ, por meio da Súmula 278, também adotou o viés subjetivo da teoria da *actio nata*: "O termo inicial do prazo prescricional, na ação de indenização, é a data em que o segurado teve ciência inequívoca da incapacidade laboral". Portanto, o início do prazo prescricional não é a data da violação do direito da vítima de acidente de trabalho, mas a data em que teve ciência de que era incapaz para o trabalho (viés subjetivo da *actio nata*). O sistema subjetivo indica que o início do prazo prescricional só ocorre quando o credor tenha ciência dos elementos essenciais relativos ao direito subjetivo lesado ou violado, mas tal vertente é excepcional (Recurso Especial n. 1.736.091/PE).

A vertente objetiva prestigia o valor segurança e a subjetiva, o valor justiça.

A vertente objetiva, adotada pelo art. 189, pode ter vários inconvenientes, como situações em que o titular tem dificuldade de ter ciência da violação ao seu direito subjetivo, o lapso temporal entre o ilícito e os danos. Por isso, a vertente subjetiva se conecta muito mais com os prazos prescricionais curtos.

Há grande debate se o viés subjetivo da teoria da *actio nata* seria compatível com a responsabilidade civil por ilícito relativo ou responsabilidade civil negocial/contratual. Nestas, como há relação jurídica individualizada, não haveria motivos para a vítima desconhecer a violação de seu direito subjetivo, o que poderia ocorrer nos casos de ilícito absoluto ou responsabilidade civil extranegocial. Não há dúvida de que seu maior campo de aplicação é o mundo da responsabilidade civil extranegocial, quando muitas vezes a vítima não tem como conhecer a lesão à sua esfera jurídica quando ocorre (Recurso Especial n. 1.711.581/PR).

O viés subjetivo da teoria da *actio nata* pode ser compatível com as relações jurídicas de natureza civil desde que fundada, à luz do caso concreto, em valores sociais constitucionais e no princípio da boa-fé objetiva (não é ético e justo que haja a consumação do prazo de prescrição sem que o sujeito sequer tenha tido a ciência de que o seu direito foi violado). A ciência da violação do direito é fundamental para que o sujeito tenha condições de ter acesso à tutela efetiva. Todavia, haverá situações em que o sujeito não teve ciência do direito em razão de absoluta negligência, o que ocorrerá com maior frequência no âmbito da responsabilidade civil extranegocial (ilícito absoluto). A boa-fé objetiva deve, ao mesmo tempo, permitir que o prazo tenha início com a ciência do direito subjetivo violado, quando a vítima não tinha condições de ter ciência no momento da violação e, por outro lado, evitar que o negligente, que poderia ter ciência da violação do direito, se agisse com mínimo de diligência, possa se beneficiar do viés subjetivo da *actio nata*. Portanto, o viés subjetivo da *actio nata*, nas relações civis, sempre excepcional, deverá estar necessariamente associado ao princípio da boa-fé objetiva, ou seja, análise do comportamento do sujeito cujo direito subjetivo foi violado.

Em resumo, a prescrição é a perda da pretensão em razão da inércia do titular do direito subjetivo, nos prazos fixados nos arts. 205 e 206 do CC. É a perda do poder de exigir, de outrem, coercitivamente, o cumprimento de dever jurídico genérico ou específico.

1.21.2.1. Requisitos para a caracterização da prescrição

A prescrição tem por objeto direitos subjetivos patrimoniais disponíveis. Portanto, não afeta aqueles direitos sem conteúdo patrimonial. Por isso, escapam à prescrição os direitos que se prendem imediatamente à personalidade ou ao estado das pessoas.

O Código Civil apenas disciplina os efeitos da prescrição, mas sistematiza os requisitos para caracterização.

A consumação da prescrição pressupõe quatro requisitos:

a) direito subjetivo e dever jurídico correlato ou contraposto;

b) pretensão, a qual decorre da violação desse direito subjetivo pelo sujeito titular do dever jurídico específico;

c) inércia do titular do direito subjetivo e da pretensão (em razão da violação de seu direito), nos prazos previstos nos arts. 205 e 206 do CC, ou seja, tempo e inércia do titular da pretensão; e

d) ausência de causas que impeçam, suspendam ou interrompam o transcurso do lapso temporal previsto nos arts. 205 e 206.

Portanto, presentes os quatro pressupostos mencionados, a prescrição se consuma. Com a prescrição, será extinta a pretensão de exigir de outrem direitos subjetivos de caráter patrimonial, que também poderá ser estendida aos efeitos patrimoniais de direitos imprescritíveis, como já ressaltado no capítulo sobre a invalidade do negócio jurídico.

O titular de direito subjetivo recebe da ordem jurídica o poder de exercê-lo e, normalmente, o exerce. Se há violação, nasce para o titular uma pretensão exigível judicialmente. A lei estabelece que a pretensão deve ser exigida em determinado prazo, sob pena de perecer.

A consumação da prescrição depende da associação do decurso do tempo à inércia do titular de um direito subjetivo violado, com o que cessará a relação jurídica e estará extinta a pretensão.

1.21.2.2. Exceção e prescrição

O Código Civil, em matéria de prescrição, incorporou alguns entendimentos já sedimentados na jurisprudência.

Entre estes está a exceção ou o direito de contrapor, em defesa, o direito subjetivo com pretensão prescrita.

O art. 190 passou a prever que: "A exceção prescreve no mesmo prazo em que a pretensão". Há uma equivalência entre a pretensão e o direito de contraposição.

O Código Civil de 1916 não tratava do assunto, levando o Supremo Tribunal Federal a editar a Súmula 150, segundo a qual prescreve a execução no mesmo prazo de prescrição da ação. A Súmula é antiga, mas fazia referência ao prazo para concretizar o direito reconhecido em processo de conhecimento, por meio de execução. O credor teria o mesmo prazo previsto para a pretensão, que o STF, de forma equivocada, denominou "prescrição da ação", para tornar concreto esse direito por meio de execução.

Em relação ao disposto no art. 190 do CC, antes da positivação dessa norma, o Superior Tribunal de Justiça já estava por adotar o entendimento de que a exceção ou a possibilidade de contrapor o direito subjetivo em defesa prescreveria no mesmo prazo que a pretensão.

O art. 190 estabelece uma concomitância para a prescrição. A perda do poder de exigir de outrem o cumprimento da prestação, em razão da violação do direito subjetivo, ou seja, a perda da pretensão impede que o titular desse direito subjetivo, cuja pretensão esteja prescrita, oponha esse direito como matéria de defesa, exceção, reconvenção ou contestação.

Por exemplo, se o credor de R$ 1.000,00 (mil reais), após a violação desse direito subjetivo, não exige do devedor esse valor nos prazos previstos em lei, sua pretensão estará prescrita. Assim, se, futuramente, for demandado pelo devedor por conta de outra dívida, não poderá opor a ele, para fins de compensação, os R$ 1.000,00 (mil reais), cujo poder de exigibilidade já estava prescrito. Ou seja, prescrita a pretensão, o direito subjetivo não pode ser alegado em defesa, seja qual for a forma.

Como ressalta Nelson Nery[368]: "Não se permite ao réu deduzir defesa – sob a forma de contestação, embargos do devedor, pedido contraposto, reconvenção, incidente de falsidade, declaratória incidental etc. – quando o direito ou pretensão já tiver sido atingido pela prescrição".

Na V Jornada de Direito Civil, promovida pelo CJF, foi ressaltada a diferença entre as exceções próprias e impróprias, e, como consequência, foi aprovado o Enunciado 415: "Art. 190. O art. 190 do CC refere-se apenas às exceções impróprias (dependentes/não autônomas). As exceções propriamente ditas (independentes/autônomas) são imprescritíveis".

1.21.2.3. Prescrição e renúncia

O fundamento da prescrição é a estabilização das relações jurídicas sociais e a necessária pacificação social. Por isso, a prescrição é matéria de ordem pública. É de interesse de toda a coletividade a pacificação social em decorrência da perda de um poder, denominado *pretensão*.

Em razão desse interesse público, o Código Civil, no art. 191, como regra, impede a renúncia da prescrição. Não se admite a renúncia prévia ou antecipada da prescrição. Tal cláusula contratual seria ineficaz, não produzindo qualquer efeito jurídico.

Todavia, excepcionalmente, após a incorporação da prescrição no patrimônio jurídico do devedor, este poderá renunciá-la em seu favor. Assim, somente é possível a renúncia da prescrição após a sua consumação, com o preenchimento dos requisitos retromencionados. Consumada a prescrição, o devedor, a seu exclusivo critério e conveniência, poderá renunciar a esse benefício, ressalvado o direito de terceiro.

É o que dispõe o art. 191 do CC: "A renúncia da prescrição pode ser expressa ou tácita, e só valerá, sendo feita, sem prejuízo de terceiro, depois que a prescrição se consumar; tácita é a renúncia quando se presume de fatos do interessado, incompatíveis com a prescrição". No mesmo sentido era a redação do art. 161 do CC de 1916.

A renúncia da prescrição somente será eficaz se já tiver sido consumada e se não acarretar prejuízo a terceiro. O Código Civil se preocupou com a tutela dos interesses de terceiro, o qual poderia ser prejudicado com a renúncia da prescrição. Por exemplo, no caso de o devedor ter vários credores e patrimônio insuficiente para liquidar todos os débitos, se a pretensão de um dos credores prescrever, a renúncia, nesse caso, certamente prejudicaria os outros credores, considerados terceiros. Portanto, seria ineficaz tal renúncia à prescrição, justamente por acarretar prejuízo a terceiros.

Exemplo: o devedor "A" deve R$ 1.000,00 (mil reais) para o credor "B"; R$ 2.000,00 (dois mil reais) para o credor "C" e R$ 3.000,00 (três mil reais) para o credor "D". O patrimônio do devedor é de apenas R$ 3.000,00 (três mil reais), ou seja, insuficiente para pagar todas as dívidas. Se a pretensão do credor "D" estiver prescrita, o devedor "A" não poderá renunciar à prescrição em favor de "D", pois estará prejudicando os interesses e direitos de terceiros, os credores "B" e "C". Em razão disso, a renúncia da prescrição em favor de "D" seria ineficaz.

Assim, o devedor renunciante não pode prejudicar terceiros com a renúncia de uma prescrição consumada.

Em resumo, é permitida a renúncia à prescrição se já estiver *consumada* e *desde que não haja prejuízo à terceiro*.

O art. 191 permite a renúncia expressa ou tácita. Em relação à renúncia expressa, não há maiores considerações, pois basta o devedor exteriorizar a vontade de renunciar à prescrição já consumada para favorecer o seu

---

[368] NERY JUNIOR, Nelson; NERY, Rosa Maria de Andrade. *Código Civil comentado*. 8. ed. São Paulo: Ed. RT, 2011.

credor. A renúncia expressa decorre de uma declaração ou manifestação de vontade inequívoca.

O problema é a renúncia tácita, expressamente admitida. Tal renúncia "se presume de fatos do interessado, incompatíveis com a prescrição". Nesse caso, é o comportamento do sujeito, beneficiado pela prescrição, ou a sua conduta, que levará à caracterização da renúncia. O sujeito passa a agir de modo incompatível com o esperado de quem pretenderia invocar essa prescrição. Por isso, de acordo com a lei, presume-se a partir de fatos/comportamentos/condutas do interessado. Em razão desses fatos exteriores, inequívocos e manifestos, fica evidente o desejo de não invocar a prescrição.

Não é tarefa fácil compatibilizar a renúncia tácita com a previsão legal, que admite o reconhecimento da prescrição de ofício.

O art. 194 do CC proibia o reconhecimento da prescrição, de ofício, pelo juiz, salvo para favorecer o absolutamente incapaz. A vedação do reconhecimento de ofício faz sentido, porque a prescrição se relaciona a direitos patrimoniais disponíveis. Todavia, a Lei n. 11.280/2006 revogou expressamente o art. 194 e modificou o art. 219 do CPC/73, acrescentando a esse dispositivo o § 5º, que permite ao juiz o pronunciamento, de ofício, da prescrição. Tal sistemática foi mantida no CPC de 2015. De acordo com o art. 332, § 1º, do atual CPC, é permitido ao juiz julgar liminarmente o pedido, antes de citar o réu, quando verificar, desde logo, a prescrição. O reconhecimento de ofício é expressamente admitido no art. 487, II, do CPC de 2015. O retrocesso é evidente, pois o Estado não pode interferir em relações jurídicas patrimoniais.

A prescrição, como já ressaltamos, tem por objeto pretensões que envolvem direitos subjetivos patrimoniais e disponíveis. Não afeta direitos sem conteúdo patrimonial. O Estado não pode interferir na relação jurídica privada de natureza patrimonial para reconhecer a prescrição, quando o sujeito tem a prerrogativa de renunciar à prescrição consumada.

Em todos os principais códigos civis que inspiraram a nossa legislação atual, o juiz não pode, de ofício, reconhecer a prescrição (art. 303 do Código Civil português, art. 2.938 do Código Civil italiano, § 222 do Código Civil alemão e art. 2.223 do Código Civil francês).

É difícil compatibilizar as regras do CPC atual (art. 487, inciso II) com o art. 191 do CC. Explico: de um lado, é possível o reconhecimento, de ofício, da prescrição. De outro, a possibilidade de o devedor renunciar à prescrição tacitamente. Se o beneficiado pela prescrição pode, em razão de qualquer comportamento, a ela renunciar, como o Estado poderia, de ofício, reconhecer a perda da pretensão que não interessa àquele que é o beneficiário direto do instituto!? A admissão da renúncia da prescrição, de forma expressa ou tácita, se justifica porque o instituto se relaciona com pretensões de direito patrimonial. É mero desdobramento da autonomia privada ou do poder dos sujeitos regular os seus próprios interesses. É certa a mitigação da autonomia privada no Estado Social, mas não para permitir ao Estado, pura e simplesmente, desconsiderando o direito do interesse de renunciar ou não a pretensão que somente a ele interessa. Nada justifica a possibilidade de reconhecer prescrição de ofício.

É fato que há quem defenda o reconhecimento de ofício, com o argumento de que se o devedor, de fato, tivesse interesse na renúncia, independentemente do reconhecimento judicial da prescrição, poderia, simplesmente, procurar o credor e efetivar o cumprimento da prestação. A questão não é tão simples. O devedor, beneficiário da prescrição, poderá, de forma legítima, ter interesse na manifestação do Estado a respeito do mérito, do direito subjetivo e do dever jurídico. Por exemplo, se provar que a dívida/direito subjetivo é indevida, terá direito a indenização, conforme previsto no art. 940, que disciplina a responsabilidade civil por cobrança indevida.

A prescrição não envolve a discussão do direito subjetivo, mas apenas da pretensão. No âmbito processual, a prescrição é considerada matéria de mérito, apenas para segurança jurídica, por meio da coisa julgada material. Todavia, prescrição não é mérito para o direito material. Na prescrição, apenas se reconhece a perda da pretensão ou poder de exigibilidade. O direito subjetivo e o dever jurídico primário ou originário não são objeto de discussão. Prescrita a pretensão, o direito subjetivo e o dever jurídico não são afetados.

Então, no que tange à renúncia tácita, como compatibilizar, no processo judicial, a conduta do devedor, o qual dá evidentes sinais de que não deseja arguir a prescrição, com a possibilidade de o juiz, de ofício, reconhecer a prescrição?

Na IV Jornada de Direito Civil, por meio do Enunciado 295, foi consolidado o entendimento de que a possibilidade de reconhecimento, de ofício, da prescrição não retira a possibilidade da renúncia: "A revogação do art. 194 do CC pela Lei n. 11.280/2006, que determina ao juiz o reconhecimento de ofício da prescrição, não retira do devedor a possibilidade de renúncia admitida no art. 191 do CC".

A conclusão do enunciado é correta, mas, na prática, continuará a dificuldade em compatibilizar a possibilidade de pronunciamento, de ofício, da prescrição com a renúncia tácita. No caso da renúncia expressa, claramente, o juiz ficará impedido de pronunciar a prescrição, pois prevalecerá a vontade ou autonomia privada do devedor ou sujeito passivo de determinada obrigação.

Na renúncia tácita, em que a conduta e o comportamento do sujeito são as causas determinantes da renúncia, deverá o juiz ficar atento, pois, ao perceber a vontade (não exteriorizada evidentemente) de renunciar à prescrição, não deverá pronunciá-la de ofício. Deve prevalecer a vontade individual, em razão da natureza patrimonial e disponível (o Estado deve respeitar o poder de disposição do devedor) sobre qualquer outro interesse estatal no pronunciamento dessa prescrição.

Por isso, defendemos a absoluta impossibilidade do indeferimento da inicial com fundamento na prescrição. No juízo de admissibilidade da inicial, o juiz ainda não tem como saber se o devedor pretende renunciar à prescrição, expressa ou tacitamente. Tal circunstância deve ser apurada no processo, levando em conta os termos da contestação, a conduta do devedor, as provas requeridas, a finalidade da defesa, o objeto do processo, antes de, simplesmente, pronunciar a prescrição.

O Superior Tribunal de Justiça, de forma reiterada, na tentativa de contornar os problemas oriundos do reconhecimento de ofício, antes do atual CPC, já flexibilizava a previsão do reconhecimento de ofício, para impor o necessário contraditório entre as partes.

O CPC de 2015, embora admita expressamente o reconhecimento da prescrição, de ofício (art. 487, II), no parágrafo único deste mesmo artigo, em evidente inovação, incorporou o entendimento do STJ sobre a necessidade de contraditório antes da decisão.

Segundo a referida norma: "Ressalvada a hipótese do § 1º do art. 332, a prescrição e a decadência não serão reconhecidas sem que antes seja dada às partes oportunidade de manifestar-se".

É espécie de reconhecimento de ofício diferido ou mitigado. O STJ já andava por este caminho, agora positivado. O atual CPC, como de costume, incorreu em evidente equívoco. Ainda que haja previsão para conferir às partes oportunidade para se manifestar antes do reconhecimento de ofício, o momento processual em que isso poderá ocorrer é antes da sentença, após toda a instrução. Por outro lado, o parágrafo único do art. 487 ressalva o § 1º do art. 332, que disciplina o julgamento liminar e improcedente do pedido, ocasião em que não haveria possibilidade de manifestação prévia. A legislação processual civil inverteu a lógica dos fatos. É justamente no momento da admissibilidade da inicial e antes do julgamento liminar com base na prescrição que deve ser garantido o direito de se manifestar, porque o juiz não sabe qual será a conduta do comportamento daquele que se beneficia da prescrição. Por outro lado, desnecessária a manifestação antes da sentença, porque após toda a instrução, o juiz saberá se o interessado pretende renunciar à prescrição. Em resumo, no momento processual em que a manifestação prévia seria adequada, o CPC veda e, no momento processual em que o contraditório é inadequado ou desnecessário, o CPC o impõe.

Na realidade, por ocasião da análise da inicial, o magistrado não tem condições de apurar se a pretensão está prescrita, pois há causas suspensivas, impeditivas e interruptivas que não são conhecíveis de ofício. Não se pode correr o risco de extinguir o processo, sem saber se o prazo, por alguma causa, ficou suspenso ou foi interrompido.

A intenção inicial do legislador com a redação do § 5º do art. 219 do CPC/73, reproduzida no art. 487, II, do CPC de 2015, foi apenas permitir ao juiz o reconhecimento de ofício da prescrição intercorrente, ou seja, aquela verificada no curso do processo, em razão da inércia da parte interessada na movimento do processo. Entretanto, o reconhecimento de ofício, de modo generalizado, distorceu o sistema da prescrição, tanto que a lei processual civil de 2015 tentou contornar os problemas, com a garantia prévia de manifestação da parte interessada (em mo-

mento inoportuno), antes da declaração. Não há como compatibilizar o reconhecimento de ofício, com a renúncia tácita. É certo que reconhecer de ofício é analisar determinada questão independente de provocação. Todavia, a partir do momento em que se admite a manifestação da parte interessada antes do reconhecimento, haverá interferência e provocação e, no caso, não há que se cogitar em reconhecimento de ofício.

No caso da renúncia tácita, sempre deverá prevalecer em detrimento da possibilidade de reconhecimento, de ofício, da prescrição.

Recentemente, em outro julgado, o STJ tratou da prescrição no âmbito da execução fiscal, admitindo o seu reconhecimento de ofício, desde que consumada antes da propositura da ação e não no curso do processo, como consequência da alteração legislativa provocada pela Lei n. 11.280/2006, a qual revogou o art. 194 do CC e modificou a redação do § 5º do art. 219 do CPC/73, mantida pelo art. 487, II, do atual CPC. Eis o teor do enunciado da Súmula 409: "Em execução fiscal, a prescrição ocorrida antes da propositura da ação pode ser decretada de ofício" (art. 219, § 5º, do CPC).

1.21.2.4. Prazo de prescrição e alteração

Os prazos de prescrição não podem ser alterados pela vontade das partes. Todos os prazos de prescrição são legais. Não há prescrição convencional. A decadência poderá se consumar em decorrência de prazos legais ou convencionais, mas a prescrição, necessariamente, decorre de disposição legal.

Segundo o art. 192 do CC: "Os prazos de prescrição não podem ser alterados por acordo das partes". Em relação a esse dispositivo, não há correspondente no Código Civil de 1916.

Portanto, os prazos de prescrição estão expressamente previstos nos arts. 205 (10 anos) e 206 do CC (1 a 5 anos).

A vedação para alterar prazos de prescrição por acordo se conecta com interesses mais amplos, fundamentos da prescrição, a estabilidade das relações sociais e a segurança jurídica. A finalidade da prescrição impede que as partes alterem esses prazos ou estabeleçam a imprescritibilidade de determinada pretensão.

A prescrição não suporta interferência do princípio da autonomia privada. Os prazos estão previstos em lei e não podem ser alterados, para mais ou menos. Todavia, consumada a prescrição e incorporado no patrimônio jurídico do beneficiário o direito de alegá-la, é possível a renúncia, expressa ou tácita. A vedação de alteração dos prazos é plenamente compatível com a renúncia, que pressupõe prescrição consumada. A alteração dos prazos por vontade das partes poderia gerar grave instabilidade jurídica.

O objetivo desta norma é resguardar a segurança jurídica e a estabilização das relações intersubjetivas, fundamentos da prescrição.

1.21.2.5. Prescrição e momento para alegação

Em razão da revogação do art. 194 do CC e a modificação do § 5º do art. 219 do CPC/73, mantido pelo art.

487, II, do CPC/2015, é permitido o pronunciamento, de ofício, da prescrição. Por isso, não há relevância no dispositivo referente ao momento para alegar a prescrição.

O art. 193 do CC dispõe sobre a possibilidade de a prescrição ser alegada em qualquer grau de jurisdição, pela parte a quem aproveita. O juiz, de ofício, como já analisado, poderá reconhecer e pronunciar essa prescrição, independentemente da alegação da parte interessada.

O "grau de jurisdição" está, de acordo com o art. 193, relacionado a instâncias ordinárias, primeira e segunda, e não a instâncias extraordinárias, Superior Tribunal de Justiça e Supremo Tribunal Federal, por exemplo.

Assim, segundo o art. 193, não haverá preclusão se a parte não alegar a prescrição logo na contestação, podendo fazê-lo durante todo o processo de conhecimento, inclusive nas razões finais, orais ou escritas, bem como em sede de recurso, caso não tenha feito na primeira instância. No entanto, até a alteração legislativa, revogando o art. 194, não poderia o interessado, pela primeira vez, arguir a prescrição em Recurso Especial ou Recurso Extraordinário, pois esbarraria na exigência do prequestionamento.

Até a alteração legislativa entendia-se que, se a prescrição não tivesse sido questionada em primeiro e segundo graus, não poderia ser invocada no STJ ou STF, pela primeira vez. O recurso não seria admitido, ou seja, o juízo de admissibilidade seria, inevitavelmente, negativo.

Entretanto, após a alteração legislativa (revogação do art. 194 do CC), a parte interessada poderia alegar a prescrição em qualquer instância, inclusive nas extraordinárias, pela primeira vez, pois os Ministros das Cortes Superiores passam a ter o poder de reconhecer e pronunciar, de ofício, a prescrição, independentemente de questionamento prévio nas instâncias inferiores. Este seria o novo entendimento a ser adotado. O Ministro, em Recurso Especial ou Extraordinário, ao tomar ciência da prescrição, mesmo se não houver alegação nas instâncias ordinárias ou se a primeira alegação se der já na instância extraordinária, teria o poder de reconhecê-la de ofício. Nesses casos, as causas foram decididas em única ou última instância, mas a prescrição não foi alegada nessas instâncias.

Então, essa matéria poderia ser alegada, pela primeira vez, nas instâncias extraordinárias.

No entanto, este não é o entendimento que prevalece atualmente no Superior Tribunal de Justiça.

Nas instâncias extraordinárias se pressupõe prequestionamento. A jurisprudência do STJ é firme no sentido de que, mesmo as *matérias de ordem pública*, cognoscíveis de ofício pelas instâncias ordinárias, devem ser questionadas previamente de modo a viabilizar o acesso à via especial (nesse sentido Recurso Especial n. 1.171.712/RS).

Portanto, a referida Corte de Justiça mantém firme a posição de que mesmo as matérias de ordem pública, reconhecíveis de ofício, devem ser objeto de prequestionamento. O objetivo do STJ é proteger o Tribunal, pois não é conveniente criar precedentes, independente da matéria, para admitir questões não prequestionadas. Isso poderia aumentar, de forma substancial, a quantidade de recursos.

Portanto, ao menos o prequestionamento implícito deve ter ocorrido, a fim de que o STJ possa, de ofício, reconhecer a prescrição.

No âmbito do TST, a Súmula 153 proíbe expressamente o reconhecimento de prescrição não arguida na instância ordinária.

Em relação à legitimidade, o art. 193 do Código Civil afirma que somente pode ser alegada pela parte a quem aproveita, o beneficiário da prescrição. A "parte a quem aproveita" é o sujeito que violou direito subjetivo de outrem, cujo titular permaneceu inerte em relação à pretensão nos prazos legais, com o que consuma a prescrição. Consumada a prescrição e incorporada no patrimônio do responsável pela violação do direito, que pode ser o devedor ou autor de ilícito, será o único legitimado para alegá-la. A razão é simples: trata-se de direito patrimonial disponível, com possibilidade de renúncia. Portanto, apenas aquele diretamente vinculado à pretensão extinta pelo decurso do tempo pode alegá-la. No entanto, tal regra de legitimidade foi impropriamente mitigada, em razão da possibilidade de o juiz reconhecer, de ofício, a prescrição.

O art. 162 do CC/1916 mencionava que a prescrição poderia ser alegada em qualquer instância, pela parte a quem aproveitasse. O novo Código Civil substituiu a expressão *instância* por *grau de jurisdição* e, por isso, segundo Gustavo Neves, ao não fazer mais referência à instância (unidade hierárquica na divisão da competência funcional), e sim ao grau de jurisdição, pode ser a prescrição alegada pela segunda vez, na qual um órgão julgador, da mesma instância, venha a analisar uma mesma pretensão (como por exemplo, no recurso de apelo previsto no art. 41 da Lei n. 9.099/95).

1.21.2.6. Prescrição e responsabilidade civil em favor dos assistidos e da pessoa jurídica

A omissão de determinadas pessoas em relação à alegação da prescrição poderá ser fonte de responsabilidade civil.

Segundo o art. 195 do CC: "Os relativamente incapazes e as pessoas jurídicas têm ação contra os seus assistentes ou representantes legais, que derem causa à prescrição, ou não a alegarem oportunamente".

Em primeiro lugar, foi inserida regra de proteção em favor do relativamente incapaz em matéria de prescrição. Os relativamente incapazes podem atuar nos atos da vida civil e participam, em conjunto com os assistentes, de atos e negócios jurídicos. No entanto, para validade desses atos, o relativamente incapaz (aquelas pessoas arroladas e discriminadas no art. 4º do CC) deverá ser assistido pelo sujeito responsável por seus interesses, pais, tutor ou curador.

Caso os assistentes venham a dar causa à consumação da prescrição (por exemplo, recusa injusta em assistir o relativamente incapaz em determinado ato ou negócio jurídico, em que era titular de direito subjetivo, violado por outrem) ou não a alegam oportunamente (quando o assistido violou direito de outrem e poderia invocá-la para evitar a exigibilidade do direito), o assistido, relativamente incapaz, poderá ingressar com pedido de indenização contra o seu assistente, a fim de pretender reparação civil pelos danos causados. É essencial demonstrar o nexo de causalidade entre a conduta, comissiva ou omissiva do assistente e a consumação da prescrição, na primeira situação ou a não alegação oportuna, no segundo caso.

O absolutamente incapaz não é mencionado no dispositivo, pois este já tem proteção específica no art. 198, I, do CC. Contra o absolutamente incapaz não corre os prazos de prescrição (a favor corre, contra não). Por isso, enquanto absolutamente incapaz, não há a prescrição e, como consequência, não teria sentido lógico pretender responsabilizar o representante por algo que não tem como se consolidar no mundo jurídico.

No caso dos *representantes legais*, a referência é a pessoa jurídica. Se os responsáveis pela administração ou gestão da pessoa jurídica, diretores ou gerentes, administradores, sócios ou não sócios, derem causa à prescrição quando alguém violar direito subjetivo deste ente coletivo ou se não a alegar oportunamente, poderão ser responsabilizados, civilmente, pela pessoa jurídica. Da mesma forma que os relativamente incapazes, é essencial demonstrar o nexo causal entre a conduta, comissiva ou omissiva, dos representantes da pessoa jurídica com a consumação da prescrição e os motivos pelos quais não foi alegada quando poderia ser. A pessoa jurídica, neste caso, em nome próprio, terá ação de reparação de danos por tal negligência ou conduta dolosa do gestor.

Esses administradores deverão ressarcir a pessoa jurídica dos benefícios que poderiam auferir se tivessem exercido a pretensão, antes da consumação da prescrição ou se a tivessem alegado no momento oportuno. A indenização poderá ter como fundamento danos materiais, morais e perda de uma chance. A responsabilidade civil pode se relacionar a atos dolosos ou culposas, com o nexo causal ("deram causa").

A possível responsabilidade civil de assistentes e representantes legais ocorrerá em duas hipóteses. Em primeiro lugar, se os assistentes e representantes legais forem titulares da pretensão, porque o direito subjetivo foi violado por outrem, e, dolosa ou culposamente, deixarem de exteriorizar o poder relacionado a tal pretensão. Por outro lado, poderão ser responsabilizados se os assistentes e a pessoa jurídica foram as responsáveis pela violação do direito subjetivo de outrem e, o titular do direito subjetivo violado, não exerce a pretensão nos prazos legais. Neste caso, a responsabilidade ocorrerá porque os assistentes ou representantes legais poderiam ter alegado a prescrição, mas impedir a exigibilidade do direito e não a alegam oportunamente. Portanto, a responsabilidade civil é via de mão dupla. Serão responsabilizados se deixaram consumar a prescrição ou se não alegarem a prescrição em favor de seus assistidos ou da pessoa jurídica que representam.

Em resumo, o assistente do relativamente incapaz e o representante legal da pessoa jurídica, se derem causa à prescrição (no caso de violação do direito subjetivo do assistido ou da pessoa jurídica) ou se não a alegam oportunamente (quando o assistido e pessoa jurídica, que violaram direito subjetivo de outrem, poderiam invocar a prescrição), deverão reparar os danos, materiais ou morais, causados por tais condutas, comissivas, ou omissivas, dolosa ou culposa, aos assistidos e à pessoa jurídica.

1.21.2.7. Prescrição e sucessão

A sucessão da pretensão, *inter vivos* ou *causa mortis*, não é causa impeditiva, suspensiva nem interruptiva da prescrição.

O Código Civil, no art. 196, dispõe que: "A prescrição iniciada contra uma pessoa continua a correr contra o seu sucessor".

O sucessor receberá a pretensão com o prazo restante em razão da continuidade do prazo. A sucessão pode ser *inter vivos*, como é o caso da cessão de crédito (negócio jurídico por meio do qual o credor transfere para terceiro a titularidade do crédito ou posição creditória), ou *causa mortis*, em caso de falecimento do titular do direito subjetivo violado. Apenas as relações jurídicas patrimoniais não personalíssimas integram o conteúdo da herança. Portanto, a prescrição iniciada contra o falecido no âmbito de determinada relação jurídica patrimonial continua a correr contra o sucessor que, por efeito da *saisine* (art. 1.784 do CC), de forma automática, assume a titularidade desta relação jurídica, em substituição ao falecido. A pretensão deve ser exercida nos prazos legais e prossegue em relação aos sucessores sem solução de continuidade.

Se o direito subjetivo já tiver sido violado, nasce a pretensão. O prazo de prescrição, decorrido contra o cedente, é computado para o cessionário, da mesma forma que o prazo decorrido para o falecido o será para o sucessor, herdeiro ou legatário.

A sucessão, substituição de sujeitos, por ato entre vivos ou *causa mortis*, não é causa de suspensão ou interrupção do prazo para a consumação da prescrição, razão pela qual continuará a correr contra o novo titular da relação jurídica patrimonial, como se não houvesse alteração na titularidade subjetiva, contra o sucessor.

O art. 165 do CC/1916 suscitava dúvidas em relação à sucessão *inter vivos*, pois apenas se referia à prescrição em caso de falecimento, ou *causa mortis*. Segundo esse dispositivo, a prescrição iniciada contra uma pessoa continua a correr contra o seu herdeiro.

O atual Código Civil substituiu o termo *herdeiro* por *sucessor*, mais genérico, o que abrange qualquer sucessão, inclusive a *inter vivos*. O sucessor, em negócio jurídico entre vivos ou por sucessão decorrente de falecimento, suportará os efeitos do prazo já decorrido contra o seu antecessor ou antigo titular do direito subjetivo violado.

Em síntese, o termo *sucessão* passa a ter acepção genérica. Com o vocábulo genérico *sucessor*, iniciada a prescrição contra uma pessoa, continua contra quem lhe sucede na relação jurídica, qualquer que seja o título da transmissão.

1.21.2.8. Causas impeditivas e suspensivas da prescrição

Os prazos aptos a levarem à consumação da prescrição podem ser suspensos (em razão de causas suspensivas) ou sequer se iniciam (por conta das causas impeditivas).

As causas suspensivas apenas provocam a suspensão do prazo, mas o período já decorrido é computado no prazo remanescente, após o desaparecimento da causa suspensiva. Já a causa impeditiva impede o início do decurso do prazo. Não há diferença ontológica entre as causas suspensivas e impeditivas, ambas decorrendo das mesmas hipóteses. A diferença diz respeito apenas ao momento em que ocorre a hipótese legal: se antes ou depois da violação do direito subjetivo.

Assim, haverá situações em que o prazo não se inicia, pois, a violação do direito subjetivo ocorre no momento que já está configurada a situação jurídica prevista em lei. Se a violação do direito ocorrer quando já caracterizada a situação prevista em lei, será hipótese de impedimento. Por outro lado, se a violação do direito ocorrer antes da caracterização da hipótese ou situação jurídica legal, será o caso de suspensão (pois, decorrido algum prazo, incide a hipótese legal).

Por exemplo, o Código Civil impede o decurso do prazo na constância do casamento. Se as partes já estavam casadas e um dos cônjuges viola direito subjetivo do outro (agressão física, por exemplo), enquanto casados, não corre prazo prescricional para a ação de reparação civil.

Nessa hipótese, haverá causa impeditiva e o prazo sequer é iniciado, pois a violação do direito subjetivo ocorreu já quando estava caracterizada a hipótese prevista na lei.

Em outra situação, se o sujeito vier a atentar contra a integridade física de alguém, haverá violação de direito subjetivo e, a partir da agressão, surge a pretensão para a responsabilidade civil, reparação do dano. No entanto, se a vítima casa com a agressora ou agressor, o prazo de reparação civil ficará suspenso durante a constância do casamento. Se ocorrer a dissolução do casamento, o prazo decorrido antes do casamento é computado após a separação, para efeito de prescrição da pretensão.

Portanto, a diferença entre as causas impeditivas e suspensivas se refere apenas ao momento da violação do direito subjetivo e, em consequência, do nascimento da pretensão. Violado o direito e nascida a pretensão, quando já caracterizada a hipótese legal, a causa será impeditiva. Violado o direito e nascida a pretensão, antes da caracterização da hipótese legal, a causa será suspensiva. Em resumo, a diferença é fática: o termo inicial.

Por essas razões, não há diferença ontológica entre impedimento e suspensão da prescrição. A diferença é quanto ao termo inicial, pois, no impedimento, o prazo nem chegou a correr, enquanto na suspensão, o prazo já fluído congela-se, aguardando o encerramento da causa para ter continuidade.

O Código Civil trata das causas impeditivas e suspensivas nos arts. 197, 198, 199 e 200. Além dessas hipóteses, previstas na Lei Civil, há outras causas suspensivas previstas em outras leis especiais. Por exemplo, o art. 6º da Lei n. 11.101/2005, dispõe que: "A decretação da falência ou o deferimento do processamento da recuperação judicial suspende o curso da prescrição e de todas as ações e execuções em face do devedor (...)". Portanto, suspensão da prescrição fora do Código Civil.

O art. 40 da Lei de Execução Fiscal (Lei n. 6.830/80), também traz hipótese de suspensão do prazo prescricional: "O juiz suspenderá o curso da execução, enquanto não for localizado o devedor ou encontrados bens sobre os quais possa recair a penhora, e, nesses casos, não correrá o prazo de prescrição".

Como se observa, essa é mais uma hipótese de suspensão da prescrição em outra legislação.

A jurisprudência também criou prazo de suspensão da prescrição em matéria de seguro. O Superior Tribunal de Justiça, na Súmula 229, consolidou o entendimento de que: "O pedido de pagamento de indenização à seguradora suspende o prazo de prescrição até que o segurado tenha ciência da decisão". Como o prazo de prescrição da pretensão ao seguro é pequeno (1 ano), as seguradoras demoravam em dar a resposta ao segurado após o sinistro o que, muitas vezes, levava à extinção da pretensão do segurado. Para evitar esse artifício das seguradoras, o pedido de pagamento da indenização suspende o prazo de prescrição ânuo, até que o segurado decida, ou seja, dar ao segurado a resposta sobre o pagamento ou não da indenização. Trata-se de hipótese de suspensão da prescrição, criada pela jurisprudência.

Teoria do *contra non valentem agere* (boa-fé objetiva)

A teoria do *contra non valentem agere non currit praescriptio* pode ser invocada para evitar o curso do prazo prescricional em situações excepcionais, quando o titular do direito violado não tem condições fáticas ou jurídicas de exigi-lo, por meio da pretensão. De acordo com a teoria, contra aqueles que não pode agir, os prazos de prescrição não devem fluir. Não há dúvida de que a teoria ostenta fundamento ético e se conecta com a boa-fé objetiva.

Há determinadas situações em que o sujeito, cujo direito subjetivo foi violado, não tem como exercer a pretensão que decorre da violação deste direito. O impedimento independe da sua vontade. Por exemplo, se o sujeito for pessoa com deficiência mental grave, que o prive completamente do discernimento, caso seu direito subjetivo seja violado, não terá condições, em especial se ainda não tiver curador, de exercer a pretensão. Como as pessoas com deficiência são capazes, não poderia se valer da regra prevista no art. 198, I. As situações são as mais variadas. Se determinada pessoa, cujo direito subjetivo foi violado, se envolve em grave acidente e não consegue exercer suas pretensões, se não havia qualquer procurador para representá-lo, não é razoável, em tal hipótese, admitir o fluxo normal do prazo de prescrição. A teoria é aplicada no caso de petição de herança, cujo prazo somente se inicia com o trânsito em julgado da ação de investigação de paternidade, e não da abertura da sucessão, pois enquanto não reconhecida a condição de herdeiro, não pode correr a prescrição, porque a pessoa não tem como agir para exercer suas pretensões antes de tal reconhecimento. O mesmo ocorre durante a Pandemia da Covid-19, quando sujeitos, pelos mais diversos motivos, ficaram impedidos de exercer os seus direitos. Em razão deste fato excepcional, não é razoável considerar o fluxo dos prazos prescricionais no período. Aliás, tal teoria inspirou o legislador na edição da lei de vigência temporária, n. 14.010/2020, que tratou da suspensão genérica dos prazos de prescrição e decadência entre 12 de junho e 30 de outubro de 2020. Em relação às situações anteriores, uma vez que a pandemia se inicia oficialmente em março de 2020, a suspensão dos prazos, em situações excepcionais em que o titular não poderia agir, pode ter como fundamento a teoria do *contra non valentem agere*.

Trata-se de situações que não estão previstas em lei mais podem impedir o fluxo do prazo prescricional, porque o titular do direito não tem como exercer a pretensão por questões que transcendem à sua vontade. Ainda que não haja previsão legal, nestas situações absolutamente excepcionais, quando o exercício da pretensão ficar obstado, sem que o titular do direito tenha contribuído para tanto, é possível invocar a teoria para evitar o fluxo do prazo prescricional. A regra é básica: a prescrição não pode correr contra quem não pode agir. Os ideais de equidade, justiça, boa-fé e dignidade devem orientar tal análise.

A proposta da teoria é que os prazos de impedimento e suspensão da prescrição são meramente exemplificativos, pois em situações excepcionais, a serem apuradas concretamente, quando o titular não puder agir, devem ser admitidas outras hipóteses para não considerar o fluxo do prazo prescricional, desde que a pretensão do titular esteja, de fato, obstada.

A teoria da *actio nata*, acima mencionada, não deixa de, em certa medida, se inspirar na teoria *contra non valentem agere*, pois enquanto o titular do direito subjetivo não tem ciência da violação deste direito, o prazo não poderia ter início. A inspiração ética é a mesma da teoria da *actio nata*. A boa-fé objetiva é o fundamento da teoria.

Hipóteses legais de suspensão e impedimento de prazos prescricionais

As causas impeditivas e suspensivas da prescrição estão previstas nos arts. 197 a 200 do Código Civil.

De forma absolutamente inexplicável, o Código Civil desdobra as causas impeditivas e suspensivas em quatro artigos, quando as hipóteses legais poderiam ser resumidas em apenas um único dispositivo. Não se compreende tal sistematização. Diz o art. 197: "Não corre a prescrição"; o art. 198: "Também não corre a prescrição"; e o art. 199: "Não corre igualmente a prescrição". É impressionante a ausência de bom senso, para dizer o mínimo, do legislador. As expressões: *não corre, também não corre e não corre igualmente* retratam a mesma ideia, com os mesmos efeitos jurídicos:

1ª hipótese: Art. 197. Não corre a prescrição: I – entre os cônjuges, na constância da sociedade conjugal; II – entre ascendentes e descendentes, durante o poder familiar; III – entre tutelados ou curatelados e seus tutores ou curadores, durante a tutela ou curatela.

Todavia, imprecisões terminológicas à parte, as causas previstas no art. 197 pretendem tutelar e preservar o núcleo familiar, para evitar conflitos por conta de prazos de prescrição. No caso, razões de ordem moral, ética, social e até emocional, justificam as causas suspensivas previstas do art. 197 do Código Civil.

No inciso I do art. 197, está expresso que não corre a prescrição entre cônjuges durante a constância do casamento ou da sociedade conjugal. Como a Constituição Federal considera a união estável uma entidade familiar e, tendo em conta que o objetivo dessa norma é a proteção do núcleo familiar, também não correrá prescrição entre companheiros, durante a união estável.

Nesse sentido, foi aprovado o Enunciado 296, da IV Jornada, promovida pelo CJF: "Não corre a prescrição entre os companheiros, na constância da união estável".

A separação de fato, em especial por período considerável, é suficiente para afastar a regra de impedimento/suspensão da prescrição entre cônjuges, em especial para viabilizar aquisição de imóvel por usucapião. Na separação de fato não haverá *constância* ou continuidade, o que é suficiente para o início do prazo relativo a violações de direitos subjetivos durante o casamento ou a união estável e, ainda, para fins de usucapião (art. 1.244 do CC).

O STJ, no Recurso Especial n. 1.693.732-MG, considerou que a causa impeditiva cessa com o divórcio, a separação judicial e, também, a separação de fato. Não há dúvida de que a separação de fato provoca inúmeros efeitos e consequências jurídicas, entre elas, por exemplo, a perda da capacidade sucessória, encerramento de deveres da união estável e casamento, e, também, faz cessar a causa impeditiva prevista no inciso I do art. 197. A referida norma está assentada em razões de ordem moral, com a finalidade de preservar o afeto, a confiança e a harmonia do vínculo conjugal, fundamentos que não mais existem com a separação de fato.

Assim, a mulher casada ou a companheira em união estável, vítima de violência doméstica, por qualquer dos meios mencionados no art. 7º da Lei n. 11.340/2006 (violência física, psicológica, sexual, patrimonial e moral), tendo o direito subjetivo violado (direitos relacionados à sua personalidade), passará a ter a pretensão de buscar reparação civil (3 anos, art. 206 do CC).

No entanto, durante a constância da sociedade conjugal e da união estável, esse prazo não corre. A vítima pode permanecer casada por 30 (trinta) anos e, encerrada a sociedade conjugal, iniciar-se-á o prazo previsto em lei para a reparação civil.

O art. 197, I, visa, portanto, a pacificação social, a preservação da tranquilidade doméstica e, principalmente, a tutela do núcleo familiar, isto porque de acordo com o art. 226 da CF/88, a família é a base da sociedade e merece especial tutela e proteção do Estado. Como forma de tutelar a família, o Código Civil proíbe o decurso de prazo prescricional durante o casamento ou a união estável. Basta a separação de fato ou judicial, para o prazo reiniciar. O artigo exige constância da sociedade conjugal, o que significa convivência, companheirismo, vida em comum (comunhão plena de vida, como enuncia o art. 1.511 do CC).

Os incisos II e III retratam os mesmos fundamentos éticos do inciso I do art. 197. Não corre a prescrição entre ascendentes e descendentes, durante o poder familiar. Este é o ponto a ser considerado. A prescrição somente não ocorrerá enquanto houver a submissão de descendente ao poder familiar do outro. Segundo o art. 1.630 do CC, os filhos estão sujeitos ao poder familiar enquanto menores. Como o poder familiar existe apenas entre pais e filhos menores, o inciso II não se estende a outros ascendentes ou descendentes.

Outras situações em que filhos zelam pela vida e interesses de genitores inválidos ou avós de netos menores, podem se enquadrar no inciso III, que trata dos institutos da tutela e da curatela. Durante a tutela e a curatela, não corre prescrição. O poder familiar decorre de relação de parentesco, consanguíneo ou civil, capaz de criar vínculo de filiação, como se depreende do art. 1.630.

Enquanto estiverem submetidos ao poder familiar, não corre prescrição entre ascendentes e descendentes. O poder familiar será extinto pela morte dos pais ou dos filhos menores, pela emancipação, pela maioridade, pela adoção e por decisão judicial, quando for decretada a perda do poder familiar, nas hipóteses do art. 1.638 do CC. A mera suspensão do poder familiar mantém a previsão do inciso II do art. 197, pois, nesse caso, o poder familiar não será extinto.

Na verdade, tal dispositivo é mais uma dentre as várias regras que visam proteger o incapaz, filhos menores (que são incapazes, salvo se emancipados) que estiverem sob o poder familiar dos pais. Se o filho menor se torna credor do pai ou é agredido pelo pai, o prazo de prescrição para exigir a dívida ou para reparação civil não correrá enquanto o menor estiver sob o poder familiar de seu ascendente.

Finalmente, também não corre a prescrição entre tutores e tutelados e curadores e curatelados, obviamente, apenas durante a tutela e a curatela. Estão sujeitos à tutela os filhos menores cujos pais faleceram, foram julgados ausentes ou decaíram do poder familiar (art. 1.728). Estão sujeitos à curatela todos os incapazes arrolados no art. 1.767 do Código Civil.

2ª hipótese: Art. 198. Também não corre a prescrição: I – contra os incapazes de que trata o art. 3º; II – contra os ausentes do País em serviço público da União, dos Estados ou dos Municípios; III – contra os que se acharem servindo nas Forças Armadas, em tempo de guerra.

De todas as causas que impedem ou suspendem a prescrição previstas no art. 198, a mais relevante é a prevista no inciso I, cuja finalidade é a proteção do absolutamente incapaz (art. 3º do CC – atualmente apenas os menores de 16 anos). A prescrição não corre contra, ou seja, para prejudicar, o absolutamente incapaz, mas a favor corre. Assim, se o absolutamente incapaz tiver direito subjetivo violado, não corre a prescrição. Todavia, se ele for responsável pela violação de direito subjetivo (tanto que responde civilmente, embora de forma mitigada e subsidiária – art. 928 do CC), o prazo prescricional para o titular do direito subjetivo violado exercer a pretensão corre normalmente.

O absolutamente incapaz, se titular de crédito alimentar, por exemplo, não se sujeita ao prazo de prescrição de 2 (dois) anos das prestações alimentares. Tal prazo apenas se inicia quando deixa de ser absolutamente incapaz, aos 16 anos, o que evidencia situação de impedimento e não de suspensão, pois, contra ele, a prescrição nunca se inicia. O absolutamente incapaz tem proteção especial se a prescrição é para prejudicar seus interesses, mas se o prazo é para favorecer, corre normalmente. É mero desdobramento da perspectiva protetiva da teoria da incapacidade.

A prescrição não corre também contra os ausentes do país, se a ausência for necessária para a prestação de serviço público em favor da União, dos Estados e dos Municípios. A ausência, neste caso, não tem qualquer relação com o instituto da *ausência* previsto nos arts. 22 a 39 do CC, situação em que as pessoas desaparecem do domicílio sem deixar notícias do paradeiro. No caso de ausência por desaparecimento do domicílio, se for involuntária e justificada, será possível invocar a teoria do *contra non valentem agere* para impedir o fluxo do prazo prescricional.

A ausência prevista no inciso II é simplesmente o fato de a pessoa se encontrar no exterior, em local certo e sabido, a serviço público de qualquer dos entes da Federação. Basta estar em outro país, a serviço da União, Estados ou Municípios, para se beneficiar dessa regra. O interesse público do serviço prestado por essa pessoa prevalece sobre a prescrição.

A última hipótese prevista no art. 198, visa proteger estas pessoas sacrificadas em tempo de guerra, as quais estejam servindo nas Forças Armadas, Marinha, Exército ou Aeronáutica. Durante o período de prestação de serviço público relevante ao país, em tempo de guerra, contra esses combatentes ou não combatentes (apenas mobilizados para o conflito) não corre a prescrição.

Como diz Amaral[369]: "O dispositivo destina-se a proteger os que não podem exercer seus direitos, de modo absoluto, e os que se ausentam do país, por motivo de serviço ou de guerra".

Nas precisas palavras de Antônio Luís da Câmara Leal[370], em sua obra *Da prescrição e da decadência*, o militar, para ser beneficiado, não precisa servir como combatente, bastando que ele tenha sido mobilizado para prestar seus serviços durante a guerra, qualquer que seja a natureza desse serviço. Segundo ele, guerra pode ser compreendida como guerras internas, de modo que tempo de guerra é expressão que compreende a guerra quer externa, quer interna, porque, tanto numa como outra, se exige do soldado a mesma concentração de esforços, alheando-o da administração de seus negócios.

3ª hipótese: Causas previstas no art. 199: "Não corre igualmente a prescrição: I – pendendo condição suspen-

---

[369] AMARAL, Francisco. *Direito civil* – introdução, 6. ed. rev. e atual. Rio de Janeiro: Editora Renovar, 2006.

[370] LEAL, Antônio Luís da Câmara. *Da prescrição e da decadência:* teoria geral do *direito civil*. Rio de Janeiro: Forense, 1982.

siva; II – não estando vencido o prazo; III – pendendo ação de evicção".

A primeira hipótese trata da condição suspensiva. Se determinado negócio jurídico estiver submetido à condição suspensiva, por razões óbvias, não há prescrição. Se houver condição suspensiva, enquanto a condição não for verificada ou implementada, não se adquirirá o direito subjetivo. Assim, pendendo a condição suspensiva, não há aquisição do direito. A prescrição pressupõe a violação de direito subjetivo. Se não há direito a ser violado, não haverá pretensão, que decorre da violação desse direito e, consequentemente, é impossível a prescrição. A prescrição pressupõe a existência de direito subjetivo e a condição suspensiva impede a aquisição do próprio direito, que depende da implementação de evento futuro e incerto. Se o direito subjetivo, do qual depende a prescrição, não existe, óbvio que não haverá pretensão e, portanto, prescrição.

Na realidade, tais hipóteses eram dispensáveis. Tais causas poderiam ser extraídas do próprio conceito de prescrição, constante no art. 189 do CC. A prescrição é da pretensão, e a pretensão surge ou nasce da violação de um direito subjetivo. Enquanto não houver aquisição de direito por conta da condição suspensiva, não há como esse direito ser violado.

O inciso II do art. 199 também seria dispensável. Se houver termo previsto, enquanto não vencido o termo, não haverá violação de direito e, nessa situação, não há pretensão e, em consequência, prescrição.

O direito subjetivo, enquanto não vencido o termo ou prazo, não pode ser exigido. Se não pode ser exigido, esse direito subjetivo não poderá ser violado pelo sujeito passivo da obrigação até que ele se complete. O direito já existe, mas não é exigível por conta do termo ou prazo.

Não vencido o prazo para o cumprimento de uma obrigação, não pode o titular do direito exigir o seu cumprimento, motivo pelo qual não se inicia a contagem do prazo prescricional. Vencido o prazo e não cumprida a prestação, haverá violação do direito subjetivo, cuja consequência poderia ser extraída da regra geral de prescrição prevista no art. 189.

O inciso III menciona que não corre a prescrição pendendo ação de evicção, sendo mais uma obviedade dispensável. A evicção é a perda de direito subjetivo por força de sentença judicial (ou ato administrativo, segundo o STJ, com o que não concordamos), que reconhece a terceiro direito anterior e melhor ao direito de propriedade do evicto (aquele que perde).

A evicção, portanto, é a perda de direito sobre determinado bem jurídico. Essa perda deve decorrer de sentença judicial. Enquanto estiver pendente a ação de evicção, ação reivindicatória promovida pelo terceiro contra o adquirente do bem, ainda não haverá direito subjetivo do comprador que terá o direito de propriedade que acredita ostentar violado, cuja violação somente se caracterizará com o trânsito em julgado da sentença reivindicatória.

Com o trânsito em julgado da ação de evicção, julgada procedente e consumada a perda, haverá violação do direito subjetivo, com o nascimento da pretensão, a qual se extingue pela prescrição. Antes do trânsito em julgado dessa ação reivindicatória não há perda e, portanto, não há violação de direito, pois não se caracteriza a evicção antes da perda. Por tudo isso, dispensável esse dispositivo.

Exemplo: "A" vende um imóvel a "B". "A", vendedor, responde pelos riscos da evicção. Suponha que um terceiro promova ação reivindicatória contra o adquirente "B", afirmando ser o dono do bem.

A ação em que se discute a propriedade de terceiro sobre bem objeto de relação jurídica entre sujeitos que são estranhos ao legítimo proprietário, é ação de evicção. Durante a ação, não haverá perda do bem. Somente após a decisão definitiva, reconhecendo a propriedade do terceiro, é que o direito de "B", adquirente, estará violado, com o nascimento da pretensão deste contra "A".

Ação penal e suspensão da prescrição

De acordo com o art. 200: "Quando a ação se originar de fato que deva ser apurado no juízo criminal, não correrá a prescrição antes da sentença definitiva".

O mesmo fato pode ensejar responsabilidade civil e penal. Embora a responsabilidade civil seja independente da criminal, a pendência do processo criminal suspende o curso da ação fundada em fato a ser apurado no juízo criminal.

Segundo o art. 935 do CC: "A responsabilidade civil é independente da criminal, não se podendo questionar mais sobre a existência do fato, ou sobre quem seja o seu autor, quando estas questões se acharem decididas no juízo criminal".

Se o juízo criminal concluir pela materialidade do crime e definir a autoria, quanto a estas questões a sentença penal, transitada em julgado, faz coisa julgada na esfera cível. Por isso, a independência entre o cível e o criminal é apenas relativa. O Enunciado 45, da I Jornada, dispõe: "No caso do art. 935 do CC, não mais se poderá questionar sobre a existência do fato ou sobre quem seja o seu autor se essas questões se acharem categoricamente decididas no juízo criminal".

É fundamental a correta compreensão do alcance da norma devido à *relativa* independência entre as instâncias cível e criminal. O art. 200 do Código Civil pressupõe a existência de relação de prejudicialidade entre as esferas cível e criminal: reparação cível tem como causa ilícito penal (ação civil *ex delicto*). É comum que determinado fato da vida, caso preencha o suporte fático concreto previsto na norma jurídica, ao ingressar no mundo jurídico, ao mesmo tempo, repercuta no cível e no crime. Se a ação de reparação cível se baseia em fato que também caracteriza ilícito penal, o prazo da prescrição da pretensão cível passa a se relacionar com a apuração do fato criminoso. A finalidade do art. 200 do CC é evitar decisões contraditórias sobre autoria, materialidade e causas excludentes de antijuridicidade no crime e no cível.

Se houver a mencionada relação fática entre cível e crime, o art. 200 do CC seria causa *impeditiva* ou *suspensiva* do prazo da pretensão da reparação cível? A resposta interferirá no *início* do prazo. Não há consenso em torno do tema.

De acordo com posição consolidada do STJ, a incidência do art. 200 depende de duas circunstâncias: 1– existência de inquérito policial ou ação penal; e 2– relação de prejudicialidade entre as esferas cível e criminal. Neste caso, até a sentença definitiva (absolutória ou condenatória) no processo criminal, o prazo de prescrição cível não corre. "Não corre" porque não se inicia ou "não corre" por que estava suspenso? Há decisões em todos os sentidos: 1– se houver IP ou AP, o início do prazo é o trânsito em julgado da sentença criminal definitiva (posição atual – seria causa impeditiva) – Nesse sentido, recente decisão do STJ (Recurso Especial n. 1.802.170-SP, que inclusive destaca que a decretação da prescrição da pretensão punitiva não afeta o prazo de prescrição cível, que fica suspenso até a decisão no juízo criminal, seja qual for o resultado!!; 2– se houver IP e for arquivado, o prazo tem início da data do arquivamento; 3– se não foi instaurado IP ou AP e/ou não há relação de prejudicialidade, o início do prazo seria a data da violação do direito e; 4– se houver AP, o prazo se inicia na data da violação do direito, mas é suspenso com o recebimento da AP (minoritário).

Em 2022, no Recurso Especial n. 1.987.108-MG, o STJ voltou a destacar que o art. 200 do CC assegura que o prazo prescricional não começa a fluir antes do trânsito em julgado da sentença penal, independente do resultado na esfera criminal. Tal artigo somente poderá ser invocado quando houver relação de prejudicialidade entre as esferas cível e criminal, motivo pelo qual é fundamental a existência de inquérito policial ou ação penal em curso (de novo, não houve definição se tal situação é de suspensão ou impedimento do prazo prescricional).

A complexidade não se justifica. O prazo de prescrição cível se inicia com a violação do direito subjetivo (art. 189) + ciência do titular do direito violado (actio nata). O art. 200 é causa suspensiva e não impeditiva da prescrição cível e condiciona a neutralização do prazo à apuração do fato no "juízo criminal". Não basta IP ou o fato criminoso. O art. 200 pressupõe prejudicialidade e a existência de ação penal para que o prazo se suspenda. Portanto, entre o recebimento da ação penal e o trânsito em julgado, o prazo, que se iniciou no momento da violação do direito e da ciência da violação (o que normalmente ocorrerá na data do próprio fato, salvo crimes de que a vítima toma ciência tempos após a ocorrência), ficará suspenso durante todo o trâmite da ação penal. Se não houver prejudicialidade entre as esferas cível e criminal e/ou a ação penal não tiver início no prazo previsto para a reparação cível, o termo *a quo* é a violação do direito + ciência deste fato. Simples assim. A expressão contida no art. 200 ("não correrá antes") significa que o prazo não transcorrerá (ficará suspenso) até o fim do processo criminal. Este é o termo final da suspensão do prazo. Nesse sentido, o Recurso Especial n. 1.660.182/GO.

O termo *a quo* do prazo de prescrição cível não pode ter início com o trânsito em julgado da sentença criminal e a razão é singela: A violação do direito e a ciência deste fato ocorrem antes deste momento. Com o trânsito em julgado do processo crime, o prazo, que estava suspenso desde o início da ação penal, volta a correr (causa suspensiva).

Por fim, se entre a data da violação do direito + ciência da vítima (início do prazo – art. 189) e o início da apuração do fato no juízo criminal transcorrer o prazo previsto na lei civil, prescrição consumada. Se o fato for apurado no juízo criminal, o prazo é *suspenso*. Não é causa impeditiva (se assim fosse, o prazo ficaria na dependência de eventual processo criminal!).

A suspensão do prazo beneficia terceiro responsável, que não é réu na ação penal? Exemplo: empregador que responde por ato de preposto. O STJ, de forma pacífica, considera que sim. Todavia, o art. 201 é expresso no sentido de que as causas suspensivas somente beneficiam responsáveis no caso de indivisibilidade, mas não solidariedade (como neste caso). No caso de solidariedade, os efeitos são pessoais.

Efeitos das causas suspensivas em caso de pluralidade de sujeitos

O art. 201 do CC trata da suspensão da prescrição e dos efeitos dessa suspensão, caso haja pluralidade de sujeitos no polo ativo da relação jurídica: "Suspensa a prescrição em favor de um dos credores solidários, só aproveitam aos outros se a obrigação for indivisível".

Em regra, em caso de suspensão da prescrição, os efeitos da suspensão são pessoais, ou seja, somente favorecem o credor vinculado à causa suspensiva, não interferindo na esfera jurídica dos demais credores.

Ainda que os credores sejam solidários, a causa suspensiva continuará tendo efeitos pessoais, só beneficiando o credor conectado à causa. Esta é a regra: efeitos pessoais da causa suspensiva em caso de pluralidade de credores, mesmo se houver solidariedade entre eles. A solidariedade entre os credores, convencional ou legal, pode gerar distorções práticas, mas deve ser compatibilizada com o disposto no art. 201 do Código Civil.

A indivisibilidade é objetiva, ou seja, se relaciona à prestação. Será indivisível, quando a prestação não puder ser fracionada, seja por questões materiais, jurídicas ou até por convenção entre os sujeitos.

Neste caso, de forma excepcional, os efeitos da causa suspensiva se estenderão a todos os credores, ou seja, aproveitarão aos outros. A indivisibilidade permitirá que determinada causa suspensiva da prescrição favoreça todos os credores, ainda que não estejam relacionados diretamente com a situação. Todavia, é essencial a indivisibilidade da prestação. Na indivisibilidade, todos os credores são credores do todo porque o objeto da prestação não pode ser fracionado. Assim, em razão da impossibilidade de fracionamento do objeto da prestação, os efeitos da causa suspensiva se estendem a todos os credores.

Se em determinada obrigação, os credores "A", "B" e "C" mantiverem relação jurídica com o devedor "D", se a prestação for indivisível, caso o devedor "D" case com o credor "B", tal causa suspensiva (art. 197, I, do CC), beneficiará a pretensão dos credores "A" e "C", que não têm qualquer vínculo familiar com o devedor. Todavia, tal repercussão geral somente ocorrerá porque a prestação não tem como ser fracionada. Se não houver indivi-

Capítulo 1 • Parte Geral   359

sibilidade, o prazo prescricional em relação aos demais fluirá normalmente.

1.21.2.9. Causas interruptivas da prescrição e a prescrição intercorrente

O Código Civil disciplina as causas interruptivas da prescrição no art. 202. Na interrupção, o prazo de prescrição já decorrido é neutralizado e, a partir da causa interruptiva, recomeça ou se reinicia. Desta forma, com a interrupção do prazo de prescrição, o período (de tempo) já transcorrido é neutralizado. O prazo recomeça, por inteiro, a partir da causa interruptiva. Eis a vantagem das causas interruptivas para o titular da pretensão.

De acordo com as lições de Antônio Luís da Câmara Leal: "O característico diferencial, portanto, entre as causas suspensivas e as interruptivas, consiste em seus efeitos relativamente ao curso da prescrição, por isso que as causas suspensivas não determinam novo início da prescrição, terminada a suspensão, mas apenas o seu prosseguimento ou continuação; as interruptivas, pelo contrário, fazem com que, cessada a interrupção, o curso não continue em prosseguimento, mas tenha novo início, recomeçando".

Portanto, em razão da interrupção por qualquer das causas previstas em lei, o prazo se reinicia na integralidade. As causas ou situações capazes de provocar a interrupção da prescrição estão especificadas nos incisos I a VI do art. 202, do CC.

A inovação fica por conta do disposto no *caput* do art. 202, segundo o qual a prescrição somente pode ser interrompida uma única vez. No intuito de evitar o abuso de direito em relação à interrupção da prescrição, tal limitação/restrição será fonte de inesgotáveis problemas, em especial no que se refere às hipóteses judiciais de interrupção, prescrição intercorrente (que ocorre no curso do processo). Ao limitar a interrupção da prescrição, haverá incompatibilidade com o método de contagem do prazo prescricional no curso do processo. Por isso, conforme adiante será explicado, a prescrição única se relaciona à prescrição da pretensão original, que não se confunde com a prescrição intercorrente.

A lógica interruptiva no âmbito judicial é incompatível com tal limitação única. Não é por outro motivo que o parágrafo único do art. 202 apresenta duas situações, diametralmente opostas, em relação ao reinício do prazo. Se a causa interruptiva for extrajudicial (protesto cambial, por exemplo), o prazo se reinicia imediatamente e não poderá mais ser interrompido por qualquer outra causa extrajudicial.

Sobre a prescrição intercorrente falaremos posteriormente.

E quais são as causas interruptivas da prescrição?

De acordo com o art. 202, do Código Civil, a interrupção da prescrição, que somente poderá ocorrer uma vez, dar-se-á: I – por despacho do juiz, mesmo incompetente, que ordenar a citação, se o interessado a promover no prazo e na forma da lei processual (hipótese judicial); II – por protesto, nas condições do inciso antecedente (hipótese judicial – o protesto judicial é disciplinado pelos arts. 726 a 729 do Código de processo civil – da mesma forma que o inciso I, o ato judicial somente interromperá o curso do prazo prescricional se o interessado promovê-la no prazo e na forma da lei processual); III – por protesto cambial (hipótese extrajudicial – a lei civil anterior era omissa – a Súmula 153 do STF foi definitivamente superada; IV – pela apresentação do título de crédito em juízo de inventário ou em concurso de credores (hipótese judicial); V – por qualquer ato judicial que constitua em mora o devedor (hipótese judicial) e, VI – por qualquer ato inequívoco, ainda que extrajudicial, que importe reconhecimento do direito pelo devedor (judicial ou extrajudicial – trata-se de norma genérica, que pode incidir nas mais diversas situações, desde que, de forma inequívoca, como é o caso de confissão de dívida, em juízo ou fora dele, haja reconhecimento de direito pelo devedor).

Portanto, as causas interruptivas da prescrição estão bem definidas na legislação. Há hipóteses judiciais e outras extrajudiciais de interrupção da prescrição. Neste momento, é essencial duas observações: A primeira é a previsão no *caput* do art. 202 de que a prescrição somente pode ser interrompida uma única vez (o que representará problema nas hipóteses judiciais). A segunda é que, independentemente da causa interruptiva, judicial ou extrajudicial, o prazo para o exercício da pretensão se reinicia (começa nova contagem).

Não há dúvida de que a causa interruptiva provoca o reinício do prazo prescricional. O problema é determinar o momento deste recomeço ou da nova contagem. Isto porque o parágrafo único do art. 202 apresenta duas situações distintas: De acordo com a norma, a prescrição interrompida recomeça (independente da causa) a correr do ato que a interrompeu ou do último ato do processo para a interromper. Portanto, o momento do reinício pode variar (a partir da causa interruptiva ou do último ato do processo – Esse o ponto central que envolve as causas interruptivas – quando recomeça a contagem?).

Em razão desta dualidade do parágrafo único do art. 202, uma parte da doutrina passou a diferenciar as causas interruptivas extrajudiciais (como protesto cambial) das judiciais (como o despacho do juiz). Para as extrajudiciais, aplicar-se-ia a primeira parte do parágrafo único do art. 202 (recomeça da causa interruptiva, imediatamente). Para as judiciais, incide a segunda parte do parágrafo único do art. 202 (recomeça do último ato do processo e não da causa interruptiva). A última parte do parágrafo único do art. 202 passou, ainda, a ser conectada com a prescrição intercorrente (que pressupõe processo judicial e, por isso, ocorreria no curso do processo). É neste ponto que a confusão se estabelece, pois haverá situações, como no despacho judicial, que o prazo interrompido não recomeça do ato que a interrompeu (despacho), mas do último ato do processo (é o que significa isso?). Para compreensão da expressão "último ato do processo", é premissa fundamental o pleno conhecimento sobre a prescrição intercorrente.

• Prescrição intercorrente

O Código Civil de 2002, em sua redação original, não fazia qualquer referência à prescrição intercorrente. Em

2021, por força de inovação legislativa, é acrescentado ao Código Civil o art. 206-A, que trata justamente da prescrição intercorrente.

De acordo com a redação do art. 206-A, alterada recentemente pela MP n. 1.085/2021, convertida na Lei n. 14.382/2022, a prescrição intercorrente observará o mesmo prazo de prescrição da pretensão, observadas as causas de impedimento, de suspensão e de interrupção da prescrição previstas no Código e observado o disposto no art. 921 da Lei n. 13.105/2015 – Código de Processo Civil.

O art. 206-A faz referência, mas não define prescrição intercorrente. Apenas enuncia que a prescrição intercorrente observará o mesmo prazo de prescrição da pretensão e que se submete às mesmas causas impeditivas, suspensivas e interruptivas daquela.

Portanto, há clara distinção entre prescrição da pretensão e prescrição intercorrente.

A prescrição da pretensão depende da violação de direito subjetivo, porque aquele que ostenta dever jurídico correlato, genérico ou específico. A pretensão é poder de exigibilidade (como já mencionado). A prescrição intercorrente é aquela que se consuma ou ocorre no curso de processo judicial. Portanto, a prescrição intercorrente pressupõe processo em curso. A prescrição intercorrente não atinge a pretensão original (essa se relaciona à prescrição da pretensão), mas a pretensão destinada à satisfação do crédito, objeto de processo judicial. O prazo desta prescrição intercorrente, relacionada à pretensão executiva, é o mesmo da prescrição da pretensão.

Neste ponto, mais um problema: a doutrina, em sua maioria, defende que a prescrição intercorrente não se associa ao processo de conhecimento, mas apenas à fase do cumprimento de sentença deste ou ao processo de execução. Outra parte defende que a prescrição intercorrente pode ocorrer em qualquer processo, de conhecimento ou executivo.

Até a recente alteração promovida no art. 921 do Código de Processo Civil (agora mencionado no art. 206-A do CC), a prescrição intercorrente era única e exclusivamente associada à segunda parte do parágrafo único do art. 202 do CC e às causas judiciais de interrupção (isto porque a prescrição intercorrente ocorre no curso do processo).

O STJ, em sede de Incidente de Assunção de Competência, no âmbito do Recurso Especial n. 1.604.412/SC, definiu como tese que a "prescrição intercorrente incide nas causas regidas pelo CPC/73, quando o exequente permanece inerte por prazo superior ao de prescrição do direito material vindicado, conforme interpretação extraída do art. 202, parágrafo único, do Código Civil. O termo inicial é o fim do prazo de suspensão do processo executivo ou do transcurso de 1 ano, em interpretação analógica ao art. 40, § 2º, da Lei de Execução Fiscal".

Tal decisão evidencia que a prescrição intercorrente se associa ao parágrafo único do art. 202 e o termo inicial é o fim do prazo judicial de suspensão (isto porque na redação original do art. 921 do CPC, não localizados bens, o processo ficaria suspenso por no máximo 1 ano) ou, se não houver prazo, a partir de 1 ano. A inércia poderia levar à prescrição intercorrente em processos de cumprimento de sentença ou execução. E finda a suspensão, o prazo de inicia de forma automática (Recurso Especial n. 1.340.553/RS).

Assim, a inércia sempre foi premissa para a prescrição intercorrente e tal se relacionava à pretensão executiva (satisfação de crédito). Desta forma, a prescrição intercorrente pressupõe ação judicial.

A prescrição da pretensão original pode ser interrompida por causa judicial, como o despacho do juiz que determina a citação. A prescrição da pretensão original somente pode ocorrer uma vez. Todavia, o prazo *não* se reinicia imediatamente, porque a lógica da interrupção no âmbito judicial é diversa. Neste caso, o titular da pretensão depende da atuação judicial, ou seja, não tem controle sobre os atos processuais. O reinício do prazo depende da inércia da parte interessada para recomeçar. É nesse sentido o "último ato do processo", mencionado pela segunda parte do parágrafo único do art. 202 do CC. Se houver inércia caracterizada, a partir do último ato do processo (que pode ser intimação para dar andamento, final de prazo de suspensão sem providências etc.), o prazo se reinicia. Neste momento, há divergência doutrinária, pois parte da doutrina (minoria) defende a possibilidade da prescrição intercorrente na fase de conhecimento, a partir da inércia caracterizada.

Por outro lado, parte da doutrina, alinhada ao STJ e ao CPC, defende que se a inércia ocorrer em processo de conhecimento, antes da fase de cumprimento de sentença, o processo deve ser extinto, sem mérito (justamente com base na inércia, art. 485, II e III, do CPC). Portanto, não haveria, para estes, a prescrição intercorrente no curso do processo de conhecimento (porque não há direito subjetivo reconhecido). O processo seria extinto pela inércia e, caso renovada a demanda, novo despacho não mais teria poder interruptivo, por causa da regra de interrupção única.

Se a prescrição intercorrente é exclusiva do processo executivo e da fase de cumprimento de sentença (porque já há direito subjetivo reconhecido, que é essencial para ter pretensão), qual seria a aplicação prática da última parte do art. 202, parágrafo único, do CC, ao mencionar "último ato do processo"?

Como a prescrição, no curso do processo ou intercorrente, depende da movimentação do interessado, esse último ato do processo seria a última determinação judicial para o interessado, autor, após a localização do devedor ou a penhora de bens, promover o andamento do processo. Para Arruda Alvim[371]: "Por último ato do processo entenda-se, em caso de paralisação, o derradeiro ato praticado num processo, antes da paralisação; e ainda, compreenda-se na noção de último ato a hipótese de sentença final, à qual nada se suceda".

Há um problema: Nas hipóteses judiciais, o prazo não pode se reiniciar da causa interruptiva, sob pena de o pro-

---

[371] ARRUDA ALVIM. Da prescrição intercorrente. In: *Da prescrição no Código Civil*: uma análise interdisciplinar. CIANCI, Mirna (coord.) 4. ed. Belo Horizonte/São Paulo: Editora D'Plácido, 2020, p. 26-43.

cesso de conhecimento ter de ser encerrado antes da prescrição, o que seria ilógico. Por isso, defendemos que nas hipóteses judiciais, como o despacho, mesmo em processo de conhecimento, o reinício é do "último ato do processo" (se houver direito subjetivo reconhecido e violado), o que demanda inércia, ainda que tal prazo reiniciado seja da prescrição da pretensão original e não da prescrição intercorrente, que se restringe ao processo de execução e ao cumprimento de sentença. Portanto, no curso do processo de conhecimento, é possível a prescrição da pretensão, se houver inércia, cujo termo inicial é o último ato do processo. Se não houver inércia, o prazo não corre. Por isso, a segunda parte do parágrafo único do art. 202 é necessária para conferir estabilidade para as hipóteses judiciais de interrupção, ainda que não se admita (sem razão relevante) a prescrição intercorrente no processo de conhecimento, antes do cumprimento de sentença.

Após a Lei Federal n. 14.195/2021, que alterou o regime jurídico da prescrição intercorrente no cumprimento de sentença e no processo de execução, o termo inicial será a ciência pelo interessado da primeira tentativa infrutífera de localizar bens ou o devedor.

É o que dispõe o § 4º do art. 921 do CPC: "O termo inicial da prescrição no curso do processo será a ciência da primeira tentativa infrutífera de localização do devedor ou de bens penhoráveis, e será suspensa, por uma única vez, pelo prazo máximo previsto no § 1º deste artigo". Tal ciência será o termo inicial da prescrição intercorrente, que será interrompida com a efetiva citação, intimação do devedor ou constrição de bens penhoráveis. De acordo com o § 4º-A do art. 921 do CPC: A efetiva citação, intimação do devedor ou constrição de bens penhoráveis interrompe o prazo de prescrição, que não corre pelo tempo necessário à citação e à intimação do devedor, bem como para as formalidades da constrição patrimonial, se necessária, desde que o credor cumpra os prazos previstos na lei processual ou fixados pelo juiz".

O art. 921 define o termo inicial da prescrição intercorrente e a causa interruptiva desta.

Interrompida a prescrição com a citação, intimação do devedor ou constrição de bens, o prazo da prescrição intercorrente recomeçaria a correr em algum momento? O CPC, no art. 921, não faz qualquer menção ao reinício do prazo da prescrição intercorrente após a interrupção, mas apenas ao início ou termo inicial.

Por isso, defendemos que deve haver conciliação entre o art. 921, § 4º-A, e o parágrafo único, segunda parte, do art. 202, do CC. Não há na legislação processual qualquer menção ao momento de reinício do prazo após a interrupção na fase de conhecimento ou no processo de execução. Portanto, a partir da interrupção prevista no § 4º-A, novo recomeço se submete ao termo inicial previsto na segunda parte do art. 202, parágrafo único, do CC. Assim que a inércia cessa, interrompe-se novamente e assim sucessivamente. A prescrição intercorrente não se submete à limitação da interrupção única do caput do art. 202 do CC, porque tem regime jurídico diverso (ocorre no curso do processo executivo ou de cumprimento de sentença).

Por isso, o termo inicial após a interrupção não se dá logo após a causa interruptiva, mas em razão de fatos processuais que evidenciam obstáculos ou inércia do interessado. Antes da Lei n. 14.195/2021, que alterou o art. 921 do CPC, a prescrição interrompida recomeçaria apenas do último ato do processo (parágrafo único, segunda parte do art. 202), vinculada à inércia do interessado. Após a mencionada alteração legislativa, os §§ 4º e 4º-A do art. 921 do CPC tratam do termo inicial e da interrupção da prescrição intercorrente, mas nada mencionam sobre o reinício em caso de inércia. Por isso, tais dispositivos devem ser conciliados com a segunda parte do parágrafo único do art. 202 do CC.

Portanto, interrompida a prescrição (despacho do juiz, que ordena a citação, por exemplo, art. 202, I, do CC), no âmbito de processo executivo, o reinício do prazo depende da ciência pelo interessado da primeira tentativa infrutífera de localizar bens ou o devedor (§ 4º do art. 921 do CPC). Com a localização do devedor ou de bens para constrição, a prescrição é novamente interrompida e o prazo somente recomeça no caso de inércia do interessado (que é contado do último ato do processo, conforme segunda parte do parágrafo único do art. 202 do CC). Isto porque o CPC nada menciona sobre reinício do prazo.

Não há limites para a interrupção da prescrição intercorrente, ao contrário do que sugere o *caput* do art. 202 do CC.

A prova de que a prescrição intercorrente pode ser interrompida de forma ilimitada (ou, ao menos mais de uma vez) é justamente a alteração no art. 921 do CPC, em especial nos §§ 4º e 4º-A, promovidas pela Lei n. 14.195/2021. Se o devedor não for localizado ou se não houver bens a serem penhorados, o termo inicial da prescrição intercorrente é a ciência da primeira tentativa infrutífera de localização do devedor ou de bens penhoráveis, cuja interrupção ocorrerá com a efetiva citação, intimação ou constrição patrimonial. Portanto, para além das hipóteses previstas no art. 202, no curso do processo de execução ou do cumprimento de sentença, a prescrição poderá ser interrompida com a concretização destes atos e, se após tais atos houver inércia, recomeça o prazo do último ato do processo, que se interrompe novamente quando for movimentado o processo.

O parágrafo único do art. 202 trata de duas situações distintas. Na primeira parte, cuida das hipóteses extrajudiciais de interrupção da prescrição: "A prescrição interrompida recomeça a correr da data do ato que a interrompeu, ou do último ato do processo para a interromper". Essa primeira situação jurídica é compatível com o disposto no *caput* sobre o fato de admitir apenas uma interrupção.

No exemplo, se a prescrição for interrompida pelo protesto cambial (inciso III do art. 202), por se tratar de hipótese extrajudicial de interrupção, aplica-se a primeira parte do parágrafo único do art. 202, ou seja, o prazo recomeça a correr da data do ato que a interrompeu, ou seja, do protesto cambial. Interrompido o prazo prescricional por uma hipótese extrajudicial, o prazo recomeça a correr do zero e não pode ser interrompido novamente por outra causa extrajudicial. Nesse caso, respeita-se o limite previsto no *caput* do art. 202.

Por outro lado, a segunda parte do parágrafo único do art. 202 do CC cuida das hipóteses judiciais de interrupção da prescrição: "do último ato do processo para a interromper".

Essa segunda situação não se compatibiliza com o limite de interrupção previsto no *caput*, pois, no processo judicial, o prazo prescricional não recomeça a correr do ato que o interrompeu, mas da inércia da parte interessada no processo de conhecimento (prescrição da pretensão, a partir do último ato do processo) ou, no caso do processo de execução ou cumprimento de sentença (prescrição intercorrente), o termo inicial é a ciência de tentativa infrutífera de localizar o devedor ou bens. Após a localização do devedor ou constrição de bens, o prazo da prescrição intercorrente se interrompe e, a partir daí, o reinício dependerá de inércia, determinado pelo último ato do processo para a interromper.

De acordo com § 4º-A do art. 921 do CPC, no curso do processo, a prescrição tem como termo inicial a ciência da primeira tentativa frustrada de localização do devedor ou de bens penhoráveis. É interrompida com a concretização de qualquer destes atos. O art. 206-A do CC impõe que o art. 921 seja observado na prescrição intercorrente, ou seja, naquela que ocorre no curso do processo. Portanto, no curso do processo de execução ou em fase de cumprimento de sentença do processo de conhecimento, a prescrição interrompida na forma do § 4º-A do CPC, não recomeça do ato que a interrompeu, como sugere a primeira parte do parágrafo único do art. 202. É essencial que após tal interrupção, haja inércia ou abandono e, portanto, recomeçará do último ato do processo. O art. 921 do CPC desqualifica a tese da interrupção única nas hipóteses judiciais, pois se o despacho interrompe a prescrição da pretensão, no curso do processo de execução ou da fase de cumprimento de sentença, a localização do devedor e dos bens também interrompe, conforme redação expressa do art. 921, § 4º-A, do CPC. O que tudo isso significa?

Se o sujeito ingressa com processo e o juiz despacha, estará interrompida a prescrição, por força do inciso I do art. 202. No entanto, essa causa interruptiva não recomeça a correr imediatamente da data do ato que a interrompeu, pois o termo inicial é o último ato do processo de conhecimento ou, no caso de fase de cumprimento de sentença do processo de conhecimento ou processo de execução, o termo inicial é a ciência da primeira tentativa infrutífera de localizar o devedor ou bens (questão objetiva, conforme art. 921, § 4º, do CPC).

Nesse caso (interrupção do prazo prescricional pelo despacho), interrompido o prazo, este não recomeça a correr. O prazo simplesmente fica suspenso, no aguardo de eventual inércia ou, no processo de execução ou de cumprimento de sentença, a ciência da primeira tentativa infrutífera de localização do devedor ou de bens (art. 921, § 4º, do CPC – seu termo inicial). Neste último caso, quando o devedor é localizado ou bens são objeto de constrição, será interrompida a prescrição intercorrente (§ 4º-A do art. 921 do CPC) e, após tal interrupção, somente voltará a correr no caso de eventual inércia da parte interessada. O art. 921 do CPC, §§ 4º e 4º-A, devem ser compatibilizados com o art. 202, última parte, do CC (agora recomeça do último ato do processo).

Dessa forma, se evita a consumação da prescrição no decorrer do processo de conhecimento, fase de cumprimento de sentença deste ou no processo de execução. A segunda parte do parágrafo único do art. 202 complementa a prescrição intercorrente, aquela ocorrida e consumada no curso do processo, disciplinada nos arts. 206-A do CC e 921 do CPC.

Por isso, as causas interruptivas, para se adequarem ao *caput* e ao parágrafo único do art. 202, devem ser divididas em hipóteses ou causas judiciais e extrajudiciais de interrupção do prazo prescricional. As hipóteses extrajudiciais apenas admitem uma interrupção e o prazo recomeça a correr da data do ato que a interrompeu, já as judiciais admitem infinitas interrupções e o prazo, a partir da lei n. 14.195/2021, que alterou a redação do art. 921 do CPC, nos processos de execução e na fase de cumprimento de sentença, só recomeça (termo inicial) com a ciência da primeira tentativa frustrada de localização do devedor ou de bens penhoráveis e, localizado o devedor ou realizada a constrição judicial, o prazo é interrompido e, neste caso, somente recomeçará se houver inércia da parte interessada, contado do "último ato do processo".

A interpretação literal do *caput* do art. 202 levaria à seguinte situação: o credor "A" protesta a nota promissória. O protesto cambial é causa extrajudicial de interrupção do prazo prescricional. Nesse caso, o prazo para exercer a pretensão recomeça do zero. Passado 1 (um) ano do protesto, o credor "A" resolve ingressar com ação judicial para cobrar o seu devedor.

O prazo está correndo, pois recomeçou do zero, imediatamente com o protesto. No momento de despachar a inicial, esse prazo será interrompido? Se a interpretação do *caput* do art. 202 for literal, a resposta será negativa, mas o processo teria que ser finalizado antes do escoamento do prazo prescricional, pois iniciado do zero com o protesto.

Nesta situação surreal, o Judiciário passaria a se sujeitar a prazos de prescrição para encerrar o processo, sob pena de ser responsabilizado pela consumação de prescrições. Tal concepção seria fora de qualquer razoabilidade. O Judiciário sempre estaria submetido a prazo, quando a pretensão fosse suscetível à prescrição.

Por isso, nesse exemplo, embora o prazo tenha sido interrompido com o protesto cambial, será novamente interrompido pelo despacho, causa judicial. Esta provocará a interrupção do prazo prescricional, independentemente de anteriores interrupções por causas extrajudiciais ou judiciais.

A inércia continuada e ininterrupta no curso do processo, paralisando-o, provoca a retomada do prazo prescricional, contado do último ato do processo, após a caracterização da inércia. Pendente o processo, com a prática normal de atos processuais, não haverá prescrição intercorrente, pois, nesse caso, a retomada do prazo dependerá da inércia da parte.

Perfeita a ponderação de Arruda Alvim[372], em artigo denominado "Da prescrição intercorrente": "O que se quer dizer é que com o curso normal do processo, com cada ato 'renova-se' ou 'revigora-se' o estado de prescrição interrompida, porquanto o andamento do processo, com a prática de atos processuais significa, em termos práticos, a manutenção desse estado. E só a partir da inércia, quando ao autor couber a prática do ato, e este não vier a ser praticado, durante prazo superior ao da prescrição, é que ocorrerá a prescrição intercorrente (...). A prescrição intercorrente liga-se a um 'ônus permanente' que pesa precipuamente sobre o autor, que é o de que, tendo iniciado o processo, deve diligenciar para que este caminhe, com vistas ao seu término. (...) Pode-se dizer que o sistema brasileiro atual e o Código Civil de 1916 ligam a prescrição intercorrente à ideia de paralisação do processo, com inércia do autor, por prazo que exceda àquele da prescrição de que se possa cogitar no processo".

Em comentários à expressão do *caput* e parágrafo único do art. 202 sobre "o último ato do processo", argumenta Alvim que: "(...) o entendimento que parece ser o correto é o de que a interrupção, que só pode ser feita uma vez, refere-se à interrupção fora do âmbito do processo (...). Cremos que a regra de interrupção somente uma vez não se aplica a uma possibilidade ulterior de interrupção, na forma do inciso I do art. 202, nem ao andamento do processo, o que deflui do próprio parágrafo único do art. 202."

O abandono de causa ou a inércia continuada podem, evidentemente, levar à extinção do processo sem apreciação do mérito, conforme incisos II e III do art. 485 do CPC/2015 (quando ficar parado por mais de 1 ano por negligência das partes e quando, por não promover os atos e diligência que lhe competir, o autor abandonar a causa por mais de 30 dias).

Todavia, para extinção do processo com base nesses dispositivos são necessários dois requisitos:

1. primeiro, a parte deve ser intimada pessoalmente para suprir a falta em 5 (cinco) dias, o que atualmente foi facilitado pelo parágrafo único do art. 238 do CPC de 1973, acrescentado pela Lei n. 11.382/2006, cuja regra foi reproduzida no art. 274, parágrafo único, do CPC/2015, presumindo-se válidas as comunicações e intimações dirigidas ao endereço residencial ou profissional declinado na inicial, contestação ou embargos, cumprindo às partes manter o endereço atualizado;

2. segundo, a extinção por abandono depende de requerimento da parte ré, pois, talvez interesse a esta aguardar a consumação da prescrição intercorrente, tendo uma decisão *de mérito*, em vez de requerer

a extinção sem mérito. Tal requisito foi objeto da Súmula 240 do STJ: "A extinção do processo, por abandono da causa pelo autor, depende de requerimento do réu". Tal Súmula foi positivada pelo CPC de 2015, conforme se observa no § 6º do art. 485 do CPC.

A regra prevista no inciso I do art. 202 prevalecia sobre a regra do art. 219 do CPC/73, segundo o qual, a citação válida, de outros efeitos, interromperia a prescrição. O Código Civil, por ser lei posterior, estabelece os efeitos materiais de interrupção da prescrição e, por isso, prevalecia sobre a lei processual civil anterior. No entanto, o atual CPC está afinado com o disposto no art. 202 do CC, uma vez que a citação válida não é causa interruptiva da prescrição (art. 240, *caput*, do CPC de 2015). De acordo com o § 1º do art. 240 do CPC de 2015, a interrupção da prescrição ocorre com o despacho que ordena a citação. Portanto, é plena a sintonia entre o CC e o CPC quanto à causa interruptiva da prescrição.

Entretanto, a hipótese prevista no inciso I do art. 202 sempre foi compatível com o § 1º do art. 219 do CPC/73, cuja regra foi reproduzida pelo § 1º, segunda parte do CPC de 2015, segundo o qual, interrompida a prescrição, retroagirá à data da propositura da ação. Portanto, é o despacho a causa interruptiva da prescrição, mas os efeitos jurídicos dessa causa retroagirão à data da propositura da ação. A ação é considerada proposta tanto que a petição seja protocolada (art. 312 do CPC/2015). De acordo com o § 4º do art. 240 do CPC, o efeito retroativo a que se refere o § 1º aplica-se à decadência e aos demais prazos extintivos.

Exatamente neste sentido (compatibilidade entre o art. 202, I, do CC e § 1º do art. 219 do CPC/73 e § 1º do art. 240 do CPC de 2015) é o Enunciado 416 da V Jornada de Direito Civil, do CJF: "Art. 202, I. O art. 202, I, do CC deve ser interpretado sistematicamente com o art. 219, § 1º, do CPC, de modo a se entender que o efeito interruptivo da prescrição produzido pelo despacho que ordena a citação é retroativo até a data da propositura da demanda".

A questão que se coloca é se a parte interessada não promove os atos necessários à efetivação da citação no prazo legal (10 dias), previsto no § 2º do art. 240 do CPC? Neste caso, não haverá a retroatividade prevista no § 1º da mesma norma. Aliás, o inciso I do art. 202 do CC condiciona a interrupção da prescrição pelo despacho que ordena a citação à promoção deste ato processual pelo interessado, no prazo e forma que a lei processual determinar. E a lei processual determina que o interessado promova a citação em 10 dias. De acordo com o CC, caso não seja promovida a citação no referido prazo, determinada por despacho, não haverá interrupção da prescrição. Todavia, a parte interessada não pode ser prejudicada pela inércia do Judiciário, como aliás menciona o § 3º do art. 240 do CPC. Portanto, se a parte interessada, pela sua própria desídia, não promover a citação no prazo da lei processual, em razão da condição imposta pelo art. 202, I, não haverá interrupção da prescrição. Ao contrário do que defendem alguns, não é a citação que interrompe. O CC,

---

[372] ARRUDA ALVIM. Da prescrição intercorrente. In: *Da prescrição no Código Civil*: uma análise interdisciplinar. CIANCI, Mirna (coord.) 4. ed. Belo Horizonte/São Paulo: Editora D'Plácido, 2020, p. 26-43.

art. 202, I, é inequívoco. É o despacho que determina a citação, desde que o interessado a promova nos prazos e na forma da lei processual (o período para as providências de citação e escolha do meio para prática deste ato processual, estão previstos na lei processual civil).

Em relação às demais causas interruptivas, o protesto judicial, na forma do inciso I, por despacho do juiz, também interrompe a prescrição, assim como a apresentação de título de crédito em inventário ou concurso de credores, para fins de habilitação ou qualquer ato judicial capaz de constituir o devedor em mora.

Em resumo, a prescrição intercorrente é expressamente mencionada no art. 206-A do CC, segundo o qual deverá observar o mesmo prazo da prescrição da pretensão (o prazo da prescrição no curso do processo é o mesmo da pretensão, a partir dos arts. 205 e 206 do CC), assim como as causas impeditivas, suspensivas e interruptivas já analisadas (arts. 197 a 202). O prazo da prescrição intercorrente também não começará (impedimento), será suspenso (suspensivo) ou interromperá (interruptivo) nas mesmas situações previstas em lei que provoquem o impedimento, suspensão ou interrupção do prazo da pretensão. Portanto, se no curso da demanda, o autor se casa com o réu, o prazo de prescrição intercorrente é suspenso, pois incidirá a causa suspensiva prevista no art. 197, I, do CC.

Todavia, na parte final do art. 206-A, há previsão de que deve ser observado o art. 921 do CPC, norma recentemente alterada pela Lei n. 14.195/2021, com o objetivo principal (entre outros temas) de disciplinar o termo inicial da prescrição no curso do processo de execução e na fase de cumprimento de sentença do processo executivo, além de estabelecer a causa interruptiva. Portanto, os prazos de prescrição dos arts. 205 e 206, quando forem aplicados para a prescrição intercorrente (no curso do processo de execução ou de cumprimento de sentença), terão como termo inicial aquele momento previsto no art. 921, § 4º, do CPC. No caso do parágrafo único do art. 202, última parte, permanece para ser aplicado nos processos de conhecimento ou, na execução ou fase de cumprimento de sentença se, após a interrupção com a intimação ou citação do devedor ou a localização de bens penhoráveis, § 4º-A do art. 921 do CPC, houver inércia quanto à movimentação do processo. Portanto, o disposto nos §§ 4º e 4º-A complementam a última parte do art. 202, parágrafo único, que continua a ser aplicado à prescrição intercorrente, mas apenas após a interrupção promovida na forma do § 4º do art. 921 do CPC.

De acordo com o § 4º do art. 921 do CPC, o termo inicial da prescrição no curso do processo (prescrição intercorrente) será a ciência da primeira tentativa infrutífera de localização do devedor ou de bens penhoráveis. Assim, nas ações que têm por objetivo a satisfação de crédito, os prazos de prescrição dos arts. 205 e 206 terão início com a ciência da primeira tentativa infrutífera de localizar o devedor ou bens penhoráveis (e não mais do último ato do processo, como enuncia a parte final do art. 202, parágrafo único, do CC, que somente poderá ser invocado após este momento, se houver inércia posterior à intimação, citação ou penhora). O prazo poderá ser suspenso, durante o prazo máximo de 1 (um) ano, por uma única vez. A partir da citação, intimação do devedor ou constrição de bens penhoráveis, haverá interrupção do prazo prescricional

1.21.2.9.1. Legitimidade para interromper a prescrição e efeitos da interrupção da prescrição

Segundo o art. 203 do CC, qualquer interessado poderá interromper a prescrição, como, por exemplo, o titular do direito subjetivo violado, cuja pretensão está prestes a prescrever, o representante legal de pessoa jurídica ou terceiro interessado.

Na realidade, será interessado qualquer sujeito vinculado a uma pretensão decorrente da violação de direito subjetivo. Como é a pretensão que prescreve, a fim de evitar o perecimento da pretensão, esse sujeito, titular do poder de exigibilidade, será o legitimado.

Em relação aos efeitos da interrupção da prescrição, assim como aos efeitos das causas suspensivas, aqui há uma regra geral (efeitos são pessoais) e algumas exceções (efeitos repercutem na esfera jurídica de sujeitos que não se relacionam com a causa interruptiva).

Em regra, os efeitos das causas interruptivas da prescrição são pessoais, conforme se depreende do art. 204, *caput*, do Código Civil: "A interrupção da prescrição por um credor não aproveita aos outros; semelhantemente, a interrupção operada contra codevedor, ou seu herdeiro, não prejudica aos demais coobrigados".

O estudo dos efeitos das causas interruptivas somente tem interesse se houver pluralidade subjetiva em cada polo de determinada relação jurídica, ou seja, vários credores ou vários devedores. Se a obrigação tiver um credor e um devedor em cada um dos polos, obviamente, qualquer causa suspensiva ou interruptiva repercutirá na esfera jurídica do interessado. A regra em discussão não tem efeito prático nesta hipótese.

Portanto, como regra, se houver pluralidade de sujeitos na obrigação, os efeitos da prescrição serão personalíssimos, não aproveitando aos demais credores e, se operada contra um devedor, não prejudicando os outros devedores.

A incidência da regra geral pressupõe que os credores ou devedores sejam credores ou devedores de obrigação divisível (art. 257 do CC – ou seja, não há solidariedade ou indivisibilidade).

Nos casos de solidariedade e indivisibilidade, os efeitos deixam de ser pessoais.

E, ao contrário dos efeitos das causas suspensivas, onde há apenas uma exceção em relação aos efeitos pessoais, qual seja, obrigação indivisível (art. 201), nas causas interruptivas, há duas exceções.

A primeira exceção é a própria obrigação indivisível. Assim, se não houver possibilidade de fracionar o objeto da obrigação, os efeitos da causa interruptiva repercutirão na esfera jurídica dos demais sujeitos, credores e/ou devedores. Nesse ponto, a exceção é idêntica àquela prevista no art. 201, que se refere às causas suspensivas.

A segunda exceção está expressa no § 1º do art. 204: "A interrupção por um dos credores solidários aproveita aos outros; assim como a interrupção efetuada contra o devedor solidário envolve os demais e seus herdeiros".

Assim, em caso de solidariedade ativa (art. 267) ou passiva (art. 275), os efeitos da causa interruptiva se estenderão aos credores solidários e aos devedores solidários.

Nesse caso, os efeitos deixam de ser pessoais, para repercutir na esfera jurídica dos demais credores ou devedores solidários. Tal efeito geral não se aplica às causas suspensivas, conforme art. 201. A solidariedade, no âmbito das causas impeditivas e suspensivas, não é exceção à pessoalidade.

O § 2º do art. 204 exterioriza interessante hipótese de interrupção, relacionada aos herdeiros do devedor solidário: "A interrupção operada contra um dos herdeiros do devedor solidário não prejudica os outros herdeiros ou devedores, senão quando se trate de obrigações e direitos indivisíveis". Nesse caso, se a interrupção ou a causa interruptiva estiver diretamente vinculada a um herdeiro de devedor solidário, os efeitos serão pessoais, ou seja, essa causa interruptiva não prejudicará outros herdeiros ou devedores. Tal regra é desdobramento lógico da solidariedade, que tem natureza subjetiva. A solidariedade é vínculo subjetivo, que decorre da lei ou da vontade. O herdeiro de devedor solidário não é devedor solidário. A solidariedade não se transmite com a herança. Se, em razão do falecimento de devedor solidário, os herdeiros do devedor solidário (art. 276) não são solidários, porque a solidariedade é subjetiva, como desdobramento lógico, no caso de interrupção da prescrição contra herdeiro de devedor solidário, tal interrupção não repercute na esfera dos demais.

É diferente da hipótese prevista no § 1º, quando diz que a interrupção efetuada contra o devedor solidário envolve os demais e seus herdeiros. No caso do § 1º, a interrupção está diretamente vinculada a um dos devedores solidários, cuja causa interruptiva se estende aos demais devedores e herdeiros. No caso do § 2º, a causa interruptiva está relacionada e vinculada diretamente a um herdeiro e, nesse caso, inversamente, aplica-se a regra geral dos efeitos pessoais, não podendo essa causa interruptiva prejudicar outros herdeiros ou devedores.

A regra do § 2º, portanto, se explica. Os herdeiros do devedor solidário não se tornam devedores solidários. É o que dispõe o art. 276 do CC (o herdeiro de devedor solidário falecido somente pode ser obrigado pela sua cota-parte na obrigação do devedor falecido, salvo indivisibilidade). Como não é devedor solidário, aplica-se ao herdeiro do devedor falecido a regra geral do *caput* do art. 204 (efeitos pessoais).

Por fim, em relação aos efeitos, o § 3º do art. 204 dispõe que "a interrupção produzida contra o principal devedor prejudica o fiador". Tal previsão normativa é desdobramento lógico do caráter acessório do contrato de fiança. A interrupção operada contra o devedor do contrato principal, implica interrupção em relação ao fiador. De fato, pode ser considerada exceção aos efeitos pessoais, porque terceiro, fiador, seria prejudicado pela interrupção da prescrição contra o seu afiançado. Aliás, tal norma tem pertinência, porque a fiança interpreta-se de forma restrita e, se não houvesse a previsão legal, mesmo o fiador, em contrato acessório de fiança, poderia não se submeter à prescrição em relação ao sujeito que integra o contrato principal.

1.21.2.10. Prazos de prescrição

Os prazos prescricionais são gerais ou especiais, a que faz referência a parte final do art. 189 do Código Civil, estão disciplinados nos arts. 205 e 206.

O prazo geral está previsto no art. 205 do CC, qual seja, 10 (dez) anos. Os prazos especiais estão especificados e disciplinados no art. 206 do CC (de 1 ano a 5 anos). A prévia definição dos prazos de prescrição e decadência tem como objetivo concretizar um dos principais paradigmas do direito civil contemporâneo, a operabilidade. O Código Civil menciona expressamente quais são os prazos de prescrição e de decadência. Os prazos previstos nos arts. 205 e 206 são de prescrição e, todos os demais, de decadência. Tal simplificação torna o sistema mais operacional.

O Código Civil de 1916, no art. 177, também adotava prazos gerais, de 20 (vinte), 15 (quinze) e 10 (dez) anos e, no art. 178, prazos especiais de prescrição. No art. 177, o prazo era definido de acordo com a natureza do direito subjetivo e ainda levava em consideração a "presença" ou "ausência" dos sujeitos. Assim, as ações de natureza pessoal prescreviam em 20 anos e as de natureza real em 10 anos, entre presentes, e 15 anos, entre ausentes.

O atual Código Civil simplifica o prazo geral de prescrição, com a previsão do prazo de 10 anos, independentemente da natureza do direito (pessoal ou real) e da "presença" ou "ausência" dos sujeitos.

O Código Civil de 2002 unificou o prazo geral em 10 anos. Entretanto, durante determinado período, deverá ser aplicada a regra de direito intertemporal, prevista no art. 2.028 da Lei Civil.

Segundo esse dispositivo, "serão os da lei anterior os prazos, quando reduzidos por esse Código, e se, na data de sua entrada em vigor, já houver transcorrido mais da metade do tempo estabelecido na lei revogada".

O Código Civil de 2002 entrou em vigência em 12 de janeiro de 2003. Se o direito subjetivo foi violado antes dessa data, é necessário apurar se já decorreu mais da metade do prazo de prescrição previsto nos arts. 177 e 178 do CC/1916. Se, na data da entrada em vigência do atual Código Civil, já houver transcorrido mais da metade do prazo previsto no Código Civil de 1916, cujo prazo foi reduzido pelo novo diploma, aplica-se os prazos da lei anterior (CC/1916). Se houver transcorrido menos da metade, aplica-se o prazo do Código vigente, contado da data da vigência do Código Civil atual e não da data do fato.

Por exemplo, em acidente de trânsito ocorrido em 1990, a vítima gozava do prazo de 20 anos para ingressar com ação de reparação civil de danos. Em 2003, ano da vigência do Código Civil atual, já havia transcorrido 13 anos, ou seja, mais da metade do prazo previsto na lei anterior. Por isso, aplica-se o prazo da lei anterior, tendo o sujeito até o ano de 2010 para requerer a reparação civil de danos.

No entanto, se o acidente de trânsito ocorreu no ano de 1998, quando da entrada em vigência do atual Código Civil (12-1-2003), havia transcorrido apenas 5 anos do prazo de 20 previsto na lei anterior. O prazo de reparação civil foi reduzido pelo Código vigente para 3 anos. Se considerássemos a data do fato, a pretensão estaria prescrita em 2001. Porém, a nova lei não surpreende o sujeito retirando a possibilidade de exercer sua pretensão. Assim, nesse caso, a contar da vigência do atual Código Civil, a vítima teria até 12-1-2006 para requerer reparação civil, pois não transcorrido mais da metade, aplicam-se os prazos do atual Código, contados do início de sua vigência.

Nesse sentido, o Enunciado 299 da IV Jornada de Direito Civil: "Iniciada a contagem de determinado prazo sob a égide do CC/1916, e vindo a Lei nova a reduzi-lo, prevalecerá o prazo antigo, desde que transcorrido mais da metade deste na data da entrada em vigor do CC. O novo prazo será contado a partir de 11 de janeiro de 2003, desprezando-se o tempo anteriormente decorrido, salvo quando o não aproveitamento do prazo já decorrido implicar aumento do prazo prescricional previsto na lei revogada, hipótese em que deve ser aproveitado o prazo já decorrido durante o domínio da lei antiga, estabelecendo-se uma continuidade temporal".

O Enunciado 50 da I Jornada é mais específico e também tem relação com o tema: "A partir da vigência do novo CC, o prazo prescricional das ações de reparação de danos que não houver atingido a metade do tempo previsto no CC/1916 fluirá por inteiro, nos termos da nova lei (art. 206)".

Todavia, se a lei nova aumenta o prazo de prescrição ou decadência, aplica-se o novo prazo e não o da lei antiga, computando-se o tempo decorrido na vigência da lei antiga.

O prazo geral de 10 anos, previsto no art. 205 do CC, é supletivo e residual, ou seja, se a pretensão sujeita à prescrição não estiver especificada nos parágrafos e incisos do art. 206, incide o prazo geral em referência.

Alguns doutrinadores vinculam os prazos de prescrição às ações condenatórias, motivo pelo qual estas sempre estariam sujeitas à prescrição, pois, somente o direito subjetivo à prestação, objeto da obrigação, pode ser violado. A prescrição da pretensão depende da violação do direito subjetivo. A pretensão constitutiva se submeteria a prazos de decadência. Embora essa relação ocorra na maioria das vezes, não retrata uma verdade absoluta.

O Código Civil, ao tratar dos prazos de prescrição e decadência, adota critério bem objetivo (concretização do paradigma da operabilidade). Segundo o art. 189, os prazos de prescrição são os previstos nos arts. 205 e 206. Os demais prazos do Código Civil têm natureza decadencial.

Em síntese, essas correlações – prescrição (tutela condenatória) e decadência (tutela constitutiva), podem ser mitigadas pelas regras expressas no Código Civil. É exemplo desta mitigação o art. 445 do CC que, expressamente, declara ser de decadência o direito de obter a redibição do contrato ou abatimento do preço.

Em relação à redibição, causa de resolução de contratos comutativos, a sentença terá natureza constitutiva. No entanto, em relação ao abatimento do preço, perdas e danos, a tutela será condenatória (indenização) e o Código dispõe, no art. 445, que tal prazo é de decadência. Da mesma forma, o art. 501 dispõe ser decadencial o prazo para reclamar abatimento proporcional do preço, de natureza indenizatória, em caso de diferença na metragem do imóvel, caso não seja possível o complemento da área (art. 500).

Em relação aos prazos especiais de prescrição, o art. 206 estabelece prazos entre 1 (um) ano até 5 (cinco) anos, tudo a depender da natureza do direito em conflito. E a tendência é considerar o prazo geral de 10 (dez) anos, previsto no art. 205, se não houver enquadramento pleno na hipótese legal.

Prescrição em 1 ano

A primeira hipótese não apresenta dificuldade: prescreverá em 1 ano a pretensão dos hospedeiros ou fornecedores de víveres destinados a consumo no próprio estabelecimento, para o pagamento da hospedagem ou dos alimentos (salvo se relação de consumo, que se submete ao CDC).

Em matéria de seguro, a pretensão do segurado contra o segurador ou do segurador contra o segurado prescreverá também em um ano. É a hipótese mais comum da prescrição ânua. O prazo é contado para o segurado, no caso de seguro de responsabilidade civil, da data em que é citado para responder à ação de indenização proposta pelo terceiro prejudicado, ou da data que a este indeniza, com a anuência do segurador. Então, para o segurado, serão dois prazos diferentes. Na data da citação para responder a ação proposta por terceiro ou da data em que indeniza o terceiro.

Nesse caso, há uma ampliação da ideia de violação de direito subjetivo. Se o segurado se envolver em acidente e não suportar danos, mas for o responsável, terá de indenizar o terceiro prejudicado. A lei considera nascida a pretensão, para o segurado, no momento da citação ou do pagamento da indenização com a anuência da seguradora.

Portanto, para pedir a indenização para a seguradora, terá o segurado 1 ano, a contar da citação ou do pagamento, para exercer a pretensão. Ocorre que essa situação jurídica torna abrangente o conceito de *violação de direito subjetivo*. O direito subjetivo do segurado é violado quando tem a obrigação de responder a um processo e efetivar um pagamento. Nesse caso, sua esfera jurídica está comprometida, e isso já é suficiente para fazer nascer a pretensão contra a seguradora.

Por outro lado, quanto aos demais seguros, o prazo é contado da ciência do fato gerador da pretensão (inciso II, alínea "b" do art. 206 do CC). O fato gerador da pretensão é o evento coberto pelo contrato de seguro. A ocorrência do evento tem o poder de violar o direito subjetivo do segurado, com o nascimento da pretensão à indenização, independentemente de pedido expresso. Não é a recusa da seguradora em pagar a indenização o fato determinante para a violação do direito subjetivo, mas a ocorrência do evento, cujo fato está previsto em contrato como apto a gerar pretensão contra a seguradora.

Todavia, em recente precedente, o STJ (Recurso Especial n. 1.970.111/MG), considera que o termo inicial da prescrição na hipótese do inciso II da alínea "b" do art. 206 do CC, é justamente a recusa da cobertura pela seguradora. Portanto, o fato gerador da pretensão seria não o evento, mas a recusa da seguradora, pois antes da manifestação da seguradora, o segurado nada pode exigir e, portanto, não tem pretensão. Tal entendimento, inclusive, relativiza a Súmula 229, que trata do marco para a retomada do prazo após o requerimento administrativo do segurado (não corre o prazo ânuo enquanto não houver manifestação da seguradora). Com todo o respeito a tal entendimento, o fato gerador da pretensão é o evento que deflagra o direito ao seguro, não a recusa da seguradora. A recusa da seguradora potencializa a lesão do segurado e pode ser o marco para a retomada do prazo, após o pedido de pagamento, mas não é o fato que gera a pretensão ao seguro. Se assim o for, o segurado pode optar em requerer a indenização mais de 1 ano após o evento, o que gerará grave instabilidade nestes contratos.

Se há pretensão e poder de exigibilidade é porque o evento, por si só, é apto a violar seu direito subjetivo, deflagrando o prazo. A questão está relacionada ao inadimplemento contratual. O pagamento da indenização está previsto em contrato. Tendo a seguradora ciência do evento e não efetivado o pagamento da indenização prevista no contrato, é inadimplente e tal inadimplemento tem o poder de violar o direito subjetivo de crédito do segurado. Ou seja, o inadimplemento é causa de violação de direito subjetivo em obrigação específica. Por isso, a lei menciona a ciência do fato. Ciente do fato, deve a seguradora reparar o dano, independentemente de pedido.

Da mesma forma, inadimplente o segurado, violado o direito subjetivo da seguradora, nasce para esta a pretensão para requerer o pagamento das obrigações contratuais.

O STJ, em precedente do ano de 2020, no Recurso Especial n. 1.756.283-SP, definiu que: "É decenal o prazo prescricional aplicável ao exercício da pretensão de reembolso de despesas médico-hospitalares alegadamente cobertas pelo contrato de plano de saúde (ou de seguro saúde), mas que não foram adimplidas pela operadora". Portanto, a pretensão de reembolso, nestes casos, prescreve no prazo geral de 10 anos (art. 205).

A pretensão dos tabeliães, auxiliares da justiça, serventuários judiciais, árbitros e peritos, pela percepção de custas, emolumentos e honorários, prescreve em 1 (um) ano, contado da data do inadimplemento dessas obrigações.

A pretensão contra os peritos, pela avaliação dos bens que entraram para a formação do capital de sociedade anônima, contado da publicação da ata da assembleia que aprovar o laudo, prescreve em 1 ano. Trata-se de questão específica, disciplinada nos arts. 7º e 8º da Lei das Sociedades Anônimas (Lei n. 6.404/76).

O capital social da sociedade anônima poderá ser formado por contribuições em dinheiro ou em qualquer espécie de bens suscetíveis de avaliação. Segundo o art. 8º, a avaliação dos bens será feita por três peritos ou por empresa especializada, nomeados em assembleia geral dos subscritores. O § 1º determina aos peritos a apresentação de um laudo fundamentado de avaliação dos bens necessários para a formação do capital da sociedade anônima. É sobre esse laudo que trata o inciso IV do art. 206 do CC. Nesse laudo, os peritos devem indicar os critérios de avaliação e dos elementos de comparação adotados e instruídos com os documentos relativos aos bens avaliados. Os peritos devem estar presentes à assembleia que conhecer do laudo, a fim de prestarem as informações que lhes forem solicitadas.

Se o laudo for aprovado pela assembleia e pelo subscritor, os bens serão incorporados ao patrimônio da sociedade anônima. O § 6º do art. 8º da Lei das Sociedades Anônimas estabelece que os peritos avaliadores responderão, civilmente, perante a companhia, os acionistas e terceiros, pelos danos que causarem em decorrência da avaliação dos bens, sem prejuízo da responsabilidade penal.

No entanto, a disposição do Código Civil sobre o assunto seria dispensável, pois o art. 287, I, a, da Lei das Sociedades Anônimas, prevê prazo prescricional de 1 ano para esta mesma hipótese. Não há explicação para o Código Civil tratar de um prazo de prescrição já regulado em lei especial. Como não há conflito de prazos, pois, segundo o Código Civil, a ação contra estes peritos avaliadores é o previsto no inciso IV do § 1º do art. 206, qual seja, também de 1 (um) ano, contado da publicação da ata da assembleia que aprovar esse laudo, não haverá maiores problemas práticos. No entanto, temos dois dispositivos tratando do mesmo assunto.

Finalmente, prescreve em 1 ano a pretensão dos credores não pagos contra os sócios ou acionistas e os liquidantes, contado o prazo de publicação da ata de encerramento da liquidação da sociedade. É exatamente a mesma redação constante no art. 287, I, b, da Lei n. 6.404/76 (Lei das Sociedades Anônimas). A única diferença é que a Lei das Sociedades Anônimas apenas faz referência aos acionistas (como não poderia ser diferente) e o Código Civil amplia tal hipótese de prescrição para as demais sociedades, quando menciona sócios ou acionistas. Assim, o credor poderá ingressar com essa ação contra sócios de qualquer sociedade empresária e acionistas de sociedade anônima.

Prescrição em 2 anos

O Código Civil tem apenas uma hipótese de prescrição em dois anos: a pretensão para haver prestações alimentares, a partir da data em que se vencerem.

O direito a alimentos é imprescritível. A prescrição está relacionada às prestações alimentares vencidas e não exigidas pelo credor. A partir do vencimento de cada prestação, inicia-se o prazo de 2 (dois) anos para o exercício dessa pretensão. No entanto, se o credor for absolutamente incapaz, contra ele não fluirá o prazo de 2 (dois) anos, nos termos do art. 198, I, do CC (a favor, o prazo corre contra o absolutamente incapaz).

Prescrição em 3 anos

A pretensão relativa a aluguéis de prédios urbanos e rústicos prescreverá em 3 anos.

De acordo com o Enunciado 417 da V Jornada de Direito Civil, do CJF: "O prazo prescricional de três anos para a pretensão relativa a aluguéis aplica-se aos contratos de locação de imóveis celebrados com a administração pública".

A pretensão para receber prestações vencidas de rendas temporárias ou vitalícias também se sujeita ao prazo de 3 anos.

A pretensão para haver juros, dividendos ou quaisquer prestações acessórias, pagáveis, em períodos não maiores de 1 ano, com capitalização ou sem ela, prescreve também em 3 anos. O art. 287 da Lei das Sociedades Anônimas, no inciso II, também prevê que a ação para haver qualquer dividendo, contado o prazo da data em que tenha sido posto à disposição do acionista, prescreve em 3 anos. A norma da Lei das Sociedades Anônimas é mais restrita, pois o dividendo é o termo designado para os lucros distribuídos aos acionistas. Ao se referir a juros e quaisquer prestações acessórias, o Código Civil abrange todas as sociedades empresárias, onde houver créditos de juros ou outra prestação, desde que pagáveis em períodos inferiores a 1 ano.

A pretensão para ressarcimento do enriquecimento sem causa também está sujeita ao prazo trienal. O enriquecimento sem causa é tratado nos arts. 884 a 886, no título das declarações unilaterais de vontade, as quais, por si só, produzem efeitos jurídicos. Segundo o art. 884, aquele que, sem justa causa, se enriquecer à custa de outrem, será obrigado a restituir o montante indevidamente auferido, com atualização dos valores monetários. Trata-se de uma cláusula geral e princípio norteador das relações privadas. Se houver enriquecimento sem causa justa ou legítima, ou quando a causa tenha deixado de existir (art. 885), o prejudicado terá 3 (três) anos para formalizar pretensão contra o outro sujeito. Sobre o assunto, interessante o Enunciado 35 da I Jornada, segundo o qual, "a expressão se enriquecer à custa de outrem, no art. 884 do CC, não significa, necessariamente, que deverá haver empobrecimento". Por outro lado, no Enunciado 188 da III Jornada: "A existência de negócio jurídico válido e eficaz é, em regra, uma justa causa para o enriquecimento".

A principal hipótese de prescrição da pretensão, prevista no art. 206, sem dúvida, é a do inciso V, o qual trata da reparação civil, seja o prejuízo material ou moral. No Código Civil de 1916, a reparação civil era tratada no prazo geral de 20 anos (art. 177). Com o atual Código Civil, a reparação civil (responsabilidade civil, contratual e extracontratual, subjetiva ou objetiva) passou para os prazos especiais e agora é de apenas 3 anos.

Nesse sentido, aliás, o Enunciado 418 da V Jornada de Direito Civil: "Art. 206, § 3º, V. O prazo prescricional de três anos para a pretensão de reparação civil aplica-se tanto à responsabilidade contratual quanto à responsabilidade extracontratual".

Todavia, a Corte Especial do STJ, após alguns precedentes isolados, por maioria, em embargos de divergência, EREsp n. 1.281.594-SP, definiu que a pretensão indenizatória decorrente do inadimplemento contratual se sujeita ao prazo prescricional decenal (art. 205 do Código Civil), se não houver previsão legal de prazo diferenciado. Essa é a tendência do STJ quanto ao referido prazo para a responsabilidade civil contratual. A Corte Especial, na referida decisão, concluiu que, nas pretensões relacionadas à *responsabilidade contratual*, aplica-se a regra geral (art. 205 do CC/2002), que prevê dez anos de *prazo* prescricional e, nas demandas que versem sobre *responsabilidade* extracontratual, aplica-se o disposto no art. 206, § 3º, V, do mesmo diploma, com *prazo* prescricional de três anos.

Se a relação for de consumo, o prazo de prescrição é de 5 anos, para os casos de acidente de consumo (art. 27 do CDC).

Em nossa opinião, a concepção dual adotada pelo STJ em relação a prazos de prescrição para responsabilidade civil contratual e extracontratual não encontra respaldo no Código Civil e contraria a funcionalização das relações jurídicas, que impõe o exercício de direitos subjetivos em prazos substancialmente menores. A tese do STJ é baseada nos seguintes parâmetros: a prescrição restringe direitos e, por isso, a interpretação deve ser restritiva; a unidade lógica do Código Civil vincula a expressão "reparação civil" apenas à responsabilidade civil aquiliana; a distinção entre responsabilidade civil contratual e extracontratual impede o tratamento isonômico em matéria de prescrição e, finalmente, o caráter secundário e acessório das perdas e danos na responsabilidade civil contratual.

O CC, no referido dispositivo legal, não dissocia reparação civil contratual e extracontratual. O prazo é comum às duas espécies de responsabilidade civil. O Relator originário, voto vencido, foi preciso em suas observações: Não é possível extrair que do termo "reparação civil" se conclua pela exclusão do dano contratual, até porque o próprio CC, em outros dispositivos, como o art. 943 e no direito real de laje, tratam de reparação civil com referência à responsabilidade contratual e extracontratual. O prazo comum é compatível com a segurança jurídica e os princípios da eticidade e operabilidade que norteiam o direito civil contemporâneo. O CC estabeleceu diferentes prazos para diferentes pretensões e, em relação à reparação civil, ao não qualificar, teve o objetivo de se referir à responsabilidade civil contratual e extracontratual. A redução dos prazos se compatibiliza com a necessária funcionalização dos direitos subjetivos que devem ser exercidos com relativa agilidade e eficiência, pois o retardamento injustificado poderá, inclusive, acarretar a supressão do direito. A redução dos prazos de prescrição no âmbito da reparação civil se ajusta ainda à teoria do abuso de direito (art. 187). Todavia, os frágeis argumentos da tese contrária prevaleceram.

Prazos e Fazenda Pública

Por fim, apenas um registro em relação aos prazos de prescrição para reparação civil de danos em face da Fazenda Pública e autarquias. Os Decretos n. 20.910/32 e

4.597/42, estabelecem que o prazo de prescrição é de 5 anos. No entanto, o STJ, em vários julgados, mesmo nas causas envolvendo a Fazenda Pública e suas autarquias, adota o prazo de 3 anos, previsto no art. 206, § 3º, V, do CC. Nesse sentido, o REsp 982.811/RR e o REsp 1.066.063/RS.

Considerando a diferença entre os prazos da lei anterior e do atual Código, o intérprete sempre estará se socorrendo à regra de direito intertemporal prevista no art. 2.028 do CC. Violado o direito subjetivo do sujeito e, em decorrência disso, havendo efeito civil, dano material ou moral, a pretensão deve ser exercida em 3 anos, sob pena de prescrição.

No entanto, tal prazo não se aplica às pretensões indenizatórias, decorrentes de acidentes de trabalho, após a vigência da EC n. 45/2004, devendo incidir a regra do art. 7º, XXIX, da CF/88 (Enunciado 419 da V Jornada de Direito Civil, promovida pelo CJF).

A pretensão para a restituição dos lucros ou dividendos recebidos de má-fé, correndo o prazo da data em que foi deliberada a distribuição, prescreve em 3 anos. Para a sociedade anônima, há uma regra específica de prescrição sobre esse assunto, conforme art. 287, II, *c*.

A pretensão contra as pessoas a seguir indicadas, por violação da lei ou do estatuto, contado o prazo: (a) para os fundadores, da publicação dos atos constitutivos da sociedade anônima (art. 287, II, *b*, 1, da Lei das Sociedades Anônimas); (b) para os administradores, ou fiscais, aos sócios, do balanço referente ao exercício em que a violação tenha sido praticada, ou da reunião ou assembleia geral que dela deva tomar conhecimento (regra semelhante no inciso II, *b*, 2, do art. 287 da Lei das Sociedades Anônimas – no entanto, nesse caso, o Código Civil amplia a regra para outras sociedades, ao mencionar os sócios, não se restringindo à sociedade anônima, como fez na alínea *a*); (c) para os liquidantes, da primeira assembleia semestral posterior à violação (art. 287, II, *b*, 3, no caso das sociedades anônimas).

O inciso VIII trata de uma questão polêmica, qual seja, prescreve em 3 (três anos) a pretensão para haver o pagamento de título de crédito, a contar do vencimento, ressalvadas as disposições de lei especial. Esse dispositivo se refere aos títulos de crédito regulados no Código Civil, nos arts. 887 a 926, pois ressalva as prescrições estipuladas em lei especial, no que tange aos títulos regulados por essas leis. Aliás, há uma conexão entre esse inciso e o art. 903 do CC, segundo o qual, salvo disposição diversa em lei especial, regem-se os títulos de crédito pelo disposto no Código. No Enunciado 52 da I Jornada, foi consolidado o entendimento de que, por força da regra do art. 903 do CC, as disposições relativas aos títulos de crédito não se aplicam aos já existentes. Até aqui, não há dúvidas. O inciso VIII do § 3º do art. 206 se refere aos títulos de créditos regulados no Código Civil.

O problema é outro. Se houver consumação da prescrição prevista na lei especial, poderia ser aplicado o Código Civil supletivamente? Se consumada a prescrição prevista para o título de crédito, o título perde a natureza de título de crédito e, por essa razão, não pode ser invocado o inciso VIII como referência, pois tal dispositivo ressalva as leis especiais. Assim, prescrita a pretensão prevista na Lei do Cheque, na nota promissória ou na duplicata, o título perde a sua natureza cambial, não havendo possibilidade de invocar tal inciso do Código Civil. No entanto, após a prescrição cambiária, o título serve como documento particular, desprovido de natureza cambial e, nesse caso, se sujeita ao prazo prescricional de 5 anos, previsto no inciso I do § 5º do art. 206. O prazo de 5 anos deve ser contado da data em que o título de crédito se torna um instrumento particular, ou seja, da data da consumação da prescrição cambiária.

Em relação ao prazo de 3 anos, a última hipótese é a prevista no inciso IX do § 3º do art. 206 do CC, segundo o qual a pretensão do beneficiário contra o segurador, e a do terceiro prejudicado, no caso de seguro de responsabilidade civil obrigatória, prescreve em 3 anos. Nesse caso, há um contrato de adesão obrigatório por parte dos proprietários de veículos automotores. Entre as cláusulas do contrato obrigatório, está prevista indenização a ser paga pela seguradora. Se, ocorrido o evento, a seguradora, imediatamente, não efetivar o adimplemento da obrigação assumida, pagamento da indenização, estará violando o direito subjetivo do segurado.

O seguro obrigatório ou DPVAT é destinado às pessoas vítimas de acidentes automobilísticos, cuja disciplina jurídica é prevista na Lei n. 6.194/74. A indenização, nos termos do art. 3º da referida lei, alterada pela Lei n. 11.482/2007, tem por finalidade a cobertura dos eventos morte, invalidez permanente, total ou parcial, e de despesas de assistência médica e suplementares, nos seguintes valores: I – R$ 13.500,00 (treze mil e quinhentos reais) – no caso de morte; II – até R$ 13.500,00 (treze mil e quinhentos reais) – no caso de invalidez permanente; e III – até R$ 2.700,00 (dois mil e setecentos reais) – como reembolso à vítima – no caso de despesas de assistência médica e suplementares devidamente comprovadas.

A Lei n. 11.945/2009 acrescentou vários parágrafos à Lei n. 6.194/74, que regula o DPVAT. Segundo o § 1º do art. 3º, no caso da cobertura de que trata o inciso II do *caput* desse artigo (invalidez permanente), deverão ser enquadradas na tabela anexa à lei as lesões diretamente decorrentes de acidente e que não sejam suscetíveis de amenização proporcionada por qualquer medida terapêutica, classificando-se a invalidez permanente como total ou parcial, subdividindo-se a invalidez permanente parcial em completa e incompleta, conforme a extensão das perdas anatômicas ou funcionais, observando o seguinte: I – quando se tratar de invalidez permanente parcial completa, a perda anatômica ou funcional será diretamente enquadrada em um dos segmentos orgânicos ou corporais, previstos na tabela anexa, correspondendo a indenização ao valor resultante da aplicação do percentual ali estabelecido ao valor máximo da cobertura; e II – quando se tratar de invalidez permanente parcial incompleta, será efetuado o enquadramento da perda anatômica ou funcional na forma prevista no inciso I desse parágrafo, procedendo-se, em seguida, à redução proporcional da indenização que corresponderá a 75% para as perdas de repercussão intensa, 50% para as de média repercussão, 25% para as de leve repercussão, adotando-se, ainda, o percentual de 10%, nos casos de sequelas residuais. Nos termos do § 2º do art. 3º, assegura-se à vítima o reembolso, no valor de até R$ 2.700,00, previsto no inciso III do *caput* desse artigo, de despesas médico-hospitalares, desde que devidamente comprovadas, efetuadas pela rede credenciada junto ao Sistema Único de Saúde (SUS), quando em caráter privado, vedada a cessão de direitos.

Finalmente, para evitar o enriquecimento sem causa, o § 3º do art. 3º da Lei n. 6.194/74 determina que as despesas de que trata o § 2º desse artigo, em nenhuma hipótese, poderão ser reembolsadas quando o atendimento for realizado pelo SUS, sob pena de descredenciamento do estabelecimento de saúde do SUS, sem prejuízo das demais penalidades previstas em lei.

O Superior Tribunal de Justiça, no final do mês de novembro de 2009, editou uma Súmula para tratar do prazo de prescrição desse seguro obrigatório. No entanto, apenas ratificou o prazo de prescrição para exercício da prescrição previsto nesse artigo, qual seja 3 anos. Segundo a Súmula 405: "A ação de cobrança do seguro obrigatório (DPVAT) prescreve em três anos". Não se compreende a edição de Súmula apenas para repetir disposição expressa de lei.

Prescrição em 4 anos

A pretensão relativa à tutela, a contar da data da aprovação das contas do tutor, prescreve em 4 anos.

Prescrição em 5 anos

A pretensão de cobrança de dívidas líquidas, constantes de instrumento público ou particular; a pretensão dos profissionais liberais em geral, procuradores judiciais, curadores e professores pelos seus honorários, contado o prazo da conclusão dos serviços, da cessão dos respectivos contratos e dos mandatos e, a pretensão do vencedor para haver do vencido o que despendeu em juízo, se sujeitam ao prazo de prescrição de 5 anos.

1.21.3. Decadência

A decadência é o perecimento do direito *potestativo* (direito mediante o qual determinada pessoa pode influir, com uma declaração de vontade, sobre a situação jurídica de outrem), em razão do seu não exercício em prazo predeterminado em lei ou fixado pela vontade das próprias partes.

A diferença entre decadência e prescrição é que aquela corresponde à perda do direito *potestativo* pela falta de exercício em tempo prefixado, enquanto a prescrição extingue a pretensão que surge da violação de direito subjetivo, nos prazos previstos nos arts. 205 e 206.

O exercício do direito *potestativo* não depende, portanto, ao contrário do direito subjetivo, do comportamento de um devedor. Por isso, tal direito não pode ser violado. Ou seja, os direitos potestativos não dependem de ação ou omissão alheia, pois conferem ao seu titular, independentemente de violação, o poder de intervir na esfera jurídica de outrem.

A decadência corresponde à perda do direito de exercício de poder. Não há dever jurídico contraposto, como na prescrição. O exercício desse poder independe da violação de qualquer direito subjetivo. Por isso, na decadência, o sujeito passivo apenas se submete à vontade do titular desse direito potestativo.

O sujeito passivo apenas deve prostrar-se em estado de sujeição, pois o titular do direito potestativo poderá interferir na esfera jurídica daquele, sem que o sujeito passivo possa evitar essa interferência. Na prescrição, o sujeito passivo controla a pretensão, pois a prescrição depende da conduta do sujeito passivo, da violação do direito subjetivo. Com a violação nascerá a pretensão e, consequentemente, poderá se cogitar a prescrição.

Na decadência, o titular do direito potestativo poderá influir na esfera jurídica da outra parte, independentemente da violação de qualquer direito subjetivo. Na decadência, o prazo se inicia ou é contemporâneo ao nascimento do direito potestativo. Já na prescrição, o prazo é superveniente ao nascimento do direito subjetivo, pois tal depende da violação desse direito após a sua aquisição. Portanto, a decadência surge com o nascimento do direito e a prescrição só nasce com a lesão ao direito subjetivo.

Por exemplo, em determinado negócio jurídico viciado por erro, dolo ou coação, o sujeito prejudicado tem o direito de requerer a anulação (invalidação) desse negócio jurídico, independentemente de qualquer comportamento do outro sujeito, o qual se beneficiou de um desses vícios. O direito potestativo de anulação ou de invalidação do negócio é contemporâneo ao negócio, nasce juntamente com o direito subjetivo.

A partir da data do negócio, já será possível requerer a invalidação. O sujeito passivo não tem como evitar a ação de anulação, devendo se sujeitar à vontade do titular do direito. Se o pedido de anulação será ou não acolhido, dependerá das provas. No entanto, o prazo de decadência já se inicia com a aquisição do direito, podendo o sujeito titular desse direito, interferir na esfera jurídica alheia, requerendo a modificação ou desconstituição dessa relação jurídica, independente de violação de direito subjetivo pela outra parte.

No direito potestativo, há o direito de alterar, criar ou extinguir relações jurídicas. São direitos sem deveres correlatos. Não há lesão, não há inadimplemento e não há possibilidade de execução, salvo se o direito potestativo, excepcionalmente, gerar o direito a uma prestação. Apenas o direito à prestação, esta relacionada ao instituto da prescrição, é passível de execução. Não se executa direito potestativo, pois a natureza da pretensão será constitutiva.

Portanto, no direito potestativo, o titular desse direito tem o poder de submeter o outro sujeito à sua vontade, podendo agir de forma unilateral, alterando a situação jurídica de outrem. Não há dever jurídico deste. Por isso, a decadência pode ser resumida como a perda do exercício de poder pelo titular do direito potestativo.

Como a decadência depende, exclusivamente, do comportamento do seu titular, em regra, a ela não se aplicam as normas que impedem, suspendem ou interrompem a prescrição. Tal regra deixou de ser absoluta, permitindo-se, em decorrência da lei, que os prazos decadenciais possam se sujeitar a impedimentos, interrupções e suspensões.

Segundo dispõe o art. 207 do CC: "Salvo disposição legal em contrário, não se aplicam à decadência as normas que impedem, suspendem ou interrompem a prescrição". Portanto, as disposições dos arts. 197 a 204 não se aplicam aos prazos de decadência, salvo em uma única hipótese, qual seja, quando a lei determinar a incidência dessas regras.

O exemplo de disposição legal em sentido contrário, determinando a aplicação das causas impeditivas e suspensivas da prescrição na decadência, está no art. 208: "Aplica-se à decadência o disposto nos arts. 195 e 198, I".

Em relação aos absolutamente incapazes, não se deflagra contra eles os prazos de prescrição e, por força do art. 208, os prazos de decadência. A proteção dos absolutamente incapazes é intensa, a ponto de obstar o prazo de decadência, onde o direito subjetivo é contemporâneo ao direito potestativo, ou seja, direito de influir na esfera jurídica do sujeito passivo.

O art. 195 é regra protetiva de pessoas jurídicas e relativamente incapazes que, por omissão de seus representantes legais e assistentes, deixam escoar o prazo de decadência ou não opõem a decadência oportunamente. Se os assistentes dos relativamente incapazes e os representantes legais da pessoa jurídica derem causa à prescrição e à decadência ou não a alegarem oportunamente, responderão civilmente por essa negligência.

Ao contrário da prescrição, os prazos de decadência podem ser legais ou convencionais.

O prazo de decadência, quando estabelecido por lei, é todo no interesse da ordem pública e, por isso, pode ser decretado de ofício, conforme o art. 210 do CC ("Deve o juiz, de ofício, conhecer da decadência, quando estabelecida em lei"). Ademais, e, em razão do fundamento público e social da decadência legal, o art. 209 proíbe, expressamente, a renúncia à decadência fixada em lei.

Ademais, o prazo de decadência voluntária é fixado no interesse das partes, sendo desdobramento do princípio da autonomia privada, poder de os sujeitos regularem os seus interesses da forma mais conveniente. Os prazos de decadência convencional são conhecidos como *prazos de garantia*, pois as partes, por acordo, resolvem estender a garantia para o exercício do direito potestativo em determinado negócio jurídico.

O prazo de decadência convencional é fundado no interesse privado e, por conta disso, admite renúncia e deve ser alegado pela parte interessada, não podendo o juiz reconhecê-la de ofício. "Art. 211. Se a decadência for convencional, a parte a quem aproveita pode alegá-la em qualquer grau de jurisdição, mas o juiz não pode suprir a alegação".

Na comparação entre decadência legal e convencional, temos o seguinte: a decadência legal não é passível de renúncia e pode ser pronunciada pelo juiz, de ofício, quando dela conhecer (arts. 209 e 210 do CC). A convencional é passível de renúncia por ser de cunho privado. Além disso, não pode ser pronunciada de ofício, porque é instituída no interesse das partes, devendo ser alegada pela parte a quem aproveita, em qualquer grau de jurisdição (art. 211 do CC).

Resumo

A decadência implica na perda do direito potestativo, o qual nasce *independente* de qualquer dever jurídico correlato. Os direitos potestativos não admitem violação e, por isso, são desprovidos de pretensão. A decadência é a perda deste direito potestativo (material), caso não exercido no prazo previsto em lei.

O direito potestativo é o poder de interferir ou influir na esfera jurídica de outrem, que apenas se sujeita a essa intervenção (é inevitável). Por exemplo, se o sujeito pretender invalidar ato ou negócio jurídico por vício de consentimento, terá o poder de fazê-lo (direito potestativo) no prazo previsto em lei e o destinatário da demanda não tem como evitar essa intervenção na sua esfera jurídica (óbvio, que isso não significa a procedência da demanda, que dependerá da prova do próprio vício). Todavia, terá o poder de submeter outrem à sua vontade.

O exercício do direito *potestativo* (esse poder de interferência) poderá ocorrer independente do comportamento de outro sujeito (não há dever jurídico correlato). Por isso, o direito potestativo não pode e não tem como ser violado. Na decadência, o sujeito passivo apenas se submete à vontade do titular do direito potestativo.

Na decadência, o prazo se inicia ou é contemporâneo ao nascimento do direito potestativo (decadência e direito nascem juntos, ao mesmo tempo). Como a decadência não depende de qualquer conduta, impossível evitá-la ou controlá-la. Na prescrição, o eventual início do prazo é superveniente ao nascimento do direito subjetivo, pois a pretensão (que é o que prescreve) depende da violação desse direito.

Na prescrição, o sujeito que possui dever jurídico poderá evitar o nascimento da pretensão e, em consequência, da prescrição. Basta não violar o direito subjetivo. Na decadência, não há deveres correlatos.

Como a decadência depende, exclusivamente, da vontade do titular quanto ao exercício de direito potestativo, em regra, a ela não se aplicam as normas que impedem, suspendem ou interrompem a prescrição. Todavia, há exceções, como enunciam os arts. 207 e 208 do CC.

Ao contrário da prescrição, os prazos de decadência podem ser legais (este pode ser reconhecido de ofício e não é passível de renúncia) ou convencionais (depende de provocação e pode haver renúncia – denominados prazos de garantia). Ademais, a decadência pode atingir relações não patrimoniais, ao contrário da prescrição, restrita àquelas. De um lado, *direito potestativo* (poder) e de outro, *sujeição* (submissão).

1.22. PROVA DO NEGÓCIO JURÍDICO

1.22.1. Considerações preliminares

O título V do livro III da parte geral disciplina a teoria da prova, arts. 212 a 232. O Código Civil de 1916 também tratava do tema no capítulo "da forma dos atos jurídicos e da sua prova", em conjunto com as disposições sobre forma e formalidades dos atos jurídicos (arts. 129 a 144 daquela lei).

O atual Código Civil dissocia a formalidade dos atos e negócios jurídicos da teoria da prova. A formalidade, pressuposto de validade de atos e negócios jurídicos, é objeto dos arts. 107 a 109, ao passo que a prova está inserida em capítulo próprio.

Tal tema não desperta interesse dos civilistas, diante do caráter instrumental da matéria, disciplinado em detalhes no Código de Processo Civil. De acordo com o art. 212 do CC, o fato jurídico, em relação à existência jurídica, pode ser provado mediante confissão, documento, testemunha, presunção e perícia. Tais meios de prova, quando interessam a processos judiciais, se submetem às regras do CPC, quanto ao conteúdo, força probante, postulação, impugnação, ônus e modo de produção. Não há dúvida da conexão e interação entre o direito material e o direito processual em relação ao tema.

No direito civil, a prova se destina a demonstrar a existência de qualquer fato jurídico, ao contrário da formalidade, pressuposto de validade de atos e negócios jurídicos, o que, inclusive, justifica a separação promovida pelo atual CC.

Portanto, o Código Civil disciplina a prova no sentido de demonstrar a existência de determinado fato jurídico. O direito material apenas trata das espécies de provas admitidas, não havendo referências à distribuição do ônus da prova. Entretanto, acaba, em várias circunstâncias, esbarrando em questões estritamente instrumentais ou processuais.

O Código de Processo Civil de 2015, Lei n. 13.105/2015, que entrou em vigor em 18-3-2016, promoveu algumas alterações nesse capítulo da parte geral do Código Civil.

O art. 1.072, II, da atual legislação processual civil, revogou, expressamente, os arts. 227, *caput*, 229 e 230 do Código Civil. O art. 227 tratava da vedação da prova exclusivamente testemunhal para a prova da existência de negócios jurídicos superior a dez vezes o maior salário mínimo vigente no País. Tal alteração se justifica porque o art. 401 do CPC de 1973 não foi reproduzido pela atual legislação. Com o objetivo de manter coerência entre o CC e o art. 444 do CPC atual, segundo o qual, nos casos em que a lei exigir prova escrita da obrigação, é admissível a prova testemunhal, quando houver começo de prova por escrito, emanado da parte contra a qual se pretende produzir a prova, houve a revogação. Não foi reproduzida a regra que limitava a utilização de prova exclusivamente testemunhal, tendo como parâmetro o valor do negócio jurídico.

No entanto, embora desvinculada no valor do negócio, a prova testemunhal não ganhou autonomia. Se houver necessidade de prova escrita da obrigação, independentemente do valor do negócio jurídico, a prova testemunhal será complementar, ou seja, apenas admitida se houver começo de prova escrita (art. 444 do CPC).

Por outro lado, embora a prova testemunhal seja complementar ao início de prova escrita, caso impossível a obtenção desta prova escrita, a prova testemunhal perderá o caráter restritivo. É a hipótese prevista no art. 445 do CPC (quando o credor não pode ou não podia, moral ou materialmente, obter a prova escrita da obrigação, em casos como o de parentesco, de depósito necessário ou de hospedagem em hotel ou em razão das práticas comerciais do local onde contraída a obrigação).

O art. 229 do CC, também revogado, tratava das hipóteses em que a pessoa não era obrigada a depor. A matéria agora é regulada exclusivamente pelo art. 448 do CPC (quando o depoimento puder causar grave dano ou quando, por estado ou profissão, deva guardar sigilo).

O art. 230 do CC disciplinava as presunções e de sua não aplicação quando a lei exclui a prova testemunhal, com exceção das presunções legais. Portanto, o atual CPC revogou esse dispositivo e a vinculação das presunções à possibilidade de produção de prova testemunhal.

O sistema jurídico brasileiro evolui para a oralidade na colheita da prova, tendo o juiz contato com as provas produzidas, podendo este decidir de forma livre, mas motivada (persuasão racional – livre convencimento motivado).

A prova está sempre relacionada a um fato. Por isso, o Código Civil, no art. 212, trata da prova do fato jurídico, ou seja, do fato relevante para o ordenamento jurídico, o fato apto a produzir efeito jurídico, pois é este que provoca consequências jurídicas.

Como pode ser demonstrada a existência de fato que o Estado considera relevante para o ordenamento jurídico? Recorde-se que o fato jurídico é a junção de um evento e a previsão da ordem jurídica atribuindo àquele evento consequência ou efeito jurídico. Evento + Previsão Normativa = Fato Jurídico.

Em algumas situações, esse *fato*, considerado relevante para o ordenamento jurídico, necessita ser provado. Provada a existência do fato, incidirão as consequências jurídicas a ele relacionadas. Por isso é essencial diferenciar a teoria da prova no direito civil da teoria da prova no processo civil. A lei civil restringe-se à prova do fato jurídico, que devidamente evidenciado, terá repercussão jurídica. Por isso, a denominação fato jurídico.

É o que expressamente enuncia o art. 212, segundo o qual o fato jurídico deve ser provado por confissão, documento, testemunha, presunção e perícia. Nos demais artigos, o Código Civil apenas desdobra os meios de prova do fato jurídico (confissão – arts. 213 e 214; documento – arts. 215 a 226; testemunha – parágrafo único do artigo e perícia – arts. 231 e 232).

O único objetivo da disciplina das provas, no direito civil, é demonstrar como o fato jurídico poderá ser provado, ou seja, estabelecer os meios idôneos de prova do fato jurídico. A norma jurídica estabelece o suporte fático concreto, ou seja, o que deverá ocorrer no mundo da vida para que o fato da vida se torne fato jurídico. O objetivo da teoria da prova é demonstrar se o suporte fático previsto na norma, como condição para a existência jurídica, se concretizou. Os meios de prova previstos no art. 212 serão o modo pelo qual se poderá demonstrar que no mundo da vida o suporte fático concreto da norma se concretizou e, portanto, deixa o mundo da vida para ingressar no mundo do direito. É a demonstração da existência jurídica.

Por outro lado, não há na lei civil qualquer disposição sobre ônus da prova, destinatário da prova, consequências da não demonstração de um fato, dentre outras questões relevantes para fins processuais e não para o direito material.

A teoria da prova (arts. 212 a 232) é absolutamente restrita à demonstração da ocorrência do fato jurídico. Não interessa ao direito civil o ônus da prova, o responsável pela prova, o momento da produção e o modo da produção etc., apenas o tipo de prova, o meio, o modo e a maneira de se provar o fato reputado relevante para o ordenamento jurídico. Ao analisar a teoria da prova no direito civil, alguns doutrinadores acabam sendo levados a analisar aspectos processuais, os quais não interessam.

Portanto, é essencial traçar os limites entre o direito civil e o processo civil em matéria de prova. O Código Civil apenas se limita a informar como o fato jurídico pode ser provado, se a Lei não exigir forma especial (art. 212). Se a lei exigir forma especial, por óbvio, o fato jurídico somente poderá ser provado pela forma imposta pela lei, como é o caso do pacto antenupcial, onde se exige a forma pública (parágrafo único do art. 1.640 do CC). Não havendo exigência de forma especial (aliás, segundo o art. 107, vigora no sistema jurídico o princípio da liberdade das formas), o fato jurídico poderá ser provado por qualquer dos meios arrolados no art. 212 do CC.

1.22.2. Meios de prova do fato jurídico

O fato jurídico, segundo art. 212 do CC, pode ser provado por confissão, documento, testemunha, presunção e perícia, salvo se a lei exigir forma especial para a prova do fato, ficando o sujeito vinculado à demonstração da denominada "prova especial" ou prova legal.

A prova de natureza geral ou livre retrata o princípio da liberdade das formas, sendo os meios de prova os relacionados no art. 212. A prova de natureza especial é aquela exigida pela lei. No art. 212 foi adotado o princípio da prova livre, salvo quando houver exigência de prova especial. A única restrição à prova livre são as obtidas por meios ilícitos, que são expressamente vedadas.

Segundo Carlos Santos de Oliveira[373], "as características das provas dos negócios jurídicos são a admissibilidade, a pertinência e a concludência". Para ele, a admissibilidade está relacionada à licitude da prova que se pretende produzir, na medida em que a prova obtida por meio inidôneo é ilícita, não produzindo efeito. Assim, qualquer meio de prova, sendo lícito, é admitido para a prova do fato jurídico. A pertinência induz, necessariamente, à adequabilidade da prova para a demonstração do fato em apuração, ou seja, "pertinente é a prova que sirva para demonstrar o fato, que tenha correlação direta com o fato em apuração, com o ponto controvertido da causa". A prova concludente seria aquela que esclarece a verdade sobre o ponto controvertido da questão em julgamento. "A concludência induz uma prova plena, uma prova extreme de dúvidas, que demonstre a verdade dos fatos, não se confundindo com o mero indício".

Como ressaltado, o Código Civil menciona as espécies de prova admitidas para demonstrar a existência do fato jurídico. Os meios legais de prova estão disciplinados também nos arts. 369 a 484 do CPC/2015.

1.22.2.1. Confissão

O primeiro meio de prova do fato jurídico é a confissão, disciplinada nos arts. 213 e 214 do CC. A confissão é o reconhecimento da existência e veracidade do fato jurídico.

A confissão, para ser eficaz, deve ser exteriorizada por sujeito capaz de dispor do direito relacionado aos fatos confessados. No art. 213, o Código Civil vincula a eficácia da confissão à capacidade do sujeito. Assim, será eficaz a confissão se o sujeito tinha capacidade jurídica (de direito e de fato – capacidade civil plena, devendo ter atingido a idade legal e estar no pleno gozo das faculdades mentais) para dispor daquele direito vinculado ao fato confessado. Nesse sentido o § 1º do art. 392 do atual CPC.

O parágrafo único trata da confissão feita pelo representante, cuja eficácia é restrita aos limites dos poderes a ele conferidos pela lei ou pelo contrato. Tal questão é objeto do atual CPC, art. 392, § 2º, do CPC. No entanto, é essencial distinguir as hipóteses de representação legal e convencional.

Na representação legal, a qual tem a finalidade de proteção do incapaz, a confissão do representante é absolutamente limitada e somente vinculará o representado se realizada nos limites legais. A eficácia da confissão está subordinada aos limites impostos pela lei ao representante, como condição para vincular o representado. Havendo excesso, o representante responde, pessoal e exclusivamente, pela confissão perante terceiros.

Na representação convencional, a qual decorre de um negócio jurídico, a confissão feita pelo representante, em regra, somente será eficaz, se realizada nos limites em que o representante está autorizado a vincular o representado. Há uma correlação entre esse dispositivo e o art. 116 do CC, segundo o qual a manifestação de vontade pelo representante deve respeitar os limites dos poderes outorgados pelo representado, a fim de ter eficácia em relação a este.

No entanto, na representação convencional, excepcionalmente, a confissão terá eficácia em relação a terceiros, se o representante exceder os limites em que essa confissão poderia vincular o representado. Isso ocorrerá quando for essencial a tutela da boa-fé objetiva do terceiro, o qual, diante de uma situação concreta, acredita que a confissão do representante estava dentro dos limites dos

---

[373] OLIVEIRA, Carlos Santos de. Da prova nos negócios jurídicos (arts. 212 a 232). In: TEPEDINO, Gustavo (coord.). *A parte geral do novo Código Civil*: estudos sob a perspectiva civil-constitucional. 2. ed. Rio de Janeiro: Renovar, 2003.

poderes outorgados pelo representado. Para tutelar o terceiro, a confissão, fora dos limites dos poderes, vinculará o representado em relação a esse terceiro, podendo, obviamente, em ação de regresso, se voltar posteriormente contra o seu representante.

Assim, os limites da eficácia da confissão na representação dependerão da espécie e da natureza da representação, pois, na representação convencional, o representante é eleito pelo representado que, por isso, responde por todos os atos pelo representante praticados, inclusive por confissões, havendo boa-fé do terceiro.

O art. 214 do CC enuncia ser a confissão irrevogável, mas esclarece que ela pode ser anulada se decorrer de erro de fato ou coação. No mesmo sentido o art. 393 do CPC. O erro de fato caracterizar-se-á quando, ao manifestar a vontade de confessar, o sujeito o faz por conta de uma falsa percepção da realidade. Ou seja, no caso de o sujeito, no momento da confissão ou do reconhecimento do fato jurídico, somente assim proceder porque teve uma noção inexata ou incompleta e distorcida da realidade fática. Aqui, portanto, o erro foi a causa determinante da confissão. Esse decorreu de uma noção equivocada da realidade fática. A teoria do erro, já estudada, aplica-se, integralmente, quando a declaração de vontade visar uma confissão.

A coação, a pressão psicológica ou qualquer outro vício de consentimento também podem ser invocados para invalidar uma confissão. Na coação, o sujeito emite uma declaração de vontade por conta de uma pressão psicológica capaz de intuir em sua esfera subjetiva medo e temor do mal prometido.

Nessas duas exceções, a confissão poderá ser invalidada ou anulada, com base na teoria geral das invalidades do negócio jurídico. Ou seja, também o dolo pode ser causa de invalidação da confissão. Nesse ponto, é incompreensível a omissão do Código Civil, pois, no dolo, a declaração de vontade é obtida por meio de artifícios ou manobras fraudulentas, devendo ser reprimido também quando esse dolo levar a uma confissão não desejada.

O Código de Processo Civil trata da confissão nos arts. 389 a 395. A maioria das regras sobre confissão na lei instrumental interessa apenas ao processo, não como meio de prova de fato jurídico. Por exemplo, não é válida como confissão em juízo, quando se refira a fatos relativos a direitos indisponíveis. A confissão judicial não prejudica o litisconsorte. Nas ações que versem sobre imóveis ou direitos reais sobre imóveis, a confissão de um cônjuge ou companheiro não valerá sem a do outro, salvo no regime da separação absoluta de bens. Portanto, são aspectos da confissão que interessam para fins exclusivamente processuais, não para demonstrar a existência jurídica de um fato, para fins de direito material.

No art. 389 há uma definição de confissão: "Há confissão, judicial ou extrajudicial, quando a parte admite a verdade de fato contrário ao seu interesse e favorável ao adversário".

O artigo também esclarece que a confissão pode ser judicial ou extrajudicial. A confissão judicial pode ser espontânea ou provocada (art. 390).

A provocada decorre do depoimento pessoal. A confissão judicial tem efeitos pessoais, pois não prejudica os litisconsortes (art. 391 do CPC). O art. 392 não admite a confissão sobre fatos relativos a direitos indisponíveis, como direitos fundamentais à vida, saúde, liberdade, cidadania, estado familiar, dentre outros.

Finalmente, a lei processual, no art. 395, não admite, em regra, a divisibilidade da confissão.

A III Jornada de Direito Civil, promovida pelo CJF, aprovou um Enunciado sobre a confissão: "157. O termo 'confissão' deve abarcar o conceito lato de depoimento pessoal, tendo em vista que este consiste em meio de prova de maior abrangência, plenamente admissível no ordenamento jurídico brasileiro". É incluir na "confissão", prevista no Código Civil como meio de prova, a denominada "confissão provocada", expressamente prevista no art. 349 do CPC.

1.22.2.2. Documento

O documento também é admitido como prova da existência do fato jurídico no direito civil. Tal "meio de prova" é disciplinado nos arts. 215 a 226 do CC.

Caio Mário[374], genial como sempre, afirma que a "mais nobre das provas é a documental. Por via do escrito perpetua-se o ato, enunciando-se a declaração de vontade de modo a não depender a sua reconstituição da falibilidade de fatores precários".

Os documentos ou instrumentos podem ser públicos ou privados.

Os requisitos do documento público estão relacionados em detalhes no art. 215 do CC.

Os requisitos constantes nas várias disposições do art. 215 do CC devem ser observados pelo tabelião em qualquer negócio ou ato jurídico onde se exige a formalização do ato por escritura pública ou, quando, por conveniência das partes (art. 109 do CC), estas desejarem materializar o negócio em documento público. A inobservância de qualquer dessas formalidades, se o documento público for essencial para a validade do negócio, acarretará sua invalidade (art. 166, IV, do CC e art. 406 do CPC: "Quando a lei exigir, como da substância do ato, o instrumento público, nenhuma outra prova, por mais especial que seja, pode suprir-lhe a falta").

No entanto, se o documento público não for essencial para a validade do negócio ou ato, mas apenas para a prova do negócio jurídico, a inobservância desses requisitos torna esse documento ineficaz como prova.

Também são considerados documentos públicos aqueles que constam dos livros e notas oficiais, ostentando a mesma força pública daqueles determinados por lei. Nesse sentido, o art. 218 do CC: "Os traslados e as certidões considerar-se-ão instrumentos públicos, se os originais se houverem produzido em juízo como prova de algum ato". O art. 217, na mesma direção, enuncia que "te-

---

[374] PEREIRA, Caio Mário da Silva. *Instituições de direito civil*: Introdução ao direito civil. Teoria geral de direito civil. 20. ed. Atualizado por Maria Celina Bodin de Moraes. Rio de Janeiro: Forense, 2004. v. 1.

rão a mesma força probante os traslados e as certidões, extraídos por tabelião ou oficial de registro, de instrumentos ou documentos lançados em suas notas".

Para finalizar os documentos públicos, o art. 216 do CC apenas expressa terem a mesma força de prova do que os originais, as certidões textuais de qualquer peça judicial, do protocolo das audiências ou de outro qualquer livro a cargo do escrivão, sendo extraídas por ele ou sob sua vigilância, e por ele subscritas, assim como os traslados dos autos, quando por outro escrivão consertados.

Tal dispositivo está conectado com o art. 425, I, do CPC. Por isso, não há novidade em relação a essa questão. Aliás, a novidade está nos incisos IV, V e VI, acrescentados ao art. 425 do CPC.

Segundo o inciso IV, as cópias reprográficas de peças do próprio processo judicial podem ser declaradas autênticas pelo próprio advogado, sob sua responsabilidade pessoal, se não lhes for impugnada a autenticidade. Ou seja, agora o advogado, para fazer prova com cópia de processo, não precisa autenticar as peças, basta declarar serem autênticas, prevalecendo essa declaração enquanto não houver impugnação do documento pela outra parte.

Os incisos V e VI tratam do processo eletrônico.

Em relação ao processo eletrônico, foi aprovado o Enunciado 297 da IV Jornada de Direito Civil: "O documento eletrônico tem valor probante, desde que seja apto a conservar a integridade de seu conteúdo e idôneo a apontar a sua autoria, independentemente da tecnologia empregada".

Por outro lado, os documentos particulares são os produzidos pelos próprios interessados. Há uma presunção de validade desses documentos, conforme enuncia o art. 219 do CC: "As declarações constantes de documentos assinados presumem-se verdadeiras em relação aos signatários. Parágrafo único. Não tendo relação direta, porém, com as disposições principais ou com a legitimidade das partes, as declarações enunciativas não eximem os interessados em sua veracidade do ônus de prová-las".

Em relação à prova, o documento ou instrumento particular, feito e assinado, ou somente assinado por quem esteja na livre disposição e administração de seus bens, prova as obrigações convencionais de qualquer valor; mas os seus efeitos, bem como os da cessão, não se operam, a respeito de terceiros, antes de registrados no registro público. A prova do instrumento particular pode suprir-se pelas outras de caráter geral (art. 221, parágrafo único, do CC).

Nesse caso, houve considerável avanço em relação ao Código Civil de 1916, pois o art. 135 daquele diploma exigia a assinatura de duas testemunhas, o que é dispensado pela nova lei. Assim, o documento particular, em relação às obrigações convencionadas com a outra parte, vale como prova, independentemente de assinatura de testemunhas, estando condicionado apenas aos requisitos desse art. 221 do CC.

No entanto, para ter eficácia em relação a terceiros, devem ser transcritos no cartório de títulos e documentos. No caso do documento particular, por ter uma forma livre e geral, a prova a que ele visa pode ser suprida por outros meios, à vista do disposto no parágrafo único do art. 221 do CC.

Em determinados casos, a validade de um ato é condicionada, necessariamente, à autorização ou anuência de outrem. Por exemplo, segundo dispõe o art. 1.647 do CC, nenhum dos cônjuges pode, sem autorização do outro, exceto no regime da separação absoluta de bens, alienar ou gravar de ônus real os bens imóveis, prestar fiança ou aval, dentre outros atos. Esses negócios, cuja validade está condicionada à autorização ou anuência de outrem, poderão ser provados pela mesma forma que o ato e, sempre que possível, deverá constar do instrumento (art. 220 do CC). Recorde-se que a falta de autorização de terceiro, se suprida posteriormente, convalida o ato, impedindo a sua anulação (art. 176 do CC).

O telegrama, quando for contestada a autenticidade, faz prova mediante conferência com o original assinado (art. 222 do CC).

A cópia fotográfica de documento particular, conferida por tabelião de notas, valerá como prova da declaração da vontade, mas, impugnada sua autenticidade, deverá ser exibido o original.

Essa regra deve ser analisada com cautela. A exibição do original somente é essencial se a parte questiona a autenticidade da "conferência" do tabelião. No entanto, se a impugnação não tem relação com a conferência do tabelião, deve ser reputado válido o documento, independentemente do original, sob pena de mitigação da fé pública do tabelião. Em cada caso, a situação deve ser ponderada.

Segundo dispõe o art. 423 do CPC, "As reproduções dos documentos particulares, fotográficas ou obtidas por outros processos de repetição, valem como certidões sempre que o escrivão ou o chefe de secretaria certificar sua conformidade com o original.". Na sequência, o art. 424 do CPC aduz que a cópia de documento particular tem o mesmo valor probante que o original, cabendo ao escrivão, intimadas as partes, proceder à conferência e certificar a conformidade entre a cópia e o original.

Em relação aos títulos de crédito, a prova não supre a ausência do título de crédito ou do original nos casos em que a lei ou as circunstâncias condicionarem o exercício do direito à sua exibição. Tal regra está relacionada aos princípios de direito cambiário, quais sejam, cartularidade, literalidade e autonomia das obrigações cambiais.

No entanto, o parágrafo único do art. 223 do CC tem relação direta com a cartularidade ou incorporação, representando a materialização do direito no documento. Em regra, sem a apresentação do título, o devedor não está obrigado a realizar o pagamento a que se comprometeu. Por isso, a prova, a princípio, não pode suprir a ausência do título.

Os documentos redigidos em língua estrangeira serão traduzidos para o português para ter efeitos legais no país (art. 224 do CC). As reproduções fotográficas, cinematográficas, os registros fonográficos e, em geral, quaisquer outras reproduções mecânicas ou eletrônicas de fatos ou de coisas fazem prova plena destes se a parte contra quem forem exibidos não lhes impugnar a exatidão. Segundo o Enunciado 298 da IV Jornada: "Os arquivos eletrônicos incluem-se no conceito de 'reproduções eletrônicas de fatos ou de coisas', do art. 225 do CC, aos quais deve ser aplicado o regime jurídico da prova documental".

Finalmente, em relação à prova documental, o Código Civil, no art. 226, trata dos livros e fichas dos empresários.

Os livros e fichas dos empresários e sociedades provam, contra as pessoas a que pertencem e, em seu favor, quando, escriturados sem vício extrínseco ou intrínseco, forem confirmados por outros subsídios. É o que enunciam os arts. 417 e 418 do CPC. Para o primeiro, os livros comerciais provam contra o seu autor, mas, se tais livros preencherem os requisitos legais, também servem como provas favoráveis ao responsável pela produção. O "preenchimento de requisitos legais" mencionado pelo art. 418 do CPC é justamente a ausência de "vícios intrínsecos ou extrínsecos" a que faz referência o art. 226 do CC.

A prova resultante dos livros e fichas não é bastante nos casos em que a lei exige escritura pública ou escrito particular revestido de requisitos especiais, e pode ser ilidida pela comprovação da falsidade ou inexatidão dos lançamentos.

Conclui o art. 419 do CPC que a escrituração contábil é indivisível, e, se dos fatos que resultam dos lançamentos, uns são favoráveis ao interesse de seu autor e outros lhe são contrários, ambos serão considerados em conjunto, como unidade.

1.22.2.3. Testemunhas

O Código Civil, na redação original, disciplinava a prova testemunhal nos arts. 227 a 229. Como já ressaltado, os arts. 227, *caput* e 229, foram expressamente revogados pelo art. 1.072, II, do atual CPC. Restam, apenas, o parágrafo único do art. 227, que trata da prova testemunhal como complemento à prova escrita e o art. 228, com as alterações promovidas pela Lei das Pessoas com Deficiência, que disciplina a situação da legitimidade daqueles que podem ou não serem admitidos como testemunhas.

De acordo com o parágrafo único do art. 227, qualquer que seja o valor do negócio jurídico, a prova testemunhal é admissível como subsidiária ou complementar da prova por escrito. Portanto, de acordo com o Código Civil, a prova testemunhal, para a prova da existência de qualquer fato jurídico, em especial do negócio jurídico, tem caráter complementar. A prova exclusivamente testemunhal para tal finalidade, de acordo com o CC, está vedada. Todavia, o art. 445 do CPC, admite a prova exclusivamente testemunhal para provar a existência de relação jurídica obrigacional, se o credor demonstrar que não pode ou não podia, materialmente, obter a prova escrita da obrigação, em casos como o de parentesco, depósito necessário, hospedagem em hotel ou em razão das práticas comerciais do local onde contraída a obrigação.

De fato, para provar a existência jurídica de qualquer fato ou negócio, para fins de segurança jurídica, o sistema não admite a prova exclusivamente testemunhal. Tal fato é relevante, porque há negócios ou fatos que não são materializados em qualquer documento ou mensagens eletrônicas, o que impedirá a prova da existência jurídica apenas com testemunhas. A prova aqui mencionada diz respeito à existência do fato jurídico.

O Código Civil não confia nas declarações de pessoas para a prova de fatos jurídicos e isso fica evidente no parágrafo único do art. 227, pois a prova testemunha é complementar à prova escrita. Se a prova testemunhal for apenas subsidiária ou complementar, é admissível, qualquer que seja o valor do negócio jurídico (parágrafo único do art. 227 do CC). Não há mais vinculação da prova testemunhal ao valor. A norma do CPC que fazia tal vinculação também não foi reproduzida. É o que se convencionou chamar de "início de prova escrita". Havendo esse início de prova escrita, a prova testemunhal pode ser complementar, independentemente do valor do negócio.

O STJ, por meio da Súmula 149, dispôs que: "A prova exclusivamente testemunhal não basta à comprovação da atividade rurícola, para efeito da obtenção de benefício previdenciário".

O Código de Processo Civil também possui regras sobre o assunto, haja vista o disposto nos arts. 442, 443, 444 e 445. O art. 444 do CPC admite a prova testemunhal, independentemente do valor do negócio jurídico: "Nos casos em que a lei exigir prova escrita da obrigação, é admissível a prova testemunhal quando houver começo de prova por escrito, emanado da parte contra a qual se pretende produzir a prova".

No art. 228, o Código Civil especifica as pessoas não admitidas como testemunhas. Este artigo foi alterado substancialmente pela Lei Federal n. 13.146/2015, Lei de Inclusão dos Portadores de Deficiência. Tal legislação revogou expressamente os incisos II e III da redação original do art. 228, que são aqueles que, de alguma forma, faziam referência a pessoas com deficiência física ou mental (aqueles que, por enfermidade ou retardo mental, não tiverem discernimento para a prática dos atos da vida civil; os cegos e os surdos, quando a ciência do fato que se quer provar dependa dos sentidos que lhes faltam). A vedação continua para os menores de 16 anos que, pelo atual CC, são absolutamente incapazes, o interessado no litígio, o amigo íntimo ou inimigo capital das partes; os cônjuges, os ascendentes, os descendentes e os colaterais, até o terceiro grau de alguma das partes, por consanguinidade ou afinidade. O parágrafo único da redação original foi convertido em § 1º deste artigo e traz a ressalva de que pode o juiz autorizar o depoimento de qualquer uma dessas pessoas, desde que somente elas conheçam dos fatos que se quer provar.

A Lei n. 13.146/2015 também acrescentou ao art. 228 do CC mais um parágrafo: "§ 2º A pessoa com deficiência poderá testemunhar em igualdade de condições com as demais pessoas, sendo-lhe assegurados todos os recursos de tecnologia assistiva". Tal norma é compatível com o objetivo de inclusão da Lei de Inclusão dos Portadores de Deficiência.

O Código de Processo Civil, no art. 447, arrola as pessoas incapazes, impedidas e suspeitas de testemunhar, rol bem mais abrangente do que o disposto na Lei Civil. A lei processual também admite a oitiva de testemunhas impedidas e suspeitas, quando estritamente necessário, independentemente de compromisso, seguindo a mesma linha do § 1º do art. 228 do CC.

Há uma diferença essencial entre o art. 228 do CC e o art. 447 do CPC. A lei adjetiva civil apenas admite a oitiva das testemunhas impedidas e suspeitas, mas não das incapazes. O Código Civil, por sua vez, permite, quando necessário, a oitiva de testemunhas incapazes, como são os casos do menor de 16 anos e, agora, dos portadores de deficiência física ou mental, quando for possível, sendo assegurado a estes todos os recursos para viabilizar o depoimento. Por isso, há previsão expressa para oitiva de qualquer pessoa como testemunha, sendo que as suspeitas, impedidas e incapazes não prestarão o compromisso de dizer a verdade.

O art. 229 do CC foi revogado. A escusa em depor de algumas pessoas, considerando seu ofício, situações pessoais e até prejuízo para direitos decorrentes da personalidade agora é objeto do CPC, art. 448.

O Código de Processo Civil traz, no art. 448, II, uma regra já conhecida, pois, em razão de segredo profissional, não podem depor sobre seus ofícios advogados, médicos, psicólogos, sacerdotes, ou qualquer outra pessoa que deva guardar sigilo em função da profissão.

A lei processual civil, no inciso I do art. 448, como desdobramentos do princípio da dignidade e da tutela da pessoa humana, também permite a escusa. Está isenta de prestar depoimento a pessoa cuja resposta possa violar a sua honra, principalmente a subjetiva, reduzindo a sua autoestima e trazendo intenso abalo psicológico. Além disso, para evitar desonra a seus familiares ou a amigo íntimo, pode invocar o direito legal de não prestar depoimento. Todas estas questões podem provocar grave dano à pessoa.

Não podem ser obrigados ou constrangidos a depor sobre fato que exponha a pessoa, seus familiares e amigos íntimos a perigo de vida, de demanda ou de dano patrimonial imediato. Tais escusas legais certamente restringirão a prova testemunhal, pois as pessoas possuem a plena liberdade de invocar essa proteção legal. O critério aqui é subjetivo. O juiz não tem como obrigar a testemunha a depor nas hipóteses previstas nos incisos I e II do art. 448 do CC.

A possibilidade de prejuízo para a testemunha, seus familiares ou amigo íntimo, deve ser invocada pela própria testemunha no momento de prestar depoimento. A situação é grave, pois os preceitos desses incisos são indeterminados e intensamente subjetivos, como "desonra própria", "perigo de vida", "perigo de demanda" ou "perigo de dano patrimonial imediato". Como controlar a má-fé de eventual testemunha que invoca qualquer desses dois incisos para não prestar depoimento?

1.22.2.4. Presunções

Em relação à presunção, o Código Civil tratava do tema apenas no art. 230. Segundo esse dispositivo, "as presunções, que não as legais, não se admitem nos casos em que a lei exclui a prova testemunhal". No entanto, tal norma foi revogada e agora tal matéria é exclusiva do Código de Processo Civil.

Segundo o mestre Caio Mário[375], "(...) presunção é a ilação que se tira de um fato certo, para prova de um fato desconhecido. Não é, propriamente, uma prova, porém um processo lógico, por via do qual a mente atinge uma verdade legal. Na sua base há de estar sempre um fato, provado e certo; não tolera o direito que se presuma o fato, e dele se induza a presunção, nem se admita que se deduza presunção de presunção".

As presunções podem ser comuns, não estabelecidas em lei, mas fundadas em acontecimentos reais ou podem ser legais, as quais, na lição de Caio Mário[376], são "criadas, portanto, pelo direito positivo, para valerem como prova do fato ou da situação assim anunciada. São as presunções legais resultado da experiência e correspondem àquilo que normalmente acontece, e assim erigido em técnica legal probatória".

Segundo o art. 230 do CC, que foi revogado, a presunção comum somente era aceita nos casos em que a prova testemunhal é admitida. Assim, não há mais vinculação das presunções com a prova testemunhal. Finalmente, as presunções *legais* podem ser absolutas (*iuris et de iure*) e relativas (*iuris tantum*). A presunção absoluta não admite prova em contrário. As relativas podem ser descaracterizadas por prova em contrário. Caio Mário[377] afirma: "É, pois, uma ilação que a lei tira de um fato certo, e que prevalece enquanto não contraditada por outra prova. Uma vez produzida esta, fica demonstrada a desvalia daquela ou sua falta de correspondência com a realidade".

1.22.2.5. Perícia

A prova pericial também é admitida para a demonstração e prova de qualquer fato jurídico.

Em apenas dois artigos o Código Civil trata da prova pericial. É essencial registrar que as provas mencionadas no art. 212, entre eles a pericial, possuem finalidade específica: demonstrar a existência fática e jurídica de qualquer fato da vida. Portanto, o objetivo é de direito material, não processual. A relação das provas, para fins de direito material, é com o plano da existência. Tais provas servem para demonstrar a existência fática e jurídica de determinado fato, que, se provado, se tornará fato jurídico, com repercussão no mundo do direito, planos da validade e eficácia. A prova pericial também poderá evidenciar a existência de um fato jurídico, mas os arts. 231 e 232 conferiram caráter processual/instrumental para tal meio de prova.

---

[375] PEREIRA, Caio Mário da Silva. *Instituições de direito civil*: Introdução ao direito civil. Teoria geral de direito civil. 20. ed. Atualizado por Maria Celina Bodin de Moraes. Rio de Janeiro: Forense, 2004. v. 1.

[376] PEREIRA, Caio Mário da Silva. *Instituições de direito civil*: Introdução ao direito civil. Teoria geral de direito civil. 20. ed. Atualizado por Maria Celina Bodin de Moraes. Rio de Janeiro: Forense, 2004. v. 1.

[377] PEREIRA, Caio Mário da Silva. *Instituições de direito civil*: Introdução ao direito civil. Teoria geral de direito civil. 20. ed. Atualizado por Maria Celina Bodin de Moraes. Rio de Janeiro: Forense, 2004. v. 1.

O art. 231 dispõe que: "Aquele que se nega a submeter-se a exame médico necessário não poderá aproveitar-se de sua recusa". E complementa o art. 232: "A recusa à perícia médica ordenada pelo juiz poderá suprir a prova que se pretendia obter com o exame". No caso do art. 231, determinada a realização de exame médico, o sujeito não é obrigado a se submeter a tal ordem, porque o direito à saúde e integridade física são direitos fundamentais, salvo se o exame for essencial para tutela da própria coletividade, quando será impositivo. Ressalvada essa exceção, o sujeito que se recusa a se submeter a tal exame não poderá aproveitar-se desta recusa para obter qualquer benefício, no âmbito do direito material ou processual.

Por outro lado, o art. 232 tem caráter nitidamente processual, pois a recusa à perícia médica poderá implicar em presunção de veracidade quanto ao fato que se pretendia demonstrar com o exame. Daí nasce a Súmula 301 do STJ: "Em ação investigatória, a recusa do suposto pai a submeter-se ao exame de DNA induz presunção *juris tantum* de paternidade".

O teor da Súmula 301 do STJ não representa grande novidade, pois trata a recusa do exame de DNA como presunção relativa, a qual pode ser contraditada por outras provas, tais como testemunhas, documentos ou outras presunções, conforme o caso.

O sujeito, quando se nega a submeter-se a exame médico, posteriormente não poderá se aproveitar da sua recusa em relação a qualquer fato jurídico para fins de isenção de responsabilidade. A recusa deve ser respeitada, mas o juiz, com toda a cautela e bom senso, deve valorar esta recusa para dela extrair os elementos de convicção para uma análise justa do caso.

A prova pericial pode consistir em vistoria, exame ou avaliação, segundo o art. 464 do CPC. A produção dessa prova deverá atender às disposições da lei processual civil, estabelecidas nos arts. 464 a 480 da lei processual.

Capítulo 2
OBRIGAÇÕES E RESPONSABILIDADE CIVIL

Sumário 2.1. Introdução ao direito das obrigações – **2.1.1.** Noções gerais – **2.1.2.** Obrigação e novos horizontes – **2.1.3.** Direito das obrigações sob a perspectiva constitucional – **2.1.4.** Características do direito das obrigações no novo sistema civil pautado em princípios – **2.1.5.** Obrigação como um processo – **2.2.** Obrigações: Estrutura, Conceito e Características – **2.2.1.** Conceito de obrigação no sentido técnico jurídico – **2.2.2.** Definições doutrinárias sobre obrigação – **2.2.3.** Elementos essenciais e estruturais da obrigação (elementos constitutivos da obrigação) – **2.2.4.** Obrigação e deveres morais – **2.2.5.** A questão da prisão civil como consequência do não cumprimento da obrigação – **2.2.6.** Superação da dicotomia clássica entre o direito das obrigações e os direitos reais (situações híbridas) – **2.2.7.** Obrigações *Propter Rem* – **2.2.8.** A relação das obrigações com os direitos da personalidade – **2.2.9.** Fontes das obrigações – **2.2.10.** Modalidades das Obrigações: quanto ao objeto – **2.3.** Obrigação de dar coisa certa – **2.3.1.** Considerações Preliminares – **2.3.2.** Conceito e Características da Obrigação de dar coisa certa – **2.3.3.** Perda ou deterioração do objeto da prestação de dar coisa certa – **2.4.** Obrigação de dar coisa incerta – **2.4.1.** Considerações preliminares – **2.5.** Obrigação de Fazer – **2.5.1.** Obrigação de Fazer – característica. Fungíveis e personalíssimas – **2.5.2.** Consequências do inadimplemento da obrigação de fazer, fungível e infungível – **2.6.** Obrigação de Não Fazer – **2.6.1.** Obrigação de Não Fazer e inadimplemento – **2.6.2.** Obrigação de Não Fazer e teoria da mora – **2.7.** Classificação das Obrigações sob a perspectiva da pluralidade de prestações ou de sujeitos: Objetiva e Subjetiva – **2.7.1.** Introdução sobre a classificação das obrigações – Em relação à unicidade ou pluralidade do objeto (simples e complexas) e à pluralidade dos sujeitos – **2.7.2.** Classificação em relação ao objeto – **2.7.3.** Classificação em relação aos sujeitos – **2.8.** Classificação das Obrigações Quanto ao Conteúdo e à Exigibilidade – **2.8.1.** Introdução – **2.8.2.** Obrigações de meio, resultado e garantia – **2.8.3.** Obrigações civis e obrigações judicialmente inexigíveis – **2.8.4.** Obrigações principais e acessórias, líquidas e ilíquidas – **2.8.5.** Obrigações de execução instantânea, diferida e continuada; Obrigações simples, condicionais, a termo e modais – **2.9.** Transmissão das Obrigações – Cessão de Crédito e Assunção de Dívida – **2.9.1.** Introdução – **2.9.2.** Cessão de crédito – **2.9.3.** Cessão de débito ou assunção de dívida – **2.10.** Teoria do Adimplemento – **2.10.1.** Introdução. Pressupostos subjetivos e objetivos do pagamento – **2.10.2.** Pagamento indireto ou especial. Modalidades: Consignação em pagamento. Sub-rogação. Dação em pagamento. Imputação de pagamento. Novação. Compensação. Remissão – **2.11.** Teoria do Inadimplemento – Parte I – **2.11.1.** O inadimplemento e a obrigação como processo – **2.11.2.** A questão da obrigação e os deveres jurídicos – **2.11.3.** A teoria do inadimplemento e o ato ilícito (ilícito relativo) – **2.11.4.** O inadimplemento e a causa: a questão da imputabilidade – **2.11.5.** Espécies de Inadimplemento – **2.12.** Teoria do Inadimplemento – Parte II – **2.12.1.** Introdução – **2.12.2.** Perdas e danos: noção geral – **2.12.3.** As perdas e danos e as teorias sobre nexo de causalidade – **2.12.4.** A teoria dos juros de mora de mora no Código Civil – **2.12.5.** A teoria da cláusula penal: conceito e introdução – **2.12.6.** Arras – **2.13.** Teoria da Responsabilidade Civil – **2.13.1.** Introdução – **2.13.2.** A cláusula geral da responsabilidade civil – **2.13.3.** A reponsabilidade civil do incapaz – **2.13.4.** A indenização em favor de terceiro inocente no caso de ato ilícito – **2.13.5.** Responsabilidade civil e empresas e empresários individuais – **2.13.6.** Responsabilidade civil por fato de terceiro ou de outrem – **2.13.7.** Responsabilidade civil e criminal – **2.13.8.** Responsabilidade civil pelo fato da coisa – **2.13.9.** Responsabilidade civil pela cobrança de dívida paga ou vincenda – **2.13.10.** Responsabilidade patrimonial e solidária dos autores e responsáveis – **2.13.11.** A transmissão da responsabilidade civil para os herdeiros – **2.13.12.** Regras sobre liquidação do dano: Indenização.

2.1. INTRODUÇÃO AO DIREITO DAS OBRIGAÇÕES

2.1.1. Noções gerais

O Código Civil de 2002 inaugura o Livro I, da parte especial, com a "teoria geral das obrigações em sentido estrito". Em termos estruturais (sistematização da maté-ria), não há significativa alteração em relação à legislação civil de 1916, antecessora do atual diploma.

A concepção de obrigação sempre foi atrelada à ideia de vínculo jurídico entre sujeitos de direito, determinados ou, ao menos, determináveis, cujo objeto é a concretização de prestação (dar, fazer ou não fazer). Tal perspectiva clássica tem como fundamento a vontade, pois os sujeitos pactuam os termos desta relação material voltada para a concretização da prestação. Todavia, a boa-fé objetiva impõe deveres anexos, de cooperação recíproca entre os sujeitos, cuja atuação e comportamento deverão ser de acordo com padrões sociais de lisura, honestidade e correção, independente do elemento volitivo. A obrigação contemporânea ganha novos contornos, o que torna tal relação jurídica específica dinâmica e funcional, pois se legitima a partir de valores constitucionais. A relação obrigacional moderna, que deixa de estar amparada apenas em base volitiva, impõe conduta cooperativa entre os sujeitos, que deverão se auxiliar mutuamente até a liberação do vínculo jurídico individualizado que estabeleceram.

A obrigação, em termos estruturais, deve ser compreendida a partir do débito/*shuld* (relação material originária – prestação – conduta esperada e pactuada, ou seja, o comportamento humano, consistente em dar, fazer ou não fazer – que envolve os elementos constitutivos: sujeito, prestação e vínculo) e responsabilidade/*haftung* (sujeição do patrimônio como garantia do direito do credor – surge com a lesão ao direito material, que ocorre quando se adota comportamento diferente do esperado: é ao mesmo tempo garantia e meio coercitivo). Em razão da constitucionalização do direito civil, agrega-se a tal estrutura valores que passam a integrar o conteúdo e conferir substância à relação material obrigacional, como função social (socialidade) e boa-fé objetiva (comportamento e ética).

Na sequência, passaremos à análise deste fenômeno, a obrigação, cuja compreensão é essencial para todo o direito civil.

Na obrigação em sentido estrito, há relação jurídica material entre sujeitos determinados ou ao menos determináveis. Em razão deste vínculo jurídico restrito e individualizado que une dois polos, onde figuram sujeitos titulares de direitos subjetivos (credor/credores) ou de deveres jurídicos específicos (devedor/devedores), é essencial criar mecanismos jurídicos para a liberação dos sujeitos, para que a obrigação não se converta em meio de opressão. Não é por outro motivo que as obrigações são essencialmente transitórias.

Aliás, a transitoriedade é a premissa para compreender as regras que disciplinam a teoria geral das obrigações, arts. 233 a 420. É certo que a determinação dos sujeitos e o caráter patrimonial são características da relação jurídica obrigacional que não podem ser desprezadas. Todavia, o que justifica as regras que disciplinam a obrigação em sentido estrito é a característica da transitoriedade, porque impõe ao sistema jurídico a previsão de mecanismos de liberação dos sujeitos desta relação material em sentido estrito.

Portanto, a característica da transitoriedade se justifica diante da necessidade de concretização do direito fundamental à liberdade dos sujeitos enclausurados em relação jurídica material específica. Neste diapasão, o Código Civil, nas regras relativas à teoria geral das obrigações, viabilizará a liberação dos sujeitos do vínculo específico. Na classificação das obrigações, retratada no Código Civil, o objeto, principal elemento estrutural da obrigação em sentido estrito (prestação), será devidamente identificado e especificado para a liberação dos sujeitos deste vínculo. Esse é o principal objetivo da classificação das obrigações quanto ao objeto (tornar tal elemento preciso, o que viabilizará a liberação do vínculo).

Como não há dúvida sobre o vínculo jurídico (elemento imaterial) e, por serem os sujeitos (elemento subjetivo) determinados, as regras destinadas à classificação são centradas na prestação (elemento objetivo), tudo para viabilizar o adimplemento e a liberação. É essencial definir a prestação (classificação primária: dar, fazer e não fazer) e dirimir dúvidas sobre a prestação devida (se houver pluralidade de prestações) ou os sujeitos legitimados a entregar e receber a prestação (se houver pluralidade de sujeitos) – classificação secundária: divisibilidade, indivisibilidade e solidariedade, tudo para viabilizar a liberação, para fins de liberação do vínculo.

Todos os institutos se vinculam à transitoriedade da obrigação, para viabilizar a liberação do vínculo. A cessão de crédito e a assunção de obrigação, que possibilitam alterações subjetivas nos polos da relação obrigacional, potencializam a possibilidade de liberação, com novos atores, em substituição aos originários, durante o processo obrigacional. Na teoria do adimplemento, haverá a liberação e, caso esse não seja possível, a liberação também ocorrerá, embora com encargos (inadimplemento). A necessidade de liberação do vínculo justifica todas as regras da teoria geral das obrigações.

Nos primeiros capítulos do Título I do referido livro é apresentada uma classificação básica sobre as modalidades de obrigações e seus elementos: obrigações de dar coisa certa e incerta (Capítulo I, Título I), obrigações de fazer (Capítulo II, Título I), obrigações de não fazer (Capítulo III, Título I), obrigações alternativas (Capítulo IV, Título I), obrigações divisíveis e indivisíveis (Capítulo V, Título I) e obrigações solidárias (Capítulo VI, Título I).

Em resumo, qual a finalidade e a justificativa da classificação das obrigações?

O Código Civil de 2002 pretende, com a classificação das obrigações, viabilizar o adimplemento (finalidade) e concretizar o direito fundamental de liberdade, com a extinção do vínculo que submete os sujeitos a relação jurídica material específica e individualizada. As obrigações, essencialmente transitórias, em termos estruturais, possuem três elementos: sujeito, prestação e vínculo. O adimplemento somente se viabiliza se tais elementos estiverem precisamente definidos e identificados.

Na classificação primária (dar, fazer e não fazer), a finalidade é identificar e precisar a prestação que será concretizada. Se houver um único sujeito em cada um dos polos da relação jurídica obrigacional, não haverá dúvida sobre a pessoa que tem legitimidade para pagar e a que tem legitimidade para receber (credor e devedor). Portanto, nas obrigações simples (uma única prestação e apenas um sujeito em cada polo), a classificação primária é suficiente para a identificação de todos os elementos estruturais para viabilizar o adimplemento.

Todavia, nas obrigações complexas (pluralidade de prestações e/ou pluralidade de sujeitos em um ou ambos os polos), haverá dúvida sobre a prestação a ser concretizada (todas ou apenas uma) e o sujeito legitimado a pagar (direito subjetivo de crédito) e receber (dever jurídico). A primeira classificação não é suficiente para esclarecer estas dúvidas. Neste caso, haverá a necessidade da classificação secundária, que entrará em cena se a obrigação for plural, em termos objetivos (várias prestações), ou subjetivo (vários sujeitos em um ou ambos os polos). A classificação secundária dirimirá dúvidas para viabilizar o adimplemento. Se a obrigação for objetivamente complexa, a regra é ser cumulativa (todas as prestações devem ser concretizadas), mas excepcionalmente podem ser alternativas ou com faculdade alternativa. Se a obrigação for subjetivamente complexa, a regra é a divisibilidade (cada credor e cada dever só respondem pela sua cota-parte) e, como exceções, há a indivisibilidade e a solidariedade.

Na sequência, a partir do Título II, está disciplinada a transmissão das obrigações: cessão de crédito (Capítulo I do Título II) e assunção de dívida (Capítulo II do Título II). Já no Título III, o Código trata do adimplemento e da extinção das obrigações: pagamento (Capítulo I), pagamento em consignação (Capítulo II), pagamento com sub-rogação (Capítulo III), imputação do pagamento (Capítulo IV), dação em pagamento (Capítulo V), novação (Capítulo VI), compensação (Capítulo VII), confusão (Capítulo VIII) e remissão (Capítulo IX).

Finalmente, no Título IV, a fase patológica da obrigação, qual seja, o inadimplemento, tratado da seguinte forma: disposições gerais (Capítulo I), mora (Capítulo II), perdas e danos (Capítulo III), juros legais (Capítulo IV), cláusula penal (Capítulo V) e arras ou sinal (Capítulo VI).

O direito subjetivo pode ser dividido em *direitos subjetivos não patrimoniais*, concernentes à pessoa humana e algumas relações de família, e em *direitos subjetivos patrimoniais*, que se subdividem em direitos reais e obrigacionais, pessoais ou de crédito.

Essa é a esquematização e a estrutura das normas jurídicas relacionadas ao livro das obrigações no atual Código Civil.

No entanto, embora não tenham ocorrido alterações substanciais, houve significativa modificação do caráter, natureza, finalidade e função social e econômica das obrigações, em especial por conta dos princípios constitucionais que passaram a interagir (e por que não interferir?) na clássica relação entre credor e devedor.

Os paradigmas da relação jurídica obrigacional agora estão sustentados em princípios jurídicos e valores sociais voltados para a tutela da pessoa humana, seja o credor ou o devedor, bem como terceiros (não integrantes da relação material obrigacional), cuja esfera jurídica é, de alguma forma, atingida pelo vínculo obrigacional. A mudança axiológica a que se submete o direito das obrigações na atualidade impõe uma releitura de qualquer relação obrigacional à luz de valores sociais, éticos e morais existentes na Constituição Federal e no próprio Código Civil.

A adoção de nova postura na análise da *obrigação* constitui árdua tarefa, tendo em vista que o direito das obrigações sempre foi refratário a alterações axiológicas de relativa intensidade. A estabilidade, a perenidade, a inalterabilidade de regras e a manutenção de paradigmas sempre foram a marca dessa espécie do direito ao longo da história. Desde Roma até recentemente (meados do século XX), foram poucas as modificações que podem ser consideradas revolucionárias no direito obrigacional.

A partir da segunda metade do século XX, a obrigação tradicional e clássica, até então com caráter estritamente patrimonial, na qual o devedor se subordinava aos interesses econômicos do credor, não conseguiu suportar a pressão social e a complexidade das relações humanas, principalmente em uma sociedade plural onde cada grupo busca defender seus interesses sem atentar para o bem-estar coletivo. Diante dessa nova ordem social e valorativa, tal relação passa a ostentar um caráter existencial e a relação entre credor e devedor se torna uma relação de mútua e recíproca cooperação, em substituição à ideia de subordinação.

Essa nova fase do direito das obrigações, em que as questões existenciais passam a preponderar sobre as questões patrimoniais e a solidariedade passa a ser o ponto de referência, se torna perceptível na atual legislação quando se trabalha com a função social da obrigação, a objetivação da responsabilidade civil (obrigação de reparar o dano), a possibilidade de revisão judicial de uma relação obrigacional economicamente desequilibrada (art. 317 do CC), a redução de cláusula penal para assegurar a justiça social de determinada obrigação (art. 413 do CC), dentre outros dispositivos que materializam esses novos valores.

Portanto, é possível afirmar que, mesmo diante das resistências históricas em função dos mais diversos interesses, a evolução da humanidade impôs mudanças significativas à obrigação tradicional, em especial sob dois aspectos: *estrutural e funcional*.

A relação obrigacional estática e enclausurada entre credor e devedor cede espaço para a *relação obrigacional funcional e dinâmica, na qual os efeitos transcendem os interesses do credor e do devedor para repercutir na coletividade (função social e tutela externa do crédito obrigacional)*.

A funcionalidade do direito das obrigações, que decorre da função social das relações privadas e da imposição de uma conduta ética para os sujeitos que dela participam (boa-fé objetiva), retira do intérprete um olhar cego para o aspecto *estrutural e tradicional* das obrigações, limitada à análise do tripé *sujeitos, prestação e vínculo jurídico*, para agregar a estes elementos tradicionais uma *finalidade, uma função, um objetivo*, os quais darão à relação obrigacional uma nova dimensão e legitimidade, à luz destes valores sociais e constitucionais.

Em resumo: em um sentido clássico e estrutural, obrigação era e sempre foi considerada apenas como o vínculo jurídico formado por um sujeito, denominado credor, que poderia exigir de outro sujeito, devedor, o cumprimento de uma prestação (dar, fazer ou não fazer – modalidades). Portanto, a obrigação se resumia em três elementos que integravam a sua estrutura (por isso, a ideia tradicional é resumida a esta perspectiva *estrutural*):

1. sujeitos (credor e devedor);
2. vínculo jurídico – vínculo imaterial ou elo, ligação abstrata entre credor e devedor;
3. prestação – objeto da obrigação (o devedor se compromete com o credor a uma prestação, que pode ser de *dar, fazer* ou *não fazer*).

Em tempos atuais, a obrigação deixa de ter caráter meramente estrutural para assumir também perspectiva funcional. A obrigação em sentido estrito moderna é dinâmica e interativa (interage com valores da sociedade).

A obrigação contemporânea transcende a dicotomia clássica entre credor e devedor, para que terceiros, não integrantes da relação obrigacional, possam ter interesse nos efeitos deste vínculo jurídico. A obrigação, *para ter tutela estatal, além da sua estrutura clássica (sujeitos, vínculo e prestação), deverá ter uma finalidade ou função social*, a qual somente será atingida se a dignidade das partes e de terceiros for preservada, se a relação for equilibrada, se houver solidariedade entre os sujeitos e ética na sua formação, consumação e execução (boa-fé objetiva – art. 422 do CC).

Em síntese, *a obrigação só terá legitimidade quando se agregarem aos elementos estruturais (sujeito, vínculo jurídico e prestação) os valores sociais constitucionais (dignidade humana, solidariedade social, igualdade substancial, função social e ética)*, que passam a integrar o conteúdo da relação obrigacional.

Obrigação é, então, a junção dos *sujeitos, vínculo jurídico* e *prestação* com os *valores sociais*, os quais, agrupados, lhe dão substância, conteúdo e legitimidade.

Obrigação no sentido estrutural e funcional:

1. sujeitos (credor e devedor);
2. vínculo jurídico – vínculo imaterial ou elo de ligação abstrata entre credor e devedor;
3. prestação – objeto da obrigação (o devedor se compromete com o credor a uma prestação, que pode ser de *dar, fazer* ou *não fazer*);
4. Valores sociais fundados nos princípios constitucionais do Estado Democrático de Direito, os quais passam a integrar, como pressuposto lógico e necessário, o conteúdo da relação jurídica obrigacional. A *obrigação* somente terá legitimidade e tutela estatal se estiver integralmente ajustada a estes valores sociais, funcionais e éticos da nossa República.

2.1.2. Obrigação e novos horizontes

Nessa nova concepção, a obrigação passa a ser vista e analisada como um processo dinâmico e funcionalizado, voltado para o *melhor* adimplemento. Mas o que seria o *melhor adimplemento*? Seria o cumprimento da prestação que, de um lado, satisfaça os interesses econômicos do credor e, de outro, seja menos oneroso ao devedor.

A obrigação de dar não pode mais ser considerada apenas sob a perspectiva dos interesses econômicos do credor, como também o estatuto financeiro deste[1]. Na atual dinâmica constitucional, a obrigação deve buscar atender, de forma igualitária, aos interesses de ambos os sujeitos, credor e devedor, uma vez que tanto um como outro são titulares de direitos fundamentais. A relação obrigacional não é mais uma relação de subordinação, mas sim de mútua cooperação, em função do princípio constitucional da solidariedade social que, como visto, passa a se incorporar no conteúdo desta relação jurídica material entre os sujeitos, credor e devedor. A cooperação, a assistência recíproca e o auxílio mútuo levam a uma análise diferenciada do processo obrigacional que, diante desta nova perspectiva estrutural e funcional, impõe a tutela dos interesses econômicos do devedor no mesmo nível e grau da tutela dos interesses econômicos do credor.

É a boa-fé objetiva que impõe tal comportamento cooperativo. A boa-fé objetiva é modelo de comportamento, porque orienta e ajusta as condutas dos sujeitos, que devem corresponder ao que é normalmente esperado, a depender da natureza, local e contexto do negócio jurídico. É confiança objetivada, pautada no comportamento. A finalidade imediata da boa-fé objetiva é, portanto, direcionar ativamente o comportamento, que deve ser ajustado aos modelos ou padrões legitimamente esperados, o que potencializa a segurança jurídica e a previsibilidade. A conduta que todos esperam e a conduta que deverá ser concretizada. É o dever de agir segundo padrões mínimos de comportamentos.

Por meio de um exemplo singelo é possível visualizar essa mudança de paradigma: "A" e "B" firmam contrato de prestação de serviço de assistência à saúde. "A" é a prestadora de serviço e "B", o beneficiário do serviço. Depois de 15 (quinze) anos de regular adimplemento das prestações contratuais, por conta de problemas financeiros, "B" deixa de pagar duas prestações do plano ou seguro saúde (é irrelevante a natureza do serviço neste momento). Em razão deste inadimplemento circunstancial de "B", o que "A" pode e deve fazer? Sob uma perspectiva clássica (obrigação estrutural), quando a obrigação era considerada o estatuto do credor e, por isso, buscava-se tutelar os interesses econômicos deste, a resposta seria: "A" poderá resolver o contrato com fundamento no inadimplemento (e a norma para fundamentar sua pretensão: art. 475 do CC) ou exigir o valor das parcelas inadimplidas. No entanto, a primeira opção, embora pudesse atender aos interesses econômicos de "A", era a mais onerosa para "B", que ficaria privado de um serviço essencial para a preservação de sua saúde.

Na visão constitucionalizada desta relação obrigacional, integrada por valores sociais, "A" deveria cooperar

---

[1] Por isso não é possível concordar com aqueles que afirmam que o conteúdo da obrigação é uma proteção patrimonial tendo em vista o direito e interesse do credor. A finalidade do direito das obrigações não é fornecer meios para o credor exigir o cumprimento da prestação, mas sim impor uma conduta de solidariedade entre os sujeitos da relação, para que o adimplemento seja mais satisfatório para o credor e menos oneroso para o devedor. Cooperação, portanto.

com "B" para a busca de um adimplemento que atendesse aos interesses de ambos. E como se daria essa cooperação? "A" jamais poderia pleitear a resolução da obrigação com fundamento no inadimplemento, uma vez que essa conduta caracterizaria abuso de direito (art. 187 do CC). E por que abuso? Porque se "A" exigisse apenas o valor das parcelas inadimplidas, seus direitos econômicos estariam preservados e, de outro lado, a pessoa de "B" não ficaria privada de um serviço essencial. Ou seja, essa seria uma conclusão apta a atender aos direitos fundamentais de ambos, sem que um ficasse demasiadamente sacrificado em prol dos interesses econômicos do outro. Essa é a solidariedade que se espera em uma relação obrigacional.

Ao agregar valores sociais a determinada relação obrigacional como condição para sua legitimidade, altera-se o foco e o objetivo de qualquer obrigação, que passa a ser pautada em três ideias:

1. função social;
2. adimplemento; e
3. preponderância de questões existenciais em detrimento das questões patrimoniais[2].

A obrigação, nessa nova concepção, passa a ser considerada como processo, dividido em fases, voltado ao adimplemento e devidamente funcionalizado, onde as questões relativas à existência humana preponderarão sobre os aspectos patrimoniais.

Em relação a este último aspecto, verifica-se a grande revolução do direito das obrigações. A obrigação sempre foi marcada pelo seu caráter patrimonial, tanto que o divisor de águas neste campo do direito civil foi a lenta transição entre a responsabilidade pessoal do devedor (respondendo com seu corpo físico para o caso de inadimplemento) para a responsabilidade patrimonial (o patrimônio ou conjunto de bens passa a responder pelas dívidas do devedor).

Após a consolidação da responsabilidade patrimonial, o segundo marco histórico que passa a repercutir diretamente no campo obrigacional é o surgimento do Estado Social, principalmente após a 1ª Guerra Mundial para as relações privadas, em especial no campo dos contratos, principal fonte de obrigações. No Brasil, embora o Estado Social[3] também tenha tido início nos primeiros anos do século XIX[4], a consolidação definitiva somente ocorreu com a Constituição Federal de 1988. Em consequência, novos princípios e valores passaram a servir de parâmetro para toda e qualquer relação jurídica privada, cujo fato social altera o conteúdo, a substância e a legitimação destas relações jurídicas reguladas pelo direito civil.

Assim, em função de princípios como dignidade da pessoa humana, solidariedade social, igualdade substancial, função social e boa-fé objetiva, o objetivo principal do Estado passa a ser a tutela do ser humano, mesmo em relações de eminente caráter econômico, como é o caso do direito das obrigações. Desta forma, as questões existenciais, relacionadas à pessoa humana, passam a preponderar sobre as questões patrimoniais.

Cristiano Chaves e Rosenvald[5] bem definem esse novo momento do direito das obrigações: "É imprescindível retomar a perspectiva *kantiana* na qual a pessoa é um fim em si mesmo e não instrumento para fins alheios. A transposição desse conceito para o direito das obrigações implica a intransigente postura de desprezo a qualquer construção doutrinária que ouse defender que o patrimônio do devedor é mera garantia das obrigações contraídas com o credor. Pedindo licença a Kant, avançamos ainda em seu belíssimo legado para lembrarmos que o patrimônio não é um fim em si mesmo, pois os bens se colocam a serviço da pessoa humana, jamais de seus credores".

Noutro giro, é fato que o direito obrigacional sempre foi analisado sob a perspectiva do inadimplemento e das suas consequências. Todavia, em razão destes novos princípios e valores, a referência passa a ser o adimplemento da obrigação. A *vedete* deste momento pós-positivista, com a supremacia axiológica das normas constitucionais, é a teoria do adimplemento e não mais a teoria do inadimplemento. Este é o objetivo das regras e princípios norteadores do direito das obrigações.

Por conta disso, atualmente não se deve analisar apenas o aspecto externo da relação obrigacional, mas sim e, principalmente, a relação jurídica interna, centrada na noção de adimplemento como atuação concreta do programa obrigacional. Tem presente a *concretude* das circunstâncias nas quais se desenvolve a relação e um conteúdo o mais coerente possível com as peculiaridades das pessoas e com os valores expressos pelo ordenamento. Ou seja, a estrutura da obrigação é relevante (sujeito, vínculo e prestação). No entanto, o exame da obrigação deve estar direcionado para sua perspectiva funcional. É a funcionalidade das relações obrigacionais.

A obrigação, nesta nova ordem constitucional, deixa de ser um fim em si mesma, passando a ser valorada como um dos principais mecanismos de cooperação entre credor e devedor e instrumento de concretização de valores essenciais à pessoa humana.

Agora, credor e devedor, titulares de direitos fundamentais, devem colaborar mutuamente para a realização de seus interesses. Essa ideia básica deve orientar o direito das obrigações. A noção clássica de que os direitos obrigacionais são relativos porque se dirigem a pessoas determinadas deve ser revista, uma vez que essa funcionalização provoca a transcendência dos efeitos de uma relação jurí-

---

[2] Em substituição à ideia clássica estrutural, meramente patrimonial de inadimplemento.

[3] Estado Social é aquele onde a Constituição disciplina questões relacionadas à ordem econômica e social, independentemente de ser democrático ou uma ditadura.

[4] O marco desta nova Era no direito brasileiro é a Constituição da República de 1934, que teria materializado os direitos humanos de 2ª geração e implantado um Estado Social de Direito, sob a influência da Constituição de Weimar da Alemanha de 1919.

[5] FARIAS, Cristiano Chaves de; ROSENVALD, Nelson. *Direito das obrigações*. 4. ed. Rio de Janeiro: Lumen Juris, 2010.

dica entre credor e devedor para repercutir na esfera jurídica de terceiros que não a integram.

O direito obrigacional deverá enfrentar dois princípios em constante tensão: *autonomia privada* × *direitos fundamentais*. Esse é o desafio daqueles que estudam o direito das obrigações. A conciliação desses dois paradigmas somente será possível à luz do caso concreto. O direito das obrigações não pode mais ser estudado apenas com base nos elementos *Schuld* e *Haftung*, débito e responsabilidade, respectivamente. Como ressaltado, as relações obrigacionais impõem a integração de valores sociais a esses elementos para adequar o principal objetivo do Estado, qual seja, a tutela da dignidade da pessoa humana, a esse ramo do direito. Embora tenha caráter econômico, o direito das obrigações não pode se desgarrar das situações existenciais, vinculadas à pessoa humana, as quais deverão preponderar sobre as situações patrimoniais.

Por isso, a relação obrigacional deverá ser adaptada a esses novos valores sociais integrantes de todas as relações privadas, referências axiológicas do direito civil, que são os princípios da dignidade da pessoa humana, solidariedade social, igualdade substancial, boa-fé objetiva e função social.

2.1.3. Direito das obrigações sob a perspectiva constitucional

A relação obrigacional somente terá a tutela do Estado Democrático e Social se, efetivamente, adequar-se aos princípios e valores sociais que fundamentam o sistema civil atual. No ordenamento jurídico brasileiro, o Estado Social (assim caracterizado por tratar da ordem social e econômica) se consolida com a Constituição Federal de 1988. O objetivo dos direitos sociais é promover uma justiça distributiva, fato muito claro na Constituição quando trata dos objetivos da República Federativa do Brasil. Segundo o art. 3º da CF/88, incisos I e III, a nossa República tem como objetivos fundamentais a construção de uma sociedade livre, justa e solidária, bem como erradicar a pobreza e a marginalização e reduzir as desigualdades sociais e regionais.

A força normativa dos princípios constitucionais e a eficácia jurídica dos direitos sociais previstos na Constituição Federal são uma realidade. Em razão disso, passa a ser construída uma teoria dos direitos fundamentais, toda ela baseada no princípio constitucional da dignidade da pessoa humana. A nossa Constituição insere a pessoa humana no centro das relações jurídicas, a qual passa a ter uma tutela diferenciada, principalmente no âmbito dos direitos fundamentais. E isso, por óbvio, repercute diretamente no direito das obrigações.

Como a pessoa humana passa a ter tutela especial do Estado, a preservação de sua dignidade passa a ser o próprio fundamento do nosso Estado Democrático de Direito. Os direitos fundamentais cumprem o papel de preservar a dignidade dos participantes e atores das relações obrigacionais (credor e devedor), bem como de terceiros que suportam as consequências e os efeitos da obrigação, garantindo a todas estas pessoas o mínimo necessário para ter uma vida digna.

A isso a Corte Constitucional alemã chamou de *mínimo existencial*, ou seja, o Estado Social deve garantir à pessoa humana um conjunto de direitos fundamentais para que tenha o mínimo para sua existência, sendo que esse *mínimo* refere-se a questões espirituais (garantia da honra, por exemplo) e materiais (subsistência – a impenhorabilidade do bem de família é um exemplo disso). Neste novo contexto está inserido o direito das obrigações.

No Estado Social atual, a Constituição deixa de ter um papel estritamente político, por não se limitar a regular a estrutura do Estado. Com o fim do liberalismo, nossa Constituição também ingressou na "onda" social e passou a tratar dos mais variados assuntos, em especial de questões relacionadas às relações privadas. O direito civil sempre monopolizou as regras e princípios de direito privado, mas agora passa a interagir com a Constituição Federal, pondo fim àquele paralelismo existente entre estas duas fontes normativas no Estado Liberal.

Esse novo movimento é chamado por alguns doutrinadores de *direito civil-constitucional*, cuja expressão está muito mais relacionada a regras de hermenêutica do que propriamente a um novo ramo do direito que desdobraria da Constituição Federal. O direito civil continua a incorporar o conjunto de princípios e regras disciplinadoras das relações jurídicas de natureza privada, o que não mudou com essa interação entre direito civil e Constituição Federal.

Todavia, como alguns princípios e regras de direito privado migraram para o texto constitucional, exige-se do intérprete uma nova postura em relação ao direito civil, em especial no que tange ao direito das obrigações. Todas as normas privadas integrantes do Código Civil devem estar em harmonia e ser compatíveis com os princípios constitucionais, em especial os direitos fundamentais previstos nos arts. 1º, 3º e 5º da Carta Maior.

Quais são esses princípios constitucionais que fundamentam as relações jurídicas privadas?

O sistema constitucional brasileiro é aberto e, basicamente, fundado em princípios. Tais princípios retratam os valores mais fundamentais e essenciais da nossa sociedade. Esse sistema aberto, onde a interpretação se intensifica, também caracteriza o direito civil.

Assim, o Código Civil atual se apresenta como um sistema aberto, repleto de princípios, cláusulas gerais e conceitos indeterminados. O direito civil abandona o modelo clássico ou de mera subsunção, baseado em regras jurídicas, onde a interpretação se resumia a um silogismo lógico, com premissa maior, premissa menor e conclusão. Em razão disso, há uma sintonia perfeita entre os princípios constitucionais e as normas, princípios e regras dispostos na legislação civil, em um verdadeiro *diálogo de fontes*.

Basicamente, como já ressaltamos no capítulo anterior deste livro, são três os princípios a nortear o direito civil e o direito das obrigações: O *princípio da dignidade da pessoa humana*, previsto no art. 1º, III, da CF/88, um dos fundamentos da República Federativa do Brasil; o *princípio da solidariedade social*, previsto no art. 3º, I, da CF/88, cujo dispositivo estabelece a construção de uma sociedade livre, justa e solidária, como sendo um dos objetivos fundamentais da República; e, finalmente, o *princípio da igualdade substancial*, o qual pode ser extraído do art. 3º, III, da CF/88, segundo o qual também é objetivo da república erradicar a pobreza e reduzir as desigualdades sociais e regionais, bem como do art. 5º, *caput*, que consagra a igualdade de todos os cidadãos brasileiros perante a lei.

Como desdobramento destes princípios constitucionais, podem ser referenciadas a *função social* e a *boa-fé objetiva*.

A doutrina de direito constitucional diferencia os princípios fundamentais dos princípios gerais de direito constitucional. Os princípios constitucionais fundamentais seriam aqueles que se traduzem em normas fundamentais, normas-síntese ou normas-matriz, que explicitam as valorações políticas fundamentais do legislador constituinte, normas que contêm as decisões políticas fundamentais, ao passo que os princípios gerais formam a teoria geral do direito constitucional, por envolver conceitos gerais, relações, objetos, que podem ter seu estudo destacado da dogmática jurídica constitucional.

Ocorre que os três princípios mencionados (dignidade da pessoa humana, solidariedade e igualdade substancial) possuem íntima conexão com as relações jurídicas privadas, sendo a base normativa da legislação civil reguladora de todas as relações entre atores privados.

2.1.4. Características do direito das obrigações no novo sistema civil pautado em princípios

Em decorrência dos princípios constitucionais da solidariedade, dignidade da pessoa humana, igualdade substancial, função social e boa-fé objetiva, as obrigações atualmente são dinâmicas e funcionais, com direitos e deveres para ambas as partes (relação de cooperação entre credor e devedor). O devedor não pode mais ser visto como um sujeito subordinado ao interesse econômico do credor.

As relações obrigacionais estão humanizadas e, por isso, credor e devedor são titulares dos mesmos direitos fundamentais em uma típica relação de cooperação e solidariedade, onde ambos se auxiliam mutuamente para a busca do adimplemento que satisfaça os interesses econômicos do credor e não onere demasiadamente o devedor.

Esta cooperação decorre de todos os princípios retromencionados, em especial o da solidariedade constitucional. Todavia, a boa-fé objetiva, como princípio derivado da solidariedade, pauta o comportamento dos sujeitos, credor e devedor, em qualquer relação jurídica obrigacional. Por isso, é possível afirmar que a relação obrigacional é integrada, em todos os seus momentos, pela boa-fé objetiva, como um modelo de conduta intersubjetiva leal e honesta.

Esse comportamento leal incidirá antes, durante e após a existência da própria prestação: a confiança é a base de qualquer relação humana. A boa-fé também retira da relação obrigacional qualquer forma de conduta ilegítima e excessiva que seja capaz de sacrificar direitos fundamentais.

Noutra vertente, o princípio da função social provoca a transcendência dos efeitos da relação obrigacional para além das pessoas do credor e do devedor. Em razão da função social, a obrigação repercutirá na coletividade ou na esfera jurídica e patrimonial de terceiros que não integram a relação enclausurada de credor e devedor. A ideia de obrigação como direito relativo às partes e *res inter alios acta*[6] passa por uma mutação, pois, atualmente, qualquer obrigação alcança a sociedade e produz consequências perante ela.

Tais princípios são, ao mesmo tempo, limites internos e positivos ao exercício da liberdade para o negócio, no sentido de restringir a autonomia privada para valorizá-la. A compreensão desse fenômeno provocado pelas normas (princípios) é fundamental. A obrigação, em sua maioria, possui íntima relação com a autonomia privada (há situações que geram obrigações onde não há autonomia privada), princípio inerente aos negócios jurídicos, que significa o poder de regulação e autodeterminação, ou seja, poder das partes de regular os seus próprios interesses.

Entretanto, os valores sociais já mencionados estarão em constante tensão com a autonomia privada e, muitas vezes, servirão como limites internos de conduta para os sujeitos, a fim de que a obrigação tenha função social, bem como imposições de condutas positivas (fazer algo) para que a obrigação ostente essa função social. Essa tensão muitas vezes será resolvida com o socorro de outros princípios constitucionais, como razoabilidade, proporcionalidade e justiça social.

O fato é que, na busca do *melhor adimplemento*, nesta concepção de *obrigação como um processo dinâmico e funcional, a prestação deve ser a mais proveitosa ao credor e a menos onerosa ao devedor e à sociedade*. A solidariedade constitucional interage com as obrigações por meio da boa-fé objetiva (tutela interna do crédito) e da função social do contrato (tutela externa do crédito). Deve haver um equilíbrio entre liberdade, igualdade substancial e solidariedade.

Diante desta relação de cooperação que marca o vínculo entre credor e devedor, este não está mais submetido à pessoa do credor, mas sim subordinado ao cumprimento de uma prestação. A impossibilidade da prisão civil do depositário infiel é uma forte evidência desta nova tendência. Nas relações obrigacionais há, portanto, uma relação de cooperação entre sujeitos dotados de autonomia jurídica.

O social prevalece sobre o individual. Como ressalta Orlando Gomes[7], o direito das obrigações se orienta para melhor realizar um equilíbrio social, com preocupação moral e na busca do atendimento de interesse coletivo.

A Constituição Federal impôs uma releitura aos institutos fundamentais de direito civil, alguns relacionados ao direito das obrigações.

2.1.5. Obrigação como um processo

Na atualidade, a *obrigação* deve ser analisada como um *processo*, dividido em fases ou etapas: nascimento, desenvolvimento dos deveres dos sujeitos e a derradeira fase li-

---

[6] *Res inter alios acta, allis nec prodest nec nocet*: "Os atos dos contratantes não aproveitam nem prejudicam terceiros".

[7] GOMES, Orlando. *Obrigações*. 17. ed. (atualizada por Edvaldo Brito). Rio de Janeiro: Forense, 2007. (Coord. Edvaldo Brito).

gada ao adimplemento. A caracterização da obrigação como *processo* deve ser creditada a um trabalho perfeito, desenvolvido por Clóvis do Couto e Silva[8] em *A obrigação como processo*.

O referido doutrinador passou a defender essa tese em razão da complexidade das relações obrigacionais decorrentes das ocorrências, imprevistos, condutas dos sujeitos, interferências de terceiros, modificação de objeto, alterações de sujeitos, descumprimento de obrigações e tudo o mais que incide na relação obrigacional desde o seu nascimento até a sua extinção, que deve ocorrer com o adimplemento. Para Clóvis do Couto e Silva, ao se considerar a obrigação como um processo, fica mais fácil compreender toda a dinâmica da relação obrigacional, ou seja, uma relação dividida em etapas, onde tudo deve estar voltado e direcionado para o melhor adimplemento. Eventuais ocorrências não podem retirar a obrigação deste curso, uma vez que o fim será sempre o adimplemento.

Por isso, o nobre jurista declara que o adimplemento atrai e polariza a relação obrigacional:

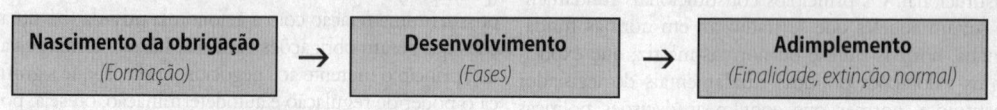

Nascimento da obrigação (Formação)	→	Desenvolvimento (Fases)	→	Adimplemento (Finalidade, extinção normal)

Entre o nascimento e o adimplemento, os sujeitos devem pautar suas condutas e comportamentos de acordo com preceitos éticos. Como se verá oportunamente, ao tratarmos da teoria do adimplemento, o comportamento ético implica nos seguintes deveres:

1. dever principal (prestação de dar, fazer ou não fazer); e
2. dever de conduta (procedimento ético – princípio da boa-fé objetiva).

A violação de qualquer destes deveres caracterizará inadimplemento. Durante o desenvolvimento da relação obrigacional, é imprescindível que as partes tenham uma conduta adequada, proba, ética e honesta, sob pena de não se alcançar o tão desejado adimplemento.

Por isso, para Clóvis do Couto e Silva[9], nesta concepção, a obrigação é considerada uma relação jurídica total e especial, constituída e desenvolvida entre duas ou mais pessoas, que devem buscar o *melhor* adimplemento. A *obrigação é vista como um processo, ou seja, um conjunto de atos ou atividades exigidas de ambas as partes para a consecução de uma finalidade*. Essa finalidade é o adimplemento de forma mais satisfatória para o credor e menos onerosa para o devedor.

Nas palavras de Guilherme Gama[10]: "A relação obrigacional, concebida como relação jurídica total, congrega vários deveres de prestação e de conduta, com direitos formativos para ambas as partes, a par de outras situações jurídicas, sendo que credor e devedor assumem postura de colaboradores recíprocos em direção ao adimplemento como finalidade que polariza o processo obrigacional".

A obrigação, como relação jurídica complexa, devido ao seu intenso dinamismo, somente atingirá o perfeito adimplemento se houver colaboração recíproca, ou seja, dos protagonistas da relação obrigacional, credor e devedor.

Gama[11], em referência a Clóvis do Couto e Silva, afirma: "A obrigação, entendida como processo – é composta do conjunto de atividades necessárias à satisfação do interesse do credor. Todos os atos praticados tendem a atingir a finalidade. Toda relação obrigacional objetiva a mais completa e adequada satisfação do credor em virtude de um determinado interesse na prestação, quando possível, sendo visualizada como um processo voltado para um fim, para cuja obtenção pode ser exigida alguma alteração em um ou alguns de seus elementos".

A obrigação, como processo, ganha mais realce e relevo, pois, além dos deveres tradicionais impostos ao devedor, nessa nova concepção ambas as partes possuem outros deveres, decorrentes dos princípios da função social e da boa-fé objetiva. Ou seja, as obrigações decorrentes de negócios jurídicos passam a assumir certa complexidade, pois se somam às obrigações principais deveres anexos ou laterais. Seriam deveres de conduta, os quais, se descumpridos, levam ao inadimplemento, independentemente de os deveres principais terem ou não sido atendidos.

Em toda obrigação há duas ordens de deveres (principal – prestação de dar, fazer e não fazer, e dever de conduta – decorrente do comportamento humano).

É a finalidade que determina a concepção da obrigação como processo, segundo as palavras de Clóvis do Couto e Silva.

Para finalizar, estamos de acordo com as observações de Cristiano Chaves e Nelson Rosenvald[12], segundo os quais é imprescindível a análise interna da obrigação, que consiste, segundo eles, na verificação da realidade concreta do adimplemento do programa obrigacional, em que o fenômeno obrigacional é examinado como uma totalidade com interligação e interdependência finalística entre as situações jurídicas ativas e passivas como os direitos, deveres, faculdades, poderes e ônus. (*Direito das obrigações*)

---

[8] SILVA, Clóvis do Couto e. *A obrigação como processo*. São Paulo: José Bushatski, 1976.
[9] SILVA, Clóvis do Couto e. *A obrigação como processo*. São Paulo: José Bushatski, 1976.
[10] GAMA, Guilherme Calmon Nogueira. *Direito civil*: obrigações. São Paulo: Atlas, 2008.
[11] GAMA, Guilherme Calmon Nogueira. *Direito civil*: obrigações. São Paulo: Atlas, 2008.
[12] FARIAS, Cristiano Chaves de; ROSENVALD, Nelson. *Direito das obrigações*. 4. ed. Rio de Janeiro: Lumen Juris, 2010.

2.2. OBRIGAÇÕES: ESTRUTURA, CONCEITO E CARACTERÍSTICAS

2.2.1. Conceito de obrigação no sentido técnico-jurídico

O Código Civil não define obrigação em sentido estrito. A ideia, a definição ou o conceito de obrigação suporta variações segundo a sua evolução e os elementos que compõem a sua estrutura e finalidade.

Em termos de etimologia, obrigação tem o sentido de ligar, unir, atar ou vincular. Sua origem é proveniente do vocábulo *obrigare* – *"ob"* + *"ligatio"* – que é simplesmente o vínculo entre duas coisas.

Em sentido clássico, obrigação nada mais é do que um vínculo jurídico entre pessoas (devedor e credor), por meio do qual uma (devedor) assume uma prestação de dar, fazer ou não fazer em favor de outra (credor).

O núcleo essencial da obrigação sempre esteve relacionado à ideia de vínculo (liame ou vínculo jurídico). Assim, obrigação expressa a ideia de liame, vínculo, cerceamento da liberdade de agir em benefício de pessoa determinada ou determinável.

O termo "obrigação" pode ser empregado em dois sentidos:

1. Espécie de dever jurídico;
2. Obrigação como vínculo entre duas partes, de modo que um sujeito possa exigir de outro uma prestação.

Em termos clássicos, a obrigação é considerada vínculo jurídico entre duas pessoas, credor e devedor, formando dois polos da relação obrigacional, onde um está adstrito ou se compromete, perante o segundo, ao cumprimento de uma prestação.

Contudo, diante dos novos princípios e valores sociais, a relação "obrigacional" deve ser encarada sob uma nova perspectiva, ou seja, não apenas como um vínculo entre sujeitos que se obrigam a uma prestação, mas como um *vínculo de colaboração*[13]. Não há mais subordinados na relação obrigacional, os sujeitos não estão em constante antagonismo. Ao contrário, na relação obrigacional há parceiros que devem cooperar para o adimplemento mais satisfatório. As pessoas do credor e do devedor não mais se posicionam de modo antagônico e conflituoso.

Neste momento, é relevante diferenciar obrigação em sentido estrito, objeto de nosso estudo, de outras situações jurídicas passivas subjetivas que, segundo Guilherme N. da Gama[14], são situações de desvantagem assumidas por determinado sujeito: *obrigação*, *dever jurídico*, *sujeição* e *ônus*.

1. *Dever jurídico*: o dever jurídico tem conexão com o direito subjetivo, pois uma das características deste é a presença do correspondente dever jurídico contraposto. Na relação obrigacional também sempre haverá direito subjetivo de um lado e dever jurídico de outro lado. No entanto, fora do direito das obrigações, também há deveres jurídicos, denominados "deveres jurídicos genéricos", pois não preexiste entre o titular do direito subjetivo e do dever jurídico qualquer relação jurídica de direito material. Na obrigação em sentido estrito, direito das obrigações, o dever jurídico é específico, pois preexiste entre o titular do direito subjetivo (credor) e o titular do dever jurídico (devedor) uma relação jurídica de direito material (obrigação que os sujeitos assumem de dar, fazer ou não fazer, que pode, ainda, ser recíproca e bilateral ou apenas unilateral).

O que é o dever jurídico genérico? *O dever jurídico é a exigência legal de se adotar certo comportamento. Essa exigência decorre de imposição do ordenamento jurídico.* Nesta concepção, estaremos diante do denominado dever jurídico genérico, porque imposto a todos os sujeitos ou à coletividade. Ou seja, os sujeitos, coletivamente considerados, possuem deveres jurídicos impostos pelo ordenamento jurídico ou pela lei em sentido amplo. Em caso de violação de um destes deveres jurídicos, poderá haver ofensa a um direito subjetivo correspondente, o que caracteriza um ilícito que pode ser objetivo ou subjetivo. *A marca do dever jurídico genérico é a inexistência de relação jurídica material preexistente entre os sujeitos.* Por isso, são considerados deveres de conduta ou comportamento social. Como não preexiste qualquer relação jurídica material ou vínculo específico entre sujeitos, tal dever jurídico está fora do âmbito do direito das obrigações. Por exemplo, o dever que todos têm de não lesar a integridade física, a vida ou o patrimônio de outrem é dever jurídico geral ou genérico, imposto pela lei, o qual sujeita o ofensor a uma sanção.

Segundo o mestre Orlando Gomes[15], "o dever jurídico é a necessidade que corre a todo o indivíduo de observar as ordens ou comandos do ordenamento jurídico, sob pena de incorrer numa sanção".

Já a violação de um dever jurídico específico, ao contrário, deve ser trabalhada no direito das obrigações e contratos, porque caracteriza "inadimplemento" ou "ilícito relativo", terminologia também muito utilizada.

Segundo Francisco Amaral[16], o dever jurídico, que se contrapõe a um direito subjetivo, é constituído "por uma situação passiva que se caracteriza pela necessidade do devedor observar um certo comportamento, compatível com o interesse do titular do direito subjetivo".

O dever jurídico se contrapõe a um direito subjetivo de exigi-lo. Se o direito subjetivo vier a ser violado pelo titular do dever jurídico, estará caracterizado o inadimple-

---

[13] Decorrente do princípio da solidariedade constitucional.

[14] GAMA, Guilherme Calmon Nogueira. *Direito civil*: obrigações. São Paulo: Atlas, 2008.

[15] GOMES, Orlando. *Obrigações*. 17. ed. (atualizada por Edvaldo Brito). Rio de Janeiro: Forense, 2007. (Coord. Edvaldo Brito).

[16] AMARAL, Francisco. *Direito civil* – introdução, 6. ed. rev. e atual. Rio de Janeiro: Editora Renovar, 2006, p. 124-125.

mento e, se imputável ao devedor, permitirá ao credor buscar no patrimônio daquele a satisfação de seu crédito.

2. *Obrigação*: a obrigação, objeto de nosso estudo, também é compreendida como direito subjetivo (credor – titular do direito de crédito) *versus* dever jurídico (devedor – dever de cumprir prestação de dar, fazer ou não fazer). Trata-se de um dever jurídico específico e individualizado. A diferença entre a obrigação e o dever jurídico genérico é que naquela preexiste entre as partes uma relação jurídica de direito material, a qual gera obrigações e, portanto, vincula determinados sujeitos e não toda uma coletividade. Por isso, a obrigação é compreendida como um dever jurídico *específico* e *individualizado*, incidente sobre sujeitos determinados ou determináveis, e originada de uma relação jurídica, tendo como objeto prestações de dar, de fazer ou de não fazer.

O dever jurídico específico é retratado por um vínculo subjetivo entre sujeitos que, por força da autonomia privada, pactuam obrigação que terá por objeto uma prestação de dar, fazer ou não fazer. Esse dever jurídico específico, na maior parte das vezes, decorre da autonomia privada, poder dos sujeitos de regular os seus próprios interesses. No entanto, em situações excepcionais, a lei pode impor a sujeitos específicos determinada obrigação, sendo bastante um vínculo qualquer entre eles para a caracterização do dever jurídico específico ou da obrigação propriamente dita. Nesta seara, é exemplo a obrigação de alimentos entre parentes, a qual decorre da lei.

Sobre a obrigação em sentido estrito, dever jurídico específico, é relevante o conceito de Chaves e Rosenvald[17]: "A obrigação *stricto sensu* é um dever jurídico específico e individualizado, que incide sobre pessoas determinadas ou determináveis, decorrente de uma relação jurídica, consubstanciada em prestações de dar, fazer ou não fazer. Trata-se de dever jurídico de prestação, particularizado e derivado da lei ou da autonomia privada".

3. *Ônus*: é a situação jurídica passiva, consoante a qual a pessoa tem a necessidade de observar certo comportamento como meio de obtenção ou manutenção de uma posição de vantagem em seu favor ou para evitar uma desvantagem – adotar certo comportamento para a defesa de um interesse do onerado e não em razão da imposição da norma. A inobservância do ônus não acarreta a imposição de sanção e não gera a satisfação de um direito subjetivo alheio. De acordo com Orlando Gomes[18], o ônus jurídico "é a necessidade de agir de certo modo para a tutela de interesses próprios". Como bem pontuam Rosenvald e Chaves[19]: "O ônus jurídico pode ser conceituado como a necessidade de adoção de uma conduta, não pela imposição de norma, mas para a defesa de um interesse próprio. Não se trata de um dever ou de uma obrigação, pois o seu inadimplemento não gera sanção e o seu cumprimento não satisfaz um direito subjetivo alheio, simplesmente proporciona uma vantagem ou evita uma desvantagem para o seu próprio titular". E concluem: "o ônus é uma situação passiva na qual inexiste correspondência ativa (direito subjetivo e direito potestativo), pois não se cuida de um comportamento necessário, mas o imperativo do próprio interesse de quem busca um resultado proveitoso".

4. *Sujeição*: Está relacionada aos direitos potestativos, que surgem em relações de poder e sujeição. O titular de um direito potestativo pode influir na esfera jurídica de outrem sem que este possa impedir ou evitar o exercício deste direito. Por isso, o outro sujeito apenas se sujeita à vontade daquele que pretende exercer seu direito potestativo. Para Amaral[20], "direito potestativo é o poder que a pessoa tem de influir na esfera jurídica de outrem, sem que este possa fazer algo que não se sujeitar".

O exercício do direito potestativo não depende, portanto, do comportamento de um devedor, ao contrário do direito subjetivo. O direito potestativo não pode ser violado. Ou seja, o direito potestativo não depende de uma ação ou omissão alheia, pois confere ao seu titular, independentemente de violação, o poder de intervir na esfera jurídica de outrem.

O exercício desse poder independe da violação de qualquer direito subjetivo. Por isso, na decadência, o sujeito passivo apenas se submete à vontade do titular desse direito potestativo, devendo prostrar-se em estado de sujeição, pois o titular do direito potestativo poderá interferir na esfera jurídica daquele, sem que o sujeito passivo possa evitar essa interferência.

Na prescrição, o sujeito passivo controla a pretensão, pois a prescrição depende da conduta do sujeito passivo, da violação do direito subjetivo. Com a violação nascerá a pretensão e, consequentemente, poderá se cogitar em prescrição.

Na decadência, o titular do direito potestativo poderá influir na esfera jurídica da outra parte, independentemente da violação de qualquer direito subjetivo. Na decadência, o prazo se inicia ou é contemporâneo ao nascimento do direito potestativo. Já na prescrição, o prazo é superveniente ao nascimento do direito subjetivo, pois depende da violação desse direito após a sua aquisição. Portanto, a decadência surge com o nascimento do direito e a prescrição só nasce com a lesão ao direito subjetivo.

---

[17] FARIAS, Cristiano Chaves de; ROSENVALD, Nelson. *Direito das obrigações*. 4. ed. Rio de Janeiro: Lumen Juris, 2010.

[18] GOMES, Orlando. *Obrigações*. 17. ed. (atualizada por Edvaldo Brito). Rio de Janeiro: Forense, 2007, p. 6 (Coord. Edvaldo Brito).

[19] FARIAS, Cristiano Chaves de; ROSENVALD, Nelson. *Direito das obrigações*. 4. ed. Rio de Janeiro: Lumen Juris, 2010, p. 117.

[20] AMARAL, Francisco. *Direito civil* – introdução, 6. ed. rev. e atual. Rio de Janeiro: Editora Renovar, 2006, p. 196.

Por exemplo, em determinado negócio jurídico viciado por erro, dolo ou coação, o sujeito prejudicado tem o direito de requerer a anulação (invalidação) desse negócio jurídico, independentemente de qualquer comportamento do outro sujeito, o qual se beneficiou de um desses vícios. O direito potestativo de anulação ou de invalidação do negócio é contemporâneo ao negócio, nasce juntamente com o direito subjetivo.

Assim, a partir da data do negócio já será possível requerer a sua invalidação. O sujeito passivo não tem como evitar a ação de anulação, devendo se sujeitar à vontade do titular do direito. Se o pedido de anulação será ou não acolhido, dependerá das provas. No entanto, o prazo de decadência já se inicia com a aquisição do direito, podendo o seu titular interferir na esfera jurídica alheia, requerendo a modificação ou a desconstituição dessa relação jurídica, independentemente de violação de direito subjetivo pela outra parte.

No direito potestativo há o direito de alterar, criar ou extinguir relações jurídicas. São direitos sem deveres correlatos. Não há lesão, não há inadimplemento e não há possibilidade de execução, salvo se o direito potestativo, excepcionalmente, gerar o direito a uma prestação. Não se executa direito potestativo, pois a natureza da pretensão será constitutiva.

Portanto, o titular de um direito potestativo tem o poder de submeter o outro sujeito à sua vontade, podendo agir de forma unilateral, alterando a situação jurídica de outrem. Não há dever jurídico deste. Por isso a decadência pode ser resumida como a perda do exercício de poder pelo titular do direito potestativo.

Após tais considerações sobre as situações jurídicas passivas, o foco será a definição da *obrigação, considerada como um dever jurídico específico e individualizado*.

Ao definir obrigação, a doutrina, de uma maneira geral, ressalta os seus elementos estruturais, quais sejam, *sujeito, vínculo* e *prestação*. Com pequenas alterações terminológicas ou a agregação de questões secundárias, como a transitoriedade e a determinação dos sujeitos, os conceitos são semelhantes.

2.2.2. Definições doutrinárias sobre obrigação

Cristiano Chaves e Rosenvald assim definem a obrigação[21]: "Relação jurídica transitória, estabelecendo vínculos jurídicos entre duas diferentes partes (denominadas credor e devedor, respectivamente), cujo objeto é uma prestação pessoal, positiva ou negativa, garantido o cumprimento, sob pena de coerção judicial".

Caio Mário[22], por sua vez, afirma que "obrigação é o vínculo jurídico em virtude do qual uma pessoa pode exigir da outra prestação economicamente apreciável".

Segundo Orlando Gomes[23], obrigação é o "vínculo jurídico em virtude do qual uma pessoa fica adstrita a satisfazer uma prestação em proveito de outra".

Para Washington de Barros Monteiro[24]: "Obrigação é a relação jurídica, *de caráter transitório*, entre credor e devedor, e cujo objeto consiste numa prestação pessoal econômica, positiva ou negativa, devida pelo primeiro ao segundo, garantindo-lhe o adimplemento através de seu patrimônio" (grifo nosso). (*Curso de direito civil: direito das obrigações*).

Fábio Ulhôa Coelho[25] define obrigação como sendo o "vínculo entre dois sujeitos de direito juridicamente qualificados no sentido de um deles (o sujeito ativo ou credor) titularizar o direito de receber do outro (sujeito passivo ou devedor) uma prestação".

Na definição clássica, são ressaltados os elementos que compõem a estrutura da obrigação.

2.2.3. Elementos essenciais e estruturais da obrigação (elementos constitutivos da obrigação)

A obrigação decompõe-se em três ordens de elementos: *subjetivo* ou *pessoal* (sujeito ativo e passivo), *objetivo* ou *material* (prestação) e *ideal, material* ou *espiritual* (vínculo jurídico).

2.2.3.1. Elemento subjetivo

As partes da relação obrigacional, credor, que integra o polo ativo, e devedor, figura do polo passivo, são os elementos subjetivos da obrigação. O credor é titular de um direito subjetivo e, por isso, pode exigir de outrem, devedor, um determinado comportamento. Por outro lado, o devedor tem o dever jurídico de concretizar o objeto da obrigação, dar, fazer ou não fazer.

Em resumo, nos polos da obrigação temos: *sujeito ativo* (credor) e *sujeito passivo* (devedor – cuja atividade é o objeto do crédito, estando incumbido do dever de prestar). O elemento subjetivo se caracteriza pela peculiaridade de ser duplo, credor e devedor. Além disso, tais sujeitos são determinados ou, ao menos, determináveis (quando não é determinado, mas pode se determinar a qualquer momento).

O sujeito não determinado no momento da formação da obrigação deve estar determinado até o adimplemento. A não identificação do sujeito na origem ou nascedouro da relação obrigacional impõe a sua caracterização perfeita antes do momento previsto para o adimplemento.

Neste momento, interessante fazer referência à obrigação ambulatória: sempre que houver indeterminação subjetiva da relação obrigacional, ativa (promessa de recompensa e título de crédito ao portador) ou passiva (obrigações *propter rem*) e, sendo esta da essência da obrigação, estar-se-á diante do que se convencionou chamar de "obrigação ambulatória".

---

[21] FARIAS, Cristiano Chaves de; ROSENVALD, Nelson. *Direito das obrigações*. 4. ed. Rio de Janeiro: Lumen Juris, 2010, p. 117.

[22] PEREIRA, Caio Mário da Silva. Instituições *de direito civil*. 20. ed. Teoria geral das obrigações. Rio de Janeiro: Forense, 2004. v. II.

[23] GOMES, Orlando. *Obrigações*. 17. ed. (atualizada por Edvaldo Brito). Rio de Janeiro: Forense, 2007 (Coord. Edvaldo Brito).

[24] MONTEIRO, Washington de Barros. *Curso de direito civil – Direito das obrigações*. 35. ed. São Paulo: Saraiva, 2004.

[25] COELHO, Fábio Ulhôa. *Curso de direito civil*. São Paulo: Saraiva, 2013. v. II.

O estudo dos sujeitos da relação obrigacional possui relação com vários institutos do direito das obrigações, como a possibilidade de transmissão das obrigações, com alteração dos sujeitos, cessão de crédito e assunção de obrigação, bem como com a alteração dos sujeitos como forma especial de adimplemento, como são a sub-rogação, novação e confusão, por exemplo. Os sujeitos, em cada polo, podem ser plurais. Neste caso, a pluralidade de sujeitos também irá interessar para as regras sobre solidariedade, indivisibilidade, a definição de obrigações alternativas e facultativas. Aliás, é a pluralidade de sujeitos em qualquer dos polos (pluralidade de credores e/ou devedores) que justifica a classificação das obrigações em indivisíveis e solidárias. Por esta razão, são denominadas "obrigações subjetivamente plurais". A indivisibilidade e a solidariedade pressupõem pluralidade de sujeitos em ambos ou em qualquer dos polos.

Os sujeitos podem ser pessoas naturais ou pessoas jurídicas (de direito público ou privado). Eles podem ser capazes, incapazes, estarem representados ou serem apenas assistidos e, como bem observam Rosenvald e Chaves[26], "é possível, inclusive, que os sujeitos sejam entes despersonalizados, como os condomínios edilícios, a massa falida e a sociedade de fato".

Por fim, os sujeitos podem definir a natureza da relação jurídica de uma obrigação. Por exemplo: se o credor é consumidor, a análise da relação obrigacional será submetida às regras e princípios do Código Civil.

2.2.3.2. Elemento objetivo

É a prestação (atividade do devedor direcionada à satisfação do crédito), que é o objeto imediato da obrigação e pode ser positiva (dar, fazer) ou negativa (não fazer). Está ligada a um fato humano (atividade do devedor). Tal elemento pode consistir em dois tipos de prestação: prestação de coisas (dar) e de fatos (fazer).

O objeto imediato da obrigação é a prestação (comportamento humano: dar, fazer ou não fazer). O objeto mediato da obrigação é o bem da vida (a coisa ou o fato humano)

Na prestação de coisas (dar coisa certa e dar coisa incerta), a atividade do devedor não se confunde com o bem da vida, a coisa propriamente dita, cuja propriedade ou posse será transferida a outrem. A conduta do devedor é meramente material (entregar a coisa a outrem). O bem da vida (objeto mediato da obrigação) é uma coisa e não ação humana. O devedor apenas entregará de forma definitiva (transferência da propriedade) ou temporária (transferência de posse com dever de restituição) coisa devidamente constituída (bem da vida prometido). Por isso, a conduta se restringe a ato de execução material.

Na prestação de fatos (fazer e não fazer) a atividade do devedor se confunde ou é o próprio bem da vida. O bem da vida (objeto mediato da obrigação), é a própria conduta humana (fazer ou não fazer). Na obrigação de fazer, o objeto imediato da prestação é a própria conduta do devedor. A existência do objeto mediato da obrigação, bem da vida (o fazer ou não fazer) depende da conduta humana, positiva ou negativa.

No caso da prestação de coisas, a existência do bem da vida independente da conduta humana. A coisa é preexistente. Basta que o devedor entregue ou restitua essa coisa que preexiste à sua intervenção na obrigação. Na prestação de fatos, a existência do bem da vida é a própria conduta humana.

Como a prestação de dar se relaciona a "coisa", esta prestação se submete a regras relacionadas à perda e deterioração. A coisa pode se deteriorar ou perecer. Nas obrigações de fazer e não fazer não há sentido em se estabelecer regras sobre perda e deterioração, pois "fato humano" não se deteriora (existe ou não existe). O fato humano, objeto mediato, o bem da vida, é a própria conduta humana. Se tal fato for concretizado, haverá adimplemento. Em caso contrário, inadimplemento. Não se cogita de perecimento ou deterioração de fato, pois este existe ou não existe a depender do cumprimento ou não da prestação. Por esta razão, o CC tem regras sobre perda e deterioração na obrigação de dar (coisa) e não tem na de fazer e não fazer.

E não é só: a diferença entre prestação de coisa (dar) e prestação de fato (fazer e não fazer) possui relevância para outras questões relativas às obrigações: teoria do adimplemento (se a prestação for de coisa é possível o adimplemento por terceiro e se for de fato somente será possível o adimplemento por terceiro se não for personalíssima); transmissão para herdeiros (a prestação de coisa se transmite para herdeiros e a de fatos somente se transmite se não for personalíssima); consignação em pagamento (só admite de coisas, salvo se o fazer puder ser materializado em uma coisa), regras sobre tutelas processuais, que se diferenciam na coisa e no fato, entre outras.

Neste ponto, é relevante uma explicação: é fundamental compreender a diferença entre prestação de coisas (dar) ou de fatos (fazer e não fazer), devido à repercussão em todo o sistema. Na obrigação de dar, como o bem da vida é uma coisa, é essencial, para fins de adimplemento e liberação, associar o direito obrigacional ao direito real (coisa tem dono). E, por razões óbvias, para liberação eficaz, é essencial que o sujeito seja legítimo proprietário (na transferência definitiva) ou ao menos legítimo possuidor (na transferência provisória da posse direta, com dever de restituição) da coisa. Na prestação de fato, não se associa o direito obrigacional com o direito real, para fins de liberação, porque o fato é a própria atividade humana e não há propriedade ou posse sobre ações humanas.

Além disso, a coisa pode ser fungível ou infungível e tal característica não interfere na possibilidade do adimplemento por terceiro ou na transmissão da obrigação por ato *inter vivos* ou *causa mortis*, porque a fungibilidade da coisa não torna a relação obrigacional personalíssima. A fungibilidade ou infungibilidade relacionada ao sujeito torna a obrigação personalíssima, na coisa não.

---

[26] FARIAS, Cristiano Chaves de; ROSENVALD, Nelson. *Direito das obrigações*. 4. ed. Rio de Janeiro: Lumen Juris, 2010, p. 74.

Se a coisa é fungível, em caso de inadimplemento, haverá tutela específica (se dinheiro, necessariamente e, se não for dinheiro, a tutela específica de coisa fungível pode ser substituída por tutela pelo equivalente em dinheiro). Se a coisa é infungível a tutela será específica ou a tutela será pelo equivalente em dinheiro.

Os vícios redibitórios e a evicção, garantias legais, somente se compatibilizam com a prestação de coisas, pois no vício redibitório é essencial defeito material em determinada coisa e na evicção se discute defeito no direito de propriedade sobre coisa.

Portanto, o objeto da obrigação, que é a prestação, não pode ser confundido com o objeto da própria prestação, que é o bem da vida e que deve ser lícito, possível, determinado ou determinável. Aliás, o Código Civil, no Livro I da Parte Especial, inicia a análise do direito das obrigações com a classificação sob a perspectiva da modalidade de prestação (arts. 233 a 251 do CC).

Portanto, a prestação é a conduta ou comportamento do devedor, a atividade ou abstenção de atividade, que é essencial para a realização do interesse do credor. É o objeto da obrigação, sendo que a coisa ou o fato humano concretizado é o objeto da própria prestação.

O objeto da prestação, elemento objetivo da obrigação, deve ostentar alguns requisitos: conteúdo patrimonial, ser determinado ou determinável (individualização da prestação pelo gênero, espécie e quantidade – obrigação de dar coisa incerta – arts. 243 a 246 do CC), possível (física e juridicamente) e lícito. No que diz respeito à determinação da prestação, o objeto deve estar individualizado até o momento do adimplemento. Portanto, o objeto pode ser individualizado no momento da formação da obrigação ou no curso da obrigação, mas sempre antes do adimplemento.

Neste momento, é relevante a observação. A determinação, a possibilidade jurídica e a licitude da prestação só têm aplicação nas obrigações voluntárias, resultantes de contratos ou negócios jurídicos unilaterais. Não há sentido em aludir a esses requisitos nas obrigações resultantes de atos ilícitos e nem a propósito das obrigações de restituir por enriquecimento sem causa (neste último caso, se não decorre de um negócio). São requisitos privativos dos negócios jurídicos em geral.

O denominado "direito das obrigações" disciplina as obrigações que retratam relação jurídica material base, onde haverá dever jurídico individualizado e específico. No âmbito do ato ilícito, o dever jurídico é genérico, já que a obrigação é imposta pela lei. Neste último caso, não há vínculo jurídico de direito material estabelecido voluntariamente entre os sujeitos. Já o enriquecimento sem causa tem por finalidade remover de um patrimônio os acréscimos indevidos (art. 884 do CC). Neste caso, é necessário diferenciar o enriquecimento sem causa, que decorre de negócios voluntários e de outros atos. Se estiver relacionado a um negócio voluntário, pode e deve ser apreciado se o objeto ostenta as características exigidas pela lei como requisito de validade (art. 104 do CC). Até porque, com a evolução do tema, não se aprisiona o enriquecimento sem causa no âmbito dos atos unilaterais. Também é possível e viável admitir que tal instituto se relacione com os contratos.

Nesse sentido é o Enunciado 188 da III Jornada de Direito Civil, promovida pelo CJF: "A existência de negócio jurídico válido e eficaz é, em regra, uma justa causa para o enriquecimento". *A contrario sensu*, no caso de invalidade ou ineficácia superveniente, o enriquecimento sem causa pode restar caracterizado. Segundo Rosenvald e Chaves[27], no caso do enriquecimento sem causa, é suficiente a obtenção de uma vantagem sem contrapartida: "A ideia não é de repor o patrimônio do credor ao que era anteriormente, mas transferir-lhe os acréscimos que aconteceram em outro patrimônio. A pretensão é restituitória, no sentido de conceder ao empobrecido a vantagem obtida pelo enriquecido".

Ainda em relação à prestação, uma fonte de profundas divergências é o caráter patrimonial. A pergunta é: *A prestação deve ostentar caráter patrimonial?*

A patrimonialidade seria uma característica do objeto ou da prestação? Caio Mário[28] aponta tal característica em sua definição de obrigação. Para ele, esta seria um vínculo entre sujeitos, tendo por objeto uma prestação economicamente apreciável. A doutrina tradicional sustenta a tese de que o interesse do credor pode ser de natureza não patrimonial, mas que a prestação debitória deve, necessariamente, ter conteúdo patrimonial. Por outro lado, há aqueles que não consideram o caráter patrimonial como característica do objeto da obrigação, como são alguns casos de prestação de fazer ou não fazer. O que explica essa divergência?

Os doutrinadores clássicos vinculam a patrimonialidade ao débito (*Schuld*). O débito em si, a prestação mesma, deve ostentar caráter pecuniário. Nas palavras de Caio Mário, isso se daria de modo explícito ou implícito. Para os pensadores modernos, a patrimonialidade está conectada à sanção (*Haftung*) ou responsabilidade. Em caso de descumprimento da prestação, haverá uma responsabilidade patrimonial, ainda que o dever jurídico principal não tenha caráter econômico. Para estes, é fundamental que o interesse do credor seja digno de tutela, como expressa o art. 398, item 2, do Código Civil português.

Não importa qual seja este interesse, ainda que de ordem moral. Aliás, o Código Civil português define obrigação no art. 397: "Obrigação é o vínculo jurídico por virtude do qual uma pessoa fica adstrita para com outra à realização de uma prestação". Neste sentido, Fernando Noronha[29] defende que a prestação não precisa ter valor econômico, mas o interesse do credor deve ser digno de tutela.

Dessa forma, a tendência moderna é admitir que o conteúdo da obrigação possa ser extrapatrimonial. É a

---

[27] FARIAS, Cristiano Chaves de; ROSENVALD, Nelson. *Direito das obrigações*. 4. ed. Rio de Janeiro: Lumen Juris, 2010.

[28] PEREIRA, Caio Mário da Silva. Instituições *de direito civil*. 20. ed. Teoria geral das obrigações. Rio de Janeiro: Forense, 2004. v. II.

[29] NORONHA, Fernando. *Direito das obrigações*. São Paulo: Saraiva, 2003.

funcionalização das situações jurídicas patrimoniais ao cumprimento de deveres existenciais. Atualmente, como dizem Rosenvald e Cristiano Chaves, a patrimonialidade está ligada à sanção (*Haftung*), e não à prestação (*Schuld*). Ou seja, o caráter patrimonial está vinculado à responsabilidade do devedor, e não ao direito material de crédito, o qual pode não ter conteúdo patrimonial. Por exemplo, os direitos de personalidade escapam de seu âmbito de atuação normativa. O dever geral de respeito a estes direitos não traduz uma prestação patrimonial devida a um credor (a violação a este direito não o caracteriza como patrimonial, porque o direito à indenização somente surge após o dano, ou seja, a patrimonialidade é do prejuízo causado à vítima, e não de seu direito de personalidade, que, em si, é inestimável).

Além disso, mesmo fora do âmbito dos direitos da personalidade, há obrigações que não são economicamente mensuráveis. É o caso de alguém se obrigar, por meio de contrato, a se abster de fazer alguma coisa (como ligar um som para não incomodar um vizinho).

Na verdade, a divergência é apenas aparente, pois todos admitem a patrimonialidade na responsabilidade decorrente do não cumprimento da prestação. Aqueles que focam apenas a responsabilidade, não precisam se socorrer às considerações de patrimonialidade implícita.

O caráter patrimonial, como defendem os portugueses, não está na prestação em si, no débito ou *Schuld*, mas na responsabilidade, que incidirá, eventualmente, em caso de não cumprimento dos deveres principal e secundário (*Haftung*).

2.2.3.3. Vínculo jurídico

O elemento imaterial da obrigação é o vínculo ou elo que une os sujeitos da relação jurídica. É o liame abstrato que une credor e devedor. Em razão do vínculo jurídico, se estabelece duas relações: 1ª) A relação material que vincula os sujeitos (credor e devedor); e 2ª) a coercibilidade (poder de exigir a prestação). Nas palavras de Rosenvald e Chaves[30]: "Na qualidade de conteúdo da obrigação é exatamente o vínculo jurídico que confere coercibilidade à relação obrigacional. Assim sendo, garante-se o cumprimento da prestação avençada, porque, se não cumprida voluntariamente, enseja a atividade substitutiva da vontade do devedor, através do Estado Juiz, que vai se imiscuir no patrimônio do devedor para retirar a quantidade de patrimônio suficiente para solver a dívida".

Neste elemento (vínculo jurídico), devem ser ressaltados o *Schuld* (débito) e a *Haftung* (responsabilidade). Em razão da noção dualista do vínculo jurídico na obrigação, há dois fatores a serem decompostos da ideia do vínculo obrigacional – débito e responsabilidade. Segundo Orlando Gomes, *o direito de crédito tem como fim imediato uma prestação e como fim remoto a sujeição do patrimônio do devedor*.

O débito (*Schuld*) é a prestação a ser cumprida pelo devedor, em decorrência de relação de direito material (é a situação jurídica passiva representada pelo dever de realizar certa conduta ou atividade – dever jurídico específico ou individualizado). É o bem da vida solicitado pelo credor, consistente em um comportamento traduzido por um dar, fazer ou não fazer. Cuida-se do direito subjetivo do credor à prestação, como um poder de satisfazer o seu interesse.

A responsabilidade patrimonial (*Haftung*) é a sujeição que recai sobre o patrimônio do devedor como garantia do direito do credor, derivada do inadimplemento. Antes da responsabilidade, o credor tem o direito à prestação, mas não dispõe do poder de exigir o cumprimento (por isso se diz que a responsabilidade existe em estado potencial, somente se concretizando quando do descumprimento da obrigação, ou melhor, *em caso de eventual violação do dever jurídico específico contraposto ao direito subjetivo*). Com a lesão ao direito subjetivo, nasce a pretensão de direito material em favor do credor, podendo, a partir daí, o credor exigir a prestação.

Normalmente, débito e responsabilidade se verificam conjuntamente na mesma pessoa do devedor, mas é possível a separação. Fiança, aval e direitos reais de garantia são casos de responsabilidade sem débito. Também há obrigações sem responsabilidade, como as obrigações juridicamente inexigíveis e as obrigações prescritas.

As *obrigações perfeitas* são aquelas integradas por todos os elementos essenciais. Por outro lado, as *obrigações imperfeitas* são aquelas em que há um obstáculo à presença de todos os elementos, *especialmente quanto à responsabilidade*.

Na obrigação natural (dívida prescrita, dívida de jogo etc.), por exemplo, embora haja relação jurídica material de crédito e débito, o vínculo jurídico é desprovido de coercibilidade, o que a torna uma obrigação imperfeita.

2.2.3.4. Elementos essenciais e estruturais da obrigação (sujeitos, prestação e vínculo jurídico), agregados aos valores sociais constitucionais que integram o conteúdo da relação obrigacional material

Em tempos atuais, a obrigação exigirá um aspecto finalístico, o qual dará funcionalidade social a esta relação jurídica individualizada e específica: valores e princípios que darão legitimidade à obrigação.

Por isso, a ideia moderna de obrigação pode ser entendida da seguinte forma: direito subjetivo do credor *versus* dever jurídico imposto ao devedor, ajustado a valores sociais como condição para legitimidade (dignidade humana, solidariedade social, igualdade substancial, função social e boa-fé objetiva). Isso porque a obrigação passa a ser uma relação de cooperação, de natureza essencialmente transitória, onde o titular de um direito subjetivo pode exigir daquele que tem um dever jurídico, o cumprimento de uma prestação, cuja relação jurídica deve ser solidária e o será quando observar os princípios da boa-fé objetiva e da função social.

Estes princípios, agregados aos elementos estruturais, darão à relação jurídica obrigacional novos contornos e um caráter diferenciado em comparação à ideia clássica de

---

[30] FARIAS, Cristiano Chaves de; ROSENVALD, Nelson. *Direito das obrigações.* 4. ed. Rio de Janeiro: Lumen Juris, 2010.

Capítulo 2 • Obrigações e Responsabilidade Civil

obrigação. Tal questão já foi exaustivamente tratada nos itens anteriores

Os valores sociais constitucionais (dignidade humana, solidariedade social, igualdade substancial, boa-fé objetiva e função social) passam a integrar o conteúdo da obrigação.

2.2.4. Obrigação e deveres morais

Neste ponto, não podemos confundir a obrigação com os deveres meramente morais. O mestre Fernando Noronha[31] ressalta a diferença entre obrigação como dever social e obrigação como dever jurídico individualizado ou específico. Assim, para este nobre doutrinador, em algumas relações sociais, como de cortesia (hospedagem a pessoa desconhecida ou carona) e deveres meramente morais ou religiosos, não há vinculação jurídica, pois o desrespeito ao compromisso não implicará em sanção jurídica. Alguns compromissos, embora relevantes do ponto de vista social, não podem ser juridicamente vinculativos. O descumprimento de um dever social não gera sanção jurídica.

Para o mestre, a obrigação, como dever jurídico, comporta duas acepções: ampla e restrita. 1– Ampla: sinônimo de dever jurídico geral – imposição cuja violação implica sanção organizada pelo poder estatal. Só serve para excluir as morais. 2– Restrita: obrigação é uma relação jurídica ou vínculo jurídico que, nas situações que envolvam duas ou mais pessoas, atribui a uma e outra *poder* e *deveres* juridicamente exigíveis.

A obrigação é a relação jurídica em que uma pessoa pode exigir de outra uma prestação que satisfaça o interesse da primeira. Em síntese, obrigação é uma relação jurídica material em que, de um lado, há um titular de direito subjetivo (credor) e, de outro, um titular de dever jurídico específico (devedor).

2.2.5. A questão da prisão civil como consequência do não cumprimento da obrigação

O direito das "obrigações", voltado para a tutela de questões existenciais da pessoa humana em detrimento de interesses meramente patrimoniais ou econômicos, foi capaz de influenciar nossa Suprema Corte no que tange à prisão civil do depositário infiel, cuja previsão tem assento constitucional.

A Constituição Federal disciplina a prisão civil por dívida no inciso LXVII do art. 5º da CF/88. Em regra, não haverá prisão civil por dívida. Tal previsão legal decorre de um lento e doloroso processo de evolução da responsabilidade pessoal (que incidia sobre o sujeito de direito inadimplente) para a responsabilidade patrimonial (o patrimônio é a garantia da dívida para os credores do devedor).

Com a consolidação da responsabilidade patrimonial, a prisão civil por dívidas passou a ser vedada, pois representa uma espécie do gênero responsabilidade pessoal. Todavia, há duas exceções: alimentos fundado em direito de família e depositário infiel.

Em relação à dívida de alimentos, em interpretação ainda mais restrita, só é permitida a prisão civil do devedor de alimentos no direito de família, fundada na relação de parentesco ou em decorrência de outros vínculos familiares, como no caso de cônjuges (no casamento), de companheiros (na união estável), de parceiros (nas uniões homoafetivas), dentre outros. Os alimentos decorrentes de ato ilícito, por exemplo, não podem ser exigidos sob o rito da prisão civil. Tudo isso para restringir o alcance e a eficácia da norma constitucional: a prisão do devedor de alimentos somente é possível quando sua situação existencial ou qualidade humana estiver em risco. E isso só ocorrerá naquelas situações em que os alimentos são essenciais para a subsistência.

Assim, na ponderação de valores, sacrifica-se o direito fundamental de liberdade do devedor de alimentos para preservar um direito fundamental de maior valor, qual seja, a vida do credor destes alimentos. Por isso, se justifica a prisão neste caso, com o intuito de forçar o pagamento dos alimentos devidos àqueles que deles dependam para sobreviver.

A polêmica e as infindáveis divergências ficaram por conta da segunda exceção prevista no art. 5º, LXVII, da CF/88, qual seja, a prisão civil do *depositário infiel*. A questão quase sempre incontornável pelos críticos desta prisão civil especial se refere ao fato de esta previsão de cárcere do depositário infiel estar inserida no Título II da Constituição, que disciplina os direitos e garantias fundamentais, ou seja, no local onde estão represados os maiores valores da República. Tanto isto é verdade, que tais normas-princípios estão petrificadas pelo disposto no § 4º do art. 60 da CF/88, cuja regra, em seu inciso IV, proíbe a deliberação, por emenda constitucional, que vise a abolir qualquer dos direitos e garantias fundamentais.

Os debates sobre a prisão civil do depositário infiel, de início, foram centralizados no contrato de alienação fiduciária em garantia, porque o depósito, como em um "passe de mágica", surgia no decorrer de um processo de busca e apreensão, quando não localizado o bem, tudo para dar maior garantia ao credor fiduciário. Este poderia coagir o devedor por meio de um pedido de prisão civil, o que transformava a ação de busca e apreensão em um verdadeiro processo de responsabilização pessoal, incidindo a pena sobre a pessoa e não sobre o patrimônio do devedor. Aliás, no famoso e paradigmático RE 466.343/SP, a discussão teve início com a inadmissibilidade da prisão civil no depósito previsto no Decreto-lei n. 911/69, mas, durante o julgamento, os debates evoluíram e o STF decidiu pela impossibilidade da decretação da prisão civil do depositário infiel no direito brasileiro, qualquer que seja a natureza do depósito (contrato de depósito, depósito judicial ou depósito no referido decreto).

O fato curioso a ser ressaltado é a forma pela qual o STF contornou a norma constitucional, que, com todas as letras, permite a prisão civil do depositário infiel.

No RE 466.343/SP, diante da impossibilidade de declarar a inconstitucionalidade de uma norma originária, o STF entendeu por bem considerar que tratados interna-

---
[31] NORONHA, Fernando. *Direito das obrigações*. São Paulo: Saraiva, 2003.

cionais de direitos humanos, como é o caso da Convenção Americana de Direitos Humanos (Pacto de São José da Costa Rica), possuem *status* de supralegalidade em relação à legislação infraconstitucional. Assim, para o STF, tais tratados de direitos humanos, na pirâmide normativa, estão em posição hierarquicamente superior às normas infraconstitucionais, mas abaixo da CF: estão entre uma e outras.

No que tange ao *status* normativo dos tratados internacionais sobre direitos humanos, segundo o Min. Gilmar Mendes, os diferentes entendimentos podem ser sistematizados em quatro correntes principais, a saber:

1. a vertente que reconhece a natureza *supraconstitucional* dos tratados e convenções em matéria de direitos humanos;
2. o posicionamento que atribui caráter *constitucional* a esses diplomas internacionais;
3. a tendência que reconhece o *status* de *lei ordinária* a esse tipo de documento internacional;
4. por fim, a interpretação que atribui caráter *supralegal* aos tratados e convenções sobre direitos humanos.

Na decisão do RE 466.343/SP, foi revista a antiga jurisprudência da Corte, que conferia a esses tratados o mesmo *status* de lei ordinária, para lhes conferir caráter de supralegalidade.

Em conclusão, *a prisão civil do depositário infiel não é mais admitida no direito brasileiro por conta da "eficácia paralisante" que os tratados internacionais de direitos humanos provocam. O caráter supralegal impede a aplicação de leis infraconstitucionais que venham a contrariar tais convenções internacionais.*

Para sepultar toda e qualquer discussão em torno do assunto, o STF editou a Súmula Vinculante 25, segundo a qual: "É ilícita a prisão civil de depositário infiel, qualquer que seja a modalidade do depósito".

Na mesma toada, o STJ editou a Súmula 419, segundo a qual descabe a prisão civil do depositário judicial infiel.

Com isso, a prisão civil, como resquício de responsabilidade pessoal do devedor, atualmente, somente é admitida na obrigação alimentar com fundamento no direito de família, com as restrições já ressaltadas.

2.2.6. Superação da dicotomia clássica entre o direito das obrigações e os direitos reais (situações híbridas)

Os direitos subjetivos patrimoniais (conteúdo e substância econômica) devem ser compreendidos em dois grandes grupos: *direitos obrigacionais* e *direitos reais*.

A teoria unitária tentou unificar estes grupos levando em conta o fato de ambos possuírem um caráter patrimonial. Por outro lado, a teoria dualista[32] faz a distinção,

em razão da diversidade de princípios que caracteriza cada grupo. Assim, para a concepção dualista, há uma clara e inequívoca divisão dos direitos patrimoniais em dois grandes grupos, cada um com características próprias. Ainda que o estudo dos direitos obrigacionais e reais seja estudado a partir desta perspectiva dicotômica, a análise deve ser em conjunto em razão da interação entre os direitos reais e obrigacionais nas relações jurídicas contemporâneas.

De fato, as diferenças entre direitos reais e obrigacionais se situam em duas questões: *relação jurídica* e *relação de poder*. As demais diferenças são simples desdobramentos destas duas ideias.

A relação jurídica obrigacional se dá entre sujeitos determinados ou, ao menos, determináveis, ou seja, há relação jurídica material é entre sujeitos individualizados. Na relação jurídica real, o titular do direito real é sujeito determinado, mas o dever jurídico é de toda a coletividade, razão pela qual o sujeito passivo é universal.

Na relação jurídica obrigacional para exercer poder sobre a coisa o sujeito, titular do direito, necessita da colaboração de um intermediário, o sujeito que tem o dever jurídico. O acesso à prestação, por isso, é mediato ou indireto. Na relação jurídica real o titular do direito exerce o poder sobre a coisa de forma direta e imediata, ou seja, sem qualquer intermediação dos sujeitos passivos (coletividade).

Segundo Cristiano Chaves e Rosenvald[33], "nos direitos reais o titular exercitará poder direto sobre a coisa, com atuação imediata sobre o bem". O titular do direito real não necessita da colaboração de ninguém para retirar da coisa todas as utilidades. Na relação obrigacional, "o credor não poderá atuar imediatamente sobre o objeto desejado, necessitando de uma conduta positiva ou negativa do devedor, pois o adimplemento sempre requer a sua colaboração, através da satisfação do credor".

Como o direito real é exercido sobre a coisa (*jus in re*), possui os atributos da sequela, preferência e tipicidade, impondo-se sobre todas as situações jurídicas com ele incompatíveis.

Por outro lado, os direitos obrigacionais não se revelam como direito sobre a coisa, mas contra determinada pessoa (o devedor). O credor não pode submeter o devedor ao seu poder. Em caso de inadimplemento, incidirá a responsabilidade patrimonial do devedor, ao contrário dos direitos reais, onde o titular do direito tem a possibilidade de perseguir a coisa e retirá-la das mãos de quem quer que injustamente a possa (sequela).

---

[32] Nas palavras de Carlos Roberto Gonçalves, a diversidade de princípios que os orientam dificulta a sua unificação em um só sistema. Mostra-se, portanto,

a doutrina denominada dualista ou clássica mais adequada à realidade. Partindo da concepção dualista, pode-se dizer que o direito real apresenta características próprias, que os distingue dos direitos pessoais ou obrigacionais (*Direito civil I esquematizado*. São Paulo: Saraiva, p. 430).

[33] FARIAS, Cristiano Chaves de; ROSENVALD, Nelson. *Direito das obrigações*. 4. ed. Rio de Janeiro: Lumen Juris, 2010.

Resumo

DIREITOS REAIS (ABSOLUTOS)	DIREITOS OBRIGACIONAIS (RELATIVOS)
Eficácia *erga omnes*	Eficácia *inter partes*
Relação de poder imediato sobre o objeto que é a coisa	Relação de poder mediato sobre o objeto que é a prestação do devedor
Permanentes	Transitórios
Sequela	Patrimônio do devedor como garantia – prestação só exigível do devedor, e não de terceiros, salvo se este terceiro puder ser responsabilizado
Taxatividade – *numerus clausus* e *jus in re* – direito à coisa	*Numerus apertus* e *jus ad rem* (direito a uma coisa)

Carlos Roberto Gonçalves[34] ressalta as diferenças entre os direitos pessoais e reais: "Direito Pessoal consiste num vínculo jurídico pelo qual o sujeito ativo pode exigir do sujeito passivo determinada prestação. Constitui uma relação de pessoa a pessoa e tem como elemento o sujeito ativo, o sujeito passivo e a prestação. Direito Real é o poder definido como poder jurídico, direto e imediato, do titular sobre a coisa, com exclusividade e contra todos. Tem como elementos essenciais: o sujeito ativo, a coisa e a relação ou poder do sujeito ativo sobre a coisa, chamada domínio".

O mesmo autor prossegue, aduzindo que estas diferenças se acentuam quanto ao objeto (os direitos obrigacionais se referem ao cumprimento de uma prestação, e os reais incidem sobre uma coisa), ao sujeito (nos obrigacionais os sujeitos são determinados ou determináveis e nos reais são indeterminados), à duração (os direitos obrigacionais são transitórios, enquanto os reais seriam perpétuos), à formação (os obrigacionais podem resultar da vontade das partes, ao passo que os reais só podem ser criados pela lei, sendo limitados), ao exercício (nos obrigacionais se exige uma figura intermediária – que é o devedor, enquanto nos reais o direito é exercido diretamente sobre a coisa) e à ação (o direito obrigacional é dirigido contra aquele que figura na relação jurídica, enquanto que o real pode ser exercido contra qualquer pessoa).

Embora a doutrina tente emplacar essa tese dualista que busca separar e diferenciar os direitos reais e obrigacionais quanto aos aspectos retromencionados, em tempos modernos, *a tendência é superar essa dicotomia entre direitos obrigacionais e reais (ao menos, estudá-los em conjunto ou de forma associada)*. A maior razão para tanto é a funcionalização das relações patrimoniais à plena realização das relações de caráter existencial. Deve ser cogitado um estudo unitário da relação jurídica, baseado na *predominância de valores e interesses tutelados*. Nas obrigações há predominância do aspecto pessoal, ao passo que nas relações reais devem ser reputados predominantes os aspectos reais.

Apenas como exemplo, em razão do princípio da função social, os efeitos de uma determinada obrigação transcendem o interesse das partes para repercutir na coletividade, que deve respeitar o direito subjetivo do titular sobre a coisa e, também, a relação obrigacional. Portanto, não é mais defensável a tese de que os efeitos das obrigações são restritos às partes, pois isso seria negar a sua própria função social.

Ademais, a constante e permanente interatividade entre os direitos obrigacionais e reais torna essa dicotomia secundária. Por exemplo, a manutenção de alguns direitos reais dependerá da validade da obrigação que lhe dá origem (o registro pode ser cancelado se a escritura de compra e venda ostentar algum vício). Por outro lado, em alguns direitos reais sobre coisa alheia há obrigações (o usufrutuário tem obrigações para com o nu-proprietário), cujo descumprimento pode levar à extinção do próprio direito real (ex.: arts. 1.374, 1.389, III, e 1.410, VII, todos do CC).

Em outras situações, é possível dotar a obrigação do chamado "direito de sequela", típico dos direitos reais. Basta pensar nas hipóteses dos chamados direitos obrigacionais com eficácia real. São essencialmente direitos a prestações, mas com efeitos reais e *erga omnes*, passando a obrigação a ter esse atributo ou qualidade (ex.: contrato de locação – vigência da locação em face do adquirente do imóvel e a questão da preferência).

Por isso, em relação ao objeto, podemos afirmar que, no âmbito dos direitos reais, também há deveres de prestação, que são fontes de obrigações. A servidão pode ser extinta pelo não uso caso o titular do prédio dominante não cumpra a prestação de fazer algo. No que diz respeito ao sujeito, a funcionalização das relações obrigacionais torna os seus efeitos transcendentes e, assim como ocorre com os direitos reais, todos os sujeitos que não integram a relação obrigacional devem se abster de molestar os sujeitos integrantes da relação. A duração também pode ser mitigada, pois os direitos obrigacionais, embora sejam essencialmente transitórios, podem tender a uma perpetuidade, como no caso de uma obrigação de não fazer. E os direitos reais não são necessariamente perpétuos, mas apenas tendem a uma perpetuidade, porque podem ser extintos pelo decurso do tempo, como na servidão e no usufruto. Enfim, há uma evidente aproximação entre os direitos obrigacionais e reais, até pela complexidade e in-

---

[34] GONÇALVES, Carlos Roberto. *Direito civil esquematizado*. São Paulo: Saraiva, 2013. v. I.

tersubjetividade das relações. E há situações híbridas que contribuem para essa aproximação.

Há situações mistas ou híbridas que possuem características dos direitos reais e obrigacionais, fato que evidencia essa interatividade entre os direitos reais e obrigacionais. Ao invés de tentar inserir uma determinada situação em um ou outro grupo, é muito mais conveniente o estudo destas situações híbridas de forma integrada.

2.2.6.1. Situações híbridas

1. As obrigações *propter rem*.
2. Os ônus reais.
3. As obrigações com eficácia real.

2.2.6.1.1. Obrigações *propter rem*

São prestações impostas ao titular de determinado direito real, apenas por força desta titularidade. É, portanto, uma prestação vinculada a uma titularidade. Não decorre de um contrato, mas da titularidade de um direito real. As obrigações *propter rem* acabam transformando o direito real em fonte de obrigação, pois nascem com ele com o direito real (ex.: as obrigações dos condôminos; direitos de vizinhança).

2.2.6.1.2. Ônus reais

Questão interessante é a diferença entre obrigações *propter rem* e ônus reais. Nas obrigações *propter rem* o titular somente fica vinculado às obrigações constituídas na vigência de seu direito. Já nos ônus reais, o titular fica obrigado mesmo em relação às prestações anteriores, porque é sucessor na titularidade de um bem que está unido à obrigação.

Há relação e íntima conexão entre obrigação *propter rem* e ônus real, porque aquela é causa jurídica ou a fonte do ônus real. O ônus real decorre de uma obrigação *propter rem* nascida sob a titularidade de outro sujeito. Na obrigação *propter rem* o dever jurídico é constituído na vigência da titularidade de um direito subjetivo e, em razão disso, é responsável por tal obrigação o próprio titular do direito. Há *shuld* e *haftung*. No ônus real, que decorre de uma obrigação *propter rem*, tal dever jurídico é de outrem, pois foi constituído na vigência da titularidade do direito subjetivo de outrem, mas o novo titular da coisa passa a ser responsável porque a obrigação acompanha a coisa, como um ônus real sobre ela. Portanto, o novo titular, que não era o titular no período do nascimento e vigência da obrigação *propter rem*, apenas responde porque em relação a este novo titular ela assume a condição de ônus. Por isso, no ônus real há o *haftung*, mas não há o *shuld*. O ônus real está vinculado à coisa e, por isso, quando essa é transmitida, independentemente da titularidade, deve ser assumida pelo adquirente (ex.: art. 1.345). Como o sujeito responde por débito de outrem (é espécie de responsabilidade sem débito), tal responsabilidade pelo ônus real é limitada ao bem onerado. O novo titular, em relação à obrigação *propter rem* nascida sob a titularidade de outrem, não responde além dos limites do respectivo valor, pois é a coisa que se encontra gravada. Já na obrigação *propter rem*, responde o devedor com todos os seus bens, porque tal obrigação nasceu quando era o titular da coisa.

Em resumo: na obrigação *propter rem*, o sujeito responde com todo seu patrimônio, porque o débito é seu, a obrigação nasceu na vigência da titularidade de seu direito. No ônus real, o sujeito responde apenas pelo valor da coisa, porque o débito não é seu, a obrigação nasceu na vigência da titularidade do direito de outrem

Segundo Carlos Roberto Gonçalves[35], os ônus reais são obrigações que limitam o uso e o gozo da propriedade, constituindo gravames ou direitos oponíveis *erga omnes*, como a renda constituída sobre imóvel. Eles aderem e acompanham a coisa, razão pela qual se diz que quem deve é a coisa e não a pessoa. A responsabilidade pelo ônus real é limitada ao bem onerado, não respondendo o proprietário além dos limites do respectivo valor, pois é a coisa que se encontra gravada. Os ônus reais desaparecem, perecendo o objeto. Eles implicam sempre em uma prestação positiva e a ação cabível é de natureza real. O titular da coisa responde mesmo pelo cumprimento de obrigações constituídas antes da aquisição do seu direito.

2.2.6.1.3. Obrigações com eficácia real

Neste caso, há o direito a uma prestação, como na locação, mas transmite-se e é oponível a terceiro que adquire direito sobre determinado bem. É o caso do terceiro que adquire imóvel locado, cujo contrato de locação está registrado. Deverá o adquirente respeitar o direito do locatário.

Segundo Rosenvald e Chaves[36], os direitos obrigacionais com eficácia real "seriam aqueles que, sem perderem o caráter essencial de direitos a uma prestação, geram efeitos reais, já que se transmitem ou são oponíveis a terceiros que adquiram direitos sobre determinada coisa".

Na realidade, os direitos obrigacionais com eficácia real, na essência, constituem direitos à prestação, de natureza pessoal. A eficácia "real" não os torna direitos reais, mas apenas permitem que os direitos obrigacionais sejam oponíveis a terceiros que venham a realizar ato ou negócio sobre determinado bem. A qualificação das obrigações como sendo de "eficácia real" decorre de um efeito típico destas obrigações, inerentes aos direitos reais, que é a oponibilidade *erga omnes*.

Há uma tendência inexorável de se estender às situações obrigacionais o atributo da sequela, fazendo com que o poder de perseguir a coisa deixe de ser um traço exclusivo dos direitos reais. Em realidade, o que ocorre é a efetiva atribuição de eficácia real, *erga omnes*, a uma situação obrigacional, originariamente despida desta eficácia.

Neste ponto, é interessante detalhar as denominadas obrigações *propter rem*.

---

[35] GONÇALVES, Carlos Roberto. *Direito civil esquematizado*. São Paulo: Saraiva, 2013. v. I. p. 343.

[36] FARIAS, Cristiano Chaves de; ROSENVALD, Nelson. *Direito das obrigações*. 4. ed. Rio de Janeiro: Lumen Juris, 2010.

2.2.7. Obrigações *propter rem*

As obrigações *propter rem* merecem um capítulo à parte em razão das peculiaridades que as individualizam em comparação às demais obrigações. A natureza jurídica deste tipo de obrigação sempre foi objeto das mais profundas controvérsias na doutrina e jurisprudência, principalmente pelo fato de se originar da titularidade de um direito real. O devedor de uma obrigação *propter rem* é, necessariamente, o titular de um domínio e, para muitos, o possuidor. É obrigação da própria coisa ou por causa da coisa e, por isso, independe de qualquer manifestação de vontade do sujeito. Ademais, é ambulatória, porque acompanha a coisa em todas as mutações subjetivas. No condomínio, por exemplo, o caráter ambulatório é previsto no art. 1.345.

As obrigações podem se originar de qualquer fato jurídico e, dentre estes, está o direito real. Em função da titularidade, aquele sujeito vinculado ao direito real passa a ser devedor de uma obrigação atrelada àquela situação ou relação jurídica que o liga a uma coisa.

A obrigação *propter rem*, em si, é uma obrigação de crédito e débito. O fato que a individualiza é a sua origem, porque ela nasce ou se origina de situação subjetiva real. Essa espécie de obrigação impõe a incursão a uma análise breve entre direitos reais e pessoais.

Como ressalta Bárbara Almeida de Araújo[37], a divisão dos direitos subjetivos em reais e obrigacionais também divide realistas e personalistas. Os realistas sustentam que a relação jurídica real se manifesta imediatamente entre o sujeito e a coisa, sem a necessidade de intermediação nesta relação e, por outro lado, a situação subjetiva creditória apresenta-se sempre com a participação de dois sujeitos. Já os personalistas defendem que, mesmo nos direitos reais, existe um liame jurídico entre indivíduos e não entre pessoas e coisas, sendo que, neste último caso, o sujeito passivo seria a coletividade.

No entanto, como já ressaltamos, essa divisão clássica entre direitos reais e obrigacionais vem sendo mitigada pela doutrina. Há direitos reais que geram obrigações que não se estendem à coletividade, sendo que os direitos obrigacionais também podem ser opostos a terceiros, tornando-se, assim, absolutos. Os terceiros teriam que respeitar os direitos obrigacionais, assim como a coletividade os reais. Há uma inter-relação intensa entre direitos reais e obrigacionais que, muitas vezes, torna muito tênue a linha que os diferencia. E essa questão ou controvérsia acaba refletindo na compreensão exata das obrigações *propter rem*.

Como espécie de obrigação ambulatória, a doutrina costuma considerar que as obrigações *propter rem* não se caracterizam bem como direito real e tampouco puramente como direito obrigacional, mas como uma espécie *sui generis*, intermediária, entre os direitos reais e obrigacionais.

Orosimbo Nonato[38] argumenta que as obrigações *propter rem*, embora vinculadas ao direito real, não se confundem com a servidão. O sujeito passivo desta obrigação é o titular de uma relação jurídica real, mas a obrigação com essa não se confunde, sendo esta situação apenas o seu fato gerador, a sua causa ou motivo.

Silvio Rodrigues[39] define as obrigações *propter rem* pelas suas características. Para ele, elas prendem o titular de um direito real, seja ele quem for, em virtude de sua condição de proprietário ou possuidor. O devedor se livra da obrigação pelo abandono do direito real e esta se transmite aos sucessores a título singular do devedor. O vínculo decorre do fato de alguém ser titular de um direito real. Nas palavras de Ricardo Lira[40], o titular deste direito real pode mudar, mas a obrigação acompanha a coisa. A titularidade do direito real define o sujeito passivo da obrigação. Por força dessa razão, esse tipo de obrigação se denomina ambulatória, *propter rem* ou obrigação real.

Segundo Nelson Rosenvald e Cristiano Chaves[41], "as obrigações *propter rem* são prestações impostas ao titular de determinado direito real, pelo simples fato de assumir tal condição. Vale dizer, a pessoa do devedor será individualizada única e exclusivamente pela titularidade de um direito real. Conhecidas também como obrigações mistas ou ambulatórias, constituem uma figura peculiar, pois se inserem entre os direitos reais e os direitos obrigacionais". Ao contrário de outras obrigações, não se individualizam em razão de autonomia privada, mas em função da titularidade de um direito real. E prosseguem: "A obrigação *propter rem* está vinculada à titularidade do bem, sendo esta a razão pela qual será satisfeita determinada prestação positiva ou negativa, impondo-se sua assunção a todos os que sucedem ao titular na posição transmitida. A obrigação nasce com o direito real e com ela se extingue".

A liberação pode decorrer da renúncia ao direito real. Como exemplo clássico de obrigação *propter rem*, está a obrigação dos condôminos de contribuírem para as despesas do condomínio, na proporção de suas frações ideais (art. 1.336, I, do CC), bem como em relação aos impostos relativos à propriedade e aos direitos de vizinhança disciplinados na legislação civil.

No caso do condomínio edilício, nos termos do Tema 886/STJ, é possível impor tal obrigação ao promitente comprador, em razão da relação jurídica material com o imóvel, representada pela imissão na posse do promitente comprador e a ciência inequívoca do condomínio em relação ao negócio jurídico que justificou a transferência do bem. Aliás, pela natureza *propter rem* do débito condominial, o proprietário atual do imóvel responde por dívidas

---

[37] ARAÚJO, Bárbara Almeida de. *Obrigações*. Estudos sob a perspectiva civil constitucional. Rio de Janeiro: Editora Renovar.

[38] NONATO, Orosimbo. *Curso das obrigações*. Rio de Janeiro, [s.d.]. v. I, 2. parte.

[39] RODRIGUES, Sílvio. *Direito civil – Parte geral das obrigações*. 30. ed. São Paulo: Saraiva, 2007. v. II.

[40] LIRA, Ricardo. *A obrigação alternativa e a obrigação acompanhada de prestação facultativa*: dúvidas e soluções em face do Código Civil brasileiro, Tese de Livre Docência em Direito Civil, Rio de Janeiro, 1970.

[41] FARIAS, Cristiano Chaves de; ROSENVALD, Nelson. *Direito das obrigações*. 4. ed. Rio de Janeiro: Lumen Juris, 2010.

do anterior dono e, por isso, o imóvel pode ser penhorado na fase de cumprimento de sentença, mesmo se não participou do feito na fase de conhecimento (Recurso Especial n. 1.696.704/PR).

Ademais, é pacífico que, se constar no edital de praça a existência de ônus incidindo sobre o imóvel, o arrematante é responsável pelo pagamento de despesas condominiais vencidas, ainda que anteriores à arrematação e, nesta hipótese, é possível a sucessão processual do anterior executado pelo arrematante (Recurso Especial n. 1.672.508/SP). O promitente vendedor não responde por débitos de condomínio posteriores à alienação do imóvel, salvo se vier a readquirir o bem, na condição de responsável, com possibilidade de ação regressiva.

A responsabilidade pelo pagamento das despesas condominiais recai, em regra, sobre o proprietário do imóvel, mas pode se estender a outros sujeitos que mantenham relação material com o bem, como o promissário comprador. De acordo com o Recurso Especial n. 1.345.331/RS, se o promissário comprador estiver imitido na posse e o condomínio teve ciência inequívoca da transação, o vendedor não responde por débitos condominiais posteriores à alienação. Todavia, mesmo no caso de alienação do imóvel, se houver dívida do proprietário anterior, este também pode ser responsabilizado. O proprietário posterior, como acima mencionado, também poderá ser responsabilizado por débitos do anterior

A mencionada obrigação, por ter como fonte a própria lei e por incidir sobre as propriedades em si, também configura dever jurídico (obrigação *ex lege*), que se transfere automaticamente com a transferência do domínio (obrigação *propter rem*), podendo, em consequência, ser imediatamente exigível do proprietário atual, independentemente de qualquer indagação a respeito da boa-fé do adquirente, ou de outro nexo causal que não o que se estabelece pela titularidade do domínio. No mesmo sentido, é a proteção para as áreas de preservação permanente.

Em todos estes casos, a obrigação decorre da vinculação do sujeito a uma coisa, na maioria das vezes pela assunção do direito real de propriedade. Há casos, ainda, em que a obrigação *propter rem* pode ter como fundamento a posse, que não é necessariamente um direito real. O STJ vem reconhecendo a possibilidade de o compromissário comprador ser acionado por débitos condominiais, mesmo não sendo titular de um direito real. Em abono ao mencionado entendimento jurisprudencial, o Código Civil, no § 2º do art. 1.334, equiparou aos proprietários no condomínio de edificações os promitentes compradores e os cessionários de direitos relativos às unidades autônomas. Assim, a responsabilidade pelo pagamento das cotas condominiais é do compromissário comprador, mesmo que a aquisição não esteja registrada.

Como as obrigações condominiais possuem natureza de obrigação *propter rem*, que se caracterizam pela ambulatoriedade da pessoa do devedor, o adquirente de unidade condominial responderá por eventuais débitos do alienante. Neste sentido, aliás, o art. 1.345 do CC, segundo o qual "o adquirente de unidade responde pelos débitos do alienante, em relação ao condomínio, inclusive multas e juros moratórios". O arrematante de unidade condominial também deve responder pelas despesas condominiais, em razão da natureza desta (*propter rem*).

De acordo com o teor da Súmula 623 do STJ, as obrigações ambientais possuem natureza *propter rem* e, em consequência, podem ser exigidas do proprietário/possuidor atual ou dos anteriores, a critério do credor. A Súmula, embora retrate jurisprudência consolidada do STJ sobre a natureza das obrigações ambientais, deve se ajustar à diferença entre obrigação *propter rem* e ônus real, quanto trata da responsabilidade do atual proprietário ou possuidor ou dos anteriores que *não* deram causa ao dano ambiental.

As diferenças entre obrigações *propter rem* e ônus real foram objeto de análise acima. Qual a relevância destas considerações para as obrigações ambientais a partir da Súmula 623 do STJ? O limite e a extensão da responsabilidade do titular atual da coisa.

De acordo com o STJ, as obrigações ambientais, por terem natureza *propter rem*, podem ser exigidas do atual proprietário/possuidor ou dos anteriores. O limite da responsabilidade destes está relacionado diretamente a quem deu causa ao dano ambiental. Se o dano ambiental foi *causado* pelo atual proprietário/possuidor e/ou pelos anteriores, se trata de obrigação *propter rem* e todos terão o dever jurídico e a responsabilidade integral (respondem com todo o patrimônio pela restauração ou recomposição do dano, porque a obrigação nasceu quando eram titulares da coisa – *propter rem*). Se o atual proprietário/possuidor e/ou anteriores não deram causa ao dano ambiental, a responsabilidade é limitada ao valor da coisa, porque neste caso será ônus real e não obrigação *propter rem*. A responsabilidade pelo ônus real é limitada ao valor do bem onerado (porque respondem por obrigação *propter rem* de outrem, o causador do dano).

2.2.8. A relação das obrigações com os direitos da personalidade

A relação entre a "obrigação" e os direitos que decorrem da personalidade da pessoa humana constitui território a ser explorado, diante das limitações e restrições que estes últimos impõem ao princípio da autonomia privada.

A discussão sobre essa conexão gira em torno da validade e eficácia das obrigações pactuadas, cujo objeto esteja relacionado aos direitos da personalidade como, por exemplo, a cessão do uso de imagem, a concessão à intimidade em determinados contratos, entre outros.

Como regra, os direitos da personalidade são indisponíveis e irrenunciáveis. Como consequência natural destas características, o art. 11 do CC veda expressamente a limitação voluntária destes direitos. Portanto, o sujeito de direito não pode, ao contrair obrigações, impor limitações ao pleno exercício dos direitos inerentes à sua condição humana e existencial. Tais restrições repercutem intensamente no direito das obrigações, principalmente quando estes deveres jurídicos específicos decorrem de contrato cujo objeto implique a cessão ou renúncia de direitos da personalidade. O fato em debate se torna mais relevante se considerarmos que o fundamento dos direitos da personalidade é o princípio constitucional da dignidade da pessoa humana, fundamento da República Federativa do Brasil (art. 1º, III, da CF/88).

No entanto, em que pesem a essencialidade, a indisponibilidade e a irrenunciabilidade dos direitos inerentes à natureza humana, denominados "direitos da personalidade", não há como desconsiderar que o dinamismo e a intensidade das relações privadas, a velocidade das informações no mundo moderno (principalmente com a Internet), a vaidade humana, a necessidade da exposição diante da natureza de algumas profissões e, principalmente, os efeitos patrimoniais que podem decorrer de direitos relacionados à personalidade, acabaram por mitigar essas características, tão imprescindíveis para o resguardo da dignidade da pessoa humana.

Diante disso, embora com limitações mais intensas do que outras obrigações que tenham objeto diverso, e com as devidas ressalvas e ponderações, é possível a limitação voluntária ou "autolimitação" de alguns direitos da personalidade, para fins específicos e bem definidos. Não é por outra razão que na I Jornada de Direito Civil foi aprovado o Enunciado 4, o qual permite a limitação voluntária do exercício dos direitos da personalidade, desde que não seja permanente e nem geral. Ou seja, a limitação deve ser transitória e específica, diante da natureza desses direitos. É possível um contrato que tenha por objeto a cessão do uso de imagem, o qual gerará obrigações para os sujeitos contratantes, mas a validade deste pacto estará condicionada ao respeito ao princípio da dignidade da pessoa humana. As obrigações gerarão efeitos até onde não ocorra violação desta dignidade. Por esta razão, a limitação voluntária jamais poderá ser permanente e genérica, como seria natural em obrigações que não envolvessem direitos desta dimensão e relevância.

No mesmo sentido, o Enunciado 139 da III Jornada de Direito Civil, que permitiu a limitação voluntária dos direitos da personalidade, ainda não especificamente previstos em lei, desde que tal limitação não fosse exercida com abuso de direito de seu titular ou em contrariedade à boa-fé objetiva e aos bons costumes. Por exemplo, se um sujeito pretende ceder a sua imagem, com renúncia a aspectos de sua intimidade, a fim de participar destes famigerados programas de televisão onde anônimos e famosos se expõem ao público em geral (*reality show*), até pode fazê-lo, desde que o contrato não lhe imponha obrigações capazes de violar a sua dignidade, como de fazer poses eróticas, de expor ao público as partes íntimas do corpo, de se relacionar sexualmente com outros participantes, de simular desavenças, de mentir, de se exibir, dentre outras, uma vez que tais obrigações, ainda que contem com a anuência do titular do direito, não seriam legítimas ante a violação dos direitos da sua personalidade e da sua dignidade. Portanto, o consenso, em contratos que tenham por objeto direitos da personalidade, por si só, não é suficiente para gerar obrigações, diante das limitações e restrições a que estes se sujeitam, tudo para preservar a dignidade da pessoa humana.

Assim, são possíveis obrigações decorrentes de contratos que tenham por objeto direitos relacionados à personalidade humana, mas com condicionantes impostas por preceitos éticos e morais, tudo para resguardar a dignidade do titular desses direitos.

A lesão aos direitos da personalidade, na maioria das vezes, decorre do exercício, pelo próprio titular, de uma liberdade de expressão e informação que ele, de forma equivocada, acredita ser ilimitada. A pessoa tem a liberdade de celebrar contratos, ceder o exercício da imagem, prestar informações sobre sua vida privada, mas limitada ao respeito à sua própria dignidade, sob pena de estas obrigações suportarem sanção estatal na defesa das prerrogativas essenciais e inerentes à natureza humana.

2.2.9. Fontes das obrigações

A obrigação sempre surge com o fato jurídico concretizado por meio da manifestação de vontade. A fonte da obrigação tem a ver com a sua causa ou origem. Não há dúvida de que a principal fonte de obrigação é a *vontade* da pessoa, devidamente exteriorizada. Ainda que se diga que o contrato, a declaração unilateral de vontade e o ato ilícito sejam fontes de obrigações, constitui fonte de obrigação qualquer fato jurídico que dê origem ao vínculo jurídico.

No que tange ao ato ilícito, também se deve pensar que o dever de reparar o dano pode decorrer de condutas lícitas – por isso, a conjugação da lei com a conduta humana, é pressuposto necessário à concreção de um fato jurídico, do qual emanarão relações jurídicas envolvendo direitos subjetivos e obrigações de prestar. Por exemplo, no caso do sujeito que, em legítima defesa ou por estado de necessidade, acaba violando interesse ou direito de terceiro inocente (art. 188 do CC).

Por isso, *as fontes das obrigações constituem-se pelos fatos jurídicos tidos como hábeis a produzir o surgimento do dever de alguém prestar algo em favor de outrem*.

Portanto, as obrigações em sentido estrito (relação material específica e individualizada) podem nascer de qualquer fato jurídico, ou seja, de qualquer acontecimento (humano ou da natureza) que implique em consequências jurídicas.

Orlando Gomes[42] defende a tese de que a fonte é manifestada por uma situação de fato. A lei seria a causa eficiente e o fato a condição determinante.

As fontes das obrigações devem ser entendidas como os fatos jurídicos dos quais se originam as relações obrigacionais, porquanto a lei é a fonte primária. *Haverá entre a lei e os efeitos jurídicos, no campo obrigacional, sempre um fato jurídico* que preencha a moldura normativa de modo a permitir o surgimento da obrigação. As fontes mediatas (condições determinantes do nascimento) são fatos ou situações hábeis a produzir o efeito da formação da relação obrigacional, são fatos constitutivos das obrigações.

---

[42] GOMES, Orlando. *Obrigações*. 16. ed. Rio de Janeiro: Forense, 2005.

A lei é a fonte imediata de todas as obrigações. Os atos ou fatos jurídicos seriam as fontes mediatas, quando a lei der a esses atos ou fatos respaldo para que gerem efeitos obrigacionais.

Nas palavras de Carlos Roberto Gonçalves[43], "a obrigação resulta da vontade do Estado, por intermédio da lei, ou da vontade humana, por meio do contrato, da declaração unilateral de vontade ou do ato ilícito. No primeiro caso, a lei atua como fonte imediata, direta, da obrigação; nos demais, como fonte mediata ou indireta".

Também merece destaque a classificação das obrigações segundo suas funções, de acordo com a tese desenvolvida por Fernando Noronha[44], para quem elas podem ser: negociais (quando decorrerem de negócio jurídico); de responsabilidade civil ou obrigações decorrentes de enriquecimento sem causa. Segundo este autor, "se não é viável classificar os fatos geradores de obrigações em categorias gerais, privativas do direito das obrigações, também não vai ser possível estabelecer uma classificação das próprias obrigações a partir de suas fontes. Por esse caminho, só se conseguiria separar as obrigações negociais (as únicas que têm fontes específicas) das não negociais (...). É preciso abandonar as tentativas de classificar as obrigações a partir das fontes. Mais importante que isso, é tentar agrupar as diversas obrigações da vida real de acordo com a sua natureza. E se na vida real temos diversas categorias de obrigações, é porque são diversas as funções que elas desempenham. A especificidade de regime de cada categoria é consequência dessa diversidade de funções".

De acordo com essa linha de entendimento, que classifica as obrigações tendo como base as suas funções, as obrigações seriam: 1– *negociais*: quando tivessem origem em negócio jurídico (instrumento da autonomia privada). O sujeito, nos limites do espaço jurídico permitido pelo Estado, exterioriza vontade para a constituição e formação de relações jurídicas obrigacionais em sentido estrito); 2– *obrigações e responsabilidade civil*: aquelas que decorrem de todo e qualquer ato que seja fonte de responsabilidade civil como, por exemplo, os atos ilícitos, o abuso de direito, o exercício de atividade de risco, dentre outros e, finalmente; 3– *obrigações de enriquecimento sem causa*: a finalidade é a remoção de acréscimos patrimoniais indevidos, nos termos dos arts. 884 a 886 do CC. No enriquecimento sem causa, a obrigação de restituir acréscimos e vantagens indevidas surge independente de ilícito e dano. É suficiente a existência de vantagem sem contraprestação. O acréscimo patrimonial não tem causa, motivo pelo qual é injustificado. Não se trata de enriquecimento "ilícito" (erro técnico), mas enriquecimento sem causa (não se analisa ilícito e dano). O objetivo não é reparar danos, mas restituir acréscimo ou vantagem ao patrimônio à custa de quem estas foram obtidas. O empobrecimento da vítima não é condição necessária para a restituição (por meio da ação in rem verso). A obrigação de restituir o lucro da intervenção[45], por exemplo, tem como fundamento a norma que veda o enriquecimento sem causa. Por isso, a restituição de vantagens baseadas no enriquecimento sem causa não se confunde com a reparação de danos baseada na teoria da responsabilidade civil (são obrigações com funções e fundamentos diversos). O enriquecimento sem causa tem caráter subsidiário, a teor do disposto no art. 886 do CC. Todavia, diante do dinamismo e da complexidade do direito civil contemporâneo, tal subsidiariedade passa a ser relativizada, para se admitir a cumulação de pretensões de reparação de danos (responsabilidade civil, que pressupõe dano) e a restituição de vantagens (baseado no enriquecimento sem causa), em relação ao mesmo evento, quando o sujeito obtiver vantagens muito superiores aos danos provocados na vítima, o que ocorre em com frequência em situações derivadas de excesso no exercício da liberdade de informação ou de imprensa.

As classificações e considerações acerca das fontes das obrigações devem ser repensadas por não serem suficientes para explicar o dinamismo do direito obrigacional na atualidade, motivo pelo qual deve se admitir como fonte qualquer ato ou fato idôneo capaz de gerar efeito obrigacional. Assim, não são adequadas nem suficientes a tese dualista das fontes das obrigações, como propõe Caio Mário, ou a busca de uma classificação das fontes de acordo com as funções, como pretende Fernando Noronha, ou a ideia daqueles que diferenciam as fontes em mediatas e imediatas, como Carlos Roberto Gonçalves, ou, ainda, a lição de Orlando Gomes, segundo a qual todas as obrigações são legais, sendo a lei a causa eficiente, pois a origem de todas está na lei.

2.2.10 Modalidades das obrigações: quanto ao objeto (prestação de coisa e de fatos)

2.2.10.1. Introdução

O Código Civil de 2002 inaugura a Parte Especial, Livro I, Direito das Obrigações, com o Título I, que disciplina "as modalidades das obrigações" de acordo com o seu objeto, a prestação.

A prestação, objeto imediato da obrigação, pode consistir em "dar coisas", "dar dinheiro", "fazer ou executar algo" ou "não fazer ou se abster de algo". Assim, a obrigação, quanto ao objeto imediato, *prestação*, pode ser resumida em três grandes grupos:

1. *dar* (coisas ou dinheiro);
2. *fazer* (prestar um serviço ou realizar um fato); ou
3. *não fazer* (se abster de algo).

Em resumo, em termos objetivos, a prestação pode ser positiva – dar e fazer – ou negativa – não fazer. O Código Civil, nos arts. 233 a 242, disciplina a obrigação que tem por objeto uma prestação de dar coisa certa; nos arts. 243 a 246, trata da obrigação de dar coisa incerta; nos

---

[43] GONÇALVES, Carlos Roberto. *Direito civil esquematizado*. São Paulo: Saraiva, 2013. v. I.

[44] NORONHA, Fernando. *Direito das obrigações*. São Paulo: Saraiva, 2003.

[45] Lucro obtido por aquele que, sem autorização, interfere nos direitos ou bens jurídicos de outra pessoa e que decorre justamente desta intervenção.

arts. 247 a 249 estão disciplinadas as obrigações de fazer; e, por fim, os arts. 250 e 251 dispõem sobre as obrigações de não fazer.

Portanto, consideradas sob a perspectiva do objeto, as prestações se dividem em positivas (dar e fazer) e negativas (não fazer). As prestações de dar ainda se subdividem em dar coisa certa (quando o objeto está especificado, individualizado e determinado) e dar coisa incerta, também conhecida como *obrigação genérica* (quando há o gênero e a quantidade, mas o bem da vida ainda não está individualizado). O objetivo das regras que disciplinam esta espécie de obrigação é, justamente, viabilizar a individualização e especificação do objeto, para converter essa obrigação genérica em específica.

Por isso, a obrigação genérica ou prestação de dar coisa incerta não pode ser considerada como modalidade de prestação propriamente dita, mas apenas uma fase transitória pela qual passa a obrigação e a sua prestação, a qual deverá ser individualizada antes do adimplemento, quando passará a se sujeitar às normas da obrigação específica ou de prestação de dar coisa certa.

As prestações de fazer podem ter caráter pessoal e, portanto, infungíveis, ou podem consistir na prática de ato ou fato a ser desempenhado por qualquer pessoa, quando serão fungíveis.

Nas sábias palavras de Orlando Gomes[46], a prestação de dar implica em prestação de coisas e a obrigação de fazer em prestação de fatos (atividade pessoal do devedor ou terceiro). Segundo o mestre, a distinção entre obrigações de dar e de fazer deve ser traçada em vista do interesse do credor: "Nas obrigações de dar, o que interessa ao credor é a coisa que lhe deve ser entregue, pouco lhe importando a atividade do devedor para realizar a entrega. Nas obrigações de fazer, ao contrário, o fim é o aproveitamento do serviço contratado. Se assim não fosse, toda obrigação de dar seria de fazer, e vice-versa".

Ao analisar as modalidades de obrigações sob a perspectiva do objeto (prestação de dar, fazer ou não fazer), não se pode perder de vista a ideia de que a obrigação é um processo dinâmico e funcional voltado para o melhor adimplemento, onde, em primeiro lugar, o objetivo será a tutela dos interesses existenciais dos protagonistas da relação obrigacional e, apenas em segundo plano, a tutela dos interesses econômicos. Durante a análise das várias modalidades de prestações, a conduta dos sujeitos, credor e devedor, durante todo o processo obrigacional até a entrega efetiva da coisa (dar) ou a prestação do fato (fazer), será essencial para a compreensão plena da obrigação e suas modalidades. Os princípios constitucionais e a ideia de obrigação funcional também terão de interagir com as modalidades das obrigações.

Por outro lado, em algumas situações específicas será difícil identificar a modalidade da obrigação em relação ao objeto, ou seja, se de dar ou fazer. Isto ocorrerá porque, muitas vezes, na mesma obrigação, haverá um fazer que é pressuposto de um dar. Por exemplo, quando se contrata um pintor para elaborar um quadro, estaremos diante de uma obrigação de fazer (prestar um fato ou prestar um serviço). No entanto, terminado o serviço, o pintor terá de entregar o quadro à outra parte. Neste caso, a sua atividade implica em dar uma coisa. Nesta situação, em que convivem o fazer e o dar, qual é a natureza do objeto da prestação, dar ou fazer?

Nessas hipóteses, deve-se verificar qual é a atividade preponderante. Não há dúvida de que, no exemplo acima, o *fazer*, consistente no trabalho executado pelo pintor, prepondera sobre o dar, porque este é apenas um exaurimento ou uma consequência lógica daquela prestação. Por isso, a esta obrigação deverão ser aplicadas regras da prestação de fazer.

Com estas considerações preliminares, é possível iniciar a análise pormenorizada de cada uma das modalidades de obrigações quanto ao seu objeto: a prestação.

2.3. OBRIGAÇÃO DE DAR COISA CERTA (PRESTAÇÃO DE COISA)

2.3.1. Considerações preliminares

A obrigação de dar coisa certa ou de prestação de coisa certa e individualizada está disciplinada nos arts. 233 a 242 do CC. Não há definição da obrigação de dar coisa certa. O art. 233 apenas enuncia princípio geral de direito que acompanha a prestação de dar coisa certa (o acessório segue o principal) e, nos arts. 234 a 242, limita-se a disciplinar as consequências para o devedor e para o credor no caso de eventual perda ou deterioração do bem da vida, objeto da própria prestação (recorde-se que a prestação é o objeto imediato da obrigação e o bem da vida, objeto da própria prestação, é o objeto mediato da obrigação).

A coisa individualizada, na qualidade e quantidade, é certa.

O objetivo das regras do Código Civil em relação à prestação de coisa (dar) é identificar e preservar o bem da vida. A identificação precisa, a preservação e conservação da coisa, viabilizam o adimplemento. A relação jurídica obrigacional envolve dever jurídico específico, razão pela qual há necessidade de liberação. O adimplemento é meio para que os sujeitos concretizem o direito fundamental de liberdade. Por isso, é essencial que no momento do adimplemento a coisa esteja identificada e preservada, o que levará à liberação com a entrega ou restituição da prestação.

Em resumo: as regras jurídicas relativas à "coisa certa", objeto da prestação de dar, tem dois objetivos: 1 – identificar e individualizar a coisa, ou seja, torná-la precisa (conteúdo/art. 313 e extensão/art. 233, ambos do CC); 2 – preservar a coisa para que não se deteriore ou pereça (se a coisa não estiver preservada, o adimplemento poderá ser comprometido – o dever de preservação é imposto ao proprietário, que suportará as consequências do perecimento). A regra é a responsabilidade civil fundada na culpa.

É essencial que, no momento do adimplemento, a coisa esteja individualizada e preservada, para viabilizar a

---

[46] GOMES, Orlando. *Obrigações*. 16. ed. Rio de Janeiro: Forense, 2005.

extinção da obrigação e a liberação do vínculo jurídico (obrigação em sentido estrito).

Com a finalidade de preservar e conservar a coisa até o momento do adimplemento, o Código Civil disciplina as consequências jurídicas decorrentes de eventual perecimento ou deterioração. Nesse diapasão, o direito real de propriedade se associa à obrigação de dar coisa certa. Como a coisa tem dono, é natural que o proprietário seja o maior interessado na sua conservação. Por isso, se houver perecimento, quem perde é o dono.

Nesse ponto, é relevante não confundir o risco de perecimento (total/perda ou parcial/deterioração) que, em regra, deve ser assumido pelo proprietário da coisa (a lei utiliza o direito real de propriedade para estimular a preservação da coisa pelo maior interessado, o dono), com eventual responsabilidade civil em decorrência do perecimento. Nesta última hipótese, deve ser investigada a causa do perecimento. Se houve culpa de qualquer dos sujeitos, haverá responsabilidade civil e, em caso contrário, não. Tal regra relativa à responsabilidade civil fundada em conduta culposa tem exceções.

Tal responsabilidade civil não se confunde com a regra de que a coisa perece para o dono (o dono é quem assume os riscos do perecimento, perda ou deterioração).

No que se refere ao risco pelo perecimento, a questão envolve o direito real de propriedade que se associa ao direito obrigacional. De acordo com o inciso IV do art. 1.275 do Código Civil, o perecimento da coisa é causa de perda da propriedade. Portanto, se a coisa perecer, o proprietário perde. O ônus do perecimento é assumido pelo dono.

Tal risco pelo perecimento, que é do proprietário (aliás, o perecimento da coisa é causa de perda da propriedade), não se confunde com a responsabilidade civil que pode decorrer do perecimento. Neste caso, será investigada a causa do perecimento e quem deu causa ao perecimento. Neste caso, não é relevante se quem deu causa ao perecimento é o proprietário ou não, é o credor ou devedor. Aquele que deu causa ao perecimento de forma culposa responde civilmente pelas perdas e danos. Portanto, o dono, que sempre perde a propriedade, poderá ainda ser responsabilizado civilmente se, culposamente, deu causa ao perecimento (dupla perda) ou obter indenização, se o perecimento puder ser imputado culposamente à outra parte. A responsabilidade civil ou não relacionada ao perecimento e sua causa envolvem a relação jurídica material em sentido estrito e todos os seus limites.

Desta forma, ao impor ao dono o ônus da conservação da coisa e atribuir responsabilidade para aquele que, culposamente, der causa ao perecimento, o Código Civil estimula os sujeitos a preservarem a coisa para viabilizar o adimplemento.

Nos arts. 234 a 242 o CC adota como parâmetro a responsabilidade subjetiva fundada na culpa para disciplinar os efeitos jurídicos da perda ou deterioração do objeto. É relevante, portanto, analisar a conduta dos sujeitos. Se a conduta for culposa, haverá responsabilidade civil a ser imputada àquele que deu causa à perda ou deterioração. Em caso contrário, não.

Todavia, não foi considerada a possibilidade de perda ou deterioração da coisa em decorrência do exercício de atividade de risco ou por conta do exercício abusivo de direito subjetivo ou potestativo (art. 187 do CC), que independem de conduta culposa. As consequências jurídicas da perda ou deterioração foram reduzidas à noção de culpa.

Em síntese, os arts. 234 a 242 do CC se resumem ao seguinte: se a perda ou deterioração da coisa objeto da prestação decorrer de conduta culposa (imprudência, negligência ou imperícia) do sujeito, haverá responsabilidade civil deste (subjetiva), com a consequente obrigação de reparar os prejuízos causados à parte contrária. Se a perda ou deterioração da coisa objeto da prestação não estiver relacionada a qualquer comportamento ou conduta culposa, não haverá responsabilidade civil.

E, se a perda ou deterioração tiver relação com a atividade de risco desenvolvida pelo sujeito, mas sem que este seja o culpado, não haverá responsabilidade civil? A responsabilidade civil objetiva é incompatível com a perda ou deterioração da coisa nas obrigações de prestação de dar coisa certa? A resposta é negativa, porque há no sistema cláusula geral de responsabilidade objetiva, que irradia para todas as relações jurídicas, em especial as obrigacionais que tenham por objeto prestação de dar coisa certa (parágrafo único do art. 927).

A omissão do legislador nos arts. 234 a 242 em relação à responsabilidade objetiva, não impede a aplicação da cláusula geral prevista no parágrafo único do art. 927 do CC às situações de perda ou deterioração relacionadas ao exercício de atividade de risco levada a efeito pelo devedor.

A obrigação de dar coisa certa pode ser viabilizada de duas formas: 1– *entrega* definitiva (obrigação de dar coisa certa propriamente dita – transferência de propriedade) – *devedor* da coisa é *proprietário* (credor do preço); 2– *entrega* temporária/*restituição* (entrega – *transferência/cessão da posse* – desdobramento de posse – art. 1.197 do CC – com posterior dever de restituição) – *credor* da coisa é *proprietário/ possuidor* (devedor de outras obrigações, a depender da bilateralidade/unilateralidade).

Na entrega definitiva, a tradição da coisa implicará transferência da propriedade para o outro sujeito. Por isso, o devedor da coisa deve ser proprietário, para fins de adimplemento. Não basta concretizar os elementos da obrigação, pois a liberação impõe que tenha disponibilidade sobre a coisa. Se realizar a entrega definitiva de coisa que não tem poder de disposição, o legítimo proprietário (art. 1.228 do CC), poderá reivindicá-la das mãos de quem quer que injustamente a detenha ou possua e, no caso, não haverá liberação do vínculo.

Na entrega temporária, o sujeito que se compromete a entregar a coisa manterá a condição de dono (se for proprietário) enquanto o bem estiver na posse direta do outro sujeito. Todavia, o sujeito que se compromete a entregar temporariamente coisa, com o dever de restituição do receptor da coisa, que terá a posse direta, não precisa ser proprietário. Pode ser possuidor legítimo. Neste caso, é essencial que a posse direta do outro sujeito, durante todo o período do desdobramento da posse (art. 1.197), não seja esbulhada, turbada ou ameaçada por terceiro, que se apresente como legítimo possuidor ou que pretenda discutir a propriedade.

Por exemplo, no contrato de compra e venda de coisa certa, a tradição implicará na *entrega* definitiva da coisa pelo devedor, ao passo que na locação, comodato ou depósito, a tradição implicará na entrega temporária, como dever de *restituição* da coisa pelo devedor ao credor.

Há regras de responsabilidade civil subjetiva pela perda ou deterioração da coisa tanto para a obrigação em que a tradição implica entrega definitiva, bem como para aquela que implica entrega temporária com dever de restituição. Em ambas as situações (*entrega definitiva e temporária, com dever de restituição*) haverá a tradição da coisa, que não é sinônimo de transferência de propriedade, mas sim de entrega ou restituição material da coisa, a depender da natureza da obrigação e do contrato.

Estas breves considerações são fundamentais para se compreender a dinâmica dos arts. 234 a 242 do CC.

2.3.2. Conceito e características da obrigação de dar coisa certa

A obrigação que tem por objeto prestação de dar coisa certa corresponde àquela relação jurídica onde o bem da vida é individualizado, determinado e caracterizado como corpo certo.

A obrigação de dar coisa certa pode consistir na transferência de propriedade (entrega definitiva: exemplo: compra e venda) ou na transmissão da posse direta (entrega temporária com dever de restituição: locação).

A obrigação, cujo objeto de dar consista na transferência da propriedade ou na transmissão da posse direta, é denominada *obrigação de dar coisa certa propriamente dita*, e se viabiliza pela *entrega,* disciplinada nos arts. 233 a 237 do CC.

A obrigação de dar coisa certa, além da prestação de dar coisa certa propriamente dita, pode ter por objeto a transferência de posse direta com a obrigação futura de *restituição* da coisa transferida, como são os casos de comodato, depósito e locação, entre outros. A locação, comodato e depósito há por parte do locador, comodante e depositante transferência de posse direta ao locatário, comodatário e depositário, os quais, ao final da relação jurídica obrigacional, têm o dever de restituição.

Para disciplinar a prestação de dar coisa certa com futura obrigação de restituição (entrega temporária), a lei civil reservou os arts. 238 a 242, cujos dispositivos apresentam algumas especificidades em relação à obrigação de dar coisa certa propriamente dita.

Segundo a lição de Paulo Nader[47], "a prestação alcança a atividade de transferência de domínio, de posse, de detenção ou ato de restituição de posse ou de detenção". No mesmo sentido Orlando Gomes[48] afirma que "as prestações de coisas consistem na entrega de um bem, seja para lhe transferir a propriedade, seja para lhe ceder a posse, seja para restituí-la".

A obrigação de dar coisa certa – obrigação de dar propriamente dita e restituição – será identificada a partir de dois princípios de direito:

1. *princípio da identidade da coisa devida (conteúdo da coisa)*: na obrigação de dar coisa certa, o objeto é determinado e individualizado. Não há dúvida sobre as características do objeto da prestação, pois ele possui uma identidade própria. Em consequência desta identidade que o caracteriza (objeto da prestação), o credor não é obrigado a receber coisa diversa da pactuada, ainda que a outra seja mais valiosa (art. 313 do CC). A identidade ou personalidade da coisa cria um elo entre esta, a relação obrigacional e os sujeitos. Tal princípio se refere ao conteúdo da obrigação. A recusa da prestação substitutiva decorre do princípio da especificidade.

Como argutamente obtempera Paulo Nader[49], "sem a vigência deste princípio seria inviável o direito das obrigações, pois os devedores se sentiriam atraídos e estimulados a tentar novas modalidades de solvência para suas obrigações".

A obrigação de dar coisa certa se caracteriza pela identificação, especificação e individualização da coisa desde a formação da relação obrigacional. Nas palavras de Guilherme Gama[50], há especificação do gênero, da espécie, da qualidade e da quantidade, sendo impossível a sua confusão com qualquer outra coisa. Por isso, o princípio da identidade da coisa devida está diretamente relacionado a tal modalidade de prestação.

Nessa modalidade de obrigação, o devedor se compromete a entregar ou a restituir ao credor um objeto individualizado e determinado, distinto de qualquer outro. O princípio da identidade da coisa devida não se aplica à obrigação facultativa, porque nesta o devedor se reserva o direito de entregar coisa diversa ao previsto no pacto originário para fins de adimplemento. Se o credor concordar em receber coisa diversa da pactuada, poderá se caracterizar a dação em pagamento, modalidade especial extintiva da obrigação (art. 356 do CC).

2. *princípio da acessoriedade (extensão):* o segundo princípio que norteia a obrigação de prestação de dar

Resumo

OBRIGAÇÃO DE DAR COISA CERTA	
Transferência de propriedade ou transmissão de posse (Tradição = entrega)	Transmissão de posse direta com futura obrigação de restituição (Tradição = restituição)

---

[47] NADER, Paulo. *Curso de direito civil – Obrigações.* Rio de Janeiro: Forense, 2019. v. II.
[48] GOMES, Orlando. *Obrigações.* 16. ed. Rio de Janeiro: Forense, 2005.
[49] NADER, Paulo. *Curso de direito civil – Obrigações.* Rio de Janeiro: Forense, 2019. v. II.
[50] GAMA, Guilherme Calmon Nogueira. *Direito civil:* obrigações. São Paulo: Atlas, 2008.

coisa certa é o da acessoriedade ou princípio da gravitação jurídica, o qual vem expresso no art. 233 do CC, que dispõe: "A obrigação de dar coisa certa abrange os acessórios dela embora não mencionados, salvo se o contrário resultar do título ou das circunstâncias do caso". Tal princípio se refere à extensão do objeto: prestação. Para fins de adimplemento, é essencial apurar se o acessório, que está vinculado à coisa, integra a prestação principal. Portanto, tal regra resolve problema relativo à extensão da prestação.

A obrigação pode ser principal ou acessória. Os bens acessórios podem se referir a coisas ou direitos, de natureza pessoal ou real. Em relação aos direitos acessórios, um dos principais dispositivos que disciplinam estes direitos de natureza pessoal é justamente o mencionado art. 233. A coisa certa, objeto da prestação, é a obrigação principal. Esta é a que existe por si mesma e, normalmente, está relacionada ao objeto principal da convenção.

Acessória é a coisa ou direito que tem relação de dependência e subordinação se comparada com a principal, com quem se relaciona. A teoria dos bens jurídicos, na parte que trata dos bens reciprocamente considerados, explica os efeitos obrigacionais em relação a bens que se relacionam. Há entre estas coisas ou direitos (principal e acessório) um nexo de interdependência. No direito das obrigações, no âmbito da prestação de coisa, salvo convenção em contrário, consignada no título, as coisas (ou direitos de natureza pessoal) acessórias ou dependentes acompanham a principal. Em razão do princípio da autonomia privada, o art. 233 permite que as partes, por cláusula expressa, excluam a obrigação acessória do ato ou negócio que envolve a principal.

Além disso, a depender do caso concreto, como a praxe comercial, a natureza do negócio, ou uma expectativa gerada pelas partes por conta de outros negócios, mesmo não havendo cláusula expressa, o acessório poderá não acompanhar o principal. A regra de que o acessório segue o principal é excepcionada pela vontade das partes (autonomia privada) ou por uma disposição legal.

No caso das obrigações que tenham por objeto prestação de dar coisa certa, a entrega ou restituição da coisa ou objeto implicará na própria execução da obrigação: adimplemento. A obrigação se forma a partir de fato jurídico (fonte da obrigação).

Por ocasião da formação, uma das partes se obriga a transferir o domínio, a ceder a posse (alguns admitem que a entrega definitiva pode se relacionar apenas à posse, mesmo desvinculada da propriedade) ou a entregar a coisa temporariamente com obrigação de restituição (desdobramento da posse). A transferência do domínio (entrega definitiva) ou a cessão da posse direta com obrigação de restituição (entrega temporária), implicam adimplemento da obrigação. A formação da obrigação de dar coisa certa, cujo objetivo seja a entrega ou a restituição, apenas garantirá ao credor direito de natureza pessoal. A transferência do direito real depende de outro ato, que para os móveis é a tradição e para os imóveis o registro. A transferência do direito real se relaciona com a própria execução da obrigação e com o adimplemento se este for o objetivo.

Por exemplo, o contrato de compra e venda tem natureza meramente obrigacional. As partes, neste contrato, assumem obrigações, a teor do disposto no art. 481 do CC. A transferência do domínio dependerá de outro ato, a tradição ou registro, a depender da natureza do bem (o direito real, portanto, está relacionado à fase de execução da obrigação). Em algumas situações, a entrega da coisa, relacionada ao adimplemento em si, poderá caracterizar direito real. *Desta forma, o direito real, quando vinculado ou originado de uma obrigação, sempre está relacionado à execução ou adimplemento desta.*

No contrato de compra e venda de bem móvel, por ocasião da formação, quando o vendedor se obriga a entregar a coisa (veículo), ainda não há direito real. Com a entrega do bem, portanto, com o adimplemento, haverá a transferência do direito real de propriedade ao comprador. Desse modo, quando o direito real tiver como fundamento obrigação, a sua caracterização dependerá do regular adimplemento.

Em resumo: o princípio da identidade da coisa devida (art. 313) definirá o conteúdo, a substância e a essência da obrigação. O princípio da acessoriedade (art. 233) definirá a extensão da prestação.

2.3.3. Perda ou deterioração do objeto da prestação de dar coisa certa

O Código Civil disciplina as consequências da perda ou deterioração da coisa objeto da prestação na obrigação de dar coisa certa (propriamente dita e cessão de posse com posterior dever de restituição) nos arts. 234 a 242.

Como já ressaltado, as regras jurídicas relacionadas a tal tema apenas levam em conta eventual responsabilidade civil subjetiva, onde a culpa é elemento essencial para a sua caracterização. A responsabilidade civil objetiva, em decorrência da perda ou deterioração da coisa, é simplesmente desprezada, o que não impede tal espécie de responsabilização, em razão da cláusula geral de responsabilidade civil objetiva que orienta esta matéria (parágrafo único do art. 927 do CC).

No entanto, para melhor compreensão e sistematização, é essencial esse esclarecimento inicial, pois as normas do Código Civil utilizam como parâmetro o elemento *culpa*, o que significa dizer que, se existir culpa, haverá responsabilidade civil e, ao contrário, não. As regras previstas nos arts. 234 a 241 disciplinam os efeitos jurídicos decorrentes da perda ou deterioração da coisa (quem assume esse ônus e como se liquida). Em caso de perda ou deterioração da coisa decorrentes de abuso de direito, atividade de risco, entre outras situações jurídicas que dispensam a análise da conduta, também será possível imputar responsabilidade civil a alguém.

Qual a consequência decorrente da perda ou da deterioração da coisa (bem da vida) objeto da prestação?

A resposta dependerá de outra pergunta singela: O perecimento da coisa (perda ou deterioração) pode ser imputado a qualquer das partes? Não é relevante se aquele que deu causa ao perecimento é o dono ou não, é devedor ou o credor. A responsabilidade civil será imputada àquele sujeito que, culposamente, deu causa ao perecimento. Essa a lógica. Se há culpa e não é relevante quem é o dono, haverá responsabilidade. Se não houver culpa, não há responsabilidade civil, ou seja, as partes retornam ao estado anterior.

Em resumo: *não há responsabilidade pelo fortuito, ou seja, se não há culpa, não há responsabilidade.*

No entanto, para responsabilizar o culpado, é essencial que a coisa pereça ou se deteriore ainda em poder do sujeito que está na posse da coisa por ocasião do perecimento. A razão é simples: na responsabilidade subjetiva, há necessidade de analisar o comportamento do sujeito, e isso só é possível se o sujeito responsável estiver em contato com a coisa. Por isso, é relevante verificar o momento exato da entrega da coisa ou da tradição, pois, nas obrigações de dar propriamente ditas (transferência de propriedade e cessão de posse = *entrega definitiva*), até a tradição, pertence ao devedor a coisa. Nas obrigações de dar que implicam restituição, até a devolução ou restituição, o devedor está na posse direta (a coisa pertence ao credor) e, por isso, poderá ser o responsável por eventual perda ou deterioração decorrente de comportamento culposo.

Em qualquer caso, quem suportará os riscos pela perda ou deterioração é o dono. O perecimento da coisa é causa de perda da propriedade, art. 1.275, IV, do CC. Tal risco pelo perecimento, vinculado ao direito real de propriedade, não se confunde com a eventual responsabilidade civil decorrente do perecimento. Neste caso, é essencial investigar quem deu causa ao perecimento e, neste caso, aquele que deu causa, independente de quem seja, responderá civilmente por perdas e danos. Por exemplo, no caso das obrigações de dar propriamente ditas, o dono é o devedor e, nas obrigações de dar que implicam restituição (comodato, depósito, locação), o dono é o credor. O dono, credor ou devedor, suportará os riscos da perda ou deterioração. A coisa sempre perecerá para o dono *(res perit domino suo)*. É a vinculação do direito real com a obrigação de dar coisa certa, porque coisa tem dono.

Como mencionado, não se deve confundir o sujeito que assume o risco pelo perecimento com a responsabilidade civil, que pode ser imputada ao dono ou não (será responsável aquele que deu causa ao perecimento, mesmo se não for o dono). Em algumas situações, o dono perde e dá causa ao perecimento, ou seja, há coincidência entre o risco da perda com a responsabilidade civil na mesma pessoa, o que não permite a confusão entre tais questões.

2.3.3.1. Perda (perecimento) da coisa na obrigação de dar propriamente dita

O perecimento da coisa objeto da prestação na obrigação de dar propriamente dita (transferência de domínio ou transmissão de posse) é disciplinado pelo art. 234 do CC. As consequências deste perecimento dependerão de conduta culposa ou não do devedor (recorde-se que o Código Civil apenas regula os casos de responsabilidade subjetiva) antes da entrega efetiva (tradição).

A primeira parte do artigo trata do perecimento da coisa não provocado por uma conduta culposa do devedor. As partes devem retornar ao estado anterior e, por isso, se o devedor recebeu alguma importância, deverá simplesmente devolvê-la à outra parte. Na segunda parte, o perecimento decorre de conduta culposa do devedor em relação à coisa. Nesta última hipótese, o artigo diz que o devedor *responderá*, ou seja, responderá civilmente pelo perecimento, cuja indenização abrangerá o dano emergente ("equivalente ao valor da coisa perdida") e os lucros cessantes ("perdas e danos").

Nas precisas palavras de Paulo Nader[51]: "Para a caracterização da perda do objeto, com fundamento na força maior ou em caso fortuito, não basta o surgimento de dificuldades; é essencial que o obstáculo seja intransponível não apenas pelo devedor, mas por qualquer pessoa".

Segundo o art. 234 do CC, é relevante identificar o momento da perda, pois o devedor somente responderá civilmente se o perecimento ocorrer antes da tradição ou, mesmo depois, se a obrigação estiver vinculada a uma condição suspensiva ainda pendente (a condição suspensiva obsta a aquisição do direito subjetivo até o seu implemento – art. 125 do CC). Enquanto não há tradição na obrigação de dar coisa certa propriamente dita, consistente na entrega (entrega da posse ou transmissão da propriedade), o titular continua sendo o devedor, o qual suportará a perda em razão do fortuito (sem culpa) ou as consequências da sua conduta culposa (responsabilidade civil pelo equivalente sem prejuízo das perdas e danos).

A culpa de terceiro também exclui a responsabilidade civil subjetiva do devedor em caso de perda ou perecimento da coisa antes da tradição ou pendendo condição suspensiva.

Todavia, na pactuação de qualquer obrigação que tenha por objeto a entrega de uma coisa certa, nada impede que as partes, *mesmo não havendo culpa do devedor, afastem o disposto no art. 234 (primeira parte), para que o devedor assuma, por cláusula expressa, a responsabilidade civil pelo fortuito*, nos termos do art. 393, *caput*, e parágrafo único, do CC. Além disso, mesmo sem culpa, responderá em outras três hipóteses:

1. Se, por cláusula expressa, o devedor assumir a responsabilidade pelo fortuito ou culpa de terceiro, conforme art. 393 do CC. Por força do disposto no art. 393, que deve ser conjugado com estes dispositivos sobre as modalidades das prestações, não há dúvida de que o art. 234 tem natureza de norma dispositiva;

2. Se estiver em mora em relação à entrega da coisa, conforme o art. 399 do CC (responsabilidade civil agravada – o perecimento no período de mora implicará responsabilidade);

3. Em caso de responsabilidade objetiva; e

---

[51] NADER, Paulo. *Curso de direito civil – Obrigações.* Rio de Janeiro: Forense, 2019. v. II.

4. Em casos especiais previstos em lei, como os arts. 524 (reserva de domínio) e 535 (contrato estimatório), ambos do CC, por exemplo (há outras situações específicas).

Há contratos em que, por expressa previsão legal, o devedor possuidor responderá civilmente pelo fortuito ou força maior, ainda que não haja culpa de sua parte. São exemplos: *o contrato estimatório*, sobre o qual o art. 535 dispõe que o consignatário, possuidor direto, não se exonera da obrigação de pagar o preço ao consignante, se a restituição da coisa, em sua integralidade, se tornar impossível, ainda que por fato a ele não imputável, ou seja, mesmo que não haja culpa da parte do devedor possuidor; bem como o *contrato de compra e venda com a cláusula de reserva de domínio*, pois o art. 524 impõe ao comprador a responsabilidade pelos riscos da coisa a partir de quando lhe foi entregue. São situações excepcionais em que, mesmo não havendo culpa por parte do devedor, este responderá civilmente pelo perecimento.

Em relação à perda da coisa na prestação que tem por objeto coisa certa, há uma última consideração. Se a obrigação decorre de um contrato gratuito, o disposto no art. 234 deve ser obtemperado com a norma prevista no art. 392 do CC. Nesta situação, aquele a quem o contrato aproveite responde por simples culpa e aquele a quem não favoreça, mesmo sendo culpado, só responderá por dolo, jamais por culpa em sentido estrito.

Nos contratos onerosos, cada uma das partes responderá por simples culpa, culpa em sentido estrito e dolo. No contrato gratuito, o não favorecido, doador, por exemplo, só responderá por dolo em caso de perecimento da coisa, ainda que essa perda tenha relação com uma conduta culposa sua. Nesta hipótese, afasta-se a regra do art. 234 e aplica-se o disposto no art. 392 do CC.

2.3.3.2. Deterioração (perecimento parcial) da coisa na obrigação de dar propriamente dita

A deterioração ou perecimento parcial da coisa objeto da prestação na obrigação de dar propriamente dita (transferência de domínio ou transmissão de posse) é disciplinada pelos arts. 235 e 236 do CC. As consequências deste perecimento parcial ou deterioração também dependerão de uma conduta culposa ou não do devedor (recorde-se que o Código Civil apenas regula os casos de responsabilidade subjetiva) antes da entrega efetiva (tradição).

Dispõe o Código Civil, no art. 235: "Deteriorada a coisa, não sendo o devedor culpado, poderá o credor resolver a obrigação, ou aceitar a coisa, abatido de seu preço o valor que perdeu".

Esse artigo disciplina o perecimento parcial da coisa objeto da prestação sem qualquer relação de causalidade com uma conduta culposa do devedor. As partes devem retornar ao estado anterior e, por isso, se o devedor recebeu alguma importância, deverá simplesmente devolvê-la à outra parte. No entanto, a segunda parte do dispositivo permite que o credor aceite a coisa deteriorada, com abatimento do preço equivalente. Por exemplo, se "A" se compromete a entregar a "B" um veículo avaliado em R$ 20.000,00 (vinte mil reais) e, antes da tradição, um terceiro colide no veículo provocando danos materiais no valor de R$ 500,00 (quinhentos reais), em vez de resolver a obrigação, poderá o credor ficar com o veículo danificado, com direito a um desconto de R$ 500,00 (quinhentos reais), equivalente ao valor necessário para reparar a parte deteriorada.

Esta alternativa a benefício do credor, que poderá optar entre resolver a obrigação ou exigir a coisa deteriorada, tem um limite principiológico, e está afinada com ideia contemporânea de obrigação *como um processo dinâmico e funcional*. Esse limite é imposto pelo princípio da boa-fé objetiva. No caso de deterioração mínima ou insignificante, o credor não poderá resolver a obrigação, porque tal conduta será abusiva e contrária à ética imposta pelo princípio da boa-fé objetiva nas relações privadas, cujo princípio, entre outras funções, limita o exercício de direitos subjetivos (art. 187, que trata da teoria do abuso de direito). Tudo dependerá das circunstâncias do caso concreto. Desta forma, em um negócio jurídico de compra e venda de veículo no valor de R$ 50.000,00 (cinquenta mil reais), não poderá o credor resolver a obrigação, com a invocação do art. 235, caso a deterioração não ultrapasse, por exemplo, R$ 200,00 (duzentos reais). Tal conduta seria abusiva. Nesta hipótese, diante da solidariedade nas relações obrigacionais e a necessária cooperação que deve existir entre os parceiros, sujeitos integrantes da obrigação, restará apenas o direito ao desconto equivalente ao prejuízo.

Por outro lado, se a deterioração decorrer ou tiver relação com conduta culposa do devedor, de acordo com o art. 236, poderá o credor exigir o equivalente monetário da coisa ou aceitá-la no estado em que se encontra, com direito a reclamar, nos dois casos, indenização por perdas e danos.

A responsabilidade civil do devedor pela deterioração, como já explicado, pressupõe culpa do devedor.

Aplica-se à deterioração a mesma análise sobre a responsabilidade civil, mesmo sem culpa e a questão relativa aos contratos gratuitos.

Sobre a deterioração mínima e a relação com o princípio da boa-fé objetiva, mesmo sendo o devedor culpado, a depender do caso concreto, é possível limitar o direito subjetivo do credor, para que ele seja *obrigado* a aceitar a coisa no estado em que se acha, sem prejuízo da indenização por perdas e danos. A culpa do devedor não pode, sob qualquer pretexto, ser óbice para a aplicação do princípio da boa-fé objetiva no art. 236 do CC, por ser princípio geral de direito, que impõe um comportamento ético, leal e honesto do sujeito em toda e qualquer relação de natureza privada.

Conforme observa Guilherme Gama[52], "a doutrina tem sustentado que a deterioração deve ser ponderável, já que não seria legítimo que o credor recusasse receber a coisa apenas por uma danificação de pequena monta, em consonância com o princípio da boa-fé objetiva (art. 187)".

---

[52] GAMA, Guilherme Calmon Nogueira. *Direito civil*: obrigações. São Paulo: Atlas, 2008, p. 119.

2.3.3.3. A questão da tradição, dos melhoramentos e acrescidos nas obrigações de dar propriamente ditas (transferência de domínio ou transmissão de posse)

O art. 237 do CC disciplina os melhoramentos e acrescidos nas obrigações de dar propriamente ditas, nas quais, até a tradição (entrega), a coisa pertence ao devedor. Os melhoramentos e acrescidos nas obrigações de restituir são disciplinados pelos arts. 241 e 242 do CC.

Os *acréscimos* e os *melhoramentos* na coisa nada mais são do que benfeitorias ou, em algumas hipóteses, acessões físicas ou naturais. Segundo o art. 237, nas obrigações de dar propriamente ditas, até a tradição ou entrega da coisa, o devedor é o dono e, por isso, a coisa a ele pertence, com os melhoramentos e acrescidos supervenientes ao nascimento da obrigação.

Por exemplo: "A" se compromete a transmitir a propriedade de uma fazenda a "B", ou seja, assume um compromisso de dar uma coisa certa. Se, entre a formação do negócio e a tradição, a coisa suportar algum melhoramento por conta de benfeitorias necessárias ou for valorizada por uma avulsão (art. 1.251, fenômeno natural que aumenta a propriedade, poderá o devedor exigir do credor aumento do preço em razão destes acrescidos e melhoramentos. Se o credor não concordar em remunerar estes melhoramentos e acrescidos, o devedor poderá simplesmente resolver a obrigação. Entretanto, tais melhoramentos e acrescidos não podem decorrer de uma conduta arbitrária do devedor porque isso violaria o princípio da boa-fé objetiva.

O devedor também tem direito ao aumento do preço se o acréscimo decorre de crias de animais. No que tange aos frutos, os percebidos são do devedor, mas os pendentes cabem ao credor. Carlos Roberto Gonçalves[53] afirma: "Também os frutos percebidos são do devedor, cabendo ao credor os pendentes (art. 237, parágrafo único, do CC). O devedor faz seus os frutos percebidos até a tradição porque ainda é proprietário da coisa. A percepção dos frutos foi exercício de um poder de domínio. Os frutos pendentes, ao contrário, passam com a coisa ao credor, porque a integram até serem dela separados".

Importante ressaltar que não há conflito entre o art. 237 e o disposto no art. 233, ambos do CC. Os melhoramentos e acrescidos podem ser considerados acessórios da coisa. Segundo o art. 233, na obrigação de dar coisa certa, o acessório segue o principal. No art. 237, esta regra é invertida? Como explicar essa aparente contradição? Os melhoramentos e acrescidos existentes até a formação da obrigação seguem o principal e, sobre eles, o devedor não tem direito de exigir aumento do preço. Incide aí o art. 233. Porém, se os melhoramentos e acrescidos foram supervenientes à formação, incidirá o art. 237. Portanto, é o momento da origem dos melhoramentos e acrescidos que determinará qual a regra a ser aplicada.

Em razão do princípio da boa-fé objetiva, não poderá o devedor, de forma maliciosa, realizar benfeitorias ou outros melhoramentos, no intuito de tirar proveito da regra prevista no art. 237. As benfeitorias devem ser úteis e essenciais à coisa principal, além de terem de ser realizadas de boa-fé pelo devedor.

Nas palavras de Lotufo[54], a boa-fé do devedor é essencial, pois os melhoramentos e acrescidos não podem decorrer de um comportamento que onerem o credor com incrementos maliciosos. No caso concreto, caberá ao julgador observar se o melhoramento era necessário e essencial, ou se esse melhoramento decorreu de um fato natural, como a cria de animais ou as acessões naturais.

A prestação de coisa é compatível com a teoria dos vícios redibitórios e da evicção, garantias legais relacionadas à entrega (definitiva ou temporária) de coisa. Portanto, se a coisa ostentar vício de qualidade, que se caracterize como vício redibitório, o receptor poderá restitui-la, com extinção da obrigação (nesta situação, não se analisa a conduta ou os pressupostos da responsabilidade civil, pois os vícios redibitórios não são causa de responsabilidade civil – autonomia; no caso de má-fé, poderá haver indenização, mas com base na má-fé). Se a coisa for entregue porque não tem poder de disponibilidade e o receptor perdê-la para terceiro, haverá evicção e, com base nesta, poderá responsabilizar o responsável pela transferência, com pedido de indenização (art. 450 do CC). Assim, as garantias legais dos vícios redibitórios e a evicção não se confundem com a responsabilidade civil que decorre do perecimento e da deterioração da coisa.

2.3.3.4. Perda (perecimento) da coisa na obrigação de dar que implica restituição

Os arts. 238 e 239 do CC disciplinam a perda ou perecimento da coisa na obrigação de dar coisa certa, quando há a subsequente obrigação de restituição por parte do sujeito que a recebe.

Tal situação se verifica normalmente nos contratos de comodato, depósito e locação, dentre outros, nos quais o comodatário, depositário e locatário, com o término do prazo ou após o decurso de prazo compatível com cada um destes contratos, terão o dever de restituir o bem ao legítimo dono.

O devedor, nestes casos, terá a posse direta da coisa e, antes da devolução (tradição = entrega), assume os riscos por eventual perecimento (total ou parcial) culposo da coisa objeto da prestação (por exemplo, a coisa dada em comodato, em depósito ou em locação).

Portanto, a obrigação de dar coisa certa que implica em restituição, consiste na obrigação de devolução de coisa recebida pelo devedor. Nesta hipótese, a regra é a mesma já estudada, ou seja, a responsabilidade civil do possuidor ou devedor dependerá de nexo de causalidade entre o perecimento e a conduta culposa.

---

[53] GONÇALVES, Carlos Roberto. *Direito civil esquematizado*. São Paulo: Saraiva, 2013. v. I.

[54] LOTUFO, Renan, *Código civil comentado*. São Paulo: Editora Atlas, v. 2.

A responsabilidade civil, portanto, pressupõe culpa do devedor. Se a coisa se perder, sem culpa do devedor, antes da tradição, suportará o credor a perda, sem direito a perdas e danos, resolvendo-se a obrigação. Neste caso, o dono é o credor e a coisa perece para o dono.

No entanto, neste caso de *perda* da coisa a ser restituída sem culpa do devedor, ressalvam-se os direitos do credor até o dia da perda, conforme o art. 238 do CC (ex.: se a coisa gerou frutos até a sua perda, o credor terá direito sobre eles até o momento da destruição fortuita da coisa principal).

Nesse caso, como o perecimento total não está vinculado a conduta culposa do devedor, a obrigação simplesmente se resolve (isso não impede eventual reconhecimento de responsabilidade objetiva, como já ressaltado). É a regra de que o devedor não responde pelo fortuito ou por culpa de terceiro. Ademais, a coisa sempre perece para o dono e, nas obrigações de dar coisa certa que implicam em restituição, o dono é o credor (ao contrário da obrigação de dar coisa certa propriamente dita, onde o dono é o devedor). Nas duas hipóteses, o princípio é o mesmo (a coisa perece para o dono) e o prejuízo será suportado pelo dono da coisa.

Entretanto, mesmo que o devedor não seja culpado pelo perecimento nas obrigações de restituir, é possível que, em algumas hipóteses, responda civilmente pelos prejuízos:

1. no caso de assumir o risco pelo fortuito (art. 393);
2. se estiver em mora quando ocorreu a perda (art. 399);
3. nos casos de responsabilidade civil objetiva; e
4. nas hipóteses legais. Ou seja, nas mesmas hipóteses em que haverá responsabilidade civil do devedor nas obrigações de dar coisa certa propriamente dita, mesmo não sendo o culpado pelo perecimento.

Portanto, o art. 238 do CC, por ter natureza de norma dispositiva, não pode ser considerado absoluto, admitindo exceções.

Paulo Nader[55] ressalta um exemplo de responsabilidade civil do devedor, mesmo não sendo o culpado pela perda da coisa, por conta de uma determinação legal. Segundo ele, no contrato de comodato, o comodatário, diante de um risco concreto, não pode preferir salvar os seus pertences em lugar da coisa que lhe foi emprestada. Embora o risco de perecimento decorra de um evento fortuito, o comodatário responderá civilmente por perdas e danos, na forma do art. 583.

Por outro lado, se a coisa a ser restituída se perder por culpa do devedor, este responderá pelo equivalente em dinheiro, sem prejuízo das perdas e danos (art. 239 do CC): "Se a coisa se perder por culpa do devedor, responderá este pelo equivalente, mais perdas e danos".

Na mesma ideologia que inspirou o legislador na obrigação de dar coisa certa propriamente dita (art. 234), se a perda ou perecimento da coisa decorrer de uma conduta culposa do devedor, ele responderá civilmente pelas perdas e danos, que envolve o equivalente (dano emergente – valor da coisa – o que efetivamente perdeu) e os lucros cessantes (outros prejuízos, desde que provada a probabilidade objetiva de dano futuro no patrimônio da vítima).

2.3.3.5. Deterioração (perecimento parcial) da coisa na obrigação de dar que implica restituição

O art. 240 do CC trata da hipótese em que a coisa a ser restituída apenas se deteriora ou perece parcialmente.

Os princípios a serem aplicados a esta situação fática são os mesmos já comentados anteriormente (a coisa perece para o dono, que, no caso, é o credor e não há responsabilidade civil subjetiva do devedor se o perecimento parcial não decorrer de um comportamento culposo).

Dessa forma, segundo o dispositivo, se não houver culpa do devedor em relação à deterioração da coisa a ser restituída, recebê-la-á o credor tal como se ache, sem direito à indenização (sem culpa não há responsabilidade civil subjetiva, embora seja possível a responsabilidade do devedor, mesmo não culpado, nas hipóteses já mencionadas no item anterior, as quais se aplicam a esta situação).

Por outro lado, se a coisa a ser restituída se deteriora por culpa do devedor, responderá este pelo equivalente em dinheiro, sem prejuízo das perdas e danos (arts. 239 c/c 240, segunda parte, ambos do CC). Se houver culpa, incidem as regras da responsabilidade civil subjetiva. No entanto, neste caso, há questão a ser considerada. No caso de culpa do devedor na deterioração da coisa a ser restituída, o art. 240 impõe que seja observada a regra prevista no art. 239, ou seja, indenização pelo valor da coisa, sem prejuízo das perdas e danos.

Em simetria ao disposto no art. 236 do CC, o qual, no caso de deterioração da coisa antes da tradição, na obrigação de dar coisa certa propriamente dita, autoriza o credor a aceitar a coisa no estado em que se encontre, sem prejuízo das perdas e danos (dano emergente e lucro cessante), no caso de deterioração da coisa a ser restituída, embora omisso o art. 240, poderá o credor aceitar a coisa deteriorada, sem prejuízo de exigir as perdas e danos correspondentes. Não há sentido em privar o credor da posse do bem deteriorado, até porque esta deterioração poderá ser mínima e, neste caso, a rejeição pura e simples da coisa poderia caracterizar abuso de direito (art. 187).

Na I Jornada de Direito Civil, promovida pelo CJF, foi aprovado o Enunciado 15, que corrobora esse entendimento: "As disposições do art. 236 do CC também são aplicáveis à hipótese do art. 240 do CC, *in fine*".

---

[55] NADER, Paulo. *Curso de direito civil – Obrigações*. Rio de Janeiro: Forense, 2019. v. II, p. 85.

2.3.3.6. Melhoramentos na coisa objeto da prestação na obrigação de restituir

O objeto da obrigação de dar coisa certa é a prestação de coisas e consiste na atividade de dar, entregar ou restituir.

As obrigações de dar consistem na entrega de uma coisa, seja para lhe transferir a propriedade, seja para ceder a posse ou, ainda, para restituí-la (quando o credor recupera a posse ou a detenção da coisa entregue ao devedor).

Na obrigação de dar coisa certa, o devedor obriga-se a dar, entregar ou restituir coisa específica, certa e determinada. Como já analisado, há duas subespécies de obrigações de dar: dar propriamente dita (ou entrega) e restituir (ou restituição).

Na obrigação de dar propriamente dita, se a coisa, entre a origem da obrigação e a tradição, suporta algum melhoramento ou tem algum *acréscimo* ou agregação de valor, aplica-se o art. 237 do CC.

Por outro lado, na obrigação de restituir (dar que implica restituição), se sobrevier melhoramento ou acréscimo da coisa quando esta estiver na posse do devedor (comodatário, depositário e locatário, por exemplo), tal situação se sujeitará às hipóteses previstas nos arts. 241 e 242, ambos do CC.

Estes melhoramentos ou acréscimos podem consistir em benfeitorias ou acessões, físicas ou naturais.

Há duas hipóteses a serem consideradas: se estes melhoramentos ou acréscimos surgem na coisa sem despesa ou trabalho do devedor, incide o art. 241. Se o devedor desembolsa valores ou contribui com seu trabalho para estes melhoramentos ou acrescidos, a regra é a do art. 242.

A referência desta norma ao art. 238 do CC tem uma única finalidade: demonstrar que a regra do art. 241 só se aplica para as obrigações de restituir. Portanto, o art. 241 não está vinculado a qualquer comportamento culposo do devedor, não está condicionado à inexistência de culpa (hipótese do art. 238). O objetivo foi apenas vincular a regra legal (art. 241) às obrigações de restituir.

Além disso, o art. 241 faz menção ao termo *sobrevier*, o que significa que os melhoramentos e acrescidos devem ser supervenientes ao início da posse pelo devedor, pois os melhoramentos e acrescidos na coisa antes do início da posse sempre pertencerão ao credor.

Na situação disciplinada pelo art. 241, se o melhoramento ou acrescido sobrevier sem qualquer custo para o devedor, seja este custo econômico (desembolso de valor) ou pessoal (fruto de seu trabalho), tais melhorias pertencerão ao credor, dono da coisa, sem que esteja desobrigado de qualquer indenização. Por isso, a norma diz *lucrará o credor*. Como não houve custo econômico ou pessoal para o devedor, não há que se cogitar em enriquecimento sem justa causa. Como exemplos destes melhoramentos sem custo para o devedor, podem ser citadas as acessões naturais (formação de ilhas, aluvião, avulsão e abandono de álveo – arts. 1.249 a 1.252 do CC), que, na maioria das vezes, valoriza a coisa, e benfeitorias realizadas pelo próprio credor ou por terceiro, quando o devedor estiver na posse do bem.

No contrato de depósito, o art. 629 determina que o depositário restitua o bem ao depositante quando exigido, com todos os frutos e acrescidos. O art. 1.435, IV, da Lei Civil, prevê que o credor é obrigado a restituir a coisa, com os respectivos frutos e acessões, uma vez paga a dívida. Para saber se estes frutos e acrescidos deverão ser indenizados pelo depositante, deverão ser observadas as regras gerais especificadas nos arts. 241 e 242 do CC. A indenização destes frutos e acrescidos dependerá da existência ou não de custo econômico ou pessoal por parte do devedor, no caso, o depositário. Portanto, sempre que houver obrigação (materializada em contrato ou não) que implica restituição, os melhoramentos e acrescidos serão disciplinados pelos arts. 241 e 242, salvo regra específica em contrário.

A Lei de Locações (Lei n. 8.245/91) possui regras específicas relacionadas aos melhoramentos na coisa locada, como o art. 35, por exemplo.

Se na coisa a ser restituída para o melhoramento houve, por parte do devedor, custo econômico ou social ou, segundo a norma, se empregou o devedor trabalho ou dispêndio para evitar o enriquecimento sem justa causa, o art. 242 do CC faz remissão sobre a indenização de benfeitorias realizadas pelo possuidor de boa-fé ou má-fé.

Nesse caso, as melhorias contaram com a contribuição do devedor possuidor, podendo estar relacionada, tal contribuição, ao aspecto financeiro ou pessoal (trabalho). O devedor, nesta hipótese, deverá ser indenizado. Entretanto, o valor da indenização está atrelado à sua boa ou má-fé, razão pela qual será variável.

No caso de realizar benfeitorias na coisa a ser restituída, se estiver de má-fé, terá direito apenas à indenização pelas benfeitorias necessárias. Se estiver de boa-fé, terá direito às benfeitorias necessárias, úteis, bem como de levantar as voluptuárias, além do direito de retenção relativo às primeiras.

O parágrafo único do art. 242 trata da questão dos frutos e, da mesma forma que as benfeitorias, faz remissão às regras da posse sobre a forma de indenização. As regras previstas nos arts. 1.214 a 1.216 são autoexplicativas.

Finalmente, deve ser registrado que o Código Civil, em matéria possessória, também apresenta regras específicas para regular a perda e a deterioração da coisa possuída e o eventual direito de indenização decorrente destes eventos, conforme se observa nos arts. 1.217 e 1.218.

Em resumo, os melhoramentos e acrescidos realizados com o trabalho ou recursos do devedor deverão ser indenizados, mas o valor da indenização dependerá da sua boa ou má-fé. Diante disso, a melhoria não poderá ser arbitrária ou sem causa, pois o devedor que a fizer será penalizado com as regras da posse que regulam o comportamento de má-fé.

Resumo

		OBRIGAÇÃO DE DAR COISA CERTA PROPRIAMENTE DITA	OBRIGAÇÃO DE RESTITUIR
PERDA	SEM CULPA	Resolve-se a obrigação.	Sem culpa, antes da tradição, suportará o credor a perda, sem direito a perdas e danos, resolvendo-se a obrigação.
	COM CULPA	Responderá pelo valor da coisa, além das perdas e danos.	Se a coisa a ser restituída se perder por culpa do devedor, responderá este pelo equivalente em dinheiro, sem prejuízo das perdas e danos (art. 239 do CC).
DETERIORAÇÃO	SEM CULPA	Em caso de deterioração sem culpa, abre-se ao credor a alternativa de poder, a seu critério, resolver a obrigação ou aceitar, abatido o preço, a coisa que pereceu parcialmente. Se o credor resolver aceitar a coisa com abatimento do preço, tratar-se-á de um novo acordo, devido ao princípio da identidade da coisa devida (art. 235 do CC).	Não havendo culpa do devedor, recebê-lo-á o credor tal como se ache, sem direito à indenização.
	COM CULPA	Se a coisa se deteriora por culpa do devedor (art. 236 do CC), poderá o credor exigir o equivalente ou aceitar a coisa no estado em que se ache, podendo, em qualquer caso, reclamar perdas e danos. Como se vê, cria-se nova alternativa ao credor.	Responderá o devedor pelo equivalente em dinheiro, sem prejuízo das perdas e danos (arts. 239 c/c 240, segunda parte, ambos do CC), mas poderá aceitar a coisa deteriorada, sem prejuízo das perdas e danos.

2.4. OBRIGAÇÃO DE DAR COISA INCERTA

2.4.1. Considerações preliminares

A obrigação de dar coisa incerta representa apenas uma fase, necessariamente transitória, que antecede a obrigação de dar coisa certa. Nesta espécie de obrigação, o objeto da prestação ainda não está individualizado ou personalizado. Há a indicação do gênero e da quantidade, mas não há a especificidade ou a qualidade da coisa que a torne um corpo certo e determinado.

Por isso, todas as regras previstas no Código Civil e que estão relacionadas à obrigação de dar coisa incerta possuem um único objetivo: individualizar a coisa para converter, até a data prevista para o adimplemento, a obrigação genérica (coisa incerta) em uma específica (coisa certa).

A obrigação de dar coisa incerta é um estágio antecedente da obrigação de dar coisa certa. A indeterminação transitória do objeto não retira a sua eficácia e utilidade.

Sobre o assunto, vale ressaltar as palavras do mestre Caio Mário[56]: "Se as coisas são indicadas pelo gênero e pela quantidade, a obrigação é útil e eficaz, embora falte a individuação da *res debita*. O estado de indeterminação é transitório, sob pena de faltar objeto à obrigação. Até o momento da execução, a obrigação de gênero deverá converter-se em entrega de coisa certa".

As obrigações de gênero ou de dar coisa incerta estão disciplinadas nos arts. 243 a 246 do CC e encerram as disposições sobre as obrigações de dar.

2.4.1.1. Conceito e características da obrigação de dar coisa incerta

A obrigação de dar coisa incerta se caracteriza pela indicação do gênero e da quantidade.

O objeto ainda não está determinado ou individualizado. Entretanto, esta indeterminação é relativa (porque é possível a personalização do objeto) e transitória (o objeto deve ser especificado antes da data prevista para o adimplemento).

O ato pelo qual o objeto será individualizado é denominado *escolha*. Por meio da escolha, a obrigação genérica se converterá em específica. Nas palavras de Paulo Nader[57], "a obrigação, que também é chamada de gênero, nasce apenas determinável, mas antes da execução ela se torna determinada por um ato de escolha".

As obrigações de dar coisa incerta podem ter por objeto coisas fungíveis e infungíveis, embora, na maioria das vezes, haja uma vinculação entre coisa incerta e infungibilidade. Por exemplo, quando a prestação consiste no dar uma tela de um pintor famoso que já faleceu, sem se especificar qual dentre os trabalhos por ele realizados, a prestação, embora de coisa incerta, será infungível ou personalíssima.

No mais, concordamos com grande parcela da doutrina que defende a impossibilidade de se enquadrar as obrigações pecuniárias entre as obrigações de dar coisa certa e incerta. Neste sentido, Nelson Rosenvald e Cristiano

---

[56] PEREIRA, Caio Mário da Silva. Instituições *de direito civil*. 20. ed. Teoria geral das obrigações. Rio de Janeiro: Forense, 2004. v. II, p. 55-56.

[57] NADER, Paulo. *Curso de direito civil – Obrigações*. Rio de Janeiro: Forense, 2019. v. II.

Chaves[58]: "(...) as obrigações pecuniárias não serão enquadradas como obrigações de dar coisa certa ou incerta, justamente pela sua natureza especial dentre as obrigações de dar. Recebem tratamento normativo peculiar, como modalidade própria de obrigações, a teor dos arts. 315 a 318 do CC".

A determinação da qualidade da coisa incerta se faz pela escolha, ato pelo qual a obrigação genérica se converte em obrigação específica. E a quem compete a escolha? O direito subjetivo de escolha é objeto do disposto no art. 244 do CC e pertence, em regra, ao devedor. Entretanto, a norma tem natureza dispositiva e, por esta razão, as partes podem eleger outro sujeito para a realização ou concretização deste ato fundamental neste tipo de obrigação.

Segundo o art. 244, "nas coisas determinadas pelo gênero e pela quantidade, a escolha pertence ao devedor, se o contrário não resultar do título da obrigação". Logo, o título poderá determinar a quem compete a escolha. Em caso de omissão, o art. 244, de forma supletiva à vontade das partes, concede ao devedor o direito subjetivo de escolher ou individualizar o objeto.

Independentemente de quem seja o responsável pela escolha, tal direito subjetivo é limitado pelo art. 187 do CC, o qual impõe limites éticos ao seu exercício (teoria do abuso de direito). Em atenção ao princípio da boa-fé objetiva e da necessária cooperação e solidariedade em qualquer relação obrigacional, aquele que escolher deve fazê-lo pela média ou, como diz a última parte do art. 244 do CC: "não poderá dar a coisa pior, nem será obrigado a prestar a melhor". A escolha integra a fase de desenvolvimento do processo obrigacional e, como já verificado, durante todo este processo até o adimplemento, as partes devem agir com ética, de acordo com o princípio da boa-fé objetiva que, nos termos da última parte do art. 244 do CC, é um desdobramento deste valor fundamental imposto pela República a todas as relações privadas. Portanto, não há liberdade absoluta de escolha.

Por exemplo, se um sujeito vende para outrem cem vacas, sem especificar quais seriam esses animais, haverá um gênero (vaca) e a quantidade (100). Portanto, tratar-se-á de uma obrigação de dar coisa incerta até a escolha. O responsável pela escolha, credor ou devedor, não poderá escolher nem as melhores vacas do rebanho e nem ser constrangido a receber as piores (tucura[59], por exemplo).

Todavia, concordamos com as observações de Paulo Nader[60] sobre a dificuldade de ser efetivada a escolha, pois a ideia de *melhor e pior* implica em um juízo de valor, de apreciação, estimativa, critério de justiça, cujas medidas não são matemáticas. A heterogeneidade acentuada das coisas também pode trazer profundas dificuldades para o ato de escolha.

Por isso, é importante um comportamento ético e leal das partes durante o processo de escolha, uma vez que a subjetividade poderá levar os sujeitos a conflitos intermináveis. Até por conta desta dificuldade que a obrigação de gênero pode acarretar, ela é rara, pois a individualização ou personalização do objeto, desde a origem da obrigação, é, ainda, o modo mais seguro para se estabelecer uma relação privada desta natureza, evitando-se conflitos desnecessários.

A partir da individualização, o objeto se torna determinado e a obrigação será de coisa certa. *A escolha implicará concentração da obrigação no objeto escolhido.* Para a concretização do ato de escolha, é essencial que o credor seja cientificado. Portanto, a escolha é um ato complexo, subdividido em duas fases que somente existirão se a escolha competir ao devedor. Caso contrário, basta a escolha pelo credor que o objeto estará individualizado.

Se a escolha competir ao devedor, a individualização do objeto e a consequente conversão da obrigação genérica em específica estão condicionadas a:

1. escolha propriamente dita; e
2. cientificação da escolha ao credor (art. 245).

Em relação à cientificação, o art. 245 dispõe que "cientificado da escolha o credor, vigorará o disposto na seção antecedente", a qual trata das regras da obrigação de dar coisa certa. Com a individualização do objeto, a obrigação passa a ter por objeto uma coisa certa e, a partir deste momento, será disciplinada pelo disposto nos arts. 233 a 242, todos do CC.

No que tange à cientificação, Guilherme Gama[61] ressalta não ser suficiente a escolha, devendo ser comunicado o credor a respeito: "A escolha normalmente ocorrerá no momento do adimplemento, ou seja, com a execução da obrigação, quando ficar a cargo do devedor, mas é perfeitamente possível que ela se dê em momento anterior ao adimplemento – tal como previsto no negócio – e, neste caso, a comunicação deverá ser feita através de notificação – seja judicial ou extrajudicial, sempre de maneira inequívoca".

A necessidade de ser dada ciência à outra parte na obrigação de dar coisa incerta só tem sentido se o direito de escolha for exercido pelo devedor. Se o credor for o responsável pela escolha, a partir deste ato já terá ciência do objeto da prestação e, portanto, não há que se cogitar em cientificação, na forma determinada pelo art. 245. No entanto, embora neste caso o credor não tenha que ser cientificado, deve comunicar o devedor sobre os objetos escolhidos para que este não disponha dos bens.

São situações diferentes: a escolha do devedor implica um ato complexo. A obrigação genérica se converte em específica com a escolha e a cientificação do credor. A escolha pelo credor já cumpre essa dupla finalidade. A comunicação ao devedor não é, neste caso, condição para

---

[58] FARIAS, Cristiano Chaves de; ROSENVALD, Nelson. *Direito das obrigações*. 4. ed. Rio de Janeiro: Lumen Juris, 2010, p. 175.

[59] Gado sem qualidade.

[60] NADER, Paulo. *Curso de direito civil – Obrigações*. Rio de Janeiro: Forense, 2019. v. II, p. 96-97.

[61] GAMA, Guilherme Calmon Nogueira. *Direito civil*: obrigações. São Paulo: Atlas, 2008, p. 125.

a individualização da prestação, mas para impedir que o devedor disponha ou tome ciência dos bens escolhidos, para fins de responsabilidade civil por eventual perda ou deterioração.

Após a cientificação do credor e a comunicação do devedor, a obrigação passa a ser de dar coisa certa, sujeitando-se às disposições deste tipo de obrigação.

Como o gênero não perece antes da escolha, ou seja, enquanto a obrigação de dar for genérica, não poderá o devedor invocar as regras previstas nos arts. 234 a 242 do CC para o caso de perda ou deterioração, ainda que tais fatos decorram de força maior ou caso fortuito, conforme dispõe o art. 246 da Lei Civil.

Assim, antes da individualização da coisa, que se dará após a cientificação do credor, a obrigação é de gênero e, por isso, eventual perda ou deterioração em nada afetará a validade e eficácia da obrigação. Finalmente, não pode ser confundida a obrigação genérica com a obrigação alternativa. Na obrigação genérica, há uma única prestação, cujo objeto não está individualizado. Na obrigação alternativa há pluralidade de prestações, com objetos determinados e, escolhido um, a obrigação se tornará simples, com a concentração no objeto escolhido.

Segundo o mestre Caio Mário[62], a obrigação alternativa recai sobre duas coisas, uma das quais é objeto de escolha, enquanto a obrigação de dar coisa incerta tem por objeto uma coisa só, embora designada apenas pelo gênero e pela quantidade, o que sugere a sua especialização.

Apenas como registro, as obrigações alternativas pressupõem várias prestações, sendo que basta o cumprimento de uma para o regular adimplemento. No entanto, nada impede que as prestações alternativas sejam incertas, caso em que haverá duas escolhas, uma para individualização da prestação, ou seja, escolha do gênero, e outra escolha para especificação da prestação escolhida. Por exemplo: "A" está obrigado a prestar a "B" uma dentre duas prestações alternativas – ou "A" entrega cem vacas ou entrega mil sacas de café. As obrigações são alternativas, entregando as vacas ou o café estará desobrigado. Mas ambas são de gênero, pois não houve especificação das vacas nem do café. Neste caso, primeiro haverá uma escolha sobre o gênero e, depois, a escolha recairá sobre o objeto relacionado ao gênero anteriormente escolhido.

2.5. OBRIGAÇÃO DE FAZER

A outra modalidade de obrigação *positiva* é a obrigação de fazer. Consiste na prestação de *fatos*, ao contrário da obrigação de dar, que envolve prestação de *coisas*. Na prestação de coisa, além da identificação da coisa, é essencial que o devedor (na entrega) ou o credor (na restituição) tenha poder de disposição sobre a coisa (coisa tem dono). Por isso, não basta a entrega ou restituição de coisa devidamente identificada, pois é fundamental que o devedor ou o credor seja o dono. Isso leva, necessariamente, a uma análise associada do direito obrigacional e real. A prova é que para fins de eficácia do adimplemento de coisa que implica transferência de propriedade, o sujeito tem que ser o dono (art. 307 do CC).

Na prestação de fato, fazer, para fins de adimplemento, é suficiente a concretização de conduta humana, comissiva ou omissiva. O fato é a própria conduta humana. Portanto, a prestação, para existir, depende de conduta humana. O CC disciplina a obrigação de fazer nos arts. 247 a 249. Nestes dispositivos legais, a Lei Civil apenas diferencia, de forma superficial, as obrigações de fazer fungíveis das infungíveis e traz as consequências do seu inadimplemento.

A lei civil nada estabelece sobre a tutela específica ou a possibilidade de cumprimento da prestação contratada para o caso de resistência do devedor. Por isso, em caso de inadimplemento culposo, a solução sugerida pelo Código é sujeitar-se às perdas e danos.

A obrigação de fazer pode consistir na execução de trabalho (prestação de serviço) ou na mera declaração de vontade, como ocorre no contrato preliminar, onde um dos contratantes assume a obrigação *de fazer* outro contrato, o definitivo. Neste último caso, como ressalta Caio Mário[63], "seu objeto é a realização de um negócio jurídico, em toda a sua complexidade e com todos os seus efeitos". Paulo Nader[64] reconhece que as obrigações de fazer se concretizam, na prática, em formas as mais diversificadas. Pode a prestação consistir na prática de um negócio jurídico, como o de outorgar escritura definitiva, por exemplo.

Conclui Guilherme Gama[65], com referência ao trabalho de Gustavo Birenbaum: "A prestação de fazer pode consistir na realização de um determinado ato material que seja do interesse do credor – como, por exemplo, a construção de um viaduto – ou na prática de certo negócio jurídico, de interesse do credor, que não exige propriamente esforço físico ou intelectual – no caso de o devedor obrigar a celebrar um contrato de compra e venda com o credor, ou prestar uma garantia pessoal como a fiança".

Na obrigação de fazer, a atividade do devedor se confunde com a própria prestação.

2.5.1. Obrigação de fazer – fungíveis e personalíssimas

As obrigações de fazer podem ser fungíveis ou infungíveis (personalíssimas). O serviço a ser executado ou a declaração de vontade a ser exteriorizada pode apresentar natureza pessoal ou impessoal.

As obrigações de fazer fungíveis são aquelas em que o fato, objeto da prestação, pode ser realizado ou concretizado no plano material e real pelo devedor e por terceiros, nos termos do que dispõe o art. 249 do CC.

---

[62] PEREIRA, Caio Mário da Silva. Instituições *de direito civil*. 20. ed. Teoria geral das obrigações. Rio de Janeiro: Forense, 2004. v. II, p. 57.

[63] PEREIRA, Caio Mário da Silva. Instituições *de direito civil*. 20. ed. Teoria geral das obrigações. Rio de Janeiro: Forense, 2004. v. II, p. 58.

[64] NADER, Paulo. *Curso de direito civil – Obrigações*. Rio de Janeiro: Forense, 2019. v. II, p. 102.

[65] GAMA, Guilherme Calmon Nogueira. *Direito civil*: obrigações. São Paulo: Atlas, 2008, p. 130.

No caso das obrigações de fazer fungíveis, embora seja relevante a figura do sujeito responsável pelo cumprimento, prepondera o resultado da atividade ou do fato a ser prestado sobre a questão da pessoa do devedor. Em razão disso, o fato poderá ser executado pelo devedor ou por terceiro, interessado ou não no cumprimento da obrigação.

De acordo com o dispositivo em análise, se houver recusa ou mora do devedor, poderá o credor mandar executar o fato, objeto da prestação, à custa do devedor. Assim, em caso de inadimplemento, terceiro poderia realizar o serviço em substituição ao devedor originário e, para tanto, o credor teria o direito de exigir que o devedor custeasse o trabalho ou a prestação realizada. Em razão das dificuldades de viabilizar a realização do trabalho ou serviço por terceiro, à custa do devedor originário, o Código Civil, de forma inovadora e em caráter excepcional, passou a admitir a possibilidade de autotutela para a obrigação de fazer fungível.

Entretanto, como condição da autotutela, o art. 249 exige o requisito da *urgência*, conceito jurídico indeterminado que deverá ser valorado em cada caso concreto. A possibilidade de executar pessoalmente o serviço ou mandar executá-lo, independentemente de autorização judicial, nos casos de urgência, evidencia o caráter dinâmico e funcional das obrigações. Estas não podem mais ficar reféns de sujeitos inadimplentes. As obrigações não são mais estáticas, mas sim dinâmicas e esse dinamismo é retratado na possibilidade de autotutela prevista na norma. Eventual abuso de direito do credor que exerce o poder de autotutela poderá ser apurado no caso concreto à luz do art. 187 do CC. Se a autotutela foi adotada fora dos casos de urgência, o abuso estará caracterizado, com a respectiva sanção.

A obrigação de fazer também pode ser caracterizada como *infungível ou personalíssima* (esta, quando a pessoa do devedor prepondera sobre o mero resultado da atividade contratada), a teor do disposto no art. 247 do CC.

Em relação às obrigações personalíssimas, o atual Código Civil altera, de forma substancial, sua caracterização, se comparado com a legislação civil anterior. O art. 878 do CC/1916 não foi reproduzido pela nova legislação. Segundo aquele dispositivo, na obrigação de fazer o credor não era obrigado a aceitar de terceiro a prestação, quando fosse convencionado que o devedor deveria prestá-la pessoalmente. Em razão desta redação, a doutrina defendia a tese de que a infungibilidade da obrigação deveria ser convencionada, ou seja, era necessário analisar o título da obrigação para apurar se a obrigação era ou não infungível. Era a infungibilidade decorrente de uma convenção: a única admitida.

O atual Código Civil manteve o disposto no antigo art. 880, agora renumerado como sendo o atual art. 247. Dispunha o art. 880 do CC/1916: "Incorre também na obrigação de indenizar perdas e danos o devedor que recusar a prestação a ele só imposta, ou só por ele exequível".

A omissão de um dispositivo, somado à manutenção do outro, levou a doutrina a defender que a infungibilidade, de acordo com a redação do art. 247, pode resultar de uma convenção ou da natureza do caso concreto, o que ampliou, consideravelmente, a ideia de obrigação infungível.

Desta forma, ao fazer referência à "prestação a ele só imposta", o art. 247 está a disciplinar a infungibilidade decorrente de uma convenção, fundada em um título. Por outro lado, a menção à "prestação só por ele exequível" se refere àquelas situações em que, embora não convencionada a infungibilidade da obrigação de fazer, pela natureza do caso concreto é possível presumir que somente o devedor tem condições de prestar o fato ou que as qualidades essenciais do devedor preponderam em determinado negócio.

Portanto, atualmente, a infungibilidade pode decorrer de uma convenção ou da natureza do caso concreto.

Em relação a esta questão, Guilherme Gama[66] diz que "o caráter personalíssimo pode decorrer da expressa convenção – e, por isso, constar do título que constitui o vínculo obrigacional – ou das circunstâncias que cercam a relação obrigacional que se formou".

A princípio, a autotutela não seria possível nas obrigações de fazer infungíveis justamente pelo caráter personalíssimo. Todavia, caso o credor renuncie à infungibilidade, esta prestação se tornaria fungível e, portanto, passível de autotutela.

Sobre as obrigações de fazer fungíveis e infungíveis, relevante o magistério de Paulo Nader[67]: "As obrigações de fazer podem ser fungíveis ou infungíveis. Para a execução das primeiras não é relevante a autoria da tarefa; o importante é que seja nas condições combinadas. Já as obrigações infungíveis são *intuitu personae*, pois é do interesse do *reus credendi* que a tarefa seja executada por determinada pessoa".

Em conclusão, se a prestação puder ser cumprida por terceiro, porque o resultado da atividade é mais relevante que as qualidades pessoais do devedor, a obrigação será fungível. Por outro lado, se em função de uma convenção ou pela natureza da obrigação (circunstâncias do caso concreto), a prestação só puder ser prestada pelo devedor, terá natureza infungível ou personalíssima. Neste último caso, as qualidades essenciais ou os atributos e habilidades técnicas do devedor preponderam sobre o resultado esperado da obrigação.

Em comparação com as obrigações de dar, há dois aspectos relevantes a serem ressaltados:

1. em primeiro lugar, em relação aos efeitos, a obrigação de dar admite o adimplemento por terceiros interessados e até por terceiros não interessados, a depender da situação (arts. 304 e s. do CC). No caso das obrigações de fazer, apenas aquelas de natureza fungível podem ser prestadas por terceiro. Já as obrigações personalíssimas ou infungíveis somente podem ser prestadas pelo devedor; A obrigação de dar é transmissível aos herdeiros do devedor, ao passo que a obrigação de fazer/não fazer fungível também,

---

[66] GAMA, Guilherme Calmon Nogueira. *Direito civil*: obrigações. São Paulo: Atlas, 2008, p. 131.

[67] NADER, Paulo. *Curso de direito civil – Obrigações*. Rio de Janeiro: Forense, 2019. v. II, p. 106.

mas em relação às personalíssimas a morte é causa de extinção da obrigação. As tutelas processuais da obrigação de dar são diversas das tutelas da obrigação de fazer. Na obrigação de dar, como envolve coisa, há regras sobre perecimento e deterioração (coisa perece). Nas obrigações de fazer, como envolve fato, o sujeito é adimplemento ou inadimplente (não se cogita em perecimento de fatos);

2. é comum a confusão entre as obrigações de dar e de fazer naquelas situações onde há um fazer e um dar, como no caso do pintor contratado para pintar a tela. Tal profissional terá de *fazer* ou *prestar um fato* e, em seguida, *dar* ou *entregar a coisa* para o credor. Neste caso, há, na mesma obrigação, fazer e dar. Para definir se tal obrigação seguirá o regime jurídico das obrigações de fazer ou de dar terá de ser utilizado o critério da preponderância. No caso, pondera o fazer, ao passo que o dar é um mero desfecho da prestação do serviço. Sobre esta questão, Gustavo Birenbaum[68] esclarece que se deve tentar estabelecer qual o aspecto que prepondera na prestação, o aspecto de dar ou de fazer. No mesmo sentido, Paulo Nader[69]: "Às vezes torna-se complexa a distinção entre as duas modalidades, como na hipótese de alguém encomendar um trabalho em que o devedor fornece o material. A definição, *in casu*, se dará pela preponderância da matéria-prima ou do trabalho na formação do valor da prestação".

Tepedino[70] sustenta a mesma tese: "mostra-se frequentemente tormentosa, pois o *facere* muitas vezes envolve um *dare*, devendo-se considerar o caráter dominante da obrigação para determinar a sua classificação".

O mestre Washington de Barros Monteiro[71] destaca que a obrigação de dar se diferencia da obrigação de fazer no que tange à preponderância dos atos para a realização da prestação. Se o ato de *dar* pressupõe o *fazer*, é de fazer. Se não houver a necessidade de *fazer* previamente à entrega da coisa, será de dar.

Dessa forma, no caso concreto será possível apurar se a obrigação é de prestação de dar coisas ou de prestar um fato (fazer). O critério da "preponderância", defendido pela doutrina, é interessante, mas em muitas situações será difícil, inclusive, verificar qual delas prepondera. Na realidade, a obrigação de fazer exige uma conduta mais intensa do devedor, que pode ser um trabalho físico ou até mesmo intelectual e, ainda, a prática de um ato jurídico que implica em emissão de declaração de vontade (contrato preliminar – art. 464). Nessas situações, a obrigação será de fazer ainda que, ao final do trabalho ou dos referidos atos, haja a necessidade da entrega da coisa. Por isso, se o dar pressupõe um fazer, a obrigação é de fazer.

A obrigação será de dar quando o objeto estiver pronto, acabado e o devedor apenas executar um ato material de entrega. Se o *fazer* se concretiza ou materializa em um objeto que será entregue ou dado, a obrigação será de fazer, porque o *dar* é apenas uma etapa do processo da obrigação de fazer, ou melhor, a última etapa. Assim, se a conduta do devedor consistir apenas na entrega da coisa, a obrigação é de dar. Se antes do *dar* houver a necessidade de elaboração deste objeto ou realização de qualquer conduta para torná-lo passível de entrega, o *dar* constituirá apenas o exaurimento de uma obrigação de fazer.

O objeto a ser entregue, que pressupõe algum *fazer* relacionado a ele, não descaracteriza como sendo de fazer. O *dar* deve ser um ato isolado e único.

2.5.2. Consequências do inadimplemento da obrigação de fazer, fungível e infungível

Em relação às consequências do inadimplemento da obrigação de fazer fungível ou infungível, a legislação civil é um retrocesso sem precedentes. No mesmo caminho já trilhado da denominada *teoria dos riscos*, tratada nas obrigações de dar, o Código Civil foca o inadimplemento das obrigações de fazer na *culpa* do devedor. Portanto, limita o tratamento da matéria à malsinada responsabilidade civil subjetiva. Se houver culpa no inadimplemento, haverá responsabilidade civil (indenização). Se não houver culpa do devedor no inadimplemento, as partes retornam ao estado anterior, conforme dispõe o CC, em seu art. 248.

A primeira observação é que o dispositivo acima é aplicável às obrigações de fazer fungíveis e infungíveis.

Em que pese a omissão do art. 248, se o fato puder ser imputado objetivamente ao devedor, ainda que não seja o culpado, poderá ele ser responsabilizado civilmente com base nas teorias do risco (art. 927, parágrafo único, do CC), ou do abuso de direito (art. 187 do CC), dentre outros dispositivos que preveem a aplicação da teoria da responsabilidade civil objetiva. O art. 248 dá a falsa e equivocada impressão de que apenas no caso de culpa haverá responsabilidade civil do devedor, quando a responsabilidade civil pode decorrer de um ilícito objetivo, ou seja, sem culpa. Esse é o primeiro erro.

Ademais, como já ressaltamos por ocasião da análise da obrigação de dar, nada impede que o devedor assuma o risco pelo fortuito (art. 393 do CC) e, ainda, responda civilmente, mesmo não sendo o culpado, se o fato tornar-se impossível quando o devedor já estiver em mora (art. 399 do CC). Nessas situações, mesmo não sendo o culpado, o devedor responderá civilmente pela impossibilidade da prestação.

Portanto, se a impossibilidade superveniente decorrer de uma conduta culposa do devedor, ele será responsabilizado civilmente. Se não houver nexo de causalidade entre a impossibilidade e a conduta culposa do devedor, resolver-se-á a obrigação.

---

[68] BIRENBAUM, Gustavo. Classificação: obrigações de dar, fazer e não fazer (arts. 233 a 251). In: TEPEDINO, Gustavo (coord.). *Obrigações*. Rio de Janeiro: Renovar, 2005. p. 135

[69] NADER, Paulo. *Curso de direito civil – Obrigações*. Rio de Janeiro: Forense, 2019. v. II.

[70] TEPEDINO, Gustavo; BARBOSA, Heloísa Helena; BODIN, Maria Celina et al. *Código civil interpretado*. v. I (Parte geral e Obrigações - artigos 1º a 420). Rio de Janeiro/São Paulo: Renovar, 2004, p. 514-515.

[71] MONTEIRO, Washington de Barros. *Curso de direito civil – Direito das obrigações*. 35. ed. São Paulo: Saraiva, 2004.

O art. 248 se limita a disciplinar a impossibilidade superveniente da prestação de fazer. Se a prestação ainda for possível de ser cumprida, mas o devedor recusar o cumprimento, deverá indenizar o credor na forma dos arts. 247 e 249, ambos do CC.

Todavia, em que pese tais considerações, o retrocesso do Código Civil na regulação desta matéria é mais evidente quando omite a tutela específica no caso de a prestação de fazer ainda ser possível de ser realizada no plano material. Segundo o Código Civil, se a prestação de fazer ainda for possível e passível de cumprimento, mas houver recusa do devedor, restará ao credor a "vala comum" das perdas e danos (arts. 247 e 249). Ocorre que, nesse tipo de obrigação, não interessa para o credor, na maioria das vezes, indenização, mas sim a realização do serviço contratado, a execução do ato jurídico ou do ato intelectual.

Por isso, em caso de recusa do devedor, nas obrigações fungíveis e infungíveis, poderá o credor, antes de pleitear a indenização, exigir a tutela específica ou resultado prático equivalente, na forma da legislação processual civil.

Caso a obrigação de fazer se torne impossível ou não havendo interesse do credor, o único caminho será as perdas e danos. Por outro lado, se houver a possibilidade de cumprir a prestação e o credor tiver interesse, em primeiro lugar deve exigir a tutela específica, com todos os mecanismos e meios de coerção colocados à sua disposição pela legislação processual civil.

Nas palavras de Gustavo Birenbaum[72], "a tutela específica é aquela que melhor atende aos interesses do credor e todos os demais interesses dignos de tutela, consagrando em definitivo o princípio da maior coincidência possível entre a prestação devida e a tutela jurisdicional entregue".

Desta forma, a impossibilidade ocorre sempre que a prestação fungível ou infungível, por qualquer motivo, não puder ser realizada. Se essa impossibilidade resultar de uma conduta culposa do devedor, haverá responsabilidade civil. Caso contrário, resolve-se a obrigação.

O tratamento do tema, nesta questão, apresenta lacunas, pois a consequência do inadimplemento culposo em caso de recusa do devedor (e sendo a prestação possível), não pode gerar apenas o dever de pagar perdas e danos, conforme as tutelas processuais relacionadas à matéria (a evolução do tema demonstra que apenas as perdas e danos são insuficientes para amparar o descumprimento destas obrigações). Em contratos de saúde, por exemplo, é muito mais relevante a busca pela tutela específica ou por indenização.

Assim, o art. 248 do CC deve ser interpretado em consonância com as regras da tutela específica previstas na legislação processual civil, as quais, em última análise, servem a uma tutela de adimplemento contratual.

Desta forma, as perdas e danos devem ser excepcionais. Se ainda for possível cumprir a obrigação, deve a ordem jurídica buscar satisfazer o credor com a efetiva prestação pactuada (tutela específica). É óbvio que a busca pela tutela específica não exclui a indenização por perdas e danos.

A tutela específica consiste na maior coincidência possível entre o resultado da tutela e o cumprimento da obrigação, caso não ocorrida a lesão. O credor deve verificar se é possível a realização da prestação e se há interesse na sua efetivação: *possibilidade* × *interesse*.

2.6. OBRIGAÇÃO DE NÃO FAZER

A última modalidade de obrigação é aquela que tem por objeto prestação negativa: obrigação de não fazer (arts. 250 e 251 do CC).

A obrigação de não fazer impõe que o sujeito (devedor) se abstenha de determinado ato que poderia realizar, caso não houvesse se comprometido a tal prestação. A obrigação de não fazer restringe a liberdade individual e, por isso, não pode ser genérica. A prestação de não fazer genérica violaria direitos fundamentais da personalidade, em especial a liberdade.

Orlando Gomes[73] define bem a obrigação de não fazer: "(...) tem por fim impedir que o devedor pratique ato que teria o direito de realizar se não tivesse se obrigado a abster-se. Importa autorrestrição mais enérgica à liberdade pessoal, admitindo-se que não valem as que ultrapassam as fronteiras da liberdade jurídica. (...). A prestação negativa pode consistir numa abstenção ou num ato de tolerância. A rigor, a obrigação de não fazer exige do devedor uma omissão, compreendendo-se nesta a tolerância, entendida como abstenção de resistência ou oposição a que estaria autorizado".

Caio Mário[74] argumenta que a prestação é um não fazer, com ou sem contraprestação. Segundo ele, "na obrigação negativa esta ação humana aparece por omissão, pois que o devedor é sujeito a *non facere*. Enquanto assim se mantiver, a obrigação é cumprida e, nem às vezes se percebe que existe".

Não há dúvida de que a obrigação de não fazer pode consistir em opressão, pois impõe conduta omissiva, que afeta diretamente direitos fundamentais da pessoa humana, em especial a liberdade de ação. Por isso, tal obrigação deve ser específica e de prazo certo, sob pena de violação das liberdades individuais, o que poderia retirar a legitimidade da prestação. O conteúdo da prestação negativa deve estar conectado aos princípios constitucionais, como dignidade da pessoa humana, solidariedade social e cooperação, bem como com a função social e com a boa-fé objetiva. Por isso, será submetida a controle judicial, a fim de que seja proporcional em relação à dignidade da pessoa humana.

O objeto da prestação negativa não pode violar tais direitos fundamentais, sob pena de invalidade ou inefica-

---

[72] BIRENBAUM, Gustavo. Classificação: obrigações de dar, fazer e não fazer (arts. 233 a 251). In: TEPEDINO, Gustavo (coord.). *Obrigações*. Rio de Janeiro: Renovar, 2005. p. 138.

[73] GOMES, Orlando. *Obrigações*. 17. ed. (atualizada por Edvaldo Brito – coord.). Rio de Janeiro: Forense, 2007, p. 51

[74] PEREIRA, Caio Mário da Silva. *Instituições de direito civil*. 20. ed. Teoria geral das obrigações. Rio de Janeiro: Forense, 2004. v. II, p. 64.

cia. A obrigação de não fazer deverá ter função social, utilidade para os sujeitos. Deve atender a interesses dignos de tutela, não pode violar a dignidade dos sujeitos e ainda deve ser razoável e proporcional.

A obrigação de não fazer possui natureza infungível, personalíssima e insubstituível. Toda omissão envolve conduta pessoa e intransferível. O cumprimento da obrigação de não fazer é continuada, de caráter sucessivo, pois o não agir se renova a cada momento.

A obrigação de não fazer, como dever secundário de outras obrigações, não se constitui propriamente como obrigação autônoma e independente. O locatário, comodatário, depositário, entre outros sujeitos, em determinadas relações obrigacionais, assume obrigações de não fazer como dever secundário, o que não torna a obrigação como de não fazer.

Não se deve confundir a obrigação de não fazer, que deve ser específica, com o conteúdo genérico e negativo do comportamento humano, como o dever genérico de não causar danos a terceiros ou o dever imposto a um sujeito passivo universal nos direitos reais.

A cláusula de não concorrência, prevista no art. 1.147 do CC, é um bom exemplo de obrigação negativa. Birenbaum[75] traz, ainda, como outro exemplo, a aposição de cláusulas em contratos de trabalho de profissionais para que se abstenham de trabalhar para a concorrência durante certo espaço de tempo ou para que paguem uma indenização caso venham a quebrar este pacto. Assiste razão ao referido professor ao ressaltar que esse dever anexo deve derivar do princípio da boa-fé objetiva, pois tal lealdade é fundamental em relações empresariais desta natureza, principalmente quando o ex-funcionário detém segredos profissionais da empresa.

2.6.1. Obrigação de não fazer e inadimplemento

O inadimplemento da obrigação de não fazer, em regra, se caracteriza quando o devedor pratica o ato ou fato a que deveria se abster ou pelo qual se comprometeu a ser omisso.

Nesse sentido, dispõe o art. 251 do CC: "Praticado pelo devedor o ato, a cuja abstenção se obrigara, o credor pode exigir dele que o desfaça, sob pena de se desfazer à sua custa, ressarcindo o culpado perdas e danos".

Se o devedor, de forma intencional ou culposa, pratica o ato que se obrigara a não fazer, terá de desfazê-lo, se possível, à sua custa, sem prejuízo de responder civilmente pelos danos causados ao credor. Entretanto, como bem ressalta Birenbaum[76], na maioria das vezes em que esse tipo de obrigação é descumprida não é mais possível que o credor pretenda o seu desfazimento ou busque o adimplemento devido. Se o sujeito se obriga a não participar de uma prova, ao realizar esse ato a que se obrigou a não praticar, a situação será irreversível.

Em relação ao inadimplemento, o art. 390 também faz referência a esse tipo de obrigação, para determinar o momento da violação do compromisso: "Nas obrigações negativas o devedor é havido por inadimplente desde o dia em que executou o ato de que se devia abster".

Se o inadimplemento decorreu de uma conduta culposa do devedor, incidirão as consequências previstas nos arts. 259 e 390, ambos do CC, quais sejam, tutela específica (exigir que se desfaça) e perdas e danos (indenização).

Entretanto, se o sujeito fizer aquilo que se comprometeu a se abster, decorrendo da impossibilidade de ser mantida a conduta omissiva, a obrigação de não fazer será extinta e, nessa situação, as partes retornam ao estado anterior, nos termos do que estabelece o art. 250.

Por exemplo, se o sujeito se compromete a não construir um muro acima de determinada altura para não prejudicar a visibilidade da propriedade vizinha, mas a Administração Pública, por questões de segurança, impõe a construção do muro acima dos limites que havia pactuado com o vizinho, não haverá inadimplemento e, nesse caso, a obrigação de não fazer será extinta.

No caso de impossibilidade de manutenção da omissão, se alguma das partes adiantou valores, estes devem ser restituídos em função da extinção da obrigação determinada pelo art. 250, a qual repõe as partes ao *status quo ante*.

O Código Civil, simetricamente ao que havia estabelecido para as obrigações de fazer fungíveis, dispôs, no parágrafo único do art. 251, que, em caso de urgência, poderá o credor desfazer ou mandar desfazer aquilo que não poderia ser feito (tutela específica), independentemente de autorização judicial, sem prejuízo do ressarcimento devido. Tal norma confere à obrigação de não fazer maior dinamismo e funcionalidade, em conexão com a ideia já explanada de *obrigação como um processo*. O credor, diante do descumprimento da obrigação de não fazer, poderá, ele próprio, desfazer o que não deveria ter sido feito ou mandar desfazer o que o devedor se obrigou a não fazer, em caso de urgência. Após a efetivação desta autotutela, poderá o credor exigir do devedor a indenização correspondente, se este agiu com dolo ou culpa.

2.6.2. Obrigação de não fazer e teoria da mora

A discussão mais interessante da atualidade envolvendo as obrigações de não fazer se refere à possibilidade ou não de o inadimplemento desta obrigação caracterizar mera mora.

O art. 390 do CC aparentemente impediria a mora nas obrigações de não fazer. Se o devedor praticasse ato pelo qual se obrigou a se abster, o inadimplemento seria absoluto (não seria mais possível o adimplemento).

A mora se caracteriza quando a prestação não cumprida ainda é possível de ser cumprida e porque há interesse do credor no seu cumprimento. Portanto, a mora envolve a possibilidade e o interesse.

Como a prática do ato contrário ao compromisso de abstenção já configura inadimplemento, tradicionalmente fez-se confusão entre o momento do inadimplemento e a

---

[75] BIRENBAUM, Gustavo. Classificação: obrigações de dar, fazer e não fazer (arts. 233 a 251). In: TEPEDINO, Gustavo (coord.). *Obrigações*. Rio de Janeiro: Renovar, 2005. p. 114.

[76] BIRENBAUM, Gustavo. Classificação: obrigações de dar, fazer e não fazer (arts. 233 a 251). In: TEPEDINO, Gustavo (coord.). *Obrigações*. Rio de Janeiro: Renovar, 2005. p. 114.

possibilidade de adimplemento ou tutela específica. Nas obrigações de fazer ou não fazer, a tutela específica passou a ser a regra e, apenas em caso de impossibilidade de restabelecimento da situação anterior, esta teria de ser substituída pelas perdas e danos.

Ocorre que o descumprimento de obrigação de não fazer pode caracterizar mora, mas desde que a obrigação de não fazer seja permanente.

As obrigações negativas podem ser instantâneas ou permanentes, influenciando esta classificação da questão da mora. As obrigações instantâneas, quando descumpridas, são irreversíveis, e acarretam inadimplemento absoluto, pois é impossível a restituição ao estado originário. Nestas obrigações instantâneas, não há mora. Praticado o único ato de que deveria se abster, o inadimplemento será absoluto. Já as obrigações permanentes ou contínuas admitem, mesmo após o descumprimento, a opção pela purgação da mora pela recomposição ao estado anterior, porque perduram ao longo do tempo, como no caso da obrigação de não poluir. Se a abstenção ainda for útil, pertinente a tutela específica.

Nesse sentido, o Enunciado 647, das Jornadas de Direito Civil, segundo o qual: "A obrigação de não fazer é compatível com o inadimplemento relativo (mora), desde que implique o cumprimento de prestações de execução continuada ou permanente e ainda útil ao credor".

Aliás, cumpre ressaltar que, nas obrigações permanentes de não fazer, é possível a autotutela, a teor do disposto no art. 251, parágrafo único, do CC. Todavia, a tutela específica e a eventual recomposição das partes ao estado anterior podem esbarrar em outros interesses igualmente relevantes, a serem analisados em cada caso.

2.7. CLASSIFICAÇÃO DAS OBRIGAÇÕES SOB A PERSPECTIVA DA PLURALIDADE DE PRESTAÇÕES OU DE SUJEITOS: OBJETIVA E SUBJETIVA

2.7.1. Introdução sobre a classificação das obrigações – em relação à unicidade ou pluralidade do objeto (simples e complexas) e à pluralidade dos sujeitos

No item anterior, foi analisada a classificação da obrigação sob a perspectiva do *tipo* ou modalidade de prestação, que pode ser positiva (dar e fazer) ou negativa (não fazer). As classificações das obrigações em cumulativas, alternativas, facultativas, divisíveis, indivisíveis, solidárias, dentre outras, correspondem apenas ao desdobramento das modalidades da prestação (dar, fazer e não fazer).

Neste momento é fundamental compreender a diferença entre as obrigações simples (relação jurídica obrigacional ostenta um único sujeito em cada polo e prestação única) e as obrigações complexas (relação jurídica obrigacional ostenta pluralidade de sujeitos em um ou nos dois polos e/ou pluralidade de prestações).

Se a obrigação for simples, a classificação primária (restrita ao objeto, modalidades de prestação – dar, fazer e não fazer) é necessária e suficiente para definir os elementos estruturais da obrigação e viabilizar a liberação do vínculo. Se a obrigação for complexa (pluralidade objetiva ou subjetiva), a classificação primária é necessária, mas não é suficiente para viabilizar a liberação, pois a pluralidade de sujeitos ou de prestações faz emergir dúvida, que será dirimida com a classificação secundária (objetiva: cumulativa, alternativa e facultativa; subjetiva: divisibilidade, indivisibilidade e solidariedade).

Por exemplo, as obrigações alternativas são complexas em função da multiplicidade de prestações (mas essas serão de dar, fazer ou não fazer – primeira classificação). Em razão da pluralidade de prestações, é essencial se socorrer à classificação secundária para dirimir a dúvida (no caso das alternativas, para fins de liberação, basta a concretização de qualquer delas, que será escolhida pelo credor ou devedor).

Nas obrigações divisíveis e indivisíveis, em função da pluralidade dos sujeitos (ativo ou passivo) e da impossibilidade ou não de fracionamento do objeto da própria prestação (bem da vida), a obrigação deverá ser exigida ou cumprida no todo ou de modo fracionado (as regras das obrigações divisíveis e indivisíveis é que dirimirão tais dúvidas).

O Código Civil de 2002 mantém a sistematização histórica que inspirou o legislador de 1916 no que tange à classificação das obrigações sob a perspectiva do objeto (unidade ou multiplicidade de prestações) e dos sujeitos. A classificação a ser tratada neste capítulo é relevante para definir os limites e a extensão dos negócios jurídicos em geral, bem como para determinar o exato momento do adimplemento.

Como a obrigação deve ser considerada um processo voltado para o adimplemento, este somente será concretizado quando o dever jurídico *principal* (prestação ou prestações principais) e os *acessórios* ou *colaterais* (deveres de conduta) forem satisfeitos. Se a obrigação ostentar várias prestações, será importante definir se a natureza é alternativa (disjuntiva), facultativa ou cumulativa (conjuntiva), tudo a fim de verificar se a prestação foi efetivamente adimplida. Portanto, a classificação a seguir apresentada tem íntima conexão com a teoria do adimplemento.

Para facilitar a compreensão da classificação apresentada neste capítulo, o tema será apreciado sob a perspectiva do *objeto* (prestação e seu objeto) e dos *sujeitos* (ativo e passivo – credor e devedor).

2.7.2. Classificação em relação ao objeto (objetivamente plurais)

Questão do objeto: classificação *objetiva* (relacionada à prestação única ou plural).

Nesta classificação, será enfatizada a prestação, que poderá ser única ou plural. A obrigação que ostentar apenas um objeto será simples. Caso possua vários objetos ou prestações será complexa. Esta última se subdivide em alternativa, facultativa e cumulativa:

Nas obrigações denominadas cumulativas, alternativas e facultativas haverá pluralidade de objetos (várias prestações). No entanto, a *forma* de adimplemento de cada uma delas será diferente, como se verá a seguir. Para cada uma destas prestações, deverá o sujeito adotar um comportamento específico para a concretização e materialização do adimplemento (objetivo principal de toda obrigação).

2.7.2.1. Obrigação complexa cumulativa

Neste tipo ou modalidade de obrigação haverá, necessariamente, pluralidade de prestações e, por isso, o adimplemento somente ocorrerá com a satisfação de todas elas, sejam quais forem as suas naturezas. Também é denominada obrigação conjuntiva, porque as prestações são consideradas em conjunto. Assim, se a obrigação tiver por objeto as prestações "X", "Y" e "Z", o adimplemento exigirá o cumprimento integral de todas estas prestações.

2.7.2.2. Obrigação complexa alternativa (ou disjuntiva)

Ao contrário da obrigação complexa cumulativa, o Código Civil, nos arts. 252 a 256, disciplina as obrigações alternativas. No art. 252, a Lei Civil define as características e a forma de concretização dessa espécie de obrigação, bem como traz regras para o regular adimplemento. Nos arts. 253 a 256 do CC estão previstas situações relacionadas às consequências da impossibilidade do cumprimento de uma, algumas ou de todas as prestações, cuja impossibilidade pode estar relacionada ou não a conduta do devedor.

Nas obrigações alternativas também há pluralidade de prestações, pois se trata de subespécie da obrigação complexa. No entanto, ao contrário da cumulativa, na obrigação alternativa, basta o adimplemento de uma prestação dentre várias para a exoneração e liberação do devedor. Há alternativa ou opção para o adimplemento, o que torna suficiente a concretização de apenas uma prestação. Por isso, a perspectiva de adimplemento é ampliada e, ao mesmo tempo, há considerável redução dos riscos de inadimplemento.

Ou seja, por ocasião da formação do vínculo obrigacional, todas as obrigações são devidas (é possível que concorram, na origem, prestações de coisas com prestações de fatos: dar e fazer, dar e não fazer, fazer e não fazer), mas o adimplemento ocorrerá com o cumprimento de apenas uma. Exemplo: o devedor, desde a origem da obrigação, deve as prestações "X", "Z", "T" e "H". Todas são devidas, mas para o adimplemento bastará o cumprimento de apenas uma delas. Por isso, são denominadas alternativas (uma *ou* outra, alternativamente).

Segundo Orlando Gomes[77], "a obrigação pode ter por objeto duas ou mais prestações que se excluem no pressuposto de que somente uma delas deve ser satisfeita, mediante escolha do devedor ou do credor". As obrigações alternativas estão disciplinadas nos arts. 252 a 256 do CC, como já ressaltado.

Tais obrigações também são denominadas disjuntivas, porque o devedor se libera cumprindo apenas uma delas, ou seja, podem ser dissociadas, separadas ou afastadas (disjunção mesmo) no momento do adimplemento.

Na definição precisa de Gisela Sampaio da Cruz[78], "a obrigação alternativa se caracteriza pela pluralidade de prestações possíveis, distintas e independentes, que provocam, desde o nascimento do vínculo, a relativa indeterminação do objeto da prestação". O seu fim normal é se tornar uma obrigação simples. Nas palavras da professora, "a obrigação alternativa se caracteriza pela pluralidade de prestações possíveis, distintas e independentes, que provocam, desde o nascimento do vínculo, a relativa indeterminação do objeto da prestação". Na estrutura da obrigação alternativa há um só vínculo certo quanto à sua existência – e, portanto, não pendente nem condicional, com objeto plural temporariamente indeterminado, que se converte em determinado pela escolha ou fato equivalente, eximindo-se o devedor com a entrega da prestação determinada.

As obrigações se caracterizam como alternativas porque são inicialmente indeterminadas, mas que se determinam antes da data prevista para execução ou adimplemento. Ou seja, o objeto envolve várias prestações em conjunto, que podem ser das mais diversas modalidades e tal pluralidade deve cessar até o momento previsto para a execução. Após a concentração, com a definição da prestação, será possível definir a sua natureza jurídica.

As obrigações alternativas diferem das facultativas, porque nestas há um só vínculo e uma só prestação, permitindo-se ao devedor se liberar mediante o pagamento de prestação diversa. Também não se confundem com as obrigações genéricas, porque nestas não há multiplicidade de prestações e nas alternativas a escolha recai sobre duas ou mais coisas determinadas e individualizadas, sendo que a indeterminação se refere a qual delas será prestada. Sobre o assunto, Rosenvald e Chaves[79]: "As dívidas de gênero são obrigações simples, em que há apenas um objeto. Todavia, a prestação é determinável, pois a sua identificação completa só se processará ao tempo da concretização da prestação. Fundamental é compreender que a concentração nas obrigações de dar coisa incerta não importa em alternatividade de opções, mas apenas em individualização de uma única prestação através da definição de sua qualidade".

Embora as obrigações alternativas não se confundam com as obrigações genéricas (nestas há uma única prestação de gênero), nada impede que elas tenham por objeto várias prestações genéricas. Por isso, neste ponto, não concordamos com a parcela da doutrina que defende que as coisas ou fatos (prestações de dar, fazer ou não fazer), objeto das obrigações alternativas, devem ser determinadas e individualizadas. As prestações múltiplas podem ser genéricas e, neste caso, haverá a necessidade de duas escolhas, uma para definir qual a prestação dentre as várias possíveis (alternativa) e a segunda para determinar ou individualizar o objeto ou a coisa (genéricas). Por exemplo, imagine uma obrigação alternativa onde o sujeito pode

---

[77] GOMES, Orlando. *Obrigações*. 17. ed. (atualizada por Edvaldo Brito – coord.). Rio de Janeiro: Forense, 2007.

[78] CRUZ, Gisela Sampaio da. *Obrigações*. Rio de Janeiro: Renovar, 2005, p. 166.
[79] FARIAS, Cristiano Chaves de; ROSENVALD, Nelson. *Direito das obrigações*. 4. ed. Rio de Janeiro: Lumen Juris, 2010.

escolher uma dentre várias prestações para que ocorra o adimplemento: a primeira prestação é de 100 (cem) vacas; a segunda prestação é de 100 (cem) bois; e a terceira prestação é de 100 (cem) cavalos. Basta escolher uma destas para que seja adimplente. No entanto, todas as prestações são genéricas, pois se tem apenas o gênero e a quantidade (art. 243 do CC). Ao escolher qual delas será cumprida, será necessário, na sequência, individualizar os objetos da prestação escolhida.

Por isso, embora não se confundam, as prestações alternativas podem ser específicas ou determinadas e genéricas.

Portanto, não há obstáculo impeditivo para a contratação de obrigação alternativa sobre prestações incertas, onde haverá duas possibilidades de escolha para delimitação da obrigação alternativa e, na sequência, individualização do próprio bem da vida.

A obrigação alternativa tem como fonte ou causa o elemento volitivo (autonomia da vontade – o art. 1.701 não sugere obrigação alternativa, pois a prestação é única, alimentos, que pode ser viabilizada de várias formas). Tal obrigação disjuntiva, portanto, é resultado de vontade, que formará negócio jurídico bilateral (contrato) ou unilateral (legado alternativo – art. 1.932 do CC). O contrato estimatório é exemplo de obrigação alternativa, porque o consignatário terá a opção de vender a coisa e repassar o preço ao consignante ou, de forma alternativa, restituir o próprio bem ao final do prazo convencionado.

2.7.2.2.1. Escolha para fins de concentração

Como o cumprimento de uma prestação dentre várias possíveis caracterizará adimplemento, é relevante saber qual das prestações pode e deve ser cumprida e a quem compete a escolha. A resposta está no *caput* do art. 252 do CC: "Nas obrigações alternativas, a escolha cabe ao devedor, se outra coisa não se estipulou".

A norma em questão é dispositiva e supletiva da vontade das partes. Logo, na formação do vínculo podem as partes livremente dispor sobre a qual delas caberá o encargo da escolha. Em caso de omissão (e apenas nesta hipótese), a primeira parte do art. 252 do CC supre a lacuna para conceder ao devedor o direito subjetivo de escolha da prestação a ser cumprida. Com a escolha, haverá a "concentração" na prestação a ser cumprida e, a partir deste ato, a obrigação alternativa se converte em simples. Com a escolha, cessa o estado de indeterminação da obrigação, pois a prestação passa a ser determinada. A concentração será objeto de convenção. Trata-se de ato jurídico em sentido estrito, porque os efeitos jurídicos decorrentes da escolha, cessação do estado de indeterminação da prestação, está previsto na lei. O direito de escolha é potestativo, mas se submete ao princípio da boa-fé objetiva, uma vez que não pode ser exercido de forma abusiva (art. 187 do CC).

A concentração, que se opera com a escolha, é definitiva e irrevogável.

E se as partes forem credoras e devedoras recíprocas, como no contrato de compra e venda, a quem caberá a escolha? Segundo Ricardo Pereira Lira[80], se houve estipulação de que uma deve entregar em primeiro lugar, terá direito de opção aquela que se comprometeu a solver o débito antes. A solução é a mesma quando o ordenamento impõe a precedência na entrega da prestação. Neste caso, basta apurar quem assumiu o dever jurídico de transferir a coisa (dar) ou prestar o fato (fazer e não fazer). Ainda que os sujeitos sejam credores e devedores recíprocos e, se não houve prévio acordo de quem escolhe, será devedor aquele que se obrigou à prestação, de forma alternativa, ou seja, o devedor da coisa ou do fato, ainda que também seja credor do outro sujeito.

A *escolha* é o ato fundamental das obrigações alternativas, pois é por meio dela que o devedor ou o credor concentrará o adimplemento em apenas uma das obrigações disponíveis. Ou seja, é por meio da escolha que se determina a prestação. Na ideia de Clóvis do Couto e Silva[81] de obrigação como processo, a escolha é um momento ou fase do processo de desenvolvimento do vínculo obrigacional e, por isso, deve preceder ao adimplemento.

Na doutrina, há discussão, sem grande relevância, sobre o direito potestativo de escolha ser direito ou dever. Para Clóvis do Couto e Silva, o direito formativo modificativo de escolher não constitui dever. Por outro lado, Orlando Gomes[82] defende que o direito de escolha pode se tornar um dever quando há mora daquele que não o exerce oportunamente.

Tal escolha não pode ser arbitrária, sujeitando-se aos princípios da função social e da boa-fé objetiva, por ser relevante neste tipo de obrigação (está conectada à ideia de funcionalidade do direito das obrigações ou obrigação como processo). Por isso, a discricionariedade ou liberdade de escolha não é absoluta. Se a obrigação tiver duas prestações, "X" e "Y", e o devedor puder optar por qualquer delas, mas apenas a prestação "X" atender aos interesses econômicos e pessoais das partes, o cumprimento deverá ser concentrado nesta prestação, sob pena de abuso de direito subjetivo de escolha e consequente violação do princípio da boa-fé objetiva. Além disso, a função social impõe que seja escolhida a prestação que melhor atenda aos fins sociais e econômicos da obrigação.

Portanto, norteado por princípios sociais e éticos, a escolha da prestação deve se pautar por estes valores, o que certamente mitigará a liberdade de escolha. Os valores sociais integram o conteúdo da obrigação e, por este motivo, além do dever principal, o adimplemento ocorrerá desde que o comportamento e a conduta sejam adequados (dever de conduta – boa-fé objetiva).

Em caso de multiplicidade de prestações, quando um dos sujeitos poderá escolher qualquer uma, esta escolha não pode ser fundada apenas nos interesses pessoais do

---

[80] LIRA, Ricardo. A obrigação alternativa e a obrigação acompanhada de prestação facultativa: dúvidas e soluções em face do Código Civil brasileiro, Tese de Livre Docência em Direito Civil, Rio de Janeiro, 1970, p. 52.

[81] SILVA, Clóvis do Couto e. A obrigação como processo. São Paulo: José Bushatski, 1976, p. 206.

[82] GOMES, Orlando. Obrigações. 16. ed. Rio de Janeiro: Forense, 2005.

responsável pela escolha, mas principalmente no interesse recíproco das partes (dever de cooperação – solidariedade social) e da coletividade como um todo (eficácia externa da obrigação – função social).

Não se pode esquecer que a obrigação alternativa não é apenas uma garantia de pagamento em favor do credor, pois, atualmente, a obrigação é relação de cooperação, e não de subordinação.

Com a escolha (concentração em uma prestação), a obrigação deixa de ser complexa para se tornar simples. A *escolha* é considerada ato jurídico em sentido estrito, uma vez que os efeitos desse ato já estão predeterminados na lei. O direito subjetivo de *escolha* é transferível aos herdeiros e, ainda, por meio de cessão de crédito ou assunção de obrigação. A escolha em si não pode, de forma autônoma, ser transferida a terceiro, salvo acordo entre as partes, como admite o § 4º do art. 252 do CC. A escolha deve ser anterior ao momento previsto para o adimplemento. Segundo Orlando Gomes[83]: "A escolha deve fazer-se mediante declaração de vontade receptícia. Somente, pois, quando a outra parte toma conhecimento da declaração é que se verifica a concentração do débito. O efeito da escolha é *ex nunc*".

O § 1º do art. 252 do CC impõe mais uma restrição ou limitação ao direito subjetivo de escolha, ao dispor: "Não pode o devedor obrigar o credor a receber parte em uma prestação e parte em outra".

Ou seja, a escolha deve ser concentrada em uma prestação por inteiro. Entre duas ou mais prestações possíveis de concretização, não poderá o devedor pretender cumprir parte de uma e parte da outra, pois tal conduta viola o princípio da indivisibilidade, previsto no art. 314 do CC, que está inserido no capítulo do adimplemento. Em razão da conexão entre a teoria do adimplemento e a presente classificação, ainda que as prestações múltiplas sejam fracionáveis ou divisíveis, "não pode o credor ser obrigado a receber, nem o devedor a pagar, por partes, se assim não se ajustou".

O § 1º do art. 252 é desdobramento do disposto no art. 314 do CC. A indivisibilidade deve ser preservada mesmo nas obrigações alternativas, salvo se as partes, por mútuo consenso, resolverem de forma diversa.

O § 2º do art. 252 trata do exercício do direito de escolha no caso de prestações periódicas: "§ 2º Quando a obrigação for de prestações periódicas, a faculdade de opção poderá ser exercida em cada período".

Nesse caso, se as prestações alternativas, "X", "Y" e "Z", forem periódicas, ou seja, se renovarem a cada período, poderá o sujeito responsável pela escolha no mês de janeiro optar pela prestação "X", no mês de fevereiro pela prestação "Z", no mês de março pela prestação "X" novamente. Essa faculdade não ofende o princípio da integralidade, porque a escolha é realizada em períodos distintos para cumprimento de uma determinada prestação na integralidade.

As novidades estão relacionadas à possibilidade de a escolha ser delegada a "terceiro" ou ser realizada por "decisão judicial", no caso de os responsáveis não chegarem a um consenso sobre a prestação a ser escolhida, conforme dispõe o art. 252 em seus parágrafos.

Nesses dispositivos, há duas situações inconfundíveis. No caso do § 3º, há vários sujeitos responsáveis pela escolha (vários credores ou vários devedores). Se, no momento da escolha, não houver unanimidade entre eles a respeito da prestação que será adimplida, poderá o outro sujeito, por meio de ação, obrigá-los a proceder a escolha e, nesta hipótese, em um primeiro momento, o juiz concederá um prazo para que os sujeitos cheguem a um consenso. Finalizado o prazo, se não houver consenso, o juiz, de forma supletiva, decidirá qual prestação deverá ser satisfeita.

Já o § 4º trata de situação diferente, quando os sujeitos resolveram delegar a um terceiro, estranho à obrigação, o direito/dever de proceder à escolha. Se o terceiro não quiser ou não puder exercer o encargo, caberá aos sujeitos obrigados chegarem a um consenso sobre qual das prestações será adimplida. Portanto, as partes deverão acordar sobre a escolha. Se não houver acordo, o juiz, novamente de forma supletiva, por conta da ausência de consenso, escolherá.

Então, o § 3º regula a hipótese em que há vários optantes e o § 4º trata da situação em que a opção é delegada a terceiro.

Nos demais casos, em que o direito de escolha é, por ato de vontade (*caput* do 252), deferido ao credor ou ao devedor ou quando, por conta de omissão dos sujeitos da relação obrigacional, é encargo do devedor, se não for efetivada a escolha, qual a consequência?

O Código de Processo Civil, no art. 800, trata dessa situação ao dispor: "Nas obrigações alternativas, quando a escolha couber ao devedor, este será citado para exercer a opção e realizar a prestação dentro em 10 (dez) dias, se outro prazo não lhe foi determinado em lei ou em contrato". A sanção para o descumprimento deste prazo é a devolução da opção ou direito de escolha ao credor: "§ 1º Devolver-se-á ao credor a opção, se o devedor não a exercitou no prazo determinado". E se a escolha couber ao credor, este a indicará na petição inicial da execução (§ 2º do art. 800 do CPC).

Se a mora da escolha for do credor, poderá o devedor citá-lo para efetivar a escolha, sob pena de ele, credor, perder esse direito e de o devedor depositar a coisa por ele escolhida, tudo nos termos do art. 342 do CC (pagamento em consignação). Não concordamos com aqueles que defendem a tese de que a omissão do credor na escolha não caracteriza mora *accipiendi*. Essa ideia é ainda um resquício de obrigação como relação de subordinação. Se a opção for do credor, não haverá mora do devedor enquanto aquele não efetivar a escolha. Essa mora do credor no exercício do direito de escolha também caracteriza mora *accipiendi* e no caso de impossibilidade (de uma, algumas ou todas) das prestações, como se analisará posteriormente.

---

[83] GOMES, Orlando. Obrigações. 16. ed. Rio de Janeiro: Forense, 2005.

2.7.2.2.2. Obrigações alternativas e impossibilidade das prestações

Nos arts. 253 a 256, o Código Civil disciplina as consequências da impossibilidade superveniente (e antes da concentração) de uma, algumas ou todas as prestações previstas e pactuadas por ocasião da formação do vínculo jurídico. Os parâmetros indispensáveis para apuração destas situações jurídicas envolve a análise das seguintes questões:

1. se a impossibilidade é concomitante ou superveniente à formação do vínculo;
2. se houve culpa ou não do devedor ou do credor em relação a esta impossibilidade; e, finalmente,
3. quem seria o responsável pela escolha, para fins de concentração.

Em relação ao item "a", se a impossibilidade da prestação, material ou jurídica, é originária, não há que se cogitar em obrigação alternativa se restar apenas uma prestação. Na origem, haverá redução do negócio jurídico (art. 184) ou invalidade parcial e, na hipótese, se restar apenas uma válida, não haverá necessidade de concentração. A obrigação será simples desde a origem, caso uma prestação, dentre duas possíveis, seja inválida, por impossibilidade, desde a formação. O art. 253, primeira parte, quando menciona o fato de que uma das prestações não possa ser objeto de obrigação, a referência é justamente a impossibilidade originária, material ou jurídica, causa de invalidade parcial.

Por outro lado, ainda em referência à questão do item "a", se a inexequibilidade de uma de duas prestações ocorrer por fato superveniente, o dever jurídico se concentra, de forma automática, na subsequente (segunda parte do art. 253 do CC). Neste caso, a concentração na remanescente, pressupõe a ausência de culpa de qualquer dos sujeitos.

Assim, diante da perda ou perecimento de uma das coisas objeto da obrigação alternativa (dar) ou em razão da impossibilidade de execução de uma delas (fatos: fazer), restará apurar as consequências deste perecimento ou impossibilidade, tendo como referência esses três parâmetros: momento da impossibilidade, a culpa e a escolha.

Em resumo, se a impossibilidade de uma das prestações é originária, essa prestação simplesmente é desconsiderada, como se jamais tivesse existido. Assim, se a obrigação ostenta as prestações "A", "B" e "C" e, se a prestação "A", desde a origem, era impossível, em termos materiais ou jurídicos, a obrigação recai apenas nas prestações "B" e "C", como se "A" não existisse. Por outro lado, se fossem duas prestações, a impossibilidade originária de uma delas tornaria a obrigação, desde o início, simples. Não haveria, neste caso, obrigação alternativa.

Por isso, é relevante que o perecimento ou a impossibilidade seja superveniente à formação da obrigação.

Se a impossibilidade superveniente por causa não imputável a qualquer das partes atingir todas as prestações, a obrigação será extinta e as partes simplesmente retornarão ao estado anterior (art. 256 do CC).

O Código Civil, no art. 253, dispõe: "Se uma das duas prestações não puder ser objeto de obrigação ou se torna inexequível subsistirá o débito quanto à outra".

Portanto, se houver duas prestações e uma delas se tornar impossível ou inexequível (desde a origem ou após a formação, mas antes da concentração), o débito subsiste em relação à remanescente. No entanto, como o dispositivo não trata de culpa ou escolha, a conclusão é de que a impossibilidade de uma não é imputável a qualquer das partes. Nesse caso, a obrigação, por conta de um fortuito ou força maior, se concentra na prestação remanescente, como se a obrigação fosse simples. Na situação em análise, a impossibilidade é anterior à escolha, que delimita o objeto a ser escolhido. Se a impossibilidade de uma das prestações for posterior à escolha, não haverá mais interesse na regra. Se a impossibilidade afetar a prestação não escolhida, nenhuma consequência advirá. A partir da escolha, se a impossibilidade prejudicar a prestação escolhida, se aplicam as regras sobre a obrigação simples (como houve fortuito, extingue-se a obrigação).

Os arts. 254 a 256 impõem uma análise da culpa e do direito de escolha:

ARTIGO	ANÁLISE DA CULPA E DO DIREITO DE ESCOLHA
Art. 254: "Se, por culpa do devedor, não se puder cumprir nenhuma das prestações, não competindo ao credor a escolha, ficará aquele obrigado a pagar o valor da que por último se impossibilitou, mais as perdas e danos que o caso determinar".	**Direito de escolha:** devedor **Culpa:** devedor **Impossibilidade:** todas as prestações **Consequência:** devedor fica obrigado a pagar o valor equivalente à última prestação que se impossibilitou (dano emergente), mais perdas e danos (lucros cessantes – se houver).
Art. 255, primeira parte: "Quando a escolha couber ao credor e uma das prestações tornar-se impossível por culpa do devedor, o credor terá direito de exigir a prestação subsistente ou o valor da outra, com perdas e danos".	**Direito de escolha:** credor. **Culpa:** devedor. **Impossibilidade superveniente:** parcial apenas uma das prestações. Consequência: o credor poderá exigir a prestação subsistente ou o valor (dano emergente) daquela que se impossibilitou e, em qualquer caso, perdas e danos.
Art. 255, 2ª parte: "(...) se, por culpa do devedor, ambas as prestações se tornarem inexequíveis, poderá o credor reclamar o valor de qualquer uma das duas, além de indenização por perdas e danos".	**Direito de escolha:** credor. **Culpa:** devedor. **Impossibilidade superveniente:** total - impossibilidade de todas as prestações. **Consequência:** o credor poderá exigir o valor de quaisquer delas (dano emergente), mais as perdas e danos (lucro cessante).
Art. 256: "Se todas as prestações se tornarem impossíveis sem culpa do devedor, extinguir-se-á a obrigação".	Se todas as prestações se tornarem inexequíveis ou impossíveis, sem culpa do devedor, a obrigação deve ser extinta e as partes retornam ao estado anterior.

A grave omissão do Código Civil está relacionada à inexistência de regras para disciplinar o perecimento, impossibilidade ou a perda do objeto por culpa do credor. Tal fato evidencia como a lei civil retrata as obrigações alternativas sob perspectiva clássica. A obrigação contemporânea é funcionalizada, devedor e credor, em constante cooperação, são titulares dos mesmos direitos e deveres fundamentais. Em relação a esta questão, nos socorremos das palavras de Gisela Sampaio[84]: "Aqui também as consequências vão variar conforme caiba a um ou outro o direito de escolha, e ocorra a perda de uma ou todas as prestações. Quando a escolha competir ao devedor e uma das prestações se impossibilitar por culpa do credor, considera-se cumprida a obrigação, ficando o devedor liberado, a não ser que prefira satisfazer a remanescente, mas poderá, neste caso, exigir que o credor indenize a que pereceu. Se a escolha couber ao credor, considera-se apenas cumprida a obrigação, como se o culpado tivesse escolhido a prestação cuja realização se tornou impossível (...). Quando todas as prestações se tornarem impossíveis por culpa do credor, o devedor igualmente terá resguardado o direito de escolha, podendo pleitear o valor de qualquer delas, acrescido das perdas e danos. Se a escolha for do credor, entretanto, ele indenizará o devedor pelo valor daquela que escolher. Nos dois casos, tem-se por cumprida a obrigação".

Se o devedor tiver de escolher e as prestações perecerem por sua culpa, poderá pagar o valor de quaisquer delas, sem prejuízo das perdas e danos.

A culpa do credor poderá ocorrer tanto quando é o responsável pela escolha, assim como se a escolha for prerrogativa do devedor. Se culpado pela impossibilidade de uma das prestações, e era seu o direito de escolha, será responsabilizado por perdas e danos, salvo se escolher aquela que não se impossibilitou. Se a escolha era do devedor e houve culpa do credor, será realizada a remanescente com perdas e danos, se esta for mais onerosa do que a que se tornou inexequível. Se todas as prestações se tornam inexequíveis por culpa do credor, extingue-se a obrigação e o devedor pode requerer perdas e danos. Se a escolha for do credor, poderá escolher qual delas pretende indenizar.

2.7.2.3. Obrigações complexas facultativas

A terceira obrigação complexa é a denominada facultativa ou com faculdade alternativa. Nesse tipo de obrigação, a pluralidade de prestações é apenas aparente, pois, na realidade, existe apenas uma prestação devida desde a origem ou formação do vínculo obrigacional. No entanto, o devedor tem a faculdade ou prerrogativa (e por isso a denominação facultativa) de substituí-la por outra por ocasião do adimplemento.

Essencialmente, trata-se de obrigação simples, onde a prestação é única. Ocorre que o devedor tem a faculdade de se desonerar da obrigação com a entrega de outra prestação, *sem a necessidade de concordância do credor e que não integra a relação jurídica obrigacional*. Ou seja, o credor não pode exigir a prestação facultativa que não integra o vínculo jurídico obrigacional, mas o devedor poderá se desobrigar com a entrega de prestação diversa da pactuada. É uma espécie de "dação em pagamento" a benefício do devedor, com o objetivo de potencializar a liberação. É dispensada a concordância do credor no momento do adimplemento, mas este previamente autorizou a liberação com a entrega de prestação que não integra o vínculo obrigacional, no exclusivo interesse do devedor.

É, portanto, mera *faculdade do devedor*, relacionada à substituição de uma prestação por outra que, repita-se, não integra a relação jurídica material base. Em razão disso, a ilicitude ou impossibilidade originária da prestação facultativa não interfere na validade do negócio principal. Por outro lado, se a prestação devida (a principal), que integra a relação jurídica obrigacional, for ilícita ou impossível desde a origem, o negócio será inválido, ainda que a prestação facultativa seja perfeita. Como a prestação facultativa não integra a relação jurídica originária, não é exigível pelo credor e não substitui a prestação pactuada na obrigação que é impossível desde a origem. Não é por outro motivo, que na obrigação facultativa, a relação jurídica obrigacional é simples.

No caso, o devedor, e somente ele, tem a faculdade de entregar outra prestação, previamente autorizada pelo credor, mas que não integra o negócio principal, para obter a liberação. Há discussão na doutrina sobre a possibilidade de a prestação facultativa ser pactuada em benefício do credor. Para aqueles que rejeitam essa possibilidade, o argumento seria a conversão da obrigação em alternativa. Como bem define Wald[85]: "(...) tem uma estrutura parecida com as obrigações alternativas as obrigações com faculdade de solução ou com faculdade de substituição, erradamente chamadas obrigações facultativas. Não poderia haver obrigações facultativas pois o que é facultativo não é obrigatório e o que é obrigatório não é facultativo".

Na obrigação facultativa não há ato de escolha como na alternativa, pois aquela é, na essência, obrigação simples ou de prestação única. O vínculo retratará apenas uma única prestação, a qual é previamente determinada, mas o devedor, e só ele, no momento do adimplemento, poderá substituir a prestação por outra, prevista no contrato, autorizada previamente pelo credor.

Ou seja, o devedor não deve a outra coisa, a qual credor não tem direito de exigir. Contudo, terá o devedor o direito de pagar, entregando prestação diversa.

Na obrigação facultativa não há o ato de escolha, justamente porque tem por objeto apenas uma prestação. Desde a origem, o devedor deverá cumprir esta prestação original e o credor somente poderá exigi-la. Entretanto, ao devedor é conferido o direito potestativo, e só a ele, de

---

[84] CRUZ, Gisela Sampaio da. As excludentes de ilicitude no Código Civil de 2002 – Art. 188. In: TEPEDINO, Gustavo (coord.). *A parte geral do novo Código Civil:* estudos sob a perspectiva civil-constitucional. 2. ed. Rio de Janeiro: Renovar, 2003.

[85] WALD, Arnold. *Obrigações e contratos.* 17. ed. São Paulo: Saraiva, 2006, p. 51.

se liberar, mediante a entrega de outra prestação por ocasião do adimplemento, mas esta outra prestação facultativa não integra a obrigação e, por isso, o perecimento ou a deterioração dela em nada influenciará a obrigação principal. É uma faculdade a benefício do devedor, que não deve esta outra prestação, mas pode se liberar entregando-a ao credor. O credor somente poderá exigir a prestação devida, jamais a facultativa.

Como ressaltam Rosenvald e Chaves[86], há duas repercussões na distinção entre obrigações facultativas e alternativas: se a prestação principal na obrigação facultativa padecer de impossibilidade originária, inválida, sobejará toda a obrigação, face à perda do objeto. Porém, nas alternativas, subsistirá a obrigação na outra prestação, que não será atingida. Além disso, nas obrigações alternativas, a perda superveniente de uma das coisas concentrará o débito na subsistente, mas ocorrendo a perda da coisa principal sem culpa do devedor, a obrigação facultativa extingue-se, a despeito de subsistir o objeto supletivo, pois o objeto devido é único, não podendo a coisa acessória ser exigida pelo credor. Ou seja, a perda da coisa acessória em nada repercute no cumprimento da obrigação facultativa, pois prestá-la era uma opção exclusiva do devedor.

Finalmente, cumpre ressaltar que essa faculdade de liberação conferida ao devedor, mediante a entrega de prestação diversa, pode derivar de uma *convenção* ou de *expressa disposição legal*. No caso da convenção, a questão tem como fundamento o princípio da autonomia privada, por meio do qual os sujeitos podem regular os seus próprios interesses. Nos casos previstos em lei, é garantida ao devedor a faculdade de substituir a prestação por outra já previamente delimitada na legislação.

Em termos lógicos, para compreender a obrigação facultativa, basta considerar que a prestação que poderá substituir a pactuada não integra a relação jurídica obrigacional. É mera faculdade para ampliar a possibilidade de liberação. Nesse sentido, qualquer fato ou situação relacionada à prestação originária não afeta a prestação facultativa e vice-versa.

2.7.3. Classificação em relação aos sujeitos (obrigações subjetivamente plurais)

Questão dos sujeitos: classificação subjetiva

Neste caso, as obrigações seriam *subjetivamente plurais*. A pluralidade objetiva foi tratada nas obrigações cumulativas, alternativas e facultativas.

Se forem subjetivamente plurais, as obrigações podem ser fracionárias ou divisíveis, solidárias e indivisíveis. O objetivo desta classificação que pressupõe pluralidade de sujeitos em um ou nos dois polos, é dirimir dúvidas em relação ao adimplemento sob a perspectiva dos sujeitos: Quem pode exigir e quem está obrigado, no caso de pluralidade de sujeitos?

A regra é que se houver pluralidade de sujeitos, as obrigações são autônomas e independentes, divisíveis. As exceções são a indivisibilidade, em razão da impossibilidade de fracionar a prestação, motivo pelo qual é objetiva, e a solidariedade, por conta do vínculo subjetivo entre os sujeitos, que decorre da lei ou de uma convenção.

2.7.3.1. Obrigação fracionária

• **Pluralidade de devedores ou credores**

As obrigações fracionárias são a regra. Se houver pluralidade de sujeitos, no polo ativo ou passivo da relação jurídica obrigacional e, sendo a prestação divisível, haverá autonomia e independência em relação à cota-parte de cada sujeito (credores ou devedores). A obrigação, nessa hipótese, se fraciona ou divide-se em partes iguais.

Nas obrigações fracionárias, a responsabilidade de cada devedor e o direito de cada credor é restrito e limitado a uma parte do objeto, ou seja, cada um responde por parte da dívida ou tem direito de exigir apenas sua cota-parte. Cada devedor ou cada credor é individualmente considerado sujeito da relação obrigacional (é pressuposto que as prestações sejam divisíveis). As obrigações fracionárias se decompõem em tantas obrigações quantos forem os credores e devedores. Tal regra está expressa no art. 257 do CC: "Havendo mais de um devedor ou mais de um credor em obrigação divisível, esta presume-se dividida em tantas obrigações, iguais e distintas, quanto os credores ou devedores".

O direito de crédito e o dever jurídico são fracionáveis e, por esta razão, embora haja pluralidade subjetiva ativa (vários credores) ou passiva (vários devedores), não há vínculo subjetivo entre eles. *Cada um é credor e devedor apenas da sua cota-parte ou de uma fração*. Em consequência, os atos praticados por cada credor ou cada devedor repercutirão apenas na sua cota-parte. Portanto, a regra insculpida no art. 257 é que cada credor o é apenas de sua parte e cada devedor deve apenas a cota à qual se vinculou.

A regra da divisão da obrigação entre os sujeitos envolvidos no vínculo obrigacional tem três exceções: *solidariedade, indivisibilidade e obrigações disjuntivas*. O pressuposto destas exceções é a existência de pluralidade de sujeitos. Se houver apenas um credor e um devedor, não há interesse no estudo das exceções. Ausente a pluralidade de sujeitos, a obrigação será simples e não haverá motivo para aplicação das regras da solidariedade e indivisibilidade, diante do princípio insculpido no art. 314 do CC (ainda que o objeto seja divisível, o cumprimento da prestação não pode ser parcelado, salvo ajuste entre as partes).

Nas obrigações solidárias cada um tem direito ao todo ou é responsável pelo todo (análise detalhada adiante). É uma das exceções, e talvez a mais importante delas, da regra geral (art. 257) da autonomia e do fracionamento da obrigação entre os credores ou devedores. Na solidariedade, há entre credores (solidariedade ativa) ou devedores (solidariedade passiva) um vínculo *subjetivo* que os une. Essa ligação ou liame subjetivo é que caracteriza a solidariedade como um vínculo entre sujeitos. Por esta razão, a solidariedade está toda direcionada para os sujeitos da relação obrigacional, com total desprezo ao objeto da prestação, o que apenas interessa para a indivisibilida-

---

[86] FARIAS, Cristiano Chaves de; ROSENVALD, Nelson. *Direito das obrigações*. 4. ed. Rio de Janeiro: Lumen Juris, 2010, p. 243-244.

de. Por isso, se diz que a solidariedade é *subjetiva* – relacionada aos sujeitos.

A indivisibilidade também confere o direito de exigir o todo e responsabilidade pelo todo, mas por conta de fato objetivo, ou seja, a impossibilidade de fracionamento da prestação. Na essência, não há direito subjetivo ou dever jurídico sobre o todo, no caso de pluralidade de sujeitos no polo ativo ou passivo, mas cada credor pode exigir o todo e que devedor deve entregar o todo, uma vez que não há como fracionar a prestação, por questões materiais, econômicas ou fruto de pactuação. A indivisibilidade é objetiva.

Na sequência, a solidariedade e a indivisibilidade serão objeto de análise.

2.7.3.1.1. Obrigações disjuntivas

Sua aceitação é polêmica. Também pressupõem pluralidade de sujeitos. Aqui, há vários devedores e cada um deles é devedor do todo. A diferença em relação à obrigação solidária é que o devedor escolhido para cumprir a obrigação não poderá, na relação interna, se voltar contra os outros codevedores (não há relação interna). É chamada de disjuntiva porque os devedores não são demandados conjuntamente. O credor escolhe um dos devedores e, a partir desta escolha, os demais devedores estarão exonerados. Tal assunto será desdobrado por ocasião da análise da assunção da obrigação, denominada cumulativa.

2.7.3.2. Disciplina jurídica das obrigações solidárias

A solidariedade, uma das principais garantias para a tutela do crédito, está disciplinada nos arts. 264 a 285 do CC. A obrigação contemporânea, atualmente considerada processo voltado ao adimplemento, norteada por valores e princípios constitucionais, funcionalizada e dinâmica, imporá análise cautelosa da solidariedade, por retratar vínculo subjetivo entre sujeitos. A obrigação é relação de cooperação e mútuo auxílio que atualmente se caracteriza pela coincidência e correlação de interesses para a plena satisfação do vínculo jurídico originalmente estabelecido. A solidariedade implicará numa atuação conjunta de credores e devedores para atingirem o mesmo objetivo, o adimplemento. Nesta perspectiva civil-constitucional e funcional deve ser analisada a solidariedade. A função social e a boa-fé objetiva serão os princípios norteadores deste vínculo de solidariedade.

Na linha de Mário Júlio de Almeida Costa[87], tal obrigação "caracteriza-se por corresponder à pluralidade de sujeitos um cumprimento unitário da prestação".

A definição básica de obrigação solidária está no art. 264 do CC: "Há solidariedade, quando na mesma obrigação concorre mais de um credor, ou mais de um devedor, cada um com direito, ou obrigado, à dívida toda" (pluralidade subjetiva e unidade objetiva/vínculo único entre os polos ativo e passivo).

De acordo com essa definição, a solidariedade deve ser compreendida a partir de duas ideias fundamentais: *pluralidade subjetiva* (vários sujeitos – mais de um credor com direito à prestação integral (todo), e/ou mais de um devedor, na mesma obrigação, cada um deles obrigado ao todo) e *unidade objetiva* (vínculo único que liga credores e devedores).

Como ressalta o mestre Caio Mário[88]: "Pluralidade subjetiva e unidade objetiva: é da essência da solidariedade que numa obrigação em que concorram vários sujeitos ativos ou vários sujeitos passivos haja unidade de prestação, isto é, cada um dos credores tem o poder de receber a dívida inteira, e cada um dos devedores tem a obrigação de solvê-la integralmente".

Na solidariedade, a unidade da prestação não decorre da sua natureza, mas de *vínculo subjetivo entre os sujeitos*. Razões de ordem técnica impõem tal unidade, que pode decorrer da lei ou da vontade das partes (art. 265 do CC). Ou seja, o objeto da prestação é passível de ser fracionado, mas a unidade é decorrência de vínculo subjetivo estabelecido pela lei ou pactuado pelos sujeitos. A lógica da solidariedade se relaciona com a análise dos sujeitos. O que ocorre com os sujeitos, repercute na solidariedade, ao passo que as situações que envolvem a prestação não interferem no instituto. Por isso, a solidariedade é subjetiva.

Nas obrigações indivisíveis, a incindibilidade da prestação está relacionada ao objeto em si, que não poderá ser fracionado, em razão da natureza, lei ou convenção.

Neste momento, é importante ressaltar uma questão que será o parâmetro de análise das obrigações solidárias e indivisíveis. A solidariedade implica análise dos sujeitos da relação jurídica obrigacional (vínculo subjetivo entre eles) e a indivisibilidade se refere ao objeto da prestação (o qual não poderá ser fracionado). Por isso, a solidariedade é subjetiva e a indivisibilidade é objetiva. Todas as regras do Código Civil representam um desdobramento desta ideia central.

Em regra, no caso de pluralidade de credores ou devedores, as obrigações, em termos subjetivos, são fracionárias (responsabilidades independentes e autônomas), nos moldes do art. 257 do CC.

Como vimos, as exceções a esta regra da divisibilidade das obrigações *subjetivamente plurais* são a solidariedade, a indivisibilidade e, para alguns, as obrigações disjuntivas. Nessas exceções, os vários credores são credores do todo e os vários devedores são devedores do todo. O direito de exigir o todo ou o dever de cumprir o todo (a integralidade da prestação ou das prestações) decorre de circunstâncias especiais de cada uma destas obrigações.

A compreensão da solidariedade pressupõe a divisão da estrutura da obrigação (no que diz respeito aos vínculos entre os sujeitos) sob os aspectos externos e internos. O vínculo da solidariedade somente se observa na relação externa, ou seja, na relação entre os polos ativo e passivo

---

[87] COSTA, Mário Júlio de Almeida. *Direito das obrigações*. 3. ed. Coimbra: Almedina, 1998, p. 433.

[88] PEREIRA, Caio Mário da Silva. Instituições *de direito civil*. 20. ed. Teoria geral das obrigações. Rio de Janeiro: Forense, 2004. v. II, p. 81.

(no elo que liga os polos), porque qualquer credor poderá exigir o pagamento de qualquer devedor no todo, como poderá haver o cumprimento/adimplemento se qualquer devedor concretizar o todo. Na relação interna, ou seja, na inter-relação entre os vários credores e os vários devedores, não há solidariedade, e sim corresponsabilidade (a obrigação se divide entre os diversos coobrigados).

Na relação externa, prevalece o entendimento de que foi adotada a teoria da unitariedade do vínculo. Por isso, se diz que a solidariedade é a união da pluralidade subjetiva com a unidade objetiva. Esta última é retratada pela unidade do vínculo. Para esta teoria há apenas um vínculo apto a ligar os polos ativo e passivo da relação jurídica material obrigacional.

A professora Flávia Zangerolame[89] define com precisão as relações internas e externas: "A relação interna diz respeito à situação jurídica existente entre as partes que ocupam a mesma posição na estrutura obrigacional, que, na solidariedade passiva, é a relação dos devedores entre si, e na ativa, é o tipo de ligação existente entre todos os credores. A relação externa traduz o elo de ligação entre estes dois polos diversos, e consiste nas relações havidas entre os dois polos, constituídos pelos credores e devedores".

Na mesma linha de pensamento, Orlando Gomes[90] sustenta: "Enquanto nas relações externas cada credor solidário tem direito a exigir do devedor o cumprimento da prestação por inteiro ou cada coobrigado pode ser compelido a satisfazer, parcial ou totalmente, a prestação, na relação interna, as obrigações dividem-se entre os vários sujeitos. Externamente, estão vinculados *pro toto*, internamente, cada qual é devedor de uma parte proporcional ao número de devedores, igual para todos, ou desigual".

A doutrina debate sobre a natureza jurídica do vínculo da solidariedade e, em razão das inúmeras controvérsias, surgiram algumas teorias para tentar explicar tal natureza.

A primeira é a *teoria da representação*, para a qual se cria uma espécie de sociedade, pois cada coobrigado é mandatário dos demais e, portanto, age em benefício de todos. A solidariedade seria uma relação jurídica, em que cada um dos sujeitos representaria os demais em relação aos outros. Caio Mário[91] ressalta que vários doutrinadores formularam a teoria da representação limitada, para restringir os efeitos do mandato aos atos úteis ao grupo, uma vez que não poderia o mandante ser prejudicado por atos nocivos. Essa limitação gerou críticas porque a representação teria de vigorar sempre.

A segunda teoria é a *fidejussória*, segundo a qual cada devedor seria garante da prestação em relação ao credor, o que justificaria o efeito da quitação aos coobrigados – mas há diferenças entre a fiança e a solidariedade, como a interrupção da prescrição e o benefício de ordem. Em razão desta função fidejussória, segundo Caio Mário[92], o credor teria o direito de exigir a prestação por inteiro. Ao contrário, pagando o devedor a um dos credores solidários, libertar-se-ia dos outros, porque em favor de todos e de cada um institui-se como garantia de solução.

As teorias da representação e fidejussória defendem a existência de várias relações ou multiplicidade de vínculos entre os sujeitos. Haveria tantos vínculos quantos fossem os sujeitos, credores ou devedores.

Em oposição a estas teorias pluralistas, as quais reconhecem a existência de um feixe de relações decorrentes de vários vínculos, a teoria unitária considera vínculo único obrigacional entre os polos ativo e passivo. Ou seja, apesar da pluralidade subjetiva, o vínculo é uno. A prova do "vínculo unitário" decorre das consequências da atuação de cada um dos sujeitos, individualmente, na relação externa. Se qualquer dos devedores, individualmente, concretiza a integralidade da prestação, ainda que internamente responda por parte desta, haverá a extinção do vínculo jurídico e da obrigação. Na solidariedade, a atuação individual de cada um dos sujeitos repercute, externamente, na totalidade do vínculo. Na relação externa, é como se cada sujeito fosse devedor ou credor do todo. Todavia, na relação interna, a composição de interesses é baseada na relação jurídica que os vincula, o que poderá (não necessariamente) ensejar direito de regresso. Se o vínculo externo é rompido, afetado ou extinto com a conduta de apenas um dos sujeitos, não há dúvida de ser unitário esse vínculo de solidariedade (e não o vínculo interno da responsabilidade).

Sobre o assunto, Orlando Gomes[93] ressalta que a natureza da obrigação solidária é controvertida: "Inclinam-se alguns para a tese da unidade, e outros, em maioria, para a da pluralidade. Os adeptos da primeira teoria afirmam que existe um só vínculo. Os pluralistas sustentam que há tantos vínculos quanto devedores ou credores, unidos pela identidade de objeto e causa" (*Obrigações*, p. 76).

Embora o autor ressalte que na Alemanha predomina a tese pluralista, reconhece que entre nós a doutrina pende para a tese da unidade, na suposição de que é imprescindível à unidade objetiva da prestação a obrigação única com pluralidade de sujeitos.

No direito brasileiro, não há dúvida de que a teoria unitária deve prevalecer, tendo em conta a estrutura da obrigação e o seu caráter funcional. Embora sejam múltiplos os sujeitos, a solidariedade só existe na relação externa. Assim, cada credor pode exigir de qualquer dos devedores a prestação por inteiro e, tal conduta individual, repercutirá na totalidade do vínculo, com a extinção da solidariedade. Da mesma forma, cada devedor está obrigado pelo todo e, quando concretiza a prestação em favor de qualquer dos credores, a obrigação solidária estará extin-

---

[89] ZANGEROLAME, Flávia. *Obrigações*. Rio de Janeiro: Renovar, p. 198.

[90] GOMES, Orlando. *Obrigações*. 17. ed. (atualizada por Edvaldo Brito – coord.). Rio de Janeiro: Forense, 2007, p. 76.

[91] PEREIRA, Caio Mário da Silva. Instituições *de direito civil*. 20. ed. Teoria geral das obrigações. Rio de Janeiro: Forense, 2004. v. II, p. 87.

[92] PEREIRA, Caio Mário da Silva. Instituições *de direito civil*. 20. ed. Teoria geral das obrigações. Rio de Janeiro: Forense, 2004. v. II, p. 88.

[93] GOMES, Orlando. *Obrigações*. 17. ed. (atualizada por Edvaldo Brito – coord.). Rio de Janeiro: Forense, 2007, p. 76.

ta, com a possibilidade de eventual regresso na relação interna. O vínculo da solidariedade é único, pois os credores ou devedores, reunidos, são considerados, perante o polo oposto, como se fossem um único credor ou um único devedor (todos são credores e devedores do todo). Portanto, há unidade objetiva. O fundamento da solidariedade não é a natureza da prestação, mas questões técnicas (que impõem um único vínculo de natureza subjetiva entre os sujeitos).

As regras existentes no Código Civil sobre solidariedade correspondem a um desdobramento da noção de solidariedade subjetiva ou vínculo entre sujeitos, sendo irrelevante o objeto da prestação ou a sua natureza.

2.7.3.2.1. Solidariedade e presunção

Segundo o art. 265 do CC, a solidariedade não se presume[94]; resulta da lei ou da vontade das partes. Tal dispositivo trata da origem e do fundamento da solidariedade ativa ou passiva. Por isso, é excepcional.

Desta forma, se não houver norma legal (ex.: arts. 585; 942, parágrafo único, e 1.644, dentre outros) ou convenção em algum negócio jurídico que estabeleça a solidariedade (contrato), não poderá ela ser presumida. Em suma, a solidariedade é *legal* ou *convencional*.

No caso da convencional, a solidariedade poderia decorrer de negócios jurídicos bilaterais, contratos, bem como de negócios jurídicos unilaterais, como o testamento (art. 1.897 do CC: "A nomeação de herdeiro, ou legatário, pode fazer-se pura e simplesmente, sob condição, para certo fim ou modo, ou por certo motivo"). O testador pode estipular a solidariedade de legatários em relação ao cumprimento de determinado encargo (art. 1.913). Portanto, a solidariedade convencional não se restringe aos contratos (negócios jurídicos bilaterais quanto à formação), mas também se compatibiliza com os negócios jurídicos unilaterais (testamento e a promessa de recompensa, em que duas ou mais pessoas prometem solidariamente o pagamento do prêmio).

Ademais, em razão dos valores constitucionais que inspiram o nosso sistema civil, poderia a solidariedade também decorrer dos princípios da boa-fé objetiva e função social. Ocorre que, nesse caso, não haveria propriamente exceção ao art. 265, uma vez que a solidariedade baseada em princípios não deixa de ser espécie do gênero solidariedade legal. A lei civil se divide em regras e princípios. E a solidariedade pode decorrer de uma regra fechada, assim como de valor ou princípio.

Nas palavras de Flávia Maria Zangerolame[95], a solidariedade é subjetiva por tratar-se de vínculo estabelecido pelas partes ou por lei com fundamento no título, diversamente da indivisibilidade, que encontra o fundamento, normalmente, na natureza da prestação, que não pode ser fracionada.

A regra, portanto, no direito brasileiro, é a não presunção da solidariedade.

A solidariedade pode ser pactuada de forma concomitante ou superveniente à formação ou constituição de determinado ato ou negócio jurídico. A solidariedade pode decorrer de ato superveniente, posterior e autônomo, "sendo suficiente um nexo causal entre esta estipulação avulsa e o negócio jurídico originário, na qual se demarque a sua acessoriedade".

Nos termos do art. 266 do CC, a obrigação solidária pode ser pura e simples para um dos cocredores ou codevedores, e condicional, ou a prazo, ou pagável em lugar diferente, para o outro. Isso significa que o direito subjetivo de alguns credores ou o dever jurídico de codevedores pode ostentar restrições em relação à eficácia, o que não prejudicará a natureza solidária da obrigação.

Não importa a condição, a existência de termo ou das condições da cota-parte de cada credor ou devedor. A solidariedade ignora tais condições objetivas da prestação, tendo em vista que é analisada apenas sob a perspectiva do sujeito. Na IV Jornada de Direito Civil, promovida pelo CJF, no Enunciado 347 foi definido que: "A solidariedade admite outras disposições de conteúdo particular além do rol previsto no art. 266 do Código Civil".

O fato é que o disposto no art. 266 não afasta a teoria da unidade do vínculo. A autonomia das prestações não é obstáculo ao reconhecimento da teoria da unidade do vínculo.

Obs.: não devemos confundir obrigações solidárias com obrigações *in solidum* (se o proprietário de um veículo o empresta a um amigo bêbado que vem a causar um acidente, surgirão obrigações distintas para ambos os agentes, sem que haja solidariedade entre eles – outro exemplo é o do incêndio em uma propriedade segurada causada por um terceiro).

2.7.3.2.2. Solidariedade ativa

A solidariedade ativa tem como principal característica a pluralidade de credores, ou seja, vários sujeitos no polo ativo da relação obrigacional. É disciplinada nos arts. 267 a 274 do CC.

A definição de solidariedade ativa é dada pelo art. 267: "Cada um dos credores solidários tem direito a exigir do devedor o cumprimento da prestação por inteiro".

Portanto, é fácil visualizar, nessa espécie de obrigação solidária, os elementos relevantes já analisados: pluralidade subjetiva, unidade objetiva, relação externa e relação interna.

1. Pluralidade subjetiva: vários credores.
2. Unidade objetiva: vínculo único atrelando os polos.
3. Relação externa: vínculo entre os polos.
4. Relação interna: corresponsabilidade entre os credores solidários.

---

[94] A regra de que a solidariedade não se presume foi reforçada no REsp 981.081/RS, relatado pela Min. Nancy Andrighi, quando decidiu que, nos contratos de conta corrente conjunta, a responsabilidade pela emissão do cheque é exclusiva daquele que após a sua assinatura na cártula.

[95] ZANGEROLAME, Flávia. *Obrigações*. Rio de Janeiro: Renovar, p. 196.

É rara a solidariedade ativa pactuada pelas partes, assim como a decorrente de norma expressa. Quanto a esta última, há dois exemplos: débitos civis e comerciais dos pecuaristas (art. 12 da Lei n. 209/48) e a prevista na Lei de Locações (instituída em favor dos locadores do prédio comum). A inconveniência da multiplicidade de credores torna este tipo de obrigação solidária incomum.

Na solidariedade ativa, qualquer dos credores pode exigir do devedor ou devedores a prestação na sua integralidade, pois são credores do todo na relação externa. O credor tem poder de disponibilidade sobre o todo e, por isso, caso seja beneficiário da prestação, ainda que em conduta individual, a obrigação com os demais credores que não participaram desta ação externa em relação ao polo oposto, ficará extinta. Na relação interna, o credor terá de prestar contas aos demais credores na relação interna. Ou seja, no âmbito interno, o credor que recebeu a prestação passará a ser devedor dos demais credores.

A solidariedade ativa passa a ter relevância quando interage com as regras sobre suspensão e interrupção do prazo prescricional (arts. 201 e 204, § 1º, do CC). As causas suspensivas do prazo prescricional têm natureza pessoal, ainda que os credores sejam solidários. Por isso, se houver vários credores, a suspensão da prescrição em relação a um deles não beneficia os demais, em relação aos quais o prazo continua a transcorrer normalmente, conforme o art. 201 do CC. No entanto, se a causa for interruptiva da prescrição, de acordo com o § 1º do art. 204, a interrupção para um dos credores solidários aproveitará aos demais. Desta forma, as repercussões serão diferentes dependendo da natureza da causa: suspensiva ou interruptiva da prescrição.

Neste ponto, uma questão interessante que se coloca é o eventual conflito entre o disposto no art. 201 e as regras sobre solidariedade. Explica-se: em razão da solidariedade ativa, todos os credores são credores do todo, como se fossem um único credor (isso perante o polo oposto – relação externa). Neste sentido, cada um pode exigir o todo do devedor. O art. 201 estabelece que a suspensão da prescrição no caso de solidariedade ativa tem caráter pessoal, não aproveitando aos demais. Imagine o seguinte exemplo: credores solidários "A", "B" e "C" do devedor "G". O credor "A" se casa com o devedor "G". Nessa hipótese, por força do disposto no art. 197, I, a prescrição será suspensa, mas apenas em relação ao credor que casou com o devedor (art. 201). Em relação aos demais credores, o prazo segue fluindo normalmente. Os credores "B" e "C" se mantêm inertes e a prescrição se consuma (perdem a pretensão). O credor "A" se separa e, como em relação a ele o prazo estava suspenso, poderá agora cobrar do devedor, seu ex-cônjuge. A pergunta: Neste caso, por ser um credor solidário, ele poderá cobrar o todo ou apenas a sua cota-parte em razão da prescrição já consumada em relação aos demais?

Há neste caso um conflito entre o art. 201 e as regras sobre solidariedade. Para preservar a eficácia da regra do citado dispositivo legal e, tendo em conta o princípio do enriquecimento sem causa, nesse caso, sua pretensão estaria limitada à sua cota-parte. O devedor poderia opor ao credor demandante a prescrição das cotas dos demais, em clara mitigação ao art. 273 do CC.

Na solidariedade ativa, em razão da teoria unitária, qualquer credor, de forma autônoma, poderá dar quitação e promover medidas assecuratórias do crédito, como constituir em mora o devedor e até interromper a prescrição.

Prevenção judicial

Em razão da teoria unitária do vínculo obrigacional, a prestação pode ser efetivada pelo devedor a qualquer dos credores, liberando-o da obrigação, conforme o art. 268. Segundo este dispositivo, até que algum dos credores proponha a ação, o devedor tem a faculdade de escolher o credor a quem deseja pagar. É o que a doutrina denomina "prevenção judicial".

Para a caracterização da prevenção judicial, são indispensáveis dois requisitos:

1. mora do devedor ou devedores (antes da mora, o devedor ou devedores têm plena liberdade de pagar a qualquer dos credores solidários);
2. iniciativa de um dos credores por meio de uma demanda judicial (não basta um ato extrajudicial, como o protesto – é essencial a existência de um processo judicial).

No caso, há uma evidente mitigação da liberdade do devedor, pois se um dos credores teve a iniciativa de efetivar a cobrança judicial com fundamento na mora do sujeito passivo da obrigação, a este credor deverá ser destinada a prestação. Se o pagamento não for destinado ao credor responsável por esta cobrança, o devedor que paga assume o risco de o credor que recebe não repassar aos demais, na relação interna, a cota-parte de cada um. Por isso, nessa hipótese, os demais credores poderão compelir o devedor ou devedores a novo pagamento.

Todavia, se o devedor violar a regra do art. 268 e pagar ao credor não demandante, mas este, na relação interna, repassar a cota para os demais credores, por força do princípio do enriquecimento sem causa, os demais credores não terão a possibilidade de exigir do devedor novo pagamento. Na realidade, a regra do art. 268 do CC se presta apenas *para modular os efeitos do risco na relação interna entre os credores solidários*. Antes da prevenção judicial, o devedor pode pagar a qualquer dos credores e estará liberado. Neste caso, o risco pelo não repasse é exclusivamente dos credores solidários, que terão o direito de cobrar a cota-parte de cada um daqueles que recebeu a prestação inteira (art. 272).

Portanto, antes da prevenção judicial, caso o credor solidário que recebeu a prestação não repasse a cota-parte dos demais, nada poderá ser exigido do devedor, que estará liberado (teoria unitária do vínculo). Após a prevenção judicial, o devedor, por segurança, deverá pagar ao demandante. Se pagar a credor solidário não demandante, ele, devedor, assumirá o risco de não ser realizado o repasse aos demais credores solidários na relação interna as cotas de cada um.

Por isso, a violação da regra do art. 268 dá aos demais credores solidários, que não receberam suas cotas na relação interna, o direito de cobrar do devedor a fração pertencente a cada um. Obviamente, nessa hipótese, se tiver que pagar novamente, poderá o devedor requerer junto ao credor solidário não demandante que havia recebido a totalidade da prestação, a devolução do excesso, ou seja, das cotas dos demais credores que não receberam o repasse na relação interna.

Tal dispositivo deve ser analisado à luz dos valores constitucionais que inspiram o direito das obrigações. O art. 268 estabelece limite para o devedor ou devedores optarem para qual dos credores o adimplemento seria destinado. O limite e a opção de escolha podem ser exercidos até a data prevista para o adimplemento. Em caso de mora do devedor ou devedores e, se qualquer dos credores, com fundamento nesta mora, tomar a iniciativa de procurar o devedor ou devedores, o pagamento somente poderá ser realizado em favor deste credor (por isso o artigo diz "enquanto"). Tudo isso para evitar o risco de eventual inadimplemento na relação interna.

Pagamento parcial

O Código Civil de 2002 inovou ao dispor em seu art. 269 que o pagamento feito pelo devedor a um dos credores solidários extingue a dívida até o montante do que foi pago. O objetivo é evitar interpretações de que o pagamento parcial extingue a totalidade da obrigação. Os efeitos liberatórios também podem ser estendidos a outras formas indiretas de pagamento, como novação, compensação etc.

Tal dispositivo permitirá que o credor beneficiado ou outros credores cobrem o saldo remanescente. O artigo substitui a regra disposta no art. 900 do CC/1916, segundo o qual o pagamento feito a um dos credores solidários extinguiria inteiramente a dívida. Em razão da redação deste artigo, houve muitas polêmicas sobre as consequências do pagamento parcial realizado a um dos credores, sendo que se chegou a defender a tese de que o pagamento realizado a apenas um, ainda que não integral, extinguia inteiramente a dívida. Para sanar dúvidas e encerrar a polêmica, o art. 269 admite expressamente o pagamento parcial que levará à extinção daquilo que foi efetivamente pago.

Falecimento de um dos credores solidários e consequências

As regras sobre o falecimento do credor solidário e as consequências para o caso de ter deixado herdeiros é desdobramento lógico de que a solidariedade é subjetiva. De acordo com o art. 270 do CC: "Se um dos credores solidários falecer deixando herdeiros, cada um destes só terá direito a exigir e receber a quota do crédito que corresponder ao seu quinhão hereditário, salvo se a obrigação for indivisível".

Tal dispositivo é desdobramento da solidariedade como vínculo subjetivo, pois o falecimento de um dos credores altera esse vínculo e, como consequência, os herdeiros só terão direito a exigir a cota-parte do falecido, salvo se a prestação for indivisível. Assim, cada herdeiro somente poderá exigir e receber o quanto do crédito corresponder ao seu quinhão hereditário, salvo se a obrigação for indivisível (ex.: "A", "B" e "C" são credores solidários de "E". Se "B" falece e deixa os herdeiros "J" e "H", cada um destes só terá direito a exigir e receber a cota do crédito que corresponder ao seu quinhão hereditário, salvo se a obrigação for indivisível). Como a solidariedade é subjetiva, não se transmite aos herdeiros.

Ou seja, a solidariedade é subjetiva e o seu foco está atrelado aos sujeitos. Se houver alteração subjetiva ou dos sujeitos, a solidariedade não subsiste. Com a morte de um dos credores solidários, haverá alteração de sujeitos, uma vez que os herdeiros do credor falecido assumirão o seu lugar. Em relação a estes herdeiros, estranhos ao vínculo obrigacional originário, não há solidariedade. Por isso, só podem exigir a cota-parte referente ao quinhão de cada um. A ressalva à indivisibilidade é óbvia, pois, nesse caso, a análise envolve o objeto da prestação e não o sujeito. A morte não altera o objeto da prestação e, por esta razão, se a prestação era indivisível com o credor solidário falecido, continuará indivisível com os seus herdeiros.

Remissão na solidariedade ativa

O credor que tiver remitido (perdoado) a dívida ou recebido o pagamento, responderá aos outros credores pela parte que lhes caiba (art. 272). Tal dispositivo demonstra, de forma inequívoca, a diferença fundamental entre a relação externa (onde há o vínculo de solidariedade) e a relação interna (onde há a corresponsabilidade).

Como se observa, a remissão, por exemplo, efetuada por um dos credores, extingue a obrigação do devedor, mas não atinge os credores em suas relações internas, persistindo o vínculo entre o credor remitente e os demais. Na solidariedade, na relação externa, o sujeito tem poder de disponibilidade sobre o todo. Por isso, pode perdoar o todo, ainda que seja credor de apenas uma cota-parte.

O perdão da dívida ou o recebimento do pagamento leva à extinção da relação externa, mas, como diz o art. 272, tal credor "responderá" civilmente aos outros pela parte que lhes caiba (na relação interna há corresponsabilidade, e não solidariedade).

No caso de remissão, se os demais credores não tiverem concordado com o perdão da dívida, o credor que perdoou deverá ressarcir aos demais, na relação interna, a cota-parte de cada um. Da mesma forma, se recebeu o pagamento, deverá repassar as cotas dos demais credores.

Perdas e danos

O art. 271 do CC é, da mesma forma, desdobramento da ideia de que a solidariedade é subjetiva, ou seja, está relacionada aos sujeitos, e não ao objeto da prestação. Ainda que haja a conversão para perdas e danos, subsiste, para todos os efeitos, a solidariedade ativa.

A consequência prevista no art. 271 está fundada no fato de que não interessa para a solidariedade o objeto da obrigação, sua divisibilidade ou indivisibilidade. Como o vínculo de solidariedade é subjetivo, a alteração no objeto não modifica a solidariedade: É o que dispõe o art. 271.

Como bem ressalta Tepedino[96]: "A solução harmoniza-se com a natureza da solidariedade, que se refere às pessoas e não ao objeto da prestação, por isso mantém as suas características nesta hipótese".

Exceções (no sentido técnico de defesa) e solidariedade ativa

As inovações mais substanciais em relação à solidariedade ativa estão nos arts. 273 e 274.

Segundo o art. 273, o devedor não pode opor a um dos credores as exceções pessoais (defesas) oponíveis aos outros. Ou seja, a exceção ou defesa pessoal relativa a um dos credores não pode ser oposta contra os demais. Assim, os credores de boa-fé estarão sempre preservados. Por exemplo, se "A" e "B" forem credores solidários do devedor "X" e o credor solidário "A", sozinho, litigar contra o devedor "X", não poderá este opor em relação a "A" defesas pessoais que só dizem respeito ao credor "B". Nesse caso, restará ao devedor que pagar a integralidade da dívida, em ação própria e autônoma, discutir a questão pessoal com o credor "B".

Por outro lado, o art. 274 traz duas regras sobre a repercussão do julgamento de ação na qual alguns credores não participam. Se as defesas apresentadas pelo devedor foram gerais ou comuns a todos os credores, o julgamento contrário a um dos credores solidários não atinge os demais que não participaram, mas o julgamento favorável aproveita-lhes. No entanto, se as defesas apresentadas ao credor forem pessoais, mesmo o julgamento favorável, o fato é que os demais credores não serão beneficiados pela decisão, justamente pelo caráter pessoal desta defesa (é o que diz a última parte do art. 274). O CPC/2015, no art. 1.068, melhorou a redação do art. 274 do CC, mas não houve alteração no conteúdo.

Por exemplo, se um dos credores, na época da elaboração dos contratos, ameaçou o devedor para que o negócio também fosse celebrado com ele (estando os demais de boa-fé), o juiz poderá acolher a defesa do devedor, excluindo o coator da relação obrigacional, em face da invalidade da obrigação. Nesse caso, a sentença não prejudicará os demais credores de boa-fé. Por isso, o julgamento contrário a um dos credores não atinge os demais.

Caso o juiz julgue favoravelmente a um dos credores solidários, duas hipóteses podem ocorrer: 1– se o juiz desacolheu a defesa do devedor e esta não era de natureza pessoal (ou seja, era comum a todos os credores), o julgamento beneficiará a todos os demais; 2– se o juiz rejeitou a defesa do devedor e esta era de natureza pessoal, o julgamento interferirá na esfera jurídica dos demais credores de boa-fé que, em tempo algum tiveram a legitimidade para a cobrança questionada. Na realidade, tal dispositivo trata, no âmbito do direito material, dos limites subjetivos da coisa julgada, nada mais do que isso.

Assim, em regra, somente pode ser alcançado pelos efeitos da decisão quem foi parte no processo. É possível, no entanto, que os efeitos da decisão repercutam na esfera jurídica de terceiros, mas apenas para beneficiá-los, nos termos do art. 274 (eficácia subjetiva da coisa julgada *secundum eventum litis* – as consequências variarão segundo o resultado da demanda). Tal sistema visa tornar efetiva a solidariedade ativa, dispensando os credores de atuarem em juízo conjuntamente.

2.7.3.2.3. Solidariedade passiva

A solidariedade passiva se caracteriza pela multiplicidade de devedores ou de sujeitos no polo passivo da relação obrigacional e está disciplinada nos arts. 275 a 285 do CC.

A solidariedade passiva é instituída no interesse do credor, já que amplia a garantia em relação ao crédito e, por esta razão, está disseminada no comércio jurídico (fator de garantia – segurança e expansão do crédito). A pluralidade de sujeitos no polo passivo da relação jurídica obrigacional fortalece o crédito, reduz eventuais encargos, além de conferir maior credibilidade e segurança aos negócios jurídicos em geral. Conforme ressalta Orlando Gomes[97], "a segurança e garantia que as obrigações solidárias oferecem favoreceram sua disseminação e concorreram para a expansão do crédito".

Na solidariedade passiva, também há pluralidade subjetiva e unidade objetiva. Na sua disciplina jurídica, tal solidariedade tem de ser analisada externamente (relações entre os devedores e o credor) e internamente (entre os devedores). O credor poderá acionar um, alguns ou todos os devedores, e isso não implicará renúncia à solidariedade. Ao contrário do que ocorre na solidariedade ativa, na passiva não há concentração do débito, pois a cobrança frustrada em relação a um dos devedores não retira do credor o direito de redirecionar o pedido em relação aos demais, a teor do que dispõe o art. 275 do CC.

O credor tem o direito à satisfação integral da dívida e, por isso, nem a cobrança de apenas um dos devedores nem o recebimento de parte do crédito descaracteriza a solidariedade. O credor tem a prerrogativa de exigir e receber de qualquer dos devedores solidários a coisa devida, na totalidade ou parcialmente.

O referido artigo disciplina duas situações jurídicas distintas. Na primeira, em caso de pagamento total, a obrigação é extinta em relação aos demais coobrigados. A relação de solidariedade é encerrada com o pagamento total, restando ao devedor que pagou exercer, na relação interna, se for o caso, o direito de regresso, em relação aos demais, com fundamento no princípio da responsabilidade civil (pois não há solidariedade na relação interna, mas sim corresponsabilidade).

Em segundo lugar, o art. 275 trata da possibilidade de pagamento parcial. Neste caso, dispõe que todos os demais devedores continuam solidariamente obrigados pelo resto. Ou seja, no caso de pagamento parcial, todos os

---

[96] TEPEDINO, Gustavo; BARBOSA, Heloísa Helena; BODIN, Maria Celina et al. *Código civil interpretado*. v. I (Parte geral e Obrigações - artigos 1º a 420). Rio de Janeiro/São Paulo: Renovar, 2004, p. 550.

[97] GOMES, Orlando. *Obrigações*. 17. ed. (atualizada por Edvaldo Brito – coord.). Rio de Janeiro: Forense, 2007, p. 81.

devedores, inclusive aquele que efetivou o pagamento parcial, serão responsáveis pelo pagamento do saldo remanescente. Assim, em relação a este saldo, os princípios da solidariedade subsistem integralmente.

Por exemplo: o sujeito "X" é credor dos devedores solidários "A", "B" e "C" da importância de R$ 900,00 (novecentos reais), em cotas iguais de R$ 300,00 (trezentos reais). Se o devedor "A" se dirige ao credor "X" e efetiva o pagamento de R$ 300,00 (trezentos reais), todos os devedores, inclusive "A", que pagou a sua cota-parte, continuarão sendo obrigados solidários pelo saldo remanescente de R$ 600,00 (seiscentos reais) em relação ao credor. E a razão é simples: na solidariedade todos os devedores solidários o são do todo porque há um vínculo subjetivo entre eles em decorrência de um contrato ou de uma determinação legal.

Então, o art. 275 é equivocado ao excluir do saldo remanescente o devedor que realizou o pagamento parcial, pois todos, inclusive ele, respondem solidariamente por este saldo perante o credor. Em caso contrário, bastaria qualquer dos devedores pagar a sua cota-parte para se liberar do vínculo da solidariedade, o que é inadmissível e contraria a lógica do instituto. Por óbvio, os devedores ficam exonerados perante o credor em relação à importância paga. Entretanto, em relação ao saldo remanescente, todos os devedores solidários (inclusive aquele que eventualmente fez o pagamento parcial) continuarão obrigados e vinculados pelo saldo remanescente, sem distinção entre eles.

Neste ponto, concordamos com o mestre Caio Mário[98], segundo o qual, no caso de pagamento apenas parcial, "todos os devedores continuam obrigados pelo remanescente, acrescendo que o vínculo continua com as mesmas características, isto é, subsiste a solidariedade entre todos os devedores pelo saldo devedor.

A solidariedade passiva tem características próprias que levam à compreensão de todas as regras estabelecidas para esta matéria.

CARACTERÍSTICAS DA SOLIDARIEDADE PASSIVA		
PLURALIDADE SUBJETIVA UNIDADE OBJETIVA		RELAÇÃO INTERNA
Vários devedores	Vínculo único atrelando os polos: relação externa: vínculo entre os polos	Corresponsabilidade entre os devedores solidários

Então, no caso de pluralidade de devedores, cada um deles é obrigado a toda a dívida (art. 275). Na relação externa, a conduta individual de cada um, como já explicado, repercute sobre o todo. No caso de pagamento parcial, embora haja uma impropriedade na lei ("demais"), todos os codevedores, inclusive o que pagou, continuam obrigados pelo restante ou pelo saldo.

---

[98] PEREIRA, Caio Mário da Silva. Instituições de direito civil. 20. ed. Teoria geral das obrigações. Rio de Janeiro: Forense, 2004. v. II, p. 96.

O credor possui o direito de acionar qualquer devedor, não importando renúncia à solidariedade a propositura de ação contra um ou alguns deles. *Tal faculdade cabe ao credor. Não é possível que qualquer dos devedores invoque ou alegue benefício de ordem, incompatível com a ideia de solidariedade.* Em doutrina, tal questão veio a ser contestada com base na boa-fé objetiva, mas prevaleceu o entendimento de que a solidariedade passiva não inibe o credor de redirecionar a pretensão contra outros devedores, caso seja frustrado em investida contra devedor específico.

Relação interna e direito de regresso

Na solidariedade passiva, os devedores coobrigados estão vinculados internamente. Por isso, o devedor responsável pelo adimplemento em relação ao credor, ou credores, terá ação regressiva contra os demais, para haver a cota-parte de cada um (art. 283 do CC). Essa a regra. O principal efeito do pagamento integral efetivado por qualquer devedor é a extinção da relação de solidariedade (externa). Nesse caso, além da cota-parte do devedor que pagou, toda a dívida estará extinta, com o que se sub-rogará no direito do credor em relação aos devedores, na relação interna (aqui vigora o princípio da corresponsabilidade).

O pagamento da totalidade do débito por qualquer devedor extingue a obrigação principal e, consequentemente, a relação externa, onde se localizava o vínculo jurídico que liga os polos e a solidariedade. Na relação interna, haverá regresso, fundado na responsabilidade, mas não solidariedade.

A finalidade do regresso é restabelecer o equilíbrio financeiro na relação interna. E mais: na ausência de acordo, há presunção legal de que as partes dos codevedores internamente são iguais. O regresso, todavia, não é efeito necessário do pagamento ou adimplemento levado a efeito por um dos coobrigados. Caso a relação jurídica obrigacional interesse a apenas um dos devedores e o interessado efetive a concretização da prestação, não haverá regresso (art. 285 do CC). Se houver solidariedade entre devedor principal e fiador, caso o devedor concretize a totalidade, não haverá regresso contra o fiador, porque o único interessado é o devedor.

Questão que suscita dúvida é a presunção de igualdade de cotas, prevista no art. 283, no caso de solidariedade legal. Como compatibilizar essa presunção com as teorias da responsabilidade civil?

Explica-se: a solidariedade não se presume, pois resulta da lei (legal) ou da vontade das partes (convencional). Na solidariedade por convenção, as partes, por ocasião da formação do vínculo, estabelecem, livremente, a cota-parte de cada uma e, em caso de omissão, presume-se a igualdade de cotas (art. 283). O problema está na solidariedade legal, pois a lei não estabelece a cota-parte de cada devedor solidário quando prevê a solidariedade passiva. Por exemplo, em matéria de responsabilidade civil, no parágrafo único do art. 942 do CC, há previsão de solidariedade entre os autores, coautores e as pessoas designadas no art. 932. O Código Civil apenas estabelece a solidariedade, mas não esclarece qual é a cota-parte de cada um na relação interna.

Isso se torna relevante porque a solidariedade não interessa para a relação interna, mas apenas para a relação externa, porque é um benefício em favor do credor. Para o credor não interessa qual é a cota-parte de cada devedor solidário, uma vez que cada um deles, em função da solidariedade, é devedor do todo, por menor que seja a sua cota. Logo, a divisão das cotas interessa apenas na relação interna, entre os credores. Nestes casos de solidariedade passiva imposta pela lei, deve-se atentar para os princípios e valores sociais. Assim, com base na teoria da causalidade adequada que fundamenta o nexo de causalidade e determina a importância da participação de cada um dos sujeitos no evento danoso, deve ser arbitrada, por ocasião de uma decisão judicial, a cota-parte de cada devedor internamente, de acordo com a relevância da conduta de cada um no evento danoso.

O regresso não tem relação com a solidariedade, mas apenas com a corresponsabilidade, existente na relação interna entre os codevedores. Por outro lado, como determina o art. 283, se ao tempo do pagamento algum dos devedores era insolvente, a sua cota-parte será dividida entre todos os solventes igualmente. Tal regra é conexa com a solidariedade e a cooperação a serem observadas nas relações obrigacionais. Os solventes dividirão em partes iguais a cota do insolvente, sem prejuízo do devedor que paga em nome de todos.

Internamente, nas palavras de Orlando Gomes[99], "opera-se, desse modo, uma espécie de sub-rogação, de pleno direito. Justifica-se o direito de regresso pela ideia do fim comum, que preside a constituição da solidariedade passiva". Em relação à sub-rogação, Caio Mário[100] argumenta que "o devedor que solve sub-roga-se no crédito, mas a solidariedade não passa para o sub-rogado, que assim tem o poder de demandar dos demais as partes em que a obrigação se fraciona, restaurando-se o princípio da normalidade".

Além disso, no rateio da cota do insolvente, mesmo aqueles que foram exonerados da solidariedade, ou seja, aqueles que deixaram a condição de devedor solidário para serem devedores autônomos e independentes, participam do rateio (art. 284). O credor não poderia, com a exoneração parcial, prejudicar e interferir na relação interna. Nos termos do art. 284: "No caso de rateio entre os codevedores, contribuirão também os exonerados da solidariedade pelo credor, pela parte que na obrigação incumbia ao insolvente".

Em relação ao disposto no art. 284 do CC, que impõe aos exonerados da solidariedade o dever de participar do rateio da cota do insolvente, é relevante a análise à luz do disposto no art. 282. Tal artigo, que será objeto de análise na sequência, trata justamente da possibilidade de o credor renunciar à solidariedade em favor de um ou alguns dos devedores.

Assim, em uma obrigação onde há três devedores solidários, se o credor renunciar à solidariedade em relação a um (renúncia à solidariedade, e não à dívida), este devedor beneficiado pela renúncia apenas responderá pela sua cota-parte em relação ao credor. Na relação interna, essa renúncia não altera a relação entre os devedores, uma vez que todos continuam a responder pelas respectivas cotas-partes. Todavia, o devedor beneficiado pela solidariedade na relação externa, responde agora apenas pela sua cota-parte. Também participará de um eventual rateio se houver algum devedor, solidário ou não, insolvente. O credor não pode interferir na relação interna por meio de atos de renúncia à solidariedade. O seu limite de ação é o vínculo externo e, por isso, não pode violar a comunhão de interesses que vigora na relação interna.

A ideia relativa ao rateio da cota do insolvente teria de ser aplicada em caso de remissão. Dessa forma, se houver vários devedores solidários em uma relação obrigacional e o credor remitir ou perdoar um deles, na relação externa este devedor perdoado nada teria que pagar. Assim, por analogia ao art. 284 do CC e considerando que o credor não pode interferir na relação interna, o devedor perdoado também deveria participar do rateio da cota do insolvente. Entretanto, a doutrina majoritária parece estar caminhando em sentido oposto.

Na IV Jornada de Direito Civil, promovida pelo CJF, foi aprovado o Enunciado 350, que dispõe justamente sobre esta questão da remissão e sua relação com o rateio da cota do insolvente: "A renúncia à solidariedade diferencia-se da remissão, em que o devedor fica inteiramente liberado do vínculo obrigacional, inclusive no que tange ao rateio da quota do eventual codevedor insolvente, nos termos do art. 284 do CC". O enunciado é equivocado sob todos os aspectos, pois permite que o credor interfira na relação interna entre os codevedores. Para contornar o enunciado, defendemos que o devedor perdoado pode não participar do rateio da cota do insolvente, desde que a cota que lhe caberia fosse assumida pelo credor que deu causa ao perdão e à impossibilidade deste devedor participar do rateio.

Com isso, ficam preservados os interesses dos devedores e coobrigados nas relações internas.

Finalmente, caso a obrigação interesse exclusivamente a um dos devedores solidários, como no caso de relação jurídica onde há, no mesmo polo passivo, o devedor principal e o fiador, abre o Código uma exceção à regra do art. 283. Nessa hipótese, aquele que tem exclusivo interesse, no exemplo o devedor principal, responderá por toda a dívida, nos termos do que dispõe o art. 285 da Lei Civil.

Outro exemplo é a possibilidade de o empregador ajuizar ação regressiva contra o empregado (art. 932, III, do CC).

Perdas e danos (art. 279) e a questão dos juros de mora

Em caso de perecimento do objeto ou em razão da impossibilidade da prestação decorrente de uma conduta culposa, se todos os devedores solidários forem culpados,

---

[99] GOMES, Orlando. *Obrigações*. 17. ed. (atualizada por Edvaldo Brito – coord.). Rio de Janeiro: Forense, 2007, p. 82.
[100] PEREIRA, Caio Mário da Silva. Instituições *de direito civil*. 20. ed. Teoria geral das obrigações. Rio de Janeiro: Forense, 2004. v. II, p. 101.

todos responderão solidariamente pelo equivalente e, também, pelas perdas e danos.

No entanto, os efeitos das perdas e danos são pessoais: se o culpado for apenas um dos devedores solidários, todos os devedores permanecerão solidariamente obrigados ao pagamento do valor equivalente, mas pelas perdas e danos somente o culpado responderá. Não interessa para a solidariedade qual é o objeto da prestação, pois o vínculo é subjetivo, logo, a conversão em perdas e danos nesta não repercute. Entretanto, a culpa tem consequências pessoais, pois pelas perdas e danos só responderá o devedor culpado, tanto na relação externa (em relação ao credor ou credores) assim como na interna (demais devedores).

Como ressalta Tepedino[101], "as perdas e danos constituem sanção civil para o devedor culpado que deu causa à impossibilidade da prestação, somente ele respondendo pelo seu pagamento. A culpa é pessoal, não se estendendo os seus efeitos aos demais devedores".

Por outro lado, o art. 280 traz uma exceção a essa regra: na solidariedade, todos os devedores coobrigados estão sujeitos aos juros de mora, pelo fato de não terem pagado a dívida no tempo, local e forma convencionados ou previstos em lei (art. 394 – mora), ainda que a ação tenha sido proposta apenas contra um. No entanto, aquele cuja culpa agravou a situação dos demais, responde perante eles, na relação interna, pelo que foi acrescido na dívida. Ou seja, o culpado responde aos demais pela quantia correspondente aos juros.

Todos estão sujeitos aos juros de mora, mas aquele cuja culpa agregou juros à dívida responderá por esse acréscimo aos coobrigados.

Em síntese, em relação aos juros de mora, na relação externa, ou seja, perante o credor ou credores, todos os devedores respondem, ainda que esses juros decorram de conduta culposa de apenas um devedor. Mas, na relação interna, o culpado deverá ressarcir os demais devedores destes juros de mora que foram obrigados a pagar. É regra que excepciona o art. 279 do CC, para garantir ao credor maior tutela em relação aos juros de mora. Como regra, a responsabilidade por perdas e danos é pessoal do devedor que a ela deu causa (externa e internamente), mas em relação aos juros de mora, espécie do gênero perdas e danos, os devedores respondem solidariamente na relação externa, mas podem recuperar esse valor na relação interna.

Falecimento de um dos devedores e controvérsia (art. 276)

O legislador não foi feliz na redação do art. 276 do CC quando disciplina as consequências da solidariedade para os herdeiros do devedor solidário falecido. A polêmica tem como causa a parte final do mencionado dispositivo, o qual não encontra similaridade com o art. 270, que trata do falecimento de um dos credores solidários.

A questão do falecimento de algum dos devedores solidários e as consequências são dificultadas pela segunda parte deste dispositivo. Em regra, se um dos devedores solidários falecer, a solidariedade não se transmite aos sucessores (a solidariedade é um vínculo subjetivo e, por esta razão, não se transmite com a herança). Por isso, os herdeiros do devedor falecido somente estão obrigados a pagar a cota que corresponder ao seu quinhão hereditário, salvo indivisibilidade (adiante analisada). Até esse ponto não há diferença com o disposto no art. 270, que trata da solidariedade ativa. A simetria é perfeita.

A celeuma fica por conta da exceção a essa regra, existente apenas na solidariedade passiva, na segunda parte do art. 276. De acordo com a norma, todos os herdeiros do devedor falecido, reunidos, serão considerados como um único devedor solidário em relação aos demais devedores, sem ultrapassar as forças da herança, obviamente. A questão é a ausência de critério científico para definir em que consiste a expressão "todos reunidos". Em nosso sentir, o intuito da regra é proteger os demais devedores sobreviventes se houver o falecimento de um devedor solidário. Nesse caso, os herdeiros reunidos serão considerados um devedor solidário, não em relação ao credor, mas em relação aos demais devedores solidários e, em função disso, o devedor solidário sobrevivente que paga pode cobrar de qualquer dos herdeiros o todo relativo à cota-parte do devedor falecido, sempre nos limites das forças da herança.

Portanto, não há dúvida de que o legislador estabeleceu regra de proteção para a relação interna, e não para a externa. Assim, os herdeiros serão considerados como herdeiro único em relação aos codevedores na relação interna, sendo responsáveis pela totalidade da cota do falecido por ocasião do exercício do direito de regresso por qualquer deles. Os limites da responsabilidade solidária de cada um dos herdeiros são a cota do devedor falecido e as forças da herança.

Exceções pessoais: segundo dispõe o art. 281 do CC

"O devedor demandado pode opor ao credor as exceções que lhe forem pessoais e as comuns a todos; não lhe aproveitando as exceções pessoais a outro codevedor". Ou seja, o devedor que for demandado poderá opor ao credor as exceções que lhe forem pessoais e as defesas que forem comuns a todos os devedores. Não lhe aproveita, contudo, as exceções ou defesas pessoais de outro devedor (art. 281).

Renúncia e art. 282 do CC

O credor pode renunciar à própria solidariedade, total ou parcialmente. A renúncia se refere à solidariedade e não à dívida, a qual pode ser extinta pela renúncia do credor. Se for total a renúncia à solidariedade, cada devedor passa a responder por sua cota-parte. Neste caso, a obrigação, subjetivamente plural, se torna fracionária, e passa a ser regulada pelo art. 257 do CC.

Na renúncia parcial, o beneficiado continua obrigado perante os codevedores pela sua parte, na relação interna,

---

[101] TEPEDINO, Gustavo; BARBOSA, Heloísa Helena; BODIN, Maria Celina et al. *Código civil interpretado*. v. I (Parte geral e Obrigações - artigos 1º a 420). Rio de Janeiro/São Paulo: Renovar, 2004, p. 562.

inclusive pelo rateio da cota do insolvente (art. 284), não respondendo pela totalidade da dívida na relação externa. Na renúncia parcial à solidariedade em relação aos demais, pode o credor demandá-los pela integralidade da dívida.

Sobre a renúncia à solidariedade, foram aprovados três enunciados, todos da IV Jornada de Direito Civil promovida pelo CJF:

"Enunciado 348: O pagamento parcial não implica, por si só, renúncia à solidariedade, a qual deve derivar dos termos expressos da quitação ou, inequivocamente, das circunstâncias do recebimento da prestação pelo credor."

A ideia do enunciado é não admitir a renúncia por presunção, principalmente em caso de aceitação de pagamento parcial pelo credor, devendo esta ser expressa e inequívoca.

"Enunciado 349: Com a renúncia da solidariedade quanto a apenas um dos devedores solidários, o credor só poderá cobrar do beneficiado a sua quota na dívida; permanecendo a solidariedade quanto aos demais devedores, abatido do débito a parte correspondente aos beneficiados pela renúncia".

Nessa hipótese, o beneficiado pela solidariedade, na relação externa, apenas pode ser cobrado pelo valor da sua cota-parte e, internamente, desta e do rateio da cota do insolvente (art. 284).

"Enunciado 351: A renúncia à solidariedade em favor de determinado devedor afasta a hipótese de seu chamamento ao processo."

Este último enunciado trata de uma questão processual. O art. 130 do CPC admite o chamamento ao processo de todos os devedores solidários, quando o credor exigir de um ou de alguns deles, parcial ou totalmente, a dívida comum (inciso III do referido artigo). Se o devedor solidário for beneficiado pela renúncia, não pode ser chamado ao processo pelos demais. Se considerarmos que o chamamento ao processo é uma ação secundária para os devedores acertarem, na proporção de suas cotas, a dívida que está sendo exigida, e que, por força do art. 132 do CPC, a sentença que julgar procedente a ação principal, condenando o devedor demandado, valerá como título em favor daquele que satisfizer a dívida, para exigi-la do devedor principal, no caso da fiança, por exemplo, ou de cada um dos codevedores a sua cota, na proporção que lhe tocar, o enunciado não se justifica. No entanto, se o entendimento for no sentido de que o chamamento ao processo amplia subjetivamente a ação principal, aí o enunciado passa a ter algum sentido.

Daniel Amorim Assumpção Neves[102] ressalta que: "A questão mais relevante enfrentada pela doutrina no tocante ao chamamento ao processo diz respeito à consequência jurídica que gera na demanda originária. Enquanto parcela da doutrina afirma tratar-se de litisconsórcio passivo ulterior, em peculiar hipótese de litisconsórcio facultativo formado pela vontade do réu, outra parcela da doutrina entende que, a exemplo da denunciação da lide, haverá uma ampliação objetiva da demanda, que passará com o chamamento ao processo a ter duas ações: a originária entre credor (autor) e o devedor que o autor escolheu para formar o polo passivo e a ação criada pelo chamamento ao processo entre o réu e o chamado ao processo".

Se optarmos pela tese da ampliação subjetiva da demanda originária, com a criação de um litisconsórcio passivo ulterior, o Enunciado 351 passa a ter pertinência. Entretanto, essa tese, embora sedutora, esbarra no disposto no art. 275 do CC, segundo o qual cabe ao credor escolher contra qual dos devedores quer litigar.

Remissão

A remissão obtida por um dos devedores prevalece na extensão em que foi concedida. Na solidariedade passiva, a remissão opera a extinção da obrigação até a concorrência da quantia remitida, ou seja, até a parte correspondente ao devedor perdoado. O art. 277 trata de duas situações distintas. No caso de pagamento parcial feito por um dos devedores, este aproveita aos outros até a concorrência da quantia paga. No entanto, para não haver conflito com o disposto no art. 275, aquele devedor que faz o pagamento parcial continua responsável solidário pelo saldo remanescente, conforme já analisado.

No caso da remissão, a situação é diferente. O devedor perdoado é definitivamente exonerado e, em relação a ele, o credor não tem ação. No entanto, a dívida, na parte a ele correspondente, se extingue e o valor perdoado aproveitará aos demais devedores. No caso da remissão, deve se realizar uma conexão entre os arts. 277 e 388, ambos do Código Civil. Nos termos do art. 388, a remissão concedida a um dos codevedores extingue a dívida na parte a ele correspondente, mas fica reservado ao credor o direito à solidariedade contra os outros, com exceção da cota-parte do devedor perdoado, que não poderá ser cobrada dos demais. Portanto, embora o devedor perdoado perca os vínculos com o credor, este não pode cobrar o débito dos demais devedores solidários sem a dedução da parte remitida. Tal dedução é essencial, sob pena de o credor interferir ilicitamente na relação interna.

Na solidariedade ativa, a remissão extingue a própria obrigação, conforme o art. 272. Em relação à remissão, deve ser feita a seguinte ressalva: se a remissão for pessoal (perdão dado pelo credor a determinado devedor), somente o devedor perdoado se exonera da obrigação e nada mais deve, devendo ser abatida da totalidade da dívida a parte correspondente a este devedor perdoado. Assim, sendo a remissão pessoal ou a um dos devedores, fica este liberado, mas a faculdade de demandar o pagamento aos demais coobrigados está subordinada à dedução da parte relevada (arts. 277 e 388). Se a remissão for real, beneficiará todos os codevedores e a dívida será toda extinta. É o que dispõe o art. 277 do CC.

Finalmente, como as obrigações são autônomas, qualquer cláusula, condição ou obrigação adicional esti-

---

[102] NEVES, Daniel Assumpção Amorim. *Manual de direito processual civil*. 2. ed. São Paulo: Método, 2014, p. 242.

pulada entre um dos devedores solidários e o credor, não poderá agravar a posição dos outros sem consentimento destes, nos termos do art. 278. Como esclarece Rosenvald e Chaves[103], "a obrigação suplementar não alcança os coobrigados, limitando-se à esfera pessoal de quem se obrigou. Se a solidariedade não se presume, tais acréscimos vinculam aquele devedor que assumiu as referidas obrigações". Ainda de acordo com os autores, essa autonomia é verificada no art. 333 do CC, ao impedir o vencimento antecipado dos débitos dos devedores solventes na hipótese de insolvência de um deles. Tal vencimento antecipado não comprometerá os demais devedores.

Na V Jornada de Direito Civil, promovida pelo CJF, foi aprovado o Enunciado 449, segundo o qual: "Considerando que a responsabilidade dos pais pelos atos danosos praticados pelos filhos menores é objetiva, e não por culpa presumida, ambos os genitores, no exercício do poder familiar, são, em regra, solidariamente responsáveis por tais atos, ainda que estejam separados, ressalvado o direito de regresso em caso de culpa exclusiva de um dos genitores".

Trata-se de responsabilidade solidária legal, fundada no poder familiar (art. 1.634 do CC) e na regra prevista no art. 932, I, do CC.

Resumo da solidariedade

Na obrigação complexa, em caso de pluralidade subjetiva, a regra é a divisibilidade. As exceções são a indivisibilidade (*post* – arts. 258/263) e a solidariedade. A solidariedade, assim como a divisibilidade e a indivisibilidade, tem como objetivo viabilizar o adimplemento sob a perspectiva do elemento subjetivo da obrigação (sujeitos).

Qual a lógica da solidariedade? Na solidariedade, ativa ou passiva, as regras se relacionam aos próprios sujeitos (vínculo subjetivo). A solidariedade deve ser analisada a partir da relação jurídica entre os sujeitos (por isso, é subjetiva).

O que isso significa? Se qualquer fato do mundo da vida (morte, insolvência, entre outros) afetar os sujeitos haverá repercussão na solidariedade (aí reside a sua causa – os sujeitos se vinculam subjetivamente e, por isso, no caso de morte de qualquer credor ou devedor solidário, como a morte afetou um dos sujeitos, em relação aos herdeiros, que não se vincularam subjetivamente, não haverá solidariedade (arts. 270 e 276 do CC). Por outro lado, se o fato da vida se relacionar com a prestação (perecimento do objeto, por exemplo), subsiste a solidariedade (ex.: conversão da prestação em perdas e danos, persiste a solidariedade – art. 271 do CC, porque a solidariedade não é afetada por nada que ocorra com este elemento objetivo). A solidariedade envolve os sujeitos e a indivisibilidade a prestação (esta torna todos credores ou devedores do todo, mas não porque se vincularam subjetivamente ao todo, como na solidariedade, mas porque a prestação não pode ser fracionada). Em resumo: solidariedade é subjetiva (a causa é o sujeito) e a indivisibilidade objetiva (causa é a prestação). Essa a lógica das regras.

Com base nesta premissa, pode-se afirmar que a "teoria" da solidariedade se resume aos seguintes pressupostos: pluralidade subjetiva (vários sujeitos em um ou ambos os polos); unidade objetiva (teoria unitária do vínculo – todos são credores ou devedores do todo, porque se vincularam ao todo. Por isso, cada devedor ou cada credor solidário é considerado como um só em relação ao polo oposto – o comportamento de cada um em relação ao polo oposto, envolve os demais); relação externa (o vínculo de solidariedade está no vínculo entre os polos) e relação interna (no interior dos polos, não há solidariedade, mas responsabilidade, razão pela qual pode haver regresso a depender da natureza jurídica da relação que os vincula). A partir destes parâmetros e, como a solidariedade é subjetiva, logicamente, se compreende todas as regras da solidariedade.

Por exemplo: se o credor solidário remitir toda a dívida, mesmo sendo credor de apenas uma cota-parte, a obrigação será extinta (relação externa de solidariedade, porque em relação ao devedor é credor do todo – teoria unitária do vínculo), mas deverá responder aos demais internamente se eles não concordarem com a remissão. Outro exemplo: por ser subjetiva, a suspensão ou interrupção da prescrição em relação a um dos credores ou devedores solidários prejudica ou beneficia a todos (art. 204 do CC).

2.7.3.3. Disciplina jurídica das obrigações divisíveis e indivisíveis

As obrigações divisíveis e indivisíveis estão disciplinadas nos arts. 257 a 263 do CC. Nessas obrigações o foco é o objeto da prestação, e não os sujeitos (credores ou devedores), o que as torna objetivas e não subjetivas. Nessa espécie peculiar de obrigação, interessa analisar o objeto da prestação e a divisibilidade ou possibilidade de fracionamento desta.

Entretanto, só há pertinência na divisão das obrigações em divisíveis e indivisíveis se houver pluralidade de sujeitos. Se a obrigação ostentar apenas um devedor e um credor, deverá ser cumprida na integralidade, em razão da regra prevista no art. 314 (o cumprimento da obrigação deve ser integral, salvo ajuste entre os sujeitos). Portanto, a pluralidade de sujeitos constitui pressuposto inafastável desta classificação (divisíveis e indivisíveis).

As regras do Código Civil sobre a divisibilidade ou indivisibilidade levam em conta a prestação em si considerada, sem qualquer análise sobre os sujeitos.

As obrigações fracionárias, já analisadas, representam justamente a categoria das denominadas "obrigações divisíveis", que são a regra em nosso sistema civil (art. 257 do CC).

As obrigações divisíveis são aquelas que admitem o cumprimento fracionado ou parcial do objeto da prestação (o bem da vida). A prestação é divisível quando as partes em que se fraciona não perdem as características essenciais do todo e nem sofrem depreciação acentuada. Segundo o art. 257, se houver pluralidade de sujeitos, a

---

[103] FARIAS, Cristiano Chaves de; ROSENVALD, Nelson. *Direito das obrigações*. 4. ed. Rio de Janeiro: Lumen Juris, 2010.

prestação presume-se dividida em tantas obrigações, iguais e distintas, quanto os credores ou devedores. Em consequência da divisibilidade, cada credor só tem o direito de exigir a sua cota-parte e cada devedor só está obrigado a cumprir a sua fração ou cota-parte.

Sobre a divisibilidade, Tepedino[104] ressalta: "Significa dizer, ainda, que cada devedor se exonera pagando a sua parte e cada credor não terá mais qualquer direito no momento em que receba sua parcela do objeto da obrigação". Isso ocorre em função da autonomia e independência das obrigações.

A divisibilidade do objeto da prestação é um conceito residual, pois a obrigação é considerada divisível por exclusão. O Código Civil traça os parâmetros da indivisibilidade no art. 258 adiante analisado. O que não se adequar a esta ideia será considerado divisível. Importante esclarecer que o critério para definir a divisibilidade ou indivisibilidade da obrigação é jurídico e não físico, pois como bem lembra Guilherme Gama[105], "é certo que toda matéria pode ser dividida, tendo as ciências exatas demonstrado a possibilidade de divisão do átomo em partículas imperceptíveis aos olhos humanos sem o auxílio da tecnologia e dos equipamentos próprios".

Caio Mário[106] ressalta que a prestação é divisível quando as partes em que se fracione não perdem as características essenciais do todo nem sofrem depreciação acentuada e indivisível em caso contrário.

Em relação à indivisibilidade, o Código Civil a distingue em indivisibilidade material (relativa à natureza da coisa) e jurídica.

De acordo com a redação do art. 258 do CC, no nosso ordenamento jurídico não se apura a indivisibilidade apenas no caso em que o fracionamento traduza a deterioração ou perecimento da coisa. Indivisível será também quando o parcelamento do bem gerar frações economicamente depreciadas. Por isso, além de indivisível materialmente, a indivisibilidade também pode ser jurídica. Ou seja, a coisa não pode perder a sua finalidade natural nem sua destinação econômica.

As obrigações indivisíveis somente podem ser cumpridas por inteiro, seja em decorrência das suas qualidades essenciais (o fracionamento prejudicaria a substância) ou de uma questão jurídica. Há uma conexão entre o art. 258 e o disposto no art. 87, que disciplina os bens indivisíveis. Como já ressaltamos, o interesse jurídico nesta classificação somente aparece quando há pluralidade de credores ou de devedores (art. 257 do CC). Se não há esta pluralidade, a indivisibilidade é a regra, a teor do disposto no art. 314 do CC.

As obrigações de dar podem ser divisíveis ou indivisíveis. As de fazer só serão reputadas divisíveis se a atividade puder ser fracionada. As de não fazer, em regra, não são divisíveis.

O Código Civil inova ao conceituar obrigação indivisível em seu art. 258: Obrigação indivisível: "A obrigação é indivisível quando a prestação tem por objeto uma coisa ou um fato não suscetível de divisão, por sua *natureza, por motivo de ordem econômica, ou dada a razão determinante do negócio jurídico*" (grifo nosso).

Na primeira parte, o artigo disciplina a indivisibilidade material. Será indivisível a obrigação quando o objeto da prestação, uma coisa (dar) ou um fato (fazer), ao ser fracionado, perder as características ou qualidades essenciais do todo. Assim, a natureza da coisa ou do objeto, em termos de matéria, impede a divisão. Por exemplo, um cavalo é uma coisa indivisível por natureza, pois ao ser fracionado perderá as qualidades essenciais para ser considerado um cavalo. Se houver prejuízo efetivo às qualidades ou à substância da coisa, que perderá a sua caracterização, personalidade e identificação, haverá indivisibilidade material.

Além disso, o art. 258 prevê a indivisibilidade "por motivo de ordem econômica". Nesta situação, em termos materiais a coisa ou o fato até admitem o fracionamento. Entretanto, tal fracionamento prejudicará, de forma substancial, a finalidade econômica e social do objeto da prestação. Essa depreciação econômica, que pode tornar o objeto da prestação indivisível, pode estar relacionada à natureza da coisa, a uma disposição legal e até a uma convenção das partes.

Por exemplo, um diamante enorme é divisível por natureza e, se dividido, não perderá as qualidades essenciais do todo, pois continuará a ser um diamante. Entretanto, a depreciação econômica acentuada que tal divisão poderá acarretar pode vir a tornar esse bem indivisível por motivo de ordem econômica. No caso da lei, os módulos urbano e rural possuem uma metragem mínima justamente para preservar a finalidade econômica e social do bem. Assim, embora divisíveis por natureza, as propriedades, por motivo de ordem econômica, não podem ser divididas em metragem inferior àquela estabelecida em lei. Finalmente, por questões de ordem econômica e para preservar determinado negócio, as partes podem, com fundamento nesta ideia, pactuar a indivisibilidade.

Finalmente, o art. 258 ressalta a indivisibilidade "dada a razão determinante do negócio jurídico". Normalmente, nessa hipótese, a indivisibilidade está atrelada a uma convenção das partes que, livremente, resolvem ajustar a indivisibilidade de determinado objeto que, pela natureza ou pela ausência de proibição legal, poderia ser fracionado. Nada impede que as partes convencionem a indivisibilidade, que passa a ser a razão determinante do negócio jurídico, por motivo de ordem econômica.

A confusão que se estabelece é que o art. 258 traz hipóteses de indivisibilidade, mas não disciplina as espécies de indivisibilidade. As situações são distintas.

---

[104] TEPEDINO, Gustavo; BARBOSA, Heloísa Helena; BODIN, Maria Celina et al. *Código civil interpretado*. v. I (Parte geral e Obrigações - artigos 1º a 420). Rio de Janeiro/São Paulo: Renovar, 2004, p. 535.

[105] GAMA, Guilherme Calmon Nogueira. *Direito civil*: obrigações. São Paulo: Atlas, 2008, p. 159.

[106] PEREIRA, Caio Mário da Silva. Instituições *de direito civil*. 20. ed. Teoria geral das obrigações. Rio de Janeiro: Forense, 2004. v. II, p. 71.

A indivisibilidade pode ser material e jurídica. A material pode estar relacionada à natureza ou a motivos de ordem econômica. Neste último caso, questões econômicas tornam a matéria indivisível. A indivisibilidade jurídica pode estar relacionada à determinada disposição legal ou à convenção das partes. A lei pode impor a indivisibilidade por questões de ordem econômica, como no caso do módulo urbano ou rural ou por outras questões, como é o caso da servidão predial (art. 1.386) e das partes comuns dos condomínios edilícios, que, segundo o disposto no § 2º do art. 1.331 do CC, devem ser utilizadas em comum pelos condôminos e não podem ser alienadas ou divididas. No caso da convenção das partes, estas, pelas mais diversas razões, podem pactuar que determinada coisa ou fato, objeto da prestação, divisível por natureza e sem que haja qualquer proibição legal sobre indivisibilidade, se torne indivisível.

Portanto, a indivisibilidade pode ser natural, legal ou convencional. A primeira é material e as demais são qualificadas como jurídicas.

Em relação às regras sobre suspensão e interrupção da prescrição, o tratamento das obrigações divisíveis é diverso do dado pelos arts. 201 e 204, § 1º, às obrigações solidárias. No caso de indivisibilidade, as causas suspensivas e interruptivas aproveitam a todos os credores ou prejudicam a todos os devedores. Se as obrigações foram divisíveis, a suspensão ou interrupção da prescrição relativamente a um dos credores não aproveitará aos demais e a operada contra um dos devedores, não interferirá na esfera jurídica dos outros.

2.7.3.3.1. Indivisibilidade e consequências: pluralidade de devedores ou de credores

Em primeiro lugar, cumpre ressaltar que todas as questões e consequências previstas nos arts. 259 a 263 do CC são desdobramentos da natureza objetiva da indivisibilidade. Nesse tipo de obrigação, os credores o são do todo e os devedores, igualmente, devem o todo, isso em função da impossibilidade de fracionamento da prestação. A questão é, portanto, objetiva, pois relacionada ao objeto da prestação. *Abstratamente, cada sujeito tem direito ou deve apenas uma cota-parte da coisa, mas, por força da indivisibilidade da prestação, cada credor pode exigir o todo e cada um dos devedores é obrigado por toda a dívida.*

A compreensão dessa questão é fundamental para compreender os efeitos das regras previstas na Lei Civil. Os credores de obrigação indivisível poderão exigir do devedor o todo, não porque são credores do todo (porque não o são), mas porque o objeto da prestação não admite fracionamento, em razão da natureza, de uma determinação da lei ou da convenção das partes. Por outro lado, os devedores deverão pagar o todo, não porque são devedores do todo, mas sim pelo fato de o objeto da prestação não admitir a divisão ou o fracionamento.

Se a pluralidade for passiva, ou seja, vários devedores de obrigação indivisível, cada um será obrigado pelo todo em razão da impossibilidade de fracionamento da prestação, por conta da natureza, de uma questão jurídica ou de uma convenção. Assim, qualquer que seja o fundamento da indivisibilidade, havendo mais de um devedor, cada um deles estará obrigado pela dívida toda (art. 259), justamente em razão da indivisibilidade, havendo sub-rogação daquele que paga no direito do credor em relação aos demais coobrigados (parágrafo único do art. 259).

Como dispõe o artigo, os devedores não são devedores do todo, pois apenas estão "obrigados" a entregar o todo devido na impossibilidade de fracionamento do objeto da prestação. A indivisibilidade não torna os devedores solidários, pois é o objeto da própria obrigação que determina o cumprimento integral do débito. Embora o efeito seja semelhante ao da solidariedade, os institutos diferem na essência. O devedor que paga se sub-roga no direito de crédito do credor em relação aos demais.

Neste caso, ao contrário da solidariedade, não há nenhuma previsão para o rateio da cota do insolvente. Como não há um vínculo subjetivo entre os devedores, mas apenas um vínculo objetivo decorrente da impossibilidade de fracionar o objeto da prestação, aquele obrigado a entregar a dívida toda não poderá exigir dos demais fração ou eventual rateio da cota de um devedor insolvente.

No caso de insolvência de qualquer dos devedores, as consequências para o credor dependerão da divisibilidade ou indivisibilidade do objeto da prestação. Sendo divisível, o credor perde a cota-parte do insolvente, porque as obrigações são autônomas e independentes (art. 257), mas, se a coisa ou o fato objeto da prestação for indivisível, receberá toda a dívida (porque não há como pagar de forma parcelada em caso de indivisibilidade – seja esta por natureza, legal ou convencional).

No caso de pluralidade subjetiva ativa, ou seja, vários credores de obrigação indivisível, cada um destes tem o direito de exigir a dívida toda. Além disso, há uma forma especial de pagamento em favor dos credores para o devedor que paga se liberar da obrigação. A segunda parte do art. 260 estabelece a forma deste pagamento: "Se a pluralidade for dos credores, poderá cada um destes exigir a dívida inteira; mas o devedor ou devedores se desobrigarão, pagando: I – a todos conjuntamente; II – a um, dando a este caução de ratificação dos outros credores".

Os credores, segundo o referido artigo, não são credores do todo, mas em função da indivisibilidade, material ou jurídica, o que torna impossível o fracionamento do objeto da prestação, cada um dos credores tem direito de exigir o todo. Por outro lado, o devedor, quando for efetivar o pagamento da prestação de obrigação indivisível, não pode entregar a um dos credores sem tomar uma das duas providências previstas nos incisos I e II do art. 260. Ou seja, o pagamento deverá ser feito a todos os credores em conjunto ou a um deles, desde que este preste uma garantia de que os demais credores ratificarão o pagamento.

Caso o devedor (ou devedores) não efetive o pagamento de acordo com um dos dois incisos do art. 260, este não terá eficácia em relação aos credores que não deram quitação ou não participaram do pagamento. Qual a razão disso? Cada credor só é credor da sua cota-parte, embora cada um tenha o poder de exigir do devedor ou devedores o todo, por força da indivisibilidade do objeto da prestação. No entanto, se o credor que recebe sozinho repassa a cota-parte aos demais, ainda que estes não tenham dado quitação, nada poderão exigir do devedor ou devedores, sob pena de enriquecimento sem causa.

A recusa injusta de um só dos credores em dar a quitação terá como consequência a caracterização da mora em relação a todos os credores, os quais se sujeitarão aos efeitos desta, nos termos do art. 400 do CC.

Em caso de pluralidade de credores, se apenas um deles receber a prestação por inteiro, a cada um dos outros assistirá o direito de exigir dele, em dinheiro, a parte que lhe caiba no total. É o que dispõe o art. 261 do CC: "Se um só dos credores receber a prestação por inteiro, a cada um dos outros assistirá o direito de exigir dele em dinheiro a parte que lhe caiba no total".

Segundo este dispositivo legal, o credor responsável pelo recebimento da prestação indivisível, justamente em função desta indivisibilidade, terá de repassar aos demais a cota-parte pertencente a cada um em dinheiro. No caso, a coisa indivisível poderá ser alienada pelos credores e, aquele que recebeu o produto da venda, o qual ficou responsável pela administração, deverá entregar aos demais a cota-parte de cada um.

O art. 262 disciplina a remissão nas obrigações indivisíveis no caso de pluralidade de credores. Em caso de remissão ou perdão parcial da dívida, o devedor continuará obrigado em relação aos demais credores, embora tenha o direito de exigir que se desconte a cota do credor que o perdoou. A remissão tem caráter pessoal nas obrigações indivisíveis porque o credor só pode dispor da sua cota-parte.

Na solidariedade ativa, como cada credor o é do todo, a remissão de toda a dívida implica extinção da obrigação. Na obrigação indivisível, ainda que um dos credores faça a remissão da integralidade da dívida, este perdão não terá eficácia em relação às cotas dos demais credores, porque cada credor só tem disponibilidade daquilo que corresponde à sua fração (todos estão vinculados apenas porque não há possibilidade de fracionar o objeto da prestação, sem que haja qualquer vínculo subjetivo entre eles).

Assim, a remissão, neste caso, tem efeitos pessoais. Tal regra jurídica é um desdobramento da ideia central de que a indivisibilidade é objetiva, pois diz respeito à prestação, e não aos sujeitos.

Finalmente, o art. 263 também é uma consequência da objetividade da indivisibilidade. Se houver perecimento da coisa objeto da prestação e, em consequência, esta for substituída por perdas e danos, cessa a indivisibilidade. Com a conversão em perdas e danos, a obrigação se torna divisível.

Os §§ 1º e 2º do referido artigo regulam a responsabilidade de cada um dos devedores pelas perdas e danos e a limita ao culpado. Ou seja, para fins de perdas e danos, a culpa tem caráter pessoal. Nos termos do § 1º, em caso de conversão em perdas e danos, se todos os devedores forem culpados pelo perecimento da coisa indivisível, todos responderão pelo equivalente e pelas perdas e danos em partes iguais. Todavia, se a culpa for só de um dos devedores, pelo equivalente da coisa perecida todos responderão de acordo com as suas quotas, mas pelas perdas e danos apenas o culpado responderá. Os demais, não culpados, ficarão exonerados de qualquer responsabilidade civil decorrente do perecimento da coisa indivisível (§ 2º do art. 263).

Resumo

Na obrigação complexa há pluralidade de sujeitos em ao menos um dos polos (ativo ou passivo) ou pluralidade de prestações.

No caso de pluralidade subjetiva, a regra é a divisibilidade. As exceções são a indivisibilidade e a solidariedade. As regras sobre divisibilidade, indivisibilidade e solidariedade têm como objetivo viabilizar o adimplemento sob a perspectiva do elemento subjetivo da obrigação (sujeitos). Se há múltiplos sujeitos em um dos polos, haverá dúvida sobre a eficácia do adimplemento: Deve ser realizado em favor de todos os credores? Pode o todo ser exigido de todos os devedores ou apenas de cada um? A dúvida será dirimida pelas regras dos institutos mencionados.

Qual a lógica da indivisibilidade? Embora a indivisibilidade tenha a finalidade de resolver problema subjetivo no momento do adimplemento, as regras jurídicas do instituto se relacionam com o elemento objetivo: *prestação*. A prestação, causa da indivisibilidade, justificará as regras que conferem aos credores direito ao todo e aos devedores dever jurídico sobre o todo em relação ao sujeito do polo oposto. Os credores têm direito subjetivo ao "todo" e os devedores devem entregar o "todo", porque a *prestação* não pode ser fracionada. Simples assim.

No caso da indivisibilidade, cada devedor ou cada credor, material e abstratamente, é devedor ou credor da sua cota-parte (tanto que eventual remissão, art. 262, transação, novação, compensação tem efeitos pessoais). Todavia, como o objeto da obrigação (prestação) é indivisível, devem entregar o todo (pluralidade de devedores) ou exigir o todo (pluralidade de credores). Não há direito subjetivo sobre o todo ou dever jurídico em relação ao todo, mas como é impossível o cumprimento fracionado da prestação (por força da natureza do objeto, lei ou convenção das partes), se vinculam ao todo em relação ao polo oposto. Portanto, o foco da indivisibilidade é a prestação.

O que isso significa? Só haverá repercussão na indivisibilidade se algum ato ou fato afetar a prestação (causa da indivisibilidade – é um problema objetivo). Se determinado fato afetar o sujeito, não haverá repercussão na indivisibilidade. Essa a lógica das regras.

Por exemplo, se um dos devedores falece (fato afetou o elemento subjetivo), a obrigação, mesmo para os herdeiros, continua indivisível (falecimento é questão subjetiva que não afeta a causa da indivisibilidade – a prestação). As causas de suspensão e interrupção da prescrição são subjetivas, motivo pelo qual envolve todos, para prejudicar ou beneficiar. Por outro lado, se a prestação perece, haverá conversão em perdas e danos. Neste caso, o fato repercutiu na prestação e, por isso, na causa da indivisibilidade. Como o dinheiro é divisível (regra, salvo convenção), a conversão em perdas e danos acaba com a indivisibilidade (art. 263). Retorna-se para a regra geral da divisibilidade. Essa a lógica de todos os artigos da indivisibilidade. Portanto, os devedores devem entregar a dívida toda e os credores têm direito ao todo, não porque são devedores ou credores do todo, mas em razão da indivisibilidade da prestação. Se a prestação, por qualquer fato, se torna divisível, passa-se para a regra geral com todas as suas consequências (divisibilidade).

2.7.3.3.2. Diferenças entre solidariedade e indivisibilidade

A indivisibilidade decorre da impossibilidade de fracionar o objeto da prestação, sendo, portanto, objetiva. Tal indivisibilidade pode ser material (natureza) ou jurídica (legal e convencional). Por sua vez, a solidariedade é subjetiva, pois há entre os sujeitos vínculo subjetivo, decorrente de uma disposição legal ou de convenção entre as partes. A causa da solidariedade é o título, ou seja, ela está relacionada a razões de ordem técnica, enquanto a causa da indivisibilidade é a impossibilidade de fracionamento do objeto da prestação.

Na solidariedade, a relação interna entre os devedores não decorre do objeto em si, como na indivisibilidade, mas de uma convenção ou de uma determinação legal imposta aos sujeitos coobrigados.

Com a conversão em perdas e danos, cessa a indivisibilidade, mas subsiste a solidariedade. A solidariedade não se transmite com a herança, mas a indivisibilidade sim (arts. 270 e 276). As consequências relacionadas à suspensão e interrupção dos prazos prescricionais diferem se a obrigação for solidária ou indivisível. Na indivisibilidade, cada credor ou cada devedor só é credor ou devedor da sua cota-parte, mas na solidariedade todos os credores são credores do todo e todos os devedores devem o todo. Em suma, o vínculo da indivisibilidade é objetivo (prestação que não pode ser fracionada) e o da solidariedade é subjetivo.

No mais, não se pode confundir a solidariedade civil com a solidariedade cambial, sendo que o único ponto em comum entre elas é que o credor pode exercer seu direito, pelo valor total, contra qualquer dos devedores civis ou cambiais.

Na composição do regresso, a regra aplicável pelo direito cambial é diferente daquela referente à solidariedade passiva, conforme se demonstrará a seguir:

1. na solidariedade cambial, nem todos têm direito de regresso (emitente na nota promissória que paga não pode cobrar de mais ninguém), ao passo que o devedor solidário pode, em regresso, exigir a cota-parte de cada um, salvo se a dívida interessar exclusivamente ao devedor que paga (art. 285 – neste caso, não haverá direito de regresso);
2. Na solidariedade cambial, nem todos os codevedores respondem regressivamente perante os demais, pois só os anteriores respondem perante os posteriores, ao passo que na solidariedade civil todos respondem regressivamente; e
3. O regresso cambiário se exerce sobre a totalidade e não pela cota-parte (exceção é o aval simultâneo), ao passo que na solidariedade civil o regresso, em regra, é sobre a cota-parte (exceção – art. 285 do CC).

2.8. CLASSIFICAÇÃO DAS OBRIGAÇÕES QUANTO AO CONTEÚDO E À EXIGIBILIDADE

2.8.1. Introdução

Tal classificação terá o objetivo de diferenciar as obrigações de meio, de resultado e de garantia; as obrigações civis das judicialmente inexigíveis; as principais das acessórias; as líquidas das ilíquidas; as de execução instantânea, diferida e continuada; as obrigações simples, condicionais, a termo e modais. Já as obrigações pecuniárias serão objeto de análise no capítulo relativo à teoria do adimplemento.

2.8.2. Obrigações de meio, resultado e garantia

Nas obrigações denominadas de *meio* caberá ao devedor, durante o processo obrigacional, pautar a sua conduta em preceitos éticos e moralmente aceitos pela coletividade, empreendendo todos os esforços em relação ao compromisso assumido, mas sem o dever de atingir o resultado. Na obrigação *de meio*, é suficiente que o devedor aja de forma diligente, honesta, compromissada, leal, enfim, que coloque na obrigação todo o seu esforço e conhecimento técnico para atingir o resultado, ainda que este não seja alcançado. É o caso dos contratos de serviços profissionais celebrados por médicos e advogados.

No que tange à obrigação de *resultado*, não basta o devedor empreender os esforços necessários à que se comprometeu ao assumir a obrigação, deve alcançar o resultado esperado pelo credor, para que não seja considerado inadimplente. O direito subjetivo de exigir a produção do resultado é relevante para fins de adimplemento, como ocorre nos contratos de empreitada e transporte, tipicamente de resultado.

Nas palavras de Guilherme Nogueira Gama[107]: "A obrigação de resultado pode ser conceituada como a obrigação em que o devedor se compromete a alcançar determinado fim (resultado), sob pena de ser considerada inadimplida a obrigação. No contrato de transporte, por exemplo, o transportador se obriga a entregar a coisa transportada incólume no seu destino, tal como o empreiteiro se compromete a entregar o prédio com a segurança esperada e as especificidades constantes do negócio contratual celebrado".

Tal diferença merece críticas, porque nas obrigações denominadas de *meio*, haverá resultado esperado e esse é justamente o comportamento do devedor em relação às obrigações pactuadas, os esforços empreendidos, a colocação dos conhecimentos técnicos, enfim, a atividade do

---

[107] GAMA, Guilherme Calmon Nogueira. *Direito civil*: obrigações. São Paulo: Atlas, 2008, p. 185.

devedor propriamente dita já seria o fim da obrigação. Afirma Gisela Sampaio Cruz:[108] "Contra a dicotomia obrigações de meio e resultado, objetou-se que toda prestação comporta, de certa forma, um resultado mais ou menos determinado e que a chamada obrigação de meio pode ser mais ou menos precisa quanto ao seu conteúdo, dependendo de previsão contratual que a estipule".

Na realidade, a dicotomia ainda persiste meramente para fins probatórios. O devedor sempre se obrigará a uma determinada conduta, a um dar, fazer ou não fazer, a fim de atender um interesse do credor. Esse é o resultado esperado em toda obrigação. Nos capítulos iniciais ressaltamos que o direito obrigacional implica no cumprimento de deveres principais e deveres de conduta. Tais deveres estarão presentes em todas as obrigações e esse resultado será o objetivo esperado pelo credor. Por isso, essa distinção não tem um fundamento científico, por ser uma mera justificativa para facilitar a prova do inadimplemento.

A obrigação de garantia tem a finalidade de eliminar um risco que pesa sobre o credor ou as suas consequências. Para fins de adimplemento, basta o devedor assumir o risco.

2.8.3. Obrigações civis e obrigações judicialmente inexigíveis (as obrigações naturais)

As obrigações civis e judicialmente inexigíveis se distinguem em relação à exigibilidade. Em síntese, na obrigação civil o credor tem pretensão ou poder de exigibilidade (impor responsabilidade civil) em relação ao devedor. Na obrigação inexigível ou vulgarmente denominada *natural*, o credor, embora tenha o direito subjetivo intacto, não possui pretensão para exigir este direito do devedor.

Como se observa na obrigação civil, o credor, titular do direito subjetivo, terá a pretensão ou o poder de exigir do devedor responsabilidade civil ou dever jurídico sucessivo. As obrigações civis são dotadas de plena exigibilidade e, por isso, eventual ofensa ou violação ao direito subjetivo do credor, que está no plano primário, lhe concede a pretensão de exigir do devedor a conduta voluntariamente recusada, na maioria das vezes judicialmente.

Já a obrigação judicialmente inexigível, também denominada obrigação "natural", se caracteriza quando o credor, titular de direito subjetivo violado, não tem pretensão ou poder de exigir do devedor o seu cumprimento. A obrigação natural não afeta o plano primário, mas apenas o secundário. O credor é titular de direito subjetivo, mas não tem a pretensão de exigir o seu cumprimento caso o dever jurídico contraposto não seja voluntariamente cumprido pelo devedor.

Por não afetar o plano primário, a obrigação judicialmente inexigível autoriza a retenção do pagamento voluntariamente realizado pelo devedor. E a razão é simples: o credor é titular de direito subjetivo legítimo e, caso receba o pagamento, este é devido, não havendo que se cogitar em repetição.

O Código Civil faz referência à obrigação natural no art. 882, no título que trata do pagamento indevido. Segundo este dispositivo, "não se pode repetir o que se pagou para solver dívida prescrita, ou cumprir obrigação judicialmente inexigível". Ou seja, não se pode repetir o pagamento, justamente porque o credor mantém íntegro o direito subjetivo, que não é afetado pela ausência de pretensão, cujo poder de exigibilidade está em plano diverso.

As obrigações naturais típicas são as dívidas prescritas (art. 882 do CC) e as dívidas de jogo (art. 814 do CC). No caso da dívida de jogo, o ganhador não dispõe de ação ou pretensão para exigir o seu cumprimento, mas, se houver pagamento voluntário, o devedor não poderá requerer a repetição, porque o direito subjetivo a esta dívida é legítimo e possui tutela estatal. O Código Civil, no art. 564, III, também faz referência à obrigação natural ao estatuir que não se revogam por ingratidão as doações que foram feitas em cumprimento de obrigação natural.

Interessante a conclusão de Rosenvald e Chaves[109]: "O desenvolvimento das obrigações naturais atravessa dois momentos distintos: primeiro, uma pessoa cumpre uma obrigação, mesmo tendo a noção de sua inexigibilidade legal, por uma questão de consciência do justo, do certo e do errado; posteriormente, o ordenamento jurídico passa a tutelar aquela obrigação com a única e exclusiva finalidade de resguardar o credor em razão do adimplemento espontâneo, impedindo o êxito da pretensão de se restituir o que se fez ou se pagou, com inegável homenagem ao princípio da segurança jurídica e a proteção da confiança".

Em suma, a obrigação natural apenas protege o credor com a irrepetibilidade do que lhe foi voluntariamente pago, nos termos do art. 882.

Por fim, cumpre ressaltar que há outras obrigações naturais que não estão disciplinadas legalmente, diante da generalidade e indeterminação do art. 882 do CC. Quanto aos efeitos, o pagamento de obrigação natural é válido porque não afeta o direito subjetivo do credor que está no primeiro plano, mas apenas a pretensão ou poder de exigibilidade. Outro importante efeito é a irrepetibilidade do pagamento.

Enfim, como ressalta Guilherme Gama[110]: "A obrigação juridicamente inexigível é aquela sem a garantia das obrigações civis em geral, ou seja, é a obrigação mutilada. O débito é contraído na obrigação judicialmente inexigível, apenas o credor não tem o poder de concretizar a responsabilidade do devedor. Nas obrigações judicialmente inexigíveis, há direito e consequente obrigação, mas sem a faculdade de exigir o adimplemento, havendo débito sem estar acompanhado, no entanto, da responsabilidade".

---

[108] O professor faz referência a Gomes da Silva, segundo o qual nas obrigações de meio existe a vinculação a um fim, que corresponde ao interesse do credor, e que se o fim não é obtido presume-se sempre a culpa do devedor. CRUZ, Gisela Sampaio da. *Obrigações*. Rio de Janeiro: Renovar, 2005, p. 170.

[109] FARIAS, Cristiano Chaves de; ROSENVALD, Nelson. *Direito das obrigações*. 4. ed. Rio de Janeiro: Lumen Juris, 2010.

[110] GAMA, Guilherme Calmon Nogueira. *Direito civil*: obrigações. São Paulo: Atlas, 2008, p. 190.

• **Obrigações naturais: análise crítica em relação à natureza jurídica**

A natureza jurídica da obrigação natural não é consenso. Nas obrigações naturais, também denominadas imperfeitas, a tutela em favor do credor é indireta, pois se a prestação for voluntariamente concretizada, haverá direito de retenção pelo credor por ser irrepetível (um dos principais efeitos jurídicos).

A discussão envolve duas perspectivas. Os clássicos defendem que a obrigação natural é, de fato e direito, relação obrigacional, mas desprovida de coercibilidade (juridicamente inexigível). Todavia, como o credor pode reter o pagamento espontâneo ou voluntário, tal fato se explicaria justamente em razão do vínculo jurídico obrigacional estabelecido entre os sujeitos. Para estes, a obrigação natural seria simplesmente relação jurídica "imperfeita", mas obrigação materializada. Nas obrigações naturais há *shuld* (débito – relação material ou vínculo entre os sujeitos – o conteúdo da obrigação), mas não há *haftung* (responsabilidade), ou seja, possibilidade de exigir em caso de violação do dever jurídico. Portanto, para os clássicos, na concepção de obrigação, há as obrigações civis ou perfeitas (com *shuld* e *haftung*) e as obrigações naturais ou imperfeitas (com *shuld*, mas sem *haftung*).

Todavia, há outra perspectiva, pois outros criticam a obrigação natural como relação jurídica, para considerá-la como dever extrajurídico, justamente pela ausência de coercibilidade, essência de qualquer obrigação. Enquanto não houver cumprimento voluntário, por questões éticas e morais, não está no mundo jurídico. Apenas se houver cumprimento, haverá interesse jurídico, em razão da irrepetibilidade, mas antes não há obrigação. A satisfação da obrigação natural é equiparada a ato de liberalidade, ao contrário da obrigação, cujo cumprimento é dever jurídico. É a tese defendida por Fernando Noronha[111]. Para estes, o pagamento da obrigação natural não é adimplemento propriamente dito, pois o objetivo do art. 882, que considera tal pagamento espontâneo irrepetível é tutelar o interesse do credor e garantir segurança jurídica.

Por fim, há os que consideram a obrigação natural como juridicamente relevante (é, portanto, jurídica). Haverá valoração jurídica mesmo antes do adimplemento voluntário. Com base na socialidade e moralidade que antecede o adimplemento que é justificado o cumprimento. E, nas palavras de Perlingieri[112], o respeito às relações morais ou sociais pela coletividade, que impulsionam o adimplemento voluntário, deve ser valorado no plano jurídico e não extrajurídico, como na corrente anterior. Tais situações de moralidade, que recebem valoração jurídica, antecedem o adimplemento.

• **Obrigações naturais – Espécies?**

Seria correto cogitar em espécies de obrigação natural ou poderíamos considerá-la de forma genérica, cujo adimplemento se relaciona a dever de justiça, embora inexigível pelo credor?

A partir das lições de Fernando Noronha[113], tais obrigações poderiam se subdividir em de "trato social" (atendem a convenções sociais, cuja violação reduz a estima social do sujeito) e "obrigações fundadas em imperativos morais" (envolvem valores sociais mais relevantes da sociedade).

Como exemplo de obrigação de trato social, seriam as dívidas de jogos tolerados, cujo adimplemento é inexigível pelo vencedor. Todavia, se houver pagamento espontâneo, não há dever de restituir, salvo se ganhou por dolo ou se o que perdeu é menor ou interdito. O pagamento se relaciona a convenção social e, no caso de inadimplemento, não há exigibilidade, mas o sujeito tem a sua estima reduzida no meio social. É relevante mencionar que a inexigibilidade das obrigações naturais, quando se relacionem a jogos tolerados, se estenderão a todos os contratos e obrigações que podem derivar, inclusive por substituição, desta (ex.: título de crédito emitido pelo devedor manterá sua condição de obrigação natural).

Como exemplo de obrigações fundadas em imperativos morais, a dívida prescrita. Para os que consideram a obrigação natural como obrigação jurídica imperfeita, o pagamento, embora espontâneo, não se confunde com liberalidade. O pagamento baseado em dever moral ou de justiça é suficiente para legitimar o pagamento. Além dessa, de acordo com Rosenvald e Chaves[114], "a prestação espontânea de alimentos em favor de pessoas que não tenham o direito de exigi-las", como parentes além do segundo grau que ministram alimentos independente de qualquer amparo legal (ex.: entre tio e sobrinho). Seriam alimentos inexigíveis, mas que quando pagos voluntariamente, seriam obrigações naturais decorrentes de imperativos morais, cujo pagamento decorre de ato de solidariedade, obrigação de consciência, dever de justiça, embora sejam também inexigíveis pelo credor e irrepetíveis pelo devedor. E, por fim, o cumprimento de vontade de pessoa falecida, em favor de terceiro, mesmo que tal vontade não tenha sido materializada em testamento. É também considerada obrigação natural, porque inexigível pelo terceiro e irrepetível no caso de pagamento.

2.8.4. Obrigações principais e acessórias, líquidas e ilíquidas

2.8.4.1. Principais e acessórias

As obrigações principais são aquelas que possuem autonomia, razão pela qual subsistem por si, não havendo relação de dependência ou subordinação com outra obrigação. Por outro lado, as obrigações acessórias possuem relação de dependência e subordinação em relação à principal. As acessórias dependem da principal para que te-

---

[111] NORONHA, Fernando. *Direito das obrigações*. São Paulo: Saraiva, 2003, p. 220-222.
[112] PERLINGIERI, Pietro. *Perfis do direito civil*: introdução ao direito constitucional. 3. ed. Trad. Maria Cristina de Cicco. Rio de Janeiro: Renovar, 2007.
[113] NORONHA, Fernando. *Direito das obrigações*. São Paulo: Saraiva, 2003, p. 261.
[114] FARIAS, Cristiano Chaves de; ROSENVALD, Nelson. *Curso de direito civil*. 11. ed. Salvador: JusPodivm, p. 333/334.

nham qualquer funcionalidade. São os casos da fiança, da cláusula penal, dos juros e das arras, dentre outros.

Segundo a abalizada lição de Caio Mário[115]: "É principal uma obrigação quando tem existência autônoma, independente de qualquer outra. E é acessória quando, não tendo existência em si, depende de outra a que adere ou de cuja sorte depende. O caráter acessório ou principal da obrigação é uma qualidade que lhe pode advir da vontade das partes ou da lei. Pode-se configurar desde o momento de sua constituição ou aparecer supervenientemente. Podem ambas nascer germinadas ou dissociadas uma da outra. Pode a acessoriedade referir-se ao objeto ou pode ocorrer como uma situação puramente subjetiva".

A acessoriedade convencional decorre de um ajuste das partes por ocasião da formação da obrigação ou pode ser superveniente a este momento, como uma cláusula penal *a posteriori*. A lei também pode tratar da obrigação como acessória, como no caso em que obriga o vendedor a resguardar o comprador dos riscos da evicção. Tal obrigação legal é acessória em comparação à obrigação principal de transferir a coisa.

Essa distinção é relevante, principalmente em razão do acolhimento do princípio geral de direito de que o acessório segue o principal (princípio da gravitação jurídica). Em razão desta gravitação jurídica, a obrigação acessória adere e passa a se subordinar à principal. Como consequência desta relação de dependência, a extinção da obrigação principal levará à extinção da acessória, a invalidade da obrigação principal implica a invalidade das acessórias (art. 184 do CC)[116], prescrita a prestação principal, ficam prescritas as acessórias. Portanto, diante das consequências jurídicas desta relação de dependência das obrigações acessórias em relação às principais, tal classificação é de extrema relevância.

Por outro lado, a sorte da obrigação acessória não afeta a obrigação principal. A extinção da obrigação acessória deixa intangível a principal.

Para fins de transferência das obrigações, como ressalta Guilherme Gama[117], no caso de cessão de crédito, o cessionário o receberá acompanhado dos acessórios, inclusive das obrigações acessórias, da mesma forma que ocorrerá na assunção de débito.

2.8.4.2. Líquidas e ilíquidas

Líquida é a obrigação certa quanto à sua existência e determinada quando ao seu objeto, como dizia expressamente o art. 1.533 do CC/1916, o qual não foi reproduzido pela nova legislação. Ilíquida é a obrigação cujo objeto não é determinado ou não está especificado, razão pela qual depende de prévia apuração.

Sem a prévia apuração, não haverá como determinar o objeto. Para ser cumprida, deverá ser convertida em obrigação líquida. O *quantum* devido ainda não é certo.

A relevância da distinção entre obrigações líquidas e ilíquidas é ressaltada por Carlos Roberto Gonçalves[118] de forma precisa e coerente. Segundo o referido autor, a mora *ex re*, para se caracterizar, está condicionada ao inadimplemento de uma obrigação positiva e líquida (art. 397); em relação aos juros, o art. 407 diz que o devedor é obrigado aos juros de mora, independentemente de prejuízo, desde que o montante do débito tenha se tornado líquido; a compensação, de acordo com o art. 369 do CC, somente é possível entre dívidas líquidas, vencidas e de coisas fungíveis; da mesma forma, a imputação de pagamento impõe a liquidez da dívida, a teor do disposto no art. 352 do CC; na fiança, de acordo com o art. 821, segunda parte, não será demandado o fiador senão depois que se fizer certa e líquida a obrigação do principal devedor; a falência do devedor somente poderá ser decretada se estiver fundada em título líquido e certo (art. 94 da Lei n. 11.101/95), dentre outros.

2.8.5. Obrigações de execução instantânea, diferida e continuada; obrigações simples, condicionais, a termo e modais

As obrigações de execução instantânea ou momentânea são aquelas cuja consumação se dá em um único ato, ou seja, o cumprimento ou adimplemento ocorre logo após a sua formação e constituição. Exemplo é a compra e venda à vista. Tal tipo de obrigação é incompatível com a teoria da revisão judicial prevista no art. 317, a qual exige um hiato considerável entre a constituição e o adimplemento da obrigação. Na obrigação instantânea a extinção da obrigação será imediatamente posterior à constituição do vínculo obrigacional.

A obrigação de execução diferida também implica a prática de um único ato, mas não logo após a constituição da obrigação, e sim no futuro. O ato a ser praticado é único, mas há um hiato considerável entre a constituição ou formação do vínculo obrigacional e o adimplemento. É o caso do contrato de compra e venda em que o bem será entregue meses após a data do negócio. Não há continuação ou repetição da prestação, mas apenas o cumprimento da prestação em momento posterior à formação, no futuro.

Neste ponto, importante frisar que a distinção entre as obrigações de execução instantânea e de execução diferida consistem justamente na imediatidade – instantânea – ou futuridade – diferida do ato do cumprimento da prestação. Esse intervalo temporal entre a formação e a extinção do vínculo obrigacional é o que distingue estas duas obrigações.

Já a obrigação continuada é aquela cuja prestação compreende uma repetição, em série ou sequência, de atos ou abstenções. Também denominada de trato suces-

---

[115] PEREIRA, Caio Mário da Silva. Instituições de *direito civil*. 20. ed. Teoria geral das obrigações. Rio de Janeiro: Forense, 2004. v. II, p. 421.

[116] Mas há exceções, como na hipótese da fiança acedendo uma obrigação nula em razão da incapacidade pessoal do devedor (art. 824), ressalvada a possibilidade de o devedor ser um menor, caso em que a fiança também será inválida (arts. 588 e 824, parágrafo único).

[117] GAMA, Guilherme Calmon Nogueira. *Direito civil*: obrigações. São Paulo: Atlas, 2008, p. 194.

[118] GONÇALVES, Carlos Roberto. *Direito civil esquematizado*. São Paulo: Saraiva, 2013. v. I. p. 537-538.

sivo ou execução periódica, o cumprimento se dá pela reiteração de atos, como na prestação de serviços e compra e venda a prazo.

Segundo Carlos Roberto Gonçalves[119]: "Execução continuada da prestação é a que se prolonga no tempo, sem solução de continuidade ou mediante prestações periódicas ou reiteradas. No último caso, tem-se uma obrigação de trato sucessivo, que é aquela cuja prestação se renova em prestações singulares sucessivas, em períodos consecutivos, como sucede na compra e venda a prazo, no pagamento mensal do aluguel pelo locatário e do consumidor de água ou de energia elétrica".

As obrigações simples ou puras não estão sujeitas a qualquer condição, termo ou encargo, motivo pelo qual produzem efeitos imediatos. Essa classificação tem relevância, pois se relaciona com o plano da eficácia. Por isso, devem ser executadas imediatamente.

As obrigações condicionais, a termo, modais ou com encargo são aquelas que apresentam alguns elementos acidentais, como a condição, o termo e o encargo, que repercutem na eficácia em sentido estrito da obrigação. A condição, o termo e o encargo já foram objeto de análise no capítulo 1, sendo desnecessária a repetição.

2.9. TRANSMISSÃO DAS OBRIGAÇÕES – CESSÃO DE CRÉDITO E ASSUNÇÃO DE DÍVIDA

2.9.1. Introdução

A obrigação, em tempos primitivos, era dotada de caráter personalíssimo. Os romanos não admitiam a sucessão ativa ou passiva por ato *inter vivos*. A substituição do credor ou devedor, mediante a manutenção do vínculo jurídico obrigacional, sempre foi vedada naquele remoto período. As relações jurídicas eram demasiadamente subjetivas e personalizadas. A preponderância da pessoalidade em relação ao caráter patrimonial destas relações, em especial a obrigação, era realidade.

Para contornar o personalismo marcante das obrigações e concretizar a modificação dos sujeitos, os romanos substituíam os sujeitos da relação mediante a efetivação de novação subjetiva, modo de extinção, e não de transmissão de obrigação. No entanto, era a única forma para alcançar o objetivo atualmente viabilizado pela cessão de crédito (substituição de credores) e assunção de dívida (substituição de devedores).

Com a evolução do direito das obrigações, tal caráter personalíssimo foi mitigado ao longo do tempo diante da necessidade de os comerciantes dinamizarem suas relações jurídicas. Além disso, a natureza patrimonial da obrigação contribuiu, decisivamente, para a alteração do modelo personalista para um modelo econômico. O interesse pela relação jurídica econômica e não mais voltada aos sujeitos, foi o estopim para esta mudança de paradigmas. A reboque desta evolução, como consequência natural, se tornou realidade a transmissão das obrigações sem a sua extinção, ou seja, com a manutenção do vínculo jurídico originário.

Portanto, a possibilidade de substituição dos sujeitos na relação obrigacional, nos polos ativo e passivo, durante o processo obrigacional, ou seja, entre a formação e o adimplemento, com a manutenção do vínculo jurídico e da prestação, é conquista da sociedade contemporânea.

Na transmissão das obrigações, em termos estruturais, o único elemento que será alterado ou modificado é o subjetivo: credor (cessão de crédito) ou devedor (assunção de obrigação). O elemento imaterial (vínculo jurídico) e o elemento objetivo (a prestação) permanecerão inalterados. A cessão de crédito e a assunção de obrigação são institutos voltados para alteração do elemento subjetivo durante o processo obrigacional, mantendo-se íntegros o vínculo (o que os diferencia da novação subjetiva passiva e ativa) e a prestação.

Somente em tempos modernos foi reconhecida ao cessionário a qualidade de titular do direito de crédito e não apenas de procurador do cedente. Por conta desta evolução histórica, os institutos que envolvem a transmissão das obrigações passaram a gozar de autonomia, com efeitos jurídicos próprios e funções bem definidas.

O direito civil incorporou esses ideais ao tratar da transmissão das obrigações, por meio da cessão de crédito, no Código Civil de 1916. A lei civil de 2002, além de manter a estrutura da transmissão do crédito por meio do negócio jurídico cessão de crédito, foi além, ao inovar com a positivação da assunção de obrigação, instituto capaz de provocar a sucessão ou transferência de deveres jurídicos (assunção liberatória – art. 299 do CC), com a substituição do devedor originário por terceiro, sem alteração do vínculo originário. Além da assunção liberatória, embora não positivada, a doutrina também passou a admitir a figura da assunção cumulativa, quando terceira pessoa passa a integrar o polo passivo da relação jurídica obrigacional, sem qualquer alteração na pessoa do devedor.

A cessão de crédito e a assunção de dívida são institutos que devem ser analisados sob perspectiva constitucional, em razão dos valores sociais que integram o direito das obrigações. A obrigação, hoje considerada relação jurídica dinâmica e complexa, como processo voltado para o adimplemento, em que devedor e credor possuem interesses comuns e, por isso, são titulares de direitos e deveres fundamentais, influencia a análise destes institutos sob essa nova perspectiva.

Os princípios sociais, em especial a função social e a boa-fé objetiva, terão papel fundamental na análise da cessão de crédito e assunção de obrigação, tendo em vista que a relação obrigacional é pautada na solidariedade e cooperação entre os sujeitos que dela participam.

Em resumo, a cessão de crédito e a assunção de obrigação implicarão alterações subjetivas em um dos polos da relação jurídica obrigacional, mas o vínculo jurídico se manterá íntegro e inalterado. Portanto, o estudo desses institutos envolve dois parâmetros:

---

[119] GONÇALVES, Carlos Roberto. *Direito civil esquematizado*. São Paulo: Saraiva, 2013. v. I. p. 533.

Capítulo 2 • Obrigações e Responsabilidade Civil

1. alteração subjetiva: sujeitos; e
2. manutenção do vínculo objetivo e da prestação: vínculo jurídico e prestação – elementos da obrigação que não são afetados pela cessão de crédito ou pela assunção de obrigação.

A cessão de crédito e a assunção de obrigação são espécies de sucessão *inter vivos* de bens incorpóreos. Cabe ao direito das sucessões disciplinar a sucessão *causa mortis*. Neste sentido, é importante registrar que a cessão de crédito, quando realizada entre vivos, terá natureza contratual. Se a transferência de crédito ou cessão for objeto de testamento, poderá se relacionar a negócio jurídico unilateral (todavia, neste caso, será situação *mortis causa*, por envolver sucessão testamentária). Essas formas de transmissão de direitos ou deveres obrigacionais caracterizam-se pela conservação do vínculo obrigacional, o qual se mantém intacto, a despeito das alterações ou substituições nos polos ativo e passivo da relação obrigacional.

Por isso, a transmissão da obrigação envolve apenas o *elemento subjetivo* da obrigação e não a prestação e o vínculo. Em termos estruturais, a obrigação ostenta os seguintes elementos: subjetivo (credor e devedor), objetivo (prestação) e imaterial (vínculo jurídico). *A cessão de crédito e a assunção de obrigação apenas repercutirão no elemento subjetivo da obrigação.*

O Código Civil de 2002 disciplinou a cessão de crédito nos arts. 286 a 298 e a assunção de obrigação nos arts. 299 a 303. As novidades estão retratadas em algumas questões pontuais na cessão de crédito e na introdução ou incorporação ao sistema jurídico de um novo modelo de transmissão de obrigação, qual seja, a sucessão que envolve alterações no polo passivo (devedor). A doutrina e a jurisprudência já reconheciam essa possibilidade. O mérito foi positivar tal instituto.

Em resumo, tais institutos ostentam a seguinte característica fundamental: alteração subjetiva ou modificação dos sujeitos e manutenção do vínculo jurídico obrigacional.

2.9.2. Cessão de crédito

2.9.2.1. Conceito e noções gerais

A cessão de crédito é o negócio jurídico bilateral pelo qual o cedente, credor primitivo, transfere a terceiro, cessionário, a sua posição econômica no polo ativo da relação obrigacional, ou seja, a titularidade do crédito (direito subjetivo), com a manutenção do vínculo jurídico e da prestação.

Na cessão de crédito, ocorrerá apenas a *sucessão* na *titularidade* do direito subjetivo do credor (no crédito propriamente dito), mediante transferência deste a terceiro. O credor originário será denominado *cedente* e o terceiro que assumirá a posição do credor é o *cessionário*.

A cessão de crédito, portanto, é negócio jurídico por meio do qual o credor (cedente) transfere, total ou parcialmente, o seu crédito a terceiro (cessionário), com a manutenção da relação primitiva com o mesmo devedor (cedi-

do). Segundo Orlando Gomes[120]: "A cessão de crédito é o negócio jurídico bilateral pelo qual o credor transfere a terceiro sua posição na relação obrigacional".

Por outro lado, para Caio Mário[121]: "É negócio jurídico em virtude do qual o credor transfere a outrem a sua qualidade creditória, com todos os acessórios e garantias, salvo disposição em contrário". Apenas é transferida a soma dos poderes e das faculdades inerentes à razão creditória. Quando houver alteração subjetiva no polo ativo e o credor transferir a sua qualidade creditória contra o devedor, haverá cessão de crédito.

Neste negócio jurídico bilateral, se conjugam as vontades do credor (cedente) e de um terceiro (cessionário), interessado na aquisição da posição do credor primitivo. Portanto, o terceiro cessionário assumirá a posição do credor primitivo sem que haja qualquer alteração dos demais elementos estruturais da obrigação, vínculos jurídicos e prestação.

Como se verifica, a cessão de crédito exige *voluntariedade ou consenso de duas vontades, cedente, credor primitivo, e cessionário, novo credor.* Neste ponto, importante uma constatação: o art. 1.068 do CC/1916 previa, expressamente, a cessão legal e a judicial. Tal dispositivo não foi reproduzido no atual Código Civil.

Em razão disso, há polêmica sobre a possibilidade de a cessão se originar da lei (*cessão legal*) ou decisão judicial (*cessão judicial*). Em relação à cessão legal, é realidade. Segundo o art. 287, a cessão de um crédito abrange os acessórios do crédito, salvo disposição em contrário. Não há dúvida de que a cessão dos acessórios do crédito é exemplo de cessão legal. O art. 636 do CC, ao tratar do contrato de depósito, regula a cessão legal quando impõe ao depositário o dever de ceder ao depositante as ações que, no caso, tiver contra o terceiro responsável pela restituição da primeira. O parágrafo único do art. 1.944 também prevê a cessão legal no caso do direito de acrescer entre colegatários.

Finalmente, é possível a cessão judicial, aquela que decorre de sentença judicial.

No que tange aos efeitos em relação a terceiros, as cessões legais e judiciais do crédito não exigem qualquer providência para que tenham eficácia, pois não se originam da vontade das partes. Portanto, inaplicável a essas cessões o disposto no art. 288 que trata da formalidade da cessão de crédito.

Sendo assim, embora omisso o atual Código Civil em relação à cessão legal e judicial, não há dúvida de que a cessão, além de fruto da convicção das partes, pode se originar de determinação legal ou judicial.

2.9.2.2. Restrições à cessão de crédito

Em regra, é livre a cessão do crédito ou a substituição subjetiva no polo ativo da relação obrigacional. O art. 286

---

[120] GOMES, Orlando. *Obrigações*. 17. ed. (atualizada por Edvaldo Brito – coord.). Rio de Janeiro: Forense, 2007.

[121] PEREIRA, Caio Mário da Silva. *Instituições de direito civil*. 20. ed. Teoria geral das obrigações. Rio de Janeiro: Forense, 2004. v. II, p. 121.

dispõe que o credor *pode* (poder) ceder o seu crédito, o que afasta o personalismo e reforça a autonomia privada. Ademais, como a livre circulação do crédito é fundamental para o dinamismo das relações sociais e privadas, tal dispositivo é desdobramento do art. 170 da CF/88, que regula a ordem social e econômica, tendo como um de seus pilares o princípio da *livre-iniciativa*. A cessão de crédito decorre desta liberdade do sujeito na ordem econômica.

Entretanto, tal poder de autodeterminação pode ser restringido pela lei, pela natureza da obrigação ou pela própria convenção originária entre credor e devedor em que ambos pactuam a não cessão do crédito.

Tal questão é disciplinada pela segunda parte do art. 286 do CC: "O credor pode ceder o seu crédito, se a isso não se opuser a natureza da obrigação, a lei, ou a convenção com o devedor; a cláusula proibitiva da cessão não poderá ser oposta ao cessionário de boa-fé, se não constar do instrumento da obrigação".

As restrições a este direito subjetivo podem, portanto, decorrer da natureza da obrigação, da lei ou da convenção entre as partes (o título da obrigação pode proibir, expressamente, a cessão).

Em relação à natureza da obrigação, há relações jurídicas que, embora tenha caráter patrimonial, possuem caráter personalíssimo. Há interesses entre os sujeitos que impõem a vinculação, como é o caso dos créditos oriundos de obrigação alimentar fundada no direito de família. A obrigação alimentar fundada no direito de família tem como base de referência o personalismo, tanto que há regras para a definição dos sujeitos da obrigação alimentar (no caso do parentesco, proximidade e reciprocidade).

No entanto, é possível a cessão de prestações alimentares atrasadas, pois a proibição da cessão estaria relacionada ao direito potestativo em si. Nesta situação, o crédito perderia o seu caráter alimentar.

A proibição da cessão também pode estar relacionada a vedações legais. A lei veda a cessão de créditos em várias situações jurídicas por questões de segurança ou, em razão da natureza do crédito. O exemplo mais marcante é o disposto no art. 298 do CC, cujo dispositivo veda a cessão de crédito penhorado. A finalidade desta proibição é garantir o direito subjetivo do sujeito que é credor do titular de um crédito em qualquer relação obrigacional. Diz o art. 298: "O crédito, uma vez penhorado, não pode mais ser transferido pelo credor que tiver conhecimento da penhora (...)". Assim, cientificado ou intimado da penhora, o titular do crédito penhorado está proibido de cedê-lo, uma vez que já está vinculado ao processo judicial promovido por um terceiro.

Na segunda parte do art. 298, há uma regra de proteção ao devedor do crédito que foi objeto da penhora. O devedor também deve ser intimado da penhora para que possa efetivar o depósito do valor nos autos em que o crédito foi penhorado. Se o devedor não for intimado, poderá pagar ao seu credor da relação obrigacional com quem se vinculou e, em consequência, estará exonerado.

Nestes termos, o art. 298, segunda parte, dispõe: "(...) mas o devedor que o pagar, não tendo notificação dela, fica exonerado, subsistindo somente contra o credor os direitos de terceiro". Desta forma, caso o devedor do crédito penhorado não seja intimado da constrição judicial, em caso de pagamento, restará ao terceiro demandar o credor que recebeu o crédito.

Em relação ao direito de alimentos, além da proibição da cessão deste crédito pela natureza, o art. 1.707 do CC veda a sua cessão, compensação e penhora.

O art. 497 do CC proíbe a realização de contrato de compra e venda, mesmo em hasta pública, envolvendo tutores e curadores em relação aos bens de tutelados e curatelados, a compra de bens por servidores da pessoa a qual servem, dentre outras restrições. O parágrafo único do referido artigo estende esta restrição da alienação à cessão destes créditos. Em relação à tutela, o art. 1.749, III, apresenta uma regra específica, a qual proíbe o tutor de se constituir cessionário de crédito ou de direito contra o tutelado. O art. 520 do CC proíbe ainda a cessão do direito de preferência, ao dispor que "o direito de preferência não se pode ceder nem se passa aos herdeiros".

O art. 1.393 do CC admite a cessão do exercício do usufruto por título gratuito ou oneroso. A inalienabilidade deste direito real não impede a sua cessão, que terá natureza de direito obrigacional, motivo pelo qual se sujeita naquilo que for compatível, às regras da cessão de crédito. No entanto, a cessão do exercício do usufruto (1.393) não será permitida nas hipóteses do art. 1.693, caso em que os pais estão excluídos do direito real de usufruto e da administração dos bens dos filhos menores.

Por fim, *a restrição ou a impossibilidade de cessão pode decorrer do princípio da autonomia privada, ou seja, por ocasião da formalização do negócio jurídico (obrigação original), quando credor e devedor pactuarem a impossibilidade de cessão do crédito*.

Nessa hipótese, a cláusula proibitiva, para ter eficácia em relação a terceiros, *deve constar do instrumento da obrigação e não em ato separado*. Se a cláusula proibitiva não constar na obrigação principal, o cessionário, adquirente do crédito, será considerado de boa-fé, não podendo a ele ser oposta a referida cláusula.

Essa é uma forma interessante de proteção do cessionário de boa-fé. Todavia, se não constar no *corpo* da obrigação principal, como elemento integrante desta, mas o terceiro tomar conhecimento da cláusula proibitiva, a cessão não terá eficácia em relação ao devedor. Portanto, o dispositivo apenas retrata uma mera presunção de boa-fé. Esta segunda parte do art. 286 representa uma inovação legislativa, na medida em que o art. 1.065 do CC/1916 não fazia qualquer referência à boa-fé do cessionário e ao local da cláusula proibitiva.

Para finalizar, cabe destacar a *cessão de direitos hereditários*. Tais direitos subjetivos poderão ser objeto de cessão?

Não há dúvida de que os direitos hereditários podem ser cedidos. O direito à sucessão aberta, considerada bem imóvel (art. 80, II, do CC), entre a abertura da sucessão até a partilha, pode ser objeto de transferência pelos sucessores, por meio de negócio jurídico materializado em escritura pública, mas com a manutenção de seu caráter aleatório.

A cessão de créditos que integra a herança se submete ao regime imobiliário. Por isso, o negócio jurídico deve ser materializado em escritura pública. Além disso, créditos supervenientes à cessão de direitos hereditários, conferidos ao herdeiro em consequência de substituição ou direito de acrescer, não são abrangidos pela cessão anteriormente realizada (§ 1º do art. 1.793). A cessão de direito hereditários não pode destacar o crédito, mas ter por objeto parte ideal ou frações indefinidas do crédito, em razão da indivisibilidade a que a herança é submetida. A cessão não pode ter por objeto bem da herança considerada singularmente. A cessão é do direito hereditário e, portanto, não é possível individualizar o bem a ser cedido. A cessão de direitos hereditários anteriores à abertura da sucessão é nula por expressa disposição legal (art. 426 – proibido qualquer negócio sobre herança de pessoa viva).

2.9.2.2.2.1. Cessão parcial ou total e cessão de acessórios

A cessão pode ter por objeto a totalidade do crédito ou direito subjetivo ou apenas parte dele. Na cessão parcial, o cedente conserva sua posição originária em relação a uma parcela do direito subjetivo. Nesta hipótese, dois credores concorrerão ao crédito.

Além disso, a transferência do crédito abrange os acessórios, como frutos, rendimentos e garantias. O princípio da gravitação jurídica estampado no art. 287 é uma norma de caráter dispositivo, pois permite que haja estipulação em contrário em relação aos acessórios do crédito. Em caso de omissão das partes, a cessão do crédito abrangerá todos os seus acessórios. Aliás, tal concepção decorre do princípio básico da cessão: *não há modificação objetiva da obrigação* (art. 287).

Apenas em caso de exclusão por cláusula expressa, os acessórios não integram o negócio jurídico cessão.

Em relação à cessão, Caio Mário[122] faz importante observação sobre o caráter subjetivo e objetivo: "Como envolve a alienação de direitos, a cessão de crédito deve ser encarada subjetiva e objetivamente. Subjetivamente, não pode ceder seu crédito aquele que não tem o poder de disposição, seja em termos genéricos (incapacidade), seja especificamente em relação ao próprio direito cedido. Objetivamente, a cessão não ultrapassa o conteúdo do próprio crédito, dizendo-se que ninguém pode transferir a outrem mais direitos do que tem – *nemo plus iuris ad alium transferre potest quam ipse habet.*

2.9.2.2.2. Cessão e formalidade

A cessão de crédito não impõe qualquer formalidade ou solenidade. Portanto, o instrumento público não é da essência deste ato.

Todavia, o art. 288 provoca algumas polêmicas quanto aos efeitos da cessão de crédito em relação a terceiros, estranhos a este negócio jurídico bilateral. Do art. 288 é possível extrair a regra de que entre as partes contratantes, cedente e cessionário, não se exige qualquer formalidade para que a cessão tenha plena eficácia. A celeuma fica por conta da eficácia em relação a terceiros. O referido dispositivo considera ineficaz em relação a terceiro a cessão de crédito não efetivada de forma solene.

Portanto, segundo a dicção desta norma, para que tenha eficácia em relação a terceiro, ou seja, para conferir eficácia real à cessão de crédito (*erga omnes*), ela deve ser formal ou solene. Todavia, este artigo deve ser analisado sob a perspectiva civil-constitucional e, por conta destes valores sociais que passam a integrar o próprio conteúdo e a finalidade da obrigação, a ineficácia ali referida é de caráter relativo.

Assim, se o terceiro toma ciência da cessão de crédito, ainda que esta não seja formal, ou ainda que não tenha sido celebrada por instrumento público ou particular com os requisitos do § 1º do art. 654, terá plena eficácia em relação àquele. Na realidade, a previsão do art. 288 é de pouquíssima relevância, pois tenta apenas tutelar o interesse de terceiros que, por qualquer motivo, venham a negociar com o cedente ou cessionário sem ter ciência da cessão.

Por isso, se a cessão de crédito for formal ou estiver revestida destas solenidades, o terceiro não poderá alegar desconhecimento da cessão. Mas se a cessão de crédito não estiver revestida destas formalidades e ainda assim o terceiro tomar ciência da cessão, em função do princípio da boa-fé objetiva, que impõe limites éticos ao exercício de direitos subjetivos (art. 187), o negócio terá plena eficácia em relação a ele.

Portanto, a interpretação do dispositivo deve estar conectada a esses valores sociais. Não haveria sentido em considerar ineficaz a cessão de crédito não solene em relação a terceiro que dela toma ciência apenas porque é *terceiro*. Essa interpretação mesquinha e superficial não é compatível com os deveres de conduta e a ética norteadora da relação obrigacional, a serem observados tanto entre partes quanto nos efeitos produzidos em relação a terceiros (função social).

Aliás, o princípio da função social tem como principal característica provocar a transcendência dos efeitos de uma obrigação qualquer para terceiros que não participam dela. Se essa transcendência é realidade em qualquer negócio jurídico, por que seria diferente com a cessão de crédito, que também é negócio jurídico bilateral informado pelo princípio da função social?

Desta forma, em nossa opinião, não há dúvida de que a cessão de crédito, independentemente de qualquer solenidade, repercutirá na esfera jurídica de terceiros, que a ela ficarão vinculados. Se a cessão de crédito estiver revestida de solenidade, o terceiro não poderá invocar o seu desconhecimento. Portanto, não é a formalidade que provocará a eficácia da cessão em relação a terceiros, mas o princípio da função social. A formalidade apenas determinará o comportamento do sujeito no momento de invocar ou não o desconhecimento da cessão para defender algum interesse próprio.

Todavia, a partir da Lei n. 14.382/2022, que altera a Lei de Registros Públicos, a cessão de crédito, para ter efeitos em relação a terceiros, depende do registro no ofício de

---

[122] PEREIRA, Caio Mário da Silva. Instituições *de direito civil*. 20. ed. Teoria geral das obrigações. Rio de Janeiro: Forense, 2004. v. II.

registro de títulos e documentos. De acordo com o item 10 do art. 129 da Lei de Registros Públicos, estão sujeitos a registro, para ter eficácia em relação a terceiros, a cessão de direitos e a cessão de créditos (entre outros instrumentos). A partir da positivação da matéria, a interpretação a ser conferida ao art. 288 do CC é que para ter eficácia em relação a terceiro, haverá necessidade de registro da cessão. Em complemento a tais normas, o art. 221 do CC, segunda parte, também exige o registro do instrumento de cessão de crédito para ter efeito em relação a terceiros. Diante da conjugação dos arts. 221, segunda parte, 288, *caput*, ambos do CC, e do item 10º do art. 129 da Lei de Registros Públicos, para ter efeito em relação a terceiro que não participou do negócio jurídico cessão de crédito, será essencial o registro no ofício de títulos e documentos. Em relação ao cedente e cessionário, é dispensável qualquer formalidade, inclusive o registro, para plena eficácia.

A questão fundamental é saber se o devedor, que não participa da cessão (seu consentimento é dispensável), pode ser considerado terceiro. Se for terceiro, haverá necessidade do registro. Em caso contrário, basta ser cientificado da cessão. Caio Mário, Sílvio Rodrigues e Serpa Lopes sustentam que o devedor deve ser considerado terceiro. Já Orlando Gomes[123] rejeita essa tese, sob o argumento de que "se o devedor estivesse compreendido nessa referência, toda cessão deveria ter, necessariamente, forma escrita".

Quanto ao devedor, ele deve ser considerado terceiro em relação à cessão de crédito, porque tal negócio jurídico independe de seu consentimento. Segundo os arts. 290 e 292 do CC, independentemente de qualquer formalidade, é suficiente que o devedor seja notificado da cessão para que este negócio jurídico tenha plena eficácia em relação a ele.

A eficácia da cessão em relação a terceiros depende das formalidades do art. 288 e do registro do instrumento de cessão de crédito, conforme exige o item 10º do art. 129 da Lei de Registros Públicos.

Todavia, embora terceiro em relação ao negócio jurídico cessão de crédito, o devedor não se submete ao art. 288 do CC. Isto porque haverá regras próprias para a vinculação deste terceiro, o devedor, ao negócio jurídico cessão de crédito. Basta que tenha ciência da cessão, por intimação, protesto, notificação ou qualquer meio de comunicação idôneo. O art. 290 do CC exige, em relação ao devedor, que é terceiro, apenas a sua notificação, com o que estará imediatamente vinculado a este negócio jurídico. Trata-se de formalidade especial que excepciona a formalidade prevista na regra geral do art. 288.

Nas Jornadas de Direito Civil, venceu a tese de que o devedor não é terceiro. Na VIII Jornada de Direito Civil, realizada em abril de 2018, foi aprovado enunciado com essa orientação: "O devedor não é terceiro para fins de aplicação do art. 288, do Código Civil, bastando a notificação prevista no art. 290 para que a cessão de crédito seja eficaz perante ele". Embora o enunciado mencione que o devedor não é terceiro, na realidade o entendimento é o mesmo, porque sua vinculação ocorre pela mera notificação, ou seja, independente da sua denominação, terceiro ou não, a regra especial do art. 290 afasta a regra geral do art. 288 em relação ao devedor.

Ao ser notificado, o devedor estará imediatamente vinculado à cessão de crédito. A eficácia em relação a qualquer terceiro depende das formalidades previstas no art. 288 e a eficácia em relação ao *terceiro devedor* se dará pela notificação: "A cessão do crédito não tem *eficácia* em relação ao devedor, senão quando a este notificada (...)" – art. 290. A regra especial (290) afasta a regra geral (288).

O art. 289 do CC trata da cessão do crédito hipotecário. Segundo tal dispositivo: "O cessionário de crédito hipotecário tem o direito de fazer averbar a cessão no registro do imóvel". Aquele que adquire crédito garantido pelo direito real de hipoteca tem a faculdade de averbar a cessão no registro imobiliário para que terceiros dela tomem ciência.

Não consideramos obrigatória a averbação, pois se trata de mera garantia do cessionário em relação ao adimplemento do crédito e a negociações que envolvem terceiro. Se a cessão de crédito hipotecário versar sobre imóvel de valor superior a 30 (trinta) SM, a escritura pública será da essência do ato, nos termos do art. 108 do CC. Tal instrumento de cessão poderá ser averbado no registro imobiliário para dar a devida publicidade a terceiros. O art. 167, II, item 21, da Lei de Registros Públicos, serão feitos a averbação no registro de imóveis da cessão de crédito com garantia real sobre imóvel. Tal averbação é ônus do cessionário, para que mantenha a proteção da garantia real hipotecária em relação ao crédito. No caso de transferência de dívida de financiamento imobiliário com garantia real (art. 33-A da Lei n. 9.514/97 e item 35, inciso II, do art. 167 da Lei de Registros Públicos) também é essencial a averbação. A averbação é obrigatória para que a garantia sobre o crédito tenha eficácia em relação a terceiro.

Sobre o tema, Caio Mário[124] relata que: "O princípio parece oferecer ao cessionário do crédito hipotecário a faculdade de promover a averbação, o que insinua a faculdade oposta de não averbar. Como é complementar da garantia hipotecária a sua inscrição, o cessionário promovê-la-á para que se sub-rogue nos efeitos da hipoteca".

Por fim, importante registrar que a cessão legal ou judicial não depende de qualquer instrumento público ou particular. E a razão é simples: na cessão legal a própria lei que a disciplina estabelece todos os seus contornos formais. No caso da judicial, ao determinar a cessão, a formalidade já integra o ato judicial que a determina.

2.9.2.2.3. Cessão: natureza jurídica e objeto e o endosso (dualidade de regimes de transmissão de crédito)

A cessão de crédito tem por objeto os direitos de crédito decorrentes de obrigações civis em geral. Os créditos

---

[123] GOMES, Orlando. *Obrigações*. 17. ed. (atualizada por Edvaldo Brito – coord.). Rio de Janeiro: Forense, 2007.

[124] PEREIRA, Caio Mário da Silva. Instituições *de direito civil*. 20. ed. Teoria geral das obrigações. Rio de Janeiro: Forense, 2004. v. II.

materializados em títulos de crédito podem ser transmitidos por endosso ou cessão civil.

Portanto, os créditos materializados em títulos de créditos ou cambiais, como regra, possuem regime jurídico distinto de transmissão, qual seja, o endosso. O endosso é o meio próprio de transferência dos direitos consignados nos títulos de crédito. Excepcionalmente, o crédito documentado em título de crédito pode ser transmitido para terceiro por meio do negócio jurídico cessão de crédito.

A dualidade de regimes de transmissão de crédito, endosso e cessão civil, tem previsão legal. O sistema de transmissão de crédito conhece dois regimes distintos: a cessão comum ou civil, disciplinada nos arts. 286 a 298 e o endosso, arts. 910 a 920 do CC.

A diversidade de regimes jurídicos é evidenciada no art. 919 do CC, o qual torna o regime jurídico da cessão civil sanção para o caso de não observância das regras para transferência de títulos de créditos pelo modo regular e próprio, o endosso.

Segundo o art. 919: "A aquisição de título à ordem, por meio diverso do endosso, tem efeito de cessão civil". Assim, se ao transferir a obrigação concretizada em título de crédito por meio de endosso for adotada forma diversa da prevista em lei, a essa transmissão aplicar-se-á as regras da cessão civil, com todas as suas consequências.

Caso o título de crédito esteja regulado por lei específica, como são os casos da nota promissória, letra de câmbio, duplicata, cheque, dentre outros, devem ser aplicadas as regras especiais sobre endosso prevista na respectiva lei, com o que ficarão afastadas as regras gerais previstas nos arts. 910 a 920 do CC, que se aplicam subsidiariamente aos títulos regulados em lei especial e disciplinam os títulos atípicos, sem normas jurídicas específicas.

A transferência do crédito, materializado em títulos de crédito, por meio do regime do *endosso*, é mais dinâmica do que a transferência de crédito materializado em qualquer documento. O Código Civil, ao disciplinar os títulos de crédito, iniciou processo de unificação (lenta, é verdade) dos regimes civil e cambial de transmissão de crédito. Essa aproximação entre os regimes pode ser visualizada em algumas regras inseridas no Código Civil sobre o endosso, muito assemelhadas às regras da cessão civil.

O ponto de contato entre a cessão civil de crédito e endosso é perceptível em duas regras fundamentais: responsabilidade pela solvência do devedor e a questão da oponibilidade ou não das exceções pessoais aos terceiros de boa-fé.

Em primeiro lugar, importante ressaltar que a transmissão dos títulos de crédito, por meio de endosso, tem inúmeras vantagens (simplicidade da forma – art. 910 – endosso se dá pela assinatura lançada no verso ou anverso; incondicionalidade – art. 912: "Considera-se não escrita no endosso qualquer condição a que o subordine o endossante"; o endosso opera a transferência da integralidade do crédito, pois é nulo o endosso parcial). O endosso, declaração cambiária acessória e unilateral, é incondicional e integral.

Todavia, em outras questões relevantes, relacionadas à responsabilidade do endossante pela solvência do devedor principal do título e à oponibilidade das defesas pessoais a terceiros de boa-fé, houve considerável evolução na matéria. Segundo o art. 914 do CC, em regra, o endossante não responde pela solvência do devedor. Em leis especiais que disciplinam os títulos de crédito, a regra é o oposto, pois o endossante é garante do título quando lança sua assinatura, razão pela qual, em regra, responde pelo crédito não solvido.

No endosso, é certo que o credor de título de crédito com a cláusula à ordem transmite seus direitos a outra pessoa (a cláusula à ordem constitui pressuposto para que se efetive o endosso). A cláusula à ordem é presumida. Se houver no título, de forma expressa, a cláusula *não à ordem*, não se impede a circulação do título de crédito, mas altera-se o regime jurídico de transmissão dos direitos inerentes no título, que será submetido ao regime jurídico da cessão civil de crédito.

Além da transferência dos direitos inerentes no título de crédito, o endosso sempre provocou a vinculação do endossante à solvência do devedor, como garante (tal função de garantia sempre vinculou o endossante como coobrigado). Portanto, dois são os efeitos do endosso: transferência do título de crédito e dos direitos a ele inerentes e a vinculação do endossante ao seu pagamento (mas pode exonerar-se com a inserção da cláusula sem garantia). Em razão do art. 914 do CC, nos títulos atípicos, o endosso não tornará o endossante garante do título, salvo se as partes convencionarem o contrário. Nestes casos, como regra, o endosso apenas transferirá a titularidade do crédito. Nos títulos de crédito atípicos, o endossante não responde pelo pagamento.

Se assumir tal responsabilidade, o endossante se torna devedor solidário e, se pagar, terá ação de regresso contra os coobrigados anteriores. Ressalva-se que tal regra aplica-se apenas aos títulos de crédito disciplinados pelo Código Civil, pois em relação aos títulos de crédito objeto de leis especiais, como cheque, letra de câmbio e nota promissória, ainda permanece a regra de que o endossante responde pela solvência do devedor (art. 903 do CC).

No caso do art. 914, há simetria com a regra prevista no art. 296 do CC, que adiante será analisada, segundo a qual, em regra, o cedente não responderá pela solvência do devedor.

Como se vê, em matéria de responsabilidade do endossante e do cedente em relação à solvência do devedor, houve forte aproximação entre os regimes jurídicos.

Por outro lado, em relação à oponibilidade das exceções pessoais a terceiros, o art. 294 permite ao devedor da obrigação principal opor ao cessionário as defesas que tinha contra o cedente, ou seja, o primitivo credor. No que toca ao título de crédito, o art. 915 do CC não permite ao devedor do título opor ao portador defesas que digam respeito apenas e tão somente ao credor primitivo, endossante.

A única hipótese em que o devedor poderá opor ao portador matérias de defesa ou exceções relacionadas aos credores anteriores ou precedentes é a existência de má-fé do atual portador por ocasião da aquisição do título.

Como se observa, em relação à oponibilidade de matérias do devedor em relação aos credores primitivos, cedentes ou endossantes, contra cessionários e endossatários, as regras são diferentes. O devedor, em regra, pode opor ao cessionário as matérias pessoais que tinha contra o cedente, mas não pode, no âmbito dos títulos de crédito, opor ao portador as matérias que tinha contra o endossante.

A explicação para essa diversidade de regimes é o princípio da autonomia das obrigações cambiais, norteador dos títulos de crédito. Em função desta autonomia e independência entre as obrigações, não há, em regra, possibilidade de o devedor discutir com o portador questões e matérias relacionadas aos portadores precedentes. Só poderá opor ao portador exceções fundadas em relações pessoais que tiver com ele ou exceções relativas à forma do título, conteúdo literal, falsidade da própria assinatura, defeito de capacidade ou representação e falta de requisito necessário ao exercício da ação. Ocorre que a jurisprudência, sistematicamente, mitiga o princípio da autonomia das obrigações cambiais para permitir que o devedor do título discuta ou oponha contra o portador, endossatário, as matérias relacionadas aos portadores antecedentes (endossantes). Assim, está sendo permitido que o devedor de um título de crédito discuta a relação jurídica subjacente que deu origem ao título, mesmo se este já tiver circulado, tudo a depender da natureza da obrigação materializada neste documento cambial.

Dessa forma, se o título retrata relação de consumo, questão trabalhista ou direitos fundamentais da pessoa humana, a autonomia da obrigação cambial será mitigada para permitir que o devedor primitivo discuta, com qualquer portador, os vícios e defeitos da relação jurídica base ou subjacente. Portanto, além da ressalva do art. 916, que trata da má-fé, o princípio da autonomia das obrigações cambiais é afastado em outras hipóteses que envolvem relações jurídicas sensíveis. Com a possibilidade de discussão da relação jurídica fundamental ou da *origem* do título, haverá aproximação do regime cambial à regra prevista no art. 294, que trata da cessão de crédito.

Para finalizar o objeto do endosso, além do endosso tradicional, com essas novas características, o endosso também pode ser classificado como impróprio. Neste, haverá transferência da posse, mas não da titularidade do crédito (endosso mandato e endosso caução).

No endosso mandato ou caução, o endossante responde por todos os danos decorrentes de protesto irregular levados a efeito pelo endossatário, salvo excesso deste em que a responsabilidade é pessoal. Nesse sentido a Súmula 476 do STJ: "O endossatário de título de crédito por endosso-mandato só responde por danos decorrentes de protesto indevido se extrapolar os poderes de mandatário". Todavia, o endossatário que recebe por endosso translatício, responde pessoalmente por eventual dano causado por protesto irregular. De acordo com a Súmula 475 do STJ: "Responde pelos danos decorrentes de protesto indevido o endossatário que recebe por endosso translativo título de crédito contendo vício formal extrínseco ou intrínseco, ficando ressalvado seu direito de regresso contra os endossantes e avalistas".

O endosso terá efeitos de cessão civil em duas hipóteses: cláusula *não à ordem* e endosso após o protesto por falta de pagamento ou a expiração do prazo (endosso póstumo). Não pode ser confundido o endosso póstumo (que terá efeito de cessão de crédito), com o endosso tardio, realizado depois do vencimento do título. Este é válido e eficaz, produz todos os efeitos de endosso.

Em relação às diferenças fundamentais entre cessão de crédito e endosso: o endosso transfere títulos de crédito, a cessão civil concretiza a transferência de qualquer crédito, mesmo que materializado em título de crédito; o endosso é declaração unilateral e literal; a cessão de crédito é contrato e pode ser viabilizada por qualquer modo; o endosso independe de ciência ao devedor, como ocorre na cessão de crédito.

Quanto à natureza jurídica da cessão de crédito, há divergência na doutrina. Para Orlando Gomes, a cessão é negócio jurídico causal, mas a doutrina majoritária, encabeçada por Caio Mário, considera que a validade da cessão não está condicionada à do negócio que originou o crédito, sendo negócio jurídico abstrato (não se indaga a sua causa). Assim, para esta corrente majoritária, a cessão de crédito independe da causa subjacente do negócio principal para que possa ser considerada válida e eficaz. Embora a cessão de crédito pressuponha negócio jurídico, basta a validade e a eficácia deste para a validade e eficácia da cessão, possuindo esta autonomia em relação ao negócio que lhe serve de base.

Segundo Tepedino[125]: "São atos que não criam obrigações, apenas determinam alterações subjetivas nestas, mantendo-se o vínculo originário". A cessão, por ser um negócio jurídico, embora autônomo em relação ao negócio subjacente (de onde se origina), se submete a todos os requisitos de validade deste (que estão previstos na parte geral do Código Civil).

O atual Código Civil não reproduziu o art. 1.078 do CC/1916 que dizia que: "As disposições deste título aplicam-se à cessão de outros direitos para os quais não haja modo especial de transferência". Em que pese a omissão do atual Código, a doutrina e a jurisprudência vêm admitindo a aplicação das regras da cessão às cessões de posição contratual, de direitos hereditários, de direitos de autor, direitos litigiosos, dentre outros.

2.9.2.2.4. Cessão de crédito e a figura do "devedor" cedido

A plena eficácia e validade da cessão de crédito entre cedente e cessionário independem do consentimento do devedor cedido. Este é terceiro em relação à cessão, embora seja um terceiro *sui generis* ou especial, porque o art.

---

[125] TEPEDINO, Gustavo; BARBOSA, Heloísa Helena; BODIN, Maria Celina et al. *Código civil interpretado*. v. I (Parte geral e Obrigações - artigos 1º a 420). Rio de Janeiro/São Paulo: Renovar, 2004.

290 impõe a sua notificação como condição da eficácia da cessão de crédito em relação a ele.

O art. 293 do CC é a prova mais evidente de que a validade da cessão de crédito independe da anuência ou participação do devedor originário, denominado cedido. Segundo tal dispositivo, "independentemente do conhecimento da cessão pelo devedor, pode o cessionário exercer os atos conservatórios do direito cedido". O cessionário que substitui o cedente no polo ativo da relação jurídica obrigacional, antes e independentemente da ciência do devedor, já está habilitado a praticar todos os atos necessários para a conservação do direito subjetivo objeto da cessão, como interromper a prescrição, realizar protestos, interpor ações, dentre outras condutas para resguardar o crédito. Todavia, enquanto não estiver ciente da cessão, o devedor estará liberado se efetivar o adimplemento em favor do credor primitivo, cedente, restando ao cessionário interpor ação regressiva contra este (com fundamento no princípio do enriquecimento sem causa, pois recebeu o mesmo crédito duas vezes, do cessionário e do devedor).

Portanto, é dispensável o consentimento prévio do devedor para que ocorra a cessão de crédito, ou seja, o sujeito passivo não tem o direito de impedir a transmissão do crédito, permanecendo à margem da cessão. A cessão, não notificada ao devedor, é ineficaz em relação a este. O art. 100, § 13, da CF/88, alterado pela EC n. 62/2009, permite a cessão de créditos em precatórios, independentemente da concordância do devedor ("o credor poderá ceder, total ou parcialmente, seus créditos em precatórios a terceiros, independentemente da concordância do devedor, não se aplicando ao cessionário o disposto nos §§ 2º e 3º").

Os arts. 290, 292 e 293 do CC disciplinam os efeitos da cessão de crédito em relação ao devedor da obrigação principal, que será objeto deste negócio jurídico entre cedente e cessionário.

Embora a ciência ao devedor não repercuta na validade da cessão de crédito, para que este negócio tenha eficácia em relação ao devedor, o art. 290 do CC impõe a sua notificação.

Assim, para que a cessão tenha eficácia em relação ao devedor cedido, este, necessariamente, deve ter *ciência* da cessão.

O Código Civil não esclarece quem seria o responsável pela notificação, que pode ser extrajudicial, via Cartório de Títulos e Documentos, ou até por carta registrada, desde que haja certeza da cientificação. É certo que a notificação não tem forma especial e não tem necessidade de ser judicial. O interesse da notificação será do cessionário, novo credor, mas nada impede que o cedente assuma a responsabilidade da notificação ou, de forma espontânea, materialize este ato. Além desta notificação endereçada ao devedor, o art. 290 também trata da *ciência presumida*. Para eficácia e legitimidade da notificação, basta que o devedor, de forma espontânea, por escrito público ou particular, se declare ciente da cessão. É o famoso *de acordo* ou *ciente* inserido em negócios desta natureza. Tal declaração espontânea pode ser feita a qualquer tempo, ou seja, por ocasião da cessão ou posteriormente.

Orlando Gomes[126] defende que a notificação é ato jurídico em sentido estrito, simples declaração de ciência, mas "se equipara, evidentemente, às declarações receptícias, só se considerando feita no momento em o devedor toma conhecimento do seu contexto". Para o mestre, "(...) admitem-se duas formas de notificação: a expressa e a presumida. Pela primeira, o cedente toma a iniciativa de comunicar ao devedor que cedeu o crédito a determinada pessoa. Pode partir igualmente do cessionário. Notificação presumida é a que resulta da espontânea declaração de ciência do devedor".

Após tomar ciência da cessão de crédito, seja pela notificação ou espontaneamente, se declarando ciente da cessão, o devedor cedido vincula-se ao negócio jurídico *cessão*, em especial ao cessionário. Não se pode esquecer que, nestes casos, deve ser analisada a conduta do devedor no momento do pagamento, em atenção ao princípio da boa-fé objetiva.

O art. 292 do CC disciplina a consequência jurídica da ausência de notificação do devedor: sanção civil. O devedor que, antes de ser notificado ou cientificado da cessão de crédito, paga ao devedor primitivo, estará liberado ou desobrigado.

O referido dispositivo trata de três situações completamente distintas. Todas foram estabelecidas para proteger o devedor ou tutelar o seu dever jurídico:

1ª hipótese: o devedor que, antes de ser cientificado da cessão de crédito, efetiva o pagamento ao credor primitivo, está desobrigado. A obrigação é extinta, mesmo o pagamento tendo sido efetivado em favor de sujeito que não ostenta mais a condição de credor.

2ª hipótese: o devedor também estará desobrigado quando receber uma pluralidade de notificações, relativas a várias cessões do mesmo crédito, e endereçar o pagamento ao cessionário que lhe apresenta a cessão de crédito e o título que representa a obrigação principal cedida. Portanto, no caso de pluralidade de cessões e consequentes notificações, o devedor ficará desobrigado quando pagar àquele que lhe apresentar dois documentos: o instrumento da cessão e o documento que representa a obrigação principal. Entretanto, se houver dúvida sobre quem seja o legítimo credor, poderá o devedor, para maior segurança, exercer o direito de adimplemento por meio da consignação em pagamento (art. 335, IV).

O art. 291 do CC complementa essa segunda hipótese prevista no art. 292: "Ocorrendo várias cessões do mesmo crédito, prevalece a que se completar com a tradição do título de crédito cedido". Portanto, em caso de multiplicidade de cessões, o critério para verificar qual é o crédito legítimo, será o da cessão que estiver acompanhada do título representativo da obrigação principal. Logo, prevalecerá a cessão que estiver junto ao título que repre-

---

[126] GOMES, Orlando. *Obrigações*. 17. ed. (atualizada por Edvaldo Brito – coord.). Rio de Janeiro: Forense, 2007.

senta a obrigação principal e, neste caso, o pagamento deverá ser realizado em favor deste credor.

3ª hipótese: a última situação está relacionada ao crédito documentado em instrumento público. Nesta situação, deverá ser realizado o pagamento em favor do credor que primeiro notificou o devedor.

2.9.2.2.5. Cessão de crédito e oponibilidade das exceções pessoais

O devedor cedido pode se opor à cessão de crédito, por meio de defesas ou exceções relativas à pessoa do cessionário. Além disso, o art. 294 autoriza o devedor a opor ao cessionário as defesas que ele tinha contra o cedente, desde que esta última seja apresentada oportunamente. É o princípio da oponibilidade das exceções pessoais aos atuais titulares do crédito.

O devedor pode opor ao cessionário todas as defesas, pessoais ou comuns, que tiver contra o cessionário, não havendo limite para isso. Em relação às defesas que tinha contra o cedente, o devedor cedido também poderá opô-las ao cessionário, como se este fosse o credor primitivo. No entanto, em relação às defesas pessoais contra o cedente, a serem opostas ao cessionário, há uma questão: o devedor cedido deve observar o limite legal: momento da cessão. Assim, o devedor só poderá opor as defesas referentes ao cedente contra o cessionário em momento específico, qual seja, "no momento em que veio a ter conhecimento da cessão".

No art. 294, o CC apenas trata das defesas pessoais, pois as defesas comuns, referentes ao crédito, podem ser invocadas a qualquer tempo. Tal fato decorre do princípio de que a cessão não altera o vínculo obrigacional, mas apenas o sujeito da relação.

No momento em que toma ciência ou é notificado da cessão, o sujeito passivo (*devedor cedido*) pode defender-se e invocar qualquer defesa contra o cedente (ex.: se o crédito foi obtido por meio de erro ou lesão, poderá opor esta regra ao cessionário). Entretanto, se o devedor, notificado da cessão, não opõe, quando tiver ciência da *cessão*, as exceções pessoais que tinha e poderia opor contra o cedente, não poderá mais arguir contra o cessionário as exceções que eram cabíveis contra aquele (o cedente).

O problema é que o Código Civil não estabelece prazo para essa oposição (das exceções ou defesas pessoais que tinha contra o cedente, as quais poderão ser opostas contra o cessionário). Por isso tal questão deverá ser analisada em cada caso concreto. De qualquer forma, o comportamento do devedor deve se adequar ao princípio da boa-fé objetiva (juízo de ponderação, razoabilidade e proporcionalidade). Não se pode esquecer que a obrigação é um processo, dividido em fases ou etapas, durante as quais credor e devedor devem adotar uma postura ética, cooperativa e solidária. Como dever de lealdade com seu parceiro, o devedor cedido, assim que tomar ciência da cessão, tem a obrigação de opor ao cessionário as exceções pessoais que tinha contra o cedente. O art. 377 do CC, que disciplina a compensação, reforça esse dever de conduta, ao impor ao devedor, assim que notificado da cessão, o dever de opor a compensação ao cessionário, sob pena de perda do direito de compensar. O retardamento injustificado da oposição das exceções ou defesas pessoais em face do cessionário, novo credor, implica violação ao princípio da boa-fé objetiva.

2.9.2.2.6. Cessão de crédito e responsabilidade do cedente: cessão onerosa e gratuita

Os arts. 295 a 297 disciplinam os limites da responsabilidade do cedente em relação ao crédito cedido.

A cessão de crédito pode ser onerosa ou gratuita, o que terá reflexos na responsabilidade do cedente.

A cessão é negócio jurídico que pode ser oneroso ou gratuito (benéfico). O negócio jurídico se caracteriza como oneroso quando há reciprocidade de vantagens e sacrifícios para as partes (cedente e cessionário). A vantagem do cedente é receber o preço pactuado pela cessão e o sacrifício é transferir a titularidade do crédito para o cessionário. A vantagem do cessionário é tornar-se titular do crédito cedido e o sacrifício é efetivar o pagamento ao cedente.

Em sendo onerosa a cessão de crédito e, para garantir o sacrifício do cessionário, o cedente responderá pela existência do crédito ou legitimidade deste, ainda que haja no contrato de cessão cláusula de não responsabilidade (tal cláusula seria ineficaz).

A responsabilidade do cedente pela existência do crédito cedido decorre de norma cogente, imperativa, razão pela qual é vedada a denominada *cláusula de não indenizar*. O texto legal não deixa dúvidas sobre a impossibilidade de o cedente pretender excluir a sua responsabilidade pelo crédito em si e sua autenticidade. Tal regra decorre do fato do sacrifício suportado pelo cessionário. Este terá de pagar pelo crédito e, se assumisse o risco pela existência do crédito, estaria lhe sendo imputado duplo sacrifício. Ademais, se o crédito não existir, o credor cedente receberá valores sem causa ou origem, cuja consequência é o dever de restituição por ter se locupletado indevidamente. Portanto, o cedente deve garantir a legitimidade do crédito objeto da cessão.

Tal garantia acautelará o cessionário nas hipóteses em que ele, por algum óbice, não obtiver a titularidade do crédito, ou nos casos em que venha a obtê-la, mas acabe por perdê-la em decorrência de um fato imputável à pessoa do cedente. O sistema jurídico impede o enriquecimento sem causa do cedente[127].

Por outro lado, no que tange à responsabilidade civil do cedente pela solvência do devedor cedido, a norma legal é de natureza dispositiva, pois admite a convenção das partes de acordo com seus interesses econômicos privados.

---

[127] Tepedino esclarece que tal responsabilidade pode derivar da própria inexistência do vínculo, de uma nulidade, de uma exceção que opere a extinção da obrigação, como da compensação, desde que o fato seja anterior à cessão e de demanda relativa à titularidade, quando o cedente transfere coisa alheia, denominada *perda judicial* (TEPEDINO, Gustavo; BARBOSA, Heloísa Helena; BODIN, Maria Celina et al. *Código civil interpretado*. v. I (Parte geral e Obrigações - artigos 1º a 420). Rio de Janeiro/São Paulo: Renovar, 2004).

Capítulo 2 • Obrigações e Responsabilidade Civil

As partes, por ocasião da pactuação da cessão de crédito, devem estabelecer regras sobre a responsabilidade ou não do cedente pela solvência do devedor cedido. Em caso de omissão das partes, o Código Civil, de forma supletiva, estabelece que o cedente não responderá pela solvência do devedor. Portanto, há duas modalidades bem definidas de cessão: 1– cessão *pro soluto*, e 2– cessão *pro solvendo*.

Na cessão *pro soluto*, o cedente apenas responde civilmente pela existência do crédito (norma cogente, primeira parte do art. 295 do CC). Os riscos da inadimplência do devedor são todos transferidos e assumidos pelo cessionário. A cessão terá esta natureza quando nada for convencionado ou as partes pactuarem a não responsabilidade do cedente pela solvência do devedor.

Na cessão *pro solvendo*, o cedente responde pela existência do crédito (art. 295) e, ainda, pela solvência do devedor cedido, ou seja, será uma espécie de garantidor da dívida. Todavia, a responsabilidade civil do cedente pela solvência do devedor dependerá de pacto expresso entre cedente e cessionário (art. 296).

No caso da cessão *pro solvendo*, a responsabilidade civil do cedente pela solvência do devedor cedido é limitada ao preço pago pelo cessionário pelo crédito objeto da cessão.

Segundo dispõe o art. 297 do CC, o cedente, quando for o responsável pela solvência do devedor (cessão *pro solvendo*), não responderá civilmente por quantia superior ao valor recebido do cessionário, obviamente, acrescida dos respectivos juros. Além disso, o cedente também terá de indenizar o cessionário por todas as despesas que teve que suportar com a cessão e aquelas relacionadas à cobrança do crédito.

O cedente não pode responder por mais do que recebeu, o que, em tese, denota a ideia de solidariedade e cooperação existente nas obrigações em tempos atuais. Ou seja, a responsabilidade civil pela solvência do devedor cedido é limitada pelo disposto no art. 297.

Portanto, tal responsabilidade não envolve o adimplemento de todo o crédito, cujo risco foi assumido pelo cessionário (o cedente alienou o risco do negócio). Caso haja inadimplemento, o cessionário apenas poderá cobrar do cedente o valor correspondente ao preço da aquisição do crédito, limitando-se a responsabilidade do cedente que alienou o risco do negócio (evita o enriquecimento sem causa).

No caso da cessão *pro solvendo*, assiste plena razão ao mestre Orlando Gomes[128] quando defende que a garantia contra o risco da insolvência do devedor cessa se a realização do crédito falhar em consequência da negligência do cessionário em iniciar ou prosseguir a execução. Em função do princípio da boa-fé objetiva, não pode o cessionário retardar a cobrança do crédito, pois se houver nexo de causalidade entre a inexistência de bens do devedor e a negligência do cessionário, não será justo nem razoável

exigir do cedente garantir qualquer valor. Os princípios e valores sociais integrantes do direito das obrigações impõem ao cessionário uma conduta honesta, eficaz, ética e proba. Isso implica no dever de agir com a máxima presteza possível para que o devedor não tenha tempo de dilapidar o seu patrimônio, desviar bens ou realizar atos fraudulentos. O momento para verificar e apurar o limite da responsabilidade prevista no art. 297, que faz referência à cessão *pro solvendo*, é aquele em que se efetiva o negócio, e não o previsto para o adimplemento. Portanto, o limite da responsabilidade prevista no art. 297 é o momento do negócio jurídico. A insolvência superveniente ao negócio jurídico *cessão de crédito* desonera o cedente de qualquer responsabilidade, mesmo se a cessão for *pro solvendo*, justamente por conta do princípio da boa-fé objetiva. O cedente somente pode se responsabilizar pela situação do devedor no momento e no contexto do negócio, que é o que ele sabe e, diante desta informação, assumiu. A insolvência superveniente do devedor, fora daquele contexto, não é assumida pelo cedente. A boa-fé objetiva impede que alguém assuma a responsabilidade por algo ou alguém sem ter plena ciência dos limites, das condições, do contexto e conjuntura do ato, fato ou negócio.

Sobre a responsabilidade civil do cedente, as regras acima se restringem à denominada cessão voluntária ou convencional (decorrente de um negócio jurídico). Embora o Código Civil de 2002 não tenha reproduzido a redação do art. 1.076 do CC/1916 ("Quando a transferência do crédito se opera por força de lei, o credor originário não responde pela realidade da dívida, nem pela solvência do devedor"), na cessão legal (já analisada) o cedente continua a não responder pela existência da dívida e tampouco pela solvência do devedor cedido. Gustavo Tepedino e Caio Mário seguem esta orientação.

Finalmente, na cessão a título gratuito as consequências legais relativas à responsabilidade civil do cedente são diversas. O negócio jurídico gratuito ou benéfico se caracteriza quando não há reciprocidade de vantagens e sacrifícios, ou seja, há apenas um credor e um devedor. O credor terá a vantagem e o devedor suportará o sacrifício. Neste caso, o sacrificado será o cedente que, sem qualquer contraprestação, transferirá a sua qualidade creditória ou posição de credor ao cessionário. E a vantagem ficará para o cessionário, que passará à condição de credor sem ter que desembolsar qualquer valor para tanto.

Na cessão gratuita o cedente não responde pela existência do crédito (desdobramento da regra privada de justiça da tutela simplificada do agraciado, pois o cessionário foi agraciado), salvo se tiver procedido de má-fé. Por exemplo, se o credor cedeu um crédito tendo plena ciência de que ele não tinha lastro, origem, enfim, que não era autêntico, age de má-fé e a pena prevista é a responsabilidade civil como se a cessão tivesse natureza onerosa. Nos termos da segunda parte do art. 295 do CC: "(...) a mesma responsabilidade lhe cabe nas cessões por título gratuito, se tiver procedido de má-fé". Além da hipótese de má-fé, nada impede que o cedente, por cláusula expressa, ainda que a cessão seja gratuita, assuma a responsabilidade pela existência do crédito, bem como pela própria solvência do devedor cedido, nos termos do art. 296 do CC.

---

[128] GOMES, Orlando. *Obrigações*. 17. ed. (atualizada por Edvaldo Brito – coord.). Rio de Janeiro: Forense, 2007.

Resumo

A cessão de crédito é modo de transmissão da obrigação (finalidade do instituto), fato que evidencia o caráter dinâmico e funcional desta. É sucessão *inter vivos* de bem incorpóreo. A obrigação é estruturada a partir de três elementos: sujeitos (credor e devedor), objeto (prestação) e vínculo jurídico (elemento imaterial). Por meio da cessão de crédito, apenas o elemento subjetivo da obrigação (sujeito que integra o polo ativo) é alterado. O credor originário é substituído por terceiro. A cessão de crédito não repercute e preserva os demais elementos da obrigação (prestação e vínculo jurídico).

Qual a lógica do instituto? Pensar na cessão de crédito como negócio jurídico.

A cessão de crédito é negócio jurídico (por isso, tem como fundamento a vontade – autonomia da vontade e autonomia privada) informal/não solene (regra do negócio jurídico (NJ) é a informalidade – art. 107 – apenas em relação a terceiro, com exceção do devedor, se exige formalidade), por meio do qual o credor originário transfere para terceiro (cessionário) a sua qualidade creditória ou a posição jurídica no polo ativo da obrigação.

Por ser negócio jurídico, em regra, a cessão de crédito é livre. Excepcionalmente, é vedada a cessão de crédito (cláusula proibitiva, vedação legal ou incompatibilidade com a natureza da obrigação).

A participação do devedor é requisito de validade da cessão de crédito? Não. É NJ entre credor e terceiro. A validade deste NJ não depende da participação do devedor. Todavia, no plano da eficácia, o devedor deve ser notificado ou ter ciência da cessão, condição para sua vinculação ao novo credor. Se não for cientificado, o pagamento realizado ao credor primitivo será eficaz (arts. 290 e 292), caso em que o devedor estará exonerado.

Como a cessão de crédito tem caráter especulativo, em regra, o cedente não se responsabiliza perante o cessionário pela solvência do devedor (*pro soluto*), salvo se assumir tal encargo (*pro solvendo*), caso em que o limite é o valor da cessão, e não da dívida (art. 297). Na cessão de crédito onerosa, o cedente sempre responderá pela existência e legitimidade do crédito. Na gratuita, a mesma responsabilidade se tiver procedido de má-fé.

A cessão de crédito não afeta o vínculo originário, como já mencionado, razão pela qual eventual vício no NJ originário pode ser oposto ao terceiro, novo credor, pelo devedor (as exceções são oponíveis aos terceiros).

O Código Civil mantém dois regimes jurídicos diversos de transmissão de crédito: cessão de crédito (arts. 286 a 298) e endosso (arts. 910 a 920 do CC) e ambos são compatíveis com os títulos de crédito. A dualidade de regimes está expressa no art. 919 do CC: "A aquisição de título à ordem, por meio diverso do endosso, tem efeito de cessão civil". Há situações em que os sujeitos definem a natureza da transmissão (endosso ou cessão) e casos em que a transmissão, por imposição legal, terá determinada natureza (ex.: endosso posterior ao vencimento tem efeito de cessão – art. 920).

A cessão de crédito, por ser negócio jurídico causal e derivado, de natureza civil, o devedor pode opor ao cessionário (novo credor) as exceções que tiver contra este e as relativas à obrigação e ao credor originário, independente de boa-fé daquele (é a regra da oponibilidade) – art. 294 do CC. No endosso, em regra, diante do princípio da autonomia das obrigações cambiais (abstração decorrente da circulação), vigora o princípio da *não oponibilidade* das exceções fundadas na relação jurídica do devedor com os portadores precedentes, em face do cessionário (arts. 915 e 916) de boa-fé. O devedor somente poderá opor ao portador exceções pessoais que tiver contra ele, bem como exceções relativas à forma, literalidade, falsidade, defeito de capacidade e representação ou ausência de requisito formal. Ademais, poderá discutir o mérito ou o conteúdo do negócio subjacente com o portador no caso de má-fé deste (endossatário). Portanto, como regra (boa-fé do portador), no endosso, não se admite a discussão do negócio subjacente. É a autonomia das obrigações cambiais.

2.9.3. Cessão de débito ou assunção de dívida

2.9.3.1. Introdução

A assunção de dívida corresponde à alteração subjetiva no polo passivo da relação jurídica obrigacional, mas sem que haja modificação do vínculo objetivo estabelecido entre as partes originárias. Portanto, terceiro, que será o novo devedor, passa a integrar o polo passivo da obrigação no lugar do devedor primitivo (assunção liberatória) ou ao lado deste (assunção cumulativa).

O Código Civil de 1916 foi omisso em relação à assunção de obrigação por um terceiro, estranho ao vínculo originário. A principal razão para a omissão premeditada da legislação civil anterior era o receio (injustificável, diga-se de passagem) de admitir que um terceiro estranho pudesse assumir a posição do devedor, fato que poderia fragilizar a posição do credor e sua garantia. Isto era compreensível naquela época, pois a obrigação clássica sempre foi considerada o estatuto do credor, onde o devedor estava subordinado aos seus interesses econômicos. Entre credor e devedor a relação era de subordinação, e não de cooperação, como em dias atuais. Diante daquela perspectiva estritamente patrimonialista e estrutural, a alteração do sujeito que figurava no polo passivo da obrigação era vista como um ato de enfraquecimento dos poderes do credor. A obrigação era toda estruturada visando os interesses econômicos do credor e, por conta disso, não se admitia a liberação do devedor primitivo por meio de assunção daquela posição por um terceiro. A influência romana foi decisiva para a não regulação da assunção de obrigação no Código Civil de 1916.

Com a nova concepção do direito das obrigações, pautado em princípios constitucionais, valores éticos e sociais (relação de cooperação e solidariedade entre credor e devedor), passou-se a admitir a modificação subjetiva no polo passivo da obrigação. Entretanto, as regras do Código Civil que disciplinam a assunção de dívida (arts. 299 a 303), ainda mantêm muitos resquícios patrimonialistas daquele período em que a preocupação era a tutela dos interesses econômicos do credor. Apenas como exemplo, a assunção de obrigação por terceiro, no polo passivo, deve contar com a anuência do credor. Não há simetria com a cessão de crédito, que independe do consentimento do devedor primitivo.

Nas palavras de Orlando Gomes[129]: "No direito moderno, passou-se a admitir a substituição do devedor sem extinção da dívida. Superada a concepção romana da obrigação como vínculo estritamente pessoal, eliminou-se o obstáculo à transmissão da dívida a terceiro para que passe a ocupar a posição do devedor cedente na relação obrigacional. Em suma, atualmente admite-se que a dívida pode ser assumida por outrem, sem ser necessário nová-la".

O fato é que o Código Civil de 2002 disciplinou a assunção de dívida nos arts. 299 a 303. Embora tenha se limitado a regular a denominada *assunção liberatória*, a doutrina e a jurisprudência, de forma uníssonas, admitem a *assunção cumulativa*, cujas espécies serão a seguir analisadas.

A possibilidade de alterar e substituir os sujeitos, credor ou devedor, com a conservação da integridade objetiva e do vínculo obrigacional, é uma realidade em nossa legislação. Tais institutos, cessão de crédito e assunção de dívida, dinamizam as obrigações, pois permitem a circulação do crédito e dos deveres jurídicos, sem as amarras personalistas que caracterizavam as obrigações no direito romano e durante o liberalismo francês.

É importante pontuar que a doutrina e a jurisprudência brasileiras, mesmo antes do advento do Código Civil de 2002, já admitiam a assunção de obrigações, principalmente no âmbito de contratos bancários. E um dos dispositivos legais que serviram de referência para essa postura foi o art. 568, III, do CPC, o qual estabelece os legitimados passivos da execução. Entre estes legitimados está o novo devedor que assumiu, com o consentimento do credor, a obrigação resultante do título executivo. Não há dúvida de que a regra estava direcionada para a novação subjetiva passiva (arts. 360, II, do CC e 999, II, do CC/1916), mas diante dos termos genéricos do inciso III do art. 568 do CPC/73, era utilizado, por analogia, para que a assunção de obrigação também fosse admitida.

2.9.3.2. Conceito e características da assunção de obrigação

A assunção de dívida ou assunção de obrigação é negócio jurídico por meio do qual o devedor primitivo, com o consentimento expresso do credor, transfere a terceiro a sua posição jurídica no polo passivo da obrigação ou seus deveres jurídicos, com o que estará liberado e exonerado. Essa é a denominada *assunção liberatória ou assunção de cumprimento*: o terceiro substitui o devedor primitivo, o qual fica exonerado.

Ao lado desta assunção tradicional, doutrina e jurisprudência admitem a denominada *assunção cumulativa ou assunção de reforço*. Esta não foi objeto de disciplina jurídica pelo Código Civil de 2002, o qual se limitou à assunção liberatória.

A *assunção cumulativa ou de reforço* é negócio jurídico realizado entre o devedor e um terceiro, também com o consentimento expresso do credor, onde o novo devedor passa a integrar o polo passivo da relação jurídica obrigacional ao lado do devedor primitivo. Nesta modalidade não há transferência de dívida ou de débito, mas cumulação ou reforço do polo passivo, com a inclusão de mais um devedor de obrigação autônoma. Entretanto, o terceiro não é um garante do devedor primitivo. Ao contrário, o terceiro assume integralmente a obrigação, os deveres jurídicos, de forma autônoma, como se fosse devedor único. E, se efetivar o pagamento, não tem ação regressiva contra o devedor primitivo. Haverá, no caso de assunção cumulativa, vários devedores de obrigações autônomas.

Por exemplo, se "B" for devedor da importância de R$ 1.000,00 (mil reais) em favor do credor "A" e um terceiro, "C", assumir a posição de devedor ao lado do devedor primitivo "B", a obrigação terá o credor "A" e os devedores "B" e "C". Estes devedores, de forma autônoma e independente, estão obrigados à totalidade da dívida, R$ 1.000,00 (mil reais). Aquele que pagar não tem ação regressiva contra o outro porque um não é garante ou fiador do outro. Eles são devedores autônomos da mesma obrigação. É um exemplo típico de obrigação disjuntiva.

Na I Jornada de Direito Civil, promovida pelo CJF, foi aprovado o Enunciado 16, que trata justamente da assunção cumulativa: "O art. 299 do CC não exclui a possibilidade da assunção cumulativa da dívida quando dois ou mais devedores se tornam responsáveis pelo débito com o consentimento do credor".

Em ambas, liberatória e cumulativa, como a relação obrigacional ou o vínculo objetivo/jurídico permanece o mesmo, não há como confundir a assunção de obrigação com a novação subjetiva passiva. Há, portanto, *substituição subjetiva passiva sem a modificação do vínculo original*.

Finalmente, cumpre ressaltar que a assunção de obrigação, seja ela cumulativa ou liberatória, pode ser estabelecida por meio de um negócio entre devedor e terceiro, com consentimento do credor, e entre o credor e o terceiro, sendo que neste caso não há necessidade do consentimento do devedor primitivo.

2.9.3.3. Natureza jurídica da assunção de dívida

Em relação à natureza do negócio, Caio Mário argumenta que a assunção de obrigação, tal qual a cessão de crédito, é um negócio jurídico convencional e abstrato, pelo qual o devedor, com a aceitação do credor, transfere a um terceiro os encargos obrigacionais.

Orlando Gomes[130] ressalta a dificuldade em se analisar a natureza jurídica da assunção de dívida. Segundo o mestre, para "determiná-la, cumpre distinguir as suas espécies, pois varia conforme se origine de negócio entre o terceiro e o credor ou entre aquele e o devedor". Se a subs-

---

[129] GOMES, Orlando. *Obrigações*. 17. ed. (atualizada por Edvaldo Brito – coord.). Rio de Janeiro: Forense, 2007.

[130] GOMES, Orlando. *Obrigações*. 17. ed. (atualizada por Edvaldo Brito – coord.). Rio de Janeiro: Forense, 2007, p. 254-255.

tituição ocorrer entre credor e terceiro, será um contrato pelo qual o devedor primitivo se exonera (se for liberatória). O devedor não participa desta relação jurídica. Entretanto, se a substituição decorrer de acordo entre o devedor e o terceiro, a estrutura é mais complicada.

Gomes ressalta que, neste último caso, muitos defendem ser a assunção uma estipulação em favor de terceiro, na qual o devedor originário é o estipulante, o terceiro que o substitui, o promitente, e o credor o beneficiário. Para os que aceitam essa tese, a declaração de vontade do credor não integra o contrato. Os alemães adotam a teoria da ratificação, pois o contrato originário entre devedor e terceiro tem sua eficácia pendente de ratificação do credor. Windscheid, Enneccerus e Von Thur tentam explicar a cessão de débito pela teoria da disposição: o contrato contém uma disposição sobre o direito de crédito, visto que este se modifica, porque o credor, em lugar de se dirigir contra o devedor originário, terá de voltar-se contra o que assumiu a dívida, razão pela qual é imprescindível o seu consentimento. Outros, como Kipp, defendem a teoria da oferta, sob o argumento de que o contrato tem eficácia apenas entre os contratantes, mas, após a notificação do credor, se este o aceita, torna-se eficaz em relação a ele.

A despeito destas teorias, o fato é que a possibilidade de substituição subjetiva passiva sem que haja alteração do vínculo obrigacional objetivo, independentemente da sua natureza, visa dar maior dinamismo e funcionalidade à obrigação. A assunção de dívida, levada a efeito pelo credor ou pelo devedor com terceiro, tem natureza de contrato. É simplesmente um contrato bilateral. No caso da assunção de obrigação entre o devedor primitivo e o terceiro, cuja anuência do credor é obrigatória, também não escapa à teoria contratual. O negócio jurídico entre o devedor e o terceiro é um contrato válido e eficaz entre as partes, mas, para ter eficácia em relação ao credor, fica na dependência de uma condição, qual seja, o consentimento deste. Então, em relação ao credor, o contrato entre devedor e terceiro tem sua eficácia vinculada a uma condição (e não validade, pois a validade independe da anuência do credor). Apenas isso. A anuência do credor não afeta a validade do negócio entre devedor e terceiro, porque, em relação a estes, as obrigações podem ser reciprocamente estabelecidas e exigidas, inclusive com previsão de penalidades para o caso de o credor não aceitar a assunção.

Neste ponto, é essencial ressaltar a diferença dos efeitos da cessão de crédito em relação ao devedor e da assunção de obrigação em relação ao credor. Na cessão de crédito, é suficiente a notificação do devedor para que tal negócio seja eficaz em relação a ele (o devedor não consente com a cessão – a vinculação decorre da mera ciência desta). Na assunção de obrigação, embora o contrato *assunção* seja válido e eficaz entre devedor e terceiro, a eficácia deste negócio em relação ao credor depende da concordância deste.

Assim, a vinculação do credor à assunção operada entre devedor e terceiro depende do seu consentimento, e não de uma mera notificação, como ocorre na cessão de crédito em relação ao devedor. A forma de vinculação é diferente na cessão e na assunção, pois no caso da assunção o objetivo da norma é garantir a solvabilidade do crédito.

2.9.3.4. Assunção de dívida: modalidades e dinamismo

A assunção da dívida ou assunção da obrigação pode ser *cumulativa* (quando o terceiro assume a dívida, sem excluir o devedor)[131] ou *liberatória* (há efetiva transferência do débito para um terceiro, com a exclusão ou exoneração do devedor primitivo). Embora não haja cessão de débito (transferência propriamente dita) ou sucessão de devedores, a assunção cumulativa também pode ser considerada espécie de assunção, pois terceiro, de forma efetiva, assume (assunção, portanto) a posição de devedor no polo passivo da relação obrigacional, ao lado do devedor primitivo.

Por isso, o Código Civil, na esteira do direito alemão, não intitula o instituto como cessão de débito, mas como assunção de dívida, da qual são espécies a cumulativa e a liberatória. Em ambas, há alteração subjetiva na relação obrigacional. O fato de o devedor primitivo manter a sua posição na assunção cumulativa, não significa que o terceiro não assumiu integralmente as obrigações inerentes à condição de devedor.

Portanto, no tocante aos efeitos da assunção em relação ao devedor primitivo ou originário, há duas espécies de assunção: liberatória, que acarreta a exclusão do devedor primitivo da relação jurídica e cumulativa, que apenas amplia o polo subjetivo da relação jurídica de direito material.

As modalidades de assunção (cumulativa ou liberatória) podem ser viabilizadas ou implementadas de duas formas:

1. *expromissão* ou *unifigurativa* – contrato entre o credor e o terceiro, independentemente do consentimento do devedor primitivo (na *expromissão*, a assunção é pactuada diretamente entre o credor e o terceiro); e

2. *delegação* ou *bifigurativa* – contrato ou negócio é realizado entre o devedor originário e o terceiro, com a devida anuência do credor. Como já ressaltado, a vinculação do credor à assunção por delegação, depende da sua concordância e não de uma mera notificação. O *caput* do art. 299 do CC disciplina apenas a *assunção* liberatória por delegação.

2.9.3.4.1. Assunção cumulativa

Na assunção cumulativa o terceiro assumirá a posição de devedor ao lado do devedor primitivo. Este não é afastado ou excluído da relação jurídica material. Há uma ampliação do polo passivo. A partir desta assunção, mais de

---

[131] Orlando Gomes é atualmente voz isolada na doutrina ao não permitir tal espécie de assunção. Para ele, isso não passa de reforço pessoal da obrigação: "É o contrato pelo qual terceiro ingressa na relação obrigacional para robustecer a posição do devedor, solidarizando-se com ele. Adere à dívida, e, em consequência, a obrigação passa a ter, no lado passivo, sujeito plural, estabelecida a solidariedade entre os devedores. Trata-se, em suma, de reforço, de caráter pessoal" (*Obrigações*. Idem, p. 253).

um devedor passará a assumir o polo passivo da relação jurídica obrigacional. Não há entre eles qualquer relação de solidariedade (salvo, obviamente, se houver um pacto neste sentido – art. 265 do CC), sendo cada qual devedor do todo, de forma autônoma e independente. Há entre eles uma relação de subsidiariedade, ou seja, se qualquer um não tiver condições de adimplemento, poderá o credor se voltar contra o outro.

A assunção cumulativa pode ser implementada ou viabilizada por *expromissão* ou por *delegação*. Na expromissão, o negócio jurídico é levado a efeito entre o credor e o terceiro. O devedor primitivo não participa do contrato nesta espécie de assunção, pela simples razão de que não haverá qualquer alteração da sua situação na relação obrigacional.

O terceiro, mediante negócio com o credor, assumirá a posição de devedor, ao lado do devedor primitivo, com reforço do vínculo jurídico original. Para a dispensa da anuência do devedor primitivo, na assunção cumulativa por expromissão, a doutrina utiliza o art. 362 da Lei Civil, por analogia, que trata da novação subjetiva passiva, que se dá com a substituição do devedor e pode ser efetuada independentemente do consentimento deste. Assim, se não é exigida a anuência do devedor primitivo na novação subjetiva passiva, por analogia também não tem sentido tal exigência na assunção cumulativa por expromissão, principalmente porque não haverá qualquer alteração na situação jurídica do devedor primitivo em função da assunção.

Na assunção cumulativa por delegação, o negócio jurídico é realizado entre o devedor e um terceiro. Como o devedor primitivo manterá íntegra a sua posição no polo passivo da relação jurídica obrigacional, a doutrina passou a discutir sobre a necessidade de este negócio contar ou não com a anuência do credor para ter eficácia em relação a ele. Qual seria o prejuízo do credor com o ingresso de um terceiro, para somar e reforçar a obrigação primitiva ao lado do devedor originário? Nenhum. Entretanto, de forma surpreendente, demonstrando apego à ideia tradicional de obrigação sob a perspectiva dos interesses do credor, impõe-se a necessidade do consentimento do credor. Na I Jornada de Direito Civil, no Enunciado 16, ficou consignado que o consentimento do credor é fundamental para a assunção cumulativa da dívida por delegação. Embora seja esta a posição majoritária, não há como a ela aderir.

O direito das obrigações é pautado em princípios e valores éticos, sociais e de solidariedade. Como relação de cooperação que é, seria claro e inequívoco abuso de direito condicionar a eficácia da assunção cumulativa por delegação à anuência do credor. Isto é um resquício no subconsciente de alguns doutrinadores da ideia de que a obrigação é uma relação de subordinação, onde os interesses patrimoniais do credor devem prevalecer. O que poderia justificar a recusa do credor? O devedor primitivo se manterá no polo passivo sem qualquer alteração. No caso, um terceiro assumirá a obrigação ao lado do devedor originário. O polo passivo estará reforçado e ampliado. O credor terá maiores garantias. Não há justificativa para condicionar essa assunção ao consentimento do credor.

Guilherme Gama[132] argumenta que, caso o credor manifeste recusa sobre a assunção cumulativa da dívida, o negócio jurídico celebrado entre o devedor e o terceiro deverá ser considerado espécie de promessa de liberação. O argumento de uma boa parte da doutrina de que os direitos do credor poderiam ser ameaçados por uma possível compensação de créditos é inoportuna.

A promessa de liberação é definida por Orlando Gomes[133]: "A promessa de liberação é o contrato pelo qual alguém se obriga para com o devedor a lhe pagar a dívida. Trata-se de negócio a que é inteiramente estranho o credor. Por ele, o promitente não se substitui ao devedor; apenas contrai com este a obrigação de cumprir a prestação, tanto que exigida. Não pode o credor dirigir-se a ele, nem toma conhecimento de sua promessa. O devedor continua obrigado, não se registrando, pois, qualquer transmissão do débito. O promitente não assume, com efeito, a dívida, quer isolada, que cumulativamente, mas, tão só, o cumprimento".

Quanto à natureza jurídica entre os devedores (novo devedor e o primitivo) e o credor na assunção cumulativa, a maioria entende que haverá uma relação subsidiária do devedor originário em relação ao novo devedor (a solidariedade não pode ser presumida. Para a solidariedade, no caso, haveria necessidade de cláusula expressa). O assuntor é quem primeiro deve cumprir a obrigação e, em caso de impossibilidade deste fazê-lo, a prestação será exigida do devedor originário. Contudo, não há solidariedade legal entre eles (pode haver convencional, se expressamente pactuada).

Na assunção cumulativa, o assuntor é um novo devedor que se responsabiliza por dívida própria, razão pela qual não haverá regresso em face do devedor primitivo em caso de adimplemento.

A negociação que tem por objeto a alienação de estabelecimento comercial pode ser considerada como hipótese excepcional de transferência de passivo (assunção cumulativa), em que alienante (devedor originário) e adquirente (novo devedor) em relação aos débitos contabilizados, anteriores à transferência, permanecerão vinculados solidariamente pelo prazo de 1 (um) ano, contado da publicação em relação a créditos vencidos ou da data do vencimento, quanto aos vincendos (art. 1.146 do CC). É um caso raro de solidariedade legal na assunção cumulativa. Em regra, a relação entre devedor primitivo e novo devedor na assunção cumulativa é de subsidiariedade, salvo solidariedade convencionada. A solidariedade legal é excepcional, como no caso do art. 1.146 do CC.

2.9.3.4.2. Assunção liberatória

Na assunção liberatória haverá efetiva transferência do débito (dever jurídico assumido pelo devedor originário) para um terceiro, que assumirá a posição do devedor

---

[132] GAMA, Guilherme Calmon Nogueira. *Direito civil*: obrigações. São Paulo: Atlas, 2008, p. 436.
[133] GOMES, Orlando. *Obrigações*. 17. ed. (atualizada por Edvaldo Brito – coord.). Rio de Janeiro: Forense, 2007, p. 252 e 253.

primitivo, com o que este ficará definitivamente exonerado. Com a assunção liberatória, o polo passivo da relação jurídica obrigacional passará a contar com novo devedor em substituição ao primitivo.

Em razão da exoneração do devedor primitivo, o Código Civil, ao disciplinar esta modalidade ou espécie de assunção, impõe a observância de algumas cautelas, no intuito de preservar os interesses econômicos do credor.

Quais seriam essas cautelas em favor do credor ou regras de proteção deste?

1. A primeira regra a ser observada é o necessário consentimento do credor, a fim de que a assunção de obrigação levada a efeito entre o devedor primitivo e o terceiro tenha eficácia em relação a ele. Neste sentido, é a disposição da primeira parte do art. 299 do CC. Segundo este dispositivo, é facultado a terceiro assumir a obrigação do devedor ou a posição jurídica deste no polo passivo da relação jurídica, com o consentimento expresso do credor, ficando, a partir de então, exonerado o devedor primitivo. *A anuência do credor é condição para a plena eficácia da assunção em relação a este, pois a livre assunção liberatória de obrigações poderia prejudicar os interesses econômicos do credor.* Em razão do princípio da confiança que fundamenta as relações privadas, é compreensível a exigência do consentimento do credor caso haja a possibilidade de o devedor ser substituído por um terceiro. Todavia, essa primeira parte do art. 299 do CC deve ser interpretada em consonância com os valores sociais e princípios constitucionais que passam a integrar o direito das obrigações. Devido a essa nova roupagem do direito obrigacional, eventual recusa do credor deverá ser justificada, sob pena de caracterizar abuso de direito, o que violaria o princípio da boa-fé objetiva. Desta forma, se o terceiro que pretende assumir a posição do devedor primitivo tiver melhores condições econômicas e pessoais para adimplir a obrigação, a recusa do credor seria injusta e, por isso, não tolerada pelo sistema. Por isso, a regra do consentimento do credor não é absoluta, devendo ser relativizada por estes princípios éticos e sociais, o que leva à necessidade de verificação de sua adequação e legitimidade em cada caso concreto.

2. A segunda cautela representa um excesso de zelo do legislador em relação aos interesses econômicos do credor e, por conta disso, deve ser admitida com reservas. De acordo com a parte final do *caput* do art. 299, ainda que o credor tenha consentido com a assunção da obrigação para que um terceiro assumisse a posição do devedor primitivo, *se o terceiro, por ocasião da assunção, era insolvente e o credor ignorava essa insolvência, tal negócio não seria eficaz em relação ao credor.* O Código Civil não disciplina a consequência jurídica desta situação, ou seja, se a assunção é passível de anulação ou é apenas ineficaz em relação a ele, credor. Na realidade há duas consequências possíveis. Se o vício na assunção for contemporâneo ao negócio jurídico (por exemplo, dolo do devedor primitivo que faz o credor acreditar que o terceiro era solvente, sendo esse dolo a causa principal da concordância do credor – art. 145), será o caso de invalidação ou anulação. Entretanto, se não existir qualquer vício de consentimento por ocasião da assunção levada a efeito entre devedor e terceiro e, posteriormente à concordância do credor, se verificar que esse terceiro (antes da assunção) era insolvente e o credor ignorava essa insolvência, a assunção é apenas ineficaz em relação ao credor. Neste caso, não se cogita de invalidação por ausência de vício no momento da formação do negócio assunção, mas mera ineficácia desta em relação ao credor, o qual poderá, normalmente, exigir a prestação do devedor primitivo. Por outro lado, se a insolvência do terceiro for superveniente ao negócio jurídico assunção ou se o credor, por algum motivo, no momento do consentimento, tinha ciência da insolvência do terceiro assuntor, não haverá possibilidade de invalidação ou de considerar ineficaz a assunção em relação a ele, credor. Nesta situação, o devedor primitivo estará definitivamente exonerado. Em relação ao consentimento do credor, uma última observação é essencial para a compreensão da assunção liberatória. De acordo com a regra estabelecida no parágrafo único do art. 299, não há dúvida de que o consentimento do credor deve ser expresso e inequívoco. O silêncio do credor, quando notificado para se manifestar sobre a assunção, é equiparado à recusa (declaração de vontade negativa): Parágrafo único do art. 299: "Qualquer das partes pode assinar prazo ao credor para que consinta na assunção da dívida, interpretando-se o seu silêncio como recusa". Tal silêncio é equiparado à declaração de vontade negativa em relação ao negócio assunção. Neste caso, "quem cala não consente".

No caso da assunção liberatória (por expromissão ou delegação), haverá efetiva transferência do débito ao novo devedor (terceiro assuntor). O devedor primitivo é liberado e a responsabilidade patrimonial dele pelo débito desaparece.

Da mesma forma que a assunção cumulativa, a assunção liberatória pode ser implementada ou viabilizada por *expromissão* ou *delegação*. Na expromissão, o negócio jurídico é levado a efeito entre o credor e o terceiro. Neste caso, como já dissemos, o devedor primitivo não participa do contrato, sendo dispensável a sua anuência, estando ele liberado, em definitivo, da obrigação. A assunção liberatória por expromissão apenas traz benefícios ao devedor primitivo. E, como na expromissão o negócio é pactuado diretamente pelo credor com terceiro, não há que se cogitar em consentimento do devedor primitivo, invalidação nem ineficácia desta assunção no caso de insolvência do terceiro. No âmbito da expromissão, dispensa-se intervenção autorizativa do devedor primitivo, tanto na assunção liberatória quanto na assunção cumulativa. Nas duas hipóteses, a situação jurídica do devedor primitivo não suportará qualquer agravamento capaz de justificar a sua anuência em relação ao negócio.

O art. 299 não se aplica à assunção liberatória por expromissão, mas apenas à assunção liberatória por delegação. Na expromissão, o negócio é levado a efeito diretamente pelo credor com terceiro. Se o próprio credor é quem participa do negócio e é dele a iniciativa, não há sentido em cogitar na sua *concordância*. Por isso, o art. 299 não se aplica à assunção por expromissão.

Cabe ao credor, no momento de realizar o negócio, a responsabilidade de investigar a solvabilidade do terceiro que assumirá a posição do devedor. Se a estimativa sobre essa questão não for bem-feita, os riscos serão todos assumidos pelo credor. Assim, não há a mínima hipótese de o credor pretender invalidar ou considerar ineficaz uma assunção por ele patrocinada a pretexto de que o terceiro era insolvente.

A assunção liberatória por delegação é a única disciplinada pelo Código Civil, no art. 299. Nesta, o negócio jurídico é realizado entre o devedor e um terceiro. Neste caso, como o devedor primitivo será exonerado definitivamente, a lei exige o consentimento expresso do credor como condição de eficácia da assunção em relação a ele. A aceitação do credor, na delegação liberatória, tem a natureza de condição de eficácia do negócio jurídico. E, como já ressaltado, eventual recusa deve ser justificada, sob pena de violação do princípio da boa-fé objetiva, abuso de direito. Além disso, neste tipo de assunção, mesmo após o consentimento, é possível, em tese, admitir que o credor invalide ou considere ineficaz a assunção se o terceiro, ao tempo desta, era insolvente e ele ignorava tal insolvência.

Em resumo, há duas modalidades de assunção, liberatória e cumulativa e, cada uma delas pode ser implementada por expromissão ou delegação. O Código Civil, no art. 299, se limita a disciplinar a assunção liberatória por delegação.

Para finalizar, as modalidades de assunção de dívida tuteladas neste capítulo do Código Civil são voluntárias ou convencionadas (negócio jurídico).

No entanto, é possível cogitar em assunção *legal*, nas hipóteses previstas nos arts. 1.345 do CC (adquirente responde pelos débitos do alienante no condomínio), 787 (seguro de responsabilidade civil) e 1.025 (responsabilidade do sócio admitido em relação às dívidas do sócio anterior). Nos termos do art. 1.025 do CC, "o sócio, admitido em sociedade já constituída, não se exime das dívidas sociais anteriores à admissão".

2.9.3.5. Assunção de dívida e a questão da extinção das garantias (restrita à assunção liberatória)

O art. 300 do CC trata dos contornos jurídicos relacionados aos efeitos da assunção sobre as garantias da dívida prestadas pelo devedor primitivo ou por terceiros em favor dele na obrigação principal.

Em primeiro lugar, cumpre ressaltar que o art. 300 não se aplica à assunção cumulativa, pois, nesta, o devedor primitivo mantém íntegra a sua posição no polo passivo da relação jurídica obrigacional. Se a posição do devedor primitivo é inalterada, não há motivos para se cogitar em extinção das garantias prestadas por ele ou por terceiro em seu favor.

Assim, a extinção das garantias como consequência da assunção, regulada pelo art. 300, só interessa para a assunção liberatória, única espécie que provoca a exoneração do devedor primitivo e a sua liberação definitiva da obrigação.

Consumada a assunção liberatória, seja por expromissão ou delegação, qual a consequência neste negócio em relação às garantias, pessoais e reais, prestadas pelo devedor exonerado ou por terceiros em favor dele em relação à dívida?

Segundo este dispositivo legal[134], a regra é a extinção de todas as garantias, pessoais e reais, prestadas pelo devedor primitivo a partir da assunção. Todavia, a norma é de natureza dispositiva, ou seja, com fundamento no princípio da autonomia privada, sendo permitido às partes pactuarem que a exoneração do devedor primitivo não implicará a extinção das garantias pessoais e reais prestadas em favor do credor. Tudo dependerá da negociação levada a efeito pelas partes. No caso da assunção liberatória por expromissão, a qual é viabilizada pelo credor com terceiro sem a participação do devedor primitivo, a manutenção de qualquer das garantias prestadas por este deve, necessariamente, contar com o seu consentimento.

Desta forma, se o devedor primitivo não consentir ou não autorizar a manutenção das garantias e, no caso de omissão das partes na assunção liberatória por delegação, prevalece a regra geral de que as garantias são extintas.

O art. 300 do CC é omisso em relação às consequências da assunção liberatória sobre as garantias pessoais (fiança, por exemplo) ou reais (hipoteca de bem de terceiro) prestadas por terceiros garantidores em favor do devedor primitivo que é exonerado da obrigação. A doutrina passou a defender a tese de que a manutenção das garantias prestadas por terceiro teria de contar com a anuência ou a concordância expressa destes. Em caso contrário, as garantias prestadas por terceiro também seriam extintas com a assunção.

O acessório segue o principal. Se o devedor primitivo que justificava a garantia foi exonerado, não haveria motivo para a manutenção das garantias prestadas por terceiro em favor daquele sem o necessário consentimento destes terceiros.

Tal entendimento foi materializado no Enunciado 352 das Jornadas de Direito Civil: "Salvo expressa concordância dos terceiros, as garantias por eles prestadas se extinguem com a assunção da dívida; já as garantias presta-

---

[134] Segundo o professor Caio Mário, as garantias reais prestadas pelo devedor não são atingidas pela assunção. São, portanto, mantidas (*Instituições de Direito Civil*, v. II, p. 385). No entanto, o mestre não justifica essa sua posição, que é minoritária.

das pelo devedor primitivo somente serão mantidas no caso em que este concorde com a assunção". Em complemento ao referido Enunciado, na V Jornada de Direito Civil, promovida pelo CJF, foi aprovado o Enunciado 422, apenas para esclarecer que as garantias podem ser reais ou fidejussórias.

2.9.3.6. Substituição do devedor e invalidação da assunção

A assunção convencional é simplesmente negócio jurídico. E como todo negócio jurídico está sujeita à invalidação, de acordo com a teoria geral de invalidação dos negócios jurídicos. A citada teoria regula e disciplina os efeitos jurídicos decorrentes da inobservância dos preceitos legais necessários à legitimação do negócio jurídico.

A *invalidade* do negócio jurídico representa uma sanção ou penalidade civil. Caso o sujeito, no momento da exteriorização da vontade relativa a determinado negócio jurídico, não observe os requisitos legais para validade deste negócio, este será sancionado pela invalidação, cujo objetivo é estancar os efeitos jurídicos decorrentes deste ato.

A finalidade da teoria das invalidades é privar o ato ou negócio de todo e qualquer efeito jurídico. A sanção será mais ou menos intensa, dependendo do preceito legal ou interesse violado.

Se o interesse violado for público, a invalidade implicará nulidade do negócio jurídico. Se for privado o interesse ofendido, a invalidade tornará o negócio jurídico passível de anulação, a depender do interesse da parte prejudicada.

Invalidar é, então, uma sanção prevista em lei quando ausente qualquer dos requisitos legais exigidos para o negócio jurídico.

O gênero *invalidade* tem como espécies os atos nulos, anuláveis e inexistentes, os quais não se confundem.

A *invalidade* do negócio jurídico pode ser compreendida levando em conta suas principais características. São quatro:

1. a invalidade é sanção civil decorrente da não observância dos requisitos ou preceitos legais por ocasião da exteriorização da vontade manifestada em determinado ato ou negócio jurídico;

2. as hipóteses de invalidação dos atos ou negócios jurídicos estão todas previstas em lei. A legislação é a responsável pela definição do vício capaz de macular o ato ou negócio jurídico. Ao contrário das nulidades do processo civil, não se cogita, no direito civil, de *nulidades não cominadas* ou não previstas em lei;

3. a invalidade tem a finalidade de neutralizar os efeitos jurídicos do ato ou negócio jurídico. Esse é o objetivo da invalidação. O ato ou negócio jurídico viciado não pode sobreviver. Por isso a invalidação o priva de continuar a produzir os efeitos que lhe são próprios. No entanto, em razão do princípio da preservação do negócio jurídico e do dinamismo das relações jurídicas privadas, será possível que venha a produzir outros efeitos não próprios.

4. as causas capazes de invalidar o negócio jurídico sempre serão anteriores ou contemporâneas à formação do negócio jurídico. A causa, seja qual for sua natureza, sendo superveniente à formação do ato ou negócio jurídico, estará fora do plano de validade. Neste caso, poderá acarretar o inadimplemento de uma obrigação, a revisão judicial, a resolução por onerosidade excessiva, entre outras situações.

Na assunção da obrigação ou da dívida, a invalidade é disciplinada no art. 301 do CC, mas com contornos um pouco diferentes da teoria geral das invalidades: se a substituição do devedor vier a ser anulada, restaura-se o débito, com todas as suas garantias, salvo as garantias prestadas por terceiros, exceto se este conhecia o vício que inquinava a obrigação.

A invalidação do negócio jurídico assunção só poderá ocorrer se, por ocasião da exteriorização da vontade e formação, não forem observados os requisitos legais. As causas de invalidação, relacionadas ao consentimento (como erro, dolo, coação, lesão, estado de perigo, fraude contra credores, simulação etc.), devem ser anteriores ou contemporâneas à formação do negócio e, se caracterizadas, a assunção, como todo e qualquer negócio jurídico, poderá ser invalidada.

No entanto, como consequência da invalidação da assunção da obrigação, o art. 301 prevê a "restauração do débito com todas as garantias, pessoais e reais, prestadas pelo devedor". O que significa essa expressão? Tal dispositivo nada mais é do que um desdobramento do art. 182 CC, segundo o qual, anulado o negócio jurídico, as partes devem ser restituídas ao estado em que se achavam antes da realização do negócio. Antes da assunção, o devedor primitivo e suas garantias estavam vinculados à obrigação e, invalidada a assunção, estas obrigações ressurgem para se manterem na forma que credor e devedor primitivo se encontravam antes da assunção. Ou seja, o devedor primitivo e as suas garantias retornam à relação obrigacional.

Há uma exceção a esta consequência. As garantias prestadas por terceiros, mesmo se a assunção for invalidada, não são restabelecidas. A única hipótese de restabelecimento das garantias pessoais ou reais prestadas por terceiro em decorrência da invalidação da assunção é a má-fé do terceiro garantidor, "(...) salvo as garantias prestadas por terceiros, exceto se este conhecia o vício que inquinava a obrigação". Se os terceiros garantidores estiverem de boa-fé, ainda que a assunção seja invalidada, a sua exoneração é definitiva. A má-fé do terceiro garantidor deverá ser provada pelo credor ou pelo devedor primitivo, pois presume-se a boa-fé neste caso. Ademais, o art. 301 acaba reforçando o Enunciado 352 da IV Jornada de Direito Civil, em razão da omissão do art. 300 sobre os efeitos da assunção em relação às garantias prestadas por terceiro. Se o art. 301 prevê que estas garantias prestadas por terceiro não retornam como regra, significa que tais garantias se extinguem com a assunção da dívida, ainda que esta venha posteriormente a ser invalidada.

Na V Jornada de Direito Civil, promovida pelo CJF, foi aprovado o Enunciado 423, segundo o qual o art. 301 do CC deve ser interpretado de forma a também abranger os negócios jurídicos nulos e a significar a continuidade da relação obrigacional originária em vez de restauração, porque, na hipótese de transmissão, aquela relação jurídica nunca deixou de existir. O enunciado em referência nada mais é do que decorrência lógica da própria assunção. Na assunção de obrigação, não se altera o vínculo jurídico originário e a prestação, mas apenas o elemento subjetivo da obrigação, que integra o polo passivo, devedor. Por isso, o enunciado é expresso quando diz que "a relação nunca deixou de existir". A assunção não afeta o vínculo originário, mas apenas o elemento subjetivo da obrigação. Dessa forma, não há que se cogitar em restauração. A relação obrigacional originária, mesmo com a assunção, nunca deixou de existir.

2.9.3.7. Assunção e exceções pessoais a serem opostas ao credor pelo novo devedor

O art. 302 do CC disciplina as relações de direito material entre o credor e o novo devedor: "O novo devedor não pode opor ao credor as exceções pessoais que competiam ao devedor primitivo".

Há dois tipos de defesa, comum e pessoal. Segundo os termos do art. 302 do CC, o novo devedor, ao assumir o polo passivo da relação jurídica obrigacional, apenas está impedido de opor ao credor as defesas pessoais que competiam ao devedor primitivo, mas pode opor as defesas comuns, como prescrição, pagamento, dentre outras.

Além destas defesas comuns, o novo devedor também pode opor as defesas que lhe sejam pessoais. Tal dispositivo retira da assunção a natureza de negócio jurídico abstrato para ser negócio causal.

Portanto, o art. 302 apenas impede e veda que sejam utilizadas como defesa as pessoais do devedor primitivo e admite exceções relativas à existência ou à validade do negócio que originou a assunção, bem como as pessoais dele, terceiro e novo devedor contra o credor.

2.9.3.8. Assunção e aquisição de imóvel hipotecado

O art. 303 do CC disciplina uma situação específica. O adquirente de imóvel hipotecado pode tomar a seu cargo o pagamento do crédito garantido. O sujeito pode assumir a posição de devedor, cujo débito está garantido por uma hipoteca e se tornar devedor hipotecário, no lugar do devedor primitivo.

Neste caso, ao contrário da regra estabelecida no parágrafo único do art. 299 do CC, na aquisição de imóvel hipotecado, se o credor, notificado, não impugnar em 30 (trinta) dias a transferência do débito objeto da assunção, haverá presunção de que houve consentimento. A aceitação expressa é dispensada porque a hipoteca é uma garantia de alta segurança e que, por si só, impediria prejuízos aos interesses econômicos do credor.

Além disso, na IV Jornada de Direito Civil, promovida pelo CJF, considerando a intensa e grande segurança representada pela hipoteca, foi aprovado enunciado para estabelecer que eventual recusa do credor deveria ser justificada: "Enunciado 353: A recusa do credor, quando notificado pelo adquirente do imóvel hipotecado, comunicando-lhe o interesse em assumir a obrigação, deve ser justificada".

No caso, a transferência de débito garantido por hipoteca não representa qualquer risco para o credor, porque o bem dado em garantia fica sujeito, por vínculo real, ao cumprimento da obrigação (art. 1.419 do CC). Além disso, nos direitos reais de garantia, entre eles a hipoteca, incide o princípio da indivisibilidade, na medida em que o pagamento de uma ou mais prestações da dívida não importa exoneração correspondente da garantia, ainda que esta compreenda vários bens, salvo disposição expressa no título ou na quitação (art. 1.421 do CC). Finalmente, o credor hipotecário tem preferência, no pagamento, a outros credores (art. 1.423 do CC).

Tais regras justificam a admissão do consentimento tácito do credor em relação à assunção na aquisição de imóvel hipotecado, bem como a imposição de justa causa no caso de recusar o consentimento.

Resumo

A assunção de obrigação é negócio jurídico por meio do qual terceiro assume dever jurídico (polo passivo da obrigação), em nome próprio (dívida própria), em substituição ao devedor primitivo (assunção/substituição) ou em conjunto com o devedor primitivo (assunção/cumulação), sem alterar a prestação e o vínculo jurídico.

Ao contrário da cessão de crédito, onde terceiro cessionário substitui o credor primitivo, a assunção pode implicar em substituição ou cumulação: 1– o terceiro *substitui* o devedor primitivo (que é liberado – neste caso há efetiva substituição de sujeitos e transferência do dever jurídico para terceiro) ou; 2– o terceiro *assume* o polo passivo ao lado do devedor primitivo (neste caso, devedor primitivo e terceiro passam a integrar e dividir o polo passivo). No primeiro caso, assunção *liberatória* (disciplinada no CC) e, no segundo, *cumulativa* (reconhecida pela doutrina e jurisprudência – com dois devedores autônomos).

A assunção, *liberatória* ou *cumulativa* (modalidades), pode decorrer de negócio jurídico entre o terceiro e o credor (*expromissão*) ou entre terceiro e devedor primitivo (*delegação*).

Na assunção, *liberatória* ou *cumulativa*, por *expromissão* (NJ entre credor e terceiro), o devedor primitivo não participa do ato. Lógica: não suportará qualquer prejuízo (na liberatória, é excluído; cumulativa, sua situação não se altera). Na assunção, *liberatória* ou *cumulativa*, por *delegação* (NJ entre devedor primitivo e terceiro), o credor sempre participará (anuência ou recusa da assunção).

Assunção cumulativa e questões relevantes: 1– o devedor primitivo e o terceiro não são devedores solidários, mas titulares de deveres jurídicos autônomos (o terceiro não é garante do devedor primitivo, pois assume dívida própria

– não há regresso entre os mesmos); 2 – na expromissão o devedor não participa do NJ e, na delegação, a assunção está condicionada à anuência do credor (eventual recusa deve ser justificada).

Assunção liberatória e questões relevantes: 1 – há efetiva substituição de sujeitos, com a liberação do devedor primitivo; 2 – na expromissão, o credor assume todos os riscos pela eleição do terceiro e, por isso, assume eventual insolvência deste; 3 – na delegação, a escolha do terceiro é do devedor, razão pela qual o credor deve anuir com a substituição (silêncio do credor quando notificado é interpretado como recusa, salvo se houver garantia hipotecária – art. 303: silêncio implicará aceitação); 4 – na delegação, se o terceiro era insolvente ao tempo da assunção e o credor ignorava este estado de fato, mesmo após a anuência, a assunção é ineficaz; 5 – as garantias prestadas pelo devedor primitivo e por terceiro em favor deste são extintas, salvo convenção em contrário; 6 – se assunção for invalidada (porque é NJ), as partes retornam ao estado anterior, com o restabelecimento das garantias prestadas pelo *devedor primitivo*. As garantias prestadas por terceiro (ex.: fiança) em favor do devedor primitivo não se restauram, salvo se o terceiro garante tinha ciência da causa da invalidação (má-fé).

2.9.3.9. Diferença entre a cessão de contrato (cessão de posição contratual) e os modos tradicionais de transmissão de obrigações (cessão de crédito e assunção de dívida)

A cessão de posição contratual (impropriamente denominada cessão de contrato) difere dos modos tradicionais de transmissão de obrigações, cessão de crédito e assunção de dívida. A cessão de contrato não foi disciplinada pelo Código Civil, mas é instituto de larga utilização no comércio jurídico privado e, por conta disso, conta com o reconhecimento da doutrina e jurisprudência.

Na cessão de contrato, o cedente não se restringe a transferir a terceiro a titularidade do crédito, a sua qualidade creditória ou a mera posição de credor, como ocorre, por exemplo, na cessão de crédito. A cessão de contrato implica efetiva transferência do complexo de relações jurídicas do cedente em função da posição ocupada na relação obrigacional. O terceiro assume direitos, deveres, faculdades e ônus do cedente, ou seja, a integralidade da posição contratual e não apenas crédito ou débito. Não é por outro motivo, que nos contratos bilaterais, onde há reciprocidade de direitos e deveres jurídicos, ou seja, os sujeitos são credores e devedores recíprocos, a transferência da posição no contrato se caracterizará como cessão de contrato. Se o contratante ostente posição jurídica mais complexa, com direitos, deveres, ônus e faculdades, haverá cessão de contrato. É negócio jurídico complexo, que tem por objeto a integralidade do conteúdo do contrato.

Não há mera alteração ou substituição em um dos polos da relação jurídica, como na cessão de crédito e assunção de dívida. Na cessão de contrato, qualquer um dos contratantes está autorizado a transferir a sua posição contratual como um todo, como um complexo de direitos e obrigações, incluindo crédito e débitos.

Como bem ressalta Carlos Roberto Gonçalves[135], o contrato é um valor que abrange um conjunto de atividades representadas por estudos preliminares, tratativas, expectativas, viagens, consultas e especialistas, desgaste psicológico, despesas etc., que não pode ser desconsiderado. Esse complexo, que inclui os direitos e obrigações, os créditos e os débitos emergentes da avença, denomina-se posição contratual, de valor econômico autônomo, passível, portanto, de circular como qualquer outro bem econômico.

A cessão de contrato, portanto, é um meio mais abrangente de transmissão de obrigações, pois envolve direitos, deveres, obrigações em geral, sem que haja extinção do vínculo obrigacional.

Com razão Paulo Nader[136] quando argumenta que, na cessão de contrato convencional, há dois contratos, o original, denominado contrato base, em que uma das titularidades é objeto de transmissão e o de cessão da posição contratual. Para ele, a expressão *cessão de contrato* é equivocada, pois o que se exercita, na prática, é apenas a transmissão de uma posição contratual e não o contrato por inteiro. Todo o contrato pode ser objeto de cessão, ressalvados os de natureza personalíssima, como o de casamento e os vedados por lei, direta ou indiretamente.

Ainda nos socorrendo das observações de Nader: "A modalidade convencional de cessão de contrato se forma por negócio jurídico bilateral, no qual o cedente transmite a sua posição contratual ao cessionário, mediante a concordância do cedido, preservada a relação obrigacional. Contratualmente, quem ingressa na relação deve desempenhar idêntico papel ao que sai, pois assimila todos os direitos e deveres de seu antecessor. Incabível a cessão nos contratos unilaterais, que são gratuitos, pois nestes uma parte possui obrigação e a outra apenas direito, enquanto a transmissão *sub examine* implica a transferência de direitos e obrigações".

Portanto, a cessão de contrato somente é compatível com os contratos bilaterais, em razão da reciprocidade de direitos e obrigações que os caracteriza. Em relação aos contratos unilaterais, nos quais um é titular de crédito e outro de débito, ou um tem apenas vantagem e o outro só suporta sacrifícios, só é possível a cessão de crédito ou a assunção de dívida. Além disso, o consentimento do cedido é essencial para que o cessionário substitua o cedente na posição contratual.

Exemplo interessante de cessão de contrato é aquele que tem por objeto a alienação de estabelecimento empresarial, pois o adquirente assumirá todos os direitos, deveres e obrigações do alienante, inclusive se sub-rogando nos contratos estipulados para exploração do estabelecimento, salvo se de caráter pessoal, nos termos dos arts. 1.146 e 1.148 do CC. Neste caso, o adquirente cessionário assume a posição do cedente em relação a todo o

---

[135] GONÇALVES, Carlos Roberto. *Direito civil esquematizado*. São Paulo: Saraiva, 2013. v. I, p. 223.
[136] NADER, Paulo. *Curso de direito civil – Obrigações*. Rio de Janeiro: Forense, 2019. v. II, p. 264 e 265.

complexo de relações jurídicas deste, envolvendo direitos, deveres, obrigações, créditos, débitos, ações, exceções, contratos etc. Essa amplitude é o que diferencia a cessão de contrato das demais modalidades de transmissão de obrigações.

Em relação à natureza jurídica, Paulo Nader[137] é preciso: "Atualmente prevalecem as teses da teoria unitária, segundo a qual, ao se firmar o contrato, as partes não estariam celebrando vários negócios, mas apenas um: a cessão da posição contratual. A assunção dos créditos e das dívidas, bem como a de outros efeitos contratuais, como as condições, termos, exceções, seriam um desdobramento do negócio jurídico. A cessão de contrato não implicaria tão somente a transmissão de créditos e de dívidas, mas uma posição mais ampla, compreensiva da globalidade de situações atinentes ao cedente".

2.10. TEORIA DO ADIMPLEMENTO

2.10.1. Introdução. Pressupostos subjetivos e objetivos do pagamento

2.10.1.1. Introdução

A teoria do adimplemento inaugura o capítulo que disciplina etapa ou fase do processo obrigacional. A obrigação, sob as perspectivas estrutural e funcional, é considerada processo dinâmico e funcional e, por isso, o adimplemento polariza tal relação jurídica. O fim da obrigação, pela sua própria natureza transitória, é o adimplemento, mas não qualquer adimplemento e sim o mais satisfatório para o credor e menos oneroso para o devedor. Adimplemento é o modo natural de extinção da obrigação.

Adimplir significa que o sujeito legitimado cumprirá a prestação pactuada (objeto), no lugar e tempo previstos na lei ou na convenção em favor de outro sujeito legitimado (conexão com os elementos estruturais) e, até o pagamento, os sujeitos integrantes da relação obrigacional devem adotar comportamento ético, adequado e cooperativo. Nas palavras de Clóvis do Couto e Silva[138], "o adimplemento atrai e polariza a obrigação, sendo a derradeira fase deste processo obrigacional. Portanto, o pagamento ou adimplemento envolve a prestação principal representada por um 'dar coisas', 'restituir coisas', 'fazer ou prestar atividade' ou 'não fazer ou se abster de um fato', bem como deveres de conduta decorrentes do princípio da boa-fé objetiva.

O princípio da boa-fé objetiva ampliou o conceito e a concepção de adimplemento, pois a obrigação, como processo, é composta por conjunto de atos e atividades até o adimplemento, em cujo intervalo credor e devedor devem se pautar por uma conduta ou comportamento ético, leal e honesto, sob pena de inadimplemento, independentemente do cumprimento da prestação principal.

O adimplemento é, portanto, o ápice da obrigação. Como bem destacam Chaves e Rosenvald[139], é a finalidade que polariza toda a atuação das partes e da sociedade, o que justifica a imposição de deveres de conduta que conduzam a obrigação a este desfecho, juntamente com a efetivação da prestação, mediante a entrega ou restituição da coisa, a execução de uma atividade ou abstenção de uma conduta (prestação principal).

Ao contrário dos direitos reais marcados por certa estabilidade no tempo (não necessariamente permanentes, mas estáveis), as obrigações são transitórias. O adimplemento é o fechamento deste ciclo iniciado com a formação da obrigação. Essa transitoriedade da relação obrigacional é caracterizada, principalmente, pela finalidade relacionada ao adimplemento. O adimplemento, comum ou especial, causa de extinção da obrigação, está diretamente conectado com o caráter transitório da obrigação.

Nos primeiros capítulos foram analisados os princípios do novo direito das obrigações, as fontes, as perspectivas estrutural e funcional, a obrigação como um processo, as modalidades, as classificações sob a perspectiva do objeto e dos sujeitos e a transmissão das obrigações pelos institutos da cessão e assunção. Agora, é o momento de serem estudados os pressupostos indispensáveis ao adimplemento efetivo e justo da obrigação.

O pagamento se dá de forma voluntária, com o cumprimento efetivo e direto da prestação devida, adimplemento este pautado em uma conduta ética e proba durante toda a relação obrigacional. Esse seria o meio normal, esperado pelas partes, mas a obrigação pode ser extinta por outros modos, como execução forçada, consignação em pagamento, pagamentos por terceiros, novação, sub-rogação, dação em pagamento, imputação de pagamento, compensação, confusão e remissão, dentre outros. No entanto, esses modos não seriam "naturais", esperados ou "normais".

O natural é cumprir a obrigação da forma e no modo como pactuada. Não se pode, entretanto, perder de vista que a noção de adimplemento foi ampliada para envolver o cumprimento da obrigação principal e dos deveres anexos ou colaterais decorrentes do princípio da boa-fé objetiva. Para a doutrina mais abalizada, pagamento ou adimplemento é o principal modo de extinção da obrigação, que não se confunde com outras causas extintivas. Judith Martins-Costa[140], por exemplo, adverte que adimplemento, cumprimento e pagamento representam a satisfação qualificada da prestação devida pelo devedor.

Em resumo, a obrigação pode ser extinta por várias causas, sendo a principal delas o adimplemento regular. No entanto, outras causas, ainda que não impliquem satisfação ou modo regular, podem acarretar a extinção do vínculo obrigacional.

---

[137] NADER, Paulo. *Curso de direito civil* – Obrigações. Rio de Janeiro: Forense, 2019. v. II.

[138] SILVA, Clóvis do Couto e. *A obrigação como processo*. São Paulo: José Bushatski, 1976.

[139] FARIAS, Cristiano Chaves de; ROSENVALD, Nelson. *Direito das obrigações*. 4. ed. Rio de Janeiro: Lumen Juris, 2010.

[140] COSTA, Judith Martins. *Comentários ao novo código civil*. 2. ed. Rio de Janeiro: Forense, 2009. v. V, t. I.

2.10.1.2. Natureza jurídica do adimplemento

É controvertida na doutrina a natureza jurídica do pagamento. Há quem defenda tratar-se de fato e quem sustente ser negócio jurídico ou até ostentar natureza de contrato. Para Caio Mário[141]: "Às vezes tem todos os característicos de um negócio jurídico, quando o direito de crédito objetive uma prestação que tenha caráter de um negócio, mas outras vezes não passará de um mero fato, quando o conteúdo da obrigação não tem tal sentido".

Por outro lado, há doutrinadores que consideram o pagamento fato jurídico e outros ato-fato jurídico. Como ressalta Guilherme Nogueira Gama[142], há: "(...) importante corrente doutrinária no sentido de se considerar o pagamento como espécie de negócio jurídico, devido à presença do *animus solvendi* – há, ainda, subdivisão nesta corrente, pois alguns o consideram como negócio jurídico bilateral – espécie de contrato – enquanto outros, negócio unilateral, existindo, ainda, aqueles que entendem que o pagamento pode ser negócio jurídico bilateral ou unilateral dependendo do tipo de atuação do devedor e do credor para a extinção da obrigação".

Segundo ele, há aqueles que consideram o pagamento como fato jurídico que produz consequências jurídicas e outros que defendem o pagamento como ato jurídico em sentido estrito.

Na verdade, qualquer que seja a natureza jurídica do pagamento, sua análise deve ser deslocada para o plano da eficácia e não da validade dos atos e negócios jurídicos. Neste ponto, concordamos com Chaves e Rosenvald[143]: "Cuida-se de um ato-fato, que se contextualiza no plano da eficácia do negócio jurídico. É um equívoco falar em pagamento nulo ou validade do pagamento, pois o negócio não será invalidado em razão do inadimplemento. A validade é aferida no momento genético do nascimento do negócio jurídico, sendo inconcebível uma espécie de invalidade superveniente.

Nesta perspectiva, Karl Larenz, ao encampar a teoria da execução real da prestação, argumenta que o pagamento não é negócio jurídico, mas um ato real de extinção, hábil a liberar o devedor por tornar realidade a prestação devida. Em suas palavras, citadas por Guilherme Gama[144]: "(...) quando o resultado da prestação somente se produz através de um negócio jurídico, este é parte da atuação do devedor para cumprir a prestação, e não um especial contrato de cumprimento. Da mesma forma, quando for necessário que o credor tome posse da coisa para a produção do resultado esperado, trata-se de cooperação necessária para obtenção do cumprimento da prestação, não se fazendo presente uma especial aceitação de cumprimento".

Judith Martins Costa[145], com a costumeira precisão, arremata dizendo: "A discussão não tem limites no academicismo, antes possuindo acentuado valor prático, pois, dependendo da qualificação que se lhe dê, influirá o regime das nulidades, por incapacidade do agente, ou de mera ineficácia, servindo assim para bem qualificar as expressões "terá eficácia", "valer", "não vale" ou similares, que constam, por exemplo, dos arts. 307, 308, 309, 310, 312 do CC".

A tese da ineficácia do pagamento foi reconhecida no enunciado n. 424, da V Jornada de Direito Civil, promovida pelo Conselho da Justiça Federal: "O pagamento repercute no plano da eficácia, e não no plano da validade, como preveem os arts. 308, 309 e 310 do CC".

2.10.1.3. Teoria do adimplemento substancial

A teoria do adimplemento substancial não tem previsão expressa em nossa legislação civil, mas pode ser extraída do conjunto de princípios e valores sociais norteadores das relações jurídicas privadas.

Tal teoria é um desdobramento da concepção da obrigação como um processo dinâmico e funcional, onde credor e devedor são titulares de deveres e direitos fundamentais de mesmo nível, cuja relação jurídica obrigacional deve ser marcada pela cooperação e mútua assistência entre tais sujeitos. Portanto, é possível a aplicação da teoria no direito brasileiro com base nas cláusulas gerais de boa-fé (abuso do direito) e função social das obrigações e contratos.

O adimplemento substancial constitui um adimplemento parcial que, por tão próximo do total, não autoriza a resolução do contrato sob o fundamento do inadimplemento. A teoria impõe ao credor uma cooperação em relação ao devedor. Se o inadimplemento for mínimo, constituirá abuso de direito pleitear a resolução do contrato com base no inadimplemento mínimo. Tal conduta viola o necessário dever de cooperação que deve existir entre os sujeitos da relação obrigacional.

Embora o credor possa buscar o cumprimento das parcelas inadimplidas, não pode, sob qualquer pretexto, requerer a resolução do contrato com base no inadimplemento mínimo. Neste caso, preservando a obrigação, se atenderá ao interesse do devedor, que não ficará privado do objeto da prestação, e o interesse do credor, que poderá cobrar as parcelas inadimplidas. Seria abusivo o pedido de resolução, pois sacrificaria o interesse do devedor sem grandes vantagens econômicas para o credor. É uma questão de justiça social, razoabilidade e proporcionalidade, tudo em prol da manutenção do vínculo obrigacional.

Ao sustentar a manutenção da obrigação, os defensores desta teoria estão defendendo a aplicação da justiça, equidade e solidariedade, em respeito à função social e à necessária boa-fé objetiva nas relações obrigacionais. Como a prestação foi executada de forma quase completa, atendeu-se à essência do interesse da outra parte. Sem prejuízo da possibilidade de se cobrar a parcela inadimplida,

---

[141] PEREIRA, Caio Mário da Silva. *Instituições de direito civil*. 20. ed. Teoria geral das obrigações. Rio de Janeiro: Forense, 2004. v. II.

[142] GAMA, Guilherme Calmon Nogueira. *Direito civil*: obrigações. São Paulo: Atlas, 2008.

[143] FARIAS, Cristiano Chaves de; ROSENVALD, Nelson. *Direito das obrigações*. 4. ed. Rio de Janeiro: Lumen Juris, 2010.

[144] GAMA, Guilherme Calmon Nogueira. *Direito civil*: obrigações. São Paulo: Atlas, 2008.

[145] COSTA, Judith Martins. *Comentários ao novo código civil*. 2. ed. Rio de Janeiro: Forense, 2009. v. V, t. I.

não se admite a resolução do contrato. Tal teoria foi adotada pelo Código Civil Italiano, no art. 1.455.

Assim, para uma eventual resolução do contrato, é essencial considerar a relevância e o significado do inadimplemento, ou seja, se este não violou interesses ou direitos fundamentais do credor.

Por exemplo, em contrato de seguro, o inadimplemento de uma única parcela, ou da última parcela, não pode levar ao desfazimento automático da obrigação, porque esta foi cumprida na substância.[146]

A finalidade da teoria do adimplemento substancial é evitar o abuso de direito de qualquer dos sujeitos ou atores envolvidos no processo obrigacional.. O sujeito prejudicado pelo inadimplemento de pequena relevância terá o direito legítimo de exigir o valor das parcelas inadimplidas, mas, em função dos princípios da função social e da boa-fé objetiva, não terá "acesso" à pretensão resolutória. O pedido de resolução, nestas circunstâncias, caracterizará abuso de direito. A obrigação é uma relação de cooperação e solidariedade e, caracterizado o inadimplemento mínimo, a pretensão ao valor da parcela inadimplida atenderá aos interesses do credor (que receberá o crédito) e do devedor (que manterá a relação jurídica obrigacional).

Sobre o assunto, na IV Jornada de Direito Civil, promovida pelo Conselho da Justiça Federal, foi aprovado o Enunciado 361: "O adimplemento substancial decorre dos princípios gerais contratuais, de modo a fazer preponderar a função social do contrato e o princípio da boa-fé objetiva, balizando a aplicação do Código Civil 475".

2.10.1.4. Pressupostos subjetivos e objetivos para eficácia do adimplemento

O adimplemento "normal" ou "regular" somente será eficaz e levará à extinção da obrigação, se preenchidos os pressupostos subjetivos, relacionados aos sujeitos (quem paga e quem recebe) e os pressupostos objetivos (objeto, lugar e tempo do pagamento).

2.10.1.4.1. Pressupostos subjetivos

Em relação aos pressupostos subjetivos, a matéria é disciplina nos arts. 304 a 312 do CC, que estabelecem regras sobre "quem deve pagar", na terminologia utilizada pela nossa lei. O responsável pelo pagamento é denominado *solvens*.

• **Solvens**

A questão inaugurada pelo art. 304 do CC envolve questão fundamental: Quem pode efetuar o pagamento? Resposta: o *solvens*. Mas quem é ou pode ser *solvens*? *O devedor ou seu representante, voluntário ou legal. O representante age em nome do devedor e, por conta disso, não é considerado terceiro, e sim o próprio devedor.* O devedor tem a obrigação e o direito subjetivo de adimplir. Em caso de ausência de cooperação do credor ou para segurança do pagamento, tal direito pode ser exercido pela consignação em pagamento (art. 335 do CC).

Além do devedor, também é legítimo e eficaz o pagamento efetivado por terceiro, mas, neste caso, há restrições a serem consideradas. A primeira restrição está relacionada à possível ausência de fungibilidade da obrigação. Se a obrigação é contraída em razão da qualidade ou técnica da pessoa, ou seja, caso sejam consideradas as qualidades e habilidades pessoais desta – *intuito personae*, não se admite que outra pessoa, que não o devedor, cumpra a obrigação (são as prestações infungíveis, que somente ocorrem na prestação de fazer e não fazer). Neste caso, em razão do caráter personalíssimo, está vedado o pagamento por terceiro.

Por outro lado, nas obrigações de dar ("coisa") e nas obrigações de fazer ("fatos") fungíveis, é admitido que terceiros concretizem a prestação.

A definição deste "terceiro" depende do interesse e vínculo com o débito original: 1– o terceiro juridicamente interessado e; 2– o terceiro não interessado no cumprimento da obrigação. O terceiro interessado é o sujeito que, de alguma forma (garante ou devedor comum não demandado), está vinculado à obrigação principal e, em caso de inadimplemento, suportará as consequências da inexecução do devedor cuja pretensão é direcionada. O inadimplemento repercutirá na esfera jurídica deste garante ou devedor comum não demandado, razão pela qual tem interesse na satisfação da prestação.

O art. 304 do CC admite o pagamento pelo terceiro interessado e, ainda, disciplina as consequências jurídicas ou efeitos deste pagamento: "Qualquer interessado na extinção da dívida pode pagá-la, usando, se o credor se opuser, dos meios conducentes à exoneração do devedor".

Portanto, o terceiro interessado tem permissão legal para cumprir a prestação e, como está vinculado à obrigação principal, tal pagamento não pode ser recusado. Se houver recusa injusta do credor poderá o devedor usar dos meios conducentes de exoneração: A consignação em pagamento. O terceiro interessado, assim como o devedor, tem o direito subjetivo de pagar e, portanto, de se liberar da obrigação, via consignação em pagamento.

Além do direito de adimplemento, como consequência, ao pagar, o terceiro interessado se sub-rogará nos direitos do credor primitivo, com todos os privilégios e garantias de que este dispunha. É hipótese mais comum de sub-rogação legal, prevista no art. 346, III, do CC, complementado pelo art. 349, que dispõe sobre seus efeitos.

Em resumo, o terceiro interessado tem o direito subjetivo de pagar e, se houver resistência, consignar, ao passo que a sub-rogação é a consequência deste pagamento (terceiro interessado: direito subjetivo + sub/rogação).

Por outro lado, o terceiro não interessado é aquele que não tem vínculo jurídico com a obrigação e, por isso, sua esfera jurídica patrimonial não suportará qualquer repercussão ou consequência em função do inadimplemento da prestação principal.

É o típico caso do pai que paga a dívida do filho ou o amigo do devedor que solve a dívida deste. O Código Civil não reconhece ao terceiro não interessado o direito subjetivo de pagar, mas a mera possibilidade de realizar o

---
[146] Neste sentido, já decidiu o STJ (REsp 1.200.105/AM).

pagamento. O terceiro não interessado, que não está originalmente vinculado à obrigação, age movido por motivo de solidariedade familiar ou social e, por isso, não está adstrito ao cumprimento da obrigação.

No caso do terceiro não interessado, há duas situações de pagamento com consequências diversas:

1. O terceiro não interessado pode pagar a dívida em nome e por conta do devedor. Neste caso, o terceiro promove liberalidade, com característica de doação em favor de terceiro, o devedor. Não é por outra razão que o art. 304, parágrafo único, reconhece ao terceiro não interessado, nesta hipótese, o direito de pagar e o direito de utilizar os meios conducentes à exoneração do devedor: Art. 304. (...). "Parágrafo único. Igual direito cabe ao terceiro não interessado, se o fizer em nome e à conta do devedor, salvo oposição deste".

Não terá o direito de cobrar o valor que desembolsou para solver a dívida, pois realizou liberalidade, pagou em nome do devedor, como se este estivesse adimplindo a obrigação. Apenas por isso tem os mesmos direitos de adimplemento do devedor e do terceiro interessado. Segundo o mestre Caio Mário[147]: "O terceiro, a que falta interesse para solver a obrigação, poderá proceder de maneira idêntica e compelir o credor a receber, se estiver agindo em seu nome e por sua conta". O credor não pode recusar esse pagamento, sob pena de o terceiro utilizar os meios conducentes à exoneração do devedor.

Resumo: terceiro não interessado que paga em nome do devedor: terá o direito subjetivo de pagar, mas sem efeito jurídico.

2. O terceiro *não interessado* pode pagar a dívida em seu próprio nome e, neste caso, não terá direito subjetivo de pagar, mas a mera possibilidade de adimplir a obrigação, mediante a concordância do credor primitivo e do devedor originário.

Aliás, mesmo o terceiro não interessado que paga em nome do devedor e, portanto, promove liberalidade, depende da autorização deste, pois a última parte do parágrafo único do art. 304 do CC admite a sua oposição.

Entretanto, a oposição do devedor, em qualquer das duas hipóteses, deve ser justificada por circunstâncias fáticas e objetivas, sob pena de violação do dever de cooperação em relação ao credor, necessário para o adimplemento da obrigação. Assim, o princípio da boa-fé objetiva exige que eventual oposição do devedor em relação ao pagamento do terceiro não interessado seja justificada. Como diz Guilherme Gama[148]: "Registre-se que a oposição do devedor a que terceiro não interessado efetue o pagamento deve se fundar em justo motivo como no caso de eficácia da pretensão relativa à obrigação ter sido atin-

---

[147] PEREIRA, Caio Mário da Silva. *Instituições de direito civil*. 20. ed. Teoria geral das obrigações. Rio de Janeiro: Forense, 2004. v. II.
[148] GAMA, Guilherme Calmon Nogueira. *Direito civil*: obrigações. São Paulo: Atlas, 2008.

gida pela prescrição, haver causa de nulidade ou anulabilidade do negócio que originou a obrigação, existir possibilidade de compensação, entre outras".

As consequências jurídicas do pagamento realizado pelo terceiro não interessado quando o faz em nome próprio é o direito de reembolso (art. 305 do CC), fundado no enriquecimento sem causa justa do devedor. Se o terceiro não interessado pagar em seu nome não poderá usar os meios conducentes à exoneração do devedor, razão pela qual dependerá da anuência do devedor e do credor.

Segundo o art. 305 do CC: "O terceiro não interessado, que paga a dívida em seu próprio nome, tem direito a reembolsar-se do que pagar; mas não se sub-roga nos direitos do credor". O direito de reembolso serve justamente para evitar o enriquecimento sem causa daquele que se beneficiou deste pagamento. O pagamento efetivado nestas condições, por terceiro não interessado, poderá configurar gestão de negócio se não for autorizado pelo devedor, mas aceito pelo credor.

Como ressaltamos, o pagamento por terceiro não interessado deve ser autorizado pelo interessado, que é o devedor, bem como pelo credor, pois não pode usar os meios conducentes à exoneração do devedor. Se o terceiro efetivar o pagamento sem autorização do devedor e com aceite do credor, haverá gestão de negócios. Neste caso, se for utilmente administrado, cumprirá ao dono da obrigação, no caso o devedor, reembolsar ao gestor as despesas necessárias ou úteis que houver feito, com os juros legais, desde o desembolso, na forma do art. 869 do CC.

A principal característica da gestão de negócios (art. 861) consiste no fato de o gestor não estar autorizado a tratar do negócio. Por isso, a gestão de negócios é típico caso de intervenção promovida por terceiro não interessado.

Se o terceiro não interessado estiver autorizado pelo devedor, não haverá gestão de negócios, pois, neste caso, o terceiro agiria como uma espécie de mandatário do devedor, conforme art. 873 do CC.

Em resumo, o adimplemento por terceiro interessado e não interessado deve ser analisado sob duas perspectivas: admissibilidade e efeitos – direito/possibilidade (admissibilidade) e efeitos deste pagamento (sub-rogação, doação e reembolso – enriquecimento sem causa). O interessado tem direito subjetivo e se sub-roga. O não interessado que paga em nome do devedor tem direito subjetivo, não se sub-roga e não tem direito de reembolso. O terceiro não interessado que paga em nome próprio tem a mera possibilidade de pagar, desde que autorizado e, caso não tenha a anuência do devedor, restará caracterizada a gestão de negócio. Se autorizado, tem direito de reembolso.

• **Aproveitamento do pagamento do terceiro – Art. 306**

O art. 306 regula o reembolso do terceiro (interessado e não interessado que paga a dívida em seu próprio nome) que paga sem anuência do devedor. O devedor que desconhecia o pagamento ou, tendo conhecimento, manifestou-se contrariamente ao ato, não fica obrigado ao reembolso se pudesse deixar de pagar a dívida. Para evitar que terceiros não interessados e inescrupulosos se aproveitem de determinadas situações, o art. 306 desobriga o reembolso em caso de motivo jurídico e justo (meios para elidir a ação): não é propriamente a ação que se ilide, mas a pretensão material do credor de ter o seu crédito satisfeito. Não basta a oposição do devedor, sendo indispensável que ela seja juridicamente qualificada.

• **Pagamento que importa transferência de propriedade**

O art. 307 do CC disciplina o pagamento que importa transferência de propriedade. Neste caso, não basta a capacidade do devedor ou terceiro, mas, principalmente, que a pessoa seja dotada dos poderes dominiais sob a coisa a ser objeto de pagamento. Em resumo, deve ter poder para alienar. O *solvens* deve ter específico poder de disposição patrimonial, ou melhor, ser o titular do direito real de propriedade.

Portanto, nas obrigações cuja prestação seja um "dar", para eficácia do pagamento, não basta a entrega da coisa pelo solves, mas que o solves seja titular do direito real de propriedade da coisa. Não há tal exigência no âmbito dos direitos reais nas prestações de fatos, porque no "fato" a prestação é a própria atividade do solvens.

Assim, a capacidade plena e os poderes de disposição (titularidade de direito real na prestação de dar), nesta hipótese, condicionam a eficácia do pagamento. A entrega da coisa a *non domino* acarretará a ineficácia do inadimplemento e não terá, evidentemente, o condão de transmitir a propriedade, pois não oponível ao legítimo proprietário (art. 1.268 do CC).

Essa regra comporta exceção: se a coisa fungível for entregue em pagamento e for consumida pelo credor que a recebeu de boa-fé (na acepção subjetiva do termo), nada poderá ser reclamado deste, em que pese a falta de legitimação ou capacidade de exercício de quem efetuou o adimplemento. Neste caso, estará configurada a boa-fé subjetiva do credor, quando, tanto no momento de receber a coisa como no momento de consumi-la, desconhecer que ela não pertence ao solvente, ou mesmo que ela era inalienável. Sendo válido o pagamento, a pessoa lesada terá de ser indenizada à custa de quem efetuou a prestação (devedor) e não de quem recebeu (credor).

Segundo o mestre Caio Mário, se a coisa não tiver sido consumida, ela pode ser perseguida e buscada nas mãos do credor, não podendo este opor a sua boa-fé em relação ao legítimo dono. Essa é uma importante mitigação a uma das principais características dos direitos reais, em especial ao direito de sequela.

• **Accipiens**

O Código Civil, nos arts. 308 a 312, disciplina a legitimidade daquele que receberá do *solvens* a prestação de dar, fazer ou não fazer. A questão fundamental está relacionada a uma indagação: quem pode ou tem legitimidade para receber o pagamento? Resposta: o *accipiens*. Mas quem é ou pode ser este *accipiens*? A resposta está nos dispositivos retromencionados.

• **Credor ou representante legal ou convencional**

Em regra, o pagamento deve ser realizado ou concretizado em favor do credor ou ao representante legal ou convencional deste. O representante agirá em nome do credor e, por esta razão, será como realizar o pagamento em benefício dele, credor.

A legitimidade do credor ou de seu representante para receber o pagamento está disciplinada na primeira parte do art. 308 segundo o qual o "pagamento deve ser feito ao credor ou a quem de direito o represente". O representante legal, normalmente, aparecerá naquelas situações em que é essencial a proteção de determinadas pessoas, como no caso do poder familiar, tutela e curatela. Assim, a representação legal está vinculada aos institutos de direito de família. Já a representação convencional decorre de um negócio jurídico, onde o sujeito nomeia um representante para agir em seu nome, o que permite a multiplicidade de atuação no comércio jurídico. O representante, legal ou convencional, age em nome do credor e, por esta razão, o pagamento será realizado para o legítimo destinatário da prestação, o credor.

Em algumas situações, o credor não é mais aquele em favor de quem foi constituído o crédito. Entre a formação da obrigação e o momento do adimplemento, a titularidade do crédito pode ter sido transferida para outro sujeito, que passa a ser o titular do direito, como o herdeiro, o cessionário (no caso de cessão de crédito), o sub-rogado nos direitos do credor, dentre outros. Entretanto, todos estes sujeitos, no momento do adimplemento, são considerados os legítimos credores e, por esta razão, será eficaz o pagamento nos termos do art. 308 do CC.

Assim, credor é o titular do crédito, no momento do adimplemento, ainda que, por ocasião da formação da obrigação, outro sustentasse essa condição ou a titularidade do crédito. Como ressaltado, devido ao caráter dinâmico da obrigação, a titularidade do crédito entre a sua formação e o adimplemento, pode ter suportado alterações e o credor legítimo é aquele que figura nesta posição no momento exato do pagamento.

Por outro lado, se houver pluralidade de credores, ostentando estes a qualidade de *accipiens*, para que o pagamento seja plenamente eficaz, imprescindível observar a natureza da obrigação. No caso de obrigação indivisível, como o pagamento implica extinção plena da obrigação, deverá ser efetivado na forma prevista no art. 260 do CC. O devedor ou os devedores, no caso de pluralidade subjetiva passiva, somente estarão liberados pagando a todos os credores conjuntamente ou a um, desde que este dê caução de ratificação aos outros. Se a obrigação for solidária, em caso de solidariedade ativa ou pluralidade de credores, em razão da teoria unitária do vínculo (todos os credores são credores do todo), poderá o pagamento ser efetivado em favor de qualquer um deles e, como consequência, o devedor (ou devedores) estará liberado da obrigação na sua integralidade.

Nesta situação, nos termos do art. 268 do CC, qualquer dos credores está autorizado a receber a integralidade da prestação. Finalmente, se houver pluralidade de credores e a prestação for divisível e não houver solidariedade entre eles, nas palavras de Judith Martins-Costa[149], "o pagamento há de ser feito *pro rata*, na proporção dos respectivos quinhões, na medida em que cada titular tem a sua quota-parte e só exonera o devedor no limite de sua expressão creditória".

Além do credor ou seu representante, legal ou convencional, o pagamento será igualmente eficaz se realizado em benefício de terceiro, sob a condição de ser ratificado pelo credor ou se, destinado a terceiro, o pagamento, de alguma forma, reverter em proveito do credor. Estas duas hipóteses estão previstas na parte final do art. 308.

• **Pagamento a terceiro ratificado pelo credor**

Nessa hipótese, o devedor (ou devedores, no caso de pluralidade) efetivará o pagamento para um terceiro que não é titular do crédito e que, por isso, não tem legitimidade para receber o pagamento. Entretanto, o credor, após tomar ciência deste pagamento a terceiro, o ratifica, legitimando tal ato o adimplemento e o tornando plenamente eficaz.

O terceiro não autorizado que recebe o pagamento no lugar do credor age como típico gestor de negócios. Na gestão de negócios, terceiro não autorizado intervém na gestão de negócio alheio (art. 861). Se a administração do negócio for útil, o dono do negócio se vinculará aos atos praticados pelo gestor e, por isso, deverá cumprir as obrigações contraídas em seu nome (art. 869). Por outro lado, se a administração não for útil e o dono do negócio desaprovar a gestão (art. 874), a responsabilidade será exclusiva do gestor que agiu sem autorização e, neste caso, não haverá vinculação do dono do negócio.

Há conexão entre os arts. 308 e 873 que disciplinam a gestão de negócios. O pagamento será eficaz se o credor o ratificar. É que, neste caso, a ratificação do legítimo credor, dono do negócio, produz os efeitos do contrato de mandato e será como se o terceiro tivesse agido como representante convencional do credor (Art. 653. "Opera-se o mandato quando alguém recebe de outrem poderes para, em seu nome, praticar atos ou administrar interesses").

Nos termos do art. 873: "A ratificação pura e simples do dono do negócio retroage ao dia do começo da gestão, e produz todos os efeitos do mandato".

Portanto, a ratificação do credor torna o pagamento realizado ao terceiro eficaz, como se mandatário do credor fosse por ocasião do recebimento do pagamento. A confirmação ou ratificação tem efeito *ex tunc*.

• **Pagamento a terceiro e reversão em proveito do credor**

Na última hipótese prevista no art. 308, o pagamento realizado pelo *solvens* é realizado em favor de terceiro que também não é titular do crédito ou representante do credor, mas o pagamento será eficaz se o *solvens* provar que reverteu em proveito do credor. O fundamento desta causa de eficácia do pagamento feito a terceiro é o princípio do enriquecimento sem justa causa, pois, ainda que a prestação não tenha sido entregue diretamente ao credor ou seu representante, de forma indireta ou por interposta pessoa, a recebeu.

É o caso do sujeito que entrega a prestação para a esposa do credor (que não tem poderes de representação), mas esta imediatamente faz o repasse e a transferência do objeto da prestação a ele. As regras sobre legitimidade ou pressupostos subjetivos de pagamento são mitigadas por princípios maiores, como aquele que veda o enriquecimento sem justa causa.

O mestre e professor Caio Mário[150] denomina essa hipótese de versão útil: "Se o devedor paga a quem as circunstâncias demonstram não ser autorizado a receber, mas fica provado a versão útil, não será o caso de compeli-lo a pagar de novo".

• **Credor putativo**

O Código Civil, no art. 309, com base no princípio da boa-fé objetiva, adota a teoria da aparência em matéria de adimplemento. É a hipótese do credor putativo: sujeito que não é o titular do crédito.

O credor putativo não é o credor real. Não tem vínculo jurídico com a obrigação. Todavia, as circunstâncias concretas e objetivas conferem a ele a aparência de credor. Tal aparência induz o devedor ou terceiro que paga a acreditar e confiar que aquele sujeito é o credor real, embora seja apenas credor imaginário. No caso, se tutela a boa-fé objetiva e, como consequência, a confiança gerada por fatos concretos na pessoa do legitimado a pagar de que se trata do credor real. Além da aparência de credor em razão de fatos objetivos e concretos (jamais subjetivos), é essencial que o sujeito que paga tenha adotado toda diligência e cautela necessária (considerado o padrão médio) para a plena eficácia do pagamento. Nestas circunstâncias, a teoria da aparência e a boa-fé objetiva conferem eficácia a adimplemento, mesmo se realizado em favor de quem não é o credor real.

As circunstâncias fáticas e concretas, objetivamente consideradas, levam o *solvens* a ter a convicção de que o sujeito é o legítimo credor real, quando é apenas imaginário.

Nos termos do art. 309: "O pagamento feito de boa-fé ao credor putativo é válido, ainda que provado depois que não era o credor".

A putatividade está relacionada à crença de algo que, na realidade, não existe (imaginação). O credor putativo é aquele que parece ser o que de fato e de direito não é. O sujeito se comporta como credor, age como credor, pratica atos de credor em relação ao crédito, mas não é o credor. Essa aparência de credor insere no *solvens* convicção íntima de que aquele sujeito é o credor.

No entanto, para que essa convicção íntima ou confiança do *solvens* em relação ao pagamento realizado para terceiro tenha tutela do Estado, é essencial que as circuns-

---

[149] COSTA, Judith Martins. *Comentários ao novo código civil*. 2. ed. Rio de Janeiro: Forense, 2009. v. V, t. I, p. 174.

[150] PEREIRA, Caio Mário da Silva. *Instituições de direito civil*. 20. ed. Teoria geral das obrigações. Rio de Janeiro: Forense, 2004. v. II, p. 173-174.

tâncias concretas e objetivas o levem à crença de que aquela pessoa é a credora. O princípio da boa-fé objetiva exigido pelo art. 309 impõe ao *solvens* uma conduta cautelosa e diligente para que essa confiança torne o pagamento eficaz. Assim, se diante de uma situação concreta e objetiva, qualquer sujeito médio estaria convicto de que aquele terceiro era o credor, a confiança será premiada com a eficácia do pagamento, ainda que provado em seguida que o sujeito não era o credor.

Por exemplo: "A", proprietário de um imóvel, firma contrato de prestação de serviços com a imobiliária "B", que passará a administrar o bem na qualidade de representante do credor ou locador "A". O imóvel é locado para "C" (locatário). Todos os meses o locatário "C" paga o aluguel para a imobiliária, representante convencional do locador. Após um ano de contrato, o locador "A" rompe o contrato de prestação de serviços com a imobiliária "B", que deixa de ser a representante daquele. Tal rompimento de contrato não é avisado ao locatário "C". Este, convicto de que está pagando para o credor (representante deste, qual seja, a imobiliária), entrega o aluguel para a imobiliária que não mais representa o credor.

Entretanto, como essa relação se manteve durante um ano e o locatário não foi avisado do rompimento do contrato de prestação de serviços, ainda que a imobiliária não seja mais a credora, o pagamento é eficaz em razão da boa-fé objetiva do *solvens*. Caberá ao locador ingressar com ação de indenização contra a imobiliária, mas a obrigação relativa aos aluguéis estará extinta.

Todavia, o *solvens* terá de ter a devida diligência, pois o pagamento somente será eficaz se fortes elementos induzirem o seu convencimento, consideradas as peculiaridades, circunstâncias e o contexto do caso concreto. Há circunstâncias objetivas que levam à crença de que determinada pessoa tem legitimidade para titularizar o crédito, como o herdeiro aparente.

O mestre Caio Mário[151], com a precisão que lhe é peculiar declara: "Chama-se credor putativo a pessoa que, estando na posse do título obrigacional, passa aos olhos de todos como sendo o verdadeiro titular do crédito (credor aparente). A lei condiciona a eficácia da *solutio*, num caso assim, a dois requisitos: ter o *accipiens* a aparência de verdadeiro credor, e estar o *solvens* de boa-fé. A lei protege, pois, o solvente de boa-fé e a *solutio* assim realizada extingue a obrigação do devedor, que não mais poderá ser molestado".

Na mesma linha é o pensamento de Orlando Gomes[152], para quem o credor aparente é quem se apresenta como tal "à base de circunstâncias unívocas, capazes de ensejar a convicção, no *solvens*, de que é o verdadeiro credor, eis que assim passa aos olhos de todos".

O pagamento realizado em favor do mandatário putativo (representante legal ou convencional) também deve ser considerado eficaz, desde que tenha aparência de representante e passe aos olhos de todos como sendo o legítimo credor e, por outro lado, o *solvens* tenha tido uma conduta diligente e cautelosa antes de efetivar o pagamento a essa pessoa.

Em conclusão, para a eficácia do pagamento ao credor putativo são essenciais dois requisitos:

1. boa-fé objetiva do devedor (deve tomar as cautelas que eram razoáveis lhe exigir – o devedor deve ter diligência e prudência para que seu erro seja perdoável). A ignorância do devedor não pode estar fundada em sua negligência, mas sim em elementos objetivos, os quais tenham credibilidade suficiente para uma atuação que demonstre estar segundo o direito. As circunstâncias objetivas devem proporcionar ao *solvens* a convicção de que a pessoa que se apresenta é o credor. Por isso, não é suficiente a boa-fé subjetiva, sendo imprescindível um lastro de objetividade a fundamentar o entendimento;

2. aparência de credor e a escusabilidade de seu erro. Neste caso, é imprescindível que outras circunstâncias fáticas levem o devedor a acreditar que uma determinada pessoa é mesmo o credor. Quanto à aparência de credor, estaria nesta situação o herdeiro aparente, o procurador cujo mandato foi revogado sem conhecimento de terceiros e também o herdeiro afastado por indignidade.

• **Pagamento realizado em favor de credor incapaz**

Em regra, o pagamento realizado em favor de credor incapaz é ineficaz. Não há que se cogitar em "invalidade", mas em mera ineficácia. Tal questão é objeto do art. 310 do CC.

A lei civil tutela o *accipiens* incapaz. Trata-se de outra regra que integra a rede de proteção ao incapaz. A incapacidade aludida no dispositivo pode ser tanto a absoluta quanto a relativa, nos termos dos arts. 3º e 4º da Lei Civil.

Entretanto, o próprio art. 310 mitiga essa proteção (a torna relativa), em duas hipóteses. Primeiro, ainda que o credor seja incapaz, será eficaz o pagamento se o *solvens* estiver de boa-fé. A boa-fé é tanto a objetiva quanto a subjetiva. No caso da boa-fé objetiva, impõe-se dever de diligência ao *solvens* em relação às circunstâncias da obrigação que, com um mínimo de cautela, poderia perceber a incapacidade. No que se refere à boa-fé subjetiva, o *solvens* tem de ignorar a incapacidade do credor legitimado, titular do crédito. Tal exceção é evidenciada quando o artigo utiliza a expressão "cientemente". Se o *solvens* não tiver ciência da incapacidade, tutela-se a sua boa-fé em detrimento da incapacidade do credor e, como consequência, será eficaz o pagamento.

O princípio da boa-fé objetiva está tão intensamente vinculado às relações obrigacionais, em especial ao comportamento dos sujeitos durante o processo obrigacional, que a boa-fé do *solvens* é capaz de afastar a proteção ao in-

---

[151] PEREIRA, Caio Mário da Silva. *Instituições de direito civil*. 20. ed. Teoria geral das obrigações. Rio de Janeiro: Forense, 2004. v. II, p. 179/180.

[152] GOMES, Orlando. *Obrigações*. 17. ed. (atualizada por Edvaldo Brito – coord.). Rio de Janeiro: Forense, 2007, p. 118.

capaz. Exemplo desta tutela diferenciada é a exceção do art. 310.

Assim, se o devedor, sem culpa, desconhecia a incapacidade do credor, será eficaz o pagamento, ainda que o credor tenha dissipado o patrimônio. Tutela-se a boa-fé do solvens.

Além desta exceção, o próprio art. 310, em sua parte final, faz outra ressalva em relação ao pagamento realizado em favor do incapaz. Se o pagamento a ele realizado reverter em seu proveito, será eficaz, em razão do princípio que veda o enriquecimento sem justa causa. Neste caso, como o incapaz não suporta qualquer prejuízo, o princípio geral que veda o enriquecimento sem justa causa prevalece sobre a proteção ao incapaz.

Além destas duas exceções previstas no próprio art. 310, a doutrina admite a eficácia do pagamento quando, cessada a incapacidade absoluta ou relativa, o agora capaz ratifica o pagamento. Essa ratificação ou confirmação posterior do pagamento, feito na época em que ostentava a condição de incapaz, confere legitimidade e eficácia ao adimplemento. Neste caso, o efeito da ratificação retroagirá à data do pagamento.

Em sendo o credor incapaz, para o *solvens* exercer o direito de adimplemento e liberar-se da obrigação, deverá efetivar o pagamento em favor do representante legal do incapaz ou, não tendo representante ou sendo este desconhecido, mediante o depósito judicial da coisa devida, tudo nos termos dos arts. 334 e 335, III, do CC.

• **Pagamento efetuado a pessoa portadora da quitação – consequências**

O art. 311 do CC autoriza a receber o pagamento o sujeito portador da quitação. Se determinada pessoa estiver de posse da quitação, haverá a presunção, relativa é verdade, de que tem legitimidade para receber o pagamento. Aliás, a hipótese prevista no art. 311 é considerada exemplo de pagamento ao credor putativo, tendo em vista que a posse da quitação é circunstância objetiva que indica a qualidade de credor.

Portanto, o portador da quitação presume-se ser o mandatário do credor. Tepedino[153] observa que: "A lei fixa a presunção *juris tantum* de que o portador da quitação seja autorizado a receber o pagamento. Há, no entanto, que levar em conta as circunstâncias negociais, uma vez que o instrumento da quitação pode, por exemplo, ter-se extraviado, perdido ou sido objeto de furto".

Como o recibo de quitação tem a finalidade de certificar o adimplemento, representa uma forte presunção para dar legitimidade ao pagamento.

O portador da quitação é mandatário tácito e, por isso, os riscos correm por conta do credor, mas, como a presunção é meramente relativa, poderá o credor transferir esse risco ao *solvens* que a paga se provar que, embora de posse da quitação, era possível, com um mínimo de cautela e diligência, verificar que o portador daquele documento não era o legítimo credor e tampouco mandatário deste.

• **Pagamento de crédito penhorado ou impugnado**

O art. 312 da Lei Civil disciplina as consequências de pagamento de crédito penhorado.

A situação prevista no referido dispositivo legal não deixa de ser curiosa. O credor está legitimado para receber o pagamento, é o titular do crédito. Entretanto, caracterizada qualquer das duas hipóteses legais, o pagamento feito a quem é o credor não será eficaz em relação a terceiros, os quais poderão constranger o devedor a pagar de novo.

O art. 312 prevê uma grave sanção civil para o devedor ou *solvens* que, ciente da penhora ou impugnação do crédito objeto da obrigação, efetiva o adimplemento da obrigação. E qual é essa sanção? Os terceiros, beneficiários da penhora ou responsáveis pela impugnação, podem constranger o devedor, com quem jamais tiveram relação jurídica de direito material, a pagar de novo. Restará ao *solvens* direito de regresso contra o seu credor, para reaver dele o que foi obrigado a pagar aos terceiros.

Quais as hipóteses legais em que é vedado o pagamento para o credor real?

1. Se o crédito estiver penhorado por um terceiro e o *solvens* tiver ciência. Ou seja, ciente da penhora feita sobre o crédito, fica vedado o pagamento, sob pena de ineficácia em relação àquele que promoveu a penhora.

2. Se o crédito for impugnado por terceiros. O credor do *accipiens* poderá opor-se, podendo esta oposição consistir em simples protesto, ou se o devedor pagar contrariando ordem judicial para reter o pagamento. Se descumprir esta ordem, o pagamento não será eficaz, podendo ele, em ação regressiva, voltar-se contra o *accipiens*, para repetir o que pagou, na forma do art. 876 do CC[154].

Em conclusão, Caio Mário[155] ressalta que "tanto a penhora como o embargo sobre a dívida retiram ao credor o poder de receber, pois importam em expropriação, retirando-o do poder do credor, para segurança do juízo".

Como ressaltamos, estas são hipóteses previstas em lei nas quais não é eficaz o pagamento, ainda que realizado ao credor real ou legítimo (isso ocorrerá quando o *solvens* for intimado da penhora realizada sobre o crédito ou da impugnação do crédito. Intimado da penhora, o *solvens* não mais poderá pagar ao credor, cumprindo-lhe, para liberar-se da obrigação, consignar o pagamento ou depositá-lo no próprio juízo executório. Se, ciente da penhora ou da impugnação, pagar ao seu credor, agirá por malícia, com o que estará fraudando o procedimento judicial de cobrança).

---

[153] TEPEDINO, Gustavo; BARBOSA, Heloísa Helena; BODIN, Maria Celina et al. *Código civil interpretado*. v. I (Parte geral e Obrigações - artigos 1º a 420). Rio de Janeiro/São Paulo: Renovar, 2004, p. 601.

[154] MARTINS COSTA, Judith H. *Comentários ao novo código civil*. Rio de Janeiro: Forense, 2004, v. V, t. 1.

[155] PEREIRA, Caio Mário da Silva. *Instituições de direito civil*. 20. ed. Teoria geral das obrigações. Rio de Janeiro: Forense, 2004. v. II, p. 201.

2.10.1.4.2. Pressupostos objetivos

A eficácia do adimplemento ou "pagamento" está condicionada ao preenchimento de *pressupostos subjetivos*, relacionados aos sujeitos da relação jurídica obrigacional, legitimados a pagar (quem deve e quem pode pagar) e a receber a prestação (quem deve e quem pode receber), bem como a *pressupostos objetivos*, vinculados à prestação e a seu objeto.

No que tange a estes requisitos ou pressupostos objetivos, o Código Civil, nos arts. 313 a 333, disciplina o objeto, a prova do pagamento, o lugar do pagamento e o tempo do pagamento. Dentre todos esses dispositivos legais, não há dúvida de que o art. 317 desperta maior interesse, justamente porque traz para o âmbito do objeto do pagamento, ao possibilitar a alteração do valor da prestação devida, a teoria da revisão judicial, com contornos um pouco diferentes da tradicional teoria da imprevisão.

- **Pressupostos objetivos: princípios – arts. 313 e 314**

O pagamento ou adimplemento, em relação à prestação de dar, fazer ou não fazer, para ser eficaz, deve corresponder exatamente ao objeto pactuado pelas partes (princípio da identidade da coisa devida – art. 313 – vetor qualitativo), na quantidade convencionada (princípio da indivisibilidade ou integralidade – art. 314 – vetor quantitativo).

Portanto, o adimplemento deve ter por objeto a coisa devida, na quantidade ajustada.

De acordo com o art. 313 do CC: "O credor não é obrigado a receber prestação diversa da que lhe é devida, ainda que mais valiosa". Trata-se do princípio da identidade, especialidade, exatidão ou personalidade do objeto da prestação. Se o credor aceitar ou concordar em receber prestação de natureza diversa da devida para a extinção da obrigação, estará caracterizada a dação em pagamento (art. 356) e não o adimplemento normal ou regular. A dação em pagamento é causa anômala de extinção da obrigação, porque não corresponde ao ajustado inicialmente pelas partes.

A ressalva do artigo é pertinente, pois corresponde a desdobramento do princípio da boa-fé objetiva. Ainda que a alteração objetiva pretendida pelo devedor seja mais benéfica ou traga mais vantagens ao credor, este tem o direito subjetivo de exigir a prestação pactuada, pois, como ressaltam Rosenvald e Chaves[156], "contratou acreditando e confiando no adimplemento através da maneira desejada".

Há que se ressaltar, que o princípio da exatidão ou identidade da coisa devida, assim como qualquer outro, não é absoluto e, por isso, sua aplicação deve ser norteada por outros princípios, em especial a boa-fé objetiva e a função social, como no caso do adimplemento substancial, baseado nos mesmos valores sociais e éticos. Se o inadimplemento for mínimo, não poderá o credor alegar que a coisa devida não foi cumprida de acordo com a sua identidade, principalmente se for prestação pecuniária. O adimplemento substancial, a teoria da imprevisão, a onerosidade excessiva, a necessidade de redução de cláusula penal excessiva, dentre outros, são fatores que relativizam o princípio da identidade da coisa devida.

Novamente nos socorremos dos ensinamentos de Rosenvald e Chaves[157]: "A rigidez do princípio será relativizada diante de circunstâncias em que a intangibilidade da prestação poderá representar exercício de abuso de direito por parte do credor (art. 187). Os parâmetros sociais de lealdade e seriedade definirão a medida e intensidade da prestação, ajustando os seus limites de forma a aproximar a autonomia privada dos contratantes aos imperativos éticos de um sistema mais justo".

O art. 313 será derrogado em sede de obrigações facultativas, nas quais o devedor terá a faculdade de substituir a obrigação originária por uma supletiva.

Nas precisas palavras de Judith Martins-Costa[158], o objeto poderá ser modificado, por acréscimos e melhoramentos (art. 237), pela revisão judicial do art. 317, na hipótese de adimplemento substancial, em vista da funcionalidade do dever de prestação, tudo em razão do princípio da boa-fé como reitor do cumprimento das obrigações.

Em resumo, o artigo em comento trata do princípio da individualidade, da identidade ou da personalidade da prestação, sendo que na relação de cooperação que deve existir atualmente entre credor e devedor, ambos titulares de direitos fundamentais, como desdobramento do princípio constitucional da solidariedade, tem o credor o direito subjetivo a receber a prestação pactuada, ainda que a outra parte ofereça outra de maior valor. Em razão do princípio da boa-fé objetiva, o credor, ao pactuar a obrigação, confiou e acreditou na declaração de vontade do devedor, ou seja, de que o cumprimento se daria da forma contratada. No entanto, nada impede que o credor aceite receber uma prestação diversa, o que não é incomum, mas, em tal caso, se realiza entre as partes dação em pagamento, instituto que exige o consentimento do credor, por ser modo de extinção da obrigação (art. 356). Tal dispositivo não pode permitir o abuso de direito por parte do credor. Assim, o princípio da identidade pode se tornar relativo em algumas situações em que o devedor não tem condições de efetivar o pagamento por meio da prestação pactuada. É o que ocorre com a onerosidade excessiva (art. 478) e com a revisão da obrigação (art. 317), hipóteses em que o Estado intervém para equilibrar a relação obrigacional e torná-la mais justa, ou ainda em casos de adimplemento substancial, cuja teoria tem relação com os princípios da boa-fé objetiva e função social da obrigação. Nesses casos, não haveria grandes dificuldades em defender a não violação ao princípio da identidade se o objeto da prestação for da mesma natureza.

---

[156] FARIAS, Cristiano Chaves de; ROSENVALD, Nelson. *Direito das obrigações*. 4. ed. Rio de Janeiro: Lumen Juris, 2010, p. 346.

[157] FARIAS, Cristiano Chaves de; ROSENVALD, Nelson. *Direito das obrigações*. 4. ed. Rio de Janeiro: Lumen Juris, 2010.

[158] COSTA, Judith Martins. *Comentários ao novo código civil*. 2. ed. Rio de Janeiro: Forense, 2009. v. V, t. I, p. 214.

O problema ocorre quando o objeto da prestação oferecida pelo devedor não é da mesma natureza que a pactuada e o credor não concorda em recebê-la para extinguir a obrigação. Em razão da não concordância do credor, não se poderia cogitar em dação em pagamento, pois o consentimento é requisito indispensável do instituto. Neste caso, se houver abuso de direito do credor, poderia este ser constrangido a receber prestação diversa, ainda que mais valiosa? As obrigações são dinâmicas e a relação jurídica obrigacional implica solidariedade e mútua cooperação. Por isso, em casos excepcionais, caracterizado o abuso de direito (por exemplo, quando a prestação oferecida for muito mais valiosa), poderia sim o credor ser constrangido a receber esta outra coisa. Aliás, não se pode esquecer que, em caso de perecimento da coisa por culpa do devedor, o credor tem direito a indenização por perdas e danos, cuja prestação seria, necessariamente, diversa da pactuada e o credor não teria alternativa senão aceitá-la.

Além do princípio da identidade e com as mesmas mitigações já referidas e relacionadas aos princípios sociais e éticos norteadores das relações obrigacionais, o art. 314 disciplina o princípio da indivisibilidade ou da integralidade: Ainda que a obrigação tenha por objeto prestação divisível, não pode o credor ser obrigado a receber, nem o devedor a pagar, por partes, se assim não se ajustou.

O credor tem direito subjetivo de receber a prestação pactuada, na sua integralidade, de uma única vez, salvo se houve ajuste de parcelamento pelos sujeitos. Em razão deste princípio, são incompreensíveis as decisões judiciais que obrigam credores a receber de forma parcelada, sem prévio ajuste, não podendo este ser constrangido a parcelar a prestação.

O princípio da indivisibilidade também não é absoluto e, se já estava mitigado pela onerosidade excessiva, revisão judicial, cláusula penal excessiva, dentre outros, agora também recebe uma mitigação da norma processual.

Judith Martins-Costa[159] enfatiza que: "(...) como principal consequência do art. 314 está a circunstância de, se o devedor pretender adimplir por partes, quando assim não convencionou, e se o credor recusar, não estará este incorrendo em mora *accipiendi*. Haverá, ao contrário, mora do devedor, e não apenas em relação à parte faltante do adimplemento, mas em relação à totalidade".

Portanto, como condição para a plena eficácia, o pagamento, objetivamente, deve reunir, segundo Caio Mário[160], a identidade, a integralidade e a indivisibilidade, isto é, o *solvens* tem de prestar o devido, todo o devido, e por inteiro.

• **Pressupostos objetivos do pagamento: dívidas em dinheiro – art. 315**

O art. 315 do CC disciplina as obrigações cujo objeto da prestação seja dinheiro. A regra é que, nas dívidas em dinheiro o adimplemento deverá ser efetivado em moeda corrente, pelo valor nominal. É o princípio do nominalismo. Neste caso, o objeto da prestação é o dinheiro em si. Até o vencimento da prestação, eventual desvalorização da moeda constituiria risco do credor. Todavia, o próprio artigo ressalva a possibilidade de mitigação do nominalismo monetário para admitir, por exemplo, reajustes em decorrência de motivos imprevisíveis (art. 317) e adoção de cláusula de escala móvel, para determinar o aumento progressivo e sucessivo das prestações (art. 316).

Nos termos do art. 315: "As dívidas em dinheiro deverão ser pagas no vencimento, em moeda corrente e pelo valor nominal (até aqui é a chamada dívida de dinheiro – o dinheiro é o objeto da prestação), salvo o disposto nos artigos subsequentes".

A moeda será o objeto da dívida ou prestação, pelo seu valor nominal.

Com razão Rosenvald e Chaves[161] quando defendem a impossibilidade de obrigações pecuniárias meramente nominais em país de grande inflação: "(...) é impossível pensar em obrigações meramente nominais em um país que há tempos convive com o fenômeno inflacionário, mesmo que nos presentes dias a moeda apresente relativa estabilidade". Por isso, é essencial o acréscimo monetário que apenas atualiza o valor nominal expresso em moeda, não sendo incompatível com o princípio do nominalismo.

O nominalismo monetário implica a necessária correção do valor da moeda, sob pena de vulneração do próprio princípio.

Tepedino[162] ressalta a distinção doutrinária entre as obrigações pecuniárias em dívidas de dinheiro e dívidas de valor: "A dívida de dinheiro é a que se representa pela moeda considerada em seu valor nominal, ou seja, pelo importe econômico nele consignado. A dívida de valor, embora paga em dinheiro, é a que procura atender ao verdadeiro valor objeto da prestação, incorporando as variações que possa sofrer, para mais ou para menos"[163].

---

[159] COSTA, Judith Martins. *Comentários ao novo código civil*. 2. ed. Rio de Janeiro: Forense, 2009. v. V, t. I, p. 230.

[160] PEREIRA, Caio Mário da Silva. *Instituições de direito civil*. 20. ed. Teoria geral das obrigações. Rio de Janeiro: Forense, 2004. v. II, p. 183.

[161] FARIAS, Cristiano Chaves de; ROSENVALD, Nelson. *Direito das obrigações*. 4. ed. Rio de Janeiro: Lumen Juris, 2010, p. 347.

[162] TEPEDINO, Gustavo; BARBOSA, Heloísa Helena; BODIN, Maria Celina et al. *Código civil interpretado*. v. I (Parte geral e Obrigações - artigos 1º a 420). Rio de Janeiro/São Paulo: Renovar, 2004, p. 607.

[163] Para Rosenvald e Chaves: "(...) dívida de valor significa que o débito não mais concerne a um quantum, mas ao pagamento de uma soma que corresponda a certo valor apto a preservar o poder aquisitivo originário do credor. O dinheiro não é objeto da prestação, mas veio a valorá-lo, oscilando de acordo com a sua variação" (*Direito das obrigações*, 4. ed. Rio de Janeiro: Lumen Juris, p. 348). No mesmo sentido Judith Martins-Costa: "Dívida em dinheiro é a que se representa pela moeda considerada em seu valor nominal, isto é, pelo importe econômico nela numericamente consignado. É aquela contraída em determinada moeda, e que deve ser adimplida pelo valor estampado na sua face, consistindo, assim, na mais acabada expressão do nominalismo. Dívida de valor é aquela cujo adimplemento é feito por intermédio de soma em dinheiro que representa determinado valor. O dinheiro não é objeto (indireto) da prestação por sua valia nominal, mas apenas o meio de mensurá-lo e valorá-lo. Cita como exemplos de dívida de valor, as obrigações decorrentes de atos ilícitos, e todo e qualquer pagamento em perdas e danos, a obrigação de restituição fundada no enriquecimento sem causa, a obrigação de indenizar pelo equivalente, as dívidas trabalhistas e alimentar, dentre outras".

O art. 315 parte do pressuposto de estabilidade do valor monetário. Diante desta impossibilidade, a correção monetária passa a ser um forte mecanismo econômico para repor o valor da moeda, que estará corroída pela inflação, o que não significará aumento de valor, mas reposição do caráter real da moeda, tudo com base em valores de justiça social e no princípio que veda o enriquecimento sem justa causa.

- **Pressupostos objetivos: dívida de dinheiro – art. 316 (cláusula de escala móvel) e art. 318 (moeda estrangeira)**

O art. 316 do CC é uma das exceções ao art. 315. Este regula a dívida em dinheiro e dispõe que o pagamento deve ser efetivado pelo valor nominal (princípio do nominalismo). Todavia, nos termos do art. 316, ainda que a dívida tenha por objeto dinheiro, é lícito às partes convencionarem o aumento progressivo das prestações sucessivas. O fundamento desta convenção é o princípio da autonomia privada.

Portanto, em obrigações cuja prestação tenha por objeto dinheiro, caso tal prestação seja continuada ou de execução diferida no tempo, podem os sujeitos, credor e devedor, pactuar o aumento progressivo dos valores devidos, como forma de preservar o aspecto econômico e financeiro da obrigação. É o que se convencionou denominar "cláusula de escala móvel", que visa corrigir o poder aquisitivo da moeda. A prestação passa a suportar variações de acordo com o contexto fático e social em que aquela obrigação está inserida.

A cláusula de escala móvel não é compatível com obrigações de execução instantânea ou, ainda, como diz Judith Martins-Costa[164], "ou de execução única, assim sendo aqueles em que as prestações são executadas em um só instante, ou seja, o adimplemento é imediato à formação, ou pouco tempo após, mas se realiza em um só instante". Aplica-se, portanto, aos contratos de duração, obrigações duradouras, trato sucessivo ou execução continuada (nestas, a prestação não pode ser adimplida em um só momento, pois o adimplemento necessariamente vai se realizando continuamente no tempo, permanentemente, e assim perdura a relação sem que seja modificado o conteúdo do dever de prestação, até o seu término, pela denúncia ou extinção do prazo, como na locação, arrendamento, depósito, entre outros).

Embora seja exceção ao princípio do nominalismo (art. 315), a estipulação da cláusula de escala móvel é norteada por preceitos de ordem pública e social, em especial pelos princípios da função social e boa-fé objetiva.

É fato que, por vedação constitucional prevista no art. 7º, IV, a cláusula de escala móvel não pode vincular os reajustes das prestações continuadas ao salário mínimo, salvo nos casos de obrigação alimentar, conforme já restou decidido pelo STF. A confusão normalmente estabelecida é a relação entre a cláusula de escala móvel e a correção monetária das dívidas em dinheiro, que não se confundem. A correção monetária independe de ajuste prévio, sendo mera atualização do valor da moeda e, por ela, não se aumenta o objeto da prestação, mas apenas é mantido o seu valor real. Já a cláusula de escala móvel depende de prévio ajuste e, por meio dela, os sujeitos, por ocasião da formação da obrigação, estabelecem parâmetros para pagamentos que deverão ser realizados de acordo com oscilações e variações de preços de mercadorias e serviços.

A doutrina faz essa diferença com muita precisão. Segundo Rosenvald e Chaves[165]: "A correção monetária não se insere no art. 316 do CC. Ela não se confunde com a cláusula de escala móvel, pois independe de convenção para ser aplicada, é fruto automático do inadimplemento da obrigação. Seu objetivo é repor o valor real da moeda naqueles contratos de duração em que há um lapso temporal entre os tempos da celebração e execução, mediante limites impostos exclusivamente pelo Estado".

Para Judith Martins-Costa[166], a cláusula de escala móvel não se confunde com a correção monetária, pois aquela visa corrigir a perda do valor do dinheiro segundo índices ou equivalências que as partes mesmas elegem e, por isso, não se insere no âmbito da estrita legalidade, como a correção monetária, mas no da autonomia privada, embora se sujeite a certos limites.

Enfim, a cláusula de escala móvel prevista no art. 316 do CC nada mais é do que uma forma de reajuste convencional das prestações de trato sucessivo ou execução continuada. As partes previamente pactuam um mecanismo ou parâmetros de manutenção do valor real da moeda. Como a correção monetária tem o mesmo objetivo, muitos as confundem. Entretanto, a correção monetária decorre da lei e serve para evitar a corrosão do valor nominal da moeda pela inflação, e que não exclui a possibilidade de revisão judicial, com base no art. 317 do Código Civil.

Em comentários ao art. 316, a professora Judith Martins-Costa[167] ressalta os limites para a pactuação da referida cláusula. Entre tais limites, cita os contratos que interessam diretamente à subsistência pessoal, como os relativos a aluguéis, ao material de construção civil, preço de alimentos, mensalidades escolares, seguros, vinculados aos princípios da ordem econômica que impõem uma existência digna. O princípio da dignidade da pessoa humana e a função social, como paradigmas da essencialidade, limitam a cláusula de escala móvel em contratos que envolvem tais interesses.

Ainda no âmbito das exceções ao art. 315, que trata das dívidas em dinheiro, há previsão de nulidade de convenções de pagamento em ouro ou moeda estrangeira. Segundo o art. 318: "São nulas as convenções de pagamento em ouro ou em moeda estrangeira, bem como para compensar

---

[164] COSTA, Judith Martins. *Comentários ao novo código civil*. 2. ed. Rio de Janeiro: Forense, 2009. v. V, t. I, p. 256/257.

[165] FARIAS, Cristiano Chaves de; ROSENVALD, Nelson. *Direito das obrigações*. 4. ed. Rio de Janeiro: Lumen Juris, 2010, p. 349.

[166] COSTA, Judith Martins. *Comentários ao novo código civil*. 2. ed. Rio de Janeiro: Forense, 2009. v. V, t. I, p. 259.

[167] COSTA, Judith Martins. *Comentários ao novo código civil*. 2. ed. Rio de Janeiro: Forense, 2009. v. V, t. I, p. 265-268.

a diferença entre o valor desta e o da moeda nacional, excetuados os casos previstos na legislação especial".

Em regra, a Lei Civil impõe uma sanção severa, qual seja, nulidade de negócios jurídicos que tenham por objeto o pagamento de prestações em ouro ou em moeda estrangeira, sujeitando-o a todo o regime jurídico das nulidades (violação de interesse público).

O art. 315 impõe que as dívidas em dinheiro sejam pagas em moeda corrente (no caso, o real) e pelo valor nominal, sendo nulas as convenções para o pagamento em ouro ou em moeda estrangeira. A exceção fica por conta dos contratos econômicos que repercutem no mercado internacional. Os contratos internos não podem ser expressos em moeda estrangeira e tampouco indexados à variação cambial.

- **Pressupostos objetivos: teoria da revisão judicial – art. 317 do CC**

O símbolo desta nova concepção dinâmica e funcional do direito das obrigações (relação de cooperação e solidariedade, informada pelos princípios da função social e da boa-fé objetiva), sem dúvida, é o art. 317 do CC. Este dispositivo é o retrato dos novos tempos, da socialidade vivenciada pelo direito das obrigações, porque possibilita a intervenção do Estado na economia ou na base objetiva da obrigação sempre que um motivo imprevisível alterar, de forma substancial, o equilíbrio econômico e financeiro da prestação pactuada, com resgate do valor real.

A Constituição Federal preconiza os princípios da solidariedade e igualdade substancial, os quais servem de substrato para a interpretação de normas e aplicação direta no caso concreto. Tais princípios servem de supedâneo aos princípios do equilíbrio econômico e da boa-fé objetiva que, ao lado da conservação e da função social do contrato, definem a nova teoria contratual. Por isso, a teoria da revisão, antes de ser regra de direito civil, é verdadeiro princípio da ordem jurídica.

Tal artigo visa manter a justiça social, a relação de comutatividade inicialmente pactuada, pois qualquer alteração brusca na prestação, considerada em dois momentos distintos, poderá levar a intervenção judicial para que retorne ao seu valor real. Embora o art. 317 esteja inserido dentre aqueles dispositivos que são desdobramentos das dívidas em dinheiro, porque excepciona o princípio do nominalismo, seu campo de ação é muito mais abrangente. É um dispositivo paradigmático, o qual merece profundas reflexões.

Para bem compreendê-lo, nada melhor do que iniciar a sua análise reproduzindo-o na íntegra: "Quando, por motivos imprevisíveis, sobrevier desproporção manifesta entre o valor da prestação devida e do momento de sua execução, poderá o juiz corrigi-lo, a pedido da parte, de modo que assegure, quanto possível, o valor real da prestação".

Não há dúvida de que o objetivo é a preservação do equilíbrio econômico e financeiro, da equivalência material e da justiça social da relação obrigacional. É a busca incessante pela manutenção do valor real da prestação.

O Estado poderá intervir na relação obrigacional se presentes os seguintes requisitos:

1. a obrigação pode ter por objeto tanto obrigações de trato sucessivo ou execução continuada como instantâneas, mas de execução diferida no tempo (aquela em que a prestação é pactuada, mas o adimplemento somente ocorrerá tempos após a pactuação – a lei exige apenas um hiato entre a prestação, considerada em dois momentos distintos);

2. desequilíbrio econômico e financeiro da prestação devida, considerada em dois momentos: no momento da pactuação e no momento do adimplemento. Neste caso, a prestação devida é comparada com ela mesma, considerando-se dois momentos distintos. Se, neste intervalo entre um momento e outro, houve um desequilíbrio econômico e financeiro decorrente de motivo imprevisível, será possível a busca pelo valor real da prestação;

3. motivo imprevisível como a causa do desequilíbrio econômico ou a alteração na base objetiva da obrigação;

4. a alteração do valor da prestação considerada em dois momentos distintos deve ser manifesta, grave e substancial, pois, conforme o art. 317, a "desproporção deve ser manifesta";

5. o desequilíbrio da prestação deve, necessariamente, ser superveniente à formação da obrigação (significa que a desproporção é posterior à origem da convenção);

6. A mora, por si só, não impede a revisão judicial, mas é preciso verificar se ela é anterior ou posterior ao evento imprevisível. A análise da boa-fé objetiva, concretizada no comportamento do sujeito, será essencial;

7. O motivo imprevisível não pode ser imputado a qualquer conduta daquele que pretende a revisão judicial.

Gabriela Tabet[168] seleciona os requisitos que, com pequenas variações, a doutrina exige para aplicação do instituto da revisão obrigacional: "(...) relação obrigacional duradoura; alteração das condições econômicas objetivas no momento da execução, em confronto com o ambiente objetivo no da celebração; imprevisibilidade daquela modificação; excessiva onerosidade para um dos obrigados e, extrema vantagem para o outro obrigado e, inexistência de mora".

Como se observa, a professora em referência aproxima a teoria da revisão obrigacional à teoria da onerosidade excessiva do direito italiano, assim como Judith Mar-

---

[168] TABET, Gabriela. Obrigações pecuniárias e revisão obrigacional (arts. 315 a 318). In: TEPEDINO, Gustavo (coord.). *Obrigações*: estudos na perspectiva civil-constitucional. Rio de Janeiro: Renovar, 2005, p. 354.

tins-Costa[169]. Não concordamos com essa tese, porque o art. 317 do CC, ao contrário do art. 478, tem contornos próprios e bem definidos, que o afasta da teoria da onerosidade excessiva prevista no art. 1.467 do Código Civil da Itália.

Presentes todos esses requisitos, poderá o Estado-Juiz intervir na relação jurídica obrigacional para assegurar, o quanto possível, o valor real da prestação devida, que foi alterada e desequilibrada por um motivo imprevisível.

Na relação de causa e efeito, o "motivo imprevisível" é a causa e a "desproporção manifesta", o efeito. A consequência é o surgimento do direito subjetivo à pretensão, qual seja, buscar o equilíbrio e a equivalência material da obrigação, sob o aspecto objetivo. Tal possibilidade evidencia o caráter dinâmico e funcional do direito das obrigações na atualidade, tudo por conta dos princípios sociais e éticos informadores deste novo sistema.

O Código Civil, no referido artigo, disciplinou a teoria da imprevisão? Na verdade, há várias teorias que integram a família da teoria da imprevisão. A teoria da revisão judicial, objeto do art. 317, decorre da mesma família, mas não ostenta os mesmos requisitos da imprevisão. O Código Civil traçou contornos próprios para a sua teoria da revisão judicial.

Na antiguidade, já se cogitava em justiça social. A justiça contratual integra o debate filosófico desde *Platão*, com "A República", nos anos 400 a.C. Os romanos apenas faziam referências particulares à cláusula *rebus sic stantibus*, mas não reconheciam esta cláusula como um princípio geral (a manutenção dos vínculos consensuais sob condições da não alteração do estado de fato é justificado pela economia romana da época). Com a evolução da história e dos filósofos, a filosofia romana, sob a influência das doutrinas estoicas, passou a defender a possibilidade de se mitigar a imutabilidade dos pactos. Tal postulado obteve formulação jurídica própria nas fontes canônicas, inspirado em Santo Agostinho e São Tomás de Aquino. Este último construiu a teoria canônica sobre a cláusula *rebus sic stantibus*, e desenvolveu a filosofia dos estoicos romanos. O êxito da cláusula na doutrina canônica foi que a Igreja queria juridificar as injustiças morais. A cláusula se estruturou na Idade Média, mas apenas solidificou suas bases entre os séculos XIV ao XVI, passando a ser aceita pelo direito comum. O seu apogeu perdurou até meados do século XVIII.

Sobre a origem da cláusula *rebus sic stantibus* pedimos *vênia* para transcrever as referências históricas de Judith Martins-Costa[170], a qual indica o direito canônico como o precursor deste princípio geral, quando a tese de Tomás de Aquino, derivada dos estudos filosóficos dos estoicos romanos, foi acolhida: "No direito canônico a doutrina foi elaborada por *Giovann D'Andrea*, sendo desenvolvida por *Bártolo* e *Acursio* a cláusula *rebus sic stantibus*: a esta subjaz a concepção segundo a qual o contrato permanece íntegro apenas quando não modificada, em sua fase de execução, a situação de recíproco sacrifício e benefício levada em consideração pelas partes no momento de sua conclusão. A subsistência de uma relação contratual passou a depender das circunstâncias existentes ao concluir o contrato, que eram pressupostas e cuja variação não era previsível pelas partes".

No século XIX houve declínio da teoria, pois as codificações oitocentistas não acolheram a cláusula *rebus sic stantibus*, em razão do liberalismo econômico (autonomia plena da vontade nas relações privadas não permite a intervenção do estado na economia dos negócios jurídicos) e pela relativa estabilidade econômica por que passava a Europa naquele período. Ademais, a revisão com base na imprevisão contrariava os principais princípios norteadores da sociedade burguesa, por meio dos quais dominava as classes menos favorecidas e se mantinha no poder. Estes princípios eram a autonomia da vontade, relatividade dos contratos e obrigatoriedade no cumprimento dos contratos. Se o contrato era obrigatório e, por isso, deveria ser cumprido na forma e nas condições pactuadas, não havia a mínima possibilidade de pedir socorro ao Estado-juiz em caso de desequilíbrio da prestação provocada por motivos ou fatos imprevisíveis supervenientes à formação do pacto.

Durante o liberalismo, as crises econômicas eram conjunturais ou excepcionais. A partir do século XX, em razão de uma crise institucional generalizada e, principalmente, após as duas "grandes Guerras Mundiais" foi necessária uma nova adaptação de um dos pilares do contrato, o princípio da obrigatoriedade dos contratos *(pacta sunt servanda)*, a esta nova realidade.

Por conta destes conflitos que repercutiram nas relações privadas, em especial nos contratos, em diversos países, foram desenvolvidas diferentes famílias de teorias para fundamentar a revisão do contrato em decorrência de modificações substanciais na base objetiva provocada por fatos supervenientes à sua celebração.

Na França: Teoria da Imprevisão – conflito com a força obrigatória dos contratos – art. 1.134 do Código Civil francês – inerente à própria ideia de contrato. A teoria foi aplicada de forma inovadora pelos franceses em contrato de concessão de serviço público de energia, que ficou conhecido como o Caso do Gás de Bordeaux – *Lei Faillot*, pós-1ª Guerra, permitindo a resolução dos contratos que se tornaram prejudiciais aos contratantes.

Tal lei permitiu a relativização de um dos símbolos até então intocáveis do liberalismo francês: o princípio da força obrigatória dos contratos (modificação do contrato sempre que circunstâncias extraordinárias e imprevisíveis afetassem a base objetiva destes negócios jurídicos). Outras leis relacionadas à necessária manutenção do equilíbrio econômico e financeiro acabaram sendo adotadas pelos franceses.

Na França, isso pode sim ser considerado a verdadeira revolução, pois, com raras exceções, a doutrina e a juris-

---
[169] COSTA, Judith Martins. *Comentários ao novo código civil*. 2. ed. Rio de Janeiro: Forense, 2009. v. V, t. I, p. 286.
[170] COSTA, Judith Martins. *Comentários ao novo código civil*. 2. ed. Rio de Janeiro: Forense, 2009. v. V, t. I, p. 286.

prudência francesa permaneceram sempre fortes à ideia do *pacta sunt servanda*.

A teoria da imprevisão, para os franceses, exigia os seguintes pressupostos: imprevisibilidade, excepcionalidade objetiva, com caráter geral e não subjetiva (ex.: a demissão do devedor não pode ser considerada) e desequilíbrio econômico e financeiro. Mesmo na conservadora sociedade francesa, o princípio da força obrigatória dos contratos teve de se curvar às vicissitudes dos contratos e ao dinamismo dos fatos sociais. Por isso, atualmente, na França, a autonomia da vontade vem sendo ponderada com a ideia de justiça contratual, para ser limite para aquela (boa-fé objetiva e solidariedade). O dever de renegociar o contrato para que seja refeita a justiça contratual é decorrência da boa-fé objetiva, que representa um *standard* de comportamento das partes no decorrer do contrato, qual seja, a lealdade contratual.

Como bem observa Judith Martins-Costa[171], a teoria francesa da imprevisão não se ajusta com perfeição ao art. 317 do CC, cujo dispositivo apenas exige a imprevisibilidade do evento, dispensando a excepcionalidade ou a extraordinariedade do fato causador do desequilíbrio econômico e financeiro.

Na Alemanha foi adotada a teoria da base objetiva do negócio jurídico, como forma de minimizar os impactos externos nas relações jurídicas privadas, em especial nos contratos. Embora a teoria alemã também decorra dos estudos da cláusula *rebus sic stantibus,* dela se diferencia por dispensar a imprevisibilidade, o que, em evidência, também a afasta do art. 317 do CC, cuja causa do desequilíbrio econômico e financeiro da obrigação deve estar relacionada a um fato ou motivo imprevisível. Qual o sentido do nome da teoria? Ela é estudada a partir da consideração da base objetiva, da análise da prestação do negócio jurídico. As partes pactuam determinado negócio jurídico na pressuposição de que a base jurídica se manterá intangível até o momento designado pela lei ou pelas partes para a execução. Se houver alteração na base objetiva, a pressuposição das partes estará frustrada e tal fato será suficiente para buscar a revisão do negócio jurídico. A teoria não atrela a revisão a fatos imprevisíveis, como o faz a teoria da imprevisão francesa.

A teoria da base objetiva é uma variação objetivada da teoria da base do negócio jurídico. Desenvolvida por Karl Larenz, se origina da teoria da pressuposição, para a qual a vontade negocial somente teria validade naquelas situações em que o declarante reputasse como certo e, por isso, não teria colocado como condição de que exista, apareça ou persista numa determinada circunstância. Caracteriza a base objetiva do negócio jurídico, de acordo com um conceito de justiça comutativa inerente a este, a permanência de uma série de condições econômicas, sem as quais o contrato se descaracteriza.

Em referência à obra de Larenz, Judith Martins-Costa[172] destaca: "A teoria da base objetiva tem como pressupostos: a) todo contrato é estipulado levando-se em consideração circunstâncias objetivas de caráter geral, tais como: a ordem econômica do País, o poder aquisitivo da moeda; condições de desenvolvimento do contrato etc.; b) por isto mesmo, alteradas estas circunstâncias objetivas, os contratos que se prolongam no tempo podem ser resolvidos se, em virtude de alteração da base objetiva, o cumprimento das obrigações por parte de qualquer dos contratantes cause prejuízos cujo montante exceda de muito a previsão que pudesse ser feita, razoavelmente, ao tempo de sua celebração.

Com o desaparecimento da base negocial existente por ocasião da formação do negócio jurídico, fica autorizada a revisão judicial para restabelecer o reequilíbrio ou até resolver o negócio jurídico.

Tal teoria da base objetiva, por dispensar os motivos imprevisíveis, também não se ajusta ao disposto no art. 317 do CC.

Na Itália, outro desdobramento da cláusula *rebus sic stantibus* deu origem à Teoria da Onerosidade Excessiva – art. 1.467 do Código Civil italiano. Essa teoria somente incidirá em contratos com prestações correspectivas, uma prestação indissoluvelmente ligada a outra por meio de um nexo de interdependência funcional, no sentido de que cada uma das prestações tem sua razão de ser na contraprestação. Deve existir uma interdependência entre as prestações. Essa recíproca dependência deve existir não apenas na formação do vínculo contratual, sinalagma genético, mas também durante o desenvolvimento da relação, sinalagma funcional: contratos de duração, excessiva onerosidade superveniente da prestação (excessiva onerosidade, que torna a prestação um sacrifício, alterando a economia do contrato, o equilíbrio originário entre as prestações – A onerosidade será analisada em relação à contraprestação – Proporção entre relação de prestação e contraprestação – notável alteração originária entre as prestações); imprevisibilidade e excepcionalidade do evento causador do desequilíbrio (art. 1.467 – além de imprevisível deve ser extraordinário). A teoria da onerosidade excessiva foi adotada pelo Código Civil no art. 478, ao disciplinar a teoria geral dos contratos.

O art. 317 do CC não se ajusta, de forma perfeita, a qualquer destas teorias ou famílias de teorias. A referência aos motivos imprevisíveis a aproxima da teoria da imprevisão do direito francês, mas para este não basta a imprevisibilidade, sendo ainda necessária a excepcionalidade. Não concordamos com a professora Judith Martins-Costa que defende a similitude entre a teoria italiana da onerosidade excessiva e a teoria da revisão judicial do direito brasileiro.

Portanto, o art. 317 possibilita a revisão judicial de qualquer obrigação, quando, durante a execução, há um impacto econômico na base objetiva desta. Ao comparar

---

[171] COSTA, Judith Martins. *Comentários ao novo código civil*. 2. ed. Rio de Janeiro: Forense, 2009. v. V, t. I, p. 291.

[172] COSTA, Judith Martins. *Comentários ao novo código civil*. 2. ed. Rio de Janeiro: Forense, 2009. v. V, t. I, p. 294.

a prestação em dois momentos diferentes, momento da formação e da execução, se, neste intervalo, por conta de um motivo imprevisível, houve grave desequilíbrio econômico que prejudique a justiça social da obrigação, será assegurado, judicialmente, o valor real da prestação.

O desequilíbrio econômico e financeiro é provocado por fatores supervenientes, imprevisíveis e não imputáveis a qualquer das partes. A base de sustentação do art. 317 são os princípios da função social, boa-fé objetiva e equivalência material, todos com fundamento constitucional (solidariedade e justiça social). O art. 317 permite a revisão das obrigações em geral, entre estas as que se originam de contratos também (o que a torna bem mais abrangente que a teoria da onerosidade excessiva prevista no art. 478, limitada aos contratos), quando a prestação, considerada em dois momentos distintos, tornar-se desproporcional, abalada por circunstâncias supervenientes e imprevisíveis.

A doutrina brasileira aperfeiçoou a ideia da imprevisibilidade prevista no art. 317 para abranger não só as causas imprevisíveis, como também as causas previsíveis, mas de resultados imprevisíveis. Nesse sentido é o Enunciado 17 da I Jornada de Direito Civil, segundo o qual: "A interpretação da expressão 'motivos imprevisíveis' constante do art. 317 do novo CC deve abarcar tanto causas de desproporção não previsíveis como também causas previsíveis, mas de resultados imprevisíveis".

Em relação à imprevisibilidade do evento, causa do desequilíbrio econômico e financeiro, algumas considerações são essenciais. Em primeiro, como já ressaltado, o art. 317 não exige a extraordinariedade do evento, bastando a imprevisibilidade. Portanto, somente é possível a modificação da composição dos interesses quando o evento (ou as consequências deste) estiver fora do campo de previsão das partes. A impossibilidade de previsão é aquilo que não pode ser legitimamente esperado pelas partes, de acordo com a sua justa expectativa. A tendência é a relativização da imprevisibilidade para compreender a própria imprevisibilidade como também as consequências ou o resultado causado por um evento em si previsível. Assim, embora previsível o evento, as consequências são imprevisíveis e isso é suficiente para buscar o valor real da prestação.

A tendência é considerar a imprevisibilidade de forma objetiva, ou seja, observar se diante da circunstância era ou não previsível a desproporção, sem qualquer investigação sobre o desejo íntimo das partes.

Assim como o Código de Defesa do Consumidor (art. 6º, V), o Código Civil passou a contar com a previsão expressa de incidência do instituto da onerosidade excessiva no curso das relações obrigacionais, bem como com a possibilidade de revisão judicial.

O art. 317 apenas autoriza a revisão judicial das prestações. Para a maioria da doutrina, o Código Civil, neste dispositivo, teria adotado a teoria da imprevisão. Por tal teoria, seria possível a resolução ou a revisão de um contrato que se tornou excessivamente oneroso no decorrer do tempo, em virtude de transformações ocorridas posteriormente à contratação, que não puderam ser previstas no momento da formação do negócio.

O juiz, após a caracterização da hipótese de revisão prevista no art. 317 do CC, tem o poder de intervir na economia da obrigação, para reajustar, com bases razoáveis, a prestação desequilibrada. Os contratantes podem buscar no Judiciário uma relação mais justa e equânime. O equilíbrio do contrato (intimamente ligado com a igualdade substancial) deve existir durante toda a relação obrigacional. Por isso, deve ser possibilitada a revisão do pactuado livremente se for maculado por fato superveniente, causador de excessiva onerosidade ao cumprimento da prestação.

Em conclusão, o Código Civil positivou soluções para a desproporção de prestações durante a "vida" das obrigações e dos contratos. A primeira é a revisão prevista no art. 317 do CC. A segunda, a resolução por excessiva onerosidade prevista no art. 478. O art. 317 trata da revisão das prestações de uma obrigação, dirigida às prestações pecuniárias, que tenham suportado desequilíbrio durante a sua execução (pois, para alguns autores somente poderia se cogitar em valor real e nominal quando se trata de prestações pecuniárias). No entanto, atualmente prevalece a tese de que o art. 317 pode ser invocado para qualquer obrigação, independentemente do seu objeto, sendo um princípio geral de direito e não apenas uma regra para assegurar o valor real de prestação pecuniária.

A desproporção será da prestação em relação a ela própria, ou seja, a mesma prestação será analisada em momentos distintos: quando da formação e quando da execução do contrato. O objetivo da norma é manter o valor real da moeda, por estar conectada com o art. 315, que trata das dívidas em dinheiro, mas o art. 317 passou a ser considerado como um princípio geral de revisão de todo o sistema civil, independentemente da natureza da prestação ou de seu objetivo.

O art. 317 é informado pelo princípio da boa-fé objetiva: regra de conduta fundada na honestidade, retidão, lealdade. Com base na boa-fé objetiva, o contratante terá de entender que se deparará com novas situações, inexistentes no momento da formação do vínculo, que trouxeram onerosidade e que poderão tornar inexigível o cumprimento do contrato conforme pactuado no início. Há, portanto, limites no direito de exigir o cumprimento da prestação.

Portanto, com requisitos e pressupostos próprios, o Código Civil, no art. 317, revoluciona o direito das obrigações ao permitir a revisão judicial em decorrência de fatos supervenientes e imprevisíveis que, efetivamente, venham a provocar desequilíbrio grave e substancial na base objetiva de qualquer obrigação, independentemente de a prestação ser de dar, fazer ou não fazer.

Não se compreende a irresignação da doutrina em relação a este dispositivo quando pretendem, a todo custo e sem qualquer justificativa, enquadrar a teoria da revisão judicial em uma das teorias já citadas, que são desdobramentos da cláusula *rebus sic stantibus*. O Brasil, em matéria de imprevisão, adotou uma teoria com características próprias e bem definidas. Embora não seja tão abrangente quanto é a teoria da base objetiva do negócio jurídico do direito alemão, a teoria disciplinada no art. 317 do CC será um instrumento eficaz para a justiça social em matéria de obrigações. Além disso, o art. 317 pode ser invocado em qualquer obrigação, independentemente da origem e natureza desta, inclusive quando decorra de contratos. Isso significa que a teoria da revisão judicial do art. 317 também poderá ser invocada em contratos, ainda que não estejam caracterizados todos os requisitos do art. 478. Na prática, como o art. 478 é muito mais exigente em relação aos requisitos, o art. 317 tornará, em muitas situações (na maioria delas), desnecessário o preenchimento dos requisitos daquele artigo, porque a imprevisibilidade e a alteração da base objetiva integram a teoria da onerosidade excessiva (art. 478).

Resumo

O art. 317 retrata o tema mais relevante da teoria geral das obrigações: a revisão judicial. De acordo com a norma, o juiz, a pedido da parte, poderá intervir na relação jurídica material para assegurar equilíbrio econômico e financeiro e a equivalência material (base objetiva), desde que presentes dois pressupostos: motivo imprevisível (causa) e desproporção manifesta da prestação (efeito), cujo desequilíbrio será apurado com a comparação da prestação com ela própria em dois momentos diferentes (formação e execução).

A revisão judicial depende de várias premissas: 1– a obrigação deve ser de trato sucessivo ou execução continuada (pode ser instantânea, mas de execução diferida no tempo); 2– desequilíbrio econômico e financeiro da prestação devida, considerada em dois momentos; 3– motivo imprevisível – causa da alteração na base objetiva da obrigação; 4– o desequilíbrio econômico deve ser manifesto, grave e substancial; 5– fato é superveniente à formação da obrigação; 6– o motivo imprevisível não pode ser imputado a qualquer conduta daquele que a pretende.

A norma consagra a teoria da imprevisão? Impressiona como o tema é pouco compreendido pela doutrina e jurisprudência. É comum referências à revisão judicial e à teoria da imprevisão sem qualquer cautela acadêmica ou científica. E o resultado todos já sabem: a incompreensão.

A lição se inicia com a cláusula *rebus sic stantibus* (que ao longo da história serviu de fundamento para várias teorias, mas que, a ser considerada na versão original, como mera condição, na atualidade teria aplicação muito restrita). A teoria francesa da imprevisão, a teoria italiana da onerosidade excessiva e a teoria alemã da pressuposição (base objetiva), que bebem da fonte da cláusula *rebus sic stantibus*, possuem requisitos e pressupostos diversos daqueles previstos no art. 317. Não é por acaso que há doutrinadores que defendem que o art. 317 é uma combinação entre as teorias da imprevisão e da onerosidade excessiva (o que dificultará a aplicação do art. 317, porque se exigiria requisitos que não constam nesta norma) e outros que defendem a exclusiva onerosidade excessiva.

É essencial entender a razão pela qual o art. 317 está alocado na parte que trata do "objeto" do pagamento. O adimplemento eficaz pressupõe que o devedor concretize o objeto (prestação) pactuado, do modo e na extensão convencionado com o credor. Se durante o processo obrigacional, entre a formação e o adimplemento, fato superveniente e imprevisível afetar a prestação de modo a torná-la onerosa, o juiz poderá rever a obrigação para garantir o seu valor justo e real. Esse é o objetivo do art. 317. A ideia do legislador foi singela e a doutrina passou a complicar o simples, com a pretensão de tornar o art. 317 o que, de fato, não é: a própria teoria da imprevisão francesa.

A teoria da imprevisão francesa tem como pressupostos, além da imprevisibilidade, a excepcionalidade objetiva, com caráter geral (requisito não exigido pela norma). A teoria da onerosidade excessiva, por sua vez, exige requisitos que não se ajustam à revisão judicial (fato deve ser extraordinário e a desproporção decorre da comparação de prestação com contraprestação). A revisão judicial do art. 317 é mais humilde e modesta. Basta que motivo imprevisível (conceito jurídico indeterminado) e superveniente à formação seja a causa de desequilíbrio econômico da prestação (a ser considerada em dois momentos). Apenas isso!! A base de sustentação do art. 317 são os princípios da função social, boa-fé objetiva e equivalência material, todos com fundamento constitucional (solidariedade e justiça social). O art. 317 permite a revisão das obrigações em geral, entre estas as que se originam de contratos (o que a torna bem mais abrangente que a teoria da onerosidade excessiva prevista no art. 478) – (Obs.: a doutrina brasileira aperfeiçoou a ideia da imprevisibilidade prevista no art. 317 para abranger não só as causas imprevisíveis, como também as causas previsíveis, mas de resultados imprevisíveis). A revisão judicial tem contornos próprios, o que a torna autônoma e independente das demais teorias.

• Prova do pagamento

O Código Civil disciplina, nos arts. 319 a 326, várias situações relacionadas à prova do pagamento. Além da quitação, dispõe sobre presunções relativas de pagamento.

O pagamento ou adimplemento libera o devedor ou devedores do vínculo obrigacional. A eficácia plena deste adimplemento depende do preenchimento dos pressupostos subjetivos e objetivos já estudados, mas, especialmente, da efetivação da prestação principal (dar, fazer ou não fazer) e do cumprimento dos deveres anexos decorrentes do princípio da boa-fé objetiva. Entretanto, na concretude dos fatos, para não ser compelido a pagar em duplicidade a mesma obrigação, o devedor (ou devedores) que paga tem o direito subjetivo a um documento comprobatório do adimplemento, denominado pelo Código Civil "quitação".

A "quitação" corresponde à prova do adimplemento da obrigação. É um complemento necessário para a consumação da liberação do devedor ou devedores. Tão indispensável e relevante é este documento que a Lei Civil reconhece ao devedor o direito subjetivo inarredável a esta prova e, caso seja negada injustamente, poderá o adimplemento ser retido. Em caso de retenção injusta da quitação por parte do credor ou credores, estarão estes em mora, com todas as consequências previstas no art. 400

do CC. Todavia, em que pese a mora do credor nos casos de recusa injusta no que tange à entrega da quitação, para se liberar poderá o devedor exercer o seu direito de adimplemento, se possível (compatibilidade do objeto devido, pois em regra obrigações de fazer não poderão ser consignadas e as de não fazer jamais poderão ser), pelo depósito da coisa devida (consignação judicial), com fundamento no art. 335, I, do CC.

Em relação ao direito subjetivo de receber a prova do pagamento, por meio da quitação, é expresso o art. 319 do CC: "O devedor que paga tem direito a quitação regular, e pode reter o pagamento, enquanto não lhe seja dada".

Nas palavras de Orlando Gomes[173], "a quitação vem a ser, assim, o ato pelo qual o credor, ou seu representante, certifica o pagamento". O credor está obrigado a dar quitação. A essa obrigação corresponde um direito do devedor. Se este exercer o poder de reter o pagamento em caso de recusa do credor em lhe entregar a quitação, não incorrerá em mora, que, como já ressaltado, será do credor, salvo se a recusa deste for justa. O recibo, muitas vezes, é o instrumento da quitação.

A quitação regular, como regra geral, é representada pelo recibo, o qual deve ostentar as formalidades exigidas no art. 320 do CC.

O recibo de quitação é revestido de algumas formalidades como condição para servir como prova do adimplemento. De todos os requisitos, os mais relevantes são a especificação da dívida e a assinatura do credor ou de seu representante. A quitação sempre poderá ser dada por instrumento particular, ainda que se refira a negócio formal ou solene (escritura pública, por exemplo). Diante do caráter funcional e dinâmico das obrigações e, considerando o excesso de formalismo para a plena eficácia do recibo de quitação, o Código Civil, no parágrafo único do art. 320, mitigou as exigências do *caput* para considerar válida a quitação que não ostenta todos os requisitos legais, quando, por meio dela, for possível depreender que a dívida foi quitada. Exemplo comum que exigirá a invocação do parágrafo único do art. 320 é o recibo de depósito bancário, que não ostenta a assinatura do credor, mas por meio do qual, dependendo de seus termos e das circunstâncias do caso concreto, será possível considerar quitada a obrigação.

Em complemento, na I Jornada de Direito Civil, promovida pelo CJF, foi aprovado o Enunciado 18, segundo o qual: "A quitação regular referida no art. 319 do novo CC engloba a quitação dada por meios eletrônicos ou por quaisquer formas de comunicação à distância, assim entendida aquela que permite ajustar negócios jurídicos e praticar atos jurídicos sem a presença corpórea simultânea das partes ou de seus representantes".

O documento comprobatório da quitação é relevante, pois o ônus de provar o pagamento é do devedor solvente que alega ter liquidado a obrigação.

Além do recibo, a quitação também poderá ser concretizada pela devolução do título, quando a obrigação é materializada em um documento desta natureza. Se o credor restituiu ou devolveu o título representativo da dívida ao devedor, haverá presunção relativa de quitação.

Orlando Gomes ressalta[174]: "A outra modalidade de quitação, embora frequentemente usada na prática, restringe-se às dívidas consubstanciadas em títulos de crédito, consistindo nestes casos em sua devolução. Basta que o credor o restitua ao devedor para que a dívida esteja quitada. Não há necessidade de declaração escrita, até porque se o título for para as mãos do devedor, salvo se o obteve por meio ilícito, ficará o credor sem condições para cobrá-lo".

Em complemento, Caio Mário[175] sugere que, se a quitação consistir na devolução do título, o devedor não é obrigado a pagar se o credor se negar a restituí-lo.

A quitação "regular", referida no art. 319 do CC, é aquela concretizada pela forma prevista no art. 320. A novidade é a mitigação dessas formalidades, nos termos do parágrafo único do art. 320, dependendo de uma análise segura e apurada do caso concreto.

A quitação a que se referem os arts. 319 e 320 do CC é comprovada por um documento, normalmente denominado recibo. Todavia, além da quitação por recibo, o art. 321 da Lei Civil permite a quitação pela entrega do título, desde que a obrigação esteja materializada em tal documento.

Em resumo, a quitação pode decorrer de duas formas:

1. recibo de quitação (arts. 319 e 320) ou
2. restituição do título pelo credor quando a obrigação estiver materializada em um documento desta natureza (art. 321).

Em relação a esta segunda forma de quitação, há uma questão a ser considerada. Em caso de perda ou extravio do título, o art. 321 dispõe que poderá o devedor exigir, retendo o pagamento, declaração do credor que inutilize o título desaparecido. O problema é que, em se tratando de títulos de crédito, tal declaração somente terá eficácia entre as partes. Se um terceiro de boa-fé estiver na posse do título, poderá exigir o pagamento do devedor, ainda que ele tenha em mãos a declaração do credor referida no art. 321.

Caio Mário[176], em relação a essa questão, ressalta: "Esta providência é, contudo, insuficiente, se se tratar de instrumento negociável por simples endosso, porque, sendo a declaração emanada do credor originário, inoponível ao terceiro de boa-fé, o devedor que paga, recebendo do acipiente mera declaração de quitação, não se pode eximir

---

[173] GOMES, Orlando. *Obrigações*. 17. ed. (atualizada por Edvaldo Brito – coord.). Rio de Janeiro: Forense, 2007, p. 217.

[174] GOMES, Orlando. *Obrigações*. 17. ed. (atualizada por Edvaldo Brito – coord.). Rio de Janeiro: Forense, 2007, p. 129-130.

[175] PEREIRA, Caio Mário da Silva. *Instituições de direito civil*. 20. ed. Teoria geral das obrigações. Rio de Janeiro: Forense, 2004. v. II, p. 202.

[176] PEREIRA, Caio Mário da Silva. *Instituições de direito civil*. 20. ed. Teoria geral das obrigações. Rio de Janeiro: Forense, 2004. v. II, p. 202.

de pagar de novo ao terceiro cessionário do crédito, que se lhe apresente como portador do documento original".

A quitação, comprovada pela entrega de um recibo com as formalidades do art. 320 ou de acordo com o parágrafo único desse mesmo dispositivo, ou ainda pela restituição do título, caso a obrigação esteja em tal documento materializada, são provas de pagamento ou adimplemento. E não há dúvida de que são provas contundentes, mas não as únicas. O pagamento pode ser demonstrado por outros meios de prova (art. 212 do CC), com as limitações legais (art. 227 do CC, por exemplo).

Segundo Orlando Gomes[177]: "A quitação não é a prova única de pagamento. Há outros modos de comprová-lo. Assim, pode o devedor provar que pagou valendo-se de menção ao pagamento feito pelo credor em seus livros. Tornaram-se habituais certos modos de pagamentos que facilitam a sua prova. Dentre eles o cheque visado, o cheque nominal com a declaração que se destina a pagamento, o vale postal, a ordem para creditar na conta corrente bancária e tantos outros".

O pagamento é um fato jurídico e, como tal, pode ser comprovado por meio de qualquer documento, a teor do disposto no art. 212, II, do CC, e a eficácia probatória dos documentos produzidos por via eletrônica, hoje, é admitida pelo art. 225, segundo o qual as reproduções mecânicas ou eletrônicas de coisas ou de fatos fazem prova plena destes, se a parte, contra quem forem exibidos, não lhes impugnar a exatidão. De acordo com o Enunciado 298 da IV Jornada de Direito Civil, promovida pelo CJF, os arquivos eletrônicos se incluem no conceito de reproduções eletrônicas: "Os arquivos eletrônicos incluem-se no conceito de 'reproduções eletrônicas de fatos ou de coisas', do art. 225 do CC, aos quais deve ser aplicado o regime jurídico da prova documental".

Em relação à natureza jurídica da quitação, não passa de meio de prova do pagamento e, de acordo com Orlando Gomes[178], a natureza do pagamento não influenciaria a natureza da quitação. No mesmo sentido parece ser a opinião de Caio Mário[179], para quem "o instrumento de quitação adquiriu autonomia formal, relativamente à obrigação, o que é certo, pois que se trata de um ato jurídico independente, com finalidade liberatória". Por outro lado, Judith Martins-Costa[180] considera a quitação um negócio jurídico unilateral, "tendo em conta que pode ser clausulada, isto é, os seus efeitos podem ser, em certa medida, predeterminados pelas partes, sendo lícito, por exemplo, dar quitação parcial, escolher em qual débito fará o pagamento pela quitação, condicioná-la à compensação do cheque etc.".

Portanto, além do recibo de quitação e da restituição do título representativo da dívida, o pagamento pode ser comprovado por outros meios de prova, desde que sejam respeitadas as limitações legais em matéria probatória, bem como os princípios ético-sociais (boa-fé objetiva e função social), os quais também dão o necessário suporte a esta matéria específica (prova do pagamento).

A quitação pode ser revogável ou irrevogável. Para Orlando Gomes e Paulo Nader, será revogável quando o credor remeter ao devedor o recibo de quitação na expectativa de que o pagamento se efetive imediatamente ou, nas palavras de Nader, quando o credor, a fim de adiantar os procedimentos afetos ao pagamento, de antemão firma o documento liberatório e o entrega ao devedor, que não efetiva o cumprimento da obrigação. Em razão desta precipitação do credor, este tem o direito de cancelá-la ou revogá-la, mas caberá a ele o ônus de provar que não houve pagamento. Por outro lado, nada impede que as partes pactuem a irrevogabilidade. Com o objetivo de obter completa, total e firme liberação, o devedor costuma exigir do credor que lhe dê plena, geral, rasa e irrevogável quitação, ou, como diz Nader, a fim de se evitar dúvidas quanto ao pagamento e validade da quitação, esta pode ser emitida com a cláusula de irrevogabilidade.

Em relação ao disposto no art. 321, o qual disciplina a devolução do título como forma legítima de quitação ao lado do recibo (arts. 319 e 320), foi ressaltado que a declaração do credor para o caso de perda, extravio, furto ou desaparecimento do título representativo da obrigação, terá plena eficácia em relação ao credor, mas não em relação a terceiros portadores do título, se estiverem de boa-fé.

A pergunta é: como poderia o devedor, nestes casos de perda, extravio, furto ou desaparecimento do título, se acautelar contra terceiros portadores de boa-fé?

Em primeiro lugar, poderia o devedor efetivar a consignação em pagamento com fundamento no art. 335, IV, do CC, pois se a obrigação estiver representada em um título e este desaparecer, haverá dúvida razoável e objetiva sobre quem deva legitimamente receber o objeto do pagamento. Frise-se que o art. 311 autoriza qualquer portador a receber e exigir o pagamento se estiver com a quitação, que, no caso, é o título. Se o credor não apresenta o título, a dúvida sobre a legitimidade justificará a consignação.

Em segundo lugar, poderá o devedor utilizar as ações judiciais previstas em lei. A primeira delas está prevista no Código de Processo Civil, mas é restrita a uma espécie de título, qual seja, ao portador. O credor que tiver perdido o título ao portador ou dele houver sido injustamente desapossado, poderá reivindicá-lo da pessoa que o detiver ou requerer-lhe a anulação e substituição por outro (art. 907 do CPC). Portanto, são dois tipos de ações: reivindicatória, de natureza real, e a de substituição do título extraviado por outro, com a consequente anulação. No caso do pedido de anulação, o eventual detentor será citado, assim como, por edital, todos os interessados. O devedor será intimado para depositar o valor em juízo, com o que estará absolutamente seguro em relação à eficácia plena do pagamento em relação ao devedor e terceiros portadores (art.

---

[177] GOMES, Orlando. *Obrigações*. 17. ed. (atualizada por Edvaldo Brito – coord.). Rio de Janeiro: Forense, 2007, p. 130.

[178] GOMES, Orlando. *Obrigações*. 17. ed. (atualizada por Edvaldo Brito – coord.). Rio de Janeiro: Forense, 2007, p. 130.

[179] PEREIRA, Caio Mário da Silva. *Instituições de direito civil*. 20. ed. Teoria geral das obrigações. Rio de Janeiro: Forense, 2004. v. II, p. 203.

[180] COSTA, Judith Martins. *Comentários ao novo código civil*. 2. ed. Rio de Janeiro: Forense, 2009. v. V, t. I, p. 322.

908, II). No caso de anulação, julgada procedente a ação, o juiz declarará caduco o título reclamado e ordenará que o devedor lavre outro em substituição (art. 911 do CPC).

Além da ação de anulação prevista nos arts. 907, II, e 908, ambos do CPC, cujos efeitos repercutirão na esfera jurídica de terceiros portadores de título ao portador, há outras leis que disciplinam este tipo de ação.

Em todas estas hipóteses legais, o pagamento será eficaz e seguro em relação ao credor e eventuais portadores dos títulos, ainda que estejam de boa-fé.

- **Demais presunções de quitação estabelecidas nos arts. 322 a 326**

A prova do pagamento é presumida em várias situações ou hipóteses pelo legislador. No entanto, todas as presunções disciplinadas em lei são relativas ou *juris tantum*, pois admitem prova em sentido contrário.

A primeira destas presunções é aquela relacionada ao pagamento de obrigação em cotas periódicas. Neste caso, haverá uma presunção relativa de que a quitação da última parcela estabelece, até prova em contrário, a presunção de que as anteriores estão pagas, nos termos do art. 322.

Esta é uma das mais frágeis presunções de quitação estabelecidas pelo Código Civil, principalmente quando as prestações forem pecuniárias. No caso, bastará ao credor exigir o comprovante de pagamento ou recibo de quitação das prestações anteriores e, inexistindo este documento, a presunção será desqualificada.

A presunção é que, quando o sujeito quita determinada prestação, as anteriores já foram devidamente pagas. Para o professor Paulo Nader[181], a hipótese da regra contém três fatos: "a) pluralidade de prestações sucessivas ou periódicas; b) decorrência, das prestações exigíveis, de um mesmo negócio jurídico; c) a quitação de uma parcela posterior à primeira. Realizado o suposto assim caracterizado, impõe-se a consequência ou disposição: presunção relativa do pagamento das prestações antecedentes".

Tal presunção confere ao credor o direito legítimo de recusar a prestação posterior àquela que não foi paga, uma vez que teria o ônus de desqualificar a presunção em seu desfavor. Além disso, exige-se do credor um comportamento diligente, como bem ressaltam Rosenvald e Chaves[182]: "A norma denota a exigência de comportamento diligente por parte do credor, pois não poderá impunemente receber uma prestação, quando negligenciou na cobrança das que a precederam. É da natureza das coisas que qualquer pessoa que não tenha recebido a prestação anterior não quitará qualquer das posteriores".

Não se pode esquecer que a presunção é estabelecida em benefício do devedor, mas, por ser relativa, permite a prova em sentido contrário. É legítimo que o credor insira, no próprio título, declaração de que o pagamento de determinada parcela não liquida parcelas anteriores inadimplidas. A boa-fé, neste caso, deve ser recíproca.

A outra presunção, também de natureza relativa, é estabelecida pelo art. 323 do CC: "Sendo a quitação do capital sem reserva dos juros, estes presumem-se pagos".

Os juros, como frutos civis, são acessórios do principal (capital). Normalmente os juros são pagos antes do capital, do qual decorrem. Por isso, se o credor aceita que a fonte ou origem dos juros, que é o capital, seja quitada, sem fazer qualquer reserva em relação aos juros pendentes, incidirá a presunção relativa de que estes estão liquidados. É praxe comercial apenas quitar o capital se os juros já estiverem pagos. Embora haja um pequeno dissenso na doutrina, prevalece o entendimento de que a presunção do art. 323 é relativa, *juris tantum*.

Nas palavras de Judith Martins-Costa[183]: "Trata-se de uma presunção legal, quando a quitação se referir ao capital, sem referência aos juros. Seu fundamento está em regras de experiência, pois o credor de capital e juros que recebe um pagamento insuficiente para cobrir as duas parcelas (capital e juros), certamente o imputará primeiramente nos juros, sendo isto o que permite a lei, sugere o bom senso e o que comumente acontece".

No que tange à presunção relacionada à entrega do título ao devedor, que é uma forma de quitação, como já ressaltado, também corresponde a uma presunção relativa de pagamento, nos termos do art. 324.

Há duas situações a serem consideradas no dispositivo. Em primeiro lugar, o *caput*, em conexão com o art. 321 do CC, estabelece mais uma presunção relativa de pagamento. De acordo com o art. 321, a quitação pode consistir na devolução do título e, nos termos do art. 324, essa entrega firma presunção relativa, *juris tantum*, de pagamento. Por ser relativa, é possível o credor desqualificar a presunção se conseguir provar que, mesmo com a entrega do título, não houve pagamento por parte do devedor. O ônus do credor, neste caso, para descaracterizar a presunção de pagamento, é tarefa das mais difíceis, pois a entrega do título representativo da obrigação constitui prova contundente de quitação e, somente outra prova de igual contundência poderia contrapor essa presunção.

Todavia, o parágrafo único do art. 324 estabelece um prazo de decadência para que o credor prove a falta de pagamento, embora o título representativo da obrigação tenha sido entregue ao devedor. Esse prazo é de 60 dias. Transcorrido o prazo, a presunção, que era relativa, se torna absoluta, mas não pela entrega do título e sim em razão do decurso do prazo decadencial. Decorrido o prazo, o credor perde o direito potestativo de influir na esfera jurídica do devedor para tentar desqualificar a quitação operada e caracterizada pela entrega do título. Assim, a presunção, iniciada como relativa, se torna absoluta, diante da inércia do credor, após o decurso do prazo de 60 dias, contados da entrega do documento.

---

[181] NADER, Paulo. *Curso de direito civil – Obrigações*. Rio de Janeiro: Forense, 2019. v. II, p. 327.

[182] FARIAS, Cristiano Chaves de; ROSENVALD, Nelson. *Direito das obrigações*. 4. ed. Rio de Janeiro: Lumen Juris, 2010, p. 357.

[183] COSTA, Judith Martins. *Comentários ao novo código civil*. 2. ed. Rio de Janeiro: Forense, 2009. v. V, t. I, p. 348.

A prova do pagamento ou adimplemento, no que tange às presunções relativas estabelecidas pela Lei Civil, é encerrada pelos arts. 325 e 326.

O art. 325 disciplina a presunção relacionada às despesas com o pagamento e a quitação. Há uma presunção relativa de que o responsável pelas despesas com o adimplemento e a quitação é o devedor. Entretanto, em razão do princípio da autonomia privada que incide nas relações privadas obrigacionais, nada impede que as partes pactuem de modo diferente.

Na segunda parte do art. 325, está previsto que, no caso de eventual aumento destas despesas por fato relacionado ao credor, ficará este por elas responsável. Neste caso, deve existir um nexo de causalidade entre um "fato do credor" ou um comportamento do credor e o aumento da despesa com o pagamento e a quitação. Esse sobrevalor ao pagamento ou à quitação, causado pelo credor, deverá ser por ele suportado. Por exemplo, se o credor dificultar a entrega da quitação, protelando de forma injustificada a assinatura do recibo com as formalidades do art. 320, os gastos adicionais decorrentes desta mora serão por ele pagos.

Como bem pondera Judith Martins-Costa[184], as despesas a que o artigo faz referência são "as extrajudiciais, tais como transporte, pesagem, medida, contagem, enfim, todas as que se fizerem necessárias à quitação, pois as despesas judiciais serão pagas pelo sucumbente".

Em relação aos contratos gratuitos ou benefícios, há dúvida se a presunção estabelecida no art. 325 também poderia ser aplicada. Segundo nossa opinião, nestes contratos, como apenas o devedor suporta sacrifício e, por esta razão, de acordo com a necessária solidariedade e cooperação que inspiram as relações privadas, não seria justo e razoável lhe impor mais um ônus ou sacrifício. Por isso, nos contratos benefícios a presunção do art. 325 não teria aplicação.

Finalmente, o art. 326 do CC trata da presunção quando o pagamento tiver de ser feito por medida ou peso: "Se o pagamento se houver de fazer por medida, ou peso, entender-se-á, no silêncio das partes, que aceitaram os do lugar da execução".

A presunção aqui estabelecida ocorrerá quando a coisa devida tiver que suportar uma medição ou pesagem e, nesta hipótese, não havendo convenção em sentido contrário, o art. 326, de forma supletiva à vontade dos sujeitos, credor e devedor, estabelece que tais atos levarão em conta os costumes, a medida e o peso usado no lugar da execução do contrato. Na verdade, o art. 326 não é propriamente uma presunção, mas uma norma de natureza dispositiva, uma vez que somente incidirá "no silêncio das partes", ou melhor, se não for convencionado o lugar da medição ou da pesagem da coisa devida. Apenas isso. É norma que suprirá a eventual omissão das partes a respeito destas questões específicas. Em caso de omissão, o padrão a ser adotado é o do lugar da execução.

No que diz respeito à medição, o artigo tem íntima conexão com o art. 500 do CC, que trata da venda *ad mensuram* ou venda por medida de extensão. Se for entregue ao comprador área menor, ele tem ação contra o vendedor. Em zonas rurais a questão assume relevância, porque há diferença entre os Estados da Federação no que diz respeito à medida de um alqueire de terras. Se as partes forem omissas em relação à medida do alqueire, haverá aceitação em relação àquela do lugar da execução.

• **Lugar do pagamento**

O adimplemento ou pagamento regular será efetivado em algum lugar. É tão relevante o local do pagamento que, se o credor se recusar a receber no local pactuado, poderá caracterizar *mora solvendi* ou a *mora accipiendi*, na forma do art. 394 do CC. A diferença entre dívidas quesíveis e portáveis repercute diretamente na questão da mora.

A matéria é disciplinada pelos arts. 327 a 330 da Lei Civil. A principal norma jurídica sobre o lugar do pagamento, art. 327, possui natureza dispositiva. Em regra, o pagamento deverá ser efetuado no domicílio do devedor (dívida *quérable*)[185], mas as partes podem convencionar lugar diverso. Portanto, a regra é supletiva da vontade das partes.

Segundo o art. 327: "Efetuar-se-á o pagamento no domicílio do devedor, salvo se as partes convencionarem diversamente, ou se o contrário resultar da lei, da natureza da obrigação ou das circunstâncias".

Além da questão da mora, como já ressaltado, o lugar do pagamento também será relevante para fins de consignação, pois se a dívida for *portable*[186], ou seja, tiver de ser adimplida no domicílio do credor, caberá ao devedor se dirigir até aquele local para realizar o pagamento, sob pena de mora. Se a dívida for *quérable*, cabe ao credor ir ou mandar receber a coisa, sob pena de mora *accipiendi* e ainda de sujeitar-se à consignação em pagamento, nos termos do art. 335, II, do CC.

Portanto, como regra, o pagamento deve ser realizado no domicílio do devedor (dívida quesível ou *quérable*) e, nesta hipótese, terá o credor a responsabilidade de se deslocar até lá para o regular adimplemento.

Esta regra comporta quatro exceções, nos termos do art. 327:

1. a primeira exceção diz respeito à *convenção das partes em sentido contrário*. Por conta do princípio da autonomia privada e da natureza dispositiva da norma em exame, podem as partes convencionar local diverso, o qual poderá ser o domicílio do credor (dívida *portable*) ou outro local neutro. Segundo Paulo Nader[187], "(...) convenção pode definir a dívida como *quérable* ou *portable*. No primeiro caso, caberá ao credor dirigir-se ao devedor a fim de re-

---

[184] COSTA, Judith Martins. *Comentários ao novo código civil*. 2. ed. Rio de Janeiro: Forense, 2009. v. V, t. I, p. 352-353.

[185] Dívida de "ir buscar".

[186] Dívida de "ir levar".

[187] NADER, Paulo. *Curso de direito civil*. Obrigações. 1. ed. Rio de Janeiro: Forense, 2019. v. II, p. 332.

ceber o objeto da prestação; no segundo, a tarefa será do devedor, que deverá portar o pagamento até o domicílio do credor. Tal distinção é importantíssima para a definição da mora". Nesta primeira exceção, deve ser ressaltada a plena liberdade das partes na definição do local do pagamento;

2. a segunda exceção diz respeito a uma *determinação legal*. A lei pode determinar o local do pagamento de uma obrigação específica. Por exemplo, se o pagamento consistir na entrega ou tradição de imóvel, a lei impõe, de forma cogente, que o adimplemento deverá ocorrer no local onde o bem está situado (art. 328 do CC). O pagamento de dívidas fiscais somente pode ser feito na repartição fazendária competente;

3. a terceira exceção está relacionada à *natureza da obrigação*. O caso concreto é que determinará se a natureza da obrigação poderá ser considerada fator relevante para o estabelecimento do local do pagamento. Por exemplo, a obrigação alimentar, ainda que haja ajuste em sentido contrário, deverá ser realizada no local onde reside a pessoa que necessita de alimentos, ou seja, o credor. Neste caso, a natureza da obrigação impõe que a dívida sempre seja *portable*, ou seja, deverá o devedor levar ao credor os alimentos. Em outras situações, há obrigações que, devido à sua natureza, só poderão ser cumpridas em locais específicos. É o exemplo do sujeito que se compromete a reflorestar determinada área desmatada. Nesta situação, a natureza da obrigação impõe aquela área como local do pagamento, independentemente da convenção das partes em sentido contrário. Além disso, Rosenvald[188] traz como exemplo a empreitada, que somente pode ser realizada no local do imóvel;

4. a quarta exceção diz respeito às *circunstâncias*, as quais podem vedar o pagamento no domicílio do devedor (dívida quesível ou *quérable*). Como exemplo, a remuneração no estabelecimento de trabalho do credor. Ademais, circunstâncias concretas poderão se caracterizar como impeditivas ao pagamento no domicílio do devedor, tudo em razão do dinamismo das obrigações. As circunstâncias podem autorizar o credor a concluir que o devedor renunciou ao direito de receber o pagamento em seu domicílio. A mudança ou alteração de domicílio pelo devedor é outra circunstância que pode ser causa impeditiva para o pagamento em seu novo local de morada, principalmente se isto representar um alto custo ou enorme despesa para o credor. Por isso, neste caso, deverá prevalecer o domicílio do local da conclusão do negócio e não o atual domicílio do devedor.

Segundo a doutrina, as dívidas mistas seriam o meio-termo entre as portáveis e quesíveis, porque as partes estipulam um local neutro de pagamento, o que demandará o deslocamento de ambos, ou seja, em lugar que não corresponde à residência ou centro de atividade de nenhum dos interessados, de modo que devam se deslocar ambos, um para pagar e outro para receber, como em um cartório, por exemplo.

Finalmente, segundo dispõe o parágrafo único do art. 327 do CC, se designados dois ou mais lugares para o adimplemento, caberá ao credor escolher entre eles. Tal escolha corresponde a um direito subjetivo do credor que, no caso concreto, deverá ser ponderado com o princípio da boa-fé objetiva e função social. A relação obrigacional está conectada à ideia de solidariedade e mútua cooperação. Por isso, no momento da escolha, para não caracterizar o exercício abusivo de direito (art. 187), deverá o credor ponderar os interesses de ambas as partes e não apenas os seus próprios interesses econômicos. Até neste tipo de escolha deverá haver a devida cooperação, diante dos preceitos éticos inspiradores do sistema. Como é um direito subjetivo do credor, não se pode esquecer que a boa-fé objetiva impõe limites éticos ao exercício de direitos subjetivos (teoria do abuso de direito – art. 187). Feita esta ressalva, no caso de pluralidade de lugares, cabe ao credor a escolha.

O art. 328 constitui uma das exceções previstas no art. 327 em relação ao local de pagamento: "Se o pagamento consistir na tradição de um imóvel, ou em prestações relativas a imóvel, far-se-á no lugar onde situado o bem".

Assim, caso o pagamento consista na tradição ou entrega do próprio imóvel ou, ainda, em prestações relativas ao imóvel em si, como serviços de pintura, reparos em geral e outros serviços que só possam ser realizados no lugar do bem, o pagamento deve ser realizado no local onde o imóvel está localizado. No caso das prestações relativas ao imóvel, só abrange serviços realizados sobre o imóvel. As prestações decorrentes de relações obrigacionais não se submetem a esta regra, razão pela qual as partes podem dispor de forma diversa.

• **Lugar do pagamento e obrigação como processo dinâmico e funcional**

A evolução da "obrigação" implicou na alteração de sua característica, conteúdo, finalidade e, principalmente, de seu dinamismo. A alteração do contexto fático ou das circunstâncias durante o processo obrigacional poderá acarretar a modificação da própria obrigação ou de alguns aspectos desta. Há, portanto, durante o processo obrigacional (da formação à extinção), interação permanente, intensa e substancial entre a obrigação e o mundo exterior que a justifica e fundamenta, ou seja, entre a obrigação e os fatos concretos.

A obrigação acompanha o dinamismo destes fatos e pode-se alterar se houver necessidade de se adequar às novas características fáticas. O fato ou as ocorrências podem influenciar na obrigação. A função social da obrigação dependerá sempre da sua adequação à realidade fática.

---

[188] FARIAS, Cristiano Chaves de; ROSENVALD, Nelson. *Direito das obrigações*. 4. ed. Rio de Janeiro: Lumen Juris, 2010, p. 362.

Além disso, a alteração das condições obrigacionais poderá ser provocada também pela conduta comissiva ou omissiva dos sujeitos da relação, credor, devedor ou ambos. A conduta reiterada de um sujeito poderá criar uma expectativa legítima na outra parte e, após a consolidação de um processo de confiança mútua e recíproca, decorrente de conduta comissiva ou omissiva, esta passará a ter tutela estatal, fato capaz de provocar a alteração de disposições obrigacionais contrárias a esta conduta legítima geradora de confiança.

A modificação da obrigação pode decorrer *de alteração nas circunstâncias de fato ou na conduta dos sujeitos*. Isso poderá ocorrer em razão do princípio da boa-fé objetiva e do caráter dinâmico e funcional da relação obrigacional. Para ilustrar esse dinamismo da obrigação, o Código Civil de 2002, na seção destinada a disciplinar o "lugar do pagamento", inova com os arts. 329 e 330.

O art. 329 regula situação em que alterações substanciais e relevantes no contexto fático poderão implicar modificações em aspectos obrigacionais, no caso, do lugar do pagamento. Por outro lado, o art. 330 trata de hipótese onde a conduta do sujeito, reiterada e geradora de confiança, terá a força de modificar a obrigação.

Em relação à alteração da obrigação, por conta de modificações no contexto fático, dispõe o art. 329 do CC que, "ocorrendo motivo grave; para que se não efetue o pagamento no lugar determinado, poderá o devedor fazê-lo em outro, sem prejuízo para o credor".

A fim de que o fato tenha o poder de alterar um dos requisitos objetivos da obrigação, o lugar do pagamento, são necessários dois requisitos: 1– *motivo grave* e 2– *ausência de prejuízo ao credor*.

Em relação ao primeiro requisito, a Lei Civil, mais uma vez, traz um "conceito jurídico indeterminado"[189]: motivos graves. Desta forma, qualquer motivo grave que impeça o cumprimento da obrigação no lugar convencionado ou previsto em lei para a concretização do pagamento, justifica o adimplemento em localidade diversa, sem que isso possa caracterizar inadimplemento. De acordo com o art. 394, a mora se caracterizará se o pagamento não for realizado no lugar que a lei ou a convenção estabelecer. O fato "motivo grave" afasta a regra legal prevista no art. 394 se o pagamento for efetivado em local diverso. Por ser um conceito jurídico indeterminado, caberá ao intérprete integrar o conteúdo da expressão "motivo grave" com valores pessoais a fim de justificar a alteração deste pressuposto objetivo da relação obrigacional.

Há doutrinadores, como Paulo Nader[190], que defendem a tese de que o motivo grave deveria estar ligado a um fato do devedor, pois não teria sentido que o motivo grave advindo de força maior tivesse de ser suportado apenas pelo devedor. Em razão disso, conclui: "Entendo o art. 329 do CC mediante algumas distinções: a) se o motivo grave impeditivo do pagamento no lugar determinado é da responsabilidade do devedor, a alteração do lugar da execução não poderá proporcionar qualquer prejuízo ao credor; b) se, ao contrário, foi o credor quem gerou o motivo grave, a ele, e tão somente a ele, deverão ser imputados os prejuízos pela mudança do lugar do pagamento; c) se o motivo grave foi decorrência de caso fortuito, força maior ou fato do príncipe, as despesas adicionais deverão ser compartilhadas pelo devedor e credor".

Essa interpretação de que o motivo grave previsto no art. 329 é apenas aquele provocado pelo devedor é conservadora, pois restringe a possibilidade de admitir que muitos motivos graves provoquem modificações nos aspectos da relação obrigacional. O objetivo da norma não é a imputação dos prejuízos para este ou aquele sujeito, mas apenas evidenciar que um motivo grave decorrente da conduta do devedor, do credor ou de um fortuito, é capaz de mudar o lugar do pagamento. O fato "motivo grave" influencia na obrigação. Isso deve ser ressaltado. A questão atinente ao prejuízo para o credor poderá ser interpretada de acordo com a origem do motivo grave, pois, se foi o credor o responsável pelo motivo, por óbvio deverá suportar eventual prejuízo. A ausência ou não de prejuízo ao credor e a origem do motivo grave ou causa deste não pode restringir a aplicação concreta do conceito aberto trazido pelo legislador. Desta forma, qualquer motivo grave, independentemente da origem, pode levar à alteração do lugar do pagamento, com a ressalva de que os motivos oriundos de uma conduta do credor ou de força maior também não poderão prejudicar o devedor, diante da solidariedade e mútua cooperação das relações obrigacionais.

O princípio da boa-fé objetiva deverá nortear a conduta das partes. Segundo Celso Quintella Aleixo[191], a boa-fé de ambas as partes deve novamente ocupar posição de destaque, devendo estas agir de modo cooperativo para que sejam alcançadas as legítimas finalidades da obrigação. Se o credor insistir em alguma exigência abusiva e inútil, esta não deve ser merecedora de tutela jurídica.

A gravidade do motivo deverá ser analisada em cada caso concreto, mas não se poderá admitir o exercício abusivo da posição jurídica, sob pena de violação do princípio da boa-fé objetiva.

Quanto ao segundo requisito, impõe o art. 329 que o pagamento em local diverso somente se justificará se não houver prejuízo ao credor. No caso, o requisito deve ser interpretado de acordo com os valores constitucionais, ou seja, somente o prejuízo econômico grave ao credor poderia impedir o pagamento em lugar diferente daquele determinado pela lei ou convencionado pelas partes. Além disso, essa questão relativa ao prejuízo deverá ser mitigada se o motivo grave foi causado por uma conduta do próprio credor ou se decorrente de força maior. Na

---

[189] Essa ideia de conceito jurídico indeterminado, em termos técnicos, não é correta, pois se é um conceito não poderia ser indeterminado. Há uma contradição em termos. Entretanto, essa nomenclatura é consagrada na doutrina brasileira.

[190] NADER, Paulo. *Curso de direito civil – Obrigações*. Rio de Janeiro: Forense, 2019. v. II, p. 336-337.

[191] ALEIXO, Celso Quintella. Pagamento (arts. 304 a 314 e arts. 319 a 333). In: TEPEDINO, Gustavo (coord.). *Obrigações*: estudos na perspectiva civil-constitucional. Rio de Janeiro: Renovar, 2005, p. 298.

primeira situação, o credor suportará o prejuízo e o devedor estará autorizado a pagar em local diverso. Na hipótese de caso fortuito, não poderá haver prejuízo considerável para qualquer das partes, credor e devedor, por ocasião do pagamento.

Por exemplo, o devedor "A" se compromete a entregar (prestação de dar) determinado veículo para o credor "B" na cidade "Z", no dia 15-1-2011. No entanto, por conta de chuvas que ocorreram nos dias anteriores, a cidade ficou ilhada, sem qualquer possibilidade de acesso. Não há como entregar o veículo para o credor na referida cidade por conta de um "motivo grave" – chuvas que impedem o acesso à cidade (presente o primeiro requisito). Todavia, a cidade vizinha, a menos de 5 km, onde o credor também tem uma casa, não foi atingida pelas chuvas. Neste caso, o pagamento, feito neste outro local, não implicará qualquer prejuízo ao credor (segundo requisito). Portanto, circunstâncias fáticas alteraram o lugar do pagamento.

Finalmente, o lugar do pagamento também poderá ser alterado em decorrência de uma conduta comissiva ou omissiva de um dos sujeitos da relação obrigacional (de acordo com o comportamento do sujeito no processo obrigacional).

Assim dispõe o art. 330: "O pagamento reiteradamente feito em outro local faz presumir renúncia do credor relativamente ao previsto no contrato".

Sem correspondente no Código Civil de 1916, a norma em comento pretende evidenciar que a conduta reiterada do sujeito durante o processo obrigacional gera expectativa e confiança na outra parte e esta, ao aceitar passivamente conduta diversa da prevista na obrigação, neutraliza a eficácia da cláusula relativa ao lugar do pagamento para que este local seja o correspondente ao comportamento dos sujeitos e não ao previsto na obrigação.

Por exemplo, "A" e "B" fazem um contrato de trato sucessivo e execução continuada (os contratos de execução instantânea não se ajustam ao dispositivo porque a norma exige reiteração de condutas) para entrega de mercadorias na cidade de Brasília – DF. Esse é o lugar de pagamento previsto no contrato onde "A" deverá entregar para "B", todo mês, as mercadorias. No entanto, logo no início da execução do contrato, "A" passa a entregar as mercadorias na cidade de Luziânia – GO, onde "B" tem uma filial, cujo local é de acesso mais fácil para "A". "A", todo mês, ou seja, reiteradamente, faz a entrega em Luziânia, local diverso do previsto na obrigação. Por outro lado, o credor "B", de forma passiva, passa a receber as mercadorias neste outro local. Esta conduta omissiva de "B" gera no devedor "A" a confiança de que "B" concordou tacitamente em alterar o local do pagamento. Se, após dois anos da entrega de mercadorias em Luziânia, "B" resolve fechar a sua filial nesta cidade e exigir o cumprimento da prestação no lugar que havia sido convencionado no contrato (Brasília), essa pretensão não terá tutela estatal, pois caracterizará abuso de direito (*venire contra factum proprium*).

O comportamento omisso de "B" gerou em "A" uma expectativa e confiança, que tiveram o poder de neutralizar a eficácia da cláusula contratual que previa o pagamento em Brasília – DF. Se "B" exigir que "A" entregue as mercadorias em Brasília, após dois anos de omissão, agirá em contrariedade ao seu comportamento anterior, que gerou confiança na esfera jurídica de "A", o que caracteriza *venire contra factum proprium*. Tal comportamento contraditório é vedado pelo princípio da boa-fé objetiva. No exemplo, a conduta inicial e omissa de "B" provocou a supressão (*supressio*) do direito subjetivo de receber em Brasília e, em consequência, surgiu um novo direito (*surrectio*), o de "A" efetivar o pagamento em local diferente, Luziânia. A *supressio* deriva da confiança.

A *supressio*, portanto, é a supressão da situação de direito que, em certas circunstâncias, não tendo sido exercido durante determinado período, não pode mais sê-lo, por ser a sua exigência contrária à boa-fé.

No caso específico do art. 330, o legislador traz um exemplo de *supressio* e *surrectio* na disciplina sobre o lugar do pagamento, fato que evidencia o dinamismo das relações obrigacionais. Para que haja incidência da regra em questão, é essencial que o pagamento possa ser realizado em local diverso, o que exclui, por exemplo, a hipótese de pagamento que tenha por objeto a entrega de imóvel, cujo local deverá, necessariamente, ser o da situação do bem. Além disso, é essencial uma conduta reiterada, continuada, cuja análise de tempo deverá ser realizada pelo julgador em cada caso concreto. Se o credor, de forma passiva, aceita o pagamento realizado em outro local, estará neutralizada a eficácia da cláusula do contrato referente ao lugar do pagamento.

Portanto, a boa-fé novamente ocupa posição de destaque. O pagamento reiteradamente feito em outro local faz presumir a "renúncia" do credor ao lugar previsto no contrato (ao invés de renúncia, seria melhor utilizar a expressão perda da eficácia das disposições convencionadas). O princípio da boa-fé objetiva exigirá do intérprete a análise do comportamento que, reiteradamente verificado, cria na outra parte a legítima confiança quanto à dinâmica e continuamente renovada disciplina contratual.

• **Tempo do pagamento**

O último e derradeiro pressuposto objetivo do adimplemento é o "tempo" ou o momento em que deverá ser efetivamente concretizado. O Código Civil, nos arts. 331 a 333, disciplina o "tempo do pagamento", por meio de regras gerais e específicas.

Tal pressuposto é de extrema relevância, tendo em vista que a caracterização da mora ou do inadimplemento, na maioria das vezes está relacionada ao cumprimento tardio da prestação ou simplesmente ao não adimplemento no tempo previsto. De acordo com o art. 394, considera-se em mora o devedor que não efetuar o pagamento e o credor que não quiser recebê-lo no tempo que a lei ou a convenção estabelecer. Portanto, há íntima conexão entre o pressuposto objetivo do pagamento (tempo) e a teoria do inadimplemento.

Em regra, em função do princípio da autonomia privada, o qual impera soberano neste pressuposto objetivo, o pagamento poderá ser concretizado no tempo convencionado pelas partes. O tempo do pagamento é de livre pactuação, conforme se extrai da norma de natureza dispositiva inserida em nossa Lei Civil, no art. 331. Tal regra tem caráter supletivo, pois somente poderá ser invocada se as partes nada convencionaram sobre o tempo do pagamento ou se não houver nenhuma disposição legal em sentido contrário. Ausente a convenção e qualquer disposição legal específica, o credor está autorizado a exigir o pagamento de imediato.

Deste modo, a pergunta é: Quem estabelece o dia do vencimento? As partes, a lei, em algumas hipóteses, e, ausente uma e outra, o art. 331 do CC.

A possibilidade de "exigência imediata" suporta variação de acordo com a complexidade da obrigação e, por isso, deve ser compatível com o prazo necessário para a realização do trabalho, nos casos de obrigação de fazer. Neste sentido explica Caio Mário[192]: "A instantaneidade é, com efeito, arredada pela própria natureza da prestação, quando ocorre incompatibilidade entre a sua realização e a própria obrigação. Embora sem prazo, ninguém dirá que um trabalho complexo possa de pronto ser exigido, se a sua execução mesma demanda tempo".

A exigibilidade da pretensão pelo credor está relacionada ao vencimento. O prazo é estipulado pelas partes, pela lei ou pela própria natureza do negócio. Nas obrigações sujeitas a prazo, encerrado este, ocorre o vencimento da prestação e, desde esse momento, poderá ser exigida, mediante o exercício de uma pretensão direcionada ao adimplemento.

A fixação do dia do vencimento pode ser realizada pelas partes, lei ou natureza da prestação. Seriam os modos de determinação, nas palavras de Orlando Gomes[193] (negocial, natural e legal).

Para Judith Martins-Costa[194], na fixação convencional as partes podem estabelecer o dia de vencimento nos negócios bilaterais e unilaterais, nos quais podem fixar o momento (termo) para realização da prestação ou estabelecer um lapso temporal (prazo) para que se cumpra. Em outra hipótese, a própria lei fixa o vencimento, por meio de termo, prazo ou condição. Assim ocorre em relação às dívidas fiscais e salariais (normas imperativas). Por fim, o prazo natural é aquele em que a própria natureza da prestação impõe o momento de seu vencimento. Há prestações que não podem ser cumpridas imediatamente, como é o caso das obrigações duradouras (os créditos que nascem dessas obrigações têm a característica de não nascer todos em um mesmo e único momento, mas ir-se incrementando ao longo do tempo). Nas obrigações cujo adimplemento é diferido e não há termo prefixado, em regra, a natureza da prestação impõe o termo, como é o caso da venda de coisa futura.

No que tange a outras situações de obrigações puras, relatam[195] que também há situações de termos legais: "(...) situações em que o próprio legislador tratou de discorrer sobre prazos fatais, buscando a segurança jurídica de relações jurídicas frequentes em sociedade, como no mútuo (art. 592, II), comodato (581 – prazo necessário para atender às finalidades do uso concedido) e locações (art. 23 da Lei n. 8.245/91 fixou o sexto dia útil do mês seguinte como prazo supletivo à cobrança de locação)".

Como se observa, o art. 134 do CC possui correlação com o art. 331. Segundo o art. 134, os negócios jurídicos entre vivos, sem prazo, são exequíveis desde logo, salvo se a execução tiver de ser feita em lugar diverso ou depender de tempo. O art. 134 traz exemplos em que a natureza da obrigação também poderá inibir a pretensão à exigibilidade imediata por parte do credor.

O art. 331 do CC, que impõe a satisfação imediata em caso de omissão das partes, ausência de disposição legal ou compatibilidade com a natureza da prestação, refere-se às obrigações puras, não sujeitas a termo.

Como já tivemos a oportunidade de ressaltar, o vencimento da obrigação está diretamente relacionado à teoria do inadimplemento. No entanto, o direito de exigibilidade imediata, na hipótese do art. 331, não implica, necessariamente, inadimplemento. Há correlação entre este dispositivo e a teoria da mora. Se não houver termo, a mora somente se constitui mediante interpelação judicial ou extrajudicial, nos termos do parágrafo único do art. 397. O que isso significa? O fato de o credor ter o poder de exigir imediatamente o cumprimento da prestação não significará que o devedor terá incorrido em mora e nos encargos correspondentes, se antes de exigir não providenciou a necessária interpelação.

Assim, será possível a exigência da prestação, independentemente da caracterização do inadimplemento. O princípio da satisfação imediata (art. 331) não é dependente do inadimplemento.

Por outro lado, o art. 332 do CC traz hipóteses de obrigação não pura, mas condicionais. A condição, de acordo com o art. 121 da Lei Civil, é a cláusula que deriva exclusivamente da vontade das partes e subordina o efeito do negócio jurídico a evento futuro e incerto. A eficácia do negócio fica subordinada ao implemento da condição, elemento acidental, evento futuro e incerto.

Nos termos do art. 332, "as obrigações condicionais cumprem-se na data do implemento da condição, cabendo ao credor a prova de que deste teve ciência o devedor".

O dispositivo trata de condição suspensiva, pois enquanto esta não se verificar, não poderá ser exigida a obrigação. As obrigações condicionais somente podem ser cumpridas quando houver o implemento da condição. O

---

[192] PEREIRA, Caio Mário da Silva. *Instituições de direito civil*. 20. ed. Teoria geral das obrigações. Rio de Janeiro: Forense, 2004. v. II, p. 196.

[193] GOMES, Orlando. *Obrigações*. 17. ed. (atualizada por Edvaldo Brito – coord.). Rio de Janeiro: Forense, 2007, p. 198.

[194] COSTA, Judith Martins. *Comentários ao novo código civil*. 2. ed. Rio de Janeiro: Forense, 2009. v. V, t. I, p. 388/392.

[195] FARIAS, Cristiano Chaves de; ROSENVALD, Nelson. *Direito das obrigações*. 4. ed. Rio de Janeiro: Lumen Juris, 2010.

princípio da autonomia privada permite que as partes incluam no negócio jurídico elementos acidentais, como uma condição suspensiva.

No tocante à relação entre solução antecipada e obrigações condicionais, Caio Mario[196] pondera que, embora sejam elas válidas e irrepetíveis, como regra, se a obrigação está sujeita a uma condição suspensiva, a solução antecipada permite ao devedor a repetição do pagamento, porque inexiste obrigação exigível enquanto não se verifica a *conditio*. Até então, não se sabe se o vínculo obrigacional será estabelecido e, *ipso facto*, se a prestação chegará a ser devida. Logo, pode o devedor demandar a restituição do que pagou, se o fez antes do evento a que a obrigação se subordinava.

Portanto, nas obrigações condicionais, além do implemento da condição suspensiva, quando o credor tiver adquirido o direito de exigir a prestação, deverá comprovar que o devedor teve plena ciência do implemento desta condição.

Se a obrigação é a termo, não é lícito ao credor exigir o seu cumprimento antes do advento deste. Aliás, tal conduta poderá implicar responsabilidade civil, nos moldes do art. 939 do CC (trata-se de uma sanção civil para o credor que demandar o devedor antes do vencimento da obrigação). No entanto, se o devedor, de forma voluntária, antecipa o pagamento nas dívidas sujeitas a termo, não haverá direito de repetição, pois este apenas subordina a eficácia do ato ou negócio a um evento futuro e certo, com a suspensão do exercício, mas não a aquisição do direito (art. 131). Como o direito subjetivo já existe, o pagamento é válido e eficaz, ainda que realizado antes do termo. Nada impede, nestes casos, o cumprimento antecipado, pois se presume a renúncia do prazo pelo devedor, nos termos do art. 133 do CC. Entretanto, como advertem Rosenvald e Chaves[197], esse pagamento antecipado poderá, com fundamento no princípio da boa-fé objetiva, redundar em algum benefício para o devedor, como o desconto proporcional dos juros, como já é expresso no art. 52, § 2º, do CDC, nas relações de consumo. Se o prazo for estabelecido em prol do credor, será lícita a recusa ao pagamento antecipado.

Ademais, nas obrigações sujeitas à condição suspensiva, o direito somente será adquirido com o seu implemento. A condição suspende não a mera exigibilidade, mas a própria aquisição. Por esta razão, o pagamento antes do seu implemento é indevido, uma vez que o direito subjetivo do credor ainda não foi concretizado e, por ser indevido, poderá o devedor, com fundamento no art. 876 do CC, exigir a repetição do indébito. Nos termos da 2ª parte do art. 876, o sujeito que recebe dívida subordinada a condição suspensiva, antes do implemento da condição, fica obrigado a restituir. O pagamento é indevido porque ainda não há direito subjetivo consolidado.

Como ressaltado, o art. 939 apenas impõe responsabilidade civil ao credor que demanda o devedor antes do vencimento da dívida fora dos casos permitidos em lei. Essa ressalva se justifica porque a lei permite, em alguns casos, a possibilidade de cobrar a dívida antes do vencimento, ou seja, há situações em que o credor poderá receber mesmo antes do termo previsto. Tais hipóteses excepcionais estão arroladas no art. 333 do CC.

O referido dispositivo indica três hipóteses legais de vencimento antecipado e, no parágrafo único, apresenta uma regra específica em relação às obrigações solidárias, onde, no caso de pluralidade de devedores, impõe a pessoalidade dos efeitos do vencimento antecipado.

1ª Hipótese: inciso I – no caso de falência do devedor, ou de concurso de credores

O inciso I determina o vencimento antecipado da obrigação no caso de falência do devedor empresário (só o empresário pode falir) ou no caso de concurso de credores em relação a devedor não empresário, como, por exemplo, a declaração de insolvência civil, nos termos dos arts. 748 a 786-A do CPC.

No que tange à falência, o art. 1º da Lei n. 11.101/2005, apenas admite a falência do devedor empresário (que exerce a empresa individualmente – art. 966 do CC) ou da sociedade empresária (agrupamento de pessoas que se unem para realizar atividade com fins econômicos e partilhar os lucros – arts. 966 e 981, ambos do CC). Com a instauração do processo falimentar, os credores, na forma do art. 83 da Lei de Falências, concorrerão aos ativos arrecadados. Nos termos do art. 115 desta lei, a decretação da falência sujeita todos os credores, que somente poderão exercer os seus direitos sobre os bens do falido e do sócio ilimitadamente responsável na forma que esta lei prescrever. Portanto, em razão do concurso obrigatório de credores, as dívidas vencem de forma antecipada. Como o devedor perde o direito de dispor dos próprios bens, não há justo motivo para aguardar o vencimento da dívida.

Por força do disposto no art. 49 da Lei de Falências, é possível afirmar que a recuperação judicial também provoca o vencimento antecipado de dívidas.

Concedida a recuperação judicial, todos os créditos, ainda que não vencidos, ficam a ela sujeitos. Além disso, embora estes créditos, vencidos de forma antecipada, conservem as condições originariamente contratadas ou definidas na lei, inclusive em relação a encargos, é possível que o plano de recuperação judicial (art. 50) venha a dispor de forma diferente e, se aprovado, os credores ficarão a ele sujeitos. Aliás, o plano de recuperação judicial implicará novação das dívidas (art. 59 da Lei de Falências).

O mesmo ocorre em relação à insolvência civil. Aliás, o art. 751 do CPC/73 possui absoluta correspondência com o art. 333, I, do CC. Segundo aquela norma, a declaração de insolvência civil do devedor produz o vencimento antecipado de suas dívidas (inciso I).

A insolvência civil pode ser de natureza real ou presumida. Na real, deverá o credor provar que as dívidas exce-

---

[196] PEREIRA, Caio Mário da Silva. *Instituições de direito civil*. 20. ed. Teoria geral das obrigações. Rio de Janeiro: Forense, 2004. v. II, p. 199.

[197] FARIAS, Cristiano Chaves de; ROSENVALD, Nelson. *Direito das obrigações*. 4. ed. Rio de Janeiro: Lumen Juris, 2010, p. 366.

dem a importância dos bens do devedor como condição da declaração de insolvência (art. 748 do CPC). Já a insolvência é presumida nas hipóteses do art. 750 do CPC, ou seja, quando, em execução, o devedor não possui bens livres e desembaraçados para serem penhorados ou se houver arresto de bens, com fundamento no art. 813, I, II e III, do CPC. Declarada a insolvência civil, o devedor perde o direito de administrar os seus bens e deles dispor até a liquidação total da massa. No mesmo sentido é o art. 955 do CC. O art. 1.052 do CPC/2015, dispõe que até edição de lei específica, as execuções contra devedor insolvente continuam a ser reguladas pelos arts. 748 a 786-A do CPC/73.

2ª Hipótese: II – se os bens, hipotecados ou empenhados, foram penhorados em execução por outro credor

Nesta hipótese, como condição para o vencimento antecipado das dívidas, é indispensável a presença de dois pressupostos. Em primeiro lugar, uma dívida garantida por penhor ou hipoteca (garantias reais), em que o bem dado em garantia fica sujeito, por vínculo real, ao cumprimento da obrigação (art. 1.419 do CC). Em relação a estas garantias reais, o pagamento de uma ou mais prestações não importa exoneração correspondente da garantia, ainda que compreenda vários bens (princípio da indivisibilidade). Segundo, os bens dados em garantia devem ser objeto de penhora em execução proposta por outro credor.

Presentes estes dois pressupostos (bem dado em garantia e penhora destes mesmos bens por outro credor em execução ajuizada por este), poderá o credor exigir a dívida imediatamente ou de forma antecipada. Qual a razão disso?

A resposta está no art. 1.422 do CC, o qual garante ao credor pignoratício ou hipotecário o direito de preferir, no pagamento, a outros credores. Se estes bens dados em garantia foram penhorados por outro credor, para concretizar a garantia e o direito de preferência, deverão excutir a coisa empenhada ou hipotecada, mediante execução judicial do devedor. Esse vencimento antecipado será necessário para que os credores com garantia real, em concorrência com outros credores, por ocasião do pagamento, possam fazer valer o seu título legal de preferência. É justamente para poder participar deste concurso de credores que o CPC impõe ao credor a cientificação, com 10 dias de antecedência, daquele com garantia real, que não seja parte na execução. Essa cientificação prévia é condição para a realização da adjudicação ou alienação do bem do executado. A arrematação, inclusive, pode se tornar sem efeito, se ausente tal cientificação. O credor com garantia real também pode adjudicar o bem penhorado, objeto da garantia.

A penhora dá ao exequente o direito de preferência sobre o bem penhorado, mas no concurso de credores, devem prevalecer as garantias reais anteriores, o que significa o vencimento antecipado da dívida.

Neste momento, importante ressaltar que, além das hipóteses previstas no art. 333 em relação ao credor com garantia real, o art. 1.425 do CC, também nas situações de dívidas sujeitas a garantia real, permite o vencimento antecipado em caso de deterioração ou depreciação do bem dado em garantia; se o devedor cair em insolvência ou falir; se as prestações não forem pontualmente pagas, toda vez que deste modo se achar estipulado o pagamento; se perecer o bem dado em garantia e não for providenciada a substituição ou se houver desapropriação do bem dado em garantia, hipótese na qual se depositará parte do preço que for necessária para o pagamento integral do credor. Em complemento, o art. 1.426 do CC dispõe que, nas hipóteses do art. 1.425, de vencimento antecipado da dívida, não se compreendem os juros correspondentes ao tempo ainda não decorrido.

Apenas para registrar, é nula a cláusula que autoriza o credor pignoratício ou hipotecário a ficar com o objeto da garantia caso a dívida não seja paga no vencimento. É a vedação ao pacto comissório (art. 1.428 do CC).

Em conclusão, como o objetivo da norma é garantir o direito de preferência dos credores pignoratício e hipotecário nesta situação, em caso de penhora destes bens por outro credor, a dívida se vencerá de forma antecipada.

3ª Hipótese: III – se cessarem, ou se tornarem insuficientes, as garantias do débito, fidejussórias, ou reais, e o devedor, intimado, se negar a reforçá-las

Nesta última hipótese prevista no art. 333, III, do CC, a dívida está garantida por fiança (natureza pessoal) ou hipoteca, penhor ou anticrese (natureza real) e, que por algum motivo, cessam ou se tornam insuficientes. Este é o primeiro requisito. Após a cessação ou a insuficiência destes bens dados em garantia real ou pessoal, o devedor, cientificado, se nega a reforçá-las, o que provoca o vencimento antecipado da dívida.

A garantia pode cessar por vários motivos. No caso da fiança, esta pode cessar com a morte do fiador, uma vez que a obrigação dos herdeiros do fiador é limitada ao tempo decorrido até a morte dele e, em nenhuma hipótese, poderá ultrapassar as forças da herança (art. 836 do CC). Além disso, pode cessar se o fiador resolver denunciar a fiança concedida sem limitação de tempo, mediante resilição unilateral, na forma do art. 835 da Lei Civil. Nos termos do art. 826 do CC, se o fiador se tornar insolvente ou incapaz, poderá o credor exigir que seja substituído e, em caso de recusa, incidirá a sanção civil prevista no art. 333, III, da mesma lei. No caso das garantias reais, podem cessar ou se tornar insuficientes no caso de perecimento ou deterioração. Nestas situações, o devedor deverá reforçar ou substituir as garantias pessoais ou reais e, em caso de recusa, a consequência será o vencimento antecipado da dívida.

Em comentários a esta hipótese, Judith Martins-Costa[198] afirma que, na formação de certos negócios, o credor pondera em aceitá-lo, dependendo das garantias e, por isso, se estabelece uma relação de confiança e equivalência entre as partes. Se isso desaparece pela cessação ou dimi-

---

[198] COSTA, Judith Martins. *Comentários ao novo código civil*. 2. ed. Rio de Janeiro: Forense, 2009. v. V, t. I, p. 407-408.

nuição das garantias, "a base negocial se vê comprometida, causando, então, a exigibilidade do crédito antes do termo aprazado. Isto só ocorrerá, contudo, se o devedor negar-se a reforçar as garantias". Em atenção ao princípio da boa-fé objetiva, no caso de diminuição da garantia, esta deverá ser considerável ou substancial, pois a diminuição mínima não dá ao credor o direito de exigir reforço ou a dívida imediatamente. Por óbvio, se a causa do desaparecimento ou diminuição da garantia estiver relacionada a uma conduta do credor, não haverá possibilidade deste exigir o vencimento antecipado da dívida, em atenção ao princípio da boa-fé objetiva.

Esses são os casos em que o credor poderá demandar o devedor ou exigir o cumprimento da obrigação antes do vencimento. Como já ressaltado, o Código Civil não limita a este artigo as hipóteses de vencimento antecipado, pois o art. 1.425 também dispõe sobre esta matéria, na seara dos direitos reais de garantia.

Se o credor não estiver amparado legalmente para exigir a obrigação antes do vencimento da dívida, incorrerá na sanção prevista no art. 939 do CC, ou seja, ficará obrigado a esperar o tempo que restava para o vencimento, deverá descontar os juros correspondentes e, ainda, pagar em dobro as custas do processo.

Finalmente, o parágrafo único do art. 333 estabelece uma regra especial destinada às obrigações solidárias, para o caso de algum dos devedores solidários incorrer em qualquer das três hipóteses legalmente previstas. Na solidariedade passiva há pluralidade de devedor e, diante do vínculo subjetivo que se estabelece entre eles, todos são devedores do todo (art. 275 do CC). Entretanto, em que pese tal regra geral, no caso de algum dos devedores solidários se encontrar nas situações fáticas previstas no art. 333, o vencimento antecipado terá efeitos pessoais, ou seja, somente vinculará o devedor solidário falido ou insolvente, cujos bens hipotecados ou empenhados foram penhorados ou que teve garantia real ou pessoal cessada ou tornada insuficiente. Não haverá vencimento antecipado em relação aos demais devedores, contra os quais o credor deverá aguardar o vencimento regular da obrigação. Aliás, não importará renúncia da solidariedade a propositura de ação, pelo credor, primeiro contra o devedor cuja dívida venceu antecipadamente e, caso não tenha êxito, o direcionamento da ação contra os demais, após o regular vencimento da dívida (parágrafo único do art. 275).

O afastamento da regra geral da solidariedade em relação ao credor por regras especiais não constitui novidade no parágrafo único do art. 333. A responsabilidade por perdas e danos também tem caráter e efeitos pessoais na solidariedade passiva (art. 279). Os devedores solidários solventes não poderão ser prejudicados pelo outro devedor.

Em síntese, nas hipóteses previstas no art. 333 do CC, em caso de solidariedade passiva, o vencimento antecipado somente repercutirá na esfera jurídica do devedor insolvente. Em razão da pessoalidade dos efeitos, os demais devedores têm os seus direitos preservados e, por isso, somente poderão ser cobrados após o regular vencimento da obrigação.

2.10.2. Pagamento indireto ou especial. Modalidades: Consignação em pagamento. Sub-rogação. Dação em pagamento. Imputação de pagamento. Novação. Compensação. Remissão

2.10.2.1. Introdução

A teoria do adimplemento tem como espécies o pagamento direto, também denominado "voluntário" ou "meio normal de satisfação do direito subjetivo de crédito" e o pagamento indireto, o qual também leva à extinção da relação jurídica obrigacional. As modalidades de pagamento indireto assim são rotuladas e adjetivadas tendo em vista as peculiaridades, nuances, especificidades e características próprias e bem definidas que individualizam cada um dos institutos jurídicos relacionados a esses pagamentos especiais.

Os tipos de pagamento indireto ou especial, em relação ao cumprimento da prestação objeto da obrigação, se considerados sob a perspectiva dos sujeitos (credor e devedor), também se subdividem em pagamento satisfativo (satisfação efetiva da prestação devida, com a entrega de algum objeto) e pagamento não satisfativo (adimplemento sem a entrega de qualquer objeto).

Na primeira categoria podem ser incluídos os institutos da consignação em pagamento (arts. 334 a 345), sub-rogação (arts. 346 a 351), imputação de pagamento (arts. 352 a 355) e dação em pagamento (arts. 356 a 359).

Por outro lado, na categoria dos pagamentos não satisfativos, onde a obrigação é extinta sem a entrega de qualquer objeto para satisfação efetiva da prestação devida e inicialmente pactuada, estão a novação (arts. 360 a 367), a compensação (arts. 368 a 380), a confusão (arts. 381 a 384) e a remissão (arts. 385 a 388).

A subdivisão dos pagamentos indiretos em satisfativos e não satisfativos não pode ser considerada apenas em relação ao cumprimento da prestação ou à utilidade desta para o credor. Todas as modalidades de pagamento indireto, sem exceção, levam à extinção da obrigação. Adimplemento ocorre, mas de forma especial. Nos pagamentos indiretos não satisfativos, a "especialidade" é o adimplemento ou pagamento sem a entrega de qualquer objeto.

A diferença é que, nas denominadas modalidades "não satisfativas", não há, por parte do devedor ou de terceiros, entrega material do bem da vida objeto da obrigação, inicialmente pactuado, ou qualquer outro bem de natureza diversa. A obrigação será extinta, mas sem a satisfação daquela prestação originária e sem a entrega de prestação de qualquer outro objeto.

A satisfação e a extinção da obrigação nestes casos envolverão algumas peculiaridades. Na novação, cria-se uma nova obrigação sem a entrega material do objeto ajustado inicialmente em relação à obrigação que foi extinta. Da mesma forma, na compensação, por meio de créditos e débitos recíprocos, a obrigação se extingue sem a entrega material do objeto da obrigação compensada e extinta. Na confusão e na remissão também não há cumprimento efetivo da prestação com a entrega material do objeto.

No entanto, ao contrário do que se supõe, a novação, a compensação, a confusão e a remissão são espécies de adimplemento. O adimplemento ou pagamento se efetiva, no caso concreto, de uma forma ou de outra. No entanto, tal adimplemento se dá *sem a efetivação da prestação ajustada na origem da obrigação ou sem a entrega de qualquer outro objeto*.

O devedor não cumpre a prestação originariamente pactuada, mas a obrigação é extinta por um novo acordo (novação), por um meio de defesa (compensação), por uma situação de fato (confusão) ou, finalmente, por um ato de liberalidade e conveniência do credor (remissão – perdão). É isso apenas. Inexiste a dificuldade que alguns tentam impor a este assunto específico. Nestes casos, não se entrega ao credor nenhum objeto. Ou seja, a extinção se dá sem a entrega do objeto devido ou de qualquer outro objeto.

Nos pagamentos especiais, denominados satisfativos, o devedor ou terceiro entrega a prestação efetiva, nas hipóteses de consignação, sub-rogação e imputação; ou outra prestação, diversa da originariamente pactuada, como é o caso da dação em pagamento. Por isso, as diferenças entre as modalidades de pagamento indireto estão relacionadas à entrega ou não de algum objeto para a extinção da obrigação.

Em conclusão, nos pagamentos indiretos satisfativos, há a entrega efetiva de algum objeto para o sujeito oposto e, nos pagamentos indiretos não satisfativos, a obrigação é extinta em definitivo, mas sem a entrega de qualquer objeto (por acordo, como meio de defesa, confusão ou perdão).

Por isso, não parece correto diferenciar as modalidades de pagamentos indiretos ou especiais em adimplemento com pagamento e sem pagamento. Em todas as modalidades haverá pagamento ou adimplemento. A diferença é que o adimplemento ou se dará com a entrega de algum objeto (que pode ou não coincidir com o originalmente pactuado – na dação em pagamento não há essa coincidência) ou sem a prestação ou entrega efetiva de qualquer objeto.

2.10.2.2. Consignação em pagamento

2.10.2.2.1. Introdução e conceito

A consignação em pagamento inaugura o capítulo dos pagamentos especiais ou meios indiretos de adimplemento. O instituto da consignação é disciplinado nos arts. 334 a 345 do CC, normas de direito material e arts. 539 a 549 do CPC/2015, cujos dispositivos regulam a questão instrumental ou a forma de ser viabilizada a tutela processual. Por conta deste dualismo de fontes normativas, a doutrina, majoritariamente, defende *a natureza mista (instituto de direito material e direito processual) da consignação em pagamento*.

A consignação é meio judicial ou extrajudicial de se viabilizar o pagamento quando há algum obstáculo criado pelo credor ou por outras circunstâncias de fato capazes de impedir o pagamento regular pelo devedor ou por terceiro. A consignação, que viabiliza o direito de adimplir, pode se basear em dois fundamentos: ausência de cooperação do credor ou segurança no adimplemento.

A ideia fundamental relacionada ao instituto é o depósito. Consignar nada mais é do que depositar a coisa devida (objeto da prestação de coisa – bem da vida é uma coisa), nas hipóteses estabelecidas no art. 335 do CC e, na forma disciplinada pela lei processual (arts. 539 a 549 do CPC), quando for necessário o depósito judicial.

O depósito, regularmente efetivado, levará à extinção da obrigação, com a liberação do devedor ou terceiro e a satisfação do credor. Portanto, a consignação tem poder liberatório. A consignação evidencia que o adimplemento, mais do que dever jurídico, é direito subjetivo do devedor ou de determinados terceiros.

A consignação consiste em oferta real, pois a promessa ou a mera declaração de que a coisa ou soma devida se encontra à disposição do credor são insuficientes para a liberação. Assim, o depósito efetivo da coisa devida é essencial para a liberação. Neste sentido se diz "oferta real", ou seja, entrega efetiva da coisa mediante depósito.

Na lição de Paulo Nader[199], a consignação pode ser definida como um "ato jurídico pelo qual o devedor, diante da impossibilidade de pagar ao credor, libera-se da obrigação, depositando a coisa devida que pode ser dinheiro, coisas móveis ou imóveis". Assim, a consignação em pagamento é o instituto jurídico colocado à disposição do devedor ou de terceiros específicos para que, ante o obstáculo ao recebimento criado pelo credor ou quaisquer outras circunstâncias impeditivas do pagamento, exerça, por depósito da coisa devida, o direito subjetivo de adimplir a prestação, liberando-se do liame obrigacional.

A definição da consignação é dada pelo art. 334 do CC, segundo o qual: "Considera-se pagamento, e extingue a obrigação, o depósito judicial ou em estabelecimento bancário da coisa devida, nos casos e forma legais".

No entanto, não é qualquer depósito que tem eficácia liberatória. Para que o depósito extinga a obrigação, libere o devedor ou terceiro e satisfaça o credor, é indispensável que estejam presentes os pressupostos enumerados pelo Código Civil para a eficácia da consignação (esta é a condição para sua equiparação a um pagamento), conforme se verá.

Aliás, o próprio art. 334 condiciona a eficácia do depósito e a extinção da obrigação à observância dos "casos" (hipóteses previstas no art. 335 do CC e pressupostos do art. 336) e da "forma legal" (regras processuais e instrumentais para o depósito judicial – arts. 539 a 549 do CPC).

2.10.2.2.2. Natureza jurídica da consignação

A consignação em pagamento é instituto de direito material e processual, portanto é inequívoca sua natureza mista.

O Código Civil está afinado com a legislação processual, pois passou a prever e admitir a consignação extrajudicial, quando o objeto da prestação for dinheiro. Este meio de viabilização da consignação, da mesma forma que a judicial, terá eficácia liberatória (arts. 334 do CC e 539, *caput* e §§ 1º e 2º, do CPC).

---

[199] NADER, Paulo. *Curso de direito civil – Obrigações*. Rio de Janeiro: Forense, 2019. v. II.

Com bem ressalta Judith Martins-Costa[200]: "Entendemos que esta forma de liberação do devedor constitui tema de direito material: é antes de tudo, uma forma de extinção das obrigações: o depósito que se faz com eficácia liberatória não é um ato processual por excelência, pois, inclusive, permite-se a liberação por esta via sem nenhuma intervenção judicial, desde que não impugnado o depósito. (...) hoje se pode afirmar que a matéria atine aos dois campos, cabendo ao Direito Civil disciplinar o poder liberatório da oferta real e ao direito processual regular a sua parte formal".

2.10.2.2.3. Direito subjetivo de consignar e obrigação como processo

A consignação em pagamento é desdobramento da obrigação como processo polarizado ao adimplemento. Nessa nova concepção, a obrigação é processo dinâmico e funcional, onde credor e devedor são titulares de direitos e deveres fundamentais. O adimplemento atrai e polariza a relação obrigacional. Além do dever relativo à prestação principal, credor e devedor possuem deveres de conduta, decorrentes do princípio da boa-fé objetiva, o que exige a análise interna e concreta da relação jurídica obrigacional.

Neste contexto dinâmico e funcional da obrigação, *o adimplemento não é apenas um dever, mas, principalmente, um direito subjetivo daquele responsável pelo pagamento*. Consignar a coisa devida, mediante depósito, judicial ou extrajudicial, é exercer direito subjetivo, qual seja, o direito de adimplir, principalmente porque o depósito regular faz cessar os juros da dívida e transfere para o credor todos os riscos sobre a coisa objeto da prestação, conforme previsão do art. 337 do CC.

Ao exercer este direito de cumprir a prestação pactuada, haverá liberação do vínculo obrigacional ou do liame que atrela os polos ativo e passivo da obrigação. Portanto, nesta nova concepção da obrigação como processo, os sujeitos devem se auxiliar mutuamente para o adimplemento. Esse dever de cooperação recíproco direcionado ao adimplemento não pode ser violado por qualquer das partes. A consignação pode se justificar a partir de dois fundamentos: ausência de cooperação e segurança.

Algumas hipóteses de consignação, previstas no art. 335 do CC, estão relacionadas a uma conduta inadequada do credor, como são os casos dos incisos I e II. Nestas situações, onde não há a necessária cooperação do credor para o adimplemento, o ordenamento jurídico proporciona ao devedor ou a terceiro (art. 304, *caput* e parágrafo único, do CC), mecanismo eficiente para a liberação do vínculo e satisfação do débito, que é a consignação, mediante o depósito do bem, objeto da prestação.

Nestes casos de não cooperação, concordamos com o magistério de Judith Martins-Costa[201], de que são "fundamentos do pagamento em consignação a quebra do dever de cooperação, por parte do credor, e a facilitação do adimplemento, para o devedor". Se houver dificuldade de adimplir por conta de um comportamento inadequado do credor (ausência de cooperação deste), passa o devedor a ter o direito subjetivo de consignar, e o depósito será equiparado ao pagamento se estiverem presentes os pressupostos de direito material e processual.

Nas demais hipóteses previstas no art. 335, III, IV e V, também o devedor ou o terceiro terão o direito subjetivo de consignar a coisa devida, mediante depósito. Entretanto, nestas hipóteses legais, o fundamento não seria a ausência de cooperação do credor, mas circunstâncias de fato que tornam a consignação um meio seguro de pagamento.

O fundamento dos incisos III, IV e V é a segurança do pagamento, ou seja, a cautela e a diligência para que o adimplemento seja eficaz. Se houver algum problema pessoal com o credor ou se este residir em local perigoso ou de difícil acesso, ou se houver dúvida sobre a pessoa do credor ou pender litígio sobre o objeto do pagamento, a consignação será importante para proteger o direito subjetivo de adimplemento do devedor ou do terceiro. É uma forma de tutelar os interesses econômicos daquele que deseja adimplir a obrigação.

Como bem resume Orlando Gomes[202], o pagamento por consignação é uma técnica que se apresenta para o devedor como meio de se liberar ou libertar da obrigação quando houver alguma circunstância que impeça o pagamento direto ao credor.

2.10.2.2.4. Objeto a ser consignado e consignação judicial e extrajudicial

Segundo dispõe o art. 334 do CC, a consignação se viabiliza pelo depósito judicial ou extrajudicial da coisa devida. O Código Civil apenas admite a consignação de coisas. A questão a ser colocada é a seguinte: as prestações podem ser de dar, fazer e não fazer. Ao admitir apenas a consignação de coisa, é possível afirmar que as prestações de fazer ou de não fazer são incompatíveis com essa técnica de liberação do débito e extinção da obrigação?

A resposta merece uma reflexão rápida. Não há dúvida de que, normalmente, a consignação mediante depósito exigirá coisa materializada, corpórea, um objeto propriamente dito. Portanto, as obrigações de dar sempre poderão ser consignadas, sejam as coisas móveis ou imóveis.

A princípio, as obrigações de fazer e não fazer, por se referirem a prestação de serviço ou abstenção de um fato, não poderiam ser consignadas, diante da redação expressa do art. 334. Entretanto, *é possível admitir a consignação em obrigação de fazer, quando o "fazer" ou o serviço a ser prestado puder ser materializado em uma coisa*. Em várias obrigações de fazer, exaurido o serviço, se este estiver materializado em um objeto bem definido, numa coisa, será possível a consignação. Por exemplo, se "A" contrata o pintor "X" para

---

[200] COSTA, Judith Martins. *Comentários ao novo código civil*. 2. ed. Rio de Janeiro: Forense, 2009. v. V, t. I.

[201] COSTA, Judith Martins. *Comentários ao novo código civil*. 2. ed. Rio de Janeiro: Forense, 2009. v. V, t. I.

[202] GOMES, Orlando. *Obrigações*. 17. ed. (atualizada por Edvaldo Brito – coord.). Rio de Janeiro: Forense, 2007.

pintar uma tela e este executa o serviço, o fazer estará materializado em uma coisa, ou seja, em um quadro. Nesta situação, se o credor "A", sem justo motivo, se recusar a receber o objeto, poderá essa obrigação de fazer ser consignada, com o depósito da tela.

Portanto, se a obrigação de fazer implicar entrega material (consequente "dar" ou "fazer"), será possível a consignação. Caso a obrigação de fazer não se concretize materialmente, tal meio de pagamento não é admitido. Nas lições de Judith Martins-Costa[203], "não se pode depositar atividade, salvo se ao fazer se seguir um dar, isto é, quando a prestação de fazer tiver de executar-se mediante a entrega do resultado da atividade do devedor, ou estiver articulada com uma prestação de dar".

As obrigações de não fazer não comportariam a consignação, pois, nestas, o devedor se obriga a uma abstenção (art. 251). Não haveria como efetivar o depósito de uma obrigação negativa ou de uma abstenção, que é imaterial ou abstrata. Como bem ressalta Paulo Nader[204], "em nenhuma hipótese as obrigações de não fazer comportam o depósito, uma vez que o objeto da prestação não se materializa em coisas, embora seja suscetível de avaliação econômica".

Tais questões se referem ao depósito judicial.

Noutra vertente, *o Código Civil passou a admitir o depósito extrajudicial*. Tal modo de consignação pode ser viabilizado pela disciplina jurídica prevista no art. 539 e parágrafos do CPC.

Neste caso específico, se o devedor ou o terceiro fizer a opção pela consignação extrajudicial, o objeto a ser depositado é ainda mais restrito. Na doutrina prevalece o entendimento de que tal depósito somente seria possível quando o objeto da prestação fosse uma quantia pecuniária, dinheiro. Isto porque o art. 539, § 1º, do CPC restringe o depósito extrajudicial à obrigação em dinheiro.

Na intelecção deste dispositivo, "tratando-se de obrigação em dinheiro, poderá o devedor ou terceiro optar pelo depósito da quantia devida, em estabelecimento bancário oficial (...)". O Código Civil, no art. 334, apenas se refere ao "estabelecimento bancário", mas não faz a mesma restrição da lei processual. Por conta disso, alguns doutrinadores civilistas passaram a entender que não mais persiste a limitação do depósito extrajudicial à quantia pecuniária, devendo ser admitido o depósito de qualquer coisa que possa ser depositada em estabelecimento bancário, como títulos, joias, dentre outros bens corpóreos.

Essa divergência ainda não foi dirimida pelos Tribunais, pois o depósito extrajudicial, infelizmente, ainda não teve o alcance desejado pela reforma processual, cujo objetivo era criar um meio de solução rápida e eficaz em busca da pacificação social. Isso nos remete a uma constatação: a população ainda desconfia da eficiência de meios alternativos de solução de conflitos, como ocorreu com a arbitragem, por exemplo, que, contestem ou não, "não pegou". E mais, nas raras vezes que tal modo de consignação foi escolhido, o objeto depositado era o dinheiro. Assim, a questão sobre a limitação do objeto da coisa a ser depositada extrajudicialmente ainda está em aberto.

Em nossa opinião, a questão é simples: O depósito extrajudicial é instituto mais vinculado ao direito material do que ao direito processual, justamente pelo fato de ser "extrajudicial". Portanto, devem as leis instrumentais regular a viabilização deste tipo de consignação, mas não tratar do objeto a ser depositado. Tal questão é puramente de direito material.

O Código Civil, no art. 334, admite o depósito, judicial ou extrajudicial, de qualquer coisa devida e não apenas de dinheiro. A lei civil cuida do objeto a ser depositado, das suas hipóteses de admissão e dos seus pressupostos, sendo que a lei processual apenas deve regular a forma do depósito. A restrição ao objeto somente é possível pela lei de direito material e não pela lei processual. Portanto, não apenas dinheiro, mas qualquer coisa devida, compatível com o depósito extrajudicial, pode ser viabilizada por esse meio de consignação.

O Código de Processo Civil, nos §§ 1º a 4º do art. 539, trata do procedimento do depósito extrajudicial, que é uma faculdade do devedor. Efetivado o depósito, o devedor ou terceiro deverá cientificar o credor, por AR, assinando o prazo de 10 dias para recusa, que correrá da data da ciência. O AR deve ostentar o nome do destinatário, sob pena de invalidade. Na carta onde se cientifica o credor, deve constar o objeto do depósito, com todos os esclarecimentos necessários sobre a relação obrigacional, como origem da dívida, nome do credor e do devedor, finalidade do depósito, bem como o prazo de 10 dias para recusa, sob pena de liberação.

No depósito extrajudicial, a recusa do credor deve ser feita por escrito. Decorridos 10 dias sem a recusa, o devedor estará liberado da obrigação, ficando à disposição do credor a quantia depositada (§ 2º do art. 539). Em caso de divergência sobre a tempestividade da recusa, somente a demanda judicial pode resolver a pendência. Havendo recusa, o devedor ou terceiro poderá propor, dentro de 30 dias (a partir do momento em que o depositante toma conhecimento da recusa), a ação de consignação, instruindo a petição inicial com a prova do depósito e da recusa. Se a ação não for proposta neste prazo, a consequência será apenas a ineficácia do depósito e, por isso, o depositante poderá levantá-lo. O decurso deste prazo não impede a posterior consignação judicial. Não há decadência do direito ao depósito, mas perda da eficácia apenas.

O depósito extrajudicial é uma faculdade do devedor ou do terceiro e não uma obrigação. De imediato, poderá ser eleita a via judicial para a liberação do débito. Trata-se apenas de uma forma alternativa de solução de conflitos. Ou seja, o recurso à via judicial não está condicionado ao esgotamento prévio da via extrajudicial.

Por fim, no caso de consignação, mediante depósito, judicial ou extrajudicial, a correção monetária é automática. Nesse sentido a Súmula 271 do STJ: "A correção mo-

---

[203] COSTA, Judith Martins. *Comentários ao novo código civil*. 2. ed. Rio de Janeiro: Forense, 2009. v. V, t. I.

[204] NADER, Paulo. *Curso de direito civil – Obrigações*. Rio de Janeiro: Forense, 2019. v. II.

netária dos depósitos judiciais independe de ação específica contra o banco depositário".

Em relação ao objeto, a coisa a ser depositada poderá ser indeterminada. De acordo com o art. 342 do CC, neste caso, se a escolha da coisa indeterminada competir ao credor, será citado para esse fim. Não existe a possibilidade de adimplir coisa incerta (genérica). Antes do adimplemento, é essencial a individualização e identificação da coisa. O ato pelo qual se converte coisa incerta em coisa certa é a escolha. A escolha, em regra, cabe ao devedor (art. 244 – nas coisas determinadas pelo gênero e pela quantidade, a escolha pertence ao devedor, se o contrário resultar do título), mas nada impede que as partes pactuem que a escolha é de responsabilidade do credor.

Se a escolha de coisa determinada pelo gênero e quantidade couber ao próprio devedor, não se aplica a regra do art. 342. Até porque o devedor escolheria a coisa e efetivaria o depósito de coisa certa. O art. 342 depende de duas premissas: 1– a coisa devida é determinada apenas pelo gênero e quantidade; 2– a escolha é do credor.

Se o credor não efetiva a escolha, a retarda ou simplesmente se recusa a escolher, o devedor poderá, com base no art. 342, citar o credor para este fim, ou seja, para exercer o poder de escolher, sob pena de perder o direito de escolha. Caso seja citado e não faça a escolha, perde o direito e tal poder é transferido ao devedor, que depositará a coisa de acordo com seu interesse. Se o credor citado não escolhe, perde o direito e o devedor passa a ter o poder de escolha e, com isso, depositará a coisa que ele, devedor, escolher. A consignação é utilizada como meio para liberação do devedor, quando a escolha de coisa determinada pelo gênero e quantidade couber ao credor e este for omisso em relação ao dever de escolha. Enquanto não ocorre a escolha, o devedor continua vinculado à obrigação. Após o devedor fazer a escolha, devido à omissão do credor, será este para receber a coisa depositada onde estiver, sob pena de ser depositada a coisa escolhida. A partir deste momento, o procedimento é o mesmo do depósito de obrigação de dar coisa certa.

2.10.2.2.5. Pressupostos para eficácia da consignação e sua equiparação a pagamento

A consignação, judicial ou extrajudicial, somente será equiparada a pagamento e extinguirá a obrigação, se preenchidos os pressupostos objetivos e subjetivos sem os quais o pagamento regular não seria eficaz.

Explica-se: o Código Civil, nos arts. 304 a 333, dispõe sobre os pressupostos subjetivos (relacionados aos sujeitos – credor e devedor) e objetivos (princípios, lugar do pagamento, tempo do pagamento etc.) essenciais para que o pagamento seja considerado eficaz. A eficácia do pagamento corresponde à liberação do devedor, satisfação do credor, com o rompimento do vínculo jurídico de direito material e a consequente extinção da obrigação. Portanto, a eficácia do pagamento é condicionada ao preenchimento destes pressupostos.

Para que a consignação, mediante depósito, seja considerada pagamento "por equiparação", com a extinção da obrigação, deve ostentar os mesmos pressupostos subjetivos e objetivos previstos nos arts. 304 a 333, sem os quais o pagamento normal ou regular não seria eficaz.

Neste sentido é o art. 336 do CC: "Para que a consignação tenha força de pagamento, será mister concorram, em relação às pessoas, ao objeto, modo e tempo, todos os requisitos sem os quais não é válido o pagamento".

E quais são estes requisitos? Aqueles previstos nos arts. 304 a 333 do CC. O referido artigo condiciona a eficácia da consignação ao preenchimento dos mesmos pressupostos impostos para um pagamento eficaz. E a razão é simples: a consignação é pagamento "por equiparação". Os pressupostos em relação às pessoas são aqueles previstos nos arts. 304 a 312, objeto (arts. 313 a 326), lugar (arts. 327 a 330) e tempo (arts. 331 a 333). Portanto, há uma conexão do art. 336 com todos estes dispositivos da teoria geral do adimplemento, os quais devem ser transportados para a análise da consignação.

2.10.2.2.6. Pressupostos objetivos e subjetivos para a equiparação da consignação a pagamento

• **Pressupostos subjetivos**

Legitimidade ativa para a consignação: o pagamento pode ser efetivado pelo devedor, seu representante (legal ou convencional) ou por terceiro, na forma dos arts. 304 a 307 e 336 ("sujeitos") do CC. Portanto, o devedor e o terceiro possuem legitimidade ativa para a consignação, mediante depósito judicial ou extrajudicial. Em relação ao terceiro, somente o interessado (aquele que, de alguma forma, está vinculado à obrigação e pode suportar as consequências do inadimplemento) ou o terceiro não interessado, que paga em nome do devedor, possuem legitimidade para consignar, conforme previsão do art. 304, *caput*, da Lei Civil ("Qualquer interessado na extinção da dívida pode pagá-la, usando, se o credor se opuser, dos meios conducentes à exoneração do devedor"). Dentre estes "meios conducentes" está a consignação em pagamento. O terceiro não interessado que paga em nome do devedor, ou seja, que faz uma liberalidade (doação mesmo), possui igual direito de consignar, nos termos do parágrafo único do mesmo art. 304.

Excepcionalmente, o credor também terá legitimidade ativa para a consignação. No entanto, neste caso específico e extraordinário, será uma consignação atípica ou "às avessas", "invertida", pois o credor não efetivará o depósito, mas provocará o devedor a realizar esse depósito. Tal exceção está prevista no art. 345 do CC ("Se a dívida se vencer, pendendo litígio entre credores que se pretendem mutuamente excluir, poderá qualquer deles requerer a consignação"). No caso de litígio entre os credores, envolvendo disputa do crédito, qualquer credor poderá requerer a consignação e não consignar. Por isso, é uma consignação "invertida".

Neste caso, o credor não irá consignar ou depositar a coisa devida, mas requerer a quem de direito o faça. O devedor será comunicado ou citado para realizar o pagamento em juízo, para não correr o risco de pagar a quem não seja o legítimo credor. Então, na hipótese prevista no art. 335, V, devedor, terceiro ou o próprio credor terão legitimidade ativa para a consignação, com a peculiaridade retromencionada.

- **Legitimidade passiva para a consignação**

A referência do art. 336 aos "sujeitos" também envolve os legitimados passivos para a consignação. Conforme os arts. 308 a 312 do CC, o legitimado passivo para a consignação é o credor ou seu representante.

No caso de solidariedade ativa, a consignação pode ser ajuizada contra qualquer dos credores. O litisconsórcio será facultativo, pois o vínculo de solidariedade é uno (teoria unitária do vínculo de solidariedade). Em sendo eficaz para extinção do vínculo obrigacional, o pagamento realizado a qualquer dos credores solidários, na forma do art. 268, da mesma forma, será eficaz o pagamento, por consignação, quando, no polo passivo, estiver qualquer dos credores solidários.

Por outro lado, nas obrigações indivisíveis, diante da regra prevista no art. 260 do CC, todos os credores devem integrar o polo passivo da consignação. Neste caso haverá, por força de lei, litisconsórcio necessário.

Como o próprio Código Civil considera eficaz o pagamento efetivado ao credor putativo, em homenagem ao princípio da boa-fé objetiva, é possível considerar legítima a consignação em face do credor aparente. É o caso das administradoras de imóveis, conforme ressalta a doutrina. Nas precisas palavras de Judith Martins-Costa[205], pode não haver mandato nas hipóteses de pagamento de aluguéis a empresas administradoras, "a situação será a existência de mandato tácito ou de gestão de negócios. Do princípio da boa-fé, conectada ao uso do tráfico surge, ao credor, o dever de aceitar o pagamento feito ao intermediário". Finalmente, na hipótese excepcional de consignação prevista no art. 345 os credores em litígio também serão considerados partes legítimas para integrar o polo passivo da consignação.

- **Pressupostos objetivos**

Objeto: a eficácia do pagamento depende da obediência aos princípios estabelecidos nos arts. 313 (qualidade do objeto) e 314 (quantidade do objeto). O primeiro trata da identidade da coisa devida e o segundo da integralidade ou indivisibilidade do pagamento.

Assim, em conexão com o art. 336 do CC, o depósito por meio da consignação, para ser eficaz, deve corresponder exatamente ao objeto e à integralidade da prestação (princípio da identidade ou exatidão), sendo ineficaz sem tais requisitos. O pagamento ou o depósito parcial, assim como a entrega ou o depósito de coisa diversa da pactuada, não possui efeito liberatório.

O depósito deve corresponder à totalidade da dívida, incluindo eventuais acessórios. A procedência da ação de consignação em pagamento depende da correlação entre prestação devida e prestação depositada. Se houver divergência, tanto quanto à natureza quanto ao valor, a consignação deve ser rejeitada.

Essa questão passa a ter grande relevância quando a obrigação tem por objeto dinheiro. Quando a coisa devida não é dinheiro, não há grandes dificuldades no preenchimento deste requisito. No caso de coisa diversa de dinheiro, ou a coisa é depositada de acordo com o pactuado, caso em que será procedente o pedido, ou não é, e assim será improcedente.

No entanto, quando a prestação é de quantia pecuniária, são infindáveis as controvérsias sobre o objeto da consignação, em especial para fins processuais, fato que repercutirá nas verbas de sucumbência. Atualmente, é comum a discussão de cláusulas contratuais, em especial a abusividade destas, em ações autônomas de consignação ou em pedidos de consignação cumulados com revisão de contrato.

Há um equívoco grave que normalmente é cometido por juízes e Tribunais nesta matéria quando a prestação envolve dinheiro. Deve-se partir de uma premissa básica: como condição para a procedência integral da consignação, o depósito deve corresponder aos princípios da identidade e integralidade (arts. 313 e 314 do CC).

O devedor ou terceiro deverá depositar a coisa que considera ou entende ser a devida. Por exemplo, se em uma obrigação de prestação periódica o devedor ou terceiro depositar R$ 300,00 (entende ser este o valor correto), mas ao final se apura ser correto o valor de R$ 400,00, o depósito não terá sido integral e, por isso, a consignação será rejeitada ou julgada improcedente. Ocorre que, nestes casos, o Judiciário, de forma equivocada, tende a acolher em parte o pedido, para a extinção parcial da obrigação.

Não há procedência parcial e sim improcedência total da demanda na hipótese retromencionada. É óbvio que a obrigação está extinta parcialmente no plano do direito material, mas o objeto da demanda ou o litígio é a diferença entre o valor depositado (incontroverso) e o valor pretendido pelo credor. Para fins processuais, haverá sucumbência total do devedor ou terceiro, que terão de arcar com as custas e com os honorários de advogado. Como o valor depositado não é objeto de controvérsia, mesmo improcedente a consignação em razão do desrespeito a este pressuposto objetivo, poderá o credor levantar a quantia depositada (incontroversa), com a consequente liberação parcial do autor (no plano material).

Essa confusão entre os planos material e processual da consignação implica consequências nefastas, principalmente em relação a verbas de sucumbência, pois, se o devedor deposita R$ 300,00, mas o credor diz que são R$ 400,00 e, no final, o juízo chega à conclusão de que o valor correto é R$ 400,00, o objeto do litígio, que é a diferença entre os R$ 300,00 e os R$ 400,00, foi rejeitado na íntegra e, embora depositada uma parte, a sucumbência será integral. A procedência somente será parcial se houver o acolhimento de alguma pretensão do consignante no que diz respeito à diferença, objeto do litígio. Por exemplo, se o devedor deposita R$ 300,00, mas o credor considera correto R$ 400,00 e o juiz chega à conclusão de

---

[205] COSTA, Judith Martins. *Comentários ao novo código civil.* 2. ed. Rio de Janeiro: Forense, 2009. v. V, t. I.

que o valor correto são R$ 350,00, neste caso, a sucumbência será parcial.

É de clareza solar o § 1º do art. 545, que permite o levantamento da quantia ou coisa depositada, com liberação parcial do devedor, prosseguindo o processo quanto a parcela controvertida. O litígio é sobre a diferença e não sobre o valor depositado, que é incontroverso. Por isso a lei processual autoriza o levantamento imediato, independentemente do resultado da demanda.

Aliás, o *caput* do art. 545 do CPC, na linha da efetividade do processo, no caso da contestação se restringir à não integralidade do depósito (art. 546, IV, hipótese em que o credor tem o dever de indicar o valor que considera devido), autoriza ao autor da ação completá-lo, no prazo de 10 dias, salvo se corresponder a uma prestação cujo inadimplemento acarrete a rescisão do contrato. O STJ, finalmente, após anos, resolveu, no âmbito de recursos repetitivos, fixar tese para dizer o óbvio: "Em ação consignatória, a insuficiência do depósito realizado pelo devedor conduz ao julgamento de improcedência do pedido, pois o pagamento parcial da dívida não extingue o vínculo obrigacional" (Tema 967 – Recurso Especial n. 1.108.058-DF). Ainda em relação ao objeto do depósito, os Tribunais, de uma maneira geral, admitem a discussão sobre a liquidez da dívida, mediante a interpretação das cláusulas contratuais. É o que ocorre normalmente em ações de revisão de contrato cumuladas com a consignação em pagamento ou nas consignatórias, onde se discute amplamente a extensão, os limites e a eventual abusividade das cláusulas contratuais.

Nestas ações de prestações periódicas, em razão dos encargos contratuais, surgem as mais diversas divergências sobre o valor correto da prestação. Ao ajuizar a ação de consignação em pagamento, o valor depositado deve corresponder à integralidade da dívida correta. Portanto, deverá ser depositado o valor líquido e certo que o devedor ou terceiro entende ser o justo ou correto.

Como ressalta Judith Martins-Costa[206], "o devedor pede o depósito daquilo que entende devido, segundo o contrato ou outro título, e não, necessariamente, do que o credor tem como devido".

Não se admite a consignação de um valor ilíquido. Para ser admitida a consignação, a obrigação deve ser certa e líquida. O objeto e o *quantum* devem estar definidos. Entretanto, na instrução da consignação essa liquidez pode ser objeto de discussão por conta de eventuais abusos contratuais ou encargos excessivos, ilegais e indevidos.

Discutir a liquidez é analisar o valor correto e não transformar a consignação em uma ação de liquidação. O *devedor irá depositar a quantia que considera devida e não aquela pretendida pelo credor. Esse valor inicialmente depositado deve ser líquido sob a perspectiva de quem deposita, ou seja, deve corresponder a um valor determinado*. Se o valor depositado pelo devedor ou terceiro for considerado correto, o pedido é procedente e a obrigação será extinta. Caso contrário, haverá improcedência total (ou procedência parcial, se for aceito algum valor entre a quantia depositada pelo devedor e a pretendida pelo credor), conforme já ressaltamos.

Como bem esclarece Guilherme Nogueira da Gama[207], "o devedor poderá depositar a quantia que considera devida, ainda que o credor discorde do valor depositado, sendo que, no curso do processo, haverá avaliação de qual é a correta quantia que permite reconhecer o depósito integral da prestação". Até porque, como lembra o mesmo autor, a consignação em pagamento tem natureza declaratória a respeito da existência da relação jurídica, bem como do *quantum* da dívida.

No mesmo sentido a professora Alice dos Santos Soares[208], segundo a qual "é certo que para que se obedeça ao pressuposto da liquidez da dívida, cabe interpretação das cláusulas contratuais, mas limitada a discussão a respeito do débito com o seu respectivo valor".

O STJ permite a discussão ampla do valor depositado, inclusive quando este valor envolve a interpretação de cláusulas contratuais, como aquela que trata dos juros (capitalização de juros, taxa de juros remuneratórios, cumulação com outros encargos etc.). No entanto, o valor depositado, o qual pode ser objeto de discussão, deve ser certo e líquido sob o ponto de vista do depositante por ocasião do ajuizamento da ação. Para defender a correção do valor depositado, o consignante pode travar a mais ampla discussão sobre os termos da obrigação que o levam a considerar aquele valor correto (REsp n. 919.243/SP).

Em relação a este pressuposto objetivo, é indispensável a última ressalva. A obrigação é atualmente considerada um processo dinâmico e funcional, norteada pelo princípio da boa-fé objetiva, o qual impõe deveres de conduta para todos os sujeitos integrantes da obrigação. Neste diapasão, é possível considerar como depósito "integral" o depósito "substancial", em consonância com a teoria do adimplemento substancial.

Se tal adimplemento "substancial" evita a resolução da obrigação, da mesma forma o depósito integral o evitará, embora seja ressalvado ao credor, na própria sentença, o direito ao eventual saldo mínimo remanescente (em analogia ao § 2º do art. 545 do CPC). Para extinção da obrigação, o depósito substancial não será suficiente. Deverá ser complementado para a liberação integral da dívida, mas é suficiente para impedir a resolução da obrigação.

2.10.2.2.7. Consignação e prazo

A consignação deverá ser efetivada no prazo previsto para o pagamento, na forma dos arts. 331 a 333 do Código Civil. Todavia, mesmo em mora, será possível ao devedor ou ao terceiro a consignação, desde que seja agregada à coisa devida e depositados os encargos decorrentes da

---

[206] COSTA, Judith Martins. *Comentários ao novo código civil*. 2. ed. Rio de Janeiro: Forense, 2009. v. V, t. I.

[207] GAMA, Guilherme Calmon Nogueira. *Direito civil:* obrigações. São Paulo: Atlas, 2008.

[208] SOARES, Alice dos Santos. Pagamento indireto ou especial. In: TEPEDINO, Gustavo (org.). *Obrigações:* estudos na perspectiva civil-constitucional. Rio de Janeiro: Renovar, 2005.

mora, como juros, correção monetária, cláusula penal, entre outros.

Se a dívida for quesível e o credor não for mandar nem receber, estará ele em mora e, neste caso, poderá o devedor ou terceiro consignar a qualquer tempo. Em sendo a obrigação portável, o pagamento deverá ser realizado pelo devedor no dia do vencimento pactuado pelas partes ou, em caso de omissão do prazo, imediatamente, sendo devida a prestação antes do vencimento nas hipóteses do art. 333 do CC.

A mora não impede a consignação, mas o depósito deverá ser integrado pelos encargos dela decorrentes. É o caso do denominado inadimplemento relativo (a obrigação não foi cumprida, mas é passível de cumprimento e ainda há interesse do credor no seu cumprimento). O próprio STJ[209], em inúmeras ocasiões, admitiu a consignação de dívidas vencidas ou que estejam em atraso[210].

Entretanto, na hipótese de mora do devedor, a consignação terá restrição. Essa limitação é justamente a utilidade da coisa a ser depositada para o credor. Nas palavras de Guilherme Gama[211], "ainda que o devedor tenha incorrido em mora ao deixar de cumprir a prestação na data do vencimento, poderá ser feito o pagamento em consignação enquanto houver utilidade da prestação para o credor".

A utilidade para o credor está relacionada à possibilidade do adimplemento e ao interesse do credor no objeto da obrigação. A possibilidade deve ser apreciada sob os aspectos físico e jurídico. Nas dívidas em dinheiro, por exemplo, sempre será possível o cumprimento da prestação. Todavia, não basta a possibilidade, sendo essencial o interesse do credor. Se o credor, com fundamento na mora ou no inadimplemento, já promoveu ação requerendo a resolução do pacto, está a demonstrar ausência de interesse no cumprimento da obrigação e, por este motivo, não seria pertinente a consignação.

2.10.2.2.8. Consignação e lugar

O pagamento, para ser eficaz, deverá ser realizado nos lugares previstos nos arts. 327 a 330 do CC. Em correspondência com estes dispositivos, alojados na parte que disciplina o "lugar do pagamento", o art. 337 do CC dispõe que o depósito deverá ser requerido no lugar do pagamento, regra idêntica àquela disposta no art. 540 do CPC. O respeito ao lugar é um dos pressupostos objetivos para a eficácia do depósito e a consequente extinção da obrigação. Em regra, o local do pagamento é o domicílio do devedor (dívida quesível), mas poderá ser pactuado o domicílio do credor como o local do pagamento. Como já analisada em tópico próprio (teoria do adimplemento), a regra geral do local do pagamento pode ser excepcionada pela convenção das partes, imposição ou previsão legal, a natureza da obrigação ou as circunstâncias do caso (art. 327 do CC).

De acordo com o disposto no art. 341 do CC, "se a coisa devida for imóvel ou corpo certo que deva ser entregue no mesmo lugar onde está, poderá o devedor citar o credor para vir ou mandar recebê-la, sob pena de ser depositada". Aliás, tal regra é afinada com o disposto no art. 328, segundo o qual o pagamento consistente na tradição de imóvel deverá ser efetivado no lugar onde estiver situado o bem. Isto porque o imóvel, quando objeto da obrigação de dar coisa, não é passível de deslocamento.

É desdobramento do disposto nos arts. 327 a 330 para a consignação que tal pressuposto restará preenchido.

Em resumo, presentes os pressupostos subjetivos e objetivos, o pagamento por consignação será eficaz e acarretará a extinção da obrigação, na forma dos arts. 334 e 336 do CC.

O pagamento em consignação somente será permitido nas situações especificadas em lei, o que muitos doutrinadores consideram como requisito objetivo da consignação. Portanto, a lei material somente admite a consignação em pagamento nas hipóteses arroladas no art. 335, em rol taxativo. E quais são estas hipóteses nas quais a consignação pode ser levada a efeito, desde que preenchidos os pressupostos subjetivos e objetivos, sem os quais o pagamento é ineficaz? Art. 336 do CC?

2.10.2.2.9. Hipóteses legais de consignação (ausência de cooperação ou segurança)

De acordo com o art. 335, a consignação tem lugar:

I – se o credor não puder, ou, sem justa causa, recusar receber o pagamento, ou dar quitação na devida forma;

Neste inciso estão disciplinadas três situações distintas. Na primeira, o credor, por algum motivo, está impossibilitado de receber a prestação. Esta impossibilidade pode ser física (acometido de uma doença, por exemplo) ou até jurídica (foi declarado insolvente ou falido e, por isso, perdeu a administração de seu patrimônio).

Na segunda situação, o credor, sem qualquer motivo ou causa justa, simplesmente se recusa a receber o pagamento. Se a recusa do credor for injusta poderá ser caracterizada sua mora, com as consequências previstas no art. 400 do CC. Em relação à "justiça" ou "injustiça" da recusa, esta deve ser analisada sob uma perspectiva objetiva, e não subjetiva. Se dois sujeitos pactuam contrato de financiamento em prestações no valor de R$ 500,00, para o credor o justo será receber a quantia de R$ 500,00. Esta é uma análise meramente subjetiva, sob a ótica exclusiva do credor. No entanto, a "justiça" ou "injustiça" da recusa será verificada em termos objetivos, da prestação em si. Se o devedor, nesta hipótese, entende que o correto são R$ 400,00 e não R$ 500,00 e, ao final da consignatória, for verificado que o valor era R$ 400,00, como pretendia o devedor, a recusa do credor deverá ser considerada injusta. Somente haveria justa causa para a recusa se o devedor pretendesse pagar valor inferior ao devido, em termos objetivos, e não valor inferior àquele pretendido pelo credor.

---

[209] AgRg no REsp 817.530/RS.
[210] AgRg no REsp 817.530/RS; AgRg no REsp 884.668/RS; e REsp 764.745/PR.
[211] GAMA, Guilherme Calmon Nogueira. *Direito civil*: obrigações. São Paulo: Atlas, 2008.

De acordo com o magistério de Judith Martins-Costa[212]: "A expressão recusar receber deve, pois, ser entendida em sentido lato, significando falta de aceitação ao recebimento, englobando também o silêncio do credor. Sua extensão deve ser mensurada à vista das próprias funções e finalidades do instituto do pagamento em consignação. (...). Não será injusta a recusa, por outro lado, se o devedor estiver em mora *debitoris*, desde que a mora tenha atingido a utilidade da prestação para o credor. Não é, pois, qualquer mora que justifica a recusa, mas a que pode ser qualificada nos termos do Parágrafo único do art. 395 do CC".

Na terceira e última hipótese deste inciso, o credor aceita a prestação, mas, sem qualquer justo motivo, recusa dar a quitação na forma prevista no art. 320 do CC.

Nestes casos, a defesa do credor girará em torno da "justiça" da recusa, conforme o inciso II do art. 896 do CPC. Se o credor provar que a recusa foi justa, por ser o valor insuficiente, por exemplo, a consignação será julgada improcedente. Nestas duas últimas situações, não há, por parte do credor, a devida cooperação. A quitação regular constitui direito subjetivo do devedor e, por esta razão, ausente a devida cooperação do credor, esta recusa injusta pode ser motivo suficiente para a consignatória.

II – se o credor não for, nem mandar receber a coisa no lugar, tempo e condição devidos;

Nesta hipótese, trata-se de obrigação quesível, ou seja, aquela em que o pagamento deve ser efetuado no domicílio do devedor (art. 327). Ao tempo do vencimento, deverá o credor, pessoalmente ou por meio de um representante, receber a coisa no lugar e na condição pactuada, qual seja, domicílio do devedor. O não cumprimento desta obrigação colocará o credor em mora com as perversas consequências previstas no art. 400 do CC, sem prejuízo de se sujeitar à consignação em pagamento. Neste caso, também há violação da boa-fé objetiva pela ausência de cooperação.

Nas dívidas quesíveis o credor tem de se deslocar ao lugar do adimplemento. A recusa do credor em "ir buscar" o pagamento no domicílio do devedor, caracterizará mora *accipiendi*, que elide a do devedor. Nos termos do art. 394 do CC, considera-se em mora o credor que não quiser receber no lugar que a lei ou a convenção estabelecer.

No que tange à prova, com razão Paulo Nader[213] ao afirmar que sendo "a dívida *quérable* o ônus da prova será do credor. A este caberá a comprovação de que compareceu ou mandou alguém ao encontro do devedor, a fim de receber o pagamento".

III – se o credor for incapaz de receber, for desconhecido, declarado ausente, ou residir em lugar incerto ou de acesso perigoso ou difícil;

Segundo o art. 310 do CC, em regra, não é eficaz o pagamento ou adimplemento realizado para credor incapaz, seja esta incapacidade relativa ou absoluta. No entanto, como o devedor ou terceiro tem o direito subjetivo de adimplir a obrigação, nesta situação, a liberação da obrigação deverá ser viabilizada por meio de consignação em pagamento. Se o incapaz estiver devidamente representado ou assistido, não haverá necessidade da consignação, pois será eficaz o adimplemento a quem o representa ou o assiste[214]. A dúvida objetiva e razoável sobre a legitimidade do representante ou assistente do incapaz também poderá ser motivo para a consignação nesta hipótese.

Em outra vertente, o credor pode ser desconhecido, como no caso de morte do credor primitivo, sem que o devedor saiba quem são os herdeiros do crédito. Para se liberar da obrigação de forma segura, o Código Civil abre ao devedor a possibilidade de consignar a coisa devida, mediante depósito judicial ou extrajudicial. O pagamento somente é eficaz se destinado ao legítimo credor. Em caso de dúvida, resta ao devedor ou terceiro a consignação como meio eficaz de liberação e extinção da obrigação.

A consignação, nestas situações, é relevante, porque, com o depósito cessa, para o depositante, os juros da dívida e, principalmente, os riscos sobre a coisa objeto da obrigação, salvo se a ação for julgada improcedente (art. 337 do CC).

Na terceira hipótese prevista neste inciso, se o credor for declarado ausente (a ausência se caracteriza quando estão presentes os requisitos previstos nos arts. 22 e 23 do CC) e o devedor pretender a liberação da obrigação antes da definição dos herdeiros do ausente (arts. 22 a 39 do CC), poderá efetivar, por depósito, a consignação da coisa devida, com o que estará transferindo ao credor ausente ou aos seus herdeiros os riscos sobre a coisa depositada (art. 337 do CC). Apenas uma ressalva: se o curador nomeado pelo juiz para gerir o patrimônio do ausente receber poderes para dar quitação, nesta hipótese não haverá necessidade da consignação em pagamento diante da legitimidade do curador em receber as quantias devidas ao ausente (arts. 24 e 25 do CC). Se o devedor desconhece o curador e a extensão de seus poderes, estará legitimado para promover a consignação.

Por fim, se o credor residir em lugar incerto ou cujo acesso é perigoso ou difícil, é possível utilizar a consignação em pagamento para viabilizar a extinção da obrigação. Aqui os conceitos jurídicos são indeterminados, pois caberá ao credor, em um primeiro momento, e ao juiz, quando analisar a consignação, verificar o que é "lugar incerto", "acesso perigoso" ou "acesso difícil".

Caracteriza-se o local incerto quando o credor transfere o seu domicílio e não informa ao devedor. É diferente das hipóteses do inciso III, pois neste caso o local é in-

---

[212] COSTA, Judith Martins. *Comentários ao novo código civil*. 2. ed. Rio de Janeiro: Forense, 2009. v. V, t. I, p. 436.

[213] NADER, Paulo. *Curso de direito civil – Obrigações*. Rio de Janeiro: Forense, 2019. v. II, p. 353.

[214] Neste sentido, Judith Martins-Costa esclarece que, se o credor tiver quem o represente ou o assista, o pagamento será ao representante, ou ao que assiste o menor. Assim sendo, a hipótese ora versada diz com o credor incapaz que não tem representante (COSTA, Judith-Martins. *Comentários ao novo código civil*, 2. ed., Rio de Janeiro: Forense, v. V, t. I, p. 441).

certo para o devedor, mas conhecido por outras pessoas, que têm notícias de seu paradeiro (ou seja, não é juridicamente ausente).

O acesso perigoso pode se dar naquelas situações em que o credor reside em área de conflito, guerra civil, ou com obstáculos naturais. No caso concreto, caberá ao juiz verificar se a consignação é legítima e se tais hipóteses estão caracterizadas. Não há como definir, abstratamente, tais conceitos indeterminados.

IV – se ocorrer dúvida sobre quem deva legitimamente receber o objeto do pagamento;

Neste caso, vários sujeitos se apresentam como credores de uma determinada obrigação e, se houver dúvida razoável sobre quem efetivamente é o legítimo credor, poderá o devedor ou terceiro consignar a coisa devida, mediante depósito.

O Código de Processo Civil, em seu art. 547, viabiliza a consignação se ocorrer tal hipótese em concreto.

A dúvida pode estar relacionada à pessoa do credor ou aos poderes daquele que se apresenta como representante do credor. Sobre este inciso, são precisas as observações de Judith Martins-Costa[215]: "A incerteza pode ser objetiva ou subjetiva, não exigindo nem a Lei Civil nem a processual (art. 895 do CPC) que a dúvida seja séria ou fundada, mas que seja razoável. Isto significa dizer que não há de ser qualquer dúvida, presa exclusivamente à subjetividade do devedor, como fruto de sua fantasia ou má-fé: há de ser avaliada, nos casos concretos, comparando-se o critério (abstrato) da pessoa razoável com o critério (concreto) das circunstâncias, objetivas do caso e subjetivas, do devedor.

V – se pender litígio sobre o objeto do pagamento.

A fim de garantir adimplemento seguro, se dois ou mais sujeitos estiverem disputando o direito subjetivo de crédito, o devedor ou terceiro, a fim de não correr risco de pagar para quem não tem legitimidade para receber, está autorizado a consignar a coisa devida, mediante depósito.

No caso de litígio sobre o crédito, a hipótese se refere ao credor e terceiro. Tal hipótese de consignação (art. 335, V), é complementada pelo art. 344, pois o devedor, se pagar a qualquer dos pretendidos credores, tendo conhecimento do litígio, assume o risco do pagamento.

O adimplemento realizado a sujeito que não é o credor real poderá ser ineficaz. Para evitar o adimplemento ineficaz, o CC, no art. 344, admite a consignação se vários credores estiverem em litígio sobre a coisa a ser depositada Se o devedor de obrigação litigiosa efetivar esse pagamento ciente da disputa sobre o crédito, assumirá todo o risco e, em consequência, poderá ser compelido pelo legítimo credor, que não recebeu, a efetivar novo pagamento, tendo por óbvio, direito de regresso contra aquele que não era o

credor e recebeu, com fundamento no princípio que veda o enriquecimento sem justa causa (art. 884 do CC).

Não há dúvida sobre quem é o credor, ao contrário, o devedor tem certeza de quem é o credor, mas, em razão do litígio e para evitar o adimplemento ineficaz, após ter ciência desta disputa, estará autorizado a consignar.

O rol do art. 335, que disciplina as hipóteses de consignação, segundo a doutrina majoritária, é taxativo. Caso o devedor ou terceiro por seu intermédio efetue a consignação, desde que fundamentada em uma das hipóteses do mencionado dispositivo e realizada de forma adequada, estará extinta a relação obrigacional.

2.10.2.2.10. Consequência da consignação e efeitos do depósito

O simples depósito da coisa devida não possui efeito liberatório. A transferência de domínio e seus corolários se operam apenas quando o credor levanta o objeto da prestação ou quando o mérito da consignatória é julgado procedente.

Ademais, para o depósito ter efeito liberatório e levar à extinção da obrigação, objetivo principal deste meio indireto de pagamento, essencial o preenchimento dos pressupostos subjetivos e objetivos, sem os quais o pagamento não seria eficaz, de acordo com a dicção do art. 336 do CC.

• **Efeitos do depósito**

O principal efeito da sentença que julga procedente a ação de consignação é proporcionar a extinção da obrigação. Com o depósito, cessa o cômputo dos juros da dívida e riscos da coisa. A condição para a transferência dos riscos e cessação dos juros, com efeito retroativo ao depósito, é a procedência do pedido. Se for julgado improcedente, responderá o devedor por todos os riscos, juros e despesas processuais, como se não tivesse havido pagamento, a teor do que dispõe o art. 337 do CC.

No mesmo sentido é o art. 540 do CPC: "Requerer-se-á a consignação no lugar do pagamento, cessando para o devedor, à data do depósito, os juros e os riscos, salvo se a demanda for julgada improcedente".

O depósito é marco temporal do regime de riscos. A transferência dos riscos fica condicionada ao acolhimento do pedido na consignatória, diante da ressalva da última parte do art. 337 ("salvo se for julgado improcedente"). Como bem pondera Judith Martins-Costa[216]: "Com o depósito, transmitem-se ao credor os riscos do bem que deposita, e desde então, embora essa eficácia seja pendente. Se a sentença decide ter sido bem feito o depósito, declara a sua eficácia também para o adimplemento. Para que o estado de pendência eficacial desapareça, isto é, para que o depósito não haja transferido o risco, é preciso que a decisão declare (portanto, com eficácia, *ex tunc*) que o depósito não foi bem feito".

A sentença apenas tem natureza declaratória, razão pela qual é o depósito, e não a sentença (eficácia retroativa),

---

[215] COSTA, Judith Martins. *Comentários ao novo código civil*. 2. ed. Rio de Janeiro: Forense, 2009. v. V, t. I, p. 445.

[216] COSTA, Judith Martins. *Comentários ao novo código civil*. 2. ed. Rio de Janeiro: Forense, 2009. v. V, t. I, p. 452-453.

que transfere os riscos (perda, perecimento ou deterioração) para o credor. Essa é a grande relevância do depósito: transferência do risco, mesmo antes de o credor ter acesso, conhecimento ou a posse da coisa. O depósito faz cessar os efeitos da mora já caracterizada ou os riscos até então suportados pelo devedor consignante (é possível a consignação, mesmo no caso de mora, como já ressaltado).

Nos arts. 338, 339 e 340, o CC apresenta regras de direito material em caso de levantamento da quantia depositada antes da aceitação do credor ou, antes ou depois da sentença judicial relacionada ao objeto depositado.

Assim, segundo o art. 338, enquanto o credor não declarar que aceita o depósito ou não o impugnar, poderá o devedor requerer o levantamento, desde que pague as respectivas despesas, mas subsistirá a obrigação com todas as consequências e efeitos de direito. O depósito apenas terá efeito liberatório, com equiparação a pagamento, se for disponibilizado ao credor. Se o devedor levantar o depósito antes de qualquer manifestação do credor, o vínculo jurídico obrigacional se mantém inalterado. O levantamento do depósito antes de qualquer manifestação do credor, não extingue a obrigação

Resumo

Levantamento do depósito antes da aceitação ou impugnação do depósito pelo credor: o devedor tem liberdade plena para levantá-lo – duas consequências decorrentes desta conduta do devedor: 1– natureza processual: pagar as despesas judiciais; 2– natureza substancial: suportar as consequências do não pagamento, pois assume os riscos da coisa, tendo em conta que a dívida subsiste com todos os acessórios.

Os arts. 339 e 340 dispõem sobre a possibilidade e os efeitos do levantamento do depósito após manifestação do credor e antes ou após a decisão judicial.

De acordo com o art. 340, caso o credor aquiesça ou concorde com o levantamento do depósito depois de contestar a consignação ou de aceitar o depósito, perderá a preferência e a garantia que lhe competirem com respeito à coisa consignada e eventuais devedores e fiadores que não anuíram, ficam desobrigados. Neste caso, o levantamento é realizado antes da decisão judicial, mas após a manifestação do credor, que aceita o depósito ou, ainda que não tenha aceitado, tenha contestado o pedido. O credor deverá anuir ao levantamento, pois já se manifestou. Entretanto, se o credor, após aceitar o depósito ou contestar a lide, concordar com o levantamento, "perderá a preferência e a garantia que lhe competiam com respeito à coisa consignada, ficando para logo desobrigados os codevedores e fiadores que não tenham anuído (art. 340)". Em resumo, a consequência da aquiescência do credor ao levantamento é a liberação definitiva de todos os coobrigados que não foram ouvidos ou que se opuseram a este levantamento.

Por outro lado, se já houver julgamento ou decisão que acolha o depósito, dispõe o art. 339 que, julgado procedente o depósito, o devedor já não poderá levantá-lo, embora o credor consinta, senão de acordo com os outros devedores e fiadores. A consignação tem efeito liberatório. Os demais devedores, o fiador ou fiadores, vinculados à obrigação original, não possuem mais vínculo com o credor primitivo. Por este motivo, após a procedência do depósito, o qual é admitido em caráter definitivo, o devedor já não poderá levantá-lo, mesmo que o credor concorde, a menos que, além da concordância do credor, obtenha o consentimento dos demais devedores e fiadores. Se todos consentirem, o devedor poderá proceder ao levantamento, mas a extinção da obrigação dependerá do que for acordado entre as partes, pois, nesta hipótese, já haverá decisão judicial.

Todos os devedores devem consentir com o levantamento. Se não há pluralidade de devedores ou fiadores, o consenso é restrito ao credor e devedor, que podem acordar o que for mais conveniente. O efeito do levantamento realizado pelo devedor, com a concordância do credor, sem a anuência dos outros devedores e fiadores, é a extinção das garantias que cercavam o mesmo, motivo pelo qual os codevedores e o fiador ficam liberados.

Por fim, as despesas com o depósito, se julgado procedente, correrão à conta do credor, que foi quem deu causa a esse meio indireto de adimplemento e, no caso contrário, as despesas ficarão a cargo do devedor (art. 343 do CC).

2.10.2.2.11. Depósito e questões processuais relevantes

Em relação às questões processuais, o Código de Processo Civil e a Lei de Locações de Imóveis Urbanos estabelecem procedimentos para as consignações extrajudicial, judicial e, no caso da locação, consignatória de aluguéis e encargos da locação. Na Lei Processual Civil, os procedimentos das consignações extrajudicial e judicial estão disciplinados nos arts. 539 a 549.

O procedimento para a consignação em pagamento pode ser dividido em quatro modelos:

1º modelo: procedimento para a hipótese de recusa do credor ou obstáculos impostos pelo credor, relacionados ao credor ou decorrentes de circunstâncias de fato (incisos I a III do art. 335 do CC).

Em relação ao primeiro modelo, o qual se aplica às hipóteses previstas nos arts. 335, I a III, do CC, o procedimento da consignação é considerado especial apenas e somente em razão da permissão concedida ao autor da consignatória (devedor ou terceiro) para efetivar o depósito da quantia ou da coisa devida, no prazo de cinco dias, contados do deferimento da petição inicial (art. 542, I, do CPC). Citado, caso o réu levante o valor depositado, haverá extinção da obrigação e do processo (parágrafo único do art. 546 do CPC).

Com a reforma processual promovida pela Lei n. 8.951/94, ainda na vigência do CPC/73, a audiência de oblação foi abolida do sistema. O CPC/2015 não tratou da referida audiência. De acordo com o art. 542, nas hipóteses do art. 335, I a III, do CC, o credor será citado para vir ou mandar receber a prestação, levantar o depósito ou, caso com ele não concorde, oferecer resposta. Tal consignação poderá ser promovida pelo devedor ou terceiro (interessado), os quais poderão requerer, para ter o mesmo efeito de pagamento, a consignação da quantia ou da coisa devida (*caput* do art. 539 do CPC). Se optar em oferecer resposta, o prazo será de 15 (quinze) dias. Na contestação, o credor poderá alegar que não houve recusa ou mora em receber a quantia ou coisa devida; que a recusa foi justa; que o depósito não se efetuou no prazo ou no lugar do pagamento ou, finalmente, que o depósito não é integral (art. 544 CPC). Embora aparentemente limitada à matéria de defesa, a discussão sobre a recusa e a justiça ou injustiça desta, bem como a não integralidade da coisa depositada podem estar relacionadas às mais variadas questões de direito. Alegada a insuficiência do depósito, o credor tem o ônus de indicar o valor correto ou que considera devido.

Se a discussão na contestação estiver relacionada à insuficiência do depósito, poderá o autor, no prazo de 10 (dez) dias, complementá-lo, salvo se corresponder a prestação, cujo inadimplemento acarrete a rescisão do contrato. A quantia depositada é considerada incontroversa e, por esta razão, poderá o réu, desde logo, levantar a quantia ou coisa depositada, com a liberação parcial do autor, prosseguindo-se o processo sobre a parcela controversa (§ 1º do art. 545 do CPC). A sentença que concluir pela insuficiência do depósito determinará o montante devido e, ainda que não haja requerimento do credor, valerá como título executivo, podendo ser promovida a execução nos próprios autos.

Resumo

- Competência: lugar do pagamento.
- Petição inicial: os requisitos do art. 319 do CPC, mais o requerimento do depósito ou da quantia devida, a ser efetivado no prazo de 5 (cinco) dias. Se já ocorreu o depósito extrajudicial, o devedor ou terceiro limitar-se-ão a comprová-lo. A ausência de depósito implica a extinção do processo, sem julgamento do mérito.
- Prestações periódicas: depósitos de todas as prestações que se forem vencendo, até a sentença de primeira instância.
- Procedimento: credor é citado para levantar o depósito ou oferecer contestação. Se concordar em receber ou revelia, o pedido será procedente (art. 546 e parágrafo único do CPC). Se quiser apresentar defesa, terá 15 (quinze) dias para contestação.

O que é especial na consignação? Apenas a exigência do depósito inicial (se não houve antes o extrajudicial) e o caráter dúplice instituído pelo § 1º do art. 545.

- Consignação: qualquer tipo de defesa, inclusive reconvenção. O caráter dúplice desta não constitui óbice, salvo se o único interesse na reconvenção for a cobrança de diferença.
- Matérias de defesa: após a resposta, segue-se o procedimento ordinário.
- Alegação de depósito não integral: se isto ocorrer, poderá o autor, no prazo de 10 (dez) dias, complementá-lo (possibilidade de o credor levantar a parte depositada – liberação parcial do devedor, pois, aquilo que está depositado é incontroverso). O réu que alegar insuficiência de depósito deve indicar qual o valor devido. A sentença que acolher esta alegação determinará, o quanto possível, o montante devido e, em consequência, valerá como título executivo, facultando-se ao credor promover a execução nos próprios autos. Não há necessidade de pedido expresso do réu para que o juiz condene o autor a pagar o saldo remanescente.

Procedente a consignação, o juiz declarará efetivado o depósito e extintas as obrigações a ele correspondentes.

2º modelo: procedimento para o caso de dúvida sobre quem deva, legitimamente, receber o pagamento ou quando pender litígio sobre o objeto do pagamento (incisos IV e V do art. 335 do CC).

O segundo modelo se aplica às hipóteses previstas nos incisos IV e V do art. 335 do CC. Se houver dúvida sobre quem é o sujeito legitimado a receber ou, ainda, se pender litígio sobre o objeto da prestação, o procedimento regular se submete a algumas alterações.

Em primeiro lugar, neste caso, o autor requererá o depósito, na forma do art. 542, inciso I, e, em especial, a citação de todos que o disputam para provarem os seus direitos. Tal providência visa acautelar o direito subjetivo do devedor. Com a citação de todos os pretensos legitimados, antes de seguir o procedimento comum ordinário, instaura-se uma fase preliminar, disciplinada pelos arts. 547 e 548 do CPC.

Na primeira situação, não comparece nenhum pretendente. Neste caso a consignação em pagamento é convertida em arrecadação de bens de ausente, que deverá seguir o procedimento desta. Se comparecer apenas um pretendente, o juiz decidirá de plano para definir se ele tem legitimidade para receber e dar quitação e, em caso positivo, julgará procedente o pedido (se a dúvida do devedor era razoável) e declarará extinta a obrigação (a menos que este único pretendente deseje apresentar contestação – seguir-se-á o procedimento anterior). Neste caso, o fundamento da consignação é apenas a dúvida sobre quem deva legitimamente receber. Para que o pedido seja julgado procedente, o juiz deverá considerar que a dúvida era objetiva e razoável. Se não houver fundamento razoável para a hesitação, o processo deve ser extinto sem julgamento de mérito.

Por fim, se comparecer mais de um pretendente e todos litigarem pelo objeto depositado, neste caso, a consignação é tida como pertinente e, por esta razão, o juiz declarará efetivado o depósito e extinta a obrigação do devedor. O processo terá sequência apenas entre os pretendentes, os quais, em procedimento ordinário, deverão demonstrar e comprovar a legitimidade do direito pretendido. O devedor, neste último caso, será excluído do processo e será iniciado outro processo entre os pretendentes. Não há dúvida de que o devedor tem direito às verbas de sucumbência, que deverão ser pagas por aqueles que não tinham razão.

3º modelo: procedimento para a consignação extrajudicial (quando o objeto a ser consignado for dinheiro ou, segundo alguns doutrinadores, qualquer coisa compatível com o depósito em estabelecimento bancário).

O terceiro procedimento diz respeito à consignação extrajudicial. Trata-se de uma mera faculdade do devedor ou do terceiro interessado, estando disciplinada nos §§ 1º a 4º do art. 539 do CPC. O § 1º do art. 539 do CPC evidencia o caráter facultativo deste modo de consignação.

Quanto ao objeto, o mesmo § 1º se refere a "dinheiro", mas há divergências entre os civilistas, conforme já ressaltado. Alguns doutrinadores admitem o depósito extrajudicial de coisas diversas de dinheiro, desde que possam ser depositadas em estabelecimento bancário, como joias, por exemplo. Tal questão é objeto do direito material e o Código Civil, no art. 334, não limita tal consignação a dinheiro.

Em relação ao local, o depósito deverá ser efetivado em estabelecimento oficial, onde houver (como Banco do Brasil e CEF), ou particular, caso inexista banco oficial no local do pagamento.

Após a efetivação do depósito, o devedor deverá cientificar o credor por carta com aviso de recebimento (AR), onde assinará o prazo de 10 (dez) dias para se manifestar, em especial sobre eventual recusa relativa ao objeto depositado. Tal prazo de 10 (dez) dias correrá da data da ciência da carta pelo receptor. O aviso de recebimento deverá ostentar o nome do destinatário, a origem e a natureza da dívida, as características desta e outras questões relevantes, sob pena de ineficácia desta forma de consignação.

Portanto, na carta com aviso de recepção, deve constar o objeto do depósito, com todos os esclarecimentos necessários, bem como o prazo de 10 (dez) dias para recusa, sob pena de liberação. A eventual recusa do destinatário (credor ou seu representante) deverá ser feita por escrito. A recusa não precisa ser fundamentada ou justificada, sendo o bastante para que a consignação extrajudicial perca eficácia, fato que obrigará o devedor ou terceiro a providenciar a consignação judicial.

Decorrido o prazo de 10 (dez) dias sem a manifestação de recusa por escrito, o devedor estará liberado da obrigação, ficando à disposição do credor a quantia depositada. Nesta hipótese, a obrigação é extinta na integralidade, ainda que o depósito extrajudicial seja de valor inferior àquele que o credor entende devido. O silêncio do credor é considerado como aceitação do valor depositado e, por esta razão, não poderá reclamar qualquer diferença, tendo em vista o efeito liberatório integral da consignação extrajudicial. Segundo o art. 334 do CC, o depósito extrajudicial considera-se pagamento e extingue a obrigação. Ou seja, é pagamento extintivo da obrigação.

Em caso de divergência sobre a tempestividade da recusa, somente a demanda judicial pode resolver a pendência.

Por fim, em caso de recusa manifestada por escrito ao estabelecimento bancário, o devedor ou terceiro poderão propor, dentro de 30 (trinta) dias (a partir do momento em que o depositante toma conhecimento da recusa), a ação de consignação, instruindo a petição inicial com a prova do depósito. Se a ação não for proposta neste prazo, o depósito ficará sem efeito, podendo o autor levantá-lo. Isso não impede a posterior consignação judicial. Não há decadência do depósito, mas mera perda da eficácia.

Em relação à possibilidade de aplicar o procedimento da consignação extrajudicial para depósitos de valores regulados em leis especiais, Nelson Nery[217] é enfático: "(...) a norma tem natureza de direito material. Por esta razão, somente foram modificados os dispositivos materiais sobre a consignação. Os processuais, previstos em lei especial, não foram alcançados pela Lei n. 8.951/94. Em consequência, tal procedimento não é válido para as consignações de débitos fiscais (CTN 156 VIII e 164) nem de depósitos oriundos de relação locatícia (art. 67)."

4º modelo: procedimento para a consignação previsto no art. 67 da Lei de Locações.

A Lei de Locações, no art. 67, disciplina ação específica para a consignação de aluguéis e encargos ou acessórios da locação. Trata-se de um procedimento especial de jurisdição contenciosa, no qual o depósito será equiparado a pagamento e terá efeito deste, com a extinção da obrigação, desde que respeitados os dispositivos e as prescrições legais.

O depósito poderá ser efetuado nas hipóteses previstas no art. 335 do CC, uma vez que a Lei de Locações não trata dos casos e hipóteses para a consignação. O depósito deverá ser integral para a extinção da obrigação. A ação de consignação em pagamento não se presta à apuração e liquidação de crédito do locatário relativo a despesas com reparo no prédio, sendo pressuposto da consignação a liquidez do valor depositado.

A legitimidade ativa para a consignação é do locatário ou de terceiros interessados, como o cônjuge do locatário, sublocatário, fiador e herdeiros, bem como terceiros não interessados, desde que estes façam ou promovam o depósito em nome do locatário. O sujeito passivo será o locador, credor da dívida, mas também podem assumir esta condição os herdeiros, a massa falida, o espólio, ou o sublocador, entre outros.

A consignação de aluguéis e acessórios poderá ser efetivada a qualquer tempo, antes da ação de despejo. Após o despejo, restará ao locatário a purgação da mora.

O art. 67 da Lei de Locações especifica o procedimento.

Resumo

A consignação em pagamento é considerada "meio indireto" de adimplemento. A compreensão da consignação é simples, mas pressupõe algumas premissas.

O adimplemento de qualquer obrigação, para ser eficaz e extinguir o vínculo jurídico, pressupõe a observância dos pressupostos subjetivos (relacionados aos sujeitos – quem deve pagar e quem tem legitimidade para receber – arts. 304 a 312) e objetivos (vinculados ao objeto, tempo e

---

[217] NERY JUNIOR, Nelson; Nery, Rosa Maria de Andrade. *Código de processo civil comentado*. 10. ed. São Paulo: RT.

lugar – O que será pago? Onde será pago? Quando será pago? arts. 313 a 333). Além destes requisitos relativos aos elementos estruturais da obrigação (sujeito, objeto e vínculo), é essencial que os sujeitos, durante o processo obrigacional, mantenham comportamento eticamente adequado (deveres de conduta – lealdade, cooperação recíproca, informação etc.), decorrente do princípio da boa-fé objetiva.

A consignação em pagamento é meio de proteção destes pressupostos e deveres de conduta. Explico: se o sujeito da relação obrigacional se depara com algum obstáculo (subjetivo – relativo ao sujeito ou objetivo, relativo à prestação) para concretizar o adimplemento, poderá se liberar do vínculo obrigacional por meio da consignação. A consignação em pagamento viabiliza o exercício do direito subjetivo de adimplir. O adimplemento, além de ser dever jurídico, se constitui como direito subjetivo. A lógica decorre do fato da necessidade de liberação do vínculo obrigacional. A consignação em pagamento viabiliza a concretização do direito fundamental de liberdade. As hipóteses de consignação em pagamento previstas no art. 335 do CC seguem essa lógica. De acordo com a norma em referência, a consignação pode ter dois fundamentos: 1– ausência de cooperação de um dos sujeitos (obstáculo subjetivo – ex.: recusa injusta do credor) ou; 2– segurança no pagamento (este obstáculo pode ser subjetivo, como no caso de incapacidade de um dos sujeitos ou objetivo).

A consignação em pagamento não permitirá que obstáculos subjetivos ou objetivos neutralizem o direito subjetivo de adimplemento e a consequente liberação deste vínculo individualizado e restrito. Essa a função da consignação.

Não é por outra razão que a consignação em pagamento se viabiliza por meio de *depósito* (sua essência), extrajudicial (quando é possível) ou judicial, da coisa devida (o depósito deve ser integral e a coincidência entre prestação devida e prestação depositada deve ser absoluta, sob pena de ineficácia do adimplemento). Todavia, o depósito deve coincidir com os elementos estruturais da obrigação (sujeitos e prestação), motivo pelo qual, para extinção da obrigação, deverá observar todos os requisitos subjetivos e objetivos sem os quais o adimplemento regular também não seria eficaz (art. 336 do CC).

A única diferença entre a consignação em pagamento e o adimplemento regular é o modo: *depósito*.

Em conclusão, considera-se pagamento e extingue a obrigação, o depósito da prestação devida, realizada por sujeito legitimado (devedor ou terceiro – neste caso, quando possível), em favor de sujeito também legitimado a receber (credor ou terceiro), sempre que houver obstáculo subjetivo ou objetivo para o pleno exercício do direito subjetivo de adimplemento.

2.10.2.3. Pagamento com sub-rogação

2.10.2.3.1. Introdução

A sub-rogação corresponde à segunda modalidade especial de pagamento, que denominamos "satisfativo", pois o adimplemento se dará mediante a entrega de algum objeto.

Na teoria geral das obrigações, os arts. 346 a 351 disciplinam apenas e tão somente a sub-rogação pessoal ou subjetiva (substituição de sujeitos). A sub-rogação real ou objetiva (substituição de coisas) não é meio indireto de pagamento. Na sub-rogação subjetiva, meio indireto de pagamento, o credor originário/primitivo é substituído por terceiro que paga. A sub-rogação é efeito de pagamento realizado por terceiro, que substituirá o credor primitivo no polo ativo da relação obrigacional, sem qualquer alteração no vínculo jurídico (elemento imaterial da obrigação) e na prestação (elemento objetivo).

A sub-rogação pessoal provoca a alteração na titularidade do crédito, porque o sujeito adimplente (terceiro que paga) será promovido à posição de credor. É, portanto, sub-rogação pessoal, a qual envolve a substituição de um dos sujeitos da relação jurídica obrigacional (credor). Sub-rogar implica substituir ou alterar o sujeito que ocupa o polo ativo da relação obrigacional.

Nas palavras de Guilherme C. Nogueira da Gama[218]: "A sub-rogação pessoal contempla a noção de substituição de um dos sujeitos da relação jurídica: há a transferência da qualidade creditória em favor da pessoa que cumpriu a prestação de outrem ou emprestou o necessário para tal cumprimento".

A sub-rogação subjetiva não altera o objeto da obrigação e tampouco o vínculo jurídico. Apenas acarreta a modificação ou substituição do sujeito integrante do polo ativo da obrigação, o credor. O credor primitivo é satisfeito com o pagamento efetivado por um terceiro e este, responsável pelo pagamento, assume a posição do credor primitivo na relação obrigacional. O *solvens* (terceiro que paga) assumirá a posição do credor primitivo.

Há substituição de uma pessoa por outra, ou melhor, o terceiro adimplente (*solvens*) assume a posição do credor primitivo. Em consequência, este terceiro adquire todos os direitos e ações do credor primitivo, razão pela qual poderá exercê-los no lugar daquele. Nas precisas lições do mestre Caio Mário, sub-rogação[219] "é a transferência da qualidade creditória para aquele que solveu a obrigação de outrem ou emprestou o necessário para isto".

A sub-rogação pessoal está diretamente vinculada à ideia de pagamento efetivado por terceiro. O pagamento é pressuposto da sub-rogação, sem o qual não existe. A sub-rogação pessoal é consequência de pagamento, efeito deste. O pagamento é o fundamento e a causa da sub-rogação pessoal. Toda análise da sub-rogação pessoal deverá girar em torno desta ideia. Tal instituto é, portanto, meio indireto de pagamento.

Em relação à evolução histórica da sub-rogação em nossa legislação, Judith Martins-Costa[220] ressalta que "nossa tradição está mais próxima do direito francês e do

---

[218] GAMA, Guilherme Calmon Nogueira. *Direito civil*: obrigações. São Paulo: Atlas, 2008, p. 259.
[219] PEREIRA, Caio Mário da Silva. *Instituições de direito civil*. 20. ed. Teoria geral das obrigações. Rio de Janeiro: Forense, 2004. v. II.
[220] COSTA, Judith Martins. *Comentários ao novo código civil*. 2. ed. Rio de Janeiro: Forense, 2009. v. V, t. I, p. 484.

italiano, nos quais a sub-rogação é meio indireto de pagamento, do que do direito português, no qual a sub-rogação não está posta como modo de pagamento, mas como meio de transmissão das obrigações".

Por outro lado, a sub-rogação real ou objetiva envolve a substituição de coisas por outras (e não de sujeitos), pois uma coisa é inserida no lugar de outra. Este tipo objetivo de sub-rogação não é regulado pelo direito das obrigações.

Na sub-rogação pessoal a obrigação será extinta em relação ao credor primitivo, que nada mais poderá reclamar após receber o pagamento do terceiro. Em relação ao devedor primitivo, não há qualquer alteração, ele agora passará a estar vinculado ao terceiro adimplente que assumiu a posição do credor primitivo.

Em resumo, sobre essa ideia inicial de sub-rogação, Judith Martins-Costa[221] define bem a sub-rogação como o adimplemento por outra pessoa, diversa do devedor, sem ser em nome e por conta deste, com a sucessão do terceiro adimplente no crédito, tendo como efeito a satisfação do credor, sem a liberação, contudo, do devedor.

2.10.2.3.2. Natureza jurídica da sub-rogação e efeitos

A sub-rogação subjetiva ou pessoal não se confunde com outros institutos jurídicos assemelhados, como a cessão de crédito (o fundamento da cessão de crédito é a autonomia privada – vontade) e a novação (o vínculo originário é extinto, seja a novação subjetiva ativa ou passiva, o que não ocorre na sub-rogação subjetiva, que não afeta o vínculo originário). Trata-se de instituto autônomo, com características e natureza jurídica próprias.

- **Sub-rogação e novação subjetiva ativa**

Em relação à novação subjetiva ativa (onde também haverá substituição de sujeitos no polo ativo), a diferença se relaciona ao vínculo jurídico. Na sub-rogação subjetiva, substitui-se um dos sujeitos da relação obrigacional, o credor, mas o vínculo jurídico originário não se altera. Solvido o débito em relação ao credor primitivo ou originário, subsiste o vínculo obrigacional após a substituição do sujeito ativo, agora em relação ao novo credor (que ingressou na relação no lugar do primitivo).

Na novação subjetiva ativa, o credor originário é substituído, mas haverá nova obrigação, com novo vínculo jurídico. O vínculo jurídico originário desaparece na novação subjetiva ativa. A obrigação primitiva é extinta para criar-se nova obrigação, independente, autônoma e desvinculada da anterior. Na sub-rogação, o vínculo primitivo não se altera.

- **Sub-rogação legal e cessão de crédito**

Não é tarefa fácil traçar os limites que diferenciam a sub-rogação da cessão de crédito, porque os dois institutos possuem a mesma dinâmica. Na cessão de crédito também haverá apenas alteração no polo ativo da relação obrigacional, sem modificação ou alteração no vínculo jurídico e na prestação (objeto – elemento objetivo). A cessão de crédito e a sub-rogação acarretam apenas a substituição do credor originário por terceiro, que será o novo credor.

Como diferenciar os dois institutos? Justamente pela natureza jurídica e pelo fundamento de cada um.

A sub-rogação é forma indireta de pagamento, por meio da qual o credor primitivo é satisfeito, mas permanece o débito do devedor em relação ao terceiro que efetivou o pagamento (será ele o novo credor – alteração subjetiva no polo ativo). O devedor continua vinculado porque deve adimplir ao terceiro que pagou, mas em relação ao credor primitivo, o efeito é de pagamento. Portanto, o objetivo da sub-rogação é a extinção da obrigação, ao menos em relação a alguém, o credor primitivo (por ser meio de pagamento).

O objetivo da cessão de crédito é promover a circulação da obrigação, devido ao seu caráter dinâmico e funcional. Por isso, a cessão de crédito está inserida no capítulo que disciplina a transmissão das obrigações.

Além destes diferentes objetivos, a principal diferença entre sub-rogação pessoal e cessão de crédito está relacionada ao *fundamento* de cada um destes institutos.

O fundamento da sub-rogação é o pagamento efetivado pelo terceiro. A sub-rogação pressupõe pagamento, ou melhor, é efeito de pagamento realizado por terceiro. É uma relação de causa e consequência: causa (pagamento) – efeito (sub-rogação).

Por isso, ao tratar das espécies de sub-rogação nos arts. 346 e 347, o Código Civil sempre faz referência ao pagamento.

Sem pagamento não há ou inexiste sub-rogação. A sub-rogação, necessariamente, depende de um prévio pagamento. É consequência ou efeito deste pagamento. Qual a relevância disso? Na sub-rogação pessoal, o credor primitivo não tem como impedir a sua exclusão do polo ativo da relação jurídica obrigacional. A sub-rogação independe da vontade do credor primitivo que, após ser satisfeito, estará automaticamente excluído do polo ativo da relação obrigacional (justamente porque em relação ao credor primitivo terá ocorrido pagamento).

Na sub-rogação pessoal legal, nas hipóteses previstas no art. 346 do CC, o pagamento corresponde ao exercício de direito subjetivo: O direito ao adimplemento pelo terceiro nas situações fáticas delineadas no art. 346. Nestas causas legais de sub-rogação, a substituição do credor primitivo, que recebe o pagamento, é automática e direta. O credor primitivo simplesmente se sujeita às consequências do pagamento pelo terceiro. Nesse sentido, o *caput* do art. 346, segundo o qual a sub-rogação opera-se de pleno direito (independe de ato de vontade).

Assim, nas obrigações que não tenham um caráter personalíssimo[222], o terceiro pode substituir o credor pri-

---

[221] COSTA, Judith Martins. *Comentários ao novo código civil*. 2. ed. Rio de Janeiro: Forense, 2009. v. V, t. I, p. 484.

[222] Em relação ao caráter personalíssimo do crédito, Gustavo Tepedino, Heloísa Helena Barbosa e Maria Celina Bodin de Moraes, em sua obra, *Código civil interpretado*, Rio de Janeiro: Renovar, v. I, p. 638, fazem a mesma ponderação:

mitivo para, posteriormente, requerer a restituição da quantia paga.

Na cessão de crédito, ao contrário, o fundamento é ato de vontade do credor primitivo. A cessão de crédito é negócio jurídico e, por conta disso, apenas se o credor primitivo, por meio de emissão volitiva e livre, desejar ceder o seu crédito a terceiro, haverá sua substituição no polo ativo da relação obrigacional.

A cessão de crédito não pressupõe pagamento. Aliás, em regra, o pagamento é posterior ao negócio jurídico, fato impossível na sub-rogação, onde o pagamento deve, necessariamente, ser anterior à alteração que este deve provocar no polo ativo da relação jurídica obrigacional. Não há como impor ao credor originário uma cessão de crédito, a qual dependerá sempre da sua vontade.

Há outras diferenças secundárias entre os institutos da sub-rogação e da cessão de crédito, como a necessidade de notificação do devedor na cessão e não na sub-rogação. Na cessão, o cessionário pode cobrar o crédito integral do devedor, independentemente do quanto desembolsou, enquanto na sub-rogação há limitação legal (art. 350 do CC), ou seja, a cessão de crédito tem caráter especulativo e a sub-rogação visa apenas evitar o enriquecimento sem causa do devedor (o art. 350 aplica-se apenas à sub-rogação legal).

Além disso, na cessão de crédito exige-se capacidade das partes, o que não ocorre na sub-rogação, que é efeito de pagamento. Finalmente, a cessão de crédito pode ser gratuita ou onerosa e a sub-rogação, como sempre pressupõe pagamento, seja legal ou convencional, sempre será onerosa, assegurando o cedente ao cessionário a existência do crédito, o que não ocorre com a sub-rogação.

Estas diferenças secundárias não abalam o mais relevante critério para diferenciar a cessão de crédito da sub-rogação, que é o fundamento de cada um dos institutos. A sub-rogação integra a teoria do pagamento, sendo efeito direto deste e a cessão de crédito está relacionada à teoria do negócio jurídico, razão pela qual a declaração de vontade é a sua base de sustentação.

Apenas um registro: como a sub-rogação legal, prevista no art. 346 do CC, envolve o exercício de direito subjetivo, pois opera de pleno direito (automática, independe de qualquer ato de vontade do credor primitivo), é tranquila sua distinção da cessão de crédito. Em contrapartida, é complexa a tarefa de diferenciar a cessão de crédito com a sub-rogação convencional, pois esta última também depende de ato de vontade, ainda que seja igualmente efeito de pagamento.

• **Sub-rogação convencional e cessão de crédito**

No caso da sub-rogação convencional prevista no art. 347 da mesma lei, há verdadeiro negócio jurídico e, por esta razão, é complexa a distinção entre a cessão de crédito e a sub-rogação convencional. Ao tratar desta espécie de sub-rogação em capítulo próprio, serão abordadas as diferenças.

Por tudo isso e, independentemente das peculiaridades da sub-rogação convencional que a aproxima da cessão de crédito, não há dúvida de que a sub-rogação não se confunde com outros institutos jurídicos assemelhados, tendo natureza jurídica própria, que a individualiza.

É instituto autônomo, no qual, por determinação da lei (art. 346) ou em decorrência de negócio jurídico (art. 347), o débito do devedor será liquidado em relação ao credor originário, mas subsistirá em relação ao terceiro que efetivou o pagamento, tudo para evitar, em relação a este que paga, o enriquecimento sem causa ou sem justo motivo do devedor.

Desta forma, pode-se dizer que a sub-rogação tem efeito "liberatório" (extinção do débito em relação ao credor original) e "translativo" (transferência dos direitos creditórios e da posição de credor para o novo credor).

2.10.2.3.3. Espécies de sub-rogação

O Código Civil admite dois tipos de sub-rogação. A sub-rogação pode ser legal ou convencional (decorrente de um negócio jurídico).

• **Sub-rogação legal**

A sub-rogação legal corresponde ao exercício de um direito subjetivo, razão pela qual, na dicção do art. 346, *opera de pleno direito*, dispensando qualquer manifestação de vontade do credor primitivo ou do próprio devedor, sujeitos da relação obrigacional originária.

As hipóteses de sub-rogação legal não se esgotam nos incisos do art. 346 do CC. Há outras causas de sub-rogação legal nos mais diversos dispositivos.

Por exemplo, segundo o art. 259 do CC, em obrigação indivisível, havendo dois ou mais devedores, cada um será obrigado pela dívida toda devido à impossibilidade de fracionamento do objeto da prestação. Nos termos do parágrafo único deste artigo, o devedor responsável pelo pagamento se sub-roga no direito do credor em relação aos outros coobrigados para gozar das vantagens da sub-rogação (art. 349 do CC).

Em matéria de seguro de dano, nos termos do art. 786 do CC, paga a indenização (a sub-rogação sempre pressupõe pagamento – o segurador, para se sub-rogar, deverá pagar), o segurador se sub-roga, nos limites do valor respectivo, nos direitos e ações que competirem ao segurado contra o autor do dano. Aliás, tal norma decorre de um antigo entendimento jurisprudencial materializado na Súmula 188 do STF: "O segurador tem ação regressiva contra o causador do dano, pelo que efetivamente pagou, até o limite previsto no contrato de seguro". De acordo com o referido artigo, tal sub-rogação, no seguro de dano, não ocorrerá se o prejuízo foi provocado pelo cônjuge do segurado, seus ascendentes e descendentes, salvo dolo destes. No seguro de vida inexiste sub-rogação, nos termos do art. 800.

Na propriedade fiduciária, o terceiro que pagar a dívida (como sempre a sub-rogação pressupõe o pagamento),

---

"Contudo, há que se avaliar se o crédito foi constituído *intuito personae*, não comportando desse modo transferência do credor originário para o *solvens*".

se sub-rogará, de pleno direito, no crédito e na propriedade fiduciária (art. 1.368). No usufruto, se a coisa estiver segurada, o direito do usufrutuário fica sub-rogado no valor da indenização do seguro (art. 1.407, § 2º). A Lei de Locações, no art. 12, também prevê a sub-rogação do direito à locação, em favor do cônjuge ou companheiro que permanecer no imóvel, nos casos de separação de fato, divórcio ou dissolução da sociedade concubinária.

Assim, embora algumas dessas situações possam até se enquadrar em qualquer das hipóteses legais previstas no art. 346 do CC, como é o caso do 259, onde aquele devedor de obrigação indivisível não deixa de ser um interessado e, por isso, já estaria protegido pelo inciso III daquela norma geral (art. 346 do CC), o fato é que as hipóteses de sub-rogação legal não se resumem ao rol do art. 346.

E quais são as hipóteses de sub-rogação legal previstas no art. 346 do CC?

I – do credor que paga a dívida do devedor comum;

Neste caso, determinado devedor tem relação jurídica obrigacional com vários credores. Por exemplo, "X" é devedor dos credores "H", "I" e "S". No caso, qualquer dos credores que pagar a dívida do devedor comum aos três, se sub-rogará nos direitos creditórios do que a receber. Assim, se o credor "H" pagar ao credor "I" o valor que "X" lhe deve, "H" se sub-rogará nos direitos do credor "I". Será solvido o débito de quem está vinculado, juntamente com o credor, ao mesmo devedor, qualquer que seja a natureza da dívida. Nesta situação, o credor que paga é terceiro na relação que o seu devedor mantém com outro credor.

O Código Civil de 1916 exigia que o *solvens* (o credor que paga) fosse titular de crédito quirografário e o *accipiens*, credor preferencial, como condição para a sub-rogação. Pelo atual Código Civil, o credor que paga a dívida de devedor comum a outro credor se sub-rogará, mesmo que o crédito pago seja quirografário.

Como dizem Chaves e Rosenvald[223]: "Isso significa que a sub-rogação legal pode partir até mesmo do desígnio de um credor que se encontre com os mesmos privilégios do credor originário ou encontre-se em posição de prioridade na classificação dos créditos em relação ao *accipiens*", embora, nesta última situação, como ressalta a doutrina, seria questionável o interesse do credor na sub-rogação, pois se o seu crédito já tem preferência, qual seria o interesse em se sub-rogar em um inferior. Neste caso, a sub-rogação não lhe traria qualquer vantagem prática (considerando o disposto no art. 349 do CC).

Em resumo, os créditos podem ser quirografários ou privilegiados, não importando a qualificação de um ou de outro para efeito da sub-rogação.

II – do adquirente de imóvel hipotecado, que paga a credor hipotecário, bem como do terceiro que efetiva o pagamento para não ser privado de direito sobre imóvel;

Neste caso, há duas situações distintas. Na primeira, o adquirente de imóvel hipotecado, após pagar ao credor hipotecário, se sub-rogará nos direitos deste em relação ao devedor.

Por exemplo, "A" deve determinada prestação para "B", cuja dívida está garantida por hipoteca sobre o imóvel pertencente ao devedor "A". O terceiro "X", adquirente do imóvel hipotecado em favor do credor "B", ao pagar a dívida de "A", se sub-rogará nos direitos do credor "B" em relação a "A". O interesse do adquirente é liberar o bem do gravame de natureza real e, com o pagamento, se sub-rogará nos direitos de crédito do credor hipotecário. Neste caso, o adquirente do imóvel hipotecado assumirá o lugar do credor primitivo na relação obrigacional, substituindo-o.

No caso, será suficiente pagar o valor da hipoteca para que ocorra a remissão da dívida.

Na segunda causa de sub-rogação prevista no mesmo inciso, o terceiro que efetiva o pagamento para não ser privado de direito sobre o imóvel também se sub-rogará. Aqui, qualquer pessoa que tenha direitos sobre imóvel, poderá pagar a dívida na condição de terceiro interessado para preservar esse direito. Em exemplo didático apresentado por Rosenvald e Chaves[224], "seria o caso de um usufrutuário cujo direito real foi registrado posteriormente à hipoteca. Sua única saída para evitar a perda da posse pelo vencimento do débito alusivo à hipoteca é o seu resgate e a consequente sub-rogação".

Outro exemplo é dado por Paulo Nader[225]: "(...) 'A' é inquilino de 'B' de um imóvel hipotecado como garantia do crédito de 'C'. Receoso de vir a perder a locação em face do princípio de que a venda rompe a locação, 'A' efetua o pagamento, sub-rogando-se nos direitos de 'C'. Da mesma forma, o sublocatário que efetua o pagamento pelo locatário ao locador, sub-roga-se nos direitos deste, pois age a fim de conservar o seu direito sobre o imóvel".

Não há necessidade de o pagamento, nesta situação, estar relacionado a uma hipoteca. Não há essa restrição. O terceiro pode efetivar o pagamento de qualquer crédito, seja de que natureza for, para não ser privado de direito, real ou pessoal, que venha a ter sobre determinado imóvel. Tal inovação legislativa advinda com a nova codificação ainda não foi bem analisada pela comunidade jurídica.

III – do terceiro interessado, que paga a dívida pela qual era ou podia ser obrigado, no todo ou em parte.

A terceira hipótese de sub-rogação legal prevista no art. 346 da Lei Civil é, de longe, a mais comum nas relações jurídicas privadas intersubjetivas de natureza obrigacional.

---

[223] FARIAS, Cristiano Chaves de; ROSENVALD, Nelson. *Direito das obrigações*. 4. ed. Rio de Janeiro: Lumen Juris, 2010.

[224] FARIAS, Cristiano Chaves de; ROSENVALD, Nelson. *Direito das obrigações*. 4. ed. Rio de Janeiro: Lumen Juris, 2010.

[225] NADER, Paulo. *Curso de direito civil – Obrigações*. Rio de Janeiro: Forense, 2019. v. II, p. 385-386.

O terceiro interessado é o sujeito que está, de alguma forma, vinculado à relação jurídica obrigacional e, por isso, pode suportar as consequências de um eventual inadimplemento. Está juridicamente vinculado aos sujeitos (credor ou devedor) e à obrigação, razão pela qual possui interesse na liquidação da dívida. Nesta condição, estão, por exemplo, o fiador (art. 831, CC), o avalista, coobrigado de obrigação indivisível, dentre outros. Como ressalta expressamente o Código Civil, tais terceiros pagam uma dívida pela qual eram ou poderiam ser obrigados a pagar no caso de inadimplemento do devedor principal.

Em relação ao terceiro interessado, não concordamos com grande parte da doutrina, que trata o devedor solidário que paga a integralidade da dívida como terceiro. O devedor solidário é parte, e não terceiro. O devedor solidário deve o todo, ao contrário do devedor de obrigação indivisível, que apenas tem que prestar o todo porque não há como fracionar o objeto da prestação. Na solidariedade passiva, na relação externa, ou seja, em relação ao credor ou credores, cada um dos devedores solidários são devedores do todo. Assim, se devem o todo, não estarão pagando mais do que deveriam, mas sim o que deviam. Após pagar o todo, na relação interna, se sub-roga nos direitos do credor satisfeito em relação aos demais, para cobrar a cota-parte de cada um. É uma hipótese rara de sub-rogação pelo próprio devedor solidário. Ele não pode ser considerado terceiro. De acordo com a nossa posição, Paulo Nader[226] afirma que "o devedor solidário não é alcançado, pois não se trata de terceiro".

Como o devedor de obrigação indivisível não deve o todo, mas apenas uma cota-parte, se sub-roga nos direitos do credor, após o efetivo pagamento, nos termos do art. 259, parágrafo único, do CC.

Por outro lado, o devedor solidário, na relação externa, é devedor do todo. A eventual sub-rogação do devedor solidário somente poderá ocorrer na relação interna, onde não há solidariedade, com base na natureza da relação jurídica com os demais devedores. Por exemplo, fiador e devedor principal podem ser solidários. O fiador que paga é terceiro interessado. Neste caso, com base na relação jurídica material fiança, se sub-rogará por ser terceiro interessado em relação ao devedor principal. Se o devedor principal paga, não se sub-roga, porque o fiador é seu garante. Assim, na relação interna, pode apenas voltar-se regressivamente contra os demais para recompor o seu patrimônio, com fundamento no princípio do enriquecimento sem causa (art. 283). Eventualmente, como no exemplo acima, pode até ocorrer sub-rogação, mas por efeito da relação jurídica que vincula os devedores solidários na relação interna, e não pelo fato de ser devedor solidário.

• **Sub-rogação convencional**

A sub-rogação convencional decorre de um negócio jurídico, e não do exercício de um direito subjetivo, como acontece com a sub-rogação legal.

As duas hipóteses de sub-rogação convencional estão arroladas no art. 347 do CC.

I – quando o credor recebe o pagamento de terceiro e expressamente lhe transfere todos os seus direitos;

A sub-rogação convencional tem como fundamento ato de vontade do credor, fato que torna tênue a linha divisória entre este instituto e a cessão de crédito. Em relação à sub-rogação legal, como já ressaltado, o pagamento provoca a sub-rogação, independente de ato de vontade. O fundamento da sub-rogação legal é o pagamento. É efeito automático deste. Por isso, nos termos do art. 346, opera de pleno direito. O fundamento da cessão de crédito é ato de vontade do credor, verdadeiro negócio jurídico.

A sub-rogação convencional, como o próprio nome enuncia, decorre de convenção, contrato ou acordo. Portanto, é baseada em ato de vontade, sendo, por esta razão, árdua a tarefa para diferenciá-la da cessão de crédito. Em ambos os institutos, cessão de crédito e sub-rogação convencional, o credor transferirá a terceiro a posição de credor, a titularidade de seu crédito ou a qualidade creditória, sem qualquer alteração no vínculo obrigacional. O fundamento de ambos (sub-rogação convencional e cessão de crédito) será a vontade do credor.

A situação se agrava quando o art. 348 do CC impõe a aplicação das regras da cessão de crédito à hipótese prevista neste inciso I do art. 347. Segundo o mestre Caio Mário[227], nesta hipótese haveria típica cessão de crédito (no mesmo sentido Beviláqua e Silvio Rodrigues – "a cessão se confunde com a cessão de crédito"). Dele discordamos, pois a norma não equipara a sub-rogação convencional à cessão de crédito, mas, em razão das semelhanças entre os institutos, impõe a aplicação das regras da cessão de crédito à sub-rogação convencional prevista no inciso I do art. 347.

Por isso, concordamos com Paulo Nader[228], quando afirma que, "no exame da matéria, deve-se partir do princípio de que apenas as normas da cessão de crédito, que se ajustam à natureza jurídica da sub-rogação convencional consentida pelo credor, devem ser assimiladas por este instituto".

Segundo dispõe o art. 348: "Na hipótese do inciso I do artigo antecedente, vigorará o disposto quanto à cessão do crédito".

Na hipótese do inciso I do art. 347, o credor recebe o pagamento de um terceiro e expressamente transfere a ele todos os seus direitos creditórios. Não obstante haja grande semelhança com a cessão de crédito, é possível afirmar que a sub-rogação convencional, embora decorra de negócio jurídico, querido e desejado pelo credor, também pressupõe pagamento. O credor somente transfere os direitos creditórios ao terceiro após receber o pagamento

---

[226] NADER, Paulo. *Curso de direito civil – Obrigações*. Rio de Janeiro: Forense, 2019. v. II, p. 386.

[227] PEREIRA, Caio Mário da Silva. *Instituições de direito civil*. 20. ed. Teoria geral das obrigações. Rio de Janeiro: Forense, 2004. v. II.

[228] NADER, Paulo. *Curso de direito civil – Obrigações*. Rio de Janeiro: Forense, 2019. v. II, p. 394.

deste. Assim, mesmo se originado de negócio jurídico, a sub-rogação acaba sendo a consequência deste pagamento. Na cessão de crédito, não há necessidade de pagamento prévio para a caracterização do instituto. O pagamento pode ser posterior à transferência dos direitos creditórios.

Para a caracterização da sub-rogação convencional, deve existir relação de simultaneidade entre o pagamento e a transferência do crédito. Em tese, a diferença é simples, mas, na prática, somente diante da análise do caso concreto será possível verificar se é caso de sub-rogação convencional ou de cessão de crédito.

A sub-rogação convencional desperta uma questão relevante. O art. 305 do CC prevê que o terceiro não interessado não se sub-roga nos direitos do credor, tendo mero direito de reembolso. Na sub-rogação convencional, nas duas hipóteses previstas no art. 347, haverá exceção à regra do art. 305, pois os terceiros, na sub-rogação convencional, necessariamente serão terceiros não interessados. Se fossem interessados, a sub-rogação seria legal, nos termos do inciso III do art. 346.

Então, deve-se partir da premissa de que os terceiros, na sub-rogação convencional, não são interessados.

O terceiro desinteressado procura o credor para adimplir o débito em seu próprio nome. O credor condiciona a transferência dos seus direitos creditórios para este terceiro se houver prévio pagamento. Mas isso não bastará para que esteja caracterizada a sub-rogação convencional em vez da cessão de crédito. Como decorre de uma convenção, será essencial que as partes, credor e terceiro desinteressado, declarem expressamente no título que se trata de sub-rogação convencional, com todos os efeitos deste instituto, previstos no art. 349 do CC.

Assim, para que haja sub-rogação convencional é essencial *o pagamento anterior à transferência do crédito + a transferência imediata do crédito após este pagamento, como efeito deste + a consignação no título de que se trata de sub-rogação*, porque esta é convencional e isso também deve ser pactuado. Ausente qualquer destes requisitos, se configurará a cessão de crédito.

Para Paulo Nader[229], seriam requisitos para essa hipótese de sub-rogação convencional: "a – acordo entre credor e terceiro, para o pagamento de dívida e consequente transferência de todos os direitos; b – o terceiro deve ser desinteressado, pois do contrário tratar-se-ia de sub-rogação convencional, prevista no art. 346, III; c – declaração expressa de sub-rogação de todos os direitos do credor, firmada até o momento da quitação, uma vez que o pagamento, puro e simples, de terceiro não interessado, provoca apenas o reembolso do que pagou e não a sub-rogação. Tal é a disposição do art. 305 do CC".

Judith Martins-Costa[230] enumera os requisitos da sub-rogação convencional na hipótese do inciso I do art. 347: "Consentimento e capacidade das partes por se tratar de um negócio; o terceiro que paga deve ser estranho à relação e contemporaneidade entre sub-rogação e adimplemento, pois, se assim não fosse, seguir-se-ia a regra geral: o pagamento de per si, extinguiria a relação".

Registre-se que Caio Mário, Silvio Rodrigues, e Guilherme Gama, dentre outros, consideram que a sub-rogação convencional é espécie de cessão de crédito. É tão complexa a diferença, que Carlos Roberto Gonçalves[231] chega a ser contraditório quando defende que a sub-rogação convencional é uma espécie de cessão de crédito, embora não se confunda com esta, que tem características próprias! Entretanto, este autor tende a diferenciar a cessão de crédito da sub-rogação convencional, ao mencionar que o pagamento com sub-rogação visa proteger a situação do terceiro que paga uma dívida que não é sua e a cessão de crédito destina-se a servir ao interesse da circulação do crédito, assegurando a sua disponibilidade; a sub-rogação convencional não tem fim especulativo (essa afirmação é polêmica, porque o art. 350 apenas faz referência à sub-rogação legal) e a cessão de crédito caracteriza-se pelo fim especulativo; ocorre pagamento na sub-rogação e a cessão de crédito é anterior ao pagamento; objetiva a sub-rogação exonerar o devedor perante o antigo credor e a cessão de crédito visa transferir ao cessionário o crédito, direito ou ação.

No caso da sub-rogação convencional, como o acordo de vontades é o seu fundamento, é permitido às partes convencionar a redução de privilégios ou garantias que anteriormente tinham sido concedidas em favor do credor originário, mas não é possível a agravação da situação do devedor, a menos que este consinta.

Finalmente, se o credor não aceitar o pagamento do terceiro desinteressado, este não poderá consignar em pagamento, pois apenas o terceiro interessado e o não interessado, que pagam em nome do devedor, possuem este direito subjetivo (art. 304, *caput* e parágrafo único). Por isso, o terceiro não interessado, para pagar em seu nome, deve contar com a anuência do credor. O terceiro não interessado não tem o direito subjetivo de adimplir e, por isso, como regra, não se sub-roga nos direitos do credor, possuindo mero direito de reembolso (art. 305).

Assim, nas hipóteses do art. 347, terceiro não interessado se sub-rogará, desde que isso decorra de uma convenção, acordo, o que implica afirmar que, mesmo nesta situação excepcional de o terceiro não interessado se sub-rogar, não poderá promover a consignação em pagamento caso o credor se recuse a com ele negociar. Além disso, se o terceiro não interessado, em vez de pagar em nome próprio o fizer em nome do devedor, estará por realizar liberalidade e, neste caso, não se sub-rogará e também não terá direito de reembolso.

II – quando terceira pessoa empresta ao devedor a quantia precisa para solver a dívida, sob a condição expressa de ficar o mutuante sub-rogado nos direitos do credor satisfeito.

---

[229] NADER, Paulo. *Curso de direito civil – Obrigações*. Rio de Janeiro: Forense, 2019. v. II, p. 291.

[230] COSTA, Judith Martins. *Comentários ao novo código civil*. 2. ed. Rio de Janeiro: Forense, 2009. v. V, t. I, p. 505-506.

[231] GONÇALVES, Carlos Roberto. *Direito civil brasileiro*, v. II, São Paulo: Editora Saraiva.

A segunda hipótese de sub-rogação convencional é comum no mercado imobiliário habitacional. Aqui a sub-rogação deve ser consentida pelo devedor. Neste caso, terceiro não interessado empresta ao devedor a quantia precisa para solver a dívida, sob a condição de ficar investido nos direitos do credor satisfeito. Aqui o consentimento é dado pelo devedor interessado.

Por exemplo, "X" adquire um imóvel da construtora "Z". Como o adquirente "X" não dispõe de recursos financeiros para pagar a dívida, procura a instituição financeira "F" para lhe emprestar dinheiro para solver a dívida com a construtora "Z", credora de "X". A instituição financeira concorda em realizar o empréstimo ou contrato de mútuo com o devedor "X", adquirente do imóvel, sob a condição dela, instituição financeira, se sub-rogar nos direitos de crédito da construtora. Assim, em razão do empréstimo, o devedor adquirente do imóvel liquida seu débito com a construtora e se torna devedor da instituição financeira, que se sub-roga nos direitos da construtora.

Nesta hipótese legal, são extremos da sub-rogação, a simultaneidade do mútuo e a declaração expressa de se investir o mutuante na qualidade de credor. Ou seja, a sub-rogação e o pagamento do credor originário são uma relação de simultaneidade.

Nas palavras de Judith Martins-Costa[232], "o acordo é estabelecido, portanto, entre o devedor e o *solvens* (o que paga), não carecendo manifestação de vontade do credor, que uma vez pago, fica desinteressado". E continua, quando trata dos requisitos desta espécie de sub-rogação: "São cinco os requisitos desta espécie: o primeiro é a existência de acordo, nascido de negócio jurídico bilateral, entre o devedor e o terceiro; o ato do empréstimo deve ter data certa, bem como o da quitação, para comprovar que a estipulação referente à sub-rogação e a declaração de empréstimo foram feitas para aquela finalidade; existência de empréstimo ou adiantamento feito por terceiro não interessado; declaração da finalidade do empréstimo; declaração de que o pagamento foi realizado com recursos originários do *solvens*".

2.10.2.3.4. Principal efeito da sub-rogação legal e da convencional

A vantagem da sub-rogação, legal ou convencional, é o efeito translativo da integralidade do conteúdo do direito subjetivo, com todas as suas peculiaridades, conforme previsto no art. 349 do CC.

O novo credor, com a sub-rogação, passa a desfrutar da totalidade dos direitos, ações, privilégios e garantias do primitivo, sejam eles quais forem. Por exemplo, se o credor primitivo era idoso e o novo credor não é, mesmo assim terá direito à preferência na tramitação do feito. Se o credor primitivo tinha o direito a uma ação especial, o novo credor também o terá. Se o credor primitivo tinha privilégio em relação ao crédito, este será estendido ao novo credor.

A transferência envolve os acessórios do crédito. Todos os direitos acessórios que resultem de gravame dos bens do devedor acompanham o crédito. Como diz Guilherme Gama[233]: "O efeito *translativo* da sub-rogação faz com que também remanesçam os acessórios da obrigação principal, inclusive as garantias reais e pessoais, daí a insuficiência da redação do art. 349, ao se referir apenas aos fiadores". No caso específico da fiança, como a sub-rogação é efeito de pagamento (veja a relevância deste fundamento), tal garantia pessoal não é com ela extinta. Neste caso, o fiador continuará vinculado ao novo credor.

No mesmo sentido Judith Martins-Costa[234], para quem estes "acessórios podem consistir em garantias reais ou fidejussórias, em uma determinada taxa de juros ou outras vantagens". Isso tudo porque a sub-rogação não extingue a dívida, ou seja, apenas provoca a alteração do sujeito ativo da relação obrigacional. Então, é natural que todas as garantias da dívida, incluindo acessórios, sejam transferidas com a sub-rogação. Como subsiste a obrigação em sua integralidade, também remanescem os acessórios do débito, incluindo-se, assim, todas as garantias reais e pessoais originárias.

Ademais, segundo a doutrina citada, não apenas os privilégios, mas também os inconvenientes do crédito e as defesas objetivamente oponíveis pelo devedor sobrevivem após a sub-rogação.

Por estes motivos, é amplo o efeito translativo da sub-rogação. É transmitido ao terceiro, que satisfaz o credor originário, os direitos de crédito que este desfrutava, com todos os acessórios, ônus e encargos.

2.10.2.3.5. Limites da sub-rogação e caráter especulativo

Segundo o art. 350 do CC: "Na sub-rogação legal o sub-rogado não poderá exercer os direitos e as ações do credor, senão até a soma que tiver desembolsado para desobrigar o devedor".

Esta é uma das principais diferenças entre a sub-rogação legal e a cessão de crédito. A sub-rogação legal, segundo este dispositivo, não tem caráter especulativo, pois os direitos de crédito do novo credor são limitados ao valor efetivamente desembolsado para desobrigar o devedor, não podendo esta constituir fonte de lucros ou de vantagens.

A discussão relativa a este dispositivo especula se ele é compatível ou não com a sub-rogação convencional. Há vozes nos dois sentidos. O art. 350, na literalidade, faz referência apenas à sub-rogação legal, a qual está relacionada ao exercício de direito. A sub-rogação convencional é negócio jurídico com características próprias, haja vista as hipóteses previstas no art. 347. Embora o negócio jurídico possa ser gratuito, dificilmente o terceiro não interessado irá pagar uma dívida, na hipótese do inciso I do art. 347 ou alguém fará contrato de mútuo gratuito para,

---

[232] COSTA, Judith Martins. *Comentários ao novo código civil*. 2. ed. Rio de Janeiro: Forense, 2009. v. V, t. I, p. 507-509.

[233] GAMA, Guilherme Calmon Nogueira. *Direito civil*: obrigações. São Paulo: Atlas, 2008, p. 264.

[234] COSTA, Judith Martins. *Comentários ao novo código civil*. 2. ed. Rio de Janeiro: Forense, 2009. v. V, t. I.

na hipótese do inciso II, não ter qualquer lucro. É uma ingenuidade crer nesta utópica filantropia.

Haveria ou não caráter especulativo na sub-rogação convencional? Cristiano Chaves e Rosenvald[235] defendem que a sub-rogação convencional não permite o lucro. Para eles, "o terceiro sub-rogado tem a sua autonomia privada limitada ao princípio que veda o enriquecimento sem causa (art. 884 do CC)". No mesmo sentido Gustavo Tepedino[236], segundo o qual: "Em relação à sub-rogação convencional, embora possam as partes restringir os direitos sub-rogados, não podem, por maior razão, ampliar a pretensão sub-rogatória para além do desembolso efetuado pelo sub-rogado. E isto decorre da natureza não especulativa da sub-rogação, sistematicamente compreendida" (*Código Civil interpretado*, v. 2, p. 642).

Judith Martins-Costa[237] é enfática quando defende a aplicação do art. 350 à sub-rogação convencional. Segundo ela: "Hoje em dia está modificada a perspectiva ideológica, e inseridos no Código princípios como boa-fé (art. 422) e da proteção ao aderente (arts. 423 e 424), bem como o que veda o enriquecimento sem causa (art. 884) – bem como o dever de proporcionalidade, polarizando a hermenêutica jurídica. Nesta perspectiva, cremos não haver dúvidas de que a regra do art. 350 se aplica, também, à sub-rogação convencional, sob pena de restar caracterizado o caráter especulativo que não se coaduna com a sub-rogação em nenhuma de suas formas".

Entretanto, ainda com fundamentos sólidos no princípio da autonomia privada, por decorrer de negócio jurídico e, até por não constar na redação do art. 350, ainda prevalece o entendimento de que a sub-rogação convencional tem caráter especulativo.

Aliás, na hipótese do inciso I do art. 347, o art. 348 impõe a observância das regras da cessão de crédito, de natureza eminentemente especulativa. Caio Mário, por exemplo, trilha esse entendimento, o que é compreensível, porque o mestre defende que a sub-rogação convencional se confunde com a cessão de crédito e, como esta tem caráter especulativo, aquela também o teria, como consequência lógica (Silvio Rodrigues também defende o caráter especulativo da sub-rogação convencional).

Portanto, ainda há divergências doutrinárias em relação à compatibilidade do disposto no art. 350 do CC com a sub-rogação convencional, controvérsia essa que somente poderá ser dirimida pelos Tribunais[238].

---

[235] FARIAS, Cristiano Chaves de; ROSENVALD, Nelson. *Direito das obrigações*. 4. ed. Rio de Janeiro: Lumen Juris, 2010, p. 391.

[236] TEPEDINO, Gustavo; BARBOSA, Heloísa Helena; BODIN, Maria Celina et al. *Código civil interpretado*. v. II (teoria geral dos contratos, contratos em espécie, atos unilaterais, títulos de crédito, responsabilidade civil, preferências e privilégios creditórios - artigos 421-965), RJ-SP: Renovar, 2006, p. 642.

[237] COSTA, Judith Martins. *Comentários ao novo código civil*. 2. ed. Rio de Janeiro: Forense, 2009. v. V, t. I.

[238] No REsp 818.597/RJ, de relatoria da Min. Denise Arruda, muito embora não tenha sido declarado expressamente esse entendimento, é possível aferir que o STJ, neste precedente, considerou que a sub-rogação convencional pode ter caráter especulativo. No mesmo sentido o REsp 195.195/PR.

2.10.2.3.6. Sub-rogação parcial

No art. 351, o CC encerra o capítulo da sub-rogação tratando do direito de preferência em caso de sub-rogação parcial.

O credor originário terá preferência sobre o sub-rogado em caso de sub-rogação parcial, caso os bens do devedor não sejam suficientes para arcar com o crédito do credor primitivo e do novo credor. Assim, se o pagamento ao credor primitivo não for integral, ele permanecerá no polo ativo, ao lado do sub-rogado, mas terá preferência em relação a este novo credor, em caso de recursos escassos para o adimplemento de ambos.

Estabelecido o concurso entre o credor originário e o sub-rogado, tem aquele preferência para receber o seu crédito, se os bens do devedor não bastarem para satisfazer a ambos. Pago o credor primitivo, só então, com o remanescente do patrimônio do devedor, é que deverá ser pago o sub-rogado.

Resumo

Na sub-rogação, "meio indireto" de adimplemento, o titular do direito subjetivo de crédito é substituído por *terceiro* que paga. Eis o pressuposto da sub-rogação: pagamento por terceiro. A sub-rogação é consequência, efeito e resultado de pagamento. O fundamento (e a lógica) da sub-rogação é o pagamento realizado por sujeito que não integra a relação jurídica obrigacional originária (terceiro). Ausente o pagamento, inexistirá sub-rogação.

Após o pagamento, o titular do crédito é *substituído* de forma automática, ou seja, independe de qualquer ato volitivo.

A dinâmica da sub-rogação se assemelha à cessão de crédito. Em ambos os institutos não se altera o vínculo obrigacional e tampouco a prestação. Apenas o elemento subjetivo, credor, é substituído. A principal diferença entre cessão de crédito e sub-rogação é o fundamento: o fundamento da sub-rogação é o pagamento (por isso, o credor originário é substituído independente da sua vontade) e o da cessão de crédito, a vontade (é negócio jurídico – o credor só é substituído se desejar ceder o crédito a terceiro).

A sub-rogação relacionada à teoria do adimplemento é subjetiva (altera-se um dos sujeitos da relação obrigacional – credor). Não se confunde com a sub-rogação objetiva (substituição de objeto, que não tem relação com o adimplemento).

A sub-rogação pode ser legal (legítima sub-rogação) ou convencional. A legal decorre de previsão normativa e, por isso, é automática (de pleno direito – independe de vontade). Se ocorrer o pagamento em qualquer das hipóteses previstas na lei (arts. 346, 786, entre outros do CC – observe que sempre a palavra "pagamento" é anterior à sub-rogação, porque este o fundamento do instituto), a sub-rogação, com a substituição do credor primitivo, é imediata e automática. O terceiro que paga, assume a posição do credor primitivo e se torna titular, em substituição, com todos os direitos, ações, privilégios e garantias do originário.

A sub-rogação convencional é uma anomalia, porque embora o fundamento também seja o pagamento, pressupõe negócio jurídico entre credor originário e terceiro, o que a aproximará, em termos substanciais e formais, à cessão de crédito. A sub-rogação convencional pressupõe pagamento para se caracterizar como tal (a transferência do crédito ao terceiro só ocorrerá após ou ao mesmo tempo que o pagamento – se a transferência do crédito é posterior ao pagamento, não será sub-rogação). Todavia, se em determinado negócio jurídico (NJ), o credor originário, ao mesmo tempo ou após o pagamento, transfere o crédito a terceiro (que será o novo credor), sem mencionar que se trata de sub-rogação ou cessão, como qualificar este NJ? A discussão é relevante, porque a finalidade dos institutos é diversa: sub-rogação é meio indireto de adimplemento e cessão de crédito é meio de transmissão de obrigação.

Não é por acaso que muitos códigos civis consideram a "sub-rogação" (em especial a convencional) como espécie de cessão de crédito. No Brasil, a doutrina ainda não conseguiu resolver a questão. Em tese e abstratamente, é muito fácil distinguir sub-rogação convencional e cessão de crédito (fundamentos e finalidades diversas, necessidade ou não de notificar o devedor, formalidade ou não etc.). A dificuldade é diferenciá-las no caso concreto: se, em determinado NJ, como explicado acima, não houver referência se é cessão de crédito ou sub-rogação convencional, como qualificá-lo? A questão se torna mais tormentosa, porque ao contrário da sub-rogação legal, a convencional também tem caráter especulativo, como ocorre na cessão de crédito. Embora a doutrina divirja sobre o caráter especulativo da sub-rogação convencional, o art. 350 é de clareza solar quando limita o direito do terceiro ao valor efetivamente desembolsado (sem especulação) apenas na sub-rogação legal.

Na realidade, seria muito mais lógico e coerente considerar tanto a sub-rogação legal, quanto a convencional, modos de transmissão de crédito para terceiro que paga e não meio indireto de adimplemento.

Na sub-rogação, o vínculo primitivo e a prestação originária permanecem, mas agora com novo credor, o terceiro que pagou. Em nossa opinião, não ocorre adimplemento, mas apenas substituição de sujeitos. Todavia, o CC optou por diferenciar a sub-rogação, legal e convencional, da cessão de crédito.

2.10.2.4. Imputação de pagamento

2.10.2.4.1. Introdução

A imputação de pagamento é mais uma dentre as várias modalidades especiais de pagamento, cujo instituto também provoca a extinção da obrigação.

A expressão "imputar" tem o sentido de atribuir ou indicar. Em matéria de adimplemento, imputar significa indicar, dentre vários débitos, qual deles será solvido pelo pagamento ou entrega de determinada importância insuficiente para a liquidação de todos. Por meio da imputação de pagamento, há efetivo adimplemento de um dos débitos e a consequente extinção da obrigação relativa a ele. *A imputação de pagamento constitui apenas um meio de escolha ou eleição de débitos para pagamento*. O adimplemento da prestação se efetiva.

No entanto, como há várias dívidas para liquidar, o devedor deverá escolher qual delas deverá ser paga. Esta escolha dentre os vários débitos com o mesmo credor recebe o nome de imputação. O devedor imputa ou indica qual das dívidas será paga.

A imputação de pagamento é disciplinada nos arts. 352 a 355 do CC. Nestes dispositivos, a lei civil regula os requisitos da imputação (art. 352 – pressupostos para a caracterização do instituto) e as espécies de imputação sob a perspectiva da legitimidade (arts. 353 a 354 – quem pode efetivar a imputação). A imputação em pagamento pode ser levada a efeito pelo devedor, pelo credor ou, em caso de omissão de ambos, decorre da lei, a denominada "imputação legal".

Essa faculdade de escolha caracteriza direito potestativo do devedor ou do credor, tendo em vista que o destinatário da escolha apenas se sujeita a este ato de vontade ou à indicação do pagamento. Ao poder daquele que tem o direito de escolher corresponde o estado de sujeição do outro sujeito, que nada pode fazer a não ser se submeter àquele ato de vontade (escolha). Por isso, a escolha constitui típico direito potestativo. As prestações a serem escolhidas para serem satisfeitas devem ter natureza fungível.

Sobre a natureza jurídica da imputação, são imprescindíveis as observações de Judith Martins-Costa[239]: "Ao imputar, o devedor (ou o credor) exerce direito formativo. Portanto, o credor resta em estado de sujeição, que o correspectivo ao direito formativo, assim como o dever jurídico é o correspectivo ao direito subjetivo (...) os direitos formativos, ou potestativos, são poderes conferidos pela lei, a determinadas pessoas, de influírem com uma declaração de vontade sobre situações jurídicas de outras pessoas sem o concurso de vontade destas. Assim sendo, uma das suas principais características é o estado de sujeição que o seu exercício cria para outras pessoas.

Portanto, a imputação pode ser definida como uma forma de indicação de pagamento (direito potestativo de escolher) quando o devedor possui várias dívidas, da mesma natureza, com o mesmo credor. Se o valor entregue pelo devedor é insuficiente para solver todas as dívidas, surge a relevância do instituto para se precisar qual delas será liquidada.

2.10.2.4.2. Requisitos para a imputação de pagamento

A imputação de pagamento se caracteriza a partir de determinados pressupostos, especificados no art. 352 do CC.

O *primeiro requisito* é a *pluralidade de débitos*. A imputação é ato de escolha (direito potestativo), que somente será possível se houver multiplicidade de obrigações. Os legitimados

---

[239] COSTA, Judith Martins. *Comentários ao novo código civil*. 2. ed. Rio de Janeiro: Forense, 2009. v. V, t. I, p. 529-530.

deverão indicar, entre as várias obrigações, qual pretende imputar para fins de adimplemento em primeiro lugar.

Ademais (segundo requisito), os débitos devem ser da *mesma natureza*. A identidade da natureza tem relação com a espécie da dívida. Dívida em dinheiro só pode ser imputada com outra dívida em dinheiro. Não é possível imputar dívida de dar imóvel com obrigação de fazer ou de dar dinheiro com obrigação de fazer. Deve existir identidade entre os objetos das prestações. Como diz Nader[240], as prestações devem ser fungíveis entre si e de igual gênero. A fungibilidade das prestações é essencial para a admissibilidade da imputação ou escolha.

Se o credor aceita substituir a prestação por outra de natureza diversa haverá dação em pagamento, e não imputação. Por isso, não haverá imputação de pagamento se um dos débitos for dinheiro e o outro consistir em obrigação de dar coisa certa (diversa de dinheiro) ou alguma prestação de fato (fazer ou não fazer).

Terceiro requisito: as múltiplas obrigações, da mesma natureza, devem ser *líquidas e vencidas*. Líquida é a dívida cujo *quantum debeatur* está determinado pelo valor. Não basta o valor determinado. É essencial que a dívida também seja exigível, passível de ser concretizada. Por esta razão, as obrigações condicionais não são suscetíveis de imputação. Se a obrigação se torna exigível porque não foi ajustada época de pagamento (art. 331), porque houve implemento da condição que suspendia a eficácia da obrigação ou em razão de vencimento antecipado (art. 333), também será possível a imputação. Não importa a causa da exigibilidade, bastando que o crédito corresponda à pretensão de pagamento. Em síntese, deve ser exigível.

Excepcionalmente, se o prazo foi estabelecido em favor do devedor, no momento da imputação este poderá imputar a dívida não vencida. Segundo o mestre Caio Mário[241]: "A dívida a termo suporta imputação antes do vencimento do prazo, quando este é a benefício do devedor, pois que não se lhe pode recusar a renúncia a um benefício instituído a seu favor; mas não se dá na hipótese reversa, de ser o termo a favor do credor, uma vez que não teria, então, o devedor a faculdade de renunciar ao que não lhe é concedido".

Em relação a este aspecto, Judith Martins-Costa[242] faz importante ponderação, ao ressaltar que o art. 991 do CC/1916 exigia a concordância do credor em relação a dívidas não vencidas. Como a regra foi suprimida, segundo ela, "conforme as circunstâncias, a boa-fé objetiva gera, ao devedor, o direito de pagar, e ao credor, o dever de receber antecipadamente, cabendo, inclusive, o desconto ou a redução proporcional dos juros ou outros encargos, sob pena de enriquecimento injustificado".

Desta forma, quando o prazo é em benefício do credor, em consonância com a concepção de obrigação como processo dinâmico e funcionalizado, onde credor e devedor são titulares de deveres e direitos fundamentais e, tendo em conta valores sociais, como função social e boa-fé objetiva, o dever de cooperação e solidariedade impõe que o credor aceite a imputação de dívida não vencida, inclusive com descontos proporcionais de eventuais encargos, em nítida flexibilização à disposição expressa do art. 352.

Quarto requisito para a imputação é a identidade de sujeitos. Os débitos são plurais, mas os sujeitos são os mesmos. O devedor está vinculado a várias obrigações com prestações da mesma natureza, líquidas e vencidas, em relação ao mesmo credor. A única ressalva são os casos de pluralidade subjetiva, ativa e passiva (solidariedade e indivisibilidade, por exemplo). Isto não descaracteriza o instituto, pois, nestes casos, há vinculação entre os sujeitos que estão no mesmo polo da relação obrigacional. Portanto, embora o art. 352 faça referência "a um só credor", a doutrina vem admitindo a extensão para os casos de solidariedade ativa, desde que sejam sempre os mesmos credores. Em caso de solidariedade, o devedor solidário responsável pelo adimplemento é quem terá o direito subjetivo de fazer a imputação. No caso de fiança, se o fiador pagar, é ele quem será o titular do direito de efetivar a imputação.

Finalmente, o *quinto (e último) requisito* está relacionado ao *princípio da indivisibilidade do pagamento do débito escolhido*. O valor oferecido deve ser suficiente para quitar a integralidade da dívida escolhida para ser adimplida. O princípio da integralidade, previsto no art. 314 do CC, incide na imputação. O recurso oferecido deve ser suficiente para a quitação de diversas dívidas vencidas. Por exemplo, João deve para José uma dívida de R$ 200,00, outra de R$ 500,00 e uma terceira no valor de R$ 700,00. Se João tiver à sua disposição R$ 700,00, poderá escolher, dentre as três dívidas, qual pretende quitar, pois o valor é suficiente para liquidar quaisquer delas na integralidade (no caso, poderá imputar apenas a de R$ 700,00, ou as outras duas, de R$ 200,00 e R$ 500,00). Entretanto, se João tiver à sua disposição apenas R$ 300,00, não haverá imputação, pois não terá opção de escolha. Tal valor somente é suficiente para quitar a dívida de R$ 200,00, razão pela qual é esta que será necessariamente quitada. Não há como imputar o pagamento se o valor oferecido não é suficiente para solver as várias dívidas líquidas, vencidas e da mesma natureza. Assim, o devedor não poderá imputar pagamento parcial de uma das obrigações.

Desta forma, preenchidos todos estes requisitos subjetivos (sujeitos) e objetivos (relacionados à prestação), será possível a imputação de pagamento. O débito em relação ao qual o pagamento foi imputado, após o recebimento, estará liquidado e, em consequência, estará extinta a obrigação em relação a ele, mas permanecerá o vínculo em relação aos débitos que não integraram a imputação. A quantidade de requisitos exigidos pelo art. 352 certamente torna a imputação de pagamento um meio raro de adimplemento especial.

---

[240] NADER, Paulo. *Curso de direito civil – Obrigações*. Rio de Janeiro: Forense, 2019. v. II.

[241] PEREIRA, Caio Mário da Silva. *Instituições de direito civil*. 20. ed. Teoria geral das obrigações. Rio de Janeiro: Forense, 2004. v. II.

[242] COSTA, Judith Martins. *Comentários ao novo código civil*. 2. ed. Rio de Janeiro: Forense, 2009. v. V, t. I, p. 533-534.

• **Questão relevante sobre o primeiro requisito: pluralidade de débitos**

O art. 352 do CC exige a pluralidade de débitos como requisito essencial da imputação de pagamento.

A discussão travada em torno deste pressuposto da imputação se refere à necessidade ou não de existir pluralidade de obrigações.

A questão que se coloca é a seguinte: A imputação somente é possível se as obrigações forem distintas (várias obrigações) ou seria admitida a imputação de pagamento no caso de pluralidade de prestações da mesma obrigação (obrigação única, da qual decorrem várias prestações, como os débitos de condomínio, por exemplo)?

Essa questão foi discutida no STJ no REsp 225.435/PR, relatado pelo Min. Sálvio de Figueiredo Teixeira, com voto vencido do Min. Ruy Rosado de Aguiar, julgado em 22-2-2000.

Neste precedente o STJ não admitiu a imputação de prestações distintas da mesma obrigação, sob o argumento de que o art. 322, antigo art. 943 do CC/1916, seria uma restrição à imputação. Segundo este dispositivo, no caso de prestações periódicas há presunção de que paga a última prestação as anteriores estariam quitadas. Assim, se fosse admitida a imputação de prestações da mesma obrigação, o devedor escolheria a última prestação, criando para o credor um ônus de desconstituir esta presunção. Embora relativa à presunção, tal ônus não seria justificável.

Em que pese este precedente do STJ, esta não parece ser a melhor orientação. Em primeiro lugar, na concepção atual de obrigação como processo, credor e devedor agem em recíproca cooperação durante toda a relação obrigacional. Este dever de conduta leal e honesta, decorrente do princípio da boa-fé objetiva, impede que o devedor impute o pagamento da última prestação apenas para se aproveitar da regra prevista no art. 322 do CC. Tal conduta é repudiada pelo princípio da boa-fé objetiva. O devedor pode ter outros motivos para imputar a última prestação, como encargos maiores, por exemplo, sem que haja qualquer prejuízo ao credor em relação às prestações anteriores. O precedente deve ser superado, pois analisa a obrigação sob a perspectiva exclusiva dos interesses do credor e não como relação de cooperação entre sujeitos que buscam o adimplemento mais satisfatório.

Em segundo lugar, o próprio Código Civil, no art. 354, admite a imputação de pagamento de prestações decorrentes da mesma obrigação. É o caso da obrigação principal que gera juros.

É caso típico de imputação de pagamento de prestações (juros) da mesma obrigação (capital). A regra do art. 354, embora resguarde os interesses do credor, admite a imputação de prestação decorrente da mesma obrigação. Neste caso, havendo capital e juros vencidos, por imposição legal o pagamento deve primeiro ser imputado nos juros, porque estes são frutos civis decorrentes da obrigação principal (capital).

Em duas hipóteses serão possíveis a imputação no capital em vez dos juros. Primeiro, se houver entre credor e devedor um acordo neste sentido ("salvo estipulação em contrário"). Segundo, quando a imputação couber ao credor (hipótese prevista no art. 353) e conferir ao devedor a quitação do principal, no momento da imputação. Portanto, são duas situações diferentes. Na primeira, a imputação do capital se dá por acordo. Na segunda, por ato unilateral do credor quando for de sua responsabilidade a imputação. *Neste dispositivo, há uma clara restrição ao devedor, o qual não está autorizado a imputar o capital antes dos juros, sem a expressa concordância do credor. Por isso, a norma foi estabelecida em benefício do credor.*

Por estes motivos (obrigação como processo dinâmico e funcional integrada por valores sociais e pela a previsão do art. 354 do CC), *entendemos que a imputação pode ser efetivada em caso de pluralidade de prestações decorrentes de uma única obrigação, dando-se uma interpretação extensiva ao art. 352 do CC, adequando-se o dispositivo à nova concepção de obrigação como um processo dinâmico e funcional voltado ao adimplemento, em cujo processo há verdadeira cooperação entre os sujeitos desta relação.*

Na mesma linha de entendimento, Renan Lotufo[243], o qual admite as duas hipóteses de imputação, ou seja, em várias prestações da mesma obrigação ou em várias obrigações distintas.

Em relação ao art. 354 do CC, o STJ editou a Súmula 464, na qual impede a aplicação do referido dispositivo na compensação tributária: "A regra de imputação de pagamentos estabelecida no art. 354 do CC não se aplica às hipóteses de compensação tributária".

No Recurso Especial n. 1.194.402/RS, de relatoria do Min. Teori Albino Zavascki, submetido ao regime do art. 543-C do CPC (recursos repetitivos), julgado em 21-9-2011, foi definido que se aplica aos contratos celebrados no âmbito do Sistema Financeiro da Habitação a regra de imputação prevista no art. 354 do CC.

2.10.2.4.3. Espécies de imputação (Quem pode imputar?)

O Código Civil classifica a imputação de pagamento em voluntária e legal. Na imputação voluntária, a indicação ou escolha pode ser realizada pelo devedor e, em caso de omissão deste, o direito potestativo de escolha é transferido automaticamente ao credor. A imputação legal é subsidiária, pois depende da omissão dos sujeitos no momento do pagamento, no caso do devedor, ou da outorga da quitação, no caso do credor.

A imputação voluntária é disciplinada nos arts. 352 e 353 do CC.

Segundo o art. 352, a pessoa obrigada por dois ou mais débitos é o *devedor*, o qual, em primeiro lugar, *tem o direito de indicar a qual deles oferece pagamento. É o devedor quem goza do direito potestativo de imputar ou escolher dentre as várias dívidas, qual delas pretende seja solvida.* Tal dispositivo trata, portanto, da imputação do devedor, que ostenta o poder ou direito potestativo à imputação.

---

[243] LOTUFO, Renan. *Código civil comentado*. 2. ed. São Paulo: Saraiva, 2004, v. I (artigos 1º ao 232).

No entanto se, ao efetuar o pagamento de uma dentre várias dívidas, líquidas e vencidas, da mesma natureza ao mesmo credor, o devedor não fizer a imputação, o direito potestativo de escolha é transferido para o credor, conforme art. 353 do CC. Assim, *o credor somente terá o direito de escolher em caso de omissão do devedor no momento do pagamento*. Se o devedor deixar de imputar ou declarar em qual das dívidas líquidas e vencidas quer imputar, será obrigado a aceitar a quitação dada pelo credor em relação a qualquer delas, ressalvadas as hipóteses de violência ou dolo deste. Por isso, a imputação do devedor deve ser feita até o momento do pagamento. Após o pagamento, sem a imputação, será facultado ao credor escolher a dívida a ser quitada. É sanção civil pela omissão do devedor que, no momento do pagamento, não agiu com a devida cautela e diligência.

Se o credor rejeitar a imputação do devedor sem justo motivo, presentes os requisitos legais, será possível a consignação judicial.

Em resumo, são três os requisitos para a imputação do credor:[244] 1– omissão do devedor no momento do pagamento de uma dentre várias obrigações; 2– ausência de violência e de dolo; e 3– momento da imputação – a imputação deve ocorrer no momento do pagamento e da outorga da quitação. É requisito da imputação que se dê no próprio momento do pagamento e no da quitação, pois, com a não indicação pelo devedor e com a declaração do credor constante da quitação é que a dívida, atingida pelo pagamento individualizado, é satisfeita.

Finalmente, trata o Código Civil da imputação legal no art. 355.

A imputação legal é uma sanção civil para os sujeitos da relação obrigacional que foram omissos em relação à imputação, sendo sempre subsidiária, pois o art. 355 a condiciona à não indicação do devedor na forma do art. 352 e à ausência de quitação do credor, de acordo com o art. 353.

A imputação supletiva, por força da lei, segue algumas regras. As dívidas líquidas e vencidas há mais tempo serão quitadas em primeiro lugar. Portanto, serão pagas as dívidas mais antigas. Se todas as dívidas líquidas vencerem na mesma data, a imputação deverá ser feita na mais onerosa, como juros, ônus, execuções já em andamento etc. A onerosidade não é aferida pelo valor nominal da dívida, mas pelos encargos incidentes sobre o débito. Sobre isso, Nader[245] comenta: "Caso todas elas sejam líquidas e vencidas em igual data, a imputação se fará na dívida mais onerosa, ou seja, naquela que impõe maiores ônus ao devedor. Assim, se uma dívida está sujeita a juros e outra não, o pagamento será imputado à primeira. Ocorrendo a incidência de juros sobre ambas as prestações, a imputação se fará na de maior taxa. Os critérios seguidos na imputação aplicam o chamado princípio da maior onerosidade. Quanto maior o ônus do devedor, maior a prioridade para sua eliminação".

Portanto, em primeiro lugar, quitam-se as mais antigas e, se todas vencerem na mesma data, a mais onerosa.

Se todas as dívidas vencerem na mesma data e ostentarem os mesmos encargos, o pagamento deve ser feito de forma proporcional a cada uma das dívidas, excepcionando, neste caso, o princípio da integralidade, previsto no art. 314 do CC, que não é absoluto. Nesta situação peculiar, a imputação de pagamento se fará por igual entre as dívidas, de forma proporcional, distribuindo o valor para todas as obrigações que serão parcialmente liquidadas (é a aplicação, por analogia, do art. 433 do Código Comercial – que, embora já revogado pelo art. 2.045 do CC, vem sendo utilizado pela doutrina para justificar esta divisão proporcional).

Em matéria tributária, a imputação legal tem regra diversa. Como a finalidade é proteger os interesses da Fazenda Pública, caberá à autoridade administrativa, competente para receber o pagamento, determinar a imputação, segundo o critério legal (art. 163 do CTN). Segundo a lei tributária, se houver dois ou mais débitos do sujeito passivo para com a mesma pessoa jurídica de direito público, relativos a tributos idênticos ou diferentes (ou seja, a lei tributária não impõe que os tributos tenham a mesma natureza), em primeiro lugar, deverão ser imputados os débitos por obrigação própria e, em seguida, os decorrentes de responsabilidade tributária. Na sequência, faz uma ordem de preferência em relação às espécies tributárias (primeiro as contribuições de melhorias, em segundo as taxas e, por fim, os impostos). Finalmente, impõe a imputação na ordem crescente dos prazos de prescrição, para evitar que se consume (dívidas mais antigas) e na ordem decrescente dos montantes.

Em razão do interesse público que caracteriza as relações tributárias e, considerando a submissão irrestrita ao princípio da legalidade, não se admite em tal seara a imputação voluntária, mas apenas a imputação legal, nas condições previstas no art. 163 do CTN.

Paulo Nader[246] também ressalta essa questão legal na imputação de obrigação tributária: "Verifica-se, de plano, a diferença substancial, entre a aplicação do instituto no Direito Civil e Direito Tributário: no primeiro, a imputação pode ser feita pelo devedor, credor ou pela lei, enquanto apenas esta última o faz em matéria tributária".

O STJ, em várias ocasiões, teve a oportunidade de se manifestar sobre a imputação de pagamento em matéria tributária.

2.10.2.5. Dação em pagamento

2.10.2.5.1. Introdução

A dação em pagamento é modalidade especial de pagamento definida no art. 356 do CC. O requisito essencial desta forma especial de pagamento é a entrega de presta-

---

[244] COSTA, Judith Martins. *Comentários ao novo código civil*. 2. ed. Rio de Janeiro: Forense, 2009. v. V, t. I, p. 533-538.

[245] NADER, Paulo. *Curso de direito civil – Obrigações*. Rio de Janeiro: Forense, 2019. v. II, p. 407.

[246] NADER, Paulo. *Curso de direito civil – Obrigações*. Rio de Janeiro: Forense, 2019. v. II, p. 411.

ção diversa da pactuada para a extinção da obrigação. Por isso, o instituto tem relação com o princípio da exatidão ou identidade, previsto no art. 313 do CC. A dação em pagamento constitui exceção a este princípio, que é vinculado ao objeto do pagamento.

Na dação em pagamento, ocorrerá a substituição da coisa devida (bem da vida) por outra de natureza diversa. Segundo Orlando Gomes[247], "a dação é um meio supletivo de pagamento".

A dação em pagamento pode ser conceituada como modalidade de pagamento indireto onde o credor consente em receber objeto diverso do da prestação originariamente pactuada, com liberação, extinguindo-se a obrigação originária. É uma forma de extinção da obrigação, disciplinada pelos arts. 356 a 359, por força da qual o credor consente em receber prestação diversa da que foi inicialmente pactuada, com extinção da obrigação primitiva. A essência do instituto é a entrega de prestação diversa da originalmente pactuada, com aceitação do credor.

Tal instituto decorre do princípio da autonomia privada, pois as partes chegam a acordo em relação ao objeto da prestação. Para quitar a dívida, o devedor entrega outro bem, diferente do pactuado originalmente. A única ressalva é que a dação fica condicionada à verificação da legitimidade da titularidade da coisa entregue, por força do disposto no art. 359, como adiante será analisado.

Nas palavras de Paulo Nader[248], dação em pagamento "é negócio jurídico bilateral, pelo qual o devedor cumpre a obrigação com prestação diversa da originalmente assumida. O adimplemento se faz com objeto diferente do estabelecido no ato negocial, mas com a concordância do credor". É, portanto, um acordo liberatório em virtude do qual o credor, recebendo objeto diverso, libera o devedor, extinguindo a obrigação.

Segundo o art. 356 do CC, o credor pode consentir em receber prestação diversa da que lhe é devida.

Tal dispositivo dispõe sobre os requisitos para a caracterização da dação em pagamento.

2.10.2.5.2. Requisitos da dação em pagamento

O devedor não tem o direito potestativo de impor o pagamento, mediante a substituição da coisa originária por outra. Para a dação em pagamento é essencial a presença de alguns requisitos:

1º requisito: existência de dívida vencida (preexistência de vínculo obrigacional). A preexistência de determinado vínculo é essencial para a dação em pagamento, pois, ausente esta obrigação precedente, haverá doação ou liberalidade, e não dação em pagamento. Ademais, a dação em pagamento não se confunde com obrigação alternativa. Naquela, a obrigação é simples e a prestação originária é substituída por outra com o consentimento do credor. Nas obrigações alternativas, a obrigação é complexa, ou seja, pluralidade de prestações, e a entrega de qualquer deles, conectadas ao vínculo original, caracteriza adimplemento regular.

Correta a observação de Orlando Gomes[249], quando exige o vencimento da dívida além da preexistência do vínculo: "Se durante a vigência de uma obrigação, credor e devedor acordam modificar o conteúdo do crédito, substituindo a prestação convencionada, não há dação em pagamento". Seria o caso de novação. Na dação em pagamento há negócio jurídico de alienação, pois o devedor entrega ao credor objeto diverso da prestação anteriormente pactuada, para satisfazer a pretensão daquele e extinguir a obrigação.

2º requisito: o consentimento do credor (porque é exceção ao princípio da exatidão). Segundo o art. 356 do Código Civil, ao credor é lícito consentir em receber prestação diversa da devida. O consentimento do credor é fundamental para a dação, razão pela qual não há direito subjetivo ou potestativo do devedor em entregar prestação diversa para satisfação da obrigação. Por isso, é imprescindível que haja acordo liberatório entre credor e devedor.

Tal acordo deve ser posterior no tempo, ao fato jurídico do qual resulta a dívida. O acordo não é prévio, devendo ser contemporâneo ao cumprimento. Há fato anterior (fato do qual resulta a dívida) e um ato posterior (dação em pagamento), que é contemporâneo ao adimplemento.

Na mesma linha, Paulo Nader[250]: "A pretensão somente se viabiliza mediante o acordo do credor. É essencial que o credor tenha capacidade para anuir, não apenas a de fato, mas também a jurídica".

O consentimento do credor pode ser expresso ou tácito. Este último ocorrerá quando o credor, após receber o pagamento, se comporta de acordo com quem pretende anuir.

3º requisito: diversidade entre a prestação originalmente pactuada e a oferecida em substituição. Nos precisos termos do art. 356 do CC, o credor deve anuir em receber prestação diversa, diferente da que lhe é devida ou da pactuada originalmente.

Como a dação em pagamento decorre de um acordo, não é relevante o valor do bem, se inferior ou superior ao devido. No caso, vigorará o princípio da autonomia privada e, por conta disso, as partes podem regular a dação conforme suas conveniências e interesses. A dação, por isso, pode implicar apenas quitação parcial do débito, se o bem dado em pagamento for de valor inferior à prestação devida inicialmente.

Além do acordo, é essencial que o cumprimento se efetive, com a tradição ou a transcrição do título em cartório, no caso de imóveis.

---

[247] GOMES, Orlando. *Obrigações*. 17. ed. (atualizada por Edvaldo Brito – coord.). Rio de Janeiro: Forense, 2007.

[248] NADER, Paulo. *Curso de direito civil – Obrigações*. Rio de Janeiro: Forense, 2019. v. II.

[249] GOMES, Orlando. *Obrigações*. 17. ed. (atualizada por Edvaldo Brito – coord.). Rio de Janeiro: Forense, 2007.

[250] NADER, Paulo. *Curso de direito civil – Obrigações*. Rio de Janeiro: Forense, 2019. v. II.

Em relação à diversidade do objeto, houve relevante alteração legislativa. O art. 995 do CC/1916 permitia a substituição do objeto da prestação por coisa que não fosse dinheiro. A dação em pagamento acabava restringida às obrigações pecuniárias.

O atual Código Civil, no art. 356, não faz mais esta restrição e permite a dação pela entrega de "prestação diversa", qualquer que seja seu objeto.

Por tudo isso, a dação em pagamento tem natureza jurídica de negócio jurídico bilateral, transmissivo de propriedade. É negócio oneroso e contrato real cuja eficácia é extinguir, por adimplemento, a dívida.

2.10.2.5.3. Dação em pagamento e dação em cumprimento

Na dação em pagamento o devedor deve agir com ânimo de solver a dívida e não apenas com o intuito de reforçar a garantia do credor. Por isso, muitos doutrinadores, como Caio Mário e Washington de Barros Monteiro, exigem, dentre os requisitos da dação em pagamento ou *datio in solutum*, a entrega de coisa diversa da devida, com a intenção de extinguir a obrigação ou com ânimo de efetuar o pagamento. Na dação *pro solvendo*, a finalidade é facilitar o cumprimento da obrigação, e não a solver imediatamente. Por isso, as duas obrigações subsistem, sendo extintas apenas quando o devedor cumprir a segunda obrigação. O devedor se compromete com o credor em relação à nova obrigação, sendo uma típica garantia.

Na dação em cumprimento (*datio pro solvendo*), não prevista no ordenamento jurídico brasileiro, o devedor efetua uma prestação diferente do seu crédito, só extinguindo a obrigação quando este for satisfeito. É uma garantia e não pagamento. O devedor assume, perante o credor, a obrigação paralela de que a dívida somente será extinta quando for cumprida. A extinção da dívida primitiva é condicionada ao êxito na cobrança do crédito.

Segundo Judith Martins-Costa[251]: "Verifica-se a figura da dação em função de cumprimento quando o devedor efetua uma prestação diferente da devida para que o credor obtenha mais facilmente, pela realização do valor dela, a satisfação do seu crédito, este só se extinguindo quando for satisfeito, e na medida respectiva".

A dação em função do cumprimento não é regulamentada pelo Código Civil, mas a autonomia privada pode concebê-la. Neste caso, a dação *pro solvendo* resguardará o cessionário que recebeu o direito, pois a extinção do débito primitivo é condicionada ao êxito na cobrança do crédito transferido ao credor. Eventual insolvência autoriza o credor a exigir a obrigação originária, em face do devedor – cedente.

2.10.2.5.4. Dação em pagamento e compra e venda

A dação pode ser equiparada com a compra e venda, mas com esta não se confunde. A finalidade da dação é a extinção da obrigação, razão pela qual pressupõe a entrega de objeto diverso do originalmente pactuado para a liberação do vínculo. A compra e venda é contrato consensual, como regra informal, oneroso e bilateral.. A compra e venda gera efeitos jurídicos obrigacionais.

O objetivo da dação (solução da dívida) é diverso, mas se submete às normas da compra e venda quando ocorre a transferência de propriedade de coisa para o credor, como repartição de despesas (art. 490), responsabilidade do devedor pelos riscos relacionados ao perecimento, perda e deterioração, até a tradição (art. 492) e, ainda, a possível invalidação da dação em pagamento quando realizado o pagamento entre ascendentes e descendentes (art. 496) sem autorização dos demais descendentes e do cônjuge do alienante.

Como ressalta Carlos Roberto Gonçalves[252]: "Caso se prefixe o preço da coisa, cuja propriedade e posse se transmite ao credor, o negócio será regido pelos princípios da compra e venda, especialmente os relativos à eventual nulidade ou anulabilidade e os atinentes aos vícios redibitórios e à interpretação. Nessa hipótese, a dação não se converte em compra e venda, mas apenas regula-se pelas normas que a disciplinam, pois se distinguem por diversas razões".

2.10.2.5.5. Dação em pagamento e títulos de crédito

Se a dação for de título de crédito, a coisa dada em pagamento importará em cessão de crédito (art. 358 do CC). Tal fato se justifica em razão da finalidade da dação em pagamento: a extinção da obrigação. A dação em pagamento tem como objetivo liberar o *solvens* no momento da tradição de bem diverso do pactuado e, no caso dos títulos de crédito, o transmitente continuaria vinculado como endossante. O endossante de título não apenas transfere a titularidade do crédito, como também, em regra, se torna garante do título. A transferência de créditos materializados em títulos de crédito, quando realizados para fins de dação em pagamento, não se submeterá às regras do endosso, instituto cambiário, mas à cessão de crédito (segundo o qual, em regra, o cedente não responde pela solvência do devedor, o que se afina com a finalidade da dação em pagamento).

Somente haverá dação em pagamento se a entrega do título for *pro soluto*, única admitida pelo Código Civil. Se a dação for *pro solvendo*, quando a extinção do débito primitivo é condicionada ao êxito na satisfação do crédito, não haverá dação em pagamento, mas dação em função do cumprimento. Neste ponto, o devedor assume, perante o credor, obrigação paralela de que a dívida somente se extinguirá quando for cumprida, como já ressaltado.

Nas palavras de Rosenvald e Chaves[253], "(...) se o devedor pretende quitar o débito com a transferência de um crédito que possui contra terceiro, a entrega da coisa incorpórea envolverá duas modalidades: a dação em paga-

---

[251] COSTA, Judith Martins. *Comentários ao novo código civil*. 2. ed. Rio de Janeiro: Forense, 2009. v. V, t. I, p. 547.

[252] GONÇALVES, Carlos Roberto. *Direito civil esquematizado*. São Paulo: Saraiva, 2013. v. I. p. 610.

[253] FARIAS, Cristiano Chaves de; ROSENVALD, Nelson. *Direito das obrigações*. 4. ed. Rio de Janeiro: Lumen Juris, 2010, p. 402.

mento (*pro soluto*) e a dação em função do cumprimento (*pro solvendo*)". Na cessão *pro soluto*, de acordo com as regras do Código Civil, o risco da insolvência do devedor é integralmente assumido pelo cessionário (art. 296), salvo acordo em contrário. Na dação de título de crédito, *pro solvendo*, as duas obrigações subsistem, sendo extintas apenas quando o devedor cumprir a segunda.

A dação não se confunde com a novação, que é meio de extinção da obrigação sem pagamento, sendo a dação meio de extinção com pagamento. Na dação a liberação do crédito é imediata. Na novação as partes constituem uma nova obrigação com a finalidade de extinguir a anterior. *Na dação em pagamento apenas se substitui a prestação e não a obrigação, como na novação*.

2.10.2.5.6. Dação em pagamento e evicção

Na dação em pagamento, o devedor entrega para o credor bem jurídico de natureza diversa do originalmente pactuado. A garantia legal da evicção incide na dação em pagamento, para proteger o credor.

Se a coisa diversa não pertencer ao devedor, ou seja, se o devedor não tiver legitimidade e poder de disponibilidade sobre a coisa transferida ao credor, este terá a garantia legal da evicção. A evicção neutraliza os efeitos da dação em pagamento, com o restabelecimento da obrigação primitiva. O art. 359 garantirá ao credor a preservação da obrigação originária. Trata-se de proteção diversa da evicção em geral, quando o evicto tem direito a ser indenizado por conta da perda da coisa para terceiro (art. 450 do CC).

Segundo o art. 359, se o credor for evicto da coisa recebida em pagamento, restabelecer-se-á a obrigação primitiva, ficando sem efeito a quitação dada, ressalvados os direitos de terceiros.

A evicção implica a perda da coisa (prestação de coisa – dar – que se conecta ao direito real de propriedade) para terceiro, que é o legítimo titular no âmbito da posse e ou da propriedade, ou seja, é quem tem poder de disponibilidade sobre a coisa. A evicção é garantia legal relacionada a questão jurídica, pois aquele que transfere a propriedade e/ou posse de coisas sem ter a plena disponibilidade responderá civilmente pela perda da coisa.

Na dação em pagamento, se o credor perde a coisa recebida em substituição à originária para terceiro e se torna evicto, restaura-se a obrigação primitiva e, por isso, fica sem efeito a quitação dada. A obrigação primitiva se restabelece, como se não tivesse ocorrido a dação em pagamento. Trata-se de proteção efetiva e relevante para o credor (art. 359 do CC). As partes retornam ao estado anterior.

Na evicção no âmbito da dação em pagamento, não se aplica a consequência normal da evicção, prevista no art. 450 (indenização ao evicto que recebeu o bem). A norma geral é afastada pela especial (art. 359). O Código Civil apresenta consequência própria e específica para a evicção, no caso de dação em pagamento. Fica ressalvado o direito de terceiro, em homenagem à ética e ao princípio da boa-fé objetiva ("trata-se de outra manifestação do princípio da confiança, expressão da diretriz da eticidade que marca o novo Código")[254].

Em vez de facultar ao credor demandar a responsabilidade do alienante nos termos do art. 450, pareceu ao legislador preferível o simples restabelecimento da obrigação que havia sido extinta pela dação em pagamento. Voltam as partes, logo, ao *status quo* anterior à dação.

Segundo o mestre Caio Mário[255], "ocorre um efeito repristinatório da evicção", ressurgindo a obrigação, com suas garantias, ressalvadas as prestadas pelo fiador e ressalvando direito de terceiro (fiança – art. 838, III, CC).

A regra geral da evicção consiste em garantir indenização ao adquirente prejudicado em face do alienante. No caso de dação em pagamento, a obrigação extinta será restabelecida com todos os seus acessórios. Apenas a fiança, por conta de norma expressa, não é restabelecida. O fiador, mesmo no caso de evicção, ficará definitivamente liberado. É a única garantia da obrigação originária que não se restabelece.

Em relação ao devedor e aos demais coobrigados, a liberação definitiva e a extinção da obrigação ficam submetidas a uma condição: legitimidade da titularidade do domínio da coisa dada em pagamento, pois, se terceiro provar que tem melhor direito de propriedade que o do devedor, haverá perda da coisa pela evicção.

Além disso, há dispositivos que vedam expressamente a dação em pagamento, como nos casos dos arts. 1.428 (hipoteca) e 1.365 (propriedade fiduciária).

2.10.2.6. Novação

2.10.2.6.1. Introdução

A novação, a compensação, a confusão e a remissão integram a categoria dos pagamentos não satisfativos, institutos esses que provocam a extinção da obrigação e a liberação do devedor do vínculo obrigacional, *mas sem a entrega de qualquer objeto para satisfação efetiva da prestação devida e inicialmente pactuada*.

Por meio da novação, compensação, confusão e remissão, a obrigação primitiva será extinta. No caso da novação, o vínculo obrigacional é extinto por novo acordo, com o objetivo de criar obrigação nova que extinguirá a primitiva. Portanto, por meio de negócio jurídico levado a efeito entre os sujeitos da relação obrigacional, cria-se nova obrigação, cuja finalidade é extinguir a obrigação anterior. A obrigação se extingue por acordo.

---

[254] Para a professora Judith Martins-Costa, são pressupostos da proteção jurídica da confiança: "1– uma situação de confiança, de acordo com a diretriz da eticidade; 2– uma justificação para esta confiança, expressa na presença de elementos objetivos capazes de, em abstrato, provocar uma crença plausível; 3– um investimento de confiança, consistente em, da parte do sujeito, ter havido um efetivo assentamento de atividades jurídicas sobre a crença consubstanciada e 4– uma imputação da situação de confiança, criada à pessoa que vai ser atingida pela proteção dada a quem confiou" (MARTINS-COSTA, Judith. *Comentários ao novo código civil*. 2 ed. Rio de Janeiro: Forense, v. V, t. I, p. 559-560).

[255] PEREIRA, Caio Mário da Silva. *Instituições de direito civil*. 20. ed. Teoria geral das obrigações. Rio de Janeiro: Forense, 2004. v. II.

O Código Civil disciplina a novação nos arts. 360 a 367, mas não conceitua o instituto. A lei civil se limita a disciplinar as espécies de novação, requisitos básicos para sua caracterização e consequências jurídicas (a principal: a extinção da obrigação primitiva).

2.10.2.6.2. Conceito

A novação é o acordo pelo qual os sujeitos que integram relação jurídica obrigacional, entre si ou com terceiros, pactuam nova obrigação, com sujeitos (novos credores ou novos devedores) ou prestações diversos, com o objetivo de extinguir o vínculo jurídico primitivo. O vínculo originário será extinto com a obrigação nova.

A novação terá a finalidade de substituir e extinguir a obrigação anterior (obrigação primitiva ou originária).

Na novação, modifica-se ou substitui-se a obrigação primitiva por outra obrigação, substancialmente diversa da anterior. Por isso o nome de *"nova-ação"* ou *nova obrigação*. Esta nova obrigação acarretará a extinção da obrigação primitiva, o que a torna operação liberatória e constitutiva. Liberatória, porque a novação é causa de extinção da obrigação anterior e, constitutiva, porque faz nascer nova obrigação. A obrigação originária é extinta e, ao mesmo tempo, substituída por obrigação posterior e diversa (nova).

A extinção da obrigação se opera mediante a formação de novo vínculo obrigacional. É *duplo e simultâneo o efeito da novação: extingue em definitivo a obrigação primitiva e faz nascer nova obrigação.*

A novação não é instituto novo no direito das obrigações. Embora de origem romana, não gozava da funcionalidade e dinamismo atual. No direito romano, a modificação de uma relação jurídica era extremamente difícil, porque a obrigação era considerada vínculo pessoal. Para superar o personalismo da obrigação romana, a novação viabilizava a substituição de sujeitos, imaginando-a Ulpiano como uma espécie de translação do crédito antigo ao novo, com a extinção do primeiro.

A novação era destinada justamente para superar a concepção personalista da obrigação. Com o objetivo de viabilizar a transmissão das obrigações que os romanos a consideravam como instituto dotado de grande utilidade. Portanto, naqueles tempos remotos, a novação tinha a finalidade de fazer circular a obrigação. No direito moderno, foi delineada como instituto novo pelo qual cria-se um débito que extingue o antigo (portanto, agora, passa a ser causa de extinção da obrigação).

A novação agora deve ser entendida em perspectiva funcional, em razão da boa-fé e da função social. Sua função atual não é transmitir obrigação, mas criar nova obrigação.

Como argumenta observa Ana Luiza Maia Nevares[256]: "A partir do desenvolvimento do princípio da transmissibilidade das obrigações no Direito Moderno, atenuou-se o prestígio da novação, uma vez que algumas de suas modalidades são vantajosamente substituídas por institutos conexos, como a cessão de crédito, a cessão de contrato e a sub-rogação".

A novação, em tempos modernos, passa a ser uma decorrência da despersonalização das obrigações, sendo que tal instituto era estranho aos romanos. *Opera-se o desaparecimento do vínculo preexistente, mas, como não se efetua a prestação devida, outro vínculo nasce em substituição ao primeiro. Por isso, é simultaneamente causa extintiva e geradora de obrigações.*

2.10.2.6.3. Requisitos para a caracterização da novação

A novação, como causa extintiva da obrigação, está condicionada à observância de alguns requisitos para a sua caracterização:

1º requisito: acordo entre os sujeitos da relação obrigacional, entre si ou com terceiros. A novação pressupõe acordo de vontades. A legislação civil não prevê qualquer hipótese legal de novação. A novação deve decorrer de negócio jurídico, com finalidade própria, qual seja, extinguir a obrigação anterior e criar nova obrigação.

Assim, *toda novação tem natureza jurídica de negócio jurídico* e, por isso, não pode, em princípio, ser imposta por lei (ou seja, depende sempre de convenção firmada entre os sujeitos da relação obrigacional, entre si ou com terceiro – o credor pode novar a obrigação primitiva com terceiro, sem a participação do devedor originário). Aliás, segundo o mestre Orlando Gomes[257], "a extinção da dívida por novação opera-se em consequência de ato de vontade dos interessados, jamais por força de lei. Diz-se, por isso, que a novação tem natureza contratual. Resulta, efetivamente, do concurso de vontades. Por isso, é essencial a capacidade das partes, devendo, ainda, observar os requisitos de validade de todo negócio jurídico, previstos no art. 104 do CC. Ademais, o acordo deve ser interpretado de acordo com a intenção das partes, boa-fé objetiva e função social.

Portanto, é preciso que as partes convencionem a extinção da obrigação primitiva. Daí por que o ânimo na novação precisa ser expresso ou restar inequívoco (se não for expresso).

Não há no Código Civil previsão de novação legal. A novação deve decorrer de negócio jurídico, acordo. Entretanto, a Lei de Falências (Lei n. 11.101/2005), em seu art. 59, prevê uma situação peculiar que poderia ser considerada exceção ao caráter convencional do negócio jurídico "novação", pois, aparentemente, admite a novação legal.

Segundo o art. 59 da Lei de Falências: "O plano de recuperação judicial implica novação dos créditos anteriores ao pedido, e obriga o devedor e todos os devedores a ele sujeitos". A novação, no caso de falência, fica sujeita a uma condição resolutiva que é o cumprimento do plano

---

[256] NEVARES, Ana Luiza Maia. Extinção das obrigações sem pagamento: novação, compensação, confusão e remissão (arts. 360 a 388). In: TEPEDINO, Gustavo (coord.). *Obrigações:* estudos na perspectiva civil-constitucional. Rio de Janeiro: Renovar, 2005, p. 291.

[257] GOMES, Orlando. *Obrigações.* 17. ed. (atualizada por Edvaldo Brito – coord.). Rio de Janeiro: Forense, 2007, p. 162.

de recuperação judicial nos dois primeiros anos contados da concessão da recuperação.

Fábio Ulhôa Coelho[258], em comentário a este dispositivo, destaca: "As novações, alterações e renegociações realizadas no âmbito da recuperação judicial são sempre condicionais. Quer dizer, valem e são eficazes unicamente na hipótese de o plano de recuperação ser implementado e ter sucesso. Caso se verifique a convolação da recuperação judicial em falência, os credores retornam, com todos os seus direitos, ao *status quo ante*".

Nesse sentido o § 2º do art. 61 da Lei n. 11.101/2005: "Decretada a falência, os credores terão reconstituídos seus direitos e garantias nas condições originalmente contratadas, deduzidos os valores eventualmente pagos e ressalvados os atos validamente praticados no âmbito da recuperação judicial". Tal dispositivo faz referência à decretação da falência no caso de descumprimento de qualquer obrigação prevista no plano de recuperação judicial.

Como a novação está condicionada ao cumprimento do plano de recuperação judicial e, como o Código Civil não permite a denominada "novação condicionada à solvência" (art. 363 – justamente porque tal instituto, dentre suas finalidades, prevê a extinção da obrigação anterior, independentemente do cumprimento da nova obrigação), é fácil perceber que a "novação" da Lei de Falência não tem a mesma natureza jurídica da novação tradicional e, por isso, pode ser considerada uma espécie *sui generis* de novação.

O fato é que a novação legal, prevista na Lei de Falências, é exceção da novação convencional disciplinada na Lei Civil.

Sobre o assunto, diferença entre a novação civil e a novação da Lei de Falências, Recurso Especial n. 1.532.943-MT e Recurso Especial n. 1.333.349/SP, sob o regime dos repetitivos e Súmula 581 do Superior Tribunal de Justiça. A novação da Lei de Falências, por ser condicionada e por não afetar as garantias, não se equipara à novação civil.

2º requisito: existência de obrigação anterior e válida (obrigações nulas e extintas não podem ser novadas).

A novação tem a finalidade de extinguir a obrigação primitiva. É, portanto, causa extintiva de obrigação. Como diz o mestre Orlando Gomes[259]: "Modo extintivo não satisfatório. Não produz, como o pagamento e a compensação, a satisfação imediata do crédito. O credor não recebe a dívida, nem deixa de pagar o que deve a seu devedor, simplesmente adquire outro direito de crédito ou passa a exercê-lo contra outra pessoa".

Em razão desta finalidade, a obrigação a ser extinta deve, necessariamente, preceder à novação ou à nova obrigação. Além de ser anterior à novação, a obrigação a ser extinta deve ostentar todos os pressupostos de validade do negócio jurídico. Em relação aos requisitos de validade, a Lei Civil tolera vícios que violem interesses privados.

É o que dispõe o art. 367 do CC: "Salvo as obrigações simplesmente anuláveis, não podem ser objeto de novação obrigações nulas ou extintas". As obrigações simplesmente anuláveis, aquelas que ostentam vícios que atentam contra interesses meramente privados, podem ser objeto de novação. E a razão é simples: os negócios passíveis de anulação podem convalescer pelo instituto da "confirmação", nos termos dos arts. 172 a 175 do CC. Se os negócios anuláveis podem ser confirmados ou ratificados, nada impede a novação, a qual decorre de um acordo.

Por outro lado, é vedada a novação se o vício existente na obrigação primitiva viola o interesse público. Segundo o art. 367, obrigação nula não pode ser objeto de novação. Essa vedação expressa é desdobramento do disposto no art. 169 do CC, segundo o qual o negócio jurídico nulo não pode ser confirmado e não convalesce pelo decurso do tempo. Admitir a novação de obrigação nula seria permitir que, por vias indiretas, o negócio jurídico que viole o interesse público pudesse ser novado. Para evitar a violação indireta do disposto no art. 169, veda-se a novação de obrigação nula.

No caso de obrigação nula, excepcionalmente, se houvesse a possibilidade da sua conversão, nos termos do art. 170 do CC, seria possível a novação apenas porque, neste caso, não se estaria propriamente novando o negócio nulo, mas o outro negócio que, com os elementos do nulo, seria válido. Então, o art. 170 não é propriamente uma exceção à novação de negócio nulo, porque o nulo não é considerado negócio. Apenas são aproveitados os atos materiais e formais do nulo para considerá-lo como outro negócio e é justamente esse outro que poderá ser novado (esse outro é valido).

Quanto à obrigação extinta, seria impossível a novação, pois não haveria objeto ou o que novar. A existência de uma obrigação anterior é requisito da novação. O mestre Orlando Gomes[260], com a habitual e inteligente ironia preconiza: "Se já está extinta, obviamente, não pode ser novada; visto não haver o que substituir. Não se nova obrigação morta. Seria uma contradição".

E a obrigação natural? É lícita a novação de uma obrigação juridicamente inexigível ou uma obrigação natural por uma obrigação civil? Há controvérsias, mas, segundo a melhor doutrina, o que justificaria a novação de uma obrigação natural não seria a exigibilidade do crédito, mas a possibilidade de seu cumprimento. Se a obrigação natural tem o efeito de autorizar a retenção do pagamento, é possível a novação. Além disso, no caso da obrigação natural, o *schuld*, ou débito, está preservado e, por esta razão, seria legítima a novação. Por exemplo, no caso de prescrição, o devedor, ao aceitar a novação, estaria renunciando tacitamente à prescrição, o que legitima ainda mais este entendimento.

---

[258] COELHO, Fábio Ulhôa. *Curso de direito civil*. São Paulo: Saraiva, 2013. v. II.

[259] GOMES, Orlando. *Obrigações*. 17. ed. (atualizada por Edvaldo Brito – coord.). Rio de Janeiro: Forense, 2007, p. 162.

[260] GOMES, Orlando. *Obrigações*. 17. ed. (atualizada por Edvaldo Brito – coord.). Rio de Janeiro: Forense, 2007, p. 163.

A obrigação natural não afeta o direito subjetivo, mas apenas a pretensão ou poder de exigibilidade. Se o direito está intacto e, no caso de pagamento voluntário, este não é considerado indevido (art. 882, CC), a inexistência de mera pretensão, vinculada à responsabilidade civil, não impede a novação.

Exemplo:

1º PLANO: PRIMÁRIO (DIREITO SUBJETIVO)	2º PLANO: SECUNDÁRIO (PRETENSÃO)
Dever jurídico	Responsabilidade civil

A todo direito subjetivo há dever jurídico correlato (originário), imposto pela lei ou por força de exteriorização de vontade. Se tal dever jurídico não for cumprido, o direito subjetivo é violado. Violado este, nasce para o seu titular uma pretensão de exigir de outrem responsabilidade civil pelo não cumprimento do dever primário. As obrigações naturais, como as dívidas prescritas e as de jogo, não afetam o plano primário, mas apenas o secundário. Por isso, perfeitamente possível a novação de obrigação natural. A prova disso é que a obrigação prescrita pode ser renunciada (art. 191) por aquele que se beneficiou da prescrição, após a consumação desta.

A obrigação natural afeta apenas o *haftung*, referente à responsabilidade. Por ser válida e tendo um caráter lícito, seria possível a novação neste caso.

A dívida sujeita a termo ou condição existe e, por isso, pode ser objeto de novação. A nova dívida, contraída para substituir a primeira deixa de existir, poderá ser pura e simples ou, da mesma forma que a anterior que foi extinta, condicional. Portanto, a condição e o termo, na obrigação primitiva, não são impeditivos para a novação, uma vez que tais elementos acidentais do negócio jurídico apenas repercutem na eficácia, e não nos planos de existência e validade.

3º requisito: criação de nova obrigação válida, substancialmente diversa da primeira (o conteúdo da obrigação há que ter sofrido modificação substancial). Em primeiro lugar, a nova obrigação deverá ser válida e, por isso, se sujeitar aos pressupostos e requisitos legais de validade de todo e qualquer negócio jurídico. Nas palavras de Antunes Varela[261]: "se é a nova obrigação que falha (por ser declarada nula ou por ser anulada), renasce naturalmente a obrigação primitiva, visto caducar a causa da sua extinção, que foi a constituição da nova obrigação".

Além da validade, a nova obrigação deve ser substancial ou essencialmente diferente da obrigação anterior, sob pena de ser mero reforço da obrigação primitiva. É a chamada *aliquid novi*, que é a novidade em relação à dívida anterior.

Não são suficientes alterações setoriais no contrato ou na obrigação anterior. Por isso, meros aditivos, renegociações de cláusulas ou qualquer modificação acessória, como receber parcelas em atraso, mudança de lugar no cumprimento da obrigação, alteração pura e simples do valor da dívida, não caracterizam novação. Apenas no caso concreto será possível verificar essa alteração substancial.

Sobre esta questão, Paulo Nader[262] destaca que há de haver alguma substancial alteração entre as duas relações. A doutrina não considera novação quando a convenção se limita a pequenos adendos. É necessário que a segunda obrigação apresente algo novo (*aliquid novi*). No direito pátrio, o "novo" pode consistir na substituição de partes ou do objeto, bem como da causa da dívida.

Caio Mário[263] enfatiza a necessidade do "algo novo" na nova obrigação: "Em toda novação há um elemento de ordem técnica, que se baliza de algo novo – *aliquid novi* – o qual vai enraizar-se na definição do digesto, aqui repetida: *Novatio enim a novo nomem accepit*. Se faltar esse *quid novi*, ocorre mera confirmação ou reforço da obrigação anterior. Pode o elemento novo revestir dois aspectos, ou atingir qualquer dos dois lados da obrigação – o objetivo e o subjetivo".

4º requisito: ânimo de novar ou *animus novandi* – (requisito subjetivo da novação). Se não houve o ânimo na novação, apenas haverá reforço ou confirmação da obrigação primitiva (Obs.: o Código Civil não foi técnico no art. 361, pois, se não há o ânimo, não haverá segunda obrigação). Segundo o art. 361 do Código Civil: "Não havendo ânimo de novar, expresso ou tácito mas inequívoco, a segunda obrigação confirma simplesmente a primeira".

O ânimo de novar deve ser expresso, pois a novação não se presume. A questão em debate é sobre a possibilidade da novação tácita. Segundo Judith Martins-Costa[264], não existe novação tácita. Por isso, ao apreciar a novação, devem ser observadas as pautas hermenêuticas indicadas pelo próprio Código Civil (arts. 112, 113, 421, 422 e 423). No entanto, o que a professora pretendeu afirmar foi que a novação não pode ser puramente tácita. É um tácito inequívoco. Em comentários ao art. 361, ela reconhece essa possibilidade quando diz que "a forma tácita deve ser inequívoca, já o dissemos. O que é inequívoco é o que não se presta a equívocos, o que é de palmar constatação (...) assim a novação tácita exige uma mudança radical no objeto e na causa *debendi*".

O ânimo de novação se apresenta quando for manifesta a incompatibilidade entre a nova dívida e a precedente, se as circunstâncias permitem induzir, claramente, a intenção de novação. Este recomenda o critério da incompatibilidade entre as obrigações para averiguar se houve novação.

---

[261] VARELA, João de Matos Antunes. *Das obrigações em geral*. 7. ed. Coimbra: Almedina, 1997. v. II.

[262] NADER, Paulo. *Curso de direito civil – Obrigações*. Rio de Janeiro: Forense, 2019. v. II, p. 435.

[263] PEREIRA, Caio Mário da Silva. *Instituições de direito civil*. 20. ed. Teoria geral das obrigações. Rio de Janeiro: Forense, 2004. v. II, p. 248.

[264] COSTA, Judith Martins. *Comentários ao novo código civil*. 2. ed. Rio de Janeiro: Forense, 2009. v. V, t. I, p. 563.

Conforme diz Renan Lotufo[265], "o ânimo de novar é imprescindível para a configuração da novação, tanto quanto há de existir uma obrigação que será objeto de extinção (*obligatio novanda*), que caracteriza o débito anterior (*prius debitum*), para que a nova obrigação seja criada". O ânimo na novação jamais se presume, sendo expresso ou tácito e inequívoco.

Na verdade, o ânimo na novação pode ser tácito, mas, segundo o art. 361, só pode ser admitido se for inequívoca, certa e evidente a vontade do sujeito em relação à novação. Não é possível confundir a novação tácita com o silêncio.

O ânimo de novar deve vir expresso no título. Em caso de omissão ou de menção específica, deve ser apurado se o conjunto de circunstâncias autoriza afirmar se se configura implicitamente, porém de maneira inequívoca.

Em síntese, a ausência deste elemento subjetivo acarreta apenas o reforço e ratificação da obrigação primitiva, não havendo ânimo na novação não haverá extinção da obrigação primitiva.

2.10.2.6.4. Espécies de novação

O art. 360 do CC disciplina as espécies ou modalidades de novação.

A novação pode ser *subjetiva ativa*, quando em virtude de obrigação nova, outro credor substitui o antigo; *subjetiva passiva*, quando novo devedor sucede ao antigo; *ou objetiva*, quando o devedor contrai com o mesmo credor nova dívida. Portanto, a novação pode ser subjetiva ou objetiva e mista (alteração dos sujeitos, do vínculo e do objeto). Na primeira, alteram-se os sujeitos e o vínculo obrigacional. Na segunda, alteram-se o vínculo obrigacional e o objeto. Em qualquer modalidade, haverá extinção da obrigação anterior com o simultâneo nascimento de uma nova obrigação.

Novação objetiva: art. 360, I, do CC – quando o credor contrai com o devedor nova dívida ou nova obrigação para substituir e extinguir a primeira.

Neste caso, altera-se o vínculo jurídico (este sempre será extinto – é o que diferencia a novação de outros institutos) e o objeto da relação obrigacional e, em consequência, cria-se nova obrigação que acarreta a extinção da obrigação primitiva. Difere da dação em pagamento (outra modalidade de extinção de obrigação ou meio indireto de adimplemento), onde apenas o objeto da prestação é modificado, mas a obrigação é mantida inalterada.

Na novação objetiva, altera-se o objeto, a natureza ou a própria causa. A nova dívida passa a ter outro objeto. No entanto, para esta alteração, a obrigação anterior e válida é extinta, surgindo nova obrigação, com outro objeto. O vínculo obrigacional primitivo sempre desaparecerá com a novação. Na novação objetiva, as partes permanecem as mesmas, apesar da modificação do objeto e do vínculo jurídico.

Nas palavras de Judith Martins-Costa[266]: "A espécie contemplada no inciso I do art. 360 se produz quando o devedor contrai com o credor nova dívida para extinguir a anterior. O *aliquid novi* está na transformação do objeto da prestação, ou da sua causa".

Segundo o mestre Caio Mário[267], pouco importa que se trate de obrigação de natureza diferente, como no caso de novar o devedor uma *obligatio faciendi* com uma obrigação de dar; ou se o dever de reparar o dano *ex delicto* é novado pela emissão de um título cambial. Sempre que ocorrer a extinção de uma obrigação em virtude de contrair o devedor outra obrigação para com o mesmo credor, *cum animo novandi*, há uma novação objetiva, que abrange tanto os casos de substituição do objeto, propriamente, como os de mudança de título ou de causa jurídica.

Novação subjetiva: quando há mudança do devedor (passiva) ou credor (ativa). Na novação subjetiva há alteração de sujeitos ou nos polos da relação obrigacional (incisos II e III do art. 360).

No caso da novação passiva, a primitiva obrigação é considerada extinta em face do antigo devedor, substituído por terceiro que será o novo devedor. O antigo devedor ficará exonerado.

A novação subjetiva passiva pode ser viabilizada por meio da delegação ou da expromissão. Pela delegação (não prevista em lei, mas admitida em face da tendência dinâmica das obrigações), a substituição será feita com a participação do devedor primitivo, que indicará terceira pessoa para resgatar o seu débito, com o que deverá concordar o credor.

Na novação por expromissão, a mudança se dá sem o consenso do devedor primitivo ou antigo devedor. Nas palavras de Nery[268]: "Expromissão é o negócio jurídico pelo qual um terceiro assume espontaneamente o débito de outrem, prescindindo-se da anuência desse devedor primitivo, mas forçoso que haja a concordância do credor para que se opere a substituição. Daí a ideia de expromissão, expulsão".

Não se confunde com a assunção de obrigação, pois na novação a obrigação primitiva será extinta e na assunção o vínculo obrigacional permanece intangível. Na assunção de obrigação, apenas altera-se o sujeito passivo. Na novação, além do sujeito, o vínculo obrigacional primitivo é extinto em definitivo para dar lugar a nova obrigação. Na novação subjetiva passiva por expromissão, o novo devedor espontaneamente contrai nova dívida ou nova obrigação com o credor da obrigação anterior, com a finalidade de extinguir o débito primitivo.

Na novação subjetiva passiva, se o devedor for insolvente, não tem o credor que o aceitou, nos termos do art.

---

[265] LOTUFO, Renan. *Código civil comentado*. São Paulo: Editora Atlas, v. 2.

[266] COSTA, Judith Martins. *Comentários ao novo código civil*. 2. ed. Rio de Janeiro: Forense, 2009. v. V, t. I, p. 580.

[267] PEREIRA, Caio Mário da Silva. *Instituições de direito civil*. 20. ed. Teoria geral das obrigações. Rio de Janeiro: Forense, 2004. v. II, p. 249.

[268] NERY JUNIOR, Nelson; NERY, Rosa Maria de Andrade. *Código de processo civil comentado*. 10. ed. São Paulo: Ed. RT, 2013, p. 458.

363, ação regressiva contra o primeiro devedor, salvo se a substituição foi obtida por este de má-fé. Cabe ao credor, antes de aceitar o novo devedor, apurar as suas condições de liquidez, sob pena de assumir os riscos do negócio. Isso porque, na novação subjetiva passiva, o antigo devedor fica exonerado, devido à extinção do vínculo obrigacional primitivo. No entanto, se o primitivo devedor conhecia a insolvência de seu substituto, tendo ocultado tal fato ao credor, responderá por sua má-fé. No caso de má-fé, não se opera a novação, tendo o ludibriado a mesma ação da antiga dívida.

Neste sentido o art. 363 do CC: "Se o novo devedor for insolvente, não tem o credor, que o aceitou, ação regressiva contra o primeiro, salvo se este obteve por má-fé a substituição".

Como a má-fé do devedor somente é possível na novação subjetiva passiva por delegação (na expromissão o negócio é direto entre credor e novo devedor, sem a participação do devedor primitivo), chega-se à conclusão de que o art. 363, por vias transversas, acaba por admitir a novação subjetiva passiva por delegação.

Tal novação é de natureza *pro soluto*, pois, em caso de insolvência do novo devedor, não poderá o credor se voltar contra o devedor primitivo. Segundo Orlando Gomes[269]: "Coexistem, na lei, delegação com e sem efeito novatório. Para distingui-las, denomina-se perfeita a delegação que se apresenta como um dos modos da novação passiva e imperfeita a que se cumpre sem extinção da obrigação do delegante. A distinção interessa pela diversidade dos efeitos".

A Súmula 286 do STJ acabou por mitigar a novação quando diz: "A renegociação de contrato bancário ou confissão de dívida não impede a possibilidade de discussão sobre eventuais ilegalidades nos contratos anteriores". É fato que os precedentes que deram origem a esta súmula admitem a discussão sobre obrigações novadas. Todavia, a melhor orientação é a emanada no Recurso Especial n. 921.046/SC, que esclarece o alcance do referido enunciado. Se houver alteração na obrigação original, sem caracterizar novação, aplica-se a Súmula 286 do STJ. Se houver alteração na obrigação original, com ânimo de novar, não se aplica a referida súmula, ou seja, não é cabível a revisão de cláusulas das pactuações anteriores. A novação, devidamente caracterizada, afastaria a aplicação da Súmula 286.

A novação subjetiva também pode envolver a modificação do credor, quando novo credor substitui o antigo, com a criação de novo vínculo obrigacional. Não se confunde com a cessão de crédito, pois nesta não há modificação do vínculo jurídico. Ou seja, na cessão de crédito não haverá substituição da antiga obrigação por uma nova, mas uma simples modificação subjetiva que consiste na transferência da posição do credor ou mudança no polo ativo.

Sobre a diferença entre novação subjetiva ativa e cessão de crédito, perfeita a constatação de Paulo Nader[270]: "Na cessão de crédito a substituição do credor se opera dentro da própria relação obrigacional, pelo que as garantias, privilégios, exceções ou defesas não sofrem solução de continuidade. O devedor, se for o caso, poderá invocar algum vício que maculou o negócio jurídico. A *novatio*, pelo fato de provocar a extinção da relação primitiva, faz cessar as garantias e privilégios que acompanhavam a obrigação, salvo convenção em contrário".

Na novação, seja ela objetiva ou subjetiva, necessariamente haverá extinção de um vínculo para a criação de outro. A diferença entre a novação objetiva e a subjetiva é que na primeira, além do vínculo, altera-se o objeto e, na segunda, além do vínculo, um ou os dois sujeitos são substituídos.

No caso da novação subjetiva ativa, sempre haverá necessidade de autorização do credor primitivo. A novação ativa é sempre triangular, pois a autonomia privada não poderá conceber modalidade novatória semelhante a da expromissão, na qual o credor seja substituído, independentemente, ou mesmo contra a sua vontade. Qualquer substituição exige a sua intervenção.

Finalmente, a novação pode ser mista. Esta modalidade decorre da fusão das duas primeiras espécies, objetiva e subjetiva. Este tipo de novação, não prevista na Lei Civil, assim se caracterizará quando, ao mesmo tempo, houver mudança do objeto da prestação e dos sujeitos da relação jurídica obrigacional.

2.10.2.6.5. Efeitos da novação

Os arts. 364, 365 e 366 do CC tratam dos principais efeitos da novação.

O principal efeito da novação é, sem dúvida, a extinção da obrigação antiga ou anterior. Por isso, segundo o art. 364, tal extinção acarreta o desaparecimento de todos os acessórios e garantias da primitiva obrigação, salvo se as partes convencionarem a manutenção de algum acessório ou garantia. Trata-se, portanto, de norma de natureza dispositiva. As garantias reais prestadas por terceiros também são extintas e, para eventual permanência destas, deve o terceiro garantidor anuir expressamente com a ressalva.

Assim, os bens de terceiros oferecidos em garantia da dívida original não se mantêm vinculados à nova obrigação, mesmo quando as partes, na novação, estipulem a manutenção das garantias. Com a dívida novada, cessam as garantias reais. Mas tal efeito liberatório não é uma regra cogente, pois pode ser estipulado o contrário.

Extinta a obrigação pela novação, com ela extinguem-se os seus acessórios e garantias. Não tem o credor direito aos juros pretéritos nem ação contra os fiadores e garantes. Com a dívida novada, segundo Caio Mário[271], cessam as garantias reais. Poderá, entretanto, o instru-

---

[269] GOMES, Orlando. *Obrigações*. 17. ed. (atualizada por Edvaldo Brito – coord.). Rio de Janeiro: Forense, 2007.

[270] NADER, Paulo. *Curso de direito civil – Obrigações*. Rio de Janeiro: Forense, 2019. v. II, p. 442.

[271] PEREIRA, Caio Mário da Silva. *Instituições de direito civil*. 20. ed. Teoria geral das obrigações. Rio de Janeiro: Forense, 2004. v. II, p. 253.

mento novatório ressalvar que prevalecem os acessórios e as garantias.

A novação, segundo o disposto no art. 365 do CC, tem efeitos pessoais, pois no caso de solidariedade, os devedores solidários não participantes estarão automaticamente exonerados. Ocorrida a novação entre credor e um dos devedores solidários, o ato só será eficaz em face do devedor que novou, recaindo sobre seu patrimônio as garantias do crédito novado, restando, por consequência, liberados e exonerados os demais devedores.

Por fim, dispensável a regra prevista no art. 366, na medida em que a consequência ali prevista já estaria incluída no art. 364, porque a fiança é um acessório da obrigação.

Em evidente proteção ao fiador, além do âmbito da novação, a Súmula 214 do STJ diz que ele não responde por encargos decorrentes de aditivos que não anuiu, ainda que não haja novação. No caso da fiança, se o fiador não consentir na novação, estará consequentemente liberado (art. 366 do CC). E, mesmo que não haja novação, se não consentir com qualquer acordo entre o devedor e o credor, também não responderá pelos encargos decorrentes (Súmula 214 do STJ).

Resumo

Os artigos do Código Civil que disciplinam a novação, "meio indireto" de adimplemento, são desdobramentos lógicos de apenas uma finalidade que justifica todo o instituto: o vínculo jurídico originário é extinto (em definitivo).

Novação: por acordo, nova obrigação é constituída com a finalidade de extinguir a obrigação primitiva (que é anterior, existente, válida e ainda produzia efeitos). É suficiente essa noção para compreender o instituto de forma completa. Parece simples? É simples.

Exemplo: Por qual razão a novação extingue os acessórios e garantias da dívida primitiva (art. 364)? O vínculo originário é extinto (óbvio que a extinção deste acarreta a extinção dos acessórios – acessório segue o principal). Qual é o motivo para a insolvência do novo devedor, no caso de novação subjetiva passiva (o devedor originário é substituído, na nova obrigação, por outro), impedir o credor de se voltar contra o primitivo (art. 363)? Se o vínculo originário é extinto, não há mais relação jurídica que possibilite qualquer poder do credor contra o devedor primitivo (com quem não tem mais relação jurídica). Simples. Novamente, desdobramento lógico da extinção do vínculo originário.

Por qual razão a novação entre o credor e um dos devedores solidários exonera da nova obrigação os solidários que não anuíram à nova obrigação (art. 365)? Com a extinção do vínculo originário onde havia solidariedade, por lógica, na nova obrigação, apenas o devedor que participou desta última se vincula. Os demais estão exonerados, porque com a extinção do vínculo originário, não mais possuem relação jurídica com a obrigação nova da qual não participaram. Lógica de novo.

Por qual razão o fiador da obrigação originária está exonerado da nova obrigação, se não participou da novação (art. 366)? Lógica: como a fiança é acessório vinculado à relação jurídica originária, com a extinção desta, está exonerado. Simples.

Portanto, toda a lógica do instituto da novação pressupõe a compreensão de uma única questão: a novação extingue o vínculo jurídico originário, por meio de obrigação nova, autônoma e independente.

Todavia, para que haja a extinção do vínculo jurídico originário, principal efeito e finalidade da novação, é essencial que a novação esteja devidamente caracterizada. Quais são os elementos essenciais para a caracterização da novação? 1 – Acordo entre os sujeitos (novação civil é necessariamente convencional, jamais legal) com o objetivo de criar nova obrigação para extinguir o vínculo jurídico primitivo (art. 360 do CC); 2 – A obrigação primitiva deve existir, ser válida (como a nulidade no direito civil não é sanável – art. 169, é vedada a novação de obrigação nula – art. 367; todavia, se for meramente anulável, é passível de confirmação como qualquer NJ – poderá ser novada) e ter efeitos jurídicos a produzir (se os efeitos já foram exauridos, não há o que novar – não se nova obrigação anterior extinta); 3 – A nova obrigação deve ser substancialmente diversa da obrigação primitiva – *aliquid novi,* com novos sujeitos (subjetiva – art. 360, II e III) ou nova prestação (art. 360, I), mas sempre com vínculo novo – caso contrário, é mero reforço da obrigação primitiva, sem os efeitos mencionados da novação; e 4 – ânimo de novar – *animus novandi* (art. 361), que pode ser expresso ou tácito (neste caso, deve ficar evidenciada de forma inequívoca a intenção de novar ou de não novar). A ausência de qualquer destes requisitos impede a caracterização da novação.

2.10.2.7. Compensação

2.10.2.7.1. Introdução

Tal instituto é outra forma de extinção das obrigações (meio indireto de adimplemento), onde dois sujeitos de direito são, simultânea e reciprocamente, credores e devedores um do outro. Neste caso, a extinção da obrigação se dará no limite do crédito recíproco, remanescendo, se houver, saldo em favor do maior credor, conforme dispõe o art. 368 do CC: "Se duas pessoas forem ao mesmo tempo credor e devedor uma da outra, as duas obrigações extinguem-se, até onde se compensarem".

A parte final do dispositivo em comento trata do limite desta extinção. A compensação decorre da lei, ou seja, basta o preenchimento dos pressupostos legais para a extinção da obrigação. O Código Civil, nos arts. 368 a 380, disciplina os requisitos e efeitos da compensação legal. É automática e de pleno direito. Independe de convenção ou reconhecimento judicial.

Como nos ensina Judith Martins-Costa[272]: "A compensação é uma forma de extinção recíproca das obrigações, traduzindo-se, fundamentalmente, na extinção de duas obrigações, sendo o credor de uma delas devedor na outra, e o credor desta última devedor na primeira". A

---

[272] COSTA, Judith Martins. *Comentários ao novo código civil.* 2. ed. Rio de Janeiro: Forense, 2009. v. V, t. I.

compensação leva ao adimplemento sem que qualquer das partes tenha a necessidade de entregar ao outro qualquer objeto.

A compensação dá à obrigação dinamismo e operabilidade, pois impede a cobrança de dívidas cuja pretensão seria oposta a crédito. Tal instituto visa impedir a inútil circulação do crédito. Na realidade, a compensação opera a extinção da obrigação em decorrência de créditos e débitos recíprocos em relação aos mesmos sujeitos. Por isso, pode ser considerada meio eficaz de defesa que, como consequência, rompe o liame obrigacional.

A compensação tem verdadeira função de tutela dos próprios direitos (autotutela), pois neutraliza os efeitos negativos que derivariam do inadimplemento da outra parte. A compensação retroage à data em que a situação de fato se configurou, ainda que só alegada em momento posterior ao inadimplemento, motivo pelo qual possui eficácia *ex tunc*. Isto ocorre porque o Código Civil aderiu ao sistema francês, onde se prescinde da vontade das partes para a concretização da compensação legal. Segundo o mestre Caio Mário[273]: "O Código Civil brasileiro teve a facilidade de fixar uma construção singela, apartando as sombras em torno do assunto. Na sua sistemática filiou-se à escolha que se poderia dizer francesa, da compensação legal e *ipso iure*, à qual o nosso Projeto de Código de Obrigações guardou fidelidade."

A razão é simples: em nossa legislação, a compensação é legal e, por conta deste fato, preenchidos os requisitos legais de admissibilidade, a extinção da obrigação pela compensação se opera de pleno direito.

A professora Judith Martins-Costa[274] entende que há um meio-termo entre o sistema francês e o alemão, porque este diz que a compensação é um direito potestativo, vinculando a extinção da obrigação ao interesse das partes, embora seja automática. É isso que ocorre no nosso ordenamento.

2.10.2.7.2. Espécies de compensação

Na realidade, há *três espécies de compensação: legal, convencional e judicial*.

A *compensação legal* é a disciplinada pelo Código Civil no Capítulo VII, do Livro III, do Título I da Parte Especial, arts. 368 a 380. Para sua configuração e caracterização, exige-se a presença de alguns requisitos. Satisfeitos os requisitos legais, o juiz, após ser provocado, apenas a reconhece, mediante declaração. Tal compensação opera e se concretiza de pleno direito, automaticamente. Portanto, a compensação legal é involuntária e opera-se automaticamente, independente da vontade das partes.

Os requisitos para a compensação legal estão previstos no Código Civil no que tange às relações jurídicas de natureza privada, dentre outros diplomas, como no CTN, quando as dívidas tiverem natureza tributária. A compensação legal do Código Civil tem requisitos próprios. É qualificada como "legal" porque é baseada em pressupostos legais, os quais, se presentes, levam à extinção da obrigação pelo "encontro de contas".

A autonomia privada pode neutralizar os efeitos da compensação legal. Segundo o art. 375, a compensação legal pode ser afastada pelas partes por mútuo acordo ou em caso de renúncia prévia de uma delas.

Por outro lado, a compensação *convencional* decorre da autonomia da vontade e autonomia privada e, por isso, prescinde dos requisitos legais (aliás, neste tipo de compensação, é possível compensar obrigações de natureza diversa, como, por exemplo, dar e fazer). Neste caso, como as partes têm o poder de regular os próprios interesses, é livre o poder de disposição sobre o crédito e a deliberação sobre a extinção recíproca deste. Não há necessidade do preenchimento dos requisitos legais exigidos para a compensação legal, porque as partes podem compensar dívidas ou débitos recíprocos de acordo com as suas conveniências e interesses.

É a mais pura aplicação do princípio da autonomia privada. O único limite à compensação voluntária são as normas de ordem pública. Este tipo não é regulado pelos arts. 368 a 380, mas pelas normas gerais sobre a teoria do negócio jurídico. Portanto, exigirá capacidade e legitimidade das partes para disporem de seus créditos, conforme as suas conveniências.

Por último, temos a compensação *judicial*, realizada em juízo, por autorização de norma expressa, independentemente de provocação das partes. Não há unanimidade na doutrina em relação a esta espécie de compensação. Para alguns, tal compensação somente é permitida quando houver autorização legal. Para outros, a compensação seria judicial se o juiz a declarasse, mesmo ausente um dos requisitos exigidos pela lei e, para outra parcela de juristas, a compensação seria judicial sempre que houvesse um reconhecimento judicial, mediante sentença declaratória ou constitutiva.

2.10.2.7.3. Pressupostos para a compensação legal

A compensação legal, para se consumar e levar à extinção total ou parcial da obrigação, impõe a observância de alguns requisitos ou pressupostos exigidos pela lei civil:[275]

1º requisito: as obrigações devem ser provenientes de títulos diversos. O objetivo da compensação é extinguir obrigações entre os mesmos sujeitos, mas com causas diferentes. Se as obrigações decorrem do mesmo título, não há compensação, mas adimplemento ou inadimplemento dos deveres jurídicos assumidos pelos sujeitos. Neste caso, haveria confusão com os efeitos bilaterais de obrigação única (Nos negócios jurídicos de efeitos bilaterais, há reciprocidade de direitos e deveres, o que não se confunde com a compensação que exigirá reciprocidade

---

[273] PEREIRA, Caio Mário da Silva. *Instituições de direito civil*. 20. ed. Teoria geral das obrigações. Rio de Janeiro: Forense, 2004. v. II, p. 255-256.

[274] COSTA, Judith Martins. *Comentários ao novo código civil*. 2. ed. Rio de Janeiro: Forense, 2009. v. V, t. I.

[275] Como já foi ressaltado, para obrigações tributárias, por exemplo, os requisitos legais podem ser diferentes. O art. 170 do CTN admite a compensação de créditos vincendos, o que não é permitido pelo Código Civil, que restringe a compensação a dívidas vencidas.

de créditos e débitos em obrigações ou negócios distintos). Por isso, o art. 368 exige "duas" obrigações, autônomas e distintas;

2º requisito: a compensação legal exige a reciprocidade de obrigações ou existência de duas obrigações distintas e autônomas entre os mesmos sujeitos. É o princípio da personalidade.

É necessário que se mantenham os sujeitos, pois se uma pessoa se obriga por terceiro ou como representante, não pode opor o crédito do terceiro beneficiado ou de seu representante para compensar débito próprio. A reciprocidade de débitos e a identidade dos sujeitos é exigência do art. 368 do CC.

Para Carlos Roberto Gonçalves[276], "a existência de obrigações e créditos recíprocos, isto é, entre as mesmas partes, visto que a compensação provoca a extinção de obrigações pelo encontro de direitos opostos" é requisito indispensável para a compensação legal. Os sujeitos devem ser, de forma recíproca, credores e devedores uns dos outros.

O requisito da personalidade dos sujeitos tem uma exceção: o fiador. O fiador está autorizado a compensar a sua dívida própria com a de seu credor, por se tratar de terceiro interessado (responsabilidade sem débito).

É o que dispõe art. 371 do CC: "O devedor somente pode compensar com o credor o que este lhe dever; mas o fiador pode compensar sua dívida com a de seu credor ao afiançado". A primeira parte impõe a personalidade e identidade dos sujeitos (é a "reciprocidade"). Na segunda parte, autoriza o fiador a compensar a sua dívida se o credor do afiançado também for devedor do fiador.

Desta forma, quando o credor for devedor do fiador, este pode compensar essa dívida com a que ele tem que honrar, em decorrência de ter assumido a fiança. Além disso, quando o credor possui dívida em relação ao devedor principal, seu afiançado, o fiador pode invocar essa dívida para opor a compensação. Embora a segunda parte da redação do art. 371 seja confusa, nesta segunda hipótese, quando o credor for devedor do afiançado e o credor for cobrar o fiador, poderá este opor ao credor do afiançado o crédito que este tem contra aquele.

O exemplo de Rosenvald e Chaves[277] esclarecerá a questão: "Excepcionalmente, o princípio da personalidade cederá quando o fiador opuser o crédito que o afiançado tiver contra o credor (art. 371 do CC). Assim, se o locador A acionar o fiador B, poderá este, em defesa, alegar que A também é devedor do locatário C, sendo cabível a compensação". Esse exemplo trata apenas da segunda hipótese, aquela em que o fiador, quando demandado, poderá opor, como compensação, o crédito que seu afiançado tiver contra o credor. Todavia, se o credor for devedor do próprio fiador, este também poderá opô-la em defesa, como compensação. Neste sentido é o magistério de Judith Martins-Costa[278]: "Porém, tradicionalmente, abre-se exceção a esta regra em benefício do fiador, que pode compensar a sua dívida com o crédito do seu afiançado, na medida em que, conquanto estranho à dívida do credor do afiançado, é coobrigado na dívida deste". Para a professora, o poder de compensar constitui poder formativo extintivo e o fiador, juntamente com o devedor, é titular deste direito, ainda que não seja credor do credor do afiançado.

A outra consequência decorrente do requisito da reciprocidade e identidade de sujeitos é o disposto no art. 376 do CC, cuja redação não é clara. Segundo o art. 376: "Obrigando-se por terceiro uma pessoa, não pode compensar essa dívida com a que o credor dele lhe dever". Neste caso, o sujeito se obrigou por terceiro. Nesta situação, não poderá compensar esse débito com a que o credor do terceiro pelo qual se obrigou lhe deve. O exemplo de Rosenvald e Chaves[279] é didático: "sendo A credor de B, caso C, na qualidade de garante de B deseje compensar o débito de B com o crédito que ele (C) titulariza contra A, não poderá fazê-lo". No mesmo sentido Caio Mário[280]: "Quem celebra obrigação beneficiando um terceiro não tem direito a compensar a dívida com o seu crédito com o devedor". Neste passo, o terceiro não interessado que paga em nome e por conta do devedor, não pode compensar o débito com um crédito que tenha contra o credor. Portanto, como corolário do requisito da reciprocidade, a compensação só pode extinguir obrigações de uma parte em face da outra, e não obrigações de terceiro para com alguma delas.

Finalmente, a cessão de crédito pode repercutir na compensação e no requisito relativo à personalidade dos sujeitos. Na cessão de crédito, haverá alteração no polo ativo da relação jurídica obrigacional, pois o credor primitivo transferirá a terceiro, agora denominado cessionário, a sua posição ou a qualidade creditória. O devedor cedido poderá opor a este terceiro cessionário a compensação do crédito que antes tinha contra o cedente. É mais uma exceção ao princípio da personalidade dos sujeitos.

É o que dispõe o art. 377 do CC.

Após ser notificado da cessão, o devedor, imediatamente, deve opor ao terceiro a compensação. Se não o faz, perde o direito à compensação. Por outro lado, se não for notificado, poderá opor ao cessionário a compensação do crédito que antes tinha contra o cedente. Tal dispositivo legal é desdobramento do princípio da oponibilidade das exceções pessoais que o devedor pode opor ao cessionário do crédito, conforme art. 294 do CC.

3º requisito: *liquidez, vencimento da prestação (exigibilidade das dívidas) e fungibilidade*, a teor do disposto no art. 369 do CC: "A compensação efetua-se entre dívidas líquidas, vencidas e de coisas fungíveis".

---

[276] GONÇALVES, Carlos Roberto. *Direito civil esquematizado*. São Paulo: Saraiva, 2013. v. I. p. 621.

[277] FARIAS, Cristiano Chaves de; ROSENVALD, Nelson. *Direito das obrigações*. 4. ed. Rio de Janeiro: Lumen Juris, 2010, p. 419.

[278] COSTA, Judith Martins. *Comentários ao novo código civil*. 2. ed. Rio de Janeiro: Forense, 2009. v. V, t. I, p. 657-658.

[279] FARIAS, Cristiano Chaves de; ROSENVALD, Nelson. *Direito das obrigações*. 4. ed. Rio de Janeiro: Lumen Juris, 2010, p. 419.

[280] PEREIRA, Caio Mário da Silva. *Instituições de direito civil*. 20. ed. Teoria geral das obrigações. Rio de Janeiro: Forense, 2004. v. II, p. 256.

Dívida líquida é aquela já determinada quanto ao objeto, ou seja, quando o *quantum debeatur* já está definido. A doutrina moderna considera que houve exagero na exigência da liquidez, cujo requisito poderia ter sido flexibilizado naqueles casos em que o débito, embora ilíquido, fosse de fácil liquidação, como aqueles que dependem de meros cálculos aritméticos.

Em relação ao vencimento ou exigibilidade atual das prestações, não pode ser compensado débito vencido com um a vencer, salvo no caso de compensação convencional (ou seja, por acordo, tal compensação seria possível). O art. 369 exige o vencimento das dívidas dos devedores e credores recíprocos como condição para a compensação legal. Nas obrigações condicionais, somente é permitida a compensação após o implemento da condição e, nas obrigações a termo, depois de vencido tal prazo. Sobre este requisito, ressalta Paulo Nader[281] que, "as que dependem da verificação de uma condição não são passíveis de compensação, uma vez que não são exigíveis. As obrigações a termo não são compensáveis, salvo em se tratando de prazo de favor". Em acréscimo, Rosenvald e Chaves[282] enfatizam, corretamente, que "apenas se compensam as obrigações puras, em que não se inseriram as citadas modalidades".

Em resumo, se a obrigação ainda não for exigível, por estar subordinada a termo ou condição, não é possível a compensação. Ante a ausência de exigibilidade (pretensão), também não são compensáveis as obrigações naturais.

Como a compensação legal é automática, se os seus requisitos já estavam presentes antes de a prescrição se consumar, as obrigações estarão extintas. É isso que o mestre, argutamente, pretendeu explicar.

Em relação a este requisito, ainda há uma consideração sobre os chamados "prazos de favor". Estes, por retratarem uma liberalidade, não impedem a compensação (art. 372 do CC). Desta forma, se um sujeito, por mera conveniência, concede à outra parte uma prorrogação de prazo para o adimplemento, tal favor não obstará eventual compensação. Portanto, no que tange aos "prazos de favor", o art. 372 do CC declara que não são obstáculos para a compensação. Assim, se após o regular vencimento da dívida, o sujeito, por mera liberalidade, concede ao seu devedor uma moratória ou um prazo maior de tolerância para o pagamento da dívida, se o outro ajuizar ação contra aquele que fez a liberalidade, aquele prazo de tolerância não constitui óbice para a compensação.

Tal regra tem conteúdo ético relevante[283], assemelhando-se à situação que dá causa à proibição do *venire contra factum proprium*: se alguém recebe de outrem um benefício, não pode invocar este mesmo benefício para prejudicar os interesses de quem lhe beneficiou.

Ademais, nos termos do art. 369, as obrigações devem ter por objeto coisas fungíveis, da mesma espécie e qualidade. É o requisito da fungibilidade dos débitos, mas não qualquer fungibilidade. A compensação pressupõe fungibilidade das coisas entre si. Os débitos devem ser fungíveis entre si, homogêneos. A compensação se opera não só entre obrigações pecuniárias, mas também entre obrigações fungíveis que sejam do mesmo gênero entre si, ou seja, homogêneas. A homogeneidade das prestações como requisito para compensação decorre diretamente do princípio da identidade da coisa devida. Desta forma, dívida em dinheiro somente se compensa com dívida em dinheiro, a dívida consistente na entrega de arroz só se compensa com outra dívida cujo objeto também seja a entrega de sacas de arroz. Não é possível compensar dívida de arroz com dívida de entregar cabeças de gado.

Não basta que sejam do mesmo gênero, sendo essencial a identidade de espécie e, quando especificada no contrato, também a mesma qualidade.

Sobre essa questão da identidade da qualidade, o art. 370 ainda restringe a compensação de coisas do mesmo gênero, mas de qualidade diversa, quando esta especificação ou diversidade da qualidade estiver prevista no contrato.

O que isso significa? É possível compensar uma dívida de arroz com outra dívida de arroz, mas se o contrato exigir que sejam da mesma qualidade, não será possível, por exemplo, compensar a dívida de arroz do tipo 1 com a dívida de arroz do tipo 2.

Assim, se as coisas fungíveis, objeto de duas prestações, forem do mesmo gênero, mas diferirem na qualidade, quando esta diferença estiver especificada em contrato, não se compensarão. São dois os requisitos para que não seja possível essa compensação, ainda que as coisas sejam fungíveis entre si: 1– qualidade diversa; 2– especificação desta qualidade diversa expressamente pactuada no contrato. Outro exemplo: a dívida de açúcar pode ser compensada com outra dívida de açúcar, porque são coisas fungíveis entre si. Não haveria possibilidade de compensar dívida de açúcar com dívida de café, pois, embora o café e o açúcar sejam fungíveis, não são fungíveis entre si. Já no caso de duas dívidas de açúcar, a compensação legal é possível, salvo se em contrato estiver especificado que o açúcar deverá ter a qualidade "X" e o outro "Y". Neste caso não há como compensar as duas dívidas de açúcar, porque as qualidades diferentes estão previstas em contrato.

A qualidade, como requisito da compensação legal, depende de previsão contratual, a teor do disposto no art. 370 do CC. Isso significa que as partes podem aperfeiçoar o instituto e dificultar a compensação ao exigirem que as dívidas a serem compensadas sejam da mesma qualidade.

Segundo o mestre Caio Mário[284], há controvérsias no que tange à possibilidade de compensação de obrigações de fazer de natureza fungível, porque o art. 369 permite apenas a compensação legal de "coisas" fungíveis. E acrescenta: "Não obstante a sustentação oposta, a melhor

---

[281] NADER, Paulo. *Curso de direito civil – Obrigações*. Rio de Janeiro: Forense, 2019. v. II, p. 462.

[282] FARIAS, Cristiano Chaves de; ROSENVALD, Nelson. *Direito das obrigações*. 4. ed. Rio de Janeiro: Lumen Juris, 2010, p. 417.

[283] COSTA, Judith Martins. *Comentários ao novo código civil*. 2. ed. Rio de Janeiro: Forense, 2009. v. V, t. I, p. 661.

[284] PEREIRA, Caio Mário da Silva. *Instituições de direito civil*. 20. ed. Teoria geral das obrigações. Rio de Janeiro: Forense, 2004. v. II, p. 258.

doutrina está com os que negam a compensabilidade, fundados não só em que não basta a fungibilidade das prestações, em si mesmas, porém, é mister que sejam entre si fungíveis, como ainda pela razão de se referir o Código Civil à compensação de coisas, o que exclui outros gêneros de prestações".

Com plena razão o mestre, pois o art. 369 restringe a compensação legal à fungibilidade entre coisas, o que exclui prestações de fazer ou não fazer.

A obrigação natural, por faltar o requisito da exigibilidade, também não pode ser compensada, salvo por vontade das partes.

4º requisito: *não se admite a compensação em prejuízo de terceiro*. Art. 380: "Não se admite a compensação em prejuízo de direito de terceiro. O devedor que se torne credor do seu credor, depois de penhorado o crédito deste, não pode opor ao exequente a compensação, de que contra o próprio credor disporia". Não é possível a compensação, por exemplo, quando um dos créditos estiver penhorado ou indisponibilizado por qualquer razão.

Segundo Judith Martins-Costa[285], "duas normas decorrem da incidência do art. 380: uma delas, de caráter geral, afirma que a compensação não pode atingir direito de terceiro. A outra especializa essa regra geral: concentrando-a na hipótese de penhora incidente sobre um dos créditos". E continua: "A compensação, como modo extintivo, obedece ao princípio da relatividade, expresso no brocardo *res inter alios acta*. Isto está a significar que produz efeitos entre as partes que realizam a compensação, não podendo atingir a esfera de terceiros".

2.10.2.7.4. Impossibilidade da compensação legal devido à causa

O Código Civil, em regra, não impõe qualquer obstáculo à compensação em função da causa ou origem das dívidas a serem compensadas. No entanto, em algumas hipóteses, a causa constituirá obstáculo à compensação. Portanto, há hipóteses em que é impossível a extinção das obrigações por meio do instituto da compensação.

Em primeiro lugar, as partes, com fundamento no princípio da autonomia privada, podem afastar o instituto da compensação. É o que dispõe o art. 375 do CC: "Não haverá compensação quando as partes, por mútuo acordo, a excluírem, ou no caso de renúncia prévia de uma delas".

Por outro lado, o art. 373 arrola outras hipóteses em que não se admite a compensação.

A primeira hipótese refere-se às dívidas provenientes de esbulho, furto ou roubo. A ilicitude do fato gerador da dívida contamina a sua validade.

A segunda hipótese ocorrerá quando qualquer das dívidas se originar de contrato de comodato ou depósito, bem como de débito de natureza alimentar. O comodato e o depósito já obstariam a compensação por serem objeto de contratos com corpo certo e determinado, salvo no depósito irregular (art. 645), o qual permite o depósito de coisas fungíveis. Nos demais casos, a não fungibilidade exigida para o comodato (art. 579) e, em regra, para o depósito, já esbarraria na exigência do art. 369, o qual impõe a fungibilidade da coisa como requisito para a compensação legal. A única ressalva, portanto, seria em relação ao depósito de coisas fungíveis, denominado "irregular". Portanto, nestes casos, não haverá a necessária fungibilidade entre as dívidas. Além disso, a relação de comodato e depósito se baseia na mútua confiança entre as partes. Finalmente, no comodato e no depósito há a obrigação de restituir a coisa. Quanto aos alimentos, a sua função, natureza e finalidade impedem a compensação. O art. 1.707 do CC impede, expressamente, a compensação do crédito alimentar, por constituir obrigação personalíssima.

Terceiro, se uma das dívidas for de coisa não suscetível de penhora. Neste caso, estaria a lei admitindo que fosse alienado aquilo que ela mesma determina ser inalienável (ex.: créditos de salários).

2.10.2.7.5. Regras especiais sobre a compensação

O art. 374 do CC, o qual permitia a compensação de dívidas fiscais, foi expressamente revogado pela Lei n. 10.677/2003. Em razão disso, a matéria passou a ser inteiramente regulada pelo Código Tributário Nacional (art. 170). A compensação de dívidas fiscais somente é possível segundo as hipóteses e os limites traçados pela lei.

Além disso, nos arts. 376, 377, 378 e 379, há algumas regras especiais relacionadas à compensação.

Tal dispositivo já foi analisado anteriormente. No entanto, para uma melhor compreensão, algumas considerações.

No caso do art. 376, Nevares[286] menciona que se uma pessoa se obriga ou age como representante, não pode opor o crédito do terceiro beneficiado ou de seu representante para compensar débito próprio.

Nas sempre sábias palavras de Judith Martins-Costa[287]: "O que a regra impede é a triangulação, causadora de uma reciprocidade apenas indireta entre as prestações: A se obriga com B para pagar dívida que B tem relativamente a C. Mas A é também credor de C. Está impedido, porém, de compensar a dívida que assumiu com C por B com o crédito que tem relativamente a C. Assim sendo, o terceiro não interessado pode pagar em nome e por conta do devedor (art. 304, Parágrafo único), mas não pode compensar o débito com um crédito que tenha contra o credor.

A regra prevista no art. 377 (compensação na cessão de crédito) também foi objeto de análise. Restam apenas algumas considerações sobre o "desconto das despesas" (art. 378) e aplicação das regras da "imputação de pagamento na compensação".

---

[285] COSTA, Judith Martins. *Comentários ao novo código civil*. 2. ed. Rio de Janeiro: Forense, 2009. v. V, t. I.

[286] NEVARES, Ana Luiza Maia. Extinção das obrigações sem pagamento: novação, compensação, confusão e remissão (arts. 360 a 388). In: TEPEDINO, Gustavo (coord.). *Obrigações*: estudos na perspectiva civil-constitucional. Rio de Janeiro: Renovar, 2005.

[287] COSTA, Judith Martins. *Comentários ao novo código civil*. 2. ed. Rio de Janeiro: Forense, 2009. v. V, t. I.

Capítulo 2 • Obrigações e Responsabilidade Civil

O art. 378 autoriza o desconto das despesas ocorridas em compensação de débitos quando estes forem pagáveis em lugares diferentes. As despesas operacionais entre os diferentes lugares da prestação podem acarretar prejuízo, sendo que tais despesas podem ser deduzidas, em atenção ao princípio da justiça comutativa e a equivalência material. É um desdobramento do princípio da solidariedade e cooperação. Judith Martins-Costa[288] ressalta essa ideia da comutatividade, indicando o art. 378 como uma das regras de comutatividade, pois esse dispositivo "(...) trata da atribuição dos ônus das despesas necessárias à operação compensatória quando as dívidas a serem extintas por compensação não são pagáveis no mesmo lugar. Não seria justo, do ponto de vista da justiça comutativa, que uma das partes tivesse que suportar os custos do transporte para que restassem extintos os débitos de ambos".

Por isso, o art. 378 admite a dedução das despesas nesta situação.

O art. 379 também traz uma regra especial de imputação, no caso de compensação de várias dívidas: "Sendo a mesma pessoa obrigada por várias dívidas compensáveis, serão observadas, no compensá-las, as regras estabelecidas quanto à imputação do pagamento". Neste caso, devem ser transportadas para a compensação as regras sobre imputação de pagamento, objeto de disciplina nos arts. 352 a 355 do CC.

2.10.2.8. Confusão

A confusão também é causa de extinção da obrigação. O instituto se caracteriza quando credor e devedor passam a ser o mesmo sujeito. É o que preceitua o art. 381 do CC, segundo o qual "extingue-se a obrigação, desde que na mesma pessoa se confundam as qualidades de credor e devedor".

A extinção da obrigação poderá ser total ou parcial, uma vez que a fusão do credor e do devedor em uma só categoria jurídica pode estar relacionada a apenas uma fração ou parcela do direito subjetivo ou do dever jurídico (art. 382 do CC).

A reunião na mesma pessoa das qualidades de credor e devedor é comum no caso de sucessão *causa mortis*, quando o devedor for herdeiro do credor. Se determinado sujeito é devedor e o único herdeiro do seu credor, caso este venha a falecer, as qualidades de credor e devedor serão reunidas na mesma pessoa.

Segundo Orlando Gomes[289]: "A confusão verifica-se quando o devedor passa a ser titular do direito de crédito. A coincidência baseia-se na sucessão a título universal ou a título singular. Opera-se, portanto, *mortis causa* ou *inter vivos*. A causa mais frequente é a sucessão hereditária. Confundem-se as duas qualidades opostas sempre que o devedor herda do credor, ou o credor do devedor".

Para o mestre Caio Mário[290], a confusão extinguirá a obrigação diante da presença de alguns requisitos: "São requisitos essenciais para que se dê a confusão: a) unidade da relação obrigacional, que pressupõe a existência do mesmo crédito, da mesma obrigação; b) reunião, na mesma pessoa, das qualidades de credor e devedor, que gera a extinção do vínculo independentemente da vontade, e bem assim da natureza ou da origem da obrigação (...); c) é hoje comum acrescentar-se um terceiro requisito, a ausência de separação dos patrimônios".

Preenchidos os requisitos, a confusão se opera automaticamente. Os direitos acessórios da obrigação, de natureza pessoal ou real, também são extintos com o desaparecimento da obrigação principal decorrente da confusão. No entanto, a extinção da obrigação acessória não acarreta a da obrigação principal. Nesse sentido, Rosenvald e Chaves[291]: "confusão de fiador e credor pelo fato de aquele ser herdeiro deste não implica a extinção da obrigação principal". Afirmam, ainda, que "terceiros que tenham direitos sobre o crédito em que se operou a confusão, não serão por ela prejudicados. Assim, titulares de direitos reais em coisa alheia, seja de fruição (usufruto), como de garantia (penhor), conservam os seus direitos, não obstante a verificação da confusão".

O art. 383 do CC disciplina a confusão em caso de solidariedade ativa ou passiva: A confusão operada na pessoa do credor ou devedor solidário só extingue a obrigação até a concorrência da respectiva parte no crédito, ou na dívida, subsistindo quanto ao mais a solidariedade.

No caso de solidariedade ativa, a confusão operada na pessoa do credor só extingue a obrigação até a concorrência da respectiva parte do crédito e, do mesmo modo, na solidariedade passiva, a extinção da obrigação é limitada à respectiva parte da dívida, subsistindo a solidariedade, com todas as suas regras, em relação ao saldo credor ou devedor remanescente.

O exemplo de Ana Luiza Maia Nevares[292] é didático: "Se A, B e C devem 600 a D em regime de solidariedade e A falece deixando D como único herdeiro, B e C passarão a responder solidariamente perante D por 400. A confusão não exonera os demais devedores da totalidade da dívida, mas somente em relação à parte da obrigação relativa ao devedor diretamente atingido por ela, mantendo-se a solidariedade".

O aspecto polêmico da confusão é o disposto no art. 384, o qual parece contradizer o próprio instituto. Nos termos deste artigo, cessando a confusão, para logo se restabelece, com todos os seus acessórios, a obrigação anterior. Parece inconcebível tal restabelecimento, tendo em

---

[288] COSTA, Judith Martins. *Comentários ao novo código civil*. 2. ed. Rio de Janeiro: Forense, 2009. v. V, t. I, p. 677.

[289] GOMES, Orlando. *Obrigações*. 17. ed. (atualizada por Edvaldo Brito – coord.). Rio de Janeiro: Forense, 2007, p. 150.

[290] PEREIRA, Caio Mário da Silva. *Instituições de direito civil*. 20. ed. Teoria geral das obrigações. Rio de Janeiro: Forense, 2004. v. II, p. 272.

[291] FARIAS, Cristiano Chaves de; ROSENVALD, Nelson. *Direito das obrigações*. 4. ed. Rio de Janeiro: Lumen Juris, 2010, p. 426-427.

[292] NEVARES, Ana Luiza Maia. Extinção das obrigações sem pagamento: novação, compensação, confusão e remissão (arts. 360 a 388). In: TEPEDINO, Gustavo (coord.). *Obrigações: estudos na perspectiva civil-constitucional*. Rio de Janeiro: Renovar, 2005, p. 449.

vista que a confusão é causa de extinção da obrigação. Se a obrigação é extinta, como pode ser restabelecida?

Aliás, por esta razão, Silvio Rodrigues[293] defende que a relação jurídica não deveria ser extinta, mas apenas neutralizar-se, pois não foi extinta e nem se resolveu, mas apenas deixou de ser exigida. Embora seja sedutora esta tese, não é a melhor interpretação.

O art. 384 trata das situações em que a causa que provocou a confusão venha a ser invalidada. Neste caso, cessa a confusão e, como consequência, há o restabelecimento da obrigação primitiva com todos os acessórios. Sobre essa questão, Caio Mário[294] é preciso: "O devedor é instituído, em testamento, herdeiro de seu credor; confundem-se por força da sucessão, na sua pessoa as qualidades de credor e devedor, e, *ipso facto*, extingue-se a obrigação; mas, ulteriormente, vem o testamento a ser anulado, e logo cessa a confusão. A obrigação restaura-se retroativamente, com todas as suas consequências, inclusive as garantias, como se nunca tivesse havido confusão".

Este fenômeno também pode acontecer no caso de abertura da sucessão provisória em razão da declaração de ausência e posterior reaparecimento daquele que se presumia morto.

Finalmente, cumpre ressaltar que o instituto da confusão transcende o direito das obrigações para repercutir nos direitos reais. Na servidão predial, quando os prédios serviente e dominante se reúnem no domínio da mesma pessoa, haverá extinção da servidão pela confusão (art. 1.389, I, do CC). Logo, é requisito essencial da servidão que os prédios serviente e dominante pertençam a donos diferentes (art. 1.378).

Além disso, a confusão é causa de extinção do penhor, direito real de garantia, conforme dispõe o inciso IV do art. 1.436 do CC. A confusão também é causa de extinção do usufruto pela consolidação, quando o usufrutuário adquire o domínio do bem por ato *inter vivos* ou *causa mortis* (art. 1.410, VI).

A confusão não se assemelha com a compensação. Nesta última há dualidade de sujeitos, com crédito e débitos opostos, que se extinguem reciprocamente até onde se compensarem. São credores e devedores recíprocos. A confusão apenas atinge os sujeitos, pois uma pessoa é credora e devedora de si própria, simultaneamente.

2.10.2.9. Remissão

Em relação aos meios indiretos de pagamento, o último instituto disciplinado pelo Código Civil é a remissão, que leva à extinção da obrigação. Remitir nada mais é do que perdoar.

Trata-se da extinção da obrigação por meio de um perdão. No entanto, ao contrário da renúncia de direitos, a remissão (meio indireto de adimplemento) constitui negócio de natureza bilateral, pois a produção de efeitos está condicionada à aceitação do perdão pelo devedor. Por isso, não pode ser confundida com a renúncia de direitos, ato tipicamente unilateral[295]. É o que se extrai do art. 385 do CC: A remissão da dívida, aceita pelo devedor, extingue a obrigação, mas sem prejuízo de terceiro.

Como o CC/1916 era omisso a respeito da necessidade deste acordo entre credor e devedor, era controvertida a natureza jurídica da remissão. Diante da redação inequívoca do art. 385 do CC atual, não há dúvida de que possui natureza contratual ou convencional. Por isso, não podemos concordar com o magistério de Orlando Gomes[296], que defende a dispensa do consentimento do devedor, não havendo razão para exigi-lo, por ser equiparada a renúncia de direito. Caio Mário também sustenta a dispensabilidade da aceitação do devedor.

Ocorre que o atual Código Civil adotou expressamente a tese da bilateralidade da remissão, ao exigir a "aceitação do devedor".

2.10.2.9.1. Requisitos para a remissão

A extinção da obrigação pela remissão depende da conjunção de três requisitos: 1– ânimo, por parte do credor, de perdoar a dívida; 2– a aceitação do perdão por parte do devedor; e 3– ausência de prejuízo a terceiro (se o credor não tiver bens suficientes para responder pelas suas dívidas, como a remissão prejudicará seus credores, não será possível a concretização deste meio indireto de adimplemento).

2.10.2.9.2. Formalidades da remissão

A validade da remissão, em regra, independe de formalidade. Excepcionalmente, se a natureza da obrigação impor uma formalidade, os requisitos formais deverão condicionar a remissão.

Segundo o mestre Caio Mário[297]: "Para sua validade é mister que o remitente seja dotado de aptidão para dispor do direito, e o devedor tenha capacidade para manifestar validamente sua vontade, embora não se despreze o favorecimento de ordem legal, no sentido de liberar o devedor".

No mesmo sentido Orlando Gomes[298] afirma: "Não basta, pois, ter capacidade de agir. É preciso que possa dispor do crédito.

2.10.2.9.3. Remissão expressa e tácita, gratuita e onerosa

A remissão pode ser expressa, quando o credor exterioriza o desejo de perdoar a dívida, ou tácita, quando de-

---

[293] RODRIGUES, Sílvio. *Direito civil – Parte geral das obrigações*. 30. ed. São Paulo: Saraiva, 2007. v. II.

[294] PEREIRA, Caio Mário da Silva. *Instituições de direito civil*. 20. ed. Teoria geral das obrigações. Rio de Janeiro: Forense, 2004. v. II, p. 274.

[295] Segundo Tepedino, Heloisa Helena e Maria Celina Bodin, em *Código civil interpretado*, v. I, p. 687: "A remissão é bilateral, exigindo a concordância do devedor, ao passo que a renúncia é unilateral; a remissão aproveita ao devedor diretamente, ao passo que a renúncia só o atinge por efeito secundário ou reflexo; para aceitar remissão, o devedor deve ser pessoa civilmente capaz, enquanto a renúncia depende da capacidade apenas do renunciante".

[296] GOMES, Orlando. *Obrigações*. 17. ed. (atualizada por Edvaldo Brito – coord.). Rio de Janeiro: Forense, 2007. p. 147.

[297] PEREIRA, Caio Mário da Silva. *Instituições de direito civil*. 20. ed. Teoria geral das obrigações. Rio de Janeiro: Forense, 2004. v. II, p. 275-276.

[298] GOMES, Orlando. *Obrigações*. 17. ed. (atualizada por Edvaldo Brito – coord.). Rio de Janeiro: Forense, 2007. p. 147.

corre de uma conduta ou atitude do credor incompatível com a manutenção do crédito. Segundo bem pondera Caio Mário[299], a tácita ou implícita "não se presume fora dos casos admitidos ou mencionados em lei. Nem a tolerância ou inatividade do credor permite induzi-la.

A lei civil, no art. 386, trata de uma hipótese de remissão tácita ou implícita: "A devolução voluntária do título da obrigação, quando por escrito particular, prova desoneração do devedor e seus coobrigados, se o credor for capaz de alienar, e o devedor capaz de adquirir".

Neste caso, não basta o ato material de detenção do título pelo devedor, sendo essencial que o credor, de forma espontânea e voluntária, pessoalmente ou por meio de um representante, efetivamente entregue o título representativo da dívida a este. A voluntariedade na entrega do título deve implicar espontaneidade e a intenção clara e inequívoca de abdicar da qualidade creditória.

Como regra, a remissão é gratuita. Aliás, a gratuidade é inerente ao ato de perdoar. Aquele que perdoa não espera nenhuma contraprestação e, por inexistir qualquer sacrifício patrimonial por parte do devedor, seria contraditório admitir uma remissão onerosa.

A remissão onerosa é defendida por Orlando Gomes[300], em posição isolada sobre o assunto: "À primeira vista parece esquisita uma remissão de dívida a título oneroso. Não é. Não tem necessariamente causa *donandi*. Às vezes funda-se numa transação pela qual o credor renuncia a um crédito litigioso ou inseguro em troca de vantagem que o devedor lhe concede. Dir-se-á que, nessa hipótese, perde o caráter de perdão, mas a possibilidade de remissão onerosa é geralmente admitida sob a forma.

Nesse ponto, não assiste qualquer razão a Orlando Gomes. Seus frágeis argumentos não convencem. Ainda que o credor venha a remitir ou perdoar um crédito litigioso ou inseguro, se houver aceitação do devedor, não há sacrifício patrimonial por parte deste, que estará liberado da obrigação. Portanto, a natureza é gratuita. Por outro lado, se a remissão se dá em troca de vantagens que o devedor lhe concede, não se caracteriza a remissão, mas outro instituto, como a transação, onde há concessões mútuas e recíprocas ou atos de disposição de direito que não implicarão a figura de um meio indireto de pagamento. É possível a disposição de crédito litigioso em troca de vantagens. Ninguém questiona isso. No entanto, isso não é remissão.

2.10.2.9.4. Remissão limitada à garantia da dívida

A remissão pode ser restrita à garantia real, objeto de penhor, que cobre o crédito, nos termos do art. 387 do CC: "A restituição voluntária do objeto empenhado prova a renúncia do credor à garantia real, não a extinção da dívida".

No caso em questão, a obrigação está garantida por penhor, garantia real sobre coisa móvel, cuja posse é transferida ao credor (ou a quem o represente), nos termos do art. 1.431 do CC.

Nesta hipótese, se o credor, de forma voluntária e espontânea, restitui ao devedor tão somente o objeto empenhado, mas sem que isso implique extinção da dívida, estará limitada a remissão à garantia real, deixando o crédito de ser pignoratício para se tornar quirografário.

Aliás, o art. 387 encontra guarida e correspondência no art. 1.436, § 1º, que trata da extinção do penhor. Segundo este dispositivo, extingue-se a penhora em caso de remissão (inciso V) e renúncia (inciso III) da coisa empenhada, sendo que a renúncia se presume quando a posse é restituída ao devedor.

2.10.2.9.5. Remissão e solidariedade

No caso de solidariedade passiva, a remissão concedida a um dos codevedores extingue a dívida na parte a ele correspondente. É o que se extrai do art. 388 do CC: "A remissão concedida a um dos codevedores extingue a dívida na parte a ele correspondente; de modo que, ainda reservando o credor a solidariedade contra os outros, já lhes não pode cobrar o débito sem dedução da parte remitida".

Neste caso, a remissão pessoal em favor de um dos devedores solidários rompe o vínculo com o devedor primitivo, restando extinta a dívida, em definitivo, em relação a ele.

No entanto, o credor ainda reservará a solidariedade em relação aos outros, contra os quais não poderá cobrar o valor da parcela remitida. Essa remissão pessoal é definida por Orlando Gomes[301] como remissão *in personam*: "No direito moderno, a remissão *in personam* cabe tão-somente nas obrigações solidárias. Concedida a um dos coobrigados, extingue a dívida na respectiva parte, de modo que, no caso de o credor remitente reservar a solidariedade contra os outros, não lhes poderá cobrar o débito sem dedução da parte perdoada".

Para finalizar, qualquer remissão, poderá ser total ou parcial.

2.11. TEORIA DO INADIMPLEMENTO - PARTE I

2.11.1. O inadimplemento e a obrigação como processo

O Código Civil disciplina a teoria do inadimplemento nos arts. 389 a 420. O inadimplemento é eventual e o contraponto do adimplemento (objetivo principal da obrigação em sentido estrito). Na nova concepção da obrigação como processo dinâmico e funcional, o inadimplemento deve ser analisado com base em valores constitucionais, motivo pelo qual não pode ser considerado sob perspectiva meramente estrutural (inobservância dos elementos constitutivos e estruturais da obrigação: sujeito, objeto e vínculo jurídico).

A teoria do inadimplemento se conecta, necessariamente, com a teoria contratual (o contrato é a principal

---

[299] PEREIRA, Caio Mário da Silva. *Instituições de direito civil*. 20. ed. Teoria geral das obrigações. Rio de Janeiro: Forense, 2004. v. II, p. 275-276.

[300] GOMES, Orlando. *Obrigações*. 17. ed. (atualizada por Edvaldo Brito – coord.). Rio de Janeiro: Forense, 2007, p. 148.

[301] GOMES, Orlando. *Obrigações*. 17. ed. (atualizada por Edvaldo Brito – coord.). Rio de Janeiro: Forense, 2007, p. 148.

fonte de obrigações), pois pode ser fundamento de resolução, causa de extinção do contrato (arts. 474 e 475 do CC) e, a depender da conduta (culpa *lato sensu*) ou situação (risco), também repercutirá na teoria da responsabilidade civil (negocial), em razão da possibilidade da parte prejudicada pelo inadimplemento exigir perdas e danos (se presentes os demais elementos da responsabilidade civil). A inexecução voluntária (inadimplemento culposo) pode (diante da faculdade do art. 475) ser fundamento para a resolução e o pedido de perdas e danos. A inexecução involuntária (inadimplemento não culposo), salvo situação de responsabilidade objetiva, embora possa resolver e extinguir o contrato, não gera direito à indenização.

O principal objetivo de qualquer obrigação é o adimplemento direto, modo regular e normal de extinção desta relação jurídica de direito material. O adimplemento também pode ocorrer por meios indiretos: consignação em pagamento, sub-rogação, imputação de pagamento, dação em pagamento, novação, compensação, confusão e remissão. O inadimplemento retrata a patologia da obrigação em sentido estrito.

Em que consiste o inadimplemento? Em termos clássicos, é o não cumprimento da prestação (fato: fazer e não fazer; coisa: dar) devida, no lugar, modo ou tempo (pressupostos objetivos) pactuado, pelos sujeitos legitimados (pressupostos subjetivos), que integram os polos da obrigação em sentido estrito. Na perspectiva clássica e tradicional o inadimplemento é analisado como resultado exclusivo da vontade humana (inobservância dos pressupostos subjetivos e objetivos do adimplemento). É o dogma da vontade.

Todavia, em tempos contemporâneos, a concepção de inadimplemento foi potencializada não só para considerar deveres de conduta inerentes à obrigação em sentido estrito, ainda que não pactuados, decorrentes da boa-fé objetiva, como causa autônoma, bem como para relativizar os pressupostos objetivos e subjetivos vinculados aos elementos estruturais que, a depender das circunstâncias, mesmo inobservados, não descaracterizam o adimplemento. Na perspectiva contemporânea, as obrigações deixam de ser simples para serem complexas, em decorrência dos deveres anexos (cooperação: proteção, informação e colaboração) oriundos da boa-fé objetiva. Tais deveres são inerentes à obrigação em sentido estrito e independem de previsão contratual. A percepção da relação obrigacional como relação *complexa* (deveres de prestação e deveres decorrentes da boa-fé subjetiva), funcionalizada não mais como um fim em si mesma, mas como instrumento de cooperação social dirigido à satisfação de interesses legítimos das partes e que se desenvolve *como* um processo (atos que se ligam com interdependência, orientados para determinado fim). Se o adimplemento é o cumprimento da prestação concretamente devida (obrigação principal), juntamente com a realização dos deveres derivados da boa-fé objetiva, na linha inversamente proporcional, o inadimplemento também envolverá o não cumprimento da prestação principal, assim como deveres de conduta. O cumprimento destes deveres laterais, secundários e anexos, decorrentes do princípio da boa-fé objetiva, também integra a plena e integral satisfação de qualquer obrigação. Somente assim se atenderá ao escopo da relação obrigacional em sentido estrito.

Em razão da ampliação do conceito de adimplemento em decorrência da necessidade de conduta ética imposta aos sujeitos da relação obrigacional, na outra ponta, como consequência, o conceito de inadimplemento também foi estendido para abranger qualquer violação ao princípio da boa-fé objetiva.

Diante disso, é possível dizer que há outra hipótese de inadimplemento decorrente da violação dos deveres instrumentais impostos pelo princípio da boa-fé objetiva (aliás, esse é o sentido do Enunciado 24 da I Jornada de Direito Civil), com evidente superação da velha e ultrapassada dicotomia inadimplemento absoluto *versus* inadimplemento relativo (teoria da mora).

Atualmente, o inadimplemento deve ser estudado como um gênero, que tem como espécies: *inadimplemento absoluto*, o *inadimplemento relativo* e a *violação positiva do contrato, todos autônomos e independentes*. Em relação à violação positiva do contrato, o descumprimento da obrigação não se atrela aos elementos estruturais da obrigação (sujeito, prestação e vínculo), em especial ao cumprimento da prestação em si, de dar, fazer ou não fazer, mas sim à violação dos deveres laterais (conduta e comportamento ético – cooperação recíproca) como desdobramentos do princípio da boa-fé objetiva, o qual se ajusta a esta nova concepção dinâmica e funcional da *obrigação como um processo*, impondo direitos e deveres para ambas as partes.

O Código Civil de 2002 sistematiza a teoria do inadimplemento em duas partes bem distintas. Na primeira, trata de duas espécies de inadimplemento, absoluto e relativo (Teoria da Mora). Na sequência, traz regras e princípios relacionados às consequências deste inadimplemento absoluto ou relativo, como é o caso das perdas e danos, juros moratórios, cláusula penal e arras.

2.11.2. A questão da obrigação e os deveres jurídicos

Antes de adentrar na questão do inadimplemento, caracterização e consequências, é relevante, neste ponto, trazer à tona a questão da relação do inadimplemento com os deveres jurídicos, para situar o leitor.

O dever jurídico tem conexão com o direito subjetivo, por ser uma das suas características. O dever jurídico pode ser genérico ou específico. O primeiro está no âmbito da responsabilidade civil extracontratual.

O dever jurídico genérico consiste na exigência imposta pela lei ao sujeito, o qual deve *adotar certo comportamento em razão de imposição do ordenamento jurídico*. Por isso, é reputado dever genérico imposto a toda a coletividade. Nas palavras de Orlando Gomes[302]: "O dever jurídico é a necessidade que corre a todo o indivíduo de observar as ordens ou comandos do ordenamento jurídico".

A violação deste dever jurídico genérico ou dever negativo (de não lesar os interesses de outrem – *neminem laedere*) – conduta antijurídica, presentes os pressupostos legais (por exemplo, aqueles previstos nos arts. 186, 187 e 927), levará à configuração da denominada responsabilidade civil extracontratual. No caso de ilícito extracontratual/extranegocial, não se cogita em inadimplemento.

---

[302] GOMES, Orlando. *Obrigações*. 17. ed. (atualizada por Edvaldo Brito – coord.). Rio de Janeiro: Forense, 2007.

No âmbito das obrigações, o inadimplemento está relacionado a dever jurídico específico e individualizado, incidente sobre sujeitos determinados ou determináveis e originado de uma relação jurídica material base, tendo como objeto prestações de dar, de fazer ou de não fazer. Portanto, a diferença é que, no caso das obrigações, preexiste, entre as partes, relação jurídica de direito material. Por isso, os sujeitos têm o dever positivo ou dever de adimplemento, o qual, se violado, caracterizará o inadimplemento. Tal inadimplemento, acompanhado dos requisitos legais, como dano e nexo de causalidade, pode gerar o que se convencionou chamar de responsabilidade civil contratual/negocial. Por isso, o vínculo do inadimplemento com a teoria da responsabilidade civil

O que é, então, o inadimplemento?

É a violação deste dever jurídico específico e individualizado, dever jurídico de prestação de dar, fazer ou não fazer, bem como do dever de conduta, que caracterizam o inadimplemento. Em qualquer obrigação, há dever jurídico primário, justamente o dever de adimplemento. Esse dever de adimplemento (como visto) foi ampliado para se considerar a prestação principal juntamente com os deveres de conduta, estes decorrentes da boa-fé objetiva. Em toda obrigação, o objetivo é o cumprimento do dever jurídico primário, nesta nova concepção.

A violação deste dever jurídico específico e individualizado (e somente é específico e individualizado porque preexiste entre as partes uma relação jurídica de direito material), seja no tocante à prestação principal ou como violação à ética (boa-fé objetiva), levará à caracterização do inadimplemento.

A violação deste dever jurídico primário caracteriza inadimplemento. O titular do direito subjetivo violado terá a pretensão de exigir do sujeito que não adimpliu o dever jurídico primário, outro dever, agora secundário (responsabilidade civil contratual), desde que presentes os pressupostos legais.

Sobre o assunto, Fernando Noronha[303] é preciso quando ressalta as diferenças entre a obrigação como dever social e dever jurídico, este último no sentido amplo e restrito. Segundo ele, deve ser feita a diferenciação entre obrigação como dever social e obrigação como dever jurídico. Assim, em algumas relações sociais, como de cortesia (hospedagem à pessoa desconhecida ou carona), e deveres meramente morais ou religiosos, não há vinculação jurídica, pois o desrespeito ao compromisso não implicará sanção jurídica.

Alguns compromissos, embora relevantes do ponto de vista social, não podem ser juridicamente vinculativos.

A obrigação, como dever jurídico, comporta duas acepções: ampla e restrita.

Ampla: sinônimo de dever jurídico genérico – imposição cuja violação implica sanção organizada pelo poder estatal. Só serve para excluir as obrigações morais.

Restrita: para o direito das obrigações, interessa a concepção restrita: obrigação é relação jurídica ou vínculo jurídico que, nas situações que envolvem duas ou mais pessoas, atribui a uma ou outra pessoa poderes e deveres juridicamente exigíveis. Se houver violação desse dever jurídico decorrente da concepção restrita, estará caracterizado o inadimplemento.

2.11.3. A teoria do inadimplemento e o ato ilícito (ilícito relativo)

O ilícito é conduta antijurídica e imputável (elementos objetivo e subjetivo do ilícito). O inadimplemento é comumente denominado ilícito contratual, pois decorre de conduta que viola dever jurídico específico (relacionado a prestação). Recorde-se que, no direito civil, o ilícito se caracteriza como a conduta antijurídica imputável a alguém, sendo dispensada a tipicidade, elemento fundamental no ilícito penal.

A violação de dever jurídico genérico (negativo – de não lesar outrem), cuja disciplina está na parte geral do direito civil, é *ilícito (indenizativo, caducificante, autorizante ou invalidante)* absoluto. A violação de dever jurídico específico (direito das obrigações e teoria dos contratos) também é *ilícito*, em razão da conduta contrária ao direito e imputável a sujeito determinado.

2.11.4. O inadimplemento e a causa: a questão da imputabilidade

Inadimplemento é o não cumprimento da prestação devida, imputável a qualquer dos sujeitos, enquanto devida. A causa do inadimplemento, portanto, deve ser imputável a um dos sujeitos da obrigação. Tal imputabilidade pode ser subjetiva ou objetiva. Imputar é atribuir responsabilidade.

Segundo o português Mário Júlio Costa[304], o regime do inadimplemento se classifica de acordo com a causa (imputabilidade ou não aos sujeitos) e os efeitos (absoluto e relativo).

Em sentido amplo, o inadimplemento independe da investigação da sua causa (razão do inadimplemento). Em termos amplos, "inadimplemento" significa que a prestação originalmente pactuada não foi cumprida.

No inadimplemento imputável ou não imputável será investigada a causa (o inadimplemento pode ser imputado a um dos sujeitos ou decorre de fatores externos e alheios aos sujeitos?) Por isso, em sentido estrito, o inadimplemento é a não realização da prestação devida, enquanto devida, mas em decorrência de fato imputável ao credor ou ao devedor. Aqui, há vínculo entre o inadimplemento e a conduta comissiva ou omissiva do devedor ou do credor. É, portanto, imputável a eles.

Há inadimplemento que não pode ser imputado a qualquer dos sujeitos (se houver fortuito, por exemplo). Por outro lado, em termos técnicos jurídicos e restritos, o inadimplemento pode ser imputável a um dos sujeitos. A responsabilidade civil pressupõe inadimplemento imputável. A imputabilidade pode ser subjetiva, quando decorre de conduta comissiva ou omissiva culposa em sentido lato

---

[303] NORONHA, Fernando. *Direito das obrigações*. São Paulo: Saraiva, 2003.

[304] COSTA, Mário Júlio de Almeida. *Direito das obrigações*. 3. ed. Coimbra: Almedina, 1998.

e, pode ser objetiva, nas hipóteses em que a lei dispensa a análise da conduta e se contenta, por exemplo, com o risco de determinada atividade. Portanto, a imputabilidade é simplesmente poder atribuir a responsabilidade civil do inadimplemento, com as consequências inerentes, a qualquer dos sujeitos da relação jurídica obrigacional.

Resumo

> **Causa** – Imputabilidade ou não aos sujeitos. A imputação é a possibilidade de atribuir responsabilidade: Há dupla forma de imputação: *subjetiva* (princípio da inculpação – investigação da conduta culposa) e *objetiva* (resulta de normas que atribuem a alguém a assunção de um risco ou dever de segurança).
>
> A noção de inadimplemento imputável não se restringe à culpa para fins de responsabilidade civil, que pode ter como fundamento uma conduta culposa, abusiva, de risco, entre outros.

2.11.5. Espécies de Inadimplemento

2.11.5.1. Inadimplemento absoluto; relativo (teoria da mora) e violação positiva do contrato (princípio da boa-fé objetiva)

Em razão da ampliação do conceito de adimplemento em decorrência da concepção estrutural e funcional da obrigação contemporânea, a qual passa a ser considerada como um processo, dividido em fases, onde os sujeitos, mediante mútua cooperação, são titulares de deveres e direitos fundamentais, foi rompida a velha e tradicional dicotomia que dividia o inadimplemento em absoluto e relativo.

Além das duas espécies mencionadas, por conta do princípio da boa-fé objetiva, o qual inclui na relação obrigacional deveres anexos, colaterais e secundários de conduta, o inadimplemento também pode implicar na denominada *violação positiva do contrato*. O princípio da boa-fé objetiva impõe deveres de conduta, mesmo que não decorrentes de ato volitivo (independe de previsão pelos sujeitos), pois inerentes a toda obrigação em sentido estrito, para fins de recíproca proteção e cooperação entre os sujeitos, para que o adimplemento seja eficaz. A relação jurídica obrigacional deve ser concretizada à luz do princípio da solidariedade constitucional (art. 3º, I, da CF/88).

O art. 389 do CC é fundamento e a causa de justificação da teoria do inadimplemento, bem como da impropriamente denominada responsabilidade civil "contratual/negocial" (violação de dever jurídico preexistente e específico – principal fonte daquela). A relação jurídica obrigacional (vínculo entre sujeitos determinados ou ao menos determináveis) é, essencialmente, transitória. Em razão desta característica, a liberação dos sujeitos deste vínculo específico e individualizado ocorrerá por meio do adimplemento (objetivo de toda obrigação) ou inadimplemento, com todas as consequências daí decorrentes (perdas e danos, juros, cláusula penal e arras).

Na relação jurídica obrigacional, de um lado, há o titular do direito subjetivo de crédito (credor) e, de outro, o titular de dever jurídico (devedor – este se compromete a concretizar prestação de dar, fazer ou não fazer e a se comportar de modo adequado no processo obrigacional). O vínculo jurídico é individualizado e específico, porque os sujeitos (credor e devedor) podem ser identificados. A partir desta noção geral, é fácil compreender o inadimplemento.

Se o devedor, por ação ou omissão, viola o dever jurídico preexistente assumido com o credor, caracterizado estará o inadimplemento. Este é o resultado da violação do dever jurídico. É o que enuncia o art. 389: "não cumprida a obrigação" (...) ou seja, violado o dever jurídico preexistente (....) o que pode ocorrer pela não concretização da prestação (dar, fazer ou não fazer – dever jurídico de prestação) ou em razão de comportamento inadequado, defeituoso ou não ético durante o processo obrigacional (boa-fé objetiva – dever de comportamento – violação positiva do contrato).

A confusão ocorre quando se faz associação (que não é necessária) entre o inadimplemento e a responsabilidade civil (que pode ter como causa o inadimplemento). Inadimplemento é apenas a violação de dever jurídico específico, que afeta o direito subjetivo de outrem (credor). Tal violação (inadimplemento) pode ou não ser causa de responsabilidade civil (denominada "contratual", justamente porque o seu fundamento é a violação de dever jurídico preexistente específico – inadimplemento). A responsabilidade civil "contratual" subjetiva pressupõe inadimplemento culposo (dolo ou culpa – imputabilidade), nexo causal e o dano. A responsabilidade civil objetiva, fundada no inadimplemento, pressupõe inadimplemento (não cumprimento da prestação por sujeito que exerce atividade de risco ou não cumprimento nas relações jurídicas que a lei objetiva a responsabilidade, como no transporte), nexo causal (o elemento mais relevante da responsabilidade objetiva, pois a ausência de culpa, por si só, não rompe o nexo – apenas o fortuito externo/fato de terceiro ou fato exclusivo do outro sujeito rompem o nexo) e o dano.

O inadimplemento pode ser imputável em termos subjetivos (responsabilidade subjetiva) ou objetivos (responsabilidade objetiva) ou não imputável (não haverá responsabilidade) ao sujeito que viola dever jurídico (não cumpre a prestação ou se comporta de modo inadequado durante o processo obrigacional). Por exemplo, se o inadimplemento decorre de caso fortuito ou força maior, em regra, não há responsabilidade civil (art. 393, *caput*). Portanto, embora possa ser causa de responsabilidade civil, não é correto fazer correlação necessária entre inadimplemento e responsabilidade civil negocial.

O art. 389 pode ser fracionado em duas partes: Na primeira parte ("não cumprida a obrigação(...)") trata do inadimplemento e, na segunda ("responde o devedor(...)"), da responsabilidade civil. O inadimplemento pode ser fonte de responsabilidade (efeito daquele).

Por fim, o inadimplemento pode ser absoluto (prestação não foi cumprida e não há possibilidade de ser cumprida OU não há interesse do outro sujeito no cumprimento – a prestação é substituída – sub-rogação – por indenização, se for imputável), relativo (teoria da mora – prestação não foi cumprida, mas ainda há possibilidade de ser cumprida. E o outro sujeito tem interesse no cumprimento) e, finalmente, decorrer de violação positiva do contrato (ainda que a prestação tenha sido cumprida, um dos sujeitos, durante o processo obrigacional, não adotou comportamento eticamente adequado – violação de deveres anexos/colaterais, decorrentes da boa-fé objetiva).

No que tange à violação positiva do contrato, duas observações: 1– é espécie autônoma de inadimplemento; 2– rompe com a tradição das relações jurídicas individualizadas porque os deveres relacionados à boa-fé objetiva – cooperação, lealdade, informação, proteção, entre outros, independem de previsão na relação jurídica obrigacional específica.

2.11.5.2. Inadimplemento absoluto

Após tais considerações, o inadimplemento absoluto se relaciona à qualidade e não à quantidade do inadimplemento. É considerado absoluto porque a prestação originária (contemporânea à formação) não foi cumprida e não há mais possibilidade de o ser, por ausência de utilidade/interesse do credor ou por vício na prestação. Nas palavras de Agostinho Alvim[305], a obrigação não foi cumprida e nem poderá ser,

A impossibilidade de cumprimento pode estar relacionada à própria prestação (questão objetiva – impossibilidade física ou jurídica) ou à inutilidade plena para o outro sujeito (questão subjetiva).

Deve ser ressaltado que a impossibilidade, seja objetiva ou subjetiva, *deve ser superveniente ou subsequente à formação da obrigação*. Se a impossibilidade for originária e absoluta, sequer há constituição de negócio jurídico válido e, portanto, da própria obrigação (plano de validade). O inadimplemento se relaciona ao plano da eficácia. A impossibilidade física ou jurídica do objeto, se absoluta, poderá ser causa de invalidade (arts. 104 e 166 do CC) ou de inadimplemento (plano da eficácia). A questão temporal determinará se a impossibilidade física ou jurídica do objeto é causa de inadimplemento ou de invalidade. Se tal impossibilidade absoluta for originária, invalidade e, se superveniente à formação, inadimplemento. No âmbito do inadimplemento, o plano é da eficácia do negócio jurídico, razão pela qual a impossibilidade, necessariamente, deve ser superveniente.

Se a impossibilidade for relativa, ainda que originária (art. 106 do CC), poderá ser causa de inadimplemento. A razão é simples: os pressupostos de validade são aqueles que a lei estabelece como de observância obrigatória no momento da formação e, não há previsão legal para que a impossibilidade física relativa, ainda que originária, seja causa de invalidade.

A impossibilidade superveniente (salvo a relativa, que pode ser originária), como já ressaltado, pode ser objetiva ou subjetiva:

1. a subjetiva é a que se refere às circunstâncias pessoais relacionadas à pessoa do credor e do devedor. A prestação, embora objetivamente possível de ser cumprida, em termos físicos e jurídicos, não tem mais utilidade. Em consequência da ausência de utilidade, não há interesse do sujeito na prestação. Por exemplo, se "A" se compromete a entregar doces e salgados no dia do aniversário de "B", mas, por equívoco, faz a entrega apenas no dia seguinte à festa, embora a prestação, em termos objetivos, seja passível de cumprimento, subjetivamente não haverá qualquer utilidade para a parte prejudicada. Portanto, o inadimplemento será absoluto pela inutilidade da prestação. Tal inutilidade depende de fatores concretos e objetivos, porque eventual recusa com base em inutilidade inexistente caracterizará abuso de direito;

2. a impossibilidade objetiva se refere à prestação em si mesma e, assim, se subdivide em impossibilidade física (ou natural) e impossibilidade jurídica (obstáculo legal). Há diferença entre a impossibilidade física e originária do objeto, causa de invalidade do negócio jurídico (art. 104) e a impossibilidade física e superveniente do objeto, causa de inadimplemento do negócio jurídico ou da obrigação. Qual? Para invalidar o negócio jurídico, a impossibilidade física, além de originária, deve ser absoluta (irrealizável por qualquer pessoal), pois a impossibilidade física relativa não pode ser invocada como causa de invalidação do negócio, tudo nos termos do art. 106 do CC.

Por outro lado, para caracterização do inadimplemento, a impossibilidade física, além de superveniente, pode ser absoluta ou relativa (relativa ao próprio sujeito da obrigação). Portanto, a impossibilidade física relativa, se originária, não é causa de invalidação, mas pode ser causa de inadimplemento, originária ou superveniente.

O inadimplemento absoluto, para gerar responsabilidade civil e produzir efeitos jurídicos, deve ser imputável a qualquer dos sujeitos. A impossibilidade superveniente (objetiva ou que não ostenta qualquer utilidade) deve decorrer de causa imputável aos sujeitos da obrigação. Se a impossibilidade não puder ser imputada a qualquer dos sujeitos, estes retornam ao estado que antes se encontravam.

A impossibilidade definitiva de cumprir a prestação caracteriza o inadimplemento como absoluto. Neste caso, se for imputável ao outro sujeito, restará ao prejudicado apenas o direito de reclamar perdas e danos. Não há possibilidade de tutela específica. Portanto, no inadimplemento absoluto, ocorrerá a sub-rogação da prestação originária por indenização (substituição da prestação por dinheiro).

---

[305] ALVIM, Agostinho. *Da inexecução das obrigações e suas consequências*. 2. ed. São Paulo: Saraiva, 1995.

Por essa razão, o fundamento legal do inadimplemento absoluto é o art. 389 do CC: Não cumprida a obrigação, responde o devedor por perdas e danos, mais juros, atualização monetária e honorários de advogado. A redação do art. 389 foi alterada pela Lei n. 14.905/2024, uma vez que a atualização monetária será de acordo com o IPCA ou outro índice que o substituir. O novo parâmetro de correção monetária está no parágrafo único do art. 389, incluído pela nova legislação, segundo o qual na hipótese de o índice de atualização monetária não ter sido convencionado ou não estar previsto em lei específica, será aplicada a variação do IPCA, apurado e divulgado pelo IBGE ou o índice que vier a substituí-lo.

Este artigo disciplina a causa (inadimplemento: "não cumprida a prestação") e a consequência (responsabilidade civil: "responde") do inadimplemento absoluto. O não cumprimento imputável da prestação principal levará o inadimplente a responder pelas perdas e danos: indenização. O inadimplemento absoluto provoca alteração no objeto da prestação, que passará a ser as perdas e danos (dinheiro). Os prejuízos decorrentes do inadimplemento são cobertos pela compensação monetária.

O inadimplemento absoluto, diante da sua característica, não admitirá tutela específica, razão pela qual as perdas e danos corresponderão ao objeto da prestação inadimplida, em evidente sub-rogação real ou de coisas. O dinheiro substituirá a prestação inicialmente pactuada, a qual se tornou impossível de cumprimento, seja pela impossibilidade da prestação em si, seja pela inutilidade ao sujeito prejudicado pelo inadimplemento.

Esta espécie de responsabilidade (contratual/negocial) difere da responsabilidade aquiliana ou extracontratual (decorre da infração ao dever jurídico *lato sensu*), sob alguns aspectos: 1 – na negocial, preexiste entre as partes relação jurídica de direito material (por isso, é possível pactuar arras e cláusula penal), e na extracontratual, viola-se dever jurídico genérico (a lei impõe a todos um determinado comportamento); 2 – ônus da prova quanto à conduta culposa é mais tranquila na responsabilidade negocial porque basta demonstrar o inadimplemento; 3 – a questão da capacidade/incapacidade, pressuposto para a validade da obrigação em sentido estrito que pode acarretar responsabilidade negocial; 4 – regime da mora na responsabilidade extranegocial (art. 398 – desde o ilícito) é diverso do regime da mora na responsabilidade negocial (art. 397, *ex re* ou *ex personae*); 5 – prescrição na responsabilidade negocial é de 10 anos e na extranegocial, 3 anos.

Em relação aos honorários de advogado previstos na norma (art. 389), na III Jornada de Direito Civil, promovida pelo CJF, foi aprovado o Enunciado 161: "Os honorários advocatícios previstos nos arts. 389 e 404 do CC apenas têm cabimento quando ocorre a efetiva atuação profissional do advogado". Assim, para fazer jus aos honorários, em caso de inadimplemento absoluto, o advogado deverá ter atuado na defesa do direito subjetivo do sujeito prejudicado, seja essa atuação em juízo ou fora dele. Não há sentido técnico jurídico em restringir estes honorários de advogado ao plano judicial e em caso de sucumbência. Tais honorários de advogado integram as perdas e danos, pois o desembolso deste valor decorreu de uma necessidade do sujeito prejudicado pelo inadimplemento.

Assim, honorários contratados, sem prejuízo daqueles relacionados à sucumbência, também podem ser exigidos. Presente o nexo de causalidade entre a despesa com honorário contratado e o inadimplemento impõe-se a sua inclusão no montante da indenização a ser requerida.

Ainda em relação aos honorários de advogado previstos no art. 389 do CC, foi aprovado, na V Jornada de Direito Civil, promovida pelo CJF, o Enunciado 425: "Os honorários advocatícios previstos no art. 389 do CC não se confundem com as verbas de sucumbência, que, por força do art. 23 da Lei n. 8.906/94, pertencem ao advogado". O enunciado pretendeu esclarecer que os honorários advocatícios contratados devem integrar o valor da indenização por perdas e danos.

Nas obrigações negativas ou de não fazer, previstas nos arts. 250 e 251, ambos do CC, o inadimplemento se consuma quando o sujeito faz o que não deveria ser feito, ou seja, tem conduta incompatível com o dever de abstenção.

Nos termos do art. 390 do CC: "Nas obrigações negativas o devedor é havido por inadimplente desde o dia em que executou o ato de que se devia abster". Como já ressaltado, as obrigações negativas, se de execução instantânea (se exaurem com ato único), levam, necessariamente, ao inadimplemento absoluto (não há como retornar ao estado anterior). Todavia, se de execução continuada, as obrigações negativas são compatíveis também com o inadimplemento relativo (teoria da mora), porque o credor pode exigir que se mantenha a situação anterior, em razão do caráter continuado e prolongado da execução. Tal questão foi analisada em detalhes no item das obrigações de não fazer.

Finalmente, em relação ao inadimplemento absoluto, não se pode confundi-lo com o inadimplemento absoluto total e parcial. No inadimplemento absoluto total, a obrigação e sua prestação são, na íntegra, descumpridas. No inadimplemento absoluto parcial, apenas uma parcela da prestação é entregue, sendo que a falta em relação ao restante é definitiva.

Em caso de inadimplemento absoluto parcial, se este for mínimo ou de escassa importância, não poderá a parte prejudicada requerer a resolução do contrato e exigir perdas e danos. Neste caso, em razão do adimplemento substancial, que tem como fundamento o princípio da boa-fé objetiva, deverá considerar adimplido o contrato ou a obrigação e, apenas em relação à parcela ou mínima parte da prestação inadimplida, exigir perdas e danos.

Desta forma, a teoria do adimplemento substancial restringirá o direito às perdas e danos, previsto no art. 389, àquela parcela mínima da prestação que não foi adimplida. A resolução da totalidade da obrigação, com base no inadimplemento absoluto, mas parcial e mínimo, caracterizaria abuso de direito (art. 187, que impõe limites éticos ao exercício de direitos subjetivos).

2.11.5.3. Inadimplemento relativo

Introdução

O inadimplemento pode ser absoluto ou relativo (teoria da mora). É relativo quando a prestação original (dar, fazer ou não fazer) não foi cumprida, mas ainda é possível (física e juridicamente) de ser cumprida (em termos objetivos) e remanesce o interesse (em termos subjetivos) dos sujeitos nela.

A mora pode ser do devedor (*solvendi* – arts. 394 a 399) ou do credor (*accipiendi* – arts. 394 e 400-401), que se diferenciam por três aspectos, temas relevantes sobre a mora: 1 – caracterização; 2 – constituição em mora e; 3 – efeitos da mora.

Caracterização da mora: a mora do devedor (*solvendi*) se caracteriza a partir de dois pressupostos, um objetivo (não cumprimento da prestação no tempo, lugar ou modo pactuado ou previsto em lei – art. 394) e outro subjetivo (imputabilidade = culpa – maioria da doutrina – art. 396 – inadimplemento involuntário, sem culpa, excluiria a mora). Por esta razão, encargos abusivos no período de normalidade descaracterizam a mora do devedor (mora é do credor). Em relação ao elemento objetivo, a mora se associa, em regra, ao fator tempo. É o retardamento (objetivo) culposo (subjetivo) da prestação. A inobservância do lugar e modo seria violação positiva do contrato (cumprimento defeituoso ou imperfeito) e não propriamente mora (há divergência).

A mora do credor tem natureza objetiva. A mora *accipiendi* se caracteriza a partir de: 1 – oferta real e efetiva do devedor; 2 – Recusa injustificada do credor no tempo, modo e lugar (art. 394). O fundamento é a ausência de cooperação do credor. Dispensa o elemento subjetivo (culpa/credor). O devedor poderá se liberar do vínculo por meio da consignação (art. 335, I e II – cooperação).

Constituição em mora: a mora do devedor (*solvendi*) se constitui de pleno direito (*ex re*) ou após provocação ou interpelação do credor (*ex persona*), conforme art. 397 do CC. O não cumprimento de prestação, positiva (dar ou fazer) e líquida (certa e determinada), no termo certo de vencimento, de forma automática, constitui o devedor em mora. Se não houver prazo certo de vencimento (contratos por prazo indeterminado) ou se a obrigação não for positiva e líquida, a mora apenas se constitui se houver provocação do credor (interpelação, judicial ou extrajudicial com esse fim). Em algumas situações, ainda que a obrigação seja positiva, líquida e com termo certo de vencimento, será necessária a provocação do credor para constituir o devedor em mora (arrendamento mercantil, promessa de compra e venda de imóveis a prestação, contratos de seguro etc.) para maior segurança destas relações jurídicas. Neste último caso, o que naturalmente seria mora *ex re*, por força de lei ou em razão da natureza da relação, é convertida em mora *ex persona*. A mora, espécie de inadimplemento, também é causa de resolução de contratos, razão pela qual tem vínculo estreito com a cláusula resolutiva expressa e tácita (art. 474).

A mora pode ainda decorrer de ilícito (violação de dever jurídico genérico preexistente). É a denominada mora presumida e, neste caso, o devedor estará em mora desde o evento (ilícito) – art. 398 (esta aplica-se à denominada responsabilidade extracontratual, objetiva ou subjetiva).

Efeitos da mora: a mora do devedor (*solvendi*) tem como efeito principal a responsabilidade do devedor pelos prejuízos decorrentes da mora, com juros, atualização monetária e honorários de advogado (art. 395 – mora é fonte de responsabilidade civil) e, ainda, agrava a responsabilidade do devedor, tornando-a objetiva, se houver a impossibilidade, o perecimento ou a deterioração da prestação no período da mora, ainda que resulte de fortuito ou força maior (art. 399 – responsabilidade civil objetiva agravada). Os efeitos da mora do credor (*accipiendi*) são diversos: o devedor sem dolo não responde pela conservação da coisa; o credor se obriga a ressarcir despesas empregadas na conservação e, ainda, se sujeita a receber a prestação pela estimação mais favorável se houver oscilação de preço (art. 400 do CC).

2.11.5.3.1. Conceito e caracterização da mora e a mora solvendi (devedor)

Inadimplemento relativo – Teoria da mora: No inadimplemento denominado *relativo*, a prestação não foi cumprida, mas ainda há possibilidade de vir a ser, porque está intacta e preservada e, ainda, em razão da utilidade e interesse do outro sujeito.

O inadimplemento relativo está relacionado à teoria da mora, disciplinada nos arts. 394 a 401 do CC.

Portanto, em caso de mora, a prestação não foi cumprida, mas ainda há possibilidade de ser e interesse do sujeito prejudicado no seu cumprimento.

Para definição da mora, devem ser conjugados dois dispositivos, os arts. 394 e 396 do CC.

Conforme Nelson Nery[306]: "É o descumprimento da prestação por culpa do devedor (mora *solvendi* ou mora *debitoris*) ou o seu não recebimento pelo credor (mora *accipiendi* ou mora *creditoris*), no tempo, lugar e forma convencionados".

O art. 394 apresenta o elemento objetivo que caracteriza a mora: o não cumprimento da prestação por parte do devedor e o não recebimento pelo credor, no tempo (retardamento), lugar e na forma legal ou convencional. Tal dispositivo trata da mora do devedor e do credor. Para muitos doutrinadores, a mora do credor se esgota neste dispositivo, porque o art. 396, que trata da imputabilidade, a ele não faz qualquer referência.

Assim, para a mora do credor, seriam necessários os seguintes requisitos: 1 – existência de obrigação líquida e certa; 2 – devedor em condições de cumprir a prestação; 3 – que o devedor faça a oferta regular do pagamento; e 4 – que o credor se recuse, de forma injustificada, a recebê-lo. A culpa, portanto, não seria elemento para a caracterização da mora do credor.

No que se refere à mora do devedor, além do não cumprimento da prestação, nos termos do art. 394 do CC, seria indispensável a imputabilidade ao devedor, conforme exige o art. 396 da mesma lei civil: Se não houver fato ou omissão imputável ao devedor, não incorre este em mora.

Portanto, para que o devedor esteja em mora, é indispensável o elemento objetivo, o não cumprimento da prestação (art. 394) e a imputabilidade (possibilidade de

---
[306] NERY JUNIOR, Nelson; NERY, Rosa Maria de Andrade. *Código civil comentado*. 8. ed. São Paulo: Ed. RT, 2011.

atribuir ao devedor a responsabilidade pela mora – art. 396). O problema é que a maioria da doutrina não interpreta o art. 396 de forma correta. Segundo os doutos, a mora do devedor exigiria conduta culposa de sua parte. A culpa do devedor seria, portanto, requisito essencial para a caracterização da mora *debitoris* ou mora *solvendi*.

Por exemplo, segundo Tepedino[307], "(...) a mora verifica-se quando o devedor não cumpre, culposamente, no devido tempo, lugar e forma convencionados a obrigação. Deste conceito é possível extrair os requisitos da mora do devedor. O primeiro deles é a culpa, pois não havendo fato ou omissão imputável ao devedor, não há que se falar em mora deste".

Renan Lotufo[308] também considera que a mora é o retardamento culposo da prestação. Caio Mário[309] também incorre neste equívoco: "A culpa do devedor é outro elemento fundamental. Não há mora, se não houver fato ou omissão a ele imputável. A regra não comporta dúvida em nosso direito, embora o contrário possa dizer-se de outros sistemas legislativos".

Em relação ao elemento subjetivo da mora, não é a melhor interpretação do termo *imputável*, previsto no art. 396 da Lei Civil. A imputabilidade do fato ou omissão ao devedor pode ser subjetiva (culpa) ou objetiva (exercício de atividade de risco, por exemplo). A responsabilidade civil contratual, ou seja, obrigação de pagar perdas e danos, pode ter por fundamento o inadimplemento absoluto (art. 389) ou a mora (art. 395).

No âmbito contratual, essa responsabilidade civil pode ser subjetiva, ou seja, no caso de culpa do devedor, porque o inadimplemento pode ser a ele imputado culposamente, mas também pode ser objetiva, dependendo da natureza da obrigação assumida. Em primeiro lugar, o art. 396 não faz referência ao elemento culpa, mas à imputabilidade. Tal imputabilidade pode ser subjetiva ou objetiva.

O equívoco dos doutos nesta questão relacionada à caracterização da imputabilidade é incompreensível. Atualmente, não se questiona sobre a existência da responsabilidade civil contratual objetiva. E, se assim o é, como podem afirmar que a culpa é elemento indispensável para a mora do devedor? O próprio Tepedino[310] reconhece que o art. 392 do CC ressalva os casos em que a lei determina a responsabilidade independentemente de culpa. Portanto, não há coerência em seus argumentos. Se a responsabilidade civil pode se fundar em inadimplemento relativo objetivo (imputação objetiva), não há dúvida de que a culpa não é elemento essencial para a caracterização da mora do

devedor. Aproveitando as próprias colocações de Tepedino: "O ordenamento jurídico brasileiro sofreu forte influência da tendência ao alargamento da responsabilidade pelo risco, abraçando áreas como os acidentes de trabalho, as atividades do Estado e os transportes aéreos. Especialmente após o advento da atual CF, orientada pelos princípios da solidariedade social e da justiça distributiva, quais impõem a repartição dos riscos da atividade econômica, e do CDC, não se poderia mais falar em prevalência da responsabilidade civil subjetiva. Instaurou-se, isso sim, um sistema dualista, em que convivem a responsabilidade baseada na culpa, com aquela fundada no risco".

E acrescentamos: seja esse risco no âmbito contratual ou extracontratual.

Em resumo, se a prestação não for cumprida e houver possibilidade e interesse para o sujeito prejudicado pela mora, o inadimplemento será relativo.

Finalmente, a mora, em relação ao requisito objetivo previsto no art. 394, estaria, necessariamente, vinculada ao fator tempo. A mora *solvendi* seria o retardamento da prestação, imputável, objetiva ou subjetivamente, ao devedor. Orlando Gomes critica a ampliação do conceito de mora quando a infração estiver relacionada ao lugar e ao modo de execução. Neste ponto, assiste razão ao mestre. Mora implica atraso, retardamento, prorrogação injustificada, ou seja, o elemento objetivo deve estar conectado ao aspecto temporal.

A mora *solvendi*, dissociada do fator tempo, caracterizará violação positiva do contrato. A entrega da prestação em local diverso ou em desconformidade com a forma, não atreladas ao atraso ou fator tempo, implicará violação positiva do contrato (cumprimento defeituoso ou inadequado da prestação – ausência de boa-fé objetiva).

Em síntese, a mora *solvendi* ou mora do devedor exige os seguintes requisitos:

1. *art. 394 – aspecto temporal*: não cumprimento da prestação no tempo devido ou em descumprimento da forma e local pactuados, desde que, nestas duas hipóteses, estejam associados ao fator tempo. Em relação a este requisito, é essencial que a prestação seja imediatamente exigível (tal questão tem relação com a constituição em mora, conforme será analisado em tópico separado); e

2. *art. 396 – imputabilidade*: para a maioria da doutrina, a inexecução ou o inadimplemento deve ser culposo. Para nós, como já ressaltado, a imputabilidade pode ser subjetiva ou objetiva.

A mora ou inadimplemento relativo se caracterizará quando a prestação ainda for passível de cumprimento com exatidão, ou seja, por meio de tutela específica.

Mora e encargos abusivos (principais ou acessórios) no período de "normalidade" da obrigação em sentido estrito

A existência de encargos abusivos durante o denominado *período de normalidade* da obrigação em sentido estrito,

---

[307] TEPEDINO, Gustavo; BARBOSA, Heloísa Helena; BODIN, Maria Celina et al. *Código civil interpretado*. v. II (teoria geral dos contratos, contratos em espécie, atos unilaterais, títulos de crédito, responsabilidade civil, preferências e privilégios creditórios - artigos 421-965), RJ-SP: Renovar, 2006.

[308] LOTUFO, Renan, *Código civil comentado*. São Paulo: Editora Atlas, v. 2.

[309] PEREIRA, Caio Mário da Silva. *Instituições de direito civil*. 20. ed. Teoria geral das obrigações. Rio de Janeiro: Forense, 2004. v. II, p. 309-310.

[310] TEPEDINO, Gustavo; BARBOSA, Heloísa Helena; BODIN, Maria Celina et al. *Código civil interpretado*. v. II (teoria geral dos contratos, contratos em espécie, atos unilaterais, títulos de crédito, responsabilidade civil, preferências e privilégios creditórios - artigos 421-965), RJ-SP: Renovar, 2006.

se exigíveis pelo credor, impede a caracterização da mora do devedor. A jurisprudência consolidou o entendimento de que a cobrança de encargos abusivos impede a caracterização da mora[311]. O "período de normalidade" é justamente o período que antecede a mora. São os encargos que não estão relacionados à mora, mas ao custo do próprio contrato (juros remuneratórios e capitalização). Estes encargos essenciais são exigidos no período normal do contrato, porque inerentes às obrigações assumidas. Se estes encargos essenciais, relativos ao período de normalidade (antes da mora), são abusivos e, em razão deles (e do abuso), o devedor não adimplir as obrigações, a mora não se caracteriza. E se houver abuso de encargos acessórios no período de normalidade?

O STJ, no Recurso Especial n. 1.639.259/SP (Tema 972), em precedente vinculante (recurso repetitivo), firmou tese no sentido de que a abusividade de encargos acessórios do contrato não descaracteriza a mora. A abusividade dos encargos essenciais pode repercutir na mora, desde que se refira ao período de normalidade, ao passo que a abusividade dos encargos acessórios não.

Neste sentido, é o Enunciado 354, da IV Jornada de Direito Civil: "A cobrança de encargos e parcelas indevidas ou abusivas impede a caracterização da mora do devedor". No mesmo sentido, o precedente objeto do Recurso Especial n. 1.061.530/RS (paradigmático), submetido ao rito dos recursos repetitivos, que enuncia como encargos essenciais os juros remuneratórios e a capitalização financeira. Por outro lado, os encargos inerentes ao período da mora, que pressupõe mora, não a neutralizam, embora possa ser revisto.

O que se compreende por encargos abusivos "no período de normalidade contratual"? Se a mora decorrer da abusividade de encargos pactuados na obrigação em si, integrantes do conteúdo desta, como é o caso dos juros remuneratórios e de eventual capitalização, não haverá mora do devedor. Por outro lado, se a abusividade estiver relacionada aos encargos da própria mora, como juros moratórios abusivos, comissão de permanência abusiva, dentre outros, não haverá que se cogitar descaracterização da mora do devedor.

Portanto, neste último caso, a constatação de que foram exigidos encargos moratórios abusivos não afasta a caracterização da mora.

É simples: os encargos da própria obrigação anteriores à mora (ex.: juros remuneratórios), se abusivos, impedem a caracterização da mora do devedor, se o inadimplemento tiver como causa estes encargos abusivos. Por isso, a denominação "período de normalidade" (encargos dissociados da mora e vinculados à obrigação principal). Os encargos decorrentes da mora, ou seja, que surgem em razão da mora (por isso, encargos moratórios), se abusivos, podem, eventualmente, conferir direito à restituição de valores indevidos, mas não descaracterizam a mora, pelo simples fato de serem posteriores à mora. Assim, não podem influenciar a caracterização da mora, se tais encargos pressupõem mora.

A cobrança de encargos abusivos durante o período de normalidade constitui ato ilegal por parte do credor, o qual assume o risco por eventual inadimplemento. Se o próprio credor, mediante a cobrança de encargos abusivos, inviabiliza o pagamento, não poderá imputar a responsabilidade pela mora ao devedor em caso de inadimplemento. Neste caso, como a mora do devedor estará descaracterizada, os riscos do objeto da obrigação são imediatamente transferidos ao credor em razão de sua mora (art. 400 do CC) e, por esta razão, o ajuizamento da ação de consignação em pagamento passa a ser mera faculdade deste. Todavia, embora o credor possa estar em mora, a liberação da obrigação, com a extinção do vínculo, dependerá da consignação em pagamento.

A mora ou inadimplemento relativo se caracterizará quando a prestação ainda for passível de cumprimento com exatidão, ou seja, por meio de tutela específica.

2.11.5.3.2. Exigibilidade da prestação e constituição em mora

A prestação, objeto da obrigação, para ser exigível, deverá ser líquida e certa. No momento em que a prestação passa a ser exigível, se não for cumprida, haverá mora. Por isso, é importante verificar o vencimento da prestação, pois, nas palavras precisas de Caio Mário[312], "na pendência de condição suspensiva, ou antes de termo final, não é possível a incidência de mora: a condição obsta à aquisição mesma do direito, e a aposição de um termo constitui obstáculo a que o credor o faça valer".

A constituição em mora é regulada pelo art. 397 do CC: "O inadimplemento da obrigação, positiva e líquida, no seu termo, constitui de pleno direito em mora o devedor. Parágrafo único. Não havendo termo, a mora se constitui mediante interpelação judicial ou extrajudicial".

Há, portanto, duas formas de constituição em mora do devedor ou mora *solvendi*. Na primeira hipótese, há termo certo de vencimento e, neste caso, o próprio vencimento de obrigação positiva (dar e fazer) e líquida (determinada), constitui de pleno direito, automaticamente em mora, o devedor. É a *mora ex re*, pois independe de notificação ou de qualquer conduta do credor prejudicado.

O vencimento da obrigação pelo decurso do tempo, ou melhor, o só fato natural do inadimplemento, constitui em mora o devedor (*dies interpellat pro homine* – o termo interpela no lugar do credor). A mora *ex re* opera de pleno direito porque proveniente da própria obrigação. O seu fundamento é o inadimplemento de uma obrigação positiva e líquida.

Entretanto, como bem ressalta a doutrina, tal regra não é absoluta, pois haverá casos em que a obrigação positiva e líquida possui prazo ou termo certo de vencimento e, mesmo assim, haverá necessidade de interpelação do devedor.

---

[311] Esse item foi tratado no capítulo referente aos meios indiretos ou especiais de pagamento, quando dos comentários sobre a consignação.

[312] PEREIRA, Caio Mário da Silva. *Instituições de direito civil*. 20. ed. Teoria geral das obrigações. Rio de Janeiro: Forense, 2004. v. II, p. 318.

Primeiro, quando o local de pagamento for o domicílio do devedor (dívida quesível). Nesta situação, ainda que haja termo certo de vencimento, enquanto o credor permanecer inerte, não poderá o devedor ser constituído em mora.

Em segundo lugar, há casos em que, diante da natureza da obrigação ou por conta de uma exigência legal, mesmo se houver termo de vencimento relacionado a obrigação positiva e líquida, será exigida a interpelação do devedor como condição para a constituição em mora. Por exemplo, o art. 32 da Lei n. 6.766/79, que regula os contratos de compromisso de compra e venda de imóveis loteados urbanos e o art. 14 do Decreto-lei n. 58/37, que trata dos rurais, impõem notificação prévia para constituição em mora. Atualmente, em relação às promessas de compra e venda de imóveis não loteados (Decreto n. 745/69), também se exige prévia notificação para constituição em mora.

Além disso, no caso de mora já caracterizada, em algumas hipóteses, para fins judiciais, a interpelação é essencial para obtenção de liminares, como é o caso do art. 3º do Decreto-lei n. 911/69, com a redação dada pelo art. 56 da Lei n. 10.931/2004, que trata das liminares em busca e apreensão (caso de propriedade fiduciária). A mora, que naturalmente nestes casos seria *ex re*, por imposição legal, passa a ser considerada *ex persona*.

Em conclusão, a constituição em mora *ex re* decorre da própria obrigação (*ex re*), sem necessidade de qualquer provocação do interessado (*dies interpellat pro homine*). Entretanto, há situações em que, a despeito de a mora se configurar pelo simples vencimento do prazo, é necessária a notificação ou a interpelação para constituição em mora.

O STJ adotou parte destas exceções em algumas Súmulas: 72, 245, 369 e 380.

Nas obrigações negativas (art. 390), o devedor é constituído em mora desde quando pratica a conduta ou adota comportamento contrário àquele do que deveria se abster. Neste caso, a prática do ato já implica a sua infração e, por isso, o devedor ficará sujeito às consequências desta mora.

Ainda em relação à mora *ex re*, o art. 398 do CC traz caso específico deste tipo de mora. Nas obrigações provenientes de ato ilícito, considera-se o devedor em mora desde a data do ilícito (art. 398), que é causa de constituição em mora e independe de qualquer conduta ou comportamento da parte contrária. Devido à desnecessidade de interpelação, é tratada como subespécie de mora *ex re*.

Rosenvald[313] qualifica a mora decorrente do ilícito como *mora presumida* e, segundo ele, deve ser estendida a aplicação do art. 398 do CC às hipóteses de responsabilidade objetiva. Tepedino[314] também considera o art. 398 como espécie de mora presumida, em que a lei considera a data da prática do ato ilícito para determinar a sua fluência.

Nesse ponto, uma observação se torna imprescindível: a violação de dever jurídico genérico (parte geral) é rotulada pelo Código Civil como *ato ilícito*, ao passo que a violação de dever jurídico específico (obrigação) é denominada *inadimplemento*. Portanto, se o devedor violar dever jurídico genérico (quando não preexiste entre as partes relação de direito material), sua mora se caracterizará segundo o disposto no art. 398; mas se o devedor violar dever jurídico específico (quando preexiste entre as partes relação jurídica de direito material), a caracterização de sua mora está condicionada à observância dos requisitos previstos no art. 397 do CC.

Em resumo: *Ato Ilícito – Constituição em mora do devedor de acordo com o art. 398* (como neste caso não preexiste entre as partes relação jurídica de direito material, não há que se cogitar em liquidez ou termo certo – aqui não interessa a diferença entre mora *ex re* e *ex persona* – é simplesmente mora em decorrência do ilícito); *Inadimplemento – Constituição em mora do devedor de acordo com o art. 397* (como preexiste uma relação jurídica de direito material, é necessário saber se a mora é *ex re* ou *ex persona*).

Finalmente, o art. 397, no parágrafo único, trata da mora *ex persona*, restrita às hipóteses de inadimplemento. Neste caso, não há termo certo de vencimento e, por isso, a constituição em mora depende de um ato do credor, qual seja, interpelação judicial ou extrajudicial. Como não houve a prefixação de termo, somente se aperfeiçoa com a intervenção do credor. No caso da interpelação judicial, pode ser suprida pela citação judicial, que produzirá o mesmo efeito de constituição do devedor em mora, a teor do disposto no art. 240, *caput*, do CPC. Portanto, a citação pode desempenhar a mesma função da interpelação judicial para fins de constituição em mora.

Em relação à mora *ex persona*, na V Jornada de Direito Civil, promovida pelo CJF, foi aprovado o Enunciado 426, segundo o qual: "É válida a notificação extrajudicial promovida em serviço de registro de títulos e documentos de circunscrição judiciária diversa da do domicílio do devedor".

A interpelação extrajudicial pode ser realizada por meios eletrônicos para fins de constituição em mora. Nesse sentido, na VIII Jornada de Direito Civil, realizada em abril de [315]2018, foi aprovado o seguinte enunciado: "A interpelação extrajudicial de que trata o parágrafo único do art. 397, do Código Civil, admite meios eletrônicos como e-mail ou aplicativos de conversa 'online', desde que demonstrada a ciência inequívoca do interpelado, salvo disposição em contrário no contrato".

Nas palavras de Tepedino: "A função precípua da interpelação é a de convocar o devedor para o cumprimento de sua obrigação, constituindo o devedor em mora mes-

---

[313] FARIAS, Cristiano Chaves de; ROSENVALD, Nelson. *Direito das obrigações*. 4. ed. Rio de Janeiro: Lumen Juris, 2010, p. 479.
[314] TEPEDINO, Gustavo; BARBOSA, Heloísa Helena; BODIN, Maria Celina et al. *Código civil interpretado*. v. II (teoria geral dos contratos, contratos em espécie, atos unilaterais, títulos de crédito, responsabilidade civil, preferências e privilégios creditórios - artigos 421-965), RJ-SP: Renovar, 2006, p. 719.
[315] TEPEDINO, Gustavo; BARBOSA, Heloísa Helena; BODIN, Maria Celina et al. *Código civil interpretado*. v. II (teoria geral dos contratos, contratos em espécie, atos unilaterais, títulos de crédito, responsabilidade civil, preferências e privilégios creditórios - artigos 421-965), RJ-SP: Renovar, 2006.

mo quando indica um valor excessivo do débito. A discussão do valor devido deve ser feita pelos meios próprios".

Caio Mário[316] define a mora *ex persona* da seguinte forma: "Dá-se a mora *ex persona*, na falta de termo certo para a obrigação. O devedor não está sujeito a um prazo assinado no título, o credor não tem um momento predefinido para receber. Não se pode falar, então, em mora automaticamente constituída. Ela começará da interpelação que o interessado promover, e seus efeitos produzir-se-ão *ex nunc*, isto é, a contar do dia da intimação".

A intimação ou interpelação pode ser viabilizada por qualquer forma. Basta que o devedor tenha ciência da notificação ou da convocação do credor para cumprir a prestação.

2.11.5.3.3. Efeitos da mora do devedor ou *mora solvendi*

O devedor, constituído em mora pelo termo de vencimento (*mora ex re*) ou pela interpelação ou notificação, judicial ou extrajudicial, promovida pelo credor (*mora ex persona*), se sujeita aos efeitos desta mora.

A mora do devedor produz dois efeitos: 1 – responsabilidade de reparar os prejuízos causados ao credor em consequência da mora (art. 395 do CC); 2 – A responsabilidade pela impossibilidade da prestação, se tal impossibilidade se verificou durante a mora, ainda que por fortuito ou força maior.

1º efeito da mora – art. 395: "Responde o devedor pelos prejuízos a que sua mora der causa, mais juros, atualização dos valores monetários e honorários de advogado". Em relação à mora, a atualização monetária também se sujeita ao mesmo incide previsto no parágrafo único do art. 389 do CC, introduzido pela Lei n. 14.905/2024.

Se a prestação inadimplida for passível de cumprimento e útil ao credor, além do objeto principal pactuado, o devedor *responde* (responsabilidade civil com fundamento na mora) pelos danos, materiais e morais, decorrentes da mora, mais juros moratórios, correção monetária e honorários de advogado. Tal dispositivo trata da consequência do inadimplemento relativo em termos de recomposição dos prejuízos pelo retardamento imputável da prestação principal devida.

No inadimplemento absoluto, haverá sub-rogação da prestação, a qual será substituída por perdas e danos. Em caso de mora ou inadimplemento relativo, como a prestação originária ainda é útil e de interesse do credor, será ela acrescida das verbas previstas no art. 395. Portanto, o devedor terá de arcar com as perdas e danos que, nos termos do art. 402 do CC, corresponderá ao dano emergente e ao lucro cessante. Tais perdas e danos podem ter sido prefixadas pelas partes por meio de cláusula penal, caso em que não haverá necessidade de prova dos prejuízos, os quais estarão por esta presumidos.

Como argutamente observa Caio Mário[317]: "A indenização moratória não é substitutiva da prestação devida, vale dizer que pode ser reclamada juntamente com ela, se ainda for proveitosa ao credor.

Por outro lado, o parágrafo único do art. 395 trata da inutilidade da prestação para o credor. Neste caso, o inadimplemento deixará de ser relativo para ser absoluto, caso em que a prestação originária será substituída por perdas e danos (indenização).

Em relação à mora, um dos requisitos para a sua caracterização como inadimplemento meramente relativo é a utilidade da prestação principal inadimplida. Em caso de inutilidade, o inadimplemento será absoluto e a consequência será a pretensão às perdas e danos.

Recorde-se que o inadimplemento relativo exige *possibilidade da prestação originária* e *utilidade desta para o credor*. Ausente qualquer destes requisitos, o inadimplemento deixa de ser relativo para ser absoluto.

A questão a ser considerada neste dispositivo é se a inutilidade é subjetiva (para o credor, ou seja, considerando os seus interesses pessoais) ou objetiva (considerando uma inutilidade genérica).

Gustavo Tepedino[318], fazendo referência a Agostinho Alvim e Sílvio Rodrigues defende a inutilidade subjetiva: "Quando o parágrafo único do art. 395 prevê a inutilidade da prestação, quer se referir não a uma inutilidade objetiva, mas sim a uma inutilidade subjetiva. Ou seja, a prestação deverá ser inútil para o credor da relação obrigacional concreta e não para um credor abstratamente considerado".

Nesta situação, caberá ao credor a prova da inutilidade.

No entanto, este entendimento é contrário à ideia funcional de obrigação como processo. Admitir a inutilidade subjetiva é retroceder para considerar a obrigação como sendo o estatuto do credor, onde o devedor está subordinado aos interesses daquele. Assim, poderia o credor, de forma arbitrária e tendo em conta os seus interesses, argumentar a inutilidade da prestação, caso em que submeteria o devedor ao pagamento de perdas e danos.

A relação obrigacional é uma relação de cooperação e solidariedade informada pelo princípio da boa-fé objetiva. Em razão disso, a inutilidade não pode ter por fundamento critérios pessoais e subjetivos, mas um *sentido geral e abstrato*. Nas mesmas circunstâncias, se a obrigação ainda fosse útil para vários sujeitos, considerados em abstrato, também deveria ser considerada útil para o credor específico.

No caso, não se pretende desconsiderar os interesses pessoais e subjetivos do credor, mas pautar a invocação da inutilidade em critérios éticos e cooperativos. No caso concreto, deverá ser levado em conta o interesse do credor específico, mas tal interesse deverá ser ponderado com a ideia genérica de utilidade, a fim de verificar a ocorrência ou não de abuso em seu comportamento.

---

[316] PEREIRA, Caio Mário da Silva. *Instituições de direito civil*. 20. ed. Teoria geral das obrigações. Rio de Janeiro: Forense, 2004. v. II, p. 317.

[317] PEREIRA, Caio Mário da Silva. *Instituições de direito civil*. 20. ed. Teoria geral das obrigações. Rio de Janeiro: Forense, 2004. v. II, p. 317.

[318] TEPEDINO, Gustavo; BARBOSA, Heloísa Helena; BODIN, Maria Celina et al. *Código civil interpretado*. v. II (teoria geral dos contratos, contratos em espécie, atos unilaterais, títulos de crédito, responsabilidade civil, preferências e privilégios creditórios - artigos 421-965), RJ-SP: Renovar, 2006.

Por isso, o mero e exclusivo interesse do credor como causa a justificar a conversão do inadimplemento relativo e absoluto deve ser repudiado.

Aliás, neste sentido é o Enunciado 162 da III Jornada de Direito Civil: "A inutilidade da prestação que autoriza a recusa da prestação por parte do credor deverá ser aferida objetivamente, consoante o princípio da boa-fé e a manutenção do sinalagma, e não de acordo com o mero interesse subjetivo do credor".

2º efeito da mora: art. 399: "O devedor em mora responde pela impossibilidade da prestação, embora essa impossibilidade resulte de caso fortuito ou de força maior, se estes ocorrerem durante o atraso;"

Na primeira parte do dispositivo, está um dos principais efeitos da mora do devedor, a perpetuação da obrigação. Para compreendê-lo, importante ressaltar algumas considerações já realizadas. Como condição para responsabilizar o devedor pelo inadimplemento, é essencial que este seja imputável à sua pessoa. Há discussão no sentido de que essa imputabilidade tem de ser subjetiva (conduta culposa) ou se pode ser objetiva. Se o inadimplemento for inimputável ao devedor, em regra, não haverá responsabilidade civil.

Entretanto, se a prestação se tornar impossível durante a mora, ainda que o inadimplemento não seja imputável a ele, como é o caso de inadimplemento provocado por fortuito ou força maior, responderá pela impossibilidade da prestação. Em síntese, a mora impedirá que o devedor invoque fortuito ou força maior ou qualquer outro fato a ele não imputável para se eximir da responsabilidade civil.

A mora amplia a responsabilidade civil do devedor.

A mora transferirá ao devedor todos os riscos pela perda ou deterioração da coisa (prestação), ainda que a perda ou deterioração decorra de fato a ele não imputável.

A perpetuação da obrigação, entretanto, não tem caráter absoluto. A segunda parte do art. 399 do CC disciplina as exceções: "O devedor em mora responde pela impossibilidade da prestação, embora essa impossibilidade resulte de caso fortuito ou de força maior, se estes ocorrerem durante o atraso; *salvo se provar isenção de culpa, ou que o dano sobreviria ainda quando a obrigação fosse oportunamente desempenhada*" (grifo nosso).

A ausência de técnica legislativa é gritante, o que torna incompreensível o dispositivo, principalmente se confrontarmos com a primeira parte do artigo. Como se vê, há duas exceções em que o devedor em mora não responderá civilmente, mesmo que a prestação se impossibilite durante a mora: 1 – se provar isenção de culpa; e 2 – se provar que o dano ocorreria, mesmo que a obrigação tivesse sido oportunamente desempenhada.

Em relação à primeira exceção, a doutrina faz um esforço hercúleo para explicá-la. Ora, se a culpa é considerada elemento essencial da mora (art. 396), pela redação do dispositivo, se o devedor provar isenção de culpa, não responderia pela impossibilidade da prestação durante a mora, ou seja, esta exceção neutralizaria, na íntegra, a primeira parte do art. 399, onde se pretende seja perpetuada a obrigação do devedor. A ironia fina de Agostinho Alvim[319], neste caso, é pertinente, pois, segundo ele, dizer que o devedor responde pela mora, salvo se provar ausência de culpa, equivale a dizer que ele responde pela mora, salvo se não houver mora.

Para contornar a péssima redação do dispositivo, a prova da isenção de culpa deve estar relacionada à própria mora e não à impossibilidade da prestação. Se o devedor comprovar que não teve culpa pelo atraso ou retardamento da prestação, não estará em mora e, por isso, não haverá a perpetuação da obrigação. A prova da isenção de culpa não tem relação com a impossibilidade da prestação, mas com a mora em si, que são coisas diferentes.

Por exemplo, o devedor "X" se comprometeu a entregar o veículo para o credor "Z" no dia 6-6-2005, até às 17 h. No dia 6-6-2005, às 12 h, quando se dirigia à residência de "Z", o devedor "X" foi vítima de um sequestro relâmpago, fato que o impediu de levar o veículo ao credor na data combinada. No mesmo dia 6-6-2005, às 17:30 h, o devedor "X" foi liberado pelo sequestrador. Neste caso, o devedor já estava em mora, porque já havia passado das 17h. Durante o trajeto para a residência do credor, outro veículo desgovernado colidiu no veículo do devedor, causando perda total. Obviamente, o devedor não teve culpa no acidente de trânsito. Tal fato, por si só, não o isentaria da responsabilidade civil porque o acidente ocorreu durante o período em que ele estava em mora. No entanto, como ele não foi culpado pela mora, no momento do acidente não poderia ser considerado devedor moroso, motivo pelo qual não incide o efeito previsto na primeira parte do art. 399 do CC.

A segunda exceção prevista na parte final do art. 399 é de mais fácil compreensão. Se o devedor provar que o dano na coisa sobreviria, ainda que a obrigação tivesse sido cumprida na data convencionada, também não responderia pela impossibilidade da prestação.

Por exemplo, dois sujeitos são vizinhos de fazenda. O sujeito "A" empresta ao sujeito "B" um cavalo para "namorar" as éguas de propriedade deste. "A" é o dono do cavalo e "B", na data convencionada, tem o dever de restituir o cavalo (é o devedor do cavalo). O devedor "B" se compromete a devolver o cavalo em uma semana. Após duas semanas, o devedor "B", já constituído em mora, não devolve o cavalo. Em função de uma chuva torrencial, a propriedade rural de "B" é alagada e o cavalo de "A" morre afogado. Neste caso, a morte do cavalo foi verificada por conta de um fortuito, mas como este ocorreu durante o período da mora, o bem se tornou imperecível e, nos termos do art. 399, primeira parte, em regra o devedor "B" responderá pela impossibilidade da prestação. No entanto, essa mesma chuva que alagou a propriedade de "B", também alagou a propriedade rural de "A", vizinha da de "B", matando todos os animais que "A" possuía. Se "B" conseguir provar que, ainda que o cavalo fosse entregue na data aprazada, por conta da mesma en-

---

[319] ALVIM, Agostinho. *Da inexecução das obrigações e suas consequências*. 2. ed. São Paulo: Saraiva, 1995.

chente ele morreria da mesma forma na propriedade rural de "A", não responderá pela impossibilidade da prestação.

É o caso do dano inevitável, sendo irrelevante se o objeto está em poder do devedor ou do credor. O risco, nesta situação, não é transferido para o devedor. Todavia, reconhecemos a dificuldade de o devedor fazer tal prova, principalmente se considerarmos que o dono do cavalo, antes da enchente, poderia ter emprestado o animal a um terceiro, poderia ter vendido o animal, dentre outros fatos. Mas isto é questão de prova.

Estes são os efeitos da mora *solvendi* ou mora do devedor.

2.11.5.3.4. Mora do credor ou *mora accipiendi*: caracterização e efeitos

A caracterização da mora do credor também é disciplinada pelo art. 394 do CC. Considera-se em mora o credor que não quiser receber a prestação no tempo, lugar e forma que a lei ou a convenção estabelecer.

Como já ressaltamos, para muitos doutrinadores, a mora do credor se esgota neste dispositivo, porque o art. 396, que trata da imputabilidade, a ela não faz qualquer referência.

Assim, para a mora do credor, seriam necessários os seguintes requisitos: 1 – existência de obrigação líquida e certa; 2 – devedor em condições de cumprir a prestação; 3 – que o devedor faça a oferta regular do pagamento; e 4 – que o credor se recuse, de forma injustificada, a recebê-lo. A culpa, portanto, não seria elemento para a caracterização da mora do credor.

Nas palavras de Caio Mário[320], a recusa do credor é elemento essencial desta mora: "O retardamento injustificado no recebimento equivale à recusa, não podendo o devedor que quer solver o débito suportar-lhe as consequências (...). São extremos da mora *creditoris* o vencimento da obrigação e a constituição em mora".

Sobre a divergência doutrinária em relação ao elemento culpa na mora do credor, Tepedino[321] sustenta que seus requisitos são de um lado a oferta e, de outro, a recusa sem justa causa do credor em recebê-la ou a prestar a cooperação necessária para o adimplemento. Chaves e Rosenvald[322] também dispensam o elemento culpa: "Para a constituição da mora do credor, o Código Civil não cogita de demonstração de sua culpa, sendo suficiente a atitude de injustificada recusa ao recebimento por falta de cooperação (...) se o credor não puder amparar a sua recusa ao recebimento da prestação em fatos objetivos e legítimos, será ela injustificada (...). A mora do credor nasce com a realização da oferta real e da recusa injustificada ao recebimento (...). A efetivação da oferta libera o devedor dos efeitos de-

letérios da mora, não da prestação em si, o que evidentemente implicaria enriquecimento sem causa".

Agostinho Alvim, Karl Larenz e Beviláqua também não cogitam de culpa na mora do credor.

Realmente, não há tal exigência na Lei Civil. O art. 396, que trata da imputabilidade, apenas faz referência ao devedor. No caso da mora do credor, basta, por parte do devedor, a oferta real e eficiente da prestação devida e, de outro lado, a recusa injustificada do credor no recebimento. Com o oferecimento oportuno da prestação, o credor já estará em mora. No entanto, como bem acentua Caio Mário[323], é possível verificar se o procedimento ou a recusa do credor é justa ou não, podendo esta análise ser feita independentemente de questões relacionadas à culpa. Será o caso de verificar se a defesa do credor é pertinente, se podia ou não recusar a prestação: "Mas, de outro lado, será escusado o procedimento do credor ou a sua omissão, se tiver justificado motivo de recusar a oferta ou de negar a sua cooperação, como no caso de ser o retardamento decorrente de força superior à sua vontade, ou de a prestação não corresponder exatamente ao conteúdo da obrigação".

Efeitos da mora do credor: *em relação aos efeitos da mora do credor, a matéria é regulada pelo art. 400 do CC.*

Em síntese, o principal efeito da mora do credor é transferir a ele todos os riscos da coisa. Tais riscos passam a integrar a esfera jurídica do credor a partir do momento em que ele, de forma injustificada, recusa o recebimento da prestação. Neste ponto, poderá ocorrer um conflito entre esta transferência dos riscos imediatamente após a recusa e o disposto no art. 337 do CC, que impõe o depósito como condição para a transferência destes.

Segundo o art. 335, I, do CC, uma das hipóteses de consignação é a recusa do credor, sem justa causa, em receber o pagamento. Neste caso, com o depósito, os riscos da coisa são transferidos ao credor (art. 337). Seguindo a lição do nobre Agostinho Alvim[324], a transferência dos riscos independe do depósito porque nosso ordenamento jurídico não admite mora simultânea (mora *solvendi* e mora *accipiendi* ao mesmo tempo). Com a recusa injustificada do credor, já incidem os efeitos previstos no art. 400 do CC, porque, a partir deste ato, já estará em mora. A consignação mediante depósito seria apenas a formalização e a concretização da transferência deste risco.

Nesse sentido, Tepedino[325], em referência a Agostinho Alvim: "Havendo recusa injustificada inicia-se, imediatamente, a mora do credor, o que importa a impossibi-

---

[320] PEREIRA, Caio Mário da Silva. *Instituições de direito civil*. 20. ed. Teoria geral das obrigações. Rio de Janeiro: Forense, 2004. v. II.
[321] TEPEDINO, Gustavo; BARBOSA, Heloísa Helena; BODIN, Maria Celina et al. *Código civil interpretado*. v. II (teoria geral dos contratos, contratos em espécie, atos unilaterais, títulos de crédito, responsabilidade civil, preferências e privilégios creditórios - artigos 421-965), RJ-SP: Renovar, 2006.
[322] FARIAS, Cristiano Chaves de; ROSENVALD, Nelson. *Direito das obrigações*. 4. ed. Rio de Janeiro: Lumen Juris, 2010.

[323] PEREIRA, Caio Mário da Silva. *Instituições de direito civil*. 20. ed. Teoria geral das obrigações. Rio de Janeiro: Forense, 2004. v. II.
[324] ALVIM, Agostinho. *Da inexecução das obrigações e suas consequências*. 2. ed. São Paulo: Saraiva, 1995.
[325] TEPEDINO, Gustavo; BARBOSA, Heloísa Helena; BODIN, Maria Celina et al. *Código civil interpretado*. v. II (teoria geral dos contratos, contratos em espécie, atos unilaterais, títulos de crédito, responsabilidade civil, preferências e privilégios creditórios - artigos 421-965), RJ-SP: Renovar, 2006.

lidade do devedor em incorrer em mora, independente da consignação em pagamento".

Portanto, diante da impossibilidade de moras simultâneas, a mora do credor decorre da sua recusa, sem justa causa, em receber a prestação devida. A mora de um dos sujeitos da relação obrigacional (credor ou devedor) impede a caracterização da mora do outro. Não há possibilidade de mora simultânea. Tal questão foi abordada no Recurso Especial n. 1.796.760 – RJ, ainda que de modo indireto. Ao desdobrar o art. 400, é possível considerar três efeitos: 1 – isenção do devedor em relação à responsabilidade pela conservação da coisa; 2 – o credor fica obrigado a ressarcir eventuais despesas empregadas pelo devedor para conservação da coisa; e 3 – o credor fica sujeito à desvalorização da coisa, em caso de oscilação entre o dia estabelecido para o pagamento e o da sua efetivação.

O devedor não terá responsabilidade pela guarda e conservação da coisa durante o período de recusa do credor em receber a prestação. Os riscos, a partir da recusa injustificada, são transferidos ao credor. Por isso, segundo o mestre Caio Mário[326], "perecendo ou deteriorando-se o objeto, o credor em mora sofre-lhe a perda no tem de recebê-la no estado em que se encontra, sem a faculdade de eximir-se da prestação que lhe caiba, e sem o direito a qualquer abatimento ou indenização". No entanto, a perda ou a deterioração da coisa não pode estar relacionada a qualquer conduta dolosa do devedor, sob pena de responsabilidade deste.

Portanto, o devedor não pode simplesmente abandonar a coisa à própria sorte sem adotar cuidados mínimos. Sílvio Rodrigues[327] destaca: "O abandono por parte do devedor, capaz de conduzir à destruição da coisa, ainda que represente o exercício de um direito, colidiria com o interesse social, que não pode aplaudir qualquer solução que leve ao desperdício ou à perda de riqueza social".

A conduta dolosa do devedor violaria o dever de cooperação e solidariedade decorrente do princípio da boa-fé objetiva, ainda que o credor, de forma injustificada, tenha recusado a prestação.

Outro efeito previsto no art. 400 é a obrigação do credor em ressarcir o devedor pelas despesas realizadas para conservação da coisa durante o período de mora. Haveria injusto enriquecimento do credor e violação da boa-fé objetiva se o credor não tivesse que ressarcir as despesas com a conservação da coisa efetuadas durante a mora do credor.

As despesas para conservação implicarão no ressarcimento das benfeitorias necessárias, que são aquelas que têm por fim conservar o bem ou evitar que se deteriore (§ 3º do art. 96 do CC). Não estaria o devedor obrigado a realizar benfeitorias que vão além da conservação, cujo limite é imposto pelo próprio art. 400, estando, portanto, excluídas as benfeitorias úteis e voluptuárias.

Por último, o credor estará obrigado a receber a coisa pela estimação mais favorável ao devedor se houver oscilação de preço entre a data do pagamento e a data do cumprimento da prestação. Ou seja, se no intervalo de tempo houver oscilação ou variação, o benefício deverá ser dado ao devedor.

Tepedino[328] ressalta que, além dos efeitos previstos no art. 400, há outros, como a liberação do devedor da pena convencional estipulada para o caso de inadimplemento, a isenção dos juros de mora e a possibilidade da consignação em pagamento.

Para finalizar a mora do credor, importante o registro de Caio Mário[329], segundo o qual é relevante verificar a natureza quesível ou portável da dívida. Se a dívida é quesível, cabe ao credor se deslocar até o domicílio do devedor para o adimplemento da obrigação, sob pena de restar caracterizada sua mora. Nas palavras de Chaves e Rosenvald[330]: "Nas obrigações de natureza quesível, é dispensável a oferta pelo devedor, oportunizando-se a mora no momento em que o credor não comparece ao domicílio daquele para buscar a prestação, entendendo-se domicílio como a própria residência do devedor, e não apenas o seu município".

No entanto, se a dívida é portável, cabe ao devedor levar a prestação ao credor. Isto interessa para verificar o momento da mora e a sua caracterização, pois no caso de dívida quesível, o devedor sequer precisa realizar oferta.

2.11.5.3.5. Purgação e cessação da mora

A mora pode cessar ou ser purgada pelo credor e pelo devedor, nos termos do art. 401 do CC.

Por meio da purgação, para o credor ou para o devedor, neutralizam-se os efeitos da mora. Purgar, nas palavras de Sílvio Rodrigues[331], "é o procedimento espontâneo do contratante moroso, pelo qual ele se prontifica a remediar a situação a que deu causa, sujeitando-se aos efeitos dela decorrente".

No caso do devedor, deverá oferecer a prestação principal, ainda útil ao credor, mais os prejuízos decorrentes da mora, na forma do art. 395 do CC, perdas e danos, cláusula penal, juros moratórios, correção monetária e os honorários de advogado. Os prejuízos decorrentes da mora devem ser pagos na íntegra, para que haja a purgação e a cessação dos seus efeitos.

Como dizem Rosenvald e Chaves, a purgação deverá restaurar a situação inicial, razão pela qual o pagamento deve resultar da cumulação entre a obrigação originária e as perdas e danos advindos da mora.

---

[326] PEREIRA, Caio Mário da Silva. *Instituições de direito civil*. 20. ed. Teoria geral das obrigações. Rio de Janeiro: Forense, 2004. v. II.

[327] RODRIGUES, Sílvio. *Direito civil – Parte geral das obrigações*. 30. ed. São Paulo: Saraiva, 2007. v. II.

[328] TEPEDINO, Gustavo; BARBOSA, Heloísa Helena; BODIN, Maria Celina et al. *Código civil interpretado*. v. II (teoria geral dos contratos, contratos em espécie, atos unilaterais, títulos de crédito, responsabilidade civil, preferências e privilégios creditórios – artigos 421-965), RJ-SP: Renovar, 2006.

[329] PEREIRA, Caio Mário da Silva. *Instituições de direito civil*. 20. ed. Teoria geral das obrigações. Rio de Janeiro: Forense, 2004. v. II.

[330] FARIAS, Cristiano Chaves de; ROSENVALD, Nelson. *Direito das obrigações*. 4. ed. Rio de Janeiro: Lumen Juris, 2010.

[331] RODRIGUES, Sílvio. *Direito civil – Parte geral das obrigações*. 30. ed. São Paulo: Saraiva, 2007. v. II.

Capítulo 2 • Obrigações e Responsabilidade Civil

No caso de inadimplemento absoluto, não há como ocorrer a purgação da mora, pois um dos seus requisitos é a utilidade da prestação para a outra parte. A purgação ou emenda da mora está relacionada ao inadimplemento relativo. No inadimplemento absoluto haverá sub-rogação e a obrigação principal será substituída por perdas e danos.

Além do inadimplemento absoluto, há casos em que a mora é insuscetível de emenda, como na situação em que a lei ou as partes estipularam que a incidência da mora implicaria, de pleno direito, a rescisão do negócio jurídico. Portanto, é essencial que a prestação ainda seja útil para admissão da purgação da mora.

Em relação ao fato de a purgação da mora pelo devedor independer do consentimento do credor, com a palavra o mestre Caio Mário[332], segundo o qual dependerá da espécie de termo ao qual a obrigação está vinculada: "Se se tratar de termo essencial, não vale a *emendatio mora e* sem acordo do credor; se for ao revés, não essencial, é aceita independente daquela anuência".

A mora pode ser purgada até quando seja útil ao credor, e pode ser efetivada mesmo após a proposituração de ação judicial, desde que antes da expiração do prazo de defesa.

2.11.5.4. O inadimplemento imputável e o inadimplemento fortuito

O inadimplemento pode ser imputável ou inimputável ao devedor. A imputabilidade, como já ressaltado, pode ser subjetiva ou objetiva. Se for imputável, poderá o devedor ser responsabilizado, civilmente, pelas perdas e danos decorrentes do inadimplemento.

O CC, no art. 393, disciplina o inadimplemento de que tem como causa o fortuito ou a força maior. A necessariedade e a inevitabilidade são os pressupostos para a caracterização do fortuito/força maior. O fortuito/força maior será a própria causa do inadimplemento. Por isso, é suficiente para afastar a responsabilidade fundada em conduta culposa e poderá (se for externo) romper o nexo de causalidade para afastar a responsabilidade objetiva, baseada no risco.

Se o fortuito/força maior for definitivo extingue o vínculo jurídico, mas, se provisório, apenas suspende a exigibilidade da obrigação. O inadimplemento vinculado a fortuito ou força maior é, portanto, inimputável ao sujeito. A lei civil não faz distinção entre caso fortuito ou de força maior. Ambos são causas de exoneração do devedor. Como diz Caio Mário[333]: "Não distingue a lei a *vis maior* do *casus*, e assim procede avisadamente, pois que nem a doutrina moderna nem as fontes clássicas têm operado uma diversificação bastante nítida de uma e outra figura. Costuma-se dizer que o caso fortuito é o acontecimento natural, ou o evento derivado da força da natureza, ou o fato das coisas, como o raio do céu, a inundação, o terremoto. E, mais particularmente, conceitua-se a força maior como o *damnum* que é originado do fato de outrem, como a invasão do território, a guerra, a revolução, o ato emanado da autoridade, a desapropriação etc.".

Segundo o referido dispositivo legal: "O devedor não responde pelos prejuízos resultantes de caso fortuito ou força maior, se expressamente não se houver por eles responsabilizado".

A expressão constante no tipo legal *o devedor não responde*, significa que o inadimplemento decorrente de caso fortuito ou força maior não pode ser considerado causa ou fonte de responsabilidade civil. O caso fortuito ou a força maior rompem o nexo de causalidade entre o inadimplemento e o dano deles decorrentes. Ausente este, não há responsabilidade civil.

No entanto, há duas questões a serem definidas. A *primeira* se refere à correta compreensão do *caso fortuito ou força maior*. A *segunda* questão impõe uma análise do fortuito e da força maior, quando insuficientes para excluir a responsabilidade civil contratual.

1ª questão – caso fortuito ou força maior (requisitos: necessariedade e inevitabilidade)

O caso fortuito ou de força maior verifica-se no fato necessário, cujo efeito não era possível de ser evitado (parágrafo único do art. 393 do CC). O fato é causa necessária do evento. O dano é efeito necessário do fortuito/força maior. A identificação da necessariedade somente é possível no caso concreto. O nexo entre o dano e o fortuito o torna necessário, ou seja, a causa determinante daquele. A necessariedade é a própria causalidade. Além da necessariedade, é fundamental que o dano não possa ser evitado em função da causa necessária. A inevitabilidade deve ser apurada a partir de critérios de razoabilidade. Não se pode exigir do agente esforços adequados para impedir que o fato causasse a inexecução. A lei não exige que o evento seja extraordinário ou imprevisível. Basta que seja necessário e inevitável. O fortuito é todo evento externo à conduta do agente, necessário e inevitável, que o devedor não consegue superar.

O *fato necessário*, mencionado pela norma, se refere a fato cuja inexecução será resultado obrigatório. A inexecução está vinculada a um fato que não é possível evitar.

Tais causas de inimputabilidade são um acontecimento natural (caso fortuito) ou fato de terceiro (força maior), que se tornam um obstáculo invencível para o cumprimento da obrigação.

O inadimplemento fortuito, portanto, se caracteriza como gênero, tratando-se de inexecução da obrigação decorrente do acaso, que decorre da impossibilidade superveniente da prestação. Se a prestação se torna impossível, sem imputabilidade, o inadimplemento é consequência natural.

A inevitabilidade é elemento objetivo que torna o evento impossível de ser superado, a ser apreciado no caso concreto. Por outro lado, o evento, embora inevitável, não pode surgir por conta de conduta culposa do devedor. Ou seja, o devedor não pode ter contribuído para a ocorrência

---

[332] PEREIRA, Caio Mário da Silva. *Instituições de direito civil*. 20. ed. Teoria geral das obrigações. Rio de Janeiro: Forense, 2004. v. II.

[333] PEREIRA, Caio Mário da Silva. *Instituições de direito civil*. 20. ed. Teoria geral das obrigações. Rio de Janeiro: Forense, 2004. v. II.

do evento inevitável. Este seria o elemento subjetivo do fortuito.

Em resumo: são elementos do fortuito e da força maior: (a) elemento subjetivo ou ausência de culpa do devedor; e (b) elemento objetivo representado pela inevitabilidade do evento necessário.

O efeito principal do fortuito e da força maior é a exclusão de qualquer obrigação de indenizar por parte do devedor.

2ª questão: fortuito e força maior como eventos inevitáveis, mas insuficientes para excluir a responsabilidade de indenizar os prejuízos decorrentes do inadimplemento

Em três hipóteses, o fato necessário e inevitável não será suficiente para a exclusão da obrigação de indenizar do devedor.

Em relação à *primeira*, o art. 393, *caput*, na parte final, dispõe que o devedor responderá civilmente pelo fortuito ou força maior que leve ao inadimplemento, se houver, por cláusula expressa, assumido o risco ou se tiver por eles se responsabilizado. Nesta hipótese, o sujeito, por cláusula expressa, assume o risco integral pelo perecimento ou deterioração da coisa (no caso de prestação de dar) ou pela impossibilidade de executar a atividade prometida (no caso da prestação de fazer). É um desdobramento do princípio da autonomia privada.

Os sujeitos podem, no exercício de sua autonomia alterar o quadro do fortuito desenhado pelo legislador. É possível realizar alocação de riscos, com ampliação das excludentes (com fortuitos equiparados, desde que não haja abuso: não podem abarcar atos dolosos e devem ser respeitadas as normas cogentes) ou com cláusulas limitativas ou restritivas (instrumento de construção do equilíbrio contratual, com a legítima alocação de riscos).

Ademais, em razão da função social de qualquer obrigação, atualmente submetida a valores sociais constitucionais[334], tal cláusula *de assunção de risco pelo fortuito* não terá eficácia em contratos por adesão, por força do art. 424 do CC e, também, em contratos paritários que se submetem a uma intervenção estatal mais rígida, como, por exemplo, na doação pura, em que o doador não é sujeito às consequências da evicção (art. 552), razão pela qual não pode assumir o risco pela perda da coisa por conta do fortuito.

A *segunda* hipótese está disciplinada no art. 399 do CC, já objeto de análise. Se, ao tempo do inadimplemento o devedor estava em mora, responderá civilmente pela impossibilidade da prestação, embora essa impossibilidade resulte de caso fortuito ou de força maior. Ou seja, a mora torna o objeto da obrigação um bem insuscetível de perecimento.

Finalmente, a *terceira* hipótese se refere aos casos de responsabilidade civil contratual objetiva. No âmbito desta espécie de responsabilidade, o fortuito ou a força maior, por si só, não basta para o rompimento do nexo de causalidade. Nesta situação, ainda que o evento necessário seja inevitável, será preciso verificar se tal fato tem ou não relação ou vinculação com a atividade exercida pelo devedor, responsável pelo dano. A responsabilidade objetiva poderá surgir quando determinado sujeito desenvolve atividade de risco (cláusula geral do parágrafo único do art. 927 do CC). É o que a doutrina convencionou denominar de fortuito *interno* e fortuito *externo*.

O fortuito *interno* é um fato necessário cujo efeito não é possível evitar ou impedir, mas tal fato, embora inevitável, tem relação ou vínculo com os riscos da atividade desenvolvida pelo sujeito causador do dano. Desta forma, ainda que o fato seja provocado por um terceiro, este deve ser assumido pelo causador do dano, porque inerente ao risco da sua atividade. O fortuito *interno* não é capaz de romper o nexo de causalidade no âmbito da responsabilidade civil contratual objetiva.

Por outro lado, o fortuito *externo* é um fato necessário cujo efeito não é possível evitar ou impedir, mas tal fato é completamente estranho à atividade desenvolvida pelo sujeito causador do dano, não integrando, portanto, os riscos da sua atividade. No âmbito da responsabilidade civil contratual *objetiva*, apenas o fortuito *externo* é capaz de romper o nexo de causalidade e excluir a obrigação de indenizar do devedor.

Já na esfera da responsabilidade civil contratual subjetiva, qualquer fortuito, seja *externo* ou *interno*, é capaz de excluir a responsabilidade ou obrigação de indenizar do devedor, uma vez que nesta se analisa a conduta culposa e, como um dos elementos do fortuito é a ausência de culpa, não haverá responsabilidade neste caso.

Nos termos do Enunciado 442 da V Jornada de Direito Civil, promovida pelo CJF: "Arts. 393 e 927. O caso fortuito e a força maior somente serão considerados como excludentes da responsabilidade civil quando o fato gerador do dano não for conexo à atividade desenvolvida".

Resumo

O inadimplemento (absoluto, relativo ou violação positiva do contrato) pode ser causa de responsabilidade civil, desde que esteja acompanhado de nexo causal e dano (material ou moral, por exemplo).

O art. 393 do CC apresenta situações em que o inadimplemento não pode ser imputado ao devedor e, por isso, não haverá responsabilidade civil pelos prejuízos dele resultantes.

O caso fortuito ou a força maior exclui a responsabilidade civil decorrente de inadimplemento (violação de dever jurídico específico) ou de ato ilícito (violação de dever jurídico genérico). O fortuito ou força maior tem duas características: externalidade (fato externo à conduta – não imputável) e inevitabilidade (causa necessária do dano – impossível evitar ou impedir). A imprevisibilidade não é elemento do fortuito/força maior. O evento externo deve ser inevitável, ainda que previsível.

Em relação aos termos "fortuito" e "força maior", a doutrina diverge. Para alguns, as expressões são sinônimas. Para outros, força maior é evento da natureza e for-

---

[334] Dignidade da pessoa humana, solidariedade social e igualdade substancial (estes seriam os principais valores).

Capítulo 2 • Obrigações e Responsabilidade Civil

tuito seria fato humano genérico. Ainda há quem defenda que a força maior é o fortuito externo e o fortuito é interno. Na realidade, tal questão não tem relevância, pois fortuito e força maior possuem o mesmo efeito.

Em regra, a responsabilidade civil pressupõe inadimplemento culposo (culpa em sentido amplo: dolo e culpa em sentido estrito). É essencial a análise da conduta. Se o inadimplemento decorre de caso fortuito ou força maior (devido à externalidade) não haverá culpa (eventos estranhos à conduta). Portanto, se houver fortuito/força maior, excluída estará a responsabilidade civil por inadimplemento fundado na culpa (denominada "subjetiva"). É dispensável a análise do nexo causal se houver fortuito/força maior na responsabilidade subjetiva. Se o inadimplemento decorre de evento estranho à conduta (externo – fortuito/força maior), não haverá culpa e, sem culpa, não há responsabilidade subjetiva. Esta é a regra na teoria do inadimplemento.

Todavia, haverá situações, no âmbito do inadimplemento, em que a responsabilidade civil tem como fundamento o risco (sem adentrar na discussão, neste momento, se o risco é criado, proveito, profissional, de empreendimento etc.). A responsabilidade civil objetiva também pode ter como causa inadimplemento objetivo (não se analisa a conduta, mas o risco inerente à determinada atividade, profissão etc.). Neste caso, o fortuito e a força maior, por si só, não será suficiente para excluir a responsabilidade, pois, embora afastem a culpa, esta não é parâmetro da responsabilidade objetiva.

Na responsabilidade objetiva, o fortuito e a força maior se deslocam para o nexo causal. Na responsabilidade subjetiva, o fortuito e a força maior se relacionam à conduta, pois afastam a culpa, e não ao nexo causal. Por isso, no caso de responsabilidade objetiva, fundada no inadimplemento, não basta o fortuito. É essencial apurar se o fortuito é externo (de fora para dentro – não tem qualquer relação com a atividade do devedor) ou interno (de dentro para fora – inerente ao risco da atividade e, por isso, deve ser internalizado). O fortuito externo (denominado por alguns força maior) rompe o nexo causal e exclui a responsabilidade. O fortuito interno integra o risco e, por isso, não afasta a responsabilidade. Apenas no caso concreto será possível apurar se o fortuito é externo ou interno.

Por força do princípio da autonomia privada, mesmo no caso de responsabilidade subjetiva, que pressupõe inadimplemento culposo, os sujeitos poderão, por cláusula expressa, assumir o risco pelo fortuito. A autonomia privada será capaz de "objetivar" a responsabilidade civil.

Estas são as principais questões que envolvem o art. 393.

2.11.5.5. A violação positiva do contrato como espécie do gênero inadimplemento

O princípio da boa-fé objetiva é o fundamento desta "nova" espécie de inadimplemento. A violação positiva do contrato decorre da concepção da obrigação *como um processo* dinâmico e funcionalizado voltado para o adimplemento. Durante o "processo" obrigacional, os sujeitos, credor e devedor, possuem deveres de conduta ou de comportamento, imprescindíveis para o adimplemento regular. Esses deveres laterais de proteção, informação e cooperação, sem dúvida, ampliam o conceito de adimplemento.

O comportamento inadequado ou defeituoso de qualquer dos sujeitos durante as fases do processo obrigacional, ou seja, entre a formação e o adimplemento, contraria o princípio da boa-fé objetiva, que impõe às partes deveres de conduta, fato que resultará em uma nova modalidade de inadimplemento. O inadimplemento por conta de *conduta inadequada*.

Como já ressaltado, da formação da obrigação até o adimplemento, os sujeitos devem pautar a suas condutas e comportamentos de acordo com preceitos éticos. Em razão disso, há duas ordens de deveres na obrigação: 1– dever principal (prestação de dar, fazer ou não fazer); e 2– dever de conduta (procedimento ético – princípio da boa-fé objetiva).

A violação de qualquer destes deveres (principal e de conduta) caracterizará inadimplemento. Além do dever principal, durante o desenvolvimento da relação obrigacional é imprescindível que as partes tenham uma conduta adequada, proba, ética e honesta, sob pena de se não alcançar o tão desejado adimplemento. A obrigação, como relação jurídica complexa, devido ao seu intenso dinamismo, somente atingirá o perfeito adimplemento se houver colaboração recíproca, ou seja, dos protagonistas da relação obrigacional, credor e devedor.

Portanto, atualmente, o inadimplemento deve ser estudado como um gênero do qual são espécies: o inadimplemento absoluto, o inadimplemento relativo e a violação positiva do contrato. Em relação à violação positiva do contrato, o descumprimento da obrigação não se atrela aos elementos estruturais da obrigação (sujeito, prestação e vínculo), em especial ao cumprimento da prestação em si, de dar, fazer ou não fazer, mas sim à violação dos deveres laterais como desdobramentos do princípio da boa-fé objetiva, o qual se ajusta a esta nova concepção dinâmica e funcional da *obrigação como um processo*, com direitos e deveres para ambas as partes.

O inadimplemento absoluto e o relativo estão vinculados ao dever principal e a violação positiva do contrato ao dever de conduta ou comportamento adequado, fundado na boa-fé objetiva.

Nas palavras de Jorge Cesar Ferreira da Silva[335], a violação positiva do contrato consiste em todo inadimplemento decorrente do descumprimento culposo de dever

---

[335] Inadimplemento antecipado ocorrerá quando, em razão de declarações do devedor ou de comportamentos por ele adotados, dirigidos ao descumprimento do convencionado, o adimplemento se torna inviável. Segundo Rosenvald e Chaves, em *Direito das obrigações* 4. ed., p. 487: "As partes avençaram o momento para o adimplemento de suas respectivas obrigações, porém, em instante anterior ao termo pactuado, um dos contratantes já demonstra inequívoca intenção de não cumprir a sua prestação, pois pratica uma conduta concludente no sentido de inadimplemento. A recusa antecipada ao cumprimento da obrigação é também uma forma de violação ao princípio da boa-fé, pois a conduta que denota a falta de interesse de uma das partes em cumprir o dever de prestar

lateral imposto pela boa-fé objetiva, quando este dever não tiver vinculação direta com os interesses da prestação. O mesmo autor defende que não só a violação de deveres instrumentais impostos pela boa-fé objetiva, mas o *inadimplemento antecipado* também caracteriza violação positiva. Trata-se, portanto, de uma verdadeira causa de inadimplemento, capaz de provocar todos os efeitos deste, como o direito subjetivo de resolução (art. 475) e a possibilidade de oposição do contrato não cumprido.

A violação é denominada *positiva* justamente porque, neste caso, o sujeito responsável pelo adimplemento tem uma conduta comissiva, ou seja, há um fazer, houve uma atividade positiva, mas o cumprimento da prestação principal (dar, fazer ou não fazer) se deu de forma defeituosa, inadequada, imprópria, imperfeita, desvirtuada ou com violação a valores éticos e morais. Como ressalta Guilherme Gama[336], os deveres de lealdade, cooperação e de informação, decorrentes do princípio da boa-fé objetiva, se forem descumpridos, podem conduzir à ocorrência da violação positiva do contrato.

A doutrina brasileira acatou a ideia da violação positiva do contrato, em que pese a omissão do Código Civil de 2002, ainda atrelado a paradigmas liberais, o que o levou a restringir o inadimplemento à dicotomia *inadimplemento absoluto e inadimplemento relativo*. Como prova da consolidação do tema na doutrina, foi aprovado o Enunciado 24 das Jornadas de Direito Civil do Conselho de Justiça Federal: "Em virtude do princípio da boa-fé objetiva, positivado no art. 422 do atual Código Civil, a violação dos deveres anexos constitui espécie de inadimplemento, independente de culpa".

Rosenvald e Chaves[337] apresentam três exemplos interessantes sobre a violação positiva do contrato no caso concreto: "a) médico realiza tratamento e alcança a cura do paciente. Porém, a técnica empregada é extremamente dolorosa, quando existiam meios alternativos na ciência para se alcançar idêntico resultado sem que isto implicasse sofrimento para o paciente; b) uma empresa contrata com agência de publicidade colocação de *outdoors* pela cidade para a exibição de um novo produto. Todos os anúncios são colocados em locais de difícil acesso e iluminação, em que poucas pessoas têm a obrigação de visualizar a propaganda; c) proprietário de haras adquire valioso cavalo e, em razão da falha no transporte, o animal chega em seu novo endereço magro e fragilizado".

Nestas situações, como os mestres ressaltam, o adimplemento se deu de forma ruim, insatisfatória, ofendendo deveres instrumentais diretamente vinculados à realização da prestação. São eles: deveres de proteção (1º caso), colaboração (2º caso), ou ambos (3º caso).

Em resumo, o inadimplemento defeituoso e imperfeito ou inadequado será capaz de violar os valores éticos impostos pelo princípio da boa-fé objetiva, o que caracterizará violação positiva do contrato.

Após tratar das espécies de inadimplemento (absoluto, relativo e violação positiva do contrato), no próximo tópico serão analisadas as regras e princípios que disciplinam as consequências destes tipos de inadimplemento: perdas e danos, juros moratórios, cláusula penal e arras.

2.12. TEORIA DO INADIMPLEMENTO – PARTE II

2.12.1. Introdução

Na primeira parte da "teoria do inadimplemento", foram analisadas as causas, origens e circunstâncias do inadimplemento. Em síntese, o inadimplemento implica o não cumprimento da prestação principal ou dos deveres laterais (decorrentes do princípio da boa-fé objetiva). Investigou-se a origem, os motivos capazes de levar o sujeito a não cumprir a prestação a que se comprometeu ou a adotar conduta inadequada durante as fases do processo obrigacional.

Por isso, se ressaltou as espécies de inadimplemento (absoluto, relativo e violação positiva do contrato), bem como a imputabilidade deste a qualquer dos sujeitos vinculados à relação jurídica obrigacional. Se inimputável o inadimplemento, devido a caso fortuito ou de força maior, como regra, não haverá a incidência das consequências previstas em lei (perdas e danos, cláusula penal, juros moratórios e arras). O fortuito exclui a responsabilidade civil porque é a própria causa ou fato necessário do inadimplemento. Por outro lado, se o inadimplemento absoluto, relativo ou a violação positiva do contrato puderem ser imputados ao sujeito da relação jurídica obrigacional, é essencial analisar as suas consequências.

As perdas e danos, os juros legais, a cláusula penal e as arras, nada mais são do que as consequências do inadimplemento imputável de uma determinada obrigação.

As perdas e os danos devem ser apurados caso a caso, com base nos critérios definidos nos arts. 402 a 404 do CC. Os juros moratórios retratam uma consequência prevista na lei (art. 406), embora possam ser objeto de convenção pelas partes por ocasião da formação da relação obrigacional. Finalmente, a cláusula penal e as arras nada mais são do que indenizações prefixadas ou previamente definidas pelas partes, por ocasião da formação da obrigação ou até por meio de um ato posterior (aditivo), por meio das quais as partes estimam previamente qual será o prejuízo em caso de inadimplemento. Ou seja, resultam de uma convenção, em decorrência do princípio da autonomia privada, mitigada, é verdade, por alguns preceitos de ordem pública.

Por meio das regras relativas às perdas e danos (arts. 402 a 404) o objetivo é a apuração do dano real e efetivo. O parâmetro normativo é o dano material (dano emergente e lucro cessante). Além do dano real, há os danos presumidos, quando se pactua cláusula penal ou arras

---

é certamente uma lesão ao dever de confiança que inspira qualquer relação contratual".
[336] GAMA, Guilherme Calmon Nogueira. *Direito civil*: obrigações. São Paulo: Atlas, 2008, p. 361.
[337] FARIAS, Cristiano Chaves de; ROSENVALD, Nelson. *Direito das obrigações*. 4. ed. Rio de Janeiro: Lumen Juris, 2010.

para o caso de inadimplemento. Os juros moratórios decorrem da lei, mas podem ser convencionados (art. 406).

Entretanto, é possível extrair destes institutos jurídicos uma conclusão: *Perdas e danos:* o dano, lesão a bem jurídico relevante (dano injusto), é pressuposto básico indispensável para a reparação do que se convencionou denominar "perdas e danos". Sem prejuízo financeiro/econômico ou violação de qualquer dos direitos da personalidade, não há que se cogitar em "perdas e danos". O prejuízo material é condição lógica necessária para a incidência de tais normas jurídicas no caso concreto. A violação de dever jurídico específico, inadimplemento, por si só não é suficiente para o reconhecimento do direito à indenização. É essencial a presença do dano (violação a um interesse jurídico de natureza econômica). O parâmetro para apuração dos danos materiais é o art. 402: dano emergente e lucro cessante.

Juros: no caso dos juros moratórios, o dano não é pressuposto para a sua incidência, de acordo com o disposto no art. 407 do CC, conforme será analisado em tópico próprio. Portanto, é consequência legal do inadimplemento imputável, desvinculada e desatrelada de prejuízo. É espécie de dano presumido.

Cláusula penal e arras: a cláusula penal e as arras, como mecanismos eficientes de pré-avaliação de eventual prejuízo decorrente de inadimplemento, também podem ser exigidas, independentemente de qualquer dano, haja vista o disposto no *caput* do art. 416 (cláusula penal), e o disposto nos arts. 419 e 420 (arras).

Portanto, o dano injusto e real é pressuposto para a indenização prevista nos arts. 402 a 404, mas não para a incidência de juros moratórios, cláusula penal e arras.

O fundamento para a responsabilidade civil, denominada "contratual" ou negocial, é o inadimplemento imputável (que pode ser absoluto, relativo ou retratar a violação positiva do contrato) ou o descumprimento de dever jurídico específico (principal ou secundário).

Além disso, é importante ressaltar que a responsabilidade civil que decorre do inadimplemento ou do descumprimento de dever jurídico específico (quando preexiste entre as partes uma relação jurídica de direito material)[338], não se limita às perdas e danos ou indenização. É possível que o sujeito prejudicado pelo inadimplemento pretenda o cumprimento da prestação, na forma pactuada (tutela específica). Portanto, a responsabilidade civil decorrente de inadimplemento pode ensejar indenização pecuniária, tutela específica e, finalmente, indenização cumulada com tutela específica. Não é incomum que as perdas e danos representem a própria prestação pactuada, quando o objeto da prestação de dar for dinheiro, pois perdas e danos serão a indenização materializada em dinheiro. Neste caso, se o valor exigido corresponder exatamente ao valor pactuado, a responsabilidade civil estará relacionada a uma tutela específica.

Após estas considerações, será analisada a primeira possível consequência da violação de dever jurídico específico (inadimplemento imputável), as perdas e danos.

2.12.2. Perdas e danos: noção geral

Em que pese a redundância da expressão "perdas e danos", o fato é que o dano, lesão a bem jurídico patrimonial ou extrapatrimonial, é pressuposto lógico, necessário e essencial para que o sujeito prejudicado pelo inadimplemento tenha direito subjetivo à reparação.

O dano é o prejuízo efetivo e real suportado por um dos sujeitos, resultado do descumprimento da relação jurídica de direito material previamente pactuada ou do dever jurídico específico de adimplir. É a lesão ao bem jurídico patrimonial. Tal dano deve ser injusto. Se o inadimplemento for capaz de transcender o aspecto econômico para repercutir nos direitos da personalidade poderá (a depender de outras circunstâncias), ser causa para o dano moral e sua reparação.

Segundo o disposto no art. 402 do CC, integram e compõem as perdas e danos o que o sujeito efetivamente perdeu, bem como o que razoavelmente deixou de lucrar. A norma em referência enuncia que as perdas e danos são compostas do *dano emergente* e do *lucro cessante*.

Em consequência do inadimplemento absoluto, inadimplemento relativo ou violação positiva do contrato, se houver dano (lesão a bem jurídico), o sujeito prejudicado pelo descumprimento destes deveres jurídicos específicos tem direito subjetivo à recomposição integral dos prejuízos suportados, os quais compreendem o que efetivamente perdeu (dano emergente) e o que objetivamente deixou de lucrar (lucro cessante).

Há conexão entre o art. 402 e o disposto no art. 944 do CC. Segundo este último, a indenização se mede pela extensão do dano. É o princípio da restituição integral. E a restituição somente será integral se o prejudicado pelo inadimplemento for indenizado não só pelo que efetivamente perdeu, mas pelo que lucraria, se não fosse o inadimplemento.

Em atenção aos valores sociais constitucionais e levando em conta critérios de justiça social, o parágrafo único do art. 944 permite a redução equitativa da indenização, por meio de um juízo de proporcionalidade e ponderação, se houver excessiva desproporção entre a gravidade da culpa e o dano. É uma mitigação ao princípio da restituição integral, naqueles casos em que a culpa é mínima e o dano é considerável. Se não houver excessiva desproporcionalidade entre o dano e a conduta culposa, aplica-se o princípio geral do *caput*.

Embora esse não seja o momento para aprofundar tal discussão, há duas questões polêmicas envolvendo o parágrafo único do art. 944. A *primeira* diz respeito à possibilidade de se realizar tal ponderação no caso de dano moral. Assim, uma conduta culposa mínima que gerasse uma profunda lesão ao bem jurídico extrapatrimonial, direitos relacionados à personalidade humana, poderia ser indeni-

---

[338] Ao contrário do dever jurídico genérico, que é imposto a todos os sujeitos pela lei, pelo qual não preexiste entre as partes nenhuma relação jurídica de direito material. A violação de dever jurídico genérico caracteriza ato ilícito e, por isso, é objeto de análise na parte geral do direito civil.

zada de forma equitativa? A princípio não haveria problemas, mas, considerando que o bem jurídico extrapatrimonial envolva direitos essenciais para a tutela da dignidade da pessoa humana, essa ponderação, no caso concreto, teria de ser extremamente criteriosa. A *segunda* questão estaria relacionada à possibilidade de aplicação do princípio da equidade aos casos de responsabilidade civil objetiva. O dispositivo legal menciona "culpa", fato que o excluiria do âmbito da responsabilidade civil objetiva. Aliás, esse é o sentido do Enunciado 46 das Jornadas de Direito Civil, promovidas pelo CJF. Por outro lado, seria rigor demasiado não permitir que, no caso de atividade de risco de mínima intensidade e geradora de considerável dano, não pudesse invocar tal regra de equidade. Ocorre que a norma é expressa ao exigir o elemento subjetivo "culpa", que não existe na responsabilidade civil objetiva.

Portanto, o dano é pressuposto para o reconhecimento e existência "das perdas e danos". A teoria das "perdas e danos" somente passa a ter relevância jurídica para a ordem civil quando estiver caracterizada a lesão ao bem jurídico tutelado pela norma.

Caio Mário[339] nos ensina que as perdas e danos são o equivalente em dinheiro do prejuízo suportado e, na sua apuração, há de levar-se em conta que o fato culposo privou o credor de uma vantagem, deixando de lhe proporcionar certo valor econômico e o privou de um benefício que a entrega oportuna da *res debita* lhe poderia granjear, tudo para restaurar o equilíbrio rompido.

O dano ou prejuízo pode ser material ou moral. O dano material é o prejuízo econômico, de natureza patrimonial e pode compreender o dano emergente (o que efetivamente perdeu) e o lucro cessante (o que razoavelmente deixou de lucrar). O dano indenizável é aquele atual – que já existe ou já existiu – e certo – fundado em um fato preciso e não em mera hipótese. O dano moral tem como causa a injusta violação a uma situação jurídica subjetiva extrapatrimonial, protegida pela cláusula geral de tutela da personalidade.

Guilherme Gama[340] define o dano como o prejuízo sofrido por uma das partes em razão de inadimplemento total, parcial ou de mora pela outra parte, cabendo a esta, enquanto agente do dano, suportar o ônus respectivo, uma vez que descumpriu um prévio dever específico da relação, o qual pode ser não só aquele relacionado à prestação principal, como também um anexo, decorrente da boa-fé objetiva, conforme já assinalado ao se tratar da concepção da obrigação com um processo.

Entretanto, não é qualquer dano que é indenizável. É necessário que seja qualificado como "injusto", representado por lesão a bem jurídico relevante tutelado pelo ordenamento jurídico.

Se a lesão for justificada pelo sistema, o dano não será injusto e, por esta razão, deverá ser tolerado. Não importa se o bem jurídico afetado é de natureza patrimonial ou extrapatrimonial. Para que o dano seja indenizável é essencial que seja injusto, que extrapole os limites daquilo que pode e deve ser tolerado, ou seja, que tal lesão seja jurídica.

Em outra vertente, o art. 402, excepcionalmente, dispensa a prova do dano sempre que houver previsão legal. Como exemplos destas exceções podem ser citados os juros moratórios (art. 407), a cláusula penal (art. 416) e as arras (arts. 419 e 420), em relação aos quais o dano é presumido pela lei. Nestas situações, o credor, independentemente da alegação de prejuízo, poderá exigir tais verbas. A prova do dano é dispensável. São situações de dano presumido.

2.12.2.1. Elementos constitutivos das perdas e danos: dano emergente e lucro cessante – dano material ou dano patrimonial

As perdas e danos, na dicção do art. 402 do CC, se compõem do dano emergente e do lucro cessante. Ao agregar o prejuízo efetivo ao prejuízo provável, o legislador buscou a recomposição integral do patrimônio daquele que teve o bem jurídico lesado, como, aliás, determina o art. 944, *caput*, do CC. A indenização, portanto, deve corresponder exatamente à extensão do dano, com o que estará restaurado o equilíbrio rompido.

Antes de analisar os elementos constitutivos das perdas e danos, é importante ressaltar a diferença entre dano patrimonial e dano material. O dano patrimonial consiste na ofensa a qualquer interesse econômico avaliável em dinheiro. A locução *dano patrimonial* é mais ampla que o simples dano material. Este é a contraposição ao dano de natureza pessoal, que resulta da lesão a uma coisa. Já o dano patrimonial pode resultar do dano à coisa ou à pessoa.

O dano emergente é o dano positivo ou a efetiva diminuição do patrimônio da vítima.

Já o lucro cessante, segundo Sérgio Cavalieri[341], é reflexo futuro do ato ilícito sobre o patrimônio da vítima ou a perda do ganho esperável, que não se confunde com o lucro hipotético ou imaginário. Para a indenização do lucro cessante, o sujeito deve demonstrar, com base em fatos concretos/objetivos, a existência de uma probabilidade objetiva de que o lucro seria o resultado esperado caso não houvesse o fato.

Em relação ao dano emergente, sua apuração não apresenta grandes dificuldades, pois representa a lesão direta e imediata no patrimônio da vítima, sendo a perda efetiva de um valor econômico. Após o inadimplemento, o patrimônio da vítima suporta uma redução matemática. A indenização do dano emergente é prevista expressamente no art. 402, ao enunciar "além do que ele efetivamente perdeu". Logo, o dano material ou o dano a coisa, quando emergente, se caracteriza quando há efetiva e imediata redução patrimonial sofrida em razão do evento. O "efetivamente" significa que deverá ser provado, ou

---

[339] PEREIRA, Caio Mário da Silva. *Instituições de direito civil*. 20. ed. Teoria geral das obrigações. Rio de Janeiro: Forense, 2004. v. II, p. 336.
[340] GAMA, Guilherme Calmon Nogueira. *Direito civil*: obrigações. São Paulo: Atlas, 2008, p. 366-367.
[341] CAVALIERI, Sérgio. *Programa de responsabilidade civil*. 6. ed. São Paulo: Malheiros, 2006.

seja, não pode ser presumido ou aferido com base em probabilidade, como ocorre com o lucro cessante. Assim, impõe-se no dano emergente a certeza do dano e no lucro cessante a probabilidade do dano futuro.

Sobre o dano emergente, de forma singela, é perfeita a observação de Carlos Roberto Gonçalves[342]: "Representa, pois, a diferença entre o patrimônio que a vítima tinha antes do ato ilícito ou do inadimplemento contratual e o que passou a ter depois".

Por outro lado, os lucros cessantes merecem análise mais criteriosa para verificar a sua existência no caso concreto. O lucro cessante representa a perda patrimonial futura. Esta diminuição ou prejuízo *a posteriori* deve ser passível de apuração mediante probabilidade objetiva de perda, baseada em fatos concretos e objetivos, não em hipóteses ou subjetividades. Ao se referir àquilo que a vítima "razoavelmente deixou de lucrar", o art. 402 apresenta critério para se apurar a própria existência do lucro cessante, qual seja, juízo de razoabilidade e probabilidade. Se, no caso concreto puder ser considerada como razoável aquela vantagem futura que deixou de auferir ou a perda futura, tal vantagem ou perda deverá ser indenizada integralmente, com fundamento no art. 944, *caput*. O critério da razoabilidade é para se apurar a existência do dano futuro e não critério de quantificação, pois este último é estabelecido pela norma retromencionada.

Em sede de lucros cessantes, é essencial demonstrar a probabilidade objetiva de ganho futuro.

O Código Civil de 2002 eliminou o critério da "previsibilidade", para que a restituição seja integral e corresponda a todos os prejuízos, previsíveis ou não, ressalvado apenas o parágrafo único do art. 944[343] do CC, como já ressaltado. É o que dispõe o art. 402 do CC. As exceções previstas em lei, mencionada pelo dispositivo, se referem à cláusula penal, os juros de mora e as arras. Nesses casos, o credor pode exigi-los sem alegar prejuízo, sendo a prova do dano real dispensável.

No lucro cessante, a expectativa do lucro deixou de se agregar ao patrimônio do lesado, podendo tal componente das perdas e danos ser apurado ainda que ele só venha a ocorrer no futuro.

Por estas razões, a pretexto de lucro cessante não pode ser indenizado o dano patrimonial meramente hipotético, imaginário, subjetivo ou fundado em meras ilações ou presunções da vítima. É fundamental que a vítima, com base em fatos concretos e objetivos, demonstre, de forma efetiva, que aquele valor futuro seria agregado ao seu patrimônio se não fosse o inadimplemento. Assim, a vítima deverá provar que, no curso normal da relação jurídica de direito material, ela lucraria aquele valor que pretende ver ressarcido, devendo esta prova se basear em fatos objetivos e concretos, mediante juízo de probabilidade e razoabilidade. Demonstrada a razoabilidade da existência do dano patrimonial futuro, a indenização é pela sua integralidade.

Nas palavras de Sérgio Savi[344], o que deve existir é uma probabilidade objetiva que resulte do curso normal das coisas e das circunstâncias do caso concreto. Há um processo causal hipotético que seria o desenvolvimento dos acontecimentos como se tivessem provavelmente ocorrido, caso não se tivesse produzido o evento, tudo de acordo com o curso normal das coisas no caso concreto.

Rosenvald e Chaves[345] destacam que é na diferença entre a situação atual do lesado e a que ele se encontraria se não houvesse a inexecução da obrigação, que se averigua a extensão das perdas e danos.

Finalmente, não deve ser confundido o lucro cessante com o dano remoto. O dano remoto é o dano distante do fato, no caso, do inadimplemento. É possível a indenização do dano remoto, desde que entre ele e o fato haja nexo de causalidade. Se, para a configuração do dano remoto tivessem de concorrer outros fatores, concausas que não apenas o inadimplemento, certamente tal dano não seria indenizável e, por isso, não poderia ser considerado lucro cessante. Entretanto, se o dano remoto decorre direta e imediatamente do inadimplemento, sem a concorrência de outros fatores, pode sim ser considerado lucro cessante para fins de indenização.

2.12.2.2.2. A teoria da perda de uma chance

A perda da chance é subespécie de *dano emergente*. Em face de um ato ofensivo, alguém se vê privado da oportunidade de obter uma vantagem ou de evitar um prejuízo. Diante do caso concreto é possível verificar a existência da *chance* perdida em consequência do inadimplemento.

No caso, a indenização pela perda de uma chance é aquela decorrente do inadimplemento de uma obrigação ou cumprimento de dever jurídico específico.

Para se apurar a existência da chance, é essencial analisar a probabilidade do resultado. Se o sujeito detinha uma probabilidade de auferir um resultado positivo, ele era possuidor de uma chance e, neste caso, a indenização é pela chance perdida e não pelo resultado provável. A probabilidade de resultado apenas serve como parâmetro para apuração da existência da chance, mas a indenização é pelo perecimento da chance, sem qualquer vinculação ao resultado.

Por isso, a perda de uma chance é espécie de dano emergente, uma vez que a pessoa só pode perder o que ela já tinha. Se, por ocasião do inadimplemento, não havia

---

[342] GONÇALVES, Carlos Roberto. *Direito civil esquematizado*. São Paulo: Saraiva, 2013. v. I. p. 658.

[343] Enunciado 456 da V Jornada de Direito Civil: "A redução equitativa da indenização tem caráter excepcional e somente será realizada quando a amplitude do dano extrapolar os efeitos razoavelmente imputáveis à conduta do devedor". Enunciado 457: "O grau de culpa do ofensor, ou a sua eventual conduta intencional, deve ser levado em conta pelo juiz para a quantificação do dano moral".

[344] SAVI, Sérgio. Inadimplemento das obrigações, mora e perdas e danos (arts. 389 a 405). In: TEPEDINO, Gustavo (coord.). *Obrigações*: estudos na perspectiva civil-constitucional. Rio de Janeiro: Renovar, 2005, p. 480.

[345] FARIAS, Cristiano Chaves de; ROSENVALD, Nelson. *Direito das obrigações*. 4. ed. Rio de Janeiro: Lumen Juris, 2010, p. 507.

qualquer chance já incorporada em seu patrimônio jurídico, não há qualquer chance perdida a ser indenizada.

Inicialmente, começou-se a exigir a prova da certeza de que o resultado esperado se consumaria. No entanto, não se pode fazer tal exigência, pois, com isso, se estaria indenizando o próprio resultado, e não a chance. Na perda da chance, o dano diz respeito à própria chance perdida e não ao resultado dela decorrente. Se houver certeza do resultado, não há que se cogitar em perda de uma chance, mas sim na indenização de um dano certo, com base no resultado esperado, a título de lucro cessante.

Por exemplo, se um advogado, por desídia, perde o prazo para apelar de uma sentença, onde o juiz de primeiro grau desconsiderou uma Súmula Vinculante do STF que impõe ao Estado a obrigação de restituir um tributo indevidamente cobrado (hipótese apenas), não há que se cogitar em perda de uma chance, uma vez que, neste caso, o resultado esperado é certo. O tribunal reformaria a sentença e, por isso, deveria o advogado indenizar o resultado esperado pelo cliente, que era certo.

Se, na mesma situação, o advogado, por desídia, perde o prazo para apelar de uma sentença cível, onde o juiz de primeiro grau negou o pedido de restituição de um tributo, mas há divergência nas Cortes Superiores se tal tributo é ou não devido, neste caso, o resultado do recurso seria incerto. Portanto, não haveria como indenizar o resultado incerto.

Por outro lado, considerando que era possível e provável a existência de um resultado positivo, o cliente tinha uma chance e, essa chance de ter seu pedido deferido é que deverá ser indenizada.

Portanto, para verificar se a pessoa era titular de uma chance deve-se analisar a probabilidade do resultado. É por meio da probabilidade objetiva da conquista de um resultado, que se chega à conclusão sobre a existência da chance. Se o sujeito não tem qualquer probabilidade de obtê-lo (de ter uma vantagem ou de evitar um prejuízo), não perdeu nenhuma chance. Por isso, a análise da existência da chance depende, necessariamente, da análise do resultado que esta poderia trazer.

Portanto, se não houver possibilidade de se determinar, com uma certeza absoluta, qual teria sido o resultado do evento, é possível ainda falar em dano certo, referente à própria perda da oportunidade de obter aquela vantagem. Atualmente, é possível predeterminar o valor da própria chance perdida, a ponto de poder considerá-la um valor normal, dotada de autonomia em relação ao resultado definitivo. *É, portanto, possível visualizar um dano certo, independentemente, do resultado.* Busca-se o valor patrimonial da chance por si só considerada, desde que séria.

Não há como confundir a perda de uma chance com o lucro cessante. Segundo Rosenvald e Chaves[346]: "No lucro cessante há uma probabilidade objetiva de que o resultado em perspectiva aconteceria, se não houvesse o dano. Em sentido diverso, na perda de chance, esta expectativa é aleatória, pois havia um grau de probabilidade de obtenção da vantagem (dano final), sendo impossível afirmar que o resultado aconteceria se o fato antijurídico não se concretizasse. Em suma, não há certeza do prejuízo ou do benefício – que é hipotético – mas, inegavelmente, há certeza da perda da ocasião, da oportunidade dissipada".

Infelizmente, o STJ, em alguns precedentes[347], ainda tratou a perda de chance como espécie de lucro cessante, o que imporá à vítima um sacrifício imensurável, a prova do resultado. O que não aconteceu, nunca poderá ser objeto de certeza. No lucro cessante, há uma probabilidade objetiva de que o resultado aconteceria. Por isso, se indeniza o resultado.

Na perda de chance, embora haja probabilidade do resultado, este é aleatório, ou seja, poderia ou não ocorrer. Mas, se tal probabilidade existia, é porque havia uma chance, que foi perdida.

Por outro lado, no REsp 1.190.180/RS, relatado pelo Min. Luis Felipe Salomão, julgado em 16-11-2010, o STJ, de forma surpreendente, defendeu que a perda da chance não é dano emergente e tampouco lucro cessante, mas algo intermediário entre um e outro.

Em outro Recurso Especial, o STJ afastou a teoria da perda da chance em ação que pretendia responsabilizar o médico pela morte da paciente sob o fundamento de que poderia ter sido evitada caso ele tivesse adotado outra conduta no pós-operatório. Esse é o teor do REsp 1.104.665/RS, relatado pelo Min. Massami Uyeda, julgado em 9-6-2009.

No REsp 1.079.185/MG, relatado pela Min. Nancy Andrighi, julgado em 11-11-2008, a perda da chance também foi destacada no caso do inadimplemento contratual pelo advogado.

Portanto, no que diz respeito à perda de uma chance, somente a frustração de uma oportunidade real, plausível e séria, justifica a indenização por danos materiais e morais. A verificação da existência desta oportunidade pode ser extraída pela análise da probabilidade aleatória de um resultado, jamais da certeza deste. Se o resultado é certo, indeniza-se o resultado, e não a chance perdida. É fato também que a mera conjectura não viabiliza a perda da chance como um agregador do dano moral ou material.

Assim, atualmente, em que pesem algumas divergências na doutrina e desacertos na jurisprudência, como considerar a perda de uma chance como uma questão intermediária, o fato é que é possível visualizar um dano independentemente do resultado final. A possibilidade de êxito, desde que séria, real e plausível pode evidenciar a existência de uma chance, esta sim indenizável.

Um dos problemas a serem enfrentados pela doutrina e jurisprudência diz respeito à quantificação ou valoração da chance perdida, já que esta não pode estar atrelada ao resultado. O fato certo é que não se pode pretender, sob o

---

[346] FARIAS, Cristiano Chaves de; ROSENVALD, Nelson. *Direito das obrigações*. 4. ed. Rio de Janeiro: Lumen Juris, 2010, p. 509.

[347] REsp 788.459/SP.

pretexto de perda da chance, a indenização da própria vantagem perdida ou do resultado esperado.

Como bem ressalta Sérgio Savi[348], se a vítima pretender a indenização da vantagem perdida e não da chance, esbarra no requisito de certeza dos danos, pois a realização da vantagem esperada será sempre hipotética. Segundo o autor: "Com a evolução do estudo da teoria da perda de uma chance na França e na Itália, doutrina e jurisprudência daqueles países passaram a visualizar um dano independente do resultado final, consistente na perda da oportunidade de obter uma vantagem ou de evitar um prejuízo. *Passou-se, então, a admitir o valor patrimonial da chance por si só considerada, desde que séria, e a traçar os requisitos para o acolhimento da teoria*" (grifo nosso).

Assim, não há dúvida de que a chance, em si considerada, possui um valor e é justamente essa chance, já existente no momento do inadimplemento, que deverá ser valorada. Esse valor poderá repercutir no patrimônio do lesado ou ser extrapatrimonial. Pode dela ser extraído dano material e moral. No Brasil, não se adota qualquer critério de probabilidade do resultado para se admitir a existência e, em consequência, a indenização da chance, o que torna complexa e difícil a fixação de indenização dessa natureza, no âmbito do dano material e moral.

Essa dificuldade, no entanto, não poderá servir de pretexto para afastar um pedido de indenização com base na chance perdida, porque esta pode ser mensurada. No que tange ao dano moral, a tarefa é mais fácil, pois basta verificar se a chance perdida teve o poder de violar os direitos relacionados à personalidade da vítima. Se alguém perde uma chance séria e real e, talvez, tal chance seja a única da sua vida, isso certamente trará um profundo sentimento de tristeza que levará à redução da autoestima, o que poderá, por exemplo, violar a honra subjetiva e restar caracterizado o dano moral. Portanto, o dano moral fundado na perda de uma chance é possível, desde que reste provado que a perda desta foi capaz de violar algum dos direitos relacionados à personalidade da pessoa, em especial os relacionados à honra e à dignidade.

No que tange ao dano material, ainda não há uma proposta razoável para resolver o problema. Sérgio Savi[349] propõe a mesma fórmula adotada pelos italianos, ou seja, o julgador deverá partir do dano final e fazer incidir sobre este um coeficiente de redução proporcional à efetiva probabilidade de obtenção do resultado esperado. Embora seja sedutora a tese defendida pelo referido professor, se o resultado final é incerto, como poderá o julgador chegar a um percentual de probabilidade? Certamente os juízes não estão preparados para elaborar tão complexa matemática, até porque jamais se saberá qual exatamente é essa probabilidade.

O fato é que a doutrina admite o dano material como consequência da perda de uma chance, conforme Enunciado 443 da V Jornada de Direito Civil, promovida pelo CJF: "A responsabilidade civil pela perda de chance não se limita à categoria de danos extrapatrimoniais, pois, conforme as circunstâncias do caso concreto, a chance perdida pode apresentar também a natureza jurídica de dano material. A chance deve ser séria e real, não ficando adstrita a percentuais *aprioristicos*".

Assim, a chance deve ser séria, real e proporcionar ao sujeito efetiva condição de concorrer a uma determinada situação[350].

O dano material deve ser aquele diretamente relacionado à chance perdida. Por exemplo, se o advogado, por negligência, perde o prazo para recurso e havia probabilidade de êxito, deverá, a título de dano material, restituir ao cliente todos os valores que o mesmo desembolsou com o processo, como custas, honorários, despesas de viagens, dentre outros. O dano material deve estar atrelado à chance perdida, ser a consequência desta. Em decorrência de uma chance perdida, o sujeito suportou prejuízos econômicos e são estes que deverão ser indenizados, jamais os prejuízos pautados no resultado, que é incerto e aleatório. A questão ainda está em aberto.

2.12.2.3. As perdas e danos e as obrigações de prestar dinheiro: disciplina específica

O Código Civil disciplina, de forma específica, as obrigações cuja prestação tenha por objeto dinheiro.

Neste caso, afasta-se a regra geral de indenização prevista nos arts. 402 e 403, para incidir a norma especial do art. 404.

Portanto, há duas situações bem distintas na Lei Civil sobre as consequências do inadimplemento, quando aquela (consequência) implicar em perdas e danos:

- 1ª prestação cujo objeto não seja dinheiro: arts. 402 e 403;
- 2ª prestação cujo objeto seja dinheiro: art. 404.

A norma especial se justifica pelo fato de o dinheiro se confundir com as perdas e danos disciplinadas nos arts. 402 e 403. As perdas e danos são representadas por uma soma de dinheiro, em sub-rogação à prestação principal inicialmente pactuada. Se as perdas e danos retratam um valor financeiro assim como o dinheiro, é razoável que haja uma disciplina própria para esta consequência do inadimplemento quando o objeto do pagamento seja dinheiro. Neste caso, não haveria sub-rogação, pois dinheiro seria substituído por dinheiro.

É precisa a observação de Caio Mário[351]: "No art. 404, o Código Civil de 2002 destacou a prestação pecuniária. A

---

[348] SAVI, Sérgio. Inadimplemento das obrigações, mora e perdas e danos (arts. 389 a 405). In: TEPEDINO, Gustavo (coord.). *Obrigações*: estudos na perspectiva civil-constitucional. Rio de Janeiro: Renovar, 2005, p. 482-483.

[349] SAVI, Sérgio. Inadimplemento das obrigações, mora e perdas e danos (arts. 389 a 405). In: TEPEDINO, Gustavo (coord.). *Obrigações*: estudos na perspectiva civil-constitucional. Rio de Janeiro: Renovar, 2005, p. 482-483.

[350] Como no caso do AgRg no REsp 1.220.911/RS, que negou indenização com base na teoria da perda de chance a candidato excluído de concurso após ser reprovado em exame psicotécnico.

[351] PEREIRA, Caio Mário da Silva. *Instituições de direito civil*. 20. ed. Teoria geral das obrigações. Rio de Janeiro: Forense, 2004. v. II.

razão está em que as perdas e danos, segundo o disposto nos artigos anteriores, consistem na conversão da *res debita* em uma quantia em dinheiro. Consistindo, porém, a obrigação em dinheiro, não há conversão a fazer.

É a impossibilidade de sub-rogação real ou de coisas que leva o legislador a criar um artigo específico para as obrigações cujo objeto seja dinheiro.

Portanto, em princípio, não há como cumular a indenização prevista no art. 404, *caput*, quando o objeto da prestação for dinheiro, com a indenização prevista nos arts. 402 e 403, que disciplinam a teoria geral das perdas e danos, quando a prestação tiver por objeto coisa diversa de dinheiro.

O inadimplemento de obrigação cujo objeto da prestação seja dinheiro também implicará na incidência de perdas e danos, indenização que, neste caso específico, será composta por correção monetária segundo índices oficiais, juros moratórios, legais ou convencionais, custas e honorários de advogado. Em relação aos honorários, não há dúvida de que a referência é o honorário contratado, como já vem decidindo o STJ. Além de todos esses componentes, também poderá ser exigida cláusula penal, se tiver sido expressamente convencionada pelas partes.

No que tange às custas, estas podem ser extrajudiciais, como despesas de cartórios, ou judiciais, se houver demanda. A correção monetária evita o enriquecimento sem justa causa, pois não representa nenhum *plus*, mas mera atualização do valor da moeda.

O STJ, no REsp 1.027.797/MG, julgado em 17-2-2011, relatado pela Min. Nancy Andrighi, considerou que os honorários advocatícios extrajudiciais integram e compõem a indenização por perdas e danos, com fundamento no art. 404 do CC. No mesmo sentido, o Recurso Especial n. 1.134.725/MG.

Todavia, a novidade a ser exaltada na indenização quando o objeto da prestação for dinheiro, é o parágrafo único do art. 404 do CC. Este dispositivo introduz no sistema a possibilidade de cumular as verbas previstas no *caput* com indenização suplementar.

Em primeiro lugar, cumpre ressaltar que indenização suplementar nada mais é do que a prevista nos arts. 402 e 403, ambos do Código Civil. É a indenização aplicada para os casos de obrigações cuja prestação tenha por objeto coisa diversa de dinheiro. É a teoria geral das perdas e danos.

Então, passa a ser possível cumular a indenização específica prevista no art. 404 com a indenização genérica e suplementar prevista nos arts. 402 e 403. A atualização monetária, na prestação que tem por objeto dinheiro, também se submete ao parágrafo único do art. 389 do CC, incluído pela Lei n. 14.905/2024.

No entanto, para essa cumulação, a lei impõe a presença de dois requisitos:

1º requisito: os juros de mora, legais ou convencionais, devem ser insuficientes para cobrir os prejuízos efetivos, materiais e morais, decorrentes do inadimplemento;

2º requisito: ausência de pena convencional. As partes não podem ter estipulado pena convencional. A razão é simples: a pena convencional ou cláusula penal consiste em prefixação das perdas e danos. Ou seja, as partes estimam previamente qual será o prejuízo para o caso de inadimplemento. Esta fixação antecipada e convencionada da indenização facilita a vida do prejudicado pelo inadimplemento, pois ele poderá exigir a pena convencional independentemente de prejuízo (art. 416), mas limitará a indenização se esta não for bem estimada.

Por isso, se os juros de mora forem insuficientes para cobrir todos os prejuízos, não havendo cláusula penal, poderá a parte prejudicada pelo inadimplemento cumular a indenização prevista no art. 404, *caput*, com a indenização geral prevista no art. 402. Trata-se de um desdobramento do princípio da restituição integral. A indenização somente será integral se houver a possibilidade de indenização suplementar no caso de as verbas previstas no art. 404 serem insuficientes para reparar e neutralizar o dano.

2.12.2.4. Dano moral: conceito (o tema também será analisado no capítulo que trata da responsabilidade civil)

O dano ou a lesão a bem jurídico extrapatrimonial (situações jurídicas existenciais) é denominado "dano moral". Tal espécie de dano integra o amplo sistema que visa proteger a cláusula geral da dignidade da pessoa humana (art. 1º, III, da CF/88).

O "dano moral" representa lesão grave e relevante aos direitos que decorrem da personalidade da pessoa humana, os quais são essenciais para o resguardo de sua dignidade.

Desta forma, a violação efetiva de qualquer dos direitos decorrentes da personalidade, como nome, honra, imagem, vida privada, intimidade, liberdade, integridade física, dentre outros, caracteriza o dano moral. É dano extrapatrimonial, pois vinculado aos direitos subjetivos da personalidade.

O dano moral pode ser *in re ipsa*, ou seja, quando inerente e conectado ao fato (morte de familiar próximo) ou dependerá da prova de sua existência (inadimplemento contratual).

A dor, o sofrimento, o constrangimento, a humilhação, o abalo emocional, a aflição, a angústia, dentre outros sentimentos subjetivos dessa natureza, são consequência do dano moral, e não o próprio dano. Nesse sentido, aliás, o magistério de Sérgio Cavalieri[352]: "O dano moral não está necessariamente vinculado a alguma relação psíquica da vítima. Pode haver ofensa à dignidade da pessoa humana sem dor, vexame, sofrimento, assim como pode haver dor, vexame e sofrimento sem violação da dignidade. Dor, vexame, sofrimento e humilhação podem ser consequências, e não causas". Para o mestre, essa afirmação abre espaço para o reconhecimento do dano moral

---

[352] CAVALIERI, Sérgio. *Programa de responsabilidade civil*. 6. ed. São Paulo: Malheiros, 2006, p. 101.

em relação a várias situações nas quais a vítima não é passível de detrimento anímico, como se dá com doentes mentais, com as pessoas em estado vegetativo ou comatoso, crianças de tenra idade e outras situações tormentosas.

O dano moral consiste, portanto, na lesão grave a interesse que visa a satisfação ou gozo de um bem jurídico extrapatrimonial contido nos direitos de personalidade ou nos atributos da pessoa humana. Além de previsto expressamente no art. 5º, V e X, da CF/88, e no art. 6º, VI, do CDC, o dano moral agora também se encontra positivado no novo Código Civil, em seu art. 186, cujo dispositivo trata dos atos ilícitos. Por isso, o dano moral engloba todos os aspectos da pessoa humana, considerada em sua dimensão individual e social.

O problema é estabelecer os limites e fronteiras entre a conduta que constitui e a que não constitui agressão à dignidade da pessoa humana. No mundo real dos fatos, o que se observa é a intolerância do ser humano a situações comuns do cotidiano, as quais podem ser fonte de aborrecimento, mas jamais configuram o dano moral.

Portanto, não é qualquer agressão a aspectos subjetivos da pessoa humana que levará à configuração do dano moral. É essencial que essa agressão seja grave, séria e, principalmente, que extrapole os limites do tolerável ou suportável.

O fato é que o dano moral é indenizável. Entretanto, a configuração deste dano moral exige a violação grave de direitos relacionados à personalidade, inerentes à dignidade da pessoa humana.

De acordo com o Enunciado 444 da V Jornada de Direito Civil, promovida pelo CJF: "O dano moral indenizável não pressupõe necessariamente a verificação de sentimentos humanos desagradáveis como dor ou sofrimento".

Embora a reparabilidade do dano moral seja admitida pela doutrina e jurisprudência pátrias, ainda há muitas controvérsias sobre esta espécie de dano, principalmente em relação aos critérios para fixação do valor da indenização decorrente da violação de direitos da personalidade e a possibilidade ou não de dano moral como decorrência do descumprimento de dever jurídico específico, ou seja, de inadimplemento.

2.12.2.4.1. Dano moral decorrente de inadimplemento contratual

Os direitos decorrentes da personalidade, essenciais para o resguardo da dignidade da pessoa humana, podem suportar violação grave em decorrência de inadimplemento contratual.

Por óbvio, o simples ou mero inadimplemento contratual, por si só, não é capaz de afetar a esfera mais íntima da pessoa humana. No âmbito dos deveres jurídicos específicos (teoria do inadimplemento), as consequências jurídicas previstas e admitidas pela lei, como perdas e danos, correção monetária, juros moratórios, cláusula penal e arras, na maioria das vezes, são suficientes para reparar todo o dano suportado pela vítima.

Como ressalta Sérgio Cavalieri[353], com o qual concordamos, o mero inadimplemento contratual, mora ou prejuízo econômico, não configuram, por si sós, dano moral, porque não agridem a dignidade humana. Os aborrecimentos dele decorrentes ficam subsumidos pelo dano material. Essa é a regra.

Por outro lado, se o inadimplemento, devido à sua natureza e gravidade, extrapola o aborrecimento natural decorrente da perda de uma vantagem econômica e vem a repercutir na esfera da dignidade da vítima, estará então configurado o dano moral.

Aliás, o STJ admite o dano moral decorrente de inadimplemento contratual, de forma excepcional, ou seja, quando o inadimplemento é capaz de violar os direitos mais íntimos e essenciais relacionados à dignidade da vítima do referido ato (Recurso Especial n. 1.642.314/SE).

Portanto, é essencial que o inadimplemento contratual seja capaz de violar os sentimentos mais íntimos e pessoais vinculados à dignidade da pessoa prejudicada, cuja questão somente pode ser analisada à luz do caso concreto, para que caracterize dano moral.

Ainda que a prestação objeto da obrigação tenha cunho ou caráter patrimonial, a depender das circunstâncias do caso concreto, poderá apresentar caráter extrapatrimonial, quando este inadimplemento romper a fronteira do tolerável para alcançar a dignidade da vítima. O aborrecimento ou a frustração de expectativa inerente ao dano material decorrente de inadimplemento contratual, não caracteriza dano moral. Em contratos de prestação de serviços de saúde, se a recusa de cobertura decorre de dúvidas relacionadas à interpretação de cláusulas contratuais, não há dano moral. Todavia, se a recusa de cobertura é injustificada, em razão das questões existenciais relacionadas a tais contratos, é possível indenização por dano moral.

De acordo com o magistério de Sérgio Cavalieri[354]: "O importante, destarte, para a configuração do dano moral não é o ilícito em si mesmo, mas sim a repercussão que ele possa ter. Uma mesma agressão pode acarretar lesão em bem patrimonial e personalíssimo, gerando dano material e moral. Não é preciso para a configuração deste último que a agressão tenha repercussão externa, sendo apenas indispensável que ela atinja o sentimento íntimo e pessoal de dignidade da vítima".

O dano moral é a violação de qualquer direito relacionado à personalidade humana, no âmbito extracontratual (teoria do ilícito – parte geral) ou contratual (teoria do inadimplemento – obrigações e contratos).

• O dano moral pode ser presumido (*in re ipsa*)?

O dano moral, de regra, não pode ser presumido. Todavia, há situações graves em que o dano moral decorre do próprio fato, ou seja, *in re ipsa*. O dano será qualificado como "moral" ou existencial quando o bem jurídico lesado

---

[353] CAVALIERI, Sérgio. *Programa de responsabilidade civil*. 6. ed. São Paulo: Malheiros, 2006, p. 106-107.

[354] CAVALIERI, Sérgio. *Programa de responsabilidade civil*. 6. ed. São Paulo: Malheiros, 2006, p. 106.

for direito inerente à personalidade da pessoa (vida, a honra, integridade física, nome, imagem etc.). Como dito, na moderna concepção da "teoria do dano moral", são duas operações: 1 – elementos para caracterização; 2 – efeitos – quantificação (alguns denominam sistema bifásico).

A caracterização deste depende da demonstração efetiva de dois requisitos cumulativos: 1 – demonstração de que, no mundo fático, algum direito da personalidade foi violado (o fato da vida que enseja o dano sempre deve ser demonstrado); 2 – que tal violação seja grave, desproporcional e transcendente em relação aos limites do tolerável em sociedade tão complexa (neste ponto, se verificarão as circunstâncias concretas e fáticas relacionadas ao fato) – análise concreta e dinâmica dos interesses contrapostos. Estes dois pressupostos são essenciais para a caracterização do dano como moral. Neste momento, não há presunção. Conclusão: violação à dignidade humana + injusto concreto + razoabilidade e proporcionalidade (aqui não se cogita em presunção – *in re ipsa*).

Os sentimentos humanos desagradáveis não interferem na caracterização do dano moral, mas apenas nos efeitos (relevante para valoração).

Caracterizado o dano, passa-se a outra operação, que é a quantificação ou valoração: levam-se em conta neste momento os efeitos do dano moral em relação à pessoa que o suportou (o sofrimento pessoal decorrente do atraso), o que somente poderá ser apurado à luz do caso concreto. Apenas em relação aos efeitos pode haver presunção. O fato que enseja o dano e sua gravidade sempre dependerá de prova. Os efeitos daí decorrentes, necessários para a valoração do dano moral, é que eventualmente podem ser presumidos (*in re ipsa*). Não há, por exemplo, como mensurar a dor pela morte de ente querido.

Portanto, não se deve confundir os elementos necessários para a caracterização do dano moral (que sempre devem ser provados), com as consequências ou efeitos deste dano na esfera subjetiva do lesado que, em regra, devem ser demonstrados e, excepcionalmente, podem ser presumidos (*in re ipsa*). A fórmula *in re ipsa* deve ser revista porque não se associa à caracterização do dano, mas aos efeitos e sentimentos humanos desagradáveis dele decorrentes.

2.12.2.4.2. Cumulação do dano moral com dano material

O dano moral pode ser cumulado com o dano material, uma vez que tutelam bens jurídicos de naturezas diversas. O dano moral protege bens jurídicos extrapatrimoniais, vinculados à dignidade da pessoa humana, como vida, liberdade, honra, imagem, intimidade, nome, dentre outros. Já o dano material visa tutelar a ofensa a bens jurídicos econômicos ou de natureza patrimonial.

Desta forma, como são consequência da violação de bens jurídicos de natureza e origem diversas, podem ser cumulados, desde que relacionados ao mesmo fato.

O STJ consolidou este entendimento na Súmula 37: "São cumuláveis as indenizações por dano material e dano moral oriundos do mesmo fato".

A lesão a qualquer dos direitos da personalidade é distinta e autônoma em relação à ofensa aos valores e bens jurídicos patrimoniais.

2.12.2.4.3. Dano moral e dano estético

O atual Código Civil não disciplinou (de forma expressa) o denominado "dano estético" (o § 1º do art. 1.538 do CC/1916 fazia referência ao dano estético). O dano estético sempre esteve ligado a deformidades físicas que causam desgosto ou complexo de inferioridade na vítima, como uma cicatriz no rosto. Durante muito tempo travou-se uma controvérsia se o dano estético seria uma terceira espécie de dano (junto com o material e moral) ou se seria apenas um elemento do dano moral ou uma espécie deste.

Recentemente o STJ editou a Súmula 387, a qual não foi suficiente para dirimir as controvérsias em relação ao tema. Segundo o teor da Súmula: "É lícita a cumulação das indenizações de dano estético e dano moral".

Na verdade, sempre foi lícita a cumulação entre dano estético e moral, desde que, nesse caso, o dano estético estivesse relacionado a prejuízos materiais. Se o dano estético apenas viola direitos relacionados à personalidade da pessoa humana, não poderia jamais haver cumulação, pois seria dupla indenização sobre o mesmo direito violado, fato inadmissível.

Esse, aliás, era o entendimento do STJ antes da edição da Súmula 387, que apenas admitia a cumulação do dano material e do dano estético, quando este estivesse relacionado ao dano moral ou a cumulação do dano estético com o dano moral, quando aquele estivesse atrelado a prejuízos materiais. Em encontro dos Tribunais de Alçada do Brasil (IX), concluiu-se que o dano moral e o dano estético não se cumulam, porque ou o dano estético importa em dano material ou está compreendido no dano moral.

Posteriormente, o STJ passou a admitir a cumulação de dano moral e estético, sem que este último tivesse qualquer repercussão patrimonial, como uma terceira espécie de dano, desde que inconfundíveis as suas causas e passíveis de apuração em separado. No entanto, essa questão não foi esclarecida na mencionada Súmula.

O STJ deveria registrar que essa cumulação somente é possível se o dano estético tiver repercussão econômica, caso contrário, integrará o próprio dano moral. Não há como destacar o dano material ou moral do dano estético. Este integrará o dano material ou o dano moral. Não pode ser considerado como uma terceira espécie de dano, como parece sugerir a Súmula 387.

Explicando melhor: de acordo com a nossa opinião, o dano estético (deformidade física) pode acarretar dano material para a vítima, como no caso de alguém que depende da imagem para trabalhar e, em razão desse defeito físico, reduz a sua capacidade de trabalho. Nesse caso, o dano estético seria considerado dano material e poderia ser cumulado com o dano moral (Súmula 387 do STJ).

Por outro lado, quando não tem qualquer repercussão patrimonial na vida da vítima, o dano estético poderia ser considerado um elemento ou o próprio fundamento do dano moral, desde que a deformidade física tenha violado algum dos direitos de personalidade da vítima (o dano moral resta caracterizado quando qualquer dos direitos de personalidade como a imagem e honra, são violados. O desgosto, a humilhação e a baixa autoestima são consequências do dano moral), o que sempre ocorre nesses casos (em caso de deformidade física, é muito fácil visualizar a violação da imagem retrato e da honra subjetiva).

Assim, o dano estético, quando, ao mesmo tempo, repercute no patrimônio da vítima e também viola direitos de personalidade desta, pode servir como fundamento para pedidos cumulados de dano material e moral. O que não pode é o dano estético ser considerado uma terceira espécie de dano, ao lado do material e do moral.

Em conclusão, o dano estético pode compor a indenização por dano material ou moral ou ser fundamento de ambos, sendo mais comum ser aspecto do dano moral. Portanto, a referida Súmula não pode levar ao entendimento de cumulação de dano estético e moral quando houver apenas violação de direitos relacionados à personalidade humana.

Entretanto, embora o STJ não esclareça como seria possível, no caso concreto, separar o dano estético do dano moral ou material, atualmente é amplamente majoritário o entendimento de que o dano moral pode ser cumulado com o dano estético, desde que identificáveis em separado, ainda que o dano estético não tenha qualquer repercussão econômica na esfera jurídica da vítima. Assim, o STJ admite a cumulação de dano moral e estético, separadamente e de forma autônoma.

2.12.2.4.4. Dano moral coletivo: possibilidade?

O dano moral individualizado, em favor da pessoa física ou jurídica que tenha suportado grave violação a qualquer direito decorrente da personalidade, já está consagrado na doutrina e jurisprudência.

O tema que desperta interesse na atualidade é a possibilidade ou impossibilidade de se indenizar danos morais quando se trata de defesa de interesses difusos. É o denominado dano moral coletivo ou dano moral em favor da coletividade.

O STJ, no REsp 636.021/RJ, apreciou esta questão, em caso paradigmático envolvendo a TV Globo, a qual, segundo o Ministério Público do Estado do Rio de Janeiro, teria transmitido cenas de sexo e violência na novela "A próxima vítima" durante o horário vespertino, o que teria lesado moralmente a coletividade. Antes de discorrer sobre o caso concreto, é importante tecer breves considerações sobre os direitos difusos e coletivos.

Os direitos difusos e coletivos são expressamente reconhecidos e tutelados pelo Estado. Aliás, o Código de Defesa do Consumidor, no art. 81, define os interesses difusos e coletivos e ainda permite a defesa destes em juízo. A defesa coletiva será exercida quando se tratar de interesses ou direitos difusos, assim considerados como os transindividuais, de que sejam titulares pessoas indeterminadas e ligadas por circunstâncias de fato. Os coletivos seriam os transindividuais, de natureza indivisível, de que seja titular grupo, categoria ou classe de pessoas ligadas entre si ou com a parte contrária por uma relação jurídica base.

Portanto, direito ou interesse difuso está relacionado a pessoas indeterminadas que estão vinculadas por um fato e os coletivos são aqueles em que as pessoas podem ser determinadas, porque estão vinculadas por uma relação jurídica de direito material. Os legitimados para a defesa destes direitos difusos e coletivos estão arrolados no art. 82 do CDC, entre eles o MP, autor da referida ação de indenização contra a TV Globo. Como tais direitos são indivisíveis, ou seja, não podem ser fracionados ou segmentados, fica mais complexa a sua conexão com o dano moral. E o art. 83 do CDC permite a utilização de toda e qualquer espécie de ação para proteger e tutelar os direitos difusos e coletivos. Pois bem, estabelecidas estas premissas, é possível analisar o caso concreto retromencionado.

Naquele caso concreto e, independentemente do resultado da demanda, é importante ressaltar o posicionamento do STJ sobre a questão do dano moral coletivo.

Como se observa, a Min. Nancy Andrighi admitiu, expressamente, em tese, a possibilidade de ser indenizado o dano moral coletivo em decorrência da ofensa de direitos difusos.

No voto-vista, no mesmo Recurso Especial, o Min. Humberto Gomes de Barros rechaçou a possibilidade, em tese, do dano moral coletivo.

Neste recurso especial, os demais votos não enfrentaram a questão do dano moral coletivo.

Em julgado histórico sobre o tema, o STJ, no REsp 598.281/MG, relatado pelo Min. Luiz Fux, decidiu questão que tratava da possibilidade de reparação de dano moral coletivo por violação ao meio ambiente.

Antes de tratar desta decisão, cumpre ressaltar que o art. 1º da Lei n. 7.347/95 admite ação civil pública cujo objeto seja a responsabilização de autores de danos causados ao meio ambiente, sendo este um interesse difuso. Além do meio ambiente, o dispositivo legal em referência também tutela ação civil pública cujo objeto seja a responsabilidade por danos aos consumidores, a bens e direitos de culturais e turísticos, bem como por infração da ordem econômica.

O meio ambiente é um bem jurídico difuso que interessa a toda a coletividade. A questão é saber se o dano ao meio ambiente pode ser de natureza moral. O art. 1º da Lei n. 7.347/85 não deixa dúvida a respeito do dano moral coletivo em matéria ambiental, ao dispor que são regidas por aquela lei as ações de responsabilidade por danos morais e patrimoniais ao meio ambiente. O dano moral coletivo relacionado ao meio ambiente, consumidor e infração da ordem econômica é um fato. No inciso IV do referido art. 1º da Lei da Ação Civil Pública o legislador previu a possibilidade de dano moral em qualquer questão que envolve interesse difuso ou coletivo.

Com base nestes dispositivos legais, o Min. Fux, no REsp 598.281/MG, reconheceu a possibilidade de dano moral ambiental ou dano moral coletivo.

Ocorre que, neste mesmo Recurso Especial, o Min. Teori Albino Zavascki considerou que o dano moral é incompatível com a noção de transindividualidade, exigindo a vinculação do dano moral a uma dor individual. A Min. Denise Arruda, em seu voto, na linha do Min. Fux, admitiu, em tese, a possibilidade de dano moral em hipótese de verificação de dano ambiental, embora, no caso concreto, tenha rejeitado o pedido pela ausência de demonstração deste dano. O Min. José Delgado acompanhou o voto do Ministro Relator Fux, para admitir o dano moral coletivo em tese e no caso concreto. Finalmente, o Min. Francisco Falcão adotou o posicionamento defendido por Zavascki. Embora o pedido tenha sido rejeitado por apertada maioria, três Ministros (Fux, Denise Arruda e José Delgado) reconheceram a possibilidade do dano moral coletivo. A tese foi vencedora no referido Recurso Especial, embora o mérito tenha sido rejeitado pelas peculiaridades do caso concreto, como ressaltou a Min. Denise Arruda.

Finalmente, no REsp 1.057.274/RS, relatado pela Min. Eliana Calmon, esta também admitiu, em tese, o dano moral coletivo.

Como se verifica, no STJ, embora ainda haja posições divergentes, a tendência da maioria dos Ministros é admitir a indenização do denominado "dano moral coletivo", principalmente após a alteração legislativa que mudou a redação do art. 1º da Lei n. 7.347/85 (Lei de Ação Civil Pública), o qual, expressamente, reconhece a possibilidade de dano moral em questões que envolvem meio ambiente, consumidor, infração da ordem econômica e qualquer outro interesse difuso ou coletivo.

Embora este argumento seja de "império" (porque a lei diz!!!), é possível defender a tese de que a sociedade possui valores difusos, insuscetíveis de avaliação econômica, que podem levar ao reconhecimento do dano moral. Essa questão tem íntima relação com a finalidade do dano moral. Se a finalidade deste for punitiva, não há qualquer dificuldade em defender a existência de dano moral para a tutela de interesses difusos, principalmente em questões envolvendo o meio ambiente, as relações de consumo e a ordem econômica. Se o patrimônio valorativo de uma determinada comunidade é ofendido de forma injustificada, o dano moral é um meio de reparação destes direitos coletivos de um número indeterminado de pessoas. A ofensa a valores mais caros de determinada sociedade justifica a reparação por dano moral.

Por outro lado, se a finalidade do dano moral for compensatória, torna-se mais complexa a tarefa de mensurar a valoração de direitos extrapatrimoniais de pessoas indeterminadas. Entretanto, esta dificuldade não pode servir de pretexto para negar o dano moral coletivo. A coletividade, idealmente considerada, tem valores a serem preservados. Esses valores podem ser culturais, ambientais, artísticos, paisagísticos etc., os quais são, muitas vezes, impossíveis de uma mensuração econômica, o que obsta o reconhecimento do dano material. Nestas hipóteses, em razão da lesão a estes bens jurídicos coletivos que, por óbvio, indiretamente, repercutem na esfera jurídica e na personalidade daqueles que integram a comunidade, o dano moral coletivo deve ser reconhecido. Não há dúvida de que o dano moral coletivo só se justifica quando, de forma indireta, os valores individuais são afetados. Os valores coletivos nada mais são do que a soma de bens jurídicos individuais, mas indeterminados.

Ainda há muito para se caminhar neste árduo tema, mas o STJ, nos acórdãos retromencionados, está contribuindo com o debate, o que já é um avanço considerável.

2.12.2.4.5. Arbitramento e finalidade do dano moral – critérios e requisitos

A questão envolvendo o "arbitramento" do dano moral ainda é um deserto inexplorado. A doutrina e a jurisprudência, por mais que tentem definir critérios para o arbitramento e a quantificação do dano moral, não conseguem traçar parâmetros razoáveis para a valoração deste dano.

A legislação brasileira, como é notório, não estabelece qualquer critério ou parâmetro para a fixação e a quantificação do dano moral. Na ausência de critério é concedido ao juiz o poder de definir, no caso concreto, o valor que considera mais justo.

De fato, o dano moral não pode ser tarifado ou limitado, pois a intensidade da violação dos direitos relacionados à personalidade da pessoa humana ou da pessoa jurídica somente pode ser visualizada no caso concreto. A ideia do "livre arbitramento" já acarretou algumas consequências jurídicas.

Em um primeiro momento, o STJ sumulou o entendimento de que a correção monetária do dano moral somente poderia incidir desde a data do arbitramento. É o teor da Súmula 362 do STJ. Por outro lado, em relação aos juros de mora, no que tange ao dano moral, o STJ vem alterando o seu posicionamento para aproximar a incidência dos juros de mora da Súmula 362, que trata de correção monetária. No *site* do STJ, no dia 30-6-2011, foi divulgada notícia de que os juros de mora, no caso de dano moral puro, não incidirão mais a partir do evento, mas sim da data do arbitramento.

Esses recentes posicionamentos do STJ relacionados à correção monetária e aos juros de mora para o caso de condenação por dano moral são o reflexo da ausência de parâmetros ou critérios mínimos objetivos para o arbitramento do dano moral. O dano moral deve ser definido na data do arbitramento e, somente a partir desta data haverá a incidência de correção monetária e juros de mora.

Em resumo, cabe ao julgador, de acordo com o seu prudente arbítrio, atentando para a repercussão do dano moral, estimar a quantia que considera mais justa para o caso concreto.

Em tempos remotos houve uma tentativa de limitar a indenização por danos morais a alguns parâmetros existentes na Lei de Imprensa, fato que obrigou o STJ a editar a Súmula 281: "A indenização por dano moral não está sujeita à tarifação prevista na Lei de Imprensa". E acrescentamos que, na realidade, não está sujeita a qualquer tarifação.

Entretanto, um critério razoável para a quantificação do dano moral é buscar a sua finalidade. O dano moral pode ter caráter meramente compensatório, ou seja, representar um valor pecuniário para minimizar a lesão a bem jurídico extrapatrimonial ou poderá ter caráter punitivo e, neste caso, a quantificação levará em conta outros fatores ou critérios.

A doutrina precisa optar por uma destas finalidades, e não simplesmente defender que o dano moral tem duplo caráter, ou seja, punitivo para o ofensor e compensatório para a vítima. Essa dupla função, defendida há muito tempo por Caio Mário, impede a construção de um modelo brasileiro ou melhor, de uma identidade em relação ao arbitramento do dano moral.

Assim, segundo o mestre Caio Mário[355], o dano moral, de um lado, deve punir o infrator, que não pode ofender em vão a esfera jurídica alheia e, de outro lado, proporcionar à vítima uma compensação pelo dano suportado, pondo o ofensor nas mãos uma soma que não é o *pretium doloris*, porém uma ensancha de reparação da afronta. Essa "dupla finalidade", defendida pelo mestre Caio Mário, "contaminou" a doutrina e a jurisprudência brasileira, com o que ficamos sem uma identidade.

Se a finalidade do dano moral é a mera compensação, sua análise é mais individualizada, ou seja, são levadas em conta as circunstâncias do caso concreto, o contexto fático, a situação econômica da vítima, a repercussão do dano moral na sua vida pessoal e profissional, os motivos que levaram o autor a praticar o ato, ou seja, sem qualquer preocupação com terceiros que possam ter seus bens jurídicos extrapatrimoniais violados por aquele mesmo autor. Como se vê, no caso do caráter compensatório, o dano moral não é preventivo, mas meramente indenizatório. É a troca de favores ou o preço que se paga ao indivíduo pela lesão a um interesse extrapatrimonial.

Por outro lado, se a finalidade do dano moral é a punição do autor da ofensa, a quantificação do dano extrapola os limites do caso concreto para que aquela indenização desestimule o ofensor a ter condutas semelhantes junto a terceiros. O dano moral, neste caso, é um forte mecanismo de prevenção, pois a sanção fará com que o ofensor melhore a qualidade do serviço ou tenha mais cautela em suas condutas, pois terá o receio de suportar novas e futuras punições. É o que os americanos denominam *punitive damages*. Uma parcela considerável da doutrina argumenta que tal finalidade esbarra no princípio que veda o enriquecimento sem justa causa.

O princípio geral do enriquecimento sem justa causa, na verdade, constitui obstáculo para que o dano moral, no ordenamento jurídico brasileiro, tenha o caráter punitivo. Em síntese, no Brasil, se defende que a fixação do dano moral deve ser baseada em critérios de proporcionalidade e razoabilidade. A sensatez, a moderação, o cotejamento entre meios e fins, a análise de causas e consequências, são sempre exigidos, o que evidencia em nosso ordenamento jurídico a adoção da finalidade compensatória do dano moral. E não há problema em admitir isso. Por isso, é vedado, no caso concreto, a pretexto de uma falsa punição ao ofensor, defender o caráter punitivo do dano moral.

No Brasil, para se fixar o valor da indenização por danos morais, sempre se considerou as condições pessoais e econômicas das partes, devendo o arbitramento operar-se com moderação e razoabilidade, atento à realidade da vida e às peculiaridades de cada caso, de forma a não haver o enriquecimento indevido do ofendido. Essa ideia é adequada ao dano moral compensatório e não ao dano moral punitivo.

O que são *punitive damages*?

Em razão da influência do direito norte-americano, muitas vezes invoca-se pedido na linha ou princípio dos "*punitive damages*". "*Punitive damages*" (ao pé da letra, repita-se o óbvio, indenizações punitivas) diz-se da indenização por dano, em que é fixado valor com objetivo a um só tempo de desestimular o autor à prática de outros idênticos danos e a servir de exemplo para que outros também assim se conduzam.

Ainda que não muito farta a doutrina pátria no particular, têm-se designado as "*punitive damages*" como a "teoria do valor do desestímulo" posto que, repita-se, com outras palavras, a informar a indenização, está a intenção punitiva ao causador do dano e de modo que ninguém queira se expor a receber idêntica sanção[356].

O Brasil não adota a teoria do valor do desestímulo ou *punitive damages*. As indenizações sempre são fixadas em razão das peculiaridades do caso concreto e não como uma forma de desestimular terceiros a se expor e receber a mesma sanção. Por isso, nos Estados Unidos, embora a princípio chamem a atenção, as milionárias indenizações servem como um meio de controle de qualidade dos serviços sociais.

Em nosso sistema, em razão do princípio da vedação ao enriquecimento sem justa causa, seria muito difícil incorporar tal teoria. Por isso, a aplicação irrestrita das *punitive damages* encontra óbice regulador no ordenamento jurídico pátrio que, anteriormente à entrada em vigor do Código Civil de 2002, vedava o enriquecimento sem causa como princípio informador do direito e após a novel codificação civilista, passou a prescrevê-lo expressamente, mais especificamente, no art. 884 do CC.

Assim, o critério que vem sendo utilizado pelos Tribunais na fixação do valor da indenização por danos morais considera as condições pessoais e econômicas das partes, devendo o arbitramento operar-se com moderação e razoabilidade, atento à realidade da vida e às peculiaridades de cada caso, de forma a não haver o enriquecimento indevido do ofendido e, também, de modo que sirva para desestimular o ofensor a repetir o ato ilícito.

Em resumo, no ordenamento jurídico pátrio, não há que se cogitar em dupla função do dano moral, mas em finalidade meramente compensatória. Tal definição é relevantíssima, pois repercutirá nos critérios a serem utiliza-

---

[355] PEREIRA, Caio Mário da Silva. *Instituições de direito civil*. 20. ed. Teoria geral das obrigações. Rio de Janeiro: Forense, 2004. v. II, p. 343.

[356] REsp 401.348 e REsp 913.131, ambos de relatoria do Min. Carlos Fernando Mathias.

dos pelo julgador no momento de ponderar o caso concreto e quantificar o dano moral.

Em razão de tudo isso, devem ser revistas algumas posições que, sem qualquer critério e de forma absolutamente aleatória, defendem a dupla função, punitiva e compensatória, do dano moral. Essa crise de identidade torna essa questão torturante, quando poderíamos simplesmente reconhecer que o princípio do enriquecimento sem justa causa é óbice para o dano moral punitivo.

2.12.3. As perdas e danos e as teorias sobre nexo de causalidade

O nexo de causalidade é o principal elemento integrante de toda a estrutura da responsabilidade civil (decorrente do ato ilícito ou do inadimplemento absoluto, relativo ou violação positiva do contrato), sendo esta consequência da violação de dever jurídico genérico ou dever jurídico específico.

Em matéria de responsabilidade civil, a justiça social no caso concreto somente é levada a efeito se, efetivamente, o nexo de causalidade for analisado de forma adequada. O fato determinante da indenização ou da obrigação de indenizar está diretamente relacionado a um correto juízo de valor do nexo de causalidade e não da culpa, elemento subjetivo do ato ilícito subjetivo ou do inadimplemento culposo. A questão da conduta passa a ser secundária. O foco de análise deve ser o nexo de causalidade. Este é o desafio deste século em matéria de responsabilidade civil, ou seja, desassociar a culpa da responsabilidade civil e determinar essa responsabilidade com fundamento no nexo de causalidade.

O conceito de nexo causal não é jurídico, pois decorre de leis naturais. O nexo de causalidade pode ser compreendido como o vínculo, liame, a ligação ou relação de causa e efeito entre a conduta humana comissiva ou omissiva e o resultado danoso (o prejuízo pode ser econômico ou imaterial – moral).

O nexo causal é o elemento referencial entre a conduta humana e o resultado em matéria de responsabilidade civil. O sujeito somente será obrigado a reparar o dano causado a outrem se esse dano teve como causa determinante e eficiente a sua conduta. Portanto, para se caracterizar o nexo causal, é preciso concluir, com base nas leis naturais, se a ação ou omissão do agente foi a causa do dano.

O nexo de causalidade faz parte da consequência do inadimplemento, do efeito deste, a responsabilidade civil. São pressupostos elementares da responsabilidade civil a existência de um dano a ser indenizado e o nexo entre o dano (material ou moral) e a conduta ativa ou passiva (inadimplemento absoluto, relativo ou violação positiva do contrato) capaz de gerar responsabilidade civil.

Para apurar o nexo de causalidade em direito civil, devemos nos socorrer às teorias sobre o nexo de causalidade. Há duas teorias sobre nexo de causalidade:

A primeira é a teoria da equivalência dos antecedentes e a segunda é a teoria da causalidade adequada.

A questão é: Qual delas foi adotada pelo direito civil e qual delas é mais justa, em termos sociais?

Como bem ressaltou Sérgio Cavalieri, nenhuma das teorias é perfeita ou se enquadra de forma precisa na responsabilidade civil, pois sempre haverá espaço para a criatividade do julgador atento aos princípios da probabilidade, da razoabilidade, do bom senso e da equidade. Por isso, é por meio da análise do caso concreto, com base em todas as teorias, que deve ser buscada uma solução razoável.

• **Teoria da equivalência dos antecedentes**

A primeira teoria é a da equivalência dos antecedentes. Tal teoria tem como característica principal dar um tratamento isonômico para causa e condição. Segundo essa teoria, qualquer condição que, ainda que minimamente, tenha contribuído para o resultado danoso, pode ser considerada a causa desse resultado. Como diz Cavalieri, essa teoria não faz distinção entre causa e condição. Se várias condições concorrem para o mesmo resultado, todas têm o mesmo valor, a mesma relevância, todas se equivalem.

O nome "equivalência dos antecedentes" se justifica porque todas as condições se equivalem. Basta a relação de causa e efeito para a imposição de obrigação ou dever jurídico específico para o sujeito. A equivalência das condições antecedentes amplia a responsabilidade civil, pois basta o sujeito ter contato com o resultado, para ter responsabilidade.

No caso dessa teoria, se o sujeito tem alguma relação ou vínculo com o resultado, ainda que sua conduta não tenha sido relevante, é considerado causador do dano ou provocador do resultado. Por essa razão, não é adequada para as relações civis, mas, em hipóteses excepcionais, em que a teoria da causalidade adequada se mostrar insuficiente para fazer justiça no caso concreto, pode o operador do direito invocá-la para imputar responsabilidade àquele sujeito que não teria responsabilidade pela teoria da causalidade adequada. Isso é típico caso de justiça social no caso concreto, pois somente diante de uma situação real, para fins de justiça, será verificada a pertinência dessa teoria.

Na teoria da equivalência dos antecedentes, não se busca definir qual foi a condição mais eficaz, relevante ou a mais adequada. Causa, para essa teoria, é toda ação ou omissão sem a qual o resultado não teria ocorrido, sem distinção da maior ou menor relevância que cada uma teve. Para saber se uma determinada condição é causa, elimina-se mentalmente essa condição, através de um processo hipotético. Problema: a regressão infinita do nexo causal.

• **Teoria da causalidade adequada**

A segunda teoria é a da causalidade adequada. Ao contrário da teoria da equivalência dos antecedentes, na teoria da causalidade adequada há uma seleção das condições, pois nem todas são consideradas a causa do resultado. As condições podem ser simples ou qualificadas.

A condição simples não possui qualquer relevância para o resultado, embora possa ter alguma relação com ele. Já a condição qualificada recebe a denominação "causa". Assim, causa ou condição qualificada é aquela considerada relevante, determinante, decisiva ou adequada para a produção do resultado.

Será determinante e adequada a causa que, por si só, for apta a produzir o resultado ou, somada a outra causa, for decisiva para o resultado. Assim, a teoria da causalidade adequada individualiza ou qualifica as condições, ou seja, somente é causa a condição relevante e eficaz. Logo, para essa teoria causa é o antecedente adequado e idôneo à produção do resultado. Assim, na causalidade adequada nem todas as condições serão causa, mas apenas aquela que for a mais apropriada ou adequada a produzir o evento.

Na teoria da causalidade adequada o operador do direito sempre terá de valorar a condição, a fim de apurar, no caso concreto, se é mera condição ou causa. O trabalho do intérprete é muito mais intenso na aplicação dessa teoria, pois, aqui, não há um padrão a ser seguido. Em cada situação será necessário verificar se a conduta, comissiva ou omissiva, do sujeito foi a causa determinante para a produção do resultado ou se foi uma mera condição não relevante e, por isso, sem contribuição decisiva para o resultado.

A repercussão prática disso implicará na responsabilização civil ou não do sujeito. Se sua conduta for considerada causa adequada para produção do resultado danoso será responsabilizado. Em caso contrário, se for uma mera condição, não haverá responsabilidade civil.

Por exemplo, se o sujeito "A" estaciona o seu veículo de forma irregular na via pública, pratica um ilícito (violação das regras de trânsito). O veículo permanece estacionado nesse local durante todo o dia. Em determinado momento, o sujeito "B" acaba colidindo com o veículo "A" estacionado, irregularmente, na via pública. Como resolver essa questão? Qual sujeito tem direito à indenização? Depende da teoria adotada. Na teoria da equivalência dos antecedentes, onde todas as condições se equivalem e são consideradas igualmente causas do resultado, a condição do veículo do sujeito "A" estar estacionado de forma irregular, seria causa do resultado e por isso, "A" seria responsabilizado. Como a conduta de "B" não foi prudente, essa também seria causa do evento danoso, assim, pela teoria da equivalência dos antecedentes causais, seria hipótese de concorrência de causas.

No entanto, adotando-se a teoria da causalidade adequada nessa mesma situação, o sujeito "B" teria de indenizar integralmente o sujeito "A", mesmo este tendo estacionado seu veículo de forma irregular na via pública. Por quê? Na teoria da causalidade adequada, nem todas as condições são consideradas causa do resultado. É causa apenas a condição determinante para o resultado. No caso hipotético, o fato de o veículo estar irregularmente estacionado, embora tenha contribuído para o resultado, não é causa adequada, decisiva e determinante para a produção do resultado. Naquele dia, centenas de veículos passaram pelo veículo de "A", mas apenas "B" colidiu com ele. Portanto, a conduta irregular de "A", por si só, não era suficiente para a produção do resultado. Então, o fato de o veículo de "A" estar estacionado de forma irregular não pode ser considerado causa idônea, decisiva do resultado danoso.

Contudo, na teoria da causalidade adequada, é realizado juízo de valor sobre as condutas. Por isso, é possível que o intérprete, nesse caso, ao valorar a situação, entenda que a conduta de "A" foi causa determinante para o resultado, e não mera condição.

Enfim, qual teoria foi adotada pelo Código Civil?

A teoria da causalidade adequada. Essa teoria é compatível com os princípios e as cláusulas gerais informadores do atual sistema. O nosso sistema é aberto e exige valoração dos casos concretos. A teoria da equivalência dos antecedentes não exige qualquer valoração. Decorre das leis da física, de causa e efeito. Basta apurar se o sujeito teve contato ou vínculo com o resultado.

A teoria da causalidade adequada impõe que, em cada caso concreto, e este é o ponto essencial, deve ser realizado um juízo de valor sobre as condutas, a fim de apurar se são causas adequadas e determinantes para a produção do resultado ou se não passam de meras condições, sem qualquer relevância para o dano.

Portanto, na esfera civil, nem todas as condições vinculadas ou que, de alguma forma, concorrem para o resultado, são equivalentes ou consideradas causas, mas apenas a mais adequada e relevante a produzir concretamente o resultado.

Como ressalta Sérgio Cavalieri, além de se indagar se uma determinada condição concorreu concretamente para o evento, é preciso apurar se, em abstrato, ela era adequada a produzir determinado efeito. Entre duas ou mais circunstâncias concretas, a causa adequada será aquela que teve interferência decisiva.

Em toda ação de indenização por danos materiais e morais, o aplicador da lei terá, obrigatoriamente, de eliminar os fatos menos relevantes ou as meras condições. Neste ponto, exige-se razoabilidade, proporcionalidade, bom senso, ponderação, valoração e equidade do aplicador da lei, a fim de buscar a justiça social no caso concreto. Não é fácil analisar as condutas e os fatos mais relevantes para qualificá-los como a causa determinante e adequada à produção do resultado.

A teoria da causalidade adequada, relativa ao nexo de causalidade, pode ser extraída do art. 403 do CC: "Ainda que a inexecução resulte de dolo do devedor, as perdas e danos só incluem os prejuízos efetivos e os lucros cessantes por efeito dela direto e imediato, sem prejuízo do disposto na lei processual".

Não há uma disciplina jurídica adequada sobre o nexo de causalidade na legislação civil, fato lamentável por ser ele o elemento mais relevante da estrutura da responsabilidade civil.

No entanto, nesses dispositivos, deve ser buscada a teoria mais compatível com o nosso sistema de princípios, valores e cláusulas gerais, e esta, sem dúvida, é a teoria da causalidade adequada. O prejuízo deve ser efeito direto e imediato de uma conduta idônea, adequada e relevante para a sua produção.

A teoria da equivalência dos antecedentes, adotada como regra no direito penal, não se ajusta ao direito civil, pois todas as condições se equivalem, sendo consideradas causas, não havendo juízo de valor, o que, certamente, provocará distorções e injustiças no caso concreto.

Todavia, embora a teoria da causalidade adequada seja aquela compatível com o nosso sistema civil, em hipóteses excepcionais, a fim de buscar uma decisão justa, poderá o intérprete, com base em princípios e valores maiores, invocar a teoria da equivalência dos antecedentes, para responsabilizar determinado sujeito, cuja conduta, vinculada ao resultado, para a teoria da causalidade adequada seria mera condição e não causa, impossibilitando a sua responsabilização com base nessa última teoria.

A expressão "efeito direto e imediato", prevista no art. 403, não se refere a tempo, proximidade ou cronologia, como se chegou a defender, mas sim àquela causa considerada como a mais direta, a mais determinante e a mais relevante para a produção do dano ou resultado danoso (teoria da causalidade direta e imediata ou da interrupção do nexo causal).

A causa temporalmente mais próxima do evento ou resultado, em algumas situações, poderá não ser a mais determinante. Nesse caso, pela teoria da causalidade adequada, não é considerada causa, mas mera condição e, por essa razão, deve ser, como regra, desconsiderada (como "regra", porque, como afirmamos, às vezes, para justiça social, poderá ser invocada a teoria da equivalência dos antecedentes quando isso for necessário).

A dificuldade daqueles que trabalham com a responsabilidade civil, principalmente na prática, é o fato de o Código Civil não trazer soluções prontas para o nexo de causalidade. Não há uma regra para nos escorarmos. O nexo de causalidade impõe sacrifícios e um grande senso de justiça, pois, em cada caso concreto, deverá ser valorada a situação para apurar se a conduta do sujeito foi ou não a causa adequada, a causa determinante e relevante para o resultado. A experiência, o bom senso e a ponderação auxiliarão o intérprete nessa empreitada.

Como já ressaltado, nossa geração foi criada para seguir regras preestabelecidas, sem fazer juízos de valor. Não interessa ao Estado o intérprete pensador, mas apenas o "intérprete" aplicador da lei. Por diversas vezes, caímos nessa armadilha, deixando de exercer a mais importante função, a busca da justiça social com base em valores e princípios.

A aplicação do nexo de causalidade exigirá essa nova postura, pois é da mais alta relevância apurar, com a devida cautela, se a conduta de alguém é idônea e apta para a produção do resultado. Para essa conclusão, a base será a experiência, o bom senso, a ponderação e, principalmente, o profundo conhecimento dos princípios e valores norteadores das relações privadas intersubjetivas.

Alguns doutrinadores, a fim de melhor explicar a teoria da causalidade adequada e torná-la compatível com o disposto no art. 403 do CC, conceberam a denominada "subteoria da causalidade necessária", decorrente da causalidade adequada.

Na verdade, esta é uma variação da teoria da causalidade adequada. Para a causalidade necessária, o mais relevante é considerar se a causa foi necessária para a ocorrência do dano. O que seria "causa necessária"? É a causa idônea, a causa relevante e adequada para o resultado. Não há muito sentido nessa subteoria, a não ser tornar mais complexo um tema já complexo por natureza. É um nome diferente dado para a teoria da causalidade adequada, ou seja, um novo rótulo.

Para a teoria da causalidade necessária, se exige um nexo causal necessário entre a inexecução ou a conduta prevista em lei como geradora de responsabilidade e o dano. Enfim, a teoria da causalidade adequada impõe a análise, mediante juízo de valor no caso concreto, de qual a causa que, por si só, teve condições de produzir o resultado, ou seja, qual foi a causa idônea, relevante e determinante.

Apenas para finalizar o assunto do nexo de causalidade, é importante mencionar a possibilidade de ocorrer a chamada concorrência de causas. Havendo concorrência de causas também será preciso apurar em que medida a vítima efetivamente concorreu para o resultado, em que medida a sua conduta foi ou não causa adequada ao evento.

Isso é relevante, pois, embora culposa, se a conduta da vítima foi irrelevante e inócua para a produção do dano, não pode ser responsabilizada por ausência de nexo de causalidade entre sua conduta e o dano.

A conduta culposa, mesmo na chamada responsabilidade civil subjetiva, não é suficiente para a responsabilização do agente, ainda como concorrente. Para essa responsabilização, em matéria de ato ilícito subjetivo, é essencial que sua conduta, de alguma forma, tenha contribuído, decisivamente, de forma idônea e adequada, para o resultado. No caso concreto, deve ser apurado qual dos fatos ou culpas foi decisivo para o evento, isto é, qual dos atos imprudentes foi decisivo para o resultado.

Portanto, para o Código Civil, em matéria de nexo de causalidade, nem todas as condições que concorrem para o resultado são equivalentes, mas somente aquela que foi a mais adequada e relevante a produzir concretamente o resultado. Além de se indagar se uma determinada condição concorreu concretamente para o evento, é preciso apurar se, em abstrato, ela era adequada a produzir determinado efeito. Entre duas ou mais circunstâncias concretas, causa adequada será aquela que teve interferência decisiva.

É possível que a causa temporalmente mais próxima do evento não seja a mais determinante, caso em que deverá ser desconsiderada, por se tratar de mera concausa. Para melhor tratar a matéria e a fim de explicar tais expressões, foi criada a subteoria da causalidade necessária, para a qual o importante é que a causa seja a necessária para a ocorrência do dano porque ele a ela se filia, necessariamente; é causa única. O que essa teoria exige é um nexo causal necessário entre a inexecução ou a conduta prevista em lei como geradora de responsabilidade e o dano.

É preciso analisar qual foi a causa mais determinante, ou seja, aquela causa que, por si só, tenha condições de produzir o resultado.

O nexo causal pode ser excluído por: Fato exclusivo da vítima: para fins de interrupção do nexo causal basta que o comportamento da vítima represente o fato decisivo do evento. O nexo desaparece ou se interrompe quando o procedimento da vítima é a causa única do evento. O fato exclusivo da vítima exclui o próprio nexo causal. Fato de terceiro: Equipara-se ao fortuito e à força maior, por ser uma causa estranha à conduta do agente. Terceiro é qualquer pessoa além da vítima e do responsável que não tenha nenhuma ligação com o causar aparente do dano e o lesado e, caso fortuito e força maior.

Resumo

O nexo de causalidade é pressuposto para a responsabilidade civil, seja subjetiva (causa é a culpa em sentido amplo) ou objetiva (casos previstos em lei). O nexo é o liame, vínculo ou a ligação entre a causa/fonte e o dano. Ausente o nexo (salvo casos excepcionalíssimos), impossível atribuir ao sujeito (pessoa natural ou jurídica), conectado à causa, o dano suportado pela vítima. O nexo define a responsabilidade civil e a extensão do dano.

No direito civil, o nexo de causalidade é explicado a partir de algumas teorias: 1– equivalência dos antecedentes (pressupõe a equivalência entre condição e causa – qualquer condição para o resultado é considerada a causa deste – a causalidade é natural); 2– teoria da causalidade adequada (para esta teoria nem toda condição é causa – é essencial valorar a condição para verificar se foi idônea, relevante e determinante para o resultado – em caso positivo, tal condição é qualificada como causa e, portanto, quem a ela se relaciona, deu causa – há nexo ao resultado – em caso negativo, é mera condição e o sujeito que se vincula apenas a uma condição, de acordo com essa teoria, não deu causa – não há nexo) e, 3– teoria dos danos diretos e imediatos e a subteoria da necessariedade da causa (o nexo causal pressupõe relação de imediatidade, vínculo direto e imediato entre a causa e o resultado – art. 403 do CC. Os danos decorrentes de fatos indiretos e mediatos estariam excluídos da causalidade. O dano deve ser próximo e imediato – a sub– teoria da necessariedade da causa, com base na proporcionalidade, abranda a teoria para admitir os danos remotos, desde que, no caso concreto, haja relação de necessariedade entre o dano e a causa – se aproxima da teoria da causalidade). Há outras teorias, mas estas são as principais.

O nexo de causalidade apresenta dois grandes problemas, pouco explorados, não explicados, que dificultam a compreensão da RC e seus pressupostos: 1– O CC adota, de forma incondicional, uma das teorias?; 2– O nexo de causalidade deve ser analisado com base nos mesmos critérios, independente da causa da responsabilidade civil, subjetiva e objetiva?

Problema 1– O Código Civil não adota, de forma incondicional, nenhuma destas teorias. Na realidade, o sistema civil convive com todas as teorias (é comum na prática judiciária a confusão com as teorias, a menção de uma com a citação do fundamento de outra – é um mundo de incertezas), embora a teoria da causalidade adequada (análise abstrata dos fatos), obtemperada pela teoria da necessariedade da causa (análise concreta dos fatos), seja a mais aceita. Todavia, é comum associar as mais diversas teorias ao mesmo caso. O art. 403 sugere a adoção da teoria dos danos diretos e imediatos, mas o nexo causal não se restringe à questão temporal/espacial ressaltada por esta teoria. Além dos danos diretos, os danos remotos também podem ser indenizados, desde que a causa seja eficiente, adequada e relevante para o resultado (teoria da causalidade adequada) e tenha relação de necessariedade com os danos. Na maioria das vezes, para se evidenciar o nexo causal, se associa os fundamentos de várias teorias e, em outros casos, se considera apenas uma delas. Exemplo de associação: ainda que o dano seja remoto, se houver relação de necessariedade com a causa da qual decorre (teoria da necessariedade da causa), desde que idônea e relevante (causalidade adequada), haverá nexo. Por fim, em determinadas situações, para se fazer justiça no caso concreto, de forma excepcional, a mera condição pode ser equiparada a causa (equivalência dos antecedentes). As teorias devem ser harmonizadas, em especial porque cada uma tem vantagens e desvantagens, quando consideradas isoladamente.

Problema 2– A depender da causa da RC (subjetiva e objetiva), os critérios para apuração do nexo causal se alteram. Historicamente, na RC subjetiva, evidenciada a culpa, o nexo de causalidade se torna desdobramento lógico e necessário da conduta culposa. Se houve culpa (causa), deu causa (nexo) ao resultado. O nexo de causalidade e a fonte da RC subjetiva (culpa) se associam em termos históricos (o que hoje é um equívoco). Na atualidade, o nexo não pode ser considerado mero desdobramento da culpa, como se dela fosse parte integrante. Será essencial analisar se o comportamento culposo foi a causa determinante, principal, relevante ou a causa eficiente do resultado danoso. A culpa não afasta a necessidade de apurar o nexo entre conduta e o dano. Por conta desse vínculo histórico entre RC e culpa, que na subjetiva se despreza o nexo.

No âmbito da responsabilidade civil objetiva, o nexo de causalidade tem plena autonomia em relação à causa ou fonte. Exemplo: Ainda que determinado sujeito desenvolva atividade profissional de risco (art. 927, parágrafo único), será essencial verificar se tal atividade foi idônea, relevante, adequada e, se, no aspecto temporal/espacial, se conecta ao resultado. O nexo de causalidade na teoria objetiva tem maior destaque, justamente porque é a partir do nexo de causalidade que se determinará a responsabilidade civil objetiva (por isso aqui se cogita em fortuito interno e externo, que nada mais é do que a análise do nexo causal).

2.12.3.1. A questão da solidariedade na responsabilidade contratual

No âmbito da responsabilidade contratual, é interessante conectar a solidariedade com as teorias sobre o nexo de causalidade, em especial a teoria da causalidade adequada.

Segundo a teoria da causalidade adequada, somente é considerado causador do resultado aquele cuja contribuição possa ser considerada relevante e decisiva para o dano. Se vários sujeitos deram causa ao resultado, no caso, ao inadimplemento contratual, podem ser condenados solidariamente ao pagamento de perdas e danos (indenização).

No entanto, mesmo em caso de solidariedade, a indenização pode ser diferenciada, levando em conta a intensidade da conduta de cada um dos sujeitos para o resultado. Ou seja, na relação interna, entre os devedores solidários, as cotas da indenização poderão ser diferentes a depender do quão importante foi a conduta de cada um para o resultado.

Portanto, na responsabilidade civil contratual, na qual a solidariedade vigora como regra, quando há pluralidade de devedores, a diversidade das cotas na relação interna pode assentar na desigual situação dos responsáveis em matéria de culpa ou na diferente distribuição dos riscos para a verificação dos danos. Ou seja, a solidariedade só existe na relação externa, motivo pelo qual não interessa para o credor o valor da conta de cada um dos devedores, pois todos, perante aquele, serão devedores do todo. Mas a distribuição justa do valor das cotas na relação interna é importante para fins de direito de regresso.

2.12.4. A teoria dos juros de mora de mora no Código Civil

A disciplina jurídica dos juros de mora no Código Civil suportou profunda alteração com a Lei n. 14.905/2024 em razão das novidades introduzidas no art. 406 do Código Civil, que define a taxa SELIC como o parâmetro deste encargo.

Os juros moratórios integram a teoria da mora, porque têm como causa a mora de um dos sujeitos da relação jurídica obrigacional. A mora, portanto, é o fato determinante para a incidência destes juros denominados "moratórios". Portanto, para se cogitar de juros moratórios, pressupõe-se a existência de mora. Esta é a condição e o pressuposto dos juros moratórios disciplinados nos arts. 406 e 407 do CC.

O juro moratório difere do juro compensatório, o qual não é regulado pela teoria geral das obrigações. O juro compensatório corresponde ao preço devido pelo uso do capital. É expressão econômica da locação de importância pecuniária (dinheiro), o qual também pode ser conhecido como "fruto civil".

Por outro lado, o juro moratório tem como fundamento a mora.

Em relação ao juro moratório, sempre houve grave omissão do Código Civil. A matéria jamais foi regulada de forma precisa. A Lei n. 14.905/2024 tentou solucionar problema histórico.

De acordo com a nova redação do art. 406 do Código Civil, quando os juros moratórios não forem convencionados ou quando não houver taxa estipulada na sua convenção ou, se oriundos de imposição legal, devem ser fixados de acordo com a taxa legal. E, conforme o § 1º, do art. 406 do CC, a taxa legal corresponderá exatamente à taxa referencial do sistema de liquidação e de custódia, mais conhecida como taxa SELIC. Na aplicação da taxa SELIC deverá ser deduzido o índice de correção monetária previsto no parágrafo único do art. 389, justamente porque a SELIC também é composta de correção. A metodologia de cálculo e a forma de aplicação serão definidas pelo Conselho Monetário Nacional e Banco Central. Se apresentar resultado negativo, para evitar depreciação, será considerada igual a zero no período de referência.

O objetivo da Lei n. 14.905/2024 foi padronizar e unificar os índices de correção monetária e juros moratórios nas dívidas civis.

Todavia, em relação aos juros moratórios, há observação importante. Ainda que o *caput* do art. 406 sugira que é possível convencionar qualquer taxa de juros e a SELIC só é parâmetro se houver omissão, a SELIC sempre será o teto máximo, isso em razão da lei de usura.

Por isso, a prevalência da taxa contratada, em detrimento da SELIC, no caso dos juros moratórios, só ocorrerá quando a taxa contratada ou convencionada for inferior à taxa legal (SELIC) ou nos contratos em que uma das partes é pessoa autorizada pela lei de usura a contratar juros moratórios acima das taxas legais, único caso em que poderá ser superior à SELIC. A nova lei alterou a lei de usura para permitir que pessoas jurídicas pactuam taxa de juros moratórios acima da SELIC, entre outros (art. 3º da lei de usura).

As discussões até então existentes sobre a redação original do art. 406, que delegava a definição da taxa para outra legislação, aquela que definida para os impostos devidos à Fazenda Nacional, se SELIC ou CTN, foram encerradas com as alterações promovidas pela Lei n. 14.905/2024, que definiu a SELIC como a taxa legal de juros moratórios. O STJ, em precedentes recentes, já adotava a SELIC como parâmetro dos juros moratórios legais.

A corrente que sustentava a aplicação da taxa Selic, antes mesmo da Lei n. 14.905/2024, encontrou guarida em vários precedentes, inclusive recursos repetitivos e decisões de uniformização de jurisprudência no STJ. No REsp 1.102.552/CE, relatado por Teori Zavascki, foi consignado que: "Conforme decidiu a Corte Especial, atualmente, a taxa dos juros moratórios a que se refere o referido dispositivo (art. 406 do CC) é a taxa referencial do sistema Especial de Liquidação de Custódia, Selic, por ser ela a que incide como juros moratórios dos tributos federais (arts. 13 da Lei n. 9.065/95, art. 84 da Lei n. 8.981/95, art. 39, § 4º, da Lei n. 9.250/95, art. 61, § 3º, da Lei n. 9.430/96 e art. 30 da Lei n. 10.522/2002).

Os juros de mora previstos no art. 406 do CC são os legais. A taxa de referência para estes juros, como visto, é a Selic.

2.12.4.1. Os juros e a questão da prova do prejuízo

A exigência dos juros moratórios pelo sujeito prejudicado pelo inadimplemento não está condicionada à prova de qualquer prejuízo. O prejuízo, neste caso, é presumido.

Nesse sentido é o art. 407 do CC.

Os juros moratórios legais independem da prova de prejuízo, razão pela qual o art. 402 do CC ressalva a necessidade de prova das perdas e danos em hipóteses especiais previstas em lei. Uma destas hipóteses é justamente os juros moratórios, os quais, para serem exigidos, independem de prova.

Aliás, tais juros sequer dependem de pedido em processo judicial, conforme antiga Súmula do STF: "Súmula 254 – Incluem-se os juros moratórios na liquidação, embora omisso o pedido inicial ou a condenação". Em caso de decisão judicial, os pedidos de condenação em juros moratórios não precisam ser expressos. O art. 293 do CPC, é expresso neste sentido: "Os pedidos são interpretados restritivamente, compreendendo-se, entretanto, no principal os juros legais". Há pedidos implícitos que se consideram integrados à inicial, ainda que não haja formulação expressa. Entre estes pedidos implícitos estão os juros legais moratórios, previstos no art. 406 do CC.

2.12.4.2. Juros moratórios e incidência

Finalmente, no âmbito dos juros moratórios, o art. 405 do CC disciplina o momento da incidência deste encargo, cuja norma deve ser compatibilizada com a teoria da mora. Segundo dispõe o art. 405, contam-se os juros de mora desde a citação.

Não há uma sintonia entre o art. 405 do CC e a teoria da mora. De acordo com o art. 397, *caput*, da Lei Civil, o inadimplemento da obrigação, positiva e líquida, no seu termo, constitui de pleno direito em mora o devedor.

Portanto, nos casos de mora *ex re* (*dies interpellat pro homine*), o próprio termo de vencimento constitui, de pleno direito, o sujeito inadimplente em mora. Em casos de descumprimento de deveres jurídicos específicos (teoria do inadimplemento – obrigações e contratos), se houver termo certo de vencimento, a mora decorre do inadimplemento. Desta feita, constituída a mora, seus encargos, dentre eles os juros moratórios, passam a incidir imediatamente e não da citação, como sugere o art. 405.

Por outro lado, no caso de descumprimento de deveres jurídicos genéricos (teoria geral do direito civil – teoria do ato ilícito), o devedor é considerado em mora desde a data do ilícito, nos termos do art. 398 do CC. Nesta hipótese, por óbvio, se a mora se constitui desde o ilícito, os juros de mora devem incidir desde esta data, e não a partir da citação. Aliás, este entendimento foi consolidado pelo STJ na Súmula 54, segundo a qual os juros de mora, no caso de descumprimento de dever jurídico genérico (ato ilícito), são computados desde a data da ocorrência do ato lesivo. Portanto, também não se aplica o art. 405 a esta hipótese.

O que resta a ser regulado pelo art. 405 do Código Civil? As situações de mora *ex persona*, quando inexistir prazo ou termo certo de vencimento para o adimplemento e a interpelação for essencial para a constituição do devedor em mora. Entretanto, aqui há um reparo a ser feito: segundo o parágrafo único do art. 397 do CC, não havendo termo, a mora se constitui mediante interpelação judicial ou extrajudicial. No caso de constituição em mora por interpelação extrajudicial, os juros de mora serão contados desde a data da interpelação (constituição em mora), e não desde a citação.

Portanto, resta ao art. 405 disciplinar a situação em que, não havendo termo, ou seja, nos casos de mora *ex persona*, a mora será constituída pela própria citação, como está expresso no art. 240 do CPC. Quando a citação tiver a finalidade de constituir o devedor em mora, e só nesta hipótese, poderá ser invocado o art. 405 do CC, caso em que os juros de mora serão contados a partir da citação.

Todavia, se o devedor já foi constituído em mora antes da citação, seja pela prática de um ilícito, seja pelo inadimplemento de uma obrigação com termo, seja por uma interpelação extrajudicial, os juros de mora serão contados desde a constituição em mora e não desde a citação.

Aliás, nesse sentido é o Enunciado 427 da V Jornada de Direito Civil, promovida pelo CJF: "Art. 405: Os juros de mora, nas obrigações negociais, fluem a partir do advento do termo da prestação, estando a incidência do disposto no art. 405 da codificação limitada às hipóteses em que a citação representa o papel de notificação do devedor ou àquelas em que o objeto da prestação não tem liquidez".

Tepedino[357] defende que o art. 405 aplica-se não só às hipóteses de responsabilidade contratual, como mora *ex persona*, como também aos casos de responsabilidade extracontratual objetiva e de obrigações ilíquidas.

O art. 240 do CPC de 2.015 está afinado com o Código Civil, ao fazer referência aos arts. 397 e 398 da Lei Civil. A constituição em mora deverá ser de acordo com a Lei Civil e, por isso, os juros de mora, incidem desde o ilícito, o termo ou a própria citação, quando esta for a causa da mora.

2.12.5. A teoria da cláusula penal: conceito e introdução

2.12.5.1. Introdução

A cláusula penal, também denominada "pena convencional" ou "multa contratual", constitui um pacto acessório de natureza pessoal, vinculado à obrigação principal, a qual poderá ser exigida pela parte inocente em caso de inadimplemento absoluto ou relativo (total ou parcial), bem como se houver violação positiva do contrato (conduta inadequada ou comportamento defeituoso durante o processo obrigacional).

O Código Civil disciplina a cláusula penal nos arts. 408 a 416 e, se comparado às disposições da Lei Civil anterior (Código Civil de 1916), há inovações significativas, como a obrigatória redução equitativa desta em decorrência de sua função social e econômica (art. 413) e a possibilidade de ser exigida indenização suplementar ou complementar cumulativamente com a cláusula penal, quando tal indenização genérica for expressamente convencionada pelas partes no pacto principal (parágrafo único do art. 416).

A cláusula penal passa, então, a se conformar com valores sociais constitucionais e, por isso, deve ser estudada e analisada sob uma nova perspectiva (civil-constitucional).

O Código Civil não define cláusula penal, mas a doutrina, de uma maneira geral, a conceitua como "penalidade" ou "sanção de natureza civil", pactuada pelas partes como decorrência do princípio da autonomia privada, no intuito de pré-estimar as perdas e danos em caso de inadimplemento.

---

[357] TEPEDINO, Gustavo; BARBOSA, Heloísa Helena; BODIN, Maria Celina et al. *Código civil interpretado*. v. I (Parte geral e Obrigações - artigos 1º a 420). Rio de Janeiro/São Paulo: Renovar, 2004, p. 733.

Segundo Orlando Gomes[358]: "A cláusula penal, também chamada pena convencional, é o pacto acessório pelo qual as partes de um contrato fixam, de antemão, o valor das perdas e danos que por acaso de verifiquem em consequência da inexecução culposa de obrigação".

Em sua definição, o mestre já ressalta o que considera ser a principal finalidade da cláusula penal: Prefixação ou prévia estimativa das perdas e danos. Diz o mestre em referência: "Sua função é pré-liquidar danos".

Caio Mário[359], ao destacar o caráter acessório da cláusula penal e ressaltar a pena convencional como garantia do implemento da obrigação ou como liquidação antecipada das perdas e danos, se posiciona no sentido de que a finalidade principal da cláusula penal é o reforço do vínculo obrigacional e, subsidiariamente, pré-liquidação das perdas e danos.

Em seu conceito, Guilherme Nogueira Gama[360] destaca a cláusula penal como pacto acessório, "consoante a qual se impõe uma sanção de natureza econômica, em dinheiro ou outro bem pecuniariamente estimável, contra a parte inadimplente, violadora de uma obrigação".

A cláusula penal é a indenização por conta do inadimplemento, derivada de um negócio jurídico bilateral ou unilateral (quanto à formação). A maior incidência da cláusula penal é nos contratos, mas nada impede a sua previsão em negócio jurídico unilateral, como o testamento, naquelas situações em que o testador impõe obrigações ao testamenteiro (art. 1.980 do CC).

A cláusula penal está diretamente conectada com a teoria do inadimplemento (absoluto, relativo ou violação positiva do contrato), pois este é pressuposto para a sua incidência. A cláusula penal depende do inadimplemento, dele decorre necessariamente e sempre resultará de uma convenção dos sujeitos da relação jurídica obrigacional.

Em sua monografia sobre cláusula penal, Christiano Cassettari[361] explica que a cláusula penal não é qualquer multa existente no ordenamento jurídico, como a multa de trânsito, por ser esta fixada pela legislação e não pelas partes em um determinado negócio. Há necessidade de a cláusula penal ser fixada em negócio jurídico pelas partes e não pela lei, pelo juiz ou pela administração. No mesmo sentido Paulo Luiz Netto Lobo[362], para quem a cláusula penal deve ser convencionada, sendo impossível a sua imposição por lei.

A princípio, não há parâmetros objetivos para a quantificação da cláusula penal, mas apenas e tão somente a previsão legal de teto legal máximo, estabelecido no art. 412 do CC, que não pode ser excedido. Esse "teto" é o valor da obrigação principal. Tal regra tem a finalidade de evitar o abuso de direito e impor limites ao princípio da autonomia privada. Em leis especiais ou relações jurídicas específicas há outros limites. Por exemplo, para impedir o abuso do poder econômico, o art. 52, § 1º, do CDC, limita a cláusula penal a 2% (dois por cento) do valor da prestação principal. No próprio Código Civil, no condomínio edilício, há limitação da cláusula penal em até 2% (dois por cento) sobre o valor do débito (art. 1.336, § 1º, do CC).

A pena convencionada pode consistir no pagamento de soma em dinheiro ou no cumprimento de outra obrigação de dar ou de fazer, desde que passível de conversão em pecúnia.

2.12.5.2. Natureza jurídica da cláusula penal

Quanto à natureza jurídica da cláusula penal, várias teorias tentam explicá-la. Na realidade, tais teorias buscam desvendar a principal função e a verdadeira finalidade da cláusula penal.

A *teoria do reforço da obrigação principal* sustenta que a função da cláusula penal é reforçar o pacto para o fim de inibir o inadimplemento.

A *teoria da prefixação das perdas e danos, ou da pré-avaliação*, destaca que o objetivo ou a principal função da cláusula penal é fixar, de forma antecipada, os prejuízos para o caso de um eventual inadimplemento. Assim, segundo esta teoria, por ocasião da formação do contrato ou da obrigação, as partes avaliam quais serão os prejuízos se um dos sujeitos não cumprir ou adimplir a obrigação (prestação principal ou violar os deveres anexos de conduta – decorrente do princípio da boa-fé objetiva).

A terceira *é a teoria da pena*, segundo a qual a cláusula penal representa uma sanção para o sujeito inadimplente.

E, finalmente, a *teoria eclética*, a qual representa a junção das teorias do reforço da obrigação e da prefixação das perdas e danos.

Na monografia sobre cláusula penal, Cassettari ressalta que a doutrina ainda divide a cláusula penal em pura e não pura. A pura seria aquela pena convencional com a função de punir, de imposição de pena ao causador do descumprimento e, a não pura, aquela que, além do caráter punitivo, teria por objetivo indenizar os danos causados.

No sistema jurídico brasileiro, a tendência é considerar que a cláusula penal tem mais de uma função, ou melhor, múltipla função, motivo pelo qual a *teoria eclética* parece ser a mais adequada. A teoria eclética envolve a teoria do reforço e a teoria da prefixação das perdas e danos e, para alguns, como Rubens Limongi França[363], a teoria eclética teria adotado um modelo de natureza tríplice: reforço, pré-avaliação e pena. Além de Limongi França, são adeptos da teoria eclética: Maria Helena Diniz, Silvio Rodrigues, Arnold Wald, Washington de Barros Monteiro e Caio Mário da Silva Pereira.

---

[358] GOMES, Orlando. *Obrigações*. 17. ed. (atualizada por Edvaldo Brito – coord.). Rio de Janeiro: Forense, 2007, p. 186.

[359] PEREIRA, Caio Mário da Silva. *Instituições de direito civil*. 20. ed. Teoria geral das obrigações. Rio de Janeiro: Forense, 2004. v. II, p. 146.

[360] GAMA, Guilherme Calmon Nogueira. *Direito civil*: obrigações. São Paulo: Atlas, 2008, p. 392.

[361] CASSETTARI, Christiano. *Multa contratual – Teoria e prática*. São Paulo: Revista dos Tribunais, 2013, p. 51.

[362] LOBO, Paulo Luiz Netto. *Teoria geral das obrigações*. São Paulo: Saraiva, 2005, p. 303.

[363] FRANÇA, Rubens Limongi. *Teoria e prática da cláusula penal*. São Paulo: Saraiva, 1988.

Em conclusão, concordamos com Cassettari[364], segundo o qual, além da prefixação das perdas e danos, pode ser destacada que a cláusula penal terá por objetivo reforçar o cumprimento da obrigação, estimulando o seu adimplemento, já que o devedor irá se sentir compelido a cumprir a obrigação, sob pena de sofrer um desfalque patrimonial pelo descumprimento. Além disso, pode-se dizer que a cláusula penal possui também o objetivo de estabelecer uma pena, uma sanção, ao inadimplente de uma obrigação.

Rosenvald e Chaves[365] destacam essa multiplicidade de função da cláusula penal: "A cláusula penal desempenha função dúplice: inegavelmente, a sua função principal detém caráter ressarcitório, pois a pena convencional é previamente estipulada pelas partes, e, em caso de inexecução, o credor ficará dispensado de produzir provas em processo de liquidação, quanto aos eventuais danos emergentes e lucros cessantes. Há uma pré-avaliação dos prejuízos pela inexecução culposa; outrossim, acidentalmente, a cláusula penal possui natureza coercitiva, à medida que a imposição de uma sanção de caráter punitivo constrangerá o devedor a adimplir o contrato, reduzindo os riscos de descumprimento. Em suma, a coação é uma consequência indireta da liquidação prévia de danos".

A cláusula penal possui inegável natureza jurídica pré-indenizatória e não deixa de ser um meio alternativo de solução de conflitos privados. A vontade das partes substituirá a atuação do Estado no que se refere à delimitação e definição dos danos decorrentes do inadimplemento. Por isso, essa finalidade de pré-avaliação das perdas e danos prepondera e deve ser valorizada. Em razão da autonomia privada, os sujeitos, vinculados a uma relação jurídica obrigacional, recebem do Estado o poder de autorregular os seus interesses para o eventual inadimplemento.

Com a cláusula penal, o sujeito prejudicado pelo inadimplemento evita o desgaste natural de demonstrar, efetivamente, os prejuízos suportados pela ofensa a dever jurídico específico. Por outro lado, indiretamente, a cláusula penal é um fator de estímulo para os sujeitos cumprirem a obrigação, pois, de antemão, conhecem a sanção a ser suportada para o caso de inadimplemento. Por isso, ainda que uma finalidade seja direta ou indireta, a cláusula penal é dotada de várias funções, necessárias para o desenvolvimento regular das fases do processo obrigacional.

Essa multiplicidade de funções é respaldada pelo art. 416, *caput*, do CC, cujo dispositivo dispensa a alegação de prejuízo como condição para a exigência da cláusula penal.

De uma maneira ou de outra, a doutrina reconhece a multiplicidade de funções, em especial a de pré-liquidar danos e a de considerá-la como um meio de coerção, devido à natureza sancionatória, que muitos substituem simplesmente pela ideia de "reforço" da obrigação. É "reforço" porque os sujeitos se sentiram pressionados e "coagidos" a cumprirem a obrigação. As divergências ficam por conta de qual das funções devem preponderar, o que, na realidade, é uma questão secundária.

O fato é que o Código Civil assume expressamente a função de prefixação das perdas e danos, em especial no art. 410, quando permite a substituição da obrigação principal pela cláusula penal (o que denota o caráter indenizatório), bem como no art. 412, que limita o valor desta indenização prefixada.

2.12.5.2.1. Caráter acessório da cláusula penal

Além destas múltiplas funções, a cláusula penal é considerada pacto acessório.

Os bens jurídicos acessórios possuem uma relação de dependência e subordinação em relação ao principal. A acessoriedade (art. 92 do CC) pode se referir a coisas ou a direitos.

No caso dos direitos, podemos admitir direitos reais acessórios (hipoteca, por exemplo) e direitos obrigacionais acessórios (cláusula penal e arras).

O caráter acessório da cláusula penal pode ser extraído do art. 409, primeira parte, do Código Civil, segundo o qual a pena convencional pode ser estipulada em conjunto com a obrigação principal ou em ato posterior.

Em referência ao art. 409, Tepedino[366] destaca que o dispositivo legal se corporifica na expressão direta da natureza acessória da cláusula penal, dispondo que a cláusula penal pode ser firmada no mesmo ato de celebração do negócio ou em momento posterior. O referido professor chama a atenção para a supressão da regra existente no Código Civil de 1916 (art. 922), que tornava clarividente a acessoriedade da cláusula penal. Como desdobramento da regra de que o acessório segue o principal, o art. 922 enunciava que a nulidade da obrigação principal imporia a da cláusula penal. A regra não foi repetida, mas pode ser subentendida no art. 409.

Afirma Orlando Gomes[367]: "Diz que é obrigação acessória porque sua existência depende de outra obrigação, a que constitui o objeto principal do contrato, em função da qual se estipula, para o caso de inexecução. A nulidade da obrigação principal importa a da cláusula penal, que também se resolve se aquela for resolvida sem culpa do devedor".

Para Paulo Nader[368]: "A cláusula penal se identifica como obrigação acessória eventual, estabelecida em negócio jurídico. A cláusula vincula-se umbilicalmente à obrigação principal, aplicando-se à espécie o princípio geral de que o acessório segue o destino do principal".

---

[364] CASSETTARI, Christiano. *Multa contratual – Teoria e prática*. São Paulo: Revista dos Tribunais, 2013.

[365] FARIAS, Cristiano Chaves de; ROSENVALD, Nelson. *Direito das obrigações*. 4. ed. Rio de Janeiro: Lumen Juris, 2010, p. 529.

[366] TEPEDINO, Gustavo; BARBOSA, Heloísa Helena; BODIN, Maria Celina et al. *Código civil interpretado*. v. I (Parte geral e Obrigações - artigos 1º a 420). Rio de Janeiro/São Paulo: Renovar, 2004, p. 743.

[367] GOMES, Orlando. *Obrigações*. 17. ed. (atualizada por Edvaldo Brito – coord.). Rio de Janeiro: Forense, 2007, p. 186.

[368] NADER, Paulo. *Curso de direito civil – Obrigações*. Rio de Janeiro: Forense, 2019. v. II, p. 564.

Portanto, tal pacto acessório, instituído no contrato ou em ato posterior, servirá como parâmetro da indenização para o caso de inadimplemento.

Excepcionalmente, a cláusula penal poderá assumir uma posição de independência em relação à obrigação principal. Tal fato não retira o seu caráter acessório, como defendem alguns de forma equivocada. Nesta situação excepcional, apenas a cláusula penal não suportará as consequências ou não seguirá o destino da obrigação principal. Essa independência está relacionada aos efeitos e não à cláusula penal em si, a qual sempre dependerá da obrigação principal para desempenhar a sua função social e econômica. Não existe cláusula penal pela própria cláusula penal. A pena convencional sempre visará resguardar situações relacionadas à obrigação principal.

Entretanto, é possível que a cláusula penal seja estipulada como garantia da nulidade da obrigação principal. Nesta situação, a cláusula penal, para atingir a sua função social, continuará a depender da obrigação principal, mas, quanto ao efeito, não seguirá o destino da obrigação principal anulada quando visar garantir a própria nulidade desta. Neste caso, terá uma relativa independência em relação à obrigação principal, caso ocorra aquele evento específico (invalidação da obrigação principal). Nesta hipótese, embora o direito seja acessório, excepcionalmente esse acessório não seguirá o destino do principal (o princípio da gravitação jurídica não incidirá neste caso). Neste ponto, discordamos de parte da doutrina, como Rosenvald e Chaves[369], segundo os quais a cláusula penal perderia a natureza de segurança ao adimplemento da obrigação principal.

Por óbvio, em razão da natureza acessória, a invalidade da cláusula penal não acarretará a invalidação da obrigação principal. É o acessório que acompanha o destino do principal, e não o contrário. Aliás, essa conclusão pode ser extraída da segunda parte do art. 184 do CC, que disciplina o princípio da "redução do negócio jurídico". Nos termos do art. 184, segunda parte: "A invalidade da obrigação principal implica a das obrigações acessórias, mas a destas não induz a da obrigação principal". Em síntese, a invalidade do negócio jurídico acessório não se comunica com o principal.

Para finalizar este tópico, deve ser repudiada a ideia de cláusula penal como "sanção premial", quando é representada pela perda de um desconto sempre que o adimplemento não se consuma no tempo pactuado. O pagamento antecipado, com desconto, é comum no caso de mensalidades escolares, nos clubes, taxas de condomínio, dentre outros. Nestas situações, a pretexto de um desconto como "prêmio" pelo pagamento antecipado, os sujeitos simulam ou camuflam cláusula penal excessiva ou que extrapola os limites legais. Esse tipo de simulação não pode ser objeto de tutela estatal.

A simulação é um negócio jurídico nulo (art. 167). Nestes casos, há dois negócios: 1– O simulado ou aparente, que é o desconto como prêmio pela pontualidade; 2– O segundo é o dissimulado ou camuflado, que é a cláusula penal exorbitante ou abusiva. O primeiro negócio, simulado, é sempre nulo e assim deve ser reconhecido. Decretada a invalidade do negócio nulo, restará o dissimulado, a cláusula penal, que poderá ser válida se na substância e na forma não violar a lei e não prejudicar o sujeito da relação ou terceiro. Se a cláusula penal dissimulada violar a lei, será contaminada pela nulidade do negócio jurídico simulado e, por esta razão, também será nula.

2.12.5.3. Hipótese de incidência da cláusula penal – A questão da culpa

Segundo o art. 408 do CC, incorre de pleno direito na obrigação de pagar a cláusula penal o devedor que, culposamente, deixe de cumprir a obrigação ou se constitua em mora.

O Código Civil vincula a incidência da cláusula penal ao inadimplemento *culposo*. A culpa do devedor seria, portanto, pressuposto para a exigência desta prestação de natureza pessoal, que tem por finalidade prefixar as perdas e danos ou os prejuízos acarretados pelo inadimplente.

Como a cláusula penal sempre decorre de um pacto ou convenção das partes (art. 409), seu campo de incidência é o direito das obrigações, onde há deveres jurídicos específicos e, em consequência, vínculo jurídico entre os sujeitos (credores e devedores reciprocamente). Em caso de violação do dever jurídico específico, estará caracterizado o inadimplemento e, como consequência, o inadimplente responderá civilmente pela falta. É o que se convencionou denominar "responsabilidade civil contratual", uma vez que, antes do inadimplemento preexiste entre as partes relação jurídica de direito material. A responsabilidade civil contratual está disciplinada nos arts. 389 e ss. do Código Civil.

Nos termos do art. 389, não cumprida a obrigação, responderá civilmente o devedor por perdas e danos, juros, correção monetária e, finalmente, honorários de advogado. Como uma das funções da cláusula penal é a prefixação das perdas e danos, no caso de responsabilidade civil derivada de inadimplemento de obrigação, a cláusula penal substituirá apenas e tão somente essa espécie de indenização (perdas e danos), razão pela qual poderá ser cumulada com juros, correção monetária e honorários de advogado, que não integram o seu conteúdo. Portanto, na cláusula penal não estão incluídos outros consectários legais como correção, juros e honorários de advogado.

Todavia, tal inadimplemento capaz de gerar responsabilidade civil, de acordo com o Código Civil, poderá decorrer apenas de *conduta culposa do devedor* (culpa *lato sensu*, que abrange o dolo e a culpa em sentido estrito). Não há previsão legal para cláusula penal no caso de *imputação objetiva da responsabilidade*. É incompreensível a omissão do art. 408 do CC. A introdução do elemento culpa como condição para a incidência da cláusula penal suscita dúvidas e divergências em relação à sua aplicação nos casos de inadimplemento objetivo. Essa dúvida deve ser dirimida, pois

---

[369] FARIAS, Cristiano Chaves de; ROSENVALD, Nelson. *Direito das obrigações*. 4. ed. Rio de Janeiro: Lumen Juris, 2010, p. 530.

como bem pontua Hamid Charaf Bdine Jr.[370], "há hipóteses em que o inadimplemento independe de culpa, pois basta a constatação objetiva do descumprimento da obrigação. Nesses casos, a expressão 'culposamente', de que se vale o artigo ora em exame, deve ser havida como noção de mera imputação". Assim, apenas se o descumprimento decorrer de fato não imputável ao devedor seja subjetiva ou objetivamente, não haverá incidência da cláusula penal.

A responsabilidade civil objetiva também se relaciona a vários contratos e obrigações deles decorrentes, ou seja, no campo dos deveres jurídicos específicos e não apenas nos casos de deveres jurídicos genéricos (teoria do ilícito extracontratual – responsabilidade civil extracontratual, onde não preexiste relação jurídica entre as partes). O inadimplemento de determinada obrigação pode ser imputado subjetiva e objetivamente ao devedor, mas o art. 408 apenas permite a incidência de cláusula penal se o inadimplemento for culposo.

Tepedino[371] também ressalta que a culpa tradicional, mencionada no art. 408, deve ser afastada interpretativamente, em homenagem à coerência do sistema.

Em razão disso, não há dúvida de que a incidência da cláusula penal não pode, sob qualquer hipótese, ficar condicionada a uma conduta culposa do devedor. A cláusula penal é um pacto acessório e, como tal, gravita em torno da natureza e das consequências da obrigação principal. Isso significa que, caracterizado o inadimplemento objetivo, como pacto acessório, haverá incidência da cláusula penal em desfavor daquele que deu causa a tal inadimplemento. Não teria sentido considerar alguém inadimplente, independentemente de culpa, e não permitir a incidência da cláusula penal, acessória à obrigação principal, sob o argumento de que esta dependeria de uma conduta culposa. Portanto, é evidente, para dizer o mínimo, o equívoco do legislador com a péssima redação do art. 408, a qual, aparentemente (apenas na aparência), tenta condicionar a cláusula penal a uma conduta culposa do devedor. Em coerência com o sistema, o termo "culposamente" deve ser interpretado como imputabilidade, que pode ser subjetiva ou objetiva.

Se não houver culpa do devedor, haverá uma presunção *iuris tantum* de ausência de responsabilidade civil contratual. Entretanto, se restar provado que o devedor responde civilmente, ainda que não tenha uma conduta culposa, ou seja, de forma objetiva, como acontece no contrato de transporte, por exemplo, haverá a incidência da cláusula penal.

Apenas o fato exclusivo da vítima, o caso fortuito ou de força maior poderiam afastar a responsabilidade civil contratual e, em consequência, a incidência da cláusula penal.

Infelizmente, muitos doutrinadores respeitados, como Paulo Nader, Carlos Roberto Gonçalves, Mário Luiz Delgado, dentre outros, defendem que a culpa do devedor constitui pressuposto de exigibilidade da cláusula penal.

Finalmente, deve ser ressaltado que o direito subjetivo do credor à cláusula penal dependerá da comprovação da mora, nos termos do art. 397. Se a obrigação for a termo certo, a cláusula penal pode ser exigida logo após o vencimento da obrigação principal. Em sendo de termo incerto a obrigação, será necessária a constituição do devedor em mora por meio de interpelação (art. 397, parágrafo único, do CC). Assim, a antiga regra prevista no art. 921 do CC/1916 foi substituída pela norma geral que disciplina a constituição em mora prevista no art. 397.

2.12.5.4. Cláusula penal – Inadimplemento absoluto e relativo – Total e parcial

O art. 408 do CC, na parte final, dispõe que a cláusula penal poderá estar relacionada ao descumprimento da obrigação como um todo ou simplesmente se houver constituição em mora. Não há como vincular este dispositivo ao inadimplemento total e parcial.

A razão é simples: o inadimplemento absoluto, assim como o relativo, pode ser total ou parcial. Caracteriza-se como absoluto quando a obrigação principal não foi cumprida e não há mais possibilidade de vir a ser. Ou seja, o absoluto implica impossibilidade de cumprimento. Por outro lado, a impossibilidade pode estar relacionada a toda a obrigação, caso em que será total, ou apenas a uma parte dela, quando será inadimplemento absoluto, mas parcial. Exemplo interessante deste último caso é a agência de turismo que, durante a viagem, suprime dos passeios uma das cidades que estavam previstas no pacote. Com o retorno ao país de origem, não há mais possibilidade de cumprir esta parte da obrigação no período combinado e, portanto, o inadimplemento será absoluto, mas parcial.

O inadimplemento relativo ou teoria da mora se caracteriza quando não há cumprimento da obrigação, mas ainda há possibilidade de ser cumprida e interesse do credor no seu cumprimento. Da mesma forma, esse inadimplemento poderá ser total ou parcial. A obrigação de pagar dinheiro pode ser inadimplida no todo ou em parte.

Por isso, a segunda parte do art. 408 pode se ajustar a qualquer inadimplemento, absoluto ou relativo.

Em complemento, o art. 409 também disciplina qual inadimplemento que a cláusula penal tutelará.

Em primeiro lugar, o artigo é inequívoco sobre a natureza convencional da cláusula penal, que deve ser pactuada (nos termos do artigo "estipulada") no ato de estipulação da obrigação principal, em conjunto com esta ou, posteriormente, em ato separado, como decorrência do princípio da autonomia privada.

Na segunda parte, o artigo disciplina as espécies de cláusula penal. A cláusula penal pode resguardar a "inexecução completa" da obrigação, quando será denominada "cláusula penal compensatória", ou "alguma cláusula es-

---

[370] BDINE JR., Hamid Charaf. *Código civil comentado*. 2. ed. São Paulo: Editora Manole, p. 387.

[371] TEPEDINO, Gustavo; BARBOSA, Heloísa Helena; BODIN, Maria Celina et al. *Código civil interpretado*. v. I (Parte geral e Obrigações - artigos 1º a 420). Rio de Janeiro/São Paulo: Renovar, 2004, p. 743.

pecial" ou "simplesmente a mora", caso em que será rotulada de "cláusula penal moratória". A redação do art. 409 do CC novamente confunde inadimplemento absoluto e relativo, com a inexecução total e parcial.

Em primeiro lugar, a "inexecução completa" se refere à quantidade, ou seja, é o inadimplemento total, que pode tanto estar vinculado ao inadimplemento absoluto quanto ao relativo. No caso de resguardar uma "cláusula especial", o inadimplemento também significa quantidade, mas nesse caso é apenas parcial e, da mesma forma que o total, pode se relacionar ao inadimplemento absoluto e relativo. Por último, quando trata da mora, está disciplinando o inadimplemento segundo a natureza, ou seja, o relativo, que pode ser total ou parcial. Portanto, os arts. 408 e 409 evidenciam como é confusa a legislação civil em matéria de cláusula penal, o que serve para potencializar as discussões e acirradas controvérsias sobre a matéria.

2.12.5.5. Cláusula penal – Espécies – Compensatória e moratória

A cláusula penal pode ser classificada como *compensatória* ou *moratória*. Os sujeitos da relação jurídica obrigacional podem estabelecer ou convencionar a cláusula penal mais adequada aos seus interesses e a mais eficiente para o caso de inadimplemento. Nesta convenção, há duas modalidades ou espécies de cláusula penal, a serem eleitas de acordo com a "quantidade" do inadimplemento.

2.12.5.5.1. Cláusula penal compensatória

A cláusula penal compensatória tem por finalidade compensar a parte prejudicada pelo inadimplemento total de uma determinada obrigação. É a compensação pela inexecução integral da obrigação principal. Compensação porque se substituirá a obrigação principal pela cláusula penal. Haverá a possibilidade de sub-rogação real.

Na doutrina, a definição do tipo de cláusula penal também leva em conta se o inadimplemento é total. Segundo Tepedino[372], na hipótese de inadimplemento total da obrigação, tem a cláusula penal natureza compensatória.

Na leitura de Caio Mário[373], se a finalidade da cláusula penal é prevenir a inexecução completa da obrigação – estipulada para o caso de deixar o devedor de cumprir a totalidade de sua obrigação, será ela compensatória.

A distinção é absolutamente relevante em função dos diferentes efeitos da cláusula penal compensatória e da cláusula penal moratória.

Todavia, a identificação da espécie da cláusula penal não é fácil. Uma premissa a ser estabelecida é saber se inadimplemento total é sinônimo de inadimplemento absoluto. Não é. Inadimplemento total é gênero, do qual o inadimplemento absoluto[374] e o relativo[375] são espécies. Qual a importância disso? Apurar se o credor pode exigir a cláusula penal ou, alternativamente, a obrigação principal (inadimplemento total e absoluto) ou se poderá cumular a obrigação principal com o valor da cláusula penal (inadimplemento total e relativo).

A redação do art. 410 do CC, que estabelece os efeitos da cláusula penal compensatória, de forma equivocada, a associa a "inadimplemento total". O inadimplemento total (quantidade) não se confunde com o inadimplemento absoluto (qualidade). Se o inadimplemento for absoluto e total, a cláusula penal deve ser compensatória. Se o inadimplemento for absoluto e parcial, pode ser compensatória ou moratória.

Se a finalidade das partes for prevenir o inadimplemento total (em termos de quantidade – não podemos confundir inadimplemento total que exprime quantidade com o absoluto que está relacionado à possibilidade e ao interesse do credor), as partes devem estipular a cláusula penal compensatória. Até este ponto, sem problema.

Na segunda parte, ao tratar dos efeitos desta espécie de cláusula penal, o art. 410 permite que o credor opte entre o valor da cláusula penal ou persista na exigência do cumprimento obrigacional. Não pode haver cumulação. Por isso, o artigo diz que a cláusula penal compensatória é apenas uma alternativa e nada mais que isso.

Se a cláusula penal é apenas uma alternativa em benefício do credor, isso significa que a obrigação principal inadimplida ainda é passível de ser exigida. E, portanto, o inadimplemento deve ser relativo (teoria da mora), pois se for qualificado como absoluto (impossibilidade superveniente e ausência de interesse do credor), não haverá como exigir a tutela específica. Isso significa que é possível estabelecer cláusula penal compensatória no caso de inadimplemento meramente relativo.

Não há relação entre as espécies de cláusula penal e os tipos de inadimplemento, absoluto ou relativo, mas sim com a "quantidade" destes. O CC confunde inadimplemento total com inadimplemento absoluto.

Por esta razão, se nada, absolutamente nada foi cumprido pelo devedor (inadimplemento total), seja no âmbito do inadimplemento absoluto ou relativo, poderá incidir a cláusula penal compensatória. No caso de inadimplemento absoluto, o credor não terá como fazer a opção entre a obrigação e a cláusula penal, justamente porque a prestação é impossível de ser cumprida. Nesta situação, restará a ele apenas a cláusula penal ou a renúncia a esta e, com fundamento nos arts. 402 e 403, exigir as perdas e danos correspondentes. A alternativa entre cláusula penal e obrigação principal, ou esta opção de escolha, somente será possível naqueles casos de inadimplemento total e

---

[372] TEPEDINO, Gustavo; BARBOSA, Heloísa Helena; BODIN, Maria Celina et al. *Código civil interpretado*. v. I (Parte geral e Obrigações - artigos 1º a 420). Rio de Janeiro/São Paulo: Renovar, 2004, p. 744.

[373] PEREIRA, Caio Mário da Silva. *Instituições de direito civil*. 20. ed. Teoria geral das obrigações. Rio de Janeiro: Forense, 2004. v. II, p. 152-153.

[374] Inadimplemento absoluto: a prestação não foi cumprida e não há possibilidade de ser cumprida, por impossibilidade física ou jurídica superveniente ou mera ausência de interesse do credor.

[375] Inadimplemento relativo – Teoria da Mora: a prestação não foi cumprida, mas ainda é possível física e juridicamente de ser cumprida e o credor ainda tem interesse no seu cumprimento: possibilidade e interesse do credor.

relativo, quando a prestação não foi cumprida, mas ainda é possível ser. Neste caso, em substituição à prestação principal poderá o credor optar pela cláusula penal compensatória.

Segundo Rosenvald e Chaves[376], o art. 410 pretende demonstrar que o cumprimento da prestação objetiva primeiramente atender a uma utilidade do credor e, portanto, ele decidirá se é caso de desconstituir a relação obrigacional pela via da resolução, com imposição de cláusula penal ou, então, pretender o cumprimento da prestação, se ainda possível, como pretende o art. 475 do CC.

Ao admitir a tutela específica, a doutrina, de forma consciente ou inconsciente, acaba por admitir a cláusula penal compensatória no âmbito do inadimplemento relativo, pois no inadimplemento absoluto só resta ao credor perdas e danos. Não há dúvida de que a cláusula penal compensatória incidirá, na maioria das vezes, nos casos de inadimplemento absoluto, em substituição à obrigação principal, mas isso não a exclui da seara do inadimplemento relativo.

Estabelecida esta premissa, haverá o problema de identificar, no caso concreto, se a cláusula penal é compensatória ou moratória. Se as partes, expressamente convencionarem o tipo de cláusula penal, basta observar o quanto pactuado. Por outro lado, no caso de omissão das partes, só mediante análise do caso concreto. E, diante desta omissão, podem ser utilizados alguns critérios.

Um critério para fazer a distinção seria observar o valor da pena convencionada. Se a cláusula penal for muito inferior ao valor pactuado ou à obrigação principal, teria natureza moratória, mas se de valor elevado deverá ser considerada compensatória. Outro critério é buscar a real intenção das partes no caso concreto, já que, como bem ressalta Cassettari[377]: "Entende-se que a cláusula penal fixada para o caso de descumprimento de uma cláusula especial pode ser ora compensatória, ora moratória, dependendo do seu conteúdo, não podendo ser enquadrada de antemão em uma ou outra modalidade, já que deve ser analisado o caso concreto".

Outro critério para diferenciar a cláusula penal compensatória da moratória é a consequência jurídica, sendo compensatória a que substitui a obrigação principal e moratória a que pode ser exigida juntamente com a obrigação principal.

Não há dúvida de que a principal característica da cláusula penal compensatória é a substitutividade, porque o credor poderá exigi-la no lugar da obrigação principal, tudo para compensar o inadimplemento total da obrigação.

Em sendo compensatória a cláusula penal, nos termos do art. 410, terá o credor a prerrogativa de exigir o cumprimento da prestação principal ou, de forma alternativa, se satisfazer com a pena convencional. Nas palavras de Paulo Nader[378]: "O art. 410 do CC refere-se exclusivamente à hipótese de inadimplemento total, concedendo ao credor o direito de optar entre a aplicação da cláusula e o cumprimento da obrigação se esta puder, eficazmente, ser cumprida.

Não é permitida a cumulação de pedidos. No entanto, caso resolva insistir na obrigação principal e, por algum motivo, não ocorra o adimplemento, poderá o credor, subsidiariamente, se satisfazer com a cláusula penal.

Como a cláusula penal possui caráter substitutivo, não poderá ser exigida cumulativamente com a obrigação principal, mas a impossibilidade da obrigação principal, ainda que o credor tenha optado inicialmente por esta, não lhe retira o direito de buscar a satisfação com a pena convencional que, nesta hipótese, assumirá a natureza de compensação pelas perdas e danos decorrentes do inadimplemento.

Ao ressaltar os efeitos da cláusula pela compensatória, Orlando Gomes[379] é preciso: "Se o credor se interesse pelo cumprimento da obrigação, não pode exigi-la, por ser indenização substitutiva. Se o credor prefere reclamá-la, presume-se que seu interesse assim se satisfaz, não lhe sendo dado, obviamente, insistir no cumprimento da obrigação principal".

Silvio Rodrigues[380] vai além quando sustenta que o inadimplemento total poderá abrir três possibilidades ao credor. Além da opção entre a cláusula penal compensatória e a exigibilidade da obrigação principal, poderia pleitear perdas e danos, com fundamento no art. 389 do CC, quando teria de demonstrar os danos emergentes e lucros cessantes.

Se a cláusula penal tiver a finalidade de garantir o inadimplemento integral de uma obrigação, o credor não poderá cumulá-la com a obrigação principal. Nesta hipótese, deverá optar entre exigir a cláusula penal, prefixação ou antecipação das perdas e danos, ou a exigibilidade da obrigação principal, se o inadimplemento for relativo (teoria da mora) ou a exigência das perdas e danos (arts. 402 e 403), no caso de inadimplemento absoluto. Nesta última situação, o credor deverá renunciar à cláusula penal que substitui as perdas e danos e exigir, mediante comprovação em juízo, os danos emergentes e os lucros cessantes (perdas e danos judiciais).

Em síntese, a cláusula penal compensatória é uma alternativa para o credor, sendo vedada a sua cumulação com a obrigação principal (tutela específica) ou com perdas e danos (neste caso, a ressalva é a indenização suplementar).

---

[376] FARIAS, Cristiano Chaves de; ROSENVALD, Nelson. *Direito das obrigações*. 4. ed. Rio de Janeiro: Lumen Juris, 2010, p. 532.

[377] CASSETTARI, Christiano. *Multa contratual – Teoria e prática*. São Paulo: Revista dos Tribunais, 2013, p. 67.

[378] NADER, Paulo. *Curso de direito civil – Obrigações*. Rio de Janeiro: Forense, 2019. v. II, p. 572.

[379] GOMES, Orlando. *Obrigações*. 17. ed. (atualizada por Edvaldo Brito – coord.). Rio de Janeiro: Forense, 2007, p. 187.

[380] RODRIGUES, Sílvio. *Direito civil – Parte geral das obrigações*. 30. ed. São Paulo: Saraiva, 2007. v. II.

2.12.5.5.2. Cláusula penal moratória

A cláusula penal moratória é objeto de disciplina jurídica no art. 411 do CC, e tem por finalidade penalizar o devedor pelo retardamento no cumprimento da prestação ou para preservar cláusula específica do contrato. Neste caso, a cláusula penal é cumulativa, pois assistirá ao credor o direito de exigir do devedor a cláusula penal em conjunto com a obrigação principal. A cláusula penal compensatória é disjuntiva e a cláusula penal moratória é cumulativa.

Se a finalidade do sujeito não é uma compensação por meio da cláusula penal, mas apenas evitar e punir o retardamento culposo do adimplemento obrigacional, terá natureza compensatória e, por esta razão, pode ser cumulada com a obrigação principal.

Essa cumulatividade prevista no tipo é o principal efeito da cláusula penal moratória.

Como astutamente observam Rosenvald e Chaves[381]: "A multa contratual funciona com um sucedâneo das perdas e dos danos decorrentes do período em que a prestação ficou em atraso. Daí se infere que, em geral, a cláusula penal moratória terá um valor reduzido, enquanto a cláusula penal compensatória, por substituir a própria prestação, apresentará soma elevada".

Em relação ao valor como critério de definição da cláusula penal moratória, Paulo Nader[382] ressalta: "A cumulação é admitida porque as partes, ao convencionarem a cláusula penal para os casos de mora ou de incumprimento de alguma cláusula especial, o fazem fixando um valor proporcional à importância do fato, naturalmente bem aquém do relativo à obrigação principal".

Caio Mário[383] evidencia a finalidade punitiva da cláusula penal moratória e ainda destaca a característica desta modalidade: "A característica desta modalidade de pena é que não estabelece alternativa para o credor. Ao revés, tem ele o direito a pleitear cumulativamente a pena com o desempenho da obrigação principal. E, caso esta não seja possível, ou não lhe mais convenha, pode o credor exigir com as perdas e danos a penal moratória, desde que naquelas não ficarem estas embutidas".

As cláusulas penais, moratória e compensatória, podem ser cumuladas na mesma relação jurídica obrigacional, desde que oriundas de fatos geradores distintos. Por exemplo, em um contrato de compra e venda é possível que os sujeitos estipulem uma cláusula penal moratória para o caso de atraso de uma determinada prestação do contrato, bem como uma cláusula penal compensatória prefixando indenização para o caso de deterioração culposa do bem antes do adimplemento integral da obrigação.

Além disso, como já ressaltamos alhures, é possível a coexistência da cláusula penal, seja ela compensatória ou moratória, com outras verbas decorrentes do inadimplemento, como custas, honorários de advogado, correção monetária e juros de mora. Tais verbas possuem natureza e finalidades distintas da cláusula penal. O STF, na Súmula 616, dispôs ser possível a cumulação de multa contratual com os honorários de advogado após o advento do CPC vigente.

2.12.5.6. Limites da cláusula penal

Quanto ao valor máximo legal da cláusula penal, o art. 412 do CC reproduz, na íntegra, o disposto no art. 920 do CC/1916.

De acordo com a redação daquele dispositivo legal (art. 412 do CC), "o valor da cominação imposta na cláusula penal não pode exceder o da obrigação principal". Trata-se de regra jurídica limitadora da autonomia privada, mas atualmente esvaziada pelo art. 413, cujo dispositivo impõe ao juiz o dever de reduzir a cláusula penal excessiva.

Qual a finalidade deste "teto" ou limite máximo estipulado pelo legislador? Evitar que a cláusula penal seja fonte de enriquecimento sem causa. Não há outra justificativa. No caso da cláusula penal compensatória, por exemplo, onde a substitutividade é a característica marcante, não poderia o sujeito prejudicado pelo inadimplemento receber indenização que fosse superior ao que receberia se houvesse o adimplemento regular. Seria uma completa inversão de valores e a cláusula penal seria meio de enriquecimento injustificado, o que é vedado pelo art. 884 do CC.

Em que pese tais considerações, a questão do limite passou a despertar interesse no atual Código Civil, em razão da possibilidade de cumulação da cláusula penal (prefixação das perdas e danos) com indenização suplementar (fundada na teoria geral das perdas e danos – arts. 402 e 403 do CC). A pergunta é: Se for pactuada a indenização suplementar, esta pode superar o valor da obrigação principal?

A resposta é afirmativa. Neste caso, não haverá enriquecimento sem justa causa, tendo em vista que o credor deverá provar que os seus prejuízos decorrentes do inadimplemento são superiores ao valor da cláusula penal pactuada e do valor da obrigação principal. Aliás, o único objetivo da indenização suplementar prevista no art. 416, parágrafo único, do CC, é garantir à vítima do inadimplemento indenização integral, de acordo com a extensão do dano, conforme dispõe o art. 944 do CC. O princípio da restituição integral é o fundamento da denominada "indenização suplementar".

Sendo a cláusula penal insuficiente para cobrir os prejuízos decorrentes do inadimplemento e, se houver pacto expresso, para buscar a recomposição integral do patrimônio, deverá o prejudicado, com fundamento nos arts. 402 e 403, buscar a indenização complementar.

Por isso, *o art. 412 é apenas uma referência inicial a ser observada pelas partes por ocasião da formação da relação jurídica obrigacional.* Se na obrigação foi convencionada indenização suplementar e, por outro lado, o inadimplemento acarretar prejuízos que superem o valor da cláusula penal e da obri-

---

[381] FARIAS, Cristiano Chaves de; ROSENVALD, Nelson. *Direito das obrigações.* 4. ed. Rio de Janeiro: Lumen Juris, 2010, p. 532.

[382] NADER, Paulo. *Curso de direito civil – Obrigações.* Rio de Janeiro: Forense, 2019. v. II, p. 573.

[383] PEREIRA, Caio Mário da Silva. *Instituições de direito civil.* 20. ed. Teoria geral das obrigações. Rio de Janeiro: Forense, 2004. v. II, p. 153.

gação principal, terá o credor direito a exigir o valor que corresponda exatamente ao dano suportado (art. 944). Neste caso, o art. 412 não será um limitador para essa indenização suplementar que superar o valor da obrigação principal.

A indenização suplementar constitui inovação legislativa, pois não prevista na Lei Civil de 1916. Antes do atual Código, não era possível a cumulação de cláusula penal com perdas e danos (agora denominada "indenização suplementar"), justamente porque a cláusula penal já representava as perdas e os danos que as partes haviam previamente estimado por ocasião da formação da obrigação. No entanto, a partir do Código Civil de 2002, passa a ser possível a cumulação de cláusula penal compensatória ou moratória com indenização suplementar, mas apenas se os prejuízos forem superiores ao valor da pena convencional. Neste caso, para recompor integralmente o patrimônio de acordo com o art. 944 do CC, o art. 412 não limitará a indenização complementar.

Por isso, atualmente, o art. 412 foi esvaziado pelas novas regras, em especial os arts. 413 e o parágrafo único do art. 416. A única utilidade do art. 412 é servir como referência para os sujeitos *convencionarem a cláusula penal no momento da formação da obrigação. Os prejuízos supervenientes à formação da obrigação, ainda que superem a obrigação principal, não estarão limitados pelo art. 412.*

Não há teto para a indenização suplementar, mas, por óbvio, o prejuízo excedente, ao contrário da cláusula penal pactuada, deverá ser comprovado.

O Código Civil, em outros dispositivos, limita a cláusula penal, o que também ocorre em algumas leis especiais. Por exemplo, no condomínio edilício, a cláusula penal é limitada a 2% (dois por cento) do valor do débito (art. 1.336, § 1º). Em razão da necessidade de evitar abusos nos contratos de mútuo, o art. 9º do Decreto n. 22.262/33 (Lei de Usura), limita a multa contratual a 10% (dez por cento) do valor da obrigação. O art. 52, § 2º[384], do CDC, limita a multa convencional em, no máximo, 2% (dois por cento) sobre o valor da prestação. Nos contratos de promessa de compra e venda (Decreto-lei n. 5.819/37), a multa contratual máxima também é limitada a 10% (dez por cento).

Além destes, podem ser mencionados outros casos de limitação legal, situações em que o art. 412 do CC é inaplicável. Segundo Cassettari[385]: "Outro caso de inaplicabilidade da referida regra do Código Civil de 2002 se dá nas promessas de compra e venda de imóveis, oriundos de parcelamento de solo urbano, já que o art. 26, V, da Lei n. 6.766/79 a limita em 10% do valor da parcela descumprida. Também é limitada no mesmo percentual, 10%, a cláusula penal no caso de cédulas hipotecárias (art. 34, I, do Dec. n. 70/66), de títulos de crédito rural (art. 71 do Dec. n. 167/67) e de título de crédito industrial (art. 58 do Dec. n. 413/69)".

Estes limites ou "tetos" da cláusula penal, assim como ocorre com o art. 412, representam apenas uma referência inicial para os sujeitos convencionarem o valor da cláusula penal no momento da formação da obrigação, mas não limitam a indenização suplementar que eventualmente exceda tais limites.

No que tange ao limite previsto na Lei de Usura, houve debate sobre a possibilidade de estender o limite de 10% (dez por cento) para outros contratos, além do mútuo em dinheiro. Nas palavras de Tatiana Magalhães Florence[386], "na jurisprudência não há entendimento pacífico sobre a matéria. O próprio STJ não unificou seu posicionamento, ora dispondo ser aplicável para todos os contratos ora restringindo para os contratos de mútuo". A professora faz referência aos REsp 85.356/SP, REsp 151.458/RS e REsp 229.776/SP.

Como a imensa maioria dos contratos de mútuo está submetido ao Código de Defesa do Consumidor estas questões relacionadas à multa e sua relação com a Lei de Usura ficam sem sentido, como bem destacam Rosenvald e Chaves[387]: "atualmente, perde significado e eficácia a aludida previsão da Lei de Usura, pois a maior parte dos contratos de mútuo são regidos pelo Código de Defesa do Consumidor e, por conseguinte, pela já citada limitação da cláusula penal moratória ao teto de 2%".

Finalmente, neste tópico relativo ao teto da multa contratual, sempre houve intenso debate sobre a possibilidade de o valor máximo estabelecido pelo antigo art. 920 do CC/1916, agora reproduzido no art. 412, ser aplicado às denominadas "multas cominatórias", estabelecidas nas decisões judiciais, em especial que tinham por objeto obrigação de fazer ou não fazer. A doutrina processualista, de uma maneira geral, sempre considerou inaplicável esta limitação às "astreintes". A lei processual civil não estabelece qualquer limite para a multa cominatória e o juiz, de acordo com as circunstâncias do caso concreto, poderá reduzi-la ou aumentá-la. Portanto, não seria possível uma analogia entre a multa cominatória e a multa contratual, para fins de impor limitações.

Segundo destaca Tepedino, aqueles que rechaçam a analogia argumentam que o processo possui índole coercitiva e não de ressarcimento, permitindo, por isso mesmo, que o montante exigível possa ultrapassar o valor da obrigação, considerando-se que a pena processual é autônoma em relação à convencional, não se conflitando, conseguintemente, a aplicação e a disciplina de ambas.

Finalmente, uma questão que suscita acirrados debates é a possibilidade de aplicação do limite legal previsto no art. 412 (obviamente, quando não houver lei específica) para qualquer modalidade de cláusula penal, compen-

---

[384] Portanto, o limite da cláusula penal moratória para as relações de consumo é o estabelecido no art. 52, § 1º, do CDC. No entanto, mesmo nas relações de consumo, pode ser invocado o limite previsto no art. 412 para a cláusula penal compensatória.

[385] CASSETTARI, Christiano. *Multa contratual – Teoria e prática*. São Paulo: Revista dos Tribunais, 2013, p. 80.

[386] FLORENCE, Tatiana Magalhães. Aspectos pontuais da cláusula penal (arts. 408 a 416). In: TEPEDINO, Gustavo (coord.). *Obrigações:* estudos na perspectiva civil constitucional. Rio de Janeiro: Renovar, 2005, p. 525.

[387] FARIAS, Cristiano Chaves de; ROSENVALD, Nelson. *Direito das obrigações*. 4. ed. Rio de Janeiro: Lumen Juris, 2010, p. 539.

satória ou moratória. Em relação à cláusula penal compensatória, não há maiores divergências, devido ao seu caráter satisfativo e substitutivo. Isso justifica o limite ao valor da obrigação principal. No que tange à cláusula penal moratória, há intensas divergências.

Em sua monografia sobre multa contratual, Cassettari[388] ressalta que Serpa Lopes, Judith Martins Costa, Tartuce, Luiz Antônio Scavone Júnior e Cristiano Chaves de Farias entendem que o limite previsto no art. 412 do CC se refere à cláusula penal compensatória, já que, no caso da moratória, seria aplicado o art. 9º da Lei de Usura, que limita em 10% (dez por cento) ao valor da obrigação principal. Como bem ressaltou o referido professor, na linha oposta à tese defendida por estes doutrinadores, a jurisprudência sempre tendeu para restringir o limite da Lei de Usura ao contrato de mútuo feneratício, embora tenha havido precedentes[389] na linha dos juristas citados.

A doutrina amplamente majoritária considera que a Lei de Usura somente poderá ser invocada para regular os contratos de mútuo feneratício.

Em coerência com nossa linha de entendimento, não há nenhum motivo para excluir o art. 412 do âmbito da cláusula penal moratória. O problema todo está na ausência de critério para traçar os limites e diferenciar a cláusula penal compensatória da moratória. Um dos critérios utilizados pela doutrina é justamente o "valor" da pena convencionada. Tal critério, que não é definitivo e tampouco seguro, aproxima o art. 412 da cláusula penal compensatória e o afasta da cláusula penal moratória.

De acordo com o art. 411 do CC, a cláusula penal moratória tem por finalidade prevenir a mora ou dar segurança para outra cláusula determinada. A mora pode acarretar prejuízos econômicos substanciais, ainda que seja por pouco tempo. Por conta de um retardamento no cumprimento de uma obrigação, o sujeito pode perder inúmeros outros negócios que estavam vinculados àquele em que não houve cumprimento da obrigação no tempo oportuno. Para prevenir estes substanciais prejuízos, nada impede que a cláusula penal moratória seja fixada em valor próximo ao da obrigação principal, o que permitirá que ela seja exigida em conjunto com esta. Ademais, se houver abuso na estipulação da cláusula penal moratória, deverá o juiz, com fundamento no art. 413, reduzi-la.

Então, limitar a cláusula penal moratória ao percentual estabelecido na Lei de Usura é restringir demasiadamente o princípio da autonomia privada. Ninguém consegue prever as consequências econômicas para os negócios ou a vida privada de alguém por conta de uma simples mora. As partes são livres para estipular o percentual da cláusula penal moratória, observado o limite previsto no art. 412 do CC, quando não houver lei especial a disciplinar a matéria.

2.12.5.7. Redução equitativa e a função social da cláusula penal

A cláusula penal está inserida em um sistema civil que tem como referência valores sociais constitucionais, a boa-fé objetiva nas relações intersubjetivas, a função social dos institutos de direito privado e a preponderância das questões existenciais sobre as questões de natureza patrimonial.

Não há dúvida de que estes novos parâmetros ou valores, por óbvio, repercutem na estrutura, no conteúdo e nos efeitos jurídicos da cláusula penal. A cláusula penal passa a ter de se conformar a estes preceitos que inspiram e fundamentam o sistema. Isso significa que há condicionantes para que a cláusula penal mereça a tutela do Estado, sendo a principal delas ostentar uma função social e econômica compatível com o negócio jurídico a que tal pena convencional estiver atrelada.

No Estado Liberal, pós-Revolução Francesa, a pretexto de liberdade e segurança jurídica nas relações privadas, o princípio da autonomia da vontade era levado a extremos. Em razão da desconfiança da sociedade com o antigo Estado absolutista, os liberais revolucionários não permitiam qualquer interferência estatal nas relações de natureza privada. Em consequência, nas relações entre particulares, o poder de regular os próprios interesses era pleno e quase ilimitado, não havendo limite para a estipulação ou convenção de multas ou penalidades para o caso de eventual inadimplemento.

Ainda influenciada pelos sedutores ideais liberais dos revolucionários franceses, nossa legislação civil de 1916 não concedeu ao Estado-Juiz mecanismos de regulação do valor da cláusula penal estipulada por particulares, quando esta se mostrasse excessiva. O Estado não poderia intervir em uma obrigação privada para reduzir o valor de cláusula penal, ainda que esta fosse manifestamente excessiva. Isso denota a clara influência da liberdade pregada pelos franceses, viabilizada sob a bandeira do princípio da autonomia da vontade.

Como mecanismo de contenção de cláusulas penais abusivas, o Código Civil de 1916, muito timidamente, no art. 920, limitou o valor da cláusula penal ao da obrigação principal (como já ressaltado em tópico anterior) e, no art. 924, concedeu ao juiz a mera faculdade (e não a obrigação) de reduzir a cláusula penal, de forma proporcional, em caso de cumprimento parcial da obrigação. Nada mais do que isso.

Em razão da transição do Estado Liberal para o Estado Social e, mais especificamente, no Brasil, após a Constituição Federal de 1988, com a consolidação dos valores existenciais da pessoa humana, da solidariedade e cooperação nas relações privadas, boa-fé objetiva, função social e a busca incessante pela redução das desigualdades sociais, o Estado-Juiz passou a ter o poder/dever de interferir nas relações privadas para adequá-las e conformá-las a estes novos valores sociais constitucionais. Essa mudança de perspectiva foi sentida na cláusula penal, como se verifica no art. 413 do CC.

---

[388] CASSETTARI, Christiano. *Multa contratual – Teoria e prática*. São Paulo: Revista dos Tribunais, 2013, p. 82.

[389] REsp 229.776, de relatoria do Min. Ruy Rosado de Aguiar, onde ficou consignado que a limitação da multa contratual prevista na Lei de Usura não era restrita ao mútuo.

Capítulo 2 • Obrigações e Responsabilidade Civil

Por conta da submissão das relações privadas a estes valores e preceitos constitucionais (dignidade da pessoa humana, solidariedade social, igualdade substancial, ética e função social), a cláusula penal perde o seu caráter de imutabilidade para ser mutável quando não estiver adequada a estes novos preceitos, o que ocorrerá quando não houver abuso de direito de um dos sujeitos da relação jurídica obrigacional no momento da pactuação da cláusula penal, ou melhor, quando seu valor for manifestamente excessivo.

Se o valor da cláusula penal for manifestamente excessivo e, levado em conta o negócio jurídico que pretende tutelar e a finalidade buscada pelas partes, estará caracterizado o abuso de direito. E, nesta hipótese, o juiz tem o poder/dever de interferir na cláusula penal, a fim de reduzi-la equitativamente, ou seja, para valor justo, razoável e compatível com a obrigação pela qual está vinculada. Não se trata de mera faculdade, mas de dever imposto ao juiz pela norma legal.

A redução da cláusula penal, no caso de abuso de direito, assumiu ares de matéria de ordem pública, razão pela qual as partes não podem renunciar à sua possibilidade de redução e, por outro lado, deverá o juiz reduzi-la, de ofício, se não houver pedido da parte interessada.

Nesse sentido são os Enunciados 355 e 356, ambos da IV Jornada de Direito Civil, promovida pelo CJF: Enunciado 355: "Não podem as partes renunciar à possibilidade de redução da cláusula penal se ocorrer qualquer das hipóteses previstas no art. 413 do CC, por se tratar de preceito de ordem pública" e Enunciado 356: Nas hipóteses previstas no art. 413 do CC o juiz deverá reduzir a cláusula penal de ofício".

Como ressaltamos, o juiz tem o poder/dever e não mera faculdade de reduzir a cláusula penal excessiva.

A cláusula penal não pode ser fonte de enriquecimento sem causa do credor. Por conta disso, o juiz tem o dever funcional de reduzir a cláusula penal manifestamente excessiva, de ofício, se for o caso.

Como ressalta Caio Mário[390], ao comparar a função jurisdicional no âmbito da cláusula penal entre os diplomas de 1916 e 2002: "(...) vem, entretanto, o novo Código e converte em dever um poder, uma vez que o julgador teria o arbítrio de usar, se lhe parecesse que o inadimplente estava sendo sacrificado, ou deixar de utilizar se lhe parecesse que a penalidade era adequada, mesmo que a obrigação já estivesse executada em parte. *Impõe a redução da penalidade, como norma dirigida ao juiz. Deve ser reduzida pelo julgador, sempre que tiver ocorrido adimplemento parcial (...). Reduzida será, ainda, se ao juiz parecer manifestamente excessiva (...) se ficar instituída a redução por onerosidade excessiva, caberá ao juiz o poder de decretá-la, ainda contra a estipulação em contrato* (grifo nosso).

Sobre esse dever de redução, Tepedino[391] ressalta que o art. 413 tornou imperativa a redução, atribuindo ao juiz o dever e não mais a faculdade de aplicar o mecanismo em exame e com equidade. Por ser imperativo, é insuscetível de ser afastado pela vontade das partes ou pelo magistrado, a quem se tornou impositivo.

O fato é que a Lei Civil de 1916 não permitia ao devedor recusar o pagamento do valor integral da cláusula penal, a pretexto de ser excessivamente onerosa. Devido aos valores liberais que inspiraram aquele velho e desgastado diploma, a autonomia da vontade e a obrigatoriedade no cumprimento dos pactos obrigavam o cumprimento integral da cláusula penal, ainda que, no caso concreto, se revelasse injusta. O Estado não poderia intervir no valor pactuado pelas partes. Agora, com o art. 413 do CC, cujo dispositivo é sustentado nos referidos valores sociais constitucionais, em caso de abuso de direito, a ser apurado em cada caso concreto, o Estado-Juiz tem o dever legal de interferir na base objetiva da relação jurídica obrigacional, para reduzir a cláusula penal ao valor que considerar mais justo e razoável. O termo imperativo do art. 413 impõe essa intervenção ("A penalidade *deve* ser reduzida"). Como se trata de um preceito de ordem pública, é nula qualquer cláusula contratual impeditiva da redução da pena convencional, em caso de inadimplemento.

E quais são as hipóteses em que o Estado-Juiz tem o poder/dever de intervir na relação jurídica obrigacional para reduzir o valor da cláusula penal?

Segundo o disposto no art. 413, a redução da cláusula penal é obrigatória em duas situações bem distintas: cumprimento parcial da obrigação e penalidade manifestamente excessiva.

1ª hipótese: *cumprimento parcial da obrigação:* Em relação à primeira hipótese de redução obrigatória da cláusula penal, não há novidade em relação ao disposto no art. 924 do CC/1916, com a ressalva de que a redução, agora, é obrigatória e não facultativa.

Se a obrigação foi cumprida em parte, o juiz tem o dever de reduzir, por equidade, o valor da cláusula penal. O art. 924 do CC/1916 exigia que a redução fosse proporcional. Por exemplo, se a obrigação fosse cumprida em 20% (vinte por cento), na mesma proporção, ou seja, nos mesmos 20% (vinte por cento), teria de ser reduzida a cláusula penal. A redução se resumia a cálculos aritméticos. Em tese, o critério era até razoável, mas poderia ser injusto à luz do caso concreto. O art. 413 do CC não faz qualquer referência à "proporcionalidade", justamente porque a "proporção" foi substituída pela equidade (justiça). Isso, sem dúvida, confere ao julgador uma grande flexibilidade para reduzir o valor da cláusula penal, sem estar vinculado a um critério objetivo matemático.

A redução, "por equidade", envolve a análise do caso concreto, as circunstâncias do negócio, o contexto social,

---

[390] PEREIRA, Caio Mário da Silva. *Instituições de direito civil*. 20. ed. Teoria geral das obrigações. Rio de Janeiro: Forense, 2004. v. II, p. 160-161.

[391] TEPEDINO, Gustavo; BARBOSA, Heloísa Helena; BODIN, Maria Celina et al. *Código civil interpretado*. v. I (Parte geral e Obrigações - artigos 1º a 420). Rio de Janeiro/São Paulo: Renovar, 2004, p. 750-751.

a complexidade, a natureza jurídica, a finalidade E os interesses envolvidos para que, ao final, possa o magistrado fazer um juízo de valor, a fim de definir a quantia mais justa para a cláusula penal. Em razão da previsão da equidade, como novo critério de redução da cláusula penal, na IV Jornada de Direito Civil foi aprovado o Enunciado 359, segundo o qual a redação do art. 413 não impõe que a redução da penalidade seja proporcionalmente idêntica ao percentual adimplido. No entanto, se, no caso concreto, o juiz considerar que o critério mais justo é a redução proporcional, poderá adotá-lo, não porque a redução deve ser proporcional, mas sim porque, no caso concreto, a redução proporcional é a que se revela para o julgador a mais adequada, honesta e justa.

Na verdade, o art. 413 retira do julgador as amarras de um critério objetivo de redução, o da proporcionalidade, para conceder a ele um critério valorativo ético social, a equidade. No entanto, ao ponderar os interesses e fazer o juízo de valor no caso concreto, o magistrado poderá considerar que a redução equitativa deverá ser pela proporcionalidade. A proporcionalidade deixa de ser a causa da redução da pena convencional, para se tornar apenas uma das infinitas consequências possíveis da nova causa de redução, a equidade.

Sobre essa questão da "equidade", são precisas as palavras de Cassettari[392]: "A equidade é uma das cláusulas gerais mais conhecidas do sistema da *civil law*. A cláusula geral é uma janela aberta deixada pelo legislador para que o magistrado possa fazer justiça no caso concreto, haja vista que a subjetividade retira o juiz da rigidez da legislação anterior, em veneração ao princípio da eticidade".

A "equidade" segue sim padrões de experiência comum aplicáveis ao caso concreto na busca do justo equilíbrio entre direitos e deveres, sem qualquer possibilidade de arbitrariedade, mas de justiça social no caso concreto.

O princípio da intangibilidade contratual, em matéria de cláusula penal, está definitivamente sepultado. Em caso de cumprimento parcial da obrigação, não importa a natureza da cláusula penal, se compensatória ou moratória, para fins de redução obrigatória e equitativa.

Nesse sentido, confira-se recente decisão do STJ, no REsp 1.212.159/SP, de relatoria do Min. Paulo de Tarso Sanseverino, julgado em 19-6-2012.

Apenas uma observação: há casos em que se torna impossível o cumprimento parcial da obrigação. Se alguém se compromete a entregar um cavalo a outrem, ou entrega o cavalo e a obrigação terá sido cumprida na íntegra ou não entrega e o inadimplemento será total.

2ª hipótese: *cláusula penal manifestamente excessiva*

Esta hipótese retrata a inovação legislativa, com a adequação da cláusula penal aos valores sociais constitucionais, à socialidade, eticidade, operabilidade, equivalência material e função social das relações privadas. Em caso de manifesto excesso, o juiz passa a ter o dever social de intervir na relação obrigacional para operar a redução da cláusula penal, mediante o critério da equidade.

Trata-se de um "conceito jurídico indeterminado", pois somente à luz do caso concreto poderá o juiz verificar se houve ou não abuso de direito na pactuação da cláusula penal ou se a pena convencional se tornou abusiva por algum fato superveniente.

Como bem ressaltam Rosenvald e Chaves[393]: "Como reflexo do princípio constitucional da proporcionalidade, será um dever do magistrado adequar a cláusula penal à redução dos fatos, preservando a isonomia material entre as partes e o sinalagma contratual, eis que a missão de qualquer contratante é preservar os direitos fundamentais da contraparte".

Os parâmetros para o juiz verificar se a cláusula penal é excessivamente onerosa são *a natureza e a finalidade do negócio jurídico ao qual ela está atrelada. Portanto, há uma necessária conexão entre a excessiva onerosidade da cláusula penal e a complexidade do negócio, a natureza, as circunstâncias sociais, o contexto fático, a finalidade visada pelas partes, assim como fim social, antes de ser operada a redução.*

Não há dúvida de que a observância da "natureza" e "finalidade" do negócio jurídico é condicionante apenas desta segunda hipótese (cláusula penal manifestamente excessiva), pois o cumprimento parcial da obrigação (1ª hipótese) envolve fatores objetivos de consideração. Aliás, a recomendação do artigo é inequívoca quando impõe a redução do montante da penalidade manifestamente excessiva, desde que, nesta hipótese, observe se a excessiva onerosidade é ou não justificada em razão da natureza e finalidade do negócio.

Em matéria de cláusula penal, há um dispositivo que evidencia a necessidade de compatibilizar a pena convencional com os valores sociais constitucionais. Nesta hipótese inovadora, a redução também se dará por equidade, tudo a fim de ser alcançada a necessária igualdade substancial e material no caso concreto. O fundamento para esta hipótese de redução é constitucional, mais precisamente os princípios da solidariedade social, igualdade substancial, eticidade nas relações privadas e função social. Só terá função social a cláusula penal adequada à natureza e a finalidade do negócio ao qual tal pacto acessório está vinculado. Essa adequação jurídica social da cláusula penal somente é possível à luz do caso concreto. A cláusula penal não poderá, sob qualquer pretexto, ser fonte de enriquecimento sem causa. E a cláusula penal manifestamente excessiva poderá levar ao enriquecimento injustificado do credor.

A redução da cláusula penal excessivamente onerosa ou em caso de cumprimento parcial, não afasta a possibilidade de a pena convencional ser reduzida por outras causas, como a frustração do fim do contrato e a teoria da onerosidade excessiva, como bem assentado no Enunciado 358 da IV Jornada de Direito Civil: "O caráter manifestamente excessivo do valor da cláusula penal não se

---

[392] CASSETTARI, Christiano. *Multa contratual – Teoria e prática*. São Paulo: Revista dos Tribunais, 2013, p. 89.

[393] FARIAS, Cristiano Chaves de; ROSENVALD, Nelson. *Direito das obrigações*. 4. ed. Rio de Janeiro: Lumen Juris, 2010, p. 538.

confunde com a alteração de circunstâncias, a excessiva onerosidade e a frustração do fim do negócio jurídico, que podem incidir autonomamente e possibilitar a sua revisão para mais ou para menos".

Nesta segunda hipótese, diante de uma cláusula penal compensatória ou moratória, considerada pelo intérprete manifestamente excessiva, a depender da natureza e finalidade do negócio, é obrigatória a sua redução por meio de um juízo de ponderação.

Entretanto, há um limite claro para a redução. Em nenhuma das hipóteses, poderá a cláusula penal ser reduzida a montante inferior ao prejuízo efetivo causado ao credor, tendo em vista a natureza da cláusula penal (prefixação das perdas e danos) e o disposto no art. 944 do CC, segundo o qual a indenização se mede pela extensão do dano.

Como ressalta Cassettari[394], tal fato demonstra que a mudança do critério da proporcionalidade para a equidade foi acertada por ser mais justa. Na proporcionalidade, poderia a redução ser levada a patamar inferior ao prejuízo do credor, cuja injustiça não ocorrerá no critério da equidade (valorativo). E continua o autor: "Perante a superioridade de determinada pena, o juiz só poderá concluir pelo seu caráter manifestamente excessivo após ponderar uma série de outros fatores, à luz do caso concreto, que um julgamento por equidade requer".

A redução pode estar relacionada tanto à cláusula penal compensatória quanto à moratória, independentemente do motivo, ou seja, se houver cumprimento parcial ou se for manifestamente excessiva. A excessiva onerosidade da cláusula penal somente é passível de apuração no caso concreto, havendo ou não limite legal para ela. Os limites estabelecidos por algumas leis especiais, como a Lei de Usura, nos contratos de compra e venda de imóveis loteados, nos contratos de consumo, dentre outros, também são passíveis de redução se, diante do caso concreto, se revelarem excessivas.

O excesso não invalida a cláusula penal, ou seja, não a contamina por completo, apenas acarreta a sua redução para bases justas e razoáveis. Exemplo interessante de cláusula penal excessiva, mencionado por Paulo Netto Lobo[395], é aquela que incide sobre a totalidade da dívida e não apenas sobre o valor da parcela inadimplida.

Diante desta nova perspectiva funcional da cláusula penal, não foi reproduzida a regra do *solve et repete* (paga para cobrar depois), prevista no art. 927 do CC/1916, segundo o qual o devedor não poderia eximir-se de cumprir a cláusula penal, a pretexto de ser excessiva. Atualmente, antes do pagamento da cláusula penal, poderá o devedor, com fundamento no critério e nas hipóteses do art. 413, exigir a sua redução.

No mais, nos contratos de adesão de natureza civil, a redução equitativa deve ser a regra, devido ao estabelecimento unilateral de cláusulas, já com previsão de pena convencional muitas vezes excessiva, sem que haja qualquer possibilidade de alteração do seu conteúdo. Em contratos por adesão, normalmente, a cláusula penal é excessiva, como é comum nas locações comerciais por adesão.

Sobre o art. 413 do CC, importante ressaltar o teor do Enunciado 428, da V Jornada de Direito Civil, promovida pelo CJF: "As multas previstas nos acordos e convenções coletivas de trabalho, cominadas para impedir o descumprimento das disposições normativas constantes desses instrumentos, em razão da negociação coletiva dos sindicatos e empresas, tem natureza de cláusula penal e, portanto, podem ser reduzidas pelo Juiz do Trabalho quando cumprida parcialmente a cláusula ajustada ou quando se tornarem excessivas para o fim proposto, nos termos do art. 413 do Código Civil".

2.12.5.8. Cláusula penal e a divisibilidade ou indivisibilidade da obrigação

Os arts. 414 e 415 do CC correlacionam a exigibilidade da cláusula penal com a divisibilidade ou indivisibilidade de determinada obrigação.

Antes da análise minuciosa dos referidos dispositivos, é importante apresentar alguns conceitos sobre a indivisibilidade e a divisibilidade de uma obrigação.

A divisibilidade da prestação da obrigação é a regra (art. 257) e a indivisibilidade, a exceção (art. 258). Segundo o art. 258 do CC, a obrigação (na verdade é a prestação, objeto da obrigação, que é indivisível) é indivisível quando a prestação tem por objeto uma coisa ou um fato não suscetível de divisão, por sua natureza, por motivo de ordem econômica, ou dada a razão determinante do negócio. Na realidade, este dispositivo é um desdobramento dos arts. 87 e 88 do CC, que disciplinam os bens jurídicos indivisíveis e a obrigação é um bem jurídico imaterial, mas um bem jurídico. A indivisibilidade pode decorrer da natureza da coisa objeto da prestação (apartamento, carro, cavalo etc. – nestes casos, não há como fracionar o objeto sem que perca as qualidades essenciais do todo), de uma imposição legal (área urbana que já atingiu a metragem mínima, a servidão predial etc.) ou da convenção das partes (art. 88). As partes, em decorrência do princípio da autonomia privada, podem pactuar a indivisibilidade.

No caso do art. 414, o objetivo é personalizar a responsabilidade do devedor em relação à cláusula penal, da mesma forma que o art. 263 já prevê.

Portanto, se a obrigação for indivisível, todos os devedores, ainda que a falta seja imputada a apenas um deles, incorrerão na pena ou na cláusula penal, na proporção de suas cotas. Entretanto, o credor só poderá demandar a integralidade da cláusula penal do culpado ou responsável pelo inadimplemento, pois a responsabilidade civil dos demais é limitada à respectiva cota-parte.

Por exemplo, "A", "B", "C" e "D" são devedores solidários de uma obrigação indivisível no valor de R$ 100.000,00 (cem mil reais), sendo que a cota-parte de cada devedor corresponde a 25% (vinte e cinco por cento). A cláusula penal para o caso de inadimplemento é de 10%

---

[394] CASSETTARI, Christiano. *Multa contratual – Teoria e prática*. São Paulo: Revista dos Tribunais, 2013, p. 91.

[395] LOBO, Paulo Luiz Netto. *Teoria geral das obrigações*. São Paulo: Saraiva, 2005, p. 311.

(dez por cento) sobre o valor do débito principal, ou seja, R$ 10.000,00 (dez mil reais), sendo que cada um dos quatro devedores responde por R$ 2.500,00 (dois mil e quinhentos reais) ou 25% (vinte e cinco por cento) do valor da cláusula penal. Se o responsável pelo inadimplemento for "D", poderá o credor exigir de todos, na proporção de suas cotas, a integralidade da cláusula penal de R$ 10.000,00 (dez mil reais), mas do culpado "D" poderá cobrar a integralidade da cláusula penal (R$ 10.000,00), ainda que sua cota seja de apenas 25% (vinte e cinco por cento).

Nas palavras precisas de Tepedino[396], que endossamos: "Tão somente do devedor culpado pelo inadimplemento se poderá exigir a multa em sua integralidade. Dos codevedores não culpados apenas se autoriza demandar a sua respectiva cota-parte na multa convencional. Isto porque, embora se tratando de obrigação indivisível, a pena convencional tem natureza divisível. Individualizando-se, por conseguinte, a quota-parte de cada um dos devedores".

Entretanto, o parágrafo único do art. 414 do CC garante aos não culpados ação regressiva contra o codevedor que deu causa à aplicação da pena. Isto porque os não culpados foram penalizados pelo ato de um dos codevedores. Na relação interna entre eles, com fundamento nesta conduta culposa ou inadequada do codevedor faltante, os não culpados poderão exigir, em regresso, o valor desembolsado a título de cláusula penal.

Por outro lado, se a obrigação for divisível, nos termos do art. 415, só incorre na pena o devedor ou herdeiro do devedor que a infringir, e proporcionalmente à sua parte na obrigação. Na divisibilidade, as obrigações são autônomas e independentes. Assim, a conduta culposa ou inadequada de qualquer codevedor não poderá repercutir negativamente na esfera jurídico do outro. É um desdobramento do art. 257 do CC, segundo o qual se fraciona a obrigação divisível em tantas obrigações, iguais e distintas, quantos são os credores ou devedores. Neste caso, cada um dos devedores somente deve a sua cota-parte no débito, bem como na cláusula penal, na proporção da cota.

2.12.5.9. Cláusula penal e vinculação a prejuízo

A cláusula penal, dentre outras funções e finalidades, constitui instrumento por meio do qual os sujeitos prefixam as perdas e danos para o caso de eventual inadimplemento. O inadimplemento é uma das fontes de responsabilidade civil (arts. 389 e 395 do CC). A responsabilidade civil, por sua vez, pressupõe a existência de um dano, material ou moral.

Dito isso, em regra, é possível afirmar que não há responsabilidade civil sem dano, material ou moral.

No entanto, no âmbito da cláusula penal, essa premissa que fundamenta a responsabilidade civil contratual é mitigada. E a razão desta mitigação está presente no art. 416, *caput*, do CC: "Para exigir a pena convencional, não é necessário que o credor alegue prejuízo".

O que isso significa? Em razão da própria natureza e finalidade da cláusula penal se dispensa a liquidação dos eventuais danos suportados por um dos sujeitos em caso de inadimplemento. Se a obrigação principal ostentar cláusula penal, não haverá discussão sobre a existência e a extensão dos danos sofridos, o que pode levar o inadimplente a cumprir a cláusula penal, ainda que a outra parte não tenha suportado prejuízo.

Assim como está expresso no art. 407 do CC, que disciplina os juros moratórios, o art. 416 desvincula a cláusula penal da demonstração de prejuízo. Por esta razão, o art. 402, que informa a composição das perdas e danos, lucros cessantes e danos emergentes, ressalva a desnecessidade de demonstrar tais prejuízos "nos casos previstos em lei". Os "casos previstos em lei" são os arts. 407 (juros de mora) e 416 (cláusula penal).

Portanto, a cláusula penal admite a responsabilização do devedor faltoso, independentemente da ocorrência do dano. A inexecução da obrigação passa a ser danosa, por si só, não tendo importância a ocorrência de prejuízo. Como afirma Cassettari[397], "a cláusula penal é devida pelo simples inadimplemento, não cabendo a apuração de prejuízo".

A cláusula penal pode estar além ou aquém do montante efetivo do prejuízo, ao contrário das perdas e danos tradicionais, previstos no art. 402, que permitem o ressarcimento integral dos danos. O credor não pode, sob qualquer pretexto, como regra, pretender aumentar o valor da cláusula penal. A exceção é a possibilidade de indenização suplementar a ser analisada no tópico seguinte. Por outro lado, o devedor não poderá requerer a redução da cláusula penal, salvo se comprovada qualquer das hipóteses do art. 413 do CC.

2.12.5.10. Cláusula penal e indenização suplementar

Em considerável inovação legislativa, o Código Civil, no parágrafo único do art. 416, passou a admitir a cumulação da cláusula penal com o que denominou "indenização suplementar". Esta nada mais é do que a indenização fundada no art. 402 do CC, que impõe ao prejudicado pelo inadimplemento o ônus de comprovar que os prejuízos decorrentes do inadimplemento superam o valor da cláusula penal pactuada por ocasião da formação da obrigação (as perdas e danos e os lucros cessantes).

No entanto, a "indenização suplementar" somente é possível se os sujeitos da relação obrigacional, além da cláusula penal, tiverem pactuado expressamente a possibilidade de ser exigida indenização suplementar para o caso de o prejuízo exceder ao valor previamente estimado na pena convencional. Se não houver convenção expressa para a cobrança da "indenização suplementar", não há possibilidade de cumular a cláusula penal com a referida indenização.

Esses são os termos do parágrafo único do art. 416 do CC: "Parágrafo único. Ainda que o prejuízo exceda ao

---

[396] TEPEDINO, Gustavo; BARBOSA, Heloísa Helena; BODIN, Maria Celina et al. *Código civil interpretado*. v. I (Parte geral e Obrigações - artigos 1º a 420). Rio de Janeiro/São Paulo: Renovar, 2004, p. 753.

[397] CASSETTARI, Christiano. *Multa contratual – Teoria e prática*. São Paulo: Revista dos Tribunais, 2013, p. 121.

previsto na cláusula penal, não pode o credor exigir indenização suplementar se assim não foi convencionado. Se o tiver sido, a pena vale como mínimo de indenização, competindo ao credor provar o prejuízo excedente".

Antes desta inovação legislativa, não havia a possibilidade de cumular a cláusula penal com indenização suplementar (indenização fundada no art. 402 do CC, que visa ao ressarcimento integral do prejuízo), justamente porque a cláusula penal já representava a indenização que as partes haviam previamente estimado para o caso de eventual inadimplemento. Embora a cláusula penal não retratasse o prejuízo efetivo, o credor não tinha o pesado ônus de demonstrar e provar tais prejuízos. Ao pactuar a cláusula penal, o credor estava dispensado deste ônus. Então, por representar uma indenização prefixada, não se admitia a cumulação da cláusula penal com indenização suplementar.

O Código Civil de 2002, no parágrafo único do art. 416, passou a permitir a cumulação da cláusula com indenização suplementar, desde que presentes dois requisitos que a condicionam:

1. previsão expressa na obrigação principal quanto à possibilidade de cumular a cláusula penal com indenização suplementar. Ausente tal convenção, o credor somente poderá exigir o valor da cláusula penal em caso de inadimplemento, ainda que o prejuízo exceda ou, seja superior à cláusula penal;
2. existência efetiva de prejuízo superior ao valor da cláusula penal, cujo excesso deverá ser provado pelo credor.

Por exemplo, se as partes tiverem previsto uma cláusula penal de R$ 10.000,00 (dez mil reais) e, em consequência do inadimplemento, o prejuízo efetivo alcançar o patamar de R$ 15.000,00 (quinze mil reais), o credor poderá exigir indenização complementar (os R$ 5.000,00 que superam a cláusula penal), desde que tal indenização suplementar tenha sido convencionada e o credor, com fundamento no art. 402, tenha provado tal prejuízo excedente.

Ainda que o CC seja expresso em relação à possibilidade de cumular cláusula penal com indenização suplementar, desde que pactuado, o STJ, em sede de recursos repetitivos, firmou a tese (970) de que a cláusula penal moratória não pode ser cumulada com lucros cessantes. De acordo com o próprio STJ, tal tese não se aplica a contratos de incorporação imobiliária (venda de imóveis na planta) posteriores à Lei n. 13.786/2018. Por outro lado, não está claro se a tese é restrita a incorporações imobiliárias e, ainda, se também vinculará contratos de consumo.

A questão mais intrigante sobre a indenização suplementar está relacionada à indenização pelos danos morais decorrentes do inadimplemento. Antes da inovação legislativa, era correto o entendimento de que a cláusula penal não visava remunerar os danos morais. Entretanto, com a inovação trazida pelo parágrafo único do art. 416, não há dúvida de que a cláusula penal previamente pactuada deverá remunerar e abranger os danos materiais e morais. Caso as partes pretendam exigir valor excedente, seja a título de danos materiais ou morais, deverão pactuar e convencionar a indenização suplementar.

Se os sujeitos da relação obrigacional tiverem convencionado "apenas" a cláusula penal para indenizar eventual inadimplemento, não poderão exigir indenização suplementar e, diante da redação do parágrafo único do art. 416, não haverá possibilidade de renunciar à cláusula penal existente se o montante for insuficiente para remunerar as perdas e danos, a fim de apurar, em ação de indenização, o valor real dos prejuízos. A renúncia à cláusula penal implicaria em fraude ao art. 416, parágrafo único, como forma de contornar a exigência de previsão expressa da indenização suplementar.

Ao pactuarem apenas a cláusula penal, credor e devedor, em caso de inadimplemento, assumem o risco de pagarem mais ou menos do que os prejuízos efetivos. A indenização suplementar prevista no parágrafo único do art. 416 é uma exceção a esse risco, como bem ressalta nosso amigo Cassettari[398]: "Trata-se de uma exceção ao risco que o instituto da cláusula penal vem a oferecer, qual seja, de o devedor concordar em pagar mais do que os danos causados e o credor concordar em receber menos do que os prejuízos sofridos, já que tal estipulação é feita antes da ocorrência do inadimplemento. Entretanto, cumpre ressaltar que é o credor quem terá que efetuar a prova do prejuízo excedente, valendo, neste caso, a cláusula penal como indenização mínima".

Portanto, a cumulação de cláusula penal com indenização suplementar (fundada no art. 402 do CC) só é possível se houver previsão contratual expressa (art. 416, parágrafo único).

Ao exigir a indenização suplementar prevista expressamente no contrato, como já ressaltado, o credor terá o ônus de provar o prejuízo excedente. Entretanto, o parágrafo único do art. 416 garante ao credor um mínimo de indenização, que é justamente o valor da cláusula penal ("a pena vale como mínimo de indenização").

Diante dessa "garantia", se o valor da cláusula penal convencionada pelas partes for o equivalente a R$ 10.000,00 (dez mil reais) e o credor exigir indenização suplementar por entender que seu prejuízo superou tal quantia, ainda que as provas do processo atestem que o prejuízo efetivo é inferior ao valor da cláusula penal (R$ 8.000,00, por exemplo), terá o credor direito ao valor da cláusula penal, R$ 10.000,00 (dez mil reais), que vale como indenização mínima. Isso, sem dúvida, é uma segurança para o credor.

Neste ponto, uma última observação é imprescindível. A indenização suplementar somente é possível de ser pactuada se o contrato for paritário, ou seja, naqueles contratos que resultam de um processo de negociação. Em contratos de adesão, de natureza civil, a previsão de cláusula penal com a possibilidade de ser cumulada com indenização suplementar poderá ser questionada ou considerada abusiva à luz do art. 424 do CC. Aliás, uma parte da

---

[398] CASSETTARI, Christiano. *Multa contratual – Teoria e prática*. São Paulo: Revista dos Tribunais, 2013, p. 124.

doutrina considera inconstitucional o parágrafo único do art. 416 por violar o princípio da isonomia, já que não confere ao devedor a possibilidade de pagar menos, caso os danos reais sejam inferiores ao valor da cláusula penal.

Na V Jornada de Direito Civil foi aprovado o Enunciado 429 sobre o assunto, segundo o qual: "No contrato de adesão, o prejuízo comprovado do aderente que exceder ao previsto na cláusula penal compensatória poderá ser exigido pelo credor independentemente de convenção". Portanto, se o sujeito adere a contrato por adesão sem que tenha ocorrido convenção sobre indenização suplementar, seria admitida a cumulação da cláusula penal com tal indenização, independentemente desta convenção. Tal enunciado é questionável e as situações devem ser analisadas caso a caso, mesmo nos contratos por adesão.

2.12.5.11. Cláusula penal e institutos afins

A cláusula penal possui afinidade com vários institutos jurídicos. Entre estes, as "arras" se aproximam da finalidade e função social da cláusula penal, em especial aquela de natureza indenizatória ou penitencial.

As "arras", nos termos do art. 417 do CC são representadas por dinheiro ou qualquer bem móvel que um dos sujeitos, por ocasião da celebração da obrigação, entrega a outro, para fins de reforçar o vínculo jurídico da relação material. Em caso de execução da obrigação, se as arras não forem do mesmo gênero da prestação principal, deverão ser restituídas ou, em caso contrário, computadas na prestação devida.

A semelhança entre a cláusula penal e as arras está justamente na finalidade de ambas: prefixação das perdas e danos para o caso de eventual inadimplemento. Tal função indenizatória é evidente, diante da redação dos arts. 418 e 419 do CC. Como se verá adiante, ao permitir que as partes retenham as arras ou peçam a restituição em dobro, em caso de inadimplemento, no direito brasileiro, tal instituto assumiu natureza marcadamente indenizatória. Portanto, ao entregar dinheiro ou bem móvel à outra parte no momento da conclusão do contrato, a título de arras, as partes, pela interpretação conjugada dos arts. 417, 418 e 419, estão prefixando a indenização para o caso de eventual inexecução da obrigação.

Ainda que muitos doutrinadores ainda façam a diferença entre arras confirmatórias e penitenciais, a nova codificação mitiga tal questão, uma vez que, em caso de inadimplemento, o valor entregue no início da obrigação, a título de arras, seja ela confirmatória ou penitencial, sempre terá natureza indenizatória.

Novamente, nos socorremos das palavras do amigo Cassettari[399], para quem "as arras confirmatórias, de início, possuem função de indicar que a obrigação será cumprida, mas ocorrendo a inexecução contratual passam a ter função de cláusula penal, mesmo em se tratando de institutos distintos".

A diferença é que a cláusula penal é uma prestação prometida, de natureza pessoal, que um dos sujeitos se compromete, no futuro, a pagar, em caso de inadimplemento. As arras representam uma prestação entregue no início da contratação, razão pela qual possuem natureza real, sendo que, se o inadimplemento for de quem as deu, o outro poderá retê-la, mas se for de quem recebeu, este deverá restituir as arras dadas, mais um valor equivalente.

O fato é que cláusula penal e arras são espécies do gênero indenização prefixada. As arras, embora sejam entregues no início da contratação, pressupõem negócio jurídico perfeito e acabado, as quais serão o parâmetro da indenização para o caso de inadimplemento ou inexecução da obrigação. Por isso, não podemos concordar com Rosenvald e Chaves[400] quando estes afirmam que as arras servem como garantia de um negócio que não se concretizou. O próprio art. 417, ao tratar das arras, é expresso ao prever que estas integram a conclusão do negócio, tanto que, como garantia, a tal título, uma das partes entrega à outra dinheiro ou bem móvel.

Em razão de regras que impõem limite ao valor da cláusula penal (art. 412), esta também possui relação com o princípio do enriquecimento sem justa causa (art. 884). Por prefixar o valor das perdas e danos, a cláusula penal não pode ser superior ao montante da obrigação principal. Tal preceito visa coibir o enriquecimento sem justa causa, com a ressalva de que será possível ultrapassar o valor da obrigação principal sempre que pactuada a indenização complementar (parágrafo único do art. 416). A razão é simples: A indenização suplementar deverá ser comprovada judicialmente e revelará um dano real e efetivo, de acordo com o exigido pelo art. 944 do CC.

Quanto à relação com os honorários advocatícios, a Súmula 616 do STF sepultou a discussão ao permitir a cumulação de cláusula penal com os honorários de advogado. Nos termos da Súmula: "É permitida a cumulação da multa contratual com os honorários de advogado, após o advento do CPC vigente". No que tange aos juros moratórios, o próprio art. 404 do CC permite a cumulação da cláusula penal com os juros decorrentes da mora.

Finalmente, a multa cominatória, também denominada "astreintes", fixada judicialmente para o cumprimento de obrigação de dar coisa certa e incerta, fazer e não fazer, é um meio de coerção indireta, assim como a cláusula penal. Embora a multa cominatória tenha a finalidade de persuadir o devedor a cumprir a obrigação, não se confunde com a cláusula penal. Entretanto, a multa cominatória não representa, necessariamente, uma prefixação de perdas e danos, mas um meio eficaz de coagir o devedor a adimplir a obrigação. O valor da multa cominatória poderá ultrapassar o da obrigação principal e o critério de redução não é o do art. 413, e sim a eficácia da pena como meio de intimidação. Por isso, a multa cominatória não é espécie de cláusula penal. Longe disso. Por ser estabelecida por um juiz, não ter limites predefinidos, possuir re-

---

[399] CASSETTARI, Christiano. *Multa contratual – Teoria e prática*. São Paulo: Revista dos Tribunais, 2013, p. 134.

[400] FARIAS, Cristiano Chaves de; ROSENVALD, Nelson. *Direito das obrigações*. 4. ed. Rio de Janeiro: Lumen Juris, 2010, p. 540-541.

gras próprias na legislação processual e não no direito material, deve ser considerada instituto autônomo em relação à cláusula penal.

Não obstante a posição deste autor, no sentido da ausência de limitação da multa cominatória, em virtude do seu caráter inibitório, importante ressaltar o entendimento do STJ, que defende que as "astreintes" (multa cominatória) devem ser limitadas ao valor da obrigação principal, nos termos do art. 412 do CC, aplicado por analogia (uma analogia errada, diga-se de passagem). Nesse sentido, confiram-se os seguintes precedentes: AgRg no Ag 1.220.010/DF, 4ª T., julgado em 15-12-2001, rel. Min. Luís Felipe Salomão, *DJe* 1º-2-2012; REsp 947.466/PR, 4ª T., julgado em 17-9-2009 rel. Min. Aldir Passarinho Júnior, *DJe* 13-10-2009; AgRg no Ag 896.430/RS, 3ª T., julgado em 23-9-.2008, rel. Min. Sidnei Beneti, *DJe* 08-10-2008.

No entanto, como dito, não somos partidários desta posição, porquanto a função da multa cominatória é forçar o cumprimento da obrigação, coagir ao adimplemento, característica eminentemente inibitória, o que justifica a sua fixação em altos valores, para que ela possa atingir o seu fim. Ademais, o CPC é claro ao dispor que o juiz pode, inclusive de ofício, alterar o *quantum* fixado a título de *astreintes*, podendo reduzi-lo ou majorá-lo, caso assim entenda com base na análise do caso concreto, o que novamente corrobora com a tese da inexistência de limitação.

2.12.6. Arras

2.12.6.1. Introdução

As arras estão disciplinadas nos arts. 417 a 420 do CC, cujo diploma alterou a sua topografia para retirá-la da teoria geral dos contratos e transportá-la para a teoria geral das obrigações, justamente por estar relacionada ao inadimplemento e, mais especificamente, às consequências jurídicas deste.

Este novo enquadramento reforça a natureza das arras, qual seja: instituto destinado à prefixação das perdas e danos, entregues por uma parte à outra no momento da conclusão da obrigação. É uma prefixação convencional das perdas e danos, assim como a cláusula penal, com a diferença de que as arras possuem natureza real, porque integram a fase de formação e não a de execução da relação jurídica obrigacional.

A nova topografia mitiga, de forma considerável, a tradicional diferença entre arras confirmatórias e penitenciais ou indenizatórias. As arras confirmatórias seriam aquelas destinadas a "confirmar" ou dar início à execução de determinada relação jurídica material (contratos, em sua maioria), ao passo que as arras penitenciais teriam função indenizatória.

No entanto, pela atual redação dos arts. 417, 418 e 419 do CC, mesmo quando as arras visam a confirmar negócio, quando se prestam a servir como "sinal" ou "princípio de pagamento", em caso de inadimplemento ou inexecução, as arras compensarão o sujeito prejudicado pelo inadimplemento, fato que denota a sua natureza preponderantemente indenizatória.

No Código Civil de 1916, a natureza confirmatória ou penitencial das arras era determinada pelo direito de arrependimento. Se previsto o arrependimento, as arras tinham natureza indenizatória e, em caso contrário, confirmatória. As arras penitenciais sempre foram consideradas o "preço do arrependimento".

O fato é que, atualmente, até por integrar a teoria do inadimplemento, a natureza das arras não possui nenhuma relação com o direito de arrependimento, mas sim com a execução ou inexecução da relação obrigacional. É o cumprimento ou o inadimplemento da obrigação que determinará a natureza das arras, jamais a previsão ou não de cláusula de arrependimento.

A natureza das arras não pode ser definida de acordo com a cláusula de arrependimento, quando o Código Civil, de maneira solar, considera o valor das arras dadas como o principal parâmetro para a indenização mínima em caso de inadimplemento da obrigação.

Por isso, não podemos concordar que o Código Civil disciplina em separado as arras confirmatórias das arras penitenciais. Tudo dependerá do adimplemento ou inadimplemento da obrigação para verificar qual foi a natureza das arras dadas.

Se a obrigação foi cumprida, por óbvio, as arras dadas por ocasião da conclusão do negócio, terão natureza "confirmatória". Por outro lado, se a obrigação não foi cumprida, o art. 418 permite a retenção das arras por quem recebeu se a inexecução for de quem deu ou a restituição das arras, mais o equivalente, se o inadimplemento foi de quem recebeu. Essa retenção ou restituição das arras estaria a confirmar o quê? Obviamente nada. Neste caso, as arras servem como o mínimo de indenização, ou seja, parâmetro inicial para as perdas e danos, função nitidamente indenizatória. Tanto isto é verdade que o art. 419 permite que a parte inocente venha pleitear indenização suplementar, caso prove prejuízo maior do que o valor das arras dadas, valendo estas como taxa mínima.

Não é a cláusula de arrependimento que define a natureza das arras, mas a execução ou inexecução da obrigação. A cláusula de arrependimento, conforme se verá, atualmente, tem o único objetivo de impedir a indenização suplementar (art. 420 do CC). Nada mais do que isso.

Quanto à natureza, é um pacto acessório com caráter real. Acessório porque sua existência e eficácia dependem da existência e eficácia do contrato principal. Real, porque ela se aperfeiçoa pela entrega da coisa, de uma parte à outra. Por ser uma cláusula real, a mera promessa de entrega de um sinal não gera os efeitos atribuídos pela lei às arras, sendo necessária a entrega da coisa.

Diferenças com a cláusula penal: a cláusula penal é prestação prometida, enquanto as arras representam prestação realizada. A cláusula penal pode ser exigida sem o desfazimento do contrato, o que não ocorre nas arras penitenciais. A principal diferença é que nas arras o valor prefixado pelas partes é entregue antecipadamente. Não há dúvida de que arras e cláusula penal são espécies de indenização prefixada. A diferença entre arras e cláusula penal traçada por José Dionízio da Rocha[401] é digna de aplausos: "(a) A cláusula penal não necessita de prestação alguma para completá-la; as arras, por constituírem estas uma cláusula acessória real, efetivam-se com a entrega de uma soma em dinheiro ou bem móvel que, no nosso entendimento, pode ser fungível ou infungível; (b) Em um contrato com cláusula penal, recusando-se a parte a cumprir uma obrigação, a pena se torna exigível, sem que o contrato se desfaça; nas arras com cláusula de arrependimento, exercido esse direito, o contrato desaparece; (c) o fato de a cláusula penal estar sujeita à redução pelo juiz; ao passo que as arras, se fixadas junto à cláusula de arrependimento, não podem ser alteradas".

O Enunciado 165 da III Jornada de Direito Civil permite a aplicação do art. 413 do CC, por analogia, às arras: "Em caso de penalidade, aplica-se a regra do art. 413 ao sinal, sejam as arras confirmatórias ou penitenciais". Frise-se que o Código Civil acabou com a discussão sobre a possibilidade de cumular arras com indenização suplementar, haja vista o disposto no art. 419, o que reforça a preponderante natureza indenizatória das arras.

2.12.6.2. Espécies de arras: confirmatórias e penitenciais

A definição das arras está no art. 417 do CC, segundo o qual: "Se, por ocasião da conclusão do contrato, uma das partes der à outra, a título de arras, dinheiro ou outro bem móvel, deverão as arras, em caso de execução, ser restituídas ou computadas na prestação devida, se do mesmo gênero da principal".

As arras podem estar representadas por uma quantia em dinheiro ou qualquer bem móvel, entregues por uma parte à outra, no momento da formação e conclusão do negócio jurídico. As arras possuem natureza real porque são entregues antes do adimplemento ou de eventual inadimplemento da obrigação. Se não houver entrega de dinheiro ou bem móvel no momento da formação do negócio, não há que se cogitar em arras.

De acordo com a redação do art. 417 do CC, as arras integram a fase de formação da relação jurídica obrigacional e não a fase de execução. Se a obrigação for adimplida e as arras tiverem a mesma natureza da prestação principal, servirão como sinal ou princípio de pagamento. Por isso, devem ser computadas na prestação devida. Se o adimplemento da obrigação se consumar na fase de execução, mas as arras dadas no momento da conclusão e formação do negócio não tiverem a mesma natureza da prestação principal, não serão consideradas princípio de pagamento, e sim mera garantia para o caso de inadimplemento. Por esta razão, neste último caso, o adimplemento impõe que as arras sejam restituídas para quem deu.

Nesta hipótese de adimplemento ou cumprimento da obrigação, pode-se dizer que as arras têm função "confirmatória". Aliás, no início de cada negociação, esse é sempre o objetivo das arras: confirmar o pacto. Se houver inadimplemento, essa função inicial se frustra completamente e as arras passarão a ter função indenizatória, conforme arts. 418 e 419 do CC.

Por isso, não há relevância em definir as arras em confirmatórias ou penitenciais quando o inadimplemento fará com que o dinheiro ou bem móvel, entregue a título de arras no momento da formação e conclusão do negócio, tenha função nitidamente indenizatória.

Tradicionalmente, a diferença das arras confirmatórias e penitenciais ainda é vinculada ao direito de arrependimento.

Arras confirmatórias: aquelas que confirmam a avença, não assistindo às partes direito de arrependimento. Em caso de inadimplemento, sujeitam-se às perdas e danos (art. 417 do CC). Estas firmam princípio de pagamento. A definição do mestre Orlando Gomes[402] evidencia essa concepção tradicional das arras: "As arras confirmatórias consistem na entrega de quantia ou coisa, feito por um contraente ao outro, em firmeza do contrato e como garantia de que será cumprido. Firmam a presunção de acordo final e tornam obrigatório o contrato. Usam-se, precisamente, para impedir o arrependimento de qualquer das partes".

Entretanto, os efeitos previstos no art. 418 para o caso de inadimplemento contrariam esta tese de que as arras confirmatórias visam impedir o arrependimento. Segundo o disposto no art. 418, a parte pode se arrepender, mesmo se tiver entregue dinheiro ou bem móvel por ocasião da formação do contrato, a título de arras. Neste caso, as arras terão a função de indenizar a parte prejudicada pelo inadimplemento.

Como se observa, o art. 418 disciplina o destino das arras dadas por ocasião da conclusão do negócio em caso de inadimplemento. Ressalta-se que, neste caso, não foi pactuado o direito de arrependimento. Se o inadimplemento for de quem deu as arras, aquele que recebeu poderá retê-las e, por óbvio, tal retenção se dará para que as arras sirvam como princípio de indenização pelas perdas e danos (princípio, porque o art. 419 permite que a parte inocente pleiteie indenização suplementar, valendo as arras como mínimo de indenização). Se a inexecução for de quem recebeu, deverá restituir o valor das arras a quem as deu, para evitar o enriquecimento sem justa causa e, ainda, a título de indenização, exigir o equivalente às arras dadas, mais juros e atualização monetária, conforme parágrafo único do art. 389 do CC. É patente a natureza indenizatória das arras, independentemente da previsão de arrependimento.

O fato é que o próprio Orlando Gomes, que vincula as espécies de arras ao direito de arrependimento, de forma um pouco contraditória, reconhece que as arras confirmatórias podem ser consideradas uma espécie de indenização. Primeiro o mestre diz que nas arras confirmatórias não há que se falar em pena, mas se o contratante que

---

[401] ROCHA, José Dionízio. Das arras ou sinal. In: TEPEDINO, Gustavo (coord.). *Obrigações*: estudos na perspectiva civil-constitucional. Rio de Janeiro: Renovar, 2005, p. 544.

[402] GOMES, Orlando. *Obrigações*. 17. ed. (atualizada por Edvaldo Brito – coord.). Rio de Janeiro: Forense, 2007, p. 191.

pagou o sinal der causa à resolução do contrato, será considerada uma espécie de indenização!!!

Arras penitenciais: tradicionalmente, as arras penitenciais estão vinculadas à obrigação em que as partes pactuam o direito de arrependimento (art. 420 CC). As arras, neste caso, terão função meramente indenizatória, não valendo como princípio de pagamento. Aqui, há proibição de indenização suplementar, que é prevista no art. 419 para as arras confirmatórias. Segundo o mestre Orlando Gomes[403], "as arras penitenciais consistem na entrega de quantia feita por um contratante ao outro, ficando os dois com o direito de arrependimento, se deixarem de concluir o contrato ou o desfizerem".

Como ressaltado, as arras denominadas "confirmatórias", atualmente, perderam a razão de ser com a mudança topográfica das arras. Aliás, a confirmação do negócio jurídico não se dá com as arras e sim com o consenso ou acordo de vontades. Não são as arras que confirmam o negócio jurídico e sim o consenso. As arras confirmatórias tinham a sua razão de ser "quando funcionavam como instrumento de fortalecimento do vínculo, numa época em que o consentimento, por si só, não era suficiente para fazer nascer direitos e obrigações"[404]. Não há dúvida de que as arras "confirmatórias", ainda influenciadas pela concepção de reforço do vínculo (aliás, a cláusula penal, dentre outras funções, também serve para reforçar o vínculo), servem como meio de coerção para o cumprimento da obrigação. Entretanto, tais arras não impedem o arrependimento ou o inadimplemento, como se costuma propagar.

Sobre a origem histórica das arras, é fato que surgiram no direito de família, nos contratos esponsalícios. Após, foram levadas para o direito das obrigações. Nas palavras de Caio Mário[405]: "Sua primeira finalidade, no direito obrigacional, foi assegurar a perfeição do contrato. Foi o valor assecuratório que se lhe reconheceu no direito pré-romano: para demonstrar o acordo de duas vontades na realização do negócio, uma das partes transferia à outra determinada soma de dinheiro, dava-lhe uma coisa móvel, ou lhe entregava um anel – *arrha in signum consensus interpositi data*".

Essa origem histórica das arras justifica a sua denominação como "arras confirmatórias". No entanto, naqueles tempos remotos, o consenso, por si só, não era suficiente para firmar um pacto. Era essencial a transferência de alguma coisa no momento da contratação, como um símbolo ou uma formalidade essencial para a confirmação do negócio. Atualmente, diante do princípio do consensualismo, a confirmação de qualquer negócio independe da entrega de dinheiro ou bem móvel por ocasião da sua formação. As arras perderam o significado de confirmação de negócios, embora possam ser consideradas como um instrumento eficaz de reforço do vínculo, o que não lhes retira a natureza indenizatória em caso de inadimplemento, ainda que ausente a cláusula de arrependimento.

Devido a esta tradição romana que inspirou o nosso legislador, em especial o responsável pelo Código Civil de 1916, as arras confirmatórias foram consideradas como aquelas que impediam o arrependimento. A questão hoje não é essa. Ainda que o sujeito não tenha o direito potestativo de se arrepender, se não cumprir a sua obrigação, será inadimplente, o que ninguém discute. No caso de inadimplemento, qual a função que aquelas arras dadas no início do contrato com o objetivo de confirmar o vínculo exercerão?

De acordo com os arts. 418 e 419, indenizatória.

Essa é a questão. Qual a função das arras para o caso de inadimplemento, mesmo se for vedado o arrependimento? Indenizatória, pois, neste caso, as arras não estariam a confirmar absolutamente nada. Por isso, não teriam a finalidade de confirmar a avença. A partir do momento em que há o encontro de vontades, o contrato está formado. Como foi ressaltado, o efeito confirmatório só teria sentido no direito romano, onde o mero consenso não gerava obrigações. Os romanos estabeleciam este tipo de arras justamente para evitar o arrependimento. Não há dúvida de que as arras confirmatórias impedem o direito de arrependimento, mas não obstam o inadimplemento. Neste caso, embora as partes tenham a intenção de adimplir, o inadimplemento superveniente à formação confere às "arras confirmatórias" caráter indenizatório. Não há como fugir desta realidade.

Em constatação interessante sobre a vocação da legislação brasileira sobre as arras, José Dionízio da Rocha[406] ressalta: "As duas grandes correntes sobre a função das arras são o direito francês (penitencial) e o direito alemão (confirmatórias). Pode-se dizer que o direito brasileiro adotou a primeira, por vocação e, a segunda, por convicção, pois, no nosso direito, as arras sempre exerceram a função penitencial e só excepcionalmente a função confirmatória, apesar de a doutrina, em geral, afirmar ser esta sua principal função.

Em complemento ao art. 418, o Código Civil atual, em inegável avanço, permite a cumulação das arras com indenização suplementar. Assim, como regra geral, as arras dadas no momento da conclusão de qualquer negócio jurídico servirão como indenização mínima em caso de inadimplemento. Se os prejuízos da parte inocente forem superiores ao valor das arras dadas, poderá pedir indenização suplementar, desde que prove maior prejuízo.

Nesse sentido é o art. 419 do CC: "A parte inocente pode pedir indenização suplementar, se provar maior prejuízo, valendo as arras como taxa mínima. Pode, também, a

---

[403] GOMES, Orlando. *Obrigações.* 17. ed. (atualizada por Edvaldo Brito – coord.). Rio de Janeiro: Forense, 2007.

[404] TEPEDINO, Gustavo; BARBOSA, Heloísa Helena; BODIN, Maria Celina et al. *Código civil interpretado.* v. I (Parte geral e Obrigações - artigos 1º a 420). Rio de Janeiro/São Paulo: Renovar, 2004, p. 757.

[405] PEREIRA, Caio Mário da Silva. *Instituições de direito civil.* 20. ed. Teoria geral das obrigações. Rio de Janeiro: Forense, 2004. v. II, p. 98.

[406] ROCHA, José Dionízio. Das arras ou sinal. In: TEPEDINO, Gustavo (coord.). *Obrigações:* estudos na perspectiva civil-constitucional. Rio de Janeiro: Renovar, 2005, p. 545.

parte inocente exigir a execução do contrato, com as perdas e danos, valendo as arras como mínimo de indenização".

Portanto, o inadimplemento confere à parte prejudicada ou "inocente" o direito subjetivo de resolver a obrigação, caso em que as arras dadas valerão como indenização mínima ou, ainda, o direito de exigir a tutela específica (cumprimento específico da avença), caso seja possível. Se optar pela execução específica, poderá a parte inocente cumular o pedido com perdas e danos e, neste caso, as arras também valerão como mínimo de indenização.

Se, a título de perdas e danos em decorrência do inadimplemento, a parte inocente pretender valor superior ao das arras, terá que provar o prejuízo excedente, com fundamento na teoria geral das perdas e danos, retratada nos arts. 402 e 403, ambos do Código Civil. Entretanto, as arras, assim como a cláusula penal, serão consideradas o mínimo de indenização, mesmo que o prejuízo seja inferior ao valor estipulado pelas partes a título de arras.

Nas palavras de Paulo Nader[407]: "A parte inocente, sentindo-se prejudicada, poderá requerer, judicialmente, a reparação pelos prejuízos sofridos. O valor mínimo será o das arras, pois a estas o credor terá direito pelo simples inadimplemento do devedor. A lei dá ao credor a alternativa de exigir o cumprimento do contrato, além de perdas e danos, figurando as arras como taxa mínima. À parte inocente caberá a prova dos danos emergentes e lucros cessantes. Se houve danos morais, estes também deverão ser provados.

Neste ponto, há uma diferença fundamental entre a indenização suplementar, no âmbito das arras, em relação à indenização suplementar na cláusula penal. De acordo com o parágrafo único do art. 416, prevista cláusula penal para o caso de inadimplemento, para ter direito à indenização suplementar, é essencial que as partes tenham convencionado expressamente a possibilidade de cumular a cláusula penal com indenização suplementar, ou seja, esses prejuízos que superem o valor da cláusula penal só poderão ser cobrados se as partes pactuaram essa possibilidade. No âmbito das arras, para ter direito à indenização suplementar, não há necessidade de as partes terem pactuado tal indenização na obrigação. O que confere ao prejudicado o direito subjetivo de exigir a indenização suplementar é a ausência de cláusula de arrependimento (art. 420 do CC).

Portanto, atualmente, a importância da cláusula de arrependimento não é determinar a natureza das arras, como sugere a primeira parte do art. 420, mas impedir a cumulação das arras com indenização suplementar. Apenas isso. Se previsto o direito de se arrepender, o prejudicado terá direito às arras, mas não à indenização suplementar.

É justamente com fundamento neste artigo que nossa doutrina majoritária ainda vincula a função indenizatória das arras à cláusula de arrependimento. Se, na obrigação ou no contrato, for estipulado o direito de arrependimento para qualquer das partes, as arras terão função unicamente indenizatória, ou seja, compensar e reparar o prejudicado pelo exercício do direito potestativo de se arrepender. Entretanto, ainda que não haja cláusula de arrependimento, em caso de inadimplemento, as arras também terão função indenizatória, conforme se verifica na análise dos arts. 418 e 419 do CC. Portanto, não é a cláusula de arrependimento (sua presença ou ausência) que determinará a natureza e a função das arras, mas o adimplemento ou inadimplemento da obrigação.

A previsão de cláusula de arrependimento tem a função de impedir a cumulação das arras com indenização suplementar, conforme se evidencia na última parte do art. 420 do CC. Aliás, o STF, por meio da Súmula 412, já excluía indenização maior se o contrato tivesse cláusula de arrependimento. O entendimento do STF foi consolidado no art. 420 do CC. Segundo a Súmula 412: "No compromisso de compra e venda com cláusula de arrependimento, a devolução do sinal por quem o deu, ou a sua restituição em dobro por quem a recebeu, exclui indenização maior a título de perdas e danos, salvo os juros moratórios e os encargos do processo".

Na hipótese de credor e devedor concorrerem para a inexecução da obrigação, as partes devem retornar ao estado em que antes se encontravam com a devolução das arras recebidas a quem de direito.

2.12.6.3. Crítica à classificação tradicional

O Código Civil de 1916, inspirado na Lei Civil alemã, conferia às arras a função confirmatória, como mecanismo de garantir o cumprimento da obrigação. A função penitencial era exceção (exemplo – arrependimento).

Com o atual Código Civil, o instituto suportou interessantes alterações. A tese atual é de que a função penitencial é a regra e a função confirmatória exceção. Nesse sentido José Dionízio da Rocha[408]: "O instituto das arras é composto por um conjunto de normas jurídicas completas e incompletas, que se ligam à regulação do inadimplemento das obrigações, atuando numa espécie de jogo 'concertado', onde todas essas normas se combinam, alternando-se, excluindo-se reciprocamente ou incidindo cumulativamente, conforme suas previsões normativas, consequências jurídicas e situação fática. As arras, no atual Código Civil, possuem função principal de indenização prefixada, penitenciais, portanto. As únicas hipóteses de arras confirmatórias, no novo Código, encontram-se nos arts. 417 e 419, segunda parte. Nos demais casos, elas possuem função penitencial".

As arras são a importância em dinheiro ou a coisa dada (pode ser fungível ou não fungível) por um contratante ao outro, por ocasião da conclusão do contrato (*ou seja, após a formação do contrato* – As arras pressupõem negociações preliminares, proposta e aceitação, ou seja, um contrato formado e perfeito), com a finalidade de firmar a presunção de acordo, tornando obrigatório o ajuste ou

---

[407] NADER, Paulo. *Curso de direito civil – Obrigações*. Rio de Janeiro: Forense, 2019. v. II, p. 585.

[408] ROCHA, José Dionízio. Das arras ou sinal. In: TEPEDINO, Gustavo (coord.). *Obrigações:* estudos na perspectiva civil-constitucional. Rio de Janeiro: Renovar, 2005, p. 562.

com o propósito de assegurar o direito de arrependimento. Este é um conceito clássico que vincula as arras penitenciais ao direito de arrependimento.

A semelhança entre a finalidade das arras e da cláusula penal reforça a função indenizatória daquela. Não há dúvida de que a cláusula penal e as arras são casos de indenização prefixada pelas partes e que concorrem com a proposição do art. 389 do CC.

Nas arras, o valor prefixado pelas partes é entregue antecipadamente por uma destas, enquanto na cláusula penal isso só ocorrerá por ocasião de eventual inadimplemento.

No nosso direito, as arras sempre exercem função penitencial, salvo raras exceções, embora a doutrina defenda tese em sentido contrário. A maioria dos doutrinadores entende que o nosso Código Civil segue a tendência alemã. Orlando Gomes e Caio Mário, como já ressaltado, admitem as duas funções, mas defendem que prevalece a confirmatória e vinculam as penitenciais ao direito de arrependimento. Se não houver sido estipulado arrependimento, as arras terão função confirmatória.

A prova dessa função preponderantemente indenizatória é o disposto nos arts. 418 e 419 do CC, os quais consideram as arras como indenização mínima para o caso de inadimplemento, ainda que não haja, na obrigação, cláusula de arrependimento. O art. 418 estabelece uma punição específica para ambas as partes. No caso de inexecução, *somente quando o prejudicado optar pela execução específica é que se poderá falar em arras confirmatórias*. O art. 418 trata das consequências jurídicas de uma *obrigação não cumprida*. Se o valor entregue for a título de arras, o cumprimento ou não se sujeita aos arts. 417 e 418. Se os valores entregues não forem a título de arras, tais normas são afastadas, para aplicar as regras gerais dos arts. 389 e 475. As normas dos arts. 417 e 418 concorrem entre si, pois as consequências são distintas, excluindo-se reciprocamente.

O art. 418 tem todas as notas do art. 389, mas, como regra especial, se aplica no caso de arras. Não há dúvida da função preponderantemente *penitencial* das arras, pois, no caso de não cumprimento da obrigação, o contrato pode ser resolvido. O art. 419, primeira parte, constitui complemento do art. 418, sendo caso de arras penitenciais (permitida a indenização suplementar). A segunda parte do art. 419 completa o art. 417, que trata de obrigação cumprida.

Em conclusão, não há dúvida de que a função e a natureza das arras não estão vinculadas à cláusula de arrependimento, mas sim à teoria do adimplemento e inadimplemento das obrigações.

2.12.6.3.1. Resumo da diferença entre cláusula penal e arras

A cláusula penal e arras são pactos acessórios cuja finalidade ou função social é comum: pré-fixar ou estimar previamente as perdas e danos para o caso de inadimplemento (além da função de reforço da obrigação ou de servirem como sanção civil). Os sujeitos da relação obrigacional, por meio da cláusula penal e das arras, antecipadamente (no momento da formação), presumem o dano (e o valor a ser indenizado) para o caso de inadimplemento (dano presumido – em caso de inexecução não há necessidade de prova do dano real). As arras e a cláusula penal devem ser convencionadas (autonomia privada), motivo pelo qual somente existirão no âmbito da responsabilidade civil negocial (ou contratual – onde há vínculo jurídico específico). Institutos afins, diferem em pontos relevantes (entre outros que esse espaço não permite).

Quais as principais diferenças entre arras e cláusula penal?: 1 – *Natureza* – 1.1 – a *cláusula penal* é pacto acessório de natureza pessoal (trata-se de prestação prometida e pressupõe inadimplemento); *arras* é pacto acessório de natureza real (trata-se de prestação realizada e antecipada - por ocasião da formação ou origem de relação jurídica material obrigacional, uma das partes entrega à outra, a título de arras, dinheiro ou bem móvel, fungível ou não). 1.2 – *arras* não se confunde com princípio de pagamento ou sinal, embora o "sinal", eventualmente, possa ter natureza de arras. O "sinal" apenas terá natureza de arras se, no momento da formação do NJ, ficar expressa e inequivocamente pactuado que a entrega mencionada é a título de arras (arras se convencionam, não se presume). 2– *espécies* e a *vinculação* com o *adimplemento (ADIMP)* e *inadimplemento (INAD)* – 2.1 – a *cláusula penal (CP)* pode ser compensatória (alternativa – não pode ser cumulada com a prestação) ou moratória (cumulativa com a prestação), a depender, segundo a defeituosa redação do CC (o CC confunde inadimplemento absoluto e relativo com total e parcial – estes exprimem quantidade), da qualidade do inadimplemento. Se o *INAD* for absoluto (obrigação não foi cumprida e não há possibilidade de ser ou não é mais útil – a prestação se sub-rogará por indenização) a *CP* é compensatória e, se o *INAD* for relativo (teoria da mora – obrigação não foi cumprida, mas é possível de ser e ainda é útil), a *CP* é moratória (Obs.: nós defendemos que a CP é compensatória ou moratória a depender da quantidade do *INAD*, total ou parcial, mas não da qualidade – absoluto ou relativo – se o CC menciona que no caso de inadimplemento total a *CP* é alternativa, é porque ainda é possível a prestação, o que não ocorre no *INAD* absoluto – a discussão é profunda). Portanto, é a qualidade ou quantidade do *INAD* que influenciará a natureza compensatória ou moratória da *CP*. O adimplemento não se relaciona com a *CP*, porque esta pressupõe inadimplemento; 2.2– *arras* pode ser confirmatória ou indenizatória (penitencial) e a natureza dependerá do *ADIMP* ou *INAD*. Como arras se antecipa (ainda não se sabe se haverá *ADIMP* ou *INAD*), se houver adimplemento, a natureza das arras é de confirmação (se as arras forem da mesma natureza da prestação, será considerada como parte do pagamento e, caso contrário, são restituídas – como houve *ADIMP*, sua natureza só pode ser confirmatória). Por outro lado, no caso de *INAD*, é óbvio que a natureza das arras será indenizatória ou penitencial. É equívoco associar as arras confirmatórias ou penitenciais ao direito de arrependimento (nosso livro sobre esse tema é bem claro e foi citado no Recurso Especial n. 1.617.652-DF). Se há *INAD* e as arras serão o parâmetro da indenização, a função é penitencial. Portanto, ao contrário da cláusula penal, o *ADIMP* se relaciona com a espécie de arras (apenas porque são antecipadas). 3 – *cumulação* com indenização suplementar *(IS)* (se o valor da *CP* ou das arras não for suficiente para cobrir o prejuízo real, pode ser exigida *IS*?) – 3.1 – A cláusula penal, em regra, não pode ser cumulada com indenização complementar, salvo se as partes convencionaram a indenização complementar (parágrafo único do art. 416); 3.2 – as arras, em regra, podem ser cumuladas com indenização suplementar, salvo se houver cláusula de arrependimento. Na atualidade, nas arras, a existência de cláusula de arrependimento apenas tem a função de impedir a indenização suplementar.

2.12.6.4. Incorporação imobiliária e teoria do inadimplemento – Inovações da Lei n. 13.786/2018. Introdução

O Código Civil, nos arts. 389 a 420, disciplina o inadimplemento da obrigação em sentido estrito nas suas diversas modalidades (inadimplemento absoluto, inadimplemento relativo e violação positiva do contrato) e os efeitos jurídicos dele decorrentes (perdas e danos, juros moratórios, cláusula penal e arras).

O instrumento jurídico que mais viabiliza as obrigações em sentido estrito (relação jurídica individualizada, onde um sujeito, devedor, se compromete a concretizar prestação de dar, fazer ou não fazer, em favor de outro sujeito, credor) é o contrato. O contrato, em nosso sistema jurídico, gera efeitos jurídicos obrigacionais. Portanto, as teorias do adimplemento e do inadimplemento se relacionam diretamente com a teoria contratual.

Em caso de inadimplemento (absoluto, relativo ou decorrente de cumprimento defeituoso ou inadequado) do contrato, desde que possa ser imputável a um dos sujeitos que integram a relação jurídica contratual, a parte prejudicada poderá reclamar indenização/reparação dos danos reais ou presumidos.

Nos contratos em geral, os sujeitos têm a liberdade de presumir os danos para o caso de inadimplemento, com a pactuação de cláusula penal ou arras, que podem ser exigidos independente da prova de prejuízo real. Se não houver sido pactuado cláusula penal ou arras, o sujeito prejudicado pelo inadimplemento poderá exigir perdas e danos (dano emergente e lucros cessantes – arts. 402 e 404 do CC), caso em que deverá comprovar os danos reais e concretos.

Em relação aos contratos em geral, é possível cumular cláusula penal ou arras com perdas e danos?

Se as partes pactuam a cláusula penal, em regra, como esta tem finalidade de pré-fixar ou estimar as perdas e danos para o caso de inadimplemento, não é possível a cumulação. Todavia, de acordo com o parágrafo único do art. 416 do CC, se houver previsão expressa de indenização suplementar e, desde que a parte prejudicada prove que o prejuízo real é superior ao valor da cláusula penal, poderá exigir indenização suplementar o que, em última análise, é a cumulação com perdas e danos. Para tanto, a indenização suplementar deve estar expressamente pactuada.

Se as partes pactuaram arras, o que determinará a possibilidade ou não de cumulação é a ausência ou presença de cláusula de arrependimento. Se foi pactuada cláusula de arrependimento, as arras não podem ser cumuladas com perdas e danos (indenização suplementar). Se não foi pactuado o arrependimento, as arras podem ser cumuladas com perdas e danos.

Este breve resumo tem a finalidade de demonstrar qual é o regime jurídico dos contratos em geral para o caso de inadimplemento, para fins de estabelecer as diferenças com as consequências jurídicas do inadimplemento em contratos que tenham por objeto incorporação imobiliária.

Os contratos (compra e venda, promessa de venda, cessão ou promessa de cessão) que tenham por objeto unidades autônomas integrantes de incorporação imobiliária, a partir da Lei Federal n. 13.786/2018, se submetem a regime jurídico próprio em relação às consequências do inadimplemento.

Portanto, a partir da nova legislação, há dois regimes jurídicos distintos e inconfundíveis relativos às consequências do inadimplemento contratual. O regime jurídico do Código Civil para o inadimplemento dos contratos em geral e o regime jurídico da Lei n. 4.591/64 para os contratos que tenham por objeto unidades autônomas integrantes de incorporação imobiliária.

A nova lei somente disciplina a negociação de imóveis na "planta", em regime de incorporação imobiliária. Os imóveis já construídos e negociados entre atores privados não se submetem à nova legislação e sim ao CC.

O debate mais acirrado ocorrerá no âmbito das relações de consumo. Ainda não está claro se a nova lei será aplicável quando o incorporador puder ser considerado fornecedor e o adquirente consumidor. A tendência é que mesmo nas relações de consumo deverão ser observadas as disposições da nova legislação. Todavia, se assim o for, a nova lei somente poderá ser aplicada para contratos celebrados após a vigência da nova legislação. A retroatividade deve ser mínima, para preservação da segurança jurídica. Os contratos anteriores à lei e os efeitos futuros destes mesmos contratos, não são atingidos pela nova legislação.

Não por outro motivo, na discussão do Tema 970 no STJ, foi acolhida questão de ordem para que a tese firmada sobre cumulação de cláusula penal e lucros cessantes não atingisse os contratos firmados após a nova legislação.

Na discussão do Tema 1.002, a questão da retroatividade voltou a ser objeto de tese firmada pelo STJ: "Nos compromissos de compra e venda de unidades imobiliárias anteriores à Lei n. 13.786/2018, em que é pleiteada a resolução do contrato por iniciativa do promitente comprador de forma diversa da cláusula penal convencionada, os juros de mora incidem a partir do trânsito em julgado da decisão".

• Definição de incorporação imobiliária

As incorporações imobiliárias são objeto de disciplina da Lei Federal n. 4.591/64, arts. 28 a 69.

O art. 28, parágrafo único, da Lei n. 4.591/64 define incorporação imobiliária a atividade exercida com o intuito de promover e realizar a construção, para alienação total ou parcial, de edificações ou conjunto de edificações compostas de unidades autônomas.

O incorporador, pessoa física ou jurídica, constrói, para fins de alienação posterior, edificações ou conjunto destas compostas de várias unidades individualizadas. Portanto, será incorporador quem assumir o compromisso ou efetivar a venda de frações ideais de terreno e as vincular a unidades autônomas, em edificações a serem construídas ou em construção sob regime de condomínio, com a responsabilidade de entregar as obras no prazo convencionado.

A incorporação imobiliária pode ser constituída como patrimônio de afetação (com a necessária averbação no Registro de Imóveis), a critério (trata-se, portanto, de faculdade) do incorporador. Se for submetida ao regime de afetação, o terreno e as acessões objeto da incorporação imobiliária, bem como os demais bens e direitos a ela vinculados, manter-se-ão apartados do patrimônio do incorporador e serão destinados à consecução da incorporação correspondente e à entrega das unidades imobiliárias aos respectivos adquirentes. Como patrimônio de afetação, a incorporação imobiliária será considerada patrimônio separado, distinto, autônomo e independente do patrimônio geral do incorporador e, nesta condição, apenas se vinculará às obrigações concernentes à incorporação, ficando a salvo de dívidas do incorporador (tais bens, por exemplo, não se sujeitam à falência do incorporador e, por isso, não integram a massa de credores). Portanto, este patrimônio de afetação só responde por dívidas e obrigações vinculadas à incorporação respectiva.

Apenas não serão considerados patrimônio de afetação os recursos financeiros que excederem a importância necessária à conclusão da obra, considerando-se os valores a receber até sua conclusão e, bem assim, os recursos necessários à quitação de financiamento para a construção, se houver; e o valor referente ao preço de alienação da fração ideal de terreno de cada unidade vendida, no caso de incorporação em que a construção seja contratada sob o regime por empreitada ou por administração.

• **Incorporação imobiliária e a Lei n. 13.786/2018**

A Lei n. 13.786/2018 altera a Lei n. 4.591/64 e a Lei n. 6.766/79, para disciplinar as consequências jurídicas da resolução ou do distrato do contrato por inadimplemento do adquirente de unidade imobiliária em incorporação imobiliária e em parcelamento de solo urbano. No caso, tendo em vista a relevância do tema e a relação com a teoria do inadimplemento dos contratos em geral, objeto do Código Civil, impõe-se a análise destas inovações.

A Lei n. 13.786/2018 acrescentou à Lei n. 4.591/64 (incorporações imobiliárias) os arts. 35-A, 43-A e 67-A. O objetivo, como dissemos, foi disciplinar os efeitos jurídicos do inadimplemento (do incorporador e do adquirente) de contratos que têm por objeto imóveis integrantes de incorporações imobiliárias, com sistemática diversa dos contratos em geral.

A fim de facilitar a compreensão do assunto e sistematizar a matéria, registre-se que as inovações se resumem ao seguinte: o art. 35-A trata das obrigações/regras gerais que devem constar em tais contratos (quadro-resumo); o art. 43-A disciplina os efeitos do inadimplemento do incorporador e, finalmente, o art. 67-A, disciplina as consequências do inadimplemento do adquirente destes imóveis em regime de incorporação imobiliária.

• Quadro-resumo – art. 35-A (quadro-resumo – O que deve integrar o conteúdo de contratos que têm por objeto incorporação imobiliária?)

O quadro-resumo deve conter os principais elementos de contratos que tenham por objeto unidades em incorporação imobiliária. O principal foco do quadro-resumo e a justificativa de toda a nova legislação é a pactuação sobre as consequências do inadimplemento.

O art. 35-A dispõe que os contratos de compra e venda, promessa de venda, cessão ou promessa de cessão de unidades autônomas integrantes de incorporação imobiliária serão iniciados por quadro-resumo e, em seus vários dispositivos, foram estabelecidas as diretrizes mínimas ou regras que devem integrar esses negócios jurídicos.

De todas as cláusulas obrigatórias, não há dúvida que a diretriz de maior relevância que deverá estar contida no quadro-resumo destes negócios jurídicos é a que dispõe sobre as consequências do "desfazimento do contrato, seja por distrato ou resolução contratual", que é justamente o núcleo e o objetivo desta alteração legislativa (disciplinar as consequências do inadimplemento).

O quadro-resumo deverá conter o preço total a ser pago pelo imóvel, a forma de pagamento, bem como o valor da parcela do preço a ser tratada como entrada, a sua forma de pagamento, com destaque para o valor pago à vista, e os seus percentuais sobre o valor total do contrato, assim como os índices de correção e taxas de juros se houver. Ademais, o quadro-resumo deverá conter o valor referente à corretagem, suas condições de pagamento e a identificação precisa de seu beneficiário.

Ademais, o quadro-resumo deverá prever a possibilidade de arrependimento, em relação a contratos firmados em estandes de vendas e fora da sede do incorporador ou do estabelecimento comercial (art. 49 da Lei n. 8.078/90), prazo para o adquirente quitar obrigações, informações sobre ônus que recaiam sobre o imóvel, número de registro do memorial e termo final para a obtenção do habite-se.

Todavia, a principal regra que deverá conter o quadro-resumo é a que dispõe sobre "as consequências do desfazimento do contrato, seja por meio de distrato, seja por meio de resolução contratual motivada por inadimplemento de obrigação do adquirente ou do incorporador, com destaque negritado para as penalidades aplicáveis e para os prazos para devolução de valores ao adquirente" (art. 35-A, inciso VI). Para efetivação destas consequências, o adquirente deverá anuir previamente e de forma específica sobre tal questão. Tal obrigação prévia e específica do adquirente a esse respeito, mediante assinatura junto a tais cláusulas, deverá ser redigida conforme o § 4º do art. 54 do CDC.

Se o quadro-resumo deixar de prever quaisquer destas matérias e informações, o incorporador terá o prazo de 30 dias para aditamento e suprimento da omissão, sob pena de se caracterizar justa causa para rescisão pelo adquirente.

As matérias e informações que deverá conter o quadro-resumo são óbvias, porque se referem a preço, prazos de pagamento, parcelamentos, datas de entrega do bem, entre outras.

• **Inadimplemento do Incorporador – efeitos jurídicos (Art. 43-A)**

A Lei n. 13.786/2018, sem qualquer justificativa, estabeleceu regras que favorecem os incorporadores e limitam o direito subjetivo do adquirente no caso de inadimplemento da incorporadora. O art. 43-A fixa parâmetros/limites de indenização para o caso de inadimplemento do incorporador.

Em primeiro lugar, foi institucionalizada e positivada a denominada cláusula de tolerância.

O que é a cláusula de tolerância?

É simplesmente a possibilidade de prorrogar o prazo de entrega da unidade imobiliária, sem qualquer penalidade para o incorporador, a pretexto de intercorrências externas na execução destes contratos e de sua relativa complexidade.

O STJ sempre considerou válida a cláusula de tolerância, sob o argumento de que a prorrogação do prazo inicial previsto para a entrega da obra se justificava por fatores de imprevisibilidade (chuvas, escassez de insumos, greve, falta de mão de obra etc.) e ante a ausência de desvantagem exagerada para o consumidor. A referida cláusula, segundo o STJ, não violava o equilíbrio e a equivalência econômica destes contratos. Embora questionável, a referida cláusula se tornou prática costumeira do mercado de construção civil.

A novidade é que a Lei n. 13.786/2018 converte "regra costumeira" em norma jurídica, com todas as consequências daí decorrentes. Em razão da positivação da referida cláusula de tolerância, sua validade depende de pactuação expressa, o que, em evidente paradoxo, a desqualifica como tolerância. Explico.

No art. 43-A, *caput*, que disciplina as consequências do inadimplemento do incorporador, pode ser pactuado prazo adicional de 180 dias, além do previsto para a conclusão da obra.

De acordo com este dispositivo legal, a entrega do imóvel em até 180 (cento e oitenta) dias corridos da data estipulada contratualmente como data prevista para conclusão do empreendimento, desde que expressamente pactuado, de forma clara e destacada, não dará causa à resolução do contrato por parte do adquirente nem ensejará o pagamento de qualquer penalidade pelo incorporador.

A lei concede ao incorporador prazo adicional de 180 dias (contados da data inicialmente prevista) para entrega do imóvel/empreendimento, sem qualquer consequência financeira (não há inadimplemento), desde que pactuado. A jurisprudência, é verdade, já legitimava essa "tolerância", como já mencionado acima.

Todavia, há um detalhe que não pode ser desconsiderado e que desqualifica a tolerância. Como o prazo adicional de 180 dias, de acordo com o art. 47-A, *caput*, necessariamente, deve ser *pactuado* e aceito pelas partes, integra as obrigações contratuais e, por óbvio, não há que se cogitar em "atraso" se o imóvel for entregue até o fim do prazo adicional de 180 dias.

A razão é simples: se as partes pactuam que o prazo de entrega pode ser estendido por mais 180 dias da data "final" prevista e todos anuem, não há tolerância na entrega, mas a ampliação previamente contratada da data final de entrega. É óbvio à enésima potência que não haveria inadimplemento, desde que pactuado o prazo adicional, que nada mais é do que o próprio prazo final pactuado pelas partes. Não se pode considerar como tolerância o que as partes contratantes expressamente pactuaram e anuíram. A lei diz o óbvio e, ao fim e ao cabo, sepulta qualquer "tolerância". A pactuação da possibilidade de entrega do imóvel para período adicional de 180 dias, significa que a data final de entrega é o último dia deste período adicional. Não há que se cogitar em "atraso", que pressupõe inadimplemento, que inexistiria no caso.

• **E se o incorporador entregar a obra apenas após o final do prazo adicional (180 dias) previamente pactuado?**

Neste caso, estará caracterizado o inadimplemento do incorporador. Não há dúvida quanto a essa questão.

Diante do inadimplemento do incorporador, o adquirente prejudicado terá duas opções, distintas, autônomas e independentes: 1– Com base no inadimplemento, poderá requerer a *resolução* do contrato, a devolução da integralidade do valor pago e multa (cláusula penal) previamente pactuada (é o que dispõe o § 1º do art. 43-A da Lei n. 13.786/2018); 2– ainda que a incorporadora seja inadimplente, poderá o adquirente manter o contrato e não requerer a resolução. Neste caso, até a data em que receber o imóvel, terá direito à indenização de 1% do valor efetivamente pago à incorporadora, para cada mês de atraso, acrescido de correção monetária (§ 2º do art. 43-A).

A Lei n. 13.786/2018 não é clara em relação ao critério para o adquirente adotar uma das duas opções. Caberá ao adquirente prejudicado pelo inadimplemento da incorporadora, em cada caso, avaliar a conveniência da resolução do contrato, com a devolução de todos os valores pagos, mais multa (principalmente se a obra ainda estiver no início e sem prazo de previsão para a entrega) ou da manutenção do contrato, com direito a ser indenizado com base nos valores pagos (se a obra estiver adiantada e o adquirente tiver necessidade do imóvel). Apenas o caso concreto poderá determinar qual das opções legais é mais conveniente para o adquirente.

• **Opção 1 – Resolução**

O § 1º do art. 43-A confere ao adquirente o direito de resolver o contrato, desde que não tenha dado causa ao atraso. A ausência de técnica legislativa é aviltante. É óbvio que se o adquirente, por algum motivo, deu causa ao atraso, o inadimplemento será deste e não da incorporadora!

Todavia, como a obrigação do adquirente em negócios desta natureza se restringem ao pagamento do preço, apenas em caso de não cumprimento desta obrigação pecuniária poderia a incorporadora justificar o atraso.

Eis os termos do § 1º do art. 43-A: "§ 1º Se a entrega do imóvel ultrapassar o prazo estabelecido no *caput* deste artigo, desde que o adquirente não tenha dado causa ao atraso, poderá ser promovida por este a resolução do contrato, sem prejuízo da devolução da integralidade de todos os valores pagos e da multa estabelecida, em até 60 (sessenta) dias corridos contados da resolução, corrigidos nos termos do § 8º do art. 67-A desta Lei".

A restituição dos valores pagos ocorrerá em até 60 dias contados da data da resolução.

A imposição para restituição integral e imediata dos valores pagos em caso de inadimplemento do promitente vendedor (no caso, a incorporadora), antes da Lei n. 13.786/2018, poderia ser determinada com base na Súmula 543 do STJ, que faz referência a qualquer contrato, ainda que não tenha por objeto incorporação imobiliária. Agora, no âmbito das incorporações imobiliárias, não se aplica mais a Súmula 543, mas o art. 43-A, § 1º, a diferença é que a súmula determina a restituição imediata e a lei em questão prorroga a restituição para 60 dias, contados da resolução.

• **Opção 2 – Tutela específica (manutenção do contrato)**

O § 2º do art. 43-A permite ao adquirente manter o contrato, na expectativa de que o imóvel será entregue. Neste caso, poderá exigir indenização de 1% ao mês, com base no valor efetivamente *pago* à incorporadora (não com base no valor do imóvel), para cada mês de atraso, com correção, de acordo com índice estipulado no contrato (§ 2º do art. 43-A).

Eis os termos da norma: "§ 2º Na hipótese de a entrega do imóvel estender-se por prazo superior àquele previsto no *caput* deste artigo, e não se tratar de resolução do contrato, será devida ao adquirente adimplente, por ocasião da entrega da unidade, indenização de 1% (um por cento) do valor efetivamente pago à incorporadora, para cada mês de atraso, *pro rata die*, corrigido monetariamente conforme índice estipulado em contrato".

O adquirente somente terá direito à indenização decorrente do inadimplemento da incorporadora por ocasião da entrega da unidade, o que é injustificável, em especial a depender das circunstâncias do caso concreto (obra muito atrasada, incorporadora em dificuldades financeiras etc.).

• **É possível cumular a cláusula penal prevista no § 1º com a indenização prevista no § 2º, ambos do art. 43-A da Lei n. 13.786/2018?**

De acordo com o § 3º do art. 43-A, o adquirente jamais poderá cumular a multa (cláusula penal – opção 1 – resolução), com a indenização pela privação da fruição (opção 2 – tutela específica), prevista no § 2º: "§ 3º A multa prevista no § 2º deste artigo, referente a mora no cumprimento da obrigação, em hipótese alguma poderá ser cumulada com a multa estabelecida no § 1º deste artigo, que trata da inexecução total da obrigação".

A vedação para cumulação da cláusula penal com indenização pela privação de fruição (espécie de lucros cessantes) não é o problema. Tal opção legislativa, embora criticável sob todos os aspectos, deve ser observada e, por isso, se optar pela resolução, o adquirente não terá direito a qualquer outra indenização e, se optar por manter o contrato, não poderá exigir a cláusula penal.

A questão a ser debatida é a causa da vedação, o que evidencia a ausência de técnica legislativa e o completo desconhecimento do tema "cláusula penal".

De acordo com o § 3º do art. 43-A, a cumulação é vedada porque a multa referida no § 1º deste dispositivo é para o caso de "inexecução total da obrigação"! (confunde-se inexecução total com inexecução absoluta).

A inexecução "total" (termo utilizado pela lei civil) se refere a quantidade do inadimplemento. A inexecução, absoluta ou relativa (qualidade do inadimplemento), pode ser total ou parcial.

Na inexecução total, a obrigação não foi cumprida na totalidade. Todavia, tal inadimplemento total pode ser absoluto (não foi cumprida e não há mais possibilidade de ser cumprida em termos objetivos ou não há mais interesse da outra parte – remetemos o leitor para a teoria do inadimplemento) ou relativo (não foi cumprida, mas ainda pode ser cumprida e o outro sujeito ainda tem interesse no cumprimento).

Pergunta: Se o inadimplemento for parcial (a incorporadora cumpriu uma parte da obrigação), não poderá o adquirente optar pela resolução? Claro que sim. Por ausência de técnica, o legislador quis mencionar absoluto (porque na hipótese de resolução uma das partes não tem mais interesse na prestação – inadimplemento absoluto por questão subjetiva) e acabou por expressar o termo "total", que apenas trata da quantidade do inadimplemento.

Ademais, fica evidente que o legislador tentou fazer a associação com o art. 411 do CC, que trata da cláusula penal compensatória, mas esqueceu que tal cláusula é alternativa e não pode ser cumulada com qualquer outro valor. No caso, o adquirente teria direito à restituição dos valores e a multa, o que retira desta cláusula penal o caráter compensatório.

As distorções são evidentes. A lei sugere que a cláusula penal somente pode ser exigida (opção 1), com a restituição do valor pago, se a incorporadora é inadimplente na totalidade de suas obrigações em termos de quantidade? Se a inexecução não for total, o adquirente terá que se contentar com a indenização pífia (porque é sobre o valor pago) de 1% por cada mês de atraso, ou seja, neste caso (inadimplemento parcial – o atraso, por exemplo) não poderá resolver o contrato e exigir a cláusula penal? Se a incorporadora não entrega o imóvel no prazo suplementar de 180 dias, como o adquirente terá condições de avaliar se a obrigação será cumprida para que possa exercer uma das duas opções?? E se o adquirente quiser resolver o contrato e a multa pactuada não for suficiente para cobrir o seu prejuízo real? Não poderá exigir indenização suplementar? E se quiser manter o contrato, pedir a indenização de 1% e no curso do contrato verificar que o imóvel não será entregue, poderá resolver o contrato e a partir daí exigir a multa?

Ainda há muitos questionamentos em aberto que serão objeto de acirrados debates e controvérsias.

• **A questão da cumulação da cláusula penal com perdas e danos e o STJ**

O tema da cumulação de cláusula penal com perdas e danos, em especial lucros cessantes decorrentes da privação de fruição do bem por conta do atraso foi objeto do Tema 970, que foi julgado pelo STJ, sob a sistemática dos recursos repetitivos, portanto, com força vinculante (art. 927 do CPC).

O STJ, após amplo debate, com votos divergentes, fixou a tese de que não há possibilidade de cumular cláusula penal moratória com lucros cessantes.

Qual a tese firmada: "A cláusula penal moratória tem a finalidade de indenizar pelo adimplemento tardio da obrigação, e, em regra, estabelecida em valor equivalente ao locativo, afasta-se sua cumulação com lucros cessantes".

O objeto da discussão era estabelecer se nos casos de inadimplemento do vendedor em virtude do atraso na entrega de imóvel em construção (em geral, no âmbito de incorporações imobiliárias), objeto de contrato ou promessa de compra e venda, era possível cumular cláusula penal com perdas e danos (lucros cessantes).

A tese firmada coincide com as disposições da Lei n. 13.786/2018, pois no caso de inadimplemento da incorporadora é expressamente vedado pela norma cumular cláusula penal e lucros cessantes (indenização pela privação de fruição). Embora haja certa coincidência da tese firmada com a nova lei, o STJ, em questão de ordem decidiu que não serão aplicados diretamente os dispositivos da Lei n. 13.786/2018 no julgamento dos temas repetitivos que tratam da aplicação de penalidades contra a construtora em casos de atraso na entrega do imóvel comprado na planta. Portanto, a tese é restrita aos contratos anteriores à lei.

Registre-se que a tese firmada envolve a denominada cláusula penal moratória que é normalmente vinculada a inadimplemento relativo (teoria da mora – já estudado).

O Código Civil, art. 416, *caput*, em regra, veda a cumulação de cláusula penal com indenização suplementar, entre esta os lucros cessantes. Como a cláusula penal tem a finalidade de pré-fixar as perdas e danos e os lucros cessantes integram as perdas e danos, haveria *bis in idem*.

Todavia, o mesmo CC, no parágrafo único do art. 416, desde que expressamente pactuado, permite a cumulação de cláusula penal com indenização suplementar, desde que a parte prejudicada pelo inadimplemento prove que o prejuízo real é superior ao valor da cláusula penal pactuada. Para tanto, é essencial dois pressupostos: 1– a indenização suplementar deve estar expressamente pactuada; 2– o lesado deverá provar o prejuízo real, que deverá ser superior ao valor da cláusula penal.

Na discussão do tema 970, cuja tese firmada foi a impossibilidade de cumulação de cláusula penal com lucros cessantes, o STJ, após longo debate sobre a natureza e finalidade da cláusula penal, sem qualquer justificativa, simplesmente desconsiderou o parágrafo único do art. 416, que permite a cumulação, nas condições mencionadas. Não há qualquer fundamento no acórdão que debateu o tema em relação ao parágrafo único do art. 416. É como se tal norma não existisse. O STJ, entre discussões sobre a natureza e finalidade da cláusula penal, não tratou da questão central que deveria embasar a tese, a previsão contida no parágrafo único do art. 416, que admite a cumulação de cláusula penal e lucros cessantes, desde que a indenização complementar tenha sido pactuada e, desde que se comprove que o prejuízo real tenha superado o valor pactuado como cláusula penal.

O STJ, com todo o respeito, inclusive, designou audiência pública para discussão da tese. Não se compreende celeuma sobre questão tão simplória. No âmbito dos danos materiais, em razão do princípio da restituição integral, art. 944 do CC, a indenização se mede pela extensão do dano. A parte prejudicada pelo inadimplemento tem direito a indenização capaz de reparar a integralidade dos danos suportados no âmbito patrimonial.

É óbvio que, por ocasião da formação do contrato, as partes podem estipular cláusula penal, justamente com a finalidade de delimitar ou pré-fixar tais danos, que passam a ser presumidos. Todavia, se os danos presumidos na cláusula penal não forem suficientes e as partes houverem convencionado a possibilidade de indenização suplementar, para se chegar ao dano real, é possível a cumulação. Trata-se de regra expressa do Código Civil, art. 416, parágrafo único.

Para finalizar, o STJ, em relação ao tema 971, firmou a seguinte tese: "No contrato de adesão firmado entre o comprador e a construtora/incorporadora, havendo previsão de cláusula penal apenas para o inadimplemento do adquirente, deverá ela ser considerada para a fixação da indenização pelo inadimplemento do vendedor. As obrigações heterogêneas (obrigações de fazer e de dar) serão convertidas em dinheiro, por arbitramento judicial".

Além disso, no caso da Lei de Incorporação Imobiliária, que veda a cumulação de multa com indenização complementar (no caso, 1% sobre o valor do imóvel), o fato é mais grave, porque parte de premissa falsa, ao confundir conceitos jurídicos absolutamente distintos. Segundo sugestão da norma, é vedada a cumulação porque a cláusula penal somente poderia ser exigida no caso de "inexecução total da obrigação" (confunde-se inexecução total com inexecução absoluta).

• **Inadimplemento do adquirente – efeitos jurídicos (art. 67-A)**

O art. 67-A da Lei n. 4.591/64, disciplina as consequências do inadimplemento do adquirente de imóvel em regime de incorporação imobiliária.

O adquirente de imóvel em regime de incorporação imobiliária não contou com a mesma complacência do Legislativo como o concedido ao inadimplemento dos incorporadores. As consequências jurídicas para o inadimplemento do adquirente são mais rígidas. Se não bastasse a ausência de isonomia em relação aos efeitos do inadimplemento de partes do mesmo contrato, no caso de distrato (acordo ou ajuste bilateral de vontades), o adquirente se submete às mesmas consequências jurídicas do inadimplemento.

Não há sentido jurídico-fático nesta equiparação entre os efeitos do distrato e do inadimplemento. Distrato é acordo, ajuste e, justamente por se fundamentar em vontade bilateral, onde as partes pretendem fazer cessar efeitos jurídicos de relação jurídica material, não há razão que justifique criar parâmetros de indenização para tal ato volitivo, que é causa de extinção de contratos, independente de intervenção judicial (*resilição bilateral* – art. 472 do CC).

De acordo com o § 13 do art. 67-A, podem as partes, em comum acordo, por meio de instrumento específico de distrato, definir condições diversas daquelas previstas em lei. No distrato, pode a incorporadora, por exemplo, dispensar o adquirente do pagamento de penalidade ou reduzir a cláusula penal pactuada. Não há novidade em relação a este dispositivo, porque no acordo, baseado na autonomia privada, as partes podem estabelecer condições de acordo com seus interesses. Todavia, não haveria motivo para a incorporadora se submeter ou aceitar condições diferenciadas para o distrato, se a própria lei, mesmo em caso de distrato, lhe garante indenização mínima, cláusula penal de 25% ou 50%. Tal norma não terá qualquer efetividade. No caso de distrato, a incorporadora terá direito à indenização ampla e substanciosa previamente definida em lei. Não terá motivos para concordar com condições diferenciadas às previstas em lei, que possam ser inferiores às retenções que já lhe são garantidas.

Os contratos de incorporação imobiliária não admitem resilição unilateral, ou seja, o desfazimento pela vontade unilateral de um dos contratantes (art. 473 do CC), mas admite a extinção por resilição bilateral, denominado vulgarmente de *distrato*.

A resilição, bilateral ou unilateral, é causa de extinção de contratos com base na mera vontade e a resolução é causa de extinção de contratos fundado, entre outros motivos, no inadimplemento.

O desfazimento do contrato pelo incorporador, de acordo com a lei, pode decorrer de *resilição bilateral (distrato)* ou *resolução* (fundado no inadimplemento).

De acordo com o referido artigo, no caso de *distrato* (embora a lei admita que no distrato se pactue em termos diferentes, dificilmente a incorporadora aceitaria distratar em condições menos vantajosas com o que a lei já lhe garante) ou *inadimplemento* absoluto do adquirente (inadimplemento absoluto só ocorrerá se a prestação não cumprida, não tiver como ser cumprida em termos objetivos ou o credor não tiver interesse em que seja cumprida – nesse caso, sub-roga-se a prestação por pecúnia – A obrigação do adquirente nestes contratos é basicamente pecuniária e, por isso, o inadimplemento será sempre relativo, jamais absoluto – evidente a confusão entre inadimplemento absoluto e total, como já ressaltado), as consequências jurídicas são equivalentes.

O adquirente não perderá a integralidade das parcelas pagas caso seja inadimplente ou pretenda distratar, mas se submeterá a penalidades severas. A cláusula de decaimento (perda integral das parcelas pagas) é proibida, mas as sanções previstas para o distrato ou inadimplemento absorverão grande parte dos valores vertidos em favor da incorporadora. Tais penalidades visam estimular o adimplemento, mas podem provocar efeito reverso, ou seja, ser obstáculo para novos contratos.

No caso de distrato ou inadimplemento do adquirente, quais são os valores que a incorporadora está autorizada a reter, a título de indenização?

Nestas duas hipóteses (distrato ou inadimplemento), o incorporador terá direito a deduzir do valor a ser restituído: a integralidade da comissão de corretagem (apenas positivou precedente vinculante do STJ) e a multa convencional até o limite de 25% (que pode chegar a 50% se a incorporação estiver submetida ao regime do patrimônio de afetação, que é facultativo, conforme acima explicado).

Em relação à cláusula penal (multa), o incorporador terá direito ao percentual de 25% ou 50% independente de prejuízo real correspondente ao valor da pena pactuada. É dispensada a prova do prejuízo real para ter direito à cláusula penal (§ 1º do art. 67-A). Neste ponto, no mesmo sentido é o art. 416, *caput*, do CC, em relação à cláusula penal ajustada nas obrigações em geral. No âmbito da cláusula penal, os danos são presumidos.

A retenção de parte das parcelas pagas sempre foi considerada justa e razoável pelo STJ. Todavia, com a nova legislação, em contratos que tenham por objeto unidades em incorporação imobiliárias, as parcelas e os valores que podem ser retidos no caso de culpa do adquirente (resolução por inadimplemento) ou pedido imotivado do adquirente que quer desfazer o contrato (distrato), estão previstas na lei.

Ademais, a retenção é variável, pois dependerá do desfazimento do contrato antes da entrega da unidade ou após a entrega da unidade.

O que pode ser retido pela incorporadora se o desfazimento ocorrer *antes* da entrega da unidade ao adquirente? 1– Integralidade da comissão de corretagem; 2– Multa de até 25%, que pode chegar a 50%, se o empreendimento estiver submetido ao regime jurídico da afetação.

O que pode ser retido pela incorporadora se o desfazimento ocorrer *após* a entrega da unidade ao adquirente? 1– Integralidade da comissão de corretagem; 2– multa de 25% ou 50%; 3– impostos reais sobre o imóvel; 4– cotas de condomínio e associações de moradores; 5– valor correspondente à fruição do imóvel, equivalente à 0,5% sobre o valor atualizado do contrato, *pro rata die*; e, 6– demais encargos incidentes sobre o imóvel e despesas previstas no contrato.

Eis os termos da norma:

(*retenção* de valores *antes da entrega* da obra): art. 67-A. Em caso de desfazimento do contrato celebrado exclusivamente com o incorporador, mediante distrato ou resolução por inadimplemento absoluto de obrigação do adquirente, este fará jus à restituição das quantias que houver pago diretamente ao incorporador, atualizadas com base no índice contratualmente estabelecido para a correção monetária das parcelas do preço do imóvel, delas deduzidas, cumulativamente:

I – a integralidade da comissão de corretagem; II – a pena convencional, que não poderá exceder a 25% (vinte e cinco por cento) da quantia paga.

(*retenção* de valores *após a entrega* da obra): § 2º do art. 67-A: Em função do período em que teve disponibilizada a unidade imobiliária, responde ainda o adquirente, em caso de resolução ou de distrato, sem prejuízo do disposto no *caput* e no § 1º deste artigo, pelos seguintes valores: I – quantias correspondentes aos impostos reais incidentes sobre o imóvel; II – cotas de condomínio e contribuições devidas a associações de moradores; III – valor correspondente à fruição do imóvel, equivalente à 0,5% (cinco décimos por cento) sobre o valor atualizado do contrato, *pro rata die*; IV – demais encargos incidentes sobre o imóvel e despesas previstas no contrato.

Os débitos do adquirente correspondentes às deduções previstas no § 2º deste artigo, poderão ser pagos mediante compensação com a quantia a ser restituída.

Em relação à responsabilidade do adquirente no caso de inadimplemento após a entrega da obra, o destaque é a obrigação de pagar ao incorporador valor correspondente à fruição do imóvel, no equivalente a 0,5% sobre o valor do *contrato*, ao passo que o adquirente, no caso de inadimplemento da incorporadora, se desejar manter o contrato, terá direito à indenização correspondente a 1% sobre o valor *pago*. Ainda que a porcentagem em favor do adquirente seja maior, a base de cálculo beneficiará a incorporadora.

A ausência de isonomia em relação às consequências do inadimplemento é evidente.

Por outro lado, no caso de inadimplemento do adquirente, há regra de caráter protetivo em favor deste. Os descontos e as retenções a que o incorporador têm direito estão limitados aos valores efetivamente pagos (limite máximo da indenização em favor da incorporadora, o que levará à exigência de maiores valores no momento da contratação). Todavia, a indenização pela fruição do imóvel (0,5% ao mês sobre o valor do contrato) não se submete ao referido limite (valor pago), justamente porque neste caso o adquirente já está na posse do imóvel (§ 4º do art. 67-A).

A restituição de eventuais valores remanescentes em favor do adquirente, após todas as deduções e retenções previstas no *caput* do art. 67-A e no § 2º, será realizada em parcela única. O prazo para a restituição está vinculado ao fato de a incorporação imobiliária estar ou não sob o regime jurídico da afetação:

• *incorporação imobiliária* submetida ao patrimônio de afetação: a restituição, após as deduções, ocorrerá no prazo máximo de 30 dias após o habite-se ou documento expedido pelo órgão público municipal competente (§ 5º do art. 67-A), salvo se houver revenda do imóvel para terceiro, em que o pagamento será em 30 dias, a contar da revenda;

• *incorporação imobiliária* que *não* está submetida ao patrimônio de afetação: a restituição, após as deduções e retenções, será realizada em parcela única, após o prazo de 180 (cento e oitenta) dias, contado da data do desfazimento do contrato, seja por distrato ou inadimplemento, salvo se houver revenda do imóvel para terceiro, em que o pagamento será em 30 dias, a contar da revenda.

Se o negócio jurídico estiver submetido ao Código de Defesa do Consumidor, a restituição deverá ser imediata, esteja ou não a incorporação imobiliária submetida ao patrimônio de afetação, por força do disposto na Súmula 543 do STJ. O CDC não impõe a restituição imediata, mas o STJ, com base nos princípios de proteção ao consumidor, consolidou esse entendimento por meio do referido verbete. Agora, resta saber se o STJ continuará a aplicar a Súmula 543 às incorporações imobiliárias que se caracterizem como relação de consumo ou não.

• No caso de desistência do contrato pelo adquirente, sem motivo, existe a possibilidade de não se submeter ao pagamento da cláusula penal (25% ou 50%)?

Se o adquirente encontrar comprador substituto que o sub-rogue nos direitos e obrigações do contrato originária e houver anuência do incorporador após análise da capacidade financeira deste terceiro, o adquirente fica isento da cláusula penal pactuada.

"§ 9º do art. 67-A: Não incidirá a cláusula penal contratualmente prevista na hipótese de o adquirente que der causa ao desfazimento do contrato encontrar comprador substituto que o sub-rogue nos direitos e obrigações originalmente assumidos, desde que haja a devida anuência do incorporador e a aprovação dos cadastros e da capacidade financeira e econômica do comprador substituto."

• **E o direito de arrependimento?**

Os contratos firmados em estandes de vendas e fora da sede do incorporador permitem ao adquirente o exercício do direito de arrependimento, durante o prazo improrrogável de 7 (sete) dias, com a devolução de todos os valores eventualmente antecipados, inclusive a comissão de corretagem, cujo arrependimento deverá ser comprovado por meio de carta registrada, com aviso de recebimento, considerada a data da postagem como data inicial da contagem do prazo. Após o transcurso do prazo de 7 (sete) dias, o contrato passa a ter caráter de irretratabilidade, ou seja, não mais é possível o arrependimento.

"§ 10. Os contratos firmados em estandes de vendas e fora da sede do incorporador permitem ao adquirente o exercício do direito de arrependimento, durante o prazo improrrogável de 7 (sete) dias, com a devolução de todos os valores eventualmente antecipados, inclusive a comissão de corretagem.

§ 11. Caberá ao adquirente demonstrar o exercício tempestivo do direito de arrependimento por meio de carta registrada, com aviso de recebimento, considerada a data da postagem como data inicial da contagem do prazo a que se refere o § 10 deste artigo.

§ 12. Transcorrido o prazo de 7 (sete) dias a que se refere o § 10 deste artigo sem que tenha sido exercido o direito de arrependimento, será observada a irretratabilidade do contrato de incorporação imobiliária, conforme disposto no § 2º do art. 32 da Lei n. 4.591, de 16 de dezembro de 1964."

Por fim, de acordo com o § 14 do art. 67-A, nas hipóteses de leilão de imóvel objeto de contrato de compra e venda com pagamento parcelado, com ou sem garantia real, de promessa de compra e venda ou de cessão e de compra e venda com pacto adjeto de alienação fiduciária em garantia, realizado o leilão no contexto de execução judicial ou de procedimento extrajudicial de execução ou de resolução, a restituição far-se-á de acordo com os critérios estabelecidos na respectiva lei especial ou com as normas aplicáveis à execução em geral.

2.13. TEORIA DA RESPONSABILIDADE CIVIL

2.13.1. Introdução

A responsabilidade civil é resultado ou efeito jurídico que decorre de três pressupostos fundamentais: 1– fonte ou causa (violação de dever jurídico preexistente genérico/lei ou específico/relação jurídica individualizada); 2– nexo de causalidade e, 3– dano (lesão a bem jurídico relevante).

A doutrina, em regra, analisa os pressupostos da responsabilidade civil a partir da teoria subjetiva (análise da culpa – responsabilidade subjetiva) ou da teoria objetiva (risco ou situações definidas em lei – responsabilidade objetiva). No caso da responsabilidade subjetiva, seriam pressupostos o ilícito, a culpa, o nexo de causalidade e o dano. Na responsabilidade objetiva, o risco ou a lei, o nexo de causalidade e o dano.

As principais causas ou fontes de responsabilidade civil são o ilícito, subjetivo (culpa) e objetivo (abuso de direito), o risco da atividade, situações legais (empresário por fato do produto, responsabilidade por fato de terceiro, dono de animal por ato deste etc.). O estudo da responsabilidade civil ainda é dicotômico, negocial (preexistência de relação jurídica entre autor e vítima) e extranegocial (não há preexistência de relação jurídica entre autor e vítima).

A responsabilidade civil é consequência, efeito e o resultado da soma ou junção dos pressupostos retromencionados (causa, nexo e dano). A qualificação da responsabilidade civil em contratual ou extracontratual e objetiva ou subjetiva apenas determina a natureza da causa que gera a obrigação de indenizar. A responsabilidade civil, como mero resultado de seus pressupostos, não se adjetiva.

Os rótulos de "contratual" ou "extracontratual", "objetiva" ou "subjetiva", estão relacionados às premissas da responsabilidade, à sua causa ou fonte e não à responsabilidade civil em si. A responsabilidade é denominada contratual porque decorre ou tem como causa a violação de dever jurídico específico (quando preexiste entre autor e vítima relação jurídica material), ou seja, a qualificação de contratual (equivocada tal expressão, até porque há responsabilidade civil "contratual" que decorre de negócios jurídicos unilaterais) está vinculada à sua fonte ou causa.

Por outro lado, a responsabilidade civil é denominada extracontratual porque implica em violação de dever jurídico genérico preexistente (não existe entre autor do fato e vítima qualquer relação jurídica).

Esses adjetivos estão relacionados à sua origem ou causa e não à própria responsabilidade.

Em tempos modernos, não há dúvida de que a responsabilidade civil ostenta multifuncionalidade. A primeira e principal é a função reparatória (o ofensor é obrigado a reparar os danos ao lesado ou vítima). A segunda é a função punitiva (sanção civil para desestimular o ofensor a outros comportamentos que impliquem violação a deveres jurídicos preexistentes). A terceira é a função precaucional (inibir atividades que tem a potencialidade de gerar danos). A precaução se relaciona com a prevenção. A prevenção, para muitos doutrinadores, não se relaciona com a precaução, porque a prevenção seria princípio e não função da responsabilidade civil.

2.13.1.1. "Modalidades" ou "espécies" de responsabilidade civil

Em termos históricos, o estudo da responsabilidade civil é pautado na dicotomia "responsabilidade negocial", também denominada contratual e "responsabilidade extranegocial", que ainda recebe o rótulo de extracontratual. A depender do fundamento para a imputação do dano ou da origem do dever não cumprido, será contratual ou extracontratual.

Na realidade, o fator que determina a dicotomia é a causa ou fonte da responsabilidade. Se o sujeito viola dever jurídico preexistente genérico, sem que haja relação jurídica com sujeito determinado, a responsabilidade será extracontratual. Se o sujeito viola dever jurídico preexistente específico, que ocorre quando há relação jurídica individual entre o ofensor e a vítima, a responsabilidade será contratual. A depender do dever jurídico preexistente violado (genérico ou específico) o regime jurídico das sanções será diverso (a reparação dos danos decorrente de responsabilidade civil extracontratual é diversa da reparação dos danos decorrente de responsabilidade civil contratual).

O inadimplemento corresponde à violação de dever jurídico materializado em relação jurídica individualizada – "ilícito relativo" (tal responsabilidade é disciplinada no direito das obrigações, arts. 389 a 420 do CC). O ilícito ou qualquer outro fato que gere responsabilidade extranegocial corresponde à violação de dever jurídico preexistente genérico – violação do *neminem laedere* ou *"ilícito absoluto"* (objeto de disciplina dos arts. 186, 187 e 927 e s. do CC).

Todavia, o dano é elemento comum à responsabilidade civil negocial e extranegocial. É pressuposto para a obrigação de indenizar decorrente de qualquer destas responsabilidades.

Todavia, justamente pelo fato de terem causas diversas que levam a sanções com regimes jurídicos próprios, há diferenças fundamentais entre a responsabilidade civil negocial e extranegocial. E quais são as principais diferenças?

1 – gradação da culpa – em regra, a intensidade da culpa é irrelevante para a responsabilidade civil, contratual ou extracontratual. Todavia, na responsabilidade negocial, a gradação da culpa, em alguns tipos de contrato,

poderá repercutir na obrigação de indenizar (art. 392 do CC – nos contratos benéficos, aquele a quem o contrato não favorece responde apenas por dolo, não por culpa); 2 – extensão da reparação – Na responsabilidade civil extracontratual e contratual, a indenização se dá pela extensão do dano (art. 944), mas em ambas a indenização pode ser reduzida equitativamente se houver desproporção entre a extensão do dano e o grau de culpa (parágrafo único do art. 944). Todavia, na responsabilidade contratual permite que a extensão do dano seja limitada por meio de cláusulas contratuais, sendo a mais emblemática a cláusula de não indenizar (só é possível neste a modalidade); 3 – Autonomia privada e estipulação de cláusula penal e arras, com prefixação das perdas e danos, o que somente é possível no âmbito da responsabilidade contratual, jamais na extracontratual; 4 – A questão da capacidade das partes é tema que interessa à responsabilidade contratual, pois na responsabilidade extracontratual o incapaz responde pelos danos, na medida das premissas estabelecidas pelo art. 928 do CC; 5 – o regime da mora é diverso na responsabilidade contratual (art. 397) em relação à responsabilidade extracontratual (art. 398 do CC); 6 – Em matéria probatória, na responsabilidade extracontratual cabe à vítima demonstrar os pressupostos da obrigação de indenizar e na negocial basta provar o inadimplemento e o devedor deverá demonstrar que o ônus não lhe pode ser imputado.

A responsabilidade civil também pode decorrer da violação de deveres anexos ou colaterais, com fundamento no princípio da boa-fé objetiva, conforme estudado na teoria geral das obrigações.

2.13.1.2. Fonte, origem e causa (que decorram da conduta humana) – responsabilidade civil negocial ou extranegocial

Em relação ao primeiro pressuposto, causa ou fonte, a responsabilidade civil pode decorrer da violação de dever jurídico genérico (lei) preexistente ou da violação de dever jurídico específico (relação material entre sujeitos determinados ou determináveis – obrigações e contratos).

Na violação de dever jurídico genérico, não há entre autor e vítima relação material preexistente. Neste caso, o sujeito viola a norma jurídica, que é genérica e impõe a todos um determinado comportamento. Ante a inexistência de relação jurídica material específica entre autor e vítima, tal responsabilidade é qualificada como extracontratual, ou seja, responsabilidade que decorre da violação de dever jurídico imposto pela norma jurídica, não por uma relação jurídica material específica. A violação de dever jurídico genérico caracteriza ato ilícito (teoria do ato ilícito).

Na violação do dever jurídico específico, há entre autor e vítima relação material preexistente. Há vínculo jurídico específico que une ou liga dois sujeitos determinados ou ao menos determináveis. Neste caso, o sujeito viola não a norma jurídica genérica, mas este vínculo e relação jurídica específica. Como há esta prévia relação jurídica material individualizada entre dois sujeitos, tal responsabilidade é qualificada de contratual ou negocial. A violação de dever jurídico específico caracteriza inadimplemento (teoria do inadimplemento – que impropriamente também é denominado ilícito contratual).

O Código Civil de 2002 mantém essa dualidade de causas como fonte de responsabilidade civil, fato que suporta críticas, porque a responsabilidade civil, assim como ocorre na responsabilidade de consumo, decorre de um fato, causa ou fonte, com o mesmo resultado, independentemente se o dever violado é genérico ou específico.

Ademais, há situações em que a causa implica, ao mesmo tempo, violação de dever genérico e específico, como pode ocorrer em algumas obrigações que estão fundadas na lei, mas acabam por vincular os sujeitos em função de alguma circunstância de fato (como a obrigação de alimentos).

A sociedade atual é complexa, multifacetada, as normas jurídicas também retratam princípios com força normativa, princípios que poderão implicar em responsabilidade no âmbito da violação de obrigação ou contrato, ainda que as partes não os tenham previsto, porque alguns princípios, como a função social e a boa-fé objetiva, incidem nas relações jurídicas privadas, ainda que não haja tal previsão.

Por exemplo, se em determinado contrato as partes não pactuam a necessidade de observância da boa-fé objetiva e uma das partes viola tal princípio, ao adotar comportamento inadequado durante o processo obrigacional, tal responsabilidade civil seria rotulada de extracontratual ou contratual? Tal fato evidencia a necessidade de superação da qualificação da responsabilidade.

O fundamental é determinar a causa ou fonte que tenha dado causa (nexo) a um resultado (dano). O estudo da responsabilidade civil sob a dicotomia responsabilidade civil contratual e extracontratual é incompatível com o pós-positivismo, fundamento jus-filosófico do neoconstitucionalismo, que aproxima direito e moral e que carrega valores para o sistema jurídico civil por meio de princípios.

O modelo dicotômico da responsabilidade civil, como é retratado no atual CC, é incompatível com a concepção contemporânea de Direito Civil, funcionalizado e pautado em princípios e valores, com um viés constitucional.

Portanto, a causa depende da violação de dever jurídico preexistente. Não é relevante se tal dever é contratual, extracontratual, normativo-formal ou baseado em princípio. Com a violação de dever jurídico preexistente deverá ser analisada a situação concreta para se apurar se pode ser considerado causa de responsabilidade.

No âmbito da responsabilidade aquiliana ou extracontratual, o Código Civil qualifica a violação de dever jurídico genérico (lei – a norma jurídica impõe a todos determinado comportamento) em ato ilícito, que se subdivide em ilícito subjetivo (fundado na culpa – art. 186, CC) e ilícito objetivo (fundado na teoria do abuso de direito – art. 187, CC). Os elementos do ilícito subjetivo e da teoria do abuso de direito, como causas ou fontes da responsabilidade civil extracontratual foram objeto de análise no capítulo que trata da parte geral, para onde remetemos o leitor. Todavia, a responsabilidade extracontratual também pode decorrer de atividade de risco, o que evidencia que não há vinculação necessária entre responsabilidade extracontratual e o ilícito.

No âmbito da responsabilidade contratual, o Código Civil qualifica a violação de dever jurídico específico (existência de relação jurídica entre as partes) de inadimplemento, que pode ser absoluto, relativo ou implicar na violação positiva do contrato. A teoria do inadimplemento, como causas ou fontes de responsabilidade civil foram objeto de análise no presente capítulo, na parte relativa ao inadimplemento, para onde remetemos o leitor.

A violação de dever jurídico preexistente pode decorrer de conduta humana comissiva ou omissiva, voluntária ou involuntária. Na omissão, é essencial a prévia existência de dever jurídico de agir. Se não há o prévio dever jurídico preexistente, não há responsabilidade por conduta omissiva.

2.13.1.3. Responsabilidade subjetiva e objetiva (noção geral)

• **Pressupostos da responsabilidade civil subjetiva e objetiva (genéricos e específicos)**

A doutrina diverge em relação aos pressupostos da responsabilidade civil, pois é comum associar requisitos que devem ser dissociados, como ilícito e culpa ou ilícito e dano, entre outros.

Os pressupostos genéricos são aqueles exigidos tanto na responsabilidade civil subjetiva quanto na objetiva (conduta ou atividade, nexo de causalidade e dano). Na responsabilidade civil subjetiva, além destes pressupostos genéricos, a conduta humana, comissiva ou omissiva, deve ser ilícita e culposa (requisitos específicos). Na responsabilidade civil objetiva, é essencial que a atividade envolva risco ou a lei já vincula determina conduta/atividade/situação jurídica a ela.

• **Responsabilidade civil subjetiva – pressupostos**

O nexo de causalidade e o dano serão analisados em tópico próprio.

Na responsabilidade civil subjetiva, a conduta humana, comissiva ou omissiva, deve ser ilícita e culposa. O ilícito e a culpa são elementos desta responsabilidade, autônomos e independentes, embora, normalmente, estejam conectados.

A conduta voluntária/consciente será ilícita quando for antijurídica e imputável ao sujeito. A antijuridicidade (elemento objetivo do ilícito – conduta contrária ao direito – violação de dever jurídico preexistente) e a imputabilidade (elemento subjetivo – pessoa a quem se possa atribuir comportamento antijurídico) integram o ilícito. No ilícito não já juízo de censurabilidade, razão pela qual não se confunde com a culpa (ex.: o abuso de direito é espécie de ilícito que independe de culpa).

O art. 186 do Código Civil retrata cláusula geral de ilícito culposo e, de forma equivocada, faz necessária associação entre ilícito e culpa (abuso de direito) e ilícito e reparação (há tutela preventiva e repressiva, que não leva à reparação). A responsabilidade civil subjetiva pressupõe o ilícito e a culpa, mas o ilícito é elemento autônomo em relação à culpa e ao dano. Em resumo, é possível ilícito sem culpa e ilícito desprovido de dano. A norma apenas potencializa os problemas interpretativos relacionados à responsabilidade civil subjetiva.

Na responsabilidade civil subjetiva, além do ilícito, é essencial que tal conduta ilícita seja culposa. É a culpa *lato sensu* (*dolo* em sentido amplo – qualquer situação específica de má-fé – mais abrangente que o penal e *culpa* em sentido estrito – negligência, imprudência e imperícia – violação de dever de cuidado). São elementos da culpa: voluntariedade da conduta e resultado *involuntário* (dolo: voluntariedade da conduta e do resultado), previsibilidade e violação de dever de cuidado, nas modalidades negligência (inobservância do dever de cuidado por omissão), imprudência (vontade deliberada de encarar o perigo sem qualquer necessidade – ação) e imperícia (ausência de aptidão ou habilidade específica para a realização de atividade técnica ou científica).

Em tempos recentes, a culpa se dissocia do perfil psicológico e interno que a caracteriza historicamente para assumir concepção objetiva, abstrata e externa. A inobservância do dever de cuidado se verifica a partir da análise do comportamento comparado com o padrão médio de conduta para o mesmo contexto fático. O dever de cuidado deve ser comparado com aquele esperado na média do comportamento social na situação específica. A ação ou omissão no caso concreto deve ser ponderada com aquele que se espera de qualquer pessoa para a mesma situação e, tendo como referência todo o contexto fático. O dever de cuidado será, portanto, confrontado com parâmetros médios de comportamento e diligência social.

Atualmente, não mais se cogita de culpa presumida, fase intermediária entre a teoria subjetiva e a teoria objetiva. A culpa presumida se relacionada ao ônus da prova. Na culpa presumida, o autor ou responsável pelo fato teria o ônus de provar a ausência de culpa. Tal culpa por presunção deve ser superada. Da mesma forma, não se cogita mais em culpa *in vigilando* (falta de vigilância), *in eligendo* (escolha equivocada) e culpa *in custodiendo* (guarda de coisas e animais).

Portanto, na responsabilidade subjetiva, o fator de atribuição ou nexo de imputação (não se confunde com nexo de causalidade – é o fundamento ou a razão de ser da atribuição da responsabilidade) é a culpa objetivamente considerada, a partir de análise externa e comportamental de padrões/parâmetros de conduta. A ausência de culpa afasta a responsabilidade civil subjetiva, que a tem como pressuposto inafastável.

Em resumo, a soma da conduta humana, comissiva ou omissiva, com o caráter ilícito (antijurídica e imputável), culpa (culpa contemporânea – comportamento a partir de padrão social para apuração do dever de cuidado), nexo de causalidade e dano, faz emergir a responsabilidade civil subjetiva.

• **Responsabilidade civil objetiva**

O nexo de causalidade e o dano serão analisados em tópico próprio.

Na responsabilidade civil objetiva, passa a ter relevância o nexo de imputação, que não se confunde com o nexo de causalidade.

O nexo de imputação é o motivo, fundamento ou a razão de ser da atribuição da responsabilidade a uma determinada pessoa. Na responsabilidade objetiva, o nexo de imputação pode ser o risco da atividade ou uma determinada previsão legal. A multiplicação de nexos de imputação é a evidência de que a culpa não é suficiente para cumprir o papel que já ostentou na obrigação de indenizar. O nexo de imputação não se confunde com o nexo causal.

Há um sistema misto de imputação objetiva, lei e risco da atividade, conforme parágrafo único do art. 927 do CC: "Haverá obrigação de reparar o dano, independentemente de culpa (não se investiga a licitude ou ilicitude do fato, não há controvérsia sobre a antijuridicidade ou reprovabilidade do comportamento), nos casos especificados em lei (931, 933, 936, 937, 938 e 734, por exemplo), ou quando a atividade normalmente desenvolvida pelo autor do dano implicar, por sua natureza, risco (*risco inerente ou próprio – cria ônus maior* – teoria do risco criado) para os direitos de outrem (cláusula geral do risco da atividade). O risco proveito é incompatível com a cláusula geral da responsabilidade objetiva, mas há resquícios deste na lei civil, art. 932, inciso IV.

Em resumo, o fato (ato ou atividade de *risco*) + *dano injusto* + *nexo causal* + *nexo de imputação* (razão pela qual se atribui a alguém a obrigação de indenizar), fará emergir a responsabilidade objetiva. Portanto, o nexo de imputação na responsabilidade civil objetiva é duplo: lei (arts. 931, 936, 937, 938 e 734) ou risco da atividade – razão pela qual se atribui a alguém a obrigação de indenizar.

Na responsabilidade civil objetiva, não se discute a antijuridicidade do evento ou a reprovabilidade do comportamento, seja pela via da culpa ou do abuso de direito. O risco da atividade é cláusula geral que atende ao paradigma da operabilidade. Tal atividade requer continuidade, organização, desenvolvimento, profissionalismo e, ainda, licitude, para ser compatível com os preceitos da ordem econômica. O risco próprio da atividade e que produz danos em escala anormal, quando comparado com outras atividades, é o que torna atividade de risco para fins de responsabilidade objetiva. Na teoria do risco criado, o foco é a vítima e o equilíbrio de seu patrimônio.

A responsabilidade civil objetiva comum decorre da atividade de risco do autor direto (própria/direta), de pessoa a ele ligada (indireta/fato de terceiro) ou de fato da coisa que comanda ou em relação a qual tem o controle (fato da coisa ou de animal).

Na responsabilidade civil objetiva, como regra, são admitidas as excludentes ao nexo causal (fato exclusivo da vítima, fato de terceiro e fortuito externo). As excludentes são compatíveis com a teoria do risco criado, adotada do parágrafo único do art. 927 do Código Civil.

A teoria do risco integral envolve causalidade pura. Basta o nexo de imputação, ou seja, o fator de atribuição da responsabilidade, a razão, fundamento ou causa legal desta responsabilidade objetiva.

Ao contrário da teoria do risco integral, na teoria do risco agravado, é possível a alegação de excludentes de responsabilidade, mas de forma mais restrita. Nesta o fortuito externo se converte em interno. O agravamento do dano envolve a própria atividade e converte eventos inicialmente externos em fatos conexos e inerentes aos seus riscos próprios, como é o caso da responsabilidade civil objetiva no contrato de transporte ou a responsabilidade objetiva no caso de mora (art. 399 do CC).

2.13.1.4. Nexo de causalidade

O segundo pressuposto para qualquer responsabilidade civil é o nexo de causalidade, ou seja, o liame necessário entre a fonte e o resultado. O nexo de causalidade é que provoca o resultado. É a causa eficiente e idônea para o resultado.

O nexo de causalidade é estudado a partir de teorias, como a equivalência dos antecedentes, teoria da causalidade adequada, interrupção do nexo causal e teoria dos danos diretos e imediatos. Tais teorias foram objeto de análise no item que tratou do inadimplemento, neste mesmo capítulo, na parte de teoria geral das obrigações.

A teoria da equivalência dos antecedentes pressupõe a equivalência de condição e causa, pois toda condição é causa do resultado. Basta a causalidade natural, física e psíquica, para ser considerada causa do resultado. A relação natural de causa e efetivo e manter a equivalência entre condição e causa poderia levar a responsabilidades infinitas, em especial no âmbito da responsabilidade objetiva.

A teoria da causalidade adequada impõe análise jurídica da causalidade e não meramente natural, como na teoria da equivalência dos antecedentes. Para a teoria da causalidade adequada, nem toda condição é causa do resultado. Apenas a condição idônea, relevante e determinante para o resultado ou dano é considerada sua causa. A análise é abstrata, com base na probabilidade da normalidade de determinado comportamento.

A teoria da causalidade direta e imediata (art. 403 do CC) ou da interrupção do nexo causal defende que somente será causa do resultado aquela que tiver com este vínculo direto e imediato. Os danos decorrentes de fatos indiretos e mediatos estão excluídos da causalidade. O dano deve ser próximo e imediato. O dano remoto não é indenizável. Em razão de restringir em demasiado a indenização, desta teoria surge a teoria da necessariedade, baseada no critério e regra da proporcionalidade. O dano direto e imediato passa a ser analisado como relação de necessariedade entre o comportamento do agente e o dano. Ainda que não haja proximidade entre o fato e o dano, caso o dano seja efeito necessário da causa, haverá reparação. A subteoria da necessariedade da causa flexibiliza a rigidez da teoria dos danos diretos e imediatos.

Ao contrário da teoria da causalidade adequada, na teoria da necessariedade se faz análise do caso concreto, com avaliação de todo o contexto fático. A par das teorias existentes, o nexo de causalidade deve ser apurado tanto no âmbito da responsabilidade subjetiva quanto na responsabilidade objetiva.

Na responsabilidade civil subjetiva, fundada em conduta culposa (dolo e culpa em sentido estrito), a ausência de culpa sempre foi suficiente para afastar o nexo de causalidade e excluir a responsabilidade de indenizar. Isto porque, demonstrada a culpa, a relação de causalidade era automática, pois seria inerente à conduta culposa. Todavia, mesmo no âmbito da responsabilidade subjetiva, o nexo de causalidade não pode ser considerado um mero desdobramento da conduta culposa. Será essencial apurar o nexo de causalidade de forma autônoma. Ainda que o sujeito tenha agido com culpa, será essencial analisar se o comportamento culposo foi a causa determinante, a causa principal, a causa relevante ou a causa eficiente do resultado danoso. Portanto, a existência de conduta culposa não afasta a necessidade de se apurar o nexo de causalidade entre tal conduta e o dano.

Na teoria objetiva da responsabilidade, tal problema não existe, tendo em vista que não se analisa conduta. O nexo de causalidade passa a ter uma qualificação jurídica e normativa. O nexo de causalidade na teoria objetiva tem maior destaque, justamente porque é a partir do nexo de causalidade que se determinará a responsabilidade civil objetiva.

Na responsabilidade civil objetiva, fundada principalmente na teoria do risco, a ausência de culpa, por si só, não afasta a obrigação de indenizar. É essencial verificar se o fortuito é interno (evento inevitável, que tem relação com a atividade do autor e, por isso, integra o risco da atividade) ou externo (evento inevitável, que não tem relação com a atividade do autor, razão pela qual o risco não é inerente a esta atividade).

Em conclusão, no direito civil, o nexo de causalidade é explicado a partir de algumas teorias: 1 – equivalência dos antecedentes (pressupõe a equivalência entre condição e causa – qualquer condição para o resultado é considerada a causa deste – a causalidade é natural); 2 – teoria da causalidade adequada (para esta teoria nem toda condição é causa – é essencial valorar a condição para verificar se foi idônea, relevante e determinante para o resultado – em caso positivo, tal condição é qualificada como causa e, portanto, quem a ela se relaciona, deu causa – há nexo – ao resultado – em caso negativo, é mera condição e o sujeito que se vincula apenas a uma condição, de acordo com essa teoria, não deu causa – não há nexo) e, 3 – teoria dos danos diretos e imediatos e a subteoria da necessariedade da causa (o nexo causal pressupõe relação de imediatidade, vínculo direto e imediato entre a causa e o resultado – art. 403 do CC. Os danos decorrentes de fatos indiretos e mediatos estariam excluídos da causalidade. O dano deve ser próximo e imediato – a subteoria da necessariedade da causa, com base na proporcionalidade, abranda a teoria para admitir os danos remotos, desde que, no caso concreto, haja relação de necessariedade entre o dano e a causa – se aproxima da teoria da causalidade). Obs.: Há outras teorias, mas estas são as principais.

O nexo de causalidade apresenta dois grandes problemas, pouco explorados, não explicados, que dificultam a compreensão da RC e seus pressupostos: 1 – O CC adota, de forma incondicional, uma das teorias?; 2 – O nexo de causalidade deve ser analisado com base nos mesmos critérios, independente da causa da responsabilidade civil, subjetiva e objetiva?

Problema 1 – o Código Civil não adota, de forma incondicional, nenhuma destas teorias. Na realidade, o sistema civil convive com todas as teorias (é comum na prática judiciária a confusão com as teorias, a menção de uma com a citação do fundamento de outra – é um mundo de incertezas), embora a teoria da causalidade adequada (análise abstrata dos fatos), obtemperada pela teoria da necessariedade da causa (análise concreta dos fatos), seja a mais aceita. Todavia, é comum associar as mais diversas teorias ao mesmo caso. O art. 403 sugere a adoção da teoria dos danos diretos e imediatos, mas o nexo causal não se restringe à questão temporal/espacial ressaltada por esta teoria. Além dos danos diretos, os danos remotos também podem ser indenizados, desde que a causa seja eficiente, adequada e relevante para o resultado (teoria da causalidade adequada) e tenha relação de necessariedade com os danos. Na maioria das vezes, para se evidenciar o nexo causal, se associam os fundamentos de várias teorias e, em outros casos, se considera apenas uma delas. Exemplo de associação: ainda que o dano seja remoto, se houver relação de necessariedade com a causa da qual decorre (teoria da necessariedade da causa), desde que idônea e relevante (causalidade adequada), haverá nexo. Por fim, em determinadas situações, para se fazer justiça no caso concreto, de forma excepcional, a mera condição pode ser equiparada a causa (equivalência dos antecedentes). As teorias devem ser harmonizadas, em especial porque cada uma tem vantagens e desvantagens, quando consideradas isoladamente.

Problema 2 – a depender da causa da RC (subjetiva e objetiva), os critérios para apuração do nexo causal se alteram. Historicamente, na RC subjetiva, evidenciada a culpa, o nexo de causalidade se torna desdobramento lógico e necessário da conduta culposa. Se houve culpa (causa), deu causa (nexo) ao resultado. O nexo de causalidade e a fonte da RC subjetiva (culpa) se associam em termos históricos (o que hoje é um equívoco). Na atualidade, o nexo não pode ser considerado mero desdobramento da culpa, como se dela fosse parte integrante. Será essencial analisar se o comportamento culposo foi a causa determinante, principal, relevante ou a causa eficiente do resultado danoso. A culpa não afasta a necessidade de apurar o nexo entre conduta e o dano. Por conta desse vínculo histórico entre RC e culpa, que na subjetiva se despreza o nexo.

No âmbito da responsabilidade civil objetiva, o nexo de causalidade tem plena autonomia em relação à causa ou fonte. Exemplo: ainda que determinado sujeito desenvolva atividade profissional de risco (art. 927, parágrafo único), será essencial verificar se tal atividade foi idônea, relevante, adequada e, se, no aspecto temporal/espacial, se conecta ao resultado. O nexo de causalidade na teoria objetiva tem maior destaque, justamente porque é a partir do nexo de causalidade que se determinará a responsabilidade civil objetiva (por isso aqui se cogita de fortuito interno e externo, que nada mais é do que a análise do nexo causal).

É por isso que na prática, na responsabilidade civil subjetiva o foco é o comportamento, e na objetiva, o nexo de causalidade.

2.13.1.5. Teoria dos danos (sistematizada) – danos patrimoniais e extrapatrimoniais (moral, imagem, estético e existencial)

O dano é o principal elemento da responsabilidade civil (subjetiva ou objetiva, negocial ou não negocial). É possível responsabilidade civil sem ilícito (ex.: por atos lícitos ou no caso de responsabilidade objetiva decorrente de atividade de risco lícita), sem nexo causal (risco integral – basta o nexo de imputação), sem culpa, mas não há responsabilidade civil sem que haja dano.

O dano, para se tornar indenizável (pressuposto para a responsabilidade civil), deve ostentar qualificação especial. O dano deve ser injusto. O dano injusto é a lesão a bem jurídico relevante (primeiro aspecto), merecedor de tutela (segundo aspecto) que, à vista do contexto social e do caso concreto, ostente valor social razoável (terceiro aspecto). Em síntese: lesão a interesse concreto (não meramente abstrato) merecedor de tutela. A responsabilidade civil dissociada de dano injusto caracterizará enriquecimento sem causa. Em cada situação concreta, deverá ser apurado se o interesse violado merece proteção, em especial quando comparado com o interesse que se contrapõe.

A adjetivação de injusto do dano pode ser extraída do Código Civil italiano, art. 2.043 que, de acordo com Chaves e Rosenvald[409] "é aquele relevante segundo uma ponderação de interesses em jogo à luz de princípios constitucionais" e prosseguem "injusto no sentido de uma valoração comparativa dos interessem em conflito, acarreta uma análise conjunta de situações subjetivas que se encontram em tensão... portador de relevância no confronto intersubjetivo, entre ofensor e ofendido, legitimando-se todas as situações jurídicas em que o balanceamento de interesses aponte violações de princípios".

O dano contemporâneo tem a função primordial reparatória. Não se pretende mais identificar um culpado, mas o responsável pela reparação, para o necessário reequilíbrio do patrimônio da vítima.

O patrimônio sempre foi, em termos históricos, o bem jurídico a ser tutelado pela responsabilidade civil. O dano patrimonial, centrado nos danos emergentes e lucros cessantes, era o único indenizável ou passível de reparação. Após lenta e progressiva evolução, passou-se a admitir a existência do dano extrapatrimonial e sua consequente reparação, que sempre esteve associado ao denominado dano moral. Na atualidade, o dano extrapatrimonial, para considerável parcela da doutrina, deixa a condição de sinônimo de dano moral, para ser considerado como gênero, com o que o dano moral é apenas uma de suas espécies.

Na busca pela tutela da dignidade da pessoa humana e na concretização dos direitos fundamentais existenciais, o dano moral, por si só, não é mais suficiente para cumprir papel tão relevante. A proteção efetiva da dignidade da pessoa humana e das questões existenciais impõe a necessária dissociação entre dano extrapatrimonial e dano moral. O dano extrapatrimonial é gênero e tem como espécies: o dano moral, o dano existencial, o dano à imagem (que passa a ter autonomia em relação ao dano moral) e o dano estético. Tais espécies de danos extrapatrimoniais têm a nobre função de tutelar, de forma ampla, a dignidade da pessoa humana no vasto campo da responsabilidade civil.

A visão binária e dicotômica, dano patrimonial e dano moral, deve ser superada e cede lugar para o dano patrimonial e os danos extrapatrimoniais, que englobam neste grupo os danos morais, existenciais, estéticos e dano à imagem (para alguns o dano à imagem é dano moral).

O dano patrimonial decorre da lesão a bem jurídico econômico que, no caso concreto, é merecedor de tutela e proteção. Tal conceito o afasta dos danos extrapatrimoniais, relacionados a aspectos existenciais da pessoa humana e, também, da teoria da diferença, segundo a qual o dano patrimonial decorre de uma fórmula matemática na qual se calcula o patrimônio do ofendido antes da lesão e o subtraímos pelo valor apurado em seguida (pois o dano patrimonial é a lesão ao patrimônio, não a sua consequência, como enuncia a teoria).

O dano patrimonial, lesão a interesse econômico concretamente merecedor de tutela, pode ser apurado, em termos clássicos, a partir do dano emergente (positivo) e lucros cessantes (negativo – probabilidade de proveito econômico futuro, se não houvesse o dano – com base em provas objetivas e concretas), conforme art. 402 do CC (objeto de análise em tópico próprio, na teoria do inadimplemento). Alguns doutrinadores ainda consideram que a perda de uma chance é espécie de dano patrimonial. Na perda de uma chance, a legítima expectativa ou a própria chance passam a ser bem jurídico tutelável. A perda da chance de obter vantagem ou evitar prejuízo. Em tópico próprio tratamos da perda de uma chance, quando a consideramos como uma espécie do gênero dano emergente ou variação deste (a chance séria, provável, concreta e objetiva, detém conteúdo econômico e já está integrada no patrimônio jurídico da vítima, que somente poderia perder algo que já havia incorporado – por isso, dano emergente).

O dano extrapatrimonial passa a ser gênero que tem como principal espécie o dano moral.

O dano moral passa por várias fases de evolução. O dano moral é a lesão a interesse existencial concretamente merecedor de tutela.

Inicialmente, a discussão envolvia a própria possibilidade ou não de se indenizar tal dano. Em tempos contemporâneos, a discussão envolve a caracterização deste dano, ou seja, o que é necessário para a demonstração da existência do dano moral. Na 1ª fase, a discussão estava centrada na possibilidade ou não de se indenizar o dano moral e, em caso positivo, se dependia do dano material. Por ser inestimável, não era admitida a indenização do dano moral. Apenas os danos patrimoniais eram indenizáveis. Ainda nesta primeira fase, após a superação da ne-

---

[409] FARIAS, Cristiano Chaves de; ROSENVALD, Nelson. *Direito das obrigações*. 4. ed. Rio de Janeiro: Lumen Juris, 2010.

gativa da indenização do dano moral, mas antes da Constituição de 1.988, tal dano ainda era muito vinculado ao dano material, conforme evidencia a antiga Súmula 491 do STF: "*É indenizável o acidente que cause a morte de filho menor, ainda que não exerça trabalho remunerado*". Ao se indenizar a frustração de ganhos futuros, o caráter econômico da indenização era evidente. O que aparentava ser indenização por dano moral, na realidade, era indenização por dano patrimonial.

Na 2ª fase, que se inicia com a Constituição de 1988 e consolida o reconhecimento do dano moral como dano autônomo e indenizável em relação ao dano patrimonial, a discussão muda o foco para envolver o conceito, caracterização, concepção e valoração do dano moral. A Constituição Federal reconheceu o dano moral, mas não ofereceu qualquer conceito. De acordo com o art. 5º, incisos V e X, "é assegurado o direito de resposta, proporcional ao agravo, além de indenização por dano material, moral ou à imagem" e "são invioláveis a intimidade, a vida privada, a honra e a imagem das pessoas, assegurado o direito a indenização pelo dano material ou moral decorrente de sua violação". Em seguida, o Código Civil, no art. 186, passou a fazer referência expressa ao dano moral, sem conceituá-lo.

Inicialmente, associou-se o dano moral à dor e sofrimento, ou seja, sentimentos íntimos. Na sequência, se considera que tais sentimentos íntimos são consequência, mas não o próprio dano moral. O dano moral estaria relacionado aos direitos da personalidade da pessoa humana. Em razão da complexidade, pluralidade e heterogeneidade em termos culturais, sociais e econômicos, o dano moral teve de ser reinterpretado e relido à luz de valores constitucionais, como dignidade humana, seu fundamento e finalidade. A ideia de dano moral como sinônimo de dor e sofrimento é inadequada e insuficiente em razão destes novos valores constitucionais e, portanto, se associa aos direitos da personalidade da pessoa humana, cujo fundamento é a dignidade da pessoa humana e o objetivo é a tutela, no mundo fático, destes direitos fundamentais existenciais, como nome, intimidade, vida, integridade física, honra, entre outros.

Todavia, não basta a associação aos direitos da personalidade, é essencial construir teoria para explicar o dano moral, a partir destes direitos existenciais. O dano moral, nesta concepção, apenas se caracteriza se, no caso concreto, se apurar além da violação de direitos da personalidade da pessoa humana, que essa violação, comparada com outros interesses em conflito, seja concretamente merecedora de tutela, irrazoável e intolerável.

O dano moral não está mais atrelado a sentimentos humanos desagradáveis, que passam a ser a sua consequência e relevantes para quantificação, não para caracterização do dano moral. Nesse sentido, o Enunciado n. 444, da V Jornada de Direito Civil: "*O dano moral indenizável não pressupõe necessariamente a verificação de sentimentos humanos desagradáveis como dor ou sofrimento*".

Não seria razoável substituir o subjetivismo da dor e transferi-lo para os direitos da personalidade. Por isso, apenas diante da análise do caso concreto, e, com a ponderação dos interesses em conflito, é possível verificar se concretamente, de forma desarrazoada e intolerável, é possível vislumbrar dano existencial injusto. A questão da injustiça do dano acima analisada também passa a ser componente relevante de análise do dano moral.

Neste sentido, o dano moral é lesão a interesse existencial concreto e merecedor de tutela, ou seja, a violação da dignidade da pessoa humana deve ser apurada no caso concreto. A violação a direito da personalidade é necessária, mas não suficiente para a caracterização do dano moral. A análise do contexto concreto e da dinâmica dos interesses contrapostos na situação particular é fundamental para apuração do dano. O dano moral passa a ser concreto e objetivo, baseado em critérios de ponderação e proporcionalidade.

Em resumo, o dano moral moderno e constitucionalizado depende, para se caracterizar: *violação de direito da personalidade + direito deve ser tutelado no caso concreto + gravidade da violação + desproporcionalidade + transcendência dos limites do tolerável*.

É essencial a prova dos fatos que fundamentam esse dano. Por isso, a fórmula "in re ipsa", que se refere a sentimentos humanos desagradáveis, deve ser revista (já analisamos tal questão). Em relação à existência, o dano moral deve ser provado. Apenas pode ser presumido em relação às questões subjetivas vinculadas às suas consequências, jamais a caracterização.

Além do dano moral, também são espécies de dano extrapatrimonial, os danos estéticos e à imagem, já analisados, que passam a ter autonomia em relação ao dano moral, e o dano existencial.

• **Dano existencial**

O dano existencial é espécie de dano extrapatrimonial, autônomo em relação ao dano moral. A Lei Federal n. 13.467/2017, que introduziu a reforma trabalhista, tratou, nos arts. 223-A a 223-G, da CLT, do dano extrapatrimonial decorrente da relação de trabalho. E, no art. 223-B, ao definir o dano extrapatrimonial, considera que é qualquer ação ou omissão que ofenda a esfera moral ou existencial da pessoa natural ou jurídica, titulares exclusivos do direito à reparação. Ainda que muito provavelmente não tenha sido a intenção do legislador, o fato é que a reforma trabalhista tratou de forma autônoma e independente os danos moral e existencial, como espécies de dano extrapatrimonial. Não há dúvida de que o dano à existência é muito comum nas relações trabalhistas, porque tal dano, ao contrário do moral, não é pontual, mas com efeitos que se prolongam no tempo.

O dano existencial se caracteriza justamente por se prolongar no tempo, como é o caso de trabalhadores que são submetidos a intensa sobrecarga, o que os impede de realizar planejamento adequado para sua vida. Os projetos pessoais ficam comprometidos e isso afeta a existência da pessoa, por longo período. O direito fundamental da pessoa à existência digna é ampliado pela tutela do dano existencial. A pessoa humana é impedida de desenvolver projetos pessoais, o que pode ocorrer quando é vítima de erro médico, acidente de trabalho ou sobrecarga de trabalho. Por isso, é comum nas relações de trabalho, porque o empregado fica impedido de gozar plenamente de relações pessoais e sociais, o que afeta sua dignidade e existência. A indenização por redução permanente da capacidade de trabalho, prevista expressamente no art. 950 do CC, pode ser fundamento para dano existencial.

No Brasil, ainda há divisão na doutrina quanto à autonomia ou não do dano existencial. A primeira corrente considera que o dano existencial é autônomo em relação ao dano moral e outra defende ser um aspecto do próprio dano moral. O dano existencial representa violação grave na vida pessoal e social da pessoa, que é submetida a fato cujos efeitos se prolongarão em sua vida, ao contrário do dano moral, que é pontual. O dano existencial impede a vítima de concretizar, continuar ou executar projetos de vida ou às relações privadas e públicas. Por isso, também é denominado dano a projeto de vida ou a vida de relações pessoais e sociais. A liberdade de escolha é comprometida porque a pessoa não poderá concretizar o projeto de vida que elaborou. Por isso, os efeitos do dano existencial se prolongam no tempo, o que dificulta, demasiadamente, a sua valoração. Como valorar a frustração de projeto de vida, do comprometimento das relações íntimas, sociais, afetivas, culturais, religiosas e profissionais? As metas, os objetivos, os planos e as aspirações pessoais e sociais que dão sentido existencial ao ser humana ficam parcial ou plenamente comprometidas, de forma permanente. A justiça do trabalho é a pioneira e procura diretrizes não só para a caracterização, como para a quantificação do dano existencial, o que foi potencializado com a reforma trabalhista que passou a prever, expressamente, tal espécie de dano. O desafio é deslocar o dano existencial para as demais searas do direito.

• **Noções preliminares relativas ao capítulo sobre responsabilidade civil**

O Código Civil, nos arts. 927 a 954, trata da consequência decorrente do ilícito, subjetivo ou objetivo, apresenta os fundamentos da responsabilidade civil objetiva (art. 927, parágrafo único), bem como da responsabilidade civil do incapaz (art. 928), dos efeitos de alguns atos lícitos, em especial quando violam interesse de terceiro inocente (arts. 929 e 930), responsabilidade por fato do produto (art. 931), por fato de terceiro (arts. 932 a 934), por fato da coisa ou do animal (arts. 936 a 938), além de regras sobre concorrência de causas, interconexão entre responsabilidade civil e criminal, solidariedade na responsabilidade civil, transferência de responsabilidade para sucessores e disposições gerais sobre cálculo e liquidação do dano.

Tal capítulo completa diversos institutos de direito civil que se relacionam direta ou indiretamente à responsabilidade civil e estão enraizados em todo o sistema.

Por exemplo, na parte geral, o ilícito subjetivo (art. 186) e o ilícito objetivo (art. 187), além das causas excludentes de ilicitude (art. 188), são temas relacionados à responsabilidade civil. No direito das obrigações, o art. 393 disciplina o caso fortuito e a força maior, excludentes de responsabilidade civil, os arts. 402 e 404, das perdas e danos no âmbito patrimonial, além do art. 403, que faz menção ao nexo de causalidade. Tais normas possuem íntima relação com a responsabilidade civil. Na teoria contratual, reais, família e sucessões também há situações especiais que se relacionam com a responsabilidade civil. A responsabilidade civil é retratada em todo o direito civil, pois a previsão de reparação do dano ou de indenização em qualquer instituto se relaciona com os pressupostos da matéria. A responsabilidade civil é instituto de reparação ou prevenção de danos, independente da causa (atos ilícitos, lícitos, risco etc.).

Após estas considerações preliminares, o objetivo é analisar as normas do Código Civil no capítulo específico que disciplina a responsabilidade civil, arts. 927 a 954. A matéria foi sistematizada da seguinte forma: cláusula geral de responsabilidade objetiva; responsabilidade civil do incapaz; indenização em favor de terceiro inocente no caso de atos lícitos; responsabilidade civil de empresas e empresários individuais por fato do produto; responsabilidade civil por fato de terceiro; responsabilidade civil e criminal; responsabilidade pelo fato da coisa; responsabilidade pela cobrança de dívida paga ou dívida vincenda; responsabilidade patrimonial e solidária dos responsáveis pelo dano; transmissão da responsabilidade civil para os sucessores e regras sobre liquidação do dano: indenização.

Antes de analisar os arts. 927 a 954 é essencial destacar que tais normas seguem a lógica da responsabilidade civil extranegocial ou extracontratual (quando não preexiste entre autor da ofensa e vítima qualquer relação jurídica material). No âmbito da responsabilidade civil negocial ou contratual, como há relação jurídica material entre sujeitos determinados ou determináveis, com ajuste de obrigações, direito e deveres recíprocos, a eventual responsabilidade decorrente desta relação deve ser extraída da teoria do inadimplemento, que possui regras e regime jurídico próprio. É óbvio que algumas regras dispostas nos arts. 927 a 954 do CC também podem ser aplicadas no âmbito da responsabilidade civil contratual, mas a lógica destes artigos é pautada na responsabilidade que decorre da violação de deveres jurídicos genéricos (responsabilidade extranegocial), cuja premissa facilitará a compreensão da matéria.

2.13.2. A cláusula geral da responsabilidade civil

O art. 927 é dividido em duas partes: No *caput* dispõe sobre a consequência do ilícito, subjetivo (ilícito geral/culpa) ou objetivo (abuso de direito), qual seja, obrigação de reparar os danos injustos dele decorrentes. Na segunda parte, parágrafo único, dispõe sobre os fundamentos da responsabilidade civil objetiva.

O art. 927, parágrafo único, do Código Civil, inova ao incorporar no sistema normativo civil cláusula geral de responsabilidade objetiva fundada na teoria do risco. Além dos casos já previstos em lei, que impõem a obrigação de reparação de dano sem culpa (como é o caso dos garantes – art. 932 – que respondem objetivamente por fato de terceiro, abuso de direito; art. 187, fato do produto, da coisa ou animal), haverá responsabilidade objetiva quando determinada atividade humana implicar, por sua natureza, em risco para os direitos de outrem.

De acordo com o parágrafo único do art. 927, haverá obrigação de reparar o dano, independentemente de culpa (não se investiga a licitude ou ilicitude do fato, não há controvérsia sobre a antijuridicidade ou reprovabilidade do comportamento), nos casos especificados em lei (arts. 187, 931, 933, 936, 937, 938 e 734, por exemplo), ou quando a atividade normalmente desenvolvida pelo autor do dano implicar, por sua natureza, risco (risco inerente ou próprio – que cria ônus maior) para os direitos de outrem (cláusula geral do risco da atividade).

O nexo de imputação é duplo: *lei* (arts. 187, 931, 933, 936, 937, 938 e 734) ou *risco da atividade*. O nexo de imputação não se confunde com o nexo de causalidade. O nexo de imputação é o fundamento ou a razão pela qual se atribui responsabilidade civil. Em resumo: o fato (ato ou atividade de risco) + dano injusto + nexo causal + nexo de imputação (razão pela qual se atribui a alguém a obrigação de indenizar) tem como resultado a responsabilidade civil objetiva.

As hipóteses legais serão analisadas nos respectivos dispositivos. O parágrafo único, portanto, se refere a leis especiais e às normas existentes no próprio Código Civil (responsabilidade dos empresários individuais pelos danos causados por produtos postos em circulação – art. 931; responsabilidade civil por fato de terceiros – art. 933; responsabilidade pelo fato da coisa animal – art. 937; responsabilidade pelo fato da coisa – arts. 936 e 938, entre outros).

Por outro lado, em relação à responsabilidade objetiva decorrente do risco da atividade, há no atual sistema cláusula geral que imporá análise concreta das atividades que, por sua natureza, podem ser consideradas de risco e, em razão disso, o dano delas decorrente deverá ser reparado independente da análise de qualquer conduta culposa.

O nexo de imputação (o porquê alguém é obrigado a indenizar) da responsabilidade objetiva retratada no parágrafo único do art. 927 passa a ser (além da lei) o exercício de atividade de risco.

O que pode ser considerado como risco da atividade ou atividade de risco?

O risco inerente (intrínseco) a qualquer atividade humana. Ao exercer determinada atividade, com risco inerente a esta atividade, o agente assume o risco pelos danos dela decorrentes, mesmo se não houver culpa. A teoria do risco tem como foco a vítima e, por isso, amplia o rol de pessoas responsáveis. Não há culpados e sim responsáveis, o que é diferente. Se houver lesão a qualquer bem jurídico relevante em decorrência de atividade de risco, haverá reparação, independentemente de culpa.

No caso de atividade que implique, por sua natureza, riscos para o direito de outrem, não se discutirá também a antijuridicidade do evento, a reprovabilidade do comportamento (pela via da culpa ou do abuso de direito), mas tão somente se a atividade, considerada de modo intrínseco, gera risco natural e inerente, ou seja, dela indissociável, que obrigará à indenização. Tal atividade causará à pessoa determinada ônus maior do que aos demais membros da coletividade (Enunciado 38 da Jornada de Direito Civil). É por isso que em acidentes de trânsito não há possibilidade de aplicar tal cláusula geral, pois, a princípio, dirigir não gera ônus maior do que aos demais membros da coletividade.

Tal atividade requer *continuidade* e *organização*, deve ser lícita (normal) e adequada à ordem econômica. Tal atividade lícita e indispensável para a ordem econômica, internaliza riscos que dela decorrem. Os riscos estarão alocados na atividade, pela sua própria natureza. O risco inerente, intrínseco e próprio da atividade produzirá danos em escala anormal, quando comparada com outras atividades. Portanto, a natureza desta atividade, em razão de sua natureza, ostenta maior risco. Por isso, caberá a análise deste risco no caso concreto, a partir do nexo causal, que na teoria do risco tem caráter normativo. Não é um ato isolado, mas uma série contínua ("normalmente") e coordenada de atos, que gere risco especial e diferenciado, que terá como critérios de avaliação deste risco estatística, prova técnica e máximas de experiência (Enunciado 448 da Jornada de Direito Civil).

A atividade de risco independe de proveito ou pressupõe proveito? A teoria do risco se refere ao "risco proveito" (quem aufere o cômodo suporta o incômodo) ou "risco criado" (cada vez que uma pessoa, por sua atividade, cria um risco para outrem, deverá responder por suas consequências danosas)?

O que é o risco proveito?

O risco proveito se caracteriza quando alguém retira vantagem ou proveito da atividade que possui risco inerente. O ônus deste proveito é suportar a responsabilidade pelos danos decorrentes desta atividade de risco. O contraponto do proveito é a assunção do risco. A dificuldade no risco proveito é delimitar o que é o proveito para que haja assunção do risco (doutrina de Saleilles).

O que é o risco criado?

O risco criado (doutrina de Josserand) é aquele que dispensa o proveito ou vantagem. A assunção do risco é desconectada da ideia de proveito. O que caracteriza o risco é natureza da atividade. A atividade de risco, por si só e, independentemente de vantagens ou proveito, gera responsabilidade de indenizar danos, independentemente de culpa. Basta que a atividade crie risco para outrem. A relação de causa e efeito entre a atividade de risco e o dano suportado pela vítima é suficiente para a indenização.

No parágrafo único do art. 927 do CC, adota-se a teoria do risco criado, que amplia o conceito de risco proveito e, embora aumente os encargos para o ofensor, é mais equânime para a vítima que está dispensada da prova de que o dano é resultado de qualquer vantagem.

Na teoria objetiva, a responsabilidade civil não é baseada na culpabilidade, mas na causalidade. Basta que o comportamento, lícito ou ilícito, seja a causa determinante de danos injustos. Não interessa a antijuridicidade, o caráter, a condição e o conteúdo do comportamento. O êxito da teoria objeto é o nexo causal. Por isso, a exoneração dependerá de situações que excluem o nexo causal, independente da conduta.

A responsabilidade civil dependerá de atividade humana com risco, dano, nexo causal e nexo de imputação (motivo pelo qual se atribui a alguém responsabilidade). Não se discute culpa, se o fato é lícito ou ilícito, se a conduta é reprovável e antijurídica. Tal dispositivo adota o risco de forma genérica, como cláusula geral, a ser preenchida e valorada no caso concreto. Tal cláusula geral permitirá a invocação da teoria do risco nas mais diversas atividades humanas que possam, concretamente, se enquadrar como atividades de risco inerente e potencial.

Portanto, a atividade de risco deve ser contínua, reiterada, pois a lei exige que ela seja exercida de forma habitual. O ato humano isolado não pode ser considerado atividade de risco porque não há continuidade e reiteração necessária exigidas pela norma. Isto não significa que a atividade deve ser comercial ou empresarial. A atividade pode ser de qualquer natureza, mas deve ser contínua e habitual. É essencial a sequência de atos para uma finalidade. A "normalidade", ao mesmo tempo que indica habitualidade, também implica na necessária licitude da atividade. A atividade lícita e normalmente desenvolvida, que causa dano injusto (lesão a bem jurídico relevante), pode gerar responsabilidade se for de risco. Ademais, tal risco deve ser próprio e inerente da atividade. O risco é inerente à atividade, porque intrínseco a ela ou dela decorrente. O risco de uma atividade, que não é próprio dela, mas que eventualmente dela pode surgir, não caracterizará responsabilidade com base nesta cláusula geral. O risco tem que estar relacionado à rotina da atividade, estar conectado a ela e dela ser um processo natural. É a ideia fundamental de risco inerente. O risco não inerente, ainda que relacionado à atividade, não atrai a responsabilidade objetiva.

O texto do parágrafo único do art. 927 indica que foi adotada, pelo CC/2002, a teoria do risco criado, que independe da apuração de qualquer proveito ou vantagem do ofensor. Para alguns, seria o risco da atividade, mas que é semelhante, na essência, ao risco criado. A diferença é que, no risco da atividade, basta que essa seja por natureza de risco, e para o risco criado é necessário que a atividade em si não seja de risco, mas gere um risco. Todavia, o risco proveito ainda aparece na Súmula 492 do STF e no art. 932, IV, do CC.

O termo "outrem", previsto na norma, possui amplitude considerável. Nesse sentido o Enunciado 445 da V Jornada de Direito Civil do CJF: "A responsabilidade civil prevista na segunda parte do parágrafo único do art. 927 do Código Civil deve levar em consideração não apenas a proteção da vítima e a atividade do ofensor, mas também a prevenção e o interesse da sociedade".

De acordo com o Enunciado 555 da VI Jornada de Direito Civil: "Os direitos de outrem mencionados no parágrafo único do art. 927 do Código Civil devem abranger não apenas a vida e a integridade física, mas também outros direitos, de caráter patrimonial ou extrapatrimonial".

Na teoria do risco da atividade ou risco criado, o nexo de causalidade será rompido no caso de fortuito externo, ou seja, o fortuito não tem qualquer relação com a atividade desenvolvida. Não basta o fortuito, sendo essencial o fortuito externo – como já analisado neste capítulo, na parte de obrigações. Nesse sentido o Enunciado 443 da V Jornada de Direito Civil: "O caso fortuito e a força maior somente serão considerados como excludentes da responsabilidade civil quando o fato gerador do dano não for conexo à atividade desenvolvida".

Não há dúvida, portanto, que as excludentes do nexo causal são admitidas na responsabilidade civil objetiva (caso fortuito, força maior, fato de terceiro e fato exclusivo da vítima). Na responsabilidade objetiva comum o dano decorre da atividade do responsável, de pessoa a ele ligada ou de fato de coisas que comanda. Em todas as situações, são admitidas as excludentes. Todavia, o fortuito deve ser externo para rompimento do nexo causal, ou seja, ausência de conexão com a atividade. O evento inevitável, se interno, relacionado à atividade, não é suficiente para romper o nexo causal.

Na teoria do risco integral (dano ambiental, nuclear), a causalidade é pura, pois decorre da própria atividade e não pode ser afastada por fatores externos e tampouco pela exclusiva da vítima. Por isso, basta o nexo de imputação, ou seja, o fundamento ou fator de atribuição, a hipótese prevista em lei que a justifica. Na teoria do risco agravado o fortuito externo, que afasta a responsabilidade civil objetiva como regra, é internalizado e, neste caso, não impede a responsabilidade. É o caso da responsabilidade civil durante a mora (art. 399) e da responsabilidade pela perda ou deterioração da coisa pelo possuidor de má-fé (arts. 1.216 e 1.217, ambos do CC). O fortuito externo se converte em interno e tal situação é internalizada, para se conectar com os riscos próprios da situação.

De acordo com o Enunciado 447 da V Jornada de Direito Civil: "As agremiações esportivas são objetivamente responsáveis por danos causados a terceiros pelas torcidas organizadas, agindo nessa qualidade, quando, de qualquer modo, as financiem ou custeiem, direta ou indiretamente, total ou parcialmente".

A regra do art. 927, parágrafo único, segunda parte, do CC aplica-se sempre que a atividade normalmente desenvolvida, mesmo sem defeito e não essencialmente perigosa, induza, por sua natureza, risco especial e diferenciado aos direitos de outrem. São critérios de avaliação desse risco, entre outros, a estatística, a prova técnica e as máximas de experiência (Enunciado 448 da V Jornada de Direito Civil).

Em resumo, os pressupostos para a responsabilidade objetiva são: existência de atividade de risco, dano injusto, nexo de imputação e nexo causal.

2.13.3. A responsabilidade civil do incapaz

O art. 928 do Código Civil é desdobramento lógico do fundamento da teoria da incapacidade: proteção. O incapaz é considerado vulnerável e, por conta disso, é submetido a regime jurídico protetivo: a teoria da incapacidade. Neste regime jurídico protetivo, há regras que tutelam e protegem o incapaz de forma diferenciada. É o que ocorre na responsabilidade civil. O incapaz responde civilmente de modo subsidiário e, ainda que seja possível vinculá-lo, a indenização será diferenciada, por equidade.

O incapaz responde civilmente, mas de forma *subsidiária* e *mitigada*. Subsidiária, porque o incapaz somente responde pelo que causar, se as pessoas por ele responsáveis não tiverem obrigação de fazê-lo ou não dispuserem de meios suficientes (recursos financeiros que privem os responsáveis do mínimo necessário para uma vida digna, em termos materiais). Mitigada, porque a indenização a ser imputada ao incapaz deve ser arbitrada por equidade (o que não implica necessária redução – Enunciado 449 das Jornadas de Direito Civil), o que implica em exceção ao princípio da restituição integral do dano, previsto no art. 944 do CC. A responsabilidade civil e direta do incapaz é excepcional.

Tal responsabilidade civil excepcional do incapaz deve ser conjugada com a responsabilidade civil direta dos protetores do incapaz (pais, tutores e curadores), que respondem, como regra, em primeiro lugar, conforme art. 932, I e II, do CC (responsabilidade por fato de terceiro e o terceiro, nestes casos, será o incapaz). Os pais respondem por atos dos filhos menores, que estiverem em sua companhia e guarda e os tutores e curadores, respondem por atos dos tutelados e curatelados. Demonstrada a culpa dos filhos, curatelados e tutelados (incapazes), a responsabilidade civil dos protetores é objetiva (art. 933). Em razão da regra especial do art. 928, não há responsabilidade solidária entre responsáveis e incapazes, como enuncia ou sugere o parágrafo único do art. 942 do CC. Apenas haverá responsabilidade solidária entre o menor e seus pais ou tutores se for emancipado, pois embora menor, com a emancipação, se torna capaz e não aproveita a regra protetiva do art. 928 (Enunciado 41 das Jornadas de Direito Civil).

No parágrafo único do art. 928 do CC ainda há previsão de incidência da teoria do patrimônio mínimo, fundada no princípio da dignidade da pessoa humana, que garante núcleo intangível do patrimônio para garantia do mínimo existencial material. A vítima nada receberá do incapaz a título de indenização se o valor privar do necessário o incapaz ou as pessoas que dele dependam. A proteção ao patrimônio mínimo também alcança os responsáveis (segunda parte do Enunciado 39 da I Jornada de Direito Civil).

No que se refere ao caráter subsidiário da responsabilidade, a vítima, em primeiro lugar, deverá buscar reparação contra os responsáveis pelo incapaz, pais, tutores e curadores. Em caso de incapacidade financeira dos responsáveis, a responsabilidade recairá sobre incapaz. Se os responsáveis tiverem capacidade financeira, não haverá como responsabilizar o incapaz.

O supracitado art. 928 também faz referência à situação em que haveria responsabilidade do incapaz se as pessoas por ele responsáveis não tivessem a obrigação de fazê-lo. Tal situação, prevista na norma, é uma incoerência em termos, pois se as pessoas são responsáveis, têm a obrigação de indenizar. Se há quem responda, há obrigação de indenizar!! Somente não haverá obrigação de indenizar se o terceiro não for responsável pelo incapaz.

Em relação à equidade e mitigação da indenização, também é norma que protege o incapaz. Além de subsidiária, a responsabilidade é mitigada. De acordo com o Enunciado 39 da I Jornada de Direito Civil, a equidade prevista na norma é baseada no princípio constitucional da dignidade da pessoa humana.

2.13.4. A indenização em favor de terceiro inocente no caso de ato ilícito

Os arts. 929 e 930 do Código Civil resguardam e tutelam o direito à indenização em favor de terceiro, vítima de atos lícitos.

De acordo com o art. 188 do CC, não constituem ilícitos os atos praticados em legítima defesa, exercício regular de direito reconhecido ou estado de necessidade. No entanto, é possível que, ao praticar ato lícito, amparado por qualquer das excludentes mencionadas, o sujeito viole o direito subjetivo de terceiro inocente. Neste caso, se a pessoa lesada ou o dono da coisa danificada não concorreu, de qualquer forma, para o ato, assistir-lhes-á direito à indenização do prejuízo que venha a sofrer. De acordo com o art. 929: "Se a pessoa lesada, ou o dono da coisa, no caso do inciso II do art. 188, não forem culpados do perigo [*o prejudicado não foi o responsável pela situação de perigo – terceiro inocente*], assistir-lhes-á direito à indenização do prejuízo que sofreram".

Registre-se que não há a mesma regra na legítima defesa: *Aquele que*, ao se defender de injusta agressão, causa danos ao agressor, sem excesso e sem danos a terceiros inocentes, não responde. Se causa dano a terceiro inocente, responde.

Por outro lado, o art. 930, dispõe que no caso do inciso II do art. 188, se o perigo ocorrer por culpa de terceiro, contra este terá o autor do dano ação regressiva para haver a importância que tiver ressarcido ao lesado. Parágrafo único. [*legítima defesa*]. A mesma ação competirá contra aquele em defesa de quem se causou o dano (art. 188, inciso I)".

Na legítima defesa de terceiro, se causa danos a terceiros que não os agressores, ou seja, *inocentes*, terá de indenizar, mas na forma do parágrafo único do art. 930, terá ação regressiva contra quem estava sendo agredido.

Em resumo: *Na legítima defesa o agressor nunca será indenizado. O terceiro vítima pode ser indenizado por quem agiu em legítima defesa, mas este tem ação regressiva contra o agressor na própria e contra aquele que visou defender, na legítima defesa de terceiro.*

Portanto, qualquer ato de legítima defesa e de estado de necessidade exclui a ilicitude do ato, mas, se houver violação a direito de pessoa inocente, o autor do ato lícito terá que indenizar o lesado, com direito à ação regressiva contra terceiro, se este provocou a situação de perigo.

2.13.5. Responsabilidade civil e empresas e empresários individuais

O art. 931 do Código Civil disciplina a responsabilidade civil dos empresários individuais e das sociedades empresárias (empresa é sinônimo de atividade). Tais sujeitos respondem, independentemente de culpa, pelos danos causados pelos produtos postos em circulação. Trata-se de responsabilidade objetiva. Tal artigo tem aplicação para as relações jurídicas de natureza civil de tais sujeitos de direito, pois, no âmbito das relações de consumo, incidem as regras de responsabilidade, também objetiva, do Código de Defesa do Consumidor. Nesse sentido o Enunciado 190 da III Jornada de Direito Civil.

Por isso, o objetivo da norma em comento é regular a responsabilidade destes sujeitos de direito quanto aos danos provocados pelos produtos colocados em circulação em relação material civil.

De acordo com o Enunciado 43 da I Jornada de Direito Civil, a responsabilidade civil pelo fato do produto, prevista no art. 931, também inclui os riscos de desenvolvimento. O que é o risco de desenvolvimento? Para saber se um produto é ou não defeituoso, deve ser levado em conta a época em que foi colocado em circulação e, a depender desse fato, haverá ou não responsabilidade. Se, quando colocado em circulação, o fornecedor demonstrar que, com base no conhecimento científico da época e com base nos conhecimentos da comunidade científica, desconhecia os riscos do produto, não haverá responsabilidade por tais riscos desconhecidos no campo científico.

Por fim, no Enunciado 378 foi consignado: "Aplica-se o art. 931 do Código Civil, haja ou não relação de consumo". No enunciado 562 "aos casos do art. 931 do Código Civil aplicam-se as excludentes da responsabilidade objetiva".

2.13.6. Responsabilidade civil por fato de terceiro ou de outrem

O art. 932 do Código Civil seleciona as hipóteses em que o sujeito responderá por fato praticado por outro sujeito em razão de algum tipo de vínculo entre o responsável e o autor direto do fato danoso. É a responsabilidade civil por ato ou fato de outrem. É típico caso de responsabilidade objetiva impura: depende da prova da conduta culposa do terceiro. É essencial discutir a culpa do antecedente (terceiro) para responsabilizar objetivamente o consequente (arrolados no art. 932 do CC).

De acordo com a norma em comento, são também responsáveis pela reparação civil: I – os pais, pelos filhos menores que estiverem sob sua autoridade e em sua companhia; II – o tutor e o curador, pelos pupilos e curatelados, que se acharem nas mesmas condições; III – o empregador ou comitente, por seus empregados, serviçais e prepostos, no exercício do trabalho que lhes competir, ou em razão dele; IV – os donos de hotéis, hospedarias, casas ou estabelecimentos onde se albergue por dinheiro, mesmo para fins de educação, pelos seus hóspedes, moradores e educandos; V – os que gratuitamente houverem participado nos produtos do crime, até a concorrente quantia.

A responsabilidade é objetiva. Trata-se do que se convencionou denominar responsabilidade civil impura, porque tal responsabilidade (do responsável) depende da demonstração, efetiva e concreta, da responsabilidade subjetiva do autor do fato. Provada a responsabilidade do terceiro, autor do fato, o responsável tem o dever indenizar de forma objetiva. Portanto, ainda que não haja culpa de qualquer das pessoas mencionadas nos incisos do art. 932, estes responderão pelos atos praticados pelos terceiros (art. 933 do CC). A culpa presumida do CC/1916 foi substituída pela responsabilidade objetiva das pessoas mencionadas no art. 932.

A primeira hipótese é a responsabilidade dos pais pelos atos dos filhos menores. O fundamento da responsabilidade é o poder familiar. Neste caso específico, o pai não tem ação regressiva contra o menor, descendente seu, conforme art. 934 do CC. Em regra, todas as pessoas enumeradas no art. 932 possuem ação regressiva contra os autores diretos dos danos. Excepcionalmente, o direito de regresso é vedado. A vedação ocorrerá quando o causador do dano for descendente do responsável, seja absoluta ou relativamente incapaz.

Para finalizar a responsabilidade dos pais em relação aos filhos, algumas questões relevantes. De acordo com a norma, tal responsabilidade pressupõe que o filho esteja sob autoridade e guarda do pai. A interpretação a ser dada é a de que o filho esteja sob o poder dos pais (poder familiar), pois mesmo aquele que não detém a guarda pode ser responsabilizado civilmente.

Nesse sentido, aliás, o Enunciado 450 da Jornada de Direito Civil: "Considerando que a responsabilidade dos pais pelos atos danosos praticados pelos filhos menores é objetiva, e não por culpa presumida, ambos os genitores, no exercício do poder familiar, são, em regra, solidariamente responsáveis por tais atos, ainda que estejam separados, ressalvado o direito de regresso em caso de culpa exclusiva de um dos genitores".

Como retrata o enunciado, é possível que o pai que detém a guarda possa suportar ação regressiva do outro, mas em relação às vítimas de atos dos filhos, ambos respondem solidariamente.

No entanto, é possível que, em situações específicas e excepcionais, um dos pais possa não responder, como o exemplo de estar sendo vítima de alienação parental, porque o cônjuge guardião impede qualquer contato com a criança. Apenas no caso concreto será possível apurar se tais situações excepcionais são dignas de tutela. Ainda que pais e filhos não residam no mesmo local, persiste a responsabilidade civil. A responsabilidade dos pais em relação a terceiros, pelos atos dos filhos menores, não é solidária com estes, como já analisado, salvo emancipação.

A segunda hipótese prevista em lei de responsabilidade por fato de outrem é a do empregador ou comitente pelos atos de seus empregados ou prepostos, desde que praticados no exercício do trabalho ou em razão do trabalho (art. 932, III, CC).

Como já ressaltado, há necessidade de relação entre o autor direto do fato e o responsável, não necessariamente de emprego ou trabalho. O Código Civil, neste ponto, substitui a versão anterior da presunção de culpa do patrão ou empregador, nos termos da Súmula 341 do STF, para a responsabilidade objetiva deste (art. 933 do CC), desde que o autor direto, empregado, preposto ou serviçal tenha agido com dolo ou culpa (responsabilidade subjetiva). A responsabilidade objetiva do empregador ou patrão pressupõe a responsabilidade subjetiva e direta do empregado. Além disso, nos termos do parágrafo único do art. 942 do CC, empregador e empregado são responsáveis solidários em relação à vítima, embora o empregador tenha ação regressiva em face do empregado, desde que este tenha agido com culpa ou dolo (art. 934 do CC). Em relação ao regresso do empregador, o Enunciado 44 da I Jornada de Direito Civil é enfático: "Na hipótese do art. 934, o empregador e o comitente somente poderão agir regressivamente contra o empregado ou preposto se estes tiverem causado dano com dolo ou culpa".

Portanto, provada a culpa do empregado, se praticou o ato no trabalho ou em razão dele, o empregador responde objetivamente e, em relação à vítima, ambos de forma solidária.

É essencial a existência de nexo causal entre o dano e o trabalho desempenhado, a fim de justificar a responsabilidade do empregador. É essencial que haja vínculo do ato do empregado com a atividade do empregador. Ainda que os atos sejam contrários à ordem do empregador, haverá responsabilidade. Não há necessidade de vínculo empregatício. A eventual terceirização não afeta a responsabilidade do empregador quanto aos atos do empregado terceirizado.

No âmbito médico, a instituição hospitalar privada responde na forma do art. 932, III, do Código Civil, pelos atos culposos praticados por médicos integrantes de seu corpo clínico (Enunciado 191 da III Jornada de Direito Civil).

A terceira hipótese legal de responsabilidade por fato de outrem é dos donos de hotéis, hospedarias, casas ou estabelecimentos onde se albergue por dinheiro, mesmo para fins de educação, pelos seus hóspedes, moradores e educandos.

Os hotéis, albergues e as instituições de ensino, entre outros, respondem, de forma objetiva, pelos danos causados a terceiros pelos seus hóspedes, moradores e professores ou educandos. É essencial que haja nexo causal entre o ato praticado pelo autor ou ofensor e a atividade destas instituições. O ensino universitário não é abrangido por esta regra. Os estabelecimentos de ensino respondem pelos danos que seus alunos, nessa qualidade, venham a causar a terceiros ou mesmo aos próprios alunos. Quanto ao direito de regresso dos estabelecimentos de ensino, há discussão se é possível o exercício deste direito apenas em relação aos alunos ou também aos pais dos alunos. Apenas no caso concreto será possível apurar se é possível o regresso contra os pais dos alunos causadores diretos dos danos.

Em relação aos hotéis e estabelecimentos análogos, a responsabilidade civil, como regra, será disciplinada pelo CDC, por serem prestadores de serviços de consumo. Por isso, a regra do art. 932 do CC aplica-se aos casos em que o dano é praticado pelo hóspede e o hotel se responsabiliza por este fato de terceiro. Este é o âmbito de atuação da regra legal em referência. As vítimas podem ser os servidores do estabelecimento, empregados, outros hóspedes ou terceiros. Os danos devem guardar a necessária relação de causalidade com a atividade hoteleira. É essencial verificar se há vínculo entre o ato do hóspede e a atividade do estabelecimento, pressuposto para a responsabilidade objetiva.

A última hipótese em que é possível a responsabilidade por fato de outrem é a prevista no art. 932, V, do CC. São responsáveis pela reparação os que gratuitamente houverem participado nos produtos do crime, até a concorrente quantia. A regra é óbvia e impõe aos sujeitos que se beneficiaram, ainda que gratuitamente, do produto do crime, a responsabilidade objetiva pela reparação deste dano, na medida da quantia que cada um concorreu.

Como já mencionado, a responsabilidade civil, nos casos do art. 932, é objetiva indireta ou impura, porque as pessoas designadas no mencionado dispositivo legal como responsáveis dependem da apuração da culpa dos autores diretos daqueles pelos quais se responsabilizam. Não se cogita mais em culpa presumida nestes casos, mas em responsabilidade sem culpa (afasta-se a denominada *culpa in vigilando* e *culpa in eligendo*). Superado o modelo de culpa presumida (Enunciado 451) e, em consequência, a Súmula 341 do STF, o responsável tem direito de regresso contra o autor direto do fato, salvo se o ofensor for descendente do responsável, absoluta ou relativamente incapaz. No entanto, neste caso, ainda que não haja regresso, tal indenização poderá ser levada à colação (art. 2.010, CC), a fim de não prejudicar outros descendentes que não tiveram relação com o fato.

2.13.7. Responsabilidade civil e criminal

A independência entre as instâncias civil e criminal no campo da responsabilidade é retratada no art. 935 do Código Civil. Todavia, tal independência é relativa. Há determinadas questões que, decididas no juízo criminal, impedem nova análise na instância civil.

As questões relativas à materialidade (existência do fato) e autoria (quem é o seu autor), quando decididas no juízo criminal, não podem mais ser discutidas no civil para fins de responsabilidade civil. Qualquer outra matéria, como legítima defesa e estado de necessidade não fecha a portas para discussão no cível. A decisão sobre materialidade e autoria do fato criminoso sim. No mesmo sentido, o art. 65 do CPP, segundo o qual, após o trânsito em julgado da sentença penal condenatória, não se discute sobre a existência material do fato e sua autoria. O CPP vai além do art. 935 do CC para esclarecer que também não é mais possível discussão sobre excludentes de ilicitude.

O Enunciado 45 da I Jornada de Direito Civil impõe que a materialidade e autoria, para repercutirem no cível, devem se achar categoricamente decididas no juízo criminal.

O dispositivo parte do pressuposto de que o mesmo fato poderá gerar consequências, em termos de responsabilidade, no âmbito civil e criminal. A fim de evitar conflitos entre as instâncias, em casos excepcionais, a decisão de um juízo se projeta no outro. Por isso, a independência é relativa.

A sentença penal condenatória tem como um de seus efeitos genéricos, previsto no art. 92, I, do CP, a obrigação de indenizar, a qual, inclusive, pode ser considerada como título judicial, que depende de liquidação no cível. É o que dispõe, também, o art. 92, parágrafo único, do CPP.

Nada impede que a vítima ajuíze ação civil *ex delicto* contra o autor do fato antes de qualquer pronunciamento ou decisão judicial, justamente em razão da independência entre as instâncias. A projeção da decisão criminal no cível depende de sentença penal condenatória com trânsito em julgado. A decisão absolutória no âmbito criminal somente repercutirá no cível se reconhecer que o fato não ocorreu ou que a pessoa imputada não é o autor do fato. Em qualquer outra hipótese de absolvição no juízo criminal, não há repercussão no cível. Por exemplo, o juízo cível não está vinculado à decisão criminal absolutória fundada em falta de provas. Nesse sentido o art. 66 do CPP.

Por fim, se o mesmo fato, de forma simultânea, estiver sendo discutido no juízo civil e criminal, independentemente de qual dos juízos tenha dado início à apuração, o juiz cível poderá suspender o processo civil até o julgamento definitivo da decisão criminal (art. 64, parágrafo único, do CPP). A suspensão do processo civil também pode ocorrer com fundamento no art. 313, V, "a", do CPC, porque a sentença de mérito depende do julgamento de outra demanda. Trata-se de questão prejudicial, cujo resultado terá efeitos e reflexos no julgamento da questão que lhe seja subordinada. A questão prejudicial pode ser cível ou criminal, conforme analisado neste item.

Em resumo, a decisão criminal somente vinculará o juízo cível quando decidir sobre materialidade e autoria. Em relação às excludentes de ilicitude, que o art. 65 do CPP menciona que fazem coisa julgada no cível, uma observação é essencial. A sentença penal que reconhece tais excludentes deve ser observada pelo juízo cível, mas os efeitos de tais excludentes não são os da lei penal, e sim os da lei civil. O Código Civil, em alguns casos, impõe a responsabilidade civil por atos lícitos, conforme art. 188, conjugado com os arts. 929 e 930 do CC, o que seria incompatível com o juízo criminal. Por isso, o disposto no art. 65 do CPP deve ser conjugado com a possibilidade de responsabilizar a pessoa por atos lícitos, expressamente previstos no Código Civil, em especial quando a vítima for terceiro inocente.

2.13.8. Responsabilidade civil pelo fato da coisa

Nos arts. 936 a 937, a Lei Civil disciplina a responsabilidade civil do sujeito provocada por uma coisa que está a ele vinculada. O dano é provocado pela coisa, mas como a coisa é vinculada a um sujeito, esse responde pelo fato da coisa. É essencial que haja liame, vínculo ou ligação entre o sujeito e a coisa que provoca o dano. Essa responsabilidade pode estar relacionada à propriedade da coisa ou à guarda da coisa, mas o CC trata dessa responsabilidade em relação a três situações: animal, coisas que caem e coisas que são lançadas de prédios.

A principal teoria para tal responsabilização é a da guarda da coisa. A responsabilidade pelo fato da coisa também está conectada com a teoria do risco.

A primeira coisa que pode causar dano e gerar responsabilidade é o animal. De acordo com o art. 936 do CC: "O dono, ou detentor, do animal ressarcirá o dano por este causado, se não provar culpa da vítima ou força maior". Trata-se de responsabilidade objetiva. Há duas excludentes: fato da vítima e força maior. No mesmo sentido o Enunciado 452 da V Jornada de Direito Civil: "A responsabilidade civil do dono ou detentor de animal é objetiva, admitindo-se a excludente do fato exclusivo de terceiro".

A segunda coisa que pode causar dano e gerar responsabilidade é aquela que cai de edifício ou construção. Nos termos do art. 937: "O dono de edifício ou construção responde pelos danos que resultarem de sua ruína, se esta provier de falta de reparos, cuja necessidade fosse manifesta". A responsabilidade será do dono do imóvel e do construtor, quando este não se confundir com o dono do imóvel. O proprietário poderá ter regresso contra o antigo dono ou contra o construtor se provar exclusiva responsabilidade deste. A responsabilidade será objetiva, conforme, aliás, expressa o Enunciado 556 da VI Jornada de Direito Civil.

A terceira coisa que pode causar dano e gerar responsabilidade é aquela que é lançada de prédios. É o que os clássicos denominam *actio de effusis et dejects*. A responsabilidade é objetiva e deve ser imputada ao sujeito que habita o prédio ou o local de onde a coisa foi lançada. A responsabilidade não é só do proprietário, mas de qualquer pessoa que tenha o dever de guarda sobre o prédio.

É o que dispõe o art. 938 do CC: "Aquele que habitar prédio, ou parte dele, responde pelo dano proveniente das coisas que dele caírem ou forem lançadas em lugar indevido".

No caso de queda anônima, o Enunciado 557 da VI Jornada de Direito Civil dispõe que: "Nos termos do art. 938 do CC, se a coisa cair ou for lançada de condomínio edilício, não sendo possível identificar de qual unidade, responderá o condomínio, assegurado o direito de regresso". Neste caso, todos os condôminos respondem pelo lançamento da coisa, com a possibilidade de regresso em relação ao condômino responsável.

2.13.9. Responsabilidade civil pela cobrança de dívida paga ou vincenda

Os arts. 939 e 940 do Código Civil disciplinam a responsabilidade civil em caso de cobrança de dívida já paga ou antes do vencimento, fora dos casos que a lei permite.

Na primeira situação, o credor demanda o devedor antes do vencimento da dívida. A sanção civil para tal ato está prevista no art. 939: ficará obrigado a esperar o tempo que faltava para o vencimento, a descontar os juros correspondentes, embora estipulados, e a pagar as custas em dobro.

Na segunda situação, o credor demanda o devedor por dívida já paga, no todo ou em parte. No caso de pagamento parcial, o credor deixa de ressalvar a quantia recebida. A responsabilidade também ocorrerá se houver excesso de cobrança, ou seja, cobrar valor superior ao devido. De acordo com o art. 940, neste caso, a sanção será o pagamento em dobro do que houver cobrado (no caso de dívida já paga), ou o equivalente que exigir em excesso (no caso de cobrança de valor superior ao devido).

O art. 941 do CC é uma excludente de responsabilidade, O autor não suportará as penas civis dos arts. 939 e 940 se desistir da ação antes de contestar a lide, mas fica ressalvado ao réu, cobrado indevidamente, o direito de requerer indenização por qualquer dano suportado em razão da cobrança.

Atenção: os arts. 939 e 940 do CC instituem uma autêntica pena privada, aplicável independentemente da existência de prova do dano, sanção essa cuja aplicação fica sujeita, pois, a uma exegese restritiva. A aplicação da sanção prevista, em especial, no art. 940 – cobrança de dívida já paga – depende da demonstração de má-fé, dolo ou malícia por parte do credor. Se não houver dolo ou má-fé do credor, não há que se cogitar em indenização para este caso, que dispensa o dano.

2.13.10. Responsabilidade patrimonial e solidária dos autores e responsáveis

A responsabilidade civil é de natureza patrimonial. O responsável pela ofensa ou violação do direito de outrem fica sujeito à reparação do dano causado. Trata-se de especificação da regra geral da responsabilidade patrimonial. A responsabilidade civil recai sobre os bens do responsável e "responsável" pode ser o autor direto do dano ou o sujeito que respondem por fato de outrem (ex.: o art. 932 do CC).

Se a ofensa tiver mais de um autor (diretos), todos responderão solidariamente pela reparação (art. 942 do CC). Tal responsabilidade dos autores é solidária, da mesma forma que é solidária (art. 265 do CC – solidariedade legal) a responsabilidade dos autores diretos e dos indiretos (aqueles que respondem for fato de outrem), que são justamente as pessoas mencionadas no art. 932 do CC. Reconhecida a solidariedade em favor da vítima, na via regressiva, a indenização atribuída a cada agente será fixada de forma proporcional à sua contribuição para o fato danoso, conforme Enunciado 453 da V Jornada de Direito Civil. Na responsabilidade por fato de terceiro, se o causador direto do dano for descendente do responsável, absoluta ou relativamente incapaz, não haverá direito de regresso.

Todavia, no caso da solidariedade prevista entre os autores diretos e as pessoas designadas no art. 932 do CC, é essencial uma observação. Os menores mencionados no inciso I do art. 932 e os curatelados e tutelados mencionados no inciso II do mesmo artigo são incapazes. O que isso significa? Haveria colisão entre o art. 942, parágrafo único do CC, que trata da responsabilidade solidária destes incapazes com seus responsáveis e o art. 928 do mesmo diploma legal, que informa tratar-se de subsidiária a responsabilidade do incapaz nestes casos. Pensamos que o conflito é apenas aparente. A norma especial, art. 928, prevalece sobre a regra geral do parágrafo único do art. 942, que trata de todos os sujeitos do art. 932, sem qualquer menção específica ao incapaz.

Se o menor for emancipado, não será incapaz e, nesse caso, a responsabilidade com o pai será solidária. Nesse sentido, aliás, o Enunciado 41 das Jornadas de Direito Civil. No entanto, enquanto incapaz, responderá de forma subsidiária e não solidária. A regra do art. 928 é específica e tem por fundamento a proteção do incapaz.

2.13.11. A transmissão da responsabilidade civil para os herdeiros

O art. 943 do CC trata da transmissão do direito de exigir (no caso de crédito) ou da obrigação de prestar (no caso de débito) reparação por danos. Tal direito ou dever se transmite com a herança, nos limites das forças da herança.

No caso, antes de qualquer reparação, o autor do fato (responsável) ou a vítima (lesado) falecem. O dever jurídico imposto ao autor do fato (obrigação de prestar uma indenização) ou o direito subjetivo de a vítima exigir uma reparação, são transmitidas com a herança. O ofensor e a vítima, responsável e lesado em vida, antes da reparação, faleceram. O direito à reparação e a obrigação de prestar são transmitidos com a herança, sendo que o prazo de prescrição para reparação civil não se suspende e tampouco se interrompe com a morte. Continua em relação aos herdeiros, na forma do art. 196 do CC.

De acordo com o Enunciado 454 da V Jornada de Direito Civil: "O direito de exigir reparação a que se refere o art. 943 do Código Civil abrange inclusive os danos morais, ainda que a ação não tenha sido iniciada pela vítima".

No caso do art. 943, o direito subjetivo ou dever jurídico é da pessoa falecida. Tal não se confunde com a situação dos lesados indiretos, que podem, em nome próprio e por direito próprio, requerer indenização em razão do falecimento de pessoa próxima.

Em síntese, o artigo dispõe que, quando uma pessoa sofre uma lesão a direito da personalidade ainda vivo e falece sem propor a ação, o espólio pode propor em seu nome. O espólio pode propor a ação se ainda não ocorreu a prescrição. A morte do titular não suspende nem interrompe o prazo prescricional. Será uma só indenização, a do morto, independentemente da quantidade de filhos. O direito da personalidade não se transmitiu (acabou com a morte). Apenas o direito à reparação.

2.13.12. Regras sobre liquidação do dano: indenização

O dano, para se tornar indenizável (pressuposto para a responsabilidade civil), deve ostentar qualificação especial. O dano deve ser injusto. O dano injusto é a lesão a bem jurídico relevante (primeiro aspecto), merecedor de tutela (segundo aspecto) que, à vista do contexto social e do caso concreto, ostente valor social razoável (terceiro aspecto). Em síntese: o dano injusto indenizável é lesão a interesse concreto (não meramente abstrato) merecedor de tutela.

O bem jurídico violado deve ter relevância mínima individual e social para merecer a tutela no âmbito da relação. Portanto, não é qualquer dano que será indenizado, mas apenas o dano injusto ou relevante. A depender do bem jurídico violado, se qualifica ou adjetiva o dano. A violação do patrimônio acarreta dano patrimonial; a violação concreta de direitos da personalidade acarreta dano moral; a violação da aparência acarreta dano estético; a violação da chance perdida acarreta o dano pela perda de uma chance, entre outros. A tendência contemporânea é romper a dicotomia clássica dano patrimonial e dano extrapatrimonial, para admitir outras espécies de dano (exemplo o Enunciado 456 das Jornadas de Direito Civil, segundo o qual o dano mencionado na norma abrange não só os danos individuais, materiais ou imateriais, mas os danos sociais, difusos, coletivos e individuais homogêneos a serem reclamados pelos legitimados para propor ações coletivas), além de considerar o dano extrapatrimonial gênero, que tem como espécies o dano moral, existencial, estético e o dano à imagem.

O objetivo, neste momento, é quantificar o dano ou apurar a sua medida e extensão. De acordo com o *caput* do art. 944 do Código Civil, a indenização mede-se pela extensão do dano. Trata-se do princípio da reparação ou restituição integral, a fim de recompor a situação ao *status quo ante*. A vítima deve retornar à mesma condição que se encontrava antes do dano injusto.

No âmbito do dano patrimonial, há critérios razoáveis para se apurar a extensão do dano, pois se a obrigação for dinheiro há balizas seguras no art. 404 e, se a prestação for coisa ou fato diverso de dinheiro, o dano patrimonial será composto pelo dano emergente (o que efetivamente perdeu) e lucros cessantes (probabilidade objetiva de perda futura).

Todavia, em relação aos danos extrapatrimoniais, não há critério seguro e predefinido para sua quantificação, os quais também deverão se submeter ao mesmo princípio. Não é fácil quantificar danos extrapatrimoniais. Não por outro motivo, Orlando Gomes afirma que os danos extrapatrimoniais não são indenizáveis, mas meramente compensáveis. Todavia, o dano extrapatrimonial não é meramente compensatório, pois é possível a reparação *in natura*, como forma de retratação pública ou outro meio (Enunciado 589 das Jornadas de Direito Civil). Aliás, a adequada quantificação dos danos extrapatrimoniais, em muitas situações, depende de provas, depoimento pessoal e testemunhas (Enunciado 455).

A novidade neste capítulo que trata da indenização, a partir da extensão do dano, fica por conta do disposto no parágrafo único do art. 944, que flexibiliza e relativiza o princípio da reparação integral. A indenização poderá ser reduzida, por equidade, se houver desproporção considerável e manifesta entre a gravidade da culpa e o dano.

Em regra, o grau de culpa e o dolo não são levados em consideração para fixar a indenização. O critério é a intensidade e a extensão, independentemente do grau de culpa. No entanto, de forma excepcional, o grau da culpa poderá refletir na indenização, desde que haja desproporção manifesta entre a culpa e o dano. De acordo com o parágrafo único do art. 944 do CC: "Se houver excessiva desproporção entre a gravidade da culpa e o dano, poderá o juiz reduzir, equitativamente, a indenização". Neste caso, excepciona-se o princípio da restituição integral, para se fixar indenização por equidade.

A interpretação deve ser absolutamente restrita, porque é exceção ao princípio da restituição integral. A norma sugere que o princípio da restituição integral somente pode ser relativizado no caso de responsabilidade civil fundada na culpa. De fato, haverá situações em que conduta culposa levíssima pode provocar danos de grandes proporções e, nestas situações, a equidade poderá trazer justiça para o caso concreto. A redução é excepcional e somente será realizada quando a amplitude do dano extrapolar os efeitos razoavelmente imputáveis à conduta do agente (Enunciado 457 da V Jornada de Direito Civil). A norma não deixa dúvidas que o objetivo é evitar que pequenas condutas ou comportamentos de pouco relevância suportem reprovação desproporcional. Há discussão sobre a possibilidade ou não de se estender a exceção para outras hipóteses de responsabilidade civil, mesmo quando não tenha como fundamento ilícito culposa, como nos casos de ilícito objetivo ou responsabilidade civil objetiva, baseada na teoria do risco. Não parece possível, tendo em vista que o parágrafo único do art. 944 é expresso quando menciona culpa. E, como se trata de norma de exceção, a interpretação deve ser restrita, princípio básico de hermenêutica. O objetivo da reparação é restituir a vítima a situação anterior e, qualquer tese contrária a essa finalidade deve ser afastada, em especial para justificar a flexibilização da restituição integral em hipóteses de responsabilidade civil não baseadas na culpa. É preciso registrar que há defensores desta tese ampliativa em relação ao parágrafo único do art. 944, com a qual não concordamos (nesse sentido, aliás, a redação do Enunciado 380 que alterou o Enunciado 46, para admitir a aplicação da exceção a responsabilidade civil objetiva). Em relação aos danos, desde que fundada na culpa, não há dúvida de que a exceção do princípio da restituição integral pode ser invocada tanto para os danos patrimoniais, quanto extrapatrimoniais.

O art. 944 não afasta a possibilidade do dano punitivo. Nesse sentido o Enunciado 379 da IV Jornada de Direito Civil: "O art. 944, *caput*, do Código Civil não afasta a possibilidade de se reconhecer a função punitiva ou pedagógica da responsabilidade civil".

Na apuração do valor da indenização, os prejuízos agravados, assim como aqueles que poderiam ser evitados por esforço razoável da vítima, não integram o valor devido. Na VIII Jornada de Direito Civil, realizada em abril de 2018, foi aprovado enunciado neste sentido: "A indenização não inclui os prejuízos agravados, nem os que poderiam ser evitados ou reduzidos mediante esforço razoável da vítima. Os custos da mitigação devem ser considerados no cálculo da indenização".

Concorrência de culpa e regras especiais sobre liquidação do dano

No caso de a vítima ter contribuído, ainda que minimamente, para o dano, a indenização suportará redução na proporção desta contribuição. É o que se convencionou denominar culpa concorrente. A culpa concorrente não exclui a obrigação de indenizar, mas é fator de redução da responsabilidade civil. Neste caso, a indenização será fixada tendo-se em conta a gravidade de sua culpa em confronto com a do autor do dano (art. 945 do CC).

O art. 945 do CC é compatível com a teoria da causalidade adequada, uma das teorias sobre nexo de causalidade. Nesse sentido, o Enunciado 47 da I Jornada de Direito Civil: "O art. 945 do novo Código Civil, que não encontra correspondente no Código Civil de 1916, não exclui a aplicação da teoria da causalidade adequada".

De acordo com a teoria, nem todas as condições que concorrem para o resultado são a causa deste. Somente a condição adequada, relevante, eficiente e idônea pode ser considerada causa. Nestes termos, tanto o ofensor quanto a vítima podem ter contribuído para o resultado. Não há compensação de culpas.

Em relação à concorrência da vítima para o dano, o art. 945 do Código Civil não disciplina a compensação de culpas, mas permite a redução do valor da indenização se houve efetiva participação da vítima na causação do resultado. Em enunciado aprovado na VIII Jornada de Direito Civil, realizada em abril de 2018, foi reafirmada a tese de que não há compensação de culpas no direito civil, mas a concorrência da vítima, com contribuição efetiva ao resultado, pode reduzir a indenização desde que observados alguns critérios.

De acordo com o enunciado aprovado "Culpas não se compensam. Para os efeitos do art. 945, do Código Civil, cabe observar os seguintes critérios: (i) há diminuição do 'quantum' da reparação do dano causado quando, ao lado da conduta do lesante, verifica-se ação ou omissão do próprio lesado da qual resulta o dano, ou o seu agravamento, desde que, (ii) reportadas ambas as condutas a um mesmo fato, ou ao mesmo fundamento de imputação, conquanto possam ser simultâneas ou sucessivas, devendo-se considerar o percentual causal do agir de cada um".

No âmbito da liquidação, caso a obrigação seja indeterminada e não haja na lei ou no contrato disposição fixando a indenização devida pelo inadimplente, apurar-se-á o valor das perdas e danos na forma que a regra processual determinar.

Em regra, a obrigação deve ser cumprida em espécie. A obrigação deve corresponder exatamente à prestação ajustada. Caso não seja possível o cumprimento da obrigação em espécie, seja pela impossibilidade do obrigado/devedor, seja pelo perecimento do objeto, haverá sub-rogação da prestação pelo equivalente em dinheiro. Tal sub-rogação é expressamente admitida pelo art. 947 do CC.

Os arts. 948 a 951 do Código Civil disciplinam a liquidação do dano para situações específicas, como o homicídio, lesão que não diminui a capacidade de trabalho e lesão que reduz a capacidade de trabalho.

No caso do art. 948, homicídio, estar-se-á diante do que se convencionou denominar dano reflexo ou em ricochete. O prejuízo é decorrente de dano a outrem. No caso do homicídio, tal fato repercute na esfera jurídica das pessoas que possuem algum vínculo com a vítima. O homicídio atinge a vítima direta e os interesses e direitos de outras pessoas.

De acordo com o art. 948, a indenização, nesta hipótese, sem a exclusão de outras, como dano moral, por exemplo, consiste no pagamento das despesas com o tratamento da vítima, seu funeral e o luto da família (dano emergente) e, ainda, na prestação de alimentos às pessoas a quem o morto os devia, levando-se em conta a duração provável da vida da vítima (lucros cessantes). Os lucros cessantes são em forma de pensão em favor das pessoas que dependiam economicamente da vítima do homicídio. O arbitramento da pensão leva em conta dois fatos: remuneração da vítima e expectativa provável de vida da vítima. Com base nestes dois critérios, é fixada a pensão. A expectativa de vida é baseada na tabela do IBGE para a época dos fatos. No caso de morte de marido ou esposa, se o sobrevivente dependia economicamente do falecido, a jurisprudência condiciona a pensão à manutenção do estado de viuvez, mas é possível apurar a situação no caso concreto. Em relação aos filhos menores da vítima, a pensão é paga, em regra, até os 25 anos, data provável da formação educacional e profissional. A pensão, em regra, depende da prova de dependência econômica. Tal prova é indispensável para esta espécie de dano, mas não para outros, como o dano moral. A dependência econômica constitui pressuposto do direito à pensão.

No caso de morte de filho menor, os pais somente terão direito à pensão se houver prova da dependência econômica ou se for família de baixa renda. De acordo com o STJ, dos 14 aos 25 anos, a pensão aos pais é de 2/3 da remuneração do filho e dos 25 aos 65 anos, a pensão seria reduzida para 1/3 da remuneração da vítima (REsp 1.197.284/AM e Súmula 491 do STF).

No plano patrimonial, a indenização por homicídio não se restringe às verbas previstas no art. 948. Nesse sentido, o Enunciado 560 da VI Jornada de Direito Civil: "No plano patrimonial, a manifestação do dano reflexo ou por ricochete não se restringe às hipóteses previstas no art. 948 do Código Civil".

Se o fato danoso causar lesão ou outra ofensa à saúde, a indenização corresponderá às despesas do tratamento e dos lucros cessantes até o fim da convalescença, além de algum outro prejuízo que o ofendido prove haver sofrido. É o que dispõe o art. 949 do CC. As despesas do tratamento e tudo que a vítima da ofensa à saúde deixou de lucrar em razão do fato, integrarão a indenização. Além disso, também será possível a fixação de dano moral se, em razão da ofensa à saúde, resultar dano efetivo e concreto a direitos da personalidade.

É possível que a lesão à saúde seja tão grave, que a vítima da lesão se incapacite para o trabalho. Neste caso, segue-se a regra do art. 950 do Código Civil. Se a lesão impedir o exercício do ofício ou profissão (incapacidade total) ou implique em redução da capacidade de trabalho (incapacidade parcial), a indenização, além das despesas do tratamento e lucros cessantes até o fim da convalescença, incluirá pensão correspondente à importância do trabalho para que se inabilitou, ou da depreciação que ele sofreu. Tal hipótese, em razão da permanência dos efeitos, pode ser fundamento para dano existencial (frustração de projetos de vida, pessoal e profissional), espécie de dano extrapatrimonial.

A diferença em relação à lesão que não causa incapacidade é que, neste caso, assim como no homicídio, há previsão de fixação da pensão, que se justifica pela privação de ganhos com fundamento na incapacidade. Se a incapacidade for permanente, a pensão deverá ser vitalícia e proporcional à redução da capacidade de trabalho e baseada nos ganhos ou remuneração média da vítima. Se a incapacidade for temporária, durará o tempo da incapacidade. Tal indenização não se confunde com a previdenciária, porque busca o ressarcimento da lesão física, razão pela qual são cumuláveis. A pensão deve ter por base e fundamento o trabalho que a vítima desenvolvia no momento do fato, ainda que não tenha ficado incapaz para outras atividades. É a incapacidade para o trabalho que exerce, ainda que seja capaz para outras funções ou ofícios. Como envolve prestações periódicas, deve ser constituído capital ou prestada garantia para o pagamento da pensão, na forma da Súmula 313 do STJ.

É possível que a indenização decorrente da pensão seja paga de uma só vez, nos termos do parágrafo único do art. 950 do CC: "O prejudicado, se preferir, poderá exigir que a indenização seja arbitrada e paga de uma só vez".

No mesmo sentido o Enunciado 48 da I Jornada de Direito Civil: "O parágrafo único do art. 950 do novo Código Civil institui direito potestativo do lesado para exigir pagamento da indenização de uma só vez, mediante arbitramento do valor pelo juiz, atendidos os arts. 944 e 945 e a possibilidade econômica do ofensor".

O Enunciado 381 da IV Jornada de Direito Civil complementa o Enunciado 48, nos seguintes termos: "O lesado pode exigir que a indenização sob a forma de pensionamento seja arbitrada e paga de uma só vez, salvo impossibilidade econômica do devedor, caso em que o juiz poderá fixar outra forma de pagamento, atendendo à condição financeira do ofensor e aos benefícios resultantes do pagamento antecipado". De acordo com esse enunciado, o direito do lesado deve ser harmonizado com a capacidade econômica do devedor.

O problema no caso de pagamento da pensão de uma só vez é a ausência de parâmetro legal quanto ao tempo de sobrevida do beneficiário, fato que impactará diretamente no valor da pensão. Até porque, no caso de se estabelecer presunção de vida, caso o lesado venha a falecer antes, não há que se cogitar em devolução de valores.

De acordo com o Enunciado 192 da III Jornada de Direito Civil: "Os danos oriundos das situações previstas nos arts. 949 e 950 do Código Civil devem ser analisados em conjunto, para o efeito de atribuir indenização por perdas e danos materiais, cumulada com dano moral e estético".

O disposto nos arts. 948 a 950 é extensivo às mortes e lesões provocadas por profissionais por negligência, imprudência ou imperícia. É o que dispõe o art. 951 do CC.

O Enunciado 460 da V Jornada de Direito Civil esclarece que a responsabilidade subjetiva dos profissionais da saúde, como médicos, não afasta a responsabilidade objetiva destes pelo fato da coisa (instrumentos utilizados na profissão): "A responsabilidade subjetiva do profissional da área da saúde, nos termos do art. 951 do Código Civil e do art. 14, § 4º, do Código de Defesa do Consumidor, não afasta a sua responsabilidade objetiva pelo fato da coisa da qual tem a guarda, em caso de uso de aparelhos ou instrumentos que, por eventual disfunção, venham a causar danos a pacientes, sem prejuízo do direito regressivo do profissional em relação ao fornecedor do aparelho e sem prejuízo da ação direta do paciente, na condição de consumidor, contra tal fornecedor".

Ainda no âmbito médico, constituem danos reflexos reparáveis as despesas suportadas pela operadora de plano de saúde decorrentes de complicações de procedimentos por ela não cobertos (Enunciado 562).

A Lei Civil ainda possui regras para liquidação de dano para os casos de usurpação e esbulho alheio (art. 952 do CC), indenização para injúria, calúnia e difamação (art. 953) e indenização por ofensa à liberdade pessoal (art. 954).

No caso de fatos que afetem a honra subjetiva e objetiva, a indenização poderá ser por equidade (parágrafo único do art. 953). No caso da ofensa à liberdade pessoal, se caracterizará em caso de cárcere privado, a prisão por queixa ou denúncia falsa e de má-fé e a prisão ilegal. No caso de esbulho, também podem ser exigidos lucros cessantes se a coisa faltar (Enunciado 561 da V Jornada de Direito Civil).

Capítulo 3
CONTRATOS

Sumário **3.1.** Noções Gerais sobre Contrato. Conceito e Evolução Histórica – **3.1.1.** Noções gerais do contrato – Considerações preliminares – **3.1.2.** Contrato e teoria geral do fato jurídico – **3.1.3.** Contrato e negócio jurídico – **3.1.4.** Autonomia da vontade e autonomia privada (relevância para a teoria contratual) – **3.1.5.** Contrato – Conceito e evolução histórica – **3.2.** Princípios Contratuais – Clássicos e Contemporâneos – **3.2.1.** Introdução – **3.2.2.** Autonomia da vontade – **3.2.3.** Obrigatoriedade (*pacta sunt servanda*) – **3.2.4.** Relatividade dos contratos – **3.2.5.** Princípio do consensualismo – **3.2.6.** Princípios contemporâneos (Função social dos contratos e boa-fé objetiva – tutela da confiança) – **3.3.** Formação dos Contratos Paritários. Fases de Formação – **3.3.1.** Formação dos contratos – Considerações preliminares – **3.4.** Classificação Tradicional dos Contratos – **3.4.1.** Classificação dos contratos quanto à formação ou ao momento de aperfeiçoamento – **3.4.2.** Classificação dos contratos quanto aos efeitos (direitos e deveres das partes) – **3.4.3.** Classificação dos contratos quanto à reciprocidade de vantagens e sacrifícios: contratos onerosos e gratuitos ou benéficos – **3.4.4.** Classificação dos contratos quanto à previsão do resultado: contratos comutativos e aleatórios – **3.4.5.** Classificação dos contratos quanto ao método de contratação: contratos paritários e contratos de adesão – **3.4.6.** Contratos típicos e atípicos (classificação quanto à previsão legal) – **3.4.7.** Contratos principais e acessórios (ao modo por que existem) – **3.4.8.** Contratos pessoais (ou *intuito personae*) e impessoais – **3.4.9.** Contratos solenes e não solenes (classificação quanto à forma) – **3.4.10.** Contratos instantâneos e de longa duração (classificação quanto ao momento de execução) – **3.4.11.** Contratos de consumo – **3.5.** Classificação Contemporânea dos Contratos – **3.5.1.** Contrato com pessoa a declarar: considerações preliminares – **3.5.2.** Contrato com pessoa a declarar ou da cláusula de reserva – **3.5.3.** Contrato tipo – **3.5.4.** Contratos individuais, coletivos e acordos normativos – **3.5.5.** Contratos coativos e necessários – **3.5.6.** Contratos relacionais – **3.5.7.** Contratos derivados – **3.5.8.** Contratos mistos e coligados – **3.5.9.** Contratos existenciais e comunitários – **3.6.** Contrato Preliminar – Promessa de Contrato – **3.6.1.** Introdução e considerações preliminares: Evolução histórica e regulamentação no ordenamento jurídico brasileiro – **3.7.** Relatividade dos Contratos – Estipulação e Promessa em Favor de Terceiro – **3.7.1.** Considerações preliminares – **3.7.2.** Estipulação em favor de terceiro – **3.7.3.** Promessa de fato de terceiro – **3.8.** Contratos e Garantias Legais. Teoria dos Vícios Redibitórios e Teoria da Evicção – **3.8.1.** Teoria dos vícios redibitórios – **3.8.2.** Evicção – **3.9.** Extinção dos Contratos – **3.9.1.** Introdução – Causas de extinção dos contratos – **3.9.2.** Causas de extinção.

3.1. NOÇÕES GERAIS SOBRE CONTRATO. CONCEITO E EVOLUÇÃO HISTÓRICA

3.1.1. Noções gerais do contrato – Considerações preliminares

O contrato é o principal instrumento jurídico da vida privada, que faz parte do cotidiano das pessoas e, por isso, este negócio jurídico sempre foi considerado um dos pilares do direito civil. Por conta desta relevância social, Caio Mário[1] chega a dizer que "o mundo moderno é o mundo do contrato. E a vida moderna o é também, e em tão alta escala que, se se fizesse abstração por um momento do fenômeno contratual na civilização de nosso tempo, a consequência seria a estagnação da vida social".

As relações humanas dependem do contrato, que sempre esteve presente na sociedade, desde a mais primitiva até a atual. O contrato está intimamente vinculado às mais primárias necessidades humanas. A sua repercussão e a sua relevância social o tornaram um dos principais instrumentos das relações intersubjetivas e privadas. Desde os primórdios da civilização, o contrato sempre teve uma função social. Tal função teve o caráter alterado ao longo dos tempos. Em tempos primitivos, ela estava relacionada ao contrato como mero instrumento de circulação de riquezas. No liberalismo, esse caráter patrimonial da função social do contrato se manteve presente.

Com a transição do Estado Liberal para o Social e Democrático, a função social do contrato suportou verdadeira metamorfose ou transformação e, de mero instrumento econômico de circulação de riquezas (caráter patrimonial), o contrato tornou-se instituto de promoção da pessoa humana (caráter existencial). Essa é a nova concepção da função social do contrato. Atualmente, para ter tutela estatal deve, necessariamente, ter função social com essa nova característica (instrumento de promoção e con-

---
[1] PEREIRA, Caio Mário da Silva. *Instituições de direito civil*: Contratos. 11. ed. Rio de Janeiro, 2004. v. III.

cretização de direitos fundamentais da pessoa humana). O princípio da função social passa a interagir com os valores existenciais da pessoa humana, fato que repercutirá na teoria contratual.

A função social, assim qualificada, altera toda a concepção e estrutura da teoria contratual, pois submete este negócio jurídico especial à observância das questões existenciais da pessoa humana em detrimento de questões patrimoniais.

Portanto, o contrato moderno se submete a valores constitucionais, envolve situações existenciais e ainda transcende a relação jurídica subjetiva estabelecida entre os sujeitos para repercutir na esfera jurídica de terceiros, estranhos e a ele alheios (tutela externa ou eficácia externa do contrato). Embora o contrato seja fonte de circulação de riquezas, somente terá tutela estatal e legitimidade se preservar a dignidade dos sujeitos contratantes e de terceiros dele não integrantes, mas cujos efeitos possam repercutir em suas esferas jurídicas. Além disso, deve existir a mútua cooperação entre os contratantes em decorrência do dever de solidariedade e a relação contratual deverá ser equilibrada ou guardar a devida equivalência, tudo para garantir a necessária igualdade substancial.

Esse *novo* contrato tem como primado a justiça social, e não mais a vontade. No Estado Liberal, o contrato foi forjado como acordo de vontades por meio do qual pessoas livres se vinculam juridicamente. Na segunda metade do século XIX e, em particular no século XX, o contrato perde a sua concepção individualista e liberal. E o contrato, antes baseado exclusivamente na vontade (gênese), passa a ser reformulado, para se submeter a uma função, que o legitima e o justifica. Aliás, nesta nova concepção de contrato, socializada, constitucionalizada e funcional, a autonomia da vontade (desejo do sujeito e sua manifestação exterior) cede espaço para a autonomia privada, que corresponde ao poder de autodeterminação do sujeito, respeitadas as limitações de normas de ordem pública, especialmente os princípios sociais contratuais.

O individualismo cede espaço para a cooperação e a solidariedade nas relações privadas e, nestes novos tempos, o contrato será o principal instrumento de aproximação das pessoas e um meio de viabilização destes princípios sociais. O paradigma voluntarista, baseado na plena liberdade contratual, na força obrigatória, na intangibilidade dos contratos e na relatividade dos efeitos, restrito às partes, passa por um processo de renovação, na medida em que o contrato, instrumento de tutela da pessoa humana, apenas se legitima caso tais princípios clássicos venham a interagir com o solidarismo constitucional. Sobre o assunto, Rosenvald e Chaves[2] novamente são precisos ao afirmar que "(...) o solidarismo constitucional adicionou à autonomia privada a companhia de outros três princípios: a boa-fé objetiva, a função social do contrato e a justiça (ou equilíbrio) contratual". Segundo eles, tais princípios não restringem, ao contrário, valorizam a autonomia privada. Realmente, esse é o novo enfoque. As relações privadas estão socializadas. A valoração das relações jurídicas é essencial para essa nova dinâmica contratual.

A funcionalidade do direito subjetivo acarreta a sua socialização e, por isso, a tutela do interesse privado é condicionada à preservação e proteção do interesse público e social. O contrato, embora dependa da vontade (este é o seu núcleo essencial), não é puro ato de vontade, mas vontade dirigida a determinada finalidade. Vontade e função, origem e finalidade, caminham lado a lado nesta empreitada.

O estudo do contrato moderno deve ser orientado e baseado nos princípios constitucionais da dignidade da pessoa humana, solidariedade social e igualdade substancial.

Tais princípios constitucionais, somados aos princípios da função social e boa-fé objetiva, orientam todas as relações jurídicas privadas, em especial as materializadas em contrato e, necessariamente, como condição de sua legitimidade, devem interagir com os seus princípios clássicos, como a autonomia da vontade, a obrigatoriedade e a relatividade, tornando o contrato instrumento de justiça social e não mais um pacto para resguardar interesses estritamente individuais.

Em razão da necessária função social, agora renovada por estes novos valores, os efeitos do contrato transcendem o interesse dos contratantes para repercutir na esfera jurídica de terceiros dele não integrantes, lhe dando um novo sentido social, cuja legitimidade e conteúdo passam a interessar a toda a coletividade.

3.1.2. Contrato e teoria geral do fato jurídico

O fato jurídico em sentido amplo se subdivide em fato jurídico em sentido estrito (eventos da natureza com repercussão jurídica), ato-fato jurídico (atos humanos com consequência jurídica, sendo irrelevante a vontade em relação ao resultado previsto na norma jurídica) e, finalmente, ações humanas, lícitas e ilícitas.

A ação humana lícita é desdobrada em ato jurídico em sentido estrito (autonomia da vontade desprovida de poder ou autonomia privada, pois os efeitos jurídicos predeterminados pela lei) e negócio jurídico.

O contrato é espécie de fato jurídico por ser o principal instrumento de viabilização dos negócios jurídicos, sendo considerado o negócio jurídico por excelência. O contrato, como tipo ou espécie de negócio jurídico, é um fato (evento humano) jurídico (com repercussão jurídica).

Por ser um negócio jurídico bilateral (para sua formação é indispensável a junção ou convergência de duas vontades), aplica-se ao contrato toda a teoria do negócio jurídico, em especial o estudo da autonomia da vontade e da autonomia privada, regras e princípios relacionados à interpretação do negócio jurídico, pressupostos de validade do negócio, a teoria da representação, os defeitos do negócio jurídico, elementos secundários do negócio jurídico, como a condição, o termo e o encargo, a teoria da invalidade do negócio jurídico (negócio nulo e anulável), prescrição e decadência e a prova do negócio jurídico.

A teoria geral do negócio jurídico, estudada na parte geral, basicamente está relacionada à formação ou à ori-

---

[2] FARIAS, Cristiano Chaves de; ROSENVALD, Nelson. *Direito dos contratos*. Rio de Janeiro: Lumen Juris, 2011. v. IV.

Capítulo 3 • Contratos

gem desta espécie de fato jurídico. Explica-se: os pressupostos de validade e a *teoria da invalidade do negócio jurídico* referem-se justamente à origem do negócio, pois os elementos ou requisitos de validade e as causas aptas a invalidar o negócio jurídico são anteriores ou contemporâneas à formação deste fato jurídico.

A parte geral do direito civil tutela o plano de validade do contrato (negócio jurídico). A *teoria geral das obrigações e contratos* disciplina as questões supervenientes à formação do contrato, como, a teoria do adimplemento e inadimplemento das obrigações.

Portanto, na parte geral do Código Civil, os institutos estão todos relacionados ao plano de validade do contrato. Em função disso, os pressupostos de validade, os defeitos e a invalidade do negócio jurídico (e o contrato é um negócio jurídico) estão vinculadas mais especificamente à origem e à formação deste fato jurídico.

O contrato, portanto, é espécie de fato jurídico porque tem o poder de criar, modificar, conservar ou extinguir relações jurídicas patrimoniais. É negócio jurídico, pois é baseado na vontade ou na declaração de vontade. Essa vontade exteriorizada no contrato, por meio de uma declaração, é direcionada à produção de resultado jurídico desejado pelos sujeitos contratantes e tutelados pelo Estado.

Fato jurídico é igual a *evento + norma jurídica*. O contrato é baseado em ação humana dotada de vontade. A vontade é base de sustentação do negócio jurídico. O *evento*, no caso do contrato, é uma declaração de vontade. Se a norma jurídica tutelar essa vontade exteriorizada, atribuindo-lhe efeitos jurídicos, estaremos diante de um negócio jurídico. No negócio jurídico existe autonomia privada: as partes têm o poder de regular os seus interesses e eleger o resultado ou os efeitos relativos a determinado negócio.

Se a ordem legal reconhecer a legitimidade deste resultado pretendido e lhe atribuir efeitos jurídicos, ter-se-á um negócio jurídico. Se esse negócio jurídico, para ser formado e produzir efeitos, necessitou da junção ou da convergência de duas ou mais vontades, estaremos diante de um contrato.

O negócio jurídico, quanto à formação, pode ser bilateral ou unilateral. O contrato, quanto à formação, sempre será negócio jurídico bilateral. O contrato depende da junção ou da convergência de duas ou mais vontades para se formar. A norma jurídica também atribui efeitos jurídicos à vontade unilateral (declarações unilaterais de vontade – promessa de recompensa, gestão de negócios, pagamento indevido e enriquecimento sem causa e o testamento) e bilateral (*contrato*). Os negócios jurídicos que se constituem por meio de declaração unilateral de vontade não são contratos. Os contratos, quanto à formação, são negócios jurídicos bilaterais. Portanto, há negócios jurídicos que possuem natureza contratual e negócios que não ostentam essa qualidade ou atributo.

Em resumo, o contrato, espécie de fato jurídico, é negócio jurídico bilateral, pois, para se formar como tal, dependerá sempre de duas ou mais vontades. O seu fundamento é a vontade bilateral, cujo efeito pretendido é a criação de direitos e obrigações.

Além de espécie de negócio jurídico, o contrato é a principal fonte de obrigações, produzindo efeitos jurídicos obrigacionais, criando direitos, deveres e obrigações para as partes contratantes. Por isso, toda a teoria geral das obrigações, envolvendo as modalidades (prestação de dar, fazer, não fazer), obrigações alternativas, solidárias, divisíveis e indivisíveis, transmissão de obrigações (cessão de crédito e assunção de obrigação), teoria geral do adimplemento e do inadimplemento, se aplica aos contratos.

A fonte da obrigação é a causa que lhe dá origem. O contrato é causa ou fato gerador de direitos subjetivos, deveres recíprocos entre os contratantes e, por isso, pode ser considerado como a principal fonte de obrigações nas relações privadas. Aliás, no ordenamento jurídico brasileiro o contrato *apenas* gera obrigações, não sendo capaz de transferir direitos reais. A transferência de direitos reais ocorrerá no momento do adimplemento ou na fase de execução do contrato. Há direitos reais que não se originam de contrato e direitos reais que estão fundados ou decorrem de um contrato. Em relação a estes últimos, não basta a formação do contrato ou o ajuste de vontades para a transferência do direito real, essa transferência ocorrerá durante a execução do contrato, na fase de adimplemento. Portanto, a transferência do direito real constitui ato posterior e superveniente à formação do contrato.

A topografia dos institutos no Código Civil auxilia o intérprete, pois o contrato, espécie de fato jurídico e principal fonte de obrigações, somente é estudado após a análise de todos os princípios da parte geral sobre fato jurídico e o direito das obrigações.

3.1.3. Contrato e negócio jurídico

O contrato é espécie de fato jurídico e, em consequência, de negócio jurídico. Portanto, para compreender a essência do contrato, essencial e relevante traçar a estrutura e o perfil do negócio jurídico. O conceito de negócio jurídico deve ser integrado à ideia de contrato. A teoria do negócio jurídico foi analisada à exaustão no capítulo da parte geral e, por isso, deve ser aplicada aos contratos, por ser o negócio jurídico por excelência.

O contrato é norteado pelos princípios constitucionais da solidariedade, igualdade material ou substancial e a dignidade da pessoa humana, bem como pelos princípios da função social e da boa-fé objetiva. O contrato assume caráter de instrumento. É instrumento para a concretização de questões existenciais, em especial o desenvolvimento da personalidade da pessoa humana, nos seus mais variados aspectos, e não fim em si mesmo.

Em qualquer negócio jurídico, as questões existenciais, relativas à pessoa humana, sempre preponderarão sobre questões patrimoniais. A humanização do direito civil repercutiu também na teoria do negócio jurídico. A tutela deste dependerá da observância destes princípios e, em especial, do necessário resguardo da dignidade do ser humano ou da pessoa.

A pessoa humana, inserida no centro do sistema jurídico e objeto de tutela especial e diferenciada, também será o foco principal de proteção em todo contrato.

3.1.4. Autonomia da vontade e autonomia privada (relevância para a teoria contratual)

O fundamento do contrato é a vontade, sem a qual este não existe. Aliás, a vontade é o principal elemento constitutivo do negócio jurídico em geral e do contrato em particular. Tal vontade expressa o sentimento, o desejo, a motivação, a intenção e, principalmente, as pretensões do agente responsável pela sua exteriorização. Pode-se até dizer que ela retrata uma atividade do espírito. A *vontade* humana é a base de toda a teoria do contrato. No capítulo da parte geral sobre negócio jurídico foi realizada analisada pormenorizada da autonomia da vontade e da autonomia privada, aplicável à teoria contratual, para onde remetemos o leitor.

3.1.5. Contrato – Conceito e evolução histórica

O contrato, de forma bem simplista, poderia ser definido como acordo de vontades com a finalidade de produzir efeitos jurídicos obrigacionais. O acordo de vontades, portanto, seria a ideia central do contrato (evento – acordo de vontades + previsão da ordem jurídica – atribui efeitos obrigacionais à vontade exteriorizada).

No entanto, a apreensão do significado de *contrato* suportará variação, a depender do critério adotado (jurídico, econômico, social), dos valores das sociedades em que ele está inserido, do objetivo dos contratos, dos valores estruturadores do negócio que ele pretenda veicular, o que poderá tornar complexa a perfeita compreensão deste fenômeno jurídico. Em alguns momentos, o contrato deixa de ser um instrumento ou meio para concretização de interesses para ser um objeto em si mesmo, ou seja, é o produto do negócio.

Sobre essa dificuldade de precisar *conceitos*, pertinente a observação de Judith Martins-Costa[3], segundo a qual: "(...) os conceitos jurídicos são, sempre, súmulas de ideias sobre representações ou percepções sociais – como, por exemplo, as representações sobre o que é uma família, o que é uma pessoa ou uma coisa, o que é um ato ilícito ou uma obrigação (...) os conceitos jurídicos, como o de contrato, não tendo essência ou imanência, têm, contudo, uma história reveladora dessas percepções sociais, nela encontrando a sua significação".

Isso significa que a história do *contrato* tem papel fundamental para o aperfeiçoamento do seu significado e conceito. Historicamente é possível visualizar quais são as percepções sociais ou representações do que é contrato. Para compreendê-lo não basta analisar a sua estrutura, os seus elementos integrantes, mas, fundamentalmente, a sua finalidade, os elementos que o qualificam e a adequação do conteúdo aos valores da sociedade em que está inserido. Portanto, a evolução do conceito de contrato parte de uma análise estrutural para uma percepção estrutural/funcional.

A respeito da terminologia do contrato, Paulo Nader[4] observa que: "(...) contrato é vocábulo de significação estritamente jurídica e rico de conteúdo, pois, se refere a acordo de vontade, ao instrumento assinado pelas partes, ao campo normativo disciplinador das diferentes espécies e, ainda, ao departamento da ciência jurídica que estuda os princípios básicos atinentes à matéria. Em sua origem latina, a palavra *contractus*, de *contrahere*, significava relação duradoura".

Caio Mário[5] define contrato como "acordo de vontades, na conformidade da lei, e com a finalidade de adquirir, resguardar, transferir, conservar, modificar ou extinguir direitos" ou "acordo de vontades com a finalidade de produzir efeitos jurídicos". O contrato é espécie do gênero negócio jurídico e, quanto à formação, é sempre bilateral ou plurilateral, por exigir a presença de duas ou mais pessoas para se constituir.

Em linhas gerais, a doutrina define o contrato como a junção ou convergência de duas ou mais vontades. A vontade exteriorizada é o fundamento do contrato. *Essas declarações de vontades devem ter um objetivo, qual seja, criação de obrigações ou efeitos jurídicos. Com isso, se tem um contrato.*

Este seria o conceito clássico de contrato.

Por outro lado, é importante ressaltar que o contrato suportou evolução desde o direito romano. Por isso, poderíamos analisar a sua evolução sob a perspectiva de quatro períodos, que denominaremos modelos: *romano, medieval (direito canônico), liberal e social*. Em cada um destes períodos, o contrato apresentava características próprias e bem definidas.

3.1.5.1. Modelo romano de contrato (tentativa de superação das formalidades)

No direito romano arcaico, o contrato não era compreendido como um vínculo jurídico abstrato entre duas ou mais pessoas, pois o termo *contrato* era empregado de forma literal ou metafórica.

Nas palavras de Judith Martins-Costa[6], "na acepção metafórica, diz Schulz, *contrahere* significava, como regra geral, 'realizar', 'perpetrar', ou 'conciliar', devendo-se evitar pensar que, na língua latina, *contrahere* significasse, primariamente, 'celebrar um contrato'. Com valor de substantivo, o termo *contractus* só aparecerá bem mais tarde". Segundo a referida professora, o termo contrato, como substantivo, constará pela primeira vez em texto jurídico no *liber de dotibus*, de Servio Sulpicio, o advogado amigo de Cícero e, desde então, seu emprego será progressivo não para, em um primeiro momento, indicar um acordo, mas

---

[3] COSTA, Judith Martins. Contratos. Conceito e evolução. In: LOTUFO, Renan; NANNI, Giovanni Ettore (Orgs.). *Teoria geral dos contratos*. São Paulo: Atlas, 2011.

[4] NADER, Paulo. *Curso de direito civil*. 2. ed. rev. Rio de Janeiro: Forense, 2004.

[5] PEREIRA, Caio Mário da Silva. *Instituições de direito civil*: Contratos. 11. ed. Rio de Janeiro, 2004. v. III.

[6] COSTA, Judith Martins. Contratos. Conceito e evolução. In: LOTUFO, Renan; NANNI, Giovanni Ettore (Orgs.). *Teoria geral dos contratos*. São Paulo: Atlas, 2011.

para designar as consequências concretas e específicas de um negócio. Neste primeiro momento, contrato não é necessariamente um conceito, mas uma realidade concreta capaz de gerar obrigações.

Com novas representações e percepções sociais, o contrato romano foi aperfeiçoado com a adoção de formalidades e com a restrição das obrigações consensuais. Por conta destas formalidades que caracterizaram esse tipo de contrato, outras figuras surgiram em paralelo aos contratos, os denominados *pactos* que, por não se submeterem às formalidades impostas aos contratos, eram destituídos de tutela processual que pudesse assegurar a exigibilidade das obrigações pactuadas.

Em que pese tais formalidades, os romanos nunca tiveram grandes dificuldades para trabalhar com o contrato. O único problema atribuído ao *contrato romano* era o seu excessivo formalismo. Os romanos sempre foram formalistas e materialistas. Por isso, tal se estruturou com base nesta visão formal e somente gerava efeitos se todas as formalizadas houvessem sido observadas e a sua formação pelo mero consenso era exceção em Roma.

O formalismo do direito romano não levava em conta o papel da vontade como elemento constitutivo do contrato, sendo que a sua legitimidade e a sua força obrigatória decorriam do cumprimento de formalidades e não da vontade. A vontade, como pilar do contrato, apenas aparece posteriormente, com o direito canônico.

Como bem ressalta Luiz Guilherme Loureiro[7], sobre o período romano: "O elemento que vinculava uma pessoa à outra, em um contrato, não era a vontade, mas o cumprimento de um determinado número de ritos, gestos ou outros atos materiais manifestados pelos contratantes, que exteriorizavam a vontade das partes". E prossegue o autor: "O número, a extensão e a forma dos contratos eram predeterminados. Para contratar validamente era preciso, portanto, respeitar as formas impostas pela lei".

Em uma fase subsequente, os romanos começaram a admitir a formação de alguns contratos pelo mero consenso, mas eram exceção em Roma.

Em Roma, como regra, a vontade, por si só, não era suficiente para a formação do contrato. Como este era revestido de formalidades, a sua própria existência era condicionada a estas formalidades.

Caio Mário[8] resume bem esse período romano: "Entendia o romano não ser possível contrato sem a existência de elemento material, uma exteriorização de forma, fundamental na gênese da própria *obligatio*. Primitivamente, eram as categorias de contratos *verbis, re* ou *litteris*, conforme o elemento formal se ostentasse por palavras sacramentais, ou pela efetiva entrega do objeto, ou pela inscrição no *codex*".

Todavia, em que pese o formalismo dos contratos romanos, estes não eram intransigentes a ponto de dificultar o tráfico jurídico e as relações privadas com a imposição de formalidades a todos os contratos. Por isso, em relação aos contratos mais usuais e comuns na sociedade romana, eram dispensadas as formalidades, admitindo a formação destes pelo mero consenso. Desta forma, *nos contratos de venda, locação, mandato e sociedade, não se exigiam formalidades*. Tais contratos eram consensuais ou formados pela mera declaração de vontade.

Nos demais contratos, prevaleciam formalidades sobre a vontade.

Segundo o mestre Caio Mário[9], "uma vez celebrado, com observância estrita ao ritual, o contrato gerava obrigações, vinculava as partes e provia o credor da *actio*, fator da mais lídima essencialidade, sem o qual não haveria direito, já que este era nada, se não fosse munido da faculdade de reclamação em juízo".

Tal sistema formalista e materialista foi paulatinamente cedendo em razão das necessidades do comércio. As formalidades exigidas na quase totalidade dos contratos começaram a inviabilizar o tráfego comercial. Com a queda do Império Romano do Ocidente, a ideia de contrato formal cede espaço para o contrato fundado na vontade, por influência do direito canônico e do cristianismo. Nesse momento, passa o contrato a ter um novo caráter no período medieval.

3.1.5.2. Modelo do contrato na Idade Média – contrato medieval

Como diz Loureiro[10], a observância dos ritos pagãos, em que predominavam as mais diversas formalidades, foi substituída pela fé jurada, cuja violação encontrava uma dupla sanção: humana, como falta à palavra empenhada e, mais ainda, divina, como pecado. O voluntarismo, como figura central das convenções econômicas, foi, mais tarde, defendido com ardor pelos jusnaturalistas que seguiam a doutrina do livre-arbítrio.

Em estudos sobre as características do contrato no período pós-romano, Caio Mário[11] afirma que: "(...) aquele rigor primitivo, que atravessou a república e penetrou o império, com o qual os jurisconsultos das épocas pré-clássicas trataram o contrato, amenizou-se, podendo-se quase admitir que no Baixo Império a proposição se inverteu. O romano esteve no limiar da aceitação da regra consensualista, quase a ponto de libertar-se do formalismo, quase em condições de declarar que o contrato se formava solo consenso". No entanto, "com a invasão dos bárbaros, que trouxeram da Germânia a influência de seu direito, houve um retrocesso. Simbolistas, materializavam, à sua vez, o contrato em manifestações concretas externas, rejeitando a validade dos atos puramente abstratos".

---

[7] LOUREIRO, Luiz Guilherme. *Contratos – Teoria geral e contratos em espécie*. 3. ed. São Paulo: Método, 2008.

[8] PEREIRA, Caio Mário da Silva. *Instituições de direito civil*: Contratos. 11. ed. Rio de Janeiro, 2004. v. III.

[9] PEREIRA, Caio Mário da Silva. *Instituições de direito civil*: Contratos. 11. ed. Rio de Janeiro, 2004. v. III.

[10] LOUREIRO, Luiz Guilherme. *Contratos – Teoria geral e contratos em espécie*. 3. ed. São Paulo: Método, 2008.

[11] PEREIRA, Caio Mário da Silva. *Instituições de direito civil*: Contratos. 11. ed. Rio de Janeiro, 2004. v. III.

Em um primeiro momento, após a invasão bárbara, permaneceu essa concepção de *contrato formal* durante boa parte da Idade Média, até o momento em que se passou a acreditar no poder da palavra, por meio da influência dos canonistas.

As práticas religiosas tiveram papel fundamental nessa alteração de perspectiva. Como? Ao introduzir o costume de fazer juramentos juntos aos contratos, transformaram a ideia de vinculação. O juramento, mesmo sendo mera declaração da vontade, tinha intenso poder e acabou prevalecendo sobre a forma. *Jurar* cumprir a obrigação era mais relevante do que a formalidade.

Por isso, como diz Caio Mário[12]: "No tocante ao contrato, raciocinaram que o seu descumprimento era uma quebra de compromisso, equivalente à mentira; e como esta constituía *peccatum*, faltar ao obrigado atraía as penas eternas. Não podia ser, para os jurisconsultos canonistas, predominante a sacramentalidade clássica, mas, sobretudo prevalecia o valor da palavra, o próprio consentimento".

A respeito da contribuição dos canonistas, Orlando Gomes[13] afirma: "A contribuição dos canonistas consistiu basicamente na relevância que atribuíram, de um lado, ao consenso, e, do outro, à fé jurada. Em valorizando o consentimento, preconizaram que a vontade é a fonte da obrigação, abrindo caminho para a formulação dos princípios da autonomia da vontade e do consensualismo. A estimação do consenso leva à ideia de que a obrigação deve nascer fundamentalmente de um ato de vontade e que, para criá-lo, é suficiente a sua declaração". Além dos canonistas, Orlando Gomes destaca a escola de Direito Natural como tendo prestado grande contribuição na formação histórica do conceito moderno de contrato, pois defendiam a "concepção de que o fundamento racional do nascimento das obrigações se encontrava na vontade livre dos contratantes. Desse juízo, inferiram seus pregoeiros o princípio de que o consentimento basta para obrigar (*solus consensus obligat*)".

Segundo o mestre Caio Mário[14]: "(...) no limiar da Idade Moderna, um jurista costumeiro, como Loysel, dizia que 'os bois se prendem pelos chifres e os homens pela palavra', fazia na verdade, e a um só tempo, uma constatação e uma profissão de fé: testemunhava em favor da força jurígena da palavra em si mesma, e deitava uma regra, segundo a qual os contratos formavam-se, em princípio, *solo consenso*".

Com isso, começou-se a delinear o princípio do consensualismo com papel preponderante para a vontade na formação do contrato.

Com a influência do direito canônico, a palavra, morosamente, passava a ter valor e, durante todo o liberalismo, o princípio consensualista imperou sem qualquer resistência. A moderna concepção de contrato nasce com a ideologia individualista do Estado Liberal.

Para Orlando Gomes[15]: "O liberalismo econômico, a ideia basilar de que todos são iguais perante a lei e devem ser igualmente tratados, e a concepção de que o mercado de capitais e o mercado de trabalho devem funcionar livremente em condições, todavia, que favoreçam a dominação de uma classe sobre a econômica considerada em seu conjunto permitiram fazer-se do contrato o instrumento jurídico por excelência da vida econômica".

O princípio consensualista predominou nos séculos XIX e XX, com a pregação da formação do contrato por meio do puro consenso dos interessados, sendo que, somente por exceção, conservaram-se algumas hipóteses de contratos reais e formais.

As facilidades que o princípio gerou acabaram trazendo insegurança aos contratantes, razão pela qual, para protegê-los, passou-se a subordinar alguns contratos a exigências materiais e formalistas (arts. 1.417 e 1.361, § 1º, do CC). Pois, se de um lado o princípio favorece a dinâmica das relações negociais, de outro traz preocupação quanto ao valor da segurança jurídica.

Portanto, o contrato é negócio jurídico bilateral cujos efeitos jurídicos pretendidos pelas partes são a criação de vínculo obrigacional de conteúdo patrimonial (atualmente há efeitos existenciais). Não é a forma o fato gerador do contrato, mas o encontro de duas declarações convergentes de vontade. A coincidência das declarações de vontades ou simplesmente *consenso* é essencial à formação do contrato.

Esse consenso, no entanto, não pode estar isolado. Atualmente, a ele se agregam outros valores a fim de que o contrato tenha legitimidade.

3.1.5.3. Modelo liberal – contrato (consagração do consensualismo)

O contrato, como mero instrumento de circulação de riquezas, *fundado no consenso* ou na mera declaração de vontade, é o modelo liberal consolidado na França pós-revolução, com traços marcadamente individualistas. As formalidades que já haviam ruído ao final da Idade Média foram dispensadas com a instalação do Estado Liberal. Neste período houve a consagração plena do princípio do consensualismo, pois bastava o ajuste de duas ou mais vontades para que houvesse um contrato.

Nas palavras de Loureiro[16], a autonomia da vontade começa a emergir com os filósofos dos séculos XVII e XVIII (Hobbes, Voltaire, Diderot, Rousseau etc.), que pregavam a liberdade completa e total da pessoa humana, assim como a igualdade com seu semelhante. Para eles, *a lei é a soma democraticamente exprimida das vontades individuais. A vontade humana é suprema e, por isso, a pessoa deve ser livre diante do Estado, que não deve suprimir a sua liberdade, salvo nas hipóteses em que esta é exercida de forma contrária ao interesse da*

---

[12] PEREIRA, Caio Mário da Silva. *Instituições de direito civil*: Contratos. 11. ed. Rio de Janeiro, 2004. v. III.

[13] GOMES, Orlando. *Contratos*. 26. ed. Rio de Janeiro: Forense, 2008.

[14] PEREIRA, Caio Mário da Silva. *Instituições de direito civil*: Contratos. 11. ed. Rio de Janeiro, 2004. v. III.

[15] GOMES, Orlando. *Contratos*. 26. ed. Rio de Janeiro: Forense, 2008.

[16] LOUREIRO, Luiz Guilherme. *Contratos – Teoria geral e contratos em espécie*. 3. ed. São Paulo: Método, 2008.

sociedade. O período da Revolução Francesa marcou o apogeu da superioridade dos direitos subjetivos e o triunfo do individualismo.

Tal *modelo liberal se justificava por uma necessidade política da classe burguesa, a qual desejava estabilidade por meio de contratos, sem qualquer ingerência estatal*. A sociedade burguesa, a pretexto de segurança jurídica nas relações privadas, levou a ideia do consensualismo ao seu grau extremo. Neste período, o princípio da autonomia da vontade teve o seu apogeu.

De acordo com Teresa Negreiros[17]: "(...) o formalismo deu lugar ao consensualismo, e a força obrigatória dos contratos passou a ser justificada pela ideia de respeito à palavra voluntariamente dada. O contrato passou então a pressupor tão somente o consentimento mútuo, sem que uma forma específica fosse (em regra) essencial à sua validade".

O parâmetro do direito civil da época era o Código Civil francês de 1804, cujo diploma foi *impregnado* pelas ideias liberais decorrentes da Revolução Francesa e do pensamento Iluminista. Tal Código influenciou vários diplomas civis que o sucederam, em especial o nosso bom e velho Código Civil de 1916, o qual, no conteúdo, acolheu o pensamento liberal francês e, na estrutura, passou a adotar a metodologia (divisão em Parte Geral e Especial) apresentada ao mundo pelo Código Civil alemão, o famoso BGB, datado de 1896, que entrou em vigor no ano de 1900.

Durante o Estado Liberal, os indivíduos tinham plena liberdade para atuar em qualquer relação jurídica privada. O liberalismo exaltava a autonomia da vontade, pregando que os indivíduos eram livres para contratar e realizar negócios. A vontade, como centro do contrato, obrigava que todos o reconhecessem como uma ordem jurídica privada, impossível de ser questionada. Neste período, a lei (salvo para estabelecer requisitos relacionados à formação e a manifestação do consentimento) apenas legitima-se como reprodução da tácita vontade dos contratantes.

Aliás, os grandes pilares do direito civil durante o liberalismo foram justamente a propriedade, considerada pelo Código Civil francês como um direito mais que absoluto (os franceses conseguiram um superlativo para a palavra *absoluto*!), e o contrato, onde a liberdade de atuação era plena, tendo em vista que o Estado Liberal não intervinha nas relações privadas.

Nesta época, como os burgueses dominavam o Parlamento e ainda tinham receio dos magistrados, egressos da nobreza, passaram a controlar os juízes com um sistema *fechado* de leis, não admitindo, em um primeiro momento, qualquer tipo de interpretação e, por isso, apenas no final do século XIX passou-se a admitir a interpretação meramente literal. Os burgueses passaram a controlar o Estado em todas as suas vertentes.

No liberalismo, o Código Civil desempenhava o papel de constituição das relações privadas, relegando-se à Constituição o papel de regular as relações entre Estado e indivíduo, justamente para limitar a atuação dos governantes.

Como bem ressalta Sarmento[18]: "Na lógica do Estado Liberal, a separação entre Estado e sociedade traduzia-se em garantia da liberdade individual. O Estado deveria reduzir ao mínimo sua ação, para que a sociedade pudesse se desenvolver de forma harmoniosa. Entendia-se, então, que a sociedade e o Estado eram dois universos distintos, regidos por lógicas próprias e incomunicáveis, aos quais corresponderiam, reciprocamente, os domínios do direito público e do direito privado. *No âmbito do direito público, vigoravam os direitos fundamentais, erigindo rígidos limites à atuação estatal, com o fito de proteção do indivíduo, enquanto no plano do direito privado, que disciplinava relações entre sujeitos formalmente iguais, o princípio fundamental era o da autonomia da vontade*" (grifo nosso).

O culto da lei pelo liberalismo e a ideia de que a sociedade perfeita era aquela que não admitia a intervenção do Estado nas relações privadas começou a ruir já no final do século XIX. Diante da desigualdade provocada pelo liberalismo, o movimento passou a suportar críticas, principalmente porque os valores humanitários não estavam sendo observados neste período.

Durante o Estado Liberal, o direito civil centralizou as regras e princípios referentes à regulação das relações privadas. A Constituição, influenciada por esse ideal liberal, tinha uma concepção estritamente política, não dispondo sobre regras e princípios de direito privado. Nas relações entre particulares, a única fonte legislativa era o direito civil. As regras e princípios constitucionais somente eram invocados nas relações entre o indivíduo e o Poder Público, tudo para garantir a liberdade individual. A Constituição tinha como objetivo limitar o poder do Estado.

Nosso primeiro Código Civil encampou, em seu conteúdo, essas ideias liberais da Revolução Francesa e, principalmente, do Código Civil napoleônico de 1804, razão pela qual o diploma de 1916 sempre foi taxado de patrimonialista e individualista.

O legislador do início do século passado, ao elaborar o Código Civil de 1916, não se preocupou com a tutela do ser humano, com questões humanitárias, com os direitos decorrentes da personalidade, os quais começaram a ser discutidos naquela época, dando as costas para a pessoa humana desprovida de patrimônio.

A sociedade brasileira, na época, era patriarcal e agrária, fato decisivo para essa preocupação excessiva com o patrimônio, desprezando o ser humano, cuja figura, no Código Civil de 2002, passou a ser o centro do sistema jurídico.

O direito civil liberal não suportou as transformações sociais que vinham ocorrendo no final do século XIX e se prolongaram por todo o século XX, sendo obrigado a buscar novos horizontes.

---

[17] NEGREIROS, Teresa. *Teoria do contrato*: novos paradigmas. Rio de Janeiro: Renovar, 2008.

[18] SARMENTO, Daniel. *Direitos fundamentais e relações privadas*. 2. ed. Rio de Janeiro: Lumen Juris, 2008.

No Estado Liberal, em razão da plena autonomia da vontade, neste período foi potencializado, sob nova conformação, um dos mais importantes princípios da teoria clássica dos contratos, qual seja, a obrigatoriedade do cumprimento dos contratos (*pacta sunt servanda*) – o contrato faz lei entre as partes. Em matéria contratual, o papel do Estado no liberalismo era o de garantir o seu cumprimento.

Diante da autonomia plena da vontade, as pessoas tinham a liberdade de contratar, de regular os interesses e, ao se vincularem, deveriam cumprir as obrigações contratuais, como se o contrato fosse um ordenamento jurídico individualizado. Não se admitia a intervenção do Estado para rever uma obrigação ou contrato que violasse, de forma flagrante, direito de uma das partes. A liberdade, pregada pelos burgueses, não admitia qualquer intervenção estatal, evidenciando o estrago causado pelo Estado Liberal.

Esse era o retrato do direito civil no Estado Liberal.

O conceito clássico de contrato é originário do liberalismo pós-revolução, onde os burgueses, agora com poderes políticos, procuravam sustentar suas posições na ideia de contrato intangível, imutável e cujos efeitos não transcendiam os sujeitos contratantes.

Em resumo, *estas são as principais características do contrato no modelo liberal:*

1. transição para o Estado Liberal: antes da Revolução Francesa não havia uma codificação. O direito civil era fruto de valores medievais e do absolutismo monárquico e apenas agregava, de forma desordenada, costumes centenários e locais com os resquícios do direito romano. No Estado Liberal foi introduzida a codificação e, como consequência, foi abolido o direito consuetudinário e romano;

2. o contrato no Estado Liberal era fundado na vontade humana (declarações de vontade destinadas a uma finalidade). Por isso, era um *acordo de vontades*. A vontade como expressão da liberdade e a lei como a soma democrática de liberdades individuais. Duas vontades justapostas para um determinado fim eram suficientes para que o contrato tivesse legitimidade;

3. Estado Liberal e principais características do contrato: paradigma voluntarista – autonomia da vontade: a vontade como centro do contrato. A força jurígena do contrato está na vontade e não mais nas formalidades que marcaram o período romano. O princípio do consensualismo atinge o seu grau máximo. Em consequência desta plena liberdade de contratar, o contrato se tornava obrigatório para as partes, sem qualquer possibilidade de interferência estatal, formando uma ordem jurídica privada, ou seja, entre dois sujeitos. *O contrato era considerado justo pelo simples fato de ser emanado da vontade de pessoas livres.* O princípio da relatividade era caracterizado por restringir os efeitos dos contratos aos sujeitos contratantes (não prejudicava e tampouco beneficiava terceiros que dele não fizeram parte);

4. princípios do contrato no Estado Liberal: intangibilidade, imutabilidade (estes em decorrência do princípio da obrigatoriedade dos contratos), relatividade e autonomia da vontade;

5. no Estado Liberal, o contrato era um acordo de interesses opostos. Os sujeitos, individualmente considerados, defendiam apenas seus próprios interesses, sem qualquer preocupação em cooperar com o outro;

6. prevalecia o individualismo e o caráter patrimonial das relações, sem qualquer preocupação com questões existenciais relacionadas aos sujeitos contratantes e ao bem-estar destes;

7. o objetivo do direito civil no Estado Liberal e, como consequência, do contrato, era proteger a liberdade nas relações privadas (em especial a de celebrar contratos) e assegurar a plena autonomia (por isso a ideia de contrato obrigatório);

8. no Estado Liberal os direitos fundamentais tinham o único objetivo de garantir as liberdades públicas negativas e a não intervenção do Estado nas relações privadas. A 1ª geração de direitos fundamentais é contemporânea a esse período (1ª geração: liberdades públicas e direitos políticos – valor liberdade – postulados de abstenção dos governantes, criando obrigações de não fazer, de não intervir sobre aspectos da vida pessoal de cada cidadão. Não há preocupação com desigualdades sociais. O paradigma é o homem individualmente considerado);

9. o contrato era apenas fonte de circulação de riquezas (valores patrimoniais);

10. a definição de contrato no Estado Liberal: acordo de vontades com a finalidade de produzir efeitos jurídicos obrigacionais: *vontade* como único *fundamento*. Tal modelo se justificava por uma necessidade política da classe burguesa. Ausência de preocupação com o ser humano.

3.1.5.4. Modelo – Estado social[19] e democrático – Contrato

Em razão das graves injustiças e do abismo social provocados pelo liberalismo extremado, no final do século XIX e início do século XX, a ideia absoluta de autonomia da vontade aos poucos é substituída pela noção renovada de autonomia privada, atada a novos paradigmas e valores sociais. A Primeira Grande Guerra Mundial contribuiu decisivamente para impulsionar o início da transição de um Estado liberalista para um Estado voltado para questões sociais.

---

[19] O Estado Social é aquele que regula a ordem econômica e social – se caracteriza por estabelecer mecanismos jurídicos de intervenção nas relações privadas, tendo por objetivo a justiça social. A ideologia social é traduzida em justiça social e solidariedade.

Os direitos fundamentais de 2ª geração contribuíram para essa nova ideologia que se apresentava. Tais direitos foram inspirados na Revolução Industrial Europeia a partir do século XIX – reivindicações trabalhistas e de assistência social. Eram os direitos sociais, mas não com a característica de serem direitos da coletividade, mas por serem direitos ligados a reivindicações de justiça social. Os direitos humanos de segunda geração privilegiam os direitos sociais, culturais e econômicos, correspondendo aos direitos de igualdade (direitos que não mais correspondem a uma pretensão de abstenção do Estado, mas que o obrigam a prestações positivas). Dizem respeito à assistência social, saúde, educação, trabalho, lazer, dentre outros.

Desta forma, as transformações das relações jurídicas da sociedade do século XX, o incremento da industrialização e o surgimento do consumo de massa dão ao contrato uma nova conformação. A vontade, paradigma do liberalismo, paulatinamente é substituída pela moderna concepção de justiça social.

Em tempos mais recentes, diante de princípios norteadores das relações privadas e integrantes do próprio conceito de contrato (dignidade da pessoa humana, solidariedade social, igualdade substancial, função social renovada e boa-fé objetiva), aquela ideia clássica de contrato foi aperfeiçoada para se adequar a estes novos valores, que representam o fundamento da sociedade e do Estado.

A autonomia privada, a intangibilidade do conteúdo do contrato e a relatividade de seus efeitos devem se adequar e harmonizar com os princípios contemporâneos da boa-fé objetiva, equilíbrio econômico entre prestações e função social do contrato.

A Professora Teresa Negreiros[20] defende também a tese da relação entre os princípios clássicos e contemporâneos, os quais devem ser harmonizados em caso de conflito: "Em caso de conflito, é preciso decidir sob que circunstâncias os princípios clássicos – autonomia da vontade, a intangibilidade do conteúdo do contrato e a relatividade dos seus efeitos – devem sobrepor-se aos princípios contemporâneos da boa-fé, do equilíbrio econômico e da função social".

Segundo ela, deve-se buscar um novo paradigma, denominado "paradigma da essencialidade". Tal paradigma: "(...) constitui um instrumento para se distinguirem os contratos à luz das diferentes funções que desempenham em relação às necessidades existenciais do contratante. Os contratos que tenham por função satisfazer uma necessidade existencial do contratante devem se sujeitar a um regime de caráter tutelar – ampliando-se, correlatamente, o campo de aplicação dos novos princípios. Ao revés, os contratos que tenham por objeto bens supérfluos, destinados a satisfazer preferências que não configuram necessidades básicas da pessoa, tais contratos são compatíveis com uma disciplina mais liberal, o que vale dizer que devem sofrer maior influência dos princípios clássicos".

Essa questão da *essencialidade* é um interessante parâmetro para estabelecer, à luz do caso concreto, a devida ponderação entre os princípios clássicos e os modernos. Quanto mais essencial para satisfazer uma necessidade existencial o contrato, mais deve se aproximar dos princípios modernos, preponderando os valores sociais constitucionais. Em sentido oposto, quanto menor a essencialidade para a satisfação de interesses existenciais, preponderará os princípios clássicos. A ideia é a busca do equilíbrio e da ponderação entre os princípios. Uma harmonização de verdade. Os contratos devem ser diferenciados de acordo com a medida de sua utilidade existencial.

Como novamente observa Teresa Negreiros[21]: "Trata-se, sempre com vista a um ponto de equilíbrio, de reconhecer que os contratos não compõem uma categoria homogênea, e, a partir desta premissa, estruturar critérios de diferenciação conforme os quais o conflito entre liberdade e solidariedade seja composto ora em um sentido mais liberalizante, ora em um sentido mais socializante, abandonando-se a ideia de ordenar toda a matéria contratual em torno de um único e absoluto paradigma".

Portanto, *contrato poderia ser conceituado como o acordo de duas ou mais vontades (negócio jurídico bilateral quanto à formação), declaradas em consonância com a lei, com a finalidade de produzir efeitos jurídicos obrigacionais e existenciais, cujas vontades exteriorizadas terão tutela estatal se as partes estiverem de boa-fé (tutela interna do crédito) e o ajuste se conformar com o princípio da função social (tutela externa do crédito).*

De acordo com esse conceito contemporâneo, o contrato, como relação jurídica subjetiva, atualmente, produz efeitos jurídicos obrigacionais e existenciais, tanto entre os sujeitos bem como em relação a terceiros.

Por exemplo, nesta nova concepção, o contrato terá função social quando preservar a dignidade dos contratantes e de terceiros, a solidariedade e cooperação na relação interna e, principalmente, preservar a igualdade substancial ou equivalência material, sob pena de, neste último caso, ocorrer a revisão (art. 317) ou até a resolução com base na teoria da onerosidade excessiva (art. 478).

O contrato, por ser negócio jurídico, tem na autonomia privada a sua grande característica. A autonomia privada é elemento peculiar ao negócio jurídico e consiste no poder de autodeterminação no campo das relações patrimoniais. Por isso, esse poder compõe a vontade, elemento nuclear do contrato.

A declaração de vontade no contrato é retratada pela autonomia da vontade e a autonomia privada. No entanto, esse *poder* decorrente da autonomia privada atualmente é mitigado e conformado por princípios sociais. Esse direito de a parte regular os seus interesses é um desdobramento do princípio da dignidade da pessoa humana, mas é limitado por normas de ordem pública, especialmente por princípios sociais integrantes da nova teoria contratual.

---

[20] NEGREIROS, Teresa. *Teoria do contrato*: novos paradigmas. Rio de Janeiro: Renovar, 2008.

[21] NEGREIROS, Teresa. *Teoria do contrato*: novos paradigmas. Rio de Janeiro: Renovar, 2008.

A mutação de valores da teoria clássica para a contemporânea foi percebida por Teresa Negreiros[22], em sua obra *Teoria dos contratos, novos paradigmas*: "Reconhece-se, pois, a necessidade de rever o âmbito da autonomia privada no campo das relações jurídicas patrimoniais. Neste sentido, fala-se em 'limites' à soberania da vontade individual, 'restrições' à liberdade contratual, ampliação do conceito de ordem pública, regimes 'especiais' ou 'excepcionais' de tutela da parte fraca em certas relações contratuais".

Por isso, defendemos ser *o contrato relação de mútua solidariedade e cooperação entre os contratantes*. Não serve mais o contrato para o resguardo exclusivo de interesses individualistas e até certo ponto egoístas. O contrato é instrumento de aproximação de pessoas, onde ambos se auxiliam para atender ao interesse de todos e da coletividade. O contrato somente terá tutela do Estado se tiver como objetivo principal a preservação das questões existenciais, a tutela da pessoa humana, o resguardo de sua dignidade. O contrato não escapou a esta revolução social provocada pelos princípios constitucionais, os quais interagem com as relações jurídicas de natureza privada. O Código Civil não é mais a *"autobiografia do indivíduo burguês"* (frase de Negreiros), mas instrumento de tutela da pessoa humana. E nesse novo contexto o contrato deve ser analisado.

O contrato, embora fundado na vontade, somente terá legitimidade se estiver vinculado a estes valores sociais impregnados em nossa Constituição Federal. O consenso deve se agregar a outros valores. Estes valores qualificam a vontade dos contratantes.

Em razão da reconstrução do sistema contratual, além da vontade das partes (no início, as relações patrimoniais tinham na autonomia privada a sua fonte exclusiva – esse poder de autodeterminação reduzia o contrato ao puro acordo de vontades), *outras fontes integram o seu conteúdo*, quais sejam, prescrições da lei, imperativas e dispositivas e, ainda, equidade. A boa-fé, no art. 422 do CC, é exemplo desta fonte de integração. Assim, o exercício da autonomia privada é também restringido pelo expediente da tipicidade dos negócios jurídicos e da determinação legal de todos os efeitos de um negócio, bem como, e principalmente, pelos princípios da boa-fé objetiva e função social.

Em resumo, no atual Estado contemporâneo, com caráter social, o contrato tem as seguintes características:

1. a solidariedade constitucional adicionou à autonomia privada a companhia de outros três princípios: boa-fé objetiva, função social e justiça ou equilíbrio contratual. Estes princípios valorizam a autonomia privada. Há uma convivência simultânea e interação entre estes princípios;

2. o contrato é um dos mais relevantes instrumentos de tutela da pessoa humana. As questões existenciais preponderam sobre as questões patrimoniais;

3. o contrato passa a ter um fundamento constitucional (art. 170 da CF/88), em especial porque a livre-iniciativa é fundamento da ordem econômica, a qual tem como objetivo assegurar a todos sujeitos ou a todas as pessoas existência digna;

4. os direitos fundamentais passam a ostentar uma nova dimensão: Concretização das exigências do princípio da dignidade da pessoa humana. Para isso, além das liberdades públicas negativas é possível exigir do Estado vários deveres de prestação (liberdades públicas positivas);

5. o contrato passa a ser fundamentado não apenas na vontade humana, mas também em princípios constitucionais – valores sociais. Tais valores são revelados e positivados pelos direitos fundamentais. Em razão disso, não se anulam os princípios clássicos. Estes devem ser harmonizados com os princípios contemporâneos, sendo que a correlação entre eles se dá com base no paradigma da essencialidade;

6. nesta nova concepção, o contrato deverá levar em *conta valores existenciais atinentes à proteção da dignidade da pessoa humana*. O contrato é baseado em valores constitucionais, privilegia as situações existenciais e faz com que os efeitos da relação jurídica sejam transcendentes;

7. o contrato deve se submeter às exigências maiores do ordenamento jurídico, como a justiça, a segurança, o valor social da livre-iniciativa, o bem comum e, principalmente, a dignidade da pessoa humana;

8. a *constitucionalização* do direito civil (que é o processo de elevação ao plano constitucional dos princípios fundamentais de direito civil. Os fundamentos de direito civil foram elevados ao *status* constitucional) contribui para dar ao contrato esse novo caráter;

9. o contrato é indispensável para a consolidação do Estado Democrático de Direito e promoção da justiça social e da solidariedade. O sistema civil passa a ser composto por normas constitucionais;

10. o contrato é um acordo de interesses convergentes e não opostos como no liberalismo, em razão da cooperação e solidariedade que o caracteriza. Vínculo de cooperação e não mais um acordo de vontade de interesses opostos. A segurança jurídica almejada pelos burgueses liberais é substituída pela justiça contratual.

Definição moderna de contrato: *primazia da justiça social*. A sua referência normativa é a Constituição Federal. Os princípios constitucionais dão sustentação aos princípios modernos de contrato. O *fundamento do contrato* são os valores constitucionais e o *objetivo principal* é o resguardo e a tutela de situações *existenciais*. O contrato não é mais a autobiografia do indivíduo burguês, mas instrumento de tutela da pessoa humana.

Não há dúvida de que a função imediata do contrato é servir como instrumento de circulação de riquezas ou meio de viabilizar questões existenciais. Todavia, essa

---

[22] NEGREIROS, Teresa. *Teoria do contrato*: novos paradigmas. Rio de Janeiro: Renovar, 2008.

função imediata deve estar atrelada a sua necessária função nuclear, essencial e substancial: servir como instrumento de aproximação das pessoas e viabilizar a concretização dos princípios da função social e boa-fé objetiva.

A conclusão é que o contrato passou por uma reformulação na transição do Estado Liberal para o Estado Social e Democrático. O modelo liberal de contrato, marcadamente individualista, essencial para dar sustentação política aos burgueses na França pós-Revolução Francesa, cede espaço para um modelo social e funcionalizado de contrato, fundado na solidariedade constitucional e na dignidade da pessoa humana, cujos princípios passam a integrar o próprio conteúdo deste novo modelo contratual, conferindo-lhe legitimidade. Como desdobramento destes princípios integradores do contrato contemporâneo, a função social, a boa-fé objetiva e o equilíbrio ou equivalência material tornam o contrato mais dinâmico, social, interativo, legítimo e, por que não, humano.

O princípio da segurança jurídica é substituído pela justiça contratual, exigência dos objetivos fundamentais do Estado brasileiro. O contrato moderno é visto como um vínculo de colaboração mútua e recíproca entre os contratantes, e não mais como um acordo de interesses opostos.

3.2. PRINCÍPIOS CONTRATUAIS – CLÁSSICOS E CONTEMPORÂNEOS

3.2.1. Introdução

Os princípios contratuais clássicos se assentam no dogma da vontade. Com a consolidação do Estado Liberal, pós-Revolução Francesa, a força jurídica do contrato passou a derivar diretamente da vontade exteriorizada por pessoas livres de interferências estatais. Como forma de garantir a plena liberdade nas relações privadas, em especial no âmbito dos contratos, a teoria contratual foi toda forjada e estruturada sob princípios capazes de preservar a autonomia dos indivíduos.

A necessidade social da época levou a teoria contratual clássica a uma excessiva valorização da vontade, mas não de uma vontade qualquer e sim de uma vontade manifestada por pessoas livres, que não permitiam qualquer interferência em suas relações privadas.

Para preservar essa liberdade plena, a teoria clássica dos contratos passou a girar em torno de três princípios, todos fundados no dogma da vontade, de onde o contrato extraía sua força jurídica. Tais princípios clássicos são representados pela autonomia da vontade, obrigatoriedade dos contratos e relatividade das obrigações decorrentes do contrato.

Nas palavras de Nelson Rosenvald e Cristiano Chaves[23], "(...) no paradigma voluntarista o contrato se qualifica como a espontânea submissão do indivíduo à limitação de sua liberdade em três momentos: pela liberdade contratual; pela intangibilidade do pactuado – o vetusto *pacta sunt servanda* justificava a obrigatoriedade dos efeitos contratuais e pela relatividade contratual, isto é, o contrato tão somente vincula as partes, sendo infenso a terceiros, cuja vontade é um elemento estranho à formação do negócio jurídico".

No liberalismo, tais princípios clássicos estavam afinados com a ideia de que o contrato era apenas um instrumento de circulação de riquezas, ou seja, um meio para se obter a tutela de um interesse de natureza meramente econômica. E como não se admitia qualquer intervenção estatal no contrato pactuado por particulares, a proteção das relações jurídicas materiais no âmbito contratual era conferida pelos princípios clássicos, autonomia da vontade, obrigatoriedade dos contratos e relatividade. A vontade individual era o elemento de fundamentação e legitimação da força obrigatória do contrato.

Neste cenário liberal, a autonomia da vontade retratava a plena e irrestrita liberdade de contratar, na medida em que as partes podiam contratar quando, como e com quem quisessem. Estavam sujeitas apenas a limites impostos por raras normas de ordem pública. O princípio da obrigatoriedade ou da intangibilidade do conteúdo do contrato tornava o vínculo indissolúvel, equiparando o pacto à lei. E, finalmente, o princípio da relatividade restringia os efeitos jurídicos obrigacionais às partes contratantes, não podendo prejudicar e tampouco favorecer terceiros (*res inter alios acta tertio neque nocet neque prodest*).

Com o fracasso dos ideais liberais, em especial pela instabilidade econômica provocada pela Primeira Guerra Mundial, o surgimento de um Estado com deveres de proteção e movido por ideais reguladores, a preocupação com o coletivo em detrimento de interesses individuais, a implantação de um Estado Social, a consideração do contrato como instrumento de satisfação de necessidades existenciais, dentre outros fatores sociais e econômicos que caracterizaram o século XX, tais princípios clássicos conseguiram resistir a toda esta transformação, mas passaram a ser conformados a novos valores, em especial aqueles que fundamentam a sociedade brasileira atual (dignidade da pessoa humana, solidariedade e igualdade substancial). Os princípios clássicos ainda resistem bravamente, mas não com a mesma força que ostentavam no liberalismo. Ao contrário, agora devem obediência aos valores sociais constitucionais que são a referência de todo o direito civil e são absolutamente mitigados naqueles casos em que a finalidade do contrato é a satisfação de necessidades existenciais da pessoa humana.

A Constituição Federal de 1988 passa a controlar a legitimidade destes princípios clássicos em cada caso concreto. Como diz Rosenvald, o contrato passa a ter um novo caráter e as intervenções devem ser consideradas absolutamente naturais e até indispensáveis no quadro de uma sociedade desigual e de massas. Tais princípios clássicos não estão sepultados, mas devem interagir com outros princípios fundados na solidariedade constitucional: boa-fé objetiva, função social e justiça ou equilíbrio contratual.

Tais princípios contratuais clássicos, no liberalismo, possuem características próprias, como adiante será analisado, mas todos voltados para o mesmo objetivo: impedir

---

[23] FARIAS, Cristiano Chaves de; ROSENVALD, Nelson. *Direito dos contratos*. Rio de Janeiro: Lumen Juris, 2011. v. IV.

qualquer interferência ou alteração do contrato emanado da vontade pessoas livres. No atual Estado Social, tais princípios clássicos ganham uma nova conformação ou roupagem constitucional, submetendo-os a uma integração e harmonização com novos princípios e valores da República.

3.2.2. Autonomia da vontade

O princípio da autonomia da vontade é o símbolo mais bem acabado do liberalismo predominante no século XIX. Na teoria contratual clássica, a finalidade deste princípio era garantir, de forma plena e quase absoluta, a liberdade dos sujeitos em relação à escolha do momento para contratar, do parceiro contratual e, principalmente, do conteúdo e da substância do contrato. A vontade era autônoma, independente e originária. A força jurídica de um contrato decorria de uma vontade exteriorizada por pessoas livres.

É a denominada liberdade de contratar. Os sujeitos passaram a ter o poder de autorregular os seus interesses, conforme as suas conveniências. Embora a liberdade contratual fosse ampla, nunca foi ilimitada, mesmo nos áureos tempos do liberalismo. Os preceitos de ordem pública e os bons costumes sempre foram fatores limitadores desta liberdade. Com o passar do tempo e a passagem do modelo clássico para o modelo contemporâneo de contrato, quando surgiram novos princípios, estas limitações ou restrições aumentaram consideravelmente.

A liberdade contratual sempre foi mais perceptível em relação às leis supletivas, pois as leis coativas, relacionadas à ordem pública e bons costumes, restringiam, de alguma forma, essa liberdade.

Neste ponto a observação de Orlando Gomes[24] é precisa: "O princípio da liberdade de contratar torna-se mais inteligível à luz da distinção entre leis coativas e supletivas. As primeiras ordenam ou proíbem algum ato, determinando o que se deve e o que não se deve fazer. Quando ordenam dizem-se imperativas. Quando proíbem, proibitivas. Destinam-se as leis supletivas a suprir ou complementar a vontade do indivíduo, aplicando-se quando ele não a declara".

Segundo Caio Mário[25], os contratantes devem sujeitar a sua vontade ao ditado dos princípios de ordem pública e dos bons costumes. Para ele, condizem com a ordem pública as normas que instituem a organização da família, as que estabelecem a ordem de vocação hereditária e a sucessão testamentária; as que pautam a organização política e administrativa do Estado, bem como as bases mínimas da organização econômica; os preceitos fundamentais do Direito do trabalho; enfim, as regras que o legislador erige em cânones da estrutura social, política e econômica da Nação. Bons costumes são aqueles que se cultivam como condições de moralidade social.

O fato é que as leis coativas, no liberalismo (modelo clássico de contrato), eram em menor número, o que aumentava, de forma considerável, a liberdade contratual. Atualmente, as leis coativas, imperativas e proibitivas ocupam o maior espaço legislativo e, por isso, impõem um "dirigismo estatal", fato que reduz o espaço para os sujeitos regularem os seus interesses.

A liberdade de contratar ou autonomia da vontade é a faculdade que as pessoas têm de livremente concluir um contrato. Essa liberdade, no século XIX, era mais ampla. As limitações e restrições eram mínimas, porque o dogma da vontade estava entranhado na teoria contratual.

No Estado Social e Democrático atual, a liberdade contratual ainda se apresenta com destaque na teoria dos contratos, mas mitigada por novos princípios fundados nos valores sociais constitucionais da dignidade da pessoa humana, solidariedade social e igualdade substancial.

O sujeito ainda tem a liberdade de escolher o momento de contratar, isto é, se deseja ou não se vincular contratualmente. Além disso, a liberdade de contratar também implica a escolha da pessoa que será o parceiro contratual, embora, em alguns contratos públicos, não haja essa possibilidade. Quanto à liberdade de estabelecer o conteúdo do contrato, tal poder suportou uma limitação de novos princípios, como a função social, boa-fé objetiva e equivalência material. Isso porque o contrato passou de um modelo meramente estrutural, fundado na vontade, para um modelo funcionalizado, embasado em valores sociais constitucionais e na proteção e tutela da pessoa humana. Essa nova concepção, ao mesmo tempo em que limita a liberdade contratual, valoriza sobremaneira as relações privadas, uma vez que o contrato deixa de ser instrumento de circulação de riquezas para ser instrumento de tutela e promoção da pessoa humana.

Como argumentam defende Rosenvald e Chaves[26]: "A passagem do estruturalismo ao funcionalismo impacta sobremaneira o modelo jurídico ora enfocado. Em sede de autonomia privada, admite-se a vontade como suporte fático, porém acrescida à regulamentação legal, a fim de que realize interesses digno de tutela. Cuida-se da funcionalização do contrato. Vale dizer, sendo o direito um meio de promoção de determinadas finalidades, o negócio jurídico somente terá juridicidade e justificativa social quando o concreto interesse das partes realizar os fins a que se propõe o direito, basicamente a harmônica convivência entre justiça, segurança jurídica e dignidade da pessoa humana".

O Código Civil atual disciplina o princípio da liberdade contratual nos arts. 421 e 425. No primeiro, dispõe que a liberdade de contratar será exercida com fundamento e nos limites do princípio da função social dos contratos, o que evidencia essa nova conformação da autonomia da vontade a valores mais caros e sensíveis da sociedade contemporânea. O contrato deve ser funcionalizado, possuir um conteúdo que retrate um interesse digno de tutela,

---

[24] GOMES, Orlando. *Contratos*. 26. ed. Rio de Janeiro: Forense, 2008.

[25] PEREIRA, Caio Mário da Silva. *Instituições de direito civil*: Contratos. 11. ed. Rio de Janeiro, 2004. v. III.

[26] FARIAS, Cristiano Chaves de; ROSENVALD, Nelson. *Direito dos contratos*. Rio de Janeiro: Lumen Juris, 2011. v. IV.

além de ser útil para os contratantes e a toda a coletividade. Como ressaltam Rosenvald e Chaves[27], o poder jurígeno da vontade não é originário e autônomo, mas derivado e funcionalizado em prol de finalidades heterônomas.

Por outro lado, o art. 425 é desdobramento da nova concepção do princípio da autonomia da vontade ao permitir que as partes estipulem contratos atípicos, desde que sejam observadas as normas gerais impostas pela legislação, como função social, boa-fé objetiva, igualdade substancial, dentre outras. O conteúdo do contrato, mesmo atípico, passará por um controle de merecimento. Será digno e merecedor de tutela o contrato cujo conteúdo for compatível com estes novos valores sociais constitucionais.

Na I Jornada de Direito Civil foi aprovado o Enunciado 23, segundo o qual "a função social do contrato, prevista no art. 421 do atual CC, não elimina o princípio da autonomia contratual, mas atenua ou reduz o alcance desse princípio quando presentes interesses metaindividuais ou interesse individual relativo à dignidade da pessoa humana".

A introdução de novos princípios à teoria contratual, a funcionalização dos negócios jurídicos em geral e do contrato em particular, a necessidade de o contrato cumprir uma função econômica, social e coletiva, alteram sobremaneira a concepção da autonomia da vontade, para reduzir o poder de regulação dos interesses, o que, ao contrário do que se pensa, valoriza as relações privadas, que passam a se conformar a estes valores sociais constitucionais que são a base da República.

Em síntese, autonomia da vontade é a liberdade de contratar ou não, de fixar o conteúdo do contrato, de escolher com quem contratar e a forma da contratação. É a liberdade de exteriorizar a vontade ou de agir com eficácia jurídica. A autonomia privada é a concessão de poder para esta vontade, cujo poder se materializa no espaço livre deixado pelo Estado a fim de que os sujeitos possam regular os seus próprios interesses. É o poder de regulação.

3.2.3. Obrigatoriedade (*pacta sunt servanda*)

O princípio da obrigatoriedade surgiu da necessidade de garantir aos indivíduos, em suas relações privadas, a mais ampla liberdade de contratar, tendo seu apogeu no liberalismo (Estado Liberal), consolidado com a Revolução Francesa e o Código Civil napoleônico de 1804. É uma decorrência lógica e necessária do princípio da autonomia privada. O contrato, desde que obedecidos os requisitos legais, torna-se obrigatório para os contratantes. Passa a ostentar força vinculante.

Portanto, segundo tal princípio, o contrato, formado pela exteriorização de vontades de pessoas livres, se torna obrigatório. O conteúdo do contrato passa a ser intangível. Entretanto, essa concepção de "obrigatoriedade" suportou consideráveis mutações através dos tempos, principalmente quando se compara o caráter deste princípio no Estado Liberal do século XIX, com a sua nova roupagem assumida no início do século XX até a consolidação de um Estado Social no final do século passado.

No Estado Liberal, como forma de preservar a vontade livremente manifestada pelas partes em determinado contrato, ou melhor, para garantir o reinado da autonomia da vontade, era preciso um exército de respeito. E o princípio da obrigatoriedade cumpriu bem esse papel de "exército" do rei "autonomia da vontade".

De nada adiantava garantir autonomia às convenções privadas se não fosse conferido a estas o caráter de obrigatoriedade. No liberalismo, essa obrigatoriedade chegou ao extremo de equipar as obrigações assumidas em um contrato ou convenção à legislação.

É a clássica ideia de que "o contrato faz lei entre as partes". O objetivo era claro: conferir segurança jurídica às relações privadas, em especial aos contratos, os quais, após a formação, não poderiam suportar alterações em seu conteúdo. Essa imutabilidade do conteúdo de um contrato conferia força aos pactos, como se os sujeitos criassem um ordenamento jurídico individualizado para disciplinar aquela relação.

Não é por acaso que o art. 1.134[28] do Código Civil francês, impregnado dos ideais liberais da Revolução Francesa, preceitua que as convenções legalmente formadas têm força de lei entre as partes.

Com bem ressalta Orlando Gomes[29], o "princípio da força obrigatória consubstancia-se na regra de que o contrato é lei entre as partes. Celebrado que seja, com observância de todos os pressupostos e requisitos necessários à sua validade, deve ser executado pelas partes como se suas cláusulas fossem preceitos legais imperativos". O contrato se torna intangível e irretratável, sendo a pedra angular da segurança do comércio jurídico. Sua justificativa, portanto, seria a decorrência do princípio da autonomia da vontade, uma vez que qualquer intervenção do Estado-Juiz na liberdade de contratar violaria a ideia de autonomia da vontade.

No mesmo sentido, como enuncia Caio Mário[30], o princípio da força obrigatória do contrato contém ínsita uma ideia que reflete o máximo de subjetivismo que a ordem legal oferece: a palavra individual, enunciada na conformidade da lei, encerra uma centelha de criação, tão forte e tão profunda, que não comporta retratação, e tão imperiosa que, depois de adquirir vida, nem o Estado mesmo, a não ser excepcionalmente, pode intervir, com o propósito de mudar o curso de seus efeitos.

A concepção de que o princípio da obrigatoriedade leva à intangibilidade do conteúdo do contrato; que impede a alteração do conteúdo do pacto mesmo pela superveniência de acontecimentos determinantes para a ruptura do equilíbrio das prestações e de que o contrato faz lei entre as partes, é contemporânea ao liberalismo. Da forma como ressaltado pelos mestres, o princípio da obrigatoriedade tem essa conotação no Estado Liberal. Salvo em

---

[27] FARIAS, Cristiano Chaves de; ROSENVALD, Nelson. *Direito dos contratos*. Rio de Janeiro: Lumen Juris, 2011. v. IV.

[28] Art. 1.134 do CCF: "Les conventions légalement formées tiennent lieu de loi à ceux qui lês ont faits".

[29] GOMES, Orlando. Contratos. 26. ed. Rio de Janeiro: Forense, 2008.

[30] PEREIRA, Caio Mário da Silva. Instituições de direito civil: Contratos. 11. ed. Rio de Janeiro, 2004. v. III.

situações excepcionais e extremas, o acordo de vontade, no liberalismo, era irretratável, a pretexto de se garantir a plena autonomia da vontade (liberdade dos cidadãos) e a tal almejada segurança jurídica.

O fundamento desta obrigatoriedade para os positivistas é a própria lei, ou seja, o contrato é obrigatório porque a lei assim determina. Para outros, o fundamento seria um abstrato pacto social por meio do qual os indivíduos se comprometem a respeitar a palavra dada e, também, há os que afirmam que o fundamento é o dever de veracidade (manter-se fiel à sua promessa por conta de uma imposição natural).

Com a transição do Estado Liberal para o Estado Social, o princípio da obrigatoriedade, pouco a pouco, perde o seu rigor e passa a se adaptar ao novo contexto social, econômico e cultural em que o contrato é inserido.

Os contratos, na atualidade, também possuem força obrigatória. As obrigações contratuais devem ser cumpridas por aqueles sujeitos que, livremente ou não, resolvem se vincular a outro sujeito ou ao Estado por meio de um contrato. Jamais se pregou a eliminação deste princípio salutar para as relações privadas.

Entretanto, assim como outros princípios clássicos, o princípio da obrigatoriedade, desde o início do século XX, com o fracasso do liberalismo pregado e exaltado pelos revolucionários franceses, passou a ter nova conformação, novo caráter, outra finalidade e fundamento substancialmente diverso daquele que o caracteriza no liberalismo. Se, no liberalismo, o contrato era obrigatório porque decorrente de declarações de vontades emanadas de pessoas livres, no Estado Social o contrato será obrigatório porque é concretamente justo sob o ponto de vista dos contratantes e da sociedade de uma maneira geral.

Essa é a questão principal. O princípio é exatamente o mesmo. O que muda é a sua concepção e conformação. Agora, para que um contrato seja obrigatório, é essencial que o pacto não apenas decorra de vontades livremente manifestadas, mas que, principalmente, esteja conformado aos valores sociais constitucionais que se tornaram paradigmas das relações privadas, como a dignidade da pessoa humana, solidariedade social e igualdade substancial. Tais valores transportam para o conteúdo do contrato a ideia de justiça social. O dogma da vontade é substituído pelo valor da justiça contratual. O princípio da obrigatoriedade foi relativizado por princípios contemporâneos como a função social, boa-fé objetiva e equilíbrio contratual, bem como por novos valores que fundamentam as relações privadas, extraídos diretamente do texto constitucional.

Houve a percepção generalizada de que o princípio da obrigatoriedade tinha de ser relativizado e essa relativização gradual ainda não fechou o seu ciclo. O contrato está em constante mutação e deve ser adaptado ao contexto social, econômico, legal, cultural e até internacional em que ele está inserido.

Por tudo isso, estamos de acordo com Rosenvald e Chaves[31], quando argumentam que uma das tarefas da doutrina civilista consiste em remodelar as bases da força obrigatória dos contratos. Conciliar o novo com o velho; reformar sem destruir, compreendendo que à luz do fenômeno da funcionalização da autonomia negocial às exigências constitucionais, o contrato será um projeto edificado por três atores: as partes, o legislador e o magistrado. Preserva-se a vinculatividade do contrato mediante a conciliação do útil e do justo. O útil representando o interesse econômico dos contratantes, e o justo simbolizando o interesse do ordenamento jurídico em que o negócio jurídico produza positiva repercussão social.

A palavra empenhada não é mais irreversível. O contrato tem força obrigatória, desde que esteja conformado com os novos valores sociais constitucionais e os princípios contemporâneos da teoria contratual, os quais conferem ao princípio da força vinculante dos contratos um novo caráter ou uma nova concepção. O fundamento da obrigatoriedade deixa de ser a vontade e a lei (de acordo com os positivistas) para ser a justiça contratual, que torna o pacto processo dinâmico, funcional, complexo, onde as partes, de forma cooperativa, agregam ao conteúdo do contrato um significado de justiça e utilidade.

O princípio se mantém incólume no novo cenário inaugurado pelo Estado Social. Entretanto, sua concepção, delineamentos, condicionamentos, caráter, fundamento e finalidade suportam brusca alteração, conferindo ao princípio da obrigatoriedade uma nova roupagem à luz dos valores e princípios sociais constitucionais.

3.2.4. Relatividade dos contratos

O princípio da relatividade, em termos clássicos, também é uma decorrência da concepção individualista e egoísta que fundamentou as relações jurídicas privadas durante o Estado Liberal.

Segundo este princípio, o contrato apenas gera efeitos jurídicos obrigacionais aos contratantes, não podendo prejudicar ou beneficiar terceiros que não integraram a relação jurídica contratual. Portanto, no modelo liberal de contrato, o princípio da relatividade foi forjado para se garantir que a relação entre os contratantes não suportasse os influxos de questões externas ao contrato e impedisse que o contrato transcendesse o pacto entre os sujeitos para repercutir na coletividade. O contrato, naquela concepção clássica, era uma relação jurídica enclausurada, que interessava apenas aos contratantes. O significado social, a utilidade e a finalidade eram de restrito interesse dos contratantes. Tudo isso estava afinado com os ideais individualistas e patrimonialistas do século XIX.

Da mesma forma que os seus coirmãos, o princípio da relatividade sucumbiu diante dos novos valores sociais e princípios que fundamentam a teoria contratual contemporânea. Não há dúvida de que o contrato tem eficácia

---

[31] FARIAS, Cristiano Chaves de; ROSENVALD, Nelson. *Direito dos contratos*. Rio de Janeiro: Lumen Juris, 2011. v. IV.

interna, ou seja, os efeitos jurídicos obrigacionais de um contrato repercutem na esfera jurídica dos contratantes.

No entanto, para que o contrato tenha tutela estatal, é essencial que tenha um significado social, uma função social e uma utilidade coletiva. Não basta que os interesses econômicos dos contratantes sejam preservados. É essencial que o contrato não repercuta, de forma negativa, na coletividade. Isso significa que os efeitos de qualquer contrato transcendem a relação interna para atingir a coletividade. O contrato deve ser útil para as partes, mas, principalmente, útil para a coletividade. A funcionalização do contrato, o caráter de interatividade com a coletividade e a transcendência dos efeitos, acabou por mitigar, e muito, o princípio da relatividade. O responsável por esta revolução em relação ao princípio da relatividade é o princípio da função social dos contratos que, como uma das principais contribuições para a teoria contratual, confere a todo o contrato uma eficácia externa. O contrato deixa de ser um instrumento individual de circulação de riquezas para ser instrumento de promoção e tutela da pessoa humana, que interessa a toda a coletividade.

Como ressalta Carlos Roberto Gonçalves[32], a visão individualista do contrato foi superada pelo Código Civil de 2002, que não o concebe mais como instrumento de satisfação de interesses pessoais dos contraentes, mas lhe reconhece uma função social. Tal fato tem, como consequência, por exemplo, possibilitar que terceiros que não são propriamente partes do contrato possam nele influir, em razão de serem por ele atingidos de maneira direta e indireta. A nova concepção da função social representa um abrandamento do princípio da relatividade dos efeitos do contrato, tendo em vista que este tem o seu espectro público ressaltado, em detrimento do exclusivamente privado das partes contratantes.

Sobre essa relativização do princípio da relatividade, é pertinente o Enunciado 21 da Jornada de Direito Civil, promovida pelo CJF: "A função social do contrato, prevista no art. 421 do novo Código Civil, constitui cláusula geral a impor a revisão do princípio da relatividade dos efeitos do contrato em relação a terceiros, implicando a tutela externa do crédito."

3.2.5. Princípio do consensualismo

O consensualismo não pode ser considerado propriamente um princípio, mas um modelo para que o contrato se forme ou se aperfeiçoe. Pelo denominado "princípio" do consenso, o acordo de duas ou mais vontades é suficiente para o aperfeiçoamento e a formação de um contrato. Basta o consenso, a justaposição ou declarações convergentes de vontade para que tenha formado um contrato.

Na Antiga Roma, a vontade, por si só, não era suficiente para a formação de um contrato. A força jurídica dos contratos decorria da observância das formalidades exigidas pelas leis romanas e, não necessariamente e apenas, da vontade. No direito antigo a vontade era secundá-

---
[32] GONÇALVES, Carlos Roberto. *Direito civil esquematizado*. São Paulo: Saraiva, 2013. v. I.

ria na formação dos contratos. A não observância das formalidades ou de certa materialidade levava à inexistência jurídica do contrato. Na Idade Média, em razão da contribuição do direito canônico, por influência do Cristianismo e da Escola de Direito Natural, as formalidades foram, pouco a pouco, cedendo espaço para a ideia consensualista. O apogeu do "princípio" se dá na segunda metade do século XVIII e século XIX, com a consolidação do liberalismo, que tinha como dogma a primazia da vontade nas relações jurídicas privadas.

O contrato, no Liberalismo, se formava pelo mero consenso. Bastava o acordo de vontades para que se considerasse formado o contrato. Essa concepção do contrato consensual como modelo no Estado Liberal era apenas um desdobramento da valorização da vontade, com a exaltação de princípios que giravam em torno deste dogma, como a autonomia da vontade, o princípio da obrigatoriedade e a relatividade. O contrato consensual generalizava a ideia de que qualquer ajuste, como decorrência do acordo de vontades, tem força cogente. O consenso era suficiente para obrigar os contratantes. Tal ideia reforçava o princípio da autonomia da vontade e atendia aos interesses políticos daqueles que defendia a não interferência do Estado nas relações entre particulares.

Esses princípios clássicos são pautados no dogma da vontade. Com o fim do liberalismo e a imposição de deveres de prestação ao Estado, foi construída uma nova teoria contratual, forjada em valores sociais constitucionais, fato que torna possível o reconhecimento de direitos fundamentais aos contratantes, desde a formação, durante a execução e mesmo após a extinção dos contratos.

3.2.6. Princípios contemporâneos (função social dos contratos e boa-fé objetiva – tutela da confiança)

3.2.6.1. Contrato e o princípio da função social

O princípio da função social sempre esteve vinculado à teoria geral dos contratos. Em Roma, na Idade Média, no Estado Liberal e no estágio inicial do Estado Social, a função social sempre foi inerente a qualquer contrato. Não há novidade em relação a tal aspecto. No entanto, em cada período da história, a função social ostenta característica própria. A função social do contrato no liberalismo não é a mesma função social na sociedade contemporânea.

A função social do contrato, em si considerada, suportou lenta evolução, mutação e transformação ao longo da história. No liberalismo, por exemplo, a função social do contrato se relaciona à circulação de riquezas, porque o contrato era apenas considerado instrumento com finalidade econômica. No Estado Social e Democrático, com viés intervencionista, em cujo contexto deveres de prestações positivas assumem papel de destaque, a função social muda de caráter. O contrato deve se ajustar aos valores constitucionais voltados para a tutela e proteção do ser humano, como condição para preencher o pressuposto da função social. *As questões existenciais passam a preponderar sobre situações de caráter patrimonial e o contrato se torna instituto fundamental para a concretização do princípio da dignidade huma-*

na, ainda que mantenha sua finalidade econômica. O contrato deixa de ser fim em si mesmo, para ser instrumento ou meio de se proteger e tutelar as questões existenciais (em paralelo às patrimoniais), da pessoa humana.

Em resumo, com a funcionalização das situações jurídicas subjetivas, o contrato passa a ser instrumento para a concretização de valores maiores (justiça social, segurança, dignidade humana, entre outros). A função social é fator de legitimação da liberdade contratual (conteúdo do contrato), que passa por controle de merecimento. No liberalismo, bastava identificar as partes (quem?) e o objeto do contrato (o quê?). Em tempos modernos, com a superação do contrato apenas baseado na sua força jurígena, deve se buscar as razões e a finalidade do contrato (para quê?), ou seja, quais são os objetivos perseguidos e os interesses presentes, para apurar se são dignos de tutela.

O fato é um só: *o contrato somente terá tutela estatal se ostentar a função social adaptada aos valores constitucionais que fundamentam o Estado e dão suporte à sociedade contemporânea* (dignidade da pessoa humana, solidariedade das relações e igualdade substancial). Os contratos devem regular interesses que tenham utilidade para os contratantes, mas também para a coletividade de um modo geral. É a denominada utilidade pública ou social (sob o aspecto coletivo) do contrato.

A função social confere legitimidade ao contrato. Com a perda do caráter individualista, o contrato, em razão deste novo caráter da função social, deverá interagir com a coletividade, uma vez que seus efeitos transcendem a relação jurídica material entre os contratantes para repercutir na esfera jurídica de terceiros alheios e que não integram aquele pacto.

Esse contrato "interativo" e "de efeitos transcendentes" confere a esse negócio jurídico uma nova perspectiva, pois tal função social valorizará as relações privadas e os interesses da sociedade como um todo. Deixa-se de lado o paradigma estruturalista do contrato para se reconhecer o paradigma funcionalista.

A principal característica da atual função social do contrato está vinculada ao seu *objetivo principal: o resguardo e a tutela de situações existenciais, principalmente quando o contrato for essencial para a satisfação de necessidades existenciais* (paradigma da essencialidade)[33].

Em tempos recentes, a função social do contrato deverá ser integrado com princípios da liberdade econômica. A equação não é singela, pois a função social deverá conformar e harmonizar interesses que podem se conflitar (questões existenciais da pessoa humana e liberdade econômica).

A Lei Federal n. 13.874/2019, que instituiu a declaração de direitos de liberdade econômica, entre outras disposições com a finalidade de potencializar e disciplinar o princípio da livre-iniciativa, alterou o art. 421 do Código Civil, para dispor que a liberdade contratual (conteúdo e substância do contrato) será exercida nos limites da função social. A função social integra o conteúdo e confere legitimidade a qualquer contrato. Tal função social impõe a adequação do contrato não apenas a questões existenciais, mas também aos princípios e objetivos da ordem econômica. Os valores da liberdade econômica integram o conteúdo e a substância da função social do contrato.

A norma apenas explicita o que já é previsto na própria Constituição Federal. O art. 170 da CF/88, o qual disciplina a ordem econômica, é fundamento do contrato contemporâneo, porque tal negócio jurídico é o principal instrumento da ordem econômica. Portanto, o art. 170 da CF é referência da teoria contratual. Segundo a norma constitucional, a ordem econômica, fundada na livre-iniciativa, tem por finalidade assegurar a todos, contratantes e coletividade, dignidade. Portanto, por imposição constitucional, o contrato é meio para a concretização de direitos fundamentais existenciais da pessoa humana, como instrumento da ordem econômica.

Portanto, *a noção de "função social" deve ser extraída dos valores constitucionais que conferem ao contrato legitimidade, por representar o seu fundamento*. Tal função social impõe a conciliação entre questões existenciais da pessoa humana e os princípios da livre-iniciativa. O contrato terá função social se não violar a dignidade dos contratantes e de terceiros, se houver entre os sujeitos a necessária cooperação e solidariedade, se houver um equilíbrio material na relação jurídica contratual e, ao mesmo tempo, forem observados os princípios da livre-iniciativa.

O contrato deve aproximar as pessoas, pois é acordo de interesses convergentes, onde os contratantes são parceiros e não adversários. É por meio do contrato que os princípios sociais constitucionais serão viabilizados e concretizados nas relações intersubjetivas. A função social impõe que o contrato tenha uma causa. Essa causa ou finalidade é a concretização do interesse dos contratantes, o qual deve ser digno de tutela e o será quando for compatível com os valores fundantes do Estado Democrático de Direito. A razão ou o motivo que leva o sujeito a formalizar o contrato deve ter um significado social, conforme esta principiologia contratual.

Sobre a questão da causa, como ressaltam Rosenvald e Chaves[34], "(...) a função social se converte na própria *ratio* de qualquer ato de autonomia privada, não mais como um limite externo e restritivo à liberdade do particular, mas como limite interno hábil a qualificar a disciplina da relação negocial a partir da investigação das finalidades empreendidas pelos parceiros por meio do contrato".

A função social passa a ser considerada um valor inerente a todo contrato, que decorre de princípios caros para a sustentação da República e da sociedade, como a dignidade da pessoa humana, solidariedade social e igualdade substancial.

---

[33] Paradigma da essencialidade: no confronto entre princípios clássicos e contemporâneos, quanto mais essencial é o contrato para a satisfação de necessidades existenciais, mais deve se aproximar dos princípios modernos, como função social, boa-fé objetiva e equivalência material.

[34] FARIAS, Cristiano Chaves de; ROSENVALD, Nelson. *Direito dos contratos*. Rio de Janeiro: Lumen Juris, 2011. v. IV.

Capítulo 3 • Contratos

O mundo moderno é o do contrato, o que torna ainda mais relevante o estudo e a compreensão do princípio da função social. É o contrato que impulsiona a vida social e, com o desenvolvimento das atividades sociais, a sua função social ampliou-se.

Segundo Caio Mário[35]: "Além da função econômica, o contrato tem uma função educativa, pois aproxima os homens e abate as diferenças – dois indivíduos que contratam, ainda que não se estimem, respeitam-se". Em matéria contratual, em decorrência das características do princípio da função social, o interesse da coletividade passa a preponderar sobre situações estritamente individuais.

O Código Civil, no art. 421, de forma vaga e imprecisa, disciplina a função social do contrato: "*A liberdade de contratar será exercida nos limites da função social do contrato*" (grifo nosso). A função social integra o conteúdo dos contratos em geral e dos contratos privados em especial, com o que os conforma. Não é limite à liberdade contratual, mas fator de conformação, o que impõe a necessária adequação entre o contrato e valores sociais constitucionais, entre estes, a propriedade privada e a livre-iniciativa.

No contrato entre atores privados o princípio da função social deverá se ajustar aos princípios constitucionais da livre-iniciativa e do livre exercício de atividade econômica. Simples.

O art. 421 retrata cláusula geral, pois não há definição sobre a função social. Por isso, o intérprete *deverá integrar o conteúdo desta norma com valores jurídicos, sociais, econômicos e morais, de acordo com o contexto social, a complexidade do contrato e os sujeitos nele envolvidos*. Após esta atividade integrativa, o intérprete deverá conferir ao caso concreto a decisão que reputar mais justa. Essa cláusula geral concretiza a ideia de operabilidade que inspirou os idealizadores do atual Código Civil.

O intérprete preencherá, com valores sociais e jurídicos, o que abstratamente está previsto nestas cláusulas gerais. Embora tenha caráter instrumental, constitui norma jurídica e fonte criadora de direitos e obrigações. Em alguns casos, tais normas são verdadeiros princípios de direito, como neste caso.

É perfeita a observação de Chaves e Rosenvald[36]: "A função social do contrato representa mais uma das diversas facetas da funcionalização das situações jurídicas subjetivas e, especialmente, da funcionalização dos negócios jurídicos. O *perfil estrutural e neutro do negócio jurídico restringia--se a questionar quem seriam os contratantes (identificação das partes) e o que postulavam com o contrato (identificação do objeto). O atendimento às regras de capacidade dos intervenientes, a licitude e a possibilidade da prestação eram os únicos fatos justificadores da juridicidade da relação obrigacional. Não se questionava as razões do negócio jurídico, o porquê, ou para que. Enfim, a dogmática civil clássica é anticausalista*" (grifo nosso).

O contrato é instrumento que concretiza finalidades eleitas pela coletividade, razão pela qual a função social passa a ser a sua causa de justificação.

A redação do art. 421 do CC é genérica, mas dela se pode extrair que a liberdade de contratar é livre, mas a liberdade contratual ou de estabelecer o conteúdo do contrato é limitada, porque deve estar ajustada à observância desta função social.

Em resumo: a função social integra o conteúdo do contrato, o legitima e o justifica. A liberdade contratual mencionada pela norma é justamente a liberdade de estabelecer o conteúdo do contrato, que passa por controle de merecimento, por imposição da função social.

O contrato contemporâneo não pode ser compreendido apenas sob a perspectiva estrutural, que marcou o direito civil clássico. Além da vontade humana (contrato resulta de acordo – resultado de proposta e aceitação), objeto e eventualmente forma, é essencial verificar a finalidade, as razões que levaram os sujeitos a contratar, porque a função social impõe a necessária adequação de qualquer contrato aos valores sociais constitucionais, como dignidade da pessoa humana, igualdade substancial e solidariedade social.

O paradigma estruturalista cede espaço para o paradigma funcional. É o que enuncia o art. 421, quando menciona que o contrato tem como causa e fundamento, no que se refere ao conteúdo, a função social.

Em razão da necessária função social, o contrato contemporâneo se submete a valores constitucionais, envolve situações existenciais (é instrumento de concretização da dignidade da pessoa humana), transcende a relação jurídica entre os contratantes para repercutir na esfera jurídica de terceiros (tutela externa do crédito), é pautado na recíproca cooperação e solidariedade entre os contratantes, desde a formação até a extinção e, por fim, renova, legitima, condiciona e potencializa a autonomia privada.

A vontade humana, essencial para a existência do contrato, se associa a valores constitucionais que, por conta da função social, passam a integrar o conteúdo e a substância do contrato, como fator de legitimação. A associação dos elementos estruturais do contrato com a função social é uma simbiose necessária. O contrato, sem função social, não é contrato. Portanto, a função social limita a liberdade contratual no sentido de adequar o conteúdo do contrato à observância da dignidade dos contratantes e de terceiros, à igualdade substancial, equivalência material, entre outros valores constitucionais, a depender da natureza, finalidade e contexto social de determinado contrato.

O contrato deve se submeter às exigências maiores do ordenamento jurídico, como a justiça, a segurança, o valor social da livre-iniciativa, o bem comum e a dignidade da pessoa humana. O parágrafo único do art. 421 apenas e tão somente destaca que a função social, que integra o conteúdo do contrato, como limite positivo (controle de merecimento), deve se harmonizar com os princípios da livre-iniciativa, como a intervenção mínima do Estado e a excepcionalidade da revisão do contrato. Além de valorizar a autonomia privada, se pretende impor maior responsabili-

---

[35] PEREIRA, Caio Mário da Silva. Instituições de direito civil: Contratos. 11. ed. Rio de Janeiro, 2004. v. III.

[36] FARIAS, Cristiano Chaves de; ROSENVALD, Nelson. *Direito dos contratos*. Rio de Janeiro: Lumen Juris, 2011. v. IV.

dade dos contratantes em relação ao conteúdo do contrato. Todavia, não há incompatibilidade entre a função social, que também se relaciona a livre-iniciativa e a liberdade econômica, com outros valores a serem observados pelos contratantes, também previstos na Constituição Federal, em especial no art. 170, a depender do objeto, natureza, contexto, fim buscado, entre outras questões que somente poderão ser analisadas à luz do caso concreto.

O contrato moderno deve realizar os fins e a função do direito, porque é instrumento de realização concreta de interesses e valores imposta pela função social que, baseado na vontade, passa a ser derivada e funcionalizada. A função social, como limite interno da liberdade contratual, impõe finalidade ajustada a valores maiores do ordenamento, que condicionarão a legitimidade, validade e eficácia do contrato.

Em razão da função social, os efeitos do contrato transcendem a relação jurídica entre os contratantes, para repercutir na esfera de terceiros, seja para protegê-los, quando vítimas da relação contratual, ou para sancioná-los, quando aliciam um dos contraentes. A proteção dos contratantes contra ação ilícita de terceiro ou do terceiro contra os efeitos de um contrato, é o que se convencionou denominar de "tutela externa do crédito".

3.2.6.2. A função social como causa do contrato

A causa está relacionada à função que define o contrato. A causa, se corresponder com os valores sociais constitucionais, dá legitimidade e juridicidade ao contrato.

A expressão "em razão", contida na redação original da norma, que foi suprimida, significava que a função social seria o fundamento, mas não o motivo. Ninguém contrata por causa da função social, mas para concretizar interesses próprios, que devem estar funcionalizados.

Nas palavras precisas de Nelson Rosenvald e Cristiano Chaves[37], o art. 421 não coíbe a liberdade de contratar, mas legitima a liberdade contratual: "A liberdade de contratar é plena, pois não existem restrições ao ato de se relacionar com o outro. Todavia, o ordenamento jurídico deve submeter a composição do conteúdo do contrato a um controle de merecimento, tendo em vista as finalidades eleitas pelos valores que estruturam a ordem constitucional".

Os negócios jurídicos devem ser causais, ou seja, cumpridores de uma função social eleita pelas partes e tutelada pelo ordenamento jurídico.

3.2.6.3. A função social e os limites à autonomia privada

O *art. 421 faz referência "aos limites" da função social*. O que isso significa? A função social não só fundamenta o conteúdo do contrato, sua estrutura e objetivos, como também impõe limites ao princípio da autonomia privada.[38]

A autonomia privada confere às partes o poder de regular seus próprios interesses. Esse poder é restringido pelo princípio da função social. Essa limitação de poder tem um sentido negativo e positivo. Para que o contrato atinja a sua necessária função social, em razão dos valores constitucionais que fundamentam (e justificam) atualmente esse princípio, os contratantes devem abster-se de inserir no contrato cláusulas que violem aqueles valores (limite negativo – exemplo disso é a cláusula em contratos de assistência à saúde que restringe a internação do paciente em UTI), bem como incluir no pacto cláusulas essenciais para que o contrato possa atingir a sua necessária função social (limites positivos – no contrato de assistência à saúde, por exemplo, deve ser garantido ao paciente o mais pleno tratamento para que possa ter uma vida digna).

Portanto, *a função social repercute no conteúdo do contrato com exigências negativas e positivas*: Não fazer algo ou fazer algo para que o contrato consiga atingir esta função social. E atingirá quando o contrato preservar os valores constitucionais: dignidade da pessoa humana, solidariedade social e igualdade substancial (fundamentos do contrato contemporâneo).

A função social *nada mais é do que princípio contratual que impõe a adequação de qualquer contrato ou a sujeição aos valores sociais constitucionais atuais, entre eles o princípio da livre-iniciativa. Apenas isso.* No caso concreto, caberá verificar se o contrato é compatível com os referidos valores sociais. É uma cláusula geral que o intérprete deve concretizar de acordo com cada situação jurídica específica. E, por óbvio, essa função social variará conforme a essencialidade do contrato para a satisfação das necessidades existenciais do contratante.

Segundo o mestre Caio Mário[39]: "A função social serve para limitar a autonomia privada quando tal autonomia esteja em confronto com o interesse social. Devem prevalecer princípios condizentes com a ordem pública."

A função social do contrato *renova e valoriza o princípio da autonomia privada, porque conforma o pacto aos valores constitucionais que orientam a teoria geral dos contratos* (dignidade da pessoa humana, solidariedade social e igualdade substancial). Por isso, no âmbito de qualquer contrato, haverá a necessária ponderação entre os interesses dos contratantes e os interesses da coletividade. A autonomia privada está conformada a valores sociais previstos na Constituição, que impõem uma releitura do contrato, transformando-o em um pacto de cooperação.

O sujeito possui vontade livre para contrair obrigações de variadas espécies e sob as condições que desejar. O princípio da autonomia da vontade, que consiste na faculdade de contratar quando, como e com quem quiser, encontra os seus limites nas leis de ordem pública e nos bons costumes. Busca-se um contrato que tenha função social atinente à dignidade da pessoa e a redução das desigualdades materiais.

A socialidade do Código Civil de 2002 impede a prevalência de interesses individuais sobre coletivos. A fun-

---

[37] FARIAS, Cristiano Chaves de; ROSENVALD, Nelson. *Direito dos contratos*. Rio de Janeiro: Lumen Juris, 2011. v. IV.

[38] Autonomia privada: poder de autodeterminação – espaço livre que o ordenamento jurídico deixa ao poder jurídico dos particulares.

[39] PEREIRA, Caio Mário da Silva. Instituições de direito civil: Contratos. 11. ed. Rio de Janeiro, 2004. v. III.

ção social exige que os acordos de vontades guardem sintonia com os interesses da coletividade (*Teoria do contrato*).

Para ter função social o contrato não pode violar a dignidade dos contratantes, deve sempre reduzir as eventuais desigualdades materiais (ser economicamente equilibrado) e deve buscar uma relação de mútua cooperação (solidariedade – um bom exemplo é o princípio do adimplemento substancial). O contrato não é mais visto sob um prisma individualista. É, efetivamente, uma relação de cooperação.

O regime da livre-iniciativa está subordinado à função social do contrato, que é fundamento da ordem econômica. A socialidade impede a prevalência de direitos individuais sobre os coletivos. O contrato deve ser útil para os contratantes, mas, principalmente, para a coletividade.

A Lei n. 13.874/2019 também acrescentou ao art. 421 um parágrafo único.

Art. 421, parágrafo único: "Nas relações contratuais privadas, prevalecerão o princípio da intervenção mínima e a excepcionalidade da revisão contratual".

O objetivo da norma é conferir maior estabilidade e segurança jurídica para as relações privadas. A intervenção do Estado, por meio do controle de relações contratuais, seja no âmbito legislativo ou Judiciário, se revela excessiva. O contrato impõe mínimo de segurança, confiabilidade, transparência e estabilidade.

A autonomia da vontade/privada, essência do direito civil, é preservada com a intervenção mínima e a revisão contratual excepcional. Tal norma é fundamental para estabilizar e conferir maior segurança para as relações contratuais entre atores privados. Impede o ativismo canibal em relação ao direito civil, revisões contratuais esdrúxulas e sem fundamento e interferências judiciais indevidas e arbitrárias. A intervenção mínima do Estado, por qualquer de seus poderes, e a revisão contratual excepcional apenas reforçam a relevância da vontade nas relações privadas.

Não se elimina a função social, apenas a conforma e a potencializa.

A Lei n. 13.874/2019 também acrescenta ao Código Civil o art. 421-A. O art. 421-A, acrescentado pela Lei n. 13.874/2019, renova e potencializa a autonomia privada com a presunção, relativa é verdade, de que os contratos civis e empresariais são paritários (resultam de processo de negociação entre partes que estão em condições de igualdade) e simétricos (equilíbrio e equivalência no conteúdo das disposições contratuais).

No caso, foram ressalvados regimes jurídicos previstos em leis especiais, onde não incide a referida presunção, como os contratos de incorporação imobiliária, propriedade fiduciária imobiliária ou mobiliária, entre outros, com intensa regulação normativa.

Em razão da presunção relativa de paridade e simetria, com base na autonomia privada, as partes podem estabelecer parâmetros objetivos para a interpretação das cláusulas contratuais, bem como para os pressupostos legais que admitem a revisão e a resolução do contrato, até porque os riscos alocados pelos sujeitos devem ser respeitados e a revisão contratual é excepcional e limitada, o que está em consonância com os princípios (art. 2º) da declaração de direitos da liberdade econômica.

Em regra, os contratos civis e empresariais, em especial quando disciplinados pelo Código Civil, são paritários, ou seja, resultam de processo de negociação.

É certo, como enuncia a norma, que haverá circunstâncias em que essa presunção deve ser afastada. Portanto, se presumem paritários, até a presença de elementos concretos que justifiquem o afastamento dessa presunção. Tais elementos concretos capazes de afastar tal presunção e torná-los contratos por adesão, com alteração do modo de interpretação e submissão a regras especiais (arts. 423 e 424) dependerão de outros fatores, como natureza do contrato, finalidade, condição dos sujeitos, pessoal e econômica, entre outros.

O próprio artigo, todavia, ressalva os regimes jurídicos contratuais estabelecidos em leis especiais, como contratos vinculados a propriedade fiduciária imobiliária ou contratos que têm por objeto imóveis em incorporação imobiliária, que são disciplinados por leis especiais.

A alocação de riscos, mencionada no art. 421-A, inciso II, se conecta com a regra interpretativa da vontade presumível, inciso V, § 1º, do art. 113 do CC. Portanto, observar os riscos assumidos e alocados pelas partes será parâmetro de interpretação e revisão do contrato. A interpretação e a revisão devem ser pautadas na lógica econômica do negócio, ou seja, qual o fato que, em termos econômicos, estimulou os sujeitos a realizarem o negócio jurídico.

E o inciso III apenas enuncia que a revisão contratual somente ocorrerá de maneira excepcional e limitada, na esteira do princípio básico da Lei n. 13.874/2019 no sentido de intervenção mínima do Estado nas relações privadas.

A revisão contratual excepcional é desdobramento de dois princípios expressos no art. 2º da Lei n. 13.874/2019, incisos I e III. De acordo com estes dispositivos legais, são princípios que norteiam a declaração de direitos da liberdade econômica, a liberdade como uma garantia no exercício de atividades econômicas e a intervenção subsidiária e excepcional do Estado sobre o exercício de atividades econômicas, entre outros.

3.2.6.4. A função social e a sua relação com os princípios clássicos

O princípio da função social não elimina, mas mitiga ou reduz o alcance dos princípios contratuais clássicos: autonomia da vontade, obrigatoriedade dos contratos e relatividade. Em relação à autonomia da vontade, esta implica a liberdade de contratar. Tal concepção foi substituída pela autonomia privada, que consiste na liberdade contratual ou no poder de estabelecer o conteúdo do contrato. Em razão dos limites positivos e negativos impostos pelo princípio da função social, a autonomia privada ou poder de regulação passa a se subordinar aos valores constitucionais já assinalados, sempre na busca de resguardar situações existenciais da pessoa humana.

Em relação ao princípio da obrigatoriedade, a função social quebra a ideia de intangibilidade e imutabilidade que sempre norteou este princípio. O contrato é obrigatório e deve ser cumprido, desde que não viole a dignidade dos contratantes e de terceiros e ele alheios, desde que as partes tenham um comportamento ético durante todo o processo contratual, desde que não se caracterize qualquer dos defeitos do negócio jurídico, desde que não haja desequilíbrio econômico da relação por fatos supervenientes à formação, desde que não caracterize onerosidade excessiva, dentre muitas outras condições. O contrato é obrigatório apenas se o seu conteúdo estiver afinado com os princípios constitucionais que o fundamentam. Tais valores constitucionais condicionam a obrigatoriedade do pacto.

No entanto, como bem ponderou Teresa Negreiros, deve haver um equilíbrio e harmonia entre os princípios clássicos e contemporâneos. A devida ponderação e a prevalência de uns sobre os outros deve ter como paradigma a essencialidade ou não do contrato para a satisfação das necessidades existenciais do contratante. Se houver tal necessidade, o contrato será essencial e, por conta disso, se aproximará dos princípios modernos, como função social, boa-fé objetiva e equivalência material. Se não existir tal necessidade, o contrato se aproximará dos princípios clássicos.

É nesse sentido que deve ser interpretado o parágrafo único do art. 421 do CC. A intervenção do Estado em relação aos contratos será maior ou menor a depender dos valores envolvidos na relação contratual. O contrato, quanto mais essencial para a satisfação de questões existenciais, suportará maior controle e intervenção estatal e, quanto menos essencial para tais situações (ou seja, com finalidade marcadamente econômica), menor será a intervenção estatal.

No mais, a função social interage com o princípio da relatividade para mitigá-lo. O contrato não é mais relação enclausurada entre dois sujeitos, mas uma relação jurídica cooperativa com repercussão social. Isso significa que o contrato não apenas ostenta uma eficácia interna, mas, principalmente, uma eficácia externa. É o que será objeto de análise no próximo tópico.

3.2.6.5. Função social: eficácia interna e externa do contrato

A função social tem eficácia interna, pois repercute na relação jurídica entre os contratantes. Ainda que a boa-fé objetiva, que é endógena, cumpra este papel, internamente a função social atua nas lacunas e situações não alcançadas por aquele princípio, como nos pactos que têm por objeto direitos fundamentais da personalidade da pessoa humana.

Portanto, quanto à eficácia interna, impõe-se que o princípio da função social atue primeiro entre as partes, a fim de assegurar a preservação da dignidade dos contratantes, a equivalência material e a preservação de uma causa legítima (os interesses perseguidos pelos contratantes devem ser dignos de tutela e tal questão está diretamente conectada à função social). Tal eficácia interna foi ressaltada no Enunciado 360 da IV Jornada de Direito Civil: "O princípio da função social dos contratos também pode ter eficácia interna entre os contratantes".

A doutrina sempre divergiu sobre a função social interna do contrato, porque conflitaria com o princípio da boa-fé objetiva. Admitir a função social interna poderia provocar uma indevida sobreposição de princípios, com esvaziamento da boa-fé objetiva. A neutralização da boa-fé objetiva pela função social teria graves consequências e distorções para o sistema.

Todavia, a eficácia interna da função social seria apenas um suporte ou complemento à boa-fé objetiva, para atuar nas lacunas ou situações que não seriam absorvidas por este dever de cooperação. Por exemplo, em contratos que tenha por objeto direito da personalidade da pessoa humana (cessão de imagem, por exemplo), é possível se cogitar em lealdade, proteção e cooperação recíproca. As partes atuam de boa-fé, agem com correção, honestidade e ética. Todos sabem os limites e a extensão do contrato. Não há informações ocultas. Por isso, se a dignidade de um dos contratantes estiver em risco, não se pode cogitar em ausência de boa-fé. O que poderia proteger a dignidade em contratos desta natureza onde a ética é recíproca? A função social. Tal princípio condiciona a legitimidade dos contratos à salvaguarda da dignidade dos contratantes. Não se pode esquecer que a função social é causa do negócio jurídico. Exemplo disso é o Enunciado 166 da III Jornada de Direito Civil do CJF. A função social está conectada à socialidade e, no âmbito interno, complementa o princípio da boa-fé objetiva.

A eficácia interna também pode ser concretizada na proteção dos vulneráveis contratuais, como no caso de contratos por adesão que ostentem cláusulas de renúncia antecipada a direito do aderente (Enunciados 172 e 433 das Jornadas de Direito Civil). Também pode ser citada a nulidade de cláusulas contratuais antissociais, como aquela que limita o período de internação em UTI, já considerada nula pelo STJ, por meio da Súmula 302, ou aquela que repassa ao consumidor os custos administrativos do contrato (Enunciado 432 da V Jornada de Direito Civil).

• **Função social externa**

A outra vertente da eficácia da função social é a sua repercussão externa. É a denominada eficácia externa ou tutela externa do crédito.

A função social torna o contrato "interativo", pois tal negócio jurídico interage com a coletividade de um modo geral. Por esta razão, se o contrato entre dois sujeitos violar interesses coletivos, os interesses econômicos individualizados serão sacrificados para salvaguardar o interesse público. Em matéria contratual, o interesse público sempre prevalecerá sobre interesses econômicos individualizados. Essa repercussão do contrato na sociedade decorre dos seus efeitos transcendentes diante da renovação imposta pelo princípio da função social ao princípio da relatividade dos contratos.

A partir desta eficácia externa, os interesses privados de terceiros não integrantes da relação contratual estarão assegurados caso aquele contrato venha a repercutir negativamente na esfera jurídica destes. A revolução provocada pela função social no aspecto relacionado aos efeitos transcendentes pode ser visualizada em várias situações, a seguir exemplificadas. A tutela do direito subjetivo de terceiros alheios ao contrato em decorrência desta eficácia externa é denominada "tutela externa do crédito" ou tutela do direito subjetivo (crédito) de sujeito que não integra o contrato (externo), mas que vê o seu direito violado pelo contrato.

O Enunciado 21 da I Jornada de Direito Civil, promovida pelo CJF, ressalta essa nova característica do contrato em decorrência do princípio da função social: "A função social do contrato, prevista no art. 421 do CC, constitui cláusula geral a impor a revisão do princípio da relatividade dos efeitos do contrato em relação a terceiros, implicando a tutela externa do crédito."

Em resumo, a "tutela externa do crédito" decorre ou deriva do princípio (cláusula geral) da função social (externa) dos contratos (registre-se que a função social também atua internamente). Em tempos de socialidade e funcionalização dos direitos, os contratos passam a ser oponíveis a toda a coletividade e, como consequência, com eficácia perante terceiros (não para impor deveres contratuais a estes). O objetivo principal é proteger o direito/crédito dos contratantes contra atos ilícitos de terceiros (não integraram a relação contratual). O princípio da relatividade perde a condição de dogma (a regra *res inter alios acta* – o contrato não traz benefícios ou prejuízos a terceiros – deve ser revista).

Os contratos, por força do clássico princípio da relatividade, em regra, geram efeitos jurídicos entre os contratantes que se vincularam na relação material específica (*interpartes*). Em razão da necessária função social externa, os reflexos de determinados contratos transcendem a relação jurídica individualizada para repercutir na coletividade. A função social, que conforma a autonomia privada, porque passa a integrar a substância e o conteúdo do contrato, provoca esse fenômeno da repercussão externa (fora dos limites das cláusulas pactuadas) de seus efeitos. Em razão dessa eficácia *ultra partes* (transcendente), terceiros podem interagir com determinados contratos a partir de duas perspectivas: 1 – na condição de vítimas (ofendidos) de relação contratual da qual não fez parte (o direito do terceiro é violado); e 2 – na condição de autores (ofensores), quando atuam para interferir ilicitamente na relação contratual (terceiro provoca o inadimplemento contratual).

Nestas perspectivas, a tutela externa do crédito significa conferir proteção jurídica (tutela) ao direito subjetivo/interesse (crédito) de terceiro (externa) vítima de contrato ou, proteger (tutela) os contratantes (crédito) por força da atuação de terceiro (externo) que interfere em contratos ou situações jurídicas em andamento. Apesar da relatividade, o contrato projeta sua eficácia perante terceiros e, por isso, impõe deveres de abstenção (proíbe que terceiro interfira em contrato – devem respeitar situações jurídicas consolidadas) ou protege as vítimas (terceiros) de qualquer relação contratual.

Ainda que também associada à proteção de vítimas de contratos (terceiro ofendido), a tutela externa do crédito, de fato, tem como objetivo central proteger os contratantes contra atos ilícitos de terceiros. A tutela do direito de crédito é interna (teoria do adimplemento/inadimplemento) e externa (ilícito genérico – *neminem laedere* – pela imposição do dever geral de abstenção). O direito de crédito deve ser protegido contra aliciadores de contratantes. O terceiro ofensor será responsabilizado pela violação do dever geral de abstenção. A violação ocorrerá quando o terceiro convencer um dos contratantes a romper o contrato e celebrar outro com ele, terceiro, incompatível com o primeiro. Em terras tupiniquins, os exemplos de aliciadores, que provocam o inadimplemento de contratos em andamento, são abundantes. Nestas situações, o contratante vítima do aliciamento terá direito à indenização contra o terceiro ofensor, com base na teoria do ato ilícito (responsabilidade extracontratual), sem prejuízo de exigir os encargos decorrentes do inadimplemento contra o contratante seduzido pelo aliciador (responsabilidade contratual) – reparações distintas e autônomas.

A eficácia externa ou "tutela externa do crédito" como gênero da tutela de interesses transindividuais, do terceiro ofendido e do terceiro ofensor.

3.2.6.5.1. Interesses transindividuais

No caso dos interesses transindividuais, em razão da eficácia externa decorrente da necessária função social do contrato, caso este viole tais interesses difusos ou coletivos, qualquer dos legitimados do art. 82 do CDC, poderá pleitear a invalidação, a ineficácia ou a conformação do contrato aos valores constitucionais para que ostente a função social imposta pela lei. Os interesses ou direitos difusos são aqueles de natureza indivisível, de que sejam titulares pessoas indeterminadas e ligadas por circunstâncias de fato (inexistência de relação jurídica base entre os sujeitos e indivisibilidade do bem jurídico), como, por exemplo, questões ambientais. Nas relações de consumo, tais interesses difusos podem estar relacionados à publicidade enganosa ou abusiva ou colocação no mercado de produtos com alto grau de periculosidade ou nocividade à saúde ou segurança dos consumidores. Nestes exemplos, o bem jurídico tutelado é indivisível e uma única ofensa é suficiente para a lesão de todos os consumidores. Neste caso, embora os interesses econômicos dos contratantes estejam preservados, a eficácia transcendente (repercussão dos efeitos do contrato na coletividade) pode levar à invalidação ou imposição de penalidades para a necessária conformação do contrato ao princípio da função social. Isso é possível em razão da eficácia externa do contrato.

Os interesses ou direitos coletivos são de natureza indivisível, de que seja titular um grupo, categoria ou classe de pessoas ligadas entre si ou com a parte contrária por uma relação jurídica base. A relação jurídica base é preexistente à eventual lesão. Assim, interesses deste grupo ou classe que sejam atingidos por contratos firmados por membro do mesmo grupo ou classe, poderão ser questionados em razão da eficácia externa e da repercussão dos efeitos do contrato em suas esferas jurídicas, ainda que não tenham integrado o contrato.

De acordo com o Enunciado 23 da I Jornada de Direito Civil, a função social reduz o alcance do princípio da autonomia privada, quando presentes interesses metaindividuais.

3.2.6.5.2. Terceiro ofendido

A tutela externa do crédito ou eficácia externa do contrato sob a perspectiva do direito subjetivo de terceiro ofendido pela relação contratual da qual não participou, também merece destaque. Nesta situação, um sujeito qualquer, estranho e alheio à relação jurídica de direito material (contrato), vê o seu direito subjetivo violado ou lesado (por isso se diz terceiro "ofendido" – no sentido de lesão a seus interesses) por um contrato. Há vários exemplos que podem ilustrar a tutela do direito subjetivo de terceiro ofendido por um contrato.

Em primeiro lugar, o consumidor por equiparação, objeto do art. 17 do CDC. O artigo está inserido em seção que trata da responsabilidade do fornecedor por fato do produto ou serviço, os denominados "acidentes de consumo". Se os defeitos em produto decorrentes de projeto, fabricação, construção, montagem, fórmulas, manipulações, apresentação ou acondicionamento de seus produtos, bem como por informações inadequadas ou insuficientes sobre sua fruição e risco e, ainda, os defeitos relativos à prestação de serviços, violarem direito de terceiro que não integra a relação de consumo, este sujeito poderá exigir a reparação dos danos suportados, como se consumidor fosse. É o consumidor por equiparação. Estes terceiros prejudicados por contrato de consumo, que são equiparados a consumidor, são chamados de *bystanders*.

Segundo Zelmo Denari[40], são "aquelas pessoas estranhas à relação de consumo, mas que sofreram prejuízo em razão dos defeitos intrínsecos ou extrínsecos do produto ou serviço". Essa possibilidade de equiparar o terceiro que teve o direito violado por um contrato de consumo a consumidor decorre da eficácia externa inerente ao princípio da função social do contrato. Tal terceiro terá o seu direito subjetivo (crédito) tutelado.

Além do consumidor por equiparação, uma situação comum de tutela de terceiros ofendidos por relações contratuais e que devem ter os seus interesses e direitos assegurados, é a do sujeito vítima de um contrato de seguro. De acordo com o art. 757 do CC, o segurador se obriga a garantir interesse legítimo do segurado, relativo à pessoa ou coisa, contra riscos predeterminados. No caso de seguro de dano ou responsabilidade civil, o segurador deve garantir o pagamento de perdas e danos devidos pelo segurado a terceiro, conforme redação expressa do art. 787 do CC. Como se vê, o segurador tem a obrigação de indenizar, diretamente, o terceiro ofendido pelo segurado, embora não haja relação jurídica material entre a vítima (terceiro) e a seguradora. Qual a razão disso? Função social ou eficácia externa do contrato. O segurador garante o pagamento de indenização ao *terceiro* e não apenas ao segurado.

Por isso, o terceiro prejudicado pelo segurado poderá acionar a seguradora, diretamente, para requerer o pagamento da indenização garantida na apólice, com fundamento no princípio da função social, ainda que não tenha integrado ou contrato de seguro.

O fato que legitima o pedido do terceiro contra a seguradora é o princípio da função social, o qual acarreta a transcendência dos efeitos do contrato, fazendo-o repercutir na esfera jurídica de terceiros. A seguradora se obriga a indenizar qualquer terceiro, cujo direito subjetivo venha a ser violado pelo segurado. A cláusula contratual inserida em contrato de seguro que excluiu a responsabilidade da seguradora por danos causados a terceiro no caso de embriaguez do seguro, por exemplo, não tem eficácia em relação ao terceiro vítima (Recurso Especial 1.738.247/SC).

Embora o Superior Tribunal de Justiça, inicialmente, admitisse a responsabilidade direta (contra) da seguradora em ação proposta pela vítima do segurado, aquela Corte retrocedeu O fundamento deste entendimento é que a ausência do segurado poderia prejudicar ou dificultar a defesa da seguradora. Tal entendimento foi consolidado na Súmula 529, segundo a qual "No seguro de responsabilidade civil facultativo, não cabe o ajuizamento de ação pelo terceiro prejudicado direta e exclusivamente em face da seguradora do apontado causador do dano".

No contrato de seguro, a legítima expectativa de terceiros, potenciais vítimas, é objeto de proteção. Aliás, em processo judicial movido contra a seguradora, a vítima poderá executá-la diretamente. De acordo com a Súmula 537 do STJ "Em ação de reparação de danos, a seguradora denunciada, se aceitar a denunciação ou contestar o pedido do autor, poderá ser condenada, direta e solidariamente junto com o segurado ao pagamento de indenização devida à vítima, nos limites da condenação deste na ação regressiva". O próprio art. 128 do CPC/2015 admite e permite execução direta contra o denunciado, nos casos de denunciação.

Não há dúvida que, em casos desta natureza, para responsabilizar a seguradora, a vítima deverá demonstrar que o segurado deu causa ao dano. Isso é fato. Para tanto, desnecessária a inclusão do segurado no polo passivo da lide. Trata-se de questão de prova e não de legitimidade. A seguradora responde por fato do segurado e, como em outros casos de responsabilidade por fato de terceiro, não se exige a presença do segurado no polo passivo. A ausência do segurado não vulnera o princípio do devido processo legal e da ampla defesa, pelo simples fato de que a seguradora poderá utilizar todos os meios de prova disponíveis para demonstrar que o segurado não deu causa ao evento danoso. É mera questão de prova, ao passo que a responsabilização direta e exclusiva da seguradora tem fundamento no princípio da função social, cláusula geral que concretiza direitos subjetivos (direito material). O processo jamais poderá ser considerado um fim em si mesmo. Ele serve ao direito material, ou seja, busca viabilizar a concretização do direito material. Por isso, equivo-

---

[40] DENARI, Zelmo et al. Código Brasileiro de Defesa do Consumidor comentado pelos autores do anteprojeto. 13. ed. Rio de Janeiro: Forense, 2018.

cada a posição do STJ no referido recurso repetitivo, entendimento consolidado na Súmula 529, que permitiu que o direito material viesse a sucumbir diante de regras de processo.

Outro exemplo de terceiro ofendido poderia ser localizado no art. 456 do CC, que tratava da denunciação da lide em caso de evicção. A novidade do dispositivo era a denominada denunciação "por saltos", uma vez que a norma permitia a denunciação de alienantes anteriores, ou seja, de sujeito com quem o denunciante adquirente jamais teve relação jurídica de direito material (os verbos estão sendo utilizados no passado porque este artigo foi revogado pelo CPC/2015).

Assim, se "A" transfere um bem para "B", que transfere para "C", que transfere para "D", que transfere para "E", na ação reivindicatória promovida por terceiro contra "E", ao invés de denunciar à lide o alienante imediato "D", poderá, por exemplo, denunciar o alienante "B", com quem não teve relação jurídica de direito material, a fim de evitar sucessivas denunciações. O negócio entre "A" e "B" ou entre "B" e "C" transcende os interesses destes para repercutir na esfera jurídica de terceiros que posteriormente venham a adquirir o bem e, em razão disso, vejam seu direito de propriedade violado por um vício naquela relação antepassada. Ao permitir a denunciação da lide em favor de terceiros que venha a adquirir o bem posteriormente, fica evidente a influência da função social e a eficácia externa que esse princípio provoca nesta situação de fato.

No entanto, o § 2º do art. 125, do Código de Processo Civil de 2015, vedou a denunciação "por saltos", permitida pelo Código Civil. Apenas é admitida uma única denunciação sucessiva, promovida pelo denunciado, contra seu antecessor imediato e, de forma expressa, se proíbe que o denunciado promova nova denunciação. Eventuais direitos de regresso devem ser resolvidos em ação autônoma. Para colocar uma pá de cal na denunciação "por saltos", o CPC/2015, no art. 1.072, II, revogou, de forma expressa, o art. 456 do CC.

Por fim, outro exemplo de tutela do terceiro ofendido é a Súmula 308 do STJ, segundo a qual "a hipoteca firmada entre a construtora e o agente financeiro, anterior ou posterior à celebração da promessa de compra e venda, não tem eficácia perante os adquirentes do imóvel". Trata-se da aplicação do princípio da função social para proteger adquirentes de imóvel que não participaram do contrato de financiamento entre a construtora e o agente financeiro. Os adquirentes de imóvel hipotecado são terceiros em relação a estes contratos e, como tal, diante da eficácia externa do contrato, não podem ser prejudicados por um contrato do qual não participaram. O direito de crédito do financiador pode ser exercido contra a devedora/construtora, mas não contra os adquirentes, que são terceiros ofendidos e não podem ser prejudicados pelo inadimplemento da construtora a qual não efetivava o repasse dos recursos para a financiadora.

No caso, há duas relações jurídicas distintas e inconfundíveis. A primeira, de financiamento entre os bancos investidores e as construtoras. A segunda, de compra e venda e, em alguns casos, também de financiamento, entre a construtora e os adquirentes de unidades imobiliárias. A construtora dá à instituição financeira em hipoteca as unidades dos adquirentes, em relação às quais já recebeu o preço. E a instituição financeira aceita tal garantia, sem qualquer preocupação com o fato de estas unidades já terem sido negociadas a pessoas que estão cumprindo suas obrigações contratuais. Não se pode exigir dos adquirentes garantia que não anuírem e não deram causa.

3.2.6.5.3. Terceiro ofensor

A tutela externa do crédito ou eficácia externa do contrato sob a perspectiva do terceiro ofensor também deve ser ressaltada. O terceiro ofensor é o sujeito que interfere ilicitamente em uma relação contratual em pleno processo de execução. A eficácia externa impõe que terceiros ou a coletividade se abstenha de violar os direitos dos contratantes, mediante interferências indevidas. Caso isso ocorra, este terceiro ofensor será penalizado. O terceiro ofensor é aquele que contribui para o inadimplemento de obrigação originária de contrato no qual não seja parte.

Segundo a professora Teresa Negreiros[41]: "A oponibilidade dos contratos traduz-se, portanto, nesta obrigação de não fazer, imposta àquele que conhece o conteúdo de um contrato, embora dele não seja parte. Isto não implica tornar as obrigações contratuais exigíveis em face de terceiros (é o que a relatividade impede), mas impõe a terceiros o respeito por tais situações jurídicas, validamente constituídas e dignas de tutela do ordenamento (é o que a oponibilidade exige)".

O exemplo citado pela referida professora de terceiro ofensor diz respeito aos contratos de exclusividade que as distribuidoras de gasolina mantêm com os postos que exibem a sua "bandeira". A celebração de contratos com postos vinculados a outra distribuidora, em termos de exclusividade, implica responsabilidade do terceiro (distribuidora) que provocou o rompimento do contrato. No caso, a responsabilidade é do terceiro em relação ao contratante prejudicado, sem prejuízo deste último exigir do contratante que optou em se vincular ao terceiro os encargos previstos no contrato em decorrência deste rompimento injustificado (provocado pelo terceiro).

Outro exemplo de terceiro ofensor, expressamente disciplinado no art. 608 do CC, envolve o aliciamento de contratantes por terceiros em contrato de locação de serviços. Segundo o referido dispositivo, aquele que aliciar pessoas obrigadas, em contrato escrito, a prestar serviço a outrem, pagará a este a importância que ao prestador de serviço, pelo ajuste desfeito, houver de pagar durante dois anos. A conduta do terceiro aliciador provoca o rompimento do contrato e, no caso, tal terceiro, pelo ajuste desfeito, responderá pela indenização prevista no artigo ao contratante prejudicado, sem prejuízo deste exigir do seu parceiro contratual os encargos decorrentes deste inadimplemento.

---

[41] NEGREIROS, Teresa. *Teoria do contrato*: novos paradigmas. Rio de Janeiro: Renovar, 2008.

Nestes casos, "(...) o terceiro ofende o crédito alheio através da realização de um segundo contrato com uma das partes. Cuida-se de uma interferência ilícita, pois a incompatibilidade entre os dois contratos induz à violação do negócio jurídico primitivo. O grande avanço na temática consiste na possibilidade de o ofendido pela quebra de seu contrato demandar diretamente contra terceiro ofensor, mesmo não havendo avença entre eles".

Em conhecido caso da mídia, o cantor Zeca Pagodinho, que era garoto propaganda de uma cervejaria, por conta de aliciamento de terceiro (Ambev), rompeu o contrato de exclusividade para assinar outro contrato com o terceiro que o aliciou. Neste caso, que chegou aos Tribunais, a conduta da Ambev foi considerada abusiva pois, embora não tenha sido parte no contrato entre o cantor e a Schincariol, interferiu ilicitamente em contrato alheio ao não observar o pacto de exclusividade, o que gerou um dano indenizável.

Nas palavras da professora Teresa Negreiros[42]: "(...) pode-se então concluir que, à luz da nova principiologia contratual, a função social e o abuso de direito constituem fundamento para a responsabilização do terceiro que, ciente da existência de relação contratual anterior, não obstante contrata com o devedor obrigação incompatível com o cumprimento da primeira obrigação assumida por este".

Finalmente, também no direito de família é possível se cogitar no aliciamento por parte de terceiros em relação a pessoas vinculadas por um contrato de casamento. Segundo o art. 1.513 do CC, é defeso a qualquer pessoa, de direito público ou privado, interferir na comunhão de vida instituída pela família. Assim, terceiro que interfere ilicitamente em contrato de casamento poderá ser responsabilizado por tal conduta potencialmente danosa. Entretanto, outro foi o entendimento do Superior Tribunal de Justiça nos REsp 742.137/RJ e 1.122.547/MG (terceiro não estaria obrigado ao dever de fidelidade conjugal). A premissa do referido julgado é: o princípio da função social possui eficácia externa e impõe a todos deveres de conduta em relação a contratos em andamento. O esforço hercúleo da referida Corte neste julgamento, para afastar a responsabilidade do terceiro não convence. O ordenamento jurídico possui sim norma que impõe um não fazer a terceiros. A norma está expressa no art. 1.513 do CC, segundo a qual é proibido a qualquer sujeito interferir na comunhão plena de vida do casal. Além disso, a função social impede tal interferência ilícita.

Em recente decisão, o STJ fez referência expressa ao terceiro ofensor ou terceiro cúmplice no Recurso Especial n. 1.895.272/DF. De acordo com o STJ "de acordo com a teoria do terceiro cúmplice, terceiro ofensor também está sujeito à eficácia transubjetiva das obrigações, haja vista que seu comportamento não pode interferir indevidamente na relação perturbando o normal desempenho da prestação pelas partes, sob pena de se responsabilizar pelos danos decorrentes de sua conduta". O terceiro cúmplice é aquele que interfere, de forma indevida, em contratos do qual não faz parte, para o fim de provocar o seu rompimento. No Recurso Especial n. 2.023.942/SP, onde também houve discussão sobre o terceiro cúmplice, restou assentado que no caso de aliciamento, como pressuposto para a responsabilidade do terceiro aliciador, é essencial a demonstração de conduta abusiva.

O fato é que o princípio da relatividade dos contratos não pode mais ser elevado à condição de dogma. Dogmas são verdades incontestáveis e sabemos que o direito é instrumento transformador, que atua com apoio na experiência, não tolerando posições imutáveis. A necessidade de preservar a ordem econômica e a fidelidade às convenções demanda que terceiros se abstenham de violar contratos em andamento. O abuso no exercício da liberdade contratual gera responsabilidade de quem induz outrem à violação de contrato.

Em razão da reconstrução do sistema contratual, a vontade não é mais fonte exclusiva de um contrato. Em síntese, a função social do contrato busca a equidade, boa-fé e segurança das relações contratuais e faz sentir-se pela mudança de paradigmas, retratados agora em valores sociais constitucionais, que impõem uma mudança de postura nas relações privadas.

Na V Jornada de Direito Civil foi aprovado o Enunciado 431 para registrar que a ausência de função social poderá conduzir à invalidade ou à ineficácia do contrato ou de cláusulas contratuais, a depender do momento e das circunstâncias do caso concreto. Portanto, a ausência de função social pode conduzir aos mais diversos caminhos, considerando o momento em que se visualiza a ausência de função social, o contexto social, a qualidade dos sujeitos e as circunstâncias do caso concreto.

Aliás, por ser preceito de ordem pública, a teor do disposto no parágrafo único do art. 2.035 do CC, a função social permite a atuação do juiz de ofício e a intervenção do Ministério Público. Por isso, incompreensível a Súmula 381 do STJ, que veda ao juiz conhecer de ofício a abusividade em contratos bancários. Em relação de consumo, a Súmula se torna incompatível com o sistema que impõe a nulidade de pleno direito de cláusulas abusivas. Nas relações civis, a Súmula viola o parágrafo único do art. 2.035, na medida em que a abusividade de cláusulas de contratos, em especial bancários, viola o princípio da função social, cuja cláusula geral permite ao juiz intervir, de ofício.

A responsabilidade do terceiro ofensor é extracontratual, porque não há relação jurídica material e individualizada entre ele e a vítima da ofensa. A conduta do terceiro viola o dever genérico legal, que impõe a todos a observância de determinado comportamento. Em regra, aplica-se a teoria do ato ilícito que é fundada na culpa, tudo nos termos dos arts. 186 e 927, ambos do CC.

3.2.6.6. Princípio da boa-fé objetiva e tutela da confiança como direito fundamental

A confiança foi elevada à categoria de direito fundamental nas relações privadas, em decorrência do princípio da boa-fé objetiva. Em qualquer ato ou negócio jurídico,

---

[42] NEGREIROS, Teresa. *Teoria do contrato*: novos paradigmas. Rio de Janeiro: Renovar, 2008.

em geral, e no contrato, em particular, a confiança extraída do comportamento ou da conduta de um dos sujeitos é digna de tutela. A confiança é uma crença efetiva no comportamento alheio e tem como fundamento a boa-fé.

A boa-fé objetiva pressupõe uma relação jurídica capaz de vincular duas ou mais pessoas e, como uma de suas principais funções, impõe mútuo dever de conduta ou padrão de comportamento compatível com o ato ou negócio a ser levado a efeito. A conduta do sujeito em qualquer negócio ou ato jurídico cria expectativa e gera confiança, a qual se torna um direito fundamental a ser incorporado na esfera jurídica daquele que confia no comportamento alheio.

Nas relações privadas, a boa-fé objetiva assumiu a condição de valor supremo, fundado nos princípios da solidariedade social e da dignidade da pessoa humana. Em razão destes princípios, se impõe aos sujeitos conduta proba, honesta e correta, de modo a não frustrar a confiança alheia neste comportamento. Ao contrário da boa-fé subjetiva, relacionada a fatores psicológicos, a boa-fé objetiva se refere a elementos externos, ao comportamento e a padrões de conduta que criam expectativa na parte contrária.

Como o princípio da solidariedade social exige e impõe um comportamento ético em toda e qualquer relação jurídica, em especial naquelas de natureza privada, a boa-fé objetiva se transforma numa verdadeira norma de comportamento, meta princípio, que transforma a confiança que a conduta gera em direito fundamental que pode ser invocado na relação privada de natureza contratual (eficácia horizontal dos direitos fundamentais).

O comportamento das partes no momento da contratação, devido aos seus efeitos sociais e econômicos, ganha relevo e serve como fundamento de validade para os vínculos obrigacionais. O princípio da boa-fé objetiva surge como corolário da proteção à dignidade da pessoa humana e serve como parâmetro para verificar se o pacto é apto a atender as legítimas expectativas daqueles que contratam, tendo como fundamento os princípios constitucionais orientadores das relações privadas. Isso proporciona a efetividade dos direitos fundamentais no momento da contratação. Segundo Teresa Negreiros[43]: "A inserção do princípio da boa-fé neste contexto de transformação do direito dos contratos é indispensável na medida em que sua implicação importa, para usar a linguagem corrente – adiante questionada – numa limitação à autonomia privada, seja no âmbito das restrições legislativas elaboradas com fundamento no princípio, seja, sobretudo, e de forma imediata, através da atuação judicial que, com base na boa-fé objetiva, impõe deveres às partes contratantes em franca desconsideração pela vontade manifestada por uma ou, até mesmo, ambas as partes".

A boa-fé significa, de acordo com a concepção solidária da nova teoria contratual, uma atuação refletida, onde o outro parceiro é respeitado em suas expectativas, direitos e interesses legítimos. Tal princípio leva à interpretação de qualquer obrigação à luz das legítimas expectativas das partes. Enfim, a boa-fé objetiva, cláusula geral de observância obrigatória, torna a confiança um direito fundamental. Tal dever de conduta e comportamento leal e honesto capaz de gerar um direito fundamental está expresso no art. 422 do atual CC.

Dentre outros deveres, o principal é o dever de cooperação. Diante do que já foi exposto, é perfeitamente possível interpretar o princípio da boa-fé objetiva a partir de uma perspectiva constitucional, pois a cláusula geral da boa-fé tem assento nos valores constitucionais da dignidade e solidariedade. O princípio da boa-fé objetiva é resultado da releitura do direito civil, agora sob uma perspectiva constitucional, o que leva, necessariamente, à proteção das partes durante o vínculo contratual.

E, neste ponto, por impor deveres de conduta às partes, tal princípio (é certo que quando alguém realiza certo ato ou manifesta a sua vontade no sentido de contratar), o faz confiando na sinceridade do outro. Nesta perspectiva, o contratante confia na sinceridade da vontade manifestada pelo parceiro por ocasião da formação de qualquer contrato e, em razão disso, nasce uma expectativa legítima elevada à condição de direito fundamental, capaz de ser oposto em qualquer relação privada. Essa confiança e expectativa devem ser tuteladas.

A proteção da confiança, categoria especial de direito fundamental, é essencial para a credibilidade e a plena efetividade das relações privadas. A confiança é norteada pelos valores mais caros da República, dignidade da pessoa humana e solidariedade social.

Essa confiança ou legítima expectativa gerada no promissário donatário, em decorrência do comportamento do promitente doador no momento da exteriorização da vontade, como direito fundamental, pode ser invocado por aquele nesta relação privada para sua plena exigibilidade.

Na teoria geral dos contratos, a cláusula geral da boa-fé objetiva está inserida no art. 422 do CC, segundo o qual "os contratantes são obrigados a guardar, assim na conclusão do contrato, como em sua execução, os princípios de probidade e boa-fé".

A ética é um dos paradigmas da codificação civil de 2002 e tal princípio é retratado no sistema pela boa-fé objetiva, que não se confunde com a boa-fé subjetiva[44]. A boa-fé objetiva representa a confiança adjetivada, uma crença efetiva no comportamento alheio. O princípio compreende um modelo de eticização de conduta social, verdadeiro *standard* jurídico ou regra de comportamento, caracterizado por uma atuação de acordo com determina-

---

[43] NEGREIROS, Teresa. *Teoria do contrato*: novos paradigmas. Rio de Janeiro: Renovar, 2008.

[44] Sobre a diferença entre boa-fé objetiva e subjetiva, perfeita a observação de Noronha: "A subjetiva diz respeito a dados internos, fundamentalmente psicológicos, atinentes diretamente ao sujeito; a objetiva a elementos externos, a normas de conduta que determinem como ele deve agir. Num caso está de boa-fé quem ignora a real situação jurídica; no outro, está de boa-fé quem tem motivos para confiar na contraparte. Uma é boa-fé estado, a outra, boa-fé princípio" (NORONHA, Fernando. *O direito dos contratos e seus princípios fundamentais*. São Paulo: Saraiva, 1994, p. 132).

dos padrões sociais de lisura, honestidade e correção, de modo a não frustrar a legítima confiança da outra parte.

A coletividade tem interesse que os sujeitos, em suas relações intersubjetivas, ajam com correção, honestidade, lealdade, retidão e mútua cooperação. Este padrão de conduta é o comportamento esperado por todos os membros da coletividade.

A boa-fé objetiva tem três funções bem delineadas e definidas no sistema civil. A primeira é a função interpretativa/integrativa, por servir como parâmetro de interpretação e integração de lacunas dos negócios jurídicos em geral e do contrato em particular, objeto de disciplina no art. 113 do CC. A segunda função é a imposição de limites éticos para o pleno exercício de direitos subjetivos e potestativos, a qual é retratada no art. 187 do CC, dispositivo que regula a teoria do abuso de direito. A terceira função do princípio da boa-fé objetiva é a criação de deveres anexos, colaterais ou secundários, como lealdade, imposição de comportamento honesto, dever de colaboração e solidariedade recíprocas, informação, que podem ser sintetizadas na ética e probidade, conforme art. 422 do CC (deveres de proteção, de cooperação e deveres de esclarecimento ou informação). Em relação às duas primeiras funções, foram tratadas no volume de Parte Geral da nossa obra, para onde remetemos o leitor.

As três funções relacionadas ao princípio da boa-fé objetiva devem ser observadas na teoria contratual. O sentido e significado do contrato devem levar em conta a conduta e o comportamento dos sujeitos. Portanto, a interpretação de um contrato é realizada à luz do princípio da boa-fé objetiva. Por outro lado, o contrato é fonte geradora de direitos e, ao exercer os direitos originados de um contrato, nenhum dos contratantes pode agir com abuso, sob pena de violação do princípio ético da boa-fé objetiva, o que caracteriza o ilícito pelo abuso de direito (art. 187).

E, por fim, o no âmbito da formação e durante todo o processo contratual que finalizará com o adimplemento, se impõe às partes contratantes deveres de conduta e comportamento, conforme art. 422 do CC. Tais deveres podem ser resumidos a dever de proteção recíproca, lealdade, informação e cooperação. Todo e qualquer outro dever estará relacionado a um destes. Na proteção, os contratantes devem criar condições contratuais para que seu parceiro não seja prejudicado por intercorrências externas, imprevistos que desequilibrem o contrato e não suporte violação de seus direitos existenciais (dignidade da pessoa humana). A lealdade implica tratar o contratante como parceiro. Os contratantes devem possuir interesses convergentes, como condição de legitimidade de um contrato. O dever de informação é a essência dos denominados deveres anexos, colaterais ou secundários impostos aos contratantes pelo art. 422 do CC. A informação clara e precisa sobre os termos, limites, condições, imprecisões, vícios, ônus, sujeições, dentre outros, é essencial para a plena concretização da boa-fé. E a cooperação recíproca poderia ser considerada o resumo de todos os demais deveres. Sujeitos que cooperam reciprocamente são leais, se protegem e se informam.

A exigência de comportamento leal foi objeto do Enunciado 26 da I Jornada de Direito Civil: "A cláusula geral contida no art. 422 do Código Civil impõe ao juiz interpretar e, quando necessário, suprir e corrigir o contrato segundo a boa-fé objetiva, entendida como a exigência de comportamento leal dos contratantes".

O art. 422 do CC, que cria deveres anexos, também foi referido no Enunciado 24 daquela mesma Jornada, segundo o qual: "Em virtude do princípio da boa-fé, positivado no art. 422 do Código Civil, a violação dos deveres anexos constitui espécie de inadimplemento, independentemente de culpa". Na V Jornada de Direito Civil, foi aprovado enunciado fundado no art. 422 do CC, para considerar abusiva cláusula contratual de repasse de qualquer custo administrativo.

Nos termos do Enunciado 432: "Art. 422. Em contratos de financiamento bancário, são abusivas cláusulas contratuais de repasse de custos administrativos (como análise do crédito, abertura de cadastro, emissão de fichas de compensação bancária etc.), seja por estarem intrinsecamente vinculadas ao exercício da atividade econômica, seja por violarem o princípio da boa-fé objetiva".

Na aplicação da boa-fé, deve-se verificar a natureza do contrato, as circunstâncias do negócio, o histórico dos contratantes, os valores da sociedade, o tempo, o espaço, como condição para verificar se a atuação humana, no caso concreto, é compatível com o sentimento ético da sociedade ao tempo do contrato. A boa-fé objetiva é um princípio em constante transformação, é um gerúndio, ou seja, "um sendo constante", que deve sempre ser adaptado aos valores da sociedade no tempo do contrato. Ao contrário da "equidade", que busca por um sentimento de justiça e afasta o aplicador das regras e princípios jurídicos positivados, a boa-fé objetiva é avaliada à luz destes valores positivados.

Como bem observaram Rosenvald e Chaves[45]: "(...) a boa-fé é um arquétipo ou modelo de comportamento social que nos aproxima de um conceito ético de proceder de forma correta. Toda pessoa deverá ajustar o seu agir negocial a este padrão objetivo. A conduta esperada é a conduta devida, de acordo com parâmetros sociais. Trata-se de uma fórmula indutora de uma certa dose de moralização na criação e no desenvolvimento das relações obrigacionais, propiciando a consideração por uma série de princípios que a consciência social demanda, mesmo que não estejam formulados pelo legislador ou pelo contrato".

O art. 422 do CC, conforme tratado no capítulo sobre obrigações, amplia o conceito de adimplemento, pois o princípio da boa-fé objetiva impõe aos contratantes, ao lado do dever principal de prestação, alguns deveres de conduta (proteção, colaboração, informação etc.), os quais, se não observados, levarão ao inadimplemento do contrato, o que se convencionou denominar "violação positiva do contrato". Nesse sentido, o Enunciado 24 da I Jornada de Direito Civil: "Em virtude do princípio da

---

[45] FARIAS, Cristiano Chaves de; ROSENVALD, Nelson. *Direito dos contratos.* Rio de Janeiro: Lumen Juris, 2011. v. IV.

boa-fé, positivado no art. 422 do novo Código Civil, a violação dos deveres anexos constitui espécie de inadimplemento, independentemente de culpa". Portanto, a lesão aos deveres de proteção, informação e cooperação caracterizam a violação positiva do contrato, espécie do gênero inadimplemento.

Tal inadimplemento também é conhecido como ruim ou insatisfatório, pois, embora a prestação principal tenha sido cumprida, a boa-fé e a confiança alheia foram frustradas.

A violação positiva do contrato, com o rompimento da relação de confiança que conecta as partes, mesmo que não atrelada aos deveres de prestação, deverá ser identificada em seus efeitos patrimoniais com o inadimplemento, para que dela se possa extrair o direito da parte ofendida à resolução do vínculo obrigacional ou, mesmo, à oposição da *exceptio non adimpleti contractus*, inclusive com todas as consequências da responsabilidade civil, sobremaneira o dever de indenizar em prol do lesado[46].

Ainda conectado ao dever de comportamento leal e honesto, em especial aos deveres de proteção e colaboração, o princípio da boa-fé objetiva impõe que o contratante aja rapidamente para mitigar as perdas ou evitar o agravamento do próprio prejuízo.

Em resumo, o princípio da boa-fé objetiva é princípio que materializa e concretiza no mundo dos fatos o paradigma da eticidade. Tal princípio impõe aos sujeitos, em especial em relação jurídicas obrigacionais, padrão de conduta e comportamento, em todas as fases: preparação (antes); formação e execução (durante) e, extinção (após). O sujeito deverá atuar de acordo com determinado padrão de honestidade e correção, o que somente poderá ser apurado no caso concreto. O modo e o padrão de conduta dependerão da natureza da obrigação, do contexto social e da condição dos sujeitos, entre outras circunstâncias que podem estar presentes no caso concreto (ética da situação).

A boa-fé objetiva, portanto, é analisada externamente, pois irrelevante a sua convicção ou intenção (boa-fé subjetiva). A boa-fé também se relaciona com a segurança jurídica, porque preserva a coerência e confere estabilidade para os comportamentos que geram expectativa e confiança. Em conclusão, a boa-fé objetiva impõe comportamento ético, correção no modo de agir.

De acordo com o art. 422, as partes devem se comportar, tanto nas negociações que antecedem o contrato como durante a execução deste, o princípio da boa-fé. A boa-fé também deve ser observada na fase pós-contratual. Nesse sentido, o *Enunciado 170 da III Jornada de Direito Civil: "A boa-fé objetiva deve ser observada pelas partes na fase de negociações preliminares e após a execução do contrato, quando tal exigência decorrer da natureza do contrato"*. Portanto, a boa-fé passa a integrar o conteúdo das relações jurídicas obrigacionais, em especial no âmbito contratual.

O art. 422 impõe a observância de deveres anexos ou colaterais, somados aos deveres ajustados e decorrentes da vontade, como proteção, cooperação e lealdade. Estes retratam o denominado dever de conduta, de procedimento, comportamento, modo de agir. Tais deveres de conduta se revelam a partir de uma ordem de cooperação e mútuo auxílio, direcionado ao melhor e mais eficiente adimplemento.

• **A boa-fé e as relações plurinegociais**

Ao invés de modelo único, os contratantes estabelecem distintos negócios, cada qual com sua função específica mas, quando conjugados, viabilizam operação ou atividade econômica de forma global, como ocorre na coligação contratual. Nestas situações de contratos interdependentes, vinculados por nexo de funcionalidade, cada contrato tem autonomia, mas estão vinculados de forma funcional. É claro reflexo da crise de tipicidade, pois os modelos existentes e segmentados, baseados em negócios singulares, não são suficientes para atender as repercussões e sofisticação da conexão contratual. Cabe ao intérprete compreender o ajuste, a racionalidade econômica e a posição dos contratantes. Nas relações empresariais, a confiança tem papel central, porque as operações negociais são mais complexas, pois a confiança transcende imperativos éticos, mas também econômicos. A ausência de confiança gera dificuldades operacionais e potencializa os custos. Os deveres anexos nestes contratos interdependentes devem ser apurados em função do todo e não de cada contrato singular.

3.2.6.7. *Duty to mitigate the own loss*

A professora Vera Maria Jacob de Fradera[47], em 2004, publicou um artigo intitulado "Pode o credor ser instado a diminuir o próprio prejuízo?", no qual expôs que em vários sistemas jurídicos internacionais, em caso de inadimplemento contratual, com base nos princípios da boa-fé objetiva e da função social, o credor é obrigado a adotar medidas pertinentes a diminuir as próprias perdas decorrentes do inadimplemento, sob pena de ter a sua indenização reduzida em proporção equivalente ao montante dos danos que poderiam ter sido evitados

O dever de mitigar a própria perda foi inspirado no direito anglo-saxão, onde tem natureza de dever e recebe o nome de *duty to mitigate the own loss*. Ele tem total ligação com o princípio da boa-fé objetiva, na realidade, sendo dele decorrente. Está relacionado a uma conduta omissiva e abusiva do titular de um direito subjetivo, o qual, diante do inadimplemento do parceiro contratual, não adota o comportamento esperado dos credores em situações desta natureza (a exigência do direito). Ao contrário, retarda, abusivamente, o exercício do direito subjetivo com a finalidade de aumentar o passivo do seu parceiro.

A mitigação do próprio prejuízo constitui um dever de natureza acessória, anexo, decorrente da boa conduta que deve existir entre os negociantes. Faz parte, portanto, do dever de colaboração entre as partes contratantes.

---

[46] ROSENVALD, Nelson e CHAVES, Cristiano. *Direito dos contratos*. 2 ed. Salvador: JusPodivm, 2011.

[47] FRADERA, Vera Maria Jacob de. Pode o credor ser instado a diminuir o próprio prejuízo? *Revista trimestral de direito civil*, v. 19, Rio de Janeiro: Padma, jul.-set. 2004, p. 109-119.

Além de caracterizar conduta abusiva por omissão, tal comportamento viola o art. 422, na medida em que não há a devida colaboração e proteção do outro contratante, deveres fundamentais a serem observados antes, durante e após o contrato.

Nesse sentido é o Enunciado 169 da III Jornada: "Art. 422. O princípio da boa-fé objetiva deve levar o credor a evitar o agravamento do próprio prejuízo". Os direitos subjetivos, principalmente de natureza patrimonial, quando violados, devem ser salvaguardados pelo legítimo titular em tempo razoável, pois o retardamento prolongado e injustificado que leva ao agravamento do prejuízo poderá, a depender das circunstâncias do caso e da natureza do negócio, violar o princípio da boa-fé objetiva.

Vale ressaltar que o referido enunciado foi proposto na III Jornada de Direito Civil, promovida pelo Centro de Estudos Judiciários do CJF, com base nos seus estudos sobre a aplicação do instituto no direito internacional e nas relações mercantis.

Atualmente, o dever de mitigar a própria perda é largamente aplicado no âmbito das convenções internacionais de comércio, com destaque para o art. 77 da Convenção de Viena de 1980 (Convenção das Nações Unidas sobre Contratos de Compra e Venda Internacional de Mercadorias), sobre venda internacional de mercadorias: "Art. 77. A parte que invocar o inadimplemento do contrato deverá tomar as medidas que forem razoáveis, de acordo com as circunstâncias, para diminuir os prejuízos resultantes do descumprimento, incluídos os lucros cessantes. Caso não adote estas medidas, a outra parte poderá pedir redução na indenização das perdas e danos, no montante da perda que deveria ter sido mitigada".

O Superior Tribunal de Justiça, no ano de 2010, no julgamento do REsp 758.518/PR, de relatoria do Min. Vasco Della Giustina, julgou um *leading case* em matéria relacionada ao dever de mitigar a própria perda.

Parte da doutrina defende que o *duty to mitigate the own loss* traria como consequência sanções para o credor, principalmente a imputação de uma culpa equivalente à culpa delitual, com eventual pagamento de perdas e danos, ou redução de seu próprio crédito.

No entanto, concordamos com Flávio Tartuce[48], partidário da doutrina que defende que, nesses casos, não haveria que se falar em culpa delitual, mas em responsabilidade objetiva, em virtude da quebra de dever anexo ou caracterização do abuso de direito.

3.2.6.8. Princípio do equilíbrio contratual ou equivalência material

O equilíbrio contratual é uma especialização ou vertente da cláusula geral da função social dos contratos. O contrato, dentre outros aspectos, ostentará função social quando a relação jurídica material e substancial for equilibrada economicamente. O equilíbrio contratual ou a equivalência material é uma exigência do princípio da função social e do valor constitucional "igualdade substancial".

O instituto da lesão, previsto no art. 157 do CC, a teoria da imprevisão, disciplinada no art. 317, a teoria da onerosidade excessiva, objeto do art. 478, e a vedação da cláusula penal excessiva, constante no art. 413 da Lei Civil, são algumas normas que visam concretizar a igualdade substancial e material e, em consequência, garantir o equilíbrio e a equivalência do contrato.

O importante a ressaltar é que o fundamento deste princípio está na Constituição. A vedação a que as prestações contratuais expressem um desequilíbrio real e injustificável entre as vantagens obtidas por um e por outro dos contratantes, ou, em outras palavras, a vedação a que se desconsidere o sinalagma contratual em seu perfil funcional, constitui expressão do princípio consagrado no art. 3º, III, da CF/88: o princípio da igualdade substancial. O drama a ser dirimido em relação a este princípio é compreender o que é uma relação contratual "justa", "equilibrada" ou "equivalente".

De acordo com a professora Negreiros[49]: "(...) a noção de equilíbrio no contrato traz para o seio da teoria contratual a preocupação com o justo, entendido tal valor sob a ótica acima definida, isto é, o justo como sendo um critério paritário de distribuição dos bens. Justo é o contrato cujas prestações de um e de outro contratante, supondo-se interdependentes, guardam entre si um nível razoável de proporcionalidade. Uma vez demonstrada a exagerada ou excessiva discrepância entre as obrigações assumidas por cada contratante, fica configurada a injustiça daquele ajuste, exatamente na medida em que configurada está a inexistência da paridade".

Tal princípio pretende tornar justa a circulação de riquezas e as trocas úteis de valores entre os sujeitos. Tal equilíbrio é pressuposto inerente a qualquer contrato e tal equivalência material nada mais é do que a concretização da função social e do dever de proteção relacionado ao princípio da boa-fé objetiva. A lesão, objeto de estudo na Parte I, e a alteração das circunstâncias (arts. 317 e 478), estudada nesta obra, são o exemplo mais bem acabado da imposição de equilíbrio nas relações contratuais.

O contrato deve nascer equilibrado e permanecer nesta condição durante todo o processo obrigacional até o efetivo inadimplemento. O desequilíbrio originário poderá acarretar a sua invalidação pelo instituto da lesão e a alteração das circunstâncias por fato superveniente, que acarretem o desequilíbrio material, poderá levar à sua revisão ou resolução, conforme as circunstâncias. O fato é que o equilíbrio contratual é a versão econômica do princípio da função social, como exigência da igualdade material e substancial nas relações privadas, em especial no âmbito dos contratos.

---

[48] TARTUCE, Flavio. A boa-fé objetiva e a mitigação do prejuízo pelo credor. Esboço do tema e primeira abordagem, 2005, disponível em: https://fdocuments.net/document/a-boa-fe-objetiva-e-a-mitigacao-do-prejuizo-pelo-credor-esboco-do-569d69a 081429.html?page=1.

[49] NEGREIROS, Teresa. *Teoria do contrato*: novos paradigmas. Rio de Janeiro: Renovar, 2008, p. 158.

Nas palavras do mestre Paulo Lôbo[50]: "O princípio da equivalência material busca realizar e preservar o equilíbrio real de direitos e deveres no contrato, antes, durante e após sua execução, para harmonização dos interesses. Esse princípio preserva a equação e o justo equilíbrio contratual, seja para manter a proporcionalidade inicial dos direitos e obrigações, seja para corrigir os desequilíbrios supervenientes, pouco importando que as mudanças de circunstâncias possam ser previsíveis. (...)

O princípio desenvolve-se em dois aspectos distintos: subjetivo e objetivo. O aspecto subjetivo leva em conta a identificação do poder contratual dominante das partes e a presunção legal de vulnerabilidade. A lei presume juridicamente vulneráveis o trabalhador, o inquilino, o consumidor, o aderente do contrato de adesão, entre outros. O aspecto objetivo considera o real desequilíbrio de direitos e deveres contratuais, que pode estar presente na celebração do contrato, ou na eventual mudança do equilíbrio em virtude de circunstâncias supervenientes que acarretem a onerosidade excessiva para uma das partes.

Tal equivalência é objetivamente aferida e concretizada quando o contrato, na formação ou durante a execução, realiza a equivalência das prestações, sem vantagens ou onerosidades excessivas originárias ou supervenientes para uma das partes.

3.3. FORMAÇÃO DOS CONTRATOS PARITÁRIOS. FASES DE FORMAÇÃO

3.3.1. Formação dos contratos – considerações preliminares

A análise das fases de constituição dos contratos interessa para a classificação dos contratos em consensuais e reais. O contrato, quanto à formação, é negócio jurídico bilateral. A constituição do contrato depende, necessariamente, de acordo ou junção de vontades. A exteriorização unilateral de vontade, por si só, não é suficiente para a formação ou a consolidação do contrato como espécie de negócio jurídico. A declaração unilateral de vontade poderá produzir efeitos jurídicos, como, por exemplo, a promessa de recompensa, a gestão de negócios, o pagamento indevido e o enriquecimento sem causa. No entanto, o contrato, para a sua formação, depende de duas vontades convergentes (ainda que os interesses sejam opostos e antagônicos, o que não significa que não haja dever de recíproca colaboração, em razão dos princípios da boa-fé objetiva e função social). As vontades (proposta e aceitação), unidas e associadas, são essenciais para a constituição do contrato.

Nos contratos plurilaterais, como são os contratos de sociedade, os interesses são necessariamente comuns e convergentes.

Em relação aos contratos consensuais, o consenso é necessário e suficiente para a existência jurídica do contrato (constituição). No âmbito dos contratos reais, o consenso é necessário, mas não é suficiente. A existência jurídica do contrato real depende de elemento material, a entrega (tradição) do objeto. Nos contratos reais a tradição do objeto, bem da vida, integra a constituição e as fases de formação deste contrato.

Ademais, há contratos que, como condição para a existência jurídica, o CC ainda exige modo mínimo, forma/prova. O contrato de depósito provar-se-á por escrito (art. 646). É forma/prova, pressuposto de existência, que não se confunde com a forma/solenidade, pressuposto de validade.

A ordem jurídica também reconhece e atribui efeitos jurídicos à vontade exteriorizada unilateralmente (declarações unilaterais de vontade – arts. 854 a 886 do CC. O contrato é, quanto à formação, negócio jurídico bilateral ou plurilateral. Depende da convergência de duas ou mais vontades. Duas ou mais vontades convergentes sobre questões comuns, ainda que os interesses individuais sejam opostos (cada contratante terá interesse próprio e individual no contrato). No contrato, de formação bilateral ou plurilateral, o sujeito exterioriza vontade (proponente) e o destinatário (aceitante) adere a essa vontade. A partir da aceitação (este é o momento principal), estará consumado e formado o contrato consensual, que produzirá os efeitos jurídicos desejados pelas partes contratantes. Se o contrato for real, a existência jurídica dependerá da entrega do objeto. E, ainda, há contratos que exigem formalidade, como prova mínimo para a existência jurídica.

Neste momento, essencial a distinção entre a bilateralidade ou unilateralidade do contrato no âmbito da formação e dos efeitos.

Em relação à formação, o contrato sempre será negócio jurídico bilateral (ou plurilateral), ou seja, dependerá da junção de vontades ou do encontro de duas declarações convergentes de vontade para se formar e produzir efeitos jurídicos. Não é possível se formar um contrato apenas com declaração unilateral de vontade. O acordo ou ajuste de vontades é pressuposto deste negócio jurídico.

Todavia, em relação aos efeitos, formado o contrato (ajustado pelo encontro de vontades), este negócio jurídico poderá ser bilateral ou unilateral. No contrato bilateral há reciprocidade de direitos e obrigações, sendo que a obrigação de um dos contratantes é a causa da obrigação do outro. Há nexo de dependência entre as prestações opostas, como é o caso do contrato de compra e venda. No contrato de efeito unilateral, uma parte somente terá direitos e outra apenas suporta obrigações. Neste último caso, não há reciprocidade de direitos e obrigações.

Portanto, o contrato, para se formar, dependerá da coincidência ou convergência de vontades. Formado o contrato, em relação aos efeitos, pode ser classificado como bilateral ou unilateral. Tal classificação não tem qualquer repercussão na formação deste negócio jurídico.

O Código Civil, nos arts. 427 a 435, disciplina algumas das fases ou sequência de atos e comportamentos direcionados para a formação dos contratos (a formação é progressiva, dividida em fases ou etapas), em especial as fases da proposta e aceitação.

---

[50] LÔBO, Paulo Luiz Netto. *Contratos*. São Paulo: Saraiva, 2010 (col. *Direito Civil*), p. 70-71.

A formação do contrato pressupõe fases ou etapas, as quais podem ser divididas em três, que são obrigatórias, *(negociações preliminares, proposta e aceitação)* e uma quarta fase, que é eventual *(a entrega do objeto)*.

Neste ponto, é essencial vincular a classificação dos contratos quanto ao método de contratação (paritários e por adesão) e quanto à constituição/formação (consensuais e reais) às mencionadas fases. Tal associação facilitará a compreensão do tema.

A 1ª fase (negociações preliminares) é etapa obrigatória para qualquer contrato. É o momento das tratativas iniciais, conversas prévias, aproximação, troca de minutas, entre outros atos de conhecimento recíproco sobre os elementos do possível contrato. A 1ª fase (negociações preliminares) repercutirá na classificação dos contratos quanto ao método de contratação (paritários ou por adesão). Nos contratos paritários, a fase de negociações preliminares é mais dinâmica, intensa e substanciosa (há negociação efetiva, tratativas, conversas, discussões sobre as cláusulas, troca de minutas, avaliações etc.). Nos contratos por adesão, a fase de negociações preliminares é muito restrita, porque um dos contratantes não terá a oportunidade de modificar as cláusulas contratuais sugeridas e unilateralmente predispostas. O modo de contratação (adesão) naturalmente restringe o âmbito e a relevância das negociações preliminares. Portanto, nestes, a primeira fase se limitará a convencer o sujeito a aderir a tais cláusulas. O fato é que a classificação dos contratos, a partir do método de contratação, paritários ou por adesão, está diretamente relacionada à 1ª fase de formação dos contratos, negociações preliminares.

A 2ª fase na progressão da formação é a proposta (obrigatória em qualquer contrato), que será analisada em detalhes adiante. A 3ª fase é a manifestação do destinatário, aceitante. A aceitação também é etapa obrigatória de qualquer contrato, assim como a proposta. Ambas as fases (proposta e aceitação) terão a mesma característica independente da classificação e da natureza do contrato. As regras sobre proposta e aceitação são comuns a todos os contratos.

A 4ª fase é eventual e episódica, pois somente existirá em alguns tipos de contratos, denominados reais, em relação aos quais a constituição depende além da vontade bilateral (proposta e aceitação) da entrega do objeto. A entrega do objeto é elemento de constituição destes contratos reais. Portanto, os contratos reais somente se formam e se constituem se houver a entrega do objeto. Diante disso, a classificação dos contratos quanto à formação, consensuais e reais, interfere na 4ª fase, que poderá ou não ser necessária para a existência e formação do contrato. Se o contrato for consensual, se forma independente da entrega do objeto (a 4ª fase não existirá para a formação destes, cuja entrega se relacionará à execução, não há formação). Se o contrato for real, é essencial a 4ª fase para a própria constituição, pois o contrato somente se formará e existirá como tal se houver a tradição, entrega do objeto.

Com tais premissas, é possível analisar, em detalhes, as fases que integram a progressão da formação do contrato.

A formação se consumará com o ajuste, acordo ou a convergência das vontades. O momento exato da formação do contrato se dá com a adesão do oblato ou aceitante à vontade exteriorizada pelo proponente ou policitante. Aceita a proposta, estará formado o contrato, produzindo os efeitos jurídicos desejados. Antes da proposta e da aceitação, ainda há a fase de negociações preliminares, não disciplinada pelo Código Civil.

Portanto, as fases de formação do contrato estão diretamente relacionadas com a classificação dos contratos quanto à formação (consensuais e reais – 4ª etapa que é eventual, pois existe apenas nos contratos reais) e a classificação quanto ao método de contratação (paritários e adesão – 1ª etapa, obrigatória para todos os contratos). O contrato paritário é resultado de processo de negociação (puntuação – negociações preliminares) e, na adesão, a fase de negociações preliminares é restrita a convencimento (não há discussão sobre o conteúdo do contrato). Os contratos consensuais se formam pelo consenso (proposta e aceitação), ao passo que os reais, além do consenso, exigem a entrega do objeto, como pressuposto para a existência e constituição.

O contrato, no ordenamento jurídico brasileiro, é a principal fonte de obrigação. Não é apto para transferir direitos reais, o que está relacionado à execução um contrato já formado. Assim, independentemente da transferência de direitos reais, o contrato produz efeitos jurídicos obrigacionais. A transferência de direitos reais pode ocorrer imediatamente após o acordo de vontades, mas sempre pressupõe contrato formado.

Por exemplo, se "A" oferece a "B" um veículo e este compra o veículo, há duas relações jurídicas distintas neste negócio, uma de caráter obrigacional e outra de caráter real. Assim que "A" e "B" chegam a um consenso sobre o objeto e o preço, está formado o contrato de compra e venda, e este produzirá efeitos jurídicos obrigacionais, independentemente da tradição. O direito real, transferência da propriedade, depende da tradição. No entanto, essa tradição ou a transferência do direito real pressupõe contrato formado. Por isso, a tradição integra a fase de execução do contrato (teoria do adimplemento). Assim que "A" entrega o veículo a "B", haverá transferência do direito real de propriedade por meio da tradição, mas o contrato já estava formado e produzindo efeitos jurídicos obrigacionais, independentemente desta tradição. A formação do contrato independe da transferência da propriedade.

A transferência da propriedade é superveniente à formação, ainda que por alguns segundos. O direito real pressupõe contrato formado. O contrato produz efeitos jurídicos obrigacionais e, dentre estas obrigações, está a de transferir o direito real. No exemplo acima, se as partes chegam a acordo, mas "A" não entrega o veículo a "B", não houve cumprimento das obrigações contratuais e, por isso, a propriedade não foi transferida. No entanto, como o contrato produz efeitos jurídicos obrigacionais, "B" pode exigir que "A" cumpra o contrato e entregue o veículo prometido. A questão da transferência do direito real, com base em contratos, se relaciona ao adimplemento ou inadimplemento destes, não integrando a sua formação ou constituição. Há contratos reais como o mútuo (art. 587) e o depósito de coisas fungíveis (art. 645), em relação aos quais a entrega do objeto, além de constituir o contrato, também implicará transferência do direito real de propriedade da coisa mutuada ou depositava, mas não como efeito do contrato (que apenas gera obrigações, mesmo nos reais), mas em função da natureza do objeto (fungível).

A legislação de 1916 regulava as disposições gerais sobre os contratos nos arts. 1.079 a 1.091 daquele Código. Em linhas gerais, os atuais arts. 427, 428 e 430 a 435 do CC, reproduzem, com pequenas alterações, a redação dos arts. 1.080 a 1.087 e 1.089 do CC/1916. O art. 1.090 do CC/1916 tratava da interpretação restrita nos contratos benéficos. Tal assunto, é regulado na parte geral do negócio jurídico, no art. 114 do CC/2002. O art. 1.091 cuidava da impossibilidade física relativa do contrato, assunto hoje objeto do art. 106 do CC. A novidade, de fato, se comparada ao diploma anterior, é o disposto no art. 429, trata da oferta ao público. A omissão do atual Código Civil ficou por conta dos contratos formalizados via Internet e da consequência da morte do proponente antes da aceitação da proposta.

Após estas considerações preliminares, passaremos à análise pormenorizada de cada uma das fases necessárias para a formação de um contrato: negociações preliminares, proposta e aceitação.

3.3.1.1. Negociações preliminares (fase de puntuação)

As negociações preliminares representam as conversações prévias antecedentes à formação do contrato. É considerada a primeira fase para o aperfeiçoamento do vínculo obrigacional. É a etapa inicial e obrigatória na formação e constituição de qualquer contrato. Nesta fase, há contato entre os sujeitos, aproximação, discussões sobre o futuro negócio, tratativas, trocas de minutas, obtenção de informações que, nos contratos paritários (os contratos civis se presumem paritários e simétricos – art. 421-A), é intensa, dinâmica e condiciona as fases posteriores, proposta e aceitação, que estarão ancoradas nas negociações preliminares. As partes passam a se conhecer e obter informações sobre o negócio jurídico a ser celebrado.

Na fase das *negociações preliminares* não há deveres jurídicos *contratuais*, pois ainda não há contrato. Portanto, nesta fase, as partes não se vinculam às futuras e eventuais obrigações que pretendem pactuar. Essa fase de conversas prévias, sondagens, aproximação, contatos preliminares e debates não vinculam ou obrigam as partes (em termos contratuais – simplesmente porque ainda não há contrato).

A fase de negociações preliminares não se confunde com o denominado *contrato preliminar.* No contrato preliminar também haverá negociações preliminares, proposta e aceitação. O contrato preliminar é um contrato autônomo, denominado por muitos *promessa de contrato definitivo,* com obrigações e deveres para os contratantes e, portanto, com força vinculativa. As negociações preliminares retratam a primeira fase do contrato preliminar ou do contrato definitivo.

Todavia, embora ausente a obrigatoriedade ou qualquer vinculação nesta primeira fase para os sujeitos participantes das negociações preliminares, em função do princípio da boa-fé objetiva, há deveres jurídicos a serem observados. A conduta e o comportamento dos sujeitos nesta fase são fundamentais para o sucesso do contrato. A boa-fé objetiva impõe comportamento ético, lealdade recíproca, cooperação e prestações de todas as informações necessárias para o negócio. Tal conduta gera expectativa e confiança e, no caso de ruptura injustificada e imotivada das negociações preliminares, em especial se as conversas estão em estágio avançado, a parte prejudicada terá direito à indenização (responsabilidade civil extranegocial, porque ainda não há contrato). Os interesses negativos serão indenizados, ou seja, os prejuízos suportados pelo sujeito prejudicado pelo comportamento inadequado, mas os interesses positivos, vantagens que teria se o contrato fosse celebrado, não pode integrar a indenização, pois violaria o princípio da liberdade contratual, uma vez que seria o mesmo que obrigar o desistente a um contrato que não desejou.

Segundo o art. 422 do CC, os contratantes são obrigados a guardar, assim na conclusão do contrato, como em sua execução, os princípios de probidade e boa-fé. Tal artigo retrata uma das principais funções do princípio da boa-fé objetiva no direito civil, justamente a criação de deveres anexos, colaterais, secundários nas relações privadas, como lealdade, cooperação, informação correta, sigilo, ética, dentre outros. Estes deveres anexos incidem principalmente na fase pré-contratual, que é a das tratativas preliminares, embora seja omisso a respeito o Código Civil, no art. 422.

Em que pese a omissão expressa, no referido art. 422 do CC, implicitamente estão compreendidas as conversas preliminares, antecedentes à própria formação do contrato. Por isso, os pretensos contratantes poderão responder civilmente por qualquer problema relacionado a esta primeira fase, em caso de violação do princípio da boa-fé objetiva. Neste sentido, aliás, os Enunciados 25 e 170, respectivamente, da I e III Jornadas de Direito Civil, promovidas pelo CJF.

Durante as conversações prévias ou tratativas preliminares, antecedentes à formação do contrato, os contratantes devem pautar as suas condutas no princípio da boa-fé objetiva, ou seja, agir com ética, sem frustrar as legítimas expectativas criadas na parte contrária. Trata-se de um dever jurídico genérico (pois, ainda não há obrigação), decorrente da cláusula geral de boa-fé objetiva, materializada no art. 422 do CC. Este dever é imposto pelo ordenamento jurídico a todas as pessoas de agirem com ética e terem um comportamento adequado e coerente. Em caso de violação deste dever jurídico genérico (ou obrigação genérica) por qualquer das partes, o prejudicado poderá exigir a devida compensação financeira, em caso de prejuízo econômico (dano material) ou violação dos direitos decorrentes da personalidade (dano moral).

Embora as negociações preliminares não gerem obrigações específicas, fazem surgir deveres jurídicos genéricos para os contratantes, decorrentes da cláusula geral da boa-fé objetiva e a violação desses deveres, durante as negociações preliminares, pode gerar responsabilidade do contratante. É o dano à confiança, relacionado aos *interesses negativos* (prejuízos diretamente relacionados à não conclusão do contrato), decorrente do rompimento injustificado das tratativas preliminares após gerar expectativas no outro contratante. A confiança é objeto de tutela também e, principalmente, no âmbito das negociações preliminares.

Os deveres de conduta emanados da boa-fé objetiva já estão presentes ao tempo das tratativas. Assim, surgem deveres laterais de informação, a fim de que sejam comunicadas todas as circunstâncias relevantes para a conclusão do contrato; deveres de proteção para que os pré-contratantes zelem mutuamente pela tutela da integridade psicofísica e pela proteção do patrimônio do outro; e deveres de cooperação, que intercedem no sentido de prestigiar a honestidade, a diligência e a lealdade de parte a parte, acentuando a colaboração, no sentido de preservar a confiança depositada no outro.

Há doutrinadores como Ihering, Luigi Mengoni, Salvatore Romano, Adriano De Cupis que defendem a indenização dos interesses positivos, cujo fundamento é responsabilidade contratual, embora ainda não exista contrato. Tais interesses estariam relacionados à indenização pelas vantagens que o lesado pelo rompimento injustificado das tratativas preliminares teria, caso o contrato fosse concluído. Todavia, como já ressaltado, a indenização dos interesses positivos implicaria violação ao princípio da liberdade contratual, autonomia para contratar ou não contratar.

3.3.1.2. Proposta

A proposta, na progressão para a formação do contrato, é a segunda fase, também obrigatória em todos os contratos (consensuais ou reais). Ao contrário das negociações preliminares, a proposta tem força vinculativa e, por isso, obriga o proponente a cumpri-la (art. 427, primeira parte).

O Código Civil disciplina a proposta nos arts. 427 a 429 e, como já mencionado, a novidade é a *proposta ao público*.

A formação do contrato depende da coincidência de duas vontades convergentes em relação a um mesmo ponto (ainda que os interesses econômicos, individualmente considerados, sejam antagônicos), onde as partes desejem resultados e efeitos jurídicos bem definidos, de acordo com seus interesses. No entanto, antes do acordo de vontades ou do consenso, existe proposta dirigida a sujeito determinado ou a sujeitos indeterminados, neste último caso, a proposta ao público, prevista no art. 429 do CC.

3.3.1.2.1. Requisitos da proposta

O Código Civil, em regra, impõe à proposta o caráter obrigatório, mas não disciplina os requisitos materiais para a caracterização de vontade exteriorizada como proposta. A vinculação do proponente ou policitante depende da qualificação da vontade como proposta. Não é qualquer vontade exteriorizada com o objetivo de contratar que constitui proposta. A proposta depende de alguns elementos mínimos.

Em relação aos requisitos materiais, a proposta deve ser *precisa* (conter os elementos essenciais e estruturais do negócio jurídico a ser celebrado – a substância e as obrigações que pretende assumir); *idônea* (permitir a compreensão de toda a extensão do futuro contrato, ou seja, exige-se ser autossuficiente e digna de receber a tutela do Estado); inequívoca (não há dúvidas em relação à vontade de contratar) e séria. Em resumo, a proposta vinculará o proponente se for precisa, inequívoca, idônea e séria, com contornos bem definidos, de fácil compreensão pelo destinatário. Proposta precisa é aquela onde se dispensa qualquer outro elemento para a compreensão do negócio jurídico. Ela basta por si.

No que se refere à seriedade, os gracejos ou as propostas em tom de brincadeira, não possuem força para vincular. No momento da proposta, exige-se do proponente conduta compatível com a natureza do negócio a ser seu objeto. A seriedade variará conforme a natureza, a complexidade, a extensão, a estrutura, os limites e o contexto social onde ela estiver sendo exteriorizada. Por ocasião da proposta, o proponente deve demonstrar, de forma inequívoca, a intenção de obrigar-se. A conduta, o comportamento, a forma de proceder e de exteriorizar a proposta evidenciarão, no caso concreto, se é séria ou não.

A proposta é, ainda, declaração receptícia de vontade, ou seja, terá plena eficácia a partir da recepção pelo destinatário, que pode ser destinatário certo (em favor de pessoa determinada) ou destinatário incerto (coletividade – proposta ao público). A proposta clássica ou individual é direcionada para sujeito determinado, para fins de eventual aceitação ou adesão a esta proposta. Todavia, em evidente inovação, o Código Civil passou a admitir a proposta dirigida ao público em geral ou a sujeitos indeterminados, objeto do art. 429 do CC.

3.3.1.2.2. Proposta ao público

Segundo o disposto no art. 429 do CC, a oferta ao público equivale a proposta quando encerra os requisitos essenciais ao contrato, salvo se o contrário resultar das circunstâncias ou dos usos.

No artigo em destaque, o Código Civil, claramente, diferencia a oferta da proposta. Se a oferta ao público contiver os requisitos essenciais do contrato a ser eventualmente celebrado, ou seja, se for precisa e inequívoca, com as bases estruturais do negócio jurídico, objeto bem definido, condições de preço e forma de adimplemento da obrigação, será equiparada à proposta e produzirá o mesmo efeito jurídico desta.

A única diferença entre a proposta ao público e a proposta individualizada é o seu destinatário. Na proposta individualizada, o destinatário é sujeito certo e determinado, personalizado e individualizado. Na proposta ao público, no momento da formulação da proposta, o sujeito destinatário é indeterminado. Em razão da indeterminação do destinatário, a proposta ao público comporta reservas, as quais são incompatíveis com a proposta individualizada. Tais reservas flexibilizarão o caráter vinculante da proposta.

Por outro lado, se a oferta ao público não ostentar os requisitos essenciais de uma proposta, porque não contém os requisitos essenciais do contrato, como definição precisa do objeto e preço, será considerada mera oferta. A mera oferta não tem caráter vinculante.

A oferta ao público não vincula. A oferta ao público com os elementos essenciais do contrato será equiparada a proposta e, nesta condição, vinculará o proponente em todos os seus termos. Como diz Gustavo Tepedino, em *Código Civil interpretado*, v. II, "ao invés de proposta, configurar-se-á um convite do anunciante para que lhe sejam feitas propostas".

Por exemplo, se "A", pessoa natural, anuncia seu veículo para venda nos classificados de jornal, será mera oferta pública. Tal oferta pública será equiparada à proposta se "A" inserir no anúncio todas as características do veículo, como ano, acessórios, cor, estado de conservação, quilometragem e, principalmente, o preço. Sendo estes os requisitos essenciais do contrato de compra e venda, tal oferta pública será equiparada à proposta e, por isso, vinculará o proponente anunciante. No entanto, se no anúncio "A" não insere as características principais do veículo e o preço, será uma mera oferta e, portanto, um convite para fazer proposta. "A" estará apenas por fazer convite geral, por meio de uma oferta pública, sem vinculação, para, em seguida, realizar uma proposta individualizada para o sujeito que se interessar pelo anúncio.

Essa é a diferença entre a oferta ao público (mero convite) e a proposta pública (oferta com os requisitos essenciais do contrato).

O art. 429 do CC, em seu parágrafo único, dispõe que "pode revogar-se a oferta pela mesma via de sua divulgação, desde que ressalvada esta faculdade na oferta realizada". A oferta ao público, com os requisitos essenciais do contrato, ou seja, quando equiparada à proposta, pode ser revogada também pelo mesmo meio ou modo de comunicação da oferta inicial, desde que tal possibilidade de revogação tenha sido ressalvada pelo proponente por ocasião da oferta inicial. Com isso, terceiros não terão qualquer expectativa em relação à proposta pública, pois, de antemão, já têm ciência de sua precariedade.

O art. 429 do CC não se aplica às relações de consumo, mas apenas às relações privadas civis. O regime jurídico da oferta e proposta ao público no Código de Defesa do Consumidor é mais flexível, pois, mesmo a oferta sem os requisitos essenciais do contrato de consumo, será capaz de vincular o proponente ou fornecedor de serviços. O grau de precisão e completude da proposta nas relações de consumo é bem mais reduzido, pois a proposta, mesmo não ostentando todos os requisitos do contrato a ser celebrado, pode vincular o fornecedor de serviços e produtos.

Como diz Herman Vasconcellos Benjamim[51], sobre o fato de não poder a oferta ser interpretada em sentido clássico, a "oferta, em tal acepção, é sinônimo de marketing, significando todos os métodos, técnicas e instrumentos que aproximam o consumidor dos produtos e serviços colocados à sua disposição no mercado pelos fornecedores. Qualquer uma dessas técnicas, desde que suficientemente precisa, pode transformar-se em veículo eficiente de oferta vinculante. Aí reside uma das maiores contribuições do direito do consumidor à reforma da teoria clássica da formação dos contratos".

Para o referido autor, a oferta, nesta concepção moderna, abrange técnicas de indução coletiva, como as promoções de venda e a própria publicidade.

No Código de Defesa do Consumidor, conforme art. 30, a mera publicidade ou informação se torna vinculante. Tal se justifica em razão da vulnerabilidade do destinatário, consumidor.

Nos contratos de consumo, com interesses sensíveis em disputa e envolvimento de sujeitos vulneráveis, qualquer informação ou publicidade "suficientemente precisa", embora defeituosa ou incompleta, vincula e obriga o fornecedor. Não se trata de precisão absoluta, como nas relações civis. Basta a "precisão suficiente".

A oferta ao público, no Código Civil, para ser equivalente à proposta, tem rigor formal em relação aos seus requisitos, pois os contratos civis se presumem simétricos (art. 421-A), ao contrário dos contratos de consumo, que são assimétricos. No sistema civil, a oferta pública deve ser precisa, autossuficiente, inequívoca, firme e séria.

No Código de Defesa do Consumidor, é estabelecido dever genérico de informação, e a força obrigatória da policitação é verdadeiro princípio. Com base nestes argumentos, termina Benjamim[52]: "De qualquer maneira, com ou sem defeitos de redação, o art. 429 do CC não tem nenhuma repercussão concreta nas relações de consumo, conquanto regidas, nesse ponto, inteiramente por norma especial".

Em relação à tutela, o Código de Defesa do Consumidor é mais amplo. Caso o fornecedor de produto ou serviço se recuse a cumprir a oferta ao público, o consumidor, de acordo com o art. 35, poderá exigir o cumprimento forçado da obrigação (tutela específica), nos termos da oferta, aceitar outro produto ou serviço equivalente ou rescindir o contrato, com direito à restituição de valores antecipados, sem prejuízo das perdas e danos. Pelo Código Civil, em caso de recusa do proponente em dar cumprimento à proposta, o oblato ou aceitante terá apenas o direito de exigir perdas e danos. Portanto, mesmo nas relações civis, vem se admitindo a tutela específica em caso de recusa injustificada do proponente no cumprimento da proposta.

Apenas para finalizar, cumpre ressaltar que a oferta ao público comportará reservas como disponibilidade de estoque, condições financeiras do pretenso aderente, podendo o proponente impor ressalvas em relação à escolha da outra parte, desde que não se caracterize o abuso de direito nesta escolha. A recusa não pode ser arbitrária, ou seja, deve estar fundada e motivada em razões plausíveis.

---

[51] BENJAMIN, Antonio Herman V.; MARQUES, Claudia Lima; BESSA, Leonardo Roscoe. *Manual de direito do consumidor*. 7. ed. São Paulo: Revista dos Tribunais, 2016.

[52] BENJAMIN, Antonio Herman V.; MARQUES, Claudia Lima; BESSA, Leonardo Roscoe. *Manual de direito do consumidor*. 7. ed. São Paulo: Revista dos Tribunais, 2016.

3.3.1.3. Proposta e vinculação: regras e exceções

A proposta também é conhecida como oferta, oblação ou policitação e, como declaração receptícia, deve alcançar o destinatário para ter plena eficácia.

A proposta, segundo Orlando Gomes[53], pode ser definida como a firme declaração receptícia de vontade dirigida à pessoa com a qual pretende alguém celebrar um contrato (declaração receptícia de vontade é aquela onde a eficácia depende de que sejam levadas ao conhecimento do destinatário). A aceitação do destinatário deve ser suficiente e bastante para a conclusão do contrato. A proposta, para ser precisa, não pode ficar na dependência de nova manifestação de vontade.

Por isso, a proposta deve ser inequívoca (vontade incontestável de contratar) ou firme, precisa ou completa, pois a adesão do destinatário será suficiente para a formação do contrato. A proposta deve retratar, na plenitude, o conteúdo e os elementos essenciais e substanciais do contrato a ser celebrado.

Com estas características, a proposta será capaz de obrigar e vincular o proponente, conforme dispõe o art. 427 do CC. A proposta, portanto, em regra, é obrigatória. Como diz Orlando Gomes[54], "(...) o propósito de contratar há de resultar do conteúdo da declaração de vontade do proponente. Não tem, pois, caráter de proposta as comunicações nas quais o declarante se mostra propenso apenas a realizar contratos, querendo simples aproximação. O convite a fazer oferta também não é proposta".

A proposta ainda não traduz contrato, mas, quando séria e completa, acarreta força vinculante para o policitante que a promove. A precisão serve como ponto de partida para o aperfeiçoamento do negócio, ao dispensar qualquer outra declaração receptícia a *posteriori*, definindo a estrutura e as linhas gerais do tipo contratual que será desenvolvido[55].

Antes da aceitação (momento da formação do contrato), a proposta, precisa, inequívoca e clara, obrigará o proponente, salvo em três hipóteses devidamente disciplinadas nos arts. 427 e 428 do CC:

1ª hipótese: a proposta não terá força para obrigar e vincular o proponente quando *o contrário resultar dos termos dela*. A ausência de obrigatoriedade resultará dos termos da própria proposta, tornando-a precária. Se o proponente insere na proposta cláusula de não vinculação, informando ao destinatário o fato de a proposta realizada não ter caráter vinculante, ela deixa de ser obrigatória. Na essência e desde a origem, será proposta precária e não terá potencialidade de gerar qualquer expectativa legítima em seu destinatário. Caso o proponente se recuse a cumprir a proposta, não haverá qualquer consequência jurídica. O proponente, diante desta *cláusula de não obrigatoriedade, por meio da qual reserva o direito de se arrepender*, terá o direito potestativo de dela desistir a qualquer tempo, sem suportar nenhuma sanção civil;

2ª hipótese: a proposta também poderá perder o caráter obrigatório para o proponente, dependendo da *natureza do negócio*. Trata-se de conceito jurídico indeterminado, passível de análise apenas no caso concreto. Há negócios, os quais, pela sua própria natureza, comportam ressalvas ou reservas em relação à vinculação do proponente. Há contratos, em que a confiança é elemento essencial, como o mandato e o depósito, por exemplo. Nestes contratos, a vinculação da proposta, em razão da sua natureza, deve ser flexibilizada. Outro exemplo é o contrato de seguro, onde a seguradora poderá recusar o interessado na proposta, após analisar as declarações e informações que pautarão os riscos assumidos. Por fim, a proposta ao público, prevista no art. 429 do CC. A proposta ao público vincula o proponente quando ostenta os requisitos essenciais do contrato a ser celebrado, mas tal vinculação é relativa, principalmente diante do direito do proponente em escolher ou recusar eventual interessado que não tenha condições financeiras ou técnicas de cumprir o futuro contrato;

3ª hipótese: além destas duas hipóteses previstas no art. 427 do CC, a depender das circunstâncias do caso (última parte do art. 427 do CC), a proposta também deixará de ser obrigatória. Tais circunstâncias são aquelas disciplinadas no art. 428 do CC. As peculiaridades de cada caso poderão liberar o proponente, desobrigando-o. Para compreender as situações fáticas em que a proposta deixará de vincular, é essencial estabelecer a diferença entre proposta entre pessoas presentes e proposta entre pessoas ausentes.

A *proposta pode ser feita a pessoa presente ou a ausente*. O sujeito (destinatário) *presente* está em contato direto com o proponente, mesmo por telefone ou qualquer meio de comunicação. A *presença* não impõe contato pessoal no mesmo local, frente a frente, mas apenas contato direto, como conversas telefônicas. Por outro lado, o *ausente* é a pessoa que não tem condições de exteriorizar a vontade ou a resposta imediatamente ao proponente (não há contato direto e simultâneo).

O *ausente*, destinatário da proposta, não tem qualquer relação com o instituto da *ausência*, prevista nos arts. 22 a 39 do CC. Em termos de proposta, ausente é a pessoa para quem a proposta é enviada para tomar conhecimento de seu conteúdo, mas não tem condições de responder imediatamente. *É a mera impossibilidade de resposta imediata que caracteriza a pessoa como* ausente.

O art. 428 do CC apresenta quatro situações em que a proposta deixará de ser obrigatória, tudo a depender se o destinatário está em contato direto (presente) ou não (ausente) com o proponente.

Inciso I: se a proposta for feita sem prazo a pessoa presente e, não for imediatamente aceita pelo destinatário, deixa de ser obrigatória. Considera-se presente, segundo este dispositivo, *a pessoa que contrata por telefone ou por meio de comunicação semelhante*. Nesta hipótese, não há prazo para a resposta e as pessoas estão em contato direto. Se o destinatário não aceitar imediatamente, ou seja, se a resposta positiva não for exteriorizada logo em seguida à proposta,

---

[53] GOMES, Orlando. *Contratos*. 26. ed. Rio de Janeiro: Forense, 2008.
[54] GOMES, Orlando. *Contratos*. 26. ed. Rio de Janeiro: Forense, 2008.
[55] FARIAS, Cristiano Chaves de; ROSENVALD, Nelson. *Direito dos contratos*. Rio de Janeiro: Lumen Juris, 2011. v. IV.

esta deixa de ser obrigatória. Caio Mário[56] afirma que, neste caso, "é pegar ou largar". Na comunicação via internet, quando o proponente está conectado diretamente com o destinatário da proposta, esta também é considerada entre *presentes*.

Embora não haja previsão legal (até porque não há sentido em fixar prazo para pessoa presente), a proposta pode ser feita a pessoa presente com prazo e, neste caso, caducará se não for dada a resposta ou manifestada a aceitação no prazo convencionado.

Inciso II: a proposta feita para pessoa ausente (sujeito que não tem condições de dar resposta imediata à proposta) apresenta consequência jurídica diversa. Se a proposta, nestas condições, for sem prazo para a pessoa ausente, deixa de ser obrigatória se tiver decorrido tempo suficiente para chegar à resposta ao conhecimento do proponente. O problema neste inciso será definir qual é esse *tempo suficiente*, denominado pela doutrina *prazo moral*, o qual deve ser razoável.

Como o destinatário não tem condições de dar uma resposta imediata, como acontece com a pessoa presente, deve o proponente aguardar por um prazo necessário para a resposta, que deverá ser razoável e compatível com cada situação concreta. Tal prazo moral de aceitação não pode ser tão longo, capaz de prejudicar o proponente e nem tão curto para inviabilizar qualquer resposta. O prazo deve ser o necessário e suficiente para a resposta. O prazo moral de aceitação variará conforme a complexidade do negócio, a distância entre os sujeitos, o meio de comunicação utilizado para enviar a proposta, a realidade social dos sujeitos, dentre outras situações possíveis de serem analisadas no caso concreto.

Inciso III: este inciso trata da proposta endereçada a pessoa ausente, mas com prazo para resposta. O prazo torna objetiva a questão, tornando menos complexa a liberação do proponente. Desta forma, se feita com prazo a pessoa a ausente, a proposta deixa de ser obrigatória, se a resposta não tiver sido expedida dentro do prazo dado pelo proponente.

A oferta estipulada com prazo, cria para o destinatário a legítima expectativa de que sua aceitação naquele termo vinculará as partes[57]. Daí que a irrevogabilidade da oferta acompanhada de prazo de aceitação é uma consequência do princípio da confiança e da necessidade de seriedade e segurança no tráfego jurídico e a retirada da oferta antes do prazo conduz à obrigação de reparação de danos.

Não sendo a resposta expedida dentro do prazo, o proponente estará desobrigado. A resposta enviada após a expiração do prazo não terá eficácia jurídica em relação ao proponente. Neste ponto, há questão relevante a ser considerada. O inciso trata de "resposta expedida" dentro do prazo. Os contratos entre ausentes tornam-se perfeitos desde a expedição da resposta (art. 434, o que é objeto de questionamento pela teoria da recepção, adiante analisada), ou seja, consideram-se formados desde a expedição da resposta. A expedição da resposta é o momento exato da formação do contrato entre ausentes. Expedida no prazo, formado estará o contrato entre ausentes. Este dispositivo pende para a teoria da expedição, a qual justifica o momento da formação do contrato entre ausentes. No entanto, há divergências em relação ao momento exato da formação do contrato entre ausentes, pois, mesmo expedida a resposta dentro do prazo, será possível a retratação do aceitante. Em relação a estas teorias, os comentários serão realizados posteriormente, quando da análise do art. 434 do CC.

O fato é um só: na proposta para pessoa ausente, com prazo para resposta, a resposta expedida fora do prazo desobriga o proponente. Se a proposta for expedida dentro do prazo dado, em princípio, o contrato estará formado. O termo *em princípio* se justifica diante das divergências existentes em torno do momento exato da formação do contrato entre ausentes.

Inciso IV: neste inciso a lei faculta ao proponente o direito de se arrepender da proposta feita. A retratação do proponente somente terá eficácia se chegar ao conhecimento do destinatário antes ou simultaneamente com a proposta. Se a retratação chega ao conhecimento do aceitante/oblato antes ou ao mesmo tempo da proposta, este não terá tido qualquer expectativa em relação à proposta. Não há confiança ou boa-fé objetiva. A recepção da retratação antes ou ao mesmo tempo que a proposta, neutraliza a confiança e evidencia que a proposta é declaração receptícia de vontade. A retratação que antecipa a proposta neutraliza os efeitos desta. No entanto, é essencial que a retratação chegue ao conhecimento do destinatário antes da proposta ou, pelo menos, simultaneamente com a proposta. Nestes casos, esta deixará de ser obrigatória. Portanto, a proposta não é irrevogável.

Caio Mário[58] é preciso quando afirma: "Cumpre que a retratação chegue ao conhecimento do oblato antes da proposta ou simultaneamente com ela, caso em que as duas declarações de vontade (proposta e retratação), por serem contraditórias, nulificam-se e destroem-se reciprocamente".

Em síntese, nas hipóteses previstas nos arts. 427 e 428, a proposta deixará de ser obrigatória, porque não vincula o proponente.

3.3.1.3.1. A questão da morte do proponente antes da resposta

O Código Civil omitiu questão relevante a respeito da eficácia jurídica da proposta em caso de morte do proponente ou policitante, antes da resposta. Feita a proposta e aceita pelo destinatário, já há contrato formado e, neste caso, obviamente, em caso de morte de qualquer dos con-

---

[56] PEREIRA, Caio Mário da Silva. *Instituições de direito civil*: Contratos. 11. ed. Rio de Janeiro, 2004. v. III.

[57] FARIAS, Cristiano Chaves de; ROSENVALD, Nelson. *Direito dos contratos*. Rio de Janeiro: Lumen Juris, 2011. v. IV, p. 68.

[58] PEREIRA, Caio Mário da Silva. *Instituições de direito civil*: Contratos. 11. ed. Rio de Janeiro, 2004. v. III.

tratantes, os herdeiros estarão obrigados, nos limites da herança.

O problema é outro. Se após a realização da proposta e antes da aceitação (portanto, antes da formação do contrato), o proponente vier a falecer, os herdeiros do proponente se vinculam aos termos da proposta?

Os mestres do direito civil contemporâneo, Caio Mário e Orlando Gomes, pensam de forma diametralmente oposta em relação a este tema. Segundo Orlando Gomes[59]: "A proposta a ausente caduca se o proponente morre ou se torna incapaz antes da aceitação. Se com a simples aceitação ainda não há contrato, não pode formar-se se deixou de existir uma das pessoas que nele figuraria como parte. Defunto não contrata. Contrato somente há quando se integram duas ou mais vontades".

Caio Mário[60] defende não prevalecer a opinião favorável a respeito da caducidade da oferta: "(...) ao revés, bem se tem entendido que a abertura da sucessão transmite aos herdeiros o patrimônio do *de cujus* com o ônus da proposta feita, em via de converter-se em contrato mediante adesão pura e simples do oblato, salvo se os sucessores exercerem a faculdade de retratação, na forma e na oportunidade em que o poderia fazer o antecessor".

No mesmo sentido Serpa Lopes[61], em seu *Curso de direito civil*: "A morte ou a declaração da incapacidade, mesmo ocorrendo antes da aceitação, não desvinculam os sucessores ou os representantes do proponente em face do aceitante, ressalvada apenas a hipótese de a proposta se referir a um contrato *intuito personae*".

Diante do princípio da boa-fé objetiva e do fato de as vontades exteriorizadas gerarem expectativas legítimas na esfera jurídica do destinatário da proposta, não tendo caráter personalíssimo, a proposta vincula os herdeiros do proponente, limitada às forças da herança (art. 1.792 do CC). No caso, entre a tutela do destinatário de boa-fé e dos herdeiros do proponente, deve ser resguardada a boa-fé objetiva do oblato ou aceitante, o qual acreditou, confiou na vontade exteriorizada pelo proponente. Em relação aos herdeiros, não haverá prejuízo material, pois, segundo o art. 1.792 do CC, "o herdeiro não responde por encargos superiores às forças da herança". O patrimônio do devedor/*de cujus* fica sujeito ao pagamento de suas dívidas.

A vinculação dos herdeiros do proponente é medida justa e adequada, sintonizada com a tutela da boa-fé objetiva e da confiança depositada pelos destinatários de vontades exteriorizadas na consumação destas vontades. Em coerência com o sistema e, considerando a adoção da teoria da declaração (art. 112 do CC) em matéria de interpretação do negócio jurídico, fica fácil depreender a tutela do sujeito que confiou na consumação da vontade exteriorizada pelo proponente. O falecimento do proponente, antes da aceitação, não tem o poder de caducar a oferta.

Admitir o contrário seria atentar contra o princípio da boa-fé objetiva e a tutela daquele sujeito de boa-fé, destinatário da proposta. Por isso, nesta hipótese, se tutela a boa-fé do aceitante ou oblato.

A proposta somente não vinculará os herdeiros se o futuro contrato for intuito personae, *ou seja, tiver caráter personalíssimo ou se o oblato estiver de má-fé*. Com exceção destas duas hipóteses, os herdeiros do proponente, em caso de morte ou incapacidade superveniente deste após a proposta e antes da aceitação, se vincularão aos termos da proposta.

3.3.1.4. Aceitação

A última etapa para a formação de qualquer contrato (consensual ou real) se dá com a adesão incondicional do destinatário/oblato à proposta.

A aceitação, assim como a proposta, é declaração *receptícia* de vontade, pois sua eficácia depende do conhecimento do destinatário da resposta, qual seja, o proponente. A pessoa a que se destina deve, necessariamente, ter conhecimento da resposta ou aceitação, como condição de eficácia jurídica. Portanto, não basta a aceitação, sendo essencial que a aceitação seja realizada nos exatos termos da proposta e que chegue ao efetivo conhecimento do proponente.

A aceitação deve ser incondicional, ou seja, a proposta, quando formulada, não pode ficar na dependência de nova declaração de vontade do aceitante. No caso, ou o aceitante adere integralmente à proposta e o contrato estará formado ou imporá alguma restrição, caso em que estará caracterizada nova proposta, convertendo o proponente primitivo e aceitante. Por isso, a aceitação não pode vir acompanhada de restrições ou imposições. A adesão à proposta deve ser integral. A divergência do oblato indica o dissenso sobre aspectos principais ou secundários do negócio. Neste sentido, o art. 431 do CC dispõe que a aceitação fora do prazo, com adições, restrições, ou modificações, importará nova proposta. É a chamada contraproposta.

A opção, como espécie de proposta irrevogável, será analisada por ocasião do estudo da promessa unilateral de contrato, objeto do art. 466 do CC.

O oblato, no momento da adesão à proposta, aceitando-a integralmente e sem restrições, faz nascer o contrato. O contrato é puramente um acordo de vontades. E esse acordo de vontades se materializa ou é consolidado no momento da adesão do oblato à proposta formulada pelo proponente ou policitante. Aceita a proposta, está formado o contrato. As partes fazem coincidir as vontades. As vontades são convergentes a respeito do objeto do contrato formado.

Portanto, a terceira e última fase para a formação do contrato é a aceitação. É a manifestação da parte destinatária a respeito da proposta. A resposta ou adesão à proposta pode ser expressa ou tácita (comportamento inequívoco em que o aceitante demonstra a intenção de aderir integralmente à proposta).

Segundo o art. 432 do CC, "se o negócio for daqueles em que não seja costume a aceitação expressa, ou o pro-

---

[59] GOMES, Orlando. *Contratos*. 26. ed. Rio de Janeiro: Forense, 2008.
[60] PEREIRA, Caio Mário da Silva. *Instituições de direito civil*: Contratos. 11. ed. Rio de Janeiro, 2004. v. III.
[61] LOPES, Miguel Maria de Serpa. *Curso de direito civil*: introdução, parte geral e teoria dos negócios jurídicos. 9. ed. Rio de Janeiro: Freitas Bastos, 2000.

ponente a tiver dispensado, reputar-se-á concluído o contrato, não chegando a tempo a recusa". Tal dispositivo trata de duas situações distintas: Na primeira hipótese é admitida a aceitação tácita naqueles negócios onde o costume dispensa a aceitação expressa, como, por exemplo, quando sujeitos já têm o costume de realizar contratos sem prévia comunicação. O sujeito envia a mercadoria e o destinatário já tem o costume de enviar os valores. A declaração de vontade pode ser tácita quando a lei não a exigir expressa e o costume a admite. No exemplo de Carvalho Santos[62], "o destinatário da proposta não tem necessidade de responder, dizendo aceitá-la, por isso que, pelos precedentes que constituíam um hábito, sabia que o seu silêncio equivalia à aceitação.

Nas precisas palavras de Orlando Gomes[63], "o conhecimento da aceitação não precisa ser efetivo. Exige-se apenas que seja provável, presumindo a lei a sua existência, quando há a probabilidade de tê-lo". O mestre, citando Larenz (*Derecho Civil*, Parte General, p. 728), dispõe que os atos de aceitação podem se classificar em dois grupos: "(a) atos de execução e (b) atos de apropriação ou utilização. Com a prática do ato de execução na oferta ao público, o interessado em aceitá-la cumpre de imediato a sua obrigação, concluindo, desse modo, o contrato, como sucede a quem compra uma carteira de cigarro em uma máquina automática, eis que, para recebê-la, deposita antes certa moeda. Através de um ato de utilização da mercadoria que lhe foi remetida sem pedido, também se conclui um contrato por simples atuação da vontade, como no caso de receber alguém um livro que não encomendou e abrir para leitura suas páginas. Sempre que, em tais condições, passe o destinatário do objeto a se comportar como seu proprietário, terá aceito a proposta mediante um ato de apropriação".

Nestes casos, a aceitação de proposta não é declaração de vontade, pois decorre de comportamento com finalidade específica.

Além desta hipótese, o art. 432 do CC também ignora a aceitação expressa quando o proponente a tiver dispensado. Neste caso, reputar-se-á concluído o contrato não chegando a tempo a recusa. A aceitação deve ser oportuna ou formulada dentro do prazo, para ter força obrigatória. É comum naqueles casos em que o proponente marca prazo para a aceitação do oblato e, decorrido o tempo de resposta negativa e, não sendo o caso de aceitação expressa, estará concluído o contrato.

Por fim, há discussão se é possível, em situações específicas, a aceitação pelo silêncio (art. 111 do CC que adota a teoria do silêncio circunstanciado). Há contratos, como a doação pura, em que o silêncio do destinatário da doação seria suficiente para sua formação e constituição. O silêncio é o não agir e não se confunde com a declaração tácita. Ao não agir, a depender das circunstâncias do caso e desde que a norma não exija declaração expressa, como na doação, gera efeitos jurídicos (no caso, aceitação).

3.3.1.4.1. Aceitação sem eficácia jurídica

O art. 430 do CC dispõe sobre hipótese em que a aceitação ou resposta é dada no prazo concedido pelo proponente, mas não será suficiente para a formação do contrato. Este artigo é incompatível com a teoria da expedição defendida por muitos doutrinadores como regra na formação do contrato entre ausentes. Para a teoria da expedição, basta, objetivamente, a expedição da resposta, para se considerar concluído o contrato entre ausentes.

No entanto, segundo este dispositivo, mesmo a resposta tendo sido expedida dentro do prazo, não se formará o contrato, estando o proponente desobrigado, se "a aceitação, por circunstância imprevista, chegar tarde ao conhecimento do proponente".

Embora se refira à aceitação, o art. 430 do CC trata de outra situação fática de desvinculação ou liberação do proponente, a qual deve ser somada àquelas previstas nos arts. 427 e 428 do CC. Nesta nova hipótese, o aceitante responde no prazo, mas, por circunstância imprevista, chega tarde ao conhecimento do proponente. A expressão *chegar tarde ao conhecimento do proponente* indica, claramente, a necessidade da recepção da resposta como condição para a formação do contrato entre ausentes. Entre presentes não haverá este problema, pois a resposta deve ser imediata.

No contrato a ser formado entre ausentes, surge a dúvida do momento exato da formação. Por óbvio, o contrato se forma no momento do ajuste, da justaposição, do acordo ou do encontro entre duas vontades. Mas quando se dará esse ajuste ou acordo no contrato entre ausentes? No momento da expedição da resposta ou da recepção da resposta pelo proponente? Tal questão será desenvolvida no tópico seguinte.

O art. 430 do CC rechaça a teoria da expedição, pois não bastará a expedição da resposta dentro do prazo para a formação do contrato entre ausentes. É essencial que a resposta não chegue tarde ao conhecimento do proponente. Então, para a formação do contrato, exige-se *expedição* da resposta + *recepção* pelo proponente em tempo razoável. Se a resposta chegar tarde ao conhecimento do proponente, este ficará desobrigado. A *circunstância imprevista* é expressão indeterminada e aberta, a ser analisada no caso concreto. Pode ser um caso fortuito ou motivo de força maior, por exemplo. Deve existir uma relação de causalidade entre a circunstância imprevista e o atraso da resposta. Esta chegou tarde (consequência) ao conhecimento do proponente em razão da circunstância imprevista (causa).

Embora desvinculado e desobrigado, o proponente tem a obrigação legal de comunicar o fato imediatamente ao aceitante, sob pena de responder por perdas e danos. A proposta, neste caso, perde a força vinculante, mas o proponente tem o dever de comunicar a ocorrência ao aceitante, como desdobramento do princípio da boa-fé objeti-

---

[62] CARVALHO SANTOS, J. M. *Código civil brasileiro interpretado.* 10. ed. Rio de Janeiro: Freitas Bastos, 1986.

[63] GOMES, Orlando. *Contratos.* 26. ed. Rio de Janeiro: Forense, 2008.

va nas relações privadas. Como pondera Tepedino[64]: "Se o aviso por parte do proponente se dá instantaneamente, todas as despesas eventualmente já realizadas pelo aceitante, convicto que estava de que a expedição da resposta dentro do prazo havia consumado o contrato, são prejuízos que terão de ser arcados pelo próprio". Sendo negligente, deverá o proponente arcar com perdas e danos.

Sobre essa questão, pondera Orlando Gomes[65]: "Nada obsta, por fim, a que se considere a aceitação tardia nova proposta, embora entendam alguns escritores que o atraso determina caducidade".

3.3.1.4.2. Retratação do aceitante

O oblato ou aceitante, após a expedição da resposta, também possui o direito potestativo de se retratar. A aceitação, assim como a proposta, não é irrevogável. O arrependimento é permitido nestas declarações receptícias de vontade.

O art. 433 do CC considera inexistente a aceitação, se antes dela ou com ela chegar ao proponente a retratação do aceitante. Por ser declaração receptícia de vontade, somente produzirá efeito quando chegar ao conhecimento do proponente. A retratação tem o poder de neutralizar, por completo, a aceitação, como se esta jamais houvesse sido emitida, pois a lei menciona a *inexistência*.

Tal dispositivo repercutirá intensamente nas teorias relativas à formação do contrato entre ausentes, pois, se a retratação pode tornar a aceitação inexistente, o contrato se forma não no momento da expedição da resposta (teoria da expedição), mas no momento da recepção da resposta (teoria da recepção). Admitir a teoria da expedição seria permitir ao aceitante tornar o contrato formado inexistente apenas pelo fato de ter se arrependido. Poderia o aceitante, por vontade unilateral, tornar inexistente contrato já formado com a expedição se houver a retratação que chegue ao conhecimento do proponente antes da resposta? Diante deste dispositivo, que é simétrico com o disposto no art. 428, IV, do CC, o qual admite a retração do proponente, não há como compatibilizar o art. 433 com a teoria da expedição.

Alguns poderão argumentar que o art. 433 do CC é excepcionado pelo art. 434 do CC, o qual disciplina a teoria da expedição. No entanto, é uma exceção *aberta*, ou seja, o aceitante sempre poderá se retratar e, neste caso, a resposta expedida não terá eficácia jurídica. Em qualquer circunstância, o aceitante poderá, por sua própria vontade, se retratar, nos termos do art. 433 do CC. Se a retratação for recepcionada antes da aceitação, valerá a retratação. Ou seja, no contrato entre ausentes, a formação do contrato sempre dependerá do que o proponente primeiro tomar conhecimento, da retração ou da resposta. Se for da aceitação, o contrato estará formado, mas se for da retração, jamais houve contrato.

Admitir a expedição é permitir a possibilidade de o aceitante tornar inexistente contrato já formado pela mera expedição. Não há respaldo legal para essa situação. Se a retratação chegar ao conhecimento do proponente após este tomar ciência da aceitação, não terá qualquer eficácia jurídica e o contrato estará formado. E mais, a aceitação é declaração receptícia de vontade e, por isso, somente produz efeito jurídico quando passa a ser conhecida pelo proponente.

3.3.1.4.3. Aceitação e contrato entre ausentes

A formação do contrato entre ausentes envolve questão de grande relevância, justamente o momento exato da formação deste contrato. Qual o *momento* a ser considerado como formado o contrato entre ausentes? O contrato se forma com a adesão integral e incondicionada do oblato ou aceitante à proposta formulada pelo proponente. No momento da junção das vontades convergentes, se consumará o acordo e, em consequência, estará formado o contrato, passando, a partir de então, a produzir efeitos jurídicos.

Entre presentes, não há qualquer especulação, pois, não sendo imediatamente aceita a proposta, o proponente estará desobrigado.

O momento da formação do contrato tem relevância na proposta entre ausentes, pois, neste caso, diante da impossibilidade de resposta imediata, deve ser apurado qual o momento da formação do vínculo contratual. Na tentativa de justificar o momento da formação do contrato entre ausentes, surgiram quatro teorias: 1 – Informação; 2 – Declaração; 3 – Expedição; e 4 – Recepção.

As teorias da informação e da declaração são teorias subjetivas, pois o momento da formação do contrato depende do conhecimento dos sujeitos a respeito da proposta ou resposta, cujo momento exato é de difícil definição.

A teoria da informação ou da cognição considera formado o contrato no momento do proponente tomar ciência da aceitação do oblato, ou seja, quando o proponente é *informado* sobre os termos da resposta. Entretanto, ficará a critério do proponente definir esse momento, pois ninguém e somente ele saberá o instante exato da ciência da resposta.

Orlando Gomes[66] ressalta a dificuldade desta teoria: "Antes, portanto, que leia a carta ou o telegrama do aceitante não estará concluído. Alega-se, em seu favor, que evita o absurdo de ficar alguém vinculado por um contrato sem o saber. Tem, porém, o inconveniente de dificultar a determinação do exato momento em que o contrato se forma, pois ficaria ao arbítrio do proponente procrastiná-lo".

A teoria da declaração ou agnição, denominada declaração propriamente dita ou simples aceitação, considera formado o contrato entre ausentes no momento exato em que o oblato declara a vontade de aceitar a proposta. Tal

---

[64] TEPEDINO, Gustavo; BARBOSA, Heloísa Helena; BODIN, Maria Celina et al. *Código civil interpretado*. v. II (teoria geral dos contratos, contratos em espécie, atos unilaterais, títulos de crédito, responsabilidade civil, preferências e privilégios creditórios - artigos 421-965), RJ-SP: Renovar, 2006.

[65] GOMES, Orlando. *Contratos*. 26. ed. Rio de Janeiro: Forense, 2008.

[66] GOMES, Orlando. *Contratos*. 26. ed. Rio de Janeiro: Forense, 2008.

teoria também é insegura e apresenta o mesmo inconveniente da teoria da informação, pois ficará a critério do oblato definir o momento da formação do contrato. O oblato poderá declarar vontade em uma data e informar outra como sendo a data da aceitação da proposta. Apenas o oblato terá condições de definir o momento da formação do contrato. Tal fato é de extrema relevância, pois, a partir do momento da formação do contrato, este, como fonte de obrigações, passa a produzir efeitos jurídicos. Difícil ou impossível saber o momento exato em que o oblato escreve a resposta positiva. Segundo Orlando Gomes[67], o oblato teria o poder arbitrário de concluir e desfazer o contrato: "Ao escrever a carta de aceitação, concluiria o contrato; destruindo-a, o desfaria; tudo isso sem que o proponente tivesse sequer a possibilidade de saber o que se passa".

Por estas razões, as teorias da informação e declaração não foram adotadas pelo nosso ordenamento jurídico e, também, não contam com a simpatia da imensa maioria dos doutrinadores.

As teorias da recepção e da expedição, por serem objetivas quanto ao momento da formação do contrato entre ausentes, merecem destaque.

A doutrina, em sua maioria, defende a teoria da expedição como aquela adotada pelo nosso ordenamento jurídico para determinar o momento da formação do contrato entre ausentes. O fundamento desta corrente é o art. 434 do CC, segundo o qual os contratos entre ausentes tornam-se perfeitos desde que a aceitação é expedida. Expedida a resposta, cuja expedição é apurada por meio de critérios objetivos, como a postagem da resposta no correio, estará formado o contrato. Tal teoria evita arbítrios e a manipulação do momento da formação do contrato, pois baseada em questão objetiva. Além do art. 434 do CC, o qual faz expressa referência à teoria da expedição, os defensores desta teoria ainda levam em conta o disposto no inciso III do art. 428 do CC, referente à proposta com prazo para pessoa ausente, onde é mencionada a expedição da resposta como o marco desta. Mesmo os adeptos da teoria da expedição concordam com a mitigação da teoria em razão das exceções previstas nos três incisos do art. 434 do CC.

Por último, a teoria da recepção considera formado, perfeito e acabado o contrato entre ausentes, no momento da recepção da resposta pelo proponente. A recepção também é apurada por meio de critérios objetivos, como recibo assinado pelo proponente, intimação por meio de *aviso de recebimento*, notificações extrajudiciais, dentre outros. O contrato entre ausentes, nesta hipótese, somente se forma no momento exato no qual o proponente toma ciência da resposta do aceitante.

O Código Civil teria adotado a teoria da expedição ou da recepção para determinar o momento da formação do contrato entre ausentes?

No caso, por meio de interpretação literal e superficial, é fácil afirmar ser a teoria da expedição, art. 434, *caput*, embora mitigada. Aliás, este é o entendimento majoritário.

Entretanto, analisando atentamente todos os dispositivos responsáveis pela disciplina jurídica da formação do contrato, a conclusão é outra. Embora faça menção à expedição no art. 434 do CC, esta expedição fica condicionada à recepção da resposta pelo proponente e, apenas neste momento, está formado o contrato entre ausentes. Explica-se: no inciso I do art. 434 do CC, a expedição da aceitação não é capaz de tornar perfeito o contrato se ocorrer a hipótese do art. 433 do CC, ou seja, retratação do aceitante.

Como já ressaltamos, em qualquer situação, o aceitante sempre poderá, em tese, se retratar ou arrepender-se da resposta dada. Por isso, restará ao proponente aguardar qual documento chegará primeiro ao seu conhecimento: a resposta positiva ou a retratação. A expedição jamais será suficiente para tornar perfeito o contrato entre ausentes, pois sempre o aceitante poderá se retratar e, havendo o arrependimento, tendo o proponente recepcionado a retratação antes da resposta ou junto com a resposta, a aceitação é considerada inexistente. Como pode a expedição ser o momento da formação do contrato entre ausentes se o aceitante pode se retratar e, em caso de retratação, inexistirá a aceitação e, portanto, inexistirá contrato?

Embora o inciso I do art. 434 do CC ressalve a possibilidade da retratação, isso não é uma exceção, pois essa possibilidade de retratação existirá em todos os casos. Aceita a proposta e expedida a resposta, o aceitante sempre poderá se retratar. Essa possibilidade de se retratar direciona a formação do contrato entre ausentes para a recepção da resposta e não para a expedição.

O art. 430 do CC também serve como fundamento para a teoria da recepção. No caso, mesmo a resposta positiva tendo sido dada dentro do prazo, não se formará o contrato, se, por causa imprevista, chegar tarde ao conhecimento do proponente, ou melhor, for recepcionada tardiamente pelo proponente. O sujeito expediu a resposta positiva no prazo dado pelo proponente, mas a resposta, por circunstância imprevista, chegou tarde, fato suficiente para desvincular o proponente. É a recepção o fator determinante neste caso e não a expedição.

E, para finalizar, há ainda de ser considerado o fato mais relevante. A aceitação, assim como a proposta, é declaração receptícia de vontade, uma declaração dependente do conhecimento ou da recepção do destinatário para ter eficácia. A eficácia das declarações receptícias de vontade dependem do conhecimento e da recepção efetiva do destinatário. Por isso, é a recepção o fato determinante da formação dos contratos entre ausentes. Se a aceitação é declaração receptícia de vontade, pressupõe recepção para ter eficácia jurídica, no caso, para formação do contrato.

As duas outras exceções previstas nos incisos II e III do art. 434 do CC apenas confirmam a teoria da recepção. Se o proponente houver se comprometido a esperar a res-

---

[67] GOMES, Orlando. *Contratos*. 26. ed. Rio de Janeiro: Forense, 2008.

posta (neste caso, como enuncia Serpa Lopes[68], "se o próprio proponente criou essa situação jurídica, está obrigado a essa espera, senão indefinidamente, pelo menos enquanto não modificá-la por meio de fixação de um prazo para aceitação" ou se a resposta não chegar ou não for recebida no prazo determinado pelo proponente, o contrato não se forma entre ausentes.

A discussão está aberta, mas estamos convencidos do equívoco do art. 434 do CC ao fazer referência expressa à teoria da expedição, quando, ao extrair o significado das demais normas jurídicas sobre o assunto, fica evidente a necessidade da recepção da resposta pelo proponente como condição da formação do contrato entre ausentes. Nesse sentido, aliás, o Enunciado 173 das Jornadas de Direito Civil do CJF, segundo o qual: "A formação dos contratos realizados entre pessoas ausentes, por meio eletrônico, completa-se com a recepção da aceitação pelo proponente".

3.3.1.5. Lugar da celebração do contrato

O lugar do contrato é o local da proposta. Segundo o art. 435 do CC: "Reputar-se-á celebrado o contrato no lugar em que foi proposto".

O contrato entre ausentes, segundo o art. 434 do CC, se forma no momento e no local da expedição, mas o lugar do contrato é o local onde a proposta foi feita!!! O legislador deveria fazer coincidir o lugar do contrato com o lugar da consumação do contrato, ou com a sua formação, pois somente a partir de então produzirá efeitos jurídicos.

Por ocasião da proposta ainda não há contrato, mas apenas uma declaração de vontade exteriorizada por sujeito desejoso em contratar. A formação do contrato depende da adesão do destinatário a essa proposta. O momento da formação deveria ser o lugar do contrato e não o lugar onde foi proposto. Enfim, esta é a disposição legal.

Caio Mário[69] destaca, com o que concordamos, ser essa norma de natureza dispositiva "a regra tem sentido supletório e não cogente, prevendo o que vier a ser estipulado por expresso".

O contrato, entre presentes ou entre ausentes, reputar-se-á celebrado no lugar da proposta. O Código Civil não faz distinção entre presentes ou ausentes. No caso da proposta entre presentes, sendo admitida a "presença" por qualquer meio de comunicação, como é o telefone, onde as partes estão em contato direito, se o proponente estiver em Brasília e o oblato estiver em São Paulo, o lugar do contrato será Brasília, ou seja, onde houve a proposta. Assim, a presença ou ausência não interfere neste dispositivo. Por conta disso, não conseguimos compreender a afirmação do mestre Orlando Gomes[70], quando diz que "o contrato entre presentes se forma onde elas se encontram"!!!. Mas e se os presentes estiverem em locais diferentes? Portanto, mesmo entre presentes, o lugar da celebração do contrato é o local da proposta.

O lugar da celebração do contrato, ressalvada cláusula de eleição de foro, tem relevância para fins de fixação de competência territorial.

A Lei de Introdução às Normas do Direito Brasileiro, considerando a circunstância de os contratantes residirem em países diferentes, traz regra específica sobre o lugar da celebração destes contratos *internacionais*, o que é objeto do direito internacional privado.

O art. 9º da LINDB dispõe sobre a lei aplicável às obrigações e aos contratos. Como regra geral, a lei estabelece a aplicação da lei do País onde forem constituídas as obrigações para reger os efeitos jurídicos destas. É a lei do lugar da celebração da obrigação, onde foi constituída. No entanto, nos termos do § 2º do artigo em referência, a obrigação resultante do contrato reputa-se constituída no lugar em que residir o proponente.

A lei aplicável é a do local onde a obrigação foi constituída. Mas, se a obrigação resultar de um contrato (a obrigação pode ter várias fontes, entre elas, o contrato), reputa-se constituída não no local da celebração (ou da constituição), mas no local onde residir o proponente. A exceção prevista no § 2º do art. 9º da LINDB somente se aplica para a obrigação resultante ou materializada em um contrato. A obrigação, cuja fonte seja diversa do contrato, considera-se regida pela lei do País onde foi constituída. No caso do contrato, este será regido pela lei do País onde for domiciliado ou tiver residência o proponente. O lugar da residência do proponente é o local considerado como o da constituição da obrigação e, por isso, é a lei do País de residência do proponente a ser aplicada a estes casos. No plano internacional, a questão do local do contrato é de extrema relevância.

Por exemplo, se um sujeito viaja para o Uruguai para frequentar cassinos, cujos jogos são legalizados naquele País e, em determinado jogo de cartas, perde R$ 20.000,00 (vinte mil reais), tal contrato de jogo constitui, no Uruguai, obrigação civil e legítima. No entanto, como o proponente, jogador brasileiro, não reside no Uruguai, e aplica-se a lei da residência deste jogador brasileiro para esta obrigação resultante deste contrato, este sujeito não poderá ser cobrado, pois a lei brasileira considera a dívida de jogo obrigação natural e, portanto, inexigível juridicamente.

3.4. CLASSIFICAÇÃO TRADICIONAL DOS CONTRATOS

3.4.1. Classificação dos contratos quanto à formação ou ao momento de aperfeiçoamento

3.4.1.1. Contratos consensuais e reais (plano da existência – contratos)

A classificação dos contratos em consensuais e reais está relacionada à formação dos contratos. Tal classificação determinará os requisitos e pressupostos necessários para a constituição do contrato e a produção dos efeitos jurídicos obrigacionais correspondentes.

---

[68] LOPES, Miguel Maria de Serpa. *Curso de direito civil*: introdução, parte geral e teoria dos negócios jurídicos. 9. ed. Rio de Janeiro: Freitas Bastos, 2000. v. VII.
[69] PEREIRA, Caio Mário da Silva. *Instituições de direito civil*: Contratos. 11. ed. Rio de Janeiro, 2004. v. III.
[70] GOMES, Orlando. *Contratos*. 26. ed. Rio de Janeiro: Forense, 2008.

O contrato consensual pressupõe negociações preliminares, proposta e aceitação (etapas necessárias e suficientes para sua formação/constituição). O contrato real pressupõe negociações preliminares, proposta e aceitação (etapas necessárias, mas *não* suficientes para sua constituição). Os contratos reais dependem de quarta etapa, a entrega do objeto, como condição de constituição.

O contrato é consensual quando o acordo de vontades ou o puro consenso é suficiente para a formação de um contrato. No contrato consensual, regra em nosso ordenamento jurídico e decorrente da adoção do princípio do consensualismo, se dispensa qualquer formalidade para a formação do contrato. Basta o consenso. Os contratos consensuais se formam exclusivamente pela exteriorização de vontades convergentes e justapostas. Nos contratos consensuais, a lei não exige senão o acordo (*solo consensu*).

O acordo de vontades forma o contrato e, a partir deste acordo, o pacto gera efeitos jurídicos obrigacionais. O consensualismo dá mais dinamismo ao contrato. É compatível com a ideia de obrigação como processo dinâmico, voltado para o adimplemento. A formação do contrato pelo mero consenso permitirá uma interação maior deste negócio jurídico com a coletividade.

Os contratos reais se constituem apenas com a tradição (sinônimo de entrega) do objeto. A existência de contratos reais em nosso ordenamento jurídico é fonte de inúmeras divergências. A maioria da doutrina admite os contratos reais (Carvalho Santos, Arnold Wald, Clóvis Beviláqua, Orlando Gomes e Paulo Nader, dentre outros). O contrato real exige, para sua formação e caracterização, a entrega efetiva do objeto do contrato. Real é o contrato para cuja perfeição a lei exige a tradição (e tradição aqui não tem o sentido de transferência da propriedade imobiliária, mas o sentido de *entrega da coisa* – transferência da posse direta).

Nos contratos reais, a tradição integraria a própria constituição ou a estrutura molecular do contrato. Para a formação, constituição e existência do contrato real, o consenso não é suficiente, sendo indispensável a entrega da coisa ou a transferência da posse direta para o outro contratante. Se houver a transferência da posse e a entrega da coisa, estará formado o contrato. Em caso contrário, este inexistirá.

Há doutrina (minoritária) que considera que todos os contratos são consensuais, ou seja, a entrega do objeto é parte da execução e não constituição do contrato: para Serpa Lopes[71], a entrega da coisa não seria requisito *da própria constituição* do contrato, mas apenas uma etapa ou fase da sua *execução*.

Caio Mário[72] tem uma posição intermediária, pois, embora defenda a extinção dos contratos reais, a fim de que a tradição deixe de ser elemento de constituição destes contratos e passe a constituir a execução da obrigação do contratante, se rende à legislação de 2002 e reconhece a existência dos contratos reais em nosso ordenamento jurídico. Não concorda com a classificação, mas os reconhece.

O fato é que o Código Civil de 2002 mantém a distinção entre contratos consensuais e reais. Portanto, prevalece o entendimento de a tradição ser elemento essencial para a estruturação e a constituição do contrato denominado *real*. O qualificativo *real* torna a entrega da coisa requisito ou pressuposto para a formação do contrato, integrando o consentimento. Para a formação do contrato real, é indispensável acrescentar às fases das negociações preliminares, proposta e aceitação a entrega do bem. Assim, o contrato real depende de *negociações preliminares + proposta + aceitação + entrega da coisa*.

Se não houver a entrega da coisa ao outro contratante, inexistirá o contrato, pois este não se formará/constituirá. A tradição, nos contratos reais, integra as fases de formação e se soma ao consentimento manifestado pelas partes nas declarações receptícias de vontade, proposta e aceitação.

Em regra, os contratos são consensuais. Os contratos reais são excepcionais. Como exemplos de contratos reais podem ser citados o comodato, o mútuo, o depósito, o contrato estimatório, entre outros.

A distinção entre contratos consensuais e reais pode ser visualizada nos dispositivos legais do Código Civil, a partir da definição destes contratos. Se estiver expresso na definição do contrato que o contratante se *obriga a "algo"* (*entregar, pagar, transportar*), o contrato será consensual. Ao contrário, o contrato é real.

Por exemplo, o art. 481 do CC, o qual trata do contrato de compra e venda, dispõe que um dos contratantes "se obriga a transferir o domínio" e o outro "se obriga a pagar-lhe o preço". Assim, o consenso é suficiente para a formação do contrato de compra e venda, pois a entrega ou transferência do domínio do objeto do pacto e do dinheiro são obrigações decorrentes do contrato, relacionados à execução ou adimplemento do contrato e não à sua constituição. O contrato de troca ou permuta também é consensual, pois, segundo o art. 533 do CC, aplicam-se a ele as disposições referentes à compra e venda.

O contrato de locação de coisas é consensual, pois, segundo o art. 565 do CC, nessa espécie de contrato, uma das partes apenas *se obriga* a ceder à outra, por tempo determinado ou não, o uso e gozo de coisa não fungível, mediante certa retribuição. Se o contratante apenas se obriga a ceder, não sendo necessária a cessão do uso e gozo da coisa para se formar o contrato, este é consensual. O contrato de mandato (arts. 653 a 692 do CC) é consensual, pois perfaz-se tão somente com a manifestação de vontade (art. 656 – o mandato pode ser expresso ou tácito, verbal ou escrito).

Também são considerados consensuais os contratos de comissão (alguém, à conta de outrem, se obriga a realizar negócio de compra e venda em nome próprio – art. 693), agência e distribuição (arts. 710 a 721 – este último artigo determina serem aplicáveis à agência e distribuição as regras do mandato e da comissão) e corretagem, onde o corretor *se obriga* a obter um ou mais negócios em favor

---

[71] LOPES, Miguel Maria de Serpa. *Curso de direito civil*: introdução, parte geral e teoria dos negócios jurídicos. 9. ed. Rio de Janeiro: Freitas Bastos, 2000. v. VII.

[72] PEREIRA, Caio Mário da Silva. *Instituições de direito civil*: Contratos. 11. ed. Rio de Janeiro, 2004. v. III.

de outrem (art. 722), o transporte (segundo o art. 730 do CC, pelo contrato de transporte alguém *se obriga*, mediante retribuição, a transportar, de um lugar para outro, pessoas ou coisas – com o consenso, onde o transportador assume o compromisso de transportar, já estará formado o contrato), o seguro (art. 757 – pelo contrato de seguro, o segurador apenas *se obriga*, mediante o pagamento do prêmio, a garantir interesse legítimo do segurado, relativo a pessoa ou coisa, contra riscos predeterminados), dentre outros.

Nos contratos reais, não há menção de que um dos contratantes *se obriga a isso ou àquilo*. Neste tipo de contrato, como condição para a regular constituição, é essencial a entrega do objeto. O contrato real se origina de um consenso agregado à tradição de um objeto.

O mútuo é contrato real, pois exige a efetiva entrega da coisa para se aperfeiçoar. O mútuo é o empréstimo de coisas fungíveis. O mutuante não se obriga a entregar a coisa. A tradição ou a entrega é elemento essencial para a constituição e formação deste contrato (art. 586).

O comodato somente se perfaz com *a tradição do objeto*, de acordo com o art. 579, ou seja, se aperfeiçoa, se forma, se constitui com a tradição. Sem a tradição ou a entrega, haverá mera promessa de comodato (espécie de contrato preliminar), jamais comodato. O depósito também impõe a tradição (entrega da coisa), pois, por este contrato, o depositário *recebe* a coisa (depositante não se obriga a entregar, mas entrega e o depositário efetivamente recebe), nos termos do art. 627 (o contrato de depósito somente se completará ou se caracterizará com a entrega efetiva do bem, devendo o depositante transferir a posse direta da coisa ao depositário).

O Código Civil passou a prever nova figura contratual nos arts. 534 a 537, qual seja, contrato estimatório, o qual tem natureza real. Segundo o art. 534, pelo contrato estimatório, vulgarmente conhecido como *contrato em consignação*, o consignante *entrega* bens móveis ao consignatário (o consignante não se obriga a entregar, sendo indispensável a entrega efetiva para a caracterização do contrato em questão), que fica autorizado a vendê-los, pagando ao consignante o preço ajustado ou, se preferir, poderá restituir a coisa consignada. A transferência da posse direta ao consignatário é essencial para a formação deste contrato.

Assim, não há dúvida da natureza real dos contratos de comodato, mútuo, depósito e estimatório.

Por outro lado, não se compreende a razão pela qual a doutrina não reconhece o caráter real do contrato de doação. Na doação, se o doador se obrigar a transferir a propriedade de um bem ao donatário e não cumprir a promessa, não haverá doação, mas mera promessa de doação, contrato preliminar e autônomo, o qual não se confunde com a doação definitiva. A doação somente se caracteriza como tal, se houver a transferência efetiva de bens ou vantagens para o donatário. O consenso, sem a transferência efetiva, consolidará apenas promessa de contrato de doação, mas não doação.

E o art. 538 não deixa dúvidas a respeito da natureza real da doação. Nos termos deste dispositivo, "considera-se doação o contrato em que uma pessoa, por liberalidade, *transfere* do seu patrimônio bens ou vantagens para o de outra". O Código Civil exige a transferência efetiva destes bens ou vantagens. Ao contrário dos contratos consensuais, onde o contratante apenas se obriga a entregar o objeto, na doação, o doador deve, para sua consolidação, transferir bens e vantagens de seu patrimônio para outrem.

Por outro lado, a doação, como contrato real, pode ser formal, conforme exige o art. 541, *caput*, do CC, ou verbal (informal), na hipótese específica do parágrafo único desse artigo. Aliás, no caso da doação verbal, é exigida a tradição *incontinenti*. A transferência efetiva da posse e da propriedade do bem objeto da doação é elemento nuclear deste contrato, sem o qual não se formará. Sem a transferência, haverá mero contrato preliminar, o qual não se confunde com a doação.

A doutrina também diverge sobre a natureza consensual ou real do contrato de constituição de renda, disciplinado nos arts. 803 a 813 do CC. Com todo o respeito à divergência, o contrato é consensual, pois, nos termos do art. 803, pode uma pessoa, pelo contrato de constituição de renda, obrigar-se para com outra a uma prestação periódica, a título gratuito. O rendeiro apenas se obriga a pagar prestações periódicas. O pagamento e a entrega das prestações estão relacionados à execução do contrato e não à sua constituição. A justificativa para o seu caráter real seria o fato de o rendeiro receber o bem e, por liberalidade ou por contraprestação (recebe as prestações) e, apenas depois, se obrigar a prestações periódicas. Para melhor entendimento, remetemos o leitor ao capítulo que trata deste contrato específico.

Portanto, os contratos podem ser consensuais ou reais (classificação necessária para apurar a existência e constituição de determinado contrato – plano da existência), o que não se confunde com a formalidade, plano de validade.

Os contratos, consensuais ou reais, podem ser formais ou solenes e informais. Então será possível um contrato consensual formal ou informal e um contrato real formal (doação) e informal. A formalidade não está relacionada à existência do contrato, mas sim ao plano de validade dos contratos consensuais e reais. Ausentes as formalidades exigidas para estes contratos, haverá nulidade do negócio jurídico e não inexistência. Sem a formalidade, os contratos consensuais e reais se formam, mas quando ingressam no mundo jurídico, ao se submeterem ao plano da validade, podem ser neutralizados pela inobservância da forma.

Os formais ou solenes são os contratos que não possuem a forma livre. É variável a formalidade, dependendo da relevância do negócio jurídico.

No entanto, os doutrinadores, como bem ressalta Paulo Nader[73], não seguem uma orientação uniforme em relação a esta classificação: "Alguns juristas distinguem os contratos consensuais dos reais e, para estes, os consen-

---

[73] NADER, Paulo. *Curso de direito civil – Contratos*. 9. ed. Rio de Janeiro: Forense, 2018. v. III.

suais podem ser formais ou informais". Outros, como o próprio Nader, Darcy Bessone, Caio Mário e Maria Helena Diniz, consideram consensual o contrato que requer tão somente o consenso e cuja forma é livre. Para estes, se o contrato consensual exigir formalidade, não será consensual e sim formal.

Discordamos desta segunda classificação, pois a formalidade não é requisito para a existência dos contratos consensuais e reais, mas apenas para a validade destes. Há aqueles que consideram a formalidade elemento para a própria constituição do contrato, pois, sem a forma, o contrato será inexistente. No entanto, tal concepção é um retrocesso, pois acaba ampliando o rol de contratos que não se formam pelo mero consenso, quando o princípio do consensualismo deve ser valorizado e privilegiado pelo sistema. A formalidade é requisito de validade dos contratos consensuais e reais. Ambos, como visto, podem ser formais ou informais e isso pode afetar a validade destes contratos e não a sua existência.

Em resumo, temos contratos consensuais: formais e informais, em que o consenso é suficiente para a formação do contrato, sendo a formalidade essencial para sua validade, e contratos reais: formais e informais, em que a entrega é essencial para a caracterização e constituição do contrato e a forma, quando exigida, pressuposto de validade.

O fato de as partes adotarem a forma escrita ou instrumento público em contratos consensuais e reais por mera conveniência, não desnatura o contrato como sendo informal. A forma pode ser convencionada pelas partes, mesmo quando não exigida pela lei, a exemplo do disposto no art. 109 do CC. O princípio do consensualismo deve ser prestigiado, admitindo-se, apenas por exceção, os contratos reais, em relação aos quais, além do consentimento, para sua constituição, torna-se necessária a tradição do objeto.

Segundo Orlando Gomes[74]: "(...) via de regra, os contratos reais são unilaterais, nada impede, porém, que a realidade se exija como requisito para a formação de um contrato bilateral, ainda que excepcionalmente. O depósito, no qual o depositante se obriga a remunerar o depositário, é contrato bilateral que, todavia, só se torna perfeito e acabado com a entrega da coisa".

Para finalizar, registramos que a tradição, nos contratos reais, em regra, não transfere a propriedade da coisa. Não se pode confundir a formação do contrato real com a transferência da propriedade ou deste direito real. Por exemplo, nos contratos de comodato, o comodante transfere a posse direta do bem ao comodatário, mas não a propriedade (o comodatário tem o dever de restituição); no depósito, o depositante transfere apenas a posse direta, como fato necessário para a constituição do depósito, mas não o direito real de propriedade e, da mesma forma, no contrato estimatório, a tradição é essencial para a formação do contrato, mas não transfere direito real de propriedade, mantendo o consignante a propriedade.

Assim, nos contratos reais a entrega da coisa não é considerada início de execução do contrato, mas elemento essencial de constituição.

Por outro lado, há contratos reais, como o mútuo e o depósito de coisa fungível (art. 645 do CC), que a entrega ou a tradição da coisa, além de constituir o contrato, também implicarão transferência de propriedade, mas não como efeito do contrato, em razão da fungibilidade do objeto mutuado ou depositado. No caso do mútuo a situação, segundo dispõe o art. 587, este empréstimo transfere o domínio da coisa emprestada ao mutuário, por cuja conta correm todos os riscos dela desde a tradição. Isso ocorre porque o mútuo tem por objeto coisas fungíveis (podem ser substituídas por outras da mesma espécie, qualidade e quantidade). É a fungibilidade da coisa mutuada que possibilita a transferência da propriedade e, considerando que não há formalidades para o mútuo, a tradição, neste contrato, além de constituir o mútuo também transferirá a propriedade do objeto mutuado.

O depósito de coisas fungíveis, denominado depósito irregular, segue a disciplina jurídica do mútuo, conforme art. 645 do CC e, apenas por esse motivo, neste caso raríssimo, a transferência do bem depositado, ao mesmo tempo em que constituir o contrato de depósito, transferirá a propriedade depositada ao depositário (conjugação dos arts. 645 e 587 do CC). Tal transferência tem como causa a fungibilidade do objeto do depósito.

Portanto, nestes casos específicos, a tradição do objeto terá duplo efeito: 1 – constituição do contrato; e 2 – transferência da propriedade (direito real – no caso do mútuo e depósito irregular tal transferência decorre da fungibilidade do objeto destes contratos e na doação das características e natureza deste contrato).

E os contratos denominados "formais" integram essa classificação?

A formalidade ou forma/solenidade não é questão atinente ao plano da existência, mas ao plano de validade (obs.: não confundir a formalidade/solenidade, pressuposto de validade, com a forma/prova, pressuposto de existência: há contratos que, para a existência jurídica, se exige modo mínimo para apuração no mundo real. É a forma/prova, pressuposto de existência. Tal modo ou forma prova é prevista em lei, como é o caso do depósito voluntário que provar-se-á por escrito. No caso, o "escrito" não é formalidade, mas pressuposto mínimo para existência jurídica.

O contrato é formal quando a exteriorização da vontade, por si só, não é suficiente para a formação válida de determinado contrato, sendo indispensável alguma formalidade. Nestes contratos, a lei exigirá alguma formalidade como requisito para a consolidação (em termos de validade) de determinado contrato. O contrato de doação, por exemplo, em regra, é formal, pois, segundo art. 541 do CC, a doação far-se-á por escritura pública ou instrumento particular. Impõe-se, portanto, a forma escrita, para fins de validade. É contrato solene (forma escrita *ad substantiam*). O elemento fundamental da doação é a forma, sem a qual não será válida, salvo se, versando sobre

---
[74] GOMES, Orlando. *Contratos*. 26. ed. Rio de Janeiro: Forense, 2008.

bens móveis e de pequeno valor, se lhe seguir *incontinenti* a tradição, caso em que, excepcionalmente, poderá ser verbal (parágrafo único do art. 541). A forma escrita é elemento de validade deste negócio jurídico e, sem essa forma, não será válida, como regra, a doação.

Além da doação, também é formal o contrato de fiança. Segundo o art. 819 do CC, a fiança dar-se-á por escrito, e não admite interpretação extensiva. Trata-se de formalidade (escrito), relacionada ao plano da validade.

Os contratos de compra e venda, em regra, são informais. No entanto, se tiver por objeto imóvel de valor superior a 30 SM se submete a formalidades (a escritura pública constitui requisito de validade – art. 108 do CC). O pacto antenupcial também é formal (nulo se não for feito por escritura pública - art. 1.653).

Nos contratos formais, é equívoco afirmar que a forma é indispensável para a existência do contrato. A forma ou a formalidade está relacionada à validade do contrato. Não observada a forma prevista ou prescrita em lei para determinado contrato, este é passível de invalidação (arts. 104, III e 166, IV e V, ambos do CC). A formalidade implica outra classificação, qual seja, contratos solenes e não solenes.

Por isso, quando se trata dos contratos formais, o plano a ser considerado é o da validade, e não o da existência. O contrato se formou, mas não validamente, pois não foi obedecida a solenidade exigida pela lei. Portanto, é nulo. O art. 1.653 do CC é perfeito quando diz ser nulo o pacto antenupcial feito sem escritura pública. A formalidade que caracteriza os contratos está relacionada à validade destes e não à existência, razão pela qual não integra a classificação dos contratuais consensuais e reais que se referem ao plano da existência do contrato. A forma envolve o plano da validade.

3.4.2. Classificação dos contratos quanto aos efeitos (direitos e deveres das partes): bilaterais, unilaterais e bilaterais imperfeitos

O contrato, quanto à formação, é negócio jurídico bilateral (ou plurilateral), pois pressupõe a convergência de duas ou mais declarações de vontade. A constituição requer a declaração de vontade dos sujeitos do negócio jurídico (contrato), após o cumprimento das fases necessárias para a formação (negociações preliminares, proposta e aceitação, além da entrega do objeto para os contratos reais).

Em relação aos efeitos jurídicos obrigacionais que pode produzir, o contrato pode ser classificado como bilateral ou sinalagmático e unilateral. Portanto, tal classificação repercute no plano da eficácia dos contratos, não da existência jurídica (formação). Pressupõe contrato constituído.

Após a constituição do contrato, com o preenchimento do suporte fático concreto previsto na norma jurídica (consensuais: é suficiente o consenso; reais: além do consenso, a tradição do objeto), ingressará no mundo jurídico e, no plano da eficácia, produzirá efeitos jurídicos. Tais efeitos jurídicos poderão implicar em obrigações e direitos recíprocos e interdependentes (bilateral) ou, apenas em obrigação para um e direito para outro (unilateral).

Em alguns contratos, haverá reciprocidade de obrigações e direitos e, neste caso, as partes contratantes serão credoras e devedoras recíprocas (compra e venda – a conexão e vinculação entre as obrigações interdependentes). Por outro lado, há contratos sem tal reciprocidade, pois um dos contratantes apenas será titular de direitos (credor) e, outro, de deveres jurídicos específicos – obrigação – (devedor). Tais contratos serão analisados na sequência.

3.4.2.1. Contrato bilateral (plano da eficácia)

Os contratos bilaterais, também conhecidos como sinalagmáticos, se caracterizam pela reciprocidade de direitos e obrigações. Os contratantes são credores e devedores recíprocos. As obrigações e os direitos são interdependentes e vinculados. Nos contratos bilaterais, a obrigação de um contratante é causa da obrigação do outro. O que isso significa? Há uma dependência entre as obrigações, as quais se subordinam reciprocamente.

Por exemplo, no contrato de compra e venda, tipicamente de efeitos bilaterais, a obrigação do comprador está diretamente vinculada e relacionada à obrigação do vendedor. O comprador tem a obrigação de pagar o preço e o vendedor, a obrigação de entregar o bem objeto do contrato. Como se vê, as obrigações estão interligadas. A obrigação do comprador é causa e pressuposto da do vendedor. Nos contratos bilaterais, sempre haverá essa reciprocidade de obrigações, que é justamente o sinalagma (contratos sinalagmáticos e prestações correlatas).

Nas precisas palavras de Orlando Gomes[75]: "Realmente, nesses contratos, uma obrigação é a causa, a razão de ser, o pressuposto da outra, verificando-se interdependência essencial entre as prestações".

As prestações são correlatas e recíprocas e, por isso, a obrigação de um como causa da obrigação do outro é o fator determinante para a caracterização do contrato como sendo de efeito bilateral. Caio Mário[76] argumenta ser pacífico "que nos contratos bilaterais as obrigações das partes são recíprocas e interdependentes: cada um dos contratantes é simultaneamente credor e devedor um do outro". Para o mestre mineiro, as respectivas obrigações têm por causa as do seu cocontratante, e, assim, a existência de uma é subordinada à da outra.

Em conclusão, no contrato denominado bilateral ou sinalagmático, há prestação e contraprestação.

O sinalagma não desaparece após a celebração do contrato[77]. A reciprocidade ou contrapartida das obrigações releva durante toda a sua vida, pois coligadas as prestações pelo vínculo da finalidade. Trata-se do sinalagma funcional, que produz consequências importantes, pois a dinâmica do processo obrigacional exige a preservação da interdependência das prestações dos contraentes.

---

[75] GOMES, Orlando. *Contratos*. 26. ed. Rio de Janeiro: Forense, 2008.

[76] PEREIRA, Caio Mário da Silva. *Instituições de direito civil*: Contratos. 11. ed. Rio de Janeiro, 2004. v. III.

[77] FARIAS, Cristiano Chaves de; ROSENVALD, Nelson. *Direito dos contratos*. Rio de Janeiro: Lumen Juris, 2011. v. IV.

Sobre a terminologia, esclarece Paulo Nader[78]: "Os sinalagmáticos são também denominados bilaterais. Esta terminologia, todavia, pode tornar-se ambígua nos textos, uma vez que é um termo análogo, isto é, possui mais de um significado. Não obstante, é empregado doutrinariamente, devendo o intérprete ficar atento para não incidir em equívoco. Naquela classificação, em que se distingue dos plurilaterais, a referência se faz à formação ou composição da relação jurídica (consentimento), enquanto nesta, diz respeito aos efeitos do contrato.

O que caracteriza o contrato bilateral não é a equivalência (objetiva ou subjetiva) das prestações, mas a relação de correspondência ou dependência entre elas. Tal conexão de interdependência é originária, ou seja, desde a constituição do contrato.

3.4.2.2. Contrato unilateral (plano da eficácia)

No contrato unilateral, não há reciprocidade ou correlação de obrigações. Em relação aos efeitos, haverá um credor e um devedor. O contratante credor apenas é titular de direitos e o contratante devedor, de deveres jurídicos específicos (obrigacionais). O contratante "A" é titular de direitos e o contratante "B" de obrigação.

Como exemplos de contratos unilaterais podem ser citados a doação, o comodato, o mútuo e o depósito gratuito (que, neste caso, será unilateral). Na doação, somente o doador (devedor) tem obrigação, qual seja, transferir ao donatário a propriedade do bem objeto deste contrato (a maioria da doutrina considera que a doação é contrato consensual e, por isso, a entrega é obrigação do doador, e não elemento de constituição deste contrato). O donatário (credor), por sua vez, é titular do direito subjetivo (incorporará o bem em seu patrimônio), independentemente de qualquer contraprestação.

No comodato, o comodatário terá a obrigação de devolver a coisa findo o contrato ou, não havendo prazo, após o tempo necessário para o uso concedido (art. 581), bem como a obrigação de conservação da coisa emprestada e poderá utilizá-la de acordo com os termos do contrato e a natureza da coisa (art. 582). O comodante tem o direito subjetivo de receber o bem findo o prazo do comodato ou, não havendo prazo, tendo transcorrido tempo necessário para o seu uso (após a constituição em mora do comodatário).

No comodato a guarda e o dever de conservação são meios para o fim (utilização da coisa). No depósito, a guarda e a conservação correspondem à finalidade essencial/principal deste contrato.

No depósito gratuito e unilateral, da mesma forma, o depositário tem inúmeras obrigações (art. 629 – obrigação de guarda, zelo, conservação e restituição – art. 633 –, mesmo antes do prazo; e art. 636 – o depositário, que por força maior houver perdido a coisa depositada e recebido outra em seu lugar, é obrigado a entregar a segunda ao depositante, e ceder-lhe as ações que no caso tiver contra o terceiro responsável pela restituição da primeira) e o depositante tem o direito de ver a coisa restituída, mesmo antes do prazo (art. 633). O depósito, quando gratuito, é unilateral. Se oneroso, o depósito é bilateral. Portanto, o depósito, a depender da gratuidade ou onerosidade, pode ser bilateral ou unilateral. A onerosidade ou a gratuidade do depósito não interferem na sua natureza, mas repercutem na classificação quanto aos efeitos, pois se for gratuito será unilateral e, caso o depósito seja oneroso, será bilateral. Portanto, o depósito é contrato que pode ser bilateral ou unilateral.

Os contratos de efeitos unilaterais possuem regime jurídico próprio, diverso dos bilaterais. Não há reciprocidade ou correlação de obrigações (não há sinalagma), pois apenas um dos contratantes é titular de direito subjetivo, ao passo que o outro apenas possui obrigações (um contratante é credor e o outro devedor). Em razão disso, não há dependência ou subordinação (a obrigação é unilateral) entre obrigações e direitos neste tipo de contrato.

Nos contratos unilaterais, por exemplo, não pode o sujeito contratante invocar institutos jurídicos como a *exceptio non adimpleti contractus*, pois, se inexiste reciprocidade de prestações, o contratante, titular do dever jurídico específico (obrigação) não pode, antes de cumprir a sua obrigação, exigir qualquer coisa do outro, o qual não tem obrigação nenhuma (por isso, o art. 476, que trata deste meio de defesa, faz menção aos contratos bilaterais). Há credor de um lado e devedor do outro nos contratos unilaterais. Tal meio de defesa indireta de mérito é compatível apenas com os contratos bilaterais. A cláusula resolutiva tácita está implícita em contratos bilaterais, em razão da natureza destes.

Finalmente, há os contratos unilaterais, impropriamente denominados contratos bilaterais imperfeitos. O que vem a ser o contrato bilateral imperfeito?

3.4.2.3. Contrato bilateral imperfeito (plano da eficácia)

O termo *bilateral imperfeito* é impróprio porque tais contratos são, na essência e substância, unilaterais. A natureza jurídica, estrutura e toda a concepção se relacionam com o efeito unilateral. Por isso, se submetem ao regime jurídico dos unilaterais, ainda que haja obrigações para os dois contratantes. A diferença fundamental é a ausência de sinalagma ou reciprocidade entre as prestações. As obrigações dos contratantes são autônomas e independentes, ao contrário dos bilaterais, dependentes e vinculadas.

No contrato bilateral propriamente dito, as obrigações são recíprocas: a obrigação de um contratante é causa ou pressuposto da obrigação do outro desde a origem ou a formação do contrato. O contrato bilateral nasce com prestações correlatas e recíprocas. Desde a origem e durante a execução do contrato (sinalagma genético e funcional) haverá dependência entre as obrigações. Essa subordinação e vinculação, entre prestação e contraprestação, é originária e contemporânea à formação do contrato.

No denominado *contrato bilateral imperfeito*, por ocasião da formação do pacto, não há reciprocidade de obrigações.

---

[78] NADER, Paulo. *Curso de direito civil – Contratos*. 9. ed. Rio de Janeiro: Forense, 2018. v. III.

O contrato nasce e se origina com obrigação para um e direito para o outro. Um contratante tem direito e o outro, apenas obrigação. Portanto, na origem, é contrato unilateral. No entanto, no curso do contrato, por conta de causa superveniente, o contratante titular de direito subjetivo passará a ter obrigação. A obrigação se manifestará para este contratante no curso da execução do contrato. Todavia, tal contraprestação para o contratante que só tinha direitos é acidental e superveniente à formação do contrato.

Como os contratos bilaterais pressupõem obrigações para ambos os contratantes, o fato de, nos contratos unilaterais, surgir obrigação para o contratante que só tinha direitos subjetivos, converteria o contrato unilateral em bilateral, mas imperfeito, porque a obrigação para o sujeito que ostentava apenas a condição de credor é superveniente e independente.

A conclusão de Orlando Gomes é perfeita[79]: "O contrato bilateral imperfeito não deixa de ser unilateral, pois, no momento de sua conclusão, gera obrigações somente para um dos contratantes. Em verdade, a obrigação esporádica não nasce do contrato, mas, acidentalmente, de fato posterior à sua formação".

Nos contratos bilaterais *perfeitos*, o contrato nasce e se forma com obrigações recíprocas e dependentes, ou seja, desde a origem a obrigação de um é a causa da obrigação do outro. Nos contratos bilaterais *imperfeitos*, o contrato nasce com obrigação para um e apenas direito para o outro. No curso do contrato, aquele contratante que só tinha direito passa a suportar alguma obrigação. Entretanto, essa obrigação superveniente não tem relação de causalidade com a obrigação originária do outro, que já existia desde a origem do pacto. A obrigação originária (do "A") e a obrigação superveniente (do "B") não estão ligadas ou vinculadas por qualquer sinalagma.

A denominação é equivocada, pois a obrigação superveniente para o contratante credor (que na origem só era titular de direito) não desnatura o contrato (quanto aos efeitos obrigacionais) e sua natureza jurídica, o qual permanece unilateral. O contrato *bilateral imperfeito* deveria ser denominado *contrato unilateral com obrigação superveniente a credor*. A este contrato não se aplica o regime jurídico dos contratos bilaterais, mas sim dos unilaterais. E por quê?

No contrato bilateral, as obrigações recíprocas são dependentes, ou seja, uma obrigação é a causa ou o pressuposto da outra. É isso que caracteriza a bilateralidade. Nos contratos bilaterais imperfeitos, a obrigação ou contraprestação superveniente para o credor não é a causa ou pressuposto da obrigação do devedor. As causas das obrigações nos contratos bilaterais perfeitos são dependentes umas das outras e nos contratos bilaterais imperfeitos as causas das obrigações são independentes. Como a contraprestação é acidental e superveniente à formação do contrato, ou seja, a obrigação de um dos contratantes advém ulteriormente, essa obrigação ulterior, como diz Caio Mário[80]:

"não guarda correspectividade com a do outro, originando-se de causação independente e eventual". Assim, nos contratos bilaterais imperfeitos, a obrigação do credor não é correlata à obrigação do devedor, ou seja, não há relação de causalidade e dependência entre a obrigação originária do devedor e a obrigação superveniente do credor.

Por exemplo, o contrato de depósito gratuito é tipicamente unilateral. Na origem, há direito para o depositante (credor do bem depositado que tem o direito de restituição a qualquer tempo) e obrigações para o depositário (devedor do bem depositado). No entanto, no curso do contrato de depósito, por conta de fato ou causa superveniente e independente das obrigações originárias assumidas pelo depositário, poderá, eventualmente e de forma acidental, surgir obrigações para o depositante, que só era titular de direito. O depositante não deixará de ser credor, mas terá de cumprir obrigação superveniente, desvinculada, independente e autônoma em relação às obrigações originárias assumidas pelo devedor depositário.

Segundo o art. 643 do CC: "O depositário é obrigado a pagar ao depositário as despesas feitas com a coisa, e os prejuízos que do depósito provierem". A "obrigação" do depositante mencionada no artigo evidencia que tal dever para o depositante é superveniente, pois inexistia por ocasião da formação do contrato de depósito. A obrigação é superveniente à formação e não tem como causa as obrigações originárias assumidas pelo depositário. A causa desta obrigação superveniente é independente das obrigações do depositário. Qual é a causa desta obrigação superveniente do credor? A possível existência de despesas com o depósito. A causa é a despesa com o depósito e não as obrigações originárias do depositário (arts. 629, 633 e 636). Por isso, as causas das obrigações, nos contratos bilaterais imperfeitos, são independentes (não há sinalagma).

É certo que o depositário pode reter o bem depositado até o pagamento destas despesas supervenientes (art. 644). Todavia, o direito de retenção, admitido pela lei, não guarda correspondência com a obrigação originária assumida pelo depositário.

Além desse exemplo, a doutrina e a jurisprudência passaram a admitir como exemplo de contrato bilateral imperfeito o comodato, quando, no curso deste contrato, o comodatário suportar despesas extraordinárias com o uso e gozo da coisa emprestada, devendo o comodante credor ressarcir tais despesas. Trata-se de obrigação superveniente e independente das obrigações originárias assumidas pelo comodatário.

A despesa meramente ordinária, como o uso e gozo da coisa emprestada, não pode ser exigida pelo comodatário em razão de vedação legal expressa (art. 584 do CC).

3.4.2.4. Distinção entre contratos bilaterais e unilaterais – Relevância

A relevância da distinção entre contratos bilaterais e unilaterais decorre do regime jurídico específico para cada uma destas espécies. Há institutos jurídicos compatí-

---

[79] GOMES, Orlando. *Contratos*. 26. ed. Rio de Janeiro: Forense, 2008.
[80] PEREIRA, Caio Mário da Silva. *Instituições de direito civil:* Contratos. 11. ed. Rio de Janeiro, 2004. v. III.

veis com os contratos bilaterais e incompatíveis com os contratos unilaterais.

Os contratos bilaterais podem ser comutativos e aleatórios. Serão comutativos quando as prestações recíprocas e dependentes forem equivalentes desde a origem ou previamente estimadas. Nos contratos bilaterais aleatórios, as prestações são recíprocas, mas é impossível estimar o resultado e a extensão destas na origem ou na fase de formação do contrato. Nos contratos aleatórios, as prestações são dependentes e recíprocas, mas insusceptíveis de estimação prévia (não há equivalência subjetiva). Tal classificação será estudada em detalhes. Neste momento, é relevante apenas para registrar a relação com a classificação dos contratos em bilaterais e unilaterais.

Além disso, há repercussão desta classificação em alguns institutos jurídicos.

A *exceção do contrato não cumprido* (*exceptio non adimpleti contractus*) somente se aplica aos contratos bilaterais, pois pressupõe reciprocidade de prestação. O art. 476 é expresso quando afirma que "nos contratos *bilaterais*, nenhum dos contratantes, antes de cumprida a sua obrigação, pode exigir o implemento da do outro" (grifo nosso). Em razão da interdependência das obrigações nos contratos bilaterais sinalagmáticos, os contratantes têm o dever de cumprir, de forma recíproca e simultânea, as prestações pactuadas ou a prestação e a contraprestação. Ambos são credores e devedores recíprocos.

Assim, não pode um contratante, antes de cumprir a sua obrigação, exigir a do outro. Na compra e venda, concomitantemente, o comprador entrega o preço e o vendedor, o bem objeto do contrato. A exceção do contrato não cumprido somente é admitida em razão de obrigações interdependentes, onde uma obrigação é a causa ou o pressuposto da outra e, assim sendo, não há como exigir a prestação alheia como condição para cumprir a sua, em razão da necessária simultaneidade e reciprocidade que é da essência dos contratos bilaterais.

Segundo Orlando Gomes[81]: "A *exceptio non adimpleti contractus* somente pode ser oposta quando a lei ou o próprio contrato não determinar a quem cabe primeiro cumprir a obrigação. Claro que, se estabelecida a sucessividade do adimplemento, o contratante que deve satisfazer a prestação antes do outro não pode recusar-se a cumpri-la sob a conjectura de que este não satisfará a que lhe corre".

A condição resolutiva tácita ou *cláusula resolutiva*, objeto do art. 474 do CC, está subentendida (implícita) em todos os contratos bilaterais ou sinalagmáticos. Nos contratos bilaterais, se subentende que, caso qualquer dos contratantes não cumpra a sua obrigação ou a prestação assumida originalmente no pacto, o contrato poderá ser revolvido por inadimplemento, após a devida interpelação.

Tal concepção decorre do princípio da interdependência das obrigações nos contratos bilaterais ou sinalagmáticos. A interdependência das prestações correlatas torna presumível a existência de condição resolutiva. Se uma das prestações é a causa da outra, o inadimplemento de qualquer delas fará com que incida, diretamente, a referida cláusula. Tal tema será desenvolvido oportunamente, mas a condição resolutiva tácita é aplicável aos contratos bilaterais.

Além desses institutos, também são compatíveis apenas com os contratos bilaterais os institutos do vício redibitório e da evicção, objeto de análise em capítulo próprio. Neste momento, apenas deve ser registrado que o vício redibitório e a evicção têm como fundamento a garantia. É legal e em favor de contratantes que, por força de transferência definitiva (compra e venda) ou provisória (depósito oneroso, locação), recebem a posse direta de coisas. No caso do vício redibitório, essa garantia decorre de contratos comutativos, conforme art. 441, os quais são, por natureza, bilaterais. No caso da evicção, embora o art. 447 faça referência a contratos onerosos, a considerar a natureza do instituto, é garantia própria de contratos comutativos, relacionados à transferência de domínio, onde as obrigações são recíprocas e interdependentes.

A lesão disciplinada no art. 157 do CC pode servir como fundamento para invalidação de negócios jurídicos somente se compatibilizada com a estrutura jurídica dos contratos bilaterais ou sinalagmáticos, pois, como requisito objetivo da lesão, necessariamente, deverá existir prestação e contraprestação e, na comparação entre estas obrigações, deverão ser manifestamente desproporcionais. Neste caso, inexiste o sinalagma genético. Ao exigir prestação e contraprestação ou prestações correlatas, o instituto da lesão passa a ser aplicável apenas aos contratos bilaterais.

Finalmente, Caio Mário[82] ressalva: "A teoria dos riscos somente tem interesse em relação aos contratos bilaterais, porque só aí existe interesse em apurar qualquer das partes sofrerá a perda da coisa devida, ou a impossibilidade da prestação". Na hipótese de inadimplemento por motivo de força maior, quem suportará os riscos nos contratos unilaterais será o credor. A coisa perece para o credor, o dono da coisa. Nos contratos bilaterais, o risco será suportado pelo devedor, ficando exonerado o devedor da obrigação correlata. Nos contratos bilaterais, os contratantes são credores e devedores recíprocos e, em caso de perecimento, é o devedor, o dono da coisa, quem vai suportar o risco decorrente de força maior.

Os contratos bilaterais imperfeitos, por serem unilaterais na essência e substância, se submetem ao regime jurídico dos unilaterais, motivo pelo qual não se lhes aplica a exceção do contrato não cumprido, a cláusula resolutiva tácita, a evicção, a teoria dos vícios redibitórios, dentre outros institutos apenas compatíveis com os contratos bilaterais *perfeitos*.

3.4.3. Classificação dos contratos quanto à reciprocidade de vantagens e sacrifícios: contratos onerosos e gratuitos ou benéficos

Os contratos podem ser onerosos e gratuitos ou benéficos. Em regra, os contratos bilaterais são onerosos (isso ocorre porque o direito corresponde à própria vantagem e

---

[81] GOMES, Orlando. *Contratos*. 26. ed. Rio de Janeiro: Forense, 2008.

[82] PEREIRA, Caio Mário da Silva. *Instituições de direito civil:* Contratos. 11. ed. Rio de Janeiro, 2004. v. III.

o sacrifício, à própria obrigação) e os gratuitos são unilaterais (nestes, a obrigação de um será o seu sacrifício e o direito do outro, a vantagem). A coincidência entre sacrifícios e vantagens com os direitos e as obrigações é que justifica essa associação quase necessária entre bilateral e oneroso e gratuito e unilateral.

No entanto, há exceções. O contrato de mandato pode ser gratuito e bilateral (o mandato também pode ser oneroso) e o mútuo para fins econômicos, denominado mútuo *feneratício*, é unilateral e oneroso (art. 591 do CC).

O contrato de depósito, de acordo com o art. 628 do CC, é essencialmente benéfico ou gratuito, mas pode se tornar oneroso. Se o depósito for oneroso, se tornará bilateral, mas o gratuito é unilateral. No depósito, a gratuidade ou onerosidade se associará, necessariamente, à bilateralidade ou unilateralidade, porque haverá coincidência entre a obrigação e o sacrifício do depositante no bilateral/oneroso (pagar a remuneração do depositário é obrigação e sacrifício). O mútuo, que é essencialmente gratuito (art. 586), pode se tornar oneroso (art. 591). Todavia, o mútuo, ao contrário do depósito, gratuito ou oneroso, será sempre unilateral (o mutuante não terá obrigação, mesmo se o mútuo for oneroso).

Alguns doutrinadores denominam contratos *neutros ou bifrontes* esses pactos que podem ser onerosos ou gratuitos sem perderem a natureza jurídica. Tal situação é impossível em alguns contratos, como compra e venda, doação, comodato, dentre outros. A compra e venda, necessariamente, é onerosa. Se for gratuita, perde a natureza jurídica de compra e venda e o contrato assume outra natureza. Da mesma forma, a locação é sempre onerosa, pois se for gratuita perde a sua natureza jurídica de locação e passa a ser outro contrato (se o objeto for imóvel, será comodato). Os contratos de mútuo, depósito e mandato mantêm a sua natureza jurídica, independentemente do caráter oneroso ou gratuito (a onerosidade ou gratuidade não é da essência destes contratos).

Tal ideia inicial é relevante para não confundir as classificações.

O contrato oneroso é aquele em que há vantagens e sacrifícios para os contratantes. Há reciprocidade de vantagens e sacrifícios. A vantagem de um corresponde ao sacrifício do outro e vice-versa. No contrato de compra e venda, o vendedor tem a vantagem de receber o dinheiro e o sacrifício de entregar o bem alienado. O comprador tem a vantagem de receber o bem objeto do contrato e o sacrifício de pagar o preço. À vantagem do vendedor (receber o preço) corresponde o sacrifício do comprador (pagar o preço) e ao sacrifício do vendedor (entregar o bem) corresponde a vantagem do comprador (receber o bem). A compra e venda também é bilateral e o direito do comprador (receber o bem) se relaciona à própria vantagem (por ser oneroso) e a obrigação do comprador (pagar o preço) coincide com o próprio sacrifício. Por isso, como acima mencionado, os contratos bilaterais, em regra, são onerosos.

Assim, tal classificação leva em conta a vantagem visada pelas partes. Se houver reciprocidade de vantagens e sacrifícios, o contrato será qualificado como oneroso.

No contrato oneroso, à vantagem de "A" corresponde o sacrifício de "B" e vice-versa.

Nos contratos benéficos ou gratuitos, não há reciprocidade de vantagens e sacrifícios. No caso, uma das partes só obtém vantagem ou proveito e a outra somente suporta sacrifício. É o caso da doação.

Podem ser citados como exemplos de contratos gratuitos, além da doação, o comodato (o comodante tem o sacrifício de entregar o bem e o comodatário a vantagem de usar o bem), o depósito gratuito (pois, pode ser oneroso – art. 628. O contrato de depósito é gratuito, exceto se houver convenção em contrário, se resultante de atividade negocial ou se o depositário o praticar por profissão. Parágrafo único. Se o depósito for oneroso e a retribuição do depositário não constar de lei, nem resultar de ajuste, será determinada pelos usos do lugar, e, na falta destes, por arbitramento) e o mútuo sem finalidade econômica (o mutuante tem o sacrifício de entregar o bem e o mutuário a vantagem de, sem custo, utilizar a coisa fungível mutuada). O contrato de fiança também é considerado benéfico e, por essa razão, não admite interpretação extensiva (art. 819).

Qual a relevância da distinção entre contratos gratuitos e onerosos?

Em primeiro lugar, para fins de interpretação, conforme se extrai do art. 114 (os negócios jurídicos gratuitos devem ser interpretados restritivamente, pois o sacrificado não pode ser prejudicado ainda mais com uma interpretação extensiva). Segundo, para fins de responsabilidade civil contratual. Nos termos do art. 392 do CC, nos contratos benéficos, responde por simples culpa o contratante, a quem o contrato aproveite (aquele que tem vantagem), e por dolo, aquele a quem não favoreça (aquele que só tem sacrifício). Nos contratos onerosos, responde cada uma das partes por culpa, salvo as exceções previstas em lei.

Neste caso de responsabilidade civil, no contrato benéfico ou gratuito, aquele que somente suporta sacrifício apenas responderá por dolo em caso de inadimplemento. Se não tem vantagem, não é justo impor a esse sujeito maior sacrifício ou intensificá-lo, para que respondesse também por culpa (imprudência e negligência).

Por outro lado, o sujeito que tem vantagem ou proveito, nos contratos benéficos, em matéria de responsabilidade civil, responde por dolo e culpa (culpa *lato sensu*). Já nos contratos onerosos, como há reciprocidade de vantagens e sacrifícios, não há essa distinção em matéria de responsabilidade civil contratual, pois todos os sujeitos responderão por dolo e culpa.

Além disso, é relevante essa distinção para a análise do instituto da fraude contra credores. O art. 158 exige requisitos diferentes para a caracterização da fraude se o contrato de transmissão de bens for gratuito ou oneroso (remetemos o leitor para o nosso primeiro volume onde tratamos da fraude contra credores).

Nos contratos onerosos há relação ou interdependência de vantagens e sacrifícios. Nos gratuitos, não há essa reciprocidade, na medida em que uma parte apenas tem direitos ou vantagens e outra apenas deveres (sacrifício).

Nos contratos gratuitos, o sacrifício não significa, necessariamente, diminuição patrimonial definitiva, como é o caso do comodato, do mútuo sem fins econômicos e do depósito gratuito, em que haverá apenas privação do bem por determinado período. Essa questão tem relação com a diferença entre contratos gratuitos interessados e gratuitos desinteressados. Se há efetiva diminuição patrimonial, os contratos gratuitos seriam rotulados de interessados e, se não houver diminuição patrimonial, seriam desinteressados.

Nesse sentido, é a lição de Orlando Gomes[83]: "O sacrifício nem sempre importa diminuição patrimonial. Há contratos que não o exigem, se bem que a outra parte seja beneficiada. O comodato e o mútuo, contratos desinteressados, são subespécies dos contratos gratuitos, nada apresentando de especial do ponto de vista prático, mas teoricamente se distinguem dos que implicam diminuição patrimonial, como a doação".

Há contratos que podem ser gratuitos ou onerosos, como são o depósito, o mútuo e o mandato, tendo, portanto, natureza mista, conforme já ressaltado. Seriam os contratos neutros ou bifrontes. Como diz Caio Mário[84]: "Alguns contratos são naturalmente gratuitos, porém admitem se estipule uma remuneração, por ajuste expresso. Outros, entretanto, não comportam esse efeito dúplice, e perdem a sua caracterização própria, se as partes convencionam uma remuneração".

Os contratos onerosos podem ser comutativos e aleatórios.

3.4.4. Classificação dos contratos quanto à previsão do resultado: contratos comutativos e aleatórios (plano da eficácia)

Os contratos bilaterais e onerosos podem ser comutativos e aleatórios. Como visto, no contrato bilateral as prestações são correlatas e recíprocas: a obrigação de um contratante é a causa ou pressuposto da obrigação do outro contratante. Nos contratos onerosos há reciprocidade de vantagens e sacrifícios.

A comutatividade ou a aleatoriedade dos contratos bilaterais e onerosos têm relação com a possibilidade ou não de os contratantes estimarem a equivalência e a extensão das respectivas prestações (ou de uma das prestações), desde a origem ou a formação do contrato. É a denominada equivalência subjetiva, ou seja, possibilidade de predeterminar a extensão das vantagens e sacrifícios (o resultado propriamente dito, ganhos e/ou perdas).

3.4.4.1. Contratos comutativos

Nos contratos bilaterais comutativos e onerosos as prestações recíprocas e dependentes são previamente conhecidas. As partes, desde a origem ou formação do contrato, possuem condições de apurar o resultado do contrato, justamente porque a comutatividade lhes garante a possibilidade de estimarem previamente os limites e a extensão das vantagens de cada um em relação a cada uma das prestações ou obrigações assumidas. Por isso, se cogita em comutatividade. É a equivalência (subjetiva: o sujeito tem condições de estimar os limites e a extensão da prestação) das prestações recíprocas desde a origem do contrato. Os resultados econômicos são previstos desde a formação.

Em síntese, nos contratos comutativos, é possível prever os limites e a extensão do contrato porque nenhuma das prestações (de qualquer dos contratantes) está vinculada a qualquer fator de incerteza.

Como enuncia Paulo Nader[85]: "Se caracterizam pela equivalência presumida do valor das prestações". Caio Mário[86] argumenta que nos contratos comutativos "as prestações de ambas as partes são de antemão conhecidas, e guardam entre si uma relativa equivalência de valores" e Orlando Gomes declara que, nos contratos comutativos, a relação entre vantagem e sacrifício é subjetivamente equivalente, havendo certeza quanto às prestações. Segundo o mestre Gomes[87]: "Nos contratos comutativos pode não haver equivalência objetiva das prestações, exigível, tão só, nos quem podem ser rescindidos por lesão. Basta equivalência subjetiva".

Nos contratos comutativos, os contratantes possuem plenas condições de estimar as vantagens ou desvantagens relativas aos seus direitos, deveres e obrigações, desde o início ou a origem do contrato. Por isso, Orlando Gomes[88] menciona "equivalência subjetiva". O contrato, objetivamente, pode até não ser equivalente, ou melhor, proporcional e equilibrado. No entanto, não é isso o elemento caracterizador da comutatividade. O contrato será comutativo porque os sujeitos (por isso equivalência subjetiva) podem precisar os limites das prestações, os ganhos e as perdas, desde a origem do contrato.

As prestações são objetivamente certas para os sujeitos contratantes, simplesmente porque a extensão destas prestações não está na dependência de qualquer outro fato ou evento. A prestação é conhecida desde a origem até o seu destino (extinção do contrato). Os direitos, as obrigações e deveres assumidos pelos contratantes já são definidos no momento da formação do contrato. As obrigações e os direitos dos contratantes não se subordinam a nenhum evento futuro e incerto ou, como dito, não estão vinculadas a qualquer fator de incerteza. Eventuais desequilíbrios econômicos no contrato, por fato superveniente, podem decorrer do risco inerente a qualquer contrato, mas este risco de ganho ou de perda não é assumido por qualquer dos contratantes nos contratos comutativos. O

---

[83] GOMES, Orlando. *Contratos*. 26. ed. Rio de Janeiro: Forense, 2008.

[84] PEREIRA, Caio Mário da Silva. *Instituições de direito civil*: Contratos. 11. ed. Rio de Janeiro, 2004. v. III.

[85] NADER, Paulo. *Curso de direito civil – Contratos*. 9. ed. Rio de Janeiro: Forense, 2018. v. III.

[86] PEREIRA, Caio Mário da Silva. *Instituições de direito civil*: Contratos. 11. ed. Rio de Janeiro, 2004. v. III.

[87] GOMES, Orlando. *Contratos*. 26. ed. Rio de Janeiro: Forense, 2008.

[88] GOMES, Orlando. *Contratos*. 26. ed. Rio de Janeiro: Forense, 2008.

risco do contrato comutativo é aquele inerente a toda e qualquer relação contratual.

Nos contratos comutativos, não há incerteza em relação ao resultado. Este é previsível, pois, desde a origem, as partes sabem qual é a prestação e a contraprestação. Já há prévio conhecimento da extensão, profundidade e das condições das prestações assumidas. A certeza objetiva das prestações e a previsibilidade do resultado caracterizam estes contratos. O exemplo dado por Orlando Gomes[89] é didático: "Assim, ao celebrar, por exemplo, um contrato de compra e venda, o vendedor sabe que deverá receber o preço ajustado na medida de sua conveniência, e o comprador, que lhe será transferida a propriedade do bem que quis adquirir".

3.4.4.2. Contratos aleatórios

Os contratos aleatórios são assim denominados porque os contratantes não possuem condições de estimar a extensão das vantagens ou desvantagens do contrato. A razão é simples: o resultado do contrato (para um ou para todos os contratantes), em termos de vantagens ou desvantagens econômicas, está vinculado a fator de incerteza para todos (evento futuro e incerto). Não há como prever se a prestação de um ou de ambos irá se concretizar, porque está na dependência de evento futuro e incerto (ou não futuro, desde que exposta a risco a coisa – art. 460 do CC).

O contrato pode ser aleatório por natureza (há contratos, como o seguro, que são essencialmente aleatórios, ou seja, integra e é inerente à sua natureza) ou por convenção (neste caso, qualquer contrato pode ser aleatório – basta que as partes vinculem a prestação ou as prestações a fator de incerteza).

Tais contratos de sorte dependem da ocorrência de evento que, necessariamente, é incerto para todos os contratantes. Essa dependência ou expectativa em relação à ocorrência ou não de evento futuro impede a estimação prévia do resultado do contrato, das vantagens, desvantagens, dentre outras questões.

Por tudo isso, os contratos aleatórios se caracterizam pela incerteza das prestações recíprocas e dependentes por ocasião da formação do contrato. No momento da constituição da avença, as partes contratantes não têm condições de estimar o resultado e a extensão das prestações, pois a prestação de um ou de todos está na dependência de acontecimento incerto (cuja incerteza, conforme se verá, deverá ser para todos os contratantes).

Nos aleatórios, ao contrário dos comutativos, a prestação de um ou de todos está vinculada a fator de incerteza. O contrato será aleatório quando as partes, com antecedência, ou seja, desde a origem, não têm como determinar ou precisar as reais consequências do negócio, pois o imponderável e a incerteza impedem este conhecimento prévio.

Em razão desta incerteza sobre os limites da prestação (*ou das prestações*), não há possibilidade de estimar previamente o resultado daquele pacto. A incerteza está, portanto, diretamente vinculada à impossibilidade de estimar a extensão das vantagens perseguidas pelas partes. Se não há possibilidade de prever o resultado, pois este depende de um evento incerto para os contratantes, o contrato é aleatório.

Os contratos aleatórios não podem, simplesmente, ser qualificados como contratos de risco. É evidente que há risco inerente a tais contratos. Todavia, o risco (de perda ou de ganho) decorre da vinculação da prestação a fator de incerteza (essa a essência da aleatoriedade). O risco é da essência do contrato aleatório, mas a causa do risco é a vinculação da prestação de um ou de ambos a fator de incerteza. Tal risco, inclusive, pode ser bilateral ou unilateral, quando for assumido por ambos ou apenas um dos contratantes. Neste ponto, discordamos do mestre Orlando Gomes[90], quando diz que se a álea fica a cargo exclusivo de um dos contratantes, o contrato é nulo. A álea ou o risco pode ser unilateral, ou seja, assumido apenas por um dos contratantes e, como é risco legítimo, não há certeza de que o outro, necessariamente, irá ganhar. Inexiste tal certeza.

Neste sentido, Rosenvald e Chaves[91]: "(...) a bilateralidade da álea não é da essência deste modelo jurídico. Vários contratos aleatórios imputam riscos apenas a um dos partícipes, cite-se o seguro, a aposta autorizada nos hipódromos, a loteria explorada pela administração, casos em que a álea será suportada por um dos contratantes, enquanto o outro baseia a sua prestação em cálculos atuariais ou na dedução de percentagem certa para custeio e lucro, de tal maneira que se pode dizer perfeitamente conhecida, e sem lhe trazer risco maior do que qualquer contrato comutativo normal".

O risco, portanto, pode ser bilateral ou unilateral. No contrato de seguro, por exemplo, tipicamente aleatório, o risco é unilateral. O prêmio deverá ser pago pelo segurado, independentemente da ocorrência ou não do sinistro ou evento segurado. Para o segurado, sua prestação não está na dependência de nenhum fato futuro. O segurado, desde o início, tem plena consciência da extensão de suas obrigações. Por outro lado, a seguradora assume o risco de perda ou de ganho, a depender da consumação ou não do risco garantido. A vantagem ou a desvantagem econômica da seguradora depende de fato futuro e incerto (não há como saber se o risco assumido irá ou não se consumar). Todavia, *embora o risco seja unilateral* (no caso do seguro), o evento futuro é incerto para todos os contratantes (segurado e seguradora). Como dito, o risco pode ser assumido por um ou todos, mas o evento futuro *deve ser incerto para todos*. Portanto, segurado e seguradora jamais saberão se o risco assumido por esta se consumará.

O fato é que esse risco não serve como critério para diferenciar os contratos aleatórios dos contratos comutativos. O contrato aleatório é essencialmente vinculado à ideia de risco, mas nos contratos comutativos também haverá risco de perda ou de ganho. A única diferença é que nos contratos comutativos o risco de perda ou de ganho

---

[89] GOMES, Orlando. *Contratos*. 26. ed. Rio de Janeiro: Forense, 2008.

[90] GOMES, Orlando. *Contratos*. 26. ed. Rio de Janeiro: Forense, 2008.

[91] FARIAS, Cristiano Chaves de; ROSENVALD, Nelson. *Direito dos contratos*. Rio de Janeiro: Lumen Juris, 2011. v. IV.

está relacionado a fatos estranhos ao contrato, como valorização imobiliária, crise financeira no mercado de capitais e na bolsa de valores etc. As prestações objetivas não estão na dependência de nenhum evento previsto no contrato, mas os contratantes se sujeitam ao risco de perder ou de ganhar em razão de fenômenos extracontratuais que podem surgir no curso do contrato e refletir nas prestações.

Nos contratos aleatórios, o risco de perda ou de ganho está na dependência de evento ou acontecimento incerto, mas que foi previsto no contrato e expressamente assumido por um (álea unilateral) ou por todos os contratantes (álea bilateral). O risco é de dentro para fora. Nos contratos comutativos o risco é de fora para dentro do contrato. O risco de perder ou de ganhar no contrato aleatório tem relação com as disposições contratuais expressamente assumidas pelas partes.

Portanto, o risco, por si só, não é elemento adequado para diferenciar os contratos comutativos dos contratos aleatórios. A diferença já foi estabelecida. Nos contratos comutativos, as prestações são objetivamente certas desde a origem e, por isso, haverá certeza quanto ao resultado, o qual é passível de previsão. As partes, desde o início, conseguem estimar a prestação de uma e da outra e a extensão destas. O resultado é previsível.

Nos contratos aleatórios, as prestações, por ocasião da formação do contrato, são incertas, pois estão na dependência de ocorrência, que é incerta para todos. Não há equivalência subjetiva, ou seja, possibilidade de estimar previamente se o risco assumido se consumará ou não. O risco de perder ou de ganhar pode ser de um ou de ambos, mas o acontecimento vinculado à prestação deve ser incerto para ambos os contratantes. Em razão disso, as partes não possuem condição de estimar o resultado e a extensão das vantagens buscadas e desejadas no negócio. A incerteza quanto ao resultado do contrato leva à ausência de equivalência entre as prestações na origem do pacto.

Caio Mário[92] sintetiza bem o contrato aleatório: "Os contratos em que a prestação de uma das partes não é precisamente conhecida e suscetível de estimação prévia, inexistindo equivalência com a da outra parte. Além disto, ficam na dependência de um acontecimento incerto". E continua o mestre: "O risco de perder ou de ganhar pode ser de um ou de ambos; mas a incerteza do evento tem de ser dos contratantes, sob pena de não subsistir a obrigação".

Nelson Nery[93] também é preciso na definição de contrato aleatório: "Contrato aleatório, ou contrato de sorte, é aquele – causado por um risco equivalente – segundo o qual o valor concreto da prestação e da contraprestação (quantidade e qualidade) depende de um fator exterior de incerteza que pode endereçar a vantagem do negócio em favor de uma parte ou de outra, resultado esse que é insuscetível de ser controlado por qualquer das partes. Em outras palavras, o contrato é aleatório quando a determina-

ção da prestação ou da contraprestação depende de um fator de incerteza, que pode implicar a vantagem do contrato para uma ou para outra parte (Trabucchi, *Instituzioni* § 81, p. 203), incerteza essa não avaliável pelas partes no momento da conclusão do contrato".

3.4.4.2.1. Contratos aleatórios e origem

Os contratos aleatórios devem ser divididos em dois grupos: a) os contratos aleatórios por *natureza*, como são os casos do contrato de seguro e o de jogo ou aposta; e b) os contratos aleatórios assim caracterizados por *convenção* das partes (autonomia privada – ou seja, os contratantes pactuam a aleatoriedade).

A doutrina clássica não ressalta esta distinção e, tal ponto é fundamental para compreender os contratos aleatórios. O Código Civil, nos arts. 458 a 461, trata apenas de regras gerais dos contratos aleatórios decorrentes de convenção, ou seja, situações em que, por força de negócio jurídico, uma das partes, no caso o adquirente (o CC utiliza a terminologia da compra e venda) de coisas ou fatos atuais e/ou futuros, assume o risco pela existência ou quantidade (coisas e fatos futuros) ou apenas pela existência (coisas atuais) de determinado objeto.

Há íntima relação entre as disposições legais mencionadas com determinado tipo contratual, a compra e venda. A compra e venda não é contrato aleatório por natureza, mas pode se tornar aleatório por força de convenção. A partir do princípio da autonomia privada, qualquer contrato pode ser aleatório, mas para disciplina-los, o CC/2002, nos arts. 458 a 461, utiliza terminologia da compra e venda (alienante e adquirente). De forma simétrica, o art. 483 do CC, que disciplina o contrato de compra e venda, faz referência à possibilidade deste tipo clássico de contrato ser aleatório e, como não há regras especiais na compra e venda se convencionada a aleatoriedade, se submeterá às disposições dos arts. 458 a 461 do CC.

Portanto, se houver compatibilidade, qualquer contrato pode ser aleatório por convenção. Se isso ocorrer (as partes convencionarem a aleatoriedade), se sujeitarão ao disposto nos arts. 458 a 461, com a ressalva de que as partes podem dispor de forma diferente, de acordo com os próprios interesses. Nos contratos aleatórios por convenção, os riscos não se limitam à existência ou à quantidade de coisas ou fatos, sendo legítima a assunção de outros riscos compatíveis com a natureza do contrato a ser celebrado.

3.4.4.2.2. Contratos aleatórios e as disposições da teoria geral dos contratos

Na teoria geral dos contratos, o risco ou a álea pode estar relacionada à existência da coisa ou à quantidade. No caso da existência, o risco pode envolver coisa atual ou futura. A futuridade, portanto, também não é elemento caracterizador do contrato aleatório. Segundo Paulo Nader:[94] "Nos aleatórios, também designados de sorte, há o elemento incerteza, que pode referir-se a coisas ou a fatos futuros

---

[92] PEREIRA, Caio Mário da Silva. *Instituições de direito civil*: Contratos. 11. ed. Rio de Janeiro, 2004. v. III.

[93] NERY, Nelson; NERY, Rosa Maria de Andrade. *Código civil anotado e legislação extravagante*. 2. ed. São Paulo: Revista dos Tribunais, 2003.

[94] NADER, Paulo. *Curso de direito civil – Contratos*. 9. ed. Rio de Janeiro: Forense, 2018. v. III.

e pretéritos – estes, quando não do conhecimento das partes, como é possível em aposta". E continua: "A característica deste consiste na incerteza quanto aos resultados patrimoniais do contrato, à época de sua celebração".

Na teoria geral dos contratos, a lei civil admite que o risco assumido por um ou por ambos (contratantes) pode versar sobre a existência ou a quantidade de determinado objeto. O Código Civil os disciplina nos arts. 458 a 461. O risco de perda ou ganho depende de acontecimento incerto para os contratantes. Os arts. 458 e 459 tratam, respectivamente, da assunção do risco pela existência e quantidade de coisa futura. Os arts. 460 e 461 disciplinam a assunção do risco pela existência de coisa atual.

3.4.2.2.3. Assunção de risco pela existência de coisa ou fato futuro

O art. 458 do CC disciplina o contrato aleatório, onde um dos contratantes assume expressamente o risco pela *existência* de coisas ou fatos futuros. Se no futuro a coisa ou o fato não existir, o contratante que assumiu o risco deverá pagar integralmente o preço prometido ao outro.

A compra e venda é o exemplo clássico para compreensão do dispositivo: no contrato de compra e venda, em regra, se a coisa futura não existir, fica sem efeito o contrato, salvo se a intenção das partes era concluir contrato aleatório (art. 483). No entanto, a inexistência da coisa futura, objeto de contrato de compra e venda (uma safra futura, por exemplo), não impede a sua eficácia, desde que seja aleatório. Neste caso, um dos contratantes, o adquirente, deve ter assumido o risco pela existência da coisa futura, que está na dependência de um fato incerto para todos. No exemplo em questão, ninguém saberá se o fato futuro, a safra, existirá ou não. Tal risco integra o contrato e o torna aleatório.

Tal artigo trata da *emptio spei*, expressão traduzida como *compra da esperança*, relacionada à existência da coisa ou fato futuro. O risco assumido se conecta com a existência da própria coisa. Neste caso, o contrato se forma validamente, mas a álea está ligada ou atrelada à existência do objeto por ocasião da execução do contrato. Se o objeto contratado não existir, o vendedor terá direito à integralidade do preço, em razão do risco integral assumido pelo comprador. Se houve pagamento antecipado, o outro contratante não tem a obrigação de restituir o valor recebido.

O exemplo clássico da *emptio spei* é o contrato cujo objeto é safra futura. O sujeito pode comprar a safra futura e assumir o risco pela existência desta. Se não assumir o risco pela existência da safra e nada vier a existir, o contrato fica sem efeito (art. 483). Se houver assunção do risco e nada vier a existir, estará caracterizado o contrato aleatório e, por isso, deverá pagar a integralidade do preço ajustado.

No entanto, o sujeito responsável pela assunção do risco pela existência da coisa ou fato futuro e, caso nada exista, poderá se isentar da responsabilidade pelo pagamento do preço se provar relação de causalidade entre a inexistência da coisa ou do fato futuro e a conduta dolosa ou culposa do outro contratante. Se a safra adquirida deixou de existir porque o vendedor agiu com dolo (por exemplo, intencionalmente, passou o trator em cima da plantação) ou com culpa (por exemplo, foi negligente com a safra, pois, esqueceu de passar o veneno no período previsto ou permitiu que o gado tivesse acesso à lavoura), o comprador, nestes casos, não terá de pagar nada ao vendedor, pois este deu causa ao inadimplemento contratual.

A inexistência do objeto futuro não pode ter relação com a conduta do outro contratante, sob pena de se caracterizar o inadimplemento.

Gustavo Tepedino resume bem essa questão em seu *Código civil interpretado*: "Seja a que título for, parece que o art. 458 deixa claro que, caso se verifique culpa ou dolo do contratante que interferiu, positiva ou negativamente, com o desenrolar natural da álea, não poderá este cobrar o preço, ou, se já o tiver recebido, será obrigado a restituí-lo, e em qualquer hipótese serão devidas eventuais perdas e danos".

3.4.4.2.4. Assunção de risco pela quantidade de coisa futura

Nos termos do art. 459: "Se for aleatório, por serem objeto dele coisas futuras, tomando o adquirente a si o risco de virem a existir em qualquer quantidade, terá também direito o alienante a todo o preço, desde que de sua parte não tiver concorrido culpa, ainda que a coisa venha a existir em quantidade inferior à esperada".

A diferença básica entre este dispositivo e a compra e venda aleatória prevista no art. 458, diz respeito aos limites e à extensão dos riscos assumidos. Na hipótese do art. 458, o comprador contratante assume o risco pela existência de coisas ou fatos futuros. Na situação regulada pelo art. 459, o comprador assume o risco apenas por uma quantidade inferior à esperada e não pela existência, tanto que, nos termos do parágrafo único do art. 459, se desta coisa nada vier a existir, alienação não haverá, e o alienante restituirá o preço recebido.

O art. 459 trata da *emptio rei speratae,* expressão que tem o significado de *compra da coisa esperada*. O comprador contratante espera determinada quantidade e assume o risco de a coisa existir em quantidade inferior à esperada. O contrato de compra e venda de safra futura também pode ser utilizado como exemplo. O comprador pagará determinado preço pelo equivalente a 1.000 (mil) sacas de café, mas assume o risco de vir a existir, na data da execução do contrato, quantidade inferior à esperada. Da mesma forma que a assunção do risco pela existência, é excetuada a hipótese de quantidade inferior estar relacionada à conduta culposa (em sentido amplo – dolo e culpa em sentido estrito) do outro contratante e, por isso, tudo que foi dito anteriormente sobre isenção da responsabilidade se aplica a este dispositivo.

No caso da safra futura, se nada for produzido, o contrato perde a eficácia por falta de objeto (parágrafo único do art. 459), devendo o comprador restituir o preço eventualmente pago, retornando as partes ao estado em que se encontravam por ocasião da formalização do pacto. Neste caso, devem ser observados os princípios da boa-fé objetiva e da função social nos contratos aleatórios. A quantidade mínima, mesmo existente, leva à ineficácia do contrato. Assim, se a pessoa adquire 20.000 (vinte mil) sacas de soja da safra de 2012 e, no referido período, é colhida apenas 50 (cinquenta) sacas, essa quantidade mínima deverá ser equiparada à inexistência da coisa, para fins do parágrafo único do art. 459 do CC. No caso concreto, deve ser feita a devida ponderação de valores a fim de se equiparar determinada quantidade mínima com a inexistência do objeto.

Por outro lado, se a inexistência do bem ou a existência em quantidade inferior for imputada ao alienante, em razão de conduta culposa ou dolosa, haverá inadimplemento contratual e, em consequência, responsabilidade civil.

3.4.4.2.5. Contrato aleatório e risco pela existência de coisa atual (plano da validade)

O contrato aleatório pode versar sobre coisas ou fatos futuros, mas também sobre coisas atuais, desde que estas estejam sujeitas a riscos. Os arts. 460 e 461 do CC regulam a assunção do risco apenas pela *existência* de coisas *atuais* e expostas a algum risco. É essencial que esta coisa, em algum momento, já tenha existido.

A futuridade não é, portanto, característica do contrato aleatório, pois tal contrato pode ter por objeto coisa atual, já existente ou que já existiu, desde que esteja ou tenha estado exposta a algum risco (coisa atual + exposição a risco). Neste caso, o comprador assume o risco pela existência desta coisa atual exposta a risco e, nada vindo a existir, terá de pagar a integralidade do preço ao vendedor contratante.

Por exemplo, se o sujeito vai até o cais do porto comprar peixe e o vendedor diz que o barqueiro já está com os peixes, mas ainda não chegou ao porto porque está enfrentando uma tempestade em alto mar e se o comprador assumir o risco pela existência destes peixes expostos a risco (pois, o barco pode afundar e a carga se perder), estará por celebrar contrato aleatório e, se nada existir, o alienante terá direito à integralidade do preço pago.

Como bem ressalta Tepedino[95]: "E este regime será aplicado mesmo quando as coisas já tenham perecido no momento da celebração do contrato, desde que o alienante não tivesse conhecimento deste fato". Por isso, basta que a coisa já tenha existido e, durante essa existência, estivesse exposta a algum risco. No entanto, é essencial que o alienante, por ocasião do negócio, não tenha ciência da eventual consumação do risco. No mesmo exemplo acima, pode ocorrer de o barco com os peixes já ter naufragado no momento da realização do negócio. Se o alienante desconhecia a consumação do risco, o contrato é válido e eficaz.

O art. 461 é desdobramento do artigo anterior.

Ao contrário dos arts. 458 e 459, cujo dolo ou culpa do contratante podem caracterizar inadimplemento, o dolo (ciência da consumação do risco no momento da formação do contrato), na hipótese de coisa atual, envolve o plano de validade, razão pela qual o art. 461 faz referência à invalidação do contrato e não inadimplemento, plano da eficácia. A razão é simples: No caso dos arts. 458 e 459, o dolo ou a culpa do contratante é causa superveniente à formação do contrato, motivo pelo qual tais condutas são tratadas no plano da eficácia do contrato (adimplemento e inadimplemento). Na situação prevista no art. 461, o dolo do contratante é anterior ou contemporâneo à formação do contrato, razão pela qual tal dolo é causa de invalidação do contrato (art. 145), e não de inadimplemento. O plano é da validade. As causas de invalidação do negócio jurídico, em especial do contrato, são sempre contemporâneas ou anteriores à formação do negócio.

Segundo o art. 461, se o contratante já tinha ciência da consumação do risco a que estava exposta a coisa atual quando da formação do contrato, este é passível de invalidação. Por isso, o dolo anterior ou contemporâneo à formação do pacto é causa de invalidação ou anulação, nos termos do art. 145 (dolo principal, causa determinante do negócio), no prazo do art. 171, inciso II, ambos do CC.

No exemplo acima, se vendedor do peixe já sabia que a embarcação tinha afundado em razão da tempestade e, mesmo assim, realizou o negócio, essa ciência ou esse dolo foi a causa determinante do negócio e, por isso, o contrato seria passível de invalidação.

Em conclusão, o dolo do contratante, previsto no art. 461, é causa de anulação do contrato, pois anterior ou contemporâneo à formação do contrato e o dolo e a culpa, previstos nos arts. 458 e 459, são causas de inadimplemento (estão no plano da eficácia e na teoria geral do inadimplemento), pois supervenientes à formação do contrato.

3.4.4.2.6. Questões relevantes sobre os contratos comutativos e aleatórios

A classificação dos contratos em comutativos e aleatórios é relevante, pois há institutos jurídicos incompatíveis com os contratos aleatórios, como são os casos da lesão (art. 157) e do vício redibitório (art. 441 é expresso ao admitir a invocação deste vício apenas nos contratos comutativos). Segundo Orlando Gomes[96]: "As arras não se justificam nos contratos aleatórios".

Além disso, não podem ser confundidos os contratos aleatórios, condicionais e os contratos comutativos com obrigações de resultado.

Nas palavras precisas de Orlando Gomes[97]: "Há alguma semelhança entre contrato aleatório e contrato condicional, mas não se confundem. Neste, é sua eficácia que fica na dependência de evento futuro e incerto. Naquele, a incerteza ocorre em relação à extensão das vantagens procuradas pelas partes; o risco está na alternativa de ga-

---

[95] TEPEDINO, Gustavo; BARBOSA, Heloísa Helena; BODIN, Maria Celina et al. *Código civil interpretado*. v. II (teoria geral dos contratos, contratos em espécie, atos unilaterais, títulos de crédito, responsabilidade civil, preferências e privilégios creditórios - artigos 421-965), RJ-SP: Renovar, 2006.

[96] GOMES, Orlando. *Contratos*. 26. ed. Rio de Janeiro: Forense, 2008.

[97] GOMES, Orlando. *Contratos*. 26. ed. Rio de Janeiro: Forense, 2008.

nho ou de perda. Não se sabe qual das partes terá a vantagem ou a perda".

Complementa Tepedino[98]: "Os contratos aleatórios consideram-se eficazes a partir da sua realização, enquanto os contratos condicionais dependem, para sua própria eficácia, de um acontecimento futuro e incerto". No contrato condicional a eficácia está subordinada a um evento futuro e incerto. O contrato aleatório é eficaz desde a origem, produz efeitos jurídicos obrigacionais, mas a extensão das vantagens ou a proporção entre prestação e contraprestação depende da ocorrência de um acontecimento incerto para os contratantes.

Em relação à diferença entre os contratos comutativos e a obrigação de resultado, esclarece Gustavo Tepedino que: "(...) a semelhança que surge do fato de que em ambos os contratos há o risco de uma das partes nada receber é apenas aparente, pois, no contrato aleatório, tal resultado é consistente com a sua execução, ao passo que no contrato comutativo que preveja uma obrigação de resultado, ainda que não dependente apenas da atuação do devedor, o não pagamento será consequência eventual do inadimplemento, e não, portanto, da execução do contrato".

Finalmente, cumpre ressaltar que o princípio da equivalência material ou equilíbrio contratual também pode ser invocado nos contratos aleatórios. O fato de ser contrato essencialmente de risco, não elimina a possibilidade de se invocar institutos como a revisão judicial e a teoria da onerosidade excessiva para manter o equilíbrio contratual se houver intensa desproporção entre a prestação de um e o risco assumido pelo outro. Nada justificaria uma prestação elevada diante de risco mínimo.

A doutrina majoritária (Orlando Gomes, Serpa Lopes, Caio Mário, dentre outros) defende a inaplicabilidade da teoria da onerosidade excessiva, prevista no art. 478, aos contratos aleatórios. Em que pese estas posições contrárias, os princípios da boa-fé objetiva e da função social dos contratos permitem a onerosidade excessiva nos contratos, seja ele comutativo ou aleatório. O risco assumido por um ou por todos não pode ser excessivamente oneroso se comparado com a prestação oposta.

Segundo Paulo Luiz Netto Lôbo[99]: "O princípio da equivalência material busca realizar e preservar o equilíbrio real de direitos e deveres no contrato, antes, durante e após a sua execução, para harmonização de interesses".

Rodrigo Toscano de Brito[100], de forma coerente defende que tal princípio independe da natureza do contrato: "(...) se está diante de um princípio contratual que tem a sua base teórica na ideia de equidade, de eticidade, de socialidade, de manutenção da lealdade e da confiança contratual, da proporcionalidade e da razoabilidade, é plausível afirmar que, independentemente da posição de vulnerabilidade do contratante, é possível buscar sua revisão ou resolução, digamos, em face da visualização do desequilíbrio objetivo do contrato (...) não se pode diferenciar a natureza do contrato, ou seja, se civil, empresarial, de consumo ou qualquer outro".

No Código Civil, há dispositivo que determina a revisão de contrato aleatório em caso de desequilíbrio econômico ou violação do princípio da equivalência material. Segundo o art.770 do CC, que trata do contrato de seguro, sendo este um contrato aleatório por natureza, "salvo disposição em contrário, a diminuição do risco no curso do contrato não acarreta a redução do prêmio estipulado; mas, se a redução do risco for considerável, o segurado poderá exigir a revisão do prêmio ou a resolução do contrato". O princípio da revisão é expresso na segunda parte do artigo, que conecta o contrato aleatório aos princípios da função social, boa-fé objetiva e equivalência material.

O princípio da equivalência material é princípio geral dos contratos. Diante disso, sua aplicação não pode estar condicionada ou ficar na dependência da natureza ou de qualquer espécie contratual.

3.4.5. Classificação dos contratos quanto ao método de contratação: contratos paritários e contratos de adesão

A classificação dos contratos paritários (os contratos civis se presumem paritários – art. 421-A) ou por adesão repercute diretamente na primeira fase de formação dos contratos, negociações preliminares. Nos contratos paritários tal fase é mais dinâmica e, por isso, condiciona as fases subsequentes, proposta e aceitação (que serão mais rápidas, pois a proposta e a aceitação ocorrerão quando as tratativas tiverem em estágio avançado). Nos contratos por adesão, tal fase é mais restrita, pois se limita a convencer o oblato a aderir a proposta unilateralmente formulada.

Os contratos paritários são aqueles contratos que resultam de um processo de negociação. As partes, após tratativas, negociações preliminares, discussões sobre o conteúdo, extensão e limites do contrato, resolvem formalizar o pacto.

Em contratos paritários, é lícita a cláusula que exclui a reparação de dano decorrente de inadimplemento ou que limita o valor da indenização. Nesse sentido, foi aprovado enunciado na VIII Jornada de Direito Civil, realizada em abril de 2018. Eis o teor do enunciado: "Como instrumentos de gestão de riscos na prática negocial paritária, é lícita a estipulação de cláusula que exclui a reparação por perdas e danos decorrentes do inadimplemento (cláusula excludente do dever de indenizar) e de cláusula que fixa valor máximo de indenização (cláusula limitativa do dever de indenizar)".

Por outro lado, os contratos por adesão de natureza civil estão regulados pela primeira vez no Código Civil nos arts. 423 e 424.

O denominado *contrato de adesão* deveria ser chamado de *contrato por adesão*, pois não é uma espécie de contrato,

---

[98] TEPEDINO, Gustavo; BARBOSA, Heloísa Helena; BODIN, Maria Celina et al. *Código civil interpretado*. v. II (teoria geral dos contratos, contratos em espécie, atos unilaterais, títulos de crédito, responsabilidade civil, preferências e privilégios creditórios - artigos 421-965), RJ-SP: Renovar, 2006.

[99] LÔBO, Paulo Luiz Netto. Princípios sociais dos contratos no CDC e no novo CC. *Revista de Direito do Consumidor*, 2002, p. 192.

[100] BRITO, Rodrigo Toscano de. *Equivalência material dos contratos*: civis, empresariais e de consumo. São Paulo: Saraiva, 2012.

mas método de contratação (trata-se de forma especial de contratação). A pessoa interessada em contratar, mediante declaração de vontade, simplesmente adere a cláusulas contratuais preestabelecidas, unilateralmente, pelo proponente. No contrato por adesão a fase de negociações preliminares ou das conversações prévias é suprimida.

O Código Civil não define o contrato por adesão, se restringindo a limitar alguns efeitos jurídicos deste método de contratação em relação ao aderente, o qual não teve a oportunidade de discutir com a parte adversa o conteúdo do contrato.

O contrato por adesão, regulado no Código Civil, tem as mesmas características do contrato por adesão previsto no art. 54 do CDC, mas eles não se confundem. O contrato por adesão de natureza civil é regulado pelo Código Civil (como a locação por adesão, a prestação de serviços por adesão, a compra e venda por adesão) e o contrato por adesão cujo objeto é uma relação de consumo, se orienta pelo disposto no Código de Defesa do Consumidor.

Nesse sentido, aliás, o Enunciado 171 da III Jornada de Direito Civil: "O contrato de adesão, mencionado nos arts. 423 e 424 do CC, não se confunde com o contrato de consumo". Segundo o art. 54 do CDC, contrato de adesão é aquele cujas cláusulas tenham sido aprovadas pela autoridade competente ou estabelecidas unilateralmente pelo fornecedor de produtos ou serviços, sem que o consumidor possa discutir ou modificar substancialmente o seu conteúdo.

As principais características do contrato por adesão são a elaboração unilateral das cláusulas contratuais (predisposição das cláusulas no momento da adesão) e a impossibilidade de discussão do contrato ou a alteração da substância do conteúdo (rigidez). Para outros seriam três as principais características deste método de contratação: predisposição das cláusulas, rigidez e unilateralidade. Os contratos de adesão se distinguem dos contratos tradicionais pela sua forma de estipulação e não pelo conteúdo.

A adesão, portanto, não é espécie de contrato, mas método de vinculação, onde o oblato, por ocasião do consentimento, apenas adere a conteúdo ou cláusulas previamente e unilateralmente estabelecidas. O objeto do contrato por adesão de natureza civil não tem limites. Em princípio, qualquer contrato pode ser formado por simples adesão do oblato. A *adesão* sujeita o oblato às disposições preestabelecidas pelo proponente.

As eventuais negociações preliminares no âmbito do contrato por adesão não envolvem a discussão do conteúdo, mas apenas questões relacionadas ao convencimento de uma parte em relação à outra, no intuito de aderir ao contrato. É possível que as partes discutam sobre um texto já formatado unilateralmente, mas a forma de contratação por adesão impõe que um dos contratantes venha a aderir a esse contrato previamente formatado e redigido. A fase de negociações preliminares se limita a uma fase de *convencimento* e não há discussão sobre o conteúdo ou as cláusulas do contrato.

Nelson Nery[101], de forma precisa, esclarece que "o contrato de adesão não é categoria contratual autônoma nem tipo contratual, mas somente técnica de formação do contrato, que pode ser aplicada a qualquer categoria de contrato sempre que seja buscada a rapidez na conclusão do mesmo, exigência das economias de escala".

Como pondera Teresa Negreiros[102], o contrato de adesão caracteriza-se pelo modo de sua formação. Na referida obra, ressalta que: "(...) a comparação entre os sistemas normativos demonstra que a designação do fenômeno varia conforme o aspecto que se ponha em realce: (i) ora se acentuando a uniformidade e a abstração das cláusulas – contratos Standard –; (ii) ora a circunstância de que são predeterminadas e se destinam a uma séria indefinida de contratações (condições gerais de contratação); (iii) ora a preponderância da vontade de um dos contratantes, à qual o outro apenas adere (contrato de adesão)".

Para Orlando Gomes[103]: "(...) o contrato de adesão caracteriza-se por permitir que seu conteúdo seja pré-construído por uma das partes, eliminada a livre discussão que precede normalmente a formação dos contratos (...). No contrato de adesão uma das partes tem de aceitar, em bloco, as cláusulas estabelecidas pela outra, aderindo a uma situação contratual que encontra definida em todos os seus termos. O consentimento manifesta-se como simples adesão a conteúdo preestabelecido da relação jurídica".

Gomes argumenta que os doutos preferem a expressão condições gerais do contrato ou condições gerais de contratação, porque é mais amplo, abrangendo todos os casos de pré-constituição de cláusulas uniformes que devem ser insertas no conteúdo do contrato, sejam estabelecidas por um dos contratantes ou por outrem. A expressão *contrato de adesão* possui sentido mais estreito, pois serve apenas para designar a predeterminação unilateral do conteúdo de contratos similares, neles insertas as cláusulas uniformes que não podem ser rejeitadas.

Tal contrato, no momento da formação e formulação das cláusulas, retrata verdadeira condição geral do contrato ou cláusulas gerais. A denominada adesão se refere ao oblato, pois é a forma pela qual este se vincula ao contrato, sendo esse o modo de contratação pelo destinatário da proposta. Não se confunde o contrato de adesão com o contrato normativo, no qual as partes devem observar regras bilateralmente traçadas de comum acordo, para relações futuras entre si ou com terceiros. Tal bilateralidade não existe no contrato por adesão. Como bem ressalta Caio Mário, o contrato de adesão se constitui em um conjunto de cláusulas uniformes, estabelecidas genérica e abstratamente.

O fato a ser relevado é que o contrato por adesão está disseminado na vida social e, por isso, acaba se contrapondo ao modelo contratual clássico, onde o ajuste con-

---

[101] NERY, Nelson; NERY, Rosa Maria de Andrade. *Código civil anotado e legislação extravagante*. 2. ed. São Paulo: Revista dos Tribunais, 2003.

[102] NEGREIROS, Teresa. *Teoria do contrato*: novos paradigmas. Rio de Janeiro: Renovar, 2008.

[103] GOMES, Orlando. *Contratos*. 26. ed. Rio de Janeiro: Forense, 2008.

tratual resulta da livre negociação e da disposição bilateral e consensual das cláusulas e do conteúdo do contrato. Nesse novo modelo, se suprime a fase de negociações preliminares e o oblato está sujeito às cláusulas unilateralmente preestabelecidas pelo proponente. Em razão disso, o legislador de 2002 entendeu por bem restringir os efeitos jurídicos do contrato por adesão em favor do aderente, sendo que tal restrição é bem mais intensa nas relações de consumo do que no Código Civil.

Portanto, no Código Civil, o que caracteriza o contrato por adesão é a restrição dos efeitos jurídicos desta forma ou método de contratação em benefício do aderente, conforme se observa nos arts. 423 e 424, os quais disciplinam este tipo especial de vinculação do *oblato*.

O art. 423 do CC, no intuito de proteger o aderente, estabelece regras especiais de hermenêutica.

As cláusulas ambíguas e contraditórias serão interpretadas em favor do sujeito que não teve a oportunidade de discutir previamente o conteúdo destas cláusulas. Como a forma de vinculação do *oblato* é por *adesão*, o significado a ser extraído das cláusulas com tais características é aquele que mais favorece o aderente.

No entanto, o art. 423 restringe a "interpretação mais favorável" apenas a estes dois tipos de problemas: *contradição* e *ambiguidade*. No Código de Defesa do Consumidor, por exemplo, a tutela do consumidor no plano da hermenêutica é muito mais intensa. Nos termos do art. 47 do CDC, as cláusulas contratuais serão interpretadas de maneira mais favorável ao consumidor em qualquer circunstância e não apenas nos casos de cláusulas ambíguas e contraditórias. No CDC, não existe a mesma limitação imposta pelo art. 423 do CC, o que, em termos, se justifica pela natureza da relação e a *hipossuficiência* técnica ou econômica do consumidor.

No Código Civil, a interpretação dos contratos de adesão segue as regras gerais de interpretação do negócio jurídico específicas analisadas na parte geral, quando tratamos da teoria geral do negócio jurídico. Em relação às cláusulas contratuais especificamente, há limitação para favorecer o aderente, pois apenas as cláusulas obscuras e contraditórias são interpretadas em favor deste. A interpretação contra o estipulante, nos contratos de adesão de natureza civil, em primeiro lugar, se dará no caso de cláusulas obscuras ou ambíguas. Nestas, diante de duas interpretações possíveis à luz da mesma cláusula, será extraído o significado e sentido que mais favoreça o aderente. Ademais, a interpretação contra o estipulante e em favor do aderente ocorrerá no caso de cláusulas contraditórias. Neste caso, há várias cláusulas, sendo que uma contradiz o sentido da outra. Cada cláusula se contrapõe em relação ao mesmo assunto, tema ou objeto. Diante de duas ou mais cláusulas que se contradizem, será adotada ou considerada aquela que mais favoreça o aderente. Neste caso, não se trata propriamente de interpretação ou exercício de hermenêutica jurídica, mas de escolha da cláusula mais favorável. É fato que tal escolha, em algumas hipóteses, poderá exigir interpretação diante da busca do real significado da cláusula, mas o fato é que se opta por uma das cláusulas, desprezando a outra.

Assim, diante de duas interpretações possíveis em relação à mesma cláusula (ambíguas), ou no caso de conflito direto ou reflexo entre cláusulas distintas, mas contraditórias entre si (contradição), deve ser adotada a interpretação mais favorável ao aderente, nos termos do art. 423 do CC.

Ainda no âmbito do Código Civil, o dispositivo que revolucionou os contratos de adesão de natureza civil é o art. 424, por ser fonte real e eficiente de tutela do aderente.

A renúncia antecipada do aderente em cláusula inserida em contrato por adesão é nula. Neste caso, o Código Civil considera que há violação de interesse público, motivo pelo qual a nulidade pode ser declarada a qualquer tempo (art. 169), pelos legitimados do art. 168. Em atenção ao princípio da preservação do negócio jurídico e mais especificamente do contrato, a nulidade de cláusula de renúncia antecipada de direito, em regra, não invalidará o restante do contrato. Neste caso, haverá redução do negócio jurídico ou do contrato (é a denominada invalidade parcial). Nos termos do art. 184 do CC, a invalidade parcial de um negócio jurídico não o prejudicará na parte válida, se esta for separável. Assim, o reconhecimento da nulidade da cláusula de renúncia antecipada de direito não prejudica o restante do contrato, porque sobrevive sem este tipo de cláusula.

O art. 424 do CC protege o aderente em relação ao próprio conteúdo do contrato, no que se refere a direitos subjetivos que seriam inerentes à sua posição contratual, mas que, por uma imposição unilateral do estipulante, prevê a renúncia. Não há dúvida de que a proteção ao aderente em contratos de adesão civil é bem mais tímida se comparada ao disposto no art. 51 do CDC, o qual considera nulas de pleno direito inúmeras cláusulas e não apenas aquela que implica renúncia de direitos. O CDC também adota o princípio da preservação ou invalidade parcial, pois no § 2º do art. 51 dispõe que a nulidade de uma cláusula contratual abusiva não invalida o contrato, exceto quando de sua ausência, apesar dos esforços de integração, decorrer ônus excessivo a qualquer das partes.

Todavia, o art. 424 do CC abrange uma enorme gama de situações, justamente porque muitos problemas envolvendo contratos de adesão estão relacionados a estas cláusulas de renúncia antecipada de direitos subjetivos. Isso é muito comum em contratos de seguro-saúde e, principalmente, de fiança.

No caso da fiança, por exemplo, há uma Súmula do STJ que é emblemática. O STJ não se atentou para a norma cogente em análise (art. 424 do CC) quando editou a Súmula 335, segundo a qual, nos contratos de locação, é válida a cláusula de renúncia à indenização das benfeitorias e ao direito de retenção. Tal súmula deve ser considerada à luz do art. 424 do CC. Se o contrato de locação for por adesão, a renúncia antecipada a tais direitos subjetivos (benfeitorias e retenção) é nula. Se o contrato de locação *não for por adesão*, tem plena aplicação a Súmula 335 do STJ. Tal distinção, necessariamente, deve ser realizada, a fim de não ser violada regra cogente, que defende interesse público, como é o caso do art. 424 do CC.

Portanto, a renúncia antecipada do aderente a direito subjetivo inerente à própria natureza do contrato, como são os casos de benfeitoria e retenção na locação, é nula. A única restrição da norma civil é que a renúncia antecipada esteja relacionada a direito subjetivo conexo à natureza do negócio. Se a renúncia não tiver relação com a natureza do contrato que se está formando, não há nulidade.

Nesse sentido o Enunciado 433 da V Jornada de Direito Civil, promovida pelo CJF: "Art. 424. A cláusula de renúncia antecipada ao direito de indenização e retenção por benfeitorias necessárias é nula em contrato de locação de imóvel urbano feito nos moldes do contrato de adesão".

3.4.6. Contratos típicos e atípicos (classificação quanto à previsão legal)

A classificação dos contratos em típicos e atípicos está relacionada com a existência ou não de disciplina legal específica sobre determinado contrato. O contrato típico possui regulamentação legal no que tange aos elementos constitutivos e efeitos jurídicos. Os contratos típicos retratam modelos legais. A definição ostenta elementos mínimos, ou seja, ainda que típicos, a disciplina legal não é exauriente (há espaço para, nos limites da lei, integrar as normas dos contratos típicos, de acordo com o interesse dos contratantes – autonomia privada). É fato que a tipicidade reduz a atividade hermenêutica e o espaço de autodeterminação, mas não neutraliza a autonomia privada.

O Código Civil ostenta vários modelos legais, arts. 481 a 853. São exemplos de contratos típicos a compra e venda, a doação, transporte, seguro, comodato, mútuo, depósito, corretagem, agência e distribuição, permuta, *estimatório*, locação de coisas, dentre outros, bem como os inúmeros pactos regulados em leis extravagantes, como o contrato de locação de imóvel urbano (objeto de disciplina da Lei n. 8.245/91) e o contrato de trabalho (CLT).

A qualificação jurídica destes contratos permite a subsunção às regras legais previamente estabelecidas. Os contratos típicos não possuem regulamentação completa na lei. A lei apenas fornece parâmetros mínimos para sua caracterização, identificação da natureza e efeitos jurídicos mais relevantes. As normas que disciplinam os contratos típicos são suficientes, mas não completas. No espaço permitido pela norma, é possível que os contratantes preencham lacunas ou pactuem situações jurídicas diversas do previsto em lei (se a norma for dispositiva), a fim de ajustar aos próprios interesses. A atividade do intérprete nos contratos típicos é mais reduzida, pois alguns efeitos jurídicos já estão previamente definidos, inclusive de forma objetiva.

Com bem pondera Luiz Loureiro[104], os contratos típicos facilitam a redação do pacto: "As partes podem disciplinar os pontos essenciais do contrato, já que os pontos secundários são regulados por uma disposição do texto legislativo especialmente aplicável a este contrato. Consequentemente, os contratos típicos são mais fáceis de interpretar, já que, quando as partes não estabelecerem na convenção a regra aplicável a determinado problema, basta recorrer às normas previstas no Código Civil (ou legislação aplicável) para disciplinar a maior parte dos litígios decorrentes da execução contratual".

A norma legal acaba por suprir eventual omissão dos contratantes em relação a aspectos específicos e pontuais do contrato.

Por outro lado, os contratos atípicos, também denominados *inominados*, são aqueles que não possuem regulamentação legal específica. Não há modelo predefinido pelo legislador. Tais contratos exigem intensa cautela e prudência em razão da ausência de normas legais para suprir eventual omissão das partes. Portanto, podem ser livremente convencionados, desde que respeitados os princípios e valores norteadores da teoria contratual contemporânea, em especial a função social e boa-fé objetiva.

O Código Civil de 2002 admite os contratos atípicos no art. 425, como desdobramento do princípio da liberdade contratual e da autonomia privada. Os sujeitos, nas suas relações intersubjetivas, podem autorregular os interesses, com a finalidade de criar contratos não previamente definidos pelo legislador. No entanto, esse poder de concluir contratos para os quais a lei não estabelece disciplina jurídica própria e diferenciada é mitigada pelos princípios da teoria geral contratual.

De acordo com o art. 425 do CC: "É lícito às partes estipular contratos atípicos, observadas as normas gerais fixadas neste Código".

A primeira parte do dispositivo permite que o sujeito concretize plenamente a liberdade de estipular o contrato e estabelecer o seu conteúdo, mediante a criação de modelo não previsto na lei. No entanto, na segunda parte, o mesmo artigo impõe limite ao poder de criação e regulação, ao exigir que sejam observadas as normas gerais deste Código, formação dos contratos, vícios redibitórios, evicção, princípios (arts. 421, 421-A e 422 do CC). Portanto, os contratos atípicos devem dispor sobre interesses dignos de tutela que estejam adequados aos valores sociais que norteiam os sujeitos contratantes e a coletividade. De qualquer forma, os contratos atípicos se submetem à teoria geral dos contratos.

Os contratos atípicos se subdividem em contratos atípicos propriamente ditos e contratos atípicos mistos. O mestre Orlando Gomes[105] é preciso ao dividir os contratos atípicos em contratos atípicos propriamente ditos, que se formam por elementos originais e contratos atípicos mistos, os quais resultam da fusão de elementos próprios de outros contratos: "Ordenados a atender interesses não disciplinados especificamente pela lei, os contratos atípicos caracterizam-se pela originalidade, constituindo-se, não raro, pela modificação de elemento característico de contrato típico, sob a forma que o desfigura, dando lugar a um tipo novo. Outras vezes, pela eliminação de elementos secundários de um contrato típico".

---

[104] LOUREIRO, Luiz Guilherme. *Contratos – Teoria geral e contratos em espécie*. 3. ed. São Paulo: Método, 2008.

[105] GOMES, Orlando. *Contratos*. 26. ed. Rio de Janeiro: Forense, 2008.

Aliás, será raro o contrato típico propriamente dito, ou seja, com elementos completamente originais, que já não existem em outros contratos típicos. É o que defendem Rosenvald e Chaves[106]: "(...) na maior parte dos casos, importam modificações dos tipos legais e combinações de diferentes tipos legais (contratos atípicos mistos). A realidade econômica nos mostra que lateralmente os contratos atípicos, subsistem contratos em tese típicos, consubstanciados por cláusulas atípicas. Quando isto ocorre, o contrato se transmuda em atípico".

Na realidade, os contratos atípicos, em regra, serão mistos, ou seja, se formarão a partir de elementos e fragmentos de outros contratos atípicos que se fundiram para a constituição de contrato novo.

Os contratos mistos, espécie de contratos atípicos, resultado da fusão de fragmentos ou elementos de outros contratos, perdem a autonomia para formação de novo contrato. Há exemplos de contratos atípicos mistos, como o contrato de hospedagem com pensão que tem elementos da prestação de serviços, compra e venda e locação. Os fragmentos de contratos tipificados em lei se fundem e formam contrato novo.

• **Interpretação dos contratos atípicos**

As teorias relativas à interpretação dos contratos atípicos estão destacadas no item que trata dos contratos mistos, subespécie de contratos atípicos.

Em breve síntese, a interpretação dos contratos atípicos pode ser baseada na teoria da combinação (decompor e fragmentar o contrato para localizar o contrato similar com o fragmento e aplicar a regra correspondente ao contrato típico – combinam-se as regras dos vários contratos que o integram – ocorre que o contrato atípico tem identidade e finalidade própria, que o diferencia dos típicos, cujos elementos podem ser utilizados para sua composição); teoria da absorção (parte da premissa de que em todo contrato típico haverá elemento preponderante, o qual absorve os demais – assim, o contrato atípico seria interpretado de acordo com as regras do típico que preponderam – o problema é que nos típicos, para sua funcionalidade, todos os elementos são preponderantes) e teoria analógica (deve o atípico ser interpretado de acordo com as regras do contrato típico que com ele mais se assemelha). O fato é que nenhuma teoria atende, com a necessária segurança e eficiência, os anseios do intérprete, motivo pelo qual será no caso concreto, com base nos princípios contratuais, natureza e finalidade do contrato, que deverá ser buscada a melhor solução.

3.4.7. Contratos principais e acessórios (ao modo por que existem)

A classificação dos contratos em principais e acessórios está relacionada à dependência e vinculação do contrato em relação a outro.

Os contratos principais possuem existência autônoma e independem de qualquer outro pacto para cumprir sua função e concretizar a finalidade e os interesses nele materializados. Portanto, possuem existência própria e autonomia funcional plena.

Os contratos acessórios são os pactos cuja existência depende de outro contrato, o principal. Há uma relação de dependência entre o contrato acessório e o outro ao qual ele está vinculado. Por esta razão, eventuais vícios no contrato principal podem contaminar o acessório (art. 184, segunda parte, do CC). A função principal do contrato acessório é garantir o cumprimento das obrigações contraídas no contrato ao qual ele adere – ou seja, o principal. Portanto, contrato acessório é aquele que tem como pressuposto outro contrato.

A justificação desta distinção, segundo Orlando Gomes[107], é o princípio de que o acessório segue o principal: "A distinção entre contratos principais e acessórios justifica-se em face da aplicação do princípio geral de que o acessório segue a sorte do principal. A relação de subordinação vincula igualmente tais contratos. Em consequência, a extinção do contrato principal acarreta a do contrato acessório, pois, logicamente, não lhe pode sobreviver, por faltar a razão de ser. Pelo mesmo motivo, se o contrato principal for nulo, também o será, por via de consequência, o acessório". E finaliza: "Os contratos acessórios podem ser preparatórios, como o mandato; integrativos, como a aceitação do terceiro na estipulação em seu favor; complementares, como a adesão a um contrato aberto".

A invalidação, resolução, resilição, ineficácia, revisão ou qualquer fato jurídico que afete o principal, de forma direta ou indireta, repercutirá no acessório. A extinção do principal implicará na extinção do acessório, porque este depende do principal.

Não há dúvida de que a relevância dos contratos acessórios se verifica no âmbito das garantias especiais das obrigações, embora os contratos acessórios não sejam somente e apenas contratos de garantia. É o caso do contrato de fiança, cuja principal característica é a relação de subordinação e dependência com o contrato principal, que a fiança visa garantir. Nesse sentido é o art. 818 do CC, segundo o qual "pelo contrato de fiança, uma pessoa garante satisfazer ao credor uma obrigação assumida pelo devedor, caso este não a cumpra". O fiador garante a satisfação do credor caso o devedor não cumpra as obrigações do contrato principal. Evidente o caráter acessório e subsidiário da fiança, pois depende do contrato principal para cumprir a função de garantia. Também são acessórios os contratos de penhor e hipoteca. Os direitos de garantia são essencialmente acessórios, porque pressupõem a existência de uma relação principal de direito obrigacional (crédito).

Nesta relação entre contratos principais e acessórios, como bem pondera Nader[108], as partes não precisam ser

---

[106] FARIAS, Cristiano Chaves de; ROSENVALD, Nelson. *Direito dos contratos*. Rio de Janeiro: Lumen Juris, 2011. v. IV.

[107] GOMES, Orlando. *Contratos*. 26. ed. Rio de Janeiro: Forense, 2008.

[108] NADER, Paulo. *Curso de direito civil – Contratos*. 9. ed. Rio de Janeiro: Forense, 2018. v. III, p. 52.

Capítulo 3 • Contratos

as mesmas: "As partes, em ambos os contratos, não precisam ser necessariamente as mesmas. No exemplo da locação e fiança, apenas o locador participa de um e de outro". Quanto aos efeitos práticos da distinção, o mesmo autor ressalta que o princípio da gravitação jurídica, de que o acessório segue o principal, é essencial para essa classificação. Nesse contexto, a resolução do contrato principal provoca igual efeito no acessório e a nulidade do principal faz nulo o acessório.

Em conclusão, os contratos principais não dependem de outros contratos para cumprir a sua finalidade e função social/econômica. Os contratos acessórios pressupõem a existência de outro contrato, o principal. Daí a relação de dependência e a vinculação com outro contrato, com as consequências já analisadas.

3.4.8. Contratos pessoais (ou *intuito personae*) e impessoais

Tal classificação envolve a possibilidade ou impossibilidade de as obrigações contratuais serem cumpridas e executadas por terceiro, estranho à relação contratual.

Os contratos pessoais ou *intuito personae*, também denominados personalíssimos, são aqueles que somente podem ser executados pelas partes contratantes. No momento da formalização do contrato, as partes fazem preponderar as qualidades essenciais do sujeito responsável pelo cumprimento das obrigações. Não basta cumprir a prestação. É essencial que a prestação seja executada pelo sujeito ou devedor que integra o contrato, tendo em vista que as suas qualificações pessoais foram fundamentais para o outro contratante se vincular a este pacto.

A pessoa e a qualificação desta é o ponto determinante para a conclusão do contrato. Como bem ressalta Orlando Gomes[109]: "A uma das partes convém contratar somente com determinada pessoa, porque seu interesse é de que as obrigações contratuais sejam cumpridas por essa pessoa. Por isso, a pessoa do contratante passa a ser elemento causal do contrato". Tais contratos são pessoais ou personalíssimos.

Nesta classificação é essencial ressaltar a vinculação dos contratos personalíssimos com as modalidades de prestações. Como já ressaltado na teoria das obrigações, as prestações se subdividem em dar (coisa certa e incerta), fazer e não fazer. As obrigações de *dar* envolvem prestação de *coisas* e as obrigações de fazer e não fazer são prestações de *fatos*.

As obrigações cuja prestação seja um *dar coisa* podem ser executadas por terceiro estranho ao contrato (terceiro interessado e até o terceiro não interessado), nos termos dos arts. 304 a 307 do CC. Tais contratos, cuja obrigação seja prestação de coisa (*dar*), são impessoais, na medida em que podem ser executados pelo devedor e por terceiro. A coisa pode ser entregue e o contrato executado por qualquer pessoa. Isso torna indiferente a qualidade do sujeito quando o objeto da obrigação for prestação de dar.

Por outro lado, as obrigações cuja prestação seja um fato humano (*fazer*), esta atividade humana e as qualidades do devedor passam a ter relevância. Por exemplo, em determinado contrato de prestação de serviço, o contratante poderá se vincular ao prestador por conta das qualidades da pessoa, das suas aptidões pessoais, sendo que a pessoa passa a ser a causa principal do contrato, o que o torna personalíssimo. É comum, nos casos de contratação de médicos, advogados, pintores, cantores etc., onde a causa do contrato é a qualidade do sujeito. As obrigações de fazer também podem ser impessoais ou fungíveis, quando se admite o cumprimento das obrigações por terceiros (art. 249 do CC). Será fungível a obrigação quando qualquer outra pessoa, que não o devedor, for capaz de cumprir a obrigação do contrato. Nestas situações, embora a obrigação seja de fazer, o fundamental para o credor não é a qualidade do devedor ou sua habilidade particular, mas o resultado do contrato, a execução das obrigações propriamente ditas.

Portanto, as obrigações personalíssimas ou *intuito personae* se verificam nas obrigações de fazer (prestação de fatos – onde a atividade humana é essencial). De acordo com o art. 247 do CC, as obrigações de fazer poderão ser personalíssimas em duas situações: primeiro, quando as partes expressamente convencionarem que apenas o devedor poderá cumprir e executar a prestação; segundo, mesmo que não haja convenção, quando a natureza, complexidade e as características do contrato, o que será apurado no caso concreto levaram as partes a considerar as qualidades do sujeito como elemento fundamental do contrato. Tais obrigações de fazer são infungíveis ou personalíssimas, justamente porque só podem ser prestadas pelo devedor.

As obrigações de fazer também podem ser impessoais ou fungíveis, quando se admite o cumprimento das obrigações por terceiros (art. 249 do CC). Será fungível a obrigação quando qualquer outra pessoa, que não o devedor, for capaz de cumprir a obrigação do contrato. Nestas situações, embora a obrigação seja de fazer, o fundamental para o credor não é a qualidade do devedor ou sua habilidade particular, mas o resultado do contrato, a execução das obrigações propriamente ditas.

Qual a relevância prática desta distinção ou classificação?

Os contratos personalíssimos ou *intuito personae* são intransmissíveis aos sucessores em caso de morte do contratante. Tais contratos pessoais também não podem ser objeto de cessão em transações *intervivos*, justamente porque são fundados nas qualidades e habilidades pessoais dos contratantes ou porque a não fungibilidade foi expressamente convencionada (art. 247 do CC). A título de exemplo, como regra, o contrato de empreitada é impessoal. No entanto, nada impede que seja ajustado com enfoque nas qualidades essenciais e pessoais do empreiteiro, caso em que se tornará personalíssimo. Nesta última situação, a morte do empreiteiro acarretará a extinção do contrato de empreitada, devido ao caráter *intuito personae*. Nesse sentido o art. 626 do CC: "Não se extingue o contrato de empreitada pela morte de qualquer das partes,

---
[109] GOMES, Orlando. *Contratos*. 26. ed. Rio de Janeiro: Forense, 2008.

salvo se ajustado em consideração às qualidades pessoais do empreiteiro".

Em outro exemplo, a fiança passa aos herdeiros, mas a responsabilidade se limita até o tempo decorrido da morte do fiador e não pode ultrapassar as forças da herança (art. 836 do CC). Daí o seu caráter personalíssimo (pessoal). Os herdeiros respondem pelas obrigações do fiador até a data da morte. A morte é causa de extinção da fiança.

Em razão do caráter personalíssimo e *intuito personae* do contrato de mandato, a morte de qualquer das partes é causa de extinção deste contrato, haja vista o disposto no art. 682, II, do CC, ressalvados os mandatos com a cláusula em causa própria, que perdem a natureza de mandato (natureza de cessão de direitos), os quais não possuem caráter personalíssimo (art. 685 do CC – as obrigações são transferidas aos herdeiros).

Portanto, os contratos personalíssimos são intransmissíveis pela morte do devedor, cujo fato leva à sua extinção, e podem ser cedidos, pois a substituição do devedor implicaria em outro contrato.

Para finalizar, o mestre Orlando Gomes[110] ressalta que a mais importante consequência destes contratos personalíssimos concerne à sua anulabilidade por erro: "(...) visto que a determinação da pessoa de um dos contratantes atua como causa do consentimento do outro, o *erro in persona* é essencial, justificando-se, neste caso, a anulação do contrato, mas, obviamente, o consentimento somente se considera viciado se o erro se verificar em relação às qualidades essenciais da pessoa".

É justamente a hipótese de anulação de negócio jurídico prevista no art. 139, II, do CC, relacionada aos contratos personalíssimos, pessoais ou *intuito personae*. Segundo tal dispositivo, o erro é substancial e causa de invalidação do negócio jurídico (no caso, contrato) quando concerne à qualidade essencial da pessoa a quem se refira a declaração de vontade, desde que tenha influído nesta de modo relevante. Portanto, se houver erro em relação às qualidades essenciais da pessoa em contrato cujo objeto seja um fazer, o pacto é passível de anulação, a fim de preservar o caráter personalíssimo do negócio. É na figura do contratante que a parte encontra o motivo determinante para o contrato. E, se houve erro na percepção desta qualidade, o contrato é passível de invalidação.

3.4.9. Contratos solenes e não solenes (classificação quanto à forma)

A classificação dos contratos em solenes e não solenes leva em consideração a necessidade ou não de revestir o contrato de formalidades.

Os contratos solenes ou formais são aqueles que devem se sujeitar às formalidades impostas pelo ordenamento jurídico para se aperfeiçoarem validamente. A forma exigida como condição de validade do contrato é denominada *ad solemnitatem*. A forma é a exigida pela lei. Não se deve confundir a forma, pressuposto de existência,

com a formalidade/solenidade, pressuposto de validade. A forma/prova ou modo se relaciona à prova mínima necessária para a existência de determinado fato jurídico, em especial do contrato. É o modo como se exterioriza a vontade no mundo da vida. Deve retratar condições mínimas para a existência jurídica (forma/prova). Se a *solenidade* for exigida apenas para a prova – *ad probationem tantum* –, o contrato não se constitui, porque a existência jurídica (plano da existência) não pode ser comprovada pela ausência de forma (a forma *ad probationem* não torna o contrato solene, sendo técnica probatória).

O art. 646 do CC, quando menciona que o contrato de depósito voluntário provar-se-á por escrito, se refere ao elemento mínimo (instrumento escrito) necessário para a existência jurídica do depósito. Não se trata de formalidade, plano da validade.

Por outro lado, a formalidade é o revestimento que a lei exige como condição de validade para determinados atos e negócios jurídicos (únicas espécies de fato jurídico que se submetem ao plano de validade), conforme art. 104, III, do CC. A inobservância da forma prevista em lei acarretará sanção civil, nulidade, art. 166, inciso VII.

Em resumo, os contratos formais ou solenes são aqueles que devem se submeter à formalidade exigida pela lei para a validade (plano de validade – questão originária).

A forma também reduz a atividade hermenêutica sobre ele incidente. A existência de forma vinculada reduz a margem de liberdade do intérprete, porque é levado a ater-se ao conteúdo expresso do contrato em grau maior do que deveria[111]. Na mesma linha Luiz Loureiro[112]: "Contratos solenes ou formais são aqueles para os quais a lei prescreve forma especial. A inobservância da forma acarreta a invalidade do contrato. Destarte, o contrato solene somente é formado pela constatação da vontade das partes sob uma forma escrita prevista em lei". Nader[113] destaca o valor *segurança jurídica* que fundamenta os contratos solenes: "Formais ou solenes são os contratos que não possuem a forma livre. Ao impor formalidade na celebração de determinados contratos o legislador é guiado pelo valor segurança jurídica".

Os contratos não solenes são os de forma livre, regra no direito brasileiro, como expressa o art. 107 do CC, que trata do princípio da liberdade das formas. Como a lei não impõe nenhuma formalidade para sua validade, podem ser revestidos por qualquer forma.

A relevância da distinção é que os contratos solenes serão nulos se não obedecida a forma prescrita em lei. A formalidade é elemento da validade destes negócios jurídicos (art.166 – sanção pela inobservância da forma).

Em função das exigências das formalidades, classificam como solenes os contratos para os quais a lei exige

---

[110] GOMES, Orlando. *Contratos*. 26. ed. Rio de Janeiro: Forense, 2008.

[111] FARIAS, Cristiano Chaves de; ROSENVALD, Nelson. *Direito dos contratos*. Rio de Janeiro: Lumen Juris, 2011. v. IV, p. 282.

[112] LOUREIRO, Luiz Guilherme. *Contratos – Teoria geral e contratos em espécie*. 3. ed. São Paulo: Método, 2008, p. 142.

[113] NADER, Paulo. *Curso de direito civil – Contratos*. 9. ed. Rio de Janeiro: Forense, 2018. v. III, p. 51.

determinada solenidade, como instrumento público, constitutivos ou translativos de direitos reais (art. 108 do CC) ou contratos para os quais a lei demande instrumento escrito, como condição de validade, a doação (art. 541 do CC – far-se-á por instrumento particular ou público) e fiança (art. 819).

Se o CC menciona que o contrato "provar-se-á" é forma/prova, elemento para existência jurídica (art. 646). Se a referência é "far-se-á" é forma/solenidade, elemento ou pressuposto de validade (art. 541 do CC).

3.4.10. Contratos instantâneos e de longa duração (classificação quanto ao momento de execução)

Os contratos, quanto ao momento da execução, se classificam em contratos de execução instantânea ou imediata, contratos instantâneos de execução diferida e contratos de execução sucessiva, que se subdivide em execução continuada ou periódica.

Em resumo, os contratos são instantâneos ou de execução única quando a prestação se concretiza em momento único.

Os contratos de execução única se subdividem em: 1 – de execução imediata – quando a execução é contemporânea à formação do contrato, ou seja, a execução que se realiza pela concretização da prestação em um único momento é imediatamente posterior à conclusão. Há uma relação de imediatidade entre a conclusão e a execução do contrato que se dá em um único momento; 2 – de execução diferida – neste caso, também a execução se concretiza em momento único, mas há um hiato ou espaço considerável entre a conclusão e a execução em momento único. Como ressaltam Rosenvald e Chaves[114]: "Já na execução diferida, o cumprimento da obrigação ocorre algum tempo depois, mas também em um único momento. Em regra, a execução será protraída em função do estabelecimento de um termo". Tal diferença também é reconhecida por Orlando Gomes[115]: "distinguem-se, em consequência, os contratos instantâneos de execução imediata dos contratos instantâneos de execução diferida. Não se confundem estes, todavia, com os contratos de duração, que constituem a categoria oposta dos contratos de execução única".

Em relação aos contratos de execução instantânea ou única, são precisas as palavras de Carlos Roberto Gonçalves[116]: "(...) contratos de execução imediata são os que se consumam num só ato, sendo cumpridos imediatamente após a sua celebração, como a compra e venda à vista. Cumprida a obrigação, exaurem-se. A solução se efetua de uma só vez e por prestação única, tendo por efeito a extinção cabal da prestação. Os contratos de execução diferida ou retardada são os que devem ser cumpridos também em um só ato, mas em momento futuro. A prestação de uma das partes não se dá imediatamente após a formação do vínculo, mas a termo".

A execução dos contratos instantâneos e imediatos se verifica tão logo se estabeleça o consenso. Não há hiato considerável entre o consenso e a execução. Nos contratos instantâneos de execução diferida, a prestação única se protrai no tempo. Há prestações que se exaurem em um único instante (imediata) ou no futuro (diferida ou postergada).

Em conclusão, como destaca Loureiro[117]: "O contrato é de execução instantânea ou imediata quando sua obrigação central é executada em uma só prestação, ainda que não seja no momento preciso de sua formação".

Por outro lado, há os contratos de execução sucessiva, também denominados *contratos de duração*, nos quais a obrigação se concretiza por meio de atos reiterados.

Tais contratos se subdividem em contratos de execução periódica e contratos de execução continuada. Nos contratos de execução continuada, a obrigação se prolonga no tempo de forma ininterrupta. As obrigações são contínuas. O exemplo clássico é a locação, pois a prestação do locador e a obrigação do locatário são permanentes e contínuas, pois não há solução de continuidade ou interrupção. Como destaca Nader[118]: "enquadram-se, nesta classe, os contratos de fornecimento de mercadorias, em que o fornecedor periodicamente efetua remessas e o comprador executa a sua obrigação na medida em que recebe as coisas e de acordo com o convencionado".

Os contratos de execução periódica também são espécies do gênero contratos de execução sucessiva: há reiteração de atos. A diferença entre esta subespécie e os de execução continuada, consiste apenas na possibilidade de as prestações, que se repetem periodicamente, não serem ininterruptas, ou seja, não ostentarem a mesma regularidade dos contratos de execução continuada. Na execução periódica, as prestações são repetidas, mas sem regularidade. Como exemplificam Rosenvald e Chaves[119]: "em um contrato de prestação de serviços de manutenção de computadores, o prestador só atuará circunstancialmente, conforme a necessidade do cliente. Não deixa de ser um contrato de trato sucessivo, porém sem regularidade exata". E prosseguem: "em comum a ambas as espécies – periódica e continuada –, é a sua própria natureza que ditará a inserção de um certo contrato na classe dos de duração, jamais um artificialismo legiferante. No contrato de duração o tempo se insere na causa do negócio, afinal o interesse do credor pede a satisfação de uma necessidade contínua".

Há grande relevância prática nesta classificação.

A depender do modo de execução, determinados institutos poderão ou não ser compatibilizados com o contrato.

---

[114] FARIAS, Cristiano Chaves de; ROSENVALD, Nelson. *Direito dos contratos*. Rio de Janeiro: Lumen Juris, 2011. v. IV, p. 284.

[115] GOMES, Orlando. *Contratos*. 26. ed. Rio de Janeiro: Forense, 2008, p. 93-94.

[116] GONÇALVES, Carlos Roberto. *Direito civil esquematizado*. São Paulo: Saraiva, 2013. v. 1, p. 741.

[117] LOUREIRO, Luiz Guilherme. *Contratos – Teoria geral e contratos em espécie*. 3. ed. São Paulo: Método, 2008, p. 173.

[118] NADER, Paulo. *Curso de direito civil – Contratos*. 9. ed. Rio de Janeiro: Forense, 2018. v. III, p. 55-56.

[119] FARIAS, Cristiano Chaves de; ROSENVALD, Nelson. *Direito dos contratos*. Rio de Janeiro: Lumen Juris, 2011. v. IV, p. 285.

Exemplos

1 – A questão da resolução do contrato – Nos contratos de execução instantânea ou única, ainda que diferidas no tempo, a resolução terá efeito retroativo ao tempo da formação do contrato. As partes retornam ao estado que se encontravam no momento da contratação. Por outro lado, nos contratos de trato sucessivo, os efeitos, até então produzidos, serão preservados. Segundo Gomes[120]: "nos contratos instantâneos, a resolução, por inexecução, repõe as partes no estado anterior, enquanto nos contratos sucessivos os efeitos produzidos não são atingidos. Diz-se, por isso, que vigora o princípio da retroatividade a respeito dos contratos de duração, explicável pelo fato de que os atos singulares de execução são juridicamente autônomos".

Os efeitos da resolução dos contratos de execução sucessiva serão *ex nunc*, como bem enuncia o art. 128 do CC, que faz referência a este tipo de contrato: "Sobrevindo a condição resolutiva, extingue-se, para todos os efeitos, o direito a que ela se opõe; mas, se aposta a um negócio de execução continuada ou periódica, a sua realização, salvo disposição em contrário, não tem eficácia quanto aos atos já praticados, desde que compatíveis com a natureza da condição pendente e conforme aos ditames da boa-fé". Em contrato de locação, de execução sucessiva e continuada, a resolução não implicará na devolução dos aluguéis pagos, por força do art. 128 do CC. O inadimplemento é condição que resolve o contrato. Nos contratos de execução continuada ou periódica, a resolução (que levará à extinção do contrato) decorrente do inadimplemento não terá efeito retroativo, a fim de preservar a necessária estabilidade das relações jurídicas continuativas. Todavia, nada impede que, por convenção, princípio da autonomia privada, as partes resolvam retroagir os efeitos mesmo em tais contratos, ante o caráter dispositivo da norma.

2 – As teorias da imprevisão e da onerosidade excessiva – A revisão pela imprevisão ou a resolução pela teoria da onerosidade excessiva (art. 478) aplicam-se aos contratos de execução instantânea, desde que diferida, bem como aos contratos de execução continuada. Tais institutos não se aplicam aos contratos de execução instantânea imediata, pois a imprevisão e a onerosidade excessiva são supervenientes à formação do contrato e exigem hiato considerável e razoável entre a formação e a execução. Se não houve espaço suficiente entre a formação e a execução, impossível a incidência destas teorias, bem como da própria revisão judicial, disciplinada no art. 317 do CC.

3 – O princípio da simultaneidade – Só se aplica aos contratos de execução instantânea. Não é compatível com os contratos de execução diferida ou continuada a alegação da *exceptio non adimpleti contractus*. Nos contratos de duração, o dia previsto para o *dies a quo* coincide com o dia previsto para a execução de cada prestação. Por isso, se inexistir previsão contratual, como nos casos dos contratos de execução instantânea e imediata, ambas poderão, simultaneamente, serem exigidas.

4 – Invalidade – Segundo Carlos Roberto Gonçalves[121], nos contratos de execução instantânea, a nulidade ou resolução por inadimplemento reconduz as partes ao estado anterior, enquanto nos de execução continuada são respeitados os efeitos produzidos, não sendo possível a restituição ao estado inicial.

5 – Prescrição da pretensão – A prescrição da pretensão para exigir o cumprimento das prestações vencidas nos contratos de duração começa a fluir da data do vencimento de cada prestação, pois cada prestação representa uma dívida autônoma do vencimento se comparada às demais, fato que não se verifica nos contratos de execução instantânea, porque a prestação ou momento de execução é único. Por isso, nas relações jurídicas continuativas, o início do prazo prescricional é diverso daqueles de execução instantânea.

Portanto, quanto ao modo de execução, a relevância da classificação é a repercussão nos temas acima mencionados, em especial a retroatividade ou não dos efeitos da resolução ou invalidade.

3.4.11. Contratos de consumo

Os contratos de consumo são aqueles que têm como causa uma relação jurídica material de consumo, disciplinada pela Lei n. 8.078/90, a qual estabelece normas de proteção e defesa do consumidor. Os elementos desta relação de consumo são os sujeitos (consumidor e fornecedor), o objeto (produtos e serviços) e o elemento finalístico ou teleológico (finalidade ou destino que o consumidor dará ao produto ou serviço – destinatário final).

Esses tipos de contratos são marcados pelo intenso controle do Estado, o qual limita, de forma rigorosa, o seu conteúdo e a sua liberdade de modelação. As normas que disciplinam tais contratos, como enuncia o art. 1º do CDC, são de ordem pública e interesse social, o que lhes confere um caráter cogente. Em razão deste caráter, consumidor e fornecedor, partícipes da relação de consumo, não podem alterar ou derrogar as normas e os direitos do consumidor. Além disso, é possível o reconhecimento de ofício dos direitos do consumidor, embora o STJ, de forma incompreensível e injustificada, tenha vedado o reconhecimento de ofício de nulidade de cláusula contratual em contratos bancários (Súmula 381).

Tais restrições são justificadas para a proteção do consumidor, que é hipossuficiente nesta relação, com a finalidade de resguardar o equilíbrio de forças. Esse controle de conteúdo é perceptível em todas as disposições do Código de Defesa do Consumidor, em especial no capítulo VI, que disciplina a *proteção contratual*.

---

[120] GOMES, Orlando. *Contratos*. 26. ed. Rio de Janeiro: Forense, 2008, p. 93-94.

[121] GONÇALVES, Carlos Roberto. *Direito civil esquematizado*. São Paulo: Saraiva, 2013. v. 1, p. 741-742.

Nas sábias palavras de Nelson Nery Júnior[122]: "(...) o CDC é lei principiológica. Não é analítica, mas sintética. Destarte, o princípio de que a lei especial derroga a geral não se aplica ao caso em análise, porquanto o CDC não é apenas lei geral das relações de consumo, mas, sim, lei principiológica das relações de consumo. O CDC rompe com a tradição do direito privado para relativizar o princípio da intangibilidade do contrato, instituir a boa-fé como princípio basilar informador das relações de consumo, impor ao fornecedor o dever de prestar declaração de vontade etc."

Basicamente, o que definirá uma relação jurídica como material ou de consumo é a sua finalidade, o seu conteúdo, a existência de um destinatário final de produto ou serviço.

A relação jurídica de consumo é aquela firmada entre consumidor e fornecedor, cujo objeto é a aquisição de um produto ou a utilização de serviço. Embora o CDC não defina a relação jurídica de consumo, é possível visualizar os elementos subjetivo (fornecedor e consumidor, sujeitos da relação de consumo) e objetivo (produtos e serviços, objeto da mesma relação de consumo). Nery[123] ainda acrescenta a estes um elemento teleológico, que representa a finalidade em que o consumidor adquire o produto ou serviço (destinatário final).

Para definição de uma relação jurídica de consumo, a maior dificuldade é traçar os limites e contornos do conceito de *consumidor*. Quem pode ser considerado consumidor: o CDC apresenta várias definições de consumidor, sendo uma em sentido estrito/formal/técnico e outras três por equiparação.

Em sentido estrito, o consumidor é definido no art. 2º do CDC como toda pessoa física ou jurídica que adquire ou utiliza produto ou serviço como destinatário final. Nos arts. 2º, parágrafo único (coletividade de pessoas, ainda que indetermináveis, que haja intervindo nas relações de consumo), 17 (vítimas de acidentes de consumo – terceiros ofendidos por relações de consumo) e 29 (pessoas, determináveis ou não, expostas às práticas comerciais e contratuais abusivas), o CDC apresenta as figuras dos *consumidores por equiparação*. Nesta obra de direito civil, nosso objetivo principal é buscar um conceito do consumidor em sentido estrito, definido no art. 2º, *caput*, para separar as relações jurídicas de consumo das relações jurídicas e contratos regulados pelo Código Civil.

Para ser enquadrado no conceito de consumidor, a pessoa física ou jurídica, que adquire ou utiliza produto ou serviço, precisa ser destinatária final (há duas teorias que tentam explicar a extensão da expressão destinatário final: teoria maximalista/objetiva e teoria finalista/subjetiva) e vulnerável (a vulnerabilidade é presumida para as pessoas físicas e deve ser comprovada pelas pessoas jurídicas).

No que tange à expressão *destinatário final*, as teorias finalista e maximalista definem consumidor como destinatário fático e econômico (retira do mercado de consumo e consome – finalista) ou mero destinatário fático (basta retirar o produto ou serviço do mercado de consumo – maximalista). A teoria finalista também é denominada *subjetiva* porque analisa o sujeito, o consumidor e a finalidade do consumo. A teoria maximalista analisa o mercado de consumo ou o objeto do mercado, produto ou serviço, que retirado do mercado, torna consumidor quem o retirou.

Nas palavras de Rosenvald e Chaves[124], duas teorias procuram justificar quais relações obrigacionais podem identificar um consumidor em sentido estrito e, portanto, considerar a relação jurídica como de consumo: as teorias finalista e maximalista. "De acordo com a teoria finalista, de índole subjetiva, o consumidor é o destinatário fático e econômico do produto ou serviço. Para ser consumidor não basta o ato objetivo de retirar o bem de circulação, finalidade é que haja a finalidade do adquirente/utente de conceder ao produto uma destinação privada, sem qualquer inserção em uma atividade produtiva. Ao atender a uma necessidade pessoal, o consumidor se situa na posição de destinatário final e econômico do produto ou serviço. Já a teoria maximalista parte de uma interpretação literal do art. 2º do CDC, para conceituar o consumidor de forma objetiva, como destinatário fático do bem, mesmo não sendo destinatário econômico. É irrelevante o elemento subjetivo da finalidade profissional da aquisição".

Para os finalistas o consumidor é o destinatário fático e econômico do produto ou serviço. Não é possível que haja *consumo intermediário*, ou seja, a reinserção na cadeia de produção e distribuição daquele que adquire ou utiliza produto ou serviço. Não basta retirar o bem de consumo do mercado. É essencial que o produto ou serviço seja efetivamente consumido pelo adquirente ou sua família. A teoria finalista/subjetiva adota uma interpretação bem restrita de consumidor.

A teoria maximalista adota um conceito mais amplo e abrangente de consumidor. Basta que o bem, produto ou serviço, seja retirado do mercado de consumo. É dispensada a destinação econômica ou o uso do próprio consumidor. A teoria maximalista se contenta com a destinação fática, com o que amplia de forma considerável o conceito e a concepção de consumidor.

Segundo o magistério de Fabrício Bolzan[125]: "(...) os seguidores dessa corrente consideram a definição do art. 2º no enfoque exclusivamente objetivo, independentemente ou de a pessoa jurídica ou de o profissional terem finalidade de lucro quando adquirem um produto ou utilizam um serviço. Sendo o destinatário final simplesmente o destinatário fático do bem de consumo, bastará retirá-lo do mercado para ser considerado consumidor na visão maximalista. Igualmente, a corrente maximalista não enxerga o CDC como uma lei tutelar do mais fraco numa

---

[122] NERY, Nelson; NERY, Rosa Maria de Andrade. *Código civil anotado e legislação extravagante*. 2. ed. São Paulo: Revista dos Tribunais, 2003.
[123] NERY JUNIOR, Nelson; NERY, Rosa Maria de Andrade. *Código civil comentado*. 8. ed. São Paulo: Ed. RT, 2011, p. 555.
[124] FARIAS, Cristiano Chaves de; ROSENVALD, Nelson. *Direito dos contratos*. Rio de Janeiro: Lumen Juris, 2011. v. IV.
[125] BOLZAN, Fabrício. *Direito do consumidor esquematizado*. 5. ed. São Paulo: Saraiva, 2017.

relação jurídica tão desigual – a relação de consumo, mas, segundo visto, entende ser o diploma consumerista o novo regulamento do mercado de consumo brasileiro".

Não há dúvida de que a pessoa jurídica pode ser consumidora. No entanto, como a concepção finalista/subjetiva é a mais adequada para a definição de consumidor, devido aos critérios fático e econômico, o que restringe a concepção do art. 2º e abre espaço para outras normas, como o Código Civil, a pessoa jurídica dificilmente se enquadraria no conceito de consumidor se fosse adotada, em relação a este sujeito, a teoria puramente finalista. Assim, para enquadrar a pessoa jurídica como consumidor, além de ter de comprovar que é vulnerável (em relação à pessoa física, a vulnerabilidade é presumida), foi necessário mitigar a teoria finalista. Trata-se da mesma teoria finalista, mas atenuada, mitigada ou aprofundada, para admitir a pessoa jurídica como consumidora (pequenas empresas e profissionais autônomos). Nesta hipótese, se abranda o critério da destinação final para se realçar a vulnerabilidade destas pessoas jurídicas, que deverá ser comprovada e demonstrada no caso concreto. A comprovação da vulnerabilidade destas pessoas jurídicas e o fato de não ser um consumidor intermediário é fundamental para que este sujeito de direito seja considerado consumidora.

Assim, a teoria finalista foi abrandada, para admitir a aplicação das normas do CDC a determinados consumidores profissionais, "desde que seja demonstrada a vulnerabilidade técnica, jurídica ou econômica. Com esse entendimento, houve um significativo passo para o reconhecimento de não ser o critério do destinatário final econômico o determinante para a caracterização da relação de consumo ou do conceito de consumidor. Ainda que o adquirente do bem não seja o seu destinatário final econômico, poderá ser considerado consumidor, desde que seja constatada a sua hipossuficiência, na relação jurídica, perante o fornecedor" (REsp 1.010.834/GO, de relatoria da Min. Nancy Andrighi).

Quanto a esse abrandamento da teoria finalista no caso de hipossuficiência, á lapidar o REsp 1.196.951, de relatoria do Min. Luís Felipe Salomão, segundo o qual, embora "consagre o critério finalista para a interpretação do conceito de consumidor, a jurisprudência do STJ também reconhece a necessidade de, em situações específicas, abrandar o rigor desse critério para admitir a aplicação do CDC nas relações entre fornecedores e sociedades empresárias em que fique evidenciada a relação de consumo". Na mesma linha o REsp 836.823/PR, de relatoria do Min. Sidnei Beneti.

Como bem ressaltam Chaves e Rosenvald[126], a teoria finalista é reforçada por vários aspectos. Primeiro, o sujeito que faz circular bens e serviços, de acordo com o art. 966 do CC é empresário e não consumidor, em harmonia, aliás, com o conceito de fornecedor, estampado no art. 3º do CDC. Segundo, o CDC é um microssistema destinado à tutela do sujeito vulnerável que reclama o direito à diferença. Terceiro, a teoria maximalista expandiria, de forma demasiada, o grupo de consumidores, abrangendo não só o consumidor leigo como também o empresário que adquire insumos para prosseguir em sua atividade lucrativa ou o fornecedor que incorpora bens à sua empresa com o fito de obter melhores resultados. E quarto e último, o Código Civil de 2002 reconhece o contrato como um instrumento não apenas de circulação de riquezas, mas também de proteção de direitos fundamentais, como a boa-fé e o equilíbrio contratual, antes reservados ao CDC.

Os entes da administração pública também podem ser considerados consumidores, desde que no caso concreto seja comprovada a vulnerabilidade técnica ou jurídica e o regime jurídico de direito público não seja suficiente para regular as relações que impliquem aquisição de bens ou contratação de serviços.

Não há dúvida de que o microssistema do CDC deve estar em constante diálogo com o Código Civil, inclusive pela identidade de princípios e valores dos sistemas. No entanto, não se pode alargar demais o conceito de consumidor, sob pena de torná-lo um direito igual ou comum, o que poderia provocar injustiças nas relações intersubjetivas. O consumidor é a pessoa, física ou jurídica, que adquire bens ou produtos, ou faz uso de serviço, como destinatário final. O elemento subjetivo é fundamental, pois somente será consumidor aquele que utiliza o bem, produto ou serviço no interesse próprio, conferindo a estes destinação privada. A satisfação pessoal e, a finalidade de uso para si são essenciais para a definição de consumidor e caracterização de uma relação como sendo de consumo.

Quanto ao diálogo de fontes, não há dúvida de que é possível aplicar o Código Civil e o Código de Defesa do Consumidor à mesma relação jurídica, diante da aproximação principiológica entre os dois sistemas (Enunciado 167 da III Jornada de Direito Civil), em especial no âmbito da socialidade (função social) e eticidade (boa-fé objetiva). A interação entre as duas leis e com a Constituição Federal, é possível e conveniente porque estão pautados nos mesmos valores e pressupostos no que tange à teoria contratual. Todavia, este diálogo de fontes não pode, sob qualquer pretexto, neutralizar as normas de um e de outro diploma, mas compatibilizá-las naquelas situações específicas e concretas em que há uma harmonia principiológica. Por exemplo, como já ressaltado, o CDC não trata de contratos de consumo em espécie, mas de princípios gerais sobre qualquer contrato de consumo. Assim, um contrato de compra e venda de consumo, de transporte de consumo, de seguro saúde, dentre outros, pode contemplar regras do CC e do CDC. O Código Civil emprestará à relação de consumo a disciplina destes contratos e o CDC os integrará com seus valores, premissas e princípios. O contrato de transporte de consumo terá regras do Código Civil para estabelecer a característica, a definição, os efeitos e a estrutura do contrato, e do CDC para que as cláusulas e o conteúdo sejam compatíveis com a legislação consumerista. Essa é uma das vertentes do diálogo de fontes.

A teoria do diálogo das fontes foi desenvolvida na Alemanha por Erik Jayme, professor da Universidade de Helderberg, e trazida ao Brasil por Claudia Lima Mar-

---

[126] FARIAS, Cristiano Chaves de; ROSENVALD, Nelson. *Direito dos contratos*. Rio de Janeiro: Lumen Juris, 2011. v. IV.

ques, da Universidade Federal do Rio Grande do Sul. A essência da teoria é que as normas jurídicas não se excluem – supostamente porque pertencentes a ramos jurídicos distintos –, mas se complementam. Há, nesse marco teórico, a premissa de uma visão unitária do ordenamento jurídico.

A principal justificativa que pode surgir para a teoria refere-se à sua *funcionalidade*. É cediço que vivemos um momento de explosão de leis, um *Big Bang legislativo*, como simbolizou Ricardo Lorenzetti. O mundo pós-moderno e globalizado, complexo e abundante por natureza, convive com uma quantidade enorme de normas jurídicas, a deixar o aplicador do Direito até desnorteado. Convive-se com a *era da desordem*, conforme expõe o mesmo Lorenzetti. O *diálogo das fontes* serve como leme nessa tempestade de complexidade.

Claudia Lima Marques[127] ensina que: "segundo Erik Jayme, as características da cultura pós-moderna no direito seriam o pluralismo, a comunicação, a narração, o que Jayme denomina de 'le retour des sentiments', sendo o Leitmotiv da pós-modernidade a valorização dos direitos humanos. Para Jayme, o direito como parte da cultura dos povos muda com a crise da pós-modernidade. O pluralismo manifesta-se na multiplicidade de fontes legislativas a regular o mesmo fato, com a descodificação ou a implosão dos sistemas genéricos normativos ('*Zersplieterung*'), manifesta-se no pluralismo de sujeitos a proteger, por vezes difusos, como o grupo de consumidores ou os que se beneficiam da proteção do meio ambiente, na pluralidade de agentes ativos de uma mesma relação, como os fornecedores que se organizam em cadeia e em relações extremamente despersonalizadas. Pluralismo também na filosofia aceita atualmente, onde o diálogo é que legitima o consenso, onde os valores e princípios têm sempre uma dupla função, o '*double coding*', e onde os valores são muitas vezes antinômicos. Pluralismo nos direitos assegurados, nos direitos à diferença e ao tratamento diferenciado aos privilégios dos 'espaços de excelência' (Jayme, Erik. *Identité culturelle et intégration: le droit international privé postmoderne*. Recueil des Cours de l'Académie de Droit International de la Haye, 1995, II, Kluwer, Haia, p. 36 e s.)".

De início, em havendo aplicação simultânea das duas leis, se uma lei servir de base conceitual para a outra, estará presente o *diálogo sistemático de coerência*. Como exemplo, os conceitos e as regras básicas relativas aos contratos de espécie podem ser retirados do Código Civil, mesmo sendo o contrato de consumo. Tal premissa incide para a compra e venda, para a prestação de serviços, para a empreitada, para o transporte, para o seguro, dentre outros. Ato contínuo, se o caso for de aplicação coordenada de duas leis, uma norma pode completar a outra, de forma direta (*diálogo de complementaridade*) ou indireta (*diálogo de subsidiariedade*). O exemplo típico ocorre com os contratos de consumo que também são de adesão. Em relação às cláusulas abusivas, pode ser invocada a proteção dos consumidores constante do art. 51 do CDC e ainda a proteção dos aderentes constante do art. 424 do CC. Por fim, os *diálogos de influências recíprocas sistemáticas* estão presentes quando os conceitos estruturais de uma determinada lei sofrem influências da outra. Assim, o conceito de consumidor pode sofrer influências do Código Civil de 2002. Como afirma Claudia Lima Marques[128]: "(...) é a influência do sistema especial no geral e do geral no especial, um diálogo de *doublé sens* (diálogo de coordenação e adaptação sistemática). A busca de um prazo maior, previsto no Código Civil, para demanda proposta pelo consumidor constitui exemplo típico de incidência concomitante do segundo e do terceiro diálogo, uma vez que o Código do Consumidor não prevê prazo específico para a ação fundada em inscrição indevida em cadastro de inadimplentes. Não se pode socorrer diretamente ao art. 27 do CDC, que consagra prazo de cinco anos para a ação de reparação de danos em decorrência de acidente de consumo, pois tal comando não se enquadra perfeitamente à *fattispecie*. Dessa forma, o melhor caminho é de incidência do prazo geral de prescrição, de dez anos, consagrado pelo art. 205 do Código Civil de 2002".

Cumpre destacar que tal tendência, de busca do prazo maior previsto no Código Civil, já foi efetivada pelo próprio Superior Tribunal de Justiça, por meio de sua Súmula 412, que preconiza: "A ação de repetição de indébito de tarifas de água e esgoto sujeita-se ao prazo prescricional estabelecido no Código Civil".

Por fim, a notícia do STJ relata a incidência da teoria *actio nata*, tendo início o prazo prescricional a partir da ciência do dano, e não do evento em si. De fato, a citada teoria é a que melhor se adapta ao Código de Defesa do Consumidor, podendo ser retirada do já citado art. 27 da Lei Consumerista.

Ademais, conforme destacado em outras obras, a teoria *actio nata* tem relação direta com a boa-fé objetiva, um dos princípios fundantes da Lei n. 8.078/90, diante da valorização da informação e da realidade dos fatos. Nesses pontos, portanto, o STJ fez o seu papel de Tribunal da Cidadania.

Em conclusão, o contrato de consumo é aquele que tem por objeto uma relação jurídica de consumo e assim será considerado quando uma pessoa, física ou jurídica, adquire produto ou serviço como destinatária final, fática e econômica (teoria finalista subjetiva) ou, excepcionalmente, como destinatária final, embora não seja o destinatário econômico, mas estiver em situação de vulnerabilidade perante o fornecedor, técnica ou econômica.

3.5. CLASSIFICAÇÃO CONTEMPORÂNEA DOS CONTRATOS

3.5.1. Contrato com pessoa a declarar: considerações preliminares

O Código Civil atual, na Seção IX do Capítulo I do Título IV (*dos contratos em geral*), inova em relação ao seu

---

[127] MARQUES, Cláudia Lima. *Comentários ao código de defesa do consumidor*. São Paulo: Revista dos Tribunais.

[128] MARQUES, Cláudia Lima. *Comentários ao código de defesa do consumidor*. São Paulo: Revista dos Tribunais.

antecessor ao disciplinar o "contrato com pessoa a declarar" nos arts. 467 a 471.

O contrato com pessoa a declarar não é tipo contratual, mas apenas a qualificação dada a determinado contrato, quando um dos contratantes, por ocasião da formação e conclusão de qualquer pacto, nele insere a denominada *cláusula de reserva*. Tal *cláusula de reserva* permite a uma das partes, em momento superveniente à formação, indicar outra pessoa para adquirir os direitos e assumir obrigações decorrentes do contrato, como se a pessoa indicada fosse parte do pacto desde a origem.

A *cláusula de reserva* permite a um dos contratantes *reservar-se* o direito subjetivo de indicar um terceiro, não participante da formação do contrato, assumir a posição de contratante, como se tivesse participado do contrato desde a origem. O fato de um dos contratantes reservar-se o direito de indicar outra pessoa para adquirir os direitos e assumir as obrigações do contrato torna esse contrato como sendo *com pessoa a declarar*, ou seja, com pessoa a ser indicada.

Diante disso, não se trata de tipo novo de contrato, mas de contrato qualquer onde a cláusula de reserva venha a integrar o seu conteúdo e permite a um dos contratantes indicar um terceiro para assumir as obrigações dele decorrentes, como se fosse o contratante originário. A pessoa que faz a reserva de indicar o terceiro, não age como representante deste terceiro, pois, por ocasião da formação do contrato, age em nome próprio e no seu interesse (a representação pressupõe atuação jurídica em nome de outrem). No entanto, a cláusula de reserva permite indicar terceiro para assumir a posição de contratante, como se contratante fosse desde a origem do pacto. Em razão da inovação, tal doutrina ainda tenta traçar os seus contornos, principalmente com auxílio da legislação estrangeira, na qual tal *cláusula de reserva* já está integrada.

3.5.2. Contrato com pessoa a declarar ou da cláusula de reserva

O art. 467 do CC dispõe sobre as principais características do *contrato com pessoa a declarar*, sem conceituar essa verdadeira *cláusula de reserva*. Segundo o referido artigo: "No momento da conclusão do contrato, pode uma das partes reservar-se a faculdade de indicar a pessoa que deve adquirir os direitos e assumir as obrigações dele decorrentes".

Como já ressaltamos, não se trata propriamente de contrato novo, mas da possibilidade de ser inserida em contrato cláusula de reserva, a qual permitirá a um dos contratantes indicar um terceiro qualquer para adquirir os direitos e assumir as obrigações dele decorrentes. Por isso, entendemos não ser conveniente conceituar o contrato com pessoa a declarar, como fazem alguns autores, cuja definição não será do contrato propriamente dito, mas apenas uma explicação da *cláusula de reserva*.

O *contrato com pessoa a declarar* tem disciplina jurídica nos arts. 452 a 456 do Código Civil português de 1966. O art. 452 do CC português fornece noção exata deste instituto: "Ao celebrar o contrato, pode uma das partes reservar o direito de nomear um terceiro que adquira os direitos e assuma as obrigações provenientes desse contrato. A reserva de nomeação não é possível nos casos em que não é admitida a representação ou é indispensável a determinação dos contraentes".

No contrato com pessoa a declarar, um dos contratantes, após a conclusão do contrato, pretende fazer-se substituir por um terceiro, cuja pessoa, no momento da formação, pode ou não ter o seu nome ocultado. O terceiro que poderá adquirir os direitos e as obrigações decorrentes do contrato poderá ou não ser identificado na cláusula de reserva. A identificação do terceiro não é requisito de validade da cláusula de reserva. O nomeado ou eleito assumirá o lugar e a posição contratual do nomeante ou estipulante.

Em regra, tal cláusula de reserva é utilizada por pessoas que não pretendem ser identificadas no momento da conclusão do contrato. Por isso, embora seja possível a identificação do terceiro eleito, o mais comum será ocultar o seu nome, sendo suficiente, no contrato, a inserção de uma cláusula onde uma das partes se reservará a indicar terceiro (chamado pelo CC brasileiro de pessoa) para, com eficácia retroativa *(ex tunc)*, assumir perante o outro contratante a posição do nomeante, como se este jamais tivesse existido.

No Brasil, a cláusula de reserva também será mais comum nos contratos de compra e venda e, de regra, será o comprador a reservar-se tal faculdade de substituição por um terceiro. Nada impede que o vendedor faça a reserva de substituição, mas, nesse caso, tratando-se de imóvel, não será possível a reserva pelo vendedor, em razão dos princípios relacionados ao registro público (continuidade – em relação a cada imóvel deve haver uma cadeia de titularidade, à vista da qual só se fará a inscrição de um direito se o outorgante figurar no registro como seu titular – arts. 195 a 237 da Lei n. 6.015/73; princípio da publicidade; princípio da legalidade, presunção relativa, prioridade, especialidade etc.). Embora os princípios do registro público possam obstar a cláusula de reserva de substituição pelo vendedor em contratos de compra e venda, este poderá fazer a reserva de substituição em contratos cujo objeto é indeterminado ou, no caso de móveis, desde que não haja referência ao proprietário.

Segundo Orlando Gomes[129]: "Trata-se de contrato no qual se introduz a cláusula especial *pro amico eligendo ou pro amico electo*, pela qual uma das partes se reserva a faculdade de nomear quem assuma a posição de contratante. A pessoa designada toma, na relação contratual, o lugar da parte que a nomeou, tal como se ela própria houvera celebrado o contrato. O designante sai da relação sem deixar vestígios".

No caso, não correrão duas transmissões sucessivas de propriedade. Não haverá um duplo negócio. Será apenas um contrato onde, por força de uma cláusula de reserva de substituição, um terceiro assumirá o lugar de um dos contratantes e tornar-se-á titular dos direitos e obrigações decorrentes deste contrato, retroativamente, como se

---

[129]. GOMES, Orlando. *Contratos*. 26. ed. Rio de Janeiro: Forense, 2008.

esse terceiro eleito tivesse, desde o início, participado da formação do contrato. Por exemplo, no contrato de compra e venda em que o comprador faz a reserva de substituição, havendo a indicação do terceiro, esse assumirá o lugar da parte (comprador), tomando seu lugar a partir da data do negócio e, por isso, o responsável pela designação ou eleição, é considerado como se não fosse o comprador.

Com a costumeira precisão, Nelson Rosenvald e Cristiano Chaves[130]: "Pela cláusula *electio amici*, uma das partes originárias pactua a sua substituição, comprometendo-se a outra parte a reconhecer o *amicus* como parceiro contratual. Ao tempo da escolha, o estipulante é substituído no polo da relação contratual em caráter *ex tunc*, como se jamais houvesse integrado a avença". E continuam: "A grande área de incidência dessa figura contratual é a compra e venda. Pode surgir quando terceiro deseja ocultar a sua identidade através da designação de um intermediário que contrata em seu próprio nome, reservando-se a indicar o terceiro posteriormente, seja para evitar especulação, seja por razões pessoais de amizade ou inimizade com o vendedor".

Portanto, trata-se de contrato com cláusula de reserva de substituição de um dos contratantes por terceiro, a ser eleito, o qual, retroativamente, assumirá a posição do contratante originário denominado nomeante ou estipulante.

3.5.2.1. Formalidade da nomeação

A indicação do nome da pessoa ou terceiro eleito deve ser por escrito e comunicada à outra parte no prazo de 5 (cinco) dias da conclusão do contrato, se outro não tiver sido estipulado, tudo nos termos do art. 468, *caput,* do CC. A norma em questão tem natureza dispositiva e supletiva, pois o prazo de 5 (cinco) dias apenas deverá ser observado se as partes não tiverem pactuado outro prazo para a comunicação ou indicação do nome do terceiro. Incide, aqui, o princípio da autonomia privada.

O art. 453 do Código Civil português é exatamente no mesmo sentido: "A nomeação deve ser feita mediante declaração por escrito ao outro contratante, dentro do prazo convencionado ou, na falta de convenção, dentro dos cinco dias posteriores à celebração do contrato". A nossa legislação foi intensamente influenciada pelos Códigos Civis de Portugal e da Itália. A eleição é o ato pelo qual se designa a pessoa nomeada de acordo com a cláusula de reserva de substituição. A comunicação segue este padrão legal. Não concordamos que o poder do contratante eleger o terceiro (*amigos*) é verdadeiro direito potestativo formativo, pois não há declaração de vontade unilateral do estipulante e tampouco criação de nova relação jurídica. O direito de eleição integra as obrigações contratuais assumidas de comum acordo e, portanto, tal eleição deriva de um pacto acordado e, portanto, bilateral, não podendo o estipulante, por sua própria vontade, alterar o pacto originário.

O contrato originário permite a eleição de um terceiro. Esse terceiro assumirá a posição de parte originária, nos termos do art. 469, razão pela qual não haverá modificação na relação jurídica originária, pois a possibilidade de substituição de um dos sujeitos integra o contrato, dando a este uma nova conformação jurídica. O contrato, mesmo havendo a substituição de uma das partes, será o mesmo e a relação jurídica não será alterada, tanto que o eleito assumirá as obrigações do contratante originário como se este jamais houvesse participado do contrato. Não haverá dupla tributação, justamente porque não há negócios jurídicos sucessivos.

Em complemento, o parágrafo único do art. 468 informa não ser eficaz a aceitação da pessoa nomeada, se não se revestir da mesma forma que as partes usaram para o contrato. Se o contrato foi realizado por instrumento público, a aceitação do nomeado deverá ser materializada em instrumento público. Deve existir simetria entre a forma original e a forma de adesão do eleito ao pacto. A aceitação do terceiro eleito pelo estipulante integrará o pacto original como se dele fizesse parte desde o início e, justamente por isso, deve ostentar a mesma finalidade, sob pena de ineficácia da aceitação, caso em que o contrato será plenamente válido e produzirá efeitos entre os contratantes originários. Neste caso, não produzirá nenhum efeito jurídico em relação ao terceiro.

3.5.2.2. Eficácia retroativa da nomeação do terceiro

O terceiro eleito, anuindo à indicação (lembrando que sua anuência não é obrigatória), integrará a relação jurídica ou contrato originário, como se dele fosse parte contratante desde a origem e, por outro lado, como se o estipulante jamais tivesse participado deste pacto. A nomeação, portanto, tem eficácia retroativa.

Nos termos do art. 469 do CC, a pessoa nomeada em conformidade com os artigos antecedentes, adquire os direitos e assume as obrigações decorrentes do contrato, a partir do momento em que este foi celebrado.

O efeito da assunção, pelo nomeado ou eleito, do lugar do nomeante ou estipulante, é *ex tunc.* O art. 455 do Código Civil português é no mesmo sentido: "A pessoa nomeada adquire os direitos e assume as obrigações provenientes do contrato a partir da celebração dele". Como diz Orlando Gomes, o estipulante deixa o contrato sem deixar vestígios de sua participação na avença. A pessoa designada assume a relação contratual e torna-se titular dos direitos e obrigações decorrentes do contrato, desde a origem, como se houvera sido parte contratante originária. Com a sua anuência, nos termos do art. 468 (atendendo-se às formalidades legais), o contratante nomeante desaparece como se jamais tivesse existido. Os efeitos do contrato, a partir da adesão, repercutirão apenas na esfera jurídica do terceiro, nada podendo ser exigido do estipulante, mesmo em caso de inadimplemento do eleito, ressalvado, neste último caso, a hipótese prevista no art. 470, II, do CC.

Por estes motivos, o *contrato com pessoa a declarar* tem natureza *sui generis*, não se confundindo com a representação (o estipulante age em nome próprio e em seu interesse

---

[130] FARIAS, Cristiano Chaves de; ROSENVALD, Nelson. *Direito dos contratos*. Rio de Janeiro: Lumen Juris, 2011. v. IV.

– não age em nome do eleito e até no interesse deste, pois o estipulante tem a faculdade, o direito potestativo de indicar o terceiro, mas pode não indicar – é toda sua a discricionariedade da eleição), com a gestão de negócios (o estipulante não está intervindo na gestão de negócio alheio sem autorização do interessado – art. 861 – o estipulando realiza negócio próprio, sendo que apenas reserva a faculdade de indicar um terceiro para assumir a sua posição no contrato. Diferencia-se a gestão de negócios do *contrato com pessoa a declarar* porque o nome do gestor deve ser revelado e enquanto não houver a ratificação do negócio jurídico por ele, gestor, o contrato ficará pendente. No contrato com pessoa a declarar, os efeitos serão produzidos de imediato à declaração de vontade, tornando-se, portanto, o negócio perfeito e válido entre as pessoas envolvidas) e a estipulação em favor de terceiro (na estipulação em favor de terceiro, dois contratantes pactuam vantagem para um terceiro e, mesmo com a anuência deste, o estipulante continuará vinculado – poderá o estipulante exigir o cumprimento do contrato, substituir o terceiro e exonerar o promitente, situações essas incompatíveis com a cláusula de reserva de substituição).

Sobre o assunto, Orlando Gomes[131] argumenta ser "tão singular a estrutura do contrato para pessoa a nomear e tão complexo seu funcionamento técnico que não é possível enquadrá-lo em nenhum dos esquemas tradicionais típicos e usuais". A teoria que mais se ajusta a esse contrato com cláusula de reserva de substituição é aquela que considera a eleição uma condição resolutiva para o estipulante e uma condição suspensiva para o eleito.

Na mesma linha Rosenvald e Chaves[132]: "A escolha seria uma forma de condição resolutiva, pois é evento externo e incerto quanto à sua ocorrência, que, quando operada, produz a extinção da primeira contratação. A *electio* também é condição suspensiva de aquisição pelo terceiro, retroativamente ao nascimento do contrato. Aliás, como a condição – elemento acidental do negócio jurídico – atua na esfera da eficácia e não da validade, a recusa da aceitação pelo terceiro não comprometerá o negócio jurídico".

O denominado *contrato com pessoa a declarar*, por conta do art. 469 do CC, também não se confunde com a cessão da posição contratual. No contrato com pessoa a declarar não há, efetivamente, circulação de obrigação, mas mera substituição de um dos sujeitos em razão da cláusula de reserva de substituição. O eleito é considerado contratante desde o nascimento do contrato, como se fora o contratante originário. Propriamente, não há circulação de obrigação, sendo retroativos os efeitos da eleição. No caso da cessão, há efetiva transferência e circulação de obrigações, cujos efeitos são *ex nunc*, ou seja, são supervenientes à formação ou constituição do contrato, com uma verdadeira sucessão a título singular. Como já ressaltamos, no "contrato com pessoa a declarar", não há sucessão de contratos, mas apenas um contrato, onde se faculta o poder de substituição de um dos contratantes pela eleição. Na cessão de contrato, haverá dois contratos, dois negócios e duas tributações, havendo típica transferência entre a formação e a extinção da relação jurídica.

3.5.2.3. Eficácia do contrato apenas entre os contratantes originários

Em primeiro lugar, importante ressaltar que a cláusula de reserva não obriga o estipulante a eleger o terceiro para assumir a sua posição. Trata-se de uma faculdade, como bem expressa o art. 467 do CC.

Por isso, em razão desta faculdade, o art. 470, I, do CC, dispõe que o contrato terá eficácia entre os contratantes originários se não houver a indicação da pessoa (terceiro), identificado ou não no contrato. Sendo facultativa a eleição, não havendo a indicação, o contrato é válido e eficaz entre os contratantes originários. Além disso, o eleito também não é obrigado a aceitar a nomeação, podendo, livremente, recusá-la. Neste caso, havendo recusa do nomeado, da mesma forma, a eficácia do contrato é restrita aos contratantes originários, não produzindo nenhum efeito na esfera jurídica do terceiro.

No inciso II do art. 470, o legislador protege os interesses econômicos do outro contratante se o eleito era insolvente no momento da indicação e a outra parte desconhecia essa situação. Como o eleito, na maioria das vezes, não será identificado, para não obstar o negócio jurídico, o Código Civil limita os efeitos da cláusula de reserva de substituição em caso de insolvência do eleito e o desconhecimento deste fato da outra parte no momento da indicação.

A ineficácia também ocorrerá se a aceitação da nomeação pelo terceiro não se revestir da mesma formalidade do contrato originário (art. 468, parágrafo único, do CC).

Finalmente, de acordo com o art. 471 do CC, se a pessoa a nomear era incapaz ou insolvente no momento da nomeação, o contrato produzirá os seus efeitos entre os contratantes originários. A incapacidade e a insolvência do nomeado não afetam a validade do contrato originário. O referido artigo não repete o disposto no art. 470 sobre a insolvência. A insolvência prevista no art. 470 se refere ao momento da contratação, ao passo que a insolvência referida no art. 471 é aquela aferível no momento da nomeação, ou seja, superveniente à constituição do negócio. A insolvência posterior, como dizem Rosenvald e Chaves[133], "é causa de ineficácia superveniente que se apresenta no momento em que o *electus* aceita a indicação, o que restringe os efeitos do contrato à pessoa do nomeante".

Em relação à incapacidade, não havendo diferença, pode ser a incapacidade absoluta e relativa do eleito, restringindo os efeitos do contrato aos contratantes originários.

3.5.3. Contrato *tipo*

O contrato *tipo* é aquele pactuado pelas partes em condições paritárias, a fim de servir de modelo ou para-

---

[131] GOMES, Orlando. *Contratos*. 26. ed. Rio de Janeiro: Forense, 2008.

[132] FARIAS, Cristiano Chaves de; ROSENVALD, Nelson. *Direito dos contratos*. Rio de Janeiro: Lumen Juris, 2011. v. IV.

[133] FARIAS, Cristiano Chaves de; ROSENVALD, Nelson. *Direito dos contratos*. Rio de Janeiro: Lumen Juris, 2011. v. IV.

digma para futuros e eventuais contratos individuais que as mesmas partes venham a celebrar entre si.

Não se confunde com o contrato de adesão. Na contratação por adesão, as cláusulas contratuais foram predispostas unilateralmente por um dos contratantes e o outro, se anuir com as cláusulas preestabelecidas por aquele, simplesmente adere ao contrato. No contrato tipo, as cláusulas contratuais também são predispostas, mas não unilateralmente, e sim bilateralmente e de forma paritária, em comum acordo.

Como ressaltam Rosenvald e Chaves[134], "(...) no contrato tipo, as partes, de comum acordo e após prévio debate em condições paritárias, predeterminam o conteúdo de uma série de contratos que serão futuramente concluídos. A bilateralidade é o seu elemento distintivo, não obstante partilhar com as cláusulas contratuais gerais os requisitos da abstração e generalidade. Assim, se um contrato tipo fosse elaborado por apenas uma das partes, a posterior aquiescência da outra resultaria em um contrato de adesão".

Por outro lado, o contrato tipo não se confunde com o preliminar, tendo em vista que as partes não se obrigam a contratar no futuro. No tipo, as partes apenas predeterminam o conteúdo de contratos que, no futuro, eventualmente, possam ser formalizados e concluídos entre os mesmos contratantes que pactuaram o modelo de contratação (tipo).

De acordo com as observações precisas do mestre Orlando Gomes[135], "(...) no contrato tipo as partes não são representativas de categorias econômicas ou profissionais, como nos contratos normativos. Nestes as disposições são assentadas em abstrato, enquanto o contrato tipo contém o esquema concreto dos futuros contratos individuais, de sorte que os contratantes nada mais têm a fazer do que subscrevê-los". E continua o mestre: "o contrato tipo aproxima-se do contrato de adesão pela forma. Distingue-se, no entanto, porque, neste, o conteúdo é predisposto e predeterminado por uma das partes, enquanto naquele resulta do acordo de vontade das partes". A forma de elaboração do contrato tipo é dual, pois o conteúdo é pré-constituído por todos os contratantes, sendo resultado de elaboração da qual participam, em igualdade de condições, todos os interessados.

O Superior Tribunal de Justiça fez referência ao contrato tipo no REsp 655.436/MT, relatado pelo Min. João Otávio de Noronha, quando se discutiu a natureza de contrato de compra e venda de safra futura.

3.5.4. Contratos individuais, coletivos e acordos normativos

Os contratos coletivos possuem caráter nitidamente normativo. Portanto, é discutível a sua natureza contratual.

Nesse ponto, precisa é a observação de Orlando Gomes[136]: "O contrato coletivo não possui verdadeiramente natureza contratual, dado que não cria obrigações para os interessados, limitando-se a estatuir normas que devem presidir à formação dos contratos individuais subordinados, ou determinar alterações do conteúdo de contratos em curso. Do contrato coletivo não nascem relações jurídicas que coloquem as partes nas condições de credor e devedor. É um acordo normativo; não um contrato".

Tal contrato não prefixa, de regra, todo o conteúdo dos futuros contratos individuais, mas apenas as disposições de maior relevância.

Tal contrato (coletivo) é predeterminado por representantes de categorias econômicas com interesses contrapostos. Como dizem Rosenvald e Chaves[137], "o seu traço típico é a aptidão para vincular um indeterminado número de pessoas a um mesmo interesse econômico, ainda que não tenha participado do acordo. As cláusulas contratuais gerais são unilateralmente predispostas, rígidas e, obviamente, prestam-se a servir como modelo de uma série indeterminada de contratos de adesão".

São exemplos a convenção coletiva de trabalho, em seu art. 611, e a convenção coletiva de consumo, prevista no art. 107 do CDC.

Segundo Daniel Fink[138], "a convenção coletiva de consumo é um meio de solução de conflitos coletivos em que fornecedores e consumidores, por intermédio de suas entidades representativas, estabelecem condições para certos elementos da relação de consumo, de modo a atuarem nos contratos individuais".

O contrato coletivo, portanto, é aquele em que categorias representativas de grupos ou classes de interesses opostos predeterminam um modelo de contrato que servirá como padrão para vincular pessoas relacionadas a estas entidades representativas, quando firmarem contratos individuais, ainda que estas pessoas, individualmente consideradas, não tenham participado da elaboração do contrato coletivo ou normativo. Será o modelo para futuros contratos individuais que vierem a ser celebrados por aqueles que estão relacionados aos responsáveis pela sua elaboração.

Tal contrato, cujo conteúdo, fixado em termos genéricos, se impõe em determinadas circunstâncias, como um padrão que os contraentes são obrigados a observar nos seus contratos individuais de natureza correspondente. Destinam-se a servir de modelo a contratos individuais entre pessoas que não participaram na elaboração do modelo (daí a diferença do contrato tipo, pois, neste, os futuros contratantes participaram e discutiram previamente o modelo ou contrato padrão/tipo).

Nos contratos individuais, as vontades são consideradas individualmente, pois se forma pelo consentimento de pessoas interessadas em estabelecer vínculos entre si. É a regra nas relações privadas intersubjetivas. O contrato

---

[134] FARIAS, Cristiano Chaves de; ROSENVALD, Nelson. *Direito dos contratos*. Rio de Janeiro: Lumen Juris, 2011. v. IV.

[135] GOMES, Orlando. *Contratos*. 26. ed. Rio de Janeiro: Forense, 2008.

[136] GOMES, Orlando. *Contratos*. 26. ed. Rio de Janeiro: Forense, 2008, p. 101.

[137] FARIAS, Cristiano Chaves de; ROSENVALD, Nelson. *Direito dos contratos*. Rio de Janeiro: Lumen Juris, 2011. v. IV, p. 340.

[138] FINK, Daniel Roberto et al. *Código Brasileiro de Defesa do Consumidor* comentado pelos autores do anteprojeto. 13. ed. Rio de Janeiro: Forense, 2018, p. 990.

individual cria direitos e deveres para as pessoas que dele participam e o coletivo gera deliberações de caráter normativo, que podem ser estendidas a pessoas que não participaram do acordo, mas que pertencem à categoria de classe responsável pela elaboração do acordo normativo.

A respeito da diferença, relevante a lição do professor Nader[139]: "São individuais os contratos que vinculam apenas as pessoas que deles participam diretamente. A generalidade dos contratos é desta espécie. Coletivos são os celebrados por pessoa jurídica em nome de uma categoria ou grupo, vinculando todos os seus membros. O exemplo mais comum é a chamada convenção coletiva de trabalho. Seu processo de formação não é tão simples quanto o da classe dos individuais, pois requer prévia reunião do grupo, onde se discute a conveniência da celebração do contrato, bem como as suas condições gerais, procedendo-se à votação". Para que o contrato coletivo alcance todos os membros da categoria, é indispensável a sua homologação em sede administrativa ou judicial.

3.5.5. Contratos coativos e necessários

O contrato coativo ou necessário repercute na própria liberdade de contratar (que é diferente da liberdade contratual ou de estabelecer o conteúdo do contrato). O contrato coativo é o contrato obrigatório, no qual o sujeito não tem a opção de vincular-se a outro sujeito. Tal vinculação é obrigatória. Há uma intensa restrição à liberdade de expressar o consentimento no sentido de contratar ou abster-se de contratar.

O sujeito, independentemente do desejo ou da vontade, é compelido a integrar uma relação jurídica. A lei impõe a celebração destes contratos, em clara substituição à vontade das partes. Devido a esta imposição legal, há o dever jurídico de contratar.

Nas palavras de Orlando Gomes[140]: "o contrato coativo, considerado por alguns uma relação para contratual, é aquele em que a lei obriga as partes a estipulá-lo sem alternativa ou a conservá-lo mesmo contra a vontade de uma das partes. Enquadram-se nesta categoria o seguro obrigatório e a locação prorrogada por determinação legal". O referido autor diferencia os contratos coativos dos necessários, para afirmar que estes últimos resultam do permanente estado de oferta contratual de certos sujeitos de direito, como as empresas concessionárias de serviços públicos. Tais pessoas não podem recusar-se a contratar, falecendo-lhes, pois, não só a liberdade de escolher a contraparte, mas também a de afastar as regras constantes do regulamento a que devem obediência, em certos setores, para a publicização do contrato em virtude do qual o direito público absorve o conteúdo da relação contratual. Por exemplo, os serviços de água e esgoto, prestados por concessionárias de serviço público, são remunerados por tarifa ou preço público e, nesse sentido, são contratos necessários, embora não tenham caráter tributário. Nesse sentido, já decidiu o STF (RE 544.289, AgR-MS, julgado em 26-5-2009, rel. Min. Ricardo Lewandowski) e também o Superior Tribunal de Justiça (REsp 1.117.903-RS, julgado em 9-12-2009, rel. Min. Luiz Fux).

No REsp 804.202/MG, relatado pela Min. Nancy Andrighi, foi discutida a obrigação de contratar seguro habitacional. A aquisição do seguro é considerada fator determinante para o financiamento habitacional. Embora a conclusão tenha sido pela obrigatoriedade da contração do seguro habitacional ("Não se vislumbra, portanto, nenhum óbice a que o mutuário celebre o seguro habitacional com a seguradora que melhor lhe aprouver, desde que a apólice apresente as coberturas exigidas pela legislação do SFH"), o mutuário seria livre para escolher a seguradora.

Aliás, a referida decisão foi determinante para a edição da Súmula 473 do STJ, segundo a qual: "O mutuário do SFH não pode ser compelido a contratar o seguro habitacional obrigatório com a instituição financeira mutuante ou com a seguradora por ela indicada".

Sobre a definição de contratos coativos, Rosenvald e Chaves[141] argumentam que "(...) há contrato coativo quando alguém, contra a vontade, é compelido a participar de relação jurídica normalmente oriunda de um acordo de vontades, e quando se envolve numa relação contratual sem ter emitido declaração de vontade. As partes, mesmo no contrato coativo, estão entre si relacionadas por vínculo obrigacional; nota-se que o contrato coativo é ainda contrato, só que nele o particular é alcançado pelo dever de contratar isto é, de assumir obrigação perante terceiro".

3.5.6. Contratos relacionais e contratos cativos

O denominado *contrato relacional* ou de *duração continuada* não é exatamente uma espécie diferenciada de contrato, mas uma forma de interpretar contratos autônomos, sequenciados, vinculados e relacionados, os quais se prolongam no tempo. A interpretação dos contratos relacionados deve se dar à luz do princípio constitucional da solidariedade social e do paradigma da eticidade, boa-fé objetiva, um dos pilares do sistema civil.

É importante registrar que nem todos os contratos de longa duração são relacionais. Somente podem ser considerados relacionais ou relacionados aqueles em que cada período faz nascer uma obrigação autônoma e independente, mas que são contínuos e cada um deles deverá ser analisado não de forma isolada, mas como um todo. O dever de cooperação e solidariedade recíproca é muito mais intenso em contratos relacionais, por conta da contínua e permanente interatividade.

Segundo Roberto Porto Macedo Jr.[142], "são contratos que se desenvolvem numa relação complexa, na qual elementos não promissórios do contrato, relacionados ao seu contexto, são levados em consideração significativamente

---

[139] NADER, Paulo. *Curso de direito civil – Contratos*. 9. ed. Rio de Janeiro: Forense, 2018. v. III, p. 59.

[140] GOMES, Orlando. *Contratos*. 26. ed. Rio de Janeiro: Forense, 2008, p. 33-34.

[141] FARIAS, Cristiano Chaves de; ROSENVALD, Nelson. *Direito dos contratos*. Rio de Janeiro: Lumen Juris, 2011. v. IV, p. 340.

[142] MACEDO JR., Roberto Porto. *Contratos relacionais e defesa do consumidor*. 2. ed. São Paulo: Revista dos Tribunais, 2006, p. 5.

para sua constituição", o que se verifica em contratos de longa duração ou que se prolongam no tempo.

O contrato relacional, normalmente aplicável a relações longas e complexas, é aquele em que as partes não reduzem termos fulcrais de seu entendimento a obrigações precisamente estipuladas, remetendo-se a modos informais e evolutivos da resolução da infinidade de contingências, que podem vir a interferir na independência de seus interesses e no desenvolvimento de suas condutas, afastando-se da intervenção judicial irrestrita como solução para os conflitos endógenos[143]. Os contratantes, em contraposição, optam pela formação de relações de solidariedade, com superação das tensões por meio de uma autodisciplina partilhada e dúctil. Isto equivale a dizer que a abordagem relacional tende a menosprezar as estipulações contratuais explícitas, sugerindo que elas são frequentemente substituídas, na prática, pelo simples jogo das interações repetidas e das normas sociais que, por si mesmas e independentemente da letra do contrato, assegurarão a autodisciplina contratual.

A boa-fé é fundamental na análise desta teoria dos denominados *contratos relacionais*, pois a cooperação recíproca e o dever de solidariedade, eticidade e lealdade, decorrentes deste princípio, imporá às partes um padrão de conduta para atender às legítimas expectativas. Em tais contratos, que normalmente são de longa duração, uma das partes passa a manter uma relação de dependência e até certo ponto de *subordinação* em relação ao outro parceiro. É o que ocorre, por exemplo, nos contratos de prestação de serviço de saúde, normalmente com prazo de 1 (um) ano, mas com cláusula de renovação automática. Com o passar o tempo, o contratante, segurado ou usuário do plano, passará a depender daquele contrato, o qual não poderá ser analisado de forma autônoma, mas como uma relação de vários contratos que buscam concretizar os mesmos interesses e, por isso, a conduta a ser exigida das partes envolve uma análise global de todos os contratos relacionados e não apenas de um único contrato.

A *solução relacional* tenta o equilíbrio entre o estabelecimento de uma base suficientemente estável para alicerçar compromissos sérios, por um lado e, por outro, a preservação da flexibilidade suficiente para que esses compromissos resistam aos embates das futuras contingências. É próprio do contrato relacional que ele não se cinja a uma troca, mas envolva uma associação entre as partes, um nexo estável no qual emerge a definição de direitos e deveres que tenham ficado omissos no momento inicial da negociação entre as partes. Nestes termos, a solução relacional procura dar uma resposta eficiente aos problemas do contrato incompleto.

Os contratos relacionais se caracterizam a partir de alguns elementos: 1 – é fundamental que as relações entre os sujeitos sejam intensas, próximas e haja constante comunicação, pois a satisfação pessoal é fator preponderante nestes contratos; 2 – não é possível, de forma precisa, mensurar economicamente o esforço dos contratantes e as trocas recíprocas de informações; 3 – Não é possível, com absoluta segurança, definir o início e o término do contrato, justamente devido à necessidade de aproximação e trocas recíprocas; 4 – o planejamento é fundamental, inclusive para conflitos que surgiram, mas pode ser flexibilizado para melhor cooperação; 5 – a cooperação e a solidariedade se tornam dever principal e não anexo deste contrato e 6 – a diferença de poder entre os sujeitos é compensada com a participação do vulnerável na gestão dos serviços.

Orlando Gomes[144] também destaca as características do contrato relacional: "Procurando traçar as bases dessa nova categoria, pode-se afirmar que o contrato relacional tem por características principais a longa duração e a exigência de forte colaboração entre as partes (contratos de sociedade, parcerias, consórcios interempresariais etc.), e, ainda, os que, mesmo não tendo por objeto a colaboração, exigem-se intensa para poder atingir os seus fins, como os contratos de distribuição e franquia. O princípio da boa-fé deve ser mais fortemente considerado nos contratos relacionais, tendo em vista seu caráter aberto, com forte indefinição na sua projeção para o futuro, impondo, para atingir os seus fins, intensa lealdade entre as partes".

Quanto às consequências dos contratos relacionais, pondera Paulo Lôbo[145]: "Esses contratos exigem adaptação constante, com o reajuste e o reequilíbrio de suas condições, o que provoca a implosão do princípio clássico de sua força obrigatória (*pacta sunt servanda*). Para esses contratos, são impróprias as soluções da teoria geral do adimplemento e das consequências do inadimplemento, porque não satisfazem os interesses das partes. Nesses casos, como no exemplo clássico do plano de saúde, há razoável expectativa de que o contrato perdure por anos ou até mesmo até o fim da vida da pessoa, impondo-se a consideração da vulnerabilidade de quem dele se utiliza e o permanente ajuste da equivalência material.

Gilberto Haddad Jabur[146] define os contratos relacionais: "(...) como contratos contínuos, de longa duração, nos quais as partes se predispõem a perceber as mútuas necessidades durante o vínculo duradouro no qual se estenderão as trocas, motivo pelo qual a cooperação sincera, a solidariedade, a confiança e a probidade marcam a relação jurídica complexa entre as partes. Por isso, a repotenciada importância do princípio da boa-fé no curso desse feixe de relações negociais que manterão atreladas as partes, que passam a evidenciar maior ou menor dependência econômica negocial. O trato sincero e probo deverá reger os termos dessa variável relação na qual a revisão e a renegociação não devem importar traumas e dificuldades ne-

---

[143] FARIAS, Cristiano Chaves de; ROSENVALD, Nelson. *Direito dos contratos.* Rio de Janeiro: Lumen Juris, 2011. v. IV, p. 349-350.

[144] GOMES, Orlando. *Contratos.* 26. ed. Rio de Janeiro: Forense, 2008, p. 42-43.

[145] LÔBO, Paulo Luiz Netto. *Contratos.* São Paulo: Saraiva, 2010 (col. *Direito Civil*), p. 113.

[146] JABUR, G. H. Classificação dos Contratos. In: Renan Lotufo; Giovanni Ettori Nanni. (Org.). Teoria geral *dos* contratos. São Paulo: Editora Atlas, 2011, v. I, p. 219-220.

gociais normalmente experimentados em contratos descontínuos".

O Superior Tribunal de Justiça, em acórdão paradigmático, invoca a *teoria dos contratos relacionais* para analisar caso de segurado que mantinha contratos autônomos e sucessivos com seguradora e, de forma inesperada, após 30 (trinta) anos de parceria, foi surpreendido com a notificação da seguradora com a finalidade de resilir (extinguir) o contrato.

Em voto lapidar, a Min. Nancy Andrighi, relatora do REsp 1.073.595, analisou a causa com fundamento na teoria dos contratos relacionadas, para manter o contrato entre as partes.

Em voto vista, no mesmo julgado, o Min. Sidney Benetti faz uma análise perfeita do caso, sob a perspectiva do contrato relacional.

• **Contratos cativos**

Os contratos relacionais podem ou não se caracterizar como contratos cativos. Os contratos relacionais de consumo também podem ser considerados cativos ou de dependência subjetiva.

Na definição de Cláudia Lima Marques[147], cativos são "série de novos contratos ou relações contratuais que utilizam os métodos de contratação de massa (adesão) para fornecer serviços essenciais no mercado, criando relações jurídicas complexas de longa duração, envolvendo uma cadeia de fornecedores organizados entre si e com uma característica dominante: a posição de *catividade* ou de dependência dos clientes consumidores".

Os contratos cativos ostentam alguns atributos ou elementos que os identificam: 1 – *catividade* (a sedução para a contratação na fase pré-contratual e durante o contrato, quando gera relação de dependência, inclusive emocional do consumidor, que se torna escravo do contrato – o consumidor se torna dependente, a pretexto de segurança); 2 – *tempo* como elemento essencial, os cativos são contratos de prestação continuada e reiterada. O prolongamento, a reiteração e o tempo são fundamentais para cativar – relações duradouras e 3 – *objeto* envolve serviços privados ou públicos essenciais – atividades reguladas, o que reduz os fornecedores e geram assimetria. O STJ tratou dos contratos cativos em Recursos Especiais paradigmáticos: n. 1.769.111/RS e n. 1.479.420/SP: *"Nos contratos cativos de longa duração, também chamados de relacionais, baseados na confiança, o rigorismo e a perenidade do vínculo existente entre as partes pode sofrer, excepcionalmente, algumas flexibilizações, a fim de evitar a ruína do sistema e da empresa, devendo ser respeitados, em qualquer caso, a boa-fé, que é bilateral, e os deveres de lealdade, de solidariedade (interna e externa) e de cooperação recíprocos". No mesmo sentido, os Recursos Especiais 1.201.529/RS, 1.294.093/RJ e 1.073.595/MG.*

3.5.7. Contratos derivados

O contrato derivado é aquele que tem por objeto direitos e obrigações estabelecidos em outro contrato. Estes também são denominados subcontratos. A derivação faz com que o contrato possua relação de dependência funcional em relação a outro contrato, do qual ele deriva. São exemplos clássicos de contrato derivado a sublocação, a subempreitada e a subconcessão. O direito contido no subcontrato ou contrato derivado é limitado pelos direitos e obrigações contidos no contrato base ou principal.

Nas palavras de Orlando Gomes[148]: "Verifica-se a subcontratação quando um dos contratantes transfere a terceiro, sem se desvincular, a utilidade correspondente à sua posição contratual. Tal relação jurídica pressupõe a coexistência de dois contratos: o básico e o derivado". Não há dúvida de que o contrato derivado deve ostentar aspectos do contrato base do qual ele deriva, em razão da relação de dependência entre os dois contratos. Os direitos transferidos para o terceiro devem ser na extensão e nos limites do contrato básico.

O contrato de locação é o contrato básico: o locatário transfere a terceiros os direitos que, nesta qualidade, lhe assistem, operando a sublocação, enquanto o contrato de locação perdura, sem se alterar. Os direitos do sublocatário têm a mesma extensão e duração dos direitos do locatário, que, entretanto, continuam vinculados ao locador. Coexistem, pois, os dois contratos: o básico e o derivado.

Portanto, o contrato derivado se viabiliza quando um terceiro, estranho ao contrato base, se interessa pelos direitos e obrigações de um dos contratantes. Em razão disso, um dos contratantes, denominado *subcontratante*, transfere para o terceiro as vantagens, direitos e obrigações assumidas e que titularizava no contrato base. O contrato base, do qual ele deriva, não é extinto pela subcontratação. Assim, o terceiro pode usufruir os benefícios e utilidades do contrato base, mediante a realização de novo contrato, do qual não participa um dos contratantes originários.

No exemplo da locação, o contrato base é firmado entre locador e locatário. Se um terceiro passa a interessar-se pela locação, poderá firmar um subcontrato ou sublocação com o locatário. Esta sublocação será o contrato derivado e terá como limites os direitos e obrigações concedidos pelo locador ao locatário no contrato base, pois ninguém pode transferir mais direitos do que possui. E o locador não participará deste contrato derivado entre o locatário e o terceiro. O terceiro poderá usufruir da locação, sem que o contrato de locação ou base venha a ser extinto.

No entanto, se o contrato base se extingue, por impossibilidade material, o contrato derivado também será extinto.

Os contratos personalíssimos ou *intuito personae* não admitem a subcontratação, pois o contrato é firmado em função das qualidades especiais da pessoa. A título de exemplo, como regra, o contrato de empreitada é impessoal e, por isso, o art. 622 do CC, permite, expressamente, a subempreitada. É aceitável a conduta do empreiteiro que transfere a um terceiro as obrigações para o denominado

---

[147] MARQUES, Cláudia Lima. *Comentários ao código de defesa do consumidor.* 7. ed. São Paulo: Revista dos Tribunais, 2021.

[148] GOMES, Orlando. *Contratos.* 26. ed. Rio de Janeiro: Forense, 2008, p. 168.

subempreiteiro. O subcontrato de empreitada é derivado da empreitada e, neste caso, haverá uma segunda relação contratual derivada da primitiva, onde o subempreiteiro se obrigará perante o empreiteiro e este se mantém vinculado ao contrato de empreitada com o dono da obra. No entanto, se o contrato de empreitada for realizado com caráter personalíssimo, ou seja, em consideração às qualidades pessoais do empreiteiro, não haverá possibilidade de subcontratação.

O comodato e o depósito, em regra, são contratos personalíssimos, em razão do elemento confiança que os caracteriza. Todavia, o comodante e o depositante, excepcionalmente, podem autorizar a subcontratação pelo depositário ou comodatário com terceiros, quando assumiram plenas responsabilidades pelos atos ou danos provocados pelo subcontratado. É o que dispõe o parágrafo único do art. 640: "Se o depositário, devidamente autorizado, confiar a coisa em depósito a terceiro, será responsável se agiu com culpa na escolha deste".

Os contratos principais de execução instantânea também são incompatíveis com o contrato derivado.

O contrato derivado, para sua formação, pressupõe três contratantes: os dois contratantes originários, partes do contrato principal ou base, e o contratante derivado. No contrato derivado, participará o terceiro (assim considerado em relação ao contrato base) e um dos contratantes do contrato originário. Desta forma, será realizado um novo contrato entre um dos contratantes originários e o terceiro, que será o contrato derivado.

Segundo Gomes[149]: "(...) o novo contrato estipulado por um dos contratantes originários somente se enquadra na categoria do subcontrato se tiver o conteúdo do contrato básico, o que não significa que deva reproduzi-lo totalmente. Direitos e obrigações do contrato principal podem ser modificados quantitativamente, mas devem conservar a qualidade congênita".

Há, portanto, uma relação de dependência entre os contratos, o básico e o derivado, inerente a esta classificação.

O contrato derivado ou subcontrato leva ao nascimento de um direito novo, ainda que ostente o mesmo conteúdo e respeite os limites do contrato básico, sendo que o contrato básico e o derivado coexistem harmonicamente sem se anularem. Embora o derivado dependa do principal, faz nascer um vínculo distinto do contrato principal, com efeitos próprios.

Em relação às características do subcontrato, sua compreensão pressupõe conhecer as próprias características do contrato base, ou seja do contrato do qual o subcontrato deriva.

Segundo Marinangelo[150], são características do contrato derivado: 1 – identidade do tipo negocial (tem o mesmo conteúdo do contrato base, pois é este que qualifica e determina o tipo negocial daquele – desnecessário

que sejam absolutamente idênticos, mas deve haver uma sintonia ou relação de funcionalidade entre eles); 2 – identidade do objeto (contrato base e subcontrato devem possuir identidade de objeto, de tal modo que o objeto do segundo não exceda o do primeiro, pois ninguém pode conceder mais do que possui); 3 – posterioridade lógica (o subcontrato deverá suceder o contrato base, mas nada impede a pré-existência de subcontrato, desde que sob a condição suspensiva da celebração do contrato principal); e 4 – subordinação (o subcontrato é subordinado ao principal, do qual é derivado e dependente tanto no nascimento quanto na execução, de modo que o contrato base exerce influência sobre o subcontrato. Os contratos ligam-se entre si por um nexo, no qual um deles exerce supremacia sobre o outro; um deles é motivo ou condição de existir do outro, numa relação de dependência.

A diferença entre o contrato derivado e os contratos acessórios é que o derivado participa da própria natureza do direito versado no contrato base. Embora o acessório e o derivado sejam dependentes de outro contrato, o derivado está limitado pelo conteúdo do contrato principal ou base. Além disso, contrato base e derivado podem ser considerados contratos coligados, como se verá adiante. Por serem coligados, a análise deve ser conjunta porque as condutas dos contratos no base repercutem no derivado e vice-versa.

Nos contratos coligados, não há relação entre acessório e principal, mas de interdependência, devido ao nexo funcional entre eles.

3.5.8. Contratos mistos e coligados

A classificação dos contratos como *mistos* ou *coligados* pressupõe interação entre contratos que se fundem para formação de contrato novo (mistos) ou que se unem, necessariamente, sem perder a autonomia, como pressuposto para determinada atividade (coligados). Os contratos mistos são o resultado da junção de elementos de contratos diferentes, capaz de formar novo contrato. A fusão de contratos diversos leva à criação de contrato peculiar, com características próprias e inconfundíveis em relação aos contratos agregados, que permitiram a sua criação.

Nos contratos coligados ou conexos, há a agregação de vários negócios para a viabilização de uma operação/atividade econômica. No entanto, estes contratos coligados, ao contrário dos mistos, não perdem a autonomia. Cada um preserva a sua característica, peculiaridades e efeitos, pois são agregados e conectados para possibilitar uma determina atividade econômica. Nos coligados, haverá mera combinação de contratos completos. Nos contratos mistos (subespécie de contratos atípicos), elementos de contratos distintos se fundem para perder a autonomia e formar contrato original, diverso dos fragmentos de outros contratos típicos utilizados para sua constituição.

Rosenvald e Chaves[151] destacam a diferença entre os contratos mistos e coligados: "(...) os contratos mistos

---

[149] GOMES, Orlando. *Contratos*. 26. ed. Rio de Janeiro: Forense, 2008, p. 170-171.
[150] MARINANGELO, Rafael. Subcontrato. In: LOTUFO, Renan; NANNI, Giovanni Ettore (coords.) *Teoria geral do direito civil*. São Paulo: Atlas, 2008, p. 09-311.

[151] FARIAS, Cristiano Chaves de; ROSENVALD, Nelson. *Direito dos contratos*. Rio de Janeiro: Lumen Juris, 2011. v. IV, p. 419-420.

possuem característica unitária, resultando da fusão de dois ou mais contratos ou de partes de contratos distintos, ou ainda da participação em um contrato de aspectos próprios de outro. Os contratos mistos se apartam da união de contratos e dos contratos conexos ou coligados. O conceito de contratos conexos é bastante abrangente e pode ser descrito pela utilização de uma pluralidade de negócios para a realização de uma mesma operação econômica". E prosseguem: "Na união, ou coligação de contratos, os negócios jurídicos apenas se cumulam – atam-se por um certo nexo –, porém não se misturam ou confundem, pois cada qual preserva as suas peculiaridades. No contrato misto, pelo contrário, há a fusão, em um só negócio, de elementos contratuais distintos que, além de perderem a sua autonomia no esquema negocial unitário derivado, fazem simultaneamente parte do conteúdo deste".

O jurista Paulo Lôbo[152] também faz a devida distinção entre contratos mistos e coligados: "Contratos mistos são os que fundem diversos contratos típicos, ou contratos típicos com atípicos, formando uma unidade autônoma. Não há justaposição de contratos diversos, mas sim fusão desses contratos formando outro distinto. Diferentemente dos contratos mistos, nos quais o múltiplo se converte no uno, nos contratos coligados, ou união de contratos, o múltiplo integra-se no múltiplo. Ao invés de fusão, há justaposição. Os contratos coligados mantêm suas individualidades, incidindo paralela, mas conjuntamente, sobre a mesma relação jurídica base. O nexo entre esses contratos não é de acessoriedade (contrato principal e contrato acessório), mas de interdependência".

Os contratos mistos são o resultado de fragmentos de vários contratos que se fundem para constituí-lo, de modo original. O múltiplo se converte no uno. Nos contratos coligados, a multiplicidade de contratos se une e, mantém relação de interdependência. Tais contratos coligados, agregados, concretizam os interesses e as finalidades sociais e econômicas pretendidas pelos sujeitos. Todos os contratos reunidos ou coligados e interligados preservam a sua autonomia e distinção. Essa interligação faz com que mantenham nexo de funcionalidade e interdependência, que não se confunde com a relação entre contratos principais e acessórios (interligação funcional). Na união de contratos, embora mantenham a autonomia, estão ligados e vinculados entre si por nexo de funcionalidade.

Como bem ponderam Rosenvald e Chaves[153], nos contratos coligados, as partes desejam a pluralidade de contratos no sentido de um conjunto econômico, criando entre eles uma dependência de caráter bilateral ou unilateral, conforme os contratos se subordinem reciprocamente, ou se apenas um ou alguns se vinculam aos demais. Havendo a conexão bilateral, a validade e eficácia de um contrato dependerão da validade e eficácia do outro, pois cada um é causa do outro.

Nos contratos coligados estes são desejados como um todo, pois isoladamente cada contrato não viabilizaria o interesse dos contratantes. Os contratos condicionam-se reciprocamente em sua existência e validade e, agregados, formam uma unidade econômica.

Segundo Gomes[154], a coligação dos contratos: "(...) pode ser necessária ou voluntária. A coligação necessária, também chamada genética, é imposta pela lei, como a que existe entre o contrato de transporte aéreo e o de seguro do passageiro. Quando decorre da vontade dos interessados, como se verifica ordinariamente, diz-se voluntária. Visto que nessa união de contratos há reciprocidade, os dois se extinguem ao mesmo tempo; a dissolução de um implica a do outro".

Quanto à origem dos contratos coligados, Geovanni Nanni[155] esclarece que: "(...) a coligação é voluntária quando prevista particularmente, sendo resultado de uma intenção específica das partes de subordinar a sorte de um contrato a outro. É resultado da atividade criativa das partes na organização dos seus interesses, dando-lhes um arranjo negocial considerado mais conveniente aos seus propósitos. Decorre da autonomia privada. Atribui-se conotação subjetiva à coligação voluntária, haja vista que surge de uma declaração de vontade negocial com tal propósito. A coligação necessária surge por imposição da lei. Basta pensar-se na coligação entre preliminar e definitivo, entre mandato e procuração, entre contrato e subcontrato, sublocação, subempreitada, submandato, subagência; mas também de forma mais ampla na fasta categoria dos contratos acessórios, dependentes, auxiliares ou de segundo grau".

Para o mestre Orlando Gomes[156], a coligação de contratos não enseja as dificuldades que os contratos mistos provocam quanto ao direito aplicável, porque os contratos coligados não perdem a individualidade, pois se submetem a conjunto de regras próprias do tipo a que se ajustam. Nos contratos interdependentes, o condicionamento de um ao outro não constitui obstáculo à aplicação das regras peculiares a cada qual. Já em relação aos contratos mistos, o problema fundamental consiste na determinação de sua disciplina jurídica. Não tendo regulamentação legal específica, é preciso saber que regras lhe são aplicáveis, além, naturalmente, dos princípios gerais do direito contratual.

Como exemplos de contratos mistos, que se fundem para a formação de um contrato novo, podem ser citados: 1 – os contratos de hospedagem completa, que reúnem a entrega do local de morada (locação); fornecimento de comida (venda); serviços de limpeza (prestação de serviços); 2 – locação de loja em *Shopping Center* (locação de espaço, despesas de condomínio, participação em publicidade, parceria no faturamento); 3 – arrendamento mercantil

---

[152] LÔBO, Paulo Luiz Netto. *Contratos*. São Paulo: Saraiva, 2010 (col. *Direito Civil*), p. 109-110.
[153] FARIAS, Cristiano Chaves de; ROSENVALD, Nelson. *Direito dos contratos*. Rio de Janeiro: Lumen Juris, 2011. v. IV, p. 421.
[154] GOMES, Orlando. *Contratos*. 26. ed. Rio de Janeiro: Forense, 2008, p. 122.
[155] NANNI, Giovanni Ettore; LOTUFO, Renan (coords.) *Teoria geral do direito civil*. São Paulo: Atlas, 2008, p. 254-255.
[156] GOMES, Orlando. *Contratos*. 26. ed. Rio de Janeiro: Forense, 2008, p. 123.

(misto de locação, compra e venda e financiamento), dentre outros.

A questão fundamental em relação aos contratos mistos é determinar qual a sua disciplina jurídica. Se é resultado de vários contratos, a análise deve ser pautada em qual critério?

Para resolver esse problema, o professor Orlando Gomes[157] propõe três soluções: teoria da combinação (decomposição dos elementos de cada contrato que formaram o misto para lhes aplicar a respectiva disciplina jurídica – a crítica a esta teoria é que a análise isolada impede a correta interpretação, pois o esquema do misto pressupõe a análise conjunto dos conteúdos); teoria da absorção (pressuposto de que em todo contrato misto há um preponderante que absorve os demais, os quais se subordinariam àquele – um dos contratos neutralizaria os demais – crítica é a pressuposição falsa de que em todo contrato misto haveria um predominante – muitas vezes os elementos do misto são equivalentes); e teoria analógica, a mais aceita, que adota o princípio analógico de interpretação (a tarefa do intérprete é procurar o contrato típico do qual mais se aproxima o contrato atípico para lhe aplicar a esse as normas que disciplinam aquele).

Como nenhum dos critérios é absolutamente seguro, a ideia é adotar uma solução eclética, por meio da qual se conjugam os métodos da combinação, da absorção e aplicação analógica. Nas palavras de Paulo Lobo[158], com citação a Enneccerus, "não se pode dar preferência a nenhuma dessas teorias, pois o decisivo é a situação dos interesses no caso particular, a qual exigirá que às vezes a solução esteja com uma ou outra teoria".

Quanto aos contratos coligados, a análise, como regra, ocorre com base nas regras jurídicas próprias de cada contrato, os quais, embora reunidos, mantêm a sua individualidade. No entanto, o nexo funcional entre os contratos autônomos, mas coligados, pode trazer dificuldades no caso concreto, uma vez que poderá ocorrer conflitos de interpretação entre um e outro contrato.

Além disso, o inadimplemento de um contrato poderá repercutir no outro, justamente em razão da coligação. Por isso, a interpretação deve considerar o caráter de interdependência e as circunstâncias do caso, mas respeitando os princípios contratuais e os deveres gerais de conduta.

Sobre a união dos contratos, ressalta Giovanni Nanni que[159], "(...) é clássica a tripartição defendida por Ludwig Enneccerus sobre a união dos contratos. A união de contratos se divide em três casos: união meramente externa; união com dependência bilateral ou unilateral; união alternativa. União meramente externa se trata de vários contratos completos que somente estão unidos externamente no ato de sua conclusão, por exemplo, pela forma escrita, sem que permita supor uma dependência de um em relação ao outro. Nesse caso, cada um dos contratos segue exclusivamente as regras que lhe são próprias. A união, meramente externa, carece de toda influência. Não há, nessa situação, propriamente coligação de contratos, pois não se completam nem se excluem. A situação é diferente na união com dependência bilateral ou unilateral, pois não é raro que dois contratos completos, unidos exteriormente, sejam queridos somente como um todo, ou seja, em recíproca dependência, ou ao menos de maneira que um dependa do outro e não este daquele. A intenção em um ou outro sentido pode resultar imediatamente do contrato, por exemplo, no primeiro sentido, quando se convencionou que os contratos devem existir e desaparecer um com o outro. Na primeira forma, dois contratos completos, embora autônomos, condicionam-se reciprocamente, em sua existência e validade. A intenção das partes é que um não exista sem o outro. Na segunda, verifica-se a união com dependência unilateral quando não há reciprocidade. Um só dos contratos é que depende do outro. Tal coligação requer a subordinação de um contrato a outro, na sua existência e validade. Os contratos permanecem, no entanto, individualizados. Na união alternativa, os contratos estão unidos de tal sorte que, segundo se compra ou não uma determinada condição, se entenderá concluído um ou outro contrato. Isto é, um exclui o outro quando a condição se verifica. Embora unidos não se completam, antes se excluem".

Portanto, não é toda junção de contrato que caracteriza coligação. Na união meramente externa, não há relação de interdependência entre os contratos. Como exemplos, Varela[160] cita os casos em que certa empresa encomenda um projeto moroso a determinados arquitetos, ao mesmo tempo em que lhes aluga as instalações onde eles vão trabalhar. O dono de uma fábrica contrata um técnico para a realização de certa tarefa, comprando-lhe, ao mesmo tempo, o direito de utilizar certas patentes de sua invenção. Quando assim seja, como os contratos são não só distintos, mas autônomos, aplica-se a cada um deles o regime que lhe compete. Neste caso, há junção de contratos, mas não coligação contratual.

Na coligação contratual, os contratos, embora mantenham a individualidade, estão ligados entre si, por um nexo de funcionalidade ou vínculo substancial capaz de alterar o regime de um ou de ambos. A relação de interdependência e a conexão de causas caracteriza a coligação. Como já ressaltado, tal interdependência pode ser bilateral (vínculo entre os contratos de forma recíproca) ou unilateral, como são os casos dos contratos acessórios de garantia.

Na VIII Jornada de Direito Civil, realizada em abril de 2018, foi aprovado enunciado no sentido de que quando há coligação contratual, a interpretação das cláusulas deve ser conjunta, para que se apure a finalidade real da união de contratos. Segundo o teor do enunciado aprovado: "Os contratos coligados devem ser interpretados a partir do

---

[157] GOMES, Orlando. *Contratos*. 26. ed. Rio de Janeiro: Forense, 2008, p. 124-125.
[158] LÔBO, Paulo Luiz Netto. *Contratos*. São Paulo: Saraiva, 2010 (col. *Direito Civil*), p. 109.
[159] NANNI, Giovanni Ettore; LOTUFO, Renan (coords.) *Teoria geral do direito civil*. São Paulo: Atlas, 2008, p. 249-250.
[160] VARELA, João de Matos Antunes. *Das obrigações em geral*. 7. ed. Coimbra: Almedina, 1997. v. II, p. 288-289.

exame do conjunto das cláusulas contratuais, de forma a privilegiar a finalidade negocial que lhes é comum".

A coligação pode ser genética ou funcional. Será genética, quando houver intensa influência de um contrato na formação do outro (preliminar e definitivo), e funcional diante da influência na fase de execução, desenvolvimento e processamento entre os contratos. O destino dos contratos na coligação funcional está entrelaçado e vinculado. Caio Mário[161] é preciso quando destaca que, embora existam várias espécies de coligação, é preciso que haja ao menos dois instrumentos intimamente ligados, formando um complexo contratual incindível, com unidade econômica e jurídica. É essencial que haja efetiva proximidade da causa concreta, formando uma unidade de interesse econômico. A coligação não vinculante é o que denominamos acima de união meramente externa.

Quanto aos efeitos dos contratos coligados, a eficácia de um contrato certamente repercutirá na eficácia do outro. Embora cada contrato coligado, isoladamente, não perca suas características e nem os seus efeitos próprios, haverá repercussão dos efeitos entre os contratos da rede coligada. Os vínculos individuais, para efeitos de conexão, se reúnem para que os contratos possam concretizar os interesses manifestados pelas partes.

Como bem pondera Caio Mário[162], "(...) ligados os contratos funcionalmente e em razão de suas respectivas finalidades, necessariamente correm sorte comum. Um não pode ser cumprido sem o outro, um não vive sem o outro. Não sendo possível considerá-los na execução, como se não dissociaram na celebração, a duplicidade externa dá mera aparência de atos negociais diferenciados. Mas intrinsecamente são constitutivos de uma unidade negocial, econômica e jurídica".

Assim, quanto aos efeitos, a nulidade de um dos negócios repercutirá nos outros, a resolução de um comunica e envolve os demais e a exceção do contrato não cumprido poderá ser invocada mesmo que as obrigações se originem de pactos diferentes, justamente em função da interdependência entre os contratos. A interpretação dos contratos coligados, em razão de comporem uma rede econômica unitária relacionada a uma causa concreta conexa, deve ser global, ou seja, os contratos coligados devem ser interpretados conjuntamente, com atenção especial para todas as circunstâncias da operação ou das finalidades e objetivos econômicos perseguidos pelas partes. A interpretação dos contratos coligados, como não poderia deixar de ser, deve ser pautada nos princípios da função social e da boa-fé objetiva (deveres de conduta e colaboração recíproca entre os contratantes nos diversos contratos reunidos).

Tal interpretação global foi ressaltada pelo STJ, REsp n. 1.639.035/SP: *"Nos contratos coligados, as partes celebram uma pluralidade de negócios jurídicos tendo por desiderato um conjunto econômico, criando entre eles efetiva dependência".*

Como exemplos de contratos coligados, estão as operações de fornecimento de gasolina. Nas palavras de Caio Mário[163], citando Nanni: "Entre distribuidora de derivados de petróleo e os postos de revenda, o elo que os une é, por certo, o fornecimento periódico dos produtos, se bem que, ao lado do fornecimento, haja uma série de outras relações jurídicas – comodato de equipamentos, licença de uso de marca, locação de imóvel, financiamento, que entretece a complexa trama que vincula uma empresa a outra. Na formulação mais simples, esses contratos contemplam, além do fornecimento, o comodato de equipamentos destinados ao depósito e revenda de produtos fornecidos, de propriedade da distribuidora, cedidos aos revendedores".

Sobre o contrato de revenda de combustível, destaca Rosenvald e Chaves[164] que: "(...) se a finalidade das partes ao celebrar o contrato de financiamento era, em última análise, fomentar a atividade principal de distribuição e revenda de combustíveis, mostra-se evidente a relação de interdependência entre os contratos. O posto recebe o financiamento como meio de auxílio da distribuidora para incrementar a comercialização dos produtos de sua marca. Sendo os contratos de distribuição e financiamento interdependentes, o condicionamento de um ao outro possibilita o exercício da exceção substancial da *exceptio non adimpleti contractus*".

Sobre a possibilidade de invocação da *exceptio non adimpleti contractus* nos contratos coligados que envolvem revenda de combustíveis e financiamento aos distribuidores, o Superior Tribunal de Justiça, no REsp 985.531-SP, relatado pelo Min. Vasco Della Giustina, julgado em 1º-9-2009, analisou tais contratos como coligados para estabelecer que: "(...) as prestações assumidas pelas partes nos contratos de financiamento e de fornecimento de produtos são interdependentes, considerando evidenciada a conexão entre os contratos. Considerando que a finalidade das partes ao celebrar o contrato de financiamento, no caso concreto, era, em última análise, fomentar a atividade principal de distribuição e revenda de combustíveis, mostra-se evidente a relação de interdependência entre os contratos, a ensejar a possibilidade da arguição da exceção de contrato não cumprido, independentemente da existência de cláusula expressa. Efetivamente, é justamente a existência de obrigações recíprocas e interdependentes que dá azo à arguição da exceção do contrato não cumprido".

No caso, merece atenciosa leitura o referido julgado, sendo sugerido aos leitores que leiam o paradigmático voto na íntegra.

O contrato de *engineering* também é estruturado em vários contratos que, reunidos, constituem o próprio negócio. O conteúdo pode abrigar contratos de empreitada

---

[161] PEREIRA, Caio Mário da Silva. *Obrigações e contratos - pareceres de acordo com o Código Civil de 2002*. Rio de Janeiro: Forense, 2010, p. 205.

[162] PEREIRA, Caio Mário da Silva. *Instituições de direito civil*: Contratos. 11. ed. Rio de Janeiro, 2004. v. III, p. 212.

[163] PEREIRA, Caio Mário da Silva. *Instituições de direito civil*: Contratos. 11. ed. Rio de Janeiro, 2004. v. III, p. 280-281.

[164] FARIAS, Cristiano Chaves de; ROSENVALD, Nelson. *Direito dos contratos*. Rio de Janeiro: Lumen Juris, 2011. v. IV, p. 422.

parciais, de planejamento da obra, de realização de certas partes ou equipamentos, contratos de serviço, transporte, supervisão, dentre outros.

Para finalizar, o autor Rafael Marinangelo[165] destaca o fato de que os contratos derivados implicam em coligação contratual: "Em suma, o subcontrato e o contrato principal, a despeito de constituírem vínculos distintos, formam uma coligação natural, unilateral e funcional que justifica, ao lado dos efeitos típicos, a existência de relações entre sujeitos que não são partes no mesmo contrato, viabilizando, até mesmo, as controvertidas ações diretas entre os extremos da cadeia contratual. É possível afirmar que o fenômeno da subcontratação constitui, pois, uma coligação necessária entre negócios integrados em virtude de sua destinação comum, voltada à realização de uma operação econômica unitária".

3.5.9. Contratos existenciais e comunitários

Os contratos existenciais e comunitários correspondem a uma classificação absolutamente secundária e, até certo ponto, dispensável, pois a natureza, características, formação, efeitos e finalidades podem ser analisadas sob as perspectivas das classificações já mencionadas. No entanto, Paulo Lôbo e Judith Martins Costa fazem referência a esta classificação, que é ressaltada nesta obra apenas para conhecimento dos leitores.

Os contratos existenciais teriam, basicamente, como uma das partes, ou ambas, as pessoas naturais; essas pessoas visam, com o contrato, a sua subsistência. Por equiparação, incluem neste tipo de contrato as pessoas jurídicas sem fins lucrativos. Sob a expressão *contratos comunitários*, Costa sugere que sejam enquadrados todos os contratos – como os de seguro, consórcio, prestação ou fornecimento de serviços de energia elétrica – nos quais subjaz, na sua própria racionalidade econômica e social, a noção de comunidade, uma vez que em um dos polos não está meramente o interesse de uma soma aritmética de individualidades, mas interesses supraindividuais ou coletivos. A nota predominante é a existência do interesse comum e a todos os particulares membros da comunidade, de modo a que os direitos subjetivos de cada um não possam ser tratados isoladamente.

Embora toda classificação tenha o seu interesse, há classificações dispensáveis por ausência de utilidade prática, como é o caso dos contratos existenciais e comunitários. Tais contratos serão interpretados, analisados e considerados de acordo com as classificações anteriores, que apresentam aspectos úteis e relevantes sob as perspectivas jurídica e econômica. Por outro lado, essa classificação em nada contribui para a teoria dos contratos. É o mesmo problema que acomete uma classificação proposta por Wald[166], dos chamados *contratos evolutivos*, quando se refere a contratos próprios do direito administrativo, em que é estabelecida a equação financeira do contrato, impondo-se a compensação de eventuais alterações sofridas no seu curso: "Nos contratos de direito público e nos contratos de direito privado e a eles vinculados ou equiparados, uma parte das cláusulas se rege pela vontade das partes e a outra obedece a normas legais que evoluem no tempo e cujas alterações modificam o contrato, embora mantida a equação contratual. São evolutivos os contratos administrativos em geral, como também alguns contratos mistos".

Qual a relevância desta classificação em contratos *evolutivos*? Nenhuma. É apenas uma forma de interpretar os contratos de direito administrativo à luz do princípio constitucional da igualdade substancial e o princípio da equivalência material, relacionado ao princípio da função social dos contratos, e não a um modelo de contrato que merece uma classificação própria por conta de alguma peculiaridade que o distingue dos demais. Em todos os contratos se aplica a teoria da imprevisão ou se impõe o ajuste do seu aspecto econômico em razão de intercorrências internas ou externas no curso do contrato. E isso não é uma peculiaridade dos contratos administrativos. Merecem a mesma crítica também aqueles que buscam distinguir os contratos civis dos empresariais que, com a unificação de tais obrigações, promovidas pelo Código Civil, perde todo o sentido e a razão de ser.

3.5.10. Contratos ilícitos

Os contratos ilícitos são aqueles celebrados com violação de leis imperativas, atentatórios contra a ordem pública e os bons costumes.

Segundo o mestre Orlando Gomes[167], "os contratos ilícitos se desdobram em contrato proibido, contrato imoral e contrato ilegal". Proibido é o que atenta contra a ordem pública. Imoral o que contraria os bons costumes e ilegal o que desobedece a norma proibitiva. No caso do contrato ilegal, a ordem jurídica constitui-se de numerosas leis, que ordenam, proíbem, determinando o que se deve e não se deve fazer. Em direito contratual, as regras imperativas e proibitivas visam à segurança da relação que se pretende criar ou se destinam à proteção de uma das partes do contrato. Diferentemente dos contratos ilegais, proibidos ou imorais, os que se realizam em fraude à Lei não são inválidos em razão do seu conteúdo. É o fim visado pelas partes que os torna ilícitos. O contrato em si é lícito; não atenta contra a lei, nem contra a ordem pública ou os bons costumes.

3.6. CONTRATO PRELIMINAR – PROMESSA DE CONTRATO

3.6.1. Introdução e considerações preliminares: evolução histórica e regulamentação no ordenamento jurídico brasileiro

O contrato preliminar foi positivado no Código Civil de 2002. Tal modalidade de contrato está disciplinada na Seção VIII do Capítulo I do Título IV, que integra as dis-

---

[165] MARINANGELO, Rafael. Subcontrato. In: LOTUFO, Renan; NANNI, Giovanni Ettore (coords.) *Teoria geral do direito civil*. São Paulo: Atlas, 2008, p. 303.

[166] WALD, Arnold. *Obrigações e contratos*. 17. ed. São Paulo: Saraiva, 2006, p. 201.

[167] GOMES, Orlando. *Contratos*. 26. ed. Rio de Janeiro: Forense, 2008, p. 182-189.

posições gerais sobre os contratos (Teoria Geral dos Contratos), sendo objeto dos arts. 462 a 466 da Lei Civil atual.

O contrato preliminar não foi disciplinado pelo CC/1916, fato que concorreu para as polêmicas históricas sobre a admissibilidade deste tipo como modelo autônomo, natureza jurídica, caracterização e efeitos jurídicos próprios.

O atual Código Civil rompe com barreiras históricas relacionadas ao contrato preliminar ao regulá-lo em seu texto, tornando-o uma realidade. É fato que o CC/2002 não inova ao disciplinar o contrato preliminar. O Dec.-lei n. 58/37 e a Lei n. 6.766/79 já faziam referência ao compromisso ou pré-contrato (que são variações terminológicas do contrato preliminar), mas restrito a uma espécie: promessa de compra e venda (que é apenas uma modalidade de contrato preliminar). O Código Civil de 2002 amplia o contrato preliminar e transcende a compra e venda, com regras gerais, relativas a requisitos e pressupostos, efeitos e modalidades (bilateral e unilateral).

A positivação de normas gerais sobre contrato preliminar é a novidade a ser comemorada na Lei Civil. Ao estabelecer tais normas, o Código passou a normatizar o contrato preliminar para além da compra e venda e encerrou intermináveis divergências doutrinárias, *relacionadas à execução específica para o caso de inadimplemento e a dispensa ou não de formalidades*. Tais temas, antes controvertidos, hoje estão disciplinados no Código Civil.

No Decreto-lei n. 58/37 e na Lei n. 6.766/79 apenas há referência genérica a uma espécie de contrato preliminar, a "promessa de compra e venda", sem qualquer disciplina jurídica como modelo autônomo. O CC/2002, por sua vez, estabeleceu regras gerais sobre o contrato preliminar, como categoria autônoma, ao prever os requisitos próprios, modalidades e efeitos da inexecução desta espécie contratual.

O contrato preliminar também é denominado pré-contrato, promessa de contrato, compromisso (terminologia adotada pelo Dec.-lei n. 58/37 e pela Lei n. 6.766/79), contrato preparatório, dentre outros. O Código Civil elimina essa multiplicidade de denominações para designá-lo, simplesmente, de contrato preliminar.

A difusão do contrato preliminar ocorre no final do século XX, em razão da crescente proliferação no mercado das compras e vendas de imóveis. Até a promulgação do Dec.-lei n. 58/37, o compromisso de compra e venda de imóveis apenas garantia aos adquirentes direitos obrigacionais. Em caso de inadimplemento pela não entrega do bem pelo vendedor, restava ao adquirente requerer indenização por perdas e danos. Tal fato se explicava porque, antes do Dec.-lei n. 58/37, tais negócios eram regulados pelo art. 1.088 do CC/1916, o qual previa e admitia o direito de arrependimento. Assim, enquanto não assinada a escritura pública que materializa a compra e venda de imóveis, no caso de arrependimento, cabia à outra parte apenas reclamar indenização.

Tal situação jurídica perdurou até o ano de 1937, quando foi promulgado o Dec.-lei n. 58/37, alterado posteriormente pela Lei n. 649/49, que, no art. 15 ("Art. 15. Os compromissários têm o direito de, antecipando ou ultimando o pagamento integral do preço, e estando quites com os impostos e taxas, exigir a outorga da escritura de compra e venda") autorizava a tutela específica nas promessas de compra e venda de imóveis loteados em favor do adquirente, desde que inscritos (registrado) e sem cláusula de arrependimento.

O art. 16 do Dec.-lei n. 58/37 estabeleceu as consequências da recusa do vendedor em outorgar a escritura definitiva ao comprador: "Recusando-se os compromitentes a outorgar a escritura definitiva no caso do art. 15, o compromissário poderá propor, para o cumprimento da obrigação, ação de adjudicação compulsória, que tomará o rito sumaríssimo".

Finalmente, o art. 22 do Dec.-lei n. 58/37 do referido decreto ampliou a garantia (tutela específica) aos compromissários compradores relativos a imóveis *não loteados, que passaram a desfrutar de* direito real oponível a terceiros e adjudicação compulsória, em caso de inadimplemento do vendedor.

O STF, no ano de 1964, por meio da Súmula 413, consolidou o entendimento sobre a garantia da tutela específica em favor dos compromissários compradores, sendo tal decisão um divisor de águas em matéria de contrato preliminar. Segundo a Súmula, "o compromisso de compra e venda de imóveis, ainda que não loteados, dá direito à execução compulsória, quando reunidos os requisitos legais". Os requisitos legais a que a súmula fazia referência eram e são os previstos no Decreto-lei n. 58/37 (registro e ausência de cláusula de arrependimento).

Posteriormente, a Lei n. 6.766/79, a qual disciplina o parcelamento do solo urbano, no Capítulo VII, tratou dos contratos de compra e venda de imóveis loteados, onde acaba por derrogar as disposições do Dec.-lei n. 58/37. Tal derrogação ocorreu em relação à parte dos imóveis loteados. Em considerável evolução, além da manutenção da garantia dos adquirentes à outorga da escritura pública, a referida lei considerou como irretratáveis os compromissos de venda e compra (submetidos à sua disciplina – art. 25).

Até este momento, a promessa de compra e venda (contrato preliminar disciplinado pelo Dec.-lei n. 58/37 e a Lei n. 6.766/79) ensejava o direito à adjudicação compulsória, com eficácia real (transferência de propriedade), desde que registrado e sem cláusula de arrependimento.

Na década de 1980, a jurisprudência passou a dispensar o registro do compromisso de compra e venda como condição para adjudicação compulsória. Tal entendimento foi consolidado na Súmula 239 do STJ, que pacificou a questão: "O direito à adjudicação compulsória não se condiciona ao registro do compromisso de compra e venda no cartório de imóveis". No mesmo sentido a doutrina majoritária, conforma Enunciado n. 95 da Jornada de Direito Civil: "O direito à adjudicação compulsória (art. 1.418 do novo CC), quando exercido em face do promitente vendedor, não se condiciona ao registro da promessa de compra e venda no cartório de registro imobiliário".

A dispensa da formalidade do registro para a "adjudicação compulsória" é incorporada pela lei civil, nas regras que tratam do contrato preliminar (arts. 462 a 466). Na realidade, como será analisado adiante, se não houver registro, no caso de promessa de compra e venda de imóvel, não há que se cogitar em adjudicação compulsória (que implica transferência da propriedade), mas outorga de escritura pública, com efeitos meramente obrigacionais.

Tais breves considerações históricas são essenciais para a plena compreensão das regras do contrato preliminar no Código Civil de 2002.

3.6.1.1. Contrato preliminar e contrato definitivo

Tal contrato não pode ser confundido com o contrato definitivo, conforme adiante será analisado. O contrato preliminar é um contrato autônomo e independente do contrato definitivo, que tem por objeto a obrigação (de fazer) assumida por uma ou ambas as partes de concluírem outro contrato, este sim o definitivo. Por exemplo, a promessa de compra e venda é um contrato preliminar. Na promessa de compra e venda ambas as partes ou apenas uma delas assume o compromisso de celebrar o contrato definitivo, qual seja, o contrato de compra e venda.

São várias as razões capazes de levar o sujeito a pactuar um contrato preliminar para, posteriormente, concluir o contrato definitivo (a estrutura desta já foi delineada no preliminar), como dificuldades momentâneas para o cumprimento de requisitos formais, ausência de recursos para quitação de tributos, liberação de financiamentos bancários, necessidade de garantir o negócio rapidamente sem as amarras formais do contrato definitivo (o qual, normalmente, é mais solene e formal), restrições jurídicas de qualquer das partes para obtenção de documentos indispensáveis para o contrato definitivo, dificuldades físicas, enfim, qualquer motivo impeditivo do contrato definitivo ou até por mera conveniência.

Atualmente, são raros os doutrinadores que se opõem ao contrato preliminar, como um acordo de vontades capaz de produzir efeitos jurídicos próprios e autônomos, independentemente do contrato definitivo. A legitimidade desta modalidade de contrato não permite contestações, até por ter se tornado um dos principais instrumentos de interação econômica e social da vida civil. A promessa de compra e venda, como típico contrato preliminar, é hoje uma realidade, pois se disseminou intensamente no comércio jurídico brasileiro.

Em síntese, nas precisas palavras de Caio Mário[168], o contrato preliminar se origina de um acordo de vontades onde ambas as partes ou apenas uma delas se comprometem a celebrar, mais tarde, outro contrato, que será o definitivo.

É, portanto, um contrato perfeito e acabado, dotado de autonomia em relação ao contrato definitivo.

3.6.1.2. Contrato preliminar e natureza jurídica

Há na doutrina intensa discussão a respeito da relação do contrato preliminar com o contrato principal. Para boa parte da doutrina, como adiante será analisado de forma mais detalhada, o contrato preliminar tem por objeto *uma obrigação de fazer, qual seja, prestação de fato (fazer outro contrato, o definitivo)*. Este seria o objeto do contrato preliminar. Para tanto, seria indispensável novo acordo de vontades onde as partes deveriam consumar o contrato definitivo, para dar cumprimento ao contrato preliminar.

Nessa linha, Paulo Nader[169] sustenta que: "o contrato preliminar gera a obrigação, por parte de quem prometeu, de celebrar, *a posteriori,* o negócio em caráter definitivo. Por ele contrai-se apenas uma obrigação de fazer, ou seja, de realizar um contrato, que poderá conter obrigação de dar, fazer ou não fazer".

Em outra vertente, doutrinadores da categoria de Orlando Gomes[170], consideram que o contrato definitivo já está *contido no contrato preliminar.* Segundo suas palavras, "mostra-se, assim, a inutilidade do circuito exigido pelos partidários da teoria da obrigação de fazer, é que não há novo contrato sujeito a condição meramente potestativa. De acordo com essa concepção, o pré-contrato não obriga a nova oferta, a nova aceitação, nem a novo consentimento contratual". Gomes contesta as teorias relacionadas à natureza jurídica do contrato preliminar (adiante analisadas), argumentando que o contrato definitivo já integra o preliminar, estando relacionado à fase de execução deste, sendo desnecessário e inútil novo contrato se os elementos do definitivo já estão consignados no preliminar.

O contrato preliminar é negócio jurídico autônomo e independente do contrato definitivo, por meio do qual os contratantes exteriorizam vontade com o objetivo de concretizar prestação de fato, o contrato definitivo. Não é por outro motivo que deve ostentar os mesmos requisitos materiais do contrato definitivo, desde que essenciais. Não é necessária simetria absoluta entre os elementos materiais do contrato preliminar e do definitivo, como reconhece o art. 462 do CC. Basta a presença dos elementos essenciais, porque no caso de inadimplemento, poderá o juiz, a pedido da parte interessada, conferir caráter definitivo ao preliminar (art. 464 do CC). É consensual, oneroso ou gratuito, bilateral ou unilateral, comutativo ou aleatório. Portanto, trata-se de contrato autônomo, que se submete aos princípios contratuais e aos pressupostos de existência, validade e eficácia dos negócios jurídicos contratuais, respeitadas suas peculiaridades, com a dispensa de formalidade (plano de validade).

3.6.1.3. Definição de contrato preliminar

O contrato preliminar decorre de um acordo de vontades onde as partes ou apenas uma delas assumem a obrigação de concretizar os termos e cláusulas pactuadas, consolidando-se o definitivo. Por meio do contrato preliminar, que é autônomo e independente, as partes ou apenas uma delas, se compromete ou comprometem a realizar outro contrato, o definitivo.

---

[168] PEREIRA, Caio Mário da Silva. *Instituições de direito civil:* Contratos. 11. ed. Rio de Janeiro, 2004. v. III.

[169] NADER, Paulo. *Curso de direito civil – Contratos.* 9. ed. Rio de Janeiro: Forense, 2018. v. III.

[170] GOMES, Orlando. *Contratos.* 26. ed. Rio de Janeiro: Forense, 2008.

Nas palavras de Fábio de Oliveira Azevedo[171], o contrato preliminar "é um negócio jurídico bilateral de acordo com o qual as partes se comprometem a emitir, futuramente, novas declarações de vontade, objetivando a concretização de um outro negócio jurídico, que será nomeado como definitivo".

Nader[172] define o contrato preliminar como "a promessa não formal, efetuada por uma ou mais partes, de celebrar determinada modalidade contratual, no futuro e geralmente com definição de prazo ou condição, com expressa indicação das regras a serem observadas".

Embora estas definições sejam interessantes para a delimitação do tema, o contrato preliminar dispensa conceituações para a sua caracterização. A relevância do instituto está no seu *objeto, natureza jurídica, efeitos obrigacionais (adimplemento), consequências do inadimplemento e nos seus pressupostos e requisitos de validade.*

3.6.1.4. Objeto

O contrato preliminar pode ter por objeto qualquer outro contrato, independentemente da sua natureza jurídica. O contrato preliminar é classificado como consensual. Portanto, basta o acordo de vontades para a sua formação e, em consequência, produção de efeitos jurídicos obrigacionais. O que isso significa?

Conforme analisado, os contratos podem ser consensuais e reais. Para a formação do contrato real, além do acordo de vontades, é indispensável a entrega da coisa (tradição). A tradição constitui requisito para constituição ou formação dos contratos reais, como são os casos do mútuo, depósito, comodato e contrato estimatório. Já em relação aos contratos consensuais, a tradição não integra a fase de formação, mas a execução, momento posterior e superveniente à formação. Por isso, a entrega ou tradição não interfere na formação do contrato consensual.

O *contrato preliminar é meramente consensual, ainda que tenha por objeto contrato definitivo* consensual *ou* real. O contrato preliminar é informal ou não solene, ainda que o contrato definitivo seja formal. É, portanto, possível contrato preliminar, que é consensual, cujo objeto seja a celebração de contrato definitivo *real*, como o mútuo (promessa de mútuo), depósito (promessa de depósito), comodato (promessa de comodato) ou estimatório (promessa de contrato estimatório). Em segundo lugar, é possível contrato preliminar, que é sempre informal, cujo objeto seja contrato definitivo *consensual ou real e formal* ou *solene.*

Em relação a esse segundo aspecto, temos o clássico exemplo: o contrato de compra e venda é, em regra, consensual (arts. 481 e 482 do CC). No entanto, a compra e venda de imóveis de valor superior a 30 (trinta) SM depende de formalidade, escritura pública, requisito obrigatório de validade deste negócio jurídico (art. 108 do Código Civil). Neste caso, nada impede contrato preliminar ou promessa de compra e venda cujo objeto seja imóvel superior a 30 (trinta) SM, por instrumento particular. *O contrato preliminar é apenas consensual* – não importa se o contrato definitivo é real (*formal ou informal*) ou consensual e formal.

Como bem ressalta Caio Mário[173], o contrato preliminar pode ter por objeto a realização de qualquer contrato definitivo, de qualquer espécie. Segundo ele, "não se excluem os contratos reais (promessa de mutuar, por exemplo) (...) não se excluem, mesmo, de sua incidência, os contratos liberatórios".

O objeto ou conteúdo do contrato preliminar é a elaboração de outro contrato, o definitivo, que, por sua vez, poderá ser de qualquer natureza e espécie.

3.6.1.5. Contrato preliminar e negociações preliminares

O contrato preliminar é dotado de autonomia jurídica em relação ao contrato definitivo, com pressupostos e características próprias. Em razão desta autonomia, ele não se confunde com as negociações preliminares.

No contrato preliminar, as partes se comprometem a celebrar, mais tarde, outro contrato. Há um acordo de vontades com finalidade específica e efeitos próprios e inerentes a esse pré-contrato. As partes se vinculam no contrato preliminar. As negociações preliminares, por outro lado, não geram obrigações contratuais para as partes. A formação do contrato preliminar envolve as mesmas fases do contrato definitivo: Negociações Preliminares, Proposta e Aceitação. As negociações preliminares integram a formação do contrato preliminar e só.

O contrato preliminar não é uma fase ou etapa do contrato definitivo. O seu objeto está relacionado ao contrato definitivo (compromisso assumido pelas partes de pactuar o contrato definitivo – obrigação de fazer outro contrato), mas tal fato não elimina a autonomia jurídica do contrato preliminar. Tal contrato é qualificado de "preliminar" porque já contém a estrutura orgânica e os elementos essenciais do contrato definitivo, exceto eventual formalidade, mas seus pressupostos de constituição e os efeitos jurídicos próprios o distinguem do pacto definitivo.

Em resumo, as negociações preliminares integram a formação do contrato preliminar e do contrato definitivo, sendo a primeira fase ou etapa destes pactos. Portanto, no contrato preliminar também há conversas prévias, contato inicial e aproximação antes da consumação ou do acordo de vontades. As negociações preliminares também são essenciais para a formação do contrato preliminar (razões pelas quais não se confundem).

3.6.1.6. Pressupostos e requisitos

O contrato preliminar, para sua constituição e eficácia, deve ostentar elementos e requisitos comuns a todos os negócios jurídicos, além de outros próprios, compatíveis com a sua estrutura e finalidade.

Em relação aos requisitos comuns, o contrato preliminar também é negócio jurídico e, por esta razão, sua

---

[171] AZEVEDO, Fábio de Oliveira. *Direito civil*: introdução e teoria geral. Rio de Janeiro: Lumen Juris, 2009.

[172] NADER, Paulo. *Curso de direito civil – Contratos.* 9. ed. Rio de Janeiro: Forense, 2018. v. III.

[173] PEREIRA, Caio Mário da Silva. *Instituições de direito civil*: Contratos. 11. ed. Rio de Janeiro, 2004. v. III.

Capítulo 3 • Contratos

formação depende do preenchimento dos pressupostos de existência e dos requisitos de validade dos negócios jurídicos em geral. Portanto, além de vontade, objeto e forma (exteriorização da vontade), como requisitos substanciais de existência, o contrato preliminar deve estar fundado em vontade livre e sem vícios, declarada por sujeito capaz e legitimado, o objeto deve ser lícito, possível, determinado ou, ao menos, determinável e, finalmente, se sujeitar aos princípios sociais orientadores de toda a teoria contratual, sendo estes os requisitos ou adjetivos que conferem validade ao contrato preliminar.

Em relação à forma ou formalidade, dispensada no contrato preliminar, será analisado adiante. Portanto, são os mesmos pressupostos e requisitos de existência e validade de qualquer negócio jurídico (tais questões foram tratadas no capítulo deste livro que trata da parte geral, para onde remetemos o leitor).

No que tange aos elementos específicos, o contrato preliminar não pode ignorar os elementos essenciais à formação do negócio almejado ou contrato definitivo, exceto a forma, nos termos do art. 462 do CC. O contrato preliminar, além dos requisitos genéricos necessários para sua existência e validade, para produzir efeitos jurídicos próprios, deverá conter todos os elementos substanciais (essenciais) do contrato definitivo, exceto a forma.

Tal exigência está no art. 462 do CC: "O contrato preliminar, exceto quanto a forma, deve conter todos os requisitos essenciais ao contrato a ser celebrado". Como enuncia a norma, é dispensável a absoluta simetria entre os elementos materiais do contrato preliminar e do contrato definitivo. É suficiente a presença dos elementos materiais essenciais ou fundamentais. Por isso, nada impede que o contrato preliminar ou o contrato definitivo ostentem outros elementos que não integram um ou outro, desde que secundários e laterais.

O contrato preliminar é dotado de autonomia estrutural em relação ao contrato definitivo. Entretanto, em razão do objeto (fazer o contrato definitivo), deve conter todos os elementos essenciais que seriam exigidos no contrato definitivo, pois, em caso de inadimplemento, eventual sentença substitutiva da vontade das partes (art. 464 do CC), por ser ato meramente processual, não poderia suprir, no contrato preliminar, deficiências de direito material.

Por isso, não há dúvida de que o contrato preliminar deve ser retrato do conteúdo substancial do contrato definitivo. Desta forma, deve especificar as características do bem, preço, cláusulas especiais pertinentes, condições de pagamento, prazos etc. O art. 462 do CC não poderia ser mais claro quando diz que o contrato preliminar deve conter *todos* os requisitos *essenciais* ao contrato a ser celebrado. As expressões *todos* e *essenciais* demonstram a conexão entre o conteúdo do contrato preliminar e do contrato definitivo.

O único requisito ou elemento do contrato definitivo que se poderia dispensar no contrato preliminar é a forma, conforme previsão expressa do art. 462 do CC. O contrato preliminar é, por natureza, informal ou não solene. O mérito do legislador é não exigir a formalidade excessiva, como é o caso do art. 1.351 do CC italiano[174].

No entanto, a dispensa de formalidade não significa a dispensa de toda e qualquer formalidade. O art. 462 do CC deve ser interpretado de modo sistemático, a fim de ser harmonizado com as demais regras de direito civil, em especial na esfera probatória (plano da existência). Algumas solenidades do contrato definitivo podem e devem ser dispensadas no contrato preliminar, como o instrumento público, por exemplo. Todavia, alguma formalidade, como o fato de ser escrito, talvez seja relevante para fins de prova e, por esta razão, não poderia, simplesmente ser dispensada.

Na realidade, a intenção do legislador ao dispensar a forma no art. 462 é afastar a necessidade de instrumento público quando o contrato definitivo o exigir, não havendo intenção de afastamento da forma mínima (que para alguns contratos, como o depósito voluntário, é ser escrito, pressuposto de existência). Em resumo: o contrato preliminar irá se submeter aos pressupostos de existência, validade e aos fatores de eficácia exigíveis para a análise de todo e qualquer negócio jurídico, que tem no contrato sua fonte fundamental. Além disso, exige-se que tenha todos os requisitos do contrato definitivo, pois o descumprimento gera uma decisão que produz os mesmos efeitos do contrato definitivo. O ato processual não seria suficiente para sanar um defeito de direito material, como o consentimento do cônjuge.

Os requisitos exigidos no art. 462 são os elementos que compõem a estrutura orgânica do contrato preliminar.

No que tange à exigibilidade, o art. 463 do CC apresenta requisito negativo: a ausência de cláusula de arrependimento no contrato preliminar.

Segundo o art. 463 do CC, concluído o contrato preliminar, com observância do disposto no artigo antecedente (462), e desde que dele não conste cláusula de arrependimento, qualquer das partes terá o direito de exigir a celebração do definitivo, assinando prazo à outra para que o efetive.

Portanto, a conclusão do contrato preliminar se dará com o preenchimento dos requisitos genéricos e dos pressupostos específicos previstos no art. 462 do CC. Isso é o suficiente para sua legitimidade, substância, conteúdo e estruturação orgânica.

Todavia, se, além destes requisitos de constituição, não houver cláusula de arrependimento, será possível a exigência do cumprimento do contrato preliminar, por qualquer das partes, se bilateral, ou pelo credor, se unilateral. A plena exigibilidade dependerá da ausência de cláusula de arrependimento ou da impossibilidade de retratação. O direito de exigir a celebração do definitivo depende da ausência de cláusula de arrependimento.

A questão é até quando poderá a parte se arrepender? No contrato preliminar poderá haver prazo e, neste caso,

---

[174] Art. 1.351 do CC italiano: "Il contratto preliminare è nullo (1.421 e seguenti), se non è fatto nella stessa forma che la legge prescrive per il contratto definitivo (2.932)".

deverá ser respeitado. Se não houver prazo, o direito de arrependimento deverá ser efetivado em tempo razoável, que não implique abuso de direito. O princípio da boa-fé objetiva não permite o exercício abusivo do direito de arrependimento, razão pela qual o abuso poderá eliminar tal prerrogativa, neutralizando o efeito da cláusula, garantindo à outra parte o direito de exigir o contrato definitivo. O direito de arrependimento não poderá ser exercido se já consumada a execução do contrato ou, se ainda não consumada, já estiver na iminência de se consumar. O caso concreto demonstrará se houve ou não abuso no exercício deste direito subjetivo de arrependimento.

Por outro lado, há situações em que a aposição de cláusula de arrependimento no contrato preliminar é expressamente vedada, como é o caso do art. 25 da Lei n. 6.766/79, quando o contrato preliminar versar sobre aquisição de imóvel em loteamento urbano. Tal norma de ordem pública não pode ser derrogada pelas partes. Trata-se de restrição à autonomia privada no âmbito desta legislação.

Aliás, para alguns doutrinadores, a possibilidade ou não de retratação ou arrependimento tem relação com as terminologias *promessa* e *compromisso*. A *promessa* seria a expressão adequada para os contratos previstos no Código Civil, onde o art. 463 permite a retratação ou arrependimento. A expressão *compromisso* é diferente da promessa por não permitir a retratação (art. 25 da Lei de Loteamentos). A retratação também seria vedada em relação aos imóveis rurais, os quais continuam a ser regidos pelo Dec.-lei n. 58/37 (Súmula 166 do STF: "É inadmissível o arrependimento no compromisso de compra e venda sujeito ao regime do Dec.-lei n. 58, de 10-12-1937").

3.6.1.7. A questão do contrato preliminar e registro

As maiores controvérsias sobre o contrato preliminar estão relacionadas ao disposto no parágrafo único do art. 463 do CC, cujo dispositivo, de forma impertinente e fora de contexto, determina que o contrato preliminar seja levado ao registro competente.

Art. 463, parágrafo único, do CC: "O contrato preliminar deverá ser levado ao registro competente".

Qual o significado desta disposição? Neste ponto, o legislador retrocedeu de forma a prejudicar toda a construção jurisprudencial sobre a questão da necessidade ou não do registro em matéria de contrato preliminar.

A sentença substitutiva da vontade não pode, sob qualquer pretexto, ficar condicionada ao registro do contrato preliminar, quando o próprio legislador, no art. 462, dispensa formalidades mais intensas para a plena eficácia do contrato preliminar. O fato é que tal dispositivo ressuscitou discussões que já estavam pacificadas.

Essa questão do registro exige uma breve análise histórica sobre o posicionamento de nossos Tribunais Superiores.

Entre a edição do Decreto-lei n. 58/37 e a Constituição de 1988 (período em que não existia o Superior Tribunal de Justiça), o STF fazia distinção entre direito real e obrigacional, a depender do registro ou não do compromisso de compra e venda do Dec.-lei n. 58/37.

Se o compromisso de compra e venda de imóvel estivesse registrado, o comprador teria direito real, por meio da adjudicação compulsória. Ausente o registro, o único caminho para o inocente em caso de inadimplemento era recorrer às perdas e danos. A ação de adjudicação compulsória estava relacionada ao direito real, pressupondo o registro, cuja formalidade era exigida no Dec.-lei n. 58/37.

A Súmula 167 do STF era nesse sentido: "Não se aplica o regime do Dec.-lei n. 58/37 ao compromisso de compra e venda não inscrito no registro imobiliário, salvo se o promitente vendedor se obrigou a efetuar o registro".

Posteriormente, a Súmula 168 do mesmo Tribunal passou a permitir o registro no curso da demanda e a Súmula 413 ampliou a previsão da adjudicação compulsória para os imóveis não loteados, desde que preenchidos os requisitos legais, dentre eles o registro.

Após a Constituição Federal de 1988, com a extinção do Tribunal Federal de Recursos (TFR) e a criação do Superior Tribunal de Justiça (STJ), este passou a deter o monopólio da competência para regular estas questões.

O Superior Tribunal de Justiça manteve o entendimento do STF quanto ao efeito real. Assim, também de acordo com o STJ a adjudicação compulsória, com a transferência e efeito de direito real, é condicionada ao registro.

A Súmula 239 do STJ não altera esse entendimento, pois embora faça menção à "adjudicação compulsória", se não houver o registro, os efeitos serão meramente obrigacionais.

A diferença entre o entendimento do STF e do STJ em relação ao registro não estava no âmbito da adjudicação compulsória, com efeitos reais. Ambos os Tribunais Superiores fazem a diferença entre a adjudicação compulsória, de natureza real, e a ação de outorga de escritura, com efeitos meramente obrigacionais. Se o contrato preliminar estiver registrado, o comprador terá direito à adjudicação compulsória, com efeitos reais. Tal tese é vencedora no STF e no STJ.

A divergência se instaurou em relação às consequências do contrato preliminar desprovido de registro. Para o STF, neste caso, caberia apenas indenização por perdas e danos. Para o STJ, a promessa de compra e venda desprovida de registro, embora gere efeitos meramente obrigacionais, pode ser objeto de execução específica (outorga de escritura pública, por exemplo). A vontade pode ser substituída no caso de inadimplemento para a confecção do contrato definitivo. Em síntese, o STJ admite a execução específica, por meio da ação de outorga de escritura, em relação à promessa de compra e venda desprovida de registro.

Após a consolidação deste entendimento no âmbito do STJ, conforme retratado na Súmula 239, o Código Civil retrocedeu ao fazer menção ao registro.

Para adequar o Código Civil a esse entendimento jurisprudencial já consolidado e coerente com o sistema atual e, principalmente, com os efeitos obrigacionais do contrato preliminar, mesmo ausente o registro, passou-se a interpretar o parágrafo único do art. 463 do CC não como requisito para a exigibilidade do contrato preliminar, mas como mero fato de eficácia perante terceiros.

Nesse sentido, o Enunciado 30 da I Jornada de Direito Civil do CJF, segundo o qual: "A disposição do parágrafo único do art. 463 do CC deve ser interpretada como fator de eficácia perante terceiros".

Com esse entendimento, foi preservada toda a construção jurisprudencial sobre a promessa de compra e venda (principal contrato preliminar), com admissão da execução específica e outorga de escritura pública, mesmo ausente o registro competente. A única finalidade deste registro seria dar publicidade ao contrato, para ter eficácia em relação a terceiros.

3.6.1.8. O registro e a questão do disposto no art. 1.418 do CC

O registro não é requisito ou pressuposto de validade e eficácia do contrato preliminar (em relação aos contratantes), como ressaltado. Ele apenas torna o contrato preliminar eficaz em relação a terceiros, conferindo caráter real a este tipo de contrato.

Além disso, em razão do registro, no âmbito da promessa de compra e venda, se houver inadimplemento, a parte prejudicada poderá ingressar com ação de adjudicação compulsória, para fins de tutela específica (art. 464 do CC), cujo tema foi tratado no item relativo ao adimplemento e inadimplemento do contrato preliminar.

Estes são os possíveis efeitos do registro em relação ao contrato preliminar: Eficácia em relação a terceiros e possibilidade de adjudicação compulsória, com eficácia real (no caso de promessa de compra e venda).

Em relação a este último efeito (adjudicação compulsória), há uma espécie de contrato preliminar onde o registro, somado a outros requisitos, acarretará o surgimento de um direito real. Qual seria esse contrato preliminar? A promessa de compra e venda de bem *imóvel*, o mais difundido e usual dos contratos preliminares. Seria o contrato preliminar por excelência.

O art. 1.225, VII, do CC, arrola como espécie de direito real o "direito do promitente comprador do imóvel". Tal direito real é disciplinado pelos arts. 1.417 e 1.418 do CC. Assim, se o objeto da promessa de compra e venda for um bem imóvel, será possível a constituição de um direito real, desde que obedecidos os requisitos do art. 1.417 do CC.

O contrato preliminar ou a promessa, cujo objeto seja a compra e venda de imóvel, onde *não* se pactuou *cláusula de arrependimento* e, devidamente *registrado* junto ao CRI, além dos efeitos obrigacionais, estará constituído o "direito real do promitente comprador", expressamente previsto no art. 1.225, VII, do CC.

Portanto, o registro do contrato preliminar de compra e venda de imóvel, desde que ausente cláusula de arrependimento, levará à constituição de um direito real. Por força deste direito real, o promitente comprador poderá exigir de terceiros e do vendedor a outorga de escritura e, em caso de recusa, a adjudicação compulsória, tudo nos termos do art. 1.418 do CC. Se o contrato preliminar de compra e venda de imóvel não for registrado, gerará efeitos meramente obrigacionais e, neste caso, aplicar-se-ão as regras gerais previstas nos arts. 462 a 466 do CC.

Em resumo, em relação ao contrato preliminar, cujo objeto seja a compra e venda de imóvel, a ausência de registro não impedirá a constituição e a plena eficácia da promessa, mas gerará efeitos meramente obrigacionais. Neste caso, aplicam-se os arts. 462 a 466 do CC. Se o contrato preliminar de compra e venda de imóvel for registrado, além de efeitos obrigacionais, o registro terá o condão de constituir o chamado *direito real do promitente comprador e possibilitará* a adjudicação compulsória em relação a terceiros, inclusive nos termos do art. 1.418 da Lei Civil (sequela).

Por outro lado, em qualquer outro contrato preliminar, inclusive aquele que tenha por objeto a compra e venda de bens *móveis* (os arts. 1.417 e 1.418 do CC aplicam-se apenas quando o bem for *imóvel*), o registro apenas tornará estes contratos eficazes em relação a terceiros, mas apenas gerarão obrigações, não sendo tal ato público suficiente para a constituição de direito real. A constituição do direito real pelo registro somente tem relevância quando o contrato preliminar tiver por objeto a compra e venda de imóvel.

O art. 1.418 do CC permite a adjudicação compulsória em caso de registro do contrato preliminar de compra e venda de imóvel, ou seja, se houver a constituição do direito real, mediante o preenchimento dos requisitos previstos no art. 1.417 do CC. Todavia, o art. 1.418 do CC ostenta um erro substancial relevante, quando condiciona a constituição do direito real para que o promitente possa exigir o cumprimento do contrato do promitente vendedor. Em relação ao vendedor, para fins de tutela específica, não há necessidade da constituição do direito real. Basta que o contrato preliminar gere efeitos obrigacionais, pois, neste caso, pode e deve ser aplicado o disposto no art. 464 do CC.

Nesse sentido, o Enunciado 95 da I Jornada de Direito Civil: "O direito à adjudicação compulsória (art. 1.418 do CC), quando exercido em face do promitente vendedor, não se condiciona ao registro da promessa de compra e venda no cartório de registro imobiliário (Súmula 239 do STJ)". Apenas quando o pedido de adjudicação compulsória é manifestado em face de terceiros, se faz indispensável o direito real, em razão da sequela que o caracteriza. Por isso, perante terceiros, para fins do art. 1.418 do CC, impõe-se o registro (Enunciado 253 da III Jornada: "O promitente comprador, titular de direito real (art. 1.417 do CC) tem a faculdade de reivindicar de terceiro o imóvel prometido à venda").

A Súmula 239 do STJ também dispensa o registro para adjudicação compulsória de imóvel. A ausência do direito real constituído pelo registro não impedirá o promitente comprador de exigir o cumprimento do contrato preliminar em face do vendedor, com fundamento no art. 464 do CC, regra geral. Se não houver a constituição do direito real, afasta-se a regra específica prevista no art. 1.418 do CC.

Em síntese, o registro do contrato preliminar, previsto no parágrafo único do art. 463, não é indispensável para a constituição deste contrato e para a sua plena eficácia. A ausência do registro também não impedirá a exigibilidade do contrato definitivo, nos termos do art. 464 do Código Civil. Tal registro, conforme os termos do Enunciado 30 da I Jornada de Direito Civil do CJF, apenas tornará o pacto eficaz em relação a terceiros.

Em relação à promessa de compra e venda de imóvel, registre-se a relevante Súmula 543 do STJ: "Na hipótese de resolução de contrato de promessa de compra e venda de imóvel submetido ao Código de Defesa do Consumidor, deve ocorrer a imediata restituição das parcelas pagas pelo promitente comprador – integralmente, em caso de culpa exclusiva do promitente vendedor/construtor, ou parcialmente, caso tenha sido o comprador quem deu causa ao desfazimento".

3.6.1.9. Modalidades: contrato preliminar bilateral e contrato preliminar unilateral

O Código Civil brasileiro prevê duas modalidades de contrato preliminar, em relação aos efeitos. Quanto à formação, todo contrato preliminar é bilateral. Quanto aos efeitos, pode ser bilateral ou unilateral.

O contrato preliminar de efeitos bilaterais é previsto no art. 463 do CC, quando este afirma que *qualquer das partes terá o direito de exigir a celebração do contrato definitivo*. A expressão qualquer das partes *indica que as obrigações assumidas são recíprocas e interdependentes, ou seja, que as partes são credoras e devedoras uma da outra. A reciprocidade de direitos e obrigações desde a formação ou origem do contrato o torna de efeitos bilaterais ou sinalagmáticos*.

Nos *contratos bilaterais*, os contratantes são credores e devedores recíprocos. As obrigações e os direitos são interdependentes e vinculados. Nos contratos bilaterais, a obrigação de um contratante é a causa da obrigação do outro. Há uma dependência entre as obrigações, as quais se subordinam reciprocamente.

Por outro lado, o contrato preliminar de efeitos unilaterais está previsto no art. 466 do CC: "Se a promessa de contrato for unilateral, o credor, sob pena de ficar a mesma sem efeito, deverá manifestar-se no prazo nela previsto, ou, inexistindo este, no que lhe for razoavelmente assinado pelo devedor".

No contrato unilateral, não há reciprocidade ou correlação de obrigações. Em relação aos efeitos, haverá um credor e um devedor. O contratante credor apenas é titular de direitos e o contratante devedor de deveres jurídicos específicos (obrigacionais). Uma parte é detentora de direitos e a outra apenas de obrigação.

Nesta hipótese, apenas uma das partes assume a obrigação de celebrar o contrato definitivo, ficando a outra livre para decidir se aceita ou não o contrato. A obrigação é apenas de uma das partes. No caso, basta transportar todas as disposições do contrato unilateral para o contrato preliminar unilateral.

Se a outra parte se recusar a celebrar o contrato pretendido, será cabível ação de emissão de declaração de vontade, na forma do art. 464 do CC, podendo o juiz suprir a vontade do inadimplente, conferindo caráter definitivo ao contrato preliminar. Aplica-se, portanto, ao contrato preliminar unilateral, todas as normas relativas ao contrato preliminar bilateral. Alguns doutrinadores defendem apenas a possibilidade de indenização por perdas e danos em caso de não cumprimento deste contrato, negando a ele o *status* de contrato preliminar. Entretanto, esse entendimento é minoritário.

3.6.1.10. Efeitos jurídicos: adimplemento e inadimplemento

O contrato preliminar, devidamente concluído, com a observância de todos os requisitos legais (pressupostos de existência, validade e condições para ter eficácia e estabelecimento do conteúdo do contrato definitivo), produz efeitos jurídicos obrigacionais.

O adimplemento do contrato preliminar ocorrerá quando as partes contratantes cumprirem as obrigações principais e secundárias do contrato: deveres de prestação e de conduta. A obrigação principal ou dever de prestação será cumprido quando for materializado o contrato definitivo (o objeto do contrato preliminar é justamente a obrigação de fazer outro contrato, o definitivo). A obrigação secundária ou dever de conduta está relacionado ao princípio da boa-fé objetiva, que impõe às partes comportamento ético. A conduta honesta e a probidade passam a integrar a teoria geral do adimplemento. Em caso de violação deste dever secundário, decorrente da boa-fé objetiva, pode caracterizar inadimplemento, ainda que a obrigação principal tenha sido cumprida.

Aliás, nesse sentido o Enunciado 24 da I Jornada de Direito Civil, promovida pelo CJF: "Em virtude do princípio da boa-fé objetiva, positivado no art. 422 do CC, a violação dos deveres anexos constitui espécie de inadimplemento, independente de culpa". A violação de deveres contratuais anexos, secundários ou colaterais, é causa de inadimplemento no mesmo nível da violação dos deveres principais de prestação.

No âmbito do contrato preliminar, as questões mais relevantes estão relacionadas às consequências jurídicas previstas em lei para o caso de inadimplemento do contrato preliminar. O assunto é disciplinado nos arts. 463, 464 e 465 do CC.

A Lei Civil, em considerável avanço, rompeu o antigo dogma de que não é possível exigir a prestação de fato, ao admitir no art. 464 do CC a tutela específica ou a possibilidade de substituir a vontade da parte inadimplente por meio de uma sentença judicial. Historicamente, o inadimplemento de prestações de fatos (obrigação de fazer e não fazer) acarretava apenas o dever de pagar perdas e danos. Tal previsão continua firme no art. 1.142 do Código Civil francês.

O Código Civil brasileiro, em matéria de contrato preliminar, rompe, em definitivo, com a ideia da necessária vinculação do inadimplemento de obrigação de fazer ou de não fazer às perdas e danos. Tal vinculação ainda é possível, mas agora em caráter subsidiário. Apenas se não houver interesse do credor ou em caso de impossibilidade da tutela específica, a resolução da avença deve desaguar no rio poluído das perdas e danos.

Quais são os dispositivos do Código Civil e do Código de Processo Civil que tratam desta questão?

• **Código Civil**

O art. 463 do CC prevê a possibilidade de qualquer das partes (no contrato preliminar bilateral) manifestar o direito de exigir da outra a celebração do contrato definitivo, assinando prazo para o cumprimento das obrigações principal e secundária. Se a outra parte atender ao pedido de cumprimento, haverá adimplemento e o contrato preliminar terá sido cumprido.

No entanto, em caso de recusa ou inadimplemento de qualquer das partes na promessa bilateral ou do devedor no caso da promessa unilateral (art. 466 do CC), a parte prejudicada poderá optar entre a tutela específica, prevista no art. 464, ou perdas e danos, conforme o art. 465 do CC.

• **Tutela específica**

Em relação à tutela específica, dispõe o *art. 464 do CC*: "Esgotado o prazo, poderá o juiz, a pedido do interessado, suprir a vontade da parte inadimplente, conferindo caráter definitivo ao contrato preliminar, salvo se a isto se opuser a natureza da obrigação".

Assim, esgotado o prazo concedido pela outra parte, nos termos do art. 463 do CC, o prejudicado pelo inadimplemento poderá, pela via judicial, buscar o suprimento da vontade da parte inadimplente, caso em que o juiz deverá conferir caráter definitivo ao contrato preliminar, em sentença substitutiva da vontade. Tal dispositivo, para sua plena eficácia, deve ser conjugado com as disposições do Código de Processo Civil que tratam da possibilidade de o ato processual produzir o mesmo efeito da vontade.

• **Código de Processo Civil – Art. 501** – "Na ação que tenha por objeto a emissão de declaração de vontade, a sentença que julgar procedente o pedido, uma vez transitada em julgado, produzirá todos os efeitos da declaração não emitida".

Este artigo possui íntima conexão com o disposto no art. 464 do Código Civil, que trata da execução específica do contrato preliminar.

É justamente isso. Em caso de inadimplemento do contrato preliminar, conjugam-se os arts. 464 do CC e 501 do CPC, para fins de tutela específica. A parte que se comprometeu a concluir o contrato preliminar, não cumprindo a obrigação, poderá ser demandada pelo prejudicado, que, tendo interesse e sendo possível, poderá obter uma sentença substitutiva da vontade do inadimplemento, a qual terá o mesmo efeito do contrato a ser firmado. Como a sentença terá o mesmo efeito da vontade, o contrato preliminar, necessariamente, deverá ostentar todos os elementos materiais e o conteúdo do contrato definitivo, pois a sentença, como ato processual, não poderia suprir defeitos materiais no contrato preliminar.

Portanto, e isso deve ficar bem claro, não é o caso de *condenação* à emissão de declaração de vontade, mas de sentença substitutiva, a qual, na dicção do art. 464 do CC, conferirá caráter definitivo ao contrato preliminar. A sentença substituirá a vontade do inadimplente, sendo dispensáveis atos posteriores de execução (executiva *lato sensu*). A sentença, de natureza constitutiva, por si só será suficiente para a *confecção* do contrato definitivo.

Em relação ao prazo assinado pela parte prejudicada pelo inadimplemento, previsto no art. 463 do CC, este não tem natureza processual. O contrato preliminar, na maioria das vezes, já prevê um prazo para a conclusão do contrato definitivo.

Em caso de omissão sobre o prazo de conclusão do contrato definitivo, segundo o art. 463 do CC, "será assinado prazo à outra parte para que o efetive". Para tanto, aplica-se o disposto no art. 397 do CC, o qual trata da interpelação prévia para constituição em mora na obrigação sem termo expresso ou certo de vencimento.

Ressalta-se que a existência de cláusula de arrependimento afasta a possibilidade de execução específica em relação ao contrato definitivo, pois um dos requisitos para as consequências previstas nos arts. 464 e 465 do CC é a ausência de cláusula de arrependimento.

• **Adjudicação compulsória e outorga de escritura – Para fins de tutela específica, nas promessas de compra e venda, qual a ação pertinente?**

Há uma discussão intensa na doutrina e jurisprudência relativa à identidade ou não destas ações (adjudicação compulsória e outorga de escritura), para fins de execução específica do contrato preliminar. O STJ vem entendendo que as ações possuem natureza diversa (REsp 195.236/SP). Para este Tribunal Superior, a adjudicação compulsória é cabível se o contrato preliminar estiver registrado e a sentença, neste caso, levaria à transferência do direito real de propriedade. Ausente o registro do contrato preliminar, a demanda seria de outorga de escritura pública, mas os efeitos seriam meramente obrigacionais.

Se assim considerarmos, haveria uma distinção em termos processuais. O pedido imediato (provimento jurisdicional que se pretende obter) seria idêntico, mas haveria clara distinção no pedido mediato das duas demandas (bem jurídico a ser tutelado): constituição de relação jurídica meramente obrigacional na outorga de escritura e constituição de direito real na adjudicação compulsória.

• **Perdas e danos**

Por outro lado, em três situações a tutela específica poderá ser substituída pelas perdas e danos.

Em primeiro lugar, se a natureza da obrigação não permitir a tutela específica. Tal situação é ressalvada no art. 464 do CC. Por exemplo, nos casos de inadimplemento de obrigações personalíssimas ou prestações de fazer infungíveis, haverá a resolução do contrato preliminar com o pagamento de perdas e danos. A prestação infungível é aquela em que o objeto só é exequível pelo próprio devedor, em razão de suas qualidades essenciais. Na obrigação de fazer infungível, embora o resultado seja relevante, o fato preponderante do contrato é a qualidade pessoal do devedor. Por isso, neste caso, em caso de inadimplemento, o devedor incorrerá na obrigação de pagar perdas e danos, ficando vedada a tutela específica.

Segundo o *art. 247 do CC*, o qual trata da prestação infungível, "incorre na obrigação de indenizar perdas e danos o devedor que recusar a prestação a ele só imposta, ou só por ele exequível". Isso não significa que o devedor não possa ser constrangido, por meio de multa diária, por exemplo, a cumprir prestação infungível, como a realização de um serviço ou trabalho qualquer. No entanto, se a multa não for suficiente para convencê-lo a cumprir a prestação, não será possível substituir o seu trabalho por outro a ser executado por terceiro. Restará apenas a vala comum das perdas e danos.

A segunda exceção está relacionada à impossibilidade, superveniente à formação do contrato, do cumprimento da obrigação. Neste caso, haverá substituição da tutela específica por perdas e danos em caso de impossibilidade superveniente em relação ao cumprimento da prestação. A impossibilidade física e superveniente à formação do contrato, absoluta (irrealizável por qualquer pessoa) ou relativa (irrealizável apenas pelo devedor), se for imputável ao devedor, levará à indenização por perdas e danos. A pessoa que se compromete a prestar um serviço por meio de contrato preliminar e, por sua exclusiva culpa, torna impossível a consumação do contrato definitivo pela impossibilidade de realização do serviço, se submete ao pagamento de perdas e danos.

A terceira e última exceção vem prevista no art. 465 do CC e diz respeito à ausência de interesse da parte prejudicada pelo inadimplemento: "Se o estipulante não der execução ao contrato preliminar, poderá a outra parte considerá-lo desfeito, e pedir perdas e danos".

Nesta situação, o credor não tem interesse na execução específica da obrigação pactuada e, por esta razão, o Código lhe dá a prerrogativa de desfazer o contrato, exigindo perdas e danos em decorrência do inadimplemento da outra parte.

Tal dispositivo deve ser analisado com a devida cautela, pois tal faculdade de opção não poderá ser arbitrária, em violação aos princípios da função social e boa-fé objetiva.

Se for possível a execução específica e, sendo tal contrato de interesse não só das partes, mas também de terceiros que dele dependam, fica obstada a prerrogativa para, em atendimento à função social do contrato, ser exigida a tutela específica, até porque a sentença substitutiva da vontade da parte é um mecanismo rápido e eficaz para a conclusão do contrato definitivo.

Por exemplo, "A" e "B" celebram contrato preliminar de compra e venda. "A" é o comprador e no local irá construir uma escola. Se "B" se recusar a assinar o contrato definitivo de compra e venda, lavrando a respectiva escritura pública, em regra, "A" poderá optar pela resolução do contrato preliminar e perdas e danos (art. 465 do CC).

No entanto, se terceiros já adquiriram terrenos nas proximidades em função daquele empreendimento, confiando no projeto de "A", este não poderá optar pela resolução do contrato com perdas e danos, pois o contrato definitivo repercutirá na esfera jurídica de terceiros e, em razão disso, a função social deste pacto imporá a tutela específica.

Além disso, o princípio da boa-fé objetiva impõe limites éticos ao exercício de direitos subjetivos. Em caso de abuso no exercício destes direitos, haverá violação do princípio da boa-fé objetiva, nos termos do art. 187 do CC. Desta forma, embora a parte prejudicada tenha o direito subjetivo de optar pelas perdas e danos, no caso concreto, tal opção poderá caracterizar abuso de direito.

Por isso, o direito de resolução do contrato preliminar com perdas e danos deve ser analisado à luz dos princípios da função social e boa-fé objetiva, limitadores da autonomia privada e, em especial, do referido direito de opção. Apenas no caso concreto será possível apurar eventual violação destes princípios, caso tal opção seja manifestada.

3.7. RELATIVIDADE DOS CONTRATOS – ESTIPULAÇÃO E PROMESSA EM FAVOR DE TERCEIRO

3.7.1. Considerações preliminares

A estipulação em favor de terceiro e a promessa de fato de terceiro são institutos relacionados ao princípio da relatividade dos efeitos contratuais (*res inter alios acta aliis neque nocere neque prodesse potest* – O que foi negociado entre as partes não pode prejudicar nem beneficiar terceiros).

Tradicionalmente, o princípio da relatividade dos efeitos dos contratos decorre do entendimento de que o contrato só produz efeitos em relação às partes contratantes, razão pela qual não pode prejudicar e tampouco beneficiar terceiros não integrantes da relação jurídica material. Os efeitos obrigacionais decorrentes do contrato, por conta deste princípio, repercutem apenas internamente, ou seja, na esfera jurídica dos participantes do pacto. Nesse sentido, a estipulação em favor de terceiro sempre foi considerada, em termos clássicos, exceção ao princípio da relatividade.

Na atualidade, o princípio da função social, tem como uma de suas acepções, a eficácia externa do contrato, para repercutir na esfera jurídica de toda a coletividade. No caso da estipulação em favor de terceiro, a repercussão ocorre em relação a terceiro determinado (e não a toda a coletividade) e que não participa do contrato, mas dele se beneficia, se anuir aos seus termos.

Mas qual a relação do princípio da relatividade dos contratos com a estipulação em favor de terceiro e a promessa de fato de terceiro?

Na concepção clássica do princípio da relatividade (eficácia interna), a estipulação em favor de terceiro e a promessa de fato de terceiro eram considerados exceções, pois, nestes dois institutos jurídicos, os efeitos jurídicos do contrato repercutem ou refletem na esfera jurídica de terceiros dele não integrantes.

Orlando Gomes[175] ressalta essas exceções do princípio da relatividade: "O princípio da relatividade sofre ver-

---
[175] GOMES, Orlando. *Contratos*. 26. ed. Rio de Janeiro: Forense, 2008.

dadeiramente exceções quando eles ultrapassam as partes e atingem pessoas que não celebraram o contrato". Entre essas exceções o mestre considera a estipulação em favor de terceiro: "A regra de que o contrato é *res inter alios acta* somente sofre inequívoca exceção na estipulação em favor de terceiro". Gomes, em posição minoritária, não admite a promessa de fato de terceiro como exceção à relatividade, pois a vinculação do terceiro, somente se dá se ele anuir ao contrato primário, fato que descaracterizaria a eficácia externa.

Atualmente, a função social provoca essa eficácia transcendente, mas em relação a terceiros indeterminados, coletividade.

Portanto, a diferença a ser ressaltada é que a eficácia externa dos contratos, decorrente da função social, geralmente repercute na esfera jurídica de pessoas, em regra, indeterminadas, e a eficácia externa, decorrente da estipulação em favor de terceiro e promessa de fato de terceiro, repercute, em regra, na esfera jurídica de sujeitos determinados. Portanto, é a individualização ou não dos terceiros sobre os quais recairão os efeitos do contrato que diferencia a eficácia externa destas duas modalidades de contratação, das demais modalidades.

Na sequência, analisaremos, detalhadamente, cada um dos institutos.

3.7.2. Estipulação em favor de terceiro

3.7.2.1. Introdução

O Código Civil de 2002 disciplinou a estipulação em favor de terceiro nos arts. 436 a 438, com nítida reprodução aos arts. 1.098 a 1.100 do Código Civil de 1916.

A estipulação em favor de terceiro admite efeitos obrigacionais na esfera jurídica de terceiro, denominado de "beneficiário", não integrante da formalização relação jurídica originária.

O instituto em análise pressupõe a presença de três personagens principais: o primeiro é o *estipulante* (é aquele que contrata com o promitente um benefício para o terceiro); o segundo é o *promitente* (é aquele que assume o compromisso, perante o estipulante, de cumprir determinada obrigação em favor do terceiro); e o último é o *beneficiário* (o terceiro que receberá a vantagem patrimonial estipulada entre as partes contratantes originárias – estipulante e promitente. O terceiro pode ser determinado ou, ao menos, determinável).

Na estipulação em favor de terceiro, o contrato é pactuado entre os sujeitos, que se encontram no mesmo plano, estipulante e promitente. Ambos são partes no contrato. O beneficiário não participa, sob qualquer hipótese, da formulação do contrato originário entre estipulante e promitente. O promitente assume perante o estipulante o compromisso de prestar vantagem patrimonial em favor de terceiro determinado, denominado *beneficiário*. Embora o *beneficiário* não participe da relação jurídica original, terá ele a prerrogativa (faculdade) de anuir ou não a este contrato pactuado entre estipulante e promitente.

Por conta disso, a estipulação em favor de terceiro decorre de pacto entre estipulante e promitente, onde este último assume a obrigação de prestar obrigação em favor do beneficiário não integrante do contrato original.

O contrato se forma validamente com o consentimento ou a manifestação de vontade do estipulante e promitente. Acordados, o contrato já produz efeitos jurídicos, independentemente da anuência do terceiro. Embora o terceiro tenha a prerrogativa de anuir ou não ao contrato, *essa anuência não é requisito de validade do contrato original*. Em caso de recusa do terceiro, o contrato é perfeitamente válido e eficaz entre os contratantes originários, estipulante e promitente.

Paulo Nader[176] define a estipulação como "o acordo de vontades pelo qual uma das partes se compromete a cumprir uma obrigação em favor de alguém, que não participa do ato negocial".

Caio Mário[177], por sua vez, sintetiza bem o instituto: "Dá-se o contrato em favor de terceiro quando uma pessoa (estipulante) conveciona com outra (o promitente) uma obrigação, em que a prestação será cumprida em favor de outra pessoa (o beneficiário)".

Para Orlando Gomes[178]: "A estipulação em favor de terceiro é, realmente, o contrato por via do qual uma das partes se obriga a atribuir vantagem patrimonial gratuita a pessoa estranha à formação do vínculo obrigacional. A vantagem patrimonial estipulada em proveito do terceiro pelo estipulante resulta do cumprimento de obrigação contraída pelo promitente. Em tal contrato as partes são apenas duas, pois, o beneficiário é pessoa estranha ao contrato, cujos efeitos a ela, entretanto, se estendem, contrariando o princípio da relatividade.

3.7.2.2. Natureza jurídica

A natureza jurídica da estipulação em favor de terceiro desperta o interesse da doutrina.

Dentre as teorias relacionadas à natureza jurídica da estipulação em favor de terceiro, quatro merecem destaque: teoria da oferta, da gestão de negócios, da obrigação unilateral e a que considera a estipulação um contrato, mas *sui generis*.

3.7.2.2.1. Teoria da oferta

Para os adeptos desta teoria, a estipulação de terceiro seria uma oferta à espera de aceitação. Assim, o contrato somente seria formado após a manifestação de vontade ou adesão do beneficiário. Segundo Paulo Nader[179], "essa concepção leva a chancela da Escola da Exegese e tem no jurista Laurent o seu principal expositor. A estipulação teria a natureza de uma oferta ou proposta ao terceiro, que

---

[176] NADER, Paulo. *Curso de direito civil – Contratos*. 9. ed. Rio de Janeiro: Forense, 2018. v. III.

[177] PEREIRA, Caio Mário da Silva. *Instituições de direito civil: Contratos*. 11. ed. Rio de Janeiro, 2004. v. III.

[178] GOMES, Orlando. *Contratos*. 26. ed. Rio de Janeiro: Forense, 2008.

[179] NADER, Paulo. *Curso de direito civil – Contratos*. 9. ed. Rio de Janeiro: Forense, 2018. v. III.

possui a faculdade de aceitá-la ou não". Tal teoria não se adequou ao sistema jurídico brasileiro, pois a formação do contrato entre estipulante e promitente independe da anuência do terceiro. O promitente não faz oferta, mas assume um compromisso obrigacional perante o estipulante, independentemente da manifestação de vontade do terceiro beneficiário. O direito subjetivo do terceiro em relação à sua prestação nasce imediatamente após a conclusão do contrato entre estipulante e promitente. A anuência do terceiro não gera o direito subjetivo, pois, tal direito preexiste à anuência.

Orlando Gomes[180] também considera dispensável a anuência do terceiro como requisito de validade do contrato: "Daí não se segue, porém, que a validade do contrato dependa da sua vontade. Mas, sem dúvida, a eficácia fica nessa dependência. Manifestada a anuência do beneficiário, o direito considera-se adquirido desde o momento em que o contrato se tornou perfeito e acabado".

3.7.2.2.2. Teoria da gestão de negócios

Alguns consideram a estipulação em favor de terceiro como sendo uma gestão de negócios. A gestão de negócios é, quanto à formação, negócio jurídico unilateral, estando alojado no capítulo que trata dos atos unilaterais. O negócio unilateral não é um contrato porque produz efeitos, independentemente de anuência da outra parte. Segundo o art. 861 do CC, o sujeito que, sem autorização do interessado, intervém na gestão de negócio alheio, deve dirigi-lo segundo o interesse e a vontade presumível de seu dono e, por isso, ficam responsáveis as pessoas com quem contratar. Segundo Nader[181], para os adeptos dessa teoria, "o estipulante, espontaneamente, age em nome de terceiro e na condição de gestor. Com a ratificação pelo terceiro, que pode ocorrer após a morte do estipulante, o contrato se tornaria definitivo".

No entanto, a estipulação em favor de terceiro é um negócio jurídico bilateral (quanto à formação). É, portanto, contrato. Tal contrato é estabelecido entre estipulante e promitente e, como já dito, a validade deste pacto independe da manifestação de vontade do terceiro. No caso, o estipulante não intervém na gestão de negócio alheio, simplesmente porque esse negócio alheio inexiste. O estipulante e o promitente agem em nome próprio e não em nome de outrem. Na gestão de negócios, devem intervir em negócio alheio em nome de alguém, tanto que a ratificação pura e simples do dono do negócio retroage ao dia do começo da gestão e produz todos os efeitos do mandato (art. 873 do CC).

3.7.2.2.3. Teoria da declaração unilateral

Tal concepção é adotada por Silvio Rodrigues e Inocêncio Galvão Telles, os quais consideram que a estipulação em favor de terceiro tem o efeito de uma declaração unilateral de vontade relativamente ao beneficiário. Esta teoria é interessante na medida em que considera a natureza jurídica da estipulação apenas em relação ao beneficiário, desprezando a formação do contrato entre estipulante e promitente. Por isso, a crítica de Caio Mário em relação a esta teoria fica esvaziada quando ele diz que a estipulação requer o concurso de duas vontades para ter nascimento, sendo ato tipicamente convencional. Todavia, a teoria da declaração unilateral não questiona a natureza contratual na relação entre estipulante e promitente, mas a natureza do efeito da estipulação em relação ao terceiro. Esse é o foco da teoria. E qual a razão disso? Como vimos, no negócio jurídico unilateral ou declaração unilateral de vontade, o efeito jurídico é produzido, independentemente da anuência do destinatário da declaração. O pacto entre estipulante e promitente produz efeitos jurídicos na esfera jurídica do terceiro, independentemente da anuência deste. Portanto, é defensável a tese.

Não nos parece adequada esta teoria porque o reflexo do contrato em relação ao terceiro não descaracteriza a natureza contratual da estipulação. Considerando que todos os contratos atualmente, por força da função social, repercutem direta ou indiretamente na esfera jurídica de terceiros, ter-se-ia de admitir que em todo o contrato, no que tange aos efeitos para terceiros, haveria uma declaração unilateral de vontade, o que não é correto. O efeito para as partes ou para terceiros decorre de um contrato válido firmado entre estipulante e promitente. O efeito não pode descaracterizar a origem do vínculo. Se o efeito decorre de um contrato, este também deverá ter natureza contratual. Essa derivação impede a mudança da natureza dos efeitos em relação a terceiros.

3.7.2.2.4. Teoria do contrato *sui generis*

Tal teoria é defendida, dentre outros, por Caio Mário. Segundo o mestre[182]: "A estipulação em favor de terceiro é, com efeito, um contrato, e por isso ganha terreno a preferência pela sua nomeação como contrato em favor de terceiro. Origina-se da declaração acorde do estipulante e do promitente, com a finalidade de instituir um *iuris vinculum*, mas com a peculiaridade de estabelecer obrigação de o devedor prestar em benefício de uma terceira pessoa, a qual, não obstante ser estranha ao contrato, se torna credora do promitente.

Na mesma linha, Nader[183]: "É inegável que o acordo de vontades entre o estipulante e o promitente reúne os elementos essenciais aos contratos, mas a sua natureza é ímpar, *sui generis*, porque a sua plena eficácia requer a aceitação do beneficiário". O nobre mestre Washington de Barros Monteiro[184] é um dos adeptos da teoria da relação contratual *sui generis*, mas defende que o contrato somente se consolida com a aceitação do beneficiário.

---

[180] GOMES, Orlando. *Contratos*. 26. ed. Rio de Janeiro: Forense, 2008.

[181] NADER, Paulo. *Curso de direito civil – Contratos*. 9. ed. Rio de Janeiro: Forense, 2018. v. III.

[182] PEREIRA, Caio Mário da Silva. *Instituições de direito civil*: Contratos. 11. ed. Rio de Janeiro, 2004. v. III.

[183] NADER, Paulo. *Curso de direito civil – Contratos*. 9. ed. Rio de Janeiro: Forense, 2018. v. III.

[184] MONTEIRO, Washington de Barros. *Curso de direito civil – Direito das obrigações*. 35. ed. São Paulo: Saraiva, 2004.

Realmente, é a teoria que mais se aproxima da legislação civil brasileira. A manifestação de vontade do beneficiário não é levada em conta para a constituição válida da estipulação, embora possa recusar os efeitos deste contrato em seu favor. Como ressalta Caio Mário[185], finalizando com inigualável perspicácia, "a doutrina moderna está assente em que o fato só da estipulação, independente da intervenção ou anuência do terceiro, é que dá origem aos direitos a este destinados".

3.7.2.3. O Código Civil e a estipulação em favor de terceiro: características do instituto

O Código Civil não apresenta uma definição da estipulação em favor de terceiros. Apenas estabelece regras relativas às consequências da estipulação para todos os envolvidos, estipulante, promitente e beneficiário.

Para sistematizar a matéria é conveniente estabelecer algumas premissas, levando em conta as principais características da estipulação em favor de terceiro, o que tornará possível compreender as relações jurídicas envolvendo os personagens deste instituto.

1ª característica: o contrato entre estipulante e promitente: vantagem patrimonial para o terceiro (direito subjetivo).

A primeira característica, abordada no item anterior, é o fato de a estipulação em favor de terceiro ostentar a natureza jurídica de um contrato, embora com algumas peculiaridades, no que tange aos efeitos em relação a terceiro não integrante da relação originária.

Diante desta primeira característica, a estipulação em favor de terceiro nasce de acordo de vontades entre estipulante e promitente. Se houver consentimento de ambos sobre os pontos relativos a esse negócio, formado estará o contrato. Respeitados os requisitos de validade previstos na parte geral, o contrato, após o consenso do estipulante e promitente, produzirá normalmente os efeitos jurídicos obrigacionais.

A única peculiaridade está relacionada à criação de direito subjetivo de natureza patrimonial para terceiro, não integrante da relação original estabelecida entre estipulante e promitente. Tal direito subjetivo é um efeito direto do pacto originário entre estipulante e promitente, e o seu nascimento independe da anuência do beneficiário. Esse efeito decorrente do pacto entre estipulante e promitente torna o contrato *sui generis*.

Em relação a esta questão envolvendo o direito subjetivo do terceiro, efeito direto do contrato, há divergência doutrinária relevante e ainda não completamente solucionada.

Parcela considerável da doutrina, capitaneada por Orlando Gomes, defende a tese de que, em favor do terceiro, somente poderá ser estipulada vantagem de natureza patrimonial, a qual pode se materializar em acréscimo de patrimônio ou remissão de dívida. Não haveria possibilidade de condicionar o direito subjetivo patrimonial do terceiro a uma contraprestação. O mestre Orlando Gomes[186] é enfático em relação a essa questão: "Para haver estipulação em favor de terceiro é necessário que do contrato resulte, para este, uma atribuição patrimonial gratuita. O benefício há de ser recebido sem contraprestação e representar vantagem suscetível de apreciação pecuniária. A gratuidade do proveito é essencial, não valendo a estipulação que imponha contraprestação. A estipulação não pode ser feita contra o terceiro. Há de ser em seu favor".

No mesmo sentido Serpa Lopes e Paulo Nader[187] ("o contrato não impõe qualquer contraprestação ao beneficiário, que apenas assume a condição de titular de um direito de crédito em face do promitente"). Conforme Inocêncio Galvão Telles[188], deverá haver aumento de ativo ou diminuição de passivo.

Em linha de entendimento oposta, Caio Mário[189] admite a possibilidade se serem impostos a terceiros encargos e deveres, os quais deverão ser atendidos, como condição para receber o benefício ("Quando a estipulação for acompanhada de encargo imposto no terceiro, tem o estipulante a faculdade de exigir que o cumpra"). Embora minoritária a posição de Caio Mário, sua tese merece uma reflexão.

2ª característica: o contrato entre estipulante e promitente: conteúdo e a concentração de poderes.

O estipulante e o promitente possuem plena liberdade para estipular o conteúdo mais conveniente aos seus interesses, sem qualquer interferência do terceiro beneficiário, o qual apenas usufruirá as vantagens patrimoniais decorrentes da estipulação.

Obviamente, caso não concorde com os termos da estipulação, poderá o terceiro, pura e simplesmente, recusá-la, com o que o contrato será plenamente válido entre estipulante e promitente, os quais permanecerão vinculados. A recusa do terceiro beneficiário é permitida pelo parágrafo único do art. 436 do CC, quando expressa que ele ficará sujeito *às condições e normas do contrato pactuado entre estipulante e promitente, se a ele anuir, ou seja, se aderir aos termos do contrato. Anuindo ao contrato, o terceiro estará vinculado aos seus termos e cláusulas. Em caso de recusa, o contrato será válido e eficaz entre promitente e estipulante.*

A autonomia privada se manifesta intensamente neste contrato, principalmente em relação ao estipulante. Por quê?

O estipulante sempre terá o poder de exigibilidade em relação ao promitente, ou seja, a pretensão de exigir do promitente o cumprimento da prestação em favor do terceiro, conforme a dicção do *caput* do art. 436 do CC: "O que estipula em favor de terceiro pode exigir o cumprimento da obrigação". O estipulante sempre terá esse po-

---

[185] PEREIRA, Caio Mário da Silva. *Instituições de direito civil*: Contratos. 11. ed. Rio de Janeiro, 2004. v. III.

[186] GOMES, Orlando. *Contratos*. 26. ed. Rio de Janeiro: Forense, 2008.

[187] NADER, Paulo. *Curso de direito civil – Contratos*. 9. ed. Rio de Janeiro: Forense, 2018. v. III.

[188] TELLES, Inocêncio Galvão. *Manual dos contratos em geral*. Lisboa: Coimbra Ed., 1965.

[189] PEREIRA, Caio Mário da Silva. *Instituições de direito civil*: Contratos. 11. ed. Rio de Janeiro, 2004. v. III.

der de exigibilidade, independentemente dos termos e cláusulas do contrato firmado com o estipulante.

Além disso, poderá o estipulante retirar do terceiro o poder de exigibilidade no caso de inadimplemento do promitente. Assim, será possível o terceiro ostentar direito subjetivo patrimonial (a prestação prometida em seu favor), mas não ter pretensão para exigir esse direito em caso de violação pelo promitente. *Em regra, o terceiro poderá sempre exigir o cumprimento da obrigação assumida pelo promitente (parágrafo único do art. 436 do CC), mas é possível a exclusão desta pretensão no contrato originário entre promitente e estipulante.*

Tal conclusão se extrai da norma prevista no art. 437 do CC: *"Se ao terceiro, em favor de quem se fez o contrato, se deixar o direito de reclamar-lhe a execução, não poderá o estipulante exonerar o devedor"*. Portanto, segundo este artigo, se o estipulante, no contrato originário com o promitente, garantir ao terceiro o direito de reclamar a execução de seu direito, ou melhor, de exercer essa pretensão, não poderá mais exonerar o promitente da sua obrigação em relação ao direito patrimonial a ele prometido. E a razão é simples: Se o terceiro também tem garantido o poder de exigibilidade, não poderia o estipulante exonerar o promitente, com interferência no poder do terceiro.

Se houver previsão contratual de exclusão do poder de exigibilidade do terceiro, poderá o estipulante, a qualquer momento, exonerar o promitente, nos termos do art. 437 do CC. Nesta hipótese, como consequência, a prestação deverá ser cumprida em favor do estipulante.

Portanto, no contrato original, o estipulante terá plena liberdade para concentrar em suas mãos todos os poderes para reclamação da execução da pretensão. Para tanto, basta, no contrato original, excluir a pretensão do terceiro.

Novamente, neste ponto, merece destaque uma questão.

Se o estipulante resguardar ao terceiro a pretensão ou o direito de reclamar a execução da prestação contra o promitente (e para resguardar isso, a omissão sobre essa questão é suficiente, pois o art. 437 do CC exige manifestação expressa para exclusão da pretensão do terceiro), estaremos diante *do que a doutrina denomina estipulação em favor de terceiro na modalidade própria*.

A estipulação em favor de terceiro será própria, quando o terceiro tiver direito subjetivo + pretensão *(poder de exigibilidade em relação ao promitente no caso de violação de seu direito de crédito patrimonial).*

Por outro lado, a estipulação em favor de terceiro será denominada imprópria, *quando o terceiro for titular de direito subjetivo, mas não tiver a pretensão ou o poder de exigibilidade de sua prestação. Neste caso, o terceiro será titular de uma obrigação natural (direito subjetivo sem pretensão).*

Além disso, no contrato originário a ser pactuado com o promitente, o estipulante ainda poderá inserir a chamada *cláusula de reserva*, prevista no art. 438 do CC: "O estipulante pode reservar-se o direito de substituir o terceiro designado no contrato, independentemente da sua anuência e da do outro contratante".

A inserção desta cláusula permitirá ao estipulante, livremente, substituir o terceiro, independentemente da anuência deste e do promitente. E mais. Tal substituição, conforme o parágrafo único deste artigo, pode ser feita por ato entre vivos ou por disposição de última vontade. Por estas razões, ao anuir ao contrato, o terceiro poderá ponderar a conveniência do vínculo para sua pessoa e tudo dependerá dos termos do contrato originário.

Desta forma, o terceiro somente terá um direito subjetivo patrimonial consolidado se o contrato originário lhe garantir pretensão e se não for inserida no contrato a cláusula de reserva de substituição. Em caso contrário (exclusão da pretensão do terceiro por cláusula contratual ou previsão de cláusula de reserva de substituição), o terceiro terá apenas uma mera expectativa de direito.

3ª característica: relação do terceiro em relação ao promitente e ao estipulante.

A relação do terceiro beneficiário com o estipulante e o promitente dependerá, essencialmente, dos termos do contrato pactuado entre estes. O parágrafo único do art. 436 do CC garante ao terceiro, em regra, o poder de exigir do promitente o cumprimento da prestação prometida. No entanto, a garantia ou a existência deste poder ou pretensão dependerá dos termos e cláusulas do contrato entre promitente e estipulante, ao qual o terceiro está sujeito às normas e condições, se a ele anuir ou aceitar. Por isso, a eficácia do contrato em relação ao terceiro dependerá da sua concordância ou adesão.

Segundo Orlando Gomes[190]: "Necessário se torna a aceitação do beneficiário. O direito que se lhe atribui não entra automaticamente em seu patrimônio. Se não o quer, o efeito do contrato não se realiza".

O terceiro poderá recusar o contrato sem qualquer motivação e, neste caso, as consequências deverão estar nele estabelecidas. Não é obrigado a aceitar o contrato. Normalmente, nesta hipótese, o estipulante passa a ser o beneficiário natural, perdendo o pacto a natureza de estipulação em favor de terceiro, ou permite-se ao estipulante nomear ou indicar outra pessoa para substituir o beneficiário.

Por isso, concordamos com Paulo Nader[191], quando afirma: "o beneficiário tem o direito de exigir do promitente o cumprimento da obrigação, desde que haja previsão contratual neste sentido".

Segundo o mestre Caio Mário[192], a relação do terceiro com o promitente aparece apenas na fase de execução, pois aquele não participa da formação do contrato: "Dúvida não se suscita em nosso direito, em que o terceiro é titular de ação direta para este efeito. Muito embora não seja parte na sua formação, pode intervir nele com a sua anuência, e, então, é sujeito a condições normais do contrato – art. 436 do CC – enquanto o estipulante o mantiver sem inovações".

---

[190] GOMES, Orlando. *Contratos*. 26. ed. Rio de Janeiro: Forense, 2008.

[191] NADER, Paulo. *Curso de direito civil – Contratos*. 9. ed. Rio de Janeiro: Forense, 2018. v. III.

[192] PEREIRA, Caio Mário da Silva. *Instituições de direito civil:* Contratos. 11. ed. Rio de Janeiro, 2004. v. III.

3.7.2.4. Contratos que podem caracterizar estipulação em favor de terceiro

No magistério de Caio Mário[193], baseado em Tito Fulgêncio, as hipóteses de utilização do contrato no comércio jurídico podem estar relacionadas ao contrato de constituição de renda (o promitente recebe do estipulante um capital e obriga-se a pagar ao beneficiário uma renda por tempo certo ou pela vida toda), seguro de vida (estipulante é o segurado, o segurador é o promitente e o beneficiário é o terceiro), doações modais (quando o donatário se obriga para com o doador a executar o encargo a benefício de pessoa determinada ou indeterminada) e contratos com o poder público (concessão de serviço público, em que o contratante – promitente – conveniona com a Administração – estipulante – a prestação de serviços aos usuários – terceiros indeterminados).

3.7.3. Promessa de fato de terceiro

3.7.3.1. Introdução

A promessa de fato de terceiro se caracteriza pelo fato de um sujeito prometer a outro, prestação a ser cumprida por um terceiro estranho à relação jurídica obrigacional. O objeto do contrato é uma obrigação de fazer, qual seja, o contratante, denominado *promitente*, se compromete com outro sujeito, denominado *promissário*, a conseguir que um terceiro se obrigue para com este.

A promessa de fato de terceiro é um contrato, resultante do ajuste entre promitente e promissário, onde aquele assume o compromisso ou a promessa de conseguir a prestação de um fato por terceiro. Por isso o nome *promessa de fato de terceiro*. O promitente promete para o promissário que o terceiro cumprirá uma prestação em seu favor. Portanto, a obrigação do promitente é convencer o terceiro a contratar com o promissário. Se o terceiro se comprometer a prestar um fato para o promissário, o promitente cumpriu sua obrigação. Caso o promitente não tenha êxito no convencimento do terceiro, aquele será considerado inadimplente, respondendo por perdas e danos em favor do promissário.

O Código Civil atual disciplina a promessa de fato de terceiro em apenas dois artigos, 439 e 440, na Teoria Geral dos Contratos. O Código Civil de 1916 regulava a promessa de fato de terceiro em apenas um dispositivo (art. 929 do CC/1916), mas não na teoria geral dos contratos, e sim nas disposições gerais relativas aos efeitos das obrigações, cujo artigo tinha a mesma redação do atual art. 439, *caput*, do CC. Como inovação, a matéria é estudada no âmbito dos contratos e o atual diploma civil acrescentou um parágrafo único ao art. 439 do CC, art. 929 do CC/1916, além de incluir outro dispositivo para tratar desta matéria, justamente o art. 440 do CC, o qual não tinha correspondência legislativa no diploma civil anterior.

3.7.3.2. Natureza jurídica

Em breves considerações, podem ser resumidas em três as teorias relativas à natureza jurídica da promessa de fato de terceiro. Destacamos as teorias *da gestão de negócio*, *do mandato* e *da fiança*.

Para os adeptos da *teoria da gestão*, o agente atuaria em atenção aos interesses de terceiros. Embora haja semelhanças, o promitente não age no interesse do terceiro. Ao contrário disso, como ressalta Caio Mário[194], "o objetivo a que visa é tornar o terceiro devedor de uma prestação, no interesse do estipulante". Na gestão, o gestor busca tirar proveito para o dono do negócio e na promessa de fato de terceiro, o promitente age de acordo com seus próprios interesses. Para a *teoria do mandato*, a promessa de fato de terceiro possui natureza de mandato, onde o promitente será representante do terceiro, representado. Como será visto, o promitente age em nome próprio e no seu exclusivo interesse, o que desqualifica a promessa como mandato. Portanto, não existe representação na promessa de fato de terceiro. Finalmente, a *teoria da fiança* defende a tese do promitente ser fiador do terceiro, o que se mostra equivocado, pois, em caso de descumprimento da obrigação pelo terceiro, este responderá exclusivamente pelo inadimplemento. O promitente se exonera a partir da anuência do terceiro. O descumprimento da prestação pactuada pelo terceiro com o promissário não alcança o promitente, conforme o art. 440 do CC. Tal dispositivo afasta o promitente da condição de garante.

3.7.3.3. Estrutura jurídica da promessa de fato de terceiro

A promessa de fato de terceiro se origina de um contrato pactuado entre promitente e promissário. O promitente é o devedor e o promissário o credor. O promitente se obriga ou assume o compromisso perante o promissário de convencer um terceiro, completamente estranho a essa relação originária (entre promitente e promissário), a se vincular ao promissário em outro contrato, cujo objeto será diferente da obrigação pactuada pelo promitente.

Inicialmente, há um contrato entre promitente e promissário. O terceiro é estranho a esse contrato e, obviamente, por esta razão, ambos (promitente e promissário) não podem, sob qualquer pretexto, impor ao terceiro qualquer obrigação. Qual é a finalidade e o objeto deste contrato entre promitente e promissário?

O objeto é uma obrigação de fazer. O promitente se compromete a um fazer, qual seja, convencer terceiro a assinar *outro* contrato com promissário, o qual terá objeto completamente diverso deste contrato originário entre promitente e promissário. Por exemplo, o promitente "A" se obriga perante o promissário "B" a convencer o terceiro "X" a prestar um serviço de natureza artística para ele, promissário. Por isso, estará prometendo um fato que será prestado não por ele, promissário, mas por um terceiro. A prestação ou o fato prometido, propriamente dito, não será

---

[193] PEREIRA, Caio Mário da Silva. *Instituições de direito civil:* Contratos. 11. ed. Rio de Janeiro, 2004. v. III.

[194] PEREIRA, Caio Mário da Silva. *Instituições de direito civil:* Contratos. 11. ed. Rio de Janeiro, 2004. v. III.

prestado pelo promitente, e sim pelo terceiro. A obrigação do promitente é obter o consentimento do terceiro, convencê-lo a contratar com o promissário, devendo alcançar este resultado, pois o esforço, por maior que seja, não o eximirá da responsabilidade prevista no art. 439 do CC.

Se o promitente "A" conseguir convencer o terceiro "X" a firmar um contrato de prestação de serviços com o promissário "B", "A" terá cumprido o contrato originário. O que isso significa? A partir do momento em que o terceiro "X" firmar o pacto ou contrato de prestação de serviços de natureza artística com o promissário "B", este nada mais poderá cobrar de "A", pois o único compromisso de "A" era convencer o terceiro a prestar esse serviço para o promissário. Por outro lado, o objeto do contrato firmado entre o terceiro "X" e o promissário "B", qual seja, prestação de serviço de natureza artística, não tem qualquer relação com o objeto do contrato pactuado originariamente entre promitente e promissário (objeto: fazer com que o terceiro aceitasse prestar um fato para o promissário).

Como se observa, são dois contratos autônomos, distintos e independentes: o primeiro contrato, entre promitente e promissário; e o segundo contrato, entre o terceiro e o promissário. O inadimplemento do promitente no primeiro contrato não terá qualquer reflexo jurídico para o terceiro. Da mesma forma, se o terceiro não prestar o fato ou cumprir a obrigação a que se comprometeu para o promissário, tal inadimplemento não poderá ser imputado ao promitente.

Em razão da dinâmica deste contrato, não há como concordar com parte da doutrina, como Caio Mário[195], que defende que a promessa de fato de terceiro é um contrato de duas fases. Para essa corrente, na primeira fase, de formação, comparecem dois contratantes, os quais concluem um negócio no qual somente eles são interessados. Na segunda fase, de execução, surge uma terceira pessoa e, prestando a sua anuência, obriga-se a uma prestação para com o credor, segundo o que fora estipulado com o devedor na primeira fase.

Com toda a vênia ao mestre e àqueles que o acompanham nesta tese, não se trata de um contrato de duas fases, mas sim de dois contratos. Na verdade, são dois contratos distintos, tanto que o inadimplemento de um não repercute no outro contrato, conforme dicção dos arts. 439 e 440 do CC. O que os doutos chamam de fase de formação é o contrato entre promitente e promissário. Se o promitente convencer o terceiro a contratar com o promissário, esse primeiro contrato estará definitivamente extinto. E a razão é simples: houve o cumprimento da obrigação assumida pelo promitente/devedor. É um equívoco grave afirmar que o terceiro anui a esse primeiro contrato, em uma suposta fase de execução. Não há nada disso. O terceiro não pode anuir a um contrato que foi extinto pelo cumprimento. O terceiro, convencido pelo promitente, firma um novo contrato, com outro objeto e diversa finalidade com o promissário.

Como argumenta observa Nader[196], em relação ao primeiro contrato entre promitente e promissário: "Para o terceiro o contrato é *res inter alios,* ainda que venha a aceitar a obrigação. Neste caso ocorrerá a formação de um segundo contrato, em relação ao que o promitente será terceiro". Exatamente isso. No contrato entre o terceiro e o promissário, o promitente é terceiro estranho.

Para reforçar a nossa linha de entendimento, preciso é o art. 440 do CC: "Nenhuma obrigação haverá para quem se comprometer por outrem, se este, depois de se ter obrigado, faltar à prestação". Em outras palavras, *nenhuma responsabilidade pode ser imputada ao promitente se o terceiro que por ele se comprometeu, após pactuar o contrato com o promissário, se tornar inadimplente ("faltar à prestação"). A responsabilidade pelo inadimplemento, neste caso, será exclusiva do terceiro. Por quê? A obrigação assumida com o promissário tem objeto diverso daquela obrigação assumida pelo promitente perante o promissário no primeiro contrato. Em relação ao segundo contrato, o promitente é terceiro estranho. Apenas isso.*

Ao concordar em assumir obrigações perante o promissário, surge *um novo e independente contrato* em relação ao pacto originário, agora entre o terceiro e o promissário. O terceiro não é obrigado a se comprometer com o promissário ou a prestar um fato prometido pelo promitente. De forma alguma. O terceiro é livre para decidir se quer ou não assumir esse compromisso prometido pelo promitente ao promissário no primeiro contrato.

Nesse ponto, concordamos com as palavras de Caio Mário[197]: "A característica essencial desta espécie negocial está assentada precisamente em que não nasce nenhuma obrigação para o terceiro enquanto ele não der o seu consentimento. Pode-se prometer a prestação de fato do terceiro, mas obviamente não se pode compeli-lo a executar a prestação prometida".

Da mesma opinião Paulo Nader[198], quando afirma que o contrato entre promitente e promissário não impõe qualquer obrigação ao terceiro, ficando este com a faculdade de assumir o polo passivo de uma obrigação. E continua: "Se o terceiro se desinteressa, deixando de anuir, o contrato permanece válido, apenas sem alcançar a realização dos efeitos que as partes esperavam". O terceiro somente se torna devedor do promissário, quando, efetivamente, aceita a obrigação.

Caso o terceiro não aceite prestar o fato prometido pelo promitente, ou melhor, não concorde em se vincular ao promissário, o promitente será considerado inadimplente (pois não cumpriu o compromisso previsto – convencer o terceiro: obrigação de puro resultado) e responderá por perdas e danos, jamais pela prestação prometida

---

[195] PEREIRA, Caio Mário da Silva. *Instituições de direito civil*: Contratos. 11. ed. Rio de Janeiro, 2004. v. III.

[196] NADER, Paulo. *Curso de direito civil – Contratos*. 9. ed. Rio de Janeiro: Forense, 2018. v. III.

[197] PEREIRA, Caio Mário da Silva. *Instituições de direito civil*: Contratos. 11. ed. Rio de Janeiro, 2004. v. III.

[198] NADER, Paulo. *Curso de direito civil – Contratos*. 9. ed. Rio de Janeiro: Forense, 2018. v. III.

em nome do terceiro. Neste caso, nenhuma responsabilidade recaíra sobre o terceiro. Portanto, a validade do contrato firmado entre promitente e promissário independe da anuência do terceiro. A concordância do terceiro levará apenas ao adimplemento deste contrato originário.

Essa é a dicção do art. 439, *caput*, do CC: "Aquele que tiver prometido fato de terceiro responderá por perdas e danos, quando este o não executar". Para ser mais claro, o promitente, que prometeu ao promissário, credor, um fato a ser executado por terceiro, se este terceiro se recusar a prestar o fato prometido, *apenas* o promitente/devedor será considerado inadimplente e, por isso, responderá por perdas e danos. Neste caso, não haverá segundo contrato. Novamente Nader[199] nos socorre com sábias observações: "A inadimplência do promitente se caracteriza quando o terceiro rejeita a obrigação. No momento em que o terceiro emite a sua concordância opera-se o cumprimento da obrigação contraída pelo promitente".

Os arts. 439 e 440 do CC devem ser interpretados conjuntamente para evitar dúvidas. Se o terceiro não executar o contrato com o promissário após ter com ele contrato, não haverá responsabilidade por perdas e danos para o promitente, como parece sugerir o art. 439 do CC, pois tal responsabilidade é expressamente excluída pelo art. 440 do CC. A responsabilidade civil do promitente, prevista no inciso I do referido artigo, ocorrerá apenas se o terceiro não contratar com o promitente. Com a anuência do terceiro, o promitente estará definitivamente exonerado, mesmo que o terceiro não cumpra a prestação a que se comprometeu, tudo nos termos do art. 440 do CC. Na lição de Caio Mário[200]: "Uma vez que o terceiro anua e se obrigue, o devedor primário exonera-se. Ele não é um fiador do terceiro, não é corresponsável pelo cumprimento específico da obrigação que o terceiro vem a assumir".

Portanto, não há transmissão de obrigações do promitente para o terceiro porque a obrigação assumida pelo promitente, no primeiro contrato (meramente de fazer), é completamente diversa da obrigação que será assumida pelo terceiro em relação ao promissário no contrato sucessivo ou segundo contrato (prestar um serviço ou fato de qualquer natureza).

Importante ressaltar, ainda, que, se a prestação do terceiro for impossível (inclusive por motivo de força maior) ou ilícita, não haverá responsabilidade do promitente. Em relação à impossibilidade física e jurídica contemporânea ao contrato, consultar nosso volume de Parte Geral e, quanto à impossibilidade física ou jurídica por fato superveniente, o assunto foi tratado no âmbito da teoria geral do inadimplemento e as questões relativas à imputabilidade relativa à pessoa do devedor.

Para finalizar, também não podemos concordar que promitente e terceiro seriam devedores sucessivos. Na verdade, são contratantes sucessivos, mas não, necessariamente, devedores. Tanto no primeiro contrato entre promitente e promissário quanto no segundo entre o terceiro

e o promissário, é bem possível que sejam tais contratos onerosos, quando ambos os contratantes serão credores e devedores recíprocos. O comum será pactuar remuneração em favor do promitente para ele convencer o terceiro, assim como para este cumprir ou executar a prestação prometida.

Resumo

1º contrato: é de resultado – o promitente deve cumprir o compromisso de convencer o terceiro a se vincular, contratualmente, com o promissário. Se obtiver êxito, estará exonerado, em definitivo, por conta do cumprimento de seu contrato (art. 440 do CC). Caso o terceiro se recuse a prestar o fato, permanece válido o contrato entre promitente e promissário e, por isso, responderá aquele (promitente) por perdas e danos (art. 439 do CC). Neste caso, não há nenhuma responsabilidade para o terceiro, estranho a esse primeiro contrato.

2º contrato: contrato de prestação de serviços (fungível), pactuado entre terceiro e promissário. Se o terceiro cumprir o contrato, este segundo contrato estará extinto por cumprimento. Caso o terceiro seja inadimplente, responderá, exclusivamente, por perdas e danos (art. 440). Neste caso, não haverá nenhuma responsabilidade do promitente, estranho a este segundo contrato.

3.7.3.4. Hipótese especial de exclusão da responsabilidade do promitente

Como regra, se o promitente, no contrato convencionado com o promissário, não conseguir convencer o terceiro a se vincular contratualmente ao promissário, será considerado inadimplente e, em consequência, responderá por perdas e danos, materiais e morais, se for o caso, na dicção do art. 439, *caput*, do CC.

Todavia, em uma situação excepcional, mesmo não obtendo o compromisso do terceiro, o seu inadimplemento não lhe trará, como consequência, qualquer responsabilidade civil por perdas e danos. É um caso especial de exclusão de responsabilidade civil, prevista no parágrafo único do art. 439 do CC: "Tal responsabilidade não existirá se o terceiro *for o cônjuge do promitente*, dependendo de sua anuência o ato a ser praticado, e desde que, *pelo regime do casamento*, a indenização, de algum modo, venha a recair sobre os seus bens" (grifo nosso).

A intenção do legislador foi tutelar o núcleo familiar e, consequentemente, evitar que terceiro suporte as consequências do inadimplemento da parte de um contrato ao qual não anuiu. Com isso, se evita a responsabilidade indireta do terceiro por vias transversas. No entanto, para exclusão desta responsabilidade, são necessários dois requisitos:

1 – O terceiro deve ser o cônjuge do promitente e o ato a ser praticado depende da sua anuência. É o caso, por exemplo, de pessoa casada que resolve vender um imóvel. Segundo o disposto no art. 1.647, I, do CC, nenhum dos cônjuges, sem autorização do outro, exceto no regime da separação absoluta de bens, poderá alienar os bens imóveis. Para esse negócio, qualquer dos cônjuges necessita da anuência do outro. Se um cônjuge se recusa a prestar a

---

[199] NADER, Paulo. *Curso de direito civil – Contratos*. 9. ed. Rio de Janeiro: Forense, 2018. v. III.

[200] PEREIRA, Caio Mário da Silva. *Instituições de direito civil*: Contratos. 11. ed. Rio de Janeiro, 2004. v. III.

anuência, o outro poderá suprir essa ausência de consentimento, nos termos e limites do art. 1.648 do CC.

Entretanto, até conseguir suprir o consentimento, talvez o interessado desista do negócio. Para garantir o negócio, se compromete com o interessado a conseguir a anuência de seu cônjuge. Se não conseguir, será inadimplente, mas não responderá civilmente, nos termos deste artigo;

2 – A exclusão da responsabilidade civil depende do regime de bens. Se o regime de bens, como a comunhão universal, por exemplo, permitir que a indenização, de algum modo, venha a recair nos bens do terceiro, estará excluída a responsabilidade do promitente. Caso não haja risco para os bens do cônjuge/terceiro, não haverá isenção da responsabilidade do promitente.

3.8. CONTRATOS E GARANTIAS LEGAIS. TEORIA DOS VÍCIOS REDIBITÓRIOS E TEORIA DA EVICÇÃO

3.8.1. Teoria dos vícios redibitórios

3.8.1.1. Considerações preliminares

A teoria dos *vícios redibitórios* integra a teoria geral dos contratos e tem como fundamento o princípio da garantia imposta ao contratante/alienante nos contratos comutativos e nas doações onerosas. A matéria está disciplinada nos arts. 441 a 446 do CC. Na prestação de coisa (dar), o sujeito que transfere a coisa para terceiro, de forma definitiva ou temporária, por lei, deve garantir a qualidade da coisa. Os vícios redibitórios se conectam com a qualidade da coisa, objeto de contratos comutativos e doações onerosas.

O vício redibitório é causa de extinção anormal, desvinculada da teoria do inadimplemento e da responsabilidade civil. O vício redibitório tem autonomia em relação a qualquer outra causa extintiva. No caso, em contratos comutativos ou doações onerosas, a coisa não ostenta a necessária qualidade, o que a torna inútil. A inutilidade da coisa por questões relacionadas à qualidade, autoriza a redibição e a extinção do contrato. É causa anormal anterior ou contemporânea à formação, porque o defeito material, que autoriza a redibição do contrato, é preexistente à tradição, ou seja, já existe antes mesmo da própria formação e constituição do contrato.

Os vícios redibitórios se referem a questões materiais (problemas na própria coisa) e a evicção a questões jurídicas (a coisa é perfeita, mas há vício no direito – aquele que entrega a coisa não tem legitimidade ou poder de disposição). Portanto, há garantia legal em relação a questões materiais (objetivo é garantir que o receptor da coisa possa extrair toda utilidade que a coisa pode proporcionar – *utilidade* é o fundamento deste vício) e garantia legal em relação a questões jurídicas (objetivo é garantir que o receptor da coisa que a perde para terceiro seja amplamente indenizado – *indenização* ampla – art. 450). Além destas garantias legais relativas à materialidade e à juridicidade da coisa, as partes, de comum acordo, podem pactuar outras garantias atípicas.

Nesse sentido, o Enunciado 582 da VII Jornada de Direito Civil: "Com suporte na liberdade contratual e, portanto, em concretização da autonomia privada, as partes podem pactuar garantias contratuais atípicas".

No âmbito dos vícios redibitórios, em comparação aos arts. 1.101 a 1.106 da Lei Civil de 1916, as *novidades* mais relevantes estão relacionadas à *fixação de prazos de decadência legal* (art. 445) e à *possibilidade de os contratantes estipularem prazos de decadência convencional*, denominada pelo art. 446 *cláusula de garantia*. Com exceção destas questões relativas aos prazos, o Código Civil, na substância, repete as normas dispositivas do seu antecessor.

O vício será qualificado como *redibitório* quando for capaz de fundamentar pretensão relativa à extinção de contrato comutativo ou doação onerosa.

Não basta o vício ser oculto para permitir a redibição ou extinção do contrato. Tal característica do vício deve ser agregada a outros elementos, conforme será adiante analisado.

O vício redibitório não pode ser associado apenas como defeito oculto. *O vício é qualificado de redibitório quando ostenta todos os elementos indispensáveis para ser a causa de extinção do contrato comutativo ou da doação onerosa.* Ausentes os elementos para a sua conformação, será apenas um vício que, em algumas hipóteses, poderá até ensejar pedido de indenização, mas não pode ser qualificado de vício *redibitório*. O fato de ser oculto é apenas um destes elementos para sua caracterização.

A redibição é uma qualidade do vício. Os vícios podem ser comuns ou redibitórios. *Neste último caso, aplica-se a teoria dos vícios redibitórios para regular e disciplinar a relação contratual.*

Trata-se, portanto, de garantia dada pela lei ao contratante prejudicado por uma coisa recebida em virtude de contrato comutativo (ou doação onerosa), sendo efeito direto deste. Se tal coisa, objeto do contrato, contiver algum *defeito material capaz de prejudicar a sua utilidade ou a função social e econômica para a qual foi destinado e, presentes os demais elementos (vício deve ser oculto, anterior à tradição etc.), poderá o adquirente invocar a teoria dos* vícios redibitórios *para resguardar seus direitos de possuidor e proprietário*.

Na realidade, o grande objetivo desta *garantia legal é resguardar ao adquirente uma* posse útil *da coisa, ou seja, permitir ao adquirente usufruir todas as utilidades que o objeto pode proporcionar*. Os vícios redibitórios estão diretamente relacionados à garantia de utilidade e, consequentemente, ao princípio da função social dos contratos. O contrato, dentre outras coisas, somente atingirá sua função social quando o objeto transferido puder ser usufruído pelo adquirente, de acordo com o fim para o qual a coisa é destinada. Esse é o real sentido da teoria dos vícios redibitórios.

Como se observará, tal garantia legal independe de culpa ou má-fé do alienante. Representa uma consequência direta e imediata da natureza do contrato comutativo, o qual exige equivalência entre as prestações e, principalmente, certeza objetiva destas prestações desde a formação do contrato.

3.8.1.2. Fundamento dos vícios redibitórios e da garantia. Natureza jurídica do instituto

O verdadeiro fundamento dos vícios redibitórios é o princípio da garantia. Nas precisas lições de Caio Mário[201]: "(...) o seu fundamento é o princípio da garantia, sem a intromissão de fatores exógenos, de ordem psicológica ou moral. O adquirente sujeito a uma contraprestação tem direito à utilidade natural da coisa, e, se ela lhe falta, precisa de estar garantido contra o alienante, para a hipótese de lhe ser entregue coisa a que faltem qualidades essenciais de prestabilidade, independente de uma pesquisa de motivação". É irrelevante qualquer questão subjetiva (conhecimento ou não do vício). É o que enuncia o art. 443 do CC, que desconsidera fatores exógenos ou psicológicos.

O objetivo é proteger o contratante que recebe coisa que não ostenta a necessária qualidade. Já Orlando Gomes ressalta que o fundamento não é do vício redibitório, mas da própria garantia, apresentando três teorias para explicar essa questão: *Teoria da Evicção Parcial, Teoria do Erro e Teoria do Risco*. Segundo o referido mestre[202], a *primeira* teoria não é adequada, pois, se fosse dessa natureza, "a consequência seria o nascimento do dever de indenizar para o alienante em razão do inadimplemento da obrigação", quando a consequência do vício é a redibição do contrato e não a reparação de danos. Em relação *à teoria do erro*, sustenta que, embora tenha ocorrido vício de vontade em relação às qualidades essenciais do objeto, o erro leva à anulação do contrato, ou seja, seria um vício de formação da vontade, e não de execução do negócio, como acontece com os vícios redibitórios. A *teoria do risco*, por sua vez, afirma que a responsabilidade pelo vício seria imposição da lei, onde o alienante assume o risco pelo defeito na coisa.

No entanto, rechaçando todas estas teorias, defende Gomes[203]: "Trata-se, realmente, de garantia de natureza especial, a que se não aplicam as regras da teoria geral dos contratos".

A doutrina, portanto, tenta desvincular a teoria dos vícios redibitórios destas teorias garantidoras de direitos, em especial a teoria do erro. O principal argumento está relacionado às diferenças nas consequências dos institutos. Embora tais diferenças pudessem ser superadas com base nos princípios regentes da normativa contratual, parece mais conveniente caminhar para uma teoria própria e autônoma em relação aos vícios redibitórios. Para sua caracterização, são tantos os elementos a serem identificados que, dificilmente, a natureza jurídica deste instituto se compatibilizaria com a natureza jurídica de outros institutos congêneres.

Por isso, concordamos com a tese de a teoria do vício redibitório ser garantia especial, inerente aos contratos comutativos (e doações onerosos), com elementos próprios capazes de individualizar o instituto, devendo ser contextualizado com base nas diretrizes bem definidas pelo legislador.

3.8.1.3. Elementos constitutivos e conceito de vício redibitório

O vício ou defeito material somente pode ser adjetivado de *redibitório* (aquele capaz de fundamentar pedido de extinção de contrato), quando ostentar alguns elementos, pressupostos ou, segundo alguns doutrinadores, requisitos que lhe são peculiares. Em regra, o alienante, em decorrência de imposição legal, assume a obrigação de garantir ao adquirente a utilidade da coisa transferida. Caracterizado o vício redibitório, com a presença dos elementos que lhe são inerentes, o alienante se sujeitará à ação redibitória (pedido de extinção do contrato).

A questão é: Quais são os elementos constitutivos necessários para a qualificação do vício ou defeito como redibitório? Podemos resumi-los em 5 (cinco) elementos fundamentais: *1* – o defeito *material* deve ser oculto; *2* – desconhecido pelo adquirente; *3* – o defeito oculto e *material*, necessariamente, deve ser anterior à tradição efetiva; *4* – o defeito material e oculto deve prejudicar substancialmente a utilidade da coisa transferida; e *5* – o defeito oculto e material deve ser evidenciado em contrato comutativo ou doação onerosa. Presentes todos estes elementos ou requisitos, o vício passa a receber o adjetivo de *redibitório*.

1º elemento: o defeito material ou vício deve ser oculto. A teoria dos vícios redibitórios na legislação civil é compatível apenas com os vícios e defeitos chamados, vulgarmente, de *ocultos*. O que se entende por *oculto*? O defeito possuirá essa característica quando, mediante um exame superficial da coisa, não for passível de visualização pelo adquirente. Oculto é o defeito imperceptível pela pessoa interessada na aquisição da coisa. Será imperceptível quando, submetido a um exame comum e superficial, o interessado não tiver condições técnicas de verificar a existência do defeito. Portanto, para detectar o defeito, em regra, adota-se o critério ou padrão do *homem médio*, considerado abstratamente.

No entanto, excepcionalmente, e considerando que as relações privadas são norteadas pelo princípio da boa-fé objetiva, o qual tem a função, dentre outras, de criar deveres anexos, colaterais e secundários, como o dever de lealdade, probidade, ética e honestidade (padrão de conduta socialmente adequado), será possível afastar o critério geral do *homem médio* e adotar o critério concreto e subjetivo, levando em conta a pessoa específica do adquirente, quando este tiver conhecimento técnico suficiente para visualizar o defeito oculto, mesmo diante de um exame superficial e geral na coisa.

Por exemplo, o critério para aferição de defeito (oculto) existente em veículo usado pode ser o abstrato ou concreto, a depender da pessoa do adquirente. Se este não tiver conhecimento técnico suficiente para visualizar defeitos camuflados na coisa objeto do contrato, para fins de caracterização do vício, será adotado o padrão do *homem médio*, ou seja, critério abstrato. Por outro lado, se o adquirente for mecânico e aquele defeito for por ele facilmente identificável, considerando a sua competência técnica, em

---

[201] PEREIRA, Caio Mário da Silva. *Instituições de direito civil*: Contratos. 11. ed. Rio de Janeiro, 2004. v. III.
[202] GOMES, Orlando. *Contratos*. 26. ed. Rio de Janeiro: Forense, 2008.
[203] GOMES, Orlando. *Contratos*. 26. ed. Rio de Janeiro: Forense, 2008.

função do princípio da boa-fé objetiva, a caracterização deste elemento em relação a essa pessoa seguirá o critério especial, concreto e subjetivo, afastando o critério geral.

Neste ponto, um registro se faz necessário: caso o defeito possa ser facilmente visualizado e verificado após uma análise simples, básica e superficial, mesmo por aquele que não tenha conhecimento técnico para tanto, não haverá a proteção legal se a não percepção do vício decorrer da ausência de diligência desta pessoa. Nesta hipótese, não se caracterizará o vício redibitório. A negligência não é tutelada pela lei, principalmente em razão do princípio da boa-fé objetiva, o qual exige atuação com a mesma prudência do homem comum. Por isso, a pessoa interessada, no mínimo, deve ter a cautela de fazer um exame superficial e simples da coisa que pretende adquirir, como condição de usufruir desta garantia legal. Da mesma forma, se o defeito for ostensivo ou facilmente perceptível, não haverá a proteção legal.

Em conclusão, fazendo referência ao defeito oculto, pedimos vênia para transcrever a afirmação de Paulo Nader[204] sobre esse elemento: "Este, portanto, é o que escapa aos sentidos e à experiência das pessoas em geral".

Tal elemento (defeito – oculto) é exigido no art. 441 do CC, segundo o qual, a coisa recebida em virtude de contrato comutativo pode ser enjeitada *por vícios ou defeitos ocultos*.

Como é fácil perceber, a garantia legal não abrange os vícios ou defeitos aparentes, ostensivos, como ocorre, por exemplo, no Código de Defesa do Consumidor (art. 26 do CDC). Sendo o defeito aparente ou ostensivo e, mesmo assim, aceitando a coisa, estaria o adquirente simplesmente desconsiderando o defeito para seus propósitos. Ciente da ausência de garantia para esse tipo de vício restaria ao adquirente, no momento da formação do contrato, postular por compensações financeiras em razão dos vícios.

Nas singelas e sempre precisas palavras de Orlando Gomes[205], "se está à vista, presume-se que o adquirente quis recebê-lo assim mesmo". Não concordamos com parte da doutrina que defende a existência de renúncia implícita neste caso. Não se trata de renúncia, mas de simples conveniência do negócio para o adquirente.

Além de oculto, como já ressaltado, o defeito deve ser *material* ou *corpóreo*. A teoria dos vícios redibitórios não disciplina os vícios *imateriais* ou *incorpóreos*. Por exemplo, a evicção está relacionada a defeitos de direito e não a vícios materiais. Na evicção, o bem transferido (de forma definitiva ou temporária), na substância, é materialmente perfeito, mas há um vício na questão relacionada ao domínio (título de propriedade, defeito de direito, portanto).

2º elemento: o segundo elemento está relacionado ao desconhecimento do vício oculto pelo adquirente. Mas esse elemento já não estaria inserido no elemento anteriormente analisado? Se o vício deve ser oculto e não sendo percebido, já não seria desconhecido? É necessária cautela para não incorrer em confusão sobre os requisitos necessários para a caracterização do vício como redibitório.

Tal elemento tem relação com o princípio da boa-fé objetiva, também incidente no momento da formação e conclusão do negócio jurídico (art. 422).

O vício pode ser oculto, mas conhecido pelo adquirente. É possível que o alienante, ciente de determinado vício oculto, antes da consumação do negócio, informe ao adquirente, em razão do dever lealdade, ética e honestidade que deve pautar as condutas humanas, a existência deste defeito. Se o adquirente, ciente do vício, ou melhor, conhecendo o vício, por informação prestada pelo alienante, resolve concluir o negócio, não poderá invocar a teoria dos vícios redibitórios para extinção deste contrato, ainda que presentes os demais elementos. No caso, o vício, mesmo imperceptível, era conhecido pelo adquirente. Com a conclusão do contrato após tomar ciência do defeito, não poderá reclamar ou fazer queixas relacionadas a este defeito.

3º elemento: o terceiro elemento é a necessidade de o vício oculto e material, desconhecido pelo outro contratante, existir antes da tradição. É a preexistência à entrega do bem. O vício (oculto), necessariamente, deve ser anterior à tradição. O termo *tradição* aqui empregado está relacionado à entrega da coisa e não necessariamente à transferência do direito real de propriedade. Por quê? O Código Civil não restringe a teoria dos vícios redibitórios aos contratos de compra e venda e, por isso, a garantia pode ser invocada em qualquer contrato comutativo, como a locação, por exemplo, onde não há transferência de propriedade, mas mera transferência da posse direta da coisa.

Portanto, o vício ou defeito material deve ser preexistente à tradição da coisa. Tal requisito pode ser visualizado em três dispositivos da lei civil. Em primeiro lugar, tal *preexistência* pode ser extraída do *caput do* art. 441 na expressão *coisa recebida*. Ao mencionar *coisa recebida*, exige a lei o efetivo recebimento da coisa como marco fundamental para verificação da existência do vício. A coisa recebida com vício pode ser enjeitada ou rejeitada. Se o vício for superveniente à tradição ou surgir após o recebimento da coisa, o contratante responsável pela transferência não terá qualquer responsabilidade.

Importante ressaltar que a data do contrato comutativo ou da doação onerosa é irrelevante para fins de caracterização deste elemento. O marco definitivo para a consideração do vício e da imputação da responsabilidade ao alienante ou contratante é a tradição (entrega efetiva da coisa). Por isso, se houver vício no intervalo entre a data da conclusão do contrato e a tradição, a responsabilidade será toda do alienante.

Além do art. 441, a preexistência à tradição é também mencionada no art. 444 do CC, cujo dispositivo espanca todas as dúvidas relativas a esta questão.

Segundo este artigo: "A responsabilidade do alienante subsiste ainda que a coisa pereça em poder do alienatário, se perecer por vício oculto, *já existente ao tempo da tradição*" (grifo nosso).

---

[204] NADER, Paulo. *Curso de direito civil – Contratos*. 9. ed. Rio de Janeiro: Forense, 2018. v. III.
[205] GOMES, Orlando. *Contratos*. 26. ed. Rio de Janeiro: Forense, 2008.

A parte final deste artigo não deixa margem a dúvidas a respeito do momento da apuração da existência do vício, qual seja, do *tempo da tradição* ou da entrega efetiva. Tal dispositivo, inclusive, inverte a regra do *res perit dominus* (a coisa perece para o dono) nas hipóteses em que houver transferência da propriedade da coisa (Atenção: os vícios redibitórios podem ser invocados em contratos onde não há transferência de propriedade, como na locação e, por isso, nestes casos, a regra geral permanecerá intacta). Nos casos de transferência do direito real de propriedade, na dicção do art. 444, a coisa perecerá para o alienante, o qual não é mais o dono.

Para a consumação da responsabilidade do alienante nestas hipóteses, essencial a existência de nexo de causalidade entre o perecimento da coisa (já na posse do adquirente) e o defeito ou vício oculto, o qual, necessariamente, deve ser anterior à tradição. Se o perecimento decorrer deste vício anterior à tradição, a responsabilidade pelo defeito deve ser imputada ao alienante ou contratante. A causa do perecimento deve ser um vício anterior à tradição: *causa* (defeito oculto) – *anterior à tradição* – *consequência* – (perecimento) = *responsabilidade* daquele que entregou o objeto. A referência legislativa é a tradição, e não a conclusão do contrato (art. 444).

Por óbvio, se não houver nexo de causalidade entre o perecimento e o defeito oculto, não haverá responsabilidade do alienante. Com isso, se o perecimento decorrer de caso fortuito, ainda que a coisa ostente vícios ocultos e materiais, nenhuma responsabilidade poderá ser imputada ao alienante. Neste caso, não haverá relação de causa e efeito entre o vício e o perecimento. Orlando Gomes, defende que o caso fortuito não rompe o nexo de causalidade, pois a verificação do vício anterior à tradição seria suficiente para responsabilizar o alienante. Essa extensão da responsabilidade do alienante, proposta por Gomes, não encontra guarida em nossa legislação, sendo posição isolada na doutrina.

Para finalizar, o art. 445 do CC também faz referência à tradição como sendo o momento para apuração da existência do vício oculto. Em regra, os prazos de decadência legal são contados da entrega efetiva da coisa e não da conclusão do negócio, sendo mais um suporte para definir a tradição como o marco para a preexistência do defeito.

4º elemento: o quarto elemento é essencial e fundamental para a caracterização do vício ou defeito material como redibitório. O vício somente se caracterizará como redibitório *se tiver potencialidade para prejudicar a utilidade da coisa transferida. É o prejuízo substancial à utilidade.*

Este elemento está conectado com a função social e econômica da coisa. É o princípio da função social integrando a teoria dos vícios redibitórios. O defeito pode ser oculto, desconhecido pelo outro contratante e anterior à tradição, *mas, se não prejudicar, de forma substancial e concreta, a utilidade da coisa, não será qualificado como redibitório*.

Não são poucas as coisas que ostentam defeitos ou vícios ocultos e materiais, como é comum no comércio de veículos automotores usados, por exemplo. No entanto, se o defeito não tornar a coisa imprópria ao uso a que é destinada, ou seja, se não houver prejuízo efetivo à função econômica e social da coisa, não haverá possibilidade de rejeição desta, mas apenas indenização. Importante ressaltar, que eventual indenização está condicionada à comprovação de prejuízos (dano), a caracterização do nexo de causalidade e uma imputação, subjetiva ou objetiva, para o alienante (possibilidade de atribuir a responsabilidade civil pelo defeito material que não ostenta todos os requisitos para ser rotulado e qualificado como redibitório).

Este elemento fundamental relativo à *utilidade*, visa preservar o negócio jurídico e, também por esta razão, está relacionado ao princípio da função social dos contratos. Os defeitos (ocultos e materiais) *insignificantes* ou que, após serem reparados, *não prejudiquem a utilidade da coisa transferida*, não ensejam a redibição do contrato. Por isso, o defeito material e oculto deve interferir, decisivamente, na função econômica e social da coisa e isso ocorrerá quando o bem não puder ser utilizado para o fim ao qual é destinado ou foi concebido.

O requisito da *utilidade* possui duas vertentes no Código Civil: a *primeira* é a vertente material e a *segunda* a econômica. A inutilidade pode decorrer de defeitos materiais graves e insuscetíveis de reparos (*material*) ou de desvalorização econômica acentuada (*econômica*).

Segundo o art. 441 do CC, a coisa recebida em virtude de contrato comutativo pode ser enjeitada por vícios ou defeitos ocultos, que *a tornem imprópria ao uso a que é destinada*. Este é o aspecto material da inutilidade. Quando a coisa será inútil materialmente? Sempre que os defeitos materiais forem substancialmente graves e insuscetíveis de reparos a ponto de tornar a coisa imprópria ao uso a que se destina. Mesmo havendo possibilidade de reparo, se este não deixar a coisa em perfeitas condições de uso, também poderá se configurar a inutilidade material ou concreta. Assim, se uma pessoa adquire um veículo usado com defeito oculto no motor, cujo defeito prejudica a utilidade da coisa, sendo esse vício passível de eficaz reparação, não há possibilidade de rejeição da coisa. Neste caso, restará ao comprador exigir indenização pelo valor desembolsado para o reparo do defeito material. Se o defeito for insuscetível de reparação adequada e eficiente (adequada é a reparação que torna o bem em perfeitas condições de uso), caracterizada estará a inutilidade material.

Por outro lado, a inutilidade econômica está relacionada à desvalorização acentuada e substancial da coisa em decorrência do vício oculto. Neste caso, haverá duas situações a serem consideradas: primeiro, se o defeito material, mesmo passível de reparação, levar a uma desvalorização acentuada do bem, será possível, no caso concreto, se cogitar em inutilidade econômica. Não poderia o contratante suportar as perdas econômicas substanciais que inutilizam a função econômica da coisa. Segundo, o defeito material é tão grave e substancial que, mesmo sendo passível de reparação, tal reparação é tão onerosa que inviabiliza o reparo. A inutilidade econômica está situada ao final do art. 441, quando faz a menção sobre a diminuição do valor da coisa.

Desta forma, *apenas diante de inutilidade material ou econômica grave e substancial, poderia se cogitar em qualificação do vício como redibitório ou passível de levar à extinção do contrato.* Ausente a inutilidade com estas características, apenas restará ao contratante, prejudicado economicamente, pleitear indenização por perdas e danos, materiais e morais. A ideia é justamente restringir a possibilidade de redibição de contratos por conta de defeitos materiais, resolvendo-se a questão no âmbito da teoria geral da responsabilidade civil contratual. Essa restrição é um desdobramento do princípio da função social do contrato, o qual integra as relações privadas e os institutos jurídicos de direito civil, sendo uma de suas inúmeras finalidades justamente a preservação do contrato.

A boa-fé objetiva também interage com a teoria dos vícios redibitórios nesta questão da utilidade, porque constituiria abuso de direito (art. 187 do CC) pleitear a extinção de um contrato, com fundamento no vício redibitório, se tal defeito material é insignificante ou, mesmo substancial, se o defeito material for passível de reparação não prejudicial à função econômica e social da coisa. Esse princípio exigirá dos sujeitos interessados em contratar, maior cautela e intensa diligência no momento de consumar qualquer negócio jurídico.

Havendo utilidade, ainda que obtida por processo de reparação de defeito oculto, não há possibilidade de enjeitar a coisa.

Para finalizar, Tepedino[206] faz observação interessante a respeito da destinação da coisa relacionada ao requisito da utilidade. Qual o sentido da expressão *tornando-a imprópria ao fim a que é destinada*? Que destinação seria essa? Segundo ele, "é preciso definir se esta destinação há de ser determinada conforme uma análise objetiva, considerando o pertencimento da coisa a um dado gênero, ou, ao invés, se é de se considerar a destinação sob a ótica subjetiva, ou seja, sob a ótica específica do adquirente". E complementa: "O que é preciso, para que haja o vício redibitório, é que a pressuposição do adquirente seja frustrada pela existência do vício, quer prejudicando a utilidade, tornando-a inapta para o fim desejado, quer reduzindo seu valor econômico".

Portanto, Tepedino defende a tese de se verificar, caso a caso, a função contratual cometida pelas partes, como elemento integrante da inutilidade. Tal função deve ser frustrada pelo defeito. Nas palavras de Otto de Souza Lima, citado por Tepedino[207]: "Por isso, se a coisa, contratada em vista de uma função especial e determinada, a ela não se prestar, haverá então lugar para aplicação do critério subjetivo e, em face dele, a configuração do vício redibitório, de vez que a coisa se mostrou imprópria ao fim colimado pelas partes.

Na realidade, tal ideia, embora respeitável, está inserida na questão da inutilidade material ou econômica, pois se a coisa for imprópria ao fim ao qual é destinada ou foi destinada pelas partes, haverá, igualmente, inutilidade material e substancial. Pensamos que devem ser integrados os critérios objetivo e subjetivo, faces diferentes da mesma moeda. Não há dúvida que deve ser considerado o fim buscado pelas partes (critério subjetivo), mas isso não pode ser levado a extremos, pois a boa-fé objetiva integra o conteúdo do contrato. Por exemplo, o sujeito adquire um veículo automotor, cuja função social e econômica é servir ao uso como meio de transporte. Não poderia o comprador invocar defeito material, ostentando vícios que impedem o uso deste bem para navegação. Com isso, pretendemos demonstrar que o critério subjetivo é importante, mas não deve ser desconectado do critério objetivo, onde deve ser considerada a função social para o qual o bem foi constituído ou criado, independentemente da vontade das partes que, pelas mais diversas razões, podem dar ao bem destinação diversa. Deve existir uma constante interação entre os dois critérios, a serem apreciados em cada caso concreto.

5º elemento: o último elemento está relacionado à espécie contratual compatível com a teoria dos vícios redibitórios.

Na esteira do art. 441 do CC, a teoria dos vícios redibitórios representa um efeito direto e imediato da natureza jurídica dos contratos comutativos. E o que é um contrato comutativo?

A comutatividade ou a aleatoriedade dos contratos bilaterais tem relação com a possibilidade de estimar a equivalência e a extensão das prestações desde a origem ou a formação do contrato. Nos contratos bilaterais comutativos, as prestações recíprocas e dependentes são previamente conhecidas. As partes, desde a origem, têm ciência do resultado do contrato, dos limites e da extensão das vantagens de cada um. Por isso, se cogita em comutatividade. É a equivalência das prestações recíprocas desde a origem.

Nos contratos comutativos, os contratantes possuem plenas condições de estimar as vantagens desde o início ou a origem do contrato. Por isso, Orlando Gomes menciona a *equivalência subjetiva*. O contrato, objetivamente, pode até não ser equivalente, ou melhor, proporcional. No entanto, não é esse o elemento caracterizador da comutatividade. O contrato será comutativo porque os sujeitos (por isso equivalência subjetiva) podem precisar os limites das prestações desde a origem do contrato. As prestações são objetivamente certas para os sujeitos contratantes, simplesmente porque a extensão destas prestações não está na dependência de qualquer outro fato ou evento. É aquela prestação até o final e ponto.

Nos contratos comutativos, não há incerteza em relação ao resultado (a prestação de um ou a prestação de ambos não está vinculada ou não é dependente de nenhum fator de incerteza). Este é previsível, pois, desde a origem, as partes sabem qual é a prestação e a contrapres-

---

[206] TEPEDINO, Gustavo; BARBOSA, Heloísa Helena; BODIN, Maria Celina et al. *Código civil interpretado.* v. II (teoria geral dos contratos, contratos em espécie, atos unilaterais, títulos de crédito, responsabilidade civil, preferências e privilégios creditórios - artigos 421-965), RJ-SP: Renovar, 2006.

[207] TEPEDINO, Gustavo; BARBOSA, Heloísa Helena; BODIN, Maria Celina et al. *Código civil interpretado.* v. II (teoria geral dos contratos, contratos em espécie, atos unilaterais, títulos de crédito, responsabilidade civil, preferências e privilégios creditórios - artigos 421-965), RJ-SP: Renovar, 2006.

tação. Nos contratos comutativos, é possível o prévio conhecimento da extensão, profundidade e das condições das prestações assumidas. A certeza objetiva das prestações e a previsibilidade do resultado caracterizam estes contratos.

O exemplo dado por Orlando Gomes[208] é didático: "Assim, ao celebrar, por exemplo, um contrato de compra e venda, o vendedor sabe que deverá receber o preço ajustado na medida de sua conveniência, e o comprador, que lhe será transferida a propriedade do bem que quis adquirir".

A legislação brasileira (tanto o Código Civil atual quanto o Código Civil de 1916) não restringe a teoria dos vícios redibitórios aos contratos de compra e venda, como ocorre no direito comparado (CC francês, italiano, alemão, dentre outros), permitindo a sua aplicação a todo e qualquer contrato comutativo. No entanto, assim como ocorre com a evicção, ao tratar dos vícios redibitórios, o nosso Código Civil adota termos relacionados ao contrato de compra e venda (alienante e adquirente), evidenciando o apego às origens romanas do instituto. O fato é a possibilidade de invocação desta teoria em qualquer contrato comutativo, como na locação de coisas (arts. 566 e 568 do CC).

A novidade em relação ao campo de ação dos vícios redibitórios está no parágrafo único do art. 441 do atual CC, o qual equipara aos contratos comutativos as doações onerosas ("É aplicável às disposições deste artigo às doações onerosas"). Estas são as doações em que o donatário fica sujeito a uma prestação em favor de outrem, como ocorre nas doações com encargo (art. 553), a qual, inclusive, está sujeita à revogação em caso de inexecução (art. 555). Tal previsão não constava no Código Civil de 1916. Assim como Paulo Nader[209], também concordamos com a extensão dos vícios redibitórios às doações remuneratórias, "que são efetuadas na intenção de compensarem serviços prestados".

Por fim, embora o art. 441 do CC restrinja, de modo inequívoco, os vícios redibitórios aos contratos comutativos, no Conselho da Justiça Federal, na VII Jornada de Direito Civil, foi aprovado enunciado para permitir a invocação de vício redibitório em contrato aleatório. De acordo com o Enunciado 583: "O art. 441 do Código Civil deve ser interpretado no sentido de abranger também os contratos aleatórios, desde que não inclua os elementos aleatórios do contrato". Na realidade, o enunciado admite os vícios redibitórios em contratos aleatórios em relação à parte deste contrato que não é aleatória, o que reforça a compatibilidade dos vícios redibitórios com os contratos comutativos. Na justificativa do enunciado, somente será possível invocar vício redibitório se a álea estiver relacionada à quantidade da coisa, pois se o risco se referir à qualidade, em razão do risco assumido, não é possível invocar a teoria dos vícios redibitórios. Na realidade, o enunciado nada exceciona, pois se o vício redibitório não pode se referir aos elementos aleatórios do contrato,

não há que se defender a teoria do vício redibitório em contratos desta natureza. A semântica foi desvirtuada para se dizer a mesma coisa: os vícios redibitórios são compatíveis com contratos comutativos.

> **Conclusão:** em conclusão, presentes todos estes cinco elementos, o vício poderá ser qualificado como redibitório. Ausente qualquer deles, dependendo do caso e presentes os requisitos legais para a responsabilidade civil contratual (imputabilidade objetiva ou subjetiva a um dos contratos, dano material ou moral e nexo de causalidade), haverá apenas direito à indenização, jamais a possibilidade de extinção do contrato com fundamento nesta garantia.

Diante destes elementos fundamentais, podemos conceituar o vício redibitório como sendo *o defeito material e oculto, desconhecido pelo adquirente, preexistente à tradição da coisa objeto de contrato comutativo ou doação onerosa, cujo vício tenha condições de prejudicar, substancialmente, a utilidade material ou econômica da coisa e, por conta disso, a torna imprópria para uso e cumprimento de sua finalidade econômica e social.*

3.8.1.4. Ciência do contratante/alienante a respeito do vício e consequência

Como já ressaltado, para fins de caracterização do vício como redibitório, não é relevante a ciência ou não do alienante deste defeito por ocasião da formação ou conclusão do negócio jurídico. Os fatores exógenos, psicológicos, subjetivos e morais em relação ao alienante não integram os elementos delineadores do vício redibitório, conforme se depreende do art. 443 do CC.

Segundo este dispositivo legal, "se o alienante conhecia o vício ou defeito da coisa, restituirá o que recebeu com perdas e danos; *se o não conhecia, tão somente restituirá o valor recebido, mais as despesas do contrato*" (grifo nosso). O fato de o alienante conhecer ou não o defeito material e oculto não interfere na imposição da garantia em favor do adquirente. Tal questão subjetiva ou psicológica é dispensável e prescindível para a conformação e adjetivação do vício. O fundamento desta garantia não tem qualquer relação com a conduta do contratante alienante. Portanto, mesmo de boa-fé, o alienante responderá pelos defeitos materiais na coisa, capazes de prejudicar a utilidade material ou econômica dela.

Entretanto, a boa ou má-fé do alienante terá relevância no *quantum* da indenização. Se o alienante não conhecia o vício (boa-fé), deveria apenas restituir o valor recebido pela coisa, mais as despesas do contrato. Por outro lado, se tinha ciência do defeito oculto e, ocultando tal fato da outra parte, realiza o negócio jurídico, além da restituição do valor recebido pela coisa, ainda terá de pagar à parte prejudicada perdas e danos, materiais e/ou morais, conforme o caso. O Código Civil penaliza, com a previsão de indenização mais ampla, o sujeito que age de má-fé, ou seja, que, ciente do vício, não comunica tal fato à outra parte antes da consumação do negócio.

---

[208] GOMES, Orlando. *Contratos*. 26. ed. Rio de Janeiro: Forense, 2008.
[209] NADER, Paulo. *Curso de direito civil – Contratos*. 9. ed. Rio de Janeiro: Forense, 2018. v. III.

O CC/1916, no art. 1.103, adotava o mesmo critério do seu sucessor. Desta forma, embora a condição subjetiva não interfira na caracterização do vício como redibitório, as consequências podem suportar variações de acordo com a intenção ou a boa ou má-fé do alienante.

Entretanto, há uma questão a ser considerada, pouco explorada, mas de relevante repercussão.

Se o alienante tem ciência do vício redibitório (defeito material e oculto que prejudica a utilidade da coisa) e, de má-fé, aliena o bem para o adquirente, terá havido de sua parte *dolo*. Qual a relevância disso?

Como esse dolo é anterior à formação do contrato, caso ele seja a causa determinante da manifestação da vontade do outro contratante (denominado pelo CC de adquirente), poderá este pleitear a anulação ou invalidação do contrato com fundamento neste dolo, nos termos dos arts. 145 e 171, II, do CC, no prazo de decadência previsto no art. 178 do mesmo diploma legal.

Portanto, o *dolo* anterior à formação do contrato, sendo a causa determinante da vontade da parte por ele prejudicada, pode ser fundamento para um pedido de invalidação do contrato e não de extinção do contrato com fundamento na teoria dos vícios redibitórios.

Os requisitos para a invalidação do negócio jurídico por dolo são diferentes dos pressupostos para a extinção do contrato por vício redibitório. Se não estiverem presentes os requisitos para a extinção do contrato com fundamento dos vícios redibitórios, mas evidenciados os elementos do dolo previsto no art. 145 do CC, este pode fundamentar o pedido de indenização. Por outro lado, se estiverem presentes os requisitos da teoria dos vícios redibitórios, mas não do dolo (porque este tem que ser a causa determinante da vontade e muitas vezes, neste caso, não o será), a má-fé apenas será fundamento para as perdas e danos, conforme previsto no art. 443.

Todavia, se estiverem presentes os requisitos do dolo e também dos vícios redibitórios, poderia o contratante optar entre a invalidação com fundamento no dolo ou a extinção do contrato, com perdas e danos, fundado na teoria dos vícios redibitórios.

Como ressaltado acima, o vício, entre outros elementos, para se qualificar como redibitório, deve ser anterior à tradição (entrega) e não anterior à formação do contrato. Neste caso, há duas questões a serem consideradas. Se o vício é superveniente à formação e anterior à tradição, incide a teoria dos vícios redibitórios. No entanto, pode ocorrer de o vício ser anterior à tradição e, também, à formação, em especial naqueles casos em que a tradição é praticamente simultânea com a formação. Neste último caso, o contrato nasce *viciado*. Na teoria das invalidades, ressaltamos que as causas de invalidade ou são anteriores ou contemporâneas à formação do negócio jurídico. Se o vício ou a causa é superveniente, o problema não se localiza mais na parte geral, na teoria das invalidades, mas na parte especial, como é o caso do adimplemento ou inadimplemento das obrigações. No caso dos vícios redibitórios, o vício deve ser anterior à tradição, mas pode ser anterior à formação do contrato. Nesta situação (vício anterior à formação), em caso de má-fé do alienante, pode ser causa de invalidação ou redibição, desde que presentes os requisitos de todos os institutos. O vício redibitório, nesta situação específica de má-fé (dolo), anterior ou contemporâneo à formação (com vício já caracterizado neste momento), haveria uma mitigação à regra de que todas as causas anteriores ou contemporâneas à formação do negócio jurídico levam à sua invalidação (nulidade ou anulação). No caso dos vícios redibitórios, não há qualquer prejuízo ao plano de validade do negócio jurídico. Isso evidencia a peculiaridade das regras deste instituto.

3.8.1.5. Efeitos dos vícios redibitórios: ações edilícias

Caracterizado o vício como redibitório, poderá a parte prejudicada enjeitar a coisa, redibindo o contrato, a teor do art. 441 e primeira parte do art. 442, ambos do CC.

Segundo o art. 441 da CC, se a coisa recebida em virtude de contrato comutativo ostentar defeito oculto que a torne imprópria ao uso a que é destinada (inutilidade material) ou lhe diminua substancialmente o valor, o prejudicado poderá rejeitá-la, recobrando o preço pago, mediante a materialização de pretensão redibitória.

A ação redibitória é a única que tem relação com a teoria dos vícios redibitórios. Por isso a terminologia. O vício redibitório (qualificado com os elementos já analisados) pode ensejar pretensão redibitória, ou seja, rejeição da coisa defeituosa com a devolução do preço pago. Para exercer essa pretensão, prevista nos artigos em referência, essencial a caracterização dos *cinco* elementos delineados em tópico anterior. Entretanto, o art. 442, segunda parte, concede ao contratante prejudicado a prerrogativa de permanecer com a coisa defeituosa para reclamar indenização pelos danos suportados, a qual o Código Civil denomina ação para *abatimento do preço*.

A natureza desta pretensão é indenizatória. Essa é a chamada ação estimatória ou *quanti minoris*, a qual permite ao adquirente requerer mera indenização ou abatimento da prestação ou contraprestação. Esta faculdade concedida ao contratante prejudicado pelo art. 442 do CC, onde terá a alternativa de optar entre a rejeição da coisa ou o abatimento da prestação, somente será possível mediante a caracterização do vício como redibitório (e assim será quando estiver constituído dos 5 elementos). Caracterizado o vício como redibitório, o contratante prejudicado poderá optar entre a rejeição da coisa e a indenização pelos prejuízos relacionados ao defeito material nesta. É uma alternativa colocada à disposição do contratante prejudicado.

Se o vício não for adjetivado de redibitório, o contratante prejudicado, se for o caso, poderá apenas reclamar indenização, jamais a redibição. Portanto, a opção ou a alternativa em benefício do contratante prejudicado dependerá da qualificação do vício como redibitório.

Em relação aos efeitos das ações edilícias, relevantes as observações de Orlando Gomes[210]: "O principal efeito

---

[210] GOMES, Orlando. *Contratos*. 26. ed. Rio de Janeiro: Forense, 2008.

da ação redibitória consiste na resolução do contrato. A ação *quanti minoris* não acarreta a redibição do contrato. Dando-lhe preferência, o adquirente limita-se a reclamar abatimento no preço". Sobre a opção em benefício do contratante prejudicado, Caio Mário[211] ressalta que: "(...) a lei cria, desta sorte, uma obrigação alternativa a benefício do adquirente. O alienante deve a redibição do contrato ou o abatimento do preço, e, como a escolha cabe ao credor, fará este a opção, com o efeito de concentrar a prestação. Daí afirmar-se, com boa extração, que a escolha é irrevogável".

O equívoco grave em que alguns costumam incidir é vincular a ação *quanti minoris* à inutilidade econômica, ou seja, defeito material capaz de reduzir substancialmente o valor da coisa. Não há essa correlação. A ação *quanti minoris*, prevista no art. 442 do CC, é uma faculdade concedida pela lei ao contratante prejudicado em caso de caracterização do vício como redibitório, não importando se a inutilidade é material ou econômica.

Esta alternativa também é prevista em benefício do consumidor, mas de forma mais abrangente, conforme se depreende do art. 18 do CDC, onde o consumidor pode optar pela resolução do contrato, indenização ou substituição por outro produto da mesma qualidade e espécie, em perfeitas condições.

A previsão das ações edilícias em caso de caracterização do vício redibitório prova a peculiaridade das regras e princípios relacionados a este instituto.

3.8.1.6. A questão dos vícios redibitórios relativos às coisas adquiridas em hasta pública

O art. 1.106 do CC/1916 disciplinava, expressamente, tal questão. Na dicção deste dispositivo, "se a coisa foi vendida em hasta pública, não cabe a ação redibitória, nem a de pedir abatimento do preço".

Tal regra não foi repetida pelo atual Código Civil e, em razão desta omissão da legislação, surgiram os questionamentos sobre a possibilidade ou não de invocar a teoria dos vícios redibitórios existentes em coisa adquirida em hasta pública. Por outro lado, em relação ao instituto da evicção, o art. 447 dispõe subsistir tal garantia na aquisição realizada em hasta pública, gerando inúmeros problemas naquele instituto. Tal dispositivo pode motivar a equiparação do art. 447 com a teoria dos vícios redibitórios em relação à aquisição em hasta pública, na medida em que ambos têm o mesmo fundamento (garantia legal).

Por isso, não será estranho se a jurisprudência mudar entendimento já consolidado sobre a proibição das ações edilícias se a coisa foi adquirida em hasta pública, para equiparar o instituto com a evicção. E os argumentos podem ser convincentes: Primeiro, a não repetição da regra disposta no art. 1.106 do CC/1916 e, segundo, a admissão da invocação da evicção em caso de aquisição da coisa em hasta pública. Como ambos os institutos têm o mesmo fundamento (garantia), a equiparação seria absolutamente natural.

No entanto, ao menos por enquanto, a doutrina, de uma forma geral, continua mantendo o mesmo entendimento já sedimentado pela legislação anterior. Paulo Nader, Orlando Gomes[212] ("Não cabe, do mesmo modo, a ação *quanti minoris*, se a coisa foi vendida em hasta pública, por isso que, no caso, a alienação é compulsória"), Caio Mário[213] ("Também não cabe responsabilidade se a coisa for alienada em hasta pública, não só porque a sua exposição prévia possibilitaria minucioso exame, como pelo fato de ser forçada, em processo judicial, em que se realiza por autoridade da justiça") e Gustavo Tepedino não admitem a invocação da teoria dos vícios redibitórios se a coisa é proveniente de venda forçada, ou seja, hasta pública.

Em relação a esta questão, a solução mais adequada é não admitir a garantia dos vícios redibitórios existentes em coisa adquirida em hasta pública. O alienante não pode responder pelos defeitos materiais existentes na coisa transferida compulsoriamente a terceiros. A existência de defeito deve integrar os riscos pela aquisição de bem em hasta pública, cujo negócio sempre é vantajoso para o adquirente em função do deságio que pode chegar a 50% (cinquenta por cento) do preço de mercado, segundo tem decidido a jurisprudência. A transferência é compulsória e a lei apenas imputa responsabilidade em caso de transferências negociadas, com base no princípio da autonomia privada. No entanto, nos resta aguardar novos pronunciamentos sobre essa questão.

3.8.1.7. Prazos de decadência legal para as ações edilícias

As maiores polêmicas em matéria de vícios redibitórios ficam por conta do preceito responsável pela disciplina aos prazos de decadência (legal) para o exercício do direito potestativo de obter a redibição ou o abatimento do preço. Neste ponto, o legislador tornou complexa uma questão absolutamente simples.

O prazo de decadência legal vem regulado no art. 445 do CC. Tal dispositivo regula *quatro* situações ou hipóteses distintas e, em relação a cada uma delas, o prazo ou o marco inicial do prazo de decadência suportará variação.

A *primeira* situação jurídica está prevista na primeira parte do *caput* do art. 445: "O adquirente decai do direito de obter a redibição ou abatimento no preço no prazo de 30 (trinta) dias se a coisa for móvel, e de 1 (um) ano se for imóvel, contado da entrega efetiva (...)".

Em relação a esta primeira hipótese, não há dificuldade para compreensão dos prazos e do correspondente marco inicial. Se a coisa for *móvel*, o prazo para o contratante prejudicado manejar as ações edilícias (redibitória e *quanti minoris*) é de 30 (trinta) dias e, no caso dos *imóveis*, o prazo passa para 1 (um) ano. Independentemente da natureza do bem, o prazo de 30 (trinta) dias ou de 1 (um) ano *são contados da tradição ou da entrega efetiva da coisa*. Aliás, esse é um dos dispositivos que justifica a adoção do critério da

---

[211] PEREIRA, Caio Mário da Silva. *Instituições de direito civil*: Contratos. 11. ed. Rio de Janeiro, 2004. v. III.

[212] GOMES, Orlando. *Contratos*. 26. ed. Rio de Janeiro: Forense, 2008.

[213] PEREIRA, Caio Mário da Silva. *Instituições de direito civil*: Contratos. 11. ed. Rio de Janeiro, 2004. v. III.

preexistência da tradição, um dos elementos para a caracterização do vício redibitório.

A *segunda* situação jurídica é disciplinada pela segunda parte do *caput* do art. 445: "(...) se já estava na posse, o prazo conta-se da alienação, reduzido à metade".

Neste caso, o contratante, prejudicado pelo defeito material e oculto na coisa, por ocasião da formação ou conclusão do negócio, já estava na posse da coisa, por força de um direito obrigacional (locação, comodato, depósito, entre outros) ou real (usufruto, uso, direito de superfície etc.). Por exemplo, se o locatário de um imóvel resolve adquirir o bem locado, como já está na posse da propriedade imobiliária, não teria sentido contar o prazo da data da entrega da coisa (possivelmente já estaria exaurido).

Por estas razões, se o contratante, prejudicado pelo vício ou defeito material na coisa, já está na posse do bem, o prazo é contado da alienação, ou seja, da data do negócio jurídico referente à transferência da posse definitiva e ou propriedade.

Além disso, considerando que o possuidor já conhece o bem ou a coisa móvel ou imóvel, os prazos previstos no *caput*, 30 (trinta) dias (móvel) e 1 (um) ano (imóvel), são reduzidos pela metade. Desta forma, se a coisa for móvel, o contratante prejudicado pelo vício terá 15 (quinze) dias para ingressar com as ações edilícias e, sendo a coisa imóvel, o prazo será de 6 (seis) meses. Os prazos de 15 (quinze) dias e de 6 (seis) meses são contados da alienação (e não da tradição). Nesta segunda hipótese, altera-se o prazo e o marco inicial, também como um desdobramento do princípio da boa-fé objetiva.

A *terceira* situação jurídica é complexa e, com toda a *vênia* aos leitores, inexplicável. Trata-se de uma daquelas situações esdrúxulas, incompreensíveis e típicas da nossa realidade legislativa. Tal situação está prevista no § 1º do art. 445 do CC: "Quando o vício, por sua natureza, só puder ser conhecido mais tarde, o prazo contar-se-á do momento em que dele tiver ciência, até o prazo máximo de 180 (cento e oitenta) dias, em se tratando de bens móveis; e de 1 (um) ano, para os imóveis".

O primeiro problema a ser enfrentado é a impossibilidade técnica, jurídica e científica de definir o que seria um *vício por sua natureza*. Diz o parágrafo: Se o vício, por sua natureza, só puder ser conhecido mais tarde (...). A *natureza* e o *conhecimento tardio* não têm qualquer relação com a caracterização dos vícios redibitórios. Alguns doutrinadores tentam justificar essa aberração jurídica com os mais diversos malabarismos e constrangimentos, argumentando que há vícios ocultos que somente se manifestam depois de muito tempo. É verdade, mas qual a relevância disso para a teoria dos vícios redibitórios?

A intenção do legislador foi proteger o contratante em situações especiais, mediante uma equivocada equiparação da Lei Civil ao disposto no § 3º do art. 26 do CDC. No entanto, ele não foi infeliz nessa empreitada. O CDC estabelece normas de proteção e defesa do consumidor, de ordem pública e interesse social, partindo do pressuposto de desigualdade material entre o consumidor e o fornecedor, protagonistas das relações de consumo.

O Código Civil, por outro lado, parte de uma premissa completamente diversa, qual seja, da igualdade material entre os atores privados. Assim, tomar de empréstimo normas da legislação do consumidor não é o caminho adequado. Haverá, certamente, confronto com os princípios de direito civil. Segundo o § 3º do art. 26 do CDC, se o vício no produto for oculto, o prazo de decadência (lá é de 30 ou 90 dias se for durável ou não) se inicia no momento em que ficar evidenciado o vício. Nas relações de consumo, os prazos de 30 (trinta) ou 90 (noventa) dias poderão ter início após anos e anos, pois o início da contagem dependerá do conhecimento do defeito pelo consumidor.

Tal situação traria insegurança jurídica grave nas relações civis, onde há uma presunção (relativa é verdade) de igualdade material entre as partes. Por exemplo, a pessoa adquire um veículo usado e vai reclamar um defeito oculto conhecido depois de 4 (quatro) anos da data do negócio ou da tradição. Tal regra é inadequada para as relações civis.

É certo que a natureza de alguns defeitos materiais e ocultos somente os tornariam conhecidos depois de algum tempo, como, por exemplo, um vírus incubado em um animal (aliás, há regra específica para os semoventes ou animais – § 2º do art. 445). Mas como diferenciar essa natureza *especial* dos demais vícios para optar entre as hipóteses do *caput* ou da hipótese prevista neste parágrafo 1º? Qual o critério para definição da natureza desse vício?

O fato é que a contagem do prazo não pode se orientar pelo conhecimento do vício, como ocorre no CDC, sob pena de se eternizarem as consequências de uma relação jurídica e isso acarretaria grave insegurança para as relações privadas. A redação deste dispositivo merece um esclarecimento por meio de reforma legislativa. O direito civil não suporta conviver com essas situações de instabilidade jurídica e social.

Superada essa questão da natureza do vício e do seu conhecimento tardio, é possível impor limites ao prazo para o seu conhecimento, mediante interpretação sistemática da segunda parte do § 1º do art. 445 do CC. Partindo do pressuposto da existência de um "vício que só pode ser conhecido mais tarde em razão da sua natureza", a lei fixa um prazo máximo para esse conhecimento, pois, no direito civil, as relações jurídicas não podem se eternizar.

Se a coisa for móvel, o contratante prejudicado terá o prazo máximo de 180 (cento e oitenta) dias para conhecer ou ter ciência deste vício *diferenciado*. Esse é o prazo máximo para ciência do vício e não para ajuizamento das ações edilícias. No caso dos imóveis, o prejudicado terá o prazo máximo de 1 (um) ano para conhecer o vício. Diz o § 1º: "O prazo contar-se-á do momento em que dele tiver ciência, até os prazos máximos de 180 dias, em se tratando de bens móveis e 1 ano para os imóveis". Qual *prazo contar-se-á*? Justamente os prazos do *caput*.

Conhecido o vício ou defeito material e oculto de um imóvel dentro do prazo de 180 (cento e oitenta) dias, a partir da data da ciência, terá o sujeito 30 (trinta) dias (prazo do *caput*) para reclamar sobre esse vício. Por exemplo, se conhecer o vício no 21º (vigésimo primeiro dia), a partir desta data se inicia o prazo de 30 (trinta) dias (passados os trinta dias haverá decadência). Por isso, é importante diferenciar os prazos para ciência do vício dos prazos de decadência, que, no caso do § 1º, são os mesmos do *caput*. O que muda é o marco inicial.

Os prazos têm início a partir do conhecimento do vício, mas este conhecimento deve ocorrer nos prazos máximos de 180 (cento e oitenta) dias ou 1 (um) ano, se forem móveis ou imóveis. A ciência do vício nestes prazos máximos deflagra o prazo decadencial. Transcorridos os prazos máximos e, não havendo ciência do vício, não haverá possibilidade haver reclamação sobre eles.

Na tentativa de esclarecer esse confuso dispositivo, foi aprovado o Enunciado 174 na III Jornada de Direito Civil, promovida pelo CJF: "Em se tratando de vício oculto, o adquirente tem os prazos do *caput* do art. 445 para obter redibição ou abatimento de preço, desde que os vícios se revelem nos prazos estabelecidos no § 1º, fluindo, entretanto, a partir do conhecimento do defeito".

O problema deste enunciado é não diferenciar o vício *comum* do vício *por natureza* (nos termos do Código Civil), que só pode ser conhecido mais tarde. Este último seria uma terceira hipótese de prazo que elimina as duas primeiras hipóteses previstas no *caput* do art. 445, em especial no que tange ao marco inicial do prazo. Ao que parece, para este enunciado, se generaliza as hipóteses, pois qualquer vício ou defeito material e oculto se sujeitaria aos prazos máximos previstos no § 1º e o marco inicial seria o conhecimento do defeito, o que nos parece equivocado. No entanto, isso evidencia a dificuldade de serem estabelecidos parâmetros razoáveis para uma interpretação adequada do § 1º do art. 445 do CC. Aguardamos uma correção via legislativa.

A *quarta* hipótese vem prevista no art. 445, § 2º, do CC, no caso de vícios em semoventes: "Tratando-se de venda de animais, os prazos de garantia por vícios ocultos serão os estabelecidos em lei especial, ou, na falta desta, pelos usos locais, aplicando-se o disposto no parágrafo antecedente se não houver regras disciplinando a matéria".

Em relação a esta situação jurídica, o legislador remete os contratantes para a legislação especial e, na ausência desta, aplicam-se os usos e costumes locais. O problema está no final do dispositivo, pois, na ausência de lei especial ou regras locais, aplica-se o disposto no § 1º, com todos os problemas já mencionados.

• **Ação de abatimento de preço**

A ação de abatimento de preço merece uma reflexão quanto ao prazo de decadência previsto no art. 445 do CC. Segundo este dispositivo, o adquirente decai do direito de obter a redibição (pretensão redibitória) ou o abatimento no preço (pretensão de indenização), nos prazos estabelecidos no dispositivo.

Em relação à pretensão redibitória (causa de extinção do contrato – alteração de relação jurídica), não há dúvida da sua compatibilidade com os prazos de natureza decadencial do art. 445.

No entanto, a ação de abatimento do preço é de natureza indenizatória, cuja situação jurídica pode gerar um conflito entre normas a respeito do prazo para reclamar a indenização com fundamento no vício redibitório.

Explica-se: o vício, quando qualificado de redibitório, por ostentar os elementos já referidos, pode fundamentar as ações edilícias – ação redibitória e ação de abatimento do preço. Para pleitear a extinção do contrato, com base no vício redibitório, ou o abatimento do preço, com o mesmo fundamento, o contratante prejudicado disporá dos prazos previstos no art. 445 do CC. Ocorre que a ação de abatimento do preço, opção do contratante prejudicado, é de natureza indenizatória. É uma espécie de responsabilidade civil contratual decorrente de vícios redibitórios. Como há regra especial sobre prazo, quando a responsabilidade civil (abatimento do preço) se fundamentar em vício redibitório, aplica-se o art. 445, e não o disposto no art. 206.

Aliás, considerando que a ação de abatimento do preço tem natureza indenizatória, o art. 445 pode ser considerado uma exceção à regra de que os prazos de decadência só se compatibilizam com as ações de natureza constitutiva. Nesta hipótese, os prazos são de decadência, mas a pretensão será de natureza condenatória (pagar perdas e danos). Isso ocorre por conta do fundamento da ação de abatimento do preço (vícios redibitórios) e não em razão da indenização propriamente dita. Por isso, o pedido de indenização (com fundamento no vício redibitório) se sujeitará ao prazo especial do art. 445, de natureza decadencial e não ao prazo de prescrição, previsto no art. 206 do CC.

Todavia, essa questão pode suscitar um novo problema. Se o contratante prejudicado tiver algum prejuízo em razão de um defeito material na coisa, mas tal defeito não se caracterizar como um vício redibitório, por ausência de um ou alguns dos elementos já citados, poderá ele pleitear indenização pelas perdas e danos, mas, neste caso, como o fundamento não é um vício qualificado como redibitório, o prazo será o geral de prescrição, 3 (três) anos, regulado no art. 206 do CC.

Neste ponto, conclui-se que, caracterizado o vício redibitório, a ação de abatimento do preço, de natureza indenizatória, se sujeita ao prazo de *decadência* previsto no art. 445 (30 dias ou 1 ano). Não caracterizado o vício redibitório, mas sendo um defeito material que provoca o prejuízo, a ação de indenização se sujeitará ao prazo de *prescrição* regulado no art. 206 (3 anos), mais extenso e, portanto, mais benéfico.

Em consequência, pergunta-se: Caracterizado o vício redibitório, poderia o contratante prejudicado pleitear indenização no prazo de 3 (três) anos, por ser uma espécie de responsabilidade civil? Ou seja, caracterizado o vício redibitório, poderia o contratante prejudicado, com base na simples alegação de prejuízo, pleitear reparação de danos no trienal, previsto no art. 206, principalmente se já transcorridos os prazos do art. 445?

Como compatibilizar essa situação? A resposta é simples quando se integra a teoria dos vícios redibitórios aos valores sociais norteadores das relações privadas, em especial ao princípio da boa-fé objetiva. A ação de abatimento do preço é apenas *uma alternativa* em benefício do contratante prejudicado. Este pode *optar* pela indenização, pois o vício redibitório é causa de extinção do contrato. Assim, se tiver interesse em permanecer com o bem, mesmo este ostentando um defeito material e oculto, poderá pleitear indenização para evitar o enriquecimento sem causa da outra parte, mas tal pretensão se sujeita aos prazos de *decadência* do art. 445. Tudo isso porque o fundamento da ação de indenização é o vício substancial qualificado de redibitório. Haveria violação ao princípio da boa-fé objetiva pretender indenização, a título de vício redibitório, no prazo de 3 (três) anos.

3.8.1.8. Prazos de garantia e de decadência convencional

A novidade a ser ressaltada no Código Civil em matéria de vícios redibitórios é a previsão da cláusula de garantia no art. 446: "Não correrão os prazos do artigo antecedente na constância de cláusula de garantia; mas o adquirente deve denunciar o defeito ao alienante nos 30 (trinta) dias seguintes ao seu descobrimento, sob pena de decadência".

Tal cláusula de garantia permite aos contratantes ampliar os prazos para reclamação de defeitos materiais e ocultos. Durante o prazo estipulado na cláusula de garantia ficam suspensos os prazos de decadência previstos no art. 445 do CC. Os prazos de 30 (trinta) dias e 1 (um) ano não correm na constância do prazo pactuado pelas partes. Tal cláusula de garantia, estipulada contratualmente, complementa o prazo legal de decadência. A natureza jurídica da cláusula de garantia é de prazo de decadência convencional (art. 211).

O Código de Defesa do Consumidor tem previsão semelhante no art. 50, segundo o qual a garantia contratual (cláusulas de garantia) é complementar à legal e será conferida mediante termo escrito. Da mesma forma que o CDC, a Lei Civil não permite a substituição da garantia legal (prazos de decadência previstos em lei) pela contratual (prazos estabelecidos pelas partes – cláusula de garantia). O art. 446 torna obrigatórios, e não derrogáveis pela vontade das partes, os prazos legais de decadência previstos no art. 445. Segundo o art. 446, qualquer que seja o prazo estipulado em contrato pelas partes, na forma de cláusula de garantia, o efeito é a suspensão dos prazos legais, jamais a supressão. Assim, na estipulação da cláusula de garantia, as partes não podem alterar os prazos legais de decadência. Tal garantia legal não pode ser excluída em qualquer hipótese e sob qualquer pretexto.

Em consonância ao princípio da boa-fé objetiva, a segunda parte do art. 446 impõe um ônus ao adquirente após tomar ciência do defeito material e oculto na coisa. Qual é esse ônus? O adquirente, no exato momento em que tomar ciência do vício, terá o prazo de 30 (trinta) dias para denunciar o defeito, sob pena de decadência.

É um prazo especial de decadência por conta do descumprimento do dever de informação. Tal dever anexo e colateral decorre do princípio da boa-fé objetiva, tudo para que o responsável pela transferência da coisa tenha condições de reparar, com o mínimo custo e a maior eficácia possível, o defeito. Esse dever está conectado ao dever de conduta proba e honesta do adquirente.

Por exemplo, se duas pessoas comercializam um veículo usado e, no contrato de compra e venda, estipulam uma cláusula de garantia de 1 (um) ano, durante esse período estará suspenso o prazo de 30 (trinta) dias previsto no art. 445 do CC, o qual começa a correr ao final do prazo de 1 (um) ano. Então, nesta hipótese, o sujeito terá uma garantia de 1 (um) ano e 30 (trinta) dias em relação à coisa. No entanto, se depois de 2 (dois) meses da entrega da coisa (e ainda faltando 10 meses da garantia contratual e os 30 dias da legal, que estão suspensos) o adquirente tomar ciência de qualquer vício redibitório, deverá, no prazo de 30 (trinta) dias, a contar da ciência, denunciar o vício ao alienante para que este possa tomar as providências pertinentes para resolver o problema. Caso este dever de informação não seja cumprido, a pena civil é a decadência, mesmo não tendo decorrido todo o prazo previsto na cláusula de garantia e sequer iniciado o prazo da garantia legal (art. 445). A decadência prevista no art. 446, nada mais é do que uma sanção civil estabelecida para o caso de descumprimento do dever de informação, decorrente do princípio da boa-fé objetiva (art. 422). Essa decadência especial está atrelada aos deveres de probidade, ética e honestidade durante a execução e, principalmente, após o contrato. É a chamada responsabilidade civil pós-contratual, a qual também é vinculada ao princípio da boa-fé objetiva. O Enunciado 170 da III Jornada de Direito Civil reconheceu a boa-fé objetiva mesmo após a execução do contrato: "A boa-fé objetiva deve ser observada pelas partes na fase de negociações preliminares e *após a execução do contrato*, quando tal exigência decorrer da natureza do contrato" (grifo nosso).

Por isso, não concordamos com as conclusões do mestre Caio Mário, porque ele confunde o prazo estabelecido para dever de informação, sob pena de decadência sim, com o prazo para ajuizamento das ações edilícias, o qual corresponderá ao estipulado na cláusula de garantia e, posteriormente, na lei, sendo um complemento do outro.

Ademais, outra questão merece destaque: as normas que tratam dos vícios redibitórios, assim como aquelas disciplinadoras da evicção, possuem natureza dispositiva. Isso significa que o adquirente pode simplesmente renunciar à garantia legal pelos vícios redibitórios, assumindo todos os riscos decorrentes de defeitos materiais e ocultos na coisa. No entanto, tal renúncia da própria garantia não significará alteração ou redução dos prazos de decadência previstos no art. 445. Os prazos de decadência legal são inalteráveis pela vontade das partes. Não havendo renúncia, tais prazos regularão a situação jurídica. Em caso de renúncia, não haverá possibilidade da invocação da teoria dos vícios redibitórios e, consequentemente, das regras de decadência relativas a esta teoria.

3.8.1.9. Vícios redibitórios: dispositivos específicos

Os vícios redibitórios estão previstos em outros artigos do Código Civil, relacionados a contratos específicos.

Em primeiro lugar, em relação ao contrato de compra e venda, na dicção do art. 503 do CC, nas coisas vendidas conjuntamente, o defeito material e oculto de uma não autoriza a rejeição de todas. Desta forma, se vários bens forem alienados em conjunto, em bloco ou de forma global, apenas aquelas que ostentarem defeitos materiais e ocultos (vícios redibitórios) poderão ser rejeitadas. O vício de uma ou algumas não contamina as demais coisas.

O art. 500 do CC também tem relação com a teoria dos vícios redibitórios, como será analisado oportunamente, em tópico separado, para onde remetemos o leitor. Tal artigo trata da venda *ad corpus* e *ad mensuram*. Se, na venda de um imóvel, se estipular o preço por medida de extensão, ou se determinar a respectiva área, e esta não corresponder, em qualquer dos casos, às dimensões dadas, o comprador terá direito a exigir, se possível, o complemento da área e, em caso contrário, a reclamar a resolução do contrato ou abatimento proporcional do preço. Essa diferença em relação às dimensões pode ser considerada defeito material e oculto ou se trata de vício aparente?

A venda *ad mensuram* (venda na qual as medidas do imóvel são precisas e determinadas para a realização do negócio jurídico) é uma espécie de vício ou defeito oculto, mas com requisitos próprios. Seria uma espécie do gênero da teoria dos vícios redibitórios. Basta que haja diferença nas dimensões e que o adquirente desconheça estas diferenças no momento da conclusão do contrato para que seja possível a invocação de qualquer das tutelas previstas no art. 500.

O § 1º, de duvidosa compatibilidade com o princípio da boa-fé objetiva, não admite qualquer tipo de tutela quando a diferença não exceder a um vigésimo ou 5% (cinco por cento) da área total enunciada. Neste caso, caberia ao comprador o ônus de provar que não teria realizado o negócio se soubesse ou tivesse sido informado desta diferença. O legislador converteu uma venda *ad mensuram* em venda *ad corpus*. Alguns denominam essa diferença meramente enunciativa de cláusula de tolerância. A opção legislativa deve ser repudiada, porque atenta contra o princípio da lealdade e confiança. O comprador acredita e confia que a área enunciada corresponde à área real. Se essa confiança é violada, principalmente pela ausência de diligência do vendedor que não dimensionou corretamente a sua área, no mínimo, deve ser resguardada ao comprador indenização pela diferença, independentemente da prova impossível e diabólica exigida pela última parte do § 1º.

Aliás, tal dispositivo é inaplicável se a relação for de consumo. Por exemplo, a compra de apartamento de uma construtora dará ao comprador o direito de exigir indenização por qualquer diferença, sem qualquer ônus de prova. É a aplicação pura do princípio da boa-fé objetiva nas relações de consumo. O art. 500 somente pode ser invocado em caso de relações de natureza civil.

Por outro lado, se houver excesso, o comprador poderá optar entre o complemento do valor ou a devolução do excesso. Não há como compreender nosso legislador! Se a diferença prejudicar o vendedor, esse deve ser ressarcido. Mas se a diferença mínima prejudicar o comprador, este deve assumir o prejuízo, salvo a prova impossível exigida pelo artigo. Essa possibilidade de prova, por parte do comprador, é a única novidade em comparação ao art. 1.136 do CC/1916, que tratava da mesma questão.

O § 1º do art. 500 do CC tem relação com a venda *ad mensuram*, justamente porque considera o bem como corpo certo e determinado, quando a diferença encontrada for mínima, ou seja, não exceder a 1/20 (um vigésimo) da área total declarada ou determinada no título. Por isso, consideramos equivocado um precedente do STJ, o REsp 445.174, relatado pela Min. Nancy Andrighi, segundo o qual: "A presunção estabelecida no parágrafo único do art. 1.136 do Código Civil atende somente às hipóteses em que há incerteza quanto à modalidade da venda realizada – se *ad mensuram* ou *ad corpus*, o que não ocorre no caso concreto, diante da expressa e clara disposição contratual no sentido de que o imóvel é vendido como coisa certa e discriminada, sendo meramente formal ou enunciativa a referência às suas dimensões".

Tal dispositivo não se aplica em casos de incerteza, mas apenas nas vendas *ad mensuram*.

No contrato de doação, há previsão legal sobre os vícios redibitórios. Segundo o art. 552, o doador, na doação pura (sem encargo), não está sujeito às consequências do vício redibitório. E a razão é simples: a doação pura é um contrato gratuito, onde o doador suporta sacrifício e o donatário apenas vantagens. Não teria sentido impor ao doador mais um sacrifício sem qualquer contraprestação do donatário.

O contrato de locação de coisas também faz referência ao vício redibitório. Segundo o art. 566, I, o locador é obrigado a entregar ao locatário a coisa alugada, com suas pertenças, em estado de servir ao uso a que se destina, e a mantê-la nesse estado, pelo tempo do contrato, salvo cláusula expressa em contrário. Assim, a coisa alugada deve ser entregue sem defeitos que a tornem impróprio ao uso. Em complemento a este dispositivo, o art. 568 do CC estabelece que o locador resguardará o locatário dos embaraços e turbações de terceiros, que tenham ou pretendam ter direitos sobre a coisa alugada, *e responderá pelos seus vícios ou defeitos, anteriores à locação, inclusive os defeitos materiais e ocultos passíveis de serem qualificados como redibitórios*.

Tais questões voltarão a ser objeto de análise por ocasião da análise destes contratos específicos em tópico próprio.

3.8.1.10. Vícios redibitórios no CC e no CDC

O Código de Defesa do Consumidor traz uma disciplina jurídica própria para regular as consequências da existência de vícios ou defeitos materiais, aparentes e ocultos, em produtos ou serviços, objetos de uma relação de consumo.

O consumidor é tutelado pelo Estado sempre que o produto ou serviço ostentar algum vício de qualidade que os tornem impróprios ou inadequados ao consumo a que se destinam ou lhes diminuam o valor (art. 18 do CDC). Trata-se da responsabilidade do fornecedor por vício do produto e do serviço. A tutela do consumidor é muito mais abrangente que aquela garantida pela Lei Civil aos contratantes, em contratos comutativos e doações onerosas.

As diferenças das normas e preceitos jurídicos relativos aos vícios regulados no Código Civil e no Código de Defesa do Consumidor são tão intensas, que não seria conveniente qualquer espécie de comparação. Os requisitos ou elementos de constituição de um vício para fins de responsabilidade do fornecedor de serviço ou produto em uma relação de consumo não se confundem com os elementos para caracterização dos vícios redibitórios da Lei Civil, fato que torna difícil localizar pontos de identidade entre as normas civis e as da lei especial.

Quais são as principais diferenças?

1ª diferença: no Código de Defesa do Consumidor a proteção envolve vício no produto e, também, no serviço. Este último é disciplinado pelo art. 20 do CDC – "O fornecedor de serviços responde pelos vícios de qualidade que os tornem impróprios ao consumo ou lhes diminuam o valor (...)" –, cujo § 2º ainda traz uma definição de serviço *impróprio*. O CC, nos arts. 441 a 446, não trata de vício de serviço, mas apenas de vício ou defeito material na coisa ou objeto. Na Lei Civil, os problemas envolvendo defeitos na prestação de serviços é objeto do direito das obrigações, na modalidade obrigação de fazer, mais especificamente no âmbito da *teoria geral do inadimplemento das obrigações* (arts. 247 a 251 – obrigações de fazer e não fazer e arts. 389 a 420, inadimplemento).

Portanto, os defeitos na prestação de serviços não integram a teoria dos vícios redibitórios na Lei Civil. Eis aí uma grande diferença entre os dois modelos, civil e consumerista.

2ª diferença: os vícios de qualidade referente a produtos e serviços no Código de Defesa do Consumidor podem ser aparentes e ocultos. Independentemente da espécie e natureza do vício, haverá tutela para o consumidor, o qual, nos prazos definidos no art. 26 do CDC, poderá optar entre as alternativas colocadas à sua disposição nos arts. 18 (vício de qualidade no produto) e 20 (vício de qualidade no serviço). Na Lei Civil, apenas os defeitos materiais e ocultos podem caracterizar ou qualificar o denominado vício redibitório. Em sendo aparente o vício ou defeito na coisa, não haverá tutela ao contratante. Os vícios aparentes, na relação civil, são assumidos pelos contratantes e integram normalmente o negócio jurídico.

3ª diferença: a impropriedade ou inadequação do produto ou serviço não tem, na legislação consumerista, o mesmo rigor exigido na Lei Civil para a caracterização do vício redibitório. O vício deve prejudicar a qualidade no produto e no serviço, mas esse prejuízo não precisa ser tão intenso quanto o prejuízo à utilidade referente à teoria dos vícios civis.

4ª diferença: no Código de Defesa do Consumidor, qualquer que seja o contrato de consumo, será possível a invocação da proteção conferida pelos arts. 18 e 20 da referida lei especial. Já no Código Civil, não é qualquer contrato civil que se compatibiliza com os vícios redibitórios, mas apenas os contratos de natureza comutativa, bem como as doações onerosas. Esta restrição também diferencia sobremaneira os vícios tratados nos dois sistemas.

5ª diferença: a tutela efetiva do consumidor é mais ampla também em relação às alternativas para o caso de vícios de qualidade em produtos ou serviços. Nos termos dos arts. 18 e 20 do CDC, o consumidor poderá, à sua escolha, optar entre a substituição do produto ou a reexecução do serviço, sem custo adicional, a restituição imediata da quantia paga, atualizada, sem prejuízo das perdas e danos e, finalmente, abatimento proporcional do preço. No Código Civil, as opções do contratante prejudicado são mais restritas: redibição do contrato ou abatimento do preço (ações edilícias – arts. 441 e 442). Não há previsão, na Lei Civil, para a substituição da coisa por outra da mesma espécie, em perfeitas condições de uso, como é permitido pela legislação de consumo.

6ª diferença: no mais, o consumidor goza de maior garantia em relação aos prazos para reclamar sobre os vícios ou defeitos materiais e ocultos. Segundo o § 3º do art. 26 do CDC, tratando-se de vício oculto, o prazo de decadência, 30 (trinta) ou 90 (noventa) dias, somente se inicia no momento em que ficar evidenciado o defeito, sem limitação de prazo para a ciência ou conhecimento do defeito. Enquanto não for evidenciado ou transparecer o defeito, não correm os prazos legais de 30 (trinta) ou 90 (noventa) para reclamar sobre os vícios ocultos. O Código Civil, por sua vez, impôs, no § 1º do art. 445, um limite máximo para a ciência ou conhecimento de determinados vícios ou defeitos materiais e ocultos, qual seja, 180 (cento e oitenta) dias ou 1 (um) ano, respectivamente, para móveis e imóveis. No CDC não há limitação de prazo para ciência do vício, mas a Lei Civil limita esse prazo para conhecimento do defeito.

7ª diferença: no Código Civil, a ignorância do alienante o exime da responsabilidade de pagar perdas e danos (art. 443), mas no âmbito das relações de consumo, a boa-fé do fornecedor não tem qualquer relevância para fins de exclusão da responsabilidade civil, seja a que título for, conforme se depreende dos arts. 18 e 20 do CDC.

8ª diferença: finalmente, a responsabilidade pelos vícios de qualidade e produtos decorre da lei e de normas de ordem pública e interesse social (art. 1º), ao passo que as regras do Código Civil possuem natureza dispositiva, o que permite o afastamento da proteção legal por meio de cláusula contratual expressa.

Atenção: portanto, são tantas as diferenças entre as teorias relativas aos vícios de qualidade dos produtos e serviços regulados pelo CDC e o vício na coisa regulada pelo CC, que não é adequada qualquer comparação.

3.8.1.11. Diferença entre erro e vício redibitório

O erro de fato corresponde a uma falsa percepção da realidade. Em razão de divergência entre o querer psico-

Capítulo 3 • Contratos

lógico e a vontade exteriorizada ou manifestada (cuja divergência é provocada pelo erro espontâneo), a pessoa acaba realizando um negócio jurídico que certamente não realizaria se tivesse noção exata da realidade fática. O erro, como causa de invalidação do negócio jurídico, prejudica o consentimento e vicia a vontade, razão pela qual tem natureza subjetiva.

Por outro lado, o vício redibitório é objetivo, não tendo nenhuma relação com a formação da vontade. A vontade exteriorizada corresponde exatamente à vontade desejada ou querida. No entanto, o objeto ostenta um vício ou defeito que pode fundamentar a redibição de um contrato comutativo.

No erro, o vício está relacionado à formação da vontade. No vício redibitório, o vício é no objeto e não na pessoa. Neste último, a pessoa tem plena ciência e consciência do negócio que está realizando, mas o objeto ostenta um defeito capaz de levar à resolução do contrato.

3.8.2. Evicção

3.8.2.1. Considerações preliminares

O instituto da *evicção* está disciplinado nos arts. 447 a 457 do CC, cujos dispositivos tratam da responsabilidade pela evicção, da possibilidade de excluir, reforçar ou suprimir essa responsabilidade civil, do valor da indenização decorrente da evicção, além da questão das benfeitorias realizadas na coisa perdida, da denunciação da lide e, finalmente, da evicção parcial.

O termo *evicção* é originário do latim *evictio,* cujo significado é a recuperação da coisa perdida. No direito romano, a pessoa que adquiria coisa não pertencente ao vendedor, corria o risco da perda para o real proprietário. O comprador era o evicto ou aquele que sofria ou suportava a evicção se sucumbisse diante de ação reivindicatória promovida pelo titular da propriedade.

A *evicção* é fonte de responsabilidade civil, com regra especial de indenização. Na dicção do art. 447, nos contratos onerosos, o alienante responde (responsabilidade civil), em relação ao adquirente, pela evicção. *Portanto, a evicção é causa ou fonte desta responsabilidade civil, pois, perdida a coisa para terceiro, o alienante é obrigado a reparar os prejuízos suportados pelo receptor desta coisa determinada.*

A evicção se consuma com a perda do bem para terceiro, que mantém relação jurídica com a coletividade, inclusive o evicto (e que não integra a relação contratual), legítimo titular da coisa objeto do contrato oneroso.

A evicção é garantia legal relacionada a questão jurídica. Em contratos onerosos, independente de pactuação dos contratantes, o instituto da evicção incide para proteger a plena disponibilidade da coisa em favor do contratante que a recepciona, seja porque se torna proprietário ou mero possuidor.

A finalidade e o objetivo da evicção é proteger o contratante que recebe coisa, objeto de contratos onerosos (quando há reciprocidade de vantagens e sacrifícios). Em razão da onerosidade, o receptor da coisa, que passará a ostentar a propriedade e posse ou apenas a posse, deve ter a plena disponibilidade desta, ou seja, a possibilidade de exercer poderes dominiais, decorrentes desta relação jurídica contratual.

Todavia, é possível que o contratante que transfere a coisa (de forma definitiva – compra e venda; ou temporária – locação, depósito oneroso etc.) não tenha disponibilidade ou título que legitime sua posse e/ou propriedade. Em razão da ausência de disponibilidade jurídica, transferirá para outro contratante coisa que pertence a terceiro. No caso, o receptor perderá a coisa para o terceiro, legítimo possuidor e/ou proprietário, caso em que será evicto. A evicção é garantia que decorre da lei em favor do evicto, que perde a coisa para terceiro, que não integrou a relação jurídica contratual e que demonstra ser o legítimo possuidor/proprietário. A garantia legal que decorre da evicção é indenização em favor do evicto. Trata-se de indenização ampla e diferenciada, prevista no art. 450 do CC, fundada na evicção (garantia legal).

A perda da coisa decorre de sentença judicial ou ato administrativo que reconhece a terceiro direito subjetivo anterior ao título aquisitivo do contratante sobre a coisa. O evicto terá direito a indenização.

O plano da evicção (existência, validade e eficácia) dependerá da natureza do contrato. Por exemplo, em contratos onerosos e reais, como o depósito oneroso, a transferência de coisa de terceiro, em relação à qual o depositante não tem disponibilidade, sequer constitui o contrato. Nos contratos reais, a entrega da coisa por aquele que tem disponibilidade é premissa de constituição e, portanto, existência do contrato.

Nos contratos consensuais, que se constituem pelo mero consenso, a evicção atua no plano da eficácia, porque é causa de responsabilidade civil. O contratante se obrigou a entregar bem de sua titularidade e transfere bem de terceiro. A indenização é submetida a regra especial (art. 450 do CC).

É fato que a garantia da evicção é deficiente, porque o evicto, mesmo de boa-fé, perderá a coisa para o legítimo possuidor/proprietário. Tal significa que entre a boa-fé do evicto e a propriedade/posse do terceiro, o sistema jurídico, em regra, tutela o proprietário/possuidor, que tem relação jurídica real com toda a coletividade, inclusive com o evicto. Todavia, a garantia legal da evicção está a perder espaço para a tutela da boa-fé do evicto, com fundamento na propriedade aparente (teoria da aparência). Há situações legais em que entre a boa-fé do evicto e a propriedade do terceiro, prevalece a boa-fé com sacrifício da propriedade (exemplos: parágrafo único do art. 307 do CC, art. 1.817, art. 1.827, entre outros). O princípio da concentração da matrícula, art. 54 da Lei n. 13.097/2015, também tutela a boa-fé do evicto. Nestes casos, a propriedade do terceiro é sacrificada em favor da proteção da posse e/ou propriedade do evicto.

O art. 447 comete impropriedade técnica, pois utiliza a terminologia *alienante*, exclusiva da compra e venda. Como enuncia a própria primeira parte do artigo, a responsabilidade pela evicção decorre de qualquer contrato oneroso.

3.8.2.2. Evicção e teoria geral do contrato (a questão dos contratos onerosos e o contrato de compra e venda)

No ordenamento jurídico brasileiro, a evicção está inserida na teoria geral dos contratos e o art. 447 permite sua caracterização em todo e qualquer contrato oneroso. A doutrina, de forma acertada, admite a evicção nos contratos benéficos ou gratuitos, uma vez que as normas relacionadas a este instituto possuem natureza dispositiva. No entanto, nos contratos benéficos, a responsabilidade pela evicção deve ser pactuada expressamente. Nos contratos onerosos, a responsabilidade pela evicção decorre da própria lei e, por isso, dispensa convenção das partes.

Por outro lado, embora o Código Civil não tenha restringido a evicção ao contrato de compra e venda, na medida em que tal garantia legal é um dos efeitos de qualquer contrato oneroso, será naquela espécie de contrato (compra e venda) que será possível visualizar todo o dinamismo deste instituto.

Aliás, a terminologia da Lei Civil atual (os termos *alienante* e *adquirente* aparecem em quase todos os dispositivos) sugere a evicção nos contratos de compra e venda. O legislador tentou generalizar a evicção para qualquer *contrato oneroso*, mas acabou sendo traído pelas origens históricas do instituto, quando faz menção a termos típicos da compra e venda, como *alienante* e *adquirente*, na maioria dos artigos que trata do assunto (arts. 447 a 457). Em que pese esse tropeço terminológico, a evicção é compatível com qualquer contrato oneroso.

O contrato oneroso é aquele onde há vantagens e sacrifícios para os contratantes. Há reciprocidade de vantagens e sacrifícios. A vantagem de um corresponde ao sacrifício do outro e vice-versa. No contrato de compra e venda, o vendedor tem a vantagem de receber o dinheiro e o sacrifício de entregar o bem alienado. O comprador tem a vantagem de receber o bem objeto do contrato e o sacrifício de pagar o preço. À vantagem do vendedor (receber o preço) corresponde o sacrifício do comprador (pagar o preço) e ao sacrifício do vendedor (entregar o bem) corresponde a vantagem do comprador (receber o bem).

O direito comparado restringe a evicção para o contrato de compra e venda, com raríssimas exceções. O Código Civil português, por exemplo, no art. 903, faz breve referência à evicção, cujo dispositivo garante ao comprador de boa-fé (art. 894 do CC português) o direito de exigir a restituição integral do preço, "ainda que os bens se hajam perdido, estejam deteriorados ou tenham diminuído de valor por qualquer outra causa". O art. 903 do CC português integra a secção IV, do capítulo I, do título II daquela Lei Civil, onde estão localizadas normas específicas sobre o contrato de compra e venda.

No direito francês, a evicção também é restrita ao contrato de compra e venda. A garantia se manifesta sob duas formas: de direito e de fato (arts. 1.626 e 1.627 do CC francês). Em razão da garantia de direito, o vendedor deve proteger o comprador contra a evicção e perturbações. A obrigação de reparação de dano ao adquirente evicto (art. 1630 do CC francês) se assemelha com o disposto no art. 450 da nossa legislação. Na garantia de fato, o vendedor sempre será responsável por fato que lhe seja pessoal, não se admitindo convenção em contrário. Na mesma linha dos sistemas português e francês, o Código Civil italiano, no art. 1.476, o qual se refere ao contrato de compra e venda, imputa ao vendedor a obrigação de garantir ao comprador os riscos da evicção. A Lei Civil italiana acaba, também, limitando a evicção nos contratos de compra e venda.

O Código Civil brasileiro acabou por generalizar a evicção para os contratos onerosos, embora tal instituto tenha maior incidência na compra e venda.

Segundo a precisa observação de Caio Mário[214]: "O campo de ação da teoria da evicção são os contratos onerosos. Quase todos os Códigos, mesmo os mais modernos, disciplinam a evicção no contrato de compra e venda. Mas não têm razão, porque este gênero de garantia não fica adstrito a esta figura contratual. Andou bem o direito brasileiro, colocando-a na parte geral dos contratos, e foi fiel à tradição romana que não limitava os seus efeitos à *emptio venditio*".

3.8.2.3. Contorno jurídico da evicção

Mas no que consiste a evicção?

A evicção é garantia legal com o objetivo de proteger o contratante em relação à plena disponibilidade sobre o bem. Ela se consuma ou se caracteriza quando o sujeito que recebe o bem perde a propriedade, a posse ou o uso da coisa para um terceiro, o qual dispõe do legítimo título de propriedade em relação à coisa objeto do contrato entre o sujeito que entrega e o que recebe (por exemplo, na compra e venda: alienante e adquirente). Evicção, portanto, está relacionada à ideia de *perda*. A caracterização da evicção leva em conta, principalmente, o fundamento ou o motivo desta perda.

Qual seria esse fundamento? Por que o receptor da coisa perde a propriedade, a posse ou o uso da coisa para terceiro? A resposta é simples: em razão de um vício ou defeito no título de propriedade do sujeito que entrega ou transfere a coisa (alienante, por exemplo, no caso de compra e venda). Por exemplo, na compra e venda, o alienante não é o legítimo proprietário e, por conta deste defeito no direito da propriedade ou na titularidade do domínio, o adquirente perde a coisa para terceiro, o qual apresenta um título de propriedade anterior e *melhor* ao eventual título do alienante.

Desta forma, *a evicção pode ser resumida como a perda da propriedade, posse ou uso da coisa em razão de um vício ou defeito no título de propriedade do sujeito que transfere a coisa, de forma definitiva ou temporária*. Decorre de defeito de *direito*, ao contrário dos vícios redibitórios, relacionados a *defeitos materiais*.

Neste ponto, se torna indispensável uma observação a respeito desta definição. A perda do bem adquirido pelo adquirente decorre, como visto, de um vício no título de propriedade do alienante, jamais de vícios na posse da coisa.

---

[214] PEREIRA, Caio Mário da Silva. *Instituições de direito civil*: Contratos. 11. ed. Rio de Janeiro, 2004. v. III.

• **Evicção e posse**

A evicção não tem relação direta com a posse ou com o uso da coisa objeto do contrato oneroso. A posse e o uso da coisa pelo adquirente ou a posse ou uso de terceiros, poderão ser prejudicadas por conta de vício ou defeito na propriedade do alienante, mas não por vício na posse deste. A evicção pode repercutir na posse ou o no direito de uso de determinada coisa, mas de forma indireta, porque o título de propriedade que sustentava aquela posse civil era viciado.

Assim, se a posse decorre de um título de propriedade viciado ou defeituoso, para fins de evicção, esse vício pode acabar repercutindo na posse do adquirente ou de terceiros.

Evicção é instituto vinculado ao direito de propriedade. Por exemplo: "A", alienante, vende um imóvel para "B", adquirente. Neste momento, "B" tem a propriedade e a posse plena do bem adquirido. Após a aquisição do imóvel, "B" resolve locá-lo para "C" (locatário). O locatário detém apenas a posse direta do bem. Se um terceiro reivindicar a coisa com fundamento na evicção (porque o seu título de propriedade é anterior ao do alienante), evidenciado que o alienante "A" não era o legítimo titular da propriedade, o locatário "C" perderá a posse da coisa locada para o terceiro. Tal perda da posse pelo locatário decorrerá de um defeito no título de propriedade do alienante, que fundamenta aquela posse, mas não por conta de vícios ou problemas relacionados à sua posse. O defeito do título de propriedade acaba repercutindo na posse do locatário. Neste caso, a evicção não se dá pela perda da posse do locatário, mas pela perda do direito subjetivo sobre a propriedade do locador.

A evicção levará à perda da propriedade, posse ou uso da coisa transferida em contratos onerosos, em razão de vício no título de propriedade do alienante. Este faz uma alienação *a non domino*.

3.8.2.4. Questão da posse originária e da posse derivada (posse civil e natural) e sua relação com a evicção

Antes de analisar o conceito e os requisitos da evicção, imprescindível esclarecer a problemática referente à perda da posse para terceiros em razão de vício ou defeito no título de propriedade do responsável pela transferência.

A pergunta é: A evicção acarretará a perda de qualquer posse? A resposta é muito singela. Nos contratos onerosos em que a transferência da coisa é temporária, como na locação ou no depósito oneroso, por exemplo, o locatário e o depositário, serão possuidores diretos, mas com a extinção da relação jurídica obrigacional terão de restituir a coisa ao locador ou depositante. Todavia, se o locador e o depositante não tiverem a plena disponibilidade da coisa, porque pertence a terceiro, o locatário e o depositário perderão o bem ou a coisa para o legítimo titular. No caso, serão evictos e, por isso, terão direito à indenização em razão da perda da posse, que deriva de relação jurídica onde aquele que a transferiu não tinha legitimidade para fazê-lo. O mesmo ocorrerá na transferência da posse definitiva, com base em propriedade, como na compra e venda. O comprador será possuidor, em função da propriedade adquirida, que legitima a sua posse, mas perderá a posse para terceiro, porque o alienante não era titular da propriedade que embasava a posse.

Em relação à evicção, portanto, merece destaque a questão do desdobramento da posse em direta e indireta. A teoria objetiva, adotada pelo Código Civil, admite o desdobramento da posse em direta e indireta, na esteira do art. 1.197. A posse se desdobra quando o proprietário realiza uma relação jurídica com terceiro, de natureza real (usufruto, penhor, propriedade fiduciária, direito de superfície etc.) ou obrigacional (locação, comodato etc.), transferindo-lhe o poder de fato sobre a coisa.

O desdobramento da posse, mesmo na teoria objetiva, somente é possível se tal poder de fato decorrer de poder legítimo sobre a coisa, no âmbito da posse ou da propriedade. É a chamada posse derivada. O possuidor direto passa a ter poder de fato e direto sobre a coisa em razão de relação jurídica de direito real ou obrigacional, cuja relação jurídica depende da disponibilidade e do direito legítimo daquele que transfere a coisa sobre esta.

A origem desta posse derivada é qualquer direito legítimo do transmitente sobre a coisa. É o chamado *ius possidendi*, ou seja, a faculdade de exercer posse sobre a coisa por ser titular de uma situação jurídica, de natureza real ou obrigacional.

Na chamada posse originária ou autônoma, cuja aquisição independe de qualquer relação jurídica com o titular, não se cogita em desdobramento da posse e, consequentemente, em posse direta e indireta. Neste caso, há simplesmente posse. Trata-se do *ius possessionis*, cujo direito se origina do próprio fato posse. É a posse não titulada.

O desdobramento da posse, como verificado, tem relação com a sua aquisição. A aquisição originária independe de qualquer título, resultando de assenhoreamento autônomo, não havendo possuidor antecedente. A aquisição derivada pode ocorrer pela transferência da propriedade à qual a posse está vinculada ou pelo desdobramento da posse. Por isso, a aquisição derivada pressupõe posse anterior e transmissão ao adquirente, de forma temporária (desdobramento da posse – art. 1.197) ou definitiva (compra e venda, por exemplo).

Já a posse natural não é transmitida, sendo autônoma. Decorre de apossamento, "caracterizado como a tomada de controle material da coisa por parte de uma pessoa"[215]. A posse natural resulta da mera vontade do possuidor, o qual exercerá poderes de fato sobre a coisa. Trata-se de modo originário de aquisição da posse, pois não há relação jurídica entre o possuidor atual e um possuidor ou proprietário anterior.

Qual a relevância do desdobramento da posse, dos modos originários e derivados de aquisição desta e das posses civil e natural para a teoria da *evicção*?

---

[215] FARIAS, Cristiano Chaves de; ROSENVALD, Nelson. *Direito dos contratos*. Rio de Janeiro: Lumen Juris, 2011. v. IV.

A transferência da coisa para terceiro pode ser provisória, ou seja, implicar mero desdobramento da posse. Esta relação jurídica pode ser de natureza obrigacional (locação) ou real (usufruto). Neste caso, como o poder de fato foi transferido, em razão de relação jurídica (locação, por exemplo), haverá posse derivada.

E qual a consequência? O locatário, neste caso, possuidor direto e imediato, perderá essa posse derivada, em razão de vício não na sua posse direta, mas no título que fundamentou sua posse direta. O vício no título daquele que transfere a coisa contamina a posse direta.

Por outro lado, se não houver desdobramento da posse em direta e indireta, ou seja, sendo a posse originária e autônoma (pessoa que ocupa terreno abandonado, por exemplo), essa não pode ser perdida pela evicção. A posse natural é modo de aquisição originária da posse. O possuidor não é afetado por qualquer ação reivindicatória fundada na evicção. É óbvio que o legítimo dono pode ingressar com ação de domínio, reivindicatória, contra o possuidor deste terreno que havia sido abandonado. Se for legítima a pretensão, o possuidor perderá essa posse originária, mas não por conta de evicção.

Em resumo, *apenas a posse civil, titulada, pode ser perdida em razão da evicção. A evicção se caracteriza quando houver um vício no título de propriedade. Se a posse decorre deste título, ela é derivada e, portanto, civil. Neste caso, a evicção lhe atinge. Já a posse natural, obviamente, pode ser perdida para o legítimo proprietário, mas não em razão de evicção. A evicção não repercute na posse natural ou originária, justamente porque não decorre de nenhuma relação jurídica, sendo autônoma (é resultado do exercício de poderes de fato sobre a coisa).*

3.8.2.5. Conceito e requisitos essenciais para a consumação da evicção

A evicção ocorrerá quando o adquirente perder a coisa objeto de contrato oneroso para terceiro proprietário, por conta de vício no título de propriedade do alienante. Neste caso, como consequência, o alienante responde pela evicção, nos termos do *caput*, primeira parte, do art. 447 do CC.

Portanto, evicção é a perda da coisa. A perda decorre de uma sentença judicial, proferida em ação reivindicatória, onde é reconhecida, em favor de um terceiro, legítimo e verdadeiro dono da coisa, direito de propriedade sobre ela.

O *primeiro* requisito está relacionado à perda da coisa objeto do contrato oneroso.

Evicção, como já ressaltamos, é a perda do bem porque o sujeito que transfere a coisa não tinha título de propriedade, porque esse título de propriedade não era idôneo, porque esse título de propriedade ostentava algum vício ou porque essa propriedade formal já teria sido suprimida por uma propriedade material. Neste último caso, o transmitente pode ser formalmente o proprietário (por exemplo, seu nome ainda consta no registro de imóveis), mas alguém, antes da alienação, já havia adquirido esse bem pela usucapião.

A aquisição da propriedade imobiliária pela usucapião independe do registro, cujo ato terá efeito meramente declaratório e não constitutivo da propriedade. Assim, qualquer defeito vinculado ao título de propriedade do alienante pode provocar a perda da coisa adquirida para um terceiro.

O *segundo* requisito leva em conta o modo da evicção, ou seja, qual fato, efetivamente, poderá determinar a perda da coisa.

Há duas correntes bem distintas em relação ao modo da evicção. Na primeira corrente, liderada pelos clássicos, em especial Orlando Gomes, Silvio Rodrigues, Washington de Barros Monteiro e Caio Mário, a perda da coisa somente pode ocorrer por força de sentença judicial. Segundo o mestre Caio Mário[216], "Não é qualquer perda que constitui evicção, mas aquela que se opera em virtude de sentença judicial". Para Orlando Gomes[217], "a necessidade da sentença judicial é reconhecida geralmente como indispensável requisito à caracterização da evicção". Embora Gomes reconheça a possibilidade de a perda do domínio decorrer do implemento de condição resolutiva, chamada por ele de *evicção resolutiva*, considera essencial a sentença judicial para tanto. Silvio Rodrigues[218] vai mais além quando defende que a evicção resulta sempre de uma decisão judicial.

Concordamos com a conclusão dos mestres, mas com base em outras premissas. A evicção somente se caracterizará com a perda *definitiva* da coisa transferida para o adquirente e não com a perda transitória. Essa é a questão. Apenas o Estado-Juiz, por meio de uma sentença judicial, poderia determinar a perda definitiva do bem em razão de um defeito de direito no título de propriedade do alienante ou para o reconhecimento de que o bem, ao tempo da aquisição, já pertencia a outra pessoa. A perda da propriedade, em função da evicção, depende de um processo judicial.

A Constituição Federal, no capítulo dos direitos e garantias fundamentais, reforça essa nossa tese. A Constituição, no art. 5º, XXII, garante o direito de propriedade, desde que essa propriedade atenda ou cumpra a sua função social (inciso XXIII do mesmo artigo). O direito de propriedade é um direito fundamental garantido e tutelado pelo Estado. Por isso, o adquirente somente poderá perdê-la, ainda que por evicção, por meio do devido processo legal. O processo legal, no caso da evicção, exige uma sentença judicial. É fato que a propriedade pode ser perdida por atos administrativos, como é o caso da desapropriação, por exemplo. O devido processo legal para a desapropriação dispensa uma sentença judicial para tal perda. No entanto, no caso da evicção, onde todas as questões estão relacionadas a vícios ou defeitos no título de propriedade, somente o Estado-Juiz pode definir a legitimidade desta perda.

Não há como transigir com esses princípios constitucionais, verdadeiros direitos fundamentais, os quais têm

---

[216] PEREIRA, Caio Mário da Silva. *Instituições de direito civil*: Contratos. 11. ed. Rio de Janeiro, 2004. v. III.

[217] GOMES, Orlando. *Obrigações*. 17. ed. (atualizada por Edvaldo Brito – coord.). Rio de Janeiro: Forense, 2007.

[218] RODRIGUES, Silvio. *Direito civil – dos contratos e das declarações unilaterais de vontade*. 30. ed. São Paulo: Saraiva, 2016. v. III.

plena eficácia e, podem, também, ser invocados nas relações privadas (eficácia horizontal dos direitos fundamentais) para a proteção da propriedade.

Segundo o inciso LIV do art. 5º da Magna Carta, ninguém será privado da liberdade ou *de seus bens, sem o devido processo legal*. Por isso, apenas o Estado-Juiz, por meio de uma sentença judicial, poderá determinar a perda definitiva da coisa, privando o adquirente da propriedade, posse e uso do bem, por conta de um vício no título de propriedade do alienante. A garantia do *devido processo legal*, no caso da evicção, impede a privação ou perda definitiva da coisa por meio de outro modo que não seja uma sentença judicial.

A *segunda* corrente admite a possibilidade da perda da coisa por decisão ou ato administrativo. Para os defensores desta tese, basta o adquirente ser privado da posse da coisa para se caracterizar a evicção, como ocorre, por exemplo, em atos administrativos decorrentes do poder de polícia do Estado.

Pelo poder de polícia o Estado limita o exercício dos direitos individuais em benefício do interesse público, o qual pode ser exercido, dentre outros modos, por medidas repressivas, como apreensão de coisas. O principal atributo do poder de polícia é a sua autoexecutoriedade ou a possibilidade de a Administração, independentemente de recurso ao Judiciário, colocar em prática a execução de suas decisões. Por tal atributo, poderá a Administração compelir materialmente os administrados, de forma direta, como é o caso da apreensão.

Não há dúvida de que o Estado poderá, por meio do poder de polícia, privar os administrados ou cidadãos de determinados bens. Entretanto, a Administração Pública não tem, no caso de evicção, o poder de decidir, definitivamente, sobre a legitimidade da propriedade dos bens eventualmente apreendidos. Necessariamente, a Administração se submeterá à decisão judicial sobre essa questão, tendo em vista que o poder de polícia também é submetido ao controle judicial, em especial naquilo que extrapolar a discricionariedade administrativa. A evicção é a perda, sim, da coisa, mas a perda definitiva. Apenas o Judiciário poderá, definitivamente, decidir sobre quem é o legítimo titular e se a ação estatal, no âmbito administrativo, foi legítima.

- Posição do STJ sobre a questão: o Superior Tribunal de Justiça tem posição consolidada no mesmo sentido da segunda corrente, pois admite a evicção decorrente de decisão administrativa. De acordo com a referida Corte, para o exercício do direito que da evicção resulta ao adquirente, não é exigida prévia decisão judicial. Basta que a privação decorre de ato administrativo, com base no poder de polícia do Estado.

O *terceiro e último requisito* para a caracterização da evicção é a necessidade de o vício na titularidade do bem ser anterior à transferência do domínio para o adquirente. O risco de perda, portanto, deve ser anterior à aquisição da coisa. Como diz Paulo Nader[219], "o fato causador da perda há de ser anterior à aquisição para que se caracterize a evicção e, com ela, a responsabilidade do alienante".

É imprescindível ter ciência do momento da aquisição do direito pelo terceiro, ou seja, se anterior ou posterior à transmissão, para fins de determinar o dever de garantia do alienante.

Sobre essa questão específica da anterioridade do direito, merece destaque o REsp 873.165/ES, relatado pelo Min. Sidnei Beneti.

O vício de direito deve ser anterior à transmissão do direito real de propriedade entre alienante e adquirente. Por isso, se a usucapião se consuma quando o bem já está na posse do adquirente, não há que se cogitar em evicção, salvo se o prazo restante para a consolidação da usucapião for tão exíguo que não dê tempo para a proteção da posse do adquirente. Com base nas lições de Caio Mário[220], a evicção "pressupõe que o pronunciamento da Justiça se funda em causa preexistente ao contrato pelo qual se operou a aquisição do direito do evicto". E completa: "Exceção razoável ao princípio da anterioridade é a desapropriação da coisa, posteriormente ao contrato, sempre que o decreto declaratório da utilidade pública já exista no momento da transmissão e não tenha sido acusado pelo alienante, porque, embora a perda da coisa ocorra posteriormente ao contrato aquisitivo, sua causa o antecede, e não está nas mãos do adquirente evitá-la".

Obviamente, se o ato de desapropriação for inteiramente posterior ao negócio, a responsabilidade será do adquirente, o qual receberá indenização justa do Poder Público.

Em resumo, com a perda da coisa pelo adquirente (primeiro requisito) em decorrência de sentença judicial (ou para o STJ – ato ou decisão administrativa – segundo requisito), que reconhece direito de propriedade preexistente e, sendo o risco anterior à aquisição da coisa (terceiro requisito), estarão presentes todos os elementos característicos da evicção.

Nesse ponto, é essencial uma observação: A Lei Federal n. 13.097/2015, nos arts. 54 e 55, ao disciplinar o princípio da concentração da matrícula imobiliária, acabou por flexibilizar e mitigar o instituto da evicção. De acordo com estas normas, como regra, não poderão ser opostas situações jurídicas não constantes da matrícula no Registro de Imóveis, inclusive para fins de evicção, ao terceiro de boa-fé que adquirir ou receber em garantia direitos reais sobre o imóvel. Até a referida lei, entre o direito de propriedade do terceiro e a boa-fé do evicto, sacrificava-se este em favor do proprietário e restava ao terceiro de boa-fé indenização (art. 450 do CC). Após a referida lei, como regra, entre o direito de propriedade do terceiro e a boa-fé do evicto, prevalecerá a boa-fé do evicto em detrimento

---

[219] NADER, Paulo. *Curso de direito civil – Contratos*. 9. ed. Rio de Janeiro: Forense, 2018. v. III.

[220] PEREIRA, Caio Mário da Silva. *Instituições de direito civil:* Contratos. 11. ed. Rio de Janeiro, 2004. v. III.

da propriedade do terceiro. Restará indenização. É uma alteração de paradigmas decorrente dessa lei.

3.8.2.6. A questão da responsabilidade civil do alienante e a cláusula de não indenizar

A evicção é causa ou fonte de responsabilidade civil, conforme dicção do art. 447 – "Nos contratos onerosos, o alienante *responde* (...)". A responsabilidade civil decorre da perda da coisa suportada pelo receptor (em razão de transferência definitiva ou provisória), em favor de terceiro, legítimo titular, no âmbito da posse ou da propriedade sobre a coisa.

Embora seja a regra, é permitido às partes a manipulação da extensão da responsabilidade civil decorrente da perda da coisa, arts. 448 e 449. As normas relativas aos efeitos da responsabilidade civil, fundada na evicção, tem natureza dispositiva. Nesse sentido, podem as partes, por cláusula expressa, reforçar, diminuir e até excluir a responsabilidade pela evicção (autonomia privada). E não poderia ser diferente, pois se trata de relação contratual, sede do princípio da autonomia privada. Portanto, a indenização decorrente da evicção, prevista no art. 450 do CC, pode ter a sua extensão alterada por ato de vontade dos contratantes.

A evicção é garantia legal, cuja extensão da responsabilidade e o grau de proteção patrimonial estão submetidos ao princípio da autonomia privada. *A causa (evicção) não pode ser alterada pela vontade das partes. No entanto, os contratantes podem dispor livremente sobre as consequências da evicção (responsabilidade civil)*. Este é o enunciado do art. 448 do CC.

A cláusula excludente da responsabilidade civil pela evicção apenas limita a eventual indenização devida ao adquirente (no caso da compra e venda) ou a indenização devida pelo sujeito que transfere, provisoriamente, a coisa ao contratante prejudicado (em qualquer outro contrato – a evicção não é restrita aos contratos de compra e venda), mas não exclui o direito do evicto (aquele que perde) de receber o preço que pagou pela coisa evicta. *A possibilidade de as partes convencionarem o aumento, a diminuição ou a exoneração da responsabilidade pela evicção é desdobramento da natureza dispositiva destas normas, o que leva à incidência da autonomia privada neste espaço jurídico concedido pelo Estado.*

Consumada a evicção, salvo estipulação em contrário (tal estipulação em contrário é permitida pelo art. 448), o evicto tem direito, *além* da restituição integral do preço ou das quantias que pagou, a ampla indenização, qual seja, indenização dos frutos que tiver sido obrigado a restituir; indenização pelas despesas dos contratos e pelos prejuízos que diretamente resultarem da evicção e às custas judiciais e aos honorários do advogado por ele constituído, tudo nos termos do art. 450 do CC. *Este artigo disciplina a principal consequência da evicção, qual seja, indenização completa.*

Essa indenização completa e ampla é devida pelo contratante, que transfere a coisa quando não houver convenção das partes no sentido de excluir a responsabilidade pela evicção. A indenização prevista no art. 450 abrange a restituição do preço pago pelo contratante prejudicado e todas as verbas previstas em seus três incisos. Tal indenização decorre da evicção, razão pela qual o art. 448 utiliza a expressão *responsabilidade* pela *evicção*, ou seja, decorrente diretamente da evicção.

Se as partes, por cláusula expressa, excluírem a responsabilidade civil pela evicção, o evicto não terá direito às verbas previstas nos incisos do art. 450, mas, *com fundamento no princípio que veda o enriquecimento ilícito ou sem causa, terá o direito a receber o preço que pagou pela coisa evicta.*

Assim, a cláusula de exclusão de responsabilidade civil tem o condão de afastar a responsabilidade civil (*ampla e completa*) que decorre diretamente da evicção, prevista no art. 450, mas não o direito do evicto à restituição integral do preço pago. A cláusula de não indenizar apenas alcança os efeitos diretos da evicção. A possibilidade de reaver o preço pago encontra guarida no art. 449 do CC, que complementa o art. 448 do CC.

Segundo o art. 449, primeira parte, "não obstante a cláusula que exclui a garantia contra a evicção, se esta se der, *tem direito o evicto a receber o preço que pagou pela coisa evicta* (...)". Portanto, o art. 449 do CC impõe às partes um limite na cláusula de não indenizar, a qual pode integrar o contrato por conta da regra prevista no art. 448.

A exclusão da responsabilidade pela evicção (ou seja, pela ampla indenização prevista no art. 450) é exceção à regra e, por isso, deve constar de cláusula expressa no contrato (cláusula *non prestanda evictione*), seja qual for a natureza deste. Em conclusão, a mera *cláusula de não indenizar pela evicção*, isoladamente, não exclui o direito subjetivo do contratante prejudicado, com base no enriquecimento sem causa, pedir a devolução do preço pago, não mais com fundamento na evicção, mas por conta do princípio geral de direito que veda o enriquecimento sem causa (art. 884 – não havendo causa justa para o enriquecimento, impõe-se a restituição do valor). A responsabilidade pela evicção (indenização – teoria da responsabilidade civil) não se confunde com o dever de restituição (não é indenização), baseado no princípio do enriquecimento sem causa.

Por fim, resta analisar a parte final do art. 449 do CC, que condiciona o direito do evicto à ciência do risco da evicção e da assunção deste, após informação precisa.

• **A questão da boa-fé no âmbito da evicção em relação à cláusula de exclusão de responsabilidade civil**

A conduta e o comportamento dos contratantes possuem grande relevância em matéria de evicção. Eventual má-fé de qualquer dos contratantes poderá neutralizar a eficácia de cláusula de exclusão de responsabilidade civil.

De acordo com a parte final do art. 449, o evicto tem direito ao preço que pagou pela coisa, mesmo se houver cláusula de exclusão de responsabilidade civil, desde que não tenha ciência do risco da evicção ou, dele informado (ciente do risco), não o tenha assumido.

Explica-se: as normas de direito privado encontram fundamento na cláusula geral da boa-fé objetiva, prevista no art. 422 do CC. Por isso, em caso de dolo do alienante (no contrato de compra e venda) ou dolo do contratante que transfere a coisa (em qualquer outro contrato), que consista na omissão de informação sobre a existência de vício de direito na titularidade do domínio por ocasião da realização do negócio, certamente tal dolo neutralizará os efeitos da cláusula de exclusão de responsabilidade. Neste caso, em razão da má-fé, o contratante responderá na forma do art. 450 do CC, como se não houvesse cláusula de exclusão da responsabilidade civil.

Por exemplo, se em contrato de compra e venda o alienante sabe que o seu direito subjetivo de propriedade pode ser questionado por terceiro e omite essa informação do comprador adquirente, havendo cláusula de exclusão de responsabilidade civil pela evicção (art. 448), o dolo e a má-fé do alienante neutralizarão os efeitos desta cláusula. A ausência de lealdade e ética do alienante deve ser sancionada com a impossibilidade de invocar cláusula de exclusão da responsabilidade civil e, neste caso, se sujeitará à indenização completa prevista no art. 450 do CC.

Da mesma forma, se houver dolo do contratante evicto, a pena é severa e tem previsão expressa no Código Civil. O art. 457 do CC proíbe que o adquirente demande pela evicção, se sabia da litigiosidade da coisa ou que esta pertencia a terceiro. Tal dispositivo é um desdobramento do princípio da boa-fé objetiva, o qual exige lealdade, probidade, honestidade, retidão de caráter e ética dos contratantes em qualquer relação de natureza privada. Não poderia o adquirente beneficiar-se de sua própria torpeza.

A grande fonte de polêmica em matéria de responsabilidade civil, considerada como consequência da evicção é, de fato, a segunda parte do art. 449 do CC. Tal norma dá ensejo às mais diversas interpretações.

"Art. 449. Não obstante a cláusula que exclui a garantia contra a evicção, se esta se der, tem direito o evicto a receber o preço que pagou pela coisa evicta, *se não soube do risco da evicção, ou, dele informado, não o assumiu*" (grifo nosso).

Qual o real sentido ou significado da última parte deste artigo?

Em uma análise inicial, poderíamos concluir que o adquirente, ou contratante evicto, somente teria direito a receber o preço que pagou pela coisa (com fundamento no enriquecimento sem causa) apenas (condição) se não sabia do risco da evicção ou, dele informado, não o assumiu expressamente. Tal dispositivo deve ser integrado com o princípio da boa-fé objetiva. Mas tal integração somente será perfeita se for considerada a diferença entre *risco genérico* e *risco concreto* ou *específico*, ambos da evicção.

O risco genérico decorre da própria natureza do instituto. O contratante sempre corre o risco de perder a coisa para terceiro por conta da evicção. Não é a esse risco que o dispositivo faz referência, mas sim ao risco concreto.

O risco concreto e específico é aquele relacionado à ciência de que um terceiro pretende questionar o direito sobre a coisa que será transferida e o contratante evicto tem ciência deste risco. O risco genérico e abstrato, em decorrência da cláusula de não indenizar, é assumido pelo adquirente.

Assim, se o adquirente estiver de boa-fé em relação a risco concreto que vem a se consumar, a cláusula de exclusão de responsabilidade não teria eficácia, em razão da tutela da boa-fé. Da mesma forma ocorreria se, cientificado do risco concreto, não assume expressamente esse risco. Tal linha de entendimento tem relação com o princípio da boa-fé objetiva. Portanto, se o adquirente ou contratante evicto sabe do risco concreto de perder a coisa ou informado deste risco concreto, expressamente o assume, caso ele se consume, não terá direito a nenhum tipo de indenização.

O Código Civil, no art. 449, segunda parte, condiciona a restituição do preço ao fato de o evicto não ter assumido expressamente o risco concreto de perder a coisa, quando ciente ou devidamente informado dele. Por exemplo, ciente de que terceiro pretende reivindicar a coisa, o contratante, informado deste risco concreto, o assume expressamente. Neste caso, consumado o risco, não terá direito à indenização ampla do art. 450 e tampouco à restituição do preço previsto na primeira parte do art. 449.

Neste caso, como o risco concreto de perda depende de fato incerto para os contratantes, passaria o contrato a ter natureza aleatória. A aleatoriedade consiste justamente no fato de uma ou todas as prestações estarem vinculadas ou conectadas a um acontecimento incerto. Esse fator de incerteza, relacionado à perda da coisa, tornaria o contrato aleatório. Assim, a cláusula de exclusão da responsabilidade civil somada à assunção de risco de que tinha ciência ou de que foi informado e assumiu, terá como consequência a impossibilidade de qualquer indenização em caso de consumação do risco.

Neste sentido, importante o registro de Nelson Nery[221]: "Caso os contratantes (alienante e adquirente) assumam expressamente o risco de manter o negócio, nada obstante venha a ocorrer a evicção, vale dizer, prevendo a possibilidade de dar-se a evicção e assumindo o risco de que ela ocorra, esse pacto tem natureza de contrato aleatório e, portanto, o adquirente nada terá a reclamar quanto à coisa evicta".

Tepedino[222], na mesma linha, defende que: "Para que a evicção não gere efeito algum, exonerando o alienante inclusive da restituição da quantia paga pelo evicto, é necessário não apenas excluir expressamente a garantia da evicção, mas, ainda, é necessário também que, além da cláusula de exclusão, o adquirente tenha ciência do risco e o tenha assumido – como é o caso de alguém que adquire coisa que sabe litigiosa (art. 457)".

Portanto, para a exclusão total da garantia, não é suficiente a cláusula de *non praestanda evictione,* mas também que o adquirente esteja ciente do risco concreto ou, dele informado, o tenha expressamente aceito, caso em que o contrato será aleatório.

Sobre o assunto, Paulo Nader[223] é didático: "Para que o alienante fique assegurado, contratualmente, de que não

---

[221] NERY, Nelson; NERY, Rosa Maria de Andrade. *Código civil anotado e legislação extravagante*. 2. ed. São Paulo: Revista dos Tribunais, 2003.

[222] TEPEDINO, Gustavo; BARBOSA, Heloísa Helena; BODIN, Maria Celina et al. *Código civil interpretado*. v. II (teoria geral dos contratos, contratos em espécie, atos unilaterais, títulos de crédito, responsabilidade civil, preferências e privilégios creditórios - artigos 421-965), RJ-SP: Renovar, 2006.

[223] NADER, Paulo. *Curso de direito civil – Contratos*. Rio de Janeiro: Forense, 2018. v. III.

responderá por evicção, haverá de dar ciência ao adquirente, do risco existente e que este venha a assumi-lo. Frise-se que a ciência não é de um risco abstrato, mas referido, concreto, de fato". Esse é o risco concreto que leva à perda de toda e qualquer garantia, inclusive pela restituição do preço. No entanto, não havendo conhecimento do risco concreto ou não assunção deste risco, a cláusula de exclusão de responsabilidade não retira do adquirente o direito pela restituição do preço. Neste sentido, completa Nader: "Caso se concretize o suposto do art. 449 – renúncia sem conhecimento do risco ou sem assumi-lo e ocorrência de evicção – a responsabilidade do alienante consistirá apenas na devolução do valor recebido no contrato".

Nas palavras de Villaça[224]: "(...) se o adquirente sabe do vício, que macula o direito do alienante, relativamente ao objeto que lhe é transmitido, e exclui, expressamente, a responsabilidade de quem alienou a essa mesma coisa, é claro que o adquirente está adquirindo bem litigioso. Nesse caso, o contrato apresenta-se com natureza aleatória, pois, ocorrendo a evicção, nada poderá o adquirente reclamar do alienante".

Por outro lado, também deve ser levada em conta a pessoa do alienante e a sua conduta, ou seja, a boa ou má-fé. Se o alienante estiver de má-fé, como já ressaltamos, deve ser tutelada a boa-fé do adquirente, neutralizando a eficácia da cláusula de não indenizar, para possibilitar a ele a indenização prevista no art. 450. Todavia, se alienante e adquirente estiverem de boa-fé em relação a um risco concreto da evicção, ou seja, se ambos desconheciam o risco de perda da coisa, plenamente válida a cláusula que limita a indenização.

A boa-fé de ambos deve ser tutelada. Além disso, se ambos sabiam do risco concreto da evicção e, mesmo assim, pactuaram a cláusula, a indenização também será restrita ao recebimento do preço.

Por outro lado, se o próprio adquirente age de má-fé, ou seja, está ciente do risco concreto, mas não comunica tal fato ao adquirente, não possuirá qualquer direito, inclusive pela restituição do preço pago. Nesta hipótese, aplica-se o art. 457 do CC, cujo dispositivo deve ser analisado em conjunto com o disposto no art. 449.

Segundo o art. 457: "Não pode o adquirente demandar pela evicção, se sabia que a coisa era alheia ou litigiosa". Neste caso, não terá direito à indenização ampla prevista no art. 450 e tampouco à restituição do preço pago, pois o nosso sistema não tutela a má-fé. Se a coisa era alheia e o adquirente, ciente do fato, realizou o negócio, não tem direito a nenhuma indenização. Se a coisa era litigiosa e, em consenso com o alienante, assume o risco pela litigiosidade da coisa, em caso de perda, terá direito apenas à restituição do preço.

Os arts. 449 e 457 devem ser harmonizados. O art. 449, segunda parte, incide se houver sido, por cláusula expressa, assumido o risco concreto pela evicção (autonomia privada). O art. 457 é causa de exclusão legal da garantia, ou seja, independente de cláusula expressa, pois o sujeito que recebe a coisa está de má-fé. É sanção legal em razão da má-fé do adquirente.

3.8.2.7. Responsabilidade do alienante e deterioração da coisa (dissociação entre dolo e culpa)

A responsabilidade pela evicção, com todos os encargos previstos no art. 450 do CC, subsiste, para todos os efeitos, ainda que a coisa alienada (ou transferida temporariamente) esteja deteriorada. A deterioração normal ou natural da coisa não exclui o direito de indenização do evicto. Portanto, a deterioração, em si considerada, não exclui a responsabilidade civil, ainda que decorra de mera negligência do evicto.

Todavia, o art. 451, em sua parte final, dissocia dolo e culpa para fins de responsabilidade civil em relação à coisa deteriorada. Em regra, não há dissociação entre dolo e culpa, para fins de responsabilidade civil subjetiva. O art. 451 excepciona a regra, ao dispor que se houver culpa do evicto na deterioração, será indenizado. Somente não terá direito à indenização, se a deterioração da coisa decorrer de ato ou conduta dolosa.

A única exceção depende de nexo de causalidade entre a deterioração e a conduta *dolosa* do evicto. O dolo exclui a responsabilidade civil do alienante ou daquele que transfere a coisa temporariamente. A exclusão da responsabilidade em relação às deteriorações ou prejuízos decorrentes de atuação dolosa é desdobramento do princípio da boa-fé objetiva.

Nesse sentido, o art. 451 do CC: "Subsiste para o alienante esta obrigação, ainda que a coisa alienada esteja deteriorada, exceto havendo dolo do adquirente".

O art. 452 complementa o art. 451 do CC: "Se o adquirente tiver auferido vantagens das deteriorações, e não tiver sido condenado a indenizá-las, o valor das vantagens será deduzido da quantia que lhe houver de dar o alienante".

Tal dispositivo decorre da boa-fé objetiva e do princípio do enriquecimento sem causa. Neste caso, se não houver dolo do adquirente, mesmo deteriorada a coisa, haverá responsabilidade civil. Todavia, se o adquirente auferiu vantagens econômicas da coisa deteriorada, por óbvio, se não foi condenado a indenizá-las na ação movida pelo terceiro, legítimo titular, o valor desta vantagem será deduzido da indenização que o alienante tiver de pagar. Se o adquirente obteve lucro proveniente da depreciação, é justo e razoável o abatimento deste valor na indenização que receberá. Não é possível admitir enriquecimento ilícito a partir de vantagens decorrentes de deterioração que não foi obrigado a pagar. É o sentido do art. 452 do CC.

3.8.2.8. Evicção e benfeitorias

A relação da evicção com as benfeitorias é objeto dos arts. 453 e 454 do CC.

O art. 96 do CC define as espécies de benfeitorias, como categoria de bens acessórios.

As benfeitorias são bens acessórios, artificiais, decorrentes de trabalho humano, com o fim de conservar, me-

---

[224] AZEVEDO, Álvaro Villaça. *Curso de direito civil. Teoria geral dos contratos típicos e atípicos.* São Paulo: Atlas, 2002.

lhorar ou embelezar o bem principal. O Código Civil, no art. 97, exclui do conceito de benfeitorias os melhoramentos ou acréscimos sobrevindos ao bem, sem a intervenção do proprietário, possuidor ou detentor.

Assim, quando se originar de fatos da natureza, tais melhoramentos ou acréscimos podem caracterizar acessões naturais, modo de aquisição da propriedade imobiliária, como é o caso da aluvião, da avulsão e do álveo abandonado.

As benfeitorias serão *necessárias* quando se caracterizarem pela indispensabilidade dos serviços, ou seja, tiverem por fim conservar o bem ou evitar que se deteriore. Tal espécie de benfeitoria visa, portanto, preservar as suas condições de funcionamento.

As *úteis* são representadas pelas obras que visam ampliar a funcionalidade ou dar maior utilidade ao bem principal, ou seja, aumentam ou facilitam o uso do bem.

E, finalmente, as *voluptuárias* são as obras destinadas ao lazer dos ocupantes do bem principal ou para o embelezamento deste. Segundo o § 1º do art. 96, são voluptuárias as de mero deleite ou recreio, que não aumentam o uso habitual do bem, ainda que o tornem mais agradável ou sejam de elevado valor.

Importante relembrar que não se considera benfeitorias os melhoramentos ou acréscimos sobrevindos ao bem sem a intervenção do proprietário, conforme dispõe o art. 97 do CC (regra das acessões naturais).

Após estas breves considerações sobre as espécies de benfeitorias, resta verificar a relação destes bens acessórios com o instituto da evicção.

A coisa perdida como efeito da evicção pode ter sido melhorada com benfeitorias. Tais benfeitorias serão indenizadas e, em caso positivo, quem seria o responsável por tal indenização?

As respostas estão nos arts. 453 e 454, ambos do CC.

Em regra, o alienante ou contratante, responsável pela transferência (definitiva ou temporária) da coisa, deve indenizar o evicto pelas benfeitorias necessárias e úteis. A única exceção é a benfeitoria voluptuária, já definida. A condição para essa indenização é não terem sido abonadas ou pagas pelo terceiro reivindicante. Caso esse terceiro não as pague, a responsabilidade pelo pagamento recai sobre aquele que transferiu a coisa. Embora não sejam passíveis de indenização, quando realizadas de boa-fé, as benfeitorias voluptuárias podem ser removidas ou levantadas sem prejuízo da coisa, na forma do art. 1.219 do CC. As voluptuárias, portanto, correm por conta e risco do evicto, o qual apenas poderá exercer o direito de levantamento, se não houver prejuízo na substância da coisa.

Se o terceiro reivindicante as indenizou, caracterizaria enriquecimento indevido e sem causa o pagamento destas benfeitorias por aquele que transfere a coisa. Essa duplicidade é vedada pelo art. 453 (as não abonadas serão pagas pelo "alienante"). A razão é óbvia: o evicto já foi indenizado pelo terceiro, legítimo titular da coisa.

Por outro lado, se o terceiro indeniza o adquirente pelas benfeitorias úteis e necessárias, mas estas foram realizadas pelo alienante (no caso de compra e venda) ou por aquele que transfere a coisa, o valor do abono recebido do terceiro será deduzido no valor da indenização (baseada no art. 450 do CC) devido pelo transmitente da coisa (de forma definitiva ou temporária) ao evicto. É a simples vedação ao enriquecimento sem causa. É o que dispõe o art. 454 do CC: "Se as benfeitorias abonadas ao que sofreu a evicção tiverem sido feitas pelo alienante, o valor delas será levado em conta na restituição devida". A restituição devida pode ser a indenização ampla do art. 450, fundada na evicção, ou a mera restituição do preço pago, se houver cláusula de exclusão de responsabilidade pela evicção, fundada no princípio do enriquecimento sem causa.

3.8.2.9. Espécies de evicção: evicção total e parcial

A evicção ou a perda da coisa pode ser total ou parcial.

O Código Civil permite a invocação do instituto da evicção em caso de perda parcial, mas impõe algumas restrições ou condicionantes vinculadas ao princípio da função social.

A evicção parcial é subdividida em *evicção considerável* e *evicção não considerável*. O que se compreende por evicção *considerável*? Evicção considerável é a perda parcial, capaz de prejudicar a substância ou a função social e econômica da coisa e a utilidade da coisa para o evicto.

Então, neste caso, se verifica o prejuízo à função social em conexão com a utilidade da parte remanescente. Se tal prejuízo for intenso, sob o aspecto qualitativo, e o evicto tiver dificuldade de extrair todas as utilidades da parte remanescente, a evicção será qualificada como considerável.

Se considerável a evicção parcial ou não integral, terá o evicto o direito de optar entre a rescisão do contrato e a restituição da parte do preço correspondente ao desfalque sofrido. Se a opção for pela indenização ou restituição do preço, esta ocorrerá na forma do parágrafo único do art. 450, o qual se aplica à evicção total ou parcial. Segundo este dispositivo, o preço, seja a evicção total ou parcial, *será o valor da coisa, na época em que se evenceu* (perdeu), e esse valor será *proporcional ao desfalque sofrido, no caso de evicção parcial*. O ressarcimento deve ser proporcional ao prejuízo efetivo, tendo como base o dano suportado.

Caio Mário[225] amplia a ideia de evicção parcial, ao argumentar que a perda pode consistir em: "(...) uma fração da coisa; pode constituir na negação, ao adquirente, de uma faculdade que lhe fora transferida pelo contrato, como seja uma servidão ativa do imóvel comprado; pode ainda considerar-se o fato de ter de suportar a coisa um ônus ou encargo não declarado, em benefício de outrem, como se dá quando o adquirente é vencido em ação confessória de servidão em favor de outro prédio". Segundo o mestre, "é considerável aquela perda que, em relação à finalidade da coisa, faça presumir que o contrato se não realizaria se o adquirente conhecesse a verdadeira situação". Para a doutrina mais abalizada, corretamente, deve ser verifica a qualidade e não a quantidade da perda, para os fins do art. 455.

---

[225] PEREIRA, Caio Mário da Silva. *Instituições de direito civil*: Contratos. 11. ed. Rio de Janeiro, 2004. v. III.

Por outro lado, se a evicção não for considerável, em atenção aos princípios da função social e da boa-fé objetiva, o evicto terá apenas direito subjetivo à indenização pelos danos suportados.

Se a perda parcial não for considerável, caracterizará abuso de direito o pedido de resolução ou rescisão do contrato. Os danos e as perdas não consideráveis ou não prejudiciais à substância, à utilidade e à essencialidade de qualquer negócio, não servem como causa de extinção destes negócios. Nestas hipóteses, admite-se apenas a indenização pelas perdas e danos, materiais ou morais.

Tais questões estão especificadas no art. 455 do CC: "Se parcial, mas considerável, for a evicção, poderá o evicto optar entre a rescisão do contrato e a restituição da parte do preço correspondente ao desfalque sofrido. Se não for considerável, caberá somente direito a indenização".

3.8.2.10. Evicção expropriatória e hasta pública

A evicção expropriatória está relacionada à perda da coisa adquirida em hasta pública.

O art. 1.107 do CC/1916 não fazia qualquer referência à subsistência da garantia pela evicção, se o bem fosse adquirido em hasta pública. Por conta desta omissão legislativa, a jurisprudência e a doutrina sempre controverteram sobre a possibilidade de o alienante responder ou não pela evicção, se o seu bem fosse levado a hasta pública. O motivo era justamente uma transferência forçada, sem a vontade de alienar. Nesse sentido, eram intensas as divergências se tal ação de garantia era ou não compatível com a hasta pública.

Tal situação jurídica anterior provocava uma situação inusitada. O arrematante não podia alegar evicção se o bem houvesse sido adquirido em hasta pública, mas, se houvesse a perda do bem para um terceiro, o arrematante não poderia exigir indenização de ninguém. A arrematação se transformava em um negócio de risco. Por conta desta injustiça, sempre foram controvertidas a doutrina e a jurisprudência sobre essa questão.

Em discutível inovação, o art. 447 passou a possibilitar a subsistência da garantia da evicção ainda que a aquisição tenha se realizado em hasta pública.

Portanto, por norma expressa, a evicção pode ser invocada pelo arrematante adquirente se vier a perder o bem adquirido ou arrematado em hasta pública. Essa proteção é apenas aparente, pois o Estado apenas pretende *se livrar* da responsabilidade de uma hasta pública não exitosa.

Explica-se: ao admitir a invocação da evicção na aquisição decorrente de hasta pública, o Estado transfere a responsabilidade para o devedor do processo, que pode ou não ser o dono da coisa, o qual, de fato, não realizou qualquer alienação. Não há alienação. Não há negócio. O arrematante está por auxiliar o Estado quando adquire bem em hasta pública. Em função disso, deveria o Estado garantir a impossibilidade de perda da coisa por evicção e não a possibilidade de invocar a evicção. Essa é uma falsa garantia.

Em caso de perda da coisa adquirida em hasta pública em razão da evicção, quem responderá civilmente pelos prejuízos suportados pelo arrematante? A resposta imediata é o alienante. Mas qual alienante? O alienante que nada alienou! O alienante que teve o bem penhorado e expropriado à força? Será que a intenção do Estado é possibilitar ao arrematante uma ação de indenização contra o devedor do processo, que teve o bem penhorado e alienado em hasta pública?

O correto seria responsabilizar o Estado pela arrematação não exitosa, pois este tem o dever de garantir arrematação desprovida de vícios de direito em relação à propriedade. Como poderia o arrematante confiar no Estado, ao realizar aquisição de bem em hasta pública e, na sequência, ser privado da titularidade?

No entanto, prevalece o entendimento de que o responsável seria o devedor, embora tal responsabilidade pela hasta pública seja do Estado, simplesmente porque quem aliena ou vende é o Estado.

A regra sobre a responsabilidade do alienante em hasta pública é mitigada pelo art. 1.268 do CC, em relação aos bens móveis. Segundo o referido dispositivo legal, se a alienação for feita por quem não seja proprietário, a tradição não aliena a propriedade, exceto se a coisa, oferecida ao público, em leilão ou estabelecimento comercial, for transferida em circunstâncias tais que, ao adquirente de boa-fé, como a qualquer pessoa, o alienante se afigurar dono. Portanto, como regra, o alienante responde pela evicção quando ela ocorrer em hasta pública, o que geraria um problema para o evicto em relação a quem seria responsabilizado, conforme mencionado acima. Todavia, no caso de venda de bens móveis em hasta pública, a boa-fé do adquirente consolida a aquisição e, neste caso, resta ao terceiro, legítimo dono, uma ação de natureza pessoal (indenização) contra o devedor, o credor ou o Estado.

De forma curiosa, o adquirente de imóvel, ainda que de boa-fé, não tem a mesma proteção, pois o art. 1.247 do CC permite o cancelamento do registro para que o proprietário possa reivindicar a coisa (imóvel), independentemente da boa-fé ou do título do terceiro adquirente.

3.8.2.11. Aspectos processuais da evicção

A evicção repercute no direito processual, em especial no instituto da *denunciação da lide*, conforme arts. 125 a 129 do CPC/2015. O CPC/2015, no art. 1.072, inciso II, revogou expressamente o art. 456 do CC, que tratava da denunciação da lide em caso de evicção.

A denunciação da lide é uma espécie de intervenção coercitiva. O denunciado se vincula à demanda em razão de sua citação, solicitada tempestivamente pelo autor ou réu. Por meio da denunciação, o denunciante incorpora ao processo um terceiro que tem responsabilidade de ressarci-la pelos eventuais danos advindos do resultado desse processo. É um incidente fundado no direito de regresso (garantia) da parte contra terceiro.

O art. 125 do CPC disciplina as hipóteses de cabimento da denunciação da lide. A prevista no inciso I do referido dispositivo é justamente a referente à evicção.

Segundo o art. 125, I, do CPC, é cabível a denunciação da lide do alienante imediato, no processo relativo à coisa cujo domínio foi transferido ao denunciante, a fim de que possa exercer os direitos que da evicção lhe resultam. Desta forma, na ação proposta pelo terceiro contra o receptor ou adquirente da coisa, poderá este denunciar o responsável pela transferência, a fim de garantir os danos ou perdas que poderá suportar em razão da demanda judicial. Por isso, a evicção confere ao adquirente ou receptor uma garantia, que pode ser viabilizada pela denunciação da lide. A denunciação da lide, no caso de evicção, se concretizará de acordo com as regras processuais previstas nos arts. 126 a 129 do CPC.

Nesse ponto, a questão que se coloca é: A denunciação da lide, no caso de evicção, é obrigatória? Se não for realizada a evicção, ressalvados os casos em que o procedimento não permite, o adquirente ou receptor da coisa evicta perde a garantia resultante do instituto da evicção?

A solução do problema, com o novo CPC, foi simplificada. O art. 125 do CPC/2015, ao contrário do art. 70 do CPC/73, não mais faz qualquer menção à obrigatoriedade da evicção. No caso, já se consolidava entendimento na jurisprudência de que a denunciação da lide não é obrigatória. O art. 125 não mais prevê a obrigatoriedade da denunciação em seus dispositivos. A denunciação da lide passa a ser excepcional e facultativa em qualquer das hipóteses legais, inclusive no caso de evicção.

A evicção é instituto de direito material e, violado o direito subjetivo do evicto, este pode exercer o seu direito no próprio processo promovido pelo terceiro reivindicante. Todavia, nada impede que venha a exercer o direito em ação autônoma. O processo é mero instrumento, e não um fim em si mesmo. Portanto, a denunciação da lide não é obrigatória, mas uma mera faculdade do evicto.

A única consequência da não denunciação é processual. Não há afetação do direito material de regresso.

Nesse sentido o Enunciado 434 da V Jornada de Direito Civil, promovida pelo Conselho da Justiça Federal: "A ausência de denunciação da lide ao alienante, na evicção, não impede o exercício de pretensão reparatória por meio de via autônoma". O CPC/2015, apenas consolidou esse novo entendimento.

Portanto, a não denunciação da lide não acarreta a perda do direito material de regresso, mas apenas efeitos no âmbito processual. O evicto perderá uma via legal mais célere e, em razão disso, terá que ingressar com ação autônoma e provar os danos suportados em decorrência da evicção.

A segunda situação é a denominada *denunciação por saltos* ou *per saltum*. Segundo a redação original do art. 456 do CC, dispositivo revogado pelo atual CPC, poderia o evicto denunciar à lide o alienante imediato ou qualquer dos anteriores. Tal regra era desdobramento do princípio da função social do contrato. A eficácia externa de qualquer contrato faz com que o direito subjetivo de terceiro violado por força de relação contratual venha a ser objeto de tutela. No caso, o evicto poderia ter sido vítima de contrato entre alienantes anteriores e, a fim de não se submeter a uma cadeia de denunciações ou denunciações sucessivas, poderia denunciar diretamente o alienante, verdadeiro garante de toda a cadeia que envolve a transferência da coisa.

Ocorre que o CPC/2015 sepultou qualquer possibilidade da denunciação por saltos. A redação do inciso I do art. 125 e do § 2º não deixam dúvidas quanto à vedação da denunciação por saltos. O inciso I permite apenas a denunciação do alienante "imediato", ao contrário do CC que permite dos anteriores. E o § 2º do art. 125 do CPC, permite apenas uma única denunciação sucessiva, promovida pelo denunciado, contra seu antecessor imediato na cadeia dominial ou quem seja responsável por indenizá-lo. Assim, não pode o denunciado sucessivo promover nova denunciação, hipótese em que eventual direito de regresso será exercido por ação autônoma.

Portanto, além de proibir a denunciação por saltos, o CPC impõe limite à denunciação sucessiva, a qual somente poderá ser uma única pelo denunciado. Qualquer outro garante poderá ser alvo de ação autônoma, mas não de denunciação. A limitação não implica perda do direito de evicção, pois o denunciado poderá promover a sua pretensão contra o alienante anterior em ação autônoma.

Portanto, prejudicado o Enunciado 29 da I Jornada de Direito Civil: "A interpretação do art. 456 do novo Código Civil permite ao evicto a denunciação direta de qualquer dos responsáveis pelo vício".

De acordo com o art. 128, II, do CPC, se o denunciado for revel, o denunciante pode deixar de prosseguir com a sua defesa eventualmente oferecida, e abster-se de recorrer, restringindo-se sua atuação à ação regressiva.

Por meio da denunciação da lide, instaura-se a lide secundária entre denunciante e denunciado, no mesmo processo da lide principal entre o reivindicante e o denunciante. A sentença julgará as duas lides, caso o reivindicante tenha êxito na principal. A lide secundária é eventual, porque é fundada no princípio da garantia. Se o denunciante for vitorioso, nada o denunciado terá que garantir, razão pela qual a lide secundária ficará prejudicada. Por outro lado, se o denunciante for derrotado, a sentença deverá declarar o direito do evicto, denunciante, na lide secundária (art. 129 do CPC).

De qualquer modo, enquanto pender a ação de evicção, está suspensa a prescrição da pretensão do adquirente contra o alienante (art. 199, III, do CC).

3.8.2.12. Evicção lícita e evicção invertida

A evicção lícita ocorre quando a perda da coisa decorre da implementação de uma condição resolutiva, a que o domínio estava subordinado. É o caso da propriedade resolúvel, prevista no art. 1.359 do CC, segundo o qual, resolvida a propriedade pelo implemento da condição ou pelo advento do termo, entendem-se também resolvidos os direitos reais concedidos na sua pendência, e o proprietário, em cujo favor se opera a resolução, pode reivindicar a coisa do poder de quem a possua ou detenha. A propriedade resolúvel está vinculada a uma condição resolutiva ou termo desde a constituição deste direito subjetivo. O adquirente, desde a data do negócio, já tem plena ciência de que a propriedade adquirida poderá se resolver em favor de um terceiro. Efetivada a condição, o adquirente perde a propriedade em favor do terceiro, mas tal perda é lícita, pois prevista e vinculada ao título de propriedade. Neste caso, o adquirente nada poderá reclamar do alienante a título de evicção.

É o caso da propriedade imobiliária com pacto de retrovenda, que a torna resolúvel (art. 505), bem como a doação com cláusula de reversão (art. 547).

Por outro lado, evicção invertida ou pré-elidida ocorrerá[226] quando aquele que seria evicto sofre as consequências jurídicas e econômicas como se tivesse havido evicção, não obstante nada lhe tenha sido retirado. É o caso daquele que adquire um bem de quem não é o legítimo dono, mas que, pela morte do legítimo proprietário, o adquirente seja seu herdeiro em relação ao imóvel que agora lhe caiba por herança. O adquirente se torna dono por título diverso. Por exemplo, "A" (adquirente) compra de "B" (alienante) uma casa. No entanto, "B" não é o proprietário da casa e sim "C". Este ("C") poderia, como proprietário, reivindicar a casa de "A", porque comprou de quem não era dono ("B"). A consequência seria a perda da casa por parte de "A". No entanto, "C" falece e "A" é seu único herdeiro. Embora "A" perdesse a casa por tê-la adquirido de quem não era o legítimo dono, permanecerá com o bem, pois é o herdeiro do legítimo dono, "C". Portanto, se torna proprietário por causa ou título diferente da aquisição originária. Trata-se de manutenção da propriedade por títulos diversos (compra e venda e transmissão *mortis causa*).

3.8.2.13. Evicção reivindicatória (resulta de sentença), expropriatória e resolutória (aquisição do vendedor se resolve por estar subordinada a uma condição resolutiva). A evicção no direito sucessório. A evicção e dação em pagamento. A evicção na doação. A evicção no contrato de transação. A evicção no direito empresarial

Tais terminologias são utilizadas apenas para verificar os modos em que podem ser concretizadas as perdas. Seriam as formas de evicção. A evicção reivindicatória é a evicção tradicional, objeto de estudo nos itens anteriores e disciplinada nos arts. 447 a 457 do CC. Resulta da sentença judicial que reconhece a terceiro direito material sobre a coisa (o STJ permite que a perda resulte de ato administrativo). Tal sentença é proferida em ação reivindicatória promovida pelo legítimo proprietário da coisa alienada, em razão do direito de sequela garantido no art. 1.228 do CC.

A evicção expropriatória é a que decorre de alienação realizada em hasta pública, objeto da segunda parte do art. 447 do CC e já analisada anteriormente.

Por fim, a evicção resolutória se consuma quando a precedente aquisição do vendedor se resolve por estar subordinada a uma condição resolutiva. Considera-se condição a cláusula que, derivando exclusivamente da vontade das partes, subordina o efeito do negócio jurídico a evento futuro e incerto (art. 121). E, sobrevindo condição resolutiva, extingue-se, para todos os efeitos, o direito a que a ela se opõe. No caso, o direito do evicto é extinto pelo implemento de uma condição resolutiva. Enquanto a condição resolutiva não se realiza e não se realiza, vigorará o negócio jurídico, podendo ser exercido desde a conclusão do negócio o direito por ele estabelecido. O limite é a pratica da condição, que levará à perda do direito do evicto. Portanto, a evicção resolutória é aquela em que a perda decorre do implemento de uma condição resolutiva que subordina o direito de propriedade do adquirente.

No direito sucessório, a evicção está disciplinada no capítulo que disciplina os legados, mais especificamente na seção que trata da sua caducidade. Segundo o art. 1.939, III, do CC, caducará o legado se a coisa perecer ou for evicta, vivo ou morto o testador, sem culpa do herdeiro ou legatário incumbido do seu cumprimento. O legado caducará e não produzirá efeitos jurídicos e o herdeiro legatário não terá qualquer ação contra os sucessores do testador, desde que não haja culpa destes.

Por outro lado, no caso da sucessão legítima, se houver evicção de algum bem recebido por herdeiro, o prejudicado poderá exigir dos demais herdeiros a respectiva indenização, nos limites das cotas (art. 2.023). Segundo o disposto no art. 2.024 do CC, os coerdeiros são reciprocamente obrigados a indenizar-se no caso de evicção dos bens aquinhoados. Por isso, todos os herdeiros, na proporção de seu quinhão, deverão repor a parte do que sofreu a perda, o evicto, nos limites da força do quinhão recebido pelo herdeiro. Todavia, cessa a obrigação dos coerdeiros de indenização, se houver convenção em contrário, excluindo a responsabilidade pela evicção, e se a evicção ocorreu por culpa do evicto, bem como por fato superveniente à partilha (art. 2.025 do CC).

No caso de insolvência de um dos coerdeiros, responderão os demais na mesma proporção, pela parte do insolvente, menos a cota que corresponderia ao indenizado (art. 2.026 do CC).

Em relação à dação em pagamento, conforme já analisado em item próprio, se o credor for evicto da coisa recebida em pagamento, não se aplica a regra de indenização do art. 450, pois o art. 359 do CC determina a suspensão da eficácia daquele dispositivo, para fins de restabelecer a obrigação primitiva, ficando sem efeito a quitação dada. O restabelecimento da obrigação primitiva é acompanhado das garantias originárias, exceto a fiança (art. 838, III, do CC), que não está condicionada à perfeição do negócio, mesmo no caso de evicção.

No contrato de doação, o doador não está sujeito às consequências da evicção, conforme art. 552 do CC. A doação pura é um contrato benéfico ou gratuito e, portanto, o doador apenas suporta sacrifício, inclusive com diminuição do patrimônio. O donatário não suporta qualquer

---

[226] NERY, Nelson; NERY, Rosa Maria de Andrade. *Código civil anotado e legislação extravagante*. 2. ed. São Paulo: Revista dos Tribunais, 2003, p. 572.

sacrifício. Por isso, este não goza da garantia legal da evicção, que somente pode ser invocada em contratos onerosos, a teor do disposto no art. 447 da Lei Civil. Por outro lado, nas doações para casamento com certa e determinada pessoa, o doador ficará sujeito à evicção, salvo convenção em contrário. Trata-se de norma dispositiva, por permitir ao doador limitar a sua responsabilidade em caso de evicção. Não sendo convencionada a exclusão da responsabilidade em caso de evicção, o doador responderá ao donatário quando a doação tiver tal finalidade específica (casamento – segunda parte do art. 552 do CC). Nesta hipótese de doação para casamento, ressaltam Rosenvald e Chaves[227]: "Aqui se faz referência à doação condicional do art. 546 do CC, na qual o legislador presume dolo do cônjuge que oferece bem ao outro, considerando que a liberalidade se deu como forma de atrair o interesse do outro nubente para o casamento". Já a doação modal ou com encargo (onerosa), não é incompatível com a evicção.

No contrato de transação, estabelece o art. 845 que, "dada a evicção da coisa renunciada por um dos transigentes, ou por ele transferida à outra parte, não revive a obrigação extinta pela transação; mas ao evicto cabe o direito de reclamar perdas e danos". Na transação, os transigentes fazem concessões recíprocas, a fim de prevenirem ou terminarem litígio que envolve direitos patrimoniais de caráter privado (arts. 840 e 841 do CC). Assim, como a transação pressupõe concessões recíprocas, eventual perda da coisa renunciada ou transferida à outra parte (a qual fez concessão) poderá desequilibrar o contrato, pois renunciou a uma coisa que seria perdida ou transferiu coisa que se perderá para um terceiro, legítimo dono da coisa. Tal fato alteraria os termos do contrato de transação. Neste caso, a obrigação extinta pela transação não se restabelece. Ao contrário, mesmo no caso de evicção, a transação é definitiva, mas o evicto, que perdeu, tem direito a exigir perdas e danos (direito de natureza pessoal). No mais, de acordo com o parágrafo único do art. 845 do CC, se um dos transigentes adquirir, depois da transação, novo direito sobre a coisa renunciada ou transferida, a transação feita não o inibirá de exercê-lo.

Finalmente, no art. 1.005 do CC, o qual disciplina os direitos e obrigações dos sócios nas sociedades simples, impõe a responsabilidade pela evicção quando, para formação do capital social, a título de cota social, transmitir domínio, posse ou uso de determinada coisa. A sociedade pode ser constituída com dinheiro ou qualquer espécie de bem, suscetível de avaliação pecuniária (art. 997, III, do CC).

3.9. EXTINÇÃO DOS CONTRATOS

3.9.1. Introdução – Causas de extinção dos contratos

O contrato é negócio jurídico bilateral ou plurilateral (quanto à formação), que produz efeitos jurídicos obrigacionais, desde que tal acordo de vontades esteja em conformidade com as regras e os princípios contratuais.

Como negócio jurídico e principal fonte de obrigação, o contrato também cumpre seu ciclo existencial: formação, desenvolvimento ou execução e extinção.

A obrigação, independentemente da origem (inclusive quando decorre de contrato), tem como característica a transitoriedade. O contrato gera obrigações para as partes contratantes. Após a formação e o desenvolvimento da relação contratual, o contrato, em regra, é extinto com o cumprimento dos deveres de prestação e de conduta assumidos pelos contratantes. Com isso, haverá liberação do devedor e satisfação do credor.

O cumprimento ou adimplemento (dever de prestação – objeto ou bem da vida e dever de conduta – boa-fé objetiva), portanto, é o meio normal ou natural de extinção da obrigação decorrente de um contrato. Aliás, tal questão já foi devidamente analisada nos comentários sobre o adimplemento das obrigações, cujos comentários podem ser transportados para essa matéria.

3.9.2. Causas de extinção dos contratos

O contrato pode ser extinto por múltiplas e autônomas causas. As causas extintivas podem ser divididas em duas espécies: 1 – *extinção normal* dos contratos: O modo normal e regular de extinção dos contratos é o adimplemento (concretização dos deveres de prestação e de conduta durante o processo obrigacional); 2 – *extinção anormal* dos contratos: Se não houver o adimplemento regular, qualquer causa que provoque a extinção do contrato será considerada anormal. No âmbito das anormalidades, os contratos podem ser extintos por causas contemporâneas ou anteriores à sua formação ou por causas supervenientes.

Portanto, a espécie "*extinção anormal*", ainda se subdivide em: 2.1 – causas extintivas anteriores ou contemporâneas à formação do contrato – Nesta subespécie estão os vícios redibitórios (o defeito deve ser preexistente à tradição da coisa – portanto, é causa anterior à formação e desconectada da teoria do inadimplemento – trata-se de garantia legal que provoca a extinção de contratos comutativos e doações onerosas porque a coisa tem vício de qualidade, que a torna inútil para o fim a qual é destinada); as invalidades (vícios de formação capazes de contaminar o contrato no plano de validade, pela inobservância de pressupostos de validade no momento da exteriorização da vontade, o que acarreta nulidade ou anulação do contrato e, como consequência, extinção); direito de arrependimento (causa contemporânea, porque a cláusula de arrependimento deve ser expressa, desde a formação e viabiliza o direito de desfazimento, por meio de invocação desta cláusula – direito potestativo); frustração de condição suspensiva (há contratos cuja eficácia é submetida ao implemento de condição suspensiva, que é inserida desde a formação, no momento da pactuação – se a condição suspensiva se frustra, o contrato é extinto) e, ainda, a consolidação de cláusula resolutiva (é possível a pactuação de cláusula resolutiva expressa desde a formação dos contratos, ou seja, os contratantes no momento da formação exteriorizam vontade, por meio de cláusula expressa, de que, se houver o não cumprimento de qualquer obrigação, o contrato se resolverá de pleno direito – no caso, a

---

[227] FARIAS, Cristiano Chaves de; ROSENVALD, Nelson. *Direito dos contratos*. Rio de Janeiro: Lumen Juris, 2011. v. IV.

resolução é decorrência de cláusula convencionada no momento da formação) e, 2.2 – Causas extintivas supervenientes à formação do contrato, que atuam no plano da eficácia – Nesta subespécie estão inseridas a *resilição* (extinção do contrato por ato de vontade bilateral ou unilateral), a *resolução* (inexecução voluntária ou culposa, inexecução involuntária ou fortuita e alteração das circunstâncias) e o falecimento de um ou todos contratantes nos contratos personalíssimos.

Na sequência, serão analisadas, separadamente, as principais causas normais e anormais, contemporâneas/anteriores ou supervenientes à formação dos contratos.

3.9.2.1. Adimplemento (causa normal e regular de extinção dos contratos)

A extinção pelo adimplemento é o objetivo das partes desde a formação, a meta a ser cumprida, o modo natural ou a forma *normal* de extinção. Com o adimplemento, estará atingida a pacificação social. A extinção se dá, em regra, pela execução, seja instantânea, diferida ou continuada.

A teoria do adimplemento das obrigações é plenamente compatível com a extinção dos contratos por esta causa (cumprimento da prestação principal e dos deveres de conduta), pois o contrato é fonte de obrigações (aliás, a principal destas fontes), como já ressaltado.

Adimplir é cumprir a prestação principal e adotar o comportamento ético durante todo o processo obrigacional até a última etapa, que se dá com o adimplemento. Nas palavras de Clóvis do Couto e Silva[228], o adimplemento atrai e polariza a obrigação, sendo a derradeira fase deste processo obrigacional (*A obrigação como processo*).

Portanto, o adimplemento do contrato envolve a prestação principal, representada por um *dar coisas, restituir coisas, fazer ou prestar atividade* ou *não fazer ou se abster de um fato*, bem como deveres de conduta decorrentes do princípio da boa-fé objetiva. Este princípio ampliou o conceito e a concepção de adimplemento, pois a obrigação, como processo, é composta por um conjunto de atos e atividades até o adimplemento, em cujo intervalo credor e devedor devem se pautar por uma conduta ou comportamento ético, leal e honesto, sob pena de inadimplemento, independentemente do cumprimento da prestação principal.

O adimplemento é, portanto, o ápice do contrato. A doutrina, em sua maioria, como é o caso de Orlando Gomes[229], defende que o adimplemento é modo natural de extinção da relação obrigacional. Por que *natural*? Porque o adimplemento encerra, em definitivo, o vínculo obrigacional decorrente de uma relação contratual. O adimplemento do contrato se dá de forma voluntária, com o cumprimento efetivo e direto da prestação devida, adimplemento este pautado em uma conduta ética e proba durante toda relação obrigacional. Esse seria o meio normal, esperado pelas partes.

Em conclusão, a causa natural de extinção é o cumprimento da obrigação contratual na forma e no modo como pactuada. Não se pode, entretanto, perder de vista que a noção de adimplemento foi ampliada para envolver o cumprimento da obrigação principal e dos deveres anexos ou colaterais decorrentes do princípio da boa-fé objetiva.

Neste ponto, concordamos com Rosenvald e Chaves[230]: "No Código Civil de 2002, a diretriz da concretude remete à complexidade das relações obrigacionais. Estávamos acostumados a perceber a relação obrigacional por sua feição externa, ou seja, uma relação entre credor e devedor consubstanciada em uma prestação. Já é hora de atinar para a feição interna da relação e perceber que cada vínculo obrigacional guarda influxos distintos da boa-fé objetiva e dos deveres de conduta, merecendo um exame em sua concretude".

Segundo Luiz Loureiro[231]: "A extinção norma do contrato não suscita qualquer problema em relação à forma e aos efeitos. Executado o contrato, são consequentemente extintas as prestações nele previstas. Não obstante, ainda após o término do contrato podem perdurar as obrigações decorrentes do princípio da boa-fé contratual, como, por exemplo, o dever de não divulgar informações sigilosas a respeito do outro contratante ou do objeto do contrato".

Executadas todas as cláusulas e esgotado o conteúdo, o contrato atingiu a sua finalidade e, portanto, estará cumprido. A execução plena é o modo normal de extinção dos contratos. O adimplemento substancial, já estudado em tópico próprio, também provoca a extinção normal do contrato.

3.9.2.2. Causas de extinção anormal dos contratos, anteriores ou contemporâneas à formação (invalidade, vício redibitório, arrependimento, frustração de condição suspensiva, cláusula resolutiva expressa) e supervenientes à formação (resilição, resolução e falecimento).

1. *causas anormais de extinção* dos contratos, *contemporâneas* ou anteriores à formação:

a) *arrependimento:* a extinção pelo arrependimento poderá ocorrer quando o contrato contiver cláusula expressa de arrependimento. Se houver cláusula expressa que autoriza o direito de uma das partes ou qualquer delas desfazer o contrato, elas poderão, mediante declaração unilateral de vontade, manifestar o desejo de se arrepender, com o que haverá liberação da obrigação assumida sem qualquer ônus para o desistente. Trata-se de causa contemporânea à formação do contrato, pactuada no momento do nascimento do vínculo. *A cláusula de arrependimento, com raras exceções, pode ser aposta em to-*

---

[228] SILVA, Clóvis do Couto e. *A obrigação como processo*. São Paulo: José Bushatski, 1976

[229] GOMES, Orlando. *Contratos*. 26. ed. Rio de Janeiro: Forense, 2008.

[230] FARIAS, Cristiano Chaves de; ROSENVALD, Nelson. *Direito dos contratos*. Rio de Janeiro: Lumen Juris, 2011. v. IV.

[231] LOUREIRO, Luiz Guilherme. *Contratos – Teoria geral e contratos em espécie*. 3. ed. São Paulo: Método, 2008, p. 271.

dos os contratos. O Código Civil faz expressa referência à cláusula de arrependimento em alguns dispositivos. Por exemplo, no art. 420, quando disciplina o instituto das arras, estabelece que a cláusula de arrependimento confere a qualquer das partes o direito de se desvincular da avença e, neste caso, as arras serão entregues à parte inocente que, por conta da previsão de arrependimento, não poderá cumulá-las com indenização suplementar (arts. 402 a 404 do CC). O art. 463, que estabelece regras para a exigibilidade do contrato preliminar, permite que o contratante exija o contrato definitivo, desde que não conste cláusula de arrependimento. No mesmo sentido é o art. 1.417 do CC, o qual trata do direito real à aquisição do promitente comprador, segundo o qual a tutela específica depende da ausência da cláusula de arrependimento.

No entanto, excepcionalmente, é vedada a inclusão de cláusula que estipule o direito de arrependimento, como ocorre, por exemplo, no contrato preliminar denominado *promessa de compra e venda de imóvel*, cujo objeto seja imóvel loteado (art. 25 da Lei n. 6.766/79: "São irretratáveis os compromissos de compra e venda, cessões e promessas de cessão, os que atribuam direito a adjudicação compulsória e, estando registrados, confiram direito real oponível a terceiros").

Por outro lado, a impossibilidade de arrependimento (*irretratabilidade*) em decorrência de imposição legal, como é o caso da lei de parcelamento do solo urbano ou em consequência de uma convenção das partes (cláusula proibindo o arrependimento), não impede a extinção do contrato por outras causas. Explica-se: A *irretratabilidade* ou a proibição de arrependimento apenas veda a extinção do contrato por uma vontade *imotivada* de qualquer das partes: direito *potestativo* de desfazer a avença, sem qualquer ônus para o desistente. Todavia, a *irretratabilidade* ou a vedação ao arrependimento não impedirá, por exemplo, a extinção do contrato por inadimplemento, onerosidade excessiva, *resilição*, falecimento, dentre outras causas.

b) *invalidade:* a teoria da invalidade já exaustivamente analisada na "Parte Geral" deste *Manual*, para onde remetemos o leitor. Ressalto apenas que os vícios que afetam o contrato em sua origem também são causas contemporâneas ou anteriores de extinção anormal dos contratos. A invalidação, nulidade ou anulação de qualquer contrato leva à sua extinção. Se, no momento da exteriorização da vontade, não são observados os pressupostos de validade exigidos pela lei, a sanção civil é a invalidade. Se o pressuposto de validade não observado visar proteger o interesse público, nulidade, mas se o objetivo é preservar o interesse privado, anulação. Desta forma, o contrato pode ser inválido, por ausência dos pressupostos subjetivos, objetivos e formais de validade.

No caso da invalidade, as causas de invalidação são contemporâneas ou anteriores à formação do contrato. O negócio jurídico contrato existe, mas é inválido por conta de vícios ou defeitos existentes antes ou durante a fase de formação do contrato, o que leva ao seu desfazimento ou extinção. A validade é qualidade do negócio jurídico que está em conformidade com o ordenamento jurídico. O negócio jurídico, para ser válido, deve observar os pressupostos e requisitos de validade. A não observância dos pressupostos legais que condicionam a validade é causa de invalidade, e esta leva à extinção do contrato. Tais defeitos ou vícios estão relacionados à formação e à origem do contrato, e não se confundem com a ineficácia superveniente.

Duas são as distinções básicas entre a invalidade e a ineficácia superveniente do contrato – que implicam na sua dissolução – tangenciadas nos arts. 472 a 475 do CC[232]. Enquanto na invalidade há uma carência intrínseca do negócio, na ineficácia, seja por resolução ou resilição (ou outra causa), o contrato atende ao plano de validade, porém, ao longo de sua realização prática, culmina por sofrer impedimento de ordem extrínseca. Outrossim, a invalidade se dirige aos negócios jurídicos em geral; já o domínio de atuação dos mecanismos resolutivo e resilitivo se aplica a uma espécie de fato jurídico: o negócio jurídico bilateral.

c) *vícios redibitórios como causa de extinção do contrato:* o contrato também pode ser extinto em caso de vícios ou defeitos materiais e ocultos, desconhecidos pelo adquirente, anteriores à tradição e que prejudicam a utilidade da coisa. O vício redibitório é causa de extinção anormal, desvinculada da teoria do inadimplemento e da responsabilidade civil. O vício redibitório tem autonomia em relação a qualquer outra causa extintiva. No caso, em contratos comutativos ou doações onerosas, a coisa não ostenta a necessária qualidade, o que a torna inútil. A inutilidade da coisa por questões relacionadas à qualidade, autoriza a redibição e a extinção do contrato. É causa anormal anterior ou contemporânea à formação, porque o defeito material, que autoriza a redibição do contrato, é preexistente à tradição, ou seja, já existe antes mesmo da própria formação e constituição do contrato. Evidenciado o defeito material e oculto capaz de inviabilizar a extração das necessárias utilidades da coisa, poderá aquele que recebeu a coisa ingressar com ação redibitória, com fundamento no art. 442 do CC, caso em que o contrato será extinto.

d) *condição resolutiva e suspensiva e extinção:* a condição é uma cláusula que deriva exclusivamente da vontade das partes e subordina a *eficácia* do contrato a um evento futuro e incerto (art. 121 aplicado à teoria contratual). A condição atua no plano da eficácia, mas é considerada causa anormal de extinção, contemporânea à formação, porque é pac-

---

[232] FARIAS, Cristiano Chaves de; ROSENVALD, Nelson. *Direito dos contratos*. Rio de Janeiro: Lumen Juris, 2011. v. IV, p. 574.

tuada no momento da constituição do vínculo. A condição lícita e possível repercutirá no plano da eficácia, mas é inserida no momento da formação. A condição pode ser suspensiva e o será quando a eficácia do contrato estiver subordinada a evento futuro e incerto. Enquanto este não se verificar, o direito subjetivo não será adquirido. Se a condição for resolutiva, o contrato é eficaz, podendo o direito subjetivo ser exercido até o implemento da condição.

No caso de condição suspensiva, a sua frustração implicará extinção anormal do contrato. Tal condição impede a aquisição do direito subjetivo enquanto esta não se verificar ou não for implementada.

Por outro lado, a condição resolutiva expressa opera a extinção do contrato de pleno direito, como enuncia o art. 474 do Código Civil. A cláusula resolutiva convencionada é causa anterior ou contemporânea à formação. O contrato será eficaz até o implemento da condição. Implementada a condição resolutiva, extingue-se, para todos os efeitos, o direito subjetivo a que ela se opunha, ressalvada a eficácia dos atos praticados antes da condição nos contratos de execução continuada ou periódica, nos termos do art. 128 do CC. Na cláusula resolutiva expressa, em caso de inadimplemento, o contrato será extinto, pois a cláusula resolutiva expressa condiciona a eficácia do negócio ao adimplemento. O inadimplemento, evento futuro e incerto, se vier a se realizar, extingue o contrato para todos os efeitos.

Para alguns autores, o implemento da condição resolutiva ou a frustração da condição suspensiva seriam causas naturais ou normais de extinção do contrato, pois inerentes às disposições contratuais e à natureza dos pactos. Tal questão é irrelevante, na medida em que o importante é registrar que tais condições podem estar relacionadas com a extinção de um contrato.

Em *conclusão*, estas são apenas algumas causas capazes de acarretar e provocar a extinção anormal dos contratos, por causas anteriores ou contemporâneas à formação.

O Código Civil, no Capítulo II, Seção I, do Livro IV, quando disciplina a *extinção do contrato*, trata apenas de duas causas de extinção dos contratos, por fato superveniente à formação do contrato (plano da eficácia): extinção por *resilição* e extinção por *resolução*.

Como analisamos, estas não são as únicas causas de extinção do contrato, mas, como causas *supervenientes* extintivas mais relevantes à formação dos contratos, o assunto é objeto de disciplina específica nos arts. 472 a 480 do CC.

2. *causas anormais de extinção* dos *contratos*, supervenientes à formação (plano de eficácia)

Falecimento do contratante: em regra, a morte do contratante não é causa de extinção do contrato, pois as relações jurídicas patrimoniais, direitos e deveres jurídicos, que incorporam contratos, se transferem aos herdeiros, respeitados os limites da herança. Entretanto, nos contratos personalíssimos (obrigação de fazer e não fazer), o falecimento do contratante é causa de extinção do contrato. Naqueles contratos, a morte acarretará a extinção do pacto, justamente por conta da impossibilidade de ser concretizado ou adimplido por terceiro. Por exemplo, no contrato de empreitada, quando o ajuste leva em consideração as qualidades pessoais do empreiteiro, o pacto será extinto pela sua morte, nos termos do art. 626 do CC ("Não se extingue o contrato de empreitada pela morte de qualquer das partes, *salvo se ajustado em consideração às qualidades pessoais do empreiteiro*" (grifo nosso). Portanto, se o contrato for *intuito personae*, a morte de um dos contratantes, cuja qualidade especial foi essencial para o contrato, que ocorra após a formação do pacto, levará à sua extinção. Trata-se de causa de extinção superveniente à formação do contrato.

Além disso, há outros contratos que preveem a morte como causa de sua extinção, não pela natureza necessariamente personalíssima, mas por conta da relação de confiança que é estabelecida entre as partes. É o caso do contrato de mandato, o qual cessa pela morte de uma das partes (art. 682, II, do CC), salvo se o mandato for com cláusula em *causa própria*, caso em que a morte não terá esse poder de extinção (art. 685). No contrato de comissão, a morte do comissário (art. 702) ou do comitente (art. 709) é causa de extinção deste contrato. Segundo o art. 721 do CC, aplicam-se ao contrato de agência e distribuição (no que couber) as regras concernentes ao mandato e à comissão. Por isso, a morte também é causa de extinção do contrato de agência e distribuição. Estes são apenas alguns exemplos da morte como causa de extinção dos contratos.

Por fim, não há dúvida de que as causas anormais de extinção dos contratos, supervenientes à formação, que atuam no plano da eficácia, mais relevantes, são a *resilição* (bilateral ou unilateral) e a *resolução*, que serão analisadas em tópicos próprios.

3.9.2.3. Resilição (causa anormal de extinção dos contratos, superveniente à formação)

A *resilição* é o modo anormal de extinção dos contratos, *superveniente* à formação, que tem como fundamento apenas e tão somente a *vontade* de uma (unilateral) ou de ambas (bilateral) as partes. Portanto, a *resilição* pode ser *bilateral* ou *unilateral*.

A extinção decorre de um ato de vontade, declarado após a formação de um contrato existente, válido e eficaz. Essa causa de extinção deve ser adaptada à nova teoria contratual, fundada em princípios ou valores sociais, em especial a função social e boa-fé objetiva, para que tal possibilidade não se converta em arbitrariedade de qualquer dos contratantes.

Assim, a vontade humana, da mesma forma que tem o poder de criar o contrato, por outro lado, em razão dos mais diversos interesses, pode impedir que o contrato continue a produzir efeitos. Isto se dá por meio da rescisão voluntária, quando *se dissolve o vínculo contratual*, mediante atuação da mesma vontade que criou este vínculo.

a) *resilição bilateral ou distrato:* na *resilição bilateral*, o contrato é extinto pela *vontade* de todos os contratantes. As partes chegam a consenso para a liberação e o rompimento do vínculo contratual. A mesma *vontade* criadora do vínculo *tem o poder de dissolvê-lo*. O *distrato* é um contrato que tem conteúdo liberatório, ao contrário do conteúdo normal de um contrato que é a constituição do vínculo.

Tal causa extintiva está disciplinada no art. 472 do CC: "O distrato se faz pela mesma forma exigida para o contrato".

Segundo o mestre Orlando Gomes[233], "a *resilição* é o acordo de vontades para pôr termo a um contrato, desfazimento, de comum acordo, do laço que prendia os contratantes. Sua forma pura é, assim, o distrato, mas também sucede pela vontade de um só dos contratantes".

Para que a *resilição* tenha natureza de *distrato* e seja *bilateral*, imprescindível ostentar alguns requisitos:

1º requisito: o *distrato* pressupõe contrato anterior ao acordo com finalidade extintiva. Além disso, este contrato anterior deve existir, ser válido e eficaz. Sobre este contrato, as partes contratantes, pelos mais diversos interesses, resolvem pôr um fim e romper o vínculo que as unia. As partes, de comum acordo, rompem o vínculo, extinguindo a relação jurídica. É um contrato que extingue outro.

2º requisito: os efeitos deste contrato anterior (existente, válido e eficaz) ainda não podem estar exauridos ou, como diz Tepedino, o prazo de vigência do contrato ainda não pode ter expirado. Só é possível o *distrato* se o contrato ainda tem efeitos jurídicos a produzir, pois a finalidade deste novo acordo extintivo é a supressão destes efeitos futuros. A *resilição bilateral* tem o poder de paralisar os efeitos de um contrato, razão pela qual atua no plano da eficácia, sendo uma causa superveniente à formação do pacto. Se o contrato não tem efeitos jurídicos a produzir, não há necessidade de *distrato*, ou melhor, não haverá possibilidade de *distrato*, pois seria um acordo desprovido de qualquer conteúdo (um nada jurídico).

Por conta deste requisito, é impossível se cogitar de *distrato* nos contratos de execução instantânea. Neste caso, ou o contrato é executado no momento do cumprimento da prestação única ou tal prestação não é cumprida e haverá extinção pelo inadimplemento. Em qualquer das duas causas haverá extinção, na primeira pelo adimplemento e na segunda será possível a resolução pelo inadimplemento, outra causa extintiva. Nestas situações não será possível o *distrato*. Tal contrato já foi extinto pelo cumprimento ou inadimplemento, sendo incabível nova extinção. Não há como extinguir o que já está extinto por outra causa extintiva. Isso evidencia a relevância deste requisito.

3º requisito: o terceiro requisito do *distrato* é a observância de sua *finalidade*. Na *resilição bilateral*, as partes buscam neutralizar o conteúdo normativo e obrigacional de um contrato que ainda está produzindo efeitos jurídicos obrigacionais. Como já ressaltado, se os efeitos do contrato já se exauriram, o *distrato* não terá conteúdo ou qualquer valor jurídico, sendo um mero acordo, com efeitos autônomos, mas sem a finalidade de um distrato. Nas palavras de Orlando Gomes[234]: "(...) todos os contratos podem ser resilidos por distrato. Necessário, porém, que os efeitos não estejam exauridos, uma vez que a execução é a via normal da extinção. Contrato extinto não precisa ser dissolvido. Se já produziram alguns efeitos, o acordo para eliminá-los não é distrato, mas outro contrato que modifica a relação".

Com o *distrato*, em regra, os efeitos pretéritos ficam preservados. O efeito da *resilição bilateral* é *ex nunc*, ou seja, do *distrato* para frente, não tendo o condão de prejudicar os efeitos jurídicos obrigacionais que o contrato já produziu, em respeito à confiança das partes e à boa-fé de terceiros. Como bem ressaltam Rosenvald e Chaves[235]: "O distrato opera efeitos *ex nunc*, sem a capacidade de desconstituir as situações jurídicas produzidas no curso do contrato em favor das partes e de terceiros, dispensando ao seu aperfeiçoamento a intervenção do judiciário". No entanto, como o *distrato* é um desdobramento do princípio da autonomia privada, nada impede que as partes venham a acordar sobre efeitos pretéritos, desde que não haja prejuízo a interesses ou direitos subjetivos de terceiros. Para a retroatividade do *distrato*, essencial a ressalva dos contratantes. Em caso de omissão, os efeitos do *distrato* são apenas *ex nunc*.

4º requisito: o quarto requisito é justamente o ponto fundamental do *distrato*, qual seja, o *acordo de vontades* voltado para a extinção do pacto e a neutralização de efeitos futuros que ainda o contrato teria potencialidade para produzir. É um verdadeiro *acordo* liberatório e, por isso, como bem ressalta Tepedino[236], a harmonia entre as vontades das partes que anteriormente contrataram é fundamental, uma vez que a declaração de vontade de apenas uma não configura o *distrato*. Se houver qualquer divergência, impossível o *distrato*. O acordo sobre todos os pontos do contrato é imprescindível para a *resilição bilateral*.

5º requisito: o quinto e último requisito do *distrato* ou da *resilição bilateral* está expresso no art. 472 do CC. Segundo este dispositivo, o *distrato* se faz pela *mesma forma exigida* para o contrato. Portanto, a forma do *distrato* não é a forma do contrato e sim a *forma exigida pela lei* para o contrato. Se o contrato, para ter validade, depender de forma especial, o *distrato* deve adotar esta mesma formalidade. Por exemplo, se as partes pactuarem contrato de compra e venda de imóvel de valor superior a 30 (trinta) salários mínimos, considerado o maior salário mínimo vigente no País (art. 108), a forma do contrato exigida pela lei é a escritura pública. Portanto, o *distrato*, necessariamente, para

---

[233] GOMES, Orlando. *Contratos*. 26. ed. Rio de Janeiro: Forense, 2008.

[234] GOMES, Orlando. *Contratos*. 26. ed. Rio de Janeiro: Forense, 2008, p. 222.
[235] FARIAS, Cristiano Chaves de; ROSENVALD, Nelson. *Direito dos contratos*. Rio de Janeiro: Lumen Juris, 2011. v. IV.
[236] TEPEDINO, Gustavo; BARBOSA, Heloísa Helena; BODIN, Maria Celina et al. *Código civil interpretado*. v. II (teoria geral dos contratos, contratos em espécie, atos unilaterais, títulos de crédito, responsabilidade civil, preferências e privilégios creditórios - artigos 421-965), RJ-SP: Renovar, 2006.

ter validade e eficácia, deverá adotar essa formalidade *exigida pela lei para o contrato*.

Entretanto, se as partes contratantes resolvem, por mera conveniência, adotar a escritura pública para materializar contrato preliminar de compra e venda de imóvel, que não exige formalidade (art. 462), o *distrato*, neste caso, pode ser por instrumento particular, pois a lei não exige para o contrato qualquer formalidade especial.

No Código Civil anterior havia divergência devido à redação do seu art. 1.093 ("O *distrato* faz-se pela mesma forma que o contrato."). A redação do atual art. 472 é diversa: O *distrato* faz-se pela forma *que a lei exige* para o contrato e *não* pela mesma forma do contrato. Assim, sob a égide do Código Civil de 1916, a forma do *distrato* devia corresponder à forma do contrato. Orlando Gomes, mesmo na vigência do Código Civil de 1916, defendia a possibilidade de o contrato por escritura pública não obrigatória ser desfeita ou destratada por instrumento particular. O Código Civil de 2002, na redação do art. 472, adota entendimento diverso: a forma do distrato é a forma que a lei exige para o contrato. Por fim, como a quitação foi incorporada ao art. 320 do CC e está disciplina em capítulo próprio do direito das obrigações, o art. 472 não repetiu a regra do seu antecessor, art. 1.093, segundo o qual a quitação é válida independentemente da formalidade adotada.

Em conclusão, a *resilição bilateral* tem como fundamento um acordo de vontades no sentido de neutralizar os efeitos jurídicos futuros de um contrato válido e eficaz e, para tanto, é essencial observar a forma exigida pela lei para o contrato.

Na *resilição* bilateral ou *distrato*, há um acordo para impedir a produção de efeitos de um contrato ainda não cumprido ou ainda com obrigações pendentes. Qualquer contrato pode cessar pelo *distrato, que é o acordo para extinguir o vínculo contratual. Neste caso, as partes impedem a produção de efeitos do contrato ainda não cumprido ou não totalmente executado.*

Na definição precisa de Paulo Nader[237]: "*Distrato* é o acordo das partes, que tem por objeto o desfazimento de contrato que possui ainda efeitos jurídicos a produzir. Normalmente esses efeitos operam-se *ex nunc*. Há situações que não comportam efeito retroativo, como os contratos de execução continuada". E prossegue: "É o contrato pelo qual se dissolve um outro contrato. O desfazimento se opera por vontade dos mesmos declarantes do contrato anterior e dispensa a via judicial".

A *resilição* é dissolução decorrente do elemento volitivo. Seu fundamento é a vontade dos contratantes, sendo dispensável qualquer intervenção judicial para a extinção do contrato.

b) *resilição unilateral (art. 473 do CC):* a resilição *unilateral* é a outra causa extintiva do contrato, com fundamento na vontade. A diferença é que na resilição *unilateral*, ao contrário da *resilição bilateral*, o contrato será extinto mediante a emissão volitiva de apenas um dos contratantes (por isso, é unilateral). Segundo Rosenvald e Chaves[238]: "consiste a resilição unilateral no direito potestativo de um dos contratantes impor a extinção do contrato, independentemente do inadimplemento da outra parte, sem que o outro possa a isso se opor, posto situado em situação de sujeição" (*Direito dos contratos*, p. 585).

Tal resilição somente é possível em casos excepcionais, a fim de que não se permita o arbítrio na dissolução do vínculo. A segurança jurídica e o princípio da obrigatoriedade dos contratos caminham lado a lado com a resilição unilateral.

O poder de resilição é direito potestativo. A resilição unilateral é declaração receptícia de vontade, que somente poderá extinguir contratos em três hipóteses: 1 – a lei autoriza; 2 – contratos sem prazo e 3 – contratos com prazo, que se prorroga por tempo indeterminado.

A resilição unilateral também deriva da vontade das partes e, segundo Orlando Gomes, pode ser exercida nos contratos por tempo indeterminado, nos contratos de execução continuada ou periódica, nos contratos em geral, cuja execução não tenha começado, nos contratos benéficos e nos contratos de atividade. Tal poder de resilir é exercido mediante declaração de vontade da parte a quem o contrato não mais interessa, por meio da denúncia[239]. Em determinados casos, a resilição assume o caráter de revogação, renúncia e resgate. Nos contratos estipulados no pressuposto da confiança recíproca entre as partes, pode haver resilição *ad nutum* pela revogação ou renúncia, como ocorre no contrato de mandato (art. 682, I).

Há várias terminologias para a resilição: revogação (no mandato, por exemplo), renúncia (mandatário), demissão (contrato de trabalho), exoneração (fiador), entre outras.

Sobre os múltiplos significados da *denúncia*, destaca Loureiro[240]: "(...) recebe a denúncia – termo usado no art. 473 do CC – múltiplas outras denominações: no mandato se denomina revogação ou renúncia; na doação, também revogação, subordinada a causas peculiares; na enfiteuse se chama resgate, mediante pagamento de uma só vez de certa quantia ao senhorio; no contrato de trabalho se chama despedida ou dispensa".

A resilição é declaração receptícia de vontade, independe de pronunciamento judicial e produz efeitos *ex nunc*, não retroativos. Deve ser notificada à outra parte e produzirá efeitos assim que aquela tomar conhecimento da vontade de resilir o contrato. A resilição pode ostentar vários fundamentos, como a vontade presumida de não se

---

[237] NADER, Paulo. *Curso de direito civil – Contratos*. Rio de Janeiro: Forense, 2018. v. III.

[238] FARIAS, Cristiano Chaves de; ROSENVALD, Nelson. *Direito dos contratos*. Rio de Janeiro: Lumen Juris, 2011. v. IV.

[239] A denúncia não precisa ser justificada. Meio lícito de pôr termo ao contrato por tempo indeterminado, sabem as partes que, em qualquer momento, pode ser desfeito mediante simples declaração unilateral de vontade, mas em certos contratos exige-se que obedeça à justa causa (GOMES, Orlando. *Contratos*. 26. ed. Rio de Janeiro: Forense, 2008, p. 225).

[240] LOUREIRO, Luiz Guilherme. *Contratos – Teoria geral e contratos em espécie*. 3. ed. São Paulo: Método, 2008, p. 616.

vincular a contratos perpétuos, o desaparecimento da confiança em contratos em que tal elemento seja fundamental (mandato, por exemplo), comportamentos inadequados das partes beneficiárias, incompatíveis com a natureza do contrato, como na doação, a própria vontade das partes que resguardar, por ocasião da formação do pacto, o direito de arrependimento[241], com o que se sujeitarão às consequências deste ato. Portanto, são múltiplos os fundamentos e as razões para a resilição.

Em razão deste poder unilateral, as cautelas devem ser maiores com a *resilição unilateral*, para que esse poder não se transforme em arbitrariedade ou em ato abusivo de direito (art. 187), o que poderia violar um dos pilares da teoria contratual moderna, justamente o princípio da boa-fé objetiva.

O legislador do Código Civil de 2002, ciente da necessidade desta cautela e, em obediência ao princípio da boa-fé objetiva, no parágrafo único do art. 473 proíbe a denominada *resilição unilateral abusiva*, por muitos doutrinadores rotulada de *denúncia injusta*. Tal dispositivo legal é um contraponto ao direito *potestativo* de *resilição unilateral* previsto no *caput* do art. 473 da Lei Civil.

Em resumo, na *resilição unilateral* o contrato pode ser extinto pela vontade de apenas uma das partes. A *vontade* de um contratante também é suficiente para a extinção do contrato.

Segundo o mestre Orlando Gomes, tal forma de extinção retrata um *poder* que, quando legalmente permitido, não sofre contestação. É um autêntico *direito potestativo*, pois um dos contratantes pode influir na esfera jurídica de outrem, para extinguir um contrato, mediante um ato de simples vontade.

Tal poder ou *direito potestativo* será exercido por denúncia comunicada à outra parte, nos casos em que a lei expressa ou implicitamente o permita.

Nesse sentido, o art. 473, *caput*: "A resilição unilateral, nos casos em que a lei expressa ou implicitamente o permita, opera mediante denúncia notificada à outra parte".

O poder de *resilição* por meio da denúncia decorre de uma disposição legal expressa ou da própria natureza do contrato, quando tal poder será inerente ao contrato e, portanto, implícito.

No caso do *caput* do art. 473, a denúncia unilateral, por ser justa e lícita, não pode ser evitada pela parte contrária. Por isso, é *direito potestativo*. É sempre exigida uma notificação da contraparte, sem qualquer referência a prazo. Somente é admitida por exceção, pois, pelo princípio da obrigatoriedade dos contratos, nenhum dos contratantes pode romper o vínculo sem a anuência do outro. Por isso, esse poder deve sempre estar atrelado ao princípio da boa-fé objetiva. A possibilidade de resilição por vontade unilateral, como já ressaltado, é sempre *excepcional*.

Há casos em que a lei expressamente permite a *resilição unilateral*. Por exemplo, no contrato de comodato por prazo não convencionado, é possível a *denúncia unilateral* após o decurso do prazo necessário para o uso concedido, na forma do art. 581 do CC (regra expressa admitindo a *resilição*).

Da mesma forma, o art. 720 do CC, que disciplina o contrato de agência e distribuição: "Se o contrato for por tempo indeterminado, qualquer das partes poderá resolvê-lo, mediante aviso prévio de 90 (noventa) dias, desde que transcorrido prazo compatível com a natureza e o vulto do investimento exigido do agente".

Como se vê, nova regra expressa admitindo a denúncia ou *resilição* pela vontade de apenas um dos contratantes.

Na Lei n. 8.245/91, que disciplina a locação de imóveis urbanos, também há previsão expressa de *resilição unilateral* na locação por prazo indeterminado, tanto na residencial quanto na comercial.

O contrato de mandato também pode ser extinto pela vontade unilateral de uma das partes, conforme previsto no art. 682, I, do CC, que trata da revogação do mandato pelo mandante e da renúncia do mandato pelo mandatário. Nas duas hipóteses, haverá *resilição unilateral* (revogação e renúncia), com a consequente extinção do contrato de mandato. É caso de admissão expressa pela lei. A revogação do mandato é notificada somente ao mandatário, mas não pode prejudicar terceiro de boa-fé que a ignorar e contratar com o mandatário (art. 686 do CC). O mandatário também pode renunciar ao mandato, cujo ato deve ser comunicado ao mandante, o qual, se for prejudicado pela renúncia, será indenizado pelo mandatário (art. 688), sendo válido o mandato em relação a terceiros de boa-fé que ignorarem a renúncia, nos termos do art. 689 do CC.

Em relação ao contrato de mandato, no qual se admite expressamente a *resilição unilateral* (art. 682, I), importante ressaltar que essa *resilição* ou *extinção pela vontade unilateral*, especialmente pela revogação do mandante, não será possível quando for condição de um negócio bilateral ou tiver sido estipulada no interesse exclusivo do mandatário, nos termos do art. 684. Como desdobramento deste dispositivo, se for conferido o mandato com cláusula em *causa própria*, a revogação também não terá eficácia, pois neste caso estará caracterizado um negócio jurídico dispositivo, com a transferência de direitos e não um mandato (art. 685). A cláusula em *causa própria* confere ao *mandato* a natureza jurídica de cessão de direitos.

Por exemplo, se "A" aliena um imóvel para "B" e confere a este uma procuração, para que ele, em nome de "A", transfira o imóvel para o seu nome, tal mandato é no interesse do mandatário "B", na causa própria dele. Quando for formalizar a escritura de venda, estará agindo em nome de "A", mas no seu ("B") interesse. Nestes casos de procuração *in rem suam* o negócio não encerra natureza ou conteúdo de mandato em razão dos poderes para alienação para o mandatário. Na análise do contrato de mandato, tal questão será detalhada.

---

[241] As partes podem convencionar entre si o direito de arrependimento, mediante denúncia convencional – *jus poenitendi*. A faculdade de denunciar é criada bilateralmente, pelo consenso, mas exercida unilateralmente pela parte a quem beneficia. Segundo Orlando Gomes: "Podem as partes estipular que o contrato não será resilido se qualquer delas se arrepender de o haver concluído. Asseguram-se convencionalmente o poder de residi-lo mediante declaração unilateral de vontade. A autorização não provém da lei, mas, no caso, do próprio contrato. São, realmente, os próprios contratantes que estipulam o *jus poenitendi*" (GOMES, Orlando. *Contratos*. 26. ed. Rio de Janeiro: Forense, 2008, p. 225).

Outro contrato em que a *resilição unilateral* é expressamente admitida é o contrato de fiança, desde que o fiador a tenha assinado sem limitação de tempo, mas, neste caso, ficará obrigado por todos os efeitos da fiança durante 60 (sessenta) dias após a notificação do credor: "Art. 835. O fiador poderá exonerar-se da fiança que tiver assinado sem limitação de tempo, sempre que lhe convier, ficando obrigado por todos os efeitos da fiança, durante 60 (sessenta) dias após a notificação do credor".

Em relação à fiança no contrato de locação de imóvel urbano, não se aplica este dispositivo (art. 835 do CC) e sim o art. 39 conjugado com o art. 40, X, ambos da Lei n. 8.245/91, com a redação dada pela Lei n. 12.112/2009.

Entre as garantias da locação está a fiança (art. 37, II), que é devida até a devolução *efetiva* do imóvel, mesmo que a locação tenha se prorrogado por prazo indeterminado.

No entanto, de acordo com o art. 40, X, da Lei n. 8.245/91, se a garantia for a fiança, o fiador pode exonerar-se desta obrigação quando a locação foi prorrogada por prazo indeterminado, mediante denúncia unilateral. Mas o fiador ficará obrigado por todos os efeitos da fiança durante 120 (cento e vinte dias) e não os 60 (sessenta) do art. 835 do CC, cujo prazo deve ser contado após a notificação do locador.

Assim, embora o art. 39 da Lei de Locações imponha a manutenção das garantias até a efetiva devolução do imóvel, no caso da fiança, esta manutenção nos contratos por prazo indeterminado dependerá da vontade do fiador, que poderá extinguir este contrato acessório por *denúncia unilateral*, mas ficará obrigado por 120 (cento e vinte) dias.

Além destas hipóteses legais de *resilição* unilateral *expressamente* admitidas, também é possível a *resilição unilateral* naqueles casos em que a lei *implicitamente* a permite, em decorrência da natureza de determinados contratos. Nas palavras de Loureiro[242]: "São casos em que a confiança constitui um de seus elementos, ou, então, de contratos de execução diferida e de prazo indeterminado, especialmente os contratos de execução sucessiva, ou continuada. Não deseja o legislador a persistência de vínculos perpétuos, e nem a continuidade do vínculo, se desapareceu a confiança e exerce este papel fundamental no fim do negócio".

E quais são estes casos? Por exemplo, tal poder terá função liberatória nos contratos por prazo indeterminado (locação e depósito por prazo indeterminado, dentre outros). Nestes pactos, as partes têm plena consciência de que o contrato pode ser desfeito a qualquer momento. Em razão do princípio da boa-fé objetiva, não pode uma das partes, em contratos por prazo indeterminado, alegar que foi surpreendida com o pedido unilateral de extinção.

No caso do art. 633 do CC, como o prazo de restituição no depósito é todo estabelecido em benefício do depositante, o depositário deve restituir logo que se exija, ainda que não vencido o prazo. Ou seja, neste tipo de contrato, ainda que haja prazo certo, é facultado ao depositante o exercício do poder de *resilição unilateral* antes do prazo. Para Caio Mário[243], os contratos de comodato, mandato e depósito admitem, pela sua própria natureza, a *resilição* unilateral.

Todavia, para que não ocorra abuso de direito, o Código Civil, no parágrafo único do art. 473, proíbe expressamente a *resilição unilateral abusiva* ou *denúncia injusta*, como desdobramento do princípio da função social dos contratos e da boa-fé objetiva: "Se, porém, dada a natureza do contrato, uma das partes houver feito investimentos consideráveis para a sua execução, a denúncia unilateral só produzirá efeito depois de transcorrido prazo compatível com a natureza e o vulto dos investimentos".

Esse dispositivo visa justamente impor limites éticos ao exercício do direito *potestativo* de *resilição unilateral*, ou seja, a pretensão é evitar o abuso de direito de *resilição* ou *extinção*. Com fundamento na teoria do abuso de direito (art. 187 do CC), é suspensa a eficácia da resilição unilateral, a fim de concretizar os princípios da solidariedade, função social e, principalmente, boa-fé objetiva.

No caso concreto, os efeitos da *resilição unilateral* poderão ser postergados quando ainda não transcorrido prazo compatível com a natureza e o vulto dos investimentos. Por exemplo, em contrato de corretagem por prazo indeterminado, não poderia aquele que contrata os serviços do corretor *resilir* o contrato, mediante denúncia unilateral, antes de o corretor conseguir absorver os investimentos realizados, como despesas com anúncio, contratação de serviços de terceiros, combustível, dentre outros. Neste caso, é necessário aguardar o transcurso de um prazo razoável com os investimentos realizados. É a aplicação dos princípios da razoabilidade e proporcionalidade na teoria contratual. O art. 720, que trata do contrato de agência e distribuição, possui regra semelhante.

O parágrafo único do art. 473 é desdobramento do princípio da função social. A ideia é proporcionar ao prejudicado a obtenção do objetivo previsto no contrato. Mas esta regra deve ser analisada com temperamentos, pois não se aplica a todo contrato, haja vista que, no mandato, por exemplo, fundado na confiança, é permitida a denúncia incondicional. A doutrina vem denominando este parágrafo único do art. 473 *denúncia injusta*.

Portanto, em homenagem aos princípios da boa-fé objetiva e da função social dos contratos, condiciona-se a eficácia da *resilição unilateral* até que tenha transcorrido prazo compatível com a natureza e o vulto dos investimentos.

Segundo Rosenvald e Chaves[244]: "(...) o mérito do dispositivo é converter a tutela genérica do ressarcimento de danos em uma tutela específica de conservação temporária do negócio jurídico, permitindo que a denúncia apenas surta efeitos a partir do momento em que seja ultrapassa-

---

[242] LOUREIRO, Luiz Guilherme. *Contratos – Teoria geral e contratos em espécie*. 3. ed. São Paulo: Método, 2008.

[243] PEREIRA, Caio Mário da Silva. *Instituições de direito civil:* Contratos. 11. ed. Rio de Janeiro, 2004. v. III.

[244] FARIAS, Cristiano Chaves de; ROSENVALD, Nelson. *Direito dos contratos*. Rio de Janeiro: Lumen Juris, 2011. v. IV, p. 588.

do o período mínimo para adequação da natureza do contrato ao importe dos investimentos".

Quanto à forma, o art. 473 do CC não estabelece uma forma especial para a resilição unilateral, como o faz o art. 472, no âmbito da resilição bilateral. Assim, ressalvados aqueles casos em que a própria lei estabelece alguma formalidade para a denúncia, esta pode ser viabilizada por meio de simples declaração, em juízo, por meio de ofício de títulos e documentos, carta com aviso de registro e comunicações eletrônicas, desde que cheguem ao conhecimento do destinatário. Portanto, não se exige nenhuma forma especial para a resilição.

Em conclusão, a *resilição unilateral* é o desfazimento do contrato pela vontade de um só dos contratantes, nos termos do art. 473, cuja norma não tem correspondente no Diploma Civil anterior. Segundo Orlando Gomes[245], trata-se de um poder que, quando legalmente permitido, não sofre contestação, sendo um direito *potestativo*. O poder de *resilir* será exercido por denúncia comunicada à outra parte (*declaração receptícia de vontade*). Nas suas palavras: "Neste caso, presume-se que as partes se reservaram ao direito de, a todo tempo, resilir o contrato".

Paulo Lôbo[246] bem define o instituto: "Denomina-se resilição unilateral a que resulta de manifestação de vontade extintiva de uma das partes do contrato. É direito potestativo extintivo ou direito formativo extintivo, que tem origem na lei ou na vontade das partes. A resilição unilateral opera mediante denúncia, que é seu instrumento, podendo ser de duas espécies: a denúncia vazia, quando o contratante não precisa declinar as razões, e denúncia cheia, quando o contratante deve dizer as razões para pedir a extinção do contrato".

3.9.2.4. Resolução

A resolução também é causa anormal de extinção dos contratos, superveniente à formação. Portanto, atua no plano da eficácia. A resolução pode decorrer de inexecução voluntária (inadimplemento culposo), inexecução involuntária (caso fortuito, por exemplo) e alteração das circunstâncias (onerosidade excessiva, arts. 478 a 480 do Código Civil).

No caso de inexecução voluntária, inadimplemento culposo, a parte prejudicada pelo inadimplemento poderá optar entre a resolução e o cumprimento das obrigações contratuais e, em qualquer das duas hipóteses, terá direito a perdas e danos (art. 475 do Código Civil). Neste caso, o inadimplemento pode repercutir na responsabilidade civil se houver dano a ser reparado.

No caso de inexecução involuntária, por força de lei, o contrato se resolve. Neste caso, não há indenização por perdas e danos, pois a causa do inadimplemento não é imputável à conduta de qualquer das partes. Aliás, neste sentido o art. 234 do CC, segundo o qual, se o perecimento da coisa não decorre de culpa, fica resolvida a obrigação. No caso de resolução por conta de inexecução involuntária, as partes simplesmente retornam ao estado anterior. Nesta situação, como a causa do inadimplemento é evento fortuito, não há possibilidade de reparação de dano.

A resolução por alteração das circunstâncias, *onerosidade excessiva* (arts. 478 a 480), será analisada em tópico separado.

Em razão do princípio da função social, a frustração do fim do contrato também pode ser considerada, em algumas situações especiais, como causa de extinção dos contratos (Enunciado 166 da III Jornada de Direito Civil, promovida pelo CJF).

Assim como a *resilição*, bilateral ou unilateral, a *resolução* é causa extintiva anormal do contrato, superveniente à formação, razão pela qual atua no plano da eficácia.

Portanto, circunstâncias supervenientes ao aperfeiçoamento da convenção, como perturbações à funcionalidade do contrato, o não cumprimento da prestação ou dos deveres de conduta (inadimplemento culposo), fortuitos (inexecução involuntária) ou desequilíbrio econômico e financeiro (onerosidade excessiva) podem acarretar a extinção do vínculo contratual. Além destas hipóteses tradicionais, a frustração do fim do contrato, como hipótese que não se confunde com a impossibilidade da prestação (por fato ou não imputável ao devedor) ou com a excessiva onerosidade, tem guarida no direito brasileiro pela aplicação do art. 421 do CC, e, por isso, pode ser considerada causa autônoma de extinção dos contratos (Enunciado 166 da III Jornada de Direito Civil).

Em consequência da resolução (causa superveniente de extinção), os efeitos do contrato são neutralizados. Nos contratos de execução imediata, a resolução tem efeitos retroativos e, por isso, os contratantes podem ser obrigados a restituir as parcelas já realizadas. Por outro lado, nos contratos de execução continuada ou periódica (contratos de duração), deve ser analisado o caso concreto para verificar se os efeitos pretéritos são preservados. Em regra, a resolução destes contratos de execução continuada opera efeitos *ex nunc, sem retroatividade, com preservação das obrigações e efeitos até a data da resolução, conforme o art. 128 do CC*. A retroatividade ocorrerá quando for possível preservar os interesses de terceiros e a natureza do contrato permitir.

A resolução é a consequência de fato superveniente à celebração do contrato, com efeito extintivo sobre a relação bilateral. O seu fundamento é a necessidade de manutenção de equilíbrio das partes no contexto contratual[247].

• **Resolução por inadimplemento culposo (inexecução voluntária) de qualquer dos contratantes**

A resolução do contrato, como causa extintiva, pode decorrer, em primeiro lugar, do inadimplemento de qualquer dos contratantes. A teoria do inadimplemento já foi estudada no direito das obrigações, a qual aplica-se ao contrato, principal fonte de obrigação.

Nesta nova concepção de *obrigação como um processo*, o inadimplemento ocorrerá quando qualquer das partes não

---
[245] GOMES, Orlando. *Contratos*. 26. ed. Rio de Janeiro: Forense, 2008.
[246] LÔBO, Paulo Luiz Netto. *Contratos*. São Paulo: Saraiva, 2010 (col. *Direito Civil*).
[247] FARIAS, Cristiano Chaves de; ROSENVALD, Nelson. *Direito dos contratos*. Rio de Janeiro: Lumen Juris, 2011. v. IV, p. 593.

cumprir a prestação principal objeto do contrato (dar coisa, fazer um serviço ou não fazer algo), bem como em caso de descumprimento dos deveres de conduta, em razão do princípio da boa-fé objetiva. A violação do princípio da boa-fé objetiva, por si só, caracteriza inadimplemento.

Nesse sentido, aliás, o Enunciado 24 da I Jornada promovida pelo CJF: "Em virtude do princípio da boa-fé, positivado no art. 422 do CC, a violação dos deveres anexos constitui espécie de inadimplemento, independente de culpa".

Em relação ao inadimplemento, algumas considerações são relevantes e imprescindíveis para o correto entendimento das disposições do Código Civil.

O inadimplemento, considerado em sentido *amplo*, abrange todos os casos em que a prestação devida não é cumprida em razão da impossibilidade de prestar, *independentemente* da investigação da *causa* do descumprimento.

Em sentido *estrito*, inadimplemento é a não realização da prestação devida, enquanto devida, ou o não cumprimento dos deveres anexos, em decorrência de fato *imputável* ao credor ou ao devedor. Portanto, o inadimplemento pode ser imputável ou não a qualquer das partes contratantes. Se não for imputável, resolve-se o contrato e as partes retornam ao estado em que se encontravam antes do contrato. A imputabilidade é a possibilidade de atribuir responsabilidade a qualquer dos sujeitos da relação contratual. O caso fortuito e a força maior são causas inimputáveis aos sujeitos, ou seja, em razão destes fenômenos, não há como atribuir responsabilidade civil.

A imputação pode ser subjetiva (investigação da culpa) e objetiva, pois é possível a imputação objetiva, possibilidade de atribuir responsabilidade civil a qualquer das partes, independentemente de uma conduta culposa. Em síntese, há dupla forma de imputação: subjetiva (princípio da inculpação – presença da culpa) e objetiva (resulta de normas que atribuem a alguém a assunção de um risco ou dever de segurança).

A noção de inadimplemento *imputável* não se restringe à culpa, para fins de responsabilidade civil, que pode ter como fundamento também o risco. Além disso, o inadimplemento pode ser absoluto ou relativo:

1. absoluto: impossibilidade superveniente ou inutilidade para o credor. A impossibilidade superveniente pode ser objetiva ou subjetiva: (a) a subjetiva é a que se refere a circunstâncias pessoais relacionadas à pessoa do credor e do devedor; (b) a impossibilidade objetiva se refere à prestação em si mesma e, assim, se subdivide em impossibilidade física (ou natural) e impossibilidade jurídica (obstáculo legal). Para que o inadimplemento absoluto gere responsabilidade ou produza efeitos jurídicos, é necessário e indispensável que haja imputabilidade. É o inadimplemento imputável. A impossibilidade superveniente ou a inutilidade decorre de causa imputável aos sujeitos da obrigação. Não havendo fato imputável, não se produz efeitos de sanção, havendo mera extinção da obrigação em decorrência da impossibilidade de cumprimento da prestação.

O inadimplemento absoluto consiste no não cumprimento da obrigação por fato imputável ao sujeito, tornando a prestação impossível de ser cumprida (impossibilidade), levando em conta a pessoa do credor (inutilidade). É a inutilidade para o credor do cumprimento tardio da prestação, ainda que possível fisicamente pelo devedor.

2. relativo: teoria da mora – retardamento no cumprimento da obrigação e imputabilidade: *possibilidade* e *interesse no adimplemento*. A mora (elemento objetivo – art. 394 e elemento subjetivo – art. 396) é o atraso, imputável a uma das partes, no dever de prestar ou de receber a prestação, sendo que o cumprimento ainda é de interesse do credor. Segundo a maioria da doutrina, a mora se vincula exclusivamente ao fator tempo. O descumprimento da obrigação, dissociado do fator tempo (394), não caracteriza a mora. Deve haver um fato imputável aos sujeitos da relação obrigacional, cuja imputabilidade deve ser objetiva ou subjetiva.

Em síntese, o contrato será resolvido quando qualquer das partes não cumpre a obrigação – *resolução por falta de cumprimento da prestação*, cuja *falta* pode *ser imputada*, subjetiva ou objetivamente, *a qualquer dos sujeitos da relação jurídica*, bem como no caso de descumprimento de deveres anexos decorrentes do princípio da boa-fé objetiva.

Na hipótese de inadimplemento culposo, inexecução voluntária, a parte prejudicada poderá optar entre a manutenção do contrato e a resolução, com perdas e danos em qualquer caso, conforme art. 475 do CC. No inadimplemento culposo, a extinção não decorre da lei, justamente porque o credor pode conservar o contrato (permissão legal para a preservação do vínculo jurídico) ou optar pelo exercício do direito formativo de resolução.

No caso de impossibilidade superveniente inimputável, ou inexecução involuntária (sem culpa), o devedor é liberado. Neste caso, não incide o art. 475, ou seja, não há o direito de resolver a obrigação, pois a lei incide e resolve a obrigação. A resolução do contrato no caso de inexecução involuntária decorre diretamente de previsão normativa. A ressalva ocorrerá se a parte, por cláusula expressa, assume o risco por eventos externos e inevitáveis, ou seja, se assume o risco pelo fortuito. Nesta situação, por ato de vontade, assumiu o risco por fortuito e, por isso, se submete às tutelas que são colocadas à disposição do contratante prejudicado no referido dispositivo.

Após tais considerações, o Código Civil, no art. 474, admite a resolução e extinção do contrato, por inexecução voluntária, tanto se houver cláusula resolutiva expressa (causa extintiva anormal contemporânea à formação do contrato) quanto por força da cláusula resolutiva tácita (causa extintiva anormal superveniente à formação dos contratos). Tais situações serão analisadas na sequência.

Cláusula resolutiva expressa (causa extintiva anormal contemporânea à formação do contrato)

A cláusula resolutiva é o modo pelo qual se opera a extinção do contrato por resolução. Tal cláusula pode ser expressa ou tácita, conforme dispõe o art. 474 do CC: "A cláusula resolutiva expressa opera de pleno direito; a tácita depende de interpelação judicial".

A cláusula resolutiva expressa é estabelecida pelas partes e integra as disposições contratuais. Se houver a previsão de resolução no contrato em caso de inadimplemento, a extinção será automática, de pleno direito. Não haverá necessidade de intervenção judicial. A extinção será consequência ou efeito direto da mora *ex re*.

Aliás, neste sentido é o Enunciado 435 da V Jornada de Direito Civil, promovida pelo Centro de Estudos Judiciários do Conselho da Justiça Federal: "A cláusula resolutiva expressa produz efeitos extintivos independentemente de pronunciamento judicial".

Se o contrato ostentar cláusula resolutiva expressa, *a resolução se dá de pleno direito*. É a resolução previamente convencionada. Nas palavras de Paulo Lôbo[248]: "A cláusula resolutiva expressa é comumente prevista nos contratos, estipulando-se que o contrato será extinto ou resolvido se houver inadimplemento total ou de alguma de suas cláusulas, independente de prévio aviso ou notificação. No entanto, se houver resistência da outra parte, terá de ser requerida em juízo, notadamente quando estiverem pendentes prestações de restituir coisa, ou de pagar ou de indenizar".

Se houver litígio, o ato judicial será meramente declaratório a respeito da existência da resolução. Se houver cláusula resolutiva expressa, as partes já decidem a consequência para o caso de inadimplemento.

É o que a doutrina denomina pacto comissório expresso. Segundo Orlando Gomes[249]: "(...) havendo pacto comissório expresso, o contrato se resolve de pleno direito. Nesse caso, a faculdade de resolução cabe apenas ao contratante prejudicado com o inadimplemento, jamais ao que deixou de cumprir as obrigações. A resolução somente se justifica se o devedor está em mora, devendo ser precedida de interpelação judicial se o cumprimento da obrigação não estiver subordinado a termo. Quando se aplica a regra *dies interpellat pro homine*, a mora do devedor – *mora solvendi* – se constitui independente de interpelação".

Como acrescenta Caio Mário[250], "é a adoção da antiga *Lex commissoria*, que as partes inserem como integrante do próprio negócio jurídico, e que opera a ruptura do vínculo como consequência da vontade mesma criadora deste".

O contrato, neste caso, resolve-se automaticamente (efeito da mora *ex re*).

Embora a parte lesada não necessite ajuizar ação judicial para o reconhecimento da extinção do vínculo, assim deverá proceder quando pleitear perdas e danos, ou, em caso de resistência da outra parte, houver prestações pendentes. Há enorme divergência se, no caso de cláusula resolutiva expressa, a parte prejudicada poderia optar por exigir o cumprimento da obrigação (tutela específica). Isto porque, na cláusula resolutiva expressa, desde a formação, os contratantes já fizeram a opção pela resolução/extinção do contrato, ou seja, a resolução foi expressamente convencionada. Assim, não seria possível, diante da existência de cláusula resolutiva expressa, pretender o cumprimento e a conservação do contrato. Ocorre que a jurisprudência vem abrandando o rigor da cláusula resolutiva expressa, justamente para admitir a conservação do vínculo, mesmo se convencionada previamente e por ocasião da formação do contrato, a resolução. Assim, a rigor, com a cláusula resolutiva expressa, a resolução e extinção são automáticas e de pleno direito, o que se incompatibilizaria com a opção conferida à parte prejudicada pelo art. 475. Por isso, ao inserir a cláusula resolutiva expressa, as partes, desde a formação, decidem e optam pela resolução do contrato, no caso de inexecução voluntária, o que poderá não ser a melhor estratégia em determinados casos. Todavia, como mencionado, a própria jurisprudência mitiga a força da cláusula resolutiva expressa, seja para exigir interpelação para a caracterização da mora (ex.: compra e venda de imóveis), seja para admitir a opção pela conservação do vínculo contratual, ainda que presente a cláusula.

De acordo com o STJ, a cláusula resolutiva expressa não pode retirar da parte prejudicada o direito de optar entre a resolução e a tutela específica, conforme o art. 475 do CC. Para conciliar o efeito automático da cláusula com a referida opção, o STJ exige que o contratante responsável pela violação do direito seja constituído em mora e, ao interpelar ou notificar para tal finalidade, a parte prejudicada deverá fazer a opção pela resolução ou tutela específica. Ainda que haja prazo ou termo certo de vencimento, a mora, para tal finalidade, será *ex persona*. Com a constituição em mora, se esta for a opção da parte prejudicada, a cláusula é implementada de forma automática e de pleno direito. Portanto, a cláusula resolutiva expressa não dispensa a constituição em mora e, neste momento, caberá à parte prejudicada pelo inadimplemento fazer a opção. De qualquer forma, não é a decisão judicial que resolve o contrato, mas a cláusula, a depender da opção da parte prejudicada por ocasião da notificação.

• **Cláusula resolutiva tácita**

A cláusula resolutiva tácita é aquela que está subentendida em todos os contratos bilaterais e onerosos. Por disposição legal há, em todo contrato bilateral, cláusula resolutiva implícita, pela qual a inexecução voluntária de uma parte autoriza a outra a pleitear a resolução. Neste caso, a intervenção judicial é fundamental e a decisão terá natureza constitutiva. É a decisão judicial que desconstitui o vínculo obrigacional.

A cláusula resolutiva tácita tem previsão legal e pode gerar a resolução do contrato em decorrência de evento futuro e incerto, geralmente relacionado ao inadimplemento (condição) culposo. Todavia, embora prevista em lei, a resolução e extinção do contrato não é automática, justamente porque caberá à parte prejudicada optar entre a resolução e a conservação do vínculo contratual (art. 475 do Código Civil). Por isso, será fundamental interpelação judicial para gerar efeitos (art. 474 do CC) ou para incidir, ao passo que a resolução ou a conservação do vínculo contratual dependerá da opção da parte prejudicada pelo inadimplemento.

---

[248] LÔBO, Paulo Luiz Netto. *Contratos*. São Paulo: Saraiva, 2010 (col. *Direito Civil*), p. 199-200.

[249] GOMES, Orlando. *Contratos*. 26. ed. Rio de Janeiro: Forense, 2008, p. 299.

[250] PEREIRA, Caio Mário da Silva. *Instituições de direito civil*: Contratos. 11. ed. Rio de Janeiro, 2004. v. III, p. 157.

De acordo com Francisco Loureiro[251]: "(...) a cláusula resolutiva tácita, embora explicada por diversas teorias, tem na verdade fundamento na equidade. Constitui mecanismo legal de repúdio a uma situação na qual o percebimento de uma certa utilidade não seria acompanhado da necessária contrapartida. Não é condição, pois não deriva da vontade das partes, mas sim diretamente da lei. Ainda que as partes não tenham previsto mecanismo de resolução do contrato, a lei cuida de suprir-lhes a omissão, facultando ao contratante inocente a opção entre executar a prestação ou pedir a resolução judicial do contrato".

Em atenção ao princípio da boa-fé objetiva, não se admite a resolução por descumprimento de obrigação de pequena importância, bem como no caso de adimplemento substancial. Em relação ao adimplemento substancial, dispõe o Enunciado 361 da IV Jornada de Direito Civil: "O adimplemento substancial decorre dos princípios gerais contratuais, de modo a fazer preponderar a função social do contrato e o princípio da boa-fé objetiva, balizando a aplicação do art. 475 do CC".

O exercício da faculdade de resolução não é disciplinado de maneira uniforme nas legislações. Dois são os sistemas admitidos: o francês e o alemão. Em todos os códigos modernos se desenvolve a ideia de que há um princípio denominado cláusula resolutiva tácita, pois, em caso de inexecução voluntária, fica facultado à outra a possibilidade de resolver o contrato se não preferir reclamar a prestação (art. 475 do CC). No alemão, é desnecessário o pronunciamento judicial, operando a cláusula tácita mediante atuação direta do próprio interessado e, no francês, onde também se abre ao lesado a alternativa de exigir a execução ou pedir perdas e danos, mas, ao contrário do alemão, não cabe atuação direta, sendo admitida a resolução mediante sentença. Nosso Código Civil optou pelo sistema francês, haja vista o disposto no art. 475.

A cláusula resolutiva tácita está prevista na segunda parte do art. 474 do Código Civil e, a partir do art. 475 do CC, a parte prejudicada pelo inadimplemento também poderá optar entre a resolução/extinção do contrato e o cumprimento do vínculo.

De acordo com o art. 475 do Código Civil, a alternativa concedida à parte inocente se resume a: 1 – resolução do contrato; ou 2 – tutela específica, sem prejuízo de, em qualquer caso, exigir indenização por perdas e danos. Portanto, a parte lesada pela inexecução voluntária pode exigir o cumprimento do contrato.

Com base no princípio da boa-fé objetiva, é possível provocar a resolução por inadimplemento em caso de violação de deveres anexos, colaterais ou secundários (é a violação positiva do contrato, exaustivamente analisada no capítulo da teoria do adimplemento e inadimplemento neste livro, na parte de obrigações). O fundamento do inadimplemento pela violação positiva do contrato é justamente o art. 422 do CC, o qual dispõe sobre essa relevante função (deveres de conduta) do princípio da boa-fé objetiva. Na mesma toada da boa-fé objetiva, é permitida a resolução com fundamento no denominado inadimplemento antecipado.

As partes avençaram o momento para o adimplemento de suas respectivas obrigações, porém, em instante anterior ao termo pactuado, um dos contratantes já demonstra inequívoca intenção de descumprir a sua prestação, pois pratica uma conduta concludente no sentido do inadimplemento[252]. No sistema da *common law*, há o instituto da *anticipatory breach* (ruptura antecipada), que permite ao contratante, que previamente saiba da intenção de inadimplemento do outro, ajuizar ação de resolução contratual, já a partir do momento em que se caracterizou a negativa ao cumprimento.

Nesse sentido, aliás, é o Enunciado 436 da V Jornada de Direito Civil, promovida pelo Conselho da Justiça Federal: "A resolução da relação jurídica contratual também pode decorrer do inadimplemento antecipado".

A resolução do contrato, em síntese, pode decorrer das seguintes situações: *inexecução voluntária (inadimplemento culposo):* a resolução por inexecução voluntária decorre da impossibilidade da prestação por culpa ou dolo do devedor. A parte inadimplente fica sujeita ao ressarcimento das perdas e danos suportados pelo prejudicado. O efeito específico da resolução é extinguir o contrato retroativamente (*ex tunc*), salvo se for de trato sucessivo (execução periódica ou continuada), caso em que os efeitos serão *ex nunc*, nos termos do art. 128 do CC. Como ressalta Carlos Roberto Gonçalves[253]: "Se o contrato for de trato sucessivo, como o de prestação de serviços de transportes e o de locação, por exemplo, a resolução não produz efeito em relação ao pretérito, não se restituindo as prestações cumpridas. O efeito, neste caso, será *ex nunc*". A parte prejudicada pelo inadimplemento tem direito a cumular o pedido de resolução com perdas e danos, conforme art. 475 do CC.

Inexecução involuntária (fortuita): na inexecução involuntária, "a causa da resolução do contrato não é imputada à parte inadimplente, porque estranha à sua vontade". São os casos em que a impossibilidade superveniente de cumprimento da obrigação decorre de caso fortuito ou de força maior[254]. Neste caso, a resolução do contrato decorre diretamente da lei. Se não há culpa, resolve-se o contrato e as partes retornam ao estado anterior, sem indenização. Não há, como regra, responsabilidade civil. Em regra, porque há exceções em que a inexecução involuntária pode gerar responsabilidade civil por perdas e danos: (a) quando a parte, por cláusula expressa, assume a responsabilidade pelo fortuito e força maior (art. 393); (b) se a impossibilidade do objeto da obrigação ocorre no período de mora (art. 399); (c) em alguns casos específicos em lei, onde o devedor responde pelo fortuito e força maior (arts.

---

[251] LOUREIRO, Luiz Guilherme. *Contratos – Teoria geral e contratos em espécie*. 3. ed. São Paulo: Método, 2008, p. 640.

[252] FARIAS, Cristiano Chaves de; ROSENVALD, Nelson. *Direito dos contratos*. Rio de Janeiro: Lumen Juris, 2011. v. IV, p. 609.

[253] GONÇALVES, Carlos Roberto. *Direito civil esquematizado*. São Paulo: Saraiva, 2013. v. 1, p. 815.

[254] Fato necessário, cujos efeitos o devedor não podia evitar ou impedir (art. 393 do CC).

524, 537, 583); e, (d) nos casos de responsabilidade civil fundada na teoria do risco, onde a inexecução involuntária pode gerar responsabilidade civil se o fortuito for apenas interno.

Enquanto a cláusula resolutiva expressa (condição convencionada) opera de pleno direito, a cláusula resolutiva tácita (lei) depende de sentença judicial, que tem natureza constitutiva negativa. A ação de resolução não se sujeita a prazos de prescrição, pois a natureza da sentença traz como consequência a natureza decadencial do prazo. Embora a lei não estipule qual seria tal prazo, nada impede que as partes, por convenção, o determinem. A cláusula resolutiva tácita não exige interpelação judicial, como falsamente sugere a 2ª parte do art. 474, mas intervenção judicial, que não precisa ser sob a forma de interpelação.

Alteração das circunstâncias (onerosidade excessiva): em razão da relevância desta causa de resolução, será tratada em item próprio.

3.9.2.5. Conexão entre inadimplemento e cláusula resolutiva (expressa e tácita)

Há autonomia entre mora e cláusula resolutiva na teoria contratual?

A mora é espécie do gênero inadimplemento (relativo). O inadimplemento é causa (dentre outras) de resolução e extinção de contratos, por fato superveniente à formação do vínculo jurídico entre os sujeitos (plano da eficácia).

A mora é suficiente, por si só, para resolução e extinção do contrato?

O inadimplemento (absoluto, relativo/mora ou violação positiva/boa-fé objetiva) pode levar à resolução e extinção do contrato (este pode ser extinto por outras inúmeras causas): *inadimplemento* – causa de resolução; *resolução* – causa de extinção do contrato: não se confunde causa de resolução (inadimplemento, onerosidade excessiva etc.) com causa de extinção (adimplemento, resilição etc.) do contrato, embora a resolução seja uma das causas desta.

A resolução, como consequência de inadimplemento (em especial a mora), pode extinguir o contrato de forma automática (resolução como efeito direto da mora) ou após provocação da parte interessada (interpelação judicial do credor): cláusula resolutiva convencional (expressa) e cláusula resolutiva legal (tácita).

Cláusula resolutiva expressa: se os sujeitos (contratantes), por ocasião da formação do contrato, ajustaram "cláusula resolutiva expressa" (e houver mora), o inadimplemento, por si só, será capaz de resolver e extinguir o contrato. O efeito extintivo é automático: independe de pronunciamento judicial. Nesta situação, a cláusula resolutiva expressa se associa à mora, seja *ex re* ou *ex persona* (se a obrigação for positiva e líquida, com termo certo de vencimento - art. 397, *caput* e parágrafo único). Como mencionado, o STJ passou a entender que a mora será *ex persona*, para que a parte prejudicada possa fazer a opção. De qualquer modo, a resolução e extinção é efeito da mora, se esta for a opção.

Cláusula resolutiva tácita: por outro lado, se não foi ajustada "cláusula resolutiva expressa", nada impedirá a resolução e extinção do contrato em razão da mora (inadimplemento). A resolução decorrerá da lei: cláusula resolutiva legal, tácita, implícita em contratos bilaterais (prestações interdependentes). Todavia, neste caso, a mora, por si só, não será suficiente para a resolução e extinção do contrato sem cláusula expressa. Ainda que a obrigação seja positiva, líquida e com termo certo de vencimento (mora *ex re*), haverá inadimplemento, mas a resolução/extinção do contrato dependerá de interpelação judicial (art. 474).

Conclusão: a mora tem relativa autonomia em relação à resolução do contrato (ainda que seja causa de resolução).

A mora (*ex re* ou *ex persona*) terá força para extinguir o contrato se houver cláusula resolutiva expressa (convencionada pelos sujeitos): neste caso, a resolução e a extinção serão efeito e consequência da mora (*mora = resolução/extinção*). Obs.: É dispensável o pronunciamento judicial, mas pode ser necessário para discutir outras questões como validade de cláusulas, adimplemento substancial etc., mas a decisão, em relação à extinção, será meramente declaratória, com efeito *ex tunc*, salvo nos contratos de execução continuada, em que se preservam os efeitos até a resolução (art. 128).

Por outro lado, se não foi pactuada cláusula resolutiva expressa, a mora (*ex re* ou *ex persona*), ainda que caracterizada e constituída, por si só, não será capaz de resolver e extinguir o contrato. A resolução e extinção do contrato depende de pronunciamento judicial (*mora + decisão judicial = resolução/extinção*).

A cláusula resolutiva expressa pressupõe mora (*ex re* ou *ex persona*). Se houver cláusula resolutiva expressa e a mora for *ex persona*, como a resolução depende da mora, a eficácia da cláusula resolutiva dependerá da constituição em mora (que neste caso pode ocorrer por interpelação judicial ou extrajudicial). A interpelação pode ser judicial ou extrajudicial (art. 397, parágrafo único) por conta da mora, não da resolução.

Por exemplo, em contrato de seguro de prestação de serviço de saúde, se houver cláusula resolutiva expressa, a mora será suficiente para a resolução e extinção do contrato. Todavia, ainda que a obrigação seja positiva, líquida e com termo certo de vencimento, será necessária a interpelação do segurado, judicial ou extrajudicial, para constituí-lo em mora. Neste contrato, a mora não pode ser automática. Todavia, com a constituição em mora, em razão da cláusula resolutiva expressa, o contrato será extinto automaticamente como efeito da mora. A interpelação, judicial ou extrajudicial, é essencial para caracterizar a mora, não para a resolução e extinção deste contrato.

Tal situação não se confunde com a cláusula resolutiva tácita, que depende de pronunciamento judicial para resolução do contrato. Na tácita, se a mora for *ex persona*, a interpelação extrajudicial apenas constitui a mora, mas não resolve o contrato. Apenas interpelação judicial constitui a mora e resolve/extingue o contrato.

a) exceção do contrato não cumprido

Exceptio non adimpleti contractus: é uma cláusula impeditiva da exigibilidade da prestação e está disciplinada no art. 476 do CC: "Nos contratos bilaterais, nenhum dos contratantes, antes de cumprida a sua obrigação, pode exigir o implemento da do outro".

Em primeiro lugar, a exceção do contrato não cumprido apenas é compatível com os contratos de efeitos bilaterais (denominados sinalagmáticos), ou seja, aqueles contratos que geram obrigações para todos os contratantes e estas obrigações são recíprocas e interdependentes, uma é causa da outra (exemplo clássico de contrato bilateral é o contrato de compra e venda).

Nos casos em que as obrigações devem ser cumpridas simultaneamente, nenhum dos contratantes, antes de cumprir a sua, pode exigir o implemento da do outro, justamente porque as prestações estão vinculadas e há entre elas uma relação de dependência recíproca. Se não houver a simultaneidade das prestações recíprocas, porque o momento da exigibilidade de cada uma delas está predefinido, não há possibilidade de invocar tal meio de defesa. Se não foi estipulado o momento das prestações, presumem-se simultâneas. No entanto, se as prestações forem sucessivas e os momentos de cada uma delas está bem definido, tal meio de defesa não pode ser invocado.

No que tange à impossibilidade de invocar este meio de defesa em obrigações de prestações sucessivas, Caio Mário[255] é preciso: "(...) se ambas as prestações têm de ser realizadas sucessivamente, é claro que não cabe a invocação da *exceptio* por parte do que deve em primeiro lugar, pois que a do outro ainda não é devida; mas, ao que tem de prestar em segundo tempo, cabe o poder de invocá-la, se o primeiro deixou de cumprir. Sendo simultâneas, a sua interdependência funcional autoriza a recusa, sob alegação de falta de cumprimento pois que *non servanti fidem non est fides servanda*".

Quanto ao fundamento da exceção do contrato não cumprido, Rosenvald e Chaves[256] destacam que: "(...) o fundamento da *exceptio* reside na equidade e na boa-fé objetiva. O sistema jurídico pretende que haja uma execução simultânea das obrigações. A segurança do comércio jurídico demanda o respeito pelas obrigações assumidas de modo a unir o destino das duas obrigações, de forma que cada uma só seja executada à medida que a outra também o seja. Uma verdadeira situação de interdependência. A aplicação da exceção de inexecução é a maneira de assegurar que as obrigações recíprocas se mantenham coesas, a fim de que uma das partes só possa ser compelida a prestar, caso a outra proceda de igual modo, preservando-se o sinalagma funcional".

A *exceptio* não suspende o contrato, mas a obrigação de uma das partes, que permanece suspensa temporariamente. Se a impossibilidade de cumprir a prestação deixar de ser transitória para ser permanente, a alternativa é a resolução do contrato (art. 475 do CC).

Portanto, a exceção do contrato não cumprido é um meio de defesa ou exceção substancial, paralisando a pretensão do contratante de exigir a prestação pactuada, ante a alegação do outro de não ter recebido a devida contraprestação. Quanto a ser um meio de defesa, precisa a observação de Carlos Roberto Gonçalves[257]: "(...) a exceção em apreço, que é de direito material, constitui uma defesa indireta contra a prestação ajuizada. Não é uma defesa voltada para resolver o vínculo obrigacional e isentar o réu excipiente do dever de cumprir a prestação convencionada. Obtém este apenas o reconhecimento de que lhe assiste o direito de recusar a prestação que lhe cabe enquanto o autor não cumprir a contraprestação a seu cargo. No entanto, poderá vir a ser condenado a cumprir a obrigação assim que o credor cumprir a sua prestação, pois, ao opor a aludida exceção, não se negou ele à prestação, mas apenas aduziu em sua defesa que não estava obrigado a realizá-la antes de o autor cumprir a sua".

Nos contratos bilaterais, as partes são reciprocamente credoras e devedoras uma da outra. Por isso, nenhuma delas, sem cumprir o que lhe cabe, pode exigir do outro o cumprimento da prestação. Em razão desta necessidade de reciprocidade de prestações, somente é aplicável aos contratos bilaterais. Se isso ocorrer, surgirá uma *defesa* (que é a *exceptio*) oponível pelo demandado contra o inadimplente, segundo a qual aquele que recusa a sua prestação, sob o fundamento de não ter dado cumprimento à obrigação que lhe cabe é causa impeditiva da exigibilidade da prestação.

A boa-fé norteia este princípio, tanto que a cláusula em questão não pode ser usada como pretexto para o não cumprimento do contrato, razão pela qual não cabe a invocação da cláusula àquele que tem o dever jurídico de cumprir a obrigação em primeiro lugar, quando as prestações são sucessivas. Para o jurista Paulo Nader[258], tal instituto é fundamento para a escusa de pagamento e não para a dissolução do vínculo contratual, estando deslocado. A mesma crítica é realizada por Rosenvald e Chaves[259]: "Esta distinção entre a *exceptio* e a resolução demonstra a impropriedade de se incluir aquele modelo jurídico no capítulo relativo à extinção do contrato (art. 472 do CC), pois a exceção de contrato não cumprido não é uma forma de desconstituição da obrigação, mas um modo de oposição temporária à exigibilidade do cumprimento da obrigação. Em outras palavras, a *exceptio* funciona como mero retardamento da prestação mediante defesa indireta de mérito pelo excipiente".

Quanto à causa do inadimplemento para invocar a exceção do contrato não cumprida, destaca Luiz Guilherme Loureiro[260]: "O dispositivo não distingue a causa do

---

[255] PEREIRA, Caio Mário da Silva. *Instituições de direito civil*: Contratos. 11. ed. Rio de Janeiro, 2004. v. III, p. 160-161.

[256] FARIAS, Cristiano Chaves de; ROSENVALD, Nelson. *Direito dos contratos*. Rio de Janeiro: Lumen Juris, 2011. v. IV, p. 628.

[257] GONÇALVES, Carlos Roberto. *Direito civil esquematizado*. São Paulo: Saraiva, 2013. v. 1, p. 817.

[258] NADER, Paulo. *Curso de direito civil – Contratos*. 9. ed. Rio de Janeiro: Forense, 2018. v. III.

[259] FARIAS, Cristiano Chaves de; ROSENVALD, Nelson. *Direito dos contratos*. Rio de Janeiro: Lumen Juris, 2011. v. IV.

[260] LOUREIRO, Luiz Guilherme. *Contratos – Teoria geral e contratos em espécie*. 3. ed. São Paulo: Método, 2008, p. 279.

inadimplemento: tanto pode ser culposo, como em decorrência de força maior ou caso fortuito. Se o contratante não puder cumprir a sua obrigação, ainda que por fato superveniente, imprevisto e imprevisível no momento da celebração do contrato, não pode exigir que o outro cumpra a prestação que lhe couber".

A exceção do contrato não cumprido, como já ressaltado, constitui defesa indireta de mérito (exceção substancial) e, quando acolhida, leva à improcedência do pedido.

No REsp 1.193.739/SP, relatado pelo Min. Massami Uyeda, foi destacado o caráter de defesa da exceção do contrato não cumprido, como uma forma de assegurar o cumprimento recíproco das obrigações assumidas.

Por outro lado, no caso de cumprimento incompleto ou inadequado da prestação por qualquer dos contratantes, a doutrina admite a *exceptio non rite adimpleti contractus* quando um dos contratantes poderá recusar a prestação até que a outra seja completada. Nas palavras de Caio Mário[261]: "(...) se um não faz de maneira completa, pode o outro opor-lhe em defesa esta exceção levada ao extremo de recusar a *res debita* se, cumprido embora o contrato, não o fez aquele de maneira perfeita e cabal – *exceptio non adimpleti rite contractus*, vale dizer que deixa de prestar e a isto se não se sente obrigado, porque a inexatidão do implemento da outra parte equivale à falta de execução".

No mesmo sentido, Carlos Roberto Gonçalves[262]: "se um dos contratantes cumpre apenas em parte ou de forma defeituosa a sua obrigação, quando se comprometera a cumpri-la integral e corretamente, cabível se torna a oposição, pelo outro, da exceção do contrato parcialmente cumprido ou *exceptio non rite adimpleti contractus*".

E conclui Orlando Gomes[263]: "(...) admite-se, ao lado da *exceptio non adimpleti contractus*, a *exceptio non rite adimpleti contractus*. A primeira para o caso de inadimplemento da obrigação. A outra para a hipótese do cumprimento incompleto, seja porque o devedor somente tenha satisfeito, em parte, a prestação, seja porque cumpriu de modo defeituoso. A *exceptio non rite adimpleti contractus* é, no fundo, a mesma *exceptio non adimpleti contractus*, dado que o cumprimento parcial, inexato ou defeituoso, equivale a inadimplemento. Difere, porém, nos efeitos. Havendo inadimplemento total, incumbe a prova ao contraente que não cumpriu a obrigação. Havendo execução incompleta, deve prová-la quem invoca a exceção, pois se presume regular o pagamento aceito".

A teoria do adimplemento substancial também repercute neste meio de defesa. A inexecução mínima ou insignificante não autoriza ao outro contratante a invocação da exceção do contrato não cumprido. As relações privadas são norteadas pelos princípios da solidariedade, cooperação e eticidade (boa-fé objetiva). O princípio da boa-fé objetiva impõe limites éticos ao exercício de direitos subjetivos. Por isso, ainda que a execução da prestação não tenha sido completa, mas se for mínima, a invocação deste meio de defesa pelo outro pode caracterizar abuso de direito, nos termos do art. 187 do CC. A teoria do abuso de direito impõe juízo de valor sobre o exercício dos direitos subjetivos e os fundamentos jurídicos deste mesmo direito.

No mais, em contratos que têm por objetivo a satisfação de necessidades existenciais da pessoa humana, como o fornecimento de água e energia elétrica, a exceção do contrato não cumprido vem sendo mitigada. A paralisação dos serviços não pode ser arbitrária, o que ocorrerá principalmente nos casos em que houver risco de lesão irreparável a direito fundamental do usuário, como a vida e a integridade física. Aliás, o art. 22 do CDC estabelece que os órgãos públicos, por si ou por suas empresas, concessionárias, permissionárias ou sob qualquer outra forma de empreendimento, são obrigados a fornecer serviços adequados, eficientes, seguros e, quanto aos essenciais, contínuos. A continuidade dos serviços públicos essenciais é uma imposição que decorre da garantia constitucional que tutela os direitos fundamentais existenciais, pautados e fundados na cláusula geral de dignidade da pessoa humana. Isso não significa que não possa o serviço público ser suspenso no caso de inadimplemento. Entretanto, a suspensão não pode ser pautada em uma análise fria e superficial do art. 476 do CC. O corte de tais serviços, por inadimplência do usuário, somente é legítimo se forem observados alguns direitos fundamentais e desde que não haja abuso na cobrança.

Por fim, as partes, como decorrência do princípio da autonomia privada, podem inserir no contrato a cláusula *solve et repete*, pela qual o contratante estará obrigado a cumprir a sua prestação ainda que o outro seja inadimplente. No caso, restará à parte prejudicada, em momento posterior, voltar-se contra o inadimplente, em ação autônoma, para requerer a indenização devida. Tal cláusula, nas relações civis, é válida e legítima, caso em que ficará afastada a regra prevista no art. 476 do CC. Importará em renúncia ao direito de opor a exceção do contrato não cumprido.

Como destaca Carlos Roberto Gonçalves[264]: "(...) deve a parte, portanto, cumpri-la prontamente, sem prejuízo de fazer valer, em ação própria, seus direitos nascidos desse comportamento. Em outras palavras, deve renunciar à vantagem que resultaria da aplicação do princípio da economia processual".

Segundo Rosenvald e Chaves[265]: "Com a cláusula *solve et repete* (paga e depois pede), o contratante deverá cumprir a sua prestação mesmo que a contraparte haja negligenciado o cumprimento da que lhe incumbia primeiramente. Remanesce em favor do contratante inocente ação autônoma para exigir o cumprimento ou pretensão ressarcitória".

---

[261] PEREIRA, Caio Mário da Silva. *Instituições de direito civil:* Contratos. 11. ed. Rio de Janeiro, 2004. v. III, p. 160.

[262] GONÇALVES, Carlos Roberto. *Direito civil esquematizado*. São Paulo: Saraiva, 2013. v. 1, p. 818.

[263] GOMES, Orlando. *Contratos*. 26. ed. Rio de Janeiro: Forense, 2008, p. 110.

[264] GONÇALVES, Carlos Roberto. *Direito civil esquematizado*. São Paulo: Saraiva, 2013. v. 1, p. 818.

[265] FARIAS, Cristiano Chaves de; ROSENVALD, Nelson. *Direito dos contratos*. Rio de Janeiro: Lumen Juris, 2011. v. IV, p. 634.

Em contratos por adesão de natureza civil (art. 424), tal cláusula seria abusiva por implicar renúncia antecipada a direito do aderente e nas relações de consumo, tal cláusula também seria considerada abusiva e, portanto, nula de pleno direito (art. 51 do CDC).

b) regra do art. 477 do CC (exceção de inseguridade)

O contratante que tiver de fazer ou executar a prestação em primeiro lugar pode recusá-la, se sobrevier ao outro contratante alguma alteração nas condições econômicas do contrato, capaz de comprometer a prestação a que se obrigou. No entanto, o que primeiro tem a obrigação de cumprir a prestação deve ter razões plausíveis e justificáveis para reter a execução. Dada a garantia, não subsiste motivo para a recusa. Trata-se da chamada exceção de garantia ou de segurança. Não confere pretensão à prestação antecipada, nem à caução, nem à resolução do contrato. Ao outro contratante é que cabe escolher entre prestação antecipada ou dar caução.

Segundo dispõe o art. 477 do CC: "(...) se, depois de concluído o contrato, sobrevier a uma das partes contratantes diminuição em seu patrimônio capaz de comprometer ou tornar duvidosa a prestação pela qual se obrigou, pode a outra recusar-se à prestação que lhe incumbe, até que aquela satisfaça a que lhe compete ou dê garantia bastante de satisfazê-la".

Para Gustavo Tepedino[266]: "Ao contrário do art. 476, o art. 477 pressupõe a ocorrência de prestações sucessivas, para determinar que o contratante que tiver de fazer a prestação em primeiro lugar pode recusá-la se, entretanto, depois de concluído o negócio, tiverem sobrevindo alterações no patrimônio do outro que tornem arriscado ou duvidoso o cumprimento da contraprestação".

Trata-se de uma espécie de garantia para o caso de risco de inadimplemento. Após a conclusão do contrato, uma das partes suporta perda considerável em seu patrimônio, cujo fato coloca em risco a continuidade do cumprimento do contrato. Em razão deste fator econômico, poderá a outra parte suspender o cumprimento da prestação, até que a outra satisfaça a obrigação ou preste garantia suficiente. Na V Jornada de Direito Civil, promovida pelo CJF, foi ampliada a extensão da exceção de inseguridade para aqueles casos em que a conduta do sujeito coloca em risco a execução do contrato, ainda que tenha ocorrido uma diminuição patrimonial efetiva. No entanto, tal conduta pode implicar em perda patrimonial substancial. Segundo o Enunciado 437 da referida jornada: "A exceção de inseguridade, prevista no art. 477, também pode ser oposta à parte cuja conduta põe manifestamente em risco a execução do programa contratual".

Como bem observa Flávio Tartuce[267], o art. 477 tem relação com a quebra antecipada do contrato, que também é causa de resolução da relação jurídica (Enunciado 436 da V Jornada promovida pelo CJF). Segundo o referido doutrinador: "(...) o art. 477 do atual Código parece ter relação com o que a doutrina tem conceituado como quebra antecipada do contrato ou inadimplemento antecipado (*antecipated breach of contract*). Isso porque, pela citada teoria, se uma parte perceber que há risco real e efetivo, demonstrado pela realidade fática, de que a outra não cumpra com a sua obrigação, poderá antecipar-se, pleiteando a extinção do contrato antes mesmo do prazo para cumprimento".

Tepedino[268] compartilha o mesmo entendimento.

Rosenvald e Chaves[269] são contrários à tese de equiparação da exceção de inseguridade com a quebra antecipada do contrato. Para eles, trata-se de risco de descumprimento, e não quebra antecipada do contrato, pois, ao contrário do inadimplemento, o escopo da norma não é punir o outro contratante, mas proteger o equilíbrio contratual, minimizando o risco de descumprimento.

A exceção de inseguridade é um meio de defesa, a fim de que o contratante não fique vulnerável ao desequilíbrio econômico do outro. Ao invés de cumprir a prestação e, em seguida, buscar a reparação no caso de inadimplemento, a norma permite que o contratante não assuma o risco do inadimplemento do outro. Portanto, suspende a execução da prestação até que a outra parte cumpra sua prestação ou ofereça garantia suficiente de que irá satisfazê-la. A diminuição ou risco de diminuição do patrimônio deve ser considerável, não sendo suficiente a suposição ou a mera desconfiança de que o patrimônio da outra parte foi afetado por causa superveniente.

Quanto ao objetivo, Nader[270] é preciso: "(...) a disposição do art. 477 visa a proteger quem deve pagar em primeiro lugar, estando a outra parte com o seu patrimônio abalado por fato superveniente à celebração do contrato, capaz de comprometer a sua prestação. Nesta hipótese, o ordenamento permite ao devedor aguardar o recebimento de seu crédito ou a oferta de garantia suficiente, para depois efetivar o pagamento devido".

Nesta hipótese, o contratante que está obrigado a cumprir a prestação em primeiro lugar, pode invocar a cláusula de inseguridade para recusar o pagamento da sua prestação, até que o outro cumpra ou dê garantia suficiente para tanto.

---

[266] TEPEDINO, Gustavo; BARBOSA, Heloísa Helena; BODIN, Maria Celina et al. *Código civil interpretado*. v. II (teoria geral dos contratos, contratos em espécie, atos unilaterais, títulos de crédito, responsabilidade civil, preferências e privilégios creditórios - artigos 421-965), RJ-SP: Renovar, 2006.

[267] TARTUCE, Flávio. *Manual de direito civil*. 2. ed. São Paulo: Método, 2012. v. único, p. 598.

[268] TEPEDINO, Gustavo; BARBOSA, Heloísa Helena; BODIN, Maria Celina et al. *Código civil interpretado*. v. II (teoria geral dos contratos, contratos em espécie, atos unilaterais, títulos de crédito, responsabilidade civil, preferências e privilégios creditórios - artigos 421-965), RJ-SP: Renovar, 2006, p. 129.

[269] FARIAS, Cristiano Chaves de; ROSENVALD, Nelson. *Direito dos contratos*. Rio de Janeiro: Lumen Juris, 2011. v. IV, p. 636.

[270] NADER, Paulo. *Curso de direito civil – Contratos*. Rio de Janeiro: Forense, 2018. v. III, p. 186.

3.9.2.5.1. Resolução por alteração das circunstâncias (onerosidade excessiva)

A onerosidade excessiva é causa de resolução e extinção do contrato. O Código Civil de 2002 disciplina a teoria da onerosidade excessiva no capítulo relativo à *extinção dos contratos*, nos arts. 478 a 480. A onerosidade excessiva afeta a base objetiva do contrato e, em consequência, provoca desequilíbrio econômico e financeiro no pacto.

A teoria da onerosidade excessiva está vinculada aos princípios constitucionais da igualdade substancial e ao princípio da função social do contrato (art. 421). A função social impõe a adequação do contrato aos valores sociais constitucionais, dentre eles a igualdade material sob a perspectiva econômica. Se, por um fato superveniente à formação, houver alteração substancial na relação base, o princípio da função social impõe a readequação do pacto, por meio da revisão (art. 317) ou, em última análise, a resolução e extinção (art. 478 do CC).

O contrato de execução prolongada ou de duração sucessiva e continuada pode suportar intercorrências capazes de alterar as circunstâncias que pautaram os sujeitos no momento da formação. Após a formação e durante a execução, as mais variadas circunstâncias podem afetar o equilíbrio material e econômico do contrato, impondo a sua revisão ou resolução. Tais circunstâncias são exteriores e supervenientes à formação do contrato, fato que exige uma relação jurídica negocial duradoura ou prolongada.

Aliás, a teoria da onerosidade recebe severas críticas da doutrina por ter sido considerada como causa de resolução, e não como causa de revisão. A onerosidade excessiva é um problema econômico, ou seja, um fato superveniente à formação geral, um desequilíbrio material na base objetiva do contrato, se considerado no momento da formação e da execução. Não há sentido em resolver um contrato afetado por circunstâncias exteriores, quando é possível a sua readequação econômica, que, muitas vezes, interessa aos contratantes. Por isso, em atenção ao princípio da preservação do negócio jurídico, a resolução deve conduzir à revisão e, apenas na impossibilidade, à resolução.

Nesse sentido, o Enunciado 176 da III Jornada de Direito Civil, promovida pelo CJF: "Em atenção ao princípio da conservação dos negócios jurídicos, o art. 478 do CC de 2002 deverá conduzir, sempre que possível, a revisão judicial dos contratos e não à resolução contratual". Inclusive, na teoria geral das obrigações, com requisitos bem mais flexíveis, está disciplinada a possibilidade de revisão de qualquer obrigação (art. 317 do CC), o que inclui os contratos, fontes geradoras de obrigações, fato que acaba esvaziando o conteúdo do art. 478 do CC, o qual exige pressupostos muito mais rígidos, acompanhado do desconforto de impor a extinção de um contrato. De forma precisa, Ruy Rosado Aguiar[271] destaca que com a forma como o Código Civil disciplina o contrato por meio de cláusulas gerais, é possível encontrar fundamento para a revisão do contrato em razão de fato superveniente que desvirtue sua finalidade social. A onerosidade excessiva, para ser compatibilizada com a boa-fé objetiva, a cooperação, a solidariedade e vedação de sacrifícios desnecessários, seria usada apenas de forma subsidiária. O objetivo da resolução é solucionar o desequilíbrio de um contrato afetado pela alteração das circunstâncias que serviram de parâmetro para sua formação. Segundo Orlando Gomes[272]: "Quer se explique a resolução do contrato por se considerar subentendida a cláusula *rebus sic stantibus*, quer pela teoria da imprevisão, ou das bases de negócio, a verdade é que, no Direito moderno, a alteração radical das condições econômicas, nas quais o contrato foi celebrado, tem sido considerada uma das causas que, com o concurso de outras circunstâncias, podem determinar sua resolução".

A teoria da onerosidade excessiva está disciplinada no art. 478 do CC e não há melhor forma para compreendê-la que não decompor todos os seus elementos e pressupostos essenciais para a sua caracterização (os requisitos), exigidos no art. 478 do CC. Quais são estes requisitos?

1. O primeiro requisito está relacionado à classificação dos contratos quanto ao momento de sua execução (execução instantânea, diferida e de trato sucessivo). De acordo com o referido dispositivo legal, a teoria da onerosidade excessiva como causa de resolução dos contratos somente pode ser invocada em contratos de execução continuada ou diferida. Assim, é essencial que haja um hiato ou espaço considerável entre a formação e a execução, no caso dos contratos de execução diferida ou a execução continuada e reiterada, nos contratos de trato sucessivo (execução periódica ou continuada). Os contratos de execução diferida ou execução única, se consumam em apenas um ato, mas em momento futuro. Neste caso, é possível que um fato superveniente repercuta no contrato e afete a sua base objetiva gerando onerosidade excessiva para um dos contratantes e vantagem extrema para o outro. No caso dos contratos de trato sucessivo ou execução continuada e periódica, a consumação se dá pela reiteração de atos que se prolongam no tempo, o que os torna compatíveis com a teoria. Como ressaltam Rosenvald e Chaves[273]: "Os contratos de duração possuem uma fase intermediária entre o nascimento e a morte, na qual o programa desenhado pelos contratantes é executado, paulatinamente, em prestações sucessivas (execução continuada) ou aguarda um período de espera para ser executado tempos depois (execução diferida)". Por outro lado, não se admite a aplicação da teoria da onerosidade excessiva em contratos de execução instantânea ou imediata, pois não há hiato entre a formação e a execução e tal espaço considerável entre estes dois momentos é essencial para a caracterização da onerosidade excessiva.

---

[271] AGUIAR JÚNIOR, Ruy Rosado de. Extinção dos contratos por incumprimento do devedor. 2. ed. Rio de Janeiro: Aide, 2004.

[272] GOMES, Orlando. *Contratos*. 26. ed. Rio de Janeiro: Forense, 2008, p. 214.
[273] FARIAS, Cristiano Chaves de; ROSENVALD, Nelson. *Direito dos contratos*. Rio de Janeiro: Lumen Juris, 2011. v. IV, p. 614.

2. O segundo requisito é a onerosidade excessiva para uma das partes. Não basta o aumento do custo do contrato. É indispensável que o contrato se torne penoso ou inviável economicamente por conta de circunstâncias externas que alteraram a sua base objetiva. Por isso, a onerosidade deve ser anormal, fora do comum ou, como diz a lei, excessiva e substanciosa. Trata-se de extrema dificuldade. É essencial que seja excessiva a diferença de valor do objeto da prestação entre o momento de sua formação e o da execução. A onerosidade há de ser objetivamente excessiva, ou seja, seria excessiva para qualquer pessoa que integrasse aquela relação jurídica e não apenas ao devedor. De forma coerente, o Código Civil não estabelece parâmetros abstratos para se apurar a onerosidade excessiva. Cabe ao juiz avaliar, no caso concreto, se a onerosidade decorrente da alteração de circunstâncias poderá ou não ser considerada excessiva. Nas palavras poéticas de Ênio Zuliani[274]: "A onerosidade excessiva altera a base do negócio, transformando o sentido da vontade manifestada. Onerosidade é a metamorfose surpreendente da prestação a cumprir, sinônimo de excesso de peso da carga econômica do contrato de execução continuada ou diferida, constituindo um desafio a ser superado para salvaguarda dos interesses legítimos. A onerosidade excessiva dificulta ou impede o contrato de continuar irradiando os seus efeitos".

3. O terceiro requisito está relacionado à *extrema vantagem da outra parte*. A teoria da onerosidade excessiva não se contenta com o empobrecimento de uma parte. Impõe o enriquecimento ilícito e considerável da outra. É o que denomina *extrema vantagem*. Portanto, a teoria da onerosidade excessiva impõe uma comparação entre prestação e contraprestação. A prestação de um é excessivamente onerosa, ao mesmo tempo em que a prestação ou contraprestação do outro é extremamente vantajosa. Tal requisito também merece severas críticas, pois a revisão ou resolução de um contrato por conta da alteração das circunstâncias não poderia depender do enriquecimento do outro em comparação ao que está excessivamente onerado. Por isso, a doutrina, paulatinamente, reduz a relevância deste pressuposto e já chegou a sugerir em considerá-lo secundário ou não essencial, conforme se observa no Enunciado 365 da IV Jornada de Direito Civil, promovida pelo CJF: "A extrema vantagem do art. 478 deve ser interpretada como elemento acidental da alteração de circunstâncias, que comporta a incidência da resolução ou revisão do negócio por onerosidade excessiva, independentemente de sua demonstração plena". Portanto, para fins de revisão ou resolução do contrato com base na teoria, não é necessária a demonstração plena da extrema vantagem econômica ou enriquecimento de um dos contratantes. Esse requisito é um dos principais motivos do esvaziamento da teoria, tendo em vista que o art. 317, que permite a revisão judicial de qualquer obrigação que se desequilibre por conta de um motivo imprevisível, ainda que não extraordinário, não exige a vantagem extrema ou enriquecimento da outra parte. Por isso, pertinente a crítica de Chaves e Rosenvald[275]: "Exigir que a alteração das circunstâncias atinja apenas uma das partes em benefício da outra implica esvaziar substancialmente este modelo jurídico, vedando ao contratante fragilizado, por acontecimento superveniente extraordinário e imprevisível, o recurso final ao remédio resolutório, apenas por não provar o enriquecimento sem causa experimentado pelo parceiro contratual".

4. O quarto requisito é o fato superveniente imprevisível e extraordinário que provocou o desequilíbrio contratual, com onerosidade excessiva para um e extrema vantagem para o outro contratante. Em primeiro lugar, o fato deve ser superveniente à formação, pois, se contemporâneo, poderá se configurar outro instituto, como a lesão (art. 157, § 1º). A teoria da onerosidade excessiva pressupõe uma comparação entre as prestações no momento da formação e no momento da execução. Se houver um desequilíbrio grave e substancial na base objetiva do negócio entre estes dois momentos, capaz de trazer onerosidade excessiva e enriquecimento ilícito extremo, aplica-se a teoria. O fato superveniente deve ser imprevisível, o que leva vários doutrinadores a defenderem que teria sido adotada, no art. 478, a teoria da imprevisão, justamente por conta deste pressuposto. Essa questão da imprevisão e das teorias a elas relacionadas foi exaustivamente analisada na parte que tratamos da teoria geral das obrigações, nos comentários ao art. 317, para onde remetemos o leitor. A imprevisibilidade é uma qualidade atribuída ao fato superveniente. Tal fato não pode ter sido previsto no momento da contratação. Se foi previsto, incabível a teoria. No momento em que celebram o contrato, não podem ter previsto a alteração decorrente do evento superveniente. As partes pretenderam se obrigar apenas nos limites daquilo que era previsível e tal imprevisibilidade é objetiva, pois independe do estado psicológico das partes. No mais, não basta ser imprevisível, deve ainda ser extraordinária, outro requisito não exigido pelo art. 317 do CC, que trata da teoria da imprevisão. Não há dúvida de que a extraordinariedade está vinculada à imprevisibilidade, ou seja, aquele fato que é tão

---

[274] ZULIANI, Ênio Santarelli. Resolução do contrato por onerosidade excessiva. *Revista Magister de Direito Civil e Processual Civil*, Porto Alegre, v. 7, n. 40, p. 27-47, jan./fev. 2011.

[275] FARIAS, Cristiano Chaves de; ROSENVALD, Nelson. *Direito dos contratos*. Rio de Janeiro: Lumen Juris, 2011. v. IV, p. 618.

anormal, excepcional e incomum, que se torna extraordinário e impossível de qualquer previsão, em termos objetivos, no momento da contratação.

Quer dizer que a lei não tutela o contratante que não usa da normal prudência, necessária para antever e compreender as consequências do contrato. Portanto, é justo e racional que o risco das circunstâncias ordinárias e previsíveis seja suportado pelos contraentes. Apenas os riscos absolutamente anômalos, como tais subtraídos à possibilidade de razoável previsão e controle dos contratantes é que podem dar ensejo à resolução do contrato, quando ocasionarem a excessiva onerosidade da prestação de uma das partes, com extrema vantagem para a outra. Estão fora da lista dos episódios que criam a onerosidade excessiva os comuns ou ordinários do cotidiano, da política, do sistema econômico e do meio social, porque, sobre esses, o contratante, com discernimento do homem médio, deveria lhes prever a inclemência, acautelando-se mediante adoção de regulamentos precisos e específicos que contornem seus impactos.

Assim, presentes os requisitos legais no curso do contrato (durante a execução), pode a parte demandar a resolução do contrato e liberar-se do vínculo jurídico. As partes não podem permanecer vinculadas por conta de circunstâncias externas que venham a desequilibrar a economia do contrato. Assim, no contrato de execução continuada ou diferida, com alteração objetiva da sua base, somado à superveniência de circunstância imprevisível e extraordinária (condição externa), o desequilíbrio e a excessiva vantagem para uma das partes (condição interna) e, não sendo imputável à parte lesada, pode ser aplicada a teoria da onerosidade excessiva.

É possível a resolução do contrato quando eventos supervenientes à formação do contrato, extraordinários e imprevisíveis, puderem provocar uma modificação tal na situação das partes, que determine um insuportável desequilíbrio contratual.

Em relação aos requisitos da onerosidade excessiva, precioso o acórdão do REsp 1.034.702/ES, relatado pelo Min. João Otávio Noronha.

Em relação ao requisito da imprevisibilidade e extraordinariedade do fato superveniente, ressalta Gomes que os fatos genericamente previsíveis podem ser imprevisíveis, quando tomados em sua especificidade e concretude. Em outras palavras, os fatos genericamente previsíveis podem provocar efeitos concretos imprevisíveis, o que é suficiente para preencher o requisito da imprevisibilidade, nos termos do Enunciado 175 da III Jornada de Direito Civil, promovida pelo CJF: "A menção à imprevisibilidade e à extraordinariedade, insertas no art. 478 do Código Civil, deve ser interpretada não somente em relação ao fato que gere desequilíbrio, mas também em relação às consequências que ele produz". Os fatos podem ser previsíveis, mas de consequências imprevisíveis, o que é suficiente para a caracterização deste elemento material da teoria da onerosidade excessiva.

O fato extraordinário e imprevisível causador da onerosidade excessiva é aquele que não está coberto objetivamente pelos riscos normais e próprios do contrato (Enunciado 366 da IV Jornada de Direito Civil, promovida pelo CJF). O risco deve ser impróprio, ou seja, aquele que causa o rompimento grave da relação de equivalência. O contratante prejudicado é substancialmente sacrificado por um fato superveniente que não era passível de previsão, considerado objetivamente. Em contrato de compra e venda de soja, o Superior Tribunal de Justiça, no REsp 849.228/GO, de relatoria do Min. Luís Felipe Salomão, julgado em 3-8-2010, considerou inadequada a aplicação da teoria da imprevisão e a onerosidade excessiva, pois os riscos relacionados à alteração de preços são inerentes a este tipo de contrato.

É necessário que a resolução seja pedida na Justiça. Mesmo em caso de extrema onerosidade, é vedado ao queixoso cessar pagamentos e proclamar diretamente a resolução. As prestações efetuadas antes do ingresso em juízo não podem ser revistas, ainda que comprovada a alteração no quadro econômico, porque a *solutio* espontânea do devedor produziu os seus naturais efeitos. As prestações dadas ou recebidas na pendência da lide estarão sujeitas à modificação na execução da sentença que for proferida. Se não fossem, o princípio de justiça estaria ferido, uma vez reconhecida a onerosidade excessiva e mesmo assim proclamada a intangibilidade da prestação realizada.

O devedor não pode declarar extinto o contrato por conta da onerosidade excessiva, pois esta não o dissolve de pleno direito, sendo indispensável a declaração judicial. Cabe ao juiz analisar se houve onerosidade excessiva em razão de fato superveniente, imprevisível e extraordinário. A sentença é, portanto, o modo escolhido pela legislação (arts. 478, 479 e 480) para recolocar as condições contratuais nos patamares estabelecidos pela boa-fé contratual.

A mora do contratante ao tempo da onerosidade excessiva o obriga a suportar os riscos do desequilíbrio contratual. Como ponderam Rosenvald e Chaves[276]: "(...) quem viola determinada norma jurídica não poderá exercer a situação jurídica que essa mesma norma lhe atribui. Haveria abuso de direito (art. 187 do CC) por parte do contratante que exige o direito à resolução com base na norma violada. Com efeito, fere a sensibilidade ética e jurídica que alguém desrespeite um comando legal e posteriormente venha a exigir de outrem o seu acatamento".

Desta forma, não é possível invocar a teoria da onerosidade excessiva se os requisitos se consolidam no período da mora do devedor. A mora neutraliza os efeitos da teoria. É diferente a situação se o sujeito se torna devedor moroso em razão da onerosidade excessiva. A vedação ocorre quando, violado o direito subjetivo do outro contratante com a mora (inadimplemento), haja a invocação da teoria da onerosidade excessiva que se caracteriza após a mora. Não podemos esquecer que, durante o período da mora, o devedor responde pelos fortuitos, a teor do disposto no art. 399 do CC.

---

[276] FARIAS, Cristiano Chaves de; ROSENVALD, Nelson. *Direito dos contratos*. Rio de Janeiro: Lumen Juris, 2011. v. IV.

O Código Civil admite a alegação da teoria da onerosidade excessiva em defesa ou reconvenção, quando a parte beneficiada pela onerosidade pode evitar a ruptura do vínculo contratual, ao propor a modificação equitativa das condições do contrato.

É o que determina o art. 479 do CC: "A resolução poderá ser evitada, oferecendo-se o réu a modificar equitativamente as condições do contrato".

Portanto, na ação de resolução contratual fundada na onerosidade excessiva (arts. 475 e 478), o réu poderá evitar o rompimento do vínculo oferecendo suplemento suficiente para readequação econômica do contrato, a fim de retornar ao anterior equilíbrio. O princípio da conservação do contrato permite a manutenção do pacto, mesmo se o réu não tiver oferecido o *suplemento* previsto no art. 479. O juiz não pode, de ofício, manter o contrato, mas pode sugerir à parte autora a modificação equitativa, ainda que o réu nada tenha solicitado neste sentido. É esse o teor do Enunciado 367 da IV Jornada de Direito Civil, promovida pelo CJF: "Em observância ao princípio da conservação do contrato, nas ações que tenham por objeto a resolução do pacto por excessiva onerosidade, pode o juiz modificá-lo equitativamente, desde que ouvida a parte autora, respeitada a sua vontade e observado o contraditório". Nos termos do enunciado, deve ser respeitada a vontade da parte autora no sentido de manter o vínculo contratual. Essa iniciativa do juiz não impede que o autor, com fundamento na teoria da onerosidade excessiva, deduza pedido de revisão do contrato (art. 317 do CC e Enunciado 176 da III Jornada de Direito Civil).

O princípio da conservação do negócio jurídico demanda que o ordenamento produza normas hábeis a preservar as relações obrigacionais e que, apenas em última instância, as desfaça. A resolução, portanto, deveria ser cogitada apenas como segunda opção, aplicável às hipóteses em que o magistrado perceba a impossibilidade de reconstrução da justiça contratual, até mesmo quando o credor demonstre ser ele o prejudicado pela revisão. O critério para a manutenção do contrato a pedido do réu ou por sugestão do magistrado, após ouvir o autor, é a equidade. O fato é que não há exclusividade na iniciativa de promover a alteração equitativa do contrato. O devedor, além da resolução, pode deduzir demanda revisional.

O Código Civil disciplina a onerosidade excessiva nos contratos de efeitos unilaterais, nos quais uma das partes ostenta obrigações e, a outra, apenas direitos. Há um credor e um devedor. Nos contratos de efeitos obrigacionais unilaterais, pode o devedor (o obrigado) demandar a redução da sua prestação ou a alteração do modo de executá-la, a fim de eliminar a onerosidade excessiva.

De acordo com o art. 480 do CC: "Se no contrato as obrigações couberem a apenas uma das partes, poderá ela pleitear que a sua prestação seja reduzida, ou alterado o modo de executá-la, a fim de evitar a onerosidade excessiva".

Nestes contratos de efeitos unilaterais, a solução para o problema da onerosidade excessiva é diferente dos contratos de efeitos bilaterais e comutativos (art. 478), pois o art. 480 impõe apenas a modificação equitativa das condições do contrato e não a resolução. É precisa a observação de Rosenvald e Chaves[277]: "(...) mesmo não existindo a figura do sinalagma, será permitida ao único contratante que assumiu obrigações a via da redução de sua prestação, como restabelecimento da justiça contratual. Com efeito, aquele que é onerado pelo contrato, sem que para tanto receba uma contraprestação, deverá contar com a pronta alteração do conteúdo contratual, excluindo-se a onerosidade excessiva".

Assim, podem ser revistos contratos como a doação, o mútuo, o comodato e o depósito, em razão do desequilíbrio entre a obrigação que fora originalmente projetada pelo devedor e a sua configuração no momento do adimplemento. A lei confere ao devedor o direito à redução da prestação ou alteração do modo de executá-lo, a fim de readequar tais contratos em seus aspectos econômico e funcional. A doutrina majoritária considera viável e plenamente possível a revisão dos contratos unilaterais gratuitos (estes denominados puros) e onerosos.

a) Teoria da onerosidade excessiva e contratos aleatórios

Por fim, é possível aplicar a teoria da onerosidade excessiva aos contratos aleatórios, que são aqueles em que uma ou todas as prestações estão vinculadas a um fator de incerteza.

Nesse sentido, foi aprovado o Enunciado 439 na V Jornada de Direito Civil, promovida pelo CJF: "É possível a revisão ou resolução por onerosidade excessiva em contratos aleatórios, desde que o evento superveniente, extraordinário e imprevisível não se relacione com a álea assumida no contrato".

Portanto, desde que o fato superveniente não esteja diretamente vinculado ao risco assumido por um ou todos os contratantes, é perfeitamente possível a invocação desta teoria em contratos aleatórios.

No mesmo sentido, o mestre Orlando Gomes[278]: "(...) a natureza dos contratos aleatórios não impede a excessiva onerosidade de suas prestações, desde que não se trate, como é evidente, de onerosidade que afete os mesmos riscos (em qualidade e quantidade) que o contrato tem por fim atribuir a uma das partes. Em outras palavras, fora de sua álea contratual específica, os contratos aleatórios podem perfeitamente sofrer os efeitos de acontecimentos supervenientes, extraordinários e imprevisíveis, que prejudiquem o equilíbrio entre as prestações".

Exemplo da aplicação da teoria em contratos aleatórios é a previsão no art. 769 do CC, o qual permite à seguradora resolver o contrato de seguro quando houver agravamento considerável do risco coberto, posterior à celebração da avença. Segundo Cláudio Luiz Bueno de Godoy: "(...) mesmo admitida a aleatoriedade, há, de todo modo, um equilíbrio que limita a extensão da álea e que deve ser garantido mediante o mecanismo resolutório

---

[277] FARIAS, Cristiano Chaves de; ROSENVALD, Nelson. *Direito dos contratos*. Rio de Janeiro: Lumen Juris, 2011. v. IV.

[278] GOMES, Orlando. *Contratos*. 26. ed. Rio de Janeiro: Forense, 2008.

presente. É mesmo a exigência constitucional de relações jurídicas que sejam justas (art. 3º, I, da CF/88), base para admissão de que o equilíbrio há de ser preservado, agora, de forma expressa, ainda no contrato de seguro".

Podem os contratos aleatórios ser revisados ou resolvidos quando a alteração das circunstâncias exceder consideravelmente todas as oscilações previsíveis no momento da contratação.

Ainda na V Jornada de Direito Civil, promovida pelo CJF, foi aprovado o Enunciado 438, segundo o qual: "A revisão do contrato por onerosidade excessiva fundada no Código Civil deve levar em conta a natureza do objeto do contrato. Nas relações empresariais, observar-se-á a sofisticação dos contratantes e a alocação de riscos por eles assumidos com os contratos".

Em resumo, a teoria da onerosidade excessiva é fundada nos princípios da igualdade substancial (equivalência econômica e financeira), solidariedade constitucional, boa-fé objetiva e função social dos contratos. Não há dúvida de que há uma clara mitigação do princípio da obrigatoriedade dos contratos.

No caso, somente é possível exigir o cumprimento do contrato, se as condições econômicas, ao tempo da execução, forem as mesmas ao tempo da celebração. Embora tal teoria tenha sido *esquecida* durante o liberalismo econômico, no atual Estado Social Democrático de Direito reaparece renovado e com toda força. A superveniência de acontecimentos *extraordinários* e *imprevisíveis*, capazes de comprometer o equilíbrio entre as prestações, poderá conduzir à resolução do contrato.

Por esta teoria, se presume, nos contratos comutativos e aleatórios, uma cláusula que não se lê expressa, mas figura implícita, segundo a qual os contratantes estão adstritos ao seu cumprimento rigoroso, no pressuposto de que as circunstâncias ambientes se conservem inalteradas no momento da execução, idênticas às que vigoravam no da celebração. Se essa pressuposição for alterada por circunstâncias externas, supervenientes, imprevisíveis e extraordinárias, cabe a aplicação da teoria da onerosidade excessiva.

b) Frustração do fim do contrato como causa de resolução

A doutrina civilista rompe a dicotomia inadimplemento *versus* onerosidade excessiva para considerar uma terceira causa de resolução dos contratos, qual seja, a frustração de seu fim, de sua objetividade e finalidade concreta. O fundamento desta causa de resolução é o art. 421 do CC, que disciplina a cláusula geral da boa-fé objetiva, já devidamente analisada.

Sobre o assunto, foi aprovado na III Jornada de Direito Civil, promovida pelo CJF, o Enunciado 166, segundo o qual: "A frustração do fim do contrato, como hipótese que não se confunde com a impossibilidade da prestação ou com a excessiva onerosidade, tem guarida no direito brasileiro pela aplicação do art. 421 do CC".

O Código Civil estabelece o inadimplemento e a onerosidade excessiva como causas de resolução dos contratos. No entanto, por inspiração do princípio da função social dos contratos, valor referência do sistema contratual, é possível pedir a resolução do pacto quando este perde a sua causa ou razão de ser. O contrato é um meio para a concretização de interesses legítimos dos contratantes. Se a finalidade do contrato é frustrada, ele perde a sua causa e, por isso, pode ser resolvido. O motivo concreto que é perseguido por meio do contrato se torna frustrado. Por exemplo, se "A" celebra contrato de locação com "B", tendo por objeto imóvel em Salvador, localizado no circuito do carnaval, com a finalidade de assistir à festa, a locação é apenas um meio para a concretização de uma finalidade (assistir ao carnaval), e não um fim em si mesmo. Portanto, a função social desta locação estará cumprida se o locatário conseguir assistir ao carnaval do imóvel locado. Após a celebração do contrato, por um acordo entre os participantes da festa, o circuito do carnaval será diverso do programado. Neste caso, a locação, embora não tenha problema relacionado ao inadimplemento ou a onerosidade excessiva, perdeu a sua causa ou justificativa, o que é suficiente para a resolução do contrato.

Capítulo 4
CONTRATOS EM ESPÉCIE

Sumário 4.1. Contrato de Compra e Venda – **4.1.1.** Conceito e Características – **4.1.2.** Elementos do contrato de compra e venda – **4.1.3.** Compra e venda: Regra especial que se realiza à vista de amostras, protótipos ou modelos – **4.1.4.** Compra e venda e fixação do preço sob a responsabilidade de terceiro – **4.1.5.** Compra e venda e preço: disposição específica – **4.1.6.** Nulidade do contrato de compra e venda em razão de cláusula puramente potestativa – **4.1.7.** Responsabilidade pelas despesas no contrato de compra e venda – **4.1.8.** Contrato de compra e venda à vista – **4.1.9.** Compra e venda e a responsabilidade pela perda ou deterioração da coisa – **4.1.10.** Insolência do comprador e possibilidade de sobrestamento da entrega da coisa – **4.1.11.** Restrições ao consentimento no contrato de compra e venda – **4.1.12.** Cláusulas Especiais do contrato de compra e venda – **4.2.** Contrato de Troca ou Permuta – **4.2.1.** Conceito e Características – **4.2.2.** A permuta e as regras comuns ao contrato de compra e venda – **4.2.3.** Objeto do contrato de permuta – **4.2.4.** Natureza jurídica da permuta – **4.3.** Contrato Estimatório – **4.3.1.** Noções gerais – **4.3.2.** Características e natureza jurídica – **4.3.3.** Natureza jurídica: obrigação alternativa ou facultativa – **4.3.4.** Efeitos Jurídicos quanto aos riscos pelo perecimento ou deterioração da coisa consignada – **4.3.5.** Impenhorabilidade da coisa consignada – **4.3.6.** Indisponibilidade da coisa – **4.4.** Contrato de Doação – **4.4.1.** Noções Gerais sobre o contrato de doação – **4.4.2.** Elementos estruturais do contrato de doação: Classificação do contrato de doação – **4.4.3.** Aceitação da doação – **4.4.4.** Formalidade da doação: regra e exceção – **4.4.5.** Doação em contemplação do merecimento do donatário (doação meritória) – **4.4.6.** Doação remuneratória e doação mista – **4.4.7.** Doação pura e simples, doação com encargo (modal) e doação condicional – **4.4.8.** Doação ao nascituro e doação em favor do absolutamente incapaz – **4.4.9.** Doação entre ascendentes e descendentes: adiantamento de legítima – **4.4.10.** Doação em forma de subvenção periódica – **4.4.11.** Doação feita em contemplação de casamento futuro com pessoa determinada – **4.4.12.** Doação e cláusula de reversão: propriedade resolúvel – **4.4.13.** Vedações Legais à doação: doação universal, doação inoficiosa e doação ao cônjuge adúltero – **4.4.14.** Doação em favor de pluralidade de sujeitos (doação conjuntiva) e garantias do doador em relação ao bem doado (evicção e vício redibitório) – **4.4.15.** Doação para entidade futura – **4.4.16.** Revogação da doação: causas de revogação – **4.4.17.** Promessa de doação – **4.4.18.** A doação e cláusulas restritivas apostas pelo doador (impenhorabilidade, inalienabilidade e incomunicabilidade) – **4.5.** Contrato de Locação de Coisas – **4.5.1.** Introdução: noções gerais, conceito e características – **4.5.2.** Obrigações do locador – **4.5.3.** Deterioração da coisa locada no curso do contrato e consequências – **4.5.4.** Obrigações do locatário – **4.5.5.** Restituição antecipada e direito de retenção – **4.5.6.** Extinção da locação por prazo determinado e prorrogação da locação – **4.5.7.** Alienação da coisa locada durante a locação – **4.5.8.** Transferência da locação para herdeiros do locador e locatário – **4.6.** Contrato de Locação de Imóveis Urbanos (Lei n. 8.245/91) – **4.6.1.** Noção geral – **4.6.2.** Ação do locador, denúncia da locação e extinção da locação vinculada a usufruto ou fideicomisso – **4.6.3.** Alienação do bem locado durante a locação – **4.6.4.** Hipóteses legais de extinção da locação de imóveis urbanos – **4.6.5.** Morte das partes e consequências – **4.6.6.** Dissolução da sociedade conjugal e da união estável e consequências – **4.6.7.** Da cessão da locação e das sublocações – **4.6.8.** Regras sobre o aluguel – **4.6.9.** Deveres do locador e do locatário – **4.6.10.** Direito de preferência – **4.6.11.** As benfeitorias realizadas pelo locatário – **4.6.12.** Das garantias da locação – **4.6.13.** Das nulidades da locação – **4.6.14.** Da locação residencial – **4.6.15.** Da locação não residencial – **4.6.16.** Disposições gerais sobre os procedimentos das ações relativas a esta lei – **4.6.17.** Regras relevantes – **4.7.** Contrato de Comodato e Contrato de Mútuo (Empréstimo) – **4.7.1.** Introdução: noções gerais, conceito e características – **4.7.2.** Do comodato – **4.7.3.** Mútuo (empréstimo de coisas fungíveis) – **4.8.** Da Prestação de Serviços – **4.8.1.** Noções gerais – **4.8.2.** Contrato de prestação de serviços: formalidade e remuneração – **4.9.** Empreitada – **4.9.1.** Noções gerais, conceito e características – **4.10.** Contrato de Depósito – **4.10.1.** Noções gerais e características – **4.10.2.** Local de restituição da coisa e responsabilidade pelas despesas de restituição – **4.10.3.** Depósito no interesse de terceiro – **4.10.4.** Depósito judicial em caso de recusa do depositário quanto ao recebimento da coisa – **4.10.5.** Perda da coisa depositada e responsabilidade do depositário (teoria dos riscos no depósito) – **4.10.6.** Dever de restituição e herdeiros – **4.10.7.** Restituição obrigatória como dever principal – **4.10.8.** Pluralidade de depositantes e divisibilidade da coisa depositada – **4.10.9.** Proibições ao depositário quanto a uso e subcontratação – **4.10.10.** Incapacidade do depositário – **4.10.11.** Responsabilidade do depositário pelos casos de força maior – **4.10.12.** Obrigação do depositante pelas despesas da coisa e prejuízos que do depósito provierem – **4.10.13.** Depósito e direito de retenção do depositário – **4.10.14.** Depósito irregular – **4.10.15.** Espécies de depósito – **4.10.16.** Depósito e prisão civil –

4.10.17. Responsabilidade do depositário na guarda de veículos – **4.11.** Contrato de Mandato – **4.11.1.** Noções gerais, conceito e natureza jurídica – **4.11.2.** Formalidades do mandato: mandato expresso, tácito, verbal e escrito. Sujeição da Forma ao ato – **4.11.3.** Mandato: onerosidade e gratuidade – **4.11.4.** Modalidades de mandato: geral e especial – **4.11.5.** Atos praticados pelo mandatário sem poderes ou com excesso de poderes – o Mandato Aparente – **4.11.6.** A vinculação do mandante aos atos praticados pelo mandatário, a prática de atos em nome próprio e o excesso de poderes do mandatário – **4.11.7.** O mandato e o direito de retenção – **4.11.8.** Obrigações do mandatário – **4.11.9.** Obrigações do mandante – **4.11.10.** Causas de extinção do mandato (art. 682 do CC) – **4.11.11.** O mandato em causa própria – **4.11.12.** Mandato judicial – **4.12.** Contrato de Comissão – **4.12.1.** Noções gerais, conceito e características – **4.12.2.** Obrigações do comissário – **4.12.3.** Responsabilidade do comissário pela solvência do terceiro e cláusula *del credere* – **4.12.4.** Dilação de prazo para pagamentos – **4.12.5.** A remuneração do comissário – **4.12.6.** Possibilidade de o comitente alterar as ordens e instruções dadas ao comissário – **4.12.7.** A demissão do comissário sem justa causa e os efeitos quanto à remuneração – **4.12.8.** O contrato de comissão e os juros recíprocos – **4.12.9.** Natureza do crédito do comissário e direito de retenção – **4.12.10.** Regras subsidiárias ao contrato de comissão – **4.13.** Contrato de Agência e Distribuição – **4.13.1.** Noções gerais, conceito e características – **4.13.2.** A questão da "exclusividade" dos contratos de agência e distribuição – **4.13.3.** Obrigação do agente – **4.13.4.** Responsabilidade pelas despesas com a agência ou distribuição – **4.13.5.** Remuneração do agente ou distribuidor – **4.13.6.** Indenização ao agente ou distribuidor por fato imputável ao proponente – **4.13.7.** A resilição do contrato de agência e distribuição por prazo indeterminado e a relação com a teoria do abuso de direito – **4.13.8.** Regras subsidiárias ao contrato de agência e distribuição – **4.14.** Contrato de Corretagem – **4.14.1.** Noções gerais, conceito e características – **4.14.2.** Obrigações do corretor – **4.14.3.** A remuneração do corretor – **4.14.4.** O contrato de corretagem e a compatibilidade com outras normas – **4.15.** Contrato de Transporte – **4.15.1.** Noções gerais, conceito e características – **4.15.2.** Transporte de pessoas – Regras gerais – **4.15.3.** Transporte gratuito – **4.15.4.** Horários e responsabilidade civil – **4.15.5.** Recusa de passageiros – **4.15.6.** Resolução do contrato de transporte e interrupção da viagem – **4.15.7.** Retenção da bagagem – **4.15.8.** Transporte de coisas – **4.16.** Contrato de Seguro – **4.16.1.** Conceito e noções gerais sobre o contrato de seguro (natureza jurídica) – **4.16.2.** O contrato de seguro e a prova da constituição (apólice e bilhete de seguro) – **4.16.3.** A nulidade do contrato de seguro para garantia de risco por ato doloso – **4.16.4.** Efeitos jurídicos da mora do segurado em relação ao prêmio e a possibilidade de purgação – **4.16.5.** Obrigação do segurado em relação ao prêmio independente da consumação do risco – **4.16.6.** O princípio da boa-fé objetiva como valor referência do contrato de seguro – **4.16.7.** O seguro à conta de outrem – **4.16.8.** A perda do direito à indenização em caso de agravamento intencional do risco – **4.16.9.** O dever de informação decorrente do princípio da boa-fé objetiva quanto ao agravamento do risco – **4.16.10.** As consequências da redução do risco – **4.16.11.** O dever de informação sobre a ocorrência do sinistro – **4.16.12.** Os efeitos jurídicos da mora do segurador – **4.16.13.** Sanção ao segurador que expede a apólice ciente da consumação do risco – **4.16.14.** A cláusula de recondução tácita do contrato pelo mesmo prazo – **4.16.15.** Os agentes autorizados e os efeitos dos atos por ele praticados – **4.16.16.** A indenização e a cláusula de reposição – **4.16.17.** Aplicação subsidiária do Código Civil – **4.16.18.** O seguro de dano – **4.16.19.** O seguro de dano e a possibilidade de transferência – **4.16.20.** A sub-rogação do segurador e os efeitos do pagamento da indenização – **4.16.21.** O seguro de responsabilidade civil como modalidade de seguro de dano – **4.16.22.** Os seguros de responsabilidade legalmente obrigatórios – **4.16.23.** O seguro de pessoa – **4.16.24.** O seguro de pessoa como bem intangível – **4.16.25.** A nulidade do pagamento reduzido do capital estipulado – **4.16.26.** O pagamento do prêmio no seguro de vida – **4.16.27.** Seguro de pessoa para o caso de morte e prazo de carência – **4.16.28.** O seguro de pessoa e a questão do suicídio – **4.16.29.** Obrigação do segurador quanto à indenização em situações específicas – **4.16.30.** A vedação da sub-rogação no seguro de pessoa – **4.16.31.** O seguro de pessoa coletivo ou em grupo – **4.16.32.** O contrato de seguro saúde – **4.17.** Contrato de Constituição de Renda – **4.17.1.** Noções gerais e natureza jurídica – **4.17.2.** A constituição de renda onerosa – **4.17.3.** A constituição de renda em favor de pessoa falecida ou enferma: nulidade – **4.17.4.** Inadimplemento do rendeiro e consequências – **4.17.5.** Periodicidade da renda e a renda constituída em benefício de várias pessoas – **4.17.6.** Impenhorabilidade das rendas – **4.17.7.** Extinção do contrato de constituição de renda – **4.18.** Contrato de Jogo e Aposta – **4.18.1.** Noções gerais e natureza jurídica – **4.18.2.** Espécies de jogos – **4.18.3.** Mútuo para jogo e contratos com títulos em bolsa – **4.19.** Fiança – **4.19.1.** Noções gerais – **4.19.2.** Natureza e características da fiança – **4.19.3.** Fiança: regras especiais e principais – **4.19.4.** Extinção da fiança – **4.20.** Atos Unilaterais (promessa de recompensa, gestão de negócios, pagamento indevido e enriquecimento sem causa) – **4.20.1.** Introdução – **4.20.2.** Promessa de Recompensa – **4.20.3.** Gestão de Negócios – **4.20.4.** Pagamento Indevido – **4.20.5.** Enriquecimento sem causa.

4.1. CONTRATO DE COMPRA E VENDA

4.1.1. Conceito e características

O contrato de compra e venda é o contrato típico de maior repercussão social. Tal contrato acompanha a evolução da humanidade e, por isso, foi influenciado, ao longo da história, por aspectos culturais, filosóficos, sociológicos e religiosos.

A compra e venda é disciplinada nos arts. 481 a 504. Além destas normas gerais, há cláusulas especiais que podem se vincular a este tipo de contrato, como o pacto de retrovenda (arts. 505 a 508), a venda a contento e a sujeita à prova (arts. 509 a 512), o pacto ou cláusula de preempção ou preferência (arts. 513 a 520), a venda com cláusula de reserva de domínio (arts. 521 a 528) e, finalmente, a venda sobre documentos (arts. 529 a 532). A relevância social do contrato de compra e venda justifica a disciplina destas cláusulas especiais.

Os arts. 481 e 482 traçam o perfil estrutural do contrato de compra e venda. Segundo o art. 481 do CC, "pelo contrato de compra e venda, um dos contratantes se obriga a transferir o domínio de certa coisa, e o outro, a pagar-lhe certo preço em dinheiro".

O contrato, no ordenamento jurídico brasileiro, principal fonte de obrigação, é negócio jurídico bilateral ou plurilateral (contrato de constituição de sociedade, simples ou empresária) quanto à formação (plano da existência jurídica). A existência jurídica do contrato de compra e venda pressupõe a convergência de vontades em relação ao objeto e preço (o art. 482 denomina "consenso"). No que tange à formação, é contrato consensual por excelência.

O art. 481 evidencia os efeitos obrigacionais do contrato de compra e venda. A compra e venda é título para a transferência de direitos reais, mas por si só, não constitui direito real. Em relação aos móveis, é essencial a tradição e, no que tange aos imóveis, o registro do título. A tradição e o registro, modos de aquisição de bens móveis e imóveis, que constituem o direito real de propriedade, são atos relacionados à execução do contrato de compra e venda. O comprador e o vendedor assumem a obrigação de transferir a propriedade sobre a coisa e sobre o preço (execução/adimplemento do contrato).

Ao afirmar que um dos contratantes "se obriga" a transferir o domínio e o outro a pagar-lhe o preço, pode viabilizar a transferência de direito real, na fase de execução. Portanto, a transferência de direito real implica na própria execução ou cumprimento do contrato, pois, os contratantes assumem as obrigações de transferir o domínio e pagar o preço.

O contrato de compra e venda serve como título translativo. Assim, dispensa a celebração de outro negócio jurídico, diferente do que exige o direito alemão. A compra e venda produz, tão somente, efeitos obrigacionais, impondo ao vendedor o dever de transferir, posteriormente, a propriedade da coisa vendida.

Aliás, Caio Mário[1] argumenta que o contrato é o ato causal, ou seja, que serve de suporte à transferência da propriedade. Segundo o mestre: "Há dois momentos distintos, o primeiro constituído de um ato causal, ou contratual, e o segundo de um ato de transferência; o primeiro é contrato gerador da obrigação de transferir: o segundo que é a execução dela ou transferência em si".

No mais, essencial analisar a compra e venda a partir dos planos da existência, validade e eficácia.

A compra e venda quanto ao plano da existência jurídica é contrato consensual, pois, para sua constituição, basta que os contratantes acordem (consenso) sobre o objeto e preço (art. 482 do CC). O consenso ou acordo de vontades, portanto, é suficiente para a formação do contrato de compra e venda, seja qual for o seu objeto (plano da existência – existência jurídica da compra e venda pressupõe consenso sobre objeto e preço).

No plano da validade, a compra e venda, como negócio jurídico, se submete aos pressupostos gerais de validade de qualquer negócio, mas há pressupostos específicos de validade a depender dos sujeitos (compra e venda entre ascendentes e descendentes depende da autorização dos demais descendentes e do cônjuge do alienante, autorização que é pressuposto de validade), da posição jurídica dos sujeitos (hipóteses do art. 497) ou do objeto (compra e venda entre cônjuges somente pode ter por objeto bens particulares, excluídos da comunhão). No mais, em regra, não se exige formalidade ou solenidade como pressuposto de validade da compra e venda. Todavia, a depender do objeto (imóvel) e valor (superior a 30 salários), por exemplo, pode ser formal (art. 108 exige escritura pública). A inobservância de formalidade é causa de invalidade. O controle estatal na compra e venda é centrado no plano da validade, conforme se observa nos artigos que disciplinam este negócio e preveem a nulidade ou anulação como sanção.

No que tange ao plano de eficácia, é *bilateral*, na medida em que há reciprocidade de direitos e obrigações para comprador e vendedor. A obrigação de um é a causa da obrigação da outra. Há relação de interdependência, desde a origem, entre as obrigações e os direitos do comprador e vendedor. O sinalagma é genético e funcional. O comprador tem a obrigação de pagar o preço (sob pena de inadimplemento), porque o vendedor tem a obrigação de entregar o bem (sob pena de inadimplemento). Além de bilateral, é oneroso, *porque há reciprocidade de vantagens e sacrifícios e, a vantagem do comprador corresponde à do vendedor e vice-versa. Por ser bilateral e oneroso, a obrigação corresponderá ao sacrifício e a vantagem ao direito, tanto do vendedor quanto do comprador*. A bilateralidade e onerosidade são inerentes e integram a essência da compra e venda.

Em regra, o contrato de compra e venda é *comutativo*, na medida em que as prestações ou obrigações recíprocas são equivalentes subjetivamente, ou seja, podem ser estimadas desde a formação do contrato. Nos contratos comutativos, desde a origem do contrato, as prestações são objetivamente certas e o resultado é previsível. Esta equivalência subjetiva ou possibilidade de as partes terem consciência do resultado, efeitos, extensão e limites das prestações/obrigações/direitos recíprocos e interdependentes, é o que caracteriza a comutatividade.

A compra e venda, desde que haja convenção, poderá ser aleatória (isto porque a compra e venda não é aleatória por natureza, mas tal aleatoriedade pode ser convencionada). Neste caso, uma das partes assume o risco pela existência ou quantidade de coisa futura. De acordo com o art. 483 do CC, o contrato de compra e venda pode ter por objeto coisa futura. E, se nada existir, o contrato fica sem efeito, salvo se as partes convencionaram a aleatoriedade. Neste caso, a obrigação/direito de um dos contratantes é vinculada a fator de incerteza (a própria existência ou quantidade da coisa no futuro). Por isso, não há equivalência subjetiva, ou seja, não há como prever o resultado. Se houver aleatoriedade, a compra e venda se submete aos arts. 458 a 461, objeto de análise em capítulo próprio.

---

[1] PEREIRA, Caio Mário da Silva. *Instituições de direito civil:* Contratos. 11. ed. Rio de Janeiro: Forense, 2004. v. III, p. 172.

4.1.2. Elementos do contrato de compra e venda

Os elementos que integram a estrutura do contrato de compra e venda se visualizam no art. 482 do CC. Segundo o art. 482 do CC, a "compra e venda, quando pura, considerar-se-á obrigatória e perfeita, desde que as partes acordarem no objeto e no preço"[2].

É consensual, ainda que a compra e venda não seja pura. Em relação aos efeitos, é possível que a obrigação fique na dependência de condição, que pode ser suspensiva ou resolutiva. É neste sentido a menção à compra e venda "pura".

Assim, compra e venda que ostente condição, seja ela suspensiva (suspende a eficácia do negócio até o seu implemento) ou resolutiva (produz eficácia desde logo, mas que cessa com o implemento da condição), pode repercutir no plano da eficácia.

A "pureza" não tem relação com a formação do contrato e sim com os efeitos jurídicos. A condição suspensiva, subordina a eficácia da compra e venda a evento futuro e incerto. A condição resolutiva não impede que a compra e venda produza efeitos imediatamente (como é a condição resolutiva expressa, aposta com o objetivo de resolver contratos por inadimplemento voluntário – art. 474, primeira parte), mas o implemento desta implicará na extinção do vínculo, com a neutralização dos efeitos.

4.1.2.1. Elementos constitutivos do contrato de compra e venda: coisa, preço e consenso

O artigo em questão exige que a compra e venda tenha como elementos a coisa, objeto, o preço e o consenso. O consenso integra a natureza deste contrato, pois sua constituição e existência jurídica se satisfazem com o acordo de vontades.

A *coisa* pode estar relacionada a qualquer bem jurídico, que possa ser objeto de relação jurídica, corpóreo ou incorpóreo. A coisa objeto da compra e venda pode ser presente ou futura. O professor e mestre Caio Mário[3] diz que a coisa ainda deve ostentar algumas qualidades, quais sejam, existência da coisa, sob pena de nulidade, determinação ou individualização do objeto, disponibilidade, ou seja, ser uma coisa que está no comércio jurídico e ainda, ser possível a sua transferência ao comprador, devendo pertencer ao vendedor e não a terceiro.

O *preço* é outra característica fundamental para este tipo de contrato e, embora o art. 481 não seja específico, o preço pode ser materializado em dinheiro, pecúnia ou outra coisa, a exemplo da possibilidade de dação em pagamento no momento da liquidação do preço.

4.1.2.2. Objeto do contrato de compra e venda

De acordo com o art. 483 do CC, a "compra e venda pode ter por objeto coisa atual ou futura. neste caso, ficará sem efeito o contrato se esta não vier a existir, salvo se a intenção das partes era de concluir contrato aleatório".

A coisa, elemento essencial do contrato, é o bem jurídico ou objeto da compra e venda.

O Código admite que o contrato tenha por objeto coisa que pode vir a existir no "futuro". Neste caso, o contrato fica sem efeito se esta coisa não vier a existir no futuro.

Em relação à coisa futura há uma regra e uma exceção. *Regra:* se a coisa futura, objeto do contrato, não vier a existir, o contrato fica sem efeito, deixando de existir, por ausência de objeto. Como o objeto é elemento essencial deste contrato (art. 482), a inexistência de objeto levará à inexistência da própria compra e venda, sendo que as partes retornarão ao estado em que se encontravam no momento da formação do contrato.

Exceção: no entanto, esta regra tem uma exceção, relacionada à intenção (elemento subjetivo) das partes. Se a intenção das partes era a celebração de um contrato de compra e venda aleatório, onde ambos ou apenas um dos contratantes assume o risco pela existência da coisa futura, objeto do pacto (safra futura, por exemplo), o negócio se submeterá a todas as regras gerais que regem os contratos aleatórios, em especial no que diz respeito à assunção do risco pela existência de coisa futura, expresso no art. 458 do CC. Embora nos contratos aleatórios ambos ou um dos contratantes possam assumir o risco pela existência de coisa futura (art. 458), pela quantidade de coisa futura (art. 459) ou pela existência de coisa atual (arts. 460 e 461 ambos do CC), o art. 483 apenas trata de coisa futura, relacionada à existência deste objeto.

Segundo o dispositivo, fica sem efeito o contrato, se a coisa futura não vier a *existir*, salvo se a intenção das partes era celebrar contrato aleatório. Desta forma, em que pese a omissão da doutrina sobre este aspecto, o fato é que o art. 483 apenas se refere ao contrato de compra e venda que tem por objeto coisa futura, onde é assumido o risco apenas pela existência desta coisa, com o que se configura o contrato aleatório, apenas em uma de suas modalidades, qual seja, art. 458. O CC, no art. 483, foi omisso, pois o contrato aleatório pode se relacionar à quantidade e, também, a coisas atuais, conforme se observa nos arts. 460 e 461. Nada impede que, por força do princípio da autonomia privada, um dos contratos assuma o risco pela quantidade de coisa futura (art. 459 – norma geral a contratos bilaterais e onerosos, como a compra e venda), bem como pela existência de coisa que já é "atual", mas está exposta a risco (art. 460 do CC).

4.1.3. Compra e venda: regra especial que se realiza à vista de amostras, protótipos ou modelos

De acordo com o art. 484 do CC, "se a venda se realizar à vista de amostras, protótipos ou modelos, entender-se-á que o vendedor assegura ter a coisa as qualidades que a elas correspondem. Parágrafo único. Prevalece a amostra, o protótipo ou o modelo, se houver contradição ou diferença com a maneira pela qual se descreveu a coisa no contrato".

O artigo em questão é desdobramento do princípio da boa-fé objetiva que está presente em toda relação jurí-

---

[2] *Referência do* CC/1916: O art. 1.126 do CC/1916 tratava do mesmo contrato, com redação idêntica. Não houve alteração em relação à redação anterior, mas apenas uma aproximação entre este dispositivo e o art. 481, antigo 1.122, porque este é um desdobramento daquele.

[3] PEREIRA, Caio Mário da Silva. *Instituições de direito civil:* Contratos. 11. ed. Rio de Janeiro: Forense, 2004. v. III, p. 175-180.

dica privada. Se o vendedor apresentar ao comprador amostras, protótipos ou modelos das coisas que pretende vender, a lei o obriga a assegurar que a coisa vendida terá as mesmas qualidades que as amostras, protótipos ou modelos apresentados por ocasião do negócio, sob pena do vendedor se obrigar pelo objeto apresentado como amostra, protótipo ou modelo ao comprador, se houver contradição ou diferença entre a coisa apresentada ou descrita e a coisa entregue.

O contrato de compra e venda, muitas vezes, se faz por fração. A amostra, protótipo ou modelo deve ter uma correspondência e retratar, com absoluta fidelidade, a qualidade da coisa que será entregue ao comprador.

Não pode haver divergência entre a amostra, protótipo ou modelo e a coisa efetivamente entregue, sob pena de responsabilidade do vendedor, que poderá ser específica ou por perdas e danos.

O vendedor, nestes negócios em que exibe ao comprador apenas uma fração, deve assegurar que o objeto a ser entregue terá as mesmas qualidades. Exige-se do vendedor comportamento leal e ético quando o contrato de compra e venda for realizada desta forma.

4.1.4. Compra e venda e fixação do preço sob a responsabilidade de terceiro

O Código Civil, no art. 485, dispõe que "a fixação do preço pode ser deixada ao arbítrio de terceiro, que os contratantes logo designarem ou prometerem designar. Se o terceiro não aceitar a incumbência, ficará sem efeito o contrato, salvo quando acordarem os contratantes designar outra pessoa".

Em decorrência do princípio da *autonomia privada* os contratantes podem delegar a um terceiro a fixação do preço do contrato de compra e venda. Esse terceiro que não integra o contrato pode ser designado desde logo pelos contratantes, caso em que será identificado e individualizado.

Por outro lado, as partes podem realizar promessa de designar o terceiro para fixar o preço. No caso da promessa, o terceiro também deverá ser previamente identificado, pois, de acordo com a segunda parte do referido artigo, se o terceiro não aceitar o encargo, as partes poderão acordar em designar outra pessoa. Se o terceiro designado inicialmente para arbitrar o preço, seja por acordo prévio ou por promessa recíproca de nomeá-lo, não aceita a incumbência, sendo o preço elemento essencial do contrato, este fica sem efeito, mas, em decorrência da autonomia privada, podem as partes designar outra pessoa no lugar daquela que recusou.

Não é comum tal estipulação em nosso sistema jurídico, pois, como ressaltam alguns mestres como Gustavo Tepedino e Orlando Gomes, é difícil definir os limites da atuação deste terceiro ou a sua margem de arbítrio. As partes não podem recusar o preço fixado pelo terceiro que se comprometeram a aceitar. No entanto, em função de princípios como a função social dos contratos, uma decisão arbitrária ou injusta do terceiro poderia ser questionada pelos contratantes.

4.1.5. Compra e venda e preço: disposição específica

De acordo com o art. 486, "também se poderá deixar a fixação do preço à taxa de mercado ou de bolsa, em certo e determinado dia e lugar".

A norma em análise não merece maiores comentários, pois o seu sentido e alcance são evidentes. O CC, mais uma vez, trata de um dos elementos essenciais do contrato de compra e venda, justamente a fixação do preço. Essa regra é mais interessante do que a do artigo anterior, pois, a formação do contrato fica na dependência de uma questão objetiva (taxa de mercado ou de bolsa) e não do humor de um terceiro.

Embora a formação do contrato de compra e venda fique na dependência do mercado, o que é comum, as partes certamente assumirão os riscos por eventuais oscilações, principalmente na economia brasileira onde o mercado de capitais, de consumo ou a bolsa de valores são instáveis. A crise imobiliária americana que repercutiu de forma intensa no mercado brasileiro, haja vista as perdas ocorridas em função deste fato, é um exemplo dos riscos da eleição deste modo de celebrar o contrato de compra e venda.

Há relação deste dispositivo com a necessidade de manter um contrato economicamente equilibrado: em função do princípio constitucional da igualdade substancial (art. 3º, I e III, da CF/88) e do princípio da função social dos contratos (art. 421 do CC), qualquer pacto deve ter uma equivalência material e ser economicamente equilibrado.

O contrato somente terá função social se tal equilíbrio financeiro for respeitado. O que se quer dizer com isso? Sem preço não há contrato de compra e venda. Este somente se forma com a presença de todos os elementos previstos no art. 482, entre eles o preço.

Neste caso, se a formação do contrato fica na dependência de uma regra de mercado, que irá fixar o preço, este contrato poderá, desde a origem ou formação, ser desequilibrado sob o aspecto econômico e financeiro. Tais princípios não admitem tal desigualdade ou desequilíbrio.

A questão que se coloca é a seguinte: Poderia a parte prejudicada por uma excessiva desproporção entre sua prestação e a contraprestação do outro invocar a lesão prevista no art. 157 do CC para rescindir o contrato ou a lesão objetiva prevista no art. 6º do CDC, caso se trate de relação de consumo, para requerer a revisão do pacto? Ao deixar a fixação do preço para o mercado, o contrato deixaria de ser comutativo para ser aleatório? Qual seria a natureza deste contrato?

Por outro lado, de acordo com o art. 487, "é lícito às partes fixar o preço em função de índices ou parâmetros, desde que suscetíveis de objetiva determinação".

O Código Civil trata novamente de um dos elementos indispensáveis do contrato de compra e venda que é a fixação do preço.

Como prevê o artigo, a fixação do preço, neste caso, deve ser baseada em critérios objetivos (índices oficiais, por exemplo, muito comum no mercado imobiliário), evitando o subjetivismo de qualquer das partes, o que poderia caracterizar o arbítrio e levar à nulidade do próprio contrato (art. 489).

É possível que as partes adotem o referido artigo para o reajuste de preços de contratos de duração continuada, desde que obedecidos os limites da lei. Registre-se que a Constituição Federal proíbe qualquer indexação com base no salário mínimo.

O STF editou a Súmula Vinculante 4, segundo a qual "salvo os casos previstos na Constituição, o salário mínimo não pode ser usado como indexador de base de cálculo de vantagem de servidor público ou de empregado nem ser substituído por decisão judicial".

Ainda em relação ao preço, o art. 488 do CC apresenta uma norma supletiva ou subsidiária caso o contrato de compra e venda tenha sido convencionado sem fixação de preço ou ausentes critérios para determinação deste e, não houver tabelamento oficial capaz de se determinar o preço, presume-se que as partes aceitaram o preço corrente e habitual nas vendas realizadas pelo vendedor.

Não há dúvida de que os princípios da função social e da boa-fé objetiva balizam este dispositivo, fato que impedirá arbitrariedades na presunção do preço corrente e habitual do vendedor. Neste caso, devem ser levados em consideração a complexidade do contrato, os fatores externos que podem influenciar o negócio, as circunstâncias do caso, entre outras peculiaridades.

Tal dispositivo será de difícil aplicação, na medida em que serão raríssimos os contratantes se omitirem em relação a um dos elementos essenciais, senão o mais essencial, do contrato de compra e venda. Não é fácil pensar uma hipótese em que os contratantes não fixarão o preço ou ao menos um critério razoável para a determinação deste e, ainda não haver tabelamento oficial, quando só então se sujeitarão à presunção estabelecida no art. 488.

Ademais, de acordo com o art. 488, parágrafo único, do CC, na falta de acordo entre as partes, por conta de diversidade de preço, prevalecerá o "termo" médio.

4.1.6. Nulidade do contrato de compra e venda em razão de cláusula puramente potestativa

O preço constitui elemento essencial do contrato de compra e venda. Por isso, a lei civil impõe inúmeras cautelas relacionadas à fixação do preço por ocasião da formação do contrato de compra e venda, haja vista o disposto nos arts. 485 a 489 do CC. Tais dispositivos permitem que o preço seja determinado ou pelo menos passível de determinação.

Diante da relevância do "preço" no contrato de compra e venda os índices ou parâmetros para fixação deste elemento deve ser passível de verificação objetiva (prévia fixação, arbitramento de terceiro, cotação em bolsa ou tabelamentos com base em índices oficiais), tudo a fim de evitar a subjetividade ou a submissão de uma das partes à pura vontade da outra.

Assim, a lei civil veda a cláusula potestativa pura no que tange à fixação do preço. Tal cláusula estaria caracterizada quando uma das partes deixa ao arbítrio da outra a fixação do preço. Neste caso, a cláusula potestativa pura contamina todo o contrato de compra e venda, fato que acarreta a nulidade deste.

De acordo com o art. 489 do CC, "nulo é o contrato de compra e venda, quando se deixa ao arbítrio exclusivo de uma das partes a fixação do preço". Neste caso, a sanção prevista é a nulidade, porque tal cláusula viola disposições de ordem pública.

A invalidade de contrato de compra e venda que ostente tal cláusula é submetida ao regime jurídico das nulidades previsto nos arts. 168 a 170 do CC. Portanto, as partes podem estipular a fixação do preço com base em parâmetros objetivos, definidos no momento da contratação, como valor de mercado ou cotação em bolsa. O que se veda é vincular a fixação do preço ou a indeterminação deste a vontade pura e simples de uma das partes.

O art. 489 do CC nada mais é do que a especialização do art. 122, que integra o capítulo dos elementos acidentes do negócio jurídico (condição, termo e encargo). Segundo o art. 122, são proibidas as cláusulas que privarem de todo o efeito o negócio jurídico ou o sujeitarem ao puro arbítrio de uma das partes. No caso do contrato de compra e venda, a existência desta cláusula proibitiva implica na nulidade de todo o contrato, tendo em vista que sem o preço é impossível atribuir a este negócio qualquer funcionalidade. A invalidade parcial não se aplica ao caso (art. 184 do CC – redução do negócio jurídico).

A cláusula de direito potestativo de fixação unilateral de preço invalida todo o contrato de compra e venda. Tal cláusula viola a necessária boa-fé objetiva que deve existir entre os contratantes, consistente no dever de informações precisas sobre os elementos do negócio, proteção e cooperação. A incompatibilidade desta cláusula com o princípio da boa-fé objetiva, nas suas três funções, interpretação (art. 113), integração (art. 422) e controle (art. 187), também justifica a nulidade do pacto.

4.1.7. Responsabilidade pelas despesas no contrato de compra e venda

O Código Civil disciplina a responsabilidade dos contratantes, comprador e vendedor, de forma supletiva, em relação às despesas de escritura e registro, no caso de imóvel e de tradição, caso o objeto do contrato de compra e venda tenha natureza mobiliária.

O art. 490 constitui norma dispositiva, cujos efeitos, em função do princípio da autonomia privada, poderão ser alterados de acordo com a conveniência das partes.

Assim, salvo convenção em contrário, no caso de imóvel, as despesas de escritura e registro correm por conta do comprador e, no caso de móveis, as despesas da tradição ficam a cargo do vendedor. Na ausência de previsão dos interessados, o art. 490 supre essa "omissão" (que pode ser proposital), para determinar a quem competirá o encargo de pagar as despesas do contrato. A autonomia privada autoriza que às partes disponham a responsabilidade pelas despesas de acordo com seus interesses.

Por outro lado, segundo o art. 494 do CC, "se a coisa for expedida para lugar diverso, por ordem do comprador, por sua conta correrão os riscos, uma vez entregue a quem haja de transportá-la".

4.1.8. Contrato de compra e venda à vista

O contrato de compra e venda produz efeitos obrigacionais para o comprador (obrigação de pagar o preço) e o vendedor (obrigação de transferir a propriedade do objeto deste negócio). Trata-se de negócio jurídico de efeitos jurídicos bilaterais (obrigações recíprocas, interdependentes e correlatas), haja vista o disposto no art. 481 do CC.

Nesta toada, o art. 491 do CC disciplina a regra em relação à obrigação do comprador de pagar o preço. Se a venda for à vista, primeiro o contratante/comprador paga o preço e, em seguida, recebe a coisa objeto do negócio, a ser entregue pelo vendedor.

Enquanto não receber o preço, o vendedor não é obrigado a entregar a coisa.

De acordo com a lição de Luiz Loureiro[4] "não sendo a venda a crédito, o vendedor não é obrigado a entregar a coisa antes de receber o preço. Caso o comprador, que ainda não pagou o preço integralmente, promova ação de obrigação de dar, o vendedor poderá apresentar a exceção do contrato não cumprido. Apenas com o pagamento integral do preço é que surge o direito do comprador de exigir a transferência do domínio do bem objeto da compra e venda".

Nesse sentido o art. 491: "Não sendo a venda a crédito, o vendedor não é obrigado a entregar a coisa antes de receber o preço".

Na venda à vista, o vendedor pode reter a coisa até o recebimento efetivo do preço. No entanto, com base no princípio da boa-fé objetiva, em especial na sua função integrativa (dever de colaboração e proteção), caso o comprador perceba, com base em elementos objetivos e concretos, que o vendedor não terá condições de entregar coisa, poderá consignar o preço, a fim de resguardar o seu interesse e evitar o inadimplemento.

Se a compra e venda for a crédito ou a prazo, o artigo não tem incidência e, neste caso, caberá ao vendedor entregar a coisa e aguardar o pagamento do preço pelo comprador nas condições e datas pactuadas no contrato. Nesta situação, não é lícito ao alienante condicionar a prestação à contraprestação do outro.

4.1.9. Compra e venda e a responsabilidade pela perda ou deterioração da coisa

O art. 492 do CC disciplina a responsabilidade civil do comprador e vendedor pelos riscos relacionados à perda ou deterioração da coisa objeto do contrato de compra e venda como decorrência lógica do disposto no art. 481 da mesma lei. De acordo com este artigo, o contrato de compra e venda não transfere o direito real de propriedade.

Os efeitos jurídicos são meramente obrigacionais. Assim, enquanto não houver a transferência do direito real de propriedade, tanto da coisa, quanto do preço, os riscos pelo perecimento, perda ou deterioração da coisa, são atribuídos ao titular do direito real. Como já mencionado na teoria geral das obrigações, o direito de propriedade é utilizado para estimular o dono a preservar a coisa até a entrega, como forma de viabilizar o adimplemento. Como o preço a ser pago é coisa que não se deteriora, em razão da fungibilidade, o foco da responsabilidade é a coisa a ser entregue pelo vendedor.

Nesse sentido, é precisa a colocação de Paulo Nader[5]: "Perante o direito pátrio, porém, a responsabilidade é do vendedor, uma vez que a coisa ainda se acha sob o seu domínio, pois, à vista do disposto no art. 481 do CC, pelo contrato uma das partes se obriga a transferir o domínio e a outra, a pagar o preço convencionado. O critério adotado na definição da responsabilidade deriva do princípio *res perit domino*".

De acordo com o art. 492 do CC, enquanto o objeto não for entregue ao comprador, os riscos pela perda ou deterioração correrão por conta do vendedor, porque até a entrega efetiva ainda mantém a propriedade (é a regra de que a coisa perece para o dono e, até a entrega, o dono é o vendedor).

Por outro lado, os riscos relacionados ao preço, correrão por conta do comprador (art. 492 do CC). É a lógica invertida do *res perit domino*, pois o comprador é o dono do dinheiro até o pagamento efetivo do preço.

No § 1º do art. 492 está previsto que os prejuízos decorrentes de caso fortuito, que ocorrer no ato de contar, marcar ou assinalar coisas, que comumente se recebem, contando, pesando, medindo ou assinalando, e que já tiverem sido postas à disposição do comprador, serão suportados por este.

Neste caso, as coisas já devem estar à disposição do comprador, que tem ciência dos objetos a serem adquiridos. Na verdade, o Código Civil, neste caso, equipara a tradição ou entrega da coisa ao ato de colocá-la à disposição do comprador, ainda que não tenha ocorrido a tradição efetiva. Seria forma de "tradição por equiparação". Nesta situação, os riscos pelo fortuito são transferidos e assumidos pelo comprador.

Se o comprador estiver em mora em relação ao recebimento da coisa, correrão por sua conta todos os riscos de perda ou deterioração se o perecimento ocorrer durante a mora, mesmo antes da tradição ou entrega efetiva, a teor do que dispõe o art. 492, § 2º, do CC.

A mora do credor se caracteriza quando não recebe a coisa no lugar, tempo e modo convencionado. O não recebimento pode decorrer de recusa injustificada do credor ou do fato de não providenciar o recebimento no domicílio do vendedor, quando este for o local de pagamento. É decorrência do art. 400 do CC, que disciplina os efeitos da mora do credor.

A mora do credor subtrai, isenta o vendedor/devedor da responsabilidade pela conservação da coisa. Em resu-

---

[4] LOUREIRO, Luiz Guilherme. *Contratos – Teoria geral e contratos em espécie*. 3. ed. São Paulo: Método, 2008, p. 388.

[5] NADER, Paulo. Curso de direito civil – Contratos. 9. ed. Rio de Janeiro: Forense, 2018. v. III, p. 21.

mo, a mora *accipiendi* importa em inversão do risco pelo perecimento da coisa (perda ou deterioração).

Em que pese a omissão do art. 492 do CC, se a mora for do vendedor, aplica-se a regra geral prevista no art. 399 do mesmo diploma legal, segundo o qual o devedor/vendedor em mora responderá pelos riscos de perda ou deterioração, ainda que o perecimento total ou parcial decorra de fortuito ou força maior. A mora, de acordo com o art. 399 do CC, torna a coisa imperecível.

Ainda em relação à responsabilidade pelos riscos do perecimento do objeto do contrato de compra e venda, essencial análise do art. 494 do CC.

Em toda relação jurídica obrigacional, as partes definem e pactuam o local do pagamento ou cumprimento da obrigação. Aliás, nos termos do art. 394 do CC, estará caracterizada a mora quando não for respeitado o lugar de pagamento, seja pelo credor ou pelo devedor.

Se não houver definição sobre o local do pagamento (no âmbito do contrato de compra e venda), aplica-se a regra especial prevista no art. 493 do CC se o bem objeto do contrato de compra e venda for móvel (tal regra especial afasta a regra geral prevista no art. 327 do CC).

Neste caso, "a tradição da coisa vendida, na falta de estipulação expressa, dar-se-á no lugar onde ela se encontrava, ao tempo da venda" (art. 493).

Por força do princípio da autonomia privada, as partes têm a liberdade de definir o local do pagamento de coisa móvel. Em caso de omissão, a norma dispositiva e supletiva da vontade das partes, art. 493, determina que o lugar do pagamento é o lugar onde o bem se encontrava ao tempo da venda. Por óbvio, se o bem for imóvel, aplica-se a regra geral prevista no art. 328 do CC, o local onde o bem está situado.

De acordo com o art. 494 do CC, se o objeto do contrato de compra e venda for móvel e o comprador determinar que a coisa seja entregue em lugar diverso do pactuado ou se nada houver sido pactuado, em local diferente do estabelecido na regra especial do art. 493 do CC, após a entrega do bem ao transportador, os riscos da perda ou deterioração da coisa correrão por conta do comprador.

É uma exceção à regra geral prevista no art. 492, salvo se o vendedor se afastar das instruções do comprador quanto à expedição da coisa vendida.

Neste último caso, segundo Tepedino[6] "se o vendedor se afastar das instruções do comprador, ficará responsável pelos danos que a coisa sofrer, mas ainda aqui não porque se esteja excepcionando a regra *res perit domino*, mas sim porque, após a tradição, está agindo como mandatário do comprador, recaindo sobre ele a incumbência de entregar a coisa à pessoa indicada para transportá-la, no modo estipulado".

Segundo Nader[7] "na hipótese de a *res*, a pedido do comprador, ser remetida para lugar diverso de onde se encontrava no momento do contrato, o risco passa a ser deste contratante se o vendedor entregou-a a quem deve transportá-la. Tal orientação está de acordo com o princípio geral, uma vez que a tradição realiza-se no momento em que a coisa é confiada ao transportador".

Neste caso, concordamos com Rosenvald e Chaves[8], quando afirmam que a lei presume que a tradição do objeto ocorre no momento em que a coisa é deixada à disposição do comprador, exatamente no instante em que é entregue ao transportador: "Ao responsabilizar o comprador pelos riscos da coisa quando entregue por ordem dele, em local diverso, foi estabelecida uma presunção de que já houve a tradição do objeto. Caso contrário, os riscos continuariam a recair sobre o alienante".

Não há dúvida de que o transportador é responsável, perante o comprador, pela boa execução do contrato de transporte (art. 750).

4.1.10. Insolvência do comprador e possibilidade de sobrestamento da entrega da coisa

É comum as partes estipularem prazo para o pagamento ou cumprimento da obrigação, quando da formalização do contrato de compra e venda.

Se o comprador cair em insolvência antes de o vendedor efetivar a tradição (entrega da coisa), ainda que haja prazo estipulado, fica facultado ao vendedor sobrestar a entrega da coisa, até que o comprador lhe dê caução ou outra garantia de pagar no tempo ajustado. A regra prevista no art. 495 do CC é uma especialização da norma geral prevista no art. 477 da mesma lei.

Segundo o art. 477, "se, depois de concluído o contrato, sobrevier a uma das partes contratantes diminuição em seu patrimônio capaz de comprometer ou tornar duvidosa a prestação pela qual se obrigou, pode a outra recusar-se à prestação que lhe incumbe, até que aquela satisfaça a que lhe compete ou dê garantia bastante de satisfazê-la". Diante desta cláusula geral de tutela contra a insolvência prevista no art. 477, é duvidosa a utilidade da regra "especial" do art. 495 do CC, que se aplica ao contrato de compra e venda.

De qualquer forma, a caução prevista no art. 495 do CC pode ser real ou fidejussória. Para que seja viável a aplicação do art. 495, é essencial que por ocasião da insolvência a coisa ainda não tenha sido entregue pelo vendedor.

4.1.11. Restrições ao consentimento no contrato de compra e venda

4.1.11.1. Venda de ascendente para descendente

O consentimento, o preço e o objeto são elementos essenciais do contrato de compra e venda (art. 482 do

---

[6] TEPEDINO, Gustavo; BARBOSA, Heloísa Helena; BODIN, Maria Celina et al. *Código civil interpretado.* v. II (teoria geral dos contratos, contratos em espécie, atos unilaterais, títulos de crédito, responsabilidade civil, preferências e privilégios creditórios – artigos 421-965), RJ-SP: Renovar, 2006, p. 155.

[7] NADER, Paulo. *Curso de direito civil – Contratos.* 9. ed. Rio de Janeiro: Forense, 2018. v. III, p. 211.

[8] FARIAS, Cristiano Chaves de; ROSENVALD, Nelson. *Curso de direito civil. Contratos.* 8. ed. Salvador, JusPodivm, 2018, p. 710-711.

CC). Em regra, o contrato de compra e venda é consensual, pois o acordo ou consenso sobre o objeto e preço é suficiente para a formação deste negócio jurídico. No entanto, pelas mais variadas razões, em situações específicas, há restrições ao consentimento (à vontade dos contratantes), a serem observadas no plano de validade, para viabilizar a consumação do contrato de compra e venda.

Com o objetivo de proteger o núcleo familiar, o art. 496 do CC, no plano de validade, exige habilitação especial do vendedor, por meio de autorização (legitimidade), se o comprador for seu descendente: "É anulável a venda de ascendente a descendente, salvo se os outros descendentes e o cônjuge do alienante expressamente houverem consentido".

O artigo em destaque impõe pressuposto de validade para o contrato de compra e venda entre ascendentes e descendentes. Trata-se de legitimidade e não de capacidade/incapacidade. Em razão da posição jurídica das partes neste contrato, há necessidade de autorização dos demais descendentes e do cônjuge do vendedor.

A habilitação é a anuência dos demais descendentes e do cônjuge do alienante (legitimidade que visa proteger interesses privados, por isso a inobservância deste pressuposto de validade é causa de anulação). Para validade de determinados contratos de compra e venda, não basta a capacidade do agente (o art. 496 não tem relação com a teoria da incapacidade), mas também a a legitimidade ou habilitação, que no caso é a autorização das pessoas mencionadas no art. 496.

O alienante, como regra, tem legitimidade para vender o bem objeto da compra e venda a qualquer pessoa. No entanto, se o comprador for descendente seu, deverá estar habilitado ou legitimado para este negócio jurídico. E essa legitimação será conquistada com a anuência dos demais descendentes e de seu cônjuge.

A ausência dessa anuência ou autorização dos demais descendentes e do cônjuge do alienante torna a compra e venda passível de invalidação. Segundo o art. 496, o contrato de compra e venda poderá ser anulado (causa de anulação) se não houver a concordância dos demais descendentes e do cônjuge do alienante.

A ausência de consentimento destes parentes implica na violação de interesse privado, razão pela qual a compra e venda pode ser anulada pelos que não anuíram ao negócio.

O objetivo da norma é preservar o núcleo familiar e a igualdade das legítimas dos descendentes contra eventuais atos que poderiam simular uma compra e venda. O legislador pretende impedir que os demais descendentes sejam prejudicados pela possível violação do princípio da igualdade na sucessão do ascendente.

Como bem ressaltam Rosenvald e Chaves[9], "motivos diversos podem conduzir um ascendente a beneficiar um de seus descendentes, em prejuízo dos demais. Por isso, tende o ordenamento a estabelecer uma blindagem protetiva dos descendentes, evitando que o seu ancestral venha a frustrar fraudulenta ou simuladamente a sua perspectiva patrimonial, como o escopo de beneficiar outro filho. Seria o caso do pai que, sabendo que uma eventual doação para o filho predileto implicaria, por lei, antecipação da herança que caberia a este no futuro, resolve vender a este descendente a um preço completamente irrisório".

Imperioso registrar que a doação de ascendente para descendente dispensa o consentimento dos demais descendentes, justamente porque pode implicar adiantamento de legítima (art. 544 do CC), com posterior dever de colação, ou ser submetida à restrição da doação inoficiosa. Portanto, há outros meios de proteger os descendentes do doador no contrato de doação. Não há obrigação de colação no caso de compra e venda entre ascendentes e descendentes, em razão da equivalência e onerosidade que caracteriza tal tipo contratual. O descendente comprador não estará em vantagem em relação aos demais, pois pagará o preço de mercado pela coisa. De qualquer forma, tal contrato é submetido a controle, com a exigência do "consentimento" ou autorização dos demais descendentes.

Como a referida condição de legitimação visa resguardar interesse privado, apenas os descendentes que não prestaram consentimento e o cônjuge do alienante (a depender do regime de bens) detêm legitimidade para requerer a anulação do contrato de compra e venda (arts. 177 e 496 do CC). O art. 496 não prevê prazo para a anulação. Em razão disso, aplica-se o prazo geral previsto no art. 179 do CC, 2 anos ("Quando a lei dispuser que determinado ato é anulável, sem estabelecer prazo para pleitear-se a anulação, será este de dois anos, a contar da data da conclusão do ato"). Portanto, o prazo para anulação será de 2 anos a contar da data da efetivação do contrato de compra e venda entre o ascendente e o descendente (imóvel, data do registro).

Nesse sentido é o Enunciado 368 da IV Jornada de Direito Civil: "O prazo para anular venda de ascendente para descendente é decadencial de dois anos (art. 179 do CC)". Está superada a Súmula 494 do STF, segundo a qual o prazo era prescricional e de 20 anos. Atualmente, o prazo tem natureza decadencial e é de 2 anos.

Apenas os descendentes e, eventualmente, o cônjuge do alienante detêm legitimidade para requerer a invalidação da compra e venda.

Os cônjuges dos descendentes que não consentiram, qualquer que seja o regime de bens, não ostenta legitimidade para requerer a anulação, tendo em vista que não são sucessores legítimos do ascendente/alienante. Então, apenas o descendente detém legitimidade.

A referência da norma ao cônjuge não tem relação com o cônjuge dos descendentes, mas apenas e eventualmente ao cônjuge do alienante, que poderá concorrer com descendentes, a depender do regime de bens e é herdeiro necessário (art. 1.845 do CC).

Portanto, a depender do regime de bens, concorrerá com descendentes (art. 1.829). Por isso, a anuência do cônjuge do alienante e não do cônjuge de qualquer descendente, é essencial para legitimação da compra e venda.

---

[9] FARIAS, Cristiano Chaves de; ROSENVALD, Nelson. *Curso de direito civil. Contratos.* 8. ed. Salvador, JusPodivm, 2018, p. 672-673.

Excepcionalmente, de acordo com o parágrafo único do art. 496 do CC, dispensa-se o consentimento do cônjuge do alienante se o regime de bens entre o alienante e seu cônjuge for o da separação obrigatória (art. 1.641 do CC). O regime da separação obrigatória é imposta por lei, que não se confunde com o regime da separação convencional de bens.

No caso da separação obrigatória, por expressa disposição legal, não haverá concorrência com os descendentes (art. 1.829, I). No caso da separação convencional, o direito sucessório do cônjuge pelo instituto da concorrência está garantido, o que justificaria a regra do art. 496, parágrafo único, do CC (que restringiu ao regime da separação obrigatória de bens).

De acordo com Caio Mário[10] há um conflito entre o art. 496, parágrafo único e o art. 1.647, I, ambos do CC "a regra está aquém do art. 1.647, I, do Código, que autoriza o cônjuge casado sob o regime da separação absoluta alienar ou gravar de ônus real os bens imóveis de que seja proprietário. Ou seja, no caso de venda a descendente, mesmo que seja casado no regime da separação absoluta o cônjuge necessita da outorga uxória, exceto se esse regime resultar de imposição legal".

Portanto, no regime da separação convencional, o cônjuge pode alienar bem de sua propriedade sem anuência do consorte, salvo se for para descendente. É a forma de compatibilizar os dispositivos.

Diante da generalidade da norma, não apenas pais e filhos estão submetidos a essa causa de legitimação, mas também avós e netos, bisavós e bisnetos etc. Não há limitação do grau de parentesco.

Além disso, "a norma se refere apenas aos descendentes existentes e aos que gozavam deste estado no momento da venda"[11], vale dizer, "os descendentes, cujo consentimento se requer, são os herdeiros necessários ao tempo do contrato, os mais próximos em grau, salvo direito de representação"[12].

O art. 496 não faz qualquer referência ao companheiro do vendedor. Se o companheiro for condômino, evidente que, como proprietário, terá que integrar o negócio jurídico. Todavia, se não tem direito de propriedade sobre o imóvel, a exigência de autorização deste, como condição de legitimidade do vendedor, dependerá do interesse patrimonial futuro, em especial no âmbito sucessório. Na compra e venda para terceiro, se o vendedor vive em união estável, a boa-fé do terceiro prevalece sobre qualquer interesse do companheiro. O terceiro não integra o núcleo familiar. Por isso, o art. 1.647, I, não se aplica ao companheiro. Todavia, no caso, a compra e venda envolve ascendentes e descendentes, ou seja, é negócio jurídico realizado entre membros do mesmo núcleo familiar. Neste caso, os descendentes compradores têm plena ciência da união estável, pela proximidade com o vendedor ascendente. Se o objetivo da norma é proteger os interesse econômicos do núcleo familiar e eventuais direitos sucessórios, inclusive do companheiro que, a depender do regime de bens da união estável ou da natureza dos bens (no regime da comunhão parcial), poderá concorrer com os descendentes do vendedor, comuns ou não, é evidente que a restrição do art. 496 deve ser estendida ao companheiro, para que tenha a autorização do seu parceiro.

Atualmente, o companheiro é herdeiro necessário e pode concorrer com os descendentes, a depender do regime de bens ou, na comunhão parcial, da natureza dos bens.

Portanto, se o objetivo do art. 496 é tutelar os direitos econômicos e sucessórios, o companheiro terá legitimidade para requerer a anulação do contrato de compra e venda por ausência de seu consentimento.

Por isso, a anuência do companheiro está diretamente fundada e relacionada ao seu direito sucessório, e não ao fato de a união estável ser entidade familiar.

A discussão que ainda está em aberto é se o juiz poderia suprir a ausência de consentimento dos demais descendentes e do cônjuge do alienante. Neste ponto, a análise do caso concreto deve pautar essa discussão.

Se a compra e venda é real e legítima, apenas uma causa justificada poderia servir de motivação para a discordância ou a recusa dos demais descendentes ou eventualmente do cônjuge em prestar a sua anuência.

A recusa imotivada poderá configurar abuso de direito, o qual é reprimido pelo art. 187 do CC, como uma das funções do princípio da boa-fé objetiva: função de controle. Os descendentes e eventualmente o cônjuge do alienante possuem o direito de recusar o negócio, mas tal recusa não pode ser injustificada ou imotivada, sob pena de restar configurado o abuso. Nesse caso, seria possível o suprimento judicial do consentimento.

4.1.11.2. Compra e venda entre cônjuges

O art. 499 do CC expressamente admite a compra e venda entre cônjuges, mas apenas em relação aos bens excluídos da comunhão, bens particulares.

Durante a sociedade conjugal o cônjuge pode possuir e ter a propriedade de bens comuns ou particulares, a depender do regime de bens e das causas de aquisição. Os bens particulares não se comunicam e, por isso, não ingressam no regime de condomínio decorrente do contrato de casamento, ao contrário dos bens comuns, que se comunicam e integram o regime de condomínio. O condomínio que decorre do regime de bens é o germânico, da mancomunhão ou de mãos juntas. Cada cônjuge é proprietário da totalidade dos bens comuns. Não há fração ideal como no condomínio romano disciplinado na teoria da propriedade, arts. 1.314 e seguintes. Por isso, a compra e venda de bens comuns implicaria nulidade. O cônjuge estaria a vender bem que voltaria para o patrimônio, caso fosse o vendedor, ou compraria bem que já lhe pertence se é o comprador.

A natureza dos bens do cônjuge, se particular ou comum, dependerá do regime de bens adotado por ocasião da forma-

---

[10] PEREIRA, Caio Mário da Silva. *Instituições de direito civil:* Contratos. 11. ed. Rio de Janeiro: Forense, 2004. v. III, p. 186.

[11] LOUREIRO, Luiz Guilherme. *Contratos – Teoria geral e contratos em espécie*. 3. ed. São Paulo: Método, 2008, p. 392.

[12] PEREIRA, Caio Mário da Silva. *Instituições de direito civil:* Contratos. 11. ed. Rio de Janeiro: Forense, 2004. v. III, p. 187.

ção da sociedade conjugal, bem como das causas de aquisição. Em relação aos bens comuns ou em condomínio, não há possibilidade de contrato de compra e venda entre cônjuges. No entanto, quanto aos bens particulares ou excluídos da comunhão, é lícita a compra e venda entre cônjuges.

Sobre os bens particulares, o cônjuge não tem direito à meação. Em relação aos bens comuns, há meação.

Assim, com relação aos bens excluídos da comunhão (arts. 1.659, 1.668 e 1.687 do CC), é lícita, legítima e válida a compra e venda entre cônjuges.

4.1.11.3. As restrições dos arts. 497 e 498 do CC – Compra e venda entre pessoas que administram bens alheios

O legislador, no intuito de proteger a lisura e a ética de algumas relações jurídicas, estabelece algumas restrições no contrato de compra e venda.

Nestas situações específicas, a compra e venda estará comprometida, tendo em vista que há interesses sociais mais relevantes a serem tutelados, em comparação com os interesses privados dos contratantes.

O art. 497 disciplina os casos em que a ausência de legitimidade implicará na nulidade do contrato de compra e venda, ainda que a aquisição se dê em hasta pública.

De acordo com o referido artigo "sob pena de nulidade, não podem ser comprados, ainda que em hasta pública: (...)".

A sanção pela violação das regras estabelecidas na norma é a nulidade, porque tais negócios violam o interesse público. Aplica-se a tais negócios o regime jurídico das nulidades (arts. 168 a 170 do CC). Em cada um dos quatro incisos do art. 497 há uma justificativa para que o legislador tenha optado pela repressão máxima:

"I – pelos tutores, curadores, testamenteiros e administradores, os bens confiados à sua guarda ou administração;"

O objetivo desta vedação é manter a ética ou evitar conflito de interesses entre pessoas que mantêm uma relação funcional ou profissional com os bens que poderiam ser objeto de contrato de compra e venda. A ausência de legitimação, neste caso, é absoluta. E a consequência é a nulidade da compra e venda. A autonomia privada é limitada por preceitos éticos e morais que justificam a proibição destas pessoas realizarem estes negócios específicos.

Os tutores, curadores e testamenteiros são pessoas eleitas para exercerem um múnus público e os bens dos tutelados, curatelados e do testador são confiados à sua guarda e administração. Haveria claro conflito de interesses entre o dever de guarda e administração destes bens e a possibilidade de adquiri-los por meio de contrato de compra e venda.

"II – pelos servidores públicos, em geral, os bens ou direitos da pessoa jurídica a que servirem, ou que estejam sob sua administração direta ou indireta;"

O objetivo desta vedação legal é tutelar a probidade administrativa. No caso, não seria ético que o servidor público adquirisse bens ou direitos de propriedade da pessoa jurídica com a qual mantém um vínculo jurídico (celetista ou estatutário) ou que, por força da função, estivessem sob sua administração direta ou indireta.

"III – pelos juízes, secretários de tribunais, arbitradores, peritos e outros serventuários ou auxiliares da justiça, os bens ou direitos sobre que se litigar em tribunal, juízo ou conselho, no lugar onde servirem, ou a que se estender a sua autoridade;"

A finalidade da norma é a mesma do inciso II, ou seja, tutelar o interesse público e coletivo. Tais pessoas estão proibidas e não possuem legitimidade (habilitação necessária) para realizarem contrato de compra e venda que tenha por objeto qualquer bem ou direito que esteja sob litígio no tribunal, juízo ou conselho em que servem ou que sejam alcançados pela sua autoridade.

A proibição legal visa impedir o oportunismo daqueles que, por suas funções oficiais, ocupam uma posição privilegiada e dela possam tirar proveito para a prática de atos de compra, seja em detrimento dos interesses do vendedor ou de terceiros[13].

De acordo com Tepedino[14] "o inciso III, que se volta especificamente para a manutenção da dignidade da justiça, abrange não só o limite territorial em que o magistrado é competente e no qual seus auxiliares têm atribuição, mas também os locais onde se faça sentir a sua influência".

"IV – pelos leiloeiros e seus prepostos, os bens de cuja venda estejam encarregados."

Finalmente, de acordo com o parágrafo único do art. 497 do CC, "as proibições deste artigo estendem-se à cessão de crédito". Como regra, é livre a cessão de crédito, conforme enuncia o art. 286 da lei civil. A cessão só é vedada quando for convencionada pelas partes cláusula proibitiva; ou por conta da natureza da obrigação e ainda em função de vedação legal. O parágrafo único do art. 497 do CC corresponde a uma das vedações legais à cessão de crédito a que se refere o art. 286 do CC. O objetivo é o mesmo: proteger pessoas que mantêm um vínculo com o possível cessionário, bem como a probidade administrativa e a dignidade dos membros e órgãos do judiciário.

Na hipótese destas pessoas tentarem contornar a proibição legal e se valerem de interposta pessoa para a realização destes negócios (testa de ferro), estará caracterizada a simulação (art. 167 do CC) e, da mesma forma, o negócio será sancionado com a nulidade.

O art. 498 do CC flexibiliza a regra proibitiva do inciso III do art. 497, ao dispor: "A proibição contida no inciso III do artigo antecedente, não compreende os casos de compra e venda ou cessão entre coerdeiros, ou em pagamento de dívida, ou para garantia de bens já pertencentes a pessoas designadas no referido inciso". Foi reproduzida a anterior regra do art. 1.134 do CC/1916.

4.1.11.4. Venda *ad corpus* e venda *ad mensuram*

O contrato de compra e venda apresenta peculiaridades inexistentes em outros negócios jurídicos. O contrato

---

[13] NADER, Paulo. *Curso de direito civil – Contratos*. 9. ed. Rio de Janeiro: Forense, 2018. v. III, p. 214-215.

[14] TEPEDINO, Gustavo; BARBOSA, Heloísa Helena; BODIN, Maria Celina et al. *Código civil interpretado*. v. II (teoria geral dos contratos, contratos em espécie, atos unilaterais, títulos de crédito, responsabilidade civil, preferências e privilégios creditórios – artigos 421-965), RJ-SP: Renovar, 2006, p. 214-215.

de compra e venda que tenha por objeto bem *imóvel* pode ser celebrado por medida de extensão, ou seja, o preço pago está relacionado à quantidade (em termos de extensão de área) ou ainda como corpo certo e determinado, sem que se leve em conta a extensão do imóvel. No primeiro caso, a venda será denominada *ad mensuram* e no segundo a venda será *ad corpus*.

O Código Civil disciplina tais "modalidades" de compra e venda de bem imóvel no art. 500.

No *caput* do referido artigo, há a expressa menção à venda *ad mensuram*: "Se, na venda de um imóvel, se estipular o preço por medida de extensão, ou se determinar a respectiva área, e esta não corresponder, em qualquer dos casos, às dimensões dadas, o comprador terá o direito de exigir o complemento da área, e, não sendo isso possível, o de reclamar a resolução do contrato ou abatimento do preço".

Assim, por ocasião da compra e venda de imóvel, o preço pode estar atrelado à extensão da área, ou seja, se paga pela extensão pactuada ou ainda os contratantes podem fixar um preço global para uma área previamente determinada. Em ambos os casos, a área deve corresponder às dimensões referidas no contrato, pois o preço leva em conta a extensão ou a respectiva área.

Caso não haja correspondência entre a dimensão da área mencionada no contrato e a dimensão efetiva da área (ou seja, não há correlação necessária entre a área adquirida e a área real ou existente), o comprador terá três opções.

Em primeiro lugar, poderá exigir o complemento da área, se possível. A referência à "possibilidade" é pertinente. Na maioria dos casos, o complemento da área seria impossível, como no caso de apartamentos ou inviável, quando as propriedades vizinhas pertencem a pessoas diferentes do vendedor. Neste caso, o direito de propriedade ou a posse do vizinho inviabilizará o complemento da área.

O comprador poderá requerer a resolução do contrato. O Código Civil trata a diferença entre a área pactuada e a área real como hipótese de inadimplemento. Neste caso, aplica-se a esta opção da teoria do inadimplemento objeto de análise neste volume, em especial o princípio da boa-fé objetiva e a teoria do adimplemento substancial. Se o inadimplemento for mínimo ou não substancial, deverá o comprador requerer indenização, mas não a resolução do contrato.

A resolução, no caso de inadimplemento mínimo, caracterizará abuso de direito (art. 187 do CC – violação ao princípio da boa-fé objetiva). Entretanto, esse inadimplemento mínimo deve ser superior a 5% da dimensão da área, pois a diferença que não ultrapassa 1/20 da área total ou 5% não dá direito à resolução do contrato ou abatimento do preço, conforme § 1º do art. 500 do CC: "Presume-se que a referência às dimensões foi simplesmente enunciativa, quando a diferença encontrada não exceder de um vigésimo da área total enunciada, ressalvado ao comprador o direito de provar que, em tais circunstâncias, não teria realizado o negócio."

Neste caso, a lei civil, por meio desta inadequada, absurda e desproposital regra legal, impõe as consequências e os efeitos da venda *ad corpus*, mesmo que a venda tenha sido *ad mensuram*, se a diferença da área não for superior a 5% do total. Assim, a venda *ad mensuram* terá o efeito de uma venda *ad corpus*, ou seja, como se tivesse sido realizada como um corpo certo e determinado, sendo a referência meramente enunciativa, e não decisiva para o negócio.

O Estado impõe ao comprador que aceite um prejuízo de até 5%, salvo se ele conseguir provar o impossível, ou seja, que não compraria a área se soubesse da diferença.

A presunção de que a metragem foi meramente enunciativa não é absoluta e sim relativa, justamente porque o comprador pode comprovar que, em tais circunstâncias, não realizaria o negócio.

Todavia, como ressaltado, dificilmente o comprador conseguiria comprovar que, se soubesse da diferença mínima, não teria realizado o negócio. Não há qualificações suficientes ou adjetivos negativos para denominar essa aberração do nosso legislador.

Não há dúvida de que esta regra do § 1º do art. 500 pode, no caso concreto, ser neutralizada pelos princípios da função social e boa-fé objetiva, para permitir a indenização desta diferença mínima (por exemplo, se o vendedor sabe da diferença mínima e não informa ao comprador), além de ser integralmente incompatível com contrato de compra e venda de imóvel cuja relação jurídica seja de consumo.

No caso de relação de consumo, não pode ser aplicada a regra de que a diferença inferior a 5% é meramente enunciativa.

O vendedor tem tutela privilegiada se comparada ao comprador, no caso de venda com a cláusula *ad mensuram*.

Como já ressaltado, se houver diferença a menor de área, o comprador terá as três opções retromencionadas, com a ressalva do disposto no art. 500, § 1º, do CC.

No entanto, se em vez de falta de área houver excesso, aplica-se o disposto no § 2º do art. 500: "Se em vez de falta houver excesso, e o vendedor provar que tinha motivos para ignorar a medida exata da área vendida, caberá ao comprador, à sua escolha, completar o valor correspondente ao preço ou devolver o excesso".

Não há dúvida de que o objetivo da norma é evitar o enriquecimento sem justa causa do comprador, que adquire área por medida de extensão e, esta, no caso concreto, é maior do que a mencionada ou referenciada no contrato. No entanto, ao contrário do § 1º do art. 500, neste caso, não há limite para o excesso. De acordo com a norma, qualquer excesso daria ao vendedor o direito à indenização pelo excesso ou devolução do excesso. Não se compreende a não adoção em benefício do comprador da mesma regra que beneficia o vendedor no § 1º do art. 500.

Por outro lado, no § 3º do art. 500, foi disciplinado o contrato de compra e venda de imóvel com a cláusula *ad corpus*: "Não haverá complemento de área, nem devolução de excesso, se o imóvel for vendido como coisa certa e discriminada, tendo sido apenas enunciativa a referência às suas dimensões, ainda que não conste, de modo expresso, ter sido a venda *ad corpus*".

Nesta hipótese, as dimensões da área do imóvel não são determinantes para o negócio. Como diz a norma, a referência é apenas enunciativa. O imóvel é vendido como um todo, ou seja, como coisa certa e discriminada.

Nas palavras de Nery[15], "é a venda na qual as medidas do imóvel são imprecisas e meramente enunciativas, sendo que o corpo do imóvel é o elemento determinante para a realização do negócio jurídico. Quando a venda tiver sido feita *ad corpus*, não tem lugar nem a pretensão real (ação *ex empto*), nem as pretensões pessoais (ação redibitória e/ou ação de abatimento proporcional do preço), já que nessa venda a menção à medida é meramente enunciativa".

No mesmo sentido é a lição de Nader[16], "a venda é de coisa certa e determinada, não importando que a propriedade possua as medidas 'X' ou 'Y'. Realizada nestas condições a operação de venda, a constatação *a posteriori* de que o terreno é maior ou menor, não autoriza qualquer pleito judicial, seja para a anulação do contrato, revisão do preço, complementação ou devolução da área".

Portanto, no caso de compra e venda de imóvel, a cláusula *ad mensuram* ou *ad corpus* determinará a consequência jurídica se houver qualquer diferença na área, para mais ou para menos. A cláusula *ad mensuram* dá ensejo à resolução do contrato, complemento da área ou revisão do preço (art. 500, *caput*), ao passo que a cláusula *ad corpus* não permitirá qualquer reclamação se houver diferença de metragem na área. Deve ser registrado que o § 3º do art. 500 do CC permite que a cláusula *ad corpus* seja implícita, ao não impor que o seja pactuada de modo "expresso".

Por exemplo, se a compra e venda do imóvel não faz qualquer referência à medida exata da área ou não especifica o preço por medida de extensão, ainda que a cláusula *ad corpus* não esteja expressa no negócio, nesta hipótese será possível deduzir que a compra foi *ad corpus*.

A interpretação do contrato, à luz do art. 113 do CC, determinará, no caso de omissão, se a venda é *ad corpus* ou *ad mensuram*.

Como já ressaltado, no caso de cláusula *ad mensuram*, quando se estipula o preço por medida de extensão ou se determina a respectiva área, poderá o comprador ou vendedor requerer as tutelas previstas no art. 500, *caput*, o qual disciplina as ações em favor do comprador (diferença para menos) ou no art. 500, § 2º, o qual trata das regras ou ações em favor do vendedor (diferença a maior).

A possibilidade de ser reclamada a diferença da área para mais ou para menos é submetida ao prazo de decadência previsto no art. 501 do CC.

Segundo este dispositivo, "decai do direito de propor as ações previstas no artigo antecedente o vendedor ou o comprador que não o fizer no prazo de um ano, a contar do registro do título". O parágrafo único dispõe que: "Se houver atraso na imissão de posse no imóvel, atribuível ao alienante, a partir dela fluirá o prazo de decadência".

O prazo para comprador ou vendedor reclamar a diferença da área é sempre de 1 (um) ano. No entanto, o início do prazo pode suportar alteração a depender da conduta do vendedor em relação à entrega do imóvel. Se não houver atraso na imissão na posse do imóvel por conduta imputável ao vendedor, o prazo tem início da data do registro do título (escritura pública ou instrumento particular nas vendas de até 30 salários mínimos – art. 108 do CC) no Cartório de Registro de Imóvel.

Se o vendedor criar algum obstáculo para que o comprador possa imitir-se na posse, ainda que o título já esteja registrado, o prazo de 1 ano somente começará a fluir a partir da efetiva imissão na posse. Como regra, os prazos de decadência não se suspendem e não se interrompem. Todavia, o próprio art. 207 do CC permite o impedimento ou a suspensão do prazo de decadência quando a lei determina. O parágrafo único do art. 501 é uma destas exceções legais previstas no art. 207, o qual disciplina o impedimento, a suspensão e a interrupção dos prazos de decadência.

Tal ação é denominada ação *ex empto*.

4.1.11.5. Responsabilidade por débitos pendentes e a questão dos vícios redibitórios em caso de venda de coisas em conjunto (arts. 502 e 503 do CC)

No contrato de compra e venda, o vendedor, salvo convenção em contrário, responde por todos os débitos que gravem a coisa até o momento da tradição, conforme art. 502 do CC.

Até o momento da tradição, o vendedor é o dono da coisa. Portanto, é justo que o dono seja o responsável por todos os débitos, independente da natureza, que gravem a coisa que lhe pertencia.

No entanto, a norma do art. 502 tem natureza dispositiva (aplicação do princípio da autonomia privada, segundo o qual as partes têm o poder de regular os seus interesses), pois permite que as partes convencionem em sentido contrário para, por exemplo, transferir ao comprador tal responsabilidade. A norma é supletiva da vontade das partes, caso sejam omissas em relação a este aspecto do contrato.

Ressalta-se que o disposto no art. 502 constitui regra geral sobre a responsabilidade por débitos que gravem a coisa até o momento da tradição, razão pela qual será afastada por regras especiais que disciplinam determinados débitos. Por exemplo, de acordo com o art. 1.345 do CC, o adquirente/comprador de unidade responde pelos débitos do alienante, em relação ao condomínio, inclusive multas e juros moratórios.

No caso de débito de condomínio, a responsabilidade é do comprador perante o condomínio. Nada impede que no contrato de compra e venda, comprador e vendedor pactuem que a responsabilidade por tais despesas é do vendedor. Todavia, este contrato não pode ser oposto ao condomínio, em razão da regra especial do art. 1.345.

---

[15] NERY JUNIOR, Nelson; NERY, Rosa Maria de Andrade. *Código civil comentado*. 8. ed. São Paulo: Ed. RT, 2011, p. 600-601.

[16] NADER, Paulo. *Curso de direito civil – Contratos*. 9. ed. Rio de Janeiro: Forense, 2018. v. III, p. 216.

Segundo Tepedino[17], os débitos que gravam a coisa abrangem apenas as obrigações *propter rem* e não os ônus reais: "As obrigações *propter rem* consistem em obrigações de conteúdo positivo que recaem sobre o titular de uma situação jurídica real. Tais obrigações, uma vez nascidas, incorporam-se ao patrimônio do titular do direito real, como um passivo obrigacional qualquer, ganhando autonomia em relação ao direito do qual se originam. Deste modo, o adquirente será sujeito passivo apenas das obrigações *propter rem* nascidas após a alienação. O ônus real, por sua vez, corresponde a uma obrigação visceralmente unida à coisa, ostentando vínculo com o direito real mais intenso que as obrigações *propter rem*, razão pela qual se costuma afirmar que as dívidas nascidas do ônus real aderem à coisa, acompanhando-a em suas mutações subjetivas, dotadas, portanto, de ambulatoriedade. Dito diversamente, as dívidas vencidas decorrentes do ônus real se transmitem ao novo titular do direito real. Note-se, ainda, que as dívidas surgidas do ônus real deverão ser satisfeitas com a própria coisa e dentro de seus estritos limites, não se admitindo a interferência do credor no patrimônio do devedor, tal como ocorre nas obrigações *propter rem*. Atento a estas noções, não seria possível admitir que o dispositivo abrangesse os ônus reais, a despeito da expressão que gravem a coisa, uma vez que os ônus reais acompanham a coisa na mudança de titularidade, cabendo ao novo adquirente arcar com estes deveres".

Por outro lado, o art. 503 do CC disciplina as consequências da existência de defeito material e oculto em coisa vendida conjuntamente com outras coisas.

Segundo este dispositivo, a existência de defeito material, corpóreo e oculto capaz de prejudicar a utilidade de uma coisa vendida em conjunto com outras, não autoriza a rejeição de todas, mas apenas e tão somente da coisa defeituosa. Assim, o vício redibitório em uma coisa não contamina as demais, quando a venda for em conjunto.

O objetivo é conservar o negócio jurídico, como desdobramento do princípio da função social dos contratos (Enunciados 22 e 360 das Jornadas do CJF). O vício redibitório não autoriza o comprador a rejeitar o conjunto. É essencial que as coisas vendidas conjuntamente sejam independentes e autônomas entre si. Se houver relação de dependência entre as coisas, a regra poderá ser afastada.

Assim, se a compra em conjunto for a razão determinante para um negócio e se os bens defeituosos repercutem nos demais, depreciando-os de forma significativa, será possível a rejeição de todos. Excepcionalmente, a rejeição de todos só é viável em caso de comprometimento do conjunto e isso só ocorrerá se forem interdependentes.

4.1.11.6. Regra especial para a venda de bem indivisível que está em regime de condomínio

O art. 504 do CC disciplina o direito de preferência em favor de condômino, no caso de venda da coisa a terceiro (estranho). Enquanto pender o condomínio sobre coisa indivisível, o condômino, antes de vender a sua parte a estranho, deverá garantir o direito de preferência ao condômino que tiver interesse e desejar a coisa tanto por tanto (no mesmo valor que um estranho estaria disposto a pagar).

Além disso, o referido dispositivo estabelece as consequências, para o caso de violação do direito de preferência do condômino. O condômino a que não se der preferência poderá, no prazo de 180 dias, haver a coisa para si, relativa a parte vendida a estranho, com o depósito do preço pago por aquele último.

Decorrido o prazo de decadência de 180 (cento e oitenta) dias, o direito de preferência caduca e a propriedade se consolida nas mãos do terceiro adquirente, estranho ao condomínio.

A indivisibilidade da coisa pode ser natural ou jurídica, móvel ou imóvel (art. 87 do CC).

De acordo com Loureiro[18], "a venda de partes ideais a terceiros somente é possível se não houver interesse dos demais condôminos. O consorte que deseja vender a sua parte ideal, portanto, deve notificar os demais consortes, para que exerçam o direito de preferência. Estes preferirão o estranho quando oferecerem o mesmo preço e as mesmas condições objeto da proposta do terceiro". De acordo com o mesmo autor, como o Código Civil é omisso em relação ao prazo para o condômino exercer o direito de preferência, cabe ao vendedor estipular um prazo razoável para que os demais condôminos exerçam a prelação.

O condomínio pode ser *pro indiviso* ou *pro diviso*. A regra do art. 504 aplica-se ao condomínio *pro indiviso*. Em relação ao condomínio *pro diviso*, cada condômino tem a sua parte fisicamente delimitada e, por isso, seria possível alienar a terceiros sem a obrigação de conceder preferência em favor dos demais condôminos. A coisa pode ser divisível ou indivisível, pois o que impõe a regra do art. 504 é o fato da coisa encontrar-se em estado de indivisão (é indivisível ou é divisível, mas ainda não foi materialmente dividida).

Não há indicação do marco inicial do prazo de 180 (cento e oitenta) dias. Não há dúvida de que o prazo deve ter início a partir da data em que o condômino preterido tomar ciência da alienação, pois o sistema é informado pela eticidade revigorada pelo princípio da boa-fé objetiva. A informação, a proteção e a cooperação são deveres correlatos a este princípio, os quais justificam o início do prazo a partir da ciência.

Por fim, se vários condôminos estiverem interessados na aquisição da parte ideal daquele que pretende alienar sua cota-parte, o parágrafo único do art. 504 impõe a observância de uma espécie de licitação entre os condôminos e terceiros, a fim de apurar, entre eles, qual terá a preferência.

---

[17] TEPEDINO, Gustavo; BARBOSA, Heloísa Helena; BODIN, Maria Celina et al. *Código civil interpretado*. v. II (teoria geral dos contratos, contratos em espécie, atos unilaterais, títulos de crédito, responsabilidade civil, preferências e privilégios creditórios – artigos 421-965), RJ-SP: Renovar, 2006, p. 167-168.

[18] LOUREIRO, Luiz Guilherme. *Contratos – Teoria geral e contratos em espécie*. 3. ed. São Paulo: Método, 2008, p. 398.

Como ressaltado, o art. 504, *caput*, do CC, garante o direito de preferência ao condômino de coisa indivisível em relação a terceiro, ou seja, a não condômino. Portanto, o condômino tem preferência em relação a terceiros.

Caso vários condôminos manifestem interesse na cota de outro condômino, o parágrafo único do art. 504 estabelece critérios para a preferência entre condôminos e o terceiro. Não se trata de concorrência entre os condôminos. Na VIII Jornada de Direito Civil foi aprovado enunciado no sentido de que essa norma disciplina a concorrência entre os condôminos quando houver venda para terceiros, porque não há direito de preferência entre condôminos.

Eis o teor do enunciado: "Ainda que sejam muitos os condôminos, não há direito de preferência na venda da fração ideal de um bem entre dois coproprietários, pois a regra prevista no art. 504, parágrafo único, visa somente a resolver eventual concorrência entre condôminos na alienação da fração a estranhos ao condomínio".

A lei estabelece uma licitação interna entre os condôminos, se vários forem os interessados. Em primeiro lugar, o valor das benfeitorias para, em seguida, usar como critério a dimensão do quinhão. Na ausência de benfeitorias e, se todos os quinhões forem iguais, a preferência será daquele que em primeiro lugar depositar o preço. Trata-se de direito adquirido pela anterioridade do depósito do preço.

A preferência do condômino de coisa em estado de indivisão, indivisível ou divisível, não se confunde com a preempção convencionada, cláusula especial que pode ser inserida em qualquer contrato de compra e venda, por força dos arts. 513 a 520 do CC e tampouco com o direito de preferência estabelecido e disciplinado na Lei de Locações.

Finalmente, a regra também se aplica a herdeiros que pretendam vender os seus direitos hereditários, pois, de acordo com o parágrafo único do art. 1.791 do CC, "até a partilha, o direito dos coerdeiros, quanto à propriedade e posse da herança, será indivisível, e regular-se-á pelas normas relativas ao condomínio".

Até a partilha, os bens da herança permanecem em estado de indivisão. Após a partilha, cada herdeiro receberá o seu quinhão e, neste caso, cessará a indivisibilidade da herança, mas pode ocorrer que na partilha determinados bens sejam divididos entre herdeiros. Se este bem for indivisível, aplica-se a ele, após a partilha, a regra geral do art. 504 do CC, pois não haverá mais que se cogitar em herança. Até a partilha, os herdeiros estarão em regime de condomínio legal e o direito à herança será indivisível. No caso de cessão de direitos hereditários, em razão desta indivisibilidade do direito à herança, os arts. 1.794 e 1.795 do CC garantem ao coerdeiro condômino o direito de preferência, com a possibilidade de reclamação da quota parte vendida a estranho, caso a regra seja violada.

Na realidade, a norma é meio para extinção do condomínio, fonte de inesgotáveis conflitos. Com a concentração das frações em favor de condôminos, a tendência é reduzir o conflito. Por isso, a preferência legal tem eficácia real, com a possibilidade de, depositado o preço, recuperar a própria coisa.

4.1.12. Cláusulas especiais do contrato de compra e venda

O Código Civil de 2002 disciplina as cláusulas especiais que podem ser apostas em contrato de compra e venda: pacto de retrovenda (arts. 505 a 508); venda a contento e venda sujeita à prova (arts. 509 a 512); preempção ou preferência convencional (arts. 513 a 520); venda com reserva de domínio (arts. 521 a 528); venda sobre documentos (arts. 529 a 532).

4.1.12.1. Pacto de retrovenda

A cláusula especial de "retrovenda" está disciplina nos arts. 505 a 508 do CC e somente é compatível com o contrato de compra e venda que tenha por objeto coisa *imóvel*[19].

O pacto de retrovenda viabiliza o direito potestativo de retrato, que é o direito do vendedor de recomprar a coisa alienada, no prazo máximo e decandencial de 3 (três) anos.

A cláusula de "retrovenda" torna a propriedade do comprador de imóvel resolúvel, pois com o implemento da condição resolutiva (invocação do direito decorrente da cláusula), todos os direitos reais concedidos na pendência desta cláusula ficam resolvidos e, o legítimo proprietário, o vendedor que recupera a coisa e em favor de quem se opera a resolução, a recebe sem ônus e a pode reivindicar do poder de quem a possua ou detenha (art. 1.359 do CC).

Portanto, a cláusula especial de "retrovenda" torna a propriedade do comprador resolúvel, a qual será extinta quando e se o vendedor exercer o seu direito de reaver o bem.

A referida cláusula especial é delineada pelo art. 505 do CC: "O vendedor de coisa imóvel pode reservar-se o direito de recobrá-la no prazo máximo de decadência de três anos, restituindo o preço recebido e reembolsando as despesas do comprador, inclusive as que, durante o período de resgate, se efetuaram com a sua autorização escrita, ou para a realização de benfeitorias necessárias".

Por força desta cláusula, o vendedor faz a reserva de recuperar o imóvel no prazo máximo de 3 (três) anos, contados da data do registro do título no CRI. O prazo de três anos é o máximo permitido. As partes podem estipular prazo inferior, mas estão proibidas de pactuarem prazo superior.

Durante o prazo pactuado, cujo máximo é de 3 anos, a propriedade do comprador é resolúvel e, por isso, se submeterá às disposições do art. 1.359 do CC. A condição resolutiva é efetivada com o exercício do direito de resgate por parte do vendedor.

No entanto, para recuperar a coisa, o vendedor terá que indenizar o comprador com a restituição integral do

---

[19] "Deve ficar claro que a cláusula de retrovenda (*pactum* de retrovendendo ou cláusula de resgate) somente é admissível nas vendas de bens imóveis" (TARTUCE, Flávio. *Manual de direito civil*. 2. ed. São Paulo: Método, 2012. Volume único, p. 629).

preço recebido, mais o reembolso de despesas efetivadas pelo comprador, inclusive aquelas realizadas com autorização do vendedor, independente da natureza. Além disso, devem ser indenizadas, mesmo sem autorização do vendedor, as benfeitorias necessárias (art. 96, § 3º, do CC).

Como já ressaltado, a condição resolutiva aposta torna a propriedade resolúvel. É irrelevante a vontade do adquirente ou de terceiro para quem a propriedade foi transferida. Se o comprador, no prazo decadencial estipulado, cujo máximo é de 3 anos, exercer o direito potestativo de retrato, não há como evitar a recompra do bem imóvel.

O vendedor submete o adquirente ou terceiro ao exercício unilateral deste direito (poder), sem que possa oferecer resistência ou oposição. Se o adquirente comprador já tiver alienado o imóvel a terceiro (o pacto de retrovenda não impede a alienação), este terceiro ficará submetido à referida cláusula, por força do disposto no art. 1.359 do CC.

A propriedade se resolve em favor do vendedor e todos os direitos reais concedidos durante a propriedade resolúvel serão resolvidos. Restará ao terceiro a ação de natureza pessoal a ser ajuizada contra o adquirente que lhe transferiu a propriedade resolúvel.

A cláusula de retrovenda recebe críticas porque é muitas vezes inserida em contratos apenas para simular uma compra e venda, quando na verdade o negócio jurídico real consiste em empréstimo a juros abusivos e o imóvel é garantia deste pagamento.

Neste caso, na hipótese de inadimplemento do empréstimo pelo falso vendedor, o outro sujeito, também pseudocomprador, já está na posse e detém a propriedade do bem. O objetivo é fugir das execuções judiciais, que são demoradas e muitas vezes ineficazes.

Por isso, comumente, o pacto de retrovenda é usado como garantia de empréstimo pois, no caso de inadimplemento, a coisa já está nas mãos do comprador, que terá de forma definitiva a titularidade do bem, sem necessidade de qualquer recurso para as vias judiciais. Em negócios autênticos, será raríssima a inserção de cláusula de retrovenda.

4.1.12.1.1. Consequência da recusa do comprador em receber as quantias para viabilizar o resgate pelo vendedor

Em razão da natureza resolúvel da propriedade imobiliária, o comprador não tem a possibilidade de oferecer resistência ao exercício do direito potestativo de retrato por parte do vendedor, desde que esse ofereça os valores a que faz referência o art. 505 do CC.

O vendedor exercerá poder e o comprador apenas se sujeita a esse poder. Por isso, se o preço oferecido estiver de acordo com o contrato e o disposto na lei (art. 505 do CC), em caso de recusa do comprador, restará ao vendedor a efetivação do depósito judicial.

De acordo com o art. 506 do CC: "Se o comprador se recusar a receber as quantias a que faz jus, o vendedor, para exercer o direito de resgate, as depositará judicialmente. Parágrafo único. Verificada a insuficiência do depósito judicial, não será o vendedor restituído no domínio da coisa, até e enquanto não for integralmente pago o comprador".

O depósito judicial do preço é realizado por meio da consignação em pagamento, cujo fundamento será a recusa injusta do comprador, nos termos do art. 335, I, do CC, por meio do procedimento disciplinado nos arts. 890 a 900 da lei processual civil. O depósito deve ser integral, como condição para ter o domínio restituído.

4.1.12.1.2. Cessão e transferência do direito de retrato

O Código Civil permite a ampla sucessão do direito de retrato. Como o resgate implica no exercício de um direito imaterial, caso o vendedor tenha interesse, poderá ceder tal direito a terceiro, o qual poderá exercer o direito potestativo em substituição ao vendedor originário.

A sucessão *inter vivos* é disciplinada no âmbito da cessão de direitos, justamente porque o resgate implica no exercício do direito imaterial de retrato. Isso significa que a cláusula de retrovenda não gera um direito de resgate de natureza personalíssima.

A ausência do caráter personalíssimo é tão evidente que o direito de retrato pode ser transmitido aos herdeiros e legatários, por meio da sucessão legítima ou testamentária. Caso o sucessor seja absolutamente incapaz, a contagem do prazo decadencial de 3 anos é suspensa, diante da regra excepcional prevista no art. 208 do CC.

Assim, o direito de resgate ou de retrato não é personalíssimo. Pode ser transferido por sucessão *inter vivos* (cessão de direitos) ou *causa mortis* (sucessão legítima ou testamento).

Diante do caráter resolúvel da propriedade imobiliária, não há dúvida de que o direito de retrato pode ser exercido pelo vendedor, cessionário ou herdeiros contra qualquer terceiro adquirente.

Nesse sentido é o art. 507 do CC: "O direito de retrato, que é cessível e transmissível a herdeiros e legatários, poderá ser exercido contra o terceiro adquirente".

A última parte do dispositivo apenas reforça o caráter resolúvel da propriedade que ostenta cláusula de retrovenda. Haverá direito de sequela, independente de quem quer que esteja na posição de proprietário. Assim, a ação de resgate, prevista no art. 506 do CC, pode ser intentada contra o comprador, seus herdeiros e terceiros adquirentes.

Como a cláusula de retrovenda constará do registro imobiliário e acompanhará as transferências da propriedade, não há como o terceiro adquirente alegar ignorância, desconhecimento ou boa-fé para neutralizar os efeitos da cláusula. O terceiro adquirente se submeterá ao direito de retrato.

4.1.12.1.3. Direito de retrato entre condôminos

O art. 508 do CC disciplina as consequências da cláusula de retrovenda, quando o direito de retrato sobre o mesmo imóvel couber a mais de uma pessoa.

O art. 1.143, § 2º, do CC/1916, que não foi reproduzido admitia a possibilidade de o direito de resgate ser divisível, se a coisa pudesse ser dividida. De acordo com o sistema atual, apenas o depósito integral, divisível ou indivisível a coisa, faz prevalecer o pacto. O art. 508 estabelece uma preferência em favor daquele que efetivou o depósito integral.

É precisa a lição de Paulo Nader[20] sobre o teor do comando legal em referência: "Se os cotitulares acordarem entre si, efetuando-se integralmente o depósito, reassumirão o direito de propriedade. Se apenas uma pessoa o exercer, poderá o titular da propriedade resolúvel (comprador) intimar as demais, prevalecendo o direito de quem depositar o *quantum debeatur* integralmente. Se mais de um titular efetuar o depósito pleno, a preferência será de quem o fez primeiramente. A Lei Civil não permite que o direito de resgate seja exercido parcialmente, estabelecendo-se condomínio entre o depositante e o comprador".

A regra atual aplica-se tanto ao condomínio sobre bem imóvel divisível e indivisível.

4.1.12.2. Venda a contento e venda sujeita à prova

Os arts. 509 a 512 do CC disciplinam mais uma cláusula especial que pode ser inserida em contratos de compra e veda.

Na realidade, a cláusula especial que torna a venda a contento ou a venda sujeita à prova, apenas submete o contrato de compra e venda a uma condição suspensiva. E a condição suspensiva é justamente o "agrado" do comprador, na venda a contento e a aprovação da coisa entregue pelo comprador, na venda sujeita à prova.

Na venda a contento, a coisa é entregue ao comprador para que ele a experimente e o contrato somente terá eficácia se, após experimentá-la, a coisa o agradar.

A venda se dá sob condição suspensiva, ou seja, o contrato somente terá eficácia com o implemento da condição, que é o momento em que o comprador manifesta o seu agrado em relação à coisa.

De acordo com o art. 509 do CC, que regula a venda a contento, "a venda feita a contento do comprador entende-se realizada sob condição suspensiva, ainda que a coisa lhe tenha sido entregue; e não se reputará perfeita, enquanto o adquirente não manifestar seu agrado".

A venda a contento é a que se faz com a cláusula de não ocorrer ou se consumar a venda, se o objeto do contrato de compra e venda ou a coisa vendida não agradar ao comprador.

O art. 121 do CC dispõe: "considera-se condição a cláusula que, derivando exclusivamente da vontade das partes, subordina o efeito do negócio jurídico a evento futuro e incerto". No caso, a eficácia da compra e venda está subordinada a um evento futuro e incerto, qual seja, a manifestação de agrado e contentamento do comprador/adquirente.

E no caso, trata-se de condição suspensiva, pois enquanto o comprador não manifestar seu agrado, o contrato não produzirá efeitos ou, nos termos do art. 509, não se reputará perfeito.

Nos termos do art. 125 do CC, "subordinando-se a eficácia do negócio jurídico à condição suspensiva, enquanto esta se não verificar, não se terá adquirido o direito, a que ele visava". Portanto, a venda a contento torna a compra e venda submetida a condição suspensiva.

A venda sujeita à prova, salvo convenção em contrário, acarreta a presunção relativa de que foi realizada sob condição suspensiva.

De acordo com o art. 510 do CC: "Também a venda sujeita à prova presume-se feita sob a condição suspensiva de que a coisa tenha as qualidades asseguradas pelo vendedor e seja idônea para o fim a que se destina".

Assim, se o objeto do contrato de compra e venda é sujeito à prova, a consumação do negócio fica condicionada à existência das qualidades asseguradas pelo vendedor e que a coisa possa cumprir a função social e econômica para a qual é destinada ou, como diz a lei, deve ser idônea ao fim a que se destina.

Na venda sujeita à prova e, não sendo afastada a condição suspensiva presumida pela lei, em caso de vício ou defeito material capaz de comprometer a utilidade da coisa, não se aplica a teoria dos vícios redibitórios (arts. 441 a 446 do CC), pois a compra e venda não se concretizará (não gerará efeitos – a condição suspensiva não será implementada).

O fundamento da teoria dos vícios redibitórios é a utilidade da coisa. Se essa utilidade impede a efetivação da compra e venda, desnecessária a invocação da teoria dos vícios redibitórios para, no contrato, tutelar os interesses econômicos do comprador/adquirente.

Na hipótese do art. 509, a condição suspensiva depende, para ser implementada, do agrado do comprador e, no caso do art. 510, dependerá da utilidade da coisa.

As normas têm caráter dispositivo. Por isso, nada impede que as partes imponham à coisa uma condição resolutiva.

Se prevalecer a condição suspensiva por cláusula expressa ou em caso de omissão das partes, em decorrência da presunção legal, o comprador não adquire a propriedade imediatamente. Enquanto a condição suspensiva não for implementada, o que ocorrerá com a manifestação do aceite, as obrigações do comprador serão de mero comodatário, conforme art. 511 do CC.

Enquanto não implementada a condição, sujeita-se o comprador às regras do contrato de comodato, previstas nos arts. 579 a 585 do CC. O comprador é mero titular de direito eventual, tanto na venda a contento, quanto na venda sujeita à prova, em decorrência da condição suspensiva.

Em ambas as figuras, enquanto a condição não se verificar, o comprador é tratado como um mero comodatário, surgindo apenas um desdobramento da posse: a posse indireta se mantém com o vendedor – que ainda remanesce na posição de proprietário – e a posse direta é transferida ao comprador, em virtude de uma relação de direito obrigacional.

---

[20] NADER, Paulo. *Curso de direito civil – Contratos*. 9. ed. Rio de Janeiro: Forense, 2018. v. III, p. 233.

A cláusula *ad gustum*, na venda a contento, segundo Caio Mário[21], não é uma cláusula puramente potestativa, "mas uma condição simplesmente potestativa, perfeitamente lícita, já que se não apresenta o ato dependente do arbítrio exclusivo do comprador (*si voluero*), porém do fato de agradar-lhe a coisa, o que é bem diferente". Aliás, o mestre faz uma interessante diferença entre a venda a contento e a venda sujeita à prova: "O ponto diferenciador da venda a contento é exatamente a de o negócio se consumar a critério do comprador, independentemente da qualidade da coisa. Na venda sujeita à prova o legislador se distanciou desse critério e inseriu uma condição que não está ligada à satisfação do comprador, mas sim ao fato da coisa ter ou não as qualidades asseguradas pelo vendedor ou não é idônea para o fim a que se destina".

Enquanto a venda a contento está submetida a uma apreciação meramente subjetiva da coisa, o que dispensa fundamentação, a venda sujeita à prova depende de fatos objetivos, a qualidade assegurada e a idoneidade para cumprir a função social e econômica.

Para outros, como Nader[22], a venda a contento é hipótese de condição puramente potestativa: "A venda a contento configura, inegavelmente, uma condição puramente potestativa ou arbitrária, porque o fato futuro de que a eficácia do contrato depende é uma simples manifestação de vontade do comprador. Este, para não confirmar o negócio, sequer precisa oferecer alguma justificativa, bastando dizer um não me interessa". No mesmo sentido: Darcy Arruda Miranda; Marco Aurélio Bezerra de Melo; Nelson Rosenvald e Carlos Roberto Gonçalves).

O *pactum ad gustum* ou a venda feita a contento do comprador, de fato, se aproxima da condição puramente potestativa, que é vedada expressamente pelo art. 122 do CC. É uma compra e venda sob condição suspensiva. Isso é fato. No entanto, o implemento da condição está submetido a um evento futuro e incerto que depende apenas da vontade do comprador (que ele manifeste o seu agrado).

O comprador pode simplesmente recusar a coisa sem qualquer fundamento ou justificativa. Basta dizer que a coisa não lhe agradou. É uma condição que sujeita a consolidação ou efetivação do negócio ao puro arbítrio do comprador.

Portanto, está caracterizada a cláusula *si volem* (se eu quiser). É puramente potestativa a condição que faz a eficácia do contrato depender de uma simples e arbitrária declaração de vontade de uma das partes. Por isso, o *pacto ad gustum* pode ser considerado uma exceção à proibição expressa do art. 122 do CC.

Tal natureza é diferente da venda sujeita à prova, na qual a condição depende exclusivamente da adequação da coisa às qualidades definidas pelo vendedor. Portanto, a rejeição deverá ser motivada ou justificada, ao contrário da venda com a cláusula *ad gustum* (venda a contento).

São precisas as palavras de Nader[23] sobre essa diferença: "Enquanto na venda *ad gustum* a eficácia do negócio depende do arbítrio exclusivo do comprador, na venda sujeita à prova a rejeição da coisa há de ser, necessariamente, motivada e sob a alegação de que não corresponde ao que dela o vendedor propalou ou ao que lhe é próprio".

De acordo com Orlando Gomes[24], na venda a contento "o critério é subjetivo (o contentamento ou agrado do comprador), enquanto na venda sujeita à prova é objetivo (a conformidade da coisa às qualidades enunciadas e a sua aptidão ao fim a que se destina)". Destarte, em se tratando de venda sujeita à prova, se a coisa apresentar as qualidades afirmadas pelo vendedor e mostrar-se adequada à finalidade dela esperada, não poderá o comprador recusá-la. Já na venda a contento, o vendedor sujeita-se, em princípio, ao arbítrio do comprador, que pode recusar o bem com base na sua avaliação pessoal".

Quanto à aceitação do comprador, na venda a contento, assim como na venda sujeita à prova, a aceitação pode ser expressa ou tácita. As partes podem fixar um prazo para aceitação do comprador. Em caso de omissão, incide a regra prevista no art. 512 do CC: "Não havendo prazo estipulado para a declaração do comprador, o vendedor terá direito de intimá-lo, judicial ou extrajudicialmente, para que o faça em prazo improrrogável".

Se for estipulado prazo para aceitação ou, se não for estipulado prazo, após a intimação do comprador, qual a consequência? A venda se considera perfeita ou o comprador passa a ser considerado esbulhador, por possuir injustamente?

Para Orlando Gomes, o silêncio do comprador interpreta-se como consentimento e perfeição do contrato. Da mesma forma é o pensamento de Caio Mário[25], que admite a denominada aceitação presumida, ao lado da expressa e da tácita: "Presumida, quando inferida de seu silêncio, seja no caso de ter sido ajustado no contrato um prazo certo e haver este escoado sem a manifestação em contrário do comprador; seja no de ausência de prazo pré-fixado, e houver escoado o que lhe tenha sido marcado em intimação requerida pelo vendedor, sob a cominação de haver o contrato como irretratável". Também é a opinião de Rosenvald e Chaves[26] ("no silêncio, concretiza-se a compra e venda, em sua plenitude, após o decurso do prazo ajustado ou após o decurso do prazo da interpelação") e Tepedino[27] "o próprio art. 111 do CC, pedra de toque indispensável ao deslinde do questionamento posto quanto à possibilidade de se inferir a vontade presumida do

---

[21] PEREIRA, Caio Mário da Silva. *Instituições de direito civil:* Contratos. 11. ed. Rio de Janeiro: Forense, 2004. v. III, p. 215.

[22] NADER, Paulo. *Curso de direito civil – Contratos.* 9. ed. Rio de Janeiro: Forense, 2018. v. III, p. 236.

[23] NADER, Paulo. *Curso de direito civil – Contratos.* 9. ed. Rio de Janeiro: Forense, 2018. v. III, p. 238.

[24] GOMES, Orlando. *Contratos.* 26. ed. Rio de Janeiro: Forense, 2008, p. 310.

[25] PEREIRA, Caio Mário da Silva. *Instituições de direito civil:* Contratos. 11. ed. Rio de Janeiro: Forense, 2004. v. III, p. 214.

[26] FARIAS, Cristiano Chaves de; ROSENVALD, Nelson. *Curso de direito civil. Contratos.* 8. ed. Salvador, JusPodivm, 2018.

[27] TEPEDINO, Gustavo; BARBOSA, Heloísa Helena; BODIN, Maria Celina et al. *Código civil interpretado.* v. II (teoria geral dos contratos, contratos em espécie, atos unilaterais, títulos de crédito, responsabilidade civil, preferências e privilégios creditórios – artigos 421-965), RJ-SP: Renovar, 2006, p. 179.

comprador, aduz que o silêncio importa anuência quando as circunstâncias ou os usos autorizarem, e não for necessária a declaração de vontade expressa. Assim, tem-se que ao final do prazo, seja o originalmente previsto no contrato, seja o ulterior, assinalado por meio da interpelação contemplada pelo art. 512, o silêncio do adquirente, nos termos do art. 111, ensejará sua vinculação e o consequente aperfeiçoamento do negócio".

4.1.12.3. Preempção ou preferência convencional

O Código Civil disciplina este pacto adjeto à compra e venda (que também é compatível com outros tipos de contrato, como o arrendamento e a locação) nos arts. 513 a 520. A matéria era regulada nos arts. 1.149 a 1.157 do CC/1916 e, em sua maioria, as normas foram reproduzidas pela atual legislação.

A preempção ou preferência gera um direito subjetivo ao vendedor, pois impõe ao comprador a obrigação de oferecer àquele a coisa objeto do contrato de compra e venda ou a dar em pagamento, se, por ocasião de uma eventual venda, o vendedor a desejar tanto por tanto.

Pela cláusula fica assegurado ao comprador o direito de prelação ou preferência, em igualdade de condições com terceiros, caso o comprador do bem móvel ou imóvel, futuramente, tenha o interesse em vender a coisa ou dá-la em pagamento. O comprador não é obrigado a vender a coisa ou dá-la em pagamento ao antigo proprietário, vendedor.

No entanto, se for vender ou dar em pagamento a terceiros, a cláusula de preempção garante ao antigo proprietário o direito de prelação na compra, tanto por tanto. Por isso, difere da retrovenda onde o comprador se submete ao direito potestativo do vendedor. Na preempção, o comprador apenas tem a obrigação de garantir a preferência do vendedor, na hipótese de querer vender a coisa a terceiro.

O direito de prelação decorrente da cláusula de preempção ou preferência, que deve ser expressamente pactuada pelas partes, está previsto no art. 513 do CC.

A novidade do Código Civil é a previsão de um prazo de decadência para o exercício do direito de preferência. No caso de bens móveis, o direito de preferência não poderá exceder a 180 dias e, se a coisa for imóvel, 2 anos (parágrafo único do art. 513 do CC). Como se vê, a lei fixa um prazo máximo para a disposição convencional para o exercício do direito de preferência, o que configura evidente limitação ao princípio da autonomia privada.

O prazo para o exercício do direito de prelação poderá ser inferior, mas não superior ao previsto em lei. Tais prazos são contados da data em que o comprador notificar o vendedor sobre o desejo de alienar a coisa.

Assim, o parágrafo único do art. 513 estabelece um teto para a estipulação do prazo para o exercício do direito de preferência.

Se as partes não estipularem prazo, o direito de prelação deverá ser exercido no prazo legal previsto no art. 516 do CC, sob pena de decadência, se a coisa for móvel, em 3 dias e se imóvel nos 60 dias, subsequentes à data em que o comprador tiver notificado o vendedor.

Trata-se de norma supletiva da vontade das partes para o caso de omissão na estipulação do prazo para o exercício da preferência. O art. 516 aumentou de 30 para 60 dias o prazo para o exercício do direito de preferência se a coisa for imóvel.

Em relação à diferença dos prazos previstos nos arts. 513, parágrafo único, e 516, precisas as lições de Tepedino[28]: "Da conjugação destes dispositivos, extrai-se o seguinte: se o bem for móvel, no silêncio das partes, o prazo é de 3 dias; mas admite-se que elas possam fixar um prazo de até 180 dias; se o bem for imóvel, o prazo legal é de 60 dias, mas pode ser estipulado por até 2 anos, igualmente pela vontade das partes". Alguns doutrinadores, como Caio Mário, Sílvio Venosa e Marco Aurélio Bezerra de Mello, interpretam o art. 513, parágrafo único, como um prazo de validade do pacto de preempção. Tal entendimento não se sustenta porque o parágrafo único do art. 513 do CC menciona "para exercer o direito de preferência" e, como bem ressalta Nader, tal direito só nasce a partir da manifestação de interesse na revenda da coisa e não da conclusão do contrato.

O art. 513, parágrafo único, não estabelece um prazo de validade ou de duração do direito de preferência, mas um prazo máximo para ser convencionado o direito de preferência, assim que ele nascer, o que só ocorrerá quando o comprador quiser vender ou dar a coisa em pagamento a terceiro.

Portanto, estamos de acordo com aqueles que dizem que os prazos previstos no parágrafo único do art. 513 são o limite máximo para as convenções, enquanto o art. 516 disciplina os prazos no caso de ausência de convenção.

O direito de preferência não se subentende. Deve ser expresso. A efetividade do pacto se dá pela recompra da coisa, e não por rompimento do negócio anterior.

Como bem esclarece Paulo Nader[29], o direito de prelação é uma faculdade que pode ser exercida ou não, razão pela qual o direito do vendedor não é uma promessa de compra. Além disso, "a prelação (*pactum praelationis*), ora em estudo, é de natureza voluntária, não se confundindo com a compulsória, prevista em lei para algumas relações jurídicas, como a *ex locato*, a de condomínio sobre coisa indivisível, a resultante de desapropriação, na forma do art. 519 do CC e a definida no Estatuto da Terra em favor do arrendatário". Não é por acaso que nominamos tal pacto de preferência convencional, a qual não se confunde com as preferências legais ou compulsórias mencionadas por Nader.

O vendedor, para fazer efetivo o seu direito, deverá, pelo menos, igualar a proposta existente quanto ao preço e

---

[28] TEPEDINO, Gustavo; BARBOSA, Heloísa Helena; BODIN, Maria Celina et al. *Código civil interpretado*. v. II (teoria geral dos contratos, contratos em espécie, atos unilaterais, títulos de crédito, responsabilidade civil, preferências e privilégios creditórios – artigos 421-965), RJ-SP: Renovar, 2006, p. 185.

[29] NADER, Paulo. *Curso de direito civil – Contratos*. 9. ed. Rio de Janeiro: Forense, 2018. v. III, p. 243.

a forma de pagamento, de acordo com o art. 513, ao exigir que o direito de compra seja tanto por tanto, ou seja, nas mesmas condições em que o terceiro iria adquirir.

Nesse sentido o art. 515 do CC: "Aquele que exerce a preferência está, sob pena de a perder, obrigado a pagar, em condições iguais, o preço encontrado, ou o ajustado". As condições iguais se referem a preço, condições do negócio e forma de pagamento.

O vendedor poderá ter a iniciativa de exercer o direito de prelação ou preferência, caso venha a desconfiar da intenção do comprador de vender a coisa.

De acordo com o art. 514 do CC: "O vendedor pode também exercer o seu direito de prelação, intimando o comprador, quando lhe constar que este vai vender a coisa". O vendedor pode tomar ciência da intenção do comprador de vender a coisa por meio de anúncios, propagandas ou terceiros proponentes.

Neste caso, ainda que não haja um terceiro efetivamente interessado, o comprador não poderá recuar na oferta ao vendedor, sob pena de abuso de direito (art. 187 do CC). Neste caso, como bem ressaltam Rosenvald e Chaves[30], para que o vendedor tenha êxito na recompra deve se dispor a oferecer idênticas condições de pagamento, tanto nos valores quanto nos prazos e demais vantagens.

4.1.12.3.1. A questão do condomínio e o direito de prelação em favor de mais de uma pessoa

O exercício do direito de prelação, salvo acordo, não pode ser efetivado em partes, mas apenas sobre a integralidade da coisa. O mesmo ocorre se a venda foi realizada por condôminos. Caso um dos condôminos não tenha interesse em exercer o direito de prelação, aquele que pretender recomprar o bem deve fazê-lo sobre a totalidade, pois não se admite a prelação parcial de qualquer dos condôminos.

Assim, se mais de uma pessoa for titular do direito de prelação, poderão exercê-lo na proporção das antigas cotas, mas sempre em relação à coisa no seu todo. Todavia, caso um dos vendedores não tenha interesse na recompra, aquele ou aqueles que desejarem reavê-la, deverão adquirir a coisa na sua integralidade. Essa é a regra prevista no art. 517 do CC.

O artigo impõe a recompra da totalidade da coisa por todos que são titulares do direito. Se alguns dos condôminos/vendedores perderem o direito ou não quiserem exercê-lo, os demais poderão efetivar a recompra, desde que o façam sobre a totalidade ou integralidade da coisa.

Nas precisas palavras de Caio Mário[31]: "Sendo estipulado a favor de mais de uma pessoa, em comum, não é suscetível de fragmentação: terá de exercer em relação à coisa no seu todo. E, se o perder algum dos favorecidos, ou não quiser exercê-los, acresce aos demais, que ficam investidos do poder de reaquisição da coisa, em sua integralidade. O que não tem cabimento, em qualquer hipótese, é a prelação parcial".

O termo utilizado pelo mestre é perfeito para compreensão do art. 517: "acrescer". O direito de prelação dos que o perderam ou não quiserem exercê-lo acresce aos demais ou se acrescenta aos outros. Não poderá um dos titulares pretender adquirir apenas parte ideal do bem. O direito de prelação é indivisível. O exercício do direito de prelação é sempre sobre a totalidade do bem, devendo ser observado o preço e as condições oferecidas por terceiros.

4.1.12.3.2. As consequências da violação do direito de preferência

Em razão da convenção da cláusula de preferência ou preempção que assegura ao vendedor ou vendedores (art. 517) o direito de prelação, assume o comprador o dever jurídico de oferecer a coisa ao antigo proprietário caso decida vendê-la ou dá-la em pagamento.

O art. 518 do CC disciplina a consequência e o efeito jurídico da violação do dever jurídico obrigacional assumido pelo comprador em função da cláusula de preempção: perdas e danos.

Caso deseje alienar a coisa ou dá-la em pagamento de qualquer obrigação e não der ao vendedor ciência do preço e das vantagens que terceiros oferecem, responderá por perdas e danos (arts. 402 a 405 do CC), na forma do art. 518 do CC.

Tal norma evidencia que o direito de preferência tem natureza meramente obrigacional. Em caso de violação da cláusula de preempção, o negócio jurídico celebrado entre comprador e terceiro é perfeito e acabado. Não terá o vendedor, titular do direito de prelação, qualquer possibilidade de reaver a coisa.

A preferência legal é diversa da convencional. Na legal, o objetivo é evitar conflitos, razão pela qual a violação confere ao preterido o direito de reaver a coisa. A convencional o interesse é meramente privado e econômico, motivo pelo qual a violação enseja perdas e danos.

Portanto, o pacto de preempção convencional possui efeitos meramente obrigacionais, restritos ao vendedor, titular do direito de prelação e ao comprador. Não há eficácia real ou oponibilidade *erga omnes*.

A novidade da atual legislação é a última parte do art. 518, o qual permite a responsabilidade solidária entre o comprador e o adquirente, terceiro, desde que este tenha procedido de má-fé. Age de má-fé o terceiro que, ciente da cláusula de preferência, aceita, sem questionamentos ou justificativas, a omissão do comprador em garantir ao vendedor a preferência na aquisição da coisa.

O fato é que a ausência de eficácia real enfraquece e minimiza a relevância do pacto de preempção, pois a indenização dependerá da demonstração de prejuízo e da submissão a um procedimento judicial custoso e moroso, o que muitas vezes não é conveniente.

A venda, sem ter o comprador cumprido o dever de afrontar é válida, sendo impossível se cogitar, diante da redação do art. 518 do CC, na possibilidade de anulação pelo titular do direito de prelação.

---

[30] FARIAS, Cristiano Chaves de; ROSENVALD, Nelson. *Curso de direito civil*. Contratos. 8. ed. Salvador, JusPodivm, 2018, p. 736.

[31] PEREIRA, Caio Mário da Silva. *Instituições de direito civil*: Contratos. 11. ed. Rio de Janeiro: Forense, 2004. v. III, p. 218.

4.1.12.3.3. O direito de preferência nas desapropriações

O art. 519 do CC disciplina o direito de preferência em favor do expropriado se não for dada à coisa desapropriada o destino para que se desapropriou ou não for utilizada em obras ou serviços públicos.

Embora com redação aprimorada, na essência foi reproduzida a antiga previsão do art. 1.150 do CC/1916, alvo de profundos debates e divergências.

Em primeiro lugar, deve ser ressaltado que o art. 519 trata de uma hipótese de preempção legal. A lei impõe ao Poder Público que desapropriou o bem e não lhe concedeu a finalidade que justificou a desapropriação ou qualquer outra finalidade pública, a obrigação de oferecer a coisa ao expropriado, para que possa recomprar a coisa, pelo seu preço atual.

Com relação ao preço, o art. 1.150 do CC/1916 determinava que a recompra seria pelo preço da desapropriação e a atual legislação é clara ao determinar que a recompra seja pelo preço atual.

A norma em comento trata do fenômeno da retrocessão: direito do ex-proprietário de reaver a coisa, objeto de desapropriação, à qual não foi conferida qualquer finalidade pública.

A novidade da norma é que a retrocessão dependerá da ausência de qualquer finalidade pública, ainda que não coincida com a destinação originária.

Não é por outra razão que o art. 519 do CC estabelece que o direito de preferência depende de dois fatores: 1 – não for dada à coisa desapropriada o destino a qual se desapropriou (finalidade pública originária); ou 2 – mesmo não sendo dada à coisa a destinação originária, não for utilizada em obras ou serviços públicos.

Portanto, é essencial que a tredestinação seja ilícita. A tredestinação lícita, ou seja, que ocorre quando o Poder Público dispensa ao bem destino diverso do inicialmente previsto, mas mantém o interesse público na nova destinação, não pode ser confundida com a tredestinação ilícita, a qual garante ao expropriado o direito de preferência. A tredestinação lícita[32] não garante ao ex-proprietário o direito de retrocessão (aliás, o art. 519 é expresso neste sentido). O desvio de finalidade deve ser ilícito.

As maiores divergências e debates em torno da retrocessão envolvem a sua natureza jurídica: direito real ou direito obrigacional? Portanto, em caso de violação do direito de preferência do expropriado pelo Poder Público, aquele tem direito real de reaver a coisa ou apenas direito a indenização?

Os que defendem a natureza meramente obrigacional da retrocessão se fundamentam no próprio Código Civil, em seu art. 518, segundo o qual responderá por perdas e danos o comprador, no caso, o Poder Público, que alienar a coisa a terceiros, sem dar ao antigo proprietário ciência do preço e das vantagens oferecidas.

Além disso, o art. 35 do Decreto n. 3.365/41, que disciplina a desapropriação, dispõe que os bens expropriados, incorporados ao Poder Público, não podem ser objeto de reivindicação, ainda que haja nulidade no processo de desapropriação. Qualquer ação deverá ser resolvida em perdas e danos. Por conta destas normas, vários doutrinadores conferem ao direito de preempção na retrocessão um caráter ou natureza pessoal.

Por outro lado, os que defendem a natureza real do direito de reaver o bem pelo expropriado, fundamentam a tese na Constituição Federal, a qual garante o direito de propriedade e só permite a privação ou o sacrifício deste em caso de ser necessário para o interesse ou a concretização de uma finalidade pública. Esse segundo entendimento é defendido entre outros por Celso Antônio Bandeira de Mello[33]: "Inconstitucional seria negar ao ex-proprietário o direito de retrocessão, isto é, o de reaver o bem, sub que, violada tal prelação, caber-lhe-ia unicamente direito a perdas e danos. Se houver violação do direito de preferência, o expropriado, a nosso ver, tanto poderá se valer do citado preceptivo, pleiteando perdas e danos, quanto, ao invés disto, optar pela ação de retrocessão, a fim de reaver o bem".

O mestre Bandeira de Mello tece críticas para aqueles que defendem a retrocessão como um instituto misto, pessoal e real, sob o argumento de que o expropriado tem dois direitos distintos e que podem ser alternativamente e de forma excludente utilizados, o direito de recompra, de natureza real, fundado no art. 519 e o direito de indenização, fundado no art. 518, caso haja violação do seu direito.

Não há dúvida de que o fundamento constitucional do direito de propriedade deve prevalecer para garantir ao expropriado, despojado compulsoriamente da sua coisa, o direito real de reaver o bem, caso o Poder Público não tenha concedido a esta coisa qualquer finalidade pública (originária ou secundária).

Em decisão recente, o STJ, no REsp 868.120/SP, relatado pelo Min. Luiz Fux, reconheceu a eficácia real da retrocessão.

4.1.12.3.4. Caráter personalíssimo do direito de preempção

Por fim, o direito de preferência tem caráter personalíssimo. A transmissão do direito é vedada tanto por ato *inter vivos* como *causa mortis*.

---

[32] "*Processual Civil e Administrativo – Violação do art. 535 do CPC não caracterizada – Retrocessão – Não caracterização – Tredestinação lícita*. 1. Não ocorre ofensa ao art. 535, II, do CPC, se o Tribunal de origem decide, fundamentalmente, as questões essenciais ao julgamento da lide. 2. O desvio de finalidade que leva à retrocessão não é o simples descumprimento dos objetivos que justificaram a desapropriação. Para que o expropriado tenha direito à devolução do imóvel, ou seja, indenizado, é necessário que o Poder Público dê ao bem destinação que não atenda ao interesse público (tredestinação ilícita). Precedentes do STJ. 3. Recurso especial não provido.
No mesmo sentido o REsp 1.006.037/SP: *Administrativo. Retrocessão. Desapropriação de imóvel para construção de parque ecológico. Destinação diversa. Finalidade pública atingida*. 1. Não se caracteriza a ilegalidade do ato expropriatório perpetrado pela Administração se o bem desapropriado vem a cumprir a finalidade pública a que se destina, embora com a instalação de outras atividades que não as pretendidas originariamente. Precedente da 1.ª Turma do STJ: REsp 868.120/SP, Min. Luiz Fux, *DJ* 21-2-2008. 2. Recurso especial a que se nega provimento" (REsp 1.025.801/SP, 2.ª T., julgado em 20-8-2009, rel. Eliana Calmon, *DJe* 8-9-2009).

[33] MELLO, Celso Antônio Bandeira de. *Curso de direito administrativo*. 26. ed. São Paulo: Malheiros, 2009, p. 911.

De acordo com o art. 520 do CC, o direito de preferência não se pode ceder (*inter vivos*) e nem passa aos herdeiros (*causa mortis*). Trata-se de cláusula personalíssima. A morte do vendedor acarretará a extinção do direito de preempção. Apenas o titular do direito pode exercê-lo.

4.1.12.4. Da venda com reserva de domínio

O contrato de compra e venda que tenha por objeto coisa móvel passível de identificação com pacto adjeto "com reserva de domínio" permite ao vendedor reservar para si a propriedade do bem até o pagamento integral do preço pelo comprador.

O vendedor transfere ao comprador a posse direta da coisa sem que ocorra a transferência do domínio. A transferência da propriedade para o comprador fica condicionada a um evento futuro e incerto, qual seja o pagamento integral do preço pactuado (art. 521).

O pacto adjeto "reserva de domínio" cria uma propriedade resolúvel para o vendedor. A propriedade resolúvel é extinta ou "se resolve em favor de alguém" com o implemento de condição suspensiva ou pelo advento de um termo fixado (art. 1.359 do CC).

A condição suspensiva na reserva de domínio é o pagamento do preço. Este é o evento futuro e incerto. Implementada a condição suspensiva com o pagamento do preço, o comprador adquire a plena propriedade sobre a coisa.

A propriedade do vendedor se resolve em favor do comprador após o adimplemento integral da obrigação. Enquanto o preço não for pago, o vendedor é titular de uma propriedade resolúvel, a qual será extinta com o adimplemento da obrigação e, em consequência, passará para o comprador.

Com a resolução da propriedade em favor do comprador ficam resolvidos todos os direitos constituídos pelo vendedor proprietário durante o período em que era titular deste direito subjetivo, com eficácia retroativa.

A propriedade resolúvel do vendedor se submete à disciplina jurídica do art. 1.359 do CC, regra geral aplicável a todos os modelos e tipos de propriedade resolúvel, como é o caso da compra e venda com pacto de reserva de domínio em favor do comprador.

Assim, a cláusula de reserva de domínio consiste em pacto acessório à compra e venda de coisa móvel, pela qual o vendedor reserva ou mantém a propriedade até o adimplemento integral do preço pactuado, conforme art. 521 do CC: "Na venda de coisa móvel, pode o vendedor reservar para si a propriedade, até que o preço esteja integralmente pago".

A transferência da propriedade é postergada para momento futuro, o adimplemento da obrigação.

A definição de Orlando Gomes[34] sobre tal pacto é precisa: "A reserva de domínio é o pacto adjeto ao contrato de compra e venda pela qual o comprador só adquire a propriedade da coisa ao integralizar o pagamento do preço, não obstante investir-se em sua posse desde o momento da celebração do contrato. Trata-se de modalidade especial de venda a crédito, na qual o preço é devido em prestações, a serem satisfeitas em determinado prazo. Não é, no entanto, simples venda em prestações, pois sua característica consiste no fato de só transferir o domínio da coisa ao comprador quando este termina o pagamento do preço. O vendedor continua dono da coisa até ser embolsado integralmente da quantia devida pelo comprador. A transmissão do domínio verifica-se, integralizado o pagamento do preço, independente de nova declaração de vontade das partes".

Quanto à natureza jurídica, embora haja inúmeras divergências, prevalece o entendimento de que é uma venda sob condição suspensiva, cuja condição torna a propriedade do vendedor resolúvel (arts. 521, 524 e 1.359 do CC).

Orlando Gomes[35] questiona essa tese, pois para ele, o pagamento, como um dos elementos constitutivos da compra e venda, não poderia ser considerado pagamento incerto, mas obrigação do comprador. Caio Mário rebate a crítica de Orlando Gomes ao afirmar que o pacto em questão é uma condição suspensiva, a qual opera como todas as outras da mesma natureza. Segundo Caio Mário[36], não é o contrato que fica submetido a uma condição suspensiva, mas a sua execução, pois a transferência da propriedade fica subordinada e condicionada ao pagamento do preço. E o adimplemento pode ser considerado o evento incerto.

Nada impede que o pagamento do preço seja pactuado como condição para que o contrato produza determinados efeitos. No caso, embora o preço seja elemento essencial do contrato, a sua integralização pode sim condicionar a transferência do domínio por cláusula expressa. Esse efeito do negócio, transferência da propriedade, pode estar subordinado a um evento futuro (o preço é pago em prestações após a formação do contrato) e incerto (não há certeza se o preço será ou não pago). A condição se prende apenas à transferência da propriedade.

A finalidade da cláusula é justamente conferir maior garantia e dinamismo às relações comerciais de venda a prestações, onde o comerciante vendedor mantém a propriedade até o pagamento da integralidade do preço.

Quanto ao objeto, o art. 521 impõe que a coisa seja móvel. Entretanto, não é qualquer coisa móvel, mas apenas aquela suscetível de caracterização perfeita, para estremá-la de outras congêneres, conforme art. 523: "Não pode ser objeto de venda com reserva de domínio a coisa insuscetível de caracterização perfeita, para estremá-la de outras congêneres. Na dúvida, decide-se a favor do terceiro adquirente de boa-fé".

As coisas devem ser identificáveis com características próprias. Como se vê, não se impõe que a coisa seja infungível, mas que seja passível de identificação ou suscetível de caracterização perfeita. As coisas que podem ser indi-

---

[34] GOMES, Orlando. *Contratos*. 26. ed. Rio de Janeiro: Forense, 2008, p. 316.

[35] GOMES, Orlando. *Contratos*. 26. ed. Rio de Janeiro: Forense, 2008, p. 318.

[36] PEREIRA, Caio Mário da Silva. *Instituições de direito civil*: Contratos. 11. ed. Rio de Janeiro: Forense, 2004. v. III, p. 228.

vidualizadas são aquelas que se distinguem por tipo, marca ou número, entre outros sinais característicos.

4.1.12.4.1. Formalização do pacto

A compra e venda com pacto adjeto de reserva de domínio depende de formalidades.

A cláusula de reserva de domínio deve ser estipulada por escrito, como condição de sua validade (art. 104, III, c/c art. 522 do CC). Se não for obedecida tal formalidade imposta pela lei civil (art. 522), a sanção é a nulidade (art. 166 do CC). A estipulação da cláusula de reserva de domínio por escrito (por instrumento público ou particular) é suficiente para ser válida e eficaz entre comprador e vendedor.

No entanto, para ser eficaz em relação a terceiros, a cláusula de reserva de domínio deve ser registrada no Cartório de Títulos e Documentos do domicílio do comprador.

A expressão "para valer" mencionada na última parte do art. 522 deve ser interpretada como "para ser eficaz". Nesse sentido Paulo Nader[37]: "A inscrição, depreende-se, não é necessária à validade do ato negocial entre as partes, mas é imprescindível para produzir efeito em relação a terceiro". Portanto, a ausência de registro repercute no plano de validade, sendo fator de ineficácia em relação a terceiro de boa-fé.

De acordo com Caio Mário[38]: "Só assim a cláusula é oponível *erga omnes*, e permitido ao vendedor perseguir a própria coisa, de cuja posse despojará o terceiro adquirente, para nela reintegrar-se".

4.1.12.4.2. A transferência da propriedade e os riscos assumidos pelo comprador

A cláusula de reserva de domínio torna a propriedade do vendedor resolúvel. Em consequência, com o adimplemento da obrigação, pagamento do preço, ocorrerá a transferência da propriedade em favor do comprador. A propriedade se resolve em favor deste.

Por esta razão, a primeira parte do art. 524 do CC dispõe que "a transferência de propriedade ao comprador dá-se no momento em que o preço esteja integralmente pago". A transferência é automática e ocorre com o pagamento da integralidade do preço.

Em contrapartida, embora o vendedor mantenha a propriedade da coisa, o art. 524, na segunda parte, traz mais uma exceção à regra de que a coisa perece para o dono (*res perit domino*). No caso, com a transferência da posse direta para o comprador, o dono é o vendedor, mas os riscos do perecimento serão assumidos pelo comprador, o qual não é o dono.

Assim, a coisa perece para quem não é o dono[39]. O Código adota o princípio *res perit emptoris* (a coisa perece para o comprador).

Os riscos pelo perecimento ou deterioração da coisa são assumidos pelo comprador, a partir do momento da tradição efetiva da coisa móvel. Essa responsabilidade pelos riscos da coisa torna a cláusula de reserva de domínio ainda mais atraente e eficiente para o vendedor.

No mais, estamos de acordo com Rosenvald e Chaves[40] quando ressaltam que o art. 524 apenas se refere à transferência dos riscos materiais do objeto, alusivos à sua configuração física, pois eventual discussão sobre a perda jurídica (evicção) do bem ficará a cargo do vendedor.

4.1.12.4.3. Consequências do inadimplemento do comprador

A obrigação do comprador é pagar a integralidade do preço. Se o fizer, o efeito será a resolução da propriedade em seu favor, na forma do art. 524 do CC.

Em caso de inadimplemento do comprador, poderá o vendedor cobrar as parcelas vencidas e vincendas ou recuperar a posse da coisa, por ser o legítimo proprietário (art. 526 do CC).

No entanto, antes de executar o contrato e concretizar a cláusula de reserva de domínio, o vendedor deverá constituir o comprador em mora, mediante protesto do título ou interpelação judicial, na forma do art. 525 do CC.

A constituição do comprador em mora é premissa para qualquer das ações previstas no art. 526 do CC. O art. 525 do atual CC também possibilita a constituição em mora por meio de interpelação judicial. Ainda que o STJ tenha mencionado, no Recurso Especial n. 1.629.000-MG, que a constituição em mora pode ser por notificação extrajudicial, tal decisão é contra a lei. A constituição em mora, neste caso, é por protesto ou notificação judicial.

A mora será *ex persona*, pois depende de uma conduta ativa do vendedor/credor. Sem o protesto do título ou de interpelação judicial, o comprador não será constituído em mora.

Com a comprovação da mora do comprador, nos termos do art. 525, abre-se ao vendedor a possibilidade de optar por uma dentre duas pretensões de direito material colocadas à sua disposição no art. 526: 1 – cobrar as prestações vencidas e vincendas – tutela específica; 2 – reintegração da posse, com base no título de propriedade.

Se optar pela reintegração de posse, o vendedor se sujeita aos efeitos jurídicos estabelecidos pelo art. 527 do CC. Nesta hipótese, poderá reter prestações pagas até o necessário para custear a depreciação da coisa, as despesas que tiver e outros prejuízos relacionados ao inadimplemento. Após a dedução destes valores, o que sobrar deverá ser devolvido ou restituído ao comprador. Se as prestações pagas não forem suficientes para cobrir o custo da depreciação, eventuais despesas e outros prejuízos, responderá o comprador pelo valor que faltar, o que será cobrado por meio de cobrança simples, na forma da lei processual.

---

[37] NADER, Paulo. *Curso de direito civil – Contratos*. 9. ed. Rio de Janeiro: Forense, 2018. v. III, p. 257.

[38] PEREIRA, Caio Mário da Silva. *Instituições de direito civil*: Contratos. 11. ed. Rio de Janeiro: Forense, 2004. v. III, p. 230.

[39] Cf. NADER, Paulo. *Curso de direito civil – Contratos*. 9. ed. Rio de Janeiro: Forense, 2018. v. III, p. 257.

[40] FARIAS, Cristiano Chaves de; ROSENVALD, Nelson. *Curso de direito civil. Contratos*. 8. ed. Salvador, JusPodivm, 2018, p. 743.

O vendedor não poderá cumular os pedidos de cobrança e reintegração de posse. Se optar pela cobrança das prestações vencidas e vincendas, não poderá pleitear a recuperação da coisa. Por outro lado, se quiser recuperar a coisa, só poderá cobrar do comprador o valor que faltar para custear a depreciação, despesas e prejuízos, na forma do art. 527 e não cobrar as parcelas vencidas e vincendas.

A cobrança prevista no art. 526 do CC como alternativa em favor do vendedor não se confunde com a cobrança prevista na parte final do art. 527, caso deseje recuperar a coisa e o valor pago por ela não tenha sido suficiente para suportar todos os custos assumidos pelo vendedor. O que é vedado é a cumulação das pretensões previstas no art. 526 do CC.

Com o desenlace da compra e venda, resta o acerto da contabilidade entre as partes. O vendedor, caso efetue despesas na recuperação da coisa por motivo de deterioração, não as decorrentes de seu desgaste natural, poderá descontá-las do valor a ser devolvido. Se o crédito do comprador for inferior às despesas, a diferença poderá ser recebida pela via judicial.

O mesmo raciocínio realizado na análise do art. 475 do CC, quando à aplicação dos princípios da função social e boa-fé objetiva por ocasião da opção em relação às pretensões para o caso de inadimplemento, pode ser adequado ao art. 526 do CC.

Assim, no caso de adimplemento substancial pelo comprador, ficará vedado ao vendedor optar pela recuperação da coisa, tendo em vista que tal pretensão, à luz do caso concreto, poderia caracterizar abuso de direito (art. 187), em clara violação aos princípios da boa-fé objetiva e função social. Apenas se o adimplemento não for substancial, poderá o vendedor fazer a opção prevista no art. 526.

Em consequência, tem plena aplicabilidade a este dispositivo o Enunciado 361 da IV Jornada de Direito Civil, que faz referência ao art. 475 do CC: "O adimplemento substancial decorre dos princípios gerais contratuais, de modo a fazer preponderar a função social do contrato e o princípio da boa-fé objetiva, balizando a aplicação do art. 475". Se houver adimplemento substancial restará ao vendedor apenas a possibilidade de cobrar as parcelas vencidas e vincendas, mantendo o comprador na posse da coisa.

Se o contrato for de consumo ou por adesão (civil ou de consumo), poderá ser questionada cláusula que seja excessivamente onerosa em relação às perdas das prestações pagas como forma de custear as despesas do vendedor. Aliás, sobre consórcio de produtos duráveis, o CDC, no art. 53, § 2º, estabelece a forma de compensação ou restituição de parcelas pagas caso o consorciado desista do grupo.

4.1.12.4.4. Intervenção de instituição financeira

O art. 528 do CC permite a intervenção de instituição financeira, que ficará responsável pelo pagamento da integralidade do preço ao vendedor.

Em primeiro lugar, com a intervenção de instituição financeira, esta assumirá o lugar do vendedor e, em consequência, poderá exercer todos os direitos e ações (previstas no art. 526) em face do comprador. A instituição financeira incorpora a posição do vendedor, a quem competirá a cobrança das prestações assumidas pelo comprador.

A norma não é clara se no caso ocorrerá uma sub-rogação ou uma cessão contratual. Se for sub-rogação, aplica-se, por analogia, a regra prevista no art. 347, II, do CC (seria o caso de sub-rogação convencional).

Nesta hipótese, todos os direitos e privilégios são transferidos à instituição financeira que atua no mercado de capitais e resolve emprestar ao comprador a quantia necessária para pagar o vendedor (art. 349). Com o pagamento, é extinta a obrigação entre comprador e vendedor e permanece a obrigação entre o terceiro adimplente, instituição financeira, e o comprador.

A propriedade resolúvel passa para a instituição financeira, o que aproximará o instituto da propriedade fiduciária. O proprietário do bem passa a ser o credor. Se for cessão de contrato, como defende Marco Aurélio Bezerra de Melo, todos os direitos, deveres, obrigações, ônus e faculdades, ou seja, a própria posição contratual é transferida para a instituição financeira. No entanto, ao contrário da sub-rogação, o fundamento da cessão contratual é a vontade do vendedor e no caso da sub-rogação é o pagamento. A sub-rogação é efeito de um pagamento.

Na III Jornada de Direito Civil foi aprovado o Enunciado 178, que faz referência ao art. 528, o qual procura integrar a norma com a expressão "a seu crédito, excluída a concorrência de", a fim de lhe dar um sentido: "Na interpretação do art. 528, devem ser levadas em conta, após a expressão 'a benefício de', as palavras 'seu crédito, excluída a concorrência de', que foram omitidas por manifesto erro material".

4.1.12.5. Venda sob documentos (arts. 529 a 532 do CC)

Na venda sobre documentos, a tradição ou entrega da coisa é substituída por um ato simbólico, entrega do título representativo e de outros documentos exigidos pelo contrato ou, no silêncio do contrato, pelos usos locais (art. 529 do CC).

Segundo Caio Mário[41]: "Ajustado o contrato de venda sobre documentos, também chamada venda contra documentos, considera-se cumprida a obrigação de entregar o vendedor a coisa vendida (tradição), uma vez colocada a documentação nas mãos do comprador ou confiada a sua entrega a pessoa física ou jurídica. Substituída a tradição real pela tradição ficta, vigora a presunção de que o vendedor se desincumbiu de seu dever contratual, competindo ao comprador efetuar o pagamento (art. 529)". Se os documentos exigidos pelo contrato e usos estiverem em ordem, considera-se que a coisa vendida corresponde à descrição do contrato. Portanto, cabe ao comprador verificar a exatidão dos documentos. Estando em ordem, a venda é perfeita.

É o que dispõe o parágrafo único do art. 529: "Achando-se a documentação em ordem, não pode o comprador

---

[41] PEREIRA, Caio Mário da Silva. *Instituições de direito civil*: Contratos. 11. ed. Rio de Janeiro: Forense, 2004. v. III, p. 223.

recusar o pagamento, a pretexto de defeito de qualidade ou do estado da coisa vendida, salvo se o defeito já houver sido comprovado".

Essa disposição se justifica pelo fato de a entrega dos documentos substituir a tradição da coisa, sendo exigível o adimplemento da prestação a cargo do comprador independentemente de prévio recebimento e inspeção do bem. O comprador não pode suspender o pagamento até que receba e inspecione a coisa, sob a alegação de que ela precisa conter vícios[42].

Portanto, na venda sobre documentos, a entrega da documentação e sua exatidão substituem a entrega e análise da coisa. A tradição da coisa não se dá fisicamente, mas de forma simbólica. A venda sobre documentos surgiu dos usos e costumes do comércio marítimo.

Dentre os títulos, destacam-se o conhecimento de transporte, o conhecimento de depósito e o *warrant*. O conhecimento de transporte, previsto no art. 744 do CC, pode dizer respeito ao transporte marítimo, aéreo ou terrestre. A entrega dos documentos corresponde à entrega das mercadorias, exonerando o vendedor da obrigação de realizar a entrega efetiva. Tem os documentos, em síntese, uma função representativa[43].

Quanto ao local do pagamento, salvo estipulação em contrário, deve ser efetuado na data e no lugar da entrega dos documentos, a teor do disposto no art. 530 do CC. Afasta-se a regra geral prevista no art. 327 do CC.

A norma tem natureza dispositiva, pois permite que as partes pactuem o lugar do pagamento conforme as suas conveniências e interesses. Incide aqui o princípio da autonomia privada. Em caso de omissão, a norma legal supre a lacuna para dispor sobre o local do pagamento.

Em relação aos riscos pela perda ou destruição da coisa, o art. 531 do CC traz regra confusa: "Se entre os documentos entregues ao comprador figurar apólice de seguro que cubra os riscos do transporte, correm estes à conta do comprador, salvo se, ao ser concluído o contrato, tivesse o vendedor ciência da perda ou avaria da coisa".

Se houver apólice de seguro, os riscos pela perda ou perecimento da coisa serão assumidos pelo comprador, salvo má-fé do vendedor, ou seja, se na conclusão do contrato, ele já sabia da perda ou avaria da coisa. Em caso de perda ou destruição, terá o comprador direito ao recebimento da indenização pela seguradora.

De acordo com Orlando Gomes[44]: "Os riscos do transporte da mercadoria vendida correm por conta do vendedor. Entretanto, se o vendedor entregar ao comprador, juntamente com os demais documentos exigidos pelo contrato ou pelos usos, apólice de seguro que cubra os riscos do transporte, então estes riscos correrão por conta do comprador (beneficiário do seguro) em caso de sinistro. O mesmo artigo prevê que a regra não se aplica se o vendedor, ao concluir o contrato, já tiver conhecimento da perda ou avaria da coisa. A solução não poderia ser outra, sob pena de prestigiar o vendedor de má-fé".

Por fim, o art. 532 do CC, disciplina a entrega da documentação por meio de instituição financeira: "Art. 532. Estipulado o pagamento por intermédio de estabelecimento bancário, caberá a este efetuá-lo contra a entrega dos documentos, sem obrigação de verificar a coisa vendida, pela qual não responde".

Nas palavras de Rosenvald[45]: "O contrato de crédito documentário é um pacto adjeto acessório à compra e venda por documentos. Vale dizer, a tarefa do banco é verificar a regularidade da documentação que lhe foi confiada pelo vendedor para, em seguida, pagar o preço, pois o comprador confiará na exatidão dos papéis. Aliás, o contrato de crédito documentário é definido como o acordo pelo qual o banco, a requerimento e de conformidade com as instruções do seu cliente, se compromete a efetuar o pagamento a um terceiro, contra a entrega de documentos representativos das mercadorias objeto da operação concluída entre eles".

O estabelecimento bancário, simplesmente, efetua o pagamento ao vendedor por conta e ordem do comprador. O banco fará o pagamento contra e à vista da entrega da documentação.

De acordo com o parágrafo único do mesmo artigo, "somente após a recusa do estabelecimento bancário a efetuar o pagamento, poderá o vendedor pretendê-lo, diretamente do comprador". Se não houver recusa, o comprador somente paga ao banco e não ao vendedor.

4.2. CONTRATO DE TROCA OU PERMUTA

4.2.1. Conceito e características

A troca e permuta ou "escambo" é o contrato por meio do qual as partes se obrigam a dar uma coisa por outra, que não seja dinheiro. Tal contrato é histórico, pois teve seu apogeu na antiguidade quando as pessoas supriam suas carências com a permuta de objetos culturais (o famoso "escambo"). Antes da economia da moeda a permuta era o meio pelo qual as riquezas circulavam. Com o advento da moeda, este contrato, de forma gradativa, foi aos poucos substituído pela compra e venda.

Os povos antigos se orientavam por suas próprias necessidades, diferentemente da conduta do homem atual, que em suas avaliações toma por referência o dinheiro. Como destaca Nader[46] "em Roma o contrato de troca era inominado e possuía natureza real, completando-se com a efetiva entrega do objeto. Era do tipo *do ut es* (dou para que dês), pelo qual uma das partes entregava uma coisa para receber outra".

---

[42] Cf. GOMES, Orlando. *Contratos*. 26. ed. Rio de Janeiro: Forense, 2008, p. 322.
[43] GOMES, Orlando. *Contratos*. 26. ed. Rio de Janeiro: Forense, 2008, p. 321.
[44] GOMES, Orlando. *Contratos*. 26. ed. Rio de Janeiro: Forense, 2008, p. 322.
[45] FARIAS, Cristiano Chaves de; ROSENVALD, Nelson. *Curso de direito civil. Contratos*. 8. ed. Salvador, JusPodivm, 2018, p. 747.
[46] NADER, Paulo. *Curso de direito civil – Contratos*. 9. ed. Rio de Janeiro: Forense, 2018. v. III, p. 267.

Nas precisas observações de Caio Mário[47] "a troca, também chamada permuta, escambo ou barganha, é o contrato mediante o qual uma das partes se obriga a transferir à outra uma coisa, recebendo em contraprestação coisa diversa, diferente de dinheiro".

A troca ou permuta envolve transferências recíprocas de coisas diversas de dinheiro. Se uma das coisas permutadas for dinheiro, o contrato de troca estará descaracterizado, pois haverá típica compra e venda. A "moeda" ou dinheiro não integra qualquer das contraprestações da permuta.

Segundo Paulo Lôbo[48]: "Considera-se permuta o contrato por meio do qual cada parte obriga-se a transferir uma coisa equivalente à outra desejada. Tudo que é suscetível de venda é permutável, exceto o dinheiro. Na compra e venda há coisa, preço e consentimento. Na permuta há coisas equivalentes e consentimento. Não há preço na permuta. Há recíprocos acordos de transmissão da propriedade das coisas". E prossegue: "Na permuta pura não há qualquer pagamento em dinheiro. Pode ocorrer pagamento em dinheiro, sem desnaturar a permuta, desde que represente a parte minoritária do valor. Assim, é admissível a permuta quando a parte em dinheiro for complementar, denominada torna".

A diferença da troca para o contrato de compra e venda reside justamente na forma de pagamento. Na troca o pagamento ou adimplemento é realizado por coisa diversa de dinheiro (*rem pro re*). E na compra e venda o pagamento se dá com a entrega de moeda ou dinheiro (*rem pro pretio*). O preço é da essência do contrato de compra e venda (arts. 481, 482, 485 a 489, 491 e 492 do CC). Por outro lado, é possível o pagamento de uma parte da prestação em dinheiro sem descaracterização da permuta, desde que a parcela em pecúnia represente uma porcentagem mínima da contraprestação, como ocorre na troca de bens móveis, cuja diferença é adimplida com dinheiro.

A possibilidade de a troca envolver complemento em dinheiro integra a definição de Paulo Nader[49] "Pelo contrato de troca ou permuta as partes se obrigam a transferir, uma para a outra, o domínio de coisa móvel ou imóvel, com ou sem complemento de dinheiro". O dinheiro pode consistir em mero complemento deste contrato e não a substância da contraprestação. Esse complemento é denominado "saldo, torna, volta ou reposição".

4.2.2. A permuta e as regras comuns ao contrato de compra e venda

A disciplina jurídica do contrato de troca tem como parâmetro as disposições e regras que regem o contrato de compra e venda. A incorporação das regras da compra e venda se justifica porque tais contratos possuem as mesmas características (consensuais, quanto aos efeitos bilaterais ou sinalagmáticos, onerosos, comutativos).

O art. 533 do CC dispõe que "aplicam-se à troca as disposições referentes ao contrato de compra e venda", mas faz duas ressalvas.

A primeira modificação está relacionada à responsabilidade dos contratantes quanto ao pagamento das despesas com o instrumento da troca. A norma dispositiva inserta no inciso I do art. 533 do CC enuncia que cada um dos contratantes pagará por metade as despesas com o instrumento da troca. Em razão do princípio da autonomia privada e da natureza da norma, é permitida disposição em sentido contrário.

Tal regra afasta do contrato da troca o disposto no art. 490 do CC, segundo o qual, salvo disposição em contrário, ficarão as despesas da escritura e registro a cargo do comprador e a cargo do vendedor as da tradição.

Portanto, embora sejam aplicáveis ao contrato de troca as regras da compra e venda os efeitos jurídicos decorrentes do art. 490 do CC foram afastados pelo disposto no art. 533, I, da mesma legislação.

A segunda exceção envolve a troca ou permuta pactuada entre ascendente e descendente. De acordo com o disposto no art. 496 do CC, é anulável a venda de ascendente a descendente, salvo se outros descendentes e o cônjuge do alienante expressamente houverem consentido no negócio.

O art. 533, II, do CC, altera essa regra da compra e venda, para estabelecer que no contrato de troca, somente é anulável o contrato (de troca) entre descendentes e ascendentes se a troca envolver bens de valores desiguais.

Neste caso, a troca levada a efeito entre ascendentes e descendentes cujos bens permutados sejam de valores desiguais, sem que haja o consentimento dos outros descendentes e do cônjuge do alienante, também é anulável. Se os bens permutados forem do mesmo valor, fato quase impossível no mundo fático e concreto, não será possível a invalidação, justamente porque não haverá prejuízo ou violação dos interesses dos demais descendentes e do cônjuge do alienante.

O objetivo do disposto nos arts. 496 e 533, II, ambos do CC, é proteger os interesses dos demais descendentes e do cônjuge do alienante. Se não há alteração patrimonial com o contrato de troca ou permuta entre ascendentes e descendentes, não há interesse a ser tutelado e, em consequência, impossível a invalidação deste negócio jurídico.

Ao contrário do Código Civil de 1916, a ausência de consentimento dos demais descendentes e do cônjuge do alienante é causa de anulação e não de nulidade.

Embora o art. 533 do CC se limite a estas duas exceções, nem todas as disposições da compra e venda são compatíveis com o contrato de permuta. As regras relacionadas a "preço" elemento essencial e substancial da compra e venda, por exemplo, não são compatíveis com o contrato de permuta.

O contrato de compra e venda possui íntima conexão com o "preço", fato que não ocorre na permuta. Portanto, a leitura do art. 533 do CC deve ser coerente com a natureza jurídica e características do contrato de permuta.

---

[47] PEREIRA, Caio Mário da Silva. *Instituições de direito civil:* Contratos. 11. ed. Rio de Janeiro: Forense, 2004. v. III, p. 200.

[48] LÔBO, Paulo Luiz Netto. *Contratos*. São Paulo: Saraiva, 2010 (col. *Direito Civil*), p. 272.

[49] NADER, Paulo. *Curso de direito civil – Contratos*. 9. ed. Rio de Janeiro: Forense, 2018. v. III, p. 265.

As regras da compra e venda devem se adaptar ao contrato de permuta. Por exemplo, os contratantes na troca possuem as obrigações de vendedor no que se refere à garantia da evicção e todos respondem pelos defeitos materiais e ocultos da coisa permutada (teorias da evicção e do vício redibitório).

Se na compra e venda tais obrigações e garantias se referem apenas ao sujeito em que a contraprestação consiste na entrega da coisa, na permuta, como há transferência recíproca de coisas, tais efeitos se aplicam a todos os contratantes. Na permuta, ainda, os riscos da coisa, até o momento da tradição, são assumidos por todos os contratantes, e não apenas por um deles como ocorre na compra e venda (art. 492). Tais adaptações são essenciais tendo em vista as características e a natureza jurídica de cada um desses contratos.

As mesmas proibições existentes na compra e venda também se aplicam à permuta. A depender do regime de bens, também é lícita a permuta entre cônjuges.

O condomínio de coisa indivisível não pode permutar a sua cota ou parte ideal com estranhos se outro condômino pretender adquiri-la pelo mesmo preço ou se oferecer coisa equivalente para efetivar a permuta.

4.2.3. Objeto do contrato de permuta

As coisas passíveis de alienação em contrato de compra e venda, podem ser trocadas. Além disso, é possível a permuta de direitos, a permuta de coisas incorpóreas e imateriais entre si, bem como a troca de coisa corpórea ou material com coisa incorpórea e imaterial, móvel por imóvel, móvel por móvel, imóvel por imóvel e assim sucessivamente. Se a coisa estiver no comércio jurídico de direito privado, pode ser objeto do contrato de permuta.

De acordo com as precisas palavras de Orlando Gomes[50], "não é necessário que os bens sejam de igual espécie. Lícito, portanto, permutar um imóvel por uma coisa móvel; um bem, móvel ou imóvel, por um direito. Não se exige, outrossim, que a coisa a permutar seja corpo certo. Basta ser determinável. Objetos da troca hão de ser, porém, dois bens. Se em vez de uma coisa presta um dos contratantes um fato – como, por exemplo, se contrai a obrigação de executar determinado serviço – permuta não haverá. A troca é contrato *do ut des*, e não *do ut facias*".

As trocas ou permutas de coisas futuras também são válidas.

Na troca de coisa por serviço, obrigação de fazer (prestação de fato e não de coisa), não haverá permuta. A troca pressupõe prestação e contraprestação de coisas, que podem ser corpóreas ou materiais e incorpóreas ou imateriais, mas não se admite a troca de prestação de coisa (dar) por prestação de fato (fazer).

4.2.4. Natureza jurídica da permuta

A permuta é contrato consensual, uma vez que os contratantes apenas assumem obrigações recíprocas de transferir a coisa um para o outro, ou seja, de concretizar a troca. A transmissão da propriedade não é efeito jurídico inerente ao contrato de permuta. A troca gera efeitos meramente obrigacionais. É ato causal da transferência da propriedade, embora não viabilize tal fato de forma direta (contrato translativo do domínio).

Além de consensual, a troca, como regra, é um contrato informal ou não solene.

A troca é, quanto aos efeitos obrigacionais, contrato bilateral ou sinalagmático, porque as obrigações recíprocas assumidas pelos contratantes são interdependentes. A prestação de um é a causa ou pressuposto da obrigação do outro. As obrigações estão vinculadas e possuem uma relação de dependência recíproca. Os permutantes são credores e devedores recíprocos. Ambos assumem direitos e obrigações no contrato.

É contrato oneroso na medida em que há reciprocidade de vantagens e sacrifícios. Os contratantes ostentam vantagens econômicas e suportam sacrifícios.

A troca ou permuta, como regra, é contrato comutativo, uma vez que a prestação de um e a contraprestação do outro não estão vinculadas a qualquer fato de incerteza, ou seja, não dependem de acontecimento futuro e incerto.

No entanto, da mesma forma que a compra e venda (arts. 458 a 461 e 483 do CC), nada impede que qualquer dos permutantes assuma o risco pela existência ou quantidade da coisa a ser permutada e vincule a prestação a um fator de incerteza. Portanto, embora como regra o contrato de permuta seja comutativo, pode ser aleatório por convenção das partes.

A aleatoriedade pode decorrer da lei, a depender da natureza do contrato, ou de uma convenção. A permuta não é contrato aleatório por natureza, mas as partes podem torná-lo aleatório por convenção.

Ainda no âmbito da natureza do contrato de permuta, há divergência sobre a natureza do contrato de permuta quando há desigualdade nos valores dos bens permutados, ou seja, quando há diferença a ser complementada em dinheiro, denominada "torna". Este saldo ou "torna" altera a natureza jurídica do contrato de troca para compra e venda? Como já observado, se a "torna" ou complemento em dinheiro representar uma parcela mínima da troca, não há descaracterização do contrato. A "torna" não pode implicar em parte substancial e sim mero complemento, até porque é quase impossível a troca de coisas com valores absolutamente iguais.

Sobre essa questão, Caio Mário[51] faz referência a duas teorias "uma primeira, objetivista, cogita dos valores, e considera que será troca ou compra e venda se a coisa tiver maior valor que o saldo ou vice-versa; a segunda, subjetivista, dá relevância à intenção das partes, e considera troca ou venda o contrato se as partes tiverem o propósito de realizar uma ou outra; uma terceira, muito generalizada entre os franceses, que conjuga os elementos anímico e

---

[50] GOMES, Orlando. *Contratos*. 26. ed. Rio de Janeiro: Forense, 2008, p. 326-327.

[51] PEREIRA, Caio Mário da Silva. *Instituições de direito civil*: Contratos. 11. ed. Rio de Janeiro: Forense, 2004. v. III, p. 203.

material, ensinando que, realizada permuta de bens de valores desiguais, deve o contrato ser tido mesmo como uma permuta, salvo se o valor do saldo exceder tão flagrantemente o valor da coisa, que a prestação pecuniária seja mais importante para as partes".

A última corrente é mais coerente com a natureza jurídica do contrato de permuta e a opinião por nós defendida.

A teoria objetiva é denominada "teoria do valor" ou princípio da absorção, segundo o qual o critério distintivo situa-se na predominância dos componentes do objeto: se a parcela em dinheiro for igual ou maior do que o valor da coisa, o contrato será de compra e venda; se inferior será de troca. O critério é objetivo, pois não atenta para a vontade das partes[52].

4.3. CONTRATO ESTIMATÓRIO

4.3.1. Noções gerais

O contrato estimatório constitui inovação substancial e relevante na legislação civil, tendo em vista a repercussão deste tipo de pacto no meio social. Por meio do contrato estimatório, um dos contratantes, denominado consignante, entrega bens móveis ao outro, denominado consignatário, a fim de que este possa vendê-los e, em seguida, pague àquele o preço previamente ajustado ou, se a venda a terceiros não for consumada, poderá o consignatário, no prazo convencionado, restituir a coisa consignada.

A denominação contrato "estimatório" decorre do fato de os contratantes estimarem, previamente, por ocasião deste negócio jurídico, o preço que será repassado pelo consignatário ao consignante em caso de venda do bem móvel a terceiro. A estimação prévia do preço justifica a referida denominação. Em termo vulgar, tal contrato também é conhecido como "venda em consignação".

O proprietário do bem móvel é o consignante e o vendedor (responsável pelo negócio a ser realizado com terceiro) é o consignatário. O dono do bem móvel, que pretende alienar a coisa, a entrega ao consignatário, a fim de que este promova a venda a terceiro interessado na aquisição da coisa.

Nesta espécie de contrato, há duas relações jurídicas bem distintas que não podem ser confundidas. A primeira consiste no contrato estimatório propriamente dito celebrado entre o dono da coisa móvel (consignante) e o consignatário (vendedor), por meio do qual os contratantes predeterminam o preço para a venda.

A segunda relação jurídica é estabelecida entre o consignatário e qualquer terceiro/pessoa interessado na aquisição do bem móvel. Nesta segunda relação jurídica material, haverá nítida compra e venda entre o consignatário e terceiro, a qual será disciplinada e regrada pelas regras comuns da compra e venda.

O contrato estimatório tem seus contornos disciplinados pelo art. 534 do CC: "Pelo contrato estimatório, o consignante entrega bens móveis ao consignatário, que fica autorizado a vendê-los, pagando àquele o preço ajustado, salvo se preferir, no prazo estabelecido, restituir-lhe a coisa consignada".

Segundo o mestre Orlando Gomes[53] "o contrato estimatório, também conhecido como venda em consignação, é o negócio jurídico pelo qual uma das partes consigna à outra determinadas coisas móveis para que as venda pelo preço estimado, com a condição de devolver as que não vender no prazo estipulado".

Por meio do contrato estimatório o consignante transfere a posse direta de determinado bem móvel ao consignatário, para que este possa vendê-lo no prazo pactuado e de acordo com o preço previamente estimado. Na transferência da posse direta da coisa ao consignatário, este ostenta poderes de disposição. Tal poder de disposição diferencia o contrato estimatório de outros em que há mera transferência da posse direta. O possuidor direto poderá dispor da coisa em favor de terceiro.

A autorização de venda integra a transferência da posse direta. Ao final do prazo, o consignatário poderá restituir a coisa ao dono, que permanece com o direito de propriedade e a posse indireta, se o bem móvel (coisa) não for alienado a terceiros.

Em tal venda em consignação, o proprietário entrega a posse direta da coisa ao consignatário, o qual se compromete a vender a coisa a terceiro e respeitar o preço que foi previamente definido com o dono. Não há identidade com a compra e venda. Trata-se de contrato autônomo e independente daquela outra modalidade.

O exercício do poder de disposição pelo consignatário poderá ocorrer no prazo convencionado.

4.3.2. Características e natureza jurídica

O contrato estimatório ou a "venda em consignação" ostenta algumas características que o identificam e particularizam em relação às demais espécies contratuais:

• *Contrato real:* a primeira característica está relacionada à entrega da coisa, como condição para o aperfeiçoamento deste contrato. No contrato estimatório, o consignante não se obriga a entregar a coisa móvel ao consignatário, pois a "entrega" ou tradição da coisa integra a fase de formação deste contrato. Se não houver entrega, não se aperfeiçoa o contrato estimatório.

A falta da tradição pode implicar na caracterização de promessa de consignação (contrato preliminar), mas não o contrato estimatório propriamente dito.

Portanto, quanto à formação, o contrato estimatório possui natureza real. A tradição da coisa móvel integra a fase de formação desta espécie contratual. Se não houver tradição, não há contrato estimatório.

• *Desdobramento da posse:* transferência da posse direta e do poder de disposição: pelo contrato estimatório, o consignante transfere para o consignatário a posse direta e

---

[52] Cf. NADER, Paulo. *Curso de direito civil – Contratos.* 9. ed. Rio de Janeiro: Forense, 2018. v. III, p. 269.

[53] GOMES, Orlando. *Contratos.* 26. ed. Rio de Janeiro: Forense, 2008, p. 284.

mantém a propriedade e a posse indireta. Neste contrato, há o desdobramento da posse em direta e indireta por força de relação jurídica obrigacional mantida entre consignante e consignatário, como enuncia o art. 1.197 do CC.

O consignatário desfruta da posse temporária da coisa móvel, em virtude de direito pessoal e, esta posse direta não neutraliza a indireta. O possuidor direto pode defender a posse contra o indireto e vice-versa. As posses paralelas, direta e indireta, coexistem. E tanto o possuidor direto quanto o indireto podem defender a posse em relação a terceiros.

Todavia, além da transferência da posse direta ao consignatário, o consignante, por força de disposição contratual e como requisito essencial para a caracterização deste contrato, outorga ao consignatário "poder de disposição", que o Código Civil denomina "autorização de venda". O consignatário tem plenos poderes para dispor de coisa que pertence a outrem, o proprietário.

Tal autorização de venda não se confunde com o mandato e, tampouco, com a representação própria, pois na relação jurídica com terceiro o consignatário age em nome próprio e não em nome do consignante. Por isso, não se trata de representação.

Essa peculiaridade é típica do contrato estimatório. Se o consignatário, na relação com terceiro, agir em nome do consignante, não estará caracterizado o contrato estimatório, mas mera representação ou mandato.

O consignatário tem o poder de dispor da coisa e, nesta relação jurídica de disposição de direitos com terceiro, agirá em nome próprio.

A observação de Paulo Lôbo[54] quanto ao poder de disposição do consignatário deve ser destacada: "O consignatário obtém, além do poder de dispor, o poder de uso da coisa. A razão disso, que foge à normalidade dos negócios, está em que se transmitiu a posse, e a posse entregue é exercida pelo consignatário em nome próprio. O consignatário não adquire a propriedade da coisa, porque dela não precisa para os fins do contrato. Quer e obtém a livre disponibilidade dela, o poder de dispor, principalmente para venda a terceiro".

Esse poder de disposição transferido ao consignatário é pleno e permite que este atue inclusive contra a vontade do consignante, pois assume plenamente os riscos sobre a coisa, como se fosse o proprietário.

• *Representação imprópria, de interesses, indireta ou interposição:* em decorrência do "poder de disposição" em favor do consignatário, inerente ao contrato estimatório, haverá representação imprópria.

Na representação imprópria, indireta ou de interesses, o "representado" age em nome próprio, mas no interesse do "representante". Não há *contemplatio domini*, típica da representação própria (atuação jurídica em nome de outrem). O consignatário, na relação jurídica com terceiro, age em nome próprio, mas no interesse do consignante.

Neste caso, quem se vincula com o terceiro adquirente é o consignatário, que não era o dono da coisa, e não o consignante. Por força da representação imprópria, o terceiro somente tem ação contra o consignatário e este contra aquele. O terceiro não pode demandar o dono da coisa, consignante, justamente porque o consignatário agiu em seu próprio nome.

De acordo com as precisas palavras de Paulo Lôbo[55]: "Não há outorga de qualquer poder nem representação no contrato estimatório. O consignatário atua perante terceiros como se fosse o real proprietário das coisas, porque exerce em nome próprio e não como representante do consignante o poder de disposição que lhe foi regularmente transferido. O exercício do poder de disposição legitima-o a transferir a coisa ao adquirente, incluindo a titularidade de domínio que cessa para o consignante, independentemente de sua vontade".

Há, portanto, duas relações jurídicas materiais bem distintas.

A primeira entre consignante e consignatário, que retrata o contrato estimatório propriamente dito, e a segunda a ser estabelecida entre o consignatário, que age em nome próprio, e o terceiro interessado na aquisição da coisa móvel.

Por analogia, é possível invocar as regras do contrato de comissão, que também se caracteriza como representação imprópria, disposta nos arts. 693 e 694 do CC.

Não há dúvida de que em função deste poder de disposição, o consignatário tem a obrigação contratual de empreender todos os esforços para concretizar a venda da coisa a terceiros, com exposição e oferta aos clientes em geral.

• *Coisa móvel:* de acordo com o art. 534 do CC, o contrato em consignação apenas pode ter como objeto coisa móvel, que possa ser livremente alienada e em relação à qual o consignante tem pleno poder de disposição. As coisas imóveis não podem integrar este contrato, ante a vedação legal e porque é impossível a tradição deste tipo de bem.

Como destaca Lôbo[56]: "Apenas as coisas móveis podem ser objeto de contrato estimatório. Coisas móveis que estejam no comércio, isto é, que possam ser alienadas. Neste ponto, a relação com a compra e venda torna-se inevitável, porquanto tudo o que possa ser objeto de venda pode ser suscetível de contrato estimatório".

Segundo o mestre Caio Mário[57], "deve ter por objeto bens móveis, não somente em razão do formalismo exigido para a transmissão imobiliária, mas também porque a venda a terceiros não se opera no contrato estimatório em nome do *tradens*, mas do *accipiens*, como se sua própria fosse".

A coisa móvel pode ser singular ou genérica, fungível ou infungível, divisível ou indivisível. No entanto, a coisa

---

[54] LÔBO, Paulo Luiz Netto. *Contratos*. São Paulo: Saraiva, 2010 (col. Direito Civil), p. 315.

[55] LÔBO, Paulo Luiz Netto. *Contratos*. São Paulo: Saraiva, 2010 (col. Direito Civil), p. 318.

[56] LÔBO, Paulo Luiz Netto. *Contratos*. São Paulo: Saraiva, 2010 (col. Direito Civil), p. 319.

[57] PEREIRA, Caio Mário da Silva. *Instituições de direito civil*: Contratos. 11. ed. Rio de Janeiro: Forense, 2004. v. III, p. 235.

móvel deve ser corpórea ou material. Não se admite a consignação ou o contrato estimatório que tenha por objeto bens imateriais ou incorpóreos, insuscetíveis de tradição física. Para os bens imateriais, o negócio jurídico será a cessão de direitos.

• *Estimação do preço da coisa entre consignante e consignatário:* o consignante estima previamente o valor da coisa a ser transferida ao consignatário. Essa estimação e predefinição do preço da coisa é essencial para a caracterização do contrato estimatório.

Não interessa ao consignante o preço pelo qual o consignatário expõe a coisa para venda. O contrato estimatório gera a obrigação de pagar ao *tradens* o preço que ambos previamente estimaram. A diferença entre o preço estimado com o consignante e o preço de venda para terceiro é o lucro do consignatário.

• *O consignatário tem a obrigação de restituir a coisa móvel ou de pagar o preço:* de acordo com o disposto no art. 534 do CC, o consignatário não é obrigado a vender a coisa a terceiro. Se a venda a terceiro não se concretiza, não há repercussão jurídica negativa para o consignatário.

Neste caso, o consignatário pode ele próprio adquirir a coisa e pagar ao consignante o preço previamente estimado ou simplesmente restituir a coisa consignada. O contrato apresenta inúmeras vantagens, em especial para o consignatário, pois está dispensado de dispor de recursos financeiros para o desenvolvimento e a promoção de sua atividade.

O lucro do consignatário é justamente a diferença entre o preço previamente estimado com o consignante e o valor ou preço da venda para terceiro. O consignatário ganhará essa diferença sem que tenha despendido recursos para aquisição da coisa. E, caso a coisa não seja alienada, poderá simplesmente restituir a coisa móvel consignada ao consignante, sem qualquer custo.

• *Disponibilidade:* a última característica do contrato estimatório é o fato de o consignatário ter plena disponibilidade da coisa consignada. Independente de novo acordo, o consignatário pode vender a coisa consignada sem qualquer comunicação ao consignante.

O consignatário pode vender a coisa a terceiro por preço diferente daquele que foi estimado com o consignante, mais ou menos. Tal poder integra a disponibilidade do consignatário em relação à coisa. Todavia, o consignatário está vinculado a restituir ao consignante o preço estimado por ocasião da formação deste negócio jurídico.

4.3.3. Natureza jurídica: obrigação alternativa ou facultativa

Em relação à natureza jurídica, o contrato estimatório é contrato real, porque somente se aperfeiçoa com a entrega da coisa móvel ao consignatário, ou seja, a transferência da posse da coisa e do poder de disponibilidade é essencial para a caracterização deste contrato (tal entrega não implica transferência do direito real de propriedade, mas tradição necessária para a constituição deste contrato); oneroso, porque há reciprocidade de vantagens e sacrifícios entre os contratantes; bilateral quanto aos efeitos, uma vez que há reciprocidade de direitos e obrigações e a obrigação do consignante é causa ou pressuposto da obrigação do consignatário e vice-versa (há relação de dependência entre as prestações ou obrigações); em regra comutativo, pois consignante e consignatário não vinculam qualquer de suas prestações a fatores de incerteza, mas pode ser aleatório por convenção das partes e, finalmente, se trata de um contrato típico, com autonomia e características próprias, que não se confunde com qualquer outro contrato.

Ainda que o consignatário tenha a faculdade de restituir a coisa consignada no prazo estabelecido com o consignante, não se caracteriza tal contrato como "obrigação alternativa".

A obrigação alternativa pressupõe pluralidade de prestações (obrigações objetivamente plurais), todas integrantes da relação obrigacional, e o devedor será considerado adimplente com a satisfação de qualquer deles ou de apenas uma delas. Antes do adimplemento, deve ser realizada a escolha, na forma prevista no art. 252 do CC. Concretizada a opção em uma das prestações pela escolha, a obrigação alternativa se converte em obrigação simples.

No caso da consignação ou contrato estimatório, não há alternatividade de prestações. O consignatário não tem o direito de pagar o preço estimado ou restituir a coisa. O consignatário tem o dever de pagar ao consignante o preço previamente estimado ou ajustado. A prestação é única (pagar o preço estimado).

É obrigação simples (prestação única) e não complexa (pluralidade de prestações, como ocorre com a obrigação alternativa ou cumulativa). Todavia, o consignatário possui a prerrogativa de restituir a coisa consignada, ao invés de pagar o preço. É uma mera faculdade, e não obrigação.

O consignatário tem a mera faculdade de se exonerar da obrigação com a restituição da coisa. Neste caso, está-se diante da denominada obrigação com faculdade alternativa, diferente da obrigação alternativa. Nesta situação, a restituição da coisa não integra o contrato estimatório, mas é uma faculdade ou opção colocada à disposição e em benefício do devedor para se exonerar da obrigação.

O vínculo jurídico estabelecido entre as partes não comporta pluralidade objetiva de prestações, tanto que se a restituição da coisa se torna impossível, o consignatário não se exonera da obrigação de pagar o preço previamente estimado (art. 535 do CC).

4.3.4. Efeitos jurídicos quanto aos riscos pelo perecimento ou deterioração da coisa consignada

Na obrigação cuja prestação envolve "coisas" (dar coisa certa e dar coisa incerta), ao contrário da prestação de "fatos" (fazer e não fazer), há regras para disciplinar as consequências do perecimento ou deterioração da coisa (arts. 234 a 242 do CC).

O Código Civil disciplina as consequências da perda ou deterioração da coisa objeto da prestação na obrigação de dar coisa certa (propriamente dita e cessão de posse com posterior dever de restituição), nos arts. 234 a 242.

Tal assunto já foi objeto de análise no capítulo do direito das obrigações sobre a classificação destas.

Há contratos, como é o caso do estimatório, em que, por expressa previsão legal, o devedor possuidor responderá civilmente pelo fortuito ou força maior, ainda que não haja culpa de sua parte. O contrato estimatório excepciona a regra de que a coisa perece para o dono. Tal responsabilidade pelo fortuito se justifica porque o consignatário tem amplo poder de disposição.

No contrato estimatório, o dono é o consignante, mas quem suportará as consequências do perecimento da coisa é o consignatário, que não é o dono. Os riscos do perecimento recaem sobre o consignatário.

O art. 535 do CC dispõe que o consignatário, possuidor direto, não se exonera da obrigação de pagar o preço ao consignante, se a restituição da coisa, em sua integralidade, se tornar impossível, ainda que por fato a ele não imputável, ou seja, mesmo que não haja culpa da parte do devedor possuidor. É uma situação excepcional em que, mesmo não havendo culpa por parte do devedor, este responderá civilmente pelo perecimento.

Em resumo, o consignatário suportará o risco da perda da coisa, ainda que não seja o dono. Trata-se de exceção ao *res perit domino* (a coisa perece para o dono). Se a coisa deixar de existir na íntegra em decorrência de perecimento, terá o devedor/consignatário de restituir ao consignante o preço previamente estimado. E tal regra é justificada, independente de a obrigação ser considerada alternativa ou facultativa (a faculdade é de restituir a coisa, pois a obrigação principal é pagar o preço previamente estimado).

Portanto, se a coisa não estiver íntegra, em decorrência de perecimento ou deterioração, está vedada a possibilidade de devolução. Nesta situação, o único caminho, nos termos do art. 535 do CC, é o pagamento do preço.

A impossibilidade parcial, deterioração, é equiparada à impossibilidade total, porque se a coisa não é restituída na sua integralidade remanesce devido ao preço.

Nas palavras de Paulo Lôbo[58]: "A restituição da coisa não íntegra não corresponde ao interesse do consignante, que não é aquele de reaver a coisa mais a parte do preço correspondente à diminuição de valor, mas de receber integralmente o preço, o do qual é definitivamente credor quando não lhe seja devolvida toda a coisa dentro do prazo". Portanto, a coisa deve ser devolvida ou restituída sem modificações, alterações ou qualquer deterioração. O consignante não tem a obrigação de receber coisa deteriorada, ainda que por fato não imputável ao consignatário.

O consignatário assume todos os riscos decorrentes do fortuito que venha a causar perecimento ou deterioração na coisa. A perda ou deterioração da coisa consignada, ainda que relacionada a fato não imputável ao consignatário, não o exonera de pagar o preço previamente estimado.

Apenas não será devido o preço se a restituição da coisa se tornar impossível por fato imputável exclusivamente ao consignante. O desgaste natural da coisa e alterações insignificantes (teoria do abuso de direito) não admitem recusa por parte do consignante.

4.3.5. Impenhorabilidade da coisa consignada

A coisa consignada não pode ser objeto de penhora ou sequestro pelos credores do consignatário, enquanto não pago integralmente o preço previamente estimado com o consignante (art. 536 do CC).

No contrato estimatório, embora a tradição da coisa para o consignatário seja essencial para o aperfeiçoamento e a formação do contrato (contrato real), a entrega da coisa consignada não transfere o direito real de propriedade, mas apenas a posse direta ao consignatário. O consignante conserva a propriedade sobre a coisa consignada. Em razão deste efeito jurídico, os credores não podem penhorar ou sequestrar a coisa que não pertence ao consignatário. Este é apenas possuidor.

Todavia, ao pagar o preço previamente estimado, a obrigação do consignatário em relação ao consignante estará cumprida e, neste caso, a propriedade da coisa se resolve em favor do consignatário. A propriedade do consignante é resolúvel, porque será extinta quando o consignatário repassar a ele o preço previamente ajustado. Com o pagamento do preço, a coisa consignada passa a integrar e incorporar o patrimônio do consignatário, razão pela qual a partir deste ato os credores do consignatário poderão penhorar e sequestrar a coisa.

O consignatário tem disponibilidade para expor e vender a coisa a terceiros, mas não é titular da coisa, salvo se pagar o preço e resolver ficar com a coisa para si, o que não é comum em negócios desta natureza. A transferência da propriedade da coisa do consignante em favor do consignatário é a única forma de se viabilizar a penhora ou o sequestro sobre a coisa consignada.

Se o consignatário alienar a coisa a terceiro ou, no prazo pactuado, resolver restituir a coisa íntegra ao consignante, não haverá possibilidade de penhora ou sequestro pelos credores do consignatário. Nessas hipóteses, o consignatário não foi titular, ainda que temporariamente, do direito subjetivo de propriedade. A restituição da coisa ao consignante ou a alienação da coisa consignada a terceiro impedem, definitivamente, a consolidação da propriedade em favor do consignatário.

Em caso de penhora ou sequestro, o consignante poderá ajuizar embargos de terceiro (art. 1.046 do CPC).

Por óbvio, os credores do consignatário poderão efetivar a penhora da coisa consignada ou do produto da venda realizada pelo consignatário (o preço pago pelo terceiro).

4.3.6. Indisponibilidade da coisa

A propriedade da coisa consignada permanece com o consignante, ainda que o poder de disposição sobre a coisa seja transferido ao consignatário, por força da própria natureza jurídica do contrato estimatório.

Assim, como o consignante perde o poder de disponibilidade da coisa enquanto esta estiver em poder do consignatário, o art. 537 do CC dispõe que: "O consig-

---

[58] LÔBO, Paulo Luiz Netto. *Contratos*. São Paulo: Saraiva, 2010 (col. Direito Civil), p. 325.

nante não pode dispor da coisa antes de lhe ser restituída ou de lhe ser comunicada a restituição".

Por força do contrato estimatório e tendo em conta as características e a natureza jurídica deste, o poder de disposição sobre a coisa é transferido ao consignatário durante o prazo convencionado entre ambos ou, se não houver prazo, em tempo suficiente para ser promovida a alienação.

No período em que a coisa consignada estiver em poder e na posse legítima e justa do consignatário, o consignante não pode dispor da coisa.

Nesse sentido o Enunciado 32 da I Jornada de Direito Civil: "No contrato estimatório (art. 534), o consignante transfere ao consignatário, temporariamente, o poder de alienação da coisa consignada com opção de pagamento do preço de estima ou sua restituição ao final do prazo ajustado".

Portanto, com a transferência da coisa em favor do consignatário, o consignante, temporariamente (durante o período em que a coisa consignada estiver em poder do consignatário), não tem a disponibilidade da coisa, ainda que mantenha a condição de proprietário. Não se pode perder de vista que a propriedade do consignante é resolúvel, pois em caso de pagamento do preço previamente estimado, essa propriedade se resolve em favor do consignatário ou do terceiro adquirente.

Desta forma, embora conserve o direito subjetivo de propriedade, a manutenção deste direito dependerá da restituição da coisa íntegra. Se o preço for pago, ela se resolverá. O pagamento do preço para o consignante é causa de extinção da propriedade que ele detém sobre a coisa.

Ao final do prazo convencionado, o consignante poderá cobrar o preço estimado ou ajuizar ação possessória ou reivindicatória para recuperar a coisa, caso esta não seja restituída. Com o vencimento do prazo, a posse do consignatário que era justa, passa a ser injusta pelo vício da precariedade decorrente da violação do dever de restituição. O vício da precariedade da posse está atrelado à violação do dever de restituição.

4.4. CONTRATO DE DOAÇÃO

4.4.1. Noções gerais sobre o contrato de doação

A doação é espécie de contrato clássico e histórico. A transferência de bens ou vantagens integrantes do patrimônio de uma pessoa, em favor de outra, por mera liberalidade, está presente em todas as civilizações e sociedades, desde as mais primitivas até a mais contemporânea. Não há dúvida do caráter contratual da doação, pois também pressupõe, para sua formação, acordo ou consenso entre duas vontades, do doador (responsável pela transferência de bens ou vantagens) e donatário (destinatário deste acréscimo patrimonial).

A natureza contratual da doação já foi objeto de questionamento.

O fato é que no Brasil e nos ordenamentos jurídicos contemporâneos a doação é considerada contrato, espécie do gênero negócio jurídico bilateral (formação). É possível identificar a sua natureza contratual, uma vez que a vontade do doador em promover liberalidade e a vontade do donatário, em ser agraciado com bens, direitos ou vantagens (aceitação, ainda que ficta), são pressupostos essenciais para a concretização da doação.

Quanto à formação, o contrato de doação é negócio jurídico bilateral (como todo e qualquer contrato). O consentimento do donatário se materializa pela aceitação, que pode ser expressa, tácita ou presumida pela lei. O negócio jurídico pressupõe a exteriorização de vontade. A vontade exteriorizada pode ser expressa, tácita ou presumida.

A noção do contrato de doação é dada pelo art. 538 do CC, segundo o qual a doação é o contrato em que uma pessoa, por mera liberalidade, transfere do seu patrimônio bens ou vantagens para o de outra.

De acordo com Orlando Gomes[59]: "Doação é, pois, contrato pelo qual uma das partes se obriga a transferir gratuitamente um bem de sua propriedade para o patrimônio de outra, que se enriquece na medida em que aquele se empobrece".

Na doação é possível visualizar o elemento subjetivo, consistente no ânimo ou na vontade de praticar liberalidade e um elemento objetivo, traduzido na efetiva diminuição patrimonial.

Tais elementos são destacados por Tepedino[60]: "Faz necessário que se divisem dois elementos, um subjetivo – o *animus donandi*, que tem como conteúdo a liberalidade, isto é, a vontade de enriquecer o beneficiário a expensas próprias – e o outro, objetivo, a diminuição do patrimônio do doador e correspondente enriquecimento do donatário, que devem ser cumulados". O ânimo de doar e a mutabilidade na titularidade patrimonial, agregados, caracterizam a doação.

O elemento subjetivo da doação, como bem destacam Chaves e Rosenvald[61], "significa ação desinteressada de ceder a outrem determinado bem, sem contraprestação. O doador deve estar premido pela vontade de enriquecer o donatário, através de sua própria conduta, sem a obtenção de uma contraprestação. Com efeito, não basta a gratuidade do ato, sendo necessária a presença da liberalidade, ou seja, da vontade efetiva de doar. Faltando esse propósito, de doação não se tratará".

Não há dúvida de que o *animus donandi* ou ânimo de doar, a vontade de fazer liberalidade, sem qualquer contraprestação ou intenção, é a essência do elemento subjetivo da doação. É irrelevante a causa ou os motivos da doação. Não é por outro motivo que, no caso de pagamento indevido, aquela paga, deve provar que fez por erro, para desqualificar o ânimo de doar. Se for caracterizada a doação, não haverá direito de repetição do indébito.

---

[59] GOMES, Orlando. *Contratos*. 26. ed. Rio de Janeiro: Forense, 2008, p. 253.
[60] TEPEDINO, Gustavo; BARBOSA, Heloísa Helena; BODIN, Maria Celina et al. *Código civil interpretado*. v. II (teoria geral dos contratos, contratos em espécie, atos unilaterais, títulos de crédito, responsabilidade civil, preferências e privilégios creditórios – artigos 421-965), RJ-SP: Renovar, 2006, p. 214.
[61] FARIAS, Cristiano Chaves de; ROSENVALD, Nelson. *Curso de direito civil – Teoria geral e contratos em espécie*. 4. ed. Salvador: JusPodivm, 2014. v. 4, p. 786.

A doação é liberalidade, altruísmo, desprendimento e vontade própria de trazer benefício para alguém, independente do motivo. Por isso, os gestos de cortesia, como presentes de aniversários, de grande tradição social, se caracterizam como doação, porque estão presentes todos os pressupostos deste contrato. E, como tal, essas doações podem ser futuramente revogadas no caso de ingratidão do donatário.

O contrato de doação gera efeitos obrigacionais para o doador e direito subjetivo para o donatário (quanto aos efeitos jurídicos, é classificado como unilateral). A transferência do direito real de propriedade depende de ato posterior à constituição da doação, que será concretizada na fase de execução, a tradição no caso dos móveis e a transcrição no registro imobiliário no caso dos imóveis.

Assim, o contrato de doação, por si só, não é suficiente para a concretização da transferência do direito real de propriedade. A tradição e o registro, atos subsequentes à formalização da doação, é que consumarão a transferência da propriedade em favor de outrem. Portanto, por meio do contrato de doação, o doador assume a obrigação de transferir a outrem, donatário, bens, direitos ou vantagens.

Trata-se de ato de disposição gratuita decorrente do direito subjetivo de propriedade. O proprietário pode dispor da coisa da qual é proprietário a título oneroso (pela compra e venda, por exemplo) ou a título gratuito (doação).

Portanto, a doação é desdobramento do direito de propriedade, por meio da qual, o titular do direito subjetivo de propriedade, antes da morte, por mera liberalidade, transfere para outrem bens ou vantagens que integram seu patrimônio. O doador, com base no ânimo de doar (sua própria vontade) e sem qualquer contraprestação, transfere bens ou direitos a outrem, donatário, beneficiário deste ato altruísta.

4.4.2. Elementos estruturais do contrato de doação: classificação do contrato de doação

O contrato de doação ostenta algumas características que integram a sua estrutura orgânica:

Gratuito ou benéfico: a principal característica da doação é a gratuidade. Trata-se de contrato benéfico ou gratuito, pois o donatário aufere apenas vantagem econômica e o doador apenas suporta sacrifício.

A gratuidade está ligada à ideia de liberalidade, expressa no art. 538 do CC. O ânimo de doar ou a vontade de concretizar determinada liberalidade induz a gratuidade ou o caráter benéfico deste contrato. O donatário terá aumento em seu patrimônio, que se traduz na ideia de enriquecimento, sem qualquer contrapartida.

Em consequência desta característica, a interpretação do contrato de doação é restrita, conforme art. 114 do CC, e o doador, no âmbito da responsabilidade civil, somente responderá por ato doloso, a teor do disposto no art. 392 do mesmo diploma legal. A exclusão da responsabilidade do doador em relação à teoria dos vícios redibitórios e da evicção e o fato de não ter de pagar por juros moratórios, também são desdobramentos do caráter gratuito da doação (art. 552 do Código Civil).

Consensual, como regra e real, por exceção (quanto à formação): o contrato de doação é consensual, pois se aperfeiçoa com a convergência das vontades do doador e do donatário. A doação pressupõe a correlata declaração de vontade do beneficiário (aceitação). A oferta do doador e a aceitação do donatário são essenciais para a formação do contrato de doação. A anuência do donatário pode ser expressa, tácita ou presumida.

Embora, como regra, o contrato de doação seja consensual (o consenso é suficiente para a existência e formação do contrato – plano da existência), no plano de validade, exige-se a adoção de certa formalidade, imposta por norma legal, como requisito de validade deste negócio jurídico (instrumento particular ou escritura pública).

A solenidade exigida pela lei, escritura pública ou instrumento particular, depende da natureza do bem doado, imóvel ou móvel. A escritura pública e o instrumento particular são a causa ou o título da doação e, por isso, apenas geram efeitos jurídicos obrigacionais.

A transferência do direito real de propriedade depende de ato posterior, o registro da escritura pública, no caso da doação de imóveis; a tradição, no caso de móveis materiais e a cessão no caso de móveis imateriais. Tal formalidade é exigida pelo art. 541, *caput*, do CC. Segundo este dispositivo legal, a doação far-se-á por escritura pública ou instrumento particular (trata-se de formalidade no plano de validade).

Portanto, embora, no plano da existência, o consenso seja suficiente para a existência da doação, sua validade pressupõe a observância das solenidades ou formalidades exigidas pelo art. 541 do CC, sob pena de nulidade (conjugação dos arts. 104, III, 166, V, e 541, *caput*, todos do CC).

Todavia, excepcionalmente, nos casos de bens móveis de pequeno valor, a doação dispensa qualquer formalidade no plano da validade e, por isso, poderá ser verbal. Nesta hipótese, o aperfeiçoamento do contrato de doação, ou seja, a formação propriamente dita (plano da existência) dependerá da tradição imediata do objeto doado.

Nesse sentido o parágrafo único do art. 541 do CC, segundo o qual a doação verbal será válida, se, versando sobre bens móveis e de pequeno valor, se lhe seguir incontinenti a tradição.

A efetiva entrega do bem móvel doado de pequeno valor é pressuposto para a consumação desta doação, configurando-se, assim, contrato real, pois sem a tradição imediata e efetiva não há contrato de doação. Ou a tradição se efetiva e há doação ou não se efetiva e não há doação.

Portanto, a doação manual caracteriza-se como contrato real. Sem a tradição, não se forma, não se aperfeiçoa e não existe o contrato de doação. A tradição, nesta hipótese, integra a fase de constituição do contrato de doação e não a fase de execução, como nas doações consensuais e formais ou solenes.

O "pequeno valor" da coisa móvel nas doações verbais é conceito jurídico indeterminado que deverá ser objeto de análise no caso concreto. Não é conveniente estabelecer um parâmetro abstrato do que seja pequeno valor.

À luz do caso concreto e, tendo em vista a natureza do objeto móvel, a condição financeira das partes e posição social, a finalidade da doação, o contexto social da doação, a exclusividade ou não do objeto, a intenção dos sujeitos, entre outras peculiaridades, será possível apurar se o bem móvel pode ser considerado como de pequeno valor.

De acordo com o enunciado aprovado na VIII Jornada de Direito Civil, realizada em abril de 2018, um dos critérios para se apurar o pequeno valor é o patrimônio do doador: "Para a análise do que seja bem de pequeno valor, nos termos do que consta do art. 541, parágrafo único, do Código Civil, deve-se levar em conta o patrimônio do doador".

Os elementos para existência jurídica da doação condicionam um de seus pressupostos de validade, a formalidade ou solenidade. Se a doação for contrato real e o será se tiver por objeto bem móvel e de pequeno valor, para fins de validade, a doação é informal. Se a doação for contrato consensual, para fins de validade, deverá ser materializada em escritura pública ou instrumento particular, a depender do objeto doado e seu valor. *Unilateral (quanto aos efeitos obrigacionais)*: o contrato de doação, quanto aos efeitos jurídicos obrigacionais, é unilateral, porque apenas o doador assume obrigação, a de transferir bens ou vantagens que integram o seu patrimônio ao donatário. O donatário, beneficiário da doação, apenas terá direito subjetivo patrimonial. O donatário será o credor e o doador, o devedor do bem objeto da doação.

A unilateralidade é da essência deste contrato. A instituição de encargo pelo doador não descaracteriza a unilateralidade, porque tal ônus ao donatário não está atrelado à prestação ou obrigação do doador.

Não há sinalagma, reciprocidade ou relação de dependência entre a prestação do doador e o ônus imposto ao donatário.

O ônus não se confunde com a contraprestação que caracteriza a bilateralidade de alguns contratos, como a compra e venda. É a mesma opinião de Orlando Gomes[62]: "A doação com encargo não é contrato bilateral, pois que entre as obrigações não há sinalagma".

Na mesma linha, Nader[63]: "O encargo que a doação modal apresenta não constitui contraprestação ou correspectivo do ato de liberalidade, mas obrigação simples e de natureza simples em comparação com o objeto da doação". A doação onerosa carece de sinalagma, ante a ausência de relação de reciprocidade e interdependência entre as obrigações recíprocas. Portanto, a doação é contrato unilateral por excelência.

4.4.2.1. Características especiais

Além destas características, como elementos que integram a doação, pode-se cogitar que a doação é espécie de contrato, onde está presente a liberalidade, com transferência de patrimônio do doador para o patrimônio do donatário (empobrecimento do doador e enriquecimento do donatário), o ânimo de doar, a necessária aceitação do donatário e preenchimento de pressupostos e requisitos de validade.

A liberalidade é fator essencial para a caracterização do contrato de doação. O doador não recebe qualquer contrapartida pela transferência de direitos ou vantagens para outrem. A liberalidade está atrelada à intenção de doar sem qualquer interesse.

Sobre a liberalidade, é precisa a observação de Paulo Lôbo[64]: "A lei refere-se à liberalidade, com o significado de ação altruísta e desinteressada, de dar parte de seu patrimônio para satisfação econômica de alguém, de dar o que não tem a obrigação de dar. Há, portanto, dois momentos a serem considerados na caracterização da liberalidade: o subjetivo, que é o *animus donandi*, e o objetivo, que é a atribuição patrimonial sem dever de prestá-la. A liberalidade na doação é aferível a partir do ânimo do doador e relacionada à causa que individualiza o contrato. A liberalidade fundamenta a falta de patrimonialidade da causa da atribuição e, consequentemente, da doação".

A liberalidade, portanto, decorre de pura vontade de dispor de bens ou direitos que integram o patrimônio, sem qualquer interesse. Por isso, pode-se afirmar que a doação é um gesto humano desinteressado e altruísta. A ausência de interesse do doador torna o contrato de doação com caráter humanitário.

É o ápice da generosidade de qualquer pessoa. Representa o desprendimento e a satisfação pessoal de agraciar ou enriquecer alguém. O contrato de doação ou a doação propriamente dita é para poucos.

Quanto à necessária transferência de patrimônio, a doação implica efetiva transferência de bens ou vantagens que integram o patrimônio do doador em favor de outrem, donatário. Ao mesmo tempo em que o doador empobrece (suporta diminuição patrimonial) o donatário enriquece. A transferência de bens ou vantagens de um patrimônio para outro, ou seja, essa mobilidade patrimonial é essencial para a caracterização da doação.

O art. 538 do CC é expresso quanto à exigência deste requisito ou elemento objetivo, quando menciona que na doação a pessoa, por liberalidade, *transfere*, do seu patrimônio bens ou vantagens para o de outra. A "transferência" de patrimônio é condição para a caracterização deste contrato (doação).

Portanto, o contrato de doação envolve a conexão e a relação interativa entre os elementos subjetivo e objetivo. O elemento subjetivo da doação, a liberalidade ou ânimo de doar, representada por ação desinteressada, altruísta e generosa do doador e, por outro lado, o elemento objetivo, efetiva transferência patrimonial ou a diminuição do patrimônio do doador com o consequente enriquecimento do donatário.

---

[62] GOMES, Orlando. *Contratos*. 26. ed. Rio de Janeiro: Forense, 2008, p. 254.
[63] NADER, Paulo. *Curso de direito civil – Contratos*. 9. ed. Rio de Janeiro: Forense, 2018. v. III, p. 286.
[64] LÔBO, Paulo Luiz Netto. *Contratos*. São Paulo: Saraiva, 2010 (col. Direito Civil), p. 284.

Por fim, há determinados atos e condutas que aparentam doação, mas não ostentam a natureza jurídica de contrato de doação.

A doação pressupõe a mutação na titularidade subjetiva de bens. Há um necessário "movimento" do bem móvel ou imóvel que passa do patrimônio do doador para o patrimônio do donatário. Assim, outras liberalidades sem que haja essa movimentação de patrimônio não é doação.

A remissão e a renúncia não caracterizam doação justamente porque não há alteração subjetiva na titularidade de patrimônio ou a aludida mutação. C

A remissão é negócio jurídico bilateral[65] que leva à extinção da obrigação, conforme disciplinam os arts. 385 a 388 do CC. A renúncia é negócio unilateral. Ambas são liberalidades, mas não há efetiva transferência de patrimônio nestes negócios ou deslocamento de bem de um patrimônio para outro patrimônio de titularidades diferentes.

A renúncia à herança ou legado, da mesma forma, não caracteriza doação, porque não houve diminuição no patrimônio do doador e efetiva transferência de bens. O abandono de qualquer coisa também não é doação. A fiança não enriquece o fiador e, por isso, também não é doação. No caso da fiança, há garantia de natureza pessoal que somente será concretizada em face de eventual inadimplemento do afiançado. A fiança não traz qualquer benefício ao fiador e somente repercutirá no patrimônio deste em caso de inadimplemento. No entanto, ao contrário da doação, ainda que seja obrigado a pagar a dívida, o fiador terá direito de regresso contra o afiançado. Por isso, não há diminuição de seu patrimônio e tampouco enriquecimento.

Em síntese, a doação é um contrato consensual como regra (e real por exceção), gratuito ou benéfico, unilateral, com liberalidade, transferência efetiva de patrimônio, ânimo de doar e aceitação do donatário.

O *animus donandi*, como já ressaltado, é a intenção de transferir a propriedade para outrem sem qualquer contraprestação.

É o elemento subjetivo da doação. Ao lado do elemento objetivo, transferência efetiva e concreta de patrimônio, somada à necessária aceitação do donatário, resta caracterizado o contrato de doação.

4.4.3. Aceitação da doação

O aperfeiçoamento do contrato de doação pressupõe aceitação do donatário. Ausente a aceitação, inexiste juridicamente o contrato de doação.

A aceitação da doação é disciplinada pelo art. 539 do CC: "O doador pode fixar prazo ao donatário, para declarar se aceita ou não a liberalidade. Desde que o donatário, ciente do prazo, não faça, dentro dele, a declaração, entender-se-á que aceitou, se a doação não for sujeita a encargo".

A aceitação da doação, portanto, pode ser expressa, quando o donatário exterioriza vontade; tácita, quando decorre do comportamento do donatário que, mesmo sem exteriorizar vontade, se comporta como donatário e, finalmente, presumida pela lei ou ficta (na hipótese de absolutamente incapaz).

O art. 539 disciplina justamente a hipótese de aceitação presumida. O donatário deve estar ciente da doação e do prazo concedido pelo doador para aceitação. Se, no prazo dado pelo doador, o donatário se mantiver silente e não fizer qualquer declaração ou exteriorização de vontade, presume-se a aceitação, desde que a doação seja pura (ou seja, não sujeita a encargo). O silêncio do donatário é qualificado pela consequência jurídica prevista na referida norma legal.

Nessa hipótese do art. 539 a aceitação é presumida. O contrato se aperfeiçoa se, no prazo concedido pelo doador, não for recusada pelo donatário, desde que pura e simples. Ao contrário, se a doação estiver acompanhada de encargo, o silêncio do donatário implicará recusa. Portanto, a aceitação com encargo exige forma especial de aceitação: expressa (exteriorização inequívoca de vontade por parte do donatário).

A doação tácita deve ser extraída do comportamento e da conduta do donatário, como no caso da doação feita em contemplação de casamento futuro com certa e determinada pessoa (art. 546 do CC). Nas declarações tácitas de vontade é dispensável a exteriorização de vontade para a produção de efeitos jurídicos. O efeito jurídico é consequência de um comportamento, conduta, procedimento corporal, tomada de decisão, ainda que não exteriorizada, e de uma forma de agir. O comportamento e a conduta da pessoa são incompatíveis com a recusa da oferta.

Além da aceitação expressa, tácita e presumida pela lei, Caio Mário ainda trabalha com a "aceitação ficta" ou aceitação por ficção jurídica, que ocorre no caso de dispensa da doação em favor do absolutamente incapaz (art. 543 do CC).

Em que pese a aceitação integrar o contrato de doação, a questão controverte alguns doutrinadores. A doação é contrato. Essa a sua natureza jurídica. Portanto, para formação do contrato de doação, imprescindível a conjunção ou convergência de duas vontades. A vontade do doador e a aceitação do donatário. Oferta e aceitação. A oferta de doação pode ser feita com e sem prazo. A vinculação do que oferta, futuro e possível doador, se submete às regras gerais da teoria geral dos contratos (arts. 427 a 434 do CC). Nas pegadas da natureza contratual da doação, sem aceitação não há contrato. Este não se aperfeiçoa.

A aceitação é elemento essencial do contrato de doação. A doação é contrato, com características próprias, mas depende da convergência de vontades para se aperfeiçoar e existir. O modo de aceitação pode ter peculiaridades, em razão das características deste, mas tem natureza contratual.

O contrato somente se aperfeiçoa com o consenso mútuo, acordo ou convergência de vontades, ainda que uma dessas vontades ou consentimentos seja tácita, presumida e até ficta ou fictícia, mas não se dispensa a aceitação.

Os argumentos contrários não convencem. O donatário se vincula ao direito decorrente da doação se aceitar,

---

[65] É negócio jurídico bilateral, pois, de acordo com o art. 385, a remissão, para produzir efeitos jurídicos, tem de ser aceita pelo devedor.

ainda que de forma tácita, presumida ou ficta. Se o donatário, por algum motivo, não tem condições de manifestar essa vontade, a lei pode presumi-la ou até mesmo, por ficção, como no caso dos absolutamente incapazes, considerá-la presente.

O fato é que há aceitação, seja por vontade, seja por conduta, ou por disposição de lei. Como ressalta o próprio professor Lôbo, ninguém é obrigado a receber e aceitar doações. Justamente por isso e, também, por esta razão, se exige a aceitação e, naqueles casos em que ela é presumida ou ficta, deverá ser pura.

Na doação pura, o donatário será donatário e integrará um contrato, mesmo sem exteriorizar vontade ou ainda que não se possa extrair de seu comportamento (tácita), porque não há qualquer ônus, por mínimo que seja, ao beneficiário. Portanto, não se perfaz a doação sem aceitação do donatário. A tese da dispensa da aceitação é incompatível com a natureza jurídica da própria doação.

Para reforçar a tese da necessidade da aceitação, Rosenvald e Chaves[66]: "se a doação tivesse validade com a simples manifestação de vontade do doador, independentemente da aquiescência do donatário, não seria possível anular a aceitação, quando decorresse de vício de vontade, como erro, o dolo e a coação, por exemplo, o que se mostra completamente estapafúrdio".

O fato de ser dispensada a aceitação ou mesmo presumido em situações absolutamente excepcionais, não é suficiente para desconsiderar o consentimento como elemento essencial da doação. Na realidade, a única hipótese em que é dispensada é a doação em favor de absolutamente incapaz, o que será analisado adiante (art. 543). Tal aceitação ocorre por ficção jurídica, mas é aceitação. Nesse caso, a norma jurídica considera realizada a aceitação pelo donatário quando (i) houver a manifestação de vontade do doador, cujo objeto consiste em doar, sem qualquer encargo, um bem ou direito; e (ii) o beneficiário for pessoa absolutamente incapaz. Presentes esses elementos, o ordenamento pressupõe a aceitação.

4.4.4. Formalidade da doação: regra e exceção (análise do art. 541 do CC)

O contrato de doação se aperfeiçoa com o consenso entre doador e donatário. O doador, com ânimo de doar, por liberalidade, transfere de seu patrimônio bens ou vantagens em favor de outra pessoa, que aceita de forma expressa, tácita, presumida ou ficta. No plano da existência, é suficiente o acordo ou consenso entre doador e donatário para formação do contrato de doação.

Todavia, embora consensual no plano da existência, o contrato de doação, no plano da validade, como regra, é formal. A lei impõe formalidades como condição de validade do contrato de doação, apenas se no plano da existência for contrato consensual.

Segundo o art. 541, *caput*, a doação far-se-á por escritura pública ou instrumento particular. A materialização da doação em escritura pública ou instrumento particular torna a doação contrato formal como regra e, por isso, se submete à sanção prevista no art. 166, V, do CC, caso tal formalidade não seja observada.

Como a doação é contrato gratuito ou benéfico, com plena liberalidade do doador, a pretexto de proteger o doador altruísta que faz liberalidades e conferir maior segurança a tais negócios, a lei impõe tais formalidades neste contrato.

Nos casos de transferências de bens móveis de valor significativo ou de móveis de pequeno valor cuja tradição não seja imediata (fora da hipótese do parágrafo único do art. 541), bem como nas doações que envolvem imóveis de valor inferior a 30 (trinta) salários, o contrato de doação, para ser válido, deverá ser materializado em instrumento particular ou, por opção das partes, em escritura pública. A validade nestes casos se satisfaz com o instrumento particular, mas nada impede que as partes, por puro capricho, optem pela escritura pública.

Por outro lado, nas doações que envolvem a transferência de bens imóveis de valor superior a 30 (trinta) salários mínimos, a validade da doação depende de escritura pública, por exigência do art. 108 do CC.

Neste caso, o doador não terá a opção entre o instrumento particular e a escritura pública como nos móveis. A escritura pública é obrigatória e condição de validade da doação.

Em resumo: a formalidade pode estar relacionada à materialização da doação em instrumento público ou particular, no caso de bens móveis e imóveis de valor inferior a 30 salários mínimos, ou à escritura pública, necessariamente, no caso de imóveis cujo valor seja superior a 30 (trinta) salários mínimos. O *caput* do art. 541 torna o contrato de doação formal ou solene.

A regra da formalidade da doação tem uma exceção. É a denominada doação manual ou doação verbal. De acordo com o parágrafo único do art. 541 do CC, a doação verbal será válida, se, versando sobre bens móveis e de pequeno valor, se lhe seguir *incontinenti* a tradição.

Portanto, são três requisitos cumulativos para a existência, validade e eficácia da doação verbal: 1 – bens móveis como objeto da doação; 2 – pequeno valor destes móveis e 3 – tradição *incontinenti* ou imediata.

A ausência de qualquer desses requisitos exigirá a formalidade do instrumento particular ou da escritura pública como condição de validade da doação.

Na referida exceção, a doação deixa de ser consensual para ser contrato de natureza real. O parágrafo único do art. 541 disciplina, ao mesmo tempo, os planos da existência, validade e eficácia da doação manual.

Na doação verbal de móveis de pequeno valor, se houver tradição, o contrato existirá, será válido e eficaz. Se não houver tradição, não haverá contrato. O contrato inexiste. Por isso, a doação verbal tem natureza real.

No caso da doação, a entrega poderá ou não transferir o domínio ou a propriedade, dependendo da formalidade do negócio jurídico. Nas doações verbais, disciplinadas no parágrafo único do art. 541, a tradição do bem doado

---

[66] FARIAS, Cristiano Chaves de; ROSENVALD, Nelson. *Curso de direito civil – Teoria geral e contratos em espécie*. 4. ed. Salvador: JusPodivm, 2014. v. 4, p. 788.

é requisito indispensável para a constituição da doação e, com a entrega, haverá transferência da propriedade.

Portanto, nestes casos específicos (mútuo e doação) a tradição do objeto terá duplo efeito: 1 – constituição do contrato; e 2 – transferência da propriedade (direito real – no caso do mútuo e depósito irregular tal transferência decorre da fungibilidade do objeto destes contratos e na doação, das características e natureza deste contrato).

4.4.5. Doação em contemplação do merecimento do donatário (doação meritória)

O Código Civil, no art. 540, disciplina a denominada "doação meritória". Segundo a primeira parte do referido dispositivo, a doação feita em contemplação do merecimento do donatário não perde o caráter de liberalidade.

Neste caso, o doador é motivado por alguma qualidade ou especialidade do donatário. O mérito do donatário é o estímulo para que o doador efetive a transferência de bens ou vantagens para aquele. Tal sentimento pessoal de admiração não retira da doação o caráter de liberalidade.

A doação meritória é espécie do gênero doação pura porque não está subordinada a qualquer acontecimento futuro e incerto. O doador determina os motivos que o levaram a fazer a doação. A qualidade pessoal do donatário é o fator preponderante da doação.

Como ressalta Loureiro[67] "o motivo determinante deste negócio jurídico é a vontade de reconhecer e premiar ato ou conduta do donatário, considerados relevantes pelo doador". Ao contrário da doação remuneratória, a doação em contemplação do merecimento do donatário não exige qualquer contrapartida.

Se o motivo comum a ambas as partes, doador e donatário, expresso como razão determinante do negócio jurídico, for ilícito, a doação é nula. Caso o motivo seja falso, baseado na falsa percepção do doador em relação aos motivos ou à qualidade pessoal do donatário que o levaram a concretizar a doação, o negócio jurídico é anulável (art. 140 do CC). Como a doação é pura, não é possível invalidá-la se posteriormente for verificado que o donatário não era merecedor. No entanto, tal falto não impede a anulação por vício de vontade do doador, baseado numa percepção equivocada da realidade fática, ou seja, quando o motivo que o levou a fazer a doação inexistir ou for falso.

4.4.6. Doação remuneratória e doação mista

O art. 540, segunda parte, do CC, disciplina a doação remuneratória. Ao contrário da doação meritória, que ostenta o caráter de liberalidade, a remuneratória se justifica a partir de serviço prestado pelo donatário ao doador.

A doação remuneratória, em regra, não tem caráter de liberalidade. Apenas se houver excesso, ou seja, se a doação for superior ao valor dos serviços prestados e remunerados, terá o caráter de liberalidade. Tal liberalidade é apenas em relação ao excesso, porque não se conecta com qualquer serviço prestado.

A doação remuneratória é realizada como retribuição por qualquer serviço prestado pelo donatário ao doador. O donatário, nesse contexto, não exige qualquer contraprestação pelo trabalho realizado. A motivação ou o sentimento do doador nesta espécie de doação é o serviço prestado pelo donatário. Neste caso, como o donatário não exigiu qualquer remuneração pelo serviço prestado ao doador este, por questões de ordem moral e, em retribuição ou gratidão, efetiva a transferência de bens ou vantagens em favor do donatário.

A doutrina, em geral, considera que a prestação era inexigível por parte do donatário e, por isso, a doação remuneratória teria o caráter de liberalidade, mesmo sem excesso.

De acordo com Rosenvald e Chaves[68] "é aquela realizada em retribuição aos serviços prestados pelo beneficiário, sem exigibilidade jurídica do pagamento". A liberalidade estaria ligada à remuneração de serviços que são inexigíveis. Não deixa de ser uma espécie de recompensa.

De acordo com a doutrina majoritária, na doação remuneratória, o serviço prestado pelo donatário não é exigível, o que a tornaria obrigação natural, (art. 882 do CC) e, portanto, a doação estaria revestida de pura liberalidade.

Após refletir sobre o assunto, passamos a defender a tese de que a doação remuneratória (salvo em relação ao excesso) não tem caráter de liberalidade. Ademais, não se trata de obrigação juridicamente inexigível. Nestes casos, determinado sujeito presta serviços em favor do doador e, pelos mais diversos motivos, resolve não exigir qualquer remuneração. O prestador de serviço, por mera conveniência, não exige remuneração pelo serviço prestado, mas poderia exigir. O serviço tem exigibilidade jurídica, mas o sujeito, por questões íntimas e motivação pessoal, decide não exigir. É diferente a obrigação inexigível, que o credor não pode exigir, da obrigação exigível, que o credor não quer exigir.

Portanto, o caráter de liberalidade é restrito ao excesso. Aliás, a segunda parte do art. 540 é de clareza solar, quando diz que a doação remuneratória somente não perde o caráter de liberalidade em relação ao excedente do valor dos serviços prestados e remunerados pela doação. Se a doação não excede o valor dos serviços, a doação não recebe o rótulo de liberalidade. A causa da doação é o serviço prestado e, para evitar o enriquecimento sem causa, o doador, por vontade própria, ou seja, sem ser provocado pelo credor, resolve remunerá-lo, por meio de doação.

As doações remuneratórias (salvo em relação ao excesso) não podem ser revogadas por ingratidão do donatário, fato que evidencia que não ostenta caráter liberatório e seu objetivo é evitar o enriquecimento sem causa do doador, ainda que a remuneração seja espontânea.

---

[67] LOUREIRO, Luiz Guilherme. *Contratos – Teoria geral e contratos em espécie*. 3. ed. São Paulo: Método, 2008, p. 442.

[68] FARIAS, Cristiano Chaves de; ROSENVALD, Nelson. *Curso de direito civil – Teoria geral e contratos em espécie*. 4. ed. Salvador: JusPodivm, 2014. v. 4, p. 821.

A doação remuneratória não se confunde com adimplemento de obrigação e tampouco com dação em pagamento, que consiste na substituição da prestação originária por outra diversa, mas é meio de remuneração, há causa, bilateralidade, reciprocidade e interdependência entre as prestações. Como a doação remuneratória é compensação por serviço prestado pelo donatário, eventual ingratidão deste não é capaz de revogar a doação.

O excesso caracterizará liberalidade. O beneficiário do serviço entrega para o prestador, com ânimo de doar, quantia ou valor superior ao preço do serviço. Esse excesso caracteriza doação, porque não era juridicamente exigível, mas o doador, por dever moral, resolveu compensar o donatário com valores superiores ao devido, fora do âmbito da relação entre prestação e contraprestação. O excedente ao valor dos serviços remunerados será doação pura.

Para a doutrina que considera a doação remuneratória juridicamente inexigível, tal irrevogabilidade a aproxima das obrigações naturais. O donatário prestou o serviço, mas não tem como exigir juridicamente o serviço prestado. Por outro lado, ao fazer a doação, baseada em dever moral, não há possibilidade de repetição. Portanto, esse caráter impede a revogação da doação por ingratidão.

Ademais, no âmbito do direito das sucessões, as doações remuneratórias de serviços feitos ao ascendente também não estão sujeitas a colação, conforme enuncia o art. 2.011 do CC, o que evidencia que não é simples liberalidade. Os descendentes que concorrem à sucessão do ascendente comum são obrigados, para igualar as legítimas, a conferir o valor das doações que receberam em vida do doador (arts. 544 e 2.002 do CC). O objetivo da colação é igualar as legítimas, para considerar na herança o valor das doações recebidas.

A lei civil dispensa da colação algumas situações, como as doações que o doador declara, e determina estas que integrem a parte disponível, desde que não a excedam (art. 2.005 do CC), alguns gastos ordinários dos ascendentes com descendentes (art. 2.010 do CC) e as doações remuneratórias, pois neste último caso, o donatário é compensado por serviço efetivamente prestado ao doador, fato que justifica a dispensa.

No caso de doação remuneratória, deve ser respeitada a legítima de herdeiros necessários? A doação remuneratória pode ser inoficiosa?

A resposta é negativa. A doação remuneratória não tem caráter de pura liberalidade, salvo no excedente ao valor dos serviços prestados e remunerados (art. 540, segunda parte do CC).

A finalidade da doação remuneratória é, como o próprio nome enuncia, remunerar alguém por serviços efetivamente prestados. Há fato jurídico que a justifica. Não se trata de pura liberalidade. Em relação à natureza jurídica da doação remuneratória, a maioria da doutrina considera que se trata de obrigação juridicamente inexigível (uma "espécie" de obrigação natural). Ainda assim, a doação remuneratória não pode ser inoficiosa.

Na obrigação natural, ainda que o credor não tenha poder para exigir o cumprimento, caso seja espontaneamente cumprida pelo devedor, não há liberalidade, mas cumprimento de dever, ainda que moral. Embora não haja enriquecimento sem causa de quem a recebe (art. 884), não há direito à repetição. O direito subjetivo existe, mas não há poder de exigibilidade.

A doação remuneratória, portanto, não se confunde com a doação pura. Ao contrário desta, em razão da causa (remunerar serviço) e da finalidade (cumprir dever, mesmo que a prestação não seja exigível) que a justifica, a doação remuneratória não pode ser revogada por ingratidão (art. 564, I) e não se sujeita à colação (art. 2.011) se realizada em favor de herdeiro necessário. Portanto, não se trata de pura liberalidade. Aliás, a segunda parte do art. 540 é de clareza solar quando diz que apenas em relação ao *excesso* a doação remuneratória tem caráter de pura liberalidade.

A doação inoficiosa pressupõe que a doação tenha o caráter de liberalidade (o que não ocorre com a doação remuneratória). O objetivo da doação inoficiosa é tutelar interesses econômicos dos herdeiros necessários, ou seja, preservar a parte indisponível da herança (legítima).

A doação inoficiosa restringe a autonomia privada para atos gratuitos e tem como finalidade proteger interesses econômicos de pessoas (herdeiros necessários) que em nada contribuíram para os bens que integram a herança. A legítima do herdeiro não se justifica em qualquer prestação, mas na proteção decorrente de vínculo pessoal mantido com o doador. Na doação remuneratória, o donatário prestou serviços ou realizou trabalho em favor do doador, fato que retira o caráter de liberalidade. Além de jurídica, a doação remuneratória tem causa econômica, tanto que não há direito de repetição, não pode ser revogada por ingratidão e não se sujeita à colação, mesmo quando favorece herdeiro necessário.

Na ponderação entre o direito do donatário (ainda que não exigível) na doação remuneratória, que tem como causa serviço prestado e, de outro lado, direito do herdeiro necessário, cuja causa é a existência de vínculo pessoal com o doador, fácil perceber que a doação inoficiosa se compatibiliza apenas com as doações que ostentem caráter de pura liberalidade (doação pura, meritória etc.), o que não é o caso da doação remuneratória.

O STJ, no Recurso Especial n. 1.708.951-SE, em evidente retrocesso e, com base em premissa equivocada (afirmação de que doação remuneratória é pura liberalidade – *não é*), considerou que a doação remuneratória deve respeitar a legítima dos herdeiros necessários, ou seja, se submete às regras da doação inoficiosa. Trata-se de mero precedente persuasivo, sem qualquer força vinculante.

Por fim, a doação remuneratória se compatibiliza com a doação universal porque o objetivo desta é a tutela da dignidade humana, sob o aspecto material, do próprio doador. Tal questão existencial prevalece sobre o caráter econômico da doação remuneratória.

• **Doação mista**

Por fim, a doação mista, de difícil caracterização, é o contrato em que se inserem disposições inerentes à compra e outras cláusulas que implicam efetivação de liberalidades. Embora haja doação de bens no contrato, os contratantes ajustam cláusulas e regras típicas de contratos ou negócios jurídicos onerosos.

Em exemplo elucidativo, Rosenvald e Chaves[69] destacam que "é o exemplo da venda de um bem a preço vil ou na aquisição de uma coisa por preço bastante superior ao real. No primeiro caso, a entrega do bem por um valor irrisório (chamada de venda amistosa), e, no segundo, o pagamento do sobrepreço, explicitam a intenção de praticar a liberalidade, apesar de se nominar o contrato como oneroso". No mesmo sentido Orlando Gomes[70]: "A venda a preço vil teria essa dupla causa. Venda na aparência, doação na realidade, apresenta-se sob modo que não corresponde ao seu fim. Quem vende quer, de fato, doar". Por isso, o mestre nega que o contrato misto seja doação.

4.4.7. Doação pura e simples, doação com encargo (modal) e doação condicional

Em regra, a doação é "pura" e "simples", que consiste na transferência de bens e vantagens integrantes do patrimônio do doador em favor de outrem, por mera liberalidade e com ânimo de doar. Nada é exigido do donatário. A doação não é subordinada a qualquer condição ou ônus para o beneficiário da doação. Não há motivação especial. Não se remunera serviços. Não se impõe ônus ao donatário. É a doação por excelência, na acepção do termo.

A liberalidade não ostenta qualquer restrição na doação pura. Como bem define Loureiro[71]: "doação pura é aquela feita por mero espírito de liberalidade, sem subordinação a evento futuro e incerto, ao cumprimento de algum encargo ou em consideração ao mérito de alguém ou retribuição de serviços prestados. A doação pura é típica liberalidade, aquela que é feita sem qualquer motivo especial, a não ser a intenção de beneficiar alguém com uma atribuição patrimonial".

Portanto, na doação pura, não há qualquer limitação ao direito subjetivo do donatário e tampouco motivação especial que seja a sua causa. A doação pura se traduz no mais puro espírito de liberalidade e altruísmo.

Por outro lado, o art. 540 do CC ainda faz referência à doação "gravada" ou com encargo. Neste tipo de doação, o doador impõe dever jurídico ao donatário, que assume ônus específico. Caso o ônus não seja cumprido pelo donatário, este poderá ser sancionado com a revogação da doação (art. 555 do CC). A inexecução do encargo é causa de revogação da doação "gravada".

De acordo com o art. 553 do CC, o donatário é obrigado a cumprir os encargos da doação, sob pena de revogação.

A doação com encargo ou modal difere da doação condicional. Na doação condicional, a eficácia do negócio jurídico fica subordinada a evento futuro e incerto. Na modal, o doador impõe encargos ou ônus ao donatário.

Tal ônus não suspende a aquisição do direito subjetivo pelo donatário, como ocorre na doação condicional.

Na doação condicional, a condição pode ser suspensiva ou resolutiva. A condição suspensiva suspende a eficácia do negócio a evento futuro e incerto, como na hipótese da doação feita em contemplação de casamento futuro com certa e determinada pessoa. Na condição resolutiva, a doação produz efeitos normalmente até o implemento da condição. É o caso da doação com cláusula de reversão, disciplina no art. 547 do CC, que torna a propriedade do doador resolúvel.

A doação modal ou com encargo vincula o donatário a uma determinada obrigação ou ao cumprimento de encargo. O encargo, ao contrário da doação condicional, não suspende a eficácia da doação e tampouco a subordina a qualquer acontecimento futuro e incerto. Nesse sentido é o art. 136 do CC, segundo o qual o encargo não suspende a aquisição ou exercício do direito. O "encargo" está relacionado ao plano de eficácia do negócio jurídico. No contrato de doação, considera-se não escrito o encargo ilícito ou impossível. No entanto, se o encargo for o motivo principal e determinante da doação, tal ônus contaminará todo o negócio jurídico, o qual será integralmente invalidado (art. 137 do CC).

Por outro lado, o inadimplemento do encargo poderá levar à revogação da doação. A doação modal ou com encargo não perde o caráter de liberalidade, desde que o ônus não seja contrapartida ou contraprestação da doação. Como aduz Caio Mário[72]: "Constituindo o encargo uma restrição criada ao beneficiário do negócio jurídico, não poderá jamais assumir o aspecto de contrapartida da liberalidade. Mas é uma obrigação que o donatário assume com o só fato de aceitá-la, e que lhe pode ser exigida, e, até, sancionada com a revogação do benefício".

Nas palavras de Rosenvald e Chaves[73]: "o encargo é uma restrição à liberalidade, pois não implica uma contraprestação do donatário ao doador (o que causaria o desvirtuamento do negócio), mas a imposição de um pequeno sacrifício ao donatário".

O valor do encargo não pode ser superior ao do objeto doado, pois descaracterizaria a liberalidade e o negócio jurídico perderia a natureza jurídica de doação. Se o encargo for equivalente à prestação, objeto da doação haverá permuta ou outro contrato, mas não doação.

O encargo implica apenas uma pequena limitação da liberdade de dispor, cuja obrigação ou ônus poderá ser imposto em benefício do próprio doador, de terceiro e até no interesse geral ou coletivo. Mas a liberalidade deve prevalecer quando comparada com o encargo imposto, sob pena de se descaracterizar o contrato.

Se o encargo da doação for imposto no interesse geral ou coletivo, o Ministério Público estará habilitado a exigir a sua execução, depois da morte do doador, caso este não

---

[69] FARIAS, Cristiano Chaves de; ROSENVALD, Nelson. *Curso de direito civil – Teoria geral e contratos em espécie*. 4. ed. Salvador: JusPodivm, 2014. v. 4, p. 822.
[70] GOMES, Orlando. *Contratos*. 26. ed. Rio de Janeiro: Forense, 2008, p. 260-261.
[71] LOUREIRO, Luiz Guilherme. *Contratos – Teoria geral e contratos em espécie*. 3. ed. São Paulo: Método, 2008, p. 435.
[72] PEREIRA, Caio Mário da Silva. *Instituições de direito civil:* Contratos. 11. ed. Rio de Janeiro: Forense, 2004. v. III, p. 253.
[73] FARIAS, Cristiano Chaves de; ROSENVALD, Nelson. *Curso de direito civil – Teoria geral e contratos em espécie*. 4. ed. Salvador: JusPodivm, 2014. v. 4, p. 820

tenha exigido o cumprimento (parágrafo único do art. 553 do CC). O interesse é geral, amplo e difuso, o que legitima o Ministério Público a exigi-lo.

A doação com encargo, ao contrário da doação pura, deverá ser aceita expressamente pelo donatário. Neste caso, é essencial que o donatário exteriorize a vontade no sentido de aceitar a doação, pois o silêncio implicará recusa justamente em razão do encargo, conforme dispõe a última parte do art. 539 do CC.

O encargo, desde o momento da conclusão da doação, torna o contrato exigível. O direito à exigibilidade pode ser do doador, de terceiro e da coletividade (art. 553, *caput*). Se não houver prazo para o cumprimento do encargo, o donatário poderá ser notificado judicialmente (ou extrajudicialmente) para que o cumpra em prazo e tempo razoável. A ausência de prazo impõe a constituição do donatário, devedor do encargo, em mora, na forma dos arts. 397, parágrafo único, do CC (interpelação extrajudicial) ou art. 219 do CPC (interpelação judicial pela citação).

A ação para a exigência do encargo tem natureza condenatória e, por esta razão, se submete ao prazo prescricional de 10 (dez) anos para que o titular do direito subjetivo eventualmente violado por aquele que tem o dever jurídico de cumprir o encargo possa exercer a sua pretensão. Tal pretensão para exigência da execução do encargo, como tutela específica, não se confunde com o prazo decadencial de 1 (um) ano previsto no art. 559 do CC, que é aplicável apenas à revogação da doação por ingratidão do donatário e não por inexecução do encargo. O art. 559 está conectado e vinculado aos motivos que caracterizam ingratidão e não à inexecução do encargo.

Embora haja divergências sobre essa questão, não há dúvida de que o encargo consiste em dever jurídico, contraposto ao direito subjetivo do doador. Portanto, o caso é de prescrição. O donatário que ostenta o dever jurídico materializado no encargo, caso não o cumpra, viola o direito subjetivo do doador quanto ao referido encargo. Portanto, não há dúvida de que o encargo é dever e se contrapõe ao direito subjetivo de exigi-lo, o que caracteriza a prescrição.

4.4.8. Doação ao nascituro e doação em favor do absolutamente incapaz

O nascituro e o absolutamente incapaz podem ser titulares do direito subjetivo de doação. A doação em favor do nascituro e do absolutamente incapaz é disciplinada pela atual legislação, nos arts. 542 e 543.

Segundo o art. 542 do CC, a doação feita ao nascituro valerá e será eficaz, caso seja aceita pelo seu representante legal.

O nascituro é o ente ou a pessoa humana concebida, mas ainda não nascida. Para a corrente da concepção, da qual somos adeptos, a personalidade civil da pessoa humana tem início com a concepção. Portanto, desde a concepção já há pessoa e, nesta condição, o nascituro tem o direito de ser titular do direito à doação. Tal doação, segundo o art. 542 do CC, existe, é válida e eficaz. Como o nascituro ainda não tem condições de expressar vontade é natural que a aceitação seja delegada para o seu representante legal.

No entanto, se a doação for pura ou simples e o representante legal resolver recusá-la, deverá apresentar justificativa, sob pena deste direito ser transferido para outra pessoa. Não é possível o representante legal recusar doação pura sem qualquer justificativa.

A ausência de justificativa ou motivação relevante do representante legal transfere para outra pessoa que possa responder e representar o incapaz em relação a este ato específico. Caso não seja possível transferir o "poder de aceitação" para outra pessoa, a recusa do representante legal injusta será considerada ineficaz.

No caso, aplica-se por analogia o disposto no art. 543 do CC, que disciplina a doação em favor do absolutamente incapaz. Nesta situação, se a doação for pura, a aceitação se dá por ficção legal.

No caso do nascituro, em caso de doação pura, a recusa do representante legal deve ser justificada. Caso contrário, o "poder de aceitação" é transferido para outra pessoa que possa representar o incapaz ou aplica-se por analogia a regra disposta no art. 543 do CC.

Por outro lado, o art. 543 do CC, permite a doação em favor do absolutamente incapaz (que são as pessoas humanas arroladas no art. 3º do CC) e dispensa a aceitação, desde que a doação seja pura ou simples. A "dispensa da aceitação" deve ser analisada com a devida cautela e prudência. Tal "dispensa" ainda corresponde ao resquício odioso de que os incapazes não podem exteriorizar vontade ou a consideração de que a vontade dos absolutamente incapazes não possui relevância jurídica.

Na realidade, a depender da doação e do objeto doado, o absolutamente incapaz poderá expressar o desejo e a vontade de aceitar ou não o bem, ainda que se trate de doação pura. A incapacidade, analisada sob a perspectiva do princípio constitucional da dignidade da pessoa humana, não pode ser apenas formal.

É essencial verificar se no caso concreto, aquela pessoa humana, que o Estado, no art. 3º do CC, a pretexto de proteção, o rotula de absolutamente incapaz, tem condições de exteriorizar ou não vontade em relação a este negócio jurídico.

Se o absolutamente incapaz não necessitar da proteção do Estado para aquele contrato de doação, deverá prevalecer a vontade da pessoa, ainda que a doação seja pura. Por outro lado, se a doação envolver alguma complexidade, como a doação de imóvel, por exemplo, dispensa-se a aceitação formal se for pura. Isso porque a doação nesta hipótese não trará qualquer prejuízo ao incapaz e a aceitação pode ser considerada ficta.

Deve ser registrado que a doação com reserva de usufruto e a doação com cláusula de inalienabilidade, impenhorabilidade e incomunicabilidade são consideradas doações puras.

Há uma aparente contradição entre o art. 543 e o art. 1.748 do CC, segundo o qual, compete ao tutor, com autorização do juiz, aceitar doações em favor do tutelado, ainda que a doação seja pura. Para preservar a harmonia do sistema, se o menor, absolutamente incapaz, estiver sob o regime da tutela, o tutor, com autorização judicial, poderá aceitar a doação pura em favor do pupilo ou tutelado. Em qualquer outra situação de pessoa absolutamente incapaz, incide a regra geral do art. 543 do CC.

Em resumo, o nascituro e o absolutamente incapaz possuem legitimidade e plena capacidade de direito para serem titulares do direito subjetivo de doação

4.4.9. Doação entre ascendentes e descendentes e de um cônjuge a outro: adiantamento de legítima, se a doação for colacionável

O Código Civil admite a doação de ascendentes em favor de descendentes ou de um cônjuge a outro. Tal doação poderá repercutir no direito sucessório, pois, a depender da presença de alguns pressupostos, importará adiantamento de legítima, ou seja, adiantamento do que cabe aos donatários na futura sucessão do doador.

De acordo com o 544 do CC: "A doação de ascendentes a descendentes, ou de um cônjuge a outro, importa adiantamento do que lhes cabe por herança".

O objetivo da norma em comento é preservar a igualdade entre os herdeiros necessários, em relação à legítima (parte indisponível da herança).

Todavia, a norma diz menos do que deveria. No âmbito dos contratos de doação, a legítima dos herdeiros necessários poderá ser protegida pela inoficiosidade (art. 548 – doação inoficiosa) ou pela obrigatoriedade de colação (art. 544 – doações colacionáveis).

Nesse sentido, o art. 544 deve ser analisado em conjunto com o instituto da colação. O objeto das colações são doações realizadas em vida pelo autor da herança em favor de pessoas específicas (descendentes e cônjuge). Todavia, nem todas as doações, mesmo realizadas em favor daqueles mencionados no art. 544 do CC são colacionáveis.

A doação somente será colacionável e, portanto, implicará adiantamento de legítima, quando presentes alguns pressupostos legais. Não basta que seja doação de ascendente para descendente ou de cônjuge a outro, para implicar que a doação caracterize adiantamento de legítima.

A doação colacionável (art. 544) depende dos seguintes pressupostos: 1 – o doador é ascendente ou cônjuge do donatário; 2 – o donatário é descendente ou cônjuge do doador; 3 – o donatário, descendente ou cônjuge do doador, necessariamente, deverá ter legitimidade para participar da sucessão do doador, por direito próprio ou por representação, o que deve ser apurado no momento da doação (assim, se avô doa para neto e este não participa da sucessão do avô porque o pai/mãe é quem receberá a herança, tal doação ao neto, embora de ascendente para descendente, não é adiantamento de legítima; o cônjuge somente terá o dever de colação se tiver legitimidade sucessória, pois na concorrência com descendentes tal legitimi-

dade dependerá do regime de bens – por isso, nem toda doação em favor de cônjuge será adiantamento de legítima); e, 4 – o doador não pode ter, no ato da liberalidade ou em ato posterior, como testamento, dispensado o donatário da colação (se dispensou, a doação terá saído da parte disponível, razão pela qual não há que se cogitar em adiantamento de legítima).

Portanto, é essencial a presença destes pressupostos para que a doação de ascendente a descendente ou de cônjuge a outro caracterize adiantamento de legítima, o que obrigará o donatário à colação, para igualar as legítimas.

Se ausente qualquer requisito, a legítima dos herdeiros necessários somente poderá ser protegida pela inoficiosidade, art. 548 do Código Civil, que considera nula a doação em relação ao excesso da parte disponível.

Todavia, no caso da inoficiosidade (nulidade do excesso – redução do negócio jurídico, art. 184 do CC), a apuração do excesso deve ser realizada no momento da liberalidade, ou seja, no momento da doação. Assim, qualquer variação no patrimônio do doador, para mais ou para menos, após a doação, não tem relevância para fins de inoficiosidade. A eventual nulidade do excesso deve ter como parâmetro o patrimônio do doador no exato momento da doação. O art. 548 deve ser interpretado em conjunto com o art. 2.007 do CC, que trata justamente da redução de doações inoficiosas. Aliás, como o objetivo, neste caso, é proteger a legítima, se o excesso favorecer aquele que teria direito à legítima, não há que se cogitar em nulidade. Por exemplo, João tem 3 filhos, Pedro, Maria, e José e um patrimônio de R$ 1.200.000,00. João, com reserva de usufruto, resolve doar todos os seus bens para Pedro e Maria, R$ 600.000,00 para cada, caso em que José nada recebeu. José pode requerer a nulidade do excesso para proteger a sua legítima. Ocorre que, neste exemplo, como uma parte do excesso, R$ 400.000,00, já é destinado a herdeiros necessários que têm direito à legítima, José somente poderá requerer a nulidade de R$ 200.000,00, que seria a sua parte na quota indisponível de R$ 600.000,00. Os outros R$ 400.000,00 já seriam destinados a Pedro e Maria (§ 3º do art. 2.007 do CC).

Por outro lado, no caso da doação colacionável, o controle não se faz no momento da doação, mas no momento da abertura da sucessão. O bem doado será colacionado pelo donatário descendente ou cônjuge que tiver tal dever e, para fins de igualar a legítima, será verificado o patrimônio do doador no momento da abertura da sucessão. Portanto, neste caso, variações patrimoniais para mais ou para menos após a doação poderão repercutir no direito do donatário, pois a doação será comparada com o patrimônio no momento da abertura da sucessão e não com o patrimônio no momento da doação. Todavia, em relação à doação não colacionável, se será reduzida ou não, a comparação é com o patrimônio do doador no momento da liberalidade (art. 2.007 do CC).

A legítima é a parte indisponível da herança que pertence aos herdeiros necessários, descendentes, ascendentes e cônjuge (art. 1845 do CC). De acordo com o art. 1.846 do CC, pertence aos herdeiros necessários, de pleno direito, a metade dos bens da herança, que constitui a legítima. O art. 544 do CC tem por objetivo e finalidade assegurar que os herdeiros necessários recebam, em partes iguais, a parte da herança que corresponde à legítima. Todavia, para incidência do art. 544, a doação deve ser colacionável.

A legítima, em regra, é calculada sobre o valor dos bens existentes na abertura da sucessão, abatidas as dívidas e as despesas do funeral, com a adição dos bens sujeitos à colação (art. 1.847). No caso das doações inoficiosas, para fins de proteger a legítima, o cálculo é realizado no momento da doação, independente dos bens existentes na abertura da sucessão.

Portanto, na doação entre ascendentes e descendentes ou de um cônjuge a outro, se o doador concretizar a doação sem a ressalva de que os bens doados integram a parte disponível, a doação, se presentes os requisitos mencionados, caracterizará adiantamento de legítima e, por isso, devem ser submetidos à colação. Por outro lado, se o doador, no ato da liberalidade, declarar que os bens doados integram a parte disponível, mesmo entre ascendentes e descendentes ou de um cônjuge a outro, não se caracterizará o adiantamento de legítima (o controle e a proteção dos herdeiros necessários será pela inoficiosidade, art. 548 do CC).

De acordo com o disposto no art. 2.003 do CC, a colação tem por finalidade igualar, na proporção estabelecida no Código, as legítimas dos descendentes e do cônjuge sobrevivente, obrigando também os donatários que, ao tempo do falecimento do doador, já não mais tiverem os bens. Assim, mesmo os donatários que não mais estão na posse dos bens por ocasião do falecimento do doador, deverão considerar o valor dos bens recebidos à época da liberalidade para o fim de se igualar as legítimas.

Tal tema é objeto de análise do capítulo das sucessões, para onde remetemos o leitor.

De acordo com o art. 544 do CC, somente caracteriza adiantamento de legítima a doação de ascendente para descendente ou de um cônjuge a outro, mas não haverá adiantamento de legítima a doação de descendente para ou em favor de ascendente, por ausência de previsão legal.

A doação de ascendente em favor de descendente tem disciplina jurídica diversa da compra e venda entre estes mesmos sujeitos.

No mais, a doação de um cônjuge ao outro somente caracterizará adiantamento de legítima se o cônjuge vier a participar da sucessão, seja concorrendo com descendentes ou ascendentes, seja como herdeiro exclusivo. Em caso contrário, se submete à restrição da inoficiosidade, a ser apurada no momento da doação.

4.4.10. Doação em forma de subvenção periódica

A doação em forma de subvenção periódica tem relação direta com o objeto da doação. No caso, o objeto da doação envolve prestações periódicas, que podem ser mensais, bimestrais, trimestrais etc.

O doador ou benfeitor poderá destinar recursos periódicos, como aluguéis, com a finalidade de auxiliar ou garantir a subsistência do donatário beneficiário.

A doação, com tal objeto, tem caráter personalíssimo, pois não pode ultrapassar a vida do donatário, ou seja, o objeto da doação, embora se incorpore no patrimônio do donatário, não se transmite aos herdeiros deste.

O art. 545 do CC, que disciplina a doação com este objeto, dispõe que a doação em forma de subvenção periódica extingue-se com a morte do doador. No entanto, nada impede que o doador, no ato da liberalidade, disponha que a doação permaneça mesmo após a sua morte, mas em nenhuma hipótese poderá ultrapassar a vida do donatário. Se o doador, por ato de vontade, dispuser que a subvenção periódica será devida mesmo após a sua morte, os herdeiros permanecem obrigados a dar continuidade à vontade exteriorizada pelo doador, mas a legítima destes herdeiros e as forças da herança são limites para a subvenção em favor do donatário.

Assim, tal doação não contempla os herdeiros do donatário.

Trata-se de doação consensual, pois o doador se obriga a entregar, periodicamente, determinado objeto (prestações), em parcelas ao donatário. O donativo ou a subvenção pode ou não ser em dinheiro e a periodicidade é determinada pelo doador.

Como destaca Lôbo[74]: "A lei exige a forma de subvenção, entendida como donativo, subsídio, ajuda ou auxílio pecuniários, com intuito de liberalidade. Não se confunde com paga ou remuneração. Portanto, não se pode cogitar de subvenção na entrega periódica de bens móveis, semoventes, direitos reais ou imóveis. Nesses casos, cada entrega corresponde a uma doação distinta. É abrangente de alimentos, rendas, dividendos".

Nada impede que o doador se obrigue a manter a subvenção durante período de tempo determinado. Neste caso, em caso de inadimplemento, o donatário poderá invocar as regras gerais de inadimplemento. Entretanto, se não for pactuado prazo, por se tratar de liberalidade, o doador poderá, a qualquer momento, suspender o pagamento da subvenção.

4.4.11. Doação feita em contemplação de casamento futuro com pessoa determinada

A doação realizada em contemplação de casamento futuro com certa e determinada pessoa é disciplinada pelo art. 546 do CC.

De acordo com esse dispositivo, "a doação feita em contemplação de casamento futuro com certa e determinada pessoa, quer pelos nubentes entre si, quer por terceiro a um deles, a ambos, ou aos filhos que, de futuro, houver um do outro, não pode ser impugnada por falta de aceitação, e só ficará sem efeito se o casamento não se realizar".

---

[74] LÔBO, Paulo Luiz Netto. *Contratos*. São Paulo: Saraiva, 2010 (col. Direito Civil, p. 298-299).

A doação é subordinada a uma condição suspensiva, que é a realização do casamento com certa e determinada pessoa. A condição suspensiva subordina a eficácia da doação a evento futuro e incerto, a realização do casamento. Se o casamento não se concretizar ou não se realizar, o donatário ou donatários não adquirirá ou não adquirirão o direito subjetivo ao objeto da doação.

A aceitação da doação, nesta hipótese, é presumida. A presunção integra a consolidação das núpcias. A aceitação da doação está conectada à aceitação do casamento. Como ressalta Nader[75]: "ao externar a declaração de vontade, o cônjuge ou o casal, estará dizendo sim também à doação". Todavia, tal presunção é relativa, porque o contemplado ou contemplados poderão recusar a doação, de forma expressa e inequívoca.

A doação *propter nuptias*, nos termos do art. 546 do CC, pode ser realizada por um dos nubentes em favor do outro ("nubentes entre si"), por terceiro em favor de um dos nubentes ou de ambos os nubentes ou, ainda, por terceiro em favor dos filhos que, no futuro, vierem a nascer da união. Neste último caso, a doação de dá em favor da prole eventual.

Portanto, a doação pode ser realizada por um dos nubentes ou por terceiro, o qual poderá doar a um ou ambos ou à prole eventual. A doação em favor da prole eventual dependerá não apenas da realização do casamento, mas também do nascimento do filho ou filhos.

A doação em contemplação de casamento futuro em favor da prole eventual poderá ser de difícil administração na prática, porque não haverá instituição de fideicomisso e tampouco constituição de usufruto convencional. Neste caso, os pais da prole eventual, quando este vier a nascer e até que complete a maioridade, serão usufrutuários e administradores dos bens dos filhos, tudo na forma do art. 1.691 do CC. O usufruto legal e o direito de administração previsto em lei são as únicas formas de viabilizar a doação em favor da prole eventual. A condição suspensiva somente se caracterizará quando a prole eventual nascer. Por isso, são duas condições suspensivas sucessivas: o casamento realizado e o nascimento do filho.

A doação que ostenta tal condição suspensiva, realização de futuro casamento, não pode ser revogada por ingratidão do donatário, como enuncia o art. 564, IV, do CC. O objetivo é preservar a harmonia familiar.

Em caso de invalidação do casamento, a doação que dele decorre não produz efeitos, em especial no caso de nulidade (violação de impedimentos – arts. 1.521 e 1.548, ambos do CC). De acordo com o art. 1.563 do CC, a sentença que decretar a nulidade do casamento retroagirá à data de sua celebração, mas ficam ressalvados os direitos onerosamente adquiridos por terceiros de boa-fé.

Entretanto, se os próprios cônjuges estiverem de boa-fé, o casamento, em relação a eles, produz todos os efeitos, inclusive o efeito da concretização da doação, tudo na forma do art. 1.561 do CC, ainda que o vício acarrete a nulidade do casamento. A boa-fé dos cônjuges preservará a doação, ainda que o casamento for anulável ou nulo. Se apenas um dos cônjuges estiver de boa-fé quanto aos vícios do casamento, os efeitos civis, entre eles o da doação, só a ele aproveitarão (§ 1º do art. 1.561 do CC).

4.4.12. Doação e cláusula de reversão: propriedade resolúvel

O doador, no ato da liberalidade, poderá impor limitações dos efeitos da doação em relação ao donatário. Se o doador sobreviver ao donatário (o donatário vem a falecer primeiro que o doador), poderá aquele estipular que o bem doado retornará ao patrimônio do doador.

O doador, por questões pessoais ou de foro íntimo, não tem interesse que o bem doado seja transferido aos herdeiros do donatário. A cláusula de reversão somente terá eficácia se o donatário falecer antes que o doador. Caso contrário, não haverá como evitar a transferência dos bens doados aos herdeiros do donatário.

É a denominada cláusula de "reversão". Neste caso, a propriedade do donatário em relação ao bem objeto da doação é resolúvel. Se o donatário falecer antes que o doador, o direito de propriedade do donatário em relação ao bem doado não se transfere aos herdeiros deste, mas se resolve em favor do doador.

Há efetiva reversão da doação em favor do doador. No caso de comoriência entre doador e donatário, não incide a cláusula de reversão. Neste caso, os bens doados serão transferidos, por sucessão *causa mortis*, ao patrimônio dos sucessores do donatário. Para a incidência da cláusula de reversão, fundamental a premoriência do donatário.

É o que dispõe o art. 547 do CC, segundo o qual o doador pode estipular que os bens doados voltem ao seu patrimônio, se sobreviver ao donatário. A doação deixa de ser definitiva e torna a propriedade do bem doado resolúvel (art. 1.359 do CC).

A cláusula de reversão tem a natureza jurídica de condição resolutiva e, por isso, implementada a condição (morte do donatário antes do doador), resolve-se a propriedade em favor do doador. O pacto de reversão somente terá eficácia se o doador sobreviver ao donatário.

Por outro lado, se o doador falecer antes do donatário, a propriedade do donatário deixa de ser resolúvel e o bem doado integrará o patrimônio do donatário de forma definitiva e, com o posterior falecimento do donatário, o bem doado, naturalmente, será transferido aos herdeiros deste.

Na subvenção periódica, disciplina no art. 545 (objeto especial de bem doado), a morte do donatário, independentemente de ser antes ou depois da morte do doador, implica na extinção da doação. Não há reversão no caso de doação que tem por objeto subvenção periódica. É tipo especial de doação com caráter personalíssimo.

A cláusula de reversão pode ser imposta em qualquer doação e torna a propriedade do donatário resolúvel, com todas as consequências de qualquer propriedade resolúvel, na forma do art. 1.359 do CC. No próprio título da

---

[75] NADER, Paulo. *Curso de direito civil – Contratos*. 9. ed. Rio de Janeiro: Forense, 2018. v. III, p. 295.

constituição, há previsão de extinção da propriedade se a condição resolutiva se consuma. Assim, a constituição de direitos reais pelo donatário durante o período em que a propriedade era resolúvel fica na dependência da condição resolutiva. Se o donatário falecer antes que o doador, todos os direitos reais, inclusive alienação a terceiros, constituídos durante o período em que a propriedade era resolúvel, são extintos. A cláusula produzirá efeitos em relação a terceiros, justamente por se tratar de propriedade resolúvel.

A condição resolutiva deve estar expressa na escritura pública ou no instrumento particular de doação. Não pode ser presumida.

O parágrafo único do art. 547 do CC proíbe a cláusula de reversão em favor de terceiro. A reversão, necessariamente, ocorrerá em favor do doador. A reversão em favor de terceiro é considerada "cláusula não escrita". Os bens retornam e são revertidos ao patrimônio do doador. O doador se torna uma espécie de sucessor do donatário em relação ao bem doado. O objetivo da norma é evitar doações sucessivas. A reversão dependerá da morte superveniente do donatário e da sobrevivência do doador.

4.4.13. Vedações legais à doação: doação universal, doação inoficiosa e doação ao cônjuge adúltero

O Código Civil, nos arts. 548 a 550, impõe vedações ou proibições ao contrato de doação. Tais normas limitam o ato de liberalidade do doador. As restrições legais afetam o direito subjetivo do doador que, em determinadas circunstâncias, fica impedido de concretizar a doação, com a possibilidade de sanções, caso as normas sejam violadas.

Nestas situações, estamos diante das denominadas "doações proibidas" ou "doações vedadas". A lei civil, sob esta rubrica, proíbe a doação universal (art. 548 do CC), a doação inoficiosa (art. 549 do CC) e a doação do cônjuge adúltero em favor do seu "cúmplice" (art. 550 do CC).

4.4.13.1. Doação universal

A doação universal está disciplinada no art. 548 do CC. É denominada "universal" porque tem como objeto a integralidade dos bens do doador. O doador, por liberalidade, resolve doar todos os bens que integram o seu patrimônio, sem fazer qualquer reserva de uma parte destes ou de renda decorrentes destes bens para garantir a sua subsistência.

Tal doação, segundo o art. 548 do CC, é nula. A sanção da nulidade implica reconhecer que tal doação viola o interesse público. Por esta razão, tal contrato de doação universal se submete ao regime jurídico dos atos e negócios jurídicos nulos (não há prazo para reconhecer e declarar essa nulidade; ampla legitimidade, inclusive o juiz de ofício – art. 168 do CC; impossibilidade de ratificação ou confirmação – art. 169).

O objetivo da norma é tutelar o próprio doador e preservar a sua dignidade. A dignidade da pessoa humana é preservada quando o "mínimo existencial material" é garantido a qualquer pessoa. A doação de todos os bens, sem qualquer reserva para subsistência do doador, poderia comprometer o mínimo existencial material e a própria dignidade do doador. É a proteção do patrimônio mínimo, essencial para preservação do núcleo essencial da dignidade do doador.

A doação não pode, sob qualquer pretexto, comprometer a dignidade do doador relacionada à sua subsistência material. Por isso, ainda que a doação envolva a totalidade dos bens do doador, não haverá nulidade se o doador reservar renda suficiente para sua subsistência, pois esse é o objetivo da norma jurídica. A doação de todos os bens com cláusula de usufruto vitalício, por exemplo, não atrairá a sanção prevista na norma, porque o mínimo existencial material do doador estará preservado.

Como ressaltam Rosenvald e Chaves[76]: "sem dúvida, a norma possui um forte conteúdo ético, pois impede que o ser humano seja privado do mínimo existencial. Equivale a dizer, fique desprovido de um mínimo patrimonial, de onde possa extrair rendas ou alimentos imprescindíveis à sua subsistência".

A vedação à doação universal objetiva concretizar o princípio constitucional da dignidade da pessoa humana. Apenas no caso concreto será possível verificar se tal princípio foi violado e se deve ser aplicada a sanção prevista na norma, que é a nulidade de todo contrato de doação.

Para que se caracterize a nulidade, não é necessário prova de que o doador seja reduzido à miséria.

A nulidade, como ressaltado, é a sanção prevista para esta doação. É caso de nulidade textual (art. 166, VII, do CC). O pressuposto fundamental para a declaração de nulidade é a privação do doador quanto a meios necessários e suficientes para sua subsistência. Desta forma, se houver reserva de renda suficiente para a subsistência do doador, de alguma fonte de renda periódica ou alimentos em seu favor, preservando a manutenção material e o patrimônio mínimo necessário para a subsistência com dignidade, não haverá nulidade ainda que todos os bens sejam doados. A norma não quer que o doador seja reduzido à miserabilidade ou que passe a viver de caridades ou expensas alheias.

4.4.13.2. Doação inoficiosa

A outra espécie de "doação proibida" é a denominada doação inoficiosa, disciplinada no art. 549 do CC.

De acordo com esse dispositivo, nula é também a doação quanto à parte que exceder à de que o doador, no momento da liberalidade, poderia dispor em testamento.

O objetivo desta proibição é diverso daquele da norma que disciplina a doação universal ou de todos os bens. Aqui, a finalidade é a preservação da legítima dos herdeiros necessários.

Neste caso, a doação será nula naquilo que violar a legítima dos herdeiros necessários (art. 1.845 do CC – cônjuge, ascendentes e descendentes). O objetivo da doação inoficiosa é preservar a legítima, parte indisponível da

---

[76] FARIAS, Cristiano Chaves de; ROSENVALD, Nelson. *Curso de direito civil – Teoria geral e contratos em espécie*. 4. ed. Salvador: JusPodivm, 2014. v. 4, p. 809.

herança que pertence aos herdeiros necessários. Os herdeiros necessários, de acordo com o art. 1.846 do CC, têm direito subjetivo à metade dos bens da herança, constituindo a legítima. Em testamento, a legítima dos herdeiros necessários não poderá integrar esse ato, conforme proibição legal expressa (arts. 1.789, 1.846 e 1.857, § 1º). Se houver herdeiro necessário, o testador só pode dispor da metade da herança. E essa metade disponível, em regra, é calculada de acordo com o disposto no art. 1.847 do CC[77]. No caso das doações inoficiosas, o cálculo é realizado no momento da doação, com a comparação do valor do bem doado e o patrimônio do doador.

A doação de parte que excede essa metade disponível é nula e, da mesma forma que a doação universal, se submete ao regime jurídico das nulidades dos atos e negócios jurídicos em geral.

A parte disponível pode ser livremente doada. A outra metade, a parte indisponível é intangível, destinada aos herdeiros necessários. De qualquer forma, a nulidade é apenas do excesso e não da totalidade da doação.

Na ausência de herdeiros necessários, é possível a doação da totalidade dos bens, desde que o doador reserve parte ou renda suficiente para sua subsistência, para não incidir na sanção prevista no art. 549 do CC (que veda a doação universal que viole o patrimônio material mínimo).

O art. 549 do CC é expresso quanto ao momento da doação. É o ato de liberalidade ou da doação.

No mesmo sentido Rosenvald e Chaves[78]: "O cálculo da legítima (e, por conseguinte, do excesso, ou não, da doação) será realizado no momento da realização da doação e, por conta disso, eventuais variações patrimoniais para mais ou para menos, posteriores à liberalidade, não validam o que é inválido ou invalidam o válido. Fundamental é a aferição do valor do patrimônio contemporâneo a cada ato dispositivo".

A variação patrimonial superveniente ao ato de liberalidade não influencia o cálculo da legítima para fins de nulidade. A aferição do valor deve ter como parâmetro a data do ato em si, da liberalidade, doação propriamente dita. É o que dispõe o § 1º do art. 2.007 do CC, que complementa o art. 549.

De acordo com o art. 2.007 do CC, são sujeitas a redução as doações em que se apurar excesso quanto a que o doador poderia dispor, no momento da liberalidade. O excesso será apurado com base no valor que os bens doados tinham no momento da liberalidade. A ação de redução por inoficiosidade, em que pesem as divergências doutrinárias e jurisprudenciais, pode ser proposta desde o momento da doação. A legitimidade ativa é dos sucessores que, no momento da doação, teriam seus interesses econômicos potencialmente comprometidos, herdeiros necessários. A legitimidade passiva é do donatário e do doador, se vivo estiver. Embora se trate de nulidade, em razão dos efeitos patrimoniais, a pretensão está sujeita ao prazo prescricional de 10 anos (art. 205 do CC), conforme entendimento consolidado no STJ. A redução será feita em substância, com a restituição do bem doado ao acervo e, apenas se não existir, será em espécie.

Se a doação for realizada a herdeiro necessário, que é o sujeito protegido pela norma, o eventual excesso na doação deve considerar o seu direito sobre a legítima, conforme o § 3º do art. 2.007. Explico. Se uma pessoa tem um patrimônio de R$ 300.000,00 e três filhos e faz doação de R$ 200.000,00 a um deles, aparentemente, teria ocorrido excesso em R$ 50.000,00. Ocorre que o filho donatário, na parte indisponível, R$ 150.000,00, terá direito a R$ 50.000,00. Portanto, os demais somente poderiam questionar R$ 100.000,00, o que evidencia que não há excesso no caso, pois o valor que superou a metade disponível já seria direito do donatário beneficiado como herdeiro necessário.

4.4.13.3. Doação do cônjuge adúltero ao seu cúmplice

O art. 550 do CC disciplina a terceira hipótese de "doação proibida". Nesta situação, o objetivo da norma é a tutela do núcleo familiar e os direitos fundamentais do cônjuge traído.

Segundo o referido dispositivo, a doação do cônjuge adúltero ao seu cúmplice pode ser anulada pelo outro cônjuge, ou por seus herdeiros necessários, até 2 (dois) anos depois de dissolvida a sociedade conjugal. O casamento pode ser de pessoas de sexo oposto ou de pessoas do mesmo sexo. O preconceito da norma é gritante. Ainda que a norma tenha o pretexto (falso) de proteger a família, há um ranço de falso moralismo decorrente de uma sociedade preconceituosa e casamenteira que, de forma inerte e inconsequente, aceita se submeter a concepções cristãs-judaicas que ainda influenciam a sociedade.

Não se está a defender a existência de uniões ou relacionamentos paralelos, mas a liberdade das pessoas conduzirem os seus planos e processos de vida sem qualquer chantagem do Estado, falsos moralismos e imposição de padrões de conduta. As pessoas são diferentes demais, plurais demais, complexas demais, intensas ou oprimidas demais, tudo no superlativo, para alguém ter a pretensão de enquadrar as relações afetivas entre pessoas em uma moldura idealizada por legisladores sem escrúpulo, dignidade, ética ou moralidade para intervir nas relações humanas.

---

[77] Calcula-se a legítima sobre o valor dos bens existentes na abertura da sucessão, abatidas as dívidas e as despesas do funeral, adicionando-se, em seguida, o valor dos bens sujeitos a colação.

[78] FARIAS, Cristiano Chaves de; ROSENVALD, Nelson. *Curso de direito civil – Teoria geral e contratos em espécie*. 4. ed. Salvador: JusPodivm, 2014. v. 4, p. 811.

Como a finalidade da norma é tutelar o núcleo familiar em geral e o interesse patrimonial do cônjuge prejudicado pela doação em particular, a sanção é menos intensa do que aquela prevista para a doação universal e a doação inoficiosa, casos de nulidade (interesse público). No caso, prepondera o interesse privado do cônjuge prejudicado pelo seu consorte, motivo pelo qual a sanção é mais flexível, anulação.

Por isso, aplica-se ao pedido de invalidação desta doação o regime jurídico da anulação. O legitimado é apenas o cônjuge e, no caso de morte deste, terão legitimidade os herdeiros necessários do cônjuge traído. A legitimidade para invalidação, portanto, é restrita. Ademais, tal doação é passível de confirmação ou ratificação, na forma dos arts. 172 a 174 do CC e pode convalescer pelo decurso do tempo, ou seja, pelo não ajuizamento da ação de invalidade pelos legitimados no prazo de decadência de 2 (dois) anos, previsto no art. 550 do CC.

É irrelevante o regime de bens do casamento. O pedido de invalidação pode ser formalizado na constância do casamento ou até 2 (dois) anos após a dissolução da sociedade conjugal, que ocorre com o divórcio ou a morte. Portanto, o cônjuge não tem legitimidade para fazer doações ao seu "cúmplice", "amante", "namorado" ou "concubino". Independentemente da caracterização do adultério no âmbito criminal (até pela revogação do crime de adultério, previsto no art. 240 do CP, pela Lei Federal n. 11.106/2005) é possível o ajuizamento desta ação.

Se o doador for casado, mas separado de fato, não há qualquer proibição na doação em favor da pessoa que se relaciona com o doador. É o caso em que o doador é casado, mas está separado de fato e convive em união estável com o donatário. Neste caso, não há proibição na doação, até porque a união estável constitui entidade familiar tutelada pela Constituição Federal (art. 1.723, § 1º, do CC). Tal questão já foi objeto de análise no STJ, por meio do REsp 408.296/RJ.

O legislador perdeu a oportunidade de excluir do texto legal as expressões "adúltero" e "cúmplice", termos vinculados a práticas criminosas. No caso, como já ressaltado, não há que se cogitar em crime. A invalidação da doação decorre de sanção civil pela violação de deveres do casamento, em especial a fidelidade recíproca e para os mais conservadores o respeito e consideração mútuos (art. 1.566, I e V, do CC). A violação destes deveres do casamento, acompanhadas de doação, como presentes para o donatário, com quem o doador casado se relacionada, torna o contrato de doação passível de doação. Portanto, os termos são equivocados e de certa forma carregados de preconceitos frutos de uma sociedade conservadora, casamenteira e hipócrita. As relações entre casais não precisam de rótulos do Estado. Cada pessoa, de acordo com a sua individualidade e autonomia, decide como e com quem se relaciona. A pluralidade da sociedade e de seus valores, a ausência de determinado padrão de moralidade a ser seguido pelos casais e o dinamismo das relações intersubjetivas são incompatíveis com tais expressões.

O art. 550 do CC tem relação com o disposto no art. 1.642, V, da mesma lei, cujo dispositivo está inserido no capítulo que disciplina o direito patrimonial entre os cônjuges e a forma de administração. De acordo com este último dispositivo, independente do regime de bens, qualquer dos cônjuges poderá livremente reivindicar os bens comuns, móveis ou imóveis, doados pelo outro ao concubino, desde que provado que estes bens reivindicados não tenham sido adquiridos pelo esforço comum do doador e seu concubino.

Há diferenças entre as normas jurídicas a serem ressaltadas. Em primeiro lugar, no caso de doação do cônjuge para o concubino, o art. 550 prevê a invalidação do contrato de doação e o art. 1.642, V, menciona a reivindicação, baseada no direito de propriedade e na sequela que caracteriza os direitos reais (art. 1.228 do CC).

Segundo, a reivindicação somente poderá ocorrer em relação aos bens doados, se estes integrarem o patrimônio comum do casal. Os bens particulares do cônjuge doador não poderiam ser reivindicados. No entanto, o art. 550, que disciplina a invalidade da doação, não faz diferença entre bens comuns e bens particulares. Qualquer bem poderá implicar a invalidação da doação.

Terceiro, a reivindicação não tem prazo para ser exercida. A anulação da doação está sujeita ao prazo de decadência de 2 (dois) anos, após o término da sociedade conjugal.

Por último, a invalidação da doação não exige qualquer outro requisito que não seja o casamento do doador e a doação em favor de terceira pessoa com quem o doador mantém relação fora do casamento. A reivindicação impõe a prova de que o donatário não tenha contribuído para aquisição deste bem, sob pena de se caracterizar enriquecimento sem justa causa. Ademais, se houver separação de fato do cônjuge há mais de 5 (cinco) anos, haverá a presunção de contribuição do donatário.

O fato é que se o bem doado integra o patrimônio particular do doador, somente será possível a invalidação da doação com fundamento no art. 550 do CC, uma vez que o art. 1.642, V, não permite a reivindicação de bem particular.

Se o bem doado integrar o patrimônio comum, poderá surgir conflito entre as normas, pois o cônjuge prejudicado poderá pleitear a invalidade da doação no prazo de 2 (dois) anos ou, com base no direito de propriedade, por ser condômino dos bens comuns, poderá efetivar a reivindicação do bem, na forma do art. 1.642, V, do CC.

Aliás, se a doação envolver bem imóvel e o casamento não estiver submetido ao regime da separação convencional de bens, o negócio jurídico dependerá da anuência do cônjuge (art. 1.647), ainda que o bem não integre o patrimônio comum. Neste caso, o cônjuge que não anuiu também poderá requerer a invalidade ou anulação da doação, com base no art. 1.649 do CC.

4.4.14. Doação em favor de pluralidade de sujeitos (doação conjuntiva) e garantias do doador em relação ao bem doado (evicção e vício redibitório)

A denominada "doação conjuntiva" é aquela realizada em favor de vários donatários e está disciplinada pelo art. 551 do CC.

De acordo com este dispositivo, salvo declaração em contrário, a doação em comum a mais de uma pessoa entende-se distribuída entre elas por igual.

Assim, nada impede que o doador, no ato da liberalidade, contemple pluralidade de pessoas, donatários, sem especificar a cota-parte de cada. A ausência de individualização das cotas em favor de cada um dos donatários atrai a presunção legal de que a distribuição se dará de forma igual. Por outro lado, a norma tem caráter dispositivo, pois o doador pode estipular em sentido contrário e, no ato da liberalidade, determinar e individualizar as cotas em favor dos donatários de forma desigual.

Portanto, a doação conjuntiva é a doação estabelecida em benefício de duas ou mais pessoas e, em regra, sem qualquer ressalva da parcela do bem doado a cada donatário.

Não há em favor dos donatários o direito de acrescer em caso de morte de qualquer deles, salvo previsão do doador em sentido contrário, como permite o *caput* do art. 551 ou na hipótese prevista no parágrafo único deste mesmo artigo.

Se os donatários forem marido e mulher, subsistirá a totalidade da doação para o cônjuge sobrevivo. Neste caso, a parte do falecido não será transferida aos herdeiros deste, mas acrescerá ao patrimônio do outro cônjuge. Portanto, se os donatários forem marido e mulher, serão beneficiados pelo direito de acrescer em caso de morte de qualquer deles.

Como já ressaltado, o direito de acrescer também pode ser determinado pelo doador em favor de donatários que não sejam marido e mulher, uma vez que a norma em comento tem caráter dispositivo ("salvo convenção em contrário"), o que permitirá disposições decorrentes da concretização da autonomia privada do doador.

Se houver direito de acrescer, a parte do donatário que falecer não será transmitida para os seus herdeiros, porque irá acrescer a parte do outro ou outros donatários.

O direito de acrescer pode ser convencional, se decorrer da vontade do doador ou legal, na hipótese prevista no parágrafo único do art. 551 do CC.

O art. 552 do CC disciplina as garantias contratuais do doador em relação ao bem doado, transferido para o patrimônio do donatário.

Em razão do caráter de liberalidade da doação (sacrifício patrimonial e vantagem em favor de outrem), o doador não está obrigado a pagar juros moratórios e tampouco está sujeito às consequências da evicção (indenização decorrente da perda da coisa para terceiro) ou dos vícios redibitórios (resolução do contrato e restituição das partes ao estado anterior, com a possibilidade de perdas e danos se houver má-fé daquele que transfere a coisa a outrem).

A evicção é garantia legal em favor do sujeito que perde a coisa (objeto) para terceiro, com a finalidade de resguardar e tutelar o direito de propriedade deste. A consequência da evicção é o direito de indenização em favor do evicto contra o sujeito que transferiu ou entregou a coisa perdida para terceiro. Tal indenização está prevista no art. 450 do CC. O doador não está sujeito ao pagamento desta indenização, ainda que o donatário venha a perder a coisa para terceiro, cujo direito de propriedade tenha sido violado pelo doador ou por outra pessoa qualquer.

O vício é qualificado como redibitório quando ostenta características capazes de fundamentar pedido de redibição ou resolução do contrato. Se a coisa ostentar defeito material, corpóreo, oculta, anterior à tradição, desconhecido pelo destinatário, que prejudica de forma substancial a utilização da coisa, tal vício ou defeito será qualificado como redibitório, capaz de extinguir relação jurídica. A consequência do vício redibitório é a redibição do contrato (art. 442), com a possibilidade de perdas e danos se o sujeito responsável pela transferência estiver de má-fé (art. 443 do CC). O doador não se sujeita à resolução do contrato e tampouco ao pagamento de qualquer indenização ao donatário.

Por outro lado, se a doação for onerosa, com encargo, por exemplo, o doador se sujeitará às consequências dos vícios redibitórios, conforme art. 441, parágrafo único, do CC. Da mesma forma, na doação onerosa, o doador responde pelas consequências da evicção (indenização).

O art. 552 do CC se aplica às doações puras.

Na segunda parte do art. 552, há ainda uma exceção. Nas doações para casamento com certa e determinada pessoa, objeto do art. 546 do CC, o doador ficará sujeito à evicção, salvo convenção em contrário. A norma é supletiva para o caso de omissão das partes. Se o doador nada dispuser e nada for pactuado com o donatário, na doação com condição suspensiva de se casar com certa e determinada pessoa, o doador ficará sujeito à evicção.

Assiste razão ao mestre Caio Mário[79] quando destaca que embora o doador não responda pela evicção e vícios redibitórios "tem a obrigação de garantir o donatário, bem como seus sucessores, a título universal ou singular, contra seus próprios fatos pessoais: o donatário pode acioná-lo pelo dolo cometido, como ainda na qualidade

---

[79] PEREIRA, Caio Mário da Silva. *Instituições de direito civil*: Contratos. 11. ed. Rio de Janeiro: Forense, 2004. v. III, p. 260-261.

de sub-rogado do credor hipotecário, se recebeu imóvel hipotecado e teve de pagar o débito garantido".

4.4.15. Doação para entidade futura

A doação em favor de entidade futura se refere à possibilidade de ser efetivada doação em favor de qualquer entidade que ainda não foi constituída regularmente.

De acordo com o art. 554 do CC, a doação, neste caso, caducará se, em 2 (dois) anos, a entidade beneficiada não se constituir regularmente. Trata-se de doação com condição suspensiva, qual seja, a constituição da entidade no prazo de 2 (dois) anos contados do ato da liberalidade. A eficácia do negócio jurídico doação fica condicionada a evento futuro e incerto a ser concretizado em prazo legal. Caso não seja concretizada a condição suspensiva, a doação é ineficaz ou, segundo a regra não técnica do Código Civil, tal benefício caducará.

Nesse sentido, destaca Loureiro[80]: "Não obstante, há uma doação condicional: o contrato existe e é válido, mas somente produzirá efeitos se o donatário providenciar sua inscrição no órgão competente no prazo de dois anos. Ultrapassado o prazo sem constituição regular, o beneficiário perde o direito à doação".

A aceitação é presumida, porque o beneficiário, ao tempo da liberalidade, ainda não existe. As "entidades" a que se refere a lei podem ser as pessoas jurídicas em geral, como sociedades, associações, fundações, organizações religiosas, partidos políticos, bem como organizações não governamentais, entidades sem personalidade jurídica, como condomínio, entre outras. Não há limitação ou vedação legal para o termo "entidade", o qual deve ser interpretado de forma ampla. No mesmo sentido Nader[81]: "Destinatário da liberalidade não é apenas a pessoa jurídica de direito privado ou público, mas ainda os entes não personificados, como o espólio, a massa falida, o condomínio".

4.4.16. Revogação da doação: causas de revogação

A doação pode ser revogada por ingratidão do donatário, cujas causas estão especificadas em lei (art. 557 do CC) ou ainda por inadimplemento ou inexecução do encargo, na doação modal.

As duas hipóteses permissivas da revogação da doação estão previstas no art. 555 do CC. Tais causas de revogação (ingratidão e inexecução do encargo) são supervenientes à formação do contrato de doação. Por esta razão, as causas de revogação não se confundem com a invalidade da doação, que pode decorrer de qualquer causa ou fato originário e contemporâneo à formação deste contrato, capaz de comprometer a sua validade (como vícios de consentimento, simulações, fraudes etc.). A invalidade da doação é submetida ao regime de invalidades dos negócios e atos jurídicos em geral, objeto de disciplina da parte geral do Código Civil, arts. 166 a 184. Ademais, a doação pode ser invalidada quando for proibida, como são os casos de doação universal, inoficiosa ou da pessoa casada em favor de outrem com quem mantém relacionamento. Todavia, tais hipóteses são invalidades que já estão previstas no art. 166, VII (nulidades textuais) e são causas originárias, pois contaminam a própria formação deste negócio jurídico.

A ingratidão do donatário e o não cumprimento do encargo são causas necessariamente supervenientes à formação do contrato de doação e, por isso, levam à revogação, e não à invalidade da doação.

Como regra a doação é irrevogável após a sua formação válida. Excepcionalmente, poderá ser revogada por ingratidão do donatário ou inexecução do encargo. O contrato, nestas hipóteses, será extinto, ao passo que as partes retornam ao estado anterior.

As doações puras somente podem ser revogadas por ingratidão. As doações com encargo podem ser revogadas por ingratidão do donatário e logicamente pela inexecução do encargo.

Por outro lado, o art. 564 do CC veda a revogação, com fundamento na ingratidão do donatário, das doações puramente remuneratórias (por conta da finalidade deste tipo de doação), das oneradas com encargo já cumprido (o doador impôs ao donatário encargo que foi cumprido. Embora cumprido o encargo, o donatário pratica contra o doador ato que caracteriza ingratidão.

Devido ao cumprimento do encargo, a revogação pela ingratidão fica neutralizada), das doações que se fizerem em cumprimento de obrigação natural (pois, nesta hipótese, o donatário, credor do doador, embora não tivesse mais poder de exigibilidade em relação à prestação, mantinha intacto o seu direito subjetivo – esse direito subjetivo legítimo do donatário impede a revogação da doação por ingratidão) e, finalmente, das doações feitas para determinado casamento (a fim de preservar a harmonia do núcleo familiar). Tais doações possuem restrições ou de certa forma oneram o donatário, motivo pelo qual não podem ser revogadas por ingratidão.

A revogação da doação somente pode ser efetivada por decisão judicial, desde que demonstrada pelo doador a caracterização das causas previstas em lei, art. 555, inexecução do encargo e ingratidão. Não é possível a revogação da doação por ato de vontade do doador. Terá de demonstrar, em processo judicial, a ocorrência da causa legal superveniente ao ato de liberalidade. A revogação da doação traz como consequência os efeitos da propriedade resolúvel por causa superveniente prevista no art. 1.360 do CC.

---

[80] LOUREIRO, Luiz Guilherme. *Contratos – Teoria geral e contratos em espécie*. 3. ed. São Paulo: Método, 2008, p. 446.

[81] NADER, Paulo. *Curso de direito civil – Contratos*. 9. ed. Rio de Janeiro: Forense, 2018. v. III, p. 298.

A revogação da doação seguirá o procedimento sumário, de acordo com o disposto no art. 275, II, *g*, do CPC.

4.4.16.1. Revogação por inexecução de encargo

A revogação da doação por inexecução do encargo está vinculada à teoria do inadimplemento.

Como destaca Caio Mário[82]: "Sua situação equivale à de um contratante em inadimplemento culposo, que gera uma condição resolutiva tácita, equiparável ao que acontece com os demais contratos. A doação modal, sem perder a natureza própria da liberalidade, aproxima-se dos contratos bilaterais (CC, art. 555)".

O donatário, como contrapartida ao bem doado, deverá executar e cumprir determinado encargo em benefício do próprio doador, de terceiro ou do interesse geral, conforme dispõe o art. 553 do CC. Aliás, no caso do encargo em benefício do interesse geral, o Ministério Público poderá exigir a sua execução, depois da morte do doador, se este não tiver exigido o cumprimento.

O donatário, após ser constituído em mora, fica submetido e sujeito à revogação da doação pelo inadimplemento do encargo imposto pelo doador.

Se houver prazo predefinido pelo doador para cumprimento do encargo, em caso de inadimplemento, a mora será automática (*mora ex re*), nos termos do art. 397, *caput*, do CC. No entanto, se não houver prazo para cumprimento do encargo, o donatário poderá ser constituído em mora por meio de interpelação do doador ou do próprio Ministério Público, se o encargo for instituído no interesse geral (art. 397, parágrafo único, do CC – *mora ex persona*).

O art. 562 do CC tem regra semelhante ao disposto no art. 397 da mesma lei quanto à constituição em mora. De acordo com o art. 562 do CC, a doação onerosa pode ser revogada por inexecução do encargo, se o donatário incorrer em mora. Não havendo prazo para cumprimento, o doador poderá notificar judicialmente o donatário, assinando-lhe prazo razoável para que cumpra a obrigação assumida. Ainda que o donatário não execute o encargo por motivo alheio à sua vontade e, desde que não caracterizado o fortuito, a doação poderá ser revogada.

Por se tratar o encargo de prestação a ser cumprida pelo donatário, nada impede a purgação da mora, em especial se caracterizado o adimplemento substancial.

Em caso de inadimplemento do donatário quanto à execução do encargo, o doador poderá optar entre a tutela específica (exigir o cumprimento do encargo e manter o contrato de doação) ou, após a constituição do donatário em mora, requerer a revogação da doação.

A polêmica quanto à revogação da doação por inexecução do encargo está relacionada ao prazo, prescrição ou decadência. A primeira corrente defende a tese de que o prazo é prescricional e, portanto, de 10 anos, para requerer a resolução/revogação da doação por inadimplemento do encargo, justamente porque o encargo seria dever jurídico contraposto a direito subjetivo de exigi-lo, o que é afeto à prestação e, portanto, prescrição (art. 205 do CC). A segunda corrente defende a tese de que o prazo é o previsto no art. 559 do CC, decadencial e, portanto, de 1 ano. Tal discussão já foi objeto de análise em tópico anterior.

O STJ, no REsp 472.733/DF, adotou a tese de que a ação para tornar sem efeito a doação por motivo de inexecução do encargo se submete ao prazo de prescrição do art. 205 do CC. No mesmo sentido, o REsp 231.945/SP. Para o STJ, a demanda seria condenatória e, por esta razão, se sujeitaria ao prazo de prescrição.

O fato é que o início do prazo, seja ele de prescrição ou de decadência, pressupõe a constituição do donatário em mora, a ciência do doador e o fato do donatário não ter cumprido o encargo.

O direito de revogar a doação, mesmo no caso de não cumprimento do encargo, é personalíssimo (art. 560 do CC). Não se transmite aos herdeiros do doador e nem prejudica os herdeiros do donatário. Os herdeiros do doador apenas poderão dar continuidade à ação de revogação da doação já ajuizada pelo doador. Entretanto, o direito de exigir o cumprimento do encargo, o que é diferente, pode ser exercido pelo doador, terceiro e até pelo Ministério Público, na hipótese do parágrafo único do art. 553 do CC.

A revogação da doação não tem efeitos retroativos. O donatário não é obrigado a restituir os frutos percebidos de boa-fé antes da revogação, mas os frutos percebidos após a citação devem ser restituídos. Com a revogação, o donatário deverá devolver a coisa ao doador ou, em caso de impossibilidade, indenizar o preço correspondente. Se a coisa for alienada a terceiro de boa-fé, os direitos deste são preservados (art. 1.360 do CC) e, nesta hipótese, o donatário deverá indenizar o valor do bem doado.

4.4.16.2. Revogação por ingratidão do donatário

A doação também pode ser revogada por ingratidão do donatário (art. 555 do CC). Tal revogação ocorre em relação às doações puras. As hipóteses caracterizadoras da ingratidão estão previstas em lei (art. 557 do CC). Tais causas podem ser aferidas objetivamente, o que retira do doador a possibilidade de, com base em sentimentos íntimos e egoístas, pretender revogar a doação por ingratidão, com base em hipóteses não previstas em lei.

O art. 556 do CC proíbe a renúncia antecipada ao direito de revogar a doação por ingratidão do donatário. Tal cláusula de renúncia antecipada é nula e não surte qualquer efeito. Como enuncia Nader[83]: "Norma de natureza cogente impede o doador de renunciar, antecipadamente, o direito de revogar o ato de liberalidade. No momento da doação o benfeitor encontra-se com o espírito desprendido, incapaz de avaliar a dor moral que possa aguardá-lo. Tal renúncia não teria apoio na moral, do mesmo modo que o ato de perdoar por uma infração ainda não cometida. Além deste aspecto, soa estranho e mesmo contra a

---

[82] PEREIRA, Caio Mário da Silva. *Instituições de direito civil:* Contratos. 11. ed. Rio de Janeiro: Forense, 2004. v. III, p. 265.

[83] NADER, Paulo. *Curso de direito civil – Contratos*. 9. ed. Rio de Janeiro: Forense, 2018. v. III, p. 299.

moral uma cláusula neste sentido e quando a relação entre doador e donatário é de harmonia".

Segundo o art. 557, podem ser revogadas por ingratidão do donatário, as doações quando este atenta contra a vida, a integridade física, a honra subjetiva e objetiva e a dignidade do doador. Portanto, a lei define as hipóteses em que poderá restar caracterizada a ingratidão. Não há ingratidão fora das hipóteses legais.

Na primeira hipótese, haverá ingratidão "se o donatário atentou contra a vida do doador ou cometeu crime de homicídio doloso contra ele" (inciso I do art. 557).

O atentado contra a vida do doador caracteriza ingratidão, independente da consumação ou não (mera tentativa) do homicídio ou de outro ato contra a vida do doador (instigação ou auxílio ao suicídio, genocídio em que o doador é vítima, terrorismo, entre outros). A revogação da doação por conta deste fato não está vinculada a qualquer decisão em juízo ou processo criminal. Nesta hipótese, a ação cível de revogação da doação é independente de eventual condenação criminal.

No caso de homicídio consumado (morte do doador) e, por ser a ação de revogação personalíssima, nesta hipótese, o Código Civil confere legitimidade aos sucessores do doador por razões óbvias. De acordo com o art. 561 do CC, no caso de homicídio doloso do doador, a ação caberá aos seus herdeiros. Tal dispositivo ainda menciona que não haverá possibilidade de ação revocatória se o doador houver perdoado o donatário que atentou contra a sua vida. Ocorre que o perdão, no caso de homicídio, somente será possível se o homicídio doloso for tentado (o doador não morre), pois não há como perdoar o donatário na hipótese de homicídio doloso consumado (doador morreu). Tal exceção é um vacilo do legislador, uma vez que no homicídio doloso consumado, salvo se o doador ressuscitar, o que é pouco ou nada provável, o perdão é inviável.

Na segunda hipótese, haverá revogação da doação por ingratidão "se cometeu contra ele ofensa física" (inciso II do art. 557).

Neste caso, o donatário atenta contra a integridade física do doador e, por isso, acaba por praticar crime de lesão corporal, que também pode ser consumado ou tentado para caracterização da ingratidão. A integridade física constitui direito fundamental da personalidade que possui tutela diferenciada, inclusive no âmbito penal.

Além da lesão corporal, também poderá caracterizar atentado contra a integridade física qualquer conduta que represente lesão ou ameaça à saúde à integridade física, psíquica e à saúde do doador. Como bem pontua Lôbo[84]: "De acordo com os valores observados pelo doador, na comunidade em que vive e atua, e das repercussões da ofensa, basta ter sido esbofeteado ou esmurrado pelo donatário, sem sequelas físicas, para que se caracterize o tipo civil. Do mesmo modo, o simples empurrão para ferir ou jogar o doador no chão".

Na terceira hipótese, a doação será revogada se o donatário "o injuriou gravemente ou o caluniou" (inciso III do art. 557).

A ofensa à honra do doador por parte do donatário caracteriza ingratidão. A injúria afeta a honra subjetiva, pois viola a dignidade e o decoro, com a utilização de expressões depreciativas, ultrajantes e insultosas. Não há imputação de fato determinado. A calúnia consiste na falsa acusação de crime contra o doador. Da mesma forma que as causas anteriores, tais hipóteses, se comprovadas em processo judicial civil, independem de processo criminal para caracterizar ingratidão.

Por isso, Tepedino[85] é preciso ao destacar que "em todas estas hipóteses de referências a condutas descritas como crimes, é despicienda a condenação do donatário pelo juízo criminal. A esfera cível é independente da criminal, havendo eventuais pontos de tangência, como a absolvição do acusado no juízo criminal, sendo o fundamento da sentença a circunstância de estar provada a inexistência do crime, ou que o acusado não foi o autor do crime (art. 935, CC)".

Embora não haja referência à difamação, como tal conduta também viola a honra da pessoa humana, está implícita nas hipóteses de calúnia e injúria, pois o objetiva da norma é tutelar a honra do doador.

Por fim, a quarta e última hipótese é a revogação da doação "se, podendo ministrá-los, recusou ao doador os alimentos de que este necessitava" (inciso IV do art. 557).

O donatário, caso possa garantir o mínimo existencial material ao doador, será considerado ingrato se recusar a fazê-lo.

A norma é inspirada no princípio da solidariedade que norteia as relações privadas e no dever de gratidão àquela pessoa que um dia, por liberalidade e puro altruísmo, transferiu bens do seu patrimônio àquele que pode prestar auxílio material ao doador. A negativa de prestação de assistência material torna o donatário ingrato. Para tanto, é essencial a possibilidade econômica do donatário e a necessidade material do doador.

O donatário, salvo se parente do doador, não é obrigado a prestar alimentos a este. Todavia, quando aceita receber do doador um bem a título de doação, assume a obrigação legal, futura e eventual de pagar alimentos ao doador se este necessitar e o donatário puder prestá-lo, sem prejuízo da subsistência própria ou de sua família.

Portanto, a aceitação da doação pura atrai para o donatário a obrigação alimentar, que é eventual. É dispensável o ajuizamento de ação de alimentos como pressuposto para revogação da doação. Basta a demonstração de que o donatário, de forma injusta, recusou o auxílio material aquele que um dia foi o seu benfeitor. A regra é carregada de valores éticos e morais.

---

[84] LÔBO, Paulo Luiz Netto. *Contratos*. São Paulo: Saraiva, 2010 (col. Direito Civil), p. 303.

[85] TEPEDINO, Gustavo; BARBOSA, Heloísa Helena; BODIN, Maria Celina et al. *Código civil interpretado*. v. II (teoria geral dos contratos, contratos em espécie, atos unilaterais, títulos de crédito, responsabilidade civil, preferências e privilégios creditórios – artigos 421-965), RJ-SP: Renovar, 2006, p. 241.

De acordo com Lôbo[86] "razões de ordem ética impuseram esse dever, pois é inadmissível que o donatário, tendo enriquecido em virtude da liberalidade do doador, não o assista quando estiver necessitado. O só fato de ter recebido bem em doação não obriga o donatário a prestar alimentos ao doador, sendo imprescindível que este efetivamente os necessite e o donatário possa ministrá-los. A prestação de alimentos não está subordinada ou dependente dos rendimentos que a coisa doada origine, mas das condições econômicas gerais do donatário".

Se o doador tiver parentes que tenham condições financeiras de prestar-lhe alimentos, não precisará se socorrer ao donatário. No entanto, em falta de parentes ou, existindo parentes sem condições econômicas, a recusa do donatário em lhe prestar alimentos caracterizará ingratidão.

Há discussão se as hipóteses legais de ingratidão são taxativas ou não. O Enunciado 33 da I Jornada de Direito Civil dispõe que: "O novo Código Civil estabeleceu um novo sistema para a revogação da doação por ingratidão, pois o rol legal previsto no art. 557 deixou de ser taxativo, admitindo, excepcionalmente, outras hipóteses".

Em evidente inovação e, como reforço à tese de que as hipóteses de ingratidão são taxativas, o Código Civil, no art. 558, ampliou os alvos ou as pessoas contra quem o donatário não poderá assumir qualquer das condutas tipificadas no art. 557 do CC.

Segundo o art. 558, a ingratidão também se caracterizará e será possível a revogação da doação, quando o ofendido, nas hipóteses do art. 557, for o cônjuge, ascendente, descendente, ainda que adotivo, ou irmão do doador. A ingratidão se caracterizará caso o donatário atente contra a vida, a integridade física, a honra e a dignidade do donatário ou dos parentes deste, arrolados no art. 558 do CC.

O vínculo de afetividade entre o doador e seus familiares justifica essa ampliação dos alvos da ingratidão.

O fato de o legislador brasileiro ser hipocritamente casamenteiro é a única explicação para a omissão do companheiro do rol do art. 558 do CC.

Os ofendidos a que faz referência o art. 558 do CC não possuem legitimidade para requerer a revogação da doação. O exercício deste direito é personalíssimo e, salvo a exceção do art. 561 do CC, somente pode ser concretizado pelo doador. Nada impede que os parentes do doador ajuízem ação de indenização por danos morais contra o autor daqueles atos, o donatário. Mas a revogação da doação é ato privativo do doador.

Os arts. 559 e 560 do CC disciplinam a legitimidade e o prazo para o manejo da ação revocatória.

A ação de revogação da doação constitui direito personalíssimo do doador, pois de acordo com o art. 560 tal direito não se transmite aos herdeiros do doador e não prejudica os do donatário. Todavia, os herdeiros do doador podem prosseguir na ação por este ajuizada e iniciada, continuando-a contra os herdeiros do donatário, se este falecer depois de ajuizada a lide.

Tal regra (caráter personalíssimo) é excepcionada no caso de homicídio doloso consumado, situação em que a iniciativa da ação, e não a sua mera continuidade, caberá aos seus herdeiros, como prescreve o art. 561 do CC.

Embora o direito de revogar a doação seja personalíssimo, a ação iniciada não pode ser extinta, seja pela morte superveniente do doador ou do donatário. Os herdeiros não são titulares do direito subjetivo de revogar a doação, mas no caso de morte a posição processual é a eles transferida, razão pela qual poderão dar continuidade à ação iniciada pelos legitimados. No caso de homicídio doloso consumado, a própria titularidade do direito de revogação é transferida aos herdeiros do doador (art. 561). É a única exceção, porque a vítima neste caso não tem como ajuizar a demanda.

Ressalta-se que se o doador, em vida, não ajuizou a ação de revogação da doação, seus herdeiros não poderão dar início à referida demanda. Salvo na hipótese do art. 561, os herdeiros podem apenas dar continuidade à ação ajuizada pelo doador e não iniciar uma demanda e pleitear a revogação da doação em nome do doador. Trata-se de direito intransmissível.

A revogação da doação, a pedido do doador ou de seus herdeiros (na hipótese única do art. 561), em qualquer dos casos de ingratidão, deverá ser pleiteada no prazo decadencial de 1 (um) ano.

De acordo com o art. 559 do CC, o referido prazo de 1 (um) ano somente tem início quando o ato de ingratidão chegar ao conhecimento do doador e que o donatário foi o autor de qualquer das condutas descritas e arroladas no art. 557 do CC. Portanto, não basta o fato chegar ao conhecimento do doador. É indispensável que ele tenha ciência de que o donatário foi o autor.

Por fim, a revogação da doação por ingratidão, por se referir a causa superveniente à liberalidade (não é passível de previsão), não prejudica os direitos adquiridos por terceiros e tampouco obriga o donatário a restituir os frutos percebidos antes da citação válida. Até a citação válida na ação de revogação da doação, o donatário é considerado possuidor de boa-fé e, por isso, não precisa restituir os frutos percebidos da coisa doada. Essa é a dicção do art. 563 do CC.

Por outro lado, o doador se sujeita a pagar os frutos posteriores à citação na ação de revogação da doação e, em caso de impossibilidade de restituição da coisa doada em razão de deterioração ou por ter sido transferida a terceiros, será obrigado, em caso de procedência da ação revocatória, a indenizar o doador pelo meio-termo do seu valor (segunda parte do art. 563 do CC).

É o valor médio praticado no mercado, observada a qualidade da coisa, a valorização ou desvalorização e eventual desgaste. Aliás, a íntima correlação entre os arts. 563 e 1.360 do CC que disciplina a revogação da propriedade resolúvel por fato superveniente, como ocorre nestes casos, quando também se preservam os direitos de terceiros antes da causa que provoca a extinção da propriedade

---

[86] LÔBO, Paulo Luiz Netto. *Contratos*. São Paulo: Saraiva, 2010 (col. Direito Civil), p. 310.

e ao proprietário fica ressalvado o direito de indenização se não houver possibilidade de restituir a coisa doada.

4.4.17. Promessa de doação

A promessa de doação é uma espécie do gênero contrato preliminar que ostenta algumas peculiaridades se comparada a outras promessas, principalmente porque a doação definitiva, devido ao seu caráter gratuito, implicará na efetivação de uma liberalidade por parte do promitente doador em favor do promissário donatário. Na promessa de doação, um dos contratantes, promitente doador, livremente, promete transferir bens que integram o seu patrimônio para outrem, denominado promissário donatário. Trata-se de um contrato, com autonomia e efeitos jurídicos próprios (como já ressaltado).

No momento da formalização da promessa, o promitente doador exterioriza vontade livre e sem vícios no sentido de dispor de uma parcela de seu patrimônio em favor do promissário donatário. O objeto da promessa de doação consiste em uma obrigação de "fazer" a transferência de bens ou direitos integrantes do seu patrimônio para o patrimônio de outrem, beneficiário da promessa. O promitente doador se compromete a fazer, a realizar e concretizar o contrato definitivo, a doação propriamente dita.

Portanto, o adimplemento da promessa de doação se materializará com a transferência efetiva de bens ou vantagens que integram o patrimônio do promitente doador em favor do promissário donatário. A promessa de doação não possui disciplina jurídica específica, mas a ele se aplica a teoria geral do contrato preliminar, objeto dos arts. 462 a 466 do CC. É um contrato preliminar que conta com a tutela e legitimação do Estado.

Em razão da autonomia jurídica que caracteriza os contratos preliminares, a promessa de doação é um contrato perfeito e acabado. No momento da exteriorização da vontade, o promitente doador age com *animus donandi*, ou seja, o espírito de liberalidade já está presente no momento da promessa. A transferência dos bens e vantagens prometidos em favor do promissário donatário integra a fase de execução da promessa. Por conta disso, em caso de não cumprimento da promessa de doação, estará caracterizado o inadimplemento, fato que permitirá ao promissário donatário a exigibilidade do cumprimento da promessa ou a execução deste contrato preliminar, com a finalidade de ser concretizado o contrato definitivo (doação).

No liberalismo (Estado Liberal), os princípios contratuais clássicos[87] permitiam que o promitente doador invocasse a liberdade contratual ou autonomia da vontade para não consumar a doação definitiva. Com a consolidação do Estado Social[88], que introduz novos princípios à teoria contratual, como a função social e a boa-fé objetiva, decorrentes da dignidade da pessoa humana e solidariedade constitucional, os direitos fundamentais dos destinatários de declarações de vontade também passam a merecer tutela estatal. Neste diapasão, o promissário donatário, que confiou na promessa, goza de proteção e, por esta razão, seu direito fundamental à confiança pode ser contraposto ao direito fundamental de liberdade contratual (autonomia privada) do promitente doador.

Diante da nova teoria contratual, todo contrato deve ostentar uma causa justa e legítima. A função social exige essa causalidade. E, no caso da promessa de doação, podemos afirmar, com a mais absoluta convicção, que basta o *animus donandi* no momento da formalização da promessa para conferir legitimidade à declaração de vontade do promitente doador. Essa declaração, exteriorizada na promessa pelo promitente doador, é capaz de gerar expectativa legítima na esfera jurídica do promissário donatário.

Se não fosse reconhecida qualquer eficácia à declaração do promitente doador na promessa de doação, seria o mesmo que desconsiderar a própria promessa, como um ato inexistente. Isso representa uma negação dos valores sociais consagrados na Constituição Federal, que fundamentam a teoria contratual.

Diante da "teoria geral do contrato preliminar", disciplinada nos arts. 462 a 466 do CC, qualquer contrato definitivo pode ser objeto de promessa, em especial a doação. Assim, se a promessa de doação é uma realidade que conta com a tutela do Estado, a exigibilidade deste contrato preliminar é uma mera consequência do ajuste a ser feito entre os direitos fundamentais de liberdade contratual do promitente doador, já exercido na promessa e da confiança do promissário donatário.

O entendimento da doutrina majoritária, bem como da jurisprudência formada em torno do assunto, é a exigência do *animus donandi* em dois momentos distintos, ou seja, no momento da formação da promessa de doação e na execução ou fase de adimplemento desta, quando será efetivado o contrato definitivo de doação.

Ocorre que a liberalidade ou gesto altruísta já foi levado a efeito pelo promitente doador no momento da formação da promessa. Ele não foi constrangido a realizar tal ato de liberalidade. O seu direito fundamental à autonomia privada foi concretizado por ocasião da exteriorização da "vontade de doar" quando da promessa de doação. Essa vontade exteriorizada tem eficácia jurídica e repercute no direito fundamental à confiança da parte a ser beneficiada pela promessa. Desta forma, prometida a liberalidade, passa a ser valorizado o direito fundamental à confiança do promissário donatário, o qual acreditou e confiou na promessa. Basta "um" *animus donandi*, justamente porque o contrato de doação implicará na execução da própria promessa, onde já houve a liberalidade.

De forma intermediária, alguns doutrinadores, como Pontes de Miranda e Pablo Stolze, defendem a tese de que é impossível a execução coativa da promessa de doação, mas, para não privar o promissário donatário da legítima expectativa de concretização do contrato definitivo, poderia ser o promitente doador responsabilizado por perdas e danos em decorrência da recusa em cumprir a promessa. Essa posição intermediária não resolve o problema da exigibilidade da promessa de doação. Nestas situações,

---

[87] Autonomia da vontade, princípio da obrigatoriedade dos contratos e princípio da relatividade.

[88] No Brasil, tal consolidação ocorreu com a Carta de 1988.

deve-se partir da premissa de que o promissário donatário tem interesse no bem da vida prometido e não na eventual indenização decorrente do descumprimento da promessa. A tutela plena do direito fundamental à confiança do promissário donatário, pautado nos valores sociais constitucionais já ressaltados em capítulos anteriores, deve desaguar na possibilidade da efetivação da promessa de doação, por meio das tutelas processuais pertinentes.

Por outro lado, no âmbito judicial, com fundamento no vazio argumento da gratuidade que caracteriza o contrato de doação (e esse é o único argumento), as decisões no âmbito do STJ e no STF sempre foram no sentido de recusar exigibilidade à promessa de doação. Os Tribunais Superiores em referência impõem a presença do *animus donandi* no momento da formação da promessa, bem como no momento da execução da promessa, em total desprezo ao direito fundamental à confiança já titularizado pelo promissário donatário no momento da promessa.

O fundamento do STF, repetido e retratado no STJ é de índole liberal, calcado na vetusta ideia de valorização da autonomia privada e no repúdio à exigência de liberalidades, ainda que tenha se consumado uma prévia promessa desta liberalidade. Registre-se que o STF tratou deste assunto até a Constituição de 1988, quando a competência foi transferida para o STJ (Corte responsável pela uniformização da legislação federal).

Apenas como exemplo da forma como as Cortes Superiores tratam o tema, em decisão recente sobre o assunto, o STJ manteve essa posição retrógrada e incompatível com os valores sociais constitucionais que fundamentam as relações privadas, a pretexto e sob o superficial argumento de que ninguém poderia ser constrangido a fazer liberalidades. No REsp 730.626/SP, que será objeto de análise em tópico separado, o STJ considerou que a intenção de celebrar a doação deverá estar presente no momento da formação do contrato preliminar, bem como ao tempo da execução do contrato principal. Se não há espontaneidade no ato de doar no momento da celebração do contrato definitivo, não pode ocorrer o contrato.

Ocorre que ninguém foi constrangido a fazer liberalidade. Ao contrário, no exercício pleno do seu direito fundamental à autonomia privada, o promitente doador, por ocasião da promessa, de forma livre, assumiu compromisso com eficácia jurídica. Ao exteriorizar essa vontade na promessa, no pleno exercício do seu direito fundamental, consumou a liberalidade. O cumprimento ou não da promessa é questão relacionada à teoria do adimplemento e inadimplemento (fase de execução da promessa). Na fase de execução, há outros valores a serem ponderados: a expectativa e a legítima confiança do promissário donatário em relação à promessa.

O fato é que a promessa constitui uma espécie de contrato preliminar, com autonomia e estrutura, que gera efeitos jurídicos para as partes e, quando séria, gera naquele que será beneficiado uma expectativa legítima e a confiança de que a promessa será transformada ou se convalidará em doação. O não cumprimento da promessa é problema que envolve a execução do contrato preliminar, razão pela qual não há necessidade de se exigir novo ato de vontade do doador para legitimar o pedido de execução específica (cumprimento da promessa de doação).

Neste caso, a recusa do doador em cumprir a promessa caracteriza abuso de direito, fundado no princípio da boa-fé objetiva, valor que decorre dos princípios constitucionais da dignidade e solidariedade social, orientadores de todas as relações privadas. O princípio da boa-fé objetiva impõe a tutela da confiança que o destinatário da promessa depositou no ato ou declaração do promitente doador. Essa confiança permite que o promissário donatário exija do promitente doador a manutenção do seu comportamento inicial, qual seja, execução da doação. A teoria do abuso de direito, pautada nestes valores constitucionais e na ética, impede que pessoas sejam incoerentes ou adotem comportamentos contraditórios. É a *venire contra factum proprium*.

A conduta inicial do promitente doador é assumir o compromisso de transferir patrimônio ao donatário. A boa-fé objetiva impõe ao contratante um padrão ético de conduta, de modo que deve agir como um ser humano reto, honesto e leal. Ao prometer a doação, de forma livre, deve cumprir a promessa, pois, se houver recusa, este ato passa a ser contraditório com a promessa realizada, em clara violação aos preceitos éticos e ao princípio da boa-fé objetiva.

Nessa linha, foi aprovado o Enunciado 362 da IV Jornada de Direito Civil: "A vedação do comportamento contraditório (*venire contra factum proprium*) funda-se na proteção da confiança, tal como se extrai dos arts. 187 e 422 do Código Civil". A boa-fé objetiva, mais do que ser um dever de conduta no momento da formação e execução dos contratos, também integra a fase de negociações preliminares, quando ainda sequer há vínculos jurídicos contratuais ou deveres jurídicos específicos[89].

Os Tribunais Superiores sempre analisaram a exigibilidade da promessa de doação sob a perspectiva patrimonial do promitente doador, em desprezo à confiança que o destinatário da promessa teria depositado naquela declaração de vontade. Em uma visão meramente estrutural das relações privadas, de índole liberal, a tutela sempre foi direcionada para a vontade exteriorizada pelos declarantes.

Entretanto, com a introdução de novos valores constitucionais nos negócios entre atores privados, os destinatários das declarações de vontade, antes desprezados, passam a ostentar um direito fundamental, decorrente do princípio da boa-fé objetiva, que é o direito à tutela da confiança. Nesta nova perspectiva, agora funcional e fundada em valores éticos e morais, a promessa de doação também deverá ser analisada sob a perspectiva da confiança que a declaração de vontade do promitente doador fará nascer na esfera jurídica do promissário donatário.

---

[89] Enunciado 170, III Jornada: "A boa-fé objetiva deve ser observada pelas partes na fase de negociações preliminares e após a execução do contrato, quando tal exigência decorrer da natureza do contrato".

Tal confiança[90] é elevada à categoria de direito fundamental e, como tal, na esteira da teoria da eficácia direta e imediata dos direitos fundamentais nas relações privadas, poderá ser invocada pelo promissário donatário, para a plena exigibilidade da promessa, como forma de tutelar a sua confiança, em contraposição ao caráter liberal da doação e a autonomia privada do promitente doador, também um direito fundamental. Nesta ponderação de valores e interesses, deverá prevalecer o direito fundamental à tutela da confiança do promissário donatário.

O contrato de doação está disciplinado nos arts. 538 a 564 do CC. A doação também pode ser objeto de contrato preliminar. Portanto, é legítima a denominada "promessa de doação". O caráter liberal e gratuito da doação, confrontado com os valores sociais e preceitos éticos que fundamentam o sistema, impõem a plena exigibilidade da promessa.

O cumprimento da promessa é a efetivação e materialização de uma vontade já manifestada pelo promitente doador, que não pode ser recusada sob o argumento da natureza gratuita da doação. Ao fazer a promessa de doação, o doador cria na pessoa do donatário uma expectativa legítima, onde este confia na declaração de vontade manifestada por aquele na promessa. Essa confiança do donatário na vontade declarada pelo doador é tutelada pelo Estado, em razão do princípio da boa-fé objetiva, o qual, entre outras funções, impõe limites éticos ao exercício de direitos subjetivos. O fato que confere sustentação à tese da exigibilidade da promessa de doação é justamente a confiança gerada pela promessa em si na esfera jurídica do beneficiário da promessa. E essa confiança se torna um valor jurídico diante dos princípios constitucionais da dignidade da pessoa humana e solidariedade social.

Os paradigmas contratuais contemporâneos impõem uma inter-relação entre o princípio da autonomia privada com princípios como a boa-fé objetiva e a função social dos contratos. Ao partir da premissa de que a promessa de doação é um contrato válido e legítimo, à luz da nova teoria contratual e dos princípios sociais constitucionais, a exequibilidade ou exigibilidade é uma consequência lógica necessária da vontade exteriorizada pelo promitente doador quando da formação deste pacto.

A exigibilidade da promessa de doação é uma decorrência do reconhecimento da própria validade e legitimidade deste tipo de contrato preliminar. A exequibilidade é inerente à sua função social e à sua causa inicial. A negação da exigibilidade implica na negação da própria promessa, tendo em vista que os princípios da função social e boa-fé objetiva não admitem negócios jurídicos "vazios", "sem conteúdo" ou sem causa. A doutrina e jurisprudência dominantes, na tentativa de acomodar situações contraditórias, reconhecem a legitimidade do contrato preliminar de doação, mas não a sua exigibilidade.

Não há dúvida de que o promitente doador tem a plena liberdade de realizar gestos e atos altruístas. Ninguém questiona isso. No entanto, ao exteriorizar esse desejo ou essa vontade no momento da formação deste contrato preliminar, esse pacto passa a ter uma função social nesta relação intersubjetiva e gera efeitos jurídicos, vinculando as partes contratantes. A vontade de doar já foi materializada e concretizada na promessa. Isso é suficiente. A partir deste momento, há de serem observados os interesses do destinatário da promessa, o promissário donatário, o qual acreditou e confiou na vontade exteriorizada.

Essa confiança é elevada à categoria de direito fundamental que pode e deve ser invocada contra a autonomia do promitente doador em relação à execução da promessa. Tal autonomia ou liberdade de consumar a promessa, também um direito fundamental, cede lugar para outro direito fundamental, de mesmo nível e igualmente tutelado, a confiança do promissário donatário, como desdobramento do princípio da boa-fé objetiva.

Há várias razões que justificam a exigibilidade da promessa de doação.

Em primeiro lugar, o Código Civil, nos arts. 462 a 466, admite a formulação de contrato preliminar como antecedente de qualquer contrato definitivo. A promessa não mais se restringe à compra e venda. Atualmente, qualquer contrato definitivo, independentemente da sua natureza (comutativo ou aleatório; oneroso ou gratuito; formal ou real etc.) e origem, pode ser objeto de uma promessa ou contrato preliminar, entre estes a doação.

Se assim o é, como já fizemos referência no capítulo sobre o contrato preliminar e suas nuances ou características, não há dúvida de que toda disciplina jurídica civil se aplica ao contrato preliminar de doação. Entre as regras que tratam dos efeitos jurídicos do contrato preliminar, a principal é a prevista no art. 463 do CC, cujo dispositivo permite à parte prejudicada pelo inadimplemento a plena exequibilidade ou exigibilidade do contrato preliminar, o que se denomina "tutela específica", caso em que o juiz, quando chamado a resolver a questão, conferirá ao contrato preliminar o caráter de contrato definitivo (art. 464 do CC).

Isso parece lógico, mas o STJ, mesmo após a vigência do atual Código Civil, continua a defender a tese da impossibilidade de ser exigido o cumprimento da promessa de doação, a pretexto de que o promitente doador não pode ser constrangido a realizar liberalidades. Todavia, a liberalidade já foi efetivada e levada a efeito por ocasião da vontade exteriorizada na promessa. A exigibilidade implica apenas o cumprimento da palavra empenhada ou a execução de um contrato perfeito e acabado, que goza de autonomia e efeitos jurídicos próprios. A Lei Civil não faz e nem deveria fazer qualquer distinção em relação à natureza onerosa ou gratuita do contrato preliminar, como condição para ostentar exigibilidade. A autonomia individual do promitente doador é tutelada até o momento em que ele resolve realizar a promessa. Efetivada a promessa, esse contrato se submete às regras civis sobre exigibilidade, como qualquer outro contrato preliminar.

Segundo, a promessa de doação, como qualquer contrato preliminar, é irretratável e irrevogável. Em regra, após realizar a promessa e materializar a vontade de doar

---

[90] Enunciado 363 da IV Jornada: "Os princípios da probidade e confiança são de ordem pública, estando a parte lesada somente obrigada a demonstrar a existência da violação".

em um contrato, não pode o promitente doador se recusar a cumprir a promessa, sob o argumento de que teria se arrependido. O arrependimento não é admitido na promessa de contrato, em especial no contrato preliminar de doação, salvo se as partes, de comum acordo, inseriram no pacto a cláusula de arrependimento. Aliás, o próprio art. 463, como condição para a plena exigibilidade de qualquer promessa de doação, exige apenas o preenchimento dos requisitos gerais de qualquer contrato e os especiais previstos no art. 462 (o contrato preliminar deve ostentar os requisitos e os elementos do contrato definitivo), bem como a ausência da cláusula de arrependimento, como já ressaltamos em capítulos anteriores.

Se houver cláusula de arrependimento e, apenas nesta hipótese, é legítimo o exercício do direito unilateral de não concretizar a promessa. Neste caso, a existência da cláusula de arrependimento não é capaz de gerar, na esfera jurídica do destinatário da promessa, qualquer expectativa em relação ao cumprimento daquela vontade. A cláusula de arrependimento impede o nascimento do "valor-confiança" na esfera jurídica do destinatário da promessa.

O destinatário ou promissário donatário, de antemão, tem plena ciência de que a promessa realizada é precária, ou seja, ela pode ou não se realizar. Tudo por conta da cláusula de arrependimento. Assim, a cláusula de arrependimento impede ou obsta o nascimento do direito fundamental à confiança na parte contrária. Por isso, neste caso específico, não há como exigir a promessa de doação ou o cumprimento de qualquer outra promessa. A questão toda gira em torno da existência ou não da confiança do destinatário. A cláusula de arrependimento impedirá o surgimento do direito fundamental a confiança, que é a justificativa da exequibilidade ou exigibilidade da promessa.

Finalmente, a terceira e principal razão que justifica a exigibilidade da promessa de doação, é a tutela da confiança do destinatário ou promissário donatário. Em razão dos valores sociais constitucionais que fundamentam as relações privadas, a ética (boa-fé objetiva) passa a ser o principal ponto de referência destas relações. E tal ética faz nascer direitos fundamentais nas relações privadas, como a confiança. O direito encontra legitimidade justamente na proteção das expectativas legítimas e da confiança dos indivíduos, no caso, do promissário donatário.

A confiança constitui direito fundamental nas relações jurídicas entre sujeitos de uma sociedade plural e democrática, ordenada por uma ordem constitucional fundada no respeito ao ser humano e suas convicções mais íntimas. Esta decorre de preceitos éticos e contornos jurídicos relacionados ao princípio da boa-fé objetiva. A existência e a justificativa de uma sociedade livre, justa e solidária estão condicionadas ao respeito e à observância da confiança que as pessoas creditam em declarações de vontade, seja de que natureza for. A confiança é a referência axiológica, o valor fundamental e a base de sustentação do equilíbrio das relações jurídicas em geral, e da relação privada em particular.

A pessoa, no momento que exterioriza vontade, materializa o seu desejo em uma determinada declaração e a destina a alguém, passando a integrar o destinatário a essa declaração. O receptor ou destinatário da declaração de vontade, a partir deste momento, pautará o seu comportamento e a sua conduta na vontade que o outro exteriorizou e que ele acreditou e confiou que correspondesse ao desejo dele.

É irrelevante indagar se o ato ou negócio é benéfico ou gratuito, ou seja, se trará vantagens para o responsável pela exteriorização da vontade. O que importa é que o emissor da vontade é responsável pelos efeitos jurídicos que sua declaração produz no mundo exterior.

E, numa sociedade complexa, plural, livre e democrática, ninguém pode ser constrangido a exteriorizar vontades e se vincular, mas se resolve manifestar um desejo em um contrato preliminar, perfeito e acabado, não pode se recusar a cumprir a palavra empenhada sob o argumento de que a sua declaração está pautada em um negócio que não lhe trará qualquer vantagem. Essa ideia mesquinha e ultrapassada de autonomia privada não resiste à necessária tutela dos interesses e da crença que o beneficiário desta declaração nela depositou.

A promessa de doação é um contrato preliminar que decorre de um acordo de vontades manifestado de forma livre pelos seus sujeitos, promitente e promissário. No momento da promessa, o *animus donandi* está presente. Na promessa, o promitente sinaliza um desejo e se compromete a cumprir uma obrigação, qual seja, transferir bens, valores e vantagens patrimoniais para o destinatário. O direito fundamental da autonomia privada surge no momento da formação da promessa ou no momento da exteriorização da vontade, que tem por objeto o compromisso de celebrar um futuro contrato de doação.

Esse direito fundamental à autonomia privada do promitente doador é revestido de todas as garantias neste momento, uma vez que não pode ele ser constrangido a "prometer liberalidades", mas *deve* ser constrangido a cumprir as liberalidades a que se obrigou. A promessa de doação gera efeitos jurídicos próprios e, dentre estes, o direito do promissário donatário de simplesmente exigir a execução, o adimplemento e o cumprimento da obrigação assumida. A recusa ou o arrependimento do promitente doador após a consolidação da promessa não se justifica, principalmente sob o falso pretexto de que o seu direito fundamental à autonomia privada deve ser tutelado.

Essa autonomia privada foi objeto de tutela no momento da formação e exteriorização da vontade no sentido de prometer a liberalidade. Após a promessa, a questão se resume ao adimplemento, ao cumprimento da palavra empenhada, ou melhor, em dar guarida para o direito fundamental do destinatário da declaração, o qual acreditou, confiou e pautou todo seu comportamento na crença de que a promessa seria concretizada.

4.4.18. A doação e cláusulas restritivas apostas pelo doador (impenhorabilidade, inalienabilidade e incomunicabilidade)

O CC trata das cláusulas restritivas no art. 1.911 (inalienabilidade, impenhorabilidade e indisponibilidade – registre-se que as cláusulas são autônomas, com exceção da inalienabilidade que, se inserida, implicará nas demais), como pacto acessório constante de atos de liberalidade, que retira do beneficiário de testamento ou doação a faculdade de disposição voluntária, o que torna a propriedade limitada (art. 1.231 do CC).

O parágrafo único do art. 1.911, que está no capítulo das disposições testamentárias, faz referência à possibilidade de estipulá-las também na doação (de acordo com a norma, donatário ou herdeiro podem ter a propriedade limitada pelas cláusulas restritivas – para quem não sabe, aqui está o fundamento legal para inserir as cláusulas restritivas na doação).

Qual a extensão temporal de tais cláusulas?

No ato da liberalidade (doação ou testamento), é o titular do direito de propriedade (doador ou autor da herança) que estabelecerá a duração da cláusula restritiva. Com base no direito de propriedade e no princípio da autonomia privada, o dono fixa o lapso temporal da cláusula restritiva (temporária ou vitalícia), que limitará os poderes do beneficiário (donatário ou herdeiro). E se houver silêncio sobre a duração da cláusula restritiva? Em atenção ao princípio da função social da propriedade, a cláusula restritiva será vitalícia (será extinta com a morte do beneficiário). Portanto, o limite máximo da cláusula restritiva é de uma geração (esse o sentido da vitaliciedade – morte do beneficiário – o bem retorna ao comércio de direito privado). A cláusula restritiva limitará a propriedade do beneficiário, que não poderá dispor livremente do bem. Todavia, com a morte, o bem é transferido, sem qualquer restrição, aos sucessores do donatário beneficiário ou do herdeiro.

O STJ, em decisão inédita e, a nosso ver, sem o devido respaldo legal, admitiu o cancelamento da cláusula de inalienabilidade após a morte do doador.

No Recurso Especial n. 1.631.278-PR, após a morte do doador, determinou o cancelamento da cláusula de inalienabilidade instituída por ocasião da liberalidade (que restringia a propriedade dos donatários). No caso concreto, os pais doaram imóvel aos filhos, com reserva de usufruto e, no ato da liberalidade, inseriram cláusulas restritivas quanto ao bem doado: inalienabilidade, incomunicabilidade e impenhorabilidade (indisponibilidade voluntária). Com a morte dos pais, o usufruto foi extinto (usufruto é direito patrimonial intransmissível – art. 1.410, I, do CC) e os donatários requereram o cancelamento das cláusulas restritivas, para livre disposição do imóvel, pretensão acolhida pelo STJ.

Quais os "problemas" da decisão do STJ? Em primeiro lugar, a associação entre a extinção do usufruto e as cláusulas restritivas. A extinção do usufruto reservado na doação, em razão da morte dos doadores, em regra (excepcionalmente, se apostas para garantir o próprio usufruto, com a morte dos doadores, simultaneamente, usufruto e cláusulas acessórias serão extintas), não leva ao cancelamento de cláusulas restritivas. A razão é simples: as cláusulas restritivas, apostas em doação ou testamento, têm como objetivo principal proteger o próprio beneficiário, que poderá usufruir o bem, mas não terá a faculdade de disposição (propriedade limitada, o que é legítimo). Não é por outro motivo que o art. 1.848 condiciona as cláusulas restritivas, no testamento, à indicação de justa causa, em relação aos bens da legítima (parte indisponível da herança). E mais: se o titular da propriedade pode dispor desta, poderá restringi-la (autonomia privada/direito de propriedade prevaleçam sobre interesses do beneficiário).

Segundo, não é adequado associar o art. 1.848 à doação. Tal dispositivo é restrito ao testamento (norma: os bens da legítima somente podem ser clausulados se houver justa causa declarada). Não há regra semelhante para a doação. A indicação de justa causa implica forte restrição ao direito de propriedade (assim como a própria legítima já o é). A interpretação deve ser restrita (art. 114 do CC), em homenagem à autonomia privada e ao direito de propriedade. A doação é contrato benéfico/gratuito (o donatário não suporta qualquer sacrifício capaz de justificar interpretação que atende aos seus interesses econômicos em relação ao bem, em detrimento da propriedade do doador). No mais, o testamento somente terá eficácia após a morte do testador, ao contrário da doação. Ao contrário do que sugere a decisão, não necessariamente a doação de ascendente em favor de descendente caracteriza adiantamento de legítima (art. 544 do CC). Se o doador, no ato da liberalidade ou em ato posterior (testamento), dispensar o donatário da colação (parte disponível), não estará caracterizado o adiantamento de legítima (arts. 2.005 e 2.006 do CC).

Todavia, no referido precedente, em razão da morte do doador, as cláusulas restritivas foram canceladas.

4.5. CONTRATO DE LOCAÇÃO DE COISAS

4.5.1. Introdução: noções gerais, conceito e características

O contrato de locação de coisas visa proporcionar a alguém, por tempo determinado ou não, o uso e gozo de coisa não fungível, mediante certa e determinada retribuição pecuniária.

A locação de coisas é negócio jurídico (contrato) pelo qual uma parte, denominada locador, se obriga a ceder o uso e gozo de coisa não fungível a outra, denominada locatário, temporariamente, mediante retribuição ou contraprestação (preço – denominado renda ou aluguel).

Se a coisa locada produzir frutos, além do uso haverá o gozo. Portanto, a locação pode ser para uso e gozo ou somente para uso da coisa.

A locação de coisa não se confunde com a "locação" de serviço. O serviço pode ser contratado mediante outras figuras independentes e autônomas, como o contrato de trabalho e o contrato de prestação de serviços. Na locação de coisa, ao final do contrato, a coisa deve ser restituída ao verdadeiro dono (locador). Há, portanto, dever de restituição. No contrato de trabalho, na empreitada e no contrato de prestação de serviços, este serviço passa a integrar o patrimônio de quem o pagou e, por isso, não há dever de restituição.

Capítulo 4 • Contratos em Espécie

O Código Civil, nos arts. 565 a 578, disciplina a locação de coisas não fungíveis, ou seja, que possuem individualidade e identidade própria e, por isso, não podem ser substituídas por qualquer outra (art. 85 – São fungíveis os móveis que podem substituir-se por outros da mesma espécie, qualidade e quantidade.). As coisas não fungíveis não se confundem com qualquer outra.

A Lei n. 8.245/91 regula a locação de imóvel urbano, independentemente da finalidade comercial ou meramente residencial (moradia).

Portanto, se o imóvel a ser locado for urbano, a locação se sujeitará à Lei n. 8.245/91. Se a locação tiver por objeto bem móvel ou imóvel não urbano, as regras serão aquelas previstas na legislação civil ou em leis especiais (como, por exemplo, a lei que disciplina o arrendamento de imóvel rural).

A própria Lei n. 8.245/91, no parágrafo único do art. 1º, exclui do seu sistema alguns imóveis que, embora urbanos, serão regidos pelo Código Civil. De acordo com o parágrafo único da referida lei: "Parágrafo único: Continuam regulados pelo Código Civil e pelas leis especiais: *a*) as locações: 1 – de imóveis de propriedade da União, dos Estados e dos Municípios, de suas autarquias e fundações públicas; 2 – de vagas autônomas de garagem ou de espaços para estacionamento de veículos; 3 – de espaços destinados à publicidade; 4 – em *apart*-hotéis, hotéis – residência ou equiparados, assim considerados aqueles que prestam serviços regulares a seus usuários e como tais sejam autorizados a funcionar; *b*) o arrendamento mercantil, em qualquer de suas modalidades". Em todos estes imóveis, ainda que urbanos, a locação será submetida ao Código Civil ou a leis especiais.

Quanto às leis especiais, a locação dos imóveis de propriedade das pessoas jurídicas de direito público interno é disciplinada pelo Decreto-lei n. 9.760/46, a locação do arrendamento mercantil pela Lei n. 6.099/74 e a locação de imóvel ou bem rural se submetem, a princípio, às regras da Lei n. 4.504/64, Estatuto da Terra.

O contrato de locação de coisa é o negócio jurídico pelo qual o locador, proprietário da coisa, se obriga a ceder ao locatário (possuidor direto), o exercício do uso e gozo de bem não fungível mediante certa retribuição, denominada "aluguel". A definição da locação de coisas é objeto do art. 565 do CC.

O contrato de locação de coisas é consensual, uma vez que se aperfeiçoa pelo mero acordo de vontades entre locador e locatário. O consenso ou acordo de vontades é suficiente para a formação deste negócio jurídico. O locador, no acordo, "se obriga", ou seja, assume a obrigação de transferir, por prazo certo ou não, o uso e gozo de coisa não fungível ao locatário. A ausência de transferência da coisa e o não cumprimento da obrigação assumida pelo locador caracterizará inadimplemento. Assim, trata-se de contrato consensual quanto à formação.

Em relação às vantagens e sacrifícios recíprocos, o contrato de locação é oneroso. A vantagem do locador é receber o preço pactuado com o locatário pelo período de uso e gozo da coisa não fungível. O sacrifício do locador é ficar privado do uso e gozo da coisa. A vantagem do locatário está relacionada ao sacrifício do locador, usar e gozar a coisa. O sacrifício do locatário é a retribuição pelo uso. Portanto, a existência de vantagens e sacrifícios recíprocos torna esse contrato oneroso.

O contrato de locação, quanto aos efeitos obrigacionais, é bilateral e sinalagmático. As prestações assumidas pelo locador e locatário são dependentes e vinculadas umas às outras desde a origem ou formação do negócio jurídico. A causa da prestação de um constitui a causa ou pressuposto da obrigação do outro.

Por fim, o contrato de locação de coisas, como regra, é comutativo, porque nenhuma das prestações de qualquer das partes está vinculada a fatores de incerteza. Em regra, porque nada impede que as partes convencionem a aleatoriedade deste tipo de contrato. A aleatoriedade pode decorrer da natureza de um contrato, o que não é o caso da locação de coisas ou de uma convenção, fato que pode se relacionar a qualquer contrato.

Além de consensual, oneroso, bilateral e comutativo como regra, o contrato de locação de coisas é impessoal, de trato sucessivo e não solene.

Na locação de coisas, o locador não transfere para o locatário a propriedade da coisa, mas apenas e tão somente a posse direta. Neste caso, há desdobramento da posse em direta e indireta por força de uma relação jurídica obrigacional, mantendo o locador a posse indireta e o locatário a posse direta (art. 1.197 do CC). As posses paralelas convivem em plena harmonia. Com a extinção da relação jurídica material que justifica e fundamenta a posse direta do locatário, este tem o dever de restituir a coisa ao dono, locador, sob pena de ser considerado possuidor injusto pelo vício da precariedade. Ademais, é dispensável que o locador seja proprietário. Nada impede que o locador seja mero possuidor da coisa e, nesta condição, se obrigue a ceder ao locatário, por tempo determinado ou não, o uso e gozo da coisa não fungível, mediante certa retribuição.

4.5.1.1. Elementos essenciais: consentimento, coisa e preço

O consentimento já foi objeto de análise quando se afirmou ser esse contrato tipicamente consensual.

4.5.1.1.1. Coisa

A coisa objeto deste contrato deve ser infungível. A fungibilidade da coisa está afeta ao mútuo, espécie de empréstimo, que se diferencia do comodato justamente em razão da fungibilidade da coisa. O comodato não impõe remuneração ao comodatário pelo uso e gozo da coisa não fungível, ao passo que o locatário usará e gozará da coisa mediante retribuição. O preço pelo uso e gozo da coisa infungível diferencia o contrato de locação de coisas do comodato.

Ao final da locação, o locatário deverá restituir o bem locado, sem alteração (art. 569, IV, do CC). Tal restituição é da sua essência.

De acordo com Caio Mário[91]: "Não podem ser objeto de locação coisas que se consomem ao primeiro uso, como dinheiro ou mercadoria, a não ser que se considerem contratualmente não fungíveis, como se dá com as coisas que são por natureza fungíveis e consumíveis, mas que o locatário se obriga a conservar e devolver, depois de cumprida uma finalidade de exclusiva exibição".

Em relação à coisa, objeto da locação, Orlando Gomes[92] também excepciona as coisas consumíveis "porque não podem ser restituídas, e as coisas fungíveis, uma vez que o locatário é obrigado a devolver ao locador a coisa que recebeu para uso e gozo. Por esta mesma razão, não pode haver locação de coisas que se exaurem progressivamente, pois, na verdade, dá-se no caso alienação parcial da propriedade". E prossegue, "assim como as coisas, certos direitos, como o de usufruto, são suscetíveis de locação. Mais interessante, dentre eles, é de explorar patente de invenção".

Ainda em relação à coisa, os bens públicos, que estejam na posse de pessoa privada ou os bens gravados com cláusula de inalienabilidade também podem ser objeto de locação. Os bens incorpóreos e os direitos, desde que seja possível a cessão do exercício do uso e gozo, podem ser locados. A coisa locada pode ser móvel ou imóvel, corpórea ou incorpórea, como o direito de servidão predial em conjunto com a locação do prédio dominante.

4.5.1.1.2. Preço

O preço ou a retribuição constitui elemento essencial do contrato de locação de coisas. A remuneração deve ser certa e determinada. É a remuneração que o locatário paga pelo uso da coisa. A fixação do preço pode ser feita pelas próprias partes ou por estimativa de terceiro. O preço pode consistir em soma em dinheiro, em frutos ou produtos da coisa locada. Nesse aspecto, com razão Tepedino[93]: "Esse preço, que constitui a remuneração, também se denomina renda ou aluguel, e não se exige que seja, necessariamente, em dinheiro, não sendo a peculiaridade essencial ao contrato de locação de coisa, excetuadas as locações prediais. Admite-se, portanto, a possibilidade de dar-se em forma de entrega de frutos da coisa ou qualquer gênero".

Como alerta Caio Mário[94], embora seja possível e lícita a estipulação do preço em frutos da coisa, construções ou benfeitorias feitas pelo locatário "deve ser precisa, para que se não desfigure o contrato, com a feição de sociedade ou parceria. Pode ainda o preço ser misto, como se dá quando o locatário recebe um terreno e nele levanta a suas expensas um edifício a que o mesmo se incorpora, obrigando-se a deixá-lo para o locador sem o direito a qualquer indenização, e ainda lhe paga, na vigência do contrato, uma parcela em dinheiro".

O preço é devido enquanto a coisa estiver à disposição do locatário, ainda que o uso e gozo não sejam efetivos.

Portanto, são elementos essenciais da locação de coisas o consentimento, a existência de coisa não fungível e o preço ou retribuição pelo uso e gozo da coisa.

Além desses elementos essenciais, Caio Mário ainda faz menção à forma e ao prazo, cujos requisitos, de fato, não repercutem na natureza jurídica deste contrato. Quanto à forma, o contrato de locação de coisas não requer forma especial. No plano da validade dos negócios jurídicos, não se impõe qualquer formalidade. Pode inclusive ser verbal. A forma pode assumir alguma relevância no plano da existência, para fins de prova de que a locação existiu. O prazo, de acordo com o art. 565, pode ser determinado ou indeterminado, mas a locação, por natureza, é contrato temporário. Como desdobramento do princípio da autonomia privada, locador e locatário têm o poder de estipular a locação pelo prazo que lhes convier.

A locação dos imóveis não regulados pela Lei n. 8.245/91, pelo Estatuto da Terra, bem como pelo Decreto-lei n. 9.769/46, que disciplina a locação dos bens das pessoas jurídicas de direito público interno, se submete às normas e regras estabelecidas no Código Civil (arts. 565 a 578).

4.5.2. Obrigações do locador

De acordo com o art. 566 do CC, o locador assume algumas obrigações em relação ao locatário, que são essenciais e inerentes a este tipo de contrato.

O inciso I do art. 566 dispõe que o locador é obrigado a entregar ao locatário a coisa alugada, com suas pertenças, em estado de servir ao uso a que se destina, e a mantê-la nesse estado, pelo tempo do contrato, salvo cláusula expressa em contrário. A coisa alugada deve estar em perfeito estado de uso ou, ao menos, em condições razoáveis de uso a que ela se destina (finalidade comercial, industrial, residencial etc.). Por isso, não basta a entrega da coisa. É essencial que esteja em estado de servir ao uso a que se destina. A manutenção do estado da coisa durante o prazo de locação pode ser objeto de deliberação entre locador e locatário, porque tal questão específica permite a livre convenção por cláusula expressa.

Portanto, se a coisa locada se deteriora, o locador estará obrigado a fazer os necessários reparos, para mantê-la em plenas condições de uso para o fim a que se destina, salvo convenção em contrário. O locador sempre deverá promover as obras necessárias à conservação da coisa locada, com a devida restauração, mesmo que o dano na coisa decorra de caso fortuito.

A entrega da coisa ao locatário está relacionada à fase de execução do contrato de locação. A entrega implica cumprimento de obrigações do locador, razão pela qual parte do pressuposto de contrato formado e devidamente constituído. Com a entrega da coisa ao locatário, com as pertenças, em condições de servir ao uso a que se destina, estará o locador adimplindo obrigação contratual. Tal en-

---

[91] PEREIRA, Caio Mário da Silva. *Instituições de direito civil*: Contratos. 11. ed. Rio de Janeiro: Forense, 2004. v. III, p. 277.

[92] GOMES, Orlando. *Contratos*. 26. ed. Rio de Janeiro: Forense, 2008, p. 335-336.

[93] TEPEDINO, Gustavo; BARBOSA, Heloísa Helena; BODIN, Maria Celina et al. *Código civil interpretado*. v. II (teoria geral dos contratos, contratos em espécie, atos unilaterais, títulos de crédito, responsabilidade civil, preferências e privilégios creditórios – artigos 421-965), RJ-SP: Renovar, 2006, p. 252.

[94] PEREIRA, Caio Mário da Silva. *Instituições de direito civil*: Contratos. 11. ed. Rio de Janeiro: Forense, 2004. v. III, p. 280.

trega pode ser material ou simbólica, como a entrega das chaves. O não cumprimento desta obrigação pelo locador caracterizará inadimplemento contratual.

As pertenças, definidas no art. 93 do CC, também devem ser entregues junto com a coisa locada. A coisa deve ser útil ao objetivo e à finalidade da locação.

Além disso, o locador também é obrigado a garantir, durante o tempo do contrato, o uso pacífico da coisa locada (inciso II do art. 566 do CC). Em caso de esbulho ou turbação na coisa por parte de terceiro ou se o locatário perder a coisa para terceiro que demonstra ser o legítimo proprietário, o locador, garantidor da posse pacífica, responderá por todos os riscos da perda (evicção) e deverá defender a posse do locatário, embora este também tenha legitimidade para, em seu nome, fazê-lo.

O art. 566, inciso I, tem relação com a teoria dos vícios redibitórios, na medida em que o locador tem a obrigação de garantir a posse útil da coisa ao locatário e o inciso II está conectado com a teoria da evicção, uma vez que a garantia também abrange a posse pacífica.

Neste último caso, qualquer fato que possa embaraçar ou ser obstáculo para o regular uso e gozo ou apenas uso da coisa locada deve garantir que o locatário não seja perturbado por ações de terceiros.

Esta obrigação de garantia pela posse pacífica da coisa, assumida pelo locador, "não se limita à abstenção de atos provocadores de turbação ou esbulho, mas inclui as providências necessárias à eliminação de eventuais defeitos ou vícios da coisa, bem como a defesa da posse contra os que se intitulam com direitos ao objeto da locação"[95].

Por este motivo, o art. 568 do CC impõe ao locador o dever de resguardar o locatário de embaraços e turbações de terceiros, que tenham ou pretendam ter direitos sobre a coisa alugada e, ainda, responderá pelos vícios, ou defeitos, anteriores à locação.

Se terceiro criar embaraços ou turbar a posse do locatário, caberá ao locador agir para resguardar a posse pacífica do locatário. Se não obtiver êxito, terá dado causa ao inadimplemento do contrato e suportará as sanções contratuais e legais. A defesa da posse do locatário é obrigação do locador, quanto a atos de terceiros. Além disso, assumirá a responsabilidade pelos riscos da evicção, caso o locatário venha a perder a coisa para terceiro, legítimo proprietário da coisa locada.

A responsabilidade pela evicção, assumida pelo locador em relação ao locatário corresponde ao pagamento da indenização prevista no art. 450 do CC, salvo se o locador foi exonerado dos riscos da evicção no contrato com o locatário, caso em que apenas pagará o preço que corresponde ao prejuízo efetivo do locatário (como antecipação de aluguel, sem a possibilidade de uso da coisa), tudo conforme arts. 448 e 449 do CC, para evitar o enriquecimento sem justa causa do locador.

Se a turbação ou esbulho for praticado pelo próprio locador, não há dúvida de que o locatário terá tutela possessória contra ele e pode até se defender pelo desforço imediato.

Quanto aos vícios na coisa, que impossibilitem a posse útil ou que o locatário possa extrair toda a utilidade da coisa, responde o locador por tais defeitos, ainda que sejam conhecidos após a locação, mas desde que já existam antes da locação. Portanto, o perecimento superveniente à locação deve estar relacionado a vício material e corpóreo que prejudica substancialmente a utilidade da coisa que seja anterior à locação (art. 444 do CC). Deve existir nexo de causalidade entre o perecimento superveniente e o defeito material e corpóreo, também oculto, que já existe desde antes da locação (art. 568, última parte, do CC).

Para a caracterização de vício como redibitório, que seja capaz de resolver a locação, são necessários os seguintes requisitos: *o vício é qualificado de redibitório quando ostenta todos os elementos indispensáveis para ser a causa de extinção do contrato comutativo ou da doação onerosa*. Ausentes os elementos para sua conformação, será apenas um vício que, em algumas hipóteses, poderá até ensejar pedido de indenização, mas não pode ser qualificado de vício "redibitório".

Em relação à terminologia, *o qualificativo redibitório consiste na ação de "devolver aquilo que foi adquirido com vício", fazendo com que o vendedor ou locador volte a possuir a coisa alienada. A redibição é uma qualidade do vício. Os vícios podem ser comuns ou redibitórios. Neste último caso, aplica-se a teoria dos vícios redibitórios para regular e disciplinar a relação contratual*.

Trata-se, portanto, de uma garantia dada pela lei ao contratante prejudicado por uma coisa recebida em virtude de um contrato comutativo (ou doação onerosa), entre eles a locação, sendo efeito direto deste. Se tal coisa objeto do contrato contiver algum *defeito material capaz de prejudicar a sua utilidade ou a função social e econômica para a qual foi destinado e, presentes os demais elementos (vício deve ser oculto, anterior à tradição etc.), poderá o locatário invocar a teoria dos "vícios redibitórios" para resguardar seus direitos de possuidor*.

Na realidade, o grande objetivo desta *garantia legal, prevista na última parte do art. 558 do CC, é resguardar ao locatário uma posse útil da coisa, ou seja, permitir ao adquirente usufruir todas as utilidades que o objeto pode proporcionar*. Os vícios redibitórios estão diretamente relacionados à garantia de utilidade e, consequentemente, ao princípio da função social dos contratos. O contrato, dentre outras coisas, somente atingirá sua função social quando o objeto transferido puder ser usufruído pelo adquirente, de acordo com o fim para o qual a coisa é destinada. Esse é o real sentido da teoria dos vícios redibitórios.

Tal garantia legal independe de culpa ou má-fé do locador. Representa uma consequência direta e imediata da natureza do contrato comutativo, o qual exige equivalência entre as prestações e, principalmente, certeza objetiva destas prestações desde a formação do contrato.

A questão é: Quais são os elementos constitutivos necessários para a qualificação do vício ou defeito como redibitório? Podemos resumi-los em 5 (cinco) elementos fundamentais: 1 – o defeito material deve ser oculto; 2 – des-

---

[95] Cf. NADER, Paulo. Curso de direito civil – Contratos. 9. ed. Rio de Janeiro: Forense, 2018. v. III, p. 312-313.

conhecido pelo locatário; 3 – o defeito oculto e material, necessariamente, deve ser anterior à tradição efetiva, conforme última parte do art. 568 do CC; 4 – o defeito material e oculto deve prejudicar substancialmente a utilidade da coisa locada; e 5 – o defeito oculto e material deve ser evidenciado em contrato comutativo, como a locação ou doação onerosa. Presentes todos estes elementos ou requisitos, o vício passa a receber o adjetivo de "redibitório".

Tais elementos já foram objeto de análise no capítulo sobre vícios redibitórios.

4.5.3. Deterioração da coisa locada no curso do contrato e consequências

O locador assume e suporta os riscos do perecimento e da deterioração da coisa locada decorrente de caso fortuito ou força maior.

A deterioração poderá ser total (perecimento), caso em que o contrato será extinto pelo desaparecimento do objeto ou parcial (deterioração propriamente dita). Neste último caso, incide a regra prevista no art. 567 do CC.

De acordo com a referida norma se, durante a locação, a coisa alugada se deteriora sem culpa do locatário (em razão de fortuito ou força maior), este último terá a opção entre pleitear a redução proporcional do aluguel ou requerer a resolução do contrato, caso a coisa, em função da deterioração, não sirva ao fim a que se destinava ou não possa cumprir a função social para a qual foi constituída.

O bem locado deve permanecer em estado de servir ao fim a que se destina durante todo o prazo da locação e o locador garante o locatário não apenas dos riscos da evicção e vícios redibitórios na coisa locada (art. 568), como também em relação a deteriorações que possam comprometer a utilidade ou uso e gozo regular da coisa locada.

É a regra geral do direito das obrigações de que a coisa perece para o dono e, no caso da locação, o dono é o locador. O art. 567 do CC, de certa forma, acaba reproduzindo essa regra.

A opção pela redução do preço somente existirá se a coisa ainda servir ao fim a que se destina. Caso contrário, o locatário, necessariamente, terá de pleitear a resolução do contrato. Caso a deterioração torne a coisa imprestável ao uso a que se destina, poderá o locador evitar a resolução do contrato de locação se fizer todos os reparos necessários para que a coisa volte a ter funcionalidade, situação em que o contrato será preservado.

Como a locação é contrato de trato sucessivo e duração continuada, no caso de resolução do pacto, os efeitos produzidos até a resolução são preservados. Os contratos de execução sucessiva, como é o caso da locação, também denominados "contratos de duração", nos quais a obrigação se concretiza por meio de atos reiterados, terão efeitos *ex nunc* em caso de resolução.

Tais contratos de trato sucessivo se subdividem em contratos de execução periódica e contratos de execução continuada. Nos contratos de execução continuada, a obrigação se prolonga no tempo de forma ininterrupta. As obrigações são contínuas. O exemplo clássico é a locação, pois a prestação do locador e a obrigação do locatário são permanentes.

Os contratos de execução periódica também são espécies do gênero contratos de execução sucessiva, onde há reiteração de atos. A diferença entre esta espécie e os de execução continuada, consiste apenas na possibilidade de as prestações em repetições periódicas não serem ininterruptas, ou seja, não ostentarem a mesma regularidade dos contratos de execução continuada. Na execução periódica, as prestações são repetidas, mas sem regularidade.

Assim, no caso de o locatário optar pela resolução do contrato, os efeitos da resolução serão *ex nunc*, como bem enuncia o art. 128 do CC.

Se a coisa ainda servir ao uso a que se destina, o locatário tem o direito de exigir a redução proporcional do preço do aluguel.

Por outro lado, se a deterioração estiver relacionada a qualquer conduta dolosa ou culposa do locatário, os riscos da deterioração não podem ser transferidos ao locador. Neste caso, o locatário terá de efetivar os reparos na coisa locada ou, em caso de extinção do contrato, indenizar o locador. Somente é possível imputar responsabilidade ao locador em decorrência de fortuito ou força maior.

Com razão Paulo Nader quando afirma que o locatário ainda terá a opção de exigir os reparos devidos, em interpretação sistemática ao disposto no art. 566, I, "pois tal preceito impõe ao locador a obrigação de manter a coisa, durante o tempo do contrato, em estado de servir ao uso a que se destina".

4.5.4. Obrigações do locatário

Em contrapartida às obrigações do locador, anotadas nos arts. 566 e 568 do CC, o art. 569 também disciplina as obrigações do locatário. De acordo com o referido dispositivo legal, o locatário, durante a vigência da locação, é obrigado a servir-se da coisa alugada para os usos convencionados ou presumidos, conforme a natureza dela e as circunstâncias, bem como tratá-la com o mesmo cuidado como se sua fosse; a pagar pontualmente o aluguel nos prazos ajustados, e, em falta de ajuste, segundo o costume do lugar; a levar ao conhecimento do locador as turbações de terceiros, que se pretendam fundadas em direito e, finalmente, a restituir a coisa, finda a locação, no estado em que a recebeu, salvas as deteriorações naturais ao uso regular.

A primeira obrigação do locatário consiste em usufruir a coisa locada de acordo com a finalidade para a qual foi locada e, para tanto, deve se atentar para a natureza e as circunstâncias da coisa. O locatário deverá usar e servir-se da coisa conforme convencionado no contrato de locação, bem como de acordo com a finalidade da coisa, desde que essa finalidade possa ser presumida, ainda que não convencionada.

Ademais, deverá o locatário conservar a coisa locada como se dono fosse. Na qualidade de possuidor direto, tem a obrigação de zelar pela manutenção da coisa locada, pois poderá ser responsabilizada pela sua deterioração, caso esta decorra de conduta dolosa ou culposa do locatário.

A segunda obrigação prevista em lei está relacionada a contraprestação pelo uso e gozo ou apenas o uso da coisa: o pagamento do aluguel, na data e local pactuados no contrato de locação. A locação é contrato oneroso e o pagamento do aluguel é o sacrifício suportado pelo locatário.

O aluguel deve ser pago pontualmente, para que não se caracterize o inadimplemento contratual. As partes pactuam o prazo e o termo de vencimento para que o locatário cumpra a obrigação. Em caso de omissão das partes quanto ao prazo para pagamento, de forma supletiva, a lei civil impõe que o pagamento deve ser realizado no tempo de acordo com o costume do lugar.

O aluguel é obrigação quesível e, por isso, como regra, o locador deverá ir até o domicílio do locatário para receber o pagamento. Todavia, nada impede que as partes disponham em sentido contrário (dívida portável). Tal questão terá reflexos em relação à mora do devedor ou do credor, nos termos do art. 394 do CC.

A terceira obrigação do locatário consiste no dever de informar ou comunicar o locador quanto a eventuais turbações na posse provocadas por terceiro. O objetivo é municiar o locatário de elementos para demonstrar que o locador é o legítimo possuidor da coisa locada. O próprio locador poderá defender a posse do locatário contra terceiro, em caso de turbação, com o manejo de qualquer das ações possessórias (art. 1.210 do CC). O locador tem que garantir a posse pacífica da coisa em relação ao locatário e, por isso, terá de defender a posse do mesmo em caso de turbação provocada por terceiro. O não cumprimento do dever de informação pelo locatário poderá acarretar sanções a este.

Por fim, ao final da locação, o locatário tem o dever jurídico de restituir a coisa, no estado em que a recebeu, salvo as deteriorações normais. A não restituição ou a violação deste dever jurídico tornará a posse do locatário injusta pelo vício da precariedade e, por isso, se sujeitará à tutela possessória por parte do locador.

O locatário poderá ter o direito de retenção, conforme será analisado no art. 571 do CC. Com relação à ressalva das "deteriorações normais", a exceção se justifica porque o locatário não está obrigado a pagar e reparar os danos decorrentes do decurso do tempo ou em razão do desgaste natural e inerente ao uso relacionado à regularidade e normalidade deste uso. Os desgastes decorrentes do uso regular não podem ser imputados ao locatário.

Como correlação às obrigações do locatário, dispõe o art. 570 do CC que se o locatário empregar a coisa em uso diverso do ajustado, ou do que se destina, ou se ela se danificar por abuso do locatário, poderá o locador, além de rescindir o contrato, exigir perdas e danos. Portanto, o locatário não poderá conferir à locação destinação diversa. O objeto locado ou a locação tem uma finalidade econômica e social e essa finalidade deve ser observada pelo locatário, sob pena de resolução do contrato, com a obrigação de pagar perdas e danos.

O art. 570 disciplina duas situações em que o locatário, ao não cumprir as obrigações contratuais, além da resolução do contrato de locação, se sujeitará ao pagamento de perdas e danos. O descumprimento das obrigações do locatário, elencadas no art. 569 do CC, é causa de extinção da locação.

Se o locatário viola o disposto no art. 569, I, do CC e passa a usar a coisa em uso diverso do ajustado ou diverso da natureza da coisa, o contrato poderá ser resolvido. No entanto, além da resolução, se houver dano em decorrência desta conduta do locatário, este terá de pagar perdas e danos (indenização) ao locador.

No caso do abuso do locatário no exercício de seu direito que provoque dano na coisa locada, há conexão entre o art. 570 e a cláusula geral que veda o abuso de direito, fundada no princípio da boa-fé objetiva, estampada no art. 187 do CC.

O abuso de direito é espécie de ato ilícito e, independente de culpa, obriga o titular de direito subjetivo (no caso o locatário) que, ao exercê-lo, excede, a reparar os danos decorrentes deste abuso. No abuso de direito, o titular de direito subjetivo (ou potestativo) age em desconformidade com a função ou a finalidade que justifica o seu próprio direito. Há contrariedade entre a conduta do titular do direito e os valores axiológicos da norma. É a função de controle inerente ao princípio da boa-fé objetiva, cujo abuso de direito também pode ser reconhecido no âmbito da locação de coisas em caso de abuso por parte do locatário na concretização de seus direitos subjetivos.

Além dos deveres legais, outros deveres podem ser convencionados pelas partes no contrato de locação. A violação dos deveres convencionados e pactuados ensejará a resolução da locação por inadimplemento, com todas as consequências previstas em lei e no contrato de locação.

4.5.5. Restituição antecipada e direito de retenção

A locação é contrato que gera obrigações para locador e locatário. Como toda obrigação, a locação também tem a característica da temporariedade e, por esta razão, pode ser pactuada por prazo determinado ou indeterminado. Neste último caso, o locador poderá denunciar o contrato (caso de resilição unilateral – art. 473 do CC), com prazo para desocupação.

Se a locação for ajustada por prazo determinado, antes do vencimento do prazo, o locador, como regra, não poderá reaver a coisa locada. Por outro lado, o locatário também está proibido de devolver a coisa locada antes do termo final do prazo. A estipulação de prazo na locação de coisas "fecha as portas" para a resilição unilateral sem consequências pecuniárias para locador e locatário.

Se o locador desejar reaver a coisa antes do prazo, será obrigado a indenizar e ressarcir o locatário por todas as perdas e danos resultados desta pretensão. A indenização pela "quebra de contrato" por parte do locador deve abranger todos os prejuízos suportados pelo locatário. Aliás, o parágrafo único do art. 571 garante ao locatário o direito de retenção da coisa enquanto não for devidamente ressarcido pelo locador. As perdas e danos pela retomada do imóvel antes do prazo constitui direito inalienável do locatário.

No entanto, em atenção ao princípio da função social do contrato de locação e à necessária boa-fé objetiva que controla o exercício destes direitos, o pedido de retomada da coisa antes do prazo, por parte do locador, poderá caracterizar abuso de direito.

O locatário tem o direito de fazer oposição ao direito de retomada, desde que o locador não tenha uma justificativa plausível, baseada em fundamentos e razões relevantes. O direito de retomada, mesmo que acompanhado de indenização, deverá ser justificado e fundamentado, sob pena de se caracterizar abuso de direito (art. 187 do CC).

Portanto, o direito de retomada do locador antes do prazo mesmo com indenização ao locatário, deve ser justificado. Caso contrário, a oposição do locatário quanto à retomada antes do prazo é justa e legítima.

Na locação de imóvel urbano, disciplinada pela Lei n. 8.245/91, não é possível a denúncia antecipada do contrato pelo locador. Este não tem o direito de reaver o imóvel antes do prazo, ainda que se proponha a pagar indenização ao locatário. A regra é diferente da locação de coisas disciplinada pelo Código Civil.

Por outro lado, como regra, o locatário também não poderá restituir a coisa antes do prazo. Se o fizer, deverá pagar ao locador, de forma proporcional, a multa prevista no contrato de locação. A "quebra de contrato" pelo locatário também lhe acarreta consequências jurídicas no âmbito da responsabilidade civil. A indenização terá como parâmetro a multa ajustada, a ser paga na proporção ao tempo que faltar para o término do contrato.

Esses são os termos do art. 571, *caput* e parágrafo único, do CC: "Havendo prazo estipulado à duração do contrato, antes do vencimento não poderá o locador reaver a coisa alugada, senão ressarcindo ao locatário as perdas e danos resultantes, nem o locatário devolvê-la ao locador, senão pagando, proporcionalmente, a multa prevista no contrato. Parágrafo único. O locatário gozará do direito de retenção, enquanto não for ressarcido".

Como já ressaltado, caso o locatário pretenda restituir a coisa antes do prazo, deverá pagar indenização, que corresponderá à multa prevista no contrato (art. 571 do CC).

É comum que a multa ou cláusula penal estipulada por locador e locatário para o caso de devolução da coisa antes do prazo final seja o equivalente ao valor dos aluguéis que ainda não venceram. Neste caso, o art. 572 do CC, em absoluta sintonia com a necessária função social das obrigações, impõe limites para eventual abuso de direito a ser verificado no caso concreto.

De acordo com a norma, se a obrigação de pagar o aluguel pelo tempo que faltar constituir indenização excessiva, o juiz poderá intervir no contrato de locação e fixá-la em bases razoáveis, de acordo com as circunstâncias do caso concreto.

Tal norma jurídica é correlata ao disposto no art. 413 do CC, regra geral sobre qualquer cláusula penal, de ordem pública, segundo a qual o juiz deve reduzir a cláusula penal se manifestamente excessiva ou em caso de cumprimento parcial da obrigação. O art. 572 é uma especialização da regra prevista no art. 413 do CC. Se a multa pactuada consistir no pagamento do aluguel pelo tempo que falta, se, no caso concreto, esta indenização se mostrar excessiva, poderá o juiz interferir e intervir no contrato para adequar a multa à necessária função social e impedir o abuso de direito concreto.

Ao contrário do que enuncia o art. 572 do CC e, por ser uma especificação do art. 413 da mesma legislação, o juiz não apenas tem a faculdade, mas o dever e a obrigação de reduzir a cláusula penal excessiva. Essa é a leitura mais adequada da expressão "faculdade".

Portanto, em caso de denúncia antecipada do contrato por iniciativa do locatário, se a cláusula penal pactuada tiver como parâmetro a obrigação de pagar os aluguéis restantes ou vincendos, o juiz deverá intervir se a indenização, no caso concreto, for excessiva.

Por fim, deve ser destacado que o locatário tem o direito de retenção em relação às benfeitorias.

Segundo o art. 578 do CC: "Salvo disposição em contrário, o locatário goza do direito de retenção, no caso de benfeitorias necessárias, ou no de benfeitorias úteis, se estas houverem sido feitas com expresso consentimento do locador".

Trata-se de norma dispositiva, uma vez que as partes, locador e locatário, podem dispor em sentido contrário, inclusive com a renúncia do locatário ao referido direito de retenção. Aliás, sobre o assunto, o STJ editou a Súmula 335, segundo a qual "nos contratos de locação, é válida a cláusula de renúncia à indenização das benfeitorias e ao direito de retenção". A referida súmula apenas confirma o caráter dispositivo da norma.

No caso das benfeitorias necessárias, o direito de retenção independe de qualquer autorização do locador, pois tais benfeitorias teriam de ser realizadas de qualquer forma, ainda que o bem estivesse na posse do locador. Em relação às benfeitorias úteis, o direito de retenção depende do expresso consentimento do locador.

O direito de retenção poderá ser invocado pelo locatário também no caso de o locador, de forma justificada, manifestar interesse na devolução da coisa antes do prazo previsto para o término do contrato, como enuncia o art. 571 e seu parágrafo, do CC. O direito de retenção permitirá que o locatário satisfaça sua pretensão de indenização em relação às benfeitorias realizadas no bem locado. Não há limitação temporal para o direito de retenção. Portanto, enquanto a indenização não for paga, é legítima a retenção do bem locado pelo locatário.

Como destaca Tepedino[96]: "Nesse período de retenção, o locatário não deverá pagar os valores de aluguel. Isso se dá justamente para que o instituto do direito de retenção seja eficaz em seu objetivo, qual seja, o de pagamento dos valores das benfeitorias. Se o locatário permanece realizando a contraprestação, o locador não sentirá os efeitos da coerção que se pretende com a retenção".

---

[96] TEPEDINO, Gustavo; BARBOSA, Heloísa Helena; BODIN, Maria Celina et al. *Código civil interpretado*. v. II (teoria geral dos contratos, contratos em espécie, atos unilaterais, títulos de crédito, responsabilidade civil, preferências e privilégios creditórios – artigos 421-965), RJ-SP: Renovar, 2006, p. 287.

A retenção se encerra com o pagamento da indenização devida ou, para evitar o enriquecimento sem justa causa do locatário, quando o valor daquilo que teria de pagar como aluguel durante o prazo de retenção se equipara ao valor das obras realizadas.

Embora seja possível a renúncia ao direito de retenção e à indenização pelas benfeitorias, tal cláusula de renúncia será nula se a locação for da modalidade de "contrato por adesão".

De acordo com o art. 424 do CC, é nula a renúncia antecipada a direito do aderente que seja inerente ao contrato, como é o caso da indenização das benfeitorias e o direito de retenção. Caso o contrato de locação não seja por adesão, a renúncia à indenização pelas benfeitorias e ao direito de retenção é válida, nos termos do *caput* do art. 578 ("salvo convenção em contrário") e Súmula 335 do STJ.

4.5.6. Extinção da locação por prazo determinado e prorrogação da locação

Os arts. 573 e 574 do CC disciplinam o momento da extinção do contrato de locação por prazo determinado e a consequência gerada pela permanência do locatário na posse da coisa, sem oposição do locador, após o final do prazo previsto para o término do contrato.

Segundo o art. 573 do CC, a locação por tempo determinado cessa de pleno direito findo o prazo estipulado, independentemente de notificação ou aviso.

O termo final do contrato de locação constitui o locatário em mora e o obriga a restituir a coisa locada. A extinção do contrato de locação de coisas independe de notificação ou aviso. A cessão é de pleno direito, ou seja, a extinção ocorre de forma automática independente de qualquer provocação do locador.

O final do prazo acarreta a imediata resolução/extinção do contrato. Com a extinção do contrato de locação, a posse do locatário que era justa, poderá se tornar injusta caso o locatário se recuse a cumprir a obrigação de restituir a coisa locada ao locador. A violação do dever de restituição converterá a posse do locatário de justa para injusta e permitirá que o locador utilize as ações possessórias para recuperação da coisa.

Caso o locatário permaneça na posse da coisa após o termo final do contrato de locação, sem oposição do locador, a locação se prorroga automaticamente, por prazo indeterminado, caso em que o aluguel anteriormente pactuado será o parâmetro desta "nova" locação.

Nesse sentido o art. 574 do CC: "Se, findo o prazo, o locatário continuar na posse da coisa alugada, sem oposição do locador, presumir-se-á prorrogada a locação pelo mesmo aluguel, mas sem prazo determinado".

Com o advento do termo, em regra, o contrato de locação é extinto de pleno direito (art. 573 do CC). No entanto, é possível a prorrogação tácita do contrato de locação, se o locatário permanece na posse do bem sem qualquer espécie de oposição do locador (art. 574 do CC).

A prorrogação da locação por prazo indeterminado depende de dois fatores: a posse do locatário após o vencimento do prazo e a ausência de oposição do locador.

A presunção da prorrogação da locação é meramente relativa, uma vez que o silêncio do locador não pode ser interpretado, necessariamente, como anuência à manutenção da locação. A oposição do locador não precisa ser expressa. Basta que o locador, de alguma forma, demonstre que não tem mais interesse na locação e, portanto, pretende a retomada do bem. O mero recebimento de aluguel, por si só, não caracteriza ausência de oposição, pois o locador tem direito à referida contraprestação pelo uso e gozo da coisa.

O Código Civil não estipula prazo para a oposição do locador em relação à continuidade da locação e, em razão desta omissão, pode ser invocado por analogia o prazo de 30 (trinta) dias previsto no art. 46, § 1º, da Lei de Locações, cujo prazo é razoável para a manifestação do locador. Se o locatário, após oposição inequívoca do locador, permanece na posse da coisa, a posse, que era justa se tornará injusta pelo vício da precariedade e o locador poderá recuperar a coisa por meio dos interditos possessórios, em especial a reintegração de posse. A violação do dever de restituição após oposição do locador caracteriza esbulho possessório.

Portanto, se após o decurso do prazo contratual o locatário não restitui o bem e o locador não se opuser, dá-se a prorrogação do contrato de locação, com o mesmo aluguel, a partir de quando se sujeitará às regras dos contratos por prazo indeterminado.

A prorrogação do contrato por prazo indeterminado permitirá que o locador, a qualquer tempo, notifique o locatário para reaver o bem (é típico caso de resilição unilateral – art. 473, *caput*, do CC). Tal notificação terá por objetivo constituir o locatário em mora, a fim de que devolva o bem ao locador.

Se o locatário, devidamente notificado, não restitui a coisa, terá que pagar ao locador, enquanto a coisa locada estiver em seu poder, o aluguel que for arbitrado pelo locador e não o aluguel previsto no contrato. Trata-se de penalidade pela violação do dever de restituição por parte do locatário, após ser devidamente constituído em mora.

Além do pagamento de aluguel arbitrado pelo locador, o locatário, após a constituição em mora, assumirá os riscos pelo fortuito, em caso de perecimento ou deterioração da coisa locada. A mora, de acordo com o art. 399 do CC, torna a coisa imperecível e, por isso, o devedor em mora assume os riscos pelo fortuito, ou seja, pela perda ou deterioração da coisa, ainda que não tenha dado causa a elas. Tal efeito da mora é reproduzido pela segunda parte do *caput* do art. 575 do CC.

Nesse sentido é a norma em referência: "Art. 575: Se, notificado o locatário, não restituir a coisa, pagará, enquanto a tiver em seu poder, o aluguel que o locador arbitrar, e responderá pelo dano que ela venha a sofrer, embora proveniente de caso fortuito".

Portanto, se o locatário não restituir a coisa após ser devidamente notificado, essa violação do dever de restituição acarretará a ele duas consequências: 1 – aluguel-pena, a ser arbitrado pelo locador e 2 – assunção dos riscos pelo fortuito no caso de perecimento ou deterioração da coisa alugada.

No caso do aluguel pena, com a finalidade de coibir eventual abuso de direito por parte do locador, o parágrafo único do art. 575 dispõe que se o aluguel arbitrado for manifestamente excessivo, poderá o juiz reduzi-lo. No entanto, na redução, o juiz não pode deixar de considerar o caráter de penalidade deste aluguel. O aluguel a ser arbitrado pelo locador deverá ter como parâmetro o valor de mercado em relação à locação do bem, acrescido de valor a título de penalidade.

Portanto, a fixação do aluguel pelo locador deve ser pautada na boa-fé objetiva, cujo princípio tem como função (dentre outras) impor limites ao exercício de direitos subjetivos, no caso, limites ao direito de arbitrar o aluguel, a fim de não restar caracterizado o abuso de direito, conforme a cláusula geral do art. 187 do CC.

O locador não poderá transformar esse poder de arbitramento de aluguel em ato ilícito. O princípio da boa-fé objetiva exercerá a função de controle em relação à ação do locador.

Não há dúvida de que o aluguel pena tem natureza de cláusula penal. E, por isso, é meio de coerção indireta para obrigar o locatário a restituir a coisa locada. Há inúmeras controvérsias sobre a possibilidade de o aluguel pena ser ou não compatível com as disposições da Lei n. 8.245/91.

A Lei de Locações de imóveis urbanos não tem previsão para o aluguel pena, até porque há outros meios mais eficientes para a recuperação da coisa, como a própria ação de despejo, a possibilidade de liminar em caso de negativa de restituição, entre outros institutos. Por outro lado, também não há vedação expressa na Lei de Locações sobre o aluguel pena.

4.5.7. Alienação da coisa locada durante a locação

O art. 576 do CC disciplina as consequências jurídicas da alienação da coisa locada durante a locação.

A alienação da coisa durante o contrato de locação não obriga o adquirente a respeitar o contrato de locação, se no ajuste entre locador e locatário não houver a denominada "cláusula de vigência em caso de alienação" e não estiver registrado.

O adquirente da coisa locada deverá respeitar e observar o contrato de locação se estiverem presentes dois requisitos cumulativos: 1 – cláusula de vigência do contrato em caso de locação e 2 – registro do contrato. Quanto ao registro, se a coisa for móvel, o contrato deverá ser registrado no Cartório de Títulos e documentos e, se imóvel, no Cartório de Registro de Imóveis.

A Lei n. 8.245/91, que disciplina a locação de imóvel urbano possui regra semelhante, haja vista o art. 8º da referida legislação. De qualquer forma, no caso de imóvel, o novo locador terá de observar o prazo mínimo de 90 (noventa) dias para desocupação.

Quanto ao registro do contrato de locação, como bem pontua Paulo Lôbo[97]: "o registro da cláusula de alienação não converte a relação de locação em relação real, pois a finalidade desse registro não é a transmissão da propriedade da coisa, mas sim a oponibilidade contra terceiro dos efeitos do contrato. O registro público confere a presunção legal de publicidade. É o que a doutrina denomina obrigação *ad rem*, ou seja, a que adere à coisa, independentemente de quem seja seu proprietário".

No caso de imóvel, é suficiente o registro do contrato no Cartório de Registro de Imóveis. O § 1º do art. 576 do CC acaba por ratificar o teor da Súmula 442 do STF, segundo a qual "a inscrição do contrato de locação no registro de imóveis, para a validade da cláusula de vigência contra o adquirente do imóvel, ou perante terceiros, dispensa a transcrição no registro de títulos e documentos".

Portanto, o contrato de locação será oponível ao adquirente se houver a cláusula de vigência da locação em caso de alienação e também se o contrato de locação estiver registrado nos Cartórios a que faz referência o § 1º do art. 576 do CC. Diante destes requisitos, não haverá rompimento da locação e o adquirente será obrigado a respeitar os termos do contrato vigente.

4.5.8. Transferência da locação para herdeiros do locador e locatário

O art. 577 do CC evidencia que o contrato de locação de coisa é impessoal, ou seja, não tem caráter personalíssimo.

A morte do locador ou do locatário implicará na transferência dos direitos e obrigações da locação aos seus herdeiros, pelo prazo determinado na locação. Tal transmissão somente ocorrerá nas locações por prazo determinado, por razões óbvias.

No caso de locação por prazo indeterminado, os herdeiros podem simplesmente denunciar a locação se não houver interesse na manutenção do vínculo jurídico material. A impessoalidade do contrato de locação permitirá a vigência do contrato de locação, durante o prazo previsto, entre o contratante sobrevivente e os herdeiros do contratante falecido, salvo se houver acordo entre todos para a extinção do contrato de locação.

4.6. CONTRATO DE LOCAÇÃO DE IMÓVEIS URBANOS (LEI N. 8.245/91)

4.6.1. Noção geral

A Lei n. 8.245/91 dispõe sobre as locações que têm por objeto imóvel urbano e ainda disciplina os procedimentos para as ações inerentes a este contrato específico. As demais locações são reguladas pelo Código Civil ou por outras leis especiais, como são os casos do Estatuto da Terra e do Decreto-lei n. 9.760/46 (locações de imóveis públicos).

Aliás, o Código Civil, no art. 2.036, quanto à locação de prédio urbano, fez expressa ressalva à "lei especial", a

---

[97] LÔBO, Paulo Luiz Netto. *Contratos*. São Paulo: Saraiva, 2010 (col. Direito Civil), p. 342.

Lei n. 8.245/91 e outras leis, como o Decreto-lei n. 9.760/46, que trata da locação de bens públicos. Segundo o referido dispositivo "a locação de prédio urbano, que esteja sujeita à lei especial, por esta continua a ser regida".

A Lei n. 8.245/91 regula e disciplina a locação de imóvel urbano, por meio de normas cogentes e dispositivas. Há um misto de normas em que as partes, locador e locatário, têm o poder de autodeterminar os seus interesses (autonomia privada) e outras em que não há possibilidade de qualquer regulação (a intervenção do Estado se concretiza de forma inequívoca).

No art. 1º, a Lei n. 8.245/91 especifica algumas situações em que, mesmo o imóvel sendo urbano, as locações serão reguladas pelo Código Civil ou por outras leis especiais. É o caso das locações de imóveis de propriedade da União, dos Estados e dos Municípios, de suas autarquias e fundações públicas, de vagas autônomas de garagem ou de espaços para estacionamento de veículos, de espaços destinados à publicidade, em *apart*-hotéis, hotéis – residência ou equiparados, assim considerados aqueles que prestam serviços regulares a seus usuários e, como tais sejam autorizados a funcionar, e o arrendamento mercantil, em qualquer de suas modalidades. Esses bens imóveis, ainda que urbanos, estão fora da abrangência da Lei n. 8.245/91.

No art. 2º, a Lei de Locações apresenta mais uma hipótese de solidariedade legal. É bom registrar que a solidariedade não se presume, pois resulta da lei ou da vontade das partes (art. 265 do CC). O art. 2º da Lei de Locações é mais uma hipótese de solidariedade legal.

De acordo com o art. 2º da Lei n. 8.245/91, se houver mais de um locador ou mais de um locatário, entende-se que são solidários se o contrário não se estipulou. Todavia, trata-se de norma dispositiva, pois locador e locatário, no contrato de locação, poderão convencionar que as responsabilidades dos locadores e/ou dos locatários sejam autônomas e independentes (divisíveis ou não solidárias). Portanto, se houver pluralidade de locadores e/ou de locatários, prevalece o que foi estipulado pelas partes. Em caso de omissão das partes ou ausência de disposição sobre esta questão, o art. 2º da Lei n. 8.245/91 supre tal omissão com a previsão de solidariedade nas obrigações.

Nas habitações coletivas multifamiliares presumem-se locatários ou sublocatários todos os ocupantes. Tal presunção é relativa, pois pode ser desconsiderada em caso de prova contrária de que alguns dos ocupantes destes locais não sejam locatários. Caberá aos ocupantes o ônus da prova de que não são locatários ou sublocatários, embora ocupem a habitação coletiva.

O contrato de locação de imóvel urbano, disciplinado pela Lei n. 8.245/91, pode ser estipulado ou pactuado por qualquer prazo. Não há limitação de prazo para a locação. No entanto, se qualquer das partes for casada (locador ou locatário), o art. 3º impõe uma restrição, que não afeta a validade do contrato caso não seja observada, mas repercute na eficácia do contrato em relação ao cônjuge que não anuiu.

Segundo dispõe o art. 3º da Lei n. 8.245/91, o contrato de locação pode ser ajustado por qualquer prazo, dependendo de vênia conjugal, se igual ou superior a dez anos. Assim, se o contrato de locação for pactuado por prazo superior a 10 (dez) anos, como condição de eficácia do contrato em relação ao cônjuge no período que superar esse prazo, esse deve anuir e ratificar o contrato. Ausente a vênia conjugal, o cônjuge não estará obrigado a observar o prazo excedente (parágrafo único do art. 3º da Lei de Locações).

Portanto, a ausência da vênia conjugal em contratos cujo prazo seja superior a 10 (dez) anos, apenas não terá eficácia (plano da eficácia) em relação ao cônjuge do locador ou do locatário que não anuiu ao contrato.

Ainda no que se refere ao prazo estipulado para locação, em razão da relação jurídica material que vincula locador e locatário e do desdobramento da posse em direta (locatário) e indireta (locador), o locatário é considerado possuidor justo e legítimo, desde que cumpra as obrigações contratuais.

Assim, durante o prazo de duração do contrato, como a posse do locatário está respaldada, fundada e justificada na relação jurídica mantida com o locador, este, durante o prazo da locação, antes do vencimento, não poderá reaver o bem locado. No entanto, se o locatário descumprir as obrigações contratuais, o inadimplemento poderá ser utilizado como fundamento para o locador reaver o bem.

No entanto, se o locatário estiver cumprindo as obrigações contratuais, durante o prazo estipulado para a duração do contrato, não poderá o locador reaver o imóvel alugado (art. 4º da Lei de Locações). Aliás, no mesmo sentido é o art. 571 do CC, o qual garante a posse pacífica do locatário durante o prazo da locação. Caso o locatário seja molestado pelo locador durante o prazo da locação, o locatário, como possuidor direto, tem tutela possessória para defender a sua posse, mesmo contra o locador, possuidor indireto (art. 1.197 do CC).

Por outro lado, o locatário, todavia, poderá devolvê-lo, pagando a multa pactuada, proporcional ao período de cumprimento do contrato ou, na sua falta, a que for judicialmente estipulada. A Lei n. 12.744/2012, ao incluir na Lei de Locações o art. 54-A, abriu uma exceção, para restringir este direito de restituição do locatário antes do final do prazo.

A regra geral é de que o locatário, mesmo antes do final do prazo da locação, poderá devolver a coisa locada, mas deverá, neste caso, pagar a multa fixada (cláusula penal) proporcionalmente ao período de cumprimento do contrato ou, na ausência de convenção das partes, a que for estipulada judicialmente. Essa norma é cogente.

No entanto, se a locação for de imóvel urbano para fins comerciais na qual o locador procede à prévia aquisição, construção ou substancial reforma, por si mesmo ou por terceiros, do imóvel então especificado pelo pretendente à locação, a fim de que seja a este locado por prazo determinado, prevalecerão as condições livremente pactuadas no contrato respectivo e as disposições procedimentais previstas nessa lei.

Portanto, nos casos em que o locador adquire o imóvel, realiza construção ou faz substancial reforma, cujas especificações são dadas pelo locatário, em caso de devolução do imóvel antes do prazo determinado, não se aplica o parágrafo único do art. 4º, mas o art. 54-A, ou seja, prevalecerão as condições livremente pactuadas pelas partes.

O locatário não terá direito à redução proporcional da multa, justamente por conta dos investimentos realizados pelo locador para atender a interesse daquele locatário específico. É uma forma de proteger o locador contra eventual desistência do locatário antes do prazo. Por isso, nos termos do § 2º do art. 54-A, em caso de denúncia antecipada do vínculo locatício pelo locatário, compromete-se este a cumprir a multa convencionada, que não excederá, porém, a soma dos valores dos aluguéis a receber até o termo final da locação. O único limite é que a multa não poderá exceder ao valor dos aluguéis vincendos até o final da locação.

Desta forma, salvo a exceção do art. 54-A e seu § 2º, em caso de devolução do imóvel pelo locatário antes do prazo, se submeterá à regra do art. 4º da Lei de Locações (pagamento proporcional da multa ao tempo de cumprimento do contrato).

Por outro lado, o locatário ficará dispensado da multa se a devolução do imóvel decorrer de transferência, pelo seu empregador, privado ou público, para prestar serviços em localidades diversas daquela do início do contrato, e se notificar, por escrito, o locador com prazo de, no mínimo, trinta dias de antecedência (parágrafo único do art. 4º da Lei de Locações).

A dispensa da multa impõe a presença de dois requisitos cumulativos: 1 – desocupação e devolução do bem em decorrência de transferência, pelo empregador para outra localidade, diferente daquele do local do contrato; 2 – notificação ao locador com no mínimo 30 (trinta) dias de antecedência. O locatário não poderá renunciar a este direito, em razão do disposto no art. 47 da Lei. Trata-se de direito inalienável e irrenunciável do locatário. Portanto, norma cogente, de ordem pública.

4.6.2. Ação do locador, denúncia da locação e extinção da locação vinculada a usufruto ou fideicomisso

De acordo com o art. 5º da Lei de Locações (Lei n. 8.245/91), a ação de despejo é a tutela processual específica para que o locador possa retomar e reaver o imóvel urbano locado. Por meio da ação de despejo, o locador poderá recuperar a posse direta da coisa, a qual, em função da relação jurídica material, foi transferida temporariamente ao locatário.

A finalidade da ação de despejo é viabilizar a desocupação do imóvel locado e propiciar a retomada do prédio alugado. A ação de despejo é exclusiva das locações prediais e, como o locador recuperará a posse direta da coisa, não deixa de ser uma espécie do gênero "ação possessória", com requisitos específicos.

Por outro lado, a ação de despejo não se aplica se a locação termina em decorrência de desapropriação, com a imissão do expropriante na posse do imóvel (parágrafo único do art. 5º da Lei de Locações). A desapropriação é modo originário de perda da propriedade, por meio da qual o direito real de propriedade, por necessidade pública, interesse público ou interesse social é transferido, compulsoriamente, para o Poder Público. Por isso, no caso de desapropriação, não há que se cogitar em ação de despejo. A desconstituição de uma relação jurídica de locação, com a retomada do imóvel, somente pode ser viabilizada em ação de despejo, com exceção da imissão na posse conferida ao Poder Público que desapropria o imóvel locado. A imissão na posse do expropriante independe do despejo e ao locatário restará apenas ação de indenização para reaver os prejuízos suportados em decorrência da desapropriação.

A denúncia da locação por prazo indeterminado é disciplinada pelo art. 6º da Lei n. 8.245/91. O contrato de locação por prazo indeterminado poderá ser denunciado pelo locatário, mediante aviso prévio e por escrito ao locador, com antecedência mínima de 30 (trinta) dias.

Trata-se de típico caso de resilição unilateral fundada na mera vontade do locatário, o qual poderá exercer o direito potestativo de desfazer o vínculo da locação, desde que formalize a denúncia ao locador com 30 (trinta) dias de antecedência. É caso de denúncia imotivada ou "vazia", pois o locatário, na locação por prazo indeterminado, não precisa declinar qualquer causa ou motivo para pleitear a resilição do contrato (art. 473 do CC).

A notificação ao locador poderá ser judicial ou extrajudicial. Não há forma especial.

A ausência de notificação implicará em sanção ao locatário, a qual é prevista no parágrafo único do art. 6º: "Na ausência do aviso, o locador poderá exigir quantia correspondente a um mês de aluguel e encargos, vigentes quando da resilição".

Portanto, o locatário poderá optar entre notificar o locador com antecedência de 30 dias ou, se preferir, desocupar o imóvel e se sujeitar ao pagamento de indenização, correspondente a um aluguel, justamente para compensar os 30 (trinta) dias da ausência de prévia notificação.

O fato é que a resilição unilateral do contrato de locação por tempo indeterminado dispensa qualquer pronunciamento judicial. A vontade do locatário, por si só, é suficiente para extinguir o contrato de locação. Os efeitos da resilição são *ex nunc* e, por isso, não retroagem.

A locação celebrada pelo usufrutuário ou fiduciário poderá ser denunciada nos casos de extinção do usufruto ou do fideicomisso.

De acordo com o art. 7º da Lei de Locações (8.245/91), nos casos de extinção de usufruto ou de fideicomisso, a locação celebrada pelo usufrutuário ou fiduciário poderá ser denunciada, com o prazo de trinta dias para a desocupação, salvo se tiver havido aquiescência escrita do nu-proprietário ou do fideicomissário, ou se a propriedade estiver consolidada em mãos do usufrutuário ou do fiduciário.

O usufruto é direito real de gozo e fruição sobre coisa alheia, por meio do qual o nu-proprietário transfere para o usufrutuário, poderes de uso e gozo sobre a coisa dada

Capítulo 4 • Contratos em Espécie

em usufruto. O usufrutuário poderá fruir as utilidades e frutos de uma coisa sem alterar-lhe a substância. Tal direito real é temporário, intransmissível (art. 1.393 do CC) e provoca o desdobramento da posse em direta e indireta. Como o usufrutuário pode extrair as utilidades da coisa (gozo e fruição), terá o poder e a possibilidade de locar a coisa dada em usufruto. A locação não é incompatível com o usufruto.

No entanto, com a extinção do usufruto, por qualquer das causas previstas em lei (art. 1.410 do CC), a locação, fundada no direito do usufrutuário, será extinta e poderá ser denunciada pelo nu-proprietário, salvo se este anuir com a locação. No usufruto, o nu-proprietário mantém a posse indireta e o usufrutuário a posse direta.

Com a locação da coisa para o usufrutuário, ele será possuidor indireto e o locatário, possuidor direto. Portanto, haverá dois possuidores indiretos e apenas um direto. Com a extinção do usufruto, a posse direta do locatário, que era fundada no usufruto, fica sem causa ou título. Por isso, com a consolidação da posse direta para o nu-proprietário, este poderá denunciar a locação, com prazo de 30 (trinta) dias para desocupação.

No caso do fideicomisso, o fiduciário tem apenas a propriedade resolúvel do imóvel (art. 1.953 do CC). O fideicomisso é espécie de substituição na sucessão testamentária e a substituição fideicomissária somente é permitida em favor da prole eventual ou dos herdeiros não concebidos ao tempo da morte do testador (art. 1.952 do CC). Enquanto for proprietário resolúvel, o fiduciário poderá dar o bem em locação.

Com a resolução da propriedade do fiduciário em favor da prole eventual, denominada fideicomissário (art. 1.951 do CC), todos os direitos constituídos pelo fiduciário durante o período de propriedade resolúvel (art. 1.359 do CC), assim como a locação, serão extintos. Assim, o fideicomissário, que passará a titularizar a propriedade, poderá denunciar a locação, com prazo de 30 (trinta) dias para desocupação. A locação somente subsiste no período em que perdurar a propriedade resolúvel do fiduciário. Extinto o fideicomisso, a locação também deverá ser extinta, a pedido do fideicomissário, em favor de quem a propriedade se resolve.

O parágrafo único do art. 7º da Lei de Locações, disciplina o prazo para a formalização da denúncia após a extinção do fideicomisso e do usufruto, sob pena de anuência da locação. Portanto, a anuência pode ser real ou presumida, no caso da não observância do parágrafo único do art. 7º. De acordo com este dispositivo, a denúncia deverá ser exercida no prazo de noventa dias contados da extinção do fideicomisso ou da averbação da extinção do usufruto, presumindo-se, após esse prazo, a concordância na manutenção da locação.

A locação também prosseguirá se a propriedade se consolidar nas mãos do usufrutuário ou do fideicomissário.

4.6.3. Alienação do bem locado durante a locação

A Lei n. 8.245/91, em seu art. 8º, disciplina a vigência ou não do contrato de locação em caso de alienação do imóvel locado. Segundo o referido dispositivo legal, se o imóvel locado for alienado durante a locação, o adquirente poderá denunciar o contrato, com o prazo de noventa dias para a desocupação, salvo se a locação for por tempo determinado e o contrato contiver cláusula de vigência em caso de alienação e estiver averbado junto à matrícula do imóvel.

Portanto, como regra, a alienação do imóvel locado é causa de extinção do contrato de locação. O adquirente poderá denunciar o contrato de locação e, neste caso, o locatário terá 90 (noventa) dias para desocupação.

Por outro lado, o locatário poderá evitar a resolução do contrato de locação em caso de alienação do imóvel pelo locador. Para tanto, são essenciais três requisitos: 1 – o contrato de locação deverá ser pactuado por prazo determinado; 2 – o contrato de locação deverá conter cláusula de vigência em caso de alienação do bem para terceiros; e 3 – averbação do contrato de locação junto à matrícula do imóvel (este último requisito tem por objetivo tutelar o interesse daquele que pretende adquirir o bem. Em razão desta averbação, o adquirente não poderá alegar boa-fé para denunciar a locação, pois terá plena ciência da locação no ato da aquisição do bem).

Assim, presentes estes três requisitos, cumulativamente, o adquirente deverá respeitar o contrato de locação durante o seu período de vigência. Ausente qualquer destes requisitos, a locação poderá ser denunciada pelo adquirente.

O adquirente não é obrigado a respeitar o contrato de locação se o contrato for por prazo indeterminado e/ou não houver cláusula de vigência da locação em caso de alienação e/ou o contrato de locação não estiver averbado no registro de imóvel.

O mesmo direito de denúncia do contrato de locação terão o promissário comprador e o promissário cessionário, em caráter irrevogável, com imissão na posse do imóvel e título registrado junto à matrícula do mesmo, nos termos do § 1º do art. 8º da Lei de Locações.

O § 2º do art. 8º da Lei de Locações disciplina o prazo para o exercício do direito potestativo de denúncia. De acordo com esse dispositivo, a denúncia deverá ser exercitada no prazo de noventa dias contados do registro da venda ou do compromisso, presumindo-se, após esse prazo, a concordância na manutenção da locação.

4.6.4. Hipóteses legais de extinção da locação de imóveis urbanos

De acordo com o art. 9º da Lei n. 8.245/91, além da hipótese prevista no art. 8º (alienação do bem locado), entre outras hipóteses, a locação também e, principalmente, poderá ser desfeita ou extinta por mútuo acordo; em decorrência da prática de infração legal ou contratual; em decorrência da falta de pagamento do aluguel e demais encargos e, finalmente, para a realização de reparações urgentes determinadas pelo Poder Público, que não possam ser normalmente executadas com a permanência do locatário no imóvel ou, podendo, ele se recuse a consenti-las.

A extinção por acordo caracteriza a resilição bilateral ou distrato (art. 472 do CC). O distrato, para ter esta natureza jurídica, depende de alguns requisitos, como a harmonia de vontades, a neutralização de efeitos jurídicos de contrato de locação que não foi extinto por outra causa e a obediência à forma que a lei prevê para o contrato. Por mútuo acordo, as partes, locador e locatário, irão encerrar relação jurídica que ainda tem efeitos jurídicos a serem produzidos. O distrato possui efeito *ex nunc*, como regra, mas nada impede que as partes façam retroagir alguns efeitos, pois se trata de acordo.

A segunda hipótese legal de extinção da locação é a violação de lei ou do contrato. A inexecução voluntária do contrato de locação terá efeito *ex nunc*, pois a locação, quanto ao modo de execução, é contrato de trato sucessivo de execução continuada e, por isso, os efeitos pretéritos serão preservados, conforme art. 128 do CC. Além disso, aquele que viola a lei ou o contrato se sujeitará ao ressarcimento das perdas e danos.

A principal hipótese que provoca a extinção e a resolução do contrato de locação é o inadimplemento do aluguel e dos demais encargos da locação. O aluguel é a obrigação principal do locatário e o não cumprimento deste encargo é a principal hipótese de resolução. Os encargos da locação podem ser relacionados às mais diversas obrigações pactuadas pelas partes, como taxa de condomínio, tributos, entre outros.

Por fim, a locação poderá ser extinta por necessidade de reforma ou reparações urgentes a serem determinadas pelo Poder Público, desde que não possam ser normalmente executadas com a permanência do locatário do imóvel.

4.6.5. Morte das partes e consequências

Os arts. 10 e 11 da Lei de Locações disciplinam os efeitos jurídicos obrigacionais do contrato no caso de morte do locador e do locatário. O contrato de locação é impessoal, ou seja, não tem caráter personalíssimo. A locação se transmite aos herdeiros do locador e, no caso de morte do locatário, os sucessores do locatário, desde que residam no imóvel, sub-rogam-se nos direitos e obrigações do locatário. Ademais, nas locações com finalidade não residencial, o sucessor no negócio ou o espólio, também se sub-rogam nos direitos e obrigações do locatário.

De acordo com o art. 10 da Lei de Locações, morrendo o locador, a locação transmite-se aos herdeiros. Por outro lado, se o locatário morrer, ficarão sub-rogados nos seus direitos e obrigações, nas locações com finalidade residencial, o cônjuge sobrevivente ou o companheiro e, sucessivamente, os herdeiros necessários e as pessoas que viviam na dependência econômica do *de cujus*, desde que residentes no imóvel ou, nas locações com finalidade não residencial, o espólio e, se for o caso, seu sucessor no negócio.

4.6.6. Dissolução da sociedade conjugal e da união estável e consequências

O art. 12 da Lei de Locações de imóveis urbanos protege o núcleo familiar, na eventualidade de separação de fato, judicial, divórcio ou dissolução de união estável. Segundo o art. 12, em casos de separação de fato, separação judicial, divórcio ou dissolução da união estável, a locação residencial prosseguirá automaticamente com o cônjuge ou companheiro que permanecer no imóvel. A Lei n. 12.112/2009 alterou a redação do artigo e substitui o termo "sociedade concubinária" por outro mais técnico "união estável". Em caso de rompimento das relações afetivas por qualquer destas causas, a locação não sofrerá interrupção. Ao contrário, prosseguirá automaticamente com o cônjuge ou companheiro que permanecer no imóvel, caso em que se sub-rogará nos direitos e obrigações da locação, como locatário, sobre a totalidade do bem.

Aliás, quanto à sub-rogação, de acordo com o § 1º do art. 12, nas hipóteses previstas neste artigo e no art. 11, a sub-rogação será comunicada por escrito ao locador e ao fiador, se esta for a modalidade de garantia locatícia. Tal dispositivo também foi alterado pela Lei n. 12.112/2009, para incluir as hipóteses do art. 11 e obrigar a comunicação ao fiador, se esta for a modalidade de garantia do contrato.

Portanto, o cônjuge ou companheiro que permanece no imóvel terá o dever de pagar o aluguel e os demais encargos da locação, mas também ostentará, com exclusividade, todos os direitos que a lei concede ao locatário. O objetivo da lei é beneficiar a estabilidade econômica da família e preservar o núcleo familiar. O locatário apenas tem o dever de comunicar o fato ao locador e ao fiador, se tal garantia existir.

A Lei n. 12.112/2009, ainda acrescentou ao art. 12 um novo parágrafo, o § 2º, segundo o qual, após ser comunicado da separação de fato, divórcio ou dissolução da união estável, o fiador poderá exonerar-se das suas responsabilidades no prazo de 30 (trinta) dias contado do recebimento da comunicação oferecida pelo sub-rogado, ficando responsável pelos efeitos da fiança durante 120 (cento e vinte) dias após a notificação ao locador. A sub-rogação poderá provocar a extinção da fiança, contrato acessório, se o fiador, no prazo de 30 dias, denunciar a fiança (outra hipótese de resilição unilateral – art. 473 do CC). Neste caso, permanecerá vinculado ao contrato pelo prazo de 120 (cento e vinte) dias.

4.6.7. Da cessão da locação e das sublocações

O contrato de locação pode ser objeto de cessão, sublocação e, inclusive, prever o empréstimo do imóvel locado para terceiro. Tais modos de transmissão *inter vivos* do contrato de locação dependem, necessariamente, da anuência prévia e escrita do locador. Tal questão é submetida ao princípio da autonomia privada, poder que os sujeitos têm de regular os seus próprios interesses. Caberá ao locador autorizar ou não a cessão ou sublocação do imóvel locado para terceiros. A cessão, a sublocação e o empréstimo do imóvel locado dependem do consentimento expresso do locador, sob pena de restar caracterizada infração contratual, com a resolução do contrato e a retomada do imóvel.

De acordo com o art. 13 da Lei de Locações, a cessão da locação, a sublocação e o empréstimo do imóvel, total ou parcialmente, dependem do consentimento prévio e escrito do locador. O consentimento não pode ser presumido. Nesse sentido o § 1º do art. 13, segundo o qual não se presume o consentimento pela simples demora do locador em manifestar formalmente a sua oposição. O locador deverá ser notificado, por escrito pelo locatário, sobre qualquer destes atos translativos. Tal notificação é essencial para que o locador possa, de forma justificada, se opor aos referidos atos. Nesse sentido o § 2º do art. 13: "Desde que notificado por escrito pelo locatário, de ocorrência de uma das hipóteses deste artigo, o locador terá o prazo de trinta dias para manifestar formalmente a sua oposição".

O art. 14 da Lei n. 8.245/91 impõe que às sublocações sejam aplicadas as disposições relativas às locações, naquilo que for compatível. A sublocação é espécie de contrato derivado.

O contrato derivado é aquele que tem por objeto direitos e obrigações estabelecidos em outro contrato. Estes também são denominados subcontratos. A derivação faz com que o contrato possua uma relação de dependência funcional em relação a outro contrato, do qual ele mesmo deriva. São exemplos clássicos de contratos derivados a sublocação, a subempreitada e a subconcessão. O direito contido no subcontrato ou contrato derivado é limitado pelos direitos e obrigações contidos no contrato base ou principal.

Na teoria geral dos contratos, já analisamos as características do contrato derivado. Na locação, o contrato base é firmado entre locador e locatário. Se um terceiro passa a interessar-se pela locação, poderá firmar um subcontrato ou sublocação com o locatário. Esta sublocação será o contrato base e terá como limites os direitos e obrigações concedidos pelo locador ao locatário no contrato base, pois ninguém pode transferir mais direitos do que possui. E o locador não participará deste contrato derivado entre o locatário e o terceiro. O terceiro poderá usufruir da locação, sem que o contrato de locação ou base venha a ser extinto.

No entanto, se o contrato base se extingue, por impossibilidade material, o contrato derivado também será extinto.

Por ser contrato derivado, dispõe o art. 15 da Lei de Locações que "rescindida ou finda a locação, qualquer que seja sua causa, resolvem-se as sublocações, assegurado o direito de indenização do sublocatário contra o sublocador". Neste caso, por óbvio, devido à relação de dependência entre o contrato base e o derivado, este será extinto, mas o sublocatário poderá exigir do sublocador indenização pelos prejuízos decorrentes da extinção do contrato base, que dava sustentação ao contrato derivado.

Por fim, de acordo com o art. 16 da Lei n. 8.245/91, o sublocatário responde subsidiariamente ao locador pela importância que dever ao sublocador, quando este for demandado e, ainda, pelos aluguéis que se vencerem durante a lide. Embora o locador tenha de anuir previamente à sublocação, não há vínculo entre o locador e o sublocatário. No caso do art. 16, a lei estabelece, de forma excepcional, a responsabilidade subsidiária do sublocatário em relação ao locador, pela importância que ele deve ao sublocador, quando este for demandado pelo locador. O objetivo da norma é assegurar o pagamento do aluguel e, em caso de demanda do locador contra o locatário, o sublocatário poderá ser responsabilizado de forma subsidiária e pagar diretamente ao locador, se o locatário não fizer o pagamento.

A responsabilidade subsidiária do sublocatário dependerá do inadimplemento do locatário. De acordo com Maria Helena Diniz[98]: "O locador só poderá demandar diretamente o locatário (sublocador), pois o sublocatário responderá subsidiariamente ao locador não só pelo *quantum* correspondente aos aluguéis devidos ao sublocador, quando este for acionado, como também pelos que, na pendência da lide, se vencerem. O sublocatário, então, passará a ter um novo credor, que é o locador, devendo pagar a ele os aluguéis vencidos e vincendos. Surge aqui um modo indireto de sub-rogação".

4.6.8. Regras sobre o aluguel

O aluguel é a principal obrigação do locatário. Não há locação sem aluguel. A Lei de Locações delega às partes, locador e locatário, o poder de estipular o aluguel. Neste caso, prevalece a liberdade contratual. As normas sobre aluguel têm natureza dispositiva, pois as partes passam a ter o poder de regular tal questão de acordo com seus interesses. É a exteriorização do princípio da autonomia privada.

É o que dispõe o art. 17 da Lei de Locações: "É livre a convenção do aluguel, vedada a sua estipulação em moeda estrangeira e a sua vinculação à variação cambial ou ao salário mínimo".

Embora a regra seja a livre estipulação do aluguel, a Lei de Locações veda que o aluguel seja fixado em moeda estrangeira, como dólar e euro e ainda proíbe a vinculação do aluguel à variação cambial ou ao salário mínimo. O pagamento deve ser feito em real, que é a moeda corrente no País e, mesmo neste caso, não pode ficar vinculado ao câmbio ou salário mínimo.

O parágrafo único do art. 17 da Lei de Locações, estabelece que nas locações residenciais devem ser observados os critérios de reajustes previstos na legislação específica.

O art. 18 da Lei de Locações garante aos contratantes, locador e locatário, plena liberdade para ajustar o valor do aluguel ou cláusulas de reajuste. No entanto, a possibilidade de alteração do valor do aluguel no curso da locação ou a inclusão de cláusulas de reajuste depende de mútuo acordo.

De acordo com o disposto no art. 18 da Lei n. 8.245/91, "é lícito às partes fixar, de comum acordo, novo valor para o aluguel, bem como inserir ou modificar cláusula de reajuste". Não é possível a imposição unilateral de novo valor do aluguel ou de alterações na cláusula de reajuste. Se não houver acordo, locador e locatário poderão propor ação de revisão do valor do aluguel. No entanto, nas prorrogações, as partes terão a liberdade de fixar novo aluguel e reajustes em conformidade com o critério legal do índice de variação.

---

[98] DINIZ, Maria Helena. *Curso de direito civil brasileiro – Teoria geral das obrigações*. 39. ed. São Paulo: Saraiva, 2024, v. II.

Como ressaltado, a ausência de acordo quanto ao novo aluguel ou cláusula de reajuste, confere às partes o direito de locador e locatário requererem a revisão judicial do aluguel.

Ocorre que a revisão judicial do aluguel pressupõe o preenchimento de alguns requisitos, como enuncia o art. 19 da Lei de Locações. A revisão judicial somente é possível após o prazo de 3 (três) anos, contados da vigência do contrato ou de eventual acordo anteriormente realizado. Antes do prazo em questão, é vedado o pedido de revisão judicial.

Nesse sentido o art. 19 da Lei de Locações: "Não havendo acordo, o locador ou locatário, após três anos de vigência do contrato ou do acordo anteriormente realizado, poderão pedir revisão judicial do aluguel, a fim de ajustá-lo ao preço de mercado".

O objetivo da revisão judicial é adequar e ajustar o preço do aluguel ao valor de mercado. A depreciação da moeda e problemas econômicos e financeiros no curso do contrato de locação poderão prejudicar o equilíbrio do contrato de locação.

Por isso, é permitida a revisão judicial. No entanto, será muito rara, uma vez que somente haverá interesse na revisão judicial nos contratos por prazo determinado que sejam superiores a 3 (três) anos, o que não é comum. Ao final do contrato, se não houver acordo, o locador, ao invés de ajuizar ação de revisão judicial, certamente optará pela denúncia e extinção do contrato, o que é mais rápido, conveniente e eficiente.

Portanto, a exigência do referido prazo, de alguma forma, acaba por esvaziar o pedido e a possibilidade de revisão judicial do aluguel na locação. As locações, em especial as residenciais, não superam, como regra, o prazo de 3 (três) anos, previsto no art. 19 da Lei de Locações. Por isso, se não houver acordo sobre o novo aluguel, por óbvio, o locador denunciará o contrato de locação.

Portanto, o interesse na revisão judicial somente existirá em contratos por prazo determinado cujo prazo seja superior a 3 (três) anos, o que raramente ocorrerá nas locações para fins residenciais. A revisão judicial será mais comum nas locações para fins comerciais, mas apenas naquelas cujo prazo for superior a 3 (três) anos e quando não houver acordo.

O art. 20 da Lei de Locações disciplina a questão do pagamento antecipado. De acordo com o art. 20, salvo as hipóteses do art. 42 e da locação para temporada, o locador não poderá exigir o pagamento antecipado do aluguel. As exceções são compatíveis com esse modo de pagamento: a locação para temporada e a hipótese do art. 42:

"Art. 42. Não estando a locação garantida por qualquer das modalidades, o locador poderá exigir do locatário o pagamento do aluguel e encargos até o sexto dia útil do mês vincendo".

Por fim, de acordo com o art. 21, o aluguel da sublocação não poderá exceder o da locação. Nas habitações coletivas multifamiliares, a soma dos aluguéis não poderá ser superior ao dobro do valor da locação. O descumprimento deste artigo autoriza o sublocatário a reduzir o aluguel até os limites nele estabelecidos.

4.6.9. Deveres do locador e do locatário

Os arts. 22 a 26 da Lei de Locações disciplinam as principais obrigações do locador e locatário durante a vigência do contrato de locação.

Segundo o art. 22, durante a locação, o locador é obrigado a entregar ao locatário o imóvel alugado em estado de servir ao uso a que se destina (o bem locado não pode ostentar vício que prejudique a extração da utilidade econômica para a qual o bem é destinado); garantir, durante o tempo da locação, o uso pacífico do imóvel locado (o locador deverá responder pela evicção e defender a posse do locatário, caso esteja sendo molestada por terceiros); manter, durante a locação, a forma e o destino do imóvel; responder pelos vícios ou defeitos anteriores à locação (responsabilidade em relação a vícios e defeitos materiais na coisa que possam inviabilizar o uso regular, finalidade da locação imobiliária); fornecer ao locatário, caso este solicite, descrição minuciosa do estado do imóvel, quando de sua entrega, com expressa referência aos eventuais defeitos existentes; fornecer ao locatário recibo discriminado das importâncias por este pagas, vedada a quitação genérica; pagar as taxas de administração imobiliária, se houver, e de intermediações, nestas compreendidas as despesas necessárias à aferição da idoneidade do pretendente ou de seu fiador; pagar os impostos e taxas, e ainda o prêmio de seguro complementar contra fogo, que incidam ou venham a incidir sobre o imóvel, salvo disposição expressa em contrário no contrato (tal obrigação do locador poderá ser transferida ao locatário se houver ajuste prévio entre ambos. Trata-se, portanto, de norma dispositiva); exibir ao locatário, quando solicitado, os comprovantes relativos às parcelas que estejam sendo exigidas; pagar as despesas extraordinárias de condomínio (as despesas ordinárias de condomínio são de responsabilidade do locatário, mas a lei veda que o locador transfira ao locatário, mesmo com a anuência deste, a responsabilidade pelo pagamento das despesas extraordinárias). A Lei de Locações, no parágrafo único do art. 22, elenca quais seriam tais despesas extraordinárias.

Por despesas extraordinárias de condomínio se entendem aquelas que não se refiram aos gastos rotineiros de manutenção do edifício, especialmente: (a) obras de reformas ou acréscimos que interessem à estrutura integral do imóvel; (b) pintura das fachadas, empenas, poços de aeração e iluminação, bem como das esquadrias externas; (c) obras destinadas a repor as condições de habitabilidade do edifício; (d) indenizações trabalhistas e previdenciárias pela dispensa de empregados, ocorridas em data anterior ao início da locação; (e) instalação de equipamento de segurança e de incêndio, de telefonia, de intercomunicação, de esporte e de lazer; (f) despesas de decoração e paisagismo nas partes de uso comum; (g) constituição de fundo de reserva.

Por outro lado, o locatário também ostenta obrigações.

Segundo o art. 23, o locatário é obrigado a pagar pontualmente o aluguel e os encargos da locação, legal ou contratualmente exigíveis, no prazo estipulado ou, em sua falta, até o sexto dia útil do mês seguinte ao vencido, no imóvel locado, quando outro local não tiver sido indicado no contrato (é a principal obrigação do locatário – o pagamento deverá ser realizado no dia ajustado com o locador, mas em caso de omissão, a norma, de forma supletiva, estabelece data para pagamento); servir-se do imóvel para o uso convencionado ou presumido, compatível com a natureza deste e com o fim a que se destina, devendo tratá-lo com o mesmo cuidado como se fosse seu (dever de uso conforme a destinação econômica e social e dever de diligência); restituir o imóvel, finda a locação, no estado em que o recebeu, salvo as deteriorações decorrentes do seu uso normal (a restituição do imóvel ao final da locação é dever do locatário. Em caso de recusa, será considerado possuidor injusto pelo vício da precariedade e o locador poderá ajuizar ação de despejo para retomar o imóvel); levar imediatamente ao conhecimento do locador o surgimento de qualquer dano ou defeito cuja reparação a este incumba, bem como as eventuais turbações de terceiros; realizar a imediata reparação dos danos verificados no imóvel, ou nas suas instalações, provocadas por si, seus dependentes, familiares, visitantes ou prepostos; não modificar a forma interna ou externa do imóvel sem o consentimento prévio e por escrito do locador; entregar imediatamente ao locador os documentos de cobrança de tributos e encargos condominiais, bem como qualquer intimação, multa ou exigência de autoridade pública, ainda que dirigida a ele, locatário; pagar as despesas de telefone e de consumo de força, luz e gás, água e esgoto; permitir a vistoria do imóvel pelo locador ou por seu mandatário, mediante combinação prévia de dia e hora, bem como admitir que seja o mesmo visitado e examinado por terceiros, na hipótese prevista no art. 27; cumprir integralmente a convenção de condomínio e os regulamentos internos; pagar o prêmio do seguro de fiança; pagar as despesas ordinárias de condomínio (as despesas extraordinárias são de responsabilidade do locador).

A legislação também esclarece quais seriam as despesas ordinárias. Por despesas ordinárias de condomínio se entendem as necessárias à administração respectiva, especialmente: (a) salários, encargos trabalhistas, contribuições previdenciárias e sociais dos empregados do condomínio; (b) consumo de água e esgoto, gás, luz e força das áreas de uso comum; (c) limpeza, conservação e pintura das instalações e dependências de uso comum; (d) manutenção e conservação das instalações e equipamentos hidráulicos, elétricos, mecânicos e de segurança, de uso comum; (e) manutenção e conservação das instalações e equipamentos de uso comum destinados à prática de esportes e lazer; (f) manutenção e conservação de elevadores, porteiro eletrônico e antenas coletivas; (g) pequenos reparos nas dependências e instalações elétricas e hidráulicas de uso comum; (h) rateios de saldo devedor, salvo se referentes a período anterior ao início da locação; (i) reposição do fundo de reserva, total ou parcialmente utilizado no custeio ou complementação das despesas referidas nas alíneas anteriores, salvo se referentes a período anterior ao início da locação.

O locatário fica obrigado ao pagamento das despesas ordinárias, desde que comprovados a previsão orçamentária e o rateio mensal, podendo exigir a qualquer tempo sua comprovação. No edifício constituído por unidades imobiliárias autônomas, de propriedade da mesma pessoa, os locatários ficam obrigados ao pagamento das despesas referidas no § 1º do art. 23, desde que comprovadas.

De acordo com o art. 24 da Lei de Locações, nos imóveis utilizados como habitação coletiva multifamiliar, os locatários ou sublocatários poderão depositar judicialmente o aluguel e encargos se a construção for considerada em condições precárias pelo Poder Público. O levantamento dos depósitos somente será deferido com a comunicação, pela autoridade pública, da regularização do imóvel. Os locatários ou sublocatários que deixarem o imóvel estarão desobrigados do aluguel durante a execução das obras necessárias à regularização. Os depósitos efetuados em juízo pelos locatários e sublocatários poderão ser levantados, mediante ordem judicial, para realização das obras ou serviços necessários à regularização do imóvel.

O art. 25 disciplina a questão do pagamento dos tributos quando ficam a cargo do locador. Se a responsabilidade pelo pagamento dos tributos, encargos e despesas ordinárias de condomínio forem atribuídas ao locador, este poderá cobrar tais verbas juntamente com o aluguel do mês a que se referirem. Se o locador antecipar os pagamentos, a ele pertencerão as vantagens daí advindas, salvo se o locatário reembolsá-lo integralmente (parágrafo único do art. 25).

Por fim, se o imóvel necessitar de reparos urgentes, cuja realização incumba ao locador, o locatário é obrigado a consenti-los. Se os reparos durarem mais de 10 dias, o locatário terá direito ao abatimento do aluguel, proporcional ao período excedente; se mais de 30 dias, poderá resilir o contrato (art. 26 e parágrafo único da Lei de Locações).

4.6.10. Direito de preferência

A Lei de Locações de imóveis urbanos também garante ao locatário o direito de preferência para aquisição do imóvel locado, em igualdade de condições com terceiros, caso o locador pretenda dispor juridicamente da coisa mediante os mais diversos negócios jurídicos e até no caso de extinção de obrigação, como é o caso da dação em pagamento.

De acordo com o art. 27 da referida lei, no caso de venda, promessa de venda, cessão ou promessa de cessão de direitos ou dação em pagamento, o locatário tem preferência para adquirir o imóvel locado, em igualdade de condições com terceiros, devendo o locador dar-lhe conhecimento do negócio mediante notificação judicial, extrajudicial ou outro meio de ciência inequívoca.

O locador é obrigado a informar o locatário sobre o interesse na venda, cessão ou dação em pagamento da coisa locada. Tal informação poderá ser prestada ao locatário por meio de notificação judicial, extrajudicial ou qualquer outro meio, desde que seja hábil e eficiente para que o locatário possa ter ciência inequívoca.

O parágrafo único do art. 27 estabelece os requisitos formais para que o locatário tenha ciência de qualquer dos negócios e atos mencionados pelo artigo. Por isso, segundo o referido parágrafo único, a comunicação deverá conter todas as condições do negócio e, em especial, o preço, a forma de pagamento, a existência de ônus reais, bem como o local e horário em que pode ser examinada a documentação pertinente. Com estes requisitos e formalidades mínimas, o locatário terá condições de analisar e valorar a situação.

O exercício da preferência subordinar-se-á a prazo de decadência de 30 (trinta) dias, contado da data da comunicação, com todos os requisitos formais. A anuência à oferta deve ser dada dentro do prazo legal. O direito de preferência será extinto se o locatário no referido prazo, de forma inequívoca, não aderir integralmente à proposta (art. 28 da Lei de Locações).

A Lei de Locações, com a finalidade de proteger o locador em relação à posterior desistência do locatário, mesmo após ter manifestado anuência à proposta, garante àquele uma indenização pelos prejuízos decorrentes de desistência injustificada e imotivada. Assim, nos termos do art. 29: "Ocorrendo aceitação da proposta, pelo locatário, a posterior desistência do negócio pelo locador acarreta, a este, responsabilidade pelos prejuízos ocasionados, inclusive lucros cessantes."

O art. 30 estabelece escala de preferência no caso de sublocação. A preferência será primeira do sublocatário e, em seguida, do locatário. Assim, nos termos deste artigo, se o imóvel estiver sublocado em sua totalidade, caberá a preferência ao sublocatário e, em seguida, ao locatário. Se forem vários os sublocatários, a preferência caberá a todos, em comum, ou a qualquer deles, se um só for o interessado. O parágrafo único do art. 30 ainda estabelece regra para o caso de concorrência de interesses no caso de pluralidade de pretendentes: "Parágrafo único. Havendo pluralidade de pretendentes, caberá a preferência ao locatário mais antigo, e, se da mesma data, ao mais idoso."

De acordo com o art. 31, em se tratando de alienação de mais de uma unidade imobiliária, o direito de preferência incidirá sobre a totalidade dos bens objeto da alienação.

O direito de preferência não alcança os casos de perda da propriedade ou venda por decisão judicial, permuta, doação, integralização de capital, cisão, fusão e incorporação (art. 32 da Lei de Locações). A Lei n. 10.931/2004 incluiu parágrafo único neste artigo para estabelecer que nos contratos de locação firmados a partir de 1º de outubro de 2001, o direito de preferência de que trata esse artigo não alcançará também os casos de constituição da propriedade fiduciária e de perda da propriedade ou venda por quaisquer formas de realização de garantia, inclusive mediante leilão extrajudicial, devendo essa condição constar expressamente em cláusula contratual específica, destacando-se das demais por sua apresentação gráfica.

Caso o locatário seja preterido no seu direito de preferência poderá reclamar do alienante as perdas e danos ou, depositando o preço e demais despesas do ato de transferência, haver para si o imóvel locado, se o requerer no prazo de seis meses, a contar do registro do ato no cartório de imóveis, desde que o contrato de locação esteja averbado pelo menos 30 dias antes da alienação junto à matrícula do imóvel (art. 33 da Lei de Locações). De acordo com o parágrafo único do art. 33, a averbação far-se-á à vista de qualquer das vias do contrato de locação desde que subscrito também por duas testemunhas.

Se o imóvel locado pertencer a mais de uma pessoa, ou seja, se existir condomínio no bem locado, o condômino terá preferência e prioridade sobre a preferência do locatário (art. 34). Neste caso, o condômino preterido poderá invocar a regra do art. 504 do CC, que é semelhante ao disposto no art. 33 da Lei de Locações, a qual disciplina o direito do locatário preterido em seu direito de preferência. Portanto, a preferência do condômino tem prioridade sobre a preferência do locatário.

4.6.11. As benfeitorias realizadas pelo locatário

As benfeitorias podem ser classificadas em necessárias, úteis e voluptuárias. O art. 96 do CC define as espécies de benfeitorias como categoria de bens acessórios.

As benfeitorias são bens acessórios, artificiais, decorrentes de trabalho humano, com o fim de conservar, melhorar ou embelezar o bem principal. No art. 97, o diploma civil exclui do conceito de benfeitorias os melhoramentos ou acréscimos sobrevindos ao bem sem a intervenção do proprietário, possuidor ou detentor. Assim, quando se originar de fatos da natureza, tais melhoramentos ou acréscimos podem caracterizar acessões naturais, modo de aquisição da propriedade imobiliária, como é o caso da aluvião, da avulsão e do álveo abandonado.

As benfeitorias serão *necessárias* quando se caracterizarem pela indispensabilidade dos serviços, ou seja, tiverem por fim conservar o bem ou evitar que se deteriore. Tal espécie de benfeitoria visa, portanto, preservar as suas condições de funcionamento.

As *úteis* são representadas pelas obras que visam ampliar a funcionalidade ou dar maior utilidade ao bem principal, ou seja, aumentar ou facilitar o uso do bem.

Finalmente, as benfeitorias *voluptuárias* são as obras destinadas ao lazer dos ocupantes do bem principal ou para o embelezamento deste. Segundo o § 1º do art. 96, são voluptuárias as de mero deleite ou recreio, que não aumentam o uso habitual do bem, ainda que o tornem mais agradável ou tenham elevado valor.

A distinção das espécies de benfeitorias é relevante não só para a locação de imóveis urbanos como para fins possessórios (arts. 1.219 e 1.220 do CC). O art. 1.219 do CC regula a indenização das benfeitorias em matéria possessória, no caso de posse de boa-fé. O possuidor de boa-fé terá direito à indenização das benfeitorias necessárias e úteis, bem como de levantar as voluptuárias, se estas não forem pagas, desde que não prejudique a coisa.

Além disso, se estiver de boa-fé, o possuidor poderá exercer o direito de retenção pelo valor das benfeitorias necessárias e úteis. O art. 1.220 dispõe que, se o possuidor estiver de má-fé, somente terá direito ao ressarcimento das benfeitorias necessárias, não tendo direito de retenção pelo valor destas e nem de levantar as voluptuárias. É importante ressaltar que a boa ou má-fé do possuidor deve ser analisada de forma subjetiva, pois a legislação civil, nesse caso, adota o critério do conhecimento ou não dos vícios que maculam a posse.

Em relação à locação, a Lei n. 8.245/91, em seus arts. 35 e 36, traz regulamentação legal a respeito da indenização por conta de benfeitorias necessárias, úteis e voluptuárias nesse tipo de contrato.

Segundo o art. 35 da referida lei, salvo disposição expressa em sentido contrário, no contrato de locação, as benfeitorias necessárias, introduzidas pelo locatário, ainda que não autorizadas pelo locador, bem como as úteis, desde que autorizadas, serão indenizáveis e permitem o exercício do direito de retenção.

A norma em questão é supletiva da vontade das partes, em caso de omissão do contrato de locação a respeito das benfeitorias. Trata-se, portanto, de regra com natureza dispositiva, na qual prevalece o princípio da autonomia privada (poder das partes de regular os interesses sobre a indenização das benfeitorias necessárias e úteis).

A doutrina, em geral, critica o fato de o legislador, nos arts. 35 da Lei de Locações e 578 do CC, eleger normas de caráter dispositivo para regular o direito à indenização pelas benfeitorias, o que, certamente, levará o locador a impor ao locatário a renúncia do direito à indenização por essas benfeitorias, o que viola os princípios constitucionais da solidariedade social e da isonomia substancial, que servem de fundamento para todas as relações jurídicas privadas, em especial em matéria de locação.

O STJ não se sensibilizou com os apelos da doutrina e acabou editando a Súmula 335, segundo a qual "nos contratos de locação, é válida a cláusula de renúncia à indenização das benfeitorias e ao direito de retenção", firmando, portanto, a natureza dispositiva dessas regras estabelecidas na Lei de Locações e no Código Civil, embora essas normas contrariem frontalmente os princípios constitucionais mencionados.

Em matéria de locação, locador e locatário dificilmente pactuam um contrato no mesmo nível de igualdade, principalmente porque os contratos de locação são, em sua maioria, de adesão (com cláusulas preestabelecidas pelo locador). A relação jurídica, concretamente considerada, poderá violar o princípio da igualdade substancial.

As renúncias ao direito à indenização pelas benfeitorias são sempre imposições do locador, contra as quais o locatário, no momento da formação do contrato, boa parte das vezes, não tem como se opor. O problema é que o STJ não diferenciou, na referida súmula, as relações de locação que caracterizam contrato de adesão (99% dos contratos têm essa natureza) daquelas em que as partes conseguem, efetivamente, desenvolver uma negociação sobre as cláusulas do contrato, em especial da indenização por benfeitorias.

No caso da "locação por adesão", é possível defender a tese da nulidade da cláusula que prevê a renúncia antecipada à indenização por benfeitorias, com base nos princípios constitucionais da solidariedade e igualdade substancial e nos princípios da boa-fé objetiva e função social do contrato, justamente porque o STJ não fez essa diferença.

Além desses princípios, é possível que o locatário, na locação por adesão, se socorra da regra disposta no art. 424 do CC, a qual trata dos contratos de adesão em uma relação civil, como é o caso da locação. Segundo esse artigo, nos contratos de adesão, são nulas as cláusulas que estipulem a renúncia antecipada do aderente a direito resultante da natureza do negócio. Tal dispositivo se enquadra perfeitamente nos contratos de locação por adesão que estabelecem a renúncia antecipada do aderente a um direito inerente ao negócio, qual seja, indenização por benfeitorias.

O próprio art. 79 da Lei n. 8.245/91 dispõe que, nos casos omissos, aplicam-se, subsidiariamente, as regras do Código Civil. Ora, como a Lei n. 8.245/91 não trata da locação por adesão ou de regras sobre contratos de adesão, o art. 424 do CC se aplica, subsidiariamente, a uma relação de locação que se submeta à referida lei. Por isso, deve ser considerada nula a renúncia antecipada do aderente à indenização por benfeitorias no contrato de locação, com base nos princípios mencionados e no referido art. 424 do CC.

O STJ deverá rever o seu posicionamento ou esclarecer que a Súmula 335 não se aplica aos contratos de locação por adesão. Na IV Jornada, promovida pelo CJF, foi aprovado um Enunciado sobre fiança, que pode ser utilizado, por analogia, nos casos de benfeitorias. O Enunciado 364 dispõe que "no contrato de fiança é nula a cláusula de renúncia antecipada ao benefício de ordem quando inserida em contrato de adesão".

Por outro lado, o art. 36 da Lei de Locações dispõe sobre as benfeitorias voluptuárias. Estas não serão indenizadas, podendo ser retiradas pelo locatário após o término do contrato de locação, desde que sua retirada não afete a estrutura e a substância do bem jurídico locado.

O possuidor direto, locatário, se sujeitará a essas disposições legais para fins de indenização das benfeitorias, em caso de contrato de locação. Trata-se de norma especial que prevalece sobre a norma geral do art. 1.219 do CC, que também tutela a forma de indenização das benfeitorias em uma relação possessória.

A locação também implicará posse do locatário, mas, nesse caso, as regras especiais da Lei n. 8.245/91 e as do art. 578 do CC (locação de coisas que não estiverem abrangidas pela Lei n. 8.245/91), prevalecem sobre as regras gerais sobre indenização das benfeitorias em caso de posse. É a existência de uma relação jurídica (locação) que determinará as regras a serem aplicadas para fins de indenização das benfeitorias.

4.6.12. Das garantias da locação

Os arts. 37 a 42 da Lei n. 8.245/91 disciplinam as garantias que podem ser ajustadas em favor do locador, como forma de tutelar eventual inadimplemento do locatário.

De acordo com o art. 37, no contrato de locação, pode o locador exigir do locatário quatro modalidades de garantia: I – caução; II – fiança; III – seguro de fiança locatícia e a IV – cessão fiduciária de quotas de fundo de investimento, incluída pela Lei n. 11.196/2005. O contrato de locação não pode ostentar mais do que uma das modalidades de garantia, sob pena de nulidade de todas as garantias. Nesse sentido, dispõe o parágrafo único do art. 37 da Lei n. 8.245/91: "É vedada, sob pena de nulidade, mais de uma das modalidades de garantia num mesmo contrato de locação".

A primeira modalidade de garantia é a caução, que poderá ser em bens móveis ou imóveis, conforme art. 38 da Lei. A caução em bens móveis deverá ser registrada em cartório de títulos e documentos e aquela que tem por objeto imóvel, deverá ser averbada à margem da respectiva matrícula (§ 1º do art. 38 da Lei n. 8.245/91). Tal formalidade é essencial para a constituição desta garantia, como acessório da locação.

A caução também pode ser em dinheiro e, neste caso, não poderá exceder o equivalente a três meses de aluguel (§ 2º do art. 38 da Lei n. 8.245/91). A caução em dinheiro será depositada em caderneta de poupança, autorizada, pelo Poder Público e por ele regulamentada, revertendo em benefício do locatário todas as vantagens dela decorrentes por ocasião do levantamento da soma respectiva. Por fim, a caução também pode ter por objeto títulos e ações, que deverá ser substituída, no prazo de 30 dias, em caso de concordata, falência ou liquidação das sociedades emissoras.

A segunda modalidade de garantia é a fiança, contrato acessório ao contrato principal, que é a locação. A fiança é contrato benéfico ou gratuito que garante ao locador satisfazer as obrigações pecuniárias assumidas pelo locatário em caso de inadimplemento. O fiador, meio de garantia pessoal, se obriga a assumir os débitos não pagos ou não adimplidos pelo locatário.

O fiador é responsável por débito alheio. Se o fiador for casado, é essencial a anuência do cônjuge (art. 1.647, III, do CC), sob pena de ineficácia total da garantia. Nesse sentido a Súmula 332 do STJ, segundo a qual "a fiança prestada sem autorização de um dos cônjuges implica a ineficácia total da garantia". Aplicam-se à fiança locatícia as regras de fiança disciplinadas no Código Civil.

O fiador demandado pelo pagamento da dívida tem direito a exigir, até a contestação da lide, que sejam primeiro executados os bens do devedor. O fiador que alegar o benefício de ordem, a que se refere este artigo, deve nomear bens do devedor, sitos no mesmo município, livres e desembargados, quantos bastem para solver o débito. Não aproveita este benefício ao fiador: I – se ele o renunciou expressamente; II – se se obrigou como principal pagador, ou devedor solidário; III – se o devedor for insolvente, ou falido.

O fiador que pagar integralmente a dívida fica sub-rogado nos direitos do credor; mas só poderá demandar a cada um dos outros fiadores pela respectiva quota. A parte do fiador insolvente distribuir-se-á pelos outros. O devedor responde também perante o fiador por todas as perdas e danos que este pagar, e pelos que sofrer em razão da fiança. A obrigação do fiador passa aos herdeiros, mas a responsabilidade da fiança se limita ao tempo decorrido até a morte do fiador, e não pode ultrapassar as forças da herança.

Nos contratos de locação por prazo indeterminado, o fiador poderá exonerar-se da obrigação nos termos do inciso X do art. 40 da Lei de Locações. Neste caso, não se aplica o art. 835 do CC. Embora o art. 39 da Lei de Locações disponha que as garantias da locação se mantêm até a devolução do imóvel, mesmo quando prorrogado por prazo indeterminado, o art. 40, X, permite que o fiador, por meio de resilição unilateral (art. 473, *caput*, do CC), se desobrigue da fiança sem prazo com notificação ao locador, caso em que permanecerá vinculado à garantia pelo prazo de 120 dias e não até a devolução do imóvel. Em tal prazo, o locador poderá exigir do locatário novo fiador ou outra garantia. Assim, embora haja conflito aparente entre os arts. 39 e 40, X, da Lei n. 8.245/91, o fiador poderá, a qualquer tempo, nas locações por prazo indeterminado, exonerar-se da fiança que tiver assinado, ficando obrigado pelos efeitos pelo prazo máximo de 120 dias.

Na fiança locatícia, o fiador pode opor ao credor as exceções que lhe forem pessoais, e as extintivas da obrigação que competem ao devedor principal, se não provierem simplesmente de incapacidade pessoal, salvo o caso do mútuo feito a pessoa menor. O fiador, ainda que solidário, ficará desobrigado: I – se, sem consentimento seu, o credor conceder moratória ao devedor; II – se, por fato do credor, for impossível a sub-rogação nos seus direitos e preferências; III – se o credor, em pagamento da dívida, aceitar amigavelmente do devedor objeto diverso do que este era obrigado a lhe dar, ainda que depois venha a perdê-lo por evicção.

O art. 39 da Lei de Locações foi alterado pela Lei n. 12.112/2009 com a finalidade de conferir ao locador maior segurança na locação quanto à manutenção das garantias. Segundo este artigo, salvo disposição contratual em contrário, qualquer das garantias da locação se estende até a efetiva devolução do imóvel, ainda que prorrogada a locação por prazo indeterminado, por força dessa lei.

Portanto, o marco final para a extinção de qualquer garantia é a devolução do imóvel, ainda que a locação tenha sido prorrogada por prazo determinado. No entanto, as partes podem dispor em sentido contrário, pois a norma tem natureza dispositiva e no caso da fiança, se houver prorrogação do contrato por prazo indeterminado, o fiador, nos termos do art. 40, X, poderá exonerar-se da fiança mediante notificação ao locador, caso em que ficará obrigado pelo prazo de 120 dias após a notificação.

O art. 40 da Lei de Locações permite a substituição de qualquer das modalidades de garantia nos casos de morte do fiador; ausência, interdição, recuperação judicial, falência ou insolvência do fiador, declaradas judicialmente; alienação ou gravação de todos os bens imóveis do fiador ou sua mudança de residência sem comunicação ao locador (a garantia fica esvaziada); exoneração do fiador (nos casos previstos em lei); prorrogação da locação por prazo indeterminado, sendo a fiança ajustada por prazo certo (se a fiança é ajustada por prazo certo, a responsabilidade do fiador é limitada ao prazo ajustado); desaparecimento dos bens móveis; desapropriação ou alienação do imóvel; exoneração de garantia constituída por quotas de fundo de investimento; liquidação ou encerramento do fundo de investimento de que trata o inciso IV do art. 37 desta Lei; prorrogação da locação por prazo indeterminado uma vez notificado o locador pelo fiador de sua intenção de desoneração, ficando obrigado por todos os efeitos da fiança, durante 120 (cento e vinte) dias após a notificação ao locador.

Segundo o parágrafo único do art. 40 da Lei de Locações, o locador poderá notificar o locatário para apresentar nova garantia locatícia no prazo de 30 (trinta) dias, sob pena de desfazimento da locação. Caso o locatário não apresente nova garantia, a violação deste dever jurídico será causa de extinção da locação.

Quanto ao seguro de fiança, deverá garantir as obrigações do locatário oriundas do contrato de locação, em sua integralidade (art. 41 da lei). O seguro de fiança locatícia poderá ser contratado pelo locador ou locatário, mas sempre em nome e em favor do locador. O seguro de fiança garantirá a falta de pagamento de aluguel e demais encargos da locação, bem como o reembolso das custas e honorários de advogado.

Caso a locação não esteja garantida por qualquer das modalidades locatícias, é possível a exigência antecipada do aluguel. Aliás, é uma das exceções à vedação expressa do art. 20 da mesma lei. Assim, segundo o art. 42: "Não estando a locação garantida por qualquer das modalidades, o locador poderá exigir do locatário o pagamento do aluguel e encargos até o sexto dia útil do mês vincendo".

4.6.13. Das nulidades da locação

O art. 45 da Lei de Locações constitui norma cogente e de ordem pública que mitiga a autonomia privada (poder de autorregulação ou de determinação dos próprios interesses) nesta relação jurídica material quando celebrada entre atores privados (locador e locatário).

De acordo com este dispositivo, são nulas de pleno direito as cláusulas do contrato de locação que, de alguma forma, tenham por objetivo frustrar ou elidir os objetivos da Lei de Locações, em especial disposições que proíbam a prorrogação das locações para fins residenciais na hipótese do art. 47 (quando o contrato de locação para fins residenciais é celebrado por prazo inferior a 30 meses, o contrato se prorroga automaticamente até 30 meses e não é possível vedar, por cláusula contratual, a prorrogação) ou que pretendam impedir a renovação, na hipótese do art. 51, quando a locação for para fins comerciais.

Por exemplo, o art. 20 da Lei de locações proíbe o pagamento antecipado do aluguel, ressalvadas a locação por temporada e a locação sem garantia. Em razão do disposto no art. 45, as partes não podem, fora destas duas exceções legais, ajustar o pagamento antecipado do aluguel. Tal cláusula violaria o art. 45 e, por isso, seria nula de pleno direito e, portanto, sem eficácia jurídica. Da mesma forma, o art. 37 estabelece as modalidades de garantia. As partes não podem, por meio de cláusula contratual, criar garantia não prevista em lei, sob pena de violação do art. 45.

Essa é a redação do art. 45: "São nulas de pleno direito as cláusulas do contrato de locação que visem a elidir os objetivos da presente lei, notadamente as que proíbam a prorrogação prevista no art. 47, ou que afastem o direito à renovação, na hipótese do art. 51, ou que imponham obrigações pecuniárias para tanto".

No caso do art. 45, o princípio da autonomia privada suporta intensa intervenção estatal, pois proíbe qualquer cláusula que seja capaz de violar os objetivos e as normas cogentes da Lei de Locações, ou seja, aquelas normas em que não é possível qualquer disposição em sentido contrário (de natureza dispositiva). Tal intervenção do Estado é essencial para que o contrato de locação de imóvel urbano possa cumprir a sua necessária função social. Apenas as cláusulas abusivas serão nulas, e não o contrato, salvo se a nulidade da cláusula comprometer o próprio contrato de locação (se for cláusula essencial de que dependa todo o contrato). Por isso, aplica-se no caso a norma prevista no art. 184 do CC, que trata da redução do negócio jurídico. A sanção, nulidade, é penalidade que visa resguardar a ordem pública.

Sobre o assunto, destaca Maria Helena Diniz[99]: "Ter-se-á nulidade de pleno direito da cláusula contratual que elidir os objetivos da nova lei inquilinária, retirando-lhe sua eficácia, devido ao fato de ser aquela norma de ordem pública ou cogente, que, por isso, não poderá ser alterada pelos contratantes. Este artigo, portanto, contém sanção que determina a nulidade e ineficácia do ato, previsto em cláusula contratual, em regra, praticado pelo locador, protegendo de modo mais efetivo o inquilino, possibilitando que a lei violada possa atingir a consecução de seus objetivos ou afins".

4.6.14. Da locação residencial

Os arts. 46 e 47 da Lei de Locações disciplinam a locação de imóvel urbano para fins residenciais.

O art. 46 regula a locação por prazo igual ou superior a 30 (trinta) meses. Neste caso, ao final do contrato, a resolução será automática, de pleno direito, independente de notificação ou interpelação. Se ao final do prazo o locatário permanecer na posse do imóvel sem oposição do locador, a locação se prorroga por prazo indeterminado, mas, neste caso, o locador poderá denunciar o contrato a qualquer tempo, mediante manifestação de vontade (resilição unilateral – art. 473 do CC). A denúncia, nesta hipótese, é independente de motivação, razão pela qual é denominada "denúncia vazia" ou imotivada. Basta que o locador denuncie a locação por prazo indeterminado e o locatário terá 30 dias para desocupação.

Portanto, segundo o referido dispositivo, nas locações ajustadas por escrito e por prazo igual ou superior a trinta meses, a resolução do contrato ocorrerá findo o prazo estipulado, independentemente de notificação ou avi-

---

[99] DINIZ, Maria Helena. *Curso de direito civil brasileiro – Teoria geral das obrigações*. 39. ed. São Paulo: Saraiva, 2024, v. II.

so. Ao final do prazo ajustado, se o locatário continuar na posse do imóvel alugado por mais de trinta dias sem oposição do locador, presumir-se-á prorrogada a locação por prazo indeterminado, mantidas as demais cláusulas e condições do contrato. Com a prorrogação, o locador poderá denunciar o contrato a qualquer tempo, concedido o prazo de trinta dias para desocupação.

A locação de imóvel urbano, para ser regida pelo art. 46, precisa ser formalizada por escrito e com prazo igual ou superior a 30 (trinta) meses.

O art. 47 disciplina os contratos de locação verbal ou, mesmo por escrito, quando o prazo for inferior a 30 (trinta) meses. Nesta hipótese, ao final do prazo, a locação se prorroga automaticamente pelo prazo de 30 (trinta) meses, conforme art. 46, que é o prazo mínimo das locações para fins residenciais. Conforme art. 45 da Lei de Locações, tal prorrogação constitui direito do locatário e não pode ser vedado no contrato. O art. 47 garante a locação para fins residenciais pelo prazo mínimo de 30 (trinta) meses, ainda que ajustado prazo inferior. Antes do prazo, a locação somente poderá ser extinta e o imóvel retomado caso caracterizada qualquer das hipóteses do art. 47 da lei. Por isso, caso a locação seja regida pelo art. 47 e isso ocorrerá se a locação for verbal e na locação por escrito por prazo inferior a 30 (meses), a denúncia da locação, mesmo após o prazo, deverá ser motivada.

Neste caso, a denúncia é "cheia" ou motivada e justificada. Antes dos 30 (trinta) meses, o imóvel somente poderá ser retomado nas hipóteses expressamente previstas no art. 47, quais sejam, em todos os casos do art. 9º (mútuo acordo, infração da lei ou de cláusulas do contrato, falta de pagamento de aluguel ou demais encargos e para a realização de reparações urgentes determinadas pelo Poder Público), em decorrência de extinção do contrato de trabalho, se a ocupação do imóvel pelo locatário relacionada com o seu emprego (se há nexo de causalidade entre ocupação do imóvel e a finalidade da locação); se for pedido para uso próprio, de seu cônjuge ou companheiro, ou para uso residencial de ascendente ou descendente que não disponha, assim como seu cônjuge ou companheiro, de imóvel residencial próprio; se for pedido para demolição e edificação licenciada ou para a realização de obras aprovadas pelo Poder Público, que aumentem a área construída, em, no mínimo, vinte por cento ou, se o imóvel for destinado a exploração de hotel ou pensão, em cinquenta por cento; se a vigência ininterrupta da locação ultrapassar cinco anos.

Na hipótese de pedido para uso próprio, do cônjuge ou companheiro ou para uso residencial de ascendente ou descendente que não disponha de imóvel residencial próprio, a necessidade deverá ser judicialmente demonstrada, se o retomante, alegando necessidade de usar o imóvel, estiver ocupando, com a mesma finalidade, outro de sua propriedade situado na mesma localidade ou, residindo ou utilizando imóvel alheio, já tiver retomado o imóvel anteriormente ou se o ascendente ou descendente, beneficiário da retomada, residir em imóvel próprio.

Nas hipóteses dos incisos III e IV do art. 47, o retomante deverá comprovar ser proprietário, promissário comprador ou promissário cessionário, em caráter irrevogável, com imissão na posse do imóvel e título registrado junto à matrícula do mesmo.

4.6.14.1. Da locação para temporada

Os arts. 48 a 50 da Lei de Locações disciplinam a locação para temporada.

De acordo com o art. 48, considera-se locação para temporada aquela destinada à residência temporária do locatário, para prática de lazer, realização de cursos, tratamento de saúde, feitura de obras em seu imóvel, e outros fatos que decorrem tão somente de determinado tempo, e contratada por prazo não superior a noventa dias, esteja ou não mobiliado o imóvel. No caso de a locação envolver imóvel mobiliado, constará do contrato, obrigatoriamente, a descrição dos móveis e utensílios que o guarnecem, bem como o estado em que se encontram.

No caso da locação por temporada, o locador poderá receber de uma só vez e antecipadamente os aluguéis e encargos, bem como exigir qualquer das modalidades de garantia previstas no art. 37 para atender as demais obrigações do contrato (art. 49).

De acordo com o art. 50, ao final do prazo, a locação por temporada pode perder a sua natureza jurídica e se converter em locação regular por prazo indeterminado se o locatário permanecer no imóvel sem oposição do locador por mais de trinta dias. Neste caso, presumir-se-á prorrogada a locação por tempo indeterminado, não mais sendo exigível o pagamento antecipado do aluguel e dos encargos (art. 50 da Lei). Se ocorrer a prorrogação, o locador somente poderá denunciar o contrato após trinta meses de seu início ou nas hipóteses do art. 47.

4.6.15. Da locação não residencial

O art. 51 da Lei de Locações disciplina a "locação não residencial" também conhecida vulgarmente como "locação para fins comerciais". A locação que não tem por objetivo servir como moradia do locatário possui disciplina jurídica própria, autônoma e independente das locações residenciais ou com esta finalidade.

A diferença fundamental entre a locação residencial e a comercial consiste na proteção especial conferida a esta última, em razão da natureza e dos interesses econômicos que estão relacionados com esta locação. A locação comercial gera valores econômicos imateriais que se incorporam ao negócio ou empreendimento realizado pelo locatário, como o "ponto comercial", que passa a ser um valor agregado à atividade do locatário e, por isso, é passível de valoração, em especial quando considerado em conjunto com toda a atividade empresarial ou comercial desenvolvida.

O art. 51 da Lei de Locações visa justamente proteger o locatário que faz agregar à sua atividade valores imateriais que estão relacionados com o imóvel locado. E a principal proteção ao locatário é o direito à renovação da locação, pelo mesmo prazo da locação inicial, desde que preenchidos os requisitos legais.

O locatário somente terá direito à renovação da locação se, cumulativamente, estiverem presentes todos os requisitos constantes nos incisos I a III do art. 51: "I – o contrato a renovar tenha sido celebrado por escrito e com prazo determinado" (o contrato de locação não pode ser verbal – deve ser materializado em documento. Além disso, para ter o direito à renovação, o contrato deve ter sido celebrado por prazo determinado, pois se o contrato de locação para fins comerciais não tiver determinação de prazo, não há direito à renovação; "II – o prazo mínimo do contrato a renovar ou a soma dos prazos ininterruptos dos contratos escritos seja de cinco anos" (é possível que haja um único contrato com prazo mínimo de 5 anos ou pluralidade de contratos escritos, sequenciados e ininterruptos, desde que a soma de todos seja de no mínimo cinco anos. Assim, é possível a soma dos prazos contratuais de vários contratos distintos para fins de renovação, desde que preenchidos os demais requisitos); "III – o locatário esteja explorando seu comércio, no mesmo ramo, pelo prazo mínimo e ininterrupto de três anos" (o locatário deverá estar explorando o mesmo ramo de atividade, de forma contínua, há pelo menos 3 anos). A exploração trienal da mesma atividade é essencial em razão do surgimento do denominado "fundo de comércio". O "fundo de comércio" é propriedade imaterial e incorpórea que se vincula ao imóvel e agrega valor econômico à atividade empresarial.

Assim, se todos estes pressupostos estiverem preenchidos, o locatário terá direito subjetivo à renovação da locação pelo prazo do contrato (cujo mínimo será 5 anos). Tal direito deve ser exercido no prazo decadencial previsto no § 5º do art. 51 da Lei de Locações, no período de 6 (seis) meses antes do término da locação.

Conforme o art. 45 da Lei de Locações, nula será qualquer cláusula contratual que retire do locatário o direito à renovação da locação, desde que preenchidos os requisitos legais.

O direito assegurado no art. 51 poderá ser exercido pelos cessionários ou sucessores da locação e, no caso de sublocação total do imóvel, o direito a renovação somente poderá ser exercido pelo sublocatário (§ 1º do art. 51). Ademais, quando o contrato autorizar que o locatário utilize o imóvel para as atividades de sociedade de que faça parte e que a esta passe a pertencer o fundo de comércio, o direito a renovação poderá ser exercido pelo locatário ou pela sociedade (§ 2º do art. 51).

Se a sociedade comercial for dissolvida por morte de um dos sócios, o sócio sobrevivente fica sub-rogado no direito a renovação, desde que continue no mesmo ramo. A sub-rogação somente será concretizada se o sócio sobrevivente continuar no mesmo ramo de atividade. O direito a renovação do contrato estende-se às locações celebradas por indústrias e sociedades civis com fim lucrativo, regularmente constituídas, desde que ocorrentes os pressupostos previstos neste artigo.

No caso de pluralidade de contratos, como já ressaltado, o inciso II do art. 51 admite a soma dos prazos ininterruptos de contratos escritos para completar o prazo de 5 anos. Se houver contrato verbal entre os contratos escritos, em regra, não podem ser somados os prazos de ambas as avenças para completar o tempo exigido pela lei. No entanto, se entre um contrato escrito e outro escrito, houve um contrato verbal de pequena duração, os contratos escritos podem ser somados, porque essa pequena e breve interrupção não descaracteriza a continuidade contratual, desde que haja continuidade da locação do imóvel e do exercício da mesma atividade.

Ainda que presentes os requisitos previstos no art. 51, ou seja, mesmo que a renovação da locação seja compulsória, o locador não está obrigado a renovar a locação se caracterizada qualquer das hipóteses do art. 52 da Lei de Locações.

A primeira hipótese em que a locação não será renovada é a prevista no inciso I do art. 52, ou seja, se por determinação do Poder Público, o locador tiver que realizar no imóvel qualquer obra que importar na sua radical transformação (o interesse público prevalece sobre o privado) ou, ainda, para fazer modificações de tal natureza que aumente o valor do negócio ou da propriedade.

A segunda hipótese é a prevista no inciso II do mesmo artigo. O locador não será obrigado a renovar a locação se o imóvel vier a ser utilizado por ele próprio ou para transferência de fundo de comércio existente há mais de um ano, sendo detentor da maioria do capital o locador, seu cônjuge, ascendente ou descendente. Nesta hipótese, o imóvel não poderá ser destinado ao uso do mesmo ramo do locatário, salvo se a locação também envolva o fundo de comércio, com as instalações e pertences. É lícita a retomada para uso de sociedade em que o locador tenha interesse predominante. O locador que nega a renovação não poderá explorar no imóvel o mesmo ramo de atividade do locatário.

Nas locações de espaço em *shopping centers*, o locador não poderá recusar a renovação do contrato com fundamento no inciso II do art. 52 da Lei de Locações.

Na hipótese de retomada do bem pelo locador, a lei garante contraprestação ao locatário, se a renovação não ocorrer em razão de proposta de terceiros ou se no prazo de 3 (três) meses o locador não concretizar quaisquer dos fatos que justificam a retomada do bem. Segundo o § 3º do art. 52, o locatário terá direito a indenização para ressarcimento dos prejuízos e dos lucros cessantes que tiver que arcar com mudança, perda do lugar e desvalorização do fundo de comércio, se a renovação não ocorrer em razão de proposta de terceiro, em melhores condições, ou se o locador, no prazo de três meses da entrega do imóvel, não der o destino alegado ou não iniciar as obras determinadas pelo Poder Público ou que declarou pretender realizar.

O art. 53 disciplina locação de imóveis para fins comerciais que também possuem finalidade social e, por esta razão, se submete a regras diferenciadas.

De acordo com este dispositivo, nas locações de imóveis utilizados por hospitais, unidades sanitárias oficiais, asilos, estabelecimentos de saúde e de ensino autorizados e fiscalizados pelo Poder Público, bem como por entidades religiosas devidamente registradas, o contrato somente poderá ser rescindido nas hipóteses do art. 9º; se o proprietário, promissário comprador ou promissário cessionário, em caráter irrevogável e imitido na posse, com título registrado, que haja quitado o preço da promessa ou que, não o tendo feito, seja autorizado pelo proprietário, pedir o imóvel para demolição, edificação, licenciada ou reforma que venha a resultar em aumento mínimo de cinquenta por cento da área útil.

Nas relações entre lojistas e empreendedores de *shopping center*, prevalecerão as condições livremente pactuadas nos contratos de locação respectivos e as disposições procedimentais previstas nesta lei. Na locação com esta finalidade, a intervenção estatal é menos intensa. O princípio da autonomia privada prevalece neste tipo de locação. Tal locação se submete a algumas regras especiais. Por exemplo, o empreendedor não poderá cobrar do locatário em *shopping center*: a) as despesas referidas nas alíneas *a*, *b* e *d* do parágrafo único do art. 22; e b) as despesas com obras ou substituições de equipamentos, que impliquem modificar o projeto ou o memorial descritivo da data do habite-se e obras de paisagismo nas partes de uso comum.

Por outro lado, as despesas cobradas do locatário devem ser previstas em orçamento, salvo casos de urgência ou força maior, devidamente demonstradas, podendo o locatário, a cada sessenta dias, por si ou entidade de classe, exigir sua comprovação.

A Lei n. 12.744/2012 incluiu na Lei de Locações o art. 54-A, com a finalidade de disciplinar as locações comerciais em que o locador adquire imóvel para fins específicos de locação ou realiza construção ou substancial reforma no imóvel para atender as necessidades do locatário. Neste caso, como a locação é precedida de atos realizados pelo locador para adaptar o imóvel à atividade empresarial do locatário, as regras relativas à locação são diferentes.

Segundo a referida norma, na locação não residencial de imóvel urbano na qual o locador procede à prévia aquisição, construção ou substancial reforma, por si mesmo ou por terceiros, do imóvel então especificado pelo pretendente à locação, a fim de que seja a este locado por prazo determinado, prevalecerão as condições livremente pactuadas no contrato respectivo e as disposições procedimentais previstas nessa lei. Neste caso, prevalece o princípio da autonomia privada e as partes têm o poder de regular os seus próprios interesses.

Além disso, nesta locação, poderá ser convencionada a renúncia ao direito de revisão do valor dos aluguéis durante o prazo de vigência do contrato de locação. Por fim, no caso de denúncia antecipada do vínculo locatício pelo locatário, compromete-se este a cumprir a multa convencionada, que não excederá, porém, a soma dos valores dos aluguéis a receber até o termo final da locação (§§ 1º e 2º do art. 54-A da Lei de Locações).

O art. 55 da Lei de Locações submete ao regime das locações comerciais quando o imóvel tiver finalidade específica: "Considera-se locação não residencial quando o locatário for pessoa jurídica e o imóvel, destinar-se ao uso de seus titulares, diretores, sócios, gerentes, executivos ou empregados".

Nos demais casos de locação não residencial, o contrato por prazo determinado cessa, de pleno direito, findo o prazo estipulado, independentemente de notificação ou aviso. Findo o prazo estipulado, se o locatário permanecer no imóvel por mais de trinta dias sem oposição do locador, presumir-se-á prorrogada a locação nas condições ajustadas, mas sem prazo determinado.

O contrato de locação por prazo indeterminado pode ser denunciado por escrito, pelo locador, concedidos ao locatário trinta dias para a desocupação.

Em relação à extinção da locação para fins comerciais, as regras são as mesmas para a locação para fins residenciais.

4.6.16. Disposições gerais sobre os procedimentos das ações relativas a esta lei

O art. 58 da Lei de Locações regula as disposições gerais e comuns dos procedimentos de todas as ações relacionadas à Lei de Locações: ações de despejo, consignação em pagamento de aluguel e acessório da locação, revisionais de aluguel e renovatórias de locação. Tais ações deverão observar regras e procedimentos comuns estabelecidos por este artigo.

Em primeiro lugar, as referidas ações tramitam durante as férias forenses e não se suspendem pela superveniência delas. O inciso II da Lei de Locações traz uma regra de competência territorial e relativa para o processamento e julgamento deste tipo de demanda. Segundo esta norma, é competente para conhecer e julgar tais ações o foro do lugar da situação do imóvel, salvo se outro houver sido eleito no contrato.

A norma legal é subsidiária e supletiva da vontade das partes, pois prevalecerá o foro de eleição. Em caso de omissão dos contratos, o foro competente é o local onde o imóvel locado está situado. O inciso III do art. 58 estabelece regra processual relativa ao valor da causa, sendo especial em relação ao disposto no art. 258 do CPC. O valor da causa, nestas demandas, corresponderá a doze meses de aluguel ou, na hipótese do inciso II do art. 47, a três salários vigentes por ocasião do ajuizamento. O inciso IV do art. 58 estabelece que autorizado no contrato, a citação, intimação ou notificação far-se-á mediante correspondência com aviso de recebimento, ou, tratando-se de pessoa jurídica ou firma individual, também mediante telex ou *fac-símile*, ou, ainda, sendo necessário, pelas demais formas previstas no Código de Processo Civil. Quanto a eventual recurso interposto contra as sentenças proferidas nestas ações, o efeito de recebimento será meramente devolutivo, sendo mais uma exceção ao art. 520 do CPC, que disciplina os efeitos de recebimento do recurso de apelação. Segundo o inciso V do art. 58 da Lei de Locações "os recursos interpostos contra as sentenças terão efeito somente devolutivo".

4.6.16.1. Despejo

A principal ação relacionada à locação de imóvel urbano é a ação de despejo, que é a ação do locador para reaver e retomar o imóvel, seja qual for o fundamento do término da locação (art. 5º dessa lei).

A ação de despejo é disciplina pelos arts. 59 a 66 da Lei n. 8.245/91. Como regra, as ações de despejo seguirão o procedimento ordinário, mas com algumas alterações devido às suas peculiaridades, natureza e finalidade.

O § 1º do art. 59 da Lei de Locações disciplina e elenca as hipóteses em que é possível a concessão de liminar na ação de despejo. De acordo com o § 1º do art. 59, a liminar será concedida para desocupação em quinze dias, independentemente de audiência da parte contrária e desde que prestada caução no valor equivalente a três meses de aluguel. Portanto, o locatário não será ouvido antes da concessão da liminar. No entanto, o locador será obrigado a prestar caução no valor equivalente a 3 meses de aluguel, como condição para a concessão e efetivação da liminar.

A primeira hipótese de liminar se dará nos casos em que o locatário não cumprir o acordo mútuo, a que se refere o art. 9º, I, da lei, celebrado por escrito e assinado pelas partes e por duas testemunhas, no qual tenha sido ajustado o prazo mínimo de seis meses para desocupação, contado da assinatura do instrumento. Se o locatário se obrigou a desocupar o imóvel no prazo de 6 (seis) meses, a recusa em cumprir o acordo implica violação da boa-fé objetiva e, por isso, o locador tem direito a liminar.

A segunda hipótese de liminar ocorrerá no caso da extinção do contrato de trabalho, se a ocupação do imóvel pelo locatário estiver relacionada com o emprego e desde que haja prova escrita da rescisão do contrato de trabalho ou, se não houve, se tal fato for demonstrado em audiência de justificação designada para essa finalidade.

A terceira hipótese de liminar está relacionada às locações de curta duração, como é o caso da locação para temporada, desde que a ação de despejo seja proposta em até trinta dias após o vencimento do contrato.

A quarta hipótese de liminar está relacionada à morte do locatário que não deixa sucessor legítimo, de acordo com o referido no inciso I do art. 11, permanecendo no imóvel pessoas não autorizadas por lei.

A quinta hipótese de liminar será no caso da permanência do sublocatário no imóvel, extinta a locação, celebrada com o locatário.

A Lei n. 12.112/2009 incluiu outras hipóteses em que a liminar é possível.

A sexta hipótese de liminar está relacionada ao disposto no inciso IV do art. 9º, havendo a necessidade de se produzir reparações urgentes no imóvel, determinadas pelo Poder Público, que não possam ser normalmente executadas com a permanência do locatário, ou, podendo, ele se recuse a consenti-las.

A sétima hipótese de liminar, também incluída pela referida lei, está relacionada ao término do prazo notificatório previsto no parágrafo único do art. 40, sem apresentação de nova garantia apta a manter a segurança inaugural do contrato.

A oitava hipótese de liminar ocorrerá no caso de término do prazo da locação não residencial, tendo sido proposta a ação de despejo em até 30 (trinta) dias do termo ou do cumprimento de notificação comunicando o intento de retomada.

A principal hipótese de liminar é a prevista no inciso IX do art. 59 da Lei de Locações, a qual certamente é uma revolução no âmbito das locações. A ação de despejo por falta de pagamento e demais encargos não admitia liminar, até pela possibilidade de purgação da mora. No entanto, com a nova legislação e, a fim de conferir maior efetividade ao despejo, com redução do custo da locação, é possível a liminar no caso de falta de pagamento de aluguel e acessórios da locação no vencimento. Entretanto, tal liminar está condicionada à inexistência de qualquer das garantias previstas no art. 37 da Lei de Locações, ou porque não houve a contratação de qualquer garantia ou em caso de extinção ou pedido de exoneração dela, independentemente de motivo.

A depender da garantia, será mais conveniente ao locador não exigir do locatário qualquer garantia, pois a existência de garantia impedirá que o locador retome a coisa de forma rápida e eficaz com a liminar. A maior garantia na locação, de fato, é a possibilidade de liminar e recuperação imediata da coisa, até porque algumas garantias, como a fiança, por exemplo, não se mostram tão eficientes. Portanto, tal dispositivo impõe uma nova postura dos locadores em relação às garantias, pois a ausência de garantia poderá representar "uma garantia", a garantia de recuperação imediata do imóvel locado.

No entanto, a Lei de Locações, no § 3º do art. 59, manteve a possibilidade de purgação da mora, mesmo no caso de liminar: "No caso do inciso IX do § 1º deste artigo, poderá o locatário evitar a rescisão da locação e elidir a liminar de desocupação se, dentro dos 15 (quinze) dias concedidos para a desocupação do imóvel e independentemente de cálculo, efetuar depósito judicial que contemple a totalidade dos valores devidos, na forma prevista no inciso II do art. 62".

Segundo o § 2º do art. 59, qualquer que seja o fundamento da ação, dar-se-á ciência do pedido aos sublocatários, que poderão intervir no processo como assistentes.

De acordo com o art. 60 da Lei de Locações, nas ações de despejo fundadas no inciso IV do art. 9º (para a realização de reparações urgentes determinadas pelo Poder Público, que não possam ser normalmente executadas com a permanência do locatário no imóvel ou, podendo, ele se recuse a consenti-las), inciso IV do art. 47 (se for pedido para demolição e edificação licenciada ou para realização de obras aprovadas pelo Poder Público) e inciso II do art. 53 (imóvel comercial para demolição ou reforma), a petição inicial deverá ser instruída com prova da propriedade do imóvel ou do compromisso registrado.

A ação de despejo fundada nos referidos dispositivos legais deverá ser instruída com prova da propriedade do imóvel ou, na falta deste, do compromisso devidamente registrado. Tal prova é essencial tendo em vista a finalidade e o fundamento destas ações.

Nas ações fundadas no § 2º do art. 46 (prorrogação por prazo indeterminado) e nos incisos III e IV do art. 47 (pedido para uso próprio e pedido para demolição), se o locatário, no prazo da contestação, manifestar sua concordância com a desocupação do imóvel, o juiz acolherá o pedido fixando prazo de seis meses para a desocupação, contados da citação, impondo ao vencido a responsabilidade pelas custas e honorários advocatícios de vinte por cento sobre o valor dado à causa. Se a desocupação ocorrer dentro do prazo fixado, o réu ficará isento dessa responsabilidade. Caso contrário, será expedido mandado de despejo (art. 61 da Lei de Locações).

O art. 62 da Lei de Locações disciplina as ações de despejo que têm como fundamento a falta de pagamento de aluguéis e encargos da locação, que corresponde à maioria das ações de despejo.

Segundo o referido dispositivo, nas ações de despejo fundadas na falta de pagamento de aluguel e acessórios da locação, de aluguel provisório, de diferenças de aluguéis, ou somente de quaisquer dos acessórios da locação, observar-se-á o seguinte: I – o pedido de rescisão da locação poderá ser cumulado com o pedido de cobrança dos aluguéis e acessórios da locação; nesta hipótese, citar-se-á o locatário para responder ao pedido de rescisão e o locatário e os fiadores para responderem ao pedido de cobrança, devendo ser apresentado, com a inicial, cálculo discriminado do valor do débito (a citação para os fiadores é restrita ao pedido de cobrança); II – o locatário e o fiador poderão evitar a rescisão da locação efetuando, no prazo de 15 (quinze) dias, contado da citação, o pagamento do débito atualizado, independentemente de cálculo e mediante depósito judicial, incluídos: a) os aluguéis e acessórios da locação que vencerem até a sua efetivação; b) as multas ou penalidades contratuais, quando exigíveis; c) os juros de mora; d) as custas e os honorários do advogado do locador, fixados em dez por cento sobre o montante devido, se do contrato não constar disposição diversa (tal inciso trata da possibilidade de purgação da mora); III – efetuada a purga da mora, se o locador alegar que a oferta não é integral, justificando a diferença, o locatário poderá complementar o depósito no prazo de 10 (dez) dias, contado da intimação, que poderá ser dirigida ao locatário ou diretamente ao patrono deste, por carta ou publicação no órgão oficial, a requerimento do locador; IV – não sendo integralmente complementado o depósito, o pedido de rescisão prosseguirá pela diferença, podendo o locador levantar a quantia depositada; V – os aluguéis que forem vencendo até a sentença deverão ser depositados à disposição do juízo, nos respectivos vencimentos, podendo o locador levantá-los desde que incontroversos; VI – havendo cumulação dos pedidos de rescisão da locação e cobrança dos aluguéis, a execução desta pode ter início antes da desocupação do imóvel, caso ambos tenham sido acolhidos.

Não se admitirá a emenda da mora se o locatário já houver utilizado essa faculdade nos 24 (vinte e quatro) meses imediatamente anteriores à propositura da ação (parágrafo único do art. 62).

De acordo com o art. 63 da Lei de Locações, julgada procedente a ação de despejo, o juiz determinará a expedição de mandado de despejo, que conterá o prazo de 30 (trinta) dias para a desocupação voluntária, ressalvado o disposto nos parágrafos seguintes. No entanto, esse prazo será reduzido para quinze dias se: a) entre a citação e a sentença de primeira instância houverem decorrido mais de quatro meses; ou b) o despejo houver sido decretado com fundamento no art. 9º ou no § 2º do art. 46.

O § 2º do art. 63 dispõe que no caso de estabelecimento de ensino autorizado e fiscalizado pelo Poder Público, respeitado o prazo mínimo de seis meses e o máximo de um ano, o juiz disporá de modo que a desocupação coincida com o período de férias escolares. Por outro lado, tratando-se de hospitais, repartições públicas, unidades sanitárias oficiais, asilos, estabelecimentos de saúde e de ensino autorizados e fiscalizados pelo Poder Público, bem como por entidades religiosas devidamente registradas, e o despejo for decretado com fundamento no inciso IV do art. 9º ou no inciso II do art. 53, o prazo será de um ano, exceto no caso em que entre a citação e a sentença de primeira instância houver decorrido mais de um ano, hipótese em que o prazo será de seis meses.

A sentença que decretar o despejo fixará o valor da caução para o caso de ser executada provisoriamente (§ 4º do art. 63). O art. 64 da Lei de Locações disciplina o valor da caução para ser executado provisoriamente. Segundo este dispositivo, salvo nas hipóteses das ações fundadas no art. 9º, a execução provisória do despejo dependerá de caução não inferior a 6 (seis) meses nem superior a 12 (doze) meses do aluguel, atualizado até a data da prestação da caução. A caução poderá ser real ou fidejussória e será prestada nos autos da execução provisória. No entanto, se ocorrer a reforma da sentença ou da decisão que concedeu liminarmente o despejo, o valor da caução reverterá em favor do réu, como indenização mínima das perdas e danos, podendo este reclamar, em ação própria, a diferença pelo que a exceder.

Ao final do prazo assinado para a desocupação, contado da data da notificação, será efetuado o despejo, se necessário com emprego de força, inclusive arrombamento. Os móveis e utensílios serão entregues à guarda de depositário, se não os quiser retirar o despejado. O despejo não poderá ser executado até o trigésimo dia seguinte ao do falecimento do cônjuge, ascendente, descendente ou irmão de qualquer das pessoas que habitem o imóvel.

Se o imóvel for abandonado após ajuizada a ação, o locador poderá imitir-se na posse do imóvel.

4.6.16.2. Da ação de consignação de aluguel e acessórios da locação

O art. 67 da Lei de Locações disciplina o procedimento da ação que tem por objetivo consignar os aluguéis e acessórios da locação. A ação de consignação em pagamento tem procedimento próprio da ação de consignação tradicional, disciplinada pelos arts. 890 e s. do CPC.

A petição inicial, além dos requisitos exigidos pelo art. 282 do CPC, deverá especificar os aluguéis e acessórios da locação com indicação dos respectivos valores.

Após a citação do réu, o autor será intimado a, no prazo de vinte e quatro horas, efetuar o depósito judicial da importância indicada na petição inicial, sob pena de ser extinto o processo. O depósito judicial é condição e pressuposto de desenvolvimento válido e regular do processo. A ausência do depósito implicará em esvaziamento da demanda e perda do objeto, o que levará à extinção, sem apreciação do mérito. O processamento da consignação em pagamento pressupõe depósito.

Na ação de consignação em referência, o pedido envolverá a quitação das obrigações que vencerem durante a tramitação do feito e até ser prolatada a sentença de primeira instância, devendo o autor promover os depósitos nos respectivos vencimentos. As prestações vincendas no curso do processo até a prolação da sentença estão incluídas no pedido e o autor deverá promover os respectivos depósitos, sob pena de a consignação ser rejeitada.

Caso não seja oferecida a contestação, ou se o locador receber os valores depositados, o juiz acolherá o pedido, declarando quitadas as obrigações, condenando o réu ao pagamento das custas e honorários de vinte por cento do valor dos depósitos. A ausência de contestação ou o reconhecimento do pedido pelo locador, com o recebimento dos valores depositados, são causas de acolhimento do pedido no mérito, com todos os efeitos da sucumbência em favor da parte autora (locatário).

Em caso de apresentação de defesa, a contestação do locador, além da defesa de direito que possa caber, ficará adstrita, quanto à matéria de fato, a: (a) não ter havido recusa ou mora em receber a quantia devida; (b) ter sido justa a recusa; (c) não ter sido efetuado o depósito no prazo ou no lugar do pagamento; (d) não ter sido o depósito integral. Embora aparentemente limitadas, as hipóteses legais de defesa permitirão ao locador ampla discussão relativa ao objeto principal da consignação, a correção ou não dos valores depositados ou consignados.

Segundo o inciso VI do art. 67 da Lei de Locações, além de contestar, o réu poderá, em reconvenção, pedir o despejo e a cobrança dos valores objeto da consignatória ou da diferença do depósito inicial, na hipótese de ter sido alegado não ser o mesmo integral. O locador poderá, no âmbito da consignatária, formular pedido de despejo cumulado com cobrança de valores, caso alegue que o depósito não é integral.

Em regra semelhante ao disposto no art. 545 do CPC, o autor poderá complementar o depósito inicial, no prazo de cinco dias contados da ciência do oferecimento da resposta, com acréscimo de dez por cento sobre o valor da diferença. Tal porcentagem é uma penalidade pelo depósito de valor inferior ao devido, tudo para evitar que a consignação seja utilizada de modo temerário.

Se o locatário complementar o depósito, acrescido da multa em referência, o juiz declarará quitadas as obrigações, elidindo a rescisão da locação, mas imporá ao autor-reconvindo a responsabilidade pelas custas e honorários advocatícios de vinte por cento sobre o valor dos depósitos. A purgação da mora, após o ajuizamento da ação, não impedirá o acolhimento da reconvenção e a condenação do locatário nas custas e honorários. Isso significará que, ao completar o depósito, o locatário estará reconhecendo que o depósito e a consignação foram irregulares.

Se, na reconvenção houver a cumulação dos pedidos de rescisão da locação e cobrança dos valores objeto da consignatória, a execução desta somente poderá ter início após obtida a desocupação do imóvel, caso ambos tenham sido acolhidos.

De qualquer forma, quanto às parcelas depositadas, por serem incontrovertidas, dispõe o parágrafo único do art. 67 que o réu poderá levantar a qualquer momento as importâncias depositadas sobre as quais não penda controvérsia.

4.6.16.3. Da ação revisional de aluguel

O art. 68 da Lei de Locações disciplina a ação revisional de aluguel, que pressupõe o decurso de 3 (três) anos de vigência do contrato ou de acordo anteriormente realizado, tudo com a finalidade de ajustar o aluguel ao preço de mercado, nos termos do art. 19 dessa mesma legislação.

A ação revisional de aluguel será processada pelo procedimento comum, pois o rito sumário previsto no referido artigo foi abolido do novo CPC. Na petição inicial, além dos requisitos exigidos pelo art. 319 do CPC, a petição inicial deverá indicar o valor do aluguel cuja fixação é pretendida. É pressuposto desta demanda que o autor, na inicial, indique o valor do aluguel que pretende seja arbitrado ou fixado.

Em razão do procedimento comum, o juiz deverá designar audiência de conciliação, nos termos do art. 334 do CPC/2015. Ao designar a audiência de conciliação, o juiz, se houver pedido e com base nos elementos fornecidos tanto pelo locador como pelo locatário, ou nos que indicar, fixará aluguel provisório, que será devido desde a citação. Portanto, é possível a fixação de aluguel provisório, que é devido com base nos seguintes moldes e critérios: (a) em ação proposta pelo locador, o aluguel provisório não poderá ser excedente a 80% (oitenta por cento) do pedido; e (b) em ação proposta pelo locatário, o aluguel provisório não poderá ser inferior a 80% (oitenta por cento) do aluguel vigente.

No mais, sem prejuízo da contestação e até a audiência, o réu poderá pedir seja revisto o aluguel provisório, fornecendo os elementos para tanto. O réu poderá requerer a revisão do aluguel provisório fixado, desde que apresente elementos concretos e objetivos de que o aluguel provisório está fora dos padrões de mercado.

Na audiência de conciliação, apresentada a contestação, que deverá conter contraproposta se houver discordância quanto ao valor pretendido, o juiz tentará a conciliação e, não sendo esta possível, determinará a realização de perícia, se necessária, designando, desde logo, audiência de instrução e julgamento. A perícia somente será realizada se houver necessidade.

O pedido de revisão previsto no inciso III do art. 68 interrompe o prazo para interposição de recurso contra a decisão que fixar o aluguel provisório. Não caberá ação revisional na pendência de prazo para desocupação do imóvel (arts. 46, § 2º; e 57), ou quando tenha sido este estipulado amigável ou judicialmente. No curso da ação de revisão, o aluguel provisório será reajustado na periodicidade pactuada ou na fixada em lei.

De acordo com o art. 69, o aluguel fixado na sentença retroage à citação, e as diferenças devidas durante a ação de revisão, descontados os alugueres provisórios satisfeitos, serão pagas corrigidas, exigíveis a partir do trânsito em julgado da decisão que fixar o novo aluguel. Se pedido pelo locador, ou sublocador, a sentença poderá estabelecer periodicidade de reajustamento do aluguel diversa daquela prevista no contrato revisando, bem como adotar outro indexador para reajustamento do aluguel. A execução das diferenças será feita nos autos da ação de revisão.

Na ação de revisão do aluguel, o juiz poderá homologar acordo de desocupação, que será executado mediante expedição de mandado de despejo.

4.6.16.4. Da ação renovatória

Os arts. 71 a 75 disciplinam a ação renovatória da locação de imóveis para fins não residenciais (comerciais), cuja demanda é admitida pelo art. 51 da Lei de Locações.

Na ação renovatória, além dos demais requisitos exigidos no art. 319 do CPC, a petição inicial da ação renovatória deverá ser instruída com: I – prova do preenchimento dos requisitos dos incisos I, II e III do art. 51; II – prova do exato cumprimento do contrato em curso; III – prova da quitação dos impostos e taxas que incidiram sobre o imóvel e cujo pagamento lhe incumbia; IV – indicação clara e precisa das condições oferecidas para a renovação da locação; V – indicação do fiador quando houver no contrato a renovar e, quando não for o mesmo, com indicação do nome ou denominação completa, número de sua inscrição no Ministério da Fazenda, endereço e, tratando-se de pessoa natural, a nacionalidade, o estado civil, a profissão e o número da carteira de identidade, comprovando, desde logo, mesmo que não haja alteração do fiador, a atual idoneidade financeira; VI – prova de que o fiador do contrato ou o que o substituir na renovação aceita os encargos da fiança, autorizado por seu cônjuge, se casado for; VII – prova, quando for o caso, de ser cessionário ou sucessor, em virtude de título oponível ao proprietário.

Segundo o parágrafo único do art. 71 da Lei de Locações, proposta a ação pelo sublocatário do imóvel ou de parte dele, serão citados o sublocador e o locador, como litisconsortes, salvo se, em virtude de locação originária ou renovada, o sublocador dispuser de prazo que admita renovar a sublocação. Na primeira hipótese, procedente a ação, o proprietário ficará diretamente obrigado à renovação.

A contestação do locador, além da defesa de direito que possa caber, ficará adstrita, quanto à matéria de fato, ao seguinte: I – não preencher o autor os requisitos estabelecidos nesta lei; II – não atender, a proposta do locatário, o valor locativo real do imóvel na época da renovação, excluída a valorização trazida por aquele ao ponto ou lugar; III – ter proposta de terceiro para a locação, em condições melhores; IV – não estar obrigado a renovar a locação (incisos I e II do art. 52).

No caso do inciso II, o locador deverá apresentar, em contraproposta, as condições de locação que repute compatíveis com o valor locativo real e atual do imóvel. No caso do inciso III, o locador deverá juntar prova documental da proposta do terceiro, subscrita por este e por duas testemunhas, com clara indicação do ramo a ser explorado, que não poderá ser o mesmo do locatário. Nessa hipótese, o locatário poderá, em réplica, aceitar tais condições para obter a renovação pretendida. No caso do inciso I do art. 52, a contestação deverá trazer prova da determinação do Poder Público ou relatório pormenorizado das obras a serem realizadas e da estimativa de valorização que sofrerá o imóvel, assinado por engenheiro devidamente habilitado.

Na contestação, o locador, ou sublocador, poderá pedir, ainda, a fixação de aluguel provisório, para vigorar a partir do primeiro mês do prazo do contrato a ser renovado, não excedente a oitenta por cento do pedido, desde que apresentados elementos hábeis para aferição do justo valor do aluguel. Se pedido pelo locador, ou sublocador, a sentença poderá estabelecer periodicidade de reajustamento do aluguel diversa daquela prevista no contrato renovando, bem como adotar outro indexador para reajustamento do aluguel.

Se a locação for renovada, as diferenças dos aluguéis vencidos serão executadas nos próprios autos da ação e pagas de uma só vez. Não sendo renovada a locação, o juiz determinará a expedição de mandado de despejo, que conterá o prazo de 30 (trinta) dias para a desocupação voluntária, se houver pedido na contestação.

Na hipótese do inciso III do art. 72, a sentença fixará desde logo a indenização devida ao locatário em consequência da não prorrogação da locação, solidariamente devida pelo locador e o proponente.

4.6.17. Regras relevantes

No que for omissa essa lei, aplicam-se as normas do Código Civil e do Código de Processo Civil. De acordo com o art. 80 da Lei de Locações, para os fins do inciso I do art. 98 da CF/88, as ações de despejo poderão ser consideradas como causas cíveis de menor complexidade.

Nas locações residenciais, é livre a convenção do aluguel quanto a preço, periodicidade e indexador de reajustamento, vedada a vinculação à variação do salário mínimo, variação cambial e moeda estrangeira: I – dos imóveis novos, com habite-se concedido a partir da entrada em vigor desta lei; II – dos demais imóveis não enquadrados no inciso anterior, em relação aos contratos celebrados, após cinco anos de entrada em vigor desta lei.

4.7. CONTRATO DE COMODATO E CONTRATO DE MÚTUO (EMPRÉSTIMO)

4.7.1. Introdução: noções gerais, conceito e características

O Código Civil de 2002, nos arts. 579 a 592, disciplina os contratos de comodato e mútuo (empréstimo), que ostentam pressupostos e características diversas.

O empréstimo é o contrato pelo qual uma parte entrega para outra, com a finalidade de uso, determinada coisa (que pode ser fungível ou não fungível), com dever de restituição. Por tal convenção, o sujeito que recebe o empréstimo assume a obrigação de restituir a coisa emprestada após o prazo ajustado (se for por prazo determinado) ou depois de transcorrido tempo razoável para o cumprimento da finalidade do contrato (se por prazo indeterminado).

A legislação disciplina o empréstimo por meio de duas figuras: o comodato (arts. 579 a 585) e o mútuo (arts. 586 a 592). Como bem ressalta Orlando Gomes, o comodato é o "empréstimo para uso" e o mútuo é o "empréstimo para consumo".

No comodato, a coisa emprestada é *infungível* e, por esta razão, deve existir identidade ou coincidência absoluta entre a coisa emprestada para uso e a coisa restituída após o uso. No comodato, há desdobramento de posse (art. 1.197 do CC), com transferência da posse direta para o comodatário e a posse indireta mantida em favor do comodante.

No mútuo, o objeto é *fungível*, motivo pelo qual a restituição pode ser de outra coisa, desde que do mesmo gênero, qualidade e quantidade. Devido à natureza do objeto mutuado, o mútuo transfere ao mutuário a posse e o direito real de propriedade. Desta forma, em razão da fungibilidade da coisa (não do contrato em si), no mútuo, a entrega da coisa do mutuante para o mutuário também implicará na transferência do domínio (direito real – art. 587 do CC).

Em termos gerais, é a fungibilidade ou infungibilidade da coisa emprestada que irá diferenciar o comodato do mútuo. E, justamente em razão desta característica do objeto emprestado, cada um desses contratos de empréstimo possui características próprias e peculiaridades que irão repercutir em sua natureza jurídica (o comodato é contrato gratuito e o mútuo poderá ser gratuito ou oneroso; no comodato, apenas a posse é transferida, e no mútuo, ocorre a transferência da posse e da propriedade – em razão disso, o comodante assumirá os riscos pela perda e deterioração da coisa, ao passo que os riscos pela perda e deterioração da coisa no mútuo são do mutuário).

Portanto, estes dois empréstimos se caracterizam pela entrega temporária de uma coisa (embora no mútuo essa temporariedade possa ser mitigada, porque a devolução ou restituição será de outra coisa, mas da mesma espécie, qualidade e quantidade) com a posterior obrigação de restituição. As semelhanças param por aí. Cada empréstimo terá características e peculiaridades próprias.

4.7.2. Do comodato

4.7.2.1. Conceito e características

O comodato é o contrato de empréstimo pelo qual o comodante entrega coisa móvel ou imóvel de natureza infungível ao comodatário, de forma temporária, para que este possa usar e gozar do objeto emprestado.

O comodato é o empréstimo gratuito, temporário, de coisa infungível, conforme dicção do art. 579 do CC: "Comodato é o empréstimo gratuito de coisas não fungíveis (...)". O sujeito que realiza o empréstimo é denominado *comodante*, e o que recebe a coisa para uso, *comodatário*.

A infungibilidade da coisa móvel ou imóvel e a gratuidade representam a essência do comodato. Ademais, é contrato real (só se aperfeiçoa com a entrega do bem) e unilateral (apenas o comodatário tem obrigações).

Em razão do caráter infungível da coisa objeto do contrato, o comodatário deverá, após o prazo pactuado ou, se não houver prazo, até o período necessário para o uso, restituir ao comodante exatamente a mesma coisa entregue no momento da formação do contrato.

No comodato deve existir uma identidade e correlação absolutas entre a coisa entregue ao comodatário no momento da formação do contrato e a coisa por este restituída ao final do pacto. O comodatário deverá restituir exatamente a mesma coisa.

O comodante conserva a propriedade (caso também seja proprietário) e a posse indireta da coisa emprestada. O comodatário terá apenas a posse direta do bem infungível objeto do comodato. Em razão desta relação jurídica material de natureza obrigacional, há no comodato desdobramento da posse, como previsto no art. 1.197 do CC.

Ao final do comodato, deverá o comodatário restituir a coisa ao comodante. A violação do dever de restituição caracterizará esbulho possessório e tornará o comodatário possuidor injusto. Nesta condição, poderá se sujeitar à ação possessória, a ser promovida pelo comodante, para a recuperação da coisa.

Aliás, deve ser registrado que, embora o comodato não transfira a propriedade da coisa (empréstimo de coisa infungível com obrigação futura de restituição), nada impede que o comodante seja apenas possuidor. Portanto, para ser comodante, não há necessidade de que este ostente a condição de proprietário do bem.

É suficiente que tenha o direito de usar e fruir da coisa para que tenha legitimidade para emprestá-la a quem quiser.

O objetivo do comodato é permitir que o comodatário possa usar e gozar da coisa emprestada. Por isso, o comodante não precisa ser proprietário da coisa. Tepedino[100] é preciso quando destaca que "como o comodato importa apenas na cessão do exercício do uso do bem, não há necessidade de que o comodante seja proprietário do bem, bastando que ele incumba o uso do mesmo".

Em resumo, pautado nas lições do mestre Orlando Gomes[101]: "Comodato é a cessão gratuita de uma coisa para seu uso, com a estipulação de que será devolvida em sua individualidade, após algum tempo". No mesmo sentido, Caio Mário[102]: "comodato é o empréstimo gratuito de coisas não fungíveis, isto é, aquele contrato pelo qual uma pessoa entrega à outra, gratuitamente, coisa não fungível, para que a utilize e depois restitua".

---

[100] TEPEDINO, Gustavo; BARBOSA, Heloísa Helena; BODIN, Maria Celina et al. *Código civil interpretado*. v. II (teoria geral dos contratos, contratos em espécie, atos unilaterais, títulos de crédito, responsabilidade civil, preferências e privilégios creditórios – artigos 421-965), RJ-SP: Renovar, 2006, p. 292.

[101] GOMES, Orlando. *Contratos*. 26. ed. Rio de Janeiro: Forense, 2008, p. 385.

[102] PEREIRA, Caio Mário da Silva. *Instituições de direito civil*: Contratos. 11. ed. Rio de Janeiro: Forense, 2004. v. III, p. 341.

As principais características do contrato de comodato são: 1 – a infungibilidade da coisa móvel ou imóvel (objeto); 2 – a gratuidade; 3 – a temporariedade; 4 – a natureza real do contrato; 5 – a unilateralidade quanto aos efeitos obrigacionais; 6 – o *intuito personae* (questão polêmica).

4.7.2.1.1. Infungibilidade do objeto

A infungibilidade do objeto é uma das principais características do contrato de comodato. O bem infungível pode ser móvel ou imóvel, e se caracterizará pela sua identidade e personificação próprias.

Os bens fungíveis se identificam pela sua individualidade. Com relação aos imóveis, salvo algumas divergências isoladas, o entendimento é que todos os imóveis são infungíveis em razão da impossibilidade de existirem dois imóveis absolutamente iguais e no mesmo espaço físico. Os imóveis seriam infungíveis por natureza.

Em relação aos móveis, são fungíveis aqueles que podem ser substituídos por outros da mesma espécie, qualidade e quantidade (art. 85 do CC). E infungíveis, os móveis que não admitem tal substituição.

O comodato pressupõe bens móveis e/ou imóveis infungíveis. O comodatário, por ocasião da extinção do contrato de comodato, deverá restituir ao comodante exatamente a mesma coisa entregue no momento da formação do contrato.

Tal dever de restituição está diretamente relacionado à infungibilidade do objeto. Os bens infungíveis são bens singulares.

É possível que determinado bem fungível por natureza possa se tornar infungível por vontade das partes e, neste caso, ser objeto de comodato. Tal fato pode ocorrer nos casos em que o comodato é ajustado para finalidade específica e o comodatário se obriga a não consumir a coisa.

Além da não fungibilidade por convenção, ainda que fungíveis, o contrato de comodato pode ter por objeto coisas emprestadas para fins de ornamentação. É o comodato *ad pompam vel ostentationem*. Tais bens destinados à ornamentação, ainda que fungíveis, como arranjos decorativos de festa, não se destinam ao consumo e, por isso, poderiam ser objeto de comodato. Ao final do contrato de comodato, será possível restituir exatamente a mesma coisa emprestada, ainda que fungível. A não consumibilidade do bem permite a restituição própria do objeto dado em comodato.

O requisito da infungibilidade é exigido pelo art. 579 do CC, que define comodato. Além de infungível, a coisa deve ser inconsumível, porque as consumíveis se destroem ou perdem a substância com o uso, fato que impede a restituição da mesma individualidade. A impossibilidade de restituição da mesma coisa é incompatível com o comodato.

4.7.2.1.2. Gratuidade

O contrato de comodato é gratuito ou benéfico. Não há que se cogitar de comodato "oneroso". A onerosidade converteria o comodato em outro contrato, como locação, arrendamento ou qualquer outro contrato atípico oneroso. O comodato é, necessariamente, contrato gratuito. Nos contratos benéficos ou gratuitos, não há reciprocidade de vantagens e sacrifícios. No caso, uma das partes só obtém vantagem ou proveito e a outra somente suporta sacrifício.

No comodato, o comodatário só obtém vantagem porque poderá usar e gozar da coisa dada em comodato sem qualquer contraprestação. O comodante somente suporta sacrifício porque ficará privado da posse direta do bem, e não terá nenhum benefício.

Ao contrário, o contrato oneroso é aquele onde há vantagens e sacrifícios para ambos os contratantes. Há reciprocidade de vantagens e sacrifícios. A vantagem de um corresponde ao sacrifício do outro e vice-versa. No contrato de compra e venda, o vendedor tem a vantagem de receber o dinheiro e o sacrifício de entregar o bem alienado. O comprador tem a vantagem de receber o bem objeto do contrato e o sacrifício de pagar o preço. À vantagem do vendedor (receber o preço) corresponde o sacrifício do comprador (pagar o preço), e ao sacrifício do vendedor (entregar o bem) corresponde a vantagem do comprador (receber o bem).

O comodato é contrato essencialmente gratuito e, por isso, se submete ao regime jurídico destes contratos, como interpretação mais favorável (art. 114 do CC) e responsabilidade civil. Quanto a esta última questão, em decorrência de inadimplemento do contrato de comodato, os efeitos serão diferentes para o comodante e comodatário. O comodante só responde por dolo e o comodatário, por dolo e culpa (art. 392 do CC).

Embora seja gratuito, se diferencia da doação porque não há transferência do bem para o comodatário, mas mera cessão temporária da coisa para uso e gozo.

Por outro lado, embora o comodato não possa garantir qualquer contraprestação ao comodante, a eventual imposição de determinado encargo ou modo, em regra, não o descaracteriza. É o "comodato modal ou com encargo". Para manter a natureza jurídica de comodato, é essencial que o encargo ou modo não se caracterize como contraprestação.

É necessário ter cautela para que o encargo ou o modo não se transforme em contraprestação ao comodante, sob pena de se descaracterizar o contrato. Segundo Caio Mário[103], "tem-se admitido a compossibilidade do empréstimo de uso e de encargo imposto ao comodatário (comodato modal), desde que não vá ao ponto de erigir-se em contraprestação, como um que empreste sua casa de campo, comprometendo-se o outro a tratar de seus pássaros".

De acordo com Rosenvald e Chaves[104]: "Nesse caso, atribui-se ao beneficiário um encargo, correspondendo a um dever jurídico específico, como no exemplo do pagamento da taxa condominial e dos impostos no empréstimo gratuito de um imóvel residencial. Não desnatura o comodato por se tratar de uma obrigação ligada, muito

---

[103] PEREIRA, Caio Mário da Silva. *Instituições de direito civil*: Contratos. 11. ed. Rio de Janeiro: Forense, 2004. v. III, p. 342.

[104] FARIAS, Cristiano Chaves de; ROSENVALD, Nelson. *Curso de direito civil – Teoria geral e contratos em espécie*. 4. ed. Salvador: JusPodivm, 2014. v. 4, p. 848-849.

mais, à conservação da coisa, não correspondendo a uma contraprestação em favor do benfeitor".

Portanto, encargos que não beneficiem diretamente o comodante e que não caracterizem contraprestação a este, como pagamento de impostos, taxas, despesas de administrações e outras obrigações em geral, não descaracterizam o contrato de comodato.

4.7.2.1.3. Temporariedade

A temporariedade é característica essencial do contrato de comodato e também tem conexão com a não fungibilidade do objeto. O comodante cede ao comodatário o direito de uso e gozo temporário da coisa dada em comodato. Ao final do contrato, o comodatário é obrigado a restituir a coisa singular e devidamente personificada.

O contrato no ordenamento jurídico pátrio apenas gera efeitos jurídicos obrigacionais. A obrigação tem como uma de suas características a transitoriedade. Por isso, a temporariedade do uso e gozo da coisa nada mais é do que desdobramento do caráter transitório de toda e qualquer obrigação.

O prazo do comodato poderá ser determinado ou indeterminado. Se o comodato for ajustado por prazo certo, com o advento do termo previsto, o comodatário, que detém a posse direta, é obrigado a restituir a coisa ao comodante. A violação do dever de restituição caracterizará esbulho possessório porque o comodatário se tornará possuidor injusto pelo vício da precariedade.

No contrato por prazo indeterminado, o tempo do contrato será aquele necessário para o uso concedido, a depender da finalidade e do objetivo do empréstimo. Após o decurso de prazo razoável para a utilização da coisa, o comodante poderá constituir o comodatário em mora, mediante notificação (art. 397 do CC, parágrafo único) e denunciar o contrato para sua extinção (resilição unilateral – art. 473 do CC, direito potestativo).

O comodato por prazo indeterminado é denominado por alguns comodato precário, porque o comodante poderá denunciá-lo a qualquer tempo. No entanto, o próprio Código Civil, no art. 581, impõe limites ao comodante em relação ao exercício deste direito potestativo, a fim de evitar o abuso no direito de resilição, ao exigir que seja observado o prazo razoável e "necessário para o uso concedido".

A cessão de uso e fruição de bem infungível impõe a devolução ou restituição da coisa ao final do prazo.

4.7.2.1.4. Natureza real do comodato

O contrato de comodato, quanto à formação ou constituição, é contrato de natureza real.

A "entrega da coisa" ou tradição (que aqui não é sinônimo de transferência de propriedade mobiliária, mas de mera entrega) é requisito essencial para a existência e constituição do contrato de comodato. Sem a entrega da coisa, não há comodato. Portanto, não basta o consenso ou acordo de vontades para a formação do contrato de comodato. É essencial a entrega ou tradição do objeto.

Nesse sentido a segunda parte do art. 579 do CC, segundo o qual o comodato "perfaz-se com a tradição do objeto", ou seja, se forma, constitui e passa a existir como tal somente após a entrega efetiva do objeto.

Nos contratos reais, a tradição integraria a própria constituição ou a estrutura molecular do contrato. Para a formação, caracterização e existência, mesmo de um contrato real, o consenso não é suficiente, sendo indispensável a entrega da coisa ou a transferência da posse direta para o outro contratante. Se houver a transferência da posse e a entrega da coisa, estará formado o contrato. Em caso contrário, este inexistirá.

O Código Civil de 2002 mantém a distinção entre contratos consensuais e reais. Portanto, prevalece o entendimento da tradição ser elemento essencial para a estruturação e a constituição do contrato denominado *real*. O qualificativo *real* torna a entrega da coisa requisito ou pressuposto para a formação do contrato, integrando o consentimento. Para a formação do contrato real, é indispensável acrescentar às fases das negociações preliminares, proposta, aceitação e a entrega do bem. Assim, o contrato real depende de *negociações preliminares + proposta + aceitação + entrega da coisa*.

Não havendo a entrega da coisa ao outro contratante, inexistirá o contrato, pois este não se formará. A tradição, nos contratos reais, integra o consentimento manifestado pelas partes nas declarações receptícias de vontade, proposta e aceitação.

A maioria dos contratos se forma pelo mero consenso. Portanto, são consensuais. Os contratos reais são excepcionais. Como exemplos de tais, podem ser citados o comodato, o mútuo, o depósito, o contrato estimatório e a doação verbal. A perfeição do contrato real impõe a tradição, cujo sentido é a entrega do objeto (e não, necessariamente, a transferência da propriedade).

Portanto, ausente a entrega da coisa, não há comodato. A tradição do objeto é requisito fundamental para a existência e constituição do contrato de comodato.

4.7.2.1.5. Unilateralidade (efeitos obrigacionais)

Quanto aos efeitos obrigacionais, o comodato é contrato unilateral. Todo contrato, quanto à formação, é bilateral ou plurilateral, pois depende de convergência de mais de uma vontade para formação. No entanto, quanto aos efeitos, os contratos podem ser unilaterais ou bilaterais.

No contrato unilateral, não há reciprocidade ou correlação de obrigações. Em relação aos efeitos, haverá um credor e um devedor. O contratante credor apenas é titular de direitos, e o contratante devedor, de deveres jurídicos específicos (obrigacionais). Uma parte é detentora de direitos e a outra apenas de obrigação.

No comodato, o comodatário terá a obrigação de devolver a coisa findo o contrato ou, não havendo prazo, após o tempo necessário para o uso concedido (art. 581), bem como a obrigação de conservação da coisa emprestada, podendo utilizá-la de acordo com os termos do contrato e a natureza da coisa (art. 582). O comodante tem o direito subjetivo de receber o bem de volta findo o prazo do comodato ou, não havendo prazo, tendo transcorrido tempo necessário para o seu uso.

Os contratos unilaterais, portanto, possuem regime jurídico próprio e diverso dos contratos bilaterais. Não há reciprocidade ou correlação de obrigações, pois apenas um dos contratantes é titular de direito subjetivo, ao passo que o outro apenas possui obrigações. Em razão disso, é impossível conceber a ideia de dependência ou subordinação (a obrigação é unilateral), neste tipo de contrato.

Portanto, nos contratos unilaterais, por exemplo, não pode o sujeito contratante invocar institutos jurídicos como a *exceptio non adimpleti contractus,* pois, inexistindo reciprocidade de prestações, o contratante, titular do dever jurídico específico (obrigação), não pode, antes de cumprir a sua obrigação, exigir qualquer coisa do outro, o qual não tem obrigação nenhuma (art. 476). Há um credor e um devedor nos contratos unilaterais. Tal meio de defesa indireta de mérito é compatível apenas com os contratos bilaterais.

Apenas para diferenciar, os contratos bilaterais, também conhecidos como sinalagmáticos, se caracterizam pela reciprocidade de direitos e obrigações. Os contratantes são credores e devedores recíprocos. As obrigações e os direitos são interdependentes e vinculados. Nos contratos bilaterais, a obrigação de um contratante é causa da obrigação do outro. Há uma dependência entre as obrigações, as quais se subordinam reciprocamente.

Por outro lado, se durante a execução do contrato de comodato surgir alguma obrigação superveniente para o comodante, será considerado bilateral imperfeito. No entanto, essa obrigação eventual e superveniente para o comodante não tem relação ou vínculo com a obrigação originária assumida pelo comodatário. Por isso, as obrigações originária e superveniente serão independentes, o que leva os contratos bilaterais imperfeitos a se submeterem ao regime jurídico dos contratos unilaterais.

No denominado *contrato bilateral imperfeito*, por ocasião da formação do pacto, não há reciprocidade de obrigações. O contrato nasce e se origina com obrigação para um e direito para o outro. Um contratante tem direito e o outro apenas obrigação. Portanto, na origem, é um contrato unilateral. No entanto, no curso do contrato, por conta de uma causa superveniente, o contratante titular de direito subjetivo passará a ter obrigação. A obrigação se manifestará para este contratante no curso da execução do contrato. Tal contraprestação para o contratante que só tinha direitos é acidental e superveniente à formação do contrato.

Nos contratos bilaterais *perfeitos*, o contrato nasce e se forma com obrigações recíprocas e dependentes, ou seja, desde a origem a obrigação de um é a causa da obrigação do outro. Nos contratos bilaterais *imperfeitos*, o contrato nasce com obrigação para um e apenas direito para o outro. No curso do contrato, aquele contratante que só tinha direito passa a suportar alguma obrigação. Entretanto, essa obrigação superveniente não tem relação de causalidade com a obrigação originária do outro, que já existia desde a origem do pacto. A obrigação originária e a superveniente não estão ligadas ou vinculadas por qualquer sinalagma.

A doutrina e a jurisprudência passaram a admitir como exemplo de contrato bilateral imperfeito o comodato, quando, no curso deste contrato, o comodatário suportar despesas extraordinárias com o uso e o gozo da coisa emprestada, devendo o comodante credor ressarcir tais despesas. Trata-se de obrigação superveniente e independente das obrigações originárias. A despesa meramente ordinária, como o uso e gozo da coisa emprestada, não pode ser exigida pelo comodatário em razão de vedação legal expressa (art. 584 do CC).

4.7.2.1.6. Contrato impessoal?

O contrato de comodato seria impessoal ou *intuitu personae*? O comodatário poderia, em segunda operação, emprestar a coisa de forma gratuita para terceiro?

No caso, em regra, não há vedação legal para o subcomodato, até porque, por envolver a entrega de coisa, a subcontratação seria sempre viável. No entanto, tal questão deve ser objeto de convenção entre comodante e comodatário. O comodatário poderia emprestar a coisa a terceiro, desde que expressamente autorizado pelo comodante.

No caso, deverá prevalecer o pactuado pelas partes no contrato. Em caso de silêncio, somente mediante a análise da finalidade do comodato, dos interesses dos contratantes, do contexto e das peculiaridades do caso concreto, é que poderá se definir se o contrato tinha natureza pessoal ou não.

O comodato pode ser *intuitu personae*, se celebrado em favor e no interesse exclusivo da pessoa do comodatário. Neste caso, o objeto não poderá ser cedido pelo comodatário, porque traduz favorecimento pessoal. Todavia, apenas no caso concreto será possível apurar se o contrato de comodato é celebrado exclusivamente no interesse do comodatário.

Essas são as principais características do contrato de comodato.

4.7.2.2. Prazo do comodato: outras questões sobre a temporariedade

O contrato de comodato é temporário. A cessão da coisa para uso e gozo do comodatário não é permanente. Ao final do contrato, o comodatário deverá restituir ao comodante (proprietário/possuidor ou apenas possuidor) a coisa infungível objeto do contrato.

De acordo com o disposto no art. 581 do CC, o empréstimo de coisa infungível pode ser realizado com prazo determinado ou sem estipulação de prazo (indeterminado).

Se o contrato de comodato for pactuado por prazo determinado, o comodatário tem a obrigação de restituir o bem infungível ao comodante com o advento do termo. O vencimento do prazo é causa de extinção do contrato de comodato e impõe a restituição da coisa. Em razão do prazo, com o advento do termo, o comodatário é automaticamente constituído em mora.

Não há necessidade de qualquer ato ou conduta do comodante para constituir o comodatário em mora. Trata-se de mora *ex re*, prevista no art. 397, *caput*, do CC. Se o comodatário viola o dever de restituição, sua posse direta, que era justa em razão da relação jurídica obrigacional, converte-se em injusta pelo vício da precariedade. Tal conduta caracterizará esbulho possessório e permitirá que o comodante retome a coisa infungível por meio de ação possessória.

No comodato com prazo, não há necessidade de prévia interpelação do comodatário para constituí-lo em mora.

No comodato por prazo determinado, de acordo com o art. 581 do CC, o comodante, salvo necessidade imprevista e urgente, reconhecida pelo juiz, não poderá suspender o uso e gozo da coisa emprestada antes do final do prazo convencionado ou aquele que se determine pelo uso outorgado.

A lei civil permite ao comodante suspender o uso e gozo da coisa emprestada antes do término do prazo, desde que o pedido de retomada esteja fundado em "necessidade imprevista e urgente".

A necessidade do comodante não pode ser passível de previsão por ocasião da formação do comodato e ainda deve estar caracterizada pela urgência. Todavia, o Código Civil não explica em que consiste essa imprevisão e urgência que poderiam justificar a retomada da coisa infungível antes do prazo. Trata-se de conceito jurídico indeterminado, que deverá ser valorado no caso concreto, diante das circunstâncias e peculiaridades do contrato.

Por exemplo, se um fazendeiro empresta para o seu vizinho um trator, pelo prazo de 1 (um) ano para que este possa arar a terra, o comodante (aquele que emprestou) poderá suspender o uso e o gozo do trator antes do prazo, se houver necessidade superveniente à formação do contrato, imprevista e urgente, que justifique a retomada do trator. É possível que a plantação do comodante, em razão de fortes chuvas, esteja em risco, e o comodante necessite do trator para salvar a lavoura. A imprevisão e a urgência, neste caso, justificariam a suspensão do uso e gozo da coisa antes do prazo.

Tal exceção é justificável. O comodato não traz qualquer benefício ao comodante, o qual apenas suporta sacrifício. A necessidade será imprevisível quando não for passível de previsão por qualquer das partes no momento da formação do contrato. A urgência apenas se verificará no caso concreto quando se mostrar imperiosa a restituição da coisa com a finalidade de salvaguardar bem jurídico relevante do comodante com o uso e gozo da coisa emprestada.

Por outro lado, o contrato de comodato poderá ser ajustado sem prazo determinado, caso em que surgirá a figura do comodato "precário", pois a extinção do contrato dependerá apenas e tão somente da vontade unilateral do comodante, que materializará sua vontade em denúncia endereçada ao comodatário. Trata-se de resilição unilateral (art. 473, *caput*, do CC).

Com a finalidade de impor limites ao exercício do direito potestativo de resilir o contrato de comodato sem prazo determinado, o art. 581, primeira parte, destaca que deve ser garantido ao comodatário prazo razoável e necessário para o uso concedido.

O objetivo é evitar o abuso de direito no momento da resilição provocada pelo comodante. Portanto, se não houver prazo, a resilição somente poderá ocorrer quando já decorreu prazo razoável e necessário para o uso concedido e para o cumprimento da finalidade do contrato. Há uma conexão entre este dispositivo e a cláusula geral que impõe limites ao exercício de direitos subjetivos e potestativos, expressa no art. 187 do CC, fundada no princípio da boa-fé objetiva. Nesta situação, deve ser conciliada a faculdade de reclamação com o tempo necessário e razoável para a utilização.

Ao contrário do comodato por prazo determinado, quando não houver prazo, o comodante deverá notificar ou interpelar o comodatário para constituí-lo em mora (art. 397, parágrafo único, do CC). O esbulho dependerá da provocação do comodante.

O comodato precário ou sem prazo somente poderá ser extinto após o decurso de tempo necessário para o uso regular de acordo com a finalidade do empréstimo.

No contrato de comodato com prazo indeterminado, também é possível a retomada imediata da coisa infungível em caso de necessidade imprevista e urgente.

Há, na jurisprudência, divergência sobre se a mera notificação extrajudicial é suficiente para a constituição do comodatário em mora. O Superior Tribunal de Justiça já decidiu que a notificação é suficiente para a desocupação do comodatário (REsp 605.137/PR), e, também, que a só notificação do comodatário é insuficiente para a imediata reintegração de posse, pois deve ser assegurado o prazo necessário ao uso concedido (REsp 571.453/MG). Na realidade, há um equívoco a ser dirimido.

Nos contratos por prazo indeterminado, a notificação ou interpelação é essencial para a constituição do comodatário em mora (art. 397, parágrafo único). A questão é se a notificação terá efeitos imediatos ou não. Os efeitos da notificação dependerão do cumprimento da finalidade do contrato de comodato ou do decurso do prazo razoável para o uso concedido.

Os efeitos da notificação ficarão subordinados e vinculados ao cumprimento da finalidade do contrato, e não propriamente à notificação.

4.7.2.3. Comodato na tutela, curatela e administração em geral

O art. 580 do CC é o desdobramento da proteção conferida pela lei civil aos tutelados, curatelados e sujeitos cujos bens são administrados por terceiros.

De acordo com este dispositivo legal, os tutores, curadores e todos os administradores em geral de bens alheios não poderão dar em comodato, sem autorização especial, os bens confiados à sua guarda. Tais pessoas estão proibidas de ceder o uso e o gozo temporário da coisa que foram confiados à sua guarda para terceiros, sem autorização (judicial, em procedimento de jurisdição voluntária).

No caso da tutela e da curatela, a regra tem o nítido propósito de proteger o incapaz. O comodato dos bens do tutelado e do curatelado constitui negócio que extrapola os poderes de gestão e administração garantidos ao tutor (art. 1.741 do CC) e do curador (arts. 1774 e 1.781 do CC).

Em relação ao sujeito que administra bens alheios, somente é possível o comodato mediante autorização do dono. O comodato não integra a mera gestão ou administração de patrimônio alheio.

Tal limitação à liberdade de contratar se justifica para proteger os incapazes, nos casos da tutela (incapazes em razão de idade) e curatela (incapazes em razão de enfermidade), ou o dono dos bens, quando estes são confiados a um administrador ou gestor que não ostenta poderes especiais que vão além da mera administração.

4.7.2.4. Comodatário: obrigações

O contrato de comodato, quanto aos efeitos, é unilateral. Portanto, gera efeitos obrigacionais ao comodatário. As obrigações do comodatário estão expressas em lei, mais precisamente no art. 582 do CC.

4.7.2.4.1. Obrigação de conservação da coisa

A primeira obrigação do comodatário é o dever de conservação da coisa dada em comodato, como se sua própria fora. No período em que estiver na posse do bem, o comodatário tem a obrigação de conservá-lo, sob pena de responder por perdas e danos.

A violação do dever de conservação ou o inadimplemento desta obrigação impõe ao comodatário a responsabilidade civil de reparar os danos materiais verificados na coisa, desde que haja nexo de causalidade entre o dano e determinada conduta dolosa ou culposa (imprudente ou negligente) do comodatário.

No período de vigência do contrato de comodato, a responsabilidade civil do comodatário pela conservação da coisa é subjetiva (culpa em sentido amplo).

Todavia, se for constituído em mora e não restituir o bem durante o período da mora, o comodatário assumirá todos os riscos pela perda ou deterioração da coisa, ainda que não tenha dado causa a eles, por força do disposto no art. 399 do CC.

De acordo com este dispositivo, um dos efeitos da mora, que também incide no comodato, é a responsabilização do devedor, no caso o comodatário, pelos riscos que provoquem a perda ou deterioração da coisa dada em comodato. O caso fortuito ou de força maior, no caso da mora, não rompem o nexo de causalidade.

Além disso, o comodatário também assumirá o risco pelo caso fortuito ou de força maior quando, por cláusula expressa, houver por ele se responsabilizado (*caput* do art. 393 do CC), bem como na hipótese em que incidir a teoria do risco, conforme cláusula geral prevista no art. 927, parágrafo único, do CC. Assim, embora a responsabilidade civil do comodatário, como regra, seja subjetiva, em outras hipóteses, como acima citado, poderá ocorrer independentemente de culpa.

De acordo com Paulo Lôbo[105], "a Lei não se satisfaz com qualquer tipo de conservação, mas aquela que o comodatário, ou qualquer pessoa em sua situação, faria com

a própria coisa. Busca-se um padrão médio de comportamento, e não a investigação do que costuma fazer concretamente o comodatário com suas coisas, pois pode ser negligente com elas".

Em resumo, a violação do dever de conservação é causa de inadimplemento e resolução do contrato e, se houver dano à coisa, o comodatário ficará sujeito ao pagamento de indenização.

4.7.2.4.2. Obrigação de uso de acordo com a natureza do bem e a função do contrato

A segunda e principal obrigação do comodatário é usar a coisa de acordo com a natureza para a qual ela foi constituída e, ainda, conforme a finalidade e a função do contrato ajustado com o comodante.

A manutenção da finalidade natural, funcional e contratual da coisa é essencial para o adimplemento desta obrigação específica. Caso o comodatário não faça o uso adequado da coisa e a empregue em finalidade diversa do contratado ou em situação incompatível com a natureza do próprio bem, também responderá por perdas e danos.

Portanto, o direito de uso e gozo da coisa pelo comodatário deve ter como parâmetro a finalidade e a função do contrato e a própria natureza do bem dado em comodato.

Por exemplo, se alguém empresta um trator para que o comodatário use para arar a terra (finalidade prevista no contrato), não poderá usar o trator para rebocar veículos. Por outro lado, se o comodatário usa o referido trator para passeio na cidade, ainda que não previsto no contrato, estará a descumprir o dever de uso de acordo com a natureza do bem (finalidade vinculada à natureza do bem), porque o trator não é veículo para ser usado para passeio. Tal finalidade é contra a natureza desta espécie de veículo. O trator não é constituído para tal finalidade. Por isso, deve ser sempre observada a função desempenhada pelo bem e por sua natureza.

O inadimplemento desta obrigação levará à resolução do contrato e, se houver dano, também gerará o dever de indenização, nos mesmos moldes da responsabilidade decorrente da violação do dever de conservação da coisa.

Como bem destaca Tepedino[106]: "A utilização do bem em desacordo com sua função ou natureza importará a resolução contratual e se o bem emprestado se deteriora em decorrência de utilização em desconformidade à função ou finalidade contratual, caberá indenização por perdas e danos ao comodante".

Orlando Gomes[107] é mais enfático ao enunciar que "seu direito básico é de usá-la, mas limitadamente. De regra, traçam-se os limites no contrato. Quando não os estabelece, serão dados pela natureza da coisa. Se abusa, ultrapassando os limites convencionados, ou usuais, responde por perdas e danos".

---

[105] LÔBO, Paulo Luiz Netto. *Contratos*. São Paulo: Saraiva, 2010 (col. Direito Civil), p. 388.

[106] TEPEDINO, Gustavo; BARBOSA, Heloísa Helena; BODIN, Maria Celina et al. *Código civil interpretado*. v. II (teoria geral dos contratos, contratos em espécie, atos unilaterais, títulos de crédito, responsabilidade civil, preferências e privilégios creditórios – artigos 421-965), RJ-SP: Renovar, 2006, p. 301.

[107] GOMES, Orlando. *Contratos*. 26. ed. Rio de Janeiro: Forense, 2008, p. 387.

O uso da coisa de modo adequado também impede que o comodatário altere a substância da coisa ou modifique a finalidade do comodato.

4.7.2.4.3. Obrigação de restituição

Por fim, o comodatário terá a obrigação de restituir a coisa ao comodante com o advento do termo (nos contratos de comodato por prazo determinado) ou com o decurso do prazo necessário e razoável ao uso concedido (nos contratos de comodato por prazo indeterminado).

Após esses eventos, o comodatário deverá restituir a coisa. A violação do dever de restituição, quando já constituído em mora, converterá sua posse direta, que era justa, em posse injusta, pelo vício da precariedade (abuso de confiança na negativa de restituição). Com isso, estará caracterizado o esbulho possessório e o comodante poderá ajuizar ação possessória para a retomada da coisa.

Nos contratos de comodato por prazo determinado, a constituição do comodatário em mora é automática (mora *ex re*), ou seja, independentemente de qualquer provocação do comodante. Nos contratos por prazo indeterminado, o comodante, credor, deverá constituir o comodatário, devedor, em mora, por meio de interpelação judicial ou extrajudicial, conforme art. 397, parágrafo único, do CC.

A mora, como já explicado, atrai para o comodatário a responsabilidade pelos riscos de perda ou deterioração da coisa relacionada ao fortuito, em face do disposto no art. 399 do CC. Trata-se de hipótese de responsabilidade objetiva do comodatário, que independe da investigação da conduta culposa do mesmo. Assim, embora a responsabilidade civil do comodatário pela perda ou deterioração da coisa seja subjetiva, em algumas hipóteses responderá objetivamente (arts. 399 e 583, assunção por cláusula expressa – art. 393, entre outras situações).

O comodatário constituído em mora, além de responder objetivamente pelos prejuízos ou danos da coisa (perecimento e deterioração) durante o período da mora (art. 399 do CC), ainda terá de pagar, até a data da restituição efetiva, aluguel pelo uso da coisa, cujo valor será arbitrado pelo comodante.

Tal aluguel tem caráter de penalidade e, por isso, se sujeita às regras gerais da cláusula penal. Tal aluguel não altera a natureza jurídica do contrato de comodato. O comodato não se converte em locação, pois o aluguel não é contraprestação ao comodante pelo uso da coisa, mas pena ou sanção civil pela violação do dever de restituição.

Em caso de abuso de direito do comodante na fixação ou arbitramento desta penalidade, pode ser aplicada por analogia a regra prevista no art. 575, parágrafo único, do CC, que permite a intervenção judicial para fins de adequação de penalidade excessiva, nos contratos de locação de coisa.

Nesse sentido, aliás, o Enunciado 180 da III Jornada de Direito Civil: "A regra do parágrafo único do art. 575 do novo CC, que autoriza a limitação pelo juiz do aluguel-pena arbitrado pelo locador, aplica-se também ao aluguel arbitrado pelo comodante, autorizado pelo art. 582, 2.ª parte, do novo CC".

O juiz poderá e deverá reduzir o aluguel-pena arbitrado pelo comodante quando excessivo. Tal intervenção é justificada pelos princípios da boa-fé objetiva, que fundamenta a teoria do abuso de direito (art. 187 do CC) e da função social dos contratos, na medida em que o aluguel-pena excessivo poderia transformar o contrato de comodato em instrumento de opressão e arbítrio, fato incompatível com a funcionalização de qualquer direito subjetivo.

Além disso, aluguel-pena em excesso poderia, no caso concreto, a depender das circunstâncias, violar o princípio geral de direito que veda o enriquecimento sem justa causa. Portanto, qualquer abuso de direito pode ser corrigido e reparado, com intervenção judicial, se necessário.

Tal aluguel-pena ou aluguel-sanção é meio de coerção indireto para que o comodatário seja "estimulado" a restituir a coisa e "desestimulado" a permanecer com o bem. Por conta da finalidade deste aluguel, não há, sob qualquer pretexto, alteração da natureza jurídica do contrato de comodato para locação.

O não cumprimento destes deveres (conservação, uso conforme a destinação contratual e natural da coisa e restituição) é causa de resolução contratual porque caracteriza inadimplemento e ainda sujeita o comodatário ao pagamento de perdas e danos.

4.7.2.5. Assunção de risco integral na obrigação de conservação e responsabilidade pelas despesas com a coisa

O art. 583 do CC constitui mais uma exceção à responsabilidade civil do comodatário que, em regra, é calcada na culpa (art. 582 do CC). Como já ressaltado, embora a responsabilidade civil do comodatário pela perda ou deterioração da coisa seja subjetiva, em algumas hipóteses responderá objetivamente – art. 399; assunção dos riscos pelo fortuito por cláusula expressa – art. 393; exercício de atividade de risco, e justamente a hipótese do art. 583, agora analisado).

O comodatário tem como obrigação principal zelar pela plena conservação do bem dado em comodato, como se sua própria fora a coisa emprestada (art. 582). O dever de conservação da coisa é inerente ao comodato.

Como desdobramento do dever de conservação, o perecimento ou a deterioração da coisa poderão implicar a responsabilidade objetiva do comodatário se o objeto do comodato estiver em risco juntamente com outras coisas do próprio comodatário e, na possibilidade de salvar apenas uma destas coisas, este preterir aquelas dadas em comodato frente às suas coisas.

Se o comodatário, diante desta alternativa, antepuser a salvação dos seus bens e abandonar os do comodante, responderá pelo dano (perda ou deterioração), ainda que decorrente de caso fortuito ou força maior (responsabilidade civil objetiva).

Segundo o art. 583 do CC: "Se, correndo risco o objeto do comodato juntamente com outros do comodatário, antepuser este a salvação dos seus abandonando o do comodante, responderá pelo dano ocorrido, ainda que se possa atribuir a caso fortuito, ou força maior".

Portanto, se o comodatário tiver a possibilidade de optar entre salvar o bem emprestado e os de sua propriedade, caso escolha salvar os seus, responderá objetivamente pelos danos na coisa emprestada, ainda que o perecimento ou a deterioração decorram de caso fortuito ou força maior.

Tal fato decorre do dever de zelar pela conservação da coisa. O art. 583 do CC inverte, no comodato, a regra do *"res perit domino* (a coisa perece para o dono)", pois, neste caso, a coisa perecerá para quem não é o dono, o comodatário.

Ainda como desdobramento do dever de conservação, o comodatário não poderá, sob qualquer pretexto, recobrar do comodante as despesas realizadas com o uso e gozo da coisa emprestada. O contrato de comodato é gratuito ou benéfico. O comodante somente suporta sacrifício. O comodatário aufere vantagens (uso e gozo da coisa, conforme sua destinação). Em decorrência do direito de uso e do correspondente dever de conservação, o comodatário deverá arcar com as despesas ordinárias necessárias para o cumprimento da finalidade do contrato de comodato, tudo nos termos do art. 584 do CC. Por tais despesas, o comodatário não terá direito a qualquer ressarcimento.

Por outro lado, em relação a despesas extraordinárias, o comodatário poderá exigir indenização do comodante, tudo a fim de se evitar o enriquecimento sem causa justa. Por exemplo, em relação a benfeitorias necessárias, que teriam de ser realizadas por qualquer pessoa que estivesse na posse direta da coisa, o comodatário terá o direito de recobrar as despesas com estas, porque agregam valor e são essenciais para a preservação do bem. Somente as despesas extraordinárias podem ser cobradas do titular.

Tal direito à indenização dará ao comodatário o direito de retenção e evitará o enriquecimento injusto e indevido do comodante. Aliás, tais despesas extraordinárias poderão caracterizar o comodato como contrato bilateral imperfeito, embora tal contrato seja espécie do gênero contrato unilateral.

4.7.2.6. Pluralidade de comodatários

O art. 585 do CC apresenta mais uma hipótese de solidariedade legal entre devedores, como desdobramento da regra prevista no art. 265 da mesma lei, no sentido de que a solidariedade não se presume: resulta da lei ou da vontade das partes. No caso, trata-se de caso de solidariedade legal com objetivo de oferecer maiores garantias ao comodante.

De acordo com o art. 585, se duas ou mais pessoas forem simultaneamente comodatárias de uma coisa, ficarão solidariamente responsáveis para com o comodante. Neste caso, os comodatários se sujeitam a todas as regras que disciplinam a solidariedade passiva, previstas nos arts. 267 a 285 do CC.

Em caso de dano, o comodante poderá exigir o pagamento integral de qualquer dos comodatários, de um ou de todos em conjunto.

4.7.2.7. Deveres e obrigações do comodante

O contrato de comodato é unilateral e, portanto, em princípio, o comodante apenas é titular de direitos (o principal direito é ter a coisa restituída ao final do prazo ou após o cumprimento da finalidade do contrato, se não houver prazo). Não há obrigação imposta ao comodante. O comodante empresta a coisa sem qualquer contraprestação.

Embora o comodante não tenha obrigação propriamente dita no momento da formação do contrato, em razão de fato superveniente e eventual, poderá assumir alguma obrigação, como a de reembolsar as despesas extraordinárias, tudo com a finalidade de ser evitado o enriquecimento sem justa causa.

Nesta hipótese, o contrato de comodato se tornará bilateral imperfeito, pois essa obrigação superveniente e eventual não tem relação de causalidade ou não é dependente da obrigação ou obrigações originárias assumidas pelo comodatário no momento da formação do contrato.

Como bem pontua Paulo Lôbo[108]: "As despesas extraordinárias e urgentes feitas pelo comodatário, que não se contenham nas necessárias à conservação ordinária, em razão do uso, devem ser reembolsadas pelo comodante. Enquanto não forem reembolsadas as despesas com benfeitorias necessárias, tem o comodatário direito de retenção sobre a coisa. A regra do art. 584 do CC, que estabelece não poder o comodatário recobrar do comodante as despesas feitas com o uso da coisa emprestada, só se refere às despesas ordinárias".

Por outro lado, como consequência lógica do contrato de comodato, o comodante tem o dever de assegurar ao comodatário o uso do bem, no prazo ajustado ou, se não houver prazo, durante o período necessário para o cumprimento da finalidade do contrato, ou seja, não embaraçar o uso e a fruição da coisa dada em comodato. O comodante deve assegurar qualquer turbação ou esbulho ao comodatário.

Ademais, o comodante tem o dever de receber a coisa quando do momento da restituição e auxiliar o comodatário naquilo que for essencial para o cumprimento da finalidade do comodato.

4.7.2.8. Extinção do comodato

A extinção do contrato de comodato está diretamente relacionada à extinção de qualquer obrigação, pelo simples fato de o contrato de comodato, como qualquer contrato, ser fonte geradora de obrigações.

Portanto, o meio normal e regular de extinção do contrato de comodato é o adimplemento das obrigações pelo comodatário, com a restituição da coisa emprestada na data prevista (se por prazo determinado) ou após a notificação para devolução (no caso de comodato por prazo indeterminado). O adimplemento é o principal modo de extinção do contrato de comodato.

---

[108] LÔBO, Paulo Luiz Netto. *Contratos*. São Paulo: Saraiva, 2010 (col. Direito Civil), p. 387.

É possível a retomada da coisa antes do prazo, se houver necessidade imprevista e urgente, reconhecida judicialmente, tudo nos termos do art. 581 do CC.

O comodato também pode ser extinto por outras causas, como a resolução pelo inadimplemento, a resilição unilateral no contrato por prazo indeterminado, a morte do comodatário quanto tiver caráter personalíssimo, acordo, perecimento e deterioração da coisa dada em comodato, entre outras causas comuns à extinção de qualquer obrigação.

4.7.3. Mútuo (empréstimo de coisas fungíveis)

4.7.3.1. Conceito e noções gerais

O mútuo é o empréstimo de coisas fungíveis. É o contrato de empréstimo pelo qual o mutuante transfere ao mutuário a posse e a propriedade de determinada coisa, a qual, justamente em razão da fungibilidade, por ocasião da restituição, deverá ser substituída por outra da mesma espécie, qualidade e quantidade.

De acordo com o art. 586 do CC, "o mútuo é o empréstimo de coisas fungíveis". A transferência, não só da posse, mas também da propriedade de determinado bem fungível, é explicada pela impossibilidade de ser restituída exatamente a mesma coisa. Os bens fungíveis, segundo art. 85 do CC, são aqueles que podem ser substituídos por outros da mesma espécie, qualidade e quantidade.

A transferência da propriedade e domínio da coisa mutuada não decorrem da natureza do contrato de mútuo (que apenas retrata empréstimo), mas da fungibilidade do objeto ou bem mutuado.

A diferença principal entre o contrato de mútuo e o de comodato é justamente a natureza do objeto. O comodato é o empréstimo de coisas infungíveis e o mútuo o empréstimo de coisas fungíveis. Por isso, no comodato, não há transferência da propriedade. O comodatário deverá restituir ao comodante exatamente o mesmo objeto dado em comodato.

No mútuo, em razão da fungibilidade, não seria razoável restituir a mesma coisa. Por isso, o mútuo implicará transferência da propriedade e, nos termos do art. 586, segunda parte, caberá ao mutuário restituir a coisa do mesmo gênero, qualidade e quantidade.

As partes do contrato de mútuo são o mutuante (aquele que transfere a coisa e concede o empréstimo) e o mutuário (o sujeito que se beneficia com o empréstimo). A transferência da propriedade permitirá que o mutuário venha a consumir a coisa mutuada.

A transferência da propriedade exigirá que o mutuante seja proprietário, ao contrário do comodato, em que o comodante poderá ser mero possuidor da coisa, uma vez que esta será restituída, com as mesmas especificações, pelo comodatário.

A fungibilidade da coisa entregue ao mutuário é a essência deste contrato. Ainda em razão da fungibilidade, somente poderão ser objeto de mútuo os bens móveis, a teor do disposto no art. 85 do CC. O comodato poderá ter por objeto coisa móvel e imóvel. Os imóveis são infungíveis. Não há imóvel fungível, nos termos da legislação. Entretanto, segundo tese defendida por Caio Mário, seria possível a fungibilidade imobiliária nos casos de imóveis loteados absolutamente idênticos e com a mesma metragem. Tal posição é discutível, pois ainda que os imóveis loteados e apartamentos tenham a mesma metragem, haverá diferenças de localização, posição e confrontação que inviabiliza tal equiparação. Por isso, o mútuo, necessariamente, tem por objeto coisa móvel.

O mutuante não conserva a propriedade e a posse indireta da coisa emprestada. Não há desdobramento da posse como ocorre no comodato. O mutuário, proprietário da coisa, poderá exercer todos os direitos inerentes a esta propriedade, nos termos do art. 1.228 do CC, mas deverá restituir coisa do mesmo gênero, quantidade e qualidade.

4.7.3.2. Características e classificação do mútuo

O mútuo tem como principais características: 1 – transferência da propriedade da coisa mutuada; 2 – temporariedade; 3 – mobilidade e fungibilidade da coisa; 4 – contrato tem natureza real; 5 – unilateralidade (quanto aos efeitos); 6 – em regra, é gratuito, mas pode ser oneroso (mútuo feneratício).

4.7.3.2.1. Transferência da propriedade

A transferência do domínio/propriedade no mútuo decorre da fungibilidade da coisa mutuada. As coisas fungíveis são naturalmente substituíveis e, por esta razão, o mutuário tem o dever/direito de restituir não a mesma coisa, mas outra do mesmo gênero, qualidade e quantidade (art. 586, segunda parte, do CC).

De acordo com o art. 587 do CC, este empréstimo transfere o domínio da coisa emprestada ao mutuário, por cuja conta correm todos os riscos dela, desde a tradição.

A transferência dos riscos pela perda (perecimento) ou deterioração da coisa ao mutuário constitui desdobramento da regra geral do direito das obrigações de que a coisa perece para o dono e, com a tradição, o dono passa a ser o mutuário.

No comodato, como regra, os riscos pela perda ou deterioração da coisa permanecem com o comodante, que é o dono – embora, em algumas situações, seja possível afirmar que a coisa perecerá para o comodatário (que não é o dono, como já analisado).

Em decorrência da propriedade transferida ao mutuário, este assumirá todas as despesas de conservação da coisa, e nada poderá reclamar a tal título do mutuante. No caso do mútuo, não há inversão da regra de que a coisa perece para o dono, pois o mutuário será o dono e assumirá integralmente os riscos pelo perecimento ou deterioração da coisa.

4.7.3.2.2. Temporariedade (prazo)

A temporariedade é característica essencial do contrato de mútuo. Tal contrato deve ser constituído por prazo determinado ou indeterminado. Ao final do contrato, o mutuário é obrigado a restituir outra coisa da mesma espécie, qualidade e quantidade.

O contrato, no ordenamento jurídico pátrio, apenas gera efeitos jurídicos obrigacionais. A obrigação tem como uma de suas características a transitoriedade. Por isso, a temporariedade do uso e gozo da coisa mutuada nada mais é do que desdobramento do caráter transitório de toda e qualquer obrigação.

O prazo do mútuo poderá ser determinado ou indeterminado. Se o mútuo for ajustado por prazo certo, com o advento do termo previsto, o mutuário é obrigado a restituir coisa do mesmo gênero, qualidade e quantidade ao mutuante.

No contrato por prazo indeterminado, o tempo do contrato será aquele necessário para o uso concedido, a depender da finalidade e do objetivo do empréstimo. O mútuo sem prazo determinado é disciplinado pelo art. 592 do CC.

De acordo com este artigo, não se tendo convencionado expressamente o prazo do mútuo, este será até a próxima colheita, se o mútuo for de produtos agrícolas, assim para consumo como para semeadura; ou, ainda, de 30 (trinta) dias, no mínimo, se o mútuo for de dinheiro; ou, finalmente, com base na cláusula geral que limita os direitos subjetivos e evita o abuso de direito (art. 187 do CC), do espaço de tempo que declarar o mutuante, se for de qualquer outra coisa fungível. Neste último caso, fica a critério do mutuante estabelecer prazo que seja razoável para a restituição de coisa do mesmo gênero, quantidade e qualidade.

4.7.3.2.3. Coisa móvel e fungível

O mútuo somente poderá ter por objeto coisas móveis, que são os bens que podem ser substituídos por outros da mesma espécie, qualidade e quantidade (art. 85 do CC). Não há mútuo de imóvel. Por conta da fungibilidade do objeto, é denominado empréstimo de consumo. O objeto mais comum do mútuo é o dinheiro, cujo valor deverá ser restituído ao final do prazo ou na forma do art. 592, II, do CC.

4.7.3.2.4. Natureza real do mútuo

O contrato de mútuo, quanto à formação ou constituição, é contrato de natureza real. Ainda que alguns doutrinadores, como o mestre Caio Mário[109], defendam que o contrato de mútuo deveria ser consensual, pois a tradição seria apenas o início da execução deste contrato, prevalece a tese de ser contrato real.

A "entrega da coisa" ou tradição (que aqui não é sinônimo de transferência de propriedade mobiliária, mas de mera entrega) é requisito essencial para a existência e constituição do contrato de mútuo. Sem a entrega da coisa, não há mútuo. Portanto, não basta o consenso ou acordo de vontades para a formação do contrato de mútuo. É essencial a entrega ou tradição do objeto.

Nesse sentido é o art. 586 do CC, segundo o qual o mútuo é o empréstimo de coisa fungível, ou seja, constitui-se e passa a existir como tal somente após a entrega efetiva do objeto.

Nos contratos reais, a tradição integraria a própria constituição ou a estrutura molecular do contrato. Para a formação, caracterização e existência, mesmo de um contrato real, o consenso não é suficiente, sendo indispensável a entrega da coisa ou a transferência da posse direta para o outro contratante. Se houver a transferência da posse e a entrega da coisa, estará formado o contrato. Em caso contrário, este inexistirá.

O Código Civil de 2002 mantém a distinção entre contratos consensuais e reais. Portanto, prevalece o entendimento de a tradição ser elemento essencial para a estruturação e a constituição do contrato denominado de *real*. O qualificativo *real* torna a entrega da coisa requisito ou pressuposto para a formação do contrato, integrando o consentimento. Para a formação do contrato real, é indispensável acrescentar às fases: as negociações preliminares, a proposta e aceitação e a entrega do bem. Assim, o contrato real depende de *negociações preliminares + proposta + aceitação + entrega da coisa*.

Não havendo a entrega da coisa ao outro contratante, inexistirá o contrato, pois este não formará. A tradição, nos contratos reais, integra o consentimento manifestado pelas partes nas declarações receptícias de vontade, proposta e aceitação.

Como destaca Paulo Lôbo[110]: "No direito brasileiro, o mútuo é contrato real. O art. 586 do CC exige a entrega da coisa, pois apenas se restitui o que se recebeu. A entrega da coisa é elemento necessário à existência do contrato. Sem a entrega da coisa, não há, ainda, mútuo, o que afasta qualquer consideração sobre os planos da validade e eficácia, pois eles dependem do plano da existência".

Sobre essa característica, Paulo Nader[111] é ainda mais incisivo: "Trata-se de contrato real, que se aperfeiçoa com a entrega da *res* ao mutuário. Como em toda convenção, o *consensus* é de fundamental importância, mas não é o bastante, porque a tradição é elemento constitutivo do contrato, e não um de seus efeitos. Sem a entrega da coisa, não se tem o mútuo, mas apenas uma promessa de contrato".

Portanto, ausente a entrega da coisa, não há mútuo. A tradição do objeto é requisito fundamental para a existência e constituição do contrato de comodato.

4.7.3.2.5. Unilateralidade (efeitos obrigacionais)

Quanto aos efeitos obrigacionais, o mútuo é contrato unilateral. Todo contrato quanto à formação é bilateral ou plurilateral, pois depende de convergência de mais de uma vontade para sua formação. No entanto, quanto aos efeitos, os contratos podem ser unilaterais ou bilaterais.

---

[109] Para o mestre, seria um romanismo inútil. Para ele, a tradição do objeto é o primeiro ato de sua execução (PEREIRA, Caio Mário da Silva. *Instituições de direito civil*: Contratos. 11. ed. Rio de Janeiro: Forense, 2004. v. III, p. 348).

[110] LÔBO, Paulo Luiz Netto. *Contratos*. São Paulo: Saraiva, 2010 (col. Direito Civil), p. 391-392.

[111] NADER, Paulo. *Curso de direito civil – Contratos*. 9. ed. Rio de Janeiro: Forense, 2018. v. III, p. 351.

No contrato unilateral, não há reciprocidade ou correlação de obrigações. Em relação aos efeitos, haverá um credor e um devedor. O contratante credor apenas é titular de direitos, e o contratante devedor, de deveres jurídicos específicos (obrigacionais). Uma parte é detentora de direitos e a outra apenas de obrigação.

No mútuo, o mutuário terá a obrigação de restituir a coisa e, se o mútuo for oneroso, a obrigação de pagar juros. No entanto, o mutuante tem apenas direito. Isto é, o direito subjetivo de receber outra coisa do mesmo gênero, quantidade e qualidade, findo o prazo ou, não havendo prazo, tendo transcorrido tempo necessário para o seu uso, na forma do art. 592 do CC.

Os contratos unilaterais, portanto, possuem regime jurídico próprio e diverso dos contratos bilaterais. Não há reciprocidade ou correlação de obrigações, pois apenas um dos contratantes é titular de direito subjetivo, ao passo que o outro apenas possui obrigações. Em razão disso, é impossível conceber a ideia de dependência ou subordinação (a obrigação é unilateral) neste tipo de contrato.

Portanto, nos contratos unilaterais, por exemplo, não pode o sujeito contratante invocar institutos jurídicos como a *exceptio non adimpleti contractus,* pois, inexistindo reciprocidade de prestações, o contratante, titular do dever jurídico específico (obrigação) não pode, antes de cumprir a sua obrigação, exigir qualquer coisa do outro (que não tem obrigação nenhuma). Há um credor e um devedor nos contratos unilaterais. Tal meio de defesa indireta de mérito é compatível apenas com os contratos bilaterais.

Apenas para diferenciar, os contratos bilaterais, também conhecidos como sinalagmáticos, se caracterizam pela reciprocidade de direitos e obrigações. Os contratantes são credores e devedores recíprocos. As obrigações e os direitos são interdependentes e vinculados. Nos contratos bilaterais, a obrigação de um contratante é causa da obrigação do outro. O que isso significa? Há uma dependência entre as obrigações, as quais se subordinam reciprocamente.

Por exemplo, no contrato de compra e venda, tipicamente de efeitos bilaterais, a obrigação do comprador está diretamente vinculada e relacionada à obrigação do vendedor. O comprador tem a obrigação de pagar o preço, e o vendedor a obrigação de entregar o bem objeto do contrato. Como se vê, as obrigações estão interligadas. A obrigação do comprador é causa e pressuposto da do vendedor. Nos contratos bilaterais, sempre haverá essa reciprocidade de obrigações, que é justamente o sinalagma (contratos sinalagmáticos e prestações correlatas).

Em resumo, o contrato de mútuo, quanto aos efeitos, é unilateral, porque estabelece obrigações para apenas uma das partes, o mutuário. A estipulação de juros, que tornará o contrato de mútuo oneroso, não lhe retira a característica da unilateralidade, porque a obrigação de pagar os juros recai sobre a mesma parte que deve restituir o bem mutuado. Nesta situação, o contrato de mútuo será unilateral e oneroso.

4.7.3.2.6. Gratuidade/onerosidade

O contrato de mútuo, a depender da finalidade, pode ser gratuito/benéfico ou oneroso. Se o mutuário não remunera o mutuante com juros, o contrato será gratuito. Por outro lado, o mútuo pode ser oneroso, se o mutuário assumir a obrigação de pagar juros ao mutuante, em especial no mútuo que tem por objeto dinheiro. A onerosidade não descaracteriza a natureza jurídica do mútuo, ao contrário do que ocorre com o comodato. Não há que se cogitar em comodato "oneroso". A onerosidade converteria o comodato em outro contrato, como locação, arrendamento ou qualquer outro contrato atípico oneroso.

O comodato é, necessariamente, contrato gratuito. O mútuo, por sua vez, pode ser gratuito ou oneroso, o que o torna um contrato "neutro" ou "bifronte", que são aqueles contratos que podem ser gratuitos ou onerosos sem perderem a sua natureza jurídica.

Assim, a gratuidade não é da essência do contrato de mútuo, como é no contrato de comodato.

Apenas para registrar, nos contratos benéficos ou gratuitos, não há reciprocidade de vantagens e sacrifícios. No caso, uma das partes só obtém vantagem ou proveito e a outra somente suporta sacrifício. É o que ocorre quando no mútuo não se estipula qualquer remuneração ou juros para o mutuário, caso em que este apenas terá vantagens.

Ao contrário, o contrato oneroso é aquele onde há vantagens e sacrifícios para ambos os contratantes. Há reciprocidade de vantagens e sacrifícios. A vantagem de um corresponde ao sacrifício do outro e vice-versa. No contrato de compra e venda, o vendedor tem a vantagem de receber o dinheiro e o sacrifício de entregar o bem alienado. O comprador tem a vantagem de receber o bem objeto do contrato e o sacrifício de pagar o preço. À vantagem do vendedor (receber o preço) corresponde o sacrifício do comprador (pagar o preço), e ao sacrifício do vendedor (entregar o bem) corresponde a vantagem do comprador (receber o bem).

O mútuo será oneroso quando for estipulada remuneração em prol do mutuante.

Se o mútuo for benéfico ou gratuito, se submeterá ao regime jurídico destes contratos, como interpretação mais favorável (art. 114 do CC) e responsabilidade civil (art. 392 do CC).

4.7.3.3. Mútuo em favor de menor

A lei civil disciplina, nos arts. 588 e 589, situação específica no intuito de proteger o mutuário menor. Em regra, para validade do contrato de mútuo, como em qualquer contrato, as partes, mutuante e mutuário, devem ser capazes e legitimadas. O mutuante deve, ainda, ter o poder de disposição da coisa mutuada, porque o mútuo implica transferência de propriedade.

Com a finalidade de proteger e tutelar os interesses de menores, que podem ser vítimas de contratos de mútuo, o art. 588 do CC dispõe que o mútuo feito a pessoa menor, sem prévia autorização daquele sob cuja guarda estiver o incapaz, não poderá ser reavido do mutuário menor e tampouco dos fiadores deste.

O mutuante, neste caso, suportará grave sanção de natureza civil: a perda da coisa mutuada.

O art. 588 constitui regra especial que afasta as regras gerais sobre nulidade e anulação de atos e negócios jurídicos praticados por absoluta ou relativamente incapaz. No caso de mútuo feito a menor, o mutuante perde a coisa mutuada. É como se o negócio não existisse. Por isso, o mutuante não pode reaver a coisa mutuada, que constitui o seu principal direito.

Como bem ponderam Rosenvald e Chaves[112], "trata-se de norma de ordem pública expedida com a finalidade de impedir que a inexperiência de menores seja fato gerador da contratação de negócio extorsivo e de sua própria desgraça, além de seus familiares. O mutuante perderá o bem mutuado como sanção à quebra da boa-fé".

Na mesma linha, destaca Caio Mário[113]: "Trata-se de um preceito protetor contra a exploração gananciosa da sua inexperiência. E foi imaginado como técnica para impedir as manobras especuladoras, mediante a punição ao emprestador, que perderá a coisa mutuada se fizer o empréstimo proibido".

O objetivo da norma é proteger o menor inexperiente e imaturo. Por isso, se o menor relativamente incapaz, de forma maliciosa, dolosamente, se declara maior ou oculta sua verdadeira idade, o negócio jurídico será válido, uma vez que o sistema não tutela a má-fé, mesmo que proveniente de menor relativamente incapaz, a teor do disposto no art. 180 do CC. Tal fato é confirmado pelo art. 589, V, da mesma legislação.

No caso dos fiadores, o art. 837 do CC faz expressa referência ao mútuo em favor de menor. De acordo com essa norma "o fiador pode opor ao credor as exceções que lhe forem pessoais, e as extintivas da obrigação que competem ao devedor principal, se não provierem simplesmente de incapacidade pessoal, salvo o caso do mútuo feito a pessoa menor". Assim, em sintonia com o art. 588 do CC, ainda que a incapacidade seja pessoal do devedor/mutuário, a exceção pode ser invocada pelo fiador de forma eficaz, para se liberar da fiança.

Por outro lado, a regra do art. 588 perde eficácia e será neutralizada por qualquer das hipóteses previstas no art. 589 da mesma legislação.

O art. 588 perderá eficácia e não incidirá primeiro, em caso de ratificação posterior pelo responsável pelo menor/incapaz. Assim, se a pessoa, de cuja autorização necessitava o mutuário para contrair o empréstimo, o ratificar posteriormente, cessa o efeito do art. 588. Tal efeito também cessará se o menor, estando ausente essa pessoa, se viu obrigado a contrair o empréstimo para os seus alimentos habituais. Nesta segunda hipótese, a subsistência e a necessidade alimentar do menor justificam a validade do contrato de mútuo.

Ademais, se o menor tiver bens ganhos com seu trabalho, ou seja, quando possui economia própria, o menor terá a livre disposição destes bens e poderá vinculá-los ao contrato de mútuo. Neste caso, a execução do credor não poderá ultrapassar as forças do patrimônio do menor. O excesso ou aquilo que ultrapassa as forças do patrimônio do menor será ineficaz.

Se em razão de economia própria, por força de seu trabalho, o menor já estiver emancipado (art. 5º, parágrafo único, V, do CC), continuará com a proteção que limita a execução às forças de seu patrimônio, porque a emancipação apenas antecipa a capacidade, e não a maioridade. O menor continuará menor, mas capaz com a emancipação. No caso do art. 588, a proteção tem por finalidade proteger o menor, independente da sua capacidade ou incapacidade. Por isso, mesmo capaz, na condição de menor, a execução não poderá ultrapassar as forças de seu patrimônio se tiver bens ganhos com seu trabalho.

Com a finalidade de evitar o enriquecimento indevido e como forma de amenizar a sanção prevista no art. 588 do CC, não se aplica este dispositivo se o empréstimo reverteu em favor do menor. A restituição por aquele que foi beneficiado está em sintonia com os preceitos éticos e morais que norteiam as relações privadas intersubjetivas.

Por fim, se o menor obteve o empréstimo de forma maliciosa ou de má-fé, como, por exemplo, ocultando a idade ou se declarando maior, não poderá invocar o art. 588 para se eximir do dever de restituição da coisa mutuada, por outra da mesma espécie, qualidade e quantidade. O menor que age conscientemente de má-fé não tem qualquer proteção ou tutela estatal.

4.7.3.4. Mútuo e garantia de restituição

O art. 590 do CC reproduz, com outras palavras, a exceção de inseguridade, prevista genericamente no art. 477. Segundo essa regra, "se, depois de concluído o contrato, sobrevier a uma das partes contratantes diminuição em seu patrimônio capaz de comprometer ou tornar duvidosa a prestação pela qual se obrigou, pode a outra recusar-se à prestação que lhe incumbe, até que aquela satisfaça a que lhe compete ou dê garantia bastante de satisfazê-la". Portanto, se houver risco de comprometimento do cumprimento da prestação ao qual se obrigou, pode a outra parte exigir garantia da restituição da coisa mutuada.

De acordo com o art. 590, "o mutuante pode exigir garantia da restituição, se antes do vencimento o mutuário sofrer notória mudança em sua situação econômica".

O mutuante, neste caso, poderá exigir uma garantia de seguridade, que pode ser real ou fidejussória. Tal exigência deverá estar fundada e baseada em fato objetivo e concreto capaz de colocar em risco a restituição da coisa mutuada, por outra do mesmo gênero, qualidade e quantidade.

4.7.3.5. Mútuo feneratício (oneroso)

O mútuo em dinheiro poderá ser oneroso, quando se destina a fins econômicos. A finalidade econômica do mútuo em dinheiro o torna oneroso e, neste caso, presumem-se devidos juros, que possuem caráter remunerató-

---

[112] FARIAS, Cristiano Chaves de; ROSENVALD, Nelson. *Curso de direito civil – Teoria geral e contratos em espécie*. 4. ed. Salvador: JusPodivm, 2014. v. 4, p. 869.

[113] PEREIRA, Caio Mário da Silva. *Instituições de direito civil*: Contratos. 11. ed. Rio de Janeiro: Forense, 2004. v. III, p. 349.

rio, pois o objetivo é justamente remunerar o mutuante pela privação do objeto mutuado.

Tal contrato de mútuo oneroso é disciplinado no art. 591 do CC e denomina-se "mútuo feneratício".

De acordo com o art. 591 do CC, alterado pela Lei n. 14.905/2024, "destinando-se o mútuo a fins econômicos, presumem-se devidos juros". De acordo com o parágrafo único, introduzido pela mencionada lei, se a taxa de juros não for pactuada, aplica-se a taxa legal prevista no art. 406 deste Código, que é a SELIC. Portanto, a SELIC, no caso de ausência de convenção, será o parâmetro para juros moratórios e os juros remuneratórios nos contratos de mútuo. É evidente que os juros convencionados no contrato de mútuo terão como teto máximo a taxa SELIC, salvo se os integrantes deste contrato estiverem entre as pessoas excepcionadas na lei de usura. Neste caso, será possível a convenção de juros remuneratórios em mútuo acima da taxa SELIC.

Portanto, o dispositivo em referência não apenas admite o mútuo oneroso, com o pagamento de juros pelo mutuário ao mutuante, como ainda estabelece parâmetros e limites para os juros remuneratórios que serão pagos pelo mutuário. O art. 406 do CC, mencionado pelo art. 591, não trata de juros remuneratórios, mas de juros moratórios. O art. 591 limita os juros remuneratórios quando estes forem estipulados em contrato de mútuo. Há diferença entre juros moratórios e remuneratórios. No entanto, o limite dos juros remuneratórios no contrato de mútuo é o parâmetro que a lei estabelece para os juros moratórios (art. 406 – Taxa Selic).

Os juros moratórios integram a teoria da mora, porque têm como causa a mora de um dos sujeitos da relação jurídica obrigacional. A mora, portanto, é o fato determinante para a incidência destes juros denominados "moratórios". Portanto, para se cogitar em juros moratórios, pressupõe-se a existência de mora.

O juro compensatório corresponde ao preço devido pelo uso do capital. É expressão econômica da locação de importância pecuniária (dinheiro), o qual também pode ser conhecido como "fruto civil".

Por outro lado, o juro moratório tem como fundamento a mora e depende desta para surgir em uma relação de direito material. Por isso, essencial saber o momento da constituição da mora para a análise do juro moratório. A diferença entre as duas espécies de juro é evidente.

4.8. DA PRESTAÇÃO DE SERVIÇOS

4.8.1. Noções gerais

O contrato de prestação de serviço, que não estiver sujeita às leis trabalhistas ou a lei especial, reger-se-á pelas disposições do Código Civil brasileiro (art. 593 do CC). Trata-se, portanto, de contrato residual, pois as regras da Lei Civil somente poderão ser aplicadas se não restar caracterizada relação de trabalho, disciplinada pela CLT (Consolidação das Leis do Trabalho), onde há subordinação hierárquica, dependência e habitualidade (art. 3º da CLT ou a Lei Trabalhista das Empregadas Domésticas ou qualquer outro contrato de prestação de serviços regulado por legislação especial, como é o caso da prestação de serviços advocatícios, o qual tem disciplina própria – Estatuto da OAB).

O serviço é um fato humano (prestação de fazer) e, por isso, retrata atividade econômica que não tem por objeto coisa ou produto tangível, mas a atividade humana. No contrato de prestação de serviços, o sujeito que assume a obrigação de prestar o serviço coloca a sua força física e intelectual (trabalho), à disposição de outro sujeito, mediante remuneração. Não há dúvida de que a prestação de serviço tem natureza pessoal.

As normas das obrigações de fazer disciplinam tal contrato que é por natureza bilateral, oneroso, consensual, informal e, em regra, comutativo.

De acordo com o art. 594 do CC, "toda a espécie de serviço ou trabalho lícito, material ou imaterial, pode ser contratada mediante retribuição". O contrato de prestação de serviços possui algumas características fundamentais, entre elas o labor humano como objeto e a remuneração como contraprestação. É o negócio jurídico pelo qual uma das partes, mediante remuneração em dinheiro, assume o dever de prestar serviço ou realizar trabalho em favor de outra, o qual deve ser lícito. Tal trabalho ou serviço não poderá caracterizar relação de trabalho ou empregado submetido à legislação trabalhista, pois neste caso a Lei Civil não terá aplicação.

De acordo com a precisa definição de Orlando Gomes[114]: "Designa-se o contrato mediante o qual uma pessoa se obriga a prestar um serviço a outra, eventualmente, em troca de determinada remuneração, executando-os com independência técnica e sem subordinação hierárquica. Na realização do trabalho, o prestador não está subordinado a critérios técnicos estabelecidos pela outra parte.

Ademais, é relevante consignar que o trabalho ou serviço a ser prestado não poderá, sob qualquer pretexto, violar qualquer dos direitos relacionados à personalidade da pessoa humana, em atenção à cláusula geral que tutela a dignidade da pessoa humana.

Portanto, alguém se obriga a prestar serviço ou realizar trabalho lícito à outra, sem que esteja caracterizada relação de trabalho, mediante remuneração. Aquele que presta o serviço é denominado "prestador" e o que recebe "tomador".

Não se pode jamais perder de vista que o contrato de prestação de serviços é residual, razão pela qual é essencial diferenciar este contrato de outros assemelhados como o contrato de trabalho, o de empreitada e até o de prestação de serviços de advogado, os quais estão submetidos a regramento especial.

No contrato de prestação de serviços disciplinado pela Lei Civil não há relação de subordinação entre prestador e tomador, pois o trabalho ou serviço executado pelo tomador é caracterizado pela autonomia. O prestador exercerá sua atividade profissional com absoluta liberdade e empre-

---

[114] GOMES, Orlando. *Contratos*. 26. ed. Rio de Janeiro: Forense, 2008, p. 354.

gará no trabalho ou serviço toda a técnica que entender necessária para a execução deste trabalho. Não há orientação técnica ou relação de hierarquia com o tomador.

A subordinação jurídica, somada à pessoalidade, continuidade e onerosidade (remuneração) caracterizará o contrato de trabalho, o que afasta as regras do Código Civil.

É justamente a subordinação jurídica, agregada destas outras características que diferenciará o contrato de trabalho, de natureza trabalhista, do contrato de prestação de serviços, de natureza eminentemente civil. O prestador de serviços poderá ser pessoa física ou jurídica, ao passo que a pessoalidade, imposta pela Lei Trabalhista, exige que o trabalhador seja pessoa física.

É importante nesse momento diferenciar o contrato de prestação de serviços do contrato de empreitada. Na empreitada, o empreiteiro assume obrigação de resultado, pois o objetivo e a finalidade do contrato é alcançar determinado resultado. Na prestação de serviços o objeto do contrato é a atividade em si e não o resultado. O prestador de serviço se compromete a prestar o serviço e empregar todos os esforços possíveis para sua execução, ao passo que na empreitada a obrigação do empreiteiro é atingir o resultado prometido ou a conclusão de um trabalho, que é a finalidade da empreitada. Por isso, o contrato de prestação de serviços é de meio e o de empreitada é de resultado.

Caso o prestador de serviços civil se caracterize como fornecedor de serviços ou produtos, o contrato será regido pelas regras do Código de Defesa do Consumidor. A relação jurídica de consumo desloca a análise do contrato para a referida legislação especial. Para tanto, é essencial que haja fornecedor de um lado e consumidor do outro. Nesta Parte, sobre "Teoria geral das obrigações e dos contratos" é realizada análise pormenorizada da diferença entre contrato civil e de consumo. Se o contrato for de consumo, a prestação de serviços se submeterá ao Código de Defesa do Consumidor, com a possibilidade de aplicação subsidiária das normas do Código Civil, em especial para definição e caracterização do contrato de prestação de serviços ou devido a qualquer outra norma mais favorável ao tomador/consumidor, devido ao denominado "diálogo de fontes" normativas, quando estas possuem a mesma base principiológica, como são os casos do Código Civil e do Código de Defesa do Consumidor.

Não há dúvida de que o microssistema do Código de Defesa do Consumidor deve estar em constante diálogo com o Código Civil, inclusive pela identidade de princípios e valores dos sistemas. No entanto, não se pode alargar demais o conceito de consumidor, sob pena de torná-lo um direito igual ou comum, o que poderia provocar injustiças nas relações intersubjetivas. O consumidor é a pessoa, física ou jurídica, que adquire bens ou produtos, ou faz uso de serviço, como destinatário final. O elemento subjetivo é fundamental, pois somente será consumidor aquele que utiliza o bem, produto ou serviço no interesse próprio, conferindo a estes destinação privada. A satisfação pessoal e, a finalidade de uso para si são essenciais para a definição de consumidor e caracterização de uma relação como sendo de consumo.

Quanto ao diálogo de fontes, não há dúvida de que é possível aplicar o Código Civil e o Código de Defesa do Consumidor à mesma relação jurídica, diante da aproximação principiológica entre os dois sistemas (Enunciado 167 da III Jornada de Direito Civil), em especial no âmbito da sociabilidade (função social) e eticidade (boa-fé objetiva). A interação entre as duas leis, e também com a Constituição Federal, é possível e conveniente porque estão pautados nos mesmos valores e pressupostos no que tange à teoria contratual.

Todavia, este diálogo de fontes não pode, sob qualquer pretexto, neutralizar as normas de um e de outro diploma, mas compatibilizá-las naquelas situações específicas e concretas em que há uma harmonia principiológica. Por exemplo, como já ressaltado, o Código de Defesa do Consumidor não trata de contratos de consumo em espécie, mas de princípios gerais sobre qualquer contrato de consumo. Assim, um contrato de compra e venda de consumo, de transporte de consumo, de seguro saúde, dentre outros, pode contemplar regras do Código Civil e do Código de Defesa do Consumidor. O Código Civil emprestará à relação de consumo a disciplina destes contratos e o Código de Defesa do Consumidor os integrará com seus valores, premissas e princípios. O contrato de transporte de consumo terá regras do Código Civil para estabelecer a característica, a definição, os efeitos e a estrutura do contrato, e do Código de Defesa do Consumidor para que as cláusulas e o conteúdo sejam compatíveis com a legislação consumerista. Essa é uma das vertentes do diálogo de fontes.

A teoria do diálogo das fontes foi desenvolvida na Alemanha por Erik Jayme, professor da Universidade de Helderberg, e trazida ao Brasil por Claudia Lima Marques, da Universidade Federal do Rio Grande do Sul. A essência da teoria é que as normas jurídicas não se excluem – supostamente porque pertencentes a ramos jurídicos distintos –, mas se complementam. Há, nesse marco teórico, a premissa de uma visão unitária do ordenamento jurídico.

A principal justificativa que pode surgir para a teoria refere-se à sua *funcionalidade*. É cediço que vivemos um momento de explosão de leis, um *Big Bang legislativo*, como simbolizou Ricardo Lorenzetti. O mundo pós-moderno e globalizado, complexo e abundante por natureza, convive com uma quantidade enorme de normas jurídicas, a deixar o aplicador do direito até desnorteado. Convive-se com a *era da desordem*, conforme expõe o mesmo Lorenzetti. O *diálogo das fontes* serve como leme nessa tempestade de complexidade.

Claudia Lima Marques[115] ensina que: "Segundo Erik Jayme, as características da cultura pós-moderna no direito seriam o pluralismo, a comunicação, a narração, o que Jayme denomina de *le retour des sentiments*, sendo o *Leitmotiv* da pós-modernidade a valorização dos direitos humanos. Para Jayme, o direito como parte da cultura dos povos muda com a crise da pós-modernidade. O pluralismo manifesta-se na multiplicidade de fontes legislativas a regular o mes-

---

[115] MARQUES, Cláudia Lima. *Comentários ao código de defesa do consumidor*. São Paulo: Revista dos Tribunais, 2021.

mo fato, com a descodificação ou a implosão dos sistemas genéricos normativos (*Zersplieterung*), manifesta-se no pluralismo de sujeitos a proteger, por vezes difusos, como o grupo de consumidores ou os que se beneficiam da proteção do meio ambiente, na pluralidade de agentes ativos de uma mesma relação, como os fornecedores que se organizam em cadeia e em relações extremamente despersonalizadas. Pluralismo também na filosofia aceita atualmente, onde o diálogo é que legitima o consenso, onde os valores e princípios têm sempre uma dupla função, o *double coding*, e onde os valores são muitas vezes antinômicos. Pluralismo nos direitos assegurados, nos direitos à diferença e ao tratamento diferenciado aos privilégios dos 'espaços de excelência'" (*Identité culturelle et intégration: le droit international privé postmoderne. Recueil des Cours de l'Académie de Droit International de la Haye*. 1995, II, Kluwer, Haia, p. 36 e s).

De início, em havendo aplicação simultânea das duas leis, se uma lei servir de base conceitual para a outra, estará presente o *diálogo sistemático de coerência*. Como exemplo, os conceitos e as regras básicas relativas aos contratos de espécie podem ser retiradas do Código Civil, mesmo sendo o contrato de consumo.

Tal premissa incide para a compra e venda, para a prestação de serviços, para a empreitada, para o transporte, para o seguro, dentre outros. Ato contínuo, se o caso for de aplicação coordenada de duas leis, uma norma pode completar a outra, de forma direta (*diálogo de complementaridade*) ou indireta (*diálogo de subsidiariedade*). O exemplo típico ocorre com os contratos de consumo que também são de adesão. Em relação às cláusulas abusivas, pode ser invocada a proteção dos consumidores constante do art. 51 do CDC e ainda a proteção dos aderentes constante do art. 424 do CC.

Por fim, os *diálogos de influências recíprocas sistemáticas* estão presentes quando os conceitos estruturais de uma determinada lei sofrem influências da outra. Assim, o conceito de consumidor pode sofrer influências do Código Civil de 2002. Como afirma Claudia Lima Marques: "(...) é a influência do sistema especial no geral e do geral no especial, um diálogo de *doublé sens* (diálogo de coordenação e adaptação sistemática)".

A busca de um prazo maior, previsto no Código Civil, para demanda proposta pelo consumidor constitui exemplo típico de incidência concomitante do segundo e do terceiro diálogo, uma vez que o Código do Consumidor não prevê prazo específico para a ação fundada em inscrição indevida em cadastro de inadimplentes. Não se pode socorrer diretamente ao art. 27 do CDC, que consagra prazo de cinco anos para a ação de reparação de danos em decorrência de acidente de consumo, pois tal comando não se enquadra perfeitamente à *facti species*. Dessa forma, o melhor caminho é de incidência do prazo geral de prescrição, de dez anos, consagrado pelo art. 205 do CC.

4.8.2. Contrato de prestação de serviços: formalidade e remuneração

O contrato de prestação de serviços não exige qualquer formalidade ou solenidade. É exemplo de negócio jurídico não solene. Admite, inclusive, a forma verbal. Nada impede que as partes formalizem o contrato em questão em instrumento escrito.

De acordo com o art. 595 do CC, no contrato de prestação de serviço, quando qualquer das partes não souber ler, nem escrever, o instrumento poderá ser assinado a rogo e subscrito por duas testemunhas. Assim, se qualquer das partes não souber ler ou escrever, tal fato não é obstáculo para a formalização do contrato de prestação de serviços, que poderá ser assinado a rogo e por mais duas testemunhas. Tal contrato, de qualquer forma, poderá ser comprovado por qualquer meio de prova em direito admitido. Por isso, ainda que não seja possível alcançar o número de testemunhas, tal fato não invalida o contrato de prestação de serviços, que poderá ser demonstrado e provado por outros meios.

Se as partes não estipularam o valor da remuneração por ocasião da contratação e não chegaram a qualquer acordo, nos termos do art. 596: "(...) fixar-se-á por arbitramento a retribuição, segundo o costume do lugar, o tempo de serviço e sua qualidade". Os parâmetros para o arbitramento da remuneração são variados e agregados. Além da remuneração média do local para o tipo de serviço prestado, também deverão ser levados em conta o tempo da prestação do serviço e a qualidade. Aqui houve repetição em relação à regra disposta no art. 1.218 do CC anterior.

Como regra, as partes devem livremente convencionar o valor do serviço ou trabalho no momento da contratação. A ausência de previsão ou de estipulação do preço do serviço no momento da formação do contrato não o invalida, justamente porque tal omissão poderá ser suprida por arbitramento posterior (art. 596 do CC).

Os arts. 596 e 597 do CC evidenciam que o contrato de prestação de serviços é sempre oneroso.

4.8.2.1. Contrato de prestação de serviços: prazo máximo, prazo determinado e prazo indeterminado

O contrato de prestação de serviços pode ser celebrado por prazo determinado ou indeterminado. O prazo, de acordo com o art. 599 do CC, pode ser convencionado pelas partes por ocasião da formação do contrato, decorrer da própria natureza do serviço a ser prestado ou do costume do lugar. Em qualquer dessas hipóteses, o art. 598 do CC impõe prazo máximo de vigência do contrato de prestação de serviços, qual seja, 4 (quatro) anos, ainda que o contrato se destine à execução de certa e determinada obra. Nesta hipótese, após 4 (quatro) anos, o contrato estará extinto, mesmo que a obra não tenha sido concluída.

O prazo máximo da norma em referência tem por objetivo a preservação da liberdade humana e da própria dignidade do prestador de serviço, a fim de que não permaneça vinculado a qualquer pessoa por tempo que possa sugerir qualquer tipo aproximado de escravidão. O contrato de prestação de serviço não pode ser meio para a violação da liberdade individual da pessoa humana, direito fundamental da personalidade garantido pela Constituição Federal. Portanto, independentemente dos objetivos da contratação da prestação do serviço, não há possibilidade de contratação por prazo superior a 4 (quatro) anos. Findo o contrato, nada impede que as partes, por convenção, renovem o contrato de prestação de serviços. A relação jurídica material estará encerrada após o referido prazo, mesmo que as partes tenham convencionado prazo superior.

Nesse sentido é o art. 598: "A prestação de serviço não se poderá convencionar por mais de quatro anos, embora o contrato tenha por causa o pagamento de dívida de quem o presta, ou se destine à execução de certa e determinada obra. Neste caso, decorridos quatro anos, dar-se-á por findo o contrato, ainda que não concluída a obra".

Por outro lado, se não houver possibilidade de se determinar um prazo por qualquer das causas previstas no art. 599 (convenção das partes, natureza do contrato e costume do lugar), qualquer das partes, a seu arbítrio e, mediante aviso prévio, poderá exercer o direito potestativo de resilir o contrato (art. 473, *caput*, do CC). A denúncia poderá ser realizada tanto pelo prestador quanto pelo tomador de serviço, a qual será suficiente para extinguir o contrato. A resilição é causa de extinção do contrato pela mera vontade e, nos casos dos contratos por prazo indeterminado, basta a manifestação de vontade unilateral.

A depender da periodicidade do pagamento do salário, a lei fixa prazos para a concretização do referido aviso prévio. Segundo o parágrafo único do art. 599, "dar-se-á o aviso: I – com antecedência de oito dias, se o salário se houver fixado por tempo de um mês, ou mais; II – com antecipação de quatro dias, se o salário se tiver ajustado por semana, ou quinzena; III – de véspera, quando se tenha contratado por menos de sete dias".

A resilição unilateral levará à extinção do contrato de prestação de serviços, mediante denúncia ou pré-aviso nos prazos retromencionados. A inobservância destes prazos mínimos para o aviso prévio poderá caracterizar a denominada denúncia injusta ou abusiva e obrigar o denunciante ao pagamento de indenização por perdas e danos. Aliás, nada impede que, excepcionalmente, a depender dos investimentos realizados pelas partes, no caso concreto, será possível se exigir prazos mais dilatados, tudo conforme o parágrafo único do art. 473 do CC.

De acordo com o art. 600 do CC, não se conta no prazo do contrato, se este for por prazo determinado, o tempo em que o prestador de serviço, por culpa sua, deixou de servir. Se o prestador, por exemplo, não realiza o serviço porque simulou doença, não poderá tal período ser computado no prazo do contrato, que fica suspenso, sem pagamento. Por outro lado, será computado o prazo do contrato o tempo que não houve prestação de serviço sem culpa do prestador.

O contrato de prestação de serviços, quando contrato por prazo certo e determinado (o qual não pode ser superior a 4 anos – art. 598), segue algumas regras específicas estabelecidas em lei. Neste caso, o prestador de serviço deverá cumprir as obrigações assumidas com o tomador do serviço, pois, se ausentar ou desistir do serviço, sem causa justa, antes do prazo, tal conduta caracterizará inadimplemento contratual e, por conta disso, deverá indenizar o tomador do serviço por todos os prejuízos e danos a ele acarretados.

Nesse sentido é o art. 602 do CC: "O prestador de serviço contratado por tempo certo, ou por obra determinada, não se pode ausentar, ou despedir, sem justa causa, antes de preenchido o tempo, ou concluída a obra. Parágrafo único. Se se despedir sem justa causa, terá direito à retribuição vencida, mas responderá por perdas e danos. O mesmo dar-se-á, se despedido por justa causa".

A ausência de justa causa equivale ao inadimplemento imputável ao prestador de serviço. Se o prestador de serviço for despedido com causa justa, também terá de indenizar o tomador. A justa causa para a "despedida" nada mais é do que o descumprimento das obrigações contratuais assumidas.

Por outro lado, "se o prestador de serviço for despedido sem justa causa, a outra parte será obrigada a pagar-lhe por inteiro a retribuição vencida, e por metade a que lhe tocaria de então ao termo legal do contrato" (art. 603 do CC).

4.8.2.2. Contrato de prestação de serviços: justa causa e efeitos

O contrato de prestação de serviços poderá ser acordado por prazo determinado ou indeterminado. No contrato de prestação de serviços por prazo determinado, o contrato não pode ser extinto antes de seu termo final, desde que as obrigações estejam sendo cumpridas pelas partes contratantes, prestador e tomador.

No contrato de prestação de serviços por prazo determinado, o Código Civil prevê a possibilidade de despedida do prestador de serviço com justa e sem justa causa e ainda disciplina as consequências jurídicas decorrentes destas decisões que poderão ser viabilizadas pelo tomador de serviços.

De acordo com o parágrafo único do art. 602, se o prestador de serviços for despedido com justa causa terá de pagar ao tomador as perdas e danos causados a este. Nessa hipótese, de acordo com Paulo Lôbo[116]: "Inclui-se na resolução por inadimplemento a justa causa para a despedida do prestador individual de serviços. As principais causas justas são a ausência não justificada do serviço e sua iniciativa por despedir-se, antes do encerramento do prazo contratual. Incidindo em justa causa, o prestador tem direito a receber a remuneração anterior devida, para que não haja enriquecimento sem causa do recebedor dos serviços, mas este terá direito à indenização das perdas e danos que tiver sofrido com a conduta daquele".

Por outro lado, se o prestador tomar a iniciativa e se demitir sem justa causa, embora tenha direito à remuneração vencida, terá de indenizar o tomador pelos prejuízos decorrentes de sua demissão.

Se o prestador de serviço for despedido sem justa causa, o tomador terá de pagar por inteiro o preço pactuado

---
[116] LÔBO, Paulo Luiz Netto. *Contratos*. São Paulo: Saraiva, 2010 (col. Direito Civil), p. 366.

até a data da despedida (retribuição vencida) e, a título de indenização pela demissão injusta, o tomador de serviços ainda terá direito à metade do valor das prestações vincendas ou daquilo que lhe tocaria ao final do contrato (art. 603 do CC).

Se for realizada comparação entre os arts. 602 e 603, verifica-se que a situação do tomador do serviço é mais vantajosa. Se o prestador de serviço tomar a iniciativa de se demitir sem justa causa, o tomador terá direito à integralidade das perdas e danos, ao passo que se o prestador for demitido pelo tomador sem justa causa, o prestador de serviços demitido terá direito apenas à metade do valor que lhe tocaria até o final do contrato. As perdas e danos, no caso de demissão sem justa causa por iniciativa do tomador de serviços, ficam restritas à metade do valor das perdas e danos. A pena estabelecida no art. 603 é a sanção fixada em lei para punir o tomador que decide pela demissão do prestador de serviços sem justo motivo.

Por outro lado, se o contrato de prestação de serviços for celebrado por prazo indeterminado, poderá ser extinto a qualquer tempo, mediante prévia notificação ou interpelação (art. 473 do CC). Trata-se de extinção pela vontade unilateral de qualquer das partes, resilição unilateral, que se instrumentaliza pela denúncia, que não precisará ser justificada ou motivada. Como aduz o mestre Caio Mário[117]: "Desde que não haja prazo determinado, ou não seja o serviço estipulado por tarefa, qualquer das partes pode rescindir o contrato, mediante prévio aviso".

Por isso, a indenização em caso de pedido de demissão ou de despedida sem justa causa somente tem sentido nos contratos de prestação de serviços por prazo determinado, pois nos contratos sem prazo determinado qualquer das partes terá o direito potestativo de resilir a prestação de serviço, mediante prévia interpelação, com prazo razoável de antecedência, a fim de que não se caracterize a denúncia injusta (parágrafo único do art. 473 do CC).

De acordo com o art. 604 do CC, findo o contrato de prestação de serviços, o prestador tem direito a exigir da outra parte a declaração de que o contrato está finalizado. O tomador de serviços tem a obrigação de emitir declaração e atestar a cessação do trabalho e conclusão dos serviços. Com a declaração, o prestador estará liberado e haverá quitação com relação ao serviço e à remuneração. Se o prestador for demitido sem justa causa ou se, com base em motivo justo, foi obrigado a deixar o serviço, além da retribuição pelo trabalho e eventual indenização na primeira hipótese (demissão sem justa causa), terá direito à declaração, assinada pelo tomador de serviços, de que o contrato foi concluído e, por isso, está finalizado.

4.8.2.3. O caráter personalíssimo do contrato de prestação de serviços

Há discussão quanto à natureza personalíssima ou não do contrato de prestação de serviços. A rigor, o contrato de prestação de serviço, pela sua natureza, deve ser realizado pelo prestador, tendo em vista que as qualidades técnicas e profissionais deste são essenciais para sua contratação pelo tomador de serviços. Portanto, pode-se afirmar que o normal é que o contrato de prestação de serviços ostente caráter personalíssimo ou *intuitu personae*. Em razão disso, a princípio, estaria vedada a transferência do contrato a outrem ou a cessão da própria cessão da posição contratual.

O art. 605 do CC sugere este caráter personalíssimo ao contrato de prestação de serviços: "Nem aquele a quem os serviços são prestados, poderá transferir a outrem o direito aos serviços ajustados, nem o prestador de serviços, sem aprazimento da outra parte, dar substituto que os preste". O dispositivo veda que o tomador transfira a outrem o direito aos serviços, assim como o prestador dos serviços também não pode ser substituídos por outrem que o preste em seu lugar.

Entretanto, como bem pontua a doutrina moderna, entre eles Paulo Lôbo[118], a complexidade das especializações e da divisão do trabalho em muito relativizou tal caráter personalíssimo: "O contrato de prestação de serviços não é mais domínio exclusivo da habilidade unipessoal. Quando se contrata uma empresa prestadora de serviços (por exemplo, conserto de equipamento de elevada tecnologia) não se sabe, às vezes, quais as pessoas empregadas na atividade, que podem ser substituídas a qualquer tempo, além de que o mesmo serviço pode ser compartilhado de acordo com as habilidades de cada qual".

De fato, a pluralidade e a complexidade das relações intersubjetivas inviabilizam considerar o contrato de prestação de serviços com caráter personalíssimo, sem qualquer critério e sem atentar para a natureza, peculiaridades, interesses e finalidade do que se refere ao serviço a ser prestado. Além disso, é possível que o caráter personalíssimo seja relativizado pelas próprias partes no contrato, pois o próprio art. 605 admite que haja consentimento neste sentido, caso em que as partes poderão transferir seus direitos ou obrigações para outrem.

O prestador de serviço deve estar devidamente habilitado a realizá-lo. Essa é a condição essencial. A prestação de serviços deverá observar as normas que regem a atividade objeto do contrato.

Desta forma, se o serviço for prestado por quem não possua título de habilitação, ou não satisfaça qualquer outro requisito estabelecido em lei, não poderá quem os prestou cobrar a retribuição normalmente correspondente ao trabalho executado.

Entretanto, se do serviço prestado por pessoa não habilitada resultar benefício para a outra parte, o juiz atribuirá a quem o prestou uma compensação razoável, desde que tenha agido com boa-fé, tudo com a finalidade de evitar o enriquecimento sem justa causa do tomador deste serviço. No entanto, se a proibição de execução do serviço resultar de lei de ordem pública, como é o caso do advogado regido por lei federal que deverá estar devidamente

---

[117] PEREIRA, Caio Mário da Silva. *Instituições de direito civil*: Contratos. 11. ed. Rio de Janeiro: Forense, 2004. v. III, p. 382.

[118] LÔBO, Paulo Luiz Netto. *Contratos*. São Paulo: Saraiva, 2010 (col. Direito Civil), p. 355.

habilitado, não terá direito a qualquer retribuição pelo serviço prestado, justamente porque violou norma cogente e de ordem pública (art. 606, e parágrafo único, do CC).

Portanto, se o prestador não habilitado estiver de boa-fé, tal conduta é privilegiada e para evitar o enriquecimento sem justa causa daquele que se beneficiou do serviço, terá direito à remuneração ou compensação razoável a ser arbitrada judicialmente se não houver acordo. Por outro lado, se o prestador não for habilitado e esta habilitação for exigida por norma de ordem pública, ainda que esteja de boa-fé, não terá direito a qualquer indenização pelos serviços prestados.

4.8.2.4. Causas de extinção do contrato de prestação de serviços

O contrato de prestação de serviço, em regra, deve ser extinto pelo adimplemento regular, com o cumprimento das obrigações e deveres jurídicos por parte do prestador e do tomador destes serviços.

Além do adimplemento, o contrato de prestação de serviços poderá ser extinto pelas mais diversas causas, alguma delas já analisadas nos arts. 599, 600, 602 e 603 do CC e outras relacionadas à teoria geral das obrigações como o inadimplemento.

Os arts. 607 e 609 do CC disciplinam outras causas de extinção do contrato de prestação de serviços, como a morte de qualquer das partes, encerramento do prazo, conclusão da obra objeto do serviço, rescisão do contrato, inadimplemento ou impossibilidade de continuação do contrato, entre outras.

De acordo com o art. 607: "O contrato de prestação de serviço acaba com a morte de qualquer das partes. Termina, ainda, pelo escoamento do prazo, pela conclusão da obra, pela rescisão do contrato mediante aviso prévio, por inadimplemento de qualquer das partes ou pela impossibilidade da continuação do contrato, motivada por força maior".

A morte é causa de extinção do contrato de prestação de serviços quando ostentar caráter personalíssimo, como sugere, por exemplo, o art. 605 do CC. No entanto, as partes, por convenção, podem afastar o caráter personalíssimo e, a depender da natureza da obrigação e dos serviços (como já analisado em tópico anterior), as obrigações dos contratantes poderão ser transferidas aos herdeiros. Os arts. 605 e 607 do CC devem ser analisados em conjunto com o art. 247, que disciplina as hipóteses em que a obrigação de fazer deixa de ter caráter personalíssimo (convenção e natureza da obrigação).

Como pontua de forma precisa Paulo Lôbo[119]: "Em princípio, a morte do prestador do serviço extingue o contrato, quando dependente de sua habilitação ou capacidade profissional, não podendo seus sucessores fazê-lo, dado o caráter pessoal da prestação".

Além da morte de qualquer das partes nos contratos de prestação de serviços personalíssimo, tal pacto também poderá ser extinto pelo escoamento do prazo previsto pelas partes ou pelo prazo máximo de 4 (quatro) anos (art. 598 do CC), bem como pela conclusão da obra (adimplemento da prestação pactuada pelo prestador do serviço). O advento do termo, assim como a conclusão do serviço por razões óbvias, acarreta a extinção desta relação jurídica de direito material.

Com o encerramento do prazo e o cumprimento integral dos deveres pelos contratantes, o prestador de serviço tem direito a exigir do recebedor declaração de quitação das obrigações (art. 604 do CC). A declaração também é devida ao prestador quando for despedido sem justa causa ou se tiver havido justo motivo para deixar o serviço.

Como já ressaltado, o contrato por prazo indeterminado pode ser extinto pelo direito potestativo de resilição, mediante prévio aviso, conforme art. 599 do CC, fato ou causa repetida pelo art. 607. Com as ressalvas daquela norma, no contrato por prazo determinado, qualquer das partes, mediante prévio aviso, poderá exercer, por denúncia vazia ou imotivada, o direito de resilir o contrato.

Ademais, o contrato de prestação de serviços poderá ser extinto pelo inadimplemento, como enuncia o art. 607 do CC. Neste caso, todas as considerações sobre o inadimplemento das obrigações, objeto dos arts. 389 a 420 do CC, podem ser incorporadas a este dispositivo, uma vez que o contrato de prestação de serviços também gera efeitos jurídicos obrigacionais bilaterais, relativos à prestação principal (fazer o serviço e remunerar o prestador) e deveres anexos (boa-fé objetiva) que, se não cumpridos, levam ao inadimplemento do contrato. O inadimplemento do contrato de prestação de serviços pode ser absoluto ou relativo, quando as prestações e obrigações inseridas no pacto não são cumpridas ou poderá caracterizar violação positiva, quando qualquer das partes não adotar conduta ética e adequada antes, durante e após o contrato, o que acarreta a violação do princípio da boa-fé objetiva.

Em razão da ampliação do conceito de adimplemento em decorrência da concepção estrutural e funcional da obrigação, a qual passa a ser considerada como um processo, dividido em fases, onde os sujeitos, mediante mútua cooperação, são titulares de deveres e direitos fundamentais, foi rompida a velha e tradicional dicotomia que dividia o inadimplemento em absoluto e relativo.

Além destas duas espécies, por conta do princípio da boa-fé objetiva, o qual inclui na relação obrigacional deveres anexos, colaterais e secundários de conduta, o inadimplemento também pode implicar na denominada "violação positiva do contrato". O princípio da boa-fé objetiva impõe essa necessidade de recíproca proteção e cooperação entre os sujeitos, credor e devedor, a fim de que o adimplemento seja eficaz. A relação jurídica obrigacional deve ser concretizada à luz do princípio da solidariedade constitucional (art. 3º, I, da CF/88).

Nas palavras precisas de Chaves e Rosenvald[120]: "Daí a importância do estudo do inadimplemento das obriga-

---

[119] LÔBO, Paulo Luiz Netto. *Contratos*. São Paulo: Saraiva, 2010 (col. Direito Civil), p. 365.

[120] FARIAS, Cristiano Chaves de; ROSENVALD, Nelson. *Curso de direito civil. Contratos*. 8. ed. Salvador, JusPodivm, 2018.

ções, como um gênero que engloba, como principais espécies, a mora, o inadimplemento absoluto e a violação positiva do contrato. O descumprimento da obrigação, no último caso, não se prende a uma aferição estrutural do cumprimento da prestação em si, mas a uma abordagem da ofensa aos deveres laterais instrumentalizados pela boa-fé objetiva que se concretiza ao longo da dinâmica da relação obrigacional".

A teoria do inadimplemento já foi objeto de análise no capítulo que disciplina as obrigações.

O art. 609 do CC destaca que a alienação do prédio agrícola, onde a prestação de serviços se opera e se viabiliza, não é causa de extinção do contrato de prestação de serviços, mas fica ressalvada ao prestador a opção entre continuar a prestação em favor do adquirente da propriedade ou com o contratante/tomador primitivo. Tal dispositivo não é compatível com o prestador de serviço com vínculo trabalhista, pois este está submetido e sujeito a regras específicas. O prestador de serviço regido pelo Código Civil, tem a faculdade e o direito de permanecer no prédio a fim de encerrar o serviço, ainda que a propriedade tenha sido alienada a terceiro. O fato é que a alienação do prédio não é causa de extinção do contrato, caso em que o direito do prestador de serviço estará plenamente tutelado.

Sobre este dispositivo é precisa a ponderação de Paulo Lôbo[121]: "O Código Civil (art. 609) prevê uma modalidade de continuidade do contrato de prestação de serviço, quando o recebedor alienar o imóvel rural, no qual o serviço é prestado, assumindo forçosamente as obrigações decorrentes, em especial o pagamento da remuneração. Essa modalidade tem natureza de obrigação *ad rem*, pois está vinculada ao bem onde a prestação de serviço é feita. Mas depende de o prestador concordar em continuar o contrato com o adquirente, pois esse fato pode ser por ele considerado justa causa para despedir-se".

Por fim, o contrato poderá ser extinto quando caracterizada a força maior ou caso fortuito, quando por força de evento inevitável, não imputado às partes, seja impossível dar cumprimento às obrigações contratuais (art. 393). Neste caso, as partes retornam ao estado anterior, sem que haja direito a indenização para qualquer delas.

4.8.2.5. Aliciamento de terceiros ofensores

O art. 608 do CC regula forma específica de extinção do contrato de prestação de serviços provocada pela interferência ilícita de terceiro no pacto. É o denominado "aliciamento".

De acordo com a referida norma: "Aquele que aliciar pessoas obrigadas em contrato escrito a prestar serviço a outrem pagará a este a importância que ao prestador de serviço, pelo ajuste desfeito, houvesse de caber durante dois anos".

Tal dispositivo é um desdobramento dos efeitos do princípio da função social do contrato, parâmetro de socialidade das obrigações, conforme cláusula geral do art. 421 do CC. Em razão deste princípio basilar da teoria das obrigações e dos contratos, os efeitos jurídicos não mais ficam restritos e confinados à relação interna e o vínculo entre os contratantes, pois transcendem para repercutir na esfera jurídica de terceiros que não integram a relação contratual.

É a denominada tutela externa do crédito ou a tutela do direito de terceiros que não integram a relação contratual, mas cujo interesse é violado por contrato do qual não faz parte, como terceiro ofendido. Por outro lado, a tutela externa do crédito tem viés inverso, pois proíbe que terceiro estranho à relação contratual, interfira indevidamente em contrato em andamento, como verdadeiros abutres aliciadores, cuja intervenção externa provoca a resolução do contrato. Este terceiro ofensor ou aliciador que provoca a extinção do contrato, responderá perante o prejudicado pelos prejuízos decorrentes desta intervenção, ou seja, pelos danos causados a um dos contratantes.

No contrato de prestação de serviços, o legislador optou em predeterminar o valor da indenização a ser paga pelo aliciador/terceiro em favor de um dos contratantes, quando sua interferência ilícita e indevida seja capaz de provocar a extinção do contrato. De acordo com o art. 608 do CC, o aliciador pagará ao contratante prejudicado a importância que o prestador receberia por 2 (dois) anos de trabalho. Tal pena civil imposta a terceiro ofensor/aliciador que seduz o prestador de serviço e faz com que o ajuste seja desfeito, é um meio para desestimular esse tipo de ação.

Portanto, o terceiro ofensor é o sujeito que interfere ilicitamente em uma relação contratual em pleno processo de execução. A eficácia externa impõe que terceiros ou a coletividade se abstenha de violar os direitos dos contratantes, mediante interferências indevidas. Caso isso ocorra, este terceiro ofensor será penalizado. O terceiro ofensor é aquele que contribui para o inadimplemento de obrigação originária de contrato no qual não seja parte.

Segundo a professora Teresa Negreiros[122], "a oponibilidade dos contratos traduz-se, portanto, nesta obrigação de não fazer, imposta àquele que conhece o conteúdo de um contrato, embora dele não seja parte. Isto não implica tornar as obrigações contratuais exigíveis em face de terceiros (é o que a relatividade impede), mas impõe a terceiros o respeito por tais situações jurídicas, validamente constituídas e dignas de tutela do ordenamento (é o que a oponibilidade exige)".

O exemplo citado pela referida professora de terceiro ofensor diz respeito aos contratos de exclusividade que as distribuidoras de gasolina mantêm com os postos que exibem a sua "bandeira". A celebração de contratos com postos vinculados a outra distribuidora, em termos de exclusividade, implica responsabilidade do terceiro (distribuidora) que provocou o rompimento do contrato. No caso, a responsabilidade é do terceiro em relação ao contratante prejudicado, sem prejuízo deste último exigir do contratante que optou em se vincular ao terceiro os encargos

---

[121] LÔBO, Paulo Luiz Netto. *Contratos*. São Paulo: Saraiva, 2010 (col. *Direito Civil*), p. 366.

[122] NEGREIROS, Teresa. *Teoria do contrato*: novos paradigmas. Rio de Janeiro: Renovar, 2008.

previstos no contrato em decorrência deste rompimento injustificado (provocado pelo terceiro).

No caso previsto no art. 608, objeto de análise, a conduta do terceiro aliciador provoca o rompimento do contrato e, no caso, tal terceiro, pelo ajuste desfeito, responderá pela indenização prevista no artigo ao contratante prejudicado, sem prejuízo deste exigir do seu parceiro contratual os encargos decorrentes deste inadimplemento.

Nestes casos[123], "(...) o terceiro ofende o crédito alheio através da realização de um segundo contrato com uma das partes. Cuida-se de uma interferência ilícita, pois a incompatibilidade entre os dois contratos induz à violação do negócio jurídico primitivo. O grande avanço na temática consiste na possibilidade do ofendido pela quebra de seu contrato demandar diretamente contra terceiro ofensor, mesmo não havendo avença entre eles".

Nas palavras da professora Teresa Negreiros[124]: "(...) Pode-se então concluir que, à luz da nova principiologia contratual, a função social e o abuso de direito constituem fundamento para a responsabilização do terceiro que, ciente da existência de relação contratual anterior, não obstante contrata com o devedor obrigação incompatível com o cumprimento da primeira obrigação assumida por este".

4.9. EMPREITADA

4.9.1. Noções gerais, conceito e características

A empreitada é o contrato por meio do qual uma das partes, denominada empreiteiro, assume a obrigação de realizar obra específica e determinada para a outra, que será o proprietário ou possuidor do bem onde a obra será realizada, cujo trabalho poderá ser executado com materiais próprios ou com materiais fornecidos pelo proprietário, mediante remuneração pelo trabalho, sem que haja vínculo de subordinação entre as partes.

O contrato de empreitada não se confunde com o contrato de prestação de serviços, pois a empreitada é um contrato de resultado. O empreiteiro assume a obrigação de entregar uma obra pronta e acabada de acordo com as instruções do dono da obra. A finalidade e o objeto da empreitada são uma obra prometida pelo empreiteiro, razão pela qual o serviço somente será concluído e o contrato cumprido se o resultado estiver relacionado a esta obra específica.

Portanto, a empreitada não é um contrato de meio, como a prestação de serviço, mas contrato de resultado.

A empreitada é contrato consensual, de efeitos bilaterais (gera obrigações para empreiteiro e o dono da obra – há vínculo de interdependência entre as prestações recíprocas), comutativo (as prestações são previamente conhecidas por ocasião da formação do contrato, pois como regra nenhuma delas está vinculada a fatores de incerteza – mas é possível se convencionar a aleatoriedade), oneroso, porque há reciprocidade de vantagens e sacrifícios e, poderá ter caráter personalíssimo ou não (a depender da convenção das partes ou da natureza da obra – arts. 247 e 626 ambos do CC). Se a obra exigir qualificação do empreiteiro ou se a contratação leva em conta as qualidades pessoais daquele que irá executar a obra, o contrato de empreitada terá caráter personalíssimo.

Quanto à onerosidade, o empreiteiro deverá ser devidamente remunerado. O preço pelo trabalho do empreiteiro (na empreitada de lavor) ou pelo trabalho e os materiais (na empreitada mista), é essencial para a caracterização deste contrato de prestação de serviços. A questão da remuneração e a forma desta será objeto de análise em item específico.

4.9.1.1. Empreitada: espécies e efeitos

A empreitada pode ser de lavor ou mão de obra, quando o empreiteiro contribui apenas com seu trabalho ou a empreitada pode ser de material ou mista, quando o empreiteiro, além do trabalho, tem a obrigação de fornecer o material que será utilizado e empregado na obra.

O art. 610 do CC faz referência aos dois tipos de empreitada: "O empreiteiro de uma obra pode contribuir para ela só com seu trabalho ou com ele e os materiais. § 1º A obrigação de fornecer os materiais não se presume; resulta da lei ou da vontade das partes. § 2º O contrato para elaboração de um projeto não implica a obrigação de executá-lo, ou de fiscalizar-lhe a execução".

Portanto, a empreitada poderá ser apenas de trabalho ou de materiais ou mista (trabalho e fornecimento de materiais).

A obrigação de fornecer materiais não é presumida. A empreitada de materiais, em que o empreiteiro se compromete a fornecer os materiais que serão utilizados na obra deve ser convencionada pelas partes no referido contrato de empreitada ou ainda decorrer de determinação legal. Em caso de omissão das partes e na ausência de norma legal, caberá ao dono da obra fornecer os materiais.

Ainda como desdobramento das espécies de empreitada, a Lei Civil ainda esclarece que a elaboração de determinado projeto não leva à presunção de que o autor do projeto tenha a obrigação de executá-lo ou de fiscalizar-lhe a execução. Aquele responsável pela elaboração do projeto também poderá executá-lo e fiscalizá-lo, mas a obrigação de elaboração do projeto da obra, por si só, não "implica" ou não gera a presunção de que o autor do projeto deverá executá-lo ou fiscalizá-lo. Portanto, os contratos de elaboração do projeto e empreitada podem ser autônomos e independentes.

Na empreitada mista, a obrigação de fornecer os materiais para execução da obra é do empreiteiro e, nesta condição, até a entrega da obra, os riscos referentes a estes materiais correm por conta do empreiteiro. Após a conclusão da obra, se houver mora do dono da obra em recebê-la, os riscos de eventual perecimento ou deterioração correm por conta deste. Com a conclusão da obra, o dono é obrigado a recebê-la (art. 615 do CC). Só haverá mora do dono da obra se não houver justificativa ou motivo para a

---

[123] FARIAS, Cristiano Chaves de; ROSENVALD, Nelson. *Curso de direito civil. Contratos*. 8. ed. Salvador: JusPodivm, 2018.

[124] NEGREIROS, Teresa. *Teoria do contrato*: novos paradigmas. Rio de Janeiro: Renovar, 2008.

recusa em receber a obra. Caso contrário, ou seja, se a recusa for justificada, como é o caso do empreiteiro que se afastou das instruções recebidas, os riscos continuam por conta do empreiteiro.

Nesse sentido o art. 611 do CC: "Quando o empreiteiro fornece os materiais, correm por sua conta os riscos até o momento da entrega da obra, a contento de quem a encomendou, se este não estiver em mora de receber. Mas se estiver, por sua conta correrão os riscos". A obra deve estar a contento de quem a encomendou (o dono dela).

Por outro lado, na empreitada de lavor ou de mão de obra, todos os riscos relativos ao perecimento ou deterioração da obra que não puderem ser imputados ao empreiteiro (culpa), correrão por conta do dono da obra (art. 612 do CC). Este dispositivo trata dos riscos relativos aos materiais e sua deterioração, pois na empreitada meramente de lavor, o fornecimento dos materiais é de responsabilidade do dono da obra. Como decorrência lógica os vícios relacionados a esses materiais e a eventual deterioração, como não foram fornecidos pelo empreiteiro, são de responsabilidade do dono da obra. Por óbvio, se o empreiteiro der causa, por conduta culposa, a qualquer dano nos materiais fornecidos pelo dono da obra, aquele assumirá os riscos da perda ou deterioração destes materiais. A coisa perece para o dono e o dono dos materiais da empreitada de lavor é o dono da obra.

Ademais, por eventual erro na execução da obra, na empreitada, seja ela de lavor ou mista, a responsabilidade é do empreiteiro.

O art. 613 do CC disciplina os riscos e a responsabilidade dos danos na empreitada unicamente de lavor.

Na empreitada de lavor, se a coisa perecer (destruição total da obra) antes da entrega para o dono, sem que haja mora deste no recebimento e sem que o empreiteiro tenha sido o culpado pelo perecimento, o empreiteiro não terá direito à remuneração ou preço convencionado com o dono da obra, se não provar que a perda ou destruição da obra decorreu da má qualidade ou defeito nos materiais e que, quando tomou ciência desta má qualidade, formulou reclamação ao dono da obra.

Assim, para receber o preço pelo trabalho executado na empreitada de lavor, em caso de perecimento da obra, caberá ao empreiteiro fazer duas provas: 1 – há nexo de causalidade entre o perecimento da coisa e os vícios ou defeitos nos materiais e que o perecimento foi a consequência destes defeitos; 2 – que oportunamente e em tempo razoável reclamou com o dono da obra quanto à qualidade e até quantidade dos materiais utilizados na execução desta. Esse dever de informação por parte do empreiteiro é desdobramento do princípio da boa-fé objetiva, por ser dever anexo a este contrato (art. 422 do CC). Ao fazer a reclamação, o empreiteiro possibilita que o dono da obra possa providenciar os materiais por outro de melhor qualidade. Durante todo o processo contratual, desde a formação até o adimplemento, as partes devem adotar comportamento leal e honesto, com colaboração recíproca, de forma a viabilizar o melhor adimplemento. Se estiverem presentes estes dois requisitos, o empreiteiro não perderá o direito à remuneração pelo trabalho executado.

Se não houver essa prova por parte do empreiteiro, o empreiteiro perde a remuneração pelo trabalho desenvolvido e o dono perde o material empregado na obra.

4.9.1.2. Empreitada por preço certo, por medida e por administração

A obra pode ser composta de partes distintas ou pode ser por medida. Na empreitada por medida, a remuneração do empreiteiro é fixada ao término do trabalho, de acordo com a proporção e a quantidade da obra executada, conforme preceitua o art. 614 do CC. Portanto, difere da empreitada por preço fixo ou global, em que o trabalho, custo da mão de obra e dos materiais, é todo determinado no momento da contratação.

A empreitada por medida pode ser vantajosa para o dono em algumas hipóteses, pois a cada etapa poderá alterar o projeto original e também em outras situações, como relata Tepedino[125]: "Há empreitadas que se determinam por medida, em razão do grau de imprevisibilidade ou de surpresa, como acontece em obras subterrâneas, construção de túneis e trabalhos de terraplanagem. Nesses casos, diferentemente das empreitadas por preço fixo ou global, o empreiteiro será remunerado pelo volume de obra executada de acordo com preços unitários avençados no contrato, já que é possível uma ideia aproximada, mas não precisa das atividades a serem realizadas".

Além disso, ainda há a empreitada que se constitui de partes distintas, que são unidades de referência de uma obra total. Cada parte distinta é considerada na empreitada em questão como obra autônoma e independente. As partes fazem parte de um todo, mas cada parte é uma obra autônoma, que pode ser ainda subdividida em etapas.

Nas obras de partes distintas ou que se determinem por medidas o empreiteiro poderá entregar a parte da obra concluída e exigir o pagamento na proporção da obra executada.

É o que enuncia o art. 614 do CC: "Se a obra constar de partes distintas, ou for de natureza das que se determinam por medida, o empreiteiro terá direito a que também se verifique por medida, ou segundo as partes em que se dividir, podendo exigir o pagamento na proporção da obra executada".

De acordo com o § 1º do mesmo artigo, há presunção relativa de que tudo o que se pagou foi verificado. O pagamento da obra por medida ou da parte distinta gera a presunção de que o dono da obra fez a devida verificação. O dono da obra a estará aceitando por ocasião do pagamento. Tal regra traz uma relativa segurança ao empreiteiro quando a obra é paga.

O § 2º do mesmo artigo estabelece outra presunção: "O que se mediu presume-se verificado se, em trinta dias,

---

[125] TEPEDINO, Gustavo; BARBOSA, Heloísa Helena; BODIN, Maria Celina et al. *Código civil interpretado*. v. II (teoria geral dos contratos, contratos em espécie, atos unilaterais, títulos de crédito, responsabilidade civil, preferências e privilégios creditórios – artigos 421-965), RJ-SP: Renovar, 2006, p. 351.

a contar da medição, não forem denunciados os vícios ou defeitos pelo dono da obra ou por quem estiver incumbido da sua fiscalização".

Nesta situação é irrelevante se houve ou não pagamento ao empreiteiro. A lei confere ao dono da obra o prazo de trinta dias para impugnar a obra a partir da medição. Se não houver impugnação, presume-se que a obra foi aceita, ou seja, se o dono da obra não denunciar qualquer vício ou defeito no prazo de trinta dias, presume-se a verificação.

Portanto, a verificação é presumida se houver pagamento ou no caso de medição, se o dono da obra não fez qualquer denúncia de vícios e defeitos no prazo de trinta dias.

4.9.1.3. Conclusão da obra: dever de recebimento e direito de rejeição

O empreiteiro, se cumprir as obrigações assumidas com o dono da obra, entregará esta devidamente concluída. A entrega da obra corresponde exatamente ao trabalho do empreiteiro.

Se a obra foi concluída de acordo e em conformidade com as obrigações contratuais, o dono é obrigado a recebê-la. A rejeição da obra somente poderá ocorrer se o empreiteiro se afastou das instruções recebidas e dos planos.

É nesse sentido o art. 615 do CC: "Concluída a obra de acordo com o ajuste, ou o costume do lugar, o dono é obrigado a recebê-la. Poderá, porém, rejeitá-la, se o empreiteiro se afastou das instruções recebidas e dos planos dados, ou das regras técnicas em trabalhos de tal natureza".

Com a entrega da obra e o respectivo pagamento da remuneração ajustada, haverá o regular adimplemento do contrato de empreitada com a extinção do vínculo contratual.

A rejeição da obra somente poderá ocorrer em caso de justa causa, hipóteses arroladas no referido dispositivo legal, que caracterizam inadimplemento por parte do empreiteiro, pois se este se afasta das instruções recebidas, dos planos ou das regras técnicas de trabalhos desta natureza, estará por não cumprir as obrigações assumidas. A mora do empreiteiro também configura hipótese de justa causa. Se o empreiteiro empregou materiais de má qualidade, seja na empreitada mista, seja na de lavor, pois nesta o empreiteiro tem o dever de denunciar a má qualidade dos materiais recebidos (art. 613).

Ademais, no que se refere ao descumprimento das instruções, a análise da justa causa deve ser criteriosa, pois o empreiteiro poderá não ter atendido as instruções do dono, mas a obra fica melhor. Nesse caso, não há que se cogitar em causa justa. Apenas no caso concreto será possível verificar se a desobediências às instruções, de fato, caracterizam justa causa para rejeição da obra.

Se o dono da obra recusar o recebimento injustamente, poderá a coisa ser depositada judicialmente, com a transferência dos riscos do perecimento e da deterioração para o dono da obra.

De acordo com o art. 616 do CC, com a finalidade de harmonizar o interesse das partes e concretizar o dever de cooperação no processo obrigacional, se houver justa causa para a rejeição da obra, o dono que a encomendou, em vez de enjeitá-la, poderá recebê-la com abatimento no preço. Neste caso, os problemas e eventuais vícios materiais verificados na obra poderão ser descontados e compensados com a remuneração que o dono deverá pagar ao empreiteiro.

4.9.1.4. Responsabilidade do empreiteiro quanto aos materiais inutilizados por sua culpa

Na empreitada mista, os riscos relativos aos materiais são do empreiteiro (art. 611). Na empreitada de lavor ou de mão de obra, os riscos de perecimento e deterioração dos materiais são do dono da obra, salvo culpa do empreiteiro.

De acordo com o art. 617, "o empreiteiro é obrigado a pagar os materiais que recebeu, se por imperícia ou negligência os inutilizar". Portanto, se houver nexo de causalidade entre qualquer conduta culposa do empreiteiro e a inutilização dos materiais, ficará responsável pelo pagamento de indenização em favor do dono da obra que forneceu os materiais. Inutilizar significa deixar perecer, deteriorar ou ainda se perder. Se a perda ou perecimento ocorrer por caso fortuito ou força maior, o dono da obra não terá direito à indenização.

Se compararmos os arts. 611 e 617, fica fácil visualizar que na empreitada mista, a responsabilidade do empreiteiro é objetiva e na empreitada de lavor ou de mão de obra, a responsabilidade do empreiteiro é subjetiva.

Ademais, se o empreiteiro for considerado fornecedor de serviços e o dono da obra consumidor final, haverá relação material de consumo e, nesta hipótese, a responsabilidade do empreiteiro pelo vício ou pelo fato do produto e serviço será objetiva.

4.9.1.5. A responsabilidade civil do empreiteiro na empreitada de edifícios e outras construções consideráveis

A principal regra jurídica civil relativa à responsabilidade do empreiteiro é a constante do art. 618 do CC, objeto de inúmeras controvérsias. Tal norma disciplina a responsabilidade do empreiteiro nas empreitadas de grande porte, como é o caso da empreitada de edifícios ou de grandes empreendimentos, denominada pelo Código Civil de "construções consideráveis". Tal regra é específica para este tipo de obra.

A responsabilidade do empreiteiro, durante o prazo de 5 (cinco) anos, se refere à estrutura do prédio ou da obra considerável, bem como à solidez e segurança, diante dos riscos destes grandes empreendimentos para a coletividade e não apenas para o dono da obra. Esse risco abrangente justifica o tratamento diferenciado pela norma. A questão que se coloca diz respeito à natureza jurídica deste prazo. Tal garantia legal estende a responsabilidade do empreiteiro para além do prazo do contrato. Em regra, quando o dono da obra a recebe, cessa a responsabilidade do empreiteiro. Nas empreitadas de grande porte, o construtor/empreiteiro continuará responsável pelo prazo de 5 (cinco) anos após a conclusão da obra. Por ser uma garantia legal, há divergências sobre a natureza jurídica do prazo.

Alguns doutrinadores defendem a tese de que seria prazo decadencial. Para outros doutrinadores como Serpa Lopes e Teresa Ancona, seria mero prazo de garantia, sem ser prescricional ou decadencial. O fato é que tal prazo legal de 5 (cinco) anos é de ordem pública e, nos termos da norma, é irredutível. Não poderá ser reduzido, pois a finalidade da garantia é a tutela dos interesses da coletividade.

Não há dúvida que o prazo de 5 anos não é de decadência ou prescrição, mas de garantia, a teor do ficou consignado no AgRg no REsp 1.344.043/DF. O prazo de decadência está previsto no parágrafo único, 180 dias, que é o prazo para acionar o empreiteiro, caso o vício de segurança e solidez apareça no prazo de 5 anos. Tal garantia legal e de ordem pública tem por objetivo não apenas proteger o proprietário, mas principalmente a sociedade. Embora excedido o prazo, o dono da obra pode acionar o empreiteiro/construtor pelos prejuízos decorrentes da má execução da obra, mas nesse caso deverá demonstrar a má execução do trabalho decorrente de ato culposo (responsabilidade civil subjetiva). Portanto, o prazo de 5 anos não é para tutela processual ou de ação, mas prazo de responsabilidade objetiva, de natureza material. O prazo de decadência está previsto no parágrafo único. Em resumo, o prazo de decadência estabelecido no parágrafo único é exclusivo para o exercício do direito de ação em relação aos vícios e defeitos que a obra apresentar no período de 5 (cinco) anos. Tal prazo somente se aplica ao dono da obra em relação ao empreiteiro e, por isso, não afeta o direito de terceiros contra o construtor, sujeito aos prazos regulares de prescrição que tratam da responsabilidade civil.

O prazo de 5 (cinco) anos se refere à estrutura, à solidez e segurança das obras de vulto. De acordo com o parágrafo único do art. 618, o dono da obra, a contar do aparecimento do vício ou defeito de concepção no prazo de 5 (cinco) anos, tem o prazo de 180 dias para propor ação contra o empreiteiro. O direito de acionar o empreiteiro está fundado nos vícios de estrutura, solidez e segurança mencionados no *caput*. Se o vício aparecer dentro do prazo de 5 anos, o dono da obra terá 180 dias para acionar o empreiteiro.

A questão que se coloca como de alta relevância é a relativa aos vícios e defeitos supervenientes ao prazo de 5 (cinco) anos, ou seja, a responsabilidade do empreiteiro pelos problemas estruturais que surgirem após o referido prazo de garantia. Não há dúvida de que o empreiteiro responde por defeitos e vícios supervenientes ao prazo de garantia de 5 anos, mas o fundamento da responsabilidade será diferente.

Os vícios e defeitos que aparecerem no prazo de garantia de 5 (cinco) anos implicará responsabilidade do empreiteiro sem que haja necessidade de se investigar qualquer conduta baseada na culpa ou na má execução do serviço. Trata-se de responsabilidade objetiva. Quanto aos vícios e defeitos supervenientes ao prazo de 5 (cinco) anos, a responsabilidade do empreiteiro somente ocorrerá se tiverem como causa conduta culposa que tenha gerado dano ao dono da obra. Trata-se de responsabilidade subjetiva.

Nesse sentido, aliás, o Enunciado 181 da III Jornada de Direito Civil: "O prazo referido no art. 618, parágrafo único, do CC refere-se unicamente à garantia prevista no *caput*, sem prejuízo de poder o dono da obra, com base no mau cumprimento do contrato de empreitada, demandar perdas e danos".

O STJ, em vários precedentes, entre eles o REsp 1.290.383/SE, relatado pelo Min. Paulo de Tarso Sanseverino, adota este entendimento quanto ao fundamento diverso relativo à responsabilidade do construtor.

A obrigação do empreiteiro é executar a obra tal qual foi encomendada, sem vícios ou defeitos. Trata-se de típica obrigação de resultado. A responsabilidade do construtor é de resultado porque se obriga pela perfeita execução da obra e deve garantir a segurança e solidez da estrutura desta. Como diz Cavalieri[126], "defeitos na obra, aparentes ou ocultos, que importam sua ruína total ou parcial configuram violação do dever de segurança do construtor, verdadeira obrigação de garantia, ensejando-lhe o dever de indenizar independentemente de culpa".

As ponderações de Rosenvald e Chave[127]s são precisas: "De qualquer sorte, superado o prazo de garantia (cinco anos) – estabelecido em favor do dono da obra ou de terceiro adquirente neste período –, o empreiteiro (empreendedor) continuará respondendo pelos eventuais vícios existentes na obra, desde que provada sua culpa (responsabilidade subjetiva com culpa provada pela vítima), como consagra o sistema geral de responsabilidade civil do direito brasileiro (CC, art. 927). Nesse caso, o prazo para exercício de pretensão indenizatória será de três anos, se o negócio estiver submetido ao Código Civil, ou de cinco anos, quando o contrato estiver caracterizado como uma relação de consumo. Numa hipótese ou na outra, o termo inicial para sua fluência é o conhecimento do fato, aplicada a tese da *actio nata*".

Em relação a terceiros, a responsabilidade civil do construtor/empreiteiro pela ruína do prédio construído, em decorrência dos vícios pela ausência de solidez e segurança da obra, é baseada e fundada no art. 618, bem como no disposto no art. 937, segundo o qual: "O dono do edifício ou construção responde pelos danos que resultarem de sua ruína, se esta provier de falta de reparos, cuja necessidade fosse manifesta". Em relação a terceiros, a responsabilidade do empreiteiro/construtor e do dono da obra é solidária (art. 942, parágrafo único). O contrato de empreitada também tem eficácia externa (função social – art. 421 do CC) e, por isso, qualquer terceiro que tiver interesse ou direito violado pelo contrato será tutelado. Trata-se de responsabilidade objetiva que pode ser imputada ao empreiteiro e ao dono da obra. O proprietário ou dono da obra, neste caso, terá ação regressiva contra o empreiteiro/construtor.

---

[126] CAVALIERI, Sérgio. *Programa de responsabilidade civil*. 6. ed. São Paulo: Malheiros, 2006, p. 379.

[127] FARIAS, Cristiano Chaves de; ROSENVALD, Nelson. *Curso de direito civil – Teoria geral e contratos em espécie*. 4. ed. Salvador: JusPodivm, 2014. v. 4, p. 955.

4.9.1.6. Cláusula de reajustamento na empreitada por preço certo

Na empreitada por preço determinado para a obra considerada na sua totalidade, a regra é não admitir qualquer reajuste no preço, ainda que haja oscilação em relação aos materiais e à mão de obra. Portanto, de acordo com o art. 619, em regra, é proibido o reajuste no contrato de empreitada a preço fixo.

De acordo com a norma em referência: "Salvo estipulação em contrário, o empreiteiro que se incumbir de executar uma obra, segundo plano aceito por quem a encomendou, não terá direito a exigir acréscimo no preço, ainda que sejam introduzidas modificações no projeto, a não ser que estas resultem de instruções escritas do dono da obra".

Portanto, com a convenção do preço (empreitada a preço certo), não é lícita qualquer remuneração adicional em função de qualquer modificação, salvo se as modificações no projeto ou na obra resultarem de instruções escritas do dono da obra ou, ainda que não escritas, se o dono da obra estava presente durante a execução e não protestou quando o empreiteiro/construtor aumentou ou realizou acréscimos na obra. Se o dono da obra presenciou os melhoramentos e acréscimos na obra, que não foram previstos no projeto original, terá de remunerar o dono da obra por tais acréscimos.

É o que dispõe o art. 619, parágrafo único, fundado no princípio da boa-fé objetiva: "Ainda que não tenha havido autorização escrita, o dono da obra é obrigado a pagar ao empreiteiro os aumentos e acréscimos, segundo o que for arbitrado, se, sempre presente à obra, por continuadas visitas, não podia ignorar o que se estava passando, e nunca protestou".

Como bem ponderam Rosenvald e Chaves[128], "vislumbra-se a ocorrência do fenômeno da *supressio* e *surrectio*. Isto porque se o dono da obra tem conhecimento, por algum motivo, dos acréscimos da obra (por exemplo, através de sua presença na obra) e não reclama imediatamente, cria no empreiteiro a expectativa de que está anuindo e que irá honrar o pagamento respectivo. Enfim, é norma jurídica de evidente caráter principiológico e de densidade ética, cimentada na boa-fé objetiva. Admite-se, dessa forma, uma verdadeira autorização tácita (comportamental) quando o empreitante tem ciência (por diferentes modos) da ampliação da obra, não contestando o aumento do valor realizado pelo empreiteiro".

Além da autorização escrita ou tácita do dono da obra, é possível revisão do preço em favor do dono da obra se houver diminuição do preço do material ou da mão de obra, superior a 1/10 (um décimo) do preço convencionado (art. 620 do CC). Ademais, é possível resolver ou rever o contrato e o preço em especial no caso de alteração substancial do equilíbrio das prestações avençadas. A regra da imutabilidade do preço não é absoluta por conta destas exceções, assim como por ocorrências fortuitas, impossíveis de serem previstas, que implicarão em alguns acréscimos.

4.9.1.7. Possibilidade de revisão do preço

O art. 620 do CC permite a revisão do preço global convencionado se ocorrer diminuição no valor dos materiais utilizados ou da mão de obra, desde que tal redução seja superior a 10%. A considerar o histórico e a realidade brasileira, tal dispositivo jamais terá efetividade, pois a própria correção dos preços de materiais e mão de obra, inflação e fragilidade da economia impedirão o cenário imaginado ingenuamente pelo legislador na referida norma.

De acordo com o referido artigo, "se ocorrer diminuição no preço do material ou da mão de obra superior a 1/10 do preço global convencionado, poderá este ser revisto, a pedido do dono da obra, para que se lhe assegure a diferença apurada".

Tal dispositivo beneficia o dono da obra e adota um tipo específico de revisão com requisitos próprios, que em nada se assemelha à possibilidade de revisão dos contratos com fundamento nos arts. 317 (teoria da imprevisão à brasileira) e 478 (teoria da onerosidade excessiva).

A regra se adequa tanto à empreitada mista quanto à empreitada de mão de obra, desde que o preço seja global. A revisão do preço baseada no referido artigo é específica, pois não impõe qualquer causa para a redução ou diminuição do valor dos materiais ou da mão de obra. Basta o requisito objetivo e superveniente da redução superior a 10% (dez por cento), ainda que o fato que provoque a queda dos preços seja previsível. Por isso, não se amolda à teoria da imprevisão do art. 317 do CC.

4.9.1.8. Modificação do projeto da obra pelo seu proprietário

O autor do projeto da obra tem o direito à autoria do projeto arquitetônico e, sem sua anuência, o dono da obra, em regra, não poderá introduzir alterações ou modificações no projeto aprovado.

De acordo com o art. 621 do CC: "Sem anuência de seu autor, não pode o proprietário da obra introduzir modificações no projeto por ele aprovado, ainda que a execução seja confiada a terceiros, a não ser que, por motivos supervenientes ou razões de ordem técnica, fique comprovada a inconveniência ou a excessiva onerosidade de execução do projeto em sua forma originária". O parágrafo único complementa a norma para afastar da proibição alterações insignificantes: "A proibição deste artigo não abrange alterações de pouca monta, ressalvada sempre a unidade estética da obra projetada".

Tal dispositivo está diretamente relacionado aos direitos morais do autor de obra arquitetônica, cuja tutela também é prevista na Lei n. 9.610/98, que trata dos direitos autorais. Segundo o art. 26 desta norma: "O autor poderá repudiar a autoria de projeto arquitetônico alterado sem o seu consentimento durante a execução ou após a conclusão da construção. Parágrafo único. O proprietário da construção responde pelos danos que causar ao autor

---

[128] FARIAS, Cristiano Chaves de; ROSENVALD, Nelson. *Curso de direito civil – Teoria geral e contratos em espécie*. 4. ed. Salvador: JusPodivm, 2014. v. 4, p. 944.

sempre que, após o repúdio, der como sendo daquele a autoria do projeto repudiado".

Além disso, segundo art. 7º, X, da Lei de Direitos Autorais, "são obras intelectuais protegidas as criações do espírito, expressas por qualquer meio ou fixadas em qualquer suporte, tangível ou intangível, conhecido ou que se invente no futuro, tais como: (...) X – os projetos, esboços e obras plásticas concernentes à geografia, engenharia, topografia, arquitetura, paisagismo, cenografia e ciência; (...)". Assim o projeto de arquitetura e engenharia tem proteção especial da Lei de Direitos Autorais, razão pela qual a modificação no projeto deve ter a anuência do autor, salvo se por fatos supervenientes ou questões técnicas ficar comprovada a inconveniência ou a excessiva onerosidade de execução do projeto em sua forma originária.

Portanto, o autor tem direito à integridade da obra intelectual (projeto), que é a garantia reconhecida ao autor/criador de deixar a obra intelectual (projeto) salvaguardada de ingerências de terceiros, mesmo que este seja o proprietário da obra que será executada.

4.9.1.9. Subempreitada

A execução da obra poderá ser transferida a terceiros. Neste caso, estará configurada a denominada subempreitada, a qual pode ser total ou parcial.

O art. 622 do CC disciplina o assunto: "Se a execução da obra for confiada a terceiros, a responsabilidade do autor do projeto respectivo, desde que não assuma a direção ou fiscalização daquela, ficará limitada aos danos resultantes de defeitos previstos no art. 618 e seu parágrafo único".

A primeira parte do dispositivo permite a subempreitada. A empreitada seria o contrato principal e subempreitada o contrato derivado. A subempreitada é típico exemplo de contrato derivado, em que há dois contratos interdependentes, o contrato base entre o empreiteiro e o dono da obra e o contrato derivado entre o empreiteiro participante do contrato originário e terceiro que executará o serviço. Portanto, a empreitada não tem caráter personalíssimo. O encarregado pela execução da obra transfere a terceiro as obrigações e deveres jurídicos para outro. Por outro lado, se as partes convencionarem a proibição da subempreitada ou se o contrato de empreitada é pactuado tendo como condição determinante as qualidades essenciais do empreiteiro, o contrato de empreitada terá caráter personalíssimo (arts. 247 e 626).

Em relação à responsabilidade do subempreiteiro, são precisas as observações de Rosenvald e Chaves[129], "o terceiro que recebe a empreitada será o responsável, apenas, pelos defeitos previstos no art. 618, em seu parágrafo único (CC, art. 622). Porém, se também assumir a direção e a fiscalização da obra, terá a mesma responsabilidade do empreiteiro. Apesar de não haver relação material entre o dono da obra e o subempreiteiro, poderá aquele responsabilizá-lo pelos danos causados em sede de responsabilidade extracontratual, com esteio na função social do contrato (CC, art. 421). Afinal, um terceiro (o dono da obra) não pode ser prejudicado pelo contrato alheio (a subempreitada, celebrada entre o empreiteiro e o subempreiteiro). É a proteção do terceiro ofendido".

A segunda parte do artigo regula a responsabilidade do autor do projeto da obra em caso de subempreitada, que será limitada aos danos resultantes de defeitos de solidez e segurança (no art. 618 do CC) da obra, desde que não assuma a direção ou fiscalização desta. Se o autor do projeto assume a direção e a fiscalização da execução da obra, sua responsabilidade é ampliada para abranger qualquer vício, pois a obra é executada de acordo com os parâmetros do projeto.

Sobre este dispositivo, a observação de Tepedino[130] é precisa: "Verifica-se que a disposição se dirige às empreitadas mistas, não se aplicando às empreitadas de lavor. A regra aproveita apenas as empreitadas de edifícios ou outras construções consideráveis. Sendo escopo da lei limitar a responsabilidade do autor do projeto, parece que essa deve se dar nos estritos termos do artigo indicado. Além disso, não seria razoável responsabilizar o projetista por danos que não resultassem diretamente do projeto. O que a lei quer dizer com relação ao projetista que este somente responde por defeitos intrínsecos a seu projeto e não pela falha na execução, quando dela não participa".

4.9.1.10. A suspensão da obra pelo dono e o empreiteiro e os efeitos

O contrato de empreitada, em regra, é pacto de longa duração ou de trato sucessivo ou execução continuada. Em razão desta característica, o contrato de empreitada poderá ser suspenso durante seu curso, a pedido do empreiteiro ou do dono da obra. Os arts. 623 a 625 disciplinam essa questão e ainda regulam os efeitos jurídicos da suspensão.

O art. 623 trata da suspensão do contrato de empreitada a pedido do dono da obra: "Mesmo após iniciada a construção, pode o dono da obra suspendê-la, desde que pague ao empreiteiro as despesas e lucros relativos aos serviços já feitos, mais indenização razoável, calculada em função do que ele teria ganho, se concluída a obra".

Nesse caso, o dono da obra deverá pagar ao empreiteiro as despesas e os lucros relativos aos serviços já concretizados, além de indenização, que deve ter como parâmetro lucros cessantes, ou seja, aquilo que razoavelmente deixou de ganhar, se a obra fosse concluída. Portanto, embora o dono da obra tenha o direito potestativo de suspender a execução do serviço, deverá arcar com os prejuízos acarretados ao empreiteiro, a título de remuneração pelos serviços já realizados e indenização pelos lucros cessantes e danos emergentes (art. 402 do CC). A suspensão da obra, na realidade, acarretará a extinção do contrato de empreitada, uma vez que o pagamento de indeniza-

---

[129] FARIAS, Cristiano Chaves de; ROSENVALD, Nelson. *Curso de direito civil – Teoria geral e contratos em espécie*. 4. ed. Salvador: JusPodivm, 2014. v. 4, p. 932.

[130] TEPEDINO, Gustavo; BARBOSA, Heloísa Helena; BODIN, Maria Celina et al. *Código civil interpretado*. v. II (teoria geral dos contratos, contratos em espécie, atos unilaterais, títulos de crédito, responsabilidade civil, preferências e privilégios creditórios – artigos 421-965), RJ-SP: Renovar, 2006, p. 376.

ção "em função do que teria ganho, se concluída a obra", somente tem sentido se o contrato foi encerrado. Portanto, a "suspensão" na verdade implica extinção do contrato pelo exercício do direito potestativo de resilição.

Como aduz Rosenvald e Chaves[131]: "No final das contas, o tratamento jurídico da suspensão da execução do contrato pelo proprietário e da resilição unilateral do contrato pelo dono da obra é o mesmo: suspenso ou resilido unilateralmente, pelo empreiteiro, sem justo motivo, o empreiteiro terá direito às perdas e danos, abrangidos os danos emergentes, os lucros cessantes e, eventualmente, a perda de uma chance – cuja reparação é autônoma, não estando embutida nos lucros cessantes, como visto alhures".

Por óbvio, em caso de inadimplemento do empreiteiro, não há dúvida de que o contrato de empreitada poderá ser "suspenso" ou resolvido e extinto pelo dono da obra. Neste caso, o empreiteiro, que deu causa à "suspensão" da obra, não terá qualquer direito indenizatório.

O contrato de empreitada também poderá ter a execução suspensa a pedido do empreiteiro. Se a suspensão ocorrer sem justa causa ou justo motivo, o empreiteiro responderá por perdas e danos (art. 624 do CC). Os prejuízos decorrentes da paralisação indevida da obra devem ser indenizados.

Todavia, o Código Civil permite e autoriza o empreiteiro a suspender a obra sem que tenha a obrigação de efetivar qualquer pagamento em favor do dono da obra. As hipóteses que caracterizam justa causa para suspensão da execução do serviço, a pedido do empreiteiro, estão previstas no art. 625 do CC: "Art. 625. Poderá o empreiteiro suspender a obra: I – por culpa do dono, ou por motivo de força maior; II – quando, no decorrer dos serviços, se manifestarem dificuldades imprevisíveis de execução, resultantes de causas geológicas ou hídricas, ou outras semelhantes, de modo que torne a empreitada excessivamente onerosa, e o dono da obra se opuser ao reajuste do preço inerente ao projeto por ele elaborado, observados os preços; III – se as modificações exigidas pelo dono da obra, por seu vulto e natureza, forem desproporcionais ao projeto aprovado, ainda que o dono se disponha a arcar com o acréscimo de preço".

Nestas hipóteses, como não há culpa do empreiteiro, o dono da obra não terá direito a qualquer indenização por perdas e danos em decorrência da paralisação ou suspensão dos serviços.

4.9.1.11. Extinção da empreitada em decorrência de morte do empreiteiro

O art. 626 do CC prevê mais uma causa de extinção do contrato de empreitada: a morte de qualquer das partes.

Tal regra está relacionada ao caráter personalíssimo ou não do contrato de empreitada, pois apenas a empreitada que ostenta tal caráter será extinta pela morte do empreiteiro. Se as qualidades pessoais do empreiteiro forem determinantes para a formalização do contrato de empreitada, este será extinto pela sua morte. Caso contrário, as obrigações e os deveres jurídicos são transmitidos aos herdeiros e sucessores em caso de morte de qualquer das partes.

Nesse sentido é o art. 626 do CC: "Não se extingue o contrato de empreitada pela morte de qualquer das partes, salvo se ajustado em consideração às qualidades pessoais do empreiteiro".

A morte não será causa de extinção do contrato de empreitada quando o contrato não for celebrado com caráter personalíssimo, ou seja, em consideração às qualidades essenciais do empreiteiro. O caráter personalíssimo pode ter sido expressamente convencionado ou decorrer da própria natureza do contrato e circunstâncias do negócio jurídico (art. 247 do CC).

4.10. CONTRATO DE DEPÓSITO

4.10.1. Noções gerais e características

O depósito é o contrato de natureza real pelo qual um sujeito, denominado depositário, recebe objeto móvel de outro, denominado depositante, para guardá-lo e conservá-lo, até que este último exija a restituição.

É a definição do art. 627 do CC/2002: "Pelo contrato de depósito recebe o depositário um objeto móvel, para guardar, até que o depositante o reclame".

O depositante entregará coisa móvel ao depositário, a qual deverá ser guardada e conservada por este último. Em razão das peculiaridades do contrato de depósito, a restituição da coisa deverá ocorrer com o advento do prazo pactuado ou, mesmo antes do prazo, quando for reclamada pelo depositante.

Em regra, o depositante não necessita ser o proprietário da coisa, pois a restituição implicará na obrigação do depositário restituir exatamente o mesmo bem móvel.

Assim, da mesma forma que no comodato, meros possuidores e administradores em geral, como usufrutuários, locatários e arrendatários, que não são proprietários, podem firmar contrato de depósito e se tornarem depositantes. A única exceção é o depósito irregular, disciplinado pelo art. 646 do CC, uma vez que o objeto deste depósito é coisa móvel fungível e aplica-se a este as regras do mútuo. Neste caso específico, como o depósito transferirá a propriedade da coisa, o depositante deverá ser proprietário.

A única finalidade do depósito, de acordo com os arts. 627 e 629 do CC, é a guarda e conservação da coisa dada em depósito. O depositário não poderá fazer uso da coisa depositada, como ocorre com o comodato.

O art. 629 do CC impõe ao depositário, no cumprimento deste dever de guarda e conservação, o mesmo cuidado e diligência que costuma com o que lhe pertence, sob pena de ser inadimplente e se sujeitar ao pagamento de indenização ao depositante.

O contrato de depósito se caracteriza como contrato real, gratuito ou oneroso, unilateral quanto aos efeitos, temporário, personalíssimo, informal ou não solene e de interesse do depositante.

O contrato de depósito, quanto à formação, é real, pois somente se aperfeiçoa e se constitui como tal, com a

---

[131] FARIAS, Cristiano Chaves de; ROSENVALD, Nelson. *Curso de direito civil – Teoria geral e contratos em espécie*. 4. ed. Salvador: JusPodivm, 2014. v. 4, p. 967.

efetiva entrega da coisa móvel objeto do depósito. Não basta o consenso ou acordo de vontades entre depositante e depositário para a constituição do contrato de depósito. A formação e a existência deste contrato pressupõem a tradição (sinônimo de entrega) da coisa depositada.

De acordo com o art. 627 do CC, pelo contrato de depósito o depositário "recebe" objeto móvel para guardar. O efetivo recebimento é condição para formação e aperfeiçoamento deste contrato.

Além de real quanto à formação, o contrato de depósito gratuito ou benéfico, em relação aos efeitos jurídicos obrigacionais, é unilateral. No contrato de depósito gratuito, o depositário assume obrigações, consistentes na guarda e conservação da coisa depositada.

Nesse sentido é o art. 629 do CC/2002: "O depositário é obrigado a ter na guarda e conservação da coisa depositada o cuidado e diligência que costuma com o que lhe pertence, bem como a restituí-la, com todos os frutos e acrescidos, quando o exija o depositante".

O depositante somente tem o direito de ter a coisa restituída ao final do prazo pactuado ou mesmo antes do prazo, conforme arts. 627 e 633 do CC. O depositante, no depósito gratuito, não assume qualquer obrigação. Não há contraprestação do depositante oposta à obrigação do depositário.

Todavia, o contrato de depósito gratuito, que é unilateral quanto aos efeitos, poderá se tornar bilateral imperfeito. Os contratos unilaterais como já ressaltado, possuem regime jurídico próprio e diverso dos contratos bilaterais. Não há reciprocidade ou correlação de obrigações, pois apenas um dos contratantes é titular de direito subjetivo, ao passo que o outro apenas possui obrigações.

Em razão disso, é impossível conceber a ideia de dependência ou subordinação (a obrigação é unilateral de apenas um) neste tipo de contrato.

Portanto, nos contratos unilaterais, há um credor e um devedor.

Apenas para diferenciar, os contratos bilaterais, também conhecidos como sinalagmáticos, se caracterizam pela reciprocidade de direitos e obrigações. Os contratantes são credores e devedores recíprocos. As obrigações e os direitos são interdependentes e vinculados. Nos contratos bilaterais, a obrigação de um contratante é causa da obrigação do outro. O que isso significa? Há uma dependência entre as obrigações, as quais se subordinam reciprocamente.

Por exemplo, no contrato de compra e venda, tipicamente de efeitos bilaterais, a obrigação do comprador está diretamente vinculada e relacionada à obrigação do vendedor. O comprador tem a obrigação de pagar o preço e o vendedor, a obrigação de entregar o bem objeto do contrato. Como se vê, as obrigações estão interligadas. A obrigação do comprador é causa e pressuposto da do vendedor. Nos contratos bilaterais, sempre haverá essa reciprocidade de obrigações, que é justamente o sinalagma (contratos sinalagmáticos e prestações correlatas).

Por outro lado, se durante a execução do contrato de depósito surgir alguma obrigação superveniente para o depositante, como o pagamento de despesas com o depósito, será considerado bilateral imperfeito. No entanto, essa obrigação eventual e superveniente para o depositante não tem relação ou vínculo com a obrigação originária assumida pelo depositário. Por isso, as obrigações originárias e supervenientes serão independentes, o que leva os contratos bilaterais imperfeitos a se submeterem ao regime jurídico dos contratos unilaterais.

No denominado *contrato bilateral imperfeito*, por ocasião da formação do pacto, não há reciprocidade de obrigações. O contrato nasce e se origina com obrigação para um e direito para o outro. Um contratante tem direito e o outro apenas obrigação. Portanto, na origem, é um contrato unilateral. No entanto, no curso do contrato, por conta de uma causa superveniente, o contratante titular de direito subjetivo passará a ter obrigação. A obrigação se manifestará para este contratante no curso da execução do contrato. Tal contraprestação para o contratante que só tinha direitos é acidental e superveniente à formação do contrato.

Como os contratos bilaterais pressupõem obrigações para ambos os contratantes, o fato de, nos contratos unilaterais, surgir obrigação para o contratante que só tinha direitos subjetivos, tornaria este contrato unilateral contrato bilateral, mas imperfeito, porque a obrigação para o sujeito que ostentava apenas a condição de credor é superveniente e posterior à formação do contrato.

Nos contratos bilaterais *perfeitos*, o contrato nasce e se forma com obrigações recíprocas e dependentes, ou seja, desde a origem a obrigação de um é a causa da obrigação do outro. Nos contratos bilaterais *imperfeitos*, o contrato nasce com obrigação para um e apenas direito para o outro. No curso do contrato, aquele contratante que só tinha direito passa a suportar alguma obrigação. Entretanto, essa obrigação superveniente não tem relação de causalidade com a obrigação originária do outro, que já existia desde a origem do pacto. A obrigação originária e a superveniente não estão ligadas ou vinculadas por qualquer sinalagma.

A doutrina e a jurisprudência passaram a admitir como exemplo de contrato bilateral imperfeito o depósito, quando, no curso deste contrato, o depositante, que somente tinha direito, passa a suportar despesas pela guarda e conservação da coisa, nos termos do art. 643 do CC. Trata-se de obrigação superveniente e independente das obrigações originárias.

O contrato de depósito, embora seja gratuito ou benéfico como regra, poderá se tornar oneroso se as partes convencionarem a obrigação do depositante remunerar o depositário, se o depósito resultar da atividade comercial do depositário ou se o depositário o praticar por profissão.

De acordo com o art. 628 do CC/2002: *"Art. 628. O contrato de depósito é gratuito, exceto se houver convenção em contrário, se resultante de atividade negocial ou se o depositário o praticar por profissão. Parágrafo único. Se o depósito for oneroso e a retribuição do depositário não constar de lei, nem resultar de ajuste, será determinada pelos usos do lugar e, na falta destes, por arbitramento".*

Se for oneroso, o depositante terá, desde a origem, a obrigação de remunerar o depositário. Portanto, haverá dependência e reciprocidade entre as obrigações do depositante e depositário. Por isso, quando oneroso, o contrato de depósito se torna bilateral. As obrigações das partes, depositante e depositário, passam a ser recíprocas e interdependentes.

Em resumo, se não há previsão de remuneração ao depositário, se o depósito não resulta da atividade comercial do depositário e se este não pratica o depósito de coisas móveis por profissão, o depósito será unilateral. Por outro lado, caso o depositante assuma deveres jurídicos, em especial o de remunerar o depositário, o contrato de depósito tornar-se-á oneroso e unilateral.

O fato de ser oneroso ou gratuito torna o depósito um contrato neutro ou bifronte, pois em qualquer destes casos não perderá a natureza jurídica de depósito. Há contratos, como o comodato, que somente podem ser gratuitos e outros, como a compra e venda, que apenas admitem a onerosidade e há ainda aqueles, como o mútuo e o depósito, que podem ser gratuitos ou onerosos, sem perderem a natureza jurídica. Portanto, a gratuidade ou onerosidade não descaracteriza o depósito.

Nos contratos onerosos, se não for convencionada a retribuição ao depositário e esta não constar da lei, será determinada pelos usos e costumes do lugar e, na falta destes, por arbitramento judicial.

O contrato de depósito, como qualquer contrato, é temporário. Poderá ser pactuado por prazo determinado ou indeterminado. Ao final do prazo, o depositário deverá restituir a coisa ao depositante. Se não houver prazo, o depositante poderá reclamar a coisa móvel depositada a qualquer momento, caso em que o depositário deverá providenciar a imediata restituição. A devolução da coisa deverá ser realizada a qualquer tempo em que seja reclamada pelo depositante, mesmo antes do prazo, caso este tenha sido convencionado.

Isto ocorre porque o contrato de depósito é todo no interesse do depositante, como enunciam os arts. 627, 629 e 633 do CC. De acordo com o art. 627, o depositário fica de posse da coisa até que o depositante o reclame. O art. 629 obriga o depositário a restituir a coisa "quando o exija o depositante" e, finalmente, o art. 633 do CC, dispõe que "ainda que o contrato fixe prazo à restituição, o depositário entregará o depósito logo que se lhe exija".

Portanto, a estipulação de prazo não impede a reclamação da coisa antes do seu vencimento. Ao contrário de outros contratos, pela própria natureza do contrato de depósito, tal pacto é firmado todo no interesse do depositante, que poderá exigir e reclamar a coisa a qualquer tempo.

Como destaca Tepedino[132]: "Em linhas gerais, só ao depositante aproveita o prazo fixado. Enquanto o depositante pode demandar a devolução do bem a qualquer momento, o depositário somente poderá devolvê-lo após o decurso do prazo estabelecido contratualmente. O prazo, portanto, obriga o depositário; mas serve por outro lado, para demarcar-lhe a extensão temporal da obrigação. Quando nenhum prazo tiver sido estabelecido, presume-se o tempo necessário para a realização da finalidade do contrato, no interesse do depositante".

O mesmo art. 633 que impõe a devolução e restituição imediata da coisa ao depositante, ainda que antes do prazo, quando reclamada pelo depositante, apresenta algumas exceções em que o depositário poderá se opor ao pedido de restituição. As exceções à restituição da coisa devem ser interpretadas de forma restrita, porque o depósito é no interesse do depositante.

De acordo com esse dispositivo, ainda que o contrato fixe prazo à restituição, o depositário entregará o depósito logo que se lhe exija, salvo se tiver o direito de retenção a que se refere o art. 644, se o objeto for judicialmente embargado, se sobre ele pender execução, notificada ao depositário, ou se houver motivo razoável de suspeitar que a coisa foi dolosamente obtida.

Se houver motivo razoável para que o depositário venha a suspeitar que a coisa foi dolosamente obtida pelo depositante, após expor o fundamento da suspeita, o depositário deverá recolher o objeto ao depósito público, conforme art. 634 do CC.

Portanto, o depósito é temporário e no interesse do depositante.

No mais, o contrato de depósito é informal ou não solene. É válido o depósito ainda que celebrado verbalmente.

A forma escrita, conforme previsto no art. 646 do CPC, não é da substância do ato, mas exigida apenas para fins de prova (*forma ad probationem tantum*). O depósito voluntário prova-se por escrito, como enuncia a norma. Por isso, o depósito poderá ser suprido por outras provas. Mas tal requisito (ser escrito), não afeta a validade do contrato de depósito. O contrato de depósito é válido, seja verbal ou por escrito.

Por fim, há divergência na doutrina sob o caráter personalíssimo ou pessoal do contrato de depósito. Como aduz Caio Mário[133], embora originalmente tal característica fosse evidente, hoje não mais prevalece "pois que é normal alguém confiar coisa sua a depositário que mal conhece". Para Rosenvald e Chaves[134], o depósito gratuito é personalíssimo devido à relação de apreço e estima que há entre depositante e depositário, mas nos contratos de depósitos remunerados, não há vinculação *intuitu personae*, porque não se leva em conta as qualidades do depositário.

Para nós, o contrato de depósito poderá ser pessoal ou impessoal, a depender das circunstâncias do caso concreto. Se as partes convencionarem o caráter personalíssimo, por óbvio, será pessoal. Caso não haja convenção das partes, é essencial apurar o contexto fático, o objeto depositado, o valor da coisa, a relação entre as partes, a finalidade do depósito, o prazo ou a inexistência de prazo, as obriga-

---

[132] TEPEDINO, Gustavo; BARBOSA, Heloísa Helena; BODIN, Maria Celina et al. *Código civil interpretado.* v. II (teoria geral dos contratos, contratos em espécie, atos unilaterais, títulos de crédito, responsabilidade civil, preferências e privilégios creditórios – artigos 421-965), RJ-SP: Renovar, 2006, p. 394.

[133] PEREIRA, Caio Mário da Silva. *Instituições de direito civil:* Contratos. 11. ed. Rio de Janeiro: Forense, 2004. v. III, p. 359.

[134] FARIAS, Cristiano Chaves de; ROSENVALD, Nelson. *Curso de direito civil – Teoria geral e contratos em espécie.* 4. ed. Salvador: JusPodivm, 2014. v. 4, p. 983.

ções assumidas pelas partes, entre outros aspectos, para definir se determinado contrato de depósito, gratuito ou oneroso, é pessoal ou impessoal.

Não é correto vincular essa característica ao caráter gratuito ou oneroso do depósito, pois tal contrato é muito mais do que isso. Há outros aspectos a serem considerados. Portanto, somente o caso concreto, na hipótese de omissão das partes, poderá evidenciar se o contrato de depósito voluntário foi ou não celebrado *intuitu personae*.

Essas são as principais características do contrato de depósito.

4.10.2. Local de restituição da coisa e responsabilidade pelas despesas de restituição

Além do dever de guarda e conservação da coisa móvel objeto do depósito, o depositário tem o dever e a obrigação de restituir a coisa assim que o depositante exija, mesmo que a reclamação seja efetivada antes do prazo nos contratos de depósito por prazo determinado.

De acordo com o art. 631 do CC, a regra é a restituição da coisa no lugar em que foi guardada, ainda que o bem móvel tenha sido retirado pelo depositário em outro local. No entanto, a norma tem natureza dispositiva, uma vez que as partes podem dispor em sentido contrário.

Tal norma é especial em relação à regra geral do local de pagamento ou cumprimento de obrigação disposta nos arts. 327 e 328 do CC. Embora o depositário seja devedor, a coisa depositada pode ter sido guardada em lugar diverso do seu domicílio e, neste caso, prevalecerá o disposto no art. 631 quanto à restituição da coisa.

As despesas com a restituição são bancadas pelo depositante, seja o depósito gratuito ou oneroso. Nesse caso, é precisa a observação de Rosenvald e Chaves[135]: "O depositante arcará com as despesas provenientes da restituição da coisa; preserva-se, assim, o equilíbrio da justiça contratual, haja vista que o negócio jurídico foi realizado objetivando precipuamente a satisfação do titular, não sendo razoável ampliar os sacrifícios do depositário a ponto de fazê-lo responder pelo transporte e acondicionamento da coisa". Se o depositante se recusar a pagar as despesas e receber a coisa, o depositário poderá se liberar da obrigação com a consignação em pagamento.

A coisa depositada deverá ser restituída pelo depositário nas mesmas condições em que a recebeu do depositante. No caso de depósito "fechado", deve ser mantido o sigilo pelo depositário, pois de acordo com o art. 630 do CC, "se o depósito se entregou fechado, colado, selado, ou lacrado, nesse mesmo estado se manterá".

O depositário está proibido de violar o sigilo da coisa depositada quando esta foi entregue "fechada", "selada", "colada" ou "lacrada". Caso o depositário viole esse dever de sigilo, estará caracterizado o inadimplemento contratual e o sujeitará ao pagamento de perdas e danos ao depositante.

4.10.3. Depósito no interesse de terceiro

O art. 632 do CC inova em relação à legislação anterior ao dispor sobre a possibilidade do depósito se realizar no interesse de terceiro, que não integra o contrato de depósito. O depositante, nesta hipótese, entregará a coisa ao depositário no interesse de terceiro e não em proveito próprio. Os efeitos jurídicos repercutirão na esfera jurídica de sujeito que não faz parte do contrato. Terceiro é, portanto, qualquer pessoa externa ao vínculo depositante-depositário, mas que é beneficiária do contrato.

Se o depositante cientificar o depositário de que o depósito é realizado no interesse de terceiro, a exoneração do depositário, em caso de restituição da coisa ao depositante, somente ocorrerá se contar com a anuência do terceiro. Este deve anuir à restituição da coisa ao depositante pelo depositário.

É esse o sentido do art. 632 do CC: "Se a coisa houver sido depositada no interesse de terceiro, e o depositário tiver sido cientificado deste fato pelo depositante, não poderá ele exonerar-se restituindo a coisa a este, sem consentimento daquele".

O exemplo de Rosenvald e Chaves[136] é bem didático: "A hipótese pode ser vista com nitidez no caso em que o depositante se apresenta como um administrador de bens alheios, cientificando o depositário da sua condição. Em tal circunstância, por óbvio, o depositário é obrigado a obter o consentimento do terceiro beneficiado, mesmo quando pretende restituir a coisa a quem a depositou". A devolução sem autorização obrigará o depositário a indenizar o terceiro.

O depósito em favor de terceiro também é denominado "depósito em garantia".

Assim, a devolução ao depositante depende do consentimento do terceiro, beneficiário do depósito. De acordo com Paulo Nader[137]: "a hipótese do art. 632 contém uma estipulação em favor de terceiro. De acordo com o disposto no art. 438, o depositante poderá reservar-se o direito de substituir, unilateralmente, o nome do favorecido".

4.10.4. Depósito judicial em caso de recusa do depositário quanto ao recebimento da coisa

O art. 635 do CC prevê a possibilidade de o depositário requerer o depósito judicial da coisa se, por motivo plausível, não puder guardá-la e o depositante não quiser recebê-la. Tal prerrogativa concedida ao depositário permitirá que este se libere dos riscos relacionados a eventuais danos pela perda ou deterioração decorrentes do dever de guarda e conservação (art. 629 do CC).

A norma traz um conceito jurídico indeterminado que deverá ser interpretado no caso concreto, qual seja, "motivo plausível". Não há prévia definição legal do que se possa considerar como motivo plausível. O seu conteúdo deve ser aferido em cada caso.

---

[135] FARIAS, Cristiano Chaves de; ROSENVALD, Nelson. *Curso de direito civil – Teoria geral e contratos em espécie*. 4. ed. Salvador: JusPodivm, 2014. v. 4, p. 983.

[136] FARIAS, Cristiano Chaves de; ROSENVALD, Nelson. *Curso de direito civil – Teoria geral e contratos em espécie*. 4. ed. Salvador: JusPodivm, 2014. v. 4, p. 989.

[137] NADER, Paulo. *Curso de direito civil – Contratos*. 9. ed. Rio de Janeiro: Forense, 2018. v. III, p. 393.

Deve ser motivo relevante, justificado e baseado em fatos objetivos e concretos, capaz de sacrificar o depositário em demasia, que torne impossível ou extremamente gravosa a guarda da coisa. A superveniente doença do depositário pode ser motivo plausível e relevante para justificar a devolução antecipada da coisa ao depositante.

No caso, dois requisitos cumulativos devem estar presentes: 1 – existência de motivo plausível e 2 – recusa do depositante em receber a coisa.

Tal restituição poderá ocorrer nos depósitos com prazo determinado ou por prazo indeterminado. O prazo não pode ser oposto pelo depositante como recusa justa, pois o motivo plausível constitui situação extrema que impedirá o depositário de manter a obrigação de guarda e conservação.

Nesse caso, caberá a consignação judicial da coisa, devido à impossibilidade de manter a guarda e custódia do bem, por conta de fatos graves e relevantes, que não eram previstos e que sejam supervenientes à contratação. Não há dúvida de que se trata de hipótese especial de imprevisão que serve como justa causa para liberação do depositário e dos riscos inerentes ao depósito.

No depósito gratuito ou benéfico, em que o depositário somente suporta sacrifício, a análise do que seja "motivo plausível" é bem mais flexível do que no depósito oneroso, em cujo contrato o depositário auferirá vantagens e benefícios, com o que a relação obrigacional estará equilibrada.

O "motivo plausível" no depósito oneroso deve ir além do caso fortuito e da força maior, pois em regra o rompimento do contrato de depósito oneroso pelo depositário implicará na obrigação deste em pagar as perdas e danos. Por isso, a possibilidade de consignação judicial em caso de depósito oneroso somente ocorrerá em casos absolutamente excepcionais, cuja onerosidade seja extrema, absolutamente desproporcional e irracional, capaz de gerar desequilíbrio suficiente para arrasar economicamente o depositário.

4.10.5. Perda da coisa depositada e responsabilidade do depositário (teoria dos riscos no depósito)

O depositante não transfere a titularidade da coisa depositada ao depositário. Em regra, com base no princípio geral da teoria dos riscos que norteia o direito obrigacional, a coisa perecerá para o dono, que é o depositante. Assim, o depositante suportará os riscos relacionados à perda ou deterioração da coisa, por conta de fatos supervenientes ao depósito, sem que haja culpa do depositário. Este somente responde por culpa.

Se a coisa perece ou se deteriora sem culpa do depositário, este não responderá pelos danos na coisa decorrentes de fortuito ou força maior.

Como nas obrigações em geral, o depositário responderá pelos riscos decorrentes de perda e deterioração se estiver em mora (art. 399) ou em outro caso de responsabilidade objetiva. Por isso, o depositário não responde pelo fortuito e força maior, em regra.

O artigo em comento é mais uma reafirmação desta regra geral. O depositário que por caso fortuito ou força maior perdeu a coisa depositada e recebeu outra no lugar, deverá restituir ao depositante a coisa que substitui a primitiva ou a coisa sub-rogada (sub-rogação real), como ocorre no caso de bem segurado que foi perdido por inundação e é substituído por dinheiro. Nesse caso, o depositário deverá entregar ao depositante a coisa substituída e todas as ações que tiver contra o terceiro responsável pela perda ou deterioração da coisa primitiva. O depositário deverá transferir ao depositante a ação que tiver contra os responsáveis pela perda ou deterioração da coisa.

Nesse sentido, dispõe o art. 636 do CC: "O depositário, que por força maior houver perdido a coisa depositada e recebido outra em seu lugar, é obrigado a entregar a segunda ao depositante, e ceder-lhe as ações que no caso tiver contra o terceiro responsável pela restituição da primeira".

4.10.6. Dever de restituição e herdeiros

No art. 637, o Código Civil apresenta solução para o conflito entre dois interesses contrapostos: a propriedade *versus* a boa-fé e, nesse caso, a boa-fé é sacrificada em detrimento da propriedade.

Como já ressaltado em outras oportunidades, o Código Civil brasileiro, sem qualquer unidade sistemática, resolve esse conflito entre direito de propriedade e boa-fé do terceiro de formas e maneiras diferentes, o que gera incoerência no sistema. A título de exemplo, o mesmo herdeiro aparente, na hipótese do art. 1.817 do CC (indignidade) é considerado proprietário aparente e de boa-fé e em face do terceiro com quem o mesmo realiza negócios jurídicos onerosos é tutelado em detrimento da propriedade do herdeiro real, prejudicado pelo ato do herdeiro aparente.

Na hipótese do art. 637, o herdeiro aparente que vende coisa depositada não é considerado proprietário aparente e o terceiro de boa-fé que a recebe está obrigado a restituir a coisa depositada ao legítimo proprietário. No confronto entre propriedade e boa-fé, no caso do art. 637, prevalece a propriedade em detrimento do terceiro de boa-fé.

De forma incoerente e sem qualquer pretensão de sistematização, o Código Civil tem duas situações de herdeiro aparente: em uma o considera proprietário aparente para legitimar a boa-fé do terceiro (art. 1.817) e, em outra, o considera um não proprietário para legitimar a propriedade do verdadeiro titular deste direito, caso em que restará ao prejudicado indenização por perdas e danos.

Na hipótese do art. 637, o herdeiro do depositário, que de boa-fé vende a coisa depositada, é obrigado a assistir o depositante (proprietário) na ação de reivindicação da coisa e, ainda, deverá restituir ao terceiro de boa-fé, comprador, o preço recebido.

A obrigação de restituição é transferida aos herdeiros do depositário, os quais deverão assistir o depositante na ação de reivindicação do bem (art. 1.228 do CC – ação do proprietário) e ainda a restituir o preço recebido. É essencial a boa-fé dos herdeiros do depositário, pois em caso de má-fé, além destas obrigações, ficariam sujeitos ao pagamento de indenização (perdas e danos). A assistência do herdeiro do depositário na ação reivindicatória do depositante se dará conforme os arts. 119 a 124 do CPC. É evidente que o herdeiro do depositário terá interesse jurídico em que o assistido vença a demanda, porque a compra e venda celebrada com terceiro será afetada pela sentença desta ação reivindicatória.

É uma espécie de evicção, pois o herdeiro do depositário aliena a coisa sem ser o dono. O adquirente, evicto, perderá a coisa para o legítimo proprietário, depositante, mas tem o direito de ser indenizado pelo valor do bem.

Se a restituição se tornar impossível por qualquer motivo, o herdeiro deverá indenizar o depositante pelo valor da coisa depositada, se estiver de boa-fé e, no caso de má-fé, além do valor da coisa, deverá pagar perdas e danos.

4.10.7. Restituição obrigatória como dever principal

O depositário, entre outras, tem a obrigação e o dever jurídico de restituir a coisa depositada ao depositante quando este exija ou reclame. A violação do dever de restituição pelo depositário tornará a posse injusta pelo vício da precariedade e o depositante poderá manejar tutela possessória para recuperar a coisa. O dever de restituição está estampado como obrigação do depositário nos termos dos arts. 627 e 629 do CC.

O art. 638 reafirma uma das principais obrigações do depositário, o dever de restituir a coisa depositada.

Segundo este dispositivo, salvo os casos previstos nos arts. 633 e 634, não poderá o depositário furtar-se à restituição do depósito, alegando não pertencer a coisa ao depositante, ou opondo compensação, exceto se noutro depósito se fundar. O depositário não pode negar a restituição, a pretexto de que o bem não pertence ao depositante ou opondo qualquer compensação, tendo em vista a confiança e fidúcia que caracteriza a relação jurídica material entre depositante e depositário.

Na primeira hipótese, o depositário não detém legitimidade para em nome próprio defender o interesse de terceiro, eventual proprietário da coisa. Tal questão deverá ser dirimida entre depositante e depositário.

Aliás, a vedação de oposição de compensação é desdobramento da regra contida no art. 373 do CC, segundo o qual, quando a causa da dívida for originária de contrato de depósito, estará excluída a possibilidade de compensação (inciso II). O depósito expressa a confiança do depositante no depositário e, por isso, não há possibilidade de o depositário opor compensação à restituição da coisa, fato que fragilizaria essa relação de fidúcia entre os contratantes.

A única exceção para compensação é se esta se fundar em crédito de outro depósito entre as partes, líquido e exigível. Portanto, depósitos recíprocos poderiam ser compensados, desde que líquidos e exigíveis (art. 369 do CC). A vedação é compensar o crédito de depósito com crédito de contrato de natureza distinta. Por isso, para compensação entre depósitos, ambos devem ser convertidos em dinheiro.

Por fim, a obrigação de restituição poderá ser suspensa se o depositário tiver o direito de retenção, na forma dos arts. 633 e 634, objeto de estudo em item próprio. A retenção suspende temporariamente a obrigação de restituição.

4.10.8. Pluralidade de depositantes e divisibilidade da coisa depositada

O art. 639 do CC disciplina a situação jurídica em que há pluralidade de depositantes, como é o caso de condôminos que possuem partes ideais de um determinado bem ou coisa móvel.

Nesse caso, se a coisa for divisível, o depositário deverá entregar a cada um a respectiva cota-parte, salvo se os depositantes forem credores solidários. Hipótese em que, em função da solidariedade, o depositário poderá entregar a coisa depositada a qualquer dos depositantes solidários que estará liberado da obrigação.

Como todos os depositantes solidários são credores do todo, qualquer deles poderá receber a integralidade da coisa, ainda que divisível, com a liberação do depositário.

Se a coisa for indivisível, a entrega da coisa pelo depositário deverá se dar por uma das formas do art. 260 do CC. Os depositantes devem, entre eles, acordar qual receberá ou conferir autorização a um deles para receber em nome dos demais. Caso isso não seja possível, para se liberar da coisa indivisível, o depositário deverá pagar a todos os depositantes conjuntamente.

4.10.9. Proibições ao depositário quanto a uso e subcontratação

O depositário, em regra, não poderá usar nem se servir da coisa depositada, tampouco dá-la em depósito para outrem. A finalidade precípua e central do depósito é a guarda e conservação da coisa. O uso não é inerente a este tipo de contrato. O uso poderá levar à caracterização de outro contrato, como o comodato, se o depósito for gratuito e a locação, se o depósito for oneroso.

Para não desvirtuar a natureza jurídica do depósito, o depositário não poderá fazer uso da coisa depositada, pois é incompatível com a natureza jurídica deste contrato.

No entanto, de forma absolutamente excepcional, é possível o uso eventual e esporádico da coisa pelo depositário, desde que autorizado ou, como diz a norma, com a devida "licença expressa" do depositante. Se o uso passar a ser permanente e regular, o depósito perde a natureza jurídica como tal, o qual passará a se sujeitar às regras do comodato, se for gratuito ou benéfico ou de depósito passará para locação, se no "depósito" houver alguma contraprestação pelo uso da coisa.

Apenas pela análise do caso concreto será possível identificar a natureza jurídica do contrato de depósito. O uso eventual e momentâneo não descaracteriza o depósito, até porque, algumas vezes, a conservação da coisa implicará no uso eventual, como é o caso de algumas máquinas dadas em depósito cujo uso é essencial para a conservação.

Por outro lado, o depositário, em regra, não poderá transferir o depósito para terceiro. No entanto, o contrato de depósito poderá ter natureza impessoal quando o depositante autorizar essa transferência. Nesse caso, o depositário será responsável pelas perdas e danos na coisa depositada, caso tenha agido com culpa na escolha do terceiro.

Nesse sentido, o art. 640 do CC: "Sob pena de responder por perdas e danos, não poderá o depositário, sem licença expressa do depositante, servir-se da coisa depositada, nem a dar em depósito a outrem. Parágrafo único. Se o depositário, devidamente autorizado, confiar a coisa em depósito a terceiro, será responsável se agiu com culpa na escolha deste."

4.10.10. Incapacidade do depositário

No caso de incapacidade superveniente do depositário, o responsável pela administração dos bens deverá tomar todas as providências para restituir a coisa depositada ao depositante. A incapacidade superveniente é causa de extinção do contrato de depósito.

De acordo com o art. 641 do CC: "Se o depositário se tornar incapaz, a pessoa que lhe assumir a administração dos bens diligenciará imediatamente restituir a coisa depositada e, não querendo ou não podendo o depositante recebê-la, recolhê-la-á ao Depósito Público ou promoverá nomeação de outro depositário."

Se o depositante não puder ou não quiser receber a coisa, o depositário está autorizado a recolher o bem ao depósito público e ainda tem a prerrogativa, conferida pela lei, de entregar a coisa a um terceiro e nomeá-lo depositário. Tal possibilidade evidencia que é questionável a natureza *intuitu personae* do contrato de depósito.

4.10.11. Responsabilidade do depositário pelos casos de força maior

A coisa objeto do contrato de depósito poderá perecer ou deteriorar. O depositário somente assume os riscos do perecimento ou deterioração em caso de dolo ou culpa em sentido estrito. O depositário não responde civilmente pelos casos de força maior, embora tenha de prová-lo, como enuncia o art. 642 do CC.

Não há alteração nesta regra se comparada ao art. 1.277 do CC/1916. A redação original foi mantida, fato que evidencia que, em regra, a responsabilidade civil do depositário é subjetiva. Segue-se a regra de que a coisa perece para o dono, o depositário (*res perit domino*). Nesse caso, o depositário se sub-roga nos direitos adquiridos pelo depositário contra terceiros responsáveis pelo perecimento ou deterioração da coisa, como é o exemplo da indenização pelo seguro.

O depositário somente responderá pelo fortuito ou força maior se, por cláusula expressa, os tiver assumido (art. 393 do CC), no caso de mora (art. 399) ou, ainda, se utilizar a coisa entregue em depósito sem a devida e expressa autorização do depositante (art. 640 do CC). Nesses casos, afasta-se a regra de que a coisa perece para o dono e o depositário responderá, objetivamente, pelos danos materiais no objeto do depósito.

4.10.12. Obrigação do depositante pelas despesas da coisa e prejuízos que do depósito provierem

O depositário tem a obrigação e o dever de guardar e conservar a coisa depositada como se sua própria fora (art. 629 do CC). A guarda e a conservação da coisa depositada podem gerar despesas ou, eventualmente, prejuízos.

Tais despesas ordinárias e eventuais com a coisa depositada são de responsabilidade do depositante. Os prejuízos que do depósito provierem também são de sua responsabilidade.

Nesse sentido o art. 643 do CC: "O depositante é obrigado a pagar ao depositário as despesas feitas com a coisa, e os prejuízos que do depósito provierem."

Ainda que o depósito seja gratuito ou benéfico, tais despesas supervenientes são da exclusiva responsabilidade do depositante, dono e proprietário da coisa.

A recusa do depositante em pagar as despesas ou prejuízos que do depósito provieram poderá conceder ao depositário o direito de retenção, conforme previsto no art. 644 do CC, até a efetiva indenização ou ressarcimento destes prejuízos. Isto porque o depósito é no interesse do depositante, em especial o gratuito ou benéfico. No comodato, o comodatário assume a obrigação pelas despesas (art. 584) porque tal contrato é no interesse do comodatário, que poderá usar a coisa conforme a sua destinação e o interesse do comodatário.

Tal norma tem por objetivo evitar o enriquecimento injusto do depositante, que deverá ressarcir as despesas decorrentes da conservação e custódia da coisa.

Em decorrência da obrigação de conservar a coisa, o depositário está implicitamente autorizado a realizar despesas necessárias para cumprir tal dever jurídico. Tais despesas são as estritamente necessárias para a conservação e para evitar a deterioração da coisa.

As despesas úteis, mas não essenciais, assim como as voluptuárias, somente devem ser restituídas se o depositante as autorizou. Nesse sentido o mestre Caio Mário[138]: "pagará, ainda, as despesas feitas com o depósito, sendo obrigado *ex lege* pelas necessárias ou razoavelmente reputadas tais; *ex contractu* pelas úteis ou voluptuárias, desde que as tenha autorizado".

4.10.13. Depósito e direito de retenção do depositário

O art. 644 do CC disciplina o direito de retenção em favor do depositário, como forma de protegê-lo contra eventual pretensão de enriquecimento sem causa do depositante. A retenção poderá ocorrer no depósito oneroso, caso o depositante se recuse ao pagamento da retribuição ou contraprestação pactuada ou, em qualquer depósito, em relação às despesas e prejuízos a que se refere o art. 643 do CC.

De acordo com o referido artigo: "Art. 644. O depositário poderá reter o depósito até que se lhe pague a retribuição devida, o líquido valor das despesas, ou dos prejuízos a que se refere o artigo anterior, provando imediatamente esses prejuízos ou essas despesas".

Caso essas dívidas, despesas ou prejuízos não forem provados suficientemente pelo depositário ou, se forem ilíquidas, este poderá exigir caução idônea do depositante

---

[138] PEREIRA, Caio Mário da Silva. *Instituições de direito civil:* Contratos. 11. ed. Rio de Janeiro: Forense, 2004. v. III, p. 363.

ou, na falta desta, a remoção da coisa para o Depósito Público, até que se liquidem.

A inovação no artigo, que não constava na redação da legislação anterior é a inclusão da retribuição devida no caso de depósito oneroso ou remunerada.

Segundo Tepedino[139]: "A remuneração, as despesas e os prejuízos devem ser líquidos e certos para autorizar a retenção, sendo necessário, ainda, que sejam devidamente provados pelo depositário. Se as dívidas forem ilíquidas ou a prova dos valores não for suficiente ou não puder ser dada imediatamente, o depositário não terá direito de retenção, mas poderá exigir caução idônea do depositante, ou, na falta desta, a remoção do bem para o depósito público".

4.10.14. Depósito irregular

O depósito poderá ter por objeto coisa fungível e infungível. Em regra, a coisa depositada será infungível, o que implicará no dever de restituição por parte do depositário exatamente da mesma coisa.

Por outro lado, é possível que o depósito tenha por objeto coisa fungível. Nesse caso, em razão desta característica do bem, fungibilidade, os efeitos jurídicos do depósito são alterados. O depositário ficará obrigado a restituir objetos do mesmo gênero, qualidade e quantidade e, por esta razão, se tornará proprietário ou dono da coisa depositada, assim como ocorre com o mútuo. Não é por outro razão que o art. 645 do CC dispõe que o depósito de coisas fungíveis será disciplinado e regulado pelas regras do mútuo e, entre essas, a de que o empréstimo transfere a propriedade da coisa mutuada (art. 587 do CC). Da mesma forma, o depósito de coisa fungível transferirá o domínio e a propriedade da coisa depositada.

Nesse sentido o art. 645 do CC: "O depósito de coisas fungíveis, em que o depositário se obrigue a restituir objetos do mesmo gênero, qualidade e quantidade, regular-se-á pelo disposto acerca do mútuo".

A fungibilidade da coisa depositada não converte o contrato de depósito em mútuo. No entanto, tal depósito será disciplinado pelas regras do mútuo, o que é diferente, sem perder a natureza jurídica de depósito. No depósito, o fim principal do contrato é a conservação e a guarda da coisa. No mútuo o uso é o fim principal e direto da convenção. Além disso, o depósito é no interesse do depositante e o mútuo é contrato realizado no interesse do mutuário.

Nese depósito, denominado "irregular", o depositário está autorizado a consumi-lo, com a condição de restituir coisa do mesmo gênero, quantidade e qualidade. Em razão da transferência do domínio para o depositário, este pode dispor dos bens fungíveis porque está obrigado apenas a entregar coisa do mesmo gênero, qualidade e quantidade.

De acordo com Rosenvald e Chaves[140]: "a caracterização do depósito irregular depende da combinação de dois elementos essenciais: (i) um material, que é a transferência de bem fungível para o consumo do depositário; (ii) e outro anímico ou subjetivo, que é a intenção de constituir um benefício, uma vantagem econômica para o depositário".

Portanto, tais depósitos irregulares, que têm por objeto coisa fungível, serão disciplinados pelas regras do mútuo, sem que haja descaracterização do depósito.

4.10.15. Espécies de depósito

O Código Civil disciplina e regula duas espécies de depósito: o depósito voluntário ou convencional (decorre de ajuste entre depositante e depositário que exteriorizam vontade para a concretização deste negócio jurídico) e o depósito necessário.

O depósito necessário ou obrigatório ainda se subdivide em três subespécies: 1 – depósito legal; 2 – depósito miserável e 3 – depósito hoteleiro ou de hospedagem.

O depósito voluntário é típico contrato ou negócio jurídico formado pelo ajuste ou convergência de duas ou mais vontades. As pessoas têm o poder de celebrar contrato de depósito e o disciplinar de acordo com seus interesses (autonomia privada). É o depósito negociado, convencionado e volitivo.

Portanto, é o contrato típico de depósito, que poderá ter por objeto coisas fungíveis e infungíveis e poderá ser oneroso ou gratuito.

Por outro lado, o depósito necessário recebe esse nome porque a lei impõe o depósito e disciplina as obrigações do depositário em algumas situações que ela própria elenca e justifica. Não há autonomia privada, mas imposição da lei diante de uma situação concreta que se ajusta ou se apresenta à hipótese legal.

O depósito necessário ocorrerá nas hipóteses previstas na legislação civil e advém de fatos imprevisíveis e extremos em que se criará um vínculo jurídico entre dois sujeitos por pura opção legislativa.

De acordo com o art. 647 do CC, é necessário o depósito que se faz em desempenho de obrigação legal ou o que se efetua por ocasião de alguma calamidade, como o incêndio, a inundação, o naufrágio ou o saque.

Na primeira hipótese, há o denominado depósito legal (inciso I do art. 647 do CC), segundo o qual, em razão de obrigação legal, a pessoa assume a obrigação de guardar bem de outrem até o momento em que deverá providenciar a restituição. A norma jurídica impõe tal obrigação, como na hipótese do art. 1.233 do CC, em que aquele que encontra coisa móvel perdida é obrigado a guardá-la para devolução ou entregá-la para autoridade pública. Também são hipóteses de depósito legal o de dívida vencida quando houver litígio entre vários credores (art. 345 do CC) ou aquele que deve ser feito pelo administrador dos bens do depositário que se torna incapaz (art. 641 do

---

[139] TEPEDINO, Gustavo; BARBOSA, Heloísa Helena; BODIN, Maria Celina et al. *Código civil interpretado*. v. II (teoria geral dos contratos, contratos em espécie, atos unilaterais, títulos de crédito, responsabilidade civil, preferências e privilégios creditórios – artigos 421-965), RJ-SP: Renovar, 2006, p. 407.

[140] FARIAS, Cristiano Chaves de; ROSENVALD, Nelson. *Curso de direito civil – Teoria geral e contratos em espécie*. 4. ed. Salvador: JusPodivm, 2014. v. 4, p. 987.

CC). Como bem enuncia Paulo Lôbo[141]: "há situações específicas para as quais a lei impõe o dever de guardar coisas, caracterizando depósito legal, mas não necessário. Sempre que a lei atribui a alguém a incumbência de receber quantia, ou coisa pertencente a outrem, e de depositar, em nome daquele a quem pertence a quantia ou a coisa, há depósito legal".

Portanto, algumas situações especiais levam o legislador a impor a alguém a condição de depositário. Tais situações excepcionais e de relevância social justificam essa obrigação.

O depósito legal será regido pelas regras da norma jurídica que o prevê e, em caso de silêncio ou deficiência, aplicar-se-ão as regras relativas ao depósito voluntário. Nesse sentido o art. 648 do CC: "O depósito a que se refere o inciso I do artigo antecedente, reger-se-á pela disposição da respectiva lei, e, no silêncio ou deficiência dela, pelas concernentes ao depósito voluntário".

Por outro lado, o denominado depósito miserável decorre de situações absolutamente excepcionais que impõem a determinado sujeito o dever de solidariedade. Será miserável o depósito que se efetua por ocasião de alguma calamidade, como o incêndio, a inundação, o naufrágio ou o saque. Nesta situação, aquele que se encontra em situação de perigo poderá buscar abrigo ou socorro e há obrigação das pessoas assumirem a condição de depositárias quando o perigo decorre ou tem como causa tais eventos extraordinários. O titular dos bens poderá exigir que alguém possa assumir a condição de depositário, com o dever de guarda, até que seja possível a restituição.

De acordo com o parágrafo único do art. 648 do CC, "as disposições deste artigo aplicam-se aos depósitos previstos no inciso II do artigo antecedente, podendo estes certificarem-se por qualquer meio de prova".

Assim, da mesma forma que o depósito legal, no depósito miserável poderá ser aplicado, de forma supletiva, as regras do contrato de depósito voluntário ou contratual e o depósito miserável poderá ser certificado por qualquer meio de prova.

Por fim, como espécie de depósito necessário, a guarda e vigilância das bagagens dos hóspedes em hotéis e estabelecimentos similares é objeto de disciplina do art. 649 do CC. Segundo este dispositivo, aos depósitos previstos no artigo que trata do depósito legal é equiparado o das bagagens dos viajantes ou hóspedes nas hospedarias onde estiverem.

Há presunção legal de que a remuneração da hospedagem já inclui a da custódia de bagagens. O depósito de bagagens é acessório em relação ao contrato de hospedagem, pois este é pressuposto para o depósito. Tal presunção de que o depósito está incluído no preço da hospedagem está prevista na segunda parte do art. 651 do CC. Em razão desta presunção, é dispensável qualquer prova escrita deste depósito.

É dispensável a tradição do objeto para constituição deste contrato entre hóspedes e hotéis: "O depósito em tais situações independe da tradição real dos objetos ao depositário, sendo suficiente que as bagagens dos viajantes sejam introduzidas no estabelecimento, mesmo que remaneçam em poder direto dos hóspedes"[142].

Sobre a extensão da responsabilidade dos hotéis, Paulo Lôbo[143] é preciso: "A responsabilidade do estabelecimento hoteleiro pela guarda e proteção das bagagens, ou pela sua indenização no caso de perda, abrange toda sua área física, como os apartamentos, corredores, a recepção, a garagem, áreas de lazer. O hotel não se exonera da responsabilidade da guarda das bagagens, ou de valores dos hóspedes, quando destina espaços ou cofres fortes para a guarda".

Não há dúvida de que, em função deste dever de guarda e custódia, os hotéis são responsáveis por furtos e roubos das bagagens, que tenham como autores empregados, prepostos ou pessoas, mesmo sem vínculo empregatício, que foram autorizadas a ingressar no hotel referido. Nesse sentido é o parágrafo único do art. 649 do CC/2002: "Os hospedeiros responderão como depositários, assim como pelos furtos e roubos que perpetrarem as pessoas empregadas ou admitidas nos seus estabelecimentos". No caso dos empregados, a responsabilidade dos hotéis, que é objetiva, é fundada no art. 932, IV, do CC, que trata da responsabilidade objetiva do hospedeiro pelos danos causados aos seus hóspedes ou ao patrimônio deles. É a adoção da teoria do risco proveito, ou seja, que aufere proveito econômico assume os riscos e suporta os ônus inerentes aos danos causados aos hóspedes.

Como este depósito legal/necessário é remunerado (por estar incluído no preço da hospedagem), a responsabilidade civil do depositante é mais intensificada. Portanto, os hotéis respondem por fato de terceiro, em especial furtos e roubos das bagagens, embora possa exonerar desta responsabilidade quanto comprovar que os fatos não teriam sido evitados ou que o evento causador do prejuízo teria ocorrido, mesmo que tivesse cumprido seus deveres de proteção e vigilância.

É a regra da responsabilidade objetiva, insculpida no art. 650 do CC: "Cessa, nos casos do artigo antecedente, a responsabilidade dos hospedeiros, se provarem que os fatos prejudiciais aos viajantes ou hóspedes não podiam ter sido evitados". O artigo antecedente a que se refere este dispositivo é o 649 que disciplina o depósito legal por equiparação, no caso das bagagens dos viajantes ou hóspedes nas hospedarias ou locais similares em que estiverem. A exoneração do hotel depende da comprovação de força maior, ou seja, que os fatos prejudiciais aos viajantes eram inevitáveis. O fato exclusivo do hóspede, ou seja, aquele que o hóspede deu causa, também exonera a responsabilidade do depositário.

---

[141] LÔBO, Paulo Luiz Netto. *Contratos*. São Paulo: Saraiva, 2010 (col. Direito Civil).

[142] FARIAS, Cristiano Chaves de; ROSENVALD, Nelson. *Curso de direito civil – Teoria geral e contratos em espécie*. 4. ed. Salvador: JusPodivm, 2014. v. 4, p. 993.

[143] LÔBO, Paulo Luiz Netto. *Contratos*. São Paulo: Saraiva, 2010 (col. Direito Civil), p. 402.

Como já ressaltado, nenhum dos casos de depósito necessário se presume gratuito. O depositário poderá exigir remuneração e, no caso do depósito de bagagens, a remuneração já integra o preço da hospedagem: "Art. 651. O depósito necessário não se presume gratuito. Na hipótese do art. 649, a remuneração pelo depósito está incluída no preço da hospedagem".

Ao depósito necessário por equiparação, das bagagens dos viajantes ou hóspedes, aplicam-se, de forma supletiva, as regras do depósito voluntário.

Por fim, cumpre ressaltar que na atualidade os depósitos de bagagens caracterizaram ainda contratos de consumo e, por isso, a responsabilidade civil do prestador deste serviço, hotéis e similares, será regulada e disciplinada pelo CDC. Por isso, eventual cláusula de não indenizar não terá eficácia perante o consumidor e o fornecedor do serviço somente não será responsabilizado se demonstrar fato exclusivo da vítima ou de terceiro (força maior) ou que o defeito na segurança do serviço inexistiu. Todavia, no âmbito probatório, é complexa a resolução de algumas questões, pois em regra os hotéis não exigem qualquer declaração dos hóspedes sobre bens e valores que integram as bagagens. A jurisprudência ainda não definiu parâmetros razoáveis quanto aos limites de eventual indenização, como nos casos de furtos de joias e outros objetos de valor que não foram declarados.

Como contraponto à responsabilidade objetiva do depositário/hotel, o Código Civil, no art. 1.467, ao regular o penhor legal, estabelece que são credores pignoratícios os hospedeiros ou fornecedores de bagagens sobre as bagagens, móveis, joias ou dinheiro que os consumidores ou fregueses tiverem consigo nas respectivas casas ou estabelecimentos, pelas despesas ou consumo que tiverem realizado nestes locais. Nesta hipótese, o hotel depositário poderá tomar em garantia um ou mais objetos até o valor da dívida e, após ser tomado o penhor, deverá o credor requerer a necessária homologação judicial (arts. 1.469 e 1.471 do CC/2002). Trata-se de caso especial de autotutela em que o credor, por meio do direito de retenção, poderá reter tais objetos para minimizar seus prejuízos.

4.10.16. Depósito e prisão civil

O art. 652 do CC perdeu eficácia, tendo em vista a incompatibilidade entre a prisão civil e os valores sociais constitucionais. Segundo essa norma: "Seja o depósito voluntário ou necessário, o depositário que não o restituir quando exigido será compelido a fazê-lo mediante prisão não excedente a um ano, e ressarcir os prejuízos". Deste dispositivo, resta apenas a possibilidade de indenização ou ressarcimento dos prejuízos em caso de recusa no dever de restituição, mas a prisão civil está vedada.

A Constituição Federal disciplina a prisão civil por dívida no inciso LXVII do art. 5º. Em regra, não haverá prisão civil por dívida. A prisão civil do depositário infiel não é mais admitida (RE 466.343/SP).

O STF editou a Súmula Vinculativa 25, segundo a qual: "É ilícita a prisão civil de depositário infiel, qualquer que seja a modalidade do depósito".

Na mesma toada, o STJ editou a Súmula 419, segundo a qual descabe a prisão civil do depositário judicial infiel.

Com isso, a prisão civil, como resquício de responsabilidade pessoal do devedor, atualmente, somente é admitida na obrigação alimentar com fundamento no direito de família, com as restrições já ressaltadas.

4.10.17. Responsabilidade do depositário na guarda de veículos

No contrato de depósito que envolve a guarda de veículos automotores, o depositário (estabelecimento comercial responsável pela guarda) recebe o objeto móvel (veículo), para guardar, até que o dono, possuidor ou proprietário do bem o reclame (art. 627 do CC/2002). Nesses contratos de depósito de veículo em estacionamentos, em regra, por ser resultante da atividade comercial do depositário ou pelo fato de o praticar por profissão, é oneroso, ou seja, há contraprestação pecuniária em favor do depositário.

O depositário, no exercício do dever de guarda do veículo, deverá ter todo o cuidado e diligência que costuma ter com o que lhe pertence e, quando reclamado pelo depositante, restituir o veículo da mesma forma como foi entregue.

Se o bem móvel não for restituído nas mesmas condições em que foi entregue para depósito, estará caracterizado o inadimplemento do estabelecimento comercial depositário e, como consequência, terá que responder civilmente pelos danos materiais (e eventualmente morais) causados ao proprietário do bem.

Portanto, o inadimplemento imputável ao estabelecimento comercial que guarda o bem gera o dever de indenizar (responsabilidade civil decorrente da violação de dever jurídico específico). A prova deste contrato de depósito voluntário relativo à guarda de veículos é feito pelos famosos "tickets" ou recibos que são entregues ao dono do bem, depositante, por ocasião da entrega do veículo ao depositário. Tal documento é suficiente para atender e satisfazer a exigência do disposto no art. 646 do CC.

Na hipótese em que o contrato de depósito é oneroso, ou seja, quando o depositário recebe contraprestação por ser a sua atividade ou por praticá-lo por profissão, não há grandes divergências quanto à responsabilidade civil do estabelecimento comercial em caso de furto, roubo ou dano material na coisa móvel guardada, salvo se comprovar, nesses casos, a existência de caso fortuito ou força maior capazes de romper o nexo de causalidade indispensável para a responsabilização civil do depositário.

As divergências relativas à responsabilidade civil estão relacionadas ao depósito gratuito ou aparentemente gratuito. A lei, em princípio, não faz distinção quanto à responsabilidade do depositário pelo fato de ser oneroso ou gratuito. Assim, mesmo no contrato de depósito gratuito, o depositário responderá civilmente em caso de dano ou furto, ante o dever de guarda e diligência que assume neste contrato.

Por outro lado, há situações em que o estacionamento não possui qualquer controle de entrada e saída, como ocorre normalmente em supermercados, escolas e outros estabelecimentos comerciais, caso em que nada é cobrado do cliente, o que gera dúvida sobre a caracterização do depósito e a assunção do dever de guarda e vigilância por parte destes estabelecimentos.

Como tais estacionamentos servem como importante atrativo para a angariação de clientes, não há dúvida de que são responsáveis pelos danos ocorridos nos veículos em tais locais, pois o dever de guarda e vigilância é assumido com a mera disponibilidade de espaço para que os clientes tenham mais conforto.

O depositário, nesses casos, se beneficia da área e oferece facilidade e comodidade para aqueles que utilizam esse espaço. Por isso, eventual cláusula de não indenizar com a finalidade de isentar o depositário do bem guardado em estacionamento de eventuais danos ao veículo, é totalmente ineficaz.

O dever de guarda e vigilância é inerente ao contrato de depósito, sem que o depositário possa alegar excludente de responsabilidade por força de gratuidade do serviço de estacionamento, bem como pela utilização de placas indicativas que apregoam o contrário do previsto legalmente. O STJ, por meio da Súmula 130, dispôs sobre essa questão: "A empresa responde, perante o cliente, pela reparação de dano ou furto de veículo ocorridos em seu estacionamento". Portanto, o estabelecimento comercial que disponibiliza estacionamento aos clientes, ainda que gratuitamente, assume o dever de guarda e vigilância do bem depositado, pois caracterizado o contrato de depósito e, por isso, deve responder pelos prejuízos causados ao cliente, depositante, em relação a qualquer dano ou furto verificado no veículo enquanto este bem estava à disposição e sob a proteção e responsabilidade do depositário.

O estabelecimento comercial, nestes casos, se equipara a depositário e, por isso, assume a responsabilidade pela guarda e eventuais danos/prejuízos causados aos veículos de seus clientes deixados em seu estacionamento, mesmo que o serviço seja disponibilizado gratuitamente e existam avisos no local divulgando a inexistente excludente de responsabilidade civil.

4.11. CONTRATO DE MANDATO

4.11.1. Noções gerais, conceito e natureza jurídica

O contrato de mandato está disciplinado nos arts. 653 a 692 do CC, com algumas novidades em comparação à legislação civil anterior (CC/1916).

O art. 653 do CC apresenta noção geral sobre esta espécie de contrato. O núcleo essencial do contrato de mandato é a necessária confiança que deve ser estabelecida entre o mandante e o mandatário. O mandatário, como regra, realizará atos em nome e no interesse do mandante, razão pela qual a confiança é a base de sustentação deste tipo de contrato. A quebra de confiança pode acarretar a extinção do contrato, seja pela revogação (pelo mandante) ou a renúncia (pelo mandatário), espécies do gênero resilição unilateral (admitida expressamente pela lei – arts. 473 e 682 do CC).

De acordo com este dispositivo, opera-se ou se constitui o mandato quando alguém, denominado mandatário, recebe de outrem, denominado mandante, poderes para, em nome deste, praticar atos ou administrar interesses. O mandante transfere poderes ao mandatário, cujo contrato poderá ostentar objeto extremamente amplo ("praticar atos ou administrar interesses").

O mandatário, em regra, de acordo com esse dispositivo, age em nome e no interesse do mandante. Portanto, o mandato geralmente retrata e materializa representação (atuação jurídica em nome de outrem), embora seja possível o contrato de mandato sem que haja representação e até a representação fora do âmbito do contrato de mandato. Em regra, até por conta da definição de mandato dada pelo art. 653 do CC, o mandato é associado à representação.

Autores clássicos como Caio Mário ainda fazem essa associação. Para o mestre[144] "o mandato, como representação convencional, permite que o mandatário emita sua declaração de vontade, dele representante, adquirindo direito e assumindo obrigações que repercutem na esfera jurídica do representado".

Entretanto, atualmente, é possível se cogitar em mandato sem representação, que ocorrerá quando o mandatário agir em nome próprio, como enuncia a segunda parte do art. 663 do CC. O mestre Orlando Gomes[145] foi um dos primeiros a dissociar o mandato da representação: "Não se deve, pois, confundir mandato com representação. O mandato é a relação contratual pela qual uma das partes se obriga a praticar, por conta da outra, um ou mais atos jurídicos. O contrato tem a finalidade de criar essa obrigação e regular os interesses dos contratantes, formando a relação interna, mas, para que o mandatário possa cumpri-la, é preciso que o mandante lhe outorgue o poder de representação, se tem, ademais, interesse em que haja em seu nome. O poder de representação tem projeção exterior, dando ao agente, nas suas relações com terceiras pessoas, legitimidade para contratar em nome do interessado, com o inerente desvio dos efeitos jurídicos para o patrimônio deste último. A atribuição deste poder é feita por ato jurídico unilateral, que não se vincula necessariamente ao mandato e, mais do que isso, tem existência independente da relação jurídica entre quem o atribui e quem o recebe". Portanto, deve ser desvinculado o ato jurídico unilateral, poder de representação, do contrato de mandato.

A procuração também não se confunde com o contrato de mandato. É apenas o meio ou instrumento para viabilização deste negócio jurídico. É o instrumento do mandato.

Em relação às características e natureza jurídica, o mandato é contrato consensual, pois se aperfeiçoa com o mero consenso entre mandante e mandatário, personalíssimo ou *intuitu personae* (tanto que a morte do mandante ou mandatário é causa de extinção do contrato), não solene (como regra, art. 656 do CC, mas pode ser formal quando

---

[144] PEREIRA, Caio Mário da Silva. *Instituições de direito civil:* Contratos. 11. ed. Rio de Janeiro: Forense, 2004. v. III, p. 397-398.

[145] GOMES, Orlando. *Contratos.* 26. ed. Rio de Janeiro: Forense, 2008, p. 424-425.

o ato a ser praticado, ao qual está vinculado o mandato, exigir forma especial, art. 657 do CC) e, por fim, pode ser gratuito ou oneroso e de efeitos bilaterais (se oneroso) ou unilaterais (se gratuito). Quanto aos efeitos obrigacionais, há controvérsia se o mandato é bilateral ou unilateral.

A tese dos efeitos unilaterais é sustentada na afirmação de que o contrato somente atribui obrigações ao mandatário, ao passo que o mandante assumiria a posição de mero credor na relação obrigacional.

A questão dos efeitos obrigacionais do contrato de mandato deve ser analisada à luz dos dispositivos legais que disciplinam as obrigações do mandante (arts. 675 a 681). Ao tratar das obrigações do mandante, a lei civil se refere, em sua maioria, às obrigações do mandante em relação aos atos praticados pelo mandatário perante terceiros. Essas obrigações perante terceiros, de fato, não caracterizam a bilateralidade (pois, não há relação de causalidade com as obrigações do mandatário que é pressuposto para a caracterização do sinalagma).

No entanto, há dispositivos, como o art. 676 (obrigação do mandatário é de meio, não de resultado), que disciplina a obrigação do mandante para com o próprio mandatário, desde a origem do contrato, quando o mandato for remunerado. Neste caso, o contrato de mandato será bilateral, pois o mandante estará obrigado a remunerar o mandatário e as obrigações do mandante e do mandatário, desde a origem, passam a ser recíprocas e interdependentes. A causa da obrigação do mandatário é pressuposto e causa da obrigação de remuneração do mandante.

Portanto, o fato que determinará se o contrato de mandato é unilateral ou bilateral é a previsão de remuneração ou a onerosidade do mandato.

Se houver ajuste de remuneração, o mandato será oneroso e bilateral. Se o contrato de mandato for gratuito ou benéfico, o mandato será gratuito/benéfico e unilateral. É possível ainda que o contrato de mandato seja bilateral imperfeito, quando não houver previsão de remuneração ao mandatário, mas este, no curso do contrato, suportar perdas que deverão ser ressarcidas pelo mandante, salvo nos casos previstos na Lei Civil (art. 678 do CC).

Portanto, o mandato será bilateral ou unilateral a depender da onerosidade ou gratuidade. Se houver ajuste de remuneração entre mandante e mandatário, a obrigação do mandante de pagar o preço ajustado terá relação de causalidade com as obrigações do mandatário, que será remunerado. No caso de mandato oneroso e bilateral, mandante e mandatário serão credores e devedores recíprocos.

Em relação aos requisitos subjetivos, dispõe o art. 654 do CC que todas as pessoas capazes estão aptas a dar procuração mediante instrumento particular, que valerá desde que tenha a assinatura do outorgante. O § 1º do art. 654 estabelece os requisitos que o instrumento particular deve ostentar: "O instrumento particular deve conter a indicação do lugar onde foi passado, a qualificação do outorgante e do outorgado, a data e o objetivo da outorga com a designação e a extensão dos poderes conferidos".

Como regra, a lei dispensa o reconhecimento da firma do mandante para eficácia do mandato. No entanto, segundo disposto no § 2º do art. 654, o terceiro com quem o mandatário tratar poderá exigir que a procuração esteja com a firma reconhecida do mandante nas procurações por instrumento particular. Essa exigência do terceiro tem respaldo legal, a fim de conferir maior segurança para este tipo de negócio jurídico.

A novidade é a inexistência de vínculo entre o reconhecimento de firma e a validade ou eficácia da procuração. Na realidade, o terceiro poderá exigir a firma para que seja eficaz em relação ao mesmo. O direito conferido ao terceiro é condição de eficácia do mandato em relação a ele terceiro, mas não entre mandante e mandatário.

O mandante, portanto, deve ser capaz, como enuncia o art. 654 do CC. Por outro lado, o mandatário pode ser menor relativamente incapaz. O art. 666 da Lei Civil permite que o menor entre 16 e 18 anos, ainda que não emancipado, possa, independente de assistência, praticar este ato da vida civil, ou seja, ser mandatário e agir em nome e no interesse do mandante. No entanto, justamente em razão da menoridade, o mandante não tem ação contra o mandatário menor que não sejam compatíveis com aquelas previstas em lei contra os menores.

Se o menor entre 16 e 18 anos for emancipado por qualquer das causas previstas no parágrafo único do art. 5º do CC, será plenamente capaz de exercer os atos da vida civil e ser mandatário, caso em que não poderá gozar do benefício previsto na norma em questão. A emancipação do menor afasta a regra do art. 666 e, por isso, passará a se submeter à teoria geral do negócio jurídico e dos contratos.

Em resumo, o mandato é o contrato consensual, gratuito ou oneroso, informal (como regra), unilateral ou bilateral, comutativo em regra ou aleatório, pelo qual determinado sujeito, denominado mandante, celebra com outro sujeito, denominado mandatário, ajuste para que este pratique atos e administre interesses em nome daquele, por meio do qual será investido em poderes de representação, cujo poder não se confunde com o contrato de mandato.

4.11.2. Formalidades do mandato: mandato expresso, tácito, verbal e escrito. Sujeição da forma ao ato

O contrato de mandato, para ser válido, em regra não demanda qualquer formalidade. A informalidade do mandato pode ser evidenciada no art. 656 do CC, segundo o qual o mandato pode ser expresso, tácito, verbal ou escrito. No plano da validade, o contrato de mandato se submete ao princípio geral da informalidade do negócio jurídico, previsto no art. 107 do CC.

Em complemento a esta norma, dispõe o art. 655 do CC, que o mandato, ainda quando se outorgue por instrumento público, pode ser substabelecido por instrumento particular. Portanto, é dispensada qualquer simetria entre o mandato e o posterior e eventual substabelecimento, desde que a forma pública não integre a substância do ato, como é o caso da transferência de direitos reais imobiliários de valor superior a 30 SM. Nesse caso, procuração e substabelecimento devem ser por instrumento público.

Nesse sentido o Enunciado 182 do CJF: "O mandato outorgado por instrumento público previsto no art. 655 do CC somente admite substabelecimento por instrumento particular quando a forma pública for facultativa e não integrar a substância do ato".

Tal enunciado está associado à redação do art. 657 do CC, o qual impõe a formalidade quando a lei a exigir para o ato a ser praticado. De acordo com esse dispositivo: "A outorga de mandato está sujeita à forma exigida por lei para o ato a ser praticado. Não se admite mandato verbal quando o ato deve ser celebrado por escrito". Se a lei exige formalidade para o negócio que será realizado por meio do mandato, este deverá obedecer a formalidade legal, não porque o mandato é formal, mas porque o mandato é meio para a concretização de negócio jurídico formal, o que é diferente. O art. 657 de forma equivocada se refere a "mandato", quando de fato trata da procuração, instrumento do mandato.

Assim, quanto o interesse ou negócio a ser realizado por escrito o for por meio de mandato, esse deverá ser escrito, embora possa ser verbal. O que a lei impõe é a existência de simetria entre a formalidade do ato ou do interesse objeto do mandato e do instrumento do mandato (a procuração). Caso contrário, o mandato poderia ser utilizado para contornar a exigência legal da forma em determinados negócios e atos jurídicos, o que caracteriza fraude.

Por isso, a considerar deste modo, o mandato excepcionalmente deverá ser revestido de formalidade, nos termos e para atender à exigência do art. 657 do CC. É o negócio final que determinará o formalismo ou não deste contrato ou de seu instrumento (a procuração).

Tal fato é observado por Orlando Gomes[146]: "Não se deve confundir, porém, mandato com procuração. Também esta pode ser escrita ou verbal, devendo ter, indeclinavelmente, a primeira dessas formas, se os atos a que o procurador cumpre praticar exigem instrumento público ou particular. Mas o contrato de mandato pode ser verbal, e a procuração, escrita".

O contrato de mandato não ostenta solenidades, mas a procuração, que é seu instrumento, poderá ostentar se houver exigência legal para o ato a ser praticado (art. 657 do CC). Como destaca Tepedino[147]: "não é válida a procuração redigida em instrumento particular mediante a qual se pretende realizar negócio em que se exija instrumento público" (*Código Civil interpretado,* vol. II, p. 431). Não se exige requisito formal para a validade do contrato de mandato (art. 656). O mandato expresso resulta de exteriorização de vontade, ao passo que o tácito decorre do comportamento das partes quanto à formação do contrato, proposta e aceitação.

A informalidade do mandato, que poderá ser expresso ou tácito, ainda é reforçada pela regra prevista no art. 659 do CC, que disciplina a aceitação. Segundo este dispositivo, a aceitação tácita resulta do comportamento do mandatário que inicia a execução do mandato, ainda que não tenha exteriorizado qualquer vontade. O mandato se constitui pelo mero consenso do mandato e mandatário, o qual poderá decorrer de vontades exteriorizadas (expresso) ou de comportamentos ou condutas (tácito). Portanto, o mandato pode decorrer da manifestação volitiva ou de comportamento das partes.

4.11.3. Mandato: onerosidade e gratuidade

O contrato de mandato pode ser gratuito ou oneroso. E a gratuidade ou onerosidade do contrato de mandato está relacionada diretamente aos efeitos obrigacionais (unilateral ou bilateral).

O mandato gratuito ou benéfico é aquele em que o mandante possui vantagem e o mandatário suporta sacrifício (cumprir o encargo de realizar o ato, negócio ou administrar o interesse objeto do mandato). A lei civil presume o contrato de mandato gratuito. A presunção é em favor do caráter benéfico deste contrato. Atualmente, será raro o mandato gratuito, pois o mandatário sempre será remunerado pelos serviços prestados ao mandante, porque poderá representar o próprio ofício ou a profissão do mandatário.

De acordo com o art. 658 do CC, o mandato presume-se gratuito quando não houver sido estipulada retribuição, exceto se o seu objeto corresponder ao daqueles que o mandatário trata por ofício ou profissão lucrativa.

Se o mandato for oneroso, com previsão de remuneração para o mandatário, também será, quanto aos efeitos, bilateral ou sinalagmático, uma vez que as prestações do mandante e do mandatário passarão a ser interdependentes. A obrigação do mandante será causa ou pressuposto da obrigação do mandatário e vice-versa. Essa relação de dependência entre as prestações recíprocas somente será caracterizada no mandato oneroso.

Quanto à remuneração, conforme parágrafo único do art. 658 do CC, se o mandato for oneroso, caberá ao mandatário a retribuição prevista em lei ou no contrato. Se a lei ou o contrato forem omissos quanto à retribuição a ser paga ao mandatário, essa será arbitrada ou exigida de acordo com os usos do lugar ou, na falta deste, por arbitramento judicial, levando-se em consideração o zelo do mandatário e a complexidade do objeto.

O fato é que a presunção de gratuidade cessará quando mandante e mandatário convencionarem retribuição ou quando o mandato for realizado em razão de ofício ou profissão do mandatário.

4.11.4. Modalidades de mandato: geral e especial

O mandato comporta duas modalidades: geral e especial. O mandato geral compreende a totalidade dos negócios do mandante, conforme a segunda parte do art. 660 do CC. O mandato especial é aquele cujos poderes são transferidos para a realização de negócios ou atos específicos, devidamente discriminados pelo mandante.

---

[146] GOMES, Orlando. *Contratos.* 26. ed. Rio de Janeiro: Forense, 2008, p. 428.
[147] TEPEDINO, Gustavo; BARBOSA, Heloísa Helena; BODIN, Maria Celina et al. *Código civil interpretado.* v. II (teoria geral dos contratos, contratos em espécie, atos unilaterais, títulos de crédito, responsabilidade civil, preferências e privilégios creditórios – artigos 421-965), RJ-SP: Renovar, 2006, p. 431.

De acordo com o art. 660 do CC, o mandato pode ser especial a um ou mais negócios "determinadamente", ou seja, a um ou vários negócios devidamente especificados e, por isso, os poderes são limitados.

O mandato geral ou em termos gerais, por seu turno, apenas confere poderes gerais de administração. Não há possibilidade de disposição de direitos em nome do mandante, mas apenas a gestão dos negócios e interesses deste. O mandato geral é restrito a atos de administração. O art. 661, *caput*, dispõe que "o mandato em termos gerais só confere poderes de administração".

Tepedino[148] define "atos de mera administração" como sendo aqueles atos "necessários e suficientes a conservar determinados bens ou patrimônio, sem implicar a alteração de sua medida ou substância". Portanto, os poderes gerais de administração correspondem, tão somente, aos poderes de administração ordinária, de conservação de direitos e interesses, sem que haja qualquer individualização ou especialização.

Se o mandatário for praticar qualquer ato ou negócio que esteja fora do âmbito da simples administração de interesses, deverá ter poderes especiais para tanto. Nesse sentido é o § 1º do art. 661: "Para alienar, hipotecar, transigir, ou praticar outros quaisquer atos que exorbitem da administração ordinária, depende a procuração de poderes especiais e expressos".

Neste caso, o objeto a ser praticado que exorbite os poderes de mera administração deverá ser devidamente identificado. Nesse sentido, o Enunciado 183 da III Jornada de Direito Civil: "Para os casos em que o parágrafo primeiro do art. 661 exige poderes especiais, a procuração deve conter a identificação do objeto".

O § 2º do art. 661 ainda esclarece que o poder de transigir não abrange o de firmar compromissos. O poder para formalizar acordos não permite que o mandatário firme com terceiro qualquer compromisso ou obrigação estranha ao objeto da transação. O mandato deverá conferir expressamente este poder.

Por fim, como bem pontuam Rosenvald e Chaves[149]: "Há, de qualquer forma, restrição à celebração de mandato para a prática de certos atos, tomando-se em conta interesses transcendentes aos particulares. As vedações ao mandato precisam estar expressas no sistema jurídico, como é o caso do testamento, do exercício do poder familiar, do depoimento pessoal no processo e do direito ao voto. Nesses casos, o titular não pode se fazer representar por terceira pessoa".

4.11.5. Atos praticados pelo mandatário sem poderes ou com excesso de poderes – o mandato aparente

O mandatário, para representar os interesses do mandante, deverá estar investido de poderes para tanto. Se o mandatário praticar atos em nome do mandante sem estar devidamente investido em poderes ou se os poderes conferidos não forem suficientes, se vinculará pessoalmente perante terceiros. Essa é a regra. Tais atos praticados fora dos limites do mandato são ineficazes em relação àquele em cujo nome foram praticados, salvo ratificação.

O art. 662 do CC disciplina justamente os atos praticados pelo mandatário sem poderes de representação ou com excesso de poderes. Nas duas hipóteses, o mandatário estará pessoalmente vinculado, pois os atos serão ineficazes em relação àquele em cujo nome foi praticado, salvo ratificação.

É o típico caso de gestão de negócios, onde o mandatário irá intervir em negócio alheio sem autorização do dono do negócio, no caso o mandante. A gestão de negócios estará caracterizada quando alguém, o gestor, sem a autorização do interessado, intervém na gestão de negócio alheio e irá dirigi-lo segundo a vontade presumida do dono e ficará responsável ao dono e as pessoas com quem tratar (art. 861 do CC). Se o mandante não ratificar os atos do mandatário, aplicar-se-á ao caso as regras da gestão (o dono do negócio poderá se vincular ou não aos atos do gestor a depender de vários fatores, como direção segundo a vontade presumível do dono e utilidade da gestão). Se houver ratificação, como enunciam os arts. 662, última parte, e 873, ambos do CC, a ratificação retroage ao dia do começo da gestão e produzirá todos os efeitos do contrato de mandato.

Assim, a não ratificação tornará o mandatário responsável como gestor de negócios e a ratificação converte a gestão em mandato.

De acordo com o art. 662 do CC: "Os atos praticados por quem não tenha mandato, ou o tenha sem poderes suficientes, são ineficazes em relação àquele em cujo nome foram praticados, salvo se este os ratificar". A ratificação converte a gestão em mandato: "Art. 873. A ratificação pura e simples do dono do negócio retroage ao dia do começo da gestão, e produz todos os efeitos do mandato". A retroatividade da ratificação também é evidenciada pelo disposto no parágrafo único do art. 662 do CC: "A ratificação há de ser expressa, ou resultar de ato inequívoco, e retroagirá à data do ato".

A confirmação poderá ser expressa ou tácita (ato inequívoco) e evidencia a busca pela preservação dos atos e negócios realizados pelo mandatário com vinculação do mandante.

Ademais, não se pode perder de vista que os contratos são norteados pelo princípio da boa-fé objetiva e, em razão disso, é possível a aplicação da teoria da aparência no contrato de mandato, a fim de tutelar a boa-fé de terceiro que contrata com o mandatário por acreditar que este, de fato e de direito, age em nome do mandante. Nesse caso, ainda que não haja poderes de representação ou que estes pode-

---

[148] TEPEDINO, Gustavo; BARBOSA, Heloísa Helena; BODIN, Maria Celina et alii. *Código civil interpretado.* v. II (teoria geral dos contratos, contratos em espécie, atos unilaterais, títulos de crédito, responsabilidade civil, preferências e privilégios creditórios – artigos 421-965), RJ-SP: Renovar, 2006, p. 434.

[149] FARIAS, Cristiano Chaves de; ROSENVALD, Nelson. *Curso de direito civil – Teoria geral e contratos em espécie.* 4. ed. Salvador: JusPodivm, 2014. v. 4, p. 1025-1026.

res sejam insuficientes, o mandante se vinculará aos atos do mandatário perante terceiros, em razão da aparência de mandato, fundada no princípio da boa-fé objetiva. Ainda que não haja ratificação, se restar caracterizado o mandato aparente, haverá vinculação do mandante. No entanto a crença ou confiança do terceiro deverá estar fundada em fatos objetivos e concretos capazes de fundamentar, objetivamente, a percepção de que o mandatário ostenta poderes de representação para agir em nome do mandante.

O objetivo é proteger a confiança do terceiro que celebra negócio com o mandatário. Como ressaltam Rosenvald e Chaves[150]: "pode haver a celebração de um contrato de mandato não apenas de forma expressa, mas também de modo comportamental. E, assim, gerais a responsabilização de alguém cujo comportamento, comissivo ou omissivo, contribui para despertar em terceiros a justa expectativa de que um terceiro atuava em seu nome. Quando a aparência de celebração de negócio é idônea por suscitar a confiança ou a representação mental, o criador desta situação concreta (aparente) está vinculado ao resultado. É a chamada teoria da aparência, que aqui ganha terminologia própria: mandato aparente".

Embora haja presunção legal de ineficácia dos atos praticados sem poderes ou com excesso de poderes, é possível a vinculação do mandante a terceiros, se caracterizada a aparência fundada na boa-fé objetiva, a fim de tutelar a confiança depositada pelo terceiro.

Desse modo, as relações jurídicas privadas são norteadas por cláusulas gerais e princípios, entre eles, o princípio da boa-fé objetiva. A boa-fé objetiva ou boa-fé de comportamento impõe uma conduta adequada e ética. Em razão desse princípio, o destinatário da declaração de vontade confia na manifestação ou exteriorização da vontade do declarante.

Assim, se o declarante, ao manifestar sua vontade, exteriorizar ser representante de alguém de quem efetivamente não é o destinatário, mas, diante das circunstâncias objetivas e concretas, o contratante estiver convicto da representação, os atos desse aparente representante vincularão o representado, mesmo não estando investido em qualquer poder de representação.

Essa é a denominada representação aparente, a qual dispensa o "poder" para atuação jurídica do representante e a vinculação do representado. É a teoria da aparência aplicada no instituto da representação. O sujeito aparenta ser o representante de alguém e o terceiro, em razão das circunstâncias objetivas, acredita, fielmente, se tratar de uma representação.

A fim de tutelar os interesses desse terceiro de boa-fé, que acredita e confia na representação do sujeito, o representado, mesmo não tendo investido o representante aparente em qualquer poder ou não havendo poder em decorrência da lei, estará vinculado.

A representação aparente já objeto de análise na parte geral, no capítulo que disciplina a representação.

4.11.6. A vinculação do mandante aos atos praticados pelo mandatário, a prática de atos em nome próprio e o excesso de poderes do mandatário

O art. 663 do CC, em sua primeira parte, estabelece os efeitos dos atos praticados pelo mandatário em nome do mandante, quando aquele se orienta pelos limites dos poderes que lhe foram conferidos por este.

Se o mandatário agir nos limites dos poderes conferidos pelo mandante, este será o único responsável perante terceiros. O vínculo jurídico material será estabelecido entre o mandante e o terceiro. O mandatário age em nome do mandante e, por essa razão, este responderá pelos negócios realizados pelo mandatário em seu nome.

Por outro lado, se o mandatário exceder os poderes do mandato ou agir contra estes poderes, em contrariedade aos termos do contrato, assumirá a responsabilidade pessoal pelo excesso ou abuso de poder. Nestes casos, o mandatário será considerado gestor de negócios do mandante, até que este resolve ratificar os atos para converter a gestão em mandato (art. 873 do CC).

É o que dispõe o art. 665 do CC: "O mandatário que exceder os poderes do mandato, ou proceder contra eles, será considerado mero gestor de negócios, enquanto o mandante lhe não ratificar os atos".

O mandante somente se vinculará aos atos praticados pelo mandatário com excesso ou abuso de poder se houver ratificação destes atos. Caso contrário, a responsabilidade perante terceiros será pessoal do mandatário, salvo se restar caracterizada a situação de aparência ou mandato aparente, caso em que o mandante também ficará vinculado aos atos praticados pelo mandatário com excesso ou abuso de poder. Não caracterizado o mandato aparente, os atos praticados pelo mandatário serão regulados e disciplinados pelo instituto da gestão de negócios.

Se o mandatário agir em nome próprio, será o único responsável pelos atos praticados. Nesse caso, não há que se cogitar em mandato aparente, porque o mandatário não age em nome do mandante, mas em nome próprio. O mandato aparente pressupõe atuação em nome de outrem, mesmo sem poderes. Por isso, a segunda parte do art. 663 dispõe que "(...) ficará, porém, o mandatário pessoalmente obrigado, se agir no seu próprio nome, ainda que o negócio seja de conta do mandante".

É o caso de representação imprópria, de interesses, indireta ou interposição, em que o "representante/mandatário" age em nome próprio, mas no interesse do "representando/mandante". A atuação em nome próprio, mas no interesse do mandante, torna o mandatário pessoalmente obrigado perante terceiro, pois na representação imprópria ou de interesse não há vínculo do mandante para com o terceiro.

Na parte geral, no capítulo sobre representação, foram analisadas as diferenças fundamentais entre representação própria e imprópria.

---

[150] FARIAS, Cristiano Chaves de; ROSENVALD, Nelson. *Curso de direito civil – Teoria geral e contratos em espécie*. 4. ed. Salvador: JusPodivm, 2014. v. 4, p. 1037.

Capítulo 4 • Contratos em Espécie

A representação própria se caracteriza, independentemente do "interesse" a ser tutelado, do representante ou do representado. O núcleo essencial da representação própria é a *contemplatio domini* e não o interesse. Haverá representação, ainda que o representante, agindo em nome do representado (esse requisito é essencial), atue no seu próprio interesse.

Por exemplo, no mandato estipulado no exclusivo interesse do mandatário ou com a cláusula "em causa própria", o mandatário atuará, juridicamente, em nome do mandante, mas no interesse próprio dele, mandatário. Tal situação é corriqueira: "A" (vendedor) aliena um veículo para "B" (comprador). No entanto, em vez de fazer a transferência administrativa junto aos órgãos de trânsito, "A" entrega a "B" uma procuração para que ele "B" atue em nome de "A" perante os órgãos de trânsito.

Nesse caso, quando "B" for efetivar a transferência administrativa, na qualidade de mandatário de "A", estará atuando em nome do vendedor que lhe outorgou a procuração, mas no seu (dele) "B" próprio interesse, pois adquiriu o veículo e deseja a transferência administrativa. Este é um caso típico de representação, no qual o mandatário age em nome do mandante, mas no interesse dele, mandatário.

Por isso, o Código Civil, no art. 684, prevê que, havendo cláusula de irrevogabilidade nesse tipo de negócio, não haverá possibilidade de revogação do mandato. Qual a razão desse impedimento? Justamente porque o mandatário agirá no seu interesse exclusivo, embora em nome do mandante.

Se o mandato contiver cláusula de irrevogabilidade e for celebrado no interesse do mandante, é possível a revogação do mandato, mas o mandante deverá pagar perdas e danos (art. 683). Se o mandato é no interesse do mandatário, havendo cláusula de irrevogabilidade, qualquer tentativa de revogação pelo mandante é ineficaz (art. 684).

Aliás, como desdobramento dos arts. 683 e 684, o art. 685 trata do mandato com cláusula "em causa própria", o qual não pode ser revogado e não será extinto pela morte de qualquer das partes, ficando o mandatário dispensado de prestar contas. Por quê? Nessa situação, o mandatário agirá em "causa própria" ou "no próprio interesse".

Essa outorga de poderes para alienação ou a inserção de cláusula em "causa própria" ou *in rem suam*, segundo a doutrina e jurisprudência, acaba descaracterizando o contrato de mandato. Se houver cláusula *in rem suam*, não haverá conteúdo de mandato, estando caracterizada verdadeira cessão de direitos, negócio jurídico dispositivo, com transferência de direitos, pois, nesse caso, o negócio é todo no interesse do mandatário.

Assim, para a doutrina e jurisprudência, transmitido o direito ao mandatário, por conta da cláusula em "causa própria", o mandatário passaria a agir em nome próprio. O mandato teria sido, nesses casos, mero instrumento de negócio jurídico de cessão de direitos, com transferência de direitos. Realmente, caracterizando-se a cessão de direitos, o mandato estará descaracterizado.

Em conclusão, o interesse não é elemento indispensável para a caracterização da representação própria. Na realidade, os requisitos essenciais da representação própria são apenas a substituição de sujeitos e atuação jurídica em nome de outrem (*contemplatio domini*). Não há dúvida de que o Código Civil admite a autonomia entre o negócio jurídico de outorga de poder de representação e a possibilidade de representação sem mandato, e a recíproca é verdadeira. O mandato sem representação é admitido expressamente no art. 663, quando o mandatário agir em seu próprio nome. Nesse caso haverá mandato, mas não haverá representação. O mandato sem representação, portanto, é uma realidade. É a ideia de interposição ou representação imprópria, já objeto de análise.

4.11.7. O mandato e o direito de retenção

O mandato pode ser oneroso quando for estipulada retribuição ao mandatário, o que ocorrerá especialmente quando o objeto do mandato estiver relacionado ao ofício ou profissão lucrativa do mandatário (art. 658 do CC).

Nesta hipótese, a lei civil autoriza o mandatário a exercer o direito de retenção o objeto da operação que lhe foi confiada até o valor suficiente para a satisfação de tudo que lhe é devido.

O art. 664 do CC estabelece que "o mandatário tem o direito de reter, do objeto da operação que lhe foi cometida, quanto baste para pagamento de tudo que lhe for devido em consequência do mandato". Segundo o Enunciado 184 do CJF, no direito de retenção devem ser incluídas a remuneração ajustada e o reembolso das despesas, em interpretação sistemática e conjunta com o disposto no art. 681 do CC.

O art. 681 também garante ao mandatário o exercício do direito de retenção em relação aos valores desembolsados ou despesas realizadas para o desempenho do encargo objeto do mandato.

De acordo com o Enunciado 184 "da interpretação conjunta desses dispositivos (CC, arts. 664 e 681), extrai-se que o mandatário tem o direito de reter, do objeto da operação que lhe foi cometida, tudo que lhe for devido em virtude do mandato, incluindo-se a remuneração ajustada e o reembolso de despesas".

No mandato oneroso, se o mandante se recusar a pagar a remuneração devida ou a reembolsar o mandatário as despesas despendidas para execução do mandato, este poderá exercer o direito de retenção do objeto do mandato até o valor suficiente para a satisfação de seu crédito. Trata-se do direito de retenção sobre o objeto da operação realizada. A retenção abrange tudo que for devido em consequência do mandato, remuneração ajustada e reembolso de despesas.

4.11.8. Obrigações do mandatário

Os arts. 667 a 674 do CC disciplinam as obrigações do mandatário. O mandatário assume deveres e obrigações no contrato de mandato, os quais estão relacionados à execução do contrato, às diligências empregadas, à observância das instruções do mandante, prestação de contas e indenização em caso de abuso.

De acordo com o art. 667 do CC, o mandatário é obrigado a aplicar toda a sua diligência habitual na execução do mandato, e a indenizar qualquer prejuízo causado por culpa sua ou daquele a quem substabelecer, sem autorização, poderes que devia exercer pessoalmente. O mandatário deverá ser diligente na execução de seus deveres e, por conta desta obrigação, eventuais prejuízos decorrentes de sua desídia ou da desídia daquele para quem substabeleceu sem autorização, ficará obrigado a indenizar o mandante.

A diligência empregada significa cautela, cuidado, zelo e atenção na execução do mandato. Tal diligência deverá ser maior ou menor a depender da complexidade do contrato de mandato.

A norma ainda prevê a possibilidade de substabelecimento. A transferência dos poderes para terceiro poderá ocorrer se houver autorização do mandante. Se o mandante proibir o substabelecimento e o mandatário descumprir esta determinação e se fizer substituir na execução do mandato, responderá ao seu constituinte pelos prejuízos ocorridos sob a gerência do substituto, embora provenientes de caso fortuito, salvo provando que o caso teria sobrevindo, ainda que não tivesse havido substabelecimento. Portanto, o substabelecimento sem autorização atrai para o mandatário a assunção de todos os riscos ocorridos sob a gerência do substituto, ainda que venha a decorrer de caso fortuito.

A responsabilidade civil do mandatário pelos prejuízos causados que, em regra, é subjetiva, fundada na culpa, se converterá em responsabilidade objetiva no caso de substabelecimento sem autorização do mandante. Eventual dano somente será imputado ao mandante se o mandatário provar que o fato (prejuízo) teria ocorrido, mesmo que não tivesse substabelecido, ou seja, que o dano não decorreu de conduta negligente do substituto, mas de fato que era impossível evitar pelo substituto ou por qualquer pessoa, o que mitiga a responsabilidade objetiva sugerida pela norma.

Por outro lado, se houver poderes para substabelecer, só serão imputáveis ao mandatário os danos causados pelo substabelecido, se tiver agido com culpa na escolha deste ou nas instruções dadas a ele (§ 2º do art. 667). Neste caso, a responsabilidade será subjetiva.

Se a proibição de substabelecer constar da procuração, os atos praticados pelo substabelecido não obrigam o mandante, salvo ratificação expressa, que retroagirá à data do ato. Se a procuração for omissa quanto ao substabelecimento, o procurador será responsável se o substabelecido proceder culposamente. A omissão quanto ao substabelecimento não é interpretada como proibição, mas o procurador ficará responsável pelos atos culposos praticados pelo substituto.

Ainda no âmbito das obrigações, o mandatário tem o dever de prestar contas de sua gerência. A prestação de contas é obrigação inerente e essencial ao contrato de mandato. O mandato pressupõe o dever de prestar contas. Ademais, o mandatário deverá transferir ao mandante todas as vantagens que tiver auferido, seja a que título for. Nesse sentido o art. 668 do CC: "O mandatário é obrigado a dar contas de sua gerência ao mandante, transferindo-lhe as vantagens provenientes do mandato, por qualquer título que seja".

O mandatário não poderá também compensar os prejuízos a que deu causa ou que foram provocados pelo substabelecido com os proveitos que tenha auferido a favor de seu constituinte, ou do mandante (art. 669 do CC). Se o mandatário deu causa a prejuízos, deverá responder ao mandante com o seu patrimônio e não com proveitos e vantagens que granjeou para o mandante, porque estes proveitos ou resultados positivos pertencem ao titular dos negócios ou interesses e, por isso, são decorrência lógica e natural deste tipo de contrato. Os proveitos são do mandante. A vedação à compensação ocorre porque o mandatário não é credor destes proveitos. Simples assim. A compensação somente é possível no caso de crédito e débitos recíprocos. O mandatário não tem direito de crédito sobre os proveitos, motivo pelo qual não pode pretender compensar com o mandante um crédito que ele mandatário não ostenta a titularidade. A regra é o óbvio ao quadrado.

O mandatário, pelas somas que deveria entregar ao mandante ou recebeu para despesas, mas empregou em seu próprio proveito, responderá pelos juros, desde o momento do fato. De acordo com o art. 670 do CC: "Pelas somas que devia entregar ao mandante ou recebeu para despesa, mas empregou em proveito seu, pagará o mandatário juros, desde o momento em que abusou". O abuso se caracteriza pelo fato de o mandatário ter utilizado em benefício próprio valores que pertenciam ao mandante. Os juros são os legais, previstos no art. 406 do CC.

O art. 671 do CC disciplina hipótese em que o mandatário, em contrariedade às instruções do mandante, adquire, em nome próprio, com valores, fundos ou créditos do mandante, bem que deveria comprar em nome do mandante e para ele, jamais em nome próprio. Neste caso, o mandante poderá, por meio de ação judicial de obrigação de entregar coisa certa, exigir do mandatário a entrega da coisa comprada, caso este se recuse a entregá-la. A ação cabível é a reivindicatória e terá como fundamento o domínio do mandante sobre a coisa. No caso, terá ocorrido sub-rogação real, ou mera substituição de fundos ou créditos do mandante por bem adquirido pelo mandatário. A coisa sub-rogada, adquirida com fundos ou créditos do mandante, pertence a este, mesmo que adquirida ou comprada em nome do mandatário. Portanto, o mandatário não poderá comprar em seu nome coisa que, por força do contrato de mandato, teria que comprar em nome do mandante.

De acordo com Tepedino[151] o referido art. 671 tem os seguintes pressupostos fáticos: "o mandatário tem à sua disposição fundos ou créditos suficientes do mandante; o mandato, dentre outros e eventuais objetos possíveis, tem por finalidade a aquisição de certo bem; o mandatário ad-

---

[151] TEPEDINO, Gustavo; BARBOSA, Heloísa Helena; BODIN, Maria Celina et al. *Código civil interpretado*. v. II (teoria geral dos contratos, contratos em espécie, atos unilaterais, títulos de crédito, responsabilidade civil, preferências e privilégios creditórios – artigos 421-965), RJ-SP: Renovar, 2006, p. 448.

quire em seu nome o dito bem que, por força do mandato, deveria adquirir em nome do mandante".

No caso de pluralidade de mandatários, o art. 672 do CC dispõe que qualquer deles poderá exercer os poderes outorgados, desde que não sejam expressamente declarados conjuntos, nem especificamente designados para atos diferentes, ou subordinados a atos sucessivos.

Caso os mandatários, no instrumento da procuração ou no próprio contrato de mandato sejam declarados para atuarem em conjunto, não terá eficácia o ato praticado sem interferência de todos, salvo se houver ratificação, que retroagirá à data do ato. Portanto, qualquer dos mandatários poderá praticar os atos relacionados aos poderes outorgados, salvo exigência de atuação conjunta ou se cada um deles for designado para atos específicos.

Como regra, há presunção de mandato solidário no caso de pluralidade de mandatários e, por isso, cada mandatário poderá agir isoladamente como se fosse o único mandatário. A solidariedade entre os mandatários dispensa a interferência de todos nos atos praticados. Se o mandante pretender desqualificar a presunção legal de solidariedade, deverá consignar no mandato a necessidade de atuação conjunta dos mandatários, ou para atos específicos ou sucessivos. O mandato conjunto é aquele em que todos os mandatários, como condição de eficácia do ato ou negócio, agem em conjunto. A participação é coletiva. O mandato sucessivo é aquele em que o mandatário é constituído para agir na falta de um, como típico substituto. Na falta de determinado mandatário, outro o sucede. De acordo com Rodolfo de Moraes Machado Neto: "Se o instrumento do mandato declarar, expressamente, subordinação a atos sucessivos, não haverá também a premissa de que qualquer mandatário possa exercer os poderes outorgados, sendo necessária observação da hierarquia dos poderes conferidos a cada mandatário". O mandato específico ou para atos determinados é aquele que o mandante discrimina e individualiza os atos que cada um dos mandatários terá o poder de praticar.

Portanto, a regra, em caso de pluralidade de mandatários, é o mandato solidário. Excepcionalmente, o mandato poderá ser conjunto ou simultâneo, fracionário (atos específicos) ou sucessivo ou substitutivo.

Ainda no âmbito das obrigações do mandatário, o art. 673 apresenta sanção civil ao terceiro de má-fé que, depois de ter ciência de quais são os poderes do mandatário, celebra negócio jurídico com o mandatário fora dos poderes a este conferidos pelo mandante. Neste caso, o dolo e a má-fé do terceiro retiram deste o direito de ação contra o próprio mandatário, salvo se o mandatário fizer promessa de ratificação do mandante ou se o mandatário, por conta própria, assumir a responsabilidade pessoal pelo ato praticado em excesso ou com abuso de direito.

Nesse sentido é o referido dispositivo legal: "Art. 673. O terceiro que, depois de conhecer os poderes do mandatário, com ele celebrar negócio jurídico exorbitante do mandato, não tem ação contra o mandatário, salvo se este lhe prometeu ratificação do mandante ou se responsabilizou pessoalmente".

Por fim, embora ciente da morte, interdição ou mudança de estado do mandante, deve o mandatário concluir o negócio já começado, se houver perigo na demora (art. 674), a fim de evitar maiores prejuízos. No entanto, a eficácia dos negócios depende do início da execução. Se o negócio ainda não foi iniciado pelo mandatário, tais eventos são causas de extinção do mandato e, por isso, não produzirão efeitos. O objetivo da norma é evitar prejuízos, em especial aos sucessores do mandante no caso de morte ou ao próprio mandante nas demais hipóteses.

4.11.9. Obrigações do mandante

Os arts. 675 a 681 do CC disciplinam as obrigações do mandante. Tais obrigações estão relacionadas à execução, perante terceiros, das obrigações contraídas pelo mandatário, bem como da obrigação de pagar ao mandatário a remuneração ajustada e outras despesas ou danos suportados pelo mandatário e a possibilidade de ação regressiva contra o mandatário no caso de excesso de poder ou abuso de direito.

Assim, o mandante é obrigado a satisfazer todas as obrigações contraídas pelo mandatário, na conformidade do mandato conferido, e adiantar a importância das despesas necessárias à execução dele, quando o mandatário lhe pedir (art. 675), sob pena de resolução do contrato de mandato e pagamento de perdas e danos.

Se o mandato for oneroso, o mandante tem a obrigação de pagar ao mandatário a remuneração ajustada e as despesas da execução do mandato, ainda que o negócio não surta o esperado efeito, salvo tendo o mandatário culpa. A responsabilidade civil do mandatário é subjetiva, pois, fundada na culpa. A remuneração pelo trabalho do mandatário, no mandato oneroso, independe do resultado e dos efeitos concretos. O mandatário somente perderá o direito à remuneração ajustada e às despesas da execução do mandato se não for diligente.

No mais, de acordo com o art. 677, as somas adiantadas pelo mandatário, para a execução do mandato, vencem juros desde a data do desembolso. Se houver necessidade de desembolso pelo mandatário para a execução do mandato, deve o mandante reembolsá-lo nos valores eventualmente adiantados, com os acréscimos de juros que devem ser contados desde a data do desembolso pelo mandatário. Se os juros não houverem sido convencionados, incide os juros legais previstos no art. 406 do CC.

O mandante ainda tem a obrigação de indenizar o mandatário das perdas que este sofrer com a execução do mandato, sempre que não resultem de culpa sua ou de excesso de poderes (art. 678). A culpa do mandatário ou o excesso de poder/abuso de direito atrai para o mandatário o dever de arcar com as perdas suportadas durante a execução do mandante.

Ainda que o mandatário contrarie as instruções do mandante, se não exceder os limites do mandato, ficará o mandante obrigado para com aqueles com quem o seu procurador contratou. No entanto, o mandante terá contra o mandatário ação pelas perdas e danos resultantes da inobservância das instruções (art. 679).

Neste caso, não houve excesso de poderes ou abuso de direito, mas mera atuação em contrariedade com as instruções do mandante. Os limites do mandato foram respeitados e observados pelo mandatário, mas a inobservância das instruções pode gerar prejuízos ao mandante. Se o mandante sofrer perdas em razão da não atenção do mandatário às instruções, na relação interna entre mandante e mandatário aquele poderá acionar este.

Se o mandato for outorgado por duas ou mais pessoas, e para negócio comum, cada uma ficará solidariamente responsável ao mandatário por todos os compromissos e efeitos do mandato, salvo direito regressivo, pelas quantias que pagar, contra os outros mandantes (art. 680).

A norma disciplina o direito regressivo a favor do mandante que pagar qualquer quantia, em relação aos demais mandantes, pelas respectivas quotas de cada um. Haverá solidariedade entre os mandantes por todas as obrigações e deveres assumidos pelo mandatário nos limites dos poderes que lhe foi conferido no respectivo instrumento. A responsabilidade dos mandantes é solidária. Trata-se de mais uma hipótese de solidariedade legal (art. 265 do CC).

4.11.10. Causas de extinção do mandato (art. 682 do CC)

O contrato de mandato, como toda relação jurídica material de natureza obrigacional, é transitório. A extinção do contrato de mandato está conectada a questões e causas relativas às peculiaridades e natureza deste tipo de contrato.

O art. 682 do CC disciplina as causas capazes de ensejar a cessação ou extinção do contrato de mandato.

• **Art. 682, inciso I (revogação)**

Em primeiro lugar, o mandato cessa pela revogação (por parte do mandante) ou renúncia (pelo mandatário). Tal causa extintiva está relacionada à natureza personalíssima e à confiança existente no contrato de mandato. A confiança ou fidúcia é a base de sustentação do contrato de mandato. Se o mandante perder a confiança no mandatário, aquele poderá revogar o mandato a qualquer tempo, até porque o mandatário, de acordo com o art. 653, como regra, age em nome do mandante e pratica atos ou administra interesses deste.

A confiança é tão relevante no contrato de mandato que, ainda que o mandato tenha cláusula de irrevogabilidade, o mandante poderá revogá-lo. Entretanto, neste caso, a cláusula de irrevogabilidade impõe ao mandante a obrigação de pagar perdas e danos ao mandatário, como sanção civil pela violação da referida cláusula, conforme dispõe o art. 683 do CC. No caso de violação da cláusula de irrevogabilidade, haverá inadimplemento do mandante, o que justifica as perdas e danos.

Portanto, o mandante, em regra, tem o direito potestativo de resilir unilateralmente o contrato de mandato (caso em que será extinto pela própria vontade do mandante – art. 473 do CC). Se o mandato contiver cláusula de irrevogabilidade, o poder de resilição ficará mitigado, pois o mandante terá que indenizar o mandatário pela violação da cláusula em referência.

Com relação ao direito potestativo de resilir o mandato, Tepedino[152] é preciso: "pouco importa se o mandato é oneroso ou gratuito, tenha prazo determinado ou indeterminado, bem como a extensão e natureza dos poderes outorgados, pois o direito de revogação sempre existirá. Observe-se que, na hipótese de pluralidade de mandantes, o direito de revogação poderá ser exercido individualmente por cada um deles".

A revogação tem efeito *ex nunc* e, portanto, os atos praticados pelo mandatário até o momento da revogação são válidos e eficazes perante terceiros, com a plena vinculação do mandante. De acordo com Orlando Gomes[153]: "A revogação produz efeitos *ex nunc*. Os atos praticados não são atingidos. Necessário que os terceiros tenham conhecimento de que os poderes foram revogados. O mandante deve também notificar o mandatário. A declaração é receptícia".

Em relação aos efeitos da revogação, o art. 686 do Código Civil dispõe que a revogação do mandato, notificada somente ao mandatário, não pode ser oposta a terceiros que desconheciam a revogação e, em função desta ignorância, de boa-fé, contratam com o mandatário. Portanto, se o terceiro está de boa-fé porque desconhece a revogação, os atos praticados pelo mandatário com este terceiro vinculam o mandante. Neste caso, por óbvio, o mandante terá ação regressiva contra o mandatário ou procurador que realizou negócios com terceiros após ser cientificado da revogação do mandato.

Com a revogação do mandato, cessam os poderes do mandatário para agir em nome do mandante. A notificação da revogação apenas ao mandatário não prevalece e não tem eficácia em face de terceiro de boa-fé. Assim, o direito do mandante é sacrificado para tutelar a boa-fé do terceiro que contrata com o mandatário em nome do mandante, após ter sido notificado da revogação. A má-fé do mandatário prejudica o mandante, mas não afeta os interesses de terceiro de boa-fé que poderá exigir o objeto do mandato do mandante. O mandatário será responsável, na relação interna, perante o mandante, pela prática destes atos após a revogação que causarem prejuízo a este.

O parágrafo único do art. 686 do CC apresenta outra hipótese de irrevogabilidade do mandato. De acordo com essa norma: "É irrevogável o mandato que contenha poderes de cumprimento ou confirmação de negócios encetados, aos quais se ache vinculado".

Se houver vínculo entre os negócios já iniciados pelo mandatário e os poderes de cumprimento ou confirmação, tais negócios deverão ser finalizados. Neste caso, o mandato não poderá ser revogado até a consumação e a finalização destes negócios que já foram iniciados e estão

---

[152] TEPEDINO, Gustavo; BARBOSA, Heloísa Helena; BODIN, Maria Celina et al. *Código civil interpretado*. v. II (teoria geral dos contratos, contratos em espécie, atos unilaterais, títulos de crédito, responsabilidade civil, preferências e privilégios creditórios – artigos 421-965), RJ-SP: Renovar, 2006, p. 460.

[153] GOMES, Orlando. *Contratos*. 26. ed. Rio de Janeiro: Forense, 2008, p. 432.

em fase de cumprimento. Trata-se de causa de irrevogabilidade absoluta, diversa da hipótese do art. 683 que trata de hipótese de irrevogabilidade relativa, tendo em vista que a cláusula de irrevogabilidade não impede a revogação, mas atrai sanção civil para o mandante, obrigação de pagar perdas e danos ao mandatário.

O art. 687 do CC disciplina hipótese de revogação tácita do contrato de mandato: "Tanto que for comunicada ao mandatário a nomeação de outro, para o mesmo negócio, considerar-se-á revogado o mandato anterior".

A mera comunicação ao mandatário de que outra pessoa foi nomeada para exercer o encargo e assumir os poderes transferidos pelo mandante é suficiente para a revogação do contrato de mandato. A comunicação de nomeação de outro sujeito para figurar como mandatário, para fins de revogação, deverá se referir ao mesmo negócio.

Tal conduta do mandante evidencia a ausência de confiança no mandatário primitivo, pois outro assumirá o ônus de realizar o mesmo negócio. Se a nomeação de outro mandatário for para negócio diverso, não haverá revogação tácita.

A revogação tácita do mandato poderá ocorrer se o mandante assume pessoalmente a administração do negócio ou se nomeia outro procurador ou mandatário para realizar o mesmo negócio.

A revogação expressa depende de exteriorização de vontade, que pode ser materializada em notificação judicial ou extrajudicial.

• **Art. 682, inciso I (renúncia)**

A renúncia também consiste em causa de extinção do contrato de mandato. Ao contrário da revogação, a renúncia é instrumento colocado à disposição do mandatário para se liberar do vínculo contratual, quando não mais tiver interesse em prosseguir no exercício do mandato. Trata-se de declaração unilateral de vontade do mandatário.

A renúncia, assim como a revogação, não pode ser arbitrária e abusiva, em função dos princípios da função social e boa-fé objetiva que orientam a teoria contratual. Por isso, se o mandante, de alguma forma, for prejudicado pela inoportunidade da renúncia ou pela falta de tempo para que o mandante possa promover a substituição do procurador, o mandatário ficará obrigado a indenizar o mandante pelos prejuízos decorrentes da renúncia abusiva e arbitrária.

Nesse sentido dispõe o art. 688 do CC, segundo o qual: "A renúncia do mandato será comunicada ao mandante, que, se for prejudicado pela sua inoportunidade, ou pela falta de tempo, a fim de prover à substituição do procurador, será indenizado pelo mandatário, salvo se este provar que não podia continuar no mandato sem prejuízo considerável, e que não lhe era dado substabelecer".

O mandatário ficará isento de qualquer responsabilidade por eventuais prejuízos decorrentes da renúncia, se provar que não possuía condições de manter o mandato sem prejuízo considerável, ou seja, se o prejuízo da manutenção do mandato for superior ao prejuízo que a renúncia poderia causar ao mandante e não for possível o substabelecimento para terceiros, o mandatário não será obrigado a suportar qualquer ônus de natureza indenizatória. Nesse caso, haverá justa causa para a renúncia. Se o substabelecimento for possível e o mandatário for negligente em relação à transferência de poderes, ainda que prove que não poderia continuar no exercício do mandato sem prejuízo considerável, terá que indenizar o mandante.

O fato é que o mandatário deverá proporcionar ao mandante tempo hábil para que este possa providenciar a substituição, uma vez que a renúncia abusiva, denominada pela lei de "inoportuna", poderá atrair a responsabilidade civil ao mandatário pelos prejuízos que a renúncia acarretar ao mandante.

• **Art. 682, inciso II (pela morte)**

O contrato de mandato tem natureza personalíssima e, por isso, a morte do mandante ou do mandatário acarretará a extinção do contrato de mandato. Os herdeiros da parte falecida não sucedem e não assumem as obrigações do mandante e mandatário.

O Código Civil apenas disciplina os efeitos dos atos praticados pelo mandatário enquanto ignora a morte do mandante. Assim, nos termos do art. 689 do CC, são válidos, a respeito dos contratantes de boa-fé, os atos com estes ajustados pelo mandatário, em nome do mandante, enquanto aquele ignora a morte deste ou que o mandato foi extinto, por qualquer outra causa.

Nessa hipótese, não ocorre a transferência do direito e das obrigações do falecido para os herdeiros, mas apenas a vinculação destes herdeiros aos atos praticados pelo mandatário com terceiros de boa-fé, porque o mandatário ignorava a morte do mandante.

A lei civil tutela os interesses do terceiro de boa-fé em detrimento dos interesses econômicos e patrimoniais dos herdeiros do falecido, que ficarão obrigados e vinculados a estes atos praticados pelo mandatário no período em que ignorava a morte do mandante ou a extinção do mandato por qualquer outra causa.

A eticidade norteada pelo princípio da boa-fé objetiva justifica a tutela ao terceiro e ao mandatário que contrataram de boa-fé. Por isso, cabe aos herdeiros comunicar ao mandatário a respeito da morte do mandante, a fim de que não fiquem vinculados aos atos por aquele realizado em nome do mandante junto a terceiros de boa-fé.

Por outro lado, se apenas o mandatário for notificado sobre a morte, em analogia ao art. 686 do CC, considera-se válido o negócio celebrado com terceiros de boa-fé, mesmo se o mandatário toma conhecimento da morte e, de má-fé, realiza o negócio em nome do mandante. Na hipótese de má-fé apenas do mandatário, ainda em analogia ao art. 686, que tem o mesmo princípio, os herdeiros do mandante têm ação de indenização contra o mandatário que agiu ciente da morte do mandante, de má-fé. Todavia, os interesses e direitos do terceiro de boa-fé serão tutelados.

Em resumo, se o mandatário pratica o ato com terceiro de boa-fé sem ter conhecimento da morte do mandante, os herdeiros se vinculam perante terceiros aos atos praticados pelo mandatário em nome do mandante falecido. Nesse caso, em razão da boa-fé do mandatário e do terceiro, não há possibilidade de ação dos herdeiros contra ninguém, razão pela qual devem cumprir as obrigações assumidas pelo mandatário.

Por outro lado, se o mandatário, ciente da morte do mandante, pratica ato com terceiro, os herdeiros também se vinculam aos terceiros de boa-fé, mas, nessa hipótese, em razão da má-fé do mandatário, em analogia ao art. 686 do CC, os herdeiros terão ação contra o mandatário que agiu de má-fé (negociou com terceiros em nome do mandante após ser comunicado da morte deste). Finalmente, no caso de má-fé do mandatário e do terceiro, não há vinculação dos herdeiros, porque mandatário e terceiro estão de má-fé. A responsabilidade, nesse caso, é pessoal do mandatário perante o terceiro.

Se o mandatário falecer, de acordo com o art. 690 do CC, pendente o negócio a ele cometido, os herdeiros, tendo ciência do mandato, avisarão o mandante, e providenciarão a bem dele, como as circunstâncias exigirem.

Nesta hipótese do art. 690, os herdeiros devem limitar-se às medidas conservatórias, ou continuar os negócios pendentes que se não possam demorar sem perigo, regulando-se os seus serviços dentro desse limite, pelas mesmas normas a que os do mandatário estão sujeitos (art. 691 do CC).

Portanto, a eficácia do mandato após a morte é admitida excepcionalmente para a tutela de interesses de terceiros de boa-fé, no caso da morte do mandante, ou para tutelar os interesses do mandante, no caso da morte do mandatário.

• **Art. 682, inciso II (interdição de uma das partes)**

A interdição de qualquer das partes também é causa de cessação do contrato de mandato. A interdição ocorrerá quando, em função de alguma enfermidade, o discernimento da pessoa ficar comprometido parcial ou totalmente. Nesta hipótese, por meio de processo de interdição, será nomeado curador ao interditado. Se o interditado não tem condições de gerir a sua própria vida, por óbvio não poderá assumir a responsabilidade de agir em nome do mandante (se o interditado for o mandatário) ou para transferir poderes para o mandatário (se o interditado for o mandante). Portanto, com a interdição de qualquer das partes em função de uma das causas previstas no art. 1.767 do CC, o contrato de mandato será extinto. Aplica-se a esta causa extintiva do mandato a mesma observação da parte final do art. 689 do CC.

• **Art. 682, inciso III (pela mudança de estado que inabilite o mandante a conferir os poderes, ou o mandatário para os exercer)**

O inciso III do art. 682 disciplina a hipótese em que a alteração de estado, como de solteiro para casado, que venha a inabilitar o mandante a transferir poderes ou o mandatário para exercer estes poderes. Por exemplo, o casamento do mandante extingue o mandato para alienação do imóvel se a outorga do outro cônjuge, devido ao regime, o torna obrigatório.

• **Art. 682, inciso IV (pelo término do prazo ou pela conclusão do negócio)**

Por fim, se o mandato for por prazo determinado, o término do prazo levará à extinção do mandato. Por outro lado, seja por prazo determinado ou indeterminado, se o mandato é celebrado com o objetivo e a finalidade de realização de negócio específico, celebrado e concretizado o negócio objeto do mandato, este contrato também será extinto.

4.11.11. O mandato em causa própria

O art. 685 do CC disciplina o mandato em causa própria ou *in rem suam*. O mandato com a cláusula "em causa própria" ou "no interesse próprio" (mandatário) é aquele em que o mandatário age em nome do mandante, mas no interesse próprio (dele mandatário). O mandatário, em causa própria, passa a exercer os poderes em nome do procurador. Nesta situação, o mandatário age no seu próprio interesse.

O mandato com a cláusula "em causa própria" difere do mandato tradicional ou comum em que o mandatário age em nome e no interesse do mandante, com a finalidade de praticar atos ou administrar interesses daquele (art. 653 do CC). No mandato com a cláusula "em causa própria" este é celebrado no interesse exclusivo do mandatário, pois os atos ou interesses vão repercutir na esfera jurídica do mandatário, e não do mandante.

Em razão destas peculiaridades, o mandato com a cláusula "em causa própria" possui natureza e efeitos diversos do mandato tradicional. Quanto à natureza jurídica, o mandato com a cláusula "em causa própria" assume a natureza jurídica de cessão de direitos, pois o mandato é apenas meio para esta finalidade (transferência de direitos ao mandatário) e não fim em si mesmo.

O mestre Gomes[154] destaca que "a cláusula *in rem suam* desnatura a procuração, porque o ato deixa de ser autorização representativa. Transmitido o direito ao procurador em causa própria, passa este a agir em seu próprio nome, no seu próprio interesse e por sua própria conta. Sendo o negócio translativo, há de preencher os requisitos necessários à validade dos atos de liberalidade ou de venda". E completa: "a procuração em causa própria é irrevogável não porque constitui exceção à irrevogabilidade do mandato, mas porque implica transferência de direitos".

O mandatário é investido na titularidade dos direitos transferidos e do poder de disposição destes direitos. Por isso, como enuncia o art. 685 do CC, o mandatário poderá transferir para si próprio os bens móveis e imóveis objeto do mandato.

Por outro lado, em relação aos efeitos jurídicos, em decorrência desta natureza jurídica diferenciada, a revogação do mandato, pelo mandante, não terá eficácia, assim como o mandato não será extinto pela morte de qualquer das partes.

---

[154] GOMES, Orlando. *Contratos*. 26. ed. Rio de Janeiro: Forense, 2008, p. 437.

Como o mandatário age no seu próprio interesse, o mandatário ficará dispensado da prestação de contas, pois seria ilógico ser obrigado a prestar contas para si mesmo. A natureza jurídica do mandato com a cláusula em causa própria afasta a regra geral de prestação de contas do art. 668 do CC.

Nesse sentido é o art. 685 do CC: "Conferido o mandato com a cláusula 'em causa própria', a sua revogação não terá eficácia, nem se extinguirá pela morte de qualquer das partes, ficando o mandatário dispensado de prestar contas, e podendo transferir para si os bens móveis ou imóveis objeto do mandato, obedecidas as formalidades legais".

Embora o mandante tenha a prerrogativa de revogar o mandato, fato que levará à extinção deste contrato (art. 682, I), no caso do mandato com a cláusula "em causa própria", o eventual exercício do direito potestativo de revogar o mandato não terá qualquer eficácia. Além disso, a morte de qualquer das partes não levará à extinção do contrato, razão pela qual os herdeiros do mandante ou mandatário falecido assumem os direitos, deveres e obrigações do mandato com a cláusula em "causa própria".

O STJ, no REsp 303.707/MG, de relatoria da Min. Nancy Andrighi, foi destacada a natureza do contrato de mandato com a cláusula em causa própria: "A procuração *in rem suam* não encerra conteúdo de mandato, não mantendo apenas a aparência de procuração autorizativa de representação. Caracteriza-se, em verdade, como negócio jurídico dispositivo, translativo de direitos que dispensa prestação de contas, tem caráter irrevogável e confere poderes gerais, no exclusivo interesse do outorgado. A irrevogabilidade lhe é ínsita justamente por ser seu objeto a transferência de direitos gratuita ou onerosa. – Para a validade da alienação do patrimônio da fundação é imprescindível a autorização judicial com a participação do órgão ministerial, formalidade que se suprimida acarreta a nulidade do ato negocial, pois a tutela do Poder Público – sob a forma de participação do Estado-juiz, mediante autorização judicial –, é de ser exigida".

Em resumo, pelo contrato de mandato com a cláusula em causa própria, o mandante transfere ao mandatário todos os seus direitos sobre determinado bem, móvel ou imóvel e o mandatário passará a agir por sua própria conta e no seu exclusivo interesse. O mandatário passará a agir na qualidade de titular do direito e dono da coisa ou negócio, pois o mandato não se restringe à outorga de procuração, mas na transferência, entrega e atribuição de direito. Por conta destas características, o mandatário não precisa prestar contas, o mandato não se extinguirá pela morte de qualquer das partes e o mandante não poderá revogá-lo.

No mandato comum, sem que ostente a cláusula em causa própria, o mandatário não tem o direito subjetivo de manter o mandato. Por isso, o mandante poderá revogá-lo, mesmo que haja cláusula de irrevogabilidade (art. 683 do CC). A revogação poderá ser expressa ou tácita.

Se o mandato contiver a cláusula em causa própria, em razão das questões já referidas, o mandante não poderá revogar o mandato. Além disso, o mandante também não poderá, sob qualquer pretexto, revogar o mandato, quando a cláusula de irrevogabilidade for condição de negócio bilateral, como enuncia o art. 684 do CC. Se o mandato tiver sido estipulado no exclusivo interesse do mandatário e não do mandante, a revogação será ineficaz (art. 685 e última parte do art. 684).

Assim, quando a cláusula de irrevogabilidade estiver atrelada à concretização de qualquer ato e condicionada a negócio jurídico bilateral (com prestações recíprocas e interdependentes, como na compra e venda), o mandato não poderá ser revogado.

É o que enuncia o art. 684 do CC: "Quando a cláusula de irrevogabilidade for condição de um negócio bilateral, ou tiver sido estipulada no exclusivo interesse do mandatário, a revogação do mandato será ineficaz".

Sobre esse artigo são precisas as observações de Paulo Lôbo[155]: "Se a cláusula de irrevogabilidade for condição de um negócio bilateral, ou tiver sido estipulada no exclusivo interesse do mandatário, a revogação do mandato será ineficaz. Se o contrato de mandato estiver coligado a outro contrato bilateral, de que é mero efeito, será irrevogável. O conteúdo dessa regra é próximo da procuração em causa própria, previsto no art. 685 do CC, mas é mais amplo que este. Refere-se a mandato cuja irrevogabilidade é condição de realização de outro contrato. A revogação é válida, mas não produz efeitos jurídicos, enquanto a revogação da procuração em causa própria é inválida e não apenas ineficaz".

Portanto, o art. 684 do CC disciplina outra hipótese de irrevogabilidade absoluta do mandato pelo mandante (quando for meio de cumprir obrigação contratada ou estiver vinculada a outro negócio ou for condição de concretização deste mesmo negócio).

4.11.12. Mandato judicial

O Código Civil encerra as regras sobre o contrato de mandato na seção V, que trata do "mandato judicial", disciplinado em apenas um único artigo.

De acordo com o art. 692 do CC: "O mandato judicial fica subordinado às normas que lhe dizem respeito, constantes da legislação processual, e, supletivamente, às estabelecidas neste Código".

No caso do mandato judicial, as regras do Código Civil são supletivas, pois tal tipo de mandato se submete às normas que estão relacionadas à legislação processual. O Código de Processo Civil traz inúmeras regras que devem ser aplicadas exclusivamente ao mandato judicial. O mandato judicial tem como objetivo atuar em representação para acesso ao Poder Judiciário, instrumento de acesso à jurisdição. Ademais, por ter caráter profissional, ao contrário do mandato regular, a presunção é de onerosidade. Os poderes incluídos na cláusula *ad judicia* estão contemplados no art. 105 do CC.

---

[155] LÔBO, Paulo Luiz Netto. *Contratos*. São Paulo: Saraiva, 2010 (col. Direito Civil), p. 427.

De acordo com o art. 103 do CPC/2015 "A parte será representada em juízo por advogado regularmente inscrito na Ordem dos Advogados do Brasil. É lícito à parte postular em causa própria quando tiver habilitação legal. Portanto, para litigar, é essencial a capacidade postulatória, o que é excepcionado em situações como nos Juizados Especiais ou na Justiça do Trabalho.

O art. 104 dispõe que: "O advogado não será admitido a postular em juízo sem procuração, salvo para evitar preclusão, decadência ou prescrição, ou para praticar ato considerado urgente". Nestas hipóteses excepcionais, quando atua sem mandato, o advogado deverá, independentemente de caução, exibir a procuração no prazo de 15 (quinze) dias, prorrogável por igual período por despacho do juiz. O ato não ratificado será considerado ineficaz relativamente àquele em cujo nome foi praticado, respondendo o advogado pelas despesas e por perdas e danos. Portanto, embora excepcional, o advogado poderá nestes casos atuar sem procuração, mas o vício é sanável.

E por fim, o art. 105do CPC: "A procuração geral para o foro, outorgada por instrumento público ou particular assinado pela parte, habilita o advogado a praticar todos os atos do processo, exceto receber citação, confessar, reconhecer a procedência do pedido, transigir, desistir, renunciar ao direito sobre o qual se funda a ação, receber, dar quitação, firmar compromisso e assinar declaração de hipossuficiência econômica, que devem constar de cláusula específica. A procuração pode ser assinada digitalmente na forma da lei. A procuração deverá conter o nome do advogado e seu número de inscrição na OAB, além de endereço completo.

Portanto, o mandato judicial tem disciplina jurídica própria na legislação processual civil, penal e trabalhista. As regras do contrato de mandato estabelecidas no Código Civil somente se aplicam em caráter subsidiário e supletivo.

4.12. CONTRATO DE COMISSÃO

4.12.1. Noções gerais, conceito e características

O contrato de comissão tem por objeto a compra e venda de bens ou a realização de mútuo ou outro negócio jurídico de crédito pelo comissário, em seu próprio nome e à conta do comitente. A Lei n. 14.690/2023 modificou a redação da norma para ampliar o objeto do contrato de comissão, para permitir a realização de contrato de mútuo.

A comissão é negócio jurídico realizado entre comitente e comissário, que não se confunde com as aquisições e vendas de bens que serão levadas a efeito e concretizadas pelo comissário com terceiro. Embora o beneficiário do negócio entre comissário e terceiro seja o comitente, o comissário, perante o terceiro, age em nome próprio, fato que caracteriza a comissão como espécie do gênero representação imprópria, de interesses, indireta ou de interposição.

Trata-se de contrato autônomo de colaboração, consensual, informal, bilateral e oneroso. O comissário, ao contrário do mandatário, age em nome próprio, embora no interesse do comitente. O mandatário age em nome e no interesse do mandante, típico caso de representação própria. O comissário realizará negócios no interesse e segundo as instruções de outro empresário, o comitente. Ainda que a "atuação em nome de outrem" (existente no mandato e não na comissão) distinga os institutos em análise, são aplicáveis à comissão, no que couber, as regras do contrato de mandato (art. 709 do CC). Não há dúvida de que tais contratos de colaboração são extremamente próximos.

Como o comissário age em nome próprio, fica diretamente obrigado com as pessoas ou terceiros com quem tratar e contratar, sem que estes terceiros tenham ação contra o comitente e nem este contra aqueles.

De acordo com o art. 694 do CC: "O comissário fica diretamente obrigado para com as pessoas com quem contratar, sem que estas tenham ação contra o comitente, nem este contra elas, salvo se o comissário ceder seus direitos a qualquer das partes".

A única hipótese de ação do comitente contra o terceiro ou do terceiro contra o comitente será quando e se o comissário, por negócio jurídico entre vivos, ceder os seus direitos incorpóreos e imateriais para qualquer das partes. Por isso, a regra é a atribuição de responsabilidade direta ao comissário em relação às pessoas, terceiros com quem tratar ou negociar. Trata-se de típico caso de representação imprópria, em que o comissário, que mantém vínculo com o comitente, age em nome próprio, mas no interesse deste. O vínculo perante o terceiro é do comissário. A responsabilidade é pessoal, justamente porque ele age em seu próprio nome, como enuncia o art. 693 do CC.

Como aduz o mestre Gomes[156]: "Na comissão, há representação indireta ou imperfeita, que não configuraria, entretanto, a representação propriamente dita como forma típica de cooperação de alguém na conclusão de um negócio jurídico. Nada indica que o comissário, parte formal no contrato, o celebre com o propósito de transmitir os efeitos ao comitente. Do ponto de vista externo, a relação jurídica apresenta-se como vínculo exclusivo entre o comissário e a pessoa a quem vende ou de quem compra determinados bens: mercadorias ou títulos. Internamente, porém, e sem aparecer, o comissário está vinculado a outra pessoa por conta da qual age. Gere, por esse modo, interesses do comitente, transmitindo ao *dominus* o resultado da gestão".

Como o comissário age em nome próprio, não é gestor de negócios, procurador ou representante convencional do comitente. A caracterização da comissão impõe que o comissário exerça tal profissão com habitualidade e regularidade, ou seja, deve ser empresário (não por outro motivo, o contrato de comissão é qualificado e classificado como empresarial).

4.12.2. Obrigações do comissário

No vínculo jurídico obrigacional, contrato de comissão, pactuado entre comitente e comissário, este assume as mais diversas obrigações, em especial perante o comitente.

De acordo com o art. 695 do CC: "O comissário é obrigado a agir de conformidade com as ordens e instru-

---

[156] GOMES, Orlando. *Contratos*. 26. ed. Rio de Janeiro: Forense, 2008, p. 439-440.

ções do comitente, devendo, na falta destas, não podendo pedi-las a tempo, proceder segundo os usos em casos semelhantes". Tal norma se justifica porque há histórico de relação empresarial e negocial entre comitente e comissário. O comissário tem o dever de cumprir as obrigações de acordo com as instruções expedidas pelo comitente, sob pena de inadimplemento do contrato a ser imputado ao comissário. Se o comitente não repassou instruções, cabe ao comissário pedi-las a tempo de concretizar o negócio jurídico com terceiro e, não sendo possível, deverá adotar procedimento compatível com os usos e costumes daquele negócio, com a consideração da sua natureza, lugar e casos semelhantes.

Por outro lado, "ter-se-ão por justificados os atos do comissário, se deles houver resultado vantagem para o comitente, e ainda no caso em que, não admitindo demora a realização do negócio, o comissário agiu de acordo com os usos" (parágrafo único do art. 695).

O comissário age em nome próprio, mas no interesse do comitente, com quem mantém vínculo obrigacional. Por isso, o comissário, no desempenho das suas incumbências é obrigado a agir com cuidado e diligência, não só para evitar qualquer prejuízo ao comitente, mas ainda para lhe proporcionar o lucro que razoavelmente se podia esperar do negócio. Tal dever de diligência e cautela integra as obrigações e deveres do comissário, uma vez que o objetivo deste contrato é proporcionar vantagens ao comitente, o lucro razoavelmente esperado e ainda agir de modo a evitar prejuízo para o interessado (comitente). Se o comissário não for diligente no desempenho de suas atribuições e obrigações, responderá civilmente por má gestão, na forma do disposto no parágrafo único do art. 696 do CC: "Responderá o comissário, salvo motivo de força maior, por qualquer prejuízo que, por ação ou omissão, ocasionar ao comitente". A única excludente de responsabilidade do comissário é provar que os prejuízos acarretados ao comitente decorrerão de caso fortuito ou força maior.

4.12.3. Responsabilidade do comissário pela solvência do terceiro e cláusula *del credere*

A lei civil protege o comissário em relação à insolvência dos terceiros com quem este contratar (realizar negócios ou adquirir bens) no interesse do comitente. Em regra, se os terceiros com quem o comissário manteve relações jurídicas não cumprirem as obrigações pactuadas, o prejuízo e os danos devem ser suportados pelo comitente. Essa a regra.

Portanto, como regra, o comissário não responde pela insolvência das pessoas com quem tratar. Tal regra tem duas exceções: a primeira ocorrerá no caso de culpa do comissário, quando responderá civilmente ao comitente nas hipóteses previstas em lei (ausência de cuidado e diligência – art. 696 ou não seguir as instruções do comitente – arts. 699 e 700 do CC). A segunda exceção está prevista no art. 698 do Código Civil, que trata da famigerada cláusula *del credere*.

Em relação à primeira exceção, o comissário está vinculado diretamente aos terceiros com quem contratar, mas no caso de insolvência destes terceiros, os riscos são exclusivamente do comitente, desde que o comissário tenha sido diligente e prudente na negociação (art. 696 do CC).

Se agir com culpa no desempenho de suas funções e atribuições, tendo em vista que o art. 696 do CC responsabiliza o comissário por atos de má gestão, ou seja, quando não age com cuidado e diligência, responderá, por ação ou omissão, em relação aos prejuízos causados ao comitente.

No que se refere à segunda exceção, o comissário será responsável pela insolvência do terceiro se no contrato de comissão for ajustada e incorporada a cláusula *del credere*. Como compensação pelo fato de assumir o risco pela insolvência do terceiro, o comissário tem direito a remuneração mais elevada.

Tal hipótese é disciplinada no art. 698 do CC: "Se do contrato de comissão constar a cláusula *del credere*, responderá o comissário solidariamente com as pessoas com que houver tratado em nome do comitente, caso em que, salvo estipulação em contrário, o comissário tem direito a remuneração mais elevada, para compensar o ônus assumido". Nesta hipótese, a responsabilidade do comissário e do terceiro, perante o comitente, é solidária. Trata-se de solidariedade legal (art. 265 do CC). Esse ônus da cláusula *del credere* lhe confere o direito a uma remuneração mais elevada.

A cláusula *del credere* (expressamente vedada no contrato de representação comercial, art. 43 da Lei n. 4.886/65), deve ser pactuada expressamente no contrato de comissão. Portanto, se relaciona à autonomia privada. Ademais, tal cláusula poderá ser parcial, conforme o parágrafo único do art. 698 do CC.

4.12.4. Dilação de prazo para pagamentos

Em caso de ausência de instruções específicas do comitente quanto ao prazo para pagamento, poderá o comissário, por vontade própria, conceder ao terceiro dilação de prazo para pagamento. Presume-se que o comissário está autorizado a proceder desta forma.

De acordo com o art. 699: "Presume-se o comissário autorizado a conceder dilação do prazo para pagamento, na conformidade dos usos do lugar onde se realizar o negócio, se não houver instruções diversas do comitente". Na realidade, tal norma é dispensável, uma vez que a situação fática poderá ser solucionada pelo disposto no art. 695 da mesma Lei Civil. O art. 695 já engloba a situação tratada no art. 699.

Todavia, se houver instruções do comitente proibindo prorrogação de prazos para pagamento, ou se esta não for conforme os usos locais, poderá o comitente exigir que o comissário pague incontinenti ou responda pelas consequências da dilação concedida, procedendo-se de igual modo se o comissário não der ciência ao comitente dos prazos concedidos e de quem é seu beneficiário.

4.12.5. A remuneração do comissário

O comissário tem direito a receber comissão pelo trabalho executado. De regra, comitente e comissário ajustam o valor da comissão por ocasião da contratação.

Em caso de omissão das partes quanto à estipulação da remuneração devida ao comissário, será ela arbitrada segundo os usos correntes no lugar (art. 701 do CC).

No caso de morte do comissário, ou, quando, por motivo de força maior, não puder concluir o negócio, será devida pelo comitente uma remuneração proporcional aos trabalhos realizados.

Por fim, ainda que tenha dado motivo à dispensa, terá o comissário direito a ser remunerado pelos serviços úteis prestados ao comitente, ressalvado a este o direito de exigir daquele os prejuízos sofridos. Tal direito tem por finalidade evitar o enriquecimento sem justa causa do comitente. A remuneração está vinculada à existência de utilidade para o comitente, ou seja, os serviços prestados pelo comissário, de alguma forma, beneficiaram o comitente. Tal direito não impede que o comitente exija do comissário os prejuízos por este causados no exercício do contrato de comissão, que lhe possam ser imputados.

4.12.6. Possibilidade de o comitente alterar as ordens e instruções dadas ao comissário

O comitente poderá, a qualquer tempo, mesmo em relação a negócios pendentes e, desde que não haja convenção em sentido contrário, alterar as instruções dadas ao comissário.

É o que enuncia o art. 704 do CC: "Salvo disposição em contrário, pode o comitente, a qualquer tempo, alterar as instruções dadas ao comissário, entendendo-se por elas regidos também os negócios pendentes".

O art. 704 do CC é um desdobramento do fato do contrato de comissão ser todo no interesse do comitente, pois, em última análise, os benefícios angariados pelo comissário repercutirão no patrimônio do comitente. Assim, o interessado real, comitente, poderá, a seu critério, alterar as instruções dadas e repassadas ao comissário, mesmo que haja negócio jurídico pendente de concretização entre o comissário e o terceiro.

Por outro lado, como o contrato de comissão é fundado na autonomia privada, é possível que comissário e comitente estipulem regras sobre a alteração das instruções no curso do contrato, da forma que mais interessar às partes. Por isso, as partes podem inserir cláusula em que proíbem qualquer alteração das instruções no curso do contrato de comissão.

4.12.7. A demissão do comissário sem justa causa e os efeitos quanto à remuneração

O comissário, além de ser remunerado pelos serviços prestados, terá direito a indenização pelos prejuízos decorrentes de sua dispensa imotivada ou sem justa causa.

De acordo com o art. 705 do CC, "se o comissário for despedido sem justa causa, terá direito a ser remunerado pelos trabalhos prestados, bem como a ser ressarcido pelas perdas e danos resultantes de sua dispensa". Além do direito à remuneração pelos trabalhos efetivamente prestados e executados, o comissário tem ainda direito a pleitear indenização, desde que a dispensa imotivada ou sem justa causa lhe acarrete prejuízos.

Nada impede que as partes pactuem cláusula penal no contrato de comissão para o caso de dispensa imotivada ou sem justa causa, hipótese em que as perdas e danos já estarão predefinidas. Se não houver previsão de cláusula penal, em caso de despedida sem justa causa, caberá ao comissário comprovar e demonstrar as perdas e os danos suportados com a dispensa, com base no art. 402 do CC.

4.12.8. O contrato de comissão e os juros recíprocos

O art. 706 do CC disciplina o pagamento de juros, de forma recíproca, entre comitente e comissário, no caso de retenção de valores por parte de qualquer deles. Se o comissário retiver fundos que tiver recebido em favor do comitente, terá que pagar juros até a data da sua disponibilização. O comissário terá que pagar juros quando estiver em mora quanto à entrega dos fundos que pertencerem ao comitente.

Por outro lado, de acordo com a referida norma, o comitente terá que pagar juros ao comissário quando este houver adiantado valores ao comitente em atendimento às ordens deste. Se o comitente, em adiantamento, recebe valores em razão de negócios concretizados pelo comissário com terceiro, os juros devem ser calculados em favor do comissário.

Como não há previsão da taxa de juros, aplica-se o disposto no art. 406 do CC, salvo se as partes, no contrato de comissão, quanto a esta questão, houverem convencionado em sentido contrário.

4.12.9. Natureza do crédito do comissário e direito de retenção

O crédito do comissário, relativo a comissões e despesas feitas, goza de privilégio geral, no caso de falência ou insolvência do comitente (art. 707 do CC). Se houver concurso de credores em relação à pessoa do comitente, a remuneração devida ao comissário goza de privilégio geral em relação a outros credores quirografários.

A classificação do crédito do comissário como "privilégio geral" o coloca em situação de prioridade em relação aos quirografários. De acordo com o art. 958 do CC, "os títulos legais de preferência são os privilégios e os direitos reais". O crédito real prefere ao pessoal de qualquer espécie. Por outro lado, o crédito pessoal privilegiado prefere ao simples ou quirografário e o privilégio especial tem preferência sobre o privilégio geral. Assim, o privilégio geral apenas prefere ao crédito simples ou sem privilégio (quirografário), mas sucumbe ao privilégio especial e a qualquer crédito real. O crédito com privilégio geral, como é a remuneração do comissário, compreenderá, portanto, todos os bens do devedor não sujeitos a crédito real e tampouco a privilégio especial (art. 963 do CC).

O art. 965 do CC arrola os créditos que possuem privilégio geral e, em seu inciso VIII, menciona "os demais créditos de privilégio geral", como é o caso da comissão ou remuneração do comissário.

De acordo com o art. 708 do CC, "para reembolso das despesas feitas, bem como para recebimento das comissões devidas, tem o comissário direito de retenção sobre os bens e valores em seu poder em virtude da comissão". O direito de retenção dos bens e valores em seu poder, que devem ser repassados ao comitente, é a garantia legal para que seja reembolsado das despesas realizadas na execução do contrato de comissão, bem como para o recebimento das comissões devidas.

4.12.10. Regras subsidiárias ao contrato de comissão

Por fim, como mandato e comissão são contratos de colaboração, o art. 709 do CC, prevê a possibilidade de serem aplicadas ao contrato de comissão as regras do contrato de mandato, desde que haja compatibilidade com a natureza jurídica e os efeitos da comissão.

Em razão desta norma, evita-se a repetição de regras semelhantes. O diálogo entre as normas da comissão e do mandato é possível porque ambos são institutos jurídicos aproximados, embora com objetivos, fundamento e natureza jurídica diversa.

4.13. CONTRATO DE AGÊNCIA E DISTRIBUIÇÃO

4.13.1. Noções gerais, conceito e características

O contrato de agência é disciplinado nos arts. 710 a 721 do CC e não se confunde com a representação comercial, regulada pela Lei Federal n. 4.886/65 e, tampouco, com o contrato de distribuição. Na agência, o agente tem a possibilidade de realizar negócios de qualquer natureza, ainda que fora do âmbito mercantil, como ocorre com a representação comercial, que é restrita ao comércio.

Apesar de o art. 710 do CC disciplinar a agência e distribuição no mesmo dispositivo, não se confundem.

A agência é contrato mais amplo do que a representação comercial, quando analisados sob a perspectiva do objeto, além do fato de o agente ter a possibilidade de assumir a função de distribuidor. Se o agente for distribuidor, haverá contrato de distribuição e não agência com distribuição.

A agência difere da distribuição, pois o distribuidor detém a disponibilidade da coisa a ser negociada com terceiro da forma que melhor atender aos seus interesses. No contrato de agência, o agente promove a celebração do negócio entre o proponente ou agenciado e o adquirente (o agenciado vende produtos ou presta serviços diretamente para o destinatário final). No contrato de distribuição, é o próprio distribuidor que vende o produto, que está à sua disposição (o produtor ou fabricante vende ao distribuidor, o qual revende para o interessado final).

A agência é contrato de colaboração, de execução sucessiva, autônomo, não solene, consensual, bilateral (sinalagmático – obrigações e direitos recíprocos) e oneroso (mediante retribuição).

Na agência, ao contrário da distribuição, há representação. A representação comercial disciplinada pela Lei n. 4.886/65 tem por objeto apenas a promoção de negócios mercantis, razão pela qual pode ser considerada uma espécie do gênero agência que, como já ressaltado, é mais amplo que a representação comercial propriamente dita. Não é por outro motivo que o art. 721 do CC prevê a aplicação subsidiária das leis especiais ao contrato de agência, entre elas a Lei n. 4.886/65, naquilo que for compatível.

O art. 710 do CC apresenta as principais características do contrato de agência: "Pelo contrato de agência, uma pessoa assume, em caráter não eventual e sem vínculos de dependência, a obrigação de promover, à conta de outra, mediante retribuição, a realização de certos negócios, em zona determinada, caracterizando-se a distribuição quando o agente tiver à sua disposição a coisa a ser negociada".

O agente, sem qualquer vínculo de dependência com o interessado, assume a obrigação de promover a realização dos mais variados negócios, mesmo fora do âmbito estrito da mercantilidade, em zona predeterminada, mediante retribuição a ser ajustada.

O agente tem autonomia na prestação de seus serviços, que deve ser exercido com habitualidade e em zona demarcada, com direito a retribuição.

Por outro lado, a distribuição será caracterizada quando o agente tiver a plena disponibilidade da coisa a ser negociada. Por isso, a distribuição não se confunde com a agência propriamente dita. O objeto do contrato de agência será a comercialização de bens produzidos e fornecidos por fabricante, com todos os riscos assumidos pelo proponente. Na distribuição, o distribuidor compra os produtos e os revende no mercado, sem que haja representação em relação ao fornecedor ou fabricante.

Na distribuição, o agente/distribuidor está dispensado de prestar contas da negociação ao proponente, porque assumirá, na condição de distribuidor, todos os riscos da negociação da coisa da qual assume a disponibilidade e titularidade.

Como enuncia Orlando Gomes[157]: "O distribuidor é comerciante autônomo. Negocia por sua conta e risco. Constitui categoria econômica correspondente ao exercício de atividade lucrativa peculiar. Consiste na atividade de revenda de produtos, mercadorias ou artigos que compra ao fabricante e distribui com exclusividade, comercializando-os em certa zona, região ou área. A contrapartida das vendas que faz não é como sucede com os agentes, uma comissão calculada sobre o preço, mas o lucro obtido com as revendas, feitas, que são, no interesse próprio, enquanto o agente, mesmo exclusivo, vende mercadoria de outrem, por conta e no interesse deste. O agenciamento pressupõe representação; a distribuição é incompatível com esta".

O distribuidor é a pessoa física ou jurídica que simplesmente revende bens por sua conta e risco. O contrato de distribuição é sinalagmático, oneroso, comutativo, simplesmente consensual, formal e de adesão.

Na agência, o proponente pode ainda conferir poderes ao agente para que este o represente na conclusão dos contratos, o que não descaracterizará a agência. Tal possibilidade apenas amplia a abrangência da agência e lhe confere maior dimensão econômica.

O problema é que o legislador brasileiro, reconhecidamente de pouca técnica, nos arts. 710 a 721, conseguiu

---

[157] GOMES, Orlando. *Contratos*. 26. ed. Rio de Janeiro: Forense, 2008, p. 463.

confundir os contratos de agência e distribuição, que são distintos e inconfundíveis, pois denominado muitas vezes de distribuidor aquele que seria mero agente. Essa confusão legislativa leva alguns autores a não analisar a distribuição sob a perspectiva destes artigos, reduzindo-os ao âmbito da agência.

Ainda que haja defensores da unidade de conceitos entre agência e distribuição, tecnicamente, a dicotomia se impõe, diante da incompatibilidade entre a natureza jurídica dos contratos de agência e distribuição.

4.13.2. A questão da "exclusividade" dos contratos de agência e distribuição

No contrato de agência propriamente dito, em regra, o proponente não pode, ao mesmo tempo, constituir mais de um agente, com o mesmo objetivo, para exercer tal função na mesma zona que deverá ser determinada no contrato de agência. Trata-se da cláusula de exclusividade, que é a regra neste tipo de contrato. Por isso, em determinada zona e no mesmo ramo de atividade, somente poderá ser constituído ou dada incumbência a um único agente.

Por outro lado, de acordo com o art. 711 do CC, nada impede que o proponente e o agente ajustem, em razão da autonomia privada e por se tratar de questão de caráter dispositivo, a possibilidade de mais de um agente na mesma zona. A exclusividade não é elemento essencial deste contrato, razão pela qual a exclusão da "exclusividade" não descaracteriza o contrato.

A exclusividade não impede que o proponente realize diretamente negócios na zona reservada ao agente, mas este terá direito à remuneração relativa a qualquer negócio concretizado diretamente pelo proponente em sua área de atuação, previamente delimitada.

A violação da cláusula de exclusividade, quando pactuada, constitui causa justa para a resolução do contrato de agência.

O contrato de distribuição também poderá ostentar cláusula de exclusividade, desde que previamente ajustada entre fornecedor ou fabricante e distribuidor. A concessão da exclusividade ao distribuidor garante a este o direito de realizar os negócios em área previamente delimitada com absoluta exclusividade. Portanto, se houver exclusividade na distribuição, não é lícito ao fornecedor ou fabricante contratar outro distribuidor para a mesma área delimitada, sob pena de resolução do contrato e indenização.

4.13.3. Obrigação do agente

O agente, no desempenho da sua função, possui as mais variadas obrigações inerentes à natureza deste contrato. A principal obrigação do agente no exercício desta função de colaboração é acatar e obedecer fielmente às instruções do proponente, uma vez que os atos praticados pelo agente são no interesse do proponente.

De acordo com o art. 712 do CC: "O agente, no desempenho que lhe foi cometido, deve agir com toda diligência, atendo-se às instruções recebidas do proponente".

O dever de diligência é inerente a qualquer contrato de colaboração, e não apenas à agência. É um desdobramento do princípio da boa-fé objetiva, que impõe comportamento adequado durante todo o processo obrigacional. Ainda que o agente tenha autonomia no desempenho de suas funções, não pode atuar e agir à margem das instruções do proponente.

4.13.4. Responsabilidade pelas despesas com a agência ou distribuição

O art. 713 do CC dispõe que todas as despesas decorrentes dos contratos de agência, bem como do de distribuição, correm por conta exclusiva do agente ou do distribuidor.

Em caso de omissão das partes nos referidos contratos, a regra é o agente, no contrato de agência, e o distribuidor, no contrato de distribuição ou revenda, assumir as despesas inerentes a estes contratos. Todavia, por se tratar de norma de caráter dispositivo, nada impede que as partes estipulem de forma diversa, caso em que a responsabilidade pelas despesas poderá ser assumida pelo proponente, no contrato de agência ou pelo fornecedor ou fabricante, no contrato de distribuição.

Portanto, a exceção da regra prevista no art. 713 é a aposição de cláusula contratual em sentido contrário. As despesas decorrentes desta atividade profissional, ainda que indiretas, como as de propaganda do produto, dependerão de previsão contratual, sob pena de tal omissão ser suprida pela referida norma legal.

4.13.5. Remuneração do agente ou distribuidor

Não há dúvida de que o agente, em razão do exercício de sua função, faz jus à retribuição, que é calculada com base em porcentagem sobre o valor do negócio. É o que vulgarmente se denomina "comissão". É possível que o agente receba uma comissão fixa e outra variável, mas a remuneração é apenas em comissão, o direito fica condicionado à efetiva execução do contrato com o comprador.

Por outro lado, o distribuidor não é remunerado por comissão, mas pelo lucro que obterá com a revenda do produto. O distribuidor não está vinculado a qualquer porcentagem sobre o preço de compra e, por isso, tem autonomia e liberdade para vender os produtos pelo preço que entender mais conveniente.

Em tais contratos (agência e distribuição), se houver cláusula de exclusividade, o direito à remuneração do agente ocorrerá mesmo que outro agente ou o próprio proponente realizem diretamente negócios na zona do agente. Assim, mesmo que não haja interferência do agente no negócio em sua zona, terá direito à comissão pelos negócios ali realizados.

É o que dispõe o art. 714 do CC: "Salvo ajuste, o agente ou distribuidor terá direito à remuneração correspondente aos negócios concluídos dentro de sua zona, ainda que sem a sua interferência".

O agente também terá direito à remuneração quando o negócio deixar de ser realizado por fato imputável ao proponente (art. 716 do CC). Se o proponente interferir, de forma indevida, nos negócios do agente ou criar obstáculos que impeçam a realização dos negócios com terceiros, o agente terá direito à comissão, ainda que o negócio não se realize. É uma espécie de indenização pela interferência ilícita do agente nos negócios do agente em sua zona de atuação, previamente delimitada.

O agente, ainda que dispensado por justa causa, terá direito a ser remunerado pelos serviços úteis prestados ao proponente, sem embargo de haver este perdas e danos pelos prejuízos sofridos, tudo nos termos do art. 717 do CC. O direito à remuneração do agente não está atrelado ao motivo ou ausência de motivo da dispensa, desde que tenha prestado serviços com utilidade ou com resultado positivo para o proponente. O proponente não pode se enriquecer injustamente às custas do agente. Ademais, o direito à remuneração não é subtraído pelo fato de o proponente ter direito à indenização pelas perdas e danos decorrentes de prejuízos suportados com a atuação do agente, razão pela qual será possível eventual compensação entre a remuneração devida e os prejuízos suportados, desde que ambas sejam líquidas.

Por outro lado, "se a dispensa se der sem culpa do agente, terá ele direito à remuneração até então devida, inclusive sobre os negócios pendentes, além das indenizações previstas em lei especial" (art. 718 do CC), como é o caso da Lei n. 4.886/65, que disciplina a representação comercial, espécie de agência. Ainda que haja negócios pendentes, o agente terá direito às comissões caso tais negócios sejam concretizados por qualquer outra pessoa.

Por fim, de acordo com o art. 719, "se o agente não puder continuar o trabalho por motivo de força maior, terá direito à remuneração correspondente aos serviços realizados, cabendo esse direito aos herdeiros no caso de morte".

4.13.6. Indenização ao agente ou distribuidor por fato imputável ao proponente

Caso o proponente, no contrato de agência, ou o fornecedor ou fabricante, no contrato de distribuição, sem justa causa, cessarem o atendimento das propostas ou reduzi-las tanto que se torna antieconômica a continuação do contrato, o agente terá direito a ser indenizado por tal conduta do proponente, que caracteriza inadimplemento contratual (art. 715 do CC).

O proponente deve viabilizar as negociações levadas a efeito pelo agente e criar condições para que este possa desempenhar o seu trabalho. Se o proponente, sem justo motivo ou causa, passar a cessar o atendimento das propostas realizadas pelo agente com terceiro ou reduzi-las a ponto de inviabilizar economicamente o contrato de agência, estará caracterizado o inadimplemento do contrato e o agente prejudicado com tal conduta ilícita terá direito a mais ampla indenização pelos prejuízos suportados.

4.13.7. A resilição do contrato de agência e distribuição por prazo indeterminado e a relação com a teoria do abuso de direito

Nos contratos por prazo indeterminado, qualquer das partes tem o direito potestativo de provocar a extinção do pacto, por meio da resilição unilateral. O direito de resilir está previsto, em termos genéricos, no art. 473, *caput*, do CC.

O art. 720 do CC disciplina a possibilidade de resilição do contrato de agência e de distribuição. Embora o referido artigo mencione a possibilidade de resolução, o termo técnico é resilição, que é o direito de extinguir o contrato pela vontade unilateral, manifestada por denúncia.

De acordo com a norma em referência, se o contrato for por tempo indeterminado, qualquer das partes poderá resolvê-lo, mediante aviso prévio de noventa dias, desde que transcorrido prazo compatível com a natureza e o vulto do investimento exigido dos agentes (art. 720).

A fim de evitar o abuso de direito no exercício da resilição, a norma impõe que a denúncia seja realizada com 90 (noventa) dias de antecedência e desde que já tenha transcorrido prazo compatível com a natureza e a quantidade de recursos investidos pelo agente para a execução deste contrato. A denúncia deve ser justa. A inobservância do prazo ou a incompatibilidade com os recursos investidos pelo agente a caracterizam como denúncia "injusta". É a aplicação pura da teoria do abuso de direito, fundado na cláusula geral da boa-fé objetiva, ao contrato de agência.

Se houver divergência entre as partes quanto à razoabilidade do prazo de antecedência e o valor devido, a decisão será judicial, conforme parágrafo único do art. 720.

Portanto, mesmo no contrato de agência por prazo indeterminado, a resilição não será consumada em três meses, caso o agente (se a resilição for por parte do proponente) não tenha absorvido todos os custos do investimento que realizou para viabilizar o contrato de agência. A fim de não haver enriquecimento sem justa causa de qualquer das partes, prestigia-se o princípio da boa-fé objetiva, que impõe limites ao exercício de direito potestativo ou subjetivo.

No contrato por prazo determinado, as partes devem observar o prazo pactuado, sob pena de pagamento de indenização por perdas e danos caso rompido o vínculo antes do prazo e sem justa causa (art. 718 do CC).

No caso de inadimplemento, o contrato poderá ser resolvido pela parte inocente. A resilição é causa de extinção de contratos pela mera vontade dos contratantes. Pode ser bilateral (distrato – art. 472 do CC) ou unilateral (art. 473 do CC). Basta a denúncia unilateral e o respeito ao prazo razoável ou a necessária antecedência, a fim de que tal resilição seja justa e legítima.

4.13.8. Regras subsidiárias ao contrato de agência e distribuição

O contrato de agência distingue-se de outras espécies contratuais, como o mandato, o contrato de trabalho, a prestação de serviços, a própria distribuição como já mencionado, da mediação e da comissão.

Em relação ao mandato, as obrigações do mandatário e do mandante, a natureza da colaboração, o fato de o mandato poder ser gratuito ou oneroso (a agência é onerosa – arts. 710 e 714 do CC), o diferem da agência. O mandato pode ser eventual e normalmente é, ao passo que a agência é contrato contínuo, de caráter não eventual, como enuncia o art. 710. A diferença do contrato de trabalho se dá porque o agente é autônomo e, por isso, não tem vínculo de dependência com o proponente. O empregado está subordinado às ordens e comando do empregador. Há dependência e subordinação no contrato de trabalho. Quanto ao contrato de prestação de serviços, embora haja semelhanças, há distinção quanto à finalidade e natureza. A prestação de serviço tem finalidade e objetivo específico, tanto que há limite de tempo (4 anos – art. 598), a resilição poderá se dar em prazos menores (art. 599), o serviço tem natureza pessoal (na agência, o agente apenas promove a realização de negócios à conta do proponente), o que significa que o serviço consiste em fazer algo que ainda não existe e na agência o objetivo é realizar negócios cujos objetos preexistem ao contrato e, por isso, na prestação de serviço se exige habilidades especiais do prestador (art. 606). A mediação ou corretagem é eventual e o mediador é imparcial, o que não ocorre com a agência. A diferença da comissão se dá porque o comissário age em seu nome e por sua conta, embora no interesse do comitente, ao passo que o agente não age em nome próprio, mas na conta do proponente.

Embora haja diferenças, os contratos possuem semelhanças, motivo pelo qual o art. 721 dispõe que "aplicam-se ao contrato de agência e distribuição, no que couber, as regras concernentes ao mandato e à comissão e as constantes de lei especial".

4.14. CONTRATO DE CORRETAGEM

4.14.1. Noções gerais, conceito e características

O Código Civil inova em relação aos contratos em espécie ao disciplinar o denominado contrato de "corretagem" ou mediação nos arts. 722 a 729.

No contrato de corretagem, uma pessoa, denominada corretor, busca atingir determinado resultado, a concretização do negócio para a pessoa que o contrata, conforme as instruções recebidas desta última. Trata-se de contrato consensual, bilateral, oneroso (o corretor tem direito a remuneração se atingir o resultado), de resultado, autônomo e de regra informal (pode ser verbal). O contrato verbal de corretagem foi reconhecido pelo STJ (Recurso Especial 1.765.004-SP). Os corretores agem em nome pessoal, de modo autônomo. Não há subordinação ou vinculação hierárquica. Do contrário, seriam representantes, comissários, prepostos ou empregados. A autonomia no exercício da atividade é fundamental para o contrato de corretagem.

De acordo com o art. 722 do CC: "Pelo contrato de corretagem, uma pessoa, não ligada a outra em virtude de mandato, de prestação de serviços ou por qualquer relação de dependência, obriga-se a obter para a segunda um ou mais negócios, conforme as instruções recebidas".

O corretor não pode estar ligado ao contratante em virtude de mandato, prestação de serviços ou qualquer outra relação de dependência, pois, nestes casos, a obtenção de negócios será inerente e já estará relacionada a tais contratos. A corretagem tem autonomia e o corretor, que não é mandatário ou prestador de serviços, se obriga a angariar e obter negócios para o outro contratante, conforme as instruções recebidas. A outra parte é o cliente ou dono do negócio.

Na corretagem, o corretor tem por objetivo aproximar pessoas para que, em contato, possam concretizar determinados negócios das mais diversas naturezas. O corretor tem obrigação de resultado e, por isso, somente faz jus à remuneração se o negócio que intermediou se concretizar. A remuneração depende da efetividade e conclusão do negócio, que se aproximaram em razão de seu trabalho. Ao contrário do mandato (o mandatário tem poder decisório e age em nome do mandante, com vinculação deste aos atos do mandatário), o corretor apenas aproxima os contratantes do negócio que intermediou. A corretagem se diferencia da prestação de serviços em razão do caráter profissional do corretor, da finalidade especial da corretagem e da sua não participação do negócio que intermediou.

Os corretores podem ser livres (corretagem exercida por qualquer pessoa que exerce atividade de intermediação de negócios) ou oficiais (profissão legalmente disciplinada, como de operação de câmbio, valores mobiliários etc.).

Trata-se a corretagem de contrato típico/nominado, bilateral (direitos e obrigações recíprocos), oneroso, aleatório (a prestação do comitente depende de fato futuro e incerto), consensual e não solene.

O contrato de corretagem é personalíssimo, pois as qualidades essenciais do corretor são fator fundamental para a contratação. A qualificação, experiência, idoneidade, técnica e os aspectos pessoais do corretor são decisivos para tal contrato.

4.14.2. Obrigações do corretor

Quanto às obrigações, o art. 723 do CC é a base jurídica dos deveres jurídicos do corretor, cujo contrato é fundamentalmente baseado no dever de prestar informações precisas, seguras e claras sobre os negócios que irá obter para o cliente.

Com a redação dada pela Lei n. 12.236/2010, o art. 723 do CC dispõe que "o corretor é obrigado a executar a mediação com diligência e prudência, e a prestar ao cliente, espontaneamente, todas as informações sobre o andamento do negócio". A informação é a essência da mediação ou corretagem e tais informações devem ser prestadas pelo corretor sem qualquer provocação do cliente, ou seja, espontaneamente.

No parágrafo único do art. 723 do CC, o legislador impôs ao corretor a obrigação de agir com a mais estrita boa-fé objetiva na relação com o cliente, quando o obriga a prestar os esclarecimentos acerca da segurança, dos riscos que envolvem o negócio que o cliente pretende concretizar, das alterações de valores e de outros fatores que possam influir nos resultados da incumbência, sob pena de ser obrigado a pagar indenização ao cliente. A violação destes deveres jurídicos caracterizará inadimplemento contratual por parte do corretor. Ainda que não previsto no contrato de corretagem, a obrigação de prestar esclarecimentos precisos ao cliente estará implícita em tais contratos, pois decorrente de norma legal e retratam desdobramento do princípio da boa-fé objetiva.

4.14.3. A remuneração do corretor

O contrato de corretagem, como já mencionado, é oneroso. Pelo serviço prestado, o corretor tem o direito a uma remuneração, que é denominada "comissão". O corretor somente fará jus à comissão se o negócio for realizado pelo seu cliente com terceiro em razão da sua intervenção. Se a intervenção do corretor contribuiu de alguma forma para a conclusão do negócio, deverá ser remunerado.

Portanto, "a remuneração é devida ao corretor uma vez que tenha conseguido o resultado previsto no contrato de mediação, ou ainda que este não se efetive em virtude de arrependimento das partes" (art. 725 do CC). Ainda que as partes se arrependam após a sua conclusão, por meio do exercício potestativo do direito de resilição, o corretor terá direito à comissão.

O contrato de corretagem é sempre de resultado, e não de meio. Por isso, para ter o direito à comissão, o corretor deve obter êxito no resultado previsto na mediação. É possível que após a concretização do negócio, as partes venham a se arrepender e o negócio venha a ser desfeito por acordo ou pelo exercício do direito de arrependimento, se houver tal cláusula no contrato. Nestes casos, o corretor faz jus à remuneração, mas apenas se o arrependimento for precedido da concretização do negócio. O arrependimento para dar direito à comissão pressupõe acordo e ajuste entre o cliente e terceiro. O "arrependimento" antes da conclusão ou "fechamento" do negócio não dá direito à comissão, pelo simples fato de que o resultado não foi obtido. Assim, a desistência antes da concretização do negócio jurídico não confere direito à comissão. O arrependimento pressupõe negócio concretizado e finalizado, ou seja, ajuste de vontades.

De regra, o cliente e o corretor, previamente ajustam o valor da comissão. Se não houver ajuste ou lei que a fixe, a remuneração do corretor será arbitrada segundo a natureza do negócio e os usos locais (art. 724 do CC).

Iniciado e concluído o negócio diretamente entre as partes, nenhuma remuneração será devida ao corretor. No entanto, se houver cláusula de exclusividade, o corretor faz jus à remuneração, ainda que o negócio tenha se iniciado e concluído diretamente entre as partes, sem a mediação efetiva.

A exclusividade dá ao corretor o direito à remuneração integral, ainda que realizado o negócio sem a sua mediação, salvo se comprovada sua inércia ou ociosidade, conforme art. 726 do CC. Se o cliente comprovar que foi obrigado a assumir a direção da corretagem pela inércia ou ociosidade do corretor, mesmo com a cláusula de exclusividade, não lhe será devida qualquer indenização. É o que dispõe o art. 726: "Iniciado e concluído o negócio diretamente entre as partes, nenhuma remuneração será devida ao corretor; mas se, por escrito, for ajustada a corretagem com exclusividade, terá o corretor direito à remuneração integral, ainda que realizado o negócio sem a sua mediação, salvo se comprovada sua inercia ou ociosidade".

O contrato de corretagem pode ser por prazo determinado ou indeterminado e tal fato pode influenciar na remuneração do corretor. Se, por não haver prazo determinado, o dono do negócio dispensar o corretor, e o negócio se realizar posteriormente, como fruto da sua mediação, a corretagem lhe será devida.

A mesma solução se adotará se o negócio se realizar após a decorrência do prazo contratual, mas por efeito dos trabalhos do corretor. Assim, mesmo que o contrato de corretagem não mais esteja em vigência, mas se o negócio se realizar em razão do trabalho de aproximação realizado pelo corretor, fará jus à remuneração (comissão) (art. 727 do CC). Essa garantia ao corretor impede que as partes enriqueçam injustamente à custa dele.

Se o negócio se concluir com a intermediação de mais de um corretor, a remuneração será paga a todos em partes iguais, salvo ajuste em contrário (art. 728 do CC).

4.14.4. O contrato de corretagem e a compatibilidade com outras normas

Os preceitos sobre corretagem constantes deste Código não excluem a aplicação de outras normas da legislação especial, como a Lei n. 6.530/78, que disciplina a profissão dos corretores de imóveis.

4.15. CONTRATO DE TRANSPORTE

4.15.1. Noções gerais, conceito e características

O Código Civil de 2002, de forma inovadora, disciplina o contrato de transporte de pessoas e coisas, com o que se tornou figura contratual autônoma e típica.

Não há dúvida da natureza contratual do contrato de transporte. Trata-se de contrato consensual (se constitui pelo mero consenso entre transportador e transportado), oneroso (há vantagens e sacrifícios recíprocos), bilateral (os efeitos obrigacionais repercutem na esfera jurídica do transportador e do transportado e, ainda, há relação de causalidade entre as obrigações de ambos, que são recíprocas e interdependentes – a obrigação de um é causa da obrigação do outro) e, em regra, comutativo (equivalência subjetiva entre as prestações, que não estão vinculadas a fatores de incerteza).

A Lei Civil traz regras gerais sobre o contrato de transporte e, em seguida, disciplina, de forma dissociada, o transporte de pessoas e o transporte de coisas.

De acordo com o art. 730 do CC, pelo contrato de transporte alguém se obriga, mediante retribuição, a transportar, de um lugar para outro, pessoas e/ou coisas. O transportador se obriga a transportar pessoa ou coisa de um lugar para outro, mediante certa e ajustada retribuição. O contrato de transporte é necessariamente oneroso, uma vez que o transporte gratuito, por amizade ou cortesia não segue as regras do contrato de transporte, conforme enuncia o art. 736 do CC.

O Código Civil apenas disciplina o transporte realizado entre atores privados ou no âmbito da prestação de serviço privado, pois o transporte que tem por objeto serviço público, exercido em virtude de contratos administrativos de concessão, autorização e permissão serão regulados pelas normas regulamentares administrativas e pelos contratos e atos administrativos respectivos, sem prejuízo da aplicação das regras do Código Civil de forma supletiva ou subsidiária, tudo na forma do disposto no art. 732 da mesma lei.

Portanto, em primeiro lugar, as normas sobre transporte público se submetem às regras do direito público, normas de natureza constitucional e administrativa. O transporte é considerado serviço público de enorme relevância para o desenvolvimento econômico e para que a cidade cumpra sua função social. De acordo com o art. 21, XII, *c*, *d* e *e*, da CF, compete à União explorar diretamente ou sob o regime da concessão, permissão e autorização a navegação aérea, aeroespacial e a infraestrutura aeroportuária, os serviços de transporte ferroviário e aquaviário entre portos brasileiros e fronteiras nacionais, ou que transponham os limites de Estado ou Território e os serviços de transporte rodoviário interestadual e internacional de passageiros.

O transporte público deve atender as regras constitucionais e administrativas deste serviço público específico, como a exigência de licitação, a imputação de responsabilidade civil objetiva, entre outros, regras dispostas nos arts. 37, § 6º, e 175, da CF.

Portanto, o transporte público se submete às regras do serviço público e ao regime jurídico administrativo.

Os demais transportes, que não caracterizem serviço público, são disciplinados pelo Código Civil.

Ademais, mesmo no âmbito das relações privadas, aos contratos de transporte em geral serão aplicadas, quando houver compatibilidade, preceitos da legislação especial e regras dispostas em tratados internacionais, quando e desde que não contrariem as disposições genéricas e específicas do Código Civil (art. 732 do CC). A lei civil tem primazia em relação a normas especiais e tratados internacionais, que somente poderão suprir eventuais omissões do CC atual. Assim, leis especiais como o Código Brasileiro de Aeronáutica e a Convenção de Varsóvia devem ser compatibilizadas com a lei civil no transporte privado.

É possível ainda que determinado contrato de transporte seja de consumo, quando houver fornecedor e consumidor deste serviço. Neste caso, o transporte se submete ao CDC, porque a relação material de consumo, com fundamento constitucional, não se submete ao direito civil. No entanto, nada impede que regras do direito civil, como a definição de transporte, entre outras, sejam aplicadas em relações de consumo, quando forem mais favoráveis ao consumidor (diálogo de fontes normativas) e ainda quando for possível, mesmo na relação de consumo, se invocar regras de direito civil de forma supletiva e subsidiária.

Portanto, há compatibilidade do Código Civil com leis especiais, desde que não contrarie as disposições deste Código. O CC, no art. 732, não se refere ao CDC, cuja aplicação imperativa independe de qualquer remissão, sendo norma de ordem pública informada por princípios constitucionais. Por isso, sempre devem ser compatibilizadas as normas do CC e do CDC (art. 5º, XXXII da CF – cláusula pétrea e matéria de ordem pública). Ressalte-se que no transporte de passageiros há uma relação de consumo, mas no transporte gratuito aplica-se o Código Civil, pois não se trata de atividade remunerada fornecida no mercado de consumo. Nos termos do entendimento majoritário, deve prevalecer, no campo do transporte nacional, o princípio constitucional de defesa do consumidor. O CDC prevalece sobre a convenção de Varsóvia. O STF refuta a teoria monista, que privilegia o direito internacional e acolhe a teoria dualista, que concede primazia ao direito positivo interno editado posteriormente.

O transporte, quando for de responsabilidade de mais de um transportador, será cumulativo. Nos contratos de transporte cumulativo, cada transportador se obriga a cumprir o contrato relativo ao percurso a que se obrigou e, neste percurso, responderá civilmente por qualquer dano às pessoas ou coisas transportadas. É a regra do art. 733 do CC. Há, no caso, fracionamento da responsabilidade em caso de dano à pessoa ou passageiro. No entanto, se o transporte caracterizar relação jurídica de consumo a regra do art. 733 do CC que divide e fraciona a responsabilidade é afastada e os transportadores de cada trecho serão responsabilizados solidariamente perante o transportado em razão do vínculo comercial e jurídico entre os transportadores.

Nestes casos, haverá unidade de contrato e pluralidade de transportadores. Embora o contrato de transporte seja uno, cada transportador só responde pelo seu trecho. As obrigações do transportador são limitadas ao percurso a que se responsabilizou a percorrer, mesmo que o contrato seja uno e indivisível. No contrato de transporte de consumo, em razão desta unidade contratual, todos os transportadores responderão solidariamente perante o consumidor transportado ou às bagagens deste.

Como ressalta Claudio Luiz Bueno de Godoy: "Ter-se-á, portanto, uma unidade do vínculo obrigacional, prometendo-se prestação de deslocamento da saída ao destino, mas incumbindo-se de trechos separados e sucessivos cada qual dos transportadores".

No caso do § 1º do art. 733 do CC, o dano resultante de atraso ou interrupção da viagem, somente será determinado em razão do percurso considerado na sua totalidade, o que será aferido no final do trajeto. O atraso deve ser considerado em relação a todo o percurso e não quanto a trecho de um determinado transportador. O atraso em uma fase pode ser compensado com o adiantamento em outra. Se for verificado o atraso no final, com a consideração da saída e destino, aí será relevante verificar qual transportador provocou o atraso, uma vez que a lei civil individualiza e fraciona a responsabilidade. O atraso imporá a verificação e a identificação sobre qual fase o atraso sucedeu.

O § 2º do art. 733 impõe, no transporte cumulativo, de forma excepcional, a responsabilidade solidária apenas entre um dos transportadores e outro que o tiver substituído, ou seja, apenas entre substituto e substituído. Não há solidariedade entre os transportadores e o substituto ou substituído no contrato de transporte privado, desde que não esteja caracterizada a relação de consumo.

O Código Comercial disciplinava o transporte terrestre e marítimo e o Código da Aeronáutica o transporte aéreo, Lei n. 7.565/86. O CC unificou as regras sobre transporte e estabeleceu as linhas estruturais do instituto, revogando as disposições do Código Comercial.

O contrato de transporte difere da locação porque é o transportador quem utiliza o veículo. Além disso, não pode ser confundido o contrato de transporte com a prestação de serviço. Nesta, como no táxi, o condutor fica sob sua direção quanto ao destino, itinerário e até marcha do veículo.

4.15.2. Transporte de pessoas – regras gerais

Os arts. 734 a 742 do CC disciplinam o transporte de pessoas, cujo contrato tem como núcleo essencial a denominada "cláusula de incolumidade", que obriga o transportador a levar e transportar os passageiros até o destino a salvo e incólume. Em caso de dano ao passageiro, em decorrência da violação do dever de incolumidade, o transportador responderá civilmente, de forma objetiva, salvo motivo de força maior.

Nesse sentido é o art. 734 do CC: "O transportador responde pelos danos causados às pessoas transportadas e suas bagagens, salvo motivo de força maior, sendo nula qualquer cláusula excludente da responsabilidade".

A cláusula de "não indenizar o passageiro", se inserida no contrato de transporte, é nula. A responsabilidade do transportador por qualquer dano ao passageiro independe de culpa, pois apenas a força maior, evento externo e estranho ao contrato de transporte, terá o poder de romper o nexo de causalidade para eximir a responsabilidade civil do transportador por danos aos passageiros. A responsabilidade do transportador pressupõe apenas o transporte, o nexo de causalidade e o dano material, moral ou estético suportado pelo motorista.

Em relação ao fortuito, é fundamental distinguir o fortuito interno, evento inevitável, mas relacionado e inerente à atividade do transportador (como defeito mecânico), com o fortuito externo, evento inevitável completamente estranho e desvinculado da atividade do transportador (como assalto com arma). A exclusão da responsabilidade civil do transportador e o rompimento do nexo de causalidade somente ocorrerão se restar caracterizado o fortuito externo. O fortuito interno, evento inevitável inerente à atividade do transportador, não exclui a responsabilidade de indenizar. Além disso, ainda que a lei civil seja omissa, o fato exclusivo da vítima também rompe o nexo de causalidade e isenta o transportador de qualquer responsabilidade.

O risco inerente a esta atividade justifica a objetivação da responsabilidade. Por isso, o transportador tem obrigação de resultado, levar o passageiro incólume (sem dano) ao seu destino.

O art. 734 impõe a responsabilidade objetiva do transportador tanto em relação às pessoas transportadas quanto às suas bagagens. É comum o dano, a violação e o extravio de bagagens. Neste caso, o transportador, para limitar a sua responsabilidade em relação aos danos na bagagem poderá exigir da pessoa transportada ou daquela que apenas despacha bagagem declaração de valor. O objetivo da declaração de valor é justamente fixar limite para indenização (parágrafo único do art. 734). No entanto, a cláusula de limitação da responsabilidade também não poderá ser fixada para fraudar e burlar a cláusula de não indenizar, caso em que será nula, por fraude à lei imperativa (art. 166, VI, do CC). A fixação de limite indenizatório é lícita desde que não haja o intuito de contornar a vedação da cláusula de não indenizar.

A cláusula de não indenizar é vedada ainda pela antiga Súmula 161 do STF, bem como pelo art. 25 do CDC, quando o contrato de transporte for de consumo. O dever de segurança inerente ao contrato de transporte proíbe tal cláusula limitativa de direitos.

Em complemento ao artigo retromencionado, a lei civil ainda esclarece e dispõe sobre a responsabilidade objetiva do transportador por fato de terceiro. O art. 735 do CC equiparou o fato de terceiro ao fortuito interno, ou seja, ainda que inevitável, se inerente ao contrato de transporte, caracterizará inadimplemento contratual e imporá a obrigação de indenização.

De acordo com o referido art. 735 do CC: "A responsabilidade contratual do transportador por acidente com o passageiro não é elidida por culpa de terceiro, contra o qual tem ação regressiva". Tal artigo é a positivação da Súmula 187 do STF, segundo a qual "a responsabilidade contratual do transportador, pelo acidente com o passageiro, não é elidida por culpa de terceiro, contra o qual tem ação regressiva". Assim, o fato de terceiro equiparado ao fortuito interno não exclui a responsabilidade de indenizar. Por exemplo, se um passageiro é ferido ou suporta dano quando está sendo transportado em veículo, porque outro veículo, de forma imprudente, interceptou a trajetória do transportador, este será responsabilizado, porque acidentes no trânsito são inerentes ao contrato de transporte e a culpa de outro motorista não elide tal responsabilidade. Todavia, o fato de terceiro equiparado ao fortuito externo, até para manter a coerência com o art. 734 do CC, exclui a responsabilidade de indenizar do transportador. Assim, apenas o fato de terceiro equiparado ao fortuito interno dá guarida para a previsão legal (art. 735 do CC).

Se terceiro estranho à relação entre a vítima e o transportador, de alguma forma, se ligar ao risco da atividade do transportador, como é o caso dos motoristas que trafegam em vias públicas, a responsabilidade deste transportador não é elidida por culpa de terceiro. Se não houver qualquer vínculo/ligação ou ação ou omissão do terceiro em relação à atividade de transporte, como os assaltos a veículos, por exemplo, não haverá responsabilidade civil (art. 734). Registre-se que com relação aos assaltos a jurisprudência vem, paulatinamente, mitigando este entendimento, para responsabilizar o transportador naqueles locais em que os assaltos se repetem o que passaria a ser previsível e evitável desde que adotadas medidas de segurança.

O STJ (Recurso Especial n. 1.748.295-SP) excluiu a responsabilidade civil do transportador, por considerar que a prática de ato libidinoso, durante o transporte (no interior do trem), por passageiro contra outro passageiro (vítima de crime sexual), caracteriza fortuito externo.

O fato de terceiro somente é capaz de excluir a responsabilidade civil se for "externo" (estranho e não conexo com o transporte). Apenas diante do caso concreto e das circunstâncias objetivas será possível caracterizar determinado fato de terceiro como "fortuito externo" (apto a romper o nexo causal). Há fatos de terceiro que, por serem *conexos* com o transporte, integram o risco da atividade (internos) e há fatos de terceiro que, *não conexos*, excluem a responsabilidade (rompe o nexo de causal). Portanto, em regra, o transportador responde por fato de terceiro (Súmula 187 do STF e art. 735 do CC – exemplo: durante o transporte o veículo é "fechado" por outro – os danos daí decorrentes integram o risco da atividade, pois são conexos ao transporte), salvo se "externo". A teoria do risco (seja risco da atividade, risco criado ou risco proveito) agrava a responsabilidade objetiva do transportador (passageiros ou não – STF, RE 591.874-MS).

Se, por meio de conduta criminosa (roubo, furto ou crime sexual), alguém causa dano a passageiro, haverá responsabilidade civil? Tal fato de terceiro é interno (risco) ou externo (fortuito)? Só as circunstâncias do caso concreto poderão definir tais questões. A natureza do crime será sim relevante para análise do caso. No roubo/furto, por exemplo, se o transportador adota todas as cautelas necessárias (escolha de trajeto adequado; fazer o seguro de uma carga quando valiosa e assumir tal obrigação; treinamento adequado de seus agentes etc.) e, mesmo assim, os passageiros são vítimas destes crimes, não haverá responsabilidade (fortuito externo porque não há conexão entre o fato do terceiro e a atividade). Se o transportador, para economizar, não é diligente (adota trajeto sabidamente perigoso; o crime conta com a omissão de algum funcionário etc.), poderá responder por danos decorrentes de tais crimes (o fato, embora de terceiro, integrará o risco da atividade). O fato de terceiro, portanto, somente caracterizará fortuito externo (equiparável a força maior), romperá o nexo de causalidade e excluirá a responsabilidade civil, se restar comprovado que não há qualquer relação (é estranho) ou conexão com a atividade de transporte (art. 734, CC, 14 e 22 CDC e 37, § 6º, da CF – diálogo de fontes normativas).

4.15.3. Transporte gratuito

O contrato de transporte é oneroso, pois pressupõe reciprocidade de vantagens e sacrifícios entre transportado e transportador. O transporte gratuito não se subordina às normas do contrato de transporte.

De acordo com o disposto no art. 736 do CC: "Não se subordina às normas do contrato de transporte o feito gratuitamente, por amizade ou cortesia". O transporte de pessoas ou de coisas, quando realizado sem qualquer contraprestação, ou seja, por mera relação de amizade ou cortesia não se sujeita às regras do contrato de transporte. Eventuais danos causados ao passageiro transportado ou a coisa transportada gratuitamente seguem as regras gerais de responsabilidade civil, mas não configuraria inadimplemento do contrato de transportes.

Nesse sentido é a Súmula 145 do STJ: "No transporte desinteressado, de simples cortesia, o transportador só será civilmente responsável por danos causados ao transportado quando incorrer em dolo ou culpa grave".

Assim, como o transporte gratuito não se submete às regras do transporte, os danos causados ao transportado ou a coisas transportadas pressupõem a ocorrência de ilícito subjetivo. Não há como invocar a teoria do inadimplemento contratual, pois não há vínculo jurídico contratual entre transportador e transportado no transporte gratuito. Assim a responsabilidade civil do transportador no transporte gratuito é extracontratual.

Todavia, no caso de benefício indireto para o transportador, presume-se que há contrato de transporte. O parágrafo único do art. 736 do CC dispõe que não se considera gratuito o transporte quando, embora feito sem remuneração direta, o transportador auferir vantagens indiretas. Portanto, a vantagem do transportador poderá ser direta ou indireta. Há situações em que o transportador não aufere remuneração, mas é interessado no transporte, uma vez que o contrato passa a ser meio para a concretização de outro negócio. Neste caso, o transporte é interessado e, mesmo sem remuneração direta, se submeterá às regras do contrato de transporte. Assim, o corretor que transporta o cliente sem remuneração direta para apresentar imóvel a este se submeterá às regras do transporte, porque o transporte lhe propiciará vantagens econômicas.

O transporte de idosos em ônibus, ainda que gratuito, não é considerado desinteressado, porque há custo neste transporte que é diluído e pago por todos os demais passageiros.

4.15.4. Horários e responsabilidade civil

O transportador está sujeito à observância dos horários e itinerários previstos no contrato de transporte, conforme art. 737 do CC. O não cumprimento dos horários e itinerários caracteriza inadimplemento contratual e sujeita o transportador ao pagamento de indenização ao passageiro transportado que confiou e acreditou no cumprimento do contrato no horário pactuado e no itinerário previamente ajustado.

O transportador apenas se eximirá de indenizar o passageiro por atrasos ou alteração no itinerário se demonstrar a ocorrência de força maior, ou seja, evento inevitável completamente estranho à atividade do transportador que possa justificar o atraso ou a alteração do itinerário.

O atraso e a alteração de itinerário poderão causar danos materiais e morais ao passageiro. Por isso, somente quando restar caracterizado o fortuito externo, haverá o rompimento do nexo de causalidade e a exclusão da obrigação de indenizar.

Por outro lado, o art. 738 do CC impõe que a pessoa transportada se sujeite às normas estabelecidas pelo transportador: "A pessoa transportada deve sujeitar-se às normas estabelecidas pelo transportador, constantes no bilhete ou afixadas à vista dos usuários, abstendo-se de quaisquer atos que causem incômodo ou prejuízo aos passageiros, danifiquem o veículo, ou dificultem ou impeçam a execução normal do serviço. Parágrafo único. Se o prejuízo sofrido pela pessoa transportada for atribuível à transgressão de normas e instruções regulamentares, o juiz reduzirá equitativamente a indenização, na medida em que a vítima houver concorrido para a ocorrência do dano".

Portanto, o passageiro não poderá praticar qualquer conduta que prejudique a execução do contrato de transportes, devendo ainda se abster de incomodar e prejudicar os demais passageiros. O parágrafo único estabelece hipótese em que o dano à pessoa conta com a contribuição do passageiro que transgrediu as normas do contrato de transporte. Neste caso, a conduta do passageiro será levada em conta para a fixação da indenização, uma vez que será fixada por equidade. Portanto, a concorrência do passageiro para o evento danoso reduz e limita a indenização devida.

4.15.5. Recusa de passageiros

O transportador não pode se recusar a transportar qualquer passageiro, salvo se a recusa estiver devidamente motivada e justificada. O art. 739 do CC dispõe que a recusa poderá ocorrer se as condições de higiene ou a saúde da pessoa a ser transportada vier a impedir ou inviabilizar o transporte. Ademais, também será possível a recusa quando regulamentos ou normas que disciplinam determinado transporte admitir a recusa em situações específicas.

4.15.6. Resolução do contrato de transporte e interrupção da viagem

De acordo com o art. 740 do CC, o passageiro tem direito a rescindir o contrato de transporte antes de iniciada a viagem, sendo-lhe devida a restituição do valor da passagem, desde que feita a comunicação ao transportador em tempo de ser renegociada. Portanto, a pessoa poderá se arrepender antes do início da viagem e terá direito à restituição, desde que comunique o desejo de não ser transportado com a devida antecedência.

Ao passageiro é facultado desistir do transporte, mesmo depois de iniciada a viagem, sendo-lhe devida a restituição do valor correspondente ao trecho não utilizado, desde que provado que outra pessoa haja sido transportada em seu lugar. Por outro lado, não terá direito ao reembolso do valor da passagem o usuário que deixar de embarcar, salvo se provado que outra pessoa foi transportada em seu lugar, caso em que lhe será restituído o valor do bilhete não utilizado.

A título de cláusula penal, o Código Civil permite ao transportador o direito de reter até cinco por cento da importância a ser restituída ao passageiro, a título de multa compensatória.

Se a viagem for interrompida por qualquer motivo alheio à vontade do transportador, ainda que em consequência de evento imprevisível, fica ele obrigado a concluir o transporte contratado em outro veículo da mesma categoria, ou, com a anuência do passageiro, por modalidade diferente, à sua custa, correndo também por sua conta as despesas de estada e alimentação do usuário, durante a espera de novo transporte (art. 741 do CC).

4.15.7. Retenção da bagagem

O transportador tem o direito de reter a coisa transportada como garantia do pagamento do valor da passagem. A retenção poderá se referir a bagagens de passageiro e outros objetos pessoais, até ser pago o valor ajustado pelo respectivo transporte.

De acordo com o art. 742 do CC, "o transportador, uma vez executado o transporte, tem direito de retenção sobre a bagagem de passageiro e outros objetos pessoais deste, para garantir-se do pagamento do valor da passagem que não tiver sido feito no início ou durante o percurso". A situação se assemelha ao direito de retenção do dono de hotéis e similares em relação à bagagem, mas sem considerar a situação no transporte como penhor legal. Por isso, no caso do transporte, o direito de retenção pode ser exercitado extrajudicialmente, porque não é necessária qualquer homologação ou intervenção judicial como ocorre no penhor legal de bagagens em relação aos hotéis. O objetivo é garantir modo especial de pagamento.

4.15.8. Transporte de coisas

O transporte de coisas é disciplinado pelos arts. 743 a 756 do CC.

O art. 743 impõe que a coisa transportada esteja identificada de forma precisa e específica. A individualização da coisa pela natureza, valor, peso e quantidade, além do mais que for preciso e necessário para se distinguir de outras, é essencial para o transporte.

De acordo com a referida norma "A coisa, entregue ao transportador, deve estar caracterizada pela sua natureza, valor, peso e quantidade, e o mais que for necessário para que não se confunda com outras, devendo o destinatário ser indicado ao menos pelo nome e endereço".

Ademais, o destinatário da coisa deverá ser individualizado e indicado pelo nome e endereço. A caracterização precisa da coisa transportada e a identificação do destinatário é essencial para a plena execução do contrato de transporte.

Ao receber a coisa, o transportador emitirá conhecimento com a menção dos dados que a identifiquem, obedecido o disposto em lei especial, conforme art. 744 do CC, sem correspondente na legislação anterior. O "conhecimento" de transporte nada mais é do que o documento que o transportador emite ou expede quando recebe a mercadoria ou bens que serão transportados. O "conhecimento" prova o recebimento da coisa e a sua individualização e nele constam o nome do destinatário, a identificação da coisa, o valor do serviço que será executado, entre outras informações necessárias e essenciais à regular execução do contrato.

A remissão que o art. 744 faz à legislação especial se dá em razão da pluralidade de leis que disciplinam a expedição ou emissão do conhecimento de transportes.

O transportador poderá exigir que o remetente lhe entregue, devidamente assinada, a relação discriminada das coisas a serem transportadas, em duas vias, uma das quais, por ele devidamente autenticada, ficará fazendo parte integrante do conhecimento. O conhecimento de transporte, representativo das mercadorias, é considerado título impróprio, com a possibilidade de endosso, caso em que o endossatário terá o direito de receber as mercadorias ou coisas transportadas.

Em caso de informação inexata ou falsa descrição no documento a que se refere o art. 744 (conhecimento de transporte), será o transportador indenizado pelo prejuízo que sofrer, devendo a ação respectiva ser ajuizada no prazo de cento e vinte dias, a contar daquele ato, sob pena de decadência (art. 745 do CC).

O transportador poderá recusar a coisa cuja embalagem seja inadequada, bem como a que possa pôr em risco a saúde das pessoas, ou danificar o veículo e outros bens. Tal regra insculpida no art. 746 do CC impõe ao expedidor a obrigação de realizar embalagem adequada e confere ao transportador o direito de recusar (tal recusa deve ser motivada) as mercadorias que possam colocar em risco a saúde das pessoas transportadas e de terceiros, bem como que apresentem risco concreto de danificar o veículo que realiza o transporte, outros bens do transportador ou de terceiro. Nos casos de transporte de carga proibida, o transportador tem o dever de recusar, quando desacompanhada dos documentos exigidos por lei ou regulamento.

Em relação ao transporte de carga proibida, dispõe o art. 747 do CC: "O transportador deverá obrigatoriamente recusar a coisa cujo transporte ou comercialização não sejam permitidos, ou que venha desacompanhada dos documentos exigidos por lei ou regulamento".

O proprietário da coisa transportada tem a prerrogativa de alterar o roteiro do transporte ou requerer a coisa de volta, antes da entrega efetiva. "Até a entrega da coisa, pode o remetente desistir do transporte e pedi-la de volta, ou ordenar seja entregue a outro destinatário, pagando, em ambos os casos, os acréscimos de despesa decorrentes da contraordem, mais as perdas e danos que houver". Nestas hipóteses, o dono da coisa transportada terá de indenizar o transportador pela alteração das orientações iniciais. O percurso, portanto, poderá ser alterado e as despesas devem ser custeadas pelo remetente, dono da coisa.

Em resumo, o art. 748 permite que o remetente desista da entrega da coisa ao destinatário ou altere o destino da carga, mesmo e ainda que a mercadoria esteja em trânsito, com o devido ressarcimento.

O art. 749 do CC trata da cláusula de incolumidade no transporte de coisas. O transportador deverá adotar todas as cautelas necessárias para que a coisa transportada chegue ao destino sem dano ou em bom estado e no prazo ajustado ou previsto. O descumprimento destas obrigações caracteriza inadimplemento contratual. De acordo com a norma em referência: "O transportador conduzirá a coisa ao seu destino, tomando todas as cautelas necessárias para mantê-la em bom estado e entregá-la no prazo ajustado ou previsto". A cláusula de incolumidade obriga o transportador a entregar a coisa ao destino sem qualquer dano e, caso não cumpra este dever jurídico, responderá civilmente pelos prejuízos causados, independente de culpa, tendo em vista a cláusula geral que prevê a adoção da teoria do risco para as atividades de risco, como é o transporte de cargas (art. 927, parágrafo único do CC).

Além disso, o transportador deverá entregar a carga no destino no prazo pactuado ou ajustado com o dono da coisa. Se não for estipulado prazo, em cada caso será analisado qual é o prazo razoável para a execução do contrato de transporte, com a efetiva entrega da coisa em seu destino. O não cumprimento do prazo caracteriza inadimplemento contratual e sujeita o transportador a indenizar o dono da coisa pelos prejuízos decorrentes do referido atraso.

De acordo com o art. 750 do CC, "a responsabilidade do transportador, limitada ao valor constante do conhecimento, começa no momento em que ele, ou seus prepostos, recebem a coisa; termina quando é entregue ao destinatário, ou depositada em juízo, se aquele não for encontrado". O artigo define os limites para a responsabilização do transportador quanto às cargas e mercadorias transportadas. Além do limite quanto ao valor, a norma fixa o momento de início e fim da referida responsabilidade.

O art. 751 dispõe que a coisa, depositada ou guardada nos armazéns do transportador, em virtude de contrato de transporte, rege-se, no que couber, pelas disposições relativas a depósito.

Após o desembarque das mercadorias, o transportador não é obrigado a dar aviso ao destinatário, se assim não foi convencionado, dependendo também de ajuste a entrega em domicílio, e devem constar do conhecimento de embarque as cláusulas de aviso ou de entrega a domicílio (art. 752).

Por outro lado, se o transporte não puder ser feito ou sofrer longa interrupção, o transportador solicitará, incontinenti, instruções ao remetente, e zelará pela coisa, por cujo perecimento ou deterioração responderá, salvo força maior. Se perdurar o impedimento, sem motivo imputável ao transportador e sem manifestação do remetente, poderá aquele depositar a coisa em juízo, ou vendê-la, obedecidos os preceitos legais e regulamentares, ou os usos locais, depositando o valor. Se o impedimento for responsabilidade do transportador, este poderá depositar a coisa, por sua conta e risco, mas só poderá vendê-la se perecível. Em ambos os casos, o transportador deve informar o remetente da efetivação do depósito ou da venda. Se o transportador mantiver a coisa depositada em seus próprios armazéns, continuará a responder pela sua guarda e conservação, sendo-lhe devida, porém, uma remuneração pela custódia, a qual poderá ser contratualmente ajustada ou se conformará aos usos adotados em cada sistema de transporte.

As mercadorias devem ser entregues ao destinatário, ou a quem apresentar o conhecimento endossado, devendo aquele que as receber conferi-las e apresentar as reclamações que tiver, sob pena de decadência dos direitos. No caso de perda parcial ou de avaria não perceptível à primeira vista, o destinatário conserva a sua ação contra o transportador, desde que denuncie o dano em dez dias a contar da entrega.

Se houver dúvida acerca de quem seja o destinatário, o transportador deve depositar a mercadoria em juízo, se não lhe for possível obter instruções do remetente. Se a demora puder ocasionar a deterioração da coisa, o transportador deverá vendê-la, depositando o saldo em juízo.

Por fim, no caso de transporte cumulativo, todos os transportadores respondem solidariamente pelo dano causado perante o remetente, ressalvada a apuração final da responsabilidade entre eles, de modo que o ressarcimento recaia, por inteiro, ou proporcionalmente, naquele ou naqueles em cujo percurso houver ocorrido o dano.

4.16. CONTRATO DE SEGURO

4.16.1. Conceito e noções gerais sobre o contrato de seguro (natureza jurídica)

O contrato de seguro objetiva a transferência de risco mediante contraprestação pecuniária. Trata-se de contrato consensual, oneroso, bilateral e aleatório por natureza. A definição do contrato de seguro está no art. 757 do CC: "Pelo contrato de seguro, o segurador se obriga, mediante pagamento do prêmio, a garantir interesse legítimo do segurado, relativo a pessoa ou a coisa, contra riscos predeterminados". Portanto, o seguro pode ter por objeto coisas (de dano) ou pessoas (de vida ou integridade física), cujos riscos, previamente determinados, são transferidos para a seguradora, mediante retribuição denominada prêmio.

O Código Civil de 2002 evolui no conceito em relação ao CC/1916, que era criticado pela doutrina, por passar a adotar conceito unitário de contrato de seguro, que engloba tanto o contrato de seguro de dano quanto o de seguro de pessoa. Na atual redação, o CC/2002 deixa de vincular a obrigação do segurador ao pagamento de indenização, o que não é compatível com o seguro de pessoa.

Para melhor compreender o contrato de seguro é preciso ter em mente os seus elementos centrais, quais sejam: (a) segurado; (b) segurador; (c) prêmio; (d) risco que recai sobre o interesse legítimo a ser garantido. A depender da forma como for contratado o seguro, haverá ainda as figuras do proponente e do beneficiário (não é parte).

Verifica-se que a obrigação principal do segurador é garantir o interesse do segurado contra os riscos que recaem sobre a pessoa ou coisa assegurada. Nas palavras de Orlando Gomes[158], "sua obrigação consiste em tutelar o interesse do segurado, que, pelo seguro, se cobre contra um risco. O interesse do segurado não é receber o seguro senão secundariamente".

Caso se concretize o risco consignado no contrato, no seguro de dano, o segurador pagará ao segurado uma indenização em dinheiro pelo prejuízo sofrido, sendo possível a convenção da reposição da coisa. Já no seguro de pessoa, ocorrendo o sinistro, é pago um montante previamente ajustado pelas partes, denominado capital segurado ou estipulado.

Por outro lado, a obrigação principal do segurado é pagar o prêmio, o que poderá se dar em uma única vez ou parceladamente, de forma vitalícia ou temporária. O prêmio não poderá ser dispensado pela seguradora, pois é "a partir do conjunto dos prêmios vertidos pelos segurados que se formará o fundo de proteção securitária destinado ao pagamento de indenizações e capitais segurados"[159].

O cálculo do valor do prêmio é feito por meio do sistema atuarial – pelo qual se faz a análise de riscos e expectativas econômicas e financeiras – e leva em conta, entre outros fatores, o valor da coisa segurada ou o capital estipulado no seguro de pessoa e a probabilidade de se verificar o risco. Acrescenta Paulo Nader[160]: "sem este levantamento, inviável essa prática contratual, pois não se terá base para a fixação do prêmio".

O risco é imprescindível para a caracterização do contrato de seguro. Tanto o é que será sancionado o segurador que expedir apólice ciente da consumação do risco, como se estudará a seguir. A lição de Orlando Gomes[161] é clara: "a noção de seguro pressupõe a de risco". Sem risco, não há contrato de seguro. Por definição, o risco é evento futuro, incerto e alheio à vontade das partes, mas que deve ser possível de se verificar. Ou seja, o risco é "a eventualidade da verificação de um acontecimento futuro". É o perigo que corre a coisa ou a pessoa assegurada. O risco é predeterminado, mas não será possível saber se será consumado, justamente porque depende de fator de incerteza para todos, segurador e segurado (aleatório neste sentido). Portanto, o risco é preciso, mas a incerteza envolve sua consumação ou não. A seguradora tem ciência do risco que assumirá e que garantirá, mas não tem como saber se o risco se consumará, pois dependente de fator de incerteza (explicação no capítulo que tratamos dos contratos aleatórios).

Para que seja assegurado, porém, o risco deverá estar previsto no contrato, ou seja, consignado na apólice do seguro. A razão para essa exigência é simples: no direito pátrio, não é obrigatória a cobertura de todos os ricos da mesma espécie (embora se incluam os prejuízos resultantes da concretização do risco). A seguradora, então, ficará obrigada apenas aos riscos particularizados contratualmente.

Quando o risco se concretiza, se verifica ou se converte em realidade e, a partir daí, tem-se a ocorrência do sinistro. O sinistro não se confunde com o risco, porque é a sua materialização – é propriamente o acontecimento que atinge o interesse assegurado.

Para Orlando Gomes[162], Caio Mário[163] e Paulo Nader[164], o risco que incide sobre a coisa ou pessoa assegurada é o próprio objeto do contrato de seguro. Contudo, parte da doutrina entende que essa não é a visão mais moderna

---

[158] GOMES, Orlando. *Contratos*. 26. ed. Rio de Janeiro: Forense, 2008, p. 512.

[159] TEPEDINO, Gustavo; BARBOSA, Heloísa Helena; BODIN, Maria Celina et al. *Código civil interpretado*. v. II (teoria geral dos contratos, contratos em espécie, atos unilaterais, títulos de crédito, responsabilidade civil, preferências e privilégios creditórios – artigos 421-965), RJ-SP: Renovar, 2006, p. 606.

[160] NADER, Paulo. *Curso de direito civil – Contratos*. 9. ed. Rio de Janeiro: Forense, 2018. v. III, p. 460.

[161] GOMES, Orlando. *Contratos*. 26. ed. Rio de Janeiro: Forense, 2008, p. 505.

[162] GOMES, Orlando. *Contratos*. 26. ed. Rio de Janeiro: Forense, 2008, p. 514.

[163] PEREIRA, Caio Mário da Silva. *Instituições de direito civil*: Contratos. 11. ed. Rio de Janeiro: Forense, 2004. v. III, p. 455.

[164] NADER, Paulo. *Curso de direito civil – Contratos*. 9. ed. Rio de Janeiro: Forense, 2018. v. III, p. 464.

ou o tratamento legislativo dado pelo Código Civil atual. Segundo Venosa[165]: "Melhor concluir que esse contrato não possui como objeto exatamente um risco ou proteção da coisa, porém mais apropriadamente o que a doutrina denomina *a garantia de interesse segurável*. Esse interesse representa uma relação econômica ameaçada ou posta em risco, sendo essencial para a contratação" (grifo nosso).

Em todo caso, o Código Civil de 2002 ao estabelecer que a obrigação do segurador é "garantir interesse legítimo" e não "indenizar do prejuízo resultante de riscos futuros", como previa o art. 1.432, CC/1916, assenta o caráter bilateral do contrato de seguro mesmo na hipótese de não verificação do risco consignado no contrato, pois, independentemente da ocorrência do sinistro, o interesse segurado terá sido garantido durante todo o contrato. O interesse legítimo pode estar submetido a riscos predeterminados que, se consumados, serão indenizados.

Como se vê, há uma reciprocidade entre as obrigações das partes, segurador e segurado – a obrigação de um é causa da obrigação do outro. Por esse motivo, o contrato de seguro, em relação aos efeitos jurídicos obrigacionais que gera, é contrato *bilateral* ou *sinalagmático*. Há a presença do sinalagma: as prestações são correspondentes, proporcionais. Os contratantes são credores e devedores reciprocamente.

Ademais, a exigência ao segurado de pagamento do prêmio como contraprestação à garantia prestada pela seguradora, torna o contrato de seguro contrato *oneroso*, em que há vantagens e sacrifícios para os contratantes. Afinal, à vantagem do segurado corresponde o sacrifício do segurador e vice-versa (ter seu interesse garantido/garantir o interesse; pagar o prêmio/receber o prêmio).

O contrato de seguro é contrato tipicamente *aleatório*, pois não é possível estimar a extensão das vantagens ou desvantagens econômicas do contrato, já que o seu resultado está vinculado a um evento futuro e incerto (para ambos) expressamente previsto no contrato. O risco é elemento essencial que deve estar consignado na apólice, tornando objetivamente incerta a prestação da seguradora.

Esse risco é assumido pela seguradora – é um risco unilateral – que não sabe se vai auferir a vantagem econômica ou não, mas a incerteza recai também sobre o segurado, pois nenhum dos dois pode ter certeza se o sinistro vai ou não se verificar. A prestação do segurado, contudo, não é incerta, pois, em regra, deverá pagar o prêmio ainda que não se concretize o risco previsto, como se disse.

Outrossim, o contrato de seguro é um contrato *consensual* (regra do nosso ordenamento jurídico), pois não exige qualquer formalidade para a sua formação. Basta o acordo de vontades ou o consenso – vontades convergentes e justapostas – para que ele gere efeitos jurídicos obrigacionais. Conforme se verá, as formalidades no contrato de seguro terão valor probatório apenas.

Por fim, o contrato de seguro é, na grande maioria das vezes, contrato de *adesão*, em que as cláusulas estão previamente estipuladas pela seguradora e ao qual adere o segurado. Isso se justifica pela massificação dos seguros, acompanhando o fenômeno de tantos outros serviços, mas por vezes prejudica o segurado, que fica sem muitas alternativas diante das condições semelhantes oferecidas por quase todos os concorrentes. De acordo com o Enunciado 370 das Jornadas de Direito Civil: "Nos contratos de seguro por adesão, os riscos predeterminados indicados no art. 757, parte final, devem ser interpretados de acordo com os arts. 421, 422, 424, 759 e 799 e 1º, inciso III, da Constituição Federal.

Orlando Gomes[166] pondera que: "A necessidade de uniformizar condições para numerosos segurados possibilita a determinação do seu conteúdo pela empresa seguradora, que insere, numa apólice impressa, cláusulas habituais e invariáveis. Por outro lado, o controle das empresas seguradoras pelo Estado, quer na constituição, quer no funcionamento, concorre para que se realize sob esta forma, já que, de certo modo, o conteúdo do contrato é pré-regulamentado".

Portanto, quanto à natureza jurídica do contrato de seguro, pode-se apontar que ele é contrato (a) bilateral; (b) oneroso; (c) aleatório; (d) consensual; e, em regra, (e) de adesão. Além disso, por óbvio, é contrato típico ou nominado, pois possui regulação legal no Código Civil. Se for de consumo, se submeterá aos princípios e regras do CDC.

Cabe, finalmente, tratar da qualificação das partes no contrato de seguro.

O segurado, como visto, é aquele que tem garantida sua pessoa ou seus bens contra os riscos determinados no contrato. Nos seguros de dano, poderá ser pessoa natural ou jurídica. Em relação ao seguro de pessoa, por assegurar a vida e a higidez física, somente a pessoa natural poderá figurar como segurado.

O segurado, de modo geral, deverá ter capacidade civil[167]. Contudo, nos seguros de pessoa, qualquer pessoa natural poderá ocupar a posição de segurado, ainda que somente o civilmente capaz possa contratar o seguro. Assim, o incapaz poderá ser o segurado desde que o negócio jurídico seja celebrado por seu representante legal[168].

Quanto ao segurador, responsável por garantir o interesse assegurado, somente poderá assumir essa posição a entidade legalmente autorizada para este fim, conforme dispõe o parágrafo único do art. 757 do CC. Desta forma, segurador será sempre pessoa jurídica, especificamente sociedades anônimas ou cooperativas, mas, neste último caso, apenas quanto aos seguros agrícolas e aos seguros de saúde.

Será possível ainda figurar como segurador entidades de autogestão ou sociedades mútuas ou de seguros mú-

---

[165] VENOSA, Sílvio de Salvo. *Direito civil – Teoria geral das obrigações e teoria geral dos contratos*. 3. ed. São Paulo: Atlas, 2003. v. II, p. 373.

[166] GOMES, Orlando. *Contratos*. 26. ed. Rio de Janeiro: Forense, 2008, p. 506.
[167] PEREIRA, Caio Mário da Silva. *Instituições de direito civil*: Contratos. 11. ed. Rio de Janeiro: Forense, 2004. v. III, p. 455.
[168] LOUREIRO, Luiz Guilherme. *Contratos – Teoria geral e contratos em espécie*. 3. ed. São Paulo: Método, 2008, p. 464.

tuos, que não possuem o ânimo de lucro, mas apenas de atender aos encargos assumidos pela sociedade. Segundo Orlando Gomes[169], "cada interessado é segurador dos outros e por estes segurado, de modo que pode ser beneficiado ou desfavorecido, conforme tenha direito à indenização ou seja obrigado a concorrer para que a outrem se pague".

Em relação a esse tema, o Enunciado 185 da III Jornada do Direito Civil prevê: "A disciplina dos seguros do Código Civil e as normas da previdência privada que impõem a contratação exclusivamente por meio de entidades legalmente autorizadas não impedem a formação de grupos restritos de ajuda mútua, caracterizados pela autogestão".

O seguro mútuo não se encontra regulado pelo Código Civil atual, pois não foram mantidas as disposições de seu antecessor sobre o assunto. Todavia, não se pode dizer que o seguro prestado por sociedades mútuas tenha sido extinto[170], ainda que na prática não seja tão comum no Brasil.

4.16.2. O contrato de seguro e a prova da constituição (apólice e bilhete de seguro)

A prova da constituição do contrato de seguro se relaciona diretamente com a sua natureza. O contrato de seguro é consensual, ou seja, se constitui pelo mero acordo de vontades entre seguradora e segurado. Se é consensual, poderá, inclusive, ser verbal. Tal situação interfere na previsão do art. 758 do CC, que trata justamente da prova do seguro.

Ainda na vigência do CC/1916, o qual previa que o contrato de seguro não obrigava senão quando reduzido a escrito, Orlando Gomes[171] já defendia que a forma escrita não era da substância do contrato, mas possuía função meramente probatória.

Neste caso, os elementos mínimos exigidos no art. 758 para prova do contrato, se referem à forma/prova, requisito para existência jurídica (plano da existência). A apólice, o bilhete ou ao menos o recibo são fundamentais para se provar a existência jurídica deste negócio, o que não é incompatível com seu caráter consensual. O consenso é suficiente para sua formação, mas para fins de segurança jurídica, tal consenso deve se basear em modo mínimo para a existência jurídica.

No CC/2002, fica clara a adoção dessa posição no art. 758. Dessa forma, a apólice, o bilhete de seguro ou, na falta dos anteriores, o recibo do prêmio são apenas elementos de prova para fins de existência jurídica, não validade. A apólice e o bilhete são instrumentos do contrato de seguro.

A apólice deve ser precedida de proposta escrita com declaração dos elementos essenciais do interesse que será garantido e do risco, conforme o art. 759 do CC. Contudo, a ausência dessa proposta não invalida o contrato, já que a própria apólice não é imprescindível[172].

O bilhete é instrumento simplificado do contrato de seguro e reúne apenas alguns dos seus elementos identificadores. Na apólice ou bilhete de seguro, os elementos essenciais do legítimo interesse a ser garantido e os riscos a ele relacionados devem estar precisos e devidamente identificados. Se justifica diante da massificação do seguro em determinados ramos da atividade humana e só pode ser utilizado nos casos expressamente previstos na legislação, como no DPVAT, no seguro individual de acidentes pessoais e no seguro incêndio residencial facultativo[173].

A apólice ou o bilhete de seguro podem ser nominativos, à ordem ou ao portador, salvo, quanto ao último caso, no seguro de pessoas (no seguro de pessoas, não se admite que a apólice ou o bilhete sejam ao portador – parágrafo único do art. 760 do CC). Tais instrumentos devem conter os riscos assumidos, início e fim de validade (a vigência), o limite da garantia e o prêmio devido. É o que dispõe o art. 760 do CC. Se houver necessidade, também deverá constar do bilhete ou da apólice os nomes do segurado e do beneficiário.

Se o bilhete ou a apólice forem nominativos, o instrumento mencionará o nome do segurador e do segurado, seu representante e de terceiro beneficiário, se houver, sendo transmissível por cessão civil ou alienação (é possível a cessão do contrato, com autorização expressa da seguradora). Se for à ordem será transmissível por endosso em preto, datado e assinado por endossante e endossatário (art. 785, § 2º, do CC). Ao portador, será transmissível por tradição simples.

Ainda em relação à apólice, o art. 761 do CC traz a hipótese do cosseguro, que se dá quando várias seguradoras assumem os riscos de um *seguro direto*, em que o instrumento deverá indicar qual seguradora administrará o contrato e representará os demais, para todos os efeitos. É a chamada *seguradora líder*[174]. Nesta modalidade, em que há sistema de cooperação mútua entre as seguradoras, na própria apólice, há a indicação da seguradora líder, a qual administrará o contrato e representará as demais. Não há solidariedade entre as seguradoras, pois cada uma responderá pela respectiva fração.

4.16.3. A nulidade do contrato de seguro para garantia de risco por ato doloso

O contrato de seguro se destina a garantir interesses legítimos (relacionados a coisas ou pessoas) contra riscos predeterminados, fortuitos, futuros e incertos. Tal contrato não pode se destinar a garantir interesse cujo risco seja consumado por conduta dolosa do segurado.

---

[169] GOMES, Orlando. *Contratos*. 26. ed. Rio de Janeiro: Forense, 2008, p. 507.

[170] PEREIRA, Caio Mário da Silva. *Instituições de direito civil*: Contratos. 11. ed. Rio de Janeiro: Forense, 2004. v. III, p. 454; GOMES, Orlando. *Contratos*. 26. ed. Rio de Janeiro: Forense, 2008, p. 508.

[171] GOMES, Orlando. *Contratos*. 26. ed. Rio de Janeiro: Forense, 2008, p. 508.

[172] NADER, Paulo. *Curso de direito civil – Contratos*. 9. ed. Rio de Janeiro: Forense, 2018. v. III, p. 468.

[173] LOUREIRO, Luiz Guilherme. *Contratos – Teoria geral e contratos em espécie*. 3. ed. São Paulo: Método, 2008, p. 463.

[174] TARTUCE, Flávio. *Manual de direito civil*. 2. ed. São Paulo: Método, 2012. Volume único, p. 767.

É nulo o contrato (contaminação total) se o risco for resultante de ato doloso do segurado, do beneficiário ou de seus representantes.

É o que se denomina *golpe do seguro*, previsto no art. 762 do CC. Como em todo negócio jurídico, é indispensável que o contrato de seguro cumpra os requisitos de validade (art. 104 do CC), entre os quais está a licitude do objeto.

Em razão do estabelecido nesse dispositivo, o risco verificado por ato doloso invalida todo o contrato de seguro, o que não ocorre no caso de culpa. É exemplo de nulidade textual, expressamente prevista art. 166, VI, do CC, que impõe a nulidade do negócio que tenha por objetivo fraudar lei imperativa. Em respeito à boa-fé objetiva, não é possível, nessa hipótese, invocar o princípio da conservação dos contratos. A má-fé e o dolo são contemporâneos à formação, pois no contrato já é inserida cláusula destinada a garantir risco que se consuma a partir de ato doloso do segurado.

O dolo, neste caso, pode ser interpretado sob duas perspectivas.

Na primeira, o legislador tentou evitar o denominado *golpe de seguro*. Nesta hipótese, o segurado, ou terceiro interessado, concretiza o risco por meio de ato doloso, gerando a ocorrência do sinistro, com o intuito de receber o capital segurado (seguro de pessoa) ou a indenização (seguro de dano) do segurador.

Em outras palavras, para receber contraprestação do segurador pelo pagamento do prêmio forja-se a concretização de riscos particularizados no contrato – já que os que não forem nele previstos não estarão cobertos. A seguradora, induzida em erro (dolo é erro induzido), adimplirá a sua parte da obrigação imposta contratualmente.

É o caso do segurado que formaliza com a seguradora contrato de seguro para garantia de riscos predeterminados em veículo automotor e, de forma intencional e deliberada, para receber a indenização, provoca danos materiais no veículo (ou seja, dolosamente provoca a colisão do bem com qualquer coisa).

Assim, nesta perspectiva, que é o objetivo principal de tutela da norma em questão, o contrato de seguro garantiria risco proveniente de ato doloso do segurado, beneficiário ou do representante de um ou de outro. Todavia, a lei também veda a assunção de garantia de risco proveniente de ato doloso, deliberado, intencional e de má-fé, uma vez que o Estado não pode, sob qualquer pretexto, tutelar, mesmo em contratos cujos interesses são meramente privados, a má-fé.

Em sistema em que a legislação civil privilegia a ética e a boa-fé, é bastante óbvia a coerência e a compatibilidade dessa norma com os princípios e valores que norteiam as relações privadas intersubjetivas, em especial aquelas decorrentes de contrato de seguro.

Na segunda perspectiva, o dolo seria interpretado como vício de consentimento, provocado pelo segurado que, ciente da consumação do risco que viria a ser garantido pelo contrato, induz a seguradora a formalizar o contrato. Nesta situação, o dolo seria causa de invalidação do contrato, pois presente desde a sua origem.

O dolo, como vício de consentimento (art. 145 do CC), se caracteriza por artifício malicioso, que é empregado por uma das partes ou por terceiro com o propósito de prejudicar outrem quando da celebração do negócio jurídico. Para viciar o negócio, o dolo tem de ser a sua causa determinante.

4.16.4. Efeitos jurídicos da mora do segurado em relação ao prêmio e a possibilidade de purgação

De acordo com o art. 763 do CC, o segurado que estiver em mora quanto ao pagamento do prêmio não terá direito à indenização se o sinistro (consumação do risco) ocorrer antes de sua purgação. O segurado tem a obrigação de pagar o prêmio. O inadimplemento de tal obrigação suspende a eficácia das disposições contratuais que impõem à seguradora o dever de indenizar o risco consumado. A mora do segurado é causa de exclusão da cobertura, segundo o art. 763 do CC.

Todavia, doutrina e jurisprudência passaram a relativizar a norma para defender a tese de que o não pagamento do prêmio, por si só, não excluiu a cobertura contratual. A resolução do contrato de seguro depende de interpelação, judicial ou extrajudicial. A mora, que seria *ex-re*, se converte em mora *ex-personae*.

Portanto, a perda do direito à indenização ou da garantia em decorrência da mora não é automática, ainda que o contrato ostente cláusula resolutiva expressa para o caso de mora ou inadimplemento (art. 474 do CC).

A jurisprudência do STJ pacificou o entendimento no sentido de se exigir a prévia interpelação do segurado para a caracterização da mora, com consequente suspensão ou cancelamento do contrato. Após vasta jurisprudência, agora a questão foi sumulada por meio do verbete 616: "A indenização securitária é devida quando ausente a comunicação prévia do segurado acerca do atraso no pagamento do prêmio, por constituir requisito essencial para a suspensão ou resolução do contrato de seguro".

Nesse sentido, o Enunciado 376 do CJF: "Para efeito do art. 763 do Código Civil, a resolução do contrato depende de prévia interpelação".

Em resumo, a mora do segurado que seria *ex re* foi convertida pela jurisprudência em mora *ex persona*, ou seja, fica condicionada à prévia interpelação do segurado (art. 397, parágrafo único, do CC), como já ocorre em outros contratos, mesmo com a existência de cláusula resolutiva expressa.

Não há resolução automática, razão pela qual será sempre possível a purgação da mora. Assim, o contrato de seguro não poderá ser extinto automaticamente pelo simples atraso no pagamento do prêmio.

Tal dispositivo também deve ser compatibilizado com a teoria do adimplemento substancial, que é fundamentada no princípio da boa-fé objetiva, que na sua função de controle, pretende evitar o abuso de direito (art. 187 do CC – decorrente da boa-fé objetiva e da função social do contrato – Enunciado 361 do CJF), o que impede a extinção do contrato se a obrigação já tiver sido quase toda cumprida. Nesse contexto, o Enunciado 371 do CJF dispõe que: "A mora do segurado, sendo de escassa importância, não autoriza a resolução do contrato, por atentar ao princípio da boa-fé objetiva".

Portanto, se o segurado paga 9 (nove) de 10 (dez) prestações do contrato de seguro, se houver mora de uma, não poderá ser privado do direito à indenização. Nesta situação, há duas soluções que podem ser justas, a depender das circunstâncias do caso concreto. Na primeira, o segurado, em razão da teoria do adimplemento substancial, mantém o direito à integralidade da garantia pelo risco predeterminado, mas a seguradora, por óbvio, terá o direito de exigir o valor da parcela inadimplida. Na segunda solução, a garantia será proporcional ao valor adimplido pelo segurado. Nesta hipótese, a seguradora não poderia exigir o valor da parcela inadimplida. Apenas diante do caso concreto será possível apurar qual das soluções é a mais adequada.

4.16.5. Obrigação do segurado em relação ao prêmio independente da consumação do risco

O art. 764 do CC dispõe que a não verificação do risco, objeto do contrato de seguro, não exime o segurado de pagar o prêmio, salvo disposição especial.

A razão desse dispositivo é justamente a natureza aleatória do contrato de seguro, que impõe o pagamento do prêmio independentemente da ocorrência do sinistro.

O pagamento do prêmio se justifica para que os riscos predeterminados no contrato de seguro sejam efetivamente garantidos durante toda a vigência do contrato. Se paga pela garantia, independente da ocorrência do risco. A contraprestação da seguradora em relação ao pagamento do prêmio é a garantia. Se a seguradora se compromete a garantir os riscos predeterminados e os garante durante toda a vigência do contrato, independente da concretização do risco, sua obrigação estará cumprida.

Não há vinculação entre a obrigação do segurado, quanto ao pagamento do prêmio, e a concretização dos riscos garantidos. Como já ressaltado, se paga para se gozar de garantia contratual. O prêmio é o preço dessa garantia. A remuneração da garantia dos riscos e não o preço pela concretização de riscos, que podem ou não ocorrer.

Se o segurado estiver em mora, perderá o direito à garantia, mas, enquanto a garantia estiver em vigência, é obrigação do segurado o pagamento do prêmio, porque estará recebendo a devida contraprestação (garantia do risco).

4.16.6. O princípio da boa-fé objetiva como valor referência do contrato de seguro

O princípio da boa-fé objetiva é aplicável a todos os contratos em todas as suas fases, de acordo com a previsão expressa do art. 422 do CC. Dessa forma, o Código Civil exige que, ao longo da relação contratual, as partes procedam reciprocamente de forma leal.

Não bastasse essa afirmação genérica, o art. 765 do CC reforça a necessidade de observância da boa-fé, não apenas objetiva, mas também, neste caso, subjetiva – além da veracidade – nas fases do contrato de seguro, em relação ao objeto e a circunstâncias e declarações que lhe dizem respeito.

Para Caio Mário[175], a boa-fé objetiva é elemento essencial do contrato de seguro, pois a fixação do prêmio depende das informações prestadas pelo segurado, bem como pelo fato de se tratar de contrato aleatório.

O art. 765 do CC ressalta o dever de informar, mas todos os deveres anexos relacionados ao princípio da boa-fé objetiva são aqui aplicados, tais como o dever de cuidado, o dever de probidade, o dever de cooperação e o dever de agir conforme a razoabilidade, a equidade e a boa razão, dentre outros[176].

O art. 766 do CC estabelece as consequências jurídicas para o caso de o segurado, ou seu representante, fazer, de má-fé, declarações inexatas ou omissas que possam influir na aceitação da proposta ou no valor do prêmio. São elas: a perda do direito à garantia, que seria a indenização no caso do seguro de dano, e a obrigação de pagar o prêmio vencido. O dolo do segurado ou de seu representante é punido com a perda da garantia (indenização no caso de consumação do risco), sem prejuízo do dever de pagar o prêmio vencido.

Contudo, se tais declarações do segurado não resultarem de má-fé, o segurador poderá resolver o contrato, com a devolução do que foi pago do prêmio, mas com eventual compensação por perdas e danos, ou cobrar a diferença do prêmio, mesmo após o sinistro (art. 766, parágrafo único, do CC).

O Enunciado 585 das Jornadas de Direito Civil estabelece que se impõe o pagamento de indenização do seguro (ou seja, não caracteriza má-fé) mesmo diante de condutas, omissões ou declarações ambíguas do segurado que não guardem relação com o sinistro.

A boa-fé é sempre presumida, o que determina que a má-fé deva ser provada. Nesse contexto, é relevante tratar da questão da doença preexistente e o seguro de saúde. O Enunciado 372 do CJF estabelece que "em caso de negativa de cobertura securitária por doença preexistente, cabe à seguradora comprovar que o segurado tinha conhecimento inequívoco daquela".

A seguradora não poderá recusar-se a indenizar o segurado, sob a justificativa de doença preexistente, caso comece a receber os prêmios mensais do segurado sem recolher as declarações do segurado quanto à preexistência de doenças ou realizar exames para constatá-la[177].

É justamente a tese definida na Súmula 609 do STJ: "A recusa de cobertura securitária, sob a alegação de doença preexistente, é ilícita se não houve a exigência de exames médicos prévios à contratação ou a demonstração de má-fé do segurado". Assim, se a seguradora não exigiu

---

[175] PEREIRA, Caio Mário da Silva. *Instituições de direito civil:* Contratos. 11. ed. Rio de Janeiro: Forense, 2004. v. III, p. 458.

[176] TARTUCE, Flávio. *Manual de direito civil.* 2. ed. São Paulo: Método, 2012. Volume único, p. 550.

[177] LOUREIRO, Luiz Guilherme. *Contratos – Teoria geral e contratos em espécie.* 3. ed. São Paulo: Método, 2008, p. 473.

a realização de exames médicos pelo segurado, que, ao declarar, desconhecia a doença preexistente, ela não poderá deixar de indenizá-lo sob esta alegação. Aliás, constitui abuso de direito a modificação acentuada das condições do seguro de vida e de saúde pela seguradora quando da renovação do contrato.

Contudo, se ficar comprovado que o segurado, de má-fé, omitiu a existência de doença, já por ele conhecida ao tempo da conclusão do contrato, a não efetuação do exame médico prévio não será impedimento para que o segurador deixe de indenizar. Afinal, não se deve privilegiar a má-fé do segurado. A recusa de renovação das apólices de seguro de vida pelas seguradoras em razão da idade do segurado é discriminatória e atenta contra a função social do contrato (Enunciado 542).

4.16.7. O seguro à conta de outrem

O seguro à conta de outrem revela uma estipulação em favor de terceiro (art. 436 do CC). Nessa hipótese quem contrata com a seguradora não é o segurado, mas o estipulante.

O segurado não será parte contratual, mas beneficiário. Neste caso, o contrato de seguro será caracterizado por ter outro participante, denominado "estipulante", que pode ser pessoa física ou jurídica e que contratará seguro em favor de terceira pessoa, que é o beneficiário/segurado. Portanto, no seguro à conta de outrem participará da relação jurídica a seguradora, o segurado/beneficiário e o estipulante, o qual assumirá todas as obrigações relativas ao contrato de seguro.

De acordo com o que dispõe o art. 767 do CC: "No seguro à conta de outrem, o segurador pode opor ao segurado quaisquer defesas que tenha contra o estipulante, por descumprimento das normas de conclusão do contrato, ou de pagamento do prêmio". O estipulante assume as obrigações contratuais e, por esta razão, o segurador poderá opor ao segurado/beneficiário qualquer defesa que tenha contra o estipulante, no que se refere ao inadimplemento de qualquer obrigação contratual, em especial o pagamento do prêmio, contraprestação da garantia.

Essa regra legal é exemplo de exceção ao princípio da relatividade dos efeitos contratuais[178].

Se houver estipulação em favor de terceiro/beneficiário, a seguradora poderá invocar qualquer defesa, de natureza pessoal ou impessoal, que tinha contra o estipulante, contra o referido terceiro.

Em relação à estipulação de terceiros, o tema foi tratado, de forma exaustiva, em capítulo próprio.

4.16.8. A perda do direito à indenização em caso de agravamento intencional do risco

O art. 768 do CC estabelece a perda do direito à indenização para o caso de o segurado intencionalmente agravar o risco objeto do contrato. Tal regra também sanciona a má-fé do segurado. Por isso, deve ser comprovado que esse agravamento se deu de má-fé, o que não se presume.

Afinado a essa posição tem-se o Enunciado 374 do CJF, que dispõe: "No contrato de seguro, o juiz deve proceder com equidade, atentando às circunstâncias reais, e não a probabilidades infundadas, quanto à agravação dos riscos". O juiz não deve basear-se em probabilidades infundadas.

É pertinente a esse tópico a questão da embriaguez do segurado em caso de acidente de trânsito e a exclusão ou não do dever da seguradora de indenizar. Seria a embriaguez por si só suficiente para afastar o dever de indenização? Em 2008 o STJ se manifestou sobre a temática no julgamento de dois Recursos Especiais, tendo decidido diversamente em cada oportunidade.

No REsp 1.012.490/PR, julgado em março de 2008, o STJ declarou que é necessário provar que a ingestão de álcool contribuiu essencialmente para a ocorrência do acidente de trânsito. No REsp 973.725/SP, julgado em agosto de 2008, o mesmo Tribunal decidiu que a embriaguez ao volante justifica por si só o afastamento da indenização, pois é sabido que a ingestão do álcool agrava o risco.

Todavia, a questão restou pacificada com a edição da Súmula 620, segundo a qual "a embriaguez do segurado não exime a seguradora do pagamento da indenização prevista em contrato de seguro de vida". A Súmula é resultado de embargos de divergência objeto de discussão no mesmo Tribunal onde se considerou que a embriaguez, por si só, não implica agravamento de risco para fins de perda do direito à indenização.

A decisão do STJ está em absoluta consonância com as normas jurídicas que disciplinam o contrato de seguro, seja de dano ou de pessoa. Não há dúvida de que o agravamento intencional do risco objeto do contrato leva à perda da cobertura securitária. A embriaguez, por si só, não é suficiente para exclusão da cobertura securitária. É essencial demonstrar, por meio de provas, que a embriaguez foi a causa determinante ou teve relevância causal para o dano ou a morte do segurado. A cláusula de exclusão da cobertura securitária para o caso de embriaguez não é abusiva. Todavia, a incidência da cláusula depende de prova de que a embriaguez foi a causa determinante do evento que será objeto de cobertura. Tal situação também se relaciona com insanidade mental e substâncias entorpecentes.

Resta apenas saber se da forma como ficou redigida a súmula, sem qualquer ressalva, a embriaguez, mesmo tendo sido a causa determinante do acidente, também não seria óbice para o pagamento da indenização.

Portanto (nos termos da Súmula 620), a embriaguez isoladamente não pode constituir agravamento de risco. Todavia, se a embriaguez for elemento essencial para a ocorrência do sinistro não se aplica a Súmula 620. Aliás, deve-se ainda ressaltar que a cláusula de exclusão de cobertura por embriaguez do segurado não terá nenhuma eficácia em relação a terceiro vítima do segurado, em razão do princípio da função social, materializado no art. 787, segundo o qual o segurador garante o pagamento das perdas e danos em favor de terceiro (tutela externa do cré-

---

[178] TARTUCE, Flávio. *Manual de direito civil*. 2. ed. São Paulo: Método, 2012. Volume único, p. 770.

dito – terceiro ofendido e vítima do segurado – a seguradora não pode invocar cláusula de exclusão de garantia pactuada com o segurado contra terceiro vítima).

Ainda dentro desse contexto, o Enunciado 465 da Súmula do STJ possui redação que reforça a necessidade de comprovação do agravamento do risco ao estabelecer: "Ressalvada a hipótese de efetivo agravamento do risco, a seguradora não se exime do dever de indenizar em razão da transferência do veículo sem a sua prévia comunicação".

Tal enunciado de súmula denota que o agravamento do risco deve ser concreto, e não abstrato. É indispensável demonstrar que o agravamento do risco foi doloso e impôs ônus maior para a parte que sustenta a garantia, a seguradora. O cuidado e a diligência do segurado são comportamentos que justificam a manutenção da garantia, contraprestação da seguradora. Por isso, o dolo, associado à concretude de um risco maior, é essencial para a perda do direito à garantia.

Cabe acrescentar que recentemente, em 4-11-2014, o STJ decidiu, no REsp 1.411.431/RS, que a conduta do segurado que, durante a madrugada, deixa seu veículo com as portas abertas e a chave na ignição e dele se afasta, facilitando a ocorrência do furto, demonstra *consciente* e *voluntário* agravamento do risco, o que impõe a exclusão da cobertura securitária. Na hipótese, o segurado encontrava-se em um posto de gasolina e saiu para ir ao banheiro, momento em que aconteceu o furto.

4.16.9. O dever de informação decorrente do princípio da boa-fé objetiva quanto ao agravamento do risco

Como visto, ao longo da execução do contrato, os contratantes deverão agir conforme o padrão de conduta ético e leal imposto pelo princípio da boa-fé objetiva, o que compreende o dever de informar.

Nessa seara, o art. 769 do CC preceitua que o segurado deverá levar ao conhecimento do segurador, tão logo fique sabendo, qualquer fato que possa agravar o risco coberto. Caso fique provado que de má-fé se silenciou, o segurado será punido com a perda do direito à indenização. A violação da boa-fé objetiva constitui conduta inadequada que caracteriza inadimplemento por parte do segurado (dever anexo de informação), com a perda da garantia, tudo nos termos do art. 422 do CC.

O referido artigo apresenta uma das funções do princípio da boa-fé objetiva no sistema, que é a função de integração, com a criação de deveres anexos e colaterais, como informação, proteção e lealdade, mesmo que não previsto no contrato. Trata-se de dever implícito em toda espécie contratual e a violação desses deveres é causa autônoma de inadimplemento.

O art. 769 do CC nada mais é do que desdobramento da cláusula geral de tutela da boa-fé objetiva, exposta no art. 422 da mesma lei.

Por isso, de acordo com a norma, relatado o incidente agravador do risco ao segurador, este poderá, no prazo de 15 (quinze) dias contados do recebimento do aviso, resolver o contrato, dando ciência, por escrito, de sua decisão ao segurado. A cooperação entre os contratantes é evidente neste caso e hipótese. Se a seguradora provar que o segurado, de má-fé, dolosamente, silenciou sobre o agravamento considerável do risco coberto, perderá o direito à garantia. A sanção para a violação do dever de informação e cooperação é a perda da garantia.

Trata-se nessa hipótese de agravação não decorrente de culpa do segurado (art. 769, § 1º, do CC).

A resolução do contrato somente será eficaz após 30 dias da notificação e deverá ser devolvida ao segurado a diferença do prêmio (art. 769, § 2º, do CC).

Em termos técnicos, não se trata, porém, de resolução, mas de resilição unilateral. Trata-se de direito potestativo de resilir autorizado pela lei, que não pode ser evitado pelo segurado (art. 473 do CC). É possível a resilição desde que não seja abusiva: em um agravamento de risco insignificante a denúncia do contrato seria injusta. O agravamento mínimo não justifica o exercício do direito de resilição. A boa-fé objetiva impõe esse comportamento leal ao segurador. O abuso de direito de resilição é vedado pelo sistema, como desdobramento da função de controle do princípio da boa-fé objetiva, inscupildo na cláusula geral do art. 187 do CC.

Para Nader[179], não é justa essa previsão, pois protege somente os interesses do segurador, em que pese o segurado não ter contribuído para o agravamento do risco e ter cumprido o seu dever de informar. Exatamente pela natureza aleatória do contrato de seguro, é que esse fato fortuito deveria estar acobertado pelo campo das probabilidades.

Tepedino[180] entende que, muito embora o artigo não preveja a possibilidade de o segurador requerer não a resolução, mas a revisão do valor do prêmio, estabelecendo um aumento deste, é esse o entendimento que está de acordo com o princípio da conservação dos negócios jurídicos.

4.16.10. As consequências da redução do risco

Em regra, a redução do risco durante a vigência do contrato não implica a diminuição do valor do prêmio estipulado. Contudo, se a redução for considerável, o segurado poderá exigir a revisão do valor do prêmio, para reduzir o custo, ou a resolução contratual. É a previsão do art. 770 do CC. Na realidade, tal dispositivo evidencia a compatibilidade da revisão judicial com os contratos aleatórios. Se houver desproporção manifesta entre o risco assumido pela seguradora e o prêmio pactuado, a revisão das bases objetivas, em função dos princípios da função social e equivalência material, é possível. Caberá ao segurado decidir pela revisão do prêmio ou resolução do contrato.

O que justifica a revisão ou a resolução contratual é a onerosidade excessiva para o segurado, dispensada a

---

[179] NADER, Paulo. Curso de direito civil – Contratos. 9. ed. Rio de Janeiro: Forense, 2018. v. III, p. 473-474.

[180] TEPEDINO, Gustavo; BARBOSA, Heloísa Helena; BODIN, Maria Celina et al. *Código civil interpretado*. v. II (teoria geral dos contratos, contratos em espécie, atos unilaterais, títulos de crédito, responsabilidade civil, preferências e privilégios creditórios – artigos 421-965), RJ-SP: Renovar, 2006, p. 578-579.

ocorrência de um fato imprevisível ou extraordinário, nos mesmos termos do art. 6º, V, do CDC[181].

Conforme esclarece Godoy, a disposição decorre da aplicação do princípio da manutenção do equilíbrio contratual e a redução deverá ser fruto de anormalidade, "fora da normal incerteza e flutuação das circunstâncias potenciais de sinistro cobertas pelo contrato".

Em última análise, o dispositivo decorre da natureza bilateral ou sinalagmática do contrato de seguro, que depende da proporcionalidade entre as prestações das partes, que é própria do sinalagma. Ademais, revela um contraponto ao art. 769 do CC, que permite a resolução ou revisão contratual no caso de agravamento considerável do risco[182].

Como exemplo de aplicação da norma, Venosa[183] traz a hipótese de um seguro de vida feito em favor de alpinista, que abandona em definitivo o esporte. Haverá assim redução considerável do risco, podendo o alpinista optar entre a revisão do prêmio e a resolução do contrato.

4.16.11. O dever de informação sobre a ocorrência do sinistro

O art. 771 do CC constitui decorrência do dever de informação inerente ao princípio da boa-fé objetiva, dever esse essencial nas relações entre seguradora e segurado. Tal norma dispõe que o segurado deverá informar, assim que o saiba, a seguradora quanto à ocorrência do sinistro e deverá tomar as providências imediatas para diminuir as consequências do evento danoso.

A lei civil, mais uma vez, estabelece sanção para o descumprimento dos deveres anexos relativos ao princípio da boa-fé objetiva (art. 422 do CC): a perda do direito à garantia securitária, que na maioria das vezes corresponde a indenização.

Além do dever de informar, tem-se a consagração do dever (imposto ao segurado) de mitigar a perda, resultante do sinistro. É o *duty to mitigate the loss* (dever de mitigar a própria perda – Enunciado 169 da III Jornada de Direito Civil), já adotado pela doutrina brasileira. Ambos os deveres resultam da aplicação do princípio da boa-fé.

O fim da norma ora em análise é a proteção dos interesses do segurador que pode orientar o segurado na "adoção das providências necessárias à neutralização ou minimização das consequências resultantes do implemento do risco"[184].

Contudo, caso o fato adquira notoriedade, o segurado estará dispensado da obrigação de avisar a seguradora, *pois se presume que esta tomará ciência do fato por outros meios*. Também não se vislumbra aplicação do dispositivo no caso de seguro de vida, por exemplo, em que não existe interesse no imediato aviso por parte do segurador. Ademais, defende Tepedino[185] a necessidade de comprovação do prejuízo decorrente do atraso na comunicação do sinistro, como forma de privilegiar a própria boa-fé objetiva.

O parágrafo único do art. 771 do CC dispõe que as despesas de salvamento, que foram efetuadas pelo segurado para minorar as consequências danos do sinistro, devem ser ressarcidas pelo segurador, já que foram realizadas em seu interesse. Contudo, o segurador só responde por essas despesas até o limite fixado no contrato.

4.16.12. Os efeitos jurídicos da mora do segurador

A mora do segurador no pagamento do sinistro faz com que incida sobre o valor da indenização atualização monetária, em relação à indenização devida, sem prejuízo dos juros moratórios (art. 406 do CC – Taxa Selic, salvo se as partes contratantes tiverem convencionado taxa diversa, cujo teto é a SELIC), segundo previsão do art. 772 do CC. A redação do referido dispositivo foi ajustada pela Lei n. 14.905/2024, justamente para consignar que a atualização monetária, salvo convenção, será de acordo com a taxa SELIC e não "índices oficiais" genéricos.

Ademais, no caso de mora do segurador, em caso de dano, poderá suportar indenização por perdas e danos e honorários de advogado.

É a única exceção em que no seguro de dano ou de coisas a indenização poderá ultrapassar o valor do interesse segurado, ressalva expressamente mencionada no art. 781 do CC. Em razão do princípio indenitário, a cobertura securitária deve restringir-se ao prejuízo experimentado, pois o seguro não pode ser fonte de enriquecimento sem justa causa. É desdobramento da regra, art. 778 do CC, de que no seguro de dano não se pode contratar por valor maior do que o interesse segurado.

4.16.13. Sanção ao segurador que expede a apólice ciente da consumação do risco

O art. 773 do CC estabelece que o segurador que expedir apólice ciente de que o risco quanto ao qual o segurado pretende se cobrir não mais existe deverá pagar a este o dobro do valor do prêmio. É mais uma hipótese em que o Código Civil sanciona a má-fé.

No contrato de seguro, o segurador se obriga a garantir interesse legítimo do segurado, relativo à pessoa ou coisa, contra riscos predeterminados. A garantia, contraprestação da seguradora, está vinculada aos riscos predeterminados no contrato. É a garantia destes riscos. Se os riscos

---

[181] TARTUCE, Flávio. *Manual de direito civil*, 2. ed. São Paulo: Método, 2012. Volume único, p. 772.

[182] TEPEDINO, Gustavo; BARBOSA, Heloísa Helena; BODIN, Maria Celina et al. *Código civil interpretado*. v. II (teoria geral dos contratos, contratos em espécie, atos unilaterais, títulos de crédito, responsabilidade civil, preferências e privilégios creditórios – artigos 421-965), RJ-SP: Renovar, 2006, p. 579.

[183] VENOSA, Sílvio de Salvo. *Direito civil – Teoria geral das obrigações e teoria geral dos contratos*. 3. ed. São Paulo: Atlas, 2003. v. II, p. 389.

[184] TEPEDINO, Gustavo; BARBOSA, Heloísa Helena; BODIN, Maria Celina et al. *Código civil interpretado*. v. II (teoria geral dos contratos, contratos em espécie, atos unilaterais, títulos de crédito, responsabilidade civil, preferências e privilégios creditórios – artigos 421-965), RJ-SP: Renovar, 2006, p. 580.

[185] TEPEDINO, Gustavo; BARBOSA, Heloísa Helena; BODIN, Maria Celina et al. *Código civil interpretado*. v. II (teoria geral dos contratos, contratos em espécie, atos unilaterais, títulos de crédito, responsabilidade civil, preferências e privilégios creditórios – artigos 421-965), RJ-SP: Renovar, 2006, p. 580.

predeterminados já não mais existem, não há o que garantir e, por isso, o contrato de seguro perde a finalidade.

Se a seguradora, ciente da inexistência do risco, expede a apólice, pagará ao segurado o dobro do prêmio estipulado, como forma de indenização desta conduta antiética e dolosa da seguradora.

Tepedino[186] ressalta que a futuridade é atributo do risco e que a invalidade do contrato de seguro nessa hipótese decorre da impossibilidade do objeto. Além disso, aponta que receber o prêmio sem a possibilidade de implementação do risco configura enriquecimento sem causa do segurador.

Em última análise, o art. 773 do CC pune a fraude à lei imperativa, nulidade textual prevista no art. 166, VI, do CC, já que se infere do art. 757 do CC que o risco é elemento essencial do contrato de seguro. Portanto, o contrato de seguro sem risco será nulo.

Como a prova da ciência da superação do risco pelo segurador é quase impossível, tem-se admitido a prova da notoriedade do sinistro como equivalente ao conhecimento pessoal[187].

Por fim, caso o segurado pretenda contratar seguro sobre coisa que sabia perdida sofrerá as sanções do art. 766 do CC, ou seja, deverá pagar o prêmio e não terá direito à garantia.

4.16.14. A cláusula de recondução tácita do contrato pelo mesmo prazo

O Código Civil limita a renovação automática do contrato de seguro e elimina a possibilidade de renovações sucessivas e indeterminadas.

Se houver previsão expressa no contrato será possível, por uma vez, realizar a recondução tácita do seguro por prazo igual ao inicialmente estipulado, conforme o art. 774 do CC. Não se admite essa recondução mais de uma vez em nome da proteção dos interesses do segurado. Verificado o termo final da recondução que se deu tacitamente deverá ser celebrado novo contrato.

Atente-se que se houver previsão de cláusula que permita reconduções sucessivas, esta – e somente esta em respeito ao princípio da conservação contratual – será considerada nula. Assim, a primeira recondução tácita será considerada lícita, pois em consonância com o art. 774 do CC[188].

A renovação automática do contrato de seguro depende, portanto, de expressa previsão contratual e, mesmo que autorizada pelo segurado, a recondução tácita não poderá ocorrer mais de uma vez. Ao final do segundo período, as partes poderão celebrar novo contrato de seguro, para o resguardo e a garantia de interesse legítimo em novo período, mas a renovação automática é limitada em uma única vez.

4.16.15. Os agentes autorizados e os efeitos dos atos por ele praticados

O art. 775 do CC estipula que aqueles agentes autorizados que agenciam contratos de seguros para seguradoras serão presumidos como representantes destas para todos os atos concernentes a estes contratos.

Nessa hipótese, tem-se o agente como preposto do segurador e para tanto não se exige mandato escrito. Nota-se que o sentido do termo agente é mais amplo do que corretor de seguros[189].

A conduta dos corretores de seguros vincula o segurador para todos os atos relativos aos contratos que agenciarem.

A profissão de corretor de seguros está regulamentada pela Lei n. 4.594/64, que estabelece seus direitos e deveres. Para estar habilitado a intermediar as propostas, o corretor deve estar habilitado junto à Susep – Superintendência de Seguros Privados, que exerce ainda fiscalização sobre os corretores e as corretoras.

O art. 13 dessa lei é expresso ao ditar que só ao corretor de seguros legalmente habilitado – e que houver subscrito a proposta – deverão ser pagas as corretagens. A mesma lei, no art. 18, dispõe que as sociedades seguradoras só poderão receber proposta de contrato de seguro por intermédio de um corretor legalmente habilitado, diretamente dos proponentes ou dos seus legítimos representantes.

A lei que regulamenta a profissão de corretor deve ser analisada juntamente com os arts. 722 a 729, do CC/2002, pois muito se discute acerca da natureza jurídica da relação entre os corretores, o segurado e as seguradoras. O art. 722 do CC determina que, "pelo contrato de corretagem, uma pessoa, não ligada a outra em virtude de mandato, de prestação de serviços ou por qualquer relação de dependência, obriga-se a obter para a segunda um ou mais negócios, conforme as instruções recebidas".

O corretor não é mero mandatário da seguradora, pois exerce atividade profissional específica de intermediação, tanto que há corretores que celebram contratos de seguro com os segurados, que lhe outorgam poderes expressos para representá-los perante as seguradoras, com assistência e representação também da fase de execução, sendo que tal medida, porém, não tem o condão de lhe retirar a natureza de negócio próprio, transformando-o em outro que lhe é acessório.

O corretor pode angariar contratos para diversas seguradoras, devendo ainda orientar o segurado quanto às garantias oferecidas e ao prêmio cobrado. É obrigação do corretor orientar o segurado na contratação do seguro, permitindo a este contratar as garantias que lhe interessam.

---

[186] TEPEDINO, Gustavo; BARBOSA, Heloísa Helena; BODIN, Maria Celina et al. *Código civil interpretado*. v. II (teoria geral dos contratos, contratos em espécie, atos unilaterais, títulos de crédito, responsabilidade civil, preferências e privilégios creditórios – artigos 421-965), RJ-SP: Renovar, 2006, p. 582.

[187] TEPEDINO, Gustavo; BARBOSA, Heloísa Helena; BODIN, Maria Celina et al. *Código civil interpretado*. v. II (teoria geral dos contratos, contratos em espécie, atos unilaterais, títulos de crédito, responsabilidade civil, preferências e privilégios creditórios – artigos 421-965), RJ-SP: Renovar, 2006

[188] TARTUCE, Flávio. *Manual de direito civil*. 2. ed. São Paulo: Método, 2012. Volume único, p. 774.

[189] VENOSA, Sílvio de Salvo. *Direito civil – Teoria geral das obrigações e teoria geral dos contratos*. 3. ed. São Paulo: Atlas, 2003. v. II, p. 392.

Os corretores devem ter independência para orientar seus segurados a contratar as garantias necessárias pelo menor preço – a corretagem, portanto, tem natureza própria, não se confundindo com outras modalidades contratuais. Normalmente, os segurados, em especial as pessoas físicas, contratam sem se preocupar nem em ler a proposta de seguro e sem saber quais foram as garantias contratadas, limitando-se a indagar questões essenciais que nem sempre são esclarecidas pelo corretor.

As propostas de seguro são acompanhadas de um questionário de avaliação de riscos, que permite às seguradoras aceitarem ou não a proposta e taxar o prêmio a ser pago pelo segurado. Neste momento, nasce o dever do segurado de declarar em sua inteireza os riscos aos quais está sujeito, já que só ele tem real conhecimento dos fatos descritos na proposta.

Em resumo, os agentes autorizados se presumem seus representantes para todos os atos relativos aos contratos que agenciarem e, por isso, os atos praticados vinculam os seguradores ou seguradoras que representam.

4.16.16. A indenização e a cláusula de reposição

A regra é que a indenização dos prejuízos decorrentes da implementação do risco no seguro de dano seja paga em dinheiro. Entretanto, conforme dispõe o art. 776 do CC, é possível convencionar a reposição da coisa por meio de cláusula expressa no contrato ou se assim aceitar o segurado, eis que não se trata de opção do segurador.

Dessa forma, para exemplificar, pode-se ajustar a reparação de coisa danificada, o fornecimento do medicamento em espécie, a reconstrução de edificação atingida por incêndio, conforme elenca Godoy.

Contudo, há que se atentar que a cláusula de reposição não pode ser fonte de injustiça ao segurado[190] que, ocupando, na maioria das vezes, a posição de aderente ou consumidor, faz jus a uma proteção especial, seja pela regulação do Código Civil ou do Código de Defesa do Consumidor.

4.16.17. Aplicação subsidiária do Código Civil

O art. 777 do CC impõe a aplicação subsidiária das previsões do CC em relação às leis especiais que regulam determinados contratos de seguro, a exemplo da Lei do Seguro-Saúde, Lei n. 9.656/98, e da Lei do DPVAT, Lei n. 6.194/74.

4.16.18. O seguro de dano

O contrato de seguro poderá ter por finalidade garantir interesse legítimo do segurado, relativo a pessoa ou a coisa. Neste último caso, o seguro será de "dano à coisa segurada", objeto dos arts. 778 a 788 do Código Civil. A garantia contra riscos predeterminados (art. 757) em relação a coisas tem disciplina e regras próprias.

Em resumo, a partir do art. 757 do CC/2002 há duas espécies de seguro: o seguro de dano e o seguro de pessoa.

O seguro de dano garante interesse relativo à coisa e possui caráter indenizatório, ou seja, caso ocorra o sinistro o segurado receberá quantia não superior ao valor do interesse segurado no momento da conclusão do contrato. Em decorrência do caráter indenitário, o art. 778 do CC estabelece limitação à garantia no seguro de dano. A garantia não poderá ultrapassar o valor do interesse segurado no momento da conclusão do contrato. A sanção à violação a este limite é a submissão dos contratantes ao disposto no art. 766 do CC, já analisado. No seguro de vida, não há tal limite.

Os objetos garantidos no seguro de dano são bens materiais ou outros interesses que possam ser avaliados economicamente. Assim, é possível por meio do seguro de dano assegurar casas, automóveis, créditos, dentre outros[191]. O seguro de responsabilidade civil também é compreendido pelo seguro de dano.

No seguro de dano, segundo previsão do art. 779 do CC, são cobertos os prejuízos resultantes ou consequentes do sinistro, inclusive os estragos ocasionados para evitá-lo, minorar o dano ou salvar a coisa.

O art. 780 do CC trata da vigência da garantia no seguro de coisas transportadas. No caso de seguro de coisas transportadas, a vigência da garantia começa no momento do recebimento da coisa pelo transportador e se finda com a entrega ao destinatário. Tepedino[192], porém, entende que as partes podem dispor diversamente, ainda que a redação do dispositivo em questão sugira tratar-se de norma cogente.

O art. 781 do CC deve ser interpretado em consonância com o art. 778 do CC, pois ambos estabelecem o valor do interesse segurado como limite à indenização. Contudo, no art. 781 do CC trata-se da hipótese de valorização ou desvalorização do bem no momento do sinistro, que gera novo teto a ser respeitado – não podendo ultrapassar o limite máximo fixado na apólice. Trata-se do princípio indenitário, que impede que o segurado lucre com a ocorrência do sinistro. O contrato de seguro não pode representar para o segurado meio de atividade econômica ou instrumento de geração de lucro, razão pela qual o interesse segurado será o limite da indenização, a qual não poderá ultrapassar o limite máximo da garantia fixado na apólice. Haverá valorização do bem se o limite máximo fixado na apólice for suficiente para custear todas as despesas com o sinistro e desvalorização se tal limite não for suficiente para garantir plenamente o interesse do segurado.

Entretanto, o limite máximo poderá ser desrespeitado em caso de mora do segurador, que estará sujeito à correção monetária e juros moratórios, conforme prevê o art. 772 do CC, além de eventuais perdas e danos. Portanto, apenas encargos decorrentes da mora do segurador poderão justificar a superação do interesse segurado ou da garantia máxima prevista na apólice.

---

[190] TARTUCE, Flávio. *Manual de direito civil*. 2. ed. São Paulo: Método, 2012. Volume único, p. 774.

[191] NADER, Paulo. *Curso de direito civil – Contratos*. 9. ed. Rio de Janeiro: Forense, 2018. v. III, p. 477.

[192] TEPEDINO, Gustavo; BARBOSA, Heloísa Helena; BODIN, Maria Celina et al. *Código civil interpretado*. v. II (teoria geral dos contratos, contratos em espécie, atos unilaterais, títulos de crédito, responsabilidade civil, preferências e privilégios creditórios – artigos 421-965), RJ-SP: Renovar, 2006, p. 588.

O art. 782 do CC trata do "seguro duplo", quando o mesmo interesse é segurado contra o mesmo risco por seguradoras distintas. Para tanto, é imprescindível que o segurado previamente comunique sua intenção, por escrito, ao primeiro segurador e indique o valor do novo seguro, em respeito à boa-fé objetiva e ao princípio indenitário[193]. O intuito dessa restrição é evitar que se lucre com o contrato de seguro, ou seja, que o valor da indenização seja maior do que o valor do interesse a ser indenizado.

A norma em questão traz a figura do *cosseguro*, quando a garantia é muito elevada para ser assumida por apenas uma seguradora. É possível, neste caso, a contratação de outro seguro, mas a soma das garantias prometidas em virtude dos contratos de seguros não pode superar o valor do interesse que se busca proteger.

O cosseguro pode ser definido como a simultaneidade de seguros sobre o mesmo objeto, desde que não ultrapassem, somados, o valor deste, de maneira que várias seguradoras dividirão o valor do bem, segurando parte desse valor. É então uma modalidade de seguro múltiplo, há uma pluralidade de seguradores. Todos, por sua vez, realizam única cobertura, ou seja, protegem um mesmo risco. Mas, como acima já expusemos, é defeso a "indenização" ultrapassar o valor do interesse segurado.

O que ocorre então no cosseguro? Nesta modalidade de seguro há uma repartição da cobertura entre as várias seguradoras, cada uma assumindo uma porcentagem na proteção do risco. É justamente por isso que esta prática é comum naquilo que diz respeito aos seguros de grande monta que seriam arriscados ou até impossíveis se a responsabilidade coubesse a um único segurador.

Os cosseguradores são os componentes de uma pluralidade de seguradores que juntos realizam a proteção integral do risco, na medida em que cada um é responsável por uma porcentagem deste. O art. 761 do CC admite que um dos cosseguradores, escolhido pelo segurado, possa ser indicado na apólice assumindo a administração do contrato e tornando-se representante dos demais cosseguradores para todos os efeitos. Não há responsabilidade solidária dos cosseguradores, obrigando-se cada um por uma parte do montante a ser pago.

Na sistemática do direito civil brasileiro, para que haja solidariedade no caso em questão, tem de haver expressa previsão no contrato – uma vez que esta não se presume, resultando de lei ou da vontade das partes.

Por outro lado, a figura do *resseguro* consiste na transferência de parte ou toda a responsabilidade do segurador para o ressegurador, com a finalidade de distribuir para mais de um segurador a responsabilidade pelo adimplemento da contraprestação. Embora se assemelhe ao cosseguro, no resseguro, não há relação entre ressegurador e segurado, mas sim entre aquele e o segurador. O resseguro consiste no "seguro do seguro", uma vez que é o segurador que transfere a sua responsabilidade, ou "um seguro mediato", na medida que é um seguro assumido entre o segurador e a resseguradora. O segurado, por sua vez, não mantém nenhuma relação direta com o ressegurador, permanecendo o segurador como responsável exclusivo frente ao segurado. No entanto, o ressegurador não deixa de prestar uma garantia indireta frente ao segurado de uma relação negocial ressegurada, já que concede maiores possibilidades para o pagamento da indenização pelo segurador. Inclusive o próprio resseguro pode ser ressegurado.

No art. 783 do CC tem-se a previsão do *subseguro* ou seguro parcial, que é solucionado pela chamada cláusula de rateio. O subseguro se dá quando ocorre a contratação de cobertura por valor menor do que o do interesse segurado. Nessa situação, ocorrendo sinistro parcial, se estabelece um rateio da responsabilidade entre o próprio segurado e o segurador na proporção da participação nos riscos cobertos.

Explica-se: se o objeto segurado vale R$ 100,00 (cem reais) e o segurado contrata cobertura de R$ 80,00 (oitenta reais), ocorrendo um prejuízo no valor de R$ 50,00 (cinquenta reais), a seguradora responderá por R$ 40,00 (quarenta reais) e o segurado por R$ 10,00 (dez reais). Atente-se que se o sinistro for total, a seguradora deverá pagar os R$ 80,00 (oitenta reais), limite máximo da cobertura, o que, porém, não corresponderá ao valor total do interesse segurado.

O próprio dispositivo permite que seja afastada a cláusula de rateio por convenção das partes. Nesse caso, mesmo em sinistros parciais, a seguradora deverá pagar a totalidade da importância segurada, e não uma proporção.

Se o sinistro for provocado por vício intrínseco da coisa segurada, não declarado pelo segurado, não serão indenizados os prejuízos, conforme o art. 784, CC. O parágrafo único do artigo estabelece que vício intrínseco é o defeito próprio da coisa, que não é encontrado, em regra, em outras da mesma espécie.

O vício intrínseco, entretanto, para excluir a garantia, deve ser conhecido do proprietário, caso contrário não seria razoável lhe exigir declará-lo. Ademais, conforme se infere do próprio artigo, se o segurado tiver apontado o vício intrínseco e o contrato de seguro tiver sido concluído ainda assim, o vício estará incluído na garantia[194]. Por fim, há ainda quem defenda que prejuízos causados por vícios intrínsecos previsíveis devem ser cobertos[195].

4.16.19. O seguro de dano e a possibilidade de transferência

O contrato de seguro de dano é espécie de contrato impessoal ou não personalíssimo. Nestes, a pessoa e a sua qualificação não são determinantes para a formação do

---

[193] TEPEDINO, Gustavo; BARBOSA, Heloísa Helena; BODIN, Maria Celina et al. *Código civil interpretado*. v. II (teoria geral dos contratos, contratos em espécie, atos unilaterais, títulos de crédito, responsabilidade civil, preferências e privilégios creditórios – artigos 421-965), RJ-SP: Renovar, 2006, p. 590.

[194] TEPEDINO, Gustavo; BARBOSA, Heloísa Helena; BODIN, Maria Celina et al. *Código civil interpretado*. v. II (teoria geral dos contratos, contratos em espécie, atos unilaterais, títulos de crédito, responsabilidade civil, preferências e privilégios creditórios – artigos 421-965), RJ-SP: Renovar, 2006, p. 591.

[195] CARVALHO SANTOS, J. M. *Código civil brasileiro interpretado*. 10. ed. Rio de Janeiro: Freitas Bastos, 1986, p. 369.

negócio jurídico. Nos contratos impessoais a relevância envolve a execução das obrigações propriamente ditas, independente da qualidade do sujeito.

Assim, se admite a sua transferência a partir da alienação ou da cessão do interesse segurado, conforme se vê no art. 785 do CC. A transferência do contrato de seguro depende da modificação da titularidade do interesse segurado, pois o interesse protegido será o do novo titular.

Para tanto, não é necessária a autorização da seguradora. Contudo, também indica o dispositivo a possibilidade de se convencionar cláusula proibitiva de cessão do contrato de seguro, hipótese em que o contrato de seguro tornar-se-á personalíssimo por disposição das partes.

Nas apólices ou bilhetes nominativos, a eficácia da transferência em relação ao segurador dependerá de aviso escrito assinado por cedente e cessionário; nos instrumentos à ordem, a cessão do contrato de seguro só se dará por endosso em preto, ou seja, nominativo, datado e assinado por endossante e endossatário. É o que preveem os parágrafos do art. 785 do CC.

4.16.20. A sub-rogação do segurador e os efeitos do pagamento da indenização

O art. 786 do CC apresenta exemplo de sub-rogação legal no âmbito do contrato de seguro. Na análise do instituto da sub-rogação, restou registrado que a sub-rogação é efeito e consequência de pagamento. Portanto, o pagamento é o fundamento da sub-rogação, legal ou convencional.

De acordo com a norma, paga a indenização, o segurador sub-roga-se, nos limites do valor respectivo, em todos os direitos e ações que competirem ao segurado contra o autor do dano. A sub-rogação é restrita ao seguro de dano, pois não há possibilidade de sub-rogação no seguro de pessoas. Tal sub-rogação se limita ao valor da indenização paga pela seguradora. O Enunciado 188 da Súmula do STF já trazia o mesmo entendimento: "O segurador tem ação regressiva contra o causador do dano, pelo que efetivamente pagou, até ao limite previsto no contrato de seguro". Como mencionado, a sub-rogação é expressamente vedada no seguro de pessoas, art. 800 do CC.

Em relação ao seguro de dano, conforme o § 1º do art. 786 do CC, a sub-rogação não terá lugar se o prejuízo indenizado tiver sido causado por cônjuge, ascendente ou descendente, consanguíneos e afins, do segurado. É desdobramento de uma das regras privadas de justiça do CC, que tutela os parentes próximos de forma privilegiada. A exceção da sub-rogação contra os autores ou responsáveis pelo dano ocorrerá se a atuação ocorreu de forma dolosa. A má-fé do autor do dano permitirá que a seguradora se sub-rogue contra as pessoas que têm relação de proximidade e até parentesco com o segurado.

Ainda que não se trate expressamente do companheiro no § 1º do artigo analisado, não faz sentido estabelecer diferenciação de tutela nessa ocasião. Assim, também não se dará a sub-rogação pelo segurador quando o prejuízo tiver sido causado pelo companheiro, salvo se agiu com dolo. Nesse sentido tem-se Tepedino[196], para quem a exclusão não se justifica pelo fato de a união estável ser uma entidade familiar reconhecida pela Constituição Federal.

O § 2º do art. 786 do CC estabelece a ineficácia de atos do segurado que diminuam ou extingam os direitos do segurador em razão da sub-rogação legal. Dessa forma, não é possível que segurado e causador do dano afastem, ainda que por contrato, o direito de regresso da seguradora. Os efeitos da sub-rogação legal em favor da seguradora não serão afetados por qualquer ato do segurado.

O STF possui ainda dois outros enunciados sobre a sub-rogação legal do segurador. O Enunciado 151, que estabelece que, "prescreve em um ano a ação do segurador sub-rogado para haver indenização por extravio ou perda de carga transportada por navio", e o 257, o qual estabelece o cabimento de honorários advocatícios na ação regressiva do segurador em face do autor do dano.

O contrato de seguro trata da sub-rogação pessoal legal, espécie de sub-rogação, ou seja, a sub-rogação que decorre de previsão legal", cujas regras gerais estão previstas nos arts. 346 a 351 do CC.

A sub-rogação pessoal provoca a alteração na titularidade do crédito, porque o sujeito adimplente (terceiro que paga) será promovido à posição de credor. É, portanto, sub-rogação pessoal, a qual envolve a substituição de um dos sujeitos da relação jurídica obrigacional (credor). Sub-rogar implica substituir ou alterar o sujeito que ocupa o polo ativo da relação obrigacional.

Nas palavras de Guilherme C. Nogueira da Gama[197]: "A sub-rogação pessoal contempla a noção de substituição de um dos sujeitos da relação jurídica: há a transferência da qualidade creditória em favor da pessoa que cumpriu a prestação de outrem ou emprestou o necessário para tal cumprimento".

A sub-rogação subjetiva não altera o objeto da obrigação e tampouco o vínculo jurídico. Apenas acarreta a modificação ou substituição do sujeito integrante do polo ativo da obrigação, o credor. O credor primitivo é satisfeito com o pagamento efetivado por um terceiro e este, responsável pelo pagamento, assume a posição do credor primitivo na relação obrigacional. O *solvens* (terceiro que paga) assumirá a posição do credor primitivo.

Em consequência, este terceiro adquire todos os direitos e ações do credor primitivo, razão pela qual poderá exercê-los no lugar daquele.

É também o que se observa no art. 786 do CC, pois a sub-rogação no seguro de dano pressupõe prévio pagamento, ou seja, a sub-rogação no seguro é efeito e consequência de um pagamento.

Qual a relevância disso? Na sub-rogação pessoal, o credor primitivo não tem como impedir a sua exclusão do

---

[196] TEPEDINO, Gustavo; BARBOSA, Heloísa Helena; BODIN, Maria Celina et al. *Código civil interpretado*. v. II (teoria geral dos contratos, contratos em espécie, atos unilaterais, títulos de crédito, responsabilidade civil, preferências e privilégios creditórios – artigos 421-965), RJ-SP: Renovar, 2006, p. 594-595.

[197] GAMA, Guilherme Calmon Nogueira. *Direito civil*: Obrigações. São Paulo: Atlas, 2008, p. 259.

polo ativo da relação jurídica obrigacional. A sub-rogação independe da vontade do credor primitivo que, após ser satisfeito, estará automaticamente excluído do polo ativo da relação obrigacional (justamente porque em relação ao credor primitivo terá ocorrido pagamento).

Na sub-rogação pessoal disciplinada na lei, hipóteses previstas no art. 346 do CC, o pagamento corresponde ao exercício de um direito subjetivo: o direito ao adimplemento pelo terceiro nas situações fáticas delineadas no art. 346. Nestas causas legais de sub-rogação, a substituição dos sujeitos é automática e direta. O credor primitivo simplesmente se sujeita às consequências do pagamento pelo terceiro.

A sub-rogação legal corresponde ao exercício de um direito subjetivo, razão pela qual, na dicção do art. 346, *opera de pleno direito*, dispensando qualquer manifestação de vontade do credor primitivo ou do próprio devedor, sujeitos da relação obrigacional originária.

É o que ocorre no seguro de dano, art. 786 do CC.

O novo credor, com a sub-rogação, passa a desfrutar de todos os direitos, ações, privilégios e garantias do primitivo, sejam eles quais forem.

Por estes motivos, é amplo o efeito translativo da sub-rogação. É transmitido ao terceiro, que satisfaz o credor originário, os direitos de crédito que este desfrutava, com todos os acessórios, ônus e encargos.

4.16.21. O seguro de responsabilidade civil como modalidade de seguro de dano

O seguro de responsabilidade civil é uma modalidade de seguro de dano bastante comum, a exemplo do seguro voluntário que tem por objeto veículo. Está previsto no art. 787 do CC, como subespécie de seguro de dano. O objetivo deste seguro é precaver-se contra a obrigação de indenizar terceiros por ato ilícito[198]. O objetivo é transferir ao segurador as consequências civis de danos causados a terceiro pelo segurado[199].

O segurador garantirá o pagamento de indenização, perdas e danos, devidos pelo segurado ao terceiro e vítima. Não é por outro motivo que cláusulas de exclusão de cobertura por conta de atos e omissões do segurado, não têm eficácia em relação a terceiro vítima do segurado (função social – tutela externa do crédito).

Além dos danos resultantes de ato do segurado, o seguro de responsabilidade civil também pode cobrir os riscos de o segurado sofrer prejuízo por atos ilícitos praticados por terceiros que não tenham condições econômicas de arcar com a obrigação civil e, ainda, prejuízos decorrentes de roubo e furto.

Caio Mário[200] também inclui nessa modalidade o seguro-fidelidade – chamado por Orlando Gomes[201] de seguro de fidelidade funcional –, que é "efetuado com o propósito de resguardar contra desvios voluntários ou involuntários, valores confiados a prepostos, representantes, servidores etc., como caixas, tesoureiros, cobradores etc.".

Em que pese algumas apólices definirem o seguro de responsabilidade civil como seguro de reembolso – em que o segurado paga à vítima e depois pede à seguradora o valor pago –, a jurisprudência do STJ o define como seguro em benefício de terceiro. Dessa forma, a vítima do ato ilícito possui legitimidade para pleitear a indenização diretamente à seguradora, desde que o segurado também integre o polo passivo de eventual ação judicial. Nesse sentido, a Súmula 537 do STJ: *"Em ação de reparação de danos, a seguradora denunciada, se aceitar a denunciação ou contestar o pedido do autor, pode ser condenada, direta e solidariamente junto com o segurado, ao pagamento da indenização devida à vítima, nos limites contratados na apólice".* Não pode a vítima, terceiro prejudicado, ajuizar ação apenas e exclusivamente em face da seguradora *(Súmula 529 – No seguro de responsabilidade civil facultativo, não cabe o ajuizamento de ação pelo terceiro prejudicado direta e exclusivamente em face da seguradora do apontado causador do dano).*

O que impõe a obrigação do segurador diretamente em relação ao terceiro ofendido é a repercussão externa da função social do contrato, princípio previsto no art. 421 do CC. O princípio da função social acarreta a transcendência dos efeitos do contrato, relativizando o princípio da relatividade.

Essa eficácia externa é denominada tutela externa do crédito, em que se assegura direito subjetivo de terceiros alheios ao contrato. Nesse sentido, tem-se o Enunciado 21 da I Jornada de Direito Civil. Em razão da tutela externa do crédito, o segurador deve garantir o pagamento da indenização ao terceiro, e não apenas ao segurado.

Em todo caso, as limitações constantes da apólice do respectivo seguro deverão ser observadas e o segurador poderá opor ao terceiro as exceções que lhe caberiam em face do segurado.

O seguro de responsabilidade civil pode cobrir tanto danos patrimoniais quanto extrapatrimoniais. Conforme o Enunciado 402 da Súmula do STJ, quando a apólice de seguro prever a cobertura por danos pessoais neste estarão incluídos os danos morais, a menos que expressamente os exclua.

A partir desse entendimento, fixou-se que os danos morais estariam compreendidos no seguro por danos pessoais causados a terceiros, salvo se houver cláusula de exclusão.

Todavia, estão excluídos os danos causados intencionalmente, ainda que incluídos na apólice, a qual será nula, em razão da previsão do art. 762 do CC. Afinal, "não seria admissível um seguro para dar cobertura aos danos causa-

---

[198] NADER, Paulo. *Curso de direito civil – Contratos.* 9. ed. Rio de Janeiro: Forense, 2018. v. III, p. 479.
[199] PEREIRA, Caio Mário da Silva. *Instituições de direito civil:* Contratos. 11. ed. Rio de Janeiro: Forense, 2004. v. III, p. 470.

[200] PEREIRA, Caio Mário da Silva. *Instituições de direito civil:* Contratos. 11. ed. Rio de Janeiro: Forense, 2004. v. III, p. 470.
[201] GOMES, Orlando. *Contratos.* 26. ed. Rio de Janeiro: Forense, 2008, p. 511.

dos por dolo, eis que, além de conter objeto ilícito, falta-lhe o elemento aleatório (imprevisibilidade), que deve estar presente em todo contrato de seguro"[202].

O § 1º do art. 787 do CC determina que o segurado deverá comunicar ao segurador fato que possa lhe acarretar a responsabilidade incluída na garantia assim que tome conhecimento de suas consequências, como desdobramento do dever de informar relacionado à boa-fé objetiva, sob pena de perda do direito à indenização, art. 771 do CC, ou seja, perda do direito à indenização.

O § 2º, por sua vez, possui redação bastante discutível, pois veda o reconhecimento de culpa por parte do segurado (sem autorização expressa da seguradora), direito personalíssimo. Como tal, seria irrenunciável e indisponível, segundo o art. 11 do CC. A redação do dispositivo estabelece que: "É defeso ao segurado reconhecer sua responsabilidade ou confessar a ação, bem como transigir com o terceiro prejudicado, ou indenizá-lo diretamente, sem anuência expressa do segurador". Tal limitação ao direito do segurado deve ser analisada à luz do caso concreto. De acordo com o STJ, o reconhecimento da responsabilidade do segurado ou a transação com terceiro prejudicado apenas não terão eficácia perante a seguradora se houver evidência de fraude ou abuso manifesto e desproporcional em relação aos valores.

Sobre o assunto, o Enunciado 373 da IV Jornada de Direito Civil preceitua que: "Embora sejam defesos pelo § 2º do art. 787 do CC, o reconhecimento da responsabilidade, a confissão da ação ou a transação não retiram do segurado o direito à garantia, sendo apenas ineficazes perante a seguradora". Todavia, tal ineficácia só ocorrerá se houver fraude ou abuso em relação aos valores transacionados ou indenização paga.

Em todo caso, a norma do § 2º – cujo objetivo é evitar que o segurado prejudique o segurador, "impondo-lhe um ressarcimento acaso exagerado ou mesmo indevido" – merece interpretação restritiva.

O § 3º dispõe que sendo intentada ação em face do segurado, este deverá dar ciência da lide ao segurador. Na doutrina, há certa discussão sobre a natureza jurídica dessa ciência.

Não se trata propriamente de denunciação da lide, mas de cumprimento de dever de informação, a fim de que a seguradora, ciente da lide, possa tomar as providências que entender pertinente. A denunciação da lide do segurado contra a seguradora não é obrigatória. O segurado, se perder a demanda, poderá, em ação autônoma, se voltar contra a seguradora no caso desta se recusar a garantir o interesse do segurado. Aliás, a autonomia da denunciação da lide nos casos de garantia contratual foi destacada pelo CPC/2015.

Por outro lado, a prerrogativa da denunciação não tem relação com o mero dever de informação sobre eventual lide contra o segurado para que a seguradora possa, se quiser, ingressar no feito como assistente, ou auxiliar o segurado ou tomar qualquer medida para a defesa dos interesses do segurado e da seguradora. Trata-se de dever de informação relativo ao de colaboração e proteção que deve existir entre as partes contratantes, segurador e segurado, fato que não retira do segurado o direito e a prerrogativa de denunciar a seguradora à lide ou de, em ação autônoma, demandar a garante. O equívoco é interpretar o § 3º do art. 787 como imposição ou obrigação de denunciação da lide. Não é esse, definitivamente, o objetivo da norma, até porque não há mais obrigatoriedade na denunciação da lide.

De qualquer forma, a ausência da cientificação não impede que o segurado exerça seu direito de regresso contra a seguradora, caso indenize o ofendido.

Por fim, o § 4º do art. 787 do CC estabelece que, em caso de insolvência da seguradora, a responsabilidade do segurado perante o terceiro ofendido será mantida, pois há entre ambos uma relação jurídica extracontratual (formada a partir da ocorrência do ato ilícito). A vítima sofreu prejuízo que deverá ser reparado, em obediência ao art. 927 do CC, independentemente da relação securitária existente por força do contrato entre segurado e seguradora.

4.16.22. Os seguros de responsabilidade legalmente obrigatórios

O art. 788 do CC trata do seguro de responsabilidade civil legalmente obrigatório, contrato legal de natureza fundamentalmente social, cujo exemplo mais conhecido é o DPVAT – seguro obrigatório de danos pessoais causados por veículos automotores de via terrestre. Trata-se de "garantia instituída pelo poder público para socorrer as vítimas de atos ilícitos em diversas atividades consideradas perigosas"[203].

Assim como no seguro de responsabilidade facultativo, a indenização pelo sinistro será paga ao terceiro ofendido diretamente pelo segurador. Nesse caso não há espaço para discussão, pois é previsão expressa do artigo supracitado, o que se coaduna com a índole deste seguro, estabelecido no interesse de terceiros e não dos proprietários dos bens ou atividades causadoras dos danos.

O art. 20 do Decreto-lei n. 73/66 traz inúmeras hipóteses em que o seguro se faz obrigatório, tais como: (a)

---

[202] TEPEDINO, Gustavo; BARBOSA, Heloísa Helena; BODIN, Maria Celina et al. *Código civil interpretado*. v. II (teoria geral dos contratos, contratos em espécie, atos unilaterais, títulos de crédito, responsabilidade civil, preferências e privilégios creditórios – artigos 421-965), RJ-SP: Renovar, 2006, p. 596.

[203] TEPEDINO, Gustavo; BARBOSA, Heloísa Helena; BODIN, Maria Celina et al. *Código civil interpretado*. v. II (teoria geral dos contratos, contratos em espécie, atos unilaterais, títulos de crédito, responsabilidade civil, preferências e privilégios creditórios – artigos 421-965), RJ-SP: Renovar, 2006, p. 596.

danos pessoais a passageiros de aeronaves comerciais; (b) responsabilidade civil do construtor de imóveis em zonas urbanas por danos a pessoas ou coisas; (c) incêndio e transporte de bens pertencentes a pessoas jurídicas, situados no País ou nele transportados (seguro que não é obrigatório para a União, segundo o parágrafo único do art. 20); (d) bens dados em garantia de empréstimos ou financiamentos de instituições financeiras pública; entre outros.

O parágrafo único do art. 788 do CC prevê que o segurador, demandado em ação direta pela vítima do sinistro, não poderá opor a exceção do contrato não cumprido pelo segurado se não promover a sua citação para integrar o contraditório. Essa "citação" em verdade representa uma denunciação da lide, segundo Tartuce[204], que permite que a seguradora exerça o seu direito de regresso em face do segurado inadimplente.

O STJ no Enunciado 257 de sua súmula estabeleceu que, "a falta de pagamento do prêmio do seguro obrigatório de Danos Pessoais Causados por Veículos Automotores de Vias Terrestres (DPVAT) não é motivo para a recusa do pagamento da indenização". Assim sendo o preceituado no Enunciado 246 da mesma Corte.

O seguro DPVAT está previsto na Lei n. 6.194/74, que foi posteriormente alterada pelas Leis n. 8.441/62, 11.482/2007 e 11.945/2009. Esse seguro cobre os danos pessoais – morte, invalidez permanente ou reembolso por despesas médicas – causados por acidentes envolvendo veículos motorizados que circulam por terra ou asfalto. Assim, não engloba acidentes de bicicletas, trens, barcos ou aeronaves. Também não estão incluídos na cobertura danos materiais causados por roubos, colisões ou incêndios.

Qualquer pessoa – motorista, passageiro, pedestre – que seja vítima de acidente causado por veículo automotor, ou desta beneficiária, pode requerer a indenização do seguro DPVAT. Como dito, a indenização será paga ainda que o proprietário do veículo não tenha pagado o prêmio do seguro. Contudo, não são cumulativas as indenizações por morte e por invalidez permanente. Caso ocorra o falecimento, após o pagamento da indenização por invalidez permanente, haverá abatimento do valor pago no adimplemento da indenização pelo óbito.

Por fim, cabe ressaltar que recentemente o plenário do STF, em sede de repercussão geral, decidiu que o Ministério Público possui legitimidade para defender contratantes do seguro obrigatório DPVAT (RE 631.111/GO). Esse entendimento se opõe à jurisprudência anterior, inclusive podendo-se defender agora que o Enunciado 470 da súmula do STJ encontra-se superado, ainda que formalmente ainda em vigor.

4.16.23. O seguro de pessoa

É o seguro que tem por finalidade a proteção da pessoa, garantindo-a contra riscos de morte, riscos à sua integridade física ou à sua saúde. Dessa forma, são exemplos de seguro de pessoa o seguro de vida, o de acidentes pessoais e o de saúde, sendo este último, conforme o art. 802 do CC, regulado por legislação especial.

Segundo Orlando Gomes[205], o seguro de vida é o contrato pelo qual o segurador se obriga a pagar ao segurado ou ao beneficiário quantia determinada, sob a forma de capital ou de renda, na ocorrência do evento previsto, que pode ser a morte do segurado ou a sua sobrevivência, a depender da modalidade do seguro de vida. A quantia a ser paga pelo segurador – em contrapartida ao pagamento do prêmio pelo segurado – pode ser dada de uma só vez ou em prestações (pensão).

Tepedino[206] elenca algumas modalidades de seguro de vida que podem ser contratadas a depender do interesse do segurado: (a) *seguro durante toda a vida do segurado*; (b) *seguro temporário*, em que segurador se obriga a pagar o capital estipulado se a morte ocorre em período determinado; (c) *seguro de sobrevida*, por qual o segurador paga a quantia a beneficiário que sobreviva ao segurado; (d) *seguro misto comum*, "em que o segurador se obriga, em data prefixada, a pagar uma soma ao próprio segurado ou a terceiros por ele designados, desde que o segurado se encontre vivo", ou, caso ele faleça, pagar a soma aos beneficiários designados.

O seguro de acidentes pessoais, por outro lado, se destina à cobertura de riscos de lesão que provoque a invalidez permanente ou temporária e de morte, causadas por acidentes. O segurado ou seus beneficiários somente receberão a garantia caso o risco se concretize por evento involuntário, acidental.

No mercado também existem diversos tipos de seguros de acidentes pessoais, tais como: (a) *seguro individual*, contratado diretamente pelo segurado, que receberá a garantia no caso de tornar-se inválido por acidente. Se falecer, o capital segurado será concedido a seus beneficiários; (b) *seguro coletivo ou em grupo*, em que o estipulante contrata seguro em favor de grupo a ele vinculado; (c) *seguro não nominado*, que cobre riscos a pessoas indeterminadas que se encontram temporariamente em condições definidas contratualmente (como em um evento esportivo ou musical); (d) *seguro de passageiros*, que visa a proteção de todos os ocupantes de veículo[207].

Ressalta Orlando Gomes[208] que passaram a ter suma importância os seguros de acidentes pessoais que cobrem riscos a terceiros na condução de veículo, como na hipótese de atropelamento. Diferencia-se do seguro de res-

---

[204] TARTUCE, Flávio. *Manual de direito civil*. 2. ed. São Paulo: Método, 2012. Volume único, p. 780.

[205] GOMES, Orlando. *Contratos*. 26. ed. Rio de Janeiro: Forense, 2008, p. 511.
[206] TEPEDINO, Gustavo; BARBOSA, Heloísa Helena; BODIN, Maria Celina et al. *Código civil interpretado*. v. II (teoria geral dos contratos, contratos em espécie, atos unilaterais, títulos de crédito, responsabilidade civil, preferências e privilégios creditórios – artigos 421-965), RJ-SP: Renovar, 2006, p. 599.
[207] Disponível em: http://www.tudosobreseguros.org.br/sws/portal/pagina.php?l=223#apolice.
[208] GOMES, Orlando. *Contratos*. 26. ed. Rio de Janeiro: Forense, 2008, p. 513.

ponsabilidade civil porque este não se destina a cobrir invalidez ou morte causada pelo acidente, mas a indenizar os danos patrimoniais ou morais sofridos pelo terceiro em razão de ato ilícito do segurado, como visto.

Como é de se imaginar, não se inclui na regulamentação do Código Civil o seguro para acidentes no exercício do trabalho, que é objeto do direito do trabalho e da seguridade social[209].

Nota-se que tanto o seguro de vida quanto o seguro de acidentes pessoais pode cobrir riscos de morte. A diferença entre as coberturas reside no fato de que no seguro de acidentes pessoais somente a morte acidental enseja o pagamento da quantia predeterminada no contrato, enquanto o seguro de vida cobre também a morte natural.

Feitas tais considerações sobre os dois tipos de seguro de pessoa disciplinados pelo Código Civil, deve-se entender que a maior diferença em relação ao seguro de dano é não possuir uma função indenizatória, pois não há possibilidade de tornar indene o segurado, já que o objeto do seguro de pessoa é a vida e a higidez física. Assim, não é correto denominar *indenização* a contraprestação que é paga pelo segurador na ocorrência do sinistro. Usa-se, então, a nomenclatura *capital segurado* ou *estipulado*, como se verá adiante.

Exatamente por não estar sujeito ao princípio indenitário, no seguro de pessoa o capital segurado será livremente estipulado pelo proponente (em regra, o segurado), conforme o art. 789 do CC. Portanto, o valor do seguro dependerá unicamente da convenção entre as partes – naturalmente, quanto mais alto for o capital estipulado, mais caro será o prêmio.

Pela mesma razão, o art. 789 do CC também prevê a possibilidade de que o proponente/segurado contrate mais de um seguro sobre o mesmo interesse, com o mesmo ou diversos seguradores. Como não há limites a seu valor, não há para os seguros de pessoa regra semelhante à do art. 782 do CC, que dispõe sobre o seguro duplo de dano.

É possível que o seguro seja estipulado não sobre a vida do proponente, mas sobre a de terceiro. Nesse caso, é preciso demonstrar, sob pena de falsidade, interesse pela preservação da vida do terceiro segurado, segundo dispõe o art. 790 do CC. Busca-se com isso evitar que seja realizado contrato de seguro com fins ilícitos, como o de provocar a morte de terceiro com o intuito de receber o seguro.

O interesse assegurável pode ser econômico – como no caso de um credor em relação a seu devedor –, jurídico ou afetivo. O Código Civil presume a existência de afetividade em relações de parentesco próximo ou de comunhão. Assim, atribui presunção relativa ao interesse do proponente na preservação da vida de seu cônjuge, ascendente ou descendente. Esse rol foi alterado em relação ao Código Civil de 1916, que nele incluía o irmão. Por se tratar de presunção relativa, admite-se prova em contrário.

Contudo, o parágrafo único do art. 790 do CC falhou ao não incluir o interesse do companheiro em sua presunção *juris tantum*, pois a união estável é entidade familiar constitucionalmente reconhecida (art. 226, § 3º, da CF). Nesse contexto, o Enunciado 186 da III Jornada de Direito Civil dispõe que: "O companheiro deve ser considerado implicitamente incluído no rol das pessoas tratadas no art. 790, parágrafo único, por possuir interesse legítimo no seguro da pessoa do outro companheiro".

Como visto, ocorrendo o sinistro, o capital segurado poderá ser pago ao próprio segurado ou ao seu beneficiário (por exemplo, no caso de falecimento do segurado), indicado no contrato. Contudo, esse beneficiário poderá ser substituído pelo segurado por ato entre vivos ou de última vontade, conforme indica o art. 791 do CC. Isso porque o beneficiário designado tem apenas uma expectativa de direito, não sendo necessário nem mesmo uma justificativa para sua substituição[210].

Entretanto, o próprio art. 791 do CC traz duas ressalvas quanto à substituição: não poderá ser feita se o segurado renunciar à faculdade ou se o seguro tiver como causa declarada a garantia de uma obrigação, hipótese em que o seguro é contratado no interesse do beneficiário. Fora dessas situações, o direito de substituir poderá ser livremente exercido de acordo com a vontade do segurado. Trata-se de direito potestativo do segurado.

Assim, o segurador não poderá se opor à alteração, mas, não sendo dela oportunamente cientificado, desobrigar-se-á pagando o capital segurado ao beneficiário inicialmente estipulado, de acordo com o parágrafo único do art. 791 do CC. Sem a comunicação, a substituição será considerada ineficaz em relação ao segurador[211]. Outra possibilidade é que o segurado não indique o nome do beneficiário na celebração do contrato, deixando para fazê-lo em momento posterior. A apólice, então, será emitida à ordem, possibilitando que o risco se concretize antes da designação. Ainda pode acontecer de o segurado designar beneficiário desconhecido ou de o beneficiário escolhido falecer ou ser legalmente impedido de configurar nessa posição). Tais situações caracterizam a falta de beneficiário, que é solucionada pelo art. 792 do CC.

Nesses casos, segundo o Código Civil, o capital segurado será dividido em metade ao cônjuge não separado judicialmente e metade aos herdeiros do segurado, obedecida a ordem de vocação hereditária. São os beneficiários subsidiários. Com o advento da EC n. 66/2010, que alterou o art. 226, § 6º, da CF, não é mais correto falar em separação judicial. Assim, deve-se entender que receberá o capital estipulado o cônjuge que *não estiver separado de fato*.

---

[209] PEREIRA, Caio Mário da Silva. *Instituições de direito civil*: Contratos. 11. ed. Rio de Janeiro: Forense, 2004. v. III, p. 468.

[210] TEPEDINO, Gustavo; BARBOSA, Heloísa Helena; BODIN, Maria Celina et al. *Código civil interpretado*. v. II (teoria geral dos contratos, contratos em espécie, atos unilaterais, títulos de crédito, responsabilidade civil, preferências e privilégios creditórios – artigos 421-965), RJ-SP: Renovar, 2006, p. 600-601.

[211] TEPEDINO, Gustavo; BARBOSA, Heloísa Helena; BODIN, Maria Celina et al. *Código civil interpretado*. v. II (teoria geral dos contratos, contratos em espécie, atos unilaterais, títulos de crédito, responsabilidade civil, preferências e privilégios creditórios – artigos 421-965), RJ-SP: Renovar, 2006, p. 602.

Atente-se ainda que o recebimento do benefício pelo cônjuge previsto no artigo independe do tipo de regime de bens, uma vez que o capital estipulado não caracteriza herança, conforme disposição expressa do art. 794 do CC. Entretanto, analisada a ordem de vocação hereditária, o cônjuge poderá receber novamente (em relação à outra metade), e aí sim levar-se-á em conta o regime adotado no casamento.

Mais uma vez, o Código Civil falhou ao não incluir o companheiro como beneficiário subsidiário. Concorda-se com Tepedino[212] que não vê razão para essa exclusão, já que a união estável é tutelada pela Constituição Federal como família, como se mencionou anteriormente. É claro que para receber metade do capital segurado, os requisitos para configurar a união estável deverão estar presentes (art. 1.723 do CC).

O parágrafo único do art. 792 do CC estabelece que na falta das pessoas indicadas no *caput*, receberão o benefício os que provarem que o falecimento do segurado os privou dos meios necessários à subsistência. Para Nader[213] cabe interpretação extensiva quanto à expressão "meios necessários à subsistência", nela incluindo a dependência do segurado para custeio de estudos regulares.

O art. 793 do CC prevê a validade da designação do companheiro como beneficiário, se o segurado, ao tempo do contrato, já era separado judicialmente ou de fato. Para Caio Mário[214] (*Instituições de direito civil – Contratos,* vol. III, p. 465), a melhor interpretação do artigo é de que tais requisitos estejam preenchidos no momento do sinistro, não na celebração do contrato.

Repisa-se que não mais se fala em separação judicial desde a EC n. 66/2010. Se houver separação de fato, já é possível constituir a união estável, conforme o art. 1.723, § 1º, do CC, e, assim, o segurado pode instituir o companheiro como beneficiário.

4.16.24. O seguro de pessoa como bem intangível

O art. 794 do CC estabelece que no seguro de vida ou de acidentes pessoais, cujo sinistro é o evento morte, o capital estipulado não estará sujeito às suas dívidas, tampouco será considerado herança para todos os efeitos.

A primeira parte do dispositivo significa que a importância decorrente do seguro de vida ou do seguro de acidentes pessoais é impenhorável. Em relação ao seguro de vida, a impenhorabilidade também está prevista no art. 649, IV, do CPC.

Além disso, ocorrido o sinistro, o direito do beneficiário sobre o capital estipulado é certo e exigível por direito próprio em razão do contrato[215]. Se o beneficiário for herdeiro necessário, não precisará levar o valor à colação para igualar as legítimas (art. 2.002 do CC); sendo cônjuge, não se computará o capital segurado na meação.

Não obstante, o capital segurado responde pelos prêmios atrasados, "uma vez que, afinal, é a fonte de seu custeio ou da composição do fundo que o suporta" – inclusive no seguro de vida.

O seguro de pessoa é, portanto, bem intangível ou não passível de vinculação a qualquer dívida do segurado. Por isso, o capital segurado não se agrega à herança (deve ser integralmente revertido em favor do beneficiário do seguro) e não pode estar vinculado ou sujeito às dívidas do falecido, ainda que tais obrigações não tenham sido cumpridas pelo segurado em vida.

4.16.25. A nulidade do pagamento reduzido do capital estipulado

O capital segurado, como dito anteriormente, é estipulado pelo próprio proponente. Dessa forma, no seguro de pessoa a importância a ser paga depende exclusivamente da escolha do segurado e de sua condição financeira, uma vez que com base no capital estipulado será definido o valor do prêmio.

Nesse contexto, o art. 795 do CC prevê a nulidade de qualquer transação para o pagamento reduzido do capital. Afinal, este já foi definido *aprioristicamente* na celebração do contrato e não equivale ao "teto máximo para indenização do efetivo prejuízo experimentado, como no seguro de dano". Concretizado o risco, o valor do capital estipulado deverá ser adimplido pela seguradora integralmente, até mesmo em respeito à boa-fé objetiva.

Mais absurda ainda seria, nos seguros de pessoa para o caso de morte, a situação de beneficiários e seguradora ajustarem uma redução no capital estipulado, enquanto o contratante, segurado, que efetuou todo o pagamento do prêmio, já teria falecido.

Deve-se notar, porém, que nos seguros de pessoa para o caso de invalidez, o valor a ser pago ao segurado será proporcional ao grau da invalidez sofrida. Não é que haja um pagamento reduzido: paga-se integralmente o valor fixado de acordo com a extensão da lesão. Na prática, há modelos de tabelas para calcular a porcentagem do capital segurado devido conforme o grau de redução das funções do segurado.

Faz-se apenas uma ressalva em relação ao artigo ora discutido. Mais correto seria falar em ineficácia da transação para reduzir o montante do capital estipulado, e não nulidade, uma vez que o pagamento reduzido não extingue a obrigação e a possibilidade de cobrança da diferença em relação à integralidade se mantém. Assim, o acordo

---

[212] TEPEDINO, Gustavo; BARBOSA, Heloísa Helena; BODIN, Maria Celina et al. *Código civil interpretado.* v. II (teoria geral dos contratos, contratos em espécie, atos unilaterais, títulos de crédito, responsabilidade civil, preferências e privilégios creditórios – artigos 421-965), RJ-SP: Renovar, 2006, p. 603.

[213] NADER, Paulo. Curso de direito civil – Contratos. 9. ed. Rio de Janeiro: Forense, 2018. v. III, p. 483.

[214] PEREIRA, Caio Mário da Silva. *Instituições de direito civil:* Contratos. 11. ed. Rio de Janeiro: Forense, 2004. v. III, p. 465.

[215] TEPEDINO, Gustavo; BARBOSA, Heloísa Helena; BODIN, Maria Celina et al. *Código civil interpretado.* v. II (teoria geral dos contratos, contratos em espécie, atos unilaterais, títulos de crédito, responsabilidade civil, preferências e privilégios creditórios – artigos 421-965), RJ-SP: Renovar, 2006, p. 605.

para redução não seria apto a produzir efeitos. Nesse sentido, Venosa[216].

4.16.26. O pagamento do prêmio no seguro de vida

Com efeito, há duas hipóteses principais de seguro de vida: o seguro para o caso de morte – chamado por alguns de *seguro de vida propriamente dito* ou *stricto sensu* – e o seguro para o caso de sobrevida – *seguro de sobrevivência*. Eles se diferenciam pelo evento futuro que determina o pagamento do capital segurado.

Na primeira modalidade, o capital estipulado é pago ao beneficiário quando o segurado falece. Na segunda, o segurado deverá sobreviver determinado tempo para que a soma estipulada seja paga a ele ou a beneficiário, a depender do que foi firmado entre as partes no contrato.

Tepedino[217] ressalta que: "Sempre que o capital ou a renda que o segurador se obriga a pagar, bem como o prêmio recebido do estipulante, repousam sobre a duração da vida humana, há seguro de vida. O seguro pode ser celebrado para o caso em que alguém atinja determinada idade, ou então para que a soma estipulada seja paga por ocasião do falecimento de alguém".

No tocante ao prêmio no seguro de vida, o art. 796 do CC estabelece que o seu pagamento poderá se dar por prazo determinado ou por toda a vida do segurado. No Código Civil de 1916, o art. 1.471, que disciplinava o assunto, estabelecia uma anualidade ao pagamento do prêmio, o que não mais subsiste.

Vale dizer ainda que o dispositivo da antiga legislação aludia de forma expressa às duas modalidades de seguro de vida. Por tal razão, questionou-se se, com a nova redação dada ao tema pelo art. 796 do CC, teria sido excluída a possibilidade de realização do seguro de sobrevivência. A resposta é negativa, já que não a há proibição na legislação e a contratação dessa subespécie de seguro de pessoa estaria dentro da autonomia privada das partes[218].

Em todo caso, independentemente da forma como for conveniado o prêmio, o segurador não terá ação para cobrar o prêmio vencido, conforme dispõe o parágrafo único do art. 796 do CC. Esse dispositivo, porém, se destina a regular o somente o seguro de vida individual.

Cabe assim lembrar que o seguro de vida, assim como o seguro de acidentes pessoais, poderá ser contratado individualmente (pelo próprio segurado em favor de sua vida ou pelo estipulante em favor da vida de outrem) ou em favor de um grupo vinculado ao estipulante.

Para o seguro individual, a falta de pagamento, ainda nos termos do parágrafo citado, acarretará a resolução do contrato com a restituição da reserva já formada ou a redução do capital segurado proporcionalmente ao prêmio pago, a depender do que for estipulado pelos contratantes.

Nos seguros coletivos, segundo Tepedino[219], "os segurados não serão prejudicados se o estipulante, responsável pelo recolhimento dos prêmios, recebendo-os regularmente, não os verter à sociedade seguradora no prazo devido". A segurada deverá pagar aos segurados o valor devido, mas poderá buscar por todos os meios legais o recebimento dos prêmios retidos pelo estipulante.

4.16.27. Seguro de pessoa para o caso de morte e prazo de carência

Como visto no item anterior, o seguro de vida para o caso de morte é o chamado seguro de vida propriamente dito. Nesta modalidade de seguro, de acordo com o art. 797 do CC, é lícito estipular um prazo de carência durante o qual o segurador não responderá pelo sinistro. Não sendo fixado nenhum prazo de forma expressa, o segurado poderá exigir o capital segurado tão logo ocorra a concretização do risco.

Deve-se ter em mente que essa previsão não se trata de uma imposição da Lei Civil, mas uma faculdade que deverá ser acordada entre os contratantes – segurador e segurado. Ainda cabe ressaltar que esse prazo não pode ser excessivo, sob pena de configurar abuso de direito, ofensa à boa-fé objetiva e à função social do contrato.

Godoy traz o exemplo de seguro de vida de pessoa idosa em que se fixa longo prazo de carência, o que praticamente afasta a cobertura do risco previsto no contrato. Como a noção de seguro pressupõe a de risco[220], um ajuste feito desta forma viola a própria natureza securitária, não podendo ser admitido porque desnatura a garantia do seguro de vida.

De qualquer forma, ocorrido o sinistro no prazo de carência predeterminado, a seguradora estará desobrigada de pagar o capital estipulado, mas deverá devolver ao beneficiário o montante da reserva técnica já formada, segundo preceitua o parágrafo único do art. 797 do CC.

Segundo Tepedino[221], a reserva técnica é um capital garantidor das obrigações do segurador. Deve seguir os critérios fixados pelo Conselho Nacional de Seguros Privados e os bens garantidores da reserva devem ser registrados na Superintendência de Seguros Privados (Susep). Esses bens não poderão ser alienados ou gravados sem prévia e expressa autorização dessa autarquia.

Conceito ainda mais técnico é o apresentado por Godoy: "(...) parcela do prêmio, um *plus* que, fora do cálculo do risco em si, se destina a constituir um depósito garantidor não só do cumprimento das obrigações da seguradora,

---

[216] VENOSA, Sílvio de Salvo. *Direito civil – Teoria geral das obrigações e teoria geral dos contratos*. 3. ed. São Paulo: Atlas, 2003. v. II, p. 377.

[217] TEPEDINO, Gustavo; BARBOSA, Heloísa Helena; BODIN, Maria Celina et al. *Código civil interpretado*. v. II (teoria geral dos contratos, contratos em espécie, atos unilaterais, títulos de crédito, responsabilidade civil, preferências e privilégios creditórios – artigos 421-965), RJ-SP: Renovar, 2006, p. 605-606.

[218] PEREIRA, Caio Mário da Silva. *Instituições de direito civil: Contratos*. 11. ed. Rio de Janeiro: Forense, 2004. v. III, p. 464.

[219] TEPEDINO, Gustavo; BARBOSA, Heloísa Helena; BODIN, Maria Celina et al. *Código civil interpretado*. v. II (teoria geral dos contratos, contratos em espécie, atos unilaterais, títulos de crédito, responsabilidade civil, preferências e privilégios creditórios – artigos 421-965), RJ-SP: Renovar, 2006, p. 606.

[220] GOMES, Orlando. *Contratos*. 26. ed. Rio de Janeiro: Forense, 2008, p. 505.

[221] TEPEDINO, Gustavo; BARBOSA, Heloísa Helena; BODIN, Maria Celina et al. *Código civil interpretado*. v. II (teoria geral dos contratos, contratos em espécie, atos unilaterais, títulos de crédito, responsabilidade civil, preferências e privilégios creditórios – artigos 421-965), RJ-SP: Renovar, 2006, p. 826.

mas, antes, uma provisão que permite nivelar o prêmio a ser pago, sem permanente e constante alteração de seu valor, correspondente ao aumento de idade do segurado, ampliando-se, assim, o risco de sinistro. Quer dizer, seria uma forma de viabilizar o plano com prêmios nivelados, equilibrados, com reajustes episódicos, sem sucessivos aumentos diante do crescimento da idade do segurado".

Portanto, a reserva técnica, formada pelos valores pagos pelo segurado, deverá ser restituída ao beneficiário quando aquele vier a falecer dentro do intervalo temporal da carência.

A propósito, a reserva técnica também deverá ser devolvida na hipótese do parágrafo único do art. 796 do CC, quando o segurador, motivado pela falta de pagamento do prêmio pelo segurado, optar por resolver o contrato de seguro de vida individual.

4.16.28. O seguro de pessoa e a questão do suicídio

O evento morte pode ser coberto tanto pelo seguro de vida quanto pelo de acidentes pessoais. Contudo, como é de se imaginar, a cobertura da morte quando provocada pelo próprio segurado por meio de suicídio sempre gerou muitas discussões. O art. 1.440 do CC/1916 expressamente proibia a garantia por morte voluntária, a exemplo da ocorrida por duelo ou suicídio premeditado[222].

Ainda sob a égide do Código Civil anterior, fixou-se o entendimento, *a contrario sensu*, de que o suicídio não premeditado estaria coberto pelo seguro de pessoa. Nesse sentido, o Enunciado 105 da Súmula do STF ("Salvo se tiver havido premeditação, o suicídio do segurado no período contratual de carência não exime o segurador do pagamento do seguro") e o Enunciado 61 da súmula cancelada do STJ ("O seguro de vida cobre o suicídio não premeditado").

A morte provocada pelo próprio segurado que seja resultante de perturbações psíquicas – por vezes causadas por problemas financeiros graves ou problemas de saúde, como a depressão, para exemplificar – não será considerada voluntária, já que o segurado não estava em seu estado de pleno discernimento. É caso de suicídio denominado inconsciente ou involuntário, que está incluído na cobertura securitária.

Sobre o assunto, o atual Código Civil, no art. 798, estabeleceu que o beneficiário não terá direito ao capital estipulado quando o segurado cometer suicídio nos primeiros dois anos da vigência inicial contratual ou da sua recondução depois de suspenso (com a purgação da mora no pagamento dos prêmios). Segundo o artigo, caso ocorra o suicídio dentro desse prazo, aplicar-se-á o disposto no parágrafo único do art. 797 do CC, devendo ser restituída a reserva técnica formada. Portanto, de acordo com a norma jurídica, premeditado ou não, se o suicídio ocorrer nos dois primeiros anos, não há que se cogitar em indenização, mas apenas na restituição da reserva técnica.

Tal entendimento foi incorporado pelo STJ, conforme se observa na Súmula 610: "O suicídio não é coberto nos dois primeiros anos de vigência do contrato de seguro de vida, ressalvado o direito do beneficiário à devolução do montante da reserva técnica formada".

De acordo com esse verbete, não há mais necessidade de se demonstrar a premeditação ou não do suicídio, seja pelo segurado, seja pela seguradora. Agora, se o suicídio ocorrer nos dois primeiros anos, não haverá indenização securitária.

Nesse contexto, prejudicado o Enunciado 187 da III Jornada de Direito Civil ("No contrato de seguro de vida, presume-se, de forma relativa, ser premeditado o suicídio cometido nos dois primeiros anos de vigência da cobertura, ressalvado ao beneficiário o ônus de demonstrar a ocorrência do chamado 'suicídio involuntário"). Não há mais que se cogitar em presunção ou premeditação.

Por fim, o parágrafo único do art. 798 do CC estabelece que será nula qualquer cláusula que vise a exclusão do pagamento do capital na hipótese de suicídio do segurado, fora da previsão do *caput*.

4.16.29. Obrigação do segurador quanto à indenização em situações específicas

Antes de celebrar o contrato de seguro de pessoa, a seguradora faz uma análise de riscos de forma individual para cada segurado, de acordo com a idade, o estado de saúde, a atividade profissional exercida, as atividades de lazer praticadas, os lugares frequentados etc. O valor do prêmio é determinado a partir desses dados e, por óbvio, será mais caro quanto maiores forem os riscos a que se sujeita o segurado.

A seguradora ficará obrigada tão somente aos riscos particularizados no contrato de seguro. É possível, portanto, limitar o contrato a determinados riscos, em respeito à liberdade contratual das partes. Todavia, o art. 799 do CC restringe essa liberdade para tutelar o segurado. Tal mitigação se justifica, segundo Tepedino porque a função do seguro de pessoa é garantir o risco na maior extensão.

Dessa forma, estabelece o dispositivo que, ainda que conste da apólice, a seguradora não estará isenta do pagamento do seguro quando a morte ou a incapacidade do segurado resultar da "utilização de meio de transporte mais arriscado, da prestação de serviço militar, da prática de esporte, ou de atos de humanidade em auxílio de outrem". A cláusula que exclua qualquer dessas atividades será ineficaz.

Nesse contexto, o Enunciado 370 da IV Jornada de Direito Civil prevê que "nos contratos de seguro por adesão, os riscos predeterminados indicados no art. 757, parte final, devem ser interpretados de acordo com os arts. 421, 422, 424, 759 e 799 do CC e 1º, III, da CF". Quase todos os contratos de seguro são atualmente por adesão, e deverão cobrir os riscos do art. 799 do CC.

Porém, é preciso ressaltar que o artigo em questão não retira a obrigação do segurado de prestar informações verdadeiras e completas à seguradora (art. 765 do CC). Caso não o faça, estará novamente sujeito às sanções do

---

[222] Em verdade, qualquer ato premeditado que vise a concretização de um risco não pode ser tutelado por uma cobertura securitária, conforme se vê já no art. 762 do CC.

art. 766 do CC, ou seja, perda da garantia e pagamento do prêmio vencido.

Se, por exemplo, o segurado for paraquedista, deverá informar o fato à seguradora, que fará a análise da possibilidade de concretização dos riscos cobertos pela apólice e com base nisso fixará o valor do prêmio, o qual, como se disse em outro tópico, dependerá também do capital estipulado.

4.16.30. A vedação da sub-rogação no seguro de pessoa

Em relação ao seguro de pessoa, o art. 800 do CC expressamente veda a sub-rogação do segurador nos direitos e ações do segurado ou do beneficiário contra o causador do sinistro, diferentemente do que ocorre no seguro de dano (art. 786 do CC).

Essa proibição tem razão de ser, uma vez que o capital estipulado, que é recebido pelo segurado ou pelo beneficiário pela ocorrência do sinistro, é incompatível com a ideia de sub-rogação, justificada pelo pagamento de indenização no lugar do terceiro causador de dano. O capital segurado, como se sabe, é fixado por ajuste prévio entre as partes e não possui caráter indenizatório; não equivale a um prejuízo sofrido.

Conforme lição de Tepedino[223], será nula cláusula que estabeleça a sub-rogação da seguradora. Eventual ação ajuizada com tal finalidade deverá ser julgada nos termos do art. 267, VI, do CPC, sendo extinto o processo por carência de ação pela impossibilidade jurídica do pedido.

4.16.31. O seguro de pessoa coletivo ou em grupo

O seguro de pessoa coletivo, previsto no art. 801 do CC, é aquele estipulado por uma pessoa natural ou jurídica em favor de um conjunto de indivíduos. Essa coletividade deverá ser vinculada ao estipulante, o que pode se dar por uma relação empregatícia, associativa, profissional ou outra qualquer. Ademais, o grupo de pessoas poderá ser nominado ou somente referido, segundo Venosa[224], sendo possível a substituição de beneficiários.

O estipulante é o único responsável pelo adimplemento das obrigações contratuais, conforme dispõe o § 1º do artigo supracitado, mas os segurados poderão concorrer para a formação parcial ou total do prêmio global[225]. Também caberá ao estipulante o cumprimento dos deveres anexos, decorrentes da boa-fé objetiva, como o dever de informar. Deverá ainda indicar quem serão os segurados a integrar a apólice e comunicar eventuais substituições.

Outrossim, prevê o § 1º que o estipulante não representa a seguradora perante o grupo segurado e, caso se verifique o risco, o pagamento do capital estipulado é dever exclusivo daquela. Por outro lado, o estipulante é mandatário ou representante dos segurados, nos termos do art. 21, § 2º, do Decreto-lei n. 73/66, uma vez que não é obrigatório o seguro coletivo.

Ainda que igual disposição não conste do Código Civil é adequado esse entendimento sob o ponto de vista doutrinário. Nesse contexto, Godoy estabelece que: "Os segurados, em proveito e em nome de quem o estipulante contrata, porquanto seu mandatário, como já estava no art. 21, § 2º, do Decreto-lei n. 73/66, possuem direta pretensão contra o segurador, para exigência do valor, no caso de ocorrência de sinistro, relativo a risco que lhes concerne, que lhes é afeto, diferentemente da simples estipulação, por risco do estipulante, em que terceiro é meramente o beneficiário".

O § 2º, por sua vez, impõe a necessidade de anuência expressa de segurados que componham 3/4 (três quartos) do grupo. Sobre o assunto, o Enunciado 375 da IV Jornada do Direito Civil adverte que "no seguro em grupo de pessoas, exige-se o *quórum* qualificado de 3/4 do grupo, previsto no § 2º do art. 801 do CC, apenas quando as modificações impuserem novos ônus aos participantes ou restringirem seus direitos na apólice em vigor". Assim, se a alteração for ampliativa dispensa-se o *quórum* qualificado.

Por fim, cabe dizer que, embora a doutrina em sua maioria só trate do seguro de vida coletivo, é possível realizar seguro em grupo na modalidade acidentes pessoais, como, por exemplo, o "seguro de acidentes pessoais coletivo escolar" prestado por algumas seguradoras no nosso país em favor de alunos matriculados em estabelecimento de ensino que o contrate.

4.17. CONTRATO DE CONSTITUIÇÃO DE RENDA

4.17.1. Noções gerais e natureza jurídica

A constituição de renda é objeto dos arts. 803 a 813 do CC, cujo contrato poderá ter natureza gratuita (art. 803) ou onerosa (art. 804). As partes deste negócio contratual ostentam denominação específica: de um lado o rendeiro, censuário ou censatário, que é o sujeito que se obriga ao pagamento das prestações periódicas em favor de outrem, denominado beneficiário, credor ou censuísta. É possível a figura do instituidor ou censuente, que entregará bens ao rendeiro como contraprestação à renda que receberá, cujo instituidor poderá ser o próprio beneficiário.

Pelo contrato de constituição de renda, uma pessoa, rendeiro, se obriga para com outra, beneficiário da renda, ao pagamento de prestações periódicas. A renda é o objeto do contrato e designa o fruto ou frutos originários de determinado(s) bem(ns), que será reservado pelo rendeiro em favor de outra pessoa, para ser pago de forma periódica, como o aluguel de determinado imóvel que é destinado para pessoa específica.

---

[223] TEPEDINO, Gustavo; BARBOSA, Heloísa Helena; BODIN, Maria Celina et al. *Código civil interpretado*. v. II (teoria geral dos contratos, contratos em espécie, atos unilaterais, títulos de crédito, responsabilidade civil, preferências e privilégios creditórios – artigos 421-965), RJ-SP: Renovar, 2006, p. 610.

[224] VENOSA, Sílvio de Salvo. *Direito civil – Teoria geral das obrigações e teoria geral dos contratos*. 3. ed. São Paulo: Atlas, 2003. v. II, p. 376.

[225] TEPEDINO, Gustavo; BARBOSA, Heloísa Helena; BODIN, Maria Celina et al. *Código civil interpretado*. v. II (teoria geral dos contratos, contratos em espécie, atos unilaterais, títulos de crédito, responsabilidade civil, preferências e privilégios creditórios – artigos 421-965), RJ-SP: Renovar, 2006, p. 610.

Portanto, como enuncia Orlando Gomes[226] "a constituição de renda é o contrato por via do qual uma das partes (o rendeiro ou censuário) obriga-se a realizar uma prestação periódica (renda) em favor de outra parte (credor da renda ou beneficiário), a título gratuito ou em troca da transmissão de determinados bens móveis ou imóveis".

Atualmente não mais se permite as rendas perpétuas, mas apenas a constituição de renda que necessariamente terá de ser temporária e com faculdade de remissão ou de resgate.

Em relação à classificação, embora seja controvertida, é possível traçar os contornos e as características deste contrato, a depender de como a constituição de renda se viabiliza.

A constituição de renda, como já ressaltado, poderá ser gratuita ou onerosa. Se for gratuita, também será, quanto aos efeitos obrigacionais, unilateral. Caso seja onerosa, terá efeitos obrigacionais bilaterais. A onerosidade fará com que gere obrigações recíprocas e interdependentes, o que o torna bilateral.

Não há dúvida de que o contrato de constituição de renda, quanto à formalidade, é solene ou formal, pois o art. 807 do CC exige que seja formalizado em escritura pública que, se não elaborada, acarretará a nulidade deste contrato.

A depender da vontade das partes interessadas, o contrato poderá ser comutativo ou aleatório. A aleatoriedade poderá ser por convenção ou em razão da natureza de alguns contratos. A constituição de renda poderá ser aleatória por convenção.

No entanto, a principal controvérsia gira em torno da característica relacionada à formação ou existência do contrato: A constituição de renda é contrato consensual ou real? Os contratos consensuais são aqueles que se constituem pelo mero acordo de vontades. Basta o consenso entre as partes para que se constitua e produza efeitos obrigacionais. A entrega do objeto está relacionada à fase de execução dos contratos consensuais (e por isso, está relacionada às teorias do adimplemento e inadimplemento). A constituição dos contratos reais exige, além do consenso ou acordo de vontades, a entrega ou tradição do objeto. A entrega do objeto, ao contrário dos contratos consensuais, integra a fase de constituição, e não a fase de execução. Sem a entrega do objeto não há constituição do contrato.

Diante disso, em que pesem as divergências, não há dúvida de que o contrato de constituição de renda é consensual. Basta se atentar para a dicção do art. 803, segundo o qual, pelo contrato de constituição de renda, uma pessoa assume (vontade) a obrigação futura de entregar renda para outra. A entrega da renda não é condição para a constituição do contrato, mas para o seu adimplemento. Ainda que se exija a escritura pública para formação deste contrato, tal fato não o torna real, pois na escritura o rendeiro assume a obrigação de entregar a renda, mas a entrega, no momento da formalização da escritura, não é requisito para sua constituição.

Alguns autores, como Tartuce, Venosa e Orlando Gomes (embora este último não faça referência a qualquer dispositivo legal), defendem a tese de que o contrato de constituição de renda tem natureza real em função do disposto no art. 809 do CC. Tal dispositivo não impõe, mesmo na constituição de renda onerosa, que a tradição é pressuposto para a constituição do contrato, mas apenas esclarece, por obviedade, que desde a tradição, os bens dados em compensação da renda, passam ao domínio da pessoa que por aquela se obrigou.

A prova mais evidente de que o contrato de constituição de renda é consensual, e não real, está na norma do art. 810 do CC que dispõe sobre as consequências do inadimplemento do rendeiro. Assim, se o rendeiro não cumpre a prestação assumida, haverá inadimplemento. Se fosse real, a não entrega da prestação implicaria na não constituição do contrato de renda periódica e temporária.

4.17.2. A constituição de renda onerosa

Em regra, o contrato de constituição de renda é gratuito, pois o rendeiro suporta o sacrifício de obrigar-se com prestação periódica em favor do beneficiário, o qual tem apenas a vantagem de receber a renda. Não há reciprocidade de vantagens e sacrifícios. Apenas vantagem para um e sacrifício para o outro, o que caracteriza tal contrato como gratuito.

Todavia, de acordo com o art. 804 do CC, a constituição de renda poderá assumir caráter oneroso.

De acordo com a referida norma, "o contrato pode ser também a título oneroso, entregando-se bens móveis ou imóveis à pessoa que se obriga a satisfazer as prestações a favor do credor ou de terceiros".

Nesse caso, determinada pessoa, denominada instituidor, entrega bens móveis ou imóveis ao rendeiro (que é a pessoa obrigada a satisfazer as prestações periódicas), para que este, com a renda destes bens, efetive o pagamento de prestações periódicas ao beneficiário, que poderá ser o próprio instituidor ou terceiro.

Se for constituída em benefício próprio, ou seja, se o instituidor for o próprio beneficiário, o contrato será oneroso, pois para receber a renda, o instituidor/beneficiário terá de entregar bens móveis ou imóveis ao rendeiro, o que acarretará a redução de seu patrimônio. Portanto, haverá reciprocidade de vantagens e sacrifícios entre, de um lado, o rendeiro, que recebe os bens e, de outro, o instituidor/beneficiário, que entrega estes bens, que gerarão renda futura para ser paga pelo rendeiro.

Se a renda é constituída em favor de terceiro, haverá três partes: o rendeiro, que recebe os bens; o instituidor, que entrega os bens e o beneficiário, o terceiro que receberá a renda do rendeiro. Neste caso, haverá estipulação em favor de terceiro e a constituição de renda poderá ser gratuita ou onerosa. Será gratuita se nada for exigido do terceiro beneficiário, ou seja, se receber a renda sem qualquer contraprestação. Será onerosa se o recebimento da renda estiver sujeito a alguma contraprestação, mas so-

---

[226] GOMES, Orlando. *Contratos*. 26. ed. Rio de Janeiro: Forense, 2008, p. 499.

mente terá direito à renda se anuir ao contrato entre rendeiro e instituidor, na forma do art. 436 do CC, que disciplina a estipulação em favor de terceiro.

A diferença da constituição de renda em benefício próprio ou de terceiro é bem pontuada por Caio Mário[227] "Pode a renda ser devida a seu constituinte, que acumula a situação de credor, ou pode sê-lo ao terceiro, destacando-se, então, as duas figuras: do constituinte que é o estipulante, e do credor, que é o beneficiário, a quem o rendeiro, censuário ou promitente tem de pagar".

Com base no art. 804, autores como Caio Mário defendem a tese de que o contrato de constituição de renda é real, porque neste caso somente se aperfeiçoa ou se constitui com a entrega dos bens móveis ou imóveis pelo instituidor.

No contrato de constituição de renda a título oneroso, em benefício próprio, pode o credor/instituidor/beneficiário (quando a mesma pessoa acumula tais funções), ao contratar, exigir que o rendeiro (que receberá os bens móveis ou imóveis), lhe preste garantia real ou pessoal, esta última fidejussória, nos termos do art. 805 do CC. Tal garantia tem o objetivo de dar sustentação ao pagamento das prestações periódica, para prevenir eventual inadimplemento do rendeiro.

Tais garantias, real ou fidejussória, são importantes, pois de acordo com o art. 809 do CC, os bens, móveis ou imóveis, transferidos à pessoa que se obriga a satisfazer as prestações em favor do credor/instituidor ou de terceiro, desde a tradição (entrega do bem), caem no domínio do rendeiro, ou seja, da pessoa que se obrigou pela renda.

"Os bens dados em compensação da renda caem, desde a tradição, no domínio da pessoa que por aquela se obrigou" (art. 809 do CC). No caso de bem móvel, a transferência da propriedade se dá pela mera tradição, ou entrega efetiva. No caso de imóvel, a tradição (que no caso é sinônimo de entrega) depende do registro no Cartório de Registro de Imóveis. A exigência de garantia visa prevenir os efeitos de eventual inadimplemento, pois a entrega ou tradição dos bens, na forma dos arts. 804 e 809 do CC, implica transferência definitiva da propriedade para o rendeiro, embora este mantenha a obrigação de efetivar o pagamento das prestações periódicas.

4.17.2.1. Modos de constituição da renda e o caráter temporário

De acordo com o art. 806 do CC, a renda pode ser constituída por ato entre vivos (contrato) e ainda por disposição de última vontade (testamento).

O contrato de constituição de renda deve ser feito por prazo determinado. Tal prazo determinado pode ser certo (quando o contrato contém cláusula que predetermina a data de sua extinção) ou de duração incerta quando for "por vida" (renda vitalícia, devida durante a vida do beneficiário, embora a morte seja certa a duração é incerta, porque não se sabe quando ocorrerá). Por isso, o art. 806 faz a menção de renda por prazo determinado certo ou por vida (renda vitalícia).

A constituição de renda "por vida" ou renda vitalícia é por prazo determinado (até a morte) e incerto (porque não se sabe quando o evento ocorrerá), e é denominada também como constituição de renda vidual, que perpetua os efeitos até o falecimento do beneficiário. Como diz Glauber Talavera[228] "o prazo incerto, portanto, traduz a impossibilidade de previsão acertada quanto à longevidade do instituidor ou do terceiro indicado pelo instituidor para ser o beneficiário da renda".

De qualquer forma, seja a prazo certo ou por vida (renda vitalícia), a renda não se transmite aos herdeiros do credor/beneficiário da renda. A renda tem caráter personalíssimo. Embora possa ultrapassar a vida do devedor, aquele que se obriga a prestar a renda jamais poderá ultrapassar a vida do credor, seja o credor o próprio contratante beneficiário, seja o credor um terceiro, no caso de a renda ser constituída como estipulação em favor de terceiro.

Por isso, ainda que possa ser vitalícia, a renda tem prazo determinado (morte) para ser extinta. Não pode ser perpétua. Tal fato torna a constituição de renda, necessariamente, temporária. O contrato de constituição de renda está adstrito ao tempo de sobrevivência do instituidor/beneficiário ou do terceiro credor da renda. Os herdeiros do devedor da renda podem ter que cumprir a obrigação nos limites das forças da herança, mas os herdeiros do beneficiário, credor, seja ele o próprio instituidor ou terceiro, não possuem qualquer direito à renda, porque tal direito não se transmite com a herança.

4.17.3. A constituição de renda em favor de pessoa falecida ou enferma: nulidade

A constituição de renda em favor de pessoa falecida ou que está gravemente enferma e vem a falecer da moléstia que sofria nos 30 (trinta) dias seguintes à formalização do contrato de constituição de renda, é nula, conforme expressa o art. 808 do CC.

Tal constituição de renda é inválida, pois desde a formação do contrato não passa pelo filtro do plano de validade. A nulidade, como sanção sugerida pelo art. 808, reflete a gravidade desta constituição de renda, pois submete tal contrato a uma disciplina mais rigorosa (nulidade do negócio jurídico). Há violação do interesse público e, por isso, de acordo com o art. 166, VII, do CC, é nulo tal contrato de constituição de renda.

O artigo sanciona com a nulidade duas situações distintas: em primeiro lugar, se a renda for constituída em favor de pessoa falecida. Nesta situação há coerência com o disposto no art. 806 do CC, que proíbe que a renda ultrapasse a vida do credor. A renda pode ser vitalícia, mas tem caráter personalíssimo. A renda em favor de pessoa falecida, na realidade, seria renda em favor dos herdeiros, com clara violação ao art. 806. Segundo, se o contrato de

---

[227] PEREIRA, Caio Mário da Silva. *Instituições de direito civil:* Contratos. 11. ed. Rio de Janeiro: Forense, 2004. v. III, p. 477.

[228] TALAVERA, Glauber Moreno; CAMILLO, Carlos Eduardo Nicoletti; FUJITA, Jorge Shiguemitsu; SCAVONE JUNIOR, Luiz Antonio (coords.). *Comentários ao código civil – artigo por artigo.* 2. ed. São Paulo: Ed. RT, 2009, p. 646.

constituição de renda é formalizado quando o credor/beneficiário está acometido de moléstia grave e vem a falecer em razão desta moléstia (e não de outra causa) nos trinta dias seguintes ao contrato, também haverá nulidade do contrato. A moléstia superveniente ao contrato, ainda que o beneficiário faleça no período, não o invalida. Apenas no caso concreto será possível apurar se o beneficiário estava acometido de moléstia no momento da formação do contrato.

Neste segundo caso, segundo Glauber Talavera[229] o objetivo é prevenir a "suposta captação anímica do instituidor por rendeiro de má-fé, que eventualmente envide seus melhores esforços para assediar os recônditos dos instintos mais fraternos e solidários do instituidor que, ao final da vida, pode sucumbir ao assédio havido e, dessa forma, formalizar benefício que não exterioriza sua verdadeira vontade".

4.17.4. Inadimplemento do rendeiro e consequências

O rendeiro ou censuário é a pessoa que assume a obrigação à prestação periódica (renda) em favor de outra (beneficiário). O não cumprimento desta obrigação, essência da constituição de renda, caracterizará inadimplemento contratual, com todas as consequências e efeitos inerentes à teoria do inadimplemento.

Os efeitos jurídicos do inadimplemento do contrato de constituição de renda estão previstos no art. 810 do CC, segundo o qual, o não cumprimento da obrigação estipulada, confere ao credor/beneficiário da renda a prerrogativa de acionar o devedor ou rendeiro para que as prestações atrasadas sejam pagas, bem como para que sejam dadas garantias para as futuras prestações, a fim de prevenir novo inadimplemento. Caso o rendeiro não efetive o pagamento das prestações atrasadas e não dê garantias, reais ou pessoais, das futuras prestações, o contrato de constituição de renda poderá ser resolvido/rescindido com base no referido inadimplemento.

O rendeiro inadimplente gera desequilíbrio nas obrigações contratuais assumidas pelas partes, com o que desestabilizará a relação jurídica mantida com o beneficiário. No caso de resolução do contrato pelo inadimplemento do rendeiro, além de suportar os prejuízos causados ao beneficiário (perdas e danos), o devedor rendeiro terá de restituir o capital ou bem ao credor/beneficiário, com o que as partes serão restituídas ao estado originário. As partes podem prefixar as perdas e danos para o caso de inadimplemento do rendeiro, mediante a estipulação de cláusula penal, moratória ou compensatória (arts. 408 a 416 do CC).

Portanto, a resolução do contrato por inexecução voluntária (descumprimento da obrigação pelo rendeiro) independe de interpelação ou notificação (resolução tácita – art. 474 do CC) e acarreta a obrigação do devedor pagar as perdas e danos ao beneficiário e restituir o capital ou bem sobre o qual a renda foi constituída. Além das prestações atrasadas, também caracterizará inadimplemento e poderá levar à resolução do contrato a recusa do devedor em prestar as garantias suficientes, reais ou pessoais, para assegurar o adimplemento das prestações futuras (vincendas), como enuncia o art. 810. As garantias são as mencionadas no art. 805 do CC.

4.17.5. Periodicidade da renda e a renda constituída em benefício de várias pessoas

A renda é fruto civil e, por esse motivo, como regra, o credor tem o direito à renda dia a dia, salvo se a prestação não houver de ser paga adiantada, no começo de cada um dos períodos prefixos (art. 811 do CC). É a mesma dicção do art. 1.215, segunda parte, do CC, que determina que os frutos civis, pela sua natureza, são percebidos pelo possuidor dia a dia. Os frutos civis, como rendimentos ou vantagens auferidas na utilização da coisa, de que são exemplos as rendas, os aluguéis e os juros, são percebidos por cada dia.

No entanto, nada impede que as partes pactuem o pagamento de forma adiantada, no início de cada um dos períodos predeterminados, porque a norma tem natureza dispositiva.

Por outro lado, a renda poderá ser constituída em benefício de duas ou mais pessoas. Tal questão é objeto de disciplina pelo art. 812 do CC: "Quando a renda for constituída em benefício de duas ou mais pessoas, sem determinação da parte de cada uma, entende-se que os seus direitos são iguais; e, salvo estipulação diversa, não adquirirão os sobrevivos direito à parte dos que morrerem".

Se a renda for constituída em benefício de duas ou mais pessoas e não for determinado pelo rendeiro qual é a parte de cada um, a lei presume a igualdade de cotas e direitos, ou seja, a renda será dividida igualmente pelo número de beneficiários.

A segunda parte do art. 812 trata do direito de acrescer que, salvo convenção das partes em sentido contrário, não ocorrerá. Se o direito de acrescer não foi pactuado e um dos beneficiários vier a falecer, a parte da renda que cabia a este não acresce ou se incorpora ao beneficiário sobrevivo. Neste caso, haverá extinção do contrato em relação ao beneficiário que faleceu, pois a renda não pode ser transmitida por herança, como enuncia o art. 806 do CC, já analisado.

Portanto, a ausência de convenção, implica na vedação do direito de acrescer. Como regra, por disposição legal, não há direito de acrescer entre os beneficiários. Se um beneficiário falecer, o outro continuará a receber exatamente a mesma quota que recebia. A exceção é o direito de acrescer entre cônjuges, no caso de constituição de renda gratuita que possa ser equiparada à doação. No caso de pessoas casadas, o consorte beneficiário sobrevivente terá direito à parte do falecido (direito de acrescer), como se depreende da interpretação do art. 551, parágrafo único, do CC.

Todavia, como a norma tem natureza dispositiva, será permitida estipulação diversa, ou seja, nada impede que o

---

[229] TALAVERA, Glauber Moreno; CAMILLO, Carlos Eduardo Nicoletti; FUJITA, Jorge Shiguemitsu; SCAVONE JUNIOR, Luiz Antonio (coords.). *Comentários ao código civil – artigo por artigo*. 2. ed. São Paulo: Ed. RT, 2009, p. 647.

direito de acrescer em favor do beneficiário sobrevivente seja pactuado.

4.17.6. Impenhorabilidade das rendas

A constituição de renda por título gratuito (sem contraprestação do beneficiário) pode, por ato do instituidor, se manter isenta e imune a todas as execuções pendentes e futuras contra o beneficiário. É a denominada cláusula de impenhorabilidade por vontade do instituidor, prevista no art. 813 do CC.

Trata-se de prerrogativa do instituidor, o qual tem a faculdade de gravar a renda com a cláusula de impenhorabilidade. O parágrafo único do art. 813 do CC ainda acrescenta que a isenção em referência prevalece de pleno direito em favor dos montepios e das pensões alimentícias. Em que pese a referida disposição, nas pensões alimentícias ou com caráter alimentar, a impenhorabilidade decorre de previsão legal e, por isso, é automática. Portanto, dispensável a cláusula voluntária de instituição de impenhorabilidade para as rendas que constituem pensões alimentícias.

A referida cláusula somente pode ser instituída nos contratos de constituição de renda a título gratuito. Sobre essa questão, precisa é a observação de Caio Mário[230]: "Nenhum dos gravames aqui instituídos é lícito na renda onerosa, porque a ninguém é permitido, por ato próprio, subtrair bens à garantia de seus credores, ao passo, naquela outra gratuitamente instituída, os credores nada perdem, porque, não existindo ela no patrimônio do beneficiário, o constituinte não a teria instituído sem a cláusula restritiva". Ademais, nos contratos onerosos, a constituição de renda poderia incentivar inúmeras fraudes contra os credores. Como aduz Tepedino[231] "sendo o contrato oneroso, o beneficiário abriu mão de um bem de seu patrimônio para recebimento das prestações periódicas, servindo, portanto, de garantia aos seus credores, uma vez que, como ressalva Clóvis Beviláqua, o próprio indivíduo não pode subtrair os seus bens à garantia de seus credores".

Além da cláusula de impenhorabilidade, também é possível a instituição das cláusulas de incomunicabilidade e inalienabilidade, tendo em vista a vinculação entre tais restrições e o caráter dispositivo da norma que autoriza que a renda seja onerada. Não há necessidade de qualquer justificativa para a imposição de restrição, ao contrário do que exige o art. 1.848 do CC (justa causa).

4.17.7. Extinção do contrato de constituição de renda

O contrato de constituição de renda pode ser extinto pelas mais diversas causas.

A primeira causa de extinção é o vencimento do prazo, quando o contrato é formalizado e pactuado por prazo certo (art. 806 do CC). O advento do termo determina a extinção do contrato. É possível que a extinção decorra do implemento da condição, se a renda estiver subordinada a uma condição resolutiva para sua extinção (art. 128 do CC).

A segunda causa de extinção da constituição de renda ocorrerá por ocasião da morte do rendeiro ou do credor/beneficiário, se for instituída pela vida de um ou de outro, na forma do art. 806 do CC. É o caso da renda vitalícia, que embora possa ultrapassar a vida do rendeiro/devedor, jamais poderá ultrapassar a morte do credor, razão pela qual sempre se extinguirá pela morte deste. Se for estipulado que a obrigação de pagar a renda subsiste somente e enquanto o devedor for vivo, com a morte deste haverá extinção da renda.

A terceira causa de extinção do contrato de constituição de renda é o resgate, que nada mais é do que a prerrogativa ou faculdade conferida ao devedor da renda de pagar a obrigação de uma só vez. Como afirma Caio Mário[232] "o rendeiro tem a faculdade de extinguir o encargo de pagar a renda por períodos, antecipando ao credor a solução das prestações futuras, mediante um capital que, ao juro legal, assegure igualmente a renda a termo certo ou pela vida do credor. O resgate é facultativo ao devedor, mas nada impede que seja convencional, ajustado com o credor".

Ademais, pode o contrato ser extinto pelas causas normais de extinção de todo e qualquer contrato, como o inadimplemento da obrigação de pagar a renda (art. 810 do CC); a invalidação, por conta de vícios contemporâneos ou anteriores à sua formação; a revogação, quando a renda tiver caráter de liberalidade e se equiparar à doação; ou ainda pela caducidade, no caso do beneficiário que vem a falecer 30 (trinta) dias após a constituição do contrato, em razão de moléstia grave, já existente ao tempo da formação do contrato (art. 808, segunda parte, do CC).

4.18. CONTRATO DE JOGO E APOSTA

4.18.1. Noções gerais e natureza jurídica

O Código Civil, no mesmo capítulo, disciplina, nos arts. 814 a 817, os contratos de jogo e aposta, os quais possuem natureza e finalidade distintas. Tais contratos entram na categoria dos aleatórios e se diferenciam, basicamente, pelo fato de as partes, jogadores ou apostadores, terem participação ativa na realização do acontecimento ou análise do fato. Portanto, embora aleatórios por natureza, porque o ganho ou a perda está vinculado a fatores de incerteza tanto no jogo quanto na aposta, há aspectos substanciais que os diferenciam.

O único motivo que justifica o tratamento dos dois contratos no mesmo capítulo é o elemento que caracteriza a essência de ambos, a álea, porque o resultado para o ganhador, nos dois contratos, está vinculado a fator ou acontecimento incerto para todos. A aleatoriedade os une para tratamento conjunto.

---

[230] PEREIRA, Caio Mário da Silva. *Instituições de direito civil:* Contratos. 11. ed. Rio de Janeiro: Forense, 2004. v. III, p. 479.

[231] TEPEDINO, Gustavo; BARBOSA, Heloísa Helena; BODIN, Maria Celina et al. *Código civil interpretado.* v. II (teoria geral dos contratos, contratos em espécie, atos unilaterais, títulos de crédito, responsabilidade civil, preferências e privilégios creditórios – artigos 421-965), RJ-SP: Renovar, 2006, p. 623.

[232] PEREIRA, Caio Mário da Silva. *Instituições de direito civil:* Contratos. 11. ed. Rio de Janeiro: Forense, 2004. v. III, p. 480.

O jogo é o contrato aleatório por natureza pelo qual duas (no mínimo) ou mais pessoas, cuja participação dependerá o resultado, retratado no ganho ou na perda. Há efetiva participação de jogadores no contrato de jogo, os quais prometem certa quantia ou soma àquele dentre os jogadores a quem for favorável certo azar. Os jogadores prometem, entre si, o pagamento para aquele que tiver êxito em determinado jogo de azar, cujo resultado é incerto.

Segundo Caio Mário[233] "jogo é o contrato em que duas ou mais pessoas prometem, entre si, pagar certa soma àquele que lograr um resultado favorável de um acontecimento incerto". Para Orlando Gomes[234], jogo ocorrerá "quando há participação dos contratantes, da qual depende o resultado, isto é, o ganho ou a perda". A associação dos dois conceitos torna a definição perfeita, pois o jogo depende da promessa recíproca dos jogadores cujo resultado fica na dependência de acontecimento incerto, mas tal resultado será obtido com a participação efetiva dos jogadores.

A aposta, por outro lado, também é contrato aleatório em que duas ou mais pessoas prometem entre si pagar certa soma àquele cuja opinião prevalecer em razão de acontecimento incerto, mas o resultado é independente da participação dos apostadores. As partes, na aposta, não participam e não possuem qualquer influência no resultado que será favorável a uma delas, ou seja, será ganhador aquela cuja opinião prevalecer em razão de um fato incerto. A vitória de qualquer dos apostadores fica na dependência do acaso.

Como aduz Caio Mário[235] "enquanto no jogo há o propósito de distração ou ganho, e participação dos contendores, na aposta há o sentimento de uma afirmação a par de uma atitude de mera expectativa". Como bem precisa Orlando Gomes[236] "na aposta, com efeito, o resultado depende da circunstância de que seja exata a previsão ou a opinião de uma das partes".

Além de aleatórios por natureza, porque o ganho ou a perda está vinculado a fatores de incerteza, o jogo e a aposta, como regra, não são exigíveis.

A ausência de exigibilidade torna as dívidas ou débitos de jogo ou aposta obrigações natural. Neste caso, há o direito subjetivo do credor e o dever jurídico do devedor. No entanto, em caso de inadimplemento por violação do direito subjetivo do credor, este não tem o poder de exigir do devedor a dívida. Em resumo, o credor não pode imputar responsabilidade civil ou exigir dever jurídico sucessivo ao devedor. É o que enuncia o art. 814 do CC, segundo o qual "as dívidas de jogo ou de aposta não obrigam a pagamento (...)". Trata-se de débito sem responsabilidade (*Schuld* sem *Haftung*).

Embora não seja exigível, se o devedor, de forma voluntária, cumpre a obrigação e paga a dívida, não pode recobrar a quantia paga, uma vez que o direito subjetivo do credor é legítimo e lícito. O credor apenas não tem poder de exigibilidade, mas o pagamento voluntário é considerado pagamento devido e legítimo e, por isso, não há fundamento para a devolução.

A impossibilidade de recobrar a quantia paga é prevista na segunda parte do art. 814, *caput*, do CC, bem como no art. 882 da mesma lei, que disciplina os efeitos jurídicos do pagamento voluntário de obrigação natural, como é o caso da dívida de jogo ou aposta.

A obrigação natural é juridicamente inexigível, mas o pagamento voluntário não dá direito à repetição porque é devido e legítimo. Não se pode confundir o poder de exigir obrigação natural não cumprida com o direito subjetivo ao recebimento desta obrigação, o qual, para ser satisfeito, pela impossibilidade de exigibilidade, depende de ato voluntário do devedor do contrato de jogo ou de aposta.

A impossibilidade de indébito pressupõe dois requisitos: a existência de um direito subjetivo à dívida e ato voluntário e livre do devedor quanto ao pagamento da dívida.

No entanto, excepcionalmente, a repetição tem cabimento em duas hipóteses:

Primeiro, no caso de dolo do ganhador do jogo ou da aposta. Neste caso, a vitória não é decorrente da sorte, mas de um artifício ou ardil qualquer empregado pelo ganhador para ter um resultado favorável. Se restar provado o dolo do ganhador, o perdedor/devedor, que voluntariamente pagou, tem direito à repetição ou restituição dos valores pagos.

A segunda exceção, que autoriza a repetição, está relacionada à proteção do menor, no caso de incapacidade por idade (objetiva) e do interdito (no caso de incapacidade por enfermidade). Apenas os incapazes enfermos podem ser interditados após o procedimento da curatela, conforme arts. 1.767 e s. do CC. Se o perdedor do jogo ou da aposta for menor ou maior interditado (por conta de causa que gere incapacidade civil), o assistente ou representante legal de tais pessoais pode recobrar a quantia paga. A proteção do incapaz prevalece sobre os interesses do credor no contrato de jogo ou aposta. Qualquer pagamento efetivado pelo incapaz em decorrência destes contratos é considerado indevido e, por isso, fica obrigado a restituir (arts. 814, 2.ª parte, *caput*, c/c 876 do CC).

Com exceção destas duas hipóteses previstas na segunda parte do *caput* do art. 814 do CC, a dívida de jogo ou aposta, se paga voluntariamente por devedor capaz e que não agiu com dolo, não é passível de repetição (arts. 814 c/c 882 do CC).

De acordo com o § 1º do art. 814, a regra do artigo envolve outros contratos vinculados com o jogo ou aposta que simule ou envolva o reconhecimento das dívidas. Assim, o fiador de dívida de jogo, se for maior e capaz e o credor não agir com dolo, ao pagar o débito, não tem direito à repetição. Por outro lado, o credor também não tem poder de exigibilidade contra o fiador de dívida de jogo.

---

[233] PEREIRA, Caio Mário da Silva. *Instituições de direito civil*: Contratos. 11. ed. Rio de Janeiro: Forense, 2004. v. III, p. 483.

[234] GOMES, Orlando. *Contratos*. 26. ed. Rio de Janeiro: Forense, 2008, p. 527.

[235] PEREIRA, Caio Mário da Silva. *Instituições de direito civil*: Contratos. 11. ed. Rio de Janeiro: Forense, 2004. v. III, p. 483.

[236] GOMES, Orlando. *Contratos*. 26. ed. Rio de Janeiro: Forense, 2008, p. 527.

Nesse sentido é a norma: "Estende-se esta disposição a qualquer contrato que encubra ou envolva reconhecimento, novação ou fiança de dívida de jogo; mas a nulidade resultante não pode ser oposta ao terceiro de boa-fé".

Os terceiros de boa-fé tiveram os seus interesses resguardados pela norma, ante a finalidade da nova lei que é a tutela da ética e da boa-fé objetiva, em todos os seus aspectos. Portanto, eventual simulação para encobrir dívida de jogo não afeta direitos de terceiros, ainda que seja reconhecida a nulidade do negócio simulado.

Tal regra está em sintonia com o § 2º do art. 167 do CC. O reconhecimento, a novação e a fiança de dívida de jogo se submetem às regras do art. 814 para todos os efeitos. Caio Mário[237] impõe rigor na análise do terceiro: "A caracterização do terceiro, para este efeito, é rigorosa, tratado como tal o estranho ao jogo e não apenas as relações pessoais entre credor e devedor; ao parceiro ou participante, ainda que não diretamente interessado, é oponível a ineficácia da obrigação".

Portanto, os contratos de jogo ou aposta, como regra, não admitem a convalidação, ainda que o pagamento voluntário seja considerado legítimo, por ser devido.

4.18.2. Espécies de jogos

O contrato de jogo ou aposta pode ser considerado gênero, dos quais são espécies os jogos autorizados, proibidos ou meramente tolerados. Tal distinção é essencial uma vez que a depender da espécie é possível que haja repercussão na natureza jurídica deste contrato.

Em primeiro lugar, o jogo proibido ou ilícito, por razões óbvias, não se submete aos arts. 814 a 817 do CC. Tais contratos são maculados pela ilicitude e, por esta razão, devem ser invalidados, a fim de não produzir efeitos jurídicos obrigacionais. Tais contratos sequer podem ser considerados como obrigações naturais. Tais jogos ou apostas, inclusive, podem repercutir no âmbito penal, como é exemplo o "jogo do bicho", caracterizado como contravenção penal pela legislação brasileira. Portanto, os jogos proibidos ou ilícitos devem ser excluídos da teoria dos contratos e do âmbito obrigacional civil.

Por conta disso, o credor de jogo proibido não tem o direito de retenção. Não se trata de obrigação natural. Em razão da ilicitude, que contamina a origem do ato, o sujeito que paga dívida de jogo ou aposta proibido tem o direito de reivindicar o que pagou ou buscar a repetição do indébito. Não há causa legítima para o pagamento, o que justifica a repetição.

Orlando Gomes[238], de forma precisa, ressalta a diferença entre o jogo proibido e aqueles jogos que caracterizam como obrigação natural: "O credor de dívida de jogo proibido não tem o direito de reter o que recebeu. A esse recebimento falta causa, precisamente porque o contrato é nulo de pleno direito. Por outro lado, embora imperfeita, porque desprovida de sanção, a obrigação natural tem um fim moral e seu suporte psicológico é a convicção de que deve ser cumprida porque assim manda a consciência. A prática de ato ilícito não pode gerar uma obrigação com semelhante finalidade, nem desperta o sentimento de que é desonroso o inadimplemento". E arremata: "A dívida oriunda de contrato de jogo proibido poderia ser repetida, por constituir enriquecimento sem causa. O pagamento seria indevido, por ter como causa contrato nulo".

Por outro lado, há os jogos permitidos, que se subdividem em jogos tolerados e autorizados.

No jogo tolerado, há a denominada obrigação natural. Não há poder de exigibilidade da dívida por parte do credor, mas em caso de pagamento voluntário, este é considerado devido e, por isso, não dá ensejo à repetição. É o que dispõe o art. 814, § 2º, do CC: "O preceito contido neste artigo tem aplicação, ainda que se trate de jogo não proibido, só se exceptuando os jogos e apostas legalmente permitidos". O devedor, portanto, não tem o direito de repetição. Trata-se de obrigação natural.

Os jogos tolerados são aqueles que não dependem exclusivamente da sorte, mas também de certas habilidades dos jogadores e contendores. Não são autorizados e tampouco proibidos. É o caso dos jogos de carta que, de alguma forma, é cultural, em especial no Brasil. São jogos de divertimento, que o Estado não quer estimular, mas que também não faz qualquer repressão. Não há disciplina jurídica sobre os seus efeitos e, por isso, seus créditos não podem ser exigidos, ainda que a dívida não seja ilegítima. Portanto, os jogos tolerados originam obrigação natural, razão pela qual o contrato de jogo tolerado é lícito.

Por fim, o § 3º do art. 814 excetua da regra da inexigibilidade os prêmios oferecidos ou prometidos para o vendedor em competição de natureza esportiva, intelectual ou artística, desde que os interessados se submetam às prescrições legais e complementares. A tais jogos se concede proteção judicial e, como exemplos, tem-se a loteria, turfe e a rifa. O contrato de jogo autorizado, além de lícito, gera efeitos jurídicos obrigacionais civis e o ganhador, credor, tem o direito e o poder de exigir o pagamento. Não se trata de obrigação natural, pois a obrigação, ao contrário dos jogos tolerados é plenamente exigível. A dívida de jogo autorizado e disciplinado pelo Estado obriga e induz ao pagamento. O credor tem direito e poder de coerção sobre o devedor, inclusive pelas vias judiciais.

Como destaca Orlando Gomes[239]: "Não há cogitar, desse modo, da exclusão da repetição, visto que diz respeito apenas às obrigações naturais, e a dívida de jogo autorizado é obrigação perfeita. Em suma: as disposições coordenadas na lei civil para a disciplina do contrato de jogo aplicam-se, tão somente, aos jogos proibidos simplesmente ou tolerados. Os contratos de jogo autorizado têm seus efeitos regulados nas leis especiais que o permitem, ou se regem pelos princípios gerais do direito contratual. Conferem direito de crédito aos jogadores favorecidos pela sorte, desde que o ganho seja obtido ilicitamente.

---

[237] PEREIRA, Caio Mário da Silva. *Instituições de direito civil*: Contratos. 11. ed. Rio de Janeiro: Forense, 2004. v. III, p. 486.

[238] GOMES, Orlando. *Contratos*. 26. ed. Rio de Janeiro: Forense, 2008, p. 529.

[239] GOMES, Orlando. *Contratos*. 26. ed. Rio de Janeiro: Forense, 2008, p. 531-532.

Se o perdedor se recusa a pagar, a dívida pode ser cobrada judicialmente".

4.18.3. Mútuo para jogo e contratos com títulos em bolsa

O contrato de mútuo é disciplinado pelos arts. 586 a 592 do CC. Não se questiona a legitimidade, licitude e os efeitos jurídicos obrigacionais para mutuário e mutuante, sendo que aquele, ao final do pacto, tem o dever de restituir ao mutuante a coisa emprestada ou mutuada.

No entanto, quando o mútuo é para fins de jogo ou aposta, se submete a disciplina jurídica específica. De acordo com o art. 815 do CC, "não se pode exigir reembolso do que se emprestou para jogo ou aposta, no ato de apostar ou jogar". A sanção para o mutuante que empresta ao mutuário para fins de jogo é a impossibilidade de o mutuante exigir do mutuário o reembolso do valor que emprestou para jogar ou apostar. Portanto, se o mútuo tiver essa finalidade, o contrato de empréstimo deixa de ser considerado uma obrigação civil para se converter em obrigação natural.

O mutuante não terá direito de repetição contra o mutuário. Todavia, não é suficiente que o empréstimo tenha sido realizado para jogo ou aposta. É essencial que o mútuo tenha sido formalizado ou tenha sido feito no exato ato de jogar ou apostar. Portanto, exigem-se dos requisitos para que o contrato de empréstimo se torne inexigível pelo mutuante: 1 – o empréstimo para o jogo ou aposta; e 2 – o momento específico da formalização deste contrato (no exato ato de jogar ou apostar). O objetivo é evitar a exploração de uma situação de vulnerabilidade e específica do jogador, que poderia assumir empréstimo sem qualquer reflexão, por estar emocionalmente envolvido com o jogo ou aposta.

Como diz Tepedino[240]: "A lei entende que esse empréstimo, feito de afogadilho, na euforia da disputa lúdica, incrementa o vício, incidindo no dispositivo em exame o administrador ou preposto da banca ou cassino que efetua empréstimo no caixa ou na mesa do jogo, pois nessas circunstâncias não há como duvidar do destino do mútuo".

Por fim, de acordo com o art. 816 do CC, "as disposições dos arts. 814 e 815 não se aplicam aos contratos sobre títulos de bolsa, mercadorias ou valores, em que se estipulem a liquidação exclusivamente pela diferença entre o preço ajustado e a cotação que eles tiverem no vencimento do ajuste". Trata-se do contrato diferencial, o qual, segundo o art. 1.479 do CC/1916, era equiparado ao jogo. Nesse contrato fica ajustada a liquidação exclusivamente da diferença entre o preço ajustado de mercadorias, valores ou títulos de bolsa e a cotação em um momento específico. Tal especulação em torno das oscilações de preços, embora seja um jogo, não se submete as regras específicas dos arts. 814 e 815 do CC. Portanto, são consideradas obrigações civis e estão alheios às regras do contrato de jogo ou aposta. A finalidade do contrato diferencial é a especulação. O atual Código Civil, ao contrário de seu antecessor, não o equipara ao contrato de jogo ou aposta e por isso adota concepção diametralmente oposta da antiga legislação.

A lei civil, para fins de esclarecimento, no art. 817, dispõe que o mero sorteio para dirimir questões ou dividir coisas comuns, como no condomínio, considera-se simples sistema de partilha ou processo de transação, a depender do caso concreto. É mero modo de divisão e não jogo ou aposta.

4.19. FIANÇA

4.19.1. Noções gerais

A fiança é contrato acessório pelo qual uma pessoa, denominada fiador, garante satisfazer obrigação, caso outra pessoa, o afiançado/devedor não a cumpra. A fiança é garantia de natureza pessoal, pois a pessoa se compromete, com seus bens ou patrimônio, ao adimplemento de obrigação. O favorecido é o credor do afiançado, o qual poderá exigir do fiador o cumprimento de obrigação no caso de o devedor principal, afiançado, não a satisfazer.

É a dicção do art. 818 do CC: "Pelo contrato de fiança, uma pessoa garante satisfazer ao credor uma obrigação assumida pelo devedor, caso este não a cumpra".

Trata-se de garantia pessoal ofertada por terceiro à relação jurídica obrigacional entre o credor e devedor. O fiador assume a responsabilidade pelo pagamento perante o credor caso o devedor não a cumpra. Trata-se de responsabilidade sem débito. A vinculação é pessoal e não real: garantia pessoal. Não podem se confundir a obrigação principal e a acessória/fidejussória.

O contrato acessório de fiança deve ser compreendido a partir de duas premissas: A fiança é prestada em favor do credor e não do devedor (por isso, por exemplo, que pode ser constituída mesmo contra a vontade do devedor) e, segundo, como o credor favorecido é agraciado, pois a fiança é gratuita, a interpretação é sempre restrita (por isso, se não houver prazo, o fiador pode se exonerar a qualquer tempo e tal questão justifica a situações de exoneração). Tais premissas orientam todas as normas que disciplinam a fiança e foram materializadas na Súmula 656 do STJ, segundo a qual é válida a cláusula de prorrogação automática de fiança na renovação do contrato principal (porque é benefício em favor do credor), mas o fiador pode se exonerar a qualquer tempo, se não houver prazo, conforme o art. 835 (porque tem que ser interpretada restritivamente).

4.19.2. Natureza e características da fiança

A fiança é contrato acessório, formal, unilateral e gratuito ou benéfico. É acessório porque está vinculado a outro contrato, denominado principal, o qual materializa uma relação jurídica de crédito e débito. Em razão deste caráter acessório, o contrato de fiança acompanha o principal em seu destino, em caso de invalidação ou resolução

---

[240] TEPEDINO, Gustavo; BARBOSA, Heloísa Helena; BODIN, Maria Celina et al. *Código civil interpretado*. v. II (teoria geral dos contratos, contratos em espécie, atos unilaterais, títulos de crédito, responsabilidade civil, preferências e privilégios creditórios – artigos 421-965), RJ-SP: Renovar, 2006, p. 628.

deste último. A garantia pessoal prestada com a fiança pressupõe outro contrato.

Como enuncia Orlando Gomes[241] "do caráter acessório da fiança decorrem as consequências seguintes: a) a obrigação fidejussória não sobrevive à obrigação principal e b) a obrigação fidejussória tem a mesma natureza e extensão da obrigação principal". No mesmo sentido Paulo Lôbo[242] "a fiança é contrato acessório que segue a sorte do contrato principal, ao qual se vincula. Se o contrato principal for extinto ou for declarado inválido, a fiança não lhe sobreviverá, também deixando de existir. Do mesmo modo, se a pretensão à obrigação prescrever, cessa a fiança. Por força da acessoriedade, a fiança não pode garantir dívida superior à do contrato principal".

É unilateral porque não há qualquer contraprestação do credor e devedor da obrigação afiançada. A prestação prometida pelo fiador para o caso de inadimplemento da obrigação afiançada não tem relação de causalidade com qualquer outra prestação das partes que integram a obrigação principal.

A fiança é contrato gratuito ou benéfico. Tal característica integra o núcleo essencial deste contrato. O fiador assume a responsabilidade subsidiária ou solidária (nas hipóteses legais) de pagar a dívida da obrigação principal, sem qualquer vantagem. O fiador apenas suporta sacrifício. Não há vantagem em seu favor. De acordo com o art. 818 do CC, por este contrato, o fiador apenas garante satisfazer ao credor a obrigação assumida pelo devedor, caso este não a cumpra.

Aliás, justamente por ser contrato benéfico ou gratuito, a fiança, de acordo com o art. 819, segunda parte, não admite interpretação extensiva. Tal previsão seria desnecessária, uma vez que o art. 114 do CC já integra a fiança ao mencionar que os contratos benéficos (entre eles a fiança) e a renúncia interpretam-se restritivamente. O art. 819, segunda parte, é apenas complemento do disposto no art. 114 do CC.

A fiança é contrato que deve ser formalizado ou realizado por escrito, pressuposto de validade deste contrato. De acordo com o art. 819 do CC, a fiança dar-se-á por escrito. A forma escrita é essencial para a imposição de limites à responsabilidade do fiador para o caso de o devedor não satisfazer a obrigação principal. A forma escrita também está vinculada à exigência de que a fiança deve ser interpretada de forma restrita (segunda parte do art. 819 do CC). Somente é possível restringir a interpretação se a responsabilidade do fiador estiver bem materializada e definida em contrato escrito.

Se não for observada a formalidade exigida pelo art. 819, a fiança não se forma validamente.

Por fim, o contrato de fiança tem caráter personalíssimo, porque celebrado em razão da confiança depositada pelo credor, no fiador. O caráter personalíssimo é evidenciado pelo disposto no art. 836 do CC, segundo o qual a obrigação do fiador passa aos herdeiros, mas a responsabilidade destes se limita ao tempo decorrido até a morte do fiador. Em consequência, a fiança será extinta com a morte do fiador. Não há responsabilidade dos sucessores do fiador após a morte deste.

4.19.3. Fiança: regras especiais e principais

4.19.3.1. Dispensa do consentimento do fiador

A fiança consiste em garantia pessoal prestada em favor do credor da obrigação principal. De acordo com o art. 818 do CC, o fiador garante satisfazer ao credor. O beneficiário é o credor. Por esta razão, há dispensa da anuência ou consentimento do devedor quanto à formalização desta garantia de natureza pessoal.

De acordo com o art. 820, "pode-se estipular a fiança, ainda que sem consentimento do devedor ou contra a sua vontade". Tal possibilidade decorre da finalidade da fiança, nos termos do art. 818 do CC, bem como de uma das premissas acima mencionada.

Nesse sentido é precisa a observação de Paulo Lôbo[243] "o destinatário e beneficiário direto da fiança é o credor. A fiança garante seu crédito. É no seu interesse que ela existe, e não no do devedor e até mesmo quando este se opõe a ela".

O devedor não é parte do contrato de fiança, que é formado entre credor e fiador. Como diz Tepedino[244], "o devedor é parte no contrato principal, mas não participa do contrato de fiança, que é celebrado no interesse do credor. É comum que o próprio devedor providencie o fiador, tendo em vista a exigência do credor". O fiador, aliás, sequer precisa conhecer o devedor, que será o afiançado.

4.19.3.2. Garantia de dívida atual ou futura

O Código Civil admite que as dívidas futuras sejam objeto de fiança. As dívidas futuras são aquelas que, como regra, estão subordinadas a termo inicial ou a condição suspensiva, que subordina a eficácia de obrigação a evento futuro e incerto. A fiança, contrato acessório, é atual, mas poderá visar garantir dívida que ainda não possui a devida exigibilidade ou que ainda não surgiu.

Todavia, a segunda parte do art. 821 dispõe que o devedor somente será demandado depois que a dívida futura se fizer líquida e certa. Enquanto a obrigação principal do devedor, que é futura, não for determinada pela certeza e valor, não há que se cogitar em exigibilidade do débito contra o fiador.

É nesse sentido o art. 821 do CC: "As dívidas futuras podem ser objeto de fiança; mas o fiador, neste caso, não será demandado senão depois que se fizer certa e líquida a obrigação do principal devedor".

---

[241] GOMES, Orlando. *Contratos*. 26. ed. Rio de Janeiro: Forense, 2008, p. 537.
[242] LÔBO, Paulo Luiz Netto. *Contratos*. São Paulo: Saraiva, 2010 (col. Direito Civil), p. 431-432.
[243] LÔBO, Paulo Luiz Netto. *Contratos*. São Paulo: Saraiva, 2010 (col. Direito Civil), p. 431.
[244] TEPEDINO, Gustavo; BARBOSA, Heloísa Helena; BODIN, Maria Celina et al. *Código civil interpretado*. v. II (teoria geral dos contratos, contratos em espécie, atos unilaterais, títulos de crédito, responsabilidade civil, preferências e privilégios creditórios – artigos 421-965), RJ-SP: Renovar, 2006, p. 635.

De acordo com Glauber Talavera[245] "além de tornar-se exigível pelo credor em face do devedor originário, a dívida deve ter sido efetivamente exigida do devedor, pois apenas após a insatisfação do débito pelo devedor primitivo é que, fundado na hierarquização da responsabilidade expressa no benefício de ordem, o fiador haverá de ser responsabilizado pelo cumprimento da obrigação do devedor primitivo".

4.19.3.3. Extensão da fiança (limitada ou ilimitada)

No contrato acessório firmado com o credor, a responsabilidade patrimonial do fiador quanto ao adimplemento da obrigação principal em caso de inexecução pelo devedor poderá ser limitada ou ilimitada.

O fiador poderá impor limites à responsabilidade pelo adimplemento da obrigação principal, caso em que somente terá de adimplir exatamente o valor a que se comprometeu. Por outro lado, se a fiança for ilimitada, o art. 822 dispõe que, além da obrigação principal, a fiança compreenderá acessórios da dívida, como juros e correção monetária, cláusula penal, entre outros encargos, além de despesas judiciais, como custas e honorários de advogado.

Segundo a norma em referência "não sendo limitada, a fiança compreenderá todos os acessórios da dívida principal, inclusive as despesas judiciais, desde a citação do fiador".

A fiança poderá, quando limitada, ser inferior ao valor da obrigação principal ou contraída em condições menos onerosas (primeira parte do art. 823). Por outro lado, essa mesma norma impõe um teto em favor do fiador, mesmo na fiança ilimitada. Se a fiança for superior ao valor da dívida ou assumida em condições mais onerosas que a obrigação principal, não terá validade quanto a esse excesso, razão pela qual responderá apenas até o limite da obrigação afiançada. A explicação decorre do fato de que o fiador não é devedor, mas apenas responsável pelo débito principal. É caso de responsabilidade sem débito. Além disso, a fiança é gratuita ou benéfica e deve ser interpretada restritivamente.

É a denominada fiança excessiva. O valor da fiança não pode exceder o valor da obrigação principal (dívida) ou ser mais onerosa que ela. O acessório não pode superar o principal. A validade e eficácia da fiança estão circunscritas aos limites da dívida principal.

Em resumo, a fiança poderá ser parcial ou limitada ou ilimitada. Neste último caso, não poderá ser mais onerosa e tampouco superar a dívida materializada na obrigação principal.

4.19.3.4. Fiança e obrigações nulas

O art. 824 do CC dispõe sobre a fiança que visa assegurar e garantir obrigação principal viciada na origem ou formação e, portanto, inválida.

De acordo com a norma em questão, as obrigações nulas não são suscetíveis de fiança. A invalidade é gênero, do qual são espécies a nulidade (quando há violação de interesse público) e a anulação (violação de interesse privado). Os negócios e atos jurídicos em sentido estrito nulos não podem ser confirmados ou convalidados. Por esta razão, em sintonia com a regra do art. 169 do CC, o art. 824 dispõe que "as obrigações nulas não são suscetíveis de fiança".

Como a fiança é contrato acessório, a nulidade da obrigação principal implica a das acessórias. Assim, como acessório, fiança, segue o destino do principal, a nulidade do principal implicaria nulidade do acessório (segunda parte do art. 184 do CC). É desdobramento da regra de que a fiança é contrato acessório. Por outro lado, a invalidade ou nulidade da própria fiança, que é acessória, não contamina a obrigação principal (também segunda parte do art. 184 do CC). A nulidade ou anulação da fiança em si não conduz à da obrigação principal.

Por outro lado, as obrigações anuláveis, que podem ser confirmadas (arts. 172 a 175), podem ser garantidas por fiança. A possibilidade de confirmação de obrigação meramente anulável é coerente com a possibilidade de fiança sobre obrigação que ostente vício que viola interesse meramente privado.

Por outro lado, mesmo se a obrigação for nula, será suscetível de fiança se a nulidade for resultado da incapacidade pessoal do devedor. Se a nulidade resultar da incapacidade pessoal do devedor, será possível a fiança.

O parágrafo único do art. 824 esclarece que a referida exceção prevista no *caput* (incapacidade pessoal do devedor) não abrange o caso de mútuo feito a menor. Tal regra guarda absoluta coerência com o disposto no art. 588 do CC, segundo o qual "o mútuo feito a pessoa menor, sem prévia autorização daquele sob cuja guarda estiver, não pode ser reavido nem do mutuário, nem de seus fiadores". Assim, se a nulidade resultar da incapacidade pessoal do devedor, a fiança será válida, salvo se a obrigação principal retratar contrato de mútuo em que o devedor seja menor. Só será possível a prestação de fiança para mutuário menor se houver expressa autorização de quem detiver a sua guarda ou se estiver caracterizada qualquer das hipóteses do art. 589 do CC.

4.19.3.5. Fiança e a idoneidade do fiador

O art. 825 do CC garante ao credor o direito de recusar credor não idôneo, que não seja domiciliado no município onde tenha de prestar a fiança ou que não possua bens ou patrimônio suficientes para cumprir a obrigação principal entre credor e devedor.

"Art. 825. Quando alguém houver de oferecer fiador, o credor não pode ser obrigado a aceitá-lo se não for pessoa idônea, domiciliada no município onde tenha de prestar a fiança, e não possua bens suficientes para cumprir a obrigação."

Como já mencionado em diversas oportunidades, a pessoa do fiador garante satisfazer ao credor obrigação assumida pelo devedor. Portanto, o credor é o beneficiário

---

[245] TALAVERA, Glauber Moreno; CAMILLO, Carlos Eduardo Nicoletti; FUJITA, Jorge Shiguemitsu; SCAVONE JUNIOR, Luiz Antonio (coords.). *Comentários ao código civil – artigo por artigo*. 2. ed. São Paulo: Ed. RT, 2009, p. 663.

da fiança. A fiança é garantia pessoal prestada no interesse do credor. Portanto, é natural e lógico que o credor possa recusar garantia que possa comprometer o cumprimento da obrigação principal. Nesse diapasão, o credor poderá recusar fiador que não seja idôneo, como é o caso de fiadores que já deixaram de adimplir outras obrigações afiançadas, que possuem condenações por fraudes em geral, que possuem conduta incompatível com esse tipo de garantia ou que são envolvidos nas mais diversas obscuridades em sua vida pessoal e profissional. A idoneidade pode ainda ser demonstrada pela ausência de protestos ou inscrição do nome do fiador em cadastros de inadimplentes.

O credor também poderá recusar o fiador que resida em município diverso de onde tem de prestar a garantia, pois tal fato poderia dificultar eventual cobrança do fiador e até o controle sobre o patrimônio e os negócios do fiador para eventual pedido de substituição por insolvência. No entanto, o principal motivo que legitima a recusa do credor é a ausência de bens suficientes para que o fiador possa cumprir a obrigação. A fiança é garantia. Trata-se de garantia pessoal. O patrimônio do devedor fica vinculado à satisfação da obrigação principal. Se o fiador não tiver bens suficientes, obviamente a garantia seria inócua e ineficaz, o que também legitima a recusa.

4.19.3.6. Fiador incapaz ou insolvente

A insolvência ou incapacidade superveniente do fiador poderá fundamentar pedido de substituição desta garantia pessoal por parte do credor, beneficiário e principal interessado nesta garantia. É o que dispõe o art. 826 do CC. A insolvência ou incapacidade superveniente do fiador poderão comprometer a eficácia e efetividade da garantia.

A insolvência afeta o núcleo da garantia, pois é o patrimônio do fiador que responderá pela dívida assumida pelo devedor/afiançado, caso este não satisfaça a obrigação. O incapaz poderá ser excluído de qualquer responsabilidade patrimonial ou responder apenas subsidiariamente (art. 928 do CC), fato que também não interesse ao credor. O fiador deve estar apto para que o credor possa lhe imputar a responsabilidade pelo adimplemento da obrigação não satisfeita pelo credor.

Portanto, após a realização do contrato de fiança, se sobrevier ao fiador incapacidade ou insolvência, o credor tem a faculdade de exigir a substituição, por outra pessoa que seja capaz e solvente, sob pena de o credor exigir a resolução do contrato principal caso seu pedido não seja atendido. Frise-se que a incapacidade ou insolvência, como fatos capazes de fundamentar a substituição, devem ser supervenientes ao contrato.

4.19.3.7. Efeitos da fiança: benefício de ordem

Em regra, o fiador demandado pelo credor pelo pagamento da dívida tem direito a exigir, até a contestação, que os bens do devedor, que também é responsável em termos patrimoniais pela dívida, sejam vinculados e penhorados em primeiro lugar. Somente após serem esgotados os recursos patrimoniais do devedor, o fiador poderá ser responsabilizado pelo inadimplemento da obrigação principal. Trata-se do denominado "benefício de ordem".

De acordo com o art. 827 do CC, "o fiador demandado pelo pagamento da dívida tem direito a exigir, até a contestação da lide, que sejam primeiro executados os bens do devedor".

O benefício de ordem é o direito do fiador de exigir que os bens do afiançado/devedor sejam executados em primeiro lugar para o pagamento da dívida. Tal benefício, para ser eficaz, dependerá de ação do fiador, o qual terá o ônus de indicar bens do devedor, livres e desembaraçados, localizados no mesmo município, que sejam suficientes para a quitação da integralidade da obrigação não satisfeita. É o que dispõe o parágrafo único do art. 827: "O fiador que alegar o benefício de ordem, a que se refere este artigo, deve nomear bens do devedor, sitos no mesmo município, livres e desembargados, quantos bastem para solver o débito".

O benefício de ordem evidencia que o fiador não é responsável solidário perante o credor pelo adimplemento da obrigação, mas responsável subsidiário.

Segundo Tepedino[246] "o credor deve, primeiro, tentar receber do devedor principal, somente acionando o fiador se não obtiver sucesso na primeira demanda. Sendo o fiador demandado para dar cumprimento à obrigação, poderá invocar o benefício de ordem, para que o devedor principal responda pela dívida com seus bens".

O benefício de ordem deve ser invocado pelo fiador até a contestação do processo. Se o fiador não invocar o benefício de ordem neste momento, perderá o direito de fazê-lo em momento posterior, caso em que seus bens poderão ser executados antes dos bens do devedor principal. Como enuncia Orlando Gomes[247] "o fiador tem de invocá-lo tempestivamente na ação a que responde, opondo a exceção dilatória até a contestação da lide e deve nomear bens do devedor, livres e desembaraçados, quantos bastem para solver o débito".

Portanto, tal direito confere ao fiador o direito subjetivo de exigir que o credor, em primeiro lugar, vincule à obrigação não satisfeita, os bens do devedor.

Todavia, o art. 828 do CC impede que o fiador invoque o benefício de ordem em três circunstâncias. Em primeiro lugar, o benefício de ordem não aproveita ao fiador se ele, por ocasião da formalização do contrato de fiança, renunciou expressamente a este benefício. A renúncia a este direito pelo fiador é legítima se o contrato acessório de fiança for paritário, ou seja, resultado de um processo de negociação, pois se o contrato acessório de fiança for da modalidade por adesão, a renúncia do fiador a este direito inerente à fiança será nula, conforme é expresso o art. 424 do CC, que disciplina regra dos contratos por adesão (todos desta modalidade, inclusive a fiança), de natureza civil. Aliás, nesse sentido o disposto no Enunciado 364 da IV Jornada de Direito Civil, promovida pelo CJF,

---

[246] TEPEDINO, Gustavo; BARBOSA, Heloísa Helena; BODIN, Maria Celina et al. *Código civil interpretado*. v. II (teoria geral dos contratos, contratos em espécie, atos unilaterais, títulos de crédito, responsabilidade civil, preferências e privilégios creditórios – artigos 421-965), RJ-SP: Renovar, 2006, p. 642.

[247] GOMES, Orlando. *Contratos*. 26. ed. Rio de Janeiro: Forense, 2008, p. 540.

segundo a qual a renúncia ao benefício de ordem será nula quando inserta em contrato de adesão.

A renúncia há de ser expressa, como exige o art. 828, I, do CC. Por este motivo, a renúncia tácita é incompatível com o benefício de ordem.

Ademais, o fiador também não poderá invocar o benefício de ordem quando se obrigou, no contrato acessório de fiança, como principal pagador ou devedor solidário.

Neste caso, ao assumir a condição de principal devedor, o fiador se torna, além de responsável, devedor da obrigação principal e, como devedor e não mais mero garantidor, não poderá alegar o benefício de ordem. Por outro lado, se assumir a condição de devedor solidário, será responsável e devedor do todo, juntamente com o devedor originário. Trata-se de caso de solidariedade passiva resultado de convenção entre as partes interessadas. Neste caso, o fiador renuncia à sua condição de responsável subsidiário, para assumir a condição de responsável solidário. Embora solidário com o devedor originário, como a dívida interessa exclusivamente a este último, caso o fiador/devedor solidário pague a integralidade da dívida, poderá exigir do devedor originário a integralidade do valor pago, conforme art. 285 do CC. A solidariedade entre fiador e devedor principal jamais será legal e sim convencional, quando o fiador, por livre vontade, se obriga como tal, nos termos do art. 828, II, do CC.

Por fim, se o devedor for insolvente ou, em caso de pessoa jurídica, estiver falido, o fiador não poderá invocar o benefício de ordem. A razão é lógica. O patrimônio do devedor responde por suas dívidas. Se o devedor for insolvente ou estiver em situação de falência, o fiador não poderá alegar o referido benefício pelo simples fato de que não haverá bens do devedor a serem indicados. Nesta situação não é a vontade do fiador que exclui o benefício de ordem, como nas hipóteses dos incisos I e II, mas a causa objetiva que justifica a garantia fidejussória. O fiador não terá como nomear bens de devedor insolvente ou falido, razão pela qual tal previsão legal é desnecessária e inócua, pois, como regra o fiador é responsável subsidiário e, como tal, somente poderá ser demandado quando o devedor for insolvente ou falido.

Em resumo, como enuncia Paulo Lôbo[248] "o principal efeito do benefício de ordem é que a responsabilidade do fiador pelo pagamento da dívida inadimplida depende da prévia execução dos bens do devedor. Somente depois desta é que se pode saber o quanto da prestação do fiador. Porém o benefício de ordem não é obstáculo a que o credor cobre e execute diretamente o fiador. Este é que pode opor o benefício, como exceção. Assim, rigorosamente, o benefício não é impedimento à ação, mas direito de exceção".

4.19.3.8. Efeitos da fiança: benefício de divisão

O benefício da divisão está relacionado à fiança conjunta ou prestada coletivamente (pluralidade de fiadores).

Em garantia de determinada obrigação principal, poderão ser pactuados inúmeros contratos acessórios de fiança. A fiança conjuntamente prestada a uma só obrigação por vários fiadores, por força de norma legal, importará o compromisso de solidariedade entre os fiadores perante o credor. Se as partes não houverem convencionado em sentido contrário, os fiadores serão responsáveis solidários perante o credor. Trata-se de hipótese de solidariedade legal expressamente prevista no art. 829 do CC.

Por outro lado, a responsabilidade dos fiadores será fracionada ou separada se pactuarem o denominado benefício da divisão. Se os fiadores reservarem o benefício da divisão cada fiador responderá, unicamente pela parte que, proporcionalmente, lhe couber no pagamento, ou seja, apenas pela quota ou valor a que se comprometeu (parágrafo único do art. 829). O benefício da divisão somente existirá se for expressamente reservado pelos fiadores no contrato de fiança. Ao estipularem a reservada, os fiadores determinam qual será a quota-parte de cada um e a responsabilidade de cada um será "dividida" ou ficará limitada à parte que se comprometeu. A ausência da reserva de divisão implicará solidariedade legal entre os fiadores perante o credor e, por isso, cada um responderá pela totalidade da obrigação.

A solidariedade, neste caso, será entre os fiadores. Como destaca Tepedino[249]: "A solidariedade se estabelece entre os fiadores, e não entre eles e o devedor principal. Fazer essa diferenciação é de suma importância, já que a primeira situação não afasta a invocação do benefício de ordem, a não ser nos casos estabelecidos no Código Civil. Já na segunda situação, isto é, quando há solidariedade entre o devedor principal e o fiador, o benefício de ordem não pode ser requerido".

Portanto, ainda que os fiadores, entre si, sejam responsáveis solidários perante o credor, tal solidariedade legal não impede que tais garantes invoquem o benefício de ordem para que primeiro sejam vinculados os bens do devedor. O benefício de ordem não poderá ser invocado quando o fiador ou fiadores se obrigarem como devedores solidários perante o devedor principal (art. 828, II), o que difere da hipótese do art. 829, que trata da solidariedade entre os próprios fiadores e, por isso, qualquer deles poderá invocar o benefício de ordem (salvo se assumiram, por cláusula expressa, a condição de devedores solidários em conjunto com o devedor principal).

O benefício da divisão afasta a regra da solidariedade entre os fiadores ou cofiadores. Nessa situação, cada fiador será responsável apenas pela parte que, proporcionalmente, lhe cabe, no pagamento.

Em resumo, o benefício de divisão não se confunde com o benefício de ordem. O benefício de ordem é relação entre o devedor e o fiador ou fiadores e o benefício da

---

[248] LÔBO, Paulo Luiz Netto. *Contratos*. São Paulo: Saraiva, 2010 (col. Direito Civil), p. 436.

[249] TEPEDINO, Gustavo; BARBOSA, Heloísa Helena; BODIN, Maria Celina et al. *Código civil interpretado*. v. II (teoria geral dos contratos, contratos em espécie, atos unilaterais, títulos de crédito, responsabilidade civil, preferências e privilégios creditórios – artigos 421-965), RJ-SP: Renovar, 2006, p. 645.

divisão envolve questão relativa aos fiadores ou conjunto de fiadores da mesma obrigação.

Como complemento a essa regra do benefício da divisão, o art. 830 permite que cada fiador delimite a parte da dívida pela qual ficará responsável e, neste caso, seu patrimônio não poderá ser vinculado por aquilo que extrapole os limites definidos na cláusula de reserva da divisão.

Nesse sentido é a referida norma: "Art. 830. Cada fiador pode fixar no contrato a parte da dívida que toma sob sua responsabilidade, caso em que não será por mais obrigado". A responsabilidade do fiador, nesta hipótese, será parcial e somente poderá vincular a parte a que se comprometeu ou se obrigou no contrato.

4.19.3.9. Efeitos da fiança: sub-rogação

A fiança é contrato acessório em que o fiador presta em favor do credor garantia de natureza pessoal, a qual será concretizada se o devedor não satisfizer a obrigação principal.

Na qualidade de garante e terceiro interessado (em razão do vínculo jurídico com a obrigação principal afiançada), o fiador que paga a dívida se sub-roga nos direitos do credor, como enuncia o art. 831, primeira parte da lei civil. A sub-rogação implica na substituição do credor originário pelo terceiro adimplente, no caso, o fiador, que paga a dívida. Ao pagar a dívida, o fiador assume a posição do credor primitivo, com todas as garantias e privilégios do credor originário. É típico caso de sub-rogação legal, a qual se concretiza de pleno direito, conforme art. 346, III, do CC (terceiro interessado que paga).

A sub-rogação é efeito e consequência de um pagamento. O pagamento é pressuposto da sub-rogação. Por isso, o art. 831, em complemento ao disposto no art. 346, III, do CC, dispõe que o fiador que paga fica sub-rogado. A sub-rogação do fiador só ocorrerá em caso de prévio pagamento.

No direito das obrigações, em especial na "teoria geral do adimplemento", o Código Civil, nos arts. 346 a 351, disciplina apenas e tão somente a sub-rogação pessoal ou subjetiva. A fiança está relacionada à sub-rogação pessoal ou subjetiva. A sub-rogação real ou objetiva (substituição de coisas) não integra o direito das obrigações.

A sub-rogação pessoal provoca a alteração na titularidade do crédito, porque o sujeito adimplente (terceiro que paga – entre eles o fiador) será promovido à posição de credor. E, portanto, uma sub-rogação pessoal, a qual envolve a substituição de um dos sujeitos da relação jurídica obrigacional (credor). Sub-rogar implica substituir ou alterar o sujeito que ocupa o polo ativo da relação obrigacional.

Nas palavras de Guilherme C. Nogueira da Gama[250]: "A sub-rogação pessoal contempla a noção de substituição de um dos sujeitos da relação jurídica: há a transferência da qualidade creditória em favor da pessoa que cumpriu a prestação de outrem ou emprestou o necessário para tal cumprimento".

A sub-rogação subjetiva não altera o objeto da obrigação e tampouco o vínculo jurídico. Apenas acarreta a modificação ou substituição do sujeito integrante do polo ativo da obrigação, o credor. O credor primitivo é satisfeito com o pagamento efetivado por um terceiro e este, responsável pelo pagamento, assume a posição do credor primitivo na relação obrigacional. O *solvens* (terceiro que paga – entre eles o fiador – art. 831) assumirá a posição do credor primitivo.

Há substituição de uma pessoa por outra, ou melhor, o terceiro adimplente (*solvens*) assume a posição do credor primitivo. Em consequência, este terceiro adquire todos os direitos e ações do credor primitivo, razão pela qual poderá exercê-los no lugar daquele. O pagamento é pressuposto da sub-rogação, sem a qual esta não existe. A sub-rogação pessoal é consequência de um pagamento, efeito deste. Essa é a sua principal ou mais relevante característica. Toda análise da sub-rogação pessoal deverá girar em torno desta ideia. Tal instituto é, portanto, meio indireto de pagamento.

Na sub-rogação pessoal a obrigação será extinta em relação ao credor primitivo, que nada mais poderá reclamar após receber o pagamento do terceiro. Em relação ao devedor primitivo, não há qualquer alteração, ele agora passará a estar vinculado ao terceiro adimplente que assumiu a posição do credor primitivo.

A sub-rogação do fiador é a legal, pois corresponde ao exercício de um direito subjetivo, razão pela qual, na dicção do art. 346, *opera de pleno direito*, dispensando qualquer manifestação de vontade do credor primitivo ou do próprio devedor, sujeitos da relação obrigacional originária. Na qualidade de terceiro interessado (inciso III do art. 346, o fiador, que paga a dívida, se sub-roga automaticamente no crédito).

O terceiro interessado é o sujeito que está, de alguma forma, vinculado à relação jurídica obrigacional e, por isso, pode suportar as consequências de um eventual inadimplemento. Está juridicamente vinculado aos sujeitos (credor ou devedor) e à obrigação, razão pela qual possui interesse na liquidação da dívida. Nesta condição, estão, por exemplo, o fiador (art. 831 do CC), o avalista, coobrigado de obrigação indivisível, entre outros. Como ressalta expressamente o Código Civil, tais terceiros pagam uma dívida pela qual eram ou poderiam ser obrigados a pagar no caso de inadimplemento do devedor principal.

A principal vantagem da sub-rogação, legal ou convencional, é o efeito translativo da integralidade do conteúdo do direito subjetivo, com todas as suas peculiaridades, conforme previsto no art. 349 do CC: "A sub-rogação transfere ao novo credor todos os direitos, ações, privilégios e garantias do primitivo, em relação à dívida, contra o devedor principal e os fiadores".

O novo credor (entre eles o fiador – art. 831), com a sub-rogação, passa a desfrutar de todos os direitos, ações, privilégios e garantias do primitivo, sejam eles quais forem. Por exemplo, se o credor primitivo era idoso e o novo credor não é, mesmo assim terá direito à preferência na tramitação do feito. Se o credor primitivo tinha o direi-

---

[250] GAMA, Guilherme Calmon Nogueira. *Direito civil*: Obrigações. São Paulo: Atlas, 2008.

to a uma ação especial, o novo credor também o terá. Se o credor primitivo tinha algum privilégio em relação ao crédito, este será estendido ao novo credor.

A transferência envolve os acessórios do crédito. Todos os direitos acessórios que resultem de gravame dos bens do devedor acompanham o crédito. O fiador somente poderá se sub-rogar até a soma que tiver desembolsado. Este é o limite da sub-rogação do fiador.

No art. 351, o Código Civil disciplina o direito de preferência em caso de sub-rogação parcial, o qual também se aplica à fiança: "O credor originário, só em parte reembolsado, terá preferência ao sub-rogado, na cobrança da dívida restante, se os bens do devedor não chegarem para saldar inteiramente o que um e outro dever". O credor originário terá preferência sobre o sub-rogado em caso de sub-rogação parcial, caso os bens do devedor não sejam suficientes para arcar com o crédito do credor primitivo e do novo credor. Assim, se o pagamento ao credor primitivo não for integral, ele permanecerá no polo ativo, ao lado do sub-rogado, mas terá preferência em relação a este novo credor, em caso de recursos escassos para o adimplemento de ambos. Estabelecido o concurso entre o credor originário e o sub-rogado, tem aquele a preferência para receber o seu crédito se os bens do devedor não bastarem para satisfazer a ambos. Pago o credor primitivo, só então, com o remanescente do patrimônio do devedor, é que deverá ser pago o sub-rogado.

Por fim, a segunda parte do art. 831 do CC dispõe que, no caso de pluralidade de fiadores, o fiador que paga integralmente a dívida somente poderá demandar a cada um dos outros fiadores pela respectiva quota-parte. O fiador que paga fica limitado e adstrito à quota-parte de cada um dos fiadores. No caso de fiança conjunta, cada fiador assume a responsabilidade por uma quota-parte e, como regra, em relação ao credor, assume o compromisso de solidariedade (art. 829). Se os fiadores conjuntos não definem quais são as respectivas quotas-partes, presume-se que as quotas a que se obrigaram são iguais, de acordo com o disposto no art. 283 do CC. Trata-se de regra geral de presunção de igualdade de cotas, caso não tenham sido definidas pelos devedores solidários.

Se houver sido pactuado o benefício da divisão (art. 829), não há que se cogitar na possibilidade de o fiador cobrar ou demandar os demais fiadores, pois neste caso cada fiador responde unicamente pela parte que, na proporção, lhe couber no pagamento. O benefício da divisão torna as responsabilidades dos fiadores autônomas e independentes. Por isso, a segunda parte do art. 831 só terá aplicação se não for pactuado entre os fiadores o benefício da divisão. Se não houver o benefício da divisão, o fiador que paga somente poderá demandar a cada um dos devedores, em regresso (direito de regresso), pela respectiva cota-parte. Como a solidariedade entre os fiadores é passiva, o direito de regresso entre eles é disciplinado pelo art. 283 do CC, segundo o qual o devedor/fiador que satisfaz a dívida por inteiro (no caso de solidariedade o que ocorrerá se não houver o benefício da divisão) tem direito de exigir de cada um dos cofiadores/devedores a sua cota, presumindo-se que as cotas são iguais se os fiadores não definiram qual a cota de cada um.

Além disso, o mesmo art. 283, que também se aplica à fiança, por força do disposto no art. 831, parágrafo único, se um dos cofiadores for insolvente, a sua cota divide-se de forma igual por todos os fiadores solventes, como forma de proteger a relação interna entre os fiadores que são devedores solidários, para que o fiador que paga a dívida não assuma de forma isolada a responsabilidade pela cota do insolvente. A cota do insolvente é rateada entre os fiadores solventes.

Na solidariedade passiva, os devedores coobrigados (no caso os fiadores em conjunto) estão vinculados internamente. Por isso, o devedor responsável pelo adimplemento em relação ao credor ou credores, terá ação regressiva contra os demais, para haver a cota-parte de cada um (art. 283 do CC). O principal efeito do pagamento integral efetivado por qualquer devedor é a extinção da relação de solidariedade (externa). Nesse caso, além da cota-parte do devedor que pagou, toda a dívida estará extinta, com o que se sub-rogará no direito do credor em relação aos devedores, na relação interna (aqui vigora o princípio da corresponsabilidade).

O pagamento da totalidade do débito por qualquer devedor extingue a obrigação principal e, consequentemente, a relação de solidariedade. Na relação interna, haverá regresso, fundado na responsabilidade, mas não solidariedade. A finalidade do regresso é restabelecer o equilíbrio financeiro na relação interna. E mais, na ausência de acordo, há uma presunção legal de que as partes dos codevedores internamente são iguais.

O regresso não tem relação com a solidariedade, mas apenas com a corresponsabilidade, existente na relação interna entre os codevedores. Por outro lado, como determina o art. 283, se ao tempo do pagamento algum dos devedores era insolvente, a sua cota-parte será dividida entre todos os solventes igualmente. Tal regra é conexa com a solidariedade e cooperação a serem observadas nas relações obrigacionais. Os solventes dividirão em partes iguais a cota do insolvente, sem prejuízo do devedor que paga em nome de todos.

Além disso, no rateio da cota do insolvente, mesmo aqueles que foram exonerados da solidariedade, ou seja, aqueles que deixaram a condição de devedor solidário para serem devedores autônomos e independentes, participam do rateio (art. 284). O credor, não poderia, com a exoneração parcial, prejudicar e interferir na relação interna. Nos termos do art. 284, "no caso de rateio entre os codevedores, contribuirão também os exonerados da solidariedade pelo credor, pela parte que na obrigação incumbia ao insolvente".

Em relação ao disposto no art. 284 do CC, que impõe aos exonerados da solidariedade o dever de participar do rateio da cota do insolvente, é relevante a análise à luz do disposto no art. 282. Tal artigo, que será objeto de análise na sequência, trata justamente da possibilidade de o credor renunciar à solidariedade em favor de um ou alguns dos devedores.

Assim, em uma obrigação onde há três devedores solidários (três fiadores, por exemplo), se o credor renunciar à solidariedade em relação a um (renúncia à solidariedade e não à dívida), este devedor/fiador beneficiado pela renúncia apenas responderá pela sua cota-parte em relação ao credor. Na relação interna, essa renúncia não altera a relação entre os devedores, uma vez que todos continuam a responder pelas respectivas cotas-partes. Todavia, o devedor beneficiado pela solidariedade na relação externa, responde agora apenas pela sua cota-parte. Também participará de um eventual rateio se houver algum devedor, solidário ou não, insolvente. O credor não pode interferir na relação interna por meio de atos de renúncia à solidariedade. O seu limite de ação é o vínculo externo e, por isso, não pode violar a comunhão de interesses que vigora na relação interna.

A questão do rateio da cota do insolvente em relação àquele que foi beneficiado pela renúncia ou pela remissão foi objeto de análise no capítulo que trata das obrigações solidárias.

4.19.3.10. Responsabilidade do devedor pelas perdas e danos do fiador e a questão dos juros do desembolso pela taxa estipulada

O devedor responderá perante o fiador por todas as perdas e danos que este pagar e pelas que houver suportado em decorrência da fiança (art. 832 do CC).

Como destaca Paulo Lôbo[251]: "Além do direito à sub-rogação pelo que pagou da dívida principal, o fiador investe-se em direito próprio contra o devedor, em virtude das perdas e danos que sofrer pessoalmente e das que tiver que pagar ao credor, em razão do inadimplemento do devedor".

O fiador não pode suportar qualquer prejuízo em razão da responsabilidade assumida. Portanto, qualquer encargo, seja de que natureza for, que tiver de pagar ao credor em razão do inadimplemento do devedor ou por conta de prejuízos pessoais, poderá ser exigido do devedor. O fiador tem direito de cobrar do devedor absolutamente tudo o que pagou quando for exercer o direito de regresso.

No mesmo diapasão, o fiador tem direito aos juros do desembolso pela taxa estipulada na obrigação principal, e, não havendo taxa convencionada, aos juros legais da mora (art. 833 do CC). Os juros incidentes sobre os valores pagos também poderão ser exigidos pelo fiador do devedor e a sub-rogação envolverá tais verbas acessórias. A taxa de juros que será utilizada como parâmetro é exatamente a mesma que houver sido consignada na obrigação principal para os juros moratórios e, se não houver sido estipulado ou pactuado qualquer taxa, incidem os juros legais da mora, previstos no art. 406 do CC.

4.19.3.11. Inércia do credor quanto à execução do fiador: efeitos

O credor não pode retardar, de forma injustificada, a execução do devedor da obrigação principal, uma vez que tal fato poderá trazer prejuízos ao fiador. Por isso, de acordo com o art. 834 do CC, se o credor, sem justa causa, retarda a execução iniciada contra o devedor, poderá o fiador promover-lhe o andamento.

Neste caso, a execução já foi iniciada pelo credor, mas este não pratica os atos necessários para promover o andamento do feito. O fiador poderá assumir a frente do processo para lhe promover o andamento e encerrar a execução, tendo em vista que é interesse do fiador o término da execução, a fim de ser liberado, em definitivo, de sua responsabilidade. Tal direito a favor do fiador permite que eventual inércia injustificada do credor faça com que o fiador provoque o andamento regular da execução.

De acordo com Caio Mário[252]: "O princípio tem sido criticado como excessivo, em razão de colocar nas mãos do fiador uma arma que o habilita a ser mais severo do que o credor, antecipando-se a este na exigência, e forçando um desfecho danoso ao afiançado, em contraste com a tolerância do credor".

O fato é que o fiador tem o direito de não permanecer, de forma indefinida, sujeito às danosas consequências de um processo judicial, que poderá, inclusive, trazer ao fiador prejuízos na vida pessoal e profissional. Por isso, em caso de inércia injustificada do credor, poderá promover o andamento da execução iniciada pelo credor contra o devedor. Neste caso, o fiador requererá ao juiz as providências necessárias para promover o andamento do processo. O fiador está tutelado em relação à inércia do credor quanto à concretização da cobrança judicial da dívida.

4.19.3.12. Efeitos da fiança: a exoneração do fiador na fiança sem limitação de tempo e no caso de morte

O contrato acessório de fiança pode ser pactuado por prazo determinado ou indeterminado. Na fiança com determinação de prazo, o fiador ficará vinculado e responderá pela obrigação principal durante todo o período do contrato.

Por outro lado, na fiança que tiver sido assinada sem limitação de tempo, o fiador, sempre que lhe convier e a qualquer tempo, poderá exonerar-se, com a desobrigação e extinção desta garantia pessoal, desde que notifique o credor. Após a notificação, o fiador ficará obrigado por todos os efeitos da fiança pelo prazo de 60 (sessenta) dias, tempo necessário e razoável para que o credor possa providenciar junto ao devedor a substituição desta garantia por outra da mesma ou de natureza diversa.

Portanto, na fiança sem limitação de tempo, o fiador tem o direito potestativo de resilir o contrato acessório de fiança. Trata-se de típico caso de resilição unilateral com

---

[251] LÔBO, Paulo Luiz Netto. *Contratos*. São Paulo: Saraiva, 2010 (col. Direito Civil), p. 433.

[252] PEREIRA, Caio Mário da Silva. *Instituições de direito civil*: Contratos. 11. ed. Rio de Janeiro: Forense, 2004. v. III, p. 501.

expressa autorização legal, a qual se viabiliza por meio de denúncia comunicada ao credor, instrumentalizada por meio de uma notificação (art. 473 do CC). A resilição unilateral é causa de extinção de contrato fundada na vontade de apenas uma das partes, no caso, a vontade do fiador em não permanecer vinculado. Como tal direito potestativo não poderá ser exercido de forma abusiva com surpresa para o credor, o art. 835 impõe que o fiador permaneça vinculado ao contrato de fiança durante 60 (sessenta) dias após a notificação do credor.

Tal norma especial apenas poderá ser invocada na fiança sem prazo determinado. A notificação ao credor poderá ser judicial ou extrajudicial. Após o prazo de 60 dias contados da notificação ao credor, o fiador estará integralmente exonerado dos efeitos jurídicos obrigacionais do contrato de fiança. Como o contrato de fiança tem natureza benéfica e não poderá ser interpretada de forma extensiva, eventual renúncia do fiador ao direito de exoneração não teria qualquer efeito. Trata-se de norma de ordem pública. A renúncia prévia ao direito potestativo de exoneração é ineficaz. A garantia não pode ser perpétua. A fiança gera obrigação e, por isso, em razão da natureza transitória das obrigações, quando pactuada por prazo certo, o fiador estará obrigado apenas durante o período do contrato.

De acordo com a Súmula 656 do STJ, é válida a cláusula de prorrogação automática da fiança na renovação do contrato principal. A exoneração do fiador depende da notificação prevista no art. 835 do CC. Portanto, para atender aos interesses do credor, beneficiário da fiança, é válida tal cláusula de prorrogação automática. Por outro lado, se não houver prazo, o fiador poderá se exonerar a qualquer tempo, conforme art. 835 do CC.

A exoneração, a pedido do fiador, na fiança sem limitação de prazo, tem efeito *ex nunc*.

No mais, em caso de morte do fiador durante a vigência do contrato acessório de fiança, as obrigações do fiador, já constituídas, até a data do óbito do fiador, são transmitidas aos herdeiros, mas em nenhuma hipótese poderão ultrapassar as forças da herança (art. 1.792). Portanto, a conclusão é que a morte do fiador é causa de extinção do contrato acessório de fiança, pois as obrigações do fiador, que sejam posteriores ao óbito, não são transmitidas aos herdeiros. Os herdeiros não se tornam fiadores do credor. Os herdeiros apenas devem cumprir as obrigações assumidas pelo fiador até a data do óbito como ocorre em qualquer contrato. Por esta razão, é o patrimônio do fiador falecido que responderá por estas obrigações e não dos herdeiros. O cumprimento das obrigações transmitidas se dará nos limites dos recursos da herança e nenhum herdeiro terá de dispor de patrimônio próprio para o referido adimplemento.

De acordo com o disposto no art. 836: "A obrigação do fiador passa aos herdeiros; mas a responsabilidade da fiança se limita ao tempo decorrido até a morte do fiador, e não pode ultrapassar as forças da herança".

Como bem precisa em seu magistério, destaca Paulo Lôbo[253] que "a morte do fiador extingue a fiança. Mas a obrigação assumida pelo fiador, até sua morte, transfere-se a seus herdeiros. Não há sucessão da fiança, no sentido de os herdeiros *tornarem-se* fiadores no lugar do morto. O que se incorpora à sucessão do fiador é a obrigação decorrente da fiança. Como qualquer dívida deixada pela pessoa morta, seus herdeiros e sucessores apenas se obrigam dentro das forças da herança, ou seja, até os limites dos bens que a integram. A dívida do fiador se configura quando, antes de sua morte, o devedor não adimpliu a obrigação".

O contrato de fiança é personalíssimo ou *intuitu personae* e será extinto pela morte do fiador. Portanto, a morte do fiador é causa de extinção do contrato acessório de fiança.

4.19.4. Extinção da fiança

O art. 837 do CC inaugura a seção que disciplina as causas e hipóteses de extinção da fiança. No entanto, há outras causas, como enunciam os arts. 835 e 836 do CC.

De acordo com o art. 837, o fiador pode opor ao credor as exceções que lhe forem pessoais, e as extintivas da obrigação que competem ao devedor principal, se não provier simplesmente de incapacidade pessoal, salvo o caso de mútuo feito a pessoa menor.

A principal prerrogativa do fiador é a possibilidade de (caso demandado), opor ao credor as defesas pessoais/subjetivas que digam respeito ao próprio fiador (vício de consentimento, por exemplo), bem como as exceções substanciais de natureza objetiva, extintivas da obrigação (estas do próprio fiador ou do devedor), como pagamento/prescrição. A obrigação inválida não pode ser objeto de fiança. Curiosamente, se o devedor afiançado for *incapaz*, tal incapacidade não pode ser alegada para exoneração do fiador.

É relevante a questão porque a ausência de capacidade, pressuposto de validade de atos/negócios jurídicos, implicaria na invalidade da obrigação principal e, em consequência, da fiança, contrato acessório (art. 184 do CC – o acessório segue o principal na teoria das invalidades). A exceção é justamente a incapacidade do devedor, que não afeta a fiança: a fiança prestada em garantia do credor, cujo devedor da obrigação principal é incapaz, é válida (regra geral é afastada por normas da fiança, arts. 824 e 837 – tais artigos estão conexos).

E não é só: Há exceção dentro da própria exceção: A incapacidade do devedor da obrigação principal não invalida a fiança, certo? (exceção). Todavia, se a obrigação principal for contrato de mútuo e o devedor mutuário for menor, o mutuante não poderá exigir nem do mutuário menor e tampouco dos fiadores (regra de proteção ao menor, que beneficia os fiadores do menor mutuário – arts. 588 e 824, parágrafo único). A menoridade do devedor no mútuo afasta a responsabilidade do fiador, mas a incapacidade do devedor no mútuo (desde que não associada à

---

[253] LÔBO, Paulo Luiz Netto. *Contratos*. São Paulo: Saraiva, 2010 (col. Direito Civil).

menoridade) ou em qualquer outra obrigação principal, mantém tal garantia. No caso de mútuo feito a pessoa menor sem autorização dos responsáveis deste, o fiador não poderá ser demandado porque o mutuário é menor. Não interessa se o menor é capaz (menor emancipado) ou incapaz. Basta ser menor. Protege-se o menor, capaz ou incapaz. Tal exceção da exceção exige dois requisitos: 1 – natureza do contrato: mútuo e, 2 – devedor/mutuário: menor, capaz ou incapaz.

Em relação às formas especiais de pagamento, que podem levar à extinção da obrigação, alguns artigos fazem expressa referência à fiança.

Em primeiro lugar, o art. 333, que traz hipóteses de vencimento antecipado de dívida, ressalta que um dos casos em que isso ocorre é a cessação ou insuficiência de garantias do débito, entre elas a fiança (inciso III).

Segundo, na consignação em pagamento, se o devedor efetivar o depósito e este for julgado procedente, o devedor somente poderá levantá-lo se houver a concordância do credor, dos demais devedores e de eventuais fiadores (art. 339 do CC). Ainda no âmbito da consignação em pagamento, segundo o disposto no art. 340 do CC, "o credor que, depois de contestar a lide ou aceitar o depósito, aquiescer no levantamento, perderá a preferência e a garantia que lhe competiam com respeito à coisa consignada, ficando para logo desobrigados os codevedores e fiadores que não tenham anuído".

Terceiro, a sub-rogação também tem relação com a fiança. Como o fiador é terceiro interessado, ao pagar a dívida do devedor principal, se sub-rogará, de pleno direito, no crédito, na forma do art. 346, III, do CC. Se o pagamento for realizado por qualquer outro terceiro, interessado ou não, que não seja o fiador, o terceiro, que será o novo credor, se sub-rogará em todos os direitos, ações, privilégios e garantias do primitivo em relação à dívida, contra o devedor principal e fiadores (art. 349 do CC). Trata-se do efeito da sub-rogação.

Quarto, na dação em pagamento, meio de extinção da obrigação, também há referência à fiança (art. 359 c/c art. 838, III, ambos do CC).

Em quinto lugar, na novação, o fiador estará exonerado da obrigação se a novação foi feita entre o credor e o devedor sem o consenso do fiador (art. 366 do CC). A hipótese é bem semelhante com a causa de extinção da fiança prevista no art. 838, I, do CC.

Por fim, na compensação, o art. 371 do CC garante ao fiador o direito de compensar sua dívida com a de seu credor ao afiançado. Segundo esta norma, o devedor somente poderá compensar com o credor o que este lhe dever, mas o fiador pode compensar eventual crédito do afiançado contra o credor do devedor/afiançado. Se o fiador for executado, poderá postular a compensação do valor devido pelo credor ao devedor afiançado.

A fiança também será extinta e o fiador ficará desobrigado nas hipóteses do art. 838 do CC.

O fiador, mesmo que tenha se obrigado como devedor solidário ficará desobrigado desta garantia pessoal se, sem consentimento seu, o credor conceder moratória ao devedor (inciso I do art. 838). Nesta hipótese, qualquer alteração na obrigação original que implique dilação de prazo para pagamento, sem o consentimento do garante, exonera o fiador, pois estenderá a garantia para período diverso ao qual o fiador se comprometeu.

Nesse sentido, aliás, é a Súmula 214 do STJ, segundo a qual o fiador na locação não responde por obrigações resultantes de aditamento ao qual não anuiu. A referida súmula fala em qualquer aditamento e não apenas em moratória, com o que amplia a possibilidade de exoneração do fiador na fiança locatícia, uma das modalidades de garantia daquele contrato.

A segunda hipótese de exoneração e extinção da fiança ocorrerá se, por fato do credor, for impossível a sub-rogação nos seus direitos e preferências (art. 838, II). A sub-rogação, como já mencionado, é direito do fiador para que substitua o credor originário e possa cobrar o afiançado (art. 831 do CC). Se por fato imputado ao credor, for inviabilizado o direito de sub-rogação pelo fiador, a fiança será extinta.

O exemplo de Claudio Bueno de Godoy é esclarecedor: "Pense-se, por exemplo, em crédito garantido por penhor cujo objeto o credor deixa perecer. Ou na sua inércia em registrar hipoteca, permitindo, com isso, a alienação, pelo devedor, do imóvel hipotecado". Em qualquer caso que a sub-rogação for frustrada por ato do credor, a fiança será extinta e o fiador estará exonerado.

Por fim, nos termos do inciso III do art. 838 do CC, o fiador ficará desobrigado se o credor, em pagamento de dívida, aceitar amigavelmente do devedor objeto diverso do que este era obrigado a lhe dar, ainda que depois venha a perdê-lo por evicção. O referido inciso trata da dação em pagamento e tem conexão com o disposto no art. 359 do CC. Neste caso, se o credor em pagamento da dívida aceita receber objeto diverso do pactuado, mesmo que venha a perder o objeto por evicção, todas as garantias serão restauradas e restabelecidas (art. 359 do CC), com e exceção da fiança (art. 838, III), caso em que o fiador ficará exonerado.

O art. 839 do CC traz outra causa de extinção da fiança, por conduta imputável ao credor que retarda a cobrança do devedor primitivo.

Segundo este artigo em referência "se for invocado o benefício da excussão e o devedor, retardando-se a execução, cair em insolvência, ficará exonerado o fiador que o invocou, se provar que os bens por ele indicados eram, ao tempo da penhora, suficientes para a solução da dívida afiançada".

Nesta hipótese, o fiador invoca em seu favor o benefício de ordem e nomeia bens livres e desembaraçados do devedor para serem executados. No entanto, o credor, sem justa causa, retarda a execução e, em decorrência dessa inércia, o devedor cai em insolvência. Se o fiador provar que os bens por ele indicados eram, ao tempo da penhora, suficientes para a solução da dívida afiançada, ficará exonerado da fiança se o credor não promove o andamento da execução, o que leva o devedor à insolvência. Se a insolvência do devedor ocorrer no período de inércia do credor, ficará o fiador exonerado se demonstrar que se o credor não fosse inerte os bens do devedor seriam suficientes para satisfazer o crédito. O fiador não pode ser penalizado pela negligência ou inércia do credor. Esse é o objetivo da norma.

Como destaca Claudio Godoy "a ideia fundamental, destarte, é que o retardo do credor obviou a regular penhora de bens do devedor, livres, desembaraçados e suficientes, quando nomeados pelo fiador. Ou, de qualquer forma, tem-se a hipótese em que, por incúria do credor, operou-se uma piora, em virtude de superveniente insolvência do devedor, na situação do fiador que, regularmente, havia cumprido o ônus que lhe impunha o parágrafo único do art. 827, providência, todavia, enfim, frustrada por conduta do credor".

4.20. ATOS UNILATERAIS (PROMESSA DE RECOMPENSA, GESTÃO DE NEGÓCIOS, PAGAMENTO INDEVIDO E ENRIQUECIMENTO SEM CAUSA)

4.20.1. Introdução

Os atos unilaterais se caracterizam como tal justamente porque os efeitos de determinadas situações jurídicas é desdobramento da exteriorização de vontade de sujeito único. Na promessa de recompensa, o sujeito, de forma unilateral, assume obrigação de pagamento para o caso de concretização do seu objeto. Na gestão de negócios, alguém, unilateralmente, intervém em negócio alheio, sem autorização do dono do negócio e, desde que haja de acordo com a vontade presumível do dono, este se vinculará aos atos unilaterais do gestor. No pagamento indevido, o sujeito, por erro, efetiva pagamento. Tal ato unilateral (pagamento indevido) gera para aquele que recebeu o dever jurídico de restituir. O dever de restituição decorre de ato unilateral. No enriquecimento sem causa, o sujeito que, sem causa jurídica, obtém vantagens às custas de outrem, sem a participação deste, deve restituí-las. Portanto, dever de restituição a partir de conduta unilateral.

Tais atos unilaterais se formam ou geram efeitos (obrigações) a partir de uma só vontade.

Nesse ponto, não é possível confundir a unilateralidade quanto à formação e unilateralidade quanto aos efeitos jurídicos. Os negócios jurídicos, quanto à formação, podem ser bilaterais (exemplo: contrato) ou unilaterais (as declarações unilaterais de vontade estudadas neste tópico). Em relação aos efeitos jurídicos, como já ressaltado em capítulo próprio, os negócios jurídicos bilaterais quanto à formação (contratos), podem ser bilaterais e unilaterais.

Os atos unilaterais, como a promessa de recompensa, a gestão de negócios, enriquecimento sem causa e o pagamento indevido são assim caracterizados porque se formam e geram efeitos jurídicos obrigacionais com apenas uma declaração de vontade. Portanto, são unilaterais quanto à formação.

4.20.2. Promessa de Recompensa

A promessa de recompensa se caracteriza como declaração unilateral de vontade, pois o sujeito, promitente, se vincula àquele que preencha a condição proposta ou desempenhe certo serviço (art. 854 do CC). Não se confunde com a promessa de contrato, que pressupõe ajuste de vontades.

O sujeito que, por anúncios públicos, se comprometer a recompensar ou gratificar a quem preencha certa condição ou desempenhe certo serviço, contrai obrigação de cumprir o prometido. Basta que alguém preencha a condição ou realize o fato para obrigar o promitente. Ainda que não haja interesse na promessa, aquele que fez o serviço ou cumpriu a condição pode exigir a recompensa. O interesse não é requisito para a vinculação do promitente. É suficiente o fato objetivo: realizar o fato ou cumprir a condição (art. 855 do CC).

Na própria lógica da declaração unilateral de vontade, o sujeito que exterioriza a promessa pode revogá-la. Para que a revogação tenha eficácia, deve haver duas condições: 1– ninguém prestou o serviço ou preencheu a condição; 2– a revogação deve ter ampla publicidade. É obrigatória a promessa a partir do momento em que se torne pública. Por isso, a revogação deve ser revestida de publicidade. Eventual sujeito que agiu de boa-fé e teve despesas poderá ser reembolsado.

Todavia, se o promitente estipula prazo para execução da tarefa, o prazo impede a revogação durante sua vigência. O prazo faz presumir a renúncia (implícita) do direito de revogar (art. 856 do CC). O prazo gera expectativas e, neste caso, a boa-fé daquelas que acreditam na concretização da promessa deve ser tutelada.

O Código Civil, no art. 857, estabelece prioridade em relação ao direito de recompensa para aquele que primeiro executou a tarefa, quando for praticada por mais de uma pessoa, sucessivamente. Neste caso, terá direito à recompensa o que primeiro executou. Se a execução por vários sujeitos for simultânea, a recompensa será dividida em quinhões iguais. Portanto, somente haverá prioridade se houver execuções sucessivas. A execução simultânea implica divisão da recompensa. Se a recompensa, no caso de execução simultânea, não for divisível, far-se-á sorteio e o que for contemplado terá que reembolsar o outro.

Por fim, nos concursos que se abrirem com promessa pública de recompensa, é condição essencial, para valerem, a fixação de prazo. A decisão da pessoa nomeada, nos anúncios, como juiz, obriga os interessados. Em falta de pessoa designada para julgar o mérito dos trabalhos que se apresentarem, entender-se-á que o promitente se reservou essa função.

4.20.3. Gestão de Negócios

A gestão de negócios ocorrerá quando alguém, sem autorização do dono do negócio/interessado, realizar atos no interesse deste (intervém na gestão de negócio alheio). Não há poder de representação, motivo pelo qual é declaração unilateral de vontade. O gestor deve pautar a sua conduta de acordo com o interesse e a vontade presumível do dono. Aplica-se, no caso, a regras de interpretação prevista no art. 113, § 1º, V, que trata da regra da "vontade presumível". Essencial que o gestor se comporte como o dono se comportaria, razão pela qual deverá, diante do contesto fático, presumir tal comportamento.

Não é por outro motivo que o Código Civil, nos arts. 862 e 863 responsabiliza o gestor que não age de acordo com a vontade presumível do dono do negócio. Se a gestão é contrária à vontade do dono (que exterioriza tal contrariedade) ou à vontade presumível deste, o gestor responde, de forma objetiva, pelos danos que causar (terceiro e ao dono), além de ser obrigado a restituir as coisas ao estado anterior ou indenizar o dono do negócio, se o prejuízo da gestão superar o proveito (dono).

Na gestão de negócios, em regra, o gestor, na administração, só estará obrigado a indenizar o dono se o prejuízo for decorrente de conduta culposa (responsabilidade subjetiva – art. 866 do CC). Todavia, se a gestão é iniciada contra a vontade expressa ou presumível do dono, a responsabilidade do gestor por danos é objetiva (arts. 862 e 863 do CC). A responsabilidade do gestor por danos decorrentes da gestão também será objetiva quando se envolver em operações arriscadas, ainda que o dono tivesse a praxe de realizá-las ou, ainda, se preterir interesse do dono em proveito de seu próprio interesse.

Portanto, embora a regra seja a responsabilidade subjetiva, há situações em que o gestor responderá pelos fortuitos, ou seja, de forma objetiva.

Em relação à responsabilidade, se forem vários gestores, serão solidários. É solidariedade legal, art. 265 e parágrafo único do art. 867 do CC. O gestor é responsável, perante terceiros e o dono, pelos atos praticados e as falhas do gestor substituto, sem prejuízo do gestor ou do dono poderem acionar o substituto.

No mais, se o gestor realizar gestão útil (de acordo com a vontade presumível e sem causar danos por má-gestão), o dono do negócio se vincula aos atos e negócios praticados pelo gestor. Neste caso, cumprirá ao dono do negócio as obrigações contraídas em seu nome. Essa a essência da gestão de negócios, como declaração unilateral de vontade. No caso de *gestão útil*, o dono do negócio ainda terá que reembolsar o gestor por todas as despesas, com juros legais (SELIC), desde o desembolso, além de responder pelos prejuízos que o gestor suportou por causa da gestão. Neste caso, objetiva-se evitar o enriquecimento sem causa do dono do negócio. É o resultado obtido e as circunstâncias do caso que determinam a utilidade da gestão.

Haverá presunção de utilidade da gestão, com vinculação do dono do negócio, quando o gestor se propuser a evitar prejuízos iminentes que o dono poderá suportar ou que redunde em proveito do dono do negócio ou da coisa. A indenização, neste caso, em favor do gestor, é limitada às vantagens que o dono obteve com a gestão.

Portanto, os atos do gestor, desde que úteis (utilidade concreta ou presumida), podem vincular o dono do negócio, sem o consentimento prévio deste.

Nos casos de *gestão útil*, ainda que o dono do negócio ou da coisa desaprove a gestão por considerá-la contrária aos seus interesses, justamente em razão da utilidade, se vinculará aos atos do gestor e terá de indenizar o gestor, conforme os arts. 867 e 870, ambos do CC.

A gestão de negócios deve ser espontânea. Se houver prévio acerto, acordo, entendimento ou autorização, anterior à intervenção, entre o gestor e o dono, não se estará diante de gestão de negócios, mas de outro tipo de relação jurídica (mandato, por exemplo, ou outro, a depender do caso concreto). Além disso, a gestão pressupõe que o negócio seja alheio, que o gestor aja no interesse do dono do negócio alheio, que busque proveito para este e que os atos do gestor sejam de natureza patrimonial.

O gestor possui obrigações após a intervenção em negócio alheio. Deverá comunicar ao dono do negócio a gestão que assumiu, assim que possível. A informação é essencial para evidenciar que age no interesse de outrem e não no próprio interesse. Se não houver risco, deverá aguardar a resposta do dono. Até que o dono do negócio tome as providências necessárias, o gestor administrará o negócio e, no caso de falecimento do dono, deverá aguardar as instruções dos herdeiros. Como já ressaltado, tais cautelas são essenciais para evidenciar que a atuação é no interesse de outrem, negócio alheio, e não no próprio interesse.

Como ressaltado, uma das principais consequências e efeitos da gestão é saber se o dono do negócio, perante terceiros, responde e se vincula pelos atos do gestor. O art. 869 do CC atribui ao dono do negócio o dever de adimplemento das obrigações assumidas pelo gestor. Qual o motivo? A administração foi útil. Neste caso, o dono deverá cumprir as obrigações, reembolsar ao gestor as despesas necessárias ou úteis que houver feito, com os juros legais, desde o desembolso, e, ainda, responder pelos prejuízos que o gestor houver sofrido por causa da gestão. O objetivo é evitar o enriquecimento ilícito ou sem causa do dono do negócio às custas do gestor, que foi excelente administrador.

Por outro lado, o dono do negócio poderá ratificar os atos praticados pelo gestor. A ratificação incondicionada caracteriza aprovação e, neste caso, a gestão de negócio se converte em mandato, com eficácia retroativa ao início da gestão. É como se o gestor tivesse, desde o início, atuado como representante ou procurador do dono do negócio. No caso de ratificação, a gestão se submeterá às regras do contrato de mandato, ao teor do que dispõe o art. 873 da Lei Civil.

O CC ainda prevê a possibilidade da gestão de negócios no âmbito da obrigação alimentar, ainda que não haja aprovação do responsável pelos alimentos. Nesta situação, a lei autoriza a gestão de negócios em favor daquele que necessita de alimentos para sobreviver. O gestor poderá prover os alimentos indispensáveis para a sobrevivência da pessoa e, depois, em regresso, poderá reaver do responsável a importância despendida. Neste caso, o gestor tem direito a reembolso qualificado (de acordo com a possibilidade do responsável perante o alimentando), independentemente de ratificação do responsável (art. 871 do CC).

As despesas com enterro, quando feitas por terceiros, também podem ser cobradas da pessoa que teria a obrigação de alimentar o falecido. Se o responsável em pagar alimentos ao falecido não pagar as despesas com o enterro, o gestor poderá cobrá-lo, mesmo que não haja ratificação de seu ato.

No caso de alimentos à pessoa viva ou no pagamento das despesas de enterro, o gestor somente não terá direito de reembolso se restar demonstrado que realizou tais atos por mero altruísmo ou, como diz a lei, "com o simples intento de bem-fazer" (parágrafo único do art. 872, CC).

4.20.4. Pagamento Indevido

O pagamento indevido ocorrerá quando determinado sujeito, por erro (se não prover o erro, se caracteriza a doação), transferir recursos ou efetivar pagamento em favor de quem não tinha legitimidade para receber. Portanto, aquele que recebe o que não era devido, fica obrigado a restituir. Trata-se de obrigação a partir de ato unilateral. A mesma obrigação tem aquele que recebe dívida condicional, antes de cumprida a condição. Isto porque antes do implemento da condição, não há direito subjetivo. O direito subjetivo depende do implemento da condição.

O sujeito que, voluntariamente pagou o indevido, deve provar que o realizou por erro, conforme o art. 877 do CC. É a prova do erro que descaracteriza doação. Se não houve erro, o sujeito teve a intenção de doar bens para aquele que recebeu a coisa.

O dever de restituição é fundamentado no princípio do enriquecimento sem justa causa. Na realidade, o pagamento indevido é uma das hipóteses de enriquecimento sem causa justa. Aquele que recebe pagamento indevido deve restituir porque o pagamento não tem causa que o justifique. Portanto, o pagamento indevido é espécie de enriquecimento sem causa (art. 884 do CC).

O pagamento indevido pressupõe três requisitos: 1– pagamento feito por um sujeito; 2– inexistência de relação jurídica material entre aquele que paga e o que recebe ou a existência de condição suspensiva – o que evidencia ausência de causa; e 3 – erro daquele que pagou.

O objeto dado em pagamento indevido ou a coisa pode gerar frutos ou, ainda, a pessoa que recebe poderá realizar benfeitorias ou acessões. Neste caso, o art. 878 do CC determina que a indenização do possuidor da coisa recebida indevidamente em relação às benfeitorias e acessões será disciplinada pelas regras relativas à posse de boa-fé e má-fé. A boa-fé ou má-fé do possuidor da coisa é que determinará como será apurada a indenização.

Se o pagamento indevido consistir em imóvel e a pessoa que o recebeu por engano, o tiver alienado, a título oneroso, a terceiro de boa-fé, deverá restituir o valor que recebeu do terceiro. Neste caso do art. 879 do CC, entre o direito de propriedade do legítimo dono e a boa-fé de terceiro, fundada na propriedade aparente, prevalece a boa-fé do terceiro. Todavia, não basta a boa-fé para a tutela do direito e da propriedade do terceiro, mas a onerosidade. Resta ao proprietário real buscar a restituição da quantia recebida pelo alienante, aquele que recebeu indevidamente.

A boa-fé e a onerosidade do negócio legitimam a propriedade aparente do terceiro. Se o terceiro estiver de má-fé ou, caso esteja de boa-fé, a transferência foi gratuita, aquele que entregou a coisa ou pagou por erro, com fundamento no direito de propriedade, poderá reivindicar a coisa do terceiro. Neste caso, incide a regra privada de justiça do CC, tutela simplificada do agraciado, ou seja, o terceiro agraciado não tem a mesma proteção que o terceiro que adquire onerosamente, pois terá de restituir a coisa ao proprietário real.

O art. 880 do CC trata de hipóteses em que o pagamento indevido não precisa ser substituído. A razão é simples: Nas hipóteses previstas na lei haverá enriquecimento sem causa. A retenção será justa e legítima (recebe como parte de dívida verdadeira, inutilizou o título, deixou prescrever a pretensão ou abriu mão das garantias que asseguravam seu direito). Fica ressalvado ao que pagou ação regressiva contra o verdadeiro devedor e seu fiador.

Se há direito daquele que recebe, o pagamento não é indevido. Por isso, não é possível repetir ou requerer a devolução de pagamento para solver dívida prescrita ou obrigação judicialmente inexigível, como dívida de jogo. No caso de dívida prescrita e de jogo (obrigações naturais), o pagamento é devido, porque o credor tem o direito subjetivo de crédito. Nestes casos, somente não tem poder de exigibilidade, mas há o direito subjetivo. E se há direito, o pagamento é devido. Por isso, o pagamento, nestas hipóteses, também não é indevido. Mais uma vez, a existência de direito impede a caracterização do enriquecimento sem causa. Nesse sentido, o art. 882 do CC: "Não se pode repetir o que se pagou para solver dívida prescrita ou cumprir obrigação judicialmente inexigível".

A pretensão relativa ao pagamento indevido, em favor daquele que paga indevidamente é restituitória e não indenizatória. Isto porque o fundamento é o enriquecimento sem causa e não a responsabilidade civil. Todavia, será restituitória se a prestação for de coisa (dar). Se a prestação for de fato (fazer e não fazer), como o bem da vida é a própria atividade humana, que não é passível de restituição, haverá conversão da pretensão restituitória em indenizatória. Neste caso, mais uma diferença substancial entre os regimes da prestação de coisa e de fato realçada na análise das obrigações em sentido estrito. De acordo com o art. 881 do CC: "Se o pagamento indevido tiver consistido no desempenho de obrigação de fazer ou para eximir-se da obrigação de não fazer, aquele que recebeu a prestação fica na obrigação de indenizar o que a cumpriu, na medida do lucro obtido". Portanto, como não há possibilidade de buscar a restituição de prestação de fato, resta a indenização.

Por fim, não terá direito à repetição aquele que deu alguma coisa para obter fim ilícito, imoral ou proibido por lei. O sujeito não pode requerer a devolução de pagamento que teve a finalidade de obter vantagem indevida ou proibida pela lei. A sanção civil é a perda do direito à repetição. Neste caso, o pagamento deverá ser revertido em favor de estabelecimento local de beneficência, a critério do juiz.

4.20.5. Enriquecimento sem causa

O enriquecimento sem causa é princípio geral de direito civil. O art. 884 dispõe sobre os requisitos essenciais para a incidência da pretensão restituitória, fundada no enriquecimento sem causa, cujo instituto já foi analisado na parte da teoria geral das obrigações.

O primeiro requisito é que o enriquecimento implica aumento patrimonial direto (ganhos) ou indireto (evitar desvantagens), ou seja, a obtenção de qualquer vantagem que possa ser mensurada economicamente. O segundo requisito é que tal enriquecimento ocorre à custa de outrem. Neste caso, não há necessidade de empobrecimento ou dano (o dano não é pressuposto ou requisito do enriquecimento sem causa, motivo pelo qual aquele às custas de quem as vantagens foram obtidas tem a pretensão de buscar a reversão, em seu favor, destas vantagens, ainda que não tenha qualquer dano). Basta, portanto, que as vantagens sejam obtidas às custas de outra pessoa. O terceiro requisito é a relação de causalidade entre o enriquecimento e às custas de outrem. O enriquecimento ocorre porque houve aproveitamento da situação de outrem, do direito de outrem ou do interesse de outrem, como é exemplo o lucro da intervenção, fundado no enriquecimento sem causa. O quarto requisito é a ausência de causa jurídica, ou seja, alguém obtém vantagens às custas de outrem sem causa, não há relação jurídica material, previsão legal ou qualquer fato jurídico que justifique as vantagens. E, por fim, essencial apurar se não há outro instituto para tutelar o sujeito prejudicado, pois o enriquecimento sem causa tem caráter subsidiário (se assim não fosse, tudo seria enriquecimento sem causa).

De acordo com o art. 884 do CC, "aquele que, sem justa causa, se enriquecer às custas de outrem, será obrigado a restituir o indevidamente auferido, feita a atualização dos valores monetários". Deste dispositivo, podem ser extraídos todos os requisitos e pressupostos do instituto.

O caráter subsidiário é expresso no art. 886, segundo o qual não caberá a restituição por enriquecimento, se a lei conferir ao lesado outros meios de ressarcir o prejuízo sofrido.

Por exemplo, na compra e venda de imóvel, se o comprador, na venda *ad mensuram*, recebe imóvel com metragem inferior às referências pactuadas, o vendedor, na diferença, se enriquece às custas do comprador. Não há dúvida do enriquecimento sem causa justa. Todavia, o comprador não poderá pretender a restituição do valor pago a mais, com fundamento no enriquecimento sem causa, porque a lei confere meio específico para tutelar tal pretensão, a ação *ex empto*, com todas as alternativas previstas no art. 500. Eis o caráter subsidiário do enriquecimento sem causa. O prazo da ação *ex empto* é de 1 ano, decadencial e do enriquecimento sem causa, 3 anos, prescricional, art. 206 do CC.

O enriquecimento sem causa confere ao prejudicado o direito de requerer a restituição das vantagens que foram obtidas às suas custas.

A pretensão é restitutória e não indenizatória, por meio da ação *in rem verso*. Não há necessidade de dano. O dano é pressuposto da pretensão indenizatória, teoria da responsabilidade civil, mas não da restitutória, fundada no enriquecimento sem causa. É possível que o mesmo fato possa gerar pretensões indenizatórias e restitutórias, desde que estejam devidamente delineadas e separadas as situações. É muito simples a sistemática do enriquecimento sem causa, o que justifica a sua subsidiariedade. O que se observa é que, sem critério, se invoca tal princípio, para qualquer situação jurídica.

O exemplo mais simbólico na atualidade de enriquecimento sem causa é o lucro da intervenção.

O que é o lucro da intervenção?

"Conceito: Lucro da intervenção é o lucro obtido por alguém que, sem autorização, interfere nos direitos ou bens jurídicos de outra pessoa e que decorre desta interferência indevida e não autorizada. É qualquer vantagem obtida indevidamente. É o lucro que decorre de intervenção indevida sobre direito de outrem. O lucro obtido desta intervenção indevida é restituível e qual o fundamento da restituição?

Atualmente, o STJ passou a discutir se a "tese" do lucro da intervenção pode ser aplicado em contratos de mútuo entre correntistas e instituições financeiras, para obrigar a restituição de lucros obtidos com base em conduta ilícita. Sob a ótica do lucro da intervenção, a instituição financeira teria que ser condenada não somente a reparar o dano causado ao mutuário (com fundamento no princípio da restituição integral do dano), mas a restituir o lucro que obteve com a cláusula, taxa ou cobrança abusiva. Se for admitida a tese nestes contratos de mútuo, as instituições financeiras teriam que restituir os juros remuneratórios auferidos dos mutuários, o que extrapolaria a tradicional indenização pela restituição de indébito, ainda que dobrada.

No Recurso Especial n. 1.698.701-RJ, que tratou do lucro da intervenção envolvendo famosa atriz, ressaltou a dificuldade de se mensurar a indenização pela intervenção indevida. De acordo com o Relator: "Destaque-se que tarefa muito mais complexa do que reconhecer o dever de restituição dos lucros auferidos por meio da indevida intervenção no direito alheio é a quantificação do numerário a ser devolvido em cada caso submetido à apreciação judicial. Não é razoável deixar ao arbítrio do julgador a fixação de um percentual aleatório a título de lucro da intervenção. Existem meios eficazes de se chegar a um valor mais justo e adequado aos propósitos do instituto do enriquecimento sem causa, de preservar a livre disposição de direitos e de inibir a prática de atos contrários ao ordenamento jurídico. Assim, parte da doutrina tenta traçar uma regra geral para a determinação do objeto da restituição, a qual serve de norte para que, na fase de liquidação de sentença, um profissional dotado de melhores condições técnicas chegue a um resultado mais próximo do verdadeiro acréscimo patrimonial auferido às custas da utilização não autorizada do direito de imagem".

O fundamento da obrigação de restituição do lucro da intervenção é o princípio que veda o enriquecimento sem causa (art. 884 do CC). No mesmo sentido, o Enunciado n. 620, da VIII Jornada de Direito Civil, realizada em abril de 2018.

A tendência é o STJ vedar a aplicação da tese do lucro da intervenção em relação às instituições financeiras, porque a repetição de indébito teria que ocorrer com base nos mesmos encargos praticados pelo sistema financeiro. A tese proposta no STJ é contrária ao lucro da intervenção, sob dois fundamentos: a restituição dos mesmos encargos cobrados não corresponde ao dano experimentado pela vítima (será?) e a vantagem auferida não representa, necessariamente, lucro das instituições financeiras, pois há diferença entre faturamento e lucro.

Por fim, a restituição é devida não só quando não haja causa jurídica, mas também quando a causa deixou de existir, conforme o art. 885 do CC.

Caso o enriquecimento tenha por objeto coisa determinada, quem a recebeu é obrigado a restituir e, se a coisa não mais subsistir, a restituição se fará pelo valor do bem à época em que a parte prejudicada exigir. A pretensão será restituitória, mas haverá sub-rogação real, substituição da coisa pelo valor.

Capítulo 5
DIREITOS REAIS

Sumário 5.1. Direitos Reais – **5.1.1.** Introdução – **5.1.2.** Conceito e Relação Jurídica – **5.1.3.** Evolução histórica – **5.1.4.** Características – **5.2.** Posse – **5.2.1.** Histórico e premissas para compreensão da posse – **5.2.2.** Principais teorias da posse – Subjetiva (Savigny) e Objetiva (Ihering) (uma tentativa de compreender a estrutura do fenômeno possessório) – **5.2.3.** Natureza jurídica da posse – **5.2.4.** A tensão entre as teorias objetiva e social da posse sob a perspectiva do instituto da desapropriação judicial (art. 1.228, §§ 4º e 5º do CC) e a atuação do Ministério Público na posse – **5.2.5.** Objeto da posse – **5.2.6.** Desdobramento da posse (posse direta ou indireta) – **5.2.7.** Composse (art. 1.199 do CC) – **5.2.8.** Detenção (distinção da posse) – **5.2.9.** Classificação da posse – **5.2.10.** Classificação, perda e transmissão da posse – **5.2.11.** O exercício dos poderes de fato por ato próprio ou por terceiro (art. 1.205 do CC) – **5.2.12.** Transmissão da posse e acessão de posse – **5.2.13.** Presunção dos móveis na posse de imóvel – **5.2.14.** Efeitos da posse – **5.2.15.** Perda da posse – **5.3.** Propriedade – **5.3.1.** Introdução – **5.3.2.** Considerações preliminares e evolução histórica – **5.3.3.** Fundamento e legitimidade da propriedade (função social) – **5.3.4.** Propriedade funcionalizada e patrimônio coletivo – **5.3.5.** Conceito de propriedade (análise estrutural e funcional) – **5.3.6.** Propriedade e domínio – **5.3.7.** Faculdades do proprietário (uso, gozo, disposição e reivindicação) – **5.3.8.** A propriedade e a teoria dos atos emulativos (abuso de direito) – **5.3.9.** Atributos da propriedade – **5.4.** Modos de Aquisição da Propriedade Imóvel – **5.4.1.** Introdução – **5.4.2.** Registro – **5.4.3.** Da usucapião – **5.4.4.** Acessão – **5.5.** Modos de Aquisição da Propriedade Móvel – **5.5.1.** Introdução – **5.5.2.** Ocupação – **5.5.3.** Achado de tesouro – **5.5.4.** Tradição – **5.5.5.** Especificação – **5.5.6.** Confusão, comissão e adjunção – **5.5.7.** Usucapião – **5.6.** Modos de Perda da Propriedade – **5.6.1.** Introdução – **5.6.2.** Propriedade resolúvel e *ad tempus* – **5.6.3.** Propriedade aparente – **5.6.4.** Propriedade Fiduciária (direito real de garantia sobre coisa própria) – **5.6.5.** Constituição da Propriedade Fiduciária – **5.7.** Características da Propriedade Fiduciária – **5.7.1.** Propriedade Fiduciária como Propriedade Resolúvel – **5.7.2.** Propriedade Fiduciária e o Desdobramento da posse Direta em Indireta – **5.7.3.** Propriedade Fiduciária como Patrimônio de Afetação – **5.7.4.** As Consequências do Inadimplemento do Devedor e a Vedação do Pacto Comissório – **5.7.5.** A Propriedade Fiduciária e as Regras dos Direitos Reais de Garantia em Coisa Alheia – **5.7.6.** Ação de Busca e Apreensão (Direito Processual, Objeto do Decreto-lei n. 911/69, com as alterações da Lei n. 10.931/2004) – **5.7.7.** Propriedade Fiduciária de Bens Imóveis – **5.8.** Propriedade Superficiária – **5.8.1.** Introdução – **5.8.2.** Conceito e Natureza Jurídica – **5.8.3.** Objeto do direito de superfície no Código Civil e a superfície por cisão – **5.8.4.** Modo de constituição da Propriedade Superficiária – **5.8.5.** A gratuidade ou onerosidade do Direito de Superfície – **5.8.6.** Responsabilidade pelos encargos e tributos – **5.8.7.** A transferência do Direito de Superfície por ato *inter vivos* ou *causa mortis* – **5.8.8.** O direito de preferência e a alienação do imóvel ou da propriedade superficiária – **5.8.9.** Extinção do direito de superfície (Código Civil) – **5.8.10.** Efeitos da extinção do direito de superfície – **5.8.11.** Extinção do Direito de Superfície por desapropriação e efeitos – **5.8.12.** O direito de superfície constituído por pessoa jurídica de direito público interno – **5.8.13.** Direito de superfície e o CPC de 2015 – **5.9.** Direitos de Vizinhança – **5.9.1.** Introdução – **5.9.2.** Uso anormal da propriedade e regras de vizinhança – **5.9.3.** Árvores limítrofes – **5.9.4.** Passagem forçada – **5.9.5.** Da passagem de cabos e tubulações – **5.9.6.** Das águas – **5.9.7.** Dos limites entre prédios e o direito de tapagem – **5.9.8.** Direito de construir – **5.10.** Condomínio – **5.10.1.** Introdução ao condomínio e noções preliminares – **5.10.2.** Natureza jurídica – **5.10.3.** Conteúdo do condomínio e da comunhão de interesses – **5.10.4.** Exercício do condomínio – Deveres e obrigações – **5.10.5.** Extinção do condomínio voluntário – **5.10.6.** Administração do condomínio – **5.10.7.** Do condomínio necessário – **5.10.8.** Condomínio edilício (arts. 1.331 a 1.358 do CC) – **5.11.** Direitos Reais Sobre Coisa Alheia (*Juris In Re Aliena*) – **5.11.1.** Servidão predial – **5.11.2.** Usufruto – **5.11.3.** Uso – **5.11.4.** Direito real de Habitação – **5.11.5.** Enfiteuse – **5.12.** Direito do Promitente Comprador do Imóvel – **5.12.1.** Direito do promitente comprador no ordenamento jurídico brasileiro – **5.13.** A Concessão de Direito Real de Uso e a Concessão de Uso Especial Para Fins de Moradia – **5.13.1.** Noção e características – **5.13.2.** Direito Real de Laje – **5.14.** Direitos Reais de Garantia sobre coisa alheia – **5.14.1.** Considerações preliminares – **5.14.2.** Requisitos (objetivos, subjetivos e formais) – **5.14.3.** Efeitos da garantia real – princípios e regras comuns à hipoteca, penhora e anticrese – **5.14.4.** Espécies: direitos reais de garantia sobre coisa alheia. Penhor, Hipoteca e anticrese. Regras especiais.

5.1. DIREITOS REAIS

5.1.1. Introdução

Os direitos subjetivos patrimoniais se subdividem em dois grandes grupos, os direitos subjetivos obrigacionais/pessoais e os direitos subjetivos reais.

O Código Civil denomina os direitos reais impropriamente direito das coisas (Livro III), expressão vinculada à concepção clássica deste ramo do direito, com ênfase para coisas materiais e corpóreas. Tal direito disciplina o poder direto e imediato do sujeito sobre o objeto de direito (coisas corpóreas e incorpóreas) e os modos de exploração desses direitos.

Os direitos reais possuem características que conformam a sua estrutura. Portanto, são direitos absolutos (eficácia *erga omnes*), com relação de poder imediata e direita entre titular e coisa (imediatidade), permanentes (se prolongam no tempo sem data predefinida, desde que o titular mantenha tais direitos em conformidade com a função social que os justifica), taxativos (*numerus clausus*), e providos de sequela (os direitos reais aderem à coisa, razão pela qual seu titular pode perseguir o bem que esteja em poder de qualquer sujeito).

Tais características são desdobramento de duas premissas: relação jurídica e relação de poder. O titular do direito real se relaciona juridicamente com a coletividade e, por óbvio, terá sequela, os direitos são absolutos (oponíveis contra todos) e permanentes (não há vínculo específico que justifique a transitoriedade, como ocorre com os direitos reais). Como há relação jurídica do titular do direito real com a coletividade, a relação de poder do titular com o bem jurídico é direto e imediato. Nada mais lógico, pois se fosse necessária a anuência de toda a coletividade, com quem o titular do direito se relaciona juridicamente, inviabilizaria o exercício do direito, por meio de poderes dominiais ou faculdades jurídicas decorrentes do direito subjetivo. É por isso que os direitos reais são taxativos, pois o poder é demasiadamente extenso. Nos direitos obrigacionais, a relação de poder é indireta e mediata, pois entre o titular do direito do direito e a prestação, há o devedor.

O Código Civil de 1916, com viés patrimonialista e liberal, disciplinou os direitos reais a partir de perspectiva meramente estrutural, sem considerar a funcionalidade (função social).

O Código Civil de 2002, ao contrário, em vários institutos, realça a funcionalidade, que também é imposta pela Constituição Federal de 1988. A função social conforma os direitos reais, os justifica e os legitima. A função social integra o conteúdo e a substância dos direitos reais e condiciona o modo de exercício. A partir da CF/88, os direitos reais em geral e a propriedade em particular, se constitucionalizam, o que os torna dinâmicos e funcionais. Nessa concepção socializada e funcionalizada, os direitos reais passam a ser instrumentos para a concretização de outros direitos.

Não resta dúvida de que os direitos reais, da forma como positivados no Código Civil, retratam, e muito, a visão patrimonialista e liberal que influenciou o CC/1916. Todavia, tais regras que sejam incompatíveis com o modelo contemporâneo e constitucional de propriedade devem ser interpretadas e submetidas a nova releitura, a partir dos valores sociais constitucionais.

Com esta nova concepção, serão abordados os direitos reais, entre eles: a Teoria da Posse; Teoria da Propriedade, com todas as variações (atributos da propriedade, multipropriedade, propriedade resolúvel e propriedade *ad tempus*, modos de aquisição da propriedade mobiliária e imobiliária, perda da propriedade); direitos reais de gozo ou de fruição; os direitos reais de garantia e, o direito real de aquisição.

5.1.2. Conceito e relação jurídica

No âmbito dos direitos reais há relação jurídica entre o titular do direito (sujeito passivo determinado) e a coletividade de pessoas (sujeito passivo indeterminado ou universal). Não há relação jurídica entre o sujeito e a coisa, objeto destes direitos. A relação entre o sujeito e a coisa é de poder, senhorio, submissão e não jurídica. A relação jurídica somente é possível entre pessoas. É fundamental dissociar a relação jurídica entre pessoas e a relação de poder ou dominação entre o titular do direito e o objeto deste direito.

A relação jurídica, seja obrigacional ou real, pressupõe, necessariamente, direitos subjetivos de um lado e deveres jurídicos do outro. O titular do direito subjetivo real se contrapõe ao dever jurídico geral de abstenção da coletividade. Toda a sociedade possui dever jurídico em relação a qualquer direito real. Esse dever geral negativo imposto à coletividade é uma das características dos direitos reais.

A comunidade jurídica sempre buscou dissociar a relação jurídica obrigacional da relação jurídica real. Entretanto, com a evolução do direito em geral, do direito civil em especial, a complexidade das relações sociais, verifica-se forte interação entre direitos obrigacionais e reais. Os direitos reais estão conectados com os direitos obrigacionais, como será observado na análise dos institutos jurídicos reais. Apenas como exemplo, vários direitos reais se originam ou tem como causa uma obrigação (propriedade imóvel adquirida pelo registro de contrato – escritura pública), há direitos reais que servem para potencializar obrigação (direitos reais de garantia própria ou alheia), há direitos reais em que o inadimplemento de obrigações leva à sua extinção (usufruto, servidão predial etc.), entre outros.

Portanto, o estudo e a compreensão dos direitos reais impõe nova visão sobre o complexo e vasto campo dos direitos subjetivos patrimoniais.

Alguns doutrinadores tentam conceituar os direitos reais, mas a tarefa é árdua, em razão da multifuncionalidade e complexidade deste ramo do direito.

Clóvis Beviláqua[1] traz uma definição clássica do direito das coisas: "Direito das coisas é o complexo de normas reguladoras das relações jurídicas referentes as coisas

---

[1] BEVILÁCQUA, Clóvis. *Direito das coisas.* Brasília, Senado Federal, Conselho Editorial, 2003. v. 1, 2003, p. 11.

suscetíveis de apropriação pelo homem. Tais coisas são, ordinariamente, do mundo físico, porque sobre elas é que é possível exercer poder de domínio".

Para Caio Mário[2], os direitos reais traduzem uma dominação sobre a coisa, atribuída ao sujeito e oponível *erga omnes*.

No entanto, cumpre esclarecer que nem todas as "coisas" são objeto de proteção do direito, devendo sê-las somente aquelas que podem ser apropriadas com exclusividade pelo indivíduo, que delas se torna dono, bem como as que figuram como objeto de outra modalidade de relação jurídica fundada na propriedade de alguém[3].

Marco Aurélio Bezerra de Melo[4], muito precisamente, define os direitos reais como: "(...) o ramo do direito civil regente da situação jurídica gerada pela norma que confere ao indivíduo o poder da titularidade dos direitos sobre os bens apropriáveis apontando sua extensão e seus limites, fundados primordialmente na função social e na boa-fé. Diferencia-se dos direitos pessoais pela eficácia *erga omnes*, por ter como objeto uma coisa e por não depender o seu exercício da presença de intermediários".

Existem duas teorias que buscam conceituar tal ramo do direito. São elas: (a) Teoria Realista, para a qual o direito real significa o poder imediato da pessoa sobre a coisa, em uma relação direta e sem intermediação; e (b) Teoria Personalista, que entende não haver uma relação jurídica diretamente entre pessoas, pois tal relação é intermediada pelas coisas, uma vez que o direito prega a existência de uma relação entre pessoas (no direito real opõe-se sempre o que se denomina sujeito passivo universal).

Porém, ambas as teorias, em linhas gerais, colocam a "coisa" como objeto da relação jurídica, tratando do vínculo que se estabelece entre ela e o sujeito, em uma relação de propriedade em termos gerais (posteriormente será analisada a propriedade em sentido estrito).

Simplificando o conceito de direitos reais, pode-se dizer que é uma vertente do direito civil que estuda a coisa (corpórea e incorpórea), o bem, que pode ser apropriável pelo ser humano ou que seja objeto de alguma relação jurídica, devendo sempre ser respeitadas a função social e a boa-fé, como princípios regentes de qualquer relação jurídica.

5.1.3. Evolução histórica

A visão dos direitos reais como direito autônomo é recente e surgiu como uma ramificação dos direitos pessoais, em especial do direito obrigacional. A princípio, os romanos eram incapazes de separar os direitos reais do direito das obrigações, haja vista que a obrigação era um *vinculum juris*, que ligava, de um modo efetivo, a pessoa do devedor à do credor, o que não permitia que os dois tipos de direitos acima referidos apresentassem diferenças específicas. Como explicita Serpa Lopes[5]: "O objeto dos direitos reais era consistente nas coisas físicas, submetidas ao poder do proprietário; o dos direitos pessoais igualmente se projetava sobre a pessoa do devedor, por isso que ficava ela submetida ao credor, no caso de inadimplemento da prestação a que se obrigara. Consequentemente, nesse período inicial, a obrigação significava um direito real do credor sobre a pessoa do obrigado, o qual, geralmente, era um cidadão *sui iuris* submetido ao chefe de família, que o fazia trabalhar em seu proveito como um escravo. Tais eram os efeitos do *nexum* e da *damnatio*, em virtude dos quais se concedia ao credor um direito sobre o próprio corpo do devedor, que se assemelhava a um direito real não só por esse poder de apropriação corpórea como ainda pela sequela a fim de obtê-lo, no caso de retardamento do *nexum dare*, com o poder de vida e morte ou de vendê-lo".

Este é o ramo do direito civil que mais recebeu influência pelo direito romano e que, atualmente, se encontra mais pacificado no direito comparado ocidental.

Segundo ensina Carlos Roberto Gonçalves[6]: "Coube ao direito romano estabelecer a estrutura da propriedade. O direito civil moderno edificou-se, com efeito, em matéria de propriedade, sobre bases do aludido direito, que sofreu, todavia, importantes modificações no sistema feudal. A concepção de propriedade foi marcada, inicialmente, pelo aspecto nitidamente individualista. O sistema feudal, produto do enfraquecimento das raças conquistadas, introduziu no regime da propriedade do direito romano, no entanto, profundas alterações, consequências naturais da necessidade de apoiar no solo a dominação dos senhores sobre as míseras populações escravizadas".

Por ser o ramo do direito ligado à propriedade, até pouco tempo era visto quase que absolutamente como um direito privado, exclusivamente privado, o que se modificou com a interferência do Estado Moderno e o surgimento de normas de direito público ligadas às questões relacionadas ao direito das coisas, especialmente a função social da propriedade.

Antes da Revolução Francesa, no Estado Absolutista, o homem era regido pelo contrato e pela propriedade, que eram expressão direta da vontade de um sujeito de direito em condições de perfeita igualdade jurídica. A circulação de bens e serviços, essencial para a economia de mercado, alicerçava-se sobre esta construção teórica, que, por sua vez, representada pela autonomia privada, é essencial para a realização dos negócios jurídicos.

Pode-se dizer, com Arruda Alvim[7], que a propriedade é a "pedra angular" dos direitos reais e a diversidade de conceituação do aludido instituto pode ser mais bem compreendida por meio de uma análise histórica. Não existe, na histó-

---

[2] PEREIRA, Caio Mário da Silva. *Instituições de direito civil. Direitos reais.* 26. ed. Rio de Janeiro: Forense, 2018. v. IV, p. 1.

[3] BEVILÁCQUA, Clóvis. *Direito das coisas.* Brasília, Senado Federal, Conselho Editorial, 2003. v. 1, 2003, p. 17.

[4] MELO, Marco Aurélio Bezerra de. *Direito das coisas.* 5. ed. Rio de Janeiro: Lumen Juris, 2011, p. 1-2.

[5] SERPA LOPES, Miguel Maria de. *Curso de direito civil:* obrigações em geral. 9. ed. Rio de Janeiro: Freitas Bastos Editora, 2000. v. VI, p. 10.

[6] GONÇALVES, Carlos Roberto. *Direito civil brasileiro.* Direito das coisas. São Paulo: Saraiva, 2008. v. V, p. 21.

[7] ARRUDA ALVIM, José Manuel de. Breves anotações para uma teoria geral dos direitos reais. In: CAHALI, Yussef Said (org.). *Posse e propriedade:* doutrina e jurisprudência. São Paulo: Revista dos Tribunais, 1987, p. 42.

ria do direito, conceito único de propriedade – de modo que, de acordo com Arruda Alvim, pode-se afirmar que os regimes políticos dos sistemas jurídicos em que a propriedade é concebida, a influenciam direta e profundamente.

Após a Revolução Francesa e proveniente de seus três céleres pressupostos, liberdade, igualdade e fraternidade, o indivíduo, com a necessidade de se afirmar e de prosperar, rompendo com o Absolutismo anteriormente existente, agora vivendo em um Estado Liberal, faria uso da sua vontade e autodeterminação, que lhe permitiriam a liberdade de contratar e a igualdade formal para a aquisição da propriedade.

Arruda Alvim[8] muito bem define o panorama existente com o término da Revolução Francesa: "Com a Revolução Francesa instala-se, nos sistemas jurídicos, uma propriedade com características fiéis à tradição romana e aos princípios individualistas. A liberdade preconizada servia à burguesia, afeiçoando-se aos seus interesses e proporcionando segurança aos novos proprietários, pertencentes à aludida classe. Considerava-se até mesmo legítima a possibilidade de o proprietário abusar de seu direito de propriedade, colocando, destarte, a propriedade num verdadeiro altar, cujo sacerdote era o proprietário".

No entanto, após esse período, aos poucos essa posição egoísta e centralizada no indivíduo foi cedendo lugar ao aspecto mais funcional da propriedade, valorizando a sua função social. Como ressalta Carlos Alberto Gonçalves[9]: "Gradativamente, porém, essa concepção egoística e individualista foi-se modificando, passando a ser enfocado com mais frequência o aspecto da função social da propriedade, a partir da Encíclica do Quadragésimo Ano, na qual Pio XI sustenta a necessidade de o Estado reconhecer a propriedade e defendê-la, porém em função do bem comum. O sopro da socialização acabou impregnando o Século XX, influenciando a concepção de propriedade e o direito das coisas. Restrições foram impostas à onipotência do proprietário, proclamando-se o predomínio do interesse público sobre o privado. A partir daí, a predominância do direito público sobre o privado se revelou em todos os ramos do direito, tendo total relevância na formação do direito de propriedade atual, que se transformou em um direito de finalidade social".

A partir do momento em que a Constituição incorporou em sua essência valores sociais próprios do Estado social, obviamente impôs obediência de todos aos ditames, a fim de que realmente se possa edificar uma sociedade justa. Predisse que os indivíduos devem procurar a satisfação de seus interesses particulares com liberdade, mas de modo que os harmonizem com o sentimento que a comunidade tem acerca de bem comum.

As mudanças demográficas – representadas pelo aumento significativo da população, a industrialização e as transformações econômicas e sociais do século XX – demandaram significativas alterações dos paradigmas do Direito. Apesar das várias restrições impostas, o direito de propriedade ainda goza de situação privilegiada no sistema jurídico pátrio.

Da mesma forma que o direito de propriedade, base do direito das coisas, sofre ampla proteção constitucional, o que influenciou sobremaneira o atual Código Civil, como se extrai do art. 1.228, § 1º, também, na legislação especial, ele sofre algumas restrições, como na Lei do Inquilinato, na da proteção ao meio ambiente, no Código de Mineração, no Estatuto da Cidade etc.

No entanto, cumpre destacar que tanto a ampla proteção quanto as restrições aparecem com o mesmo intuito: o de fazer com que a função social e econômica da propriedade seja sempre respeitada e prevaleça.

Eis uma breve síntese da evolução histórica do Direito das coisas na legislação brasileira.

5.1.4. Características

Os direitos reais apresentam, como características básicas e fundamentais, que serão devidamente explicitadas a seguir, a oponibilidade *erga omnes* ou eficácia absoluta; a permanência; a preferência; a imediatidade; o direito de sequela e a taxatividade.

5.1.4.1. Eficácia absoluta

Os direitos reais são absolutos no sentido de serem oponíveis a toda a coletividade, sujeito passivo universal que tituliariza o dever jurídico negativo de obediência e respeito a estes direitos. Tais direitos impõem dever geral e coletivo de abstenção.

Como desdobramento da teoria personalista, há relação jurídica entre o titular do direito e a coletividade (sujeitos indeterminados, por isso universais).

Para Chaves e Rosenvald[10]: "(...) os direitos reais podem ser classificados como poderes jurídicos, pois concedem a seu titular verdadeira situação de domínio sobre um objeto. Este poder de agir sobre a coisa é oponível *erga omnes*, eis que os direitos reais acarretam sujeição universal ao dever de abstenção sobre a prática de qualquer ato capaz de interferir na atuação do titular sobre o objeto".

Os direitos reais são *jus in re*, pois o titular submete o bem da vida ao seu poder, de forma direta e imediata, sem a necessidade de qualquer cooperação de outro sujeito. O acesso ao bem é direto e imediato. Nos direitos obrigacionais há *jus ad rem*, porque o acesso ao objeto, prestação, depende da colaboração de um intermediário, sujeito passivo determinado ou determinável (devedor).

Portanto, os direitos reais são absolutos não porque são ilimitados, mas em razão da oponibilidade *erga omnes*.

5.1.4.2. Permanência

Os direitos reais, ao contrário dos direitos obrigacionais, tendem a uma permanência.

---

[8] ARRUDA ALVIM, José Manuel de. Breves anotações para uma teoria geral dos direitos reais. In: CAHALI, Yussef Said (org.). *Posse e propriedade*: doutrina e jurisprudência. São Paulo: Revista dos Tribunais, 1987, p. 45.

[9] GONÇALVES, Carlos Roberto. *Direito civil brasileiro*. Direito das coisas. São Paulo: Saraiva, 2008. v. V, p. 22.

[10] FARIAS, Cristiano Chaves de; ROSENVALD, Nelson. *Direito reais*. 7. ed. Rio de Janeiro: Lumen Juris, 2011, p. 3.

No âmbito dos direitos reais, não há o adimplemento clássico, como nos direitos obrigacionais, que são transitórios. Os direitos reais estão vinculados ao titular enquanto houver adequação entre o exercício deste direito real e a função social que o justifica e o legitima.

A perpetuidade da propriedade, como um de seus atributos, tem relação com essa característica. Os direitos reais tendem a uma perpetuidade. Isto porque somente serão sacrificados se houver a vontade do titular ou se o titular deixar de conferir a estes direitos função social.

5.1.4.3. Preferência

A preferência no âmbito dos direitos reais é evidenciada, principalmente, nos direitos reais de garantia (penhora, hipoteca, anticrese). A preferência é decorrência da sequela e do caráter absoluto destes direitos.

A preferência confere o privilégio em favor do titular do direito que poderá satisfazer o seu crédito com a concretização da garantia. Se houver diversos credores para uma única dívida e ocorrer a arrematação do bem, será dada preferência ao pagamento dos credores que possuírem garantias reais para que, posteriormente, se efetue o pagamento dos demais. E se, por acaso, um produto obtido em hasta pública não for suficiente para quitar sua dívida, este credor continuará tendo preferência sobre o próximo saldo, porém em condição de quirografário, pois o bem dado em garantia já foi arrematado.

A preferência dos direitos reais não se confunde com os privilégios legais. Os privilégios legais (art. 958 do CC) recaem sobre todo o patrimônio do devedor e a preferência de direito real é específica, individualizada e vinculada a determinado bem. Em relação aos demais bens que compõem o patrimônio do devedor, não há direito real de preferência. O vínculo real de preferência afeta bem determinado, e não a totalidade do patrimônio do devedor.

5.1.4.4. Imediatidade

Os direitos reais são imediatos no sentido de que o titular tem acesso ao bem ou coisa independente da colaboração de qualquer sujeito.

O poder do titular do direito real sobre a coisa é direto e imediato. Não há intermediário. Tal característica tem relação com a forma de exercício de poder sobre a coisa. Nos direitos obrigacionais, essa relação é mediata, pois entre o sujeito e a coisa (prestação), há outro sujeito (devedor). O credor depende do devedor e da colaboração deste para ter acesso à coisa. Nos direitos reais, a relação é imediata e direta, pois entre o sujeito e a coisa não há ninguém.

Por isso, no direito real há direito à coisa (*jus in re*) e no direito obrigacional há direito a uma coisa (*jus ad rem*).

5.1.4.5. Sequela

A sequela decorre do caráter absoluto dos direitos reais, pois o titular pode perseguir a coisa e reavê-la de terceiros, desde que a possuam ou detenham de forma injusta. Os direitos reais aderem à coisa e, por isso, o bem fica sujeito e submetido ao poder do titular.

Por isso, a sequela se relaciona com a aderência ou inerência. A coisa fica vinculada ao seu titular.

Nos direitos reais de garantia, por exemplo, se manifesta no direito que o sujeito tem de perseguir a coisa dada em garantia, independentemente do poder de com quem ela se encontre, para sobre ela exercer o seu direito de excussão, haja vista que o valor do bem está condicionado à satisfação do crédito.

5.1.4.6. Taxatividade

Os direitos reais existem de acordo com a previsão normativa, que os enumera e define. São definidos e enumerados determinados direitos reais pela norma.

O exemplo é o art. 1.225 do CC, o qual limita o número dos direitos reais: propriedade, a superfície, as servidões, o usufruto, o uso, a habitação, o direito do promitente comprador do imóvel, o penhor, a hipoteca e a anticrese, concessão de uso especial para fins de moradia e concessão de direito real de uso. Em 22-12-2016, o Presidente da República editou a Medida Provisória n. 759, a qual, no art. 25, alterou o art. 1225 do Código Civil para positivar o direito real "a laje". A referida medida provisória foi substituída pela Lei Federal n. 13.645/2017, que no art. 55 manteve o direito de laje como espécie de direito real e, ainda, disciplinou este novo instituto nos arts. 1.510-A a 1.510-E do CC. O direito de laje (inciso XIII do art. 1.225, com a redação da referida lei federal) já era reconhecido pela doutrina, inclusive por meio de enunciado da Jornada de Direito Civil. Agora, o direito de laje passa a integrar o rol dos direitos reais.

Portanto, para que seja reconhecido juridicamente determinado direito real, é necessário que haja previsão expressa em lei.

O rigor se explica pela eficácia *erga omnes*. Como os direitos reais são oponíveis a toda a coletividade, é imperiosa a reserva legal destes bens. O princípio da autonomia privada não pode, por conta deste caráter absoluto, justificar a criação de direitos reais. Os direitos reais dependem de previsão legal.

Em tempos recentes, por conta da complexidade das relações sociais, o caráter taxativo dos direitos reais é objeto de questionamento. A tese é que a autonomia privada poderia, desde que respeitados alguns princípios e regras, criar novos modelos.

É o que defendem Chaves e Rosenvald[11]: "nada impede que o princípio da autonomia privada possa, para além do âmbito definido para cada direito real, intervir para flexibilizar o sistema e provocar a afirmação de diferentes modelos jurídicos, com base nos espaços consentidos em lei, em face das exigências práticas do tráfego negocial". Como exemplos citados, a multipropriedade, *shopping center*, flat ou *time sharing*.

5.2. POSSE

5.2.1. Histórico e premissas para compreensão da posse

O estudo do instituto da *posse* impõe a compreensão histórica deste fenômeno da literatura jurídica, filoso-

---

[11] FARIAS, Cristiano Chaves de; ROSENVALD, Nelson. *Direito reais*. 7. ed. Rio de Janeiro: Lumen Juris, 2011, p. 20.

fia, sociologia, arte e, também, da cultura. A posse é muito mais que simples instituto jurídico. A imprecisão da sua natureza jurídica repercutirá, de forma negativa e positiva, nas relações intersubjetivas entre atores públicos e privados ou entre particulares.

Desde a antiguidade os estudiosos tentam compreender a posse, traçar os seus contornos, definir os seus limites e determinar a sua natureza jurídica. As discussões se aprofundaram, surgiram teorias para justificar a posse, teses foram escritas, livros publicados, pesquisas e estudos realizados, mas o instituto continua um enigma até os dias atuais. A dificuldade é justamente estabelecer uma compreensão do que efetivamente é (se é que deve ser) a posse, ou seja, qual a sua natureza, fundamento e essência jurídica.

O fato é que a dogmática da posse, mesmo depois de séculos de estudos e pesquisas, continua vinculada a velhos conceitos romanos. O exemplo desta afirmação é a metodologia e a sistematização da posse nos Códigos Civis brasileiros de 1916 e de 2002. A técnica romana ainda está impregnada em nossa legislação civil. A ausência de estudos e pesquisas mais aprofundados, relacionadas à origem e à essência da posse, certamente tornam a posse um dos temas mais complexos do direito civil contemporâneo.

Todavia, a compreensão do fenômeno possessório é baseada em uma premissa: a posse se caracteriza, se visualiza e se identifica a partir de uma situação de fato (fato da vida). Ainda que o sujeito tenha adquirido o direito de se tornar possuidor por meio de um título jurídico (contrato de compra e venda, locação, comodato, depósito etc.), só haverá posse e apenas será considerado possuidor se, no mundo fático, exercer poderes de fato sobre determinada coisa (atos possessórios reais). Portanto, posse é fato. Esta é a premissa básica de todo o fenômeno possessório.

No entanto, mesmo bebendo da fonte romanista, nossos códigos civis nunca foram esclarecedores sobre a natureza da posse. Até hoje nossos juristas e comentadores se digladiam para definir se a posse é um fato ou um direito. E, quando alguns consentem que é direito (registre-se que é direito que decorre de situação fática), surge novo debate, para definir se tal direito tem natureza real, obrigacional ou é uma terceira espécie, intermediária, entre os direitos obrigacionais e reais. Portanto, não há dúvida da influência romana em nossa legislação.

Ao longo da história, a compreensão sobre a natureza e os fundamentos da posse sempre foi realizada à luz das teorias subjetiva, de Friedrich Karl von Savigny, e objetiva, de Rudolf von Ihering. Nossa codificação civil também incorporou o estudo da posse sob a perspectiva destas teorias clássicas, as quais, na atualidade, não são suficientes para explicar o fenômeno possessório.

Independentemente da teoria adotada e dos diferentes entendimentos, a posse decorre de situação fática em que uma pessoa exerce poderes ostensivos sobre uma coisa, conservando-a e defendendo-a[12].

Em termos clássicos, a posse sempre pressupõe coisa corpórea ou material e a vontade de alguém em possuí-la. Em tempos modernos, se admite posse sobre bens incorpóreos. A posse faz nascer entre o possuidor e a coletividade (na posse natural) ou entre possuidores e a coletividade (posse derivada) relação jurídica que decorre de situação fática: modo como alguém procede ou se comporta em relação à determinada coisa. A posse se materializa pelo exercício efetivo de poderes de fato sobre determinado objeto. Posse é fato.

Na tentativa de explicar a posse e sua natureza, essencial elaborar análise pormenorizada das clássicas teorias subjetiva e objetiva. No entanto, antes de discorrer sobre a posse, é essencial uma crítica. Há uma excessiva e injustificada preocupação da doutrina em *categorizar* ou *rotular* a posse (fato ou direito; direito pessoal ou real), quando a sua compreensão, na atualidade, envolve a análise do conteúdo e da sua finalidade. É a junção da estrutura (elementos que compõem a posse – o que ela de fato é) com a finalidade ou funcionalidade (qual é a sua utilidade ou a que ela se destina) que caracterizarão este instituto. A análise do aspecto estrutural se relaciona com as teorias clássicas da posse (objetiva e subjetiva), ao passo que o aspecto funcional envolve a sua concepção social (função social da posse). Portanto, posse é estrutura + função.

Há duas premissas fundamentais para a compreensão do fenômeno possessório: A primeira é dissociar a posse propriamente dita (estrutura, natureza, função social e diferença com detenção) dos seus efeitos. Os efeitos da posse (institutos possessórios e tutela da posse, indenização, usucapião, direito a frutos, benfeitorias, direito de retenção, entre outros) em nada repercutem na concepção da posse. Até porque tais efeitos dependem da qualificação da posse (justa ou injusta, de boa ou má-fé, *ad interdicta* ou *ad usucapionem*) que pressupõe posse devidamente caracterizada. Portanto, posse justa e injusta são posse. A diferença é que a posse justa gerará, em relação a determinadas pessoas, efeitos que a posse injusta não provoca. A posse não é mais ou menos posse porque é justa ou injusta. Esta a primeira premissa.

A segunda premissa é dissociar a posse natural ou autônoma, fenômeno puramente possessório, da posse civil ou derivada, que decorre de relações jurídicas de direito real ou obrigacional. A lógica da posse civil é a relação jurídica da qual deriva, que repercutirá na posse e nos seus efeitos. A posse natural não se condiciona, porque os poderes do possuidor não estão limitados por qualquer relação jurídica.

A partir destas duas premissas, é possível iniciar a análise da posse.

5.2.2. Principais teorias da posse – Subjetiva (*Savigny*) e Objetiva (*Ihering*) (uma tentativa de compreender a estrutura do fenômeno possessório) – elementos que integram o conteúdo da posse: *corpus* e *animus*

5.2.2.1. Teoria subjetiva clássica (Savigny)

A posse, para Savigny, pode ser resumida no poder fático de dispor materialmente da coisa, com a intenção

---

[12] PEREIRA, Caio Mário da Silva. *Instituições de direito civil. Direitos reais*. 26. ed. Rio de Janeiro: Forense, 2018. v. IV, p. 17.

de tê-la para si e defendê-la contra a intervenção de outrem. É o poder físico associado ao domínio material ou corporal sobre o bem. Para Savigny, posse é contato com a intenção de ter a coisa para si.

Em seu *Tratado da posse*, Savigny agrega os elementos *corpus* e *animus* para explicar o fenômeno possessório. Para que haja posse, não basta o contato físico e a existência de um poder de fato, material, sobre uma coisa, sendo essencial que a pessoa tenha a intenção de a ter para si. O elemento subjetivo, *animus*, justifica a denominação da teoria do mestre Savigny em *teoria subjetiva da posse*. Em resumo, na concepção de Savigny, temos:

CORPUS	Poder de fato e controle material da pessoa sobre a coisa. Caracteriza-se como a faculdade real e imediata de dispor fisicamente da coisa; o *corpus* não é a coisa em si, mas o poder físico da pessoa sobre a coisa.
ANIMUS	É o elemento subjetivo da posse, consistente na intenção do possuidor de exercer o direito como se fosse o real e verdadeiro dono. É a vontade de ter a coisa para si, como se fosse dono – *animus domini*. Não é suficiente a atuação como dono, como na teoria objetiva, mas a efetiva *vontade* de possuir a coisa com ânimo de dono. Esse é o ponto central da teoria subjetiva. O possuidor tem a plena convicção e o sentimento de ser o dono da coisa com a qual mantém contato.

A posse, para Savigny, é o resultado da junção do *corpus* e do *animus*. A forma como Savigny caracterizou os referidos elementos que integram a posse dificultou a análise e a resolução de muitas situações fáticas que, à luz da referida teoria, não poderiam ser consideradas como posse.

Ao exigir contato, poder, disposição material e imediata sobre a coisa, na concepção do *corpus* trazido por Savigny, pessoas que se distanciavam da coisa deixavam de ser consideradas possuidoras, como é o caso dos locadores, arrendadores e depositantes. Por outro lado, o *animus* retira a condição de possuidores de vários sujeitos, a exemplo do comodatário, locatário, arrendatário, depositário, em que os titulares, embora tenham contato físico com a coisa, não têm intenção de tê-la para si ou a vontade de dono. Para Savigny, tais pessoas não podem ser rotuladas como possuidores, mas apenas detentores.

Desta forma, o maior *problema* da teoria subjetiva era impor que o sujeito possuísse a coisa com intenção de dono, fato que reduzia consideravelmente o rol de possuidores. Como dito, o comodatário, o locatário e o depositário não podem ser considerados possuidores na concepção da teoria subjetiva da posse, pois não mantêm com a coisa uma relação de proprietários ou com a intenção de serem proprietários.

Para Savigny, a ausência da vontade interior ou da intenção de proprietário, não torna o sujeito possuidor, mas mero detentor. A diferença entre detenção e posse para a teoria subjetiva é fundada na ausência ou presença do elemento subjetivo da posse (*animus*). A ênfase ao aspecto psicológico e volitivo transformava a posse em detenção e, em razão disso, o sujeito não poderia invocar a tutela possessória.

Sobre esse aspecto, bem ressalta Caio Mário[13]: "(...) para Savigny, portanto, não constituem relações possessórias aquelas em que a pessoa tem a coisa em seu poder, ainda que juridicamente fundada (como na locação, no comodato, no penhor etc.), por lhe faltar a intenção de tê-la como dono (*animus domini*), o que dificulta sobremodo a defesa da situação jurídica".

Portanto, na lógica da teoria subjetiva, se alguém se apossa da coisa sem a intenção de dono, é considerado mero detentor.

Por outro lado, a teoria subjetiva tem os seus méritos. E é justamente esse mérito que a está reavivando, mas com novos contornos, pois a posse, na concepção desta teoria, possuía plena autonomia em relação à propriedade (de natureza social). E qual seria, exatamente, esse mérito da teoria subjetiva? O mestre Savigny concebia a posse pela posse, como um fato autônomo e independente de outras situações jurídicas, como a propriedade. A autonomia à posse conferida pela teoria subjetiva é o legado mais precioso de Savigny, autonomia esta exaltada com otimismo pelos doutrinadores da atualidade. Com uma roupagem social, conferida pelo aspecto funcional da posse (função social), ninguém questiona a autonomia da posse ou a posse pura. Nesta concepção social, a posse é desvinculada da propriedade. Tratar a posse fora da estrutura jurídica da propriedade foi a contribuição grandiosa da teoria subjetiva para os posteriores estudos sobre o tema.

Finalmente, para a teoria subjetiva, a posse deve ser tutelada como uma necessidade para a pacificação social. A proteção contra atos de violência, a paz social e a necessidade de proteger a pessoa contra agressões de terceiro justificam a tutela da posse para a referida teoria.

De acordo com Rosenvald e Chaves[14], para a teoria subjetiva: "A posse seria um fato na origem e um direito nas consequências, pois confere ao possuidor a faculdade de invocar os interditos possessórios quando o estado de fato for objeto de violação, sem que isto implique qualquer ligação com o direito de propriedade e a pretensão reivindicatória dela emanada".

Como se verifica, o fundamento da tutela possessória é proteger a pessoa contra atos de violência a esta situação de fato. A proteção à posse pacífica é justificativa para a tutela possessória sob a ótica subjetiva.

Quanto aos efeitos, a teoria subjetiva adota a tese da pluralidade dos efeitos da posse, embora haja divergências em relação à delimitação ou quantidade destes efeitos. A posse seria a condição para a existência destes efeitos, como a usucapião e os interditos possessórios.

---

[13] PEREIRA, Caio Mário da Silva. *Instituições de direito civil. Direitos reais*. 26. ed. Rio de Janeiro: Forense, 2018. v. IV, p. 19.

[14] FARIAS, Cristiano Chaves de; ROSENVALD, Nelson. *Direito reais*. 7. ed. Rio de Janeiro: Lumen Juris, 2011, p. 29.

Assim, sob a perspectiva estrutural, a teoria subjetiva compreende a posse como o poder de fato sobre a coisa com a intenção de dono (*corpus* e *animus* com esses contornos explicam o conteúdo da posse e o que ela de fato é).

5.2.2.2. Teoria objetiva (Ihering)

O estudo da posse, na teoria objetiva, pressupõe a conexão deste fato social com a propriedade. O entendimento básico da concepção de posse para Ihering era justamente vinculá-la a um *direito maior*, ou seja, a propriedade. Para Ihering, o fundamento da posse é justificado pela defesa da propriedade e somente pode ser possuidor quem procede quanto à coisa como agiria o proprietário. A teoria objetiva parte da propriedade para explicar a posse.

Por isso, a posse não é considerada autônoma na lógica da teoria objetiva, pois sem propriedade não há posse ou, na melhor das hipóteses, o estudo da posse parte da análise da propriedade. A posse é essencial para a defesa da propriedade. Com essa concepção conferida à posse pela teoria objetiva, Ihering vinculou o fenômeno possessório à propriedade e, com isso, se afastou da ideologia da teoria subjetiva, que confere à posse autonomia em relação à propriedade.

Embora a teoria objetiva tenha retrocedido ao atrelar a posse à propriedade, com o que retirou a autonomia tão exaltada pela teoria subjetiva, a forma como Ihering caracterizou os elementos da posse, *corpus* e *animus*, ampliou a dimensão econômica da posse, pois pessoas que não tinham tutela possessória, por serem consideradas detentoras na perspectiva da teoria subjetiva, passaram à condição de possuidoras na teoria objetiva.

Isso ocorreu em razão da forma como Ihering concebeu a posse, também ancorado nos elementos *corpus* e *animus*.

A teoria objetiva incorporou o *animus* ao *corpus*, ao contrário da teoria subjetiva, que dissocia estes dois elementos e os analisa em separado. Nesta concepção objetiva, a posse é *corpus*, mas sem necessidade de contato corporal ou físico com a coisa (como defende a teoria subjetiva). O *corpus* se caracteriza pelo modo como o sujeito se comportará no que se refere à coisa. Não é necessário o contato direto (disposição material e física) sobre e com a coisa para que o sujeito exerça poderes de fato. É possível caracterizar a posse na teoria objetiva ainda que o sujeito esteja distante da coisa (*posse à distância*). A teoria objetiva parte da premissa de que o possuidor exerce poderes de fato e ostensivos sobre a coisa possuída, poderes estes inerentes à propriedade (art. 1.196 do CC). No entanto, para ter *corpus* e ser considerado possuidor, não é necessário o domínio material ou corporal sobre o bem. É possível exercer poderes ostensivos e de fato sobre a coisa mesmo à distância.

A teoria objetiva agrega os dois elementos e incorpora o *animus* no *corpus*. A posse, na teoria objetiva, é analisada a partir do comportamento e da conduta do sujeito em relação à coisa, ainda que não tenha contato corporal com ela, como exige a teoria subjetiva. Isso é possível porque os elementos objetivos e subjetivos estão associados.

Segundo Loureiro[15], para Ihering, *corpus* "é a relação exterior que há normalmente entre o proprietário e a coisa, é a conduta de quem se apresenta com relação semelhante à do proprietário (*imago domini*), com ou sem apreensão da coisa. Pode, portanto, haver posse sem contato ou poder físico entre a pessoa e a coisa".

O *corpus* consiste em uma conduta, um procedimento ou determinado comportamento do sujeito perante a coisa. Tal conduta ou comportamento pode ocorrer de forma imediata (contato físico e disposição material) ou mediata (a distância). Para ser possuidor basta se comportar em relação à coisa como normalmente o proprietário agiria. Como a posse é fundada na propriedade, o possuidor é aquele que pratica atos de proprietário, como se fosse o dono da coisa.

Nesse sentido, não há necessidade de o sujeito pretender ter a coisa para si (agir com ânimo de dono, como na teoria subjetiva), mas apenas ter a vontade de proceder como normalmente e habitualmente o faria o proprietário.

O *animus*, na teoria objetiva, integra o *corpus* e consiste na vontade de agir no que diz respeito à coisa como o proprietário, mas sem a pesquisa do elemento psicológico ou da intenção, como ocorre na teoria subjetiva. A dispensa da intenção de dono justifica o tratamento desta teoria como objetiva. Para esta teoria, é suficiente que o sujeito exteriorize atos de proprietário. É a visibilidade de domínio que caracteriza o possuidor.

A posse é analisada de forma *exterior* ou de fora para dentro, sob a ótica da teoria objetiva. Se alguém passa a agir e atuar, ou se comportar, em relação à coisa como o faria o proprietário, ele será possuidor, independentemente da sua intenção ou vontade no tocante à coisa. Por isso que a posse, na teoria objetiva, é a aparência de proprietário. É suficiente que o sujeito se comporte em relação à coisa como o proprietário se comportaria para ser considerado possuidor (*affectio tenendi*).

Para Ihering, *animus* não é a intenção de ser dono, mas simplesmente proceder tal como o proprietário o faz habitualmente (*affectio tenendi*). A teoria chama-se objetiva porque dispensa a intenção de ser dono. O *animus* está intimamente ligado ao *corpus*, porque é extraído da conduta visível do possuidor. Não se exige elemento volitivo do sujeito em relação à posse em si. É suficiente que haja a ostentação de poderes de fato sobre a coisa, como se proprietário fosse.

De acordo com a caracterização dos elementos da posse (*corpus* e *animus*) conferida pela teoria objetiva, o comodatário, o locatário, o depositário, dentre outros, passam para a condição de possuidores, pois, embora não tenham a intenção de possuir com ânimo de dono, dão à sua posse visibilidade de domínio, agindo com aparência de dono. A análise compreende a relação externa entre o sujeito e a coisa, sem a necessidade de investigar o elemento anímico (subjetivo, que é indispensável para a teoria subjetiva).

---

[15] LOUREIRO, Francisco Eduardo. Arts. 1.196 a 1.510-E – Coisas. In: PELUSO, Cezar (coord.). *Código civil comentado*. 2. ed. Barueri: Manole, 2008, p. 1.081.

O mérito da teoria objetiva é justamente ampliar o rol de possuidores, além de permitir o desdobramento da posse em direta e indireta (dispensa o contato físico e corporal – mesmo à distância pode alguém agir em relação à coisa como se proprietário fosse). Isto torna essa teoria, nas palavras de Caio Mário[16]: "mais conveniente e satisfatória".

A teoria objetiva amplia a dimensão econômica da posse e, por estar atrelada à propriedade, amplia a tutela dos proprietários, que é o seu grande objetivo. Não há dúvida de que a teoria serve aos proprietários, pois estes mantêm a condição de possuidores, com a possibilidade de invocar os interditos possessórios, quando dimensionam a utilização econômica da propriedade, por meio de relações jurídicas de direito real ou obrigacional.

A posse, portanto, para a teoria objetiva, não é reconhecida como instituto jurídico autônomo, pois fundada na defesa da propriedade e do proprietário. É o grande equívoco da teoria. Ao vincular a posse à propriedade, a teoria objetiva, embora adotada expressamente pela codificação civil brasileira (art. 1.196), se distancia da concepção social e autônoma que a posse assumiu na atualidade, a qual pode, inclusive, ser confrontada com a propriedade. Essa concepção social da posse pode ser visualizada em nosso sistema com a redução dos prazos de usucapião, o instituto da desapropriação judicial (art. 1.228, §§ 4º e 5º, do CC), a proibição de alegar domínio em demanda possessória, a possibilidade de o possuidor adquirir a propriedade pela acessão (art. 1.255, parágrafo único, do CC), dão a dimensão da relevância social da posse no nosso sistema, por mais paradoxal que possa parecer.

Embora o Código Civil de 2002 tenha se filiado à teoria objetiva, a qual fundamenta a posse na propriedade (ser possuidor é exercer alguns ou todos os poderes de proprietário), em outros artigos, admite, permite e, até certo ponto, reconhece a autonomia da posse, em razão da nova conformação socioeconômica desta.

Trata-se de evidente paradoxo do sistema civil atual que, no art. 1.196, define possuidor na perspectiva da teoria objetiva da posse, vinculada à propriedade (possuidor é quem exerce poderes de proprietário ou age como proprietário) e, em outros dispositivos, reconhece a posse como instituto autônomo e desvinculado da propriedade.

Como explicar no mesmo sistema jurídico a adoção de concepções diferentes para a posse e o referido paradoxo? Para definir posse, a Lei Civil exige que o sujeito realize atos de proprietário (art. 1.196 – teoria objetiva) ou exerça qualquer dos poderes inerentes à propriedade (art. 1.228 do CC), mas, ao mesmo tempo, confere à posse autonomia em relação à propriedade quando reconhece a sua função social (usucapião, desapropriação judicial etc.). Essa tensão entre a teoria objetiva e a teoria social da posse é uma realidade no sistema e é justificado por razões históricas, políticas e culturais.

A elite é proprietária. Os legisladores são proprietários. Ainda há interesse na defesa da propriedade por meio da posse. Ao invés de romper definitivamente com a teoria objetiva concebida tradicionalmente por Ihering e na tentativa de conciliar os interesses dos proprietários e dos possuidores não proprietários, o nosso sistema passou a conviver com uma noção de posse ainda sob a perspectiva objetiva de Ihering, vinculada à propriedade, e uma noção social da posse, considerada autônoma em relação à propriedade. O apego à teoria objetiva de Ihering apenas intensifica a dificuldade de se compreender o fenômeno possessório, pois a Lei Civil convive com noções até certo ponto antagônicas do mesmo instituto.

No que tange à teoria objetiva, como bem ressaltam Rosenvald e Chaves[17]: "(...) a teoria objetiva repele a conceituação da posse que se baseia no elemento puramente subjetivo – *animus* –, pois ele está implícito no poder de fato exercido sobre a coisa. A posse é evidenciada pela existência exterior, sem qualquer necessidade de descermos a intrincada questão do plano íntimo da vontade individual de quem possui".

A posse, na teoria objetiva, não é reconhecida como modelo jurídico autônomo. Possuidor é o que concede destinação econômica à propriedade – visibilidade ao domínio. Para a teoria objetiva, *corpus* é a relação exterior que há normalmente entre o proprietário e a coisa. O elemento psíquico, nesta teoria, não está na intenção de ter a coisa para si, mas na vontade de proceder como procede habitualmente o proprietário. A posse é a visibilidade do domínio e complementa a propriedade, com a finalidade de protegê-la.

A posse é reconhecível externamente por sua destinação econômica. Não é o elemento psicológico que a revela, mas a forma como o poder fático do agente sobre a coisa revela-se exteriormente.

Aqui na teoria objetiva, o *corpus* não é dominação material ou vigilância pessoal. A posse depende da propriedade para existir. Não importa a possibilidade de apreensão imediata da coisa, mas o fato de o possuidor agir como agiria o proprietário. A posse vem a ser o exercício de um poder sobre a coisa correspondente ao direito de propriedade ou outro direito real. O que vale é o uso econômico facilmente reconhecido por qualquer pessoa, tenha ou não o possuidor animo de dono.

O que justifica a posse na teoria objetiva é o interesse na destinação econômica da propriedade. Conferir uma maior dimensão econômica à propriedade e, em consequência, permitir que os proprietários possam invocar a eficaz tutela possessória, por meio da utilização dos interditos. A coexistência de posses, em direta e indireta, é a prova dessa maior dimensão econômica da posse.

No caso da teoria objetiva, a diferença entre possuidor e detentor não está no elemento psicológico e sim na vedação legal. Para a teoria objetiva, é o ordenamento jurídico que caracterizará a condição de detentor ou possuidor. Essa lógica foi adotada, de certo modo, pela legisla-

---

[16] PEREIRA, Caio Mário da Silva. *Instituições de direito civil. Direitos reais*. 26. ed. Rio de Janeiro: Forense, 2018. v. IV.

[17] FARIAS, Cristiano Chaves de; ROSENVALD, Nelson. *Direito reais*. 7. ed. Rio de Janeiro: Lumen Juris, 2011, p. 29-30.

ção brasileira, uma vez que a detenção é definida pelo ordenamento jurídico no art. 1.198 da Lei Civil.

O problema é que a teoria objetiva está na contramão da concepção contemporânea de uma posse social ou funcionalizada, a qual, para ser tutelada, não necessita estar vinculada a nenhum direito real, em geral, ou ao direito de propriedade, em particular.

Essa autonomia da posse, repudiada pela teoria objetiva, foi a marca revolucionária da teoria subjetiva de Savigny, para quem a posse tem autonomia (não está vinculada ao direito subjetivo de propriedade). A história está por provar que a razão estava com Savigny quando defendia a autonomia do fenômeno possessório, embora não com o mesmo caráter social e a renovada ideia de posse na atualidade.

Para Orlando Gomes[18], o esforço da doutrina em obter a conceituação da posse tem por objetivo fornecer um critério para se distinguir o possuidor do detentor, pois à posse são atribuídos efeitos jurídicos, em especial para sua proteção, os quais são negados à detenção. É mais fácil distinguir o possuidor do detentor sob a perspectiva da teoria subjetiva, na medida em que, não havendo o ânimo de dono, a pessoa é detentora. Para a teoria objetiva, cabe ao ordenamento jurídico, por meio de política legislativa, definir a situação jurídica da detenção.

No que tange aos efeitos da posse, a teoria objetiva adota a tese da unidade dos efeitos, por ser esta a exteriorização da propriedade. Desta forma, o efeito gerado pela posse é a presunção de propriedade.

Assim, sob a perspectiva estrutural, a teoria objetiva compreende a posse como *comportamento de dono*, sem a necessidade de investigar o elemento psicológico (*corpus* e *animus* se fundem para explicar o conteúdo da posse e o que ela de fato é).

O que se verifica é que, na atualidade, as teorias clássicas não são suficientes para explicar o fenômeno posse.

A posse não pode ser estudada sob a perspectiva da propriedade, como um instituto subordinado a este direito real, como pretendeu a teoria objetiva, e também não pode ser imposta às pessoas, para que se tornem possuidores, que tenham a intenção de ter a coisa para si, como defendeu a teoria subjetiva. A posse é muito mais do que isso. Nenhuma das teorias pode ser adotada na integralidade. A posse é uma realidade social muito mais dinâmica do que as teorias clássicas pretendem explicar e justificar.

A posse deve ter autonomia em relação à propriedade. Além disso, os seus elementos tradicionais, *corpus* e *animus*, devem se conformar à função social do instituto. É a nova teoria social da posse.

5.2.2.3. Teoria adotada no Código Civil e a teoria social da posse

O Código Civil de 2002, na mesma linha do seu antecessor, de forma equivocada, manteve-se fiel à teoria objetiva de Ihering, conforme se verifica no art. 1.196, quando qualifica o possuidor.

De acordo com o art. 1.196 do CC: "Considera-se possuidor todo aquele que tem de fato o exercício, pleno ou não, de algum dos poderes inerentes à propriedade".

É nítida a vinculação da posse à propriedade. Só é possuidor aquele que se comporta como proprietário, que tem conduta de dono.

E, para ostentar tal condição, basta exercer todos ou alguns dos poderes inerentes à propriedade: usar, fruir, conservar e defender aquilo que lhe pertence (art. 1.228 do CC). Na linha do art. 1.196 do CC, a posse deve servir à propriedade, facilitar a defesa do proprietário, servir como justificativa à propriedade e, de alguma forma, ainda que possa ser considerada autônoma, é conduzida sempre à propriedade. É o caminho que leva à propriedade.

Essa é a lógica da posse prevista no art. 1.196 do CC, de acordo com a concepção clássica e tradicional da teoria objetiva. Posse é visibilidade de domínio.

Portanto, o possuidor é aquele que exerce sobre a coisa poderes de proprietário, de forma plena ou desdobrada (limitada), como nos direitos reais sobre coisa alheia. A posse está vinculada à noção de propriedade. Esta é a concepção objetiva da posse defendida por Ihering. A partir dos poderes inerentes à propriedade (art. 1.228 do CC), – usar, fruir e gozar, dispor e reaver o bem –, se chega à ideia de posse. Parte-se da propriedade para compreender a posse.

Todavia, em evidente confronto com a teoria objetiva da posse, o próprio Código Civil, em vários dispositivos, tutelará a posse autônoma, desvinculada da propriedade. É um paradoxo em relação ao disposto no art. 1.196 do CC, que está amarrado com a teoria objetiva de Ihering.

Isso prova que há uma tensão no sistema civil entre a teoria objetiva, fundada na propriedade e adotada no art. 1.196 do CC, e a ideia de posse autônoma com caráter social ou uma nova teoria, que possa ser rotulada de *teoria social da posse*, a qual reconhece a autonomia desta em relação à propriedade, como se dá, por exemplo, no instituto da desapropriação judicial, disciplinado no art. 1.228, §§ 4º e 5º, do CC. Esse paradoxo no próprio sistema dificulta a compreensão do fenômeno possessório quando analisado a partir de uma visão jurídica. O Código Civil, no art. 1.196, sugere que a posse tem uma concepção que de fato ela não tem. Há uma crise de identidade ou *existencial* na legislação civil no âmbito da posse. A posse se revela no art. 1.196 de uma forma substancialmente diversa do que tal instituto efetivamente é. A posse, assim como outros institutos de direito civil, depende, para sua legitimação, de uma função ou finalidade, a qual conecta a posse à concretização de valores sociais estabelecidos na Constituição Federal.

O fato é que, em matéria possessória, o Código Civil é caótico, justamente por conta desta tensão ou conflito evidente que existe entre a definição da posse sob a ótica da teoria objetiva e a configuração e concepção da posse sob uma ótica social, desvinculada da propriedade (posse autônoma).

---

[18] GOMES, Orlando. *Direitos reais*. 19. ed. atualizada. Rio de Janeiro: Forense, 2007, p. 18.

Como não houve a possibilidade da ruptura radical com a teoria objetiva da posse (ela atende bem aos proprietários e à classe dominante no país, representada no Parlamento, que ainda é proprietária), o meio encontrado para evoluir no tema e adaptar a nossa legislação à funcionalização e socialização dos direitos, foi incluir institutos no Código Civil que buscam a valorização e tutela da posse, de forma independente e autônoma em relação à propriedade.

Com isso, o Código Civil passa a conceber e definir a posse e o possuidor sob a perspectiva da teoria objetiva de Ihering, vinculada à propriedade e, ao mesmo tempo, adota uma concepção contemporânea, atual e moderna da posse, para reconhecê-la de forma autônoma, desvinculada da propriedade, em vários artigos (art. 1.210, § 2º – vedação de discussão de domínio em matéria possessória; 1.228, §§ 4º e 5º – desapropriação judicial, onde a posse funcionalizada sacrifica a propriedade; art. 1.255, parágrafo único – acessão invertida, dentre outros).

Essa antinomia entre concepções diferentes de posse dentro do mesmo sistema causa perplexidade à primeira vista, mas é compreensível em razão da impossibilidade de ruptura total, ao menos no contexto atual brasileiro, com a teoria objetiva de Ihering.

O fato é que a autonomia da posse ou a posse pela posse é uma tendência universal, ancorada na funcionalização dos direitos e mais especificamente na função social destes direitos subjetivos.

Em razão da necessidade de vincular os direitos a uma função ou de agregar às estruturas dos institutos jurídicos uma funcionalidade social, as teorias clássicas, objetiva e subjetiva, não são mais suficientes para explicar a posse. Esta deve ser analisada à luz dos valores sociais constitucionais que fundamentam as relações privadas de natureza intersubjetiva, em especial a imposição da necessária funcionalização destes direitos. A posse, para ter legitimidade, deve ter função social.

E essa função social conferida à posse em tempos atuais traz para o estudo deste instituto novos paradigmas, os quais permitem a análise da posse de forma plena, autônoma e independente de qualquer outro direito, em especial do direito de propriedade. A função social da posse traz a reboque a análise autônoma do fenômeno possessório. Com isto não se pretende afirmar que o proprietário não é possuidor, mas que a posse, mesmo derivada da propriedade (posse e propriedade vinculadas ao mesmo sujeito), tem tutela independente e autônoma. O direito subjetivo de propriedade concede ao titular do direito faculdades jurídicas, que se exteriorizam pelo domínio. E o domínio nada mais é do que o exercício de atos possessórios. É possuidor aquele que, plenamente ou não, exerce poderes inerentes à propriedade. Tais poderes são instrumentalizados pelo domínio (uso, gozo e disposição, elementos internos da propriedade). Neste caso, a propriedade é o que dá suporte e legitimidade à posse, mas tal posse, em termos de caracterização e tutela, não se confunde com a propriedade da qual decorre.

Além disso, há a posse natural ou autônoma, a qual não decorre ou deriva de qualquer relação jurídica.

Essa autonomia da posse foi ressaltada na V Jornada de Direito Civil e convertida no Enunciado 492[19]: "A posse constitui direito autônomo em relação à propriedade e deve expressar o aproveitamento dos bens para o alcance de interesses existenciais, econômicos e sociais merecedores de tutela".

Não há dúvida da importância social e econômica da posse, independentemente do direito de propriedade. Exemplo disso é o direito à moradia, disciplinado no art. 6º da CF/88, o qual visa concretizar, por meio também da posse, situações jurídicas existenciais, em especial a dignidade da pessoa humana. A análise da posse sob uma perspectiva constitucional é uma realidade e, como consequência, lhe traz novas luzes, com a sua valorização, como são os casos da redução dos prazos de usucapião, da desapropriação judicial prevista no art. 1.228, § 4º do CC, da proibição de alegação de domínio em ação possessória, dentre outros.

Para se compreender a posse à luz dos valores sociais constitucionais e como meio de concretização de direitos fundamentais materiais, há dois caminhos:

1º caminho: a construção de uma teoria social da posse, desvinculada das amarras das teorias clássicas (objetiva e subjetiva), onde se buscará compreender a posse sob os aspectos estrutural e funcional com os contornos traçados pela Constituição Federal; ou

2º caminho: analisar as teorias clássicas sob essa perspectiva funcional/social/constitucional, ou seja, aproveitar os conceitos e a concepção da posse que foram construídos por estas teorias ao longo dos anos para compreender a sua estrutura (o que ela é – com a ideia de *corpus* e *animus*) e agregar a esta noção meramente estrutural um aspecto funcional (finalidade e função social).

O primeiro caminho é mais complexo, pois envolverá uma reconstrução do fenômeno possessório e a comunidade acadêmica brasileira ainda não está preparada para se desapegar dos velhos elementos que integram a posse e tentam explicar o seu conteúdo – *corpus/animus* –, para se compreender o fenômeno possessório. Neste caso, seria

---

[19] Na justificativa deste Enunciado, Gustavo Tepedino e Pablo Renteria destacaram que: "A posse traduz o poder de fato que alguém exerce sobre uma coisa, de modo a tirar dela proveito econômico. Cuida-se, precisamente, de um estado de fato que se assemelha ao exercício da propriedade – visto se materializar na prática de qualquer ato por meio do qual a propriedade se exterioriza – mas que não se identifica com o exercício da propriedade. Com efeito, a posse se configura não somente quando o proprietário exerce o domínio, mas igualmente quando qualquer das faculdades inerentes à senhoria é exercida por alguém autorizado pelo proprietário – seja em virtude de direito real limitado (e.g. usufrutuário) seja em razão de direito pessoal (e.g. o locatário) – ou por uma pessoa que, mesmo contra a vontade do proprietário, se arrogou o aproveitamento econômico da coisa. Sendo a posse um direito que pode ser exercido por quem não é dono da coisa e até mesmo contra este, evidencia-se o equívoco em que incorre a assertiva de que a posse consiste no exercício da propriedade. Ao reverso, a posse constitui direito autônomo em relação à propriedade, que expressa o efetivo aproveitamento econômico dos bens para o alcance de interesses existenciais e sociais merecedores de tutela".

essencial um estudo aprofundado da estrutura da posse, a fim de verificar se é possível entender a posse sem estar atrelado aos elementos *corpus/animus*.

No segundo caminho, que parece ser a tendência da comunidade acadêmica, também encontrará obstáculos. Neste caso, parte-se de concepção de posse já trabalhada pelas teorias objetiva e subjetiva, por meio dos elementos *corpus/animus*, a fim de definir a estrutura do instituto (o que ela é), para agregar-lhes finalidade social ou uma funcionalidade (a ideia de função social da posse – para o que ela serve ou qual a sua finalidade). Quais seriam os obstáculos? O Código Civil parte de uma concepção de posse atrelada à propriedade, na perspectiva da teoria de Ihering (art. 1.196 do CC), o que significa que mesmo se for conferida à posse caráter social, sua base estrutural (o que ela é) estará vinculada à propriedade.

E então ficará difícil explicar alguns institutos do Código Civil, como a desapropriação judicial (art. 1.228, § 4º e 5º), que não vincula a posse à propriedade. Ao contrário, tal instituto confere à posse, sob a perspectiva da estrutura, autonomia em relação à propriedade. Se for usada como parâmetro a teoria subjetiva, embora tenha o mérito de considerar a posse com autonomia, tal teoria não foi adotada pelo Código Civil e ainda exige que o possuidor esteja em contato direto e imediato com a coisa (poder físico e disposição material) e tenha a intenção de ter a coisa para si, o que reduzirá consideravelmente o rol de possuidores. Isso prejudica a dimensão econômica que a posse alcançou na atualidade e ainda inviabilizará várias relações jurídicas materiais.

A teoria objetiva adotada pelo Código Civil não atende os anseios da nossa sociedade e, o que é pior, não está afinado com os valores sociais constitucionais. A socialização da posse implica uma difícil escolha entre uma teoria social independente ou na junção deste caráter social às teorias clássicas, com todos os problemas já referenciados.

Segundo a maioria da doutrina, a teoria objetiva de Ihering deve ser compreendida à luz e em conformidade com os parâmetros sociais da posse estabelecidos na Constituição Federal, fato que relativiza a referida teoria clássica, adotada pelo art. 1.196 do CC.

Neste diapasão, o que ganha relevo não é proceder em relação à coisa como o faria o proprietário, mas o modo como se age em relação à coisa e a finalidade dessa atuação (moradia, econômica, posse produtiva etc.). A finalidade vinculada ao modo de atuação dá ao *corpus* uma nova conformação. A relativização da teoria objetiva é mais que uma realidade, e sim uma necessidade social, pois não há como tutelar a posse a partir do direito real de propriedade, quando há questões existenciais mais relevantes, como o direito fundamental à moradia, desdobramento da dignidade da pessoa humana, que força o reconhecimento de uma posse funcionalizada ainda que não vinculada a qualquer direito de propriedade.

De acordo com Tepedino[20]: "(...) à luz da legalidade civil constitucional, a posse será merecedora de tutela se (e somente se) exercida com observância dos valores constitucionais. Extrai-se, desse modo, o aspecto dinâmico da posse, cujo conteúdo não é fixado apenas pela emanação dos poderes próprios do domínio, mas depende também de centros de interesses extraproprietários que justificam e legitimam a relação possessória. A função social integra, assim, o conteúdo da posse, que desloca o seu fundamento do direito de propriedade para a concretização de direitos fundamentais, tais como a moradia, o trabalho, a proteção à família, a utilização racional e adequada do solo, entre outros".

A posse, a partir de então, deve ser analisada sob esta perspectiva social e econômica, ou seja, não basta entender a posse sob uma visão estrutural (o que ela é – *corpus* e *animus*), mas compreender a sua finalidade, utilidade e função (ou seja, para que ela serve). É a junção do direito/função ou estrutura e funcionalidade.

Nesta nova dimensão, também pode ser considerado possuidor, para todos os efeitos legais, a coletividade desprovida de personalidade jurídica (Enunciado 236[21] da III Jornada de Direito Civil).

Todavia, na prática, o que se percebe, sem que haja um reconhecimento expresso dos nossos doutos, é a junção da concepção estrutural da posse de acordo com a teoria objetiva, com o fundamento da posse da teoria subjetiva, agregados à funcionalização da posse.

Explica-se: o que se verifica é a análise da posse a partir da concepção do *corpus* (proceder como dono) e do *animus* (vontade de conferir visibilidade de domínio, sem necessariamente ter a intenção de ter da coisa para si) da teoria objetiva (pois, conferem uma dimensão econômica bem mais interessante ao instituto), da adoção do fundamento da teoria subjetiva (que reconhece a posse como um instituto autônomo em relação à propriedade) e da finalidade da teoria social da posse (função social). Em resumo, embora não se diga expressamente, a posse consiste nos elementos estruturais da teoria objetiva, no fundamento da teoria subjetiva e na funcionalidade da teoria social da posse.

Resumo sobre a concepção de posse em nosso sistema

A posse (e a condição de possuidor) pressupõe o exercício efetivo de poderes de fato sobre determinado objeto. A questão é: Como os "poderes de fato" configurarão posse?

No mundo fático, a posse se configurará (em termos visuais) a partir de elementos que integram a sua estrutura (*corpus* e *animus* – modo como os poderes de fato se materializam) com função/finalidade (função social – objetivo dos poderes de fato): Estrutura + Função = Posse.

---

[20] TEPEDINO, Gustavo; BARBOZA, Heloisa Helena; MORAES, Maria Celina Bodin de. *Código civil interpretado conforme a Constituição da República*. Rio de Janeiro: Renovar, 2007. v. III, p. 445-446.

[21] "Considera-se possuidor, para todos os efeitos legais, também a coletividade desprovida de personalidade jurídica".

Em relação à estrutura, a teoria objetiva – TO (Ihering) e subjetiva – TS (Savigny) conferem concepções diversas ao *corpus* e *animus*. A TS dissocia *corpus* (poder de disposição física e material sobre a coisa) e *animus* (vontade de ter a coisa para si): terá posse e será possuidor quem, no mundo da vida, ao exercer poderes de fato sobre a coisa, tiver contato material ou o bem à sua disposição física, com ânimo de dono (elemento subjetivo é relevante). A objetiva associa e agrega *corpus* e *animus*. A posse e a condição de possuidor se visualizam a partir da exteriorização de um comportamento. É suficiente a conduta, procedimento ou o comportamento de dono (*não* a vontade de ser dono). No mundo dos fatos tal comportamento de dono ocorrerá quando o sujeito exercer poderes inerentes à propriedade: uso, gozo e disposição.

A vantagem da TS corresponde à desvantagem da TO e vice-versa. A TS considera a posse autônoma em relação à propriedade (vantagem), ao passo que a TO vincula a posse à propriedade (desvantagem). Por outro lado, a TO confere ao *corpus* e *animus* concepção que amplia a dimensão econômica da posse (o que permitirá o desdobramento da posse, a posse por outrem etc. – vantagem). A TS, ao exigir disposição material e ânimo de dono, restringe a posse (desvantagem).

O CC, de forma pragmática, adotou a teoria objetiva (art. 1.196): É possuidor quem, de fato, efetivamente, exerce poderes inerentes à propriedade sobre um objeto. Posse é comportamento de dono no mundo fático (é diferente de querer ser dono – TS). A TO vincula posse à propriedade.

Na atualidade, os elementos que integram a estrutura da posse, *corpus* e *animus*, não são mais suficientes para explicar o fenômeno possessório. A posse, para se caracterizar, depende de elemento finalístico: função social. O exercício de poderes de fato sobre uma coisa, com *corpus* e *animus* (seja na concepção subjetiva ou objetiva), mas sem função social, é qualquer coisa, menos posse. A função social que conforma, fundamenta e legitima a posse, implicará, naturalmente, na autonomia da posse em relação à propriedade (desapropriação judicial, 1.228, §§ 4º e 5º; acessão invertida, 1.255, parágrafo único; vedação de exceção de domínio, 1.210, são evidências desta autonomia – posse social sacrifica propriedade não funcional). Esse é o ponto.

O CC adota teoria (objetiva) que submete posse à propriedade (não há autonomia), mas a função social, essencial para a caracterização da posse contemporânea, só terá sentido lógico-jurídico se a posse for autônoma em relação à propriedade. Aí o principal motivo que dificulta a compreensão do fenômeno: A função social da posse não é compatível com o fundamento da TO adotada pelo CC. Como resolver essa equação? Flexibilizar o fundamento da TO? Nossa posse (brasileirinha) é a junção do *corpus* e *animus* da TO (que amplia economicamente a posse), do fundamento da TS (autonomia da posse em relação à propriedade) e da necessária função social (soma da vantagem das teorias e função social): É a nossa posse. Em resumo: se entendermos que posse é fato e que a caracterização da posse independe da qualificação da posse (justa ou injusta; boa-fé ou má-fé do possuidor, tem relevância apenas para os efeitos da posse, jamais para a sua concepção).

5.2.2.4. Teorias da posse e o STJ

No âmbito do Superior Tribunal de Justiça não há a devida coerência em relação à análise de questões possessórias. Embora tenha como função constitucional uniformizar entendimento sobre legislação federal, o STJ ainda demonstra insegurança quando se depara com o tema *posse*.

Em algumas decisões, a Corte Superior defende e adota integralmente a teoria objetiva da posse, lastreada nos ensinamentos, que hoje são questionáveis, de Ihering. Em outra vertente, de forma diametralmente oposta, a referida Corte confere à posse contornos sociais e condiciona a sua defesa e legitimidade à necessária função social. O que explica essa divergência de entendimento do fenômeno posse no mesmo Tribunal, onde todas as concepções sobre posse, mesmo contraditórias entre si, são defendidas com veemência?

Após análise mais apurada destas decisões, verifica-se que o STJ, na defesa de áreas públicas, é conservador e assume uma postura clássica em relação à concepção de posse. Já na posse entre particulares, a Corte Superior de Justiça adota posição mais moderna, atrelada à teoria dos direitos materiais fundamentais e a concepção social da posse.

O STJ tem posição consolidada, embora questionável, de que não há posse sobre área pública e sim detenção (*vide* Súmula 619). O fato é que, para justificar a sua posição em relação à incompatibilidade da posse (ocupação irregular) por particular com área pública, aquele Tribunal invoca a teoria objetiva de Ihering. Neste ponto, a incoerência. De acordo com o STJ, não se pode reconhecer posse a quem não pode ser proprietário. É a ideologia e a filosofia da teoria objetiva, considerada em seu aspecto mais puro.

Em precedentes mais antigos (Recurso Especial 863.939/RJ), para justificar que a ocupação irregular de área pública não é posse e sim detenção, o STF afirmou: "Posse e propriedade, portanto, são institutos que caminham juntos, não havendo de se reconhecer a posse a quem, por proibição legal, não possa ser proprietário ou não possa gozar de qualquer dos poderes inerentes à propriedade".

A princípio não há problema na tese de que a ocupação irregular em área pública é detenção e não posse. No entanto, a incoerência se evidencia quando na ocupação irregular de área pública, se houver disputa entre particulares, o STJ analisa a situação com base no fenômeno possessório e não na detenção (e faz menção a teoria social da posse). Aliás, de acordo com a Súmula 637 "o ente público detém legitimidade e interesse para intervir, incidentalmente, na ação possessória entre particulares, podendo deduzir qualquer matéria defensiva, inclusive, se for o caso, o domínio". Tal entendimento constitui a prova de que se admite discussão de posse entre particulares, no caso de ocupação irregular de área pública. Portanto, a ocupação irregular de área pública, de acordo com o STJ, se discute no âmbito da posse ou da detenção, a depender com quem o particular a disputa (se com o Poder Público, detenção; se com outro particular, posse).

Na disputa com o Poder Público, prevalece o enunciado da Súmula 619, segundo o qual a ocupação irregular de área pública caracteriza detenção, sem qualquer direito a indenização por benfeitorias ou direito de retenção pelo particular.

Aliás, para justificar a impossibilidade de posse em área pública, o STJ (Recurso Especial 780.401/DF), já enunciou que "a posse do estado sobre seus bens deve ser considerada de forma permanente" o que significa que a posse sempre servirá para defender a propriedade pública. A posse *permanente*, que impede outras posses, é apenas uma forma lúdica e romântica de disciplinar a posse, pois, por trás desta tese da *posse permanente* está, por óbvio, a defesa da propriedade pública. Se ninguém nunca poderá exercer posse sobre área pública, é porque essa posse não conduz à propriedade.

No REsp 75.659/SP, de relatoria do Min. Aldir Passarinho Júnior, julgado em 21-6-2005, que analisou o famoso caso da "Favela do Pullman", localizada em São Paulo, o STJ manteve o acórdão do Tribunal de Justiça do Estado de São Paulo, o qual reconheceu a posse daquela comunidade em detrimento dos proprietários, justamente com fundamento na ideia de função social da posse.

Para este caso, que não envolve área pública, a concepção de posse do STJ não é a da teoria objetiva, mas sim posse social e concretizada à luz de valores constitucionais. Neste recurso, foi consignada a função social da posse e registrado que os proprietários exerceram esse direito de forma antissocial, em razão de uma consolidação fática no local, sendo que o princípio da função neutralizou o direito de propriedade dos antigos donos. Isso é a concepção social da posse, diversa da teoria adotada pelo STJ em outros precedentes.

Da mesma forma, no pedido de intervenção federal 92/MT, o STJ adotou um discurso social da posse para justificar o descumprimento de uma ordem judicial de reintegração de posse (a decisão foi por maioria). Para esse caso, que envolve área privada, foi construída uma tese social de posse para não retirar moradores de uma área privada, mesmo com decisão judicial determinando tal ato. Nos casos de área pública, a concepção é a de Ihering.

5.2.3. Natureza jurídica da posse

O estudo da natureza jurídica da posse envolve a análise da essência, dos elementos constitutivos deste instituto e, principalmente do *corpus* e *animus* referidos pelas teorias objetiva e subjetiva. Compreender a sua natureza é entender o que é a posse.

Posse é poder de fato sobre a coisa, contato físico e material com intenção de dono (na perspectiva da teoria subjetiva) ou é um direito subjetivo incorporado ao patrimônio jurídico daquele que ocupa determinando bem jurídico e se comporta em relação a ele como se fosse o dono (sob a perspectiva da teoria objetiva de Ihering)? Assim, a posse é protegida pelo seu próprio significado ou como uma extensão da tutela da propriedade?

De início, é fácil perceber que a discussão sobre a natureza jurídica da posse passa, necessariamente, pela análise das clássicas teorias subjetiva e objetiva da posse. Com isso, será analisado se a posse deve ser tutelada e protegida por conta de sua própria estrutura e dimensão ou se a tutela da posse nada mais é do que um prolongamento ou uma extensão do direito de propriedade.

A teoria *subjetiva* defende que a posse é um fato em si. É compreensível a afirmação da teoria subjetiva. Savigny defendia a posse como um fato autônomo, desvinculado da propriedade ou a *posse pela posse e, por isso, se afirmasse que* a posse é um direito poderia aproximá-la do direito de propriedade. Então, a posse como fato, de acordo com a teoria subjetiva, nada mais é do que a consequência do fundamento da posse (proteger a pessoa contra atos de violência) e da autonomia da posse para essa teoria. Para ser possuidor, na perspectiva da teoria subjetiva, basta o contato físico e material com a coisa com a intenção de dono.

Todavia, embora a posse seja considerada fato em si, decorrente deste contato da pessoa com a coisa, para a teoria subjetiva, quanto aos efeitos, tal fato poderia trazer consequências jurídicas. Em resumo, para a teoria subjetiva, posse é fato, na origem e direito, porque tal fato gera efeitos jurídicos. Para a teoria subjetiva, a tutela da posse tem por objetivo proteger a pessoa de toda a forma de violência como conduta antijurídica. Desta forma, tudo gira em torno da defesa do fundamento da posse e da sua autonomia em relação a outros direitos, em especial o direito de propriedade.

Por outro lado, para a teoria *objetiva*, a posse é um direito. Isso se explica porque a teoria objetiva de Ihering defendia que a posse está vinculada ao direito de propriedade. A posse decorre da propriedade. O fundamento da posse é a defesa e a tutela da propriedade. Portanto, se a propriedade é um direito, como consequência lógica a posse só poderia ser considerada um direito. É um direito subjetivo, juridicamente protegido, cujo objetivo é a defesa do direito superior de propriedade. O interesse na posse é reflexo à tutela da propriedade. Para Ihering, o único efeito da posse é a defesa da propriedade. A crítica severa à teoria objetiva é manter esse vínculo da posse com a propriedade e definir o possuidor a partir da propriedade, como o fez o art. 1.196 do CC.

A posição da teoria *objetiva* é definida com precisão por Orlando Gomes[22]: "direito é o interesse juridicamente protegido. Admitida essa definição, não pode haver dúvida de que a posse seja um direito. Nela se reúnem os dois elementos – substancial e formal – que se exigem para a existência de um direito. O elemento substancial consiste no interesse. A posse o corporifica, porque constitui a condição para a utilização econômica da coisa. Como simples relação de fato, oferece, pois, interesse. A esse elemento substancial, o direito acrescenta na posse um elemento formal: a proteção jurídica, o que equivale a um direito".

---

[22] GOMES, Orlando. *Direitos reais*. 19. ed. atualizada. Rio de Janeiro: Forense, 2007, p. 42.

O fato é que não só a posse é alicerçada em uma situação de fato. Outros direitos também o são. Todo fato que possui relevância jurídica pode se tornar um direito tutelado pelo Estado. Isso ocorre não apenas com a posse, mas também com outros direitos. E todo direito se origina ou decorre de um fato. Aliás, na teoria do fato jurídico a posse é facilmente enquadrada como tal, pois é um evento ou acontecimento que decorre de uma ação humana, que possui relevância social e econômica e, portanto, o Estado atribui a este acontecimento consequência ou efeito jurídico.

A posse nasce e se origina de um fato. Caso o "fato da vida" se enquadre no suporte fático concreto descrito pela norma como "posse", haverá posse e um possuidor. Ao ingressar no mundo jurídico, após o preenchimento do suporte fático concreto, haverá posse (jurídica) e possuidor com direitos de posse.

Por isso, essa discussão se a posse é um fato ou direito, na atualidade, é ingênua e sem sentido. Como a posse nasce de uma relação de fato, ela se converte em uma relação jurídica porque as normas objetivas são direcionadas para a tutela da posse, um fato relevante que tem consequência jurídica.

Não há dúvida de que a maioria dos juristas considera a posse um direito. De acordo com Tartuce[23], tal conclusão pode, inclusive, decorrer da teoria tridimensional do direito: "a posse é o domínio fático que a pessoa exerce sobre a coisa. Ora, se o Direito é fato, valor e norma, logicamente a posse é um componente jurídico, ou seja, um direito".

Assim, caracterizada como direito, surge nova discussão a respeito da natureza deste direito: direito real ou pessoal?

Para alguns doutrinadores e juristas, a posse é um direito subjetivo real, embora não esteja elencada no rol dos direitos reais (art. 1.225 do CC). Essa é a posição de Marco Aurélio Bezerra de Mello, em sua obra *Direito das coisas* ("a posse é direito real, pois o seu objeto é uma coisa determinada e não a prestação; o direito exerce-se em face de todos e não relativizado na pessoa do devedor, e o exercício é direto, sem necessidade de outras pessoas como acontece nas relações negociais"), Caio Mário ("é um direito real, com todas as suas características; oponibilidade *erga omnes*, indeterminação do sujeito passivo, incidência em objeto obrigatoriamente determinando etc.") e Orlando Gomes ("na posse a sujeição da coisa à pessoa é direta e imediata. Não há um sujeito passivo determinado. O direito do possuidor se exerce *erga omnes*. Todos são obrigados a respeitá-lo. Só os direitos reais têm essa virtude").

Essa linha de pensamento se aproxima da teoria objetiva da posse. Como a posse é considerada visibilidade da propriedade e vinculada a esta, não restaria outra opção que não fosse dotá-la de natureza real. É a relação entre acessório (posse) e principal (propriedade), sob a perspectiva da teoria de Ihering.

Noutra vertente, outros, como Silvio Rodrigues, consideram a posse um direito de natureza pessoal ou obrigacional. O fundamento é a ausência de previsão no rol dos direitos reais (art. 1.225 do CC), no § 2º do art. 10 do CPC e na falta de sequela, conforme previsto no art. 1.212 do CC (não há sequela em relação a terceiro de boa-fé em favor do possuidor que teve o seu direito violado). Tais argumentos podem ser superados. A sequela não é uma característica absoluta. Haverá casos em que o direito real de propriedade cederá a fim de ser tutelado o direito de terceiro de boa-fé. São exemplos o § 2º do art. 167 do CC, o art. 161, o parágrafo único do art. 1.827 e o art. 879 da Lei Civil. Nestes casos, a sequela do direito real do proprietário é mitigada para tutelar o direito do terceiro que adquiriu a propriedade de boa-fé. Quanto ao rol, embora seja taxativo, a posse, na maioria das vezes, estará atrelada ao direito de propriedade, ou seja, ao proprietário-possuidor e, neste caso, será um direito real.

Por isso, estamos de acordo com a concepção plural da posse defendida por Rosenvald e Chaves[24]: "1 – Proprietário possuidor do próprio bem: direito real: Posse jurídica adquirida pelo título; 2 – Posse como relação obrigacional quando emanada de contrato de locação, na qual objeto é a coisa, jamais o direito; 3 – Posse emanada exclusivamente de uma situação fática e existencial – É a posse com função social – Posse com função social:[25] Tutela da pessoa humana, com direito de moradia, destinação econômica etc. É a posse fática ou natural, exercida por qualquer um que exerça poder físico sobre a coisa, independente de qualquer relação jurídica real ou obrigacional. Tutela-se a posse como direito especial, pela própria relevância do direito de possuir, em atenção à superior previsão constitucional do direito social primário à moradia e o acesso aos bens vitais mínimos hábeis a conceder dignidade à pessoa humana".

5.2.4. A tensão entre as teorias objetiva e social da posse sob a perspectiva do instituto da desapropriação judicial (art. 1.228, §§ 4º e 5º, do CC) e a atuação do Ministério Público na posse

5.2.4.1. Da desapropriação judicial

A posse social e o instituto da desapropriação judicial (art. 1.228, §§ 4º e 5º, do CC) são o paradoxo da posse vinculada à propriedade sob a perspectiva da teoria objetiva, definida no art. 1.196 do CC. A desapropriação judicial evidencia a autonomia e a função social da posse que sacrificará propriedade sem função social.

A tensão entre a teoria objetiva de Ihering, adotada expressamente nos arts. 1.196 e 1.204 do CC e a concepção autônoma (e social) da posse em relação à propriedade, é visualizada no art. 1.228, §§ 4º e 5º, do CC, disposi-

---

[23] TARTUCE, Flávio. *Manual de direito civil*. 2. ed. São Paulo: Método, 2012. Volume único, p. 800-801.

[24] FARIAS, Cristiano Chaves de; ROSENVALD, Nelson. *Direito reais*. 7. ed. Rio de Janeiro: Lumen Juris, 2011.

[25] Exemplos de função social da posse: posse e função social: desapropriação judicial (direito à cidadania e vida digna); redução dos prazos de usucapião; a extirpação da exceção da propriedade (art. 1.210, § 2º) e acessão investida (art. 1.255, parágrafo único).

tivo que disciplina o instituto que a doutrina batizou de *desapropriação judicial*.

A *desapropriação judicial* representa a concretização plena da concepção social do fenômeno *posse* e a definitiva desvinculação da posse em relação à propriedade. A posse funcionalizada pode ser contraposta à propriedade desprovida de função social. A posse, em termos estruturais, se visualiza no mundo fático por meio do exercício, pleno ou não, de poderes inerentes à propriedade (domínio – *corpus* e *animus*). Tal posse também deve ser funcionalizada, função social que integra o conteúdo e confere substância ao fenômeno possessório. Tal posse autônoma e funcionalizada poderá sacrificar propriedade não funcional e uma destas hipóteses ocorrerá quando caracterizados os pressupostos do art. 1.228, §§ 4º e 5º, do CC. O objetivo do instituto é concretizar a dignidade da pessoa humana (art. 1º, III, da CF/88) e o direito fundamental à moradia (art. 6º da CF/88).

Segundo o art. 1.228, §§ 4º e 5º, do CC: "(...) § 4º O proprietário também pode ser privado da coisa se o imóvel reivindicado consistir em extensa área, na posse ininterrupta e de boa-fé, por mais de cinco anos, de considerável número de pessoas, e estas nela houverem realizado, em conjunto ou separadamente, obras e serviços considerados pelo juiz de interesse social e econômico relevante. § 5º No caso do parágrafo antecedente, o juiz fixará a justa indenização devida ao proprietário; pago o preço, valerá a sentença como título para o registro do imóvel em nome dos possuidores".

A posse funcionalizada sacrificará a propriedade sem conteúdo ou substância, desprovida de função social. De acordo com o referido dispositivo legal, o proprietário perderá a propriedade para possuidores que exerçam poder de fato sobre a coisa e confiram à posse caráter social e econômico (modo de utilização da posse – moradia ou produtiva). Admitir o sacrifício da propriedade por posse socializada e funcionalizada é incompatível com a perspectiva tradicional da teoria objetiva de Ihering, adotada pelo Código Civil. No entanto, diante da dimensão constitucional a ser conferida a todos os institutos privados e para o fim de concretizar valores existenciais vinculados à dignidade da pessoa humana, a desapropriação judicial relativiza consideravelmente a teoria objetiva para permitir a preponderância da posse social sobre a propriedade desprovida desta função. É a inserção da teoria social da posse no sistema por meio deste instituto, fato que trará tensões com a noção clássica de posse fundada na teoria de Ihering, atrelada à propriedade. A posse e a propriedade são institutos autônomos e independentes, ainda quando vinculadas ao mesmo sujeito.

Aliás, como se verificará por ocasião da análise da propriedade, este direito subjetivo é um poder-dever ou direito-função. O que isso significa? Não se pode analisar a propriedade apenas sob a sua perspectiva estrutural, conforme sugere o art. 1.228 do CC, o qual estabelece os poderes e faculdades do proprietário (direito e domínio). Além da análise estrutural, é essencial verificar a função e a finalidade do direito subjetivo de propriedade. A função social integra o conteúdo do direito subjetivo de proprie- dade e promove a propriedade às finalidades eleitas pela Carta Constitucional de 1988.

A função social conforma a propriedade a fim de conciliar os interesses individuais do proprietário com os interesses da coletividade. A propriedade sem função social poderá suportar severas sanções do ordenamento jurídico. E uma destas sanções é o seu sacrifício em prol de possuidores que atuam em relação à coisa com função social. O instituto da *desapropriação judicial* é uma das penas ao proprietário que deixa de concretizar a função e as finalidades socioeconômicas de seu direito subjetivo de propriedade.

Como já ressaltamos, a tensão entre posse social e propriedade sem função existirá, não apenas no instituto da desapropriação judicial, mas também na proibição de discutir domínio em ações possessórias (art. 1.210, § 2º), na acessão invertida (art. 1.255, parágrafo único), na redução considerável dos prazos de usucapião, que retrata a valorização da posse, dentre outros.

Não há dúvida da constitucionalidade do instituto da desapropriação judicial, pois adequado aos valores constitucionais existenciais norteadores das relações privadas, em especial o resguardo da dignidade da pessoa humana e, no caso da posse, da tutela do direito fundamental de moradia (art. 6º).

Nesse sentido, aliás, é o Enunciado 82 da I Jornada de Direito Civil: "É constitucional a modalidade aquisitiva de propriedade imóvel prevista nos §§ 4º e 5º do art. 1.228 do CC".

Em relação ao instituto, estamos de acordo com a posição de Rosenvald e Chaves[26], segundo os quais: "(...) o legislador instituiu uma nova modalidade de desapropriação por interesse social, pois a norma concede ao juiz o poder de concretizar conceitos jurídicos indeterminados e verificar se o interesse social e econômico de uma coletividade de possuidores apresenta merecimento suficiente para justificar a privação de um direito de propriedade".

Em que pese a inovação legislativa e sua perfeita harmonia com os direitos constitucionais fundamentais que visam concretizar a dignidade da pessoa humana e a consolidação de situações fáticas justas e úteis sob os aspectos pessoal, social e econômico, a desapropriação judicial ainda suscita vários problemas de aplicação prática, diante da indeterminação de vários elementos que integram o *conceito* do referido instituto.

A fim de garantir a operabilidade do sistema, o Código Civil optou por normas abertas, cláusulas gerais e os denominados *conceitos jurídicos indeterminados*. Tal abertura permite ao Judiciário maior flexibilidade para a concreção dos direitos fundamentais da pessoa humana e se aproximar, no caso concreto, do ideal e utópico conceito de *justiça social*.

Nesta toada, o § 4º do art. 1.228 do CC adota vários conceitos jurídicos indeterminados, como *considerável nú-*

---

[26] FARIAS, Cristiano Chaves de; ROSENVALD, Nelson. *Direito reais*. 7. ed. Rio de Janeiro: Lumen Juris, 2011, p. 41.

Capítulo 5 • Direitos Reais

mero de pessoas, extensa área e *obras e serviços de interesse social e econômico relevante*, o que confere maior operabilidade para aplicação do instituto, mas dificulta a concretização da desapropriação. Não é fácil definir termos como "extensa área", "considerável número de pessoas" ou "obras sociais e econômicas relevantes".

No entanto, essa dificuldade de integração da norma pelo intérprete não pode servir de pretexto para inviabilizar o instituto, que representa uma vitória da cidadania e o início da ruptura com um sistema todo voltado para a tutela da elite proprietária.

Diante disso, quais são os pressupostos e requisitos para a concretização da desapropriação judicial? Podemos resumi-los em sete:

1. *Imóvel com extensa área*: a desapropriação judicial é modo de aquisição da propriedade imobiliária. Portanto, não se aplica a bens móveis. Além disso, não é qualquer imóvel, mas bem que ostente uma *extensa área*. Na verdade, o requisito da *área extensa* está atrelado ao pressuposto de que o imóvel seja ocupado por *número considerável de pessoas*. Então, a área será extensa quando ela for ocupada por considerável número de pessoas ou quando, ao menos, for passível de ocupação por considerável número de pessoas. São requisitos atrelados. Por exemplo, imóvel de 5 (cinco) mil metros quadrados pode ser considerado extensa área se for ocupado por 50 (cinquenta) famílias, onde cada uma ocupa 100 (cem) metros da área total. E haverá situações em que imóvel de 50 (cinquenta) mil metros quadrados não poderá ser considerado extensa área, porque não é passível de ocupação por considerável número de pessoas. Portanto, caberá ao juiz, no caso concreto, integrar esse conceito jurídico indeterminado com valores que entendemos compatíveis com a situação fática apresentada;

2. *Posse ininterrupta*: a posse deve ser contínua e ininterrupta. No caso, breves e esporádicas interrupções na posse não são suficientes para "quebrar" a continuidade exigida pelo dispositivo legal;

3. *Posse de boa-fé*: em razão da concepção social da desapropriação judicial e, como o instituto tem por objetivo maior concretizar os valores existenciais expressos na Constituição Federal, dignidade da pessoa humana, direito fundamental de moradia, função social da posse, a análise da boa-fé não pode ser extremamente rígida. Por isso, a boa-fé exigida no § 4º do art. 1.228 não é a mesma referida no art. 1.201 do CC, que considera possuidor de boa-fé o sujeito que ignora determinado vício ou que possui com fundamento em um justo título (§ 1º do art. 1.201). De acordo com o Enunciado 309 da IV Jornada de Direito Civil, promovida pelo CJF: "o conceito de posse de boa-fé de que trata o art. 1.201 do CC não se aplica ao instituto previsto no § 4º do art. 1.228".

Na verdade, embora não haja simetria entre posse justa e posse de boa-fé, no caso da desapropriação judicial, como forma de viabilizar o instituto, é essencial atrelar a boa-fé à justiça da posse. Se os ocupantes passam a possuir extensa área abandonada pelo proprietário e lá ingressam sem violência ou clandestinidade e sem abuso de confiança (precariedade), a posse será justa e de boa-fé. Ainda que os possuidores saibam que a coisa é de terceiro e, portanto, não ignorem vícios originários, o modo de ocupação, ou seja, sem violência, clandestinidade ou precariedade, é suficiente para considerá-los como possuidores de boa-fé. Assim, no caso do instituto, a boa-fé não está vinculada ao art. 1.201, que a considera sob um aspecto negativo, mas ao modo de aquisição e à justiça da posse. Se for justa será de boa-fé. É o melhor modo de viabilizar a concretização do instituto;

4. *Prazo da posse ininterrupta e de boa-fé*: o prazo de 5 (cinco) anos é mera política legislativa e, no caso, é um prazo mais do que razoável para que o proprietário possa reagir a uma agressão ao seu direito subjetivo de propriedade e demonstre que sua propriedade ostentava a devida função social;

5. *Considerável número de pessoas*: a posse ou os atos possessórios devem estar sendo exercidos por uma coletividade, ainda que desprovida de personalidade jurídica (Enunciado 236 do CJF). Trata-se de mais um conceito jurídico indeterminado, pois caberá ao juiz concretizar, no mundo dos fatos, a referida previsão legal, a fim de verificar se o número de possuidores pode ser reconhecido como *considerável* para o fim de ser implementado o instituto da desapropriação judicial;

6. *Finalidade*: realização, em conjunto ou separadamente, de obras e serviços de interesse social e econômico relevantes. Este requisito é a essência do instituto da desapropriação judicial. A posse ininterrupta e de boa-fé, funcionalizada ou dirigida a uma finalidade econômica e social, levará ao sacrifício do direito subjetivo de propriedade. Tal finalidade consiste na realização de obras ou serviços, de interesse social ou econômico relevante, como obras destinadas à construção de casas para moradia, realização de serviços que atendam aos interesses dos ocupantes ou de toda a coletividade, como construção de uma creche para prestar serviços de educação básica, de uma horta comunitária, de uma instituição de assistência social a pessoas portadoras de necessidades especiais, serviços de natureza pública em geral, que não foram disponibilizados pelo Estado, dentre outros.

7. *Indenização*: o proprietário, de acordo com o § 5º do art. 1.228 do CC, quando expropriado, terá direito a uma indenização justa, fixada pelo juiz, a qual condiciona o registro do imóvel em nome

dos possuidores. Aliás, o direito à indenização diferencia a desapropriação judicial da usucapião coletiva, prevista no art. 10 do Estatuto da Cidade.

Em relação a esta indenização, há várias questões a serem ponderadas: (a) A quem compete o encargo de pagar a indenização? (b) Como será efetivado o pagamento? (c) Quais as consequências do pagamento e do não pagamento?

Em relação ao primeiro questionamento, em uma análise superficial, poderia afirmar-se que a indenização deveria ser paga pelos possuidores, ocupantes da área privada. O juiz fixa a indenização justa em favor do proprietário e, pago o preço pelos possuidores, a sentença valerá como título para o registro. Tal entendimento foi inicialmente adotado pela doutrina e materializado no Enunciado 84 da I Jornada de Direito Civil.

Segundo o referido Enunciado: "A defesa fundada no direito de aquisição com base no interesse social (CC 1.228, §§ 4º e 5º) deve ser arguida pelos réus na ação reivindicatória, eles próprios responsáveis pelo pagamento da indenização". No caso, os réus da ação reivindicatória seriam justamente os possuidores ocupantes da área.

Entretanto, após análise mais apurada do instituto e devido à vinculação da desapropriação judicial à funcionalização social da posse e à teoria dos direitos fundamentais materiais expressos na Constituição Federal, a questão do pagamento da indenização se condiciona ao contexto social, aos interesses dos possuidores, à finalidade da ocupação e à condição social dos ocupantes da extensa área.

Em última análise, a posse social tem por objetivo concretizar valores existenciais estabelecidos na Constituição Federal, dentre eles a dignidade humana e o direito fundamental de moradia. Por conta disso, haveria um impasse se possuidores que conferissem à extensa área uma função social viessem a perdê-la por ausência de condições financeiras de pagar a indenização. Neste caso, o interesse patrimonial do proprietário estaria preponderando sobre as questões existenciais objetivadas pelo instituto e a função social da posse.

Por isso, a doutrina resolveu dividir a questão da indenização em duas perspectivas. Primeiro, para o caso de possuidores de baixa renda e, segundo, para possuidores com condições financeiras para pagar a indenização.

Em relação aos possuidores de baixa renda, caberá ao Poder Público arcar com a indenização, em razão da sua omissão em políticas públicas e sociais. Nesse sentido, foi aprovado o Enunciado 308 da IV Jornada de Direito Civil: "A justa indenização devida ao proprietário em caso de desapropriação judicial (CC 1.228, § 5º) somente deverá ser suportada pela Administração Pública no contexto das políticas públicas de reforma urbana ou agrária, em se tratando de possuidores de baixa renda e desde que tenha havido intervenção daquela nos termos da lei processual".

Aliás, de acordo com o Enunciado 307 da IV Jornada de Direito Civil: "Na desapropriação judicial, poderá o juiz determinar a intervenção dos órgãos públicos competentes para o licenciamento ambiental e urbanístico". Neste caso de possuidores de baixa renda, a desapropriação judicial é realizada pelo Poder Judiciário, razão pela qual o Poder Público deve participar do processo que levará ao pagamento de uma indenização.

Nesse sentido, Rosenvald e Chaves[27] são precisos ao afirmar que: "(...) a desapropriação não é realizada pelos possuidores, mas pelo Poder Judiciário, órgão integrante do Estado. Deverá o magistrado convocar o Poder Público ao processo como litisconsorte necessário, para regularizar a legitimação processual, manifestando-se o representante do Poder Público no que for necessário, sobremaneira no que concerne à extensão do pagamento. A indenização será paga pelo Município (imóveis urbanos, art. 30, VIII, CF/88) ou pela União (imóveis rurais)".

Para os possuidores com condições financeiras, haveria uma espécie de *aquisição compulsória onerosa*. Neste caso, em razão da finalidade social do instituto, o pagamento da indenização ficará a cargo dos possuidores, conforme Enunciado 84 da I Jornada e a parte final do Enunciado 308 da IV Jornada de Direito Civil, segundo o qual "não sendo os possuidores de baixa renda, aplica-se a orientação da Jornada I STJ 84". Os possuidores poderiam adquirir, de forma onerosa, a propriedade – e o proprietário não teria condições de se opor a tal aquisição, porque o seu direito subjetivo de propriedade é antissocial.

Quanto ao segundo questionamento, a resposta está no art. 1.228, § 5º, do Código, seja a indenização paga pelo poder público, como forma de expropriação determinada pelo Poder Judiciário, ou pelos próprios possuidores que ostentem condição econômica suficiente para tanto. Por se tratar de desapropriação por interesse social, a indenização ao proprietário deverá ser justa e em dinheiro. Todavia, não há juros compensatórios porque o titular não fruía o bem (Enunciado 240 da III Jornada de Direito Civil: "A justa indenização a que alude o CC 1.228 § 5º, não tem como critério valorativo, necessariamente, a avaliação técnica lastreada no mercado imobiliário, sendo indevidos os juros compensatórios").

A partir desta segunda questão, é possível visualizar o terceiro questionamento. A consequência, em caso de pagamento, é que a sentença, proferida em ação possessória ou petitória, valerá como título para ser registrada em nome dos possuidores.

Enquanto não houver o pagamento da indenização ao proprietário, não é razoável o desapossamento dos possuidores que conferem à área ocupada uma função social, mediante a realização de obras e serviços de relevante interesse econômico e social. A concretização dos valores fundamentais da Constituição Federal não pode ser sacrificada pelos interesses patrimoniais de um proprietário, cujo direito subjetivo é antissocial. A indenização será devida, mas o não pagamento não implica na remoção dos possuidores. A consequência é a suspensão do registro em

---

[27] FARIAS, Cristiano Chaves de; ROSENVALD, Nelson. *Direito reais*. 7. ed. Rio de Janeiro: Lumen Juris, 2011, p. 41.

nome dos possuidores, enquanto não houver o pagamento da indenização.

Nesse sentido, aliás, é o Enunciado 241 da III Jornada de Direito Civil: "O registro da sentença em ação reivindicatória, que opera a transferência da propriedade para o nome dos possuidores, com fundamento no interesse social (art. 1.228, § 5º), é condicionado ao pagamento da respectiva indenização, cujo prazo será fixado pelo juiz".

Enquanto não se paga a indenização, não se formaliza a propriedade em nome dos possuidores. Por outro lado, a inércia do credor pode provocar o registro, independentemente do pagamento de indenização. Nos termos do Enunciado 311 da IV Jornada do CJF: "Caso não pago o preço fixado para a desapropriação judicial e ultrapassado o prazo prescricional para se exigir o crédito correspondente, estará autorizada a expedição de mandado para registro da propriedade em favor dos possuidores".

Portanto, para fins de formalização e registro do imóvel ocupado em nome dos possuidores, ou se efetiva o pagamento da indenização ou se aguarda o término do prazo de prescrição para a referida cobrança, em caso de inércia do titular da pretensão.

Quanto à demanda, a expressão *"imóvel reivindicado"* deve ser interpretada de forma extensiva para abranger pretensões no juízo petitório e possessório. Diante da necessidade de concretizar direitos fundamentais de caráter social, a *desapropriação judicial* pode ser invocada pelos possuidores da extensa área em ação possessória.

5.2.4.1.1. Desapropriação judicial e bens públicos

No âmbito da *desapropriação judicial*, disciplinada no art. 1.228, §§ 4º e 5º, do CC, há intensa discussão sobre a possibilidade de aplicação do instituto em favor de possuidores de área pública. É correto afirmar que a Constituição Federal e o Código Civil expressamente vedam a usucapião sobre área pública, afetada (bem de uso comum e bem de uso especial) ou não afetada (dominical). Entretanto, a usucapião, modo originário de aquisição da propriedade mobiliária e imobiliária sem indenização, não se confunde com a *desapropriação judicial* que, além de pressupor indenização ao proprietário privado do direito real de propriedade, é instrumento de desenvolvimento social, de políticas públicas e sociais.

Portanto, a desapropriação judicial constitui meio eficaz de concretização de direitos fundamentais subjetivos previstos na Constituição Social, como posse social, posse trabalho, dignidade humana, direito de moradia e valorização do trabalho e da posse produtiva.

Na I Jornada de Direito Civil, foi aprovado o Enunciado 83, segundo o qual "nas ações reivindicatórias propostas pelo Poder Público, não são aplicáveis as disposições constantes do CC 1.228, §§ 4º e 5º".

Portanto, em um primeiro momento, houve um consenso de que a desapropriação judicial não poderia ser oposta ao Poder Público. Com evolução da compreensão de que o Poder Público tem o poder/dever de conferir às suas propriedades função social, o entendimento que estava consolidado no Enunciado 83 foi abrandado na III Jornada de Direito Civil, com a aprovação do Enunciado 304: "São aplicáveis as disposições do CC 1.228, §§ 4º e 5º, às ações reivindicatórias relativas a bens públicos dominicais, mantido, parcialmente, o Jornada I STJ 83, no que concerne às demais classificações de bens públicos".

Em suma, os bens públicos dominicais são aqueles que constituem, compõem e integram o patrimônio das pessoas jurídicas de direito público. Os bens dominicais podem ser divididos em bens dominicais formal e materialmente públicos, e bens dominicais apenas públicos sob o aspecto formal. Estes últimos não estão afetados ou destinados a qualquer finalidade pública. São bens não afetados e, por não estarem dotados de uma finalidade específica, são bens do patrimônio disponível destas entidades (art. 101 do CC). Tais bens são formalmente públicos, mas bens que, na substância, conteúdo e essência não têm qualquer função social ou econômica. Os bens dominicais do Poder Público que não estão sendo utilizados para qualquer fim público são compatíveis com o instituto da desapropriação judicial, até porque o proprietário, Poder Público, será indenizado.

Por outro lado, há bens dominicais que têm uma função pública, como as terras devolutas necessárias e essenciais à defesa das fronteiras, das fortificações, construções militares, vias federais de comunicação e à preservação ambiental (art. 20, III, da CF/88).

Portanto, bens dominicais são os que constituem o patrimônio das pessoas jurídicas de direito público e tais bens podem estar afetados ou não. Os bens dominicais previstos no art. 20, III, da CF/88 possuem uma destinação pública específica e, por isso, não seriam compatíveis com a desapropriação judicial. Todavia, bens dominicais sem qualquer funcionalidade ou destinação pública integram o patrimônio disponível do Estado e, com fundamento na função social da posse e da propriedade de área pública, podem ser desapropriados pelo Poder Judiciário para atender a demanda prevista no art. 1.228, §§ 4º e 5º, do CC.

5.2.4.1.2. Desapropriação judicial e usucapião coletiva do Estatuto da Cidade

O instituto da desapropriação judicial não se confunde com a usucapião coletiva, prevista no art. 10 do Estatuto da Cidade: "Art. 10. Os núcleos urbanos informais existentes sem oposição há mais de cinco anos e cuja área total dividida pelo número de possuidores seja inferior a duzentos e cinquenta metros quadrados por possuidor são suscetíveis de serem usucapidos coletivamente, desde que os possuidores não sejam proprietários de outro imóvel urbano ou rural".

Na usucapião coletiva, disciplinada no referido dispositivo legal, se exige *animus domini* (posse com ânimo de dono, o que é dispensável na desapropriação judicial); a usucapião coletiva só se aplica a imóveis urbanos e residenciais (a desapropriação judicial pode ser aplicada para imóveis urbanos); na usucapião coletiva não há indenização (a perda da propriedade pela desapropriação judicial, salvo prescrição, pressupõe indenização) e na usucapião coletiva não podem ser identificadas as áreas dos possuidores, cujo requisito não é exigido na desapropriação judicial.

5.2.4.2. A posse e o Ministério Público

O Ministério Público deverá intervir como fiscal da ordem jurídica nos casos e processos relacionados às matérias previstas no art. 178 do CPC. Se houver interesse de incapaz em qualquer processo em que se discute posse, a intervenção ocorrerá com base no inciso II do referido dispositivo. É possível ainda que a intervenção do MP, em processo ou causa possessória, à luz do caso concreto, se justifique por algum interesse público ou social (inciso I). Em regra, não haverá interesse público ou social que justifique a intervenção do MP em processo possessório. Todavia, é possível que alguma causa específica, que envolva posse, transcenda o interesse dos sujeitos e repercuta na coletividade, o que justificará a intervenção do MP (será muito difícil de ocorrer tal hipótese, uma vez que na maioria das vezes a intervenção se justificará com base no inciso III – por isso, o inciso II fica reservado para os litígios individuais).

Por fim, o inciso III do art. 178 do CPC é específico para a posse. O MP deverá intervir como fiscal da lei nos litígios coletivos pela posse de terra rural ou urbana. Nos litígios coletivos, urbanos ou rurais, pode figurar ou não grande número de pessoas. Se não houver grande número de pessoas, o fundamento da intervenção é o art. 178, III. Se houver grande número de pessoas, a intervenção do MP poderá ocorrer com base no § 1º do art. 554 do CPC.

O Ministério Público deve intervir nestas demandas, nos termos do Enunciado 305 da IV Jornada de Direito Civil, desde que envolvam relevante interesse público, determinado pela natureza dos bens jurídicos: "Tendo em vista as disposições do CC 1.228, §§ 3º e 4º, o Ministério Público tem o poder-dever de atuação nas hipóteses de desapropriação, inclusive a indireta, que envolvam relevante interesse público, determinado pela natureza dos bens jurídicos envolvidos".

5.2.5. Objeto da posse

Como regra, a posse tem por objeto coisas corpóreas ou que são suscetíveis de apreensão física e contato. A materialidade, para a maioria da doutrina, permite a visualização da posse. O poder fático pressuporia coisas corporificadas. Nas palavras de Rosenvald e Chaves[28]: "Apenas sobre eles é possível exteriorizar um poder fático". Essa questão é um desdobramento do *corpus*, elemento que integra a posse, de acordo com as teorias objetiva e subjetiva.

Assim, em princípio, a posse recai sobre uma coisa corpórea e material. Excepcionalmente, é possível se cogitar de posse sobre direitos de natureza real, porque tal direito permite visualizar a relação de poder (de fato) entre o sujeito e a coisa. O exemplo clássico é a usucapião, a qual permite a aquisição de direitos reais, como o direito real de superfície, o direito real de usufruto, dentre outros. Por estarem relacionados a coisas, os direitos reais podem ser objeto de posse.

Os autores clássicos, como Orlando Gomes e Caio Mário, defendem que a posse pode ter por objeto as coisas e os direitos e diferenciam a posse sobre direitos pessoais e direitos reais.

Segundo Orlando Gomes[29]: "quanto à posse de direitos, conquanto admitida em tese, perduram as controvérsias sobre sua extensão. Ainda se discute se todos os direitos são suscetíveis de posse, se somente os direitos patrimoniais ou se apenas, dentre eles, os direitos reais". E acrescenta: "A admissibilidade da posse dos direitos pessoais é defendida como corolário natural e lógico do princípio segundo o qual a posse é o exercício de um direito. Assim, não pode ser recusada nos sistemas legislativos que se inspiram na doutrina de Ihering. Repelem-na, de modo coerente, aqueles que, seguindo Savigny, concebem a posse como poder físico sobre a coisa. Desde que se considere esse elemento material como um requisito indispensável à constituição da posse, impossível será estendê-la aos direitos pessoais, uma vez que não tem por objeto as coisas".

O mestre Orlando Gomes parte da premissa de que, para a teoria objetiva, é possível a posse sobre direitos, inclusive pessoais, porque, para Ihering, a posse é um direito. Para Ihering, como não há necessidade de contato ou poder físico sobre a coisa, a posse pode estar relacionada a direitos, desde que o possuidor, em relação a estes direitos, exerça plenamente ou não, poderes inerentes à propriedade ou domínio.

No mesmo sentido é a posição de Caio Mário[30]: "Não encontra a posse, na linguagem legal, limitada às coisas corpóreas. Seu objeto, portanto, pode consistir em qualquer bem". Para o mestre: "(...) não há empecilho a que a noção de posse abrace tanto as coisas como os direitos, tanto os móveis quanto os imóveis, quer a coisa na sua integridade, quer uma parte dela. Mas, sendo a posse a visibilidade do domínio, os direitos suscetíveis de posse hão de ser aqueles sobre os quais é possível exercer um poder ou um atributo dominial".

Em que pesem os argumentos dos referidos juristas clássicos, na atualidade, é difícil defender a posse sobre direitos de natureza pessoal, tendo em vista a supressão do termo *direito* dos dispositivos do atual Código Civil. O art. 493, I, do CC/1916, mencionava a possibilidade da aquisição da posse pela apreensão da coisa ou pelo exercício de um direito. O art. 488, que disciplinava a composse, também fazia referência à posse simultânea do mesmo "direito"; finalmente, o art. 490, ao qualificar o possuidor de boa-fé, anotava a expressão "direito possuído".

Os *direitos* mencionados e referenciados nestes artigos da legislação de 1916 não foram reproduzidos pelo Códi-

---

[28] FARIAS, Cristiano Chaves de; ROSENVALD, Nelson. *Direito reais*. 7. ed. Rio de Janeiro: Lumen Juris, 2011, p. 65.

[29] GOMES, Orlando. *Direitos reais*. 19. ed. atualizada. Rio de Janeiro: Forense, 2007, p. 45.

[30] PEREIRA, Caio Mário da Silva. *Instituições de direito civil. Direitos reais*. 26. ed. Rio de Janeiro: Forense, 2018. v. IV, p. 23-24.

go Civil de 2002, como se verifica nos arts. 1.199, 1.201 e 1.204. A supressão do termo *direito* inviabiliza a posse ou a proteção possessória sobre direitos, até porque, como ressalta Marco Aurélio de Melo[31]: "hodiernamente o titular de direitos é dotado de outros instrumentos jurídicos mais eficazes para a proteção da posse de direitos pessoais, tais como o mandado de segurança".

Nesta toada, o STJ editou a Súmula 228 para proibir o interdito possessório para a tutela do direito autoral[32], que é um direito imaterial ou incorpóreo. Na mesma linha, Francisco Loureiro[33] defende que; "no que se refere à extensão, a proteção possessória não atinge direitos pessoais, pela singela razão de não existir poder fático sobre abstrações. Existem remédios próprios para ofensa aos direitos pessoais que não as ações possessórias". Segundo Rosenvald e Chaves[34]: "(...) o mesmo raciocínio se aplica ao universo das patentes, *software* e demais criações da inteligência humana. Há propriedade sobre bens incorpóreos, mas a tutela possessória se restringe às coisas, ou seja, apenas a uma espécie do gênero bens, caracterizada pela materialidade. A posse sempre recai sobre a coisa. Posse é um poder fático sobre a coisa".

A posse sobre direitos pessoais era defendida quando não havia instrumentos eficazes para a tutela destes. Como bem destaca Tepedino[35]: "A tese dos direitos pessoais encontrou principal defesa em Rui Barbosa, com argúcia do advogado maior, pretendia ampliar a proteção sumária da posse para os direitos obrigacionais. Para tanto, sustentava que apenas os obcecados no direito romano limitavam o objeto da posse aos direitos reais, já que o direito canônico o teria ampliado, de modo a abranger qualquer direito, seja pessoal, seja real. A tese não foi acolhida pela doutrina majoritária, pois os direitos suscetíveis da posse são apenas os que consistem em desdobramentos dela, os direitos reais. Com a ampliação das tutelas processuais de urgência, tanto por meio de medidas cautelares quanto por tutela antecipada, perdeu importância a ampliação da posse aos direitos pessoais".

É interessante observar que autores contemporâneos se mantêm firmes na posse de direitos incorpóreos. É o caso de Marco Aurélio Bezerra de Melo[36] (que não se confunde com o doutrinador acima referenciado, que tem o mesmo nome), segundo o qual "o fato é que continua sendo possível exercer posse sobre bens incorpóreos, tal como acontece com o uso de linha telefônica e o direito de marcas e patentes".

A posse somente pode ser exercida sobre bens corpóreos ou materiais, mesmo na posse indireta, pois o poder de fato é direcionado a uma coisa. Os direitos incorpóreos, de natureza pessoal, ostentam proteção por meio de tutelas muito mais eficientes. Em relação aos direitos pessoais, há tutela mais eficiente do que a tutela possessória (tutelas processuais de obrigação de fazer e não fazer, por exemplo). Por outro lado, não há como negar que o próprio sistema permite a posse sobre direitos reais, porque está relacionado a coisas corpóreas, sobre as quais é possível exercer domínio.

Nesse sentido, em palestra realizada na abertura da V Jornada de Direito Civil, promovida pelo Conselho da Justiça Federal, o genial Min. Moreira Alves destacou, com perfeição, a possibilidade de posse sobre direitos reais: "O Código Civil brasileiro de 1916, embora conceituando – ainda que de modo indireto, pois o faz pela figura do possuidor – unitariamente a posse como exercício de fato, pleno ou não, de algum dos poderes inerentes ao domínio, ou propriedade, distingue entre as espécies *posse da coisa e posse de direito*. Quanto à extensão que ele deu à posse de direito, grassou larga controvérsia sobre se ela alcançaria os direitos pessoais ou se restringiria apenas a alguns dos direitos reais limitados. Esta segunda posição foi a que se tornou pacífica. De outra parte, e, tendo em vista que o Código Civil brasileiro de 1916 acolhe a posse da coisa e a posse de direito, bem como admite o desdobramento da relação possessória em posse direta e indireta, são importantes, pelas consequências daí resultantes, os dois modos de organização da posse, ou seja, o da sua extensão (organização horizontal) e o da sua graduação (organização vertical). Para bem compreender esses modos de organização, é mister que se conheça como surgiram historicamente".

O fato é que não prevalece mais no Brasil a posse sobre direitos pessoais. Os arts. 1.199 e 1.201 do CC suprimiram a menção que os art. 488 e 490 faziam à posse sobre direitos. Resta apenas a análise da posse sob a perspectiva das coisas corpóreas, assim como a polêmica questão da posse cujo objeto seja direito real.

Na atualidade, a posição dominante restringe o objeto da posse às coisas corpóreas, aos direitos reais e às coisas materiais que são objeto de direito obrigacional, mas não aos direitos obrigacionais em si. O bem objeto da locação (locação é direito obrigacional) é passível de posse, mas o direito subjetivo à locação (o direito pessoal ou obrigacional em si) não.

5.2.5.1. Objeto da posse e bens públicos

A posse, cujo objeto seja área ou bem público, suscita algumas polêmicas absolutamente vazias. Em primeiro lugar, é relevante fazer a distinção básica: os bens públicos são suscetíveis de posse por particulares, se a ocupação for regular ou fundada em títulos jurídicos. Com base em títulos jurídicos individuais (autorização, permissão e concessão de uso) de direito público (para bens de uso comum e especial) ou títulos jurídicos individuais (arren-

---

[31] MELO, Marco Aurélio Bezerra de. *Direito das coisas*. 5. ed. Rio de Janeiro: Lumen Juris, 2011, p. 27.

[32] Tal questão foi objeto de discussão no REsp 110.523/MG, relatado pelo Min. Ruy Rosado de Aguiar.

[33] LOUREIRO, Francisco Eduardo. Arts. 1.196 a 1.510-E – Coisas. In: PELUSO, Cezar (coord.). *Código civil comentado*. 2. ed. Barueri: Manole, 2008, p. 1.111.

[34] FARIAS, Cristiano Chaves de; ROSENVALD, Nelson. *Direito reais*. 7. ed. Rio de Janeiro: Lumen Juris, 2011, p. 65-66.

[35] TEPEDINO, Gustavo; BARBOZA, Heloisa Helena; MORAES, Maria Celina Bodin de. *Código civil interpretado conforme a Constituição da República*. Rio de Janeiro: Renovar, 2007. v. III, p. 444.

[36] MELO, Marco Aurélio Bezerra de. *Direito das coisas*. 5. ed. Rio de Janeiro: Lumen Juris, 2011.

damento, locação etc.) de direito privado (para bens dominicais), pode o Estado conceder a posse de suas áreas aos particulares. É a denominada ocupação regular ou legitimidade.

A polêmica sobre a posse em área pública não envolve as ocupações regulares, fundadas nos referidos títulos jurídicos individuais, de direito público ou privado, mas as ocupações irregulares de área pública. Se o particular ocupa área pública sem estar amparado em qualquer título jurídico ou sem prévia relação jurídica de direito material, de natureza real ou obrigacional, entre ele e o Poder Público, haverá posse? E mais, levando-se em consideração que nesta ocupação de área pública o particular confere ao bem público uma destinação econômica e social, como, por exemplo, utilizá-lo para fins de moradia, tal ocupação será posse ou mera detenção?

Na atualidade, a posse, para ter conteúdo e legitimidade, além de *corpus* e *animus*, deve, necessariamente, ostentar um caráter social. A função social integra o conteúdo da posse, com a imposição de que essa relação entre sujeito e coisa possa concretizar direitos fundamentais estabelecidos na Constituição Federal. A posse, com esse perfil civil-constitucional, tem legitimidade e merece a mais ampla tutela. No caso, é irrelevante se o bem sobre o qual tal posse recai é público ou privado.

A natureza pública ou privada do bem possuído não interfere (ou não deveria interferir) na caracterização da posse. Por óbvio, apenas os bens públicos desafetados ou que não ostentam qualquer destinação pública específica podem ser ocupados por particulares.

Os bens afetados ou destinados a uma finalidade pública, como o são os de uso comum e especial (art. 98, I e II, do CC), não podem ser possuídos, pois são bens fora do comércio de direito privado. Portanto, em relação a bens dominicais, absolutamente desafetados, nada impede a posse por particulares, ainda que a ocupação não esteja fundada em títulos jurídicos individuais.

A razão é simples: o que caracteriza a posse é o modo como o sujeito se comporta em relação à coisa e a finalidade conferida ao bem (estrutura + funcionalidade). No caso dos bens públicos, a posse não conduzirá à usucapião por expressa vedação constitucional e legal.

Todavia, a posse *ad interdicta* não se confunde com a posse *ad usucapionem*. Sobre bens públicos, é possível se cogitar em posse *ad interdicta*, desde que tal posse seja funcionalizada e esteja adequada aos valores sociais constitucionais. Portanto, se o particular ocupa área pública sem destinação, ou desafetada, e confere à área função social, terá posse, que poderá ser justa ou injusta, a depender do modo de aquisição no mundo fático material.

De acordo com o STJ, a ocupação de área pública, quando irregular, não pode ser reconhecida como posse, mas como mera detenção. Como a detenção não gera efeitos jurídicos, o STJ nega ao particular o direito de ser indenizado em relação a eventuais benfeitorias no bem público ocupado.

Atualmente, este entendimento do STJ foi consagrado na Súmula 619, já mencionada.

O debate sobre os problemas relacionados à caracterização da ocupação indevida em área pública, detenção ou posse, será objeto de análise a seguir, quando tratarmos da detenção e a relação com a área pública.

No referido verbete, restou consignado que a ocupação sobre bem público que caracteriza detenção é precária. A detenção não tem qualificação. A detenção não gera efeito jurídico e, por isso, não se deve associar o instituto com a precariedade, até para não confundi-lo com o vício da precariedade, que se verifica na posse.

5.2.6. Desdobramento da posse (posse direta ou indireta)

No desdobramento da posse, o proprietário ou possuidor, com base em relação jurídica material real ou obrigacional, transfere o poder de fato sobre a coisa para outrem, mas reserva para si alguns poderes sobre a coisa. O sujeito que tem contato direto com a coisa é possuidor direto e o que se distancia da coisa é o possuidor indireto. O desdobramento da posse em direta e indireta é decorrência da teoria objetiva da posse, adotada no Código Civil, art. 1.196. Para Ihering, o possuidor não precisa ter contato físico e corporal com a coisa para configuração do *corpus*. Basta proceder ou agir com aparência de dono, o que permite a posse *à distância*. O desdobramento da posse pressupõe a existência de relação jurídica material de direito real ou obrigacional, por meio da qual o possuidor indireto transfere poderes de domínio ao possuidor direto. As posses, direta e indireta, passam a coexistir em plena harmonia. A teoria objetiva de Ihering confere maior dimensão econômica e social à posse ao permitir o desmembramento.

Tal desdobramento da posse e a coexistência simultânea de poderes de fato e ostensivos sobre a coisa pelo possuidor indireto e o indireto permite o surgimento de "posses paralelas".

O desdobramento da posse não se compatibiliza com a teoria subjetiva do gênio Savigny em razão da concepção dos elementos posse (*corpus* e *animus*) para a referida teoria. A posse consiste no poder de dispor fisicamente da coisa com intenção de dono. Em razão da compreensão do *corpus* na teoria subjetiva, não seria possível que alguém fosse possuidor à distância (como é o caso do possuidor indireto). A teoria subjetiva impõe o contato material com a coisa ou, ao menos uma relação de proximidade. Os atuais possuidores diretos também não seriam possuidores na teoria subjetiva, porque não agem em relação à coisa com ânimo de dono. Não há o elemento psicológico que caracteriza a teoria subjetiva nos possuidores diretos.

Com a finalidade de conferir maior dimensão econômica e social à posse, Ihering, com a sua teoria objetiva, confere aos elementos *corpus* e *animus* concepção diferenciada, fato que permite o desdobramento da posse. É a possibilidade de utilização econômica da coisa que permite a um sujeito transferir a outro poderes de fato sobre a coisa e ambos permanecerem na condição de possuidores.

Embora Savigny, em um segundo momento, com a finalidade de aperfeiçoar a sua teoria subjetiva e adaptá-la à realidade social, tenha flexibilizado o entendimento para permitir o *corpus* mesmo sem um contato tão direto e imediato com a coisa, a teoria em questão ainda esbarrava na questão instransponível do elemento subjetivo. Ao exigir o ânimo de dono, o mestre se distancia da possibilidade de desdobramento da posse sob a perspectiva da sua teoria. O elemento subjetivo impõe que a pessoa tenha a intenção de dono, o que não ocorre com os atuais possuidores diretos.

De acordo com Loureiro[37]: "A figura da posse direta somente tem sentido na teoria objetiva de Ihering, uma vez que para Savigny e para os defensores da teoria subjetiva, a ausência de *animus domini* a converte em mera detenção. Se o possuidor direto tem relação jurídica com o possuidor indireto e, portanto, sabe que não pode ser dono da coisa, a relação é de mera detenção, segundo a teoria subjetiva".

Assim, não há dúvida de que o desdobramento da posse em direta e indireta está diretamente vinculado à essência da teoria objetiva de Ihering. O possuidor indireto, embora não tenha contato físico, material e imediato sobre a coisa, será possuidor porque se comporta como proprietário, ou seja, confere à sua posse visibilidade de domínio.

Essa posse *à distância* não impede que o sujeito tenha uma conduta de proprietário e obtenha aproveitamento econômico da coisa, mediante utilização indireta.

No desdobramento da posse, por força de uma relação jurídica de direito real ou obrigacional, entre proprietário ou possuidor não proprietário e terceiro, há transferência do poder (ou de poderes de domínio) de fato sobre a coisa. Como consequência desta relação jurídica material, o proprietário ou possuidor não proprietário permanece com a posse indireta e o terceiro, beneficiado pela transferência, será o possuidor direto. A posse direta não anula a indireta. São posses paralelas que convivem em harmonia.

A matéria é disciplinada no art. 1.197 do CC: "A posse direta, de pessoa que tem a coisa em seu poder, temporariamente, em virtude de direito pessoal, ou real, não anula a indireta, de quem aquela foi havida, podendo o possuidor direto defender a sua posse contra o indireto".

O possuidor direto terá o poder sobre a coisa temporariamente, por força de relação material de direito real, como ocorre no usufruto, superfície, uso, dentre outros, ou de direito pessoal ou obrigacional, como locação, comodato, depósito, arrendamento etc. Encerrada ou extinta a relação jurídica que fundamenta a posse direta (é irrelevante a princípio a causa da extinção), o possuidor indireto passará a concentrar a posse plena da coisa. A posse direta não neutraliza a indireta. Com a extinção da relação jurídica material que justifica e fundamenta o desdobramento da posse, o possuidor direto tem o dever jurídico de restituir a coisa ao possuidor indireto, pois com a desvinculação da relação jurídica material que lhe dava sustentação, a posse direta deixa de ser justa e passa a ser injusta, pelo vício da precariedade. O vício da precariedade está conectado com a violação do dever jurídico de restituição nos casos em que há desdobramento da posse em direta e indireta. É típico exemplo de posse civil ou derivada.

As posses direta e indireta coexistem de forma harmônica, razão pela qual podem ser consideradas como posses *paralelas*, que convivem lado a lado e de forma simultânea, e concomitante. Portanto, não colidem e nem se excluem, fato que permite a tutela da posse pelos possuidores direto e indireto contra a ação de terceiros e, de um contra o outro.

Pela teoria objetiva, o possuidor indireto continua com o poder de fato sobre a coisa, porque conserva o direito de exercer faculdades inerentes ao domínio.

A posse direta é a que tem o não proprietário a quem cabe o exercício de uma das faculdades do domínio, por força de obrigação ou direito. Posse indireta é a que o proprietário ou algum possuidor não proprietário conserva quando se demite, temporariamente, de um dos direitos elementares do domínio, cedendo a outrem o seu exercício. É a posse subordinada, que não se confunde com o detentor, que tem posse em nome de outrem, achando-se em relação de dependência.

Pressupostos da posse indireta: *(a) que a coisa se encontre na posse direta de outrem (a posse direta é sempre temporária, por basear-se em relação transitória de direito real – usufruto, superfície e penhor – ou pessoal); e (b) que entre os dois possuidores vigore relação jurídica de direito real ou obrigacional de que derive o desdobramento da posse.*

O desdobramento pressupõe uma relação jurídica de direito material entre possuidor direto e o indireto. Ambas são tuteladas e, por isso, cada um dos possuidores, direto e indireto, titulares destas posses, pode defendê-las de forma autônoma e independente. Tanto o possuidor direto quanto o indireto podem invocar a proteção possessória, por título próprio e independentemente do título do outro. O possuidor direto tem proteção possessória, inclusive contra o possuidor indireto.

A respeito de terceiros, tanto o possuidor direto quanto o possuidor indireto possuem legitimidade para a defesa da posse, mediante a utilização dos interditos possessórios. A coexistência das posses permite a defesa da posse contra atos violentos, clandestinos ou abusivos praticados por terceiros quanto à coisa.

Por outro lado, na relação entre o possuidor direto e o indireto, como a posse daquele é fundada em uma relação jurídica material legítima, de direito real ou pessoal, o indireto, durante a vigência do vínculo jurídico, não pode perturbar, molestar, esbulhar ou ameaçar a posse do possuidor direto.

O art. 1.197 do CC permite que o possuidor direto utilize os interditos possessórios contra o indireto. Por outro lado, se o possuidor direto não estiver se comportando em relação à coisa, de acordo com os poderes que lhe foram conferidos pela relação jurídica de direito real ou obrigacional, para defender a posse indireta, este tem ação possessória contra o possuidor direto.

---

[37] LOUREIRO, Francisco Eduardo. Arts. 1.196 a 1.510-E – Coisas. In: PELUSO, Cezar (coord.). *Código civil comentado*. 2. ed. Barueri: Manole, 2008, p. 1.083.

Como a posse direta é sempre derivada ou subordinada, o seu conteúdo é limitado e conformado pela relação jurídica de direito pessoal ou real. Se o possuidor direto estiver exercendo poderes de fato sobre a coisa de forma inadequada ou em desconformidade com o conteúdo da relação jurídica real ou obrigacional da qual deriva, o possuidor indireto pode, por meio dos interditos possessórios, defender a sua posse contra o direto.

Nesse sentido o Enunciado 76 da I Jornada de Direito Civil: "O possuidor direto tem direito de defender a sua posse contra o indireto, e este contra aquele (art. 1.197)".

A princípio (na origem ou no momento da aquisição) não há desdobramento da posse na denominada *posse originária* ou *natural*, pois sua aquisição se dá independentemente de qualquer relação jurídica, de natureza real ou pessoal, com o titular do direito ou da posse. Será simplesmente possuidor. Todavia, nada impede que tal possuidor, após assumir tal condição, com fundamento em uma relação jurídica com terceiro, transfira poderes de fato ou faculdades que integram o domínio, caso em que haverá o desdobramento da posse em direta e indireta. Por exemplo, se um determinado sujeito ocupa uma área abandonada e passa a se comportar como proprietário, após consolidar a sua posse, poderá locar a área para um terceiro. Neste caso, o possuidor não proprietário que ocupou a área será o possuidor indireto e o possuidor locatário o possuidor direto. Sempre que houver uma relação jurídica de direito material ou real entre duas pessoas, independente da origem da posse do indireto, haverá desdobramento da posse, na forma do art. 1.197 do CC. No referido exemplo, a posse do locatário será derivada de uma relação jurídica obrigacional, locação.

O desdobramento da posse não pressupõe que o possuidor indireto seja proprietário. É suficiente que entre o possuidor direto e indireto haja uma relação jurídica de direito pessoal ou real.

Nas precisas palavras de Marco Aurélio Bezerra de Melo[38]: "(...) para que haja desdobramento da posse não é necessário que o possuidor indireto seja proprietário do bem, bastando que seja titular da posse, mesmo que esta posse não seja legítima à luz do ordenamento jurídico, pois, nesse caso, com o desdobramento, o que terá efeito será a visibilidade do direito à posse, ressalvada a hipótese de má-fé do possuidor direto".

Portanto, o desdobramento da posse impõe uma relação jurídica de direito real ou material entre um possuidor, que pode ser proprietário ou apenas possuidor, e um terceiro.

O desdobramento somente ocorre quando faculdades que integram o domínio são transferidas a outra pessoa em decorrência de relação jurídica de direito obrigacional ou real. É o caso de posse derivada.

O desdobramento da posse é temporário e a posse direta é sempre derivada ou subordinada. A posse do possuidor direto é limitada ao âmbito dos poderes dominiais a ele transferidos pelo possuidor indireto, de acordo com a espécie de relação jurídica. A dimensão da posse, portanto, dependerá do conteúdo do negócio ou da relação jurídica de direito material real ou obrigacional estabelecida entre as partes. No caso do *constituto possessório*, a posse direta é efetivada antes da aquisição da indireta.

Importante registrar que o desdobramento se dá no âmbito da posse indireta e não direta. É possível que, na mesma relação jurídica, haja uma pluralidade de posses indiretas, mas sempre haverá apenas um possuidor direto. Os desdobramentos da posse podem ser sucessivos. Após o primeiro desdobramento, nada impede que o possuidor direto efetive novo desmembramento e, em consequência, se torne possuidor indireto. Por exemplo, se Carlos concede a João o direito real de usufruto, e João, usufrutuário, realiza um contrato de locação com Pedro, neste caso, Carlos e João serão possuidores indiretos e Pedro possuidor direto.

Nesse sentido, destaca Loureiro[39]: "Os desdobramentos da posse podem ser sucessivos. Feito um primeiro desdobramento, poderá o possuidor direto reproduzi-lo, criando nova e repetidas situações de posse direta e indireta. Basta lembrar a hipótese da locação. Se o locatário, que é possuidor direto, subloca o imóvel a terceiro, teremos então dois possuidores indiretos – locador e sublocador – e um possuidor direto, o sublocatário". Não se confunde o desdobramento da posse com a detenção. É precisa a definição de Loureiro: "Não se confundem o possuidor direto e o detentor. O possuidor direto tem posse própria, enquanto o detentor (servidor da posse) não possui para si, mas em nome alheio e atendendo a ordens e instruções de terceiros. A diferença entre possuidor direto e o detentor está na relação de subordinação. O detentor é obediente, é subordinado à terceiro, sem independência. O possuidor direto, embora receba a coisa com dever de restituir, tem relativa liberdade na sua utilização e o faz em proveito econômico próprio".

Portanto, é a finalidade que diferenciará o possuidor direto do detentor. O possuidor direto extrai utilidades da coisa em proveito econômico próprio e o detentor, por sua vez, destina todo proveito econômico da coisa ao legítimo possuidor, em nome de quem ele ocupa a coisa. O detentor não exerce o elemento econômico da posse (detenção dependente e desinteressada). Age em nome do possuidor, no caso do art. 1.198 e, na detenção dependente e interessada, o detentor fica sujeito à vontade do possuidor, o que não ocorre no desdobramento da posse.

5.2.7. Composse (art. 1.199 do CC)

A composse é a comunhão da situação fática da posse ou posses simultâneas, exercidas por duas ou mais pessoais em relação ao mesmo bem. Em síntese, a composse é a situação de fato pela qual duas ou mais pessoas, de forma simultânea e sem identificação da fração material

---

[38] MELO, Marco Aurélio Bezerra de. *Novo código civil anotado. Direito das coisas.* 2. ed. Rio de Janeiro: Lumen Juris, 2003. v. V.

[39] LOUREIRO, Francisco Eduardo. Arts. 1.196 a 1.510-E – Coisas. In: PELUSO, Cezar (coord.). *Código civil comentado.* 2. ed. Barueri: Manole, 2008, p. 1.083.

de cada uma delas, exercem poderes de fato e ostensivos sobre a mesma coisa. Por isso, apenas se verifica na comunhão *pro indiviso* (*não há identificação material da fração de cada um dos possuidores*). Na posse *pro diviso* não há composse, mas posses exclusivas sobre cada fração material devidamente identificada. Não é por outro motivo que o art. 1.199 do CC faz referência à "coisa indivisa".

De acordo com o art. 1.199 do CC: "Se duas ou mais pessoas possuírem coisa indivisa, poderá cada uma exercer sobre ela atos possessórios, contanto que não excluam os dos outros compossuidores". Para a composse, é essencial pluralidade de possuidores que exerçam atos possessórios sobre a mesma área, sem que haja definição física sobre a parcela de cada compossuidor.

Por força de convenção ou a título hereditário, duas ou mais pessoas tornam-se compossuidoras da mesma coisa, mantendo-se *pro indiviso* a situação fática respectiva. Nas relações com terceiros, os compossuidores podem defender a posse de forma isolada. Se houver divisão de fato em relação à fração de cada compossuidor, surgirá a composse *pro diviso* e, nesta condição, cada qual poderá recorrer aos interditos, até contra aquele que atentar contra o seu exercício. Na *pro indiviso*, todos exercem poderes de fato ao mesmo tempo e sobre a totalidade da coisa.

A composse somente se verifica na comunhão *pro indiviso*. No caso de comunhão *pro diviso*, há predeterminação material da parte de cada um dos possuidores ou compossuidores. Nesta situação, a divisão material no plano fático permite que cada possuidor exerça atos possessórios sobre a sua fração. Por isso, na comunhão *pro diviso* não há composse. O art. 1.199 do CC disciplina a composse *pro indiviso*, onde não há divisão material ou fática das frações de cada compossuidor, motivo pelo qual cada um pode exercer sobre o todo, atos possessórios.

Segundo Rosenvald e Chaves[40]: "A composse é uma situação que apenas verifica-se na comunhão *pro indiviso*. Ou seja, nas situações em que várias pessoas exercem simultaneamente ingerência fática sobre um bem, sem que as partes estejam localizadas, contando cada possuidor com uma fração ideal sobre a posse, que lhes concede a fruição indistinta de todas as suas partes, sem que de nenhuma delas possam ser excluídos pelos outros compossuidores ou terceiros".

A composse não se confunde com as posses paralelas ou o desdobramento da posse, pois, neste último caso, um dos possuidores ficará privado da utilização imediata da coisa. Na composse *pro indiviso*, os compossuidores exercem atos possessórios sobre o todo, de forma simultânea.

Não há privação de atos possessórios em relação a qualquer compossuidor, como ocorre nas posses paralelas. Embora não se confunda composse com posse paralela, nada impede composse na posse direta ou na posse indireta. O exemplo de Rosenvald e Chaves[41] é pontual:

"(...) se A aluga dois quartos independentes de uma casa para B e C, cada locatário terá posse exclusiva e direta de seu quarto, ao mesmo tempo em que incidirá composse direta sobre as partes comuns (cozinha, banheiro etc.). Da mesma forma, caso o sobredito contrato de locação tenha sido efetuado por dois proprietários, visualizada estará a composse indireta ao transcurso da relação locatícia".

Como bem ressalta Tepedino[42]: "Entre os compossuidores forma-se relação interna na qual o exercício da posse não poderá excluir os demais, uma vez que nenhum é titular da posse da coisa por inteiro, mas cada um a tem por fração ideal, isto é, segundo grau de intensidade estabelecido pela parte alíquota relativa à sua participação na coisa como um todo. Externamente, porém, os compossuidores exercem a posse como se fosse titular único".

No âmbito das relações internas, se um dos compossuidores, porém, delibera por excluir o outro sobre a atuação em determinada área, este poderá se defender pela via dos interditos possessórios[43].

A posse, assim como a propriedade, também é exclusiva. Como ressalta Caio Mário[44], "da própria noção de posse resulta que a situação jurídica de um aniquila a de outro pretendente, e, em consequência, enquanto perdurar uma posse, outra não pode ter começo, pela mesma razão que a constituição da nova implica a destruição da posse anterior". Nesse sentido, como regra, não há compatibilidade entre exercício de atos possessórios, por várias pessoas, ao mesmo tempo, sobre o mesmo bem. Todavia, por força de uma convenção ou de um título hereditário, duas ou mais pessoas poderão exercer poderes sobre a coisa, de forma indivisa.

Em brilhante síntese, destaca Caio Mário[45]: "Uma vez que a posse é a exteriorização do comportamento do *dominus*, admite-se como corolário natural a composse, em todos os casos em que ocorre o condomínio, compossuidores os condôminos. Nas suas relações externas, isto é, nas relações com terceiros, os compossuidores procedem como se fossem um único sujeito e nas relações internas reconhece a lei iguais atributos, assegurando-lhe a todos a utilização da coisa comum, contanto que não interfiram no exercício, por parte dos outros, ou de qualquer deles, de iguais faculdades".

Não há dúvida de que um compossuidor pode invocar os interditos possessórios contra o outro no caso de violação do direito de posse ou ameaça de violação à posse indivisa. Todos têm os mesmos poderes sobre o todo e nenhum pode excluir o direito de posse de outro compossuidor. O atentado à composse ou ao direito do compossuidor é tutelado por meio das ações possessórias.

---

[40] FARIAS, Cristiano Chaves de; ROSENVALD, Nelson. *Direito reais*. 7. ed. Rio de Janeiro: Lumen Juris, 2011, p. 124.

[41] FARIAS, Cristiano Chaves de; ROSENVALD, Nelson. *Direito reais*. 7. ed. Rio de Janeiro: Lumen Juris, 2011, p. 127.

[42] TEPEDINO, Gustavo; BARBOZA, Heloisa Helena; MORAES, Maria Celina Bodin de. *Código civil interpretado conforme a Constituição da República. Direito de Empresa. Direito das coisas*. 2. ed. Rio de Janeiro: Renovar, 2011. v. III.

[43] FARIAS, Cristiano Chaves de; ROSENVALD, Nelson. *Direito reais*. 7. ed. Rio de Janeiro: Lumen Juris, 2011, p. 125.

[44] PEREIRA, Caio Mário da Silva. *Instituições de direito civil. Direitos reais*. 26. ed. Rio de Janeiro: Forense, 2018. v. IV, p. 35.

[45] PEREIRA, Caio Mário da Silva. *Instituições de direito civil. Direitos reais*. 26. ed. Rio de Janeiro: Forense, 2018. v. IV, p. 35.

Em relação a este efeito, precisa a observação de Loureiro[46]: "(...) perante terceiros (relações externas), os compossuidores procedem como se fossem um único sujeito. Cada um pode defender a posse do todo, ainda que individualmente. Entre si (relações internas), a cada um é assegurada a utilização da coisa, contanto que não exclua o direito dos demais. Disso decorre que cada um dos compossuidores tem legitimidade para ajuizar ação possessória contra atos ilícitos de terceiros, assim como contra os demais compossuidores. Claro que nesta última hipótese o pressuposto é que cada um dos compossuidores tenha invadido o exercício de fato dos poderes dos demais compossuidores, por exemplo com o uso ou fruição exclusiva da força". No caso da exploração econômica, o possuidor que não estiver tendo nenhum benefício, poderá requerer indenização, com fundamento no princípio do enriquecimento sem causa. A usucapião também é possível, desde que um dos compossuidores exerça posse *ad usucapionem* sobre o todo, com exclusão dos demais compossuidores, de forma mansa e pacífica, sem que haja oposição dos demais e com a intenção de adquirir o todo. Por fim, também é possível a extinção da composse, da mesma forma que se extingue um condomínio, com a devida preferência para o compossuidor.

A composse cessa com a divisão, amigável ou judicial da coisa comum (passará a ser *pro diviso*) ou pela posse exclusiva de um dos compossuidores. A composse pode resultar ou estar vinculada a uma propriedade, mas também é possível a composse independentemente de qualquer título de propriedade, como na composse autônoma ou natural.

Por fim, a composse também figura em regra de direito processual. De acordo com o art. 10, § 2º, do CPC, nas ações possessórias, a participação do cônjuge do autor ou do réu é indispensável nos casos de composse ou de ato por ambos praticados. Em caso de composse, se os compossuidores forem cônjuges, ambos devem figurar no polo ativo ou passivo da relação jurídica processual.

5.2.8. Detenção (distinção da posse)

O Código Civil de 2002, na linha da teoria objetiva de Ihering, diferencia posse de detenção a partir da norma jurídica. É a lei que qualificará se o exercício de poderes de fato sobre coisa determinada é posse ou detenção. Como posse é fato, apenas diante da análise da situação concreta e fática será possível definir o poder com posse ou detenção. É do fato para a norma e não o contrário.

Para a teoria subjetiva de Savigny, a diferença entre posse e detenção está alocada no elemento subjetivo da posse, *animus* (intenção de ter a coisa para si ou ânimo de dono). Se o possuidor exerce poder de fato sobre a coisa com ânimo de dono, estará caracterizada a posse, mas se o contato material com a coisa for sem ânimo de dono, detenção. É o elemento subjetivo que diferencia a posse da detenção na teoria subjetiva. Na falta desse elemento interior ou psíquico haverá mera detenção.

O elemento psíquico da detenção é o *animus detinendi*, a vontade de possuir em nome alheio. Em resumo, para a teoria subjetiva é o *animus* que distingue o possuidor do simples detentor. O *corpus* mais a *affectio tenendi* gera apenas detenção.

Por outro lado, de acordo com a teoria objetiva, a norma jurídica define detenção. O ordenamento jurídico terá a pretensão de vedar que determinado sujeito, ao exercer poderes de fato sobre a coisa, seja qualificado como possuidor. Nessa toada, em coerência com a teoria objetiva, adotada expressamente no art. 1.196, a atual legislação disciplina hipóteses em que o sujeito, mesmo exercendo poderes sobre a coisa, não será possuidor e sim mero detentor.

Para a teoria objetiva, o *corpus* aliado à *affectio tenendi* é suficiente para gerar posse, que se desclassifica ou desqualifica para detenção caso a situação fática se amolde à norma jurídica que define detenção, como ocorre no atual Código Civil, nos arts. 1.198 e 1.208. Portanto, é a lei que definirá se a situação de fato é posse ou detenção. A lei cria obstáculos objetivos para impedir que, embora o sujeito exerça poder de fato sobre a coisa, tenha a condição de possuidor.

Nas palavras de Loureiro[47]: "A princípio, quem reúne poderes fáticos sobre a coisa semelhantes aos poderes do proprietário é possuidor. Somente não o será se uma barreira legal, criada pelo legislador, retirar os efeitos possessórios de tal comportamento".

Portanto, deve-se buscar a figura do detentor para dissociá-lo do possuidor. Caberá ao legislador traçar as diretrizes da detenção, na lógica da teoria objetiva.

Novamente, de acordo com Loureiro[48]: " Para Ihering, a posse e a detenção não se distinguem por um *animus* específico. Ao contrário. Têm os mesmos elementos (*corpus* e *animus*), são ontologicamente iguais. O que as distingue é um obstáculo legal que, com respeito a certas relações que aparentemente preenchem a princípio os requisitos da posse, retira delas os efeitos possessórios. Para Ihering é uma posse degradada, que, em virtude da lei, se avilta em detenção".

O Código Civil apenas criou obstáculos objetivos para diferenciar a posse da detenção. Por isso, a distinção entre possuidor e detentor é complexa, pois apenas diante da análise fática, caso concreto ou da ocorrência no mundo da vida, será possível definir se o poder de fato sobre a coisa é posse ou detenção. Se o sujeito, em determinado contexto fático, ao exercer poderes sobre a coisa, se comporta como a norma jurídica define a detenção, será detentor. Em caso contrário, possuidor. Portanto, é o modo de exercício de poderes de fato sobre a coisa, no mundo da vida, que determinará se a posse ou detenção, possuidor

---

[46] LOUREIRO, Francisco Eduardo. Arts. 1.196 a 1.510-E – Coisas. In: PELUSO, Cezar (coord.). *Código civil comentado*. 2. ed. Barueri: Manole, 2008, p. 451.

[47] LOUREIRO, Francisco Eduardo. Arts. 1.196 a 1.510-E – Coisas. In: PELUSO, Cezar (coord.). *Código civil comentado*. 2. ed. Barueri: Manole, 2008, p. 1.086.

[48] LOUREIRO, Francisco Eduardo. Arts. 1.196 a 1.510-E – Coisas. In: PELUSO, Cezar (coord.). *Código civil comentado*. 2. ed. Barueri: Manole, 2008, p. 1.085.

ou detentor. E a razão é simples: A posse se caracteriza, se identifica e se qualifica a partir de situação fática.

O Código Civil, nos arts. 1.198 e 1.208, como desdobramento da diferença entre posse e detenção a partir da teoria objetiva da posse, apresenta as situações fáticas capazes de caracterizar a detenção: 1 – detenção dependente e desinteressada; 2 – detenção dependente e interessada e 3 – detenção independente.

Detenção dependente e desinteressada

A primeira hipótese legal de detenção é a prevista no art. 1.198 do CC: "Considera-se detentor aquele que, achando-se em relação de dependência para com o outro, conserva a posse em nome deste e em cumprimento de ordens ou instruções suas".

É o denominado *fâmulo da posse*. Neste caso, o sujeito exerce poderes de fato sobre a coisa em nome de outrem, em decorrência de uma relação de dependência e subordinação com o real possuidor. O sujeito é um servidor da posse, pois age em conformidade com as ordens e instruções do legítimo possuidor, ao qual está subordinado. No mundo fático, ao exercer poderes sobre a coisa, a pessoa o faz em nome do possuidor e de acordo com as instruções destes. Se o sujeito adota, no mundo fático, o comportamento exigido pela norma, será detentor. Todavia, se passar a exercer poderes de fato sobre a coisa, de forma efetiva, com autonomia em relação ao possuidor ou deixar de seguir as instruções deste, será possuidor. É a situação de fato que determinará se haverá posse ou detenção, jamais a norma jurídica. Para que haja detenção, é essencial que o fato se enquadre, de forma absoluta e perfeita, na norma jurídica.

Na hipótese do art. 1.198, para ser considerado detentor, no mundo fático, a pessoa não pode exercer qualquer ingerência econômica no que se refere à coisa e, ainda, se pautar de acordo com o vínculo de dependência e subordinação relativamente ao real possuidor. O fâmulo da posse pratica atos a respeito da coisa em nome e sob as ordens e instruções do possuidor. O detentor é mero instrumento do verdadeiro e legítimo possuidor.

A detenção não gera efeitos jurídicos. Por isso, o detentor não tem legitimidade para usar os interditos possessórios em caso de esbulho, turbação e ameaça da posse, mas pode, como *longa manus* do possuidor, exercer a autotutela da posse, disciplinada no § 1º do art. 1.210 do CC.

Embora o detentor não tenha o direito de invocar, em nome próprio, as ações possessórias, pode praticar o desforço imediato, de forma moderada. Nesse sentido é o Enunciado 493 da V Jornada de Direito Civil: "O detentor (art. 1.198 do CC) pode, no interesse do possuidor, exercer a autodefesa do bem sob o seu poder".

O exemplo clássico do fâmulo da posse, de acordo com o art. 1.198 do CC, é o caseiro ou o empregado que zela pelas coisas do patrão. É o caso da relação de trabalho ou emprego em que o empregador ou patrão entrega bem de sua propriedade ao trabalhador ou empregado. O caseiro será sempre detentor? Depende. Caso se comporte como tal, exerça atos possessórios em nome do empregador e se submeta às ordens e instruções deste, será detentor. Caso contrário, poderá ser possuidor. Não é a condição de caseiro ou a relação de trabalho que definirá se é possuidor ou detentor, mas o *modo* como exerce atos possessórios e poderes de fato ou como se comporta em relação à coisa. Aliás, perfeitamente possível que a detenção se converta em posse caso seja alterado o modo de comportamento em relação à coisa e ao possuidor (parágrafo único do art. 1.198).

Na detenção, a submissão a ordens e decisões é estreita. Os detentores exercem atos de posse em nome alheio. São meros executores materiais do direito do possuidor. Não há necessidade de contrato formal entre o possuidor e o detentor ou de remuneração. É suficiente a existência objetiva e concreta de um vínculo de subordinação, autoridade e hierarquia entre possuidor e detentor. O detentor não possui autonomia sobre a coisa.

Nas palavras de Tepedino[49]: "(...) o detentor exerce poder fático sobre a coisa em nome alheio, segundo ordens e orientações de terceiro. Também denominado de servidor ou fâmulo da posse, o detentor apresenta-se como mero instrumento da posse alheia. A importância da distinção entre possuidor e detentor reside no fato de que o legislador não estabelece qualquer tipo de tutela legal (ações possessórias, direito aos frutos, usucapião) aos detentores, mas somente aos possuidores".

O parágrafo único do art. 1.198 da Lei Civil, permite a conversão da detenção em posse, justamente em razão do dinamismo das relações intersubjetivas que permite a alteração do comportamento daquele que está em contato com coisa, exercendo poderes de fato em nome de outrem, e passa a exercer tais poderes em nome próprio.

De acordo com o referido dispositivo: "Aquele que começou a comportar-se do modo como prescreve este artigo, em relação ao bem e à outra pessoa, presume-se detentor, até que prove o contrário".

Portanto, a alteração de comportamento pode converter uma detenção em posse, a depender das circunstâncias do caso concreto. A conversão da detenção em posse foi prevista no Enunciado 301 da IV Jornada de Direito Civil, segundo o qual: "É possível a conversão da detenção em posse, desde que rompida a subordinação, na hipótese de exercício em nome próprio dos atos possessórios".

Basta que o detentor deixe de observar as instruções do possuidor e passe a exercer atos possessórios em nome próprio. O rompimento da relação de subordinação e dependência poderá conduzir o detentor para a condição jurídica de possuidor. O que caracteriza a detenção é a ausência de autonomia em relação à coisa.

Se, a partir de determinado momento, o detentor passa a ostentar autonomia de decisões e comportamento, somada ao exercício de poderes imediatos em proveito próprio, haverá posse e não detenção. Em algumas situa-

---

[49] TEPEDINO, Gustavo; BARBOZA, Heloisa Helena; MORAES, Maria Celina Bodin de. *Código civil interpretado conforme a Constituição da República*. Direito de Empresa. Direito das coisas. 2. ed. Rio de Janeiro: Renovar, 2011. v. III, p. 448.

ções, somente no caso concreto será possível verificar se o ocupante de um bem é comodatário, portanto possuidor direto ou preposto, detentor.

É típico caso de interversão ou alteração do caráter e da natureza da situação fática do sujeito em relação à coisa[50].

Por fim, se o fâmulo da posse for citado em ação possessória, a fim de corrigir o polo passivo da relação jurídica processual, deverá indicar o possuidor para integrar a lide, na forma dos arts. 338 e 339 do CPC/2015.

Detenção dependente e interessada

A segunda hipótese legal de detenção é a prevista na primeira parte do art. 1.208 do CC: "Não induzem posse os atos de mera permissão ou tolerância (...)".

O Código Civil também desqualifica a posse para detenção quando o sujeito exerce poderes de fato sobre a coisa porque o legítimo possuidor permite ou tolera essa ocupação. Aquele que ocupa a coisa por mera permissão ou tolerância é detentor. Veda-se a posse nestes casos.

A permissão consiste em autorização expressa para uso da coisa. No entanto, essa autorização é a título precário. Na permissão, o possuidor, sem perder o controle e a vigilância sobre a coisa, permite que terceiro a utilize, de forma temporária e a título precário. O ocupante tem plena ciência de que a qualquer momento deverá restituir a coisa ao legítimo possuidor. A posse é limitada pela concessão momentânea da coisa a um terceiro.

A tolerância decorre de autorização tácita ou condescendência ou ausência de oposição do possuidor. O possuidor, por mera indulgência e sem renunciar à sua condição, tolera que terceiro passe a fazer uso da coisa. O possuidor não perde o controle sobre a coisa e o ocupante, detentor, tem plena ciência de que está sendo vigiado e controlado. O possuidor apenas foi condescendente com o detentor.

A tolerância implica colaboração com outrem. O possuidor sacrifica e limita a extensão da sua posse a fim de auxiliar e cooperar com alguém que ocupa o espaço momentaneamente.

Sobre as diferenças, em resumo, a permissão se origina de autorização expressa do verdadeiro possuidor e a tolerância decorre de consentimento tácito. Ambas se caracterizam pela transitoriedade e pela faculdade de supressão do uso, a qualquer instante, pelo real possuidor, sem erigir proteção possessória ao usuário.

Noutro giro, se a omissão ou inércia do possuidor for prolongada e tal conduta omissiva gerar na esfera jurídica do ocupante a expectativa de que não tem mais interesse na coisa, poderá ocorrer o abuso de direito por omissão (art. 187 do CC). Nesta situação, suprime-se o direito do possuidor de reclamar a coisa e surge o direito do detentor, cuja detenção é elevada à condição de posse. Por isso, estamos de acordo com Rosenvald e Chaves[51], quando defendem que: "(...) caso o exercício tardio da pretensão ocorra em um momento em que já havia nascido um sentimento de confiança por parte daquele que acreditou no não exercício daquele direito, a sua legítima expectativa deverá ser preservada. Trata-se de uma mera derivação do princípio da vedação ao abuso de direito (art. 187 do CC), que tangencia a tutela do princípio da boa-fé objetiva, impedindo o exercício inadmissível de direitos".

A permissão e a tolerância são casos de detenção dependente e *interessada*[52]. É dependente porque o detentor está subordinado à vontade do possuidor ou sob o controle deste. Interessada porque o detentor extrai proveito econômico próprio, como são os casos de uso de bens.

Os exemplos clássicos de permissão e tolerância, de acordo com Loureiro[53], são os empréstimos momentâneos de coisas sem que o possuidor perca sobre elas o controle, como o aluno que usa o livro no interior de uma biblioteca ou alguém que recebe hóspede em sua residência, cedendo-lhe por curto período o uso de um cômodo. Outro exemplo é o vizinho que permite ou tolera que o outro vizinho, por um curto período, use a sua vaga de garagem. O controle e a vigilância são elementos fundamentais para a caracterização da permissão e da tolerância.

O problema é que, em alguns casos, há uma linha muito tênue entre permissão/tolerância e posse. É possível que atos de permissão e tolerância prolongados se convertam em posse. O ocupante passa a exercer poderes de fato sobre a coisa e a ter comportamento de proprietário, conferindo à coisa uma destinação social. O que determinará se a situação jurídica é posse ou detenção é o modo como o sujeito se comporta, como exerce poderes de fato sobre a coisa e, como procede em relação àquele que lhe autorizou, de forma expressa ou tácita, a tais atos. É o que ocorre no contexto fático e não a norma jurídica que definirá a ocupação como posse ou detenção.

Nesta situação, somente no caso concreto será possível verificar se a ocupação é detenção ou se é posse. Como ressalta Tepedino[54]: "Muitas vezes, por serem atos provenientes das relações de boa vizinhança, cordialidade e familiaridade, somente no caso concreto poder-se-á identificar se há ou não, diante das circunstâncias, exercício possessório".

Em resumo: a permissão nasce de autorização expressa e a tolerância de consentimento tácito, caracterizando-se ambas pela transitoriedade e faculdade de supressão de uso a qualquer tempo. Aqui seria um caso de detenção interessada, pois a pessoa, que atua com base em permissão ou tolerância, procura extrair proveito próprio da coisa, satisfazendo seus interesses econômicos diretos e imediatos[55].

---

[50] Enunciado 237 da III Jornada de Direito Civil promovida pelo CJF.

[51] FARIAS, Cristiano Chaves de; ROSENVALD, Nelson. *Direito reais*. 7. ed. Rio de Janeiro: Lumen Juris, 2011, p. 77.

[52] A pessoa procura extrair proveito próprio da coisa.

[53] LOUREIRO, Francisco Eduardo. Arts. 1.196 a 1.510-E – Coisas. In: PELUSO, Cezar (coord.). *Código civil comentado*. 2. ed. Barueri: Manole, 2008, p. 1.107.

[54] TEPEDINO, Gustavo; BARBOZA, Heloisa Helena; MORAES, Maria Celina Bodin de. *Código civil interpretado conforme a Constituição da República*. Direito de Empresa. Direito das coisas. 2. ed. Rio de Janeiro: Renovar, 2011. v. III, p. 465.

[55] FARIAS, Cristiano Chaves de; ROSENVALD, Nelson. *Direito reais*. 7. ed. Rio de Janeiro: Lumen Juris, 2011, p. 77.

A detenção prevista no art. 1.198, assim como aquela que decorre de atos de permissão e tolerância, art. 1.208, primeira parte, são detenções dependentes (no caso do art. 1.208, a manutenção da situação de detentor depende da vontade do possuidor). No entanto, a detenção prevista no art. 1.198, pelas razões já expostas, é desinteressada, e a do art. 1.208, primeira parte, é *interessada*, no sentido de que o ocupante/detentor procura extrair proveito próprio da coisa para satisfazer interesses imediatos. Neste caso, o sujeito que está em estado de submissão não pode evitar que o outro, pelo caráter precário, de forma unilateral, exerça o direito potestativo de desconstituir a situação fática.

O usuário encontra-se em situação de poder transitório e efêmero sobre a coisa, sempre revogável pelo real possuidor, inibindo eventual caracterização de posse. A situação de sujeição não se compatibiliza com a constituição de qualquer direito subjetivo em face do objeto apreendido[56].

Detenção independente e desinteressada

A terceira hipótese legal de detenção é a prevista na segunda parte do art. 1.208 do CC: "Não induzem posse os atos de mera permissão ou tolerância assim como não autorizam a sua aquisição os atos violentos ou clandestinos, senão depois de cessar a violência ou a clandestinidade".

Essa hipótese legal de detenção gera inúmeras controvérsias. E a razão é muito simples: a violência e a clandestinidade são vícios objetivos da posse (art. 1.200 do CC). Todavia, mesmo quando a posse é adquirida de forma violenta ou clandestina, não deixa de ser posse. É posse qualificada como injusta perante aquele que suportou a violência ou foi surpreendido pelo ato clandestino, mas é posse. Por isso, há aparente conflito entre o art. 1.208, que trata a ocupação clandestina e violenta como detenção, e o art. 1.200, que as qualifica como posse, embora injusta.

O conflito é apenas aparente.

O fato é que a segunda parte do art. 1.208 do CC disciplina mais um obstáculo que degrada uma situação aparentemente possessória, aviltando-a em detenção. Assim, enquanto perdurar a violência e a clandestinidade, e apenas neste curto período, não haverá posse, mas detenção. Cessados os atos de violência e clandestinidade, e não os vícios em si, a detenção se converte em posse injusta, pelo modo de aquisição. A violência e a clandestinidade são vícios originários (desde a origem da aquisição material da coisa). Não há dúvida de que tais vícios objetivos maculam a ocupação e a posse daí decorrente, em relação à vítima destes atos, será injusta. Todavia, antes de conduzir à posse, há um período que a lei desqualifica para detenção. É o período da violência e da clandestinidade. Enquanto ainda estiverem em curso atos de violência e durante o tempo de clandestinidade da ocupação, haverá detenção. E a razão é lógica: A posse pressupõe poderes de fato, efetivos e ostensivos em relação à coisa com função social. E certamente, durante o período de violência e enquanto a ocupação for clandestina, não há como preencher os requisitos da posse e, apenas por isso, o sujeito será detentor. Portanto, a norma jurídica é desdobramento lógico da própria concepção de posse.

Assim, durante os atos de violência e clandestinidade há detenção. Cessadas a violência e a clandestinidade, com a ocupação efetiva, a detenção se transforma em posse injusta, a qual poderá, eventualmente, se tornar justa se os vícios em si que a maculam desaparecerem, conforme se verá adiante. A posse consequente à cessão da violência ou da clandestinidade será qualificada como injusta. Esta somente se iniciaria com a cessação da violência e clandestinidade.

A precariedade não aparece no referido dispositivo legal porque tal vício pressupõe a relação jurídica entre atual possuidor e anterior possuidor. Com a extinção da relação jurídica, independente da causa, o possuidor direto deve restituir a coisa ao possuidor indireto. Se não há restituição, como já é possuidor, apenas altera-se a qualificação de sua posse, de justa para injusta.

Trata-se de detenção autônoma e independente, pois não tem dependência com qualquer ato ou conduta do possuidor. Não há vínculo com o titular da posse neste caso. É autônoma, mas ilícita, diferente dos casos de servidão da posse e permissão e tolerância, que são detenções dependentes, mas lícitas.

Em recente decisão, o STJ, no REsp 881.270/RS, considerou que o veículo objeto de alienação fiduciária, transferido pelo devedor a terceiro, à revelia do proprietário ou credor fiduciário, não poderia ser adquirido por usucapião, uma vez que tal transferência constitui ato de clandestinidade, que não induz posse, a teor do disposto no art. 1.208 do CC.

Detenção e área pública

A quarta hipótese legal de detenção é a prevista no art. 100 do CC, sobre os bens públicos. Tal questão já foi objeto de análise no capítulo sobre o *objeto da posse*. Há consenso de que não há posse em bens públicos de uso comum ou especial, tendo em vista a afetação ou destinação pública destes bens. No que se refere aos bens dominicais, desafetados, há divergências na doutrina e jurisprudência. Para a doutrina civil[57], poderá o particular exercer atos possessórios no que diz respeito a bens públicos não afetados: "(...) admite-se, porém, a posse por particulares sobre os chamados bens públicos dominicais ou patrimoniais, utilizados pelo Estado à moda do particular, esvaziados de destinação pública e alienáveis. Inseridos no comércio jurídico de direito privado podem ser objeto de posse autônoma, como também de contratos regidos pelo Código Civil, como locação, arrendamento e enfiteuse".

Todavia, o Superior Tribunal de Justiça mantém-se fiel à tese de que a ocupação irregular de área pública não é posse e sim detenção, ainda que o bem público não esteja afetado. A posição do STJ é fundada na teoria objetiva da

---

[56] FARIAS, Cristiano Chaves de; ROSENVALD, Nelson. *Direito reais*. 7. ed. Rio de Janeiro: Lumen Juris, 2011, p. 132.

[57] FARIAS, Cristiano Chaves de; ROSENVALD, Nelson. *Direito reais*. 7. ed. Rio de Janeiro: Lumen Juris, 2011, p. 80.

posse. De acordo com o STJ, posse e propriedade caminham juntas, "não havendo de se reconhecer a posse a quem, por proibição legal, não possa ser proprietário ou não possa gozar de qualquer dos poderes inerentes à propriedade"[58]. Em outra decisão, o STJ[59] fez expressa menção à teoria objetiva de Ihering, para afirmar que o particular jamais exerce poderes de propriedade sobre área pública, tendo, inclusive, afastado a indenização por acessões ou benfeitorias, ainda que o ocupante esteja de boa-fé.

O Superior Tribunal de Justiça, com base na teoria objetiva de Ihering, afirma que a ocupação irregular de área pública não pode ser considerada posse por dois motivos: em primeiro lugar, porque a propriedade pública não pode ser adquirida pela usucapião e, como nas pegadas da teoria objetiva de Ihering, a posse está vinculada à propriedade, a impossibilidade da usucapião impede a caracterização da posse. Tal posição conservadora do referido Tribunal Superior não se justifica, pois embora não seja possível qualificar a ocupação irregular de área pública como posse *ad usucapionem*, é possível, desde que haja função social na ocupação, qualificá-la simplesmente de posse. Entretanto, na ocupação irregular de área pública o Superior Tribunal de Justiça despreza o caráter social da posse e confere à posse a ultrapassada concepção de posse dada pela Teoria objetiva de Ihering. O segundo motivo está relacionado ao disposto no art. 1.208 do Código Civil, segundo o qual não "induzem" posse os atos de mera permissão ou tolerância. O permissionário que ocupa qualquer bem com a tolerância do legítimo possuidor, de fato, será detentor e não possuidor. Todavia, de acordo com nosso entendimento, se os detentores, no caso concreto, passarem a se comportar como possuidores, mesmo na ocupação irregular de áreas públicas, serão considerados possuidores.

O principal problema da posição adotada pelo STJ em relação à ocupação irregular de área pública é a definição da natureza jurídica da ocupação (posse ou detenção) a partir da condição da pessoa contra quem se busca a tutela da ocupação e não a partir da situação de fato. No Recurso Especial 1.296.964-DF, na esteira desse entendimento, ficou assentada a possibilidade de invocação de interditos possessórios em litígio entre particulares sobre bem público ocupado irregularmente. Em relação ao Poder Público, a mesma ocupação irregular não permitiria a invocação de interditos possessórios. Não há como explicar que a mesma situação de fato (ocupação irregular de área pública) em relação ao Poder Público é detenção e em relação a outro particular é posse!!!

Portanto, a caracterização de ocupação indevida como detenção, em eventual conflito entre particulares ou disputa sobre o bem ocupado, não legitimará o detentor, mesmo contra o particular, invocar os interditos possessórios (justamente porque a detenção não tem efeito jurídico). É possível que determinado sujeito seja possuidor injusto em relação a "A" (vítima) e possuidor justo em relação à toda a coletividade. Todavia, em relação aos bens públicos, não pode ser detentor contra o Poder Público e possuidor em relação aos particulares. A injustiça da posse tem relação com atos materiais de aquisição, o que admite posse justa contra alguém e injusta contra outrem. É diferente a caracterização da situação fática, pois ou é possuidor ou é detentor em relação a todos. O STJ, de forma curiosa, defende que a ocupação indevida de bem público, se irregular, é detenção, mas se o particular pretender se defender contra outro particular, poderá invocar interditos possessórios. Se é considerado detentor, porque está em área pública, independente dos fundamentos adotados, será detentor em relação ao Poder Público e a particulares e, em evento disputa entre particulares, não há como invocar interditos possessórios (porque é detentor).

Atualmente, o entendimento do STJ, de que a ocupação irregular ou indevida em área pública é detenção, foi consagrado na Súmula 619, que tem os seguintes termos: "A ocupação indevida de bem público configura mera detenção, de natureza precária, insuscetível de retenção ou indenização por acessões e benfeitorias". Todavia, a questão da disputa da ocupação entre particulares não foi solucionada. Na realidade, é essencial alterar a orientação para, em relação a bens dominicais, admitir posse em relação a bens públicos, que deverá ser eficiente para tutelar o seu próprio patrimônio.

No referido verbete, restou consignado que a ocupação sobre bem público que caracteriza detenção é precária. A detenção não tem qualificação. A detenção não gera efeito jurídico e, por isso, não se deve associar o instituto com a precariedade. A detenção jamais poderá ser precária ou não precária. A posse pode ser precária, mas é posse, como será analisado adiante. A detenção não se adjetiva.

Por outro lado, não se pode esquecer que é possível a posse sobre área pública quando a ocupação é regular. Neste caso, a posse será justa. Na ocupação irregular ou indevida haverá detenção, nos termos da Súmula 619. O particular, pelos mais diversos títulos jurídicos, de direito público (autorização, permissão e concessão) ou de direito privado (locação, comodato etc.), pode manter relação jurídica com o Poder Público e, nestes casos, haverá posse, qualificada de justa. Se há posse nestas situações, podem ser manejados os interditos possessórios pelo particular, salvo se o interesse público justificar a desocupação, mesmo se a ocupação está legitimada em título jurídico administrativo.

Na ação possessória entre particulares, que envolva ou não área pública, poderá o Poder Público, de forma incidental, opor qualquer meio de defesa, conforme enuncia o verbete 637. Neste caso, de acordo com os pressupostos fáticos e jurídicos que fundamentaram o precedente, o domínio é utilizado como alegação incidental, porque haverá discussão de posse, ou seja, a posse que decorre do domínio, mas se discutir domínio.

---

[58] REsp 863.939/RJ, rel. Min. Eliana Calmon.
[59] REsp 945.055/DF, rel. Min. Herman Benjamin.

5.2.9. Classificação da posse

A classificação da posse implica na adjetivação deste instituto jurídico, fato que repercutirá apenas e tão somente nos efeitos da posse, jamais na sua caracterização. A posse se caracteriza e se visualiza pelo poder de fato, efetivo e ostensivo sobre a coisa. De acordo com a teoria de Ihering, tais poderes de fato se materializam pelo exercício de poderes de proprietário (domínio) sobre a coisa, com a extração de utilidade econômica e com destinação social, ainda que tal ato não esteja relacionado com qualquer título (autonomia da posse, de acordo com Savigny).

Portanto, a caracterização da posse ou da figura do possuidor (quem pode ser considerado possuidor e o que é a posse) não tem nenhuma relação com a classificação da posse em justa e injusta, de boa-fé ou má-fé. Os vícios objetivos e subjetivos que adjetivam a posse partem de uma premissa: a existência da posse. Se há posse, é importante qualificá-la de justa ou injusta, de boa ou má-fé apenas e tão somente para verificar quais serão os efeitos desta posse.

A justiça ou injustiça da posse e a boa ou má-fé do possuidor não interferem na caracterização e concepção da posse em si, mas apenas nos efeitos jurídicos da posse.

Em resumo: a classificação e qualificação da posse pressupõe posse devidamente caracterizada. Posse injusta é posse. Posse de má-fé é posse. A adjetivação repercutirá nos efeitos jurídicos e não na caracterização da posse.

Assim, para a utilização dos interditos possessórios, principal efeito da posse, é relevante e imprescindível saber se o possuidor que os invoca é possuidor justo ou injusto. Mesmo injusto, é possuidor. A posse injusta também é posse. No entanto, o possuidor injusto não terá tutela possessória contra o possuidor justo. Para invocar os interditos possessórios, a posse deve ser justa. Ocorre que não é suficiente a justiça da posse para a concretização de pretensão possessória. É essencial que a tutela possessória seja direcionada e invocada contra o possuidor injusto, pois se o atual possuidor for "justo", não há tutela possessória em favor daquele que também alega ser possuidor. Como se observa, tal vício objetivo não desmerece a posse em si mesma, mas apenas cria um obstáculo para que o possuidor injusto possa invocar este efeito da posse (interditos possessórios) contra a vítima de seu ato.

É relevante este esclarecimento, pois é comum se afirmar que o possuidor injusto não tem posse. A justiça ou injustiça da posse pressupõe posse. Tal vício não influencia o conceito de posse, mas apenas um de seus efeitos, os interditos possessórios.

Por outro lado, a boa ou má-fé do possuidor também não interfere na concepção de posse. Posse é poder de fato sobre a coisa, por meio do exercício de poderes dominiais, com a necessária função social. Essa concepção de posse não se altera pelo elemento psicológico (a boa ou má-fé do possuidor). Entretanto, a boa-fé ou má-fé será relevante para alguns efeitos (e não a causa, que é a própria posse) da posse, como a percepção de frutos, a responsabilidade civil, a acessão invertida do art. 1.255, parágrafo único, do CC, benfeitorias, direito de retenção, usucapião, dentre outros.

Com a premissa posse, para analisar os seus efeitos (e apenas isso), essencial classificá-la de justa ou injusta ou de boa-fé ou de má-fé.

5.2.9.1. Posse violenta, clandestina e precária (vícios objetivos da posse)

A posse pode ser qualificada de justa ou injusta a depender da existência ou não de vícios relacionados à sua aquisição material. Trata-se de questão específica para compreender a forma de aquisição da posse e suas consequências jurídicas. A posse será justa quando não for adquirida de modo violenta, clandestina ou precária, na forma do art. 1.200 do CC. E será injusta quando ostentar qualquer destes vícios objetivos.

A posse é o poder de fato sobre a coisa. Analisada sob o aspecto objetivo, a posse pode ser *justa e injusta.* A justiça ou injustiça da posse está vinculada ao seu modo de aquisição *material* ou à sua causa de aquisição fática. A posse obtida de modo ilícito é reputada injusta. Nada impede que uma posse adquirida justamente, por ato posterior, se torne injusta, como no caso da precariedade.

De acordo com o Código Civil, art. 1.200, os vícios objetivos da posse são a violência, a clandestinidade e a precariedade.

A posse violenta é a que se adquire por ato de força, seja ela natural ou física, seja moral ou resultante de ameaças que incutam na vítima sério receio (*vis absoluta* ou *vis compulsiva*). A violência pode ter sido direcionada contra o possuidor ou o detentor. Neste caso, não se questiona o motivo, mas apenas e tão somente o ato objetivo de violência, como meio de adquirir a posse.

A ameaça ou coação como fato gerador da violência corresponde à conduta do sujeito com potencialidade suficiente para intimidar e afetar a posse da vítima. Por isso, se o possuidor foi vítima de coação em determinado negócio jurídico, onde foi forçado a transferir a posse para alguém, tal vício de consentimento pode ser alegado como fundamento da ação possessória para recuperação da coisa, sendo plenamente dispensável a prévia anulação do negócio jurídico com base neste vício de consentimento. É relevante verificar apenas se a ameaça foi tão grave que teve poder de intimidação. Não importa se foi no âmbito de negócio jurídico ou independente de qualquer negócio. A vítima, nas duas situações, terá direito à ação possessória para recuperar a coisa.

Há controvérsia se a violência contra a coisa e não contra a pessoa também é capaz de estigmatizar a posse. Pensamos que a violência deve estar relacionada à pessoa, ao desapossamento do possuidor e não em relação à coisa, como a destruição de obstáculos para ter acesso à área abandonada. Diante da funcionalização dos direitos subjetivos e da aproximação da posse de uma concepção social, os atos de violência devem ser interpretados de forma restrita. Portanto, haverá violência quando o ato de desapossamento é direcionado à pessoa do possuidor.

A posse ostenta o vício da clandestinidade quando adquirida de forma oculta, sem que o possuidor perceba a ocupação. Não há posse clandestina, mas posse adquirida por atos clandestinos, o que a torna injusta. A aquisição ocorre de forma oculta, sem que o possuidor anterior possa perceber a ocupação. Ainda que terceiros visualizem a aquisição da posse, ela será qualificada de injusta em decorrência da clandestinidade se o possuidor, que tem interesse na recuperação da coisa, não conseguir perceber os atos de esbulho ou turbação em sua área. No vício da clandestinidade, como forma de aquisição da posse, o possuidor anterior e vítima não consegue reagir, pois não percebe a violação de seu direito. É a aquisição que será clandestina e não a posse. A clandestinidade é meio para aquisição material da posse. Recorde-se que somente haverá posse quando a clandestinidade cessar.

Loureiro[60] discute o tema: "Questão relevante é saber se para cessar a clandestinidade deve o esbulhado ter ciência inequívoca de que a coisa acha-se nas mãos do possuidor injusto ou, em vez disso, basta que o novo possuidor não mais oculte sua conduta. O melhor entendimento é que não há necessidade de que a vítima tenha efetivo conhecimento do esbulho, mas que o esbulhador torne possível à vítima conhecê-lo. Torna-se pública a posse quando nasce para a vítima a possibilidade de conhecer o esbulho".

A funcionalização dos direitos subjetivos e, no caso, a função social da posse, leva à compreensão de que a ocupação deixa de ser clandestina quando se torna pública e ostensiva, ou seja, quando a vítima da ocupação clandestina tenha condições de tomar ciência da violação. A partir deste momento, a ocupação deixa de ser detenção (art. 1.208, segunda parte) e se converte em posse, embora injusta pelo vício da clandestinidade. A função social da posse impede que a clandestinidade cesse apenas com o conhecimento do direito de posse pelo anterior possuidor e vítima. A ocupação perde o caráter de clandestinidade, quando a ocupação se tornar ostensiva e pública, ainda que a vítima não tome ciência deste fato. Com a concepção social de posse, a ocupação deixa de ser detenção e se torna posse a partir do momento em que o possuidor que teve o direito violado pudesse ter conhecimento da violação do direito. Desde este instante, a clandestinidade cessa e a detenção, até então caracterizada, se converte em posse (nos termos do art. 1.208 do CC).

A mera ignorância do legítimo possuidor não se mostra suficiente para caracterizar a clandestinidade. Exige-se que o possuidor tenha agido sorrateiramente, com o intuito de iludir o legítimo possuidor quanto ao ingresso na posse[61].

Em síntese, aquisição clandestina é a ocupação que se dá por meio de um processo de ocultação ou, como se diz, *às escondidas*, tendo o detentor, que se tornará possuidor, a intenção de iludir a vítima. Não há ocupação clandestina e posse viciada quando alguém ocupa ou apreende bem logo após este ser abandonado pelo possuidor.

Por fim, a posse precária está relacionada ao abuso de confiança pela violação do dever de restituição. Por força de uma relação jurídica material, de direito real ou obrigacional, o sujeito recebe a coisa com posterior dever de restituição (quando a relação jurídica for extinta, independente da causa).

Ao final da relação jurídica e rompido o vínculo que justificava a posse, o ocupante se recusa a restituir a coisa. Portanto, abusa da confiança daquele que acreditou na restituição ou devolução ao final da relação jurídica material.

O vício se caracteriza no momento que o sujeito se recusa a devolver a coisa ao legítimo possuidor ou proprietário e dela se apropria de forma indevida. Por isso, tal vício, em regra, tem relação com a obrigação de restituir e com a posse civil (derivada de relação jurídica real ou obrigacional – art. 1.197 do CC). A posse, que era justa durante a vigência da relação jurídica, se torna injusta com a recusa de restituição. A violação do dever jurídico de restituição torna a posse, que era justa, porque justificada e fundada em relação jurídica material real ou obrigacional, em posse injusta. Por isso, o vício da precariedade nasce da posse direta, como regra. O possuidor direto, após a extinção da relação jurídica material mantida com o possuidor indireto, tem o dever jurídico de restituir a coisa ao possuidor indireto. A violação do dever jurídico torna a posse do possuidor direto precária e, portanto, injusta.

No mais, pertinente a observação de Loureiro[62]: "Via de regra, a posse precária nasce da posse direta, no momento em que há quebra do dever de devolução da coisa. A posse direta não é precária, porque a sua causa é lícita, entregue que foi pelo possuidor indireto. Enganam-se, assim, aqueles que dizem que as posses do locatário, ou do comodatário, ou do credor pignoratício são precárias. Na verdade, são posses diretas e justas, que se tornarão precárias no exato momento em que houver quebra do dever de restituir".

De acordo com Rosenvald e Chaves[63]: "(...) resulta do abuso de confiança do possuidor que indevidamente retém a coisa além do prazo avençado para o término da relação jurídica de direito real ou obrigacional que originou a posse. Inicialmente, o precarista era qualificado como titular de uma posse direta e justa, obtida através de negócio jurídico celebrado com o proprietário ou possuidor, conduzindo-se licitamente perante a coisa. Todavia, unilateralmente delibera por manter o bem em seu poder, além do prazo normal de devolução, praticando verdadeira apropriação indébita".

Em síntese, posse precária é aquela em que a pessoa recebe a coisa com a obrigação de restituir e, abusando da confiança, arroga-se na qualidade de possuidor, negando

---

[60] LOUREIRO, Francisco Eduardo. Arts. 1.196 a 1.510-E – Coisas. In: PELUSO, Cezar (coord.). *Código civil comentado*. 2. ed. Barueri: Manole, 2008, p. 1.092.
[61] TEPEDINO, Gustavo; BARBOZA, Heloisa Helena; MORAES, Maria Celina Bodin de. *Código civil interpretado conforme a Constituição da República*. Direito de Empresa. Direito das coisas. 2. ed. Rio de Janeiro: Renovar, 2011. v. III, p. 453.
[62] LOUREIRO, Francisco Eduardo. Arts. 1.196 a 1.510-E – Coisas. In: PELUSO, Cezar (coord.). *Código civil comentado*. 2. ed. Barueri: Manole, 2008, p. 1.092.
[63] FARIAS, Cristiano Chaves de; ROSENVALD, Nelson. *Direito reais*. 7. ed. Rio de Janeiro: Lumen Juris, 2011, p. 145.

a restituição. Esse vício se inicia no momento em que o possuidor se recusa a restituir. Por isso, é sempre observada em um momento posterior, precisamente no instante da indevida recusa de entrega da coisa no prazo inicialmente estabelecido. Assim, quanto ao momento, o vício da precariedade difere dos vícios objetivos da violência e clandestinidade.

Os vícios objetivos da violência e da clandestinidade são contemporâneos à aquisição da posse. A posse já nasce viciada pela violência ou clandestinidade (vícios originários). No caso da precariedade, a posse, de início, é justa, pois fundada em uma relação jurídica material de direito real ou obrigacional como o possuidor indireto e, com a extinção desta relação jurídica (vício superveniente à aquisição da posse – se consumo quando o sujeito já está na posse da coisa), o possuidor se nega a restituir a coisa. A posse, que foi adquirida de forma justa e que nasceu legítima, se torna injusta quando o possuidor direto se recusa a restituí-la. Por isso, a precariedade surge em momento superveniente à aquisição inicial da posse. Torna-se precária quando o possuidor direto pretende adquiri-la, após a extinção da relação jurídica material que a justificava e fundamentava, em evidente abuso de confiança. O vício da precariedade somente se caracteriza quando há abuso de confiança em relação à restituição da coisa, que é negada sem justo motivo ou causa.

5.2.9.1.1. Vícios objetivos da posse e características (Relatividade dos vícios e a questão da interversão da posse – temporários)

De acordo com o art. 1.200 do CC, será injusta a posse adquirida materialmente por meio de violência, clandestinidade ou precariedade: vícios objetivos da posse, pois relacionados com o modo de aquisição. Tais vícios objetivos são *relativos* (somente é injusta em relação à vítima do ato aquisitivo) e *temporários* (não se prolongam no tempo indefinidamente).

A posse pressupõe exercício de poderes de fato em relação a determinada coisa. A aquisição da posse, pressuposto para o exercício do poder, pode ser justa ou injusta, a depender da presença ou ausência dos vícios mencionados.

Portanto, em conclusão, para se verificar a qualidade da posse, *é necessário observar a* forma *ou modo de* aquisição. *Será justa se foi adquirida conforme o direito, com o que estará isenta dos vícios objetivos em questão que maculam a posse. Por outro lado, será injusta aquela cuja aquisição macula o direito. A injustiça da posse se caracterizará quando for adquirida de forma violenta, clandestina ou precária.*

Os vícios objetivos da posse estão vinculados ao momento da aquisição (questão material, não jurídica). Assim, será justa ou injusta de acordo com a "forma" ou o modo pelo qual foi adquirida. É o fato material de aquisição e não o fundamento jurídico que irá qualificar a posse de justa ou injusta.

A posse, mesmo viciada e, portanto, injusta, é posse. Como já ressaltado, os vícios da posse não interferem na concepção da posse, na definição de posse e na qualificação de alguém como possuidor, mas apenas nos efeitos jurídicos ou nas consequências da posse.

O que importa ressaltar neste tópico são as características dos vícios que maculam a posse: tais vícios objetivos são relativos *e* temporários. *São relativos* na medida em que somente podem ser acusados pela vítima, pois, no que se refere a terceiros, têm efeitos normais.

A posse somente é injusta relativamente a sujeito específico e determinado: a vítima da violência, clandestinidade ou precariedade. No que concerne a terceiros (qualquer pessoa que não seja a vítima), a posse do autor do ato violento, clandestino ou que caracteriza precariedade será justa. Assim, a posse será injusta apenas em face do legítimo possuidor (a vítima dos atos violentos, clandestinos ou precários) e não produzirá efeitos quanto a este. Por exemplo, se "A", de forma violenta, adquire e ocupa a área do possuidor "B", a posse de "A" será qualificada como injusta, na medida em que foi adquirida de "B" de forma violenta (art. 1.200 do CC). "B" é a vítima da violência e, em referência a ele, a posse é injusta. Todavia, em relação a qualquer outra pessoa, que não seja "B", a posse de "A" será justa e suscetível de proteção. Isso ocorre porque, relativamente a outras pessoas, a posse não foi *adquirida* de forma violenta, clandestina ou precária. Assim, se "C" esbulhar ou molestar a posse de "A", este terá ação possessória e poderá defender a sua posse contra "C", mesmo que "A" tenha adquirido a posse de "B" de forma violenta. Por quê? O vício objetivo da posse é relativo à vítima dos atos de violência, precariedade e clandestinidade e, por isso, não alcança terceiros.

Para a defesa da posse em relação a terceiros, "A" será considerado possuidor justo, pois não a adquiriu de nenhum deles de forma violenta, clandestina ou precária. Portanto, basta que a posse seja justa tendo em consideração o adversário. E será justa quando não for adquirida do adversário ou daquele que a questiona pelos modos descritos no art. 1.200 do CC.

O fato é que, em função do caráter relativo dos vícios objetivos (art. 1.200), não existe posse injusta com caráter *erga omnes*. Os vícios objetivos só podem ser alegados pelo ofendido/vítima contra o agressor, sendo que tal posse sempre será justa em relação a terceiros. Contra estes, nenhum ato ilícito foi praticado. Quanto a terceiros, não houve aquisição da posse de forma violenta, clandestina ou precária. Então, são vícios relativos *a alguém* e esse *"alguém"* é a vítima. Só a vítima pode invocar os vícios objetivos para exercer a autotutela ou para utilizar os interditos possessórios.

O conceito de posse injusta somente é fundamental para fixar a legitimidade passiva nas ações possessórias. Aliás, esta é a única relevância dos vícios objetivos da posse. Saber se a posse é justa ou injusta é importante apenas para saber se o sujeito pode defender a sua posse contra determinada pessoa. Somente será réu na ação possessória quem obteve a posse por meio de um destes vícios objetivos (violência, clandestinidade e precariedade).

Os vícios objetivos da posse repercutirão em um único efeito da posse: a tutela possessória (possibilidade de a vítima invocar contra o possuidor injusto os interditos possessórios – art. 1.210 do CC). Os vícios objetivos, que qualificam a posse como injusta, não terão relevância nos demais efeitos da posse. O possuidor justo terá tutela possessória contra o possuidor injusto. Não há tutela possessória contra possuidor justo, mesmo se quem pretende a coisa também ostenta a condição de possuidor.

Portanto, há relação ou conexão direta e imediata entre as ações possessórias, principal efeito da posse, e os vícios objetivos da posse (justa ou injusta). A vítima dos vícios objetivos terá legitimidade ativa para ação possessória e o legitimado passivo será o autor do esbulho, turbação ou da ameaça.

Como ressaltam Rosenvald e Chaves[64], trata-se de um conceito restrito de posse injusta, que não se confunde com a posse injusta no âmbito da propriedade. Para fins de se determinar a legitimidade passiva em ação reivindicatória, possuidor injusto é qualquer pessoa que não seja proprietário ou que não mantenha com ele qualquer relação jurídica, ainda que a posse deste não seja violenta, clandestina ou precária. Na ação possessória, legitimado passivo é aquele sujeito que objetivamente adquire a posse por um destes vícios.

Quanto à característica da temporariedade, significa que os vícios objetivos da posse não são eternos. É possível que a posse altere o seu caráter ou a sua qualificação, de injusta para justa. Neste ponto, a justiça ou injustiça da posse está relacionada à vítima e é em relação a ela que os vícios objetivos podem cessar (pois, em relação a terceiros, que não foram vítimas da aquisição viciada, a posse é justa). Após cessarem os vícios objetivos, o sujeito responsável pelo ato violento, clandestino ou precário poderá invocar os interditos possessórios, inclusive contra a própria vítima. A posse injusta só perde esse caráter se mudar a sua causa. A inversão da causa *possessionis* permitirá a conversão da posse injusta em justa.

A pergunta em relação à temporariedade dos vícios objetivos é: A posse justa ou injusta pode mudar o seu caráter ou a sua causa? Em regra, segundo o art. 1.203 do CC, entende-se manter a posse o mesmo caráter com que foi adquirida. Este artigo trata dos vícios objetivos que podem acompanhar a posse.

No entanto, o próprio artigo permite a alteração do seu caráter, quando faz remissão à teoria da prova (*salvo prova em contrário*): "Salvo prova em contrário, entende-se manter a posse o mesmo caráter com que foi adquirida".

Portanto, como regra, a posse adquirida de forma violenta, clandestina ou precária mantém o mesmo caráter. Ocorre que esses vícios não são perpétuos e podem cessar, a depender de várias circunstâncias relacionadas, principalmente, à conduta do possuidor e da vítima.

Não basta a vontade unilateral do possuidor para alterar o caráter da posse. A mudança do caráter da posse não decorre de ato de vontade do possuidor, mas do modo como ele se comporta em relação à coisa, somada à omissão daquele que foi vítima de ato de violência, clandestinidade e precariedade. Com relação a terceiros, que não foram vítimas, não há que se cogitar em alteração do caráter da posse, pois quanto a eles esta é justa (não foi deles adquirida de forma violenta, clandestina ou precária).

Por outro lado, a interversão ou a alteração do caráter da posse requer a demonstração de circunstâncias fáticas que a comprovem. As circunstâncias objetivas, o contexto da posse, o comportamento, dentre outras questões, serão relevantes para determinar a alteração do caráter da posse e não a mera vontade do possuidor. Enfim, a só vontade do possuidor não altera o caráter viciado da posse.

Para a maioria da doutrina, não pode o ato volitivo unilateral modificá-lo. Abre-se a exceção no caso em que a modificação não decorra apenas de ato de vontade, mas, sim, de ato material exterior e inequívoco.

Ao exteriorizar a vontade, por meio de atos concretos e materiais, pode ocorrer mudança do caráter da posse. E se houver inércia do legítimo possuidor, tendo o novo possuidor conferido função social para aquela posse?

Nesse sentido o Enunciado 237 da III Jornada de Direito Civil, segundo o qual: "É cabível a modificação do título da posse – *interversio possessionis* – na hipótese em que o até então possuidor direto demonstrar ato exterior e inequívoco de oposição ao antigo possuidor indireto, tendo por efeito a caracterização do *animus domini*".

É possível a alteração do caráter da posse por meio de atos concretos e inequívocos do possuidor, que sejam capazes de evidenciar uma oposição séria e real em relação ao possuidor anterior. Portanto, essa alteração pode decorrer de fato material e concreto.

Neste caso, o possuidor exterioriza oposição séria em relação ao possuidor anterior, à vítima, a qual se mantém inerte em relação àquela conduta do sujeito que havia adquirido o bem de forma violenta, clandestina e precária. Assim, a conduta positiva do possuidor aliada à omissão reiterada e injustificada da vítima, que, passivamente, aceita aquela condição, provoca a alteração no caráter da posse.

A alteração do caráter da posse depende de dois fatos a serem apurados em conjunto: 1 – o atual possuidor, de forma ostensiva, passa a exercer poder de fato sobre a coisa com função social e; 2 – a vítima do atual possuidor não reage à ocupação. A omissão reiterada da vítima gera no atual possuidor a confiança e a expectativa de que não pretende mais a recuperação da coisa.

Tais fatos, somados, caracterizam o abuso de direito por omissão e, em razão desta omissão, o direito possessório da vítima é suprimido (*supressio*) e faz surgir direito possessório legítimo em favor do atual possuidor (*surrectio*), posse justa, inclusive contra a vítima. A teoria do abuso de direito impõe que os direitos subjetivos e potestativos sejam exercidos de acordo com a finalidade que justifica estes direitos e que integram o seu conteúdo. É a funcionalização dos direitos subjetivos. Se a vítima deixa de agir, não está a exercer o seu direito de possuidor de acordo com a finalidade que o justifica (função social). Por isso, deixará de ser vítima do atual possuidor, que passa a conferir fun-

---

[64] FARIAS, Cristiano Chaves de; ROSENVALD, Nelson. *Direito reais*. 7. ed. Rio de Janeiro: Lumen Juris, 2011, p. 86.

ção social à posse e, tal função social, somada à inércia da vítima, que não zelou pelo seu direito possessório violado, o tornará possuidor justo, inclusive em relação à vítima do ato violento, clandestino ou precário.

Desta forma, em decorrência de atos materiais, exteriores e inequívocos de oposição, para fins de alteração do caráter da posse, são essenciais: (a) conduta positiva do possuidor que demonstre, por meio de atos inequívocos, sua oposição em relação ao possuidor anterior; (b) a omissão e passividade do anterior possuidor diante daquela conduta ostensiva e inequívoca do atual possuidor; e (c) o atual possuidor conferir ao bem ocupado uma função social, com a finalidade de concretizar algum direito fundamental de natureza constitucional.

Com a presença destes pressupostos fáticos, qualquer dos vícios objetivos poderá cessar e a posse injusta será convertida em posse justa, fato que permitirá ao possuidor invocar os interditos contra qualquer pessoa, em especial contra o anterior possuidor, que foi a vítima de seus atos violentos, clandestinos ou abusivos (precariedade).

Da mesma forma, o Código Civil permite a conversão da detenção para a posse no parágrafo único do seu art. 1.198, quando o sujeito passa a possuir em nome próprio e prática atos de ingerência econômica sobre o bem.

No que tange à precariedade, o vício também cessa. O princípio da função social da posse e o próprio art. 1.203 da Lei Civil autorizam a cessação do vício da precariedade. Se houver mudança do caráter da posse, a cessação da posse independente da espécie do vício. Por exemplo, se um locatário deixa de pagar aluguel e se recusa a restituir o bem, sua posse será injusta pela precariedade.

Entretanto, se, na sequência, o locatário passa a exteriorizar atos de oposição, de forma inequívoca, em relação ao possuidor indireto, locador, o qual se mantém inerte por longo período, somado a uma função social conferida pelo locatário ao bem, o vício da precariedade cessa e o possuidor, ex-locatário, poderá invocar os interditos possessórios contra o locador, pois sua posse, que era injusta pelo vício da precariedade, se tornou justa. Não significa que houve alteração do caráter da posse por vontade do possuidor, mas por um comportamento inequívoco de oposição ao anterior possuidor, somado a uma conduta inerte e passiva deste último.

Ainda por vincular a posse à sua tradição patrimonialista e individualista, vinculando-a à propriedade de forma pura, há quem afirme que o vício da precariedade não cessa, com fundamento no art. 1.208 do CC, cujo dispositivo, como já ressaltado, não tem relação com a qualificação da posse, mas com uma concepção legal e momentânea de detenção, durante o período que permanecer a violência e a clandestinidade.

O art. 1.208 da lei civil não faz referência ao vício da precariedade em razão do momento do surgimento deste vício. A precariedade é vício superveniente à aquisição de posse legítima, fundada em relação jurídica real ou obrigacional. O sujeito adquire posse legítima. Torna-se possuidor. Em razão de fato superveniente, extinção da relação jurídica material que justifica a posse, o possuidor direto se nega a restituir. Neste caso, com a violação do dever de restituição, a posse que era justa se torna injusta. Entretanto, o sujeito sempre foi possuidor. No caso da violência e da clandestinidade, como são contemporâneos à origem ou aquisição da posse, durante o período de violência e de clandestinidade, não haveria posse e sim detenção. Com a cessação da violência e da clandestinidade, a detenção se converte em posse. Injusta é verdade, mas posse. Por isso, o art. 1.208 do CC não faz referência à precariedade.

O art. 1.208 do CC estabelece uma fase de transição em que o sujeito, que pratica atos de violência ou age de forma clandestina, terá mera detenção, antes de ser considerado possuidor injusto em relação à vítima. Há alteração de detenção para posse injusta quando os atos violentos e clandestinos cessam. Esse momento de transição de detenção para posse não existe na precariedade, porque a aquisição, que torna a posse injusta, na precariedade, não é qualquer conduta contra a vítima, mas na inversão do ânimo em relação à coisa no momento da restituição, quando já era possuidor. O sujeito sempre foi possuidor, pois no momento em que adquiriu a posse por força de uma relação jurídica material sua posse era legítima e justa. O possuidor precário, quando inverte o ânimo em relação à coisa, já era possuidor. Com a recusa em restituir a coisa, sua posse que era justa se torna injusta.

Na realidade, não há convalescimento da violência e da clandestinidade, mas alteração de uma situação transitória de detenção (enquanto durar a violência e a clandestinidade) para posse, embora injusta. Na precariedade, não há essa alteração de detenção para posse porque quando a precariedade se caracteriza o precarista já era possuidor. A inversão do animo em relação à coisa se dá quando já configurada e devidamente caracteriza sua posse. O precarista passa de possuidor justo para possuidor justo, mas nunca esteve na condição jurídica de detentor. O convalescimento mencionado pelo art. 1.208 é a substituição do estado de detenção para posse injusta, cujo estado de detenção não existe na precariedade.

Por outro lado, a justiça ou injustiça da posse não é obstáculo para a aquisição do bem pela usucapião. Se o sujeito exercer posse *ad usucapionem* sobre a coisa, será indiferente se a adquiriu de forma violenta, clandestina ou precária.

No caso da precariedade, a situação é um pouco mais delicada, não em função do vício em si, mas porque, a princípio, o possuidor, a título precário, não age com ânimo de dono, requisito essencial para a usucapião. No entanto, se o possuidor precário deixar de reconhecer o direito do anterior possuidor sobre a coisa e passar a exteriorizar atos inequívocos de oposição, passa a contar o prazo da usucapião, pois a partir de então passa a agir com ânimo de dono em relação à coisa.

Apesar de precária, desde que ocorram circunstâncias especialíssimas, dentre as quais que o precarista não mais reconheça a supremacia do direito do esbulhado, deixando isso claro e inequívoco, a posse poderá converter-se, segundo Loureiro⁶⁵, de meramente *ad interdicta* em *ad usucapionem*. O que mudou com o comportamento de fato do possuidor não foi a origem ilícita da posse, mas o *animus*. Apesar de continuar injusta, se o possuidor não mais reconhece a superioridade do direito do esbulhado de reaver a coisa, o que mudou com o novo comportamento foi o nascimento do *animus domini*, requisito que faltava para iniciar o prazo útil para usucapião.

Por fim, a alteração da causa da posse pode ocorrer por conta de uma relação jurídica. De acordo com Loureiro⁶⁶: "Como alteração decorrente de uma relação jurídica, tome-se como exemplo o caso do possuidor violento ou precarista que adquire a coisa ou a recebe em comodato, convertendo-se a posse injusta em justa. O que mudou foi a razão pela qual possui, retirando da posse determinadas qualidades negativas, ou limitações, e fazendo nascer qualidades positivas, ou alargando os poderes sobre a coisa. Desapareceu a razão determinante para a caracterização do esbulho, qual seja a aquisição da posse contra a vontade do ex-possuidor".

Não se pode jamais perder de vista que os vícios objetivos da violência e da clandestinidade são originários, e o da precariedade nasce em momento posterior, quando da recusa em restituir a coisa. A precariedade está relacionada com a obrigação de restituição que integra uma relação jurídica de direito material, como a locação, o comodato, o depósito, o direito real de superfície, dentre outros.

5.2.9.1.2. Vícios subjetivos da posse (posse de boa-fé e posse de má-fé)

O Código Civil de 2002, no art. 1.201, ainda concebe a posse de modo negativo. Para o legislador, é possuidor de boa-fé o sujeito que adquire a posse sem ter a ciência do vício objetivo ou obstáculo que impediria a sua aquisição.

A lei civil manteve a concepção subjetiva de boa-fé de seu antecessor: "É de boa-fé a posse, se o possuidor ignora o vício, ou obstáculo que impede a aquisição da coisa". É possuidor de boa-fé aquele que simplesmente ignora a ilegitimidade ou o modo injusto como a sua posse foi adquirida.

No parágrafo único, há presunção de boa-fé em favor do possuidor cuja posse esteja fundada em título reputado como justo: "O possuidor com justo título tem por si a presunção de boa-fé, salvo prova em contrário, ou quando a lei expressamente não admite essa presunção".

Todavia, diante dos parâmetros de eticidade que norteiam as relações jurídicas privadas, tudo em função do princípio da boa-fé objetiva (arts. 113, 187 e 422 do CC), não é conveniente restringir a boa-fé a elementos psicológicos.

Diante desta nova concepção, somente será considerado possuidor de boa-fé o sujeito que ignore os vícios objetivos da posse (boa-fé subjetiva – art. 1.201) e que adote cautelas mínimas ou que se comporte de forma diligente e cautelosa no momento da aquisição da coisa (boa-fé objetiva – arts. 113, 187 e 422 do CC). A junção das duas concepções de boa-fé, boa-fé de conhecimento, ou subjetiva, e boa-fé de comportamento, ou objetiva, é imprescindível para qualificar o possuidor como de boa-fé.

A boa-fé exige que o desconhecimento do fato decorra do comportamento daquele que observou os deveres de cuidado e diligência que cabiam no caso. Seria um engano aceitável, de acordo com as circunstâncias⁶⁷. Na mesma linha, Loureiro⁶⁸ destaca que "o melhor entendimento, até para evitar que a pessoa mais previdente sofra as consequências negativas de conhecer aquilo que ignora o relapso, é que somente o erro escusável é compatível com a boa-fé".

O sistema deve ser interpretado de forma coerente. A eticidade é um dos paradigmas da atual legislação, em decorrência do princípio da boa-fé objetiva. Assim, para ser possuidor de boa-fé não basta ignorar o vício objetivo ou obstáculo que impede a aquisição da posse, como sugere o art. 1.201 do CC, sendo essencial que o sujeito, ao adquirir a posse, tenha tido comportamento minimamente cauteloso e diligente. No caso concreto, deve-se verificar se o sujeito teve o dever de cuidado e diligência mínima antes da aquisição da posse. Portanto, somente o erro escusável ou o desconhecimento sem culpa são capazes de caracterizar a boa-fé.

Para fins de utilização dos interditos possessórios, como regra, a boa ou má-fé do possuidor, é irrelevante. A boa-fé ou má-fé terá sim relevância para outros efeitos da posse, como a usucapião, benfeitorias, responsabilidade pela deterioração da coisa, aquisição da propriedade pela acessão invertida (art. 1.255, parágrafo único, do CC) e indenização dos frutos e produtos.

A boa-fé interfere nos interditos possessórios?

A ignorância do possuidor em relação à existência de vícios objetivos ou obstáculos que impeçam a aquisição da coisa, como regra, não repercute nos interditos possessórios, ou seja, neste efeito específico da posse, salvo em relação a terceiros de boa-fé, na dicção do art. 1.212 do CC.

De acordo com o referido dispositivo legal, o possuidor pode intentar ação de esbulho ou a de indenização contra terceiro que recebeu a coisa esbulhada sabendo que o era. Contra o autor do esbulho, da turbação ou da ameaça, a vítima poderá intentar ação possessória independentemente da boa ou má-fé do referido autor. Todavia, contra o terceiro, sucessor do autor na posse, somente caberá ação possessória se este estiver de má-fé. Contra o terceiro de boa-fé somente cabe ação petitória. Nesse sentido é o Enunciado 80 da I Jornada de Direito Civil: "É inadmissível o direcionamento de demanda possessória ou ressarcitória contra terceiro possuidor de boa-fé, por ser parte passiva ilegítima, diante do disposto no art. 1.212 do Código Civil. Contra o terceiro de boa-fé cabe tão somente a propositura da demanda de natureza real".

---

⁶⁵ LOUREIRO, Francisco Eduardo. Arts. 1.196 a 1.510-E – Coisas. In: PELUSO, Cezar (coord.). *Código civil comentado*. 2. ed. Barueri: Manole, 2008, p. 1.099.
⁶⁶ LOUREIRO, Francisco Eduardo. Arts. 1.196 a 1.510-E – Coisas. In: PELUSO, Cezar (coord.). *Código civil comentado*. 2. ed. Barueri: Manole, 2008, p. 1.098.
⁶⁷ FARIAS, Cristiano Chaves de; ROSENVALD, Nelson. *Direito reais*. 7. ed. Rio de Janeiro: Lumen Juris, 2011, p. 151.
⁶⁸ LOUREIRO, Francisco Eduardo. Arts. 1.196 a 1.510-E – Coisas. In: PELUSO, Cezar (coord.). *Código civil comentado*. 2. ed. Barueri: Manole, 2008, p. 1.086.

Em conclusão, nem todo terceiro, sucessor da posse, ostenta a proteção conferida pelo art. 1.212 da Lei Civil. É essencial que ignore os vícios objetivos da posse (o modo como foi adquirida) e tenha adotado cautela mínima ao se tornar possuidor. É a boa-fé subjetiva e objetiva do terceiro possuidor que lhe confere tal garantia.

Portanto, de acordo com o art. 1.201, assim como a posse pode ser viciada objetivamente, ou seja, por fato ligado à própria relação possessória – aquisição –, pode também tal poder de fato estar viciado subjetivamente.

O direito pátrio concebe a boa-fé por presunção e de modo negativo, como ignorância, o que não é conveniente. É necessário integrar elementos éticos a essa concepção de boa-fé.

Para o Código Civil, art. 1.201, é de boa-fé a posse se o possuidor ignora o vício ou obstáculo que lhe impede a aquisição da coisa ou direito possuído (foi suprimida do novo texto a expressão *direito possuído*; isto é um equívoco, porque os direitos são objeto de proteção possessória possuída). No entanto, se o possuidor tem consciência do obstáculo ou do vício que impede a aquisição da coisa ou direito e/ou não adota as cautelas mínimas e necessárias no momento da aquisição da posse, torna-se possuidor de má-fé.

A boa-fé pode ser *real* (quando a convicção do possuidor se apoia em elementos objetivos tão evidentes que não deixa dúvidas sobre a legitimidade da aquisição) ou *presumida* (quando tem justo título, conforme o parágrafo único do art. 1.201 do CC). A presunção é relativa, sendo justo o título quando se inclui entre os meios hábeis à aquisição do direito sobre a coisa.

O Enunciado 302 da IV Jornada de Direito Civil diz que: "Pode ser considerado justo título para a posse de boa-fé o ato jurídico capaz de transmitir a posse *ad usucapionem*, observado o disposto no art. 113 do CC". Se um título é passível para fundar a posse *ad usucapionem*, pode servir como título hábil a presumir a boa-fé do possuidor.

Em relação ao justo título, o Enunciado 303 da IV Jornada de Direito Civil amplia tal concepção ao dispor que: "Considera-se justo título para presunção relativa da boa-fé do possuidor o justo motivo que lhe autoriza a aquisição derivada da posse, esteja ou não materializado em instrumento público ou particular. Compreensão na perspectiva da função social da posse".

Tal enunciado busca aproximar a posse de uma concepção social, para considerar equiparar ao título justo, o motivo justo que gera na esfera jurídica do sujeito a convicção de que é possuidor de boa-fé. Tal convicção pode decorrer de um título justo ou de um motivo, capaz de criar uma crença de que a posse é legítima.

O *estado de dúvida* admite a posse de boa-fé? Depende. Para quem concebe a posse de modo positivo (convicção de que a coisa lhe pertence), qualquer dúvida, ainda que leve, impede a posse de boa-fé. Entendida a boa-fé em sentido negativo, como ignorância de vícios e obstáculos, somente a dúvida relevante exclui a possibilidade de boa-fé.

5.2.9.1.3. Vício subjetivo da posse e alteração do caráter

A posse, mesmo de boa-fé, pode perder este caráter, desde o momento em que as circunstâncias façam presumir que o possuidor não ignora que possui indevidamente. Portanto, a posse de boa-fé só mantém este caráter até que o possuidor passe a tomar conhecimento do vício objetivo ou da ilegitimidade de sua posse. Assim, não é suficiente a boa-fé no momento da aquisição da posse, pois se exige a permanência e a continuidade de tal qualidade. Cessa a boa-fé quando o possuidor passa a ter ciência do vício que afeta a sua posse. Os efeitos dessa cessação são *ex nunc*.

A má-fé superveniente não é capaz de alterar as vantagens pretéritas auferidas durante o período em que se ignorava o vício. Portanto, no período em que o possuidor estava de boa-fé, aplicam-se a ele as regras do possuidor de boa-fé. A partir do momento em que toma ciência do vício, o possuidor se submete às regras que disciplinam a posse de má-fé (por exemplo, no âmbito da percepção de frutos, responsabilidade civil pela perda ou deterioração da coisa, direito de retenção, dentre outros).

O art. 1.202 disciplina essa questão em relação aos vícios subjetivos, assim como o art. 1.203, ambos do CC, regula o caráter da posse em relação aos vícios objetivos.

Portanto, a posse, inicialmente de boa-fé, pode perder este caráter e transformar ou converter-se em posse de má-fé.

E quando isso efetivamente ocorre? No momento em que o indivíduo passa a ter conhecimento do vício ou obstáculo impeditivo da aquisição, há de cessar a aquisição. Mas quando pode ser considerado que o possuidor, de fato, teve conhecimento do vício objetivo? Segundo o referido art. 1.202, "quando as circunstâncias façam presumir que o possuidor não ignora que possui indevidamente".

Como se vê, há deslocamento para o objetivismo para se determinar o momento exato em que a posse de boa-fé perde o seu caráter. A maioria entende que a boa-fé cessa, para os efeitos legais, com a contestação da lide, embora a citação esteja mais em sintonia com o art. 1.202.

De acordo com Rosenvald e Chaves[69]: "A boa-fé do possuidor apenas converte-se em má-fé pela citação ou algum outro modo de interpelação judicial que culmine com uma demanda que venha posteriormente validar a pretensão de quem pleiteie a restituição da coisa". A mesma opinião é compartilhada por Loureiro[70]: "Constituem marcos dessa mudança em especial a citação em processo judicial ou notificação formal ao possuidor, quer judicial, quer extrajudicial". A diferença é que Loureiro admite a mudança por ato extrajudicial.

---

[69] FARIAS, Cristiano Chaves de; ROSENVALD, Nelson. *Direito reais*. 7. ed. Rio de Janeiro: Lumen Juris, 2011, p. 152.

[70] LOUREIRO, Francisco Eduardo. Arts. 1.196 a 1.510-E – Coisas. In: PELUSO, Cezar (coord.). *Código civil comentado*. 2. ed. Barueri: Manole, 2008, p. 1.086.

O professor Marco Aurélio Bezerra de Mello[71] também considera que a citação é o critério mais técnico para definir a cessão da boa-fé, embora também admita que a presunção possa ceder por atos extrajudiciais, quando, por exemplo, o possuidor venha a declarar que reconhece um melhor título em favor de outra pessoa.

A boa-fé não é essencial para a defesa da posse, por meio dos interditos possessórios (ação de reintegração de posse, manutenção de posse e interdito proibitório). Apenas os vícios objetivos da posse, disciplinados no art. 1.200 do CC, repercutem na defesa da posse por meio dos interditos. Para efeito de posse, a boa-fé somente tem relevância para os demais efeitos da posse, que serão analisados em tópico próprio, como a usucapião, disputa sobre frutos e produtos, benfeitorias, e responsabilidade civil pela perda e deterioração da coisa.

Em comentários a esse artigo, Tepedino[72] resume bem a posição da doutrina sobre essa questão: "A existência de ação judicial contra o possuidor tem sido critério comumente utilizado para se definir o momento de conversão da boa-fé em má-fé. Para alguns, o ajuizamento da ação, de *per si*, já transmudaria o caráter da posse (ao menos para efeito de restituição de frutos, segundo Orlando Gomes). Para outros, a contestação seria o marco da conversão da posse, por representar o momento em que o possuidor oferece contrariedade à pretensão deduzida (Carvalho Santos, Tito Lívio Pontes e Washington de Barros Monteiro). De outra parte, afirma-se que a má-fé apenas se verifica a partir da citação, quando, então, o possuidor passaria a conhecer os argumentos contrários à sua posse e os documentos em que são embasados (Silvio Rodrigues e Fábio Ulhoa Coelho)".

Em que pesem todas estas posições, o fato é que o art. 1.202 do CC não exige processo judicial, citação ou qualquer outra formalidade. Basta que as circunstâncias objetivas e concretas façam presumir que o possuidor não ignora o vício objetivo. Se houver dúvida sobre estas circunstâncias, a citação é considerada o marco mais seguro, justamente pela *formalização da ciência do vício*. No entanto, uma notificação extrajudicial, recebida pelo possuidor, também faz cessar a boa-fé, justamente por conta de ser uma circunstância eficiente que faz presumir que o possuidor não mais ignora indevidamente.

Não se pode levar para o âmbito da *teoria da prova*, como pretende a doutrina, uma questão de direito material. Não importa como o possuidor tomou ciência do vício objetivo, bastando que tenha ciência para que a posse de boa-fé perca esse caráter. Outra coisa é a prova desta ciência. Se for possível provar, por meios extrajudiciais, cessa a boa-fé a partir deste momento. Em caso contrário, não há dúvida de que, no âmbito da prova, o meio mais seguro é a citação.

O art. 1.202 do CC exige que a boa-fé exista durante o tempo em que a coisa se encontrar em poder do possuidor, ou seja, a boa-fé deve existir durante todo o período da posse. A partir do conhecimento do vício, pela citação válida ou qualquer outro ato, ainda que extrajudicial, o possuidor será considerado de má-fé, com todas as consequências previstas nos arts. 1.216 a 1.220 do CC. A má-fé superveniente não afeta as vantagens pretéritas havidas no período em que o possuidor ignorava o vício. Daí a extrema relevância em saber o momento exato em que ocorre a transmudação do caráter da posse. Tal fato refletirá em alguns efeitos da posse. De qualquer forma, a cessão do caráter é *ex nunc*, ou seja, preservam-se os efeitos retroativos.

Ao contrário da usucapião, não é relevante a existência de justo título para que o sujeito esteja de boa-fé. Além disso, a boa-fé para a posse não requer *animus domini*.

Não há simetria necessária entre posse de boa-fé e posse injusta ou justa.

5.2.9.1.4. Classificação da posse: posse *ad interdicta* e *ad usucapionem*

Ainda no âmbito da classificação da posse, é fundamental estabelecer a diferença entre a posse *ad interdicta* e a posse *ad usucapionem*.

Em primeiro lugar, ambas partem de uma premissa: a posse. O possuidor é o sujeito que exerce poderes de fato sobre a coisa, por meio da materialização de atos de domínio (uso, gozo, fruição, disposição) e que confere à coisa uma destinação econômica e social (função social da posse).

A posse é pressuposto da análise dos vícios objetivos e subjetivos, assim premissa fundamental da sua qualificação como *ad interdicta* ou *ad usucapionem*. Portanto, a diferença não está na posse em si ou na concepção deste instituto jurídico, mas em uma qualidade que repercutirá nos efeitos da posse.

A posse é denominada *ad interdicta* quando o titular pode, para sua defesa, invocar os interditos possessórios. Tal denominação possui íntima relação com um dos principais efeitos da posse, os interditos possessórios (ação de reintegração, manutenção de posse e interdito proibitório). Para que o possuidor possa invocar os interditos possessórios para a defesa de sua posse, basta ser possuidor justo em relação à pessoa contra quem se busca a defesa da posse. A condição de possuidor, na concepção da teoria de Ihering e da necessária função social, agregada à justiça da posse em relação à pessoa contra quem se busca a defesa da posse, torna essa posse *ad interdicta*, ou seja, o possuidor pode utilizar os interditos para a tutela da posse.

Por outro lado, a posse *ad usucapionem* é a mesma posse já estudada nos capítulos anteriores, mas com algumas peculiaridades, que permitem que o sujeito adquira a propriedade pela usucapião. Portanto, é a posse que leva para a usucapião e, em consequência, que viabiliza a aquisição da propriedade, mobiliária ou imobiliária.

---

[71] MELO, Marco Aurélio Bezerra de. *Novo código civil anotado. Direito das coisas.* 2. ed. Rio de Janeiro: Lumen Juris, 2003. v. V.

[72] TEPEDINO, Gustavo; BARBOZA, Heloisa Helena; MORAES, Maria Celina Bodin de. *Código civil interpretado conforme a Constituição da República.* Direito de Empresa. Direito das coisas. 2. ed. Rio de Janeiro: Renovar, 2011. v. III, p. 456-457.

Para ter direito aos interditos possessórios, basta exercer poderes de fato sobre a coisa e conferir a essa coisa uma função econômica e social. No entanto, para a usucapião, não basta a posse comum ou *ad interdicta*. É essencial que a posse seja qualificada, ou seja, mansa, pacífica, ininterrupta ou contínua e com ânimo de dono. Essa é a posse *ad usucapionem* ou aquela que pode fundamentar a usucapião. Não é qualquer posse que pode ser convertida em propriedade, mas apenas a posse *ad usucapionem*, a qual será analisada, em detalhes, no capítulo sobre esse modo de aquisição da propriedade mobiliária ou imobiliária.

5.2.10. Classificação, perda e transmissão da posse

Os arts. 1.204 e 1.205 do CC disciplinam os modos de aquisição da posse. A novidade a ser ressaltada é a coerência, inexistente na legislação anterior, entre o art. 1.204 e a concepção de possuidor, expressa no art. 1.196, ambos do CC.

De acordo com o art. 1.196, considera-se possuidor todo aquele que tem de fato o exercício pleno ou não de algum dos poderes inerentes à propriedade. Portanto, possuidor é aquele que ostenta poderes de fato sobre a coisa, de natureza dominial, com a necessária função social (nova concepção de posse de acordo com a sua funcionalidade). Assim, em simetria a esta concepção de possuidor, de forma até certo ponto óbvia, o art. 1.204 esclarece que a posse é adquirida desde o momento em que se torna possível o exercício, em nome próprio, de qualquer dos poderes inerentes à propriedade.

Embora seja criticável a definição de possuidor no art. 1.196, a partir da concepção objetiva de Ihering, que a vincula à propriedade, ao menos o art. 1.204, ao disciplinar a aquisição da posse, é, no mínimo, coerente com a referida definição de possuidor e posse. A posse será adquirida quando alguém exercer poderes de domínio e de fato sobre a coisa, inerentes à propriedade.

No mesmo sentido, o art. 1.223 do CC, ao disciplinar a perda da posse, estabelece que tal fato (a perda da posse) ocorrerá quando cessar o exercício de fato de poderes inerentes à propriedade. A posse, de acordo com a teoria objetiva de Ihering, implica em visibilidade de domínio ou exteriorização dos poderes fáticos de proprietário (art. 1.196 do CC). Assim, nada mais natural que a posse seja adquirida quando alguém passe a exercer poderes de fato sobre uma coisa, ostentando poderes dominiais da mesma forma que o proprietário ostentaria.

A ressalva do art. 1.204 da Lei Civil, de que a posse deve ser em nome próprio, é explicada para não confundi-la com a detenção. Na detenção, também há poder sobre a coisa, mas, de acordo com uma das hipóteses legais de detenção, prevista no art. 1.198 do CC, o detentor age em nome de outrem e não em nome próprio.

Ainda no âmbito da aquisição da posse, essa pode ser adquirida de modo originária ou derivada.

5.2.10.1. Posse originária e posse derivada

A aquisição originária implica ausência de transmissão entre o anterior possuidor e o atual, como na apreensão de coisa sem dono (*res nullius*) ou abandonada (*res derelictae*). Assim, a aquisição será originária quando não guardar nenhuma relação jurídica com qualquer possuidor anterior ou proprietário.

Na aquisição originária da posse, o possuidor exerce poderes de fato sobre a coisa, de natureza dominial, oriundo de assenhoreamento autônomo, sem a participação de ato de vontade de outro possuidor antecedente. Não guarda relação jurídica com nenhum possuidor. Adquire-se a posse, por modo originário, quando não há consentimento do possuidor precedente.

É o que ocorre em relação aos vícios da violência e da clandestinidade, que são originários. Não há relação jurídica entre o atual possuidor e o anterior. A questão é puramente possessória. O fundamento da posse é a própria posse. Por este motivo, é denominada posse natural. A posse natural é ato-fato-jurídico, pois embora a posse dependa de comportamento humano, a norma jurídica não exige qualquer elemento volitivo, como condição para a existência jurídica da posse e o consequente ingresso no mundo jurídico. A posse autônoma ou natural, por ser ato-fato-jurídico, não se submete ao plano de validade. Com o preenchimento do suporte fático concreto previsto pela norma jurídica, com o que haverá existência jurídica, a produção de efeitos jurídicos no mundo jurídico é automática.

O modo de aquisição originário da posse dá origem à posse natural ou à posse pela posse, que se dá a partir de um ato de apreensão[73]. A posse natural é resultado de simples comportamento do possuidor, que passa a agir, de fato, como dono, independentemente de prévia relação jurídica que confira direito à posse. É a posse não titulada. Neste caso, não há vícios anteriores que maculem a essência da posse.

Noutra vertente, a posse será derivada quando decorrer ou se fundar em relação jurídica precedente. Tal posse derivada pressupõe posse anterior, transmitida ou transferida ao adquirente. Assim ocorrerá, quando a aquisição da posse tiver como suporte uma relação jurídica material, de direito pessoal ou real, entre o atual possuidor e o anterior. O modo derivado gera a denominada posse civil ou posse titulada, justamente porque decorre de uma relação jurídica onde houve transmissão de posse.

Na posse civil ou derivada, há relação jurídica material, de direito real ou obrigacional, entre o possuidor atual e o anterior possuidor. Neste caso, a posse é subordinada, limitada e condicionada por esta relação jurídica. Os poderes fáticos do possuidor estarão delimitados pela relação jurídica. Neste caso, como a posse decorre da relação jurídica e a ela se subordina, tal posse se submete à teoria do fato jurídico, à teoria geral das obrigações e contratos, que serão *questões prejudiciais* ao fenômeno possessório. Isto não existe na posse natural. Não é por outro motivo, que a posse civil se relaciona com o vício da precariedade, que pressupõe relação jurídica material entre o possuidor atual e o anterior.

---

[73] LOUREIRO, Francisco Eduardo. Arts. 1.196 a 1.510-E – Coisas. In: PELUSO, Cezar (coord.). *Código civil comentado*. 2. ed. Barueri: Manole, 2008, p. 1.100-1.101.

Portanto, os modos originário e derivado de aquisição da posse refletem nas concepções de posse civil e natural. Sobre essa diferença, precisa a observação de Rosenvald e Chaves[74], para quem, na aquisição derivada da posse: "(...) o sujeito não se apodera da coisa, recebe-a de quem exercia a posse anteriormente. Esta modalidade de posse é adquirida por força de relação jurídica, sem necessidade de apreensão material da coisa. Na posse natural, temos um modo originário de aquisição de posse em que não há qualquer relação jurídica entre o novo possuidor e um possuidor ou proprietário precedente. Daí não se cogitarem de vícios anteriores que maculem essa posse, ao contrário do que se verifica no modo derivado de aquisição – relacionado à posse civil, passível de contaminação por vícios genéticos, como invalidade do negócio jurídico ou venda a *non domino*".

A posse civil é compreendida a partir da teoria do negócio jurídico, da qual deriva e, por isso, se submete à teoria do adimplemento e inadimplemento, que podem refletir nos atos possessórios. A posse natural é fenômeno puramente possessório.

Resumo

• *Posse natural* – na posse natural, o sujeito (possuidor) passará a exercer poderes de fato sobre determinado bem jurídico, com função social, a partir de aquisição originária, ou seja, independentemente de qualquer relação jurídica com o possuidor anterior (que também pode ser proprietário). Não há transmissão de posses. Por isso, é posse autônoma (desvinculada de título), o que permitirá ao possuidor exercer, de forma plena, poderes em relação à coisa possuída.

• *Posse civil* – na posse civil, o sujeito (possuidor) exercerá atos possessórios, poderes de fato e ostensivos em relação à coisa, em razão e por derivação de relação jurídica (real ou obrigacional) com o possuidor anterior. A aquisição da posse é derivada, porque se subordina e depende da relação jurídica material da qual decorre. A posse civil pode ser resultado de desdobramento de posse (art. 1.197, posse direta e indireta – locação, depósito, comodato, propriedade fiduciária, usufruto etc.) ou não (alienação ou doação, por exemplo, quando o alienante ou o doador transferem para o comprador ou donatário a posse direta e indireta – não há desdobramento).

• **Após breve conceito, qual a relevância em diferenciá-las?**

Na posse natural, como a aquisição é originária, ou seja, não deriva de relação jurídica com o possuidor anterior, será considerada ato-fato-jurídico. No ato-fato, preenchido o suporte fático concreto exigido pela norma jurídica (é suficiente a conduta humana de ocupação, com função social, sem qualquer necessidade de se apurar a vontade do possuidor – art. 1.196), há existência jurídica da posse e já ingressa no mundo jurídico apta a produzir efeitos (plano da eficácia). Como ato-fato, não se submete ao plano de validade (por isso, o incapaz pode ser possuidor natural). Portanto, todas as questões relativas à posse natural serão resolvidas a partir da caracterização do fenômeno possessório no plano da existência. É fato puramente possessório. Como na posse natural a aquisição é originária, vícios anteriores em relação ao bem não contaminam a posse. Na posse natural, a causa é posse. Se o sujeito, no mundo da vida, preenche o suporte concreto exigido pela norma, será possuidor e obterá efeitos decorrentes da posse. Em caso contrário, não haverá posse (tudo ou nada).

Na posse civil ou derivada, como a aquisição decorre de transmissão ou relação jurídica com o possuidor anterior, haverá dois grandes problemas: 1 – vinculação, subordinação e dependência da posse à relação jurídica da qual deriva. O que isso significa? A posse é condicionada por esta relação jurídica e a obrigação ou contrato da qual decorre será questão prejudicial à posse. Na posse civil, a discussão será travada no âmbito da relação jurídica da qual a posse decorre (o problema não será possessório). Os vícios na relação jurídica contaminam a posse. Em regra, não haverá discussão sobre a posse (ex.: na resolução de determinado contrato que implicou transferência de posse, a legitimidade da posse dependerá do adimplemento das obrigações contratuais). E mais: como decorre de relação jurídica, em especial negócio jurídico (NJ), se submete ao plano de validade (validade do NJ, não da posse). A discussão no plano da validade (validade/invalidade) e da eficácia (adimplemento inadimplemento) girará em torno do NJ, não da posse, que é mera derivação daquele. A questão possessória é secundária na posse civil/jurídica; 2 – o título que fundamenta a posse apenas concede o direito à posse, mas a posse propriamente dita, mesmo derivada, dependerá do exercício efetivo, ostensivo e funcionalizado de poderes (atos possessórios). Por isso, quem transmite a posse deve ser possuidor de fato, não apenas "de direito". E o novo possuidor, para ser considerado como tal, deverá efetivamente exercer poderes de fato, ostensivos e com função social. O título não é suficiente para ser possuidor. O título apenas legitima o início de atos possessórios.

Não é por outro motivo, que a posse civil se relaciona com o vício da precariedade, que pressupõe relação jurídica material entre o possuidor atual e o anterior e a posse natural, com os vícios da violência e clandestinidade, que são originários e, por óbvio, decorrem de atos que independem da vontade do possuidor anterior.

5.2.10.2. Constituto possessório

O Código Civil, no art. 1.204, não mais faz referência ao constituto possessório como modo de aquisição de posse. Tal omissão se justifica para perfeita simetria com a "definição" de posse e a identificação do possuidor expostas no art. 1.196 (baseada na teoria objetiva de Ihering). Se a posse pressupõe o exercício concreto e efetivo de poderes de fato sobre coisa, a aquisição da posse se dará com o início destes poderes fáticos. A concepção de posse de acordo com a teoria objetiva de Ihering dispensa a enumeração de modos aquisitivos.

---

[74] FARIAS, Cristiano Chaves de; ROSENVALD, Nelson. *Direito reais*. 7. ed. Rio de Janeiro: Lumen Juris, 2011, p. 161.

Nesse sentido, a posse (poderes de fato) pode ser adquirida ou iniciada pelo constituto possessório (Enunciado 77 da I Jornada de Direito Civil). É meio de aquisição que decorre de relação jurídica (derivada), com manutenção do estado de fato e alteração do título que fundamenta a ocupação.

No constituto possessório, aquele que transmite a posse no mundo jurídico, mantém poder material sobre a coisa, como detentor ou possuidor direto no mundo fático (como regra, o sujeito permanece na coisa como detentor, razão pela qual passa a *possuir* em nome alheio – art. 1.198, mas, por acordo com o adquirente, poderá permanecer na coisa como possuidor direto – autonomia privada). Por isso, a doutrina repete, sem reflexão, que no constituto possessório o sujeito que possuía em nome próprio passa a possuir em nome alheio.

A qualidade em que o alienante (da posse no mundo jurídico) permanece na coisa alienada (como detentor ou possuidor direto), gera certa confusão na compreensão do constituto possessório. Explica-se: os doutrinadores, de uma forma geral, ressaltam que, no constituto possessório, aquele que possuía em nome próprio passa a possuir em nome alheio (ex.: A vende a casa para B e este autoriza que A permaneça 10 dias na casa – neste período A será detentor). Essa afirmação parte da premissa de que o sujeito que permanece na coisa é detentor, porque exerce poderes de fato em nome do possuidor (art. 1.198 – quem possui em nome alheio é detentor e não possuidor). Todavia, por força de negócio jurídico, o alienante (no exemplo A) poderá se tornar possuidor direto, como locatário, comodatário, arrendatário, dentre outras situações de posse direta. E, como possuidor direto, possuirá em nome próprio e não em nome alheio. No mundo fático, no âmbito do constituto possessório, o transmitente poderá ser detentor ou possuidor direto. Esse é o motivo da confusão. A qualidade da ocupação daquele que transmite posse no mundo jurídico dependerá da relação jurídica e de seus limites. Só haverá desdobramento da posse se o transmitente permanecer na coisa como possuidor direto. Não há desdobramento de posse na detenção.

Segundo Orlando Gomes[75]: "(...) no *constitutum possessorium*, o possuidor de uma coisa em nome próprio passa a possuí-la em nome alheio. Na parte anterior, o *animus* era *domini*, o qual se substitui pelo *animus nomine alieno*. É o que se verifica quando alguém, possuindo um bem, na qualidade de proprietário, o aliena, mas continua a possuí-lo, seja, por exemplo, como arrendatário ou comodatário, seja como depositário, enfim, com a intenção de não ter a coisa em nome próprio".

De acordo com Marco Aurélio Bezerra de Melo[76], "transfere-se a posse no mundo jurídico e mantém-se a mesma situação fática durante o período de tempo previsto na cláusula contratual *constituti*. Também chamado de cláusula *constituti*, o instituto acarreta a aquisição e a perda da posse por força do consenso, sem que no mundo dos fatos algo tenha se alterado".

Portanto, em razão do princípio da autonomia privada, o sujeito que permanece no bem após a operação jurídica que transfere a coisa para outrem, pode estar na condição de detentor ou de possuidor direto. Por exemplo, se o adquirente da coisa tolera que o alienante permaneça no bem por alguns dias, a condição do alienante, neste período, configurará detenção (art. 1.208 do CC). No entanto, nada impede que o alienante permaneça no bem como possuidor, como locatário ou comodatário, por exemplo. Assim, o alienante da posse, pelo constituto possessório, poderá ser detentor ou possuidor, a depender do que as partes pactuarem no negócio jurídico que viabilizou a aquisição da posse pela cláusula *constituti*.

A princípio, salvo disposição em contrário, o alienante permanece na coisa alienada na qualidade de detentor, salvo se o possuidor, que adquiriu a posse pelo constituto possessório, se disponha a desdobrar a posse em direta e indireta e confira àquele que perdeu a posse direta da coisa, para na coisa permanecer como locatário, comodatário etc. Assim, apenas por ato de vontade e por força de um acordo, será possível autorizar nova posse pelo possuidor, caso em que o adquirente será possuidor indireto e o alienante possuidor direto[77].

Tradicionalmente, o constituto não implica desdobramento da posse (na visão clássica, o constituto possessório opera a conversão da posse em detenção, pois este ato de vontade transforma a posse numa simples detenção). O desdobramento da posse em direta e indireta não é um efeito ou da essência do constituto, razão pela qual se diz que o sujeito que possuía em nome próprio passa a possuir em nome alheio (pois será detentor – a detenção do art. 1.198 é posse em nome de outrem).

Em função do princípio da autonomia privada, o adquirente pode conceder ao alienante, por meio de um negócio jurídico, a possibilidade de se tornar possuidor direto. Embora esse desdobramento da posse não seja um efeito ou tenha conexão direta com o constituto possessório, é possível a concretização deste desdobramento por acordo. E, nesta situação, o sujeito alienante, como possuidor direto, possuirá em nome próprio.

5.2.11. O exercício dos poderes de fato por ato próprio ou por terceiro (art. 1.205 do CC)

A posse pode ser adquirida pela própria pessoa que deseja exercer poderes de fato sobre a coisa, como também o pode ser por meio de um representante ou procurador, e até por meio de terceiro sem mandato, com ratificação posterior do interessado (típico caso de gestão de negócios), conforme dispõe o art. 1.205 do CC.

Como regra, a aquisição da posse é pessoal, ou seja, será adquirida pelo próprio sujeito que a pretende (art.

---

[75] GOMES, Orlando. *Direitos reais*. 19. ed. atualizada. Rio de Janeiro: Forense, 2007, 68.

[76] MELO, Marco Aurélio Bezerra de. *Novo código civil anotado. Direito das coisas*. 2. ed. Rio de Janeiro: Lumen Juris, 2003. v. V, p. 53.

[77] TEPEDINO, Gustavo; BARBOZA, Heloisa Helena; MORAES, Maria Celina Bodin de. *Código civil interpretado conforme a Constituição da República. Direito de Empresa. Direito das coisas*. 2. ed. Rio de Janeiro: Renovar, 2011. v. III, p. 460.

1.205, I). Para tanto, deve ser capaz e legitimado, tendo em vista que os absolutamente incapazes somente podem adquirir posse por meio de seus representantes legais.

Excepcionalmente, é possível a aquisição da posse *por outrem*, cujo fato ocorrerá quando esta for adquirida por meio de um representante, legal ou convencional, ou de um terceiro, mesmo sem mandato ou poderes de representação, desde que haja ratificação posterior do interessado (art. 1.205, I, segunda parte, e II).

Na aquisição pessoal, aquele que a pretende deve ser capaz, sendo que ela se consumará quando praticar ato gerador da relação possessória, instituindo uma visibilidade de domínio.

A aquisição de posse por outrem ou pelo representante, segundo Orlando Gomes[78], exige a concorrência de duas vontades (a do representante e do representado). É preciso que o representante tenha a vontade de adquirir a posse para o representado e que este tenha a vontade de possuir o que o outro detém. Há de se conjugar, pois, o *animus procuratoris* e o *animus possidendi*.

Em relação à *vontade possessória* do representante e do representado, Caio Mário[79] diz que o ato aquisitivo é praticado por uma pessoa que age numa ostensiva exteriorização de procedimento normal de proprietário e, no entanto, seu comportamento irá repercutir na esfera jurídica do representado. Segundo este autor, na representação, ou a posse é adquirida pelo representante e repassada ou transmitida ao representado ou, em um segundo aspecto, o representante exterioriza um procedimento e o representado é quem terá a *affectio tenendi*, sendo a vontade deste integrante do fenômeno aquisitivo.

No caso do representante legal do incapaz, onde este não pode exprimir a sua vontade, ocorre uma ficção, pela qual se entende que a vontade do representante é a do próprio representado. Para Orlando Gomes, é implícita a vontade do representado.

O fato é que o incapaz pode adquirir posse por meio de outrem, em especial seu representante legal. Isso não se questiona. A posse do incapaz por meio de um representante (legal) é uma realidade. A divergência está na possibilidade ou não do incapaz adquirir posse por si, com vontade própria, independentemente de representação.

O mestre Caio Mário[80] vai além para dizer que, neste caso, "a vontade, na aquisição da posse, é simplesmente natural e não aquela revestida dos atributos necessários à constituição de um negócio jurídico. Daí ser possível, tanto ao incapaz realizá-la por si, sem manifestação de vontade negocial, como ao seu representante adquirir a posse em seu nome".

A posse do incapaz, independentemente de representação (por ato próprio e pelo próprio sujeito incapaz), está relacionada à teoria da incapacidade. Ao afirmar que o incapaz pode possuir por si, por ser *simplesmente natural*, o mestre Caio Mário faz uma conexão da posse com a teoria do negócio jurídico. Para o referido doutrinador, fora do âmbito do negócio jurídico, o incapaz poderia possuir por si (exemplos, posse de livros da escola ou posse de brinquedos) porque seria um ato-fato jurídico. Assim, segundo o mestre, a vontade, na aquisição da posse, neste caso, é simplesmente natural e não aquela revestida dos atributos necessários à constituição de um negócio jurídico. Daí por que o incapaz pode realizá-la por si.

Para nós, a posse do incapaz por si é possível naqueles casos em que, embora formalmente incapaz, o indivíduo não necessite da proteção do Estado para exercer atos possessórios e, em consequência, adquirir posse. O fundamento da teoria da incapacidade é a proteção. A pretexto de proteger alguém (o menor ou enfermo), o Estado considera determinado sujeito incapaz. No entanto, a incapacidade é atualmente influenciada por valores constitucionais, em especial a dignidade da pessoa humana. Como desdobramento deste princípio, a vontade das pessoas humanas, ainda que formalmente incapazes, é valorizada.

Assim, para ser incapaz não basta estar inserido formalmente no rol dos arts. 3º e 4º do CC. É essencial que, no caso concreto, a pessoa (formalmente incapaz) necessite da proteção do Estado. É a incapacidade material. Para ser incapaz impõe-se a conjugação da incapacidade formal (rol legal) e da incapacidade material (necessidade de proteção no caso concreto). Se não houver necessidade de proteção, o sujeito, mesmo formalmente incapaz, tem plena capacidade para exercer os atos da vida civil, em especial exercer atos possessórios e adquirir posse.

Não se pode perder de vista que a posse é resultado do exercício de poderes de fato sobre a coisa e, portanto, em muitas situações, como na posse natural ou autônoma, está desconectada com os princípios e regras que balizam a teoria do negócio jurídico. Não há base negocial na aquisição da posse natural. Não há dúvida de que a posse pode ser adquirida por meio de negócios jurídicos, como ocorre com a posse civil, que pressupõe transmissão. Todavia, a posse natural ou autônoma, independe de qualquer relação jurídica material de natureza negocial. Na posse natural, por ser ato-fato, não se questiona a capacidade do possuidor, motivo pelo qual é compatível com a posse do incapaz. Na posse civil, é essencial verificar se o sujeito é capaz, porque a base da posse é negócio jurídico, cujo pressuposto de validade também é a capacidade. O incapaz (sob o aspecto formal) pode adquirir qualquer posse, desde que, na relação de fato (posse natural) ou na relação jurídica com outro possuidor (posse civil), não necessite da proteção do Estado, porque é capaz sob o aspecto material.

Na posse natural haverá ato-fato jurídico, porque a norma jurídica não exige o elemento subjetivo para se caracterizar tal posse. Portanto, o incapaz sempre poderá ser possuidor natural. Na posse civil, que deriva de relação jurídica, é essencial verificar qual a natureza da relação jurídica, para saber se o incapaz necessita de proteção naquele caso e, se não precisar de proteção, poderá ser possuidor, independente de representação ou assistência.

---

[78] GOMES, Orlando. *Direitos reais*. 19. ed. atualizada. Rio de Janeiro: Forense, 2007.

[79] PEREIRA, Caio Mário da Silva. *Instituições de direito civil. Direitos reais*. 26. ed. Rio de Janeiro: Forense, 2018. v. IV.

[80] PEREIRA, Caio Mário da Silva. *Instituições de direito civil. Direitos reais*. 26. ed. Rio de Janeiro: Forense, 2018. v. IV, p. 45.

Portanto, a possibilidade de um sujeito formalmente incapaz adquirir posse por si e independente de representação, dependerá da análise do caso concreto no caso da posse civil. Se, no exercício de alguns atos possessórios (em decorrência de relação jurídica com o anterior possuidor – posse civil), não necessitar da proteção do Estado, pois tem plena ciência dos atos que exerce, como na posse de livros escolares, de brinquedos ou de uma bicicleta (cuja posse pode ser civil por decorrer de um negócio jurídico), haverá aquisição de posse independentemente de representação. A título de exemplo, se uma criança de 12 (doze) anos, considerada pelo art. 3º do CC absolutamente incapaz, realiza um negócio jurídico (contrato de compra e venda), independente de representação, para adquirir livros escolares, sua posse será civil porque decorrente de uma relação jurídica material com o anterior possuidor dos livros. Haverá posse do menor sobre os livros? Esse contrato é nulo em razão da incapacidade? É óbvio que haverá posse sobre os livros adquiridos porque neste negócio jurídico específico a criança de 12 (doze) anos não necessitava da proteção do Estado para exercer estes atos possessórios e adquirir posse. Sob o aspecto material, tal criança é plenamente capaz.

Com base na teoria da incapacidade, o incapaz poderá adquirir posse natural ou civil. E, por ser ato-fato jurídico, o incapaz poderá sempre ser possuidor natural.

Como se verifica, não importa se a posse decorre de uma relação de fato ou de uma relação jurídica material. O que determinará a legitimidade da posse do incapaz formal sobre coisas, independente de representação, é sua condição concreta no momento da aquisição da posse. Não é necessário *apelar* para o ato-fato jurídico para legitimar posses civis de incapaz (no âmbito da posse derivada), pois o problema poderá ser solucionado com a vinculação da incapacidade formal à incapacidade material.

Ademais, como já ressaltado, considerar a aquisição da posse como um ato-fato tem sentido no que tange à denominada posse natural, pois em relação à posse civil, esta deriva de relação jurídica material com o anterior possuidor e tal relação pode retratar negócio ou ato jurídico, fora do âmbito do ato-fato, cujo elemento subjetivo não é considerado pela norma para a produção de efeitos jurídicos.

Por outro lado, se o exercício de atos possessórios impuser a proteção Estatal, como na posse de um terreno ou imóvel (seja natural ou civil), a posse do incapaz dependerá de representação.

Como se observa, há três teses sobre a posse do incapaz independente de representação: 1 – é possível a posse do incapaz com fundamento na própria teoria da incapacidade quando o incapaz, no caso concreto, não necessitar de representação. Nesta situação, seria possível a aquisição pelo incapaz tanto da posse natural quanto da posse civil; 2 – é possível a posse do incapaz porque a aquisição da posse é um ato-fato jurídico, pois basta a concretização da situação fática prevista na norma para que o incapaz se torne possuidor. No entanto, neste caso, a aquisição da posse seria a natural, pois a derivada está relacionada a negócio jurídico, o que teria obstáculo pelo fato incapacidade; 3 – aqueles que não admitem a posse pelo incapaz, salvo se estiver devidamente representado ou assistido.

Em resumo, é a incapacidade material ou a necessidade ou não de proteção para determinado ato possessório que irá determinar se uma pessoa, formalmente incapaz, pode ou não adquirir posse por si, independentemente de representação. O incapaz (no aspecto formal) pode ser possuidor quando tem a consciência de que exerce atos possessórios, o que implicará na dispensa de qualquer proteção estatal.

E, ao conectar a posse do incapaz com a teoria da incapacidade, desnecessário e inútil pretender diferenciar a aquisição da posse do incapaz no âmbito da posse natural e da posse civil.

Por fim, o art. 1.205 do CC, em seu inciso II, permite a posse *por terceiro*, mesmo sem mandato. A concretização da posse por este terceiro dependerá de ulterior ratificação.

Neste dispositivo, a Lei Civil insere a figura do gestor de negócios como pessoa capaz de adquirir posse. O gestor de negócios é definido pelo art. 861 do CC, como aquele que, sem autorização do interessado, intervém na gestão de negócio alheio e irá dirigir este segundo o interesse e a vontade presumida do dono do negócio. O gestor fica responsável em relação ao dono do negócio e às pessoas com quem tratar. O dono do negócio apenas se responsabilizará pelos atos do gestor se auferir algum proveito ou, como preceitua o art. 869 do CC, se o negócio for utilmente administrado. A administração útil pelo gestor vincula o dono do negócio a terceiros, mesmo que não tenha autorizado que o gestor intervenha em seu negócio.

No caso da posse, o gestor passará a exercer atos possessórios independentemente da autorização do *dono do negócio*, ou seja, daquele a quem tais atos possessórios beneficiará. Entretanto, para que se dê a aquisição da posse por meio da gestão de negócio, não basta a administração útil do gestor, sendo essencial que o interessado ratifique os atos deste, uma vez que a ratificação, pura e simples, dos atos do gestor ao dia do começo da gestão. Embora não converta tal negócio em mandato, gera os mesmos efeitos como se mandato houvesse, conforme preceitua o art. 873 do CC.

Segundo este dispositivo, "a ratificação pura e simples do dono do negócio retroage ao dia do começo da gestão, e produz todos os efeitos do mandato". Não há mandato, mas, no plano da eficácia, haverá retroatividade com os mesmos efeitos do mandato. Embora o gestor não tenha recebido poderes daquele que pretende ser o possuidor, a ratificação da gestão faz repercutir os efeitos dos atos do gestor na esfera jurídica do possuidor.

Além do art. 873, o art. 662 do CC, que disciplina especificamente o contrato de mandato, também incide no caso, justamente porque o art. 1.205, II, faz referência ao mandato e à ratificação. De acordo com o art. 662, os atos praticados por quem não tenha mandato, são ineficazes em relação àqueles em cujo nome forem praticados, salvo ratificação. Portanto, há também uma conexão entre o art. 1.205, II e o art. 662. Em seu parágrafo único, o art. 662 dispõe que a ratificação há de ser expressa, ou resultar de ato inequívoco e, em qualquer caso, retroagirá à data do ato.

Assim, para legitimação dos atos do gestor, é essencial a ratificação dos atos possessórios praticados, como condição de eficácia da posse. A posse por outrem que exige ratificação é uma espécie do gênero representação.

5.2.12. Transmissão da posse e acessão de posse

Os arts. 1.206 e 1.207 do CC disciplinam a transmissão *inter vivos* ou *mortis causa* da posse. O art. 1.206 e a primeira parte do art. 1.207 regulam a continuidade dos caracteres da posse em relação aos herdeiros e legatários do possuidor. O art. 1.207, segunda parte, dispõe sobre a soma de posses.

Segundo dispõe o art. 1.206 do CC, na sucessão *mortis causa*, a posse transmite-se aos herdeiros e legatários do possuidor com as mesmas características. É o princípio da continuidade dos caracteres da posse. Na realidade, tal dispositivo é desdobramento do disposto no art. 1.203 do CC, de acordo com o qual a posse mantém o caráter com que foi adquirida (vícios objetivos da posse).

Não é possível, por ato de vontade, alterar o caráter da posse. No entanto, por ato material, se o possuidor passar a exteriorizar atos inequívocos de posse em oposição ao anterior possuidor, e este se mantiver inerte, com base no princípio da função social da posse, será possível a interversão da posse ou mudança do seu caráter (Enunciado 237 da III Jornada de Direito Civil, já analisado).

O art. 1.207 do CC possui conexão com o art. 1.206.

Tais artigos disciplinam a acessão de posses, por meio da qual pode ser continuada pela soma do tempo do atual possuidor com a de seus antecessores. Há duas espécies de acessão de posses: (a) sucessão; e (b) união. O que distingue a sucessão da união é o modo de transmissão da posse. A transmissão a título universal (herança) implica sucessão. A transmissão a título singular pode levar à união de posses.

Nas duas situações, se trata de aquisição derivada e, com a acessão de posses, eventuais vícios anteriores contaminarão a posse atual.

A primeira (*sucessão*) ocorre na sucessão universal (herança), pois o sucessor universal continua, por direito e de pleno direito, a posse de seu antecessor, com os mesmos vícios e as mesmas qualidades, como efeito direto da transmissão hereditária.

A sucessão de posses é imperativa e de pleno direito. Tal sucessão decorre do princípio da *saisine* (art. 1.784 do CC) e, por isso, como destaca Chaves e Rosenvald[81]: "(...) não se pode destacar a nova posse da antiga, transmitindo-se a posse sem solução de continuidade e sem a necessidade de apreensão do bem pelos herdeiros. Aliás, a mutação subjetiva da posse não afeta as suas qualidades. Isto é, se a posse do *de cujus* era injusta ou de má-fé, conservam nos herdeiros na composse os vícios objetivos e subjetivos que balizam a sua natureza (art. 1.206), mesmo que no íntimo ignorasse os defeitos da posse já conhecidos por seus antecessores".

De acordo com Orlando Gomes[82], na sucessão *mortis causa*, a título singular, como no caso do legado, a acessão se dá pela forma de união, caso em que ao sucessor singular, mesmo *mortis causa*, será facultado unir a sua posse a de seu precedente. No caso do legado, ao contrário do que ocorre com os herdeiros, a aquisição da posse não é imediata e, por isso, o legatário nela pode ingressar por autoridade própria (art. 1.923, § 1º, do CC).

A segunda forma de acessão, a *união de posses*, verifica-se na *sucessão* singular ou quando a aquisição se dá a título singular, a qual pode ser *inter vivos* ou *mortis causa*. O sucessor singular é o que substitui o antecessor em direitos ou coisas determinadas. É o que se dá quando alguém compra alguma coisa. Entre o primeiro e o segundo possuidor deve haver uma relação jurídica material. Neste caso, é permitido que o atual possuidor una sua posse à de seu antecessor. É uma faculdade, onde o possuidor, por conveniência, pode somar a sua posse à de seu antecessor.

Na sucessão *mortis causa* a título singular, a acessão se objetiva pela forma de união (caso do legado). Isto é controvertido em face do que dispõe o art. 1.206.

O sucessor universal não pode desligar o seu direito do antecessor, de modo que recebe e continua a posse com os mesmos vícios e virtudes que a caracterizavam antes da sucessão.

O sucessor singular, de acordo com a segunda parte do art. 1.207 do Código, não está obrigado a continuar a posse do antecessor. Tal faculdade excepciona a regra de que a posse mantém o caráter com que foi adquirida. Terá a faculdade de fazê-lo ou não, de acordo com a sua conveniência. *O singular pode optar em receber a posse como um estado de fato novo, escoimada de vícios.* Isso porque a lei permite uni-la à de seu antecessor. Exemplo: Na aquisição por usucapião é possível a soma de posses para efeito de contagem do prazo.

Como bem pontuam Chaves e Rosenvald[83]: "o sucessor singular pode optar por cortar toda a trajetória possessória anterior e começar uma nova jornada. Se o desligamento ocorrer, sua posse obterá a vantagem de, exemplificativamente, valer-se de justo título de sua posse nova para a contagem de prazo de usucapião ordinária".

Por outro lado, o art. 1.207, segunda parte, deve ser interpretado em coerência com o art. 1.203, ambos do CC, segundo o qual a posse, salvo prova em contrário, mantém o caráter com que foi adquirida. Isso pode gerar um conflito entre as normas. O art. 1.203 impõe a manutenção dos vícios objetivos da posse no caso de transmissão da posse e o art. 1.207, segunda parte, dispõe que o sucessor tem a faculdade de somar ou unir a sua posse com a de seu antecessor. A aquisição derivada provoca a transmissão do direito com as mesmas características e

---

[81] FARIAS, Cristiano Chaves de; ROSENVALD, Nelson. *Direito reais*. 7. ed. Rio de Janeiro: Lumen Juris, 2011, p. 164-165.

[82] GOMES, Orlando. *Direitos reais*. 19. ed. atualizada. Rio de Janeiro: Forense, 2007.

[83] FARIAS, Cristiano Chaves de; ROSENVALD, Nelson. *Direito reais*. 7. ed. Rio de Janeiro: Lumen Juris, 2011, p. 165.

vícios (art. 1.203 do CC). A pergunta é: Se o sucessor não unir ou somar a posse com a de seu antecessor estará livre dos vícios e dos caracteres da posse anterior?

Para tentar responder a essa pergunta, foi aprovado o Enunciado 494, da V Jornada de Direito Civil: "A faculdade conferida ao sucessor singular de somar ou não o tempo da posse de seu antecessor não significa que, ao optar por nova contagem, estará livre do vício objetivo que maculava a posse anterior".

De acordo com o Enunciado, ao optar por nova contagem (partindo do zero), o vício que atingia a posse anterior será transmitido ao sucessor singular, na forma do art. 1.203 do CC. É verdade também que tal enunciado está em plena coerência com a regra de que o possuidor não pode alterar o caráter da posse por um ato de vontade. A interversão da posse impõe atos possessórios inequívocos, função social da posse e omissão reiterada ou inércia do anterior possuidor. Esse entendimento, materializado no Enunciado 494, evidencia que, na aquisição derivada da posse (onde há transmissão), os vícios objetivos contaminam a posse do sucessor singular, ainda que opte por nova contagem desta. Não se interrompe a solução de continuidade da posse quanto aos vícios objetivos (art. 1.200 do CC) que a maculam.

Se a solução é essa, fica uma pergunta: Qual a vantagem que terá o sucessor em não unir a sua posse com a do antecessor?

Se a faculdade conferida pelo art. 1.207 não o isenta dos vícios objetivos que maculavam a posse anterior, ao optar por nova contagem, tal *faculdade* ou prerrogativa perde completamente o sentido jurídico. A única vantagem em optar por nova contagem é justamente interromper a solução de continuidade da posse para que os vícios objetivos que maculam a posse do antecessor não contaminem a do sucessor. Se tais vícios objetivos, independentemente de nova contagem, necessariamente, vão contaminar a posse do sucessor singular, o enunciado retira o conteúdo e a substância da posse do sucessor.

De qualquer forma, o Enunciado 494 é contrário à posição da doutrina clássica, como Orlando Gomes[84], para quem "ao sucessor singular é facultado unir à sua posse à precedente. Sendo, nesta última hipótese, uma faculdade, o possuidor atual só a usará se lhe convier, limitando-se à sua posse quando do seu interesse" e Caio Mário[85], que afirma que: "Pode haver conveniência, para o possuidor adquirente, em adicionar o tempo de sua posse ao daquele que faz a sua transmissão, estendendo-a por um tempo pretérito, anterior ao ato aquisitivo. É uma faculdade e não uma consequência necessária da aquisição derivada".

No âmbito da usucapião, conforme será analisado em capítulo próprio, a soma ou junção de posses é possível para o fim de contar o tempo legal exigido para aquisição da propriedade pela usucapião, nos termos do art. 1.243 do CC.

5.2.13. Presunção dos móveis na posse de imóvel

Como desdobramento do princípio de que o acessório segue o principal, o art. 1.209 da Lei Civil presume que o possuidor do imóvel também é possuidor dos móveis que estiverem na coisa imóvel, salvo prova em contrário.

Segundo o referido artigo, "a posse do imóvel faz presumir, até prova contrária, a das coisas móveis que nele estiverem".

Trata-se de presunção relativa, é verdade, uma vez que o interessado poderá fazer a contraprova de que os móveis não pertencem ao possuidor do imóvel. O princípio da gravitação jurídica (acessório segue o principal) não é absoluto. Por esse motivo é possível que se prove que os móveis não integram a posse dos imóveis. Os bens móveis são considerados acessórios em relação aos imóveis quando a ele vinculados e desde que estejam subordinados, e sejam dependentes do imóvel para cumprir a sua função social.

Assim, a regra do art. 1.209 do CC somente faz sentido quando interpretada em conexão com o disposto no art. 92 da Lei Civil, que diferencia os bens principais dos acessórios. Portanto, há móveis que são considerados bens principais, e outros, bens acessórios. Somente estão incluídos na presunção do art. 1.209 os bens móveis acessórios, ou seja, que não ostentam autonomia funcional em razão da relação de subordinação e dependência com o bem ao qual está vinculado, no caso, o imóvel.

Por outro lado, os bens móveis principais que possuem autonomia funcional e não dependem do imóvel para cumprir a sua finalidade, ainda que temporariamente a ele vinculados, não se aproveita da presunção do art. 1.209 do CC. Portanto, é essencial tal interpretação sistemática para que os arts. 92 e 1.209 do CC possam ser harmonizados.

5.2.14. Efeitos da posse

5.2.14.1. Introdução

A posse gera efeitos jurídicos. O Código Civil disciplina os principais efeitos da posse nos arts. 1.210 a 1.222. Tais efeitos estão diretamente relacionados aos vícios objetivos (justa ou injusta) e subjetivos (posse de boa-fé e posse de má-fé) da posse. Os efeitos a serem concretizados dependem da qualificação da posse.

O possuidor justo tem o direito de invocar a tutela ou proteção da posse por meio dos interditos possessórios (ação de reintegração, manutenção e interdito proibitório). Já o possuidor injusto não tem como invocar esse efeito da posse (interditos) contra o possuidor justo. Por sua vez, a posse de boa ou má-fé irá repercutir nos demais efeitos da posse: benfeitorias, direito de retenção, responsabilidade civil por perda e deterioração, frutos, produtos e até na usucapião.

Portanto, não é possível perder de vista essa relação entre os efeitos da posse e a qualificação da posse (justa e injusta, de boa ou má-fé).

---

[84] GOMES, Orlando. *Direitos reais*. 19. ed. atualizada. Rio de Janeiro: Forense, 2007.

[85] PEREIRA, Caio Mário da Silva. *Instituições de direito civil. Direitos reais*. 26. ed. Rio de Janeiro: Forense, 2018. v. IV, p. 50.

Em relação aos efeitos da posse, a Lei Civil é contraditória. Explica-se: ao definir o possuidor e a posse, o Código Civil adotou a teoria objetiva de Ihering, o qual considera a posse como exteriorização de domínio ou atuação com aparência de dono. Como o fundamento da teoria objetiva da posse é a propriedade, ou seja, é um meio de defesa da propriedade, para tal teoria a posse gera apenas um único efeito jurídico: a presunção de propriedade.

Por outro lado, a teoria subjetiva de Savigny, fundada na ideia de que a posse tem tutela jurídica como fato autônomo e independente da propriedade, defendia a pluralidade dos efeitos da posse (teoria da pluralidade dos efeitos da posse).

Assim há os que admitem a pluralidade dos efeitos da posse (teoria da pluralidade dos efeitos) e, por outro lado, há os partidários da unicidade, segundo os quais a posse somente produz um efeito, presunção de propriedade (para esta corrente, desta presunção se emanam todos os outros efeitos. Até os interditos seriam utilizados, para estes, no intuito de facilitar a defesa da propriedade).

O Código Civil de 2002, embora defina posse a partir da concepção objetiva da teoria de Ihering, quanto aos efeitos, adotou a teoria da pluralidade dos efeitos, decorrente da teoria subjetiva de Savigny. Como se observa, mais uma incoerência que dificulta a compreensão do fenômeno possessório. Os adeptos da teoria de Ihering rebatem estas críticas com o argumento de que os efeitos da posse disciplinados pela Lei Civil nos arts. 1.210 a 1.222 decorrem do único efeito do fenômeno possessório: a presunção de propriedade.

Independentemente desta discussão, até certo ponto vazia, sobre a unidade ou pluralidade dos efeitos da posse, o fato é que a posse, independentemente da sua qualificação e do seu caráter, produz efeitos jurídicos.

Assim, podem ser citados como os principais efeitos da posse: 1 – proteção possessória (autodefesa e invocação dos interditos possessórios); 2 – percepção dos frutos e a controvérsia sobre os produtos; 3 – responsabilidade civil pela perda ou deterioração da coisa objeto da posse; 4 – indenização pelas benfeitorias necessárias e úteis, e o direito de levantar ou não as benfeitorias voluptuárias; 5 – direito de retenção; 6 – presunção de propriedade (pelo fato de ser a posse visibilidade do domínio, tem o possuidor a presunção de ser o dono, até que seja convencido do contrário); e 7 – usucapião.

Nos subitens seguintes serão analisados cada um dos efeitos da posse.

5.2.14.2. Proteção possessória – 1º efeito da posse: interditos possessórios e autodefesa (tutela e defesa da posse)

O principal efeito da posse é a tutela estatal para proteger a situação fática e jurídica *posse*. O Estado confere ao possuidor o direito de ser mantido na posse em caso de turbação (se estiver sendo molestado), de ser restituído ou reintegrado no caso de esbulho (perda da posse) ou de ser protegido contra iminente violência (ameaça). A tutela possessória ou a defesa da posse dá substancial concretude e legitimidade para esse direito fundamental.

A defesa da posse, nos casos de turbação, esbulho ou ameaça, se dá pelas ações possessórias: reintegração de posse, manutenção de posse e interdito proibitório. Além das ações possessórias, a defesa da posse se dá também pela própria força, independentemente de intervenção judicial, desde que preenchidos os requisitos da moderação e proporcionalidade previstos e exigidos pelo § 1º do art. 1.210 do CC. Neste caso, a defesa pode evitar atos violadores da posse (legítima defesa) ou implicar na restituição da posse perdida (desforço imediato).

Em resumo, a proteção da posse se dá pela legítima defesa e o desforço imediato (autotutela), assim como pelas ações possessórias.

Tais meios de defesa são disciplinados pelo art. 1.210, *caput* e § 1º, da Lei Civil.

Para invocar a proteção ou tutela da posse, basta que o possuidor demonstre a existência da *posse* e da *justiça* desta em relação ao adversário ou contra quem pretendem defendê-la. O possuidor terá legitimidade para invocar a proteção da posse se for possuidor justo em relação à parte contra quem deseja defender a sua posse. Portanto, o possuidor deve ser a vítima de um esbulho, turbação e de alguma ameaça concreta de esbulho ou turbação, que lhe incuta o justo temor e o receio de vir a ser molestado.

As ações possessórias (interditos possessórios: reintegração de posse, manutenção de posse e interdito proibitório) são as designações modernas dos remédios que resguardam a posse de toda turbação, esbulho ou simples e concreta ameaça.

Inicialmente, a defesa da posse pode ocorrer por força própria, independentemente de intervenção judicial. No § 1º do art. 1.201, o Código Civil viabiliza tal defesa tanto no caso de violação do direito possessório quanto na hipótese de ameaça de violação.

Por isso, o possuidor pode praticar, por si próprio, qualquer ato de defesa (legítima defesa) quando houver uma ameaça concreta ou iminente de violação da posse e, também, caso consumado o esbulho ou a turbação, pelo desforço imediato.

Entretanto, o legislador impõe limites e baliza os atos a serem praticados pelo possuidor na defesa da posse, por sua própria força.

Requisitos para que a legítima defesa ou o desforço imediato seja uma conduta lícita:

1 – *Imediatismo* ("contanto que o faça logo" – ainda que não haja previsão de prazo para exercer os atos de defesa, deve existir uma relação de absoluto imediatismo entre a ação de um e a reação do outro). A interpretação da expressão em referência deve ser restritiva, a teor do disposto no Enunciado 495 da V Jornada de Direito Civil: "No desforço possessório, a expressão 'contanto que o faça logo' deve ser entendida restritivamente, apenas como a reação imediata ao fato do esbulho ou da turbação, cabendo ao possuidor recorrer à via jurisdicional nas demais hipóteses";

2 – *Proporcionalidade entre a agressão e a reação*, que deverá conter-se no limite do indispensável. Em relação à proporcionalidade, a Lei Civil destaca que "os atos de defesa ou de desforço não podem ir além do indispensável à manutenção ou restituição da posse". A proporcionalidade exige meios necessários, moderados e proporcionais, em sentido estrito, para repelir a injusta agressão à posse.

Embora a detenção não gere efeitos jurídicos, o detentor, como *longa manus* do possuidor, pode defender a posse por meio da autotutela (legítima defesa e desforço imediato). Nesse sentido, aliás, o Enunciado 493 da V Jornada de Direito Civil: "O detentor (art. 1.198 do CC) pode, no interesse do possuidor, exercer a autodefesa do bem sob seu poder".

A legítima defesa, como regra, está relacionada a atos de turbação, tendo em vista que o possuidor molestado ainda está na posse, ao passo que o desforço imediato se conecta com o esbulho em razão da perda da posse e da reação imediata para recuperá-la. Em que pese algumas discussões, nada impede que o possuidor indireto possa defender a posse, independentemente de intervenção judicial.

Por outro lado, o meio mais comum para a defesa da posse é a utilização dos interditos possessórios: ações possessórias de reintegração de posse para o caso de esbulho; manutenção de posse para o caso de turbação e interdito proibitório na hipótese de ameaça concreta à posse (art. 1.200, *caput*, do CC). O direito de invocar os interditos possessórios constitui o principal efeito da posse e, para tanto, como já ressaltado, basta que o sujeito que pretende a defesa da posse seja *possuidor justo* (art. 1.200 do CC) em relação ao adversário ou contra quem pretende a defesa da posse.

O possuidor pode invocar qualquer interdito possessório para a defesa da posse, desde que não seja contra aquele de quem adquiriu a posse de forma violenta, clandestina ou precária. No que se refere à vítima de atos violentos, clandestinos ou precários não há proteção possessória, uma vez que no que concerne a esta pessoa, sua posse é injusta. Entretanto, esse sujeito, que é possuidor injusto relativamente à vítima, é possuidor justo no tocante a qualquer outra pessoa. Assim, em relação a estes terceiros, tem plena tutela possessória e, por isso, pode invocar os interditos possessórios.

Ademais, a proteção possessória pode ser invocada tanto pelo que tem posse de boa-fé, quanto pelo possuidor de má-fé. Em regra, a boa ou má-fé não interfere neste específico efeito da posse. Desde que seja possuidor justo quanto ao adversário ou contra quem pretende defender a posse, a utilização dos interditos possessórios é admitida.

No parágrafo anterior foi dito *em regra* porque, excepcionalmente, a boa ou má-fé do possuidor que está na posse (contra quem se pretende defender a posse) poderá repercutir na possibilidade de o possuidor esbulhado, turbado ou ameaçado invocar contra o atual possuidor os interditos possessórios. Tal exceção está prevista no art. 1.212 do CC.

De acordo com este dispositivo: "O possuidor pode intentar a ação de esbulho, ou a de indenização, contra o terceiro, que recebeu a coisa esbulhada sabendo que o era".

Se o atual possuidor for terceiro de boa-fé, o possuidor esbulhado, turbado ou ameaçado não tem a possibilidade de ingressar com ação possessória contra este. A ação possessória ou de indenização somente poderá ser manejada contra terceiro se este sabia que a coisa havia sido esbulhada, ou seja, se estiver de má-fé. Em relação ao terceiro possuidor de boa-fé, restará ao possuidor prejudicado apenas o direito de ajuizar ação reivindicatória contra este, com fundamento no título de propriedade e não com fundamento na posse.

A Lei Civil sacrifica o direito possessório do esbulhado e turbado em detrimento do terceiro possuidor de boa-fé.

Por exemplo: o sujeito "A" é vítima de esbulho praticado pelo sujeito "B". Em razão do esbulho, "B" assume a posse que era de "A". Não há dúvida de que "A" teria ação possessória contra "B" para recuperar a coisa perdida. No entanto, antes de manejar a ação possessória, "B" transfere a posse para o terceiro "C". O terceiro "C", que adquiriu a posse de "B", não sabe que "B" adquiriu a posse de "A" por esbulho. O terceiro "C" recebe a posse sem conhecer o vício que a macula, portanto, está de boa-fé. Neste caso, "A", que foi esbulhado por "B", não tem ação possessória contra "C", terceiro de boa-fé. Contra este terceiro terá, necessariamente, que ajuizar ação reivindicatória, de proprietário. Caso "A" seja apenas possuidor e não tenha título de propriedade, restará apenas uma ação de indenização contra o autor do esbulho, "B".

Nesse sentido o Enunciado 80 da I Jornada de Direito Civil: "Art. 1.212: É inadmissível o direcionamento de demanda possessória ou ressarcitória contra terceiro possuidor de boa-fé, por ser parte passiva ilegítima diante do disposto no art. 1.212 do novo CC. Contra o terceiro de boa-fé, cabe tão somente a propositura de demanda de natureza real".

Em resumo, não há tutela possessória contra terceiro de boa-fé. Nesta situação, o possuidor esbulhado terá duas opções:

1. se tiver título de proprietário, poderá propor demanda de natureza real e reivindicar o bem como proprietário; e
2. se for apenas possuidor e não ostentar título de propriedade, restará apenas ação de indenização para requerer as perdas e os danos suportados contra o autor do esbulho.

5.2.14.3. Interditos possessórios

5.2.14.3.1. Proteção possessória por meio dos interditos

O direito aos interditos é efeito que se produz independentemente da qualidade da posse, como já explicado. A proteção possessória pode ser invocada tanto pela vítima de esbulho, turbação ou ameaça, quanto pelo autor destes atos contra terceiro.

A vítima é possuidora justa e, como tal, tem tutela possessória contra o autor da violação de seu direito e terceiros de má-fé que, eventualmente adquiriram tal posse. O autor do esbulho, da turbação ou da ameaça não tem tutela possessória contra a vítima, pois é possuidor injusto em relação a esta, mas tem tutela possessória contra qualquer outra pessoa, terceiros, por ser possuidor justo quanto a estes. É o que dispõe o art. 1.210 do CC. No caso de esbulho, usa-se o interdito da reintegração de posse; no caso de turbação, usa-se o interdito da manutenção de posse; e, no caso de justo receio de moléstia ou ameaça, usa-se o interdito proibitório.

A opção por uma das ações possessórias é diretamente relacionada ao grau de agressão da posse. Em ordem crescente de hostilidade, a agressão pode derivar de ameaça, turbação e esbulho. E, a depender do tipo de agressão, há uma ação possessória específica para a tutela da posse, todas previstas no art. 1.210, *caput*, CC.

A tutela judicial por meio dos interditos possessórios impõe uma relação entre as regras de direito material e direito processual. Os interditos possessórios são as ações possessórias diretas (previstas no art. 1.210 do CC). A lei processual civil disciplina o procedimento das ações possessórias e os requisitos fáticos para que o possuidor possa ter uma tutela efetiva, por meio de uma tutela de urgência (liminar).

Assim, ao possuidor ameaçado, esbulhado ou molestado, assegura a lei meios defensivos para repelir a agressão.

a) Ação de reintegração de posse

A primeira tutela processual defensiva da posse é a ação de reintegração de posse para o caso de esbulho. O esbulho implica na perda da posse e a reintegração visa justamente a recuperação da coisa perdida. O possuidor foi despojado e privado do poder físico sobre a coisa.

Como bem ressaltam Chaves e Rosenvald[86], nesta situação, "a agressão provoca a perda da possibilidade de controle e atuação material do bem antes possuído. O objetivo é recuperar o poder fático de ingerência socioeconômica sobre a coisa".

Não há dúvida de que o esbulho pode ser parcial ou total. No esbulho parcial, o possuidor perde uma parcela do poder fático e do controle efetivo sobre a coisa. A fim de recuperar tal controle, necessariamente, terá de ajuizar ação de reintegração de posse. Ainda que haja dúvida se a perda parcial caracteriza esbulho ou ato de turbação, a fungibilidade das ações possessórias contornaria esse problema, pois, de acordo com o art. 920 do CPC anterior, reproduzido pelo art. 554 do atual diploma processual, a propositura de uma ação possessória em vez de outra não obstará a que o juiz conheça o pedido e outorgue a proteção legal correspondente àquela, desde que os requisitos estejam bem demonstrados.

A legitimidade ativa na ação de reintegração de posse é do possuidor, no caso de esbulho parcial, ou do antigo possuidor, no caso esbulho total. O possuidor indireto tem ação possessória contra o direto quando houver abuso das prerrogativas conferidas pela relação jurídica material ou no caso de negativa de restituição do possuidor quando extinta a relação jurídica que fundamenta o desdobramento da posse (vício da precariedade). Contra terceiros, possuidores direto e indireto possuem legitimação concorrente. O detentor não tem legitimidade para ação possessória, seja ativa ou passiva. A legitimidade passiva é do sujeito responsável pelo esbulho ou de terceiro que recebeu a coisa esbulhada, com a ciência deste vício (art. 1.212 do CC).

O objetivo do esbulhado na ação de reintegração de posse é recuperar a coisa total ou parcialmente perdida. Em razão do rompimento antijurídico da relação ou poder estabelecido sobre a coisa, poderá invocar a tutela da posse por meio deste interdito. O interdito pode ser utilizado contra qualquer moléstia, de fato ou de direito (via judicial ou administrativa).

b) Ação de manutenção de posse

A segunda tutela processual defensiva da posse é a ação de manutenção de posse. Tal ação será invocada quando o possuidor suportar atos de turbação, consistentes em incômodos, perturbações, molestamento e embaraços na sua condição de possuidor, mas sem perder o controle material sobre a coisa ou sem ser privado, parcialmente ou totalmente, da posse.

No caso de turbação, como enuncia o art. 1.210, *caput*, do CC, o possuidor tem o direito de ser *mantido* na posse. Assim, não há perda da posse, mas embaraço e incômodo no seu exercício, capazes de prejudicar a plenitude deste direito subjetivo. Não houve alteração do estado de fato e o objetivo da turbação é manter o possuidor na sua condição.

Segundo Loureiro[87], " a turbação é o embaraço ao normal exercício da posse. É de menor gravidade do que o esbulho, porque não leva à perda da posse, mas apenas dificulta ou perturba o seu regular exercício".

Nas palavras do mestre Orlando Gomes[88]: "(...) o objetivo da ação de manutenção de posse é o de obter mandado judicial que faça cessá-la. É todo ato que embaraça o livre exercício da posse, haja, ou não, dano, tenha o turbador, ou não, melhor direito sobre a coisa. Há de ser real, isto é, concreta, efetiva, consistente em fatos. Os atos de turbação podem ser positivos, como o corte de árvores ou a implantação de marcos, ou negativos, como quando o turbador impede o possuidor de praticar certos atos".

Portanto, na turbação, o exercício do direito subjetivo é embaraçado e perturbado, mas o molestado não perde o controle material sobre a coisa. Tanto isto é verdade que o art. 1.212, que faz referência ao terceiro de boa-fé, não se

---

[86] FARIAS, Cristiano Chaves de; ROSENVALD, Nelson. *Direito reais*. 7. ed. Rio de Janeiro: Lumen Juris, 2011, p. 208.

[87] LOUREIRO, Francisco Eduardo. Arts. 1.196 a 1.510-E – Coisas. In: PELUSO, Cezar (coord.). *Código civil comentado*. 2. ed. Barueri: Manole, 2008, p. 1.111.

[88] GOMES, Orlando. *Direitos reais*. 19. ed. atualizada. Rio de Janeiro: Forense, 2007, p. 100.

aplica para os casos de turbação. No esbulho, há perda parcial ou total de poderes fáticos sobre a coisa e é possível que essa parte perdida já seja, de alguma forma, adquirida ou ocupada por um terceiro. Por isso, o referido artigo apenas faz referência à vítima do esbulho e ao terceiro que recebeu a coisa esbulhada, ciente do esbulho. Na turbação, como não há perda da coisa, não há como ter um terceiro. Neste caso, a ação de manutenção de posse será dirigida contra o próprio autor dos atos de turbação que impedem o livre exercício da posse.

O legitimado ativo é o possuidor esbulhado e o legitimado passivo é o sujeito responsável pelos atos de turbação. Não há terceiro, como pode ocorrer na reintegração de posse, justamente porque, nos atos de turbação, o possuidor não perde o controle de fato e material sobre a coisa possuída.

c) Interdito proibitório

A terceira tutela processual defensiva da posse é o interdito proibitório, a ser utilizado no caso de ameaça à posse ou quando há um risco concreto de atentado ou violação do direito de posse. É imprescindível a demonstração da efetiva possibilidade de uma ofensa concreta à posse. Para evitar a violação ao direito, o possuidor pode, de forma preventiva, buscar a defesa da posse. Há risco efetivo de a posse ser esbulhada ou turbada e, por isso, o Estado disponibiliza ao possuidor tutela preventiva para inibir uma iminente agressão ao direito de posse.

O perigo de lesão à posse deve ser concreto.

Com a genialidade e simplicidade que lhe é peculiar, Caio Mário[89] acrescenta que interdito proibitório é a defesa preventiva da posse, ante a ameaça de turbação ou esbulho. Consiste em armar o possuidor de mandado judicial, que a resguarde da moléstia iminente. Não é necessário que aguarde a turbação ou o esbulho.

Assim, de acordo com o art. 1.210 do CC, o justo receio de ser molestado na posse permite que o possuidor invoque essa tutela preventiva contra o autor ou autores das ameaças concretas de atos de turbação e de esbulho.

A ameaça para o exercício regular de direito não é fundamento para o interdito proibitório (art. 153 do CC, que considera ausente a coação no caso de ameaça a exercício regular de direito). A *ameaça* de notificação ou de promover ações judiciais, de penhoras ou de concretizar pretensões não justifica a referida tutela preventiva. É essencial que o autor da ameaça não tenha direito a ser exercido e, por meio de atos objetivos e concretos, evidencie uma pretensão de turbar ou esbulhar a posse de outrem.

5.2.14.3.2. Posse nova e posse velha: Questão de direito material ou processual?

A *posse velha* ou ação de força nova e ação de força velha suscitam algumas discussões na doutrina sobre a natureza jurídica destes termos: questão de direito processual ou de direito material.

É a famosa questão do *ano e dia*, referida pelo art. 924 do CPC anterior, cuja regra foi reproduzida pelo art. 558, *caput*, do atual CPC. Segundo tal dispositivo, regem o procedimento da ação de manutenção e de reintegração de posse as normas previstas nos arts. 926 a 931 do mesmo diploma legal (arts. 560 a 565 do novo CPC), desde que as ações possessórias de manutenção e reintegração de posse sejam ajuizadas em menos de *ano e dia*. Se ultrapassado este prazo, o rito será ordinário, mas sem que a ação perca o caráter possessório.

De acordo com o art. 558 do novo CC, que repete o art. 924 do CPC anterior, se os atos de turbação ou esbulho datarem de menos de ano e dia, haverá tutela sumária para proteção da posse, com a possibilidade de mandado liminar (art. 928 do CPC anterior e art. 562 do atual CPC), desde que o autor prove os requisitos do art. 927 da lei processual anterior, art. 561 do atual CPC. Essa possibilidade de liminar mediante requisitos específicos é possível quando a turbação ou o esbulho datam de menos de ano e dia. Tal procedimento especial recebeu o nome de *ação de força nova* ou *posse nova*.

Se os atos de turbação ou de esbulho são superiores a ano e dia, o procedimento será ordinário. Neste caso, é possível a liminar, mas não com fundamento nos arts. 561 e 562 do novo CPC, mas com base na genérica tutela de urgência prevista no art. 300 do CPC (probabilidade de direito e risco de ineficácia – urgência em razão do perigo da demora da tutela apenas ao final).

Para alguns doutrinadores, como Rosenvald e Chaves[90], a questão do *ano e dia* é de direito material e não uma questão processual. Para eles, após ano e dia, o turbado ou esbulhado não tem mais ação possessória. A lei, no art. 924 (art. 558 do atual CPC), criaria essa "dicotomia procedimental em razão da ficção emanada do direito civil quanto à perda da posse após a passagem do prazo decadencial". Como se verifica, após ano e dia não haveria mais a possibilidade de ação possessória e a tutela ficaria reservada para a ação reivindicatória.

Com todo o respeito aos mestres, a tese é equivocada sob todos os aspectos. O que determinará a alteração do caráter da posse, de injusta para justa, em relação ao autor do próprio esbulho, não é um prazo fictício de ano e dia previsto em norma processual, cujo objetivo é apenas cindir e separar procedimentos mais céleres de ordinários, mas a situação fática concreta, na forma do Enunciado 237 da III Jornada de Direito Civil, que trata da alteração do caráter da posse.

A alteração do caráter da posse não está vinculada ao referido prazo de *ano e dia*, mas ao fato de o possuidor demonstrar ato inequívoco de oposição ao antigo possuidor. Se o possuidor atual confere função social à sua posse e o anterior possuidor não reage ou se mantém inerte, haverá a supressão do direito possessório do anterior possuidor e o surgimento da tutela da posse em favor do novo possuidor. Entretanto, o fator determinante para que a

---

[89] PEREIRA, Caio Mário da Silva. *Instituições de direito civil. Direitos reais*. 26. ed. Rio de Janeiro: Forense, 2018. v. IV, p. 50.

[90] FARIAS, Cristiano Chaves de; ROSENVALD, Nelson. *Direito reais*. 7. ed. Rio de Janeiro: Lumen Juris, 2011, p. 231.

posse seja tutelada, inclusive contra a vítima de esbulho ou turbação, é um fato material e concreto, e não o prazo de ano e dia criado por norma processual para justificar procedimento mais célere de recuperação da posse. No caso, incide a teoria do abuso de direito (função de controle de direitos subjetivos e potestativos como desdobramento do princípio da boa-fé objetiva).

Os direitos subjetivos, dentre eles o direito de posse, devem ter uma função. É o direito/função. O titular do direito tem poder, mas também possui deveres. O direito civil, em função do abuso de direito, consiste em direito/função e poder/dever. O titular de um direito subjetivo ou potestativo tem o poder de exercê-los. Por outro lado, tem o dever de exercer esses direitos de acordo com a função ou finalidade que fundamenta o próprio direito, sob pena de sanções do sistema, dentre elas a supressão.

O abuso de direito pode ser por ação ou omissão. Assim, o sujeito desapossado tem o dever de agir rápido para recuperar a posse. Caso se mantenha inerte (não cumpre o dever de agir para recuperar a coisa) e o atual possuidor passe a exteriorizar atos inequívocos de oposição ao antigo possuidor, independentemente de *ano e dia*, a posse do atual possuidor será justa, inclusive contra a vítima, com o que terá tutela possessória contra ele. Portanto, é um fato material e concreto, e não uma ficção legal de *ano e dia*, que implicará alteração no caráter da posse.

Desta forma, o *ano e dia* mencionado pelo art. 558 do CPC novo é uma questão meramente processual e não de direito material ou substantivo. Se a posse for menor que *ano e dia*, o possuidor, seja ele quem for (desde que sua posse seja justa em relação ao adversário), terá direito a mandado liminar, desde que prove os requisitos exigidos pelo art. 562 do novo CPC. Se a posse for superior a ano e dia, também terá direito a liminar, mas não com base no art. 562 do novo CPC, e sim com base nos requisitos gerais que orientam as tutelas de urgência no procedimento ordinário (art. 300 da Lei Adjetiva Civil).

No sentido de que o prazo de *ano e dia* é uma questão meramente processual é o Enunciado 238 da III Jornada de Direito Civil: "Ainda que a ação possessória seja intentada além de ano e dia da turbação ou esbulho, e, em razão disso, tenha seu trâmite regido pelo procedimento ordinário (CPC art. 924), nada impede que o juiz conceda a tutela possessória liminarmente, mediante antecipação de tutela, desde que presentes os requisitos autorizadores do art. 273, I ou II, bem como aqueles previstos no art. 461-A e §§, todos do CPC".

Em resumo, será adotada uma forma sumária de proteção da posse quando a ameaça ou a violação da posse a ser tutelada datar de menos de *ano e dia* (desde que provados os requisitos do art. 562 do novo CPC – é a posse nova ou ação de força nova). Se tais atos forem superiores a *ano e dia*, a posse ameaçada ou violada pode ser protegida por ação de rito comum, ordinário, sem prejuízo de liminar fundada na comprovação dos requisitos das tutelas de urgência (arts. 558 e seguintes do CC). De acordo com o art. 558, parágrafo único, do novo CPC, ainda que superior a *ano e dia*, será mantido o caráter possessório da ação (ação de força velha ou posse velha). A ação de força nova ou ação de força velha é uma questão processual que vai determinar o procedimento especial ou ordinário das possessórias. A ação possessória de força velha, ou seja, quando a turbação ou esbulho datar de mais de *ano e dia*, segue o rito ordinário e eventual liminar não terá como base os requisitos do art. 551 do CPC, e sim os exigidos para a antecipação de tutela provisória. Nada mais do que isso.

A depender da situação fática, o procedimento pode ser especial (menos de ano e dia), comum ordinário (mais de ano e dia, com possibilidade de antecipação de tutela) e comum sumário (mais de ano e dia, desde que o valor do bem, independentemente de sua natureza, não exceda a 60 vezes o maior salário mínimo vigente).

Em relação ao procedimento, a novidade do atual CPC (Lei n. 13.105/2015), está por conta dos litígios coletivos, quando há considerável número de pessoas. Segundo o art. 554 do CP, no caso de ação possessória em que figure no polo passivo grande número de pessoas, serão feitas a citação pessoal dos ocupantes que forem encontrados no local e a citação por edital dos demais, determinando-se, ainda, a intimação do Ministério Público e, se envolver pessoas em situação de hipossuficiência econômica, da Defensoria Pública. Para fim da citação pessoal prevista no § 1º, o oficial de justiça procurará os ocupantes no local por uma vez, citando-se por edital os que não forem encontrados. Neste caso, o juiz deverá determinar que se dê ampla publicidade da existência da ação prevista no § 1º e dos respectivos prazos processuais, podendo, para tanto, valer-se de anúncios em jornal ou rádio locais, da publicação de cartazes na região do conflito e de outros meios.

Portanto, nestas hipóteses de litígio coletivo, o Ministério Público participará da ação possessória e, se os ocupantes forem hipossuficientes economicamente, a Defensoria Pública também deverá intervir.

Ademais, há procedimento especial para os litígios possessórios coletivos quando o esbulho e a turbação datam de mais de ano e dia (art. 565 do CPC).

5.2.14.3.3. Exceção de domínio e tutela possessória

Em razão do atual contorno jurídico atribuído ao fenômeno *posse*, tal situação de fato possui plena autonomia e independência em relação à propriedade. Embora o Código Civil tenha adotado a teoria objetiva de Ihering para definir posse e possuidor (art. 1.196), que é fundada na propriedade, os estudos mais avançados da posse lhe conferem plena autonomia em relação à propriedade.

Nesse sentido, aliás, o Enunciado 492 da V Jornada de Direito Civil, segundo o qual: "A posse constitui direito autônomo em relação à propriedade e deve expressar o aproveitamento dos bens para o alcance de interesses existenciais, econômicos e sociais merecedores de tutela". Não há dúvida de que a posse social tem tutela e é considerada um direito autônomo desvinculado da propriedade, como defendia Savigny em sua brilhante teoria subjetiva (a posse como fato independente da propriedade).

A valorização da posse e de sua autonomia em relação à propriedade é facilmente visualizada em vários dispositivos do Código Civil. A desapropriação judicial privada, prevista nos §§ 4º e 5º do art. 1.228, que implica sacrifício da propriedade sem conteúdo em detrimento da posse social; a redução dos prazos de usucapião nos casos de posse moradia ou posse social (parágrafos únicos dos arts. 1.238 e 1.242); e a acessão invertida, prevista no parágrafo único do art. 1.255 do CC, são apenas alguns exemplos de valorização da posse e da demonstração da autonomia deste fenômeno jurídico em relação à propriedade.

No entanto, o dispositivo que mais evidencia a autonomia da posse em relação à propriedade, é justamente o disposto no § 2º do art. 1.210 do CC, que proíbe ou veda expressamente a discussão de domínio ou direito de propriedade em ação possessória. Nas ações possessórias de manutenção e reintegração de posse só se discute posse. O fundamento da demanda do autor e a defesa do réu somente podem estar vinculados à posse.

É a denominada *exceção de domínio* nas ações possessórias. A exceção de domínio ocorre quando alguém defende a posse com fundamento na propriedade ou baseada em um título de propriedade. O § 2º do art. 1.210 proíbe tal meio de defesa em ação possessória, o que contraria a teoria objetiva de Ihering, adotada pela Lei Civil, para quem a posse tem como fundamento a defesa da propriedade. Ora, se a posse é a defesa da propriedade, como é possível proibir a alegação de propriedade em demanda possessória? Tal fato evidencia a não sintonia da teoria objetiva de Ihering com a nova concepção de posse, que é evidenciada em vários dispositivos da Lei Civil, em especial no § 2º do art. 1.210, objeto de análise.

Tal contradição foi percebida por Orlando Gomes[91]: "(...) à primeira vista, tal princípio parece injusto, e mesmo paradoxal, porque ou admite que o fato prevaleça sobre o direito, ou faz com que direito maior ceda diante do menor. Justifica-se, no entanto, em face da finalidade das ações possessórias, que, por sua natureza, não comportam discussões sobre o domínio. Protege-se pura e simplesmente a posse, embora, muitas vezes, se sacrifique a realidade pela aparência".

A alegação de propriedade não é justificativa para molestar ou esbulhar a posse alheia. O proprietário pode reivindicar a coisa pela via petitória e não pelas ações possessórias.

A alegação de domínio ou de outro direito real não obsta a manutenção ou reintegração de posse.

Sobre a autonomia da posse, destaca Loureiro[92] que: "(...) o *jus possessionis*, inversamente, é o direito originado da situação jurídica posse, independentemente da preexistência de uma relação jurídica que lhe dê causa. É indiferente a incidência, ou não, de um título para possuir. Aqui a posse não aparece subordinada a direitos, nem é emanada deles, formando parte de seu conteúdo. É o reflexo da autonomia do instituto da posse, que se mostra em toda sua pureza".

Antes mesmo da previsão do § 2º do art. 1.210, o art. 923 do CPC revogado pela Lei n. 13.105/2015, com a redação dada pela Lei n. 6.820/80, que excluiu a segunda parte deste artigo, passou a prever que "na pendência do processo possessório é defeso, assim ao autor como ao réu, intentar ação de reconhecimento de domínio". Tal dispositivo era expresso no sentido de que a alegação de exceção de domínio não era suficiente para a procedência ou improcedência ação possessória. O resultado da demanda possessória não poderia estar vinculado à defesa baseada na propriedade.

Todavia, o art. 923 do CPC revogado, com a nova redação, quando confrontado com a 2.ª parte do art. 505 do CC/1916, passou a suscitar inúmeras controvérsias. A discussão era se o art. 923 do CPC revogado, com a nova redação, que passou a proibir a exceção de domínio em ação possessória, sem qualquer exceção, havia ou não revogado a última parte do art. 505 do CC/1916. De acordo com a segunda e última parte deste dispositivo: "Não se deve, entretanto, julgar a posse em favor daquele a quem evidentemente não pertence o domínio". Tal dispositivo era afinado com a antiga redação do art. 923 do CPC revogado e com a teoria de Ihering, no sentido de o fundamento da posse ser a defesa do direito de propriedade. Portanto, era vedado deferir a posse em favor de quem não era o dono. O art. 923 do CPC revogado, com a nova redação dada pela Lei n. 6.820/80, passou a regular a matéria de forma diferente e não fez mais a ressalva da última parte do art. 505 do CC/1916. Em função disso, as controvérsias sobre a revogação ou não da última parte do art. 505 do CC/1916 se acirraram.

O atual CPC manteve a regra do art. 923 do CPC anterior, ao dispor no art. 557 ser vedado tanto ao autor quanto ao réu, na pendência de ação possessória, propor ação de reconhecimento de domínio. A novidade é que o art. 557 permite que autor e réu ajuízem ação de reconhecimento de domínio em face de terceiro, estranho à lide possessória. Assim, na lide possessória, é vedado a discussão sobre domínio, mas em relação a terceiros, autor e réu poderão deduzir pretensão de domínio. Tal observação não altera toda a base argumentativa construída a partir da redação do art. 923 do CPC anterior.

O Supremo Tribunal Federal chegou a editar a Súmula 487 para tentar resolver essa polêmica: "Será deferida a posse a quem, evidentemente, tiver o domínio, se com base nele for esta disputada".

Para o STF, se o fundamento da demanda e da defesa em ação possessória era o domínio, a posse deveria ser reconhecida ao legítimo titular do domínio. Ambos pretendem a posse com fundamento no domínio. Neste caso, se tutela a posse do legítimo titular do domínio.

Essa posição adotada na Súmula 487 do STF prevaleceu até a vigência do Código Civil de 2002. No § 2º do art. 1.210, a Lei Civil encerrou as polêmicas ao vedar e proibir a discussão de domínio em ação possessória, sem fazer a

---

[91] GOMES, Orlando. *Direitos reais*. 19. ed. atualizada. Rio de Janeiro: Forense, 2007, p. 102.

[92] LOUREIRO, Francisco Eduardo. Arts. 1.196 a 1.510-E – Coisas. In: PELUSO, Cezar (coord.). *Código civil comentado*. 2. ed. Barueri: Manole, 2008, p. 1.115.

ressalva do seu antecessor (ar. 505 do CC/1916). Não há identidade entre ação possessória e ação petitória. A posse é fundada no fato jurídico posse e a propriedade tem como fundamento o direito subjetivo de propriedade e o domínio.

Com a redação do art. 1.210, § 2º, atualmente, há perfeita harmonia entre a lei material substantiva, Código Civil, e a lei processual, Código de Processo Civil, art. 923. Os dispositivos foram harmonizados e agora convergem em fundamento e finalidade. Atualmente, há absoluta separação entre os juízos possessórios e petitório. A Súmula 487 do STF perdeu o sentido, uma vez que não é possível discutir domínio em ação possessória. Se nenhum dos possuidores em ação possessória apresentar prova suficiente da posse, a consequência é a improcedência da demanda possessória e não se atribuir a posse a quem demonstrar propriedade. E, em ação de domínio, não é possível discutir posse. Essa separação absoluta entre os juízos possessório e petitório é uma realidade, fato que prejudica a Súmula 487 do STF, quando permite a discussão de posse no juízo petitório.

De acordo com o Enunciado 79 da I Jornada de Direito Civil: "A *exceptio proprietatis*, como defesa oponível às ações possessórias típicas, foi abolida pelo Código Civil de 2002, que estabeleceu absoluta separação entre os juízos possessório e petitório".

Sobre essa separação entre os juízos possessório e petitório, Orlando Gomes[93] é enfático "*a exceptio domini* deve ser repelida, como uma excrescência no terreno da proteção possessória. Pouco importa que o proprietário seja vencido no possessório; pois se verdadeiramente proprietário é, vencerá no petitório". Não se deve permitir a desorganização do sistema da posse com a manifestação, no juízo possessório, de pretensões que nada têm a ver com a posse.

Como consequência desta divisão, se não houve prova da posse pelo autor da demanda, ainda que alegue e demonstre direito real sobre a coisa, o pedido será julgado improcedente, mantendo-se na posse o atual possuidor. Restará ao possuidor ingressar com ação petitória, onde poderá discutir plenamente o seu direito de propriedade para reaver a coisa com base no domínio.

Neste sentido, aliás, o Enunciado 78 da I Jornada de Direito Civil: "Tendo em vista a não recepção, pelo novo Código Civil, da *exceptio proprietatis* (art. 1.210, § 2º) em caso de ausência de prova suficiente para embasar decisão liminar ou sentença final ancorada exclusivamente no *ius possessionis*, deverá o pedido ser indeferido e julgado improcedente, não obstante eventual alegação e demonstração de direito real sobre o bem litigioso".

A defesa da posse no juízo possessório tem caráter definitivo. Como bem pontuam Chaves e Rosenvald[94], a divisão entre o juízo possessório e o petitório não significa que aquele é provisório e este definitivo, pois "a proteção possessória é definitiva em seus limites, eis que sua função é preservar a ingerência socioeconômica do possuidor sobre o bem. Não guarda qualquer pertinência com o juízo petitório".

E no juízo petitório o sujeito tem que demonstrar a plena função social de sua propriedade. A reivindicação da coisa no juízo petitório não se contenta com a prova da propriedade. É essencial que o sujeito que se diz proprietário demonstre que sua propriedade ostenta a necessária função social e que os deveres de proprietário foram cumpridos. Isto porque, muitas vezes, a posse com função social pode sacrificar a propriedade sem conteúdo ou substância, como ocorre na usucapião, na acessão invertida (art. 1.255, parágrafo único), na desapropriação judicial (art. 1.228, §§ 4º e 5º), dentre outros, casos em que a posse socializada e funcionalizada sacrifica o direito de propriedade.

Tal fato demonstra que a propriedade não possui maior valor do que a posse. Ambos são institutos autônomos e independentes e, muitas vezes, em razão da ausência de função social da propriedade, o proprietário pode suportar sanções, como a perda da propriedade em favor do possuidor. Assim, o domínio, por si só, não representará êxito no juízo petitório. É fundamental que o proprietário demonstre a função social da propriedade e o cumprimento e adimplemento de deveres sociais.

Há uma questão que suscita dúvida, que é a possibilidade ou não de se alegar usucapião em defesa (Súmula 237 do STF), no âmbito da ação possessória. O problema é que a usucapião é uma exceção ou defesa que repercute na propriedade, embora na essência e substância envolva posse. Em ação possessória, não é possível discutir propriedade. Todavia, o fundamento da usucapião é posse, o que não incompatibiliza tal meio de defesa com o juízo possessório. Toda a base de discussão da usucapião envolve o fenômeno possessório. Se o proprietário já adquiriu o bem pela usucapião, poderá plenamente apresentar tal defesa no juízo petitório, porque é proprietário pela usucapião, assim como apresentar tal defesa no juízo possessório, porque a base do instituto é a posse. A prova da posse *ad usucapionem* obsta a pretensão do autor no juízo possessório. Desde que a discussão se restrinja à posse, nada impede a usucapião, como meio de defesa no juízo possessório.

Como a usucapião é baseada na posse, basta ao sujeito demonstrar que sua posse merece tutela, sem precisar fazer referência à propriedade que decorre da usucapião. Discutirá o fundamento da usucapião, que é posse. A posse da usucapião pode ser fundamento da defesa na possessória, mas não o título de propriedade gerado pela usucapião. São situações diferentes, que não podem ser confundidas. A posse que fundamentou a usucapião é plenamente legítima como matéria de defesa, mas a usucapião, por si só, como propriedade, não poderia ser invocada em ação possessória, por ser uma exceção de domínio. Na usucapião se parte da premissa de uma propriedade consolidada com o preenchimento dos requisitos legais. Essa posse, que foi fundamento para a usucapião e apenas ela, pode ser invocada como matéria de defesa, mas não a propriedade fundada na usucapião. Essa a diferença.

---

[93] GOMES, Orlando. *Direitos reais*. 19. ed. atualizada. Rio de Janeiro: Forense, 2007, p. 103.

[94] FARIAS, Cristiano Chaves de; ROSENVALD, Nelson. *Direito reais*. 7. ed. Rio de Janeiro: Lumen Juris, 2011, p. 199.

Aliás, de acordo com o art. 11 do Estatuto da Cidade, na pendência de ação de usucapião especial urbana, ficarão sobrestadas as ações possessórias e petitórias que venham a ser propostas sobre o mesmo bem.

Em conclusão, em ação possessória é vedado discutir domínio ou alegar propriedade. A posse tem plena autonomia em relação à propriedade. Por outro lado, nada impede que em ações distintas sejam discutidas a posse e a propriedade, ainda que simultaneamente. O CPC não teve o objetivo de proibir demandas petitórias e possessórias de forma simultânea, mas apenas separar as discussões nos dois juízos. No juízo possessório, a discussão é restrita à posse e no juízo petitório, ao domínio. Como não há relação de prejudicialidade entre os juízos possessório e petitório, as ações podem ser simultâneas sem que haja violação à vedação legal de que em ação possessória não é possível discutir propriedade ou domínio. Não há possibilidade de contradição entre os juízos possessório e petitório.

Como bem pontua Loureiro[95], a interpretação literal do art. 923 (CPC/73) poderia implicar a mutilação do direito de propriedade e levar a situações de flagrante injustiça.

5.2.14.3.4. A questão da melhor posse

O art. 1.211 do CC disciplina a posse com aparência de legitimidade. Segundo o dispositivo, se houver disputa entre dois possuidores e não houver prova de que qualquer deles obteve a coisa de modo vicioso (vício objetivo), será mantido na posse o que estiver na coisa.

De acordo com Tepedino[96]: "Se autor e réu não se mostrarem aptos a provar a posse, o dispositivo prestigia a manutenção da coisa em favor de quem dispõe de sua apreensão material". No mesmo sentido, Loureiro[97] destaca que: "Havendo dúvida fundada acerca de quem é o real possuidor, mantém-se a coisa em poder de quem com ela fisicamente se encontra, coibindo o conflito das partes pelo seu apoderamento. É uma espécie de manutenção provisória da coisa em poder de quem com ela se encontra, até que haja final decisão na ação possessória".

Com a nova concepção social da posse, a *melhor posse* é aquela em que o possuidor, concretamente, demonstre exercer função social em relação à coisa. O art. 1.211 deve ser interpretado à luz do princípio social da posse. Deve ser mantido na posse, em caso de dúvida, o possuidor que estiver conferindo à posse a necessária função social e, provavelmente, tal pessoa será aquela que estiver em contado material ou que *tiver a coisa*.

Por isso, não foi feliz a última parte do Enunciado 239 da III Jornada de Direito Civil, que faz alusão ao parágrafo único do art. 507 do CC anterior, como critério supletivo para se apurar a *melhor posse*. O Enunciado dispõe que: "Na falta de demonstração inequívoca de posse que atenda à função social, deve-se utilizar a noção de melhor posse, com base nos critérios previstos no parágrafo único do art. 507 do CC/1916". A *melhor posse* deve estar relacionada à função social da posse e não a fundada em títulos, ainda que justos, como menciona o revogado parágrafo único do art. 507 do CC/1916.

5.2.14.3.5. Breves anotações sobre o procedimento das ações possessórias

O art. 1.210, *caput*, do CC, se limita a mencionar as três espécies de interditos possessórios que podem ser invocadas pelo possuidor para a defesa da posse contra esbulho, turbação e ameaça. Para cada tipo de agressão ou ameaça de agressão à posse há uma ação correspondente (ação de reintegração para o caso de esbulho, manutenção se houve turbação e interdito proibitório na hipótese de ameaça concreta à posse ou fundado receio do possuidor de ser molestado na posse).

Por outro lado, cabe à lei instrumental, Código de Processo Civil, disciplinar o procedimento e o modo como se viabiliza a tutela judicial da posse. A lei processual civil traz uma disciplina geral sobre as ações possessórias para, em seguida, tratar de questões específicas de cada uma das ações possessórias (arts. 554 a 568 do CPC).

Princípio da fungibilidade das ações possessórias

O art. 554 do novo CPC dispõe sobre o princípio da fungibilidade das ações possessórias: "A propositura de uma ação possessória em vez de outra não obstará a que o juiz conheça do pedido e outorgue a proteção legal correspondente àquela cujos pressupostos estejam provados".

Em razão do caráter dinâmico dos atos que implicam agressão à posse, é possível que haja alteração do contexto fático entre a propositura da demanda possessória e a efetiva apreciação pelo juiz. Neste caso, o juiz pode conhecer o pedido e conceder a proteção possessória que entender adequada, desde que os requisitos para tanto estejam devidamente provados. Por exemplo, se o sujeito ajuíza interdito proibitório porque tem o justo receio de sua posse ser violada, caso essa violação, em forma de esbulho ou turbação, se concretize no momento em que a ação está para ser apreciada, poderá o juiz conceder a proteção possessória se estiverem presentes os requisitos exigidos pelo art. 561 do CPC. A fungibilidade é pertinente para qualquer dos três interditos possessórios.

Não há fungibilidade entre ação possessória e ação petitória, fundada na propriedade.

O art. 554 excepciona o princípio da correlação e permite ao juiz adaptar a causa de pedir ao pedido mais adequado ao contexto fático existente no momento da análise do pedido, em sede de liminar ou ao final, na sentença. Se houver alteração dos fatos no curso da demanda, o juiz pode expedir novo mandado para proteção da posse, para resguardar o direito do possuidor violado.

---

[95] LOUREIRO, Francisco Eduardo. Arts. 1.196 a 1.510-E – Coisas. In: PELUSO, Cezar (coord.). *Código civil comentado*. 2. ed. Barueri: Manole, 2008.

[96] TEPEDINO, Gustavo; BARBOZA, Heloisa Helena; MORAES, Maria Celina Bodin de. *Código civil interpretado conforme a Constituição da República*. Rio de Janeiro: Renovar, 2007. v. III, p. 472.

[97] LOUREIRO, Francisco Eduardo. Arts. 1.196 a 1.510-E – Coisas. In: PELUSO, Cezar (coord.). *Código civil comentado*. 2. ed. Barueri: Manole, 2008, p. 1.118.

Como bem ressaltam Rosenvald e Chaves[98]: "(...) como os conflitos possessórios são extremamente voláteis e as agressões intensificam-se com facilidade, seria oneroso à vítima propor um novo interdito a cada ataque deflagrado à posse. Daí, se após a concessão de uma liminar em interdito proibitório o réu praticar novas agressões (turbação, esbulho), caberá ao autor atravessar uma petição, narrando a nova situação, para que seja convertida a providência jurisdicional, mediante expedição de liminar de manutenção ou reintegração nos próprios autos".

O princípio da instrumentalidade das formas permite uma flexibilização do formalismo para se admitir uma ação possessória por outra.

Cumulação de pedidos nas ações possessórias

O art. 555 do CPC confere ao possuidor, vítima de esbulho, turbação ou ameaça, ou seja, ao autor da ação possessória, a prerrogativa de cumular ao pedido de reintegração de posse, manutenção de posse ou interdito proibitório, a condenação em perdas e danos, a cominação de pena ou multa para o caso de nova turbação ou novo esbulho e o desfazimento de construção ou plantação feita em detrimento da posse.

Portanto, ao pedido de proteção possessória, podem ser agregados outros. A causa de pedir e o fundamento de uma ação possessória é a posse. O pedido é a proteção da posse. Todavia, além da proteção da posse, o possuidor poderá requerer indenização por dano material e moral, cominação de multa (*astreintes*) e desfazimento de construções e plantações, caso haja edificação ou plantação sem autorização do possuidor.

O mais interessante é que a cumulação de pedidos não retira o caráter especial do procedimento possessório quando as ações de reintegração e de manutenção de posse forem ajuizadas em menos de *ano e dia* da data do esbulho ou da turbação. Como regra, a cumulação de pedidos impõe que seja adequado para todos os pedidos o mesmo tipo de procedimento e, quando para cada tipo, houver um procedimento diverso, a cumulação é admitida se for adotado o procedimento ordinário (art. 327, § 1º, II, e § 2º, do CPC).

Os pedidos de indenização por perdas e danos e dos frutos possuem procedimento diverso do procedimento especial da possessória. Todavia, o art. 555 do atual CPC permite a cumulação da proteção possessória com estes outros pedidos, sem prejuízo do procedimento especial. Haverá uma cumulação sucessiva de pedidos onde o pedido de proteção possessória é prejudicial aos demais. No entanto, acolhido o pedido de proteção possessória, os outros pedidos serão analisados sem qualquer prejuízo do procedimento especial.

Há situações em que o ordenamento jurídico possibilita que pedidos sujeitos a procedimentos especiais sejam também formulados via procedimento comum, como é o caso das ações possessórias e monitórias.

Em resumo, a cumulação do pedido de proteção possessória com aqueles especificados no art. 555 do atual CPC não retira o caráter especial do procedimento. No entanto, se for agregado qualquer outro pedido diverso daqueles, o rito terá de ser o comum.

Nesse sentido é o art. 555 do atual CPC.

Caráter dúplice das ações possessórias

O art. 556 do atual CPC confere um caráter dúplice às ações possessórias.

Segundo este dispositivo: "É lícito ao réu, na contestação, alegando que foi o ofendido em sua posse, demandar a proteção possessória e a indenização pelos prejuízos resultantes da turbação ou do esbulho cometido pelo autor".

O réu, quando acionado em ação possessória, poderá requerer, contra o autor, a proteção possessória, a reintegração ou manutenção da posse, bem como indenização por danos materiais e morais decorrentes dos atos de turbação e esbulho eventualmente praticados pelo autor. Tal duplicidade é limitada aos pedidos de proteção da posse e indenização especificados no art. 555.

Há discussões sobre o cabimento ou não de reconvenção em ação possessória. Como regra, como há certa confusão nas posições do autor e do réu, não caberia reconvenção, até pela formalidade desta ação autônoma. No caso do art. 555, na própria contestação o réu poderá contra-atacar e pleitear ação possessória e indenização. Na mesma peça processual, o réu irá contestar e formular sua pretensão contra o autor. Os princípios da economia e da celeridade processual seriam um óbice para a admissão da reconvenção.

No entanto, neste caso, assiste razão a Nery[99], quando diz que após a apreciação da liminar o procedimento da possessória segue o rito ordinário e, por isso, nada obsta que o réu ajuíze ação declaratória incidental ou reconvenção, desde que faça pedido diverso daqueles autorizados pelo art. 555. Se o pedido for qualquer daqueles autorizados pelo art. 555, a reconvenção será indeferida por ausência de interesse processual.

Por outro lado, há autores, como Daniel Amorim Neves[100], que questionam o caráter dúplice das possessórias. Para ele, a natureza jurídica das ações possessórias cria especialidades procedimentais para elaboração de pedido de caráter reconvencional (pedido contraposto), pois, na ação dúplice, não existe qualquer necessidade de o réu formular expressamente pedido contra o autor, já que, pela própria natureza do direito material debatido, a improcedência do pedido levará o réu à obtenção do bem da vida discutido (*Manual de Direito Processual Civil*, volume único). A necessidade do réu formular pedido na possessória contraria a ideia do *caráter dúplice*.

---

[98] FARIAS, Cristiano Chaves de; ROSENVALD, Nelson. *Direito reais*. 7. ed. Rio de Janeiro: Lumen Juris, 2011, p. 240.

[99] NERY JUNIOR, Nelson; NERY, Rosa Maria de Andrade. *Código de processo civil comentado*. 10. ed. São Paulo: Ed. RT, 2013, p. 1.172.

[100] NEVES, Daniel Assumpção Amorim. *Manual de direito processual civil*. 2. ed. São Paulo: Método, 2014, p. 1.283-1284.

Requisitos para o procedimento especial da possessória e a concessão de liminar:

As possessórias se caracterizam pelo fato jurídico *posse*. De acordo com o *caput* do art. 558 do CPC, o procedimento da manutenção e reintegração de posse, quando a ação for ajuizada dentro de *ano e dia* da data da turbação ou do esbulho, é o previsto nos arts. 560 a 566 do mesmo diploma legal.

Em caso de esbulho, o possuidor tem o direito de ser reintegrado na posse e, se for turbado, deve ser mantido (art. 560 do novo CPC), desde que prove a posse, a turbação ou o esbulho praticado pelo réu, a data da turbação ou do esbulho (isso é fundamental para que o possuidor tenha direito ao procedimento especial – deve a turbação ou esbulho datar de menos de ano e dia) e a continuação da posse, no caso de turbação, e a perda efetiva da posse, parcial ou total, na ação de reintegração de posse. Tais requisitos especiais estão previstos no art. 561 do novo CPC.

Se tais requisitos estiverem presentes, será expedido mandado liminar de manutenção ou reintegração de posse, sem a oitiva do réu. Se o juiz estiver em dúvida sobre a presença de algum dos requisitos previstos no art. 561 ou se a inicial não estiver devidamente instruída, será facultado ao autor da possessória, em audiência especialmente designada para esse fim, a justificação do alegado na inicial. Neste caso, o réu será citado para comparecer à referida audiência de justificação e, nesta hipótese, o prazo para contestar contar-se-á da intimação do despacho que deferir ou não a liminar (art. 558, parágrafo único, do atual CPC). O réu não pode arrolar testemunhas na audiência de justificação, que é realizada no interesse do autor, mas tem a prerrogativa de contraditar as do autor e a elas fazer perguntas. Se for reconhecida, na audiência de justificação, que ficou demonstrada a presença dos requisitos para a concessão da liminar, será expedido mandado de manutenção ou reintegração de posse (art. 563 do CPC novo).

Após esta fase preliminar, quando será possível a justificação dos requisitos para a proteção possessória em caráter liminar, o réu será citado para contestar a ação. Após a citação, a ação possessória de manutenção e reintegração de posse seguirá o rito ordinário (art. 566 do CPC).

De acordo com o parágrafo único do art. 558 do CPC novo, nas ações possessórias ajuizadas contra as pessoas jurídicas de direito público (art. 41 do CC), a liminar de manutenção ou reintegração de posse está condicionada à prévia audiência dos respectivos representantes judiciais.

Se a ação possessória de reintegração ou manutenção de posse for intentada em mais de *ano e dia* da turbação ou do esbulho, o procedimento será todo o comum ordinário, sem possibilidade de audiência de justificação. A ação, contudo, não perde o caráter de possessória. Tal ação de *força velha*, como é denominada, não impede a proteção liminar da posse, não com fundamento nos requisitos do art. 561 do CPC, mas com base nas tutelas de urgência do procedimento comum (art. 300), na forma do já mencionado Enunciado 238 da III Jornada de Direito Civil.

Em relação ao interdito proibitório, o art. 568 do novo CPC dispõe que se aplica os arts. 560 a 566, os mesmos das ações de reintegração e manutenção de posse, com a diferença de que o caráter inibitório do interdito proibitório dará ao possuidor o direito de um mandado proibitório que o segure de turbação ou esbulho iminente, com a possibilidade de cominar ao réu pena pecuniária, caso viole a decisão ou a ordem concretizada no mandado (art. 567 do CPC).

Além das ações possessórias tradicionais, previstas no art. 1.210, *caput*, do CC, há outras ações que também tutelam a posse, embora com fundamentos diversos. São os casos das ações de nunciação de obra nova, embargos de terceiro, dentre outros.

5.2.14.4. Direito à percepção dos frutos

Os frutos são considerados bens acessórios pela legislação civil em função da relação de dependência e subordinação que mantêm com a coisa da qual se originam.

Os frutos têm como características a periodicidade, a inalterabilidade da substância (o que os diferencia dos produtos) e a possibilidade de serem separados da coisa principal ou separabilidade. Os frutos são produzidos em períodos e sua percepção ou separação da coisa principal não lhe altera a substância.

A depender da origem, os frutos podem ser naturais, industriais e civis[101]. Os frutos naturais se originam da própria força da natureza. Não há participação humana para o surgimento desta utilidade. Os frutos industriais decorrem da atuação humana, como a produção industrial de uma fábrica e, finalmente, os frutos civis se originam de uma relação jurídica e econômica. Nada mais são do que os rendimentos de uma coisa, como o aluguel e os juros de um capital.

Quanto ao estado em que se encontram, os frutos podem ser pendentes (estão unidos e vinculados à coisa – não foram destacados da coisa principal), percebidos (colhidos e separados), estantes (foram separados e estão armazenados), percipiendos (os que deveriam ter sido separados, mas não foram) e consumidos (frutos separados da coisa principal e que não mais existem).

Os frutos naturais e industriais são adquiridos com a mera separação da coisa principal ao qual aderem, ao passo que os frutos civis são colhidos dia a dia, após o vencimento. Com relação aos frutos civis, precisas são as ponderações de Chaves e Rosenvald[102] ao conceituá-los como "rendas periódicas provenientes da concessão do uso e gozo de uma coisa frutífera por outrem, que não o proprietário".

O possuidor tem direito à percepção dos frutos originados da coisa sobre a qual exercem poderes de fato ou atos possessórios. O direito aos frutos constitui um dos efeitos da posse.

---

[101] Frutos naturais (se renovam periodicamente em razão da força orgânica da própria natureza) e industriais (surgem em razão da atuação do homem sobre a natureza) reputam-se colhidos e percebidos, logo que separados. Os civis (rendimentos ou rendas produzidas pela coisa, em virtude sua utilização por outrem que não o proprietário) reputam-se percebidos dia por dia.

[102] FARIAS, Cristiano Chaves de; ROSENVALD, Nelson. *Direito reais*. 7. ed. Rio de Janeiro: Lumen Juris, 2011, p. 172.

Todavia, a extensão deste direito será determinada pela qualidade da posse. Os vícios subjetivos da posse é que determinarão a quais frutos o possuidor tem direito. Portanto, a posse de boa-fé e a posse de má-fé terão repercussão neste efeito. Tal fato é perceptível pelo disposto nos arts. 1.214 a 1.216 do CC.

O art. 1.232 do CC estabelece uma presunção legal de que os frutos pertencem, ainda quando separados, ao seu proprietário. É o princípio de que o acessório segue o principal (gravitação). No entanto, o próprio art. 1.232 faz a ressalva de que não pertencerão ao proprietário os frutos na hipótese em que, por preceito jurídico especial, couberem a outrem, como ao possuidor. E o art. 1.214 pode ser considerado um preceito jurídico especial que excepciona e flexibiliza a referida regra em favor do possuidor de boa-fé. A função social da posse é valorizada e sacrifica o direito do proprietário aos frutos, como bens acessórios de sua coisa.

Segundo dispõe o art. 1.214 do CC, o possuidor de boa-fé tem direito, enquanto ela durar, aos frutos percebidos, ou seja, àqueles frutos que já foram separados da coisa principal. Tais frutos são incorporados, em definitivo, ao patrimônio do possuidor de boa-fé, como efeito desta posse (art. 1.201 do CC). Se os frutos foram percebidos e separados no momento em que o possuidor ainda estava de boa-fé, terá direito a estes frutos. O momento da separação e da percepção dos frutos é fundamental para a concretização deste efeito da posse.

Quanto ao momento em que os frutos podem ser considerados percebidos e colhidos, o art. 1.215 disciplina essa questão. Os frutos naturais e industriais reputam-se colhidos e percebidos logo após serem separados. Assim, se o possuidor estiver de boa-fé no momento da separação destes frutos da coisa principal, terá direito à propriedade sobre os frutos naturais e industriais percebidos. É o momento da separação que determinará se o possuidor está de boa-fé e, em caso positivo, terá direito aos frutos percebidos e colhidos. Enquanto durar a boa-fé, o possuidor tem direito de colher os frutos. A boa-fé deve existir em cada ato de percepção, para que incida o efeito previsto no art. 1.214 do CC.

Por outro lado, os frutos civis, consistentes em rendimentos, são percebidos dia a dia. Em relação aos frutos civis, independentemente do vencimento, a cada dia são considerados vencidos. Como bem ressalta Orlando Gomes[103]: "(...) a percepção dos frutos civis e rendimentos, como os juros e aluguéis, não se efetiva por ato material, mas por presunção da lei, que os considera percebidos dia por dia. Mas, ao contrário do que se verifica com os frutos naturais e industriais, não é necessário que tenham sido efetivamente recebidos. O possuidor terá o direito de recebê-los até o dia em que cessar a boa-fé. Adquirem-se de *die in diem*".

A repartição será proporcional aos dias que estava de boa-fé.

Após cessar a boa-fé, fato que se presume desde a citação para a lide, cessa a possibilidade de percepção dos frutos. Ainda que de boa-fé, o possuidor não tem direito aos frutos pendentes e aos colhidos por antecipação, justamente porque estes seriam pendentes no momento em que a boa-fé cessou.

Nesse sentido o parágrafo único do art. 1.214 do CC: "Os frutos pendentes ao tempo em que cessar a boa-fé devem ser restituídos, depois de deduzidas as despesas da produção e custeio; devem também ser restituídos os frutos colhidos com antecipação".

Desta forma, embora o possuidor não tenha direito aos frutos pendentes quando cessar a boa-fé, ou seja, àqueles que ainda não haviam sido separados da coisa principal quando houve alteração do seu estado psicológico em relação à coisa, assim como não faz jus aos frutos colhidos de forma antecipada (que não estavam prontos para serem colhidos e foram antecipados), terá direito às despesas de produção e custeio, para evitar o enriquecimento sem justa causa.

Com relação aos frutos colhidos de forma antecipada, os quais devem ser restituídos pelo possuidor, mesmo de boa-fé, Loureiro[104] apresenta a justificativa para tal regra: "a colheita antes do tempo, por ato unilateral do possuidor, esvaziaria os efeitos do preceito que garante ao retomante o direito aos frutos pendentes. Afora isso, a colheita antecipada constitui circunstância, em vista de sua anormalidade, que induz a má-fé do possuidor (art. 1.203)".

No usufruto, a regra é distinta em relação aos frutos pendentes, existentes ao tempo do início deste direito real sobre coisa alheia. De acordo com o art. 1.396 do CC, os frutos naturais, pendentes ao começar o usufruto, pertencem ao usufrutuário, sem encargo de pagar as despesas de produção. Por outro lado, ao cessar o usufruto, se houver frutos naturais pendentes, estes caberão ao proprietário, que não precisará compensar as despesas (parágrafo único do art. 1.396 do CC). De acordo com o art. 1.397, as crias dos animais, que são frutos naturais, pertencem ao usufrutuário, mas este tem a obrigação de repor o gado existente ao tempo do usufruto com as crias. Por fim, o art. 1.398 estabelece que os frutos civis, vencidos na data inicial do usufruto, pertencem ao proprietário e ao usufrutuário aqueles vencidos na data em que cessa o usufruto.

Em resumo, o possuidor de boa-fé tem direito aos frutos percebidos (*percepção é o ato material por meio do qual o possuidor se torna proprietário dos frutos*), enquanto a boa-fé durar (art. 1.214). Ainda que de boa-fé, o possuidor não faz jus aos pendentes (porque pertencem à coisa principal) e aos colhidos antecipadamente, que devem ser restituídos. Todavia, devem ser deduzidas as despesas de produção e custeio. O Código Civil presume a má-fé de quem recolhe os frutos por antecipação.

Por outro lado, o possuidor de má-fé, a teor do disposto no art. 1.216 do CC, responde por todos os frutos colhidos e percebidos, bem como pelos que, por culpa

---

[103] GOMES, Orlando. *Direitos reais*. 19. ed. atualizada. Rio de Janeiro: Forense, 2007, p. 82.

[104] LOUREIRO, Francisco Eduardo. Arts. 1.196 a 1.510-E – Coisas. In: PELUSO, Cezar (coord.). *Código civil comentado*. 2. ed. Barueri: Manole, 2008, p. 1.122.

sua, deixou de perceber (essa responsabilidade por omissão somente se manifesta no momento em que passa a ser possuidor de má-fé), desde o momento em que passou a ser possuidor de má-fé. O possuidor, mesmo de má-fé, tem direito às despesas de produção e custeio, também com fundamento no princípio que veda o enriquecimento sem justa causa. Assim, tal posse de má-fé tem eficácia jurídica, pois, em face do repúdio ao enriquecimento sem causa, tem ele direito às despesas de produção e custeio (art. 884 do CC).

Em relação ao possuidor de má-fé, Rosenvald e Chaves[105] destacam que: "(...) o possuidor não faz jus aos frutos pendentes ao tempo da cessão da boa-fé, afinal, eles são parte integrante da coisa a que se aglutinam, formando com ela um todo. Mas, se foram percebidos, o que ordinariamente acontece, deverão ser restituídos ao retomante se a pretensão por ele manejada for julgada procedente, retroativamente ao tempo da citação, tenham sido os frutos colhidos pelo próprio possuidor ou por terceiros a ele não vinculados. Pelo fato de já terem sido consumidos, ao invés da restituição *in natura*, o possuidor responderá pelo equivalente pecuniário ao valor dos frutos. Daí a assunção da responsabilidade pelo possuidor de má-fé, abrangendo tanto os frutos colhidos como os que deixou de perceber culposamente, ou seja, os percipiendos" (art. 1216)".

De fato, de acordo com o Código Civil, além de responder pelos frutos colhidos e percebidos, inclusive por antecipação, terá de indenizar o possuidor legítimo pelos frutos que, de forma negligente, culposamente, deixou de perceber (os percipiendos, que deveriam ter sido colhidos, mas não foram). E uma sanção civil intensa ao possuidor de má-fé responsabilizá-lo pelos frutos que, culposamente, não percebeu.

Nos arts. 1.214 a 1.216, a Lei Civil não faz qualquer referência aos produtos, mas apenas aos frutos. Em razão desta omissão, foi instaurada a controvérsia se é possível, por analogia, invocar tais dispositivos quanto aos produtos, caso o possuidor esteja de boa-fé.

O mestre Orlando Gomes[106] defende a tese de que, quanto aos produtos da coisa principal, o possuidor tem o dever de restituí-los, ainda que o possuidor esteja de boa-fé. Se a restituição for impossível, caberá ao interessado, o proprietário ou o legítimo possuidor, direito a indenização. Para ele, como os produtos desfalcam a coisa principal, a aplicação do regime jurídico dos frutos aos produtos poderia gerar perda considerável da coisa possuída.

Embora Rosenvald e Chaves[107] defendam a tese contrária, ou seja, de que, por equidade, "todos os princípios aplicáveis aos frutos" são extensíveis aos produtos, porque fazem jus a todo proveito econômico sobre a coisa, não apresentam uma justificativa ou fundamento jurídico para tal posição.

O problema é que os produtos, ao contrário dos frutos, reduzem a substância da própria coisa principal. Aliás, há quem defenda a tese de que os produtos não são bens acessórios e sim partes da própria coisa principal. Não há renovação dos produtos, como os minerais. Ao separar o produto da coisa a qual estão vinculados, há efetiva alteração da substância da coisa. O desfalque é definitivo, ao contrário dos frutos. A discussão em torno dos produtos impõe reconhecer ou não a possibilidade de o possuidor de boa-fé ter direito aos produtos enquanto durar a boa-fé. O problema é que não há produtos *pendentes* ou colhidos *por antecipação*. Assim, todos os produtos poderiam ser percebidos ou *colhidos* e, neste caso, o possuidor de boa-fé, se admitida a posse dos produtos, teria direito à totalidade dos produtos durante o período em que estivesse de boa-fé, ao contrário dos frutos, em relação aos quais não tem direito sobre os pendentes e os colhidos de forma antecipada (parágrafo único do art. 1.214 do CC). Portanto, simplesmente estender aos produtos as regras dos frutos poderia tornar tal efeito da posse incoerente e, em determinados casos, injusto.

Na realidade, as posições não podem assumir o caráter extremo de se negar ou admitir ao possuidor de boa-fé o direito aos produtos. Para nós, será o caso concreto que determinará se o possuidor de boa-fé tem direito aos produtos percebidos e qual é a extensão destes direitos. Tudo isso dependerá do tipo e natureza de produto, da quantidade do produto percebido pelo possuidor, da finalidade da retirada do produto, do proveito econômico obtido pelo possuidor com a percepção do produto, da conduta do proprietário em relação ao possuidor que está alterando a substância da coisa principal com a percepção do produto, do modo como o possuidor de boa-fé adquiriu a posse e sua conduta durante os atos possessórios, dentre outros elementos a serem analisados no caso concreto. A partir de alguns critérios mínimos, no caso concreto, para se evitar injustiça, com base nos valores sociais constitucionais que norteiam as relações privadas, em especial função social e a boa-fé objetiva, poderá ser conferido ao possuidor de boa-fé o direito à percepção de uma parte ou de todos os produtos, ou determinar a restituição destes em favor do proprietário da coisa desfalcada. Tratar esta questão em termos abstratos, como sugerem as correntes contraditórias, pode gerar injustiça no caso concreto, seja para o possuidor de boa-fé, seja para o proprietário.

5.2.14.5. Efeitos da posse: benfeitorias e o direito de retenção

O possuidor, ao exercer poderes de fato sobre a coisa possuída, pode realizar benfeitorias. A depender da qualidade da posse e da natureza das benfeitorias realizadas, o possuidor poderá ter direito à indenização de determinadas benfeitorias e de levantar outras, como efeito da posse.

Os arts. 1.219 a 1.221 do CC, que disciplinam este efeito da posse, têm conexão direta com o disposto no art. 96 da mesma legislação, cujo dispositivo estabelece as espécies de benfeitorias. As benfeitorias necessárias têm por

---
[105] FARIAS, Cristiano Chaves de; ROSENVALD, Nelson. *Direito reais*. 7. ed. Rio de Janeiro: Lumen Juris, 2011, p. 174.
[106] GOMES, Orlando. *Direitos reais*. 19. ed. atualizada. Rio de Janeiro: Forense, 2007, p. 106.
[107] FARIAS, Cristiano Chaves de; ROSENVALD, Nelson. *Direito reais*. 7. ed. Rio de Janeiro: Lumen Juris, 2011, p. 174.

finalidade conservar o bem ou evitar que se deteriore. As benfeitorias úteis aumentam ou facilitam o uso do bem, ou seja, melhoram e potencializam o uso da coisa. Por fim, as benfeitorias voluptuárias tornam o bem mais agradável e o uso mais confortável, razão pela qual são consideradas de mero deleite ou recreio. De acordo com o § 1º do art. 96 do CC, as benfeitorias voluptuárias não aumentam o uso habitual do bem.

A benfeitoria, seja útil, necessária ou voluptuária, somente poderá ser caracterizada como tal se tais melhoramentos ou acréscimos à coisa tiverem em sua origem uma ação humana. As benfeitorias decorrem, necessariamente, de uma intervenção do proprietário, possuidor ou detentor (art. 97 do CC). Os melhoramentos ou acréscimos na coisa, advindos de força da natureza, não podem se submeter ao regime jurídico das benfeitorias, mas sim das acessões naturais, modo de aquisição da propriedade imobiliária (arts. 1.248 a 1.252 do CC).

Portanto, as benfeitorias são bens acessórios, artificiais, decorrentes de trabalho humano, com o fim de conservar, melhorar ou embelezar o bem principal. Como já ressaltado, quando se originar de fatos da natureza, tais melhoramentos ou acréscimos podem caracterizar acessões naturais, modo de aquisição da propriedade imobiliária, como é o caso da aluvião, da avulsão e do álveo abandonado.

As benfeitorias serão *necessárias* quando se caracterizarem pela indispensabilidade dos serviços, ou seja, tiverem por fim conservar o bem ou evitar que se deteriore. Tal espécie de benfeitoria visa, portanto, preservar as suas condições de funcionamento. As *úteis* são representadas pelas obras que visam ampliar a funcionalidade ou dar maior utilidade ao bem principal, ou seja, aumentar ou facilitar o uso do bem. Finalmente, as benfeitorias *voluptuárias* são as obras destinadas ao lazer dos ocupantes do bem principal ou para o embelezamento deste. Segundo o § 1º do art. 96, são voluptuárias as de mero deleite ou recreio, que não aumentam o uso habitual do bem, ainda que o tornem mais agradável ou tenham elevado valor.

A distinção das espécies de benfeitorias é relevante não só para fins possessórios (arts. 1.219 e 1.220 do CC), como para a locação (art. 578), e repercute no direito de retenção, previsto na Lei Civil e no CPC.

O art. 1.219 do CC disciplina a indenização das benfeitorias em matéria possessória, no caso de posse de boa-fé. O possuidor de boa-fé terá direito à indenização das benfeitorias necessárias e úteis, bem como de levantar as voluptuárias, se estas não forem pagas, desde que não prejudique a coisa. O levantamento ou a retirada das benfeitorias voluptuárias dependerá de dois requisitos: a boa-fé do possuidor e a ausência de prejuízo para a coisa à qual está vinculada. No entanto, como enuncia o próprio art. 1.219, se for de interesse do proprietário, estas benfeitorias também poderão ser indenizadas.

Sobre as benfeitorias voluptuárias a que o possuidor de boa-fé tem direito, Loureiro[108], com precisão, destaca que: "a opção entre pagar e admitir a retirada da benfeitoria é inicialmente do retomante. Caso ele não exerça a opção do pagamento, nascerá o direito do possuidor de levantar as benfeitorias voluptuárias, desde que não deteriorem a coisa na qual se encontrem". O problema é se não houver pagamento e não for possível a retirada das benfeitorias voluptuárias sem que danifique a coisa. Pelo disposto no art. 1.219, o possuidor de boa-fé não poderá exigir pagamento e tampouco levantar as benfeitorias que possam deteriorar a coisa. Neste caso, novamente, apenas no caso concreto será possível avaliar se as benfeitorias voluptuárias serão indenizadas. Não é possível, em termos abstratos, simplesmente negar indenização ao possuidor de boa-fé que não puder levantar as benfeitorias voluptuárias que possa destruir ou danificar a coisa. Nesta hipótese, somente o caso concreto poderá determinar se o possuidor terá direito à indenização, cotejando a situação com o princípio do enriquecimento sem causa.

Além disso, se estiver de boa-fé, o possuidor poderá exercer o direito de retenção pelo valor das benfeitorias necessárias e úteis.

Por outro lado, o art. 1.220 dispõe que, se o possuidor estiver de má-fé, somente terá direito ao ressarcimento das benfeitorias necessárias. O fundamento desta indenização, mesmo na posse de má-fé, é evitar o enriquecimento sem justa causa. As benfeitorias necessárias são imprescindíveis para a conservação da coisa. Se o proprietário ou possuidor legítimo estivesse na posse da coisa, também teria de realizá-las. Assim, nada mais justo do que indenizar o possuidor que realizou estas benfeitorias. Entretanto, embora o possuidor de má-fé tenha o direito a ser indenizado, não terá o direito de retenção pelo valor destas e também não poderá levantar as voluptuárias.

Em resumo, a depender da boa ou má-fé do possuidor e da natureza das benfeitorias, será garantida indenização e o direito de retenção para o possuidor de boa-fé em relação às benfeitorias necessárias e úteis. Essa é a opinião de Rosenvald e Chaves[109]: "As distinções no tocante aos efeitos econômicos derivados da realização de benfeitorias decorrem da compatibilização da boa-fé ou má-fé do possuidor com a natureza das obras ou despesas por ele efetivadas, sendo regulada a matéria nos arts. 1.219 a 1.222 do CC".

A lei confere direito à indenização pelas benfeitorias, de acordo com a natureza e a boa ou má-fé do possuidor. No entanto, o possuidor, que pode ser credor do direito subjetivo à indenização pelas benfeitorias, poderá, ao mesmo tempo, ser devedor em razão de danos causados à coisa (na forma dos arts. 1.217 e 1.218). Nesta hipótese, o Código Civil, no art. 1.221, estabelece uma compensação das benfeitorias a que tem direito com a indenização de-

---

[108] LOUREIRO, Francisco Eduardo. Arts. 1.196 a 1.510-E – Coisas. In: PELUSO, Cezar (coord.). *Código civil comentado*. 2. ed. Barueri: Manole, 2008, p. 1.127.

[109] FARIAS, Cristiano Chaves de; ROSENVALD, Nelson. *Direito reais*. 7. ed. Rio de Janeiro: Lumen Juris, 2011, p. 180.

corrente dos danos que deverá pagar. Segundo o referido dispositivo, as benfeitorias compensam-se com os danos, e só obrigam ao ressarcimento se ao tempo da evicção ainda existirem. Tal compensação legal faz sentido para evitar pedidos contraditórios e ações recíprocas. A reciprocidade de débitos justifica a compensação legal.

No entanto, em caso de evicção, se a benfeitoria não mais existia, estará excluída a possibilidade de compensação e de indenização. Somente as benfeitorias que existirem após a perda da coisa para terceiro poderão ser indenizadas ou compensadas. Com relação à ressalva da evicção, é precisa a observação de Loureiro[110]: " A regra é corolário lógico da razão da indenização por benfeitorias, qual seja evitar que o retomante se enriqueça à custa do possuidor, recebendo coisa melhorada sem efetuar o respectivo pagamento. Disso decorre que, se forem feitas benfeitorias, mas estas não mais existirem ao tempo da devolução da coisa, não há indenização a ser paga. Indeniza-se o que existe e não o que existiu".

Ainda em relação aos efeitos jurídicos das benfeitorias, o art. 1.222 do CC dispõe que o sujeito que reivindica a coisa possuída e que está obrigado a pagar e indenizar as benfeitorias ao possuidor, de acordo com a natureza daquelas (necessárias, úteis e voluptuárias) e a boa ou má-fé deste, poderá optar entre o valor atual das benfeitorias ou apenas pelo custo delas, se o possuidor estiver de má-fé e, em relação ao possuidor de boa-fé, a indenização pelas benfeitorias necessárias e úteis (art. 1.219), necessariamente, será pelo valor atual.

O legislador, mais uma vez, sanciona a má-fé do possuidor em relação à indenização pelas benfeitorias. O possuidor de má-fé somente tem direito de ser indenizado pelas benfeitorias necessárias. De acordo com o art. 1.222 do CC, o critério para valorar as benfeitorias necessárias será do valor atual ou do custo, o que melhor atender aos interesses do sujeito que reivindica a coisa. O responsável pela indenização das benfeitorias necessárias ao possuidor de má-fé terá o direito potestativo de optar entre o valor atual e o custo. Assim, é possível que o possuidor de má-fé não tenha direito à valorização das benfeitorias, caso o responsável pela indenização opte pelo custo delas e não pelo valor atual. O possuidor de má-fé não se beneficiará com a valorização da benfeitoria. Trata-se de obrigação alternativa que beneficiará o devedor que pretende retomar a coisa. É possível que as benfeitorias tenham se desvalorizado e, neste caso, certamente, a opção será pelo valor atual. A opção será sempre pelo menor valor.

No caso do possuidor de boa-fé, a indenização das benfeitorias necessárias e úteis e, caso seja de interesse do reivindicante, a indenização pelas voluptuárias, será pelo valor atual.

Sobre os termos *custo* e *valor atual*, perfeita a observação de Loureiro[111]: "O termo *custo*, usado pelo legislador, é entendido como o valor despendido pelo possuidor no momento da feitura da benfeitoria, atualizado até o momento do pagamento. A correção do valor investido não constitui acréscimo. O termo *valor atual*, usado pelo legislador, não é aquele que se despenderia, para a realização das benfeitorias, no momento em que a coisa é devolvida ao retomante. É o valor das benfeitorias, no estado em que se encontram, no momento da devolução da coisa. Leva-se, em conta, portanto, o desgaste e a depreciação da coisa, assim como o decréscimo de sua utilidade, para aferir o seu valor atual".

Por fim, os arts. 1.219 e 1.220 da Lei Civil, em suas partes finais, fazem referência ao direito de retenção. De acordo com o art. 1.219 do CC, o possuidor de boa-fé tem o direito de retenção pelo valor das benfeitorias necessárias e úteis. O possuidor de má-fé, embora tenha o direito subjetivo de ser indenizado pelas benfeitorias necessárias, não tem assegurado o direito de retenção pelo valor delas (art. 1.220). Em caso de não pagamento, o possuidor de má-fé teria de ajuizar ação para cobrar a indenização devida pelas benfeitorias necessárias.

O direito de retenção é um meio de defesa, exceção, que pode ser oposto nas ações possessórias, pelo possuidor de boa-fé, que tem o direito de ser indenizado pelas benfeitorias necessárias e úteis. É uma prerrogativa do possuidor de boa-fé e não uma obrigação. Se optar por não reter a coisa consigo até ser indenizado, o possuidor de boa-fé poderá, normalmente, em ação própria ou autônoma, exercer o seu direito de crédito pelo valor das benfeitorias.

O Superior Tribunal de Justiça tem adotado a posição de que a pretensão ao exercício do direito de retenção por benfeitorias deve ser exercida no momento da contestação, no processo de conhecimento, sob pena de preclusão. Em consequência, os embargos de retenção por benfeitorias apenas são admissíveis em execuções extrajudiciais de obrigações de dar coisa certa.

Nesse sentido, o REsp 1.278.094/SP, de relatoria da Min. Nancy Andrighi.

Assim, no âmbito da ação possessória e da ação petitória, como bem ponderam Rosenvald e Chaves[112]: "Não há distinção entre o momento para arguição da exceção dilatória de retenção", pois "será o da contestação, uma vez que não haverá ensejo para oposição posterior à sentença". As ações possessórias e petitórias são autoexecutáveis, pois podem ser executadas pelo juiz dentro do mesmo processo em que proferidas, independentemente de demanda executiva. Assim, o momento para a arguição desta exceção é o da contestação.

Como as ações possessórias são autoexecutáveis, ou seja, independem de uma fase posterior de execução, o direito de retenção tem de ser invocado na contestação, sob pena de preclusão.

---

[110] LOUREIRO, Francisco Eduardo. Arts. 1.196 a 1.510-E – Coisas. In: PELUSO, Cezar (coord.). *Código civil comentado*. 2. ed. Barueri: Manole, 2008, p. 1.133.

[111] LOUREIRO, Francisco Eduardo. Arts. 1.196 a 1.510-E – Coisas. In: PELUSO, Cezar (coord.). *Código civil comentado*. 2. ed. Barueri: Manole, 2008, p. 1.134.

[112] FARIAS, Cristiano Chaves de; ROSENVALD, Nelson. *Direito reais*. 7. ed. Rio de Janeiro: Lumen Juris, 2011, p. 184.

De acordo com o § 2º do art. 538 do CPC/2015, o direito de retenção por benfeitorias deve ser exercido na contestação, na fase de conhecimento. Como não há execução nas possessórias, o direito de retenção deve ser alegado em sede de contestação.

O direito de retenção, como não está no rol taxativo do art. 1.225 do CC, possui natureza pessoal ou obrigacional. No entanto, pode ser oposto a qualquer pessoa. O possuidor poderá permanecer com o bem até ser satisfeito ou indenizado.

Sobre a natureza do direito de retenção, Orlando Gomes[113] é enfático: "(...) perdura a controvérsia quanto à sua natureza jurídica, dividindo-se a preferência dos escritores entre as teses do direito real e do direito pessoal. O que importa, porém, para o estudo de sua aplicação em matéria possessória, é o reconhecimento de que constitui um dos modos de defesa ou tutela de certos direitos, dos mais energéticos porque, embora não seja forma de se fazer justiça pelas próprias mãos, assegura a conservação do bem alheio a quem é o credor de dívida relativa a este bem".

O direito de retenção, prerrogativa do possuidor de boa-fé em relação às benfeitorias úteis e necessárias, em que pese a omissão legislativa, também deve ser estendido para as construções e plantações. Nesse sentido, aliás, o Enunciado 81 da I Jornada de Direito Civil: "O direito de retenção previsto no art. 1.219 do CC, decorrente da realização de benfeitorias necessárias e úteis, também se aplica às acessões (construções e plantações), nas mesmas circunstâncias".

É importante ressaltar que a boa ou má-fé do possuidor deve ser analisada de forma subjetiva, pois a legislação civil, nesse caso, adota o critério do conhecimento ou não dos vícios que maculam a posse. Segundo o art. 1.201 do CC, é de boa-fé a posse, se o possuidor ignora o vício ou o obstáculo que impede a aquisição da coisa, sendo que, aquele que ostenta um título justo (documento hábil para transmitir a posse) tem em seu favor a presunção relativa de boa-fé. Quanto ao justo título, houve uma ampliação do seu conceito, na medida em que este pode ser considerado como tal, independentemente de estar materializado em instrumento público ou particular, caso em que será considerado justo motivo.

Nesse sentido, o Enunciado 303 da IV Jornada de Direito Civil, promovida pelo CJF: "Considera-se justo título para presunção relativa de boa-fé do possuidor o justo motivo que lhe autoriza a aquisição derivada da posse, esteja ou não materializado em instrumento público ou particular. Compreensão na perspectiva da função social da posse".

As benfeitorias no âmbito da locação e a diferença entre benfeitorias e acessões foram analisadas no capítulo da parte geral, relativo aos bens jurídicos, para onde remetemos o leitor.

5.2.14.6. Responsabilidade civil por danos: perda ou deterioração da coisa possuída

A posse de boa ou má-fé também repercutirá na extensão da responsabilidade do possuidor em caso de perda (perecimento) ou deterioração da coisa possuída.

A responsabilidade civil do possuidor em caso de perda ou deterioração da coisa possuída ou objeto da posse está diretamente relacionada à qualificação da posse.

O possuidor de boa-fé não responde civilmente pela perda ou deterioração da coisa a que não der causa, ou seja, a perda ou deterioração decorrente de caso fortuito ou força maior. A responsabilidade do possuidor de boa-fé depende da comprovação de sua culpa em sentido amplo.

De acordo com o art. 1.217 do CC: "O possuidor de boa-fé não responde pela perda ou deterioração da coisa, a que não der causa".

Trata-se de hipótese de responsabilidade civil subjetiva com culpa, a ser provada pelo legítimo titular da posse. A tutela da boa-fé do possuidor impõe que a indenização seja condicionada à demonstração da culpa em sentido amplo, dolo ou culpa em sentido estrito.

Por outro lado, o possuidor de má-fé responde pela perda ou deterioração da coisa possuída, ainda que acidentais. Em suma, responderá por caso fortuito e força maior. A única exceção é a previsão da última parte do art. 1.218 do CC. Se o possuidor de má-fé conseguir provar que a perda ou a deterioração da coisa teria ocorrido ainda que tivesse na posse do sujeito que a reivindica, não responderá civilmente por tal perda ou deterioração.

Em relação ao possuidor de má-fé, o art. 1.218 prevê mais uma hipótese de responsabilidade objetiva. Neste ponto, concordamos com Tartuce[114], para quem: "A responsabilidade do possuidor de má-fé é objetiva, independentemente de culpa, a não ser que prove que a coisa se perderia mesmo se estivesse com o reivindicante. O dispositivo acaba prevendo a responsabilidade do possuidor de má-fé mesmo por caso fortuito (evento totalmente imprevisível) ou força maior (evento previsível, mas inevitável)".

O verdadeiro titular do bem não necessita provar a má-fé do possuidor, a fim de pleitear indenização. Basta a demonstração do nexo de causalidade entre a posse do sujeito e o dano na coisa. É pertinente a observação de Marco Aurélio Bezerra de Melo[115]: " A ímproba *possessio* pode gerar uma responsabilidade civil objetiva, sendo despiciendo ao verdadeiro possuidor titular do bem provar a culpa do possuidor de má-fé a fim de pleitear a indenização, decorrente da depreciação ocorrida com seu patrimônio".

O possuidor de má-fé assume todos os riscos pela perda ou deterioração da coisa. O possuidor de má-fé responderá pelo caso fortuito ou pela força maior. Nas palavras de Te-

---

[113] GOMES, Orlando. *Direitos reais.* 19. ed. atualizada. Rio de Janeiro: Forense, 2007, p. 87.

[114] TARTUCE, Flávio. *Manual de direito civil.* 2. ed. São Paulo: Método, 2012. Volume único, p. 819.

[115] MELO, Marco Aurélio Bezerra de. *Novo código civil anotado. Direito das coisas.* 2. ed. Rio de Janeiro: Lumen Juris, 2003. v. V.

pedino[116], "o possuidor de má-fé, desse modo, equipara-se ao devedor em mora, quanto à perpetuação da obrigação, já que o devedor moroso se responsabiliza pelos danos causados à coisa ainda que provenientes de fortuito".

Como diz Loureiro[117], quanto ao possuidor de má-fé: "(...) a culpa já está presente em momento anterior, no próprio ato de apoderamento ilícito ou de ciência posterior da má origem da posse, com inobservância do dever de restituir a coisa a quem de direito. Essa situação atrai para o possuidor todos os riscos, inclusive os de perda ou deterioração decorrentes de força maior ou caso fortuito. Como acima dito, basta que o prejuízo seja consequência direta ou indireta da posse viciada de má-fé".

De fato, a responsabilidade objetiva do possuidor de má-fé é similar e guarda absoluta correspondência com a responsabilidade objetiva do devedor em mora quanto ao fortuito e à força maior, nos termos do art. 399 do CC.

Não há dúvida de que a responsabilidade objetiva do possuidor de má-fé é agravada e muito próxima do risco integral, pois somente poderá excluir tal responsabilidade se conseguir demonstrar que a perda ou a deterioração ocorreriam se o bem estivesse na posse do legítimo titular, cuja exceção também é prevista no art. 399 do CC.

5.2.14.7. Usucapião (noções gerais como efeito da posse)

A usucapião também constitui um dos principais efeitos da posse. Para o possuidor adquirir a propriedade da coisa por meio da usucapião, será essencial uma posse qualificada, a denominada posse *ad usucapionem*. A usucapião, mais do que efeito da posse, pressupõe a posse como seu requisito essencial.

A posse *ad usucapionem* é assim caracterizada por ser mansa, pacífica (sem oposição séria), ininterrupta (contínua) e com ânimo de dono. Tal posse qualificada, agregada à qualidade do possuidor (capacidade e legitimidade) e à possibilidade de o objeto ser passível de usucapião (requisito real), leva à aquisição da propriedade.

Em capítulo próprio, ao tratarmos da aquisição da propriedade imobiliária, a usucapião e suas características, conformação e espécies serão analisadas em detalhes. Por isso, para a completa compreensão deste efeito da posse, remetemos o leitor para o capítulo próprio.

5.2.15. Perda da posse

O capítulo do Código Civil de 2002 que disciplina a *perda da posse* tem apenas dois artigos (arts. 1.223 e 1.224) e, para manter coerência com a definição de posse e possuidor (art. 1.196) e com os dispositivos que tratam da aquisição da posse (arts. 1.204 a 1.207 do CC), não elenca e não discrimina os modos ou hipóteses em que é possível a perda da posse. Ao contrário, em harmonia com os referidos dispositivos legais, dispõe o art. 1.223 que a posse pode ser perdida quando cessa os poderes de fato sobre a coisa, ainda que contra a vontade do possuidor, na forma do art. 1.196 da Lei Civil.

Desse modo, se a posse pressupõe poderes de fato sobre a coisa, de forma direta ou indireta, e isso ocorre quando o possuidor exerce, de forma plena ou não, algum dos poderes inerentes à propriedade, por óbvio, haverá a perda da posse quando cessar tais poderes sobre a coisa, ainda que seja contra a vontade do possuidor. Há uma coerência lógica e uma simetria entre os arts. 1.196, 1.204 e 1.223 do CC. Ao tratar genericamente a possibilidade de perda da posse, o art. 1.223 se harmoniza com a definição de possuidor e ao modo de se adquirir posse.

O art. 520 da Lei Civil de 1916 elencava, caso a caso, as hipóteses de perda da posse das coisas. Segundo este dispositivo, perdia-se a posse pelo abandono, tradição, perda ou destruição da coisa, pelo fato de a coisa estar fora do comércio, pela posse de outrem, ainda que contra a vontade do possuidor e, finalmente, pelo constituto possessório.

Não há dúvida que a posse ainda pode ser perdida em todos estes casos que eram previstos no art. 520 do CC/1916. E o será, não em razão da previsão legal, mas porque em todas aquelas hipóteses cessará o poder sobre a coisa, ainda que contra a vontade do possuidor, na forma do disposto no art. 1.223 do CC, que atualmente disciplina a perda da posse. Todavia, além das hipóteses previstas no art. 520 do CC/1916, em qualquer outro caso em que cessar o poder de fato do sujeito sobre a coisa, haverá perda da posse. De acordo com a nova definição de posse e possuidor, será inutilidade e ociosidade particularizar e especializar os casos em que a posse poderia ser perdida.

A cessão do exercício do poder de fato sobre a coisa pode ser voluntária, como nos casos de abandono, da tradição, dentre outros, ou involuntário, como na posse de outrem, quando o desapossamento ocorre por violência, clandestinidade ou precariedade, por exemplo.

De acordo com Orlando Gomes[118], a posse é resultado do *corpus* e do *animus* e, se um desses elementos ou os dois deixam de existir, perde-se a posse. Em função disso, o mestre distribui as hipóteses de perda da posse em três grupos, conforme se verifique a ausência simultânea dos dois requisitos, a ausência do *corpus* e do *animus*. Para ele, o abandono e a tradição implicam na perda da posse pela ausência dos dois elementos constitutivos (*corpus* e *animus*). A posse perde-se apenas pela ausência do *corpus*, nos casos de perda da coisa, destruição, posse de outrem e pelo fato de a coisa ser colocada fora do comércio, ao passo que a posse perde-se apenas pela ausência do *animus*, unicamente no caso do constituto possessório.

Loureiro[119] também analisa a perda da posse a partir dos seus elementos constitutivos. Segundo ele "perde-se a

---

[116] TEPEDINO, Gustavo; BARBOZA, Heloisa Helena; MORAES, Maria Celina Bodin de. *Código civil interpretado conforme a Constituição da República*. Direito de Empresa. Direito das coisas. 2. ed. Rio de Janeiro: Renovar, 2011. v. III, p. 478.

[117] LOUREIRO, Francisco Eduardo. Arts. 1.196 a 1.510-E – Coisas. In: PELUSO, Cezar (coord.). *Código civil comentado*. 2. ed. Barueri: Manole, 2008, p. 1.125.

[118] GOMES, Orlando. *Direitos reais*. 19. ed. atualizada. Rio de Janeiro: Forense, 2007.

[119] LOUREIRO, Francisco Eduardo. Arts. 1.196 a 1.510-E – Coisas. In: PELUSO, Cezar (coord.). *Código civil comentado*. 2. ed. Barueri: Manole, 2008, p. 1.125.

posse quando deixa de existir qualquer um dos elementos, ou os dois concomitantemente".

Esse modo de classificar a posse a partir de seus elementos constitutivos é didático, mas o art. 1.223 do CC, ao disciplinar a perda da posse de forma genérica, dispensa essa análise sob a perspectiva dos elementos constitutivos da posse. Basta que o sujeito não mais exerça poderes de fato sobre a coisa, seja pela ausência do *animus*, pela ausência do *corpus* ou pela ausência dos dois elementos.

Ainda que o atual Código Civil não mais particularize as hipóteses de perda da posse, é relevante uma breve análise das principais causas de perda: abandono, perda ou destruição da coisa, posse de outrem, coisa colocada fora do comércio, tradição e constituto possessório.

5.2.15.1. Abandono da coisa

Os poderes de fato sobre a coisa podem cessar com o abandono. Neste caso, ausentes estarão os dois elementos que integram a posse, o *corpus* e o *animus*.

Neste caso, o possuidor manifesta o desejo e a intenção (*animus*) de não mais exercer poderes de fato (*corpus*) sobre a coisa.

Como ressalta Caio Mário[120]: "(...) o abandono – *derelictio* – caracteriza a perda da coisa *corpore et animo*, de vez que, por ele, o possuidor se despoja dela, voluntariamente, demitindo de si o estado de fato que reflete a conduta normal do proprietário. Há desaparecimento da condição de assenhoreamento, acompanhado da intenção contrária à situação possessória".

Além da ausência de poderes de fato sobre a coisa, no abandono, o sujeito tem o ânimo e a intenção de deixar a coisa. O possuidor renuncia à coisa por ato unilateral. O abandono ainda figura expressamente no atual Código Civil como uma das causas de perda da propriedade, como enuncia o art. 1.275, III, do CC. O abandono também é objeto de disciplina do art. 1.276 da Lei Civil. Segundo este dispositivo, o imóvel urbano e o rural, abandonado com a intenção de não mais o conservar no patrimônio do proprietário, poderá ser arrecadado como bem vago. O referido dispositivo ainda estabelece a presunção absoluta de abandono, quando o proprietário, cessados os atos de posse, deixa de cumprir as obrigações fiscais.

O abandono (*derelictio*) é, portanto, uma das causas de perda da posse por ausência dos elementos que a integram, *animus* e *corpus*.

5.2.15.2. Tradição

A tradição também implica a perda da posse pela ausência simultânea dos elementos *corpus* e *animus*.

De acordo com Orlando Gomes[121]: "Transmitindo a outrem sua posse, o possuidor deixa de deter a coisa, com a intenção de perdê-la em favor do adquirente. Por isso, a tradição é, ao mesmo tempo, modo de aquisição e perda da posse. Para que a tradição figure como um dos modos de perda da posse, é preciso, com efeito, que, da parte do *tradens*, haja o propósito inequívoco de se desfazer da posse. Se a entrega da coisa não se faz acompanhada de tal intenção, perda não há".

A transmissão da posse, com a entrega da coisa ao adquirente, implica na perda dos poderes de fato sobre a coisa, *corpus*, uma vez que não terá mais disponibilidade em relação à coisa, bem como na perda do *animus*, devido ao desejo e à vontade de efetivar a transferência da posse para outrem.

A tradição pode ser real, simbólica ou ficta.

A tradição, um dos principais modos de aquisição da propriedade mobiliária, arts. 1.226 e 1.267 do CC, também acarreta a perda da propriedade e da posse em relação ao alienante.

5.2.15.3. Perda ou destruição da coisa possuída

Ao vincular as principais causas de perda da posse aos elementos subjetivo e objetivo desta, pode-se afirmar que a perda ou destruição da coisa possuída afeta apenas e tão somente o elemento objetivo da posse (*corpus*), tendo em vista que, na perda e na destruição, não há intenção de se desfazer da coisa possuída.

O perecimento do objeto (destruição), segundo Caio Mário[122], implica na extinção da própria coisa. Tal destruição pode decorrer de desaparecimento da substância, perda das qualidades essenciais e necessárias para a utilização e na transformação que desfigura a coisa.

Orlando Gomes[123] defende que a destruição, para implicar a perda da posse, deve ser definitiva: "Para que a destruição da coisa acarrete a perda da posse, é preciso que a inutilize definitivamente, impedindo que o possuidor continue a exercer o poder físico. Somente a impossibilidade permanente de dispor da coisa determina a perda da posse". Tal posição é compartilhada por Loureiro[124]: "Na destruição, a coisa desaparece contra a vontade do possuidor, quer por fato natural, quer por ato de terceiro. Deve a destruição ser total e permanente, caso contrário remanesce a posse sobre o que restou da coisa, ou se mantém a posse temporariamente inacessível".

A destruição é contra a vontade do possuidor. Se o possuidor tiver o desejo de destruir a coisa possuída, haverá perda da posse, equiparável aos atos em que não estão presentes os elementos objetivo e subjetivo da posse, como no abandono.

Na perda em razão do desaparecimento, fica impossível exercer poderes de fato sobre a coisa (*corpus*).

Na perda, o possuidor permanece com o desejo e a intenção de ter a coisa de volta. Aliás, o Código Civil, nos arts. 1.233 a 1.237, impõe ao sujeito que acha coisa alheia perdida, denominado *descobridor*, a obrigação de restituí-la

---

[120] PEREIRA, Caio Mário da Silva. *Instituições de direito civil. Direitos reais*. 26. ed. Rio de Janeiro: Forense, 2018. v. IV, p. 52.
[121] GOMES, Orlando. *Direitos reais*. 19. ed. atualizada. Rio de Janeiro: Forense, 2007, p. 73.
[122] PEREIRA, Caio Mário da Silva. *Instituições de direito civil. Direitos reais*. 26. ed. Rio de Janeiro: Forense, 2018. v. IV, p. 51.
[123] GOMES, Orlando. *Direitos reais*. 19. ed. atualizada. Rio de Janeiro: Forense, 2007, p. 73-74.
[124] LOUREIRO, Francisco Eduardo. Arts. 1.196 a 1.510-E – Coisas. In: PELUSO, Cezar (coord.). *Código civil comentado*. 2. ed. Barueri: Manole, 2008, p. 1.135.

ao dono ou ao legítimo possuidor. Assim, ao contrário da coisa abandonada, a coisa perdida tem dono e este tem o desejo e a intenção de recuperá-la. Por isso, embora a perda esteja relacionada à ausência do elemento objetivo (*corpus*), ainda remanesce o elemento subjetivo, *animus*, a vontade de possuir a coisa e de sobre ela exercer poderes de fato. O descobridor que achar coisa perdida e restituí-la, terá direito a uma recompensa (art. 1.234 do CC).

De acordo com Caio Mário[125], a diligência do possuidor para recuperar a coisa e o interesse dele em reavê-la mantém viva a relação possessória, ainda que não haja contato material. A privação temporária não é incompatível com a posse. Para que se efetive a perda, o mestre defende que o possuidor não realize diligências para recuperar a coisa ou que outra pessoa já tenha adquirido a posse.

5.2.15.4. Constituto possessório

O constituto possessório já foi objeto de análise. Neste caso, a perda da posse se concretiza pela ausência do elemento subjetivo da posse, *animus*, pois aquele que tinha poderes sobre a coisa em nome próprio, passa a exercer tais poderes em nome alheio, em regra, como detentor, como já analisado. Portanto, a manutenção do contato material com a coisa (*corpus*) preserva o elemento objetivo da posse.

Como bem ressalta Caio Mário[126], "importa na perda da posse *solo animo*, uma vez que o possuidor, por via da cláusula *constituti*, altera a relação jurídica, e, mudando o elemento intencional (*animus*), passa a possuir *nomine alieno*, aquilo que possuía para si mesmo".

É ainda mais precisa a observação de Orlando Gomes[127], para quem: "A perda da posse se dá sem privação do *corpus*, porque passa ao adquirente, embora, em alguns casos, o alienante retenha a posse direta, como na hipótese do proprietário que vende a casa onde mora e continua a habitá-la na qualidade de locatário. Quando, porém, continua a exercer poder físico somente até a entrega efetiva da coisa como o vendedor que não a efetua mediatamente ao comprador, a perda revela-se por uma substituição mais nítida do *animus*".

Não há alteração do fato, mas do fundamento jurídico que mantém o sujeito no controle material da coisa. O constituto implica modificação da relação jurídica e manutenção do fato. A conservação da coisa em seu poder é a prova de que o elemento objetivo (*corpus*) não foi modificado. O possuidor continua com o poder material sobre a coisa, mas em nome de outrem, o adquirente. É espécie de transmissão e aquisição da posse.

O Enunciado 77 da I Jornada de Direito Civil destaca que: "a posse das coisas, móveis e imóveis, pode ser transmitida e adquirida pelo constituto possessório" e, em função da simetria entre os arts. 1.204 e 1.223, também é naturalmente possível e viável, como consequência lógica, a perda da posse das coisas móveis e imóveis pelo constituto possessório.

5.2.15.5. Posse de outrem

A denominada *posse por outrem* implica na privação dos poderes de fato sobre a coisa, ainda que por ato contrário à vontade do possuidor.

Nesta situação, o possuidor é desapossado, fato que faz cessar o controle e o poder material sobre a coisa. Assim, tal hipótese representa a ausência do elemento objetivo da posse, *corpus*, como na perda ou destruição da coisa, mas o elemento subjetivo, *animus*, permanece, tendo em vista que o possuidor poderá ainda recuperar a coisa, inclusive, a depender do caso, mediante a utilização das ações possessórias.

Tal modo ou hipótese de perda da posse somente tem sentido como causa específica quando for contra a vontade do possuidor. Se a posse por outrem contar com a anuência do possuidor, não haverá necessariamente perda da posse, em razão da possibilidade do desdobramento da posse em direta e indireta (desdobramento de posse). Ao conceder a outrem poderes de fato sobre a coisa em função de uma relação jurídica material de direito real ou material, haverá o desdobramento da posse em direta e indireta, e não perda da posse (art. 1.197 do CC).

Por isso, tal causa de perda da posse terá pertinência nos casos em que o ato é contrário à vontade do possuidor, como ocorre, por exemplo, no esbulho possessório.

5.2.15.6. A perda da posse e a ausência do possuidor

O art. 1.224 do CC disciplina uma situação peculiar em relação à perda da posse. Nesta situação, a perda da posse não é presenciada pelo possuidor legítimo. O esbulho praticado sem a presença do possuidor possui tratamento particularizado.

Segundo o referido artigo, só se considera perdida a posse para quem não presenciou o esbulho, quando, tendo notícia dele, se abstém de retornar à coisa, ou, tentando recuperá-la, é violentamente repelido. O art. 1.224 do CC reproduz quase que na íntegra a redação do art. 522 do diploma civil anterior, com a diferença fundamental de que, na lei anterior, o dispositivo denominava o legítimo possuidor de *ausente*. Atualmente, tal termo foi substituído *por quem não presenciou o esbulho*.

De acordo com o art. 1.224, enquanto a ocupação for clandestina (desconhecida pelo legítimo possuidor), o sujeito, autor do esbulho, será considerado mero detentor.

Nesse ponto, precisa a lição de Loureiro[128], segundo a qual: "O art. 1.208 do CC, anteriormente comentado, dispõe que não autorizam a aquisição da posse os atos violentos ou clandestinos, senão depois de cessar a violência

---

[125] PEREIRA, Caio Mário da Silva. *Instituições de direito civil. Direitos reais*. 26. ed. Rio de Janeiro: Forense, 2018. v. IV, p. 51.

[126] PEREIRA, Caio Mário da Silva. *Instituições de direito civil. Direitos reais*. 26. ed. Rio de Janeiro: Forense, 2018. v. IV, p. 53.

[127] GOMES, Orlando. *Direitos reais*. 19. ed. atualizada. Rio de Janeiro: Forense, 2007, p. 74.

[128] LOUREIRO, Francisco Eduardo. Arts. 1.196 a 1.510-E – Coisas. In: PELUSO, Cezar (coord.). *Código civil comentado*. 2. ed. Barueri: Manole, 2008, p. 1.137.

ou clandestinidade. Enquanto persiste a clandestinidade, portanto, tem o ocupante singela detenção, porque oculta a situação do verdadeiro possuidor, impossibilitando a sua reação".

É a mesma posição defendida por Tepedino[129], para quem não se considera como posse a utilização da coisa por terceiro desautorizado se há retomada espontânea no retorno do possuidor legítimo.

Marco Aurélio Bezerra de Melo[130] também é preciso ao enunciar que "o novo Código consolidou no artigo em referência o entendimento da melhor doutrina, estabelecendo que a vítima de um apossamento clandestino somente perderá a posse quando, ao tomar conhecimento da agressão, quedar-se inerte, ou, ao tentar recuperá-la, for violentamente repelida".

Já Tartuce[131] faz uma análise do referido dispositivo em conexão com a boa-fé objetiva: "(...) se o possuidor não presenciou o momento em que foi esbulhado, somente haverá a perda da posse se, informado do atentado à posse, não toma as devidas medidas necessárias ou se sofrer violência ao tentar fazê-lo, não procurando outros caminhos após essa violência. A norma mantém relação com a boa-fé objetiva, particularmente com a perda de um direito ou de posição jurídica pelo seu não exercício no tempo (*supressio*)".

O art. 1.224 não pode ser interpretado de forma extensiva que permita ao possuidor esbulhado manter a posse por longo período. Por isso, novamente, com razão Loureiro[132], quando defende que, o mencionado dispositivo, ao tratar da notícia do esbulho, "esse deve ser lido como quando teve o possuidor real conhecimento, ou poderia ter conhecido o esbulho".

De fato, é essencial analisar o comportamento e a conduta do possuidor, vítima do esbulho, a fim de não ter a sua inércia e indiferença em relação à coisa premiada. Se alguém exerce poderes de fato sobre uma coisa, deve zelar por essa coisa. Assim, o conhecimento do esbulho pode ser real ou presumido. Neste último caso, deve-se presumir um tempo mínimo e razoável em que alguém busca obter informações sobre o estado atual da coisa que possui. Isso porque o sujeito, autor do esbulho, poderá ter a sua ocupação tutelada e transformada em posse, se exercer poderes de fato sobre a coisa e a ela conferir uma função social e econômica.

Por isso, a depender da situação, deve-se presumir o conhecimento do esbulho por parte do possuidor que não o presenciou, a fim de tutelar aquele que está conferindo uma função social à coisa possuída. O art. 1.224 deve ser interpretado à luz dos valores sociais constitucionais que norteiam as relações privadas, em especial a função social e o princípio da boa-fé objetiva.

Nesta situação, o esbulhador, em relação a terceiros, enquanto o legítimo possuidor não toma conhecimento do esbulho, ou seja, enquanto a ocupação é clandestina, será também considerado detentor e, portanto, sua ocupação não terá efeito jurídico (art. 1.208 do CC).

5.3. PROPRIEDADE

5.3.1. Introdução

A propriedade constitui o direito real de maior relevância e densidade social, em especial em razão de sua necessária funcionalização. O Código Civil adotou a mesma sistemática da legislação de 1916 e, no art. 1.225, tipifica os direitos reais, entre eles o direito real de propriedade.

Os direitos reais foram taxativamente previstos em lei, como *numerus clausus* (tipicidade fechada).

A propriedade, devido à sua relevância histórica, cultural, social e econômica, é o primeiro e principal direito real no extenso rol taxativo do art. 1.225 (inciso I – "São direitos reais: a propriedade"). Os arts. 1.228 a 1.232 do CC retratam regras gerais e disposições preliminares sobre o conteúdo do direito real de propriedade (poderes do proprietário), limites positivos e negativos, extensão, atributos e características da propriedade. O instituto da *descoberta*, que será objeto de análise em capítulo próprio, é disciplinado nos arts. 1.233 a 1.237 do CC.

Nos arts. 1.238 a 1.259 estão positivados alguns modos de aquisição da propriedade imobiliária. Entre os arts. 1.260 a 1.274 são elencados os modos de aquisição da propriedade mobiliária. Finalmente, nos arts. 1.275 e 1.276, a lei civil relaciona as causas que podem acarretar a perda da propriedade imobiliária e mobiliária. Neste capítulo serão analisadas as regras e princípios gerais da propriedade, imobiliária e mobiliária, relacionadas ao conteúdo, estrutura, fundamento, legitimação, finalidade, extensão, limites, atributos, conformação e características deste direito real por excelência.

5.3.2. Considerações preliminares e evolução histórica

A propriedade, ao longo da história, sofreu forte influência das ideias e dos princípios norteadores dos principais movimentos sociais e econômicos, em especial a partir do século XIX. Os valores presentes no passado vieram a moldar os sistemas jurídicos atuais. A mutação de valores através dos séculos XIX e XX levou a uma transformação da propriedade, até então individual, para uma propriedade com caráter social. Não há dúvida de que houve uma transição do caráter individual/patrimonial/estrutural da propriedade para um caráter social/existencial/funcional.

O Código Civil de 1916 disciplinou a propriedade sob uma perspectiva meramente estrutural (o que ela é?), como direito subjetivo de caráter tão somente patrimonial. Tal concepção decorre dos ideais liberais da Revolu-

---

[129] TEPEDINO, Gustavo; BARBOZA, Heloisa Helena; MORAES, Maria Celina Bodin de. *Código civil interpretado conforme a Constituição da República*. Direito de Empresa. Direito das coisas. 2. ed. Rio de Janeiro: Renovar, 2011. v. III, p. 484.

[130] MELO, Marco Aurélio Bezerra de. *Novo código civil anotado. Direito das coisas.* 2. ed. Rio de Janeiro: Lumen Juris, 2003. v. V, p. 60.

[131] TARTUCE, Flávio. *Manual de direito civil.* 2. ed. São Paulo: Método, 2012. Volume único, p. 832.

[132] LOUREIRO, Francisco Eduardo. Arts. 1.196 a 1.510-E – Coisas. In: PELUSO, Cezar (coord.). *Código civil comentado.* 2. ed. Barueri: Manole, 2008, p. 1.137.

ção Francesa, que foram incorporados ao Código Civil francês de 1804 "como um direito mais que absoluto", cuja ideologia individualista refletiu em nossa primeira codificação civil.

Apenas como registro histórico desta transformação de valores, a Revolução Francesa, a pretexto da defesa da liberdade (que era questionável, porque a burguesia passou a dominar a ordem jurídica, não admitindo interpretação das leis) e da igualdade, defendeu a intervenção mínima do Estado na economia dos contratos (a liberdade de contratar era ampla), bem como a garantia do direito de propriedade de forma quase absoluta.

No Brasil, a propriedade suportou um processo de transição do Poder Público para o domínio privado, em especial por meio da usucapião, posse sobre terras devolutas e concessão de sesmarias. O reflexo da evolução da propriedade no direito brasileiro, de pública para o domínio privado, ainda é percebido na Constituição de 1988, quando dispõe sobre a impossibilidade de usucapião de bens públicos e a previsão de que terras devolutas são de titularidade pública, em especial quando tais terras têm destinação especial.

Desde a Lei Civil de 1916 até a Constituição de 1988, a propriedade era analisada a partir de seus elementos estruturais, que dão corpo a este direito subjetivo de natureza real, por meio de poderes e faculdades concedidas ao titular, denominado proprietário. O paradigma liberal da propriedade, que a concebe como direito subjetivo que confere apenas poderes ao proprietário (usar, gozar, fruir, dispor e reivindicar a propriedade), a partir da Constituição de 1988, cede lugar a um novo modelo de propriedade, de caráter mais social que, embora garanta os mesmos poderes ao proprietário, impõe a este sujeito deveres positivos e negativos, a fim de concretizar a necessária função social deste direito, como condição de sua legitimação.

Essa evolução e transição do direito de propriedade, de mero poder para um poder-dever do titular do direito subjetivo de propriedade, é justificado pelo princípio da função social da propriedade, que lhe confere densidade social e serve como fator de sua legitimação. A propriedade deixa de ser analisada apenas sob uma ótica estrutural (seus elementos integrantes – o que ela é?) para ser vista, também, e, necessariamente, sob uma perspectiva funcional (função social – qual é a finalidade deste direito?).

A ideia liberal de propriedade é ultrapassada e deve ser abandonada. A função social revigora a propriedade. A função social conforma a propriedade. A função social legitima a propriedade. A função social condiciona o direito subjetivo de propriedade. A função social, em resumo, é o fundamento valorativo do direito subjetivo de propriedade.

5.3.3. Fundamento e legitimidade da propriedade (função social). As três acepções da propriedade contemporânea (Propriedade como garantia, acesso e função social)

A propriedade contemporânea é definida pela Constituição Federal. O Código Civil se restringe a disciplinar o domínio, que é o meio pelo qual se instrumentaliza o direito subjetivo e a própria propriedade. É evidente que tais situações, propriedade (direito subjetivo) e domínio (poderes fáticos decorrentes da propriedade – conteúdo econômico da propriedade) são complementares, interconectados e interdependentes.

O art. 5º, inciso XXII, da CF, garante o direito de propriedade e, o inciso XXIII, conforma a propriedade privada para dotá-la de função social: "a propriedade atenderá a sua função social".

A partir desta perspectiva constitucional, o direito de propriedade deve ser analisado de forma tridimensional: 1 – garantia; 2 – acesso e 3 – função social. A propriedade é garantia (direito individual em favor do proprietário, representa o espaço de liberdade e exclusividade para o titular, que se opõe à sociedade e ao Estado), acesso (caráter promocional da propriedade, ou seja, o direito que os não proprietários tem de ter acesso à propriedade) e função social (funcionalização da propriedade, tal direito deve se conectar com finalidades e interesses dignos de tutela, de natureza constitucional).

Como garantia, a propriedade é garantia individual do proprietário, que detém tal direito como necessidade primária, espaço de liberdade para a concretização de direitos fundamentais da personalidade e para que possa promover a circulação de riquezas (a propriedade será conservada para atender interesses individuais do proprietário). Além disso, é garantia institucional, pois a propriedade privada se conectada com a ordem econômica, fundada na livre-iniciativa e valorização do trabalho humano (art. 170 da CF). A economia também é baseada no direito de propriedade. Por fim, é garantia de patrimônio mínimo, pois há propriedades afetadas à concretização da dignidade do proprietário, como o bem de família.

Como acesso, a propriedade tem caráter promocional, ou seja, não é suficiente garantir a propriedade privada e a tutela deste direito para quem é proprietário. É essencial criar condições materiais para que os não proprietários tenham acesso à propriedade. O Código Civil é integrado por institutos que buscam viabilizar o acesso de não proprietários a propriedades, como ocorre com o direito real de laje, a multipropriedade imobiliária, o próprio condomínio, a propriedade superficiária, entre outros. Há conexão da propriedade como acesso aos direitos fundamentais de segunda geração, ou seja, o acesso como igualdade substancial, o acesso como meio de inclusão social. É o direito a ter propriedade, que deve ser universalizada.

Por fim, a propriedade e sua necessária função social. A propriedade contemporânea, definida pela Constituição Federal é funcionalizada, democrática, solidária e plural. Não se trata de mera propriedade sobre coisas, mas propriedades sobre qualquer bem, inclusive incorpóreos e intangíveis. Em razão da função social, a propriedade contemporânea passa a ostentar caráter patrimonial.

A propriedade se torna direito subjetivo complexo e funcionalizado, que se instrumentaliza pelo domínio. A função social evidencia a finalidade do instituto e a sua conexão com valores sociais fundamentais, de toda a coletividade. O proprietário passa a ter responsabilidade perante a sociedade. A função social integra o conteúdo e confere legitimidade à propriedade. Em resumo, a função social dinamiza e potencializa a propriedade. O proprietário, no exercício do direito de propriedade, deve se comportar de modo a realizar interesses sociais, sem sacrificar ou eliminar os interesses privados sobre o bem, que lhe garantam e assegurem faculdades de uso, gozo e disposição. A função social se concretiza por meio de controle, com limites positivos e negativos, de forma recíproca entre o proprietário e a coletividade.

• **Nova concepção da propriedade após a CF/88**

Portanto, após a CF/88, a propriedade passa a ter novo *status*. Alocada no art. 5º, que disciplina os direitos individuais e fundamentais do cidadão, ostenta novos parâmetros e paradigmas. O direito real de propriedade, necessariamente, deve ser analisado a partir do art. 5º, *caput*, XXII e XXIII, da CF/88.

No referido art. 5º, estão institucionalizados direitos e garantias do ser humano, cuja finalidade é o respeito à sua dignidade. A concretização da dignidade da pessoa humana, fundamento da República (art. 1º, III, da CF/88), é alcançada, nos termos do *caput* do art. 5º, por meio da proteção específica à vida, à liberdade, à igualdade, à segurança e à propriedade. Como se observa, já no *caput* do art. 5º da CF/88, a propriedade é realçada como direito fundamental indispensável para tornar efetiva a aplicação e o respeito dos direitos humanos, como forma de concretizar o princípio da dignidade da pessoa humana.

Diante disso, é possível verificar que a propriedade também ostenta caráter existencial, em especial quando relacionada ao direito fundamental de moradia (direito social de alta relevância e densidade social – art. 6º da CF/88). Por meio da propriedade constitucionalizada, é possível garantir dignidade ao ser humano, o qual pode, inclusive, exigir do Estado a implementação de políticas públicas para a efetivação e viabilização deste direito fundamental (deveres de prestação positivos de natureza material).

Portanto, o direito real de propriedade é conformado pelo art. 5º, *caput*, da CF/88, tendo em vista essa missão de natureza existencial, vinculada ao princípio da dignidade da pessoa humana, que passa a estar atrelada à propriedade.

Tal constatação não significa socialização do conteúdo da propriedade, e, sim, de sua finalidade, o que é diferente. A socialização do conteúdo da propriedade e das faculdades do proprietário implica em aceitar uma propriedade coletiva, típica dos regimes socialistas, o que não é o caso. A Constituição brasileira, de forma expressa, garante o direito individual de propriedade e a exclusividade dos poderes do proprietário.

Entretanto, embora garanta ao proprietário os poderes conferidos pela lei (art. 1.228 do CC), lhe impõe deveres positivos e negativos, que é adequar o direito subjetivo real de propriedade a uma função social. A propriedade passa a ser um poder/dever ou estrutura/funcionalidade. A função social passa a integrar o conteúdo deste direito com o que condiciona a sua legitimidade. Assim, a garantia do direito de propriedade está associada à funcionalização deste direito, que é a adequação do direito a todos os valores sociais que o fundamentam, como o uso de acordo com regras de vizinhança, respeito a limitações administrativas, uso e fruição de acordo com a necessária função socioambiental, dentre outros.

Nesse sentido é o art. 5º, XXIII, da CF/88: "A propriedade atenderá a sua função social". Em razão deste dispositivo constitucional, a propriedade é garantia (é garantido o direito de propriedade) e acesso (é garantido o direito à propriedade – em favor dos não proprietários). A defesa da liberdade do proprietário e da promoção da igualdade substancial devem ser conciliados para democratizar a propriedade em favor dos não proprietários.

O exercício do direito de propriedade impõe ao proprietário um conjunto de obrigações/deveres, negativos e positivos (fazer e não fazer), para adequá-lo aos interesses da coletividade e, principalmente, para concretizar direitos de natureza existencial.

A função social da propriedade é também referida em outros artigos da Constituição Federal, como no art. 170, que disciplina os princípios gerais da ordem econômica, a qual deve respeitar a propriedade privada (inciso II) e ser adequada à função social da propriedade (inciso III).

É comum se questionar o que seria essa função social da propriedade ou o que é necessário para que a propriedade tenha função social. Não há uma resposta precisa para essas indagações, diante do dinamismo da cláusula geral *função social*, do contexto social da propriedade, dos aspectos históricos, dos direitos concretos a serem regulados, da natureza da propriedade e de sua relação com outros direitos. No entanto, a própria Constituição Federal estabelece alguns parâmetros mínimos para ajustar o direito real de propriedade a uma função social.

Aliás, em razão deste dinamismo imposto pela cláusula constitucional, verifica-se que a propriedade prevista no Código Civil ainda retrata a concepção estática e liberal deste direito fundamental. A propriedade moderna e constitucionalizada é dinâmica, plural, democrática e funcionalizada. No entanto, na sua essência, deverá ostentar a utilidade privada, porque o direito fundamental de propriedade é garantido ao particular. Por esta razão, o direito de propriedade retrata relação jurídica de grande complexidade, motivo pelo qual não pode ser restringida para mera relação de poder entre o titular do direito e a coisa.

Por exemplo, no art. 182, § 2º, estabelece a CF/88 que a propriedade urbana cumpre sua função social quando atende às exigências fundamentais de ordenação da cidade, expressas no plano diretor. Tal plano diretor[133] é obrigatório em todas as cidades com mais de 20 (vinte) mil habitantes e é o instrumento básico de política de desenvolvimento e de expansão urbana.

E no § 4º do mesmo artigo já estão estabelecidas sanções[134] para o proprietário de bem urbano que não confere a ele uma destinação social: parcelamento ou edificação

---

[133] Art. 4º, III, *a*, da Lei n. 10.257/2001.

[134] Tais sanções estão previstas e disciplinadas nos arts. 5º a 8º do Estatuto da Cidade.

compulsórios; IPTU progressivo no tempo e desapropriação com pagamento mediante títulos da dívida pública de emissão previamente aprovada pelo Senado Federal, com prazo de resgate de até 10 (dez) anos, em parcelas anuais, iguais e sucessivas, assegurados o valor real da indenização e os juros legais.

Por outro lado, no art. 186 da CF/88, se a propriedade for rural, a função social é cumprida quando atende, de forma simultânea, ao aproveitamento racional e adequado do solo, a utilização adequada dos recursos naturais disponíveis e preservação do meio ambiente, a observância das disposições que regulam as relações de trabalho e a exploração que favoreça o bem-estar dos proprietários e trabalhadores. O imóvel rural que não cumpre a função social, nos termos do art. 184 da CF/88, poderá ser desapropriado para fins de reforma agrária. Tal desapropriação por interesse social é de competência da União Federal e a indenização será em títulos da dívida agrária.

Há uma necessária vinculação entre os incisos XXII e XXIII do art. 186 da CF/88, que se complementam. O direito individual de propriedade é garantido, desde que o proprietário cumpra os deveres materiais, positivos e negativos, estabelecidos na própria Constituição e na lei. A propriedade deixa de ser mero instrumento de poder para ser um poder/dever, cujo direito só é legítimo se for funcionalizado ou exercido em consonância com os interesses da coletividade. Na estrutura ou no âmbito dos poderes do proprietário, tal direito real é e continua a ser um direito individualizado. Mas, na relação com a sociedade, o direito subjetivo de propriedade deve ter uma função social, para ostentar o rótulo da legitimidade. É uma imposição de natureza constitucional.

Como desdobramento destes dispositivos constitucionais, o § 1º do art. 1.228 do CC explicita tal finalidade social, ao dispor: "O direito de propriedade deve ser exercido em consonância com as suas finalidades econômicas e sociais e de modo que sejam preservados, de conformidade com o estabelecido em lei especial, a flora, a fauna, as belezas naturais, o equilíbrio ecológico e o patrimônio histórico e artístico, bem como evitada a poluição do ar e das águas".

Tal dispositivo evidencia a função socioambiental da propriedade, que passa a integrar a sua função social.

No § 1º do art. 1.228 há um elenco exemplificativo de hipóteses, a fim de que a propriedade cumpra a tão almejada função social, dando efetividade à norma constitucional. O não cumprimento de tal função social acarreta sanções, que podem levar até a privação da propriedade (§ 4º do mesmo artigo). A propriedade não pode ser dissociada de sua utilidade social, que é fundamento de tal direito. Cada vez mais, o direito de propriedade sofre restrições em benefício da coletividade.

Sobre o § 1º do art. 1.228, na V Jornada de Direito Civil foi aprovado o Enunciado 507, que faz referência à função social da propriedade rural e indica, como parâmetro dessa função social, o artigo em referência: "Na aplicação do princípio da função social da propriedade imobiliária rural, deve ser observada a cláusula aberta do § 1º do art. 1.228 do CC, que, em consonância com o disposto no art. 5º, XXIII, da CF/88, permite melhor objetivar a funcionalização mediante critérios de valoração centrados na primazia do trabalho".

A função social da propriedade também é referida no Enunciado 508 da mesma Jornada: "Verificando-se que a sanção pecuniária mostrou-se ineficaz, a garantia fundamental da função social da propriedade (arts. 5º, XXIII, da CF/88 e 1.228, § 1º, do CC) e a vedação ao abuso do direito (arts. 187 e 1.228, § 2º, do CC) justificam a exclusão do condômino antissocial, desde que a ulterior assembleia prevista na parte final do parágrafo único do art. 1.337 do CC delibere a propositura de ação judicial com esse fim, asseguradas todas as garantias inerentes ao devido processo lega".

Segundo o mestre Caio Mário[135], "embora se admita a existência da propriedade privada, garante a ordem pública a cada um a utilização de seus bens, nos misteres normais a que se destinam. Mas, em qualquer circunstância, sobrepõe-se o social ao individual".

Em resumo, o direito subjetivo de propriedade, que é de natureza individual, somente é legítimo e garantido pelo Estado, se for funcionalizado, pois tal direito real está condicionado à existência concreta e material de uma função social. É um direito/função ou poder/dever. A função social legitima a propriedade.

5.3.4. Propriedade funcionalizada e patrimônio coletivo

A propriedade social difere do patrimônio coletivo defendido pela filosofia socialista. A propriedade coletiva tem características próprias e inconfundíveis com a propriedade social do regime capitalista.

No capitalismo, se garante a essência do direito de propriedade, mas tal direito suporta fortes restrições, tudo em benefício do bem-estar coletivo. A função social não representa a socialização (no sentido da filosofia socialista) do direito de propriedade, mas, sim, um fator decisivo que conforma a propriedade a partir da análise da funcionalidade deste direito subjetivo. Essa adequação do direito subjetivo de propriedade com valores coletivos e interesses difusos impõe ao titular do direito o cumprimento de deveres sociais, positivos e negativos, como forma de garantir essa função social. Embora alguns destes deveres possam aparentar restrições ao direito de propriedade, na realidade, trata de conformação entre o direito subjetivo de propriedade e a finalidade ou função social deste direito que fundamenta o próprio conteúdo da propriedade. Dar à propriedade uma função social é fazer com que ela tenha uma *destinação econômica e social*. E, para se atingir tal destinação, é indispensável a intervenção do Estado Social democrático, com medidas que imponham deveres negativos e positivos ao proprietário.

A propriedade moderna e atual não conserva conteúdo idêntico ao de suas origens históricas. Em que pese o

---

[135] PEREIRA, Caio Mário da Silva. *Instituições de direito civil. Direitos reais*. 26. ed. Rio de Janeiro: Forense, 2018. v. IV.

domínio sobre a coisa (que inclusive é garantido pela CF/88, no capítulo que trata dos direitos individuais), o direito de propriedade suporta evidentes restrições legais, tudo a fim de coibir abusos e evitar que esse direito se transforme em instrumento de dominação, haja vista as disposições dos arts. 1.228, 1.229 e 1.230, todos do CC.

5.3.5. Conceito de propriedade (análise estrutural e funcional)

A Lei Civil de 2002, assim como seu antecessor, não define propriedade. O art. 1.228, que abre o título e capítulo que disciplinam a propriedade, se limita a enunciar os poderes inerentes ao direito subjetivo de propriedade. De acordo com esse dispositivo, o proprietário tem a faculdade de usar, gozar, dispor da coisa e reivindicá-la do poder de quem quer que injustamente a possua ou detenha.

A propriedade é direito subjetivo, a ser concretizado pelas faculdades jurídicas a ela inerentes, uso, gozo, disposição e reivindicação. Em razão deste direito subjetivo, se exerce poder de fato sobre a coisa.

Na atualidade, a propriedade é direito subjetivo complexo, uma vez que o proprietário tem o poder de exercer as faculdades decorrentes deste direito, especificadas no art. 1.228, *caput*, mas, por outro lado, ostenta inúmeros deveres sociais, essenciais para a legitimação e a preservação deste direito. Portanto, a propriedade é poder/dever e direito subjetivo/função. O que torna a propriedade poder/dever e direito/função é o princípio da função social, que integra o conteúdo e a substância do direito subjetivo de propriedade. A função social promove a propriedade e a leva à concretização de valores sociais constitucionais.

O proprietário detém o poder de usar, gozar, dispor e reivindicar a coisa, mas tem o correlato dever de adimplir deveres sociais, em especial por conta da funcionalização deste direito (função social da propriedade). A função social da propriedade fundamenta e confere legitimidade ao direito subjetivo de propriedade.

Sobre a complexidade do direito de propriedade, Orlando Gomes[136] enuncia que "a propriedade é um direito complexo, se bem que unitário, consistindo num feixe de direitos consubstanciados nas faculdades de usar, gozar, dispor e reivindicar a coisa que lhe serve de objeto". No entanto, tal direito está condicionado ao adimplemento de deveres sociais, em decorrência da necessária função social da propriedade. Embora o proprietário exerça poder direto sobre a coisa, a ordem econômica e social a condiciona e limita. Como ressalta o mestre Gomes, "essa percepção teleológica confere à função social uma chancela finalística".

Caio Mário[137] destaca que a propriedade, na história, recebe permanente impacto e, por isso, não mais conserva conteúdo idêntico ao de suas origens. Embora a propriedade privada ainda sobreviva, os direitos sociais prevalecem sobre o direito subjetivo individual de propriedade e arremata para, em termos analíticos, definir a propriedade a partir das faculdades do proprietário, como o direito de usar, gozar, dispor e reivindicar a coisa.

Portanto, o direito subjetivo de propriedade não é definido pelo Código Civil. Todavia, como os direitos subjetivos são integrados por faculdades jurídicas, poderes consubstanciados no direito, a compreensão de propriedade, a partir do art. 1.228, *caput*, da Lei Civil, está conectada às faculdades e poderes do proprietário. Em razão destes poderes, o proprietário tem o poder de senhorio sobre uma coisa, dela excluindo qualquer ingerência de terceiro.

Assim, propriedade seria o direito subjetivo de usar, gozar, dispor da coisa e reivindicá-la de quem injustamente a detenha (são os atributos inerentes à propriedade).

O art. 1.228, *caput*, se limita a uma análise meramente estrutural da propriedade. O direito subjetivo de propriedade tem como conteúdo as faculdades de uso, gozo, disposição e reivindicação. Tal direito subjetivo está relacionado ao poder decorrente deste direito. O titular do direito tem o poder de exercer esses direitos, por meio das faculdades jurídicas que lhe são inerentes. De acordo com Tepedino[138], "tais poderes, expressão do núcleo interno ou econômico do domínio (faculdades de usar, gozar e dispor) e do núcleo externo ou jurídico (as ações de tutela do domínio), compõe o aspecto estrutural do direito de propriedade, sem nenhuma referência ao aspecto funcional".

Todavia, essa análise meramente estrutural não é suficiente para a nova concepção do direito subjetivo de propriedade. Em contraposição a estes direitos subjetivos, o proprietário tem que lhes conferir uma funcionalidade, por meio do adimplemento dos deveres sociais impostos pelo princípio da função social da propriedade.

Na atualidade, a função social passa a integrar o conteúdo e uma parte do conceito de propriedade. Ainda que a função social não se confunda com as limitações e restrições externas ao direito de propriedade, não é possível dissociar a função social das referidas restrições externas (ex.: limitações administrativas e direitos de vizinhança). É fato que não se pode apenas visualizar a função social como limite externo ao exercício do direito de propriedade, mas, principalmente, como valor que integra o próprio conteúdo da propriedade, fato que lhe conferirá legitimidade. Mais do que *ter* função social, a propriedade *deve ser* função social ou funcionalizada.

Embora não seja possível identificar a função social, que conforma o conteúdo da propriedade com as restrições e limitações externas ao direito subjetivo de propriedade, não há como dissociá-las. Para cumprir a função social, dentre outros objetivos, a propriedade deverá se submeter a estas limitações externas, positivas ou negativas. A observância destas restrições externas à propriedade também fará com que tal direito subjetivo atenda à função social. Desta forma, há um vínculo, direto ou in-

---

[136] GOMES, Orlando. *Direitos reais*. 19. ed. atualizada. Rio de Janeiro: Forense, 2007, p. 109-110.

[137] PEREIRA, Caio Mário da Silva. *Instituições de direito civil. Direitos reais*. 26. ed. Rio de Janeiro: Forense, 2018. v. IV, p. 83/91.

[138] TEPEDINO, Gustavo; BARBOZA, Heloisa Helena; MORAES, Maria Celina Bodin de. *Código civil interpretado conforme a Constituição da República*. Rio de Janeiro: Renovar, 2007. v. III, p. 499.

Capítulo 5 • Direitos Reais

direto, entre as restrições externas à propriedade e o seu próprio conteúdo.

Os autores Laura Varela e Marcos Ludwig[139] afastam a propriedade da teoria dos limites, que são externos, para se considerar que a reconstrução do direito de propriedade deve ser pautada, em termos estruturais, na função social. A função social da propriedade não pode estar atrelada aos sistemas de limitação da propriedade, porque integram o próprio conteúdo da propriedade e não apenas o seu exercício. No entanto, o exercício do direito de acordo com as restrições externas permitirá que a propriedade concretize a função social. De uma forma ou de outra, há relação entre as limitações externas e o conteúdo do direito. Não tem como ignorar esse fato.

De qualquer forma, não há como separar a função social do direito de propriedade. A função social está intrinsecamente vinculada ao conceito, conteúdo e à estrutura da propriedade.

Em conclusão, embora o Código Civil não defina propriedade, esta pode ser compreendida como direito subjetivo complexo, constitucional, de natureza real, que possibilita ao proprietário, titular deste direito, exercer, de conformidade com os valores sociais constitucionais, as faculdades jurídicas de uso, gozo, disposição e reivindicação, faculdades estas condicionadas por deveres sociais, positivos e negativos, que devem ser concretizadas pelo proprietário, a fim de garantir que esse direito ostente a necessária função social, que o conforma e legitima.

5.3.6. Propriedade e domínio

A propriedade, ou o direito subjetivo de propriedade, e o domínio, muitas vezes, são analisados como expressões sinônimas. A dissociação entre propriedade e domínio tem relevância para uma perfeita compreensão deste direito subjetivo, como relação jurídica complexa, e do seu conteúdo, como relação material de submissão direta e imediata da coisa ao poder do titular.

A propriedade e o domínio, embora sejam noções complementares, devem ser analisados de forma autônoma. A propriedade se conecta com a relação jurídica entre o proprietário e a coletividade (dever jurídico genérico – sujeito passivo universal) e o domínio com a relação de poder entre o proprietário e o bem jurídico (sujeição do bem ao poder do titular, sem intermediário).

A propriedade é a representação formal e jurídica deste direito subjetivo. Segundo Rosenvald e Chaves[140], "o direito subjetivo de propriedade concerne à relação jurídica complexa que se forma entre aquele que detém a titularidade formal do bem (o proprietário) e a coletividade de pessoas". Assim, a propriedade representa a titularidade formal do direito subjetivo e, em consequência, envolve a relação entre a propriedade e a coletividade. Em caso de violação do direito subjetivo de propriedade, o proprietário poderá reivindicar o bem de qualquer membro da coletividade que injustamente a possua ou detenha.

Nesta relação jurídica com a coletividade, as pessoas possuem o dever jurídico de respeitar e não violar o direito subjetivo de propriedade. A todo direito subjetivo corresponde um dever jurídico, que, no caso da propriedade, é um dever geral de abstenção. Nesta relação jurídica complexa entre o proprietário e a coletividade, há a necessidade de observância de direitos e deveres recíprocos entre o titular proprietário e a coletividade.

Por outro lado, o domínio representa o próprio conteúdo material do direito de propriedade. É o poder que o proprietário exerce sobre a coisa. É o senhorio do proprietário sobre o bem, que é traduzido pelos poderes que ele exerce de forma imediata sobre a coisa e dela retira ingerência econômica.

Enfim, o domínio é relação material de submissão direta da coisa ao poder do titular, que executa e exerce esse poder por meio das faculdades de uso, gozo e disposição. O conteúdo do direito subjetivo de propriedade é formado por faculdades jurídicas (poderes emanados do domínio – usar, gozar, fruir e dispor). Ao tratar do conteúdo da propriedade, Orlando Gomes[141] destaca que: "(...) sob o aspecto intrínseco, o problema do conteúdo do direito de propriedade pode ser encarado de dois ângulos diversos. Do primeiro, consiste em determinar as faculdades inerentes a esse direito, firmando-se, em resumo, a extensão dos poderes do proprietário como direito complexo que é. Do segundo, em fixar as limitações que a ordem jurídica impõe ao seu exercício".

O domínio envolve a relação de poder do proprietário em relação à coisa e a submissão desta ao seu poder. Ao exercer esse poder de fato, o proprietário não necessita de intermediário para ter acesso à coisa. As faculdades que decorrem do domínio evidenciam esse poder do sujeito em relação ao objeto. É o poder de senhorio sobre a coisa. No entanto, a função social e as restrições à propriedade limitam o exercício deste direito.

É majoritário o entendimento de que propriedade e domínio são expressões sinônimas e associadas. De acordo com esse entendimento, o direito subjetivo de propriedade e o domínio são ideias que se conciliam. No caso dos imóveis, a regra é que o direito de propriedade/domínio provenha de título formal, mas é possível a existência de direito de propriedade sem título (usucapião, acessão etc.). No caso dos móveis, em regra, o direito de propriedade/domínio se constitui pela tradição, mas é possível a aquisição desta propriedade independente de tradição, como, por exemplo, a aquisição por sucessão *causa mortis*. A dissociação entre domínio e propriedade é relevante sob duas perspectivas: em primeiro lugar, porque é possível visualizar a relação jurídica do proprietário com a coletividade (que decorre do direito de propriedade) da relação de

---

[139] VARELA, Laura Beck; LUDWIG, Marcos de Campos. Da propriedade às propriedades: função social e reconstrução de um direito. In: COSTA, Judith Martins (Org.). *Das propriedades à propriedade*. São Paulo: revista dos Tribunais, 2002, p. 768-769.

[140] FARIAS, Cristiano Chaves de; ROSENVALD, Nelson. *Direito reais*. 7. ed. Rio de Janeiro: Lumen Juris, 2011, p. 263.

[141] GOMES, Orlando. *Direitos reais*. 19. ed. atualizada. Rio de Janeiro: Forense, 2007, p. 114.

poder do titular do direito em relação à coisa (que decorre do domínio, conteúdo do direito, por meio do qual o titular exerce poderes de proprietário). Segundo, porque nesta concepção é possível o domínio sem direito de propriedade. Para essa corrente, no caso de usucapião de imóvel, por exemplo, se este não foi registrado (registro meramente declaratório), terá domínio (poderes de proprietário), mas não direito de propriedade. Para a doutrina majoritária, neste caso, o sujeito seria proprietário, porque domínio está associado à propriedade. Em resumo, para quem defende a distinção entre domínio e propriedade, este seria a titularidade formal em relação ao bem e aquela o conteúdo e o poder de senhorio sobre a coisa.

O Código Civil de 2002 não adota os termos de forma dissociada, mas como sinônimos. A justificativa desse tratamento seria o princípio da operabilidade, como observa Tartuce[142]: "e, como o Código Civil de 2002 adota o princípio da operabilidade, em um primeiro sentido de facilitação do Direito Privado, não há razões para a distinção".

5.3.7. Faculdades do proprietário (uso, gozo, disposição e reivindicação)

O direito subjetivo de propriedade é exercido por meio de faculdades jurídicas. No direito subjetivo em geral, e no de propriedade, em particular, o conteúdo e a substância são integrados por faculdades jurídicas (poderes que decorrem do direito).

As faculdades jurídicas que compõem o conteúdo do direito subjetivo de propriedade e, para quem faz a distinção, o conteúdo do próprio domínio, e que representam a relação de poder do titular em relação à coisa, podem ser visualizadas no art. 1.228, *caput*, da Lei Civil.

Segundo este dispositivo, o proprietário tem a faculdade de usar, gozar e dispor da coisa e o direito de reavê-la do poder de quem quer que injustamente a possua ou detenha. Assim, o uso, gozo, disposição (material e jurídica) e reivindicação são as faculdades jurídicas integrantes do direito subjetivo de propriedade. É fato que, por meio de relações jurídicas, o proprietário pode fracionar e destacar algumas das faculdades jurídicas do domínio, como é o caso do usufruto, por exemplo, caso em que a propriedade será limitada, como adiante será analisado. Se todas as faculdades jurídicas previstas no referido dispositivo legal estiverem concentradas na pessoa do proprietário, a propriedade será plena (ou alodial). No entanto, se algumas destas faculdades forem transferidas, outorgadas ou concedidas a terceiros, a propriedade será limitada.

As faculdades jurídicas do direito subjetivo da propriedade possuem características próprias, conforme será analisado.

5.3.7.1. Direito de usar (*ius utendi*)

O proprietário, titular deste direito subjetivo de natureza real, pode usar a propriedade, mediante a submissão direta e imediata da coisa ao seu poder. Para exercer o poder de fato sobre a coisa, o domínio, efetivamente, o proprietário não necessita de intermediário. O acesso à coisa é direto e imediato. Decorre da relação de senhorio que se estabelece entre o proprietário e a coisa.

Em tempos atuais, em que a função social passa a integrar o próprio conteúdo da propriedade, para lhe conferir legitimidade e substância, o direito de uso encontra inúmeras limitações. Os interesses da coletividade devem prevalecer sobre o interesse individual do proprietário. Assim, o Código Civil estabelece restrições à propriedade privada, por meio de imposição de limites à extensão do direito (arts. 1.229 e 1.230), bem como a Constituição Federal e normas de direito público, como as limitações administrativas, que decorrem do poder de polícia do Estado.

O direito de usar consiste, em resumo, na faculdade jurídica de colocar a coisa a serviço do titular da propriedade. No entanto, ao servir-se da coisa, deve fazê-lo de acordo com a finalidade social e econômica. O uso pode ser real ou potencial. No entanto, como dito, tal uso se subordina à restrição. Como destaca Caio Mário[143], o uso se subordina à regra de boa vizinhança e é incompatível com o abuso do direito de propriedade (§ 2º do art. 1.228). E complementa: "nesta submissão sobreleva o conceito de função social, mais determinável pelo aspecto negativo, de sorte que o *dominus* não faça de seu exercício um instrumento de opressão, nem leve o seu exercício a extrair benefícios exagerados, em contraste com a carência circunstante".

No mesmo sentido é a definição de Loureiro[144], para quem "a faculdade de usar (*ius utendi*) é a de servir-se da coisa, de colocá-la a serviço do proprietário, sem modificação da substância. A utilização se caracteriza pela exploração direta da coisa, em proveito próprio, como pelo uso mediato, por intermédio ou em proveito de terceiros".

Assim, a faculdade de uso implica na efetiva colocação da coisa a serviço do titular ou na mera disponibilidade de uso a qualquer momento, de acordo com os interesses e a necessidade do titular do direito de propriedade. Por isso, o uso pode ser imediato, direto e efetivo, ou mediato, indireto e potencial.

Para a maioria da doutrina os frutos naturais se referem à faculdade de uso e não de gozo. Os frutos naturais são aqueles que se renovam pela própria força da natureza, organicamente, independente de atividade humana, como vegetais e animais. Os industriais dependem da atividade humana e os civis se relacionam às rendas decorrentes do uso. Nos frutos naturais, como não há intervenção humana, estariam incorporados ao direito de uso. No direito de fruição, é essencial a atividade humana para extrair as utilidades da coisa, frutos e produtos, o que não ocorre no âmbito dos frutos naturais.

Por fim, embora a propriedade não seja extinta pelo não uso, a omissão prolongada no exercício deste direito

---

[142] TARTUCE, Flávio. *Manual de direito civil*. 2. ed. São Paulo: Método, 2012. Volume único, p. 838.

[143] PEREIRA, Caio Mário da Silva. *Instituições de direito civil. Direitos reais*. 26. ed. Rio de Janeiro: Forense, 2018. v. IV, p. 94.

[144] LOUREIRO, Francisco Eduardo. Arts. 1.196 a 1.510-E – Coisas. In: PELUSO, Cezar (coord.). *Código civil comentado*. 2. ed. Barueri: Manole, 2008, p. 1.145.

subjetivo, somada à posse de terceiro com função social sobre a coisa, poderá implicar em graves sanções civis, inclusive no sacrifício da propriedade em favor do possuidor (ex.: usucapião). A ausência de utilização ou o não uso, se for caracterizado como antifuncional, poderá suportar severas sanções do sistema jurídico. O titular do direito subjetivo de propriedade tem a faculdade e o poder de usá-la, mas tem o dever de cumprir obrigações sociais, cujo adimplemento condiciona a legitimidade da propriedade.

5.3.7.2. Direito de gozo ou fruição (*ius fruendi*)

A faculdade jurídica consistente no direito do proprietário de gozar e fruir relaciona-se à percepção dos produtos e frutos industriais ou civis que advêm da coisa (obs.: parcela da doutrina considera que a percepção de frutos naturais se relaciona ao direito de gozo e não de uso.) Em relação aos frutos naturais, se associa ao uso e não à faculdade de gozo. A fruição permite a exploração econômica da coisa, mediante a retirada e percepção não só dos frutos (renováveis), como dos produtos (não renovável – minério). Portanto, o direito de gozo ou fruição consiste no poder decorrente do direito de propriedade de extrair as utilidades da coisa e, de acordo com o art. 95 do CC, podem ser objeto de negócio jurídico autônomo, ainda que não estejam separados do principal.

O art. 1.232 do CC é expresso ao admitir que a fruição envolve a percepção de frutos e produtos. São acessórios da coisa principal. De acordo com Marco Aurélio[145]: "(...) fruir ou gozar tem sua significação ligada à percepção de frutos e produtos que a coisa puder proporcionar, tais como alugar o imóvel e receber os frutos civis ou fazer a colheita dos frutos de uma plantação. O exercício do poder de fruição é mais bem compreendido com a leitura dos arts. 92, 93 e 1.232 do CC, que corporificam a regra geral de que os bens acessórios seguem a sorte do principal".

Tais benefícios econômicos agregam valor ao direito de propriedade e se distinguem do mero uso, por meio de qual faculdade a coisa é simplesmente colocada à disposição do titular deste direito subjetivo. Tal uso pode ser efetivo ou potencial e os frutos naturais são desdobramentos do uso, porque independem da intervenção humana para serem gerados. De forma precisa e sintética, Venosa[146] destaca que "gozar do bem significa extrair dele benefícios e vantagens. Refere-se à percepção de frutos, tanto naturais quanto civis".

É possível que essa faculdade jurídica do domínio seja transferida pelo proprietário a terceiros, como ocorre no usufruto, direito real sobre coisa alheia por meio do qual o usufrutuário, dentre outros direitos, poderá perceber os frutos e explorar economicamente a coisa.

5.3.7.3. Direito de disposição (*ius abutendi*)

A faculdade jurídica de dispor da coisa permite a disposição jurídica, como são os casos da alienação e doação, por exemplo e, também, a disposição material, que consiste na possibilidade de destruir a propriedade e, no limite, abandoná-la.

Sobre essa faculdade jurídica, a percepção de Caio Mário[147] é perfeita: "O *ius abutendi*, no sentido de *disponendi*, envolve a disposição material que raia pela destruição como a jurídica, isto é, o poder de alienar a qualquer título – doação, venda, troca; quer dizer, ainda, consumir a coisa, transformá-la, alterá-la; significa, ainda, destruí-la, mas somente quando não implique procedimento antissocial." Portanto, o poder de dispor envolve a própria substância do bem.

Aliás, em coerência com tal poder de disposição, o art. 1.275 do CC dispõe que perde-se a propriedade por alienação (disposição jurídica), renúncia (se imóvel, depende de formalização no registro), abandono (material – no caso de imóvel, deve restar evidenciada a intenção inequívoca de não mais conservar o bem em seu patrimônio, art. 1.276) e perecimento (material).

O poder de alterar a substância é da essência da disposição. Na destruição, desde que não seja abusiva, haverá alteração da substância. Da mesma forma que a alienação ou o direito de gravar o bem implicará no exercício de poderes de direito sobre a coisa. É a denominada *disposição jurídica*. No exercício dos poderes de uso e fruição, salvo no caso dos produtos, não haverá alteração da substância.

Em relação aos bens consumíveis, também haverá disposição material por meio do exercício de poderes de fato sobre a coisa.

É interessante observar que nem sempre há uma correlação necessária entre fruição e disposição, pois o proprietário pode não ter consigo todos os poderes ou faculdades jurídicas inerentes à propriedade (art. 1.228, *caput*, do CC). Em determinadas relações jurídicas, decorrente do atributo da elasticidade, o proprietário poderá transferir parcelas de poderes para outrem, como no usufruto, em que o usufrutuário terá os poderes de uso e fruição e o nu-proprietário mantém o poder de disposição, sem qualquer prejuízo ao direito subjetivo de propriedade.

Venosa[148] considera que tal faculdade é a mais ampla relacionada à propriedade: "É o poder mais abrangente, pois quem pode dispor da coisa, dela também pode usar e gozar. Tal faculdade caracteriza efetivamente o direito de propriedade, pois o poder de usar e gozar pode ser atribuído a quem não seja proprietário. O poder de dispor somente o proprietário possui".

De fato, somente o proprietário tem o poder de exercer esta faculdade jurídica, desde que a disposição seja total. Ao transferir essa faculdade jurídica para terceiro,

---

[145] MELO, Marco Aurélio Bezerra de. *Novo código civil anotado. Direito das coisas.* 2. ed. Rio de Janeiro: Lumen Juris, 2003. v. V, p. 85.
[146] VENOSA, Sílvio de Salvo. *Direito civil*: direitos reais. v. 5. 12. ed. São Paulo: Atlas, 2012, p. 159.
[147] PEREIRA, Caio Mário da Silva. *Instituições de direito civil. Direitos reais.* 26. ed. Rio de Janeiro: Forense, 2018. v. IV, p. 95.
[148] VENOSA, Sílvio de Salvo. *Direito civil*: direitos reais. v. 5. 12. ed. São Paulo: Atlas, 2012, p. 159.

estará efetivamente por realizar ato de disposição e, portanto, ficará privado de todo o direito de propriedade. Por outro lado, se a disposição for parcial, como no caso de gravar a coisa ou instituir ônus sobre o bem, realizará ato de disposição jurídica, sem perder a propriedade. A titularidade será mantida, mas não poderá dispor da coisa enquanto incidir o ônus.

5.3.7.4. Direito de reivindicar (*rei vindicatio*)

De acordo com o disposto no art. 1.228, *caput*, do CC, o proprietário tem a faculdade jurídica, inerente ao seu direito subjetivo, de reaver a coisa ou reivindicá-la de quem quer que injustamente a detenha ou possua. É o elemento externo da propriedade, por meio do qual o proprietário poderá recuperar os poderes dominiais que estiverem submetidos a qualquer possuidor injusto.

Em caso de violação do dever geral de abstenção imposto pela ordem jurídica a todos os membros da coletividade em relação ao direito de propriedade, este poderá manejar pedido reivindicatório para a pronta recuperação da coisa. Tal direito será exercido por meio de ação petitória, fundada no direito de propriedade. No entanto, o direito de retomada somente poderá ser exercido de quem a detenha ou possua injustamente e não de qualquer possuidor ou detentor. Trata-se de um efeito da sequela, característica típica dos direitos reais. Tal direito é concretizado por meio de ações judiciais, em especial a ação reivindicatória.

É possuidor injusto ou mero detentor em relação ao proprietário que não é proprietário ou quem não mantém relação jurídica com o proprietário.

Na realidade, o objetivo fundamental desta faculdade jurídica é a defesa e a tutela das demais faculdades (uso, gozo e disposição). O proprietário somente poderá exercer poderes de fato ou jurídicos sobre a coisa, se esta estiver à sua disposição. Para manter a coisa sob seu controle direto ou indireto, mediato ou imediato, o proprietário poderá reivindicar a coisa de quem quer que a possua ou detenha injustamente. Portanto, por meio desta faculdade jurídica, se garantirá o domínio sobre a coisa e a efetiva ou potencial concretização dos direitos de uso, gozo e disposição. Nesse ponto, é essencial compreender a relevância de dissociar propriedade de domínio. A faculdade jurídica de reivindicar se relaciona à propriedade (direito subjetivo) e se destina a que o proprietário tenha condições de recuperar os elementos internos (poderes/domínio) do bem jurídico. É a pretensão do titular do direito subjetivo de excluir terceiros da devida ingerência sobre a coisa (elemento externo), ao passo que as faculdades de usar, gozar e dispor, que se relacionam ao domínio, seriam elementos internos, porque possibilitam o exercício do senhorio pelo dono sobre a coisa. Se terceiro violar tal direito, com a apropriação indevida do bem, a reivindicação terá a função de recuperar os poderes dominiais, faculdades de uso, gozo e disposição.

5.3.7.5. O domínio no âmbito da propriedade e da posse: conexões

O domínio, poder fático sobre a coisa, que se materializa pelo uso, gozo e disposição, se conecta com a posse e a propriedade, ainda que tais institutos se refiram ao mesmo titular.

A posse, em termos estruturais, *corpus* e *animus*, se caracteriza quando alguém exerce, no mundo fático, de forma plena ou não, poderes inerentes à propriedade (uso, gozo e disposição – que é o domínio). Para que haja posse e alguém se identifique como possuidor é fundamental que no mundo real haja o exercício de poderes fáticos, domínio, sobre determinada coisa/bem jurídico que pode ser direto ou indireto. Portanto, em termos estruturais, o fenômeno possessório pressupõe e se identifica com o domínio. Tal domínio, no âmbito da posse, se confunde com a própria posse. É a posse visualizada no mundo real. Tal domínio é elemento essencial para a caracterização da posse e, em caso de violação do direito subjetivo de posse, fundado estruturalmente no domínio, por meio de esbulho, turbação ou ameaça, manifestados em atos violentos, clandestinos ou precários (posse injusta), o possuidor terá tutela possessória contra o possuidor injusto para recuperar os poderes dominiais com fundamento no próprio domínio, que é a estrutura da sua posse.

Por outro lado, o proprietário, titular deste direito subjetivo, tem a faculdade jurídica (que decorre do direito) de usar, gozar e dispor da coisa (ou seja, domínio). No âmbito da propriedade, o domínio se releva por atos possessórios. A propriedade legitima os poderes de domínio do possuidor. O proprietário pode exercer atos possessórios porque o domínio se legitima pela propriedade. Todavia, o domínio, ainda que exercido em razão da propriedade, com ela não se confunde. A propriedade apenas legitima o domínio ou atos possessórios, assim como a locação legitima os atos possessórios do locatário, o depósito do depositário, o comodato do comodatário, entre outros. O que isso significa? Se o proprietário, que está legitimado a ser possuidor em função da propriedade e o será quando exercer poderes sobre a coisa (domínio – uso, gozo e disposição), vier a perder o domínio para terceiro, poderá recuperar os poderes dominiais com base na posse (ainda que vinculada à propriedade) e, neste caso, discutirá apenas posse e terá de demonstrar que o atual possuidor, no mundo fático, a adquiriu de forma violenta, clandestina ou precária ou, poderá, com base no direito de propriedade, recuperar os poderes dominiais. Neste caso, por meio de ação reivindicatória/petitória, terá de demonstrar que o possuidor não é proprietário ou não mantém relação jurídica com o proprietário, ou seja, a discussão é jurídica e não fática. Portanto, a violação da posse, mesmo quando estiver conectada à propriedade, poderá merecer tutela com base na própria posse/domínio ou por meio do direito de propriedade, pois o objetivo da reivindicatória é apenas recuperar poderes dominiais. O domínio, que estrutura a posse, também integra a propriedade, cujo direito se exerce por meio de atos possessórios.

5.3.8. A propriedade e a teoria dos atos emulativos (abuso de direito)

O § 2º do art. 1.228 do CC disciplina o abuso de direito no exercício das faculdades jurídicas inerentes à propriedade, mas com viés *subjetivo*, fato que conflita com a cláusula geral de abuso de direito prevista no art. 187 do mesmo diploma, quando o tema é tratado objetivamente.

Segundo o disposto no § 2º do art. 1.228 do CC: "São defesos os atos que não trazem ao proprietário qualquer comodidade, ou utilidade, e sejam animados pela intenção de prejudicar outrem".

Para o referido dispositivo, o abuso de direito no exercício das faculdades de proprietário depende da presença de um elemento subjetivo, qual seja, a intenção de prejudicar outrem.

Aqui se verifica o descompasso com a teoria do abuso de direito disciplinada no art. 187 do CC, fundada no princípio da boa-fé objetiva e que dispensa qualquer elemento subjetivo. A boa-fé objetiva tem várias funções no sistema jurídico. Dentre estas funções, está a função de controle em relação a direitos subjetivos e potestativos, que é materializada no art. 187 do CC. O abuso de direito se caracteriza quando o sujeito, investido na titularidade de um direito subjetivo ou potestativo, ao exercer esse direito, viola os valores que fundamentam o seu próprio direito. A teoria do abuso de direito implica na relativização dos direitos subjetivos e potestativos. A boa-fé objetiva é o parâmetro de valoração do comportamento dos sujeitos. O conflito entre a finalidade própria do direito e a atuação concreta da parte o torna antifuncional.

No abuso de direito, disciplinado na cláusula geral do art. 187 do CC, o titular de um direito subjetivo ou potestativo viola os valores éticos que justificam o reconhecimento e a tutela deste mesmo direito. O direito subjetivo (assim como o potestativo) é um direito função e o seu exercício abusivo motiva a ruptura do equilíbrio dos interesses sociais concorrentes. O sujeito viola os fundamentos materiais, sociais e substanciais da norma. É a contrariedade entre conduta e o elemento axiológico da norma. O abuso de direito deve obedecer aos limites do poder de autodeterminação. No abuso de direito, previsto no art. 187 do CC, é dispensado qualquer elemento subjetivo, a teor do Enunciado 37 da I Jornada de Direito Civil, realizada pelo CJF. Tanto que a Lei Civil trata o abuso de direito como uma espécie de ilícito objetivo.

O fato é que a cláusula geral prevista no art. 187 do CC, que impõe limites ao exercício de direito subjetivos e potestativos, também norteia o exercício das faculdades jurídicas inerentes ao direito subjetivo de propriedade. Se o proprietário, no exercício deste direito, agir em contrariedade à finalidade e à função social que justifica e fundamenta o direito de propriedade, haverá abuso, ainda que não tenha a intenção de prejudicar outrem. É dispensável qualquer análise subjetiva, fato que demonstra que o abuso de direito das faculdades do proprietário, conforme disciplinado pelo § 2º do art. 1.228, não está em sintonia com a contemporânea teoria do abuso de direito e com um dos pilares que norteiam as relações privadas, o princípio da boa-fé objetiva. O art. 187 do CC confere à propriedade um fim econômico e social, que condiciona o exercício das faculdades jurídicas inerentes à propriedade.

Por outro lado, o § 2º do mencionado art. 1.228 veda o exercício irregular do direito de propriedade por meio da denominada *teoria dos atos emulativos*, de índole subjetiva. O proprietário, no exercício das faculdades jurídicas inerentes a esse direito subjetivo, não pode realizar atos que não lhe tragam qualquer comodidade ou utilidade e sejam animados pela intenção (elemento subjetivo) de prejudicar outrem. Como se observa, o dispositivo faz referência ao dolo como condição para configuração do abuso do direito subjetivo de propriedade. A exigência do dolo para a caracterização do ato emulativo no exercício da propriedade confronta com o abuso de direito, de índole objetiva, que também se aplica ao direito de propriedade, no art. 187 do CC.

Por esta razão, a fim de compatibilizar o art. 1.228, § 2º, ao art. 187, na I Jornada de Direito Civil, aprovou-se o Enunciado 49, segundo o qual: "A regra do art. 1.228, § 2º, do CC interpreta-se restritivamente, em harmonia com o princípio da função social da propriedade e com o disposto no art. 187". Os atos emulativos devem ser interpretados à luz do art. 187 do CC e, de forma subsidiária, pelo disposto no § 2º do art. 1.228 do CC.

Tal fato demonstra que o § 2º do art. 1.228 tem pouca relevância para balizar o abuso do direito de propriedade, pois foi incorporado pelo art. 187, que disciplina o abuso de forma objetiva. Nesse sentido, Tepedino[149] defende que a "teoria dos atos emulativos decresce em importância na medida em que o exercício abusivo do direito subjetivo de propriedade independe contemporaneamente da intenção de prejudicar terceiros". Esta é a mesma opinião de Caio Mário[150], para quem o "parágrafo fala em intenção de prejudicar. A pesquisa subjetiva seria inócua, mas o que se deve entender aqui é que a ordem jurídica reprime a conduta lesiva, ainda que abstratamente fundada no direito de propriedade".

Não há dúvida de que o abuso do direito das faculdades jurídicas inerentes ao direito subjetivo de propriedade é objetivo, pois independe da investigação da intenção ou de qualquer elemento subjetivo. Basta que a atuação concreta do proprietário, ao exercer o seu direito, seja contrária à finalidade social que justifica, fundamenta e condiciona o exercício deste mesmo direito. O abuso de direito da propriedade, fundado no art. 187 do CC, pode gerar inúmeras sanções, como indenização ao lesado pelo abuso, a supressão de direitos subjetivos decorrentes da propriedade, ou da própria propriedade, e a imposição de limitações, diante da função de controle exercida pela teoria do abuso de direito sobre esse direito subjetivo.

Na atualidade, o proprietário ostenta poderes e assume inúmeros deveres sociais. Dentre estes deveres sociais, que condicionam a legitimidade do direito subjetivo de propriedade, está o de exercer esse direito de forma compatível com a sua finalidade, a fim de evitar o exercício abusivo.

---

[149] TEPEDINO, Gustavo; BARBOZA, Heloisa Helena; MORAES, Maria Celina Bodin de. *Código civil interpretado conforme a Constituição da República*. Rio de Janeiro: Renovar, 2007. v. III, p. 502.

[150] PEREIRA, Caio Mário da Silva. *Instituições de direito civil. Direitos reais*. 26. ed. Rio de Janeiro: Forense, 2018. v. IV, p. 93.

A todo direito subjetivo corresponde, na atualidade, um dever jurídico. O direito é direito/função. Portanto, como condição de legitimidade, os direitos subjetivos e potestativos devem ser exercidos de acordo com a função que justifica e fundamenta o direito. Se, na atuação concreta, o titular do direito subjetivo ou potestativo não observar a função e a finalidade do seu direito, ou seja, se houver desvio de finalidade, estará caracterizado o abuso de direito. A função social está integrada à finalidade que justifica o próprio direito subjetivo de propriedade. Assim, as faculdades jurídicas inerentes a este direito subjetivo devem ser exercidas em harmonia com essa função social ou finalidade. Caso o titular do direito subjetivo não se atente para a função social do direito de propriedade, haverá abuso de direito, independentemente da intenção ou de qualquer elemento subjetivo.

Assim, o art. 1.228, § 2º, do CC, se submete à teoria do abuso de direito, expressa em cláusula geral, no art. 187 do CC. A propriedade se submete a um controle social de utilização positiva na promoção dos valores sociais e constitucionais (é a função social). A função social condiciona o exercício e a legitimidade do próprio direito de propriedade. O abuso de direito tem natureza jurídica de ato ilícito, ou seja, constitui ato ilícito o exercício irregular de um direito reconhecido, que no direito de propriedade é qualquer utilização que se restrinja às suas funções ou à sua função social e econômica.

5.3.8.1. A teoria do abuso de direito (ilícito objetivo) no art. 187 do CC

No direito civil, uma das funções do princípio da boa-fé objetiva é, justamente, a limitação ao exercício dos direitos subjetivos e direitos potestativos. Assim, o sujeito, investido na titularidade de um direito subjetivo (ou potestativo), ao exercer esse direito, não poderá extrapolar, abusar ou agir com excesso, pois, em tais situações, seu comportamento não será considerado adequado e ético, violando o princípio da boa-fé objetiva, norteador das relações privadas.

Portanto, o fundamento e a base de sustentação da teoria do abuso de direito é o princípio da boa-fé objetiva. Este imporá padrão ético de conduta aos sujeitos investidos na titularidade de direitos subjetivos, no momento de exercê-los. Na realidade, a teoria do abuso de direito desmistifica os direitos subjetivos para considerá-los relativos.

O abuso de direito vem definido no art. 187 do CC: "Também comete ato ilícito o titular de um direito que, ao exercê-lo, excede manifestamente os limites impostos pelo seu fim econômico ou social, pela boa-fé ou pelos bons costumes". Tal dispositivo é bem mais abrangente que o abuso de direito subjetivo disciplinado no art. 1.228, § 2º, do CC, que revive a teoria dos atos emulativos ou o abuso com a intenção de prejudicar outrem.

O art. 1.228, § 2º, do CC disciplina o abuso de direito de propriedade com viés subjetivo, com base nos atos emulativos, o que não mais se compatibiliza com a teoria do abuso de direito disciplinada no art. 187 do CC. O § 1º do art. 1.228 estabelece que o direito de propriedade deve ser exercido em consonância com suas finalidades econômicas e sociais, e o § 2º proíbe atos que não tragam ao proprietário qualquer comodidade ou utilidade e sejam animados pela intenção de prejudicar outrem, ou seja, atos emulativos.

O abuso de direito de propriedade, por força do disposto no art. 187, para sua caracterização, dispensa qualquer elemento subjetivo. É possível o abuso no exercício das faculdades jurídicas inerentes ao direito subjetivo de propriedade de forma objetiva, ou seja, ainda que não haja intenção de prejudicar outrem, em razão da cláusula geral do art. 187 do CC, que também se aplica à propriedade.

Por exemplo: alguém perfura um poço no interior da sua propriedade, pois necessita de 1.000 (mil) litros de água por hora. Essa água é suficiente para atender às suas necessidades. No entanto, após atingir a quantidade desejada, 1.000 (mil) litros, resolve tornar o poço mais profundo, quando terá 3.000 (três mil) litros de água por hora. O proprietário tem o direito subjetivo de perfurar um poço, mas, nesse caso, a água excedente não lhe trará qualquer utilidade porque não será utilizada e ainda provocará a diminuição dos reservatórios vizinhos. Tal comportamento não foi ético, pois, ao exercer um direito, excedeu, manifestamente, os limites sociais e éticos impostos pela norma.

A teoria do abuso de direito consiste em cláusula geral e aberta, compatível com qualquer fato jurídico, independentemente da natureza deste. Significa a imposição de limites éticos aos direitos subjetivos e potestativos, tornando-os relativos.

O abuso em relação ao exercício ou não exercício do direito de propriedade (abuso pode ser por ação ou omissão), pode levar às mais diversas sanções, com a própria supressão do direito. A usucapião, a desapropriação judicial, a acessão invertida, entre outros, são sanções ao proprietário que exerce ou não exerce o direito de forma incompatível com a finalidade e função social que a legitima e justifica e, para tanto, é dispensável demonstração de intenção ou qualquer elemento subjetivo. Aliás, os atos emulativos apenas limitam o exercício do direito de propriedade de forma negativa. A teoria do abuso de direito, calcada no art. 187, por estar associada à função social da propriedade, conforma a propriedade e exige condutas positivas e negativas do proprietário. No sentido da incompatibilidade da teoria dos atos emulativos com a cláusula geral do abuso de direito, o Enunciado 49 das Jornadas de Direito Civil: "A regra do CC 1.228, § 2º, interpreta-se restritivamente, em harmonia com o princípio da função social da propriedade e com o disposto no CC 187".

A função social impõe ao proprietário o exercício ou não exercício deste direito em consonância com a finalidade e a função que justificam e legitimam este direito. Se houver desconformidade ou inadequação entre o direito subjetivo de propriedade e a função, haverá abuso de direito, com sanções, cujo abuso dispensa a prova de elemento subjetivo, por ter com base a cláusula geral do art. 187 do CC.

A teoria do abuso de direito e as sanções correspondentes são compatíveis com o direito subjetivo de propriedade.

5.3.9. Atributos da propriedade

5.3.9.1. Introdução

A propriedade possui características, algumas das quais podem ser consideradas verdadeiros atributos. Tradicionalmente, são considerados atributos da propriedade a exclusividade, a perpetuidade e a elasticidade. Alguns autores, como Orlando Gomes, acrescentam a estes atributos outras características da propriedade, como o fato de ser direito real complexo, que consiste num feixe de direitos consubstanciados na faculdade de usar, gozar, dispor e reivindicar a coisa que lhe serve de objeto, bem como o caráter de direito absoluto devido à extensão dos direitos do proprietário e à oponibilidade *erga omnes*.

Embora a propriedade possa ser considerada absoluta devido à oponibilidade do direito em relação à coletividade, e, também, direito real fundamental e complexo, porque encerra não apenas um feixe de poderes e faculdades ao proprietário (art. 1.228, *caput*, do CC), mas, principalmente, impõe a ele deveres sociais em função do princípio da função social, em termos clássicos podem ser considerados como atributos da propriedade a perpetuidade, a elasticidade e a exclusividade.

Em relação a estes atributos tradicionais, o Código Civil, no art. 1.231, dispõe que a propriedade deve ser presumida como plena e exclusiva, até prova em contrário. A propriedade será plena quando todas as faculdades inerentes ao direito subjetivo de propriedade (uso, gozo, disposição e reivindicação) estão concentradas nas mãos do proprietário. Ainda que a ordem legal imponha restrições ao exercício destas faculdades, como os direitos de vizinhança e as limitações administrativas, a plenitude está relacionada à concentração das faculdades previstas no art. 1.228 do CC, na figura do proprietário.

A propriedade não se considera plena quanto à sua extensão, mas em razão da concentração das faculdades jurídicas, cujo exercício suporta limitações da lei (conteúdo). A extensão se relaciona aos limites verticais fundados no interesse e utilidade (art. 1.229). A plenitude envolve a concentração ou não dos poderes, faculdades jurídicas que decorrem do direito subjetivo de propriedade. Com os poderes, o proprietário terá limites para exercê-los, limites verticais (interesse e utilidade) e horizontais (direitos de vizinhança, limitações administrativas etc.). Portanto, não podem ser confundidos os poderes que se relacionam com a exclusividade, com os limites verticais e horizontais, que são restrições ao próprio direito de propriedade e, portanto, em que não haverá possibilidade de exercício de poderes. Em razão da possibilidade da transferência de alguns destes poderes ou faculdades para terceiros, a propriedade se tornará limitada. O que permite essa transferência é o atributo da elasticidade. A perpetuidade decorre de uma concepção tradicional de que a propriedade não se extingue pelo não uso. Todavia, a imposição de deveres ao proprietário mitiga tal atributo. A propriedade ainda é exclusiva porque o proprietário pode afastar qualquer ingerência alheia em relação ao bem que lhe pertence.

5.3.9.2. Principais atributos da propriedade

5.3.9.2.1. Exclusividade (a questão dos terceiros)

O atributo da exclusividade do direito de propriedade está expresso no art. 1.231 do CC, segundo o qual a propriedade presume-se plena e exclusiva, até prova em contrário.

A exclusividade do direito de propriedade não obsta a constituição de outros direitos sobre a coisa, mas impede o exercício de poderes (domínio) de mais de uma pessoa, ao mesmo tempo, sobre a coisa. De acordo com a doutrina tradicional, a exclusividade pressupõe que duas pessoas não podem ocupar o mesmo espaço fático/jurídico. A exclusividade se relaciona ao domínio. O domínio será exercido pelo titular do direito subjetivo. Aquele que não é titular do direito subjetivo de propriedade, não terá domínio, com base na propriedade (salvo se tiver relação jurídica com o proprietário, mas neste caso terá o domínio porque o proprietário lhe transferiu tais poderes, como na locação, arrendamento, depósito etc.).

Como ressaltam Rosenvald e Chaves[151], "a mesma coisa não pode pertencer com exclusividade e simultaneamente a duas ou mais pessoas, em idêntico lapso temporal, pois o direito do proprietário proíbe que terceiros exerçam qualquer senhorio sobre a coisa".

De acordo com Loureiro[152], a propriedade "é exclusiva de outra senhoria sobre a mesma coisa, consequência natural do efeito *erga omnes* do direito real e da própria natureza do *iura in re*, que dispensa a intermediação de terceiros na relação direta entre o sujeito de direito e o objeto".

Na realidade e, para melhor compreensão, a exclusividade está relacionada a situação de fato e não a questão jurídica. A exclusividade significa que, de fato, duas pessoas não podem exercer esse direito no mesmo espaço físico. A exclusividade envolve o exercício do direito de propriedade (faculdades jurídicas – domínio) e não o direito em si. Se determinada pessoa exerce o direito de propriedade sobre espaço de fato definido, outra não pode fazê-la ao mesmo tempo. Tal exclusividade pressupõe delimitação espacial e material do local de atuação, pois se não há prévia delimitação material, como no âmbito das frações ideais (condomínio), não é possível a exclusividade fática, mas apenas ideal. De certa forma, também é consequência da relação jurídica entre o proprietário e a coletividade, pois qualquer sujeito passivo (universal) deverá se abster de exercer poderes em relação ao mesmo espaço, em razão do direito subjetivo que justifica e legitima o domínio do proprietário.

Portanto, como decorrência da relação jurídica do proprietário com toda a coletividade, o poder de proibir

---

[151] FARIAS, Cristiano Chaves de; ROSENVALD, Nelson. *Direito reais*. 7. ed. Rio de Janeiro: Lumen Juris, 2011, p. 300.

[152] LOUREIRO, Francisco Eduardo. Arts. 1.196 a 1.510-E – Coisas. In: PELUSO, Cezar (coord.). *Código civil comentado*. 2. ed. Barueri: Manole, 2008, p. 1.157.

que terceiros exerçam sobre a coisa qualquer senhorio, a torna exclusiva. O proprietário pode afastar a ingerência alheia com relação ao bem que lhe pertence.

A presunção de exclusividade é relativa, pois cabe ao terceiro provar que o exercício não é exclusivo, como enuncia a última parte do art. 1.231 do CC.

Os poderes inerentes à propriedade são fracionáveis. Os direitos reais na coisa alheia decorrem do caráter exclusivo da propriedade e da possibilidade de fracionamento dos poderes que compõem o direito de propriedade. Os direitos reais na coisa alheia constituem o fracionamento dos poderes que compõem o direito de propriedade, transferindo-os a terceiros. Por isso, a exclusividade se relaciona com o domínio, por meio do qual é possível exercer poderes de fato sobre a coisa.

O condomínio não afeta o atributo da exclusividade do direito de propriedade, porque cada condômino é titular de uma fração ideal do todo e, neste caso, o direito de propriedade incidirá e se vinculará à parte ideal, sem que isso afete a exclusividade. Como ressaltamos, a exclusividade se verifica no âmbito do domínio e no exercício de poderes de fato sobre a coisa. Os condôminos, como titulares da mesma propriedade, possuem domínio. No condomínio, há vários titulares e todos, ao mesmo tempo, podem exercer poderes de fato sobre o todo. E o condomínio não afeta a exclusividade porque são titulares de direito que fundamento o domínio e, como não há prévia delimitação material do espaço físico para cada condômino exercer poder sobre a coisa, tais poderes serão exercidos com as limitações e restrições previstas no art. 1.314 (de acordo com a destinação eleita pela maioria e de conformidade com os interesses dos demais). De acordo com Loureiro[153], é "claro que o condomínio não constitui exceção à regra, pois a propriedade incide sobre parte ideal da coisa, não excluindo direito do comunheiro sobre outra fração".

Tal afirmação somente tem significado no condomínio pro-indiviso, quando não há definição prévia da fração material de cada condômino.

É a mesma opinião de Rosenvald e Chaves[154], para quem: "(...) no condomínio tradicional não há elisão ao princípio da exclusividade, eis que, pelo estado de indivisão do bem, cada um dos proprietários detém fração ideal do todo. Há uma pluralidade de sujeitos em um dos polos da relação jurídica. Isto é, como ainda não se localizaram materialmente por apenas possuírem cotas abstratas, tornam-se donas de cada parte e do todo ao mesmo tempo."

Tepedino[155] destaca que: "(...) no sentido de compatibilizar a exclusividade com a comunhão típica do condomínio, prevalece, na atualidade, o entendimento de que no condomínio o direito subjetivo, embora único – preservando-se assim a exclusividade dominical –, comporta uma pluralidade de titulares incidentes sobre o mesmo direito."

Portanto, a exclusividade da propriedade permite que o proprietário (e os condôminos, no caso de condomínio) impeça que terceiros exerçam sobre a coisa qualquer senhorio. O proprietário tem o direito de afastar ingerência alheia em relação ao bem objeto deste direito.

5.3.9.2.2. Perpetuidade

A perpetuidade é um atributo clássico e tradicional do direito de propriedade e foi forjado em período em que o direito de propriedade, quanto ao exercício do poder, era considerado absoluto.

Nesta perspectiva clássica, a perpetuidade implica na afirmação de que não há perda do direito subjetivo de natureza real em referência pelo não uso prolongado. Em resumo, a perpetuidade significa que a propriedade não se extingue pelo não uso. O direito de propriedade é desvinculado e independe de seu efetivo exercício. Ainda que o proprietário não exerça as faculdades inerentes a este direito subjetivo, ele não será extinto.

Todavia, essa visão clássica e tradicional do atributo da propriedade conflita com a sua concepção moderna e atual. O proprietário, em decorrência deste direito, ostenta poderes e faculdades jurídicas, mas, principalmente, deveres sociais por conta do princípio da função/social. A propriedade é poder (faculdades do art. 1.228 do CC) e dever (função social). A funcionalização do direito de propriedade e a integração da função social ao próprio, conteúdo da propriedade, mitiga o atributo da perpetuidade.

Isso significa que o não uso da propriedade pelo proprietário pode implicar sanções do sistema jurídico se os deveres sociais do proprietário não forem adimplidos. O não uso associado à ausência de função social poderá afetar o direito de propriedade e até levar à sua extinção. Por exemplo, a desapropriação judicial prevista nos §§ 4º e 5º do art. 1.228 do CC, a usucapião, a acessão invertida disciplinada no art. 1.255, parágrafo único, dentre outros, são exemplos de sanções civis ao proprietário antissocial. O não exercício prolongado das faculdades inerentes à propriedade, agregado à função social conferida ao bem por um terceiro, poderá levar à privação da propriedade.

Em resumo, na atualidade, há duas concepções para a perpetuidade, uma clássica e outra contemporânea. Na clássica, a perda do domínio pelo não uso. Na contemporânea, a propriedade deve estar associada à função social. O não uso, associado à ausência de função social, pode levar a perda do direito subjetivo de propriedade.

Embora a perpetuidade indique que o direito subjetivo de propriedade tenha duração ilimitada, o inadimplemento de deveres sociais, decorrentes do princípio da função social, elemento integrante do conteúdo da propriedade, poderá acarretar uma sanção ao proprietário antissocial e, ao extremo, privá-lo deste direito subjetivo, com o que estará mitigado o direito subjetivo de propriedade. Assim, a ideia de que "a propriedade é perpétua e

---

[153] LOUREIRO, Francisco Eduardo. Arts. 1.196 a 1.510-E – Coisas. In: PELUSO, Cezar (coord.). *Código civil comentado*. 2. ed. Barueri: Manole, 2008, p. 1.157.
[154] FARIAS, Cristiano Chaves de; ROSENVALD, Nelson. *Direito reais*. 7. ed. Rio de Janeiro: Lumen Juris, 2011, p. 300.
[155] TEPEDINO, Gustavo; BARBOZA, Heloisa Helena; MORAES, Maria Celina Bodin de. *Código civil interpretado conforme a Constituição da República*. Rio de Janeiro: Renovar, 2007. v. III, p. 510.

não se extingue pelo não uso" deve ser revista em razão da necessária adequação do direito subjetivo de propriedade aos valores sociais expressos na Constituição Federal, em especial a imposição da necessária função social à propriedade.

O não uso prolongado, associado à ausência de função social, caracteriza abuso de direito por omissão, na forma da cláusula geral prevista no art. 187 do CC. O abuso de direito subjetivo pode ocorrer por ação ou por omissão. Os direitos subjetivos possuem uma finalidade ou funcionalidade. O exercício ou não exercício de direitos em descompasso ou em contradição com essa finalidade caracteriza o abuso de direito. Assim, o proprietário, titular do direito subjetivo de propriedade, que não usa a propriedade por período de tempo relevante e deixa de adimplir os deveres sociais vinculados à finalidade ou funcionalidade deste direito subjetivo, age de forma abusiva e suporta as consequências jurídicas deste abuso de direito por omissão.

O § 2º do art. 1.276 do CC constitui exemplo da flexibilização da propriedade em atenção ao princípio da função social da propriedade. De acordo com esse dispositivo, o imóvel urbano e rural poderá ser arrecadado pelo Poder Público como abandonado quando, cessados os atos de posse, o proprietário deixar de satisfazer os ônus fiscais. O Enunciado 316 da IV Jornada de Direito Civil, promovida pelo CJF, faz referência a este dispositivo: "Eventual ação judicial de abandono de imóvel, caso procedente, impede o sucesso da demanda petitória". Tal presunção absoluta de abandono pelo inadimplemento de obrigação tributária, embora questionável, evidencia a flexibilização do atributo da perpetuidade se, além do descumprimento destes deveres, o sujeito não exerce atos possessórios em relação à propriedade.

Por fim, a propriedade também pode perder a qualificação de perpétua quando for resolúvel. Nesta situação, a perda da propriedade não está vinculada ao descumprimento de deveres sociais ou ao abuso de direito por omissão, mas há uma convenção ou negócio jurídico que impõe limites ao direito. Não seria o caso de uma flexibilização propriamente dita da perpetuidade, como atributo da propriedade, porque a extinção da propriedade, nesta hipótese, é equiparável a extinção pela alienação, troca, doação, enfim, por força de um negócio jurídico ou convenção. A perpetuidade pressupõe que a propriedade se mantenha com o titular do direito sem que ele tenha o desejo de extinguir este direito subjetivo. A flexibilização da perpetuidade está relacionada àquelas situações em que o proprietário simplesmente não usa a propriedade (omissão) e, em razão disso, pode suportar uma sanção jurídica, que pode levar à privação do direito. Assim, embora a propriedade resolúvel seja um exemplo de perda da propriedade desatrelada da função social, não seria uma flexibilização da perpetuidade, porque o proprietário manifestou o desejo de perdê-la em função de uma relação jurídica obrigacional.

A propriedade também deixará de ser perpétua nos casos de propriedade resolúvel e propriedade *ad tempus*,
institutos a serem analisados em tópico específico (perda da propriedade).

5.3.9.2.3. Elasticidade

A elasticidade constitui um dos principais atributos da propriedade. Tal característica está relacionada ao domínio, que corresponde aos poderes ou às faculdades do proprietário (uso, gozo e disposição).

De acordo com o disposto no art. 1.231 do CC, a propriedade presume-se plena, até prova em contrário. A plenitude da propriedade implica na concentração de todos os poderes ou faculdades do domínio nas mãos do proprietário. Na propriedade plena ou alodial, o domínio será elástico ou estendido. Daí advém o nome *elasticidade*, pois o domínio é estendido, amplo ou "esticado".

Por outro lado, é possível a cisão dos poderes dominiais em favor de outras pessoas. Neste caso, o domínio pode suportar contrações sem que haja qualquer repercussão na titularidade formal, ou seja, no próprio direito subjetivo do proprietário. Por isso, a elasticidade não tem relação com o direito subjetivo de propriedade, mas com o domínio, que representa o poder de fato do proprietário sobre a coisa.

Nesta situação, a propriedade deixará de ser plena e passará a ser limitada. O domínio do proprietário é limitado porque houve a cisão ou fragmentação de parcelas destes poderes ou faculdades (do domínio mesmo – uso, gozo e disposição) em favor de outras pessoas. Na imposição de ônus real sobre a coisa, como usufruto, na propriedade resolúvel ou na imposição de cláusula de inalienabilidade, haverá fragmentação de parcelas do domínio em favor de outras pessoas, como é o caso do usufrutuário e do possuidor na propriedade resolúvel.

O domínio, neste caso, se contrai, ou seja, deixa de ser elástico, porque o proprietário não ostentará mais a plenitude dos poderes ou faculdades de proprietário, prevista no art. 1.228, *caput*, do CC.

Como bem ressalta Loureiro[156]: "A propriedade enfeixa diversas faculdades, como as de usar, fruir, dispor e reivindicar. Via de regra, esses atributos reúnem-se na pessoa do proprietário, conferindo-lhe propriedade plena ou alodial. Pode ocorrer, porém, que essas faculdades sejam desmembradas, criando-se direitos reais limitados a favor de terceiros, restringindo a extensão. Tome-se como exemplo a possibilidade do proprietário entregar a terceiros a faculdade real de usar ou de dispor, criando os direitos reais de servidão, usufruto, uso e habitação".

Desta forma, a propriedade será plena ou alodial quando todos os poderes ou faculdades se reunirem ou estiverem concentrados nas mãos do proprietário, e será limitada se algum poder ou faculdade relacionado ao domínio for desmembrado e cindido para ser transferido a terceiro.

---

[156] LOUREIRO, Francisco Eduardo. Arts. 1.196 a 1.510-E – Coisas. In: PELUSO, Cezar (coord.). *Código civil comentado*. 2. ed. Barueri: Manole, 2008, p. 1.157.

De acordo com Tepedino[157], "por força do princípio da elasticidade do domínio, a propriedade, sem se desnaturalizar, torna-se limitada por conta de subtração de parte da senhoria, levada a cabo com a constituição de outros direitos reais sobre a mesma coisa". Para Orlando Gomes[158], a propriedade "tem ainda como característica a elasticidade, pois pode ser distendido ou contraído, no seu exercício, conforme se lhe agreguem ou retirem faculdades destacáveis". Portanto, considera-se limitada a propriedade sobre a qual se constitui algum direito real, a gravada com direito real de garantia e a propriedade com cláusula de inalienabilidade.

Na propriedade plena, a propriedade está no máximo da elasticidade, pois todos os poderes ou faculdades jurídicas inerentes ao direito subjetivo de propriedade (uso, gozo, disposição e reivindicação) estão concentrados nas mãos do proprietário.

5.3.9.2.4. Multipropriedade (*time sharing*) – arts. 1.358-B a 1.358-U do CC

A concepção de *multipropriedade* ou *time sharing* está vinculada ao atributo da exclusividade. A multipropriedade ou pluralidade de propriedades pressupõe condomínio ou pluralidade de direitos de igual conteúdo sobre o mesmo bem. Ao analisar o atributo da exclusividade, verificou-se que o condomínio não constitui obstáculo para o reconhecimento desta característica e não é exceção ao caráter exclusivo da propriedade, porque no condomínio a propriedade incide sobre parte ou fração ideal da coisa, fato que permite o exercício simultâneo de poderes de fato sobre a coisa e das faculdades jurídicas relacionadas a este direito subjetivo.

Na multipropriedade, a exclusividade será fracionada. No condomínio, todos os condôminos podem exercer, simultaneamente, poderes sobre a coisa. Na multipropriedade, os condôminos exercerão, de forma exclusiva e sucessiva (não simultânea), poderes de fato sobre a coisa, no período de tempo previamente pactuado com os demais. Na multipropriedade o direito de fruição será exercido de forma exclusiva e periódica (no tempo fixado no pacto entre os condôminos). Por ocasião da constituição do condomínio ou em momento posterior, os condôminos, para terem melhor aproveitamento econômico de uma coisa móvel ou imóvel, pactuam e predeterminam os períodos em que cada um exercerá poderes exclusivos sobre a coisa. No período de determinado condômino, outro não poderá exercer poderes de fato sobre a coisa, mesmo tendo direito subjetivo de propriedade por uma fração ideal.

É um condomínio em propriedade espaço-temporal. A periodicidade é seu elemento essencial.

Como bem destacam Rosenvald e Chaves[159]: "(...) na multipropriedade incide uma pluralidade de direitos de igual conteúdo sobre um mesmo imóvel, sendo certo que o direito de fruição será exercitado de forma exclusiva e periódica, na forma estabelecida ao tempo da aquisição. A periodicidade é o traço essencial que confere particularidade a essa propriedade, limitando o seu aproveitamento a intervalos regulares e descontínuos, com início e fim predeterminados".

Por exemplo, se duas pessoas adquirem casa de veraneio em regime de condomínio, pelas regras tradicionais previstas no art. 1.314 do CC, poderão, simultaneamente, exercer as faculdades jurídicas do direito subjetivo de propriedade sobre o aludido imóvel, sem que um possa afastar o direito do outro. Na multipropriedade, estes condôminos estabelecem os períodos em que cada um deles poderá usufruir a coisa, com exclusividade, ou seja, sem que os poderes e faculdades sejam simultâneas. Em cada período, previamente pactuado, apenas um deles poderá usufruir e extrair as vantagens e utilidades econômicas sobre a coisa.

Assim, na multipropriedade, embora todos os multiproprietários sejam condôminos, cada um destes terá o direito exclusivo em relação a determinado período. A exclusividade, atributo da propriedade (art. 1.231 do CC), pode ser temporal e periódica. Cada unidade contará com vários titulares, com número predeterminado e acordado de períodos de utilização.

A Lei n. 13.777/2018 acrescentou artigos ao Código Civil (1.358-B a 1.358-U), com o objetivo de disciplinar o regime jurídico da *multipropriedade* e seu registro.

De acordo com o art. 1.358-B, o referido instituto será regido pelas normas inseridas por esta nova legislação, bem como pela Lei n. 4.591/64, quando o imóvel integrar incorporação imobiliária, e o Código de Defesa do Consumidor, se a instituição da *multipropriedade* estiver relacionada a contrato de consumo.

A nova legislação, que não foi objeto de debate no Parlamento e na sociedade, em especial junto aos segmentos interessados em sua aplicação, apresenta imperfeições conceituais, restrições injustificáveis, disposições inúteis e, ainda, retrata intervenção excessiva do Estado nas relações privadas intersubjetivas. É a primeira lei que trata da *multipropriedade*, embora o tema já fosse objeto de análise pela doutrina e jurisprudência.

• **Conceito**

O art. 1.385-C, a pretexto de conceituar a multipropriedade imobiliária, incorre em alguns equívocos e imprecisões.

De início, antes de analisar a norma em detalhes, é essencial estabelecer alguns pressupostos para a perfeita compreensão do tema. A multipropriedade pressupõe condomínio (cotitularidade sobre o mesmo imóvel). Não é por acaso que o instituto está no capítulo que disciplina

---

[157] TEPEDINO, Gustavo; BARBOZA, Heloisa Helena; MORAES, Maria Celina Bodin de. *Código civil interpretado conforme a Constituição da República*. Rio de Janeiro: Renovar, 2007. v. III, p. 509.

[158] GOMES, Orlando. *Direitos reais*. 19. ed. atualizada. Rio de Janeiro: Forense, 2007, p. 110.

[159] FARIAS, Cristiano Chaves de; ROSENVALD, Nelson. *Direito reais*. 7. ed. Rio de Janeiro: Lumen Juris, 2011,.

o condomínio e recebe a denominação "condomínio em multipropriedade". Portanto, o condomínio imobiliário agora é gênero, do qual são espécies: 1 – condomínio comum (cotitularidade, onde todos os condôminos podem exercer, simultaneamente, direitos sobre a coisa que se encontra em estado de indivisão – é o condomínio tradicional) e; 2 – condomínio em multipropriedade (objeto deste estudo – em que também há cotitularidade, com a diferença de que o exercício de direitos sobre a coisa em comum não é simultâneo, mas sucessivo, sobre a totalidade, com exclusividade).

O que muda em relação ao condomínio tradicional?

O *modo de exercício das faculdades de uso e gozo (poderes inerentes à propriedade)*. No tradicional, os condôminos, titulares de direitos reais representados por *frações ideais*, exercem as faculdades de uso e gozo, *simultaneamente,* sobre o mesmo bem (coisa em estado de indivisão). Se o condomínio estiver em regime de multipropriedade, os condôminos são titulares de direitos reais e, no período (de tempo) pre-determinado, *fração de tempo,* podem exercer as faculdades de uso e gozo, com exclusividade, sobre a totalidade do imóvel. O *exercício dos poderes inerentes ao domínio (faculdades de uso e gozo) não é simultâneo, mas sucessivo, periódico e exclusivo.*

Assim, a multipropriedade, necessariamente, está associada à ideia de condomínio, pois o pressupõe e o integra. Além disso, o instituto também se relaciona com um dos atributos da propriedade, a exclusividade. Há debate se o condomínio tradicional seria exceção à exclusividade, mas o condomínio em multipropriedade consiste justamente na reafirmação da exclusividade, porque cada condômino, nos períodos de tempo pre-determinados exercerão, com exclusividade, sobre toda a coisa, os direitos subjetivos e poderes de condomínio (com exclusão dos demais).

Por isso, o condomínio, a exclusividade e o modo de exercício dos direitos subjetivos integram o conceito de multipropriedade.

De acordo com o art. 1.358-C, a multipropriedade é o regime de condomínio (portanto, pressupõe condomínio) em que cada um dos proprietários (condôminos) de um mesmo imóvel (cotitularidade sobre o mesmo bem) é titular de uma fração de tempo. Na realidade, cada condômino é titular ou cotitular do direito subjetivo relacionado ao imóvel. A fração de tempo não se relaciona com a titularidade, mas com o modo de exercício do direito de condômino.

Na multipropriedade e, essa a diferença fundamental com o condomínio tradicional, os condôminos poderão exercer, com exclusividade, sobre a totalidade do imóvel, a faculdade de uso e gozo, que são inerentes ao direito subjetivo de copropriedade.

Portanto, não se trata de titularidade sobre fração de tempo, mas do poder de exercer, com exclusividade, sobre determinado período de tempo, com exclusividade, a faculdade de uso e gozo sobre a totalidade do imóvel, sem a concorrência dos demais condôminos. Por isso, ao contrário do condomínio tradicional, em que o exercício dos direitos de condômino é simultâneo, neste o exercício dos direitos é sucessivo, exclusivo e temporário.

Qual a diferença entre condomínio tradicional (comum) e o condomínio edilício e a repercussão daquela para a multipropriedade?

No condomínio edilício (de casas, lotes sem construção – art. 1.358-A, ou de apartamentos), há áreas de propriedade comum e áreas de propriedade exclusiva. No edilício, não há propriamente condomínio pro-indiviso, porque é possível identificar, materialmente, a parcela sobre a qual (representada pela área exclusiva) cada "condômino" poderá exercer, com exclusividade, poderes sobre a totalidade da respectiva unidade autônoma. O edilício não se confunde com o condomínio comum, porque a fração ideal naquele é apenas sobre a área comum e é possível identificar a área de uso exclusivo (a respectiva unidade). E não se confunde com a multipropriedade, porque o uso e gozo no edilício não é limitado por frações de tempo.

Todavia, além de se relacionar com o condomínio comum/tradicional (quando os condôminos estabelecem períodos exclusivos de utilização sobre a totalidade do imóvel), a multipropriedade também poderá se relacionar com o condomínio edilício, porque este pode adotar o regime de multipropriedade em parte ou na totalidade de suas unidades autônomas (podem as unidades de condomínio edilício serem suporte para novas unidades autônomas de tempo – art. 1.358-O).

A legislação cria obstáculos para a extinção deste condomínio em multipropriedade, sob o pretexto de que a definição de período de tempo para exercício do direito de condômino com exclusividade poderia evitar os litígios inerentes ao condomínio tradicional (na realidade, o que justifica a divisão e o caráter transitório do condomínio tradicional é o exercício simultâneo de poderes sobre o mesmo bem, o que é fonte de conflitos – no condomínio em regime de multipropriedade, o exercício de poderes é sucessivo e não simultâneo, o que justifica a indivisibilidade – não há conflito). Todavia, além da ausência de conflito pelo modo como se exerce poderes sobre o bem, o obstáculo para a extinção deste condomínio se associa aos interesses econômicos que estão por trás deste novo modelo, a fim de conferir a necessária segurança jurídica para estes negócios jurídicos, em especial quando submetidos ao regime jurídico das incorporações imobiliárias.

Por este motivo, o parágrafo único do art. 1.358-C dispõe que a multipropriedade não se extinguirá automaticamente se todas as frações de tempo forem do mesmo multiproprietário. Não haveria motivo para evitar a extinção deste condomínio, quando deixa de existir o pressuposto para a multipropriedade, que é o condomínio. Se o imóvel passa a pertencer a um mesmo titular, ainda que detenha diferentes períodos determinados de utilização, destacados em frações, não há multipropriedade, porque seu pressuposto fundamental inexiste, o condomínio. Tal norma jurídica é absolutamente incompatível com este novo modelo.

• Objeto

O condomínio em multipropriedade somente pode ter por objeto um imóvel.

O imóvel objeto da multipropriedade, de acordo com o art. 1.358-D, é indivisível e, por isso, ao contrário do condomínio tradicional, não se sujeita a ação de divisão ou de extinção de condomínio. A submissão desta espécie de condomínio ao regime da indivisibilidade evidencia que, na realidade, trata-se de "pseudocondomínio". O legislador, infelizmente, está por dissimular, a partir de uma perspectiva equivocada de condomínio, negócios jurídicos abstratos em que os sujeitos serão titulares de frações de tempo e não de parcela do imóvel. Essa a nossa crítica. Como a multipropriedade pressupõe condomínio, estes, necessariamente, são titulares de direito subjetivo sobre a coisa (propriedade imobiliária). A fração de tempo apenas se relaciona ao modo de exercer os direitos de condômino.

Todavia, ao impor a indivisibilidade deste condomínio, verifica-se que o que se pretende é tornar os sujeitos titulares de períodos de tempo de uso e gozo de imóvel, mas não do imóvel em si, o que não se confunde com o condomínio. Se essa foi a intenção da norma jurídica, deveria ter disciplinado a multipropriedade fora do universo jurídico do condomínio.

De qualquer forma, o imóvel objeto da multipropriedade também incluirá as instalações, os equipamentos e o mobiliário destinados a seu uso e gozo (art. 1.350-D).

• Indivisibilidade da fração de tempo

A fração de tempo é indivisível (art. 1.358-E), o que não se confunde com a indivisibilidade do imóvel em regime de multipropriedade.

Na ideologia do novo instituto, a indivisibilidade de cada fração de tempo, por meio da qual cada condômino poderá exercer seus direitos de condômino, com exclusividade, sobre a totalidade do imóvel, é imperativo lógico. Ao se admitir a divisibilidade da fração de tempo, o instituto estaria desvirtuado, pois seria o mesmo que criar condomínios de frações de tempo dentro de condomínio de imóvel e tal fato certamente inviabilizaria o uso e gozo do direito, em determinado período, com exclusividade, sobre todo o imóvel.

Ao disciplinar limite para a fração de tempo, o Estado, sem qualquer justificativa, interfere na liberdade que as partes deveriam ter para dispor sobre a questão. Neste ponto, a autonomia privada deveria preponderar, tendo em vista os interesses privados.

O § 1º do art. 1.358-E dispõe que o período correspondente a cada fração de tempo será de, no mínimo, 7 (sete) dias, seguidos ou intercalados, o que evidencia que o instituto é modelo autônomo e completamente diverso do condomínio e, por isso, deveria estar dele dissociado. O período poderá ser fixo e determinado, no mesmo período de cada ano ou flutuante, caso em que a determinação do período será realizada de forma periódica, mediante procedimento objetivo que respeite, em relação a todos os multiproprietários, o princípio da isonomia, devendo ser previamente divulgado. Ademais, o inciso III do art. 1.358-E, admite que haja a combinação de período misto, com a junção dos sistemas fixo e flutuante.

Em face da necessária isonomia entre os multiproprietários, o § 2º do art. 1.358-E, exige que todos tenham direito a uma mesma quantidade mínima de dias seguidos durante o ano, podendo haver a aquisição de frações maiores que a mínima, com o correspondente direito ao uso por períodos também maiores.

• Constituição da multipropriedade

O condomínio em multipropriedade pode ser constituído por ato entre vivos (contrato) ou testamento (art. 1.358-F), público ou particular.

Além da matrícula do imóvel, haverá uma matrícula para cada fração de tempo, na qual se registrarão e averbarão os atos referentes à respectiva fração de tempo.

Em qualquer caso, como se trata de direito sobre imóvel em condomínio, deverá ser registrado no competente cartório de registro de imóveis. No ato de constituição deve constar e estar especificada a duração dos períodos, fixos e/ou flutuantes, correspondentes a cada fração de tempo.

• Cláusulas do condomínio em multipropriedade

Em regra, por força do princípio da autonomia privada, os multiproprietários podem estipular as cláusulas que mais convierem aos seus interesses.

No entanto, o art. 1.358-G impõe que na convenção de condomínio em multipropriedade sejam inseridas determinadas cláusulas, o que mitiga, consideravelmente, a autonomia privada inerente a tais negócios jurídicos. Portanto, na convenção de condomínio devem constar os poderes e deveres dos multiproprietários, especialmente em matéria de instalações, equipamentos e mobiliário do imóvel, de manutenção ordinária e extraordinária, de conservação e limpeza e de pagamento da contribuição condominial; o número máximo de pessoas que podem ocupar simultaneamente o imóvel no período correspondente a cada fração de tempo (o que interfere no direito de propriedade – fato que evidencia que o instituto deveria ser dissociado do condomínio); as regras de acesso do administrador condominial ao imóvel para cumprimento do dever de manutenção, conservação e limpeza; a criação de fundo de reserva para reposição e manutenção dos equipamentos, instalações e mobiliário; o regime aplicável em caso de perda ou destruição parcial ou total do imóvel, inclusive para efeitos de participação no risco ou no valor do seguro, da indenização ou da parte restante e as multas aplicáveis ao multiproprietário nas hipóteses de descumprimento de deveres.

As cláusulas obrigatórias da convenção são muito assemelhadas com as disposições a serem inseridas em convenção de condomínio tradicional, também por imposição legal.

De acordo com o art. 1.358-H, o instrumento de instituição da multipropriedade (contrato ou testamento) ou a convenção de condomínio em multipropriedade poderá estabelecer o limite máximo de frações de tempo no mesmo imóvel que poderão ser detidas pela mesma pessoa natural ou jurídica. O mesmo sujeito poderá ser "titular" de várias frações de tempo, o que poderá fazer com que multiplique negócios relativos ao mesmo imóvel.

A multipropriedade permitirá que um único imóvel seja objeto de multiplicidade de negócios em relação ao mesmo titular. O imóvel passa a ser desmembrado em frações de tempo, períodos de uso, partes abstratas e regime jurídico que se distancia profundamente da propriedade tradicional.

O parágrafo único do art. 1.358-H estabelece regra para a limitação de frações de tempo por titular, em caso de instituição da multipropriedade antes de se estabelecer tal limite: "Em caso de instituição da multipropriedade para posterior venda das frações de tempo a terceiros, o atendimento a eventual limite de frações de tempo por titular estabelecido no instrumento de instituição será obrigatório somente após a venda das frações".

- **Direitos e obrigações do multiproprietário**

São direitos do multiproprietário, além daqueles previstos no instrumento de instituição e na convenção de condomínio em multipropriedade (art. 1.358-I): I – usar e gozar, durante o período correspondente à sua fração de tempo, do imóvel e de suas instalações, equipamentos e mobiliário; II – ceder a fração de tempo em locação ou comodato (inerente à sua condição de condômino ou titular de direito sobre fração de tempo); III – alienar a fração de tempo, por ato entre vivos ou por causa de morte, a título oneroso ou gratuito, ou onerá-la, devendo a alienação e a qualificação do sucessor, ou a oneração, ser informadas ao administrador (da mesma forma que o condomínio tradicional, plena liberdade de disposição e imposição de ônus); IV – participar e votar, pessoalmente ou por intermédio de representante ou procurador, desde que esteja quite com as obrigações condominiais, em: a) assembleia geral do condomínio em multipropriedade, e o voto do multiproprietário corresponderá à quota de sua fração de tempo no imóvel; b) assembleia geral do condomínio edilício, quando for o caso, e o voto do multiproprietário corresponderá à quota de sua fração de tempo em relação à quota de poder político atribuído à unidade autônoma na respectiva convenção de condomínio edilício.

Por outro lado, nos termos do art. 1.358-J, são obrigações do multiproprietário, além daquelas previstas no instrumento de instituição e na convenção de condomínio em multipropriedade: I – pagar a contribuição condominial do condomínio em multipropriedade e, quando for o caso, do condomínio edilício, ainda que renuncie ao uso e gozo, total ou parcial, do imóvel, das áreas comuns ou das respectivas instalações, equipamentos e mobiliário; II – responder por danos causados ao imóvel, às instalações, aos equipamentos e ao mobiliário por si, por qualquer de seus acompanhantes, convidados ou prepostos ou por pessoas por ele autorizadas; III – comunicar imediatamente ao administrador os defeitos, avarias e vícios no imóvel dos quais tiver ciência durante a utilização; IV – não modificar, alterar ou substituir o mobiliário, os equipamentos e as instalações do imóvel; V – manter o imóvel em estado de conservação e limpeza condizente com os fins a que se destina e com a natureza da respectiva construção; VI – usar o imóvel, bem como suas instalações, equipamentos e mobiliário, conforme seu destino e natureza; VII – usar o imóvel exclusivamente durante o período correspondente à sua fração de tempo (essência deste novo instituto); VIII – desocupar o imóvel, impreterivelmente, até o dia e hora fixados no instrumento de instituição ou na convenção de condomínio em multipropriedade, sob pena de multa diária, conforme convencionado no instrumento pertinente e IX – permitir a realização de obras ou reparos urgentes.

Conforme previsão que deverá constar da respectiva convenção de condomínio em multipropriedade, o multiproprietário estará sujeito a: I – multa, no caso de descumprimento de qualquer de seus deveres; II – multa progressiva e perda temporária do direito de utilização do imóvel no período correspondente à sua fração de tempo, no caso de descumprimento reiterado de deveres. A responsabilidade pelas despesas referentes a reparos no imóvel, bem como suas instalações, equipamentos e mobiliário, será: I – de todos os multiproprietários, quando decorrentes do uso normal e do desgaste natural do imóvel; II – exclusivamente do multiproprietário responsável pelo uso anormal, sem prejuízo de multa, quando decorrentes de uso anormal do imóvel.

Para estes efeitos, nos termos do art. 1.358-K, são equiparados aos multiproprietários os promitentes compradores e os cessionários de direitos relativos a cada fração de tempo.

- **Transferência da multipropriedade**

O titular da faculdade de uso e gozo por determinado período de tempo, denominado condômino, poderá transferir a terceiros sua fração, independentemente do consentimento dos demais condôminos/multiproprietários (art. 1.358-L). Não se trata, portanto, de direito personalíssimo.

Ao contrário do condomínio tradicional, onde o direito de preferência em relação a terceiros é um dos mecanismos para a extinção do condomínio (porque a aquisição de cota de outro condômino na disputa com terceiros leva à concentração dos direitos a poucos ou uma só pessoa – art. 504 do CC), o condomínio em multipropriedade, que impõe a indivisibilidade do imóvel, como consequência lógica desta, não admite direito de preferência na alienação de fração de tempo. A ressalva será se houver sido estabelecida a preferência no instrumento de instituição ou na convenção do condomínio em multipropriedade em favor dos demais multiproprietários ou do instituidor do condomínio em multipropriedade.

No condomínio tradicional, a preferência decorre de imposição legal, com a possibilidade de recuperar a coisa, com depósito do preço. No condomínio em multipropriedade, a preferência depende de pacto de preferência, cuja violação resultará em perdas e danos (art. 518 do CC).

O adquirente será solidariamente responsável com o alienante pelas obrigações de que trata o § 5º do art. 1.358-J deste Código caso não obtenha a declaração de inexistência de débitos referente à fração de tempo no momento de sua aquisição.

Administração da multipropriedade

A administração do imóvel e de suas instalações, equipamentos e mobiliário será de responsabilidade da pessoa indicada no instrumento de instituição ou na convenção de condomínio em multipropriedade, ou, na falta de indicação, de pessoa escolhida em assembleia geral dos condôminos.

O administrador exercerá, além daquelas previstas no instrumento de instituição e na convenção de condomínio em multipropriedade, as seguintes atribuições, de acordo com o art. 1.358-M: I – coordenação da utilização do imóvel pelos multiproprietários durante o período correspondente a suas respectivas frações de tempo; II – determinação, no caso dos sistemas flutuante ou misto, dos períodos concretos de uso e gozo exclusivos de cada multiproprietário em cada ano; III – manutenção, conservação e limpeza do imóvel; IV – troca ou substituição de instalações, equipamentos ou mobiliário, inclusive: a) determinar a necessidade da troca ou substituição; b) providenciar os orçamentos necessários para a troca ou substituição; c) submeter os orçamentos à aprovação pela maioria simples dos condôminos em assembleia; V – elaboração do orçamento anual, com previsão das receitas e despesas; VI – cobrança das quotas de custeio de responsabilidade dos multiproprietários; VII – pagamento, por conta do condomínio edilício ou voluntário, com os fundos comuns arrecadados, de todas as despesas comuns.

A convenção de condomínio em multipropriedade poderá regrar de forma diversa a atribuição prevista no inciso IV do § 1º do art. 1.358-M.

De acordo com o art. 1.358-N, o instrumento de instituição poderá prever fração de tempo destinada à realização, no imóvel e em suas instalações, em seus equipamentos e em seu mobiliário, de reparos indispensáveis ao exercício normal do direito de multipropriedade. Tal fração de tempo poderá ser atribuída: I – ao instituidor da multipropriedade; ou II – aos multiproprietários, proporcionalmente às respectivas frações.

Em caso de emergência, os reparos poderão ser feitos durante o período correspondente à fração de tempo de um dos multiproprietários.

• Multipropriedade e condomínio edilício

A multipropriedade imobiliária pressupõe condomínio e permitirá que o condômino exerça, com exclusividade, sobre a totalidade do imóvel, as faculdades de uso e gozo decorrentes do direito de propriedade.

O art. 1.358-O do Código Civil, também introduzido pela Lei n. 13.777/2018, estende a possibilidade de multipropriedade no condomínio edilício, que poderá se submeter a esse novo regime. No caso de condomínio edilício, a multipropriedade poderá se relacionar com a totalidade ou apenas uma parte das unidades autônomas, o que deverá ser previsto no instrumento de instituição ou por deliberação da maioria absoluta dos condôminos.

A convenção de condomínio edilício, no caso de adotar o regime da multipropriedade, deve prever, além das matérias elencadas nos arts. 1.332, 1.334 e, se for o caso, a identificação das unidades sujeitas ao regime da multipropriedade, no caso de empreendimentos mistos; a indicação da duração das frações de tempo de cada unidade autônoma sujeita ao regime da multipropriedade; a forma de rateio, entre os multiproprietários de uma mesma unidade autônoma, das contribuições condominiais relativas à unidade, que, salvo se disciplinada de forma diversa no instrumento de instituição ou na convenção de condomínio em multipropriedade, será proporcional à fração de tempo de cada multiproprietário; a especificação das despesas ordinárias, cujo custeio será obrigatório, independentemente do uso e gozo do imóvel e das áreas comuns; os órgãos de administração da multipropriedade; a indicação, se for o caso, de que o empreendimento conta com sistema de administração de intercâmbio, na forma prevista no § 2º do art. 23 da Lei n. 11.771, de 17 de setembro de 2008, seja do período de fruição da fração de tempo, seja do local de fruição, caso em que a responsabilidade e as obrigações da companhia de intercâmbio limitam-se ao contido na documentação de sua contratação; a competência para a imposição de sanções e o respectivo procedimento, especialmente nos casos de mora no cumprimento das obrigações de custeio e nos casos de descumprimento da obrigação de desocupar o imóvel até o dia e hora previstos; o quórum exigido para a deliberação de adjudicação da fração de tempo na hipótese de inadimplemento do respectivo multiproprietário e, finalmente, o quórum exigido para a deliberação de alienação, pelo condomínio edilício, da fração de tempo adjudicada em virtude do inadimplemento do respectivo multiproprietário.

O regimento interno do condomínio edilício em regime de multipropriedade deve prever os direitos dos multiproprietários sobre as partes comuns do condomínio edilício; os direitos e obrigações do administrador, inclusive quanto ao acesso ao imóvel para cumprimento do dever de manutenção, conservação e limpeza; as condições e regras para uso das áreas comuns; os procedimentos a serem observados para uso e gozo dos imóveis e das instalações, equipamentos e mobiliário destinados ao regime da multipropriedade; número máximo de pessoas que podem ocupar simultaneamente o imóvel no período correspondente a cada fração de tempo; as regras de convivência entre os multiproprietários e os ocupantes de unidades autônomas não sujeitas ao regime da multipropriedade, quando se tratar de empreendimentos mistos; a forma de contribuição, destinação e gestão do fundo de reserva específico para cada imóvel, para reposição e manutenção dos equipamentos, instalações e mobiliário, sem prejuízo do fundo de reserva do condomínio edilício; possibilidade de realização de assembleias não presenciais, inclusive por meio eletrônico; os mecanismos de participação e representação dos titulares; o funcionamento do sistema de reserva, os meios de confirmação e os requisitos a serem cumpridos pelo multiproprietário quando não exercer diretamente sua faculdade de uso e a descrição dos serviços adicionais, se existentes, e as regras para seu uso e custeio.

A interferência estatal, com previsão das matérias que deverão integrar o regime interno do condomínio edilício em regime de multipropriedade, é excessivamente danosa às relações privadas relacionadas a este instituto.

O regimento interno poderá ser instituído por escritura pública ou por instrumento particular.

De acordo com a previsão do art. 1.358-R, o condomínio edilício em que tenha sido instituído o regime de multipropriedade em parte ou na totalidade de suas unidades autônomas terá necessariamente um administrador profissional. O prazo de duração do contrato de administração será livremente convencionado. O administrador do condomínio será também o administrador de todos os condomínios em multipropriedade de suas unidades autônomas. O administrador será mandatário legal de todos os multiproprietários, exclusivamente para a realização dos atos de gestão ordinária da multipropriedade, incluindo manutenção, conservação e limpeza do imóvel e de suas instalações, equipamentos e mobiliário. O administrador poderá modificar o regimento interno quanto aos aspectos estritamente operacionais da gestão da multipropriedade no condomínio edilício. O administrador pode ser ou não um prestador de serviços de hospedagem.

Na hipótese de inadimplemento, por parte do multiproprietário, da obrigação de custeio das despesas ordinárias ou extraordinárias, é cabível, na forma da lei processual civil, a adjudicação ao condomínio edilício da fração de tempo correspondente (art. 1.358-S do CC). Trata-se de notável inovação legislativa, pois permitirá adjudicação da "fração de tempo", que corresponde ao direito subjetivo inerente à condição de condômino.

Na hipótese de o imóvel objeto da multipropriedade ser parte integrante de empreendimento em que haja sistema de locação das frações de tempo no qual os titulares possam ou sejam obrigados a locar suas frações de tempo exclusivamente por meio de uma administração única, repartindo entre si as receitas das locações independentemente da efetiva ocupação de cada unidade autônoma, poderá a convenção do condomínio edilício regrar que em caso de inadimplência: o inadimplente fique proibido de utilizar o imóvel até a integral quitação da dívida; a fração de tempo do inadimplente passe a integrar o *pool* da administradora; a administradora do sistema de locação fique automaticamente munida de poderes e obrigada a, por conta e ordem do inadimplente, utilizar a integralidade dos valores líquidos a que o inadimplente tiver direito para amortizar suas dívidas condominiais, seja do condomínio edilício, seja do condomínio em multipropriedade, até sua integral quitação, devendo eventual saldo ser imediatamente repassado ao multiproprietário. Seria uma espécie de anticrese legal?

No condomínio edilício em regime de multipropriedade que adota o sistema de *pool*, se o multiproprietário estiver inadimplente com dívidas condominiais (art. 1.358-S), a convenção pode autorizar a administradora a utilizar a integralidade dos valores líquidos a que o inadimplente tiver direito para amortizar suas dívidas condominiais, bem como proibi-lo de usar e gozar a sua unidade, no período ou fração de tempo predeterminado, até que a dívida com a administradora seja integralmente paga. Tal poder que a convenção pode conceder à administradora do *pool* passou a ser denominada por alguns "anticrese legal", sob o pretexto de que a dinâmica da satisfação do crédito seria semelhante ao da anticrese convencional, direito real de garantia sobre coisa alheia, arts. 1.506 a 1.510 do CC.

A comparação é despropositada. No direito real de garantia, anticrese, o devedor, por ato de vontade, transfere a posse direta do imóvel ao credor e cede a este o direito de perceber os frutos e rendimentos, até compensação da dívida ou satisfação da obrigação. Na multipropriedade com sistema de *pool*, o imóvel integra empreendimento em que a locação da fração de tempo se submete a administração única e as receitas das locações, que é repartida entre os multiproprietários, independe da efetiva ocupação de cada unidade autônoma. Portanto, no *pool*, desde a instituição do regime, a administradora já ostenta poderes sobre a coisa. No *pool*, ao contrário da anticrese, há necessária cooperação e colaboração recíproca entre os multiproprietários, porque os resultados serão rateados independente da ocupação efetiva de unidade específica. No caso de inadimplemento do multiproprietário, para manter o nível de cooperação e o equilíbrio econômico e financeiro do empreendimento, a repartição de resultados, pressupõe adimplemento das obrigações condominiais, sob pena de enriquecimento sem causa. Não há qualquer semelhança com o instituto da anticrese, que pretendem ressuscitar por meio da multipropriedade. Os objetivos e as causas de justificação dos institutos são diversos. Ademais, a administradora do *pool* já tem poderes possessórios sobre o imóvel deste a instituição da multipropriedade, ao passo que na anticrese a transferência da posse direta ao credor é superveniente à existência de um crédito. Caberá à convenção do condomínio edilício disciplinar que, no caso de inadimplência, até a satisfação do crédito, os lucros que caberiam ao multiproprietário inadimplente serão destinados para a satisfação da dívida. A questão é meramente administrativa e operacional, sem qualquer constituição de direito real sobre coisa alheia, como ocorre na anticrese. Não há dúvida de que a proibição de o multiproprietário usar e gozar a unidade no período de inadimplemento sugere violação do direito de propriedade. Por isso, a norma deve ser interpretada de acordo com o sistema do *pool*. Se o multiproprietário integra o empreendimento e submete sua unidade à locação e à administração única, de fato, mesmo proprietário, não poderá fazer uso da sua fração de tempo, no período da locação, salvo se, como qualquer locatário, remunera a administração para uso e gozo da unidade. O multiproprietário somente poderá renunciar de forma translativa a seu direito de multipropriedade em favor do condomínio edilício (art. 1.358-T). A renúncia só é admitida se o multiproprietário estiver em dia com as contribuições condominiais, com os tributos imobiliários e, se houver, com o foro ou a taxa de ocupação. O condomínio edilício seria o destinatário exclusivo da denominada renúncia translativa, o que o tornará titular de relação jurídica material, mesmo sendo ente despersonalizado. Não se trata de renúncia propriamente dita, mas de transferência de direito a outrem, o que a diferencia da renúncia abdicativa, o que é comum e a regra nos condomínios tradicionais, a teor do disposto no art. 1.316 do CC.

Por fim, o art. 1.358-U do CC dispõe que as convenções dos condomínios edilícios, os memoriais de loteamentos e os instrumentos de venda dos lotes em loteamentos urbanos poderão limitar ou impedir a instituição da multipropriedade nos respectivos imóveis, vedação que somente poderá ser alterada no mínimo pela maioria absoluta dos condôminos.

5.3.9.3. Objeto da propriedade: bens corpóreos e incorpóreos (propriedade intelectual)

Tradicionalmente, o objeto da propriedade incide sobre coisas corpóreas e tangíveis, imóveis e móveis.

O fato é que a evolução da concepção da propriedade e suas múltiplas facetas, agregada às novas tecnologias e bens relevantes da sociedade, leva a uma mudança de paradigmas na questão relacionada ao bem que pode ser objeto da propriedade. Na atualidade, é possível defender a propriedade sobre bens incorpóreos ou imateriais, como ocorre com os programas de informática (Lei n. 9.609/98) e os direitos autorais (Lei n. 9.610/98).

Mas há autores, como Orlando Gomes[160], que rechaçam com veemência a possibilidade de propriedade incorpórea. Para o mestre, a materialização ou corporeidade é princípio básico da propriedade. Diz ele que "o fenômeno da propriedade incorpórea explica-se como reflexo do valor psicológico da ideia de propriedade, mas, embora esses direitos novos tenham semelhança com o de propriedade, porque também são exclusivos e absolutos, com ela não se confundem. A assimilação é tecnicamente falsa".

Na concepção atual da propriedade, não há como concordar com o mestre. A propriedade incorpórea e imaterial é uma realidade. Como ressalta Venosa[161], "o termo propriedade se reserva com maior uso aos bens corpóreos e incorpóreos".

A Constituição Federal faz expressa alusão à propriedade incorpórea nos incisos XXVII a XXIX do art. 5º, quando disciplina os direitos autorais e a propriedade de bens incorpóreos, como marcas, nomes de empresas, invenções, patentes e outros signos distintivos.

Ao disciplinar a propriedade, o Código Civil ainda se pautou na visão tradicional da propriedade como poder sobre coisas corpóreas e materiais. Entretanto, a Lei Civil se submete aos valores constitucionais e deve ser interpretada à luz de seus princípios. A força normativa da Constituição Federal e sua eficácia irradiante impõem uma nova análise do objeto da propriedade, para se considerar outros valores, ainda que incorpóreos, como submetidos ao seu regime jurídico, quando não houver outro especial ou mais eficaz.

Todavia, a propriedade sobre bens incorpóreos deve se submeter aos regimes que lhe são peculiares.

Cada propriedade tem a sua particularidade e deve ser analisada a partir de suas características. Com acerto as ponderações sempre sensatas de Rosenvald e Chaves[162], segundo os quais: "O elemento comum que identifica as diferenciadas exteriorizações do fenômeno da propriedade será utilidade privada do direito patrimonial para o seu titular. Esteja a propriedade dividida, superposta, justaposta, as gradações entre os variados perfis de propriedade reclamarão do intérprete a capacidade de perceber as particularidades e modelações de cada titularidade e as diferenças com os outros modelos".

As propriedades são diferentes. A propriedade intelectual é diferente da propriedade sobre coisa imobiliária. A forma de uso e fruição será diversa. Essa variação de perfis e a multiplicidade de características que singularizam cada propriedade não constitui óbice para serem consideradas sob a terminologia genérica da propriedade, e também não se submetem às amarras do art. 1.228 do CC. Cada modelo de propriedade, diante de sua singularidade e especificidade, reclamará análise individualizada e, se for incorpórea, desvinculada das faculdades previstas no art. 1.228, que podem ser um mero parâmetro, mas não atributos comuns a todas as propriedades.

Em relação à propriedade intelectual, é fácil visualizá-la embora com características próprias. Em relação aos direitos morais do autor, estes são objeto da Lei n. 9.610/98. Dentre as principais características dos direitos do autor, estão a inalienabilidade e o fato de serem irrenunciáveis (art. 27 da Lei n. 9.610/98). Os direitos morais do autor estão definidos no art. 24 da mencionada lei.

O direito à integridade intelectual está previsto na Lei n. 9.610/98 e no inciso XXVII do art. 5º da CF/88 (proteção à criação intelectual).

Em conclusão à propriedade sobre bens incorpóreos, precisa a lição de Loureiro[163]: " No regime do Código Civil, está a propriedade circunscrita aos bens corpóreos, ou seja, às coisas. O art. 5º, XXII, da CF/88, porém, ao proteger o direito de propriedade, abrange também os créditos e toda posição jurídica de valor patrimonial. É por isso que a moderna doutrina não mais fala em propriedade, mas em propriedades, tal a complexidade e diversidade de situações jurídicas a disciplinar, que não comportam solução única e monolítica".

5.3.9.4. Extensão das faculdades do proprietário (limites ao direito de propriedade)

As faculdades jurídicas inerentes ao direito subjetivo relacionadas à propriedade moderna, ainda que funcionalizadas, suportam restrições de natureza vertical.

O CC, nos arts. 1.229 e 1.230, impõe limites ao direito subjetivo de propriedade, na sua concepção vertical.

---

[160] GOMES, Orlando. *Direitos reais*. 19. ed. atualizada. Rio de Janeiro: Forense, 2007, p. 112.

[161] VENOSA, Sílvio de Salvo. *Direito civil*: direitos reais. 12. ed. São Paulo: Atlas, 2012. v. 5, p. 161.

[162] FARIAS, Cristiano Chaves de; ROSENVALD, Nelson. *Direito reais*. 7. ed. Rio de Janeiro: Lumen Juris, 2011, p. 269.

[163] LOUREIRO, Francisco Eduardo. Arts. 1.196 a 1.510-E – Coisas. In: PELUSO, Cezar (coord.). *Código civil comentado*. 2. ed. Barueri: Manole, 2008, p. 1.144.

Tais limites não se confundem com o atributo da elasticidade, porque embora o proprietário possa exercer poderes relacionados ao domínio, tais poderes estão condicionados a restrições legais ao próprio direito subjetivo de propriedade (extensão).

Tais restrições verticais estão relacionadas ao subsolo e ao espaço aéreo correspondentes ao solo. O dispositivo, baseado nos critérios da utilidade social e do interesse, estabelece limites superior e inferior ao exercício das faculdades do direito subjetivo de propriedade, em especial à faculdade de uso.

De acordo com o art. 1.229: "A propriedade do solo abrange a do espaço aéreo e subsolo correspondentes, em altura e profundidade úteis ao seu exercício, não podendo o proprietário opor-se a atividades que sejam realizadas, por terceiros, a uma altura ou profundidade tais, que não tenha ele interesse legítimo em impedi-las".

O proprietário do solo, coisa corpórea e tangível, também é proprietário do subsolo e do espaço aéreo correspondente. Todavia, o art. 1.229 impõe limites à extensão vertical da propriedade. A propriedade do subsolo e do espaço aéreo é limitada pela utilidade ao proprietário. O limite é a *utilidade* e não será útil quando não tenha *interesse* em impedir que terceiros realizem atividades no subsolo e no espaço aéreo correspondente ao solo.

Por exemplo, a altitude pela qual o avião faz sobrevoo não tem qualquer utilidade para o proprietário do solo. Em consequência, ele não terá interesse em impedir que a empresa aérea voe no espaço aéreo correspondente ao seu solo.

O proprietário apenas tem o direito a excluir tudo o que interfira com o aproveitamento da coisa, tanto atual quanto futuramente, se, efetivamente, a ameaça restringir a condição jurídica do proprietário. Não pode impedir que um avião passe sobre sua casa, assim como não tem interesse em embargar a perfuração de um túnel a uma profundidade tal que não ponha em risco a sua segurança[164].

Não há um fracionamento da propriedade em propriedade do solo, subsolo e espaço aéreo. Os poderes e as faculdades do proprietário sobre o solo se estendem até determinado limite ao subsolo e ao espaço aéreo correspondente, até onde o exercício destes poderes possa lhe trazer alguma utilidade efetiva. Assim, são as faculdades do proprietário que se estendem até o subsolo e espaço aéreo útil. A extensão do poder do proprietário não é limitada à superfície, mas há limites para cima e para baixo. Nesse sentido, Orlando Gomes[165] é preciso quando diz que "o subsolo e o espaço aéreo são meras extensões da propriedade da superfície, simples consequências. A rigor, porém, o que se estende verticalmente é o poder do proprietário, seu direito de utilização do bem". O professor ainda destaca que a utilidade está relacionada ao núcleo negativo da propriedade, ao direito de exclusão. O interesse do proprietário sobre o subsolo e espaço aéreo é determinado pela utilidade do exercício da propriedade.

A observação de Caio Mário[166] é esclarecedora: "Conjugou, assim, a utilidade e o interesse. Projetam-se verticalmente para cima e para baixo. Mas não chegam até as estrelas – *usque ad sidera* – como queriam os juristas medievais, nem avança até a profundidade da terra – *usque ad inferos*. Até lá não chegam as razões de interesse do titular, uma vez que o interesse, na acepção legal, não consiste na intenção abstrata de guardar a potencialidade de um aproveitamento remoto ou meramente teórico, porém revela-se na adoção de um critério utilitário".

Portanto, o interesse está vinculado à utilidade. É de interesse do proprietário estender os seus poderes para o subsolo e o espaço aéreo até onde for útil para as faculdades do proprietário.

Em complemento ao art. 1.229, o art. 1.230 do CC confere disciplina jurídica diferenciada para algumas riquezas do subsolo, como jazidas, minas, recursos minerais, potenciais de energia hidráulica, monumentos arqueológicos, e os exclui e destaca do direito de propriedade. Tais riquezas do subsolo, em sentido amplo, são atribuídas à União Federal, conforme disposto nos arts. 20 e 176 da CF/88.

De acordo com o art. 1.230 do CC: "A propriedade do solo não abrange as jazidas, minas e demais recursos minerais, os potenciais de energia hidráulica, os monumentos arqueológicos e outros bens referidos por leis especiais".

Em complemento a este dispositivo, dispõe o art. 20 da CF/88 que são bens da União Federal: "V – os recursos naturais da plataforma continental e da zona econômica exclusiva; VI – o mar territorial; VII – os terrenos de marinha e seus acrescidos; VIII – os potenciais de energia hidráulica; IX – os recursos minerais, inclusive os do subsolo; X – as cavidades naturais subterrâneas e os sítios arqueológicos e pré-históricos; XI – as terras tradicionalmente ocupadas pelos índios". Em complemento, o art. 176 trata das riquezas do subsolo.

Na realidade, o art. 1.230 do CC acaba por repetir ou reproduzir as disposições da Constituição Federal, cujo diploma, em seu art. 176, destaca a propriedade do solo privado as riquezas do subsolo, seja de que natureza forem.

O parágrafo único do art. 1.230 ressalva que o proprietário do solo privado tem o direito de explorar os recursos minerais de emprego imediato na construção civil, desde que não submetidos à transformação industrial e obedecido o disposto em lei especial. Sobre esse dispositivo, é interessante o exemplo de Loureiro[167]: "Seria o caso, por exemplo, de pedras, areia ou argila existentes em um terreno, ou mesmo em seu subsolo, que podem ser imediatamente empregados pelo proprietário na construção civil, independentemente de qualquer processo industrial para seu aproveitamento".

---

[164] Cf. PEREIRA, Caio Mário da Silva. *Instituições de direito civil. Direitos reais*. 26. ed. Rio de Janeiro: Forense, 2018. v. IV, p. 100.

[165] LOUREIRO, Francisco Eduardo. Arts. 1.196 a 1.510-E – Coisas. In: PELUSO, Cezar (coord.). *Código civil comentado*. 2. ed. Barueri: Manole, 2008, p. 1.144.

[166] Cf. PEREIRA, Caio Mário da Silva. *Instituições de direito civil. Direitos reais*. 26. ed. Rio de Janeiro: Forense, 2018. v. IV, p. 100.

[167] LOUREIRO, Francisco Eduardo. Arts. 1.196 a 1.510-E – Coisas. In: PELUSO, Cezar (coord.). *Código civil comentado*. 2. ed. Barueri: Manole, 2008, p. 1.156.

O fato é que as riquezas do subsolo pertencem à União Federal, conforme dispõem os arts. 20 e 176 da CF/88, e o art. 1.230 do CC.

O proprietário somente poderá explorar as riquezas do subsolo, como jazidas e recursos minerais, na qualidade de concessionário e, neste caso, poderá obter direito ao resultado ou produto da lavra. Se não houver riquezas no subsolo, aplica-se a regra geral do interesse e da utilidade, estabelecida pelo art. 1.229 do CC, como limite vertical, para baixo e para cima, dos poderes inerentes ao direito subjetivo de propriedade.

5.3.9.5. Limitações às faculdades jurídicas do proprietário

Os arts. 1.229 e 1.230 do CC disciplinam a extensão das faculdades jurídicas (poderes) do direito subjetivo de propriedade no plano vertical, ou seja, para cima (espaço aéreo) e para baixo (subsolo). Como já ressaltado, não há tripartição da propriedade, mas uma restrição dos poderes do proprietário no subsolo e no espaço aéreo correspondente ao solo.

Por outro lado, além desta restrição à extensão dos poderes do proprietário, o direito subjetivo de propriedade suporta limitações, que podem decorrer da lei, de atos administrativos amparados em lei e até voluntárias ou decorrentes de negócio jurídico entre atores privados, como é exemplo a cláusula de inalienabilidade.

Assim, quanto à fonte, as limitações podem ser legais e voluntárias. As limitações legais decorrem de uma imposição do ordenamento jurídico ou de atos administrativos fundados em norma legal. As limitações legais são fundamentadas no interesse coletivo ou público. São exemplos as limitações impostas pelo Estado, de forma unilateral, por meio de regulamentos administrativos, os direitos de vizinhança, as regras estabelecidas pelo Estatuto da Cidade (Lei n. 10.257/2001), dentre outros.

De acordo com Orlando Gomes[168], as limitações decorrentes de regulamentos administrativos se caracterizam pela unilateralidade, porque não estabelecem vínculos recíprocos. Com base no interesse público, os interesses do proprietário são sacrificados em benefício da coletividade. Os direitos de vizinhança se caracterizam por um vínculo de bilateralidade ou reciprocidade, pois se impõem igualmente a todos os vizinhos.

A Constituição Federal estabelece inúmeras limitações ao direito de propriedade, como a requisição administrativa para remover perigo iminente (art. 5º, XXV), a desapropriação por utilidade pública ou interesse social (art. 5º, XXIV), assim como várias questões e restrições relacionadas às políticas urbana e rural (arts. 182 e 184 da CF/88).

É precisa a observação de Venosa[169] de que são inúmeras as limitações legais à propriedade, mas "a exigência de limitação decorre do equacionamento do individual e do social, como acentuado". As limitações legais estão condicionadas ao atendimento do interesse público e coletivo que justifica o sacrifício dos interesses dos proprietários, em si considerados.

Por outro lado, as restrições voluntárias ao direito de propriedade decorrem de ato de vontade, princípio da autonomia privada, por meio do qual os sujeitos de direito têm o poder de regular os próprios interesses. Os exemplos mais emblemáticos são as cláusulas de inalienabilidade, impenhorabilidade, incomunicabilidade e, ainda, a instituição do bem de família (art. 1.711 do CC).

No que tange às referidas cláusulas especiais, o proprietário impõe limitações à faculdade de dispor da coisa. Como enuncia Gomes[170]: "O proprietário pode determinar, por um ato unilateral ou mediante contrato, que o bem por ele transmitido a outrem obrigue este a satisfazer determinados encargos, ou que, durante certo prazo, não se transmita à outra pessoa, ou, ainda, que permaneça inalienável por certo tempo, bem como seja conservado para transmissão à outra pessoa, realizada certa condição ou verificado o termo a que esteja subordinado".

Assim, é perfeitamente possível instituir as restrições voluntárias à propriedade, por meio das cláusulas especiais, de testamento, doação, contrato de compra e venda, e, ainda, constituição de renda.

No caso do testamento, negócio jurídico unilateral quanto à formação, o testador pode impor, aos herdeiros ou legatários, cláusula de inalienabilidade, que implicará incomunicabilidade e impenhorabilidade, conforme art. 1.911 do CC, inserido em capítulo do direito das sucessões, que disciplina as disposições testamentárias. De acordo com o art. 1.848 do CC, sobre os bens que integram a parte disponível o testador é livre para impor a herdeiros e legatários as referidas cláusulas. No entanto, sobre os bens da legítima, a imposição de cláusulas de inalienabilidade, impenhorabilidade e incomunicabilidade dependerá de justa causa, devidamente declarada no testamento. A exigência de justa causa para imposição destas cláusulas à legítima constitui novidade do Código Civil. O fideicomisso é outra restrição que pode ser imposta no testamento. Os arts. 1.951 e 1952 do CC dispõem que o testador pode instituir herdeiro ou legatário, que, no caso, somente pode ser a prole eventual, os não concebidos ao tempo da morte do testador. Neste caso, a herança ou legado se transmitirá ao herdeiro ou legatário fiduciário, sendo que o direito deste se resolverá por sua morte, a certo tempo ou sob certa condição, em favor de outrem, o fideicomissário. Por isso, a propriedade do fiduciário é restrita e resolúvel. Trata-se de restrição voluntária imposta à propriedade do fiduciário que deverá entregar a herança para a futura prole, fideicomissário.

Na doação, também é possível impor restrições à propriedade transferida ao donatário, mediante cláusula de inalienabilidade, temporária ou vitalícia, ou, ainda, pela

---

[168] GOMES, Orlando. *Direitos reais*. 19. ed. atualizada. Rio de Janeiro: Forense, 2007, p. 144-145.

[169] VENOSA, Sílvio de Salvo. *Direito civil*: direitos reais. 12. ed. São Paulo: Atlas, 2012. v. 5, p. 162.

[170] GOMES, Orlando. *Direitos reais*. 19. ed. atualizada. Rio de Janeiro: Forense, 2007, p. 150-151.

imposição de certos encargos, que podem beneficiar o próprio donatário, terceiro ou o interesse público. É a denominada doação com encargo.

Na compra e venda, por meio de pactos adjetos, como a retrovenda, segundo Orlando Gomes[171], "o poder de disposição é temporariamente paralisado, porque o vendedor se reserva o direito de recobrar, em certo prazo, o imóvel que vendeu, restituindo o preço mais as despesas feitas pelo comprador".

A constituição de renda, disciplinada nos arts. 803 a 813 do CC, também implica restrição voluntária à propriedade. Na constituição de renda onerosa, o rentista ou censuísta transfere o domínio de bem móvel ou imóvel ao rendeiro ou censuário, o qual se obriga a satisfazer, em favor daquele ou de terceiro, uma prestação periódica (arts. 803 e 804, ambos do CC). O rendeiro ou censuário se torna devedor do pagamento de uma renda, prestação periódica, em favor do credor, rentista ou censuísta. A constituição de renda pode ser gratuita, por mera liberalidade (art. 803) ou onerosa (art. 804).

Da mesma forma, quando constitui direito real sobre a coisa, como é o usufruto, também haverá limitação da propriedade por ato de vontade. Nesta situação, o proprietário fica privado das faculdades de uso e gozo do bem.

5.3.9.6. Os acessórios da propriedade

O art. 1.232 do CC nada mais representa do que o desdobramento de uma das faculdades jurídicas inerentes ao direito subjetivo de propriedade, em especial a faculdade de gozo e fruição da coisa. O proprietário tem o poder e o direito de extrair todas as utilidades da coisa.

Em decorrência desta faculdade jurídica, há uma presunção de que os acessórios da coisa pertencem ao proprietário. De acordo com o art. 1.232 do CC: "Os frutos e mais produtos da coisa pertencem, ainda quando separados, ao seu proprietário, salvo se, por preceito jurídico especial, couberem a outrem". É a incidência do princípio de que o acessório segue o principal na propriedade. Tal presunção é relativa, pois a última parte do dispositivo permite que tais acessórios sejam destacados do bem principal e pertençam a outrem.

O preceito jurídico especial a que faz referência a última parte do art. 1.232 do CC pode ser um negócio jurídico, por meio do qual o proprietário concede a outrem o direito de perceber os frutos e produtos, e extrair as utilidades da coisa, como no usufruto (art. 1.394 do CC) ou até uma disposição legal, pela qual o acessório se destaca do principal e passa a pertencer a terceiro não proprietário. O exemplo emblemático é o disposto no art. 1.284 do CC, segundo o qual os frutos caídos de árvore do terreno vizinho pertencem ao dono do solo onde caíram, se este for de propriedade particular.

Sobre a parte final do art. 1.232, é perfeita a observação de Loureiro[172]: "(...) esse preceito a que alude o legislador pode decorrer de relação de direito pessoal, como por exemplo comodato ou locação, ou de relação de direito real, como por exemplo o usufruto. Pode, ainda, e com especial atenção, decorrer da posse de boa-fé que, enquanto durar, confere os frutos ao possuidor, em detrimento do retomante, nos termos do art. 1.214 do CC".

De fato, o art. 1.214 do CC garante ao possuidor de boa-fé, enquanto ela durar, os frutos percebidos. Neste caso, se o possuidor não for o proprietário, afasta-se a regra do art. 1.232, para incidir a disposição do art. 1.214, em favor do possuidor de boa-fé, quanto aos frutos percebidos.

Em resumo, os sujeitos de direito, por força da autonomia privada, podem afastar a regra da gravitação jurídica prevista no art. 1.232 do CC, assim como a própria lei pode fazê-lo.

5.3.9.7. Expropriação privada – (art. 1.228, §§ 4º e 5º, do CC)

A expropriação privada ou *desapropriação privada* já foi objeto de análise no capítulo sobre posse (para onde remetemos o leitor). Em razão disso, apenas algumas breves considerações sobre o instituto neste momento.

O Código Civil, por meio de conceitos abertos e indeterminados, inova a ordem jurídica ao prever o que se convencionou denominar *"expropriação privada"*. Não resta dúvida de que tal instituto representa estímulo para que o proprietário, no exercício deste direito subjetivo, o faça de acordo com a função social que a justifica ou legitima. A desapropriação privada é sanção civil ao proprietário. A propriedade será sacrificada pela posse funcionalizada, desde que presentes os demais requisitos previstos no art. 1.228, § 4º, do CC. Em razão da quantidade de conceitos indeterminados, como "considerável número de pessoas", "extensa área" e "obras e serviços de caráter social", apenas diante do caso concreto será possível caracterizar o instituto.

A desapropriação judicial, que se concretiza por meio de posse coletiva, não se confunde com a usucapião coletiva, disciplinada no art. 10 do Estatuto da Cidade. Na usucapião coletiva, como qualquer usucapião, não há indenização e, ademais, a posse é com ânimo de dono, pressupostos inexistentes na desapropriação judicial. Além disso, os requisitos da usucapião coletiva são diversos daqueles da desapropriação judicial. Na usucapião coletiva não há menção a considerável número de pessoas ou extensa área, mas a "área total" que "dividida pelo número de possuidores seja inferior a duzentos e cinquenta metros quadrados por possuidor". Portanto, institutos autônomos e inconfundíveis, ainda que tenham a mesma finalidade, sanção ao proprietário que não exerce tal direito de acordo com a função social que a legitima e justifica.

No capítulo da posse, o instituto foi analisado em detalhes.

---

[171] GOMES, Orlando. *Direitos reais*. 19. ed. atualizada. Rio de Janeiro: Forense, 2007, p. 152.

[172] LOUREIRO, Francisco Eduardo. Arts. 1.196 a 1.510-E – Coisas. In: PELUSO, Cezar (coord.). *Código civil comentado*. 2. ed. Barueri: Manole, 2008, p. 1.158.

5.3.9.8. Da descoberta

O instituto da *descoberta* foi realocado no Código Civil de 2002 e passou a ser disciplinado em seção autônoma nas disposições preliminares ao direito real de propriedade. A descoberta está relacionada a coisas ou bens perdidos. O descobridor é justamente aquele que acha coisa alheia perdida e a Lei Civil impõe a ele o dever de restituição ao legítimo possuidor ou proprietário.

No Código Civil de 1916, a descoberta era disciplinada sob a rubrica de *invenção*, cujo instituto estava catalogado como um dos modos de aquisição da propriedade mobiliária. Na Lei Civil de 2002, a invenção, agora denominada descoberta, passou a ser disciplinada em seção autônoma das disposições preliminares da propriedade e, por isso, não mais é considerada como modo de aquisição da propriedade mobiliária, embora, excepcionalmente, possa ter esse efeito, conforme dispõe o art. 1.237, parágrafo único, do CC. Neste caso, se a coisa perdida descoberta for de diminuto valor e, não sendo localizado o proprietário, poderá o Município abandoná-la em favor do descobridor (inventor).

5.3.9.8.1. Caracterização da descoberta

O fato que determina a incidência das regras que disciplinam a descoberta é o *achado de coisa alheia perdida*.

Segundo dispõe o art. 1.233 do CC, o sujeito que achar coisa alheia perdida tem o dever jurídico de restituí-la ao dono ou ao legítimo possuidor. Não se confunde a descoberta de coisa perdida com a descoberta de coisa abandonada. A *res derelictae* (abandonada) e a *res nullius* (coisa sem dono) podem ser ocupadas (art. 1.263), e, ainda, adquiridas por usucapião. Frise-se que o abandono é modo de aquisição e perda da propriedade (art. 1.275, III, do CC). No abandono há o despojamento voluntário de um bem.

No caso da descoberta, disciplinada no art. 1.233 do CC, a coisa alheia apenas está perdida, razão pela qual o descobridor ou o inventor tem o dever de restituí-la ao legítimo dono. O descumprimento deste dever implicará em sanção civil (responsabilidade civil) e criminal (art. 169, II, do CP, que trata da apropriação de coisa achada). A obrigação de fazer (dever de restituição) independe de ato de vontade do descobridor.

É um ato-fato-jurídico, ou seja, basta que alguém ache ou encontre coisa perdida alheia para a imediata incidência da norma (art. 1.233), ainda que não tenha tido o desejo ou que não estivesse à procura da referida coisa. O *achado de coisa perdida e alheia*, objetivamente considerado, impõe ao descobridor ou inventor o dever de restituição.

Se alguém acha coisa alheia perdida, a depender da situação, terá dois caminhos para providenciar e efetivar a restituição ao dono: (a) Se conhecer o dono da coisa perdida (que foi achada), o descobridor simplesmente o procura e efetiva a devolução ou restituição; (b) Se não conhecer o dono, caberá ao descobridor empreender diligências mínimas para tentar encontrá-lo e, caso não obtenha êxito, entregará a coisa achada à autoridade competente (art. 1.233, parágrafo único, do CC).

5.3.9.8.2. Direito de recompensa

Em contrapartida ao dever de restituição da coisa alheia que estava perdida, o descobridor que a encontrar tem o direito subjetivo a uma recompensa, que não pode ser inferior a 5% (cinco por cento) do valor da coisa ou objeto encontrado.

Por isso, quando alguém encontra bens e valores alheios que foram perdidos, a recompensa não é um mero ato de solidariedade ou de gratidão, mas um dever jurídico imposto ao dono da coisa perdida, em favor do descobridor. O Código Civil estabelece um patamar mínimo de indenização de 5% (cinco por cento). Além da remuneração, o descobridor também terá direito a ser indenizado por todas as despesas que houver feito e realizado com a conservação, e o transporte da coisa (art. 1.234 do CC).

Em relação ao valor da recompensa, o parágrafo único do art. 1.234 do CC estabelece alguns parâmetros para estabelecer a porcentagem mais justa: "Na determinação do montante da recompensa, considerar-se-á o esforço desenvolvido pelo descobridor para encontrar o dono, ou o legítimo possuidor, as possibilidades que teria este de encontrar a coisa e a situação econômica de ambos".

Se não houver acordo entre as partes interessadas, caberá ao juiz, com base nos referidos critérios legais, definir e fixar o valor da recompensa em favor do descobridor.

Portanto, o dever jurídico imposto ao dono da coisa que foi achada inclui uma recompensa e a indenização pelas despesas que o descobridor teve com a conservação e o transporte da coisa.

No entanto, poderá o dono da coisa substituir o dever de recompensa e de indenização pelo seu simples abandono. Tal obrigação facultativa do devedor, dono, permite a este abandonar a coisa a ter que indenizar o descobridor. Se o dono resolver abandonar a coisa, incide a regra prevista no art. 1.275, III, do CC: o dono perderá a propriedade da coisa abandonada e, neste caso, poderá o descobridor adquirir a sua propriedade por usucapião ou pela ocupação (art. 1.263 do CC). Neste caso, o ato de achar a coisa implicará em modo de aquisição da propriedade, desde que, de um lado, o legítimo dono ou possuidor tenha a intenção de abandoná-la e, de outro, o descobridor pretenda adquiri-la por uma das hipóteses previstas em lei. Assim, embora a descoberta não seja um modo de aquisição de propriedade, poderá ter esse efeito jurídico, a depender das circunstâncias do caso concreto, em especial o abandono da coisa pelo dono.

5.3.9.8.3. Responsabilidade do descobridor

De acordo com o art. 1.235 do CC, o descobridor responde apenas pelos prejuízos causados ao proprietário ou legítimo possuidor, quando tiver procedido com dolo (intenção deliberada, consciente e voluntária de deteriorar ou permitir o perecimento da coisa achada).

Não há responsabilidade por ato culposo do descobridor em relação à deterioração ou perecimento da coisa alheia perdida que vem a ser encontrada. No âmbito da responsabilidade civil, em regra, não se dissocia dolo e culpa, porque ostentam o mesmo efeito jurídico. Excepcionalmente, o sistema diferencia dolo e culpa para fins de responsabilidade civil. O art. 1.235 do CC é uma destas raras exceções, pois o descobridor, aquele que acha coisa perdida, somente responderá civilmente pela perda ou deterioração da coisa se agir com dolo. A exceção se justifica porque atribuir responsabilidade por culpa em sentido estrito seria tutelar o proprietário e possuidor que não foi diligente na guarda e cuidado em relação à sua coisa.

5.3.9.8.4. Ato da autoridade competente para localizar o dono ou o legítimo possuidor e procedimento

De acordo com o parágrafo único do art. 1.233, se o dono ou legítimo possuidor da coisa perdida não for encontrado, o descobridor (aquele que acha a coisa perdida) deverá entregá-la à autoridade competente.

O art. 746, *caput*, do CPC, que disciplina as coisas vagas, sugere que a autoridade competente para receber a coisa alheia perdida é o juiz que mandará lavrar auto, do qual constará a descrição do bem e as declarações do descobridor.

Todavia, o § 1º do mesmo artigo da lei processual civil, admite que a coisa seja entregue à autoridade policial, que está obrigada a remeter ao juiz competente, para as providências do *caput*. Embora a autoridade policial tenha que fazer a remessa da coisa perdida para o juiz, a fim de ser instaurado procedimento judicial de investigação para localizar o dono ou legítimo possuidor, tal remessa somente faz sentido se a autoridade policial, após algumas diligências, não obtiver êxito na localização do dono ou legítimo possuidor.

O Código Civil impõe à autoridade competente o dever de realizar atos para tentar localizar o dono ou o legítimo possuidor, quando este não for conhecido. O Código impõe à autoridade competente o dever de dar conhecimento do achado ou da descoberta por meio da imprensa e de outros meios de comunicação/informação (art. 1.236 do CC), com a expedição de editais, se o valor comportar. Tal regra é complementada pelo disposto no art. 736, § 2º, do CPC, segundo o qual, depositada judicialmente a coisa, o juiz mandará publicar edital na rede mundial de computadores, bem como no sítio do Tribunal a que estiver vinculado. Se a coisa for de pequeno valor e não for possível a publicação do edital no sítio do Tribunal, não haverá tal meio de comunicação. Todavia, mesmo se for de pequeno valor, será publicado o edital no sítio do Tribunal, se possível. Portanto, a expedição de edital depende não apenas do pequeno valor, como sugere o art. 1.236 do CC, mas da possibilidade de publicação no sítio do Tribunal que, normalmente, não apresenta custos.

Se a coisa não for reclamada e, decorridos sessenta dias da divulgação da notícia pela imprensa (art. 1.237 do CC), não se apresentando quem comprove a propriedade sobre a coisa, será vendida em hasta pública e, após a dedução das despesas e a recompensa do descobridor, o remanescente será incorporado ao patrimônio do Município em cuja circunscrição se deparou o objeto perdido. O § 3º do art. 746 do CPC determina que se observe a lei, no caso, o Código Civil, para o complemento do procedimento previsto no art. 746 do CPC. O saldo remanescente da coisa perdida pertencerá ao Município ou ao Distrito Federal, uma vez que este não é dividido em Municípios.

De acordo com o parágrafo único do art. 1.237 do CC, se a coisa for de diminuto valor, poderá o Município abandonar a coisa em favor do descobridor, fato que levará à aquisição da propriedade da coisa alheia perdida para este último.

5.4. MODOS DE AQUISIÇÃO DA PROPRIEDADE IMÓVEL

5.4.1. Introdução

O Código Civil de 2002, no capítulo II, do Título III, do livro III, disciplina os modos de aquisição da propriedade imobiliária. É comum e já faz parte da tradição jurídica a análise dos seguintes modos de aquisição da propriedade imobiliária: (i) registro; (ii) usucapião; (iii) acessão; e (iv) sucessão (*causa mortis*). Não há dúvida de que tais modos de aquisição de imóveis podem ser considerados como clássicos e, sem dúvida, em termos culturais e jurídicos, os mais relevantes. Todavia, os imóveis podem ser adquiridos por outros meios ou modos, ao contrário do que sugere a lei civil e alguns doutrinadores.

O registro, a usucapião e a acessão são objeto do livro "dos direitos reais", arts. 1.238 a 1.259 (arts. 1.238 a 1.244: usucapião; arts. 1.245 a 1.247: registro e, arts. 1.248 a 1.259: acessão, natural e artificial). A sucessão, como causa de aquisição da propriedade imobiliária *post mortem*, é objeto do livro das sucessões, efeito jurídico do princípio da *saisine* (art. 1.784 do CC).

Em que pese o destaque, inclusive legislativo para os modos clássicos, influenciado pelo art. 530 do CC/1916, cujo dispositivo os enumerava, é possível apontar outras causas ou modos de aquisição da propriedade imobiliária. Por exemplo, a depender do regime adotado pelos cônjuges (comunhão universal), o contrato de casamento implicará a aquisição da propriedade imobiliária, cuja causa não se confunde com o registro, a usucapião, a acessão e a sucessão *causa mortis*. Além do casamento pelo regime da comunhão universal, quando um dos cônjuges já for proprietário de imóvel, serão causas de aquisição de imóveis, a desapropriação judicial (art. 1.228, §§ 4º e 5º, do CC) e a acessão invertida (art. 1.255, parágrafo único), entre outros, como a legitimação fundiária, instituto introduzido pela Lei n. 13.465/2015 (modo originário de aquisição de imóvel).

De acordo com a norma em referência, a legitimação fundiária é modo de aquisição originária da propriedade imobiliária, conferido por ato discricionário do Poder Público (oportunidade e conveniência) à pessoa que detiver área pública ou possuir área privada como sua. Em relação aos imóveis públicos, União, Estados, Distrito Federal e Municípios ficam autorizados a conceder o direito de propriedade aos ocupantes do núcleo urbano informal regularizado por meio da legitimação fundiária. Portanto, após procedimento administrativo de regularização fundiária, o Poder Público poderá conceder, a título gratuito, direito de propriedade a ocupantes de áreas informais, por meio do que se denomina legitimação fundiária.

Enfim, na análise dos modos de aquisição desta espécie de propriedade não é mais conveniente e correto afirmar, de forma categórica e aparentemente taxativa, como o fazia de forma equivocada o art. 530 do CC/1916, que são apenas quatro os modos de aquisição da propriedade imobiliária.

O CC atual não reproduziu o mencionado dispositivo do Código Civil de 1916, mas considerou os mesmos institutos como modos de aquisição da propriedade imóvel, no capítulo que trata do tema.

O art. 530 do CC/1916 criou a falsa percepção de que a propriedade imobiliária poderia ser adquirida apenas pela usucapião, registro, acessão e sucessão *causa mortis* (direito hereditário). Embora sejam os modos tradicionais, é relevante ressaltar a existência de outros, como mencionado.

Após esta breve consideração, neste item, para manter a coerência cronológica com as regras estabelecidas pelo Código Civil, serão estudados e analisados a usucapião, o registro e a acessão, natural e artificial, principais (mas não os únicos) modos de aquisição da propriedade imóvel.

5.4.2. Registro

A aquisição da propriedade imobiliária pelo registro foi disciplinada, de forma geral, pelo art. 1.227, no capítulo das disposições gerais sobre direitos reais e, especificamente, no capítulo dos modos de aquisição da propriedade imobiliária, arts. 1.245 a 1.247, todos do CC.

O nosso sistema segue a tradição romana de vincular o modo (registro) ao título translativo (contrato). O contrato, em nosso sistema jurídico, gera apenas efeitos jurídicos obrigacionais. A transferência do direito real de propriedade depende do registro deste título no Cartório de Registro Imobiliário (é o modo). Tal modo de aquisição da propriedade imobiliária evidencia a conexão e vinculação entre direito obrigacional (título) e real (registro). E o registro, causa de constituição da propriedade imobiliária, é vinculado ao título.

A vinculação do registro (direito real) ao título translativo (direito obrigacional) fragiliza este modo de aquisição da propriedade imobiliária, uma vez que eventuais vícios e defeitos na relação jurídica obrigacional contaminam o registro, que pode ser cancelado em razão de problemas, vícios ou defeitos no título aquisitivo (contrato).

Nosso sistema difere da legislação alemã, onde existe o negócio jurídico de direito das coisas, intitulado "acordo de transmissão", que, por ser abstrato, impede a influência do plano obrigacional no plano dos direitos reais. Embora o Código Civil alemão disponha que a transmissão da propriedade imobiliária se constitui por meio do registro do título, após a transcrição no registro imobiliário, há a completa desvinculação do título. Assim, em caso de vício ou defeito no título, não haverá contaminação do registro, que manterá a propriedade imobiliária intacta. Os problemas no título se resolvem no direito obrigacional, em perdas e danos, sem afetar o registro.

Ao condicionar a legitimidade e a validade do registro ao título translativo (contrato – direito obrigacional), a legislação brasileira subordina o direito real à plena validade e eficácia do negócio jurídico no plano do direito obrigacional, fato que traz insegurança jurídica, tendo em vista que eventual cancelamento do registro poderá repercutir na esfera jurídica de terceiros de boa-fé (nos termos do parágrafo único do art. 1.247 do CC).

O registro brasileiro, portanto, tem a natureza de ato jurídico causal, em razão da vinculação ao título que lhe deu origem (direito obrigacional). O registro constitui a propriedade imobiliária. Esse é o seu efeito. No entanto, o registro não neutraliza os vícios do título. O registro não tem eficácia saneadora em relação a estes eventuais defeitos. Por isso, a presunção de propriedade decorrente do registro é meramente relativa, ao contrário do sistema alemão onde o registro é negócio jurídico abstrato, com presunção absoluta de legitimidade, por se desvincular do título que lhe deu origem.

Tal presunção relativa de propriedade é evidenciada no § 2º do art. 1.245, segundo o qual: "Enquanto não se promover, por meio de ação própria, a decretação de invalidade do registro, e o respectivo cancelamento, o adquirente continua a ser havido como dono do imóvel". Em resumo, o registro legitima a propriedade, enquanto não for cancelado, o que pode ocorrer por vício no título.

O fato é que o registro é o principal modo de aquisição da propriedade imobiliária.

É o que dispõe o art. 1.227 do CC: "Os direitos reais sobre imóveis constituídos, ou transmitidos por atos entre vivos, só se adquirem com o registro no Cartório de Registro de Imóveis dos referidos títulos (arts. 1.245 a 1.247), salvo os casos expressos neste Código".

O art. 1.227 ressalta que os direitos reais sobre imóveis só se adquirem pelo registro, ressalvados os casos expressos no Código. Portanto, embora o referido dispositivo imponha a aquisição da propriedade pelo registro com o termo "só", na parte final ressalva a possibilidade de o Código, de forma expressa, permitir a aquisição da propriedade imobiliária por meio diverso do registro, como ocorre na usucapião, na acessão, na desapropriação, no casamento sob o regime da comunhão universal de bens, para os quais o registro de imóveis não tem natureza constitutiva da propriedade, mas meramente declaratória.

O Código Civil, nos arts. 1.245 a 1.247, apresenta regras especiais que denotam a natureza, as características e os efeitos deste meio de aquisição da propriedade imóvel.

5.4.2.1. Natureza e características

O registro constitui um dos modos de aquisição da propriedade imobiliária, pois acarretará a transferência do direito subjetivo de propriedade, na forma do disposto no art. 1.245, *caput*, do CC. O registro do título translativo ou do negócio jurídico no Registro de Imóveis implicará na aquisição da propriedade de bens de natureza imobiliária.

Por esta razão, de acordo com o § 1º do art. 1.245 do CC, enquanto o título translativo (direito obrigacional) não for registrado, a pessoa que figura no registro como proprietária (denominada alienante pela Lei Civil) continua a ser considerada e havida como dona do imóvel.

O título translativo apto para ser registrado é objeto de estudo no direito das obrigações. A escritura pública de compra e venda de imóvel, por exemplo, é título de aquisição que pode ser levado ao registro imobiliário. O contrato é a causa, submetida ao direito obrigacional, e o registro é o fato, que gera direito real. A I Jornada de Direito Civil aprovou o Enunciado 87, segundo o qual "considera-se título translativo, para fins do art. 1.245 do CC, a promessa de compra e venda devidamente quitada (arts. 1.417 e 1.418 do CC e art. 26, § 6º, da Lei n. 6.766/79)". O contrato preliminar de compra e venda, denominado promessa de compra e venda, devidamente quitado, é equiparado ao contrato de compra e venda para fins de servir como título translativo para registro.

Os direitos reais sobre imóveis constituídos ou transmitidos por ato *inter vivos* só são adquiridos com o registro no Cartório de Registro de Imóveis dos referidos títulos (arts. 1.245 a 1.247 do CC).

No caso do registro, em razão da referência ao "título translativo", é conveniente separar a causa ou o título da aquisição (direito obrigacional – obrigação de dar) do registro (direito real). Tal modo pode ser caracterizado como negócio jurídico complexo, porque ostenta fase pautada nas regras e princípios do direito das obrigações (título a ser registrado) e outra fase complementar, diretamente vinculada aos direitos reais, que leva à constituição da propriedade imobiliária (o registro propriamente dito). Não se questiona o caráter constitutivo do registro em relação à formação e criação do direito real de propriedade. O problema é a vinculação do registro ao título, direito obrigacional, o qual condiciona e subordina a eficácia e validade do registro.

Desta forma, embora o registro seja "cantado em prosa e verso" como "a vedete" dos modos de aquisição da propriedade imobiliária, o fato é que tal modo de aquisição é fundado em sistema frágil e inseguro. A explicação está no § 2º do art. 1.245 do CC, que vincula o registro ao título translativo que o originou. Tal vinculação ou relação de dependência do registro em relação ao título (causa – direito obrigacional) faz com que o registro gere uma presunção meramente relativa de propriedade em favor do sujeito que o faz.

Como se observa, tal presunção relativa de propriedade possui previsão legal. Os vícios que contaminam o título translativo se comunicam ao registro, motivo pelo qual esse ato formal pode ser invalidado não apenas por questões relacionadas a ele em si, mas por vícios ou defeitos no título ou na causa que deu origem ao registro (em regra, o contrato). O registro é, no direito brasileiro, ato jurídico causal.

De acordo com o mestre Caio Mário[173]: "É então, um ato jurídico causal, porque está sempre vinculado ao título translatício originário, e somente opera a transferência da propriedade dentro das forças, e sob condição da validade formal e material do título. Seu pressuposto fático será, portanto, um título hábil a operar a transferência da propriedade, cabendo ao Oficial do Registro a função de proceder a um exame sumário".

Portanto, o registro é passível de invalidação. Tal invalidação pode decorrer da inobservância das formalidades previstas e impostas pela Lei de Registros Públicos, bem como decorrer de vícios ou defeitos no título que dá causa ao registro. Tal presunção relativa fragiliza, sobremaneira, tal modo de aquisição da propriedade imobiliária, na medida em que condiciona a legitimidade e validade do registro à legitimidade e validade do título que lhe confere sustentação.

A única exceção capaz de conferir ao registro presunção absoluta de propriedade é o denominado "Registro *Torrens*" (arts. 277 a 288 da Lei n. 6.015/73 – imóvel rural).

Em outros sistemas, como o alemão[174], o registro é um ato abstrato, desvinculado do título que o originou, fato que confere a este ato formal maior segurança, confiabilidade e credibilidade. No sistema brasileiro, o registro confere ao adquirente apenas presunção relativa, pois será dono "enquanto não for cancelado por meio de ação própria". Assim, pode-se dizer que o registro, no Brasil, não traz a necessária segurança jurídica como modo de aquisição da propriedade imobiliária (salvo o *Torrens*).

Neste sentido, aliás, o Enunciado 503 da V Jornada de Direito Civil: "É relativa a presunção de propriedade decorrente do registro imobiliário, ressalvado o sistema Torrens".

Em síntese, o registro, no direito brasileiro, é considerado ato causal, na medida em que sua validade está na dependência da validade do título que o originou. O defeito em negócio jurídico que gera obrigação invalida o ato subsequente (registro), modo de aquisição da propriedade imobiliária. A vinculação ao título, a presunção relativa de propriedade e a ausência de força para sanar os vícios originários, o caracterizam.

Embora a Lei Civil considere o registro como modo de aquisição da propriedade imobiliária (tal ato formal ostenta eficácia constitutiva para aquisição de imóveis – art. 1.245, § 1º – efeito *ex nunc*), tal ato formal (registro), também pode ter eficácia meramente declaratória da propriedade imobiliária ou de outros direitos, casos em que servirá apenas para dar publicidade a outros atos translativos, como o registro da sentença da usucapião ou do formal de partilha, no caso de sucessão *causa mortis*. Assim, o registro pode consistir em modo de aquisição da propriedade imobiliária e ato formal de publicidade de outras propriedades, adquiridas por outros modos.

---

[173] PEREIRA, Caio Mário da Silva. *Instituições de direito civil. Direitos reais*. 26. ed. Rio de Janeiro: Forense, 2018. v. IV, p. 122.

[174] Segundo Caio Mário, no sistema alemão promovido o registro nos livros fundiários, a transcrição se desprende do negócio jurídico subjacente para valer como negócio jurídico translativo da propriedade imóvel. E, uma vez efetuado o registro, adquire força probante de presunção *juris iuris et de jure* da propriedade. Dono é aquele em cujo nome a propriedade é registrada. Não há mister indagar da força ou validade do título translatício ou causal (PEREIRA, Caio Mário da Silva. *Instituições de direito civil. Direitos reais*. 26. ed. Rio de Janeiro: Forense, 2018. v. IV, p. 121).

5.4.2.2. O registro, o direito de propriedade constituído em favor de terceiros e a questão da boa-fé

O parágrafo único do art. 1.247 do CC ressalta a tensão entre o direito de propriedade e o interesse de terceiro de boa-fé. Tal dispositivo ainda é resquício do liberalismo clássico em relação à defesa incondicional e irrestrita dos direitos subjetivos do proprietário. O direito real de propriedade confronta um dos paradigmas e pilares da atual codificação civil, a boa-fé objetiva. E, neste ponto, é difícil explicar a norma em referência, que tutela o proprietário, independentemente da boa-fé de terceiros, quando, na parte geral, teoria geral das obrigações e contratos, o sistema impõe a atuação concreta em consonância com as funções da boa-fé objetiva (função de controle, função de interpretação e função de integração).

Na VIII Jornada de Direito Civil, realizada em abril de 2018, foi aprovado enunciado para manter na matrícula a informação dos atos que foram invalidados. A anulação do registro não exclui os atos da matrícula, apenas retira o efeito jurídico. Eis o teor do enunciado: "A anulação do registro, prevista no art. 1.247 do Código Civil não autoriza a exclusão dos atos invalidados do teor da matrícula".

A previsão do parágrafo único do art. 1.247 do CC é reflexo do disposto no art. 1.245, § 2º, do CC, segundo o qual o registro confere apenas presunção relativa de propriedade. Se o registro em si ou o título que o fundamenta ostentar algum vício, o registro será cancelado independentemente da boa-fé do terceiro adquirente. O direito de propriedade (do proprietário imediatamente anterior ao registro cancelado – daquele que é beneficiado pelo cancelamento) sacrifica o interesse ou direito do terceiro de boa-fé.

De acordo com o parágrafo único do art. 1.247 do CC, "cancelado o registro, poderá o proprietário reivindicar o imóvel, independentemente da boa-fé ou do título do terceiro adquirente". A previsão normativa é desdobramento lógico dos poderes do proprietário, art. 1.228 do CC, segundo o qual o proprietário, que tem relação jurídica com a coletividade e, como consequência, a sequela, tem o direito de reivindicar a coisa de qualquer sujeito que a possua ou detenha injustamente. Cancelado o registro, o proprietário anterior se legitima para reivindicação da coisa, como enuncia o art. 1.228 do CC, por retornar à condição de dono.

Por exemplo, "A" vende para "B" imóvel urbano, negócio formalizado em escritura pública de compra e venda (este é o título). "A" figura no registro como proprietário do imóvel. Logo após o registro, "B" se torna proprietário em função deste ato formal, nos termos do arts. 1.227 e 1.245, *caput*, ambos do CC. Em seguida, "B" aliena o mesmo imóvel para "D", por meio de escritura pública. O adquirente "D" registra a escritura pública e se torna proprietário. Ocorre que o negócio jurídico celebrado entre "A" e "B" ostenta vício (que pode ser formal, jurídico, de consentimento). Tal vício contamina o registro efetivado por "B", em razão da sistemática adotada pela legislação brasileira (vinculação do título ao registro).

Com a invalidação da escritura pública formalizada entre "A" e "B", o registro será cancelado, nos termos dos arts. 1.245, § 2º, e 1.247, parágrafo único, ambos do CC. Todavia, "B" já alienou o imóvel para "D", que o registrou. O adquirente "D" está de boa-fé, pois desconhece os vícios do negócio jurídico levado a efeito entre "A" e "B". Neste caso, entre o direito de propriedade de "A" (em função do cancelamento dos registros promovidos por "B" e depois por "D") e a boa-fé do terceiro adquirente, "D", a Lei Civil sacrificou os interesses deste último, mesmo tendo agido de boa-fé, para resguardar o direito de "A". No caso, restaria a "D" propor ação regressiva contra "B", por perdas e danos (fundada no direito das obrigações – natureza pessoal).

Trata-se de típico caso de evicção (arts. 447 a 457 do CC), com todas as consequências correspondentes, assunto tratado em capítulo próprio.

Em relação à evicção, é relevante a seguinte observação: A Lei n. 13.097/2015, nos arts. 54 e 55, disciplina o princípio da concentração da matrícula. Nestes dispositivos, houve a relativização do direito de propriedade, que é sacrificado em favor do terceiro de boa-fé. Portanto, ao contrário da evicção, que sacrifica o adquirente de boa-fé em detrimento do proprietário, de acordo com os referidos dispositivos legais, prevalecerá, mesmo no âmbito da evicção, a boa-fé do adquirente em detrimento do proprietário, se não houver qualquer referência ou anotação na matrícula do imóvel que possa indicar problema no título ou no registro. Neste caso, restará ao proprietário indenização.

Com a ressalva da legislação em comento, o fato é que o CC confere presunção relativa de propriedade, não para tutelar sujeito de boa-fé, mas o proprietário. Nesta condição, aquele que se torna proprietário, por meio do registro, sempre estará à mercê de problemas relacionados ao histórico do título e às negociações precedentes das quais não participou, e que poderão repercutir na propriedade, com o cancelamento do registro, ainda que este sujeito esteja de boa-fé (arts. 1.245, § 2º, e 1.247, parágrafo único, ambos do CC). O art. 54 da mencionada lei especial flexibiliza o parágrafo único do art. 1.247, para tutelar o terceiro de boa-fé.

De acordo com o parágrafo único do art. 54 da Lei n. 13.097: "Não poderão ser opostas situações jurídicas não constantes da matrícula no Registro de Imóveis, inclusive para fins de evicção, ao terceiro de boa-fé que adquirir ou receber em garantia direitos reais sobre o imóvel, ressalvados o disposto nos arts. 129 e 130 da Lei n. 11.101, de 9 de fevereiro de 2005, e as hipóteses de aquisição e extinção da propriedade que independam de registro de título de imóvel".

Ao terceiro de boa-fé não poderão ser opostas situações jurídicas que não constam da matrícula do imóvel, inclusive para fins de evicção, ou seja, mesmo em favor daquele que alega ser o proprietário. Mitiga-se a eficácia do parágrafo único do art. 1.247 do CC. Todavia, mesmo que não conste da matrícula, poderão ser opostas aos terceiros de boa-fé propriedades que independem do registro do título, como a usucapião, ou atos ineficazes ou sujeitos à revogação praticados pelo falido, antes da falência.

Por fim, de acordo com o art. 214, § 5º, da Lei de Registros Públicos, a nulidade do registro não será decretada se atingir terceiro de boa-fé que já tiver preenchido os requisitos da usucapião. Como a usucapião é modo de aquisição originária da propriedade imobiliária, os vícios existentes nas relações jurídicas anteriores não contaminam a posse daquele que pretende adquirir o bem pela usucapião. Em função disso, se o pedido de cancelamento do registro é fundado em vício no título que deu origem, tal nulidade não será decretada se o atual possuidor for terceiro de boa-fé que já preencheu os requisitos da usucapião.

O registro é modo derivado de aquisição da propriedade imobiliária e, como o direito brasileiro associa o registro ao título, o eventual vício na obrigação que o origina o contamina. Em que pese tal vício, se já preenchidos os requisitos para aquisição da propriedade imobiliária por outro modo, usucapião, que difere do "modo/registro", o registro não será cancelado, porque na usucapião o registro apenas confere publicidade à propriedade (não a constitui).

Embora o parágrafo único do art. 1.247 sugira o sacrifício dos interesses do terceiro adquirente de boa-fé em detrimento do proprietário, que se beneficia com o cancelamento do registro, haverá situações em que no conflito entre propriedade e boa-fé, a propriedade será sacrificada para tutela do sujeito que está de boa-fé. Nestes casos, os direitos dos terceiros adquirentes de boa-fé prevalecerão sobre o direito subjetivo do "verdadeiro" proprietário. Além da regra acima mencionada que flexibiliza a evicção, há outras disposições no CC sobre o tema.

Em matéria possessória, conforme já estudado, o interesse e o direito subjetivo do terceiro de boa-fé prevalecem sobre o direito subjetivo do possuidor que teve o direito violado, conforme art. 1.212 do CC.

A proteção dos interesses dos terceiros adquirentes de boa-fé em casos específicos mitiga os rigores do parágrafo único do art. 1.247 do CC. E quais seriam estes outros casos de tutela da boa-fé objetiva em detrimento do proprietário?

1 – Na fraude contra credores (art. 161 do CC), em relação atos de disposição onerosa, aquele que se relaciona juridicamente com o devedor, se estiver de boa-fé, não poderá ter o seu direito de propriedade questionado pelos credores quirografários em ação pauliana; 2 – Na simulação, vício de atos e negócios jurídicos, por meio da qual se aparenta situações que não existem para prejudicar interesse de outrem, não haverá invalidação de negócio jurídico, ainda que seja o título que fundamenta a propriedade, se estiver de boa-fé (167, § 2º, do CC); 3 – No pagamento indevido (art. 879 do CC), os interesses de terceiro de boa-fé são tutelados; 4 – No âmbito da teoria do inadimplemento, se a prestação tiver por objeto coisa fungível, caso o devedor, sem ser o proprietário, a transfira ao credor para fins de adimplemento, se o credor estiver de boa-fé no momento do recebimento e do consumo, tal boa-fé prevalece sobre a propriedade real (art. 307, parágrafo único do CC) e, 5 – Nas alienações onerosas de bens hereditários a terceiros de boa-fé realizadas por aquele que foi declarado indigno, são consideradas válidas e, no caso, resta aos herdeiros prejudicados, que são os legítimos proprietários, o direito de reclamar perdas e danos contra o indigno (art. 1.817 – a boa-fé sacrifica a propriedade dos herdeiros – teoria da aparência, que legitima a boa-fé do terceiro).

O art. 879 é simbólico em relação à tutela da boa-fé no âmbito imobiliário. De acordo com o art. 876 do CC, todo aquele que recebe o que não é devido, tem a obrigação de restituição. Tal ato jurídico é modalidade do enriquecimento sem causa. De acordo com o art. 879, se a prestação objeto do pagamento indevido for imóvel, ou seja, o credor, de forma indevida, recebeu imóvel se, de boa-fé, por título oneroso, o alienou a terceiro, responde apenas pela quantia recebida (para evitar o enriquecimento sem causa), mas a propriedade é sacrificada para tutelar o terceiro de boa-fé, beneficiário da alienação. O proprietário somente terá o direito de reivindicar o imóvel do terceiro se a disposição foi a título gratuito ou, se onerosa, demonstrar que o terceiro agiu de má-fé. Em síntese, no caso de boa-fé do terceiro, ainda que o imóvel tenha decorrido de pagamento indevido, a propriedade será sacrificada, justamente para tutelar a boa-fé, subjetiva e objetiva do terceiro.

Portanto, ao contrário do que sugere o parágrafo único do art. 1.247, no confronto entre propriedade e boa-fé, a tendência, a depender de todas as circunstâncias do caso concreto, da natureza do negócio, contexto social e conduta dos sujeitos, se tutelar o terceiro de boa-fé em detrimento do proprietário. Aliás, no mesmo sentido é a Súmula 375 do STJ, que faz preponderar os interesses do terceiro de boa-fé.

Em todos estes exemplos, a boa-fé do terceiro adquirente prevalecerá sobre o direito do proprietário, o que contraria o art. 1.247, parágrafo único, do CC.

5.4.2.3. Atributos do registro

O registro público ostenta alguns atributos que devem ser destacados para uma melhor compreensão da matéria. Neste item, faremos referência aos atributos referidos por Rosenvald e Chaves[175]. Quais são os principais atributos do registro?

1. *Constitutividade*: o registro é modo de aquisição da propriedade imobiliária, conforme estabelece o art. 1.227 do CC. É o registro que constitui, cria ou faz nascer o direito real de propriedade. Antes do registro do título, só há direito obrigacional, motivo pelo qual, enquanto não efetivado o registro, o alienante continuará a ser considerado o dono da coisa (art. 1.245, § 1º, do CC). Conforme

---

[175] FARIAS, Cristiano Chaves de; ROSENVALD, Nelson. *Direito reais*. 7. ed. Rio de Janeiro: Lumen Juris, 2011.

nos ensinam Rosenvald e Chaves[176]: "O título se prende ao plano de validade; o registro ao da eficácia. Como modo de aquisição, portanto, o registro produz efeitos *ex nunc*, jamais retroagindo à aquisição da propriedade imobiliária à época da formalização do título". O registro não retroage à data do negócio jurídico (obrigacional).

Embora, como modo de aquisição da propriedade imobiliária, o registro seja constitutivo, o próprio art. 1.227 do CC prevê situações em que ele tem efeito meramente declaratório, quando relacionado a outros modos de aquisição da propriedade, como a usucapião, a acessão e a sucessão *causa mortis*.

2. *Prioridade ou preferência*: o princípio da prioridade do registro é disciplinado no Código Civil e na Lei de Registros Públicos. De acordo com o art. 1.246 do CC, "o registro é eficaz desde o momento em que se apresentar o título ao oficial do registro e este o prenotar". A prioridade se dá por dois atos em sequência, ou seja, a apresentação e a prenotação. A data do registro em si é irrelevante, na medida em que retroagirá à data da apresentação e prenotação. Tal lhe confere prioridade sobre qualquer outro.

As formas de apresentação e prenotação são disciplinadas pela Lei de Registros Públicos, nos arts. 182, 183 e 184.

O registro será feito pela sua simples exibição, nos termos do art. 193 da LRP.

Em absoluta conformidade com o art. 1.246 do CC, o art. 186 da LRP (Lei n. 6.015/73) disciplina como se dará a prioridade, ou seja, pelo número de ordem.

E se forem prenotados dois ou mais títulos no mesmo dia, qual prevalecerá para efeito de prioridade? A resposta está no art. 191[177] da LRP: "Prevalecerão, para efeito de prioridade de registro, quando apresentados no mesmo dia, os títulos prenotados no Protocolo sob número de ordem mais baixo, protelando-se o registro dos apresentados posteriormente, pelo prazo correspondente a, pelo menos, um dia útil".

Após o protocolo do título, o registro deverá ser providenciado no prazo de 30 (trinta) dias, salvo as exceções previstas na própria Lei de Registros Públicos: "Art. 188. Protocolizado o título, proceder-se-á ao registro, dentro do prazo de 30 (trinta) dias, salvo nos casos previstos nos artigos seguintes".

Os títulos contraditórios sobre o mesmo imóvel não serão registrados no mesmo dia, nos termos do art. 190 da LRP.

Por ocasião da apresentação do título para registro, é possível que o apresentante não preencha os requisitos legais e, por isso, poderá ser submetido às "exigências" do Tabelião. O exame de legalidade do título é de 30 (trinta) dias. Se estiver em ordem, os efeitos são retroativos à prenotação. Por outro lado, é possível que haja exigência a ser satisfeita. Se o apresentante não se conformar com a exigência ou se não puder satisfazê-la, será aberto um procedimento de "dúvida", a ser decidido pelo Judiciário.

No procedimento de dúvida, será colhido o parecer do Ministério Público: "Impugnada a dúvida com os documentos que o interessado apresentar, será ouvido o Ministério Público, no prazo de dez dias" (art. 200 da LRP). Em seguida, será proferida decisão: "Se não forem requeridas diligências, o juiz proferirá decisão no prazo de quinze dias, com base nos elementos constantes dos autos" (art. 201 da LRP).

A consequência do procedimento de dúvida dependerá do resultado do julgamento: "Transitada em julgado a decisão da dúvida, proceder-se-á do seguinte modo: I – se for julgada procedente, os documentos serão restituídos à parte, independentemente de translado, dando-se ciência da decisão ao oficial, para que a consigne no Protocolo e cancele a prenotação; II – se for julgada improcedente, o interessado apresentará, de novo, os seus documentos, com o respectivo mandado, ou certidão da sentença, que ficarão arquivados, para que, desde logo, se proceda ao registro, declarando o oficial o fato na coluna de anotações do Protocolo" (art. 203 da LRP).

A prioridade não é um princípio absoluto, pois cessarão os seus efeitos se houver omissão do interessado no que se refere ao atendimento das exigências legais, de acordo com o que determina o art. 205 da LRP. Portanto, os efeitos da prenotação, previstos nos arts. 1.246 do CC e 186 da LRP, podem cessar no caso de omissão da parte interessada.

3. *Força probante*: o registro serve como prova da propriedade. Ainda que ele, no sistema brasileiro, não represente prova absoluta da propriedade, produz todos os efeitos legais ao seu beneficiário, enquanto não cancelado. De acordo com o § 2º do art. 1.245 do CC, enquanto não for cancelado, o registro presume o adquirente como o dono. A força probante do registro provoca a inversão do ônus da prova em favor daquele que figura no registro como proprietário. De acordo com Marco Aurélio Bezerra de Melo[178], "a força probante está ligada ao fato de que as certidões exaradas pelos cartórios imobiliários constituem meios de prova em juízo, gozando, como todos os atos administrativos, de presunção de legitimidade. A força probante do registro provoca a inversão do ônus da prova em favor do detentor do título".

4. *Continuidade*: o princípio da continuidade é um dos mais emblemáticos princípios relacionados ao registro, justamente porque impõe a necessária co-

---

[176] FARIAS, Cristiano Chaves de; ROSENVALD, Nelson. *Direito reais*. 7. ed. Rio de Janeiro: Lumen Juris, 2011, p. 253.

[177] Ressalva é a situação prevista no art. 192 da LRP: "O disposto nos arts. 190 e 191 não se aplica às escrituras públicas, da mesma data e apresentadas no mesmo dia, que determinem, taxativamente, a hora da sua lavratura, prevalecendo, para efeito de prioridade, a que foi lavrada em primeiro lugar".

[178] MELO, Marco Aurélio Bezerra de. *Direito das coisas*. 5. ed. Rio de Janeiro: Lumen Juris, 2011, p. 133.

nexão e vinculação entre o alienante e o sujeito que figura no registro como titular do direito de propriedade. Os arts. 195, 196 e 197 da LRP disciplinam a continuidade do registro. Segundo dispõe o art. 195: "Se o imóvel não estiver matriculado ou registrado em nome do outorgante, o oficial exigirá a prévia matrícula e o registro do título anterior, qualquer que seja a sua natureza, para manter a continuidade do registro". Como condição para o registro, é essencial que a matrícula e o registro do título estejam em nome do outorgante/alienante. Tal exigência é essencial para manter a continuidade ou cadeia de registros, para se permitir investigar a origem e a derivação de todos os negócios submetidos a este ato público. A cadeia registral não pode ser interrompida. Se for apresentado a registro título em que o outorgante nele não figure, o oficial, como condição para o registro, exigirá prévia matrícula e o consequente registro do título anterior. É fundamental a compatibilidade entre a pessoa do outorgante e aquela em cujo nome está registrado o imóvel.

Não se aplica tal princípio nas aquisições originárias de propriedade, como no caso de usucapião. De acordo com Marco Aurélio Bezerra de Melo[179]: "(...) a continuidade vincula-se ao reconhecimento de que o registro da escritura deve decorrer necessariamente do titular do direito anterior, guardando um encadeamento cronológico, sendo defeso realizar registros em nome do adquirente quando o imóvel não se encontrar em nome do alienante".

5. *Publicidade*: no sistema brasileiro, uma das principais funções do registro é conferir a necessária publicidade ou exteriorização a todos os atos que são submetidos a este ato formal. Por isso, os atos de registro são de amplo acesso público e produzem efeitos *erga omnes*. Concordamos com Rosenvald e Chaves[180], para quem: "(...) a função social da propriedade é exteriorizada pela publicidade do registro, jamais pela clandestinidade. Pela publicidade, atendem-se os fins últimos do registro, a saber, a organização e garantia da circulação de bens. Incrementa-se a segurança jurídica e confiança no tráfego negocial na medida em que toda deslocação imobiliária requer um sinal externo ostensivo, prevenindo-se fraudes que poderiam resultar da clandestinidade".

6. *Legalidade*: tal princípio impõe ao registrador a obrigação de proceder a uma minuciosa e cautelosa análise sobre a legalidade do título, a documentação apresentada e, se for o caso, fazer todas as exigências que entender pertinentes como condição para o registro. Se houver conflito entre as exigências do registrador e uma eventual recusa do interessado em cumprir tais exigências, para dirimir tal conflito adota-se o procedimento de "dúvida". O princípio da legalidade, segundo Loureiro[181], tem estreita ligação com a natureza causal do registro. É o mecanismo que se interpõe entre o título e o registro, assegurando, o quanto possível, a correspondência entre a titularidade presumida e a verdadeira. É o filtro de entrada que segura títulos que rompam a malha da lei, devendo o registrador fazer o exame da obediência do título em seu aspecto formal quanto aos demais princípios registrários e normas cogentes. A essa atividade de verificação da aptidão do título para ingressar no registro dá-se o nome de qualificação do oficial do registrador.

7. *Veracidade/especialidade e retificação*: de acordo com o art. 1.247, *caput*, do CC, se o registro não exprimir a verdade, poderá o interessado pleitear que se retifique ou anule. A possibilidade de corrigir imperfeições no registro e até anulá-lo é objeto de disciplina da Lei de Registros Públicos.

Nesse sentido é o art. 212 da LRP: "Se o registro ou a averbação for omissa, imprecisa ou não exprimir a verdade, a retificação será feita pelo Oficial do Registro de Imóveis competente, a requerimento do interessado, por meio do procedimento administrativo previsto no art. 213, facultado ao interessado requerer a retificação por meio de procedimento judicial. Parágrafo único. A opção pelo procedimento administrativo previsto no art. 213 não exclui a prestação jurisdicional, a requerimento da parte prejudicada".

A retificação, como regra, se faz por via administrativa, nos termos do art. 213, mas nada impede a retificação judicial, se assim pretender o interessado.

O art. 213 da LRP disciplina o procedimento administrativo de retificação e o art. 214 trata da nulidade do registro.

Pela especialidade, impõe-se que o registro imobiliário contenha a descrição precisa e minuciosa do imóvel, sendo vedado o registro no caso de desconformidade entre a descrição do título e as características que constam no registro.

5.4.2.4. Distinção necessária entre vício no título e vício no registro

O registro pode ser cancelado por conta de vício no título que lhe deu origem (no direito brasileiro gera apenas presunção relativa de propriedade – art. 1.245, § 2º, do CC) ou em razão de vício no próprio registro (neste caso, o defeito é no registro, como a inobservância de alguma formalidade imposta pela Lei de Registros Públicos).

No caso de cancelamento do registro em razão de vício no título, caso em que o registro será atingido de

---

[179] MELO, Marco Aurélio Bezerra de. *Direito das coisas*. 5. ed. Rio de Janeiro: Lumen Juris, 2011, p. 133.

[180] FARIAS, Cristiano Chaves de; ROSENVALD, Nelson. *Direito reais*. 7. ed. Rio de Janeiro: Lumen Juris, 2011, p. 262-263.

[181] LOUREIRO, Francisco Eduardo. Arts. 1.196 a 1.510-E – Coisas. In: PELUSO, Cezar (coord.). *Código civil comentado*. 2. ed. Barueri: Manole, 2008, p. 1.188.

modo reflexo ou por repercussão, o cancelamento deverá ser por meio de sentença judicial. No entanto, se o vício integrar o próprio registro, por violação dos princípios de registro público ou erro do registrador, o cancelamento poderá ser efetivado pela via administrativa. Nesse sentido é o art. 214 da LRP: "As nulidades de pleno direito do registro, uma vez provadas, invalidam-no, independentemente de ação direta. § 1º A nulidade será decretada depois de ouvidos os atingidos".

Conforme destaca Loureiro[182]: "Se o vício for do título, atingido o registro apenas de modo reflexo, se exige comando de cancelamento na esfera jurisdicional, mediante reconhecimento principal ou incidente em ação judicial. Caso, porém, o vício seja do próprio mecanismo de registro, por ofensa aos princípios registrários ou erro do exame qualificador do oficial registrador, o cancelamento pode ocorrer na via administrativa, perante o Juiz Corregedor Permanente, após oitiva dos atingidos".

5.4.3. Da usucapião

5.4.3.1. Noções preliminares

A usucapião, modo originário de aquisição da propriedade, imobiliária ou mobiliária, bem como de outros direitos reais, como a servidão, o usufruto e o direito real de superfície, dentre outros, deve ser compreendida a partir de duas perspectivas: 1 – teoria geral da usucapião (elementos e pressupostos para qualquer espécie de usucapião – posse funcionalizada, capacidade/legitimidade do sujeito que pretende adquirir o objeto, bem passível de usucapião, posse *ad usucapionem* e tempo) e, 2 – espécies de usucapião (os requisitos exigidos para cada espécie se relacionam com a finalidade e a função dos tipos de usucapião).

A usucapião pressupõe posse. A posse integra a essência e a estrutura da usucapião. Portanto, todos elementos já analisados para caracterização da posse (estrutura: *corpus* e *animus* e função social) serão fundamentais para a compreensão da usucapião. Todavia, para a usucapião, não basta a "simples" posse. É essencial que o sujeito tenha legitimidade para adquirir pela usucapião, que o objeto seja passível de usucapião, que a posse seja qualificada (*ad usucapionem*) e que a posse se prolongue por período que a lei considera como necessária para aquisição da propriedade.

A posse *ad usucapionem* é qualificada, por ser com *animus domini*, mansa, pacífica e ininterrupta. O exercício de poder de fato sobre coisa passível de ser usucapida, com a intenção de dono, sem oposição e sem interrupção, na forma e nos prazos exigidos pela lei para determinado tipo de usucapião, converte esse poder de fato em direito subjetivo de propriedade (poder de direito).

O instituto da usucapião sempre foi alvo de inúmeras controvérsias, em especial na caracterização dos elementos essenciais da posse *ad usucapionem* e da multiplicidade de espécies de usucapião.

A usucapião não é disciplinada apenas no Código Civil, mas também na Constituição Federal, no Estatuto da Cidade, no Estatuto do Índio, na Lei n. 6.969/81, que regula a usucapião rural, na Lei de Regularização Fundiária e, ainda, na ei de Registros Públicos. A variedade de fontes normativas evidencia a relevância da usucapião, principalmente porque é instrumento essencial para concretização de direitos fundamentais sociais, como a moradia, além de ser relevante paradigma do princípio da função social da posse. A redução substancial dos prazos da usucapião pela atual legislação conecta o instituto ao princípio da função social da posse. A usucapião, como modo originário de aquisição da propriedade, mobiliária e imobiliária, é sanção civil ao proprietário não funcional.

A finalidade da usucapião é justamente conformar o exercício do direito subjetivo de propriedade e da posse à necessária função social. A posse com função social sacrifica a propriedade desprovida de qualquer utilidade social e econômica. Por este motivo, defendemos a usucapião como sanção de natureza civil ao proprietário antissocial.

A propriedade desprovida de função social poderá ser sancionada pela usucapião, caso em que o possuidor, independentemente do pagamento de qualquer indenização, adquirirá a propriedade da coisa móvel ou imóvel. Todavia, para que a usucapião seja uma sanção civil legítima, capaz de sacrificar a propriedade, é fundamental que a posse *ad usucapionem* seja caracterizada pela necessária função social. Para confrontar a propriedade, a posse que pode levar à usucapião deve ser funcionalizada.

Em relação à função social da posse, o Código Civil de 2002, ao disciplinar a usucapião extraordinária, ordinária, especial urbana e especial rural, foi coerente com esse princípio, na medida em que reduziu, de forma considerável, os prazos para a aquisição da propriedade pela usucapião. A função social confere densidade à posse.

A redução dos prazos fortalece e confere maior conteúdo e substância à posse social, em detrimento de um direito subjetivo de propriedade vazio ou meramente formal. A posse, agregada a essa finalidade social e econômica, imposta pelos valores sociais constitucionais, pode confrontar o direito formal de propriedade.

Para o mestre Caio Mário[183], a usucapião se dá pela "aquisição da propriedade ou de outro direito real pelo decurso do tempo estabelecido e com a observância dos requisitos instituídos em lei".

5.4.3.2. Aquisição originária ou derivada da propriedade?

Os modos de aquisição da propriedade podem ser originários ou derivados. Tal aspecto é relevante para os efeitos jurídicos decorrentes da aquisição da propriedade. A usucapião constitui modo originário de aquisição da propriedade. Na aquisição denominada "originária" não há relação jurídica entre o anterior e o atual dono da coisa. Não há transmissão de direitos de uma pessoa para outra.

---

[182] LOUREIRO, Francisco Eduardo. Arts. 1.196 a 1.510-E – Coisas. In: PELUSO, Cezar (coord.). *Código civil comentado*. 2. ed. Barueri: Manole, 2008, p. 1.187.

[183] PEREIRA, Caio Mário da Silva. *Instituições de direito civil. Direitos reais*. 26. ed. Rio de Janeiro: Forense, 2018. v. IV, p. 138.

Não há relação contratual ou vínculo entre o dono atual e o anterior. O atual proprietário não possui relação jurídica de direito real ou obrigacional em relação ao antigo proprietário. Se a propriedade é adquirida por modo originário, não há vínculo entre a propriedade atual e a anterior.

Na aquisição derivada, há relação jurídica entre o antigo e o atual proprietários, como ocorre na transferência da propriedade imobiliária pelo registro ou na mobiliária pela tradição.

Para o mestre Caio Mário[184], a usucapião é uma forma de aquisição derivada, porque a coisa tem relação com outra pessoa que já era proprietária do mesmo bem.

Para outros doutrinadores, assim como a acessão natural, a usucapião é modo originário de aquisição da propriedade, porque brota como direito novo e independente de qualquer vinculação do usucapiente com o proprietário anterior, o qual, se existir, não terá efetuado a transmissão bem. Preenchidos os requisitos legais, adquire-se a propriedade, sem se indagar de transmissão pelo titular anterior. Orlando Gomes[185] diz que a usucapião é modo originário porque não se estabelece qualquer vínculo entre o antigo proprietário e o possuidor que o adquire: "Inclui-se entre os modos originários. É que, a despeito de acarretar a extinção do direito de propriedade do antigo titular, não se estabelece qualquer vínculo entre ele e o possuidor que o adquire". De acordo com o mestre a distinção entre "modo originário e derivado funda-se na existência ou inexistência da relação entre precedente e consequente sujeito de direito".

A posição discordante de Caio Mário[186] se deve à mudança de critério para adotar a natureza da usucapião, que não é a existência ou não de transmissão, mas sim o fato de a coisa, anteriormente, ter tido ou não dono. A jurisprudência mais recente e a doutrina majoritária consideram a usucapião modo originário e não derivado de aquisição da propriedade. Na aquisição originária não há transmissão. Na derivada, verifica-se um ato de transmissão[187].

A consideração da usucapião como modo originário de aquisição da propriedade gera efeitos relevantes, pois o bem se incorpora ao patrimônio do novo titular em toda a sua plenitude, livre dos vícios que a relação jurídica pregressa ostentava. Além disso, eventuais ônus e restrições também não incidem sobre a nova propriedade. Se o bem é hipotecado, tal direito de garantia não mais ficará vinculado à propriedade do possuidor que adquiriu o bem pela usucapião. A usucapião provoca a extinção deste direito acessório de garantia.

O possuidor que adquire a propriedade pela usucapião não se sujeita ao pagamento de tributos relacionados à transmissão da propriedade (ITBI – o fato gerador envolve a transmissão de direitos reais), já que não há aquisição ou transmissão entre o antigo e o atual dono. O fato gerador do imposto sobre transmissão *inter vivos*, que é a transmissão *inter vivos*, a qualquer título (art. 156, II, da CF/88 e art. 35 do CTN), inexiste na usucapião. O fato gerador é a materialização da hipótese de incidência. Descabe a cobrança deste imposto em qualquer modo de aquisição originária. O possuidor obtém o bem "contra" o antigo proprietário e não "do" anterior proprietário. O ITBI pressupõe vinculação, que não existe na usucapião.

Por óbvio, os tributos incidentes sobre a propriedade em si, como IPTU e ITR, devem ser pagos ou adimplidas pelo possuidor/usucapiente. O sujeito passivo do IPTU é não só o proprietário, o titular do domínio, como o possuidor, em especial o possuidor *ad usucapionem*. De acordo com o art. 32 do CTN, o IPTU tem como fato gerador a propriedade, o domínio útil ou a posse. Nesse sentido, Rosenvald e Chaves[188] esclarecem que "deverá o usucapiente arcar com os custos relacionados aos impostos de propriedade urbana ou rural. Cuida-se de ônus reais que incidem sobre o bem, independente da qualidade do proprietário".

Tais são consideradas obrigações *propter rem*, que devem ser adimplidas por aquele que está vinculado à titularidade do bem, no caso, o sujeito que o adquiriu pela usucapião. Aliás, mesmo se obrigações *propter rem*, como tributos incidentes sobre o bem e despesas de condomínio, não tiverem sido adimplidas pelo antigo proprietário, deverão ser pelo atual. A usucapião não neutraliza as obrigações *propter rem*.

Por ser modo de aquisição originária, podem ser usucapidos bens gravados com cláusula de inalienabilidade ou com fideicomisso (art. 1.951 do CC), e ainda bens que jamais foram registrados.

5.4.3.3. Fundamento da usucapião (posse e função social)

Não é qualquer posse que enseja a aquisição da propriedade pela usucapião, mas apenas a posse *ad usucapionem*. Esta posse se exerce com intenção de dono, sem interrupção (não pode sofrer solução de continuidade) e sem oposição (reação do proprietário – mansa e pacífica). Assim, a lei a requer pacífica, contínua ou incontestada. No que tange à intenção de dono, essencial para a usucapião, devem ser afastadas as posses onde o sujeito não tenha a intenção de ter a coisa para si, como a posse direta do locatário, comodatário, dentre outras. Estes, embora tenham o *ius possidendi*, que os habilita para os interditos, não têm a faculdade de usucapir.

No entanto, na atualidade, deve ser agregado a estes elementos tradicionais da posse *ad usucapionem*, um elemento finalístico, qual seja, a necessária função social da

---

[184] PEREIRA, Caio Mário da Silva. *Instituições de direito civil. Direitos reais*. 26. ed. Rio de Janeiro: Forense, 2018. v. IV, p. 138.

[185] GOMES, Orlando. *Direitos reais*. 19. ed. atualizada. Rio de Janeiro: Forense, 2007, p. 187.

[186] PEREIRA, Caio Mário da Silva. *Instituições de direito civil. Direitos reais*. 26. ed. Rio de Janeiro: Forense, 2018. v. IV.

[187] No REsp 716.753/RS, relatado pelo Ministro João Otávio de Noronha, chegou-se à conclusão de que após a consumação da usucapião, não prevalece eventuais ônus constituídos pelo anterior proprietário.

[188] FARIAS, Cristiano Chaves de; ROSENVALD, Nelson. *Direito reais*. 7. ed. Rio de Janeiro: Lumen Juris, 2011, p. 399.

posse. A função social confere substância, conteúdo e legitimidade à posse para fins de propiciar a aquisição da propriedade pela usucapião. O exercício do poder de fato sobre a coisa, direcionado para esta finalidade, permite a tutela da posse.

Em termos de fundamento, todo bem deve ter uma função social. Se o dono, proprietário formal, deixa de dar uma destinação social ao bem, se proporciona a outrem a oportunidade para utilizar a coisa. Interessa, portanto, a toda coletividade e à paz social, a transformação e a sedimentação de tal situação de fato em situação de direito.

Por isso, a usucapião tem estreita relação com o princípio da função social da propriedade, pois aquele que dá uma destinação econômica e social a um bem, como se dono fosse, em detrimento do antigo proprietário que deixa transcorrer um tempo sem qualquer oposição a tal utilização social, adquire a propriedade do bem. Desta forma, não há dúvida de que a usucapião representa uma sanção ao proprietário desidioso.

Para Orlando Gomes[189], duas correntes tentam fundamentar a usucapião. A primeira, denominada *teoria subjetiva*, procura fundamentar a usucapião na presunção de que há o ânimo da renúncia ao direito por parte do proprietário que não o exerce. A segunda, denominada *teoria objetiva*, fundamenta a usucapião em considerações de utilidade social, pois é socialmente conveniente dar segurança e estabilidade à propriedade, bem como consolidar as aquisições e facilitar a prova do domínio.

A adequação da posse aos valores constitucionais e sua necessária conformação à função social é o seu fundamento na atualidade. Não se questiona a relevância das teorias que tentam justificar a usucapião, mas é a destinação social, econômica e humanizada da posse que lhe confere substância, valor, conteúdo e, em consequência, fundamento.

5.4.3.4. Requisitos da usucapião (teoria geral da usucapião)

A aquisição da propriedade pela usucapião está condicionada ao preenchimento de alguns requisitos e pressupostos pelo possuidor, que integram a teoria geral da usucapião.

Quais são os requisitos ou elementos que integram a teoria geral, pressupostos para todas as espécies de usucapião? 1 – posse funcionalizada (teoria da posse: estrutura + função social); 2 – capacidade/legitimidade (o sujeito não pode ter qualquer impedimento específico que o impeça de adquirir a posse, em especial porque as causas suspensivas, impeditivas e interruptivas da prescrição se aplicam à usucapião – a mesma causa que impede o decurso do prazo em favor do devedor, também impedirá contra o proprietário antissocial); 3 – bem jurídico deve ser passível de usucapião (não é todo bem que pode ser adquirido pela usucapião); 4 – posse *ad usucapionem* (com ânimo de dono, mansa/pacífica, ininterrupta/contínua) e 5 –

tempo (a posse deve se prolongar pelo prazo mínimo previsto em lei).

Tais pressupostos gerais são essenciais para qualquer espécie de usucapião. Presentes todos estes requisitos, evolui-se para a segunda etapa, que é analisar os requisitos específicos da usucapião que o sujeito pretende invocar (espécies de usucapião). Neste ponto, a lógica é que os requisitos específicos se relacionam com a finalidade da usucapião.

Portanto, tais requisitos podem ser genéricos (teoria geral), porque são exigidos para todos os tipos de usucapião, e específicos, vinculados a cada espécie de usucapião.

Por outro lado, os requisitos específicos caracterizam cada espécie de usucapião. Estes pressupostos e peculiaridades é que definirão o tipo de usucapião. Após o preenchimento dos requisitos genéricos, pressuposto para toda e qualquer usucapião, passa-se à análise dos elementos especiais que definem, caracterizam e fundamentam cada tipo de usucapião (extraordinário, ordinário, constitucional urbano, constitucional rural, urbano coletivo, usucapião familiar etc.).

Orlando Gomes[190] destaca em sua obra os referidos requisitos. Para o mestre, os requisitos pessoais são as exigências em relação à pessoa do possuidor que quer adquirir a coisa por usucapião e do proprietário que, em consequência, vem a perdê-la. Os requisitos reais concernem às coisas e direitos suscetíveis de usucapião. Os requisitos formais compreendem os elementos característicos do instituto, que lhe dão fisionomia própria.

Em seguida, serão analisadas as principais espécies de usucapião: 1 – extraordinário (art. 1.238 do CC); 2 – ordinário (art. 1.242 do CC); 3 – usucapião especial rural ou *pro labore* (arts. 1.239 do CC e 191 da CF/88); 4 – usucapião especial urbano ou *pro moradia* (art. 1.240 do CC, art. 183 da CF/88 e art. 9º do Estatuto da Cidade); 5 – usucapião especial urbano coletivo (art. 10 do Estatuto da Cidade); 6 – usucapião especial urbano residencial familiar (art. 1.240-A do CC, introduzido pela Lei Federal n. 12.424/2011); 7 – usucapião indígena (art. 33 do Estatuto do Índio); 8 – usucapião tabular (art. 214, § 5º, da Lei de Registros Públicos) e 9 – Usucapião dos quilombolas.

A multiplicidade de espécies de usucapião evidencia a conexão deste modo de aquisição da propriedade com a função social da posse, em especial quando tal função está direcionada para o exercício pleno do direito fundamental de moradia.

5.4.3.4.1. Requisitos genéricos da usucapião

Requisitos pessoais

A posse, essência e fundamento da usucapião, já foi objeto de análise.

Os requisitos pessoais se referem à capacidade e à legitimidade do possuidor. É necessário verificar se o sujeito tem capacidade (de direito e de fato) e legitimidade (é

---

[189] GOMES, Orlando. *Direitos reais*. 19. ed. atualizada. Rio de Janeiro: Forense, 2007, p. 187-188.

[190] GOMES, Orlando. *Direitos reais*. 19. ed. atualizada. Rio de Janeiro: Forense, 2007, p. 188.

habilitado para aquele ato específico) para adquirir a propriedade de determinada coisa pela usucapião.

A razão primordial deste requisito é o disposto no art. 1.244 do CC, segundo o qual "estende-se ao possuidor o disposto quanto ao devedor acerca das causas que obstam, suspendem ou interrompem a prescrição, as quais também se aplicam à usucapião".

Portanto, as causas impeditivas, suspensivas e interruptivas da tradicional prescrição extintiva (prescrição da pretensão – art. 189 do CC), disciplinadas nos arts. 197 e 198 (199 – não é compatível com a usucapião), bem como do art. 202 do CC, devem ser analisadas em relação ao possuidor, que deseja adquirir a coisa pela usucapião.

É por tal razão que a usucapião também é impropriamente denominada prescrição aquisitiva. A usucapião não possui nenhuma relação com a "prescrição", pois é modo de aquisição da propriedade que ostenta requisitos próprios, ao passo que o tempo é apenas um dentre estes inúmeros requisitos, o que não justifica essa assimilação entre a usucapião e o instituto da prescrição.

No entanto, o art. 1.244 do CC impõe a repercussão das regras sobre suspensão, impedimento e interrupção da prescrição, no âmbito da usucapião. Caso o possuidor se encontre em posição jurídica especial, não terá legitimidade para invocar a usucapião. Os prazos, nestes casos, não se iniciam, se suspendem ou são interrompidos.

Desta forma, o "tempo" para aquisição da propriedade pela usucapião se relaciona com as causas impeditivas, suspensivas e interruptivas da prescrição.

De acordo com o art. 197 do CC, não corre o prazo de prescrição entre cônjuges, durante a sociedade conjugal, e entre ascendentes e descendentes, enquanto perdurar o poder familiar. Se, nestas hipóteses, não corre prazo de prescrição, também não correrá o prazo para usucapião. No caso dos cônjuges, há exceção, ou seja, mesmo durante a sociedade conjugal, o prazo correrá. A regra especial do art. 1.240-A afasta a regra geral do art. 1.244.

Nesta concepção, de acordo com o art. 1.244 do CC, a título de exemplo, o cônjuge não pode usucapir bem da esposa e o pai não pode pretender o reconhecimento da usucapião em relação ao filho incapaz.

Neste ponto, estamos de acordo com Rosenvald e Chaves[191], segundo os quais é inadequada a utilização do termo *incapacidade* para usucapir bens pertencentes a determinadas pessoas, sendo conveniente tratar a questão no âmbito da legitimação: "Apesar de qualquer pessoa ter capacidade para possuir, faltará legitimação, como a aptidão para a prática de determinado ato, ou para o exercício de certo direito, resultante, não da qualidade da pessoa, mas de sua posição jurídica em face de outras pessoas".

Nas precisas palavras de Caio Mário[192]: "Embora na usucapião, chamada impropriamente prescrição aquisitiva, se assinalem diversidades flagrantes relativamente à prescrição extintiva, não se opera a aquisição da propriedade uma vez que ocorra qualquer das causas determinantes da interrupção ou suspensão dela".

Portanto, embora a usucapião não se confunda com a prescrição, as causas suspensivas e interruptivas da prescrição extintiva a ela se aplicam, como elemento pessoal, para inabilitar determinado sujeito a somar o tempo de posse para a aquisição da propriedade, enquanto pendente a causa impeditiva, suspensiva ou interruptiva.

Com relação às causas suspensivas, não há divergências em relação às hipóteses previstas nos arts. 197 e 198, ambos do CC. Caracterizada a hipótese legal, o prazo não se inicia (impeditiva) ou, se iniciado, se suspende (suspensiva). Por outro lado, no que se refere às causas interruptivas da prescrição extintiva (art. 202 da Lei Civil) que, por força do art. 1.244 do CC, se aplicam à usucapião, a análise deve ser pautada no princípio da função social da posse. A fim de não prejudicar posse funcionalizada, cujo prazo para fins de usucapião seria interrompido com qualquer despacho que determina a citação em demandas infundadas, de forma correta, a interrupção é condicionada ao êxito na demanda.

Por exemplo, de acordo com o art. 202, I, do CC, o despacho é causa interruptiva da prescrição extintiva. A questão que se coloca é: O despacho (que determina a citação), na ação reivindicatória proposta pelo dono do bem, o qual pretende impedir o possuidor de adquirir a sua propriedade pela usucapião, é capaz de, por si só, interromper o prazo (este é variável, a depender da espécie) previsto em lei para a consumação da usucapião?

Em uma análise literal e superficial, a resposta seria positiva, tendo em vista que o art. 1.244 do CC não deixa margem a dúvidas: as causas interruptivas da prescrição também se aplicam à usucapião.

Todavia, o art. 1.244 do CC também se submete aos princípios e valores sociais constitucionais que fundamentam a posse. Por isso, tal norma deve ser interpretada em consonância com os referidos valores, sob pena de tais regras serem utilizadas de forma arbitrária contra alguém que detém poderes de fato sobre uma coisa e está conferindo a esta uma função social e econômica. Por isso, embora seja possível que o despacho ordenador da citação interrompa a prescrição, isso só ocorrerá se o sujeito que se diz proprietário tiver êxito na demanda. Não basta a oposição judicial para quebrar a continuidade da posse. É essencial que o opositor tenha êxito na demanda judicial a ser proposta.

Em caso contrário, o dispositivo poderia ser invocado em ações temerárias, sem nenhum fundamento, apenas para interromper o prazo para aquisição do bem pela usucapião. Não seria coerente determinar o reinício do prazo apenas porque alguém, que se intitulava proprietário, ajuizou uma ação, a qual, ao final, foi rejeitada.

A oposição para descaracterização da mansidão e pacificidade da posse deve ser séria e exitosa. Não é qualquer oposição que tem o poder de "quebrar" a continuidade e a condição mansa e pacífica de uma posse. Somente a

---

[191] FARIAS, Cristiano Chaves de; ROSENVALD, Nelson. *Direito reais*. 7. ed. Rio de Janeiro: Lumen Juris, 2011, p. 276.
[192] PEREIRA, Caio Mário da Silva. *Instituições de direito civil. Direitos reais*. 26. ed. Rio de Janeiro: Forense, 2018. v. IV, p. 143.

oposição viável, procedente, real, séria, justa e legítima pode ser considerada como resistência à pretensão do possuidor.

De acordo com Loureiro[193], "as oposições judiciais devem ser sérias e procedentes. Assim, eventuais ações possessórias ou reivindicatórias somente atingem a pacificidade da posse caso sejam julgadas procedentes. A oposição deve ser feita antes da consumação do lapso prescricional da usucapião".

De acordo com entendimento consolidado pelo STJ, há que se diferenciar a citação em ação possessória e petitória. No âmbito da ação possessória, se esta for extinta sem apreciação do mérito ou julgada improcedente, a citação não é capaz de provocar a interrupção da prescrição. Portanto, o prazo da usucapião, neste caso, correrá normalmente no curso do processo. Por outro lado, no âmbito de ação petitória, há divergências no próprio STJ. Há decisões no sentido de que a citação na ação petitória interromperia o prazo da usucapião[194] e outras no sentido de que a interrupção dependeria do resultado do processo (se improcedente, não interrompe)[195].

Essa interpretação do art. 1.244 do CC, consolidada no âmbito da ação possessória, está afinada com o princípio da função social da posse, pois, embora o despacho que ordene a citação seja considerado causa interruptiva da prescrição aquisitiva, é essencial verificar se a lide é temerária, se tem substância e conteúdo e se, de fato, o direito do proprietário é fundado em uma propriedade não apenas formal, mas também material. Na petitória, se não houver êxito na recuperação dos poderes dominiais, o prazo para usucapião, segundo nosso entendimento, deveria correr normalmente. Isto porque é possível ação reivindicatória temerária, sem qualquer fundamento, o que contraria a função social da posse.

No âmbito dos requisitos pessoais, ainda há questão relevante a ser solucionada: O incapaz (absolutamente ou relativamente) pode usucapir?

De acordo com Caio Mário[196], com o qual concordamos, a vontade, na aquisição da posse, é simplesmente natural e não aquela necessária à constituição de negócios jurídicos. Daí ser possível ao incapaz realizá-la por si, como por meio de seu representante.

No mesmo sentido é a lição de Silvio Rodrigues[197]: "O incapaz pode, todavia, adquirir a posse através do seu próprio comportamento, pois é possível ultimar a aquisição da posse por outros meios que não atos jurídicos, como, por exemplo, por apreensão. E o incapaz só não tem legitimação para praticar atos jurídicos. Sendo a posse mera situação de fato, para que esta se estabeleça não se faz mister o requisito da capacidade".

Por outro lado, há autores, como Orlando Gomes[198], que defendem o contrário. Para estes, os absolutamente incapazes só podem adquirir a posse por intermédio de seus representantes: "Seria preciso, pois, que o representante tivesse o *animus* de adquirir a posse da coisa para o representado e que este tivesse a intenção de possuir o que o representante detém. Deveriam conjugar-se, portanto, o *animus procuratoris* e o *animus possidendi*. Na representação legal estaria implícita a vontade do representado. O terceiro, sem procuração, poderia adquirir a posse *corpore alieno*; todavia, neste caso, a aquisição ficaria da dependência de ratificação por parte daquele em cujo interesse foi praticado o ato".

Como o princípio da dignidade da pessoa humana impõe a valorização da vontade da pessoa que ostenta a condição de incapaz (aspecto meramente formal – arts. 3º e 4º do CC), caso este sujeito tenha discernimento para exercer posse *ad usucapionem*, com *animus domini*, poderá, independentemente de procurador, adquirir por usucapião. Portanto, apenas a incapacidade formal e material impede a posse pelo incapaz para fins de usucapião. A incapacidade meramente formal, que não retira o discernimento do incapaz, não impede a posse *ad usucapionem*, independentemente de procurador.

Em relação ao sujeito que suporta os efeitos da usucapião, Gomes[199] dispensa a aplicação do art. 1.244. Segundo ele, "não há exigência relativamente à capacidade. Basta que seja proprietário da coisa suscetível de ser usucapida. Ainda que não tenha capacidade de fato, pode sofrer os efeitos da posse continuada de outrem, pois compete a quem o representa impedi-la".

A posição do referido mestre é minoritária, pois a doutrina majoritária[200], afinada com a regra do art. 1.244 do CC, defende a impossibilidade de se usucapir bem de titularidade de absolutamente incapaz (art. 3º do CC).

Finalmente, as causas suspensivas, impeditivas e interruptivas da prescrição somente aproveitam os demais titulares do domínio se a coisa for indivisível, a teor do disposto nos arts. 201 e 204 do CC.

De acordo com Rosenvald e Chaves[201]: "Contudo, como sinaliza o art. 201 do CC, se a obrigação for indivisível, a suspensão da fluência da usucapião, que em princípio beneficiaria apenas um dos possuidores, será estendida aos demais sucessores, comproprietários de frações ideais. A usucapião não será suspensa em face de outros condôminos com posses localizadas que não se encontrem na mesma hipótese de indivisibilidade do direito à herança, em nada interferindo na obtenção da proprieda-

---

[193] LOUREIRO, Francisco Eduardo. Arts. 1.196 a 1.510-E – Coisas. In: PELUSO, Cezar (coord.). *Código civil comentado*. 2. ed. Barueri: Manole, 2008, p. 1.164.

[194] AgInt no AREsp 1542609/RS.

[195] REsp 1584447/MS.

[196] PEREIRA, Caio Mário da Silva. *Instituições de direito civil. Direitos reais*. 26. ed. Rio de Janeiro: Forense, 2018. v. IV, p. 138.

[197] RODRIGUES, Sílvio. *Direito civil*: direito das coisas. 28. ed. São Paulo: Saraiva, 2003. v. V.

[198] GOMES, Orlando. *Direitos reais*. 19. ed. atualizada. Rio de Janeiro: Forense, 2007. p. 189.

[199] GOMES, Orlando. *Direitos reais*. 19. ed. atualizada. Rio de Janeiro: Forense, 2007. p. 188-189.

[200] Rosenvald e Chaves; Francisco Loureiro e Tepedino.

[201] FARIAS, Cristiano Chaves de; ROSENVALD, Nelson. *Direito reais*. 7. ed. Rio de Janeiro: Lumen Juris, 2011, p. 403.

de pelo usucapiente, desde que se trate de bem passível de divisão".

No mesmo sentido é a precisa observação de Loureiro[202]: "As causas determinantes do impedimento, suspensão e interrupção da prescrição somente aproveitam os demais titulares do domínio se a obrigação for indivisível. No caso de prescrição aquisitiva, inviável usucapir-se parte ideal da coisa, salvo na hipótese específica de posses localizadas, de modo que a causa suspensiva que suspende a prescrição em relação a um dos proprietários – por exemplo, incapacidade – aos demais se estende. De igual modo, a citação ou protesto feitos a um dos possuidores interrompe a posse dos demais, ressalvada a hipótese de existência de posses localizadas.

Requisitos reais (coisa ou objeto)

O pressuposto "real" se refere ao bem ou à coisa hábil para ser adquirida pela usucapião. O que pode ser objeto de usucapião? Quais os bens passíveis de usucapião?

Em primeiro lugar, é essencial diferenciar os bens públicos dos bens particulares.

Os bens públicos, qualquer que seja sua natureza (uso comum, especial ou dominical), não são suscetíveis de usucapião. Nesse sentido a antiga Súmula 340 do STF: "Desde a vigência do Código Civil, os bens dominicais, como os demais bens públicos, não podem ser adquiridos por usucapião".

Os bens públicos de uso comum e uso especial são aqueles que estão afetados a determinada finalidade pública. Os bens dominicais integram o patrimônio público, mas não estão em regime de afetação.

A Constituição Federal de 1988, nos arts. 183, § 3º (propriedade urbana), e 191, parágrafo único (propriedade rural), veda expressamente a aquisição de bens públicos pela usucapião. Da mesma forma, o art. 102 do CC dispõe que os bens públicos não estão sujeitos à usucapião. Os referidos dispositivos legais não abrem exceções em relação aos bens públicos. Como se percebe, há rede de proteção em relação aos bens públicos, a fim de impedir sobre eles a posse *ad usucapionem*, ou a posse "para fins de usucapião".

A jurisprudência e a doutrina majoritária acolhem, na íntegra, essa proibição.

Por outro lado, há interpretação com a finalidade de adequar as vedações constitucionais e legais aos valores sociais e aos direitos fundamentais expressos na própria Constituição. No art. 5º, XXIII, da CF/88, está expresso que a propriedade deverá atender à necessária função social. A função social da propriedade é ainda princípio basilar da ordem econômica e financeira (art. 170, III, da CF/88). Em nenhum momento tais dispositivos restringem a observância do referido princípio às propriedades particulares ou privadas (bens privados). Os bens públicos também, obviamente, deverão ostentar uma função social. Aliás, a função social dos bens públicos é um elemento de justificação deles.

Nesta toada, poderia se interpretar a proibição de usucapião de bens públicos, desde que atendam à função social para a qual foram destinados. Essa é uma discussão que merece um maior espaço nos manuais de direito civil e constitucional. A simples vedação de aquisição de bens públicos pela usucapião, sem investigar a sua função social, contraria regras básicas de hermenêutica constitucional, como aquela que impõe uma harmonização, conciliação e ajuste entre normas constitucionais.

A simples vedação da usucapião de bens públicos é um estímulo para o Estado manter a sua inércia em relação à concretização de deveres fundamentais de assistência e social (deveres positivos de prestação), principalmente no âmbito urbanístico e ambiental.

Os bens públicos de uso comum e uso especial, por terem uma destinação pública por natureza, ou seja, serem afetados aos interesses da coletividade, de forma natural, cumprem essa função social imposta pela Constituição no capítulo que trata dos direitos fundamentais.

Por outro lado, os bens dominicais, que não estão afetados, podem não estar cumprindo qualquer função social. Não é a afetação em si que determinará se há ou não função social, pois mesmo não afetados, tais bens podem ser essenciais para integrar o patrimônio estatal.

A propriedade pública deve ser formal e materialmente pública. Os bens públicos não se sujeitam à usucapião se forem de titularidade do Poder Público e, ao mesmo tempo, ostentarem conteúdo, substância e legitimidade, o que só será atingido com a necessária função social. Por isso, estamos de acordo com Rosenvald e Chaves[203]: "Os bens públicos poderiam ser divididos em materialmente e formalmente públicos. Estes seriam aqueles registros em nome da pessoa jurídica de direito público, porém excluídos de qualquer forma de ocupação, seja para moradia ou exercício de atividade produtiva. Já os bens materialmente públicos seriam aqueles aptos a preencher critérios de legitimidade e merecimento, postos dotados de alguma função social".

De acordo com o art. 98 do CC, são públicos os bens do domínio nacional pertencentes às pessoas jurídicas de direito público, como a União, Estados, Distrito Federal, Territórios, Municípios, autarquias (incluindo as agências reguladoras e executivas), associações públicas (Lei n. 11.107/2005) e fundações públicas com personalidade jurídica de direito público, arroladas no art. 41 do CC. Por exclusão, todos os demais bens são particulares, seja qual for a pessoa a que pertencem.

Portanto, os bens públicos, de acordo com o Código Civil, são dissociados dos bens particulares em função da titularidade. No art. 99, estão arroladas as espécies de bens públicos e, para tanto, adota como critério a finalidade ou utilidade social.

---

[202] LOUREIRO, Francisco Eduardo. Arts. 1.196 a 1.510-E – Coisas. In: PELUSO, Cezar (coord.). *Código civil comentado*. 2. ed. Barueri: Manole, 2008, p. 1.184.

[203] FARIAS, Cristiano Chaves de; ROSENVALD, Nelson. *Direito reais*. 7. ed. Rio de Janeiro: Lumen Juris, 2011, p. 279.

A partir destas normas, os bens que integram o patrimônio das empresas públicas e sociedades de economia mista seriam passíveis de usucapião, pois tais pessoas jurídicas não ostentam a personalidade de direito público (e sim de direito privado).

Entretanto, a possibilidade ou não de usucapião de bens particulares não pode estar atrelada ao aspecto da titularidade, uma vez que algumas pessoas jurídicas de direito privado, como as empresas públicas e as sociedades de economia mista, desempenham relevantes funções na sociedade, principalmente quando tais entidades são prestadoras de serviços públicos (art. 175 da CF/88).

Assim, a possibilidade ou não de se considerar uma coisa ou bem pertencente a tais pessoas jurídicas como passíveis de usucapião envolverá a análise da funcionalidade ou da afetação destes bens e não da mera titularidade, como o faz o art. 98 do CC. Se os bens destas pessoas jurídicas de direito privado estiverem afetados a uma finalidade pública, não podem ser usucapidos. O bem se torna indisponível e fora do comércio jurídico de direito privado para fins de usucapião.

Se o bem de propriedade da sociedade de economia mista ou empresa pública for direcionado a uma atividade tipicamente estatal, servindo à consecução do interesse público, cremos que não se viabilizará a usucapião, ainda que, formalmente, a coisa pertença ao patrimônio de pessoa jurídica de direito privado.

As Cortes Superiores, de forma desordenada, adotam critérios diferentes para situações semelhantes. Por exemplo, se a usucapião envolver bem de pessoa jurídica de direito público, tais Cortes de Justiça adotam o critério da titularidade, previsto no art. 98 do CC, para vedar a usucapião. Se o bem integrar pessoa jurídica com personalidade de direito privado, mas prestadora de serviços públicos, como as empresas públicas e as sociedades de economia mista, para vedar a usucapião, o critério da titularidade é abandonado (pois não servirá para obstar a usucapião) para adotar-se o critério da finalidade ou funcionalidade.

Há, ainda, coisas naturalmente insuscetíveis de apropriação e, como consequência, de usucapião, como o ar, a água, dentre outros.

Com relação aos bens inalienáveis (naturalmente inalienáveis; legalmente inalienáveis; e voluntariamente inalienáveis), deve ser feita a devida distinção. Os bens naturalmente inalienáveis ou indisponíveis como o mar e o ar, são insuscetíveis de usucapião. Quanto aos bens legalmente inalienáveis, como os bens públicos de uso comum e uso especial, ou as terras tradicionalmente ocupadas pelos índios (art. 231, § 2º, da CF/88) são indisponíveis e insuscetíveis de usucapião.

Por outro lado, os bens voluntariamente inalienáveis ou clausulados com a inalienabilidade, podem ser usucapidos. As cláusulas de inalienabilidade impostas pelos sujeitos que desejam impor restrições ao bem não são obstáculo para a usucapião.

Os bens gravados com a cláusula de inalienabilidade instituída por ato voluntário, como no caso do art. 1.911 do CC, pode ser objeto de usucapião. Da mesma forma, nada impede a usucapião do bem de família voluntário, previsto no art. 1.711 do CC, ou do bem de família legal (Lei n. 8.009/90). Neste último caso, embora impenhorável, o bem não é inalienável. Portanto, passível de usucapião.

O bem de família, voluntário ou legal, tem por finalidade concretizar o direito fundamental à moradia e, de forma reflexa, a função social da propriedade. Se um bem destinado à família é ocupado por alguém que passa a exercer sobre ele posse *ad usucapionem*, sem qualquer oposição do dono, fica evidente que o bem é apenas formalmente de "família", mas não materialmente.

O não uso do bem para tal finalidade o descaracteriza como tal e, como consequência, passa a ser passível de usucapião. Para ostentar a proteção legal, o bem de família deve estar atrelado a esta finalidade. Não basta sua concepção formal de "bem de família". É essencial que, materialmente e de fato, esteja sendo utilizado com esta finalidade. A não utilização do bem para este objetivo o desqualifica como de "família" e o torna passível de usucapião.

Desta forma, no que se refere à *res habilis*, o bem deve ser suscetível da prescrição aquisitiva ou da usucapião (os bens fora do comércio – naturalmente indisponíveis, como o ar, a água do mar etc.; e os legalmente indisponíveis – bens públicos, direitos da personalidade, órgãos do corpo humano, não podem ser adquiridos pela usucapião).

A inalienabilidade decorrente da vontade humana (testador ou doador que gravam o bem com cláusula de inalienabilidade) não tem a força de subtrair o bem gravado da usucapião. Assim, os bens voluntariamente inalienáveis podem ser usucapidos. Ressalta-se que somente os direitos reais podem ser adquiridos por usucapião.

Em relação à coisa hábil ou passível de usucapião, há intensa discussão quanto à possibilidade de usucapir bens "que não estão em nome de ninguém". No centro do debate estão as terras devolutas.

De acordo com o art. 20, II, da CF/88, são bens da União e, portanto, públicos, as terras devolutas indispensáveis à defesa das fronteiras, das fortificações e construções militares, das vias federais de comunicação e à preservação ambiental. Neste caso, as terras devolutas possuem uma finalidade pública específica ou uma afetação determinada pela Constituição, o que as torna insuscetíveis de usucapião.

O problema está relacionado às terras devolutas de propriedade dos Estados. Segundo o art. 26, IV, da CF/88, incluem-se entre os bens dos Estados, as terras devolutas não compreendidas entre as da União. Neste caso, as terras devolutas não possuem uma destinação específica (não estão afetadas) e há discussão se poderiam ou não ser adquiridas por usucapião.

O que são terras devolutas? A fim de regularizar as terras públicas no Brasil, em 1850 foi publicada a Lei n. 601, que considerava como devolutas as terras vagas e abandonadas, pois não eram utilizadas pelo Poder Público e não estavam sob o domínio dos particulares. Atualmente, por força do disposto nos arts. 20 e 26 da CF/88, alguns autores[204] defendem a tese de que as terras devolutas integram a categoria dos bens dominicais, porque não têm nenhuma destinação pública (salvo as terras devolutas pertencentes à União – art. 20, II, da CF/88).

Com relação às terras incorporadas ao patrimônio público, submetem-se ao regime dos bens públicos, ou seja, não podem ser usucapidas. A questão é: As terras devolutas, que ainda não foram incorporadas ao patrimônio público, por meio de uma ação discriminatória (Lei n. 6.383/76), podem ser adquiridas por usucapião?

A primeira corrente defende que há uma presunção relativa em favor do Poder Público. Assim, mesmo não incorporadas ao patrimônio público por meio de uma ação discriminatória, presume-se que o bem é público e, no caso, cabe ao particular a prova do domínio. Essa primeira tese é defendida por Maria Sylvia Di Pietro[205]: "Há que se ter em vista que as terras devolutas sempre foram definidas de forma residual, ou seja, por exclusão: são devolutas porque não entraram legitimamente no domínio particular ou porque não têm qualquer destinação pública. E existe, indubitavelmente, uma presunção em favor da propriedade pública, graças à origem das terras no Brasil: todas elas eram do patrimônio público; de modo que, ou os particulares as adquiriram mediante concessão, doação, venda, legitimação de posse ou usucapião (no período permitido), ou elas realmente tem que ser consideradas públicas e insuscetíveis de usucapião".

Tal tese também é defendida por José dos Santos Carvalho Filho[206]: "se as terras eram originariamente públicas, passando ao domínio privado pelas antigas concessões de sesmarias e de datas, parece-nos lógico que os particulares é que precisam demonstrar, de algum modo, a transferência da propriedade".

Noutra vertente, se defende a tese de que as terras devolutas, salvo aquelas que possuem destinação específica (art. 20, II, da CF/88), são *res nullius* ou terra sem dono (adéspota) e, por isso, seriam suscetíveis de usucapião. Caso o particular preencha os requisitos para a usucapião antes de o Estado provar que o bem foi discriminado por meio de ação própria, seria possível a usucapião.

O objetivo do processo discriminatório disciplinado na Lei n. 6.383/76 é separar as terras públicas das terras particulares. No caso, se verifica a legitimidade dos títulos apresentados pelos particulares e, por exclusão, se apura o que é de domínio público. Portanto, para estes, a presunção milita em favor do particular, devendo o Poder Público comprovar a titularidade. Cabe ao Poder Público elidir a presunção em favor do particular por meio da ação discriminatória.

Assim, as terras devolutas são terras ou coisas de ninguém e, enquanto não discriminadas, não podem ser consideradas como bens públicos. Tal entendimento é adequado ao princípio da função social da posse e da propriedade, em especial quando particulares conferem à área abandonada uma destinação social ou qualquer utilidade que, de forma indireta ou reflexa, acabe por beneficiar a coletividade.

Os bens que não integram o domínio público, por exclusão, são particulares, conforme presunção estabelecida no art. 98 do CC. Além disso, o art. 188 da CF/88 dissocia as terras devolutas das terras públicas, ao afirmar que a destinação de umas e outras devem ser primordialmente para políticas agrícolas e reforma agrária.

Em decisão recente sobre o tema, o STJ, no REsp 847.397/SP, relatado pelo Ministro Herman Benjamin, adotou esta segunda corrente ao afirmar que cabe ao Estado, por meio de ação discriminatória, infirmar o domínio particular.

Por fim, resta apenas tratar da possibilidade de condômino usucapir contra os demais condôminos.

A posse *ad usucapionem* pode ser exercida em face de outros condôminos, desde que recaia sobre a integralidade do bem a ser usucapido. Se um dos condôminos vier a exercer posse mansa e pacífica, com ânimo de dono, em relação à fração dos outros condôminos, que não opõem qualquer oposição ou resistência, preenchidos os requisitos legais pertinentes à espécie de usucapião pretendida restará caracterizada esta forma de aquisição da propriedade.

Ainda que o condomínio seja *pro indiviso*, se um condômino excluir a posse dos demais, com ânimo de dono e sem a necessária resistência, será possível a usucapião.

A orientação majoritária é nesse sentido: basta que a posse exclusiva do condômino seja sobre o bem a ser usucapido. Portanto, dois são os requisitos para que um condômino possa adquirir dos demais a coisa pela usucapião: (a) posse exclusiva do condômino sobre a integralidade da área (posse *ad usucapionem* – mansa, pacífica e com ânimo de dono); e (b) a exclusão dos demais condôminos de suas respectivas frações ou quotas partes.

A posse exclusiva, exteriorizada por um dos proprietários, impede a composse dos demais e aniquila a compropriedade. Se o condomínio é *pro diviso*, ou seja, de direito é um condomínio, mas de fato já há divisão material das frações e parcelas de cada condômino, com a devida individualização, neste caso basta um condômino exercer posse *ad usucapionem* sobre a parcela ou fração que pretende adquirir a propriedade. A usucapião será parcial ou sobre a parcela a ser usucapida.

No caso do condomínio de edifícios, onde existe área exclusiva e área comum, há que se fazer a devida diferença. Se alguém passa a exercer poder de fato sobre área exclusiva, com ânimo dono e de forma mansa e pacífica (posse *ad usucapionem*), poderá, normalmente, adquirir a propriedade da referida área, como qualquer outra. No entanto, em relação à área comum dos condomínios em edifícios, o § 2º do art. 1.331 do CC as considera como bens legalmente indisponíveis e fora do comércio jurídico de direito privado, motivo pelo qual nenhum condômino ou estranho poderia adquirir estas áreas comuns pela usucapião.

---

[204] Como é o caso de José dos Santos Carvalho Filho.
[205] DI PIETRO, Maria Sylvia Zanella. *Direito administrativo*. 20. ed. São Paulo: Atlas, 2007, p. 724-725.
[206] CARVALHO FILHO, José dos Santos. *Manual de direito administrativo*. 22. ed. Rio de Janeiro: Lumen Juris, 2009.

Ora, se estas áreas não podem ser alienadas em separado ou divididas, são legalmente indisponíveis e, em consequência, não podem ser adquiridas por usucapião. O bem ou a coisa (área comum de edificação) não é hábil para ser usucapida.

Todavia, no REsp 214.680/SP, relatado pelo Ministro Ruy Rosado, com fundamento no princípio da boa-fé objetiva e no instituto da *supressio* que dela decorre, foi garantido ao condômino que ocupou área comum há muitos anos, sem qualquer oposição, o direito de ocupar e usar tal área. Embora não tenha sido reconhecida a usucapião, considerou-se que a inércia prolongada dos demais condôminos gerou no condômino ocupante de área comum a expectativa de que os demais não mais quisessem exercer posse sobre a área comum ocupada. Portanto, foi garantido a ele o direito de permanecer na área comum, mas não como proprietário e sim por conta do exercício inadmissível de direito pelos demais.

No REsp 356.821/RJ, relatado pela Ministra Nancy Andrighi, a solução em relação às áreas comuns foi a mesma. Embora também não tenha sido reconhecido o direito à usucapião, com base no princípio da boa-fé objetiva, os condôminos ficaram impedidos de reivindicar o uso da área comum que estava sendo utilizada por um dos moradores, em caráter exclusivo.

A qualificação da posse (*ad usucapionem*), devido à sua relevância, merece destaque em tópico separado.

5.4.3.4.1.1. Requisitos formais genéricos ou comuns (posse *ad usucapionem* e tempo)

Os requisitos formais genéricos são indispensáveis para todos os tipos ou espécies de usucapião: posse *ad usucapionem* (mansa, pacífica e com ânimo de dono) e o tempo.

Não há possibilidade de usucapião sem que o sujeito (possuidor), capaz e legítimo, exerça poder de fato sobre coisa passível de ser usucapida, com ânimo de dono, de forma mansa e pacífica.

A posse *ad usucapionem* ou para fins de usucapião difere da posse *ad interdicta*. A posse *ad usucapionem* ostenta conteúdo diverso, justamente pela forma do exercício da posse. O possuidor age em relação à coisa com ânimo de dono ou com a vontade de ter a coisa para si. No âmbito da usucapião, a posse se aproxima da teoria subjetiva de Savigny, segundo a qual o possuidor é aquele que exerce poder de fato sobre a coisa com a intenção de querer e desejar a posse.

Embora o Código Civil, no art. 1.196, tenha adotado a teoria objetiva de Ihering, por vincular a posse à propriedade, na usucapião o exercício do poder de fato sobre a coisa deverá ser com a intenção de dono, como defendia Savigny.

Desta forma, no que tange à intenção ou elemento subjetivo da posse, essencial para a posse *ad usucapionem*, afasta-se, para fins de usucapião, todo e qualquer contato ou poder de fato sobre a coisa em que o sujeito não tenha a intenção de ter a coisa para si, como são os casos do locatário, depositário, comodatário, dentre outros.

Estes, embora tenham o *ius possidendi*, que os habilita para os interditos, não têm a faculdade de usucapir. É simplesmente o *animus domini*. De acordo com Caio Mário[207], tais possuidores (locatário, depositário e comodatário) não têm a intenção de ter a coisa para si e, por isso, embora possam invocar "os interditos para a defesa de sua situação de possuidores contra terceiros e até contra o possuidor indireto (proprietário), não têm nem podem ter a faculdade de usucapir".

Afasta-se também a posse dos fâmulos da posse. Se há obstáculo objetivo a que possua com esse *animus*, não pode adquirir a propriedade por usucapião, como é o caso dos que exercem temporariamente a posse direta, por força de obrigação ou outro direito.

A mesma opinião é compartilhada por Marco Aurélio Bezerra de Melo[208]: "A exigência afasta, obviamente, todos os não possuidores, assim como os possuidores diretos (art. 1.197 do CC). Assim, por exemplo, o caseiro, a pessoa que arrebata um bem violentamente e o locatário não poderão usucapir, ressalvada a hipótese nos primeiros casos de mudança do fato de detenção para a posse *ad usucapionem* e no segundo, de interversão do caráter da posse".

Em razão da função social da posse, nada impede a usucapião em favor daqueles que, originalmente, mantêm uma relação jurídica obrigacional ou real com a coisa e, a princípio, não agem com intenção de dono (possuidores diretos, como locatário, usufrutuário etc.), mas, durante ou após a relação jurídica, passam a agir em relação à coisa com intenção de dono. O ânimo de dono somado à ausência de oposição ou inércia dos proprietários e possuidores indiretos inverte o caráter da posse e, de mera posse *ad interdicta*, passa para posse *ad usucapionem*.

Em resumo, a posse, capaz de levar à usucapião, como regra, deve ser justa, ou seja, escoimada de violência, clandestinidade e precariedade, no momento da aquisição. Ainda que viciada, depois de convalidados os vícios, nada impede que determinada propriedade seja adquirida por usucapião. Por outro lado, nada impede que o possuidor injusto também adquira por usucapião, a exemplo da usucapião extraordinária que dispensa o justo título e a boa-fé, desde que a vítima deste possuidor injusto, que passa a exercer uma posse *ad usucapionem*, não reaja.

O *animus domini* é a vontade de exercer o direito de propriedade e que não se confunde com a convicção da legitimidade desse exercício, que é a boa-fé. Por isso, fica afastada a possibilidade de usucapião aos detentores. As pessoas que não agem com ânimo de dono e os detentores não podem adquirir por usucapião. Indispensável que o possuidor exerça atos possessórios com ânimo de dano. A existência de obstáculo subjetivo, ausência de boa-fé, não impede a caracterização da posse *ad usucapionem*.

---

[207] PEREIRA, Caio Mário da Silva. *Instituições de direito civil. Direitos reais.* 26. ed. Rio de Janeiro: Forense, 2018. v. IV, p. 140.

[208] MELO, Marco Aurélio Bezerra de. *Direito das coisas.* 5. ed. Rio de Janeiro: Lumen Juris, 2011.

A posse *ad usucapionem*, além do ânimo de dono (elemento subjetivo essencial e indispensável para a usucapião), tem de ser uma posse ininterrupta (contínua), mansa e pacífica (não suportou oposição judicial séria).

A posse mansa e pacífica não é quebrada por breves interrupções. Por isso, a oposição judicial deve ser séria e idônea para "quebrar" a mansidão e pacificidade da posse. O possuidor deve ser despojado de maneira inequívoca e sem a possibilidade de recuperação da coisa.

Não se deve confundir inconformidade com oposição séria. Por isso, estamos de acordo com Chaves e Rosenvald[209], para quem "a pacificidade cessa apenas no instante em que há oposição judicial por parte de quem pretende retomá-la, condicionada a interrupção da usucapião ao reconhecimento da procedência da sentença transitada em julgado na ação possessória ou petitória na qual o usucapiente figura como réu".

A procedência da oposição judicial é fundamental, sob pena de lide temerária quebrar a continuidade da posse e obrigar o sujeito que exerce posse social, de forma regular, a reiniciar o prazo para adquirir o bem pela usucapião. Por isso, embora o art. 1.244 do CC disponha que a citação é causa interruptiva da usucapião, tal efeito somente ocorrerá se a oposição judicial for procedente. Assim, eventual tempo em que o possuidor ficou temporariamente excluído da posse por uma liminar infundada ou por atos de violência de terceiro ou do antigo possuidor ou proprietário, são computados no prazo para usucapião.

O exercício ininterrupto (contínuo) e sem oposição também é essencial para a caracterização da posse *ad usucapionem*.

Assim, podemos responder à seguinte indagação: posse pacífica e ininterrupta: Breves interrupções quebram a continuidade da posse e pequenos inconformismos poderiam quebrar a mansidão da posse? A posse, para gerar usucapião, deve ser contínua (sem interrupção), e mansa e pacífica (sem oposição). A simples turbação, em que o possuidor não é despojado do bem nem perde a posse, não caracteriza a interrupção, mas poderia configurar-se eiva à mansidão.

Entretanto, o ato de defesa, praticado com êxito pelo possuidor, afasta o ato de oposição do terceiro ou do próprio proprietário, porque é um ato plenamente válido e legítimo que não tem o condão de quebrar a tranquilidade da posse. No caso de esbulho, pode haver breve interrupção da posse, mas que é quebrada pelo desforço imediato. Essa pequena interrupção não retira o caráter da posse para efeito de usucapião. Eventuais condutas ilícitas não devem prejudicar o possuidor. A mesma solução deve ser dada aos casos em que o possuidor turbado ou esbulhado tenha sido obrigado a valer-se das ações de manutenção ou reintegração de posse, desde que tenha tido êxito nestas demandas. Desta forma, para que haja interrupção capaz de arredar a usucapião, é necessário que o possuidor seja despojado de sua posse de maneira inequívoca, antes de completar o lapso temporal e sem a possibilidade de recuperar a coisa. Como já ressaltado, não se deve confundir inconformidade com oposição.

De acordo com Bezerra de Melo[210], "se houver uma oposição, por meio de autotutela que tenha sido ineficaz em razão da resistência do alegado esbulhador ou de tutela judicial julgada improcedente, não se configurou a oposição apta a afastar a usucapião".

Desta forma, *a posse para usucapião* não é qualquer posse. A posse *ad usucapionem* há de ser rodeada de elementos. Esta é aquela que se exerce com intenção de dono, sem interrupção (não pode sofrer solução de continuidade) e sem oposição (reação do proprietário – mansa e pacífica). Assim, a lei a requer pacífica, contínua ou incontestada.

A posse ininterrupta é a posse continuada durante o prazo previsto em lei sem que haja intervalos pelo próprio possuidor ou interrupção por parte de um terceiro interessado com relação ao objeto possuído. A intermitência e a vacilação do possuidor na condução do seu direito afastam a possibilidade de usucapir o bem[211].

Acessão de posses

Em relação ao requisito da continuidade, importante tratar da acessão ou soma de posses prevista no art. 1.243 do CC.

É a denominada "junção ou soma de posses". De acordo com o art. 1.243 do CC, o possuidor pode, para o fim de contar o tempo exigido pelos artigos antecedentes, que tratam das espécies de usucapião, acrescentar à sua posse a dos seus antecessores, na forma do art. 1.207 da Lei Civil, desde que todas tenham as mesmas características, continuidade, pacificidade e, no caso da usucapião ordinária, justo título e boa-fé.

Por isso, a união de posses exige que ambas sejam homogêneas e da mesma natureza. Assim, a posse do antecessor não acede à do sucessor e candidato à aquisição da propriedade pela usucapião se era de má-fé.

A união de posses se subdivide em sucessão de posse e acessão de posse, conforme dispõe o art. 1.207 da Lei Civil. A sucessão de posse se concretiza de forma universal e a acessão de posse decorre de um título singular de transmissão de posse. Na sucessão de posse, o herdeiro, de forma obrigatória, continua na posse do antigo possuidor, de *cujus*, com todas as qualidades e vícios que ostente. Na acessão de posse, o sucessor singular tem a mera faculdade de unir a sua posse à do seu antecessor. A depender das circunstâncias do caso concreto, será mais interessante iniciar uma posse nova sem acrescentar a posse do antecessor. Isso ocorre porque a junção somente será eficaz se as posses forem homogêneas para a usucapião que se pretende adquirir.

Além de mansa, pacífica e ininterrupta, não há dúvida de que as posses devem ser com ânimo de dono.

---

[209] FARIAS, Cristiano Chaves de; ROSENVALD, Nelson. *Direito reais*. 7. ed. Rio de Janeiro: Lumen Juris, 2011, p. 279.

[210] MELO, Marco Aurélio Bezerra de. *Direito das coisas*. 5. ed. Rio de Janeiro: Lumen Juris, 2011, p. 109.

[211] MELO, Marco Aurélio Bezerra de. *Direito das coisas*. 5. ed. Rio de Janeiro: Lumen Juris, 2011.

Neste ponto, também concordamos com Loureiro[212]: "O art. 1.243 exige a homogeneidade das posses, para o fim de aproveitamento para o tempo da usucapião, dizendo que as posses devem ser contínuas e pacíficas. Embora não diga o legislador, está implícito que também a posse do antecessor deve ser *animus domini*, pois não se cogita de aproveitamento de anterior posse subordinada, como a do locatário, ou do comodatário, para consumação do lapso temporal".

E no caso da usucapião ordinária, a boa-fé deve acompanhar todos os possuidores e o título do antecessor deverá ser hábil para que o atual possa invocá-lo para esta modalidade. Enfim, as posses devem ter as mesmas qualidades, o que as torna homogêneas.

Todavia, não é todo tipo ou espécie de usucapião que admite e é compatível com a junção de posses, prevista no art. 1.243 do CC. A usucapião especial constitucional urbana e rural, por exemplo, exige o requisito da pessoalidade (no caso da urbana, moradia e no da rural, moradia e finalidade produtiva). Portanto, nestas hipóteses, como o possuidor atual não residia no imóvel urbano, e não residia e não produzia no imóvel rural, não pode agregar à sua posse a de seu antecessor. Nesse sentido, aliás, o Enunciado 317 da IV Jornada de Direito Civil, promovida pelo CJF: "A *accessio possessionis*, de que trata o art. 1.243, primeira parte, do CC, não encontra aplicabilidade relativamente aos arts. 1.239 e 1.240 do mesmo diploma legal, em face da normatividade da usucapião constitucional urbano e rural, arts. 183 e 191, respectivamente".

Em relação à usucapião urbana individual prevista no art. 9º do Estatuto da Cidade, no § 3º do referido dispositivo há previsão excepcional da invocação da *accessio* em favor de herdeiros do *de cujos* que habitavam o imóvel e, portanto, integravam o núcleo familiar do *de cujus*, conforme se observará quando tratarmos especificamente deste tipo de usucapião.

Por fim, deve ser ressaltado o Enunciado 494, aprovado na V Jornada de Direito Civil, que já foi objeto de análise no capítulo da posse: "A faculdade conferida ao sucessor singular de somar ou não o tempo da posse de seu antecessor não significa que, ao optar por nova contagem, estará livre do vício objetivo que maculava a posse anterior".

De acordo com o Enunciado, ao optar por nova contagem (partindo do zero), o vício que atingia a posse anterior será transmitido ao sucessor singular, na forma do art. 1.203 do CC. É verdade também que tal enunciado está em plena coerência com a regra de que o possuidor não pode alterar o caráter da posse por um ato de vontade. A interversão da posse impõe atos possessórios inequívocos, função social da posse e omissão reiterada ou inércia do anterior possuidor. Esse entendimento, materializado no Enunciado 494, evidencia que, na aquisição derivada da posse (onde há transmissão), os vícios objetivos contaminam a posse do sucessor singular, ainda que opte por nova contagem desta. Não se interrompe a solução de continuidade da posse quanto aos vícios objetivos (art. 1.200 do CC) que a maculam.

Tempo

A questão do tempo é um problema de política legislativa. No entanto, é indispensável que a posse se estenda ininterruptamente por todo o tempo exigido em lei. Cada espécie de usucapião possui um prazo específico a fim de atender suas peculiaridades e objetivos. A posse, quanto mais se aproximar de uma função social, mais reduzido será o prazo para usucapião.

Aliás, a principal inovação do atual Código Civil em relação à matéria da usucapião foi a redução dos prazos para todas as espécies de usucapião, o que implica na valorização da posse com função social em detrimento do direito subjetivo de propriedade, desprovido de conteúdo e substância. O prazo será analisado quando estudado cada tipo de usucapião.

A posse *ad usucapionem* (mansa, pacífica e ininterrupta ou contínua), o tempo (variável a depender da espécie de usucapião), a capacidade e legitimação (requisitos pessoais ou subjetivos) e, finalmente, o objeto hábil (coisa a ser usucapida – requisito real), são requisitos e pressupostos indispensáveis para todas as espécies de usucapião. Algumas peculiaridades ou a exigência de requisitos diferentes destes genéricos justificam a existência das espécies de usucapião. Cada uma das espécies possui requisitos particulares que os distinguem uns dos outros e os tornam particulares, como será posteriormente estudado.

Em seguida, serão analisadas as espécies de usucapião a partir dos requisitos formais específicos, como justo título, boa-fé, pessoalidade, moradia, produtividade, inexistência de outro bem para adquirir a propriedade pela usucapião, dentre outros.

5.4.3.4.2. Requisitos formais específicos (cada espécie de usucapião possui requisitos próprios): as espécies de usucapião

Neste tópico, serão analisadas as espécies de usucapião: 1 – extraordinário (art. 1.238 do CC); 2 – ordinário (art. 1.242 do CC); 3 – usucapião especial rural ou *pro labore* (arts. 1.239 do CC e 191 da CF/88); 4 – usucapião especial urbano (art. 1.240 do CC, art. 183 da CF/88 e art. 9º do Estatuto da Cidade); 5 – usucapião especial urbano coletivo (art. 10 do Estatuto da Cidade); 6 – usucapião especial urbano residencial familiar (art. 1.240-A do CC, introduzido pela Lei Federal n. 12.424/2011); 7 – usucapião indígena (art. 33 do Estatuto do Índio); 8 – usucapião tabular (art. 214, § 5º, da Lei de Registros Públicos); 9 – usucapião e regularização fundiária e 10 – usucapião dos quilombolas.

Os requisitos específicos de cada espécie de usucapião se relacionam com a finalidade de cada um. A partir daí, é possível compreender as características e particularidades de cada uma destas espécies de usucapião.

---

[212] LOUREIRO, Francisco Eduardo. Arts. 1.196 a 1.510-E – Coisas. In: PELUSO, Cezar (coord.). *Código civil comentado*. 2. ed. Barueri: Manole, 2008, p. 1.115.

5.4.3.4.2.1. Usucapião extraordinária (art. 1.238 do CC)

A posse *ad usucapionem* se caracteriza por ser mansa, pacífica, contínua ou ininterrupta; a capacidade e legitimação, a coisa hábil e o tempo são requisitos essenciais para todas as espécies de usucapião.

A usucapião extraordinária ostenta esta denominação justamente porque a propriedade poderá ser adquirida com o preenchimento dos referidos requisitos genéricos. Tal fato a torna "extraordinário". É a espécie mais democrática, porque dispensa pressupostos específicos.

A usucapião extraordinária, como modo de aquisição da propriedade imobiliária, está disciplinada no art. 1.238 do CC, segundo o qual, basta que alguém, com capacidade e legitimação, por quinze anos, ininterruptamente, sem oposição, de forma mansa, pacífica e com ânimo de dono, possua imóvel.

Não há necessidade de a posse estar fundada ou derivar de qualquer título, sendo ainda dispensada a boa-fé do possuidor. Tal usucapião não necessita estar atrelada a qualquer causa jurídica, porque se funda apenas em um poder de fato e no modo como se exerce esse poder sobre a coisa e não em algum direito que eventualmente sustente aquela posse.

Por outro lado, o possuidor, mesmo de má-fé, pode adquirir por este tipo de usucapião. Assim, mesmo ciente dos vícios objetivos que maculam a posse (art. 1.200 do CC), se não houver reação do possuidor, ainda que injusta, a posse pode gerar usucapião. É suficiente a posse (mansa, pacífica, ininterrupta e com ânimo de dono), a capacidade, legitimação, a coisa hábil e o tempo de 15 (quinze) anos.

Com relação à má-fé do possuidor, mesmo no caso da precariedade é possível se cogitar em posse pela usucapião se os possuidores diretos, que têm relação jurídica com os possuidores indiretos, após a extinção desta relação, permanecem na coisa sem oposição. Neste sentido, é absolutamente pertinente a observação de Rosenvald e Chaves[213], que entendem que "já se admite a possibilidade de usucapião por aqueles originariamente tidos como possuidores diretos, mas que, após o término da relação jurídica, prosseguiram na posse sem qualquer oposição séria por parte dos que lhe outorgaram a posse". Nesta situação, ocorrerá a interversão ou alteração do caráter da posse, já mencionada, e objeto de disciplina no Enunciado 237 da III Jornada de Direito Civil, promovida pelo CJF.

Em relação à dispensa dos requisitos do justo título e da boa-fé, a opinião de Orlando Gome[214]s é de que eles se presumem: "a boa-fé e o justo título presumem-se. Decorrido o prazo, pode requerer ao juiz que o declare proprietário da coisa".

A novidade é a conexão da usucapião extraordinária com a valorização da posse funcionalizada, ou seja, a situação em que o possuidor exerce atos possessórios com função social. Se a posse funcionalizada, mesmo não titulada e independente de boa-fé, estiver sendo exercida com o objetivo de estabelecer no imóvel moradia habitual ou nele realizar obras e serviços de caráter produtivo, o prazo de 15 (quinze) anos será reduzido para 10 (dez) anos, a teor do disposto no parágrafo único do art. 1.238 do CC.

A função social da posse pode estar relacionada ao direito constitucional social fundamental de moradia, previsto no art. 6º da CF/88 ou com a função social e econômica da posse, desde que na coisa sejam realizadas obras ou serviços com finalidade e caráter produtivo. No primeiro caso, se está diante da "posse moradia", e no segundo, da "posse trabalho". A função social da posse é cumprida pela moradia ou pela realização de um trabalho na coisa. Tal posse, qualificada pela função social específica, leva à redução considerável dos prazos da usucapião. Toda posse, para se qualificar como tal, inclusive para fins de usucapião, deve ostentar função social. Não há posse sem função social. O que isso significa? Em regra, o prazo da usucapião extraordinária será de 10 anos, pois moradia e realização de obras e serviços de caráter produtivo (conceito indeterminado e aberto), na maioria das vezes, serão a finalidade que determinará a própria função social da posse. Se toda posse deve ter função social para ser posse, em especial para fins de usucapião e, se, na maioria das vezes, tal funcionalidade ocorrerá pela concretização da finalidade exposta no parágrafo único do art. 1.238 do CC, a conclusão é que a regra desta usucapião será 10 e não 15 anos.

Há dúvida em relação ao parágrafo único do art. 1.238 do CC, que é a questão do tempo necessário de moradia ou de trabalho para o usucapiente ser beneficiado com a redução do prazo de 15 (quinze) para 10 (dez) anos. Para ter direito à redução, a moradia ou as obras ou serviços de caráter produtivo devem integrar a posse durante os 10 (dez) anos, ou será possível a redução mesmo no caso de moradia em tempo inferior? Por exemplo, se alguém possui um imóvel por 12 (doze) anos e lá residiu por 8 (oito) anos, não poderá requerer a usucapião com base no *caput* do art. 1.238, uma vez que não completou os 15 (quinze) anos. No entanto, se já possui por 12 (doze) anos e usou o imóvel para moradia por 8 (oito) anos, neste caso, poderá invocar a usucapião prevista no art. 1.238, parágrafo único, que exige 10 (dez) anos? Apenas no caso concreto será possível resolver situações desta natureza, a fim de confrontar uma posse social com a propriedade desprovida de conteúdo, para se verificar qual será sacrificada.

No REsp 1.088.082/RJ, relatado pelo Ministro Luis Felipe Salomão, foi ressaltado o caráter social da posse "moradia" e posse "trabalho", reguladas no art. 1.238, parágrafo único, do CC.

---

[213] FARIAS, Cristiano Chaves de; ROSENVALD, Nelson. *Direito reais*. 7. ed. Rio de Janeiro: Lumen Juris, 2011, p. 417.

[214] GOMES, Orlando. *Direitos reais*. 19. ed. atualizada. Rio de Janeiro: Forense, 2007, p. 192.

Na hipótese prevista no parágrafo único do art. 1.238 do CC, como ressalta Caio Mário[215]: "(...) não é imprescindível que o usucapiente exerça por si mesmo e por todo tempo de sua duração os atos possessórios, tais como cultivo do terreno, presença do imóvel, conservação da coisa, pagamento de tributos, manutenções de tapumes, defesa contra vias de fato de terceiros, e outros. Consideram-se úteis e igualmente legítimos os atos praticados por intermédio de prepostos, agregados ou empregados".

Na usucapião extraordinária também não se exige o requisito da pessoalidade, para fins de soma ou junção de posses (art. 1.243 do CC). O sucessor, a título universal, necessária e obrigatoriamente, somará a sua posse com a de seu antecessor para fins de usucapião, e o sucessor, a título singular, de forma facultativa, poderá unir a sua posse à de seu antecessor (art. 1.207 do CC).

Portanto, a *accessio possessionis* é compatível com a usucapião extraordinária. Tanto no caso de sucessão (união de posses *causa mortis*) quanto de acessão (união de posses *inter vivos*), as posses do antecessor e do sucessor devem ser homogêneas (mansas, pacíficas, com ânimo de dono, ininterruptas – *ad usucapionem*). Se a posse do antecessor não for mansa, pacífica e/ou ininterrupta, não pode o sucessor somar a posse do antecessor, para fins de usucapião. Indispensável a homogeneidade das posses a serem somadas.

Em conclusão, a usucapião extraordinária não exige requisito específico, salvo na hipótese prevista no parágrafo único do art. 1.238 do CC, com as ponderações acima

5.4.3.4.2.2. Usucapião ordinária (art. 1.242 do CC)

A usucapião ordinária, além dos pressupostos gerais, depende da presença de dois requisitos específicos que devem ser demonstrados de forma cumulativa: o justo título e a boa-fé.

O justo título e a boa-fé são os requisitos formais especiais que tornam essa usucapião peculiar.

Tal espécie de usucapião, como modo de aquisição da propriedade imobiliária, urbana ou rural, independentemente da extensão das áreas dos bens a serem usucapidos (não há limitação de metragem como na usucapião especial urbana e rural), está disciplinada no art. 1.242 e seu parágrafo único do CC.

Segundo o referido dispositivo, o sujeito, capaz e legitimado, que, de forma contínua, mansa, pacífica e com ânimo de dono, possuir por dez anos um imóvel urbano ou rural, adquirirá a propriedade deste se sua posse estiver amparada ou fundada em um título justo e se estiver de boa-fé.

A atual legislação não mais faz referência a prazos diferenciados, a depender da presença (morador do mesmo município) ou ausência (habitantes de municípios diferentes) do atual possuidor em relação àquele contra quem se pretende adquirir o imóvel. O Código Civil, no art. 1.242, unificou os prazos em 10 (dez) anos, independentemente da hipótese. Basta que, além dos pressupostos genéricos (posse *ad usucapionem*, objeto hábil e tempo), a posse se funde em título justo e na boa-fé do possuidor. A depender da finalidade social da posse, da natureza da aquisição e dos problemas no registro, o prazo poderá ser reduzido para 5 (cinco) anos. Para tal redução, devem ser preenchidos os requisitos previstos no art. 1.242, parágrafo único, do CC (aquisição onerosa + materialização em título que é levado a registro + cancelamento do registro por problemas no título ou, no registro + finalidade social específica: moradia ou investimento de interesse social e econômico).

Em primeiro lugar, devem ser analisados os requisitos específicos deste tipo de usucapião: justo título e boa-fé.

a) Justo título: O que é um título justo para fins de usucapião?

O justo título é aquele que, em tese ou abstratamente, tem a potencialidade ou o poder para transferir a propriedade imobiliária, ainda que não esteja registrado.

Neste sentido é o Enunciado 86 da I Jornada de Direito Civil, promovida pelo CJF: "A expressão justo título contida nos arts. 1242 e 1260 do CC, abrange todo e qualquer ato jurídico hábil, em tese, a transferir a propriedade, independentemente de registro".

O título é justo, pois, a princípio e de forma aparente, ostenta todos os requisitos para servir como o título que será levado ao registro, mas ostenta algum vício de forma ou de substância capaz de impedir que fundamente a transferência da propriedade imobiliária.

Esse título viciado, embora não sirva para transferir a propriedade imobiliária por meio da sua transcrição no Registro Imobiliário, pode ser utilizado como parâmetro para adquirir a mesma propriedade por outro modo ou meio, a usucapião.

O vício formal ou substancial constitui obstáculo para que o título seja levado a registro, para a transmissão do direito real. Em tese, e abstratamente, o título seria hábil e suficiente para transmitir a propriedade, mas, materialmente, por um problema na forma ou na substância, não se prestará à referida finalidade (transcrição no Registro de Imóveis).

Segundo Caio Mário[216]: "(...) diz-se justo o título hábil em tese para a transferência do domínio, mas que não a tenha realizado na hipótese por padecer de algum defeito ou lhe faltar qualidade específica. A conceituação do justo título leva, pois, em consideração a faculdade abstrata de transferir a propriedade, e é neste sentido que se diz justo qualquer fato jurídico que tenha o poder em tese de efetuar a transmissão, embora na hipótese lhe faltem os requisitos para realizá-la".

O mestre Orlando Gomes[217], em crítica à terminologia utilizada para definir o título, com precisão, esclarece

---

[215] PEREIRA, Caio Mário da Silva. *Instituições de direito civil. Direitos reais*. 26. ed. Rio de Janeiro: Forense, 2018. v. IV, p. 145.

[216] PEREIRA, Caio Mário da Silva. *Instituições de direito civil. Direitos reais*. 26. ed. Rio de Janeiro: Forense, 2018. v. IV, p. 149.

[217] GOMES, Orlando. *Direitos reais*. 19. ed. atualizada. Rio de Janeiro: Forense, 2007, p. 193.

que: "(...) o título se emprega como sinônimo de ato jurídico cuja função econômica consiste em justificar a transferência do domínio. Numa palavra, os atos translativos. Por outro lado, a qualificação do título é imprópria. O título deve ser justo no sentido de idoneidade para transferir. Melhor seria, assim, dizer-se título hábil, para significar o negócio jurídico que habilita qualquer pessoa a tornar-se proprietária de um bem". E conclui, dizendo que o justo título é o ato jurídico cujo fim, abstratamente considerado, é habilitar alguém a adquirir a propriedade de uma coisa. Todo negócio jurídico apto a transferir o domínio considera-se justo título.

É essencial verificar a causa que torna o título ou ato translativo "injusto" ou que não é capaz de habilitar o sujeito a adquirir a propriedade imobiliária da coisa pela transcrição.

Antes de analisar as causas ou os vícios, deve-se ressaltar que o registro do título justo não é requisito para a usucapião ordinária, como se depreende do Enunciado 86 da I Jornada de Direito Civil e da Súmula 84 do STJ. Tanto isto é verdade, que o parágrafo único do art. 1.242 do CC estabelece um prazo menor para a usucapião ordinária no caso de título que foi registrado e posteriormente cancelado. O registro do título, se cancelado posteriormente, apenas possibilitará a redução do prazo da usucapião de 10 (dez) para 5 (cinco) anos, se presentes os demais requisitos. Mas se não foi levado a registro, poderá ser considerado justo, para os fins do *caput* do art. 1.242 (aquisição da propriedade imobiliária em 10 anos).

Quais seriam estes vícios de natureza formal ou substancial que tornam o título translativo inapto para transferir a propriedade imobiliária?

A principal causa ou vício substancial que impede a sua plena eficácia é a venda e aquisição a *non domino*, caso em que o transmitente não é o legítimo dono da coisa transferida. Por não ser o proprietário legítimo, embora o título, em tese, na aparência, seja hábil para transferir a propriedade, será ineficaz porque o transmitente não é o dono. Como diz Orlando Gomes, ninguém pode transferir mais direito do que tem[218].

Neste caso, se o adquirente a *non domino* conseguir efetivar o registro, mas este for posteriormente cancelado porque o transmitente não era o legítimo dono (como se dá nos casos de evicção, onde um terceiro ostenta um título de propriedade anterior e mais idôneo que o do transmitente), desde que preenchidos os demais requisitos legais, poderá invocar a proteção especial ao possuidor que dá destinação social à coisa, prevista no parágrafo único do art. 1.242 do CC, e adquirir a propriedade imobiliária em apenas 5 (cinco) anos.

Além da venda e aquisição a *non domino*, há situações em que, embora o título tenha se formado com a participação do verdadeiro e legítimo dono, ostenta vício que pode levar à sua anulação (quando há ofensa a interesse privado) ou nulidade (ofensa a interesse público). Nesta hipótese, o título está contaminado e viciado desde a origem por causa capaz de provocar a sua invalidação, como erro, dolo, coação, ausência de outorga uxória quando o alienante omite a sua condição de casado, dentre outras situações.

Ainda que o vício, contemporâneo e originário à formação do título, implique na violação de interesse público, cuja consequência é a nulidade como sanção, poderá ser considerado justo título para fins de usucapião ordinária. Embora o art. 1.268, § 2º, da Lei Civil disponha que não transfere a propriedade a tradição quando tiver por título um negócio nulo, será possível que esse título, que não serviu para transferir a propriedade pela tradição, possa ser a base e o fundamento para a usucapião ordinária.

Portanto, o vício de origem no negócio jurídico, capaz de invalidá-lo, pode ser considerado título justo para fins de usucapião, independentemente do interesse violado, público (nulidade) ou privado (anulação).

Há ainda títulos que não atendem ao plano da eficácia, como ressaltam Rosenvald e Chaves[219], os quais podem ser considerados justos títulos para fins de usucapião ordinária. O exemplo mais comum é a promessa de compra e venda. De acordo com Loureiro[220], "como exemplo de vícios formais, o compromisso de venda e compra de um lote, sem prévio parcelamento do solo, ou de títulos em geral que não conseguem ingressar no registro, por ofender os princípios da especialidade ou da continuidade registrarias".

Os atos translativos mais comuns e que seriam, em tese, hábeis para transferir a propriedade, segundo Orlando Gomes[221], são a compra e venda, a troca, a dação em pagamento, a doação, a arrematação e adjudicação. Além desses, também é justo título a promessa de compra e venda. A promessa e o compromisso de compra e venda e a cessão de direitos, desde que devidamente quitados, são títulos justos para fins de usucapião.

No REsp 652.449/SP, relatado pelo Ministro Massami Uyeda, considerou-se o instrumento de cessão de direitos de compra e venda como título justo para a invocação da usucapião extraordinária.

Em resumo, o título é justo, mesmo que haja problemas no plano da existência (compra e venda *a non domino*), validade (vícios de origem capaz de invalidá-lo) e eficácia (promessa de compra e venda, por exemplo). Nestes casos, o título, em tese, é instrumento formalmente idôneo a transferir a propriedade (acepção restrita). A função social flexibiliza tal conceito, pois também é justo o título que permite levar o proprietário a acreditar que é dono (mas ostenta defeito que impede seu efeito translativo).

---

[218] GOMES, Orlando. *Direitos reais*. 19. ed. atualizada. Rio de Janeiro: Forense, 2007, p. 194.

[219] FARIAS, Cristiano Chaves de; ROSENVALD, Nelson. *Direito reais*. 7. ed. Rio de Janeiro: Lumen Juris, 2011, p. 427.

[220] LOUREIRO, Francisco Eduardo. Arts. 1.196 a 1.510-E – Coisas. In: PELUSO, Cezar (coord.). *Código civil comentado*. 2. ed. Barueri: Manole, 2008, p. 1.115.

[221] GOMES, Orlando. *Direitos reais*. 19. ed. atualizada. Rio de Janeiro: Forense, 2007, p. 195.

Todavia, para adquirir a propriedade imobiliária pela usucapião ordinária, não é suficiente o justo título. É indispensável também a boa-fé do possuidor.

b) Boa-fé

A boa-fé exigida para fins de aquisição da propriedade imobiliária pela usucapião ordinária está conectada ao outro requisito, o justo título (crença de dono – *opinio domini* – convicção de que o título é apto para transferir a propriedade). A boa-fé do possuidor, como regra, decorre da crença de legitimidade da posse decorrente do justo título. O título justo faz com que o possuidor acredite que a posse não está contaminada por nenhum vício, seja de natureza material ou formal. Portanto, pode-se dizer que o justo título faz presumir a boa-fé. Nesse sentido, aliás, o art. 1.201, parágrafo único, do CC, segundo o qual o possuidor com justo título tem por si a presunção de boa-fé, salvo prova em contrário.

Além de presumida pelo título, tal boa-fé pode ser real e desvinculada do título. Basta que o possuidor ignore o vício ou o obstáculo que impede a aquisição da coisa, ainda que não tenha um título justo, para ser considerado possuidor de boa-fé (art. 1.201, *caput*, do CC).

A definição de boa-fé apresentada por Caio Mário[222] é a que melhor se adequa a essa concepção de boa-fé presumida pelo título: "Boa-fé é a integração ética do justo título e reside na convicção de que o fenômeno jurídico gerou a transferência da propriedade". É a convicção de que o título é capaz de levar o possuidor à propriedade pelo registro ou na mera convicção íntima de que a posse não viola, sob qualquer aspecto, direito de outrem.

No caso, trata-se de boa-fé subjetiva, uma vez que o possuidor ignora o vício que macula a posse, de acordo com a concepção apresentada pelo art. 1.201 do CC.

A definição de Orlando Gomes[223] também é precisa: "É possuidor de boa-fé quem ignora o vício ou o obstáculo, que lhe impede a aquisição da coisa. Dessa ignorância resulta a convicção de que possui legitimamente. A boa-fé procede, por conseguinte, de erro do possuidor que, falsamente, supõe ser proprietário. Não se limita, porém, à convicção falsa de tê-la adquirido do verdadeiro proprietário. Também se configura quando ignora a existência de obstáculo impeditivo da aquisição".

Então, a boa-fé decorre da convicção de que é o legítimo possuidor e, na maioria das vezes, essa convicção é gerada pelo justo título, mas também pode configurar-se quando o possuidor simplesmente ignora o vício que macula a posse.

A boa-fé deve existir não apenas no momento da aquisição da posse, como perdurar durante todo o período necessário para a consumação do prazo para a usucapião. O elemento anímico deve durar durante todo o período aquisitivo para que o possuidor seja beneficiado pelo prazo reduzido da usucapião ordinária. A partir do momento em que o possuidor não mais ignora que possui indevidamente, a posse de boa-fé perde esse caráter e, a partir de então, o possuidor será considerado como de má-fé (art. 1.202 do CC). Durante o período em que possui de má-fé, esse prazo não pode ser computado para fins da usucapião ordinário.

Em síntese, a boa-fé, para fins de usucapião ordinária, resulta da convicção de dono, que pode estar relacionada ao justo título (boa-fé presumida) ou da ignorância ou desconhecimento do vício ou obstáculo que macula a posse (boa-fé real). No caso de portar um título justo, cabe à parte contrária comprovar a má-fé usucapiente.

A boa-fé não se confunde com o ânimo de dono. No ânimo de dono, o possuidor deseja ter a coisa para si. Na boa-fé, no momento da aquisição da posse, o possuidor, falsamente, supõe ser o proprietário. Há erro por parte do possuidor que crê ser o dono. Essa crença de dono, na maioria das vezes gerada por um título justo, é mais do que desejar ou querer ter a coisa para si ou simplesmente o ânimo de dono.

Por fim, a novidade da atual legislação está no parágrafo único do art. 1.242 do CC, segundo o qual o prazo de usucapião é reduzido para 5 (cinco) anos se caracterizados os requisitos da "posse moradia" ou "posse trabalho".

De acordo com o referido dispositivo legal, será de cinco anos o prazo para aquisição da propriedade imobiliária pela usucapião, se o possuidor, com justo título e boa-fé, houver adquirido o imóvel onerosamente, registrado o título que é posteriormente cancelado por um vício formal ou material, e houver estabelecido no bem a moradia habitual ou realizado investimentos de interesse social e econômico.

Nesta situação de posse qualificada, o título é levado ao registro no cartório de imóveis. No entanto, em decorrência de vício na obrigação que dá origem ao título, no próprio título ou no registro, este vem a ser cancelado. Com o cancelamento do registro, não há possibilidade de aquisição da propriedade imobiliária pela transcrição do título cancelado. Todavia, esse título cancelado pode servir de fundamento para pedido de usucapião ordinária, no prazo reduzido de 5 (cinco) anos, se o imóvel tiver sido adquirido onerosamente e o possuidor houver nele realizado investimentos de interesse social e econômico ou tiver estabelecido no bem a sua moradia. É a análise da usucapião sob a perspectiva da função social da posse.

Só é possível compreender este dispositivo a partir da análise dos dispositivos que disciplinam a aquisição da propriedade imobiliária pelo registro (arts. 1.245 a 1.247 do CC). No Brasil, o registro está subordinado e vinculado à obrigação que lhe deu origem. Devido a essa relação de dependência entre o registro e o título, este acarreta apenas a presunção relativa de propriedade (§ 2º do art. 1.245 do CC). Assim, o registro pode ser cancelado ou invalidado por conta de vícios no título que lhe serve de sustentação.

A Lei de Registros Públicos (art. 214 da Lei n. 6.015/73) também prevê a possibilidade de cancelamento

---

[222] PEREIRA, Caio Mário da Silva. *Instituições de direito civil. Direitos reais.* 26. ed. Rio de Janeiro: Forense, 2018. v. IV, p. 149.

[223] GOMES, Orlando. *Direitos reais.* 19. ed. atualizada. Rio de Janeiro: Forense, 2007, p. 195.

do registro em decorrência de vícios no próprio título, como a inobservância das regras legais para a prenotação. O fato é que, cancelado o registro (por problemas no título ou no próprio registro), esse registro cancelado, por óbvio, não servirá para transmitir o direito real de propriedade pela transcrição, mas pode ser utilizado para reduzir o prazo de usucapião ordinária de 10 (dez) para 5 (cinco) anos, desde que o imóvel tenha sido adquirido onerosamente (por meio de contrato de compra e venda, por exemplo) e que o possuidor tenha conferido à posse uma destinação econômica e social.

Para viabilizar a aquisição da propriedade imobiliária pela usucapião ordinária no prazo reduzido de 5 (cinco) anos, de forma cumulativa, é essencial justo título com caráter oneroso, que é levado a registro, mas por conta de um vício na obrigação ou no próprio título, vem a ser cancelado e, finalmente, o exercício de "posse moradia" ou "posse trabalho" em função da exigência de residir no imóvel ou realizar investimentos de interesse social e econômico.

5.4.3.4.2.3. Usucapião especial rural ou *pro labore* (arts. 1.239 do CC e 191 da CF/88)

A usucapião especial rural tem por objeto apenas e tão somente bens imóveis localizados em área rural. Tal espécie de usucapião é disciplinada na Constituição Federal (art. 191 da CF/88) e no Código Civil (art. 1.239). O Código Civil reproduz, na íntegra, as disposições da Constituição Federal.

Os requisitos especiais estão vinculados à finalidade desta usucapião. Como o objetivo é concretizar o direito fundamento de posse para fins de trabalho, pessoa jurídica não pode invocar esta espécie de usucapião, há limites de extensão da área e o possuidor não poderá ser proprietário de outro imóvel.

Até a Constituição Federal de 1988, tal espécie de usucapião estava disciplinada no Estatuto da Terra (art. 98 da Lei n. 4.504/64) e na Lei n. 6.969/81, que regulava uma parte material e outra processual da usucapião sobre propriedade imobiliária rural. A Lei n. 6.969/81, naquilo que não conflitar com a Constituição Federal e o Código Civil, ainda se aplica à usucapião especial rural. Por exemplo, a Lei n. 6.969/81 (art. 1º)[224] limita em 25 (vinte e cinco) hectares a extensão máxima da área para este tipo de usucapião, tendo sido ampliado para 50 (cinquenta) hectares pela Constituição e o Código Civil. Portanto, prevalece o limite da Constituição Federal (art. 191) e da Lei Civil (art. 1.239).

A Lei n. 6.969/81, em seu art. 2º, menciona que tal usucapião pode ter por objeto áreas rurais privadas e terras devolutas. Com relação às terras devolutas, não podem mais ser objeto de usucapião, uma vez que a Constituição Federal veda a usucapião de área pública, de uso comum, especial ou dominical. Entre os bens dominicais estão as terras devolutas. Por isso, o art. 2º da referida lei, nesta parte, não foi recepcionado pela Lei Maior.

No mais, com exceção do art. 3º da Lei n. 6.969/81, que impõe restrições a determinadas áreas rurais, os demais artigos desta legislação disciplinam aspectos processuais da ação de usucapião.

Segundo dispõe o art. 1.239 do CC, aquele que, não sendo proprietário de imóvel urbano ou rural, possua como sua, por cinco anos ininterruptos, sem oposição, área de terra em zona rural não superior a cinquenta hectares, tornando-a produtiva por seu trabalho ou de sua família, tendo nela sua moradia, adquire a propriedade do bem imóvel rural.

Além dos pressupostos gerais, em especial a posse *ad usucapionem* (mansa, pacífica, contínua e com ânimo de dono), tal usucapião se caracteriza como especial em função de alguns elementos exigidos pela legislação constitucional e infraconstitucional.

O principal destes elementos é o requisito da "pessoalidade". No entanto, não basta a "moradia" na propriedade rural. É essencial que o possuidor torne a área produtiva pelo seu trabalho ou o de sua família. Por isso, tal espécie de usucapião é denominada usucapião *pro labore*. É essencial que o possuidor confira à área função social, pois a lei impõe que a propriedade seja produtiva e que nela o possuidor estabeleça sua moradia. Portanto, impõe-se a moradia + produtividade.

Embora o prazo seja reduzido (5 anos), a legislação impõe inúmeros requisitos subjetivos e objetivos como condição para a usucapião, a fim de estimular a função social da posse e da propriedade. Tais requisitos se agregaram aos comuns a todos os tipos de usucapião (posse mansa, pacífica, contínua e com ânimo de dono).

Inicialmente, deve-se ressaltar que a usucapião especial rural, assim como a usucapião especial urbana, também dispensa a posse fundada em justo título e a boa-fé do possuidor. O justo título e a boa-fé não são requisitos para a aquisição da propriedade imobiliária rural.

Então quais são os requisitos especiais, subjetivos e objetivos, para adquirir a propriedade imobiliária rural com fundamento neste tipo de usucapião?

O primeiro requisito é a natureza da área e sua limitação. A área de terra na zona rural não pode ser superior a 50 (cinquenta hectares). O Enunciado 313, da IV Jornada de Direito Civil, também se aplica à usucapião especial rural.

Os atos possessórios, com todos os requisitos para esta espécie, no prazo de 5 (cinco) anos, devem ser exercidos nos limites legais. Não pode o possuidor exercer poder de fato sobre área superior a 50 hectares e, no momento do reconhecimento da usucapião, limitar a sua pretensão ao referido limite. Durante todo o quinquênio a posse deve estar limitada ao teto previsto pelo legislador.

O art. 3º da Lei n. 6.969/81 contém uma restrição à determinadas áreas rurais que não podem ser objeto de

---

[224] "Todo aquele que, não sendo proprietário rural nem urbano, possuir como sua, por 5 (cinco) anos ininterruptos, sem oposição, área rural contínua, não excedente de 25 (vinte e cinco) hectares, e a houver tornado produtiva com seu trabalho e nela tiver sua morada, adquirir-lhe-á o domínio, independentemente de justo título e boa-fé, podendo requerer ao juiz que assim o declare por sentença, a qual servirá de título para transcrição no Registro de Imóveis."

usucapião (áreas indispensáveis à segurança nacional, nas terras habitadas por silvícolas, nem nas áreas de interesse ecológico, consideradas como tais as reservas biológicas ou florestais e os parques nacionais, estaduais ou municipais).

O fato é que algumas destas áreas também são protegidas pela própria Constituição Federal, como as terras devolutas localizadas nas fronteiras, as terras indígenas (art. 231 da CF/88) e as áreas necessárias à proteção do meio ambiente, em especial espaços territoriais e unidades de conservação ambiental (art. 225 da CF/88), e leis ordinárias, como o novo Código Florestal (Lei n. 12.651/2012).

Em relação à área, na IV Jornada de Direito Civil foi aprovado o Enunciado 312: "Observado o teto constitucional, a fixação da área máxima para fins de usucapião especial rural levará em consideração o módulo rural e a atividade agrária regionalizada". Tal Enunciado decorreu da discussão do art. 65 do Estatuto da Terra, segundo o qual o imóvel rural não é divisível em áreas de dimensão inferior à constituição de módulo de propriedade rural. O entendimento consolidado no Enunciado é permitir a usucapião, desde que a finalidade da área tenha sido observada (função social).

O segundo requisito é a necessária função social da posse *ad usucapionem*, uma vez que tal espécie de usucapião somente pode ter por objeto áreas rurais produtivas, onde o possuidor e sua família ainda nela estabeleçam sua moradia. Não é suficiente a moradia no imóvel rural. Para este tipo de usucapião, é fundamental que o possuidor e sua família tornem a propriedade rural produtiva pelo trabalho dele, possuidor, e/ou de seus familiares. A atividade econômica, aliada à moradia, confere à posse uma densidade social que permitirá invocar esta espécie de usucapião.

Assim, é destacado o caráter de pessoalidade da posse. Sobre essa questão, precisa a observação de Loureiro[225]: "É preciso que o usucapiente demonstre o desenvolvimento de atividade agrícola, pecuária, extrativa ou agroindustrial no imóvel, que deve já estar produzindo ou, ao menos, apto a produzir. Nada impede a utilização de prepostos ou empregados, desde que somem esforços ao trabalho pessoal do possuidor e de seus familiares".

O conceito de produtividade necessita de efetiva qualidade de eficiência e eficácia, limitada ao uso dos mecanismos à disposição da família. Assim, mesmo que técnicas mais avançadas possam tornar mais produtiva a terra, não se pode vedar ao requerente o pedido de usucapião se ele, dentro de suas possibilidades financeiras e sociais, tornou útil a gleba.

Tal requisito não é novidade, pois já era exigido pelo art. 1º da Lei n. 6.969/81. A redação da referida lei, nesse aspecto (tornar a área rural produtiva com o trabalho e nela estabelecer a sua moradia), é idêntica ao art. 1.239 do CC e ao art. 191 da CF/88.

O terceiro requisito para a usucapião especial rural é o fato de o possuidor, para fazer jus a tal direito subjetivo,

não poder ser proprietário de imóvel rural ou urbano, quando preencher os pressupostos para esta usucapião. Tal vedação está relacionada ao período de 5 (cinco) anos necessários para vindicar a usucapião especial rural. Ainda que o possuidor já tenha sido dono de imóvel urbano e rural antes de preencher os requisitos para a usucapião, não constituirá obstáculo para requerer a propriedade rural. Mesmo após a consumação da usucapião, nada impede que venha a ser proprietário de outro imóvel urbano ou rural. A vedação é circunstanciada e limitada ao período aquisitivo de 5 (cinco) anos.

Cabe àquele contra quem se pede a usucapião fazer a prova de que o possuidor é proprietário de outro imóvel urbano ou rural. Aduz Tepedino[226] que "caberá ao proprietário usucapido o ônus de impugnar tal declaração mediante prova em contrário. Conforme salienta a jurisprudência, não se impõe, para o reconhecimento da prescrição aquisitiva, a prova da ausência de propriedade, por tratar-se de prova negativa".

O quinto requisito, exercício de posse *ad usucapionem*, por cinco anos ininterruptos, sem oposição, de forma mansa e pacífica, é de natureza subjetiva. Somente a pessoa natural poderá vindicar a usucapião especial rural, pois a pessoalidade impede que pessoa jurídica pretenda tal usucapião. Não há possibilidade de a pessoa jurídica estabelecer no imóvel rural sua moradia ou de sua família. Tal requisito pessoal constitui obstáculo para a usucapião.

Em consequência desta pessoalidade, também não é compatível com a usucapião especial rural a soma de posses ou acessão de posses, disciplinada no art. 1.243 do CC. De acordo com o Enunciado 317 da IV Jornada de Direito Civil, o qual também se aplica à usucapião especial urbana individual, "a *accessio possessionis* de que trata o art. 1.243, primeira parte, do CC, não encontra aplicabilidade relativamente aos arts. 1.239 e 1.240 do mesmo diploma legal, em face da normatividade da usucapião constitucional urbano e rural, arts. 183 e 191, respectivamente".

Por fim, há um requisito exigido para a usucapião especial urbana, que não integra os pressupostos objetivos da usucapião especial rural. Em relação à usucapião especial urbana, o legislador previu que tal direito somente pode ser vindicado uma única vez. Tal limitação não se aplica à usucapião especial rural. Portanto, a usucapião especial rural pode ser reconhecida ao possuidor mais de uma vez. Se o possuidor aliena a área rural adquirida por este tipo de usucapião, nada impede que dê início a um novo período aquisitivo.

Em resumo, preenchidos os pressupostos objetivos e subjetivos, a propriedade de área rural pode ser adquirida por esta modalidade de usucapião, a qual está conectada de forma umbilical ao princípio da função social da posse. A posse funcionalizada é premiada com a redução do prazo para a usucapião. Em apenas 5 (cinco) o sujeito que exerce posse *ad usucapionem* sobre área rural de, no máximo, 50 (cinquenta) hectares, a torna produtiva e ali estabe-

---

[225] LOUREIRO, Francisco Eduardo. Arts. 1.196 a 1.510-E – Coisas. In: PELUSO, Cezar (coord.). *Código civil comentado*. 2. ed. Barueri: Manole, 2008, p. 1.171.

[226] TEPEDINO, Gustavo; BARBOZA, Heloisa Helena; MORAES, Maria Celina Bodin de. *Código civil interpretado conforme a Constituição da República*. Rio de Janeiro: Renovar, 2007. v. III, p. 526.

Capítulo 5 • Direitos Reais

lece sua moradia ou de sua família, adquire a propriedade pela usucapião.

É possível adquirir a propriedade de área menor do que o módulo rural estabelecido para a região, por meio da usucapião especial rural. É o teor do Enunciado 594 da VII Jornada de Direito Civil.

Aspectos processuais da usucapião especial rural

A ação para aquisição da propriedade imobiliária rural por meio desta espécie de usucapião é disciplinada pela Lei n. 6.969/81. A ação de usucapião será processada no local de situação do imóvel e deverá seguir o rito sumaríssimo ou sumário.

Em relação ao procedimento da ação de usucapião, os §§ 1º a 5º do art. 5º da referida lei dispõem que o autor, expondo o fundamento do pedido e individualizando o imóvel, com dispensa da juntada da respectiva planta, poderá requerer, na petição inicial, designação de audiência preliminar, a fim de justificar a posse, e, se comprovada esta, será nela mantido, liminarmente, até a decisão final da causa. Com relação aos réus, o autor requererá também a citação pessoal daquele em cujo nome esteja transcrito o imóvel usucapiendo, bem como dos confinantes e, por edital, dos réus ausentes, incertos e desconhecidos, valendo a citação para todos os atos do processo. Serão cientificados por carta, para que manifestem interesse na causa, os representantes da Fazenda Pública da União, dos Estados, do Distrito Federal, dos Territórios e dos Municípios, no prazo de 45 (quarenta e cinco) dias. Sobre a contestação e a intervenção do Ministério Público: "§ 4º O prazo para contestar a ação correrá da intimação da decisão que declarar justificada a posse"; "§ 5º Intervirá, obrigatoriamente, em todos os atos do processo, o Ministério Público".

Não há dúvida de que a usucapião pode ser alegada como matéria de defesa. Aliás, tal questão já está pacificada pelo STF (Súmula 237). No entanto, o acolhimento da usucapião como matéria de defesa, em regra, não dispensa a necessária ação de usucapião. Ocorre que a Lei n. 6.969/81 traz um procedimento diverso, ao permitir que a usucapião, quando reconhecida em defesa, possa ensejar um título para ser levado ao registro imobiliário, independentemente de ação de usucapião.

Nesse sentido o art. 7º da Lei n. 6.969/81: "A usucapião especial poderá ser invocada como matéria de defesa, valendo a sentença que a reconhecer como título para transcrição no Registro de Imóveis".

No mais, naquilo que não for incompatível com a Lei n. 6.969/81, aplica-se o procedimento comum previsto no Código de Processo Civil. O procedimento especial da usucapião foi extinto pelo CPC/2015.

5.4.3.4.2.4. Usucapião especial urbano ou *pro moradia* (art. 1.240 do CC, art. 183 da CF/88 e art. 9º do Estatuto da Cidade)

A usucapião especial urbana tem por objeto apenas e tão somente bens imóveis localizados em área urbana. Tal usucapião especial se caracteriza pela multiplicidade de fontes normativas. Essa espécie de usucapião é disciplinada na Constituição Federal (art. 183 da CF/88), no Estatuto da Cidade (art. 9º) e no Código Civil (art. 1.240). O Código Civil reproduz, na íntegra, as disposições constitucionais.

Por outro lado, o art. 9º do Estatuto da Cidade apresenta algumas variações terminológicas em relação à norma fundamental e à Lei Civil, mas, na substância, não difere das outras fontes normativas.

O objetivo primordial da usucapião especial urbana é concretizar o direito social e fundamental de moradia previsto no art. 6º da CF/88. Os requisitos específicos exigidos para que alguém possa invocar tal usucapião estão relacionados à sua finalidade (moradia).

A moradia é direito social diretamente vinculado ao "mínimo existencial", garantido pelo princípio da dignidade da pessoa humana. Para garantir esse mínimo existencial, sob o aspecto material, a pessoa humana deve ter o direito a uma moradia que lhe garanta dignidade. Desta forma, toda a disciplina jurídica desta espécie de usucapião se conecta com o direito social fundamental de moradia, como corolário da dignidade da pessoa humana. Esse é o objetivo desta usucapião.

Os arts. 183 da CF/88 e 1.240 do CC, de forma semelhante, disciplinam a usucapião especial urbana ou usucapião "pro moradia".

A finalidade da usucapião especial urbana, moradia, é a justificativa e o fundamento desta espécie de usucapião.

Para adquirir a propriedade imobiliária com base nos referidos dispositivos legais, além da posse funcionalizada, capacidade/legitimidade do possuidor, bem passível de usucapião e da posse *ad usucapionem* (mansa, pacífica ou sem oposição, ininterrupta ou contínua e com ânimo de dono), é essencial a presença de requisitos específicos, todos vinculados à sua finalidade: pessoalidade (utilização para moradia própria e/ou da família); que a área seja imóvel urbano não superior a 250 (duzentos e cinquenta) metros quadrados; posse por apenas 5 (cinco) anos e, finalmente, que o possuidor não seja proprietário de outro imóvel urbano ou rural.

Como o objetivo é a concretização do direito fundamental de moradia, o que garantirá dignidade existencial ao possuidor, não se exige justo título e boa-fé.

A pessoalidade, por conta desta finalidade, é característica específica mais destacada.

É essencial que o possuidor esteja utilizando a área durante todo o período de 5 (cinco) anos para sua moradia e/ou de sua família. Isso traz consequências. A primeira delas é que não é possível a accessio de posses, prevista no art. 1.243 do CC, para esta espécie de usucapião. Para fins de accessão ou junção de posses, estas devem ser homogêneas. Não é possível que o possuidor atual some o tempo de posse do antecessor em razão da pessoalidade exigida pela lei. É essencial que durante todo o período de 5 (cinco) anos o imóvel urbano esteja sendo utilizado para fins de moradia do pretendente à usucapião. Nesse sentido o Enunciado 317 da IV Jornada do CJF: "A *accessio possessionis* de que trata o art. 1243, primeira parte, do CC, não encontra aplicabilidade relativamente aos arts. 1.239 e 1.240 do mesmo diploma legal, em face da normatividade da usucapião constitucional urbano e rural, arts. 183 e 191, respectivamente".

Excepcionalmente, o § 3º do art. 9º do Estatuto da Cidade permite a acessão de posses ou sucessão de posses, porque neste caso a proteção é em favor da entidade familiar. A regra do referido estatuto tem lógica e sequer constitui uma exceção à regra da pessoalidade e ao Enunciado 317 da IV Jornada do CJF: "Para os efeitos deste artigo, o herdeiro legítimo continua, de pleno direito, a posse de seu antecessor, desde que já resida no imóvel por ocasião da abertura da sucessão".

A usucapião especial urbana visa conceder moradia ao possuidor e à sua família. Assim, se o possuidor falece e os seus herdeiros residiam no imóvel por ocasião da abertura da sucessão, continuam de pleno direito a posse do antecessor porque já ocupavam o bem com a mesma finalidade, moradia. Por isso, não se excepciona a pessoalidade. A pessoalidade está presente, uma vez que os herdeiros também ocupavam o imóvel com a mesma finalidade. E tal usucapião também protege a família do possuidor e garante a moradia do núcleo ou entidade familiar.

Nesse sentido é precisa a observação de José dos Santos Carvalho Filho[227]: "A posse do imóvel é destinada à moradia do possuidor e da família. Sobressai, pois, o núcleo familiar em relação à figura do possuidor. Dessa maneira, o falecimento do possuidor não desfaz o núcleo familiar; desfalca-o apenas. Mais do que justa, então, é a continuação da contagem do prazo prescricional em favor da família, de modo a propiciar a aquisição do domínio".

É essencial que o herdeiro resida no imóvel no momento da abertura da sucessão.

Além disso, pessoa jurídica, que não mora, não pode adquirir propriedade por esta espécie de usucapião. Perceba que a finalidade da usucapião (direito fundamental de moradia) é o que justifica e leva à compreensão de seus requisitos especiais.

Como tal usucapião especial urbana somente pode ser vindicada para fins de moradia, pessoa jurídica com personalidade jurídica de direito público ou privado não pode adquirir imóvel por este tipo de usucapião. A pessoa jurídica "não mora", possui sede. Somente a pessoa natural pode ser autora deste tipo de usucapião.

Além disso, o imóvel urbano também não pode ser adquirido para finalidade comercial e, ainda, não pode ser utilizado para fins de locação. O pressuposto finalístico, a moradia para o possuidor ou de sua família, é essencial para este tipo de usucapião e justifica todas estas consequências, que são desdobramentos lógicos de sua finalidade. Todavia, embora a usucapião "pro moradia" seja incompatível com a finalidade comercial do imóvel (sua finalidade é concretizar direito fundamental de moradia), o uso misto (residencial e comercial), ou seja, se parte do imóvel for destinado para fins comerciais, não há impedimento para o reconhecimento da usucapião especial urbana sobre a totalidade da área. É nesse sentido a decisão do STJ no Recurso Especial 1.777.404-TO, baseado no argumento de que a lei não exige a "exclusividade" residencial. Todavia, embora seja possível tal usucapião se a utilização for mista, é essencial que seja utilizada para moradia, em especial quando a porção comercial é destinada ao sustento do possuidor. Haverá, nesta hipótese, conformação entre os direitos fundamentais de moradia e trabalho, o que concretizará o mínimo existencial material do possuidor.

Em função da pessoalidade, também não é possível a aquisição desta usucapião por meio de preposto ou representante. Enfim, é inviável a denominada posse "por outrem", prevista no art. 1.205 do CC.

Ainda em relação aos requisitos especiais subjetivos, além da pessoalidade e moradia, o possuidor não pode ser proprietário de outro imóvel urbano ou rural. Essa vedação está relacionada com a finalidade deste tipo de usucapião. Se a pessoa for proprietária de outro imóvel, urbano ou rural, pode adquirir pela usucapião extraordinária (art. 1.238 do CC) e ordinária (art. 1.242 do CC), mas não pela usucapião especial urbana. Nada impede que a pessoa seja proprietária de outros bens móveis ou mera possuidora de imóveis, desde que essa posse esteja fundada em algum título jurídico.

No entanto, este requisito deve ser analisado com temperamentos. Se o possuidor, por exemplo, for proprietário de outro imóvel, em regime de condomínio, em fração insignificante, que o impede de utilizá-lo para fins de moradia, tal propriedade imobiliária não poderá vedar a aquisição do bem pela usucapião. A propriedade urbana ou rural que constitui obstáculo para a usucapião especial urbana é aquela que viabiliza o exercício do direito social fundamental de moradia, o que não ocorre em frações ideais que não se prestam a tal finalidade.

Ainda que o possuidor já tenha sido proprietário de outro imóvel urbano ou rural (não é mais), ou titular de direito real de gozo, fruição ou garantia, poderá adquirir a propriedade pela usucapião especial urbana. Por exemplo, a propriedade fiduciária, o direito de superfície e o usufruto não seriam óbices para a usucapião especial urbana.

Por fim, há uma vedação objetiva para proibir a especulação neste tipo de usucapião e garantir que tal espécie seja invocada apenas para a concretização de um direito fundamental, moradia. Os §§ 2º do art. 183 da CF/88 e do art. 1.240 da Lei Civil dispõem que essa usucapião não será reconhecida ao mesmo possuidor mais de uma vez. Portanto, durante a sua existência, o possuidor somente tem direito a invocar esse tipo de usucapião uma única vez. Isso evidencia a finalidade desta espécie de usucapião. Não se cria condições de negociação ou especulação com essa usucapião. Tal restrição não se aplica à usucapião especial rural, apenas à urbana.

Em relação aos requisitos especiais objetivos, está a limitação do imóvel urbano ocupado para fins de usucapião especial urbano: 250 (duzentos e cinquenta) metros quadrados. Essa é a área máxima de ocupação, cuja me-

---

[227] CARVALHO FILHO, José dos Santos. *Comentários ao estatuto da cidade*. 5. ed. São Paulo: Atlas, 2013, p. 126-127.

tragem novamente evidencia a preocupação do legislador com a finalidade desta espécie de usucapião: a moradia do possuidor ou da entidade familiar. Tal requisito é fonte de inúmeras discussões e divergências.

A primeira divergência está relacionada à diferença entre área de terreno e área de construção. O que a norma limita? Os arts. 183 da CF/88 e 1.240 do CC apenas fazem referência à "área urbana", mas não esclarecem se é a área do terreno ou área da construção. Por outro lado, o art. 9º do Estatuto da Cidade é mais específico, pois se refere a "área ou edificação urbana". Para a legislação especial, se a edificação urbana for superior a 250 (duzentos e cinquenta) metros quadrados, mas estiver em uma área de terreno de no máximo 250 (duzentos e cinquenta) metros quadrados, o requisito estará atendido. Portanto, o que importaria é a área de superfície do terreno, ainda que a construção ou área construída seja superior a 250 (duzentos e cinquenta) metros quadrados. Nesse sentido é a doutrina mais abalizada.

A segunda divergência está relacionada à possibilidade de adquirir apartamentos de até 250 (duzentos e cinquenta) metros quadrados por este tipo de usucapião, considerando-se apenas a área privativa e desprezando a área comum do terreno sobre o qual está assentada aquela unidade imobiliária.

A doutrina civil firmou o entendimento da possibilidade de adquirir unidades autônomas vinculadas a condomínios edilícios ou apartamentos por este tipo de usucapião, ao interpretar "área ou edificação urbana", como sendo apenas a área privativa. Neste sentido, o Enunciado 85 da I Jornada de Direito Civil: "Para efeitos do art. 1.240, *caput*, do CC entende-se por 'área urbana' o imóvel edificado ou não, inclusive unidades autônomas vinculadas a condomínios edilícios".

O Supremo Tribunal Federal já teve a oportunidade de apreciar o assunto em dois julgados. No RE 260.523/RS, em decisão monocrática, o Ministro Gilmar Mendes não admitiu a pretensão de usucapir apartamento em prédio onde há outros apartamentos, sob o argumento de que a finalidade da norma constitucional diz respeito à área do solo, ao terreno em si mesmo e não apenas à unidade imobiliária. Em outro julgado, no RE 305.416/RS, o Ministro Marco Aurélio admitiu a usucapião especial urbana sobre apartamentos, sob o argumento de que a norma constitucional não distingue a espécie de imóvel e que os requisitos nele previstos têm por objetivo viabilizar a manutenção da moradia. Ressaltou que nenhuma das fontes normativas que disciplinam a usucapião restringe a aquisição da propriedade imobiliária de apartamentos. O recurso ainda está pendente de julgamento.

De fato, a posição defendida pelo Ministro Marco Aurélio, materializada no Enunciado 85, da I Jornada de Direito Civil, se ajusta à finalidade desta espécie de usucapião. Em complemento a esse Enunciado e com a finalidade de reforçar a usucapião especial urbana sobre apartamentos, na IV Jornada de Direito Civil foi aprovado o Enunciado 314, segundo o qual "para os efeitos do art. 1240 do CC, não se deve computar, para fins de limite de metragem máxima, a extensão compreendida pela fração ideal correspondente à área comum". O objetivo do Enunciado é liminar a área de 250 (duzentos e cinquenta) metros quadrados à área privativa do apartamento ou de condomínios que ostentam área comum.

A terceira questão que envolve a limitação de área é a possibilidade ou não de restringir o pedido de usucapião ao limite de 250 (duzentos e cinquenta) metros quadrados, se o possuidor ocupa área superior.

Por exemplo, se uma pessoa ocupa uma área urbana de 400 (quatrocentos) metros quadrados e, após 5 (cinco) anos, resolve invocar a usucapião especial urbana para adquirir essa área, ciente de que as normas impedem a metragem superior a 250 (duzentos e cinquenta) metros quadrados, por ocasião do pedido, o mesmo reduz ou restringe a pretensão para a limitação máxima de 250 (duzentos e cinquenta) metros quadrados. Tal procedimento caracteriza fraude à lei e não é admitido. Tal comportamento viola o princípio da boa-fé objetiva.

Para ter direito a este tipo de usucapião especial urbano, o possuidor, durante todo o período de 5 (cinco) anos, deve exercer atos possessórios nos limites traçados pela lei, ou seja, 250 (duzentos e cinquenta) metros quadrados, sob pena de sua pretensão ser indeferida.

Neste sentido, o Enunciado 313, da IV Jornada de Direito Civil: "Quando a posse ocorre sobre área superior aos limites legais, não é possível a aquisição pela via da usucapião especial, ainda que o pedido restrinja a dimensão do que se quer usucapir". Os atos possessórios, durante todo o período de 5 (cinco) anos, devem ser restritos à dimensão legal máxima.

O Supremo Tribunal Federal, em julgamento recente (RE 422.349-RS), publicado em 5-8-2015, após reconhecer a existência de repercussão geral da questão constitucional suscitada, fixou a tese de que, preenchidos os requisitos do art. 183 da Constituição Federal, cuja norma está reproduzida no art. 1.240 do Código Civil, o reconhecimento do direito à usucapião especial urbana não pode ser obstado por legislação infraconstitucional que estabeleça módulos urbanos na respectiva área em que situado o imóvel (dimensão do lote). De acordo com o STF, por ter fundamento constitucional, lei inferior não poderia exigir requisito, como dimensão mínima da área, para fins desta espécie de usucapião.

Por fim, como já ressaltado, o art. 9º do Estatuto da Cidade, com pequenas variações terminológicas, como a questão da "área ou edificação urbana" e "a previsão expressa da acessão de posse em favor do herdeiro que reside no imóvel urbano" (§ 3º), tem a mesma substância e idêntico fundamento das demais fontes legislativas (arts. 183 e 1.240 da Lei Civil). O fato é que a usucapião especial urbana, no âmbito do Estatuto da Cidade, constitui mais um instrumento jurídico para o desenvolvimento de políticas públicas urbanas.

Assim, de acordo com o art. 4º do Estatuto da Cidade, "para os fins desta Lei, serão utilizados, entre outros instrumentos: V – institutos jurídicos e políticos: j) usucapião especial de imóvel urbano". Tal instrumento jurídico, como meio de concretização de políticas públicas urbanas, está previsto no art. 9º da mesma lei.

Como a usucapião especial urbana constitui instrumento jurídico para a concretização de políticas públicas e atendimento da função social da cidade expressa no plano diretor, o Superior Tribunal de Justiça, no REsp 402.792/SP, considerou que tal usucapião não pode violar a exigência do plano diretor. Nesse sentido, deve ser adequada e compatível a metragem ao plano diretor da cidade, a fim de atender à sua necessária função social.

As referidas fontes normativas (art. 183 da CF/88, 1.240 do CC e art. 9º do Estatuto da Cidade) finalizam tal espécie de usucapião, com a menção de que o título de domínio será concedido ao homem ou à mulher ou a ambos, independentemente do estado civil.

5.4.3.4.2.5. Usucapião especial urbano coletivo (art. 10 do Estatuto da Cidade)

A usucapião especial urbana coletiva é disciplinada no art. 10 do Estatuto da Cidade (Lei n. 10.257/2001). De acordo com o art. 4º, V, *j*, a usucapião especial urbana, individual e coletiva, é instrumento jurídico e político para a concretização de políticas públicas urbanas. No caso da usucapião especial urbana coletiva, houve profunda alteração legislativa da norma que disciplina essa usucapião (art. 10 do EC), com a Lei n. 13.465/2017. A atual redação do art. 10 é muito mais objetiva que a redação original. Para a usucapião coletiva basta os seguintes requisitos: 1 – a existência de um núcleo urbano informal com vários possuidores; 2 – posse sem oposição (mansa e pacífica); 3 – tempo: 5 anos; 4 – a área total, dividida pelo número de possuidores, deve chegar a um número que seja inferior a 250 metros quadrados por lote (não importa se um ou outro possuidor ocupa individualmente área maior – é suficiente que na divisão da área total com o número de possuidores, a área não seja superior a 250 metros quadrados por possuidor; 5 – não podem ser proprietários de outro imóvel, urbano e rural.

De acordo com a nova redação: "Art. 10. Os núcleos urbanos informais existentes sem oposição há mais de cinco anos e cuja área total dividida pelo número de possuidores seja inferior a duzentos e cinquenta metros quadrados por possuidor são suscetíveis de serem usucapidos coletivamente, desde que os possuidores não sejam proprietários de outro imóvel urbano ou rural".

A norma não faz mais referência a "baixa renda" e a "impossibilidade de se individualizar cada uma das áreas ocupadas". Portanto, o objetivo é concretizar o direito fundamental de moradia de pessoas que não necessariamente sejam de baixa renda, art. 6º da CF/88, a fim de garantir a elas o mínimo material existencial para que tenham dignidade.

Em tal usucapião, há uma questão que se constitui pressuposto básico para início da análise dos requisitos para adquirir a propriedade imobiliária urbana: a posse coletiva.

A posse *ad usucapionem* se analisa de forma coletiva, jamais individualizada. Em caso contrário, restará inviabilizado o instituto. É a posse da coletividade que, embora desprovida de personalidade jurídica, pode ser considerada possuidora para todos os efeitos legais (Enunciado 236 da III Jornada de Direito Civil). Não é possível individualizar a condição e a situação de cada um dos possuidores. É por esta razão que, embora a pessoalidade (moradia) seja a marca desta usucapião, ao contrário da usucapião urbana individual, na coletiva é possível a acessão de posses. Assim, o possuidor, individualmente considerado, pode, para contar o prazo exigido pelo artigo, acrescentar à sua posse a de seu antecessor, desde que ambas sejam contínuas, mansas e pacíficas. Qual a razão disso? A posse é da coletividade. Os possuidores, individualmente considerados, devem ser abstraídos para se considerar todos como uma coletividade de pessoas.

Como ressalta José dos Santos Carvalho Filho[228]: "como os terrenos ou o tipo de construção não propiciam um dimensionamento específico para cada possuidor, não haveria outro meio de regularizar a propriedade senão pela usucapião coletiva". A análise sob a perspectiva coletiva permitirá considerar o prazo de 5 (cinco) anos da ocupação como um todo, ainda que individualmente alguns possuidores não estejam na área há mais de 5 (cinco) anos ou ali não tenha estabelecido moradia. Por isso, se um ou outro ocupante realiza atividade comercial, tal fato não impedirá a usucapião, que deve ser analisada coletivamente.

Tal usucapião, assim como qualquer espécie, exige pressupostos comuns ou genéricos: posse *ad usucapionem* (mansa, pacífica, ininterrupta e sem oposição), capacidade, legitimação e coisa hábil.

O pressuposto especial é a finalidade desta usucapião: A "moradia" é o pressuposto essencial deste tipo de usucapião. Trata-se do requisito finalístico. Portanto, há uma correlação entre tal instituto jurídico de política pública, o direito fundamental de moradia e o princípio da dignidade da pessoa humana. Tal instrumento de política urbana e justiça social visa atender um anseio específico das pessoas ou da população de baixa renda: a moradia.

A comunidade de possuidores, considerada de forma coletiva, adquirirá a propriedade da área urbana ocupada se, como um todo, os imóveis estiverem sendo utilizados para moradia. Assim, ainda que um possuidor, individualmente considerado, exerça atividade comercial nestas ocupações coletivas, tal fato específico não obstará a usucapião coletiva. Esse sujeito, de forma individualizada, não teria êxito na aquisição da propriedade pela usucapião, mas por pertencer a uma comunidade de moradores, fará jus a esse direito de propriedade.

Não é possível a usucapião coletiva, caso os possuidores sejam proprietários de outro imóvel urbano ou rural. Tal requisito também deve ser analisado de forma coletiva. Desta forma, se um ou alguns dos possuidores forem proprietários de outros imóveis urbanos ou rurais, isso não será obstáculo para a consolidação da usucapião da coletividade. Será impossível, mesmo a população sendo

---

[228] CARVALHO FILHO, José dos Santos. *Comentários ao estatuto da cidade*. 5. ed. São Paulo: Atlas, 2013, p. 128.

de baixa renda, que todos os possuidores não sejam proprietários de nenhum outro imóvel urbano ou rural. A análise individualizada certamente inviabilizará tal usucapião. Por esta razão, tal requisito deve ser analisado com a devida cautela e flexibilidade, com observância dos objetivos da norma e da concretização dos direitos fundamentais de moradia, dignidade e justiça social a que ela visa.

Se todos estes requisitos forem observados, a coletividade será premiada com a propriedade, por meio da usucapião. Cada possuidor, como já ressaltado, receberá uma fração igual de terreno, salvo se houver acordo entre eles.

Devido ao caráter coletivo desta usucapião, pois é a usucapião da coletividade de pessoas e não dos possuidores individualmente, o § 1º do art. 10 do Estatuto da Cidade permite a soma ou acessão de posses. Assim, nada impede que um possuidor, individualmente considerado, acrescente à sua posse a de seu antecessor, porque a moradia coletiva prevalece sobre interesses econômicos e interesses individuais. Por isso a ação de usucapião é coletiva e o seu objeto é coletivo. Em relação à usucapião especial urbana individual a regra é outra. Não é admitida a soma de posses nesta usucapião individual, salvo em favor de herdeiros que já residiam no imóvel, conforme já analisado.

Condomínio

Os §§ 4º e 5º do art. 10 do Estatuto da Cidade impõem a formação de um condomínio especial e indivisível em favor dos possuidores. Sobre a indivisibilidade deste condomínio, precisa é a observação de Carvalho Filho[229]: "(...) uma vez constituído, o condomínio especial, como unidade jurídica, pode ser subdividido em dois ou mais condomínios autônomos, decorrentes do originário, o que caracteriza sua indivisibilidade. De outro lado, a área deverá permanecer com sua situação condominial, sendo inviável transformá-la em terreno unitário, ressalvada, como veremos adiante, a condição estabelecida na lei; esse é o caráter de inextinguibilidade do condomínio".

Na sentença, o juiz atribuirá a cada um dos possuidores fração ideal, independentemente da dimensão do terreno que cada um ocupe, salvo se, por acordo, os condôminos deliberarem por frações diferenciadas. Se não houver acordo, o registro da usucapião imporá a constituição de um condomínio especial com frações ideais iguais. A divisão das frações em partes iguais é prova de que a posse é analisada coletivamente ou de forma global.

Como regra, tal condomínio especial não será extinto, salvo por deliberação favorável de mais de 2/3 (dois terços) dos possuidores/condôminos. A propriedade será concedida em favor da comunidade ou da população como um todo, *pro indiviso*. A divisão depende de quórum elevado e execução de urbanização posterior à constituição do condomínio.

O § 5º do art. 10 do Estatuto da Cidade disciplina o quórum de deliberação relativo à administração deste condomínio especial: "As deliberações relativas à administração do condomínio especial serão tomadas por maioria de votos dos condôminos presentes, obrigando também os demais, discordantes ou ausentes".

Aspectos processuais

A usucapião especial urbana coletiva estará consolidada com o preenchimento dos requisitos legais, previstos no art. 10, *caput*, do Estatuto da Cidade. A formalização da propriedade depende da sentença proferida em ação de usucapião. Tal sentença servirá de título para regularização e registro da usucapião coletiva no cartório de registro de imóveis.

Embora a propriedade já tenha sido adquirida e consumada com o preenchimento dos requisitos fáticos legais, o registro apenas irá formalizar essa situação jurídica e regularizar a cadeia sucessória no registro imobiliário. A composse é convertida em condomínio com a usucapião. E a sentença formalizará um condomínio especial, com características próprias.

Quanto à legitimidade para a ação de usucapião, o art. 12 do Estatuto da Cidade prevê uma hipótese de substituição processual. A ação coletiva de usucapião deve ser proposta por entes coletivos que defendam os interesses da população que ocupa a área. Nesse sentido, o art. 12 do EC dispõe que são partes legítimas para a propositura da ação de usucapião especial urbana: "I – o possuidor, isoladamente ou em litisconsórcio originário ou superveniente; II – os possuidores, em estado de composse; III – *como substituto processual, a associação de moradores da comunidade, regularmente constituída, com personalidade jurídica, desde que explicitamente autorizada pelos representados*" (g.n.). Para a usucapião coletiva, a legitimidade para a causa está prevista no inciso III.

Neste ponto, estamos de acordo com Rosenvald e Chaves[230]: "É certo que a substituição processual não requer que cada um dos possuidores autorize individualmente por procuração a atuação do legitimado extraordinário. Suficiente é a realização de assembleia geral com desiderato especial de obtenção de aprovação para o ajuizamento da demanda, nos termos do Estatuto Social e com base em quórum necessário".

O Ministério Público, obrigatoriamente, deverá intervir nesta ação coletiva: "Na ação de usucapião especial urbana é obrigatória a intervenção do Ministério Público" (art. 12, § 1º, do Estatuto da Cidade). Os arts. 13 e 14 do Estatuto da Cidade retratam a mesma ideologia da Lei n. 6.969/81, que disciplina a usucapião especial rural. De acordo com estes dispositivos, a usucapião pode ser alegada como matéria de defesa e, independentemente de ação de usucapião, a sentença valerá como título para o registro imobiliário. O procedimento desta ação é o sumário.

5.4.3.4.2.6. Usucapião especial urbano residencial familiar (art. 1.240-A do CC, introduzido pela Lei n. 12.424/2011)

A Lei n. 12.424/2011 acrescentou ao Código Civil, no art. 1.240-A, espécie do gênero usucapião especial urbana,

---

[229] CARVALHO FILHO, José dos Santos. *Comentários ao estatuto da cidade*. 5. ed. São Paulo: Atlas, 2013, p. 133.

[230] FARIAS, Cristiano Chaves de; ROSENVALD, Nelson. *Direito reais*. 7. ed. Rio de Janeiro: Lumen Juris, 2011, p. 449.

vinculada a relações familiares. Alguns a denominam de "usucapião especial urbano por abandono de lar" e outros de "usucapião especial urbano residencial familiar".

É espécie do gênero usucapião especial urbano. Por isso, todas as observações relativas a usucapião especial urbano se aplicam a este tipo de usucapião.

Assim está disciplinada na lei essa nova modalidade de usucapião: "Art. 1.240-A. Aquele que exercer, por 2 (dois) anos ininterruptamente e sem oposição, posse direta, com exclusividade, sobre imóvel urbano de até 250 m² (duzentos e cinquenta metros quadrados) cuja propriedade divida com ex-cônjuge ou ex-companheiro que abandonou o lar, utilizando-o para sua moradia ou de sua família, adquirir-lhe-á o domínio integral, desde que não seja proprietário de outro imóvel urbano ou rural. § 1º O direito previsto no *caput* não será reconhecido ao mesmo possuidor mais de uma vez."

O abandono do lar é o fator determinante para a caracterização desta espécie de usucapião urbana e é o requisito fundamental que a diferencia da usucapião urbana especial tradicional ou, "pro-moradia", disciplinada nos arts. 1.240 do CC, 183 da CF/88 e 9º do Estatuto da Cidade.

O problema é a indeterminação e falta de precisão da expressão "abandono de lar", o que acaba por ressuscitar, no âmbito da usucapião, discussão sobre a violação de deveres conjugais e a análise da conduta subjetiva de um dos cônjuges, questões que deveriam ser superadas na família contemporânea.

Ainda que o requisito do "abandono de lar" deva ser interpretado com a devida cautela e prudência, não é conveniente sancionar o cônjuge que abandona o lar com a perda de sua parte na propriedade em comum do casal. A usucapião não pode se prestar a tal finalidade. O requisito do "abandono de lar" é inadequado porque realça questões que devem ficar restrita aos cônjuges, como discussão de culpa.

Ainda que na V Jornada de Direito Civil tenha se tentado encontrar parâmetro para a definição de "abandono de lar", pela extensão do Enunciado 499 é fácil verificar a dificuldade do enquadramento deste requisito no âmbito da usucapião. Tal enunciado foi revogado pelo Enunciado 595 da VII Jornada de Direito Civil: "O requisito 'abandono do lar' deve ser interpretado na ótica do instituto da usucapião familiar como abandono voluntário da posse do imóvel somado à ausência da tutela da família, não importando em averiguação da culpa pelo fim do casamento ou união estável. Revogado o Enunciado 499".

O abandono de lar deve ser voluntário e injustificado. O abandono involuntário e/ou justificado não permitirá que o cônjuge que permaneça no imóvel invoque essa espécie de usucapião para adquirir a cota-parte do outro.

Tal espécie de usucapião irá alterar o regime de bens adotado pelos cônjuges por ocasião do casamento. O cônjuge que permanece no imóvel adquirirá o domínio ou a propriedade integral, independentemente do regime de bens que adotaram para o casamento.

De acordo com o Enunciado 500 da V Jornada de Direito Civil, a usucapião pressupõe a propriedade comum do casal e compreende todas as formas de famílias e entidades familiares: "A modalidade de usucapião prevista no art. 1.240-A do CC pressupõe a propriedade comum do casal e compreende todas as formas de família ou entidades familiares, inclusive homoafetivas".

Portanto, é indispensável a existência de único imóvel urbano em comum. Os cônjuges ou companheiros são condôminos ou compossuidores de imóvel urbano comum, cuja propriedade, de acordo com a lei, "é ou foi dividida com o ex-cônjuge e o ex-companheiro". Com razão Rosenvald e Chaves[231]: "O fracionamento da propriedade pode tanto derivar do casamento pela comunhão universal de bens, como pela aquisição onerosa por um dos cônjuges após o matrimônio pelo regime da comunhão parcial, ou mesmo pela evidência do esforço comum no regime da separação obrigatória. Quanto à união estável, imprescindível o requisito da coabitação, que pressupõe a vida em comum, nos termos do art. 1725 do CC".

Desta forma, de acordo com a lei, deve existir condomínio ou composse entre os cônjuges para aquisição da propriedade por este tipo de usucapião.

Além do abandono de lar, questão central e preponderante desta espécie de usucapião urbana, a lei impõe outros requisitos que se assemelham ao gênero usucapião especial urbana, disciplinada no art. 1.240 do CC, como a limitação da área, a pessoalidade (tal usucapião só pode ser invocada se o imóvel estiver sendo utilizado com a finalidade de moradia) e o fato de não ser proprietário de outro imóvel urbano e rural.

Quanto à limitação da área em 250 (duzentos e cinquenta) metros quadrados, as questões polêmicas são exatamente as mesmas já analisadas na usucapião especial urbana individual. Por isso, tudo que foi dito sobre a possibilidade ou não desta usucapião para apartamentos, a discussão sobre se a limitação envolve a área do terreno ou a área construída e a questão de não poder restringir a pretensão a esses limites se a área é superior a 250 (duzentos e cinquenta) metros quadrados (Enunciado 313 da IV Jornada), se aplicam a esta usucapião familiar.

Em relação ao requisito da pessoalidade, a usucapião especial familiar, disciplinada no art. 1.240-A do CC, também é tipo de usucapião "pro-moradia". O cônjuge que permanece no imóvel deve utilizá-lo para sua moradia ou de sua família. Assim, em razão do requisito da pessoalidade, impossível também nesta espécie de usucapião especial urbana a acessão ou soma de posses, salvo em favor do herdeiro que já residia no imóvel junto com o cônjuge "abandonado", na forma do § 3º do art. 9º do Estatuto da Cidade.

Ademais, como pressuposto para aquisição da propriedade integral por esta usucapião, o cônjuge que invocar não poderá ser proprietário de outro imóvel urbano ou rural. Da mesma forma que a usucapião especial urbana individual, tal direito não será reconhecido ao mesmo possuidor mais de uma vez, fato que evidencia o caráter

---

[231] FARIAS, Cristiano Chaves de; ROSENVALD, Nelson. *Direito reais*. 7. ed. Rio de Janeiro: Lumen Juris, 2011, p. 465.

social desta usucapião e o objetiva de concretizar o direito fundamental de social de moradia, e resguardar o mínimo existencial material e a dignidade do cônjuge abandonado.

Por fim, o que chama a atenção é o prazo exíguo para este tipo de usucapião: 2 (dois) anos. Se o cônjuge abandonado exercer posse *ad usucapionem* (mansa, pacífica e ininterrupta), com exclusividade, sobre imóvel urbano de até 250 (duzentos e cinquenta) metros quadrados, cuja propriedade divida com o ex-cônjuge ou ex-companheiro que abandonou o lar e o utiliza para sua moradia ou de sua família, adquirirá a propriedade integral após meros e breves 2 (dois) anos. Tal prazo é menor do que os prazos para aquisição de propriedade mobiliária. É o menor prazo de usucapião previsto em nossa legislação.

No entanto, tal prazo só se iniciou após a entrada em vigor da Lei n. 12.424/2011. Tal lei entrou em vigência em 16-6-2011. Portanto, tal usucapião somente poderá ser invocada a partir de 16-6-2013. Nesse sentido, o Enunciado 498 da IV Jornada de Direito Civil: "A fluência do prazo de 2 anos previsto pelo art. 1.240-A para a nova modalidade de usucapião nele contemplada tem início com a entrada em vigor da Lei n. 12.424/2011". Aliás, o prazo de 2 (dois) anos pode ser completado no curso do processo, conforme já ressaltado acima. Nesse sentido, é o Enunciado 497 da IV Jornada de Direito Civil: "O prazo, na ação de usucapião, pode ser completado no curso do processo, ressalvadas as hipóteses de má-fé processual do autor".

Em relação ao requisito da "posse direta" previsto no art. 1.240-A do CC, é pertinente a crítica de Rosenvald e Chaves[232]: "(...) ao se valer da expressão posse direta para descrever a situação jurídica do cônjuge que permanece no lar comum o legislador não se importou com a boa técnica, pois inexiste relação de direito obrigacional ou real entre o ex-convivente que sai do lar comum e aquele que fica. O correto é entender que um dos compossuidores se converte em possuidor exclusivo e, posteriormente, no concurso de todos os requisitos legais, único proprietário".

Aliás, não foi por outra razão que tal questão foi esclarecida no Enunciado 502 da V Jornada de Direito Civil: "O conceito de posse direta referido no art. 1.240-A do Código Civil não coincide com a acepção empregada no art. 1.197 do mesmo Código". Frise-se que, em razão do requisito da moradia, o imóvel não pode ser locado a terceiros.

Não é requisito para esta espécie de usucapião o divórcio ou a dissolução da união estável. Basta a situação fática da separação. Esse é o sentido do Enunciado 501 da V Jornada de Direito Civil: "As expressões 'ex-cônjuge' e 'ex-companheiro', contidas no art. 1.240-A do CC, correspondem à situação fática da separação, independentemente de divórcio".

5.4.3.4.2.7. Usucapião indígena (art. 33 do Estatuto do Índio)

A usucapião indígena é disciplinada no art. 33 do Estatuto do Índio. Tal usucapião perdeu em muito o interesse em razão da usucapião especial rural, disciplinada na Constituição Federal (art. 191) que, embora tenha a mesma limitação de área (50 hectares) que o Estatuto do Índio, permite a aquisição da propriedade imobiliária em prazo bem inferior: 5 (cinco) anos. O Estatuto do Índio exige 10 (dez) anos de posse consecutiva.

Nesse sentido é o art. 33 do Estatuto do Índio: "Art. 33. O índio, integrado ou não, que ocupe como próprio, por dez anos consecutivos, trecho de terra inferior a cinquenta hectares, adquirir-lhe-á a propriedade plena. Parágrafo único. O disposto neste artigo não se aplica às terras do domínio da União, ocupadas por grupos tribais, às áreas reservadas de que trata esta Lei, nem às terras de propriedade coletiva de grupo".

Os requisitos comuns são os mesmos para todas as espécies de usucapião: a posse *ad usucapionem*, ou seja, mansa, pacífica, ininterrupta e com ânimo de dono ("que ocupe como próprio").

A diferença para a usucapião especial rural é que o art. 33 do Estatuto do Índio não impõe a moradia na área e o fato de torná-la produtiva. Para tal estatuto é suficiente a posse mansa, pacífica, ininterrupta em área de até 50 (cinquenta) hectares por 10 (anos) consecutivos. Além disso, ainda que o índio seja proprietário de outro imóvel urbano ou rural, poderá adquirir a área vindicando esta usucapião.

5.4.3.4.2.8. Usucapião tabular (art. 214, § 5º, da Lei n. 6.015/73)

A usucapião tabular tem relação com a usucapião ordinária, pois pressupõe o registro de título que poderia ser cancelado por conta de algum vício na obrigação que o origina ou no próprio título.

A Lei de Registros Públicos, no capítulo III, disciplina o processo de registro. Como regra, as nulidades decorrentes de vícios no processo de registro levam à invalidação, de pleno direito, deste ato formal (art. 214, *caput*, da LRP). Para tanto, é dispensada, pela lei, ação direta.

No entanto, de acordo com o § 5º do referido art. 214 da Lei de Registros Públicos, ainda que ostente um vício que possa levar à invalidação deste ato formal (registro), não ocorrerá a invalidação se o beneficiário do registro já tiver preenchido os requisitos da usucapião de propriedade imobiliária.

A usucapião "tabular" somente se aplica a bens imóveis. De fato, não se trata propriamente de espécie de usucapião, mas de uma forma de se evitar o cancelamento do registro por conta de vícios no processo de registro (e também, de forma autônoma, na obrigação, causa do título) para, em seguida, se proceder a novo registro, referente ao mesmo bem, mas por causa diversa, usucapião.

Na usucapião tabular, o registro é mantido, mas com fundamento em causa diversa, a usucapião. O registro inicial tinha uma causa e no decorrer do processo de registro ou mesmo antes disso, foram preenchidos os requisitos da usucapião. Neste caso, se preserva o registro, agora funda-

---

[232] FARIAS, Cristiano Chaves de; ROSENVALD, Nelson. *Direito reais*. 7. ed. Rio de Janeiro: Lumen Juris, 2011,.

do na usucapião do imóvel. Esse é o denominada usucapião "tabular"²³³.

Nesse sentido é o § 5º do art. 214 da Lei n. 6.015/73, incluído pela Lei n. 10.931/2004: "A nulidade não será decretada se atingir terceiro de boa-fé que já tiver preenchido as condições de usucapião do imóvel".

Como ressaltam Rosenvald e Chaves²³⁴ "o dispositivo versa sobre a convalescença registral pela via da usucapião ordinária".

Tal dispositivo é um desdobramento das características do registro em nosso regime jurídico. Se o vício estiver relacionado à causa, obrigação materializada no título levado a registro, este ato formal não tem eficácia saneadora. Assim, qualquer vício no título que fundamenta o registro leva à sua invalidação. Por outro lado, se o vício ou defeito estiver no próprio processo de registro, este ato formal também deve ser cancelado. Em ambas as hipóteses, se o beneficiário estiver de boa-fé e já preencher os requisitos para aquisição da propriedade imobiliária, urbana ou rural, pela usucapião, o registro é preservado íntegro, mas com fundamento na usucapião já consolidada.

Neste caso, é o preenchimento dos pressupostos subjetivos, objetivos e formais da usucapião, que levará à aquisição da propriedade e não o registro. O registro, que constitui o direito real de propriedade, no caso da usucapião, tem efeito meramente declaratório, na medida em que apenas reconhece uma realidade pré-existente, que a pessoa ou sujeito preencheu os requisitos da usucapião.

5.4.3.4.2.9. Usucapião e regularização fundiária – Lei n. 13.465/2017

A regularização fundiária urbana, objeto da Lei Federal n. 13.465/2017, tem por objetivo incorporar núcleos urbanos informais ao ordenamento territorial urbano e conceder título aos seus ocupantes. Para tanto, a lei dispõe de vários instrumentos para viabilizar a regularização fundiária (arrolados no art. 15 da lei em referência). Os legitimados para requerer a regularização fundiária estão arrolados no art. 14, que tem extenso rol, como os entes federativos, diretamente ou por meio de entidades da administração indireta, os beneficiários, proprietários, Defensoria Pública e o Ministério Público. Aqueles que tenham dado causa à formação de núcleos urbanos informais, ainda que tenham legitimidade para requerer a regularização fundiária, respondem administrativa, civil e criminalmente pela formação destes núcleos (§ 3º do art. 14). A legitimidade para requerer a regularização e a regularização em si não interferem na responsabilidade destas pessoas em outras esferas, como a civil e criminal.

Antes da Lei n. 13.465/2017, a Lei n. 11.977/2009, editada no âmbito de programa de política pública do Governo Federal, disciplinava o programa "Minha casa, Minha vida" e regulava a regularização fundiária de assentamentos localizados em áreas urbanas.

No capítulo III da referida lei, estava disciplinada a regularização fundiária de assentamos urbanos, por meio da qual o possuidor poderia obter a propriedade da área ocupada por meio de um tipo de usucapião criado pela referida lei. O capítulo III da referida legislação foi integralmente revogado pela Lei Federal n. 13.465/2017 (inciso IV do art. 109 desta lei). Agora, a regularização fundiária é integralmente disciplinada pela Lei n. 13.465/2017.

De acordo com o art. 15 da Lei n. 13.465/2017, a regularização fundiária poderá ser viabilizada pelos mais diversos instrumentos jurídicos, entre eles, a legitimação de posse e a legitimação fundiária, que são regulados de forma específica por esta legislação. O art. 15 faz referência a outros institutos de direito civil, como a usucapião e a desapropriação judicial, que podem ser instrumentos de regularização fundiária, mas tais institutos já estão disciplinados no Código Civil (e já foram objeto de análise).

A legitimação fundiária e a legitimação de posse são disciplinadas exclusivamente por esta Lei n. 13.465/2017. Os demais instrumentos de regularização fundiária, como usucapião, desapropriação, consórcio, entre outros, são objeto de suas respectivas leis. Os instrumentos de

---

²³³ "Usucapião tabular. Requisitos. Mero bloqueio de matrícula. Apresentação de certidão do INSS inautêntica pelos vendedores. Longa inatividade por parte do órgão. Ausência de tentativas de anulação do ato ou recebimento do crédito. Decurso de tempo. Cabimento da usucapião. 1. A usucapião normalmente coloca em confronto particulares que litigam em torno da propriedade de um bem móvel. 2. Na hipótese dos autos, a constatação de que os vendedores do imóvel apresentaram certidão negativa de tributos previdenciários inautêntica levou o juízo da vara de registros públicos, em processo administrativo, a determinar o bloqueio da matrícula do bem. 3. O bloqueio da matrícula não colocou vendedores e compradores em litígio em torno da propriedade do bem imóvel. Apenas promoveu uma séria restrição ao direito de propriedade dos adquirentes para a proteção do crédito financeiro do INSS. 4. Pelas disposições da Lei de Registros Públicos, o bloqueio da matrícula é ato de natureza provisória, a ser tomado no âmbito de um procedimento maior, no qual se discuta a nulidade do registro público. A lavratura de escritura de compra e venda sem a apresentação de certidão previdenciária é nula, pelas disposições do art. 47 da Lei n. 8.212/91. Assim, o bloqueio seria razoável no âmbito de uma discussão acerca dessa nulidade. 5. Do ponto de vista prático, o bloqueio produz efeitos em grande parte equivalentes ao do cancelamento da matrícula, uma vez que torna impossível, ao proprietário do imóvel com matrícula bloqueada, tomar qualquer ato inerente a seu direito de propriedade, como o de alienar ou de gravar o bem. 6. Se o INSS ou qualquer outro legitimado não toma a iniciativa de requerer o reconhecimento ou a declaração da nulidade da escritura, o bloqueio da matrícula, por si só, não pode prevalecer indefinidamente. Na hipótese em que, mesmo sem tal providência, o bloqueio acaba por permanecer, produzindo efeitos de restrição ao direito de propriedade dos adquirentes do bem, a inatividade do INSS deve produzir alguma consequência jurídica. 7. Num processo de usucapião tradicional, o prazo de prescrição aquisitiva só é interrompido pela atitude do proprietário que torne inequívoca sua intenção de retomar o bem. Se, por uma peculiaridade do direito brasileiro, é possível promover a restrição do direito de propriedade do adquirente para a proteção de um crédito, a prescrição aquisitiva que beneficia esse adquirente somente pode ser interrompida por um ato que inequivocamente indique a intenção do credor de realizar esse crédito. 8. Se, após dez anos a partir do bloqueio da matrícula, o INSS não requer a declaração de nulidade da compra e venda, não executa o crédito previdenciário que mantém perante o vendedor do imóvel, não requer o reconhecimento de fraude à execução, não penhora o bem controvertido, enfim, não toma providência alguma, é possível reconhecer, ao menos em *status assertionis*, a ocorrência de usucapião tabular, de modo que o indeferimento da petição inicial da ação que a requer é providência exagerada. 9. Recurso especial conhecido e provido, reformando-se a decisão que indeferiu a petição inicial do processo e determinando-se seu prosseguimento, com a citação dos interessados, nos termos da lei. (STJ, REsp 1.133.451/SP, rel. Min. Nancy Andrighi).

²³⁴ FARIAS, Cristiano Chaves de; ROSENVALD, Nelson. *Direito reais*. 7. ed. Rio de Janeiro: Lumen Juris, 2011, p. 430.

Reurb objetos da lei são a legitimação fundiária e a legitimação de posse.

Os arts. 16 e 17 da Lei n. 13.465/2017 admitem a possibilidade de regularização fundiária sobre bens públicos. De acordo com o art. 16: "Na Reurb-E, promovida sobre bem público, havendo solução consensual, a aquisição de direitos reais pelo particular ficará condicionada ao pagamento do justo valor da unidade imobiliária regularizada, a ser apurado na forma estabelecida em ato do Poder Executivo titular do domínio, sem considerar o valor das acessões e benfeitorias do ocupante e a valorização decorrente da implantação dessas acessões e benfeitorias. Parágrafo único. As áreas de propriedade do poder público registradas no Registro de Imóveis, que sejam objeto de ação judicial versando sobre a sua titularidade, poderão ser objeto da Reurb, desde que celebrado acordo judicial ou extrajudicial, na forma desta Lei, homologado pelo juiz".

No âmbito da regularização fundiária, é possível e facultada a demarcação urbanística (arts. 19 a 22), mas esta não é condição para a regularização fundiária. A demarcação é prerrogativa do Poder Público, mas não é condição para o seu processamento (§ 3º do art. 19).

Os arts. 23 e 24 disciplinam a legitimação fundiária e os arts. 25 a 27, a legitimação de posse. Ambos os institutos são instrumentos de regularização fundiária (art. 15, I, da referida lei).

- **Legitimação fundiária**

A legitimação fundiária constitui forma originária de aquisição do direito real de propriedade conferido por ato do poder público, exclusivamente no âmbito da Reurb, àquele que detiver em área pública ou possuir em área privada, como sua, unidade imobiliária com destinação urbana, integrante de núcleo urbano informal consolidado existente em 22 de dezembro de 2016 (legitimação fundiária como modo originário de aquisição da propriedade), desde que o beneficiário não seja concessionário, foreiro ou proprietário exclusivo de imóvel urbano ou rural; não tenha sido contemplado com legitimação de posse ou fundiária de imóvel urbano com a mesma finalidade, ainda que situado em núcleo urbano distinto; e, em caso de imóvel urbano com finalidade não residencial, seja reconhecido pelo poder público o interesse público de sua ocupação. Basta que a pessoa ocupe, como sua, área privada ou pública, até 22-12-2016, para reivindicar a legitimação fundiária (§ 2º do art. 9º).

O ocupante adquire a unidade imobiliária com destinação urbana livre e desembaraçada de quaisquer ônus, direitos reais, gravames ou inscrições, eventualmente existentes em sua matrícula de origem, exceto quando disserem respeito ao próprio legitimado. Por isso, deverão ser transportadas as inscrições, as indisponibilidades ou os gravames existentes no registro da área maior originária para as matrículas das unidades imobiliárias que não houverem sido adquiridas por legitimação fundiária.

Na regularização fundiária de imóveis públicos, a União, os Estados, o Distrito Federal e os Municípios, e as suas entidades vinculadas, quando titulares do domínio, ficam autorizados a reconhecer o direito de propriedade aos ocupantes do núcleo urbano informal regularizado por meio da legitimação fundiária.

Nos casos de legitimação fundiária, o poder público encaminhará a CRF para registro imediato da aquisição de propriedade, dispensados a apresentação de título individualizado e as cópias da documentação referente à qualificação do beneficiário, o projeto de regularização fundiária aprovado, a listagem dos ocupantes e sua devida qualificação e a identificação das áreas que ocupam. Poderá o poder público atribuir domínio adquirido por legitimação fundiária aos ocupantes que não tenham constado da listagem inicial, mediante cadastramento complementar, sem prejuízo dos direitos de quem haja constado na listagem inicial.

- **Legitimação de posse**

Definição: a legitimação de posse, instrumento de uso exclusivo para fins de regularização fundiária, constitui ato do poder público destinado a conferir título, por meio do qual fica reconhecida a posse de imóvel objeto da Reurb, com a identificação de seus ocupantes, do tempo da ocupação e da natureza da posse, o qual é conversível em direito real de propriedade, na forma desta Lei. A legitimação de posse poderá ser transferida por *causa mortis* ou por ato *inter vivos*.

Ao contrário da legitimação fundiária, a legitimação de posse não se aplica aos imóveis urbanos situados em área de titularidade do poder público (§2º do art. 25 da Lei de Improbidade Administrativa).

- **Conversão da legitimação de posse em usucapião**

É possível a conversão da legitimação de posse em usucapião. Por isso, a legitimação de posse, como instrumento de regularização fundiária, é meio para se adquirir a propriedade pela usucapião.

De acordo com o art. 26 da Lei n. 13.465/2017: "Sem prejuízo dos direitos decorrentes do exercício da posse mansa e pacífica no tempo, aquele em cujo favor for expedido título de legitimação de posse, decorrido o prazo de cinco anos de seu registro, terá a conversão automática dele em título de propriedade, desde que atendidos os termos e as condições do art. 183 da Constituição Federal, independentemente de prévia provocação ou prática de ato registral".

Nos casos não contemplados pelo art. 183 da Constituição Federal, o título de legitimação de posse poderá ser convertido em título de propriedade, desde que satisfeitos os requisitos de usucapião estabelecidos no Código Civil (extraordinário e ordinário, por exemplo), a requerimento do interessado, perante o registro de imóveis competente.

A legitimação de posse, após convertida em propriedade, constitui forma originária de aquisição de direito real, de modo que a unidade imobiliária com destinação urbana regularizada restará livre e desembaraçada de quaisquer ônus, direitos reais, gravames ou inscrições, eventualmente existentes em sua matrícula de origem, exceto quando disserem respeito ao próprio beneficiário.

Portanto, a legitimação fundiária e a legitimação de posse, sendo que esta última pode ser convertida em usucapião, são modos originários de aquisição da propriedade.

• **Diferenças básicas entre legitimação fundiária e legitimação de posse**

Como já ressaltado, fica vedada a legitimação de posse (que é título no qual fica reconhecida a posse de imóvel ocupante de regularização fundiária urbana) de imóveis urbanos situados em área de titularidade do poder público. O art. 26 permite a conversão do título de legitimação de posse em usucapião. O ocupante será proprietário de forma originária, mas eventuais ônus, direitos reais ou restrições na matrícula de origem permanecerão gravando o titular original. Os ônus reais se tornarão ônus pessoais.

Em conclusão, a lei distingue legitimação fundiária (título de propriedade que pode inclusive ter por objeto área pública) e legitimação de posse (que não poderá ser concedida em relação à área pública). A legitimação fundiária permitirá aos entes da Federação conceder a ocupantes de áreas públicas ou privadas, independentemente de usucapião, direito de propriedade sobre unidade imobiliária com destinação urbana, integrante de núcleo informal consolidado.

A legitimação de posse já registrada de acordo com a Lei n. 11.977/2009 prosseguirá sob o referido regime até a titulação definitiva. Portanto, fica resguardado o direito dos ocupantes que possuem legitimação de posse registrada, inclusive sob área pública, agora vedado pela nova legislação.

A legitimação fundiária é modo de aquisição originária da propriedade imobiliária, conferido por ato discricionário do Poder Público (oportunidade e conveniência) à pessoa que detiver área pública ou possuir área privada, como sua. Em relação aos imóveis públicos, União, Estados, o Distrito Federal e Municípios ficam autorizados a conceder o direito de propriedade aos ocupantes do núcleo urbano informal regularizado por meio da legitimação fundiária. Tal legitimação fundiária é uma verdadeira bomba atômica, pois permitirá que a destinação de áreas públicas, por mera conveniência e oportunidade, seja distribuída para pessoas, para fins eleitorais e políticos. Sem adentrar no mérito da legitimação fundiária, tal instituto é a prova da falência, ineficiência e interesses escusos do Estado Brasileiro e de seus gestores.

5.4.3.4.2.10. Usucapião de quilombolas

Por fim, a Constituição Federal, no art. 68 do ADCT, disciplina a ocupação de área em favor dos remanescentes das comunidades de quilombolas, independentemente da natureza da área ocupada.

Segundo o referido dispositivo, aos remanescentes das comunidades dos quilombos que estejam ocupando suas terras é reconhecida a propriedade definitiva, devendo o Estado lhes emitir os títulos respectivos.

Tal ocupação não se enquadra na conformação tradicional da usucapião, até porque o fundamento desta propriedade não é, necessariamente, posse mansa, pacífica, contínua, com ânimo de dono, mas o reconhecimento e a valorização da cultura dos descendentes de escravos que se refugiavam em áreas denominadas como "quilombos". Ao contrário das comunidades indígenas, que são apenas usufrutuárias de suas áreas (art. 231 da CF/88), os quilombolas são verdadeiros proprietários, titulares da área ocupada, sejam públicas ou privadas. Assim, os descendentes de escravos que ocupam a referida área têm o direito ao reconhecimento da propriedade definitiva.

5.4.3.5. Algumas breves questões processuais relativas à ação de usucapião

A ação de usucapião de terras particulares era disciplinada nos arts. 941 a 945 do CPC de 1973, no rol dos procedimentos especiais. Tal procedimento dizia respeito, tão somente, à usucapião extraordinária e à ordinária dos arts. 1.238 e 1.242 do CC. Tais arts. foram suprimidos do atual diploma processual e a ação de usucapião se submeterá ao procedimento comum.

Todavia, a ação de usucapião, mesmo submetida ao procedimento comum, deve ser adaptada às suas peculiaridades: 1 – citação dos confinantes – art. 246, § 3º do CPC; 2 – publicação dos editais – art. 259, I, dar publicidade (interessados incertos e desconhecidos) 3 – planta e memorial descritivo como documento indispensável (art. 320 do CPC) e art. 216-A, inciso II.

O procedimento da usucapião especial urbana está previsto no Estatuto da Cidade, arts. 11 a 14. De acordo com o art. 12 do Estatuto da Cidade, são partes legítimas para a propositura da ação de usucapião especial urbana (i) o possuidor, isoladamente ou em litisconsórcio originário ou superveniente; (ii) os possuidores, em estado de composse; e, (iii) como substituto processual, a associação de moradores da comunidade, regularmente constituída, com personalidade jurídica, desde que explicitamente autorizada pelos representantes. Além disso, na usucapião ordinária e extraordinária, e na ação de usucapião especial urbana é obrigatória a intervenção do Ministério Público. Na usucapião do Estatuto da Cidade, o autor terá os benefícios da justiça e da assistência judiciária gratuita, inclusive perante o cartório de registro de imóveis.

A natureza da sentença da ação de usucapião é declaratória, pois a aquisição da propriedade, com fundamento na usucapião, se dá com o efetivo preenchimento dos requisitos legais e não com o reconhecimento judicial de que tais pressupostos subjetivos, objetivos e formais foram observados pelo possuidor. A sentença de usucapião apenas reconhece realidade pré-existente.

Nesse sentido já decidiu o Superior Tribunal de Justiça no REsp 118.360/SP, de relatoria do Ministro Vasco Della Giustina, julgado em 16-12-2010.

A parte legítima para propor a ação de usucapião é o possuidor que, durante o tempo previsto em lei, ocupou o imóvel e reuniu todos os requisitos legais (de forma, mansa, pacífica, ininterrupta e com ânimo de dono). Entretanto, não há necessidade de que o possuidor atual seja o autor da ação, desde que o autor já tenha consumado todos os requisitos da usucapião quando não se encontra mais no bem. Aliás, de acordo com a Súmula 263 do STF, o possuidor deve ser pessoalmente citado para a ação de usucapião. Assim, é possível que o autor da ação de usucapião não seja o possuidor atual da coisa.

De acordo com a Súmula 237 do STF, a usucapião pode ser arguida como matéria de defesa. No entanto, como regra, em especial nos casos de usucapião extraordinária e ordinária, tal fato não dispensa a posterior ação de usucapião para formalização da propriedade. A Lei n. 6.969/81, que disciplina a usucapião rural, e os arts. 13 e 14 do Estatuto da Cidade, não só admitem que a usucapião seja alegada como matéria de defesa, como dispensam a ação de usucapião para formalização da propriedade. Nestas hipóteses, quando alegada como matéria de defesa, a sentença que a reconheça já serve como título para ser levado a registro, independentemente de ação de usucapião. Por exemplo, nos termos do art. 13 do Estatuto da Cidade: "A usucapião especial de imóvel urbano poderá ser invocada como matéria de defesa, valendo a sentença que a reconhecer como título para registro no cartório de registro de imóveis".

Na ação de usucapião extraordinária e ordinária não se admitia reconvenção, sob o argumento de que estava sujeita a procedimento especial, diverso do procedimento da ação principal. Com a revogação do procedimento especial, não há mais óbice para a reconvenção. Nesse sentido é o Enunciado 315 da IV Jornada de Direito Civil: "O art. 1.241 do CC permite que o possuidor que figurar como réu em ação reivindicatória ou possessória formule pedido contraposto e postule ao juiz seja declarada adquirida, mediante usucapião, a propriedade imóvel, valendo a sentença como instrumento para registro imobiliário, ressalvados eventuais interesses de confinantes e terceiros".

A nova redação do art. 259, I, acima mencionado, determina a citação dos réus em lugar incerto e dos eventuais interessados, sendo mais abrangente que o texto anterior. Além disso, com a inicial, deve ser juntada a planta do imóvel.

Com relação ao juízo competente, por força do art. 47 do CPC/2016, o foro é o da situação do imóvel. Se houver interesse de qualquer das pessoas do art. 109 da CF/88, a competência será da Justiça Federal.

Os legitimados passivos da ação de usucapião são os réus certos, que devem ser citados pessoalmente para a ação de usucapião; aquele em cujo nome estiver registrado o imóvel; os confinantes e o possuidor atual, se o autor da ação de usucapião for ex-possuidor. *Os réus certos, que estejam em lugar incerto, e os eventuais interessados devem ser citados por edital*. A ação de usucapião é real imobiliária e, por esta razão, é indispensável a citação dos cônjuges dos litisconsortes passivos necessários e certos (do cônjuge de quem o imóvel estiver registrado, dos confinantes e do possuidor atual, se for o caso).

Segundo o art. 178 do CPC de 2015, a intervenção do MP, nas ações de usucapião, somente será obrigatória se houver interesse público ou social na demanda, interesse de incapaz e se o litígio se caracterizar como coletivo. Nestas situações, é obrigatória a participação do MP em todos os atos do processo. O MP age como fiscal da lei, sob pena de nulidade do feito, ainda que a usucapião seja arguida como matéria de defesa, desde que caracterizada qualquer das hipóteses do art. 178 do CPC atual.

5.4.3.6. Usucapião e direito intertemporal

O Código Civil, no livro que trata das disposições finais e transitórias, apresenta regras de direito intertemporal a serem aplicadas à usucapião.

Em relação às formas qualificadas de usucapião, com redução de prazos, a fim de atender ao princípio da função social da posse, dispõe o art. 2.029 do CC que até dois anos após a sua entrada em vigor, os prazos estabelecidos no parágrafo único do art. 1.238 e no parágrafo único do art. 1.242 serão acrescidos de dois anos, qualquer que seja o tempo transcorrido na vigência do anterior, Lei n. 3.071, de 1º de janeiro de 1916. Tais artigos tratam, respectivamente, da usucapião extraordinária e ordinária. No primeiro caso, o prazo foi reduzido para 10 (dez) anos e, no segundo, pode chegar a 5 (cinco) anos. De acordo com o referido artigo, até dois anos após a entrada em vigor do CC, tais prazos de 10 (dez) e 5 (cinco) anos, serão acrescidos de 2 (dois) anos, independentemente do tempo transcorrido na legislação anterior.

Por outro lado, as demais modalidades de usucapião, que não ostentem a qualificação dos referidos parágrafos, serão remetidas para a disciplina geral de prazos, prevista no art. 2.028 do CC.

Segundo este dispositivo, serão os da lei anterior os prazos, quando reduzidos por este Código, e se, na data de sua entrada em vigor, já houver transcorrido mais da metade do tempo estabelecido na lei revogada.

Sobre esse artigo, é pertinente o entendimento consolidado no Enunciado 299: "Iniciada a contagem de determinado prazo sob a égide do Código Civil de 1916, e vindo a Lei nova a reduzi-lo, prevalecerá o prazo antigo, desde que transcorrido mais de metade deste na data da entrada em vigor do novo Código. O novo prazo será contado a partir de 11 de janeiro de 2003, desprezando-se o tempo anteriormente decorrido, salvo quando o não aproveitamento do prazo já decorrido implicar aumento do prazo prescricional previsto na lei revogada, hipótese em que deve ser aproveitado o prazo já decorrido durante o domínio da lei antiga, estabelecendo-se uma continuidade temporal.

Sobre o assunto[235], brilhante e didático o voto do Ministro Luis Felipe Salomão, no REsp 1.088.082/RJ.

5.4.3.7. Usucapião "administrativo" – art. 1.071 do CPC

A usucapião extrajudicial foi inserida no ordenamento jurídico brasileiro, em especial na Lei de Registros Públicos, pelo art. 1.071 do CPC/2015. O reconhecimento extrajudicial da usucapião é facultativo e será processado perante o cartório do registro de imóveis da comarca em que estiver situado o imóvel usucapiendo. Ainda que presentes os requisitos para o reconhecimento da usucapião

---

[235] Ver ainda REsp 905.210/SP.

extrajudicial, pode o sujeito requerer a usucapião no âmbito judicial, pelo procedimento comum.

A usucapião extrajudicial depende de representação por advogado, ata notarial lavrada pelo tabelião, atestando o tempo de posse do requerente e seus antecessores, conforme o caso e suas circunstâncias; planta e memorial descritivo assinado por profissional legalmente habilitado, com prova de anotação de responsabilidade técnica no respectivo conselho de fiscalização profissional, e pelos titulares de direitos registrados ou averbados na matrícula do imóvel usucapiendo ou na matrícula dos imóveis confinantes; certidões negativas dos distribuidores da comarca da situação do imóvel e do domicílio do requerente e justo título ou quaisquer outros documentos que demonstrem a origem, a continuidade, a natureza e o tempo da posse, tais como o pagamento dos impostos e das taxas que incidirem sobre o imóvel.

O pedido será autuado e se formará um processo administrativo no âmbito do cartório. O registrador somente age por provocação do interessado ou de autoridade competente. É o princípio da instância. Na via extrajudicial, a prova é documental e, portanto, pré-constituída, em especial pela ata notarial, disciplinada no art. 384 do CPC/2015.

Após a formalização do processo administrativo, se a planta não contiver a assinatura de qualquer um dos titulares de direitos reais e de outros direitos registrados ou averbados na matrícula do imóvel usucapiendo e na matrícula dos imóveis confinantes, esse será notificado pelo registrador competente, pessoalmente ou pelo correio com aviso de recebimento, para manifestar seu consentimento expresso em 15 (quinze) dias, interpretado o seu silêncio como discordância.

A Fazenda Pública deverá ser ouvida. O oficial de registro de imóveis dará ciência à União, ao Estado, ao Distrito Federal e ao Município, pessoalmente, por intermédio do oficial de registro de títulos e documentos, ou pelo correio com aviso de recebimento, para que se manifestem, em 15 (quinze) dias, sobre o pedido.

Em seguida, o oficial fará publicar edital em jornal de grande circulação, onde houver, para a ciência de terceiros eventualmente interessados, que poderão se manifestar em 15 (quinze) dias. Para a elucidação de qualquer ponto de dúvida, poderão ser solicitadas ou realizadas diligências pelo oficial de registro de imóveis. Decorrido o prazo de 15 dias de manifestação, se a documentação estiver em ordem e, cumpridas as demais formalidades, o oficial de registro de imóveis registrará a aquisição do imóvel com as descrições apresentadas, sendo permitida a abertura de matrícula, se for o caso. A decisão será administrativa. Se a documentação não estiver em ordem, o pedido é rejeitado.

A decisão administrativa que nega o pedido não obsta o ingresso da ação judicial de usucapião.

O procedimento de dúvida poderá ser instaurado, que poderá ocorrer em dois momentos: no caso de exigências do registrador ou se houver a negativa do pedido.

Se houver impugnação do pedido de reconhecimento extrajudicial de usucapião, apresentada por qualquer um dos titulares de direito reais e de outros direitos registrados ou averbados na matrícula do imóvel usucapiendo e na matrícula dos imóveis confinantes, por algum dos entes públicos ou por algum terceiro interessado, o oficial de registro de imóveis remeterá os autos ao juízo competente da comarca da situação do imóvel, cabendo ao requerente emendar a petição inicial para adequá-la ao procedimento comum.

Portanto, o registrador não tem competência para apreciar qualquer impugnação, caso em que o procedimento terá de ser judicializado.

A Lei n. 13.465/2017, que disciplina a regularização fundiária, acrescentou parágrafos à usucapião administrativa, objeto do art. 216-A da Lei de Registros Públicos, em especial para tratar de imóvel usucapiendo em condomínio edilício. "No caso de o imóvel usucapiendo ser unidade autônoma de condomínio edilício, fica dispensado consentimento dos titulares de direitos reais e outros direitos registrados ou averbados na matrícula dos imóveis confinantes e bastará a notificação do síndico para se manifestar na forma do § 2º deste artigo. Se o imóvel confinante contiver um condomínio edilício, bastará a notificação do síndico para o efeito do § 2º deste artigo, dispensada a notificação de todos os condôminos. Para efeito do § 2º deste artigo, caso não seja encontrado o notificando ou caso ele esteja em lugar incerto ou não sabido, tal fato será certificado pelo registrador, que deverá promover a sua notificação por edital mediante publicação, por duas vezes, em jornal local de grande circulação, pelo prazo de quinze dias cada um, interpretado o silêncio do notificando como concordância (§§ 11 a 13)".

De acordo com o § 14 do art. 216-A, regulamento do órgão jurisdicional competente para a correição das serventias poderá autorizar a publicação do edital em meio eletrônico, caso em que ficará dispensada a publicação em jornais de grande circulação.

Por fim, no caso de ausência ou insuficiência dos documentos de que trata o inciso IV do art. 216-A, a posse e os demais dados necessários poderão ser comprovados em procedimento de justificação administrativa perante a serventia extrajudicial, que obedecerá, no que couber, ao disposto no § 5º do art. 381 e ao rito previsto nos arts. 382 e 383 do CPC.

5.4.4. Acessão

A acessão é modo originário de aquisição da propriedade imobiliária decorrente de incorporação ou união física de uma coisa à outra. A adesão é material e permanente. A acessão pode ter origem em causa natural (acessão natural) ou fato humano (acessão artificial). Se a incorporação decorre de evento da natureza, será natural (acessão de imóvel a outro imóvel. Se a acessão tem como causa fato humano, será física ou artificial (acessão de móvel a imóvel). Na acessão, coisa, móvel ou imóvel, se incorpora ou se une materialmente à outra (imóvel). O bem que recebe a incorporação é sempre imóvel.

A incorporação cria uma coisa nova e surge do exterior da coisa.

A acessão provoca a aquisição da propriedade das coisas que são incorporadas. Em regra, o proprietário do imóvel, se torna proprietário dos móveis (artificial) ou imóvel (natural) que adere, materialmente, à sua propriedade.

De acordo com Serpa Lopes[236], para a configuração da acessão é essencial a união entre duas coisas corpóreas distintas; uma das coisas ser mais importante do que a outra, utilizando-se o critério econômico; as coisas se encontrarem unidas por um laço material, uma incorporação, por força natural ou do homem, as duas coisas pertencerem a proprietários diversos".

O Código Civil, no art. 1.248, disciplina e estabelece as causas da acessão natural e artificial. Segundo este dispositivo, a acessão pode dar-se ou se originar da formação de ilhas (art. 1.249), aluvião (art. 1.250), avulsão (art. 1.251), abandono de álveo (art. 1.252), plantações e construções (arts. 1.253 a 1.259). Com exceção das construções e plantações, a acessão terá como causa fato da natureza, pois independe de qualquer intervenção humana a incorporação de imóvel a outro imóvel.

A acessão natural produz efeitos jurídicos, a aquisição da propriedade imobiliária. A incorporação, por si só, é suficiente para a aquisição originária do direito real de propriedade. Não há necessidade de registro da acessão. No caso da acessão, o registro teria apenas o efeito de conferir publicidade à acessão. O registro apenas formalizaria a propriedade já constituída pela acessão.

Por outro lado, no caso de plantações e construções, a acessão (incorporação material de uma coisa móvel a imóvel) está vinculada a ato ou comportamento humano, cujo efeito também será a aquisição da propriedade imobiliária. A incorporação de uma coisa à outra pelo esforço humano segue alguns princípios básicos, como se verificará por ocasião da análise dos arts. 1.253 a 1.259 da legislação civil atual. A causa da acessão artificial é conduta ou fato humano e é qualificada pela definitividade.

Esse caráter definitivo e permanente é compatível com as acessões artificiais, mas pode ser questionado em relação à acessão natural "abandono de álveo", no caso de o rio retomar o seu anterior curso, como se verá adiante.

As acessões naturais (art. 1.248, I a IV, do CC) se originam da incorporação de um imóvel a outro imóvel. Tal adesão ou união física é provocada por fenômenos exclusivamente naturais.

As acessões artificiais (art. 1.248, V, do CC) são resultado da incorporação de um móvel a um imóvel, em decorrência de fato ou comportamento humano (plantações e construções).

Em resumo, pode-se considerar a acessão de imóvel a imóvel (natural) e de móvel que se incorpora em imóvel ou, simplesmente de móvel a imóvel (artificiais).

O fundamento jurídico das acessões naturais e artificiais é evitar a constituição de condomínio entre pessoas estranhas, que seria de difícil administração. Como diz Marco Aurélio Bezerra de Melo[237], o legislador se preocupa em criar condomínio entre o dono do prédio desfalcado e o dono do prédio beneficiado (acessões naturais) ou entre o dono do solo e o construtor ou plantador (acessões voluntárias). De fato, esse condomínio involuntário poderia ser fonte de inúmeros conflitos e divergências. Ao invés de forçar o condomínio, a Lei Civil optou por privilegiar o proprietário de uma coisa em detrimento da outra (por isso a acessão é modo de aquisição da propriedade imobiliária), mediante o pagamento de indenização para aquele que suportou o desfalque ou foi sacrificado.

Para se compreender a acessão, há duas premissas fundamentais:

1. bens jurídicos de titularidades diversas – O proprietário do imóvel ou do móvel que incorporará a imóvel é diverso do proprietário deste bem que recebe a incorporação;
2. não há relação jurídica material entre o proprietário do imóvel ou móvel que incorporará e o proprietário do imóvel que receberá a incorporação.

Em razão destas premissas e, para evitar condomínio forçado, opta-se pela acessão, modo originário de aquisição da propriedade. No caso, uma propriedade será sacrificada e o proprietário sacrificado terá direito à indenização. É a lógica de todas as regras da acessão.

Portanto, na acessão, não há relação jurídica material entre os proprietários da coisa que adere e da coisa que recebe a incorporação. Esta é a questão fundamental para se compreender a acessão. Se não há relação jurídica entre os proprietários diversos, no caso de adesão/incorporação de uma propriedade à outra, seja por fato natural ou humano, a fim de se evitar conflitos, uma das propriedades será sacrificada em prol da outra. E, como consequência, o sacrificado terá direito a uma indenização.

Por isso, há duas perguntas a serem respondidas na acessão, que conferem lógica para todas as regras da acessão no direito civil: 1 – Qual propriedade será sacrificada? 2 – Qual é o efeito jurídico deste sacrifício?

Em relação à primeira questão, como regra, o proprietário da coisa que recebe a incorporação se torna dono da coisa aderida. O critério para se determinar qual a propriedade que será sacrificada é considerar uma coisa principal e a outra acessória. A coisa principal prevalecerá sobre a acessória. Como já estudado na teoria dos bens jurídicos, tal classificação dos bens reciprocamente considerados é dinâmica e, por isso, apenas diante do caso concreto será possível apurar qual é a propriedade principal e qual a acessória (essa será sacrificada). Quanto à segunda questão, como regra, o proprietário desfalcado é indenizado, a fim de se evitar o enriquecimento sem causa daquele que foi beneficiado pela incorporação.

---

[236] SERPA LOPES, Miguel Maria de. *Curso de direito civil*: direito das coisas. 7. ed. Rio de Janeiro: Freitas Bastos Editora, 2000. v. VI, p. 138.

[237] MELO, Marco Aurélio Bezerra de. *Direito das coisas*. 5. ed. Rio de Janeiro: Lumen Juris, 2011, p. 138.

5.4.4.1. Acessão de móvel a móvel (acessões naturais) – Incorporação de imóvel a imóvel

5.4.4.1.1. Formação de ilhas

A acessão natural em decorrência de formação de ilhas está disciplinada no art. 1.249 do CC. Aqui há uma regra básica: as ilhas que se formarem em correntes comuns ou particulares pertencem aos proprietários ribeirinhos. Os proprietários de áreas ribeirinhas ou imóveis que ficam à margem de rios comuns ou particulares se tornam proprietários das ilhas que se formam, obedecidas alguns parâmetros legais:

1ª parâmetro: as ilhas que se formarem no meio do rio consideram-se acréscimos sobrevindos aos terrenos ribeirinhos fronteiros de ambas as margens, na proporção de suas testadas, até a linha que dividir o álveo em duas partes iguais.

Neste caso, as ilhas se formam no meio do leito do rio. Os proprietários ribeirinhos de cada uma das margens terão direito a uma fração da ilha, na proporção de sua testada. Portanto, de forma imaginária, se divide o leito (álveo) do rio em duas partes iguais. A parte da ilha que ficar em uma metade pertence ao proprietário ribeirinho e a parte da ilha que ficar na outra metade pertencerá ao outro. Não é a ilha que é dividida em partes iguais, mas o leito do rio. Se apenas 10% (dez por cento) da ilha estiver na metade do leito de um proprietário ribeirinho, caberá a ele somente esta fração.

2ª parâmetro: as ilhas que se formam entre a referida linha imaginária e uma das margens consideram-se acréscimos aos terrenos ribeirinhos fronteiros desse mesmo lado. Neste caso, como a integralidade da ilha está entre a margem e a linha divisória, considera-se acréscimo desta propriedade ribeirinha que estiverem deste lado, sendo que os proprietários ribeirinhos do lado oposto não terão direito a qualquer parcela da ilha.

3ª parâmetro: as ilhas que se formam pelo desdobramento de um novo braço do rio continuam a pertencer aos proprietários dos terrenos à custa dos quais se constituíram. Nesta situação, o proprietário de uma margem na qual se formou uma ilha em função do desdobramento de um novo braço será proprietário exclusivo desta ilha. Como diz Caio Mário[238], neste caso, se um braço do rio abrir a terra, a ilha resultante do desdobramento continua a pertencer aos proprietários à custa de quem os terrenos se constituíram.

Essas são as regras de aquisição da propriedade imobiliária em decorrência deste fenômeno natural, formação de ilhas.

Neste item, apenas uma observação: o art. 20, III, da Constituição Federal, dispõe que são bens da União: os lagos, rios e quaisquer correntes de água que banhem mais de um Estado, sirvam de limites com outros países, ou se estendam a território estrangeiro ou dele provenham, bem como os terrenos marginais e as praias fluviais. E, com relação às ilhas, complementa o inciso IV do mesmo art. 20, que são bens públicos da União as ilhas fluviais e lacustres nas zonas limítrofes com outros países; as praias marítimas; as ilhas oceânicas e as costeiras, excluídas, destas, as que contenham sede de Município.

O art. 26 da CF/88 dispõe que pertence aos Estados as águas superficiais ou subterrâneas, fluentes, emergentes e em depósito, bem como as ilhas fluviais e lacustres não pertencentes à União. Tais normas constitucionais reduzem, consideravelmente, o alcance da acessão natural por formação de ilhas. Diante da natureza pública das correntes, as ilhas fluviais e lacustres que nela se formarem, como regra, serão bens públicos. As ilhas fluviais e lacustres que fazem fronteira com outros países, assim como as ilhas oceânicas e costeiras são bens da União. As ilhas fluviais e lacustres que não pertencem à União, são bens dos Estados (art. 26, III, da CF/88).

Nesta situação, a discussão ficaria restrita à natureza pública ou não das águas. Se forem públicas, como impõe a Constituição Federal, as ilhas serão públicas. Como a Constituição não mais menciona rios navegáveis ou não navegáveis para distinguir rios públicos e particulares, alguns doutrinadores, como Orlando Gomes[239], defendem a tese de que a atribuição da propriedade das ilhas aos donos de terrenos está condicionada à circunstância de que não sejam navegáveis, pois, do contrário, rios são do domínio público. Nos rios navegáveis, a acessão verifica-se em proveito de pessoa de direito público. Se o rio não for navegável, as águas serão particulares e, neste caso, incidem as regras do art. 1.249 do CC. Por outro lado, doutrinadores, como Loureiro[240], defendem a tese de que a Constituição Federal não mais diferencia rios navegáveis e não navegáveis para determinar a natureza destes, razão pela qual todos os rios são públicos. Restaria apenas a hipótese prevista no inciso III do art. 1.249, do CC, que, independentemente de ser navegável ou não, a ilha seria do proprietário que teve a sua terra cortada por um braço do rio.

Sobre a hipótese do inciso III do art. 1.249, é precisa a lição de Orlando Gomes[241]: "Neste caso, não se pode falar em acessão. O terreno ilhado continua a pertencer a seu dono, mesmo que o rio seja público. Não há ainda aumento ou acréscimo sobrevindo. O proprietário não adquire a propriedade da coisa acessória; continua a ser dono do que lhe pertencia".

5.4.4.1.2. Aluvião

A aluvião constitui outro modo originário e natural de aquisição da propriedade imobiliária. Decorre de acréscimos formados, de forma sucessiva e imperceptível,

---

[238] PEREIRA, Caio Mário da Silva. *Instituições de direito civil. Direitos reais*. 26. ed. Rio de Janeiro: Forense, 2018. v. IV, p. 128.

[239] GOMES, Orlando. *Direitos reais*. 19. ed. atualizada. Rio de Janeiro: Forense, 2007, p. 177.

[240] LOUREIRO, Francisco Eduardo. Arts. 1.196 a 1.510-E – Coisas. In: PELUSO, Cezar (coord.). *Código civil comentado*. 2. ed. Barueri: Manole, 2008, p. 1.197.

[241] GOMES, Orlando. *Direitos reais*. 19. ed. atualizada. Rio de Janeiro: Forense, 2007, p. 178.

por depósitos e aterros naturais ao longo das margens das correntes ou pelo desvio das águas. Tais acréscimos paulatinos, permanentes e imperceptíveis, passam a pertencer aos proprietários ribeirinhos, donos dos terrenos marginais, sem necessidade de indenizar o dono da propriedade imóvel desfalcada.

O prédio (imóvel ou terreno marginal) beneficiado não tem o dever indenizatório. Se a aluvião acontecer em rios navegáveis, o acréscimo pertencerá ao Poder Público. A aluvião imprópria (as partes descobertas pela retração das águas dormentes) também gera a aquisição da propriedade imobiliária por aluvião. Os aterros artificiais ou as terras decorrentes de trabalhos individuais do proprietário ribeirinho, não se consideram terrenos de aluvião, porque falta a circunstância do incremento *paulatino e natural*.

A aluvião pode ser própria ou imprópria. A aluvião própria decorre do acréscimo que se forma pelo depósito ou aterro natural no terreno marginal do rio. A aluvião imprópria é o acréscimo de terra pelo *rebaixamento das águas* ou que se forma quando uma parte do leito ou do álveo se descobre em razão da redução ou do afastamento das águas. Na aluvião imprópria, é precisa a observação de Gomes[242]: "é necessário que os acréscimos se façam em terrenos marginais de águas correntes. Não constitui terreno aluvial o solo descoberto pela retração de águas dormentes". Porque neste caso, como bem especifica Caio Mário[243], o proprietário estará alterando a conformação periférica de seus terrenos, nada devendo aos demais, salvo se as obras realizadas implicarem prejuízo alheio, que deverá ser ressarcido na forma do direito comum.

De acordo com Orlando Gomes[244], "para haver aluvião, o incremento deve se realizar imperceptivelmente, sem que se possa saber a quem pertencem as terras trazidas pela corrente, sem que se possa determinar o lugar de onde se desprenderam. Na aluvião, o acréscimo há de ser sucessivo, lento, paulatino, imperceptível".

Por outro lado, de acordo com o parágrafo único do art. 1.250 do CC, o terreno aluvial, que se formar em frente de prédios de proprietários diferentes, dividir-se-á entre eles, na proporção da testada de cada um sobre a antiga margem. A divisão se dará entre os proprietários, na proporção da testada de cada um em relação à linha média.

5.4.4.1.3. Avulsão

A avulsão se distingue da aluvião porque é perceptível a incorporação de uma porção de terra que, por conta de um fenômeno natural, se desloca de uma propriedade imóvel e adere a outro prédio. O deslocamento se dá por força natural violenta, por meio da qual uma porção de terra se destaca de um prédio e se junta a outro (art. 1.251 do CC).

Nesta situação, o proprietário beneficiado pela avulsão terá que indenizar o dono ou proprietário da área desfalcada. Portanto, a aquisição da propriedade imobiliária está condicionada à indenização ao dono do prédio afetado pela força natural violenta. Por outro lado, se decorrido um ano da avulsão e ninguém houver reclamado, o dono do prédio beneficiado adquirirá a propriedade imobiliária independentemente de indenização.

Se o dono do prédio beneficiado recusar o pagamento da indenização, deverá aquiescer ou concordar a que se remova de sua área a parte acrescida, na forma do disposto no art. 1.251, parágrafo único, do CC. Por isso, se diz que a aquisição da propriedade está condicionada ao pagamento da indenização ou à ausência de reclamação no prazo de 1 (um) ano. O proprietário beneficiado pela junção da porção de terra em sua área pode indenizar o dono da propriedade desfalcada e adquirir a propriedade ou concordar em que este último remova e faça retornar a porção de terra para a área desfalcada.

Não há dúvida de que a natureza do prazo de 1 (um) ano é de decadência. Nesse sentido é a opinião de Orlando Gomes[245]: "Atribui-lhe a lei o direito de opção entre aquiescer que se remova a parte acrescida ou indenizar ao dono do terreno do qual se destacara a porção de terra. Se preferir indenizar, torna-se proprietário da parte acrescida, verificando-se, então, a acessão por avulsão".

Como se vê, nesta hipótese de acessão natural, a regra é que as porções de terra que aderem a outra propriedade continuam a pertencer ao dono do terreno de onde se desprenderam. Este as perderá se o proprietário da parte acrescida tiver interesse em indenizá-lo. A porção de terra destacada em decorrência de uma força brusca e violenta da natureza deve ser considerável, pois, se imperceptível, a questão é disciplinada no âmbito da aluvião.

A indenização tem por objetivo evitar o enriquecimento sem justa causa do proprietário que se beneficiou com a incorporação de uma porção considerável de terras em sua propriedade. Assim, não poderia se enriquecer às custas do desfalque suportado pela propriedade alheia.

Ocorre que, em algumas situações, a incorporação de terras, ao invés de beneficiar o imóvel receptor da acessão, poderá acarretar prejuízos ao proprietário que recebeu a porção de terras em razão de força natural violenta. Neste caso, em regra, o receptor da acessão não terá direito à indenização, justamente porque o prejuízo decorreu de um fato natural violento, o que impede a imputação de responsabilidade ao dono do prédio desfalcado. Apenas no caso de alguma omissão do dono do prédio desfalcado que tivesse contribuído para o deslocamento das terras e para o dano seria possível se cogitar em indenização.

Além dessa situação de prejuízo, é possível que a remoção da terra seja fisicamente impossível ou, se viável, destrua a substância da propriedade beneficiada. Neste caso, se o dono do prédio beneficiado não tiver interesse na indenização, deverá concordar com a remoção. Mas a

---

[242] GOMES, Orlando. *Direitos reais*. 19. ed. atualizada. Rio de Janeiro: Forense, 2007, p. 178.

[243] PEREIRA, Caio Mário da Silva. *Instituições de direito civil. Direitos reais*. 26. ed. Rio de Janeiro: Forense, 2018. v. IV, p. 129.

[244] GOMES, Orlando. *Direitos reais*. 19. ed. atualizada. Rio de Janeiro: Forense, 2007, p. 178.

[245] GOMES, Orlando. *Direitos reais*. 19. ed. atualizada. Rio de Janeiro: Forense, 2007, p. 179.

remoção é impossível ou prejudicará o seu prédio. Como resolver essa questão? Será que o proprietário do prédio beneficiado pode ser obrigado a pagar indenização ou, neste caso, o proprietário do prédio desfalcado deverá suportar o prejuízo? Da mesma forma que o proprietário do prédio que recebeu a incorporação de terras deverá suportar os prejuízos decorrentes desta acessão natural, o proprietário do prédio desfalcado também terá de suportar o prejuízo, porque a remoção é impossível ou alterará a substância do outro prédio. Não há que se cogitar em responsabilidade civil em favor do prédio desfalcado neste caso, porque o prédio que recebeu a acessão não deu causa a este fato natural. É o mesmo raciocínio para a acessão que prejudica o prédio ou que não traz qualquer benefício.

5.4.4.1.4. Álveo abandonado

O álveo[246] abandonado é o leito do rio que seca ou que foi abandonado pelo desvio natural de águas. O álveo ou leito do rio abandonado pelas águas pertencerá aos proprietários ribeirinhos das duas margens, sem que tenha direito à indenização os donos dos terrenos por onde as águas abrirem novo curso, entendendo-se que os terrenos marginais se estendem até o meio do álveo (art. 1.252 do CC). Portanto, o *abandono* do álveo implica na seca da corrente de água ou pelo desvio do curso do rio.

Em consequência, os proprietários ribeirinhos das duas margens adquirirão a propriedade do leito abandonado, sem dever de indenização em relação aos proprietários dos terrenos por onde as águas abrirem novo curso. A propriedade dos ribeirinhos das duas margens se estenderá até o meio do leito seco e na proporção das testadas dos respectivos prédios. De acordo com Gomes[247], o processo de divisão do álveo abandonado entre os proprietários confiantes da mesma margem é das perpendicularidades tiradas dos extremos de cada terreno até a linha mediana do álveo. A divisão entre os proprietários dos terrenos situados nas margens opostas se faz por metade, pois está estabelecido que os prédios marginais se estendem até o meio do álveo. Como a mudança do leito decorre de um fenômeno natural, não imputável a qualquer pessoa, o dono dos terrenos por onde as águas abrirem novo curso não terão direito a indenização.

O álveo público ou particular, desde que abandonado, será dos proprietários ribeirinhos. Há doutrinadores que defendem que o álveo abandonado somente pertencerá aos ribeirinhos se o rio não for navegável, ou seja, for particular. Se o rio for navegável, o álveo abandonado pertencerá ao Poder Público.

Embora se deva supor que o abandono deve ser permanente, é possível que ele retorne por força natural ao seu curso anterior. Neste caso, segundo Gomes[248], "os donos dos terrenos por onde as águas abrirem novo curso readquirem a propriedade do solo que haviam perdido, e os donos dos terrenos que haviam adquirido a propriedade do álveo abandonado perdem-na".

5.4.4.2. Acessões artificiais (construções e plantações) – de móvel a imóvel

5.4.4.2.1. Introdução

As acessões artificiais, construções e plantações (art. 1.248, V, do CC), representam o resultado da incorporação de um móvel a um imóvel, em decorrência de fato ou comportamento humano. A origem desta acessão é um ato humano que constrói ou planta em solo alheio ou próprio.

A relevância da matéria se justifica apenas quando há distinção entre a titularidade do solo e a titularidade dos materiais (a serem utilizados na construção) ou das sementes (que serão plantadas). Se houver coincidência entre tais titularidades (do móvel e do imóvel), incide a regra geral segundo a qual o proprietário do principal (solo – imóvel) se torna proprietário do acessório (materiais e sementes – móveis). O acessório segue o principal ou a antiga regra de que a *superficies solo cedit*.

Assim, tudo que adere ao solo ou que se incorpora à sua superfície passa a pertencer ao dono. Nesse sentido é a lição de Orlando Gomes[249]: "Aplica-se-lhe o princípio de que o acessório segue o principal. Sendo o solo coisa principal, o que lhe incorpora passa a pertencer ao dono. E, assim, toda construção ou plantação existente em um terreno se presume feita pelo proprietário, e à sua custa".

Em função desta regra geral de que o acessório segue o principal e, por considerar que o solo é a coisa principal (propriedade do solo compreende a da superfície e das coisas que a ele acedem), o Código Civil, no art. 1.253, estabelece uma presunção, relativa, é verdade, de que toda construção ou plantação existente em um terreno (solo) presume-se feita pelo proprietário do solo, a expensas destes. Ao fazer a ressalva *da prova em contrário*, optou-se por estabelecer uma presunção meramente relativa. Como a coisa móvel passará a constituir-se como parte integrante essencial da coisa principal, tal incorporação resultará em acessão, modo de aquisição da propriedade imobiliária.

A existência de uma relação jurídica com o dono do solo ou de título que justifique a posse sobre coisa alheia é um meio eficaz de prova para demonstrar a origem das acessões.

Por fim, resta registrar a afinidade entre o instituto da acessão, modo de aquisição da propriedade imobiliária, e o direito real de superfície ou propriedade superficiária, disciplinado nos arts. 1.369 a 1.377 do CC e arts. 21 a 24 do Estatuto da Cidade. Por meio de um negócio jurídico formalizado entre o proprietário do solo e terceiro, aquele concede a este o direito de construir ou de plantar (ou no caso do Estatuto da Cidade, apenas de construir) em seu terreno. O registro da escritura pública constituirá o direi-

---

[246] Álveo é a superfície que as águas cobrem sem transbordar para o solo natural e ordinariamente enxuto (art. 9º do Código de Águas – Decreto n. 24.643/34).

[247] GOMES, Orlando. *Direitos reais*. 19. ed. atualizada. Rio de Janeiro: Forense, 2007, p. 181.

[248] GOMES, Orlando. *Direitos reais*. 19. ed. atualizada. Rio de Janeiro: Forense, 2007, p. 181.

[249] GOMES, Orlando. *Direitos reais*. 19. ed. atualizada. Rio de Janeiro: Forense, 2007.

to real de superfície em favor do superficiário. A propriedade superficiária suspenderá, de forma temporária, a eficácia das regras da acessão. Neste caso, o titular da propriedade superficiária edificará ou plantará em solo alheio, mas permanecerá com a propriedade resolúvel destas construções e plantações.

Durante o período de vigência do direito real de superfície, não incidem as regras da acessão em relação às construções e plantações realizadas em solo alheio. Haverá duas propriedades, autônomas e simultâneas. A propriedade do solo e a propriedade das construções e plantações passam a conviver de forma harmônica. Extinta a propriedade superficiária, retornam as regras da acessão e o proprietário do solo adquire a propriedade das construções e plantações pelo instituto da acessão. O objeto da propriedade superficiária será justamente as acessões (os móveis – construções e plantações). Por isso, a suspensão é temporária e depende da constituição do referido direito real sobre coisa alheia (direito de superfície).

5.4.4.2.2. Não coincidência entre a titularidade do móvel (sementes e materiais) e a titularidade do imóvel (solo)

Como já ressaltado, a relevância das regras sobre a acessão artificial decorre da divergência entre a titularidade dos móveis que acederão ao solo e a titularidade do imóvel (solo), que receberá a acessão. Se houver coincidência entre estas titularidades, segue-se a regra geral de que o proprietário do solo é o proprietário dos materiais e das sementes que serão incorporadas, fisicamente, a ele.

No caso de divergência entre a titularidade dos móveis e do imóvel, haverá um confronto entre a propriedade mobiliária e a propriedade imobiliária. O Código Civil estabelece regras para unificar as propriedades nas mãos de uma única pessoa, porque o fundamento da acessão é a inconveniência de se formar um condomínio entre proprietários das coisas que se uniram materialmente.

Por isso, a resposta a duas perguntas resolverá esse conflito: Em caso de incorporação de móvel a imóvel, a quem pertencerá a propriedade do móvel? O proprietário privado da propriedade, mobiliária ou imobiliária, tem direito à indenização?

A resposta a tais indagações é objeto dos arts. 1.254 a 1.256 do CC, os quais distinguem várias hipóteses em que haverá o confronto entre o titular da propriedade mobiliária e o titular da propriedade imobiliária.

1ª hipótese: neste caso, o proprietário do solo semeia, planta ou edifica em seu terreno, mas utiliza bens móveis alheios (sementes, plantas ou materiais para construção).

De acordo com o art. 1.254 do CC, nesta situação, o proprietário do imóvel (terreno ou solo) adquire a propriedade dos móveis (sementes ou materiais), que se incorporaram no seu terreno. Portanto, a propriedade imobiliária prevalece e sacrifica a propriedade mobiliária. Atende-se aqui ao princípio geral de que a *superficies solo cedit*.

Por outro lado, para evitar o enriquecimento sem justa causa do titular da propriedade imobiliária, ficará este obrigado a indenizar o proprietário dos móveis, no valor correspondente às sementes, plantas ou materiais que utilizou. Se estiver de boa-fé, a indenização é restrita ao valor dos móveis. Todavia, se o titular da propriedade imobiliária estiver de má-fé, além do valor dos móveis, ficará obrigado a pagar ao dono dos móveis perdas e danos (art. 402 do CC). Para receber a indenização, o terceiro terá de comprovar a titularidade dos móveis, justamente em função da presunção relativa em favor do dono do solo estabelecida no art. 1.253 do CC. Se o terceiro não conseguir provar que é o dono dos móveis, presume-se que pertencem ao proprietário do solo e que a construção ou plantação foi realizada às custas dele.

O valor a ser indenizado é exatamente o dos materiais e sementes quando foram incorporados ao terreno, no instante em que foram implantados ou empregados na construção. Segundo Loureiro[250], "não se indeniza, portanto, o valor da obra concluída, nem o da plantação em fase de colheita, mas apenas o que perdeu efetivamente o ex-dono dos materiais e sementes, sem incluir a mais valia que acrescentaram ao dono do solo".

Por óbvio, se as sementes ou materiais ainda não foram incorporados ao solo, não se aplica o disposto no art. 1.254 do CC. Neste caso, o proprietário dos móveis, com fundamento no seu direito real de proprietário, art. 1.228 do CC, poderá reivindicar os móveis de sua propriedade. Da mesma forma, as pertenças (art. 93 do CC), como mantém a sua autonomia jurídica, também podem ser reivindicadas pelo proprietário.

2ª hipótese: neste caso, o proprietário das sementes, plantas ou materiais (dos móveis), semeia, planta ou edifica em terreno alheio (imóvel – solo). O proprietário do solo (imóvel) é surpreendido com a ação de terceiro em seu terreno.

Em coerência com o tratamento da propriedade imobiliária como bem principal em relação à propriedade mobiliária, o art. 1.255, *caput*, do CC, dispõe que o proprietário dos móveis os perde para o proprietário do imóvel. A situação é diversa da estabelecida no art. 1.254, também do CC. Na primeira hipótese, o proprietário do imóvel utiliza móveis alheios. No caso do art. 1.255, o proprietário do móvel os incorpora em imóvel alheio. Nesta segunda hipótese, a iniciativa é do proprietário do móvel (semente, planta ou material). A semelhança é que, nas duas hipóteses, a propriedade imobiliária prevalece e sacrifica a propriedade mobiliária.

Se o proprietário dos móveis estiver de boa-fé ao plantar, semear ou edificar em terreno alheio, embora seja sancionado com a perda da propriedade mobiliária, terá direito a indenização. O objetivo desta indenização, mais uma vez, é evitar o enriquecimento sem justa causa do proprietário do solo, que foi beneficiado pela incorporação das acessões em seu terreno.

---

[250] LOUREIRO, Francisco Eduardo. Arts. 1.196 a 1.510-E – Coisas. In: PELUSO, Cezar (coord.). *Código civil comentado*. 2. ed. Barueri: Manole, 2008, p. 1.202.

Em relação ao proprietário dos móveis que agiu de boa-fé, se discute a possibilidade de ele invocar o direito de retenção, em analogia às regras das benfeitorias realizadas pelo possuidor de boa-fé. A doutrina vem admitindo tal possibilidade. O exercício do direito de retenção será o mesmo do possuidor de boa-fé em relação às benfeitorias, conforme analisado no art. 1.219 do CC. De acordo com Enunciado 81 da I Jornada de Direito Civil, promovida pelo CJF, o construtor ou plantador de boa-fé terá direito de retenção, para permanecer com a coisa até o recebimento do crédito: "O direito de retenção previsto no art. 1.219 do Código Civil, decorrente da realização de benfeitorias necessárias e úteis, também se aplica às acessões (construções e plantações), nas mesmas circunstâncias".

Quanto ao valor da indenização, aplica-se o disposto no art. 1.222 do CC, para que o proprietário dos móveis que age de boa-fé seja indenizado pelo valor atual, ou seja, indeniza-se o valor das acessões no estado em que se encontram no momento da devolução do prédio.

Leva-se em conta, portanto, o desgaste e a depreciação da acessão, assim como o decréscimo de sua utilidade, para aferir seu valor atual, pouco importando se o possuidor gastou mais ou menos para fazê-las.

O art. 1.255, *caput*, condiciona o pagamento da indenização à boa-fé do dono das sementes, plantas e materiais de construção que faz a semeadura, planta ou edifica em terreno alheio. Se o proprietário destes móveis estiver de má-fé, não há previsão de pagamento de indenização. Além de não ter direito à indenização, se estiver de má-fé, o proprietário dos móveis ainda poderá ser obrigado a pagar eventuais perdas e danos, e ainda ficar obrigado a repor o prédio ao estado anterior.

O mestre Caio Mário[251] adere a essa previsão legal, ao defender que: "(...) se estiver, todavia, de má-fé, será tratado diversamente: sem opção concedida ao proprietário, pode ser compelido a tudo repor no *status quo ante*, retirando a planta ou demolindo a edificação; ou deixar que permaneça, a benefício do proprietário e sem indenização, pois não seria razoável nem jurídico que o plantador ou construtor, procedendo de má-fé, fosse encontrar para esta uma proteção da ordem jurídica e obter indenização para o seu malfeito".

É compreensível a punição ao sujeito que age de má-fé. Todavia, em algumas situações, a perda da propriedade mobiliária das sementes, plantas e materiais poderá acarretar o enriquecimento sem justa causa do proprietário do imóvel. Em razão da má-fé do dono dos móveis, não poderia o dono do imóvel ser obrigado a pagar indenização por perdas e danos, mas seria justo o pagamento do valor das sementes, plantas e materiais, para evitar um enriquecimento injusto, em analogia ao art. 1.220 do CC, cujo dispositivo, com fundamento no mesmo princípio geral (evitar o enriquecimento sem justa causa), garante ao possuidor de má-fé o direito de ser ressarcido e indenizado pelo valor das benfeitorias necessárias. A ausência de qualquer indenização, no caso das benfeitorias necessárias e na acessão, consagraria o enriquecimento sem justa causa do proprietário do imóvel.

O prestígio ao proprietário do imóvel não pode levar ao seu enriquecimento injusto. Por isso, embora seja omisso o art. 1.255, *caput*, o dono das sementes, plantas e materiais deve ser indenizado pelo seu valor, ainda que de má-fé, desde que a plantação e a construção, de fato, tenham acarretado benefícios ao proprietário do imóvel.

E mais: o art. 1.254 do CC prestigia o proprietário do imóvel, mesmo que, agindo de má-fé, utilize sementes, plantas ou materiais de outrem para construir em seu terreno. A única consequência para a má-fé do dono do imóvel é que, além de pagar o valor dos móveis, ficará obrigado à indenização por perdas e danos. De qualquer forma, o dono do imóvel, mesmo de má-fé, adquire a propriedade dos móveis. De outro lado, não há previsão a qualquer espécie de indenização ao dono dos móveis que, de má-fé, planta, faz semeadura ou edifica em terreno alheio. Qual a razão jurídica para se tutelar o dono do imóvel que age de má-fé e se desprezar o dono do móvel que age de má-fé? A ausência de simetria e a referida distinção legal não tem qualquer justificativa. Por isso, como ressaltamos, para evitar o enriquecimento sem justa causa do proprietário do imóvel terá o dono dos móveis direito à indenização pelo valor *seco* das sementes, plantas ou materiais.

3ª hipótese: neste caso, o proprietário das sementes, plantas ou materiais (dos móveis) e o proprietário do solo (imóvel) estarão de má-fé. É o caso de má-fé recíproca.

Se a má-fé for recíproca, ambas se neutralizam e, como consequência, a propriedade mobiliária será sacrificada para prevalecer a propriedade imobiliária, mas este terá que indenizar o dono dos móveis (sementes, plantas ou construções), pelo seu respectivo valor.

É o que dispõe a regra do art. 1.256 do CC, segundo o qual, se ambas as partes procederem de má-fé, adquirirá o proprietário do imóvel as sementes, plantas e construções, mas terá que ressarcir o dono destes móveis do seu valor.

Como decorrência do princípio de que ninguém pode se aproveitar da própria torpeza, a propriedade da acessão é do dono do solo, mas deverá ressarcir ao dono do móvel as despesas com os materiais, as plantas e as sementes. No caso do art. 1.255, *caput*, do CC, o dono do solo está de boa-fé. Na situação prevista no art. 1.256 do mesmo diploma, tanto o dono do solo quanto o dono dos móveis estão de má-fé. A indenização se faz pelo valor atual das acessões, a fim de se evitar qualquer vantagem às partes que procederam de má-fé, na forma do art. 1.222 do CC.

A apuração da má-fé do proprietário do imóvel é realizada no âmbito da teoria da prova. No entanto, o parágrafo único do art. 1.256 do CC presume a má-fé do proprietário do imóvel, solo ou terreno, quando o trabalho de construção ou a lavoura se faz em sua presença e sem qualquer impugnação de sua parte. A omissão dolosa do proprietário do imóvel faz com que o ônus da prova seja invertido e, neste caso, cabe a ele provar que estava de boa-fé.

---

[251] PEREIRA, Caio Mário da Silva. *Instituições de direito civil. Direitos reais*. 26. ed. Rio de Janeiro: Forense, 2018. v. IV, p. 132.

Tal presunção, embora relativa, facilita a prova ou a demonstração, por parte do dono dos móveis, de que o beneficiado pela acessão tinha plena ciência de que estava sendo realizada uma construção ou plantação em seu terreno e em nenhum momento impugnou os atos de construção ou plantação. Nestes casos, em que o dono do terreno presencia, inerte, a construção ou lavoura, para gerar tal presunção, é dispensável a presença física do proprietário do solo no momento da construção ou plantação. Basta que tome ciência destes atos e permaneça inerte.

Em análise ao art. 1.256 do CC, ressaltam Rosenvald e Chaves[252] que: "(...) como consequência de sua desídia e omissão em relação à vigilância do que lhe pertence, deverá ser condenado a indenizar o possuidor de má-fé pelas acessões, consoante o exposto no parágrafo único do próprio dispositivo. Quer dizer, a má-fé bilateral será encarada nos efeitos como se fosse a boa-fé de quem realizou a acessão, eis que nada poderá o proprietário dele reclamar, por ter anuído ao seu comportamento, já que não impugnou judicialmente ou extrajudicialmente a realização das obras não obstante ciente delas e, eventualmente, presente no local dos fatos." (*Direitos reais*, p. 492)

Por fim, necessário registrar que, de acordo com o art. 1.257 do CC, aplica-se a regra do art. 1.256 (má-fé recíproca ou bilateral) caso as sementes, plantas ou materiais não pertençam a quem, de boa-fé, os empregou em solo alheio. Nesta situação, o sujeito, de boa-fé, planta ou edifica em solo alheio, com sementes, plantas ou materiais alheios. A propriedade mobiliária, da mesma forma, será sacrificada para fazer prevalecer a propriedade imobiliária. O proprietário do solo deverá indenizar o construtor/plantador pelo seu valor atual. O plantador/construtor que recebe a indenização do dono do solo, beneficiado pela acessão, deverá repassar o valor do material para o proprietário ou real e legítimo dono dos móveis.

Em princípio, caberá ao proprietário do solo indenizar o construtor/plantador, que utiliza sementes, plantas ou materiais de outrem. Todavia, a Lei Civil admite a responsabilidade subsidiária do dono do imóvel em relação ao proprietário dos móveis (sementes e materiais), mesmo que não haja entre eles relação jurídica de direito material.

Segundo o parágrafo único do art. 1.257 do CC, o proprietário das sementes, plantas ou materiais poderá cobrar do proprietário do solo a indenização devida, quando não puder havê-la do plantador ou construtor. Assim, o proprietário dos móveis poderá, em primeiro plano, responsabilizar o sujeito que fez uso de suas sementes, plantas ou materiais e, não sendo possível, de forma subsidiária, responsabilizará o proprietário do solo, que foi o real beneficiado pela incorporação da acessão em seu terreno. Entretanto, o proprietário do solo somente poderá ser responsabilizado subsidiariamente se ainda nada tiver pagado ao plantador/construtor que utilizou sementes ou materiais alheios. Se o construtor/plantador ainda não recebeu a indenização, poderá o proprietário solo pagar diretamente o proprietário dos materiais.

Se o construtor/plantador nada tiver direito a receber, por estar de má-fé, mesmo assim o proprietário dos móveis poderá ser indenizado pelo dono do terreno, salvo se também estiver de má-fé.

5.4.4.3. Acessão invertida e função social da posse

Como regra, o solo é considerado principal em relação aos acessórios ou acessões que nele se incorporam ou se aderem. Por esta razão, nos arts. 1.254 a 1.256 do CC, a propriedade mobiliária (das sementes, plantas e materiais) é sacrificada em detrimento da propriedade imobiliária (do solo), mesmo no caso de má-fé do proprietário do solo (imóvel), como se verifica nos arts. 1.254, *caput*, e 1.256, *caput*, ambos da legislação civil. Portanto, não há dúvida do prestígio da propriedade imobiliária na comparação e no confronto com a propriedade mobiliária. Trata-se do milenar princípio de que o acessório (móvel) segue o principal (imóvel) ou *superfícies solo cedit*. Como o solo é a coisa principal, tudo que incorpora à superfície, mesmo no caso de má-fé do proprietário do solo, passa a pertencer a ele, o que torna a acessão um modo de aquisição da propriedade imobiliária.

Todavia, com fundamento na função social da posse, que permite o confronto de uma posse social com o direito subjetivo de propriedade, desprovido de uma funcionalização, a Lei Civil, no parágrafo único do art. 1.255, inova ao romper com uma tradição que envolve a acessão, como modo de aquisição da propriedade imobiliária. Trata-se da *acessão invertida*.

Neste caso, a propriedade imobiliária será sacrificada em detrimento da propriedade mobiliária. O solo deixa de ser principal e passa a ser acessório. O dono dos móveis, que planta ou edifica em terreno alheio, adquirirá a propriedade do solo, mediante o pagamento de indenização ao proprietário, desde que dê ao solo uma função social, esteja de boa-fé e o valor da construção ou plantação exceda, consideravelmente, o valor do terreno. O fundamento da *acessão invertida* é o princípio da função social da posse, que sacrificará o direito subjetivo de propriedade do solo ou da coisa principal.

Nesse sentido, o parágrafo único do art. 1.255 do CC: "Se a construção ou a plantação exceder consideravelmente o valor do terreno, aquele que, de boa-fé, plantou ou edificou, adquirirá a propriedade do solo, mediante pagamento da indenização fixada judicialmente, se não houver acordo".

Para a caracterização da acessão invertida, é essencial a conjugação de 5 (cinco) requisitos:

1º requisito: construção ou plantação em solo alheio – função social da posse: o proprietário dos materiais e das sementes constrói ou planta no terreno de outrem e, ao fazê-lo, passa a exercer atos possessórios em relação ao imóvel, conferindo-lhe uma destinação social e econômica, justamente em função da plantação ou da construção. O terreno inutilizado passa a ostentar uma função social e econômica com a plantação, a construção e a prática de

---

[252] FARIAS, Cristiano Chaves de; ROSENVALD, Nelson. *Direito reais*. 7. ed. Rio de Janeiro: Lumen Juris, 2011, p. 492.

atos possessórios voltados para esta funcionalidade. O exercício efetivo de atos possessórios sobre o terreno, mediante a realização de plantação ou construção, torna essa ocupação uma posse socializada, afinada com os princípios e valores sociais constitucionais que a tutelam e definem o possuidor. No caso de propriedade urbana, para que a propriedade atenda a função social, deverá atender as exigências fundamentais de ordenação da cidade, expressas no plano diretor (§ 2º do art. 182 da CF/88), que é o instrumento básico da política de desenvolvimento e de expansão urbana, obrigatório para cidades com mais de vinte mil habitantes. No caso de propriedade rural, não basta a construção ou plantação. Para que os atos possessórios confiram à propriedade rural uma função social, o possuidor deverá aproveitar o solo de forma racional e adequada, utilizar os recursos naturais disponíveis, também de forma adequada, e preservar o meio ambiente, observar as relações de trabalho e realizar uma exploração que favoreça o bem-estar dos proprietários e dos trabalhadores (art. 186 da CF/88).

2º requisito: a construção ou plantação em solo alheio, com função social, deverá exceder, de forma considerável, o valor do terreno. Portanto, não basta que o valor da construção ou plantação seja superior ao valor do terreno. É essencial que o excesso seja considerável. Trata-se de um conceito jurídico indeterminado que deverá ser integrado no caso concreto, quando será possível aferir a diferença real entre o valor do terreno e o valor das construções e das plantas, sementes e da plantação como um todo. Neste ponto, estamos de acordo com Loureiro[253], segundo o qual "deve-se levar em conta, dentro do parâmetro econômico primário fixado pelo legislador, a natureza da utilização do imóvel, a relevância dos investimentos e a função social que o construtor/plantador deu ao prédio". É possível a realização de prova pericial para apurar a desproporção entre o valor da construção e do terreno.

No REsp 945.055/DF, relatado pelo Ministro Herman Benjamin, fez-se referência ao instituto da acessão invertida, apenas e tão somente, para considerar que o parágrafo único do art. 1.255 do CC não pode ser invocado quando o terreno, solo ou a propriedade imobiliária pertencer ao Poder Público.

3º requisito: a construção ou plantação em solo alheio deve ser de boa-fé. Apenas aquele que planta, semeia ou edifica em terreno alheio, de boa-fé, poderá invocar o instituto da *acessão invertida* para se tornar proprietário do solo. A má-fé neutraliza esta possibilidade. Nada impede que o próprio proprietário do terreno venha a postular a aquisição compulsória por parte do construtor e plantador, quando não dispuser de recursos para a indenização, se aquele estiver de boa-fé (art. 1.255, *caput*, do CC).

4º requisito: a realização efetiva de construção ou plantação, afinada e alinhavada com a função social destas construções, e plantações exigidas pela Lei Civil e Constituição Federal.

5º requisito: pagamento de indenização ao proprietário do terreno, cujo valor, a princípio, poderá resultar de acordo entre as partes. Se não houver acordo ou consenso, a indenização será fixada judicialmente. Como bem pontuou Loureiro[254]: "(...) o direito potestativo do construtor/plantador pode ser agitado em ação própria ou como exceção em demanda reivindicatória ou possessória. Contra o pagamento do valor fixado judicialmente, será o imóvel transferido ao construtor/plantador, servindo a sentença como título derivado para o registro imobiliário. Cuida-se de mais uma modalidade de alienação compulsória do proprietário que deixou de dar função social à propriedade, ao possuidor que a deu, tal como previsto no art. 1.228, § 4º, do Código Civil, de 2002".

Em resumo, o parágrafo único do art. 1.255 do CC, prevê a possibilidade de o solo deixar de ser principal para ser acessório, se a construção ou a plantação realizada em solo alheio exceder consideravelmente o valor do terreno. Aquele que, de boa-fé, plantou ou edificou, adquirirá a propriedade do solo, mediante pagamento da indenização fixada judicialmente, se não houve acordo. Em primeiro plano, é deixado ao arbítrio dos próprios interessados o pagamento da indenização. Se não houver acordo, compete ao juiz arbitrá-la. A indenização tem por objetivo evitar o enriquecimento sem justa causa ou sem justo motivo. Tal disposição guarda consonância com o princípio da função social da posse.

5.4.4.4. Regras sobre invasão de pequena área ou invasão de extensa área ou desapropriação no interesse privado

O Código Civil de 2002, em substancial inovação, também com fundamento no princípio da função social da posse, disciplina dois novos institutos nos arts. 1.258 e 1.259, que tratam, respectivamente, de *invasão de pequena área* e *invasão de extensa área* ou desapropriação no interesse privado. Tais regras são restritas a acessões que implicam construções, não se aplicando às plantações.

As situações fáticas descritas nos referidos arts. 1.258 e 1.259 são diferentes daquelas previstas nos arts. 1.254 a 1.256 do CC. Nestes dispositivos, o proprietário do solo faz semeadura, planta ou edifica em seu próprio terreno com sementes e materiais alheios, ou o dono das sementes e dos materiais planta ou edifica em terreno alheio.

Nas hipóteses descritas nos arts. 1.258 e 1.259, o sujeito, com materiais próprios, edifica no próprio terreno (imóvel). Portanto, não há divergência entre a titularidade da propriedade imobiliária ou mobiliária, como ocorre nos arts. 1.254 a 1.256 do CC. Nos casos dos arts. 1.258 e 1.259, há absoluta coincidência entre a propriedade mobi-

---

[253] LOUREIRO, Francisco Eduardo. Arts. 1.196 a 1.510-E – Coisas. In: PELUSO, Cezar (coord.). *Código civil comentado*. 2. ed. Barueri: Manole, 2008, p. 1.204.

[254] LOUREIRO, Francisco Eduardo. Arts. 1.196 a 1.510-E – Coisas. In: PELUSO, Cezar (coord.). *Código civil comentado*. 2. ed. Barueri: Manole, 2008, p. 1.205.

Capítulo 5 • Direitos Reais

liária e a propriedade imobiliária. O dono dos móveis (materiais de construção) e o dono do imóvel (solo ou terreno) são a mesma pessoa.

No entanto, o dono do imóvel, que constrói em terreno próprio e utiliza materiais próprios, invade solo alheio. A construção, feita parcialmente em solo próprio, com materiais próprios, acaba por invadir solo alheio.

A depender da extensão da invasão em solo alheio, o *invasor* se sujeita às disposições do art. 1.258 (*pequena invasão*) ou 1.259 (*extensa invasão*) do CC. A invasão em solo alheio em proporção não superior à vigésima parte deste ou o equivalente a 5% (cinco por cento) é disciplinada pelo art. 1.258 do CC. A invasão em solo alheio, em qualquer proporção superior à vigésima parte ou mais que 5% (cinco por cento), é regulada pelo art. 1.259 do CC.

5.4.4.4.1. Invasão parcial de pequena área (art. 1.258 do CC)

Se a construção, feita parcialmente em solo próprio, invade solo alheio em proporção não superior à vigésima parte deste, adquire o construtor de boa-fé a propriedade da parte do solo invadido, se o valor da construção exceder ao dessa parte.

Portanto, para aquisição da propriedade imobiliária em decorrência desta invasão, excepciona-se a regra de que o principal (solo) incorpora o acessório (materiais de construção utilizados na edificação). Nesta situação, o proprietário do solo invadido perde para o proprietário das construções, ou da construção, a área invadida. Assim, estabelece o parágrafo único do art. 1.255 do CC mais uma exceção ao princípio *superfícies solo cedit*.

A aquisição da propriedade depende de alguns requisitos: (a) a invasão no solo alheio não pode ser superior a 5% (cinco por cento) ou à vigésima parte deste. Além disso, a invasão deve ser parcial, ou seja, a construção é iniciada em solo próprio e avança ou se estende para o solo alheio. A construção deve estar parcialmente em solo próprio e parte em solo alheio; (b) o construtor que invade solo alheio deve estar de boa-fé; (c) o valor da construção deve ser superior, ou exceder, o da parte invadida. Aqui, há duas observações: em primeiro lugar, ao contrário da acessão invertida, o excesso não precisa ser considerável. Basta que o valor da construção seja superior ao da parte invadida. Ademais, o parâmetro para considerar o excesso é o valor de toda a construção, tanto a realizada em solo próprio quanto a realizada em solo alheio, e o valor apenas da área invadida. Portanto, se o sujeito desembolsa 100 (cem) mil reais para realizar uma construção, considerando a parte realizada em solo próprio e aquela que invadiu solo alheio, em proporção não superior a 5% (cinco), adquirirá a propriedade da parte invadida se apenas essa fração não for superior a 100 (cem) mil reais. É desprezado o valor da área remanescente do solo alheio para se considerar o *excesso*; e, finalmente, (c) o pagamento de uma indenização.

Com relação ao valor da indenização, se o construtor estiver de boa-fé, o *caput* do art. 1.258 do CC estabelece que aquela será igual ao valor da área invadida ou perdida (valor do solo, contemporâneo à época do pagamento) e a desvalorização da área remanescente. Em relação à desvalorização da área remanescente, correta a observação de Loureiro[255]: "para a desvalorização do remanescente, deve ser calculada a diminuição de seu potencial de utilização, levando em conta normas urbanísticas, gabaritos e coeficientes de aproveitamento".

Nas mesmas condições e preenchidos os mesmos requisitos de forma cumulativa, com exceção da boa-fé, poderá o construtor de má-fé, que invade parcialmente solo alheio, adquirir a propriedade da área invadida. No entanto, neste caso, além da alteração no valor da indenização, é essencial acrescentar outros dois elementos objetivos para que o construtor adquira a propriedade imobiliária de tal área.

Tal situação é prevista no parágrafo único do art. 1.258 do CC: "Pagando em décuplo as perdas e danos previstos neste artigo, o construtor de má-fé adquire a propriedade da parte do solo que invadiu, se em proporção à vigésima parte deste e o valor da construção exceder consideravelmente o dessa parte e não se puder demolir a porção invasora sem prejuízo para a construção".

Como condição para o construtor de má-fé adquirir a propriedade, a indenização prevista no *caput*, valor da área perdida mais a desvalorização da área remanescente, é multiplicada por dez. Portanto, são duas operações matemáticas sequenciadas: uma adição e uma multiplicação. Primeiro, deve ser somado o valor da área perdida com a desvalorização da área remanescente. Ademais, o resultado da primeira operação deve ser multiplicado por 10 (dez). Este é o valor da indenização a ser paga pelo construtor de má-fé.

Além disso, ao contrário da situação do construtor de boa-fé, no caso da má-fé, o excesso do valor da construção em relação ao valor da área invadida deve ser considerável. Não é qualquer excesso. É uma desproporção considerável ou significativa, a ser apurada no caso concreto.

Por fim, o construtor de má-fé só adquirirá a propriedade imobiliária do solo alheio, parcialmente invadido, se for impossível demolir a porção invasora sem prejuízo grave para toda a construção, pois, se for possível a demolição sem prejuízo grave para a construção, não haverá aquisição da propriedade imobiliária pela invasão parcial em solo alheio, sendo obrigatória a demolição, salvo acordo entre os interessados. Ainda que ocorra prejuízo, deve-se optar pela demolição, pois a lei impõe a gravidade do prejuízo, ou seja, aquele que não é razoável exigir, mesmo do construtor de má-fé.

Na IV Jornada de Direito Civil, promovida pelo Conselho de Justiça Federal, foi aprovado o Enunciado 318, segundo o qual "o direito à aquisição da propriedade do solo em favor do construtor de má-fé (art. 1.258, parágrafo único) somente é viável quando, além dos requisitos previstos em lei, houver necessidade de proteger terceiros de boa-fé".

---

[255] LOUREIRO, Francisco Eduardo. Arts. 1.196 a 1.510-E – Coisas. In: PELUSO, Cezar (coord.). *Código civil comentado*. 2. ed. Barueri: Manole, 2008, p. 1.210.

O Enunciado inova a legislação para adaptá-la ao preceito ético que norteia as relações privadas. Assim, para aquisição da propriedade do solo, não basta o construtor de má-fé preencher os requisitos exigidos pelo parágrafo único do art. 1.258 do CC. É essencial que tal aquisição tenha por finalidade proteger terceiros de boa-fé. É o caso da construtora que, de má-fé, invade parcialmente solo alheio. O proprietário do solo alheio invadido se mantém inerte. Os adquirentes das unidades imobiliárias estarão de boa-fé e, para tutelar a boa-fé destes terceiros e não apenas o mero interesse econômico imediato do construtor, se admite a aquisição da propriedade de parte do solo invadido, ainda que a construtora esteja de má-fé (os reais beneficiados são os sujeitos, terceiros adquirentes de boa-fé).

5.4.4.4.2. Invasão parcial de extensa área (art. 1.259 do CC)

Se o construtor estiver de boa-fé e a invasão do solo alheio exceder a vigésima parte deste, adquirirá a propriedade do solo invadido, mediante o pagamento de indenização.

Na hipótese do art. 1.259 do CC, a invasão parcial em solo alheio na propriedade contígua é superior a 5% (cinco por cento) ou à vigésima parte do solo alheio invadido. A fração, qualquer que seja a quantidade, superior à vigésima parte, submete o invasor construtor a este dispositivo legal.

Para aquisição da propriedade imobiliária de parte do solo invadido, deverá o construtor estar de boa-fé e o valor da construção ser superior ao da fração do terreno alheio invadido. Presentes estes requisitos, se tiver interesse na aquisição da propriedade imobiliária correspondente a parcela do solo invadido, terá que indenizar o dono da propriedade invadida.

A indenização, neste caso, é superior àquela prevista no art. 1.258, *caput*, do CC, que disciplina a invasão parcial do solo alheio em fração igual ou inferior à vigésima parte do solo invadido. De acordo com referido art. 1.258, o construtor de boa-fé pagará o valor da área invadida acrescida da desvalorização da remanescente. Na hipótese do art. 1.259 do CC, o construtor de boa-fé, como condição para adquirir a propriedade imobiliária de parte do solo invadido, terá que pagar o valor da área perdida, o valor da desvalorização da área remanescente e o valor que a invasão acrescer, beneficiar ou trouxer de vantagem para a construção, como um todo. Portanto, a indenização é maior do que a prevista na invasão de pequena área.

Na invasão parcial em solo alheio superior à vigésima parte da área invadida ou 5% (cinco por cento), se o construtor agir de má-fé, não terá direito à aquisição da propriedade imobiliária da área invadida. E mais. De acordo com a última parte do art. 1.259 do CC, será obrigado a demolir o que construiu no solo alheio e a pagar as perdas e danos ou prejuízos apurados, que causou ao dono da área invadida, as quais serão devidas em dobro.

Em relação à previsão de indenização em dobro, é pertinente a crítica de Loureiro[256]: "Há uma nítida incongruência na lei: aquele que constrói de má-fé na totalidade do imóvel vizinho paga perdas e danos simples, mas o que o faz parcialmente paga em dobro. É, porém, a solução adotada de modo explícito pelo legislador, talvez imaginando que a invasão parcial dificilmente permitirá ao dono do solo aproveitar a acessão ligada funcionalmente ao imóvel do invasor".

Assim, se a construção que se inicia no terreno próprio do construtor de má-fé e avança na propriedade alheia em proporção superior à vigésima parte desta, além da demolição, suportará uma pena privada, o pagamento dobrado da indenização. Por outro lado, se o construtor estiver de boa-fé, adquire a propriedade imobiliária da parte do solo invadido pela acessão das construções realizadas, o que lhe viabiliza o pedido de adjudicação, com indenização, ao proprietário, do valor da área respectiva, mais o valor que a invasão acrescer à sua construção e, ainda, o valor correspondente à desvalorização do terreno remanescente.

5.5. MODOS DE AQUISIÇÃO DA PROPRIEDADE MÓVEL

5.5.1. Introdução

O Código Civil, nos arts. 1.260 a 1.274, dispõe sobre as formas e modos originários e derivados de aquisição da propriedade mobiliária. A usucapião, a ocupação, o achado do tesouro, a tradição, a especificação, a confusão, a comissão e a adjunção foram os modos eleitos pelo legislador para receberem disciplina jurídica específica. A propriedade mobiliária é definida nos arts. 82 a 84 da Lei Civil. Tais bens móveis podem ser adquiridos de modo originário, quando não há transmissão ou transferência – inexiste relação jurídica entre o proprietário anterior e o proprietário atual; e, ainda, pelo meio derivado, quando há transmissão de titularidade, ou relação jurídica entre o proprietário anterior e o atual, materializada em atos e negócios jurídicos, como é o exemplo clássico da tradição.

A propriedade mobiliária, ao longo do tempo, ganhou destaque em razão da valorização dos bens móveis, do regime jurídico flexível, da sua natureza e, em especial, por estar integrado como um dos principais objetos das relações jurídicas de consumo (Lei n. 8.078/90 – Código de Defesa do Consumidor).

5.5.2. Ocupação

A ocupação constitui o principal modo originário de aquisição da propriedade mobiliária. A ocupação se viabiliza pelo apoderamento de coisa sem dono.

De acordo com o disposto no art. 1.263 do CC, "quem se assenhorear de coisa sem dono para logo lhe adquire a propriedade, não sendo essa ocupação defesa por lei".

---

[256] LOUREIRO, Francisco Eduardo. Arts. 1.196 a 1.510-E – Coisas. In: PELUSO, Cezar (coord.). *Código civil comentado*. 2. ed. Barueri: Manole, 2008, p. 1.211.

O objeto da ocupação é coisa sem dono (*res nullius*), que nunca pertenceram a ninguém (nunca se exerceu propriedade sobre a coisa) ou, coisa abandonada (*res derelicta*). A última parte do dispositivo veda a ocupação, quando proibida por lei, a exemplo do que ocorre com animais silvestres que, embora não pertençam a ninguém, são protegidos por norma ambiental, de natureza constitucional (art. 225 da CF/88) e infraconstitucional.

A coisa abandonada não pode ser confundida com a coisa perdida. A coisa perdida é objeto de disciplina jurídica própria, nos arts. 1.233 a 1.237 do CC, denominada, pela lei, como "descoberta". Na perda da coisa, o titular não tem a vontade e o desejo de se desfazer dela, como ocorre no abandono. Na perda, há privação momentânea dos poderes inerentes ao domínio.

No abandono, o dono não tem mais *animus* em relação à propriedade da coisa. Deve verificar o fator psíquico, com a intenção de abandoná-la. Como ressalta Caio Mário[257], em relação à *res derelicta*, para fins de abandono, se dispensa declaração expressa do dono: "Não se requer, na caracterização do abandono, uma declaração expressa do dono. Basta que o propósito se infira inequívoco do seu comportamento em relação à coisa, como as que são deixadas em locais públicos, em terrenos baldios, e mesmo em lugares policiados ou fechados. É o abandono tácito que alguns denominam abandono presumido". Assim, abandono e perda são situações jurídicas diferentes. A ocupação só pode se efetivar sobre coisas abandonadas (ou que nunca foram de ninguém), jamais sobre coisas meramente perdidas (art. 1.233 do CC).

Embora o Código Civil não faça mais referência aos animais bravios, aos enxames de abelhas, pedras, conchas e outras substâncias, não há dúvida de que, se não tiverem dono, poderão ser objeto de ocupação. Os animais podem ser apropriados pela caça ou pela pesca. O direito de caçar e de pescar, na atualidade, se submete e diversas normas restritivas, de caráter administrativo e ambiental. Por isso, além do consentimento do dono da área da caça ou da pesca, o caçador ou pescador deve observar a legislação vigente e os regulamentos administrativos.

Em relação às coisas inanimadas, como as substâncias minerais, vegetais ou animais arrojadas às praias pelo mar, assim, as pedras e conchas, a ocupação realiza-se por simples apreensão, sem qualquer dificuldade, exigindo-se, apenas, que não apresentem sinal de domínio anterior.

Para que se consume a aquisição da propriedade mobiliária pela ocupação, são necessários, de acordo com Gomes[258], a conjugação de três requisitos: "que quem apreenda a coisa tenha o ânimo de lhe adquirir a propriedade; que o objeto da apreensão seja *res nullius* ou *res derelicta*; que o ato de apreensão seja reconhecido como forma adequada de aquisição da propriedade da coisa, isto é, que a ocupação não seja defesa por lei".

Em resumo, é modo originário de aquisição da propriedade móvel, de coisa sem dono, seja porque nunca foi apropriada (*res nullius*), seja porque foi abandonada (*res derelictae*). Não há *ocupação* de coisa perdida (art. 1.263 – Quem se assenhorar de coisa sem dono para logo lhe adquire a propriedade, não sendo essa ocupação defesa por lei).

5.5.3. Achado de tesouro

Em pleno século XXI, a legislação brasileira ainda disciplina o "achado do tesouro" como modo de aquisição da propriedade mobiliária de uma parcela do tesouro achado.

Em primeiro lugar, para incidência da norma legal, é fundamental qualificar a coisa como tesouro. Tal missão coube ao art. 1.264 do CC. O tesouro nada mais é do que o depósito antigo e oculto de coisa móvel preciosa, de cujo dono não haja memória. O dono não pode ser conhecido. Se houver a possibilidade de se determinar a propriedade da coisa preciosa, ainda que antiga e oculta, pertencerá ao proprietário legítimo e não ao sujeito que a encontrou. A propriedade da coisa antiga, preciosa e oculta não pode ser justificada por nenhum título ou outro meio de prova.

Essa é a qualificação ou os requisitos para que a coisa seja qualificada como tesouro.

Noutra vertente, para que haja aquisição da propriedade mobiliária de parte do tesouro achado, são necessários outros requisitos.

Em primeiro lugar, de acordo com a última parte do art. 1.264 do CC, o achado ou a localização do tesouro (coisa preciosa, oculta, antiga e que não haja memória do dono) deve ser casual. A casualidade é requisito fundamental para que o descobridor tenha direito a uma parcela do tesouro. Por isso, se o tesouro for encontrado em decorrência de pesquisas ordenadas pelo dono do imóvel onde ele se encontra ou por terceiros que não estejam autorizados pelo proprietário do imóvel onde o tesouro está, pertencerá por inteiro ao proprietário e, neste caso, não se cogita em aquisição da propriedade mobiliária (art. 1.265 do CC).

Por outro lado, ainda que o encontro seja casual, por razões óbvias, se for achado pelo proprietário do imóvel ("prédio", na denominação utilizada pela lei), pertencerá, integralmente, ao proprietário deste bem. Neste caso, aplica-se a regra de que o acessório, tesouro, pertence ao dono do principal, dono do imóvel que o achou, ainda que casualmente. Nesta situação, o tesouro encontrado pertencerá, integralmente, ao dono da propriedade imobiliária (art. 1.265, primeira parte, do CC).

Desta forma, se o descobridor, de forma absolutamente casual (art. 1.264 do CC), encontrar tesouro em propriedade alheia (art. 1.265 do CC), o tesouro achado será dividido de forma igual, meio a meio, entre o proprietário do prédio e aquela que o achou de forma casual.

Nesse sentido é o art. 1.264 do CC: "O depósito antigo de coisas preciosas, oculto e de cujo dono não haja memória, será dividido por igual entre o proprietário do prédio e o que achar o tesouro casualmente".

---

[257] PEREIRA, Caio Mário da Silva. *Instituições de direito civil. Direitos reais*. 26. ed. Rio de Janeiro: Forense, 2018. v. IV, p. 160.

[258] GOMES, Orlando. *Direitos reais*. 19. ed. atualizada. Rio de Janeiro: Forense, 2007, p. 200.

De acordo com Marco Aurélio Bezerra de Melo[259], "o achado casual de um tesouro em terreno alheio gera a obrigação de entregar a metade ao dono do imóvel em que se achou. Se o inventor não entregar cometerá o crime de apropriação de tesouro, cujo tipo encontra-se descrito no art. 169, parágrafo único, I, do CP".

O Código Penal, no art. 169, parágrafo único, inciso I, disciplina o crime de apropriação de tesouro. Incorre na pena do tipo penal quem acha tesouro em prédio alheio e se apropria, no todo ou em parte, da cota a que tem direito o proprietário do prédio. Trata-se de crime contra o patrimônio, que tem por objetivo tutelar o interesse econômico do proprietário do imóvel, a quem cabe metade do direito encontrado em sua propriedade. A apropriação da metade do tesouro encontrado, que pertence ao dono do imóvel (art. 1.264 do CC), caracteriza este crime especial de apropriação indébita.

Não há dúvida de que a principal questão que envolve o achado do tesouro é determinar a quem ele pertence. O tesouro achado pelo proprietário em seu terreno, de forma casual ou intencional, lhe pertence com exclusividade (art. 1.265 do CC). Se o tesouro for encontrado por pessoa nomeada pelo proprietário para esta finalidade, igualmente caberá o tesouro ao proprietário, integralmente. Se o sujeito que não é proprietário do imóvel realiza buscas intencionais, ainda que encontre o tesouro, este pertencerá integralmente ao dono. Agora, se este sujeito, que não é proprietário do imóvel, encontra o tesouro casualmente, o tesouro será dividido em partes iguais e terá direito a metade do tesouro encontrado.

Por fim, de acordo com o art. 1.266 do CC, se o tesouro for achado em terreno aforado, objeto de enfiteuse, será dividido, por igual, entre o descobridor e o enfiteuta, desde que, na mesma lógica anterior, o encontro seja casual. Se o descobridor for o próprio enfiteuta, caberá a ele a integralidade do tesouro encontrado.

A enfiteuse não é mais objeto de disciplina no atual Código Civil, mas foram mantidas as enfiteuses até então existentes, de acordo com a regra de transição, prevista no art. 2.038 do CC, que subordina as enfiteuses anteriormente constituídas ao regime jurídico do Código Civil de 1916.

Em resumo, são pressupostos para o achado de tesouro: depósito realizado por obra humana, enterrado ou oculto e desconhecimento do proprietário (art. 1.264 do CC). Há quem pertence o tesouro? 1 – pertencerá por inteiro ao proprietário, se for achado por ele ou em pesquisa que ordenou ou terceiro não autorizado (art. 1.265 do CC – critério do acessório e principal); 2 – caso encontrado casualmente por quem não é o proprietário, o descobridor casual terá direito a metade (art. 1.264, segunda parte); 3 – descobridor que penetra no prédio alheio com o propósito de encontrar o tesouro, sem autorização, não tem direito a nada.

5.5.4. Tradição

A tradição é o principal modo de aquisição da propriedade mobiliária. Tal fato pode ser visualizado pela redação do art. 1.226 do CC, inserido nas disposições gerais sobre os direitos reais.

Segundo o referido dispositivo, os direitos reais sobre coisas móveis, quando constituídos ou transmitidos por ato entre vivos, só se adquirem com a tradição. De acordo com o ordenamento jurídico brasileiro, o negócio jurídico que gera os direitos obrigacionais, ou que é a fonte destes, não é suficiente para a transferência do direito real de propriedade. Em relação aos bens móveis, a transferência da propriedade só ocorre com ato posterior ao negócio, a tradição (modo de aquisição).

Enquanto não houver a tradição do móvel, não há transferência da propriedade e a coisa continua a pertencer ao devedor obrigado a fazer a entrega, que assume todos os riscos relacionados ao perecimento e à deterioração da coisa.

Em complemento ao art. 1.226 da Lei Civil, o art. 1.267 do mesmo diploma, no seu *caput*, destaca que a propriedade das coisas não se transfere pelos negócios jurídicos antes da tradição. O negócio jurídico é apenas o título, fato gerador da obrigação (entre estas obrigações, está a de fazer e a tradição). O direito real de propriedade mobiliária só se transfere e se adquire com a tradição, que integra a fase de adimplemento da obrigação, que é a sua causa de justificação.

Como ressalva Caio Mário[260]: "Na reconstituição jurídica do fenômeno a tradição vai prender-se originariamente à entrega efetiva da coisa, à sua passagem de mão a mão" (*Instituições de direito civil*, Direitos reais, p. 170). E ressalta que "é um ato de entrega da coisa ao adquirente, transformando a declaração translatícia de vontade em direito real".

Trata-se de modo derivado de aquisição da propriedade mobiliária, justamente porque envolve um ato de transmissão, do antigo titular para o atual.

A tradição pode ser real, quando há efetiva entrega da coisa ou entrega material da coisa; simbólica, que consiste na entrega de alguma coisa que a simbolize ou que represente a entrega do bem (a entrega das chaves de um veículo, por exemplo); e, ainda, a tradição consensual. Segundo Marco Aurélio Bezerra de Melo[261], a tradição consensual consiste na "situação em que no mundo dos fatos nada se modifica, mas uma cláusula é o suficiente para transferir a propriedade".

Para que a tradição se viabilize, é essencial que o *tradens* tenha qualidade para transmitir ao *accipiens* a coisa, ou seja, deve ser o titular da coisa. O *tradens* deve ser capaz e ostentar a titularidade sobre a coisa. Além disso, por decorrer de um negócio jurídico, se exige acordo de vonta-

---

[259] MELO, Marco Aurélio Bezerra de. *Direito das coisas*. 5. ed. Rio de Janeiro: Lumen Juris, 2011, p. 107.

[260] PEREIRA, Caio Mário da Silva. *Instituições de direito civil. Direitos reais*. 26. ed. Rio de Janeiro: Forense, 2018. v. IV, p. 170.

[261] MELO, Marco Aurélio Bezerra de. *Direito das coisas*. 5. ed. Rio de Janeiro: Lumen Juris, 2011, p. 109.

des, pois a entrega da coisa ao *accipiens* deve ser a título de transferência. Finalmente, é essencial a efetiva transferência da posse da coisa objeto do negócio. Como diz Caio Mário[262] "a tradição há de envolver a imissão do *accipiens* na posse da *res tradita*, não sendo, contudo, vedado o constituto possessório".

Em relação à titularidade da coisa, o art. 1.268 da Lei Civil impõe que o *tradens* seja proprietário, sob pena de ineficácia da alienação. De acordo com o dispositivo, se for feita por quem não seja proprietário, a tradição não aliena a propriedade. Tal preceito tem origem no direito romano (*nemo plus iuris ad alium transferre potest quam ipse habet*), segundo o qual a venda a *non domino* é incapaz de transferir a propriedade, ainda que o adquirente desconheça o vício.

Todavia, o *caput* do referido artigo abre uma exceção para tutelar os interesses do adquirente de boa-fé. Tal hipótese ocorrerá quando a coisa for oferecida ao público, em leilão ou estabelecimento comercial, e sua transferência se operar em circunstâncias tais que, ao adquirente de boa-fé, como a qualquer pessoa, seja possível deduzir e acreditar que o alienante é o legítimo dono. Nesta hipótese, mais uma vez, há um conflito entre o direito de propriedade (do legítimo dono) e o interesse do sujeito que age de boa-fé. Na ponderação de interesses, o direito de propriedade foi sacrificado para fazer prevalecer a boa-fé do adquirente.

Para tanto, são essenciais dois requisitos: (a) a coisa é oferecida ao público (e não a sujeito específico) em leilão ou estabelecimento comercial; (b) boa-fé subjetiva e objetiva do adquirente. O adquirente ignora que a propriedade da coisa móvel não pertence ao alienante que faz a oferta pública (boa-fé subjetiva) e todas as circunstâncias, objetivas e concretas, levam o adquirente, e qualquer pessoa, a acreditar e confiar que o alienante é o legítimo dono (boa-fé objetiva). Nessa hipótese, a aquisição a *non domino* prevalecerá para tutelar a boa-fé do adquirente.

Em resumo, embora a tradição, como ato translatício de domínio, exija a titularidade do *tradens* para sua perfeita caracterização, é possível que se realize pelo não proprietário se a alienação for realizada em leilão ou estabelecimento comercial e o adquirente estiver de boa-fé.

O art. 1.268 do CC acaba por criar uma exceção ao disposto no art. 447, que trata da evicção em hasta pública. Segundo o art. 447 da Lei Civil, subsiste a garantia da evicção, ainda que a aquisição tenha se realizado em hasta pública. No caso de bens móveis, se a aquisição ocorreu em hasta pública, estarão preenchidos os dois requisitos exigidos pelo art. 1.268, *caput*, segunda parte, do CC. Neste caso, o adquirente manterá a propriedade mobiliária da coisa. Ao legítimo proprietário caberá indenização contra o sujeito que estava na posse da coisa. O adquirente de bem móvel em hasta pública não será considerado evicto, mas sim legítimo proprietário. A regra especial da segunda parte do *caput* do art. 1.268 do CC afasta a regra geral de evicção em hasta pública.

O § 1º do art. 1.268 do CC também valida a transferência da propriedade em qualquer situação (ou seja, mesmo fora das hipóteses das ofertas públicas) se o adquirente, no momento da efetivação da transferência, estiver de boa-fé, subjetiva e objetiva, e o alienante, que não é o titular da coisa no momento da tradição, por ato posterior, adquire a propriedade e assume a sua titularidade. Neste caso, essa aquisição posterior da propriedade tem efeito retroativo e, por isso, considera-se realizada a transferência desde o momento em que ocorreu a tradição.

A aquisição superveniente da propriedade legitima a tradição efetivada anteriormente. A eficácia retroativa é expressa no art. 1.268, § 1º, do CC: "Se o adquirente estiver de boa-fé e o alienante adquirir depois a propriedade, considera-se realizada a transferência desde o momento em que ocorreu a tradição".

Nas palavras de Marco Aurélio Bezerra de Melo[263]: "(...) se o bem que não pertencia ao alienante foi adquirido posteriormente e o adquirente estava de boa-fé, convalidar-se-á a transferência, retroagindo todos os efeitos do ato à data da tradição. A aquisição a *non domino* demonstra que a venda de um bem a outrem é válida, dependendo apenas da eficacização do direito que se dará com a aquisição superveniente".

Assim, em duas hipóteses diferentes serão tutelados os interesses do terceiro de boa-fé em detrimento do legítimo proprietário. A primeira hipótese é a prevista na segunda parte do *caput* do art. 1.268 do CC, que disciplina a venda de coisas ao público, em leilão ou estabelecimento comercial, desde que o adquirente esteja de boa-fé. E a segunda hipótese está disciplinada no § 1º do mencionado art. 1.268, quando o alienante não é proprietário no momento da tradição, mas adquire a propriedade posteriormente, os efeitos da aquisição superveniente retroagirão à data da tradição quando ainda não era proprietário, desde que também, neste caso, o adquirente esteja de boa-fé.

O § 2º do art. 1.268 do CC destaca que a tradição, fundada em título ou negócio jurídico nulo, não transfere a propriedade. O negócio jurídico pode ostentar vício capaz de violar o interesse público, como nas hipóteses previstas nos arts. 166 e 167 do CC. Entretanto, o § 2º do art. 1.268 deve ser interpretado em harmonia com outros dispositivos legais, uma vez que o art. 167 do CC, em seu § 2º, ressalva os interesses de terceiros de boa-fé, mesmo sendo a simulação causa de nulidade. Assim, ainda que o negócio jurídico seja nulo, em algumas hipóteses, serão preservados interesses de terceiros de boa-fé em detrimento do proprietário. Restará a ele ação de indenização (art. 182 do CC), em razão da impossibilidade de se retornar ao estado anterior.

Não há dúvida de que a justa causa é um dos requisitos para a efetividade e eficácia da tradição, como meio de aquisição da propriedade mobiliária. Se o título que fun-

---

[262] PEREIRA, Caio Mário da Silva. *Instituições de direito civil. Direitos reais*. 26. ed. Rio de Janeiro: Forense, 2018. v. IV, p. 170.

[263] MELO, Marco Aurélio Bezerra de. *Direito das coisas*. 5. ed. Rio de Janeiro: Lumen Juris, 2011, p. 180.

damenta a tradição contiver vício, tal, como regra, repercutirá na tradição. A tradição não tem eficácia saneadora dos vícios relacionados ao negócio jurídico que o legitima. Por isso, viciado o título ou o negócio jurídico que gera obrigações, tal vício contaminará a tradição, a qual será reputada ineficaz.

Entretanto, não é possível esquecer que os negócios nulos, em nosso ordenamento jurídico, excepcionalmente, produzem efeitos jurídicos, principalmente na esfera de terceiro de boa-fé. O exemplo mais emblemático é o § 2º do art. 167 do CC, que disciplina a simulação e a preservação dos efeitos jurídicos do negócio jurídico simulado em relação a terceiros de boa-fé. Por isso, a norma inscrita no § 2º do art. 1.268 do CC não ostenta caráter absoluto; pois, ao ser confrontada com outras normas, do mesmo sistema jurídico, pode ceder espaço a elas, a fim de ser tutelado o direito e interesse de terceiro de boa-fé.

O Código Civil não faz referências às hipóteses de anulação, mas apenas às causas de nulidade. Somente as hipóteses que implicam a nulidade do negócio jurídico podem contaminar a tradição subsequente.

A transferência da propriedade mobiliária somente se efetiva com a tradição, que pode ser real, simbólica ou ficta. Em relação a veículos, a consequência é a mesma. A transferência administrativa do veículo junto aos órgãos de trânsito, como o Detran, não é suficiente para transferir a propriedade mobiliária. É essencial que ocorra a tradição. Assim, se a tradição do veículo já se operou antes da transferência administrativa, a propriedade mobiliária foi com esta adquirida e não com o registro no Detran. Por isso, o STJ acabou por editar a Súmula 132, de acordo com a qual "a ausência de registro não implica a responsabilidade do antigo proprietário por dano resultante de acidente que envolva o veículo alienado". Isto porque é a tradição que transfere a propriedade mobiliária e não o registro no Detran, que apenas regulariza a transferência e gera efeitos meramente administrativos.

Por fim, o parágrafo único do art. 1.267 do CC menciona casos em que a tradição se opera, independentemente da entrega efetiva e material da coisa (real).

A tradição real pressupõe a entrega material da coisa. O referido parágrafo único disciplina situações e hipóteses em que ocorre a *tradição ficta*.

A primeira hipótese é a transmissão pelo constituto possessório. Nesta situação, o alienante continua em poder da coisa, como detentor, e transfere ao adquirente a sua posse, por contrato. Além de detentor, o alienante pode continuar na coisa como possuidor direto, a depender de uma negociação com o adquirente. Há uma inversão no título da posse. Não há alteração no mundo dos fatos, mas a ocupação ou a posse do alienante passe a estar fundada em título jurídico diverso.

Por exemplo, se o vendedor de um veículo transfere a posse ao adquirente por contrato, ainda que não tenha ocorrido a entrega efetiva e material do bem, estará consumada a tradição ficta. O alienante poderá continuar na posse da coisa por alguns dias, como mero detentor, ou ainda como possuidor, com base em nova relação jurídica firmada com o adquirente, como comodatário, por exemplo. Neste caso, não houve alteração fática, porque o alienante continua a exercer poder de fato sobre a coisa, mas há transferência da propriedade, por força de cláusula contratual. É a denominada cláusula *constituti*.

Como ressalta Tepedino:[264]"(...) a cláusula *constituti* contempla também o desdobramento da posse. Assim, o adquirente transfere a posse direta ao vendedor, permanecendo com a posse indireta. Por meio da cláusula *constituti*, o alienante não só transfere a posse ao adquirente (constituto possessório), mas torna-se possuidor direto, a título de locação, comodato, prazo para desocupação a título gratuito ou oneroso e assim por diante. A cláusula *constituti* possui previsões autônomas: uma de transferência da posse do alienante para o adquirente e outra de desdobramento da posse do adquirente para o alienante, sendo aquele possuidor indireto e este o direto".

O constituto possessório resulta, necessariamente, de cláusula contratual. Assim, não pode ser presumido.

O parágrafo único do art. 1.267 da Lei Civil, além do constituto possessório, também admite a tradição ficta quando o alienante cede ao adquirente o direito à restituição da coisa, que se encontra em poder de terceiro. Nesta hipótese, a coisa alienada está em poder de terceiro, a título de comodato, por exemplo. O alienante, como proprietário da coisa dada em comodato, terá o direito de requerer a sua restituição ao final do comodato. O alienante pode transferir para o adquirente o direito de requerer a restituição da coisa que se encontra em poder de terceiros. O adquirente, neste caso, se tornará o possuidor indireto da coisa. Não haverá transferência efetiva, material ou tradição real, mas mera tradição ficta. A regra é justificada pela impossibilidade de transferência real ou entrega material da coisa que está em poder de terceiro. Assim, como o alienante já havia transferido a posse direta da coisa para outrem ao tempo em que se formaliza o negócio jurídico com o adquirente, poderá o alienante transferir a propriedade para o adquirente, e o direito à restituição da coisa que está na posse de outrem (o adquirente se tornará possuidor indireto).

A última hipótese de tradição ficta ocorre quando o adquirente já se encontra na posse da coisa no momento do negócio jurídico. Assim, o adquirente que possuía o bem como comodatário, por exemplo, e por isso, já estava na posse da coisa, passa a possuí-lo como proprietário, em função da sua aquisição por meio de contrato de compra e venda. É a tradição *brevi manu*, por meio da qual o sujeito que possuía o bem móvel em nome alheio passa a possuí-lo como proprietário, sem que se verifique a tradição material da coisa. De acordo com Rosenvald e Chaves[265], "a expressão *brevi manu* indica exatamente a situação daquele

---

[264] TEPEDINO, Gustavo; BARBOZA, Heloisa Helena; MORAES, Maria Celina Bodin de. *Código civil interpretado conforme a Constituição da República*. Rio de Janeiro: Renovar, 2007. v. III, p. 563-564.

[265] FARIAS, Cristiano Chaves de; ROSENVALD, Nelson. *Direito reais*. 7. ed. Rio de Janeiro: Lumen Juris, 2011, p. 522.

que, sem esticar as mãos, já tem a coisa pretendida ao seu breve alcance".

5.5.5. Especificação

A especificação constitui modo originário de aquisição da propriedade mobiliária a partir da transformação de matéria-prima em espécie nova, que não se restitui ao estado anterior, por meio do trabalho do especificador.

O especificador será proprietário da espécie nova se não puder ser restituída à forma originária ou da matéria-prima de onde decorreu.

O melhor exemplo é a escultura, cuja matéria-prima é a madeira que, após ser talhada, se transforma em espécie nova, cuja propriedade é do especificador. Para a caracterização da especificação, a nova espécie não pode retornar ao estado primitivo, nos termos do que dispõe o art. 1.269 do CC.

De acordo com Caio Mário[266], "considera-se especificação a transformação definitiva da matéria-prima em espécie nova, mediante o trabalho ou indústria do especificador. Para que opere a aquisição da propriedade é mister a transformação se dê pela ação humana, e que não seja possível retornar à espécie anterior".

A espécie nova, a partir de uma ação humana, é da essência do instituto.

A especificação, como bem pontua Orlando Gomes[267], depende de dois requisitos: "Que a matéria-prima não pertença ao especificador e que seja transformada em espécie nova pelo trabalho do especificador".

O art. 1.269 do CC exige que o especificador trabalhe em matéria-prima alheia e a transforme em espécie substancialmente distinta, pelo seu trabalho.

Com relação à natureza jurídica, embora a Lei Civil a considere como modo de aquisição da propriedade mobiliária, de caráter originário, já foi defendido que constituiria modalidade de acessão. A opinião dominante é que a especificação não é espécie de acessão de móvel a imóvel, porque esta implica a junção ou incorporação de uma coisa a outra, o que não ocorre na especificação, por meio da qual apenas se transforma matéria-prima de outrem em espécie nova.

Em relação à propriedade da coisa nova ou espécie distinta da originária, se a matéria-prima pertence ao especificador, não há dúvida de que a nova espécie, produto do seu trabalho, realizado em coisa própria, a ele pertencerá.

Se a matéria-prima pertence, em parte, a outrem (uma parte do especificador e outra parte de outrem, que também é dono da coisa originária) e, se, após a especificação, não puder ser restituída à forma originária, a espécie ou coisa nova pertencerá, da mesma forma, ao especificador (art. 1.269 do CC). Será proprietário da coisa nova criada, mesmo que a matéria-prima pertença, em parte, a outrem,

e desde que não possa retornar ao estado originário. Neste caso, a Lei Civil dispensa a análise de qualquer elemento subjetivo. Para tanto, basta a utilização de parte de matéria-prima alheia e a impossibilidade de restituição da espécie nova criada ao estado anterior.

Caso a espécie nova possa ser restituída à forma anterior, não se aplica o art. 1.269 do CC e, neste caso, o dono da matéria-prima permanece com a propriedade da coisa. Não se caracteriza a especificação.

Por outro lado, se toda a matéria-prima for alheia e a espécie nova não puder ser restituída ao estado anterior, a propriedade da espécie nova somente será do especificador se estiver de boa-fé (art. 1.271, *caput*, do CC).

Assim, há duas situações distintas a serem consideradas. Na primeira, o especificador trabalha em matéria-prima parcialmente alheia e a espécie nova resultante do seu trabalho não pode ser restituída ao estado anterior. A propriedade da espécie nova será do especificador, independentemente do seu estado anímico ou elemento subjetivo (art. 1.269 do CC). Na segunda, se o especificador trabalha em matéria-prima totalmente alheia e a espécie nova resultante do seu trabalho não pode ser restituída ao estado anterior, para adquirir a propriedade, o especificador deverá estar de boa-fé (art. 1.271, *caput*, do CC). A propriedade da espécie nova, neste segundo caso, somente será do especificador, se estiver de boa-fé. Se estiver de má-fé, a espécie nova pertencerá ao dono da matéria-prima, conforme § 1º do art. 1.271 do CC. Segundo ressalta Tepedino[268]: "Comprovada a má-fé do especificador, ao revés, atribui-se a propriedade da espécie nova ao dono da matéria-prima, ainda que não restituível ao estado anterior".

Se for possível a redução ou o retorno da coisa ao estado originário, mesmo que o especificador esteja de boa-fé, a matéria-prima, neste caso, pertencerá ao dono.

O princípio que norteia a especificação é a valorização do trabalho humano em detrimento da propriedade da coisa ou do material.

Tal princípio é ressaltado e evidenciado no § 2º do art. 1.270 do CC, quando, em função do trabalho humano, a matéria-prima, que não ostentava valor econômico considerável, com a espécie nova, assume valor consideravelmente superior ao da anterior matéria-prima. De acordo com este dispositivo: "Em qualquer caso, inclusive o da pintura em relação à tela, da escultura, escritura e outro qualquer trabalho gráfico em relação à matéria-prima, a espécie nova será do especificador, se o seu valor exceder consideravelmente o da matéria-prima".

O trabalho, consistente na especificação, prevalecerá sobre a propriedade da coisa, independentemente da boa ou má-fé do especificador. Nesta última situação, prevista no § 2º do art. 1.270, do CC, é indiferente não só a boa ou má-fé do especificador, como a possibilidade de a espécie nova criada ser reduzida à forma anterior. O dispositivo considera irrelevante a possibilidade de a coisa ser restituí-

---

[266] PEREIRA, Caio Mário da Silva. *Instituições de direito civil. Direitos reais*. 26. ed. Rio de Janeiro: Forense, 2018. v. IV, p. 166-167.

[267] GOMES, Orlando. *Direitos reais*. 19. ed. atualizada. Rio de Janeiro: Forense, 2007, p. 204.

[268] TEPEDINO, Gustavo; BARBOZA, Heloisa Helena; MORAES, Maria Celina Bodin de. *Código civil interpretado conforme a Constituição da República*. Rio de Janeiro: Renovar, 2007. v. III, p. 568.

da à forma originária, porque o valor, consideravelmente superior da espécie nova em relação à matéria-prima, inviabiliza o retorno à condição originária, ainda que fisicamente possível. O trabalho humano passa a ser objeto de tutela privilegiada, em detrimento da matéria-prima e dos interesses do dono. Tepedino[269] é preciso em relação à finalidade da especificação neste caso: "A solução retrata a valorização que o ordenamento confere à obras criadas, ressaltando o valor social do trabalho, insculpido como fundamento da República (art. 1º, IV, CF/88)".

Em resumo, o especificador adquirirá a propriedade mobiliária da coisa nova quando trabalhar em parte de matéria-prima alheia que não possa ser restituída à forma anterior, independentemente do elemento subjetivo (boa-fé ou má-fé); quando trabalhar na totalidade de matéria-prima alheia que não possa ser restituída à forma anterior e, desde que esteja de boa-fé; e quando o valor da espécie nova exceder consideravelmente o valor da matéria-prima, independentemente de boa-fé ou má-fé, e da possibilidade ou não da espécie nova ser restituída à forma originária.

A aquisição da propriedade mobiliária, em todos os casos, com fundamento no princípio que veda o enriquecimento sem justa causa, se viabiliza mediante indenização, na forma do disposto no art. 1.271 do CC.

Segundo este dispositivo, os prejudicados, nas hipóteses dos arts. 1.269 e 1.270 da Lei Civil, serão ressarcidos pelos danos que sofreram. Assim, o dono da coisa, ou da matéria-prima utilizada pelo especificador, será indenizado quando o especificador adquirir a propriedade mobiliária e, por outro lado, se a espécie nova puder ser restituída ao estado originário ou à forma anterior, pertencerá ao dono da matéria-prima e, nesta situação, o especificador, pelo trabalho realizado, tem direito à indenização. Por exemplo, se a espécie nova, criada pelo especificador de boa-fé, que utilizou matéria-prima totalmente alheia (art. 1.271, *caput*, do CC), puder ser restituída ao estado anterior, a propriedade da coisa será do dono da matéria--prima. Salvo a hipótese prevista no § 2º do art. 1.271, a possibilidade de retornar a coisa à forma originária faz com que o dono da matéria-prima se torne o proprietário da coisa. Nesta situação, embora o especificador não adquira a propriedade da espécie nova, em razão da possibilidade de retornar à forma originária, foi prejudicado porque trabalhou, razão pela qual o art. 1.271 do CC lhe garante indenização.

A aquisição da propriedade mobiliária se viabiliza mediante indenização a ser paga pelo dono da matéria-prima ou pelo especificador que se tornar dono da espécie nova, salvo má-fé do especificador, na forma dos arts. 1.270, § 1º, e 1.271, segunda parte, ambos do Código Civil.

Portanto, o prejudicado pode ser especificador ou o dono de parte (art. 1.269, do CC) ou de toda (art. 1.271, *caput*) matéria-prima. E o prejudicado terá direito à indenização, exceto na hipótese do art. 1.270, que trata do trabalho em matéria-prima totalmente alheia, se o especificador estiver de má-fé (art. 1.271, última parte).

5.5.6. Confusão, comissão e adjunção

O art. 1.272 do CC tem por finalidade definir a propriedade mobiliária de coisas pertencentes a donos diversos, que forem confundidas, misturadas ou adjuntadas. A confusão, comissão e adjunção são modos originários de aquisição da propriedade mobiliária.

Em relação à *comissão*, o termo correto é comistão.

A *confusão* consiste na reunião de líquidos ou mistura de líquidos que pertencem a diversos donos.

A comistão, designada impropriamente pelo Código Civil como comissão, é a mistura de coisas sólidas ou secas que pertencem a diversos donos, sem que se possam separar e sem que produza coisa nova.

A *adjunção* constitui a justaposição de uma coisa sólida à outra, de tal modo que a separação é impossível sem que ocorra deterioração. Como ressalta Caio Mário[270], "a adjunção consiste na justaposição de uma a outra coisa, impossibilitando destacar-se a acessória da principal".

Em resumo, a comistão e a adjunção se referem à mistura de coisas sólidas e secas, e a confusão consiste na mistura de coisas em estado líquido e, em todas as hipóteses, os bens misturados pertencem a donos diversos.

Segundo dispõe o art. 1.272 do CC, as coisas confundidas, misturadas ou adjuntadas, pertencentes a donos diversos, sem o consentimento destes, continuarão a lhes pertencer, se for possível a separação sem deterioração. Essa é a regra geral. Assim, não haverá aquisição da propriedade mobiliária se for possível separar as coisas líquidas ou sólidas misturadas sem deterioração, uma vez que continuarão a pertencer aos proprietários originários (art. 1.272, *caput*, do CC).

Se a separação sem deterioração não for possível ou, mesmo sendo possível, se a separação só puder ocorrer com recursos excessivos, as coisas misturadas se tornam um todo indivisível. Desta forma, para que sejam consideradas como coisas confundidas, misturadas ou adjuntadas, deve ser impossível ou inviável economicamente a separação.

Tais coisas, sólidas ou líquidas, misturadas, podem resultar em espécie nova e, neste caso, não se aplicam as regras da especificação e sim a disciplina dos arts. 1.272 e 1.273, ambos da Lei Civil, que tratam da confusão, comissão e adjunção. É o que dispõe o art. 1.274 do CC: "Se da união de matérias de natureza diversa se formar espécie nova, à confusão, comissão ou adjunção aplicam-se as normas dos arts. 1.272 e 1.273". O art. 617 do CC/1916, ao contrário do atual, previa que, se, da mistura, resultasse matérias de natureza diversa, formando espécie nova, a mistura era equiparada à especificação. Na atual legislação, ainda que se forme espécie nova, a mistura será disciplinada pelos próprios arts. 1.272 e 1.273.

---

[269] TEPEDINO, Gustavo; BARBOZA, Heloisa Helena; MORAES, Maria Celina Bodin de. *Código civil interpretado conforme a Constituição da República*. Rio de Janeiro: Renovar, 2007. v. III, p. 569.

[270] PEREIRA, Caio Mário da Silva. *Instituições de direito civil. Direitos reais*. 26. ed. Rio de Janeiro: Forense, 2018. v. IV, p. 168.

Ao se tornar o todo *indiviso*, caberá ao dono de cada uma das partes misturadas quinhão proporcional ao valor da coisa com que entrou para a mistura ou agregado (§ 1º do art. 1.272 do CC). Nesse caso, institui-se um condomínio forçado sobre o todo. Trata-se de condomínio instituído por força de lei em razão do estado de indivisão da coisa. Tal condomínio sobre coisa indivisa, decorrente de mistura de coisas líquidas ou sólidas, se submeterá ao disposto no art. 1.322 do CC. Neste caso, se não houver interesse na manutenção do condomínio, um dos condôminos poderá adjudicar a coisa e indenizar os demais. Se não houver acordo na adjudicação, a coisa será vendida e o valor apurado será repartido na proporção de cada um dos condôminos, sendo que haverá preferência dos condôminos em relação a estranhos e preferência entre os próprios condôminos, no caso de venda. O fato de ser instituído condomínio pela Lei não retira dos condôminos a prerrogativa do art. 1.322 do CC, que disciplina o condomínio sobre coisa indivisa e a solução de conflitos entre os condôminos.

Todavia, o § 2º do mesmo dispositivo (art. 1.272) pode afastar o condomínio para aplicar a regra de que o acessório segue o principal. Assim, quando uma das coisas puder ser considerada principal, o dono desta coisa principal será o dono do todo e, em consequência, terá de indenizar os outros.

Em resumo, se for impossível a separação das coisas líquidas ou sólidas misturadas, pertencentes a donos diversos, por impossibilidade física ou inviabilidade econômica, será formado um todo indivisível. A questão é: A quem caberá este todo *indiviso*?

O art. 1.272 e §§ 1º e 2º do CC admitem duas soluções: (a) será instituído um condomínio entre os titulares das partes integrantes do todo, na proporção dos seus quinhões, tendo como referência o valor da coisa com que entrou para a mistura ou agregado; (b) o todo será destinado a apenas uma pessoa, desde que uma das coisas que foi misturada possa ser considerada como bem principal e, neste caso, caberá ao dono do bem principal a propriedade do todo, mediante indenização aos demais. Nesta segunda hipótese, o princípio de que o acessório segue o principal afasta a instituição de condomínio sobre o todo.

Por fim, de acordo com o art. 1.273 do CC, se a confusão, comistão ou adjunção se operou de má-fé, à parte prejudicada caberá escolher entre adquirir a propriedade do todo, pagando o que não for seu, abatida a indenização que lhe for devida, ou renunciar ao que lhe pertence, em favor daquele que, de má-fé, procedeu à mistura, caso em que será indenizado.

Como anotam Rosenvald e Chaves[271]: "(...) se a confusão, comistão e adjunção foram consequência de uma conduta unilateral de má-fé, por parte de quem sabia que a coisa acedida pertencia à outra pessoa, a parte inocente terá o direito potestativo de adquirir a propriedade do todo constituído com a mistura ou justaposição – ressarcindo o valor da parte que não era sua, abatida a indenização que lhe é devida pelo ato ilícito –, se não preferir renunciar à coisa móvel, recebendo ressarcimento pelo ato de abdicar do que lhe pertencia, acrescido de perdas e danos".

Em síntese, no caso de má-fé do responsável pela mistura, a parte prejudicada tem a prerrogativa de adquirir a propriedade móvel do todo ou renunciar à sua parte e receber uma indenização.

5.5.7. Usucapião

Os arts. 1.260 a 1.262 do CC disciplinam a usucapião de bens móveis.

A usucapião já foi analisada como modo de aquisição da propriedade imobiliária. Os mesmos pressupostos e requisitos, como posse funcionalizada, capacidade e legitimidade, objeto a ser usucapido e posse *ad usucapionem* (posse mansa, pacífica, ininterrupta e com ânimo de dono), exigidos para aquisição da propriedade imobiliária, também devem estar presentes na propriedade mobiliária. Os pressupostos, o fundamento e a estrutura da usucapião imobiliária se assemelha a dos bens móveis.

Em relação aos modos de aquisição da propriedade mobiliária, há duas espécies de usucapião: extraordinária e ordinária.

O art. 1.260 do CC disciplina a usucapião ordinária de bens móveis e o art. 1.261 regula a usucapião extraordinária dos mesmos móveis.

Em relação à usucapião ordinária de bens móveis, para adquirir a propriedade, será essencial que alguém, de forma mansa, pacífica, ininterrupta e com ânimo de dono, possua coisa móvel como sua, durante 3 (três) anos, com justo título e boa-fé. As observações sobre justo título e boa-fé já realizadas também se aplicam à usucapião ordinária de bens móveis. Aliás, o Enunciado 86, da I Jornada de Direito Civil do CJF, ao definir justo título como aquele, em tese, hábil para transferir a propriedade, independentemente de registro, faz expressa referência ao art. 1.260 do CC. A falta de justo título e/ou de boa-fé pode levar à aquisição da propriedade mobiliária pela usucapião, se a posse se prolongar por cinco anos ininterruptos.

No que tange à usucapião extraordinária de bens móveis, a aquisição da propriedade dependerá apenas de posse mansa, pacífica, ininterrupta e com ânimo de dono, pelo prazo de 5 (cinco) anos. Neste caso, a propriedade da coisa móvel será adquirida independentemente de justo título e boa-fé.

Nas duas espécies de usucapião disciplinadas pelos arts. 1.260 e 1.261 do CC, incidem o disposto nos arts. 1.243 e 1.244 do mesmo diploma, que tratam, respectivamente, da soma de posses (*accessio possessionis*) e das causas suspensivas, impeditivas e interruptivas da prescrição extintiva. É o que dispõe o art. 1.262 do CC: "Aplica-se à usucapião das coisas móveis o disposto nos arts. 1.243 e 1.244".

Em relação à usucapião de bens móveis, questão que suscita debates é a possibilidade ou não de aquisição da propriedade de coisas móveis provenientes de crime contra o patrimônio (furto ou roubo), com fundamento na

---

[271] FARIAS, Cristiano Chaves de; ROSENVALD, Nelson. *Direito reais*. 7. ed. Rio de Janeiro: Lumen Juris, 2011, p. 515.

usucapião, em favor do próprio ladrão ou de terceiro de boa-fé que adquire o bem sem saber da origem ilícita.

No caso de terceiro de boa-fé, seria possível até cogitar da possibilidade da usucapião ordinária, após 3 (três) anos de posse mansa, pacífica, ininterrupta e com ânimo de dono. O justo título pode ser um contrato de compra e venda firmado com o vendedor, e o fato de estar de posse de um documento falso, onde atesta a propriedade do vendedor, mas que tem potencialidade para enganar e ludibriar.

No entanto, o STJ repudia a possibilidade de usucapião de veículo furtado ou roubado em favor de terceiro ou do próprio meliante, com fundamento de que o bem estaria em situação de clandestinidade e, por isso, a pessoa seria mera detentora. A detenção não tem efeito jurídico.

5.6. MODOS DE PERDA DA PROPRIEDADE

5.6.1. Introdução

O art. 1.275 do CC enumera, de forma exemplificativa, algumas causas que podem levar à perda da propriedade, móvel e imóvel. Além das hipóteses previstas no referido dispositivo, há outras causas, como a usucapião, a dissolução do casamento pelo divórcio a depender do regime de bens, a desapropriação judicial, a acessão (a propriedade mobiliária em regra é sacrificada, mas na acessão invertida, o sacrifício é da propriedade imobiliária), que implica incorporação de coisa em outra, dentre outras.

As causas de perda da propriedade arroladas no art. 1.275, podem ser comuns à propriedade imobiliária e mobiliária ou exclusiva da propriedade imobiliária, como é a renúncia.

A perda por alienação, renúncia e abandono são causas voluntárias, uma vez que o titular da propriedade deseja a consumação da perda. A desapropriação constitui causa involuntária, pois independe da vontade do titular. O perecimento pode estar associado a causa voluntária, quando o titular deseja destruir a coisa, ou involuntária, quando o perecimento decorre de outro fato diverso da vontade do titular.

1. **Perecimento da coisa:** a perda por perecimento decorre da extinção do objeto. O perecimento pode estar relacionado à destruição ou consumo. Em consequência do perecimento do objeto, perece o direito, que não pode subsistir sem o objeto. O perecimento está relacionado aos bens materiais e ocorre quando o objeto perde as qualidades essenciais do todo ou seu valor econômico. Nestas situações, de acordo com a precisa observação de Gomes[272]: "o perecimento resulta de fato involuntário, de um acontecimento natural, como o raio, o incêndio, o terremoto. Mas pode ser consequência de ato de vontade do próprio titular do direito como no caso de destruição". O art. 1.425, § 1º, do CC, estabelece a consequência para o caso de perecimento do objeto dado em garantia, sub-rogação do bem dado em garantia pela indenização do seguro.

    O perecimento da coisa pode ser voluntário, quando o próprio titular deseja destruí-la. Será involuntário quando a destruição ocorrer, por exemplo, por fatos naturais ou perda de todo o valor econômico.

    Se eventual dano ao objeto o tornar imprestável, haverá o perecimento. Portanto, o perecimento decorre de fato relacionado à extinção do objeto, independentemente da origem e da causa desta extinção.

2. **Alienação:** a propriedade se perde pela alienação (art. 1.275, I, do CC). Na alienação, o titular do direito subjetivo, que tem a prerrogativa de disposição jurídica (faculdades do proprietário – art. 1.228, *caput*, do CC), transfere o bem para outrem, de forma voluntária. Nesta situação, a perda decorre de fato relacionado ao próprio direito subjetivo de propriedade. O proprietário, por vontade própria, transfere os direitos para outrem. Para aquisição e consequente perda da propriedade pela alienação, não basta o negócio jurídico formalizado entre as partes. É essencial ato posterior ao negócio jurídico para consumação da perda. No caso dos bens móveis, esse ato é a tradição e, nos imóveis, a transcrição do registro imobiliário, modos já analisados.

    Aliás, o parágrafo único do art. 1.275 do CC faz referência à perda da propriedade imobiliária pela alienação e a condiciona ao registro do título translativo no Registro de Imóveis. Em relação à propriedade mobiliária, é suficiente a tradição (arts. 1.226 e 1.267, ambos do CC).

    Como destaca Tepedino[273]: "(...) a alienação se realiza a partir de dois elementos essenciais: do ponto de vista subjetivo, da coincidência entre a vontade de dispor do direito, por parte do alienante e a de se tornar seu titular, por parte do adquirente; do ponto de vista objetivo, da tradição, que pressupõe bem jurídico suscetível de transferência de domínio".

3. **Renúncia:** a renúncia, ato jurídico unilateral, também acarreta a perda da propriedade (art. 1.275, II, do CC). No caso de propriedade imobiliária, a renúncia, por si só, não é suficiente para a perda da propriedade. De acordo com o parágrafo único do art. 1.275 do CC, é essencial que o ato de renúncia seja registrado no Cartório de Registro de Imóveis. No caso de bens móveis, não há necessidade de registro. Aliás, é questionável se é possível a perda da propriedade mobiliária pela renúncia. No caso de móveis, o abandono seria suficiente para a perda da propriedade. Não haveria sentido jurídico na renúncia, se o proprietário do imóvel

---

[272] GOMES, Orlando. *Direitos reais*. 19. ed. atualizada. Rio de Janeiro: Forense, 2007.

[273] TEPEDINO, Gustavo; BARBOZA, Heloisa Helena; MORAES, Maria Celina Bodin de. *Código civil interpretado conforme a Constituição da República*. Rio de Janeiro: Renovar, 2007. v. III, p. 574.

pode, simplesmente, abandoná-la, sem qualquer formalidade. De qualquer forma, para alguns, que admitem a compatibilidade da renúncia com a propriedade mobiliária, se o abandono não for suficiente para caracterizar a perda da propriedade mobiliária, pode ocorrer a renúncia por declaração expressa. Todavia, será sempre possível a renúncia de bens móveis no âmbito sucessório.

Pela renúncia, o proprietário, de forma expressa, declara sua rejeição em relação à coisa. Trata-se de ato unilateral e, por isso, independe de qualquer vontade, que não seja unicamente do proprietário. Nas palavras de Marco Aurélio Bezerra de Melo[274], "trata-se de ato unilateral e formal pelo qual uma pessoa rejeita um bem ou direito que lhe pertence".

Segundo Venosa[275]: "(...) renunciar implica abdicar, abrir mão de direitos. Em sentido estrito, renúncia é o ato jurídico pelo qual alguém abandona um direito, sem transferi-lo a outrem. É ato unilateral. Independe, portanto, de aceitação. Além de unilateral, é irrevogável e não se presume, dado seu caráter, devendo ser expresso. A renúncia em favor de outrem refoge ao sentido do instituto porque traduz alienação". Em relação à renúncia no âmbito da propriedade imobiliária, é essencial analisar seus efeitos:

A renúncia, ato unilateral, é causa de perda da propriedade imobiliária (art. 1.275, II, do CC) e se consuma com o registro no CRI. Em razão da renúncia do titular do imóvel ou de direito real sobre o imóvel, qual o destino da propriedade ou do direito?

Regra: *res nullius* – a renúncia converte o imóvel objeto do direito em *res nullius* (o bem não retorna ao antigo dono).

Exceções: a renúncia (depende da causa) favorecerá novo proprietário (herança), condôminos ou o próprio proprietário (no caso de direitos reais).

Exceção 1 – A renúncia da propriedade implicará na transferência do bem para novo proprietário quando se relacionar à herança (na sucessão legítima, o quinhão renunciado pelo herdeiro implica na transferência de titularidade aos demais da mesma classe – acrescer, ou, se for o único, devolve-se para a subsequente; na testamentária, haverá caducidade da disposição).

Exceção 2 – No condomínio (art. 1314), em razão da comunhão de interesses, há restrições à renúncia do condômino: a renúncia ao direito de propriedade de sua parte ideal terá por objetivo a exoneração do pagamento de despesas e dívidas (art. 1.316). Se os demais condôminos assumirem as dívidas do renunciante, adquirem a parte ideal deste, na proporção dos pagamentos realizados (a fração ideal permanece com os condôminos). Se nenhum condômino quiser assumir as dívidas do renunciante, a coisa comum será dividida (o condomínio é extinto e o efeito da renúncia retorna à regra geral).

Exceção 3 – Na renúncia no condomínio edilício em regime de multipropriedade, o direito é destinado, por força de lei, ao condomínio edilício (art. 1.358-T – não é propriamente renúncia – A renúncia dirigida a pessoa determinada, denominada "translativa", não tem natureza jurídica de renúncia).

Exceção 4 – As renúncias que favorecem o proprietário onerado: a renúncia do titular da servidão é causa de extinção desta (art. 1.388, I); a renúncia do usufruto, uso e direito real de habitação, pelos respectivos titulares, é causa de extinção destes direitos reais (art. 1.410, I) e, a renúncia pelos credores pignoratícios e hipotecários, implica na extinção destes direitos reais de garantia sobre coisa alheia, penhor e hipoteca (arts. 1.436, III e 1.499, IV).

4. Abandono: o abandono é outra causa de perda da propriedade, mobiliária ou imobiliária (arts. 1.275, III, e 1.276, do CC). No abandono ou *derrelição*, o proprietário se despoja da coisa sem manifestação expressa de vontade. É essencial a intenção de não mais querer a coisa.

Como ressalta Venosa[276]: "O abandono é percebido pelo comportamento do titular. É preciso, no entanto, avaliar se existe voluntariedade. O fato de o proprietário não cuidar do que é seu por período mais ou menos longo não traduz de *per si* abandono. Importante investigar a intenção de despojar-se da propriedade".

O abandono é resultado de condutas do dono que indicam a intenção de não mais manter sobre a coisa qualquer poder.

A definição de Tepedino[277] sobre o abandono também é precisa: "Considera-se abandono, ou derrelição, o não uso da coisa, com intenção de não preservar a propriedade, embora sem manifestação declarada de disposição do bem".

Como anotam Rosenvald e Chaves[278]: "Ato material pelo qual o proprietário desfaz-se da coisa porque não quer mais ser o dono. O abandono ou derrelição (derrelicção) deve resultar de atos exteriores que atestem a manifesta intenção de abandonar, sendo insuficiente o mero desprezo físico sobre a coisa, se não acompanhado de sinais evidentes do ânimo de abdicar da propriedade".

A manifestação de vontade de quem abandona é não receptícia.

A coisa abandonada pode ser objeto de ocupação (art. 1.263 do CC), modo tradicional e originário de aquisição da propriedade mobiliária. Caracterizado o abandono, qualquer pessoa pode ocupar a coisa. A coisa abandonada permanece sem dono até que seja ocupada. Por isso, não se confunde com a perda involuntária, disciplinada no

---

[274] MELO, Marco Aurélio Bezerra de. *Direito das coisas*. 5. ed. Rio de Janeiro: Lumen Juris, 2011, p. 119.

[275] VENOSA, Sílvio de Salvo. *Direito civil*: direitos reais. v. 5. 12. ed. São Paulo: Atlas, 2012, p. 233.

[276] VENOSA, Sílvio de Salvo. *Direito civil*: direitos reais. v. 5. 12. ed. São Paulo: Atlas, 2012, p. 233.

[277] TEPEDINO, Gustavo; BARBOZA, Heloisa Helena; MORAES, Maria Celina Bodin de. *Código civil interpretado conforme a Constituição da República*. Rio de Janeiro: Renovar, 2007. v. III, p. 575.

[278] FARIAS, Cristiano Chaves de; ROSENVALD, Nelson. *Direito reais*. 7. ed. Rio de Janeiro: Lumen Juris, 2011, p. 501.

instituto da descoberta (art. 1.233 do CC). Como a coisa perdida ainda pertence ao titular, a descoberta não é disciplinada como modalidade de perda da propriedade. O abandono implica em manifestação tácita, cuja perda decorre do comportamento do sujeito em relação à coisa. Não se confunde com a renúncia, cujo ato unilateral e forma exigem exteriorização expressa de vontade.

Nunca houve grandes problemas em relação ao abandono ou derrelição de bens móveis, porque não é difícil perceber, pelo comportamento do dono, quando este deseja se despojar ou se desfazer da coisa, em especial quando lança o objeto no lixo. Tal comportamento evidencia clara intenção de abandono. O problema da caracterização do abandono sempre esteve relacionado aos bens imóveis.

O abandono de bens imóveis constitui questão complexa, justamente pela natureza do bem. Como já visto, a propriedade, em especial a imobiliária, não se extingue pelo não uso, o que dificulta a visualização do abandono por um comportamento passivo do dono.

No entanto, a fim de objetivar o abandono de propriedade imobiliária, o art. 1.276 do CC, propõe, no *caput*, algumas diretrizes sobre o abandono e os efeitos do abandono de imóvel e, no § 2º, presume o abandono de imóvel com base em critério puramente objetivo, inadimplemento de obrigações tributárias relativas ao bem.

De acordo com o referido art. 1.276, *caput*, o imóvel urbano que o proprietário abandonar, com a intenção de não mais conservar em seu patrimônio, e que não se encontra na posse de outrem, poderá ser arrecadado como bem vago e, após 3 (três) anos, passará à propriedade do Município ou do Distrito Federal, a depender da localização. No caso de imóvel rural, abandonado nas mesmas circunstâncias, também poderá ser arrecadado após 3 (três) anos e, independentemente da localização, passará à propriedade da União Federal (§ 1º do art. 1.276, CC).

O dispositivo mais polêmico relativo ao abandono de imóveis é o § 2º do art. 1.276, do CC, o qual presume, de forma absoluta, a intenção de abandono, quando o proprietário não cumpre as obrigações tributárias relativas ao imóvel.

Assim, nas hipóteses do *caput* (imóvel urbano) e § 1º (imóvel rural), se o proprietário, durante 3 (três) anos, não cumprir as obrigações tributárias, como IPTU e ITR e, cessados os atos de posse, presumir-se-á, de forma absoluta, o abandono do bem, que poderá ser arrecadado como bem vago e transferido para o Poder Público (§ 2º do art. 1.276 do CC). Como ressalta Marco Aurélio Bezerra de Melo[279], "esta regra concede ao tema objetividade, que pode fazer com que a norma seja efetivamente aplicada, auxiliando o Estado na realização das inexcedíveis reformas agrária e urbana".

Com a finalidade de evitar abusos por parte do Poder Público, na III e na IV Jornadas de Direito Civil, foram aprovados alguns enunciados sobre estes dispositivos. O Enunciado 242 da III Jornada de Direito Civil dispõe que "a aplicação do art. 1.276 depende do devido processo legal, em que seja assegurado ao interessado demonstrar a não cessação da posse". O Enunciado 243 da III Jornada dispõe que a presunção do § 2º do art. 1.276 não pode ser interpretada de modo a contrariar a norma constitucional que veda o confisco (art. 150, IV, da CF). E, por fim, o Enunciado 316 da IV Jornada de Direito Civil, dispõe que "eventual ação judicial de abandono de imóvel, caso procedente, impede o sucesso de demanda petitória". Em relação a este enunciado, a observação de Tartuce é pertinente: "Tendo sido julgada procedente a exigida ação judicial para o reconhecimento do abandono, não há que se falar na procedência da ação reivindicatória proposta pelo antigo proprietário, que quer a coisa. Isso porque, por razões óbvias, as ações são incompatíveis entre si".

A dificuldade em relação ao abandono de imóvel é justamente o fato de estar implícito no poder do proprietário o não uso. Como já ressaltado, o não uso pode ser sancionado com a perda da propriedade, porque outra pessoa passou a exercer atos possessórios sobre a coisa e conferiu a esta a necessária função social. Desta forma, é possível o sacrifício da propriedade sem função social para privilegiar a posse funcionalizada. Todavia, não há como se presumir o abandono pelo simples não uso.

Em relação à posse que impede a arrecadação, o Enunciado 597 da VII Jornada de Direito Civil impõe a sua funcionalização: "A posse impeditiva da arrecadação, prevista no art. 1.276 do Código Civil, é efetiva e qualificada por sua função social".

O procedimento para arrecadação de imóvel abandonado é o destinado às coisas vagas, conforme previsão do art. 746 do CPC. Após o início do processo de arrecadação, poderá o proprietário reivindicar a coisa. Como não há manifestação expressa do titular no que tange ao abandono, é complexa a sua verificação. O fato é que o Código Civil passou a exigir, como requisito do abandono da propriedade imobiliária, a cessação dos atos de posse. Se o proprietário ou terceiro possuidor exercerem atos possessórios sobre o imóvel, afastada estará a presunção e a possibilidade de abandono. Não é suficiente a demonstração de que o proprietário do imóvel não deseje mais a coisa para si, pois a posse de terceiros implica em função social da posse e na impossibilidade de qualquer pretensão do Poder Público em relação à titularidade da coisa.

A finalidade da lei é que os bens não fiquem vagos. A ausência da posse de terceiro constitui requisito fundamental para arrecadação de imóveis que tenham eventualmente sido abandonados. O Estado não tem interesse na arrecadação de bens abandonados, mas evita que tais bens permaneçam vagos.

O abandono, ao contrário da renúncia e da alienação (parágrafo único do art. 1.275 do CC), dispensa a formalidade do registro.

5. Desapropriação: a desapropriação também é arrolada no art. 1.275, V, do CC, como causa de per-

---

[279] MELO, Marco Aurélio Bezerra de. *Direito das coisas*. 5. ed. Rio de Janeiro: Lumen Juris, 2011.

da da propriedade. Trata-se de modo involuntário de perda da propriedade, porque se estiverem presentes os requisitos constitucionais e legais, o proprietário não tem como impedi-la ou evitá-la.

Nas palavras de Di Pietro[280], "a desapropriação é o procedimento administrativo pelo qual o Poder Público ou seus delegados, mediante prévia declaração de necessidade pública, utilidade pública ou interesse social, impõe ao proprietário a perda de um bem, substituindo-o em seu patrimônio por justa indenização".

São pressupostos para a desapropriação a necessidade pública, utilidade pública ou interesse social. O objeto envolve justamente a perda da coisa desapropriada em favor do Poder Público, que fará a reposição do patrimônio do expropriado com indenização, que deverá ser justa. Nos casos de desapropriação sanção, prevista nos arts. 182, § 4º, e 186 da CF/88, a indenização será por meio de títulos da dívida pública ou em títulos da dívida agrária, se o imóvel for rural.

O art. 182, § 4º, da CF/88 foi regulamentado pelo art. 8º do Estatuto da Cidade. Segundo este dispositivo legal, decorridos cinco anos de cobrança do IPTU progressivo sem que o proprietário tenha cumprido a obrigação de parcelamento, edificação ou utilização, o Município poderá proceder à desapropriação do imóvel, com pagamento em títulos da dívida pública. Os §§ 1º a 6º do art. 8º do Estatuto da Cidade disciplina a forma de pagamento por meio de títulos e o aproveitamento do imóvel urbano desapropriado pelo Poder Público.

A desapropriação constitui modo originário de aquisição da propriedade, porque a transferência da propriedade ao Poder Público não é contaminada por vícios no título anterior. A causa, desapropriação, que justifica a perda da propriedade, não se vincula ao título anterior. Como decorrência deste caráter originário, a ação judicial de desapropriação prossegue ainda que a Administração não saiba quem é o legítimo proprietário. Se a indenização for paga a terceiro que não seja o legítimo proprietário, não se invalida a desapropriação, pois, de acordo com o art. 35 do Decreto-lei n. 3.365/41, os bens expropriados, uma vez incorporados à Fazenda Pública, não podem ser objeto de reivindicação, ainda que fundada em nulidade do processo de desapropriação. Qualquer ação, julgada procedente, resolver-se-á em perdas e danos. Além disso, os ônus reais que incidiam sobre o bem são extintos e ficam sub-rogados na indenização paga (art. 31 do Decreto-lei n. 3.365/41). Estas são as consequências de a desapropriação ser modo originário de aquisição da propriedade.

A Constituição Federal indica os pressupostos da desapropriação no art. 5º, XXIV, da CF/88 (necessidade pública, utilidade pública e interesse social). Além da previsão constitucional, a desapropriação é disciplinada e regulada pelo Decreto-lei n. 3.365/41, segundo o qual todos os bens, móveis ou imóveis, corpóreos ou incorpóreos, públicos ou privados, inclusive o espaço aéreo e o subsolo, poderão ser desapropriados (art. 2º do decreto). Com relação aos bens públicos, a entidade política maior poderá desapropriar bens da entidade política menor e, em qualquer hipótese, deverá ser precedida de autorização legislativa da pessoa jurídica expropriante.

Além do referido decreto, a Lei n. 4.132/62 indica os casos de desapropriação por interesse social e o procedimento para tanto. A desapropriação de bens para fins de reforma agrária está disciplinada na Lei n. 8.629/93, cujo procedimento judicial se encontra na LC n. 76/93.

Por outro lado, se o Poder Público não observar o procedimento legal da desapropriação, mas der ao bem uma destinação pública, também ocorrerá a perda da propriedade pela denominada *desapropriação indireta*.

O procedimento da desapropriação é dividido em duas fases: declaratória e executória. Na fase declaratória, o Poder Público declara a utilidade pública ou o interesse social. A declaração expropriatória pode ser efetivada pelo Poder Público, por meio de decreto (Executivo), ou pelo Legislativo, por meio de lei. A autorização legislativa não se confunde com a declaração expropriatória, que pode ser realizada por lei, pelo Legislativo. A autorização legislativa apenas é necessária na desapropriação de bem público. A fase declaratória submete o bem à força de expropriação do Estado, permite que o Poder Público ingresse no bem, fixa o estado do bem e dá início ao prazo de caducidade da declaração.

A segunda fase, executória, pode ser administrativa ou judicial. Tal fase, como bem define Di Pietro[281], "compreende os atos pelos quais o Poder Público promove a desapropriação, ou seja, adota as medidas necessárias à efetivação da desapropriação, pela integração do bem ao patrimônio público".

O proprietário expropriado, salvo nas hipóteses de desapropriação sanção[282], tem o direito de ser indenizado em dinheiro. De acordo com o disposto na Constituição Federal, a indenização deverá ser prévia, justa e em dinheiro. Embora a desapropriação sanção de imóvel rural para fins de reforma agrária tenha de ser indenizada em títulos da dívida agrária, com cláusula de preservação do valor real, resgatáveis no prazo de 20 (vinte) anos, as benfeitorias úteis e necessárias serão indenizadas em dinheiro.

O art. 243 da CF/88 ainda permite a desapropriação, sem qualquer indenização, quando nas glebas particulares forem localizadas culturas ilegais de plantas psicotrópicas.

Ressalvadas as hipóteses de desapropriação sanção, inclusive a prevista no art. 243 da CF/88, por meio da qual o proprietário terá a área confiscada pelo Estado, sem direito à indenização, nos demais casos, o proprietário expropriado terá direito a ser indenizado pelo valor do bem expropriado, com todas as benfeitorias que já existirem no imóvel, independentemente da natureza destas, assim

---

[280] DI PIETRO, Maria Sylvia Zanella. *Direito administrativo*. 20. ed. São Paulo: Atlas, 2007, p. 161.

[281] DI PIETRO, Maria Sylvia Zanella. *Direito administrativo*. 20. ed. São Paulo: Atlas, 2007, p. 168.

[282] Nestes casos, conforme arts. 182, § 4º, e 184, ambos da CF/1988, a desapropriação será, respectivamente, por títulos da dívida pública e títulos da dívida agrária.

como as realizadas posteriormente, desde que sejam necessárias. As benfeitorias úteis posteriores, dependem de autorização do responsável pela desapropriação[283]. Além disso, o proprietário terá direito a lucros cessantes, danos emergentes, juros compensatórios – que são devidos desde a imissão provisória na posse e sua base de cálculo é a diferença entre a oferta inicial do Poder Público e o valor da indenização, tudo nos termos das Súmulas 164 e 618 do STF e Súmulas 69 e 113 do STJ. Os juros compensatórios são devidos, ainda que o imóvel não produza renda (ADI 2.332/DF). Também são devidos juros moratórios, que podem ser cumulados com os compensatórios (Súmula 12 do STJ) e art. 15-B do Decreto-lei n. 3.365/41, honorários advocatícios, correção monetária, custas e despesas judiciais.

A desapropriação acarreta a perda involuntária da propriedade móvel ou imóvel, cujo ato administrativo tem previsão legal e é uma das hipóteses elencadas no art. 1.275 do CC.

5.6.2. Propriedade resolúvel e propriedade *ad tempus* (arts. 1.359 e 1.360 do CC)

A propriedade resolúvel e a propriedade *ad tempus* também podem ser extintas (pode ocorrer a perda), com o advento do termo ou implemento da condição (no caso da propriedade resolúvel) e com a superveniência de fato capaz de revogá-la (propriedade *ad tempus*). A perda não decorre da ausência de função social, mas de ato de autonomia privada ou fato superveniente da vida.

A propriedade pode perder a qualificação de perpétua quando for resolúvel. Trata-se de espécie do gênero propriedade temporária. A propriedade pode ser extinta e resolvida pelo implemento de condição ou advento do termo a ela vinculado. Por ocasião do nascimento do direito subjetivo de propriedade, ou seja, no momento da constituição da propriedade, esta fica vinculada a uma condição ou a um termo que podem levar à sua resolução ou extinção.

O Código Civil é impregnado de institutos e hipóteses que caracterizam a propriedade como resolúvel. No entanto, no art. 1.359, a Lei Civil traz uma regra geral que incide sobre todas as propriedades que tenham a característica da resolução.

De acordo com o art. 1.359 do CC: "Resolvida a propriedade pelo implemento da condição ou pelo advento do termo, entendem-se também resolvidos os direitos reais concedidos na sua pendência, e o proprietário, em cujo favor se opera a resolução, pode reivindicar a coisa do poder de quem a possua ou detenha".

A propriedade será resolúvel sempre que, ao ser constituída, sua duração estiver subordinada a uma condição ou termo resolutivo, que implicarão na extinção e resolução da propriedade.

A condição resolutiva ou o termo são contemporâneos à constituição da propriedade dita resolúvel. A propriedade ou este direito subjetivo já nasce com essa característica. Com o implemento da condição resolutiva ou o advento do termo, a propriedade se resolve em favor de alguém, que passa a ser o legítimo proprietário e, por isso, com fundamento no art. 1.228 do CC, poderá reivindicar a propriedade das mãos de quem quer que injustamente a possua ou detenha.

No caso da propriedade resolúvel, a propriedade se torna temporária em razão de uma condição resolutiva ou termo final, previsto no título constitutivo do direito de propriedade. Como destaca Orlando Gomes[284], "o traço característico da propriedade resolúvel reside na previsão de sua extinção no próprio título que a constitui. Necessária a declaração de vontade nesse sentido".

A propriedade fiduciária é exemplo de propriedade resolúvel. O credor fiduciário é o titular da propriedade, ao passo que o devedor fiduciante tem a posse direta. A propriedade do credor fiduciário, desde a origem, está vinculada a uma condição resolutiva, qual seja, o adimplemento da obrigação pelo devedor. Caso o devedor cumpra a obrigação, a propriedade do credor fiduciário se resolve, ou seja, é extinta, e passará, automaticamente, para o devedor, em favor de quem se opera a resolução. Se o credor fiduciário, durante a propriedade resolúvel institui direitos reais sobre a sua propriedade, tais direitos reais serão extintos e, em favor dos titulares destes, restará apenas o direito à indenização contra o anterior proprietário. O proprietário, em favor de quem a propriedade se resolve, recebe a coisa sem qualquer restrição.

Os efeitos da resolução, de acordo com o art. 1.359 do CC são *ex tunc*. A retroatividade afeta, principalmente, os direitos reais constituídos durante o período em que a propriedade era resolúvel. Quanto aos efeitos, novamente nos socorremos dos ensinamentos de Orlando Gomes[285], para quem os efeitos retroagem ao momento da aquisição e aquele em favor de quem se opera a resolução, investe-se no direito de propriedade, como se o objeto da propriedade não houvesse pertencido, temporariamente, ao proprietário resolúvel. A retroatividade ocorrerá com o implemento da condição ou o advento do termo. O titular de propriedade resolúvel é tido, em princípio, como se nunca houvesse sido dono da coisa, se bem que a usufrua licitamente até ser extinta.

Desta forma, a duração do direito subjetivo de propriedade se subordina a acontecimento futuro, previsto no próprio título (causa originária – em função da autonomia privada). A titularidade já nasce com a perspectiva de durabilidade, subordinada a um acontecimento futuro e certo (termo) ou incerto (condição).

Como bem pontua Tepedino[286], "a propriedade resolúvel pode resultar de negócio jurídico de qualquer natu-

---

[283] Súmula 23 do STF.

[284] GOMES, Orlando. *Direitos reais*. 19. ed. atualizada. Rio de Janeiro: Forense, 2007, p. 267.

[285] GOMES, Orlando. *Direitos reais*. 19. ed. atualizada. Rio de Janeiro: Forense, 2007, p. 269.

[286] TEPEDINO, Gustavo; BARBOZA, Heloisa Helena; MORAES, Maria Celina Bodin de. *Código civil interpretado conforme a Constituição da República*. Rio de

reza, gratuito ou oneroso, *inter vivos* ou *causa mortis*, no qual figure cláusula informativa de condição resolutiva ou termo extintivo, subordinando voluntariamente à duração dessa propriedade a acontecimento futuro".

Como já ressaltado, há inúmeros exemplos de propriedade resolúvel no Código Civil, todos submetidos à disciplina jurídica do art. 1.359. A propriedade fiduciária é o exemplo clássico de propriedade resolúvel (art. 1.361 do CC); a compra e venda com reserva de domínio (art. 521 e s. do CC); a doação com cláusula de reversão, que torna a propriedade do donatário resolúvel (art. 547 do CC – se o doador sobreviver ao donatário, a propriedade deste se resolve e, ao invés de ser transferida aos herdeiros do donatário, retorna ao doador); o contrato de compra e venda com pacto adjeto de retrovenda (art. 505 e s.) torna a propriedade do comprador resolúvel, pois fica subordinada a uma condição resolutiva, o desejo do vendedor em efetivar a recompra do bem; a venda a contento sob condição resolutiva também é exemplo de propriedade resolúvel (art. 509 do CC); a propriedade superficiária é resolúvel (art. 1.369 do CC); a substituição fideicomissária ou o fideicomisso previsto nos arts. 1.951 e s. do CC também torna a propriedade do fiduciário resolúvel, dentre outros exemplos.

Durante o período em que a propriedade é resolúvel, o proprietário exerce as faculdades inerentes ao direito subjetivo de propriedade que estão à sua disposição, pois a limitação é apenas na duração do direito, que só será extinto com o implemento de condição resolutiva ou com o advento de termo. Na condição de proprietário resolúvel, o titular do direito, além de praticar atos de administração, também mantém relações jurídicas com terceiros, inclusive atos de disposição. Os terceiros que forem beneficiados pela instituição de direito real, independente da natureza, sobre a propriedade resolúvel, não podem ignorar que tais direitos serão extintos com o implemento da condição e o advento do termo. O proprietário resolúvel, como o donatário que recebeu bem doado com cláusula de reversão, pode alienar a propriedade a um terceiro. No entanto, se o donatário falecer antes do doador, tal direito real (transferência da propriedade do donatário para o terceiro) será extinto, porque foi constituída na pendência da propriedade resolúvel e, neste caso, a resolução se opera em favor do doador, que poderá reivindicar a coisa do terceiro. Restará ao terceiro ação de indenização por perdas e danos contra os herdeiros do donatário.

Nas palavras de Orlando Gomes[287]: "(...) se alguém adquiriu a propriedade de bem sujeita à extinção pela verificação de determinado evento, perde-a no momento em que ocorre o fato extintivo, pois a transmissão só se deu, como só se podia dar, do direito à propriedade resolúvel. É princípio tranquilo o de que a revogação *ex tunc* da propriedade acarreta a resolução de todos os direitos reais provenientes daquele cuja propriedade se resolveu".

Os direitos concedidos durante a propriedade resolúvel serão extintos, em função da eficácia retroativa. Tais direitos podem ser a própria alienação do bem ou a constituição de direitos reais. Todos serão extintos com o advento do termo de duração previsto para a propriedade ou com o implemento da condição resolutiva vinculada a esta propriedade temporária.

Na propriedade resolúvel, o direito real ficará subordinado ao termo ou à condição resolutiva estabelecidos no momento da constituição da propriedade. A condição resolutiva e o termo são objeto de disciplina na parte geral. De acordo com o art. 127 do CC, se for resolutiva a condição, enquanto esta não se verificar, vigorará o negócio jurídico, podendo exercer-se desde a conclusão deste o direito por ele estabelecido, ao passo que, no que tange ao termo final, que é o que extingue o direito de propriedade ou a propriedade resolúvel, aplica-se, no que for compatível, as disposições relativas à condição resolutiva (art. 135 do CC).

O sujeito em favor de quem a propriedade poderá ser resolvida é denominado *proprietário diferido*, que ostentará, apenas e tão somente, a condição de titular de direito eventual enquanto a propriedade for resolúvel e, nesta condição, pode praticar todos os atos necessários à conservação deste direito eventual. Com o advento do termo ou o implemento da condição, que estarão ligados ao título que constitui a propriedade, o proprietário diferido receberá a propriedade plena, isenta de qualquer limitação ou restrição (art. 1.369 do CC).

Por outro lado, o art. 1.360 do CC disciplina outra espécie do gênero propriedade temporária, a propriedade *ad tempus* ou propriedade revogável. A diferença fundamental entre a propriedade revogável e a propriedade resolúvel é que naquela a propriedade se resolve por causa ou fato superveniente à sua constituição.

A propriedade resolúvel será resolvida e extinta por causa originária, vinculada ao título constitutivo, termo ou condição resolutiva. A propriedade *ad tempus* pode ser resolvida por outra causa superveniente.

Como a extinção desta propriedade está vinculada à causa superveniente, são preservados todos os direitos anteriores à causa resolutiva. Os efeitos serão *ex nunc*. O art. 1.360 do CC ressalva expressamente os direitos daquele que adquiriu a propriedade por título anterior à resolução, caso em que será considerado proprietário perfeito. Restará ao sujeito, em cujo favor foi operada e concretizada a resolução, ação contra aquele cuja propriedade se resolveu para haver o valor da coisa.

Nesse sentido, o disposto no art. 1.360 do CC: "Se a propriedade se resolver por outra causa superveniente, o possuidor, que a tiver adquirido por título anterior à sua resolução, será considerado proprietário perfeito, restando à pessoa, em cujo benefício houve a resolução, ação contra aquele cuja propriedade se resolveu para haver a própria coisa ou o seu valor".

Neste caso, não há cláusula contratual que limita no tempo a duração da propriedade. Como bem pondera Or-

---

Janeiro: Renovar, 2007. v. III, p. 722.

[287] GOMES, Orlando. *Direitos reais*. 19. ed. atualizada. Rio de Janeiro: Forense, 2007, p. 270.

lando Gomes[288], "a revogação depende de um evento, mas não do implemento de uma condição ou do advento de um termo. A eventualidade da perda do direito de propriedade não constitui objeto de cláusula contratual".

A extinção da propriedade decorrerá, necessariamente, de fato superveniente. Os efeitos não são retroativos e os direitos constituídos antes da resolução ou revogação serão preservados e, no caso, caberá, ao prejudicado, indenização por perdas e danos.

Os casos mais emblemáticos de propriedade revogável são a revogação da doação por ingratidão do donatário (art. 557 do CC), revogação da doação por descumprimento de encargo (art. 555 do CC) e a exclusão da sucessão por indignidade (art. 1.814 do CC).

Por exemplo, se "A" doa um veículo a "B" no dia 6-6-2005, e "B", um ano depois (2006), aliena o veículo para um terceiro, "C". Caso "B", no ano de 2010, pratique qualquer ato de ingratidão contra o doador "A", este poderá revogar a doação por ingratidão do donatário. No entanto, como a causa da resolução é posterior à posse de "C", legítimo adquirente, não poderá a revogação da doação retroagir para prejudicar o direito de "C", que ficará preservado. Restará ao prejudicado, "A", ingressar com ação de indenização contra o donatário ingrato, "B", e requerer o valor da coisa doada, nos termos do art. 1.360 do CC. Aliás, na doação, a própria lei, no art. 563 do CC, ressalva os direitos de terceiros de boa-fé em caso de revogação. A coisa, na hipótese, alienada a terceiro de boa-fé, gera apenas o direito à indenização pelo seu valor. Isto porque a revogação tem efeito *ex nunc*.

Em resumo, a aquisição por título anterior à resolução não prejudica os terceiros. A causa não se insere no próprio título constitutivo. Ao contrário, a causa é superveniente e posterior à transmissão da propriedade.

Por fim, na V Jornada de Direito Civil promovida pelo CJF, foi aprovado o Enunciado 509, que diferencia a propriedade resolúvel da propriedade revogável ou *ad tempus* quanto aos efeitos: "A resolução da propriedade, quando determinada por causa originária, prevista no título, opera *ex tunc* e *erga omnes*; se decorrente de causa superveniente, atua *ex nunc* e *inter partes*".

Resumo – Propriedade resolúvel e propriedade *ad tempus*

A propriedade será resolúvel quando, desde a origem (momento da constituição), por ato de autonomia privada (este o fundamento), sua duração estiver vinculada ou subordinada a uma condição ou advento de termo. Com o implemento da condição ou advento do termo, a propriedade se resolve (é extinta) em favor de alguém, com efeito *ex tunc* (desde a data em que foi constituída). Em razão do efeito retroativo, todos os direitos, reais e obrigacionais, constituídos pelo proprietário resolúvel durante a vigência desta propriedade, serão extintos (art. 1.359 do CC).

A duração do direito subjetivo de propriedade se subordina a acontecimento futuro, previsto no próprio título (causa originária – em função da autonomia privada). A titularidade já nasce com a perspectiva de durabilidade, subordinada a um acontecimento futuro e certo (termo) ou incerto (condição). Exemplos: propriedade fiduciária, propriedade superficiária, compra e venda com reserva de domínio, compra e venda com pacto de retrovenda, doação com cláusula de reversão etc.

Por outro lado, o art. 1.360 do CC disciplina outra espécie do gênero propriedade temporária, a propriedade *ad tempus* ou propriedade revogável. A diferença fundamental entre a propriedade revogável e a propriedade resolúvel é que naquela a propriedade se resolve por causa ou fato superveniente à sua constituição (é um fato que provoca a extinção da propriedade e não um ato de vontade).

A propriedade resolúvel será resolvida e extinta por causa originária, vinculada ao título constitutivo, termo ou condição resolutiva. A propriedade *ad tempus* pode ser resolvida por outra causa superveniente. Por isso, os efeitos serão *ex nunc*. Os direitos daquele que adquiriu a propriedade por título anterior ao fato que prova a resolução são preservados. Restará ao sujeito, em cujo favor foi operada e concretizada a resolução, ação contra aquele cuja propriedade se resolveu para haver o valor da coisa.

5.6.3. Propriedade aparente

A denominada *propriedade aparente* nada mais é do que a incidência da teoria da aparência no direito de propriedade. E o fundamento da teoria da aparência é o princípio da boa-fé objetiva.

Orlando Gomes[289] destaca que: "(...) para haver propriedade aparente, é preciso que o suposto proprietário esteja na convicção de que o bem realmente lhe pertence e o seu comportamento seja de tal ordem que qualquer pessoa se engane. O adquirente deve estar convencido de que houve a propriedade do verdadeiro dono ou que a adquiriu por direito incontestável, como no caso de sucessão hereditária. A boa-fé, no caso, sana o erro cometido".

O sujeito, com base em circunstâncias objetivas e concretas, confia e acredita que é proprietário, embora o seja apenas na aparência. A convicção de propriedade é resultado de situação aparente que tenha potencialidade para iludir, razão pela qual o erro deve ser escusável ou perdoável.

Na propriedade aparente, a titularidade é apenas aparente, pois o sujeito que tem a aparência de titular da coisa, de fato, e na realidade, não é o titular. Alguém adquire a propriedade, apenas aparentemente, porque aquele que transmitiu não é o verdadeiro dono (aquisição a *non domino*). Nesta situação, haverá um conflito a ser solucionado entre o proprietário legítimo ou real e o proprietário aparente, que adquiriu o bem na crença de que o alienante era

---

[288] GOMES, Orlando. *Direitos reais*. 19. ed. atualizada. Rio de Janeiro: Forense, 2007, p. 266.

[289] GOMES, Orlando. *Direitos reais*. 19. ed. atualizada. Rio de Janeiro: Forense, 2007, p. 276.

o proprietário real. A questão é saber se a situação de aparência legítima e justifica a propriedade aparente.

A questão, mais uma vez, envolve a tensão entre o direito de propriedade e a boa-fé do terceiro, que adquiriu o bem do proprietário aparente. Qual direito deverá prevalecer e qual será sacrificado?

Como regra, a alienação feita pelo proprietário aparente é nula, porque transferiu coisa que não lhe pertence, de propriedade de outrem. Por isso, o legítimo proprietário poderá reivindicar a coisa das mãos de quem quer que, injustamente, a possua ou detenha, por ser esta uma das faculdades inerentes ao direito subjetivo de propriedade (art. 1.228, *caput*, do CC). O evicto, terceiro adquirente de boa-fé, enganado pela propriedade aparente do alienante, terá o direito de exigir perdas e danos do proprietário aparente que efetivou alienação a *non domino* (arts. 447 e 450 do CC). Essa é a regra geral.

No entanto, excepcionalmente, como ressaltam Rosenvald e Chaves[290]: "(...) razões sociais e econômicas justificam o reconhecimento da eficácia de atos praticados por pessoa que se apresente como proprietária de um bem sem que o seja de verdade, por aparentar a titularidade do direito subjetivo. Tem em vista a proteção de interesses de terceiros que travam relações jurídicas com o proprietário aparente".

No conflito entre o titular aparente e o real, é possível sacrificar o interesse deste, como forma de tutelar a confiança e a boa-fé objetiva do adquirente da propriedade aparente.

Orlando Gomes[291] trata do conflito entre o princípio de que ninguém pode transferir mais direito do que tem e o princípio de que o erro comum faz direito. O primeiro implica nulidade do negócio. O segundo impõe a validade e eficácia da venda a *non domino* para preservar interesses de terceiros de boa-fé, que confiaram e acreditaram na aparência de propriedade. Nesse conflito, segundo o mestre, se o erro não for invencível, escusável, deve triunfar a propriedade real.

Há, no Código Civil, alguns exemplos de propriedade aparente, como é o caso do herdeiro aparente, ou seja, aquele que, aos olhos de todos, aparenta ser o legítimo proprietário. No caso de herdeiro aparente, muitas vezes, o bem está registrado em nome deste, que vem, posteriormente, a perdê-lo, porque foi excluído da herança por indignidade, ou porque o testamento que legitimava sua condição de proprietário foi invalidado ou, ainda, por ter sido excluído da sucessão em razão do surgimento de herdeiro mais próximo do falecido, autor da herança.

Aliás, no caso da exclusão da herança por indignidade, o Código Civil, expressamente, ressalva os direitos e interesses de terceiros de boa-fé que adquiriram bens do herdeiro aparente, excluído, posteriormente, da herança. De acordo com o disposto no art. 1.817 do CC, são válidas as alienações onerosas de bens hereditários a terceiros de boa-fé, e os atos de administração legalmente praticados pelo herdeiro, antes da sentença de exclusão; mas aos herdeiros subsiste, quando prejudicados, o direito de demandar-lhe perdas e danos. No conflito entre propriedade legítima e propriedade aparente, a fim de resguardar os interesses de terceiros de boa-fé, adquirente do bem do proprietário aparente, prevalece esta propriedade.

No momento da abertura da sucessão, alguém é investido na condição de herdeiro e assume a titularidade dos bens, inclusive com o registro de imóveis, por exemplo. Em ato posterior, esse herdeiro é excluído da sucessão por indignidade, invalidação de testamento, surgimento de outro herdeiro, e os terceiros que adquiriram bens destes herdeiros têm os interesses preservados, em homenagem ao princípio da boa-fé objetiva.

Além destas situações, Orlando Gomes[292] destaca que é possível se considerar a propriedade aparente de quem tem o título de aquisição transcrito em seu nome sem ser o proprietário real. Confiado no registro, o terceiro adquire do falso proprietário o bem transcrito e, em seguida, verifica que a propriedade daquele era apenas aparente.

O resumo de Rosenvald e Chaves[293] é preciso: "Para haver propriedade aparente, é preciso que o suposto proprietário esteja convencido de que o bem realmente lhe pertence (boa-fé) e que o seu comportamento seja de tal ordem, que qualquer pessoa se enganaria na mesma situação; vale dizer, seja o erro comum e invencível. Nas hipóteses de aquisição a *non domino*, temos exceções à regra do *nemo plus iuris*, pois os adquirentes de boa-fé não serão sancionados pela perda da propriedade, homenageando-se a teoria da aparência. Ou seja, na colisão de princípios, o direito de propriedade do verdadeiro titular será sacrificado para que seja tutelada a situação jurídica de aparência do terceiro de boa-fé".

A propriedade aparente também é protegida e tutelada no art. 879 do CC, que disciplina o pagamento indevido, na fraude contra credores; no art. 161 do CC, que veda a anulação do negócio jurídico em face de terceiros de boa-fé; e na simulação, art. 167, § 2º, também do CC, que tutela, expressamente, os interesses de terceiros de boa-fé, ainda que o negócio jurídico base, da qual se originou a propriedade, esteja contaminado pela simulação. Em todas estas hipóteses, haverá aparência de propriedade e, no conflito com a propriedade real, prevalecerá a propriedade aparente, como forma de tutelar a boa-fé objetiva daquele que confiou e acreditou na aparência da propriedade adquirida.

5.6.4. Propriedade fiduciária (direito real de garantia sobre coisa própria)

5.6.4.1. Introdução

A propriedade fiduciária que tem por objeto coisa móvel infungível está disciplinada nos arts. 1.361 a 1.368-

---

[290] FARIAS, Cristiano Chaves de; ROSENVALD, Nelson. *Direito reais*. 7. ed. Rio de Janeiro: Lumen Juris, 2011, p. 533.

[291] GOMES, Orlando. *Direitos reais*. 19. ed. atualizada. Rio de Janeiro: Forense, 2007, p. 277-278.

[292] GOMES, Orlando. *Direitos reais*. 19. ed. atualizada. Rio de Janeiro: Forense, 2007. p. 280.

[293] FARIAS, Cristiano Chaves de; ROSENVALD, Nelson. *Direito reais*. 7. ed. Rio de Janeiro: Lumen Juris, 2011, p. 535.

B do Código Civil. Por meio deste instituto jurídico de intensa relevância no comércio jurídico privado contemporâneo, um sujeito, denominado credor fiduciário, adquire a propriedade resolúvel e a posse indireta de bem móvel infungível (art. 1.361 do CC), cujo objeto permanece como garantia de financiamento efetivado em favor de outro sujeito, denominado devedor, possuidor direto, que se tornará proprietário com o adimplemento da obrigação assumida.

A propriedade do credor será extinta e se resolve em favor do devedor, com o adimplemento da obrigação.

A propriedade fiduciária ganhou destaque no comércio jurídico entre atores privados por se tratar de uma garantia sobre coisa própria, ao contrário dos direitos reais de garantia clássicos, como hipoteca, penhor e anticrese, que são direitos reais de garantia sobre coisa alheia. Na propriedade fiduciária, o garantidor é o próprio proprietário da coisa.

Trata-se de propriedade resolúvel, a qual se submete às disposições do art. 1.359 do CC. Por esta razão, se o devedor e possuidor direto adimplir a obrigação, a propriedade da coisa móvel infungível se resolverá em favor do mesmo, assim como se resolverão todos os direitos reais constituídos durante a propriedade resolúvel pelo credor fiduciário.

Tal forma de propriedade possui estreito vínculo e uma relação de dependência com o direito das obrigações, de caráter pessoal. Embora a propriedade fiduciária seja uma espécie do gênero propriedade, seu objetivo principal é garantir uma relação jurídica material de natureza obrigacional (uma relação de crédito e débito).

A vantagem é que o credor fiduciário terá a propriedade resolúvel da coisa dada em garantia e, como proprietário, poderá manejar todas as ações correspondentes ao proprietário, ao passo que o devedor manterá a posse direta da coisa, podendo usá-la, conforme a destinação e sua função social. Os contornos, a natureza e as características do instituto serão objeto de análise detalhada nos itens subsequentes.

Até o advento do Código Civil atual, a propriedade fiduciária era regulada em leis especiais sob o rótulo de "alienação fiduciária em garantia", que passa a ser apenas um tipo de contrato, diverso da propriedade fiduciária propriamente dita, direito real de garantia, que é constituído com o registro do título (contrato) no registro.

O contrato de alienação fiduciária em garantia é o título que servirá de fundamento para a constituição da propriedade fiduciária, o que ocorrerá apenas com o registro no cartório de títulos e documentos (§ 1º do art. 1.361 do CC).

Além da lei civil, o art. 66-B da Lei n. 4.728/65 e o Decreto-lei n. 911/69, também disciplinam a propriedade fiduciária sobre coisas móveis fungíveis e infungíveis, caso em que o credor terá de ser pessoa jurídica e instituição financeira; a Lei n. 4.728/65 regula a alienação fiduciária no âmbito do mercado financeiro e de capitais e, finalmente, a Lei n. 9.514/97 disciplina a propriedade fiduciária sobre bens imóveis.

No caso do Decreto-lei n. 911/69, o art. 1º, que altera o art. 66 da Lei n. 4.728/65, apresenta as características da propriedade fiduciária sobre coisa móvel, fungível ou infungível. Os demais artigos do decreto em referência estabelecem o regime jurídico a ser aplicado para o caso de inadimplemento das obrigações pelo devedor.

O art. 66-B da Lei n. 4.728/65, disciplina a alienação fiduciária em garantia no âmbito do mercado de capitais. Segundo este dispositivo, o contrato de alienação fiduciária celebrado no âmbito do mercado financeiro e de capitais, bem como em garantia de créditos fiscais e previdenciários, deverá conter, além dos requisitos definidos na Lei n. 10.406, de 10 de janeiro de 2002, Código Civil, a taxa de juros, a cláusula penal, o índice de atualização monetária, se houver, e as demais comissões e encargos.

Neste ponto, concordamos com Rosenvald e Chaves[294], quando argumentam que há dois regimes jurídicos sobre propriedades fiduciárias: a– o regime geral do Código Civil cujo objeto é coisa móvel infungível e o credor, qualquer pessoa, natural ou jurídica; b– regime especial formada por um conjunto de normas extravagantes, como o Decreto-lei n. 911/69, acrescido do art. 66-B da Lei n. 4.728/65, atualizado pela redação da Lei n. 10.931/2004, que trata da alienação fiduciária sobre bens móveis fungíveis e infungíveis, sendo que o credor fiduciário deve ser pessoa jurídica, e a Lei n. 9.514/97, que trata da alienação fiduciária de imóveis.

Aliás, justamente para preservar as referidas leis extravagantes, a norma federal n. 10.931/2004 acrescentou mais um dispositivo ao Código Civil, o art. 1.368-A, segundo o qual, as demais espécies de propriedade fiduciária, diversas daquela regulada pelo Código Civil, submetem-se à disciplina específica das respectivas leis especiais. As disposições do Código Civil somente se aplicarão às leis especiais em caráter supletivo e naquilo que não for compatível com a legislação especial.

A Lei n. 13.043/2014 acrescentou à propriedade fiduciária o art. 1.368-B, a fim de esclarecer que o credor fiduciário tem direito real à aquisição do bem no caso de inadimplemento.

Nos itens seguintes, passaremos a analisar toda a estrutura da propriedade fiduciária.

5.6.4.2. Conceito de propriedade fiduciária sob a perspectiva do Código Civil

A propriedade fiduciária é definida no art. 1.361, *caput*, da lei civil, como espécie do gênero propriedade resolúvel (art. 1.359 do CC), que tem por objeto coisa móvel infungível, que o devedor, com a finalidade de garantir obrigação, transfere ao credor. A essência para a compreensão da propriedade fiduciária é a finalidade do instituto. A transferência da propriedade em favor do credor não se dá porque o credor tem interesse na propriedade, mas para fins de garantir a obrigação. É por conta desta finalidade que o credor não pode manter a propriedade da

---
[294] FARIAS, Cristiano Chaves de; ROSENVALD, Nelson. *Contratos*. 9. ed. Salvador: JusPodivm, p. 540.

coisa dada em garantia no caso de inadimplemento do devedor. É obrigado a alienar o objeto.

De acordo com o art. 1.361, *caput*, do CC, considera-se fiduciária a propriedade resolúvel de coisa móvel infungível que o devedor, com escopo de garantia, transfere ao credor.

Portanto, a partir de negócio jurídico de crédito e débito (contrato que gera efeitos obrigacionais), o credor fiduciário adquire a propriedade resolúvel de coisa móvel infungível, assim como a posse indireta (art. 1.197 do CC) e o devedor se torna possuidor direto, cujo bem será dado em garantia do adimplemento de obrigação a qual a propriedade está vinculada. Com o adimplemento da obrigação, a propriedade da coisa se resolve em favor do devedor. A constituição da propriedade fiduciária e do direito real depende do registro do contrato (se móvel, no cartório de títulos e documentos e, se imóvel, no CRI).

Portanto, de um lado haverá o credor fiduciário e de outro o devedor fiduciante. O credor se torna proprietário da coisa objeto da garantia. Por isso, é direito real de garantia sobre bem próprio e não sobre coisa alheia, como os tradicionais direitos de garantia (a hipoteca, o penhor e a anticrese). Essa é a grande vantagem deste instituto jurídico para o credor fiduciário.

Em caso de inadimplemento, basta o credor requerer a busca e apreensão da coisa que já lhe pertence.

Como já ressaltado, não se deve confundir a alienação fiduciária em garantia, que é o contrato que serve de título para a constituição da propriedade fiduciária, com a própria propriedade fiduciária, que é o direito real com escopo de garantia.

De acordo com Caio Mário[295], "pode-se definir a propriedade fiduciária como a transferência, ao credor, do domínio e posse indireta de uma coisa, independentemente de sua tradição efetiva, em garantia do pagamento de obrigação a que acede, resolvendo-se o direito do adquirente com a solução da dívida garantida".

Segundo o mestre Orlando Gomes[296], "em sentido lato, a alienação fiduciária é o negócio jurídico pelo qual uma das partes adquire, em confiança, a propriedade de um bem, obrigando-se a devolvê-la quando se verifique o acontecimento a que se tenha subordinado tal obrigação, ou lhe seja pedida a restituição. Por via desse contrato, o devedor transfere ao credor a propriedade de bens móveis, para garantir o pagamento da dívida contraída, com a condição, de ao ser liquidada, voltar a ter a propriedade do bem transferido".

Assim, o credor fiduciário adquire, por força deste negócio, a propriedade do bem dado em garantia. No entanto, no título de constituição desta propriedade, já está prevista a causa de sua extinção, o adimplemento da obrigação ao qual está vinculado, caso em que se resolverá a propriedade em favor do devedor ou, inadimplemento, caso em que a propriedade do credor, que era resolúvel, se torna plena.

De fato e na realidade, o objetivo não é a constituição de propriedade, mas apenas reforçar um vínculo jurídico obrigacional com esta transferência. A propriedade fiduciária ficará vinculada ao título obrigacional e sua eficácia será subordinada ao adimplemento da obrigação pelo devedor.

As regras materializadas no Código Civil relativas à propriedade fiduciária decorrem de duas ideias fundamentais: 1 – a propriedade fiduciária é direito real de garantia sobre coisa própria (o credor é o dono do objeto que garante a obrigação); 2 – finalidade da transferência da propriedade: garantir obrigação e não tornar o credor proprietário.

5.6.4.3. Elementos: sujeitos, objeto e natureza jurídica da propriedade fiduciária sob a perspectiva do Código Civil

Sujeitos (elemento subjetivo): os sujeitos da propriedade fiduciária são o *credor fiduciário*, que adquire a propriedade resolúvel e a posse indireta da coisa móvel infungível e, de outro lado, *o devedor fiduciante*. Essa é a terminologia a ser utilizada na propriedade fiduciária.

Segundo o art. 1.361 do Código Civil, o credor fiduciário pode ser qualquer pessoa física ou jurídica. Portanto, a propriedade fiduciária prevista na lei civil não se restringe a beneficiar instituições financeiras.

Portanto, qualquer credor poderá utilizar o instituto para garantir o adimplemento de determinada obrigação. A própria Lei n. 9.514/97, que disciplina a propriedade fiduciária de bens imóveis, prevê a possibilidade de o credor ser uma pessoa natural ou jurídica.

Não há mais qualquer polêmica quanto às restrições subjetivas. Antes da lei civil, uma parcela da doutrina considerada a posição de credor restrita a instituições financeiras. A partir das leis especiais extravagantes e o Código Civil vigente, tais restrições deixaram de existir, o que encerrou as discussões em torno do tema.

Em relação ao devedor, conforme bem pondera Tepedino[297], "qualquer pessoa, física ou jurídica, dotada de capacidade para os atos da vida civil pode alienar em garantia. Como ocorre nas demais garantias reais, e com maioria de razão na propriedade fiduciária, exige-se que o prestador da garantia tenha poder de disposição sobre o bem".

Aliás, em relação ao fato de o devedor ser o proprietário da coisa, tal regra é excepcionada pelo § 3º do art. 1.361 do Código Civil, segundo o qual a propriedade superveniente, adquirida pelo devedor, torna eficaz, desde o arquivamento, a transferência da propriedade fiduciária. Portanto, neste caso, por ocasião da constituição da garantia, o devedor ainda não é proprietário, mas vem a sê-lo por ato subsequente, situação em que os efeitos retroagem à data da constituição da propriedade. Em momento superveniente, o devedor adquire a propriedade que não

---

[295] PEREIRA, Caio Mário da Silva. *Instituições de direito civil. Direitos reais*. 26. ed. Rio de Janeiro: Forense, 2018. v. IV.

[296] GOMES, Orlando. *Direitos reais*. 19. ed. atualizada. Rio de Janeiro: Forense, 2007.

[297] TEPEDINO, Gustavo; BARBOZA, Heloisa Helena; MORAES, Maria Celina Bodin de. *Código civil interpretado conforme a Constituição da República*. Rio de Janeiro: Renovar, 2007. v. III.

tinha por ocasião da instituição da propriedade fiduciária, com eficácia retroativa.

A lei admite a constituição da propriedade fiduciária em garantia por parte do não proprietário, desde que venha a sê-lo por ato posterior. Neste caso, a aquisição da propriedade retrotrai os seus efeitos à data do contrato, considerando-se o domínio fiduciário transferido no momento em que se opera a aquisição do objeto pelo devedor, independentemente de qualquer nova formalidade.

Objeto (elemento objetivo): quanto ao objeto, a propriedade fiduciária disciplinada pelo Código Civil apenas admite que tal direito real de garantia incida sobre coisa móvel e infungível. Os bens móveis estão definidos nos arts. 82 a 84 da Lei Civil.

Em relação à característica da não fungibilidade, a coisa móvel infungível é aquela que não pode ser substituída por outra da mesma espécie, qualidade e quantidade. A natureza fungível de determinados bens impede que seja objeto de garantia fiduciária. Como o Código Civil trata o devedor como depositário (art. 1.363), no caso de bens fungíveis seria uma espécie de depósito irregular (art. 645), caso em que se aplicam as regras do mútuo, instituto mais compatível com bens que ostentam esta característica (fungibilidade).

Entretanto, é possível a alienação sobre coisa imóvel e também sobre móveis fungíveis. Nestes casos, tais propriedades fiduciárias estão reguladas em leis extravagantes, mais especificamente a Lei n. 9.514/97 e a Lei n. 4.728/65. Aliás, a Lei n. 10.931/2004, que alterou a Lei n. 4.728/65, confirmou a possibilidade de alienação fiduciária de bem fungível nas operações no âmbito do mercado financeiro.

Sobre o objeto, destaca Francisco Loureiro[298] que se restringe a bens móveis corpóreos e infungíveis, portanto, "(...) engloba as coisas semoventes, as que não se movem por força própria e as móveis por antecipação. Abrange ainda as pertenças. Incluem-se aí veículos, eletrodomésticos e outros bens de consumo duráveis individualizados por números de série e marcas que permitam distingui-los de qualquer outro, tornados infungíveis por convenção das partes. Admite-se também a propriedade fiduciária sobre navios e aeronaves, que podem, de acordo com a conveniência das partes, ser dados em hipoteca.

Natureza jurídica: a propriedade fiduciária tem como fundamento um título, contrato de alienação fiduciário, que gera efeitos obrigacionais, o qual, quando submetido a registro, constitui o direito real propriedade fiduciária.

A propriedade fiduciária é um direito real de garantia sobre coisa própria. Essa sua principal diferença entre os direitos reais de garantia tradicionais, como a hipoteca, o penhor e a anticrese, que são direitos reais de garantia sobre coisa alheia.

Na hipoteca, no penhor e na anticrese, o devedor não fica privado da propriedade da coisa. Não há transferência de propriedade para o credor. No caso do penhor, tal direito real de garantia se efetiva com a mera transferência da posse ao credor ou quem o represente (art. 1.431). Da mesma forma ocorre com a anticrese (art. 1.506 do CC).

Na propriedade fiduciária, a coisa móvel infungível é transferida ao credor, que se torna proprietário resolúvel. Portanto, o objeto dado em garantia é do próprio credor, o que torna a propriedade fiduciária, como se verá adiante, um patrimônio de afetação.

Em relação ao contrato que fundamenta a propriedade fiduciária, é negócio jurídico bilateral, oneroso, formal e acessório. É bilateral porque há entre as prestações e contraprestações relação de interdependência ou nexo de funcionalidade.

A causa da obrigação de um dos contratantes é a causa ou pressuposto da obrigação do outro. É oneroso, em função da reciprocidade de vantagens e sacrifícios. A vantagem do credor é receber as prestações pactuadas e ter garantia eficiente. O sacrifício é ficar privado da posse do bem. A vantagem do devedor é poder usufruir plenamente da coisa (art. 1.363), e o sacrifício é adimplir a obrigação pactuada, sob pena de consolidação da propriedade plena em favor do credor fiduciário.

O contrato é formal, pois de acordo com o § 1º do art. 1.361 do CC, deve ser celebrado por escrito, por instrumento público ou particular. E, ainda, para constituição da propriedade fiduciária, direito real de garantia sobre coisa própria, deverá ser levado a registro, no Cartório de Títulos e Documentos. Portanto, além do formalismo do título, há o formalismo para a constituição do direito real.

Além disso, a propriedade fiduciária, de acordo com o art. 1.361, *caput*, do Código Civil, tem natureza resolúvel, pois desde a constituição está vinculada e subordinada a uma causa resolutiva que levará a sua extinção e consequente resolução em favor do devedor/alienante. A causa resolutiva é um evento futuro e incerto, o adimplemento da obrigação que a coisa móvel infungível serve de garantia. Como propriedade resolúvel, a propriedade fiduciária se submete, integralmente, à disciplina do art. 1.359 do Código Civil.

Em resumo, o credor fiduciário adquire a propriedade resolúvel e a posse indireta de móvel (CC) ou imóvel (Lei n. 9.514 c/c o art. 1.368-A do CC), como garantia de financiamento efetuado pelo devedor (posse direta). Resolve-se o direito do credor com o adimplemento da dívida. A finalidade do instituto é garantir o adimplemento de obrigação. Assim, trata-se de direito real de garantia sobre coisa própria.

Como bem ressalta Orlando Gomes[299], trata-se de instituto autônomo e típico, que não se confunde com o penhor, o mandato e o depósito. Com relação ao penhor, a diferença é evidente, pois de acordo com o art. 1.431 do

---

[298] LOUREIRO, Francisco Eduardo. Arts. 1.196 a 1.510-E – Coisas. In: PELUSO, Cezar (coord.). *Código civil comentado*. 2. ed. Barueri: Manole, 2008.

[299] GOMES, Orlando. *Direitos reais*. 19. ed. atualizada. Rio de Janeiro: Forense, 2007.

CC, o penhor é direito real de garantia sobre coisa alheia. O devedor transfere ao credor apenas a posse e não a propriedade. Na propriedade fiduciária, o credor tem direito real de garantia sobre coisa própria, pois o devedor lhe transfere a propriedade.

Não é mandato, porque a finalidade do mandato não é garantir uma obrigação, como na propriedade fiduciária, que tem natureza resolúvel.

Com relação ao depósito, a confusão decorre de uma equivocada previsão no art. 1.363 do Código Civil, segundo o qual o devedor teria as mesmas obrigações do depositário. No entanto, ao contrário do contrato de depósito, na propriedade fiduciária, o devedor pode usar a coisa segundo a sua destinação, fato inadmissível no depósito regular.

Segundo os arts. 627 e 629 do CC, as obrigações do depositário se restringem à guarda, conservação e dever de restituição quando o depositante requerer e reclamar a coisa. Não há possibilidade de o depositário usar a coisa, sob pena de desvirtuar o contrato de depósito, alterando a sua natureza jurídica. O uso no depósito tradicional somente é possível se tiver relação com o dever de conservação ou no caso de uso eventual. O uso regular, como finalidade de um contrato, é incompatível com o depósito tradicional. Por isso, embora o devedor fiduciário deva agir como depositário em relação a determinadas obrigações, isto não é suficiente para identificar ou assemelhar a propriedade fiduciária com o contrato de depósito.

5.6.5. Constituição da propriedade fiduciária

A propriedade fiduciária se constitui com o registro do contrato de alienação fiduciária, que deve ser celebrado por instrumento público ou particular, no Registro de Títulos e Documentos do domicílio do devedor, na forma do art. 1.361, § 1º, do Código Civil.

Portanto, trata-se de um processo dividido em duas fases: na primeira, a formalização do contrato, que servirá de título à propriedade fiduciária, o qual deverá conter todos os requisitos previstos no art. 1.362 do Código Civil. Tais pressupostos são o total da dívida ou sua estimativa, o prazo ou a época de pagamento, a taxa de juros, se houver e a descrição e individualização da coisa objeto da transferência, com os elementos indispensáveis para a sua identificação. Trata-se do princípio da especialização da garantia, regra também encontrada no art. 1.424 do Código Civil, que disciplina os direitos reais de garantia sobre coisa alheia.

A redação dos arts. 1.362 e 1.424 do CC são assemelhadas, justamente porque retratam o mesmo princípio.

A ausência destes requisitos constitui vício do contrato, o que o torna passível de invalidação. Tais formalidades são essenciais para o contrato que servirá de título à propriedade fiduciária, como indica o art. 1.362, *caput*, do Código Civil. De acordo com Carlos Roberto Gonçalves[300] "o contrato deve ter, portanto, a forma escrita, podendo o instrumento ser público ou particular". Trata-se de requisito formal.

De acordo com a precisa observação de Loureiro[301], "(...) todos os demais credores e os que negociam tanto com o devedor como com o credor fiduciário têm interesse em saber qual o patrimônio disponível, o transferido para o credor e em que condições retornará para o patrimônio do devedor. Por isso, a norma cogente impõe requisitos mínimos ao contrato, dando publicidade e especializando o patrimônio transferido em garantia e as características da obrigação garantida".

Na segunda fase, o registro deste contrato no cartório de registro de títulos e documentos de domicílio do devedor (art. 129, inciso 5º, da Lei de Registros Públicos). O contrato, por si só, não transfere direito real. Após a formalização do título, a lei civil impõe um modo ou uma formalidade especial para a constituição da propriedade fiduciária, o registro.

Não haverá propriedade fiduciária sem o registro. O contrato de alienação fiduciária que não for registrado produz efeitos meramente obrigacionais entre as partes. Não haverá a constituição de direito real sem o registro, conforme determina o § 1º do art. 1.361 do CC.

• **Constituição da propriedade fiduciária sobre veículos automotores (RE 611.639/RJ)**

Por outro lado, se o objeto do contrato e do referido direito real for veículo automotor, o registro do título também é essencial, mas não no Cartório de Títulos e Documentos e sim no órgão competente para registro do veículo (Detran). Essa foi a orientação adotada pelo STF no RE 611.639/RJ.

No referido RE, o STF assentou a desnecessidade do registro, em cartório, do contrato de alienação fiduciária que tem por objeto veículo automotor.

A celeuma decorre da confusa redação do § 1º do art. 1.361 do Código Civil, quanto ao registro de contratos de alienação fiduciária que envolve veículos. No caso de coisa móvel infungível diversa de veículo, basta o registro do Contrato no Cartório de Títulos e Documentos. No entanto, em relação aos veículos, o artigo é confuso, pois não esclarece se é necessário o registro no cartório de títulos e documentos ou apenas no órgão de licenciamento ou em ambos.

No caso de qualquer coisa móvel infungível, com exceção dos veículos, a propriedade fiduciária se constituirá com o registro do contrato/título no cartório de registro de títulos e documentos. Com ressaltado, sem o registro, devidamente formalizado, não será constituído o direito real propriedade fiduciária.

Todavia, no caso de veículos, a segunda parte do § 1º do art. 1.361 do Código Civil, gera debates e profunda polêmica sobre o local do registro para fins de constituição da propriedade fiduciária: "§ 1º Constitui-se a propriedade fiduciária com o registro do contrato, celebrado por ins-

---

[300] GONÇALVES, Carlos Roberto. *Direito civil brasileiro:* direito das coisas. v. V. São Paulo: Saraiva, 2010.

[301] LOUREIRO, Francisco Eduardo. Arts. 1.196 a 1.510-E – Coisas. In: PELUSO, Cezar (coord.). *Código civil comentado*. 2. ed. Barueri: Manole, 2008.

trumento público ou particular, que lhe serve de título, no Registro de Títulos e Documentos do domicílio do devedor, *ou, em se tratando de veículos, na repartição competente para o licenciamento, fazendo-se a anotação no certificado de registro*".

Em razão da péssima redação, surge o debate sobre o local do registro do contrato de alienação fiduciária que tenha por objeto veículo.

Nesta situação, há três posições: a primeira defende o duplo registro, no cartório e no certificado de registro do veículo; a segunda, que defende que é suficiente o registro no certificado do veículo e a terceira, que defende apenas o registro no cartório de títulos e documentos. No STF, como já ressaltado, prevaleceu a segunda tese (basta o registro no certificado do veículo).

Qual seria a tese mais adequada para a constituição de propriedade fiduciária cujo objeto seja veículo?

Com todo o respeito à decisão do STF, em nossa opinião, a constituição da propriedade fiduciária está condicionada ao registro no cartório de títulos e documentos, bem como no certificado do veículo, emitido pelo Detran. Aliás, na disciplina do penhor de veículos, o art. 1.462 do Código Civil, estabelece que é constituído o penhor, direito real de garantia sobre coisa alheia, mediante o registro do instrumento, público ou particular, no Cartório de Títulos e Documentos do domicílio do devedor e anotação no certificado de propriedade deste bem móvel.

Portanto, não basta a anotação no certificado do registro do veículo. É indispensável o registro no cartório de títulos e documentos. O Detran não é órgão competente para a instituição de direitos reais. A anotação no certificado do veículo serve apenas para tutelar os interesses de terceiros, nos termos da Súmula 92 do STJ, segundo a qual a alienação fiduciária não anotada no certificado de registro do veículo, não é oponível a terceiro de boa-fé. Entretanto, tal súmula não se refere à constituição da propriedade fiduciária, a qual é disciplinada pelo § 1º do art. 1.361 do Código Civil. Para tutelar interesse de terceiro de boa-fé, o contrato de alienação fiduciária deve estar anotado no certificado do registro do veículo, mas a constituição da propriedade fiduciária depende do registro no cartório de títulos e documentos.

O principal argumento daqueles que defendem a tese de que basta o registro no certificado de licenciamento é a ineficácia do registro no cartório de títulos e documentos. Essa tese da ineficácia também poderia ser invocada em relação a outros bens móveis infungíveis, diferentes de veículos, pois ninguém irá a um cartório para se certificar se uma determinada coisa está subordinada a um contrato de alienação fiduciária. É óbvio que a anotação no certificado de propriedade do veículo fortalece este direito real de garantia, mas a sua constituição depende da formalidade no cartório de títulos e documentos.

A constituição do direito real não se confunde com os direitos obrigacionais. O direito real de garantia sobre veículos, propriedade fiduciária, deve associar o registro no cartório e no certificado do veículo.

A conjunção "ou" deve ser substituída por "e", no caso da propriedade fiduciária que tenha por objeto veículos. É essencial o duplo registro.

O mero registro no Detran gera efeitos obrigacionais, mas não é suficiente para constituir a propriedade fiduciária.

O Superior Tribunal de Justiça já teve oportunidade de se pronunciar sobre o assunto no REsp 686.932/PR, relatado pelo Ministro Luiz Fux.

O Superior Tribunal de Justiça considerou, neste precedente, que a constituição da propriedade fiduciária que tem por objeto veículos se dá com o registro ou a anotação da alienação fiduciária no certificado de propriedade do bem. Portanto, dispensou o "duplo" registro ou a necessidade de registrar o contrato de alienação fiduciária no cartório de títulos e documentos se o objeto for veículo, na forma da última parte do art. 1.361, § 1º, do Código Civil.

No entanto, há evidentes falhas nos fundamentos do referido recurso. Em primeiro lugar, o art. 1.361, § 1º, da Lei Civil é de clareza solar quando impõe o registro do contrato de alienação fiduciária, que lhe serve de título, no registro de títulos e documentos, como condição para constituição da propriedade fiduciária (direito real sobre coisa própria) e não apenas para conferir publicidade ao ato.

Segundo, a Súmula 92 do STJ invocada no precedente tem por única finalidade tutelar terceiros de boa-fé, que podem ser prejudicados pela ausência de anotação no certificado de propriedade do veículo emitido pelo Detran, cuja formalidade, juntamente com o registro no cartório de títulos e documentos, é indispensável para constituição da propriedade fiduciária. Assim, a ausência de anotação no certificado de propriedade do veículo não constitui a propriedade fiduciária e, por esta razão, no âmbito meramente obrigacional, os interesses de terceiros de boa-fé ficam preservados. Nada mais do que isso.

Em terceiro lugar, não há dúvida da eficácia desta anotação no certificado emitido pelo Detran. Todavia, tal eficácia não tem repercussão na constituição do direito real propriedade fiduciária. Em relação a outras coisas móveis infungíveis o registro do contrato no cartório de títulos e documentos, como condição para constituição da propriedade fiduciária, também não tem eficácia, pois não se investiga a existência de ônus reais em cartórios de títulos e documentos. Nem por isso, não estará constituída a propriedade fiduciária.

Por fim, na decisão em questão se faz referência a outros precedentes[302] do STJ, que não têm relação com a constituição da propriedade fiduciária. Segundo tais precedentes, é válido o contrato de alienação fiduciária, mesmo não registrado no cartório de títulos e documentos, cujo objeto for veículo. Não se questiona a validade do contrato ou do título, mas a constituição de um direito

---

[302] No REsp 770.315/AL a discussão é sobre a validade do contrato de alienação fiduciária que não foi registrado e não sobre a constituição do direito real de propriedade fiduciária; da mesma forma no Recurso Especial 278.993/SP e no Recurso Especial 875.634/PB. Portanto, o STJ invocou precedentes onde se discutiu a validade do contrato de alienação fiduciária, e não a constituição do direito real de propriedade fiduciária.

Capítulo 5 • Direitos Reais

real de garantia sobre coisa própria e, em relação a esse aspecto, o duplo registro é essencial.

É possível expedir o certificado de registro de veículo automotor com anotação da alienação fiduciária sem prévio registro no cartório de títulos e documentos. Nunca se discutiu isso. Nesse ponto, não assiste razão à Anoreg/BR no referido recurso. Entretanto, a emissão do certificado de registro de veículo sem prévio registro no cartório não constitui o direito real de propriedade fiduciária, mas apenas um direito obrigacional entre dois sujeitos, credor e devedor.

Para a constituição do direito real de propriedade, além da anotação no Detran, junto ao certificado de propriedade do veículo, é indispensável o registro no cartório de títulos e documentos, a teor do disposto nos arts. 1.361, § 1º, do CC e,5º, da Lei de Registros Públicos.

Em apoio à nossa posição, ao fazer uma analogia com o penhor de veículos, Tepedino[303] destaca que "em interpretação sistemática do CC, afigura-se defensável a exigibilidade do duplo registro, em raciocínio análogo àquele aplicado ao penhor de veículos: enquanto para o penhor comum se exige apenas o registro do instrumento constitutivo no cartório de títulos e documentos (arts. 1.432 e 1.452) ou no cartório de registro de imóveis (arts. 1.438 e 1.447), especificamente no tocante ao penhor de veículos se exige o registro do contrato no Cartório de Títulos e Documentos e a anotação do penhor no certificado de propriedade (art. 1.462), cumulativamente. Nessa perspectiva, o legislador teria exigido duplo registro tanto no penhor quanto na alienação fiduciária de veículos, vez que as duas hipóteses se referem a garantias reais em que o prestador se mantém na posse direta do bem".

Desta forma, em relação a veículos, a dupla formalidade é indispensável para a constituição da propriedade fiduciária, direito real de garantia sobre coisa própria.

Todavia, o STF adotou posição oposta no mencionado Recurso Extraordinário, e é a posição que tende a prevalecer. O STF considerou constitucional o § 1º do art. 1.361. Interessante que o STF parte da premissa de que o § 1º deste artigo, ao se referir a veículo, apenas faz referência ao registro no certificado de licenciamento. Esse é o equívoco do STF, pois a celeuma é se o dispositivo legal exige ou não o duplo registro (em razão da confusa redação) e não se o registro apenas no certificado de licenciamento é suficiente para a constituição de propriedade fiduciária sobre veículo automotor (O CC não exige apenas o registro no certificado de licenciamento. A dúvida é justamente se exige os dois registros. Se o CC fosse claro e inequívoco quanto à suficiência do registro apenas no certificado de licenciamento, a discussão no STF sobre a constitucionalidade do dispositivo teria sentido). O Superior Tribunal de Justiça, no Recurso Especial n. 844.098/MG, entre outros, está a pacificar o entendimento da impossibilidade de se reconhecer a usucapião de bem objeto de propriedade fiduciária em favor de terceiro adquirente, sem anuência do credor fiduciário, sob o argumento de que a clandestinidade impede a detenção.

5.7. CARACTERÍSTICAS DA PROPRIEDADE FIDUCIÁRIA

Nesse tópico, é relevante apontar as características que integram o conteúdo, a essência e a substância deste direito real de garantia sobre coisa própria.

Tais características podem ser extraídas da natureza jurídica do instituto e das regras legais que disciplinam a propriedade fiduciária no Código Civil. E quais seriam essas características? 1 – A propriedade fiduciária é uma espécie do gênero propriedade resolúvel. 2 – Na propriedade fiduciária há o desdobramento da posse em direta e indireta. 3 – A propriedade fiduciária é um patrimônio de afetação. 4 – A propriedade fiduciária é um direito real de garantia sobre coisa própria. 5 – A propriedade fiduciária gera a aquisição da posse pelo constituto possessório.

5.7.1. Propriedade fiduciária como propriedade resolúvel

A propriedade fiduciária é uma espécie do gênero propriedade resolúvel e, por esta razão, se submete à regra geral da propriedade resolúvel estampada no art. 1.359 do Código Civil. Por ocasião da constituição da propriedade fiduciária, tal direito de propriedade ficará vinculado a uma condição resolutiva que levará a sua extinção se for implementada.

A condição resolutiva é o adimplemento da obrigação pelo devedor fiduciante. Com tal adimplemento, a propriedade constituída inicialmente em favor do credor fiduciário se resolverá em favor do devedor fiduciário. O título de propriedade fica vinculado a esta condição resolutiva, que será a causa de sua extinção. O que caracteriza a propriedade como resolúvel é a previsão de sua extinção no próprio título que a constitui. As partes, por ocasião da constituição da propriedade resolúvel, já condicionam a sua extinção ao implemento de uma condição ou advento de um termo. Trata-se, portanto, de causa originária.

De acordo com o art. 1.361, *caput*, do Código Civil, a propriedade transmitida ao credor fiduciário, é resolúvel porque está subordinada a um evento futuro e incerto, o adimplemento da obrigação. Futuro porque o adimplemento das obrigações será em momento superveniente à constituição da propriedade e incerto porque não há possibilidade de prever se o devedor cumprirá rigorosamente com as obrigações contratuais.

Assim, consumado o evento futuro e incerto, adimplemento, a propriedade do credor se resolve em favor do devedor, com efeito *ex tunc* (art. 1.359 do CC) e extinção da garantia.

Quanto à finalidade da constituição da propriedade, é pertinente a observação de Rosenvald e Chaves[304]: "A

---

[303] TEPEDINO, Gustavo; BARBOZA, Heloisa Helena; MORAES, Maria Celina Bodin de. *Código civil interpretado conforme a Constituição da República*. Direito de Empresa. Direito das coisas. 2. ed. Rio de Janeiro: Renovar, 2011. v. III.

[304] FARIAS, Cristiano Chaves de; ROSENVALD, Nelson. *Direito reais*. 7. ed. Rio de Janeiro: Lumen Juris, 2011,.

constituição da propriedade em nome do credor tem o escopo único de garantia pelo tempo em que durar a obrigação principal. No negócio jurídico constitutivo do direito real existem duas declarações que se aderem: a primeira objetiva a transferência da coisa ao credor fiduciário; a segunda, já estabelece o retorno da propriedade ao devedor fiduciante, em caráter condicional, pois a propriedade do credor já nasce com a previsão genética de sua destruição".

5.7.2. Propriedade fiduciária e o desdobramento da posse direta em indireta

Na propriedade fiduciária há o desdobramento da posse em direta e indireta, caso em que o devedor fiduciante se torna o possuidor direto, e o credor fiduciário, o possuidor indireto, tudo na forma do § 2º do art. 1.361 do Código Civil.

Nesta condição, aplicam-se aos possuidores todas as regras e princípios possessórios, a fim de que possam pleitear a tutela de suas posses em relação a terceiros e um em face do outro. No caso, aplica-se o art. 1.197 do Código Civil, já objeto de comentários em tópico próprio, sendo dispensável a repetição dos argumentos e das questões relacionadas ao desdobramento da posse em direta e indireta.

Na qualidade de possuidor direto, na forma do art. 1.363 do Código Civil, pode o devedor fiduciante, à sua expensa e risco, usar a coisa segundo a sua destinação.

O devedor transmite a propriedade ao credor, mas ainda mantém os poderes dominiais de uso e fruição da coisa, aparentando ser o proprietário. Há, portanto, uma afinidade entre a concepção ideológica e jurídica de possuidor (art. 1.196 do CC) e o modo como o devedor, possuidor direto da coisa, age em relação ao bem. O devedor confere visibilidade de domínio e age em relação à coisa como o faria o dono. Essa aparência de propriedade, na perspectiva da teoria objetiva de Ihering, lhe dá o *status* de possuidor, com todas as prerrogativas e direitos inerentes a essa condição.

Como dito, o devedor responderá por todos os riscos relacionados à perda ou deterioração da coisa, com clara inversão de que a coisa perece para o dono. O dono no caso é o credor e a perda ou deterioração será imputada ao devedor, que não é dono. Além disso, o devedor responderá pelos atos ilícitos em relação a terceiros (art. 1.363, *caput*, do CC).

Por isso, estamos de acordo com a doutrina quando defende que não se aplica ao credor a Súmula 492 do STF, segundo a qual a empresa locadora de veículos responde, civil e solidariamente com o locatário, pelos danos por este causados a terceiros, no uso do carro locado. O devedor ainda deverá arcar com todos os encargos do veículo, como IPVA e multas, assim como outras taxas.

Direitos e deveres do devedor fiduciante

Ainda na análise do desdobramento da posse, é relevante menção específica ao art. 1.363 do Código Civil, cujo dispositivo disciplina os direitos e deveres do devedor.

Em relação aos direitos, o devedor, à sua expensa e risco, pode usar regularmente a coisa segundo a destinação. Tal direito de uso decorre do desdobramento possessório previsto no § 2º do art. 1.361 do CC, uma vez que o devedor será o possuidor direto da coisa e manterá com o bem um contato pessoal.

Enquanto estiver cumprindo as obrigações contratuais, a posse do devedor será justa, pois fundada em título legítimo. Se a posse é justa e de boa-fé, se aplica ao devedor todas as regras da posse que beneficiam o possuidor justo e de boa-fé (neste caso, benfeitorias, percepção de frutos e produtos etc.).

No que tange aos deveres, o art. 1.363 do CC, nos incisos I e II, equipara as obrigações do devedor fiduciante às obrigações do depositário, que estão disciplinadas nos arts. 627 e 629 da Lei Civil. O art. 1.363 não equipara o devedor ao depositário, mas apenas às obrigações de um e de outro. De acordo com os arts. 627 e 629, cabe ao depositário o dever de guarda, conservação da coisa depositada e restituição, quando for exigida. Tais deveres se assemelham aos previstos nos incisos I e II do art. 1.363: "I – empregar na guarda da coisa a diligência exigida por sua natureza; II – a entregá-la ao credor, se a dívida não for paga no vencimento".

Todavia, há diferenças substanciais. No depósito tradicional, o depositante pode requerer a coisa a qualquer tempo e o depositário tem o dever de restituir, mesmo que o depósito seja por prazo determinado e o requerimento do depositante seja formalizado antes do prazo (art. 633 do CC). No caso da propriedade fiduciária, a restituição depende do inadimplemento. Se o devedor estiver adimplente com suas obrigações, o credor não poderá, sob qualquer pretexto, requerer a entrega da coisa. Além disso, o depositário não poderá fazer uso regular da coisa depositada, ao passo que o devedor fiduciante poderá usar a coisa conforme a sua destinação.

Por isso, não é correto afirmar que o devedor é depositário, mas que suas obrigações se assemelham às de um depositário. É depósito impróprio. A natureza e os efeitos jurídicos do depósito tradicional são diferentes dos deveres e obrigações do devedor quando da constituição da propriedade fiduciária.

5.7.3. Propriedade fiduciária como patrimônio de afetação

A propriedade fiduciária constitui patrimônio de afetação. É considerado patrimônio especial, vinculado à obrigação que a propriedade objetiva servir de garantia, que não se confunde com o patrimônio geral do credor fiduciário e do devedor fiduciante. Por estar afetada à obrigação, a propriedade fiduciária não se vincula a qualquer outra obrigação, direito ou dever jurídico do credor ou do devedor. Tal patrimônio não responde pelas dívidas do credor ou do devedor. Essa afetação torna a propriedade fiduciária ainda mais interessante, sob o aspecto econômico e social.

O patrimônio de afetação é aquele destinado e vinculado a um fim determinado e específico. Por isso, ostenta uma proteção especial na legislação. Essa vinculação impede que tal patrimônio possa ser destinado a finalidade diversa daquela para a qual foi constituído.

Em consequência, a propriedade fiduciária não integra os ativos do devedor e não responde por suas dívidas. Por exemplo, de acordo com o art. 49, § 3º, da Lei de Falências, o proprietário fiduciário não se submete aos efeitos da eventual recuperação judicial do devedor fiduciante. Neste caso, prevalece o direito de propriedade sobre a coisa.

O credor fiduciário não se submete também aos efeitos da falência do devedor. Com fundamento no art. 85 desta lei, poderá pedir a restituição da do bem, objeto do contrato de alienação fiduciária, que vir a ser arrecadado no processo de falência. Assim, a propriedade fiduciária não integra a classificação de créditos no regime jurídico da falência (art. 83 da Lei de Falências).

Direito real de garantia sobre coisa própria

A propriedade fiduciária constitui direito real de garantia em coisa própria, ao contrário dos direitos reais de garantia tradicionais, hipoteca, penhor e anticrese, que são direitos reais de garantia sobre coisa alheia. Tal fato confere intensa segurança jurídica ao credor fiduciário, pois em caso de inadimplemento do devedor poderá recuperar a coisa que já integra o seu patrimônio jurídico. Por isso, a propriedade fiduciária não integra os ativos do devedor e não responde pelas dívidas deste. O credor mantém a propriedade da coisa dada em garantia, a qual se resolve em favor do devedor com o adimplemento da obrigação. É, portanto, propriedade resolúvel.

Orlando Gomes[305], ao comparar a propriedade fiduciária com os clássicos direitos reais de garantia destaca que "enquanto o penhor, a caução, a anticrese e a hipoteca são direitos reais de garantia constituídos na coisa alheia, eis que o devedor pignoratício, anticrético ou hipotecário continua dono do bem dado em segurança, na alienação fiduciária transfere a sua propriedade ao credor". Em outro momento ressalta que "o fiduciário passa a ser o dono dos bens alienados pelo fiduciante. Adquire, por conseguinte, a propriedade desses bens, mas, como no próprio título de constituição desse direito, está estabelecida a causa de sua extinção, seu proprietário tem apenas propriedade restrita e resolúvel".

Em suma, o fato de ser direito real de garantia sobre coisa própria, confere efetividade a essa garantia. O credor fiduciário é o proprietário da coisa dada em garantia. A garantia recai sobre objeto cujo titular do domínio se transfere para o titular do crédito.

Cláusula *constituti*

A cláusula *constituti* é inserida no contrato de alienação fiduciária, porque o devedor, que era proprietário da coisa, por força desta cláusula, se torna possuidor direto. Aliás, em entendimento materializado na Súmula 28, o STJ considerou que o contrato de alienação fiduciária em garantia pode ter por objeto bem que já integra o patrimônio do devedor. Por força de um consenso, aquele que era proprietário e possuidor, ao alienar a propriedade para o credor, como efeito da cláusula, se torna mero possuidor direto. O próprio art. 1.267, em seu parágrafo único, dispõe que subentende-se a tradição quando o transmitente continua a possuir a coisa, ainda que não haja qualquer alteração na situação fática.

5.7.4. Consequências do inadimplemento do devedor e a vedação do pacto comissório

Em caso de inadimplemento, o devedor tem a obrigação de restituir a coisa ao proprietário, credor. É o que preceitua o art. 1.363, inciso II, do Código Civil: "Antes de vencida a dívida, o devedor, a suas expensas e risco, pode usar a coisa segundo sua destinação, sendo obrigado, como depositário: (...) II – a entregá-la ao credor, se a dívida não for paga no vencimento".

A obrigação de entregar a coisa dada em garantia ao credor é uma consequência direta do inadimplemento.

O credor, ao receber a coisa, não pode permanecer com a coisa dada em garantia. É proibido o pacto comissório. Segundo o disposto no art. 1.364 do Código Civil, vencida a dívida, e não paga, fica o credor obrigado a vender, judicial ou extrajudicialmente, a coisa a terceiros e aplicar o preço no pagamento do crédito e das despesas de cobrança e, se houver saldo, deverá ser restituído ao devedor. A venda da coisa constitui dever jurídico do credor.

O art. 2º do Decreto-lei n. 911/69, que está em vigor para os contratos em que o credor é instituição financeira, se assemelha ao disposto no art. 1.364 do Código Civil.

Em complemento ao preceituado no art. 1.364, o art. 1.365 do Código Civil, considera nula a cláusula que autoriza o proprietário fiduciário a ficar com a coisa alienada em garantia, se a dívida não for paga no vencimento, ou seja, em caso de inadimplemento. É a vedação expressa do pacto comissório.

A explicação para tal vedação é simples: a finalidade da propriedade fiduciária. O objetivo da transferência do bem para o credor fiduciário não é transferir direito real de propriedade, mas simplesmente garantir a obrigação. É a transferência com escopo de garantia. Se o objetivo é esse o credor deve alienar o bem e, com o produto da venda, quitar a dívida. De acordo com Tepedino[306]: "buscou o legislador, no entanto, assegurar que não se configurasse enriquecimento sem causa por parte do credor, que poderia adquirir coisa de valor superior ao da dívida garantida, e tampouco prejuízo para o devedor, que poderia permanecer obrigado a parte da dívida apenas por não ter sido o bem vendido pela melhor oferta ou, ao menos, pelo preço médio de mercado".

Na VIII Jornada de Direito Civil foi aprovado enunciado (n. 626) que embora reconheça a vedação do pacto co-

---

[305] GOMES, Orlando. *Direitos reais*. 19. ed. atualizada. Rio de Janeiro: Forense, 2007.

[306] TEPEDINO, Gustavo; BARBOZA, Heloisa Helena; MORAES, Maria Celina Bodin de. *Código civil interpretado conforme a Constituição da República*. Direito de Empresa. Direito das coisas. 2. ed. Rio de Janeiro: Renovar, 2011. v. III.

missório, admite o pacto marciano: "Não afronta o art. 1.428 do Código Civil, em relações paritárias, o pacto marciano, cláusula contratual que autoriza que o credor se torne proprietário da coisa objeto da garantia mediante aferição de seu justo valor e restituição do supérfluo (valor do bem em garantia que excede o da dívida)". Tal pacto preserva a igualdade entre os credores e não vulnera o devedor, porque a condição para o proprietário resolúvel permanecer com o bem é a apuração de valor justo para a coisa.

A propriedade resolúvel do credor, em função do inadimplemento, é convertida em propriedade plena. A consolidação da propriedade decorre do inadimplemento do devedor e, nesta condição, poderá reivindicar a coisa de quem quer que injustamente a possua ou detenha. O inadimplemento torna a posse do devedor precária e, em consequência, injusta pelo vício da precariedade. Se houver resistência em restituir a coisa dada em garantia, o credor poderá recuperar a posse da coisa, por meio de ação possessória específica, ação de reintegração de posse, com possibilidade de liminar.

Em razão da violação do dever de restituição da coisa em caso de inadimplemento, destaca Loureiro[307] que "nasce, aí, dever legal de restituição da coisa, e a posse, que era direta e justa, converte-se em posse precária, configurando esbulho. Não há no Código Civil e na legislação especial que rege a matéria, qualquer vedação cogente de impeditiva de aposição de cláusula resolutiva expressa nas obrigações com garantia fiduciária. Resolvido o contrato de pleno direito (art. 474 do CC), desaparece a causa que justificava a posse direta do devedor fiduciante".

No entanto, a resolução do contrato, que tem como garantia bem alienado pelo devedor ao credor, se orienta pelos princípios da boa-fé objetiva e função social. Em caso de adimplemento substancial do contrato de alienação fiduciária, não haverá possibilidade de resolução do contrato e, em consequência, a propriedade se resolverá em favor do devedor e poderá o credor cobrar as parcelas inadimplidas por meio de processo de execução.

O Enunciado 361, da IV Jornada de Direito Civil, que se refere ao art. 475 do CC, dispõe que "o adimplemento substancial decorre dos princípios gerais contratuais, de modo a fazer preponderar a função social do contrato e o princípio da boa-fé objetiva, balizando a aplicação do CC 475".

O objetivo da teoria do adimplemento substancial é justamente evitar o abuso de direito em caso de inadimplemento mínimo. A opção pela resolução do contrato em caso de inadimplemento de escassa importância, viola os deveres de colaboração e solidariedade e o princípio da boa-fé objetiva. No STJ, há precedentes que admitem o adimplemento substancial na propriedade fiduciária (Recurso Especial 1.051.270/RS, relatado pelo Ministro Luis Felipe Salomão e Recurso Especial 1.200.105/AM, relatado pelo Ministro Sanseverino), mas também há decisões em sentido contrário.

Na propriedade fiduciária disciplinada no Código Civil, que tem por objeto coisas móveis infungíveis (art. 1.361, *caput*), após várias alterações legislativas, pode ser aplicado o procedimento especial da busca e apreensão disciplinado pelo Decreto-lei n. 911/69, porque não é mais restrita à alienação fiduciária no mercado de capitais. O referido Decreto, após a Lei n. 13.043/2014, passou a fazer referência expressa (§§ 9º, 10, 12 e 13) a veículos, que é bem móvel e infungível, ou seja, justamente o bem que é disciplinado pelo Código Civil.

Além disso, o credor, para recuperar a coisa, em caso de violação do dever de restituição do devedor (art. 1.363, II), poderá ajuizar ação de reintegração de posse ou ação reivindicatória, com fundamento nos arts. 1.210 e 1.228, da lei civil. Por outro lado, o credor poderá optar pelo processo de execução por quantia certa contra o devedor e seus garantes, para cobrar as parcelas vencidas.

No caso de optar pela alienação judicial ou extrajudicial do bem, se o produto da venda não for suficiente para o pagamento da dívida e das despesas de cobrança, continuará o devedor obrigado pelo restante. Neste caso, o credor deverá buscar no patrimônio geral do devedor a garantia para o saldo remanescente. Em relação ao disposto no art. 1.366 do CC, as lúcidas palavras de Caio Mário[308] resolvem a questão: "O credor encontra no patrimônio do devedor a garantia genérica para as obrigações deste, em concorrência com os demais credores e sem privilégios. Poderá excutir as garantias fidejussórias, procedendo contra os eventuais fiadores ou avalistas do alienante".

O art. 1.366 da lei civil é omisso quanto à responsabilidade residual dos garantes, avalistas e fiadores, pois faz menção apenas ao devedor fiduciário. Neste caso, tudo dependerá da forma como foi pactuada a referida garantia. As partes, com fundamento no princípio da autonomia privada, têm o poder de determinar a extensão e os limites da referida garantia. Nestes contratos sempre haverá cláusula em que os garantes são responsáveis pelo saldo remanescente. Nestes casos, assumida a garantia pela integralidade do débito, a venda da coisa não extingue as garantias, que permanecerão vigentes para o débito remanescente. Se a garantia for limitada, não há como o credor invocar a regra do art. 1.366 do CC para cobrar o saldo remanescente dos garantes, avalistas e fiadores, por exemplo.

No caso de responsabilizar os garantes pelo resíduo ou remanescente, não há dúvida de que deverão ser cientificados para acompanhar a alienação do bem dado em garantia, sob pena de o credor ficar privado de cobrar o garante pelo resíduo. Trata-se de comportamento a ser exigido do credor em função do princípio da boa-fé objetiva.

De qualquer forma, o credor, com a propriedade consolidada em decorrência do inadimplemento do devedor, não poderá ficar com o bem dado em garantia e, por isso, está obrigado a promover a alienação a terceiros, em leilão judicial ou extrajudicial. A vedação a ficar com a coisa

---

[307] LOUREIRO, Francisco Eduardo. Arts. 1.196 a 1.510-E – Coisas. In: PELUSO, Cezar (coord.). *Código civil comentado*. 2. ed. Barueri: Manole, 2008.

[308] PEREIRA, Caio Mário da Silva. *Instituições de direito civil. Direitos reais*. 26. ed. Rio de Janeiro: Forense, 2018. v. IV.

alienada é imperativa e qualquer cláusula em contrário é nula. O credor não pode adjudicar a coisa em leilão extrajudicial, mas pode fazê-lo em leilão judicial porque é submetido a fiscalização judicial.

No entanto, o parágrafo único do art. 1.365 do Código Civil permite que devedor e credor, mediante acordo, formalizem dação em pagamento. De acordo com o referido dispositivo, o devedor pode, com anuência do credor, dar seu direito eventual à coisa em pagamento da dívida, mas somente após o vencimento desta. Vencida a dívida, o devedor poderá dar o direito à coisa objeto de garantia como dação em pagamento, parcial ou total da dívida. Em sintonia com o disposto no art. 356 do Código Civil, é essencial a concordância ou anuência do credor. Portanto, não há incompatibilidade entre a vedação do pacto comissório no *caput* do art. 1.365 do CC e a possibilidade de dação em pagamento da dívida após o vencimento desta.

A regra do art. 1.365, parágrafo único, é análoga ao disposto no parágrafo único do art. 1.428 do Código Civil, que integra as disposições gerais dos direitos reais de garantia sobre coisa alheia, hipoteca, penhor e anticrese.

A Lei n. 13.043/2014 acrescentou à propriedade fiduciária o art. 1.368-B, a fim de esclarecer que o credor fiduciário tem direito real à aquisição do bem no caso de inadimplemento. Segundo o art. 1.368-B, "a alienação fiduciária em garantia de bem móvel ou imóvel confere direito real de aquisição ao fiduciante, seu cessionário ou sucessor. O credor fiduciário que se tornar proprietário pleno do bem, por efeito de realização da garantia, mediante consolidação da propriedade, adjudicação, dação ou outra forma pela qual lhe tenha sido transmitida a propriedade plena, passa a responder pelo pagamento dos tributos sobre a propriedade e a posse, taxas, despesas condominiais e quaisquer outros encargos, tributários ou não, incidentes sobre o bem objeto da garantia, a partir da data em que vier a ser imitido na posse direta do bem".

5.7.5. A propriedade fiduciária e as regras dos direitos reais de garantia em coisa alheia

O art. 1.367, com a redação dada pela Lei Federal n. 13.043/2014, dispõe que "a propriedade fiduciária em garantia de bens móveis ou imóveis sujeita-se às disposições do Capítulo I do Título X do Livro III da Parte Especial deste Código e, no que for específico, à legislação especial pertinente, não se equiparando, para quaisquer efeitos, à propriedade plena de que trata o art. 1.231".

O capítulo I do título X estabelece disposições gerais a serem aplicadas aos direitos reais de garantia sobre coisa alheia, hipoteca, penhor e anticrese (arts. 1.419 a 1.430). Tais regras comuns aos direitos reais de garantia sobre coisa alheia se referem a vários princípios como indivisibilidade (art. 1.421), sequela (art. 1.419), direito de excussão (requerer a execução judicial com penhora, o que é desnecessário na propriedade fiduciária porque se trata de garantia sobre coisa própria), preferência, especialização, entre outros.

Por exemplo, o art. 1.421 do Código Civil disciplina o princípio da indivisibilidade da garantia, segundo o qual a coisa garante a totalidade da dívida, de modo que o cumprimento parcial da obrigação pelo devedor não implicará redução ou liberação parcial da garantia. A única exceção é a propriedade fiduciária que tem por objeto imóveis loteados ou em condomínio edilício (art. 1.488 do CC e a disciplina jurídica da Lei Federal n. 9.514/97, que trata da alienação fiduciária que tem por objeto bens imóveis). Portanto, se o devedor fiduciário cumprir a obrigação em parte, não haverá redução ou liberação parcial da garantia, em função do princípio da indivisibilidade.

O art. 1.425 do Código Civil, que também se aplica à propriedade fiduciária, traz regras sobre o vencimento antecipado da dívida.

De acordo com este dispositivo, considera-se vencida: I – se, deteriorando-se, ou depreciando-se o bem dado em segurança, desfalcar a garantia, e o devedor, intimado, não a reforçar ou substituir; II – se o devedor cair em insolvência ou falir; III – se as prestações não forem pontualmente pagas, toda vez que deste modo se achar estipulado o pagamento. Neste caso, o recebimento posterior da prestação atrasada importa renúncia do credor ao seu direito de execução imediata; IV – se perecer o bem dado em garantia, e não for substituído; V – se se desapropriar o bem dado em garantia, hipótese na qual se depositará a parte do preço que for necessária para o pagamento integral do credor. § 1º Nos casos de perecimento da coisa dada em garantia, esta se sub-rogará na indenização do seguro, ou no ressarcimento do dano, em benefício do credor, a quem assistirá sobre ela preferência até seu completo reembolso. § 2º Nos casos dos incisos IV e V, só se vencerá a hipoteca antes do prazo estipulado, se o perecimento, ou a desapropriação recair sobre o bem dado em garantia, e esta não abranger outras; subsistindo, no caso contrário, a dívida reduzida, com a respectiva garantia sobre os demais bens, não desapropriados ou destruídos.

O artigo elenca alguns fatos supervenientes que possam colocar a garantia em risco. A observação de Loureiro[309] sobre este artigo e sua aplicação na propriedade fiduciária é pertinente: "em relação à propriedade fiduciária, somente tem sentido o vencimento antecipado da obrigação no caso de risco à garantia do credor. A insolvência do devedor, por exemplo, nem sempre afeta a garantia, pois, na propriedade fiduciária a coisa já pertence ao credor e se encontra a salvo de penhora ou arrecadação. Logo, a transposição do art. 1.425 deve ser feita levando em contas as peculiaridades da propriedade fiduciária e o risco efetivo trazido pelo fato superveniente à garantia do credor fiduciário".

O art. 1.426 do Código Civil estabelece o abatimento proporcional dos juros em relação ao tempo não decorrido, no caso de vencimento antecipado da obrigação. O fundamento é o princípio do enriquecimento sem causa.

O art. 1.427 da Lei Civil dispõe sobre a garantia real prestada por terceiro em relação à dívida alheia. De acordo com a norma em apreço, salvo cláusula expressa, o

---

[309] LOUREIRO, Francisco Eduardo. Arts. 1.196 a 1.510-E – Coisas. In: PELUSO, Cezar (coord.). *Código civil comentado*. 2. ed. Barueri: Manole, 2008, p. 1.379.

terceiro que presta garantia real por dívida alheia não fica obrigado a substituí-la, ou reforçá-la, quando, sem culpa sua, se perca, deteriore ou desvalorize.

O art. 1.424 trata da especialização da garantia, norma já reproduzida na propriedade fiduciária (art. 1.362 do CC).

A propriedade fiduciária não pode ser plena, porque é resolúvel.

Sub-rogação do terceiro

O terceiro, interessado ou não, que pagar a dívida, se sub-roga de pleno direito no crédito e na propriedade fiduciária.

O art. 1.368 do Código Civil traz um caso de sub-rogação legal, cujo pressuposto é o pagamento da dívida por um terceiro, seja ele interessado (vinculado à obrigação, como avalista ou fiador) ou não interessado (sem vínculo com a obrigação). A sub-rogação do terceiro é efeito do pagamento ou consequência deste ato jurídico. Se houver pagamento e apenas neste caso, estará concretizada a sub-rogação.

O terceiro assume a posição de credor, com todos os privilégios e garantias do credor originário, conforme previsão do art. 349 do Código Civil. A substituição do credor primitivo pelo terceiro, torna este credor titular do crédito e proprietário fiduciário. A sub-rogação ocorrerá no crédito, direito subjetivo e na garantia, propriedade fiduciária. Os terceiros não interessados que, normalmente, apenas possuem o direito de reembolso (art. 305 do CC, com fundamento no princípio do enriquecimento sem justa causa), na propriedade fiduciária o pagamento pelo terceiro não interessado acarretará a sub-rogação destes nos direitos do credor originário, abrangendo o crédito e a garantia (propriedade fiduciária), conforme enuncia o art. 1.368 do Código Civil.

O terceiro interessado é o sujeito que está vinculado à obrigação e que suportará os efeitos e as consequências de eventual inadimplemento do devedor. O interesse dele é jurídico. O terceiro não interessado não possui qualquer vínculo com a obrigação e, por isso, o pagamento por este pode estar fundado em questões morais ou de mera solidariedade, como o pai que paga a dívida do filho.

O art. 6º do Decreto-lei n. 911/69 já previa a sub-rogação em favor do terceiro interessado que solvesse a dívida. O art. 1.368 do CC amplia a sub-rogação também em favor de terceiro não interessado.

A sub-rogação legal em destaque é automática, de pleno direito. Neste caso, independe da anuência do credor primitivo. Com o pagamento, estará consumada a sub-rogação.

5.7.6. Ação de busca e apreensão (direito processual, objeto do Decreto-lei n. 911/69, com as alterações da Lei n. 10.931/2004)

O Decreto-lei n. 911/69 disciplina o procedimento para recuperação da coisa dada em garantia e cobrança do débito, no caso em que o credor for instituição financeira, ao estabelecer em seu art. 3º que o proprietário fiduciário poderá requerer contra o devedor ou terceiro a busca e apreensão do bem alienado fiduciariamente, com liminar, desde que comprovada a mora ou inadimplemento do devedor.

De acordo com o referido art. 3º: "O proprietário fiduciário ou credor poderá, desde que comprovada a mora, na forma estabelecida pelo § 2º do art. 2º, ou o inadimplemento, requerer contra o devedor ou terceiro a busca e apreensão do bem alienado fiduciariamente, a qual será concedida liminarmente, podendo ser apreciada em plantão judiciário". O Decreto-lei foi alterado pela Lei n. 13.043/2014.

A novidade do referido artigo é a alteração promovida pela Lei n. 10.931/2004, que conferiu maior efetividade à ação de busca e apreensão e à recuperação da coisa, quando antecipada a consolidação da propriedade em favor do credor. Em razão da nova redação dos parágrafos deste artigo, fica vedada a purgação da mora pelo devedor, uma vez que somente preservará a coisa e resolverá a propriedade em seu favor se pagar a integralidade do débito pendente, incluindo parcelas vencidas e vincendas.

Nesse sentido, de acordo com o § 1º do referido Decreto-lei, cinco dias após executada a liminar mencionada no *caput*, consolidar-se-ão a propriedade e a posse plena e exclusiva do bem no patrimônio do credor fiduciário, cabendo às repartições competentes, quando for o caso, expedir novo certificado de registro de propriedade em nome do credor, ou de terceiro por ele indicado, livre do ônus da propriedade fiduciária. Se o devedor quiser evitar a consolidação da propriedade em favor do credor, no referido prazo de cinco dias deverá pagar a integralidade da dívida pendente, segundo os valores apresentados pelo credor fiduciário na inicial, hipótese na qual o bem lhe será restituído livre do ônus (§ 2º do art. 3º).

Embora no § 3º, o Decreto-lei venha a permitir que a contestação seja apresentada no prazo de 15 (quinze) dias, o pagamento da integralidade da dívida deverá ser efetivado em 5 (cinco) dias, sob pena de consolidação da propriedade. Se não for paga a integralidade do débito no referido prazo, se consolida a propriedade em favor do credor e, neste caso, se a contestação for acolhida e o pedido de busca e apreensão julgado improcedente, tudo se resolverá em perdas e danos. Não se retorna a propriedade ao devedor se não for efetivado o pagamento no referido prazo.

De acordo com o § 8º do art. 3º do Decreto-lei n. 911/69, a ação de busca e apreensão prevista no presente artigo constitui processo autônomo e independente de qualquer procedimento posterior.

O Superior Tribunal de Justiça, em diversas oportunidades[310], já declarou que em função da nova redação conferida ao art. 3º do Decreto-lei n. 911/69, não é mais possível a purgação da mora, mas apenas o pagamento da integralidade da dívida, como forma de ser evitada a consolidação da propriedade ao final dos 5 (cinco) dias. Atualmente, a questão é objeto de Recurso Repetitivo.

---

[310] REsp 767.227, REsp 1.061.388, REsp 1.101.729, REsp 1.053.139, REsp 895.568 e AgRg no REsp 1.183.477.

A comprovação da mora, para fins de concessão da liminar, é imprescindível para a efetivação da busca e apreensão, nos termos da Súmula 72 do STJ. A referida Súmula disciplina apenas e tão somente a comprovação e não a constituição da mora. A mora se constitui com o vencimento do débito na data prevista, na forma do art. 397, *caput*, do CC. Trata-se de mora *ex re, dies interpellat pro homine*. A mora, de acordo com o § 2º do art. 2º do Decreto-lei n. 911/69, pode ser comprovada por carta registrada expedida por intermédio de Cartório de Títulos e Documentos ou pelo protesto do título, a critério do credor. De acordo com a redação dada pela Lei n. 13.043/2014, a mora poderá ser comprovada por carta registrada com aviso de recebimento, não se exigindo que a assinatura constante do referido aviso seja a do próprio destinatário. Portanto, basta o recebimento do aviso, mesmo que não seja pelo devedor.

De acordo com a Súmula 245 do STJ, a notificação do devedor destinada a comprovar a mora nas dívidas garantidas por alienação fiduciária dispensa a indicação do valor do débito.

Em função da nova redação conferida pela Lei n. 10.931/2001 ao art. 3º, § 1º, do Decreto-lei n. 911/69, restou absolutamente superada a Súmula 284 do STJ, que permitia a purgação da mora nos contratos de alienação fiduciária quando o devedor já tivesse pago 40% (quarenta) por cento do valor financiado. Pela norma revogada, a consolidação da propriedade somente ocorreria com a sentença na ação de busca e apreensão. Neste momento e com a nova redação, a consolidação da propriedade se verifica antecipadamente, 05 (cinco) dias após o cumprimento da liminar, caso a integralidade da dívida não seja paga no referido prazo.

No decorrer do processo, será possível expedir certificado de propriedade em favor do credor fiduciário, livre de ônus, eis que a propriedade plena lhe defere as faculdades dominiais de usar, fruir e dispor da coisa (art. 1.228 do CC)[311].

O art. 2º do Decreto-lei n. 911/69 impõe a venda da coisa dada em garantia, como meio de satisfação da dívida. E, para evitar o enriquecimento sem causa, se houver, deverá restituir o saldo ao devedor, com prestação de contas: "No caso de inadimplemento ou mora nas obrigações contratuais garantidas mediante alienação fiduciária, o proprietário fiduciário ou credor poderá vender a coisa a terceiros, independentemente de leilão, hasta pública, avaliação prévia ou qualquer outra medida judicial ou extrajudicial, salvo disposição expressa em contrário prevista no contrato, devendo aplicar o preço da venda no pagamento de seu crédito e das despesas decorrentes e entregar ao devedor o saldo apurado, se houver, com a devida prestação de contas. § 1º O crédito a que se refere o presente artigo abrange o principal, juros e comissões, além das taxas, cláusula penal e correção monetária, quando expressamente convencionados pelas partes".

Em vez da busca e apreensão, o credor poderá optar pela ação executiva. De acordo com o art. 5º do Decreto-lei: "Art. 5º Se o credor preferir recorrer à ação executiva, direta ou a convertida na forma do art. 4º, ou, se for o caso ao executivo fiscal, serão penhorados, a critério do autor da ação, bens do devedor quantos bastem para assegurar a execução".

Se o bem alienado fiduciariamente não for encontrado, ou não se achar na posse do devedor, o credor poderá requerer a conversão do pedido de busca e apreensão em execução.

A Lei n. 13.043/2014 veda a conversão da busca e apreensão em depósito. De acordo com o art. 4º "Se o bem alienado fiduciariamente não for encontrado ou não se achar na posse do devedor, fica facultado ao credor requerer, nos mesmos autos, a conversão do pedido de busca e apreensão em ação executiva, na forma prevista no Capítulo II do Livro II da Lei n. 5.869, de 11 de janeiro de 1973 – Código de Processo Civil".

A Lei n. 14.711/2023 introduziu os arts. 8º-B, 8º-C, 8º-D e 8º-E no Decreto-lei n. 911/69, para possibilitar e facultar ao credor (mera faculdade), desde que haja expressa previsão no contrato e após comprovação da mora, promover a consolidação da propriedade perante o próprio cartório de títulos e documentos do domicílio do devedor ou daquele onde o bem foi localizado, em substituição ao procedimento judicial retromencionado. Se houver frustração do procedimento extrajudicial, o credor poderá iniciar o procedimento judicial. Se não houver pagamento da dívida, o devedor deverá restituir o bem, sob pena de multa de 5% do valor da dívida. Consolidada a propriedade, o credor poderá vender o bem. Caso a cobrança extrajudicial seja considerada indevida, o credor deverá pagar multa e se submeter a indenização, no caso de dano ao devedor. No caso de veículos, a cobrança extrajudicial poderá ser realizada no âmbito dos órgãos executivos de trânsito.

• **Propriedade fiduciária e fundos de investimentos (Lei n. 13.874/2019)**

No capítulo da propriedade fiduciária, surge a figura do fundo de investimento (que não deveria ter sido disciplinado no CC, em especial no capítulo que trata da propriedade fiduciária), cujo objetivo claro é limitar a responsabilidade de cada condômino ao valor de suas cotas e autorizar a limitação da responsabilidade dos prestadores de serviços fiduciários, perante o condômino e entre si, ao cumprimento dos deveres particulares de cada um, sem solidariedade.

A nova lei define fundo de investimento como comunhão de recursos, constituído sob a forma de condomínio, destinado à aplicação em ativos financeiros.

De acordo com o art. 1.368-C, "o fundo de investimento é uma comunhão de recursos, constituído sob a forma de condomínio, destinado à aplicação em ativos financeiros". Competirá à Comissão de Valores Mobiliários disciplinar o disposto no *caput*".

---

[311] FARIAS, Cristiano Chaves de; ROSENVALD, Nelson. *Direito reais*. 7. ed. Rio de Janeiro: Lumen Juris, 2011, p. 566.

A limitação da responsabilidade é expressa no art. 1.368-E – "A adoção da responsabilidade limitada por fundo constituído sem a limitação de responsabilidade somente abrangerá fatos ocorridos após a mudança".

5.7.7. Propriedade fiduciária de bens imóveis

A Lei n. 9.514/97 dispõe sobre o sistema financeiro imobiliário e disciplina a alienação fiduciária de coisa imóvel, arts. 22 a 33. A legislação que disciplina a propriedade fiduciária imobiliária foi alterada pela Lei n. 14.711/2023, para admitir alienações fiduciárias sucessivas da propriedade superveniente, cuja eficácia depende do cancelamento da propriedade fiduciária constituída anteriormente (1º grau), bem como a possibilidade de o credor declarar vencidas as obrigações autônomas de que for titular, garantidas pelo mesmo imóvel (cláusula *cross default*), o que deve constar no instrumento contratual e, se expressamente indicado pelo credor no caso, novas disposições sobre responsabilidade tributária pelo IPTU e, finalmente, novo procedimento de cobrança, purgação da mora e consolidação da propriedade, entre outras questões. De fato, as alterações introduzidas pela Lei n. 14.711/2023 são relevantes, significativas e alteram os parâmetros de potencialidade econômica da propriedade fiduciária imobiliária.

A alienação fiduciária é negócio jurídico pelo qual o fiduciante (devedor ou mero responsável por débito de terceiro), com escopo de garantia própria ou de terceiro, contrata a transferência ao credor (fiduciário), da propriedade resolúvel de coisa imóvel. Portanto, o contrato de alienação é o título que constituirá e servirá como causa da propriedade fiduciária imobiliária.

Trata-se de propriedade resolúvel, que se submete à cláusula geral desta propriedade, art. 1.359 do CC.

A partir da Lei n. 14.711/2023, é possível as alienações fiduciárias sucessivas da propriedade superveniente do fiduciante. Na alienação fiduciária, o fiduciante transfere ao credor a propriedade do imóvel. Por este motivo, não teria condições de constituir nova garantia sobre a propriedade de imóvel que não mais ostenta (com a alienação, a propriedade é transferida ao credor). Para contornar essa questão jurídica, o art. 22 da Lei n. 9.514/97 passou a admitir a alienação fiduciária (ou sucessivas alienações) da propriedade superveniente, ou seja, da propriedade que retornará ao fiduciante, caso cumpra a obrigação com o credor fiduciário de 1º grau. É uma garantia sobre direito eventual, pois a propriedade superveniente, sobre a qual recaem as novas alienações fiduciárias, dependem do adimplemento da alienação fiduciária primitiva. Se houver adimplemento, a propriedade do credor fiduciário se resolve em favor do fiduciante e, a partir deste momento, torna-se eficaz a segunda e as demais, se houver, alienações fiduciárias sucessivas (§§ 3º e 4º do art. 22). A eficácia da alienação fiduciária que tem por objeto a propriedade superveniente (que será readquirida com o adimplemento), ocorrerá com o cancelamento do registro da alienação fiduciária anterior.

No caso de sucessivas alienações fiduciárias da propriedade superveniente, as anteriores terão prioridade em relação às posteriores na excussão da garantia e, no caso de qualquer credor fiduciário anterior ser obrigado a alienar o imóvel a terceiro para satisfação do crédito, não haverá mais propriedade superveniente, motivo pelo qual, neste caso, os direitos dos credores fiduciários posteriores (que não terão mais a propriedade superveniente) se sub-rogam no preço e as alienações fiduciárias serão canceladas.

Em razão da possibilidade de alienações fiduciárias sucessivas, com distintas obrigações garantidas pelo mesmo imóvel, no caso de pluralidade de credores, o devedor será comum a todos. Neste caso, qualquer credor fiduciário que pagar a dívida do devedor comum (até para melhor prioridade na garantia), ficará sub-rogado no crédito e na propriedade fiduciária (ou superveniente) dada em garantia. Tal sub-rogação é automática, ou seja, independe da vontade do credor fiduciário que recebe o valor de outro credor fiduciário posterior. Trata-se de norma que possui simetria com o disposto no art. 346, I, do CC, que trata justamente da sub-rogação legal no caso de pagamento de dívida de devedor comum. Tal sub-rogação pessoal somente é possível em razão da possibilidade de alienações fiduciárias sucessivas.

Ainda como resultado da possibilidade de sucessivas alienações fiduciárias relativas ao mesmo imóvel, é possível vincular o inadimplemento de qualquer obrigação ao vencimento antecipada das demais. No § 6º do art. 22 da Lei n. 9.514/97, foi positivada a cláusula de inadimplemento cruzado. Todavia, de acordo com a referida norma, a cláusula de inadimplemento cruzado somente é possível quando o mesmo credor tiver várias obrigações distintas garantidas pelo mesmo imóvel. Neste caso, o inadimplemento de quaisquer das obrigações garantidas pela propriedade fiduciária faculta ao credor (se tal cláusula estiver expressa) declarar vencidas todas as demais obrigações de que esse mesmo credor for titular e que estiverem garantidas pelo mesmo imóvel. Tal cláusula de inadimplemento cruzado, por óbvio, pode ser inserida nos casos de obrigações garantidas pelo mesmo imóvel, em relação ao mesmo credor, ainda que este tenha a propriedade fiduciária consolidada em uma delas e a propriedade superveniente nas demais (§ 7º do art. 22). O instrumento que constitui a alienação fiduciária sucessiva deve conter a cláusula com a previsão do " A invocação da cláusula *cross default*, quando pactuada, é mera prerrogativa ou faculdade do credor e, caso deseje formalizar a opção de incidência da cláusula, deverá informar o devedor no momento em que intimá-lo para a purgação da mora, conforme § 1º do art. 26 da mesma lei.

Em relação aos sujeitos poderem ocupar o polo ativo da relação obrigacional ou a condição de credor fiduciário, este poderá ser pessoa física ou jurídica. A Lei n. 9.514/97 e suas posteriores alterações não restringem a propriedade fiduciária que tem por objeto bens imóveis às entidades, pessoas jurídicas, que operam no SFI (Sistema Financeiro Imobiliário).

A Lei n. 11.481/2007, assim como a Lei n. 14.620/2023, que alteraram a Lei n. 9.514/97, ampliaram, de forma considerável, o objeto dado em garantia. Além da propriedade plena, bens enfitêuticos, hipótese em que será exigível o pagamento do laudêmio (se houver a consolidação do domínio útil no fiduciário), o direito de uso especial para fins de moradia, o direito real de uso, desde que suscetível de alienação, a propriedade superficiária, direitos oriundos da imissão na posse do imóvel quando concedidos a qualquer dos entes da Federação ou às suas entidades delegadas e bens que, não constituindo partes integrantes do imóvel, destinam-se, de modo duradouro, ao uso ou ao serviço deste, poderão ser objeto da propriedade fiduciária.

No caso do direito real de uso, disciplinado pelo Decreto-lei n. 271/67 e da propriedade superficiária, a garantia fiduciária fica limitada à duração destes direitos. Nesta situação, embora possam ser objeto de garantia fiduciária, esta somente prevalecerá durante o prazo da concessão do direito real de uso e da vigência da propriedade superficiária. Extintos o direito real de uso e a propriedade superficiária, extinta será também a propriedade fiduciária, garantia instituída sobre os referidos bens e direitos.

A propriedade fiduciária de coisa imóvel se constitui mediante registro, no competente registro de imóveis, do contrato (que é mera relação obrigacional) que lhe serve de título (art. 23 da Lei n. 9.514/97). Ainda que a propriedade resolúvel ou superveniente (no caso de sucessivas alienações) seja transferida ao credor fiduciário, a obrigação de pagar o IPTU e as taxas de condomínio, se houver, incidentes sobre o imóvel, é de responsabilidade exclusiva do fiduciante.

Com a constituição da propriedade fiduciária, dá-se o desdobramento da posse, tornando-se o fiduciante, devedor ou terceiro, possuidor direto e o fiduciário, credor (pessoa física ou jurídica), possuidor indireto da coisa imóvel. Tal desdobramento da posse, por força desta relação jurídica real (art. 1.197 do CC), decorre dos efeitos da cláusula *constituti*.

O art. 24 da Lei n. 9.514/97 apresenta os requisitos e pressupostos que o contrato (que gera efeitos obrigacionais), que serve de título ao negócio fiduciário a ser levado a registro imobiliário, deverá contar, como condição de validade e eficácia da propriedade fiduciária sobre imóvel.

De acordo com este dispositivo, o contrato deve conter o valor do principal da dívida; o prazo e as condições de reposição do empréstimo ou do crédito do fiduciário; a taxa de juros e os encargos incidentes; a cláusula de constituição da propriedade fiduciária, com a descrição do imóvel objeto da alienação fiduciária e a indicação do título e modo de aquisição; a cláusula que assegure ao fiduciante a livre utilização, por sua conta e risco, do imóvel objeto da alienação fiduciária, exceto a hipótese de inadimplência; a indicação, para efeito de venda em público leilão, do valor do imóvel e dos critérios para a respectiva revisão e a cláusula dispondo sobre os procedimentos de que tratam os arts. 26-A, 27 e 27-A.

Se houver divergência entre o valor indicado pelas partes e o apurado pelo órgão competente para definir a base de cálculo do ITBI no caso de consolidação propriedade em favor do credor, a referência será este último.

A propriedade fiduciária é uma espécie do gênero propriedade resolúvel. A ela se aplica as disposições do art. 1.359 do Código Civil, que disciplina a propriedade resolúvel e seus efeitos jurídicos. Assim, se o fiduciante adimplir a obrigação materializada no título, ocorrerá a resolução da propriedade imobiliária em seu favor. Tal resolução depende, necessariamente, do adimplemento da obrigação principal e encargos. A resolução é direta e automática. Com a resolução, nos termos do art. 1.359 do CC, extinguem-se todos os direitos reais que eventualmente tenham sido constituídos pelo credor fiduciário durante o período em que manteve a propriedade resolúvel sobre o imóvel. A propriedade retorna e se resolve plenamente, sem ônus ou restrições, em favor do devedor fiduciante.

Para que seja viabilizada e formalizada a resolução da propriedade em favor do devedor, no prazo de trinta dias, a contar da data de liquidação da dívida, o credor fiduciário tem a obrigação e o dever jurídico de fornecer o respectivo termo de quitação ao devedor ou terceiro fiduciante, sob pena de multa de 0,5% ao mês ou fração, sobre o valor do contrato, que se reverterá em favor daquele a quem o termo não tiver sido disponibilizado no referido prazo.

Após a apresentação do termo de quitação de que trata a Lei n. 9.514/97, o oficial do competente Registro de Imóveis efetuará o cancelamento do registro da propriedade fiduciária (§§ 2º do art. 25).

Por outro lado, em caso de inadimplemento, total ou parcial, após a constituição do devedor ou terceiro fiduciante em mora, será consolidada a propriedade do imóvel em nome do fiduciário. A consolidação da propriedade em favor do fiduciário ocorrerá após o devedor ou terceiro, intimados pelo Oficial de Registro, a satisfazerem a obrigação no prazo de 15 dias, deixarem de purgar a mora. Além da prestação vencida e das que se venceram até a data do pagamento, a purgação da mora depende do pagamento dos juros convencionados, penalidades e demais encargos, inclusive tributos, taxas condominiais e outras despesas de cobrança. Se houver imóveis localizados em mais de uma circunscrição e que estejam a garantir a mesma dívida, a intimação para a purgação da mora poderá ser realizada a qualquer registrador competente destas localidades.

O contrato de alienação fiduciária pode estabelecer prazo de carência, após o qual será expedida a intimação e, no caso de omissão, de forma supletiva, a lei fixa tal prazo em 15 dias.

A intimação far-se-á pessoalmente ao fiduciante, devedor ou terceiro, com a cientificação de que, se não houver purgação da mora, haverá a consolidação da propriedade em favor do fiduciário e o imóvel será levado a leilão. Se houver suspeita de ocultação, qualquer pessoa da família e até vizinho poderá ser intimado. Nos condomínios edilícios ou conjuntos imobiliários congêneres com controle de acesso, a intimação poderá ser realizada ao funcionário da portaria responsável pelo recebimento da correspondência. Se o devedor, o terceiro ou seus representantes estiverem em local ignorado, a intimação será por edital pelo período mínimo de 3 dias, em jornal de grande circulação ou jornal da comarca de fácil acesso, contado o prazo para purgação da mora da última publicação do edital. O devedor ou terceiro tem a responsabilidade de informar alteração de domicílio.

A efetividade da propriedade fiduciária sobre imóvel é visualizada e percebida no § 7º do art. 26 da Lei n. 9.514/97. Segundo este dispositivo, decorrido o prazo de que trata o § 1º sem a purgação da mora, o oficial do competente Registro de Imóveis, certificando esse fato, promoverá a averbação, na matrícula do imóvel, da consolidação da propriedade em nome do fiduciário. A consolidação da propriedade em favor do fiduciário será efetivada após apresentação da prova do pagamento pelo próprio credor, do imposto de transmissão *inter vivos* e, se for o caso, do laudêmio, nos casos de imóveis enfitêuticos.

O § 8º do art. 26 ainda faculta uma espécie de dação em pagamento, do devedor fiduciante em favor do credor fiduciário, com a finalidade de evitar as despesas e gastos com leilão para alienação do bem. Assim, com anuência do credor fiduciário, poderá o devedor dar o seu direito patrimonial eventual ao imóvel em pagamento da dívida.

A Lei n. 9.514/97 impõe ao credor fiduciário a obrigação de promover leilão público para alienação do imóvel, cuja propriedade foi consolidada em seu favor em razão do inadimplemento do devedor após a constituição deste em mora. O prazo para promover o leilão público é de trinta dias, contados da data do registro de que trata o § 7º do art. 26 da lei em referência.

De acordo com o art. 26-A, alterado Lei n. 14.711/2023, os procedimentos de cobrança, purgação da mora, consolidação da propriedade fiduciária e leilão quando decorrentes de financiamentos para aquisição ou construção de imóvel residencial do devedor, a consolidação da propriedade será averbada 30 dias após a expiração do prazo de purgação da mora e, neste período, o devedor ou terceiro, poderá pagar as parcelas vencidas e as demais despesas do contrato, caso em que o contrato de alienação fiduciária convalesce (será preservado). Nesta situação específica, no segundo leilão, será aceito o maior lanço oferecido, desde que seja igual ou superior ao valor integral da dívida garantida pela alienação fiduciária mais antiga vigente sobre o bem, e demais despesas como tributos, encargos e taxas de condomínio. Se tal referencial mínimo não for atingido, a dívida será considerada extinta, com recíproca quitação. A extinção da dívida no excedente ao referencial mínimo configura condição resolutiva inerente à dívida, o que inclui inclusive a situação em que o credor tenha preferido o uso da via judicial.

Se não for essa situação especial, com regras próprias (financiamento para aquisição ou construção de imóvel residencial do devedor), o leilão se submete à regra geral prevista no art. 27. De acordo com essa regra geral, após a consolidação da propriedade, o fiduciário promoverá leilão público para alienação do imóvel, no prazo de 60 dias, após a averbação da referida consolidação na matrícula do imóvel. Se no primeiro leilão, o preço oferecido for inferior ao valor do imóvel, será realizado o segundo leilão nos 15 dias seguintes. No segundo leilão, será aceito o maior lance oferecido, desde que de valor igual ou superior ao valor integral da dívida garantida pela alienação fiduciária e todos os encargos previstos no § 2º do art. 27 e, se o lance não alcançar referido valor, o credor fiduciário, a seu exclusivo critério, poderá aceitar lance que corresponda, pelo menos, a metade do valor. As datas e locais dos leilões devem ser comunicados ao devedor e, se o caso, ao terceiro. De acordo com o § 2º-B, após a averbação da consolidação da propriedade fiduciária no patrimônio do credor fiduciário e até a data da realização do segundo leilão, é assegurado ao fiduciante o direito de preferência para aquisição do imóvel por preço correspondente ao valor da dívida e todas as demais despesas previstas na norma.

Finalizado o leilão e promovida a venda do imóvel, nos cinco dias subsequentes, o credor entregará ao devedor a importância que sobejar, considerando-se nela compreendido o valor da indenização de benfeitorias, depois de deduzidos os valores da dívida e das despesas e encargos de que tratam os §§ 2º e 3º, fato esse que importará em recíproca quitação, não se aplicando o disposto na parte final do art. 516 do Código Civil.

O § 5º do art. 27 do CC foi alterado pela Lei n. 14.711/2023 e, se no segundo leilão não houver lance que atenda ao referencial mínimo para arrematação, o fiduciário ficará investido na livre disposição do imóvel, mas a dívida não é mais considerada extinta. Portanto, ao contrário da redação originária, se o valor apurado no segundo leilão não for suficiente para satisfação da dívida e todas as demais despesas, o devedor continuará responsável, com seu patrimônio geral, pelo saldo remanescente. A responsabilidade pelo saldo remanescente no caso de insuficiência para pagamento integral da dívida, é expressa no art. 27, § 5º-A, que poderá ser cobrado por meio de ação de execução ou extinção das demais garantias (a extinção da dívida atualmente é restrita aos financiamentos para aquisição ou construção de imóvel residencial do devedor).

De acordo com o § 7º do art. 27 da Lei n. 9.514/97, se o imóvel estiver locado, a locação poderá ser denunciada com o prazo de trinta dias para desocupação, salvo se tiver havido aquiescência por escrito do fiduciário, devendo a denúncia ser realizada no prazo de noventa dias a contar da data da consolidação da propriedade no fiduciário, devendo essa condição constar expressamente em cláusula contratual específica, destacando-se das demais por sua apresentação gráfica.

Por fim, o devedor fiduciante responderá pelo pagamento dos impostos, taxas, contribuições condominiais e quaisquer outros encargos que recaiam ou venham a recair sobre o imóvel, cuja posse tenha sido transferida para o fiduciário, nos termos deste artigo, até a data em que o fiduciário vier a ser imitido na posse.

Registre-se que qualquer direito real de garantia ou constrição incidente sobre o direito real de aquisição do fiduciante não obsta a consolidação da propriedade no patrimônio do credor fiduciário e a venda de imóvel para realização da garantia.

De acordo com o art. 27-A, nas operações de crédito garantidas por alienação fiduciária de dois ou mais imóveis, na hipótese de não ser convencionada a vinculação de cada imóvel a uma parcela da dívida, o credor poderá promover a excussão em ato simultâneo, por meio de consolidação da propriedade e leilão de todos os imóveis em conjunto, ou em atos sucessivos, por meio de consolidação e leilão de cada imóvel em sequência, à medida do necessário para satisfação integral do crédito.

Os arts. 28 a 30 tratam da cessão e transferência dos direitos.

"Art. 28. A cessão do crédito objeto da alienação fiduciária implicará a transferência, ao cessionário, de todos os direitos e obrigações inerentes à propriedade fiduciária em garantia". Isso evidencia que o direito do proprietário resolúvel não é personalíssimo.

Por outro lado, o devedor fiduciante, com anuência expressa do fiduciário, poderá transmitir os direitos de que seja titular sobre o imóvel objeto da alienação fiduciária em garantia, assumindo o adquirente as respectivas obrigações. Portanto, a Lei n. 9.514/97 permite a alteração no polo passivo desta relação jurídica obrigacional, com a substituição do devedor primitivo por novo devedor, o qual assumirá todas as obrigações do primitivo. Trata-se de espécie do gênero assunção de obrigação e, considerando que o crédito do credor está garantido com imóvel, sua recusa ao novo devedor deverá ser justificada, sob pena de violação do princípio da boa-fé objetiva, uma vez que a recusa injustificada caracterizaria abuso de direito (art. 187 do CC). Ademais, em função da garantia e por ser espécie de assunção de obrigação, aplica-se à propriedade fiduciária que tem por objeto imóvel, por analogia, o disposto no art. 303 do CC.

É assegurado ao fiduciário, ao seu cessionário ou aos seus sucessores, inclusive ao adquirente do imóvel por força do leilão público, a reintegração de posse do imóvel, que será concedida liminarmente, para desocupação em 60 dias, desde que comprovada a consolidação da propriedade em seu nome. Arrematado o imóvel ou consolidada definitivamente a propriedade no caso de frustração dos leilões, as ações judiciais que tenham por objeto controvérsias sobre as estipulações contratuais ou os procedimentos de cobrança e leilão, não obstará a reintegração de posse e serão resolvidas em perdas e danos.

Por fim, os arts. 31 a 33 disciplinam a sub-rogação do terceiro, a consequência da insolvência do fiduciante e aplicação de artigos do CC a propriedade fiduciária de imóvel. Segundo o art. 31 da lei em referência, o fiador ou terceiro interessado que pagar a dívida ficará sub-rogado, de pleno direito, no crédito e na propriedade fiduciária. Como enuncia o parágrafo único, nos casos de transferência de financiamento para outra instituição financeira, o pagamento da dívida à instituição credora original poderá ser feito, a favor do mutuário, pela nova instituição credora.

Por ser a propriedade fiduciária patrimônio de afetação, não integra o passivo do devedor (ver CC 110.392/SP). Por isso, na hipótese de insolvência do devedor fiduciante, fica assegurada ao fiduciário a restituição do imóvel alienado fiduciariamente, na forma da legislação pertinente. Além disso, a propriedade fiduciária é direito real de garantia sobre coisa própria, razão pela qual o credor fiduciário não participa de concurso de credores, porque a propriedade lhe pertence, desde a sua constituição.

Por fim, nos termos do art. 33 da Lei n. 9.514/97, aplicam-se à propriedade fiduciária, no que couber, as disposições dos arts. 647 e 648 do Código Civil, regras relativas ao depósito necessário. De acordo com o art. 647 do CC é depósito necessário o que se faz em desempenho de obrigação legal e o que se efetua por ocasião de alguma calamidade, como o incêndio, a inundação, o naufrágio ou o saque. No caso da propriedade fiduciária, a hipótese é a do inciso I. Nos termos do art. 648, o depósito a que se refere o inciso I do artigo antecedente, reger-se-á pela disposição da respectiva lei, e, no silêncio ou deficiência dela, pelas concernentes ao depósito voluntário.

O art. 37-A, introduzido pela Lei n. 10.931/94 e alterado pela Lei n. 14.711/2023, dispõe sobre a obrigação do fiduciante pagar ao credor fiduciário ou ao seu sucessor, a título de taxa de ocupação do imóvel, por mês ou fração, valor correspondente a 1% do valor do imóvel, computado e exigível desde a consolidação da propriedade fiduciária no patrimônio do credor fiduciário até a data em que este ou seu sucessor vier a ser imitido na posse do imóvel. É uma espécie de aluguel que corresponderá a 1% do valor do imóvel, a ser pago por mês ou fração de ocupação. Assim, se após a venda do imóvel em leilão, o devedor ou sucessor permanecerem no imóvel, estarão obrigados a pagar esta taxa de ocupação, que poderá ser vantajosa para o credor e seus sucessores no caso concreto.

Em recente decisão sobre o assunto, o Superior Tribunal de Justiça, no Recurso Especial 1.328.656/GO, relatado pelo Ministro Marco Buzzi, reconheceu que para a incidência da referida taxa de ocupação não é imprescindível a alienação do imóvel em leilão. Segundo o relator, como forma de compensar o novo proprietário pelo tempo que fica privado do acesso ao imóvel, deve ser dada uma interpretação extensiva à lei para considerar a incidência da taxa desde a consolidação da propriedade em favor do credor fiduciário, após frustradas tentativas de alienação. O fundamento é a vedação do princípio do enriquecimento sem justa causa.

De acordo com o art. 38 da Lei n. 9.514/97, os atos e contratos referidos na lei que disciplina a propriedade fiduciária, mesmo que visem à constituição de direitos reais sobre os imóveis, poderão ser celebrados por escritura pública ou instrumento particular com efeitos de escritura pública.

5.8. PROPRIEDADE SUPERFICIÁRIA

5.8.1. Introdução

O direito real de superfície tem por finalidade dimensionar o uso e gozo da propriedade imobiliária, pois permitirá a separação da superfície, que será objeto deste direito, da propriedade do solo. Em função da cisão do solo de sua superfície, poderá o proprietário do imóvel dar uma destinação econômica e social à sua propriedade, mediante a concessão, em favor de terceiro, do direito de construir e plantar na superfície do terreno. Portanto, a ausência de recursos para investir na propriedade pode ser contornada por meio deste direito real, o que permitirá a adequação da propriedade à sua necessária função social.

A propriedade superficiária é um direito real sobre imóveis, temporário e autônomo, que tem por objeto a construção ou plantação no solo e, por isso, confere ao titular deste direito a propriedade resolúvel da construção ou da plantação, que se destaca ou se separa da propriedade do solo. A superfície e o solo passam a se distinguir como propriedades simultâneas e paralelas, sem que uma neutralize a outra, logo após a constituição deste direito.

Por meio deste direito real, o proprietário do solo concede a um terceiro o direito de construir ou plantar em seu terreno. A partir da concessão, surgirá nova propriedade, autônoma e independente em relação à propriedade do sujeito concedente (dono do solo), a propriedade superficiária. A propriedade superficiária convive, de forma simultânea, com a propriedade do solo.

A propriedade superficiária que se constitui a partir da concessão deste direito não se confunde com a propriedade do solo. Em razão desta distinção, a propriedade superficiária poderá ser objeto de relações jurídicas próprias, sem vinculação com a propriedade do solo.

A propriedade superficiária é uma espécie do gênero propriedade resolúvel (art. 1.359 do Código Civil). O superficiário tem propriedade resolúvel das acessões, construções e plantações realizadas no imóvel, durante o período de vigência deste direito real, ao passo que o concedente mantém a propriedade e a titularidade sobre o solo. Após a resolução da propriedade pela extinção do direito real de superfície, o proprietário do solo, adquire, pelo instituto da acessão (arts. 1.253 a 1.259 do CC – modo de aquisição da propriedade imobiliária), a propriedade das coisas construídas ou plantadas no terreno, que foram objeto da superfície.

Como já ressaltado, o direito real de superfície suspende a eficácia do instituto da acessão durante o tempo da concessão. Com a extinção do direito real de superfície, resolve-se a propriedade superficiária e o proprietário do solo ou terreno adquire, por acessão, o objeto deste direito real (as construções ou plantações realizadas na superfície do solo).

As construções e plantações são acessões contínuas e tudo que se planta ou constrói em solo alheio é de propriedade definitiva do dono do solo, conforme previsão no art. 1.255 do CC. O direito real de superfície suspende, temporariamente, os efeitos deste dispositivo, que trata da acessão. Nas palavras de Loureiro[312]: "É uma suspensão ao milenar princípio da acessão (*superficies solo cedit*), já estudado como modo de aquisição da propriedade imóvel, pelo qual ao dono do solo fica pertencendo tudo aquilo que nele adere e não pode ser retirado sem fratura ou deterioração".

O direito real de superfície está disciplinado nos arts. 1.369 a 1.377 do Código Civil, cujas normas não possuem correspondência com nenhuma regra do Código Civil de 1916, bem como nos arts. 21 a 24 do Estatuto da Cidade. As diferenças entre as regras das duas fontes normativas citadas serão ressaltadas em tópico próprio. Neste momento, apenas é relevante ressaltar que as normas do Código Civil e do Estatuto da Cidade convivem harmonicamente no sistema, porque possuem finalidades distintas. O direito de superfície regulado na lei civil tem por objetivo atender interesses privados. O direito de superfície objeto de disciplina do Estatuto da Cidade visa concretizar políticas públicas e sociais, pois constitui fundamento instrumento de desenvolvimento de políticas urbanas, o que denota o envolvimento de interesses coletivos.

5.8.2. Conceito e natureza jurídica

O proprietário do solo tem a faculdade ou prerrogativa de conceder a um terceiro o direito de construir ou plantar em seu terreno. Tal terceiro será denominado de "superficiário", que é o titular do direito real de superfície e da propriedade superficiária durante o período de vigência desta relação jurídica material de natureza real. O direito de superfície provoca a cisão ou separação entre o solo e as construções e plantações na superfície.

De acordo com o art. 1.369 do Código Civil, o proprietário pode conceder a outrem o direito de construir ou de plantar em seu terreno. O parágrafo único do mesmo artigo não autoriza obra no subsolo e no espaço aéreo, salvo se for inerente ao objeto da concessão. Assim, só é permitida obra no subsolo se for essencial para manter a estrutura da obra ou da construção realizada no solo ou na superfície. Portanto, as obras no subsolo não podem ser independentes de obras no solo. As obras do subsolo devem decorrer da necessária vinculação com as obras do solo. Portanto, tal direito real sobre coisa alheia, autônomo e temporário, permite construções e plantações apenas no solo.

O direito real de superfície está em perfeita conexão com a funcionalidade do direito de propriedade, ao contrário do modo estático como a propriedade era classicamente disciplinada (de forma estática). O direito de superfície confere maior dinamismo ao direito de propriedade e possibilita que essa possa cumprir uma função social, econômica e até ambiental.

Como regra geral, as construções e plantações incorporadas ao solo são acessões artificiais (art. 1.248, V, do CC). Assim, de acordo com o art. 1.255 do CC, aquele que semeia, planta ou edifica em terreno alheio perde, para o proprietário do solo, as sementes, plantas e construções (*superfícies solo cedit*). O direito de superfície suspende a eficácia do art. 1.255 do CC, pois aquele que plantar ou construir em prédio alheio, amparado por esta relação jurídica de natureza real, será o proprietário resolúvel e titular das construções e plantações durante o período da concessão.

---

[312] LOUREIRO, Francisco Eduardo. Arts. 1.196 a 1.510-E – Coisas. In: PELUSO, Cezar (coord.). *Código civil comentado*. 2. ed. Barueri: Manole, 2008.

De acordo com a precisa definição de Ricardo Pereira Lira[313], "é direito real sobre coisa alheia, autônomo, temporário, de fazer uma construção ou plantação sobre – e em certos casos sob – o solo alheio e delas ficar proprietário".

O direito de superfície desperta polêmica em relação à sua natureza jurídica. Para alguns doutrinadores, como José dos Santos Carvalho Filho[314], o superficiário terá apenas o domínio útil da superfície, mas não terá a propriedade das edificações. Para essa corrente, no direito de superfície haverá apenas um desdobramento dos poderes dominiais e não a dualidade de propriedades. O direito de superfície seria apenas um direito real sobre coisa alheia.

No entanto, para a corrente doutrinária majoritária, a concessão da superfície acarreta a cisão da propriedade da construção ou da plantação em relação à propriedade do solo. Haverá a separação da propriedade do solo em relação à propriedade da superfície. Portanto, serão duas propriedades autônomas e superpostas. A propriedade do solo e a propriedade superficiária, que é resolúvel. Portanto, não há um simples desdobramento dos poderes dominiais, como nos direitos reais sobre coisa alheia, mas a constituição e duas propriedades autônomas.

Nesse sentido, na IV Jornada de Direito Civil, foi aprovado o Enunciado 321: "Os direitos e obrigações vinculados ao terreno e, bem assim, aqueles vinculados à construção ou à plantação formam patrimônios distintos e autônomos, respondendo cada um dos seus titulares exclusivamente por suas próprias dívidas e obrigações, ressalvadas as fiscais decorrentes do imóvel".

Como já ressaltado, a propriedade superficiária será resolúvel, porque a lei impõe um prazo para a concessão. De acordo com o art. 1.369 do Código Civil, a concessão do direito de construir ou plantar é por prazo determinado. Não há como defender a tese de propriedade autônoma não resolúvel. O prazo vinculado à sua constituição a torna, necessariamente, resolúvel. É propriedade autônoma, superposta à propriedade do solo, mas resolúvel. É uma propriedade temporária, nos termos da dicção do art. 1.369 do CC. Será extinta ao final do termo pactuado ou em caso de desvio de finalidade (art. 1.374 do CC). A causa da futura resolução é originária e contemporânea à constituição da propriedade superficiária, o que a torna resolúvel (art. 1.359 do CC).

Sob a ótica do superficiário, de fato, é possível considerar o instituto, ao mesmo tempo, como direito real sobre coisa alheia e direito real de propriedade, embora de natureza resolúvel.

Em citação à excelente obra de Ricardo Pereira Lira, os professores Chaves e Rosenvald[315] defendem que o direito de superfície é um direito real sobre coisa alheia, pois sua formação resulta de uma concessão do titular da propriedade para fins de futura edificação ou plantação, que, quando concretizado pelo concessionário, converterá o direito inicialmente incorpóreo em um bem materialmente autônomo à propriedade do solo. O direito real não sacrificará a propriedade do superficiário sobre a coisa edificada ou plantada.

5.8.3. Objeto do direito de superfície no Código Civil e a superfície por cisão

O direito real de superfície somente pode ser instituído sobre propriedade imobiliária, urbana e rural. O instituto é compatível apenas com os bens *imóveis*. De acordo com o direito de superfície disciplinado na lei civil, o imóvel pode ser urbano ou rural, ao contrário do Estatuto da Cidade, que restringe tal direito real à propriedade imobiliária urbana (o art. 4º do Estatuto da Cidade seleciona o direito de superfície como instrumento jurídico de política urbana).

O proprietário do solo pode conceder a outrem o direito de construir ou plantar em seu terreno (art. 1.369 do CC). Após a constituição do direito, o terceiro, temporariamente, será proprietário da construção e da plantação. Desta forma, o conteúdo do direito de superfície envolve construção e plantação no solo. Esse seu objeto. O direito de superfície que tem por objeto construção é denominado "edilício" e aquele que a vincula a plantações "vegetais ou agrícolas".

De acordo com Tepedino, há na doutrina divergência sobre a possibilidade de qualquer objeto suscetível de acessão ser objeto do direito de superfície.

O Código Civil não previu a possibilidade de constituição do direito de superfície sobre construção já existente, a fim de melhorá-la ou para que nela possam ser realizadas benfeitorias. É o denominado direito de superfície por cisão. Em que pese a omissão legislativa, a doutrina admite que o direito real de superfície tenha por objeto construções e plantações já existentes. Nesse sentido foi aprovado o Enunciado 250, na II Jornada de Direito Civil: "Admite-se a constituição do direito de superfície por cisão". Tal cisão implica a separação entre a propriedade do solo que se destaca da propriedade da superfície que, no caso, já possui alguma construção ou plantação, sobre as quais incidirá o direito real de superfície. Em relação a este modelo, acentua Loureiro[316], que "o proprietário aliena, temporariamente, as acessões, mediante a constituição de direito real de superfície, remanescendo como dono do solo; em outras palavras, transfere construções e plantações já existentes. Isso permite a multiplicação de novos empreendimentos imobiliários".

O direito de superfície por cisão é expressamente admitido pelo art. 1.528 do Código Civil português: "O direito de superfície pode ser constituído por contrato, testamento ou usucapião, e pode resultar da alienação de obra ou árvores já existentes, separadamente da propriedade do solo". De igual maneira, a cisão é admitida pelo Código

---

[313] LIRA, Ricardo Pereira. O direito de superfície e o novo código civil, *Revista Forense*, v. 98, n. 364, p. 251–266, nov./dez., 2002, p. 251.

[314] CARVALHO FILHO, José dos Santos. *Comentários ao estatuto da cidade*. 5. ed. São Paulo: Atlas, 2013, p. 148.

[315] FARIAS, Cristiano Chaves de; ROSENVALD, Nelson. *Direito reais*. 7. ed. Rio de Janeiro: Lumen Juris, 2011.

[316] LOUREIRO, Francisco Eduardo. Arts. 1.196 a 1.510-E – Coisas. In: PELUSO, Cezar (coord.). *Código civil comentado*. 2. ed. Barueri: Manole, 2008.

Civil italiano, em seu art. 952: "O proprietário pode constituir o direito de fazer e manter, acima do solo, uma construção a favor de outrem que não adquire a propriedade deste. Pode igualmente alienar a propriedade da construção já existente, separadamente da propriedade do solo".

Ainda em relação ao objeto, o parágrafo único do art. 1.369 do Código Civil veda o direito de superfície no subsolo, salvo se for inerente ao objeto da concessão. De acordo com a Lei Civil, eventual obra no subsolo deve estar conectada e subordinada a obras no solo. Trata-se de um nexo de funcionalidade e utilidade, como alicerces, garagens, passagens de tubos e cabos, ou pavimentos ligados à obra externa.

O Estatuto da Cidade, em razão da finalidade do direito de superfície, no § 1º do art. 21, permite o direito de superfície sobre o solo, o subsolo e o espaço aéreo relativo ao terreno. Tal abrangência é justificada porque o direito de superfície é um relevante instrumento jurídico para a concretização de políticas públicas urbanas.

Por fim, em relação ao objeto, resta mencionar a questão da "sobrelevação" ou o direito de superfície sobre superfície. É também vulgarmente conhecido como "direito de laje". Não havia previsão legal para a constituição do direito real de laje até a edição da Medida Provisória n. 759, de 22-12-2016, que inseriu tal direito no rol do art. 1.225. Agora, o direito real de laje tem previsão legal, o que permitirá, sem qualquer discussão, a instituição da propriedade superficiária sobre a laje. Neste caso, o superficiário, por meio de um contrato, poderia transmitir a um terceiro o direito de construir sobre sua propriedade superficiária. Com isso, ocorreria uma tripartição das propriedades: propriedade do solo; propriedade da superfície, pertencente ao superficiário e a propriedade da sobrelevação, que ingressaria no patrimônio do segundo concessionário.

Segundo Loureiro[317], seria exemplo "o titular de direito real de superfície sobre um centro comercial que decide criar sobre a laje do teto novo direito de superfície e entregá-lo a terceiro, para construção de um estacionamento coberto. É óbvio que a sobrelevação não sobrevive ao direito de superfície, extinguindo-se juntamente com ele". Outro exemplo ocorre quando moradores permitem que terceiros construam sobre suas lajes.

Em síntese, como ressalta Tepedino[318], "o superficiário desdobra seu direito de superfície, de modo a permitir que terceiro construa sobre a propriedade superficiária e se torne dono desta segunda propriedade por ele próprio erigida". O direito de sobrelevação consiste na possibilidade de constituir direito de superfície sobre a propriedade superficiária. É a superfície sobre superfície, como já ressaltado. Embora o Código Civil, o Estatuto da Cidade e a Lei de Registros Públicos nada disponham sobre esta possibilidade, há um movimento para sua admissão,

como forma de dimensionar o uso da propriedade, conferindo-lhe mais função social.

5.8.4. Modo de constituição da propriedade superficiária

A propriedade fiduciária se constitui mediante escritura pública devidamente registrada no Cartório de Registro de Imóveis, a teor do disposto no art. 1.369 do Código Civil. Por meio de um negócio jurídico, o proprietário do solo, denominado concedente, transfere a terceiro, superficiário ou concessionário, o direito de construir e plantar no terreno. No entanto, a constituição deste direito real e da propriedade superficiária dependerá do registro deste título (escritura pública) no Registro Imobiliário onde o imóvel estiver localizado.

O negócio jurídico impõe solenidade como condição de validade, qual seja, escritura pública. E o registro é essencial para a constituição do direito real de superfície e permanece vinculado ao título que o originou.

Além disso, a superfície pode ser constituída pela usucapião, embora seja muito difícil limitar o ânimo de dono em relação apenas às construções e plantações, ou seja, à propriedade superficiária. Normalmente, o possuidor agirá com ânimo de dono em relação ao solo, às acessões (plantações e construções) e tudo o mais que estiver relacionado à sua posse. Todavia, é possível separar o *animus* do que possui com intenção de proprietário do *animus* com intenção de exercer uma posse a título de superficiário.

O fato é que será difícil limitar a posse *ad usucapionem* à intenção de adquirir como superficiário. A hipótese mais viável é no caso de concessão a *non domino* e o possuidor, concessionário acreditar que o concedente era o dono, caso em que sua intenção ficará restrita à superfície. Como diz Marco Aurélio Bezerra de Mello[319]: "A prova do *animus domini* é bastante difícil na usucapião ordinária e impossível na usucapião extraordinária".

Por fim, ainda que não haja previsão legal, também deve ser admitida a constituição do direito real de superfície por testamento, negócio jurídico unilateral *causa mortis*. Assim, o testador poderá no testamento, instituir um legado ou herdeiro para o solo e outro, de forma temporária, para as construções e plantações. Desde que respeitadas as legítimas dos herdeiros necessários e, registrado o formal de partilha, estará constituído tal direito por testamento. Como já mencionado, o art. 1.528 do CC português é expresso a esse respeito.

De acordo com Bezerra de Melo[320], "poderá também ser instituído por disposição de última vontade em que o testador outorga a propriedade superficiária para determinada pessoa durante certo período de tempo ao mesmo tempo em que outorga a outra a propriedade do solo".

---

[317] LOUREIRO, Francisco Eduardo. Arts. 1.196 a 1.510-E – Coisas. In: PELUSO, Cezar (coord.). *Código civil comentado*. 2. ed. Barueri: Manole, 2008.

[318] TEPEDINO, Gustavo; BARBOZA, Heloisa Helena; MORAES, Maria Celina Bodin de. *Código civil interpretado conforme a Constituição da República*. Direito de Empresa. Direito das coisas. 2. ed. Rio de Janeiro: Renovar, 2011. v. III.

[319] MELO, Marco Aurélio Bezerra de. *Novo código civil anotado. Direito das coisas*. 2. ed. Rio de Janeiro: Lumen Juris, 2003. v. V, p. 295.

[320] MELO, Marco Aurélio Bezerra de. *Novo código civil anotado. Direito das coisas*. 2. ed. Rio de Janeiro: Lumen Juris, 2003. v. V, p. 294-295.

Autonomia do direito real de superfície e a possibilidade de constituir direitos reais sobre a propriedade superficiária

Em razão da separação ou cisão entre a propriedade do solo e a propriedade superficiária, que passam a conviver simultaneamente e de forma autônomas (superposição de propriedades distintas), a propriedade superficiária, temporária e resolúvel, pode perfeitamente ser objeto de outros direitos reais, de gozo ou garantia, sem que haja necessidade de autorização ou consentimento do concedente ou fundeiro.

O concessionário ou superficiário exercerá plenamente os poderes dominiais sobre as acessões, por ser o proprietário resolúvel das construções e plantações. Nesta condição, poderá constituir outros direitos reais sobre a propriedade superficiária.

Nesse sentido foi aprovado o Enunciado 249 da III Jornada de Direito Civil, promovida pelo CJF: "A propriedade superficiária pode ser autonomamente objeto de direitos reais de gozo e de garantia, cujo prazo não exceda a duração da concessão da superfície, não se lhe aplicando o art. 1.474".

Aliás, por força da Lei n. 11.481/2007, foi acrescentado o inciso X ao art. 1.473 do Código Civil, para estabelecer que o direito real de superfície (propriedade superficiária) pode ser objeto de hipoteca. De acordo com o § 2º do mesmo artigo, tal direito de garantia ficará limitado à duração da concessão ou direito de superfície, caso tenham sido transferidos por prazo determinado. Por óbvio, o Enunciado 249 da III Jornada de Direito Civil exclui da incidência da constituição de direito real sobre a propriedade fiduciária o art. 1.474 do CC, justamente porque tal artigo já dispõe sobre o próprio conteúdo e objeto da propriedade superficiária. Segundo o art. 1.474, a hipoteca abrange todas as acessões, melhoramentos ou construções do imóvel. As acessões, construções e melhoramentos serão o objeto da própria propriedade superficiária, razão pela qual não haveria sentido em aplicar este dispositivo em caso de constituição de uma hipoteca sobre a propriedade superficiária.

Tal enunciado, assim como o art. 1.473, X, do CC, reforça a ideia da superfície como propriedade resolúvel e autônoma, não podendo ser considerada como simples direito real sobre coisa alheia. Assim, poderá o superficiário dispor do direito de superfície para constituir outros direitos reais de gozo, como usufruto e servidão ou de garantia, como hipoteca e propriedade superficiária, sobre a propriedade superficiária. Aliás, tal questão também intensifica o debate sobre o direito de sobrelevação ou a superfície sobre a superfície. Se a propriedade superficiária é autônoma a ponto de ser objeto de direitos reais de gozo e garantia, por que não poderá o proprietário superficiário constituir sobre a superfície outro direito real de superfície? Qual será o óbice? Essa discussão sobre a autonomia da superfície renova e valoriza a discussão sobre o direito de sobrelevação, até porque a superfície também é um direito real sobre coisa alheia, além de ser uma propriedade resolúvel, temporária e autônoma.

5.8.5. A gratuidade ou onerosidade do direito de superfície

A concessão da superfície para fins de construção ou plantação no terreno, em favor de terceiro, poderá ser gratuita ou onerosa. A gratuidade ou onerosidade dependerá dos interesses do concedente e do superficiário, bem como do prazo de duração da concessão, pois, como regra, ao final da concessão, o proprietário do solo, adquire, pela acessão, a propriedade das construções e plantações, com o que unificará as duas propriedades (da superfície e do solo).

De acordo com o art. 1.370 do CC, a concessão da superfície poderá ser gratuita ou onerosa. Se for onerosa, em função da autonomia privada, as partes poderão estipular se o pagamento será feito de uma só vez ou em parcelas. A remuneração é denominada solário (*solarium*) ou cânon superficiário. O valor desta remuneração também está vinculado ao prazo de duração da superfície. O não pagamento da remuneração ou do *solarium* é causa de extinção da propriedade superficiária, a teor do disposto no art. 1.374 do Código Civil.

Se a concessão for onerosa, não se confundirá com os contratos de locação e arrendamento, os quais possuem natureza meramente obrigacional, enquanto a superfície é um direito de natureza real, com todas as características dos direitos desta natureza. A locação e o arrendamento rural se submetem a legislações próprias. Ademais, na locação, não há separação de propriedades ou constituição de direito real sobre coisa alheia, mas apenas a transferência de poderes dominiais (de gozo) em favor do locatário e arrendatário, por força de um contrato que apenas gera efeitos obrigacionais entre as partes envolvidas. Além disso, a propriedade superficiária é resolúvel, característica que não se verifica na locação e no arrendamento.

A questão da gratuidade ou onerosidade da concessão está diretamente vinculada ao princípio da autonomia privada (poder de autodeterminação dos interesses). Como ressalta Bezerra de Melo[321]: "Na superfície onerosa, o superficiário deverá pagar a remuneração ao fundeiro, que se chama *solarium*, sob pena de resolução do contrato, ressalvado o direito potestativo de purgar a mora até o momento da contestação".

5.8.6. Responsabilidade pelos encargos e tributos

O art. 1.371 do Código Civil disciplina a responsabilidade tributária e civil incidentes sobre o imóvel objeto da concessão. Para a Lei Civil, a responsabilidade por tributos e encargos recai sobre o superficiário.

De acordo com a norma, não haveria espaço para a autonomia privada. O concedente e o superficiário não poderiam dispor de maneira diversa. No entanto, a doutrina[322] vem considerando que a norma da lei civil tem natureza dispositiva e não cogente, razão pela qual podem

---

[321] MELO, Marco Aurélio Bezerra de. *Novo código civil anotado. Direito das coisas.* 2. ed. Rio de Janeiro: Lumen Juris, 2003. v. V, p. 297.

[322] Caio Mário da Silva Pereira, Paulo Nader, Marco Aurélio Bezerra de Melo, Francisco Loureiro, entre outros.

distribuir estas responsabilidades de acordo com as suas conveniências. Nesse sentido o Enunciado 94 da I Jornada de Direito Civil: "As partes têm plena liberdade para deliberar, no contrato respectivo, sobre o rateio dos encargos e tributos que incidirão sobre a área objeto da concessão do direito de superfície". Em razão do Enunciado 94 da I Jornada e do disposto no art. 1.371 do CC, no Enunciado 321 da IV Jornada de Direito Civil foram ressalvadas as obrigações fiscais incidentes sobre o imóvel.

De acordo com a regra estabelecida pelo art. 1.371, a responsabilidade por todos os encargos e tributos incidentes sobre a construção, a plantação e o solo são do superficiário. Tal sistemática não é coerente com a autonomia da propriedade fiduciária em relação à propriedade do solo. Em relação ao solo, os encargos e tributos incidentes sobre o imóvel deveriam ficar a cargo do titular concedente, e não do superficiário.

De forma diversa, no Estatuto da Cidade, o superficiário responderá integralmente apenas pelos encargos e tributos que incidirem sobre a propriedade superficiária e, em relação à área ocupada, arcará proporcionalmente à sua parcela de ocupação efetiva. Portanto, tal disposição está em harmonia com a concepção autônoma da propriedade superficiária. Além disso, o Estatuto da Cidade (art. 21, § 3º), de forma expressa, permite que as partes envolvidas disponham em sentido contrário ("salvo disposição em contrário do contrato respectivo").

Trata-se de obrigação *propter rem* que incidirá sobre o imóvel. Em relação ao Fisco a coisa garantirá o cumprimento da obrigação. O não cumprimento desta obrigação pelo superficiário pode ensejar a resolução do contrato de concessão, relação jurídica que fundamenta o referido direito real sobre coisa alheia.

5.8.7. A transferência do direito de superfície por ato *inter vivos* ou *causa mortis*

O direito real de superfície ou a propriedade superficiária não possui caráter personalíssimo, pois pode transferir-se a terceiros, por ato entre vivos e por morte do superficiário, aos seus herdeiros, a teor do disposto no art. 1.372 do Código Civil.

Tal norma legal ressalta a autonomia da propriedade fiduciária, temporária e resolúvel, em relação à propriedade do solo. Por se tratar de propriedade resolúvel, os terceiros beneficiados ou os herdeiros do superficiário ficarão subordinados à condição resolutiva, advento do termo ou desvio de finalidade (art. 1.374 do CC), causas de extinção da referida propriedade. Aliás, por conta desta autonomia, o proprietário da superfície poderá instituir ônus ou outros direitos reais sobre a coisa superficiária (Enunciado 249 da III Jornada de Direito Civil).

Os §§ 4º e 5º do art. 21 do Estatuto da Cidade também permitem a transferência do direito de superfície a terceiros, por ato *inter vivos*, assim como a transmissão aos herdeiros, em caso de morte do superficiário. Todavia, o Estatuto da Cidade, no § 4º do art. 21 autoriza que o contrato entre concedente e superficiário vede a transmissão a terceiros, impondo àquela concessão um caráter personalíssimo.

No caso do Código Civil, prevalece a opinião de que o direito de superfície, por essência, não pode ter caráter personalíssimo. Segundo Loureiro[323]: "(...) embora haja opiniões em sentido contrário, a transmissibilidade é da essência do direito de superfície, e não pode ser vedada por cláusula contratual. Considera-se não escrita a cláusula de inalienabilidade do direito de superfície, ainda que imposta em doação ou testamento. Explicitou o legislador que a superfície, ao contrário de usufruto, uso e habitação, não é constituída *intuitu personae*, nem sobre a cabeça do superficiário, que, ao contrário, tem a liberdade de aliená-la a qualquer título, gratuito ou oneroso".

Segundo Marco Aurélio Viana[324] e Rosenvald e Chaves[325], seria possível inibir a passagem do patrimônio por sucessão mortis causa mediante estipulação contração, como uma espécie de reversão em proveito do concedente.

A transferência do direito de superfície, em especial por ato *inter vivos*, independe da autorização do concedente.

O adquirente do direito de superfície fica vinculado aos deveres e obrigações contratuais assumidas pelo superficiário, sob pena de se neutralizar os direitos do concedente por meio da concessão. Entre tais obrigações que vinculam o adquirente, terceiro, está o pagamento do *solarium*, se a alienação ou a concessão original for onerosa, pagamentos de tributos e encargos e outros decorrentes do contrato entre concedente e concessionário originário. A relação jurídica originária não pode ser alterada pela transferência do direito de superfície justamente porque o concedente não participa deste negócio jurídico entre o superficiário e o terceiro. Os terceiros não poderão alegar boa-fé, tendo em vista que todas estas obrigações estarão estampadas no registro imobiliário (na escritura pública), bem como nas normas legais em caso de omissão dos contratantes originários, como na hipótese da responsabilidade por encargos e tributos.

Por fim, o parágrafo único do art. 1.372 do Código Civil proíbe que seja estipulado, em favor do concedente, qualquer taxa, contribuição ou encargo, pela transferência da propriedade superficiária a terceiros ou aos herdeiros. Segundo a referida norma, não poderá ser estipulado pelo concedente, a nenhum título, qualquer pagamento pela transferência. Tal norma é cogente e o objetivo é evitar qualquer semelhança com o instituto da enfiteuse que previa o pagamento do laudêmio em caso de transmissão do domínio útil para terceiros. A previsão de pagamento de uma comissão em favor do concedente não teria qualquer eficácia.

---

[323] LOUREIRO, Francisco Eduardo. Arts. 1.196 a 1.510-E – Coisas. In: PELUSO, Cezar (coord.). *Código civil comentado*. 2. ed. Barueri: Manole, 2008.

[324] VIANA, Marco Aurélio S. *Comentários ao novo código civil (arts. 1.225 a 1.510). Dos direitos reais*. 4. ed. Rio de Janeiro: Forense, 2013, v. XVI, p. 552.

[325] FARIAS, Cristiano Chaves de; ROSENVALD, Nelson. *Curso de direito civil. Direito reais*. 10. ed. Salvador: JusPodivm, 2014. v. V, p. 609/610.

Como bem ressaltam Rosenvald e Chaves[326], o objetivo da norma é reforçar a autonomia entre as propriedades do solo e da superfície, valorizando o interesse econômico na implantação deste modelo jurídico. Tal pagamento inibiria a expansão do direito de superfície. Por isso, a norma em comento é de ordem pública, reputando-se inválida a cláusula constante da escritura que disponha em sentido contrário.

5.8.8. O direito de preferência e a alienação do imóvel ou da propriedade superficiária

O art. 1.373 do Código Civil garante o direito de preferência ao proprietário do solo (concedente) e ao proprietário da superfície (superficiário) em caso de alienação do imóvel ou do direito de superfície, em igualdade de condições com terceiros.

Como a propriedade superficiária pode ser transferida a terceiros (art. 1.372), antes da alienação, o proprietário do solo terá o direito de preferência, em igualdade de condições com terceiros. Da mesma forma, e simetricamente, se o proprietário do solo alienar o imóvel, deverá garantir ao superficiário o direito de preferência. Há, portanto, reciprocidade em relação ao direito de preferência, no caso de alienação do imóvel ou do direito de superfície. O objetivo da norma é unificar e concentrar nas mãos da mesma pessoa a propriedade do solo e da superfície.

O exercício do direito de preferência somente é cabível quando a alienação se der por venda, dação em pagamento ou troca com bem fungível. Nos casos de trocas por bens infungíveis ou doação, não se cogita de preferência, por impossibilidade de se igualar a oferta do adquirente.

O art. 22 do Estatuto da Cidade possui regra semelhante, ao garantir ao superficiário e ao proprietário direito de preferência em igualdade de condições à oferta de terceiros.

No entanto, o Código Civil e o Estatuto da Cidade não disciplinam as consequências da violação do direito de preferência prevista respectivamente nos arts. 1.373 do CC e 22 do Estatuto da Cidade. A primeira solução seria atribuir à violação da norma (art. 1.373) efeitos meramente obrigacionais, em analogia ao art. 518 do CC, inserido no item que trata da cláusula adjeta ao contrato de compra e venda, qual seja, preempção ou preferência (art. 513: A preempção, ou preferência, impõe ao comprador a obrigação de oferecer ao vendedor a coisa que aquele vai vender, ou dar em pagamento, para que este use seu direito de prelação na compra, tanto por tanto). A cláusula de preferência prevista no art. 513 é convencionada. Se houver inadimplemento da cláusula, o comprador responderá por perdas e danos (art. 518 do CC). Essa é a opinião do professor Sílvio Venosa[327].

A segunda solução seria invocar a regra prevista no art. 504 do Código Civil, relativo a condomínio de coisa indivisível.

Segundo o referido art. 504, não pode condômino em coisa indivisível vender a sua parte a estranhos, se outro consorte a quiser, tanto por tanto. O condômino preterido poderá, depositando o preço, haver para si a parte vendida a estranhos, se o requerer no prazo de 180 (cento e oitenta) dias, sob pena de decadência. Portanto, esta norma garante ao sujeito preterido, no prazo decadencial de 180 (cento e oitenta) dias, exercer o seu direito de preferência, com a recuperação da própria coisa, ainda que já esteja nas mãos de terceiros. Restará ao terceiro ação de indenização, regressiva, em face do condomínio que violou a regra de preferência. Essa sanção à violação ao direito de preferência com a possibilidade de ser efetivado o depósito do preço para a consolidação da propriedade é a que tem mais simpatia da doutrina. Neste caso, o proprietário ou superficiário, por meio de pretensão reivindicatória, poderia recuperar a coisa. É a melhor posição. Na lógica civilista, o direito de preferência previsto diretamente na lei visa proteger interesse do sujeito preterido relacionado ao próprio instituto, como ocorre no condomínio, para impedir que estranho possa retirar a harmonia do condomínio. Por isso, se preterido o direito de preferência legal, é possível recuperar a própria coisa. Se a preferência for convencionada, por meio de pacto, a preterição se restringe a perdas e danos.

Nesse sentido é o teor do Enunciado 509 da V Jornada de Direito Civil: "O superficiário que não foi previamente notificado pelo proprietário para exercer o direito de preferência previsto no art. 1.372 do CCB, possui o direito no prazo de seis meses, contados do registro de alienação, para depositando o preço da alienação, adjudicar para si o bem". O prazo de seis meses tem início da data do registro ou da data em que o titular do direito real tomou conhecimento da alienação (em função do princípio da boa-fé objetiva que deve orientar as relações jurídicas em geral, e as privadas em particular).

Em razão da natureza cogente da norma, não se admite a renúncia antecipada ao direito de preferência.

Como não há previsão de prazo para o exercício do direito de preferência, deverá o titular do direito real, do solo ou da construção, garantir um prazo razoável para o pleno exercício deste direito. A notificação deve ser a mais completa possível, a fim de que o titular do direito real possa ter ciências das condições do negócio e da oferta do terceiro, sob pena de ineficácia. A notificação pode ser judicial ou extrajudicial. Em analogia à Lei de Locações, o prazo de 30 (trinta) dias para exercer o direito de preferência é bem razoável. A violação deste direito possibilitará ao titular do direito perseguir e obter a coisa, mediante depósito do preço, no prazo de 6 meses, em analogia ao art. 504 do CC, na forma do Enunciado 509 da V Jornada de Direito Civil.

---

[326] FARIAS, Cristiano Chaves de; ROSENVALD, Nelson. *Curso de direito civil. Direito reais.* 10. ed. Salvador: JusPodivm, 2014. v. V, p. 610.

[327] VENOSA, Sílvio de Salvo. *Direito civil:* direitos reais. v. 5. 12. ed. São Paulo: Atlas, 2012, p. 396.

5.8.9. Extinção do direito de superfície (Código Civil)

A extinção do direito de superfície está relacionada à principal característica deste direito real no Código Civil, a temporariedade.

Em regra, o direito de superfície constituído em observâncias às regras e princípios do Código Civil será extinto pelo advento do termo previsto no contrato (a superfície no Código Civil é por prazo determinado – art. 1.369). Essa seria a causa natural ou normal de extinção da propriedade superficiária. O termo ou prazo torna a propriedade superficiária resolúvel e temporária. Tal termo é uma causa originária vinculada à constituição deste direito real. Com o advento do termo, extinta estará a superfície, com o que voltam a ter plena eficácia as regras da acessão.

Além dessa hipótese natural e inerente ao direito de superfície, o art. 1.374 do Código Civil prevê a possibilidade de resolução da concessão se o superficiário der ao terreno destinação diversa para que foi constituída. Trata-se de típico caso de desvio de finalidade por parte do superficiário. A superfície foi constituída para a construção de uma indústria e o superficiário constrói um estacionamento. Neste caso, a lei civil determina a resolução plena do direito de superfície. É uma espécie do gênero resolução contratual, art. 475 do CC, cujo inadimplemento, por desvio de finalidade, acarretará, por força da norma legal (art. 1374), a extinção do direito de propriedade.

Assiste plena razão a Loureiro[328] em relação a esta causa quando diz que "leva a extinção da superfície não somente construção ou plantação de coisa diversa da acordada, como ausência de construção e plantação no prazo estipulado pelas partes ou pelo perecimento da construção e plantação por omissão do superficiário".

Por absoluta incompatibilidade com a manutenção deste direito real, também será extinto o direito de superfície em caso de acordo entre o proprietário do solo e o proprietário da superfície (resilição bilateral – art. 472 do CC); renúncia do superficiário, devidamente registrada; a desapropriação, conforme previsão no art. 1.376 do CC; o falecimento do superficiário que não tenha herdeiros; o não uso prolongado pelo superficiário que, pelo princípio da função social, pode, no caso concreto, ser sancionado com a perda do referido direito real, entre outros. Tais hipóteses são causas anormais de extinção da propriedade superficiária e não possuem nenhuma relação com aquelas previstas no art. 1.374 do Código Civil, mas, embora não previstas, são situações incompatíveis com a manutenção e existência da propriedade superficiária.

O art. 1.374 do Código Civil, como já ressaltado, possibilita a extinção da propriedade superficiária ou do direito real de superfície se "o superficiário der ao terreno destinação diversa daquela para que foi concedida". Trata-se de "espécie de resolução contratual ante o inadimplemento de obrigação de fazer, por desvio de finalidade (art. 475 do CC), passível de cumulação com pleito indenizatório, comprovado prejuízo ao proprietário do imóvel"[329]. Portanto, a Lei Civil admite a extinção do direito de superfície em razão do descumprimento de obrigação contratual específica (fazer – desvio de finalidade).

O Estatuto da Cidade é mais abrangente, pois no art. 23, prevê a extinção do direito de superfície tanto pelo advento do termo, quanto pelo descumprimento de qualquer obrigação contratual assumida pelo superficiário. A diferente entre as fontes normativas é evidente. O Código Civil restringe a resolução por inadimplemento a uma única hipótese (desvio de finalidade), ao passo que o Estatuto da Cidade admite a extinção da superfície pelo descumprimento de qualquer obrigação assumida pelo superficiário no contrato de concessão.

Desta forma, se o superficiário não paga a remuneração (se a concessão for onerosa), denominada *solarium*, ou os tributos e encargos incidentes sobre a propriedade superficiária, pelas regras do Estatuto da Cidade, o direito de superfície pode ser extinto, mas pela restrição imposta pelo art. 1.374 do CC, o inadimplemento de outras obrigações, diversas do desvio de finalidade, gera ao concedente apenas um direito de crédito, mas não o direito de resolver o contrato e requerer a extinção do direito de superfície. Não há como aplicar as regras do Estatuto da Cidade à superfície disciplinada no Código Civil, uma vez que cada uma destas fontes normativas possui finalidade diversa e tem aplicação vinculada a esta função. No entanto, para conferir maior dinamismo ao instituto, a doutrina defende que a interpretação do CC em relação à extinção da superfície pelo inadimplemento de obrigações contratuais deve ser ampla, até para preservar o princípio da autonomia privada.

Por fim, caso o proprietário do solo não cumpra alguma obrigação contratual, poderá o superficiário, da mesma forma, optar pela resolução da concessão e extinção do direito de superfície. De qualquer forma, o adimplemento capaz de resolver o contrato de concessão, deve ser substancial, sob pena de ofensa ao princípio da boa-fé objetiva.

5.8.10. Efeitos da extinção do direito de superfície

A constituição do direito de superfície suspende e neutraliza, temporariamente, as regras da acessão, em especial aquela prevista no art. 1.255, *caput*, do CC. O proprietário do solo não adquirirá a propriedade das acessões, construções e plantações, durante a vigência desta relação jurídica material de natureza real. Em consequência, extinta a concessão, voltam a vigorar os efeitos jurídicos da acessão. Assim, o proprietário do solo adquire, por força da acessão, a propriedade das construções e plantações realizadas na superfície do terreno, com o que consolidará e unificará a propriedade.

É o que dispõe o art. 1.375 do Código Civil, segundo o qual, extinta a concessão, o proprietário passará a ter a propriedade plena sobre o terreno, a construção e a plan-

---

[328] LOUREIRO, Francisco Eduardo. Arts. 1.196 a 1.510-E – Coisas. In: PELUSO, Cezar (coord.). *Código civil comentado*. 2. ed. Barueri: Manole, 2008, p. 1.389.

[329] FARIAS, Cristiano Chaves de; ROSENVALD, Nelson. *Curso de direito civil. Direito reais*. 10. ed. Salvador: JusPodivm, 2014. v. V, p. 622.

tação. Como regra, o proprietário do solo não terá que pagar qualquer indenização ao titular do direito de superfície em relação ao valor das acessões, construções e plantações. Todavia, a norma possui natureza dispositiva, razão pela qual as partes, por força do princípio da autonomia privada, podem estipular ou contratar em sentido contrário e pactuarem uma indenização ao final da concessão. Portanto, a questão da indenização dependerá de previsão contratual. Em caso de omissão das partes, a norma, de forma supletiva, dispensa o proprietário de pagar indenização. Excepcionalmente, mesmo em caso de omissão das partes, seria possível defender o pagamento de indenização com base nos princípios da função social do contrato, boa-fé objetiva, para, eventualmente, evitar o enriquecimento sem causa de acordo com as peculiaridades de um caso concreto.

Tal indenização não tem relação com a remuneração ou *canon* ou *solarium* que torna o direito de superfície oneroso (art. 1.370 do CC). Extinta a concessão, as acessões são transferidas imediatamente ao proprietário do solo. A propriedade plena se consolida nas mãos do concedente. As construções e plantações que formavam a propriedade superficiária se convertem em acessões artificiais para serem incorporadas ao solo e integrarem o patrimônio do titular deste, na forma do art. 1.255, *caput*, do CC.

No mesmo sentido é a opinião do mestre Caio Mário[330]: "A planta ou a construção incorporam-se ao solo em definitivo, retornando ao princípio *superficies solo cedit*. Presume-se que a utilização ou a exploração da propriedade superficiária já constituíram proveito bastante para o beneficiado pela concessão".

O art. 24, *caput*, do Estatuto da Cidade, possui redação semelhante.

No mais, estamos de acordo com Loureiro[331] quando este afirma que a regra da acessão invertida não se aplica em favor do superficiário, pois por força de contrato, tem ciência inequívoca de que constrói e planta em terreno alheio, bem como no prazo ou termo em que será extinta a concessão.

Quanto ao valor da indenização, ausente previsão das partes, deve incidir a regra prevista no art. 1.222 do CC. No mais, aplicam-se as regras da acessão em relação à indenização se o superficiário estiver de boa ou má-fé (art. 1.255).

A extinção do direito de superfície não constitui hipótese de incidência do ITBI, pois independe de qualquer ato de transmissão ou do registro no cartório de imóveis.

5.8.11. Extinção do direito de superfície por desapropriação e efeitos

O direito de superfície também pode ser extinto por desapropriação, na dicção do art. 1.376 do CC.

Segundo a referida norma, no caso de extinção do direito de superfície em consequência de desapropriação, a indenização cabe ao proprietário e ao superficiário, no valor correspondente ao direito real de cada um.

Portanto, a indenização a ser paga em caso de desapropriação é rateada entre o proprietário e o superficiário, no valor que corresponde ao direito de cada um no momento da desapropriação. Portanto, se a superfície está próxima do termo final, a indenização do superficiário será reduzida. Desta forma, para fins de indenização, devem ser considerados o momento da desapropriação e as condições da concessão.

Nesse sentido foi aprovado o Enunciado 322 da IV Jornada de Direito Civil: "O momento da desapropriação e as condições da concessão superficiária serão consideradas para fins da divisão do montante indenizatório (art. 1.376), constituindo-se litisconsórcio passivo necessário simples entre proprietário e superficiário".

Não há dúvida de que a propriedade superficiária tem valor e deve ser indenizada em caso de desapropriação, causa de extinção da superfície. No entanto, a apuração do valor dependerá do momento da desapropriação e das condições ajustadas pelas partes, como eventual remuneração ou *solarium* pago e eventual previsão de indenização ao proprietário quando da extinção (art. 1.375). Todas estas questões são fundamentais para se apurar, no caso, concreto, qual o valor da indenização a ser paga ao proprietário e ao superficiário.

5.8.12. O direito de superfície constituído por pessoa jurídica de direito público interno

O art. 1.377 do Código Civil disciplina o direito de superfície, quando for constituído por pessoa jurídica de direito público interno. De acordo com o art. 41 da Lei Civil, são pessoas jurídicas de direito público interno a União, os Estados, o Distrito Federal, os Territórios, os Municípios, as autarquias, inclusive associações públicas, entre outras entidades de direito público criadas por lei, como as agências reguladoras, agências executivas e fundações públicas com personalidade jurídica de direito público.

Se qualquer dessas pessoas jurídicas constituírem direito de superfície sobre seus bens imóveis, se submeterão ao disposto no art. 1.377 do CC.

O direito de superfície constituído por tais pessoas, nos termos do art. 1.377, rege-se pelas disposições do Código Civil, arts. 1.369 a 1.376, naquilo que não confrontar com o disciplinado em lei especial. Assim, se qualquer pessoa jurídica de direito público interno constituir direito de superfície sobre propriedade imobiliária urbana, com a finalidade de atender o interesse coletivo, devem ser observadas as regras previstas nos arts. 21 a 24 do Estatuto da Cidade e não as normas do Código Civil.

Por tanto, o direito de superfície é mais um título jurídico colocado à disposição do "Estado" e das pessoas jurídicas de direito público interno, para conceder a outrem o direito de construir ou plantar em áreas públicas dominicais que não estejam cumprindo a sua necessária função

---

[330] PEREIRA, Caio Mário da Silva. *Instituições de direito civil. Direitos reais*. 26. ed. Rio de Janeiro: Forense, 2018. v. IV, p. 246.

[331] LOUREIRO, Francisco Eduardo. Arts. 1.196 a 1.510-E – Coisas. In: PELUSO, Cezar (coord.). *Código civil comentado*. 2. ed. Barueri: Manole, 2008, p. 1390.

social. O direito de superfície é um mecanismo para viabilizar a funcionalização da propriedade pública ou de titularidade destas pessoas jurídicas de direito público.

A norma em comento (art. 1.377) é semelhante ao art. 1.527 do CC português, segundo o qual: "*O direito de superfície constituído por Estado ou por pessoas colectivas públicas em terrenos do seu domínio privado fica sujeito à legislação especial e, subsidiariamente, às disposições deste Código*".

Na realidade, aplicar-se-ão as regras do Código Civil ou do Estatuto da Cidade, a depender da finalidade do direito de superfície, enquanto não houver lei especial que discipline o direito de superfície constituído por pessoas jurídicas de direito público interno, sobre bens públicos.

O direito de superfície no Estatuto da Cidade e as diferenças fundamentais com as normas de direito civil

O Estatuto da Cidade, Lei n. 10.257/2001, que estabelece diretrizes gerais da política urbana, cujo objetivo principal é ordenar o pleno desenvolvimento das funções sociais da cidade e da propriedade urbana, no art. 4º, inciso V, elenca os institutos jurídicos e políticos, como instrumentos essenciais para concretização de políticas urbanas. Na alínea "l" do respectivo inciso e artigo, o direito de superfície figura como um desses institutos jurídicos de política urbana.

A matéria relacionada a este instituto jurídico é disciplinada nos arts. 21 a 24 do Estatuto da Cidade. O Código Civil entrou em vigor posteriormente ao Estatuto da Cidade, em janeiro de 2013 e também normatizou o direito de superfície nos arts. 1.369 a 1.377, os quais já foram analisados em detalhes nos itens anteriores.

Em razão desta dualidade de fontes normativas e, por ser o Código Civil lei posterior, surgiu a discussão sobre a revogação ou não das normas do Estatuto da Cidade pelas regras da Lei Civil. E a resposta é negativa.

As duas fontes que regulam a mesma matéria se harmonizam no sistema jurídico brasileiro, em razão da absoluta diferença em relação às finalidades da constituição do direito de superfície em cada um desses regimes jurídicos. A finalidade do direito de superfície no Estatuto da Cidade não se confunde com o objetivo e a função social do direito de superfície disciplinado no Código Civil.

A constituição do direito de superfície que visa atender interesses privados de natureza econômica será disciplinada pelas regras do Código Civil, ainda que o imóvel seja urbano. Se o direito de superfície tiver por objetivo a concretização de políticas públicas urbanas para adequar a propriedade imobiliária urbana à necessária função social das cidades, com a finalidade de atender interesses da coletividade, tal direito real se sujeitará às normas do Estatuto da Cidade. Assim, se for constituído direito real de superfície sobre propriedade imobiliária urbana, poderá a concessão se submeter às regras do Código Civil ou do Estatuto da Cidade, a depender da finalidade e dos interesses, privados ou coletivos, que se pretende sejam concretizados. No caso de propriedade imobiliária rural, necessariamente, o direito de superfície se submeterá às regras do Código Civil.

Desta forma, o Código Civil não revogou os dispositivos do Estatuto da Cidade, embora tenha regulado matéria idêntica de forma distinta. Essa orientação foi incorporada pela doutrina e materializada no Enunciado 93 da I Jornada de Direito Civil: "As normas previstas no Código Civil sobre direito de superfície não revogam as relativas a direito de superfície constantes do Estatuto da Cidade (Lei n. 10.257/2001) por ser instrumento de política de desenvolvimento urbano".

Portanto, a constituição de direito de superfície que tenha por objeto propriedade imobiliária urbana será disciplinada e regulada pelas normas do Estatuto da Cidade quando tiver por objetivo promover a função social da cidade para atender ao interesse da coletividade. O objetivo é estruturar e regular o espaço urbano, caso em que o proprietário assumirá obrigações perante toda a coletividade. Se o interesse em jogo for meramente privado, se submete às disposições do Código Civil, arts. 1.369 a 1.377.

Em decorrência desta finalidade promocional do direito de superfície normatizado no Estatuto da Cidade, relevante instrumento jurídico para concretização de políticas públicas urbanas, os arts. 21 a 24 da Lei n. 10.257/2001 são bem mais abrangentes e abrem muito mais espaço para o pleno exercício da autonomia privada.

Por exemplo, de acordo com a Lei Civil, o direito de superfície é temporário e por prazo determinado (art. 1.369). De acordo com o art. 21 do EC, a concessão do direito de superfície pode ser por prazo determinado ou indeterminado. A indeterminação do prazo pode gerar insegurança, pois o concedente poderá resilir o direito a qualquer tempo (art. 473 do CC), mediante prévia interpelação do proprietário ao superficiário. Por óbvio, não pode haver abuso de direito no direito potestativo de resilir em razão da função de controle do princípio da boa-fé objetiva (art. 187 do CC).

Em relação ao objeto, o Estatuto da Cidade é expresso ao mencionar que o direito de superfície abrange o solo, o subsolo e o espaço aéreo, conforme definido em contrato (§ 1º do art. 21). Na Lei Civil, o direito de superfície somente abrange o solo, sendo vedada qualquer obra no subsolo, salvo se inerente e vinculada à construção ou plantação realizada na superfície. Além disso, como não trata de propriedade rural, o direito de superfície no Estatuto da Cidade não admite o direito de plantar no terreno, mas apenas o de construir.

A questão da responsabilidade por encargos e tributos no Estatuto da Cidade já foi tratada em item anterior, sendo desnecessário repetir a diferença entre a referida lei especial (§ 3º do art. 21) e do Código Civil (art. 1.371 do CC).

Além da finalidade e maior abrangência das normas do Estatuto da Cidade, em especial em relação ao prazo e ao objeto do direito real de superfície, outra fundamental diferença entre as fontes normativas é o princípio da autonomia privada. No Estatuto da Cidade, a autonomia privada é intensificada, uma vez que as normas sempre possibilitam que seja convencionado em sentido contrário ao que está na lei, tudo para viabilizar o cumprimento da relevante função deste instrumento jurídico de política pública urbana.

A abrangência do direito de superfície, a responsabilidade por encargos e tributos, a transferência a terceiros na extinção pelo descumprimento de obrigações contratuais e na indenização a ser eventualmente paga no momento da extinção da propriedade superficiária se verifica a existência de normas dispositivas, com a ressalva de que nestas situações as partes podem dispor em sentido contrário ao que consta na norma. Aliás, em relação à extinção do direito de superfície, o art. 23, inciso II, do Estatuto da Cidade, permite a extinção do direito de superfície pelo descumprimento de qualquer obrigação contratual e não apenas pelo desvio de finalidade, como sugere o art. 1.374 do CC. As normas do Código Civil são mais "fechadas", pois não ressalvam a possibilidade de as partes disporem em sentido contrário, embora a doutrina as flexibilize para considerá-las dispositivas, salvo exceções.

Portanto, a repercussão privada do direito de superfície faz incidir as regras de direito civil. A instituição da superfície que beneficie a coletividade sujeitará o contrato de concessão às normas do Estatuto da Cidade, com ampla autonomia privada, conforme se verifica em seus arts. 21 a 24 da Lei n. 10.257/2001.

5.8.13. Direito de superfície e o CPC de 2015

O CPC/2015, no art. 791, no capítulo que disciplina a responsabilidade patrimonial, faz expressa referência ao regime do direito de superfície sobre imóvel.

O objetivo da norma é dissociar a responsabilidade patrimonial do superficiário, titular do direito real, e do dono do terreno. No caso, responderá pela dívida, exclusivamente, o direito real do qual é titular o executado, seja o proprietário do terreno ou da superfície. A penhora recairá exclusivamente sobre o direito de um ou de outro e, por isso, a averbação na matrícula do imóvel é separada.

5.9. DIREITOS DE VIZINHANÇA

5.9.1. Introdução

A propriedade não vive só. Ao contrário, as propriedades e seus titulares se relacionam no mundo fático, em especial, quando são próximas ou vizinhas. Nesta relação entre proprietários e propriedades vizinhas, surgem conflitos que o Estado pretende regular e normatizar para uma saudável e pacífica convivência social.

No intuito de disciplinar estes conflitos, a Lei Civil, nos arts. 1.277 a 1.313, estabelece regras a serem observadas pelos proprietários e propriedades vizinhas ou que mantêm relação de proximidade fática. Isto porque, tal proximidade gera animosidades e problemas de difícil solução. A proximidade não significa contiguidade. As propriedades podem ser próximas, mas não contíguas. As regras de vizinhança podem ser invocadas quando ato ou omissão em determinada propriedade repercute, de forma nociva, abusiva ou danosa, na propriedade próxima.

Os direitos de vizinhança decorrem da lei e o fundamento é a necessidade de uma coexistência pacífica entre vizinhos. Portanto, os direitos de vizinhança são espécie do gênero *limitações da propriedade*. Essa é a sua natureza jurídica. Superada está a tese de que os direitos de vizinhança são espécies de servidões legais. As restrições de vizinhança são recíprocas, pois todos são, simultaneamente, dominantes e servientes. Na servidão, há prédio dominante e serviente. Os direitos de vizinhança são criados por lei e não têm a finalidade de incrementar a utilidade de um prédio, como ocorre na servidão, mas apenas busca a pacificação social e a convivência amistosa entre vizinhos.

Em decisão publicada em 2008, o STJ, no REsp 935.474/RJ, que teve como relatora para acórdão a Ministra Nancy Andrighi, adotou a tese de que os direitos de vizinhança não se confundem com as servidões legais, conforme se extrai do seguinte trecho da ementa do julgado: "*Direito civil. Servidões legais e convencionais. Distinção. Abuso de direito. Configuração.* Há de se distinguir as servidões prediais legais das convencionais. As primeiras correspondem aos direitos de vizinhança, tendo como fonte direta a própria lei, incidindo independentemente da vontade das partes. Nascem em função da localização dos prédios, para possibilitar a exploração integral do imóvel dominante ou evitar o surgimento de conflitos entre os respectivos proprietários. As servidões convencionais, por sua vez, não estão previstas em lei, decorrendo do consentimento das partes".

Como ressalta Gomes[332], "é o interesse social de harmonizar interesses particulares dos proprietários vizinhos que justifica as normas restritas ao exercício do direito de propriedade". O objetivo da lei é evitar ou compor os conflitos entre vizinhos, que são aqueles que sofrem repercussão dos atos propagados por prédios próximos.

Sobre a origem legal dos direitos de vizinhança e o fundamento, são precisas e pertinentes as observações de Caio Mário[333]: "(...) provêm da lei, e vigoram em nome e com fundamento no interesse da convivência social. Dispensam a inscrição no registro imobiliário. São limitações que as propriedades contíguas reciprocamente se impõem, contendo a ação dos respectivos titulares para que o exercício das faculdades dominiais se contenha na medida do respeito à propriedade de cada um".

Assim, os direitos de vizinhança constituem limitações impostas pela lei para a boa convivência social e para que seja possível uma coexistência pacífica entre vizinhos.

Os direitos de vizinhança geram obrigações aos proprietários de prédios vizinhos. Não há dúvida de que tais obrigações legais são *propter rem*, porque vinculam os proprietários em função e em razão da situação jurídica de titular do domínio. Sobre estas características, Rosenvald

---

[332] GOMES, Orlando. *Direitos reais.* 19. ed. atualizada. Rio de Janeiro: Forense, 2007, p. 215.

[333] PEREIRA, Caio Mário da Silva. *Instituições de direito civil. Direitos reais.* 26. ed. Rio de Janeiro: Forense, 2018. v. IV, p. 208-209.

e Chaves[334] destacam que: "(...) os direitos de vizinhança são obrigações *propter rem*; vinculam-se ao prédio, assumindo-os quem quer que esteja em sua posse. A principal característica de tais obrigações é o fato da determinação indireta dos sujeitos (...). A restrição acompanha a propriedade, ainda que haja mutação na titularidade, sendo suficiente que o imóvel permaneça violando o dever jurídico previsto na norma".

A interferência na propriedade vizinha pode ser direta ou imediata, ou mediata ou indireta. Neste último caso, os efeitos do uso nocivo ou anormal da propriedade começam em um prédio e repercute em vários prédios vizinhos, como a canalização de fumaça que atinge várias propriedades.

O princípio que norteia as regras entre vizinhos é a conciliação dos interesses, fato que implica, em algumas ocasiões, o sacrifício de uma propriedade individual em prol da harmonia e do interesse social.

5.9.2. Uso anormal da propriedade e regras de vizinhança

As faculdades jurídicas inerentes ao direito subjetivo de propriedade (art. 1.228 do CC) e ao direito de posse devem ser exercidas de acordo com a finalidade e a função social que os legitimam e condicionam. O proprietário e o possuidor de um prédio possuem deveres sociais em decorrência do princípio da função social da propriedade e da posse. Por isso, o poder decorrente destes direitos subjetivos é limitado pelo referido princípio. A função social da propriedade e da posse impõe aos proprietários e possuidores a observância das regras e normas de vizinhança, a fim de que os interesses sejam conciliados e haja uma convivência harmoniosa entre os vizinhos. O respeito a tais regras e normas deve ser mútuo e recíproco.

Desta forma, em caso de excesso no exercício destes direitos, que leve ao uso nocivo ou anormal que prejudique a segurança, o sossego e a saúde dos vizinhos, a lei confere, ao vizinho que suporte as consequências danosas, o direito de fazer cessar as interferências prejudiciais, como enuncia o art. 1.277 do CC.

O direito de invocar as normas de vizinhança é do proprietário e, também, do possuidor, direto ou indireto. Os possuidores podem ser justos ou injustos, de boa ou má-fé. Todos têm direito de exigir que cessem as interferências prejudiciais do imóvel vizinho, comportamento de abstenção, para que cessem as interferências prejudiciais à segurança, saúde e sossego. Em resumo, o uso anormal da posse e da propriedade poderá repercutir de forma negativa em relação ao vizinho, que poderá requerer a cessação destes atos danosos. Os interesses do prejudicado são resguardados contra as interferências nocivas do vizinho.

Para fazer cessar tais interferências, o vizinho pode requerer obrigação de fazer e não fazer, por meio da tutela específica prevista no CPC.

De acordo com Marco Aurélio Bezerra de Melo[335], "esta ação nociva pode, em tese, prejudicar a segurança da vizinhança, acabar com o sossego pelos ruídos intoleráveis causados pelos animais e, ainda, poderia colocar em risco a saúde das pessoas, pelas doenças transmissíveis e pela possibilidade de ataque dos ferozes animais".

O art. 1.277 do CC visa proteger a segurança, o sossego e a saúde dos que habitam imóvel vizinho, cujas interferências são provocadas pelo mau uso da propriedade vizinha.

A segurança tem relação com a atividade ou omissão do vizinho que produza um dano efetivo ou situação de perigo potencial. Como destaca Loureiro[336], "estão nesta categoria todos os trabalhos que produzam ou possam causar o risco concreto de abalos na estrutura, infiltrações, trepidações perigosas, explosões violentas, emanações venenosas, existência de árvores que ameacem tombar e tudo que venha prejudicar fisicamente o prédio e seus moradores".

Com relação à segurança, ainda destaca Tepedino[337]: "A segurança de que trata o dispositivo em tela abrange duas espécies, a material e a pessoal, isto é, refere-se ao mesmo tempo, à integridade do prédio e de seus habitantes. Tutela-se, desse modo, os danos que direta ou indiretamente possam trazer prejuízos aos possuidores ou proprietários vizinhos". Se o bem jurídico em questão for associado à tolerabilidade média, deve-se diferenciar entre os períodos diurnos e noturnos, de modo a suportar rotinas distintas na parte da manhã, restringindo-se o volume de interferência à noite.

O sossego também é um dos direitos tutelados pela norma. Não há dúvida de que o sossego impõe o afastamento de ruídos excessivos que possam comprometer a incolumidade das pessoas. Como novamente destaca Loureiro[338], são ofensas ao sossego as interferências por agentes diversos que causem impressões sensitivas como o som, a luz, o cheiro, as sensações térmicas e as imagens. De acordo com Rosenvald e Chaves[339], "é o direito dos moradores a um estado de relativa tranquilidade, na qual bailes, algazarras, animais e vibrações intensas provenientes acarretam enorme desgaste à paz do ser humano".

A saúde pode ser prejudicada por ato do vizinho quando, em caso de ação ou omissão, as funções biológicas do vizinho podem ser afetadas, como a fumaça proveniente da propriedade vizinha. Deve ser garantida aos vizinhos a salubridade dos ambientes e, em consequência, a higidez física e mental. Os mais diversos agentes físicos,

---

[334] FARIAS, Cristiano Chaves de; ROSENVALD, Nelson. *Direito reais*. 7. ed. Rio de Janeiro: Lumen Juris, 2011, p. 637.

[335] MELO, Marco Aurélio Bezerra de. *Direito das coisas*. 5. ed. Rio de Janeiro: Lumen Juris, 2011, p. 124.

[336] LOUREIRO, Francisco Eduardo. Arts. 1.196 a 1.510-E – Coisas. In: PELUSO, Cezar (coord.). *Código civil comentado*. 2. ed. Barueri: Manole, 2008, p. 1.232.

[337] TEPEDINO, Gustavo; BARBOZA, Heloisa Helena; MORAES, Maria Celina Bodin de. *Código civil interpretado conforme a Constituição da República*. Rio de Janeiro: Renovar, 2007. v. III, p. 590.

[338] LOUREIRO, Francisco Eduardo. Arts. 1.196 a 1.510-E – Coisas. In: PELUSO, Cezar (coord.). *Código civil comentado*. 2. ed. Barueri: Manole, 2008, p. 1.232.

[339] FARIAS, Cristiano Chaves de; ROSENVALD, Nelson. *Direito reais*. 7. ed. Rio de Janeiro: Lumen Juris, 2011, p. 642.

químicos e biológicos podem interferir indevidamente na saúde do vizinho, assim como as interferências prejudiciais que afetam o sossego.

No Enunciado 319 da IV Jornada de Direito Civil, conclui-se, com precisão, que o sossego, a saúde e a segurança estão em sintonia com os direitos fundamentais da personalidade da pessoa humana e a proteção ao meio ambiente.

Neste sentido: "A condução e a solução das causas envolvendo conflitos de vizinhança devem guardar estreita sintonia com os princípios constitucionais da intimidade, da inviolabilidade da vida privada e da proteção do meio ambiente".

O mau uso da propriedade pode decorrer de atos ilegais, abusivos e excessivos. Em relação aos atos ilegais, o proprietário ou possuidor viola, de forma intencional ou sem as devidas cautelas, o dever legal de observância da convivência pacífica entre vizinhos. O fundamento é a cláusula geral de responsabilidade civil subjetiva, disposta no art. 186 do CC.

O mau uso da propriedade deve ser aferido de forma objetiva. Como destaca Gomes[340]: "O conceito de uso nocivo da propriedade determina-se relativamente, mas não se condiciona à intenção do ato praticado pelo proprietário. O propósito de prejudicar, ou incomodar, pode não existir e haver um uso da propriedade". E completa "a anormalidade em tema de relações de vizinhança não diz respeito apenas ao exercício do direito de propriedade, mas, também, às consequências do uso, ao prejuízo ou ao incomodo que o proprietário possa causar ao vizinho".

A responsabilidade pelo mau uso da propriedade é objetiva, pois dispensa a noção de culpa. O abuso de direito parte da premissa de um direito subjetivo, de propriedade ou de posse, em que o proprietário ou possuidor, independentemente de culpa, viola a finalidade ou a função social que justifica o seu próprio direito. É a função de controle exercida pelo princípio da boa-fé objetiva (art. 187 do CC), que se aplica ao uso anormal da propriedade no âmbito dos direitos de vizinhança.

E, finalmente, os atos excessivos, segundo Rosenvald e Chaves[341], "são aqueles praticados com a finalidade legítima, porém ainda assim gerando danos anormais e injustos, passíveis de indenização em sede de responsabilidade objetiva".

Por outro lado, não é qualquer interferência que vulnera e viola os interesses previstos no art. 1.277, *caput*, do CC, que justifica a atuação do vizinho para fazê-la cessar. Há um nível de interferência, dentro de limites razoáveis, que deve ser tolerado. Se a ação ou omissão do vizinho que viola a saúde, o sossego e a segurança não estão dentro destes limites, poderá ocorrer a intervenção do Estado, a pedido do vizinho prejudicado, para fazer cessar tais interferências.

Por isso, o parágrafo único do art. 1.277 do CC estabelece alguns critérios para aferir a anormalidade do uso da propriedade vizinha. Nesse sentido, dispõe a norma que: "Proíbem-se as interferências considerando-se a natureza da utilização, a localização do prédio, atendidas as normas que distribuem as edificações em zonas, e os limites ordinários de tolerância dos moradores da vizinhança".

Como diz Caio Mário[342], se o dano: "(...) se contém no limite do tolerável, à vista das circunstâncias do caso, não é de se impor ao proprietário uma restrição ao uso de seus bens, uma vez que a convivência social por si mesma cria a necessidade de cada um sofrer um pouco, e não seria razoável que o vizinho pudesse atingir o proprietário no exercício do seu direito para livrar-se de um incômodo não excedente do razoável".

Assim, diante dos critérios elencados pelo parágrafo único do art. 1.277 do CC, somente após a análise do caso concreto será possível verificar se o uso é normal ou anormal, se houve excesso em relação aos limites do razoável ou não. É impossível, em termos abstratos, considerar que determinada ação ou omissão superou os limites ordinários de tolerância dos moradores da vizinhança.

Por isso, de acordo com esse critério, o limite de tolerância de um imóvel localizado em zona comercial deve ser mais elevado do que o limite de tolerância de imóvel localizado em área comercial. A finalidade do uso do imóvel também constituirá critério para aferir se o uso é normal ou anormal.

Não foi adotado o critério da pré-ocupação como determinante para invocar o direito de vizinhança. Assim, o fato de alguém estar estabelecido em determinado local há muitos anos não lhe confere qualquer prioridade ou vantagens em relação aos vizinhos.

Como ressalta Tepedino[343]: "interferências causadas por som, ruído, odores, trepidações, luz, fumo, água, gás, calor, frio, eletricidade, força magnética ou radiativa que se afigurem capazes, inclusive, de gerar estado de insegurança podem atrair a tutela do direito de vizinhança, caso ultrapassem o nível médio de suportabilidade". San Tiago Dantas, em conflitos, aduz que as interferências às quais aduz o artigo em análise abrangem todos os atos praticados pelo proprietário, sem seus domínios, que repercutem na propriedade vizinha, delimitados consoante o critério de razoabilidade e tolerabilidade eleito pela lei, o uso normal do bem.

Assim, não basta a simples repercussão nociva do ato praticado por um dos proprietários no domínio vizinho, mas que tal repercussão, no caso concreto, seja incompatível com os parâmetros de suportabilidade, eleitos no parágrafo único do art. 1.277 da Lei Civil, como a localização do prédio e a observância de normas de zoneamento.

---

[340] GOMES, Orlando. *Direitos reais*. 19. ed. atualizada. Rio de Janeiro: Forense, 2007, p. 224.

[341] FARIAS, Cristiano Chaves de; ROSENVALD, Nelson. *Direito reais*. 7. ed. Rio de Janeiro: Lumen Juris, 2011, p. 645.

[342] PEREIRA, Caio Mário da Silva. *Instituições de direito civil. Direitos reais*. 26. ed. Rio de Janeiro: Forense, 2018. v. IV, p. 211.

[343] TEPEDINO, Gustavo; BARBOZA, Heloisa Helena; MORAES, Maria Celina Bodin de. *Código civil interpretado conforme a Constituição da República*. Rio de Janeiro: Renovar, 2007. v. III, p. 586.

Além dos limites ordinários de tolerância previstos no parágrafo único do art. 1.277 do CC, há outros critérios para diferenciar as interferências legítimas das intoleráveis, pois, ao prestigiar o interesse público no art. 1.278 do CC, não há dúvida de que foram elevados os níveis de tolerância, quando o uso nocivo estiver atrelado às atividades industriais.

De acordo com o art. 1.278 do CC, o direito de fazer cessar a interferência a que se refere o art. 1.277, *caput*, do CC, não prevalece quando as interferências forem justificadas por interesse público, caso em que o proprietário ou o possuidor, causador delas, pagará ao vizinho indenização cabal. Se a interferência for justificada pelo interesse público, o vizinho prejudicado terá o direito à indenização. O interesse público sacrifica o interesse individual do vizinho, ainda que haja interferência prejudicial à saúde, sossego ou segurança deste. O nível de tolerância passa a ser elevado, a fim de resguardar o interesse público.

No caso concreto, será apurado se a supremacia do interesse público legitima o uso anormal da propriedade vizinha.

Como destaca Loureiro[344]: "(...) constatada a ocorrência de interferências prejudiciais à saúde, ao sossego e segurança dos vizinhos, decorrente de uso anormal da propriedade, ainda assim a necessidade da manutenção desta atividade poderá atender ao interesse público. Em tal caso, se mantém a atividade prejudicial, mas os vizinhos são cabalmente indenizados".

Se as interferências forem toleráveis de acordo com os parâmetros do disposto no parágrafo único do art. 1.277 do CC, não há que se cogitar em indenização.

A indenização depende de efetiva interferência prejudicial à saúde, sossego e segurança, que supera os limites do razoável e do tolerável e, ainda, da necessidade de manutenção da atividade que interfere na propriedade vizinha em função do interesse público. Presentes estes dois requisitos, o vizinho prejudicado tem direito à ampla indenização, por danos materiais e morais. Nesta hipótese, não há possibilidade de fazer cessar a atividade. O único meio de tutela do interesse do vizinho prejudicado é a indenização. O vizinho prejudicado deverá suportar a atividade prejudicial aos interesses e terá direito à indenização.

Tal indenização é fundada nos critérios que orientam a responsabilidade objetiva, pois basta a interferência prejudicial e o uso anormal da propriedade.

O mestre Caio Mário[345] bem resume a questão: "(...) o art. 1.278 restringe o direito do proprietário ou possuidor lesado, quando as interferências forem justificadas por interesse público. Conciliando os dois interesses – o público e o do proprietário ou possuidor lesado – o dispositivo admite que persista a interferência, neste caso, sujeitando o causador a ressarcir ao vizinho o dano causado. Substitui-se, dessa sorte, a ação de dano infecto (fazer cessar as interferências prejudiciais) pela ação indenizatória, que o preceito quer cabal ou plena".

O art. 1.278 da Lei Civil estabelece novo critério para medir a tolerabilidade das interferências advindas do uso anormal da propriedade.

Entretanto, a atividade pública que interfere de modo prejudicial à saúde, sossego e segurança dos vizinhos, somente deverá ser mantida quando não for passível de redução. Se os incômodos podem ser reduzidos a qualquer limite, é possível que o vizinho pleiteie a redução.

Nesse sentido, aliás, é o art. 1.279 do CC, que não tem correspondente no diploma de 1916.

Segundo este artigo: "Ainda que por decisão judicial devam ser toleradas as interferências, poderá o vizinho exigir a sua redução, ou eliminação, quando estas se tornarem possíveis". Tal dispositivo complementa o anterior. Se é possível a redução ou eliminação das interferências prejudiciais sem que afete o interesse público, não há motivo para manter a atividade nociva e prejudicial. Por meio desta norma, mais uma vez, tenta-se conciliar os interesses dos proprietários em conflito.

Ainda que o Poder Judiciário tenha autorizado determinadas atividades, e mesmo que sejam de interesse público, aquele que suporta as interferências nocivas à saúde, sossego e segurança podem exigir que sejam reduzidas ou eliminadas.

Como bem pondera Tepedino[346]: "(...) ainda que se imponha a perpetuação do incômodo por razões de interesse público, a superveniência de técnica capaz de mitigar os danos sofridos pelo proprietário vizinho vincula o causador das interferências, com vistas a reduzi-las ou suprimi-las. Basta pensar nos casos de isolamento acústico e térmico para a redução, respectivamente de ruídos e de frio ou calor que venham a interferir na propriedade alheia".

Portanto, o uso nocivo da propriedade, socialmente necessário e justificável, se puder ser reduzido, deve ser. A lei, no art. 1.279, impõe a adoção de medidas que reduzam a interferência ou que, a depender das circunstâncias, possam eliminá-la. Em caso contrário, e se isso não for possível, restará ao prejudicado direito à indenização. Em conclusão, se o uso é normal e está dentro dos parâmetros de tolerabilidade eleitos e elencados no parágrafo único do art. 1.277 do CC, não deverá ser reprimido. Há determinadas interferências que, mesmo prejudiciais, estão nos limites de tolerância de uma sociedade.

Por outro lado, se o uso da propriedade for anormal ou nocivo, deverá, em primeiro lugar, ser tentada a redução aos limites de tolerância e, se não for possível, poderá o vizinho fazer cessar as interferências prejudiciais ao sossego, à saúde e à segurança.

Por fim, se o uso nocivo e anormal for justificado socialmente, e não houver possibilidade de redução a li-

---

[344] LOUREIRO, Francisco Eduardo. Arts. 1.196 a 1.510-E – Coisas. In: PELUSO, Cezar (coord.). *Código civil comentado.* 2. ed. Barueri: Manole, 2008, p. 1.236.
[345] PEREIRA, Caio Mário da Silva. *Instituições de direito civil. Direitos reais.* 26. ed. Rio de Janeiro: Forense, 2018. v. IV, p. 212.
[346] TEPEDINO, Gustavo; BARBOZA, Heloisa Helena; MORAES, Maria Celina Bodin de. *Código civil interpretado conforme a Constituição da República.* Rio de Janeiro: Renovar, 2007. v. III, p. 594.

mites razoáveis de tolerância, em atendimento ao princípio da função social e ao interesse público, o interesse privado será sacrificado. Neste caso, se mantém a atividade danosa, mas o vizinho prejudicado terá direito de ser indenizado.

O art. 1.280 do CC disciplina o direito do vizinho, proprietário ou possuidor, exigir do prédio próximo, a demolição ou a reparação, quando ameace ruína, e que seja prestada caução em caso de dano iminente.

Trata-se da ação de dano infecto, que é o instrumento adequado colocado à disposição do sujeito que tiver o justo receio de ser danificado por prédio vizinho, que ameace ruína. Nesta situação, poderá exigir, por meio de ação cominatória, o reparo do prédio e, em caso de impossibilidade, a demolição. O proprietário ou possuidor que tem o justo receio de o prédio vizinho vir a ruir e violar a sua segurança, poderá, além dos pedidos de reparação e demolição, pleitear caução, garantia pelo dano que está prestes a se consumar, o dano iminente. O pedido de demolição, por ser extremo, é subsidiário e somente poderá ser requerido como sanção ao vizinho que não efetiva os reparos necessários e indispensáveis para evitar a ruína.

Como destaca Loureiro[347]: "Deve haver probabilidade concreta de ruína, aferível por prova pericial, não bastando possibilidade eventual e remota. O interesse que a lei visa a tutelar não se restringe ao desabamento da construção, mas se estende a hipóteses análogas, que coloquem em risco a incolumidade ou o patrimônio dos vizinhos, como incêndio, inundação ou desmoronamento".

O Poder Público também tem o direito de fazer as exigências mencionadas no art. 1.280 do CC, como forma de tutelar o interesse da coletividade.

Basta a ameaça de ruína. Não há necessidade de aguardar a concretização do dano.

O art. 1.281 do CC regula os danos que podem ser provocados na propriedade vizinha em razão de obras. O vizinho poderá exigir do autor das obras as necessárias garantias contra prejuízos eventuais.

Nesta situação, o vizinho tem o direito de fazer obras em prédio alheio. Aquele que deverá suportar as obras, como a abertura de passagens, tubulação, reparações, dentre outras, no caso de dano iminente, poderá exigir do responsável pelas obras garantias contra eventual e provável prejuízo. O vizinho, às vezes, pode se beneficiar de alguma utilidade resultante de ações de vizinhança e, nestas situações, pode ser obrigado a garantir o proprietário ou possuidor contra prejuízo eventual. Como menciona Tepedino[348], "refere-se o artigo em análise à caução fidejussória ou real, indispensáveis à realização das obras. Deve prestá-las o interessado na construção ou manutenção, isto é, o proprietário ou possuidor que tenha o direito a realizar as obras, diretamente ou mediante terceiros por ele, ainda que tacitamente, autorizados".

O risco de dano iminente deve ter um grau razoável de probabilidade para se exigir a garantia, o que justificará a prestação de caução real ou fidejussória para prevenir prejuízos futuros.

5.9.3. Árvores limítrofes

É possível que, na relação entre vizinhos, exista a necessidade de resolver conflitos relacionados a árvores que se encontram nos limites de dois prédios, pois o tronco está localizado na linha divisória entre os prédios. Para normatizar os possíveis conflitos decorrentes desta situação fática, o Código Civil, nos arts. 1.282 a 1.284 estabelece regras relacionadas à propriedade da árvore meio, direito de corte e a propriedade dos frutos.

Se a árvore tiver o tronco na linha divisória de dois prédios confinantes, o art. 1.282 da Lei Civil estabelece a presunção, relativa, é verdade, de que pertence, em partes iguais, aos dois vizinhos. Trata-se de condomínio necessário ou legal sobre árvore meio ou limítrofe. A presunção é relativa, porque pode ser provada que a linha divisória é outra. Se o tronco da árvore não tem o seu tronco na linha divisória, pertencerá ao proprietário do prédio onde estiver, pelo princípio da acessão.

Neste caso, como bem pondera Gomes[349], "pouco importa que as raízes e ramos se prolonguem mais para um prédio do que para o outro. Indiferente, também, que o tronco ocupe maior espaço em um dos terrenos confinantes. Em qualquer hipótese, pertencerá em partes iguais aos vizinhos." Não há possibilidade de corte, por força do condomínio necessário decorrente da lei, sem anuência do vizinho confinante e coproprietário.

Por outro lado, o proprietário que tem a sua área invadida por planta, poderá cortar as raízes e os ramos da árvore, que ultrapassarem a estrema do prédio, até o plano vertical invadido.

Nesse sentido, o art. 1.283 do CC: "As raízes e os ramos de árvore, que ultrapassarem a estrema do prédio, poderão ser cortados, até o plano vertical divisório, pelo proprietário do terreno invadido".

Este direito pode ser exercido pelo vizinho, independentemente de autorização ou concordância do proprietário da árvore. A explicação de Carlos Roberto Gonçalves[350] é elucidativa: "(...) trata-se de uma espécie de justiça privada, em oposição à negligência do dono da árvore, que tem o dever de mantê-la em tal situação que não prejudique a propriedade vizinha, as vias públicas, os fios condutores de alta tensão. Por essa razão, se as raízes e ramos forem cortados pelo proprietário do terreno invadido, pela Municipalidade ou pela empresa fornecedora de energia elétrica, não terá aquele direito a qualquer indenização".

---

[347] LOUREIRO, Francisco Eduardo. Arts. 1.196 a 1.510-E – Coisas. In: PELUSO, Cezar (coord.). *Código civil comentado*. 2. ed. Barueri: Manole, 2008, p. 1.238.
[348] TEPEDINO, Gustavo; BARBOZA, Heloisa Helena; MORAES, Maria Celina Bodin de. *Código civil interpretado conforme a Constituição da República*. Rio de Janeiro: Renovar, 2007. v. III, p. 596.
[349] GOMES, Orlando. *Direitos reais*. 19. ed. atualizada. Rio de Janeiro: Forense, 2007, p. 226.
[350] GONÇALVES, Carlos Roberto. *Direito civil brasileiro:* direito das coisas. v. V. São Paulo: Saraiva, 2010, p. 359.

Trata-se de excepcional autorização do ordenamento jurídico a autoexecutoriedade de obrigação de fazer, dispensando-se a intervenção judicial em questão de pequena monta.

No entanto, embora não necessite de autorização do proprietário da árvore, caso o corte das raízes e dos ramos possa comprometer a sua vida útil, o sujeito deverá requerer autorização junto às autoridades administrativas, a fim de que o exercício deste direito possa ser conciliado com as normas de direito ambiental, bem público coletivo.

O direito ao corte não se condiciona à nocividade da árvore. Ainda que o prolongamento da árvore na propriedade vizinha não traga qualquer prejuízo, é possível o exercício do direito disposto no art. 1.282 do CC.

Por fim, quando os frutos de uma árvore caírem no terreno vizinho, pertencerão ao dono do solo onde caírem. Neste caso, a própria lei excepciona o princípio de que o acessório segue o principal. O fruto, que é acessório da árvore (art. 95 do CC), se cair em terreno vizinho, não poderá ser reivindicado pelo dono da árvore, pois pertencerá ao dono do solo, a teor do que dispõe o art. 1.284 do CC.

O dono do solo adquirirá a propriedade dos frutos caídos naturalmente. Os frutos que caírem por provocação do vizinho pertencerão ao dono da árvore. A regra somente tem eficácia para os frutos caídos, e não para os pendentes. Além disso, o dispositivo faz a ressalva de que a propriedade vizinha deve ser particular.

Conforme magistério de Marco Aurélio Bezerra de Melo[351]: O Código preferiu excepcionar um princípio a incentivar conflitos entre vizinhos na disputa pelos frutos caídos da árvore. Além da justificativa de se buscar evitar conflitos entre vizinhos na busca dos frutos em prédio alheio, Pontes de Miranda aponta que a inspiração da regra é germânica e que está ligada à ideia de que se o vizinho sofre as interferências nocivas que os frutos caídos acarretam, nada mais justo que possa também usufruir dos proveitos, levando a questão a ideia de que a pessoa que tem o bônus também deve arcar com o ônus.

5.9.4. Passagem forçada

A passagem forçada tem por finalidade garantir o pleno exercício da função social da propriedade, porque o titular de prédio encravado, urbano ou rural, tem o direito de acesso à via pública. É uma restrição intensa e substancial nas relações entre vizinhos, uma vez que a lei impõe que determinado vizinho dê passagem a outro cujo prédio está encravado, ou seja, sem saída para a via pública. Tal direito de vizinhança é disciplinado pelo art. 1.285 do CC.

O dono do prédio encravado, sem acesso à via pública, pode constranger o seu vizinho a lhe conceder passagem. Para tanto, o vizinho que suporta o ônus tem o direito de ser indenizado de forma cabal, plena. Trata-se de direito revestido de onerosidade, com indenização, onde se avaliará os danos emergentes e os lucros cessantes.

Se não houver acordo entre os vizinhos, o rumo ou acesso à via pública será judicialmente fixado. Nesta situação, o juiz levará em consideração todos os aspectos da passagem, como trajeto, largura e menor onerosidade possível.

Se o prédio for dotado de saída, por pior que seja, não tem direito a forçar passagem. Como regra, o "encravamento" deve ser absoluto, ou seja, sem qualquer acesso para a via pública, fato que impede a concretização da função social da propriedade.

No entanto, justamente em função de conferir maior potencialidade ao princípio da função social da propriedade, a doutrina moderna vem flexibilizando a ideia de encravamento absoluto e total para equiparar ao prédio encravado aquele cujo acesso para a via pública é insuficiente, inadequado ou oneroso.

Neste sentido é o Enunciado 88 da I Jornada de Direito Civil: "O direito de passagem forçada previsto no art. 1.285 do CC também é garantido nos casos em que o acesso à via pública for insuficiente ou inadequado, consideradas inclusive as necessidades de exploração econômica".

Sobre esse Enunciado, destaca Loureiro[352] que "os obstáculos e as dificuldades deverão ser de tal monta que exijam esforço ou despesas desproporcionais do proprietário, ou seja, que configure um juízo de necessidade".

O Superior Tribunal de Justiça, no REsp 316.336/MS, relatado pelo Min. Ari Pargendler, considerou que o encravamento não precisa ser absoluto. Basta que o único acesso exija despesas excessivas.

A tendência da doutrina e da jurisprudência é considerar que não há necessidade de encravamento absoluto.

No entanto, o próprio art. 1.285 do CC estabelece alguns critérios para o exercício deste direito pelo titular do prédio encravado. De acordo com o § 1º do art. 1.285, sofrerá o constrangimento o vizinho cujo imóvel mais natural e facilmente se prestar à passagem. Assim, deverá o titular do prédio encravado constranger o vizinho que possa, de forma mais natural e fácil, lhe conceder esse direito. Não se trata de direito aleatório. O encargo deverá recair sobre o proprietário de imóvel em que a abertura de caminho seja menos onerosa e mais viável pelas circunstâncias fáticas do prédio encravado e dos vizinhos. Assim, o vizinho demandado poderá provar que outro prédio proporciona acesso mais fácil à via pública.

O outro critério está especificado no § 2º do mesmo artigo: "§ 2º Se ocorrer alienação parcial do prédio, de modo que uma das partes perca o acesso a via pública, nascente ou porto, o proprietário da outra deve tolerar a passagem".

Isso significa que o encravamento deve ser natural. Se o prédio se tornar encravado por fato imputável à conduta do proprietário que alienou a parte do prédio que dava acesso à via pública, o proprietário da outra deverá tolerar a passagem. Neste caso, afasta-se o critério do § 1º, que se

---

[351] MELO, Marco Aurélio Bezerra de. *Direito das coisas*. 5. ed. Rio de Janeiro: Lumen Juris, 2011, p. 133.

[352] LOUREIRO, Francisco Eduardo. Arts. 1.196 a 1.510-E – Coisas. In: PELUSO, Cezar (coord.). *Código civil comentado*. 2. ed. Barueri: Manole, 2008, p. 1.242.

aplica ao encravamento natural, para incidir esta norma especial. Por isso, nesta hipótese em que o sujeito, voluntariamente, se coloca em situação de encravamento, a passagem será exigível do comprador do prédio correspondente à parte alienada que levou à situação de encravamento. Com isso, os vizinhos que não participaram deste ato não suportarão qualquer consequência.

Em complemento ao § 2º do art. 1.285, o § 3º destaca que: "Aplica-se o disposto no parágrafo antecedente ainda quando, antes da alienação, existia passagem através de imóvel vizinho, não estando o proprietário deste constrangido, depois, a dar uma outra".

Em resumo, o encravamento deve ser natural e absoluto. Quanto a ser absoluto ou total, ficam as ressalvas do Enunciado 88 da I Jornada de Direito Civil e da doutrina moderna, que consideram que o acesso insuficiente, inadequado ou oneroso, se equipara a encravamento para fins de passagem forçada. Se forçado pelo proprietário do terreno, caberá ao outro proprietário, que com ele negociou, dar acesso à via pública.

O direito subjetivo à passagem forçada não pode ser confundido com a servidão legal de trânsito. A passagem forçada é imposta pela lei, desde que presentes os requisitos legais, cujo fundamento é a cooperação e a solidariedade entre vizinhos, e, não, o incremento da utilidade do prédio beneficiado, como ocorre na servidão.

Nada impede que o titular de um prédio encravado, por acordo, constitua uma servidão de passagem ou de trânsito em imóvel vizinho. Neste caso, não há necessidade da presença dos requisitos do art. 1.285 do CC, tendo em vista que, por acordo, foi constituído direito real sobre coisa alheia, sendo o anterior prédio encravado o dominante, e o vizinho por onde haverá a passagem, o serviente. O fundamento da servidão predial é o incremento da utilidade.

Se o vizinho não tiver interesse em constituir servidão e, caso o prédio esteja encravado, o titular deste poderá constranger o vizinho, com base nas regras de vizinhança, a lhe dar passagem. O vizinho será obrigado a dar a passagem, desde que estejam presentes os requisitos previstos no art. 1.285 do CC.

Os direitos de vizinhança são limitações ao direito de propriedade, em caráter geral e preventivo. São impostos por lei e regulamentos a todos os prédios. São direitos recíprocos, que não importam em diminuição de um em favor do outro. Nos direitos de vizinhança, as obrigações são *propter rem*. Todos são dominantes e servientes ao mesmo tempo. Não há finalidade de incrementar a utilidade do prédio. Seu fundamento é a necessidade de uma convivência amistosa. Na servidão, há desigualdade entre prédios (aumento de direito para um e diminuição para o prédio serviente).

As diferenças fundamentais entre servidão predial e passagem forçada podem ser resumidas da seguinte forma: (a) servidão (direito real oriundo da vontade); passagem forçada (direito de vizinhança – situação objetiva de encravamento); (b) servidão (registro ou usucapião); passagem forçada (finalidade social de exploração econômica – obrigação *propter rem* – vinculada ao princípio da função social); (c) servidão (utilidade ou incremento desta); passagem forçada (necessidade – mera comodidade não é suficiente para autorizar o ônus – conjugação de solidariedade social com necessidade econômica de exploração de imóvel encravado).

Tais diferenças foram ressaltadas no REsp 316.045/SP, relatado pelo Min. Ricardo Villas Boas Cueva, publicado em 29-10-2012.

5.9.5. Da passagem de cabos e tubulações

O art. 1.286 do CC, sem correspondente na legislação anterior, no âmbito da cooperação entre os vizinhos, impõe ao proprietário a obrigação de tolerar a passagem, em seu imóvel, de cabos, tubulações e outros condutos subterrâneos de utilidade pública. Para suportar tal encargo, o referido dispositivo destaca a impossibilidade ou extrema onerosidade da realização destes atos de outro modo.

Como forma de compensar os incômodos suportados, o proprietário terá direito à indenização que atenda, dentre outros aspectos e danos, a desvalorização que os objetos provocarem na área remanescente, nos termos do art. 1.286 do CC.

O prédio que suporta a interferência de outros tem direito à indenização.

Segundo Marco Aurélio Bezerra de Melo[353]: "(...) a norma impõe um dever de solidariedade ao estabelecer que o vizinho não pode impedir a passagem de fios, tubulações, conexões, condutos e outros instrumentos que devam passar pela via subterrânea para conceder acesso aos vizinhos no que se refere, por exemplo, a saneamento básico, linhas telefônicas, televisão a cabo, melhor acesso à *internet*, entre outros".

A limitação é justificada porque o interesse, coletivo e social, em especial dos vizinhos, deve prevalecer sobre o direito individual daquele que tem que suportar o ônus. Somente haverá obrigação de suportar a passagem dos referidos objetos quando, de outro modo, for impossível ou excessivamente onerosa a passagem de cabos e tubulações.

O regime jurídico é assemelhado ao da passagem forçada, mas com finalidades diferentes. Portanto, deverá suportar o encargo o vizinho que mais tem facilidade para liberar o acesso dos cabos e tubulações. Se a escolha for arbitrária e sem critério, poderá o vizinho onerado apresentar a mesma defesa prevista no art. 1.285 do CC, que disciplina os critérios da passagem forçada.

Não há dúvida de que o dispositivo visa dimensionar a função social da propriedade porque a passagem de cabos e tubulações atenderá ao interesse de outras pessoas.

De acordo com o parágrafo único do art. 1.286 do CC, o proprietário prejudicado pode exigir que a instalação seja feita de modo menos gravoso ao prédio onerado, bem como, depois, seja removida, à sua custa, para outro local do imóvel. Assim, é direito do proprietário impor

---
[353] MELO, Marco Aurélio Bezerra de. *Direito das coisas*. 5. ed. Rio de Janeiro: Lumen Juris, 2011, p. 136.

que a instalação respeite ao máximo os padrões de sossego e segurança, até porque os materiais que podem passar pelas tubulações podem ser nocivos.

A indenização decorrente da passagem de cabos e tubulações é de natureza objetiva. Basta o nexo de causalidade entre o fato, passagem de cabos e tubulações, e os prejuízos suportados pelo proprietário do imóvel que deve suportar o encargo. Sobre a indenização, observa Loureiro[354] que: "(...) também se incluem no valor da indenização eventuais interferências prejudiciais ao prédio vizinho que decorram da passagem, como a produção de ruídos ou emissão de gases provindos das tubulações. Evidente que as obras de implementação dos equipamentos subterrâneos, assim como aquelas de isolamento e contorno, ficam todas a cargo do proprietário do prédio beneficiário da passagem". E ainda destaca que "cessa o direito de passagem quando desaparecer a sua causa, ou seja, quando os mesmos equipamentos podem chegar ao prédio beneficiado por trajeto distinto, sem ônus ao prédio onerado".

Por outro lado, se as instalações oferecerem grave risco, será facultado ao proprietário do prédio onerado exigir a realização de obras de segurança (art. 1.287 do CC). Neste caso, o proprietário poderá condicionar o exercício do direito de passagem dos cabos e tubulações à realização de obras de segurança. Isso pode ocorrer quando os materiais que passarão pelas tubulações forem tóxicos ou altamente inflamáveis, como combustíveis e gases, ou, ainda, em caso de instalações de cabos subterrâneos de energia elétrica de alta tensão. O interesse público não poderá, sob qualquer pretexto, justificar a imposição de riscos excessivos e intoleráveis à segurança e à incolumidade física daquele que suporta o encargo.

5.9.6. Das águas

Os arts. 1.288 a 1.296 da Lei Civil disciplinam o regime jurídico das águas nas relações entre vizinhos. O objetivo das normas do Código Civil é disciplinar conflitos entre vizinhos que podem estar relacionados às questões das águas. Tais regras devem ser harmonizadas com o Código de Águas, Decreto n. 24.643/34, que disciplina o controle das águas pelo Poder Público.

Como destaca Orlando Gomes[355]: "O regime de águas, legalmente estabelecido, em função da vizinhança dos prédios onde nascem e pelos quais atravessam, compõe-se de normas que criam, para seus proprietários, direitos e deveres, sob a inspiração de uma política de harmonização de interesses dignos de proteção".

As normas jurídicas estabelecidas pelo Código Civil e pelo Código de Águas têm por objetivo impor algumas obrigações e deveres aos prédios vizinhos por onde passem águas.

O art. 1.288 da Lei Civil confere ao proprietário ou possuidor do prédio inferior o direito de receber as águas que, de forma natural, provenham do superior. A força natural da gravidade garante ao prédio inferior o direito de receber as águas que provenham do superior.

O dono ou possuidor do prédio superior não pode realizar obras que prejudiquem ou criem obstáculos capazes de impedir o fluxo normal e natural das águas para o prédio inferior. Tais águas podem ser nascentes ou correntes, desde que naturalmente escoem do prédio superior. Não há que se cogitar em indenização, no caso. As águas que fluem naturalmente de um terreno ao outro, independentemente de qualquer ação humana, não obrigam a reparar eventuais danos causados. O dono do prédio inferior é obrigado a receber as águas do prédio superior. Além de direito, tem a obrigação de recebê-las.

A segunda parte do mencionado art. 1.288 obriga o proprietário ou possuidor do prédio superior a se abster de obra que possa agravar a situação do prédio inferior. O escoamento natural, ainda que traga prejuízos ao prédio inferior, não garante a este indenização. No entanto, se este prejuízo decorreu de obras realizadas pelo proprietário ou possuidor do prédio superior, que criou uma situação de risco, anteriormente inexistente, haverá direito à indenização por conta desta conduta imprudente.

Nesse sentido, Marco Aurélio Bezerra de Melo[356] destaca que "o dono do prédio superior não pode aproveitar o permissivo legal para impor um ônus ainda maior ao prédio inferior, não lhe sendo permitido mudar o curso, escoar dejetos químicos e outras práticas que representariam abuso de direito".

No que se refere às águas escolásticas ou subterrâneas[357], que escorrem do prédio superior ao inferior por debaixo da terra, o dono do prédio inferior também tem o direito de suportar o escoamento destas águas, independentemente de indenização.

Os arts. 69, 70 e 92, do Código de Águas, possuem regras semelhantes ao do disposto no art. 1.288 do CC.

No caso das águas artificiais, que são levadas ao prédio superior ou lá são colhidas e, em seguida, fluem para o inferior, a disciplina difere do disposto no art. 1.288 do CC.

---

[354] LOUREIRO, Francisco Eduardo. Arts. 1.196 a 1.510-E – Coisas. In: PELUSO, Cezar (coord.). *Código civil comentado*. 2. ed. Barueri: Manole, 2008, p. 1.245.

[355] GOMES, Orlando. *Direitos reais*. 19. ed. atualizada. Rio de Janeiro: Forense, 2007, p. 235.

[356] MELO, Marco Aurélio Bezerra de. *Direito das coisas*. 5. ed. Rio de Janeiro: Lumen Juris, 2011, p. 138.

[357] Disciplinas das águas subterrâneas no Código de águas: "Art. 96. O dono de qualquer terreno poderá apropriar-se por meio de poços, galerias etc., das águas que existam debaixo da superfície de seu prédio contanto que não prejudique aproveitamentos existentes nem derive ou desvie de seu curso natural águas públicas dominicais, públicas de uso comum ou particulares. Parágrafo único. Se o aproveitamento das águas subterrâneas de que trata este artigo prejudicar ou diminuir as águas públicas dominicais ou públicas de uso comum ou particulares, a administração competente poderá suspender as ditas obras e aproveitamentos. Art. 97. Não poderá o dono do prédio abrir poço junto ao prédio do vizinho, sem guardar as distâncias necessárias ou tomar as precisas precauções para que ele não sofra prejuízo. Art. 98. São expressamente proibidas construções capazes de poluir ou inutilizar para o uso ordinário a água do poço ou nascente alheia, a elas preexistentes. Art. 99. Todo aquele que violar as disposições dos artigos antecedentes, é obrigado a demolir as construções feitas, respondendo por perdas e danos. Art. 100. As correntes que desaparecerem momentaneamente do solo, formando um curso subterrâneo, para reaparecer mais longe, não perdem o caráter de coisa pública de uso comum, quando já o eram na sua origem. 101. Depende de concessão administrativa a abertura de poços em terrenos do domínio público".

Segundo o art. 1.289 do mesmo diploma, quando as águas, artificialmente levadas ao prédio superior, ou aí colhidas, correrem dele para o inferior, poderá o dono deste reclamar que se desviem, ou se lhe indenize o prejuízo que sofrer. No caso de escoamento artificial, o dono do prédio inferior poderá requerer que as águas sejam desviadas ou, em caso de impossibilidade, seja indenizado por todos os prejuízos decorrentes das águas artificiais.

Neste ponto, não há harmonia entre o art. 1.289 do CC, que permite o desvio das águas artificiais ou indenização e o art. 92[358] do Código de Águas, que apenas prevê a possibilidade de indenização, segundo o qual o prédio inferior é obrigado a receber as águas do superior.

As águas artificiais podem se originar de poços, bombas, escavações, ou ser captadas pelo homem, como são os casos das cisternas.

Em relação à indenização a que possa ter direito o proprietário ou possuidor do prédio inferior, o parágrafo único do art. 1.289 do CC dispõe que deverá ser deduzido o valor do benefício obtido, a fim de evitar o enriquecimento sem justa causa deste último. Nada impede que o possuidor ou proprietário do prédio inferior, de alguma forma, aproveite as águas artificiais, originárias do prédio superior, como o uso em plantação. Nesta situação, a indenização a que terá direito deverá ser compensada com os benefícios obtidos.

Todavia, somente no caso concreto será possível avaliar qual a melhor solução para o proprietário ou possuidor do prédio inferior, tendo em vista que a teoria do abuso de direito, prevista no art. 187 do CC, pode impedir que, no caso concreto, pretenda optar pelo desvio das águas, o que poderá comprometer a função social e até ambiental do prédio superior. Assim, se o desvio de água, no caso concreto, de alguma forma, inviabilizar a função social e econômica da propriedade superior, tal pedido poderá ser considerado abusivo, pois as relações de vizinhança são fundadas na cooperação e solidariedade. A violação deste dever de cooperação pode caracterizar abuso de direito se, no caso concreto, o pedido de desvio de águas comprometer a função social do prédio superior. Nesta situação, restará ao proprietário ou possuidor do prédio inferior, direito à indenização.

De acordo com o art. 1.290 do CC, o proprietário de nascente, ou do solo onde caem águas pluviais, satisfeitas as necessidades de seu consumo, não pode impedir ou desviar o curso natural das águas remanescentes pelos prédios inferiores. A norma impede que o proprietário de nascente ou do solo onde caírem águas das chuvas impeça o curso normal do remanescente destas águas para o prédio inferior. Por isso, não poderá desviar as sobras ou desperdiçar o excesso, mesmo depois de atendidas suas necessidades pessoais. Tal ato também caracteriza abuso de direito, a ser apurado de forma objetiva. O prédio inferior deverá receber o remanescente e as sobras das águas de nascentes e fluviais que caírem no solo do prédio superior.

O art. 89 do Código de Águas define nascentes: "Consideram-se 'nascentes' para os efeitos deste Código, as águas que surgem naturalmente ou por indústria humana, e correm dentro de um só prédio particular, e ainda que o transponham, quando elas não tenham sido abandonadas pelo proprietário do mesmo".

Por outro lado, o art. 102 do mesmo Código define águas pluviais: "Consideram-se águas pluviais, as que procedem imediatamente das chuvas".

As águas remanescentes das nascentes ou das águas das chuvas devem escoar para o prédio inferior. O proprietário ou possuidor do prédio superior não pode represá-las, após satisfeitas as necessidades do consumo, ou desviá-las. Não é possível desviar as águas de nascentes ou fluviais que não mais irão satisfazer as necessidades do proprietário ou possuidor do prédio superior, mesmo que não tenha a finalidade de abastecer população. Essa última observação é realizada pelo art. 94 do Código de Águas, o qual veda o curso de águas de nascentes ou fluviais quando tiver por finalidade abastecer uma população. Para o Código Civil, o desvio, nestas hipóteses, é proibido, independentemente do destinatário, mero vizinho, individualmente considerado ou população.

O possuidor ou proprietário do prédio superior também não poderá poluir as águas indispensáveis às primeiras necessidades da vida dos possuidores dos imóveis inferiores, conforme art. 1.291, primeira parte, da Lei Civil. No caso, a segunda parte do art. 1.291 ressalta que as demais águas que poluir, ou seja, aquelas que não sejam indispensáveis às primeiras necessidades dos titulares de imóveis inferiores, deverão ser recuperadas, ressarcindo os danos que estes sofrerem, se não for possível a recuperação ou o desvio do curso artificial das águas.

A interpretação da segunda parte do art. 1.291 do CC deve se conformar aos valores sociais constitucionais, em especial aqueles que tem por objetivo a proteção e a tutela do meio ambiente. Não é possível admitir a poluição de águas, sejam indispensáveis ou essenciais, e ainda que não sejam essenciais às primeiras necessidades da vida. A poluição deve ser vedada em qualquer sentido, como forma de adequar a referida norma aos preceitos ambientais.

Nesse sentido, aliás, o Enunciado 244 da III Jornada de Direito Civil: "O art. 1.291 deve ser interpretado conforme a Constituição, não sendo facultado a poluição das águas, quer sejam essenciais ou não às primeiras necessidades da vida".

O dever de não poluir as águas, seja qual for a finalidade, está consagrado no art. 225 da CF/88 e também constitui crime, nos termos do art. 54 da Lei n. 9.605/98. A obrigação do possuidor ou proprietário do prédio superior é não poluir. Se houver a poluição, deverá reparar integralmente o dano, sem prejuízo da indenização no caso de impossibilidade de recuperação, bem como se tal poluição acarretar danos aos possuidores ou proprietários dos prédios inferiores.

---

[358] "Art. 92. Mediante indenização, os donos dos prédios inferiores, de acordo com as normas da servidão legal de escoamento, são obrigados a receber as águas das nascentes artificiais. Parágrafo único. Nessa indenização, porém, será considerado o valor de qualquer benefício que os mesmos prédios possam auferir de tais águas."

O proprietário poderá represar águas, a fim de atender às suas necessidades, por meio da construção de barragens, açudes ou outras obras. Se as águas represadas invadirem prédio alheio, o vizinho prejudicado terá direito a ser indenizado, de acordo com o art. 1.292 do CC.

O dever de indenizar independe de culpa. Trata-se de responsabilidade civil objetiva.

O represamento não pode agravar a situação do prédio inferior. Tal dispositivo deve ser interpretado em harmonia com o disposto nos arts. 1.288 a 1.290, já analisados.

Os arts. 1.293 a 1.296 do CC disciplinam a servidão de aqueduto, que consiste no direito a quem quer que seja, mediante prévia indenização aos proprietários prejudicados, de construir canais, através de prédios alheios, para receber as águas a que tenha direito, indispensáveis às primeiras necessidades da vida, e, desde que não cause prejuízo considerável à agricultura e à indústria, bem como para o escoamento de águas supérfluas ou acumuladas, ou a drenagem de terrenos.

Aos proprietários prejudicados assiste direito à indenização, na forma do § 1º do art. 1.293: "Ao proprietário prejudicado, em tal caso, também assiste direito a ressarcimento pelos danos que de futuro lhe advenham da infiltração ou irrupção das águas, bem como da deterioração das obras destinadas a canalizá-las".

O proprietário prejudicado poderá requerer que a canalização seja subterrânea e, na construção do aqueduto, deverá causar o menor prejuízo possível aos proprietários vizinhos, bem como bancar a construção e ficar responsável pela conservação. É o que dispõem os §§ 2º e 3º do art. 1.293 do CC.

O art. 1.293 do CC deve ser interpretado à luz do princípio da função social da propriedade. Assim, o proprietário terá direito a edificar canais não apenas para receber águas indispensáveis às necessidades de vida, mas, também, e principalmente, para fins de agricultura e indústria, como já dispunha o art. 117 do Código de Águas.

Neste sentido, aliás, o Enunciado 245 da III Jornada de Direito Civil do CJF, segundo o qual, "embora omisso acerca da possibilidade de canalização forçada de águas por prédios alheios, para fins da agricultura ou indústria, o art. 1.293 não exclui a possibilidade da canalização forçada pelo vizinho, com prévia indenização aos proprietários prejudicados". A servidão de aqueduto pode dar uma maior dimensão e potencialidade à propriedade para que possa cumprir a sua função social. Assim, mesmo para fins de agricultura e indústria, será possível, mediante indenização, construir tais aquedutos.

De acordo com o art. 1.294 do CC, aplica-se ao direito de aqueduto o disposto nos arts. 1.286 e 1.287, regras relacionadas às passagens de cabos e tubulações para a propriedade vizinha. Isso decorre da semelhança entre os dois diplomas.

O art. 1.295 do CC destaca que o direito de aqueduto não pode inviabilizar o uso e fruição do prédio onerado em toda sua potencialidade. É uma forma de compatibilizar os interesses dos vizinhos: "O aqueduto não impedirá que os proprietários cerquem os imóveis e construam sobre ele, sem prejuízo para a sua segurança e conservação; os proprietários dos imóveis poderão usar das águas do aqueduto para as primeiras necessidades da vida".

As águas supérfluas do aqueduto poderão ser canalizadas por outros, mediante o pagamento de indenização, na forma do disposto no art. 1.296 do CC. De acordo com o parágrafo único, terão preferência os proprietários dos imóveis atravessados pelo aqueduto.

5.9.7. Dos limites entre prédios e o direito de tapagem

A demarcação entre prédios e a fixação dos respectivos limites também possui disciplina jurídica própria na Lei Civil. O objetivo consiste justamente em evitar conflitos entre propriedades vizinhas. A manutenção da harmonia é a finalidade destas regras.

De acordo com o art. 1.297 do CC, o proprietário tem direito a cercar, murar, valar ou tapar, de qualquer modo, o seu prédio, urbano ou rural, e pode constranger o seu confinante a proceder com ele à demarcação entre os dois prédios, a aviventar rumos apagados e a renovar marcos destruídos ou arruinados, repartindo-se, proporcionalmente, entre os interessados, as respectivas despesas.

O proprietário e, também, o possuidor têm o direito subjetivo de demarcar a sua área com cercas, muros ou valas, e pode constranger o confinante a dividir as despesas da demarcação, de forma igual, ou a realizarem as obras em comum. O pressuposto fundamental desse direito é a condição de confrontante em que os prédios se encontram. A demarcação pode estar relacionada à inexistência de linha divisória, bem como para renovar rumos apagados e marcados, destruídos ou arruinados.

Em relação à legitimidade para requerer a demarcação, concordamos com o magistério de Marco Aurélio Bezerra de Melo[359], para quem a "lei deve ser interpretada extensivamente para incluir o usuário, o usufrutuário, o superficiário e o enfiteuta como titulares do direito de obrigar o seu confinante a proceder com ele à aviventação dos rumos apagados ou a renovar marcos destruídos ou arruinados".

A demarcação pode ser consensual ou litigiosa. Se houver consenso, os interessados dividirão as despesas de demarcação (compra de materiais, contratação de profissionais para a realização do serviço etc.). Se houver necessidade de demanda judicial, o processo seguirá o procedimento especial da ação de demarcação previsto nos arts. 950 a 966 do CPC. De acordo com o art. 950 do CPC, na petição inicial, instruída com os títulos da propriedade, designar-se-á o imóvel pela situação e denominação, descrever-se-ão os limites por constituir, aviventar ou renovar, e nomear-se-ão todos os confinantes da linha demarcada. Como se observa, há uma sintonia entre o art. 1.297, *caput*, do CC, e o art. 950 do CPC. A legislação processual civil disciplina o procedimento judicial da demarcação.

---

[359] MELO, Marco Aurélio Bezerra de. *Direito das coisas*. 5. ed. Rio de Janeiro: Lumen Juris, 2011, p. 148.

Sobre a ação demarcatória, destaca Tepedino[360] que: "(...) trata-se de ação não submetida à prescrição, haja vista cuidar-se de direito potestativo derivado do direito de propriedade. Divide-se a ação demarcatória em duas fases distintas. A princípio, o juiz deverá avaliar a existência do direito de demarcar. Em seguida, nos casos de acolhimento da pretensão demarcatória, procede-se às operações técnicas de demarcação".

O direito de tapagem parte do pressuposto que a propriedade é exclusiva. Por isso, o proprietário tem o direito subjetivo e legítimo de tapar e vedar a propriedade do seu confinante. Os tapumes e os marcos divisórios formam um condomínio necessário e indivisível, desde que os vizinhos, em partes iguais, contribuam com as despesas de demarcação.

O direito de tapagem, conforme ensina Carvalho Santos[361], "se vincula de forma intrínseca à propriedade porque tal direito não poderia ser normalmente exercido se o proprietário não pudesse cercar ou tapar seu imóvel, nem obrigar o vizinho a fazer o tapume divisório, de modo a tornar o seu domínio exclusivo, tal como a lei presume".

De acordo com o § 1º do art. 1.297 do CC, os intervalos, muros, cercas e os tapumes divisórios, tais como cercas vivas, de arame ou de madeira, valas ou banquetas, presumem-se, até prova em contrário, pertencer a ambos os proprietários confinantes, sendo estes obrigados, de conformidade com os costumes da localidade, a concorrer, em partes iguais, para as despesas de sua construção e conservação.

Caso não haja consenso entre os vizinhos, as despesas de construção e conservação deverão ser rateadas de acordo com os costumes da localidade. Portanto, é obrigação dos proprietários dos terrenos confinantes concorrer, em partes iguais, para as despesas de conservação e construção dos tapumes divisórios.

Como bem ressaltam Rosenvald e Chaves[362]: "(...) há uma presunção legal de compropriedade de intervalos, muros, cercas e tapumes divisórios (art. 1297, § 1º, do CC). Verifica-se, assim, o condomínio necessário em paredes, muros e valas (art. 1.327 do CC). No entanto, cuida-se de presunção *juris tantum* de comunhão, que cede, se um dos vizinhos demonstrar que executou a obra às suas expensas, sem ter sido indenizado pelos gastos decorrentes".

O CPC, no art. 951, admite que a demanda demarcatória seja cumulada com pretensão possessória, quando a restituição de terreno invadido constitui consequência necessária da demarcação. É o que a doutrina denomina *demarcatória qualificada* (além de fixar a linha de separação entre dois prédios limítrofes, será obtida a restituição de terrenos invadidos, ao contrário da demarcatória simples, cujo único objetivo é estremar dois prédios com a definição precisa de seus limites). No REsp 759.018/MT, relatado pelo Min. Luiz Felipe Salomão, concluiu-se que a ação demarcatória é cabível, inclusive, no caso de imprecisão dos limites.

Em complemento à disciplina legal de demarcação entre prédios vizinhos, o § 2º do art. 1.297 do CC, dispõe que as cercas vivas, as árvores, ou plantas quaisquer que sirvam de marco divisório, só podem ser cortadas, ou arrancadas, de comum acordo entre proprietários. Assim, nenhum dos confrontantes poderá, de forma unilateral, cortar árvores e plantas que servem ou são destinadas a funcionar como marco divisório. O vizinho que cortar ou arrancar as sebes vivas, árvores ou plantas de qualquer espécie que servem como marco divisório, sem prévio consentimento do outro, será obrigado a pagar indenização, perdas e danos decorrentes desta conduta unilateral.

O § 3º do art. 1.297 do CC trata dos tapumes especiais para impedir a passagem dos animais de pequeno porte, como aves em geral e pequenos mamíferos, ou para outra finalidade qualquer. Se houver a necessidade de tapumes especiais, aquele vizinho que deu causa à necessidade destes, por ser proprietário de animais de pequeno porte ou por conta de outra finalidade, poderá ser constrangido a demarcar a divisa com referidos tapumes e, ainda, arcará com exclusividade pelas despesas destes tapumes especiais. O vizinho que não tem necessidade dos referidos tapumes especiais não está obrigado a concorrer para as despesas.

Caso o tapume especial não seja necessário e suficiente para conter animais e estes adentrem na propriedade vizinha, causando estragos à plantação, por exemplo, o dono ou detentor deste deverá indenizá-lo, aplicando-se à hipótese a responsabilidade civil pelo fato da coisa, prevista no art. 936 do CC.

O mestre Orlando Gomes[363] ressalta a relevância em se diferenciar os tapumes comuns dos especiais: "A distinção é interessante porque, enquanto a construção ou o levantamento dos tapumes comuns é um direito do proprietário do prédio, a dos tapumes especiais apresenta-se, entre nós, como obrigação dos donos e detentores de animais de pequeno porte".

De fato, os tapumes comuns envolvem direito do proprietário vizinho de prédio confinante. Os tapumes especiais são de exclusiva responsabilidade dos detentores e proprietários de pequenos animais. É um ônus decorrente da propriedade de animais pequenos, como as aves domésticas. No caso dos tapumes divisórios comuns, há presunção de que pertencem aos proprietários de terrenos confrontantes. Em decorrência desta presunção, relativa, é verdade, se constitui condomínio forçado ou necessário das cercas, muros e valas. Não há condomínio sobre os tapumes especiais. Pertencem, exclusivamente, aos pro-

---

[360] TEPEDINO, Gustavo; BARBOZA, Heloisa Helena; MORAES, Maria Celina Bodin de. *Código civil interpretado conforme a Constituição da República*. Rio de Janeiro: Renovar, 2007. v. III, p. 623.

[361] CARVALHO SANTOS, J. M. *Código civil brasileiro interpretado*. 10. ed. Rio de Janeiro: Freitas Bastos, 1986. v. III, p. 193.

[362] FARIAS, Cristiano Chaves de; ROSENVALD, Nelson. *Direito reais*. 7. ed. Rio de Janeiro: Lumen Juris, 2011, p. 664.

[363] GOMES, Orlando. *Direitos reais*. 19. ed. atualizada. Rio de Janeiro: Forense, 2007, p. 238.

prietários dos animais de pequeno porte que arcaram com as despesas para sua construção.

O condomínio necessário sobre a meação de paredes, cercas, muros e valas deriva de disposição legal, nos termos do art. 1.327 do CC. Para evitar o enriquecimento sem justa causa, quanto aos tapumes comuns, os vizinhos deverão ratear as despesas decorrentes da obra.

Finalmente, de acordo com o art. 1.298 da Lei Civil, se os limites entre prédios forem confusos e não houver outro meio de dirimir a dúvida, se determinarão de conformidade com a posse justa do vizinho. Se não for possível provar a posse justa, o terreno contestado se dividirá por partes iguais entre os prédios, ou, não sendo possível a divisão cômoda, se adjudicará a um deles, mediante indenização ao outro.

O primeiro critério será dirimir a dúvida com base nos títulos apresentados pelos confinantes. Os documentos serão os primeiros a determinar os limites em caso de dúvida ou confusão. Se os documentos e títulos não forem suficientes, e as provas e os fatos não forem capazes de determinar a posse, será julgada em favor do vizinho que tiver a posse justa (art. 1.200 do CC, que não foi adquirida de forma violenta, clandestina ou precária). Se a posse justa não for capaz de ser apurada, a solução será dividir a área confusa de forma igual entre os prédios. Por fim, se a divisão for inviável, a área será atribuída a um dos vizinhos, mediante adjudicação. O outro vizinho terá direito a ser indenizado. A posse justa serve como critério para solução da confusão de limites.

No caso concreto, a divisão em partes iguais, caso a prova da posse não seja possível, pode não ser a mais adequada. A extensão meramente geográfica, muitas vezes, não retrata, na mesma proporção, o valor de cada parcela decorrente da divisão. Desta forma, no caso concreto, deverá o juiz adotar critérios mais justos do que a mera divisão igualitária para se determinar a definição dos limites confusos.

5.9.8. Direito de construir

O direito subjetivo de propriedade possui faculdades jurídicas que lhe são inerentes (art. 1.228, *caput*, do CC). Dentre tais faculdades jurídicas, o proprietário tem o poder de usar e fruir da coisa, de acordo com a função social da propriedade. Não basta ostentar o direito subjetivo e os poderes inerentes a este direito. É essencial que o proprietário cumpra os deveres sociais para que seja conferida a necessária função social que legitimará o seu direito subjetivo.

A construção e o denominado *direito de construir*, nesta nova perspectiva social e funcional da propriedade, mais do que um direito subjetivo, é um dever social imposto ao proprietário urbano (principalmente) e, naquilo que for compatível, também ao rural. A exploração econômica da coisa integra o conteúdo do direito subjetivo de propriedade, agora dinâmico e funcionalizado à concretização de valores que a Constituição Federal estabelece.

Apenas a título de exemplo, no caso da propriedade urbana, a construção constitui dever do proprietário, como forma de adequar o referido direito subjetivo à sua necessária função social. De acordo com o § 4º do art. 182 da CF/88, o Poder Público municipal, com base em lei específica, pode exigir do proprietário do solo urbano não edificado, subutilizado ou não utilizado, que promova o seu adequado aproveitamento, sob pena de edificá-lo ou parcelá-lo compulsoriamente. Portanto, a construção e a edificação deixam de ser direitos ou prerrogativas, para se tornarem um dever social, como forma de legitimação da propriedade e da sua adequação à função social.

Assim, quando o art. 1.299 do CC dispõe que o proprietário pode levantar em seu terreno as construções que lhe aprouver, salvo o direito dos vizinhos e os regulamentos administrativos, tal dispositivo deve ser lido à luz dos valores sociais constitucionais que fundamentam a propriedade contemporânea.

Os direitos de vizinhança são limites ao direito de construir. Da mesma forma, a construção deverá observar as regras e normas administrativas, sejam técnicas ou jurídicas. A construção deverá estar em conformidade com as normas estabelecidas pelo Plano Diretor da cidade, no caso de imóvel urbano.

A regra geral é que o proprietário tem o direito de levantar, em sua área, as construções que atendam aos seus interesses privados. No exercício desta faculdade jurídica inerente ao direito subjetivo de propriedade, ainda que esteja nos limites da sua propriedade, não poderá o proprietário incorrer em atos abusivos, que violem o princípio da boa-fé objetiva, em especial na função de controle (art. 187 do CC). Além de evitar abusos durante o exercício deste direito, este também é condicionado por normas de vizinhança e regulamentos administrativos. As normas administrativas podem ser de índole urbanística, ambiental, sanitária, de segurança, econômica, técnica, tudo para evitar o exercício irregular e indevido deste direito, pois a construção inadequada poderá afetar e violar direitos de vizinhos e da coletividade em geral.

A violação das normas administrativas ou dos direitos de vizinhos autoriza o embargo ou a demolição das referidas obras, principalmente por ação de nunciação de obra nova e demolitória (arts. 934 a 940 do CPC). Aliás, o próprio CC, em seu art. 1.312, estabelece sanção civil ao proprietário que viola as normas sobre o "direito de construir", que é a demolição das construções realizadas, sem prejuízo das perdas e danos.

Além da própria função social a ser observada pelo proprietário no exercício desta faculdade jurídica, da observância dos direitos de vizinhança e das normas administrativas, é possível que o direito de construir esteja limitado por conta de convenção entre particulares, como a proibição do direito de construir além de certa altura em razão da constituição de uma servidão predial negativa. Portanto, direitos reais constituídos sobre determinada propriedade, como as servidões, poderão representar limites à propriedade em relação ao direito de construir. Em outras situações, tais limitações voluntárias ao direito de construir podem ser impostas por empreendedores de loteamentos, como forma de padronizar o empreendimento. Tais contratos podem impor a observância de regras de construção, que não são vedadas pelas normas administrativas ou pelos direitos dos vizinhos, mas que são necessárias para preservar o sucesso e a valorização do empreendimento.

É precisa a observação de Rosenvald e Chaves[364] quanto à dificuldade de se separar alguns destes limites de forma precisa, como a função social e os direitos de vizinhança, de modo que dialoguem e, muitas vezes, atendam o mesmo objetivo: "(...) eles se interpenetram a adquirem novo vulto, sobremaneira no que concerne ao direito de construir. Os direitos de vizinhança não podem mais ser reduzidos a um conflito entre dois vizinhos em uma perspectiva pequena da matéria. A função social da propriedade condiciona e informa o entendimento da faculdade posta no art. 1.299 do CC, pois o fundamental está na conciliação dos interesses de uma coletividade frente ao interesse particular".

O direito de construir, na atual Lei Civil, é disciplinado pelos arts. 1.300 a 1.313. O objetivo é conciliar os interesses entre prédios vizinhos e condicionar a faculdade de fruição e edificação, sem que haja prejuízos ao vizinho.

A primeira regra está no art. 1.300, segundo a qual o proprietário construirá de maneira que o seu prédio não despeje águas, diretamente, sobre o prédio vizinho. O objetivo da norma é evitar que as águas de um prédio não danifiquem e não prejudiquem a propriedade vizinha, principalmente a água da chuva que venha a cair sobre o telhado de um prédio e seja despejada, lançada ou jorrada para o terreno vizinho. A construção não pode ser realizada de modo que as águas sejam despejadas, diretamente, sobre o prédio vizinho.

Há que se diferenciar as situações. Os proprietários ou possuidores de prédios estão obrigados a receber as águas que correm naturalmente do vizinho, em especial se a origem das águas for de prédio superior (art. 1.288 do CC). Por outro lado, não pode o proprietário realizar obras que venham a despejar águas diretamente no inferior. Se a causa das águas que invadem o vizinho é a obra ou construção realizada no terreno confrontante, poderá suportar as sanções, que poderão chegar à demolição (art. 1.312 do CC).

Como diz Gomes[365], não se permite ao proprietário vizinho "que edifique de maneira que do seu telhado deite água sobre o terreno confinante". A vedação abrange o estilicídio, que representa o despejo de águas por gotas. O estilicídio, de acordo com esse autor, "é o despejo de águas por gotas", que "é proibido, já que ao proprietário do prédio sobre o qual deitem goteiras é facultado o direito de embargar a construção da obra. Assiste-lhe, também, o direito de exigir a demolição da obra, desde que o exerça no lapso de um ano e dia".

A segunda regra consiste em típica restrição ou limitação pertinente ao direito de vizinhança.

De acordo com o art. 1.301 do CC, é proibido ou defeso abrir janelas, ou fazer eirado, terraço ou varanda, a menos de metro e meio do terreno vizinho ou da linha que divide os prédios.

Não há dúvida de que a norma tutela um dos principais direitos fundamentais da pessoa humana, a privacidade (ou intimidade). A distância de 1,5 (um e meio) metro é o mínimo necessário para que o vizinho tenha a sua privacidade mantida. É vedada a vulnerabilidade do vizinho. Assim, na ponderação do direito de propriedade e do direito fundamental à privacidade, aquele é sacrificado em detrimento deste. O metro e meio deve ser contado a partir da linha divisória e não da janela ou de outra parte do prédio confinante. A harmonização dos interesses de proprietários vizinhos e confinantes, garantindo-lhe um mínimo de privacidade, justifica a restrição do direito do construtor.

No caso de propriedade rural, a distância mínima exigida pela lei é maior, justamente em razão das dimensões e da extensão dos imóveis rurais. Assim, com a finalidade de preservar a intimidade de vizinhos de propriedades rurais confinantes, o art. 1.303 do CC estabelece que, na zona rural, não será permitido levantar edificações a menos de três metros do terreno vizinho. Portanto, em área rural, a distância mínima entre a construção e a linha divisória é de 3 (três) metros, o dobro da distância mínima exigida entre prédios vizinhos confinantes na área urbana (art. 1.301, *caput*, do CC).

Em relação à regra que veda abrir janelas, fazer eirado, terraço ou varanda a menos de metro e meio da linha divisória da propriedade vizinha, há uma questão controvertida, objeto do § 1º do art. 1.301 do CC, que disciplina que a norma incide tanto no caso de visão direta, quanto no de visão oblíqua.

De acordo com a norma em questão, as janelas cuja visão não incida sobre a linha divisória, bem como as perpendiculares, não poderão ser abertas a menos de setenta e cinco centímetros. As janelas cuja visão não seja direta, mas oblíqua, também não podem ser abertas a uma certa distância da linha divisória. O limite mínimo estabelecido é 75 cm (setenta e cinco centímetros). Tal limite relativiza a Súmula 414 do STF, que equiparava, para fins de distância mínima, a visão oblíqua da direta. Nos termos da Súmula 414 do STF: "Não se distingue a visão direta da oblíqua na obrigação de abrir janela, ou fazer terraço, eirado ou varanda, a menos de metro e meio do prédio de outrem".

Como o objetivo da norma é a preservação da intimidade e privacidade do vizinho, o mesmo STF, por meio da Súmula 120, permite a edificação de parede de vidro translúcido a menos de metro e meio da linha divisória da propriedade vizinha, porque a construção deste tipo de parede não permite a visão do prédio vizinho. Somente é proibida construção a menos de metro e meio capaz de comprometer a privacidade ou intimidade do prédio vizinho. Caso contrário, incide a Súmula 120 do STF, que continua em vigência.

O § 2º do art. 1.301 do CC, estabelece que disposições deste artigo não abrangem as aberturas para luz ou ventilação, não maiores que dez centímetros de largura sobre

---
[364] FARIAS, Cristiano Chaves de; ROSENVALD, Nelson. *Direito reais*. 7. ed. Rio de Janeiro: Lumen Juris, 2011, p. 671.
[365] GOMES, Orlando. *Direitos reais*. 19. ed. atualizada. Rio de Janeiro: Forense, 2007, p. 231-232.

vinte de comprimento, e construídas a mais de dois metros de altura de cada piso. Trata-se de exceção ou mitigação da norma, com a finalidade de permitir a ventilação ou aberturas para iluminação. Nestes casos, também não há comprometimento da privacidade do vizinho, tendo em vista que as dimensões são mínimas e a altura, ao menos a princípio, evita a curiosidade alheia.

A *terceira regra* sobre o direito de construir está prevista no art. 1.302 do CC, o qual tem conexão com os arts. 1.300 e 1.301. Na realidade, a norma sanciona o proprietário inerte em relação ao vizinho confinante que não cumpre os limites e distâncias mínimas estabelecidas em lei.

De acordo com o art. 1.302, o proprietário pode, no lapso de ano e dia após a conclusão da obra, exigir que se desfaça janela, sacada, terraço ou goteira sobre o seu prédio; escoado o prazo, não poderá, por sua vez, edificar sem atender ao disposto no artigo antecedente, nem impedir ou dificultar o escoamento das águas da goteira, com prejuízo para o prédio vizinho.

O prazo é de natureza decadencial e se inicia após a conclusão da obra. Na prática, será muito difícil, senão impossível, estabelecer com precisão este marco inicial do prazo, que é a conclusão da obra. O habite-se pode ser um critério objetivo para se determinar concluída a obra. No entanto, em caso de reformas, muitas obras são concluídas sem habite-se.

Se a edificação tiver iniciado durante a obra, é possível embargá-la, por meio de ação de nunciação de obra nova. Se a construção já foi concluída, restará o ajuizamento de ação demolitória, com pedido de desfazimento da obra e perdas e danos, se houver. Após a conclusão da obra, o proprietário dispõe de ano e dia para exigir o desfazimento e a demolição.

O proprietário inerte suportará severa sanção, diante da presunção de que anuiu tacitamente à obra. Não há dúvida de que será constituída servidão em favor do vizinho que realizou a edificação, pois o próprio art. 1.302 do CC impõe ao vizinho inerte o dever de obedecer aos limites de distância estabelecidos pelo art. 1.301, e deverá suportar o escoamento das águas da goteira.

O parágrafo único do art. 1.302 do CC dispõe que, em se tratando de vãos, ou aberturas para luz, seja qual for a quantidade, altura e disposição, o vizinho poderá, a todo tempo, levantar a sua edificação, ou contramuro, ainda que lhes vede a claridade. Em relação à passagem de luz, precisa a lição de Rosenvald e Chaves[366]: "Vale dizer, aqui não há prazo decadencial ao exercício do direito potestativo, pois a liberdade de edificar do proprietário é mantida, mesmo que culmine por suprimir os vãos e a abertura para luz realizada pelo vizinho". Nada impede que seja constituída uma servidão de luz, por meio de negócio jurídico entre os prédios vizinhos confinantes.

A *quarta regra*, disposta no art. 1.304 do CC, é compatível apenas com propriedades urbanas.

Segundo a norma em referência, nas cidades, vilas e povoados cuja edificação estiver adstrita a alinhamento, o dono de um terreno pode nele edificar, madeirando na parede divisória do prédio contíguo, se ela suportar a nova construção; mas terá de embolsar ao vizinho metade do valor da parede e do chão correspondentes.

É a disciplina da construção e utilização das paredes divisórias ou *direito de travejamento*.

Como aduz Marco Aurélio Bezerra de Melo[367]: "(...) o direito de meter trave no prédio vizinho existe apenas em local submetido a alinhamento, ou seja, quando não for fisicamente possível edificar sem travejar em prédio alheio. Se a área é espaçosa, o vizinho deve edificar sem madeirar a parte divisória do prédio contíguo, construindo a sua parede em uma distância razoável. Outro requisito para o travejamento é o de não colocar em risco a construção do prédio vizinho".

O direito de travejar consiste em colocar traves na parede divisória. Aquele que pretender exercê-lo deverá pagar ao vizinho metade do valor da parede e do chão correspondente. No caso, será estabelecido um condomínio necessário na denominada *parede-meia*.

Como enuncia Gomes[368]: "(...) o direito de madeirar somente pode ser exercido se a parede do prédio contíguo aguentar a nova construção. Compreende obviamente a imissão de traves de madeira ou de qualquer material de construção. O direito de madeirar condiciona-se à conjunção dos seguintes requisitos: que o prédio seja urbano; que esteja submetido a alinhamento; que a parede divisória pertença ao vizinho; que aguente a nova construção; que o dono do terreno vago, que nele quer edificar, embolse o dono da parede divisória, pagando-lhe meio valor da mesma e do chão correspondente".

De acordo com o art. 1.305 do CC, o confinante, que primeiro construir, pode assentar a parede divisória até meia espessura no terreno contíguo, sem perder, por isso, o direito a haver meio valor dela se o vizinho a travejar, caso em que o primeiro fixará a largura e a profundidade do alicerce.

Além disso, nos termos do parágrafo único do referido artigo, se a parede divisória pertencer a um dos vizinhos e não tiver capacidade para ser travejada pelo outro, não poderá este fazer-lhe alicerce ao pé sem prestar caução àquele, pelo risco a que expõe a construção anterior.

O art. 1.306 do CC se refere ao condomínio da parede-meia. É assegurado ao condômino extrair qualquer proveito que seja possível até o meio da espessura do muro divisório, desde que não coloque em risco a segurança ou a separação dos dois prédios.

Assim, como enuncia a norma, o condômino da parede-meia pode utilizá-la até o meio da espessura, não pondo em risco a segurança ou a separação dos dois prédios, e avisando previamente o outro condômino das obras que

---

[366] FARIAS, Cristiano Chaves de; ROSENVALD, Nelson. *Direito reais*. 7. ed. Rio de Janeiro: Lumen Juris, 2011, p. 676.

[367] MELO, Marco Aurélio Bezerra de. *Direito das coisas*. 5. ed. Rio de Janeiro: Lumen Juris, 2011, p. 157.

[368] GOMES, Orlando. *Direitos reais*. 19. ed. atualizada. Rio de Janeiro: Forense, 2007, p. 232.

ali tenciona fazer. Por outro lado, o condômino não poderá, sem consentimento do outro, fazer, na parede-meia, armários ou obras semelhantes, correspondendo a outras, da mesma natureza, já feitas do lado oposto.

O Código Civil, no art. 1.307, admite que a parede divisória seja alteada, ou seja, tenha a sua altura aumentada: "Qualquer dos confinantes pode altear a parede divisória, se necessário reconstruindo-a, para suportar o alteamento; arcará com todas as despesas, inclusive de conservação, ou com metade, se o vizinho adquirir meação também na parte aumentada".

O art. 1.308 do CC proíbe que um dos vizinhos encoste à parede divisória chaminés, fogões, fornos ou quaisquer aparelhos ou depósitos suscetíveis de produzir infiltrações ou interferências prejudiciais ao vizinho. Na verdade, a proibição do uso anormal da propriedade vizinha que possa comprometer a segurança do prédio confiante já tem previsão legal, conforme regra geral prevista no art. 1.277 do CC. O parágrafo único exclui da vedação as chaminés ordinárias e os fogões de cozinha.

Ainda no âmbito da segurança entre os prédios vizinhos, o art. 1.311 do CC proíbe a execução de qualquer obra ou serviço suscetível de provocar desmoronamento ou deslocamento de terra, ou que comprometa a segurança do prédio vizinho, senão após haverem sido feitas as obras acautelatórias. Como consequência lógica, nos termos do parágrafo único deste artigo, o proprietário do prédio vizinho tem direito a ressarcimento pelos prejuízos que sofrer, não obstante haverem sido realizadas as obras acautelatórias.

O art. 1.309 da Lei Civil proíbe as construções potencialmente nocivas. Por isso, nos termos da norma, são proibidas construções capazes de poluir ou inutilizar, para uso ordinário, a água do poço, ou nascente alheia, a elas preexistentes. Aliás, o uso nocivo em questão poderá implicar na violação de normas ambientais com sanções severas ao proprietário poluidor, em especial de nascentes.

Com a finalidade de proibir o abuso de direito de propriedade, o art. 1.310 do CC não permite fazer escavações ou quaisquer obras que tirem ao poço ou à nascente de outrem a água indispensável às suas necessidades normais. A teoria do abuso de direito, prevista no art. 187 do CC, fundada no princípio da boa-fé objetiva, e que impõe limites ao exercício de direitos potestativos e subjetivos, dentre estes o direito de propriedade, já seria suficiente para impedir que o proprietário fizesse escavações ou retirasse água de outrem, que sejam essenciais para as necessidades normais e regulares do vizinho. O exercício do direito de propriedade não pode suprimir as águas do terreno vizinho, conforme, aliás, proíbe, expressamente, o art. 94 do Código de Águas.

Em resumo, nos termos do art. 1.312 do CC, todo aquele que violar as proibições estabelecidas nesta Seção é obrigado a demolir as construções feitas, respondendo por perdas e danos. Se a violação das normas de vizinhança acarretar algum prejuízo ao vizinho, o pedido de demolição deverá ser cumulado com perdas e danos, de natureza material (patrimonial) ou moral (extrapatrimonial).

Trata-se de responsabilidade objetiva que, por isso, independe da demonstração de culpa do proprietário.

Por fim, o art. 1.313 do CC impõe que o proprietário, possuidor ou mero ocupante de prédio vizinho, mediante prévia comunicação ou aviso (e não autorização), tolere que o vizinho adentre no prédio com a finalidade de usá-lo, temporariamente, quando indispensável à reparação, construção, reconstrução ou limpeza de sua casa ou do muro divisório ou, ainda, para apoderar-se de coisas suas, inclusive animais que aí se encontrem casualmente.

Tal regra impõe cooperação entre proprietários ou possuidores vizinhos. O vizinho tem o direito subjetivo de adentrar na propriedade alheia, por curto período de tempo, quando necessário para fazer reparos ou limpeza da casa e do muro ou para recuperar objetos que lá estão casualmente.

O § 1º do art. 1.313 do CC especifica em que propriamente consiste a limpeza da casa: "O disposto neste artigo aplica-se aos casos de limpeza ou reparação de esgotos, goteiras, aparelhos higiênicos, poços e nascentes e ao aparo de cerca viva".

No caso do inciso II do art. 1.313, *caput*, o § 2º estabelece que, uma vez entregues as coisas buscadas pelo vizinho, poderá ser impedida a sua entrada no imóvel.

Portanto, a lei permite e considera lícita a entrada na propriedade vizinha, mediante aviso ou comunicação prévia, para os objetivos estabelecidos pela norma. Se do exercício do direito assegurado provier dano, terá o prejudicado direito a ser ressarcido ou indenizado de todos os prejuízos suportados (§ 3º do art. 1.313). Trata-se de responsabilidade civil decorrente de atos e condutas lícitas. Assim, o ato lícito, que não viola dever jurídico preexistente, também pode fundamentar pedido de indenização.

Como ensina Tepedino[369]: "O dispositivo dá ao vizinho o direito de adentrar o imóvel alheio independentemente da anuência do proprietário. Com efeito, ocorrendo uma das situações especificadas na norma, cabe ao interessado comunicar previamente ao proprietário a necessidade de entrar no imóvel".

Não há vulneração da regra constitucional que protege o domicílio e a privacidade, tendo em vista que a necessidade de penetração para os objetivos previstos na norma justifica a exceção. A solidariedade social também é um princípio constitucional que legitima o dever de cooperação entre proprietários ou possuidores vizinhos, conforme especificado em lei. Por esta razão, um dos pressupostos fundamentais para legitimar o direito de penetração é a necessidade. E, mesmo neste caso, se houver dano, o prejudicado tem direito à reparação. A indenização é a contrapartida ao direito do vizinho de adentrar no imóvel.

Após a cessação da causa de legitimação, o vizinho deverá, imediatamente, retirar-se da propriedade, ou seja, deve ali permanecer pelo tempo estritamente necessário

---

[369] TEPEDINO, Gustavo; BARBOZA, Heloisa Helena; MORAES, Maria Celina Bodin de. *Código civil interpretado conforme a Constituição da República*. Rio de Janeiro: Renovar, 2007. v. III, p. 650.

para a concretização de qualquer das hipóteses de legitimação, previstas nos incisos I e II do art. 1.313 do CC.

Se não houver autorização, poderá o vizinho adentrar no imóvel, desde que haja prévia comunicação. No entanto, se for impedida a sua entrada, poderá recorrer ao Judiciário para que possa exercer esse direito.

5.10. CONDOMÍNIO

5.10.1. Introdução ao condomínio e noções preliminares

O condomínio é gênero do qual são espécies o condomínio tradicional (arts. 1.314 a 1.326 do CC), o condomínio legal ou necessário (arts. 1.327 a 1.330 do CC), o condomínio edilício (arts. 1.331 a 1.358 do CC e arts. 1º a 27 da Lei n. 4.591/64, naquilo que não foi incompatível com as regras da lei civil), o condomínio de lotes (art. 1.358-A), o condomínio em multipropriedade (arts. 1.358-B a 1.358-U) e os fundos de investimento (art. 1.368-C).

O condomínio tradicional, ao contrário das demais espécies, pressupõe pluralidade de sujeitos. Em relação às demais espécies, interessa a pluralidade de unidades autônomas (é por isso que, mesmo que todos os períodos de tempo estejam vinculados ao mesmo titular, não há extinção da multipropriedade, conforme parágrafo único do art. 1.358-C ou, no caso do condomínio edilício, se todas as unidades forem do mesmo titular – também não há extinção). Isto porque, ao contrário do condomínio tradicional, objeto deste capítulo, os demais pressupõem pluralidade de unidades e não de pessoas.

O condomínio tradicional, arts. 1.314 a 1.326 do CC, pressupõe pluralidade de sujeitos e se compreende a partir da separação entre propriedade (direito subjetivo – relação jurídica complexa do proprietário com a coletividade) e domínio (relação de poder do proprietário em relação à coisa – relação de senhorio e submissão da coisa ao poder do proprietário). O domínio é o conteúdo interno e econômico da propriedade. No condomínio há pluralidade de sujeitos que ostentam direito de propriedade em relação ao mesmo bem e, nesta condição, no âmbito do domínio, deverão exercer poderes, de forma simultânea, sobre o todo e cada uma de suas partes. É o exercício simultâneo de poderes dominiais sobre o bem, em decorrência de titularidades múltiplas, que caracteriza o condomínio. O poder jurídico, que decorre do direito subjetivo de propriedade, é atribuído a cada condômino sobre a integralidade do bem. Cada condômino tem uma cota ou fração ideal do bem, que não está materialmente definida, razão pela qual todos os condôminos ostentam direitos subjetivos sobre a totalidade do bem. Há conexão entre o condomínio e o atributo da exclusividade, porque este se relaciona ao domínio. O condomínio não se incompatibiliza com o atributo da exclusividade porque, por ficção jurídica, ostenta frações ideais, o que permite a cada condômino exercer poderes dominiais sobre a totalidade, sem excluir o poder dominial dos demais condôminos.

Em relação à origem, o condomínio tradicional pode ser convencional (decorre de ato de vontade daqueles que desejam o condomínio, como exemplo das propriedades adquiridas, por contrato, por duas ou mais pessoas), incidente (ex.: sucessão, direitos de vizinhança) ou legal. Portanto, a comunhão pode ser voluntária (negócio jurídico) e legal (forçada – imposta pela lei, como de cercas e muros ou fortuita, como a que se estabelece entre herdeiros na sucessão *causa mortis*). Na comunhão voluntária, o condomínio é transitório, pois pode ser extinto por ato da mesma vontade que o constituiu. Se a coisa for divisível, pode ser requerida, a qualquer tempo, a divisão, por qualquer condômino. Por outro lado, se indivisível a coisa, poderá ser alienada. O condomínio legal e fortuito, que decorre da sucessão *causa mortis*, também é transitório, pois o limite, nos termos do art. 1.791 do CC, é a partilha. Com a partilha, deixa o regime legal de indivisibilidade e passa para o regime voluntário caso a partilha resulte em condomínio sobre os mais variados bens (o qual poderá ser extinto a qualquer tempo pelos condôminos). No condomínio legal e forçado, não há possibilidade de divisão, em razão dos interesses a que se submete, ou seja, é instrumento para a concretização de outros interesses, como a tutela de direitos e situações jurídicas de vizinhança (muros e valas). Os arts. 1.314 a 1.326 do CC disciplinam o condomínio voluntário. Os arts. 1.327 a 1.330 regulam o condomínio necessário. E, finalmente, os arts. 1.331 e s. positivam o condomínio edilício ou em edificações.

• **Condomínio voluntário (arts. 1.314 a 1.326 do CC)**

O condomínio voluntário é constituído a partir de ato de vontade e envolve um aspecto objetivo e outro subjetivo. Em relação ao aspecto objetivo, pressupõe que o bem sobre o qual recai esteja em estado de *indiviso* (ainda que a coisa seja divisível) – condomínio *pro indiviso* (comunhão de direito e de fato). Tal elemento significa que a coisa ou o bem sobre o qual recai o direito de múltiplos titulares não está materialmente fracionado (não é *pro diviso*, onde a comunhão é apenas de direito). É o estado de *indivisão*, ainda que possa eventualmente ser dividido. Caso deixe tal estado, não haverá condomínio. No que se refere ao aspecto subjetivo, é essencial a comunhão de interesses entre os condôminos, porque terão, obrigatoriamente, que exercer, de forma simultânea, poderes dominiais sobre o todo, desde que compatíveis com o estado de *indivisão* (ou seja, sem excluir o poder dominial dos demais) e com a destinação do bem. São os limites internos impostos pelo art. 1.314, que aliás é a norma fundamental do condomínio.

No caso, duas ou mais pessoas são titulares de uma fração ideal do bem (concepção romana de condomínio). A definição da fração ideal decorre do título de aquisição, por ser constituído a partir de ato de vontade. Se não houver clareza sobre a proporção, presume-se a divisão das frações ideais em partes iguais.

De acordo com o art. 1.314 do CC, os direitos dos condôminos são qualitativamente iguais (todos devem exercer os mesmos poderes sobre o todo, com alguns limites dominiais – respeito à destinação e ao estado de indivisão), embora na quantidade (direitos subjetivos – cada condômino é titular de uma fração ideal e não do todo) possam ser diferentes. Os condôminos podem exercer todos os direitos inerentes à propriedade que sejam compatíveis com a indivisão e a destinação.

Segundo o art. 1.314, cada condômino pode usar a coisa conforme sua destinação, sobre ela exercer todos os direitos compatíveis com a indivisão (não confundir o estado de indivisão, elemento objetivo do condomínio, com a divisibilidade ou não da coisa, que é questão alheia ao condomínio), reivindicá-la de terceiro (vedada a reivindicação entre condôminos, pois todos são proprietários), defender a posse (neste caso, contra terceiro e também contra outro condômino que estiver criando obstáculos para o exercício desta posse) e alhear a respectiva parte ideal, ou gravá-la.

O art. 1.314 diferencia, portanto, as relações internas entre os condôminos (com limites aos poderes dominiais – respeito à destinação e ao estado de indivisão) e as relações entre os condôminos e terceiros. Os condôminos, de forma isolada, poderão defender a posse e a propriedade do todo contra terceiro, porque tem poderes dominiais sobre a totalidade do bem. A definição de Caio Mário[370] sobre condomínio é precisa: "Dá-se condomínio, quando a mesma coisa pertence a mais de uma pessoa, cabendo a cada uma delas igual direito, idealmente, sobre o todo e cada uma de suas partes". E continua o mestre "todos os comunheiros têm direitos qualitativamente iguais sobre a totalidade dele, limitados contudo na proporção quantitativa em que concorre com os outros comproprietários na titularidade sobre o conjunto".

Os condôminos têm direitos qualitativamente iguais sobre a totalidade do bem e sofrem limitação na proporção quantitativa (domínio) quando concorrem com os outros comunheiros, internamente, na titularidade do todo.

Os condôminos são titulares de partes ideais, abstratas e, por esta razão, o poder jurídico atribuído a cada condômino se dá sobre a coisa em sua integralidade. Cada condômino tem uma parte ideal e não uma fração material da coisa.

Para Orlando Gomes[371], a mesma coisa pode ser objeto de direito real pertencente simultaneamente a várias pessoas. Neste caso, a relação jurídica tem sujeito plural, caracterizando-se pela indivisão do objeto e divisão dos sujeitos. É o direito sobre a coisa que se reparte entre diversas pessoas. De acordo com o mestre: "A indivisão é, assim, o estado em que se encontra uma coisa sobre a qual várias pessoas têm direitos concorrentes. A comunhão, a situação jurídica em que o mesmo direito sobre determinada coisa compete a diferentes sujeitos".

Como aduz Tepedino[372]: "O condomínio indica a presença de mais de um interesse subjetivo, ou mais de um titular, na mesma relação de domínio. A perspectiva de cotitularidades de interesses sobre a mesma coisa mostra-se hábil a explicar o fenômeno do condomínio, servindo o conceito de fração ideal como a expressão da medida do aproveitamento econômico de cada um dos condôminos".

Portanto, é possível extrair duas ideias iniciais. Primeiro, sob a perspectiva da coisa ou do objeto, o condomínio implica indivisão. O bem sobre o qual recai o condomínio está em estado de indivisão. Segundo, sob a perspectiva dos sujeitos ou cotitulares, há comunhão de interesses.

Em razão das características do condomínio, cada condômino pode usar livremente a coisa, exercendo os direitos de forma compatível com o estado de indivisão; cada condômino pode alienar a sua parte ou gravá-la, respeitando o direito preferencial dos demais para a sua aquisição, tanto por tanto, e cada condômino pode reivindicar de terceiro a coisa comum, independentemente da anuência dos demais, pois, neste caso, não se individualiza a parte de cada um para fins de reivindicação. Ademais, poderá defender a posse contra terceiros e outro condômino que impeça ou crie obstáculo para o exercício de poderes dominiais, que devem ser simultâneos.

Além disso, cada condômino, na proporção de sua parte ideal, tem o dever de concorrer para as despesas comuns de conservação ou divisão da coisa e, ainda, a suportar os ônus a que estiver sujeita.

5.10.1.1. Fontes ou origem do condomínio

Em relação à origem, a concorrência de direitos iguais em relação à mesma coisa (a comunhão) pode decorrer de uma convenção (condomínio tradicional – por meio de negócio jurídico os sujeitos se tornam condôminos da mesma coisa), de disposição legal ou ser incidente ou eventual. Essa classificação leva em conta a origem do condomínio.

O condomínio comum se divide em legal e voluntário. O legal pode ser forçado ou fortuito. O condomínio fortuito, aleatório ou incidental é aquele que surge em razão de causas alheias à vontade dos condôminos.

O primeiro é o condomínio voluntário ou convencional. Este decorre de negócio jurídico. Pode derivar de contrato ou de testamento. No caso de contrato, como explica Maria Helena Diniz[373], resulta "do acordo de vontades dos consortes, nascendo de um negócio jurídico pelo qual duas ou mais pessoas adquirem ou colocam um bem em comum para dele usar e gozar". É a mesma definição de Caio Mário[374]: "Convencional é aquele que nasce

---

[370] PEREIRA, Caio Mário da Silva. *Instituições de direito civil. Direitos* reais. 26. ed. Rio de Janeiro: Forense, 2018. v. IV, p. 175.

[371] GOMES, Orlando. *Direitos reais.* 19. ed. atualizada. Rio de Janeiro: Forense, 2007, p. 239.

[372] TEPEDINO, Gustavo; BARBOZA, Heloisa Helena; MORAES, Maria Celina Bodin de. *Código civil interpretado conforme a Constituição da República.* Rio de Janeiro: Renovar, 2007. v. III, p. 655.

[373] DINIZ, Maria Helena. *Curso de direito civil brasileiro:* direito das coisas. v. IV. 25. ed. São Paulo: Saraiva, 2010, p. 236.

[374] PEREIRA, Caio Mário da Silva. *Instituições de direito civil. Direitos* reais. 26. ed. Rio de Janeiro: Forense, 2018. v. IV, p. 177.

do contrato pelo qual duas ou mais pessoas adquirem ou colocam uma coisa em comum para dela usar ou fruir".

Como já ressaltado, o condomínio voluntário também pode se originar de ato *causa mortis*. Isso ocorrerá quando o testador, em ato de última vontade, contemplar vários herdeiros com o mesmo bem, sem discriminar, de forma objetiva, qual é a parcela material de cada um deles sobre a coisa.

O segundo é o condomínio legal ou necessário, que é imposto pela lei. É também denominado "condomínio forçado". É aquele que vincula a situação jurídica, como os muros divisórios (muro, parede, cerca, vala etc.), por exemplo (art. 1.327 do CC). Todos os muros divisórios partem de uma presunção relativa de condomínio, razão pela qual toda e qualquer despesa será dividida. Se um dos condôminos quiser realizar gasto suntuoso, é necessária autorização judicial, pois o que se divide são as despesas ordinárias. O direito de extremar é aquele que o condômino possui de provar que o muro foi feito dentro da sua propriedade, e não no limite, razão pela qual não há condomínio (arts. 1.327 a 1.330 do CC).

No caso do condomínio necessário, é inevitável a constituição do estado de indivisão sobre determinado bem. A comunhão forçada pode ocorrer em paredes, muros e valas, pastagens, formação de ilhas, comistão, confusão, adjunção e em relação ao tesouro achado casualmente (art. 1.264 do CC).

O terceiro é o condomínio incidente ou eventual, que resulta de causas e motivos completamente estranhos à vontade dos sujeitos. Como diz Orlando Gomes[375], tal condomínio "resulta das circunstâncias" (*Direitos reais*, p. 240). Tal condomínio fortuito é aleatório, como na sucessão hereditária, por exemplo. Por ocasião da abertura da sucessão hereditária, vários herdeiros recebem uma fração ideal do patrimônio do morto, até a partilha. O estado de indivisão é provisório (o limite é a partilha).

Aliás, a instituição de condomínio, neste caso, tem previsão legal. O art. 1.791 do CC dispõe que a herança é deferida aos herdeiros como um todo unitário e indivisível. Por esta razão, de acordo com o parágrafo único do referido artigo, até a partilha, o direito dos coerdeiros, quanto à propriedade e posse da herança, será indivisível e regular-se-á pelas regras relativas ao condomínio. Se vários forem os herdeiros, será estabelecido condomínio entre eles sobre os bens da herança. Tal condomínio é indivisível, por força de lei, até a partilha.

Na comunhão voluntária, o condomínio pode ser extinto a qualquer tempo. Trata-se de comunhão transitória. Basta que um dos condôminos deseje extinguir o condomínio, a qualquer tempo (art. 1.320 do CC). No condomínio legal ou necessário, o estado de indivisão e a comunhão de interesses é perene. Deverá subsistir enquanto existir a causa que justifique o condomínio, como ocorre no condomínio necessário de direito de vizinhança sobre muros e paredes (art. 1.327 do CC).

Além desta classificação quanto à origem, quanto à forma, o condomínio poderá ser *pro indiviso* (não é possível especificar e determinar materialmente qual é a fração de cada um dos condôminos – a divisão quantitativa se dá por fração ideal) e *pro diviso* (neste caso, é possível determinar e individualizar, materialmente, no plano corpóreo e de fato, qual o direito de cada condômino. Neste caso, não se divide por fração ideal, mas por fração real).

De acordo com Rosenvald e Chaves[376]: "Comunhão *pro indiviso* é a que perdura de fato e de direito, permanecendo a coisa em estado de indivisão perante os condôminos, porquanto estes ainda não se localizaram, cada qual, *per se*, na coisa. Comunhão *pro diviso* só existe de direito, não de fato, pois cada condômino já se localiza numa parte certa e determinada da coisa. Exercem sobre sua fração concreta todos os atos de proprietário singular, tal como se a gleba já fosse partilhada, com aprovação tácita recíproca".

5.10.2. Natureza jurídica

Em relação à natureza jurídica, há duas teorias que se contrapõem, na tentativa de explicar o condômino: a individualista e a coletivista.

A *teoria individualista* parte de uma concepção abstrata para tentar explicar o condomínio. Com a finalidade de conciliar o condomínio e a comunhão de interesses sobre o mesmo bem com o atributo da exclusividade do direito de propriedade, tal teoria divide as parcelas de cada condômino em frações ideais. Cada condômino tem uma porção ou fração ideal e abstrata da coisa.

Como explica Gomes[377], "(...) embora os condôminos exerçam direitos sobre a coisa comum, a rigor, são proprietários de partes abstratamente divididas. Objeta-se que o domínio recaia sobre essa cota-parte ideal, quando, por definição, há de ter por objeto uma coisa. Diz-se, porém, que é uma situação provisória, pois, potencialmente, as partes abstratas tendem à concretização, em face do direito assegurado aos condôminos de pedirem, a todo tempo, a divisão da coisa comum".

A *teoria coletivista* parte da premissa de que, na comunhão, existe apenas um direito e a coletividade é sujeita deste direito. Não há titulares individualizados, como ocorre na teoria anterior. Há propriedade coletiva. O bem pertence a todos, em conjunto.

5.10.3. Conteúdo do condomínio e da comunhão de interesses

A definição dos direitos, deveres e obrigações dos condôminos parte do pressuposto de se compreender a ideia de "fração ideal". A fração ideal é a parte abstrata ou imaterial sobre a coisa que pertence a cada condômino. É o "pedaço" de cada condômino. No entanto, como não há possibilidade de visualizar, materialmente, qual é a porção ou fração de cada um dos comunheiros, o condo-

---

[375] GOMES, Orlando. *Direitos reais*. 19. ed. atualizada. Rio de Janeiro: Forense, 2007, p. 240.

[376] FARIAS, Cristiano Chaves de; ROSENVALD, Nelson. *Direito reais*. 7. ed. Rio de Janeiro: Lumen Juris, 2011, p. 686.

[377] GOMES, Orlando. *Direitos reais*. 19. ed. atualizada. Rio de Janeiro: Forense, 2007, p. 241.

mínio parte desta concepção de fração ideal ou parte ideal, que é a consideração de cotas abstratas.

Como bem ressalta Tepedino[378]: "Considera-se fração, quota ou parte ideal a medida de cada condômino na titularidade do condomínio. No conceito atual do condomínio, a quota não representa o objeto do direito do condômino, mas sim a razão ou proporção segundo a qual cada um dos condôminos participa das vantagens ou lucros e dos encargos ou despesas da coisa: o objeto do condomínio é a coisa em sua integralidade, da qual pode usar cada participante nos limites compatíveis com o uso dos outros".

Assim, a partir desta premissa de que cada condômino é titular de fração ideal ou abstrata, a partir da qual é possível medir, interna (entre os condôminos) e externamente (dos condôminos em relação a terceiros), os direitos, deveres e obrigações dos condôminos, é possível analisar o conteúdo desta situação de cotitularidade, a partir do disposto no art. 1.314 do CC.

De acordo com o referido dispositivo legal, cada condômino pode usar a coisa conforme sua destinação, sobre ela exercer todos os direitos compatíveis com a indivisão, reivindicá-la de terceiro, defender a sua posse e alienar a respectiva parte ideal, ou gravá-la.

O art. 1.314 do CC especifica os direitos dos condôminos no âmbito interno e externo, tudo com a finalidade de prevenir conflitos entre estes (interno) e destes em relação a terceiros (externo).

Em primeiro lugar, o condômino tem o direito de uso e fruição da coisa como um todo, independentemente de sua cota ou fração ideal, conforme a sua destinação. O direito de uso e fruição não pode ser exercido abusivamente, pois deve respeitar o direito e poder dos demais. Na qualidade, o direito dos condôminos é idêntico. No entanto, a destinação e a forma de uso serão definidas pela maioria. Definida a destinação pela maioria, cada condômino poderá usar a coisa de acordo com essa destinação.

Ademais, cada condômino poderá exercer todos os direitos decorrentes da titularidade, desde que sejam compatíveis com a indivisão. O direito de usar e fruir a coisa comum não pode mudar ou alterar a destinação da coisa e tampouco impor obstáculos para que os outros condôminos possam, igualmente, exercer os seus direitos sobre a coisa. As faculdades de uso e gozo se condicionam ao interesse da coletividade. Nenhum condômino poderá praticar ato que prejudique outro que tenha os mesmos direitos. Por isso, a norma impõe que pode exercer todos os direitos, desde que estes sejam compatíveis com o estado de indivisão da coisa e os interesses em comum de todos os condôminos.

O direito de um dos condôminos, de forma recíproca, é limitado pelo interesse dos outros. Por esta razão, o parágrafo único do art. 1.314 da Lei Civil dispõe que nenhum dos condôminos pode alterar a destinação da coisa comum, nem dar posse, uso ou gozo dela a estranhos, sem o consenso dos demais. Os interesses da coletividade, no âmbito interno, preponderam sobre o interesse econômico de um condômino individualmente considerado.

As deliberações da maioria na administração deste condomínio deverão ser obedecidas por todos os condôminos. Como observa Marco Aurélio Bezerra de Melo[379]: "Na administração interna a lei reconhece os limites ao direito de propriedade criados pelos outros condôminos. Assim, um condômino não pode usar da coisa de modo a suprimir ou reduzir o direito dos outros consortes".

Nenhum dos condôminos poderá, sem prévio consenso dos demais, dar posse, uso ou gozo da sua fração ideal a estranhos, pois tal ato poderá gerar conflitos internos do estranho em relação aos demais condôminos. Esse controle do ingresso de estranhos no condomínio é essencial para que não se chegue ao extremo do conflito, que é a divisão do bem em condomínio.

Terceiro, de acordo com o art. 1.314, o condômino pode reivindicar a coisa de terceiro, independentemente da quantidade da sua fração ideal, quinhão ou cota. Em caso de violação do direito de propriedade de qualquer condômino, qualquer destes terá legitimidade para reaver a coisa das mãos de quem quer que injustamente a possua ou detenha. Trata-se de um desdobramento de uma das faculdades inerentes ao direito subjetivo de propriedade, especificado no art. 1.228, *caput*, do CC. Tal direito se estende à totalidade da coisa. Ainda que o condômino tenha apenas uma fração ideal, na defesa da propriedade em relação a terceiros, tem legitimidade para reivindicar o todo. Como bem pontua Caio Mário[380], "em relação ao possuidor injusto, a compropriedade arma qualquer dos consortes de poderes para recuperá-la em benefício próprio ou da comunidade".

No entanto, não é possível o manejo da ação reivindicatória de um titular contra o outro, na relação interna. Isto porque o direito de todos, na qualidade, é igual. A reivindicação somente poderá ser direcionada contra terceiros. Não se pode reivindicar contra quem tem os mesmos direitos, até porque o condômino acionado poderia opor ao seu comunheiro o mesmo direito de propriedade.

A reivindicação ajuizada por um dos condôminos aproveita aos outros, ainda que não integrem a lide. Não há litisconsórcio necessário e sim facultativo, pois a decisão proferida na ação de reivindicação proposta por um dos condôminos aproveita a todos. Ademais, o litisconsórcio em tal situação é unitário, pois a sentença será a mesma para todos, vale dizer, o julgamento será uniforme para todos os condôminos.

A quarta característica do conteúdo da compropriedade que se extrai do art. 1.314 é a possibilidade de defender a posse, por meio dos interditos possessórios, dispostos no art. 1.210 do CC, contra terceiros. Tal direito de

---

[378] TEPEDINO, Gustavo; BARBOZA, Heloisa Helena; MORAES, Maria Celina Bodin de. *Código civil interpretado conforme a Constituição da República*. Rio de Janeiro: Renovar, 2007. v. III, p. 655.

[379] MELO, Marco Aurélio Bezerra de. *Direito das coisas*. 5. ed. Rio de Janeiro: Lumen Juris, 2011, p. 169.

[380] PEREIRA, Caio Mário da Silva. *Instituições de direito civil. Direitos reais*. 26. ed. Rio de Janeiro: Forense, 2018. v. IV, p. 178.

defesa e proteção do todo, por meio dos interditos possessórios, independe de sua cota ou fração. Cada um dos condôminos tem o direito de proteger o todo, independentemente de sua fração. Este direito de defesa e proteção pode se dar por meio de tutela possessória (ações possessórias ou desforço incontinenti – art. 1.210, § 1º, do CC). Cada um dos condôminos pode se defender no plano possessório ou reivindicatório contra terceiros, mas entre um condômino contra o outro só é cabível tutela possessória (art. 1.314 do CC). Assim, se um determinado condômino expulsa outro da coisa, o condômino expulso poderá ingressar com ação de reintegração de posse para retornar à coisa. Da mesma forma, se terceiro esbulha a coisa em condomínio, qualquer condômino poderá, isoladamente, defender a coisa no todo.

Por fim, o quinto e último aspecto a ser considerado a partir do art. 1.314 do CC, é a possibilidade de o condomínio alienar a respectiva parte ideal ou gravá-la. Trata-se do direito de alienação ou oneração ou *ius disponendi*. A oneração consiste em dar o bem em garantia e alienar, devendo ser considerado em sentido amplo, como venda ou doação.

Nos termos do art. 1.314, *caput*, do CC, cada condômino tem o direito de alienar ou onerar a sua cota-parte ou fração ideal. Neste caso, há de ser observado o direito de preferência dos demais condôminos em relação a terceiros, a teor do disposto no art. 504 do CC.

O referido dispositivo legal disciplina o direito de preferência em favor de condômino de coisa que está em estado de indivisão, no caso de venda da coisa a terceiro estranho. Enquanto pender o condomínio *pro indiviso*, o condômino, antes de vender a sua parte a terceiro (não há preferência entre condôminos), deverá garantir o direito de preferência ao consorte que tiver interesse e desejar a coisa tanto por tanto.

A violação do direito de preferência pelo condômino, permitirá ao terceiro que, no prazo de 180 (cento e oitenta) dias, deposite o preço pago, para haver a coisa para si, relativa à parte vendida a estranho.

Decorrido o prazo de decadência de 180 (cento e oitenta) dias, o direito de preferência caduca e a propriedade se consolida nas mãos do terceiro adquirente, estranho ao condomínio.

A indivisibilidade da coisa pode ser natural ou jurídica, móvel ou imóvel (art. 87 do CC).

O condomínio pode ser *pro indiviso* ou *pro diviso*. A regra do art. 504 aplica-se ao condomínio *pro indiviso*. Em relação ao condomínio *pro diviso*, cada condômino tem a sua parte fisicamente delimitada e, por isso, seria possível alienar a terceiros sem a obrigação de conceder preferência em favor dos demais condôminos.

Não há indicação do marco inicial do prazo de 180 (cento e oitenta) dias, não havendo dúvida de que deve ter início a partir da data em que o condômino preterido tomar ciência da alienação, pois o sistema é informado pela eticidade revigorada pelo princípio da boa-fé objetiva. A informação, a proteção e a cooperação são deveres correlatos a este princípio, os quais justificam o início do prazo a partir da ciência. Por fim, se vários condôminos estiverem interessados na aquisição da parte ideal daquele que pretende alienar sua cota-parte, o parágrafo único do art. 504 impõe a observância de uma espécie de licitação entre os condôminos, a fim de apurar, entre eles, qual terá a preferência. Assim, o *caput* regula e disciplina o direito de preferência do condômino com terceiros, e o parágrafo único trata das regras do direito de preferência entre os condôminos interessados na aquisição.

A lei estabelece uma gradação, considerando, em primeiro lugar, o valor das benfeitorias para, em seguida, usar como critério a dimensão do quinhão. Na ausência de benfeitorias e se todos os quinhões forem iguais, a preferência será daquele que em primeiro lugar depositar o preço. Trata-se de direito adquirido pela anterioridade do depósito do preço.

A preferência em favor do condômino de coisa em estado de indivisão não se confunde com a preempção convencionada, cláusula especial que pode ser inserida em qualquer contrato de compra e venda, por força dos arts. 513 a 520 do CC, e tampouco com o direito de preferência estabelecido e disciplinado na lei de locações.

Finalmente, a regra também se aplica a qualquer coerdeiro que pretenda dispor, em contrato de cessão de direitos hereditários, de sua cota-parte na herança. De acordo com o parágrafo único do art. 1.791 do CC, até a partilha, o direito dos coerdeiros, quanto à propriedade e posse da herança, será indivisível, e regular-se-á pelas normas relativas ao condomínio. Até a partilha, os bens da herança permanecem em estado de indivisão. Após a partilha, cada herdeiro receberá o seu quinhão e, neste caso, cessará a indivisibilidade legal, pois não haverá mais herança. Até a partilha, os herdeiros estarão em regime de condomínio legal e o direito à herança será indivisível. No caso de cessão de direitos hereditários, em razão desta indivisibilidade do direito à herança, os arts. 1.794 e 1.795 do CC garantem ao coerdeiro, condômino, o direito de preferência, com a possibilidade de reclamação da cota-parte vendida a estranho, caso seja preterido. Há conexão entre o art. 504 do CC e o disposto nos arts. 1.794 e 1.795.

O fato é que os outros condôminos não podem impedir a venda da fração ideal a terceiros. O direito de disposição da fração ideal independe do consentimento e da vontade dos demais condôminos. Se a coisa for materialmente indivisível, também é possível a alienação da cota-parte, desde que seja garantido aos condôminos o direito de preferência.

O art. 1.420, § 2º, do CC, é um desdobramento do disposto no art. 1.314 do mesmo diploma. Segundo a norma, a coisa comum a dois ou mais proprietários não pode ser dada em garantia real, na sua totalidade, sem o consentimento de todos os condôminos. No entanto, cada um poderá, de forma individualizada, dar em garantia real, independentemente do consentimento dos demais, a parte a que tiver direito sobre a coisa.

5.10.4. Exercício do condomínio – deveres e obrigações

As partes ideais de cada condômino também atribuem a estes deveres, ônus e obrigações. O condomínio se caracteriza pela indivisão material da coisa que, de forma abstrata, é fracionada ou dividida em partes ideais. A parte ideal é a medida do direito e, também, dos deveres e obrigações dos condôminos.

Em função disso, dispõe o art. 1.315 do CC, que o condômino é obrigado, na proporção de sua parte, a concorrer para as despesas de conservação ou divisão da coisa, e a suportar os ônus a que estiver sujeito. O parágrafo único do referido artigo presume iguais as partes ideais dos condôminos para tal finalidade, salvo disposição em contrário.

A contribuição de cada condômino para as despesas de conservação e divisão da coisa será medida pelo "tamanho" ou pela proporção da cota-parte ou fração ideal de cada condômino. O aspecto quantitativo terá relevância para definir qual é a obrigação e o dever de cada um dos condôminos na relação interna, ou seja, na administração e no exercício do condomínio.

A obrigação de contribuir para as despesas do condomínio tem natureza *propter rem*.

Na lógica da obrigação *propter rem*, de acordo com a sua proporção no todo, o condômino participará do rateio de impostos, despesas, contribuições e cotas condominiais. Sendo as despesas realizadas no interesse geral, elementar que todos participem do rateio, incluindo-se o adquirente pelos débitos contraídos pelo alienante.

As despesas deverão ser rateadas a fim de manter a integridade e a harmonia entre os condôminos. Caso um dos condôminos não cumpra com tal obrigação e, considerando que as despesas beneficiam a todos, poderá restar caracterizado o enriquecimento sem justa causa do condômino inadimplente, que poderá também suportar outras sanções previstas no próprio sistema. O quinhão responderá por tais obrigações.

Em suma, será a proporcionalidade das frações ideais ou das cotas que determinará a extensão da responsabilidade de cada condômino pelo rateio das despesas de conservação e divisão do condomínio.

O art. 1.316 do CC disciplina a possibilidade de renúncia da parte ideal ou da compropriedade, como forma de eximir-se do pagamento de despesas e dívidas. Não há artigo correspondente na lei anterior.

Segundo a referida norma, pode o condômino eximir-se do pagamento das despesas e dívidas, renunciando à parte ideal. A renúncia à parte ideal implica na exclusão da responsabilidade pelo pagamento das despesas e dívidas sobre a referida cota. A renúncia, como enuncia o art. 1.275, II, do CC, constitui modo de perda da propriedade individual. É ato unilateral e formal, pelo qual a pessoa rejeita o bem ou direito que lhe pertence. Se incidir sobre imóveis, a renúncia deve ser registrada no Cartório de Registro de Imóvel (parágrafo único do art. 1.275 do CC). No caso, é típico caso de renúncia liberatória.

De acordo com o § 1º do art. 1.316 da Lei Civil, se os demais condôminos assumem as despesas e as dívidas, a renúncia lhes aproveita, adquirindo a parte ideal de quem renunciou, na proporção dos pagamentos que fizerem. Portanto, a renúncia beneficiaria os condôminos que arcaram com as despesas daquele que renunciou, na proporção do que efetivamente pagaram. O pagamento das obrigações é condição para os condôminos assumirem a cota-parte do renunciante.

Por outro lado, se nenhum dos outros condôminos se dispuser a realizar os pagamentos, a coisa comum será dividida (§ 2º do art. 1.316 do CC). Neste caso, se nenhuma quiser se sub-rogar na dívida, a fração ideal abandonada será repartida igualmente entre os demais condôminos. A renúncia extingue a dívida e, por isso, os demais não podem cobrar valor que supere o valor da quota renunciada.

Há discussão na doutrina sobre a natureza da renúncia liberatória, se unilateral ou bilateral. A maioria considera unilateral e os demais seriam obrigados, neste caso, a adquirir a cota do renunciante. É curiosa a situação, porque os demais seriam onerados independente de ato de vontade. Por isso, parcela da doutrina defende a bilateralidade deste ato, ou seja, a aquisição da fração do renunciante dependeria do consentimento dos demais. Se os demais não consentirem, a renúncia terá o efeito do art. 1.275, II e satisfeitas as dívidas do renunciante, a quota será considerada bem vago.

Noutra vertente e diferente das despesas de conservação analisadas e mencionadas pelo art. 1.315, são as dívidas que podem ter sido assumidas por todos os condôminos, em benefício de todos, situação em que cada qual responderá na proporção de sua fração ideal.

De acordo com o art. 1.317 do CC, quando a dívida houver sido contraída por todos os condôminos, sem se discriminar a parte de cada um na obrigação, nem se estipular solidariedade, entende-se que cada qual se obrigou proporcionalmente ao seu quinhão na coisa comum.

Nesta situação, todos os condôminos, em conjunto, contraíram dívidas, sem especificar qual a parte de cada um e sem mencionar solidariedade. Há presunção de que cada um dos condôminos se obrigou proporcionalmente ao seu quinhão na coisa comum. A obrigação assumida por todos em favor da comunhão ou da comunidade de condôminos, faz com que cada consorte assuma, na proporção de sua fração, a obrigação pelo pagamento desta dívida.

Por outro lado, se um dos condôminos assumir, de forma isolada, dívidas, deve ser observado o disposto no art. 1.318 do CC: "As dívidas contraídas por um dos condôminos em proveito da comunhão, e durante ela, obrigam o contratante; mas terá este ação regressiva contra os demais".

Tal fato, normalmente, é fonte de conflito entre os condôminos, porque sempre um irá questionar as obrigações e dívidas assumidas isoladamente pelo outro, ainda que em benefício da comunidade de condôminos. Por isso, as regras de administração do condomínio devem estar bem definidas e delimitadas, o que evitará conflitos futuros.

De acordo com a norma em destaque, o condômino deve comprovar que a dívida contraída era necessária e indispensável para o condomínio, e que reverteu ou beneficiou toda a coletividade de condôminos. Nesta situação, embora o condômino contratante, perante terceiro, tenha responsabilidade pessoal, na relação interna, entre os condôminos, poderá, regressivamente, cobrar os demais, na proporção da cota-parte de cada um, a fim de evitar o enriquecimento sem justa causa.

Por outro lado, como o condômino, isoladamente, como regra, não está autorizado pelos demais a contrair dívidas em nome da coletividade, se tais dívidas não forem necessárias e indispensáveis e/ou não reverterem em benefício da coletividade ou de todo o condomínio, a responsabilidade do condômino que assumiu a dívida será pessoal e não terá ação regressiva contra os demais.

Não há dúvida de que a situação em referência aproxima a atuação do condômino, que assume dívida isoladamente, para todo o condomínio, como uma espécie de gestão de negócios (art. 861 do CC).

Se o negócio for utilmente administrado pelo condômino, vinculará todos os demais. Nesse sentido, o art. 869 do CC que trata dos efeitos da gestão de negócios quando é útil: "Se o negócio for utilmente administrado, cumprirá ao dono as obrigações contraídas em seu nome, reembolsando ao gestor as despesas necessárias ou úteis que houver feito, com os juros legais, desde o desembolso, respondendo ainda pelos prejuízos que este houver sofrido por causa da gestão".

Por essa razão, a dívida assumida pelo condômino, isoladamente, como condição para exercer o regresso contra os demais, deve ser indispensável, necessária e útil. Além disso, deve aproveitar a todos os condôminos.

O art. 1.319 do CC disciplina a responsabilidade pelos frutos percebidos. De acordo com a norma, cada condômino responde aos outros pelos frutos que percebeu da coisa e pelo dano que lhe causou.

A responsabilidade de cada condômino perante os demais é individual. Se um dos condôminos explora economicamente a coisa e dela extrai frutos, deverá responder aos demais e dividir entre eles, na proporção dos respectivos quinhões ou cotas-partes, aquilo que efetivamente percebeu. Recorde-se que, na falta de estipulação de fração ideal, esta se presume igual.

No caso, deverá ser abatido ou descontado o trabalho eventualmente despendido e realizado por um dos condôminos para perceber os frutos. Não é justo que o trabalho de um dos condôminos não seja remunerado. Por isso, descontado o valor do trabalho, deverá responder aos demais pelos frutos percebidos, de acordo com a cota-parte de cada um.

Assim, também há responsabilidade objetiva pelo fato da coisa, do condômino, em relação a qualquer dano que venha a causar a outro condômino.

Em resumo, o condômino deve respeitar a finalidade do bem, não podendo mudar a sua destinação. Este dever de não alterar a destinação do bem não impede a prática de atos conservatórios. Também não pode dar posse a terceiro sem o consentimento dos demais condôminos. Deve participar do rateio das despesas comuns. A responsabilidade dos condôminos é proporcional ao seu quinhão, não solidária (art. 1.315 do CC). Há presunção de igualdade das frações ideais dos condôminos, sendo relativa esta presunção. Se não houver prova de que as frações são distintas, elas são presumidas iguais. A intenção do Código Civil é facilitar o rateio das despesas.

O art. 1.316, como visto e analisado, permite a renúncia à cota como forma de mecanismo de se eximir do pagamento de despesas. A cota renunciada é adquirida por quem pagou as despesas. Se ninguém pagou as despesas, todos assumem, proporcionalmente, a cota renunciada, bem como as respectivas despesas. Quanto à responsabilidade pelos frutos colhidos isoladamente, como há direito de uso e fruição do todo, é natural que o condômino possa colher frutos individualmente. Sempre que o condômino recolher frutos individualmente, ele responderá pela divisão destes frutos, pois eles pertencem a todos os condôminos; são comuns.

5.10.5. Extinção do condomínio voluntário

A extinção do condomínio é possível, porque todo condomínio voluntário, por natureza, é temporário. O estado de comunhão constitui fonte de desavenças e inúmeros conflitos. Por isso, a regra geral, nos termos do art. 1.320 do CC, é que cada condômino, a qualquer tempo e momento, tem o direito pleno de requerer a divisão do condomínio.

De acordo com o referido dispositivo, a todo tempo será lícito ao condômino exigir a divisão da coisa comum, respondendo o quinhão de cada um pela sua parte nas despesas da divisão. Tal norma se justifica porque a transitoriedade é da essência do condomínio, em especial o voluntário.

Se a coisa for divisível materialmente, o condômino insatisfeito com a comunhão pode requerer a divisão e as despesas da extinção serão arcadas, de forma proporcional, pelos condôminos. Para tanto, os condôminos não podem ter acordado que a coisa permaneça indivisa por certo tempo, não superior a 5 (cinco) anos.

Nos termos do § 1º do art. 1.320 do CC, podem os condôminos acordar que fique indivisa a coisa comum por prazo não maior que cinco anos, suscetível de prorrogação ulterior. Assim, para evitar prejuízos ou por conta de outros interesses que vinculem os condôminos, por ocasião de sua constituição, é possível mitigar o direito de divisão com cláusula que impeça a extinção antes de determinado prazo.

Assim, embora a extinção do condomínio seja direito fundamental de qualquer condômino, é possível, por meio de acordo, vedar a divisão do condomínio antes de determinado prazo. O máximo de tempo que a lei autoriza são 5 (cinco) anos e, findo o prazo, é possível a prorrogação, que também se sujeita a novo prazo máximo de 5 (cinco) anos. A indivisibilidade convencionada e temporária tem como fundamento o princípio da autonomia privada. É exceção à regra de que o condomínio voluntário pode ser extinto a qualquer tempo, por ação de divisão, se divisível o bem ou, por alienação, se indivisível.

Como aduz Marco Aurélio Bezerra de Melo[381], "o direito do condômino de exigir a divisão da coisa comum é potestativo, isto é, os demais condôminos apenas se submetem ao exercício do direito do consorte, sem que para isto tenham manifestado vontade". É privilegiada e prestigiada a divisão da coisa comum, porque a lei confere ao condômino, como regra, a prerrogativa de requerer a divisão a qualquer momento, independentemente da vontade dos demais.

A divisão pode ser amigável. Se não houver acordo, a ação de divisão é procedimento especial de jurisdição contenciosa e segue o rito previsto nos arts. 967 a 981 do CPC.

Em resumo, por ato de vontade dos condôminos, a lei civil permite que estes, no condomínio voluntário, estabeleçam prazo, durante o qual o bem fica submetido a regime de indivisibilidade. Este período de indivisibilidade é de, no máximo, 5 (cinco) anos, prorrogável uma única vez. A prorrogação da indivisibilidade, por igual período, somente é possível quando o condomínio voluntário não decorre de doação ou testamento.

Isto porque para a doação e o testamento há regra específica. Embora seja possível ao doador e ao testador estabelecerem a indivisibilidade do condomínio pelo prazo máximo de 5 (cinco) anos, não há possibilidade de prorrogação do prazo.

De acordo com o § 2º do art. 1.320 do CC, não poderá exceder de cinco anos a indivisão estabelecida pelo doador ou pelo testador. O estado de indivisão não será prorrogado para além do máximo de 5 (cinco) anos. Ademais, no caso de indivisibilidade disposta em testamento, deve ser observado o disposto no art. 1.848 do CC, que protege a legítima dos herdeiros necessários. Salvo se houver justa causa, declarada no testamento, não pode o testador impor cláusulas restritivas, em especial de inalienabilidade, impenhorabilidade e incomunicabilidade, sobre os bens da legítima. Os bens da legítima não podem ser incluídos em testamento (art. 1.857, § 1º), ainda que seja possível impor restrições a estes, com justa causa (art. 1.848). A instituição de condomínio por testamento com prazo de duração seria espécie de restrição à legítima, não prevista no art. 1.848. Por ser restrição, salvo justa causa, não é possível instituir condomínio, por testamento, sobre bens da legítima.

A novidade da norma está no § 3º do art. 1.320 do CC, que permite a divisão do condomínio, antes do prazo de indivisão pactuado pelos interessados, desde que graves razões o aconselhem. Isso reforça o caráter transitório do condomínio, justamente por ser fonte de conflitos. O § 3º do art. 1.320 do CC apresenta um conceito jurídico indeterminado, que o juiz deverá analisar no caso concreto para decidir se é possível e viável a extinção do condomínio antes do final do prazo convencionado e desde que graves razões aconselhem a divisão. Nesta situação, qualquer condômino poderá requerer a extinção e a divisão do condomínio, antes do prazo. Desta forma, neste prazo de indivisão, somente é permitido o requerimento da divisão quando houver justa causa. Fora do prazo de indivisão, é direito do condômino pleitear a divisão imotivadamente. A justa causa só precisa ser apontada durante o período de indivisibilidade, convencionado pelos condôminos.

Em conclusão, o pedido de extinção do condomínio por qualquer dos condôminos independe da proporção da cota ou da anuência e oposição dos demais condôminos e proprietários, caso não tenham pactuado que a coisa permaneça indivisa até o máximo de 5 (cinco) anos. E, no prazo, se houver justa causa, também será possível a divisão.

O art. 1.321 do CC prevê que esta ação de divisão submete-se às regras da partilha de herança: "Aplicam-se à divisão do condomínio, no que couber, as regras de partilha de herança (arts. 2.013 a 2.022)".

Os arts. 2.013, 2.105 (partilha amigável), 2.016 (partilha judicial se um dos condôminos for incapaz e não houver acordo), 2.017 (divisão por equidade), 2.019 (prestação de contas do administrador) e 2.022 (sonegação), todos do Código Civil, são compatíveis com a divisão do condomínio.

Com relação ao art. 2.013, precisa a observação de Tepedino[382]: "(...) não se aplica a totalidade do art. 2.013, por exemplo, pois o prazo estipulado para a indivisão suspende o exercício do direito potestativo de dividir o bem condominial, não já o direito de requerer a partilha. Do mesmo modo, o credor do condômino não tem interesse em requerer a divisão da coisa comum, já que, para sua satisfação, ao contrário dos credores dos herdeiros, que só após partilha poderão obter a solvência de seus créditos, bastará a execução da fração ideal do condômino sem a divisão da coisa".

Por outro lado, se a coisa ou o objeto do condomínio for indivisível, em razão da sua própria natureza, qualquer condômino pode exigir a alienação judicial para repartição do preço, na forma dos arts. 725 e 730 do CPC.

O condômino somente pode requerer a alienação judicial quando não for hipótese de divisão, ou seja, quando o bem for indivisível por natureza. Desde que pague o mesmo preço, o condômino tem preferência sobre o terceiro. Se mais de um condômino desejar adquirir o bem, preva-

---

[381] MELO, Marco Aurélio Bezerra de. *Direito das coisas*. 5. ed. Rio de Janeiro: Lumen Juris, 2011, p. 169.

[382] TEPEDINO, Gustavo; BARBOZA, Heloisa Helena; MORAES, Maria Celina Bodin de. *Código civil interpretado conforme a Constituição da República*. Rio de Janeiro: Renovar, 2007. v. III, p. 666.

lece o direito do que possui maiores benfeitorias. Se não houver benfeitorias, o direito é do que possui a maior cota.

A extinção de condomínio sobre coisa indivisível é disciplinada pelo art. 1.322 do CC: "Quando a coisa for indivisível, e os consortes não quiserem adjudicá-la a um só, indenizando os outros, será vendida e repartido o apurado, preferindo-se, na venda, em condições iguais de oferta, o condômino ao estranho, e entre os condôminos aquele que tiver na coisa benfeitorias mais valiosas, e, não as havendo, o de quinhão maior".

Se os condôminos não chegarem a um consenso em adjudicar a coisa para um dos consortes, mediante indenização aos demais, será concretizada a divisão do preço após a venda ou alienação judicial da coisa, pelo procedimento retro mencionado. Na alienação judicial, o condômino terá o direito de preferência em relação a estranhos, quando as ofertas do condômino e do terceiro estranho forem nas mesmas condições (iguais). Também pode ser instaurado um procedimento de preferência entre os próprios condôminos, se mais de um deles desejar adquirir a coisa. Neste caso, terá preferência aquele condômino que tiver na coisa benfeitorias mais valiosas e, não as havendo, o condômino que tiver o maior quinhão.

Caso nenhum dos condôminos tenha benfeitorias e a participação na coisa comum se dê em partes iguais, o parágrafo único do art. 1.322 tenta solucionar a questão, ao impor uma licitação, para ser adjudicado àquele que oferecer maior lance, sendo que, nesta licitação, o condômino terá preferência sobre estranhos.

A primeira licitação é realizada entre estranhos, quando os interessados deverão oferecer as suas propostas. Após se alcançar o maior preço entre os estranhos, será realizada nova licitação entre os condôminos, da mesma forma e nas mesmas condições da licitação realizada entre estranhos. Por fim, se faz nova licitação entre o estranho, vencedor da primeira licitação, e o condômino, vencedor da segunda. A melhor oferta vencerá. Neste caso, se as ofertas forem em igualdade de condições, o condômino terá preferência em relação ao estranho. Se a proposta do estranho for a vencedora, ainda será dada ao condômino a oportunidade de igualar a proposta para que a coisa seja adjudicada em seu favor. Trata-se de típico caso de preferência legal.

O direito de exigir a divisão da coisa em comum, seja divisível ou indivisível, somente se dá nos casos de condomínio voluntário e em alguns casos de condomínio incidental. No condomínio necessário ou forçado, não há possibilidade de divisão enquanto permanecer a causa legal que justifica o estado de indivisão.

Após a consumação da venda, é dividido o preço entre os condôminos, na proporção de suas cotas ou frações ideais.

Por fim, a divisão não atribui propriedade, mas apenas declara os direitos do condômino definidos no título.

5.10.6. Administração do condomínio

Os arts. 1.323 a 1.326 do CC apresentam regras essenciais para administração e gestão interna dos interesses dos condôminos, enquanto a coisa permanecer em estado de indivisão. O uso da coisa por todos os condôminos, simultaneamente, para ser viável, pressupõe regras a serem impostas pela maioria.

De acordo com o art. 1.323 do CC, a maioria dos condôminos delibera o modo de administração da coisa comum e ainda escolhe o administrador, que poderá ser um estranho. Caso a maioria decida pela locação, novo direito de preferência surge em favor dos condôminos que, em condições iguais, poderão locar a coisa no lugar do estranho.

Se a minoria não concordar com as decisões da maioria, poderá, a qualquer tempo, requerer a divisão da coisa comum, se for divisível (art. 1.320 do CC) ou, se for indivisível, requerer a alienação judicial da coisa e a consequente extinção do condomínio (art. 1.322 do CC).

Assim, a maioria dos condôminos, embora tenha o poder de decidir sobre o regime e o modo de administração, a escolha e as atribuições do administrador, não pode contrariar os interesses da minoria, eis que estes podem requerer a divisão da coisa ou a extinção do condomínio, o que pode comprometer e inviabilizar as atividades que todos, em comum, pretendam concretizar.

A maioria, segundo o art. 1.325 do CC, será calculada pelo valor dos quinhões e não pelo número de condôminos. Assim, em condomínio de 5 (cinco) pessoas, apenas 1 (um) poderá representar a maioria, desde que o quinhão deste seja de maior valor, no que tange à proporção da fração ideal.

Os §§ 1º a 3º do art. 1.325 disciplinam o *quorum* de deliberação. De acordo com o § 1º, as deliberações serão obrigatórias, sendo tomadas por maioria absoluta. Se não for possível alcançar a maioria absoluta, decidirá o juiz, a requerimento de qualquer condômino, ouvidos os outros. E, finalmente, se houver dúvida quanto ao valor do quinhão, será este avaliado judicialmente (§ 3º). Desta forma, se não for possível chegar à maioria absoluta ou em caso de divergência sobre o valor do quinhão de cada condômino para fins de buscar e atingir essa maioria, a questão será resolvida por meio de processo judicial.

A transitoriedade do condomínio voluntário se justifica em razão da dificuldade de se conciliar interesses muitas vezes contrapostos de pessoas que pretendem, ao mesmo tempo, exercerem direitos sobre a mesma coisa.

Caso o condomínio não escolha o administrador, a Lei Civil presume como tal aquele que, sem oposição dos outros, administra o condomínio. O art. 1.324 do CC considera tal condômino o representante comum, o qual ficará nesta função até que a maioria delibere em indicar ou nomear outro administrador, condômino ou não (art. 1.325 do CC). O condômino se torna administrador por meio de um consentimento tácito dos demais que não se opõem aos atos e negócios por ele praticados em nome de todo o condomínio. Esse consentimento tácito legitima a atuação deste condômino, representante comum.

Se houver oposição de qualquer dos condôminos a este administrador, a maioria deverá deliberar sobre a administração e a escolha de um administrador, na forma do art. 1.323 do CC.

É interessante a observação de Rosenvald e Chaves[383] em relação à aparência de legitimidade dos atos praticados por este condômino, com o consentimento tácito dos demais, perante terceiros, o que legitima os seus atos: "Capta-se aqui uma emanação da teoria da aparência, pois são válidos os negócios jurídicos que terceiros de boa-fé contratarem com o administrador, com base na expectativa de confiança de estar ele agindo em nome dos condôminos, em razão de seu comportamento ostensivo e sem oposição".

Os atos deste administrador serão de mera gestão ou administração ordinária, pois a prática de atos de disposição depende de poderes especiais. Os atos praticados pelo condômino com consentimento tácito dos demais vinculam e obrigam todos os consortes. Como ressalta Marco Aurélio Bezerra de Melo[384], "para atos de administração extraordinária, indispensável se faz a procuração com poderes expressos. Se a despeito da procuração com poderes expressos e não havendo ratificação posterior por parte dos demais condôminos, o mandatário tácito responderá pessoalmente pelas obrigações assumidas".

Por fim, de acordo com o art. 1.326 da Lei Civil, os frutos da coisa comum, não havendo estipulação em contrário ou disposição de última vontade, serão partilhados na proporção dos quinhões.

A partilha dos frutos decorrentes da coisa em condomínio, como regra, deve ser na proporção dos respectivos quinhões. No entanto, nada impede que os condôminos, de acordo com seus interesses internos e, desde que haja cláusula expressa, decidam pela partilha de forma diferenciada. Não se pode esquecer que o art. 1.319 do CC obriga o condômino que tenha recebido os frutos a prestar contas aos demais.

Sobre esta partilha, somos da mesma opinião que Tepedino[385]: "(...) os condôminos podem dispor de forma diversa sobre a distribuição dos frutos. A decisão acerca da partilha em desacordo com os quinhões deve ser unânime, uma vez que tal decisão extrapola os atos de natureza meramente ordinária para os quais prevalece a posição majoritária".

A distribuição dos frutos, de forma desproporcional, somente será excepcionada pela deliberação da unanimidade e não da maioria. Trata-se de exceção ao disposto no art. 1.323 do CC.

Em resumo, o administrador é eleito pela maioria das frações ideais. Havendo empate, cabe ao juiz decidir.

O administrador representará o condomínio em juízo e fora dele, razão pela qual deve prestar contas.

Não é o administrador quem delibera a destinação do condomínio, mas sim a maioria das frações ideais.

A jurisprudência tem admitido o administrador tácito, equiparando-o ao mandatário tácito. A expressão "administrador tácito" ou "mandatário tácito" é um exemplo típico da incidência da teoria da aparência. O administrador tácito é aquele que se comporta, aos olhos dos terceiros, como administrador; que exerce, aparentemente, a função de administrador. Os terceiros de boa-fé que celebram negócio com o administrador tácito estão protegidos, e o condomínio tem, contra ele, direito de regresso.

Resumo da teoria do condomínio voluntário

O condomínio é mero desdobramento da propriedade. A titularidade do direito subjetivo de propriedade pode se relacionar a sujeito único (propriedade comum) ou a pluralidade de sujeitos (condomínio). O condomínio se caracteriza a partir de dois elementos: 1 – *subjetivo* – pluralidade de sujeitos/titulares; 2 – *objetivo*: titularidade plural que recai sobre objeto/*indiviso* (o bem se encontra em estado de indivisão – não há predefinição da parte material de cada proprietário – apenas fração abstrata ou ideal), ainda que seja divisível materialmente. Resumo: é comunhão *pro indiviso*.

A lógica do condomínio voluntário (autonomia privada) decorre da sua natureza conflituosa (porque os poderes serão exercidos simultaneamente), o que o torna essencialmente transitório (ao contrário da propriedade que é permanente). Para prevenir ou minorar os conflitos latentes entre os condôminos o CC, de um lado, cria mecanismos para viabilizar a extinção do condomínio voluntário e, de outro, durante a sua existência, impõe regras restritivas aos condôminos para tentar harmonizar os interesses contrapostos.

Os titulares do direito subjetivo exercerão, *simultaneamente*, poderes dominiais, sobre a totalidade do objeto/bem jurídico, independente da proporção de sua fração (o condomínio é fonte de conflitos e, a prevenção destes conflitos, é a lógica que justifica todas as regras que disciplinam o instituto).

A transitoriedade é evidenciada por regras que viabilizam e estimulam a extinção do condomínio: o art. 1.320 dispõe que a todo tempo o condômino pode exigir a divisão da coisa comum e, ainda que o bem seja indivisível, será submetido à alienação judicial; o direito de preferência – art. 504 – em favor do condômino em relação a terceiros visa reduzir o número de titulares até concentrar todos os poderes em apenas um sujeito, o que é o início do processo de extinção; a mesma lógica do art. 1.316 – condômino que não quiser contribuir com as despesas comuns pode renunciar à sua fração ideal (art. 1.316), a qual será destinada ao condômino que assumir tal despesa.

Por outro lado, durante a vigência do condomínio voluntário, são impostas regras que limitam e restringem os poderes dos condôminos em suas relações internas, tudo para prevenir conflitos e harmonizar interesses. Os poderes, em especial relacionados ao uso, são restringidos e, por isso, devem ser compatíveis com a destinação eleita pela maioria; compatíveis com os interesses econômicos/sociais dos demais (por isso, condômino pode invocar tutela possessória contra outro, jamais reivindicatória); a

---

[383] FARIAS, Cristiano Chaves de; ROSENVALD, Nelson. *Direito reais*. 7. ed. Rio de Janeiro: Lumen Juris, 2011, p. 702.

[384] MELO, Marco Aurélio Bezerra de. *Direito das coisas*. 5. ed. Rio de Janeiro: Lumen Juris, 2011, p. 181.

[385] TEPEDINO, Gustavo; BARBOZA, Heloísa Helena; MORAES, Maria Celina Bodin de. *Código civil interpretado conforme a Constituição da República*. Rio de Janeiro: Renovar, 2007. v. III, p. 671.

proibição da transferência do uso e posse a terceiro sem autorização dos demais. Ademais, nas relações externas, pode o condômino, isoladamente, defender a coisa de terceiro, no juízo petitório ou possessório, porque tem poder sobre o todo. Pode alienar ou gravar a parte ideal independente do consentimento dos demais, mas se submeter à preferência.

As regras do CC, no sentido de cada condômino está obrigado a concorrer nas despesas de conservação ou divisão na proporção de sua cota, o que também ocorrerá na dívida contraída por todos ou por um em proveito de todos, com ação regressiva, segue a lógica da harmonização dos interesses internos para evitar conflitos. A administração com a maioria tem a mesma lógica.

Todavia, haverá situações jurídicas em que o condomínio será indivisível, o que contraria a lógica da transitoriedade e, portanto, da possibilidade de extinção a qualquer tempo. Nestes casos, a indivisibilidade se justifica porque não há conflito (na *multipropriedade* os condôminos exercem poderes sobre a coisa, de modo sucessivo, periódico e com exclusividade, sobre a totalidade do bem – o exercício de poderes não é simultâneo e, por isso, não há conflito, o que justifica a indivisibilidade do condomínio em regime de multipropriedade) ou para evitar conflitos em outros direitos ou situações jurídicas (no condomínio necessário, meação de paredes, muros e vales, a indivisibilidade se justifica para evitar conflitos entre vizinhos, porque este se relaciona com direitos de vizinhança; no condomínio sucessório, entre a abertura da sucessão e a partilha, o condomínio se justifica para tutelar interesses dos herdeiros no direito sucessório, pois a indivisibilidade, art. 1.791, é essencial para viabilizar a partilha; no condomínio edilício, a indivisibilidade das partes comuns, art. 1.331, § 2º, também visa preservar os interesses relacionados a estes condomínios especiais).

5.10.7. Do condomínio necessário

O condomínio necessário ou forçado é o que a lei estabelece ou impõe como forma de conciliar determinados interesses, em especial no âmbito das propriedades vizinhas. Enquanto permanecer a causa jurídica que o justifique, tal condomínio deve ser mantido.

Este, pelas suas características, não pode se sujeitar às regras e disposições do condomínio voluntário.

Essa questão é bem observada por Orlando Gomes[386]: "(...) é de se acentuar-se que os bens sujeitos a condomínio forçado não são suscetíveis de divisão. Em seguida, releva notar que as partes ideais dos diversos condôminos não podem ser transferidas isoladamente. Por fim, cumpre assinalar que os direitos dos proprietários da coisa comum têm extensão maior do que os dos condôminos voluntários, no que toca ao bem sob condomínio".

A matéria está disciplinada nos arts. 1.327 a 1.330 do CC.

De acordo com o art. 1.327, o condomínio estabelecido em paredes, cercas, muros e valas tem por objetivo harmonizar interesses de proprietários vizinhos. Como enuncia a norma em debate, o condomínio por meação de paredes, cercas, muros e valas regula-se pelo disposto na Lei Civil (arts. 1.297 e 1.298; 1.304 1.307). Há uma sintonia entre o condomínio necessário e as regras sobre direitos de vizinhança já estudadas.

O art. 1.328 do CC dispõe que o proprietário que tiver direito a estremar um imóvel com paredes, cercas, muros, valas ou valados, tê-lo-á igualmente a adquirir meação na parede, muro, valado ou cerca do vizinho, embolsando-lhe metade do que atualmente valer a obra e o terreno por ela ocupado (art. 1.297 do CC). O direito de tapagem é assegurado a qualquer vizinho que pretenda vedar a sua propriedade, com muro, cerca ou tapume. A obra pertencerá aos vizinhos em condomínio necessário e as despesas serão rateadas, salvo no caso de tapumes especiais, cuja obrigação será exclusiva do proprietário vizinho que a elas der causa (§ 3º do art. 1.297 do CC).

Ao contrário do condomínio tradicional e voluntário, que, por essência e natureza, é transitório, este condomínio se mantém enquanto houver a presença da causa legal de justificação. A relação deste condomínio necessário ao direito de tapagem e de construir é manifesta e se justifica para que não haja conflitos entre proprietários vizinhos.

Se não houver consenso entre os proprietários vizinhos quanto ao preço, dispõe o art. 1.329 do CC que o preço da obra será este arbitrado por peritos, a expensas de ambos os confinantes. Não se pode admitir o enriquecimento sem justa causa do confinante. Por esta razão, o pagamento do preço é pressuposto para a constituição deste condomínio.

Enquanto não pagar o preço, não poderá fazer uso da parede, muro, vala cerca ou qualquer outra obra divisória. Nesse sentido é o art. 1.330 do CC: "Qualquer que seja o valor da meação, enquanto aquele que pretender a divisão não o pagar ou depositar, nenhum uso poderá fazer na parede, muro, vala, cerca ou qualquer outra obra divisória".

Em comentário ao art. 1.330 do CC, destaca Marco Aurélio Bezerra de Melo[387] que "o artigo em comento reforça o entendimento de que o vizinho apenas adquirirá a propriedade da metade do muro divisório no momento em que indenizar o outro que realizou a obra às suas expensas, motivo pelo qual enquanto não pagar o valor da meação não poderá fazer uso da tapagem divisória".

Além destas hipóteses do art. 1.327 do CC, também haverá condomínio forçado nos casos de pastagens, formação de ilhas, comistão, confusão, adjunção e achado de tesouro.

---

[386] GOMES, Orlando. *Direitos reais*. 19. ed. atualizada. Rio de Janeiro: Forense, 2007, p. 246.

[387] MELO, Marco Aurélio Bezerra de. *Direito das coisas*. 5. ed. Rio de Janeiro: Lumen Juris, 2011, p. 186.

5.10.8. Condomínio edilício (arts. 1.331 a 1.358 do CC)

5.10.8.1. Considerações preliminares e noção geral (art. 1.331 do CC)

O condomínio edilício pode ser de casas, lotes ou apartamentos. O Código Civil disciplina tal condomínio, que se caracteriza pela fusão de propriedade comum e propriedade exclusiva em relação ao mesmo bem. O condomínio edilício ainda poderá, se houver interesse dos condôminos, se submeter ao regime da multipropriedade imobiliária (arts. 1.358-B a 1.358-U do CC).

Em termos históricos, o instituto, que se assemelha ao condomínio edilício, remonta ao direito romano, em que havia um sistema de superposição habitacional, sendo que a divisão de uma casa em planos horizontais não se adequava ao regime jurídico dominante, que desconhecia exceções à regra das acessões imobiliárias, no sentido de que tudo que fosse plantado ou edificado no solo passaria, automaticamente, a pertencer ao seu dono (*superfícies solo cedit*).

Como aduz Marco Aurélio Bezerra de Melo[388], o Código Civil francês de 1804, em seu art. 664, foi a primeira regulamentação jurídica sobre a matéria, mas o fez de forma precária e superficial, ao dispor que: "Quando os diferentes andares de uma casa pertencerem a diversos proprietários, se os títulos de propriedade não regularem o modo das reparações e reconstruções, devem ser elas feitas assim como se segue: as paredes mestras e o telhado ficam a cargo de todos os proprietários, cada um na proporção do valor do andar que lhe pertence. O proprietário de cada andar faz o soalho sobre o qual ele pisa. O proprietário do primeiro andar faz a escada que aí conduz; o proprietário do segundo andar faz, a partir do primeiro, a escada que chega ao segundo, e assim seguidamente".

No Brasil, a primeira normatização sobre tal espécie de condomínio horizontal, edilício, foi a Lei n. 4.591/64, que resultou de um projeto elaborado pelo brilhante Caio Mário da Silva Pereira[389], e tinha por objeto: "(...) as edificações de um ou mais pavimentos, construídos sob a forma de unidades isoladas entre si, destinadas a fins residenciais ou não residenciais, sendo que entre as últimas se incluem as destinadas a escritórios, garagens, mercados, estações rodoviárias, *shopping centers* e, por extensão, vilas residenciais, loteamentos fechados e até cemitérios particulares com jazigos individuais ou coletivos".

O CC de 1916 não disciplinava o condomínio com propriedade horizontal, tema objeto do Código Civil de 2002, nos arts. 1.331 a 1.358, com a denominação "*Condomínio Edilício*". O Código Civil atual não revogou nem derrogou a antiga Lei Caio Mário. Assim, somente quando houver conflito entre normas da Convenção de Condomínio, da Lei n. 4.591/64 e do Código Civil, prevalecerá a regra do Código Civil de 2002. Nas demais situações jurídicas, as normas compatíveis com o CC/2002, que integram a lei especial anterior, continuam vigentes, como complemento à Codificação.

O condomínio edilício não é pessoa jurídica. Não tem a atribuição legal de sujeito de direito com personalidade jurídica própria. Ainda que desprovida de personalidade jurídica, tem personalidade específica ou judiciária para relações jurídicas inerentes às atividades de seu peculiar interesse (Enunciado 246 do CJF). Todavia, a ausência de personalidade jurídica impede a prática de qualquer ato que não tenha conexão direta com seus interesses específicos. Tal propriedade horizontal, com áreas comuns e exclusivas poderá, portanto, atuar em juízo ou fora dele, representada pelo síndico, para atuar na defesa exclusiva dos interesses comuns dos condôminos.

O condomínio edilício ou por unidades autônomas é uma simbiose orgânica entre propriedade coletiva e propriedade individual. Todo condomínio edilício é propriedade individual ladeada por áreas comuns. A formação de condomínio edilício exige a presença de dois elementos: unidades autônomas/privadas e partes comuns, que não admitem separação, todas com acesso à via pública e pluralidade de sujeitos (se a mesma pessoa adquirir todas as unidades autônomas, cessa o condomínio, salvo se submetido ao regime da multipropriedade imobiliária). As áreas comuns são inseparáveis das unidades privativas e, por isso, a alienação da área privativa implicará, necessariamente, da fração ideal sobre a área comum correspondente (§§ 2º e 3º dos arts. 1.331 e 1.339, *caput*).

No condomínio edilício, ao contrário do condomínio comum, há fusão de áreas comuns e privativas. Há combinação de áreas comuns com unidades autônomas distintas.

Como nos ensina Nelson Nery[390]: "Marca dessa nova espécie de propriedade era e é a de conjugar, de um lado, frações autônomas do todo que são objeto de propriedades separadas, de vários titulares, e, de outro lado, um conjunto de estrutura e de serviços comuns que atende a todos os proprietários de frações autônomas".

Não há como desconsiderar que o condomínio edilício é resultado da combinação de dois outros direitos reais, que são a propriedade individual sobre unidades autônomas e a copropriedade sobre as partes comuns.

A teor do que dispõe o art. 1.331, *caput*, do CC, há uma verdadeira fusão entre a propriedade particular e a propriedade comum, sendo impossível a separação jurídica deste complexo incindível. "A fusão da unidade autônoma com as partes comuns provoca a constituição de uma disciplina jurídica especial que demanda estrutura peculiar, formada por uma série de regras que englobam aspectos de propriedade individual e do condomínio ordinário".

O art. 1.331 apresenta os contornos jurídicos do condomínio edilício. De acordo com a norma, pode haver, em edificações, partes que são propriedade exclusiva (área privada) e partes que são propriedade comum dos condôminos (área comum, dividida em frações ideais). A

---

[388] MELO, Marco Aurélio Bezerra de. *Direito das coisas*. 5. ed. Rio de Janeiro: Lumen Juris, 2011, p. 231.

[389] PEREIRA, Caio Mário da Silva. *Instituições de direito civil. Direitos reais*. 26. ed. Rio de Janeiro: Forense, 2018. v. IV, p. 492.

[390] NERY JUNIOR, Nelson; NERY, Rosa Maria de Andrade. *Código civil comentado*. 8. ed. São Paulo: Revista dos Tribunais, 2011.

fração ideal representada pela área comum se conecta à área privativa e sujeita-se a esta para fins de disposição pelo proprietário.

Tal conexão se evidencia no art. 1.339: "Os direitos de cada condômino às partes comuns são inseparáveis de sua propriedade exclusiva; são também inseparáveis das frações ideais correspondentes as unidades imobiliárias, com as suas partes acessórias. § 1º Nos casos deste artigo é proibido alienar ou gravar os bens em separado. § 2º É permitido ao condômino alienar parte acessória de sua unidade imobiliária a outro condômino, só podendo fazê-lo a terceiro se essa faculdade constar do ato constitutivo do condomínio, e se a ela não se opuser a respectiva assembleia geral".

As partes suscetíveis de utilização independente, tais como apartamentos, escritórios, salas, lojas e sobrelojas, com as respectivas frações ideais no solo e nas outras partes comuns, sujeitam-se a propriedade exclusiva, podendo ser alienadas e gravadas livremente por seus proprietários. Não há, como no condomínio tradicional, direito de preferência dos demais condôminos em relação a terceiros no caso de alienação das áreas privativas juntamente com as áreas comuns. A exceção fica por conta dos abrigos para veículos (garagens), que não poderão ser alienados ou alugados a pessoas estranhas ao condomínio, salvo autorização expressa na convenção de condomínio.

Se houver autorização na convenção e, caso o condômino pretenda locar a vaga de garagem de veículo para terceiros, os condôminos terão direito de preferência, nas mesmas condições (art. 1.338 do CC).

As áreas comuns dos condomínios edilícios estão submetidas a regime legal de indivisibilidade. Trata-se de indivisibilidade legal e permanente. É o que dispõe o § 2º do art. 1.331: "O solo, a estrutura do prédio, o telhado, a rede geral de distribuição de água, esgoto, gás e eletricidade, a calefação e refrigeração centrais, e as demais partes comuns, inclusive o acesso ao logradouro público, são utilizados em comum pelos condôminos, não podendo ser alienados separadamente, ou divididos". A alienação destas frações comuns só poderá ocorrer em conjunto com a área privativa. A indivisibilidade é imposição legal para a viabilização deste condomínio.

A cada unidade imobiliária caberá, como parte inseparável, uma fração ideal no solo e nas outras partes comuns, que será identificada em forma decimal ou ordinária no instrumento de instituição do condomínio. Nenhuma unidade imobiliária pode ser privada do acesso ao logradouro público. O terraço de cobertura é parte comum, salvo disposição contrária da escritura de constituição do condomínio.

5.10.8.2. Natureza jurídica

O condomínio edilício não tem personalidade jurídica, razão pela qual não é pessoa. Trata-se, portanto, de ente despersonalizado, que não pode sofrer dano moral, mas apenas os condôminos. Embora não tenha personalidade, o condomínio possui capacidade e pode ser sujeito de direitos, vale dizer, pode ser contratante, contribuinte,
empregador, e o CPC prevê a possibilidade que seja parte no processo. O condomínio tem legitimidade para as relações patrimoniais. O Enunciado 246 da III Jornada de Direito Civil, promovida pelo CJF, reconhece a personalidade jurídica para os condomínios. Trata-se de proposição doutrinária, pois ainda prevalece o entendimento de que o condomínio só possui capacidade.

Sobre o tema, existem cinco correntes que tentam explicar a capacidade do condomínio. São elas: (i) a teoria da comunhão de bens, (ii) a da sociedade imobiliária, (iii) a da servidão, (iv) a individualista, e (v) a coletivista.

A primeira considera o condomínio como uma comunhão de bens, porém, para a maioria dos doutrinadores esta teoria é afastada porque cada condômino é titular de uma unidade autônoma e, ao mesmo tempo, utiliza áreas em comum com outros condôminos.

A segunda teoria, também não tão aceita pela maioria dos doutrinadores, é aquela que diz ser o condomínio uma sociedade imobiliária. Porém, é importante ressaltar que não encontramos aí *affectio societatis*, o que descaracteriza uma sociedade.

Da mesma forma, a terceira teoria, pouco aceita, encara o condomínio como uma servidão.

As teorias mais difundidas são as duas últimas, a individualista e a coletivista, que acabam abrangendo as demais.

Para a *corrente individualista*, levando-se em consideração o fato de a propriedade ser um direito exclusivo e, a fim de se explicar que várias pessoas podem ter simultaneamente o domínio da mesma coisa, esta teoria divide idealmente a coisa, atribuindo a cada sujeito o direito de propriedade sobre a parte abstrata resultante da divisão legal. Assim, nesta situação provisória, o domínio recai sobre a parte ideal. Para esta teoria, a *indivisão é excepcional*.

Na concepção da *corrente coletivista*, existe na comunhão um só direito, tendo como sujeito a coletividade instituída pelos interessados. Não há titulares individuais, sendo a coisa comum. Em uma palavra, a propriedade é coletiva. O bem não pertence a várias pessoas, cada qual tendo a sua parte, mas a todos os comunheiros em conjunto.

Caio Mário da Silva Pereira[391] critica as teorias mencionadas, especialmente a última, afirmando que: "É despiciendo mobilizar todos esses velhos conceitos para a caracterização do condomínio edilício. É ele um fenômeno econômico e jurídico moderno não se compraz com os institutos invocados para a sua explicação, nem deles necessita".

As legislações em geral seguem a orientação individualista, admitindo a existência da sociedade dividida em partes ideais, em nome do condomínio.

Por parte ideal entende-se a fração que, na coisa *indivisa*, corresponde a cada condômino, mas a pessoa é dona da coisa comum em sua integralidade, podendo "sobre ela exercer todos os direitos compatíveis com a indivisão",

---

[391] PEREIRA, Caio Mário da Silva. *Instituições de direito civil. Direitos reais*. 26. ed. Rio de Janeiro: Forense, 2018. v. IV, p. 184.

pois seu direito não se circunscreve à fração ideal, estendendo-se a toda a coisa.

Assim, os condôminos possuem direitos e deveres sobre a cota-parte e a coisa comum.

O Código Civil atual, como novidade, no art. 1.316, passou a permitir que o condômino, para se eximir do pagamento de despesas e dívidas, renuncie à parte ideal que lhe é cabível.

O condômino tem autonomia para alienar a sua parte ideal, a título oneroso ou gratuito, gravá-la de ônus real e reivindicá-la.

Serão beneficiados os condôminos que assumirem as despesas e as dívidas, e "a renúncia lhes aproveita". Se nenhum condômino se dispuser a pagar, a coisa comum será dividida.

Sobre a coisa comum, pode praticar atos que dependam, em sua maioria, do consentimento dos outros. Assiste-lhe o direito de usar e fruir a coisa comum sem lhe mudar a destinação e sem ferir o igual direito dos outros condôminos. Em relação à coisa comum, o condômino tem o dever de concorrer com as despesas comuns.

O art. 1.317 do CC dispõe sobre a dívida comum contraída por todos.

Em caso de dívida comum, a solidariedade entre condôminos também não se presume, devendo ser avençada. Cada qual será obrigado, proporcionalmente, ao seu quinhão. No caso de obrigação *propter rem*, a dívida pode ser exigida de todos os condôminos. A solidariedade das obrigações condominiais é da essência do condomínio.

Dispõe o art. 1.318 da Lei Civil que a dívida comum, contraída por um, em proveito da comunhão, obriga apenas o condômino contratante, que tem ação regressiva contra os demais.

Já o art. 1.319 do mesmo diploma trata da responsabilidade dos condôminos pela percepção de frutos e danos.

O Código Civil, no art. 1.320, traz uma hipótese excepcional de *indivisão*. A divisão pode ser solicitada a qualquer tempo. O prazo máximo de *indivisão* no condomínio voluntário é de 5 (cinco) anos, inclusive na estabelecida por doação ou testamento. A grande novidade está no § 3º do art. 1.320, que determina que pode ser determinada a divisão antes do prazo, se graves razões a aconselharem.

O art. 1.322 trata da indivisibilidade da coisa (direito de preferência).

5.10.8.3. A instituição e constituição do condomínio edilício e o dever de pagar contribuições condominiais

O condomínio edilício se constitui necessariamente por ato de vontade, exteriorizada em vida ou para ter efeito após a morte. De acordo com o art. 1.332 do CC, o condomínio edilício se institui ou constitui por ato entre vivos (contrato) ou testamento (público, cerrado ou particular), registrado no Cartório de Registro de Imóveis. Os negócios jurídicos que instituem o condomínio edilício dependem desta formalidade, registro no CRI. Aliás, no mesmo sentido o art. 167, I, item "17", da Lei de Registros Públicos. A Lei de Registros Públicos dissocia o registro da instituição (contrato ou testamento) do registro da convenção de condomínio. São dois registros (instituição e convenção).

No ato de criação do condomínio edilício, contrato ou testamento, devem constar as disposições obrigatórias previstas nos incisos do art. 1.332, sob pena de nulidade do ato: a discriminação e individualização das unidades de propriedade exclusiva, estremadas uma das outras e das partes comuns; a determinação da fração ideal atribuída a cada unidade, relativamente ao terreno e partes comuns e o fim a que as unidades se destinam (comercial, residencial, industrial, misto). Além disso, disposição da lei especial também deve ser observado, no que não conflitar com esta norma (é dispensável a descrição interna da unidade – art. 7º da Lei n. 4.591/64).

Além do contrato ou testamento, atos de criação, a serem submetidos ao registro imobiliário, é essencial a apresentação nestes negócios jurídicos e posterior aprovação, pelos condôminos, da convenção deste condomínio. A convenção integra a constituição do condomínio edilício. A convenção é a norma interna e o instrumento que dispõe sobre direitos e deveres dos condôminos. A convenção integra o contrato ou o testamento, meios de criação e constituição do condomínio edilício. A convenção pode ser formalizada em instrumento público ou particular (apenas se exige que seja materializada em algum instrumento)

A convenção, de acordo com o art. 1.333 do Código Civil, instrumento que constitui o condomínio edilício, deve ser subscrita pelos titulares de, no mínimo, dois terços das frações ideais e torna-se, desde logo, obrigatória para os titulares de direito sobre as unidades, ou para quantos sobre elas tenham posse ou detenção (obriga todos aqueles que passam a se relacionar com o condomínio, como possuidores ou detentores, independente da relação jurídica com o proprietário da unidade e ainda que não tenha anuído a tal documento). A convenção não possui natureza contratual, pois se contrato fosse só produziria efeitos entre as partes que a subscreveram. A natureza da convenção do condomínio é estatutária e, por isso, vincula não apenas os condôminos subscritores, mas também terceiros, como aquele que adquire posteriormente unidade autônoma.

De acordo com o parágrafo único do art. 1.333, para ser oponível a terceiros, a convenção deve ser registrada no Cartório de Registro de Imóveis. Tal norma polemizou sobre a necessidade de registro da convenção para a constituição do condomínio (registre que o art. 167, I, 17, dissocia o registro da instituição e da convenção). O STJ, por meio da Súmula 260, estabeleceu que a convenção de condomínio, regularmente aprovada, com ou sem registro, é eficaz para regular as relações entre os condôminos. Portanto, em relação aos condôminos, a validade e eficácia da convenção, independe de registro. Isto porque o parágrafo único do art. 1.333 sugere o registro para oponibilidade em relação a terceiros, o que exclui os condôminos.

O art. 1.334 do CC dispõe sobre as matérias obrigatórias, que deverão integrar a convenção de condomínio, além daquelas já especificadas no art. 1.332. Portanto, a convenção, além dos assuntos que os condôminos resolverem por bem estipular (como responsabilidade civil por danos decorrentes de furtos e roubos), determinará: a quota proporcional e o modo de pagamento das contribuições dos condôminos para atender às despesas ordinárias e extraordinárias do condomínio (essencial para a sobrevivência do condomínio); forma de administração (como será a gestão do condomínio, requisitos para a sindicância, conselhos etc.); a competência das assembleias, forma de sua convocação e quórum exigido para as deliberações; as sanções a que estão sujeitos os condôminos, ou possuidores e o regimento interno (como o regimento interno tem caráter complementar, toda e qualquer cláusula dele constante pode ser alterada por maioria simples das frações ideais. As questões de uso das áreas comuns são reguladas no regimento interno, por exemplo).

No que se refere aos temas obrigatórios que devem integrar a convenção, o § 2º do art. 1.334 equipara aos proprietários, salvo disposição diversa na convenção, os promitentes compradores e os cessionários de direitos relativos às unidades autônomas.

É possível afirmar que a formação ou constituição do condomínio edilício é ato complexo que passa, basicamente, por três fases: 1 – a fase de criação ou instituição, que pode ser inter vivos ou causa mortis, a ser necessariamente submetida a registro; 2. a convenção de condomínio, que é a constituição interna do condomínio e ostenta natureza estatutária e, embora haja previsão legal de registro, tem eficácia entre os condôminos assim que aprovada; e 3 – o Regimento Interno.

Não há dúvida de que a matéria mais relevante a ser estabelecida na convenção é a quota de contribuição de cada condômino, também denominada "taxa condominial". É obrigação propter rem, que adere à coisa. Trata-se do principal dever do condômino, conforme expresso no art. 1.336, I, do CC, segundo o qual, é dever do condômino contribuir para as despesas do condomínio na proporção das suas frações ideais, salvo disposição em contrário na convenção.

O CPC de 2015, no art. 784, inciso X, inseriu o crédito referente às contribuições ordinárias ou extraordinárias de condomínio edilício, previstas na respectiva convenção ou aprovados em assembleia geral, desde que documentadas, como título executivo extrajudicial.

O STJ passou a admitir, inclusive, a inclusão das parcelas vincendas no processo de execução de despesas condominiais, ordinárias ou extraordinárias. Tal inclusão é automática e é possível apenas para a execução de prestações homogêneas, contínuas e da mesma natureza (Recurso Especial 1.835.998/RS). Aplicação subsidiária do art. 323 do CPC/2015.

Há que se distinguir duas situações em que o devedor responde pelas obrigações condominiais: (i) a do inquilino que as assume como acessório do aluguel (inciso VIII do art. 784); e (ii) a do condômino em sua relação com o condomínio (inciso X do art. 784). Em ambas o devedor tem contra si título executivo extrajudicial. Por outro lado, com relação à exigência da cláusula final do inciso X do art. 784 – "documentalmente comprovadas" –, pontua a doutrina serem necessários os seguintes comprovantes: "(a) prova da investidura do síndico, evidenciada a regularidade da capacidade processual do condomínio; (b) orçamento geral aprovado; (c) quota, consoante a deliberação da assembleia do condomínio; (d) balancete mensal; e (e) apresentação do texto aprovado da convenção". No mesmo sentido o Enunciado 86 da I Jornada de Direito Processual Civil do CJF: "As prestações vincendas até o efetivo cumprimento da obrigação incluem-se na execução de título executivo extrajudicial (arts. 323 e 318, parágrafo único, do CPC)".

Quanto ao prazo para a cobrança das taxas condominiais, o STJ solucionou a questão no Tema 939: "Na vigência do Código Civil de 2002, é quinquenal o prazo prescricional para que o condomínio geral ou edifício (horizontal ou vertical) exerça a pretensão de cobrança da taxa condominial ordinária ou extraordinária constante em instrumento público ou particular, a contar do dia seguinte ao vencimento da prestação".

A responsabilidade pelo pagamento das contribuições condominiais é do condômino, seja proprietário ou possuidor. Por ser obrigação propter rem, o condômino atual, inclusive, responde pelos débitos de outrem (tratamos deste tema no livro de obrigações), sem prejuízo da responsabilidade direta do anterior condômino inadimplente. Aliás, nesse sentido o art. 1.345 do CC: "O adquirente de unidade responde pelos débitos do alienante, em relação ao condomínio, inclusive multas e juros moratórios".

Em relação ao rateio das cotas condominiais, a lei permite que a convenção de condomínio modifique o critério de cálculo. O art. 1.336, I, dispõe que as despesas são na proporção das frações ideais, salvo disposição contrária na convenção. Portanto, há espaço para autonomia privada. De acordo com o Recurso Especial 1.733.390/RJ: "Tanto a Lei n. 4.591/64, em seu art. 12, § 1º, como o Código Civil de 2002, no art. 1.036, I, determinam que, em regra, o condômino deve arcar com as despesas condominiais rateadas na proporção da fração ideal do terreno correspondente à respectiva unidade. Há, no entanto, a possibilidade, permitida em lei, de a convenção de condomínio adotar critério diverso ou ser modificada para alterar o parâmetro anteriormente previsto, desde que tal ocorra por meio da concordância da maioria qualificada dos condôminos, sempre mediante o subsequente registro no Cartório de Registro de Imóveis competente. Nessa última hipótese, a partir da modificação, torna-se obrigatória a nova regra da convenção, vinculando todos os condôminos titulares da propriedade ou quem tenha posse ou detenção do imóvel, mesmo aqueles que não concordaram com a forma de rateio, tendo votado, na assembleia, diversamente. Como se verifica no § 3º do art. 1.331 do Código Civil, e nos arts. 32 e 53 da Lei n. 4.591/64, a fração ideal é a parte indivisível e inseparável, tocante a cada unidade integrante do condomínio edilício, em relação ao terreno no qual se acha encravado o edifício e às áreas comuns da edificação, devendo ser proporcional à área privativa de cada unidade autônoma e expressa matematicamente de forma decimal ou ordinária. Deve haver, assim, na determinação da fração ideal do terreno e partes comuns de cada unidade autônoma, uma relação de proporcionalidade para com a área privativa de cada unidade autônoma, ou seja, a área suscetível de utilização independente, reservada, privativa, por cada condomínio".

Ademais, como critérios da convenção de condomínio, o STJ firmou o entendimento de que a convenção de condomínio deve observar os critérios da proporcionalidade e da razoabilidade. Os critérios de proporcionalidade e de razoabilidade são a preservação da segurança, sossego e saúde (art. 1.277 do CC). Este critério deve ser observado tanto para a criação de animais quanto para a realização de cultos religiosos em apartamentos. A convenção de condomínio pode prever a indenização por danos causados a bens particulares que estejam em área comum. No silêncio da convenção, roubo e furto em área comum não geram responsabilidade para o condomínio.

No Recurso Especial 1.166.561/RJ, relator Ministro Hamilton Carvalhido, processado no rito do art. 543-C do CPC, restou decidido que, nos condomínios em que o consumo total é medido por um único hidrômetro, é indevida a cobrança por meio da multiplicação da tarifa mínima pelo número de economias existentes na unidade.

O inadimplemento de taxa condominial não pode ensejar cobrança abusiva, nem suspensão dos serviços essenciais. Se o serviço não for essencial, ele pode ser suspenso em função do inadimplemento de taxa condominial. O Código Civil permitiu a convenção dos juros e, no caso de omissão, os limitou a 1% (um por cento) ao mês. A multa máxima prevista é de 2% (dois por cento) ao mês, sobre o valor das taxas condominiais. Essa limitação é válida mesmo para os condomínios instituídos antes do advento do Código Civil, e às dívidas vencidas antes do Código Civil. É o que dispõe o § 1º do art. 1.336: "O condômino que não pagar a sua contribuição ficará sujeito aos juros moratórios convencionados ou, não sendo previstos, os de um por cento ao mês e multa de até dois por cento sobre o débito".

O condômino inadimplente não pode ser privado do direito de usar as áreas comuns, conforme a destinação. Nesse sentido, é pacífica a jurisprudência consolidada do STJ – Recurso Especial 1.699.022/SP: "Segundo a norma, é direito do condômino "usar das partes comuns, conforme a sua destinação, e contanto que não exclua a utilização dos demais compossuidores" (CC, art. 1.335, II). Portanto, além do direito a usufruir e gozar de sua unidade autônoma, têm os condôminos o direito de usar e gozar das partes comuns, já que a propriedade da unidade imobiliária abrange a correspondente fração ideal de todas as partes de uso comum. E ilícita a prática de privar o condômino inadimplente do uso de áreas comuns do edifício, incorrendo em abuso de direito a disposição condominial que proíbe a utilização como medida coercitiva para obrigar o adimplemento das taxas condominiais. Em verdade, o próprio Código Civil estabeleceu meios legais específicos e rígidos para se alcançar tal desiderato, sem qualquer forma de constrangimento à dignidade do condômino e dos demais moradores. Ademais, por questão de hermenêutica jurídica, as normas que restringem direitos devem ser interpretadas restritivamente, não comportando exegese ampliativa. O Código Civil estabeleceu meios legais específicos e rígidos para se alcançar tal desiderato, sem qualquer forma de constrangimento à dignidade do condômino inadimplente: a) ficará automaticamente sujeito aos juros moratórios convencionados ou, não sendo previstos, ao de um por cento ao mês e multa de até dois por cento sobre o débito (§ 1º, art. 1.336); b) o direito de participação e voto nas decisões referentes aos interesses condominiais poderá ser restringido (art. 1.335, III); c) é possível incidir a sanção do art. 1.337, *caput*, do CC, sendo obrigado a pagar multa em até o quíntuplo do valor atribuído à contribuição para as despesas condominiais, conforme a gravidade da falta e a sua reiteração; d) poderá haver a perda do imóvel, por ser exceção expressa à impenhorabilidade do bem de família (Lei n. 8.009/90, art. 3º, IV)".

Caso o solo pertença a uma pessoa e o condomínio a outra, pelo princípio da gravitação o dono do solo adquiriria o condomínio. No entanto, não se aplica a gravitação jurídica ao condomínio edilício para que eventual garantia real sobre o terreno (hipoteca ou alienação fiduciária) não recaia sobre os condôminos, ou seja, não se permite a execução dos condôminos por dívida contraída pelo proprietário do solo. Nesse sentido é a Súmula 308 do STJ. A relação no condomínio não é de consumo, mas meramente civil.

5.10.8.4. Direitos e deveres dos condôminos (arts. 1.335 e 1.336 e 1.340 a 1.346 do CC)

Os direitos dos condôminos estão previstos no art. 1.335 do CC: "I – usar, fruir e livremente dispor das suas unidades; II – usar das partes comuns, conforme a sua destinação, e contanto que não exclua a utilização dos demais compossuidores; III – votar nas deliberações da assembleia e dela participar, quando quite".

Cada condômino tem o direito de usar, fruir e livremente dispor de suas unidades, como proprietário da unidade autônoma. Trata-se de mero desdobramento do direito de propriedade e das faculdades jurídicas do proprietário, garantidas pelo art. 1.228 do CC. Portanto, o condômino, que ostenta exclusividade dominial sobre a área privativa, pode exercer, em relação a ela, todos os poderes inerentes ao domínio, como usar, gozar, dispor e reavê-la de quem injustamente a possua ou detenha. Poderá vendê-la, alugá-la, emprestá-la, sem necessidade da anuência dos demais condôminos e sem a obrigação de lhes dar preferência.

O condômino pode, ainda, usar das partes comuns, conforme a sua destinação, e contanto que não exclua a utilização dos demais compossuidores. Ademais, como já mencionamos, o inadimplemento de contribuições condominiais não implicará a suspensão deste direito fundamental do condômino, garantido pelo art. 1.335, II, do CC.

O direito de votar e participar das deliberações nas assembleias é assegurado por lei, desde que o condômino esteja quite com o pagamento da cota condominial. O proprietário pode fazer-se representar nas assembleias por procurador com poderes específicos para delas participar e votar nas deliberações.

O condômino tem direito de reaver a propriedade condominial, ou seja, utilizar o direito de reivindicação, mas esse direito só pode ser exercido contra terceiros.

Os deveres do condômino estão diretamente conectados ao respeito à convenção e ao regimento interno do condômino, além daqueles previstos no art. 1.336 do referido diploma legal.

Os condôminos têm obrigações e deveres, em especial de contribuir para as despesas condominiais na proporção de sua fração ideal (critério ideal para fazer o pagamento), não realizar obras que comprometam a segurança do edifício. Tendo que observar regras de boa vizinhança, para evitar desinteligências, para tanto, não pode utilizar sua unidade e áreas comuns de modo prejudicial ao sossego, salubridade e segurança dos condôminos ou dos bons costumes.

O condômino não pode alterar a forma externa e a cor da fachada, bem como alterar as esquadrias do edifício.

O condômino tem o dever de dar às suas partes a mesma destinação que tem a edificação (ou seja, se a edificação tem destinação residencial, não poderá o condômino utilizar sua área privativa para fins comerciais), e não as utilizar de maneira prejudicial ao sossego, salubridade e segurança dos possuidores, ou aos bons costumes. No caso, as regras de vizinhança, previstas na cláusula geral do art. 1.277 do CC, integram as relações entre os condôminos.

As despesas relativas à partes comuns de uso exclusivo de um condômino, ou de alguns deles, incumbem a quem delas se serve.

E a realização de obras? A realização de obras no condomínio depende: se voluptuárias, de voto de dois terços dos condôminos; se úteis, de voto da maioria dos condôminos. As obras ou reparações necessárias podem ser realizadas, independentemente de autorização, pelo síndico, ou, em caso de omissão ou impedimento deste, por qualquer condômino.

Se as obras ou reparos necessários forem urgentes e importarem em despesas excessivas, determinada sua realização, o síndico ou o condômino que tomou a iniciativa delas dará ciência à assembleia, que deverá ser convocada imediatamente. Não sendo urgentes, as obras ou reparos necessários, que importarem em despesas excessivas, somente poderão ser efetuadas após autorização da assembleia, especialmente convocada pelo síndico, ou, em caso de omissão ou impedimento deste, por qualquer dos condôminos. O condômino que realizar obras ou reparos necessários será reembolsado das despesas que efetuar, não tendo direito à restituição das que fizer com obras ou reparos de outra natureza, embora de interesse comum.

A realização de obras, em partes comuns, em acréscimo às já existentes, a fim de lhes facilitar ou aumentar a utilização, depende da aprovação de dois terços dos votos dos condôminos, não sendo permitidas construções, nas partes comuns, suscetíveis de prejudicar a utilização, por qualquer dos condôminos, das partes próprias, ou comuns.

A construção de outro pavimento, ou, no solo comum, de outro edifício, destinado a conter novas unidades imobiliárias, depende da aprovação da unanimidade dos condôminos. Ao proprietário do terraço de cobertura incumbem as despesas da sua conservação, de modo que não haja danos às unidades imobiliárias inferiores. É obrigatório o seguro de toda a edificação contra o risco de incêndio ou destruição, total ou parcial.

5.10.8.5. As sanções punitivas condominiais e outras questões relativas ao condomínio edilício

Em regra, a multa aplicável ao condômino depende de previsão na convenção do condomínio. No entanto, há duas multas/penalidades, que podem ser impostas aos condôminos, independentemente de previsão na convenção:

a) a estabelecida no art. 1.336, § 2º, do CC; e

b) a cominada no art. 1.337, também do CC.

O condômino que realiza obra que comprometa a segurança do prédio, altera a forma e cor da fachada, ou altera a finalidade da edificação, pode ser multado, ainda que não haja previsão na convenção do condomínio, por meio de deliberação de 2/3 (dois terços) dos condôminos, desde que a multa não exceda a 5 (cinco) vezes o valor da sua taxa condominial.

Por outro lado, o condômino antissocial, por maioria de 3/4 (três quartos) dos condôminos, pode ser multado em 5 (cinco) vezes o valor da sua taxa condominial, sendo que se permanecer com o comportamento antissocial, a multa pode ser duplicada, ou seja, passa a ser cobrada no valor de 10 (dez) vezes a sua contribuição. Neste caso, deve ser garantido ao condômino o direito de defesa e contraditório antes da penalidade, em clara aplicação da eficácia horizontal dos direitos fundamentais. Nesse sentido, aliás, o STJ (Recurso especial 1.365.279/SP).

Parte da doutrina entende que, se o condômino insistir no comportamento antissocial mesmo com a imposição das multas, por decisão judicial é possível a sua exclusão do condomínio por abuso do direito de propriedade (não há perda do direito de propriedade).

É o que dispõe o art. 1.337: "O condômino, ou possuidor, que não cumpre reiteradamente com os seus deveres perante o condomínio poderá, por deliberação de três quartos dos condôminos restantes, ser constrangido a pagar multa correspondente até o quíntuplo do valor atribuído à contribuição para as despesas condominiais, conforme a gravidade das faltas e a reiteração, independentemente das perdas e danos que se apurem. Parágrafo único. O condômino ou possuidor que, por seu reiterado comportamento antissocial, gerar incompatibilidade de convivência com os demais condôminos ou possuidores, poderá ser constrangido a pagar multa correspondente ao décuplo do valor atribuído à contribuição para as despesas condominiais, até ulterior deliberação da assembleia". A reiteração em relação a deveres com o condomínio deve ser contumaz. Não basta o mero inadimplemento de cotas condominiais, pois a penalidade prevista no art. 1.337 tem caráter sancionatório.

5.10.8.6. Administração do condomínio edilício

A administração do condomínio é legalmente exercida pelo síndico (condômino ou não), cujo mandato não pode exceder a dois anos, permitida a renovação. Os deveres do síndico estão especificados em lei (art. 1.348 do CC).

De acordo com o art. 1.347 do CC, a assembleia escolherá um síndico, que poderá não ser condômino, para administrar o condomínio, por prazo não superior a dois anos, o qual poderá renovar-se. Compete ao síndico: convocar a assembleia dos condôminos; representar, ativa e passivamente, o condomínio, praticando, em juízo ou fora dele, os atos necessários à defesa dos interesses comuns; dar imediato conhecimento à assembleia da existência de procedimento judicial ou administrativo, de interesse do condomínio; cumprir e fazer cumprir a convenção, o regimento interno e as determinações da assembleia (essa a principal atribuição do síndico); diligenciar a conservação e a guarda das partes comuns e zelar pela prestação dos serviços que interessem aos possuidores; elaborar o orçamento da receita e da despesa relativa a cada ano; cobrar dos condôminos as suas contribuições, bem como impor e cobrar as multas devidas; prestar contas à assembleia, anualmente e quando exigidas e realizar o seguro da edificação.

A assembleia de condôminos tem o poder de investir outra pessoa, no lugar do síndico, em poderes de representação. É possível, ainda, ao síndico, transferir a outrem, total ou parcialmente, os poderes de representação ou as funções administrativas, mediante aprovação da assembleia. Todavia, tal possibilidade de o síndico delegar a terceiro a função administrativa deve estar autorizada na convenção do condomínio.

Pode o síndico, como mencionado no art. 1.347, ser condômino ou pessoa física ou jurídica estranha ao condomínio. Geralmente são empresas especializadas.

Na assembleia designada para autorizar o síndico a delegar funções administrativas, que deve ser convocada especialmente para esta finalidade, o art. 1.349 dispõe que a assembleia poderá, pelo voto da maioria absoluta de seus membros, destituir o síndico que praticar irregularidades, não prestar contas, ou não administrar convenientemente o condomínio (a destituição, portanto, deve ser motivada). A causa de destituição relacionada à administração conveniente é extremamente subjetiva, o que pode implicar abuso de direito dos condôminos que simplesmente não estão satisfeitos com o trabalho do síndico. Por isso, embora a destituição seja ato *interna corporis*, poderá o Judiciário intervir na destituição em caso de ausência de razoabilidade ou proporcionalidade na deliberação, porque implicaria ilegalidade. O mérito da destituição não pode ser revisto pelo Judiciário, mas aspectos relacionados à legalidade sim.

O síndico é assessorado por Conselho Consultivo, constituído de três condôminos, com mandatos que não podem exceder a dois anos, permitida a reeleição. Não há limites legais para a recondução do síndico, mas nada impede que a convenção estabeleça restrições quanto à reeleição. Se nada houver sido convencionado, é possível a reeleição sem qualquer limitação ou a recondução indeterminada. A pessoalidade também poderá ser relativizada, na medida em que se houver autorização na convenção e aprovação dos condôminos em assembleia, será possível a delegação dos poderes de sindicância a terceiros.

De acordo com o art. 1.356, poderá haver no condomínio um conselho fiscal, composto de três membros, eleitos pela assembleia, por prazo não superior a dois anos, ao qual compete dar parecer sobre as contas do síndico.

De acordo com o art. 1.350, convocará o síndico, anualmente, reunião da assembleia dos condôminos, na forma prevista na convenção, a fim de aprovar o orçamento das despesas, as contribuições dos condôminos e a prestação de contas e, eventualmente, eleger-lhe o substituto e alterar o regimento interno. No caso de omissão do síndico, um quarto dos condôminos poderá fazê-lo. Se a assembleia não se reunir, haverá intervenção judicial, a requerimento de qualquer condômino, fato que evidencia a relevância desta assembleia anual, diante das matérias que delibera.

De acordo com o art. 1.355, as assembleias extraordinárias poderão ser convocadas pelo síndico ou por um quarto dos condôminos, sempre que exijam os interesses gerais.

A convocação da assembleia, ordinária ou extraordinária, não pode ser confundida com a deliberação. A assembleia somente pode deliberar se todos os condôminos, sem exceção, forem convocados para a reunião. Com a convocação da totalidade dos condôminos, será possível a deliberação que, a depender das matérias, o quórum poderá ser simples ou qualificado.

Regra (maioria de votos dos presentes, desde que representem pelo menos metade das frações ideais): se não exigido quórum especial, as deliberações da assembleia serão tomadas, em primeira convocação, por maioria de votos dos condôminos presentes que representem pelo menos metade das frações ideais (os votos serão proporcionais às frações ideais no solo e nas outras partes comuns pertencentes a cada condômino, salvo disposição diversa da convenção de constituição do condomínio). Em segunda convocação, a assembleia poderá deliberar por maioria dos votos dos presentes, salvo quando exigido quórum especial.

Exceção (quórum especial): 2/3 dos votos dos condôminos – Tal quórum é exigido para alteração da convenção e, com a redação dada pela Lei n. 14.405/2022 ao art. 1.351, também para a mudança da destinação do edifício ou da unidade imobiliária. Além destas matérias, a convenção poderá exigir quórum especial para outros temas. A possibilidade de a própria convenção exigir quórum especial está prevista nos arts. 1.352 ("Salvo quando exigido quórum especial") e § 1º do art. 1.353 (quórum especial previsto em lei ou em convenção).

Nos casos de exigência de quórum especial, na convenção ou na lei, caso este não seja atingido, a assembleia poderá, por decisão da maioria dos presentes (regra geral de deliberação), autorizar o presidente a converter a reunião em sessão permanente. Trata-se de novidade incluída pela Lei n. 14.309/2022. Para converter a reunião em sessão permanente, é essencial a presença de alguns requisitos, que deverão ser observados, de forma cumulativa: sejam indicadas a data e a hora da sessão em seguimento, que não poderá ultrapassar 60 (sessenta) dias, e identificadas as deliberações pretendidas, em razão do quórum especial não atingido; fiquem expressamente convocados os presentes e sejam obrigatoriamente convocadas as unidades ausentes, na forma prevista em convenção; seja lavrada ata parcial, relativa ao segmento presencial da reunião da assembleia, da qual deverão constar as transcrições circunstanciadas de todos os argumentos até então apresentados relativos à ordem do dia, que deverá ser remetida aos condôminos ausentes e seja dada continuidade às deliberações no dia e na hora designados, e seja a ata correspondente lavrada em seguimento à que estava parcialmente redigida, com a consolidação de todas as deliberações.

Os votos consignados na primeira sessão ficarão registrados, sem que haja necessidade de comparecimento dos condôminos para sua confirmação, os quais poderão, se estiverem presentes no encontro seguinte, requerer a alteração do seu voto até o desfecho da deliberação pretendida (portanto, até o encerramento da sessão permanente, os condôminos que já votaram poderão se retratar). A sessão permanente poderá ser prorrogada tantas vezes quantas necessárias, desde que a assembleia seja concluída no prazo total de 90 (noventa) dias, contado da data de sua abertura inicial.

O art. 1.354-A, introduzido pela Lei Federal n. 14.309/2022, passou a admitir a assembleia na modalidade eletrônica. A convocação, a realização e a deliberação de quaisquer modalidades de assembleia poderão dar-se de forma eletrônica, desde que tal possibilidade não seja vedada na convenção de condomínio e sejam preservados aos condôminos os direitos de voz, de debate e de voto.

Do instrumento de convocação deverá constar que a assembleia será realizada por meio eletrônico, bem como as instruções sobre acesso, manifestação e forma de coleta de votos dos condôminos. A administração do condomínio não poderá ser responsabilizada por problemas decorrentes dos equipamentos de informática ou da conexão à internet dos condôminos ou de seus representantes nem por quaisquer outras situações que não estejam sob o seu controle. Somente após a somatória de todos os votos e a sua divulgação será lavrada a respectiva ata, também eletrônica, e encerrada a assembleia geral. A assembleia eletrônica deverá obedecer aos preceitos de instalação, de funcionamento e de encerramento previstos no edital de convocação e poderá ser realizada de forma híbrida, com a presença física e virtual de condôminos concomitantemente no mesmo ato. Normas complementares relativas às assembleias eletrônicas poderão ser previstas no regimento interno do condomínio e definidas mediante aprovação da maioria simples dos presentes em assembleia convocada para essa finalidade. Os documentos pertinentes à ordem do dia poderão ser disponibilizados de forma física ou eletrônica aos participantes.

5.10.8.7. Extinção

Por ser um condomínio em edifício de apartamentos um condomínio especial ou forçado, não podem os condôminos extingui-lo por convenção ou por via judicial. De modo que, enquanto o prédio subsistir em caráter coletivo, o condomínio é inextinguível.

Os fatos de extinção dessa modalidade de condomínio são a desapropriação do edifício, caso em que a indenização será repartida na proporção do valor das unidades imobiliárias (art. 1.358 do CC); confusão, se todas as unidades autônomas forem adquiridas por uma só pessoa; destruição do imóvel por qualquer motivo (art. 1.357, 1ª parte, do CC); demolição voluntária do prédio, por razões urbanísticas ou arquitetônicas, ou por condenação do edifício pela autoridade pública, por motivo de insegurança ou insalubridade ou por ameaça de ruína (art. 1.357, 1ª parte, do CC); alienação ou reconstrução de todo o prédio, com aprovação dos condôminos, que representem metade mais uma das frações ideais. Determinada a reconstrução, o condômino poderá eximir-se do pagamento das despesas referentes, alienando seus direitos aos outros condôminos, mediante avaliação judicial. Se a venda se der, haverá preferência ao condômino em relação ao estranho e o preço alcançado será repartido entre os condôminos, proporcionalmente ao valor de suas unidades imobiliárias (CC, art. 1.357, §§ 1º e 2º)[392].

Bem como toda realidade fática, o condomínio horizontal pode perecer, ainda que seja criado sem prazo determinado.

Na desapropriação, os valores das unidades autônomas pertencerão a cada titular, repartindo-se por rateio o equivalente às partes comuns. Divide-se a indenização pelas respectivas cotas.

No caso de destruição de menos de 2/3 (dois terços) da edificação, o síndico solicitaria o recebimento do seguro e a reconstrução e reparos. Dois terços dos condôminos representando fração ideal de 80% (oitenta por cento) do terreno e coisas comuns poderiam decidir sobre a demolição e reconstrução do prédio ou sua alienação, por motivos urbanísticos ou arquitetônicos, ou ainda, no caso de condenação do edifício pela autoridade pública, em razão de insegurança ou insalubridade. Assegurava-se o direito da minoria de ter suas partes adquiridas pela maioria. A alienação total do edifício também era autorizada pelos votos dos 2/3 mencionados, correspondendo a 80% do terreno e frações ideais.

O art. 1.357 do CC assinala que, se a edificação for total ou respeitosamente destruída, ou ameace ruína, os

---

[392] FARIAS, Cristiano Chaves de; ROSENVALD, Nelson. *Curso de direito civil – Teoria geral e contratos em espécie*. 4. ed. Salvador: JusPodivm, 2014. v. 4.

condôminos deliberarão em assembleia sobre a reconstrução ou venda, por votos que representem metade mais uma das frações ideais. A solução é mais realista do que a lei anterior, pois, dependendo dos danos, os reparos podem ser inviáveis nessa situação trágica. O Código traduz de forma mais eficiente o direito das minorias. Como a reconstrução dar a entender investimento considerável para cada condômino, ele poderá eximir-se do pagamento, cedendo seu direito a outros condôminos, mediante avaliação judicial. A preferência na aquisição será dos outros condôminos, e na falta de interesse deles, poderá adquirir a quota um estranho. O valor apurado será dividido entre os condôminos, proporcionalmente ao valor de suas unidades. Poderá, contudo, a assembleia dar outro destino a essa verba. Na hipótese de desapropriação, a indenização será racionada também a cada condômino, na proporção de sua respectiva unidade[393].

Todas as características do sistema procedem da necessidade da existência de partes comuns, inalienáveis separadamente dos apartamentos, e utilizáveis por todos. Destruído o prédio, o terreno que, por ficção legal, era acessório do principal, cobra sua qualidade de principal e os donos se encontram na situação de condôminos na forma tradicional.

Mesmo na hipótese de haver seguro sobre todo o prédio e de se haver estipulado a reconstrução, o primeiro condomínio em edificações se aboliu, a destruição do prédio; um outro poderá surgir com a construção nova, mas aquele originário se acabou. Este novo condomínio pode ser material e juridicamente idêntico ao anterior, mas é um novo sistema, porque o condomínio em edificações, com suas disposições, regras e especialidade, decorre de uma situação de necessidade que implica a existência das partes comuns e dos direitos mútuos, de tal modo essencial para ele como as ruas o são para uma cidade ou o alimento para o organismo. Destruída a cidade, morto o organismo, derrubada a edificação, as ruas, o alimento e as partes comuns do prédio perdem sentidos.

O condomínio edilício, além disso, extingue-se pela deliberação dos condôminos, cuja unanimidade decidiu decompor o prédio num condomínio de forma tradicional, cada proprietário tornando-se senhor de uma parte ideal do todo. Cancela-se no Registro de Imóveis a autonomia dos apartamentos; anula-se a Convenção Condominial, e desaparece o Regime de Condomínio Edilício.

O efeito primeiro decorre do princípio de que ninguém pode ser forçado a continuar em condomínio. Claro que o prédio continuará a ser indivisível, por força de sua natureza, não mais da lei. Mas, tendo em vista tal circunstância, qualquer condômino pode requerer a venda da coisa e divisão do preço, nos termos do art. 1.322, *caput*, do CC. Essa hipótese, todavia, será extremamente incomum.

O condomínio extingue-se, ainda, pela concretização, em uma só pessoa, da propriedade de todos os apartamentos. Um proprietário poderá ir adquirindo as unidades de seus consortes; e, como as partes comuns e o terreno são acessórios do principal, apartamentos e andares, período haverá em que aludido adquirente se tornará dono de todo. Nessa ocasião, feitas as declarações necessárias, terá desaparecido o regime de condomínio edilício.

5.10.8.8. Questões polêmicas

A primeira questão polêmica está relacionada ao horário de funcionamento dos condomínios comerciais. A imposição de horário de funcionamento não viola o direito de propriedade da unidade autônoma (função social da propriedade).

A segunda questão diz respeito ao terraço ou cobertura, que, em regra, são área comum (há rateio de despesas), salvo quando houver disposição em sentido contrário no ato de constituição do condomínio. Se o condomínio foi criado com o terraço ou cobertura pertencendo à área comum, a modificação da sua natureza só pode ser feita com a aprovação da unanimidade dos condôminos. Se houver recusa injustificada, pode haver abuso de direito, e o consentimento pode ser suprido judicialmente.

A terceira e última questão polêmica se refere à situação jurídica da garagem. O direito brasileiro reconhece três regimes diferentes para as garagens. O regime para a garagem deve ser definido no ato de instituição do condomínio. O art. 1.338 do CC permite o aluguel de garagem, sendo que o condômino tem preferência em relação ao estranho, desde que pague o mesmo preço. A convenção de condomínio pode proibir o aluguel de garagem.

- *Garagem como área comum*: é a convenção do condomínio que definirá a sua utilização. Não há usucapião de área comum em condomínio edilício, por expressa proibição legal (Lei n. 4.591/64). Pelo princípio da boa-fé objetiva, o STJ tem permitido o uso exclusivo de área comum por um condômino pela utilização prolongada, nessas circunstâncias, por longo período de tempo. Nesse sentido são o REsp 356.821, o REsp 214.680 e o Enunciado 247 do CJF.

- *Garagem como acessório da unidade autônoma*: a unidade já é adquirida com a garagem. É o regime da maioria dos condomínios atualmente. Como a garagem é acessória, ela não pode ser alienada sem o principal, que é a unidade autônoma;

- *Garagem como unidade autônoma*: a garagem pode ser alienada ou penhorada autonomamente.

5.10.8.9. O loteamento fechado de acesso controlado, condomínio de fato e o condomínio de lotes. Art. 1.358-A

O condomínio edilício pode ser de casas, apartamentos ou lotes. O que caracteriza o condomínio edilício é a existência de área comum e área privativa, ao contrário do condomínio tradicional, cuja área total é comum.

O condomínio de lotes (área privativa e área comum) foi introduzido no Código Civil pela Lei de Regularização Fundiária.

---

[393] DINIZ, Maria Helena. *Curso de direito civil brasileiro:* direito das coisas. 25. ed. São Paulo: Saraiva, 2010. v. IV, p. 354.

A Lei n. 13.465/2017, que disciplina a regularização fundiária, em seu art. 58, acrescentou ao Código Civil o art. 1.358-A, que trata do condomínio em lotes. De acordo com a norma em referência, pode haver, em terrenos, partes designadas de lotes que são propriedade exclusiva e partes que são propriedade comum dos condôminos. Os lotes integram um terreno e, neste caso, aplica-se a estes lotes o disposto sobre o condomínio edilício, respeitada a legislação urbanística, em especial quanto à divisão de despesas (§ 2º do art. 1.358-A).

A fração ideal de cada condômino poderá ser proporcional à área do solo de cada unidade autônoma, ao respectivo potencial construtivo ou a outros critérios indicados no ato de instituição. O § 3º do art. 1.358-A dispõe que para fins de incorporação imobiliária, a implantação de toda a infraestrutura ficará a cargo do empreendedor.

É essencial estabelecer a conexão entre o parcelamento do solo urbano e o condomínio edilício de lotes.

O parcelamento do solo urbano, que poderá ser viabilizado por loteamento ou desmembramento, tem por objetivo a subdivisão de gleba em lotes (terreno servido de infraestrutura básica) destinados à edificação.

O lote, resultado de loteamento ou desmembramento, pode ser constituído sob a forma de imóvel autônomo ou unidade imobiliária integrante de condomínio de lotes (art. 2º, § 7º, da Lei de Parcelamento do Solo). Portanto, o lote pode integrar condomínio ou ser constituído de forma autônoma.

Se o lote integrar condomínio edilício, se submete às disposições do art. 1.358-A do CC (os lotes serão propriedade exclusiva e as demais áreas que integram esse condomínio serão propriedade comum, mas todas privadas). Tal condomínio de lotes constituído como edilício se submete, naquilo que for compatível com a sua natureza, às regras do condomínio edilício (§ 2º do art. 1.358-A do CC). Portanto, o condomínio de lotes tem regime jurídico próprio (condomínio edilício, que pode ser de lotes, casas e apartamentos). Tal condomínio de lotes não se sujeita ao Tema 882/STJ, tese fixada em sede de recursos repetitivos (as taxas de manutenção criadas por associações de moradores não obrigam os não associados ou que a elas não anuíram), que é restrita a condomínio (lote ou casas) de fato, fechado ou não, porque no condomínio edilício de lotes, que pressupõe regularidade do parcelamento do solo urbano, há obrigatoriedade de taxas condominiais, independente de ato volitivo, por ser obrigação *propter rem*.

Por outro lado, o lote (*regularizado*) pode ser constituído como imóvel autônomo e, nesta condição, poderá integrar espaço gerido por associação de moradores em razão da constituição de "condomínio" de fato (fora das regras do condomínio edilício), em área fechada ou não, ou, ainda, poderá ser administrado, em área fechada/delimitada ou não, pelo próprio empreendedor (responsável pelo parcelamento):

1. associação dos moradores em parcelamento regularizado: se integrar espaço gerido por associação, em área fechada ou não, eventuais taxas cobradas por tal pessoa jurídica não obriga os não associados ou os que a ela não anuíram (Tema 882/STJ). A área comum destes locais pertence ao Poder Público. Todavia, o Tema 882 do STJ incide nesta situação fática, de forma incondicional, até a Lei n. 13.465/2017. A referida lei, ao introduzir o art. 36-A, na Lei de Parcelamento do Solo Urbano, levou o STF a rever a tese fixada no Tema 882 (de forma parcial), para considerar que após a referida legislação é possível a cotização dos titulares ou moradores, que se obrigaram a pagar as taxas, desde que venham a aderir aos atos constitutivos das entidades equiparadas a administradoras de imóveis, como as associações, desde que já possuidores de lotes na vigência da lei (até aqui é a mesma ideia do Tema 882/STJ) ou, no caso de novos adquirentes, o ato constitutivo da associação ou administradora, que obriga o pagamento de taxa, tenha sido registrado no cartório de registro de imóveis (aqui a novidade em relação ao Tema 882/STJ). Tal tese foi fixada pelo STF, em sede de repercussão geral, Tema 492. De acordo com a tese: "É inconstitucional a cobrança por parte de associação de taxa de manutenção e conservação de loteamento imobiliário urbano de proprietário não associado até o advento da Lei n. 13.465/2017 ou de anterior lei municipal que discipline a questão, a partir do qual se torna possível a cotização de proprietários de imóveis, titulares de direitos ou moradores em loteamentos de acesso controlado, desde que i) já possuidores de lotes, tenham aderido ao ato constitutivo das entidades equiparadas a administradoras de imóveis ou, (ii) no caso de novos adquirentes de lotes, o ato constitutivo da obrigação tenha sido registrado no competente registro de imóveis" (STF – RE 695.911, rel. Min. Dias Toffoli, Tribunal Pleno, julgado em 15-12-2020, Processo Eletrônico Repercussão Geral – Mérito. DJe 073, divulg. 16-04-2021, public. 19-04-2021)".

Este condomínio de fato, gerido por associação dos moradores ou por qualquer entidade de administração equiparada, também poderá se constituir como loteamento de acesso controlado (§ 8º do art. 2º do CC). Neste caso, as áreas comuns que integram o loteamento pertencem ao Poder Público, razão pela qual o controle de acesso será regulamentado por ato do Poder Público Municipal, mas é vedado o impedimento de acesso a pedestres ou condutores de veículos, não residentes, identificados ou cadastrados. As vias públicas serão mantidas pelas associações de moradores, que as utilizam em caráter privativo, por decreto municipal, baseado normalmente em questionável lei genérica, que permite a ocupação destes espaços.

2. administração pelo empreendedor em parcelamento regularizado: neste caso, quando os lotes se encontrarem em área delimitada ou fechada e, administrados pelo próprio responsável pelo loteamento, não incide os Temas 882/STJ e 492/STF. Neste caso, as obrigações e deveres dos proprietários ou cessionários de lotes se submeterão as regras do contrato-padrão, que foi registrado por ocasião da apresentação em cartório imobiliário. As restrições e obrigações constantes do contrato-padrão, depositado em cartório como condição para o registro do projeto de loteamento, incorporam-se ao registro e vinculam os posteriores adquirentes, porquanto dotadas de publicidade inerente aos registros públicos. O projeto aprovado, quando submetido a registro, art. 18, inciso VI, da Lei de Parcelamento, deve estar acompanhado do exemplar do contrato padrão de promessa de venda, ou de cessão ou promessa de cessão, do qual constarão obrigatoriamente as indicações previstas no art. 26 da mesma lei (Recurso Especial 1.422.859/SP – paradigma). Todavia, os adquirentes não respondem pelos débitos dos anteriores proprietários, porque não são obrigações *propter rem* (Recurso Especial 1.941.005/SP).

Este parcelamento fechado promovido pelo responsável do parcelamento (desde que não seja condomínio de lotes), a depender do tipo de relação jurídica com o Poder Público Municipal (porque as áreas comuns que o integram, ao contrário do condomínio de lotes, são áreas públicas), poderá ser restrito/privativo ou de acesso controlado. Se o Poder Público Municipal, mediante contratos administrativos de permissão de uso de bem público, autorizar o uso exclusivo da área pública que integra o empreendimento, será restrito e privativo. Todavia, se o Poder Público Municipal apenas autorizar o controle de acesso às áreas comuns, que são públicas, mas não admitir o uso privativo, será parcelamento do solo de acesso controlado, na forma do § 8º do art. 2º desta lei.

Nada impede que tais parcelamentos urbanos, administrados pelo próprio empreendedor, também sejam abertos.

Por fim, caso o parcelamento do solo urbano seja irregular ou clandestino, não há como obrigar qualquer morador a contribuir com administradores ou associações, salvo anuência, caso em que pode ser aplicada integralmente o Tema 882. O condomínio urbano simples, instituído pela Lei n. 13.465/2017 (arts. 61 a 63), também se submete, no que couber, as disposições do condomínio edilício.

O que é o condomínio urbano simples: "Quando um mesmo imóvel contiver construções de casas ou cômodos, poderá ser instituído, inclusive para fins de Reurb, condomínio urbano simples, respeitados os parâmetros urbanísticos locais, e serão discriminadas, na matrícula, a parte do terreno ocupada pelas edificações, as partes de utilização exclusiva e as áreas que constituem passagem para as vias públicas ou para as unidades entre si".

5.11. DIREITOS REAIS SOBRE COISA ALHEIA (*JURIS IN RE ALIENA*)

5.11.1. Servidão predial

A servidão tem origem no termo *servitus*, que significa prestar serviço ("escravidão" que submete coisa ao poder de outra". O objetivo e o fundamento da servidão é a utilidade em favor de coisa (imóvel – denominado dominante). As regras jurídicas sobre servidão predial decorrem deste fundamento. As antigas servidões pessoais foram banidas (não se serve a pessoa), que equivaleria ao regime de escravidão, mas permite-se servidão na coisa ou em favor de coisa.

A servidão predial é direito real exercido sobre coisa alheia que consiste na constituição de encargo sobre o prédio serviente em favor ou em benefício de outro prédio, dominante. O prédio serviente proporcionará utilidade ao prédio dominante, pertencente a titulares diversos (art. 1.378 do CC. O termo *prédio* não é adotado no sentido de edifício, mas sim de edificação, ou seja, pode ser casa, terreno etc. Em resumo, tal direito real visa proporcionar utilidade a determinado prédio.

O objeto da servidão predial é restrito: imóvel corpóreo.

É ônus para o prédio serviente que perderá, em parte, a amplitude de seu poder dominial sobre o imóvel em benefício de outro, denominado dominante. São exemplos de direitos de servidão: direito de passagem, tirada de água, de passagem de água, de vista etc.

A servidão não se confunde com direito de vizinhança. A principal diferença refere-se ao fundamento (o fundamento da servidão predial é a utilidade e o fundamento dos direitos de vizinhança é a necessidade – regras necessárias para convivência harmoniosa entre vizinhos). Além disso, a servidão predial é direito real sobre coisa alheia, em que determinado prédio retira proveito ou utilidade de outro prédio. Portanto, apenas um prédio suporta encargo ou restrição, razão pela qual pode se dizer que a servidão é, nesse sentido, unilateral. No direito de vizinhança os prédios recebem limitações recíprocas, ou seja, há bilateralidade e reciprocidade de restrições. No mais, a servidão é específica e os direitos de vizinhança são genéricos (constituem uma série de limitações impostas reciprocamente). Por exemplo, não é possível confundir a servidão de passagem com a passagem forçada, esta última direito de vizinhança (art. 1.285 do CC).

A servidão predial, os direitos de vizinhança e o usufruto são institutos que possuem uma associação histórica. Em tempos remotos, todos decorriam da ideia de "servidão". A servidão predial seria convencional, os direitos de vizinhança seriam servidões legais e o usufruto, servidão pessoal. É por este motivo que até hoje alguns autores ainda denominam os direitos de vizinhança servidões legais. As diferenças são evidentes, como já mencionado.

Em que pese tal conexão histórica, servidão predial, direitos de vizinhança e usufruto são institutos autônomos e independentes, com fundamento e finalidades próprias.

O art. 1.378 do CC prevê a possibilidade de constituição de servidão por contrato e testamento. Não basta o título para a constituição deste direito real sobre coisa alheia. É essencial a apresentação do título para registro no cartório de registro de imóveis. A junção do título com o registro imobiliário constitui a servidão predial.

O instituto da servidão predial, direito real sobre coisa alheia (prédio serviente), possui íntima relação com o direito real de propriedade (art. 1.228). A propriedade é direito real de caráter obrigatório. O proprietário, em regra, ostenta os poderes dominiais. Os demais direitos reais, tipificados no art. 1.225, resultam da possibilidade de o proprietário desmembrar poderes dominiais para constituir ônus reais. É o que ocorre na servidão predial, pois o titular do prédio serviente transfere parcela dos poderes dominiais para o prédio dominante, com a finalidade de proporcionar ou potencializar a utilidade deste. Na transferência destes poderes, o titular do prédio serviente tolera que o titular do prédio dominante o utilize para certo fim (servidão positiva) ou se obriga a não praticar determinado ato ou fato de uso em seu prédio (servidão negativa).

O atributo da elasticidade permite tal transferência de poderes dominais. O titular do prédio serviente não ostentará propriedade plena, mas restrita. Ainda que o imóvel seja o objeto da servidão, esta é acessório do domínio não da titularidade, tanto que a mutação na titularidade não altera a servidão predial. Isto porque visa utilidade para o imóvel, não para a pessoa (titular, ainda que este se beneficie indiretamente).

Os direitos reais limitam a propriedade e fazem surgir a denominada *propriedade limitada*. Essa limitação decorre da transferência de poderes do domínio para terceiros ou em favor destes. Cada um dos poderes elementares do domínio poderá constituir em si um direito real autônomo. Os gravames ou ônus reais decorrem do desdobramento do domínio em parcelas, em favor de uma ou várias pessoas ou, no caso da servidão predial, em favor de coisa (prédio dominante).

A constituição de direitos reais sobre coisa alheia não afeta a propriedade, mas implica redução do domínio. A faculdade desdobrada já não se encontrará ao alcance do proprietário, mesmo assim será um dos atributos que se relaciona à propriedade. Ao se desdobrar o domínio, brotam novos regimes de titularidade, tidos como direitos reais limitados ou direitos reais em coisa alheia.

A servidão é um destes direitos que limita o domínio do proprietário do prédio serviente (onerado pela servidão: este autoriza atos em seu imóvel, positiva; ou se abstém de atos em seu imóvel, negativas). Trata-se de direito real de fruição, assim como o usufruto, o uso e a habitação.

5.11.1.1. Servidão e função social da propriedade

O princípio da função social da propriedade também interfere no instituto da *servidão predial*. Aliás, a função social fundamenta e legitima não só o direito real de propriedade, assim como os direitos reais sobre coisa alheia (decorrentes de transferência de poderes do domínio do proprietário). A servidão, para gozar de tutela estatal, deve ter função social e o terá quando for útil para o prédio dominante, titular deste direito real. A utilidade da servidão predial é o que lhe garante função social.

A utilidade deve estar relacionada ao titular deste direito real e, principalmente, a toda a coletividade, pois servidão que venha a violar o interesse público poderá ser impugnada. Essa relação com a coletividade tem um significado: a utilidade, que é fundamento da servidão predial, não pode prejudicar qualquer dos interesses coletivos previstos no art. 1.228, § 1º, do CC.

A função social se aplica a qualquer regime de titularidade que possa ser instrumento de poderes dominiais.

Segundo Rosenvald e Chaves[394]: "(...) o direito real em coisa alheia é o domínio estático do titular sobre a coisa, a relação de subordinação do objeto ao senhorio. Porém, a titularidade, no exercício dos direitos reais limitados, volta-se a relações intersubjetivas dinâmicas e repersonalizadas, nas quais os titulares desses direitos limitados têm a obrigação de coordenar a satisfação de seu interesse, com a do proprietário que lhe desdobrou parcelas do domínio, sem se olvidar no exercício de condutas benéficas ao interesse coletivo".

Por isso, a servidão não pode impedir que a propriedade urbana ou rural cumpra sua função social. Ainda que traga utilidade ao prédio dominante em uma relação privada, se o direito real *servidão predial* colocar em risco a função social exigida para a propriedade à qual ela adere, poderá ser extinta. O direito real servidão é acessório e, sob nenhum pretexto, pode inviabilizar a função social do prédio serviente.

5.11.1.2. Servidão predial e fundamento

O fundamento deste direito real sobre coisa alheia é a utilidade que proporciona ao prédio dominante, cujo proprietário será o titular da servidão. A titularidade da servidão predial recairá sobre os sujeitos, ocasionalmente vinculados ao prédio dominante ou serviente, mas é destinada a servir à coisa. A ausência de utilidade, inclusive, constitui causa de extinção da servidão, conforme art. 1.388, II, do CC (extinção quando tiver cessado a utilidade ou comodidade ao prédio dominante que justifica a servidão). O próprio art. 1.378 do CC estabelece que a finalidade da servidão é proporcionar utilidade para o prédio dominante. A utilidade também é causa de remoção e restrição do direito de servidão (arts. 1.384 e 1.385 do CC).

No entanto, a utilidade, por si só, não garante o direito real servidão. É essencial que a essa utilidade seja agregada a preservação da função social da propriedade imobiliária que suporta o encargo, como decorrência do princípio constitucional da função social da propriedade.

Em resumo, o fundamento da servidão é representado por dois elementos: *utilidade* + *preservação social da propriedade imobiliária* que suporta o encargo.

Sem utilidade para o prédio dominante, não haverá servidão. A utilidade em favor do prédio dominante, titular deste direito real, condiciona a sua existência.

5.11.1.3. Servidão predial e breve comentário sobre a evolução histórica

A servidão está relacionada à ideia de escravidão, ou seja, o prédio é submetido ao poder do outro. Ainda no direito romano, a servidão denominou-se predial, mas foi estendida a outros direitos reais sobre coisa alheia. No período pós-clássico havia nítida distinção entre servidão predial e servidão pessoal. Na primeira, imóvel serviria a outro; na segunda, imóvel serviria à pessoa. O sujeito pas-

---

[394] FARIAS, Cristiano Chaves de; ROSENVALD, Nelson. *Direito reais*. 7. ed. Rio de Janeiro: Lumen Juris, 2011.

sivo nas servidões teria de suportar atividade realizada no imóvel de sua propriedade.

O objetivo da servidão predial era a utilidade objetiva e permanente de um imóvel, independentemente de quem ocupasse a sua titularidade. A servidão pessoal propiciava um benefício inseparável de determinada pessoa.

Em Roma as principais servidões eram de passagem, de caminho, de pastar gado, de aquedutos, dentre outras. Em razão do liberalismo francês, para evitar a escravidão por outros homens, foi suprimida a servidão pessoal.

5.11.1.4. Conceito, objeto e características da servidão predial

A servidão predial é direito real exercido sobre coisa alheia, consistente na constituição de encargo sobre prédio, denominado serviente, em favor ou em benefício de outro prédio, o dominante, pertencente a donos diversos. Portanto, em síntese, por meio da servidão, são impostas limitações (relacionadas aos poderes dominiais) a um prédio em favor de outro prédio.

Nesse sentido é a primeira parte o art. 1.378 do CC: "A servidão proporciona utilidade para o prédio dominante, e grava o prédio serviente, que pertence a diverso dono".

De acordo com o texto legal, somente coisa *imóvel* e *corpórea* pode ser objeto de servidão. Ao contrário do usufruto, por exemplo, que pode ter por objeto bens *móveis* e *imóveis*, *corpóreos* e *incorpóreos* (art. 1.395 – usufruto de título de crédito), a servidão pressupõe duas propriedades imobiliárias pertencentes a donos diversos e não incide sobre direitos, ainda que reais. A servidão predial não pode consistir em ação humana, pois representa encargo ou ônus a ser suportado por um prédio em favor de outro. Se alguém se obrigar a fazer ou deixar de fazer algo em prol de outrem, haverá obrigação e não servidão.

Tal direito real impõe restrições em um prédio em favor de outro prédio, pertencentes a donos diversos.

Sempre deverá ser extraída da servidão alguma utilidade pelo proprietário ou possuidor do prédio dominante.

Portanto, qualquer forma de proveito ou utilidade será admitida, mesmo que a finalidade seja um conforto ou mero aformoseamento de um prédio, mas tal fruição sempre deverá estar orientada pelo princípio da função social da propriedade, como já ressaltado.

Em consequência da servidão predial, o proprietário (do prédio serviente) não pode praticar alguns atos dominiais no prédio serviente (negativa) ou não poderá impedir o proprietário do imóvel dominante de praticar atos que impliquem extração da utilidade que lhe foi concedida (servidão positiva). Portanto, a servidão admite qualquer forma de proveito, conforme retratava o art. 695 do CC/1916, que não foi reproduzido pela atual Lei Civil: "Art. 695: "Por ela perde o proprietário do prédio serviente o exercício de alguns de seus direitos dominicais, ou fica obrigado a tolerar que dele se utilize, para certo fim, o dono do prédio dominante".

Na servidão, haverá dois prédios: aquele que suporta a servidão é o serviente e o outro, em favor do qual se presta ou é proporcionada a utilidade, é o dominante. Alguns poderes inerentes ao domínio são privados do prédio serviente. O titular do prédio serviente desdobra o domínio em prol do prédio dominante, ao transferir a este as faculdades de uso e fruição. O domínio do prédio serviente (propriedade deste é limitada) é sacrificado em prol de utilidade ao prédio dominante.

Quais seriam as principais características da servidão?

1. Existência de encargo ou gravame no prédio serviente: o titular do prédio serviente deverá tolerar que o titular do prédio dominante o utilize para certa finalidade ou na obrigação de não praticar ato de utilização do seu bem. A servidão poderá ser positiva (confere ao titular o poder de praticar algum ato no prédio serviente, como a de trânsito e a de aqueduto) ou negativa (o prédio serviente tem o dever de se abster da prática de determinado ato em seu prédio, como não construir ou não abrir janelas).

2. O ônus incide em um prédio em favor de outro prédio: há uma vinculação com o direito real de propriedade do prédio dominante, independentemente de quem seja o dono. O desdobramento dos poderes dominiais se dá em favor ou contra prédios, não tendo relação com pessoas. A servidão predial serve a coisa e não o dono do prédio dominante. Isso é relevante para distinguir a obrigação da servidão. Na obrigação, o sujeito se obriga a prestar algo e na servidão é a coisa que fica onerada. Por isso, a servidão não pode ter por objeto ou conteúdo uma ação humana. Embora o direito seja exercido por uma pessoa, ele recai sobre uma coisa. Tal distinção é relevante porque os direitos reais também são fontes de obrigações e, com a servidão, não é diferente. O proprietário do prédio serviente, em razão deste direito real, tem a obrigação de tolerar eventual uso de seu prédio ou de se abster, não fazer, determinados atos que possam inviabilizar a utilidade que deve ser extraída pelo prédio dominante. Nesse ponto, uma questão que desperta muito interesse é se há necessidade de as propriedades serem vizinhas por contiguidade. Ainda que separados, é possível a servidão, desde que, na prática, o dominante possa extrair alguma utilidade do serviente, como ocorre na servidão de passagem, por exemplo. Nas palavras de Marco Aurélio Bezerra de Mello[395]: "(...) o objeto da servidão é sempre um imóvel vizinho, sendo que esta palavra não é sinônima de contiguidade, sendo possível que um prédio situado há vários metros do outro estabeleça com este uma servidão predial, desde que a utilização de uma possa repercutir no outro, como seria o caso de uma fazenda que extraísse água de outra, sem que elas sejam confinantes".

---

[395] MELO, Marco Aurélio Bezerra de. *Novo código civil anotado. Direito das coisas.* 2. ed. Rio de Janeiro: Lumen Juris, 2003. v. V.

3. Aderência do ônus real à coisa: tal ônus real acompanhará a coisa em todas as transferências de propriedade, opondo-se *erga omnes* (direito de sequela). Por isso, qualquer sujeito que venha a adquirir o prédio serviente não poderá restringir as faculdades de uso e fruição do prédio dominante em relação ao bem gravado. Ainda, transmite-se, por sucessão, e acompanha o prédio em todas as mutações subjetivas.

4. Os prédios, dominante e serviente, devem pertencer a donos diversos: imóveis que pertencem ao mesmo dono, onde um prédio extrai utilidade do outro não passa de uma serventia, o que não se confunde com a servidão, que decorre do próprio direito real de propriedade.

5. Direito real acessório: é acessório ao direito de propriedade. Os bens acessórios podem estar relacionados a coisas ou direitos, pessoais e reais (art. 92 do CC).

6. Inalienabilidade em separado: não pode apartar-se da coisa principal em favor da qual foi constituída; não pode ser objeto de transferência ou de qualquer direito real.

7. A característica mais contundente da servidão predial é a indivisibilidade, disciplinada no art. 1.386 do CC. A servidão é indivisível, razão pela qual o litígio que a envolve não comporta fracionamento. No lado ativo, somente pode ser reclamada como um todo, ainda que o prédio dominante seja de várias pessoas ou vários prédios dela se beneficie. No lado passivo, se o prédio serviente pertence a várias pessoas, por efeito de alienação ou herança, a servidão permanece una, e grava cada uma das partes em que se fracione o prédio, salvo se, por natureza ou destino, só se aplicar a certa parte de um ou outro prédio. Como consequência, o litígio que se refira, tendo por objeto a servidão, não comporta fracionamento, e a sentença proferida na ação respectiva é incindível objetiva e subjetivamente: abrange a servidão por inteiro (objetiva) e aproveita ou prejudica aos donos dos prédios serviente e dominante (subjetiva), seja eles quantos forem. A servidão é inalienável isoladamente e indivisível, sendo que, se houver divisão dos imóveis, favorecidos ou onerados, o direito real sobre coisa alheia subsiste.

Nesse sentido é o art. 1.386 do CC: "As servidões prediais são indivisíveis e subsistem, no caso de divisão dos imóveis, em benefício de cada uma das porções do prédio dominante, e continuam a gravar cada uma das do prédio serviente, salvo se, por natureza, ou destino, só se aplicarem a certa parte de um ou de outro".

5.11.1.5. Servidão e perpetuidade

A servidão não é um direito real de natureza perpétua, mas é constituída por prazo indeterminado, jamais por prazo certo, sob pena de transformar tal instituto em uma mera obrigação. A servidão por tempo determinado não tem natureza de servidão, mas relação pessoal ou de crédito.

5.11.1.6. Atipicidade da servidão

A servidão pode corresponder a qualquer situação que proporciona utilidade ao prédio dominante (art. 1.378), motivo pelo qual não há qualquer restrição ou definição legal sobre qual seria a situação fática capaz de proporcionar utilidade.

5.11.1.7. Não presunção da servidão predial

O art. 696 do CC/1916, que não foi reproduzido, era expresso sobre a não presunção da servidão. O único dispositivo legal que evidencia a não presunção da servidão predial é o disposto no art. 1.385, § 1º, do CC, segundo o qual, constituída para certa finalidade, não se pode presumir sua ampliação para outra.

5.11.1.8. Modos de constituição das servidões prediais

A servidão predial pode ser constituída pelas mais variadas formas ou modos. Em regra, a servidão predial é constituída por meio de negócio jurídico bilateral quanto à formação, contrato. No entanto, há outros modos de constituição admitidos pelo Código Civil e outras fontes normativas:

1. Contrato, mediante declaração expressa dos proprietários, e consequente registro no Cartório de Registro de Imóveis. Esse modo de constituição decorre do princípio da autonomia privada. Nesta situação, o direito real de servidão poderá ser materializado em documento público ou particular, a depender do valor dos imóveis: "Art. 108. Não dispondo a lei em contrário, a escritura pública é essencial à validade dos negócios jurídicos que visem à constituição, transferência, modificação ou renúncia de direitos reais sobre imóveis de valor superior a trinta vezes o maior salário vigente no País". O valor de referência é o do prédio serviente, sobre o qual será constituído este direito real de fruição.

Todavia, em qualquer caso, o instrumento, público ou particular deverá ser levado ao registro para o aperfeiçoamento da servidão. Pode ser oneroso ou gratuito o contrato que tenha por objeto a constituição deste direito real. É o meio mais comum e, em regra, oneroso, compensação financeira em contrapartida à restrição dominial. O contrato, destinado a constituir servidão predial, somente gerará direito real quando registrado. O art. 167, I, "6", da Lei n. 6.015/73, impõe o registro das servidões em geral no Cartório de Registro de Imóvel.

Nada impede que vários prédios sejam colocados na posição de dominantes ou de servientes. No caso de multiplicidade de prédios em qualquer dos polos da servidão, haverá uma espécie de condomínio. Exemplo: aqueduto para beneficiar diversas propriedades próximas – observação: isso não se confunde com a hipótese de condomínio no prédio serviente ou dominante. Neste caso, não haverá condomínio na servidão, porque tal instituto se dá entre os prédios.

2. Negócio jurídico unilateral quanto à formação: testamento – o art. 1.378 prevê a possibilidade de constituição da servidão por testamento. Deve ser registrado que o testamento pode ser público, cerrado ou particular (art. 1.862) e somente será eficaz após a morte do testador (eficácia diferida). O testamento é negócio jurídico unilateral quanto à formação, revogável e solene. O registro da servidão predial ocorrerá com o formal de partilha, que terá natureza declaratória. Neste caso, é essencial apurar a compatibilidade da servidão predial com as regras de direito sucessório, em especial o respeito à legítima. Os bens que integram a legítima não podem ser objeto de testamento (art. 1.857, § 1º), motivo pelo qual a servidão predial destinada a onerar prédio que integra a legítima (calculada a partir do art. 1.847 do CC) não poderá ser constituída por testamento.

3. Além disso, é possível, por negócio unilateral, a servidão por "destinação do pai de família" ou meramente por "destinação do proprietário": o proprietário de dois prédios contíguos estabelecerá em um deles serventia em favor do outro, que se transformará em servidão ao tempo da separação da titularidade dos dois prédios, seja por alienação de ambos a pessoas diversas, seja por transmissão de um deles a um novo proprietário. Quando herdeiros diferentes recebem o prédio também poderá haver servidão. Exemplo: é o caso do proprietário de duas casas contíguas que abre janelas na parede divisória para que uma delas venha a ter a luz de que precisa. Como diz Orlando Gomes[396]: "(...) para que uma servidão se constitua por destinação do pai de família, é preciso que o proprietário de dois prédios contíguos estabeleça entre eles uma serventia que subsista, transformando-se em servidão, ao tempo da separação do domínio dos dois prédios". Para grande parte da doutrina, esta servidão precisa ser aparente. O contrato e o testamento apenas geram obrigações. A convenção não constitui servidão. Serve como título à aquisição do direito real de servidão.

4. Usucapião: a servidão pode ser adquirida por usucapião, desde que seja aparente, conforme art. 1.379 do CC: "O exercício incontestado e contínuo de uma servidão aparente, por dez anos, nos termos do art. 1.242, autoriza o interessado a registrá-la em seu nome no Registro de Imóveis, valendo-lhe como título a sentença que julgar consumada a usucapião. Parágrafo único. Se o possuidor não tiver título, o prazo da usucapião será de 20 anos".

Como se observa, somente é possível a constituição da servidão pela usucapião se ela for aparente. E a razão é absolutamente simples: somente a servidão aparente é passível de posse e, usucapião, basicamente, pressupõe posse (simetria com o art. 1.213 do CC). No caso, deverá o postulante demonstrar os requisitos para a usucapião ordinária ou extraordinária. Se houver justo título e boa-fé, o prazo será de 10 anos. Em caso contrário, ou seja, se não houver justo título, o prazo é de 20 (vinte) anos. A posse deverá ter ou ostentar os mesmos requisitos para aquisição da propriedade por usucapião. A incoerência do prazo de 20 (vinte) anos para a usucapião extraordinária e o teor do Enunciado 251 da III Jornada de Direito Civil.

Explico: as servidões podem ser aparentes ou não aparentes. As aparentes são as servidões que podem ser visualizadas por sinais exteriores. De acordo com o CC, podem ser constituídas por contrato ou testamento, qualquer servidão, aparente ou não aparente.

Todavia, apenas a servidão aparente pode ser constituída pela usucapião.

As servidões aparentes, mesmo que não tituladas, e as aparentes, desde que tituladas, podem ser submetidas à tutela possessória.

A polêmica gira em torno da servidão de trânsito ou de passagem. Tais servidões podem ser aparentes ou não aparentes. Se forem aparentes, porque é possível visualizá-las, se submetem à usucapião e à proteção possessória (mesmo que não titulada por contrato ou testamento). Se não aparentes, não podem ser constituídas por usucapião. Todavia, se as não aparentes forem constituídas por contrato ou testamento, estão tituladas e, por isso, têm proteção possessória.

É o sentido da Súmula 415 do STF. Se a servidão de trânsito ou passagem se torna aparente, é porque ela é aparente e, por isso, pode ter proteção possessória, independente de título e ainda sua constituição pode ocorrer pelo instituto da usucapião. Se as servidões que não transpareciam, passam a aparecer por meio de sinais exteriores, ostensivos e duradouros, passam a se submeter à proteção possessória.

O sujeito que exercitou a servidão poderá alegá-la em via de defesa. Mas a sentença que julgar improcedente o pedido por acolher a exceção de usucapião, não poderá ser registrada. O sujeito deverá ingressar com ação de usucapião.

As servidões não aparentes somente se adquirem pelo registro no Cartório de Registro de Imóveis (o art. 697 do CC/1916 era expresso em relação a esta restrição).

5. Sentença judicial – na forma do art. 596, II, do CPC/2015, o juiz poderá emitir provimento jurisdicional em ação divisória, instituindo servidões indispensáveis para a utilização da gleba, ainda que não haja pedido, tudo para atender ao princípio da função social da propriedade. De acordo com essa norma: "instituir-se-ão servidões que forem indispensáveis em favor de uns quinhões sobre os outros, incluindo o respectivo valor no orçamento para que, não se tratando de servidões naturais,

---

[396] GOMES, Orlando. *Direitos reais*. 19. ed. atualizada. Rio de Janeiro: Forense, 2007.

seja compensado o condomínio aquinhoado com o prédio serviente".

6. Servidão coativa – seria aquela autorizada por lei: a lei autoriza, em certos casos, ao proprietário de um prédio a sua constituição, outorgando-lhe a faculdade de obtê-la judicialmente se o dono do outro não anuir com a constituição deste direito real.

5.11.1.9. Servidão administrativa

É direito real público sobre coisa alheia, que autoriza o Estado a usar a propriedade imóvel alheia para permitir a execução de obras e serviços de interesse coletivo. Difere da servidão de direito privado porque é instituída em prol do poder público e sofre o influxo de norma de direito público.

Não há prédio dominante. Apenas prédio serviente. A coisa dominante é a utilidade pública. Segundo Nelson Rosenvald e Chaves[397], a servidão administrativa é espécie de servidão pessoal, pois, destaca-se parcela do domínio em favor de pessoa jurídica de direito público e não de uma coisa. Pode ser constituída por acordo ou por sentença, se não houver acordo. A indenização deve corresponder às restrições impostas e, caso asfixie o direito de propriedade ou inviabilize este, terá natureza de desapropriação.

A maioria da doutrina a denomina *quase servidão* pelo fato de lhe faltar a característica peculiar da sujeição de um prédio a outro, mas de ter o prédio o ônus de suportar o exercício de uma faculdade que beneficia, indiscriminadamente, os prédios dos usuários. Tais servidões podem gravar e onerar bens públicos. A coisa dominante seria um serviço público, uma obra ou um bem que justifique a sua instituição. Ônus real imposto em favor de uma finalidade pública específica.

O interesse público justifica a servidão administrativa. O Estado Social Democrático, para o cumprimento de seus objetivos e a concretização de seus deveres, impõe, por meio destas servidões, limitação a direitos individuais em prol da coletividade. A função social e a supremacia do interesse público são seus fundamentos.

O fundamento legal da servidão administrativa é o art. 40 do Decreto n. 3.365/41, que regula o procedimento da desapropriação. O expropriante pode constituir servidões, como, por exemplo, em rede elétrica, oleoduto e gasoduto.

A servidão administrativa pode ser constituída por acordo ou sentença judicial. A indenização ao expropriado será analisada e apurada caso a caso. O expropriado somente terá direito à indenização se a servidão restringir o uso e a fruição da propriedade ou lhe causar algum prejuízo por ocasião de sua constituição, durante a realização das obras necessárias para tanto.

A diferença fundamental entre tais servidões e as limitações administrativas é que estas consistem em restrições gerais impostas às propriedades indeterminadas, ao passo que as servidões administrativas oneram bens individualizados.

5.11.1.10. Classificação das servidões

As servidões são *positivas* ou *negativas*, conforme consistam em um poder ou faculdade de que goza o prédio dominante (trânsito) ou em uma abstenção por parte do dono do prédio serviente (não construir mais alto).

As servidões *negativas* são aquelas que impõem ao titular ou possuidor do prédio serviente o dever de abster-se de determinado ato em seu próprio prédio, como não construir ou não abrir janelas a uma distância mínima da divisa do prédio, a fim de preservar a privacidade e intimidade do vizinho.

As servidões *positivas* são aquelas que consistem na efetiva prática de algum ato no prédio serviente, como é o caso da servidão de trânsito ou de passagem.

Além disso, as servidões podem ser *contínuas* ou *descontínuas*. *Contínua* é a servidão que se exerce independentemente de uma ação humana, como a de aqueduto. *Descontínua* é a que tem o seu exercício condicionado ao fato do homem, como a de passagem.

Por fim, as servidões podem ser *aparentes* ou *não aparentes*. *Aparente* é a servidão que se manifesta por obras exteriores (aqueduto), sendo visíveis e permanentes, e, *não aparentes*, as que não se materializam desta forma. As *não aparentes* não deixam marcas da posse e, por isso, não são passíveis de visualização.

5.11.1.11. Distinções da servidão com os direitos de vizinhança

O que se denomina impropriamente "servidão legal" são as restrições decorrentes dos direitos de vizinhança. São limitações ao direito de propriedade, em caráter geral e preventivo. São impostos por lei e regulamentos a todos os prédios. São direitos recíprocos que não importam em diminuição de um em favor do outro.

Nos direitos de vizinhança as obrigações são *propter rem*. Há bilateralidade e coexistência de direitos, ou seja, efetiva reciprocidade de direitos e deveres. Todos os prédios são dominantes e servientes ao mesmo tempo. Nos direitos de vizinhança há limitações gerais impostas por lei. A finalidade não é incrementar a utilidade do prédio, como na servidão, mas concretizar uma convivência amistosa e pacífica entre prédios vizinhos.

Por outro lado, na servidão predial, há desigualdade entre prédios (aumento de direito para um e diminuição para o prédio serviente). O objetivo da servidão predial é incrementar e aumentar a utilidade do prédio dominante.

A servidão também se diferencia dos direitos reais de usufruto, uso e habitação, porque nas servidões prediais uma coisa está a serviço da outra, prestando-lhe certas utilidades, ainda que favoreça o seu titular, mas de modo impessoal. Os referidos direitos reais se constituem para beneficiar determinadas pessoas e não imóveis. O usufruto é impropriamente considerado servidão pessoal porque é estabelecido em proveito de uma pessoa (denominada usufrutuária) e não da coisa, como ocorre na servidão pre-

---

[397] FARIAS, Cristiano Chaves de; ROSENVALD, Nelson. *Direito reais*. 7. ed. Rio de Janeiro: Lumen Juris, 2011,.

Capítulo 5 • Direitos Reais

dial, cujo objetivo é potencializar a utilidade do prédio dominante.

A servidão predial também não se confunde com atos de mera tolerância e cortesia, que são precários e transitórios.

Para ilustrar, neste ponto é relevante estabelecer a distinção entre a servidão predial e o direito de vizinhança denominado *passagem forçada*, disciplinado no art. 1.285 do CC:

SERVIDÃO	PASSAGEM FORÇADA
Direito real oriundo da vontade	Direito de vizinhança – situação objetiva de encravamento
Constituída pelo registro ou usucapião	Finalidade social de exploração econômica – obrigação *propter rem* – vinculada ao princípio da função social
Fundamento: utilidade ou incremento	Fundamento: necessidade (mera necessidade não é suficiente para autorizar o ônus), conjugação de solidariedade social com a necessidade econômica de explorar imóvel encravado

Obs.: na passagem forçada, aquele que se colocou em situação de encravamento pode impor a restrição em sacrifício ao direito do adquirente.

A confusão entre servidão predial e passagem forçada se dá porque uma espécie de servidão predial, a de trânsito ou passagem, se assemelha ao direito de vizinhança *passagem forçada*. Como ressaltado, o fundamento da passagem forçada é a necessidade, pois determinado prédio está em situação de encravamento e, por isso, não tem acesso à via pública, o que inviabiliza o cumprimento de sua função social. Para ter acesso à via pública, o titular do prédio encravado tem as seguintes alternativas: primeiro, com base nas regras do art. 1.285 do CC, direito de vizinhança, pode constranger o vizinho, cujo acesso seja mais fácil, a lhe dar passagem para a via pública, mediante o pagamento de indenização. Segundo, poderá realizar negócio jurídico com qualquer vizinho para constituir uma servidão de trânsito, a fim de ter acesso à via pública.

A diferença é que a servidão de trânsito decorrerá de um negócio jurídico e, por isso, depende da vontade do titular daquele que será o prédio serviente. Por isso, a servidão de trânsito não se submete às restrições da lei, como ocorre na passagem forçada. Na passagem forçada, o vizinho é obrigado a conceder passagem ao outro, que está encravado, como forma de solidariedade e cooperação entre prédios confinantes. Para tanto, deverão ser observadas todas as regras e limitações legais.

Por isso, muitas questões específicas sobre vizinhança podem ser constituídas como servidões, sem as restrições legais. É possível, portanto, ser instituída passagem forçada por servidão voluntária, sem a necessidade de submissão aos requisitos do art. 1.285 do CC, fundada nas regras de vizinhança.

5.11.1.12. Exercício da servidão

No exercício pleno da servidão, ao titular do direito real é assegurado o direito de realizar todas as obras necessárias para sua conservação e uso, devendo as despesas ser pagas pelos titulares deste direito.

Portanto, nos termos do art. 1.380 do CC, o titular do prédio dominante, dono da servidão, pode fazer todas as obras necessárias à sua conservação e uso, e, se a servidão pertencer a mais de um prédio, serão as despesas rateadas entre os respectivos donos.

O custo com as despesas de manutenção recai, como regra, sobre aquele que se beneficia da servidão, o dono do prédio dominante. Nesse sentido, dispõe o art. 1.381 do CC: "As obras a que se refere o artigo antecedente devem ser feitas pelo dono do prédio dominante, se o contrário não dispuser expressamente o título".

Todavia, trata-se de norma dispositiva, uma vez que, por ocasião da constituição da servidão, as partes podem dispor em sentido contrário, caso em que caberá ao titular ou dono do prédio serviente a responsabilidade pelos custos de manutenção da servidão. Em caso de omissão das partes, incide a norma legal e a responsabilidade será exclusiva do dono do prédio dominante.

Se, por meio do título constitutivo, os encargos de manutenção da servidão couberem ao dono do prédio serviente, este poderá exonerar-se desta obrigação, abandonando a propriedade em favor do dono do prédio dominante.

De acordo com o art. 1.382 do CC, quando a obrigação incumbir ao dono do prédio serviente, este poderá exonerar-se, abandonando, total ou parcialmente, a propriedade ao dono do dominante. A recusa do proprietário do prédio dominante em receber a propriedade do serviente, ou parte dela, implicará na assunção dos custos das obras e das despesas de manutenção da servidão (parágrafo único do art. 1.382 do CC). Em caso de recusa, a propriedade permanece sob a titularidade do dono do prédio serviente e haverá inversão da obrigação de custear as obras, que passará ao dono do prédio dominante.

Portanto, se a obrigação couber ao prédio serviente, este poderá exonerar-se, abandonando a propriedade em favor do dono do dominante. O abandono, previsto no art. 1.275, inciso III, do CC, implica perda da propriedade. Em regra, não há abandono em prol de alguém, como de forma não técnica sugere o art. 1.382. No caso, o "abandono" não é direito potestativo unilateral do prédio serviente, mas negócio que implica transmissão da propriedade, que deverá ter a anuência do titular do prédio dominante. Este não é obrigado a aceitar a propriedade transmitida, mas se submete a sanção se manifestar recusa.

A recusa em aceitar o prédio serviente, que suporta a servidão, é presumida abusiva pela lei. Isto porque, com a propriedade do prédio serviente, poderá modificar, alterar, extinguir, suprimir ou realizar qualquer ato com a servidão, porque os prédios dominante e serviente passarão a pertencer à mesma pessoa, fato que implicará extinção da servidão, nos termos do art. 1.389, I, do CC. O objetivo do "abandono" é provocar a extinção da servidão, com a concentração das titularidades em relação à mesma pessoa.

O abandono do prédio é meio pelo qual o dono do prédio serviente poderá se exonerar de toda e qualquer despesa de manutenção em relação à servidão constituída. Como ressaltado, o dono do prédio serviente somente terá a obrigação de custear as despesas de manutenção da servidão se for expressamente convencionada, no título de constituição deste direito real, a responsabilidade por este encargo (art. 1.381 do CC). Na servidão constituída pela usucapião, a obrigação de conservar e arcar com as despesas de manutenção da servidão será do titular do direito real, o dono do prédio dominante, uma vez que a obrigação pelas despesas para o prédio serviente depende de convenção entre os titulares do prédio dominante e serviente, o que não ocorre na usucapião.

O art. 1.383 do CC impõe ao titular do prédio serviente obrigação que decorre da própria natureza e dos limites deste direito real sobre coisa alheia. Nos termos desta norma, o dono do prédio serviente não poderá embaraçar, de modo algum, o exercício legítimo da servidão. A servidão, a depender da sua natureza, limitará os poderes ou alguns destes poderes de propriedade do dono do prédio serviente. Embora a Lei Civil não estabeleça sanções ao dono do prédio serviente que deixe de cumprir suas obrigações, poderá o dono do dominante ingressar com as ações de obrigação de fazer e não fazer, com imposição de multa, a fim de viabilizar o exercício do direito.

5.11.1.13. Remoção da servidão predial

O fundamento da remoção da servidão predial, seja pelo prédio serviente, ou pelo prédio dominante, é a manutenção da utilidade para o prédio dominante ou o incremento da utilidade para este. Se não houver prejuízo à utilidade, possível a remoção.

Com base nesta premissa, a servidão predial pode ser removida. Assim como no CC/1916, o dono do prédio serviente pode, às suas custas, remover a servidão de um local para outro, desde que não suprima ou diminua as vantagens do prédio dominante.

A novidade da norma, que não constava no art. 703 do CC/1916, é a possibilidade de o prédio dominante também ter a faculdade de modificar a servidão, desde que o faça à sua custa, bem como demonstre a potencialização da utilização do prédio. Essa potencialização da utilidade é denominada pelo Código Civil *incremento de utilidade*. Por outro lado, não basta o incremento da utilidade, é essencial que a remoção não acarrete prejuízos ao dono do prédio serviente.

De acordo com o art. 1.384 do CC: "A servidão pode ser removida, de um local para outro, pelo dono do prédio serviente e à sua custa, se em nada diminuir as vantagens do prédio dominante, ou pelo dono deste e à sua custa, se houver considerável incremento da utilidade e não prejudicar o prédio serviente".

5.11.1.14. Limites da servidão

O exercício da servidão deve conter-se nos limites do que dispõe o título constitutivo, sem qualquer ampliação ou modificação. Assim, deve ser utilizada, sem exageros, com razoabilidade, e de modo a não onerar o dono do prédio serviente mais do que o necessário.

A servidão predial deve se restringir às necessidades do prédio dominante. Deve existir cooperação e solidariedade entre os donos do prédio dominante e serviente no exercício da servidão. Por isso, o art. 1.385, *caput*, do CC, dispõe que restringir-se-á o exercício da servidão às necessidades do prédio dominante, evitando-se, quanto possível, agravar o encargo ao prédio serviente. É o princípio da menor onerosidade ao prédio serviente.

Segundo o § 1º do art. 1.385 do CC, constituída para certo fim, a servidão não se pode ampliar a outro.

Por outro lado, pelo disposto no § 2º do art. 1.385 do CC, nas servidões de trânsito, a de maior inclui a de menor ônus, mas a menor exclui a mais onerosa. Neste caso, *quem pode o mais pode o menos*. A servidão para passagem de caminhão pode ser utilizada para trânsito de bicicleta, mas a servidão de trânsito de bicicleta não pode ser ampliada para viabilizar a passagem de caminhão. Isso é uma decorrência de um dos princípios da servidão, ou seja, de que tal direito real não se presume.

No entanto, com fundamento no princípio da função social da propriedade, o § 3º mitiga o direito do dono do prédio serviente para impor maior amplitude à servidão, quando determinadas necessidades a justificarem. De acordo com a referida norma: "Se as necessidades da cultura, ou da indústria, do prédio dominante impuserem à servidão maior larguza, o dono do serviente é obrigado a sofrê-la; mas tem direito a ser indenizado pelo excesso".

Portanto, a regra é que o exercício da servidão não pode ser ampliado. Deve se restringir à necessidade do prédio dominante, para que o encargo sobre o prédio serviente não seja agravado. O objetivo principal da norma é evitar o abuso do direito do dono do prédio dominante no exercício da servidão (art. 187 do CC, fundado no princípio da boa-fé objetiva, que impõe limites ao exercício de direitos subjetivos e potestativos – limitação ética ao exercício de direito subjetivo e potestativa). Há, no entanto, duas exceções a essa regra: (a) se houver anuência do prejudicado, titular do prédio serviente, será possível a ampliação da servidão; e (b) o disposto no § 3º do art. 1.385 do CC, relativo às necessidades da cultura e da indústria. O dono do prédio dominante pode impor ao outro o seu alargamento, assegurada ao dono do prédio serviente o direito à indenização pela nova limitação criada. Neste caso, o princípio da função social da propriedade permite que o dono do prédio dominante amplie o seu direito.

5.11.1.15. Extinção das servidões

A extinção das servidões é disciplinada pelos arts. 1.387 a 1.389 do CC.

A primeira causa de extinção da servidão é a desapropriação (art. 1.387, *caput*, do CC). A desapropriação de prédios que mantinham o vínculo da servidão implicará na sua extinção. O poder público pode desapropriar apenas o dominante e renunciar à servidão ou desapropriar o serviente com a desapropriação da servidão. Neste caso, não há necessidade de ato formal de cancelamento.

Com exceção desta hipótese de desapropriação, de acordo com o disposto no referido art. 1.387, com relação a terceiros, a servidão que foi registrada somente será extinta com o ato formal de cancelamento a ser providenciado junto ao Cartório de Registro de Imóveis.

A segunda causa de extinção da servidão, que pode ser obtida pelos meios judiciais, com o consequente cancelamento do registro, se dará quando o titular do direito real, dono do prédio dominante, a ela houver renunciado (art. 1.388, I, do CC). A renúncia à servidão constitui ato unilateral abdicativo. No caso, o titular do direito, ou seja, o dono do prédio dominante, poderá renunciar ao direito real sobre a coisa alheia da servidão, com a desoneração do prédio serviente. Se a renúncia estiver titulada, não há necessidade de intervenção judicial. Se não estiver, o processo judicial é indispensável.

A terceira causa de extinção da servidão é a perda do próprio fundamento que justifica a sua instituição, a perda da utilidade (art. 1.388, II, do CC). O CC/1916 previa a extinção da servidão no caso de construção de estrada pública de acesso (confusão com a passagem forçada). O novo Código, mais genérico, fundamenta a extinção da servidão na questão da perda da utilidade. A perda meramente transitória da utilidade pode ser solucionada com a remoção da servidão. De acordo com o inciso II do art. 1.388 do CC, poderá ser requerida a extinção da servidão: "II – quando tiver cessado, para o prédio dominante, a utilidade ou a comodidade, que determinou a constituição da servidão". Nesta hipótese, a servidão predial perde a sua função social e sua causa de justificação, a utilidade. Cessada a utilidade, deve ser extinta a servidão.

A quarta causa de extinção da servidão predial é o resgate (art. 1.388, III, do CC). No caso de resgate da servidão, o prédio serviente será liberado do ônus, por meio de um distrato. Como aduz Marco Aurélio Bezerra de Melo[398]: "O resgate da servidão decorre das manifestações de vontade dos donos do prédio dominante e serviente no sentido de pôr fim ao gravame antes estabelecido. O prédio será liberado do ônus real por meio de um distrato que deverá, segundo regra cogente do art. 472 do CC, ser feita pela forma exigida para o contrato".

A quinta causa de extinção da servidão é a confusão, prevista no art. 1.389, I, do CC. A confusão implica na reunião dos prédios dominante e serviente na mesma pessoa. Não há servidão sobre a própria coisa. Neste caso, como já ressaltado, a servidão predial se transforma em serventia. Não há mera suspensão do exercício da servidão durante o período de confusão, mas extinção efetiva do direito real.

A sexta causa de suspensão da servidão está prevista no art. 1.389, II, do CC, que trata da supressão de obras.

Como bem ressaltam Rosenvald e Chaves[399]: "Se haviam obras necessárias que indicavam o aproveitamento da servidão, mas posteriormente as partes consintam na sua eliminação, por desnecessárias em caráter superveniente, a servidão perderá sua justificativa econômica, devendo ser extinta. Caso a interrupção das obras seja um fenômeno meramente material e sem repercussão formal, o direito real de servidão prosseguirá, podendo no máximo servir como prova em um processo cujo objetivo seja apurar a renúncia tácita do titular do prédio dominante".

A referida causa de extinção somente se aplica às servidões aparentes, pois as não aparentes são incompatíveis com a ideia de supressão de obras.

A sétima causa legal de extinção da servidão ocorrerá pelo não uso, durante 10 (dez) anos contínuos, nos termos do art. 1.389, III, do CC. O não uso dependerá da natureza das servidões. Se negativas, reside na circunstância de fazer o dono do prédio serviente aquilo de que deveria se abster. Se afirmativas ou positivas, se deixa de fazer aquilo a que era obrigado. Isto porque o fundamento da servidão é a utilidade, que se perde pelo não uso. Ademais, somente as servidões descontínuas, que dependem da conduta do *homem* ou de ações humanas, podem ser extintas pelo não uso. A inércia do titular da servidão faz presumir a inutilidade deste direito real para o prédio dominante.

Como destaca Caio Mário[400]: "Importando em prescrição extintiva, equivale a uma renúncia tácita, e, como tal, decorrerá de não utilização pelo decurso ininterrupto dos 10 anos, ainda que motivada por força maior".

Ao ressaltar o fundamento da servidão, destaca Orlando Gomes[401] que tal causa extintiva "justifica-se em face do próprio fundamento do direito real de servidão. O ônus imposto a um prédio tem a sua razão de ser na utilidade que proporciona a outro. Se o direito não é usado, presume-se sua inutilidade, não se justificando a permanência da servidão".

De acordo ainda com o mestre Gomes, em relação à *usucapio libertatis*, para que ocorra a extinção da servidão, não basta o decurso de tempo em que se caracterize a inércia do titular, mas é necessário um estado de coisas contrário àquele exigido pelo exercício e existência da servidão predial.

Como já ressaltado, segundo o art. 1.387 do CC, as servidões, para serem extintas, devem ser canceladas, salvo no caso de desapropriação. De acordo com o parágrafo único da referida norma, se o prédio dominante estiver hipotecado e a servidão se mencionar no título, será também preciso, para a cancelar, o consentimento do credor. Embora o antigo CC não mencionasse tal regra, a Lei de Registros Públicos, em seu art. 256, já ostentava tal previsão.

---

[398] MELO, Marco Aurélio Bezerra de. *Novo código civil anotado. Direito das coisas*. 2. ed. Rio de Janeiro: Lumen Juris, 2003. v. V, p. 271.

[399] FARIAS, Cristiano Chaves de; ROSENVALD, Nelson. *Direito reais*. 7. ed. Rio de Janeiro: Lumen Juris, 2011,.

[400] PEREIRA, Caio Mário da Silva. *Instituições de direito civil. Direitos reais*. 26. ed. Rio de Janeiro: Forense, 2018. v. IV, p. 285.

[401] GOMES, Orlando. *Direitos reais*. 19. ed. atualizada. Rio de Janeiro: Forense, 2007, p. 330.

Por fim, se alguém obtiver a propriedade do prédio serviente pela usucapião, a servidão também será extinta, por ser modo de aquisição originária da propriedade. A usucapião do prédio serviente também pode ser considerada causa de extinção da servidão. A servidão predial se prende ao domínio do prédio serviente. A usucapião implica na aquisição da propriedade sem qualquer ônus ou restrição. Portanto, caberá ao proprietário do prédio dominante zelar pela servidão predial, pois a usucapião levará à extinção do referido direito real. No entanto, deve-se ter a cautela necessária para que a ação de usucapião não seja utilizada por pessoas inescrupulosas, titulares de prédio serviente que, em conluio com terceiros, *criam* uma situação fática inexistente de usucapião, apenas para extinguirem o referido direito real.

O perecimento ou a destruição de qualquer dos prédios, assim como a impossibilidade de exercício da servidão predial em decorrência de mudança de estado de lugares, também são causas de extinção da servidão, embora não previstas em lei. Além disso, a servidão pode ser extinta no caso de propriedade resolúvel, se ocorrer a resolução da titularidade daquele que a instituiu (o proprietário resolúvel), pois, neste caso, a propriedade se resolve em favor do legítimo proprietário, sem qualquer ônus (art. 1.359 do CC), bem como quando a servidão predial for constituída por prazo certo ou ainda estiver subordinada ao adimplemento de condição resolutiva. Como ressalta Caio Mário[402], "pode ainda a servidão cessar pelo decurso do prazo se é constituída a termo e pelo implemento de condição".

As causas legais previstas no art. 1.388 do CC exigem medidas judiciais a serem manejadas pelo proprietário do prédio serviente, ao passo que as hipóteses previstas no art. 1.389 do mesmo diploma, implicam na extinção da servidão, caso haja comprovação, ainda que extrajudicial, das causas de extinção.

5.11.1.16. Tutela processual das servidões

O titular do direito real de servidão, dono do prédio dominante, pode defendê-lo por meio de ação cujo objetivo seja o reconhecimento judicial do seu direito, quando contestado pelo dono do prédio serviente. Tal ação é denominada *confessória*.

Por meio da ação confessória, o dono do prédio dominante busca o reconhecimento do seu direito, que é contestado ou resistido pelo dono do prédio serviente. É uma extensão da reivindicatória ao dominante. O polo passivo desta ação será ocupado pelo titular do prédio serviente.

Por outro lado, a ação negatória é o meio judicial que se disponibiliza ao titular do prédio que questiona a sua condição de *serviente*, com a finalidade de negar a existência da servidão. O dono de qualquer prédio tem ação judicial para negar a existência da pretensa servidão. O objetivo é obter a declaração de que o prédio não está gravado com a servidão.

Além destas demandas típicas, é possível ajuizar ação de obrigação de não fazer para evitar o abuso de direito no exercício da servidão, bem como defender as servidões prediais por meio de ações possessórias, em relação às servidões aparentes e às não aparentes, desde que estas últimas sejam tituladas. O objetivo da ação possessória serve para evitar atos que impeçam o livro exercício da servidão.

Por fim, em caso de dano, o titular do prédio dominante ou serviente poderá requerer indenização pelos prejuízos suportados com o ato ou a omissão de um e de outro.

Resumo da servidão predial

A servidão predial é direito real sobre coisa alheia, cujo fundamento é a utilidade (lógica do instituto, condiciona sua existência – ausência de utilidade é causa de extinção do direito). O objetivo é proporcionar utilidade em favor de coisa/objeto corpóreo (encargo no prédio serviente terá de proporcionar utilidade ao prédio dominante), ao contrário do usufruto, que tem a finalidade de proporcionar utilidade em favor de pessoa. Por isso o objeto da servidão predial é restrito (imóvel/corpóreo) e do usufruto amplo (móvel, imóvel, título de crédito, patrimônio, universalidade etc.).

A servidão predial é compreendida a partir de suas características: 1 – é encargo, que pode ser positivo/atos no serviente ou negativo/abstenção do serviente; 2 – proporciona utilidade para coisa, não para a pessoa, beneficiário indireto; 3 – aderência – em razão da finalidade do instituto, mutações na titularidade dos prédios serviente ou dominante não alteram a servidão; 4 – prédios serviente/onerado e dominante/beneficiado devem pertencer a donos diversos, sob pena de ser mera serventia; 5 – direito inalienável – vinculado a coisa e indivisível, ainda que o imóvel seja dividido; 6 – prazo indeterminado – razão é a finalidade – o prazo a torna direito obrigacional; 7 – não presunção.

Classificação: positiva ou negativa; contínua (independe de ação humana: aqueduto) ou descontínua (depende de ação humana: passagem); aparente (pode ser visualizada) e não aparente (que não se exterioriza) – estas são relevantes para posse e usucapião.

Constituição: 1 – contrato (autonomia privada); 2 – testamento; 3 – usucapião (apenas servidões aparentes – servidão de passagem pode ser aparente ou não aparente e, se for aparente, pode ser adquirida pela usucapião/Súmula 415 do STF; as não aparentes só podem ser tuteladas pelos institutos possessórios se estiverem tituladas, ou seja, constituídas por outra causa – art. 1.213; 4 – servidão por destinação do pai de família ou destinação do proprietário (serventia se converte em servidão, quando os prédios do mesmo dono passam a ter titularidade distinta).

Exercício (lógica: utilidade) – restrito às necessidades do prédio dominante e, salvo convenção contrário, cabe ao titular a conservação da servidão. O serviente não pode inviabilizar o exercício da servidão. A remoção é possível se preservar a utilidade.

---
[402] PEREIRA, Caio Mário da Silva. *Instituições de direito civil. Direitos reais.* 26. ed. Rio de Janeiro: Forense, 2018. v. IV, p. 285.

Capítulo 5 • Direitos Reais

Extinção da Servidão: renúncia pelo titular (se não titulada, deve ser judicial), perda da utilidade, resgate da servidão, reunião dos prédios na mesma pessoa, não uso – 10 anos contínuos (utilidade/perda da função social) etc.

Obs.: há associação histórica entre a servidão predial (convencional) e os direitos de vizinhança (impropriamente denominados servidões legais). Isto porque alguns direitos de vizinhança são potencializados por meio da servidão predial (casos em que se aplicam as regras da servidão para tais situações específicas de vizinhança: exemplo – o direito de não construir até determinada metragem da propriedade vizinha pode ser convertido em servidão de não construir, com outros limites convencionados – aplica-se as regras da servidão para tal situação que envolve vizinhança). Os direitos de vizinhança são residuais, limitações ao direito de propriedade, em caráter geral e preventivo (obrigações *propter rem*). O fundamento é a necessidade social e não a utilidade.

5.11.2. Usufruto

5.11.2.1. Introdução e noções preliminares

O usufruto constitui direito real temporário sobre coisa alheia de enorme envergadura. A amplitude do objeto do usufruto lhe confere substancial dimensão social e econômica. É desdobramento do atributo da elasticidade. O titular do direito subjetivo de propriedade transfere a terceiro alguns dos poderes relacionados ao domínio, consistente nas faculdades de uso, gozo e percepção dos frutos. O conteúdo do domínio é fracionado, enquanto vigente tal relação jurídica material, de natureza real entre usufrutuário e nu-proprietário. O usufrutuário poderá extrair os frutos civis, naturais e industriais e retira proveito econômico da coisa, ao passo que a substância é preservada em favor do nu-proprietário (permanecerá com a faculdade de disposição).

As premissas para compreender o usufruto é considerar que as utilidades são extraídas em favor de pessoa (usufrutuário) e que se trata de direito real necessariamente temporário. Em relação à primeira premissa, a utilidade em favor da pessoa justifica, inclusive, a amplitude do objeto. Ademais, é direito real temporário (não se admite usufruto sucessivo ou em segundo grau) e, por isso, intransmissível (não pode ser alienado – art. 1.393 do CC, salvo em favor do nu-proprietário, que poderá resgatar as faculdades dominiais), por ato entre vivos ou *causa mortis*, em razão de seu caráter *intuito personae* (decorre da temporariedade). Como a transferência das faculdades dominiais é temporária, o resgate pelo nu-proprietário ou a renúncia do direito pelo usufrutuário, são desdobramentos lógicos desta característica, pois em algum momento haverá consolidação de todos os poderes dominiais em favor do nu-proprietário. Aliás, pelo mesmo motivo, é vedado o usufruto sucessivo ou em segundo grau. Da mesma forma, quando o doador reserva para si o usufruto e insere cláusula de inalienabilidade, tal restrição somente vigorará durante a vida do doador e usufrutuário.

Portanto, o usufruto é direito real sobre coisa alheia de natureza transitória. O objetivo deste direito é beneficiar pessoas específicas e determinadas. O usufruto, devido ao caráter personalíssimo, não se prolonga além da vida do usufrutuário. No entanto, o usufruto admite duração menor, limitada ou sua extinção antes do falecimento do usufrutuário, nas hipóteses previstas no art. 1.410 do CC, e, também, quando pactuado o termo ou a condição resolutiva..

O que diferencia o usufruto do uso e do direito real da habitação é a extensão do direito. O usufrutuário tem direito à posse, uso, administração e percepção dos frutos. A posse, aliás, é condição para a extração de utilidades e proveito econômico sobre a coisa. O direito real de uso implica no direito de usar a coisa e perceber seus frutos, com finalidade específica, satisfação das necessidades básicas do usuário e de sua família. O direito real de habitação é ainda mais específico, pois compreende apenas o direito de habitar, gratuitamente, casa alheia, sem que o titular do direito possa alugá-la ou emprestá-la, mas apenas ocupá-la com a família. O objetivo do direito real de habitação é concretizar o direito social de moradia (art. 6º da CF/88).

Assim, o uso não passa de modalidade mais restrita de usufruto, ao passo que a habitação especializa o uso em função do caráter limitado da utilização.

Em termos de conceito, o usufruto consiste em direito real sobre coisa alheia, por meio do qual o proprietário transfere, para outrem, denominado usufrutuário, parcelas do domínio. As faculdades jurídicas de uso, gozo e fruição (art. 1.228, *caput*, do CC), inerentes à propriedade, passam a ser exercidos por outra pessoa, o usufrutuário (domínio é fracionado, com desdobramento de posse – art. 1.197 do CC).

A noção básica de usufruto reside em destacar do direito de propriedade as faculdades de *usar* a coisa e *perceber os frutos*, com a finalidade de explorá-la economicamente, nos termos do art. 1.394 do CC.

Em resumo, usufruto é o direito real de fruir as utilidades e frutos de uma coisa sem lhe alterar a substância, enquanto temporariamente destacado da propriedade, e implica na efetiva utilização e desfrute, objeto da coisa: binômio: extração de utilidade x preservação da substância.

Tal conceito pressupõe a coexistência dos direitos do usufrutuário, a partir da ideia de utilização e fruição da coisa (usufrutuário percebe os frutos naturais, industriais e civis e, ainda, retira proveito econômico da coisa), e dos direitos de proprietário, que os perde em proveito daquele, mas conserva a condição jurídica de senhor da coisa. O nu-proprietário tem a faculdade de dispor da coisa em sua própria substância, podendo alienar, instituir ônus real ou dar qualquer outra forma de disposição do objeto, bem como reivindicar a coisa das mãos de quem quer que injustamente a possua ou detenha.

5.11.2.2. Características do usufruto

O usufruto é direito real sobre coisa alheia de caráter temporário, cuja finalidade é proporcionar utilidade à pessoa do usufrutuário, o que o torna personalíssimo. É direito real sobre coisa alheia, porque grava o bem de terceiro, nu-proprietário. Tal encargo acompanha o bem, independente da alteração na titularidade. Se for constituído por ato de vontade, o título que materializa a vontade deverá ser levado a registro. Em razão da sua finalidade (gerar utilidade para o usufrutuário), o objeto é amplo (art. 1.390 do CC). O usufrutuário pode extrair e fruir as utilidades da coisa, por meio de atos possessórios (posse direta ou, caso ceda o exercício, posse indireta). O usufruto é temporário e, por isso, pode ser vitalício (durante a vida do usufrutuário), por prazo certo ou submetido a condição.

5.11.2.3. Objeto do usufruto

O usufruto, direito real sobre coisa alheia, pode incidir sobre os mais variados bens. A amplitude do objeto decorre da sua finalidade, proporcionar o máximo de utilidade para pessoa determinada, o usufrutuário.

De acordo com o art. 1.390 do CC, o usufruto pode recair sobre bens corpóreos ou materiais, móveis e imóveis, assim como sobre bens incorpóreos, como crédito, por exemplo, conforme enuncia o art. 1.395 da Lei Civil. De acordo com a referida norma: "um ou mais bens, móveis ou imóveis, em um patrimônio inteiro, ou parte deste, abrangendo-lhe, no todo ou em parte, os frutos e utilidades".

O usufruto admite qualquer objeto, que pode recair sobre patrimônio inteiro, valores, direitos intelectuais, títulos da dívida pública, dentre outros.

Os bens devem ser passíveis de alienação, para que sobre eles recaia o gravame real de uso e fruição. Por isso, segundo Loureiro[403]: "(...) não se admite usufruto constituído sobre bens gravados com cláusula de inalienabilidade nem sobre bem de família. Também não o admitem os direitos intransmissíveis, por exemplo servidão, uso e habitação. Não podem constituir usufruto sobre a coisa aqueles titulares de direitos reais que não tem a prerrogativa de usar e fruir, como a penhora, a hipoteca e mesmo a propriedade fiduciária".

Tais restrições se conectam com a própria finalidade do usufruto (proporcionar o máximo de utilidade para a pessoa do usufrutuário). Por isso, os bens sobre os quais recairá tal direito real deverão estar disponíveis, para que o titular possa fracionar os poderes dominiais, para transferir os poderes de uso, gozo e fruição ao usufrutuário. Os titulares de direitos reais que não podem usufruir ou extrair utilidades da coisa, como é o caso do proprietário fiduciário e dos credores hipotecários e pignoratícios, estão impossibilitados de constituir usufruto. A razão é simples: ainda que titulares destes direitos reais, como não ostentam o poder de uso, fruição, não teriam como transferir tais poderes ao usufrutuário, pressuposto para viabilidade do instituto. Os gravados com cláusula de inalienabilidade também se incompatibilizam com o usufruto, pois o proprietário, em razão do gravame, não poderia dispor e transferir os poderes de uso, gozo e disposição, a essência do usufruto.

É possível que o usufruto recaia sobre quaisquer bens dos quais o sujeito possa extrair utilidades econômicas e perceber frutos, como o direito real de superfície (autônomo em relação à propriedade do solo), caso em que o usufruto fica vinculado, quanto à extinção, à duração da propriedade superficiária, espécie de propriedade resolúvel. Com a resolução da propriedade da superfície, todos os direitos reais constituídos na sua vigência, inclusive o usufruto (art. 1.359 do CC), serão extintos. Aliás, tal possibilidade se conecta com a temporariedade do usufruto.

O usufruto de direitos consiste na possibilidade de se atribuir a outrem as utilidades de determinado direito.

O usufruto estende-se aos acessórios da coisa, melhoramentos, benfeitorias e acrescidos (art. 1.392 do CC), salvo disposição em contrário. Trata-se, portanto, de norma de caráter dispositivo. Como regra, o usufruto de qualquer coisa corpórea ou incorpórea, material ou imaterial, envolverá os acessórios desta, que é seu objeto. Os acessórios não são objeto da relação jurídica real, mas, por força do referido princípio de que o acessório segue o principal, os direitos do usufrutuário se estendem e alcançam os acessórios da coisa.

Os acessórios são bens que não possuem autonomia funcional, em razão da relação de dependência e subordinação em relação ao bem principal. Tal questão sobre bens principal e acessório já foi abordada no capítulo 1, na teoria dos bens jurídicos.

Em relação às pertenças, o art. 1.392, *caput*, do CC, apenas faz referência aos acessórios e acrescidos, mas não às pertenças. Se a pertença for considerada bem acessório, o usufruto se estende às pertenças. No entanto, se a pertença for considerada bem principal, o dispositivo a elas não se aplica. A maioria da doutrina considera que as pertenças são bens acessórios, embora com regime jurídico próprio (art. 94 do CC). Tudo dependerá se podem ser consideradas ou não bens acessórios.

Assim, o usufruto pode ser pleno, quando abrange os frutos, as utilidades e os acessórios da coisa, ou limitado e restrito, caso em que algumas destas faculdades jurídicas são excluídas do usufruto, em especial a extensão dos poderes do proprietário aos acessórios da coisa.

Se o objeto do usufruto for bem imóvel, tal direito real deverá ser materializado em escritura pública, com consequente registro no CRI. No usufruto de imóvel constituído pela usucapião, o registro não é constitutivo do direito, mas meramente declaratório. No usufruto legal de direito de família, art. 1.689, I (os pais são usufrutuários dos bens dos filhos menores), ainda que o bem seja imóvel, é desnecessário o registro, pois o direito real decorre diretamente de previsão legal.

Se o objeto do usufruto for bem móvel, deverá este ser infungível e inconsumível, pois a fruição das utilidades não pode prejudicar a substância da coisa. Infungível, porque o usufruto não transfere propriedade (nos bens fungíveis, a fungibilidade promove a transferência da propriedade). Inconsumível, porque é essencial a preservação da substância da coisa após o uso e fruição, o que não ocorre com estes bens.

---

[403] LOUREIRO, Francisco Eduardo. Arts. 1.196 a 1.510-E – Coisas. In: PELUSO, Cezar (coord.). *Código civil comentado*. 2. ed. Barueri: Manole, 2008, p. 1.415.

5.11.2.3.1. Bens consumíveis e usufruto impróprio (quase usufruto)

Os bens móveis podem ser objeto de usufruto. Todavia, apenas móveis infungíveis (que têm identidade própria e, por isso, são passíveis de restituição) e inconsumíveis (os bens consumíveis são aqueles que afetam a substância, o que se incompatibiliza com o usufruto).

Portanto, bem móvel consumível não pode ser objeto de usufruto. Todavia, é possível que o bem objeto do usufruto (coisa principal) gere acessórios consumíveis (estes acessórios não são objeto do usufruto, mas se conectam, com relação de dependência, ao principal, objeto do usufruto). Se os acessórios consumíveis abrangerem o usufruto da coisa principal, como não há usufruto sobre bem consumível, o § 1º do art. 1.392 impõe deveres jurídicos ao usufrutuário quanto a tais acessórios e acrescidos consumíveis.

O § 1º do art. 1.392 do CC disciplina os efeitos jurídicos dos acessórios e acrescidos que forem consumíveis (art. 86 do CC: são consumíveis os bens *móveis*, cujo uso importa a destruição imediata da própria substância, sendo também considerados como tais os destinados à alienação).

O art. 86 do CC traz duas espécies de bens consumíveis, os consumíveis por natureza e os consumíveis juridicamente. O consumo pode ser natural ou jurídico. Como diz Francisco Amaral[404]: "(...) a consumibilidade é própria dos móveis e é conceito econômico jurídico que não coincide necessariamente com o sentido físico. É qualidade daquilo que se destrói com o primeiro uso, como os alimentos (consumo natural), ou daquilo que se destina a ser alienado, como as mercadorias de um armazém, roupas, livros etc. (consumo jurídico). A consumibilidade é natural quando se verifica com o simples uso, e jurídica quando ocorre com a alienação".

Os bens consumíveis, juridicamente, são aqueles que se destinam à alienação, mas que, por natureza, poderão não apresentar a característica de serem consumíveis. No caso, a diferença entre a consumibilidade, *natural* e *jurídica*, está no critério, que é físico para a consumibilidade *natural* e normativo para a *jurídica* (finalidade). Por exemplo, para o livreiro, o livro é consumível juridicamente, pois é destinado à alienação, mas, para o leitor, é inconsumível, por natureza, (suporta o uso continuado) e também juridicamente (porque não se destina à alienação).

Portanto, os não consumíveis são aqueles bens que suportam uso continuado, sem prejuízo do seu perecimento progressivo e natural (o uso não importa destruição imediata da substância, como o automóvel, o livro para quem compra, a mesa etc.).

Em geral, os consumíveis perdem a substância com o primeiro uso, enquanto os não consumíveis não se exaurem no primeiro uso. Caio Mário[405] afirma que: "os não consumíveis são aqueles cuja utilização não atinge a sua integridade. A noção originária da consumibilidade é, pois, ligada à ideia de destruição da própria coisa".

Em síntese, o fato de ser *consumível* se associa com a ideia de *não renovação*, que se exaure com a sua utilização imediata. Além das coisas materialmente consumíveis, consideram-se juridicamente consumíveis os bens destinados à alienação, mesmo se, materialmente, não possam ser assim considerados. Os bens juridicamente consumíveis não podem ser destruídos pelo uso, mas a utilização não pode ser renovada, porque implicará na sua alienação.

É, portanto, a renovação ou não do uso, seja sob o aspecto material ou jurídico, o elemento essencial para definir a consumibilidade ou não do bem.

Para finalizar, como bem lembra Amaral[406]: "(...) a consumibilidade não se identifica com a fungibilidade. Esta deriva de uma relação de identidade ou equivalência, não sendo uma característica natural da coisa, aquele diz respeito ao uso a que se destina. No entanto, as coisas fungíveis são em geral consumíveis, embora existam coisas fungíveis não naturalmente consumíveis, como livros, móveis etc.".

Na mesma linha, Caio Mário[407] diferencia as duas ideias: "Pode haver coisa consumível, mas não fungível, por exemplo: o livreiro que expõe à venda os manuscritos de uma obra de autor reputado oferece uma coisa consumível, mas infungível, por ser a única de seu gênero. É que a consumibilidade é um atributo da própria coisa, independente de qualquer ideia de relação, enquanto a fungibilidade implica sempre uma comparação de que resultará a possibilidade de sua substituição por outra, respeitada a identidade de gênero, qualidade e quantidade".

De acordo com o § 1º do art. 1.392, se, entre os acessórios e acrescidos, houver coisas consumíveis, terá o usufrutuário o dever de restituir estes bens ao final do direito real que ainda existirem e, aqueles que não mais existirem, deverá restituir outros do mesmo gênero, quantidade e qualidade ou, se não for possível, o seu valor, estimado o tempo da restituição. Tal dispositivo apenas evidencia que os bens consumíveis, ainda que acessórios e acrescidos de bens que são objeto de usufruto (e, portanto, seriam utilidades destes a serem extraídas pelo usufrutuário), não pertencem ao usufrutuário, porque são incompatíveis com o instituto do usufruto.

Não é possível a instituição ou constituição de direito real de usufruto sobre coisa principal, consumível e fungível. Era o denominado *quase usufruto*. Só é possível determinar que o usufrutuário restitua bens acessórios consumíveis: neste caso, ou restitui o que existe, ou entrega outro do mesmo gênero, quantidade e qualidade e, no caso de impossibilidade, indeniza-se.

A coisa principal, de acordo com o Código Civil, se fungível e/ou consumível, não poderá ser objeto de usu-

---

[404] AMARAL, Francisco. *Direito civil* – introdução, 6. ed. rev. e atual. Rio de Janeiro: Renovar, 2006.

[405] PEREIRA, Caio Mário da Silva. *Instituições de direito civil. Direitos reais*. 26. ed. Rio de Janeiro: Forense, 2018. v. IV.

[406] AMARAL, Francisco. *Direito civil* – introdução, 6. ed. rev. e atual. Rio de Janeiro: Renovar, 2006.

[407] PEREIRA, Caio Mário da Silva. *Instituições de direito civil. Direitos reais*. 26. ed. Rio de Janeiro: Forense, 2018. v. IV.

fruto. Tal restrição envolve os bens móveis, porque o imóvel é sempre infungível e, como regra, inconsumível (salvo os imóveis destinados à alienação, consumíveis juridicamente). O art. 726 do CC anterior era expresso no sentido de que as coisas que se consomem pelo uso caem logo para o domínio do usufrutuário. A redação é diversa da redação do § 1º do art. 1.392 do CC atual, pois o usufrutuário não se torna proprietário dos acessórios consumíveis, tanto que deve restituir todos os existentes e indenizar os não existentes.

O usufruto pode ter por objeto bens corpóreos e incorpóreos, inserindo-se aí um direito real, crédito, patrimônio, valores e até pessoa jurídica.

5.11.2.3.2. Usufruto e a existência de florestas e recursos minerais

De acordo com o § 2º do art. 1.392 do CC: "Se há no prédio em que recai o usufruto florestas ou os recursos minerais a que se refere o art. 1.230, devem o dono e o usufrutuário prefixar-lhe a extensão do gozo e a maneira de exploração".

O art. 1.230 do CC impõe limites às faculdades jurídicas inerentes ao direito subjetivo do proprietário em relação às riquezas do subsolo que, de acordo com esse dispositivo e os arts. 20 e 176 da CF/88, estão destacados do solo e pertencem à União Federal. Assim, não há possibilidade de constituição de usufruto tendo como objeto as riquezas do subsolo. Se o proprietário não dispõe desta faculdade jurídica não poderia, por óbvio, transferir ao usufrutuário um direito de que não dispõe.

No entanto, o art. 1.230 do CC permite o direito de o proprietário explorar os recursos minerais de emprego imediato na construção civil, desde que não submetidas à transformação industrial. Em relação a estes recursos minerais é possível que o dono e o usufrutuário predeterminem a extensão do gozo do usufrutuário e a maneira de exploração. O § 2º do art. 1.392, da Lei Civil, quando faz referência aos recursos minerais, tem direta conexão com o parágrafo único do referido art. 1.230.

Em relação às florestas, devem ser observadas as disposições do Código Florestal, Lei n. 12.651/2012. O usufruto em área que envolve florestas obriga o nu-proprietário e o usufrutuário a observarem as regras de manejo florestal e, se for caso, obter os devidos licenciamentos ambientais.

Os arts. 20, 21, 23 e 24 da referida lei disciplinam o manejo sustentável da vegetação florestal e o art. 31 dispõe sobre o licenciamento ambiental.

Portanto, no que tange às florestas passíveis de exploração, prevalecerá o pactuado pelas partes, desde que sejam obedecidas as disposições da legislação ambiental pertinente.

Por fim, o § 3º do art. 1.392, do CC, disciplina o usufruto que recai sobre universalidade ou cota-parte de bens e os seus efeitos quanto ao tesouro achado por outrem, e a indenização paga pelo vizinho ao prédio usufruído para obter a meação em parede, cerca, muro, vala ou valado. Se o usufruto recair sobre coisas singulares, o usufrutuário não terá direito à parte do tesouro ou à indenização.

5.11.2.3.3. Usufruto e títulos de crédito

O art. 1.395 do Código Civil disciplina o usufruto que recai em títulos de crédito.

Segundo o referido dispositivo, quando o usufruto recai em títulos de crédito, o usufrutuário tem direito a perceber os frutos e a cobrar as respectivas dívidas. O crédito cessível, materializado em título de crédito, pode ser objeto de usufruto.

O usufrutuário, de início, poderá perceber os frutos civis, que serão originados do título de crédito, como os juros (estes juros se incorporarão em definitivo no patrimônio do usufrutuário – porque representam utilidades do título). Na posse do título de crédito, o art. 1.395 enuncia que o usufrutuário deve cobrar o capital representado no título após o vencimento. Em nossa opinião, trata-se de dever de cobrança e não de mera possibilidade, pois há sanção ao usufrutuário que não toma as providências previstas no parágrafo único decorrentes da cobrança. O usufruto será extinto quando o usufrutuário, no usufruto de título de crédito, não dá às importâncias recebidas a destinação prevista no art. 1.395.

Em relação à cobrança do título, as consequências da exigibilidade do capital pelo usufrutuário são reguladas pelo parágrafo único do art. 1.395 do CC, que determina: "Cobradas as dívidas, o usufrutuário aplicará, de imediato, a importância em títulos da mesma natureza, ou em títulos da dívida pública federal, com cláusula de atualização monetária segundo índices oficiais regularmente estabelecidos".

A norma impõe ao usufrutuário investir o capital apurado na aquisição de novos títulos da mesma natureza ou em títulos públicos, com atualização monetária, a fim de manter o padrão nominal e o valor do título. Após a aquisição de novo título com o resultado da cobrança e a nova aplicação, poderá o usufrutuário, normalmente, de acordo com o *caput* do referido dispositivo legal, receber os rendimentos até a extinção do usufruto.

Os riscos do investimento são do usufrutuário, após receber a dívida. Caberá ao usufrutuário, e somente a ele, avaliar se é mais conveniente investir em títulos da mesma natureza ou em títulos da dívida pública federal, estadual, distrital e municipal. O usufrutuário deverá zelar pela incolumidade do crédito materializado no título.

A aplicação do resultado da cobrança de modo diverso ao disposto no parágrafo único do art. 1.395 do CC caracterizará inadimplemento do usufrutuário. Neste caso, o nu-proprietário poderá requerer a extinção do usufruto ou ainda tomar medidas para preservar a incolumidade de seu direito.

5.11.2.4. Usufruto e transferência do direito real (caráter personalíssimo)

O direito real de usufruto é inalienável. Trata-se de direito real de natureza personalíssima em favor do usufrutuário. O usufruto não se transmite a terceiros, por negócio entre vivos, ou aos sucessores do usufrutuário, no caso de morte deste. A inalienabilidade é decorrência das duas premissas para compreensão do usufruto: finalidade (permitir que o usufrutuário extraia utilidades da coisa) e temporariedade (trata-se de direito real temporário, que favorece apenas o usufrutuário).

Todavia, embora seja inalienável, o usufrutuário pode ceder o exercício, jamais a titularidade, do referido direito a terceiro, a título oneroso ou gratuito.

Nesse sentido é o art. 1.393 do CC: "Não se pode transferir o usufruto por alienação; mas o seu exercício pode ceder-se por título gratuito ou oneroso".

O exercício do direito real de usufruto pode ser cedido pelo usufrutuário. Com relação à titularidade deste direito real, somente é possível a alienação, pelo usufrutuário, em favor do próprio nu-proprietário, porque estará caracterizada uma das hipóteses de extinção do usufruto, qual seja, a consolidação, prevista no inciso VI, do art. 1.410 do CC. A consolidação implica na reunião, na mesma pessoa, das figuras do nu-proprietário e do usufrutuário. Como o usufruto é temporário, em algum momento os poderes transferidos ao usufrutuário, em função do fracionamento do domínio, retornam ao nu-proprietário. A consolidação dos poderes dominiais em favor do nu-proprietário é consequência natural da extinção do usufruto. Por este motivo, é possível o resgate dos poderes dominiais pelo proprietário (nu), com a aquisição destes poderes, antes da causa prevista para a extinção.

Embora inalienável, é possível a extinção do usufruto pela consolidação, quando o usufrutuário aliena o direito real para o nu-proprietário ou vice-versa. Esta é a única hipótese em que é possível a alienação da própria titularidade do direito real, ou seja, em favor do nu-proprietário. No mais, o usufrutuário apenas poderá ceder o exercício do direito, a título oneroso ou gratuito.

Como bem destaca Loureiro[408]: "Admite-se apenas a cessão do exercício do usufruto, ou seja, o terceiro favorecido será titular de um simples direito de crédito, podendo usar ou fruir a coisa, mas não de um direito real. Não se transmite usufruto, mas apenas os poderes derivados da relação jurídica de usufruto. Nada impede que o usufrutuário, eventualmente impedido de explorar pessoalmente a coisa, possa alugá-la ou emprestá-la a outrem".

Se o usufruto for extinto, por qualquer causa, cessará a possibilidade de o terceiro exercer qualquer direito em relação ao nu-proprietário, que estará com a propriedade consolidada.

O usufruto instituído em favor de um dos cônjuges não se comunica ao outro, independentemente do regime de bens, em razão do caráter personalíssimo do instituto.

O usufruto é direito real intransmissível, em face do caráter personalíssimo. O art. 1.393 do CC impede a transferência, mas admite cessão do exercício, por título gratuito e oneroso. O terceiro, adquirente deste direito de uso, assume apenas direitos pessoais, jamais reais (natureza de direito obrigacional). É inadmissível usufruto sucessivo ou em segundo grau, justamente porque é intransmissível por ato *inter vivos* ou *causa mortis*.

Por isso, nas doações com cláusula de reserva de usufruto ao doador e cláusula de inalienabilidade, tal cláusula de inalienabilidade é limitada ao período de vida do doador usufrutuário, sob pena de usufrutos sucessivos (neste caso, se mantido o negócio jurídico com a cláusula de inalienabilidade, o donatário poderia apenas usar e gozar do bem, jamais dispor dele). Haveria, portanto, dois usufrutuários sucessivos.

5.11.2.5. Modos de constituição do usufruto

O usufruto pode ser constituído por ato de vontade (modo comum), usucapião ou por força de lei (usufruto de direito de família, art. 1.689, I).

1 – Usufruto voluntário: o modo comum de constituição deste direito real sobre coisa alheia é por ato de vontade. Neste caso, pode se originar de contrato entre usufrutuário e nu-proprietário ou por testamento (negócio jurídico unilateral quanto à formação).

Por negócio jurídico entre pessoas vivas, poderá ser constituído por disposição/alienação (o proprietário transfere para terceiro o usufruto, com fracionamento dos poderes dominiais de uso, gozo e fruição e mantém a nua-propriedade) ou por retenção (ocorrerá quando o proprietário transfere a nua-propriedade para terceiro, mas reserva para si o usufruto – exemplo: doação com reserva de usufruto – a nua-propriedade é transferida. Este é denominado *usufruto deducto*). Em ambas as situações, a transferência poderá ser gratuita ou onerosa.

No caso de testamento, por razões óbvias, somente é possível o usufruto por disposição, caso em que o testador gravará bens da herança em favor de sucessor escolhido, com a nua propriedade reservada para outro.

2 – Usucapião: é modo originário de propriedade, mas também de outros direitos reais, como o usufruto. É evidente que será difícil constatar posse com ânimo de dono restrita ao usufruto e não a toda a propriedade, mas em tese é possível. Tal hipótese é prevista no art. 1.391 e, quando envolve imóvel, independe de registro no Cartório de Registro de Imóvel, o qual terá efeito meramente declaratório. Por ser modo originário, a aquisição do usufruto pela usucapião independe da formalidade do registro. O registro do usufruto, adquirido pela usucapião, será meramente declaratório e não constitutivo.

Todavia, quando fundado em contrato ou testamento e tiver por objeto imóvel, o usufruto, para ser constituído, deve ser registrado no CRI.

3 – Usufruto legal: é o usufruto que decorre da lei, como em favor dos pais de filhos menores (art. 1.689, I) e do indígena (terras tradicionalmente ocupadas pelos índios). De acordo com o disposto no art. 1.689, I, do CC, o pai e a mãe, enquanto no exercício do poder familiar, são usufrutuários dos bens dos filhos menores (art. 1.630 do CC – que estão

---

[408] LOUREIRO, Francisco Eduardo. Arts. 1.196 a 1.510-E – Coisas. In: PELUSO, Cezar (coord.). *Código civil comentado*. 2. ed. Barueri: Manole, 2008, p. 1.423.

sujeitos ao poder familiar). É, portanto, dispensado o registro do usufruto legal do direito de família.

Por outro lado, o usufruto que recaia sobre bens móveis se constitui pela mera tradição do objeto ao usufrutuário, sendo dispensável qualquer registro ou formalidade desta natureza para sua constituição.

O usufruto vidual do direito sucessório, que era previsto no art. 1.611 do CC/1916, não mais é disciplinado pela atual legislação. Embora o cônjuge e o companheiro não mais tenham direito a este tipo de usufruto, agora concorrem com as demais classes de herdeiros e, em vez de usufruto, no direito de concorrência, terão plena propriedade.

Por fim, o CPC de 2015 converteu o usufruto judicial, previsto no art. 708 do CPC/73, em penhora de frutos e rendimentos de coisa móvel ou imóvel (art. 867 do atual CPC). O art. 50, XIII, da Lei de Falências, ainda faz referência ao usufruto de empresas como modo ou meio de recuperação judicial.

5.11.2.6. Direitos do usufrutuário.

Os direitos do usufrutuário estão disciplinados no art. 1.394 do CC: *posse, uso, administração* e *percepção dos frutos*. Tais direitos são inerentes à principal premissa para compreender o usufruto: finalidade de proporcionar utilidade ao usufrutuário, com a transferência de poderes dominiais a este (uso, gozo e fruição).

Estas são as prerrogativas do usufrutuário.

Com relação à posse, tem o usufrutuário a posse direta do bem objeto deste direito real de garantia e, na qualidade de possuidor, pode invocar os interditos possessórios, inclusive contra o nu-proprietário, para a defesa da sua posse direta. O art. 1.197 do CC permite o desdobramento da posse por força de relação jurídica real e, neste caso, o usufrutuário será o possuidor direto e o nu-proprietário, o possuidor indireto. A posse direta, aliás, é condição para o exercício de poderes dominiais, como uso e fruição da coisa.

Para que possa usar, administrar e perceber os frutos, o pressuposto é a posse sobre o bem objeto deste direito real. Trata-se de posse justa, pois fundada em título jurídico que lhe confere legitimação, e de boa-fé. Todavia, como o usufrutuário pode ceder o exercício do usufruto a terceiro, por meio de relações jurídicas obrigacionais, como locação ou arrendamento, poderá também se converter em possuidor indireto nestas situações jurídicas admitidas pelo art. 1.393 do CC.

O usufrutuário tem o direito de usar a coisa e dela extrair o seu proveito, com a devida exploração econômica. No uso, o usufrutuário não poderá prejudicar a substância da coisa, que não é objeto de usufruto. A utilização ou direito de uso, na forma do art. 1.392 do CC, salvo disposição em contrário, estende-se aos acessórios da coisa e seus acrescidos. E, se entre os acessórios e acrescidos, houver bens consumíveis, o usufrutuário terá o dever de restituir as que existirem, ao fim do usufruto, ou o equivalente em gênero e, não sendo possível, deverá pagar indenização.

Sobre o uso, é pertinente a observação de Loureiro[409], segundo a qual a "sua utilização, porém, não se equipara à do dono, porque, embora deva proceder em conformidade com a função social, não pode converter o destino econômico, estético ou histórico da coisa, sob pena de comprometer a substância, ainda que possa potencializar a exploração, se o proprietário fazia de modo incompleto".

Em apertada síntese, o uso compreende o emprego da coisa em toda espécie de utilização que proporcione ao usufrutuário extrair dela os proveitos que possa assegurar, sem que desfalque a substância. É a essência e a finalidade deste direito real sobre coisa alheia.

A administração do bem objeto do usufruto é apenas uma consequência do direito de uso. Caberá ao usufrutuário fazer a gestão do bem objeto do usufruto para que possa, da melhor forma possível, viabilizar a exploração econômica do bem. Como mencionado, de acordo com o art. 1.393 do CC, poderá o usufrutuário, inclusive, ceder a terceiro o exercício do usufruto, se assim entender que será a melhor forma de obter resultados positivos. O proveito pode ser potencializado pela forma que o usufrutuário entender mais relevante.

O usufrutuário é o administrador do bem e, por isso, pode decidir sobre o melhor destino a ser dado à coisa. Aliás, na administração do usufruto, o art. 1.399 do CC dispõe que o usufrutuário pode usufruir em pessoa, ou mediante arrendamento, o prédio, mas não lhe mudar a destinação econômica, sem expressa autorização do proprietário. Assim, o arrendamento é uma opção na administração do usufrutuário, caso entenda que assim poderá extrair o melhor proveito econômico possível. E o nu-proprietário não poderá interferir nesta administração. A alteração na destinação econômica depende da anuência do proprietário.

Por fim, a própria essência do usufruto permite que o usufrutuário perceba os frutos naturais e civis da coisa. O usufrutuário tem o direito de extrair o proveito econômico gerado pela coisa objeto deste direito real.

Em relação à percepção dos frutos, o art. 1.396 do CC dispõe que o usufrutuário, salvo direito adquirido por outrem, faz seus os frutos naturais, pendentes ao começar o usufruto, sem encargo de pagar as despesas de produção. Os frutos naturais, pendentes no início do usufruto, pertencem ao usufrutuário. E, neste caso, não tem a obrigação de arcar com as despesas de produção, justamente em razão da contrapartida em favor do nu-proprietário, prevista no parágrafo único do art. 1.396, em relação aos frutos pendentes quando cessa o usufruto.

De acordo com o mencionado dispositivo legal, os frutos naturais, pendentes ao tempo em que cessa o usufruto, pertencem ao dono, também sem compensação das despesas. O dispositivo apresenta regras de distribuição dos frutos entre nu-proprietário e usufrutuário.

---

[409] LOUREIRO, Francisco Eduardo. Arts. 1.196 a 1.510-E – Coisas. In: PELUSO, Cezar (coord.). *Código civil comentado*. 2. ed. Barueri: Manole, 2008, p. 1.425.

Em resumo, os frutos pendentes no começo do usufruto pertencem ao usufrutuário e os pendentes ao final do usufruto, ao nu-proprietário e, nas duas hipóteses, não há compensação ou indenização pelas despesas de produção e custeio.

Ainda no âmbito da percepção dos frutos, o art. 1.397 do CC disciplina a questão da cria dos animais, semoventes. As crias dos animais que são objeto do usufruto, como acessórios, pertencem ao usufrutuário. No entanto, deverá o usufrutuário preservar os animais que já existiam antes do início do usufruto.

Portanto, durante o usufruto, as crias dos animais pertencem ao usufrutuário, deduzidas quantas bastem para inteirar as cabeças de gado existentes ao começar o usufruto. Embora o usufrutuário tenha direito à cria dos animais, se houver o perecimento (morte) de algum animal (matriz) durante o usufruto, serão deduzidas as crias para se inteirar as cabeças de gado existentes no início da vigência deste direito.

Por exemplo, se, no início do usufruto, existiam 100 (cem) cabeças de gado e, durante o usufruto, tal gado gerou 20 (vinte) animais ou *crias*, estas crias pertencem ao usufrutuário, que delas se torna proprietário. Todavia, se, ao encerrar o usufruto, daquelas 100 (cem) cabeças de gado que existiam no início, sobram 90 (noventa), o usufrutuário terá de inteirar as 10 (dez) faltantes para completar as 100 (cem) com as crias e, neste caso, restará ao usufrutuário apenas 10 (dez) animais ou crias. A reposição se faz pelas crias e deve obedecer a mesma qualidade dos animais perdidos. É irrelevante a causa da perda dos animais e se imputável ou não ao usufrutuário. A reposição, em qualquer caso, é obrigatória.

Por fim, em relação à percepção de frutos, o art. 1.398 da Lei Civil disciplina a forma e o modo de percepção dos frutos civis, rendimentos que a coisa produz, como aluguel e juros, por exemplo. Os frutos civis reputam-se vencidos dia a dia, conforme previsão do art. 1.215 do CC. Assim, de acordo com o art. 1.398, os frutos civis, vencidos na data inicial do usufruto, pertencem ao proprietário, e, ao usufrutuário, os vencidos na data em que cessa o usufruto. O art. 1.215 do CC auxilia a compreensão e a aplicação da regra prevista no art. 1.398, em relação aos frutos civis.

A percepção de frutos se constitui justamente para proporcionar ao usufrutuário a fruição da coisa, dela tirando todas as vantagens e benefícios que forem possíveis, mas não pode alterar a substância e tampouco mudar ou alterar a destinação econômica, salvo autorização do nu-proprietário.

Em relação ao exercício do usufruto, normalmente, e como regra, o usufrutuário o faz em pessoa. No entanto, nada impede que o faça por outrem, na forma dos arts. 1.393 e 1.399 do CC, a quem cede a percepção dos frutos. É possível ceder o exercício do usufruto, inclusive por meio de arrendamento, não podendo alterar a destinação econômica do bem, salvo autorização do proprietário.

Todavia, como já ressaltado, o direito ao usufruto não pode ser cedido (é personalíssimo e inalienável, não podendo investir outra pessoa na sua titularidade).

5.11.2.7. Deveres do usufrutuário

O usufrutuário é titular de direitos (art. 1.394 do CC) e, em contrapartida, ostenta deveres (arts. 1.400 a 1.409 do CC). O não cumprimento ou a inexecução de algumas obrigações ou deveres jurídicos pode, inclusive, ensejar a extinção do usufruto (art. 1.410 do CC). A principal função destes deveres jurídicos é proporcionar que a coisa, objeto do usufruto, seja restituída ao nu-proprietário íntegra.

A primeira obrigação do usufrutuário diz respeito à determinação ou especificação da coisa a ser usufruída. Antes de assumir o usufruto, o usufrutuário, à sua custa, deverá inventariar os bens que recebeu e informar o estado em que se encontram no momento da posse.

Caso o nu-proprietário exija, e apenas nessa possibilidade, o usufrutuário deverá dar caução, real (concessão de hipoteca, penhor, anticrese ou propriedade fiduciário de coisa móvel ou imóvel do usufrutuário ou de terceiros) ou fidejussória (prestação pessoal acessória prestada por terceiro em favor do credor nu-proprietário), de garantia de manter o bem, objeto do usufruto, conservado, bem como de restituição do bem ao final do usufruto. Portanto, a caução, real ou fidejussória, tem por objetivo garantir duas questões fundamentais no usufruto: a conservação e a devolução do bem de forma íntegra. Tal garantia depende da vontade e do desejo do dono. Caberá a ele analisar e apurar a necessidade de exigir caução do usufrutuário.

Essa é a disposição do art. 1.400, *caput*, do CC. O objetivo do inventário é evitar controvérsias ao final do usufruto, por ocasião da restituição do bem.

Em relação à caução, o parágrafo único do citado art. 1.400 desobriga o doador de prestá-la, quando, na doação (usufruto por retenção ou *deducto*), o doador fizer reserva de ser o usufrutuário da coisa doada. A doação é contrato gratuito ou benéfico e o doador, neste caso, transfere a nua-propriedade para o donatário, e reserva para si o usufruto da coisa. Em razão da liberalidade em favor do nu-proprietário, não teria sentido lógico jurídico o doador, usufrutuário, ser onerado, com caução.

Se for exigida caução, real ou fidejussória, pelo proprietário ou dono da coisa, e o usufrutuário não quiser ou não tiver condições de prestá-la, será penalizado, na forma do art. 1.401 do CC. A lei estabelece uma sanção civil ao usufrutuário que não quer ou não pode prestar a garantia. Tal sanção civil consiste na perda de um dos direitos do usufrutuário, previsto no art. 1.394 do CC, que poderá repercutir em outras situações jurídicas, o direito de administração.

De acordo com o art. 1.401 do CC: "O usufrutuário que não quiser ou não puder dar caução suficiente perderá o direito de administrar o usufruto; e, neste caso, os bens serão administrados pelo proprietário, que ficará obrigado, mediante caução, a entregar ao usufrutuário o rendimento deles, deduzidas as despesas de administração, entre as quais se incluirá a quantia fixada pelo juiz como remuneração do administrador".

Nesta situação, os bens serão administrados pelo proprietário, que ficará obrigado, mediante caução, a entregar os frutos percebidos ao nu-proprietário, deduzidas as despesas de administração do objeto do usufruto, dentre elas a remuneração do administrador. Embora remanesça o direito de perceber os frutos e rendimentos da coisa, o usufrutuário fica impedido de administrá-la até que preste a caução exigida, a qualquer tempo, durante a vigência do usufruto.

Em resumo, a caução, quando exigida pelo dono, compreende dever jurídico a ser cumprido, sujeito à perda da administração do usufruto, que passará ao proprietário, conforme dispõe o art. 1.401 do CC.

O art. 1.402 da lei civil dispõe que o usufrutuário não é obrigado a pagar as deteriorações resultantes do exercício regular do usufruto. As deteriorações, comuns e naturais, da coisa objeto do usufruto, não podem ser imputadas ao usufrutuário, desde que o exercício do referido direito esteja dentro de parâmetros de normalidade. É uma decorrência dos direitos de uso e fruição de que dispõe o usufrutuário, por força do art. 1.394 do CC. Se o usufrutuário fosse obrigado a pagar as deteriorações comuns, naturais e ordinárias, os direitos de uso e fruição poderiam restar inviabilizados.

O desgaste deve ser resultado do uso normal, regular e do decurso do tempo. Por outro lado, o uso irregular que provoca deterioração da coisa gera o dever de indenização para o usufrutuário. O usufrutuário responderá por atos comissivos e omissivos que provoquem a deterioração da coisa quando não exercer regularmente os direitos de usufrutuário. A indenização será apurada no caso concreto e será devida em favor do nu-proprietário.

Em relação às despesas ordinárias de conservação do bem objeto do direito real de usufruto, caberá tal dever ao usufrutuário. O usufrutuário é obrigado a conservar o bem objeto do usufruto às suas custas e, por isso, responderá pelas despesas ordinárias e ainda terá de pagar os encargos que pesam sobre a coisa usufruída, nos termos do art. 1.403 do CC: os tributos (IPTU, IPVA e ITR) e prestações decorrentes da posse, com as obrigações *propter rem* (condomínio).

Tal dispositivo legal é complementado pelo art. 1.404 do mesmo diploma. Não basta que as despesas sejam ordinárias. Além disso, devem ser módicas. As despesas ordinárias são as normais, de mera conservação ou manutenção, a fim de evitar o desgaste da coisa. O inadimplemento do usufrutuário em relação às despesas ordinárias e módicas permite que o nu-proprietário faça a devida cobrança e até requeira a extinção do usufruto.

Sobre tal inadimplemento, é precisa a observação de Loureiro[410]: "O inadimplemento do usufrutuário confere ao nu-proprietário a pretensão de exigir compulsoriamente a realização de despesas, ou as que faça diretamente e as cobre do devedor. Além disso, se a falta de manutenção colocar a coisa em risco, o nu-proprietário pode exigir caução, ou mesmo a extinção do usufruto. A regra, todavia, deve sempre ser interpretada em atenção ao princípio da boa-fé objetiva, na sua função de controle, evitando desproporção entre o descumprimento da obrigação e suas consequências".

Por outro lado, as despesas extraordinárias e as ordinárias que não forem de custo módico deverão ser pagas pelo dono, o nu-proprietário, conforme estabelece o art. 1.404 do CC.

De acordo com o § 1º do art. 1.404, não se consideram de custo módico as despesas ordinárias superiores a 2/3 (dois terços) do rendimento líquido do usufrutuário em um ano. Se as despesas ordinárias forem inferiores a esta fração no referido período, aplica-se o disposto no art. 1.403, I, do CC (responsabilidade por elas será do usufrutuário). Desta forma, serão de responsabilidade do nu-proprietário apenas as despesas extraordinárias e as ordinárias que não forem módicas, conforme parâmetro estabelecido pelo § 1º do art. 1.404 do CC.

O § 2º do art. 1.404 do CC traz uma importante inovação, pois, se o nu-proprietário não cumprir as suas obrigações em relação às despesas extraordinárias e as despesas ordinárias que não forem módicas, o usufrutuário terá o poder de, por si próprio, realizá-las e, em seguida, cobrará do dono a importância despendida. Tal poder confere maior dinamismo ao usufruto, em especial à sua administração.

De acordo com o art. 1.405 do CC, quando o objeto do usufruto for um patrimônio ou parte deste, o usufrutuário terá a obrigação de pagar os juros da dívida que onerar esse patrimônio, em sua totalidade ou em parte. É o usufruto sobre universalidade de direito. Como tal usufruto é a título universal, o usufrutuário se obriga, pessoalmente, aos juros da dívida que possam ou venha a onerar o patrimônio.

O art. 1.406 do CC impõe ao usufrutuário a obrigação de comunicar ao nu-proprietário, dono da coisa objeto deste direito real sobre coisa alheia, sobre qualquer lesão produzida contra a posse da coisa, ou os direitos deste. Isto porque o nu-proprietário mantém a posse indireta da coisa em razão da relação jurídica de direito real que mantém com o usufrutuário, fato que provoca o desdobramento da posse em direta e indireta (art. 1.197 do CC). O nu-proprietário, na qualidade de possuidor indireto, também tem legitimidade para invocar os interditos possessórios previstos no art. 1.210 do CC para a defesa plena e tutela da posse. Assim, se houver agressão à posse, o usufrutuário deverá comunicar ao nu-proprietário, pois está em contato direto com a coisa e terá sempre melhores condições de relatar ocorrências fáticas, como a lesão à posse por terceiro estranho a tal relação jurídica de direito real.

O art. 1.407 do CC disciplina a situação em que a coisa, objeto do usufruto, está segurada: "Se a coisa estiver segurada, incumbe ao usufrutuário pagar, durante o usufruto, as contribuições do seguro". A obrigação de ar-

---

[410] LOUREIRO, Francisco Eduardo. Arts. 1.196 a 1.510-E – Coisas. In: PELUSO, Cezar (coord.). *Código civil comentado*. 2. ed. Barueri: Manole, 2008, p. 1.433.

car com o seguro é do usufrutuário, se o fizer. No entanto, o seguro posterior à constituição do usufruto é facultativo: de acordo com o § 1º do art. 1.407, o usufrutuário tem a mera prerrogativa de contratar seguro sobre a coisa objeto do usufruto (salvo se no contrato de constituição deste direito real o usufrutuário assumiu a obrigação de segurar a coisa – neste caso, por força de cláusula contratual, será obrigado a segurar o bem) e, neste caso, ao proprietário, nu-proprietário, caberá o direito dele resultante contra o segurador. Se a coisa segurada se deteriora, o direito de indenização decorrente do seguro caberá ao nu-proprietário. Por outro lado, se a coisa já estivesse segurada antes da constituição do usufruto, caberá ao usufrutuário o pagamento dos prêmios respectivos.

Por fim, na forma do § 2º do art. 1.407 do CC, em qualquer hipótese o direito do usufrutuário fica sub-rogado no valor da indenização do seguro. Trata-se de sub-rogação real, em que o objeto do usufruto é substituído pela indenização securitária e, a partir dela, poderá extrair as utilidades do usufruto. Tal sub-rogação permite que o usufrutuário exerça o direito sobre o valor da indenização.

O art. 1.408 do CC trata da obrigação de reconstrução de prédio, quando o objeto do usufruto for imóvel e este for destruído sem culpa, dolo e culpa em sentido estrito, do nu-proprietário. O nu-proprietário não assume a responsabilidade pelo fortuito ou força maior que constitui a causa da destruição da coisa objeto do usufruto. Neste caso, o proprietário não é obrigado a reconstruir o prédio e, em razão do perecimento do objeto, o usufruto é extinto e não se restabelece. Se o proprietário reconstruir o prédio às suas custas, o usufruto não se restabelece, porque a causa do perecimento não pode ser imputada ao proprietário, a título de dolo ou culpa.

Todavia, se o prédio estiver segurado (art. 1.407 do CC) e a reconstrução for viabilizada com a indenização a ser paga pela seguradora, neste caso, como não houve desembolso do proprietário, o usufruto se restabelece. Não é por outro motivo que a destruição da coisa é causa de extinção do usufruto, art. 1.411, inciso V, com a ressalva do art. 1.408, segunda parte. O produto da indenização, no qual se sub-roga o usufruto, se for revertido na construção do prédio, implica no restabelecimento deste direito real de coisa sobre coisa alheia. Tal situação jurídica é simples efeito da sub-rogação real prevista no § 2º do art. 1.407. O usufruto se manterá íntegro quando a reconstrução for custeada pela indenização decorrente do seguro.

Nesse sentido é o art. 1.408 do CC: "Se um edifício sujeito a usufruto for destruído sem culpa do proprietário, não será este obrigado a reconstruí-lo, nem o usufruto se restabelecerá, se o proprietário reconstruir à sua custa o prédio; mas se a indenização do seguro for aplicada à reconstrução do prédio, restabelecer-se-á o usufruto".

O art. 1.409 do CC também dispõe sobre outras causas de sub-rogação, que permitirá a preservação do usufruto. De acordo com o dispositivo, também fica sub-rogada no ônus do usufruto, em lugar do prédio, a indenização paga, se ele for desapropriado, ou a importância do dano, ressarcido pelo terceiro responsável no caso de danificação ou perda.

5.11.2.8. Extinção do usufruto

O usufruto é direito real sobre coisa alheia temporário, ainda que pactuado para ter vigência durante a vida do usufrutuário (vitalício). O usufruto, necessariamente, será extinto com a morte do usufrutuário. O caráter personalíssimo se associa à temporariedade deste direito real, porque jamais se transmitirá aos sucessores do usufrutuário em caso de morte (não se admite usufruto sucessivo ou em segundo grau). Não se trata de direito real de natureza perpétua.

Os arts. 1.410 e 1.411 do CC disciplinam as principais causas de extinção do usufruto. Algumas causas estão previstas no próprio negócio jurídico (contrato ou testamento) que o constitui, ao passo que outras se referem a fatos relativos ao próprio usufrutuário, ao motivo, ao descumprimento de obrigações, ao objeto e ao não exercício do usufruto. O art. 1.410 apresenta rol meramente exemplificativo de causas extintivas do usufruto.

O usufruto, quando constituído sobre bens imóveis, além da causa extintiva prevista em lei, deverá ser cancelado junto ao Cartório de Registro de Imóveis (art. 1.410, *caput*).

A primeira causa de extinção do usufruto é a morte do usufrutuário, devido ao caráter personalíssimo do instituto (art. 1.410, I, CC). O usufruto não se transmite aos sucessores do usufrutuário e, por ser causa legal e de ordem pública, os interessados não podem dispor em sentido contrário. Tal causa extintiva se relaciona à finalidade do usufruto (beneficiar pessoa específica) e à temporariedade que o caracteriza. A morte do usufrutuário é o limite máximo de duração deste direito real sobre coisa alheia. É possível sua extinção antes da morte do usufrutuário, quando for pactuado a termo certo ou submetido a condição, mas nunca ultrapassa a vida do beneficiário (usufrutuário).

Tal causa extintiva deve ser analisada em conjunto com o art. 1.411, que trata do usufruto simultâneo, ou seja, em favor de duas ou mais pessoas. Em razão do caráter personalíssimo, com a morte de cada usufrutuário, o usufruto será extinto em relação a cada parte dos que falecerem. Todavia, neste caso, no ato constitutivo, é possível que seja pactuado o direito de acrescer em favor do usufrutuário sobrevivente. Tal somente é possível porque o direito de acrescer apenas beneficiará quem já ostentava a condição de usufrutuário, jamais terceiro. A cláusula expressa que prevê o direito de acrescer em comum em doações realizadas pelos pais em favor de filho, com reserva de usufruto. Com o falecimento de um dos pais, a parte deste acrescerá à do sobrevivente e o usufruto é ampliado para um dos usufrutuários.

A segunda causa de extinção do usufruto é a renúncia do usufrutuário (art. 1.410, I, CC). A renúncia constitui ato unilateral e gera efeitos imediatos. Se o usufruto tem por objeto bem imóvel, a renúncia deverá ser solene e por instrumento público, a ser averbada no Cartório de Registro de Imóveis, como condição para o efetivo cancelamento deste direito real.

A terceira causa de extinção do usufruto é pelo termo de sua duração (art. 1.410, II, CC). Neste caso, o usufruto foi constituído por prazo determinado e, mesmo antes da morte do usufrutuário, haverá extinção do usufruto com o advento do termo. Tal causa extintiva decorre do caráter temporário do usufruto. No entanto, se o usufrutuário falecer antes do advento do termo, o usufruto, neste caso, será extinto pela sua morte, que é causa autônoma e independente. A condição resolutiva, convencionada pelas partes e inserida no título de constituição do usufruto, também leva à extinção deste direito real. Portanto, é perfeitamente possível pactuar termo certo para o usufruto, o que provocará sua extinção antes da morte do usufrutuário, desde que esta se dê após o termo.

A quarta causa de extinção do usufruto é a extinção da pessoa jurídica beneficiária do usufruto (art. 1.410, III, do CC), em favor de quem este foi constituído. Como se observa, a pessoa jurídica também pode ser usufrutuária. Neste caso, a sua dissolução e consequente extinção implicam na supressão do objeto, usufruto, que não sobrevive sem titular. No entanto, se a pessoa jurídica não for extinta, o usufruto permanece pelo decurso de 30 (trinta) anos, contados da data em que a pessoa jurídica passou a exercer esse direito real sobre coisa alheia. Em síntese, o usufruto de pessoa jurídica não pode ultrapassar 30 (trinta) anos. É possível que as partes convencionem prazo inferior a este, mas o referido prazo é o teto máximo.

A quinta causa de extinção do usufruto é a cessação do motivo pelo qual ele se origina (art. 1.410, IV, do CC). Há discussão se tal causa extintiva se aplica apenas ao usufruto convencional ou se também incide sobre o usufruto legal. O motivo é a razão determinante que as partes elegem como a causa principal da constituição do direito real sobre coisa alheia, usufruto. Se essa causa desaparece, o usufruto deve ser extinto, porque sua subsistência ou manutenção está vinculada e subordinada ao motivo. É necessária a prova da cessação do motivo que justificou o usufruto, o que pode ocorrer por meio de processo judicial, caso haja a necessidade de demonstração de fatos e a apresentação de provas de maior complexidade.

A sexta causa é a destruição da coisa (perecimento do objeto – art. 1.410, V, do CC), que acarretará a perda do objeto, com as ressalvas do disposto nos arts. 1.407, 1.408, 2.ª parte, e 1.409, todos do CC. Tais dispositivos tratam da possibilidade de sub-rogação, quando o usufruto será transferido para o bem sub-rogado. Assim, o perecimento do objeto e a inexistência de sub-rogação levam à sua extinção. Não há como subsistir o direito subjetivo de natureza real sem objeto. O usufruto é direito real sobre coisa alheia e, por óbvio, pressupõe a existência do objeto sobre o qual incide. Se o objeto desaparece por conta de perecimento, a consequência natural é a extinção do usufruto. A destruição total equipara-se à perda da coisa, mas se a destruição for parcial e, caso seja viável, o usufruto é preservado em relação ao remanescente da coisa.

A sétima causa de extinção do usufruto é a consolidação. Por meio da consolidação, se reúnem, na mesma pessoa, os títulos e as qualificações de nu-proprietário e usufrutuário. Se o usufrutuário alienar o usufruto em favor do nu-proprietário, se consumará a consolidação e o usufruto será extinto. O art. 1.393 do CC não veda a alienação do usufruto em favor do nu-proprietário. Diante do caráter personalíssimo do usufruto, tal direito não poderá ser transferido a terceiro. Por outro lado, se um terceiro adquirir, simultaneamente, a propriedade nua e o usufruto, ficará consolidada a propriedade plena em suas mãos e, nesta hipótese, o usufruto será extinto.

A oitava causa de extinção do usufruto é a culpa do usufrutuário (art. 1.410, VII, do CC), quando o mesmo aliena, deteriora ou é negligente em relação ao dever de conservação dos bens e os deixa arruinar ou, ainda, nos casos de usufruto sobre títulos de crédito, não dá às importâncias recebidas a aplicação prevista no parágrafo único do art. 1.395 do CC, ou seja, não investe em títulos da mesma natureza ou em títulos da dívida pública federal, com cláusula de atualização monetária segundo índices oficiais regularmente estabelecidos. Nestas situações, o usufrutuário deixa de cumprir as obrigações e os deveres jurídicos estabelecidos em lei quanto à sua condição. O direito real de usufruto é inalienável e qualquer tentativa que implica tal ato leva à extinção do direito. Como a alienação é vedada pelo art. 1.393 do CC, a mera tentativa de alienação é causa de extinção do usufruto. Quanto à deterioração, por culpa do usufrutuário, o usufruto será extinto quando este não cumprir o necessário dever de conservação da coisa. E, ainda, quando negligenciar com os reparos de conservação, fato que poderá acarretar, por culpa do usufrutuário, o perecimento ou a deterioração da coisa.

A nona e última causa de extinção do usufruto ocorre pelo não uso ou não fruição da coisa em relação ao bem sobre o qual recai o usufruto. Tal causa de extinção está diretamente relacionada com a função social do referido direito real. O usufruto somente terá a finalidade concretizada, se o titular do direito, de forma efetiva e concreta, usar e extrair da coisa todas as suas consequências econômicas. O uso e a fruição podem se realizar pelo próprio usufrutuário ou por meio de terceiro, mediante a cessão do exercício do direito real em questão (arts. 1.393, segunda parte, e 1.399, ambos da Lei Civil). De qualquer forma, não há possibilidade de alterar a destinação econômica da coisa, sem expressa autorização do proprietário. Se o direito subjetivo, ainda que de natureza real, não for cumprido de acordo com a finalidade para a qual foi constituído, o titular do direito suporta sanções. No caso do inciso VIII do art. 1.410 do CC, a sanção ocorre porque o titular do direito real de usufruto, de forma antissocial, deixa de exercer esse direito. O titular do direito tem o poder de exercê-lo, mas, principalmente, o dever de fazê-lo, sob pena de ser penalizado com a sua perda. Os direitos reais não estão a salvo da funcionalidade que os fundamente e dos deveres sociais que os justificam. Não há um prazo específico e, ao contrário daqueles que defendem a aplicação do prazo máximo de prescrição de 10 (dez) anos, no caso concreto deve ser verificada a conduta do usufrutuário e o exercício ou não exercício de seus direitos de usufrutuário em desacordo com a finalidade do usufruto, fato que poderá provocar a extinção do usufruto a qualquer tempo.

Aliás, neste sentido o Enunciado 252 da III Jornada de Direito Civil: "A extinção do usufruto pelo não uso, de que trata o art. 1.410, VIII, independe do prazo previsto no art. 1.389, III". A extinção pelo não uso tem fundamento na função social do usufruto e não em prazos de prescrição ou decadência.

O art. 1.411 do CC, já mencionado, disciplina a extinção do usufruto quando tal direito real sobre coisa alheia foi constituído em favor de duas ou mais pessoas. Neste caso, constituído o usufruto em favor de duas ou mais pessoas, a regra é que a extinção será gradativa, conforme os beneficiários forem falecendo. Assim, em regra, não há o direito de acrescer em favor do usufrutuário que permanece vivo.

É o que a doutrina denomina usufruto simultâneo ou conjuntivo, que é o constituído em favor de uma pluralidade de usufrutuários.

Excepcionalmente, com fundamento no princípio da autonomia privada, por estipulação expressa no ato de constituição do usufruto, poderá ser deliberado que, constituído em favor de duas ou mais pessoas, o quinhão do falecido pode ser acrescido ao usufruto do sobrevivente. Trata-se, portanto, de norma dispositiva, cujo silêncio dos interessados acarretará a extinção do usufruto em relação à parte que faleceu. A cláusula de acrescer constitui exceção e depende de disposição expressa dos interessados. De qualquer forma, não se admite o usufruto sucessivo.

No caso de usufruto legado (legado de usufruto), conjuntamente, em favor de duas ou mais pessoas, a regra difere do disposto no art. 1.411 do CC. De acordo com o art. 1.946 do mesmo diploma, legado um só usufruto, conjuntamente, a duas ou mais pessoas, a parte daquele que falecer será acrescida aos demais colegatários, ainda que não haja cláusula expressa no testamento. Portanto, no caso de legado, a regra legal determina o direito de acrescer, no caso de falecimento.

Em complemento, o parágrafo único do referido art. 1.946, especifica que "se não houver conjunção entre os colegatários, ou se, apesar de conjuntos, só lhes foi legada certa parte do usufruto, consolidar-se-ão na propriedade as quotas dos que faltarem, à medida que eles forem faltando".

5.11.3. Uso

O direito real de uso é espécie de usufruto, mas restrito e limitado. Tal direito real sobre coisa alheia não permite ao usuário fruir ou extrair utilidades que transcendam as necessidades do usuário ou de sua família.

O direito real de uso também é temporário, *intuito personae*, mas a finalidade é restrita, pois o usuário poderá usar e extrair os frutos para satisfação de suas necessidades (ou da família).

De acordo com o art. 1.412, o usuário usará da coisa e perceberá os frutos, quando o exigirem as necessidades suas ou de sua família. O uso e a fruição das utilidades é no mesmo sentido do usufruto, mas com fim específico.

Portanto, trata-se de usufruto especial ou funcionalizado. O uso e a percepção de frutos estão vinculados e afetados às necessidades pessoais do usuário e de sua família. De acordo com o § 1º do art. 1.412 do CC, as necessidades pessoais do usuário serão avaliadas de acordo com a sua condição social e o lugar em que vivem.

O direito real de uso pode ter por objeto coisas móveis e imóveis. O uso pode ser convencionado pelas partes, por meio de negócio jurídico *inter vivos* e também pode ser constituído por testamento. Além disso, é possível a aquisição do direito real de uso pela usucapião. Não há, na legislação, direito real de uso que decorra da lei. O uso decorre de convenção ou de usucapião.

Em razão da finalidade e da afetação deste direito real ao atendimento das necessidades pessoais do usuário ou de sua família, ao contrário do usufruto, o direito real de uso não pode ter o seu exercício cedido a terceiros (art. 1.393 do CC). O caráter personalíssimo, associado à finalidade restrita e limitada deste direito real, impede a cessão do exercício do uso a terceiros.

O direito real de uso é temporário e pode estar vinculado ou subordinado a termo ou condição. A utilização é reduzida aos limites das necessidades do usuário, ao contrário do usufruto, em que a fruição é ampla.

O § 2º do art. 1.412 do CC define a concepção de família para fins de direito real de uso. De acordo com esse dispositivo, as necessidades da família do usuário compreendem as de seu cônjuge, dos filhos solteiros e das pessoas de seu serviço doméstico. O companheiro também deve ser incluído no conceito, assim como outras pessoas com quem o usuário mantém relação de afetividade. O "conceito" de família dado pelo referido dispositivo é peculiar e não retrata a concepção constitucional e ampla que deve ser conferida às entidades familiares. Assim, no caso concreto, é possível considerar outros sujeitos como integrantes da família, ainda que não descritos no referido dispositivo. A família, para fins do direito real de uso, tem concepção extremamente ampla.

O art. 1.413 do CC é decorrência da própria natureza jurídica do direito real de uso, ou seja, usufruto limitado ou restrito. Por esta razão, prevê a norma que devem ser aplicados ao uso, no que couber e no que com ele for compatível, e o que não contrariar a sua natureza, todas as regras e disposições dos arts. 1.390 a 1.411 da Lei Civil, relativas ao usufruto.

Algumas disposições não são compatíveis com o uso, devido ao caráter personalíssimo e a finalidade restrita deste direito real sobre coisa alheia, como, por exemplo, a cessão do exercício do usufruto, disciplinada no art. 1.393 do CC, que contraria a natureza e a finalidade do direito real de uso. O uso também não se constitui por força de lei, ao contrário do usufruto. No que houver compatibilidade, as regras do usufruto se aplicam ao direito real de uso.

Em resumo, o direito real de uso assegura ao usuário o direito de usar do bem em consonância com as necessidades exigidas pela sua família. Pode ser constituído por contrato, testamento ou usucapião. O usuário pode extrair e perceber frutos, desde que destinados a atender às necessidades do usuário e familiares, na concepção ampla do § 2º do art. 1.412 do CC. Portanto, tal fruição estará limitada às necessidades da família, que serão aferidas segundo a investigação da realidade do usuário e de sua família.

5.11.4. Direito real de habitação

O direito real de uso pode estar limitado ao direito de habitar. O direito real de habitação é espécie de direito real de uso, com âmbito mais restrito. No direito real de habitação, o uso consiste no direito específico de habitar gratuitamente coisa alheia. A finalidade do direito real de habitação é ainda mais restrita e limitada que a do direito real de uso.

O titular do direito real de uso, em razão deste caráter *intuito personae* e finalidade específica, está proibido de alugar ou emprestar a coisa. Apenas poderá ocupá-la com a sua família, conforme enuncia o art. 1.414 do Código Civil. O direito real de habitação retrata usufruto em menor extensão.

O direito real de habitação consiste na possibilidade de o beneficiário utilizar, gratuita e temporariamente, bem imóvel alheio para fim exclusivo de sua moradia e de sua família.

De acordo com o disposto no art. 1.414 do CC, quando o uso consistir no direito de habitar, gratuitamente, casa alheia, o titular deste direito não a pode alugar, nem emprestar, mas simplesmente ocupá-la com a sua família. Esta é a única finalidade do direito real de habitação, ocupação para fins de moradia do titular do direito e sua família.

Não é possível a alienação e, principalmente, a cessão do exercício do direito real de habitação, ante a finalidade específica, associada ao caráter personalíssimo do instituto. É também direito temporário que não ultrapassa a vida do titular (direito real de uso). A finalidade é habitar ou ocupar o imóvel para fins de moradia.

O direito real de habitação pode ser constituído por ato de vontade (contrato ou testamento), usucapião e, ao contrário do direito real de uso, pode decorrer de previsão legal. No direito sucessório, há previsão legal do direito real de habitação, em favor do cônjuge ou companheiro sobrevivente, independente de pactuação.

De acordo com o art. 1.831 do CC, ao cônjuge sobrevivente, qualquer que seja o regime de bens, será assegurado, sem prejuízo da participação que lhe caiba na herança, o direito real de habitação relativamente ao imóvel destinado à residência da família, desde que seja o único daquela natureza a inventariar.

O cônjuge e o companheiro (o dispositivo se aplica ao companheiro, porque o STF considerou inconstitucional a diferenciação do regime sucessório do cônjuge e do companheiro), independentemente do regime de bens e da sua participação ou não na herança, terá o direito de habitar e morar no imóvel que constituía a residência da família, desde que seja o único daquela natureza e não o único imóvel a ser inventariado. De acordo com a regra legal, o cônjuge/companheiro sobrevivente poderá cumular a herança com o direito real de habitação ou, se não tiver direito a qualquer fração da herança, a habitar o imóvel do casal, gratuitamente. Trata-se de direito vitalício e incondicionado.

Nada impede que o cônjuge renuncie ao direito real de habitação, nos termos do Enunciado 271 da III Jornada de Direito Civil: "O cônjuge pode renunciar ao direito real de habitação, nos autos do inventário ou por escritura pública, sem prejuízo de sua participação na herança".

Embora o art. 1.831 do CC não faça referência ao companheiro, a Lei n. 9.278/96, em seu art. 7º, garante ao companheiro sobrevivente o direito real de habitação sobre o imóvel residencial. Nesse sentido é o parágrafo único do referido dispositivo: "Dissolvida a união estável por morte de um dos conviventes, o sobrevivente terá direito real de habitação, enquanto viver ou não constituir nova união ou casamento, relativamente ao imóvel destinado à residência da família".

O disposto no art. 1.831 do CC é mais abrangente, uma vez que, se o viúvo constituir nova união estável ou vier a se casar novamente, não haverá extinção deste direito real sobre o imóvel da filha. No caso da união estável, nova união ou casamento implicará extinção deste direito real. Após a decisão do STF, o art. 1.831 do CC também deve ser aplicado ao companheiro sobrevivente.

O art. 1.415 do CC permite que o direito real de habitação seja deferido a vários habitantes simultaneamente e, neste caso, se apenas um morar no imóvel, não poderão os outros cobrar aluguel daquele, mas este não pode também inibir aqueles de exercerem o direito de habitação.

Segundo o disposto na lei em referência: "Se o direito real de habitação for conferido a mais de uma pessoa, qualquer delas que sozinha habite a casa não terá de pagar aluguel à outra, ou às outras, mas não as pode inibir de exercerem, querendo, o direito, que também lhes compete, de habitá-la".

É o princípio da divisibilidade do direito real de habitação, o qual poderá ser concedido, de forma simultânea, a várias pessoas. O sujeito que usar e habitar o imóvel de forma exclusiva não está obrigado a indenizar os demais, que não habitam o imóvel. Por outro lado, não pode impor obstáculos para que os demais titulares deste direito exerçam o direito de habitar o imóvel.

Por fim, como o direito real de habitação é espécie de usufruto limitado ou restrito, o art. 1.416 do CC dispõe que as regras do usufruto, arts. 1.390 a 1.411 do mesmo diploma legal, naquilo que forem compatíveis com o direito real de habitação e não forem contrários à sua natureza, a ele se aplicam.

A cláusula de acrescer, no caso do art. 1.415 da Lei Civil, assim como no usufruto, deve ser expressa. Em caso de morte de um dos beneficiários, a regra é a extinção do direito em relação ao falecido, salvo convenção de acrescer (art. 1.411, CC). No entanto, o direito real de habitação, pela sua natureza especial, finalidade e caráter personalíssimo, não pode ter o exercício cedido. A cessão do exercício do usufruto, previsto no art. 1.393 do CC, é incompatível com o direito real de habitação.

5.11.5. Enfiteuse

A enfiteuse é instituto do direito civil e o mais amplo dos direitos reais. Consiste na permissão dada ao proprietário (senhorio) de entregar a outrem todos os direitos sobre a coisa, de tal forma que o terceiro que a recebeu, denominado enfiteuta, passe a ter seu domínio útil, mediante o pagamento de uma pensão ou foro ao senhorio. Desta forma, pela enfiteuse, o foreiro ou enfiteuta tem sobre a coisa alheia o direito de posse, uso, gozo, podendo, inclusive, aliená-la ou transmiti-la por herança, mas com a obrigação perpétua de pagar a pensão ao senhorio direto.

O art. 678 do CC/1916 traz o conceito de enfiteuse: "Art. 678. Dá-se a enfiteuse, aforamento, ou emprazamento, quando por ato entre vivos, ou de última vontade, o proprietário atribui a outrem o domínio útil do imóvel, pagando a pessoa, que o adquire, e assim se constitui enfiteuta, ao senhorio direto uma pensão, ou foro, anual, certo e invariável".

O instituto da enfiteuse prestou relevantes serviços durante a época do Brasil Império com o preenchimento de terras inóspitas, incultivas e inexploradas, que eram entregues aos enfiteutas para delas cuidarem e tirarem todo o proveito.

Tal instituto não foi regulado pelo Código Civil atual, permanecendo vigentes os dispositivos do Código Civil de 1916 que tratam do tema e regulam as enfiteuses constituídas até 10 de janeiro de 2003, data em que entrou em vigência o novo Código, vedando a constituição de novas enfiteuses.

É importante destacar que ao foreiro são impostas duas obrigações, que são a de pagar ao senhorio uma prestação anual, certa e invariável, denominada foro, cânon ou pensão; e a de conceder ao proprietário o direito de preferência toda vez que for alienar a enfiteuse. Caso o senhorio não exerça a preferência, terá direito ao laudêmio, que é uma porcentagem sobre o negócio realizado, variante entre 2,5% (dois e meio por cento) do valor da transação até 100% (cem por cento). Porém, diante da possibilidade de o laudêmio ser o valor integral do negócio, perde-se o interesse na venda e a enfiteuse acaba passando de geração para geração. Com o intuito de se evitar esta cláusula abusiva, o CC, em seu art. 2.038, proibiu não só a sua cobrança, como também vedou a instituição de novas enfiteuses.

Vale ressaltar que a regra prevista no mencionado artigo não se aplica às enfiteuses de terras públicas e de terrenos da marinha, que, nos termos do § 2º do art. 2.038, são regidas por lei especial. Portanto, nos termos do Decreto-lei n. 9.760/46, o Poder Público continua podendo instituir enfiteuses de terras públicas e, nestes casos, a prestação anual será de 0,6% sobre o valor atual do bem.

5.12. DIREITO DO PROMITENTE COMPRADOR DO IMÓVEL

5.12.1. Direito do promitente comprador no ordenamento jurídico brasileiro

O Código Civil de 2002, ao enumerar os direitos reais no art. 1.225, apresenta instituto novo, que não encontra correspondência no seu antecessor, "o direito do promitente comprador do imóvel".

Embora, na atualidade, o princípio da tipicidade dos direitos reais seja alvo de questionamentos (a ideia de que os direitos reais são *numerus clausus*), a lei civil, nos arts. 1.417 e 1.418, disciplina o direito real do promitente comprador.

O direito real em favor do promitente comprador se constitui a partir de determinado título, promessa de compra e venda de imóvel (espécie do gênero contrato preliminar). A promessa de compra e venda, como contrato preliminar, é submetida à disciplina dos arts. 462 a 466 do Código Civil. Todavia, se o negócio jurídico obrigacional, promessa de compra e venda, tiver por objeto bem imóvel e, ainda, ostentar os requisitos previstos no art. 1.417 do CC, se converterá em direito real de aquisição em favor do promitente comprador, com todos os efeitos jurídicos de qualquer direito real.

Portanto, a promessa de compra e venda de imóvel que não ostentar cláusula de arrependimento em favor de qualquer das partes e for averbada no registro imobiliário constituirá o direito real de aquisição em favor do promitente comprador.

Portanto, se a promessa de compra e venda (título meramente obrigacional) preencher os requisitos previstos no art. 1.417 do CC, estará constituído o direito real de aquisição em favor do promitente comprador, com todas as características dos direitos reais. Caso contrário, se o promitente comprador e o promissário vendedor firmarem contrato preliminar de promessa de compra e venda sem os requisitos previstos no art. 1.417, o negócio jurídico terá efeitos meramente obrigacionais (será submetido, neste caso, apenas à disciplina do contrato preliminar, arts. 462 a 466 do CC).

A promessa de compra e venda é espécie do gênero contrato preliminar, o qual pode se converter em direito real (art. 1.417 do CC) ou gerar meros efeitos obrigacionais (art. 462 a 466 do CC), a depender dos requisitos, do conteúdo e das formalidades deste negócio jurídico.

De acordo com o art. 1.417 do CC, para a constituição deste direito real em favor do promitente comprador, direito real à aquisição, a promessa de compra e venda de imóvel deve ostentar três pressupostos fundamentais:

O *primeiro pressuposto* é a materialização da vontade dos contratantes em documento escrito, que pode ser instrumento público ou particular. Não há necessidade de instrumento público para constituição do direito real à aquisição do imóvel em favor do promitente comprador. Basta o instrumento particular. Entretanto, é necessário que a vontade seja materializada em documento escrito.

O *segundo pressuposto* para a constituição deste direito real é a ausência de cláusula de arrependimento. No contrato preliminar, promessa de compra e venda, celebrada por instrumento público ou privado, os interessados não podem pactuar o direito potestativo de desfazer o negócio jurídico ou se arrepender. O direito de arrependimento é a cláusula que confere aos parceiros contratantes a possibilidade de denunciar o contrato. A cláusula de arrependimento, a teor do disposto no art. 1.417 do CC, neutraliza qualquer possibilidade de constituição deste direito real. A cláusula de arrependimento sempre deve estar expressa no contrato. Se não foi pactuada a cláusula de arrependimento, impossível o desfazimento do contrato por esta causa. O direito real de aquisição é incompatível com o direito potestativo de desfazimento do pacto.

Aliás, deve ser registrado que o Decreto-lei n. 58/37 e a Lei n. 6.766/79 impedem a inserção de cláusula de arrependimento em contratos que envolvam lotes rurais e urbanos. A vedação é de ordem pública e ocorre nos imóveis que são objeto de loteamento urbano. Portanto, em promessas de compra e venda de imóvel de bens loteados, não há possibilidade de cláusula de arrependimento (os negócios jurídicos, nestes casos, são irretratáveis e irrevogáveis).

Ademais, nas incorporações imobiliárias, as promessas de compra e venda também são irretratáveis, como enuncia o art. 32, § 2º, da Lei n. 4.591/64, com redação dada pela Lei n. 10.931/2004. Segundo o referido dispositivo: "Os contratos de compra e venda, promessa de venda, cessão ou promessa de cessão de unidades autônomas são irretratáveis e, uma vez registrados, conferem direito real oponível a terceiros, atribuindo direito a adjudicação compulsória perante o incorporador ou a quem o suceder, inclusive na hipótese de insolvência posterior ao término da obra".

A promessa de compra e venda de imóvel não loteado para fins de constituição deste direito real à aquisição do promitente comprador não pode ostentar cláusula de arrependimento.

O *terceiro e principal pressuposto* para a formalização do direito real à aquisição em favor do promitente comprador é o registro do contrato preliminar (a promessa de compra e venda de imóvel) no Cartório de Registro de Imóveis.

Em resumo, presentes os pressupostos retromencionados, adquire o promitente comprador direito real a aquisição do imóvel.

Assim dispõe o art. 1.417 do CC: "Mediante promessa de compra e venda, em que se não pactuou arrependimento, celebrada por instrumento público ou particular, e registrada no Cartório de Registro de Imóveis, adquire o promitente comprador direito real à aquisição do imóvel".

O contrato preliminar, em si considerado, possui eficácia meramente obrigacional. No entanto, se tal contrato preliminar for promessa de compra e venda de bem imóvel, e tal pacto estiver revestido dos requisitos previstos no art. 1.417 do CC (ausência de cláusula de arrependimento e registro), terá conteúdo e natureza de direito real, com todos os seus efeitos.

Após a formalização da promessa de compra e venda de imóvel, com a observância dos requisitos exigidos no art. 1.417 do CC, o promitente comprador, titular do direito real, pode exigir do promitente vendedor, ou de terceiros, a quem os direitos podem ter sido cedidos, a outorga da escritura definitiva de compra e venda, nos termos do que dispõe o art. 1.418 do CC.

Assim, em caso de mora do promitente vendedor, e tendo o promitente comprador cumprido as suas obrigações, poderá exigir a outorga de escritura definitiva e a consequente adjudicação do imóvel.

Nesse ponto deve ser feito um esclarecimento. O registro é essencial para a constituição do direito real à aquisição. No entanto, o registro não é requisito ou pressuposto de validade e eficácia do contrato preliminar (em relação aos contratantes), ainda que seja uma promessa de compra e venda. A ausência do registro apenas impedirá a constituição do direito real, mas poderá gerar obrigações, nos termos dos arts. 462 a 466 do CC.

Portanto, o registro do contrato preliminar de compra e venda de imóvel, desde que ausente cláusula de arrependimento, levará à constituição de um direito real. Por força deste direito real, o promitente comprador poderá exigir de terceiros e do vendedor a outorga de escritura e, em caso de recusa, a adjudicação compulsória, tudo nos termos do art. 1.418 do CC. Se o contrato preliminar de compra e venda de imóvel não for registrado, gerará efeitos meramente obrigacionais (aplicam-se os arts. 462 a 466 do CC).

Em resumo, em relação ao contrato preliminar, cujo objeto seja a compra e venda de imóvel, a ausência de registro não impedirá a constituição e a plena eficácia da promessa, mas gerará efeitos meramente obrigacionais. Se o contrato preliminar de compra e venda de imóvel for registrado, além de efeitos obrigacionais, o registro terá o condão de constituir o chamado "direito real do promitente comprador", com a possibilidade de adjudicação compulsória em relação a terceiros, inclusive sequela, nos termos do art. 1.418 da Lei Civil.

Sobre o assunto, relevante a observação de Fábio de Oliveira[411]: "Entendemos, assim, que o art. 1.418 só será aplicado às hipóteses em que a promessa de compra e venda constituir um direito real à aquisição, isto é, quando esta estiver registrada, pois, caso contrário, quando representar um direito meramente obrigacional, sem registro, portanto, deverá ser aplicado o art. 464, que é regra geral, aplicável a todos os contratos preliminares que têm na promessa de compra e venda uma espécie, e com isso poupando os jurisdicionados de um evidente retrocesso".

O art. 1.418 da lei civil permite a adjudicação compulsória em caso de registro do contrato preliminar de compra e venda de imóvel, ou seja, se houver a constituição do direito real, mediante o preenchimento dos requisitos previstos no art. 1.417 do mesmo diploma. Todavia, o art. 1.418 ostenta erro substancial e relevante, quando condiciona a constituição do direito real para que o promitente possa exigir o cumprimento do contrato do promitente vendedor. Em relação ao vendedor, para fins de tutela específica, não há necessidade da constituição do direito real. Basta que o contrato preliminar gere efeitos obrigacionais, pois, neste caso, a tutela específica é admitida pelo art. 464 do CC.

---

[411] AZEVEDO, Fábio de Oliveira. *Direito civil*: introdução e teoria geral. Rio de Janeiro: Lumen Juris, 2009.

Nesse sentido, o Enunciado 95 da I Jornada de Direito Civil: "O direito à adjudicação compulsória (art. 1.418 do CC), quando exercido em face do promitente vendedor, não se condiciona ao registro da promessa de compra e venda no cartório de registro imobiliário (Súmula 239 do STJ)".

Apenas quando o pedido de adjudicação compulsória é manifestado em face de terceiros, se faz indispensável o direito real, em razão da sequela que o caracteriza. Por isso, perante terceiros, para fins do art. 1.418, impõe-se o registro (Enunciado 253 da III Jornada: "O promitente comprador, titular de direito real (1.417 do CC) tem a faculdade de reivindicar de terceiro o imóvel prometido à venda").

A Súmula 239 do STJ também dispensa o registro para adjudicação compulsória de imóvel. A ausência do direito real constituído pelo registro não impedirá o promitente comprador de exigir o cumprimento do contrato preliminar em face do vendedor, com fundamento no art. 464 do CC, regra geral. Não havendo a constituição do direito real, afasta-se a regra específica prevista no citado art. 1.418.

O contrato preliminar pode ser impróprio, que dispensa novo contrato, pois se converterá no próprio contrato definitivo. Desta forma, o contrato preliminar impróprio dispensa o contrato definitivo, justamente pela sua irrevogabilidade. É o caso do art. 26, § 6º, da Lei n. 6.766/79, com a redação que lhe deu a Lei n. 9.785/99, segundo o qual é possível que o contrato preliminar se baste e opere a aquisição derivada da propriedade, desde que registrado e acompanhado da prova de sua quitação. O Enunciado 87 da II Jornada de Direito Civil estendeu o contrato impróprio para a promessa de compra e venda de imóvel não loteado, ao prever que: "Considera-se também título translativo, para fins do art. 1.245 do novo Código Civil, a promessa de compra e venda devidamente quitada (arts. 1.417 e 1418 do CC e § 6º do art. 26 da Lei n. 6.766/79)".

O § 6º do art. 26 da Lei de Loteamentos, incluído pela Lei n. 9.785/99, permite, expressamente, que o compromisso de compra e venda seja considerado título eficaz para o registro, quando quitado: "Os compromissos de compra e venda, as cessões e as promessas de cessão valerão como título para o registro da propriedade do lote adquirido, quando acompanhados da respectiva prova de quitação". O compromisso de compra e venda quitado (relativo a imóvel não loteado – se for loteado, aplica-se o § 6º do art. 26) também é título para o registro da propriedade. Se o contrato de compra e venda estiver quitado, é considerado impróprio e, por isso, pode ser levado ao registro de propriedade. Se não estiver quitado, incidem as regras previstas nos arts. 1.417 e 1.418.

Por fim, na V Jornada de Direito Civil promovida pelo Conselho da Justiça Federal, foi aprovado o Enunciado 434, que se refere ao contrato preliminar de permuta de imóveis: "O contrato de promessa de permuta de bens imóveis é título passível de registro na matrícula imobiliária".

Resumo

A promessa de compra e venda de imóvel é espécie do gênero "contrato preliminar" e, por isso, deve conter todos os requisitos essenciais do contrato definitivo (compra e venda), exceto a forma (solenidade – plano de validade) – art. 462 do CC. Tal promessa, em regra, gera efeitos obrigacionais bilaterais, razão pela qual qualquer das partes tem poder para exigir a concretização do contrato definitivo (a compra e venda). No caso de inadimplemento, a parte inocente poderá obter suprimento judicial da vontade (art. 464), por meio de outorga de escritura (efeito apenas obrigacional) ou, exigir perdas e danos (art. 465). É a lógica de qualquer inadimplemento (art. 475).

Qual a relação do registro (ou averbação da promessa no CRI) da promessa com o direito real à aquisição? Resposta: repercussão nos direitos obrigacionais ou reais.

Promessa CV não registrada (obrigacional): se a promessa de compra e venda de imóvel não estiver averbada no Registro Imobiliário será submetida à disciplina jurídica do contrato preliminar (arts. 462 a 466 do CC) e terá efeitos meramente obrigacionais. Em caso de inadimplemento, o interessado poderá obter, por meio de suprimento judicial da parte inadimplente, a concretização do contrato definitivo (que poderá ser a escritura pública de CV ou contrato particular de CV, se o imóvel for de valor inferior a 30 Salários). Todavia, os efeitos permanecem obrigacionais, pois a promessa não registrada permite apenas a concretização do contrato definitivo, que também (como a promessa) não transfere direito real de propriedade (ação de outorga de escritura definitiva – a Súmula 239 do STJ incorre em grave equívoco ao mencionar a adjudicação compulsória no caso de promessa não registrada).

Obs.: há quem defenda a (absurda) tese de que contra o promitente vendedor (não em relação a terceiro), por força da Súmula 239 do STJ, a adjudicação compulsória não se condiciona ao registro da promessa. A adjudicação tem o poder de transferir o direito real de propriedade e, no caso de imóvel, sempre dependerá do registro.

Promessa CV registrada (real): se a promessa de compra e venda de imóvel estiver registrada (averbada na matrícula do bem) e não houver cláusula de arrependimento, estará constituído o direito real em favor do promitente comprador do imóvel (arts. 1.225, VII, 1.417 e 1.418 do CC). O promitente comprador terá direito real à aquisição e, em razão deste fato, no caso de inadimplemento, poderá manejar ação de adjudicação compulsória, contra o promitente vendedor ou terceiro (justamente por ser direito real – na promessa não registrada, não há possibilidade de ação contra terceiro, salvo má-fé), por meio da qual adquirirá o direito real de propriedade sobre o imóvel (a sentença servirá como título translativo). No mesmo sentido os arts. 22 do Decreto-lei n. 58/37 (que disciplina a promessa de CV de imóveis não loteados) e 25 da Lei n. 6.766/79, que disciplina a promessa de CV de imóveis loteados, segundo os quais é possível adjudicação compulsória da promessa, desde que registrada (e claro, se as obrigações foram adimplidas por aquele que pretende a adjudicação).

O STJ e parcela da doutrina devem trazer coerência ao direito civil e interpretar o termo "adjudicação compulsória" (gera direito real) que consta na Súmula 239 como "outorga de escritura pública". Não entendo por que essa insistência em afirmar e a reafirmar absurdos. Não se transfere direito de propriedade, em decorrência de promessa de CV, sem registro, seja por ato de vontade ou judicialmente.

5.13. A CONCESSÃO DE DIREITO REAL DE USO E A CONCESSÃO DE USO ESPECIAL PARA FINS DE MORADIA

5.13.1. Noção e características

O art. 1.225, XI e XII, da Lei Civil, insere no rol dos direitos reais a concessão especial para fins de moradia e a concessão de direito real de uso.

A concessão de direito real de uso é disciplinada pelo Decreto-lei n. 271/67. O art. 7º do referido Decreto-lei, alterado pela Lei n. 11.481/2007, dispõe sobre a possibilidade de concessão de uso de terrenos públicos e particulares, como direito real resolúvel (art. 1.359 do CC), para os fins estabelecidos na norma.

De acordo com o referido artigo: "É instituída a concessão de uso de terrenos públicos ou particulares remunerada ou gratuita, por tempo certo ou indeterminado, como direito real resolúvel, para fins específicos de regularização fundiária de interesse social, urbanização, industrialização, edificação, cultivo da terra, aproveitamento sustentável das várzeas, preservação das comunidades tradicionais e seus meios de subsistência ou outras modalidades de interesse social em áreas urbanas".

Assim, a concessão de uso tem por finalidade a regularização fundiária de interesse social, como industrialização, edificação, aproveitamento de várzeas, dentre outros. O que diferencia o direito real concessão de uso, da concessão de uso tradicional, é justamente a finalidade disposta no mencionado art. 7º para este direito real. A concessão de direito real de uso não se confunde com o direito real de uso já estudado. O direito real de uso tem por finalidade única a concretização do direito social e fundamental de moradia. A concessão de direito real de uso como enuncia o art. 7º não se restringe a essa finalidade. A finalidade e os objetivos do direito real concessão de uso são muito mais amplas.

Em complemento, dispõem os parágrafos do art. 7º:

"§ 1º A concessão de uso poderá ser contratada, por instrumento público ou particular, ou por simples termo administrativo, e será inscrita e cancelada em livro especial;

§ 2º Desde a inscrição da concessão de uso, o concessionário fruirá plenamente do terreno para os fins estabelecidos no contrato e responderá por todos os encargos civis, administrativos e tributários que venham a incidir sobre o imóvel e suas rendas;

§ 3º Resolve-se a concessão antes de seu termo, desde que o concessionário dê ao imóvel destinação diversa da estabelecida no contrato ou termo, ou descumpra cláusula resolutória do ajuste, perdendo, neste caso, as benfeitorias de qualquer natureza;

§ 4º A concessão de uso, salvo disposição contratual em contrário, transfere-se por ato *inter vivos*, ou por sucessão legítima ou testamentária, como os demais direitos reais sobre coisas alheias, registrando-se a transferência."

O § 4º do art. 7º evidencia que a concessão de direito real de uso não tem caráter personalíssimo, ao contrário do tradicional direito real de uso (art. 1.412 do CC), porque pode ser transferida a terceiros, por ato *inter vivos* ou *causa mortis*.

O § 3º trata das hipóteses de extinção da concessão do direito real de uso: o encerramento do prazo e o descumprimento da principal obrigação da concessionária, qual seja, dar ao bem destinação diversa.

Por outro lado, a concessão de uso especial para fins de moradia, tem por objeto a concessão de uso de imóveis públicos, como meio de concretização do direito social e fundamental de moradia, expresso no art. 6º da CF/88.

Tal direito real é disciplinado e regulado pela Medida Provisória n. 2.220/2001. O objetivo deste direito real é evidenciado no art. 1º da referida medida provisória: "Aquele que, até 30 de junho de 2001, possuiu como seu, por cinco anos, ininterruptamente e sem oposição, até duzentos e cinquenta metros quadrados de imóvel público situado em área urbana, utilizando-o para sua moradia ou de sua família, tem o direito à concessão de uso especial para fins de moradia em relação ao bem objeto da posse, desde que não seja proprietário ou concessionário, a qualquer título, de outro imóvel urbano ou rural". A referida medida provisória foi alterada pela Medida Provisória n. 759/2016, que ampliou o prazo original, que era 30-6-2001, para 22-12-2016 (art. 66 da MP n. 759/2016). A medida provisória foi convertida na Lei n. 13.465/2016 (art. 77).

A finalidade é regularizar a moradia de pessoas que estão alocadas ou que ocuparam imóveis públicos até 30-6-2001 (agora, até 22-12-2016). Para tanto, devem preencher os requisitos legais, como posse ininterrupta por mais de 5 (cinco) anos, ocupação de imóvel público com área máxima de 250 (duzentos e cinquenta) metros quadrados, finalidade de moradia e não ser proprietário de outro imóvel urbano ou rural.

De acordo com os parágrafos do referido artigo, a concessão de uso especial para fins de moradia será conferida de forma gratuita ao homem ou à mulher, ou a ambos, independentemente do estado civil. Além disso, o direito de que trata este artigo não será reconhecido ao mesmo concessionário mais de uma vez. Por fim, o § 3º, do art. 1º protege o núcleo familiar do concessionário, ao prever que o herdeiro legítimo continua, de pleno direito, na posse de seu antecessor, desde que já resida no imóvel por ocasião da abertura da sucessão.

No caso, se estiverem preenchidos os requisitos legais, o Poder Público não pode se opor à constituição deste direito real. Trata-se de direito subjetivo do sujeito, que tem o direito de constituir a concessão para fins de moradia administrativamente e, não sendo possível, por conta de obstáculos impostos pelo poder público, pelas vias judiciais. Nesse sentido, o art. 6º, *caput*, da referida medida provisória: "Art. 6º O título de concessão de uso especial para fins de moradia será obtido pela via administrativa perante o órgão competente da Administração Pública ou, em caso de recusa ou omissão deste, pela via judicial".

Por outro lado, tal concessão não constitui direito real personalíssimo, pois pode ser transferida por ato *inter vivos* ou *causa mortis*. Nesse sentido é o art. 7º da medida provisória em referência: "O direito de concessão de uso especial para fins de moradia é transferível por ato *inter vivos* ou *causa mortis*".

As causas de extinção deste direito real de concessão para fins de moradia estão diretamente relacionadas à finalidade social e econômica do instituto, a concessão de moradia. Por isso, a destinação diversa ou a aquisição de outra propriedade esvazia o fundamento e o conteúdo social do direito real em questão.

Nos termos do art. 8º da Medida Provisória n. 2.220/2001: "O direito à concessão de uso especial para fins de moradia extingue-se no caso de: I – o concessionário dar ao imóvel destinação diversa da moradia para si ou para sua família; ou II – o concessionário adquirir a propriedade ou a concessão de uso de outro imóvel urbano ou rural. Parágrafo único. A extinção de que trata este artigo será averbada no cartório de registro de imóveis, por meio de declaração do Poder Público concedente".

Com a finalidade de atender às populações de baixa renda e com intuito de incrementar políticas públicas sociais, da mesma forma como faz a usucapião coletiva do Estatuto da Cidade, em seu art. 10, a Medida Provisória em referência permite a concessão de direito real de uso especial para fins de moradia em imóveis públicos com área superior a 250 (duzentos e cinquenta) metros quadrados, desde que, de forma cumulativa, estejam presentes os seguintes requisitos (art. 2º da Medida Provisória n. 2.220/2001).

Trata-se de concessão de uso especial para fins de moradia coletiva, ao contrário da concessão individual prevista no art. 1º da Medida Provisória n. 2.220/2001. No caso, o prazo também foi ampliado para ocupações até 22-12-2016, data da edição da Medida Provisória n. 759/2016.

Por fim, o direito real de concessão especial de uso para fins de moradia pode ser objeto de hipoteca, a teor do disposto no art. 1.473, VII, do CC.

Como o Código Civil não regulamentou tais direitos reais, a concessão de direito real de uso e a concessão especial de uso para fins de moradia continuam a serem disciplinados, respectivamente, pelo Decreto-lei n. 271/67 e pela Medida Provisória n. 2.220/2001.

Como novidade, o art. 2º, com redação dada pelo art. 77 da Lei n. 13.465/2017, passou a dispor que: "Nos imóveis de que trata o art. 1º, com mais de duzentos e cinquenta metros quadrados, ocupados até 22 de dezembro de 2016, por população de baixa renda para sua moradia, por cinco anos, ininterruptamente e sem oposição, cuja área total dividida pelo número de possuidores seja inferior a duzentos e cinquenta metros quadrados por possuidor, a concessão de uso especial para fins de moradia será conferida de forma coletiva, desde que os possuidores não sejam proprietários ou concessionários, a qualquer título, de outro imóvel urbano ou rural".

Há diferenças entre tais direitos reais e o direito real de uso, disciplinado nos arts. 1.412 a 1.414 do CC?

O Código Civil disciplina o direito real de uso a partir de três perspectivas bem distintas: o direito real de uso (arts. 1.225, V, 1.412 e 1.413 todos do CC), concessão de direito real de uso (art. 12.25, inciso XII, do CC e Decreto-lei n. 271/67) e concessão de uso para fins de moradia (art. 1.225, inciso XI, do CC e MP n. 2.220/2001).

O direito real de uso objeto do Código Civil (art. 1.412 do CC) se caracteriza pelo exercício limitado deste direito real, pois o usuário poderá explorar os frutos naturais da coisa com finalidade específica: atender as necessidades de subsistência da família. Em resumo: uso da coisa e percepção de frutos para fins específicos. É usufruto em menor extensão ou restrito (segue as regras do usufruto). O usuário frui em benefício próprio, jamais para gerar renda ou em favor de terceiro. O direito real de uso tem caráter personalíssimo, razão pela qual o exercício não pode ser cedido e o direito não é passível de transmissão por ato *inter vivos* ou *causa mortis*. A finalidade específica (uso e fruição limitada em favor do titular do direito) e o caráter personalíssimo diferenciam este direito real da concessão de uso e da concessão de uso para fins de moradia.

A concessão de direito real de uso (Decreto-lei n. 271/67) tem por finalidade específica servir como instrumento para urbanização, industrialização ou qualquer utilização de interesse social, como regularização fundiária (art. 7º do Decreto-lei). É direito real resolúvel, vinculado a contrato de concessão, que pode ter por objeto terrenos públicos e particulares. Não se limita a moradia e a fruição é muito mais ampla que o direito real de uso do CC, porque pode transcender as necessidades da família (§ 2º do art. 7º). A concessão de direito real de uso não tem caráter personalíssimo. Pode ser transferida por ato entre vivos ou por sucessão, legítima ou testamentária.

Por fim, na concessão de uso para fins de moradia, meio de concretização do direito social e fundamental de moradia, o Estado concede a determinado sujeito direito real de uso sobre bem público. Tem a finalidade exclusiva de moradia, ao contrário da concessão de direito real de uso do Decreto-lei n. 271/67. Desde que atendidos os pressupostos da MP 2.220/2001, a pessoa, que ocupa bem público, tem direito subjetivo a esta concessão. Trata-se de ato administrativo vinculado. Não tem caráter personalíssimo, mas o direito pode ser resolvido se for dada destinação diversa da moradia ou se o concessionário adquirir outro imóvel. Por ser direito subjetivo, o título de concessão pode ser obtido administrativamente e, caso haja denegação injusta, pela via judicial. Para tanto, essencial o preenchimento dos requisitos legais para ser titular deste direito.

5.13.2. Direito real de laje

A Medida Provisória n. 759, de 22 de dezembro de 2016, em seu art. 25, introduziu no art. 1.225 do Código Civil mais um direito real, denominado direito real de laje ou direito à laje (inciso XIII). A referida medida provisória foi convertida na Lei Federal n. 13.465/2017 e o direito de laje passou a ser previsto no art. 55 dessa mesma legislação.

Além da positivação deste novo direito real, a referida lei federal acrescentou ao Código Civil os arts. 1.510 – A, 1.510-B, 1.510-C, 1.510-D e 1.510-E, a fim de disciplinar o direito à laje, que passa a ter normatização própria e autônoma. O direito de laje sempre foi objeto de discussão no âmbito da propriedade superficiária, tendo em vista a defesa da tese de se instituir propriedade superficiária sobre outra propriedade superficiária (trataremos do tema adiante). A partir da Medida Provisória n. 759/2016, convertida na Lei n. 13.465/2017, o direito real de laje passa a ser direito autônomo e independente. A redação conferida pela medida provisória ao art. 1.510-A foi modificada com a aprovação da Lei n. 13.645/2017. Além de alterar a redação do art. 1.510-A, novos dispositivos foram acrescentados ao art. 1.510.

O art. 1.510-A do Código Civil define o direito real de laje. De acordo com esse dispositivo, "o proprietário de uma construção-base poderá ceder a superfície superior ou inferior de sua construção a fim de que o titular da laje mantenha unidade distinta daquela originalmente construída sobre o solo". A lei traz a novidade da "construção-base" sobre a qual será instituído o direito de laje. Como o direito de laje compreende o espaço aéreo e o subsolo (§ 1º do art. 1.510-A), o proprietário da construção base pode ceder a superfície superior e a inferior dessa construção. O titular do direito real de laje será titular de direito real autônomo em relação à construção base.

O isolamento funcional e o acesso independente não são pressupostos ou requisitos legais do direito de laje.

A extensão e a autonomia do direito de laje estão especificadas de forma clara e objetiva no § 1º do art. 1.510-A "O direito real de laje contempla o espaço aéreo ou o subsolo de terrenos públicos ou privados, tomados em projeção vertical, como unidade imobiliária autônoma, não contemplando as demais áreas edificadas ou não pertencentes ao proprietário da construção-base". Não está compreendido no direito de laje as áreas edificadas que não pertencem ao proprietário da construção base.

O direito de laje pode ser constituído sobre construção base em terreno privado ou público.

Os §§ 2º a 4º do art. 1.510-A são meros desdobramentos da autonomia deste direito real (o titular do direito de laje responde por encargos e tributos incidentes sobre a sua unidade; os titulares do direito de laje, que é unidade imobiliária autônoma em matrícula própria, poderão exercer as faculdades jurídicas decorrentes deste direito – uso, gozo e disposição e, por fim, a instituição do direito real de laje não implica a atribuição de fração ideal de terreno ao titular da laje ou a participação proporcional em áreas já edificadas).

O § 6º do art. 1.510-A admite a laje sobre a laje ou o direito de laje em segundo grau. De acordo com a norma em referência "o titular da laje poderá ceder a superfície de sua construção para a instituição de um sucessivo direito real de laje, desde que haja autorização expressa dos titulares da construção-base e das demais lajes, respeitadas as posturas edilícias e urbanísticas vigentes". No entanto, há duas condições para a instituição do direito de laje sobre a laje ou a laje em segundo grau: "1 – autorização expressa dos titulares da construção base e das demais lajes; 2 – compatibilidade com as normas técnicas de posturas edilícias e urbanísticas".

O art. 1.510-B do CC estabelece o óbvio. O titular do direito de laje não pode realizar obras novas ou sem observar normas de segurança, capazes de prejudicar a linha arquitetônica ou o arranjo estético do edifício.

O art. 1.510-C impõe a observância das regras do condomínio edilício, no que for compatível com a laje, no que se refere às despesas necessárias à conservação e fruição das partes que sirvam a todo o edifício e ao pagamento de serviços de interesse comum. Neste caso, tais despesas serão partilhadas entre o proprietário da construção-base e o titular da laje, na proporção que venha a ser estipulada em contrato. O § 1º do art. 1.510-C menciona quais são as partes comuns que servem a todo o edifício, cujas despesas são partilhadas, o que reduz a possibilidade de interpretação quanto a esta questão.

O art. 1.510-D trata simplesmente do direito de preferência. O direito de preferência é recíproco em relação ao proprietário da construção base e da laje.

De acordo com a norma, em caso de alienação de qualquer das unidades sobrepostas, terão direito de preferência, em igualdade de condições com terceiros, os titulares da construção-base e da laje, nessa ordem, que serão cientificados por escrito para que se manifestem no prazo de trinta dias, salvo se o contrato dispuser de modo diverso. O titular da construção-base ou da laje a quem não se der conhecimento da alienação poderá, mediante depósito do respectivo preço, haver para si a parte alienada a terceiros, se o requerer no prazo decadencial de cento e oitenta dias, contado da data de alienação. Se houver mais de uma laje, terá preferência, sucessivamente, o titular das lajes ascendentes e o titular das lajes descendentes, assegurada a prioridade para a laje mais próxima à unidade sobreposta a ser alienada.

De acordo com o art. 1.510-E, a ruína da construção base, por óbvio, implicará na extinção do direito de laje. Embora autônomo e independente em termos jurídicos, a laje, fisicamente, tem relação de dependência com a construção base, que poderá levar à sua extinção. Há duas exceções. Ainda que haja ruína da construção base, o direito de laje se for sobre o subsolo ou se a construção-base não for reconstruída no prazo de cinco anos.

Os Municípios e o Distrito Federal poderão dispor sobre posturas edilícias e urbanísticas associadas ao direito real de laje.

O direito real de laje é espécie de direito real de superfície?

O direito real de laje simboliza a ineficiência do Estado na concretização de políticas públicas sociais, em especial aquelas relativas ao direito fundamental à moradia digna.

Até a edição da Medida Provisória n. 759/2016, convertida posteriormente na Lei Federal n. 13.465/2017, o direito real de laje, como instituto autônomo e independente de outros direitos, reais e obrigacionais, não estava positivado em nosso sistema jurídico. Em razão da ausência de norma até a referida MP, o direito real de laje era conectado e estudado de forma associada ao direito de superfície (espécie de propriedade resolúvel), sob a denominação "sobrelevação" (superfície sobre outra superfície era igual a laje). O direito de superfície abrange o solo, subsolo e espaço aéreo, com o que se admitia a sobrelevação (enunciado 568 da VI Jornada de Direito Civil). Portanto, a laje nada mais era do que a superfície sobre outra superfície ou superfície em segundo grau. Como a propriedade superficiária é espécie de propriedade resolúvel, a laje ou sobrelevação ficava subordinada à vigência da relação jurídica material subjacente (proprietário do solo e titular da superfície).

Com a edição da Medida Provisória n. 759, o direito real de laje foi introduzido na lei civil como direito real autônomo e independente. A redação deste direito na MP foi alvo de profundas críticas, porque retratava concepções jurídicas bizarras, motivo pelo qual, com a conversão da MP na Lei n. 13.465/2017, a redação do instituto foi profundamente alterada (atuais arts. 1.510-A a 1.510-E, do Código Civil).

Na redação dada pela Lei n. 13.465/2017, o direito real de laje é dissociado do direito real de superfície, embora o objeto material da laje seja a superfície superior (laje em sobrelevação – *espaço aéreo*) ou inferior (laje em infrapartição – *subsolo*) de uma construção base. Ainda que o objeto *material* seja a superfície da construção base, não se confunde com o instituto jurídico direito real de superfície (neste, por força de contrato de concessão, constitui-se propriedade resolúvel sobre acessões na superfície). O titular do direito real de laje (lajeário) – terá uma unidade imobiliária *autônoma* (tomada em projeção vertical ao espaço aéreo ou subsolo), com matrícula própria (não se trata de propriedade resolúvel). Trata-se, portanto, de direito real autônomo, independente de outros direitos reais, com características próprias. Embora a laje também não se confunda com o condomínio, porque ao titular da laje não pode ser atribuída fração ideal de terreno ou participação proporcional em áreas já edificadas, a própria lei civil permite a aplicação de normas do condomínio edilício para questões como responsabilidade por despesas para a conservação das partes que servem à laje e também ao proprietário da construção base e, ainda, prevê o direito de preferência legal em favor destes, no caso de alienação de qualquer das propriedades sobrepostas. Tais pontos de contato não tornam o direito real de laje espécie de condomínio.

Por fim, a lei civil permite ainda a laje sobre a laje (sobrelaje ou laje em segundo grau), desde que autorizado pelo titular as lajes já existentes e o dono da construção-base.

A existência de restrições legais (respeito a posturas edilícias e normas urbanísticas; preservação da segurança, da linha arquitetônica e estética, entre outras), a ausência de normas específicas para o exercício pleno deste direito (uso, gozo e disposição) e os problemas fático-estruturais na realidade da vida, certamente constituirão obstáculo instransponível para a concretização dessa imoralidade, onde se pretende, com falsos pretextos, se institucionalizar os "puxadinhos", em especial em comunidades mais carentes.

5.14. DIREITOS REAIS DE GARANTIA SOBRE COISA ALHEIA

5.14.1. Considerações preliminares

Os direitos reais de garantia sobre coisa alheia estão disciplinados na lei civil, nos arts. 1.419 a 1.510, cujos dispositivos são sistematizados em duas partes. Na primeira parte, arts. 1.419 a 1.430, há preceitos comuns (disposições gerais) que integram a teoria geral dos direitos reais de garantia sobre coisa alheia. Na teoria geral, em sua maioria, as regras são comuns à hipoteca, penhor e anticrese. Na segunda parte, arts. 1.431 a 1.510, há normas específicas sobre cada direito real de garantia sobre coisa alheia.

Por outro lado, a propriedade fiduciária, embora seja direito real de garantia (o objetivo é garantir obrigação), não integra este título. Trata-se de espécie de propriedade, cuja garantia não é coisa alheia, mas coisa própria (o credor é o proprietário, ainda que resolúvel, da coisa dada em garantia pelo devedor). Por ter essa finalidade (garantia de obrigação), várias regras dos direitos reais de garantia sobre coisa alheia se identificam com regras da propriedade fiduciária.

Os direitos reais de garantia estão intimamente relacionados com o princípio da responsabilidade patrimonial. Tais direitos reais permitem que determinado bem, móvel ou imóvel, seja destacado do patrimônio geral do devedor e afetado a obrigação específica e individualizada.

Em regra, o patrimônio geral do devedor é a garantia de seus credores. O direito real de garantia sobre coisa alheia permite que determinado bem ou direito, que integra o patrimônio geral do devedor, seja dali destacado e separado para ser afetado ao cumprimento de obrigação específica. Tais direitos reais terão por finalidade garantir o cumprimento de obrigação específica, ao qual estão vinculadas. O credor, titular de qualquer destes direitos reais de garantia, será detentor de relação patrimonial autônoma em relação ao proprietário do bem, o devedor, e exercerá direito real de garantia, de forma simultânea e sem afastar a incidência do direito de propriedade do devedor, embora imponha limitações ao exercício das faculdades deste.

Portanto, entende-se por direito real de garantia sobre coisa alheia (hipoteca, penhora e anticrese) todo aquele que confere ao seu titular o poder de obter o pagamento de uma dívida com o valor (hipoteca e penhor) ou a renda (anticrese) do bem dado em garantia. A venda do bem dado em garantia (hipoteca e penhor) ou a renda (anticrese) serão aplicadas exclusivamente à satisfação da relação jurídica obrigacional pactuada entre credor e devedor. O escopo é que o bem, pertencente ao devedor, garanta ao credor o recebimento do débito, por estar vinculando à obrigação específica.

Ao contrário da propriedade fiduciária, quando a propriedade é transferida ao credor, com escopo de garantia (por isso é direito real de garantia sobre coisa própria), na hipoteca, penhor e anticrese, a propriedade da coisa dada em garantia permanece com o devedor (por isso, direito real sobre coisa alheia). Na hipoteca, não apenas a propriedade, mas a posse permanece com o devedor. No penhor, em regra, a posse é transferida ao credor (salvo em alguns penhores especiais, como agrícola, industrial, de máquinas, veículos). Na anticrese, como a satisfação do crédito ocorrerá a partir da renda obtida pelo credor, será essencial a transferência da posse para este.

Orlando Gomes[412] nos ensina que: "Direito Real de garantia é o que confere ao credor a pretensão de obter o pagamento da dívida com o valor de bem aplicado exclusivamente à sua satisfação. Sua função é garantir ao credor o recebimento da dívida, por estar vinculado determinado bem ao seu pagamento. O direito do credor concentra-se sobre determinado elemento patrimonial do devedor".

Para melhor compreensão dos direitos reais de garantia, é válido fazermos uma breve digressão histórica sobre este instituto.

Nos tempos antigos, não se conhecia da garantia real, respondendo o devedor, geralmente, com o seu corpo ou a sua liberdade para o pagamento de suas dívidas.

Posteriormente, em uma fase mais avançada, com o progresso da civilização e da ordem jurídica, a *Lex Poetelia Papiria* aboliu a execução em face da pessoa do devedor, do seu corpo e da sua liberdade, instituindo a responsabilidade sobre seus bens, caso a dívida não fosse proveniente de delito[413].

Nas precisas palavras de Carlos Roberto Gonçalves[414]: "Desde então tem sido adotado, nas diversas legislações, o princípio da responsabilidade patrimonial, segundo o qual é o patrimônio do devedor que responde por suas obrigações. Desse modo, o patrimônio do devedor constitui a garantia real dos credores. Efetiva-se pelos diversos modos de constrição judicial (penhora, arresto, sequestro), pelos quais se apreendem os bens do devedor inadimplente para vendê-los em hasta pública, aplicando-se o produto da arrematação na satisfação do crédito do exequente". (*Direito Civil brasileiro*, vol. 5)

Algumas vezes, essa garantia geral, trazida pelo princípio da responsabilidade patrimonial, se mostra ineficaz, acumulando-se os débitos e acabando por ultrapassar o valor do patrimônio do devedor, o que o coloca em estado de insolvência.

Com o intuito de contornar esta situação, os credores buscam ampliar as suas garantias. Estas podem ser pessoais ou fidejussórias e reais. Nas primeiras, uma terceira pessoa assume a obrigação de, por meio de fiança (por exemplo), solver o débito não satisfeito pelo credor principal. Nas de natureza real, o próprio devedor, ou alguém em seu lugar, oferece todo ou parte de seu patrimônio para garantir o cumprimento da obrigação.

Por fim, nas precisas palavras de Chaves e Rosenvald[415]: "A garantia real contrapõe-se à pessoal. Em comum, ambas gravitam em torno de um débito. Porém, enquanto esta resulta de uma caução obrigacional restrita às partes contratantes (v.g., aval, fiança), aquela afeta o bem garantido em caráter absoluto, vinculando o objeto ao seu titular com faculdade de oponibilidade *erga omnes*".

A primeira garantia real que surgiu na história foi a fidúcia, pela qual o devedor transmitia ao seu credor o domínio de um bem, que somente seria devolvido quando o débito fosse resgatado. Entretanto, essa garantia não amparava o devedor, que não tinha como ter certeza de que receberia o seu bem de volta.

A partir de então, surgiu o *pignus*, penhor, que conferia ao credor, como garantia, não a propriedade, mas a posse transitória da coisa, que ficava protegida pelos interditos. Ainda assim, o credor não ficava totalmente amparado, pois não podia dispor da coisa, da mesma forma que o próprio devedor poderia ficar desamparado, por não dispor de algum objeto que lhe poderia ser essencial. Essa modalidade, também conhecida como *datio pignoris*, evoluiu, posteriormente, para a *conventio pignoris*, ocasionando a inversão do instituto. "Por motivos de utilidade econômica, a coisa, embora dada em *pignus*, ficava nas mãos do próprio devedor, e o credor então tinha apenas o direito de reclamar para si a coisa se a obrigação não fosse cumprida"[416].

Daí nasceu o direito real de garantia, que teve seus elementos estendidos à outra modalidade, designada pelo nome grego de *hypotheca*. Os romanos adotaram, então, a hipoteca, pela qual a posse do bem ficava com o devedor. No entanto, no direito romano, não se estabeleceu uma distinção precisa entre o *pignus* e a *hypotheca*.

Posteriormente, surgiu a anticrese, direito real que possibilitava ao credor fazer uso da coisa pertencente ao devedor, retirando dela todos os seus frutos como forma de compensar o seu capital, que estava em poder do devedor. Deste modo, o credor usufruía toda utilidade econômica da coisa até receber o capital emprestado ao devedor.

Atualmente, os principais direitos reais de garantia são a propriedade fiduciária, o penhor, a hipoteca e a anticrese. A propriedade fiduciária é objeto de estudo em item separado, denominado "propriedade fiduciária", pois se diferencia dos clássicos direitos reais de garantia (hipoteca, penhora e anticrese), por ser direito real de garantia sobre coisa própria (na propriedade fiduciária a coisa dada em garantia é do próprio credor, razão pela qual a recuperação da coisa em caso de inadimplemento é mais eficaz – tutela possessória), ao passo que a hipoteca, o penhor e anticrese são direitos reais de garantia sobre coisa alheia. O bem dado em garantia pertence ao devedor e não ao credor, ao contrário do que ocorre na propriedade fiduciária.

---

[412] GOMES, Orlando. *Direitos reais*. 19. ed. atualizada. Rio de Janeiro: Forense, 2007, p. 378.

[413] PEREIRA, Caio Mário da Silva. *Instituições de direito civil. Direitos reais*. 26. ed. Rio de Janeiro: Forense, 2018. v. IV, p. 321.

[414] GONÇALVES, Carlos Roberto. *Direito civil brasileiro*. Direito das coisas. São Paulo: Saraiva, 2008. v. V, p. 525.

[415] FARIAS, Cristiano Chaves de; ROSENVALD, Nelson. *Direito reais*. 7. ed. Rio de Janeiro: Lumen Juris, 2011, p. 580.

[416] GONÇALVES, Carlos Roberto. *Direito civil brasileiro*. Direito das coisas. São Paulo: Saraiva, 2008. v. V, p. 526.

Capítulo 5 • Direitos Reais

Por isso, a propriedade fiduciária tem disciplina legal própria, prevista nos arts. 1.361 a 1.368-B do CC. Os direitos reais de garantia sobre coisa alheia são regulados por preceitos comuns (arts. 1.419 a 1.430 da Lei Civil) e normas específicas (arts. 1.431 a 1.510 do CC).

Vale ressaltar que, com o advento do Código Civil de 2002, o legislador fez verdadeira inovação na matéria ao alterar o seu título. Enquanto o Código Civil de 1916 tratava o tema como "direitos reais de garantia", a Lei Civil atual o intitula como "Do Penhor, da hipoteca e da anticrese", o que demonstra, claramente, que o universo dos direitos reais de garantia é mais amplo do que o disposto nos arts. 1.419 a 1.510.

Por se tratar de direitos reais de garantia sobre coisa alheia, verifica-se que os credores, titulares destes direitos reais de garantia formalizam relações de natureza obrigacional (as quais o direito visa garantir) com os proprietários, fato que demonstra a relação e conexão entre os direitos obrigacionais e reais. Os direitos reais de garantia visam conferir segurança ao adimplemento de determinada obrigação.

Os direitos reais de garantia sobre coisa alheia são sempre acessórios em relação ao direito obrigacional, como será possível verificar da análise das regras comuns à hipoteca, penhora e anticrese.

5.14.2. Requisitos (objetivos, subjetivos e formais)

Os direitos reais de garantia sobre coisa alheia, para sua validade, pressupõem a presença de requisitos subjetivos (quem pode dar em garantia), objetivos (o que pode ser dado em garantia) e formais (modo a ser dado em garantia). O art. 1.420 do CC trata dos requisitos subjetivo e objetivo.

Em relação aos requisitos subjetivos, "só aquele que pode alienar, pode empenhar, hipotecar ou dar em anticrese(...)":

1. Subjetivos: além da capacidade genérica para os atos da vida civil, a lei também exige, nos termos do art. 1.420 do CC, a capacidade de alienar (poder de disponibilidade sobre a coisa).

Essa exigência é justificada em virtude da possibilidade de o bem ser penhorado e alienado em hasta pública, caso não haja o pagamento da dívida. O bem está afetado ao cumprimento de determinada obrigação. No caso de inadimplemento, o credor pode promover a excussão do bem dado em garantia. Essa "venda forçada" justifica que o devedor seja o titular do bem dado em garantia.

Em regra, somente o proprietário pode dar bens em garantia. Entretanto, além da titularidade do direito, deverá ter capacidade (não pode ser menor ou enfermo) e legitimidade (estar habilitado para ato específico: o titular pode ser casado em regime de bens que impõe a outorga conjugal), a fim de que tenha a livre disposição da coisa.

MENORES DE 16 ANOS (MENORES IMPÚBERES)	Estes são considerados absolutamente incapazes, o que não significa que não possam, por meio de seus representantes, oferecer, nos casos de necessidade ou evidente utilidade da prole, bens em garantia real de seus débitos, mediante prévia autorização judicial (art. 1.691).
MAIORES DE 16 E MENORES DE 18 ANOS (MENORES PÚBERES)	Não podem hipotecar, dar em anticrese ou empenhar sem a assistência do representante legal. Ainda que devidamente assistidos, também necessitam de autorização judicial.
MENORES SOB TUTELA	Somente podem prestar garantia se assistidos pelo tutor e autorizados pelo juiz.
INTERDITADOS EM GERAL	Necessitam de representação e de autorização judicial.
PRÓDIGOS	Somente não podem hipotecar, empenhar ou dar em anticrese se atuarem sozinhos. No entanto, quando assistidos pelo seu curador, podem fazê-lo, sem necessidade de autorização judicial, haja vista que a sua situação é regida por norma especial. Nos termos do art. 1.782 do CC, a interdição do pródigo somente o priva de, sem curador, praticar atos que não sejam de mera administração patrimonial, dentre os quais se insere o oferecimento de garantia real.
PESSOAS CASADAS	O art. 1.647, I, do CC proíbe os cônjuges de gravar de ônus reais os bens imóveis, sem autorização do outro, exceto se casados sob o regime da separação absoluta de bens. A mesma restrição não existe quanto ao penhor, que, em regra, incide apenas sobre bens móveis. A falta de vênia conjugal torna anulável o ato praticado, nos termos do art. 1.649, podendo o outro cônjuge, e não quem o praticou, pleitear-lhe a anulação em até dois anos depois de dissolvida a sociedade conjugal. Ressalva-se que a mesma regra não existe para os companheiros, podendo suceder a alienação unilateral de um bem, ou a constituição de direito real, por um deles, resguardados, sempre, os interesses dos terceiros de boa-fé.
INVENTARIANTE	Somente podem constituir direito real de garantia sobre bens que integram o acervo hereditário com autorização judicial. No entanto, o herdeiro, aberta a sucessão, pode dar em hipoteca sua parte ideal, que deverá ser separada na partilha e atribuída ao arrematante. Tal garantia somente pode concernir à cota hereditária, sendo ineficaz se estiver relacionada a bem da herança considerado singularmente.
FALIDO	Não pode, desde a decretação da quebra, constituir direito real de garantia, como prevê o art. 102 da Lei n. 11.101/2005 (Lei de Falências).
MANDATÁRIO	Para poder constituir direito real de garantia, o mandatário deve ter poderes especiais e expressos para tanto.

Conforme nos ensina Washington de Barros Monteiro[417], não podem hipotecar, dar em anticrese ou empenhar:

Além do pressuposto subjetivo (titularidade, capacidade e legitimidade), "(...) só os bens que se podem alienar poderão ser dados em penhor, anticrese ou hipoteca" (art. 1.420, *caput*, segunda parte). Trata-se do requisito objetivo:

2. Objetivo: somente bens suscetíveis de alienação é que podem ser dados em garantia real; bem pertencente em comum a vários proprietários pode ser dado em garantia, na sua totalidade, se todos consentirem com isso; podem recair sobre coisa móvel (penhor) e imóvel (hipoteca e anticrese).

Dispõe o art. 1.420 do CC que: "só os bens que se podem alienar poderão ser dados em penhor, anticrese ou hipoteca". De acordo com o § 2º, a coisa comum a dois ou mais proprietários somente pode ser dada em garantia real na sua totalidade se todos consentirem. No entanto, de forma isolada, cada um pode gravar ou dar em garantia real a sua respectiva cota-parte. Trata-se de regra de simetria com o disposto no art. 1.314 do CC, segundo o qual cada condômino pode gravar a sua respectiva cota-parte (seja o bem divisível ou indivisível).

Sendo assim, os bens fora de comércio não podem ser objeto de garantia, sob pena de nulidade, assim como também não o podem ser os bens públicos (art. 101 do CC), os inalienáveis enquanto assim permanecerem (bem de família legal e voluntário, cláusula de inalienabilidade aposta em doação ou testamento – arts. 1.848 e 1.911 do CC), o bem de família, os imóveis financiados pelos Institutos e Caixas de Aposentadoria e Pensões (Decreto-lei n. 8.618/46).

3. Formais: para que os direitos reais de garantia possam valer contra terceiros, é preciso que haja especialização e publicidade.

Conforme ensina Carlos Roberto Gonçalves[418]: "A especialização é a descrição pormenorizada, no contrato, do bem dado em garantia, do valor do crédito, do prazo fixado para pagamento e da taxa de juros, se houver. A publicidade é dada pelo registro do título constitutivo no Registro de Imóveis (hipoteca, anticrese e penhor rural, cf. arts. 1.438 e 1.492 do CC e 167 da LRP) ou no Registro de Títulos e Documentos (penhor convencional, cf. arts. 221 do CC e 127 da LRP). A tradição constitui um elemento importante do penhor, embora possa ser constituído por instrumento particular. A sua eficácia em relação a terceiros é alcançada após registro do contrato no Registro de Títulos e Documentos, como mencionado, na forma do art. 221 do CC".

A especialização, disposta no art. 1.424 do CC tem como finalidade explicitar a situação econômica do devedor para que terceiros, que eventualmente queiram com ele negociar, tenham conhecimento de sua condição econômico-financeira.

5.14.3. Efeitos da garantia real – princípios e regras comuns à hipoteca, penhora e anticrese

O principal efeito do direito real de garantia sobre coisa alheia, acessório da obrigação, é o de separar do patrimônio do devedor determinado bem, afetando-o ao pagamento prioritário de determinada obrigação.

Em decorrência deste efeito, são desdobrados vários princípios gerais comuns a tais direitos:

1. preferência em benefício do credor pignoratício ou hipotecário;
2. direito à excussão da coisa hipotecada ou empenhada;
3. direito de sequela e aderência, que vem a ser o poder de seguir a coisa dada como garantia real em poder de quem quer que se encontre, pois mesmo que se transmita por ato jurídico *inter vivos* ou *mortis causa*, continua ela afetada ao pagamento do débito (art. 1.419 do CC);
4. indivisibilidade do direito real de garantia;
5. remição total do penhor e da hipoteca.

Como a obrigação pela qual se constitui garantia real é acessória, ela acompanha a principal, não subsistindo se a principal for anulada (art. 184 do CC). Ademais, prorroga-se com a principal, vencendo-se com ela, desde que se vença o prazo marcado para pagamento do débito garantido, hipótese em que se terá vencimento normal do ônus real. Entretanto, casos há em que se pode exigir o vencimento antecipado da dívida assegurada por garantia real (art. 1.425 do CC).

E quais são os princípios gerais decorrentes da afetação?

5.14.3.1. Sequela e aderência (sujeição, por vínculo real, ao cumprimento da obrigação)

Nos termos do art. 1.419 do CC, a coisa dada em garantia ficará sujeita, por vínculo real, ao cumprimento da obrigação. Sendo assim, "como reflexo de sua oponibilidade *erga omnes*, o direito real adere à coisa de tal forma que a garantia subsiste, mesmo diante da transmissão *inter vivos* ou *mortis causa* da propriedade do bem móvel ou imóvel vinculado ao pagamento do débito originário".

O direito real acompanha o bem, seja qual for a mudança na titularidade do direito. Eventuais mutações subjetivas não afetam o direito real de garantia.

O direito real de garantia adere à coisa (vinculação real), ainda que o bem sobre o qual incide a garantia seja transmitido por ato entre vivos ou *mortis causa*. Tal sequela decorre da afetação retromencionada, que o vincula à relação jurídica obrigacional que o justifica. O bem dado em garantia continuará afetado em razão da oponibilidade geral deste direito real.

---

[417] MONTEIRO, Washington de Barros; MALUF, Carlos Alberto Dabus. *Curso de direito civil*: direito das coisas. 42. ed. São Paulo: Saraiva, 2012. v. 3, p. 342-343.

[418] GONÇALVES, Carlos Roberto. *Direito civil brasileiro*. Direito das coisas. São Paulo: Saraiva, 2008. v. V, p. 534.

Segundo a lição de Carlos Roberto Gonçalves[419]: "O *jus persequendi* é o direito de reclamar e perseguir a coisa, em poder de quem quer que se encontre, para sobre ele exercer o seu direito de excussão, pois o valor do bem está afeto à satisfação do crédito. Assim, quem adquire imóvel hipotecado, por exemplo, está sujeito a vê-lo levado à hasta pública, para pagamento da dívida que está a garantir".

Se o bem dado em garantia vier a ser alienado e o valor apurado não for destinado ao pagamento da dívida, o vínculo real se mantém, de forma que a transferência da titularidade não altera o gravame.

5.14.3.2. Excussão e vedação do pacto comissório

O credor pignoratício e o credor hipotecário, nos termos do art. 1.422 do Código CC, têm o direito de excutir a coisa (execução, penhora e hasta pública), ou seja, podem exigir a venda judicial do bem, desde que vencida e não adimplida a obrigação. Excutir é a faculdade de executar judicialmente o débito e promover a venda do bem dado em garantia para com o preço satisfazer a obrigação. A finalidade do direito real é garantir a obrigação. Se não for a obrigação adimplida, os bens dados em garantia serão penhorados e submetidos a hasta pública (leilão ou praça a depender da natureza do bem). A disposição do bem dado em garantia, como regra, é judicial. Excepcionalmente pode ser extrajudicial, como no caso do penhor, quando será possível a venda "amigável" ou extrajudicial, se admitir o contrato firmado entre o credor e o devedor proprietário do bem dado em garantia (art. 1.433, IV). Além do penhor, na propriedade fiduciária, direito real de garantia sobre coisa própria, a venda também pode ser extrajudicial.

O direito de excussão (venda do bem para satisfação do crédito) é restrito ao credor hipotecário e pignoratício. A omissão da anticrese no art. 1.422 se justifica pela própria dinâmica deste direito real. Na anticrese, o credor tem o direito de perceber os frutos e rendimentos da coisa. É direito real sobre as rendas de imóvel (art. 1.506 do CC). Como o credor terá a posse do bem, o pagamento ocorre com as próprias rendas, em razão do direito de retenção. O débito originário será resgatado e adimplido com a exploração dos frutos da coisa, a ser viabilizada pelo próprio credor, que mantém a posse direta.

Por isso, o credor, na anticrese, poderá, no máximo, reter o bem e resgatar o débito originário por meio da exploração dos frutos da coisa, a teor do que dispõe o art. 1.423 da Lei Civil. O credor anticrético tem direito de retenção e não de excussão (retenção e art. 1.507, § 2º, do CC). O direito de retenção pode ser exercido até a dívida ser paga.

Chaves e Rosenvald[420] fazem importante observação a respeito da impossibilidade de excussão do direito real de anticrese: "Aqui, o direito real não recai sobre o imóvel em si, e sim sobre as suas rendas. Assim, há uma importante vantagem para o devedor, consistente na manutenção da propriedade do bem, pois o credor abaterá o débito paulatinamente, por intermédio da percepção de rendas sobre o imóvel. Todavia, considerando-se que o contrato de anticrese é um título executivo extrajudicial (art. 585, III, do CPC), nada impede que, ao término do período de retenção, possa o credor promover a execução, caso não tenha auferido capital suficiente para quitar completamente a obrigação".

Em resumo, o credor poderá ingressar com ação de execução pignoratícia e hipotecária com o objetivo de promover a alienação judicial (regra, pois excepcionalmente é possível venda extrajudicial) da coisa garantida, cujo produto da venda será utilizado para o pagamento do débito inadimplido. A excussão judicial dependerá da relação jurídica obrigacional, pois a penhora e a submissão dos bens dados em garantia à hasta pública somente será possível no caso de inadimplemento. No caso da anticrese, a princípio, não há direito de excussão judicial, porque, de acordo com o art. 1.423, o credor, que mantém o bem em seu poder, satisfaz o crédito com as rendas extraídas da coisa, até que a dívida seja paga. O direito de retenção e a garantia são extintos decorridos 15 (quinze) anos da sua constituição. Ao final deste prazo, ocorrerá a perempção da anticrese. Todavia, se ao final do período de retenção, as rendas objetivas durante a anticrese não foram suficientes para a satisfação do crédito, poderá o credor promover a excussão judicial do bem dado em garantia. A excussão judicial na anticrese é condicionada (só ocorrerá se as rendas não forem suficientes para a liquidação da obrigação) e subsidiária (somente será possível após o final do prazo da anticrese, caso haja saldo pendente).

- **Pacto comissório**

A vedação do pacto comissório decorre da própria finalidade dos direitos reais de garantia sobre coisa alheia. Qual o objetivo da constituição destes direitos reais? Garantir a relação jurídica obrigacional, ou seja, o vínculo estabelecido em relação de crédito. Portanto, se o objetivo destes direitos reais é garantir obrigação, devem ser excutidos judicialmente, no caso de inadimplemento, e, com a apuração do preço, a obrigação será satisfeita. O credor não poderá, para satisfazer o crédito, obter a propriedade do bem dado em garantia, salvo se pretender adjudicá-lo no âmbito do processo judicial. A proibição do art. 1.428 se direciona para a transferência automática do bem dado em garantia ao credor, no caso de inadimplemento.

Portanto, a vedação ao pacto comissório é decorrência da finalidade dos direitos reais de garantia e do próprio direito de excussão ou retenção (no caso da anticrese).

O art. 1.428 da lei civil estabelece que é nula a cláusula que autoriza o credor pignoratício, hipotecário ou anticrético a ficar ou permanecer com o bem dado em garantia, se a dívida não for paga no vencimento. É o denominado pacto comissório, que proíbe o credor de ficar com o bem dado em garantia. O credor tem o dever de levar o bem para excussão judicial (salvo nas vendas extrajudiciais permitidas e no caso da anticrese) e, com a alienação

---

[419] GONÇALVES, Carlos Roberto. *Direito civil brasileiro*. Direito das coisas. São Paulo: Saraiva, 2008. v. V, p. 539.

[420] FARIAS, Cristiano Chaves de; ROSENVALD, Nelson. *Direito reais*. 7. ed. Rio de Janeiro: Lumen Juris, 2011, p. 584.

judicial, o produto da venda será utilizado para o pagamento do débito inadimplido.

Na VIII Jornada de Direito Civil, realizada em abril de 2018, foi aprovado enunciado no sentido de que o pacto marciano não viola a vedação ao pacto comissório: "Não afronta o art. 1.428, do Código Civil, em relações paritárias, o pacto marciano, cláusula contratual que autoriza que o credor se torne proprietário da coisa objeto da garantia mediante aferição de seu justo valor e restituição do supérfluo (valor do bem em garantia que excede o da dívida)".

Entretanto, após o vencimento da obrigação, no caso de inadimplemento, nada impede que credor e devedor acordem para que o bem dado em garantia seja transferido ao credor para satisfação da totalidade ou parte do crédito, em típica dação em pagamento. A diferença é que na dação o credor concorda em receber bem diverso da prestação originária para satisfação do crédito e o devedor consente. A dação em pagamento decorre de convenção entre as partes, acordo (art. 356 do CC). A dação em pagamento, após o vencimento da obrigação, decorre da liberdade e autonomia obrigacional das partes em relação ao adimplemento da obrigação. A vedação ao pacto comissório não se confunde coma possibilidade de dação, porque no pacto comissório o credor assumiria a titularidade do bem dado em garantia, independente da vontade do devedor.

Tal dispositivo (art. 1428) está em sintonia com o art. 1.422 do Código Civil que impõe ao credor anticrético e pignoratício o direito de excussão, e ao credor anticrético o direito de retenção (art. 1.423), que não poderão ficar com o bem dado em garantia.

A excussão judicial pode promovida pelo credor hipotecário e pignoratício após o vencimento da obrigação, sem que haja o efetivo adimplemento.

• **Vencimento antecipado**

No entanto, o art. 1.425 do CC prevê as hipóteses de vencimento antecipado da dívida em que o credor poderá requerer a excussão, independente de previsão contratual.

De acordo com o art. 1.425, a dívida considera-se vencida: I – se, deteriorando-se, ou depreciando-se o bem dado em segurança, desfalcar a garantia, e o devedor, intimado, não a reforçar ou substituir; II – se o devedor cair em insolvência ou falir; III – se as prestações não forem pontualmente pagas, toda vez que deste modo se achar estipulado o pagamento. Neste caso, o recebimento posterior da prestação atrasada importa renúncia do credor ao seu direito de execução imediata; IV – se perecer o bem dado em garantia, e não for substituído; V – se se desapropriar o bem dado em garantia, hipótese na qual se depositará a parte do preço que for necessária para o pagamento integral do credor.

Nos casos de perecimento da coisa dada em garantia, se sub-rogará na indenização do seguro, ou no ressarcimento do dano, em benefício do credor, a quem assistirá sobre ela preferência até seu completo reembolso. Nos casos dos incisos IV e V do art. 1.425, só se vencerá a hipoteca antes do prazo estipulado, se o perecimento, ou a desapropriação recair sobre o bem dado em garantia, e esta não abranger outras; subsistindo, no caso contrário, a dívida reduzida, com a respectiva garantia sobre os demais bens, não desapropriados ou destruídos.

Por fim, de acordo com o art. 1.426, nas hipóteses do artigo anterior, de vencimento antecipado da dívida, não se compreendem os juros correspondentes ao tempo ainda não decorrido.

Se após a excussão judicial, os bens não forem suficientes para pagamento da dívida, o devedor continuará responsável pelo saldo remanescente. É o que enuncia o art. 1.430 do CC: "Quando, excutido o penhor, ou executada a hipoteca, o produto não bastar para pagamento da dívida e despesas judiciais, continuará o devedor obrigado pessoalmente pelo restante".

5.14.3.3. Indivisibilidade

A indivisibilidade é o princípio que determina que o ônus real (direito real de garantia sobre coisa alheia) grava a coisa dada em garantia por inteiro. A garantia permanecerá integra, ainda que a obrigação tenha sido adimplida em parte, conforme dispõe o art. 1.421 do Código Civil.

O pagamento parcial de uma dívida não acarreta a liberação da garantia na proporção do pagamento efetuado, salvo se o contrário for convencionado. O princípio da autonomia privada permite que as partes convencionem a redução da garantia em caso de pagamento parcial. Em caso de omissão das partes, vigorará o princípio da indivisibilidade. A amortização parcial do débito, em regra, não provoca a liberação parcial do vínculo real. Assim, o ônus real grava a coisa por inteiro e em todas as suas partes.

Como pontuam Chaves e Rosenvald[421], com a finalidade de constranger o devedor até o pagamento final, "a afetação dos bens persiste integralmente até a solução do último centavo do débito, exceto quando houver cláusula contratual expressa – no contrato ou em ajuste posterior – que possibilite o fracionamento da garantia, mediante previsão de exoneração parcial".

Da mesma forma, quando o credor der a quitação, poderá liberar determinados bens sobre os quais existe a garantia, o que nos leva a concluir que o princípio da indivisibilidade não é absoluto.

De acordo com o art. 1.421 do CC: "O pagamento de uma ou mais prestações da dívida não importa exoneração correspondente da garantia, ainda que esta compreenda vários bens, salvo disposição expressa no título ou na obrigação". O credor é o maior interessado na garantia. Nada mais natural do que anuir com a redução da garantia, no caso de pagamento parcial. Todavia, tal redução da garantia depende de vontade a ser exteriorizada expressamente pelo credor.

O art. 1.429 do CC é desdobramento lógico do princípio da indivisibilidade, expresso no art. 1.421. A indivisi-

---

[421] FARIAS, Cristiano Chaves de; ROSENVALD, Nelson. *Direito reais*. 7. ed. Rio de Janeiro: Lumen Juris, 2011, p. 586.

bilidade será transferida aos sucessores do devedor, em especial quando assumirem a titularidade por morte daquele. Ainda que a norma faça menção a quinhão, no caso de sucessão entre vivos, os novos titulares do bem também se submetem ao princípio da indivisibilidade.

De acordo com o referido dispositivo, o pagamento parcial da penhora e da hipoteca não pode ser realizado na proporção dos quinhões dos sucessores, mas apenas na totalidade. Assim, o princípio da indivisibilidade acompanha a transferência da obrigação e abrange os sucessores, sejam de que natureza forem. Aquele herdeiro ou sucessor que fizer o pagamento do todo, o que implicará na liberação da garantia perante o credor primitivo, ficará sub-rogado e se tornará credor com garantia em relação aos demais que não efetivaram o pagamento. A sub-rogação, conforme art. 349 do CC, transfere ao novo credor todos os direitos, ações, privilégios e garantias do primitivo, em relação à dívida, contra o devedor principal e os fiadores. Portanto, o herdeiro ou sucessor que efetivar o pagamento, se tornará credor e titular de garantia real em relação aos demais, pois assumirá a posição de credor, no lugar do credor primitivo. Trata-se de hipótese de sub-rogação legal e, por isso, o novo credor manterá o privilégio da garantia real do antigo credor.

O art. 1.488 do Código Civil é exceção ao princípio da indivisibilidade da garantia: "Se o imóvel, dado em garantia hipotecária, vier a ser loteado, ou se nele se constituir condomínio edilício, poderá o ônus ser dividido, gravando cada lote ou unidade autônoma, se o requererem ao juiz o credor, o devedor ou os donos, obedecida a proporção entre o valor de cada um deles e o crédito. § 1º O credor só poderá se opor ao pedido de desmembramento do ônus, provando que o mesmo importa em diminuição de sua garantia. § 2º Salvo convenção em contrário, todas as despesas judiciais ou extrajudiciais necessárias ao desmembramento do ônus correm por conta de quem o requerer. § 3º O desmembramento do ônus não exonera o devedor originário da responsabilidade a que se refere o art. 1.430, salvo anuência do credor".

5.14.3.4. Sub-rogação

A sub-rogação real significa substituição de coisas ou objeto. A possibilidade de substituição do bem dado em garantia pela verba indenizatória paga pela seguradora ou por aquele que responde pelo perecimento do bem e que se encontra disciplinada no § 1º do art. 1.425 do Código Civil, é uma das características dos direitos reais de garantia, muito embora não seja um atributo exclusivo dessa categoria de direitos reais.

A sub-rogação também poderá ocorrer no caso previsto no parágrafo único do art. 1.429, retromencionado. No entanto, neste caso, a sub-rogação será pessoal ou subjetiva (substituição de sujeitos).

5.14.3.5. Preferência (prelação)

De acordo com o que estabelece o art. 1.422 do CC, os credores, hipotecário e pignoratício, têm preferência no pagamento a outros credores: "O credor hipotecário e o pignoratício têm o direito de excutir a coisa hipotecada ou empenhada, e preferir, no pagamento, a outros credores, observada, quanto à hipoteca, a prioridade no registro". A preferência no pagamento evidencia a força das garantias reais. Tal preferência de direito real não é absoluta, pois pode ser preterida por algum crédito privilegiado, de natureza obrigacional, que também ostenta a condição de título legal de preferência de direito material (art. 958 do CC) em razão da natureza e da relevância social destes créditos.

Aliás, os privilégios, que podem preponderar sobre direitos reais de garantia, estão excepcionados no parágrafo único do art. 1.422 do Código Civil: "Excetuam-se da regra estabelecida neste artigo as dívidas que, em virtude de outras leis, devem ser pagas precipuamente a quaisquer outros créditos". Com base neste dispositivo, o STJ editou a Súmula 478 para definir que na execução de crédito relativo a cotas condominiais, este tem preferência sobre o hipotecário.

Segundo a lição de Carlos Roberto Gonçalves[422]: "Consiste a preferência (*jus preferendi*) ou prelação no direito, concedido ao seu titular, de pagar-se com o produto da venda judicial da coisa dada em garantia, excluídos os demais credores, que não concorrem com o primeiro, no tocante a essa parte do patrimônio do devedor. Somente após pagar-se o preferente é que as sobras, se houver, serão rateadas entre os demais credores".

O direito de preferência é regido pelo seguinte princípio: *prior tempori potior iure*, que tem aplicação geral em matéria de direitos reais e se traduz em "primeiro no tempo, melhor no direito".

No entanto, cumpre esclarecer que essa preferência conferida a tais direitos reais na satisfação do crédito não é absoluta. Os privilégios, que também são títulos legais de preferência de direito material, terão prioridade, porque também são títulos legais de preferência. O art. 958 do Código Civil dispõe que são títulos legais de preferência (direito material) os privilégios (natureza obrigacional e que se estendem a todo o patrimônio do devedor, como trabalhistas, acidentários alimentares, previdenciários, entre outros) e os direitos reais de garantia sobre coisa alheia (penhor e hipoteca, porque na anticrese o pagamento decorre das utilidades extraídas pelo credor, que está na posse direta do imóvel).

A preferência inerente aos direitos reais de garantia se dá no confronto com créditos materializados em relações obrigacionais que não são privilegiadas. Todavia, a preferência da hipoteca e do penhor também ocorre entre os próprios direitos reais de garantia, no que se refere à anterioridade. É possível que recaiam vários direitos reais sobre a mesma coisa e, neste caso, a prioridade se dará pelo primeiro que for constituído, como nas hipotecas, em que o número de ordem determina a prioridade, o qual indica a preferência entre estes direitos reais (art. 1.493, parágrafo único). Por isso, no caso de vários direitos reais consti-

---
[422] GONÇALVES, Carlos Roberto. *Direito civil brasileiro*. Direito das coisas. São Paulo: Saraiva, 2008. v. V, p. 533-536.

tuídos sobre o mesmo bem, é possível que a garantia seja exaurida antes da satisfação de todos os credores.

Embora haja certa confusão em razão da conexão entre os institutos, não é possível confundir a preferência de direito material (privilégios e direitos reais de garantia) com a preferência processual (penhora), relativa aos credores comuns.

É comum a confusão entre os limites da preferência de direito material e da preferência processual. É essencial diferenciá-las, porque podem se conectar no âmbito judicial (preferência é a primazia de um credor sobre outro).

No âmbito do direito material, são espécies do gênero "preferência": os direitos reais e os privilégios (art. 958 do CC – títulos legais de preferência). Em razão dessa dualidade, a preferência em favor do titular de direito real de garantia sobre coisa alheia (hipoteca e penhor), não é absoluta: pode ser preterido por credor privilegiado (que terá preferência de direito material – exceção, aliás, prevista no parágrafo único do art. 1.422 do CC) ou por outro credor que ostenta garantia real sobre a mesma coisa, que teria prioridade, como no caso da multiplicidade de hipotecas (art. 1.493, parágrafo único). Os privilégios, espécie de preferência de direito material, têm natureza obrigacional (se estendem a todo o patrimônio do devedor) e se justificam pela relevância social (acidentários alimentar, trabalhistas, fiscal, previdenciário, entre outros). E a relação destas preferências materiais com a preferência processual?

Se não houver, no âmbito do direito material, título legal de preferência (privilégio ou direito real de garantia), os credores terão igual direito sobre os bens do devedor comum (art. 957 do CC) que forem objeto de penhora para satisfação do crédito. Portanto, ainda que titular de crédito obrigacional, desprovido de qualquer preferência de direito material (direitos reais de garantia ou privilégio), poderá ter preferência em relação a credores da mesma classe, o que se concretizaria por ato processual: penhora e o consequente registro (a averbação da penhora no registro competente gera presunção absoluta de conhecimento por terceiros, art. 844 e, nos termos do art. 797 do CPC, confere prioridade sobre o crédito). Portanto, em relação a estes credores comuns (com créditos materializados em relações jurídicas obrigacionais), passa a ter relevância a preferência processual, decorrente da penhora. De acordo com o art. 797 do CPC, o exequente/credor comum adquire, pela penhora, direito de preferência sobre os bens penhorados.

Se houver multiplicidade de penhoras sobre o mesmo bem, haverá concurso de credores e, neste caso, a penhora determinará a ordem de preferência para o recebimento dos recursos resultado da expropriação do bem. Após a satisfação dos credores com preferência de direito material, constituída anteriormente à penhora, a penhora determinará a preferência em relação aos credores comuns (parágrafo único do art. 797 do CPC). A prioridade de pagamento é estabelecida, entre credores comuns, pela prioridade da penhora.

Todavia, a preferência gerada pela penhora em nenhuma hipótese se sobrepõe às preferências de direito material constituídas anteriormente. O respeito às preferências de direito material anteriores à penhora é evidenciado pelo art. 799 do CC, que impõe ao exequente o dever de intimar o credor pignoratício, hipotecário, anticrético ou fiduciário, quando a penhora recair sobre bens gravados por penhor, hipoteca e anticrese. Não é por outro motivo que a preferência gerada pela penhora tem natureza meramente processual.

Nesse possível confronto entre preferência de direito material e a preferência processual gerada pela penhora, há duas etapas a serem observadas: 1 – verificar se há preferências de direito material (privilégios ou direito real de garantia) que prepondera sobre a preferência processual (penhora) e; 2 – respeitada a preferência material ou, se esta inexistir, o dinheiro será distribuído aos credores comuns de acordo com a anterioridade da penhora (preferência processual). É essência observar essa ordem de preferências (art. 908, *caput*, do CPC).

Os credores que ostentam preferências de direito material (privilégios ou direitos reais de garantia), para satisfazerem seus créditos, também promovem a penhora sobre qualquer bem do patrimônio do devedor (privilégio) ou sobre bem específico (direitos reais de garantia). Nestes casos, a penhora será mera formalidade para satisfação do crédito, porque a preferência em relação a estes não se dá pela penhora, mas pelos títulos de preferência de direito material.

Como mencionado, a prova de que a penhora, que gera preferência processual, não interfere nas preferências de direito material (privilégios e garantias) é a obrigatoriedade de intimação de credores com preferência de direito material quando ocorre penhora realizada por credor comum (art. 799 do CPC) para ter eficácia (art. 804, *caput*, do CPC: "A alienação de bem gravado por penhor, hipoteca ou anticrese será ineficaz em relação ao credor pignoratício, hipotecário ou anticrético não intimado"), bem como a disposição de que a satisfação do crédito comum (sem preferência de direito material), somente ocorrerá se não houver sobre os bens penhorados e alienados qualquer privilégio ou direito real (direito material), constituído antes da penhora (art. 905, II, do CPC).

Portanto, para que a prioridade pela penhora (natureza processual) seja observada, é essencial que não haja prévio título legal de preferência (direito material: privilégio ou direito real de garantia). Se não houver prévia preferência de direito material, o dinheiro será distribuído aos credores comuns de acordo com a anterioridade de cada penhora (preferência processual – art. 908, § 2º, do CPC).

Se houver concurso de credores comuns, o dinheiro será distribuído e entregue consoante a ordem das respectivas preferências. Nos termos do § 2º do art. 908, "não havendo título legal à preferência, o dinheiro será distribuído entre os concorrentes, observando-se a anterioridade de cada penhora". Tal concurso de preferência entre credores comuns, será definido por meio de incidente processual, onde formularão suas pretensões, que versará única e exclusivamente sobre direito de preferência à anterioridade da penhora.

Em resumo, a penhora gera direito de preferência entre credores comuns, pois não afasta os títulos legais de preferência, de direito material, constituídos anteriormente ao referido ato processual (penhora). Essa a lógica das regras processuais de intimação destes credores preferenciais.

Em relação aos credores titulares de preferência material, a penhora é um meio para satisfação do crédito e, em relação aos credores comuns, a penhora é o fim, ou seja, o que determina a preferência.

Como já mencionado, necessário destacar, também, que a preferência, assim como a excussão, não beneficia o credor anticrético, que tem seu direito regulado pelo art. 1.423 do CC. Tal credor tem assegurada a prerrogativa de ficar com o bem em seu poder enquanto a dívida não for paga, extinguindo-se tal direito decorridos 15 (quinze) anos da sua constituição.

5.14.3.6. Especialização

A especialização do penhor, da hipoteca e da anticrese vem a ser a pormenorizada enumeração dos elementos que caracterizam a obrigação e o bem dado em garantia.

A especialização é fator ou condição de eficácia dos contratos que constituírem quaisquer dos direitos reais de garantia.

De acordo com o art. 1.424 do CC, os contratos de penhor, anticrese ou hipoteca declararão, sob pena de não terem eficácia: I – o valor do crédito, sua estimação, ou valor máximo; II – o prazo fixado para pagamento; III – a taxa dos juros, se houver; IV – o bem dado em garantia com as suas especificações.

Portanto, especializar nada mais é do que determinar e especificar as características dos bens móveis ou imóveis dados em garantia, bem como especificar o valor, o prazo de vencimento da dívida e a taxa de juros pactuada, caso tenha sido convencionada. Em função da especialização, o devedor terá condições de delimitar a sua responsabilidade e a extensão da garantia, além de permitir que terceiros possam ter informações precisas sobre o patrimônio do devedor.

A omissão de quaisquer dos elementos previstos no art. 1.424 do CC não prejudica a validade do contrato, pois a especialização é mera condição de eficácia. É o plano da eficácia (produção de efeitos jurídicos) que será afetado e, por isso, a relação jurídica terá efeitos meramente obrigacionais entre as partes e não poderá ser oponível a terceiros.

5.14.4. Espécies: direitos reais de garantia sobre coisa alheia. Penhor, hipoteca e anticrese. Regras especiais

5.14.4.1. Penhor – conceito e noções gerais

O penhor é direito real de garantia sobre coisa alheia (a propriedade permanece com o devedor) que incide sobre bem móvel (se origina do verbo *empenhar* – dar em garantia) e se constitui com a transferência efetiva da posse direta ao credor, com a finalidade única de garantir a satisfação de crédito. Os requisitos subjetivos, objetivos e formais analisados no item anterior (normas gerais) se aplicam ao penhor.

Aquele que irá empenhar (devedor ou terceiro – "alguém por ele" – art. 1.431) deverá ter poder de disposição sobre a coisa, capacidade jurídica e estar legitimado, em razão de sua condição ou posição jurídica (art. 1.420 do CC). A coisa empenhada deve ser móvel e passível de alienação.

De acordo com o art. 1.431 do CC, constitui-se o penhor pela transferência efetiva da posse que, em garantia do débito ao credor ou a quem o represente, faz o devedor, ou alguém por ele, de uma coisa móvel, suscetível de alienação. No dispositivo consta o objeto do penhor (móvel) e a necessidade de estar no comércio jurídico de direito privado (alienável). A transferência efetiva da posse, ou seja, o fato de o credor permanecer na posse torna tal garantia eficiente. Não há transferência da propriedade ao credor, como na propriedade fiduciária, mas desdobramento da posse, em que o credor pignoratício será possuidor direto (art. 1.197 do CC – desdobramento por força de relação jurídica real de garantia).

Todavia, pela própria finalidade de determinados bens móveis, haverá penhores em que a coisa empenhada continuará em poder do devedor, que terá o dever de guarda e conservação, como nos casos de penhor rural, industrial, mercantil e de veículos.

O título que materializa tal garantia, nos termos do art. 1.432 do CC, deverá ser levado a registro, por qualquer dos contratantes. Portanto, tal direito real de garantia se constitui a partir do registro do título da relação obrigacional (ato complexo). No caso do penhor comum ou geral, o registro será no Cartório de Títulos e Documentos.

O registro constituirá o penhor, com efeito *erga omnes*. O credor terá direito de sequela, preferência e, no caso de inadimplemento, excussão judicial

O penhor é garantia oferecida voluntariamente ou por força de lei pelo devedor para assegurar o cumprimento de obrigação preexistente.

Como mencionado, embora, como regra, a constituição do penhor dependa da transferência da posse da coisa móvel ao credor, no penhor rural, industrial, mercantil e de veículos, as coisas empenhadas continuam em poder do devedor, que as deve guardar e conservar (parágrafo único do art. 1.431). Tais penhores são constituídos independentemente da transferência da posse direta. Nestes casos, não haverá desdobramento da posse.

O penhor decorre da lei ou da vontade das partes, incidindo sobre bens móveis, corpóreos ou incorpóreos (art. 1.431 do CC).

Há, contudo, duas exceções, pois as aeronaves e navios, embora sejam bens de natureza móvel, não são empenhados, mas sim hipotecados (são bens imóveis apenas para fins de hipoteca, mantendo sua natureza móvel).

O penhor é caracterizado pelo fato de incidir sobre bens móveis e exigir a transferência da posse, que consiste na efetiva entrega da coisa móvel ao credor, salvo as exceções previstas no parágrafo único do art. 1.431 do CC. O devedor pignoratício entrega o bem ao credor para assegurar o cumprimento da obrigação, e o bem só será devolvido após o seu efetivo cumprimento.

O penhor tem natureza acessória, assim como os demais direitos reais de garantia. Extinto o penhor, não necessariamente estará extinta a obrigação. Se houver o perecimento ou a deterioração do bem sem culpa de qualquer das partes, há a extinção da garantia. Contudo, se após a transferência do bem ao credor pignoratício este é furtado ou roubado, o STJ (Recurso Especial 730.925/RJ) já decidiu, com base na boa-fé objetiva, que há a extinção da garantia, e não da dívida, sendo que o valor do bem empenhado deve ser ressarcido ao devedor.

Como a garantia está extinta, o credor pignoratício pode exigir reforço ou substituição, sob pena de vencimento antecipado da dívida.

O credor pignoratício assume o dever de zelar, cuidar e preservar o bem. Se qualquer terceiro tentar esbulhar ou turbar o bem, o credor pignoratício tem o dever de comunicar ao devedor, além de promover a defesa. Caso não haja a comunicação do devedor, tem-se a violação positiva do contrato. A violação positiva do contrato ocorre quando, embora cumpridas todas as obrigações pela parte, são descumpridos os deveres anexos. Mesmo que o credor pignoratício cumpra todas as suas obrigações contratuais, se ele descumprir o dever de informação, que é um dever anexo, ele será responsabilizado objetivamente (responsabilidade extracontratual).

O credor pignoratício pode retirar os frutos do bem (art. 1.433, V). Se o credor pignoratício retirar os frutos, o valor deve ser abatido da dívida (art. 1.435, III). Inicialmente, são abatidos os juros, e depois o principal (imputação no pagamento).

5.14.4.1.1. Características do penhor

a) Constituição do penhor

A constituição do penhor depende de solenidade e transferência efetiva da posse (contrato acessório real) e é disciplinado pelos arts. 1.431 e 1.432 do CC. O contrato de penhor deve ser feito por escrito e registrado no cartório de títulos e documentos. A transferência efetiva da posse é ressalvada nas hipóteses previstas no parágrafo único do art. 1.431. Se não houver o registro do contrato de penhor, ele é válido, mas não é eficaz perante terceiros. O registro no cartório é condição para eficácia em relação a terceiros e constituição do direito real de garantia.

Assim, o penhor se constitui pela transferência da coisa (transferência da posse) ao credor e registro do contrato do penhor comum no cartório de títulos e documentos.

b) Subpenhor

É possível a constituição de diferentes graus de penhor. É o chamado subpenhor. É possível a constituição de subpenhor, salvo disposição contratual em sentido contrário. O credor pignoratício não é atingido pelo subpenhor, que tem natureza sucessiva. O penhor de segundo grau somente prosperará depois da satisfação do credor de primeiro grau. Para cumprir a natureza sucessiva, o vencimento da dívida garantida com o penhor de segundo grau implica o vencimento antecipado da dívida garantida com o penhor de grau antecedente.

c) Direitos do credor pignoratício

O art. 1.433 do Código Civil elenca os direitos do credor pignoratício.

Posse: como decorrência da própria dinâmica para a constituição do penhor comum, o credor tem direito à posse da coisa empenhada. Não há penhor comum sem a efetiva transferência da posse direta da coisa ao credor. Os penhores especiais dispensam a transferência da posse para constituição.

Na condição de possuidor, está legitimado a invocar os interditos possessórios para tutela e defesa da posse da coisa que está em seu poder, ainda que tenha de manejar tais ações contra o devedor, que resolve atentar contra a posse do credor. O desdobramento da posse no penhor comum é disciplinado pelo art. 1.197 do CC.

Direito de retenção: além da posse, o credor pignoratício tem direito de retenção da coisa objeto do penhor, até que o indenizem das despesas devidamente justificadas, que tiver feito, desde que não ocasionadas por culpa sua. O credor pignoratício pode exercer o direito de retenção para ser ressarcido das despesas com o bem móvel sobre o qual incide o penhor. As despesas devem ser justificadas e vinculadas à conservação da coisa. Há conexão entre este direito e o disposto no art. 1.434 do CC. O direito de retenção se dá até efetiva satisfação do crédito, em especial as despesas necessárias, comuns e ordinárias para manutenção e preservação do bem. O credor pignoratício não pode ter dado causa a nenhuma destas despesas por conta de qualquer conduta culposa. São despesas ordinárias decorrentes de situações normais para conservação ou por conta de eventos fortuitos.

O direito de retenção não se confunde com pacto comissório ou cláusula comissória. O pacto comissório ou a cláusula comissória é a cláusula contratual que garante ao credor o direito de ficar com o bem para si na hipótese de inadimplemento. O credor pignoratício não ficará com o bem para si, pois terá o direito de reter a posse para além do prazo pactuado para restituição, até ser integralmente indenizado, como qualquer possuidor de boa-fé, a quem também é garantido o direito de retenção até a indenização das benfeitorias úteis e necessárias. Até ser ressarcido das despesas de conservação a que não deu causa, poderá reter a coisa objeto do penhor. No reconhecimento de sentença que reconheça a obrigação de entregar coisa certa, o direito de retenção deve ser exercido na contestação, na fase de conhecimento (art. 538, § 2º, do CPC). Com as novas regras de cumprimento de sentença, o direito de retenção deve ser alegado na petição inicial pelo autor, ou na contestação pelo réu, pois, ao proferir a sentença, o juiz já deve considerar o direito de retenção.

O direito de retenção somente poderá ser exercido se o credor não deu causa às referidas despesas, em razão de qualquer conduta culposa em sentido amplo (dolo e culpa em sentido estrito). Se houver nexo de causalidade entre as despesas e qualquer conduta culposa do credor que estará na posse da coisa, este não poderá exercer direito de retenção.

Ressarcimento por vício na coisa empenhada: além da posse direta sobre a coisa sobre a qual recai o penhor e do direito de retenção, o credor ainda tem o direito de ser indenizado pelo prejuízo que houver sofrido por vício da coisa empenhada, ou seja, por vício material capaz de acarretar prejuízo econômico ao credor. É possível, por exemplo, que a coisa empenhada ostente vício redibitório, que a torne inútil, inclusive para servir como garantia. Além de vício redibitório, a coisa poderá ostentar danos que imporá reparações urgentes, para não perecer ou deteriorar. As despesas relacionadas a vício na coisa deverão ser indenizadas. Aliás, no caso de perecimento, se a coisa não for substituída, o débito pode vencer de forma antecipada.

Excussão (judicial ou amigável): ademais, em consequência do direito à excussão, em caso de inadimplemento da obrigação principal, o credor tem o direito de promover a execução judicial do bem, ou a venda amigável, se lhe permitir expressamente o contrato, ou lhe autorizar o devedor mediante procuração. A venda extrajudicial da coisa dada em penhor é exceção à regra prevista no art. 1.422, primeira parte, que impõe a excussão judicial da coisa dada em garantia. A venda amigável ou extrajudicial depende de previsão contratual e anuência expressa do devedor. O contrato de penhor é título executivo extrajudicial, art. 784, V, do CPC.

Apropriação dos frutos da coisa sobre a qual tem a posse direta: de acordo com o inciso V do art. 1.433 do CC, o credor tem o direito de apropriar-se dos frutos da coisa empenhada que se encontra em seu poder. No entanto, como a finalidade da coisa empenhada não é permitir que o credor usufrua dela, caso o credor exerça esse direito, o valor dos frutos deverá ser imputado nas despesas de guarda e conservação, nos juros e no capital da obrigação garantida, sucessivamente. Portanto, os frutos da coisa empenhada não pertencem ao credor (o credor não é usufrutuário da coisa). Apenas conserva a posse direta para fins de garantia. Todavia, a coisa empenhada pode gerar frutos e estes pertencem ao devedor. A apropriação é admitida, mas terá de ser compensada com despesas de conservação e os juros e próprio capital garantido). Se exercer o direito de apropriação, o valor destes frutos deve, em primeiro lugar, ser imputado nas despesas de guarda e conservação, em segundo, nos juros e, por último, no capital da obrigação garantida.

Venda antecipada: por fim, de acordo com o inciso VI do art. 1.433 do CC, o credor tem o direito de promover a venda antecipada da coisa empenhada, mediante prévia autorização judicial, sempre que haja receio fundado de que a coisa empenhada se perca ou deteriore, devendo o preço ser depositado. O dono da coisa empenhada pode impedir a venda antecipada, substituindo-a, ou oferecendo outra garantia real idônea. O receio de perecimento da garantia da obrigação constitui justo motivo para a alienação antecipada.

O penhor tem como causa negócio jurídico obrigacional. A posse é desdobrada, mediante a entrega efetiva da posse direta da coisa ao credor, ao passo que o devedor permanecerá com a posse indireta. O credor não pode usar a coisa que está afetada ao cumprimento da obrigação. Entretanto, só devolverá a coisa empenhada se houver o adimplemento da obrigação, tendo em vista a finalidade desta garantia. Em razão disso, dispõe o art. 1.434 que o credor não pode ser constrangido a devolver a coisa empenhada, ou uma parte dela, antes de ser integralmente pago, podendo o juiz, a requerimento do proprietário, determinar que seja vendida apenas uma das coisas, ou parte da coisa empenhada, suficiente para o pagamento do credor. A restituição da coisa empenhada está condicionada ao adimplemento da obrigação. Em razão do princípio da indivisibilidade, art. 1.421, também não poderá ser o credor compelido a devolver e restituir uma parte da coisa empenhada.

Entretanto, sem que haja quebra da indivisibilidade, poderá o devedor requerer a venda de uma parte da coisa, desde que o produto ou resultado desta alienação seja suficiente para adimplir a integralidade da obrigação.

O credor pignoratício tem o direito de exigir caução idônea na hipótese de o bem deteriorar ou perecer sem substituição ou o reforço pelo devedor, sob pena de vencimento antecipado da dívida.

d) Obrigações do credor pignoratício

O art. 1.435 do Código Civil dispõe sobre as obrigações do credor pignoratício.

Responsabilidade civil por danos na coisa e depositário: o credor pignoratício é obrigado, em primeiro lugar, à custódia da coisa empenhada, como depositário, e a ressarcir ao dono a perda ou deterioração de que for culpado. Neste caso, pode ser compensada na dívida, até a concorrente quantia, a importância da responsabilidade. Como o credor terá a posse direta da coisa, assumirá a obrigação de depositário e, nesta condição, tem o dever de zelar pela guarda e conservação da coisa, nos termos do art. 629 do CC. Além disso, deverá ressarcir ao dono a perda ou deterioração de que for culpado ou que deu causa. Nesta situação, a lei civil cria uma hipótese de compensação legal, pois permite que o valor que o credor terá de pagar ao devedor por conta de perda ou deterioração seja compensado com a obrigação ou dívida.

Tutela da posse: o credor também tem a obrigação de defender a posse da coisa empenhada e a dar ciência, ao dono dela, das circunstâncias que tornarem necessário o exercício de ação possessória. O credor é possuidor direto e, como tal, pode defender a posse contra eventuais atos de terceiros e até contra o devedor, possuidor indireto, enquanto a posse direta do credor estiver amparada pelo vínculo obrigacional que a justifica. O desdobramento da posse em direta e indireta permite que o credor invoque qualquer dos interditos possessórios (art. 1.210 do CC), para o caso de esbulho, turbação ou ameaça da posse direta por terceiros ou pelo devedor.

A apropriação dos frutos e compensação com despesas que não deu causa: como já ressaltado, se o credor pignoratício exercer o direito de recolher e se apropriar dos frutos da coisa, deverá imputar o valor dos frutos, de que se apropriar (art. 1.433, inciso V) nas despesas de guarda e conservação, nos juros e no capital da obrigação garantida, sucessivamente.

Restituição da coisa após a satisfação da dívida: após o adimplemento da obrigação, o penhor perde a sua finalidade e o vínculo da obrigação que justificava o desdobramento da posse em direta e indireta é extinto (art. 1.197 do CC). Nesse caso, o credor tem o dever e a obrigação de restituir a coisa ao devedor, proprietário. A violação do dever de restituição pelo credor converte a posse deste de justa em injusta pelo vício da precariedade. Neste caso, o devedor poderá, em razão do esbulho praticado pelo credor, que viola o dever de restituição, invocar a tutela possessória para recuperar a posse direta da coisa. Por isso, segundo o inciso IV do art. 1.433, o credor deve restituir a coisa, com os respectivos frutos e acessões, uma vez paga a dívida.

Por fim, após a alienação da coisa empenhada, judicial ou extrajudicial, o saldo remanescente que sobre do preço, após a quitação da obrigação, deverá ser restituído ao proprietário.

5.14.4.1.2. Causas de extinção do penhor

Os arts. 1.436 e 1.437 do Código Civil disciplinam as causas de extinção do penhor e as providências necessárias para que a extinção possa produzir todos os efeitos jurídicos.

De acordo com o art. 1.436, inciso I, do CC, o modo normal e regular de extinção do penhor é a extinção da relação jurídica obrigacional. O penhor é direito real acessório e, com a extinção da obrigação principal, ao qual está vinculado, independente da causa que acarreta o fim daquela, o penhor também será extinto.

A função do penhor é garantir o adimplemento e a efetividade de relação jurídica obrigacional. Se a obrigação for satisfeita pelo adimplemento ou por outros meios indiretos de pagamento (consignação, sub-rogação, dação em pagamento, novação, compensação, confusão ou remição), a existência de tal direito real de garantia não mais se justifica. Por ser acessório da relação obrigacional, a extinção desta implica no desaparecimento da garantia (penhor).

O perecimento da coisa empenhada também é causa de extinção do penhor, pois a garantia deixará de existir. O perecimento implica destruição total da coisa ou, ainda, sua plena inutilidade. O perecimento da coisa não leva à extinção da obrigação, mas apenas da garantia. O perecimento do objeto acarreta, de forma definitiva, o perecimento do direito a ele relacionado. Não há como o penhor incidir sobre o nada. Todavia, no caso de destruição parcial, a garantia pignoratícia se mantém em relação à parte remanescente do objeto.

A renúncia do credor em relação à garantia também é causa de extinção deste direito real acessório. De acordo com o § 1º do art. 1.436, presume-se a renúncia do credor quando consentir na venda particular do penhor sem reserva de preço, quando restituir a sua posse ao devedor, ou quando anuir à sua substituição por outra garantia.

A renúncia é declaração unilateral de vontade que acarreta a perda do direito sobre determinado objeto, no caso, em relação à garantia. A renúncia deve ser inequívoca, mas pode ser presumida nas hipóteses previstas no § 1º do art. 1.436 do CC. A restituição da posse direta da coisa ao devedor é hipótese de renúncia presumida. No mesmo sentido o art. 387 do CC, que disciplina a remissão da obrigação, causa de extinção desta. De acordo com a mencionada norma, a restituição voluntária do objeto empenhado prova a renúncia do credor à garantia real, não a extinção da dívida.

Por isso, não se deve confundir a renúncia da garantia, com a renúncia do próprio crédito. No primeiro caso, o credor renuncia à garantia real, caso em que se tornará credor quirografário. Na renúncia ao crédito, a obrigação será extinta e, por conta do caráter acessório do penhor, será extinto como desdobramento da extinção da obrigação principal (art. 1.436, I). A mera devolução do objeto empenhado implica renúncia da garantia, não do crédito.

A confusão é causa de extinção de qualquer obrigação e, por isso, desnecessária aludir a esta causa em dispositivo específico do art. 1.436, pois já estaria abrangida pelo inciso I deste mesmo dispositivo. Se as qualidades de credor e devedor se confundirem na mesma pessoa, a obrigação estará extinta (art. 381) e, com a extinção da obrigação, por óbvio, o penhor, como garantia acessória, também será extinta. A confusão pode ser parcial, como dispõem os arts. 382 e 1.436, § 2º, do CC: "Operando-se a confusão tão somente quanto à parte da dívida pignoratícia, subsistirá inteiro o penhor quanto ao resto".

A adjudicação judicial, a remissão ou a venda da coisa empenhada, feita pelo credor ou por ele autorizada, também é causa de extinção do penhor (art. 1.436, inciso V, do CC).

No caso de inadimplemento da relação jurídica obrigacional garantida pelo penhor, a garantia deverá ser objeto de excussão judicial ou, se autorizado, venda amigável. A adjudicação pode ser realizada pelo próprio credor. A adjudicação judicial da coisa empenhada pelo credor pignoratício é autorizada pelo art. 876, § 5º, conjugado com o art. 889, V, ambos do CPC. A venda ou alienação poderá ser judicial, por meio de hasta pública ou amigável, na hipótese do art. 1.433, IV, do CC. A alienação em leilão judicial será realizada se não efetivada a adjudicação ou a venda particular (art. 881 do CPC). A remissão é realizada pelo próprio credor e, por ser negócio unilateral, depende da anuência do devedor. O art. 651 do CPC de 1973 admitia a remição com "ç", que era a possibilidade de o devedor, antes da adjudicação ou alienação, remir a execução, com o pagamento da importância e todos os demais encargos da dívida executada. O art. 902 do CPC atual só admite a remição de bem vinculado a garantia hipotecária, o que poderá ocorrer até assinatura do auto de arrematação. Em todas estas situações, haverá extinção do penhor, porque a garantia real será concretizada, para satisfação do crédito do credor.

De acordo com o art. 1.437 do CC, produz efeitos a extinção do penhor depois de averbado o cancelamento do registro, à vista da respectiva prova.

5.14.4.1.3. Espécies de penhor

Como já mencionado, o penhor, em regra, se constitui pela efetiva transferência da posse da coisa móvel ao credor, que a restituirá após a satisfação do crédito. Esse é o penhor clássico, convencional e comum (arts. 1.431 a 1.437 do CC). Para ser constituído, depende de solenidade e transferência da posse ao credor.

Entretanto, além do penhor tradicional, a lei civil admite e disciplina outros tipos ou espécies de penhor. Em razão das características, finalidade e função destes penhores especiais, algumas regras gerais do penhor comum são afastadas para serem aplicadas outras específicas.

E quais são estes penhores especiais?

1. Penhor rural: é aquele que incide sobre bens móveis da agricultura (penhor agrícola) ou pecuária (penhor pecuário). Portanto, a penhora rural é gênero, do qual são espécies o penhor agrícola e o pecuário.

A garantia real, nestes casos, incide sobre safra agrícola, rebanho, máquinas etc. No penhor rural, há regras comuns ao penhor agrícola e pecuário e regras especiais a cada um destes penhores.

No penhor rural, dispensa-se a transferência efetiva da posse da coisa ao credor, porque se ela fosse exigida, provavelmente, o devedor pignoratício não conseguiria saldar a dívida. A transferência da posse da coisa ao penhor inviabilizaria o cumprimento da obrigação, pois a coisa empenhada, nestes casos, é que irá gerar a renda necessária para a satisfação da obrigação. Não há transferência real da posse, mas ficta (constituto possessório – há a transferência da posse pelo contrato).

O penhor rural é constituído mediante instrumento público ou particular, registrado no Cartório de Registro de Imóveis da circunscrição em que estiverem situadas as coisas empenhadas. Ao contrário do penhor comum, que é registrado no Cartório de Títulos e Documentos, o penhor rural é registrado no local onde está situada a propriedade rural, no CRI. Se o devedor prometer pagar a dívida em dinheiro, que é garantida com o penhor rural poderá ele emitir, em favor do credor, cédula rural pignoratícia, na forma determinada em lei especial.

De acordo com o disposto no art. 1.439 do CC, cuja redação foi dada pela Lei Federal n. 12.873/2013, o penhor agrícola e o penhor pecuário, espécies do gênero penhor rural, não podem ser convencionados por prazos superiores aos das obrigações garantidas. O prazo da obrigação garantida é o limite destes penhores especiais.

Entretanto, embora vencidos os prazos, permanece a garantia, enquanto subsistirem os bens que a constituem. A eventual prorrogação deve ser averbada à margem do registro respectivo, mediante requerimento do credor e do devedor.

Se o prédio objeto do penhor rural estiver hipotecado, aquele direito real de garantia poderá constituir-se independentemente da anuência do credor hipotecário, em razão da autonomia dos referidos direitos, mas não lhe prejudica o direito de preferência, nem restringe a extensão da hipoteca, ao ser executada (art. 1.440 do CC).

Como o credor não ficará na posse direta das coisas dadas em garantia, tem o direito de verificar o estado das coisas empenhadas, inspecionando-as onde se acharem, por si ou por pessoa que credenciar. Assim, o credor pignoratício, embora não tenha posse direta, possui direito de inspeção e vistoria para que possa garantir o seu interesse sobre a coisa.

O credor pignoratício possui posse indireta, a ele concedida pelo contrato (cláusula *constituti* ou constituto possessório). Se um terceiro esbulhar a coisa, o credor pignoratício tem legitimidade para promover a defesa da posse por meio de ações possessórias.

Penhor agrícola

De acordo com o art. 1.442, podem ser objeto de penhor agrícola máquinas e instrumentos de agricultura; colheitas pendentes, ou em via de formação; frutos acondicionados ou armazenados; lenha cortada e carvão vegetal e animais do serviço ordinário de estabelecimento agrícola.

O penhor agrícola, que recai sobre colheita pendente, ou em via de formação, abrange a imediatamente seguinte, no caso de frustrar-se ou ser insuficiente a que se deu em garantia. Se o credor não financiar a nova safra, poderá o devedor constituir com outrem novo penhor, em quantia máxima equivalente à do primeiro. O segundo penhor terá preferência sobre o primeiro, abrangendo este apenas o excesso apurado na colheita seguinte.

Portanto, se a safra atual não for suficiente para quitar a dívida, pode haver penhor de safra futura. O penhor rural exige registro no cartório de *imóveis* para que tenha eficácia contra terceiros.

Penhor pecuário

O penhor rural pode ter por objeto animais que integram a atividade pastoril, agrícola ou de laticínios. De acordo com o art. 1.445 do CC, o devedor não poderá alienar os animais empenhados sem prévio consentimento, por escrito, do credor. Quando o devedor pretende alienar o gado empenhado ou, por negligência, ameace prejudicar o credor, poderá este requerer se depositem os animais sob a guarda de terceiro, ou exigir que se lhe pague a dívida de imediato.

O art. 1.446 trata da substituição de animais mortos: "Art. 1.446. Os animais da mesma espécie, comprados para substituir os mortos, ficam sub-rogados no penhor. Parágrafo único. Presume-se a substituição prevista neste artigo, mas não terá eficácia contra terceiros, se não constar de menção adicional ao respectivo contrato, a qual deverá ser averbada".

2. Penhor industrial ou mercantil: o penhor industrial ou mercantil é disciplinado nos arts. 1.447 a 1.450 do Código Civil.

Tal penhor incide sobre bens móveis da indústria ou do comércio. No penhor industrial, há dispensa da tradição, porque se ela fosse exigida, provavelmente, o devedor pignoratício não conseguiria pagar a dívida. O credor pignoratício possui direito de inspeção ou vistoria. O penhor industrial é representado por cédula industrial ou comercial pignoratícia, o que facilita a circulação e pode gerar vantagens para o credor.

Quanto ao objeto, de acordo com o art. 1.447 do CC, podem ser objeto de penhor máquinas, aparelhos, materiais, instrumentos, instalados e em funcionamento, com os acessórios ou sem eles; animais, utilizados na indústria; sal e bens destinados à exploração das salinas; produtos de suinocultura, animais destinados à industrialização de carnes e derivados; matérias-primas e produtos industrializados. Segundo o parágrafo único deste dispositivo, regula-se pelas disposições relativas aos armazéns gerais o penhor das mercadorias neles depositadas.

O penhor industrial ou mercantil é constituído mediante instrumento público ou particular, registrado no Cartório de Registro de Imóveis da circunscrição onde estiverem situadas as coisas empenhadas. Da mesma forma que o penhor rural, se o devedor prometer pagar a dívida em dinheiro, que garante com penhor industrial ou mercantil, poderá emitir, em favor do credor, cédula do respectivo crédito, na forma e para os fins que a lei especial determinar.

O devedor não pode, sem o consentimento por escrito do credor, alterar as coisas empenhadas ou mudar-lhes a situação, nem delas dispor. O devedor que, anuindo o credor, alienar as coisas empenhadas, deverá repor outros bens da mesma natureza, que ficarão sub-rogados no penhor (art. 1.449 do CC). O direito de fiscalização e inspeção do credor, que não está na posse direta da coisa, é regulado pelo art. 1.450: "Art. 1.450. Tem o credor direito a verificar o estado das coisas empenhadas, inspecionando-as onde se acharem, por si ou por pessoa que credenciar".

3. Penhor de direitos: trata-se de rara hipótese de penhor que incide sobre bens incorpóreos. O penhor de direitos é um direito real incidindo sobre outros direitos (direito real que incide sobre um direito de crédito). Na prática, o penhor de direitos é caução de título de crédito.

Constituído o penhor de direitos, o devedor do devedor pignoratício precisa ser notificado para que possa, no momento do pagamento, pagá-lo (art. 1.453 do CC). O devedor que se declara ciente da existência do penhor está notificado. Se não houver a notificação do devedor do devedor pignoratício, o pagamento efetuado incorretamente não o atinge (quem paga mal, paga duas vezes). O penhor de direitos é registrado no cartório de títulos e documentos.

A disciplina jurídica do penhor de direitos está nos arts. 1.451 a 1.460 do CC.

De acordo com o art. 1.454, o credor pignoratício deve praticar os atos necessários à conservação e defesa do direito empenhado e cobrar os juros e mais prestações acessórias compreendidos na garantia. Cabe ao credor pignoratício zelar pelo crédito garantido. Ademais, deverá o credor pignoratício cobrar o crédito empenhado, assim que se torne exigível. Se este consistir numa prestação pecuniária, depositará a importância recebida, de acordo com o devedor pignoratício, ou onde o juiz determinar; se consistir na entrega da coisa, nesta se sub-rogará o penhor.

Se estiver vencido o crédito pignoratício, tem o credor direito a reter, da quantia recebida, o que lhe é devido, restituindo o restante ao devedor ou a excutir a coisa a ele entregue.

Se o mesmo crédito for objeto de vários penhores, só ao credor pignoratício, cujo direito prefira aos demais, o devedor deve pagar. No caso, responde por perdas e danos aos demais credores o credor preferente que, notificado por qualquer um deles, não promover oportunamente a cobrança. O credor que tem a preferência não pode ser desidioso em relação à cobrança.

O titular do crédito empenhado (devedor do credor pignoratício) só pode receber o pagamento (do terceiro) com a anuência, por escrito, do credor pignoratício, caso em que o penhor se extinguirá.

O penhor pode recair sobre título de crédito. Neste caso, constitui-se mediante instrumento público ou particular ou endosso pignoratício, com a tradição do título ao credor, regendo-se pelas Disposições Gerais desse Título e, no que couber, pela respectiva Seção. Ao credor, em penhor de título de crédito, compete o direito de conservar a posse do título e recuperá-la de quem quer que o detenha; usar dos meios judiciais convenientes para assegurar os seus direitos, e os do credor do título empenhado; fazer intimar ao devedor do título que não pague ao seu credor, enquanto durar o penhor e receber a importância consubstanciada no título e os respectivos juros, se exigíveis, restituindo o título ao devedor, quando este solver a obrigação.

O devedor do título empenhado que receber a intimação prevista no inciso III do artigo antecedente, ou se der por ciente do penhor, não poderá pagar ao seu credor. Se o fizer, responderá solidariamente por este, por perdas e danos, perante o credor pignoratício (art. 1.460 do CC).

4. Penhor de veículos: trata-se de novidade na legislação civil, que já nasce morta. É muito mais eficaz para o credor constituir sobre veículo a garantia da propriedade fiduciária (o devedor transfere ao credor a propriedade e, em caso de inadimplemento, basta ação possessória para recuperar a coisa), do que constituir penhor, caso em que o devedor continua com a propriedade do bem e, em caso de inadimplemento, deverá excutir a garantia.

O penhor sobre veículos pode incidir sobre qualquer espécie de transporte ou condução. A fim de não inviabilizar a garantia, o devedor mantém a posse do veículo, ao contrário do penhor comum onde há transferência da posse ao credor.

O credor pignoratício não tem a posse, mas possui o direito de vistoria e inspeção (art. 1.464 do CC).

Para a constituição do penhor sobre veículo é fundamento instrumento público ou particular e duplo registro, no Cartório de Títulos e Documentos do domicílio do devedor e anotação no certificado de propriedade (art.

1.462 do CC). No caso de propriedade fiduciária, de acordo com entendimento já adotado pelo STF, se o objeto for veículo, basta a anotação no certificado de registro para a constituição da propriedade fiduciária.

O penhor de veículos exige seguro do automóvel, pois não há transferência da posse para o credor (art. 1.463 do CC). O penhor de veículos tem prazo máximo de 2 (dois) anos, prorrogável por igual período (art. 1.466 do CC). Na prática, o penhor de veículos gera contrato de depósito. A alienação ou mudança do veículo empenhado, sem prévia comunicação ao credor, importa em vencimento antecipado do crédito pignoratício.

Penhor legal

O penhor legal, como o próprio nome enuncia, decorre diretamente da lei. É uma espécie de penhor constituído independentemente da vontade das partes, mas por força de lei. Determinadas relações obrigacionais, pela sua natureza e essência, exigem uma garantia legal. Assim, o CC confere a alguns credores o direito de garantia sobre bens móveis dos seus devedores. São hipóteses de autotutela permitidas pelo CC. O próprio credor pignoratício defende o seu interesse. A constituição do penhor legal se divide em dois momentos: primeiro a aquisição da posse, e segundo a homologação judicial. Uma vez tomada a posse dos bens, o credor pignoratício legal, ato contínuo, deve requerer a homologação pelo juiz. No procedimento de homologação, o prazo de defesa é de 24 horas. É nula toda e qualquer cláusula contratual que estipule perda de bens, pois a homologação é necessária, e a cláusula comissória é vedada por lei. Embora o procedimento de homologação esteja topologicamente previsto nos procedimentos cautelares, ele não é cautelar. São credores com direito ao penhor legal:

a) o hoteleiro, sobre bens móveis dos seus hóspedes. Como o hoteleiro responde pelos danos causados pelos seus hospedes (art. 932, IV, do CC), o penhor legal a ele conferido é um pêndulo, promovendo o equilíbrio do sistema. O hoteleiro não pode invadir o quarto do hóspede para obter a posse dos bens móveis, pois tem-se entendido que o quarto está abrangido pela inviolabilidade de domicílio;

b) o dono do prédio, sobre móveis do rendeiro ou locatário;

c) artistas e auxiliares cênicos sobre o material da peça (Lei n. 6.533/78);

d) o locador industrial sobre máquinas e equipamentos dos locatários (Dec.-lei n. 4.191/42).

5.14.4.2. Hipoteca – noções gerais, objeto e extensão da garantia

A hipoteca constitui direito real sobre coisa alheia que pode ter por objeto os bens elencados no art. 1.473 do Código Civil. De acordo com este dispositivo legal, podem ser objeto de hipoteca: I – os imóveis e os acessórios dos imóveis conjuntamente com eles; II – o domínio direto; III – o domínio útil; IV – as estradas de ferro; V – os recursos naturais a que se refere o art. 1.230, independentemente do solo onde se acham; VI – os navios; VII – as aeronaves. VIII – o direito de uso especial para fins de moradia; IX – o direito real de uso e X – a propriedade superficiária.

A hipoteca é direito real de garantia acessório; tem por objeto bem imóvel, direitos imobiliários, navios e aeronaves; a posse da coisa hipoteca permanece com o proprietário; é indivisível (art. 1.421 do CC), pois enquanto não satisfeita a obrigação, não se reduz a garantia (salvo o disposto no art. 1.488) e garantia temporária.

A hipoteca dos navios e das aeronaves reger-se-á pelo disposto em lei especial, pois embora sejam bens móveis, em razão da relevância econômica e do alto custo, podem ser objeto de hipoteca e não de penhor.

No que se refere ao domínio útil do enfiteuta e domínio direto do senhorio, podem ser hipotecados. O direito real de enfiteuse foi suprimido, mas as enfiteuses constituídas até a entrada em vigência do atual CC permanecem válidas e eficazes (art. 2.038, *caput*, do CC/2002).

Por outro lado, os direitos reais de garantia instituídos nas hipóteses dos incisos IX (direito real de uso) e X (propriedade fiduciária), elencados no *caput* do art. 1.473, ficam limitados à duração da concessão ou direito de superfície. A garantia hipotecária somente poderá perdurar enquanto houver a relação jurídica de concessão ou de superfície. No caso da propriedade superficiária, por ser espécie de propriedade resolúvel (art. 1.359), todos os direitos reais constituídos durante o prazo de concessão, entre eles a hipoteca, serão extintos com o fim da propriedade superficiária. O término do prazo da superfície e da concessão, direitos principais, leva a extinção do direito acessório hipoteca.

De acordo com o magistério de Rosenvald e Chaves[423] a hipoteca pode "ser conceituada como direito real de garantia, em virtude do qual um bem imóvel (exceto navio e aeronaves) remanesce na posse do devedor ou de terceiro, assegurando preferencialmente ao credor o pagamento de uma dívida".

No que se refere à extensão, o art. 1.474 do CC dispõe que a hipoteca abrange as acessões, melhoramentos e construções existentes sobre o imóvel. Trata-se do efeito expansivo deste direito real sobre coisa alheia. Os acessórios do imóvel devem ser dependentes e vinculados ao bem principal, como acessões e benfeitorias. Os acessórios independentes, como frutos separados e destacados, não integram a hipoteca (embora acessórios). Em razão da natureza jurídica e da autonomia (art. 94 do CC), as pertenças, ainda que as considere como acessórios, também não estão incluídas na redação do art. 1.474 do CC. As pertenças somente vão integrar a garantia se expressamente pactuada no título que constituiu a hipoteca. Assim, há acessórios que integram a hipoteca e acessórios (independentes e desvinculados) que não integram.

A hipoteca não neutraliza outros direitos reais constituídos anteriormente sobre o mesmo imóvel, seja de que

---

[423] FARIAS, Cristiano Chaves de; ROSENVALD, Nelson. *Curso de direito civil*. 11. ed. Salvador: JusPodivm, 2013.

natureza for. A hipoteca convive normalmente com ônus reais constituídos sobre o mesmo imóvel anteriormente à hipoteca (segunda parte do art. 1.474 do CC).

• **Constituição da hipoteca**

A hipoteca, direito real de garantia sobre bem imóvel, direitos reais imobiliários, navios e aeronaves, se constitui pelo registro no cartório de imóveis. O procedimento da hipoteca é todo disciplinado pela Lei n. 6.015/73 (Lei de Registros Públicos), ao passo que a lei civil regula a parte de direito material ou substancial do instituto.

A hipoteca dispensa a transferência efetiva da posse da coisa dada em garantia. O bem, em regra imóvel, permanece na posse do devedor hipotecário. No caso, a própria condição imobiliária impõe tal circunstância. A hipoteca só pode ser constituída com a *vênia* conjugal se o devedor for casado (art. 1.647, I), exceto no regime da separação convencional/absoluta de bens.

Portanto, há dispensa legal do consentimento do cônjuge quando o regime de bens é o da separação total. Os casados no regime de participação final nos aquestos podem ser dispensados da vênia conjugal caso haja previsão no pacto antenupcial (art. 1.656 do CC).

Na união estável, por ausência de previsão legal e, como tal entidade familiar ou modelo de família não pode ser equiparado ao casamento, não há necessidade de consentimento do companheiro para a constituição desta garantia.

A hipoteca deve ser feita por escritura pública. Não se exige consentimento do cônjuge para a hipoteca de navios e aeronaves. A característica mais importante da hipoteca é o fato de que o bem hipotecado não retira do seu titular a livre disponibilidade, ou seja, a hipoteca não obsta o real aproveitamento do bem, que pode ser desmembrado, loteado, alugado, emprestado, cedido, pode ser instituído condomínio, entre outros, pelo devedor hipotecário.

O devedor hipotecário pode até mesmo instituir anticrese, já que este direito real tem objetivos diferentes da hipoteca.

A hipoteca não impede a livre disponibilidade do bem imóvel dado em garantia, mas o vínculo real acompanha a coisa, independente de mutações subjetivas na titularidade do direito. O ônus acompanha o imóvel. A sequela é um dos efeitos dos direitos reais. É nula a cláusula que proíbe ao proprietário alienar imóvel hipotecado, art. 1.475 do CC. A nulidade da cláusula não implica nulidade da garantia. A hipoteca não é incompatível com a livre disposição do bem. No entanto, as partes podem convencionar, em razão do princípio da autonomia privada, que o crédito hipotecário se vencerá, se o imóvel for alienado, ou seja, desde que convencionado, a alienação pode ser causa de vencimento da hipoteca.

Portanto, é válida a cláusula que determina o vencimento antecipado do débito em caso de alienação do bem, de acordo com o disposto no parágrafo único do art. 1.475 do CC. Embora o bem hipotecado possa ser alienado, em razão da sequela que caracteriza os direitos reais, o sujeito que adquirir o bem hipotecado suportará o ônus real ou a restrição até que a hipoteca seja extinta por qualquer das causas previstas em lei.

> **Atenção:** há uma hipótese em que não se pode alienar o bem hipotecado – hipoteca firmada com base no Sistema Financeiro de Habitação, por meio do seu agente, que é a CEF (Lei n. 8.004/90). Para que haja a alienação no caso de hipoteca firmada com o SFH, exige-se a interveniência do credor hipotecário, ou seja, da CEF.

5.14.4.2.1. Regras especiais sobre a hipoteca

O Código Civil possui várias regras relativas a este direito real sobre coisa alheia.

Em primeiro lugar, o art. 1.476 admite a denominada hipoteca em segundo grau. Nada impede que o dono do imóvel constitua várias hipotecas sobre o mesmo bem, mediante novo título, em favor do mesmo ou de outro credor.

Em decorrência desta segunda hipoteca, se os credores hipotecários forem diferentes, salvo o caso de insolvência do devedor, o credor da segunda hipoteca, embora vencida, não poderá executar o imóvel antes de vencida a primeira. Frise-se que não se considera insolvente o devedor por faltar ao pagamento das obrigações garantidas por hipotecas posteriores à primeira.

Ainda em relação à pluralidade de hipotecas, se o devedor da obrigação garantida pela primeira hipoteca não se oferecer, no vencimento, para pagá-la, o credor da segunda pode promover-lhe a extinção, consignando a importância e citando o primeiro credor para recebê-la e o devedor para pagá-la. Se o devedor não efetivar o pagamento, o segundo credor, efetuando o pagamento, se sub-rogará nos direitos da hipoteca anterior, sem prejuízo dos que lhe competirem contra o devedor comum (art. 1.478 do CC).

Por outro lado, se o primeiro credor estiver promovendo a execução da hipoteca, o credor da segunda depositará a importância do débito e as despesas judiciais.

Em segundo lugar, o art. 1.479 do CC permite que o adquirente de imóvel hipotecado se libere da hipoteca, abandonando o imóvel: "Art. 1.479. O adquirente do imóvel hipotecado, desde que não se tenha obrigado pessoalmente a pagar as dívidas aos credores hipotecários, poderá exonerar-se da hipoteca, abandonando-lhes o imóvel". Neste caso, o adquirente notificará o vendedor e os credores hipotecários, deferindo-lhes, conjuntamente, a posse do imóvel, ou o depositará em juízo.

De acordo com o parágrafo único do art. 1.480, poderá o adquirente exercer a faculdade de abandonar o imóvel hipotecado, até as vinte e quatro horas subsequentes à citação, com o que se inicia o procedimento executivo. O abandono se dará em favor do alienante ou do credor hipotecário. O art. 1.480 é desdobramento do art. 1.479 do CC. A notificação deverá ser seguida da entrega da posse. Será deferido ao alienante e ao credor hipotecário, de forma conjunta, a posse do imóvel ou o depósito judicial. Como já ressaltado, o abandono poderá ocorrer durante a execução da hipoteca.

Terceiro, o art. 1.481 do CC disciplina possibilidade de remição da hipoteca pelo adquirente. O adquirente do imóvel hipotecado tem o direito de remi-la, com a citação dos credores hipotecários e proposta não inferior ao preço porque a adquiriu. O direito de remição pode ser exercido antes do vencimento do crédito hipotecário. O prazo decadencial é de 30 dias, a contar do registro do título.

Se o credor impugnar o preço da aquisição ou a importância oferecida, realizar-se-á a licitação, efetuando-se a venda judicial a quem oferecer maior preço, assegurada preferência ao adquirente do imóvel. Não impugnado pelo credor, o preço da aquisição ou o preço proposto pelo adquirente, haver-se-á por definitivamente fixado para a remissão do imóvel, que ficará livre de hipoteca, uma vez pago ou depositado o preço. Se o adquirente deixar de remir o imóvel, sujeitando-o a execução, ficará obrigado a ressarcir os credores hipotecários da desvalorização que, por sua culpa, o mesmo vier a sofrer, além das despesas judiciais da execução. Disporá de ação regressiva contra o vendedor o adquirente que ficar privado do imóvel em consequência de licitação ou penhora, o que pagar a hipoteca, o que, por causa de adjudicação ou licitação, desembolsar com o pagamento da hipoteca importância excedente à da compra e o que suportar custas e despesas judiciais.

Os arts. 1.482 e 1.482 do CC foram revogados expressamente pelo CPC/2015, art. 1.072, inciso II. A matéria é disciplinada pelo art. 902 do CPC/2015. No caso de leilão de bem hipotecado, o executado poderá remi-lo até a assinatura do auto de arrematação, desde que ofereça preço igual ao do maior lance oferecido. No caso de falência ou insolvência do devedor hipotecário, o direito de remissão defere-se à massa ou ao concurso de credores.

De acordo com o art. 1.483, do CC, é lícito aos interessados fazer constar das escrituras o valor entre si ajustado dos imóveis hipotecados. Tal valor deverá ser atualizado e servirá como base de referência para as arrematações, adjudicações e remissões.

Quanto ao prazo, mediante simples averbação, requerida por ambas as partes, poderá prorrogar-se a hipoteca, até 30 (trinta) anos da data do contrato. Desde que perfaça esse prazo, só poderá subsistir o contrato de hipoteca reconstituindo-se por novo título e novo registro; e, nesse caso, lhe será mantida a precedência, que então lhe competir.

No ato constitutivo da hipoteca podem o credor e o devedor autorizar a emissão da correspondente cédula hipotecária, na forma e para os fins previstos em lei especial. A hipoteca pode ser constituída para garantia de dívida futura ou condicionada, desde que determinado o valor máximo do crédito a ser garantido. Neste último caso, a execução da hipoteca dependerá de prévia e expressa concordância do devedor quanto à verificação da condição, ou ao montante da dívida. Se houver divergência entre o credor e o devedor, caberá àquele fazer prova de seu crédito. Reconhecido este, o devedor responderá, inclusive, por perdas e danos, em razão da superveniente desvalorização do imóvel.

Por fim, se o imóvel, dado em garantia hipotecária, vier a ser loteado, ou se nele se constituir condomínio edilício, poderá o ônus ser dividido, gravando cada lote ou unidade autônoma, se o requererem ao juiz o credor, o devedor ou os donos, obedecida a proporção entre o valor de cada um deles e o crédito. O credor só poderá se opor ao pedido de desmembramento do ônus, provando que ele importa em diminuição de sua garantia. Salvo convenção em contrário, todas as despesas judiciais ou extrajudiciais necessárias ao desmembramento do ônus correm por conta de quem o requerer. O desmembramento do ônus não exonera o devedor originário da responsabilidade a que se refere o art. 1.430, salvo anuência do credor.

5.14.4.2.2. Espécies de hipoteca

1. Convencional: a hipoteca convencional é resultado de negócio jurídico bilateral, de caráter e natureza acessório, por meio do qual o devedor concede ao credor, em garantia de determinada obrigação, qualquer dos bens arrolados no art. 1.473 do CC em garantia hipotecária. É, portanto, a que decorre da vontade das partes ou de um contrato (princípio da autonomia privada).

Quanto à formalidade, tal hipoteca deve ser constituída por escritura pública se o imóvel for de valor superior a 30 salários mínimos (art. 108 do CC) ou, independentemente do valor do bem, nas hipotecas constituídas no âmbito do Sistema Financeiro de Habitação.

O Código Civil permite que a hipoteca seja representada por cédula, para facilitar a sua circulação e garantir os direitos creditícios do credor hipotecário (art. 1.486 do CC). Nos termos do Decreto-lei n. 70/66, quando a hipoteca se referir a crédito imobiliário para aquisição de casa própria (hipoteca no Sistema Financeiro de Habitação), a emissão de cédula não decorre da vontade das partes, mas da lei.

Assim como o penhor, a hipoteca admite diferentes graus, ou seja, são permitidas sub-hipotecas. O vencimento de uma hipoteca de grau consecutivo implica o vencimento antecipado da dívida garantida pela hipoteca anterior. O credor hipotecário de primeiro grau não precisa consentir com a sub-hipoteca.

O prazo máximo de hipoteca, chamado de prazo de perempção, é de 30 (trinta) anos. De acordo com o art. 1.485, mediante simples averbação, requerida por ambas as partes, poderá prorrogar-se a hipoteca, até 30 (trinta) anos da data do contrato. Desde que perfaça esse prazo, só poderá subsistir o contrato de hipoteca reconstituindo-se por novo título e novo registro; e, nesse caso, lhe será mantida a precedência, que então lhe competir.

A hipoteca pode incidir sobre bem de família, desde que o débito garantido reverta em proveito do núcleo familiar.

2. Judicial: o juiz pode determinar a formação da hipoteca. A decisão que condena o réu ao pagamento de prestação consistente em dinheiro e que determina a conversão de prestação de fazer, não fazer e dar em indenização, valerá como título para constituição de hipoteca judiciária. É o que dispõe o art. 495 do CPC/2015. Trata-se de efeito secundário da sentença. Ainda que a sentença seja impugnada por recurso com efeito suspensivo, verse sobre quantia ilíquida, é possível a hipoteca

judiciária. A hipoteca judiciária, em relação às regras procedimentais, independe de ordem judicial. Basta apresentar cópia da sentença ao cartório de registro imobiliário. O § 5º do art. 495 do CPC dispõe que no caso de reforma ou invalidação da decisão, a parte que constituiu a garantia responde de forma objetiva pelos danos causados. Adotou-se o risco-proveito.

3. Legal (art. 1.489 do CC): nos mesmos moldes do penhor legal, a hipoteca legal incide sobre determinados bens de certos devedores. Determinados devedores, por conta da natureza de suas obrigações, precisam garantir os seus credores. Todas as hipotecas legais dependem de homologação judicial. São credores com direito à hipoteca legal:

(i) poder público sobre os bens dos servidores do Fisco;

(ii) filhos sobre os bens dos pais viúvos que se casaram novamente sem fazer inventário do leito anterior. Além de estabelecer hipoteca legal, o CC também impõe ao novo casamento realizado antes do inventário o regime de separação obrigatória de bens (arts. 1.523 e 1.641 do CC). Contudo, nada impede que feito o inventário, o casal ajuíze uma ação para modificar o regime de bens;

(iii) ofendido ou seus herdeiros sobre os imóveis do criminoso, para a satisfação do dano e das despesas judiciais;

(iv) o coerdeiro para garantia do seu quinhão, sobre o imóvel do outro herdeiro que adjudicou um bem na partilha;

(v) o credor sobre o imóvel arrematado até que seja pago o restante do preço.

O credor da hipoteca legal, ou quem o represente, poderá, provando a insuficiência dos imóveis especializados, exigir do devedor que seja reforçado com outros.

A hipoteca legal pode ser substituída por caução de títulos da dívida pública federal ou estadual, recebidos pelo valor de sua cotação mínima no ano corrente; ou por outra garantia, a critério do juiz, a requerimento do devedor (art. 1.491).

5.14.4.2.3. Registro da hipoteca

As hipotecas serão registradas no cartório do lugar do imóvel, ou no de cada um deles, se o título se referir a mais de um. Compete aos interessados, exibido o título, requerer o registro da hipoteca.

Os registros e averbações seguirão a ordem em que forem requeridas, verificando-se ela pela da sua numeração sucessiva no protocolo. Trata-se do princípio da prioridade do registro público. O número de ordem determina a prioridade, e esta a preferência entre as hipotecas.

Não se registrarão no mesmo dia duas hipotecas, ou uma hipoteca e outro direito real, sobre o mesmo imóvel, em favor de pessoas diversas, salvo se as escrituras, do mesmo dia, indicarem a hora em que foram lavradas.

De acordo com o art. 1.495, quando se apresentar ao oficial do registro título de hipoteca que mencione a constituição de anterior, não registrada, sobrestará ele na inscrição da nova, depois de a prenotar, até trinta dias, aguardando que o interessado inscreva a precedente; esgotado o prazo, sem que se requeira a inscrição desta, a hipoteca ulterior será registrada e obterá preferência.

Se tiver dúvida sobre a legalidade do registro requerido, o oficial fará, ainda assim, a prenotação do pedido. Se a dúvida, dentro em noventa dias, for julgada improcedente, o registro efetuar-se-á com o mesmo número que teria na data da prenotação; no caso contrário, cancelada esta, receberá o registro o número correspondente à data em que se tornar a requerer.

As hipotecas legais, de qualquer natureza, deverão ser registradas e especializadas. O registro e a especialização das hipotecas legais incumbem a quem está obrigado a prestar a garantia, mas os interessados podem promover a inscrição delas, ou solicitar ao Ministério Público que o faça. As pessoas, às quais incumbir o registro e a especialização das hipotecas legais, estão sujeitas a perdas e danos pela omissão.

Por fim, é valido o registro da hipoteca, enquanto a obrigação perdurar; mas a especialização, em completando vinte anos, deve ser renovada.

5.14.4.2.4. Extinção da hipoteca

O art. 1.499 do Código Civil elenca as hipóteses em que se dá a extinção desse direito real sobre coisa alheia.

A hipoteca, como direito real acessório, em primeiro lugar, extingue-se com o fim da obrigação principal. O perecimento, destruição total do objeto, também é causa de extinção da hipoteca. A resolução da propriedade, a renúncia do credor, a remição já analisada e a arrematação ou adjudicação judicial também são causas de extinção da hipoteca.

Além das causas extintivas, a extinção efetiva da hipoteca dependerá da averbação, no Registro de Imóveis, do cancelamento do registro, à vista da respectiva prova. Por outro lado, não extinguirá a hipoteca, devidamente registrada, a arrematação ou adjudicação, sem que tenham sido notificados judicialmente os respectivos credores hipotecários, que não forem de qualquer modo partes na execução.

5.14.4.2.5. Hipoteca de vias férreas

As hipotecas sobre as estradas de ferro serão registradas no Município da estação inicial da respectiva linha.

Os credores hipotecários não podem embaraçar a exploração da linha, nem contrariar as modificações, que a administração deliberar, no leito da estrada, em suas dependências, ou no seu material.

A hipoteca será circunscrita à linha ou às linhas especificadas na escritura e ao respectivo material de exploração, no estado em que ao tempo da execução estiverem; mas os credores hipotecários poderão opor-se à venda da estrada, à de suas linhas, de seus ramais ou de parte considerável do material de exploração; bem como à fusão com outra empresa, sempre que com isso a garantia do débito enfraquecer.

Na execução das hipotecas será intimado o representante da União ou do Estado, para, dentro em quinze dias, remir a estrada de ferro hipotecada, pagando o preço da arrematação ou da adjudicação.

5.14.4.2.6. Anticrese

É o direito real de garantia sobre bem frugífero (bem que produz frutos), móvel ou imóvel. É um instituto de duvidosa aplicação prática. É um direito real de garantia sobre frutos da coisa.

O credor anticrético recebe a coisa para poder explorar os seus frutos.

A anticrese excepciona a regra dos direitos reais de garantia, segundo a qual possuem a finalidade única de assegurar o cumprimento de uma obrigação. O credor pode explorar economicamente os frutos da coisa, abatendo-os do valor de débito garantido: primeiro dos juros e, depois, do principal.

Na prática, há uma imputação do pagamento, razão pela qual a anticrese é de duvidosa utilidade.

A anticrese é ruim para o devedor, que perde a posse do bem, e para o credor, que recebe apenas parte da posse do bem.

A constituição de anticrese não impede a constituição de hipoteca, pois o credor anticrético só recebe parcela dos poderes. A hipoteca e a anticrese são compatíveis porque têm finalidades distintas.

O prazo máximo da anticrese é de 15 (quinze) anos. Ao final deste prazo, o credor passa a ser quirografário, e a sua posse passará a ser injusta, ensejando ao proprietário o ajuizamento de ação de reintegração de posse.

A anticrese admite ação de prestação de contas, já que o credor anticrético recebe a coisa para retirar os frutos e abatê-los da dívida.

A anticrese será extinta pelo pagamento da dívida; pela caducidade ou pelo término do prazo legal, conforme prevê o art. 1.423 do CC; pela renúncia do anticresista; ou, também, conforme estabelece o art. 1.509, §§ 1º e 2º, e 1.510, respectivamente, do CC "se executar os bens por falta de pagamento da dívida, ou permitir que outro credor o execute, sem opor o seu direito de retenção ao exequente, não terá preferência sobre o preço", ou seja, pela execução judicial de outros credores quando o anticrético não se valer de seu direito de retenção; "o credor anticrético não terá preferência sobre a indenização do seguro, quando o prédio seja destruído, nem se forem desapropriados os bens, com relação à desapropriação", e "o adquirente dos bens dados em anticrese poderá remi-los, antes do vencimento da dívida, pagando a sua totalidade à data do pedido de remição e imitir-se-á, se for o caso, na sua posse", isto é, quando o adquirente realizar o resgate do bem gravado.

As regras da anticrese estão dispostas nos arts. 1.506 a 1.510 do CC.

Capítulo 6
FAMÍLIA

Sumário 6.1. Família Contemporânea – Princípios Constitucionais – **6.1.1.** Princípios Constitucionais e a Nova Concepção de Família (Efeito Pós-positivismo) – **6.1.2.** Família e o "Afeto": O afeto é princípio jurídico? – **6.1.3.** O direito de família e outros valores sociais constitucionais – **6.1.4.** Família e Princípios Constitucionais – **6.1.5.** Os Modelos de Família (espécies de entidades familiares): Princípio da Pluralidade de Modelos Familiares – **6.1.6.** Família Simultânea e Poliamor – **6.2.** Evolução Histórica da Família (Da "Família Instituição" para a "Família Instrumento") – **6.2.1.** Relações Familiares e Evolução da Família – Da "Família Tradicional" para a "Família Contemporânea" – **6.3.** Teoria do Casamento – **6.3.1.** Casamento – Introdução e Noção Geral – **6.3.2.** Natureza Jurídica do Casamento – Teorias – **6.3.3.** Casamento Civil e Casamento Religioso com Efeitos Civis – **6.3.4.** Características e Pressupostos para o Casamento – **6.3.5.** Capacidade (e não legitimidade) para o Casamento: Capacidade Matrimonial – **6.3.6.** Impedimentos que Invalidam o Casamento (Nulidade – Violação de interesse público) – **6.3.7.** Causas Suspensivas (Sanção que repercute no regime de bens) – **6.3.8.** Processo de Habilitação do Casamento – **6.3.9.** Procedimento para Celebração do Casamento – **6.3.10.** Hipóteses Especiais para a Celebração do Casamento – **6.3.11.** Provas do Casamento – **6.3.12.** Teoria da Invalidade do Casamento (Causas Originárias): Introdução – **6.3.13.** Efeitos da Invalidade do Casamento e o Casamento Putativo – **6.3.14.** Eficácia do Casamento (Efeitos Jurídicos do Casamento Válido – Sociais, Pessoais e Patrimoniais) – **6.4.** Estatuto Patrimonial dos Cônjuges – Pacto Antenupcial e Regime de Bens – **6.4.1.** Teoria do Direito Patrimonial (Regime de Bens entre Cônjuges): Estatuto Patrimonial do Casamento – **6.4.2.** Características do Regime de Bens e o Princípio da Liberdade de Escolha – **6.4.3.** Regime Legal e Regime Convencional: A variedade de regimes e a combinação de elementos de regimes diferentes – **6.4.4.** Alteração do Regime de Bens Durante a Sociedade Conjugal: Possibilidade? Motivação e Intervenção Judicial – **6.4.5.** Hipóteses de Adoção do Regime de Separação Obrigatória (separação legal): Exceção à Liberdade de Escolha – **6.4.6.** Atos de Mera Gestão ou Administração: Atos Praticados Pelos Cônjuges Durante a Sociedade Conjugal em Relação aos Bens que Prescindem de Vênia Conjugal – Relação com os Regimes de Bens e a Desnecessidade de Vênia Conjugal – **6.4.7.** União Estável e Exigência de Outorga ou Autorização para Administração de Bens ou Atos de Disposição Patrimonial – **6.4.8.** Impossibilidade do Exercício da Administração dos Bens por um dos Cônjuges e Efeitos – **6.4.9.** Pacto Antenupcial: Noções Gerais, Formalidades Essenciais e Questões Especiais – **6.4.10.** Espécies de Regime de Bens: Variedade de Regimes – **6.5.** Dissolução da Sociedade Conjugal e do Vínculo Matrimonial – Causas Supervenientes ao Casamento Válido – **6.5.1.** Noções Gerais – **6.5.2.** Causas Supervenientes ao Casamento Válido: Causas Legais – **6.5.3.** Separação Judicial e Polêmicas sobre a Subsistência deste Instituto – **6.5.4.** Divórcio – **6.5.5.** A Morte Real e a Morte Presumida como Causas de Dissolução do Vínculo Matrimonial – **6.6.** Adoção – **6.7.** Poder Familiar – **6.7.1.** Noções Gerais – **6.7.2.** Exercício do Poder Familiar – **6.7.3.** Causas de Suspensão e Extinção do Poder Familiar – **6.7.4.** Teoria da Alienação Parental – **6.8.** Família e Relações de Parentesco – **6.8.1.** Relações de Parentesco: Disposições Gerais – **6.9.** Família e Teoria da Filiação – **6.9.1.** Noções Gerais e o Princípio da Não Discriminação – **6.9.2.** Filiação: modos de constituição do vínculo de filiação e fundamento biológico e afetivo – **6.9.3.** Multiparentalidade (pluralidade de vínculos) – **6.9.4.** Filiação e o casamento: A constituição da filiação pela presunção legal – **6.9.5.** A Presunção *pater is est* nas técnicas de reprodução assistida: A filiação e os métodos de reprodução assistida – **6.9.6.** Legitimidade para Contestar a Paternidade – **6.9.7.** Reconhecimento de filhos – introdução – **6.9.8.** O reconhecimento judicial: ações de filiação e questões processuais – **6.9.9.** Ação de Investigação de Ancestralidade (origem genética) e de investigação avoenga – **6.9.10.** Prova da Filiação; Possibilidade da Posse do Estado de filho e a Paternidade Socioafetiva – **6.9.11.** Questões Específicas do Filho Havido fora do casamento, Lar Conjugal e Guarda – **6.9.12.** O Casamento Nulo e a Filiação – **6.9.13.** Resumo da Teoria da Filiação (temas relevantes) – **6.10.** Usufruto e Administração dos Bens dos Filhos Menores – **6.10.1.** Atos de Disposição Patrimonial: Limites dos Poderes dos Pais e Intervenção Judicial – **6.10.2.** Hipóteses de Exclusão do Direito de Administração dos Bens dos Pais – **6.11.** A Teoria dos Alimentos – **6.11.1.** Noções Gerais sobre alimentos no Código Civil e as espécies de alimentos – **6.11.2.** Natureza Jurídica dos Alimentos – **6.11.3.** Alimentos e a Concretização do Princípio da Dignidade da Pessoa Humana – **6.11.4.** As Principais Características dos Alimentos – **6.11.5.** Os Sujeitos Ativo e Passivo da Obrigação Alimentar (Noções Gerais – Reciprocidade) – **6.11.6.** A divisibilidade da obrigação alimentar e a natureza da intervenção subjetiva prevista no art. 1.698 do CC. – **6.11.7.** Alimentos entre Cônjuges, Alimentos entre Companheiros e Alimentos Decorrentes da Relação de Parentesco – **6.11.8.** Parentalidade Alimentar – **6.11.9.** Revisão de Alimentos – **6.11.10.** A Questão do Procedimento Indigno do Credor em Relação ao Devedor – **6.11.11.** Aspectos Processuais dos Alimentos – **6.11.12.** Procedimento da Ação de Alimentos e da Ação de Oferta de Alimentos – **6.11.13.** Procedimento da Execução dos Alimentos (Análise Comparativa Entre o CPC/73 e o CPC/2015) – **6.12.** Bem de Família – **6.12.1.** Bem de Família Convencional: Vinculação com a Teoria do Patrimônio Mínimo – **6.12.2.** Quem Possui Legitimidade para Instituir o Bem de Família Voluntário e qual a Formalidade para Tanto? – **6.12.3.** Limites da Constituição do Bem de Família – **6.12.4.** Objeto do Bem de Família Voluntário. Que Bem Poderá ser Considerado de família? – **6.12.5.** Isenções Relativas ao Bem de Família e Exceções à Regra da Impenhorabilidade do Bem de Família Voluntário – **6.12.6.** Desvio de Finalidade do Bem de Família – **6.12.7.** Impossibilidade de Manutenção do Bem de Família – **6.12.8.** Administração do Bem de Família, o Bem de Família e a Dissolução da Unidade Familiar, e a Extinção do Bem de Família – **6.12.9.** A Lei 8.009/90 e o Bem de Família Legal – **6.13.** União Estável – **6.13.1.** Evolução Histórica – De família "Ilegítima" até ser Considerada Entidade Familiar Reconhecida e Tutelada pelo Estado (art. 226 da CF/88) – **6.13.2.** Pressupostos para a Caracterização da União Estável como Entidade Familiar – **6.13.3.** Relações Pessoais entre Companheiros – **6.13.4.** Estatuto Patrimonial na União Estável – **6.13.5.** União Estável e Concubinato. – **6.13.6.** Alimentos e Sucessão entre Companheiros – **6.14.** Tutela – **6.14.1.** Noções Gerais – **6.14.2.** Tutela por Nomeação dos Pais (Documental e Testamentária) e Tutela Legítima – **6.14.3.** Tutor Nomeado pelo Juiz (Tutela Dativa) – **6.14.4.** Tutela para Irmãos Órfãos – **6.14.5.** Ausência de Legitimação para o Exercício da Tutela: Impedidos de Serem Tutores – **6.14.6.** A Legítima Escusa dos Tutores – **6.14.7.** Exercício da Tutela – **6.14.8.** Os Bens do Tutelado – **6.14.9.** Prestações de Contas pelo Tutor – **6.14.10.** Cessação da Tutela – **6.15.** Curatela – **6.15.1.** Noções Gerais – **6.15.2.** Interdição e Legitimidade – **6.15.3.** Interdição e Procedimento – **6.15.4.** Curatela e as Regras da Tutela – **6.15.5.** Legitimidade para ser Curador (Quem Pode ser Nomeado Curador das Pessoas que Serão Submetidas ao Regime Jurídico da Curatela – Art. 1.767 do CC) – **6.15.6.** Curatela do Nascituro, Enfermo e Deficiente Físico – **6.15.7.** Exercício da Curatela – **6.15.8.** Da Tomada de Decisão Apoiada.

6.1. FAMÍLIA CONTEMPORÂNEA – PRINCÍPIOS CONSTITUCIONAIS

6.1.1. Princípios constitucionais e a nova concepção de família (efeito pós-positivismo)

O direito de família (ou melhor, "das famílias") disciplina as relações sociais, afetivas e jurídicas das famílias contemporâneas e tem como referência princípios e valores incorporados ao texto constitucional. O movimento pós-positivista, que é a base filosófica do novo constitucionalismo, repercute intensamente nas relações familiares. A abertura valorativa do sistema civil, provocada pelo pós-positivismo, altera substancialmente as relações familiares e transforma estruturas do modelo de família, como a imposição do reconhecimento e a tutela de novos núcleos familiares, para além da tradicional família pautada no modelo matrimonial (casamento). As barreiras históricas que associam família a casamento devem ser superadas, pois os arranjos familiares são múltiplos e o texto constitucional não restringe o núcleo familiar a qualquer modelo ou padrão. Com isso, supera-se velhos preconceitos que marcam a sociedade contemporânea e se modifica toda a perspectiva desse "ramo" do direito civil.

A tutela efetiva deste núcleo é objeto do art. 226 da Constituição Federal, sua base de referência. A família, constitucionalizada (não necessariamente matrimonial – os arranjos familiares são múltiplos), democrática, igual e plural, tem proteção especial do Estado. A família contemporânea é "instrumento" para a concretização da dignidade de seus membros e, por isso, deve retratar núcleo propício para o desenvolvimento e a promoção da personalidade daqueles que a integram. A família tem tutela privilegiada da Constituição Federal. É ultrapassada a concepção de família como "instituição", fim em si mesmo, unidade de produção e reprodução, vinculada a valores religiosos e ao matrimônio. A família contemporânea é meio para a concretização de direitos fundamentais da pessoa humana. A família, como núcleo total, cede espaço para a família como ambiente para tutela das pessoas que compõem esse núcleo. A família deve servir às pessoas que a integram e não estas se submeterem àquela.

A doutrina e a jurisprudência brasileira mantêm olhar distorcido para as relações familiares, como se observa na tipificação de modelos familiares como "família mosaico", "família homoafetiva", "família monoparental", "família anaparental", entre outras. Na atualidade, não se qualifica a família, pois, independentemente do sexo, da opção sexual, dos vínculos de sangue ou não, da relação de parentesco ou não, da cor da pele, da cultura, da religião e da condição socioeconômica, família é família e ponto final. Os modelos sugeridos pela Constituição Federal são meramente exemplificativos.

A Constituição Federal apenas apresenta as bases mínimas para a família contemporânea. Todavia, qualquer núcleo de organização social integrado por pessoas que, com base no afeto, buscam a realização pessoal e existencial de cada um de seus integrantes, pode ser considerado família. Não basta o modelo formal. A constituição e existência de núcleo familiar pressupõe evidências materiais, investigação dos interesses, comportamentos, finalidade, auxílio, contribuição, solidariedade, respeito e integração de todos aqueles que a compõem.

A qualificação da família em "diversos modelos" gera preconceitos e discriminação às avessas. O pós-positivismo impõe uma concepção ampla e atual de família, independentemente das características de seus integrantes, mas repele essas qualificações como se a pluralidade de modelos familiares a elevasse a outro patamar. A discriminação somente acabará quando todos, sem exceção, puderem interagir e percorrer os mesmos caminhos, e não com a criação de rotas diferentes, como guetos, para supostos modelos de famílias diversas.

A família não pode ser qualificada, assim como não mais se qualifica o filho. Este não é mais legítimo ou ilegítimo. O filho é filho. Essa afirmação singela demonstra a grandeza e a evolução da concepção de filiação.

A família não merece qualificações e, neste sentido, deve ser analisada de acordo com os novos valores estabelecidos na Constituição Federal. A família constituída por pessoas do mesmo sexo é simplesmente família. Os rótulos potencializam preconceitos: a realidade social é muito mais viva e real (com o perdão da repetição) do que as leis editadas por um Governo e parlamento que não representam a coletividade e não concretizam as demandas sociais.

O estatuto da família que está em discussão no Congresso Nacional bem evidencia o abismo entre a realidade social e a concepção ideológica do Parlamento/Governo brasileiro.

Para iniciar a análise da família contemporânea, portanto, a premissa básica é apartá-la e dissociá-la de qualificações preconceituosas e discriminatórias. A família deve ter tutela do Estado, como união de pessoas, independentemente de origem, parentesco e sexo, que desejam vida em comum. Essa concepção ampla para a compreensão da família é que enaltecerá a dignidade de seus integrantes e concretizará os valores impostos pela Constituição Federal, afastando visões homofóbicas, misóginas, machistas ou feministas e antiquadas.

A família contemporânea é pautada em valores como dignidade, afetividade, lealdade, solidariedade, democracia entre os integrantes do núcleo, ética, moralidade, transparência, respeito, liberdade de expressão, liberdade de decisão, igualdade dos integrantes, não discriminação e independência/autonomia, o que a torna meio para a concretização da felicidade plena de seus integrantes.

Como bem ressaltam Chaves e Rosenvald[1]: "Com o passar dos tempos, porém, o conceito de família mudou significativamente até que, nos dias de hoje, assume concepção múltipla, plural, podendo dizer respeito a um ou mais indivíduos, ligados por traços biológicos ou sociopsicoafetivos, com intenção de estabelecer, eticamente, o desenvolvimento da personalidade de cada um".

A dignidade da pessoa humana, fundamento da República Federativa do Brasil, prevista no art. 1º, inciso III, da Carta de 1988, passa a ser a referência da atual concepção de família, bem como de todo o direito, colocando o ser humano no centro das relações. A dignidade dos seus integrantes é a finalidade a ser alcançada nas relações familiares.

Tal princípio torna a família instrumento para a proteção plena da pessoa humana que integra determinado núcleo familiar. O objetivo é a tutela do membro que compõe o núcleo familiar, como evidencia o § 8º do art. 226 da CF, segundo o qual o Estado presta assistência à família na pessoa de seus integrantes. Portanto, a família é meio para a concretização da dignidade de seus componentes.

A família deixa de ser instituição, que se justifica por si e para si, para ser considerada instrumento de desenvolvimento das pessoas que a integram, com o único objetivo de promover a dignidade das pessoas que a compõem, de forma ética, real, livre e solidária. As pessoas humanas são o alvo central da nova família, os protagonistas das relações familiares e os verdadeiros destinatários das normas constitucionais. A família constitucionalizada tem função social relevante. Tal função legitima determinado núcleo social como família. A família pautada em valores como dignidade, afeto, solidariedade, igualdade, liberdade, ou seja, conectada a valores sociais, merece a proteção especiais das normas, regras e princípios, do direito de família.

A família somente tem sentido e se justifica a partir das pessoas que a integram, razão pela qual deve servir de instrumento para viabilizar a plena tutela destas, com o fim de assegurar, de forma concreta, a dignidade, liberdade (em todos os sentidos) e igualdade de seus membros.

A existência da família em razão de seus integrantes é o que se denomina "família eudemonista" (caráter instrumental da família), caracterizada por uma função específica, qual seja, a concretização da dignidade de seus integrantes, a serem tutelados e protegidos para que possam vivenciar a realização pessoal e existencial, e sentir, ao menos utopicamente, que o núcleo familiar retrata e permite o alcance da felicidade plena.

Tal função da família é resultado da dignidade da pessoa humana e estará sempre em busca do inalcançável, a plenitude na sua mais pura acepção. No entanto, essa busca e esse sentimento de que a felicidade pode ser conquistada por intermédio da família, com a promoção da dignidade e a realização pessoal de seus integrantes, são suficientes para justificar sua tutela especial.

E, nessa atual concepção, estruturada e forjada nos pilares do princípio da dignidade da pessoa humana, a família não pode se sujeitar a qualificações e adjetivações. É um substantivo sem adjetivo. Família é família. A singeleza e simplicidade dessa afirmação dá a dimensão da sua relevância na promoção da dignidade da pessoa humana e da realização pessoal e do desenvolvimento de seus integrantes. A simplicidade é mais compatível com essa noção de família, mas, infelizmente, vivemos em uma sociedade paradoxal, autoritária, que censura os cidadãos com a postura do odioso "politicamente correto", preconceituosa e desigual.

6.1.2. Família e o "afeto": O afeto é princípio jurídico?

Como desdobramento da dignidade da pessoa humana, a afetividade passa a ser realçada como valor ou elemento indispensável para que a família contemporânea possa alcançar a função de promover a dignidade, no mundo dos fatos, de seus integrantes. O afeto ou a afetividade é essencial para que a personalidade e o desenvolvimento desta sejam concretizados.

O afeto altera as relações familiares, cria vínculos independentes da opção sexual, da relação biológica e do

---

[1] FARIAS, Cristiano Chaves de; ROSENVALD, Nelson. *Curso de direito civil, Famílias*. São Paulo: Atlas, 2015, p. 45.

arcaico contexto de parentesco. A afetividade rompe paradigmas que devem ser superados, ainda atrelados a uma concepção tradicional e institucional da família.

A afetividade passa a ser a justificativa das relações intersubjetivas nos núcleos familiares e, por conta disso, atrelada de corpo e alma à concepção de dignidade, gera efeitos jurídicos, como é o exemplo do vínculo de filiação decorrente da afetividade ou as relações entre pessoas do mesmo sexo (como se as pessoas de sexos diferentes também dispensassem a afetividade), entre outras situações jurídicas. Isso não significa que o afeto possa ser exigível. Tal dissociação deve ser ressaltada.

O afeto não pode ser imposto, cobrado ou obrigatório, surgindo de forma espontânea, e apenas nesse caso, consolidando situações e relações jurídicas, com efeitos jurídicos no núcleo familiar. O afeto é elemento a ser considerado somente quando presente, para justificar a existência de vários efeitos jurídicos. Se não existe, não se pode dele extrair efeito jurídico algum.

Não basta o afeto para a consolidação de qualquer entidade familiar, mas sem afeto ela inexiste. O afeto é elemento fundamental de qualquer núcleo familiar, associado à dignidade da pessoa humana, mas sua existência não pode ser exigida pelo Estado, sob pena de violação da liberdade do ser humano, que pode amar ou não amar, ter afeto ou não ter afeto, por quem quiser. Logo, não há como o sentimento ser imposto.

Por isso, o fato de o afeto gerar consequências jurídicas não significa, necessariamente, que se trate de princípio ou valor jurídico exigível antes que este se caracterize. Caracterizado o afeto, dele é possível extrair consequências jurídicas, mas não se pode exigir que um pai tenha afeto por um filho apenas porque há entre eles vínculo biológico.

A "tese" do abandono afetivo ou "teoria do desamor" não tem relação direta com a afetividade, seja como valor ou princípio. A indenização por abandono afetivo associa a teoria da responsabilidade civil ao direito de família, quando há violação do dever jurídico ao exercício da paternidade responsável. Portanto, exercer a paternidade/maternidade de forma responsável é dever jurídico que, se violado, poderá ensejar responsabilidade civil (desde que presentes os demais pressuposto: nexo causal e dano).

A parentalidade deve ser exercida de forma adequada e responsável. Se houver nexo causal e dano, a violação deste dever jurídico ensejará responsabilidade civil. Nesse sentido, aliás, o Recurso Especial n. 1.887.697/RJ, do STJ: "O dever jurídico de exercer a parentalidade de modo responsável compreende a obrigação de conferir ao filho uma firme referência parental, de modo a propiciar o seu adequado desenvolvimento mental, psíquico e de personalidade, sempre com vistas a não apenas observar, mas efetivamente concretizar os princípios do melhor interesse da criança e do adolescente e da dignidade da pessoa humana, de modo que, se de sua inobservância, resultarem traumas, lesões ou prejuízos perceptíveis na criança ou adolescente, não haverá óbice para que os pais sejam condenados a reparar os danos experimentados pelo filho. Para que seja admissível a condenação a reparar danos em virtude do abandono afetivo, é imprescindível a adequada demonstração dos pressupostos da responsabilização civil, a saber, a conduta dos pais (ações ou omissões relevantes e que representem violação ao dever de cuidado), a existência do dano (demonstrada por elementos de prova que bem demonstrem a presença de prejuízo material ou moral) e o nexo de causalidade (que das ações ou omissões decorra diretamente a existência do fato danoso)".

De qualquer forma, o afeto deve ser espontâneo. As pessoas têm afeto ou não, amam ou não amam, têm paixões ou não têm. Tais sentimentos existem ou não existem, estão vinculados à subjetividade do indivíduo. No entanto, não se pode exigir o afeto antes que ele espontaneamente surja. É óbvio que as relações baseadas no afeto devem ser tuteladas, o que é indiscutível, evidentemente.

A questão é que tudo isso depende de uma premissa básica: a existência do afeto, que não pode ser exigido.

Por isso, o afeto, se existir, é elemento que pode gerar as mais diversas consequências jurídicas no âmbito do direito de família. Portanto, o abandono afetivo propriamente dito pressupõe afeto caracterizado. Tal fato independe de se considerar o afeto princípio jurídico ou mero valor. Na impropriamente denominada indenização por abandono afetivo, a fonte e o fundamento da responsabilidade civil é o dever jurídico da parentalidade responsável. E a violação de tal dever independe de afeto caracterizado. O que não impedirá reparação de danos também quando a violação de deveres jurídicos ocorrer em situações de afetividade caracterizada.

Há doutrinadores que o consideram princípio jurídico com natureza normativa, como Maria Berenice Dias, Rolf Madaleno e Rodrigo da Cunha Pereira, que incorrem no grave equívoco de tornar a afetividade exigível e passível de cobrança, sem medir as consequências dessa "tese" um tanto duvidosa. O afeto é sentimento humano espontâneo, e espontaneidade é antagônica àquilo que é imposto e cobrado.

Chaves e Rosenvald[2] nos ensinam que: "Se princípio jurídico fosse, o afeto seria exigível, na medida em que todo princípio jurídico tem força normativa e, por conseguinte, obriga e vincula os sujeitos. Assim sendo, a afetividade permeia as relações jurídicas familiares, permite decisões e providências nela baseadas. Contudo, não se pode, na esfera técnica do direito, impor a uma pessoa dedicar afeto a outra".

Assim, embora o afeto, quando espontâneo, seja capaz de gerar consequências jurídicas, não pode ser exigido e não tem caráter obrigatório e vinculante. O afeto não é exigível juridicamente, porque não é elevado ao grau de norma jurídica, tampouco de princípio.

O Superior Tribunal de Justiça, já admitiu, em outro precedente, a tese do abandono afetivo como princípio a justificar a compensação por dano moral. Confira-se, nes-

---

[2] FARIAS, Cristiano Chaves de; ROSENVALD, Nelson. *Curso de direito civil, Famílias*. São Paulo: Atlas, 2015, p. 73.

se sentido, o REsp 1.159.242/SP, de relatoria da Ministra Nancy Andrighi.

Em contrapartida, o REsp 1.374.778/RS, de relatoria do Ministro Moura Ribeiro, com fundamentos mais sólidos, considerou que o abandono afetivo está vinculado à prévia existência do afeto, o que ainda não representa uma solução para a rejeição da tese do abandono afetivo sem prévio afeto, mas indica uma evolução nesse sentido.

A Constituição Federal confere validade a todo o ordenamento jurídico, tutela a família e a dignidade de seus integrantes, mas não reconhece o afeto como princípio jurídico, com força normativa, passível de exigibilidade. O direito de família, compreendido a partir de valores sociais constitucionais, não pode impor efeitos jurídicos a sentimentos humanos espontâneos antes que eles existam, como é o afeto, até mesmo porque deixariam de ser espontâneos. O Estado não pode obrigar ninguém a amar alguém.

6.1.3. O direito de família e outros valores sociais constitucionais

As normas constitucionais irradiam seus efeitos no direito de família contemporâneo. Isso é fato. E esses valores, carregados para o direito de família por meio de princípios, se traduzem em dignidade dos integrantes da família, solidariedade, igualdade, liberdade, ética, moralidade e tutela diferenciada e especial.

A família passa a ser instrumento para o desenvolvimento e a promoção da pessoa humana, integrante do núcleo familiar e, para tanto, assume feição democrática, plural (não mais vinculada ao matrimônio), igualitária, afetiva, liberal/social, ética e solidária. A família deixa de ser mera unidade de produção e reprodução, vinculada ao matrimônio e totalmente patriarcal e hierarquizada, justamente em função desse novo modelo de valores constitucionais que a fundamenta, com destaque para a dignidade da pessoa humana, solidariedade, igualdade substancial, funcionalização das relações privadas e eticidade.

Como bem destaca Paulo Lôbo[3]: " Não é família *per se* que é constitucionalmente protegida, mas o *locus* indispensável de realização e desenvolvimento da pessoa humana. Sob o ponto de vista do melhor interesse da pessoa, não podem ser protegidas algumas entidades familiares e desprotegidas outras, pois, a exclusão refletiria nas pessoas que a integram por opção ou por circunstâncias da vida, comprometendo a realização do princípio da dignidade da pessoa humana".

Todos que integram o núcleo familiar possuem proteção especial, de acordo com os referidos valores estabelecidos como parâmetros normativos/interpretativos pela Constituição Federal. É a família eudemonista, que enfatiza o sentido de busca pelo sujeito de sua felicidade, o que permite que cada um de seus integrantes se realize, pessoalmente e no âmbito profissional.

A família "instituição", como fim em si mesma, baseada no modelo tradicional (patrimonial, hierárquica e matrimonial), cede lugar para a família "instrumento", como meio para o desenvolvimento da personalidade de seus integrantes e da concretização da dignidade humana. A família "instrumento" é pautada na solidariedade, igualdade substancial, afeto, pluralidade de modelos familiares, democracia familiar, entre outros.

Em decorrência desse novo modelo de família estabelecido pela Constituição Federal de 1988, passou-se a admitir a pluralidade conceitual da família e não a pluralidade de famílias, como se convencionou defender. É fato que a família não é mais atrelada ao matrimônio e à sacralidade histórica do casamento.

No entanto, a possibilidade de constituição de família, independentemente de casamento, não leva necessariamente à admissão de pluralidade de famílias, mas à ampliação da sua concepção, o que é diferente.

A família pode ser constituída entre pessoas do mesmo sexo, entre irmãos ou com apenas um ascendente comum e, em todas estas situações, haverá família e proteção especial do Estado, sem a necessidade de adjetivações ou designações. Em alguns casos, algumas famílias, por opção dos parceiros, se submeterão às regras do casamento e, em outras, às regras da união estável. Noutros casos, não haverá casamento e tampouco união estável, mas haverá família.

De todo modo, essa alteração conceptual de família é trabalhada pela doutrina como pluralismo de entidades familiares, com a possibilidade de diversos modelos, cada um com qualificação específica. A Constituição Federal não apresenta um rol taxativo de "modelo" de família, até porque a família deve surgir de forma natural e espontânea em razão de laços de afetividade entre seus integrantes, qualquer que seja sua forma ou designação.

De acordo com essa concepção plural de família, é possível vislumbrar a família a partir de algumas causas ou origens. Na realidade, os modelos familiares nada mais são do que causas e modos de constituição da família, como resultado de um processo afetivo, e não como fim em si mesmo.

6.1.4. Família e princípios constitucionais

O art. 226 da Constituição Federal disciplina alguns princípios específicos do direito de família.

A premissa básica é considerar que não há um conceito único de família. Com a dissociação entre família e matrimônio qualquer núcleo de organização social integrado por pessoas que, com base no afeto, buscam a realização pessoal e existencial de cada um dos integrantes, pode ser considerada família. A Constituição Federal apenas apresenta as bases mínimas para o reconhecimento de determinado núcleo como família. Devido à sua relevância social, histórica e cultural, é a base da sociedade e tem proteção especial do Estado (art. 226 da CF). O fundamento da família contemporânea o princípio da dignidade da pessoa humana. De todo modo, a família deve viabilizar o princípio do livre desenvolvimento da personalidade como con-

---

[3] LÔBO, Paulo Luiz Neto. Entidades familiares constitucionalizadas, *Revista Brasileira de Direito de Família*, Porto Alegre, Síntese, v. 3, n. 12, p. 40–55, p. 46, jan./mar., 2002.

dição para que o indivíduo se constitua como pessoa. Família deve ser a principal sede para a constituição da pessoa (Família Instrumento – *eudemonista*). Além da cláusula geral de dignidade da pessoa humana, que fundamenta todas as relações entre as pessoas que integram qualquer núcleo familiar (art. 1º, inciso III, da CF), a solidariedade social (art. 3º, I) e a igualdade substancial (em todos os tipos de relações no âmbito da família – tal princípio é reproduzido nos arts. 226 e 227), a família é pautada em outros princípios que conformam o título da Constituição Federal destinado às relações familiares.

O art. 226, *caput*, ao proteger a família, agora dissociada do matrimônio, adota o princípio da pluralidade de modelos familiares. Tais modelos serão objeto de estudo em tópico próprio.

No § 5º, o art. 226 da CF traz o princípio da isonomia substancial na sociedade conjugal, igualdade esta reproduzida em vários aspectos das relações familiares. Por exemplo, no caso de divergência quanto ao exercício do poder familiar, em função da igualdade entre os detentores desse poder, a decisão será judicial. A administração do lar deverá ser igual. A escolha do domicílio conjugal também compete a todos os integrantes do núcleo familiar. Os alimentos recíprocos também são retratos dessa igualdade.

Embora o § 5º do art. 226 da CF aparentemente restrinja a igualdade na sociedade conjugal, tal igualdade é mais ampla e afeta todas as relações familiares, em função do princípio da igualdade substancial previsto nos arts. 3º, III, e 5º, *caput*, da mesma CF.

O direito fundamental à liberdade também é potencializado no art. 226, § 6º, da Carta Magna, quando admite o divórcio, independentemente de qualquer causa objetiva ou subjetiva.

O princípio do planejamento familiar também é objeto do art. 226, regra repetida pelo § 2º do art. 1.565 do Código Civil. De acordo com o § 7º do art. 226: "Fundado nos princípios da dignidade da pessoa humana e da paternidade responsável, o planejamento familiar é livre decisão do casal, competindo ao Estado propiciar recursos educacionais e científicos para o exercício desse direito, vedada qualquer forma coercitiva por parte de instituições oficiais ou privadas." Tal dispositivo constitucional foi regulamentado pela Lei n. 9.623/96.

Sobre o planejamento familiar, é relevante o Enunciado n. 99 da I Jornada de Direito Civil: "Art. 1.565, § 2º: o art. 1.565, § 2º, do Código Civil não é norma destinada apenas às pessoas casadas, mas também aos casais que vivem em companheirismo, nos termos do art. 226, *caput*, §§ 3º e 7º, da Constituição Federal de 1988, e não revogou o disposto na Lei n. 9.263/96".

Os princípios da ampla assistência à família e da proibição de tratamento discriminatório no âmbito da filiação também são fundamentais para o pleno desenvolvimento da personalidade das pessoas que integram as relações familiares.

A família, de acordo com o art. 227, *caput*, da CF, passa a ter função social bem definida, ou seja, meio para concretização de situações existenciais dos membros que compõem o núcleo familiar. É a concepção de família "instrumento".

O art. 230 da CF complementa essa função social da família.

Por fim, podem também ser considerados princípios constitucionais do direito de família o da igualdade entre filhos – arts. 222, § 6º, da CF e 1.596 do CC; o princípio da não intervenção – art. 1.513 do CC; e o princípio do maior interesse da criança e do adolescente nas relações familiares (evidente nas regras sobre guarda). Ademais, para os que assim o consideram, o princípio da afetividade.

Em resumo, são princípios constitucionais que fundamentam a família contemporânea: pluralidade de modelos familiares sem limites predefinidos (as sugestões da CF retratam rol meramente exemplificativo), isonomia entre os integrantes do núcleo familiar, solidariedade, afetividade, família dissociada de crenças religiosas, planejamento familiar, paternidade responsável, proibição de discriminação entre filhos independente da origem, princípio da mínima intervenção do Estado e liberdade para constituição e dissolução do vínculo (o que reforça o caráter instrumental). Tais princípios constitucionais serão a base de referência para a interpretação, compreensão e aplicação das regras de direito de família do Código Civil, que devem ser submetidas a esta filtragem constitucional, pois ainda retratam, de forma demasiada, o modelo clássico, liberal, patrimonial e matrimonial de família. Portanto, tais princípios serão a base valorativa para as necessárias adaptações ao regime constitucional de família.

6.1.5. Os modelos de família (espécies de entidades familiares): princípio da pluralidade de modelos familiares

O supracitado art. 226, *caput*, da Constituição Federal dissocia a família do matrimônio e considera o casamento apenas um entre os vários modelos familiares tutelados pelo Estado, que merecem proteção especial. A família não é mais sinônimo de casamento, tampouco se origina apenas deste. Os modelos familiares são múltiplos, plurais, o que retrata a complexidade e pluralidade da sociedade.

De acordo com Maria Celina Bodin de Moraes[4]: "Se a família, através da adequada interpretação dos dispositivos constitucionais, passa a ser entendida principalmente como instrumento, não há como se recusar tutela a outras formas de vínculos afetivos que, embora não previstos expressamente pelo legislador constituinte, se encontram identificados com a mesma *ratio*, fundamentos, qualidade e função. Mais do que isso: a admissibilidade de outras formas de entidades familiares torna-se obrigatória quando se considera a proibição de qualquer forma de discriminação entre as pessoas, especialmente aquela decorrente de sua orientação sexual, orientação esta que se configura como um direito personalíssimo".

---

[4] MORAES, Maria Celina Bodin. *A família democrática*. Anais do V Congresso Brasileiro de Direito de Família, 29-10-2005.

Independente do modelo, a família se estrutura a partir de algumas características: trata-se de formação social (*núcleo de organização social*) que envolva ambiente propício ao livre e pleno desenvolvimento das pessoas que a constituem e se configura a partir da *afetividade* (voltada para a busca da felicidade e a satisfação pessoal de seus integrantes), *estabilidade* (o complexo de relações pessoais deve ser capaz de sustentar sua formação) e *ostensibilidade* (o complexo de relações sociais deve ser contínuo, pois tal constância, existente, as torna notórias e perceptíveis socialmente). portanto, não basta o afeto para que determinado núcleo social de pessoas seja qualificado como família

A seguir, serão realizadas breves anotações quanto aos modelos mais comuns.

• **Casamento**

O casamento integra a cultura brasileira como a principal causa jurídica/fática/social que dá origem à família. O Código Civil ainda reserva espaço jurídico considerável para o casamento, em todas as suas fases e efeitos jurídicos: pessoais, sociais e patrimoniais. A teoria do casamento disciplinada no Código Civil será analisada em tópico próprio. Embora o casamento na atualidade seja apenas um dentre vários modelos de família possíveis e tuteladas pelo Estado, não se questiona a relevância social e cultural do matrimônio. A sociedade brasileira, conservadora, ainda é casamenteira.

• **União estável**

A união estável foi reconhecida pelo art. 226, § 3º, como entidade familiar autônoma e independente do casamento, com efeitos jurídicos próprios, a qual terá proteção especial do Estado. A Constituição Federal não equipara a união estável ao casamento. Essa é uma premissa falsa. A Carta Maior considera a união estável como modelo de família ou entidade familiar tutelada pelo Estado. A equiparação da união estável ao casamento apenas reforça o conservadorismo da sociedade que tem dificuldade de dissociar a família do matrimônio. Por isso, é essencial não equiparar estes modelos de família.

Em retrocesso lamentável e injustificado, no âmbito sucessório, o Supremo Tribunal Federal, no ano de 2017, considerou inconstitucional a diferença de regime sucessório do casamento e da união estável, sob o pretexto de que tais modelos de família devem ser equiparados. A equiparação, no caso, sob a retórica de princípios como a dignidade da pessoa humana, a não discriminação, a igualdade, entre outros, reduziu a relevância da união estável como modelo de família. Os mesmos princípios poderiam ser invocados para defender a tese de que a equiparação implica discriminação da união estável (não se aceita modelo diferente do casamento), de que a igualdade é permitir que as pessoas sejam livres para escolher o modelo de família que pretendem adotar e que a dignidade é justamente conferir autonomia ao indivíduo. Não há dúvida de que a redação do art. 1.790 é odiosa, representa um retrocesso social quanto às conquistas legislativas dos companheiros no âmbito sucessório. No entanto, isso não justifica equiparar entidades familiares, seja para que fim for, que na essência são diferentes. Retrocedemos.

O Código Civil, nos arts. 1.723 a 1.727, e as Leis n. 8.971/94 e 9.278/96 disciplinam a família originada da união estável, que será objeto de análise em tópico específico.

• **Família homoafetiva**

A família homoafetiva pode resultar de casamento e união estável entre pessoas do mesmo sexo. Embora não tenha sido positivada a possibilidade de casamento e união estável entre pessoas do mesmo sexo, o STF, na ADI 4.277/DF, passou a reconhecer tais entidades familiares, com proteção especial do Estado. O reconhecimento da união, no âmbito do direito de família, entre pessoas do mesmo sexo, é decorrência ou resultado da concepção de família como instrumento para promoção da dignidade de seus integrantes e do desenvolvimento de suas personalidades.

O afeto entre pessoas do mesmo sexo, com objetivo de constituir família, não pode ser desprezado pelo Estado e pela sociedade. É uma realidade social reconhecida pelo STF, pois o Parlamento, conservador e hipócrita, não teve a coragem de disciplinar e conferir proteção normativa à união entre as pessoas do mesmo sexo.

A orientação sexual é um direito personalíssimo, atrelado e vinculado à natureza humana, e sua tutela implica concretização da dignidade da pessoa humana.

• **Família monoparental**

A família monoparental é uma realidade formada pela isolada relação entre pai e seus filhos ou entre mãe e seus filhos. A Constituição Federal, no art. 226, § 4º, disciplina tal modelo de família. Podem ser citados como exemplo a mãe ou o pai solteiro e seus filhos, ou a mãe ou o pai viúvo e seus filhos.

De acordo com a referida norma constitucional: "Art. 226, § 4º. Entende-se, também, como entidade familiar a comunidade formada por qualquer dos pais e seus descendentes". A família monoparental pode decorrer de fatos como divórcio, dissolução de união estável, viuvez, adoção por pessoa solteira, submissão a técnica de reprodução assistida com a utilização de material genético de doador anônimo, entre outros. É uma realidade da sociedade brasileira. Não pode ser desconsiderada. A relevância é que, ao ser tutelada como família, recebe toda a proteção especial de natureza constitucional e infraconstitucional das famílias. Em decorrência da monoparentalidade, haverá repercussão em outros institutos de direito de família como a guarda e o direito de visitas, além de alimentos entre os parentes monoparentais.

• **Família anaparental**

É a família constituída sem que alguém ocupe a posição de ascendente. Não há presença de um ascendente comum. O STJ já teve a oportunidade de fazer referência a tal modelo de família, no REsp 1.217.415/RS.

Podem ser citados como exemplos a coabitação entre irmãos. A reunião de seus membros não tem conotação sexual. Tais pessoas estão reunidas de forma estável e ostensiva, com laços de afeto.

Em uma perspectiva mais ampla, os membros não precisam ser parentes, como duas amigas idosas que resolvem compartilhar a vida até a morte, relação que certamente terá reflexos patrimoniais no direito de família.

A família anaparental ainda tem muito a evoluir. O fato é que também é entidade familiar protegida e tutelada pelo Estado. Dela decorrem vários efeitos de direito de família, como alimentos, parentesco e sucessórios, como herança.

• **Família recomposta, mosaico ou pluriparental**

A família recomposta ou "mosaico" é aquela formada por membros de outros núcleos familiares. Trata-se de modelo familiar decorrente de recomposição afetiva. No caso, membros de núcleos familiares que foram dissolvidos se reconstituem ao se agregar a outros membros de núcleos familiares igualmente desconstituídos. No caso, no mínimo, um dos integrantes da família recomposta traz filhos de relações anteriores. O caso clássico de família recomposta é do padrasto/madrasta e enteado/enteada. Portanto, um dos membros da família recomposta pertenceu a núcleos familiares precedentes.

Por isso, família recomposta pode decorrer de família monoparental. É possível que mulher divorciada com filho(s) venha a constituir novo núcleo familiar. Neste caso, a origem da família recomposta foi outro modelo de família, monoparental.

Tal modelo se relaciona, necessariamente, com outros modelos, como o casamento e a união estável, por exemplo. Portanto, a família denominada "mosaico" ou recomposta poderá ainda se submeter às regras do casamento ou da união estável. Portanto, nada impede a superposição dos modelos familiares.

Com o objetivo de proteger os membros da família reconstituída e o próprio núcleo familiar recomposto, a Lei Civil prevê regras compatíveis com tal modelo. Tais regras visam assegurar a dignidade das pessoas que passarão a integrar aquele núcleo, uma vez que são pessoas que vem de outros núcleos.

• **Parentesco por afinidade (espécie de parentesco civil)** que gera impedimento matrimonial

O cônjuge ou companheiro será parente por afinidade dos filhos do parceiro e, em razão desse vínculo, haverá impedimento matrimonial entre padrasto ou madrasta e enteado ou enteada (art. 1.521 do CC). O parentesco por afinidade (art. 1.595 do CC), ao mesmo tempo em que gera vínculo entre pessoas de núcleos familiares que passarão a conviver, os protege no âmbito dos impedimentos matrimoniais. Tal parentesco, na linha reta, não se extingue com a dissolução do casamento e da união estável. O padrasto ou a madrasta sempre estarão impedidos de casar com o enteado ou enteada. No parentesco por afinidade não há direito sucessório, direito a alimentos e poder familiar. A afinidade, por si só, não gera tais efeitos jurídicos. O parentesco civil por afinidade não confere tais direitos (o parentesco civil por adoção sim, por exemplo). No entanto, caso a afinidade se converta em afetividade, desde que presentes os demais requisitos da paternidade ou maternidade socioafetiva, haverá vínculo de filiação e, neste caso, o enteado ou enteada passará a ser filho e como tal terá direito a herança, alimentos e se submeterá ao poder familiar.

No âmbito da afinidade, há questão de alta indagação. Os filhos de cada um dos cônjuges ou de cada um dos companheiros não são considerados parentes por afinidade. Não há previsão legal para relação de parentesco entre o enteado ou enteada e o filho ou filha do padrasto ou madrasta. Assim, em relação a estes, não haveria impedimento para o casamento. Por conta disso, a depender do caso concreto, se busca expandir o parentesco por afinidade, para considerar tais pessoas como "irmãos por afinidade". Os irmãos por afinidade são filhos daqueles que passam a se reconstituir (enteados e enteadas), que passariam a ter um laço de afetividade, que geraria a relação de irmandade e a proibição para o matrimônio.

• **Adoção unilateral**

Ademais, o enteado ou enteada poderá ser adotado pelo padrasto ou madrasta (art. 41 do ECA). É a denominada adoção unilateral. Sobre o assunto, já se manifestou o STJ (REsp 1.106.637/SP). A adoção unilateral gera vínculo de filiação e, nesse caso, estará caracterizado o parentesco civil pela adoção e não mais por mera afinidade. O parentesco pela adoção é muito mais amplo, em especial por conta dos efeitos jurídicos no direito de família (alimentos, poder familiar, entre outros) e no direito sucessório (direito à herança).

De acordo com o ECA: "Art. 41. A adoção atribui a condição de filho ao adotado, com os mesmos direitos e deveres, inclusive sucessórios, desligando-o de qualquer vínculo com pais e parentes, salvo os impedimentos matrimoniais. § 1º Se um dos cônjuges ou concubinos adota o filho do outro, mantêm-se os vínculos de filiação entre o adotado e o cônjuge ou concubino do adotante e os respectivos parentes". Neste caso, o padrasto ou madrasta tem interesse para requerer a destituição do poder familiar do genitor biológico ou simplesmente adotar que não ostenta no registro o pai biológico, com fundamento na afetividade, que será o fundamento da adoção unilateral. De acordo com o § 1º do art. 41 do ECA, a adoção unilateral preserva o vínculo de filiação com o pai ou a mãe (e todos os parentes deste) que casa ou passa a conviver em união estável. A adoção, embora seja medida excepcional, art. 39, § 1º, do ECA, baseada no melhor interesse do adotado e na afetividade, quando unilateral, não altera os vínculos que já mantinha com o cônjuge ou companheiro do adotante.

• **Acréscimo do sobrenome**

Para reforçar a tutela do núcleo familiar reconstituído, é possível o acréscimo do sobrenome do padrasto ou madrasta no sobrenome do enteado ou enteada, conforme estabelece a Lei n. 11.924/2009.

Tal lei altera o art. 57 da Lei de Registros Públicos, para acrescentar o § 8º: "O enteado ou a enteada, havendo motivo ponderável e na forma dos §§ 2º e 7º deste artigo, poderá requerer ao juiz competente que, no registro de nascimento, seja averbado o nome de família de seu padrasto ou de sua madrasta, desde que haja expressa concordância destes, sem prejuízo de seus apelidos de família". É essencial autorização judicial, em procedimento de jurisdição voluntária, com a participação do Ministério Público.

• **Poder familiar**

Por fim, a família recomposta não altera o poder familiar em relação aos pais que não integram a nova família. O enteado ou enteada continuam submetidos ao poder familiar dos seus genitores, tanto o que integra a família recomposta, como o que dela não faz parte. Neste sentido é o art. 1.636 do Código Civil: "O pai ou a mãe que contrai novas núpcias, ou estabelece união estável, não perde, quanto aos filhos do relacionamento anterior, os direitos ao poder familiar, exercendo-os sem qualquer interferência do novo cônjuge ou companheiro. Parágrafo único. Igual preceito ao estabelecido neste artigo aplica-se ao pai ou à mãe solteiros que casarem ou estabelecerem união estável".

Em conclusão, o rol de modelos familiares é meramente exemplificativo e não há qualquer hierarquia entre eles.

6.1.6. Família simultânea e poliamor

Após a Constituição Federal de 1988, surgiu novo modelo de família ou núcleo familiar em que um membro é comum a núcleos familiares distintos. É o que se convencionou denominar "família simultânea" ou "famílias paralelas".

Na concepção atual e constitucionalizada de família, o núcleo familiar, seja qual for sua configuração e modelo, para receber o rótulo de família deve apresentar alguns pressupostos mínimos: *afetividade, estabilidade* e *ostensibilidade*. O afeto é o valor fundamental para a consolidação de qualquer núcleo familiar. A família deixa de ser unidade de produção e reprodução para se tornar unidade afetiva. Para se tornar família, o núcleo de pessoas deve ser estável, contínuo, ininterrupto, duradouro, a fim de sustentar a sua formação. As relações pessoais e interpessoais entre os integrantes do núcleo familiar devem ser equilibradas e calcadas em estabilidade, a ser apurada no caso concreto. Por fim, o núcleo deve ostentar uma família, que deve ser reconhecida socialmente como família, se apresentar, se comportar e agir como tal. Tal fato será apurado no caso concreto, de acordo com o contexto social, cultura, valores éticos e morais existentes em dados local e sociedade.

No caso das famílias simultâneas, para receber tutela estatal, devem ter todos esses pressupostos. É essencial que os núcleos sejam afetivos, estáveis e ostensivos.

No caso das famílias paralelas, um dos membros transita e integra os dois núcleos e a convivência entre os núcleos é harmônica. O STJ, no REsp 1.157.273/RN, reconheceu a possibilidade de novos arranjos familiares, embora não tenha reconhecido de forma inequívoca a legitimidade das famílias paralelas. Merece destaque a seguinte observação do referido recurso: "As uniões afetivas plúrimas, múltiplas, simultâneas e *paralelas* têm ornado o cenário fático dos processos de família, com os mais inusitados arranjos, entre eles, aqueles em que um sujeito direciona seu afeto para um, dois, ou mais outros sujeitos, formando núcleos distintos e concomitantes, muitas vezes colidentes em seus interesses". No mesmo sentido, o Recurso Especial n. 1.754.008/RJ.

No referido recurso especial houve referência às posições doutrinárias relativas às famílias paralelas, o que merece destaque: "Conforme estudo realizado por Laura Ponzoni (op. cit.), três correntes doutrinárias se formaram a respeito do paralelismo afetivo: 1ª: encabeçada por Maria Helena Diniz, com fundamento nos deveres de fidelidade ou de lealdade, bem como no princípio da monogamia, nega peremptoriamente o reconhecimento de qualquer dos relacionamentos concomitantes; 2ª: adotada pela grande maioria dos doutrinadores – entre eles: Álvaro Villaça de Azevedo, Rodrigo da Cunha Pereira, Francisco José Cahali, Zeno Veloso, Euclides de Oliveira, Flávio Tartuce e José Fernando Simão –, funda-se na boa-fé e no emprego da analogia concernente ao casamento putativo, no sentido de que se um dos parceiros estiver convicto de que integra uma entidade familiar conforme os ditames legais, sem o conhecimento de que o outro é casado ou mantém união diversa, subsistirão – para o companheiro de boa-fé – os efeitos assegurados por lei à caracterização da união estável, sem prejuízo dos danos morais; 3ª: representada por Maria Berenice Dias, admite como entidades familiares quaisquer uniões paralelas, independentemente da boa-fé, deixando de considerar o dever de fidelidade como requisito essencial à caracterização da união estável".

Ao contrário do que se supõe, o STJ não reconhece o paralelismo familiar. Apenas confere todos os efeitos jurídicos de família em favor do cônjuge ou companheiro de boa-fé (ou seja, que desconhece a família paralela do outro), com base na putatividade (art. 1.561 do CC). O objetivo é tutelar a boa-fé do cônjuge ou companheiro que desconhecia a família paralela do outro e não conferir efeitos jurídicos às famílias simultâneas ou concomitantes.

Admitir as famílias simultâneas implica relativizar a monogamia, que não é princípio ou valor da família contemporânea, mas ato de escolha (exercício de liberdade de escolha do arranjo familiar). A monogamia como ato de liberdade de escolha é legítima. Já a monogamia como imposição estatal, ainda impregnada de preconceitos que atrelam a família ao modelo tradicional de casamento, não pode ser tolerada. Todavia, a monogamia foi retratada como princípio no Tema 529 do STF, cuja tese foi definida em sede de repercussão geral.

A família contemporânea, que se forma com aqueles elementos, passa a ser plural, democrática, social, afetiva, instrumento para a realização de questões existenciais dos membros que a compõem, e substancialmente igualitária. O fundamento é que a família seja instrumento para o desenvolvimento da personalidade das pessoas humanas que compõem o núcleo familiar. O núcleo familiar deve propiciar ambiente para que a pessoa desenvolva sua condição existencial e promova a necessária função social definido pelos arts. 227 e 230 da CF.

Após intensos debates, o STF, em sede de repercussão geral, definiu tese (Tema 529 – RE 1.045.273) para afastar a possibilidade de reconhecimento de famílias concomitantes, com fundamento no dever de fidelidade e monogamia, que são valores ou princípios da família tradicional. Eis a tese: "A preexistência de casamento ou de união estável de um dos conviventes, ressalvada a exceção do art. 1.723, § 1º, do Código Civil, impede o reconhecimento de novo vínculo referente ao mesmo período, inclusive para fins previdenciários, em virtude da consagração do dever de fidelidade e da monogamia pelo ordenamento jurídico constitucional brasileiro".

O poliamor ou "poliamorismo" é a possibilidade de reconhecer como núcleo familiar a multiplicidade de pessoas (mais de duas) que se relacionam sexualmente entre si. São relações interpessoais amorosas de natureza poligâmica. Nesse relacionamento plural todos se conhecem e todos se aceitam. O consentimento é recíproco e fruto de ato de escolha livre e consciente dos envolvidos. No poliamor é possível ter relações íntimas e duradouras com mais de uma pessoa, simultaneamente. O poliamor consiste em amar várias pessoas sem enganar ninguém, fundamentado no princípio da liberdade, pressupondo que a escolha do modo de se relacionar é da pessoa e não da sociedade, baseado na visão de que ninguém pertence a ninguém e que as pessoas são livres, no âmbito espiritual e sexual. O poliamor não admite preconceitos, supera barreiras e se contrapõe a toda uma ideologia dicotômica e dual de relacionamento.

O poliamor é resultado dessa concepção constitucional e plural de família. A monogamia, no modelo tradicional de família, era considerada princípio, em razão da influência da Igreja e a finalidade patrimonial da família tradicional. Com a reformulação da concepção de família e adoção do Estado laico, seria a monogamia princípio normativo de formação da família? Há padrões de entidade familiar em especial nesta sociedade plural?

A resposta a tais perguntas em uma sociedade plural, aberta, democrática, multifacetada e extremamente complexa e preconceituosa é de difícil solução.

A lei brasileira não trata do assunto. O poliamor ainda é um tabu no meio acadêmico e as Cortes Superiores fazem de conta que tal fato não é retratado em nossa sociedade. A questão é diferenciar um evento modelo de família ou núcleo familiar em que várias pessoas, mais de duas, simultaneamente e no mesmo núcleo, se relacionam, com as famílias simultâneas, que são núcleos distintos, mas há um membro em comum que integra os dois ou mais núcleos simultâneos. Alguns defendem que a família simultânea seria uma espécie do gênero "poliamor".

• **Família e ECA**

A família, para fins de proteção na infância, também apresenta concepção plural no Estatuto da Criança e do adolescente. De acordo com o ECA a família pode ser *natural* (biológica e afetiva – bi ou monoparental); *extensa* ou *ampliada* (formada por parentes próximos – exemplos: madrastas e padrastos – avós e netos) e substituta (guarda, tutela e adoção).

De acordo com o art. 25 do ECA: "Entende-se por família natural a comunidade formada pelos pais ou qualquer deles e seus descendentes" A definição de família estendida aparece no parágrafo único do art. 25: "Entende-se por família extensa ou ampliada aquela que se estende para além da unidade pais e filhos ou da unidade do casal, formada por parentes próximos com os quais a criança ou adolescente convive e mantém vínculos de afinidade e afetividade". Por fim, o art. 28 apresenta a família substituta: "A colocação em família substituta far-se-á mediante guarda, tutela ou adoção, independentemente da situação jurídica da criança ou adolescente, nos termos desta Lei".

A novidade do ECA é o apadrinhamento, novo modelo de integração social da criança e do adolescente. A criança e o adolescente em programa de acolhimento institucional ou familiar poderão participar de programa de apadrinhamento.

O que é o apadrinhamento? O apadrinhamento consiste em estabelecer e proporcionar à criança e ao adolescente vínculos externos à instituição para fins de convivência familiar e comunitária e colaboração com o seu desenvolvimento nos aspectos social, moral, físico, cognitivo, educacional e financeiro (art. 19-B, § 1º, do ECA). Pessoas jurídicas podem apadrinhar criança ou adolescente a fim de colaborar para o seu desenvolvimento.

O perfil da criança ou do adolescente a ser apadrinhado será definido no âmbito de cada programa de apadrinhamento, com prioridade para crianças ou adolescentes com remota possibilidade de reinserção familiar ou colocação em família adotiva. Os programas ou serviços de apadrinhamento apoiados pela Justiça da Infância e da Juventude poderão ser executados por órgãos públicos ou por organizações da sociedade civil. Se ocorrer violação das regras de apadrinhamento, os responsáveis pelo programa e pelos serviços de acolhimento deverão imediatamente notificar a autoridade judiciária competente.

6.2. EVOLUÇÃO HISTÓRICA DA FAMÍLIA (DA "FAMÍLIA INSTITUIÇÃO" PARA A "FAMÍLIA INSTRUMENTO")

6.2.1. Relações familiares e evolução da família – da "família tradicional" para a "família contemporânea"

A complexidade da sociedade contemporânea impede a adoção de um modelo familiar uniforme. A família é muito mais que um fenômeno jurídico, mas principalmente social, cultural, espiritual, filosófico, biológico, antropológico, entre outros. A concepção de família se altera no tempo. Em cada período da história, a família assume um caráter que deve ser adequado a todas as questões que contextualizam a sociedade.

Como esclarece Fachin[5], "a família, como realidade sociológica, apresenta, na sua evolução histórica, desde a família patriarcal romana até a família nuclear da sociedade industrial contemporânea, íntima ligação com as transformações operadas nos fenômenos sociais".

---

[5] FACHIN, Luiz Edson. *Elementos críticos do direito de família*, edição atualizada de acordo com o novo Código Civil brasileiro. Rio de Janeiro: Ed. Renovar, 2002, p. 11.

A família, no período romano, era baseada e fundada no princípio da autoridade. Inicialmente patriarcal, em Roma, a família era organizada sobre o princípio da autoridade. O patriarca exercia sobre os filhos direito de vida e de morte, a mulher vivia subordinada à autoridade marital e nunca adquiria autonomia.

A mulher passava da condição de filha à de esposa, sem alterar a capacidade e sem ter direitos próprios. Somente o patriarca adquiria bens e exercia poder sobre o patrimônio da família, ao lado do poder sobre a pessoa dos filhos e da mulher. A partir do século IV, com o Imperador Constantino, instalou-se no direito romano a concepção cristã da família.

Na sua evolução pós-romana, recebeu a família influência do direito germânico, reduzindo-se o grupo familiar aos pais e filhos, e assumindo cunho sacramental. A família, no final da Idade Média e já no Estado Liberal pós-Revolução Francesa passa a ter uma concepção cristã, baseada na reprodução da mulher e produção do homem. A manutenção da família a qualquer custo poderia implicar o sacrifício da liberdade individual ou de questões existenciais. A família cristã é concebida como unidade de produção, e não de afeto.

Como bem pontuam Chaves e Rosenvald[6]: "Compreendia-se a família como unidade de produção, realçados os laços patrimoniais. As pessoas se uniam em família com vistas à formação de patrimônio, para sua posterior transmissão aos herdeiros, pouco importando os laços afetivos. Daí a impossibilidade de dissolução do vínculo, pois a desagregação da família corresponderia à desagregação da própria sociedade. Era o modelo estatal de família, desenhado com os valores dominantes naquele período da revolução industrial".

A família tradicional cristã é, portanto, baseada na propriedade e no matrimônio (à mulher e aos filhos somente se reconhecia relevância como instrumentos necessários à consecução de seus fins – a mulher como recurso reprodutivo e os filhos como mão de obra – sujeitos à autoridade marital e paterna).

A família tradicional era uma unidade *produtiva* e *reprodutora*, e não unidade afetiva (o objetivo era a preservação da estrutura para consecução dos objetivos patrimoniais). Em resumo, a família tradicional era matrimonial, hierarquizada, patriarcal, patrimonial, biológica, com caráter institucional e unidade de produção e reprodução.

A concepção de família se altera com a tutela das questões existenciais ou do ser humano em si considerado. O princípio da dignidade da pessoa humana revoluciona as relações familiares, que deixam de ser consideradas unidade de produção para serem unidades de laços afetivos, um meio para a concretização das situações existenciais dos membros que compõem a família, e não um fim em si mesmo (família como meio para a realização pessoal de seus membros).

Os referenciais da família contemporânea são o afeto, a solidariedade recíproca entre seus membros, o respeito às liberdades individuais daqueles que a compõem, a tutela de situações existenciais no intuito de garantir a necessária dignidade, a cooperação, o auxílio espiritual e a adoção de um padrão ético de comportamento. Por meio da família se busca a realização da pessoa humana, pois é o lugar em que se desenvolve.

Na família tradicional, os membros eram instrumentos de realização dos objetivos da família. Na família moderna, se buscará a satisfação e realização pessoal dos membros (família como instrumento, tutelada apenas se for constituída como núcleo intermediário de desenvolvimento da personalidade e de promoção da dignidade de seus integrantes). O exemplo é o art. 226, § 8º, da CF.

O art. 19 do ECA evidencia o caráter instrumental (eudemonista) da família contemporânea: "É direito da criança e do adolescente ser criado e educado no seio de sua família e, excepcionalmente, em família substituta, assegurada a convivência familiar e comunitária, em ambiente que garanta seu desenvolvimento integral". Portanto, o núcleo familiar deve viabilizar o pleno e integral desenvolvimento da personalidade da criança e do adolescente.

A tutela é pessoal, individualizada, subjetiva e peculiar. A família é apenas meio para a concretização do bem-estar, dos interesses pessoais, da dignidade e da plena liberdade de cada um dos integrantes do seu núcleo. É o que se convencionou denominar "família instrumento".

Família é, portanto, formação social que envolva ambiente propício ao livre e pleno desenvolvimento das pessoas que a constituem, e se configura a partir da afetividade (família eudemonista – voltada para a busca da felicidade e a satisfação pessoal de seus integrantes), estabilidade (o complexo de relações pessoais deve ser capaz de sustentar sua formação) e ostensibilidade (o complexo de relações sociais deve ser contínuo, pois tal constância, existente, as torna notórias e perceptíveis socialmente). A afetividade, estabilidade e ostensibilidade são elementos essenciais para a caracterização de qualquer núcleo familiar.

A família contemporânea, que se forma com aqueles elementos, passa a ser plural, democrática, social, afetiva, instrumento para a realização de questões existenciais dos membros que a compõem, e substancialmente igualitária.

Em síntese, a família moderna possui fundamento constitucional e é instrumento ou meio para a realização pessoal de seus membros (núcleo intermediário de desenvolvimento da personalidade e de promoção da dignidade de seus integrantes – proteção da pessoa que integra o núcleo social familiar e não da família em si).

Os princípios constitucionais que fundamentam a família moderna podem ser resumidos da seguinte forma: dignidade humana; solidariedade familiar; igualdade entre cônjuges e companheiros; princípio da não intervenção; princípio do maior interesse da criança e do adolescente; princípio da afetividade – parentalidade socioafetiva e função social da família.

Em resumo, a família contemporânea é pautada em valores como dignidade, afetividade, lealdade, solidariedade,

---

[6] FARIAS, Cristiano Chaves de; ROSENVALD, Nelson. *Curso de direito civil. Famílias*. São Paulo: Atlas, 2015, p. 40.

democracia entre os integrantes do núcleo, ética, moralidade, transparência, respeito, liberdade de expressão, liberdade de decisão, igualdade dos integrantes, não discriminação e independência/autonomia, o que a torna meio para a concretização da felicidade plena de seus integrantes.

6.3. TEORIA DO CASAMENTO

6.3.1. Casamento – introdução e noção geral

A família também pode se constituir pelo casamento. O casamento, de base dogmática religiosa, é apenas um modelo de família tutelado pelo Estado.

A partir da Constituição de 1988, o Estado passa a reconhecer outras entidades familiares diversas do modelo baseado no casamento. O casamento deixa de ser sinônimo de família, que passa a ser gênero do qual o casamento é uma de suas espécies.

Diante da nova concepção de família ("família instrumento" ou meio para a concretização da personalidade e dignidade de seus membros), o casamento tradicional sucumbe para ser pautado em novos valores inseridos na Constituição Federal (dignidade da pessoal humana, isonomia entre os cônjuges, liberdade de planejamento familiar, assistência recíproca material e mora entre os integrantes do núcleo familiar, não discriminação, respeito e consideração mútuo, inclusão social, comunhão plena de vida, entre outros) e, por isso, deixa de ser patriarcal, hierarquizado e patrimonial, para ser submetido aos parâmetros mencionados. A comunhão plena de vida (art. 1.511 do CC) é o substrato material que legitima tal entidade familiar. O núcleo familiar constituído a partir do casamento deverá propiciar aos integrantes ambiente propício para o pleno desenvolvimento da personalidade e das situações jurídicas existenciais, que certamente preponderam sobre questões patrimoniais.

O casamento deixa de ser instituição "sacralizada" pela Igreja Católica, como único modelo de família legítima, para ser mais um modelo (relevante social e culturalmente, é verdade) que promoverá e valorizará as pessoas que, livremente, resolvem estabelecer comunhão plena de vida. Com fundamento na autonomia privada, as pessoas, com objetivo de constituir núcleo familiar, por meio deste procedimento solene que é casamento, poderão se unir, planejar seus projetos de vida para concretizar propósitos comuns e pessoais.

O casamento, para constituir-se como modelo de família, também deve reproduzir unidade ou núcleo de afetividade, com estabilidade e ostensividade. Ademais, será entidade familiar democrática, com igualdade de direitos e deveres entre os cônjuges e solidária, tudo para promover a dignidade para os integrantes do núcleo familiar.

Em resumo, podemos definir o casamento como entidade familiar entre pessoas humanas, baseada no afeto e na solidariedade, constituída de forma solene, em obediência às prescrições legais, com o objetivo de estabelecer comunhão plena de vida de modo ostensivo e permanente, com base na igualdade de direitos e deveres entre os cônjuges (isonomia), que gera efeitos pessoais, sociais e patrimoniais.

O casamento, como ato jurídico e, do modo como está sistematizado no Código Civil, é compreendido a partir dos planos da existência (o que é essencial para que tal ato exista juridicamente como casamento – vontade, existência de autoridade celebrante e algumas formalidades – suporte fático concreto exigido pela norma), validade (pressupostos de validade do casamento e teoria da invalidade – nulidade e anulação do casamento – questões relacionadas à origem/formação) e eficácia (efeitos pessoais e patrimoniais – deveres existenciais decorrentes do casamento e a parte patrimonial, como regime de bens, usufruto e administração dos bens dos filhos menores, alimentos e bem de família).

Em resumo: 1 – temas do plano da existência (consentimento/exteriorização de vontade dos cônjuges; celebração por autoridade competente – juiz de direito, juiz de paz, autoridade eclesiástica e autoridade consular; obediência às formalidades legais (habilitação, celebração – civil ou religiosa e registro). Alguns autores consideram que tais formalidades são pressupostos de validade; 2 – temas do plano da validade (capacidade matrimonial, impedimentos matrimoniais, nulidade e anulação); e 3 – temas do plano da eficácia (divórcio, separação, relação de parentesco, poder familiar, filiação, guarda, regime de bens, bem de família, usufruto e administração dos bens dos filhos menores e alimentos).

Analisar os temas relativos à teoria do casamento a partir dos planos da existência, validade e eficácia levará à compreensão plena de todos os institutos deste modelo de família.

6.3.2. Natureza jurídica do casamento – teorias

A natureza jurídica do casamento implica a análise de três teorias que buscam explicar essa espécie de família ou entidade familiar: a teoria contratualista (casamento como contrato), a teoria institucionalista (casamento como instituição) e a teoria mista ou eclética.

Há divergência sobre o caráter público ou privado da natureza jurídica do casamento, tratado pela Igreja Católica como "sacramento" e, como tal, indissolúvel, salvo pelo falecimento de um dos cônjuges. Tal caráter sacramental repercute na sua caracterização jurídica, ainda que os juristas o tratem como ato civil. Lafayette diz que é um ato solene; Sá Pereira, uma convenção social; e Beviláqua, um contrato. Na doutrina ocidental, duas correntes chamam a atenção: *contratualista* e *institucionalista*. E, atualmente, uma teoria mista ou eclética passa a nortear o tema.

Para a *teoria contratualista*, o casamento é contrato, fruto de acordo de vontades, com efeitos jurídicos desejados e preestabelecidos pela legislação. Para Caio Mário, Sílvio Rodrigues e Walsir Junior, o casamento é um contrato, devido à indispensável declaração convergente de vontades livremente manifestadas e tendentes à obtenção de finalidades jurídicas.

Tal concepção foi adotada pelos jusnaturalistas, penetrou no CC francês de 1804 e sobrevive na doutrina civilista do século XX. Na realidade, há um paralelo com os contratos em geral, que também nascem de um acordo de vontades e realizam os objetivos que cada um tem em vista. Trata-se de um contrato especial, dotado de consequências peculiares, mais profundas e extensas do que as convenções de efeitos puramente econômicos. É um contrato *sui generis* com efeitos legais e voluntários.

A *teoria institucionalista* considera o casamento uma instituição reconhecida pelo Estado como tal. Para alguns autores, como Maria Helena Diniz, o casamento é uma instituição social, no sentido de refletir uma situação jurídica cujas regras e quadros se acham preestabelecidos pelo legislador. O casamento seria um conjunto de normas imperativas cujo objetivo consiste em dar à família uma organização social moral correspondente às aspirações atuais e à natureza permanente do homem.

Por sua vez, a *teoria mista ou eclética* defende a tese de que o casamento é, quanto à formação, contrato, mas quanto ao conteúdo, uma instituição. Nesse sentido é o pensamento de Tartuce, José Simão e Flávio Monteiro de Barros.

O CC de 2002 não tratou da natureza jurídica do casamento. Orlando Gomes diz que é um contrato especial; Barros Monteiro, uma instituição; e Arnold Wald, um ato jurídico complexo que não tem natureza contratual, entre outros. Se todos reconhecem que é livre a cada um escolher o seu cônjuge, não é possível discutir com o celebrante o conteúdo dos direitos e deveres.

O fato é que o legislador não se preocupou em definir o casamento, pois afirma apenas que se trata de comunhão plena de vida e o identifica como uma relação de afeto, comunhão de interesses e, sobretudo, respeito mútuo.

O casamento tem todas as características essenciais do contrato. Não há casamento sem a exteriorização convergente de vontades (arts. 1.514 e 1.535 do CC) e, por isso, depende do consentimento de duas pessoas que devem afirmar, perante oficial público, que pretendem casar-se por livre e espontânea vontade. Após a declaração de vontades, o casamento passa a ter existência jurídica, com efeitos jurídicos. Portanto, o casamento é contrato. Não há dúvida de que se trata de contrato com intenso controle estatal. As solenidades impostas pela legislação para o casamento restringem a autonomia privada nesse contrato "especial".

É, todavia, contrato, pois gera direitos, deveres e obrigações para os cônjuges. Embora sejam deveres e obrigações no âmbito do direito de família, tal efeito jurídico está conectado com a teoria geral de todos os contratos, que servem como instrumento de deveres e obrigações.

A tese de que o casamento tem a natureza jurídica de instituição é vinculada e se justifica quando se associa o casamento à concepção tradicional de família. A família tradicional tem caráter institucional e é matrimonial. Portanto, se a família é associada ao casamento e vice-versa, na sua configuração tradicional faz sentido a tese do casamento como instituição.

A família mudou, não estando mais associada ao matrimônio. A família instituição e matrimonial cede lugar para a família instrumento e plural (pluralidade de modelos familiares). O casamento é apenas um modelo familiar, tutelado pelo Estado como qualquer outro.

O casamento estabelece comunhão plena de vida entre os cônjuges (art. 1.511, CC) que, por meio desse contrato, assumem obrigações e deveres pessoais e patrimoniais (regime de bens). Não há dúvida de que é contrato complexo, solene e com forte influência estatal, mas é contrato. É formado por acordo de vontades entre duas pessoas que desejam e pretendem, de forma livre e consciente, assumir obrigações, direitos e deveres recíprocos. Portanto, contrato. Aliás, ao permitir o divórcio independentemente de qualquer causa objetiva ou subjetiva, a natureza contratual foi reforçada.

Em todo e qualquer contrato, quando o fim que o justifica desaparece, o contrato é desfeito. Entre outras, como inadimplemento e onerosidade excessiva, o contrato pode ser resolvido pela frustração de seu fim e de sua finalidade social. No casamento, quando a comunhão plena de vida, que justifica o casamento, desaparece, o contrato poderá ser resolvido por qualquer dos nubentes pelo divórcio. O divórcio é o meio pelo qual o contrato de casamento se rompe pela mera ausência de comunhão plena de vida. A liberdade individual e o livre exercício da vida privada, como direito fundamental à liberdade e à privacidade, permitem a resolução do contrato pela frustração de seu fim, o que ocorrerá com a ausência de plena comunhão de vida.

O fato de esse contrato exigir outros elementos, como a declaração do juiz, e demais solenidades previstas em lei, para a caracterização do casamento não desnatura sua natureza contratual. Há inúmeros contratos que dependem de outros elementos além da declaração de vontade para que se tornem contratos. Há os contratos reais (que, além da vontade, impõem a entrega do objeto para seu aperfeiçoamento), os contratos sob o regime jurídico público (se submetem a rígido controle estatal), contratos coativos ou obrigatórios (DPVAT), entre outros. Portanto, dizer que o casamento não é contrato porque além da vontade exteriorizada se impõem outros elementos para sua configuração, como a declaração do juiz (art. 1.514, CC), é uma falácia.

Não se trata de contrato "especial", como já defendeu o mestre Caio Mário[7]. Trata-se de contrato com suas peculiaridades, mas sem qualquer rótulo de especialidade. É contrato cercado de solenidades, em que os cônjuges podem, por meio de pacto antenupcial, dispor do regime jurídico patrimonial a que tal contrato se submeterá. O fato de seus efeitos repercutirem no direito de família não o fazem especial. A especialidade retiraria tal contrato da teoria geral dos contratos e de suas instituições. Há regras da teoria geral dos contratos que não se aplicam aos contratos de casamento nem a outros contratos, mas a essência da teoria contratual (pressupostos de existência, requisitos de validade, efeitos jurídicos meramente obrigacio-

---

[7] PEREIRA, Caio Mário da Silva. *Instituições de direito civil. Direito de Família.* 17. ed. Rio de Janeiro: Forense, 2011. v. V. Atualizado por Tânia da Silva Pereira, p. 58.

nais existenciais e patrimoniais) está presente no contrato de casamento.

Neste ponto, estamos de acordo com Tepedino[8], para quem a discussão sobre a natureza jurídica do casamento não tem relevância, uma vez que o foco deve ser a função e a finalidade desse contrato: "O casamento é forma de constituição de família, ao lado de outras entidades familiares, sendo sua proteção assegurada na pessoa de cada um de seus membros, consoante o disposto no § 8º do art. 226 da CF. É, portanto, espaço de promoção e desenvolvimento da pessoa humana e onde ocorre a comunhão plena de vida entre os cônjuges. Por conseguinte, é na perspectiva da concretização do princípio da dignidade da pessoa humana (art. 1º, III) no âmbito familiar, que devem ser verificados os efeitos e as consequências do casamento, em atenção à pessoa de cada um de seus membros".

6.3.3. Casamento civil e casamento religioso com efeitos civis

O casamento é submetido ao rígido controle do Estado, a pretexto de proteção especial da família. Em razão desse controle e como forma de evidenciar a separação entre Estado e Igreja, a Constituição Federal e o Código Civil estabelecem que o casamento é civil. De acordo com o art. 226, § 1º, da CF, reproduzido pelo *caput* do art. 1.512, o casamento é civil e sua celebração é gratuita.

O casamento civil surgiu em razão da dissidência de pessoas não católicas, pois, no tempo do Império, somente existia o casamento religioso ou eclesiástico. O casamento civil retrata a separação que a República, na época da proclamação, pretendeu fazer em relação à Igreja (naquele momento, separação mais formal do que real). Por meio do Decreto n. 181, de 24 de janeiro de 1890, foi instituído o casamento civil como obrigatório, o que o art. 72, § 4º, da CF de 1891 enfaticamente proclamou: "A república somente reconhece o casamento civil".

A separação da Igreja e do Estado era propagada como um dos princípios programáticos republicanos, cuja retórica era propagar que o Estado não tinha o direito de intervir na escolha de princípios religiosos e também nenhuma seita poderia sustentar a exclusividade de seus preceitos para a validade do matrimônio.

Não há dúvida de que a Igreja reagiu a essa concepção civil de casamento, pois representava ruptura e perda de poder. Esboçou-se um movimento sedicioso, conhecido como *Guerra dos Canudos*, chefiada por Antônio Conselheiro e contada por Euclides da Cunha no livro *Os Sertões*.

Após breve período de tensão, o casamento civil restou consolidado, mas foi mantida a possibilidade de celebração de casamento religioso (qualquer religião), desde que com "efeitos civis". O Código Civil de 1916, na esteira do movimento republicano que o antecedeu, positivou o casamento civil, sem qualquer referência ao religioso.

Em razão das fortes resistências, as duplas núpcias, com a possibilidade de efeitos civis ao casamento religioso, passaram a integrar os hábitos da nossa cultura casamenteira e religiosa, o que levou a Constituição de 1988, no § 2º do art. 226, a admitir o casamento religioso com efeitos civis.

De acordo com a nossa Constituição, é possível matrimônio religioso com efeitos civis (neste caso, o casamento será civil, mas uma de suas etapas, a celebração, será religiosa). Portanto, o eclesiástico somente equivale ao civil quando os nubentes promovem o processo de habilitação perante o oficial de registro (o que evidencia que é civil). O casamento religioso com efeitos civis está previsto nos arts. 1.515 e 1.516 da legislação civil (não existe "casamento" religioso, mas casamento civil que pode ser constituído por meio de atos ou cerimônia religiosa).

O processo de habilitação e o registro do casamento religioso, para ter efeito civil, poderão ser realizados antes ou após a celebração. Como condição para legitimar o caráter civil da cerimônia religiosa, é possível a habilitação prévia ou posterior à celebração.

Na primeira hipótese, os nubentes se submetem ao processo de habilitação (arts. 1.525 a 1.532 do CC) e celebram o casamento no prazo de validade da habilitação (90 dias).

De acordo com o § 1º do art. 1.516 do CC: "O registro civil do casamento religioso deverá ser promovido dentro de 90 (noventa) dias de sua realização, mediante comunicação do celebrante ao ofício competente, ou por iniciativa de qualquer interessado, desde que haja sido homologada previamente a habilitação regulada neste Código. Após o referido prazo, o registro dependerá de nova habilitação".

Em síntese, nesse primeiro caso, o processo de habilitação precede ou é anterior ao "casamento" religioso (procedimento religioso). Os nubentes, durante a celebração religiosa (etapa de existência do casamento civil), já estarão devidamente habilitados. Restará apenas, no prazo de noventa dias contados da realização, promover o seu registro no cartório civil, sob pena de terem de se submeter a nova habilitação.

Na segunda hipótese, que constitui novidade na legislação brasileira, o "casamento" religioso (cerimônia religiosa ou atos simbólicos religiosos) é celebrado antes do processo de habilitação. A habilitação e o registro são realizados *a posteriori*.

Nesse caso, para ter efeitos civis, os nubentes deverão se submeter ao processo de habilitação, a qualquer tempo e, observado o prazo legal de 90 dias (após a habilitação – art. 1.532), requerer o registro. É o que dispõe o § 2º do art. 1.516 do CC. Portanto, é possível o "casamento" religioso com efeitos civis mesmo sem a prévia habilitação, que poderá ser realizada a qualquer tempo.

A habilitação tem validade pelo prazo de noventa dias. Após noventa dias da expedição da certidão de habilitação, esta perde a eficácia e os nubentes deverão se submeter a nova habilitação. Na habilitação posterior ao casamento religioso, o processo de habilitação poderá se dar a qualquer tempo, mas após a habilitação os nubentes têm 90 dias para providenciar o registro, sob a pena de nova habilitação.

---

[8] TEPEDINO, Gustavo; BARBOSA, Heloísa Helena; BODIN, Maria Celina et al. *Código civil interpretado*. v. IV (Direito de Família. Sucessão em geral. Sucessão legítima e testamentária. Disposições finais e transitórias. Arts. 1.511 a 2.046), RJ-SP: Renovar, 2006, p. 21.

O fato é que o registro do "casamento" religioso deverá se submeter aos mesmos requisitos, habilitação e registro, exigidos pela lei para o casamento civil, o que reforça a concepção de que o casamento, no Brasil, de fato e de direito, é civil. O "casamento" religioso que não se submete aos requisitos da lei civil para o casamento civil não é, de direito, considerado casamento válido (para fins civis).

Por fim, registrados os atos de celebração religiosa realizada antes da habilitação, este é equiparado ao casamento civil (porque é casamento civil – art. 1.515) e produzirá efeitos *ex tunc*, ou seja, desde a data da celebração da celebração religiosa. O efeito retroativo se operará se a habilitação for anterior ou posterior ao casamento religioso (§§ 1º e 2º do art. 1.516 do CC).

De acordo com o art. 1.515 do CC, o casamento religioso equipara-se ao civil quando atende às exigências da lei para sua validade, ao passo que os efeitos são produzidos desde a data da celebração. O estado civil dos nubentes só é alterado com o registro civil. O casamento religioso, sem registro civil, não é casamento.

O casamento é ato de competência exclusiva do Estado. Só o casamento civil é válido. O casamento meramente religioso não é impedimento para outro casamento civil, porque aquele é inexistente. No entanto, de acordo com o § 3º do art. 1.516 do Código Civil, será nulo o registro civil do casamento religioso se, antes dele, qualquer dos consorciados houver contraído com outrem casamento civil.

A razão é simples: como o casamento religioso, que se submete aos requisitos do casamento civil, é equiparado a este, ou seja, é considerado casamento civil, o registro de casamento religioso, para ter efeito civil de pessoa já casada no civil, será considerado duplo casamento e poderá até configurar crime de bigamia (adoção do princípio da monogamia). Assim, o registro civil do casamento religioso de pessoa já casada será nulo. Trata-se de impedimento matrimonial (art. 1.523, VI), que leva à nulidade do segundo casamento (art. 1.548, inciso II).

6.3.4. Características e pressupostos para o casamento

O casamento possui algumas características que o identificam na atualidade. Tais características devem estar associadas à concepção contemporânea e moderna de família.

Por isso, no casamento pautado no modelo democrático, plural e igual de família, as relações existenciais necessariamente devem preponderar sobre questões patrimoniais. A concretização da dignidade dos membros que integram o casamento e o desenvolvimento cotidiano da personalidade dos cônjuges e daqueles que participam desse modelo de família é o principal objetivo das normas, regras e princípios sobre casamento.

Tal concepção moderna e contemporânea de casamento repercute na sua própria natureza jurídica. O casamento deixa de ser uma instituição para ser meio para a concretização do desenvolvimento dos direitos da personalidade dos integrantes do casamento. O casamento é meio para um fim. E o fim é a busca incessante pela dignidade de todos que integram a família originada do casamento.

Em relação ao novo modelo instituído pelo casamento, são precisas as palavras de Walsir Júnior[9]: "Na família instituída pelo casamento, as pessoas, com fulcro na autonomia privada, se reúnem em função de estabelecerem uma aliança hábil a fomentar a formação de sua personalidade. Dito de outra forma, casamento é, hoje, a união de um homem e uma mulher que, supostamente tendo afeto entre si, instituem família por meio de um solene procedimento jurídico constitutivo, a partir do qual pretendem manter um elo conjugal estável e ostensivo, capaz de fomentar sua recíproca realização pessoal".

A própria monogamia, que sempre foi considerada princípio do casamento, por estar vinculada ao dever de fidelidade recíproca entre os cônjuges, deve ser submetida a uma releitura constitucional. A possibilidade de reconhecimento de famílias simultâneas e ainda o denominado "poliamor" são exemplos da superação da concepção tradicional da monogamia. A monogamia, como ato de liberdade e escolha voluntária, é compatível com o modelo atual de família. A monogamia, como imposição, é ideia que deve ser superada, pois atrelada à concepção tradicional de família. A fidelidade deve ser sinônimo de lealdade, transparência, parceria, e não de monogamia. E a monogamia deve retratar estado de liberdade. O princípio da autonomia privada, que implica autodeterminação pessoal, deve ser o norte das relações familiares.

Aliás, tal liberdade é prevista no art. 1.513 do CC, segundo o qual é proibido qualquer interferência indevida de qualquer pessoa de direito público ou privado no âmbito do casamento. É vedada a interferência ilícita de terceiro no casamento.

O casamento estabelece comunhão plena de vida (art. 1.511), o que significa viver a plenitude do casamento em igualdade de condições, de forma livre, democrática, com respeito e auxílio mútuos, traduzidos em atividades, projetos de vida e interesses em comum, essenciais para o desenvolvimento da personalidade e a dignidade de todos os integrantes do núcleo familiar. A comunhão é pautada na igualdade substancial, sem diferença de gênero, com plena igualdade de direitos e deveres entre os cônjuges.

Além disso, as normas sobre casamento possuem natureza cogente. Trata-se de ato formal, impregnado de solenidades, dissolúvel e realizado entre pessoas naturais, ainda que do mesmo sexo.

A dissolubilidade do vínculo matrimonial é consequência do direito fundamental à liberdade, previsto no art. 226, § 6º, da CF. A liberdade de casamento tem no seu contraponto a liberdade plena de não se manter casado, independentemente de motivos, causas, situações, termos, prazos ou condições.

O casamento é negócio jurídico que, como será observado, possui regras especiais em relação e comparação com as regras gerais da parte geral sobre negócio jurídico.

---

[9] RODRIGUES JÚNIOR, Walsir Edson; ALMEIDA, Renata Barbosa de. *Direito civil*: famílias. 2. ed. São Paulo: Atlas, p. 105.

Em resumo, trata-se de ato personalíssimo, solene, realizado entre pessoas naturais (inclusive pessoas do mesmo sexo – ADI 4.277 e ADPF 132 – REsp 1.183.378/RS), permanente, exclusivo (não necessariamente monogâmico), dissolúvel e com plena obediência às normas de ordem pública.

6.3.5. Capacidade (e não legitimidade) para o casamento: capacidade matrimonial

A capacidade e a legitimidade para o casamento não se confundem. A capacidade ou incapacidade decorre de fator pessoal (subjetivo) e é genérica. A legitimidade é circunstancial (objetiva), pois se relaciona à posição jurídica do nubente. É possível que o nubente não tenha legitimidade para se casar com determinada pessoa, mas será capaz para o casamento com outra. A legitimidade é concreta e a capacidade jurídica, de direito e de fato, abstrata.

No direito civil, a legitimidade visa, primordialmente, tutelar o interesse privado de pessoas que, de algum modo, se relacionam ou integram o mesmo núcleo social ou familiar do sujeito que necessita de habilitação especial (que nada mais é do que estar legitimado). Nas situações em que a legitimidade visa proteger o interesse privado (outorga uxória do cônjuge para determinados atos, autorização do cônjuge do alienante e dos demais descendentes, na compra e venda entre ascendentes e descendentes, entre outros exemplos), basta a habilitação (que ocorre em forma de autorização) para que o sujeito esteja legitimado para determinado ato ou negócio jurídico.

Todavia, em casos excepcionais, a legitimidade visa tutelar o interesse público e, neste caso, como a habilitação é impossível, se revela como impedimento. Nestas situações, jamais o sujeito terá legitimidade. Não há como autorizar ou habilitá-lo para o ato ou negócio quando a legitimidade protege o interesse público.

É o caso dos impedimentos matrimoniais, explicitados no art. 1.521 do Código Civil, que retratam hipóteses de ausência de legitimação.

A capacidade matrimonial não se relaciona com a legitimidade, mas com situações subjetivas do próprio sujeito. A capacidade jurídica é disciplinada na parte geral do CC, mas é relativizada na teoria do casamento para permitir o casamento de pessoas antes da maioridade civil (18 anos). Os arts. 1.517 a 1.520 serão a base normativa da capacidade matrimonial.

Segundo tais dispositivos, a capacidade patrimonial, para o homem e a mulher, ocorrerá a partir dos 16 (dezesseis) anos. É a idade mínima para o casamento, denominada "idade núbil". Portanto, a capacidade matrimonial (de fato) é adquirida aos 16 anos. Todavia, é essencial autorização dos pais ou representantes legais dos menores. Tal autorização é fator de legitimação no sentido privado, pois os menores estarão habilitados para o casamento apenas com a autorização de seus protetores (pais ou tutores). Como se observa, capacidade (que é interna e subjetiva) e legitimidade (que é externa e subjetiva) não se confundem.

Não há dúvida de que a capacidade para o casamento também deve ser analisada sob a perspectiva das regras e princípios existentes na parte geral sobre a incapacidade para os atos da vida civil em geral.

O Estatuto da Pessoa com Deficiência, embora permita expressamente o casamento de pessoas com deficiência, o faz no pressuposto de que a deficiência, em especial a mental, não seja obstáculo para o casamento. Em caso contrário, haverá invalidade, sob pena de violação de direitos fundamentais e da dignidade existencial do deficiente. O estatuto, que dispõe sobre o regime jurídico dos deficientes, deve ser interpretado à luz dos valores sociais constitucionais.

Há deficiências, físicas e mentais, que são compatíveis com o casamento. Por outro lado, há outras enfermidades, em especial mentais, que impedem qualquer capacidade de compreensão, o que inviabiliza o casamento, ainda que o estatuto seja expresso quanto à possibilidade do casamento dos deficientes físicos e mentais.

Se a pessoa com deficiência tiver autodeterminação para o casamento, ainda que esteja submetida a curatela, poderá se casar (art. 1.550, § 2º, do CC). A inclusão social, a não discriminação e a isonomia são princípios que fundamentam o casamento das pessoas com deficiência. Por outro lado, se a deficiência retirar a capacidade de autodeterminação, ainda que o Estatuto e o Código Civil permitam o casamento, não será possível, a fim de preservar a dignidade e a condição existencial da referida pessoa. Autorizar o casamento de pessoas com deficiência não é permiti-lo em qualquer circunstância, mas apenas evidenciar que a deficiência não pode ser obstáculo para o casamento, o que é diferente.

No estudo da teoria da incapacidade, foram analisadas duas categorias de incapazes: 1 – os incapazes por idade (critério objetivo/biológico); e 2 – os incapazes por enfermidade que afeta o discernimento de modo total (absolutamente incapazes) ou parcial (relativamente incapazes) – (critério subjetivo). Sobre a teoria da incapacidade, remetemos o leitor para a parte geral.

Em relação à capacidade matrimonial, prevalece a regra especial do art. 1.517 em relação aos menores em detrimento do disposto nos arts. 3º e 4º sobre capacidade e incapacidade para os atos da vida civil.

A incapacidade por idade, objeto de análise dos arts. 3º e 4º do Código Civil, em matéria de casamento, deve ser estudada com as mitigações estabelecidas nas regras especiais dos arts. 1.517 a 1.520 do CC.

O homem e a mulher com 16 anos podem se casar, ou seja, possuem capacidade matrimonial (ainda que considerados relativamente incapazes para os demais atos da vida civil – art. 4º, I, do CC).

É a denominada idade núbil (art. 1.517 do CC). O CC de 2002 equiparou a capacidade nupcial ao estabelecer em 16 anos a idade núbil tanto para o homem quanto para a mulher. Tal equiparação decorre da igualdade de direitos e deveres entre os cônjuges, prevista no § 5º do art. 226 da CF.

No entanto, embora os maiores de 16 anos possuam capacidade matrimonial, o mesmo art. 1.517 exige autorização de ambos os pais ou de seus representantes legais (tutores, por exemplo), enquanto não atingida a maiorida-

Capítulo 6 • Família

de civil, o que ocorrerá apenas aos 18 anos de idade (art. 5º do CC). A ausência de autorização dos pais será causa de anulação do casamento (art. 1.550, II, do CC). Tal autorização é pressuposto de legitimidade (externa), essencial para habilitação dos nubentes menores.

A autorização dos pais/tutores/protetores pode ser expressa (declaração ou exteriorização de vontade) ou tácita. Será tácita se assistirem à celebração do casamento sem qualquer oposição ou, de qualquer modo, aprovarem o casamento (art. 1.555, § 2º, CC).

A autorização de ambos os pais ou de um deles, na falta do outro, ou ainda do representante legal, é essencial para evitar a anulação do casamento.

Em caso de divergência entre os pais ou os representantes legais quanto ao consentimento para o casamento, poderá o nubente requerer o suprimento judicial do consentimento. Aos pais, quanto à pessoa dos filhos menores, compete conceder-lhes ou negar-lhes consentimento para o casamento (art. 1.634, III, do CC). Tal prerrogativa envolve o exercício do poder familiar.

No caso de divergência no exercício do poder familiar, em razão da igualdade de direitos dos pais quanto a tal exercício, a solução do desacordo deve ser judicial (parágrafo único do art. 1.517 e parágrafo único do art. 1.631, ambos do CC), em procedimento de jurisdição voluntária.

Em resumo, se um dos pais ou um dos representantes não aprovar ou se recusar a consentir para o casamento, será possível o suprimento da outorga, caso em que o juiz analisará se a recusa é justa ou injusta. Se considerar injusta, suprirá o consentimento daquele que se recusa a aprovar o casamento.

Por outro lado, se ambos os pais ou os representantes (nesse caso não há divergência entre eles) denegam o consentimento, será possível o casamento se o nubente menor provar que tal denegação conjunta é injusta. Nesta situação extrema, deverá obter o suprimento do consentimento também por meio de ação judicial, a teor do que dispõe o art. 1.519 do Código Civil, em procedimento de jurisdição voluntária.

Todavia, no caso de suprimento judicial, o casamento deverá ser realizado pelo regime da separação obrigatória (legal) de bens (art. 1.641, inciso III, do CC). Tal sanção merece crítica, pois o juiz considerará injusta a denegação do consentimento e o nubente menor, mesmo vítima de injustiça, suportará sanção civil de natureza patrimonial.

Em resumo, são duas hipóteses distintas: na primeira há mera divergência entre os pais ou os responsáveis pelo menor e, na segunda, os pais ou os representantes (todos) negam consentimento. Nos dois casos, o interessado (nubente em idade núbil) poderá requerer a outorga e o suprimento do consentimento em juízo. O procedimento para obtenção do suprimento judicial é de jurisdição voluntária.

A autorização para o casamento (dos pais ou representantes legais, como tutores) pode ser revogada até a celebração do casamento (art. 1.518 do CC – redação dada pela Lei das Pessoas com Deficiência). No entanto, a revogação não pode ser arbitrária e abusiva, razão pela qual deve ser justificada e motivada. Se a revogação for injusta, o nubente menor poderá obter suprimento judicial do consentimento. Em caso de revogação de autorização já concedida, tal fato será equiparado à denegação do consentimento e, com fundamento no art. 1.519 do CC, se injusta, poderá ser suprida pelo juiz.

De acordo com o art. 5º, parágrafo único, inciso II, do Código Civil, o casamento do menor em idade núbil é causa de emancipação (a emancipação é instituto restrito a uma categoria de incapazes – os incapazes por idade). É hipótese legal de emancipação. Após autorização dos pais ou dos representantes legais, ou de suprimento judicial em razão de denegação injusta do consentimento, os menores em idade núbil podem casar e, com o casamento, estarão emancipados.

A emancipação não antecipa a maioridade civil, que só ocorrerá aos 18 anos. A emancipação apenas antecipa os efeitos jurídicos da maioridade. A pessoa continuará a ser menor, mas capaz e, por isso, sujeita à proteção especial, constitucional e infraconstitucional, aos menores.

No entanto, se os menores já estiverem emancipados por outra causa diversa do casamento (concessão dos pais por escritura pública, autorização judicial no caso de tutela ou nas demais hipóteses legais de emancipação), por óbvio, não mais necessitarão de autorização dos pais ou responsáveis para o casamento. A emancipação habilita o menor a praticar todos os atos da vida civil, entre eles o casamento.

Nesse sentido o Enunciado 512 da V Jornada de Direito Civil: "O art. 1.517 do Código Civil, que exige autorização dos pais ou responsáveis para casamento, enquanto não atingida a maioridade civil, não se aplica ao emancipado".

O emancipado por causa diversa do casamento não precisa da autorização dos pais ou responsáveis para o casamento, em razão dos efeitos jurídicos da emancipação.

É fato que o casamento emancipa o menor. O divórcio (por ser causa superveniente) não afetará a emancipação, que é irrevogável. No entanto, no caso de invalidação do casamento, como o próprio ato constitutivo da emancipação é contaminado (casamento), a emancipação desaparece, salvo no casamento putativo ou de boa-fé dos nubentes.

Em relação à capacidade matrimonial, resta apenas analisar o art. 1.520 do CC, cuja redação foi alterada pela Lei n. 13.811/2019.

Na redação original, o art. 1.520 permitia, excepcionalmente, o casamento antes da idade núbil (art. 1.517 – 16 anos) em duas hipóteses: evitar imposição ou cumprimento de pena criminal ou em caso de gravidez.

No que tange à exceção para evitar o cumprimento de pena criminal, restou esvaziada após a promulgação da Lei n. 12.015/2009. A lei impossibilitou o casamento do menor, vítima de crime contra a liberdade sexual com o respectivo autor do delito. A razão é simples: estaria caracterizado o crime de estupro de vulnerável (art. 217-A do CP), cuja ação penal é pública incondicionada. Aliás, antes da referida lei, que passou a dar nova concepção aos crimes contra a liberdade sexual, a Lei n. 11.106/2005 já havia iniciado a discussão sobre a manutenção dessa hipótese, porque não mais permitiu a extinção da punibilidade em casos de crimes de natureza sexual. Com a Lei n. 12.015/2009, a ação penal deixou de ser privada ou depender de representação da vítima e passou a ser pública incondicionada. A discussão foi dizimada e tal hipótese se tornou inaplicável.

Em relação à gravidez, a exceção para permitir o casamento antes da idade núbil persistiu até a Lei n. 13.811/2019.

O art. 1.520 do CC, em sua redação original, de modo excepcional, permitia o casamento antes da idade núbil em duas hipóteses: gravidez e para evitar imposição de pena criminal (essa exceção já estava superada por sucessivas alterações do Código Penal). A Lei n. 13.811/2019 alterou a redação do art. 1.520 para dispor que não será permitido, em qualquer caso, o casamento de quem não atingiu a idade núbil. Antes da alteração do art. 1.520, no caso de gravidez, ainda que não completada a idade núbil, a pessoa adquiria capacidade jurídica para o casamento. E, se autorizada pelos pais ou representantes, o casamento não poderia ser invalidado. O art. 1.550, I, do CC, não poderia ser invocado para invalidar o casamento nesta hipótese excepcional.

Após a alteração do art. 1.520 não há mais exceção. Não se permite o casamento antes da idade núbil. Antes dos 16 anos, não haverá capacidade matrimonial. Todavia, o casamento poderá ocorrer mesmo sem capacidade matrimonial. A única diferença é que antes da alteração legal, o casamento poderia ser invalidado se não completada a idade núbil, salvo nas hipóteses excepcionais (redação original). Após a lei, a invalidação *pode* ocorrer em qualquer caso.

Embora seja extremamente difícil o casamento de quem não completou a idade núbil, porque um dos documentos para habilitação é a certidão de nascimento (art. 1.525 do CC), é possível que tal casamento se concretize, se valide e produza efeitos. Se menor casar antes da idade núbil, o ato nupcial é (e sempre foi – salvo nas exceções que não mais existem) meramente anulável e, nesta condição, se submete a regime jurídico flexível: 1 – o casamento produzirá todos os efeitos até eventual declaração de invalidade; 2 – a anulação do casamento depende da vontade de poucos legitimados – art. 1.552; 3 – o art. 1.553, no intuito de sanar o vício, dispõe que o casamento de menor antes da idade núbil poderá ser confirmado depois que completar tal idade (16 anos), desde que autorizados pelos pais ou se houver suprimento judicial; 4 – o prazo para anular o casamento de menor de 16 anos é extremamente reduzido, 180 dias – § 1º, art. 1.560 do CC e, decorrido o prazo de decadência, impossível anular o casamento com fundamento na ausência de idade núbil.

O art. 1.517 exige, além da idade núbil (capacidade matrimonial), autorização dos pais ou representantes, se não atingida a maioridade civil (legitimidade), que ocorre aos 18 anos.

Não há dúvida de que o objetivo da lei é impedir o casamento de qualquer pessoa antes da idade núbil, 16 anos. Portanto, por norma expressa, não há mais exceções à idade núbil.

Todavia, embora o art. 1.520 não mais permita o casamento antes da idade núbil, em especial no caso de gravidez (o que é meritório, porque tal exceção retrata modelo tradicional de família que deve ser superado), o casamento poderá ocorrer, poderá ser validado e produzir efeitos jurídicos como qualquer casamento. O motivo é simples: embora tenha alterado o art. 1.520, as regras jurídicas relacionadas à invalidade (nulidade e anulação) do casamento não foram alteradas e, como a lógica do Código Civil é manter o vínculo matrimonial e evitar a dissolução, o casamento antes da idade núbil (no caso de gravidez ou não) era e continuará a ser causa de anulação, como enuncia o art. 1.550, I, do CC (é meramente anulável o casamento de quem não completou a idade mínima para o casamento). Se o desrespeito à idade núbil é mera causa de anulação do casamento, a vedação do art. 1.520 não ostenta a eficiência e efetividade que aparenta.

Em resumo: a capacidade matrimonial (de fato – exercício deste ato jurídico) se consolida aos 16 (dezesseis) anos, tanto para o homem quanto para a mulher (art. 1.517 do CC). É a idade núbil ou idade mínima para o casamento. A capacidade para tal ato específico não se confunde com a menoridade ou maioridade. De acordo com a lei civil, a menoridade cessa aos 18 anos (art. 5º). Aos 16 anos de idade, a pessoa tem plena capacidade jurídica (direito e de fato) para o casamento, mesmo se não atingiu a maioridade civil. Será menor e capaz para tal ato.

Embora a capacidade para o casamento seja adquirida aos 16 anos, exige-se autorização de ambos os pais ou dos representantes legais se não atingida a maioridade civil (18 anos). A menoridade justifica tal autorização (capacidade e menoridade não se confundem). É capaz e menor. A lei civil, em determinadas situações, protege menores, capazes ou incapazes. Se incapaz, a proteção decorre da incapacidade. Se menor, capaz ou não, em razão da menoridade. Por outro lado, a autorização dos pais ou representantes não se confunde com a capacidade. É fator de legitimação. Além da idade núbil (a partir dos 16 anos de idade), o menor nubente deve estar legitimado para este ato (habilitação especial). A legitimação é viabilizada pela autorização.

No mais, proibir o casamento antes da idade núbil significa apenas retirar a capacidade matrimonial em qualquer situação. Todavia, ao contrário da retórica, a lei não impede o casamento por menor de 16 anos. Ainda que não tenha capacidade matrimonial, poderá se casar (a razão é o sistema de invalidade do casamento). A lei transmitiu a impressão falsa de que não é possível o casamento antes dos 16 anos. E como se verifica, tudo se resume a mera questão de invalidade.

A alteração é tão esdrúxula que embora tenha proibido o casamento no caso de gravidez antes da idade núbil, foi mantido o art. 1.551 do CC, segundo o qual não se anulará, por motivo de idade, o casamento de que resultou gravidez. A norma proíbe o casamento antes da idade núbil no caso de gravidez, mas se houver o casamento nesta hipótese, ele não poderá ser anulado!!

A nova redação do art. 1.520 tem o mérito de dissociar gravidez do casamento, retrato do modelo tradicional de família.

O casamento deve ser meio para a concretização da dignidade daqueles que integram esse núcleo familiar, e não fim em si mesmo. Ao permitir o casamento antes da idade núbil em razão da gravidez, o casamento estava com a sua função e finalidade social desvirtuadas pela norma. A gravidez não poderia ser o fundamento que legitima o casamento, que deve ser pautado única e exclusivamente na vontade livre dos cônjuges, no poder de autodeterminação, na autonomia privada e na liberdade individual. A gravidez pode até ser considerada eventual consequência do casamento, mas jamais ser a causa e servir como fator de legitimação (fundamento do casamento).

Por fim, o casamento dos militares é disciplinado pela Lei n. 6.880/80, e o dos servidores do Serviço Exterior Brasileiro, pela Lei n. 11.440/2006.

6.3.6. Impedimentos que invalidam o casamento (nulidade – violação de interesse público)

Os impedimentos matrimoniais invalidam o casamento por questão relativa à ausência de legitimidade do cônjuge para o casamento. O cônjuge, mesmo capaz, não poderá contrair matrimônio porque estará impedido por conta de uma questão circunstancial.

Como aduz Orlando Gomes[10], o impedimento consiste na "proibição de casar dirigida a uma pessoa em relação a outra predeterminada". O impedimento não gera incapacidade, pois é específico. A pessoa plenamente capaz está impedida ou não tem legitimidade para casar com seu irmão, por exemplo.

O direito canônico desenvolveu a teoria dos impedimentos matrimoniais. A ideia central dos impedimentos é que o matrimônio exige requisitos especiais. Às vezes o impedimento é de caráter específico, mas outras vezes pode ser de caráter geral (pessoa casada).

O Código Civil de 1916 subdividia os impedimentos matrimoniais em dirimentes absolutos ou públicos (causas de nulidade), dirimentes relativos ou privados (causas de anulação) e, finalmente, os impedimentos proibitivos ou impedientes (sanção no que tange ao regime de bens).

O Código Civil atual, em um único artigo (1.521), disciplina os impedimentos matrimoniais. Não há mais a referida subdivisão. Os atuais impedimentos matrimoniais coincidem com os antigos impedimentos dirimentes públicos ou absolutos. Os antigos, denominados impedimentos relativos, são tratados na atual legislação como causas de invalidação (causas de anulação por interesse privado – art. 1.550 do CC), mas sem que sejam considerados impedimentos.

E os outrora denominados impedimentos impedientes estão arrolados na atual legislação como causas suspensivas para o casamento, que não o invalidam, mas podem gerar uma sanção: adoção do regime da separação obrigatória de bens (art. 1.641, I, do CC).

Os impedimentos matrimoniais são causas de nulidade do casamento, porque ante a gravidade dos fatos a que se relacionam são capazes de violar o interesse público. O casamento, nesses casos, será nulo, a teor do disposto no art. 1.548, inciso II, do CC. Os impedimentos matrimoniais estão taxativamente disciplinados no art. 1.521 do CC.

O *primeiro impedimento* (art. 1.521, I, CC) envolve o casamento entre ascendentes e descendentes, seja o parentesco civil ou natural. Portanto, pais e filhos, avós e netos, bisavós e bisnetos, não podem casar entre si. O parentesco na linha reta (aqueles que estão uma para com as outras na relação de ascendentes e descendentes – art. 1.591, CC) pode ser civil ou natural. O parentesco natural decorre de laços de sangue (vínculo biológico), e o civil pode decorrer de adoção, afetividade (como na paternidade socioafetiva[11]) e até por conta de afinidade (relação com os parentes do cônjuge). O objetivo é preservar a prole de problemas físicos e evitar o incesto.

No caso de família recomposta, haverá impedimento matrimonial entre o cônjuge ou companheiro e os filhos exclusivos do outro cônjuge ou companheiro, em razão do parentesco por afinidade (art. 1.595 do Código Civil).

O *segundo impedimento* é repetitivo e dispensável (art. 1.521, II, CC), porque já está englobado no inciso I do art. 1.521. Os afins em linha reta possuem relação de parentesco civil com os parentes do cônjuge (ascendentes e descendentes). Portanto, não podem casar o genro com a sogra e a nora com o sogro, a madrasta com o enteado ou o padrasto com a enteada, por exemplo.

Assim, os afins em linha reta, decorrentes de casamento ou união estável (art. 1.595, § 1º, CC), por conta desse parentesco civil, não podem casar e, na linha reta, tal impedimento é eterno, pois na linha reta o parentesco civil decorrente da afinidade não se extingue com a dissolução do casamento ou da união estável (§ 2º do art. 1.595, CC).

Os vínculos de afinidade não são, portanto, encerrados com o fim do casamento ou da união estável. A pessoa pode ter uma pluralidade de sogras ou sogros e nunca poderá casar com estes, mesmo após o fim da relação matrimonial ou da união estável. Os cunhados, como são parentes por afinidade na linha colateral, podem se casar, desde que terminado o casamento ou a união estável.

O *terceiro impedimento* (art. 1.521, III, CC) se relaciona com a adoção. Não podem casar o adotante com quem foi cônjuge do adotado e o adotado com quem foi do adotante. Trata-se de outro dispositivo dispensável, pois estará caracterizado, nesta hipótese, o parentesco civil por afinidade entre o adotante e o ex-cônjuge do adotado e o adotado com o cônjuge do adotante. Trata-se de hipótese de parentesco civil na linha reta.

O *quarto impedimento* matrimonial (art. 1.521, IV, CC) se relaciona aos irmãos e os demais parentes colaterais.

---

[10] GOMES, Orlando. *Direito de família*. 14. ed. Rio de Janeiro: Forense, 2002, p. 91.

[11] Enunciado 256 da III Jornada do STJ: "A posse do estado de filho (parentalidade socioafetiva) constitui modalidade de parentesco civil."

Segundo o dispositivo, não podem casar os irmãos, unilaterais ou bilaterais, bem como os demais colaterais, até o terceiro grau. Os irmãos bilaterais são aqueles que têm o mesmo pai e a mesma mãe, e os irmãos unilaterais possuem o mesmo pai ou a mesma mãe (um ou outro). Na linha colateral, o impedimento é limitado ao terceiro grau, irmãos (segundo grau) e tio e sobrinha (terceiro grau). Os primos, parentes em quarto grau na linha colateral, não estão impedidos de se casarem. Com relação aos tios e sobrinhos, a doutrina mantém o entendimento de que permanece em vigor o Decreto-lei n. 3.200/41, que autoriza o casamento entre tio e sobrinha se ambos se submeterem à perícia médica e for constatada a ausência de risco, em especial para a prole. É o denominado casamento avuncular.

Nesse sentido o Enunciado n. 98 da I Jornada de Direito Civil: "Art. 1.521, IV, do novo Código Civil: O inciso IV do art. 1.521 do novo Código Civil deve ser interpretado à luz do Decreto-lei n. 3.200/41, no que se refere à possibilidade de casamento entre colaterais de 3º grau."

No âmbito da família recomposta ou mosaico, quando os cônjuges ou companheiros possuem filhos originários de outros núcleos familiares, poderia se cogitar na concepção de "irmãos por afinidade". Tais irmãos não se incluem no parentesco previsto no art. 1.595, § 1º, do Código Civil, mas, por extensão à cláusula constitucional de proteção à família e a necessária concretização da dignidade de seus membros ou integrantes, para o pleno desenvolvimento de sua personalidade, poderia se cogitar nos irmãos por afinidade.

O *quinto impedimento* (art. 1.521, V, CC) retoma a questão da adoção. Não podem casar o adotado com o filho do adotante. Tal dispositivo é uma obviedade, pois o adotado será irmão do filho do adotante, e irmãos, na forma do inciso IV, não podem se casar. Ademais, tal norma possui caráter discriminatório em relação aos filhos, no que tange à origem. Os filhos são filhos e ponto. Não se qualifica, tampouco se adjetiva um filho (art. 227 da Constituição Federal).

A expressão "filho adotivo" é incompatível com os valores sociais constitucionais e com a proibição de discriminação entre filhos relativos à origem. Os adotivos são simplesmente filhos. As hipóteses dos incisos III e V, se não houvesse esse tratamento discriminatório, já estariam incluídas nos incisos I (e consequentemente no II) e IV, respectivamente. Ao menos foi corrigida a hipótese em que o adotado somente estaria impedido de casar "com filho superveniente" do adotante. Trata-se, na realidade, de impedimento decorrente da relação de parentesco civil constituído pela adoção, mas a discriminação do legislador ordinário deve ser registrada.

O *sexto impedimento* (art. 1.521, VI, CC) tutela o princípio cultural e cristão da monogamia. Não podem casar as pessoas já casadas. Além da nulidade do casamento, a violação desse impedimento caracteriza o crime de bigamia (art. 235 do CP). Os impedimentos matrimoniais também se estendem à união estável, com exceção desse impedimento.

É possível a constituição de união estável com pessoa casada (art. 1.723, § 1º, CC), desde que esta esteja separada de fato ou judicialmente. A separação de fato neutraliza o impedimento matrimonial para a constituição de união estável com pessoa formalmente casada.

O *sétimo e último impedimento* matrimonial (art. 1.521, VII, CC) veda o casamento do cônjuge sobrevivente com o condenado por homicídio ou tentativa de homicídio contra o seu consorte. Embora a lei não esclareça, não há dúvida de que tal impedimento se restringe ao homicídio consumado ou tentado doloso e, ao mencionar a condenação, devido ao princípio da presunção de inocência, impõe-se a caracterização do impedimento após o trânsito em julgado da sentença condenatória.

Por isso, como bem ressalta Tartuce[12], "se o casamento ocorre no curso do processo criminal, será reputado válido, pois quando da celebração não havia limitação à autonomia privada. Em reforço, incide o princípio da presunção de inocência. O casamento permanece válido, mesmo no caso de sentença penal transitada em julgado superveniente, ou seja, posterior ao matrimônio, o que demonstra a reduzida aplicação prática da previsão, que deve ser extinta, conforme o estatuto das famílias (PL 2.285/2007)". O CC não mais prevê o impedimento relativo ao cônjuge adúltero com seu cúmplice por tal condenado.

• **Oposição dos impedimentos matrimoniais**

Em razão do caráter público e da natureza jurídica da sanção relativa a tais impedimentos (causas de nulidade), estes podem ser opostos, até o momento da celebração do casamento, por qualquer pessoa capaz, conforme art. 1.522 do Código Civil. Portanto, os impedimentos podem ser opostos já na fase de habilitação do casamento até o momento da celebração, por qualquer pessoa dotada de capacidade civil.

Caso o juiz ou o oficial de registro, em especial durante a fase de habilitação para o casamento, tomarem ciência da existência de qualquer impedimento, serão obrigados a declará-lo (art. 1.522, parágrafo único, do CC). O Ministério Público também possui plena legitimidade, até porque participa ativamente do processo de habilitação de casamento, para fazer oposição caso tenha conhecimento de qualquer impedimento matrimonial.

O art. 1.529 do Código Civil disciplina a forma de oposição. Os impedimentos serão opostos em declaração escrita e assinada, instruída com as provas do fato alegado ou, ao menos, a indicação do lugar onde tais provas possam ser obtidas. O oficial de registro dará aos nubentes ou representantes notas da oposição, indicando os fundamentos, as provas e o nome de quem fez a oposição, a fim de que, em prazo razoável, possam fazer prova contrária aos fatos alegados e, no caso de má-fé, promover contra o oponente as ações civis e criminais pertinentes. A oposição indevida e arbitrária de impedimentos matrimoniais gera responsabilidade civil e criminal do oponente.

---

[12] TARTUCE, Flávio. *Manual de direito civil*. 2. ed. São Paulo: Método, 2012. Volume único, p. 1050.

Caso as autoridades não tenham êxito em suspender a realização de casamento de pessoas impedidas, seja por falha no processo de habilitação, ausência de oposição ou qualquer outro motivo, não há dúvida de que o impedimento poderá servir de fundamento para ação de nulidade do casamento (art. 1.549 do CC), embora o art. 1.522 do CC dê a falsa impressão de que os impedimentos somente podem ser opostos até a celebração.

O referido art. 1.522 trata da fase administrativa de oposição dos impedimentos. Após a celebração do casamento, não há como invalidar ou sustar seus efeitos no âmbito administrativo. Nesse caso, o impedimento será fundamento para a declaração de nulidade do casamento. Aliás, mesmo se a oposição for rejeitada, não haverá óbice para a discussão do impedimento no âmbito judicial e, se provado, o casamento será invalidado.

6.3.7. Causas suspensivas (sanção que repercute no regime de bens)

As causas suspensivas, de fato, não suspendem nada, tampouco o casamento. A terminologia é absolutamente inadequada. As causas suspensivas também não proíbem o casamento, como os impedimentos e, não geram qualquer invalidação do ato nupcial.

A única consequência da violação das denominadas causas suspensivas é a incidência de sanção patrimonial, pois haverá imposição a determinado estatuto patrimonial: os cônjuges estão submetidos ao regime da separação legal de bens. A presença de qualquer causa suspensiva impõe aos cônjuges a obrigatoriedade de se submeterem ao regime legal da separação obrigatória de bens (art. 1.641, I, do CC). Tal sanção patrimonial é resquício da concepção tradicional de família (considerada como unidade produtiva e reprodutiva, patrimonial, hierarquizada e exclusivamente matrimonial), ainda retratada no Código Civil vigente.

Portanto, não há "suspensão propriamente dita", mas mera sanção civil patrimonial pela inobservância das situações previstas no art. 1.523 do CC (art. 1.641, I, do CC, separação obrigatória de bens, sem comunhão dos aquestos). As causas suspensivas não passam de meros conselhos aos cônjuges (aliás, dispensáveis: "não devem casar"), porque não afetam os planos da existência, validade e eficácia do casamento. O casamento existirá juridicamente, será válido e produzirá efeitos, mesmo que inobservada qualquer das causas suspensivas.

Portanto, não há que se cogitar em casamento inexistente, nulo, anulável ou ineficaz em razão da inobservância de qualquer das causas suspensivas. A sanção é sempre patrimonial (imposição do regime da separação legal, mas a causa da suspensão poderá ser patrimonial – incisos I e III do art. 1.523 ou existencial, incisos II e IV, do art. 1.523, do CC).

E em relação à união estável?

O § 2º do art. 1.723 dispõe que as causas suspensivas do casamento não impedirão a caracterização da união estável.

A doutrina interpretava tal dispositivo de forma equivocada, ao defender que as causas suspensivas *não se aplicam* à união estável. Não é o que diz o dispositivo. De acordo com a norma, se pessoas constituem família por meio da união estável e violam qualquer das regras do art. 1.523, tal fato *não impede a caracterização* da união estável. Portanto, haverá união estável, mesmo se houver violação das causas suspensivas. Todavia, as causas suspensivas se aplicam sim à união estável. O STJ, em várias oportunidades (Recurso Especial n. 1.616.207/RJ) reiterou tal entendimento, em especial para mencionar que se a pessoa constitui união estável sem partilha dos bens do casamento anterior, a união estável se submeterá ao regime da separação legal e obrigatória de bens.

Portanto, o § 2º do art. 1.723 enuncia que as causas suspensivas não são obstáculo para a constituição e caracterização da união estável, mas tal modelo de família se submete à sanção patrimonial caso os conviventes ou companheiros deixem de observar qualquer das situações previstas no art. 1.523 do CC. O art. 1.523 do Código Civil elenca o rol de situações em que o casamento deverá se submeter ao regime da separação obrigatória de bens.

Os incisos I e III do art. 1.523 têm como objetivo evitar a confusão de patrimônios do viúvo ou viúva que tiver filhos do falecido e do divorciado que pretender contrair novas núpcias. Antes do casamento, o viúvo ou a viúva deverá formalizar o inventário dos bens do falecido e partilhá-los entre os herdeiros. O divorciado deverá, antes do novo casamento, partilhar os bens com o cônjuge anterior.

No caso do viúvo ou da viúva, além da separação obrigatória de bens, caso se casem sem formalizar o inventário e realizar partilha dos bens entre os herdeiros, se submeterão ao regime da hipoteca legal em favor dos filhos sobre os imóveis dos pais (art. 1.489, II, do CC).

Se o filho for apenas do falecido ou apenas do viúvo ou da viúva que pretende se casar, por óbvio, não incidirá a causa suspensiva, pois não haverá risco de confusão patrimonial. Ademais, a norma tem caráter restritivo. Também não incidirá causa suspensiva se o falecido não deixou patrimônio a ser partilhado.

No caso do divórcio, embora seja possível a sua realização sem que haja prévia partilha (Súmula 197 do STJ e art. 1.581 do CC), novo casamento do divorciado poderá fazer incidir a causa suspensiva se o patrimônio comum não for partilhado, salvo se restar demonstrado que não haverá prejuízo.

O inciso II do art. 1.523, no intuito de proteger a prole (questão relativa à filiação), busca evitar a confusão de sangue e preservar a presunção de paternidade do art. 1.597 do CC. A viúva ou a mulher que desfez o casamento em razão de nulidade ou anulação não deve casar até dez meses depois do começo da viuvez ou da dissolução da sociedade conjugal.

Tal causa suspensiva, na atualidade, será de difícil aplicação prática, uma vez que a prova da inexistência de gravidez pode ser obtida com um mero e simples exame de sangue. E, se não houver gravidez, ainda que se case antes do referido prazo, não incidirá a causa suspensiva. No período de dez meses incide a presunção de paternidade e, para não gerar confusão, impõe-se a sanção do regime legal da separação obrigatória. Tal dispositivo já deveria, há muito tempo, ter sido suprimido da legislação civil, por ser absolutamente ineficaz na prática.

O inciso IV do art. 1.523, por questões de moralidade, recomenda o não casamento do tutor ou curador e seus parentes com a pessoa tutelada ou curatelada, ao menos enquanto não cessar a tutela (art. 1.728, CC – proteção dos incapazes menores) ou a curatela (art. 1.767, CC – proteção dos incapazes enfermos com discernimento prejudicado pela enfermidade) e não estiverem prestadas e saldadas as respectivas contas.

Com a extinção desse múnus público e a prestação de contas, cessa a vedação legal e deixa de incidir a sanção respectiva. O objetivo é proteger o patrimônio dos tutelados e curatelados.

Como não poderia deixar de ser, em todas as hipóteses previstas no mencionado art. 1.523 será possível, ante a ausência de prova de prejuízo para as pessoas que a norma pretende tutelar, que sejam afastadas as consequências ou a sanção das causas suspensivas.

Se houver prova de que não haverá prejuízo patrimonial aos herdeiros (inciso I – neste caso, basta fazer inventário negativo), ao cônjuge (inciso II) e ao tutelado e curatelado (inciso III), as causas suspensivas serão afastadas.

No caso do inciso II o afastamento é ainda mais tranquilo, uma vez que a prova do nascimento do filho ou da inexistência de gravidez é fácil. As causas suspensivas têm duração limitada no tempo: até a comprovação da existência ou inexistência da causa suspensiva.

Nesses casos, os cônjuges poderão escolher o regime de bens mais conveniente e, se não houver eleição de regime, incidirá o regime supletivo da comunhão parcial de bens.

Como aduzem Chaves e Rosenvald[13]: "O pedido de dispensa das causas suspensivas pode ser feito na própria habilitação para o casamento ou posteriormente, através de ação própria ou incidentalmente em alguma outra ação (como o inventário e a separação) e pressupõe a intervenção do Ministério Público como fiscal da lei (art. 82 do CPC)".

Em que pese o disposto no parágrafo único do art. 1.523 do CC, ainda que incida a causa suspensiva no momento da celebração do casamento, se após o casamento o motivo desaparecer, estará justificada a alteração do regime de bens, que atualmente é mutável, a teor do disposto no art. 1.639, § 2º, do CC.

Nesse sentido, aliás, o Enunciado n. 262 da III Jornada de Direito Civil: "A obrigatoriedade da separação de bens, nas hipóteses previstas nos incisos I e III do art. 1.641 do Código Civil, não impede a alteração do regime, desde que superada a causa que o impôs".

• **Oposição das causas suspensivas**

A oposição das causas suspensivas é objeto do art. 1.524 do Código Civil.

Como as causas suspensivas envolvem interesses privados de pessoas determinadas, o referido dispositivo limita os legitimados para formalizarem a oposição dessas causas.

O Ministério Público não terá legitimidade para opor as causas suspensivas, mesmo no processo de habilitação, porque o interesse é meramente privado. As causas suspensivas não podem ser conhecidas de ofício pelo juiz ou por oficial de registro civil.

Excepcionalmente, pessoas não mencionadas no art. 1.524, mas cujos interesses possam ser atingidos por via reflexa, podem opor as causas suspensivas. Nesse sentido é o Enunciado n. 330 da IV Jornada de Direito Civil: "Art. 1.524: As causas suspensivas da celebração do casamento poderão ser arguidas inclusive pelos parentes em linha reta de um dos nubentes e pelos colaterais em segundo grau, por vínculo decorrente de parentesco civil".

O art. 1.529 do Código Civil estabelece a forma pela qual deve ser realizada a oposição (declaração escrita e assinada), que deverá ser instruída com provas do fato alegado ou a indicação do lugar onde tais provas possam ser obtidas.

6.3.8. Processo de habilitação do casamento

O casamento se constitui como ato jurídico impregnado de formalidades e solenidades. A legislação impõe uma pluralidade de requisitos para o casamento e, entre estes, está o processo ou procedimento de habilitação. A habilitação permitirá que os cônjuges celebrem o casamento. O casamento civil ou religioso com efeitos civis impõe a observância do processo de habilitação.

O processo de habilitação para o casamento nada mais é do que a apuração da presença de condições subjetivas (relativas aos cônjuges) e objetivas (relativas ao procedimento legal) para tanto.

A habilitação para o casamento tem início com o requerimento dos nubentes, firmado pessoalmente ou "de próprio punho", ou ainda por procuração, cujo processo administrativo tramitará perante o Cartório de Registro Civil de Pessoas Naturais do domicílio de qualquer dos cônjuges (a identificação das partes e a apresentação dos documentos exigidos pela lei civil para fins de habilitação poderão ser realizados eletronicamente mediante recepção e comprovação da autoria e integridade dos documentos – art. 67, § 4º-A, da LRP).

O art. 1.525 do Código Civil enumera os documentos que devem instruir tal processo. Tais documentos têm por objetivo evidenciar a capacidade dos nubentes para o casamento, bem como apurar a ausência de impedimentos (art. 1.521, CC) matrimoniais, capazes de impedir o casamento e, em última hipótese, invalidá-lo.

Se o processo de habilitação for analisado de forma minuciosa, dificilmente o casamento será celebrado e não haverá necessidade de invalidação do ato (o casamento não chegará a ser realizado).

---

[13] FARIAS, Cristiano Chaves de; ROSENVALD, Nelson. *Curso de direito civil, Famílias*. São Paulo: Atlas, 2015, p. 131.

Segundo o art. 1.525 do CC, a habilitação deve ser instruída com a certidão de nascimento ou documento equivalente (inciso I); autorização por escrito das pessoas sob cuja dependência legal esteja ou ato judicial que a supra (inciso II – quando os nubentes, por exemplo, estiverem em idade núbil necessitam de autorização dos pais ou suprimento judicial); declaração de duas testemunhas maiores, parentes ou não, que atestem conhecê-los e afirmem não existir impedimento que os iniba de casar (inciso III – tais pessoas firmaram declaração de que os cônjuges não possuem quaisquer dos impedimentos arrolados no art. 1.521 do CC); declaração do estado civil, do domicílio e da residência atual dos contraentes e de seus pais, se forem conhecidos (inciso IV) e certidão de óbito do cônjuge falecido, de sentença declaratória de nulidade ou de anulação de casamento, transitada em julgado, ou do registro da sentença de divórcio (inciso V – no caso de o nubente ser viúvo, divorciado ou ter obtido êxito em sentença de anulação do casamento, deverá providenciar tais documentos).

Como se observa, o casamento deve obedecer às prescrições formais instituídas com caráter de ordem pública (art. 1.525). Os nubentes devem demonstrar que estão habilitados para o casamento. Tal aptidão para o casamento é demonstrada por meio desse processo especial chamado "habilitação".

Ao entrar em vigor, o processo de habilitação era submetido à apreciação judicial. De acordo com a redação original do art. 1.526, a habilitação, processada perante o Oficial de Registro Civil, era analisada pelo MP e homologada pelo juiz de direito. A Lei n. 12.133/2009 alterou a redação do art. 1.526, com o fim de dispensar a atuação do juiz no processo de habilitação. Agora, basta a apreciação pelo Ministério Público e, apenas em caso de impugnação deste, de terceiro ou do próprio oficial, a habilitação será submetida à apreciação judicial.

Nesse sentido é a nova redação do art. 1.526 do CC. A supressão da participação do juiz no processo de habilitação já era aclamada pela doutrina, conforme Enunciado 120 da I Jornada de Direito Civil.

O órgão ministerial verificará se a documentação está em ordem e de acordo com os parâmetros legais. Se assim estiver, o oficial de registro civil dará publicidade ao casamento por meio de proclamas, a fim de que qualquer pessoa possa contra ele se insurgir para, por exemplo, formalizar oposição pela existência de algum impedimento matrimonial.

De acordo com o art. 1.527 do CC, os editais de proclamas serão afixados durante quinze dias nas circunscrições do Registro Civil de ambos os cônjuges e, obrigatoriamente, deverão ser publicados na imprensa local dessas circunscrições, se houver. A publicação dos proclamas é formalidade imprescindível para a habilitação dos nubentes.

Excepcionalmente, no entanto, a autoridade competente poderá, em caso de extrema urgência, dispensar a publicação dos proclamas. Apenas em situações justificáveis (moléstia grave, por exemplo) poderá ser autorizada a dispensa de publicação dos proclamas.

A "urgência" exigida no parágrafo único do supracitado art. 1.527 é conceito jurídico indeterminado, e será apreciada à luz do caso concreto. O procedimento para dispensa dos proclamas será de jurisdição voluntária. A lei é absolutamente clara quando permite a dispensa da publicação dos proclamas e não a mera dispensa do prazo de 15 dias do edital.

Em que pese a clareza solar da legislação, na V Jornada de Direito Civil foi aprovado enunciado segundo o qual a dispensa seria apenas do prazo e não da publicação dos proclamas: "O juiz não pode dispensar, mesmo fundamentadamente, a publicação do edital de proclamas do casamento, mas sim o decurso do prazo".

Tal enunciado não retrata o entendimento majoritário da doutrina e é discutível porque contraria os preceitos claros da legislação. Não é objetivo das Jornadas criar ou alterar regras legais, mas apenas conferir interpretações conforme os valores sociais constitucionais, o que não ocorreu no caso.

O art. 69 da LRP dispõe que para a dispensa da publicação eletrônica dos proclamas, nos casos previstos em lei, os contraentes, em petição dirigida ao oficial de registro, deduzirão os motivos de urgência do casamento, provando o alegado, no prazo de 24 horas, com documentos. No prazo de 24 horas, a partir das provas apresentadas, caberá ao oficial de registro civil decidir pela publicação ou não dos proclamas, com possibilidade de recurso ao juiz corregedor.

O art. 1.528 do CC impõe obrigação ao oficial de registro no sentido de prestar aos cônjuges informações precisas sobre os impedimentos matrimoniais e os diversos regimes de bens. O desconhecimento da realidade pelo legislador é surreal. Apenas quem jamais adentrou um Cartório de Registro Civil seria capaz de criar regra tão esdrúxula e ineficaz. É óbvio que tal regra não passará de mera retórica legal, até porque impossível exercer qualquer tipo de fiscalização sobre a inobservância desse dever de informação imposto aos oficiais de registro civil.

Em relação ao regime de bens, o Enunciado 331 da IV Jornada de Direito Civil sugere que nos autos do processo de habilitação seja certificada a fiel observância do disposto no art. 1.528 do CC: "O estatuto patrimonial do casal pode ser definido por escolha de regime de bens distinto daqueles tipificados no CC, arts. 1.639 e 1.640, parágrafo único, e para fiel observância do disposto no CC 1.528, cumpre certificação a respeito, nos autos do processo de habilitação matrimonial".

Como já ressaltado, durante o processo de habilitação, tanto os impedimentos matrimoniais (art. 1.521, CC) como as causas suspensivas (art. 1.523, CC) devem seguir um padrão para oposição, que consiste em formalidades para que os nubentes possam fazer prova contrária a essa oposição. Nesse sentido são os arts. 1.529 e 1.530 do CC.

A Lei n. 6.015/73, em complemento às regras do Código Civil, estabelece o procedimento da oposição e os prazos para contestação, análise do MP e decisão da autoridade judicial, no § 5º do art. 68.

Com o cumprimento de todas as formalidades exigidas pelos arts. 1.526 (documentos que instruem a habilitação e análise do Ministério Público) e 1.527 (publicação dos proclamas de casamento, que podem ser dispensados em caso de urgência, excepcionalmente), bem como as regras complementares da Lei de Registros Públicos (arts. 67 a 70) e, verificada a inexistência de qualquer fato impeditivo ou obstativo do casamento, o oficial de registro extrairá o certificado de habilitação, que terá eficácia pelo prazo de 90 (noventa dias) a contar da data em que foi extraído, tudo conforme dispõem os arts. 1.530 e 1.531, ambos do Código Civil.

De acordo com o § 1º do art. 67 da Lei de Registros Públicos, com a redação da Lei n. 14.382/2022, se estiver em ordem a documentação de habilitação, o oficial de registro dará publicidade, em meio eletrônico e extrairá, no prazo de até 5 (cinco) dias, o certificado de habilitação, podendo os nubentes contrair matrimônio perante qualquer serventia de registro civil de pessoas naturais, de sua livre escolha, observado o prazo de eficácia do art. 1.532 do Código Civil.

O objetivo final do processo de habilitação é a obtenção do denominado certificado de habilitação. Se o casamento não for realizado no prazo de noventa dias, como dito, novo processo de habilitação terá de ser realizado, com reinício da estaca zero. Se o processo de habilitação ostentar algum vício, tal fato não contaminará o casamento que vier a ser celebrado.

Expedido o certificado de habilitação, o casamento será celebrado no dia, hora e lugar solicitados pelos nubentes e designados pelo oficial de registro. Se o casamento for realizado perante oficial de registro de pessoas naturais diverso daquele da habilitação, deverá ser comunicado o oficial de registro civil onde a habilitação foi realizada, por meio eletrônico, para a devida anotação do procedimento de habilitação.

A novidade mais interessante introduzida pela Lei n. 14.382/2022, no art. 67 da LRP, é a previsão de celebração de casamento, em meio eletrônico, por videoconferência em que se possa verificar a livre manifestação de vontade dos contraentes, desde que haja requerimento expresso dos nubentes (§ 8º do art. 67 da LRP).

Como já ressaltado, porém, se não foi possível apurar a existência de impedimento durante o processo de habilitação, tal fato não impedirá a nulidade do casamento com fundamento em impedimento matrimonial (art. 1.548, II, CC).

A habilitação é mero procedimento administrativo, que não impede a análise judicial da existência de qualquer fato capaz de invalidar o casamento. Por isso, a certidão de habilitação não impede eventual nulidade ou anulação do casamento, desde que após o casamento seja provado o fato previsto em lei capaz de invalidar o casamento, seja por questão pública (nulidade) ou privada (anulação).

A certidão de habilitação será apresentada pelos nubentes no momento da celebração do casamento (art. 1.533 do CC).

6.3.9. Procedimento para celebração do casamento

Os cônjuges, devidamente habilitados e de posse da certidão a que faz referência o art. 1.531 do Código Civil, deverão se submeter a novas formalidades, agora para a fase de celebração do casamento.

O casamento será celebrado no dia, hora e lugar previamente designados pelo juiz de paz, que é a autoridade competente para presidir o ato (art. 98, inciso II, da Constituição Federal). A autoridade competente designará a data e horário do casamento, mediante requerimento dos nubentes, que deverão demonstrar que estão habilitados com a posse da certidão de habilitação, tudo conforme o art. 1.533 do Código Civil.

A celebração do casamento é revestida de algumas solenidades exigidas pela legislação, e a principal é a obrigatoriedade de publicidade ao ato.

O casamento será realizado ou celebrado de forma solene, com toda publicidade, na sede do cartório, a portas abertas e com a presença de ao menos duas testemunhas, que podem ou não ser parentes dos cônjuges. Essa é a regra. No entanto, se for desejo dos cônjuges e a autoridade competente para a celebração concordar, será possível a realização da solenidade em qualquer outro edifício, público ou particular. Se for realizado em edifício particular, para garantir a maior publicidade possível, deverá permanecer de portas abertas durante todo o ato (§ 1º do art. 1.534 do CC).

De acordo com o mencionado art. 1.534, *caput*, são necessárias duas testemunhas para acompanhar a celebração, mas esse número será elevado para quatro se ocorrerem dois fatos: 1 – o casamento for realizado em edifício particular; e 2 – se qualquer dos contraentes não souber ou não puder escrever (§ 2º do art. 1.534 do CC). Esses dois fatos são cumulativos. Ausentes qualquer destes, bastará a presença de duas testemunhas, que poderão ou não ser parentes dos cônjuges.

A celebração deverá ser realizada com a maior publicidade possível.

O casamento poderá ser realizado mesmo sem a presença da autoridade celebrante nas hipóteses previstas nos arts. 1.539 (moléstia grave) e 1.540 (nuncupativo) da lei civil, que serão analisados no tópico seguinte.

O casamento, com a devida publicidade e na presença dos nubentes, das testemunhas, do oficial de registro e da autoridade celebrante será formalizado e sacramentado com a afirmação livre e espontânea dos nubentes de que desejam se casar.

Após a declaração dos cônjuges e, não havendo qualquer impedimento, o presidente do ato, autoridade celebrante, na presença das referidas pessoas, profere as seguintes palavras: "De acordo com a vontade que ambos acabais de afirmar perante mim, de vos receberdes por marido e mulher, eu, em nome da lei, vos declaro casados".

Tal declaração finaliza a solenidade e o processo de celebração do casamento. Os nubentes também poderão estar representados por procurador com poderes especiais para o ato, o que significa dizer que é possível o casamento por procuração.

Capítulo 6 • Família

O art. 1.538 do Código Civil prevê hipóteses em que a celebração do casamento será imediatamente suspensa se algum dos contraentes se recusar a fazer a solene afirmação da vontade no sentido de que deseja contrair núpcias, ou se declara que sua vontade não é livre e espontânea ou se declara arrependido no momento da celebração.

Em qualquer dessas hipóteses, a celebração será suspensa e o nubente que, por algum desses fatos, der causa à suspensão, não poderá se retratar no mesmo dia.

Assim, se um dos nubentes, no momento da celebração que se realize de forma pública na presença de testemunhas, oficial de registro e do presidente do ato, afirma que está em dúvida ou que sua vontade não é livre (por exemplo), ainda que deseje se retratar para que a cerimônia solene tenha continuidade, não será admitido que o faça no mesmo dia.

Ainda que o cônjuge, por brincadeira ou em tom jocoso, diga que está em dúvida, a celebração será imediatamente suspensa. O casamento é um ato solene e revestido de seriedade. Ainda que algumas solenidades como essas sejam questionáveis, deverão ser obedecidas, sob pena de suspensão (nesse caso) da celebração.

Após o encerramento da celebração do casamento, com a declaração da autoridade celebrante (art. 1.535, CC), lavrar-se-á o assento de casamento no livro de registro, cujo documento será assinado pelo presidente do ato, pelos cônjuges ou procuradores, pelas testemunhas e pelo oficial de registro (art. 1.536 do CC).

Tal documento deverá conter os prenomes, sobrenomes, as datas de nascimento, profissão, domicílio e residência atual dos cônjuges (I); os prenomes, sobrenomes, as datas de nascimento ou de morte, domicílio e residência atual dos pais (II); o prenome e sobrenome do cônjuge precedente e a data da dissolução do casamento anterior (III); a data da publicação dos proclamas e da celebração do casamento (IV); a relação dos documentos apresentados ao oficial do registro (V); o prenome, sobrenome, profissão, domicílio e residência atual das testemunhas (V); o regime do casamento, com a declaração da data e do cartório em cujas notas foi lavrada a escritura antenupcial, quando o regime não for o da comunhão parcial, ou o obrigatoriamente estabelecido (VI). Com algumas peculiaridades, a Lei de Registros Públicos, em seu art. 71, também elenca os elementos que devem constar no assento.

Caso haja necessidade de autorização para o casamento em razão da situação de algum dos cônjuges, o instrumento da autorização para casar será transcrito integralmente na escritura antenupcial.

Há pequena divergência quanto ao momento exato em que o casamento se consuma ou se realiza: 1 – no momento em que o presidente do ato declara os cônjuges casados, na forma do art. 1.535; ou 2 – no momento em que os cônjuges declaram a vontade livre e consciente perante a autoridade de que desejam casar (art. 1.514 do CC). A legislação atual é extreme de dúvidas.

Para a realização do casamento, não basta a manifestação de vontade livre do homem e da mulher perante o juiz, com a finalidade de estabelecerem o vínculo conjugal, mas também a declaração de casados, na forma do art. 1.535, pelo presidente do ato. São requisitos cumulativos.

Nesse sentido, é clara a redação do art. 1.514 do CC.

Portanto, após o processo de habilitação para o casamento, que culmina com extração da certidão e transcorrida toda a etapa de celebração, com a manifestação de vontade dos cônjuges e a declaração do presidente do ato, o casamento se consuma e se realiza no mundo jurídico e, a partir de então, passa a gerar efeitos jurídicos existenciais e patrimoniais.

Em resumo, o casamento apresenta as seguintes fases: formalidades preliminares, com o processo de habilitação; cerimônia com a presença dos contraentes, testemunhas, oficial de registro e presidente do ato; manifestação livre e consciente dos cônjuges de que desejam se casar; declaração de casados pelo presidente do ato; e, finalmente, inscrição do ato no registro civil competente.

A manifestação de vontade livre e consciente dos nubentes durante o processo de celebração, assim como a realização da solenidade do matrimônio na presença da autoridade competente para presidir o ato, são elementos ou pressupostos (suporte fático concreto da vida) essenciais para a própria existência do casamento.

O casamento inexistente é um nada jurídico ou é um *não* casamento. Se o casamento não existe, não há que se cogitar em casamento putativo, quando contraído de boa-fé, porque o casamento putativo atua no plano da validade e, portanto, pressupõe casamento existente.

Tal fato demonstra o quanto é essencial a observância dos atos que compõem a solenidade, em especial na fase de celebração, pois a inobservância implica a inexistência do casamento, e não a sua invalidade. A validade ou invalidade do casamento atua em outra vertente e pressupõe casamento existente. O consentimento de vontade dos cônjuges e a celebração na presença da autoridade são pressupostos de existência do casamento.

6.3.10. Hipóteses especiais para a celebração do casamento

6.3.10.1. Moléstia grave e iminente risco para a vida de um dos nubentes: casamento nuncupativo

• **Moléstia grave**

O Código Civil, em decorrência de fatos específicos e relevantes, como é o caso da moléstia grave de um dos nubentes que impeça a realização de alguns atos necessários para o casamento, flexibiliza algumas formalidades ou solenidades normalmente impostas para a constituição (existência) de qualquer casamento (fases de habilitação e de celebração), conforme previsão do art. 1.539 do Código Civil.

No caso de moléstia grave, a autoridade celebrante ou presidente do ato irá até o local onde o enfermo se encontra, ainda que à noite e, na presença de duas testemunhas que saibam ler e escrever, celebrará o casamento.

Como se observa, nessa situação especial, mesmo que um dos nubentes não saiba ler e escrever (art. 1.534, § 2º, do CC), o casamento, a ser celebrado em edifício particular (onde o nubente enfermo se encontra), se viabilizará na presença de apenas duas testemunhas e não quatro. Portanto, há mitigação de formalidades na fase de celebração do casamento em razão desse fato específico.

É essencial que a moléstia, mesmo grave, que impeça a pessoa de comparecer ao cartório, não acarrete qualquer prejuízo ou privação ao discernimento capaz de comprometer a validade do casamento. Nessa situação, a moléstia apenas impede que o nubente se desloque até o cartório de registro civil sem que haja um enorme e injustificável sacrifício. Nada mais do que isso.

Se a moléstia precede ou é anterior à fase de habilitação, os nubentes deverão providenciar o atestado médico como documento da habilitação, para fundamentar o pedido de deslocamento da autoridade celebrante. Se a moléstia grave é posterior à habilitação para o casamento, o pedido será realizado pelo outro nubente para o presidente do ato na fase de celebração e, nessa hipótese, será suficiente que as 2 (duas) testemunhas exigidas pela lei declarem e confirmem o fato que justifica o deslocamento do presidente do ato.

• **Casamento "nuncupativo"**

A segunda hipótese especial de casamento é o que a doutrina convencionou denominar "casamento nuncupativo". Nessa situação, que não se confunde com a moléstia grave, algum dos contraentes está em iminente risco de vida, prestes a vir a óbito.

Não há dúvida de que o risco de vida pode estar relacionado a uma moléstia grave e, assim, a moléstia grave, somada ao risco de vida, gera a possibilidade de casamento nuncupativo (art. 1.540, CC), ao passo que, no caso de moléstia grave que apenas impeça o nubente de se deslocar ao local para celebração do casamento, sem que represente risco de vida, o casamento será realizado com base no disposto no art. 1.539 do CC.

Assim, de acordo com o art. 1.540 do CC, quando algum dos contraentes estiver em iminente risco de vida, não obtendo a presença da autoridade à qual incumba presidir o ato, nem a de seu substituto, poderá o casamento ser celebrado na presença de seis testemunhas que com os nubentes não tenham parentesco em linha reta ou, na colateral, até segundo grau.

Nessa situação excepcional, se o risco de vida impedir que a autoridade responsável pela presidência do ato ou eventual substituto chegue a tempo no local, ou mesmo em razão de algum fato que impeça que a autoridade ou substituto tenham acesso ao local onde o nubente está em iminente risco de vida, o casamento será realizado apenas na presença de testemunhas, fato que justifica a enorme quantidade de pessoas exigidas pela lei para suprir a ausência da autoridade celebrante e de seu substituto.

As testemunhas que presenciaram o casamento não podem ter relação de parentesco próximo com os nubentes, sob a pena de não caracterizar o casamento.

Após a realização do casamento na presença das seis testemunhas, a legislação impõe, no art. 1.541 do CC, uma série de formalidades para que o casamento nuncupativo possa existir, ser válido e gerar efeitos jurídicos patrimoniais e pessoais para os nubentes. O objetivo dessas formalidades é justamente evitar fraudes.

Assim, após a realização do casamento nuncupativo ou *in extremis vitae momentis*, sem a presença da autoridade que presida o ato ou seu substituto, devem as testemunhas comparecer perante a autoridade judicial mais próxima, dentro de dez dias, pedindo que lhes tome por termo a declaração de que foram convocadas por parte do enfermo (inciso I); que este parecia em perigo de vida, mas em seu juízo (inciso II); e que em sua presença, declararam os contraentes, livre e espontaneamente, receber-se por marido e mulher (inciso III).

Após a declaração das testemunhas, o pedido e as declarações são autuados.

O juiz da Vara de Registros Públicos (competente para a homologação desse casamento) procederá às diligências necessárias para verificar se os contraentes podiam ter-se habilitado, na forma ordinária, ouvidos os interessados que o requererem, no prazo de quinze dias, justamente para verificar se não houve fraude ou desejo de violar as formalidades legais exigidas no processo de habilitação para o casamento e na fase de celebração.

Caso o juiz verifique que qualquer dos nubentes não tenha idade núbil ou ainda, mesmo em idade núbil, não tenha, por qualquer motivo, autorização dos pais (em razão das peculiaridades desse casamento), poderá, nesse mesmo procedimento, suprir o consentimento.

Se for verificada a idoneidade dos cônjuges para o casamento, assim o decidirá a autoridade competente, com recurso voluntário às partes. Se da decisão não se tiver recorrido ou se ela transitar em julgado, apesar dos recursos interpostos, o juiz mandará registrá-la no livro do Registro dos Casamentos. O assento, assim lavrado, retrotrairá os efeitos do casamento, quanto ao estado dos cônjuges, à data da celebração.

De acordo, no entanto, com o § 5º do art. 1.541 do CC, serão dispensadas as formalidades do próprio art. 1.541 e do art. 1.540 (celebração na presença de 6 testemunhas) se o enfermo convalescer e puder ratificar o casamento na presença da autoridade competente e do oficial do registro.

Para finalizar, quanto à repercussão do casamento nuncupativo no regime de bens, precisas são as observações de Chaves e Rosenvald[14]: "Vale o registro, ainda, de que, em se tratando de casamento para o qual se exija homologação judicial, o regime de bens será o da separação obrigatória, na forma do art. 1.641 do Código Civil, evitando condutas fraudulentas. De qualquer modo, sobrevivendo ambos os nubentes, poderão posteriormente requerer a mudança de regime de bens, com base na au-

---

[14] FARIAS, Cristiano Chaves de; ROSENVALD, Nelson. *Curso de direito civil, Famílias*. São Paulo: Atlas, 2015, p. 179.

torização contida no § 2º do art. 1.639 do mesmo diploma legal".

O STJ, em recente precedente, Recurso Especial n. 1.978.121/RJ, flexibilizou as formalidades do casamento putativo.

6.3.10.2. Casamento por procuração

O art. 1.542 do Código Civil admite que o casamento possa ser celebrado mediante procuração. Portanto, o casamento não é ato estritamente personalíssimo.

A procuração para fins de casamento deverá ser materializada em instrumento público e com poderes especiais. Nessa situação, o mandatário é obrigado a exteriorizar a vontade do mandante, o que o torna "mandato imperativo".

O mandatário agirá não só apenas em nome do mandante como em seu exclusivo e rigoroso interesse. Não poderá, em qualquer hipótese, nesse tipo de procuração, o mandatário atuar no interesse próprio. O mandatário agirá em nome e no interesse exclusivo do mandante.

O § 3º do art. 1.542 estabelece prazo de eficácia da procuração (90 dias) e, se não for observado, a exteriorização de vontade do mandatário não terá a eficácia pretendida na procuração (celebração do casamento).

O mandato em geral, como regra, é revogável. E não é diferente com o mandato para fins de casamento. De acordo com o § 1º do art. 1.542, a revogação do mandato não necessita chegar ao conhecimento do mandatário, ou seja, para a revogação ter eficácia o mandatário dela não precisa tomar conhecimento.

Trata-se de declaração não *receptícia* de vontade. Todavia, se for celebrado o casamento sem que o mandatário ou o outro contraente tivessem ciência da revogação, responderá o mandante por perdas e danos. O mandante assume os riscos por todas as consequências relativas a tal revogação, caso o casamento seja celebrado sem que mandatário e o outro nubente tenham conhecimento dessa vontade unilateral.

Se o mandante revogar a procuração e o casamento for celebrado porque mandatário e o outro contraente não tiveram ciência da revogação, haverá duas consequências: 1 – o mandante responderá por perdas e danos, na forma do § 1º do art. 1.542 do CC; 2 – o casamento é passível de invalidação (anulação – art. 1.550, IV), a pedido do cônjuge, no prazo de 180 dias, contado da data em que o mandante teve ciência da celebração (art. 1.560, § 2º).

No mundo atual de informação instantânea, com multiplicidade de redes sociais e canais de comunicação, será muito difícil que o mandatário e o nubente não tomem conhecimento da revogação do mandato.

O § 4º do art. 1.542 impõe formalidade para revogação do mandato para fins de casamento: instrumento público. Portanto, haverá simetria entre a formalidade exigida para confecção da procuração e sua posterior e eventual revogação, devendo ambas se dar por instrumento público.

Por fim, no casamento nuncupativo o outro nubente, ou seja, aquele que não está em risco de vida e que pretende se casar com aquele que está em risco de vida, poderá fazer-se representar por procuração, na forma do art. 1.542, § 2º, do CC.

É, dessa forma, admitido o casamento por procuração no caso de iminente risco de vida (casamento nuncupativo) e, também, no casamento em que um dos cônjuges esteja acometido de moléstia grave e não tenha condições de se deslocar até o local da celebração.

A Lei de Registros Públicos, no art. 76, também disciplina o casamento nuncupativo, mas as regras do Código Civil, dispostas nos arts. 1.540 e 1.541, posteriores, derroga as normas da LRP que com ela são incompatíveis.

Por exemplo, a lei civil exige que as testemunhas compareçam perante a autoridade judicial mais próxima no prazo de dez dias, e a Lei de Registros Públicos estipula este prazo em cinco dias. No caso, prevalece o prazo do CC.

6.3.10.3. Casamento consular

O denominado "casamento consular" é aquele celebrado por brasileiros no exterior (estrangeiro), perante as respectivas autoridades ou cônsules brasileiros (art. 1.544 do Código Civil).

A norma em comento exige algumas formalidades para a validade e eficácia desse casamento. Após o retorno de um ou ambos os cônjuges ao Brasil, estes dispõem do prazo de 180 dias para registrar o casamento no cartório do respectivo domicílio ou, se não houver, no 1º Ofício da Capital do Estado em que será o domicílio dos cônjuges. A prova desse casamento também se dá por meio de certidão do registro. A não observância do prazo de 180 dias, a contar do retorno, impede que o casamento produza efeitos jurídicos.

A competência dos agentes consulares para a celebração de casamento de brasileiros no exterior já estava prevista no art. 18 da LINDB, segundo o qual as autoridades consulares brasileiras são competentes para celebrar o casamento de brasileiros, entre outros atos de registro civil.

Para o casamento consular, ambos os cônjuges devem ser brasileiros. Se um for estrangeiro e o casal estiver no exterior, o casamento deverá ser celebrado perante a autoridade local, sendo posteriormente registrado em nosso país, no prazo fixado pelo aludido dispositivo.

Por outro lado, de acordo com Milton de Carvalho Filho[15]: "O casamento celebrado perante a autoridade estrangeira, embora omisso o Código a respeito da prova de sua existência, provar-se-á de acordo com a lei do país onde tenha sido celebrado (princípio do direito internacional privado *locus regit actum* ou *lex loci regit actum*), por força do disposto no art. 7º da LINBD, segundo o qual a lei do país onde está domiciliada a pessoa é que determina as regras gerais sobre o direito de família. Para que o documento estrangeiro possa produzir efeitos no Brasil, deverá ser autenticado pelo cônsul brasi-

---

[15] CARVALHO FILHO, Milton Paulo de. In: PELUSO, Cezar. Código civil comentado: doutrina e jurisprudência – Lei n. 10.406, de 10.01.2002. 15. ed. São Paulo: Manole, 2005.

leiro do lugar, cuja assinatura será conhecida no Ministério das Relações Exteriores ou nas repartições fiscais da União".

6.3.11. Provas do casamento

O casamento é espécie do gênero fato jurídico. O fato da vida ou do "mundo da vida", para receber a qualificação e o rótulo de jurídico, precisa se adequar à norma jurídica, ou seja, preencher o suporte fático concreto exigido pela norma jurídica.

A partir do preenchimento do suporte fático e da incidência da norma jurídica, estará caracterizada a existência do fato jurídico.

Assim, para que o casamento exista é essencial a prática de todos os fatos ou conjunto de fatos que a norma exige como condição de sua existência.

Antes, portanto, de discutir a validade ou não do casamento, que pressupõe que os fatos já sejam jurídicos (já saíram do mundo da vida e ingressaram no mundo do direito), é essencial provar a sua existência.

O Código Civil, nos arts. 1.543 a 1.547, disciplina questões relativas à prova da existência jurídica do casamento.

Em essência, no sistema jurídico pátrio, o casamento se prova pela certidão de registro do casamento junto ao Cartório de Registro Civil. Essa é a regra. A certidão de registro é prova pré-constituída do casamento, com presunção relativa da sua existência. Portanto, todos os pressupostos de existência jurídica do casamento (consentimento dos nubentes, vontade exteriorizada na presença de autoridade competente e observância das formalidades legais relacionadas à habilitação, celebração e o procedimento de registro) podem ser concretizados, para fins de prova, em único documento: certidão de casamento (art. 1.543 do CC – prova direta deste ato).

Excepcionalmente, se a falta ou perda do registro civil estiver justificada (por exemplo, o Cartório de Registro Civil onde estava arquivada se incendiou), será admissível qualquer outra espécie de prova da existência da celebração do casamento, como testemunhas, fotografias, certidões e anotações das autoridades religiosas sem validade civil, documentos, entre outros.

A certidão, que é prova direta do casamento, poderá ser substituída por outras provas, por meio de um processo judicial de justificação de jurisdição voluntária.

A prova indireta somente será possível quando o assento ou o próprio registro faltar ou se perder ou perecer, o que impedirá a prova da existência do casamento (parágrafo único do art. 1.543 do CC).

Tal prova indireta, por razões óbvias, não se confunde com a mera segunda via da certidão de casamento.

Em caso de necessidade de provar a existência do casamento por outras provas, por meio de processo judicial de justificação, com participação do Ministério Público, os efeitos do reconhecimento judicial do casamento retroagirão à data do casamento, conforme dispõe o art. 1.546 do CC.

• **Posse do estado de casados**

Além das provas regulares e ordinárias previstas na legislação processual civil, é admitida a prova do casamento pela denominada "posse do estado de casados", conforme previsão dos arts. 1.545 e 1.547, ambos do CC.

A lei civil admite a prova do casamento pela "posse do estado de casados" em duas hipóteses: a primeira, prevista no art. 1.545 do CC, tem por finalidade favorecer a prole comum que necessita de prova de casamento dos pais. Os filhos podem ter dificuldade em exibir a certidão de casamento de seus pais e, por necessitarem dessa informação, podem provar o casamento pela "posse do estado de casados". O objetivo é a concretização dos princípios do melhor interesse da criança, do adolescente e da dignidade da pessoa humana.

No Código Civil de 1916, o objetivo da norma era a tutela da prole comum. No entanto, em razão da plena isonomia constitucional existente entre filhos (arts. 227, § 6º, da CF e 1.596 do CC), a posse do estado de casados, para essa finalidade, restou esvaziada. Por meio da posse do estado de casados se buscava a proteção da prole, a fim de retirá-la da condição de filho ilegítimo. A diferença entre filho legítimo e ilegítimo justificava essa regra. Com a proibição de discriminação entre filhos decorrente da origem, após a CF de 1988, tal norma, embora reproduzida pelo atual Código Civil, restou de fato esvaziada. Atualmente, o que justifica a tutela do filho é a sua condição de filho, independentemente do núcleo familiar do qual decorre e do tipo de vínculo entre seus genitores.

A segunda hipótese, prevista no art. 1.547 do CC, admite a prova do casamento pela posse do estado de casados quando houver dúvida entre provas favoráveis e contrárias, optando-se pela existência do casamento: *in dubio pro matrimonium*.

Como ressalta Tepedino[16], "a posse do estado de casados milita em favor *matrimonium*, que este é impugnado, e examinadas as provas trazidas aos autos, o juiz permanece em dúvida sobre ter havido a celebração ou sua legalidade (*Código Civil Interpretado*, p. 81).

A lei civil adota como parâmetro o princípio de que, na dúvida, há casamento (art. 1.547). Se houver dúvidas sobre a existência do casamento, a dúvida favorece o casamento. Isso demonstra o quanto o legislador brasileiro é casamenteiro.

Para que a presunção em favor do casamento seja aplicada, são necessários dois requisitos: 1 – divergências entre provas favoráveis e contrárias; e 2 – cônjuges ou pessoas que viveram ou, quando vivas, teriam vivido na posse do estado de casados.

O que é a posse do estado de casados?

É a situação em que duas pessoas agem como casadas, se apresentam socialmente como casadas, possuem um padrão de conduta de casados, se manifestam como casa-

---

[16] TEPEDINO, Gustavo; BARBOSA, Heloísa Helena; BODIN, Maria Celina et al. *Código civil interpretado*. v. IV (Direito de Família. Sucessão em geral. Sucessão legítima e testamentária. Disposições finais e transitórias. Arts. 1.511 a 2.046), RJ-SP: Renovar, 2006, p. 81.

dos e realizam atos privados e públicos que os casados costumam praticar, se tratam reciprocamente como casados, seguem rigorosamente os preceitos legais que o Estado impõe aos casados e, por tudo isso, têm a aparência de casados, mas, de direito, não são (ou podem não ser) casados.

Nessa situação, há casamento de fato, mas não há casamento de direito (ou, embora tenha ocorrido o casamento de direito, não há prova direta do casamento de direito). A posse do estado de casados, se provado, é equiparado ao casamento e gera todos os efeitos jurídicos do casamento de direito nas hipóteses dos arts. 1.545 e 1.547 do CC.

Atualmente, é muito difícil dissociar a posse do estado de casado, que será considerado casamento, da união estável. Apenas no caso concreto será possível fazer essa dissociação. Normalmente, as pessoas buscam e preferem o reconhecimento da união estável ao tentarem o reconhecimento de casamento pela posse do estado de casados.

De acordo com Chaves e Rosenvald[17]: "Admite-se a prova do estado de casado — mera projeção da teoria da aparência sobre o direito matrimonial. É a possibilidade de provar o casamento através de elementos fáticos concretos, de sinais externos, tais como o uso do nome de casado, o tratamento público e notório e a fama, no sentido de que aquela pessoa é, conhecida, socialmente, como casada".

Nesse caso, de fato, há uma aparência de casamento. É a pura aplicação da teoria da aparência no casamento, que converterá uma situação de fato com efeitos jurídicos de casamento.

A posse do estado de casados é prova indireta de casamento.

A presunção de casamento derivada da posse do estado de casados só pode ser afastada por prova inequívoca contra os nubentes, que, no caso do art. 1.545 do CC, seria a certidão do Registro Civil que prove que algum dos nubentes, no estado de posse de casados, já eram casados.

6.3.12. Teoria da invalidade do casamento (causas originárias): introdução

O casamento, como já ressaltado, também pode ser analisado a partir da perspectiva de todos os planos da teoria do fato jurídico: existência, validade e eficácia.

Em primeiro lugar, após o preenchimento do suporte fático previsto na norma jurídica para que o casamento exista juridicamente (habilitação, celebração e procedimento de registro), tal ato se torna jurídico e ingressa no mundo jurídico, quando se submeterá ao plano de validade. Após a observância dos pressupostos de validade, produzirá efeitos jurídicos pessoais, sociais e patrimoniais.

O casamento se constitui como ato jurídico e, como condição para sua validade, deve se submeter às prescrições legais (requisitos e pressupostos de validade). O plano de validade representa um conjunto de "barreiras legais" exigidas pelo Estado, para validação de atos e negócios jurídicos no momento da sua formação.

A validade do casamento se relaciona a requisitos essenciais que devem ser observados em momento específico: o da formação deste ato jurídico ou da consumação/constituição do casamento. No momento da exteriorização da vontade dirigida para o casamento, é essencial a observância dos pressupostos de validade (capacidade, legitimidade/autorização, ausência de vício de vontade, entre outros).

O casamento pressupõe um conjunto de fases e procedimentos encadeados que têm início com o procedimento de habilitação, fase de celebração e, finalmente, a manifestação de vontade dos cônjuges de que desejam contrair núpcias e declaração da autoridade que preside o ato e os declara casados.

A fase de habilitação se destina a verificar a existência de impedimentos ou qualquer outra causa que possa impedir ou invalidar o casamento.

Antes da análise da validade do casamento, é essencial ultrapassar a barreira da existência. Só é possível invalidar casamento existente. O casamento, espécie de fato jurídico, para que possa passar pelo plano da existência, é essencial a concretização do suporte fático concreto previsto na norma jurídica. A norma jurídica exige a presença de um fato (simples) ou conjunto de fatos (complexo), a fim de que o fato ou fatos do mundo da vida possam se tornar qualificados como fato jurídico.

O fato não jurídico é mero fato do mundo da vida ou da natureza. Se o direito seleciona este fato ou conjunto de fatos para regular as condutas (direito positivo), ele se torna jurídico. É o fato da vida. Para ser jurídico, o fato deve sair do mundo concreto dos fatos para o mundo jurídico. E, para tanto, depende de alguns requisitos: norma jurídica, a previsão na norma do suporte fático concreto e a incidência da norma jurídica sobre o suporte fático concreto.

Portanto, o suporte fático ou fato é a enunciação do fato (simples) ou conjunto de fatos (complexo) cuja ocorrência provocará a incidência da norma jurídica correspondente. A descrição da norma é sempre hipotética. O fato jurídico existirá no momento que a norma jurídica, que incide sobre o suporte fático, se concretizar.

Para que o casamento exista, a norma jurídica (civil) exige a presença de um conjunto de fatos (suporte fático concreto – manifestação de vontade dos cônjuges, a presidência do ato por uma autoridade, a observância do ritual e procedimento de celebração etc.). Se o conjunto de fatos exigido pela norma jurídica que disciplina o casamento restar consumado e caracterizado, aquele fato do mundo da vida passará para o mundo do direito e se tornará o fato jurídico casamento.

A validade ou invalidade do casamento pressupõe a existência do casamento. Se o casamento não existe, é um nada jurídico, mero fato da vida e, portanto, não pode ser invalidado e, por óbvio, não produz qualquer efeito jurídico. Para produzir efeito jurídico, deve existir juridicamente, ainda que haja vício no plano de validade capaz de prejudicar a validade.

---

[17] FARIAS, Cristiano Chaves de; ROSENVALD, Nelson. *Curso de direito civil, Famílias*. São Paulo: Atlas, 2015, p. 103.

Após ultrapassar a barreira da existência, o fato jurídico casamento deverá ser analisado a partir dos requisitos exigidos pelo Estado, por meio da norma jurídica, que são condições de validade do casamento.

É essencial verificar se o casamento, existente como tal, está adequado aos requisitos que a lei exige para que seja válido e, em consequência, possa produzir efeitos jurídicos pessoais e patrimoniais para os cônjuges.

As diferenças entre os planos da existência e validade do casamento podem ser visualizadas na exteriorização de vontade dos cônjuges. Se não há exteriorização de vontade com finalidade de contrair núpcias, o casamento inexiste; mas se há vontade e esta é viciada, o casamento existe, mas pode ser invalidado.

Além dos pressupostos gerais de validade de qualquer ato jurídico, o casamento se submete a requisitos de validade inerentes à natureza desse ato solene e da sua relevância social inegável.

Os requisitos de validade, em sua totalidade, são analisados na origem do casamento. Por isso, o contraponto dos pressupostos de validade, as causas de invalidade (nulidade ou anulação), são anteriores ou contemporâneas à constituição do casamento. Não se invalida casamento por fato superveniente à formação, mas apenas por questões anteriores ou contemporâneas às vontades exteriorizadas pelos nubentes com a finalidade de contrair núpcias.

No plano da validade do casamento, o Código Civil, no livro de família, elenca hipóteses de nulidade (violação de interesse público – art. 1.548) e anulação (violação de interesse privado – art. 1.550). A nulidade e a anulação são espécies do gênero invalidade.

No entanto, a depender do interesse violado, público ou privado, a sanção será mais ou menos intensa. Cada tipo de sanção (nulidade ou anulação) possui regime jurídico distinto que repercutirá na legitimidade, hipóteses de invalidade, convalidação dos vícios, efeitos jurídicos e outros aspectos. Se o pressuposto de validade exigido pela norma visa proteger o interesse público, se inobservado, haverá nulidade. Se o pressuposto de validade exigido pela norma visa proteger o interesse privado, se inobservado, haverá anulação.

A invalidade do casamento nada mais é, portanto, do que sanção civil em decorrência da inobservância de pressupostos e requisitos que a norma jurídica exige como condição de validade de casamento que existe juridicamente.

O controle estatal sobre as hipóteses legais de invalidação é evidente, tendo em vista que todas as hipóteses de nulidade ou anulação do casamento estão previstas na lei.

A finalidade da teoria da invalidade do casamento é evitar que o casamento inválido, nulo ou anulável, produza efeitos jurídicos ou que seja dotado de eficácia. A invalidade tem a pretensão de neutralizar qualquer efeito jurídico que o casamento inválido tenha produzido ou pretenda produzir.

No entanto, excepcionalmente, como será analisado em tópico separado, o casamento, mesmo inválido, poderá produzir efeitos jurídicos (casamento putativo ou nos casos de anulação em que não for proposta ação de invalidade no prazo legal).

A invalidação do casamento depende de declaração judicial, porque não há invalidade, seja por nulidade ou anulação, de pleno direito.

As regras sobre invalidade do casamento, diante da natureza e especificidade deste ato jurídico, excepcionam e mitigam algumas regras gerais da teoria da invalidade. A teoria da invalidade dos atos e negócios jurídicos foi objeto de análise no capítulo que trata da parte geral do direito civil. Em matéria de casamento, que é ato jurídico e, por isso, também se submete ao plano de validade, aplicam-se os princípios e regras básicas da teoria geral da invalidade, mas com algumas mitigações. A flexibilização de regras e princípios gerais de invalidade se justificam pela natureza e relevância social do ato jurídico casamento.

Com essas observações preliminares, nos tópicos seguintes serão analisadas as causas de nulidade e anulação do casamento.

6.3.12.1. Hipóteses de nulidade do casamento e legitimidade (nulidade)

A hipótese de nulidade do casamento está prevista no art. 1.548 do Código Civil. A afirmação está no singular porque a Lei n. 13.146/2015, que instituiu o Estatuto da Pessoa com Deficiência, física ou mental, revogou expressamente o inciso I do art. 1.548 do CC.

Resta apenas a possibilidade de nulidade em razão de impedimentos matrimoniais.

A pessoa com deficiência, inclusive mental, passa a ter tutela diferenciada após a nova legislação. De acordo com o art. 84 da Lei n. 13.146/2015: "A pessoa com deficiência tem assegurado o direito ao exercício de sua capacidade legal em igualdade de condições com as demais pessoas".

Portanto, como regra, a pessoa com deficiência física ou mental tem assegurado o exercício de sua capacidade legal em igualdade de condições com qualquer pessoa e, de acordo com o art. 6º da mesma lei especial, poderá contrair matrimônio. A enfermidade, física e/ou mental, não é mais causa (geral) de nulidade do casamento. O enfermo está autorizado, por lei, a casar.

A curatela, instituto protetivo em favor de tais pessoas, de acordo com os arts. 84 e 85 da referida legislação, além de medida extraordinária e excepcional, é restrita para atos de natureza patrimonial. E o casamento, com exceção do pacto antenupcial, é ato de natureza existencial. Não há dúvida de que o enfermo, físico e/ou mental, está submetido a um regime jurídico próprio e diferenciado. No entanto, haverá situações em que a enfermidade mental privará a pessoa de qualquer discernimento e, neste caso, como poderia expressar o seu consentimento para o casamento? A interpretação da legislação da pessoa com deficiência deve ser compatível com o princípio da dignidade da pessoa humana. A pessoa com deficiência poderá contrair matrimônio, desde que o casamento não viole a sua dignidade ou sua condição existencial. A dignidade da pessoa humana condiciona a efetividade da legislação que tutela o deficiente e não o contrário. A opção da lei pela inclusão do portador de deficiência é louvável, mas deve ser compatibilizada, no mundo da vida, com a tutela e a proteção concreta e efetiva da dignidade da pessoa portadora de deficiência. Portanto, com base no referido princípio, será possível invalidar casamento de pessoa com deficiência se tal ato jurídico afrontar a sua dignidade e condição existencial.

Assim, apenas no caso concreto será possível verificar se o enfermo mental, portador de deficiência, poderá ou não contrair matrimônio.

O casamento do deficiente físico e mental não é mais objeto de tutela no Código Civil. A disciplina jurídica é exclusiva da Lei n. 13.146/2015. O que muda? O critério para definir a incapacidade para o casamento do deficiente físico ou mental.

No Código Civil, o critério era formal/abstrato, ou seja, bastava ser enfermo mental para que o casamento fosse passível de invalidação. Já na Lei n. 13.146/2015, afinada com os valores constitucionais da inclusão, da não discriminação e da dignidade da pessoa humana, o critério é material/concreto, ou seja, a enfermidade física ou mental, por si só, ainda que prejudique o discernimento, não invalida o casamento. Será necessário apurar, no caso concreto, se a enfermidade física ou mental que afeta o discernimento repercute no poder de reflexão e compreensão específico para esse ato da vida civil. Portanto, a análise deixa de ser abstrata e genérica e passa a ser específica e concreta.

Em conclusão, a eventual invalidade do matrimônio de pessoas portadoras de deficiência, em especial mental, não é mais apurada à luz do Código Civil, mas a partir dos parâmetros normativos da Lei n. 13.146/2015, que devem ser compatibilizados com o princípio constitucional, fundamento da República, da dignidade da pessoa humana. O critério de invalidade é outro, mas a preservação da dignidade e da condição existencial do portador de deficiência é referência com a qual não se pode transigir.

No caso dos impedimentos matrimoniais, o interesse tutelado pelo art. 1.548, II, é público e, por isso, a sanção é mais intensa (nulidade).

Antes do advento da Lei n. 13.146/2015, a primeira hipótese se referia ao casamento contraído pelo enfermo mental que não tinha o discernimento necessário para os atos da vida civil (inciso I do art. 1.548, CC).

Como já analisado na parte geral, havia duas causas de incapacidade: 1 – a incapacidade por idade; e 2 – a incapacidade por enfermidade que repercute no discernimento da pessoa humana. Após a Lei n. 13.146/2015, a incapacidade por enfermidade passa a ter tutela diferenciada.

A capacidade matrimonial é disciplinada pelos arts. 1.517 a 1.520, os quais se referem à idade núbil para casar e a capacidade para o casamento. No âmbito do casamento, a incapacidade por idade é causa de anulação do casamento (art. 1.550 do CC) e não de nulidade.

A incapacidade, que tem como causa enfermidade mental que provoca privação do discernimento, também era causa de invalidação do casamento. O discernimento sempre foi essencial para a validade do casamento. A ausência de qualquer manifestação de vontade é caso de casamento inexistente.

No entanto, vontade exteriorizada por pessoa que possui doença mental, cuja enfermidade é capaz de privar o discernimento, constituía causa de nulidade. Agora, com o Estatuto da Pessoa com Deficiência Física, como analisado, será essencial apurar o caso concreto para verificar se, de fato, a enfermidade mental impede o discernimento para o casamento. É necessário compatibilizar o Estatuto da Pessoa com Deficiência com o princípio da dignidade da pessoa humana.

Nesse sentido, de acordo com o § 2º do art. 1.550 do CC, a pessoa com deficiência mental ou intelectual em idade núbil poderá contrair matrimônio, expressando sua vontade diretamente ou por meio de seu responsável ou curador.

Como o art. 1.548, I, do CC, não era específico em relação ao grau de incapacidade do enfermo mental (absoluto ou relativo) e, por outro lado, como o art. 1.550, IV, traz como hipótese de anulação a incapacidade de consentir, a fim de dar coerência às normas em questão prevalecia o entendimento de que o art. 1.548, I, somente podia ser invocado quando a enfermidade mental privasse totalmente o discernimento da pessoa, ou seja, no caso de incapacidade absoluta.

Nesse sentido, aliás, é o teor do Enunciado n. 332 da IV Jornada de Direito Civil: "A hipótese de nulidade prevista no inciso I do art. 1.548 do Código Civil se restringe ao casamento realizado por enfermo mental absolutamente incapaz, nos termos do inciso II do art. 3º do Código Civil".

O relativamente incapaz em razão de enfermidade seria (no caso de doentes mentais) e será (no caso de outros enfermos, como viciados em tóxicos e ébrios habituais) submetido ao regime jurídico menos rígido da anulação.

A segunda hipótese de nulidade (impedimentos matrimoniais), que agora é a única causa de nulidade do casamento, já foi objeto de análise em capítulo próprio.

É nulo o casamento quando contraído com a violação de qualquer dos impedimentos matrimoniais elencados no art. 1.521 do Código Civil (art. 1.548, II). Ainda que tais impedimentos não tenham sido observados no processo de habilitação do casamento, poderão ser invocados para que o casamento seja invalidado.

A ação declaratória de nulidade do casamento é imprescritível (a nulidade não convalesce pelo decurso do tempo, nos termos do art. 169 do CC) e, de acordo com o art. 1.549 do Código Civil, poderá ser promovida, mediante ação direta, por qualquer interessado ou pelo Ministério Público.

Como as hipóteses de nulidade afetam o interesse público, o Ministério Público tem plena legitimidade para requerer a nulidade do casamento e, quando não for o autor da ação, poderá atuar no feito, como fiscal da lei, desde que presente quaisquer das hipóteses previstas no art. 178 do CPC.

O art. 168 do Código Civil pode ser aplicado ao caso, uma vez que as regras de invalidade do casamento integram toda a teoria da invalidade dos atos e negócios jurídicos da parte geral, embora com algumas especificidades. O juiz poderá, de ofício, ao tomar conhecimento de qualquer hipótese de nulidade de casamento, reconhecê-la independentemente de provação de interessados ou do MP.

A ação de nulidade de casamento depende de sentença judicial. Não há nulidade de pleno direito. As nulidades dependem de um provimento jurisdicional. O procedimento da ação de nulidade do casamento é o ordinário e, ao contrário do Código Civil de 1.916, não há mais necessidade de participação do denominado "curador do vínculo". Tal figura foi extinta pela nova legislação.

De acordo com o art. 53, inciso I, alíneas *a*, *b* e *c*, do atual CPC, o foro competente para processar a ação de nulidade do casamento é o do domicílio do guardião de filho incapaz, do último domicílio do casal, caso não haja filho incapaz, e de domicílio do réu, se nenhuma das partes possuir residência no antigo domicílio do casal.

Por fim, o casamento nulo não pode convalescer pelo decurso do tempo. Como regra, a sentença judicial que reconhece a nulidade do casamento tem efeito retroativo (*ex tunc*), nos termos do art. 1.563 do CC. A nulidade atinge a origem e o casamento em si e, desde então, faz cessar os efeitos jurídicos pessoais e patrimoniais que tal ato poderia gerar.

Entretanto, ainda que nulo, como adiante será analisado, é possível que os efeitos não sejam retroativos, para reconhecer a eficácia do casamento. Tal fato ocorrerá principalmente quando um ou ambos os cônjuges estiverem de boa-fé (casamento putativo – art. 1.561 do CC).

Por óbvio, se os impedimentos forem opostos até a data da celebração do casamento, na forma dos arts. 1.522 e 1.529 e, com fundamento nesses impedimentos, o casamento for suspenso, não haverá necessidade da ação ordinária de nulidade.

6.3.12.2. Hipóteses de anulação do casamento e legitimidade

As hipóteses de anulação do casamento estão previstas no art. 1.550 do Código Civil. O interesse tutelado pela norma em comento é privado (dos cônjuges) e, por isso, a sanção para a violação desta norma é menos intensa (mera possibilidade de anulação).

O regime jurídico relacionado às causas de anulação é mais flexível e, por isso, permite a conservação do casamento, caso a parte interessada e legitimada não requeira a invalidação no prazo legal, de natureza decadencial, previsto em cada uma das situações hipotéticas existentes nas normas específicas para cada uma das situações capazes de invalidar o casamento em virtude de questões privadas.

Em cada uma das hipóteses será analisada a causa de invalidação, a legitimidade para a ação anulatória e o prazo decadencial para a propositura da ação.

1ª hipótese

• **Causa (defeito de idade):** a primeira hipótese se refere ao casamento contraído por aquele que ainda não completou a idade mínima para se casar (inciso I do art. 1.550, CC).

De acordo com o art. 1.517 do CC, que disciplina a capacidade matrimonial, o homem e a mulher somente podem se casar a partir dos 16 (dezesseis) anos. É a denominada idade núbil ou idade mínima necessária para contrair núpcias.

Nesse caso, se o homem, a mulher ou ambos ainda não completaram a idade núbil, o casamento é passível de invalidação. Excepcionalmente, o Código Civil admitia o casamento de menor que ainda não completou a idade núbil no caso de gravidez (art. 1.520 do CC). Todavia, tal artigo foi alterado, para dispor que não será admitido, em qualquer caso, o casamento de quem não atingiu a idade núbil (redação da Lei n. 13.811/2019). Após a referida alteração legislativa, em qualquer caso de casamento de menor de 16 anos, por defeito de idade, será o casamento passível de invalidação.

A hipótese será muito difícil de ocorrer, uma vez que na fase de habilitação, ao apresentar a certidão de nascimento (inciso I do art. 1.525), as autoridades competentes para análise desse processo de habilitação verificarão que a pessoa não tem idade para o casamento e, por isso, não será expedida a certidão de habilitação do casamento.

A presente hipótese de anulação parte de duas premissas: 1 – O legislador não acredita e não confia na competência das autoridades, em especial do MP, para analisar mera certidão de nascimento; 2 – É possível que a certidão de nascimento não retrate a realidade da idade, seja por erro no registro de nascimento, seja por fraude. Apenas em razão dessas premissas é que se justifica essa causa de invalidação.

Nessa hipótese, as regras gerais de invalidação da parte geral do Código Civil são afastadas pelas regras especiais do direito de família. Assim, se menor de 15 anos contrai núpcias, embora seja considerado pelo art. 3º absolutamente incapaz, o casamento não será nulo por conta do previsto no art. 166, I, do CC, mas anulável, em razão da regra especial do art. 1.550 da mesma Lei.

• **Legitimidade:** a legitimidade para a invalidação do casamento é restrita aos interessados.

Para invalidar o casamento com fundamento no inciso I do art. 1.550 do CC, somente possuem legitimidade as pessoas arroladas no art. 1.552, segundo o qual a anulação do casamento dos menores de 16 anos será requerida pelo próprio menor, por seus representantes legais ou ascendentes. Trata-se de legitimidade concorrente.

• **Prazo para anulação:** o prazo decadencial para anular o casamento de menores de 16 anos é de 180 dias, conforme dispõe o art. 1.560, § 1º, do CC.

O início do prazo varia de acordo com cada um dos legitimados. Para o menor, o prazo de 180 dias somente tem início a partir do dia em que completa 16 anos. E, para os representantes legais ou ascendentes, da data da celebração do casamento.

• **Regras especiais relativas à anulação do casamento de menor que ainda não completou a idade núbil (gravidez e confirmação do casamento pelo menor):** o casamento de menor que ainda não completou a idade núbil pode ser convalidado em duas situações hipotéticas previstas em lei. Em sintonia com o disposto na redação original do art. 1.520 do CC, que admitia o casamento de menor que ainda não atingiu a idade núbil no caso de gravidez, o art. 1.551 da Lei Civil dispõe que não se anulará, por motivo de idade, o casamento de que resultou gravidez. Ocorre que a nova redação do art. 1.520 não admite, em qualquer hipótese, casamento antes da idade núbil. Ademais, tal dispositivo odioso retrata modelo tradicional de família, considerada unidade produtiva e reprodutiva. Não há como compatibilizar o art. 1.551 com valores sociais constitucionais de proteção ao adolescente, dignidade humana, liberdade de escolha de projetos de vida, motivo pela qual a gravidez, por si só, será obstáculo para invalidade de casamento em razão da idade.

As críticas a tal dispositivo são todas absolutamente justificáveis. Não poderia a gravidez ser utilizada como pretexto para convalidar o casamento dos menores que ainda não atingiram a idade núbil.

Além dessa regra especial, o art. 1.553 do Código Civil admite que o menor que ainda não atingiu a idade núbil, ao completá-la, ratifique ou confirme expressamente o casamento (arts. 172 a 175 do CC), pois, como o interesse é meramente privado, é possível o convalescimento do vício pela confirmação ou ratificação posterior da parte interessada.

Além da confirmação, como a idade núbil não dispensa autorização dos pais ou representantes, deverá o menor que deseja confirmar o casamento obter tal autorização e, se não for possível ou houver recusa injustificada, poderá supri-la judicialmente.

Portanto, tal artigo trata da ratificação expressa por parte do menor, a fim de sanar o vício (defeito de idade) capaz de invalidar o matrimônio.

2ª hipótese

• **Causa (ausência de consentimento):** a segunda hipótese se refere ao casamento do menor que já possui capacidade matrimonial, ou seja, que está em idade núbil, mas que não obteve a necessária autorização de seus pais ou representantes legais (inciso II do art. 1.550, CC).

De acordo com o art. 1.517 do CC, que disciplina a capacidade matrimonial, o homem e a mulher somente podem contrair casamento a partir dos 16 (dezesseis) anos.

É a denominada idade núbil ou idade mínima necessária para contrair núpcias. No entanto, a mesma norma exige autorização de ambos os pais ou dos representantes legais enquanto e se não atingida a maioridade civil (18 anos), de acordo com o art. 5º do CC.

Nesse caso, se o homem e a mulher já completaram a idade núbil (16 anos), mas ainda não atingiram a maioridade de civil (18 anos), é essencial autorização dos pais ou responsáveis como condição de validade do casamento.

A mesma crítica ao inciso I pode ser utilizada em relação a esse inciso. Na fase de habilitação, ao apresentar a certidão de nascimento (inciso I do art. 1.525), as autoridades competentes para análise desse processo de habilitação verificarão que a pessoa em idade núbil e que não atingiu a maioridade civil não possui a necessária autorização das pessoas responsáveis pelo nubente (art. 1.525, II).

Tal documento ou autorização integra o processo de habilitação, razão pela qual tal vício será muito difícil de ocorrer. De novo, o legislador não acredita e não confia na competência das autoridades, em especial do MP, para analisar uma mera certidão de nascimento e a existência do documento de autorização dos responsáveis ou o legislador acredita que o nubente poderá falsificar um documento de autorização a ser apresentado no processo de habilitação.

Caso todo o controle no processo de habilitação seja falho e o menor em idade núbil venha a contrair núpcias sem autorização dos responsáveis, o casamento não poderá ser anulado por esse motivo se os representantes legais do menor assistiram sem oposição toda a celebração ou se, de qualquer outro modo, manifestaram a sua aprovação às núpcias (é a denominada autorização tácita, decorrente de comportamento dos representantes do menor incompatíveis com a desaprovação ou denegação do consentimento), tudo nos termos do § 2º do art. 1.555 do Código Civil.

Nessa situação, haverá consentimento tácito, que supre a ausência do consentimento ou autorização expressa, fato que impede a invalidação do casamento por esse motivo.

• **Legitimidade:** a legitimidade para a invalidação do casamento é restrita aos interessados.

Para invalidar o casamento com fundamento no inciso II do art. 1.550 do CC, somente possui legitimidade o próprio incapaz, ao deixar tal condição (após cessar a incapacidade), representantes legais (desde que não reste caracterizado o consentimento tácito) ou, no caso de morte, dos herdeiros necessários (art. 1.555, *caput*, CC).

Trata-se de legitimidade concorrente.

• **Prazo para anulação:** o prazo decadencial para anular o casamento de menores em idade núbil que não completaram a maioridade civil é de 180 dias, conforme dispõe o art. 1.555, § 1º, do CC.

O início do prazo varia de acordo com cada um dos legitimados. Para o menor, o prazo de 180 dias somente tem início a partir do dia em que completa a maioridade civil, 18 anos. Para os representantes legais, o prazo tem início da data do casamento e, para os herdeiros, da data da morte ou óbito do incapaz.

• **Regras especiais relativas à anulação do casamento de menor que ainda não completou a maioridade civil (gravidez):** o art. 1.551 da Lei Civil dispõe que não se anulará, por motivo de idade, o casamento de que resultou gravidez. As mesmas críticas relacionadas ao defeito de idade se aplicam a esta hipótese.

3ª hipótese

• **Causa (vícios de consentimento):** a terceira hipótese capaz de anular o casamento é a existência de vício de vontade ou consentimento, nos termos dos arts. 1.550, III, e 1.556 a 1.558 do Código Civil.

O vício de vontade ou de consentimento é definido pelo Código Civil a partir de duas vertentes: 1 – erro essencial quanto à pessoa do outro cônjuge, fato que leva a pessoa a exteriorizar vontade que não exteriorizaria se não fosse o erro (arts. 1.556 e 1.557); e, 2 – coação (art. 1.558 do CC).

Em relação ao erro, o art. 1.556 do Código Civil dispõe que o casamento poderá ser anulado com base nesse vício de consentimento se um dos nubentes, por ocasião da exteriorização da vontade no sentido de declarar sua anuência para a consumação do casamento (ou seja, ao consentir), incide em erro essencial quanto à pessoa do outro cônjuge. O erro é a causa determinante do consentimento para o casamento, seu elemento de justificação. O casamento só ocorre em razão do erro. Se não fosse o erro, o casamento não se realizaria.

O erro essencial e substancial quanto à pessoa do outro cônjuge deve observar os parâmetros do art. 1.557 do Código Civil, o qual destaca as situações que podem caracterizar erro essencial capaz de fundamentar a invalidade do casamento.

Não há, portanto, discricionariedade, mas hipóteses legais preestabelecidas de erro em relação à pessoa do outro.

O CC limita, para efeitos anulatórios, a ideia de erro e deixa de adotar a interpretação ampla do instituto. O erro deve ser *grave* e, para a caracterização do vício, a parte lesada deve evidenciar que se casou com alguém cujas condições ou qualificações não eram previstas. Ao consentir, a vontade estava viciada.

A teoria do erro aqui é diversa da teoria geral do negócio jurídico, que também trata do erro. No direito de família, na análise do erro, se leva em conta as qualidades essenciais do indivíduo, que influi decisivamente na vontade. Tanto o homem quanto a mulher podem ser vítimas de erro quanto às qualidades essenciais do outro.

O erro deve ser de tal natureza importante que o iludido não teria celebrado o ato se soubesse da sua existência. Assim, o fundamento é a ignorância do cônjuge vítima. O erro essencial só invalida o casamento porque age sobre a vontade do enganado, e tal vontade não teria se pronunciado se soubesse das circunstâncias imprevistas.

Em primeiro lugar, considera-se erro essencial o que diz respeito à sua identidade, sua honra e boa fama, sendo esse erro tal que seu conhecimento ulterior torne insuportável a vida em comum ao cônjuge enganado (inciso I do art. 1.557 do CC).

O erro é anterior ao casamento, mas a descoberta é posterior às núpcias e, tal ciência, torna a vida comum insuportável.

O erro consiste na percepção equivocada da realidade fática. O sujeito, de forma espontânea, tem uma noção inexata ou incompleta da realidade de fato no que tange às qualidades especiais da pessoa e, ao exteriorizar a vontade, acaba por declarar vontade diversa da interna. Nesse caso, há divergência entre a vontade interna e a vontade exteriorizada.

No caso do inciso I do art. 1.557, a percepção equivocada está relacionada à identidade, honra e boa fama do outro cônjuge, que é desconhecida até o casamento e, por isso, o cônjuge acaba por exteriorizar vontade com noção inexata da identidade ou qualificação da outra pessoa.

Entretanto, para invalidar o casamento por esse motivo, não basta o erro sobre a pessoa do outro; é essencial que o conhecimento desse erro, superveniente ao casamento, torne insuportável a vida em comum do cônjuge enganado.

Em resumo, a anulação impõe: erro anterior ao casamento, conhecimento posterior do erro e vida comum insuportável ao tomar ciência da realidade fática.

No caso do erro relativo à identidade, o cônjuge acredita que contrai núpcias com uma pessoa quando, na realidade, está com outra. É o caso de casamento com um dos gêmeos idênticos ou ainda na hipótese de casamento por procuração. Também é possível considerar o erro quanto à identidade no caso em que uma pessoa "se passa" por outra e provoca declaração de vontade equivocada, cujo conhecimento posterior torne insuportável a vida em comum.

Em relação à honra e boa fama, somente o caso concreto poderá determinar se tal fato social pode ser considerado erro. Neste ponto, "honra" e "boa fama", para fins de anulação do casamento, são conceito jurídicos indeterminados, que somente poderão ser concretizados à luz do caso específico. Diante dos valores da sociedade, o contexto cultural do local, a condição socioeconômica dos cônjuges, será possível apurar se a honra e a má fama são, de fato, suficientes para considerar o erro grave e se tal desconhecimento torna a vida em comum insuportável. Os exemplos na doutrina e jurisprudência são os mais variados e as divergências são intensas, a depender de todos estes fatores.

A dificuldade decorre da alta subjetividade do que se entende por "honra" e "boa fama". Os exemplos clássicos de erro relativo à honra e boa fama dizem respeito ao homossexualismo, pessoas viciadas em tóxicos e álcool, bissexualismo, fatos desconhecidos pelo cônjuge antes do casamento e que, conhecidos posteriormente, tornam insuportável a vida em comum. Atualmente, a considerar que tais situações estão vinculadas à liberdade individual de determinada pessoa, direitos fundamentais, não seriam motivo para a invalidação de casamento. A liberdade de autodeterminação e as garantias individuais impediram que tais motivos justificassem erro grave para fins de invalidação de casamento.

Por isso, o conteúdo de "honra" e "boa fama" deverá ser integrado pelo intérprete à luz do caso concreto e sempre tendo em conta os valores sociais constitucionais, em especial a dignidade da pessoa humana, o contexto social (na década de 1950 a boa fama é diferente da boa fama no século XXI), a cultura local, a educação dos envolvidos, o meio social/econômico e os vínculos afetivos.

Outra questão instigante na questão do erro se refere ao transexual. Se um dos cônjuges desconhece a alteração da condição física do outro (em razão de cirurgia de mudança de sexo) e tome ciência desse fato apenas após o casamento, seria o caso de erro capaz de invalidar o casamento? Se um dos cônjuges descobre que o outro mudou o registro civil após cirurgia de mudança de sexo, poderia ser considerado erro relativo à identidade, honra e boa fama?

A questão é polêmica, pois em uma análise tradicional do direito civil não há dúvida de erro quanto à identidade, mas se a análise for pautada em princípios e valores sociais constitucionais, há questões contrapostas a serem ponderadas.

Da mesma forma que o cônjuge "enganado" pode invocar o desconhecimento que o outro mudou de sexo, aquele que alterou o sexo também deve ter tuteladas a sua privacidade, intimidade e origem genética, mesmo em relação ao outro.

A dignidade da pessoa humana tutela tais direitos da personalidade e, em especial no caso do transexual, em que ocorre uma mera dicotomia entre o físico e o psíquico, e a cirurgia de mudança de sexo adequaria o físico ao psíquico.

Apenas no caso concreto será possível visualizar qual dos interesses deve ser ponderado para prevalecer em detrimento do outro. De qualquer forma, se não for possível a anulação, nada impede o divórcio, que independe de qualquer motivo ou requisito, seja objetivo ou subjetivo.

No caso do inciso II do art. 1.557, a percepção equivocada está relacionada à ignorância de crime, anterior ao casamento, que por sua natureza torne insuportável a vida conjugal. Entretanto, para invalidar o casamento por tal motivo, da mesma forma, não basta o erro sobre a pessoa do outro, é essencial que o conhecimento desse erro, superveniente ao casamento, torne insuportável a vida em comum do cônjuge enganado.

É o caso da pessoa que se casou com alguém que possui várias condenações por estupro de crianças, fato desconhecido pelo cônjuge no momento do casamento e, após a ciência dos crimes, a vida em comum se torna insuportável. É essencial que seja crime grave, que cause repugnância e afete intensamente a relação íntima, afetiva e social do casal.

A condenação criminal anterior de lesão corporal leve, ainda que desconhecida, não pode ser invocada para invalidação do casamento. Por outro lado, condenações anteriores por estupro, homicídio doloso, latrocínio, corrupção, tráfico de drogas, entre outras, são capazes de fundamentar a invalidação do casamento, desde que a condenação somente se torne conhecida após o casamento.

A ignorância de crime praticado antes do casamento, que por sua natureza torne insuportável a vida em comum, ainda impõe mais um elemento para invalidar o casamento. É necessária a condenação criminal do crime praticado antes do casamento ou, ainda que não haja condenação, que seja feita prova, na própria ação cível, da autoria e materialidade do crime, que pode ser afiançável ou não.

A terceira hipótese de erro, prevista no inciso III do art. 1.557 do Código Civil, está relacionada à ignorância, anterior ao casamento, de defeito físico irremediável, que não caracterize deficiência ou de moléstia grave e transmissível (nosso CC não exige a cura da doença), capaz de pôr em risco a saúde do cônjuge enganado ou da descendência das partes envolvidas (defeitos físicos, como sexo dúbio, pênis duplo, ausência de pênis). Tal defeito, de acordo com a atual redação do inciso III do referido artigo, alterado pela Lei n. 13.146/2015, não pode caracterizar deficiência. Se for deficiência, afasta-se o CC e aplica-se a referida lei. Portanto, é defeito que não se confunde com deficiência, física ou mental, o que reduzirá consideravelmente a amplitude do dispositivo.

No defeito físico irremediável a doutrina reporta, neste passo, à impotência, mas apenas a *coeundi* ou instrumental, e não a *generandi* (é necessário que a impotência seja insanável). A frigidez da mulher, que assume proporções de repulsa física que a inabilita para o coito, também pode ser invocada como defeito físico irremediável.

Em síntese, a lei permite a invalidação do casamento por erro no caso de moléstias graves transmissíveis (como Aids, sífilis, hepatite) e a impotência instrumental, que inviabiliza a prática de relações sexuais.

De acordo com a Lei n. 13.146/2015, o defeito físico irremediável, que poderia levar à anulação do casamento, não pode caracterizar deficiência, pois o deficiente físico possui agora regime jurídico próprio e diferenciado, e eventual invalidade do casamento contraído por ele deve ser apurado à luz do caso concreto.

A quarta e última hipótese de erro essencial sobre a pessoa do outro cônjuge era (no passado, porque foi revogado expressamente pela Lei dos Portadores de Deficiência Física e Mental) a ignorância, anterior ao casamento, de doença mental grave que, por sua natureza, tornasse insuportável a vida em comum ao cônjuge enganado. Antes da Lei n. 13.146/2015, a invalidação por essa causa dependia da presença de vários requisitos: 1 – doença mental grave; 2 – doença preexistente ao casamento; 3 – desconhecimento do outro cônjuge da doença mental grave; 4 – conhecimento posterior ao casamento que torne insuportável a vida em comum em relação ao outro cônjuge. O inciso IV foi expressamente revogado pela Lei n. 13.146/2015.

Os incisos III e IV da redação original do CC foram agrupados e o inciso IV, que tratava do doente mental, foi revogado. Portanto, não se considera mais erro essencial sobre a pessoa do cônjuge o desconhecimento de doença mental grave ou o erro relativo à doença mental. Tal hipótese de erro desaparece do CC com a supracitada lei.

Por fim, o casamento também pode ser anulado no caso de coação, a teor do disposto no art. 1.558 do CC.

A coação que invalida (anulável) o casamento é a moral (*vis compulsiva*) e não a física (*vis absoluta*), causa de nulidade. A ameaça deve ser grave a ponto de influenciar decisivamente a vontade do outro cônjuge. A coação moral é a causa determinante da exteriorização de vontade para o casamento, porque tem a potencialidade de incutir na vítima fundado temor de mal.

Nesse caso, o temor de mal considerável e iminente para a vida, saúde e a honra do cônjuge ou de seus familiares viciam a intenção de contrair núpcias (art. 1.558, CC).

O problema é criar a possibilidade de, no prazo de 4 anos, se admitir a insuportabilidade da vida em comum como forma de coação. A coação, que deve ser grave e atual, aprecia-se em relação às condições pessoais da vítima.

Ao contrário da teoria geral, o CC, na coação como causa de invalidade do casamento, trata do dano à saúde. Não é qualquer dano, remoto ou infundado. Somente o de um mal iminente e efetivo, ameaçando a vida, a saúde ou a honra do declarante ou de pessoa de sua família. A ameaça deve ser considerável, que suscite no paciente o confronto entre o mal em perspectiva e a declaração matrimonial.

• **Legitimidade:** a legitimidade para a invalidação do casamento por conta do erro essencial é restrita ao cônjuge que incidiu em erro.

Para invalidar o casamento com fundamento no inciso III do art. 1.550 do CC, somente possui legitimidade o cônjuge que incidiu em erro ou foi vítima da coação (art. 1.558), conforme o art. 1.559 do Código Civil.

Trata-se de hipótese de legitimidade exclusiva. O cônjuge que se beneficiou do erro ou da coação não tem legitimidade para requerer a anulação do casamento. A ação tem natureza personalíssima, justamente por conta da legitimidade exclusiva.

• **Prazo para anulação:** o prazo decadencial para se anular o casamento na hipótese do inciso III do art. 1.550 (erro essencial sobre a pessoa do cônjuge e coação) é de três e quatro anos, respectivamente.

Se o fundamento da anulação for erro, em qualquer das hipóteses do art. 1.550, I a IV, o prazo é de três anos. Se o fundamento da anulação for a coação (art. 1.558 do CC), o prazo é de quatro anos. Os prazos de três e quatro anos são contados da data da celebração. É o que dispõe o art. 1.560, incisos III e IV, do Código Civil.

• **Regras especiais de convalidação:** o art. 1.559 da Lei Civil, em sua última parte, dispõe que, no caso de erro ou coação, a coabitação, com a ciência do vício, valida o ato, com a ressalva das hipóteses do art. 1.557, II e IV, do CC.

4ª hipótese

• **Causa (incapacidade de consentir):** a quarta hipótese ou causa de anulação do casamento se refere ao incapaz de consentir ou manifestar, de modo inequívoco, o consentimento (inciso IV do art. 1.550).

Essa causa de invalidação do casamento não se confunde com aquela prevista na redação original do art. 1.548, I, do Código Civil (cujo dispositivo foi revogado expressamente pela Lei n. 13.146/2015), que se restringia ao enfermo mental sem qualquer discernimento para os atos da vida civil e, por isso, era considerado absolutamente incapaz.

O inciso IV do art. 1.550 certamente faz referência aos relativamente incapazes do art. 4º do Código Civil. Portanto, os ébrios habituais, viciados em tóxicos ou aqueles que, por causa transitória, não podem exprimir a vontade, poderão ser submetidos a este dispositivo se a capacidade de autodeterminação estiver comprometida.

Nesse art. 1.550, inciso IV, estavam inseridos os enfermos mentais com capacidade reduzida e os excepcionais sem o desenvolvimento mental completo (inciso III do art. 4º, com a redação anterior à Lei n. 13.146/2015. Agora, a referência se relaciona aos ébrios habituais e aos viciados em tóxico, cuja patologia afete ou prejudique o discernimento (inciso II do art. 4º), e ainda aqueles que, mesmo por causa transitória, não podem exprimir a sua vontade (art. 4º, inciso III). Em razão da Lei n. 13.146/2015, as pessoas com deficiência devem ser excluídas deste dispositivo. O próprio § 2º do art. 1.550, introduzido pelo Estatuto das Pessoas com Deficiência, permite o casamento do deficiente mental.

O art. 1.550, inciso IV, se refere basicamente à anulação do casamento dos relativamente incapazes da parte geral, consignados no art. 4º.

• **Legitimidade:** ao contrário das demais hipóteses, nesse caso, a lei civil é omissa em relação à legitimidade para a invalidação do casamento. Não há qualquer referência específica sobre os legitimados.

Em coerência e por analogia às demais hipóteses, não há dúvida de que são legitimados para invalidar o casamento por esse motivo tanto o representante legal do incapaz quanto o próprio incapaz, se e quando cessar a incapacidade. Trata-se de legitimidade concorrente.

• **Prazo para anulação:** o prazo decadencial para se anular o casamento é de 180 dias, conforme dispõe o art. 1.560, I, do CC. O início do prazo varia de acordo com a legitimidade. Para o representante legal, o prazo de 180 dias tem início a partir da data da celebração do casamento, conforme *caput* do art. 1.560. Para os incapazes, por analogia ao disposto no § 1º do art. 1.560, o prazo tem início quando e se cessada a incapacidade.

5ª hipótese

• **Causa:** A quinta hipótese ou causa de anulação do casamento se refere ao casamento por procuração, o qual é permitido, conforme art. 1.552 do Código Civil (inciso V do art. 1.550).

O art. 1.542 do Código Civil permite que o casamento seja celebrado por procuração, que deve ser materializada em instrumento público e com poderes especiais. O próprio § 1º do art. 1.542 admite a revogação da procuração a fim de evitar que tal ato jurídico produza os efeitos jurídicos inerentes à sua finalidade. E, para ter eficácia, a revogação não precisa chegar ao conhecimento do destinatário, mandatário, pois é declaração não receptícia de vontade.

Todavia, se a procuração ou mandato (com poderes especiais) for revogado e o casamento for realizado sem que o mandatário e o outro contraente tenham ciência da revogação, além do mandante responder por perdas e danos (art. 1.542, § 1º), o casamento é passível de invalidação ou anulação.

Portanto, a revogação do mandato ou da procuração que tem eficácia ainda que não chegue ao conhecimento do mandatário, caso o casamento seja celebrado, haverá duas consequências: 1 – o mandante responderá por perdas e danos (§ 1º do art. 1.542); e 2 – o casamento é anulável (art. 1.550, V).

Por óbvio, se o casamento for realizado pelo mandatário, sem que ele ou o outro cônjuge soubessem da revogação, mas posteriormente sobrevém coabitação entre os cônjuges, não há que se cogitar em invalidade.

A coabitação superveniente ao casamento, mesmo com a revogação anterior do mandato, neutraliza os efeitos jurídicos da revogação e a causa de anulação desaparece. A coabitação posterior é equivalente à ratificação ou confirmação tácita do casamento. A confirmação de atos e negócios jurídicos viciados é possível quando o problema atingir interesse meramente privado (arts. 172 a 175 do CC).

O parágrafo único do art. 1.550 equipara à revogação a invalidade do mandato quando for decretada por sentença judicial. Portanto, se houver algum vício no mandato e a invalidação se der em juízo, os efeitos jurídicos da invalidação judicial são os mesmos da revogação (art. 1.550, V – o casamento torna-se passível de invalidação).

• **Legitimidade:** Ao contrário das demais hipóteses, nesse caso a Lei Civil também é omissa em relação à legitimidade para a invalidação do casamento. Não há dúvida de que a ação de invalidação por esse motivo constitui ato personalíssimo. Apenas o cônjuge (mandante) tem legitimidade para requerer a ação de anulação, desde que não haja coabitação entre eles após o casamento.

• **Prazo para anulação:** o prazo decadencial para anular o casamento é de 180 dias, conforme dispõe o art. 1.560, § 2º. O início do prazo é contado da data em que o mandante tem conhecimento da celebração.

6ª hipótese

• **Causa:** a sexta hipótese ou causa de anulação do casamento ocorrerá no caso de incompetência da autoridade celebrante, conforme art. 1.550, inciso VI, do Código Civil.

O caso é de incapacidade relativa. De acordo com Rosenvald e Chaves[18]: "por autoridade incompetente entende-se aquela autoridade que pode celebrar o casamento, mas a que as leis de organização judiciária estadual não conferem tal tarefa. Ou seja, é o juiz da vara de falências ou da vara agrária que celebra um casamento, maculando-o pela pecha da anulabilidade".

A ausência de autoridade é causa de inexistência do casamento. No caso do art. 1.550, inciso VI, há alguma autoridade, mas em razão de ausência de poderes para esse ato específico ou em razão do local, não tem competência para celebrar casamento.

• **Legitimidade e prazo para anulação:** a legitimidade para anulação do casamento por esse motivo é dos cônjuges. E o prazo decadencial para se anular o casamento é de dois anos, contados da data da celebração, conforme art. 1.560, *caput* e inciso II, do Código Civil.

Por fim, nessa hipótese, a Lei Civil permite a incidência da teoria da aparência para considerar válido o casamento celebrado por autoridade incompetente, desde que tal autoridade, em determinada localidade, exerça publicamente as funções de juiz de casamentos e todos, em razão de fatos concretos/objetivos, acreditam e confiam que aquela pessoa tem autoridade para a celebração de casamentos.

Aqui, o Estado tutela a boa-fé e a confiança dos cônjuges em pessoa que acreditam ser a autoridade investida de poderes para a celebração. Tal convalidação do casamento por conta dessa aparência de legitimidade da autoridade celebrante é prevista no art. 1.554 do CC.

6.3.13. Efeitos da invalidade do casamento e o casamento putativo

A invalidade representa sanção civil ao casamento nulo (art. 1.548, CC) ou anulável (art. 1.550, CC) e tem por finalidade impedir ou neutralizar os efeitos jurídicos do casamento inválido.

A validade do casamento pressupõe a observância dos pressupostos legais de validade, e a inobservância desses pressupostos gera invalidade. A depender do requisito legal não cumprido, a sanção será a nulidade ou a anulação, cada uma com regime jurídico específico, como já analisado.

A invalidade deve ser declarada judicialmente, a fim de que o casamento não produza efeitos jurídicos.

Como regra, a sentença que declara a invalidade do casamento retroage à data da sua celebração (*ex tunc*), conforme o art. 1.563 do Código Civil. No entanto, são preservados os efeitos jurídicos do casamento inválido para tutelar a aquisição de direitos, a título oneroso, por terceiros de boa-fé.

Além desses direitos adquiridos por terceiros de boa-fé, também são preservados os direitos adquiridos decorrentes de sentença transitada em julgado. O referido dispositivo abrange as duas espécies de invalidade: nulidade e anulação. Tal raciocínio decorre da interpretação desse artigo em conjunto com o disposto no art. 1.561 do CC, que trata do casamento putativo.

Portanto, a regra, no caso de invalidação, é a retroatividade dos efeitos até a celebração do casamento, ou seja, desconstituindo o ato em sua origem ou formação. Ainda que nulos, os efeitos são conservados em relação a terceiros de boa-fé, o que não impede o reconhecimento e a declaração de nulidade.

A invalidação do casamento não pode prejudicar os atos e negócios praticados pelo cônjuge em relação a terceiros de boa-fé.

---

[18] FARIAS, Cristiano Chaves de; ROSENVALD, Nelson. *Curso de direito civil, Famílias*. São Paulo: Atlas, 2015, p. 160.

Por outro lado, de forma excepcional, o casamento, nulo ou anulável, se contraído de boa-fé pelos cônjuges, em relação a estes e aos filhos, produz todos os efeitos até a data da sentença que invalida o casamento. É o denominado casamento putativo (art. 1.561 do Código Civil).

A hipótese é diversa do art. 1.563. No art. 1.561, o objetivo é tutelar a boa-fé dos cônjuges e, com isso, se preserva o próprio casamento e seus efeitos jurídicos até a data da invalidação (efeito *ex nunc*).

No art. 1.563, o objetivo é tutelar a boa-fé de terceiros que, de forma onerosa, adquiriram direitos, e com isso se preservam apenas as aquisições onerosas e seus efeitos jurídicos, jamais o próprio casamento, que deverá ser invalidado desde a origem.

As situações são diversas e os objetivos e pessoas a serem tuteladas, também. Por isso, como regra, a invalidade do casamento tem efeito retroativo (art. 1.563), ainda que alguns efeitos sejam preservados para tutelar o interesse de terceiros de boa-fé (o casamento é invalidado desde a origem). Excepcionalmente, se os cônjuges estiverem de boa-fé, os efeitos da invalidação são *ex nunc* e, por isso, não apenas os efeitos, mas o próprio casamento é preservado até a data da invalidação.

A tutela da boa-fé dos cônjuges é prevista no art. 1.561 do CC, que disciplina o casamento putativo, que, embora inválido, produz efeitos jurídicos em relação aos cônjuges e aos filhos, até a data da invalidação. É o caso de dois irmãos que se casam sem saberem que são irmãos ou do cônjuge que casa com pessoa já casada sem ter ciência do casamento anterior.

A boa-fé, essencial para o reconhecimento do casamento putativo, preserva o casamento e sua eficácia até a data da invalidação, mas não o convalida. O casamento será invalidado.

No entanto, em relação ao cônjuge de boa-fé e aos filhos, o casamento produzirá todos os efeitos jurídicos, como se por ficção fosse válido, até a data da anulação. Assim, por exemplo, até a anulação, permanecem válidas todas as cláusulas do casamento, o pacto antenupcial e os atos e negócios realizados pelo cônjuge como casados.

De acordo com Rosenvald e Chaves[19], "para o reconhecimento da putatividade, exige-se: I) invalidado do casamento; II) boa-fé dos nubentes, ou apenas de um deles; III) erro desculpável; IV) declaração judicial". A boa-fé deve ser contemporânea à celebração do casamento. Quanto ao reconhecimento judicial, com precisão, os autores em referência destacam que a "putatividade pode ser declarada na própria sentença que declara nulo o casamento (declaratória de nulidade) ou que o desconstitui (anulatória), se foi alegada pelas partes (autor ou ré) durante o procedimento. Não tendo sido alegada na ação de nulidade ou de anulação, nada obsta que seja reconhecida em ação autônoma declaratória de putatividade, promovida a qualquer tempo pelo interessado, submetida a um procedimento comum ordinário, tendo como objetivo único vê-la reconhecida e emprestados efeitos jurídicos concretos, em face da boa-fé do nubente".

Se apenas um dos cônjuges estava de boa-fé (ou seja, ignorando o impedimento matrimonial ou o vício ou causa de anulação), os efeitos jurídicos civis ficam restritos ao cônjuge de boa-fé e aos filhos, conforme o § 1º do art. 1.561 do CC.

Tal fato evidencia que o objetivo da norma é tutelar a boa-fé do cônjuge e os efeitos jurídicos em seu favor e dos filhos. Nessa hipótese, os efeitos são fracionados para beneficiar apenas o cônjuge de boa-fé.

Por fim, se ambos os cônjuges estavam de má-fé ao celebrar o casamento, em regra, aplica-se o disposto no art. 1.563 do CC, mas se desse casamento advieram filhos, mesmo no caso de má-fé dos cônjuges, os efeitos civis do ato jurídico aproveitarão aos filhos até a data da invalidação, nos termos do art. 1.561, § 2º.

O reconhecimento da putatividade pressupõe casamento existente. Só é possível reconhecer efeitos jurídicos ao casamento que existe, mas não é válido. O casamento inexistente não produz qualquer efeito jurídico, porque não superou a barreira da existência, para sair do "mundo dos fatos" e ingressar no "mundo do direito".

No casamento putativo, em relação aos cônjuges, basta a *boa-fé*, sendo dispensável a demonstração de qualquer outro elemento. A boa-fé aqui deve ser apreciada de forma negativa, como "ignorância da causa de sua nulidade", sem qualquer referência ética. É necessário que haja pedido do interessado, pois o juiz não pode decretar, de ofício, a putatividade.

Em relação ao regime de bens, anulado o casamento, o acervo patrimonial volta aos antigos titulares, mas se for putativo, a comunhão prevalece e os bens são partilhados.

No âmbito sucessório, a putatividade também repercute favoravelmente ao cônjuge de boa-fé: se um dos consortes morre antes da sentença anulatória, não havendo outros parentes (ou mesmo se houver, no caso de concorrência), será considerado herdeiro para fins sucessórios. Se o cônjuge vier a falecer depois da sentença que invalida o casamento, não será considerado herdeiro.

Em absoluto retrocesso, o art. 1.564 do Código Civil, no caso de anulação do casamento por culpa de um dos cônjuges (culpa em sentido amplo, dolo e culpa em sentido estrito), impõe ao culpado algumas sanções: perdas das vantagens havidas do cônjuge inocente e na obrigação de cumprir as promessas que fez no pacto antenupcial (inciso I e II).

A discussão da culpa vem sendo superada nas relações familiares, mas o legislador ainda insiste em imputar responsabilidade civil específica ao culpado pela invalidação. Apenas o culpado ou o cônjuge que age de má-fé é sancionado, pois em relação ao cônjuge de boa-fé o casamento produz normalmente os efeitos jurídicos (art. 1.561, § 1º, CC).

A sobrevivência desse dispositivo depende da sua compreensão a partir de uma perspectiva constitucional, ou seja, tal sanção específica depende de uma análise cau-

---

[19] FARIAS, Cristiano Chaves de; ROSENVALD, Nelson. *Curso de direito civil, Famílias*. São Paulo: Atlas, 2015, p. 164-165.

telosa do caso concreto, para ser aplicada apenas àqueles casos em que o cônjuge agiu com intensa má-fé, vontade deliberada de prejudicar o outro cônjuge (dolo); ou, mesmo no caso de culpa em sentido estrito, esta deve ser reconhecida apenas quando for facilmente superável.

O dolo equivale à má-fé e, nessa concepção, faz sentido, mas a sanção associada à culpa não é compatível com os valores sociais constitucionais.

O art. 1.562 da Lei Civil permite que, antes da ação de nulidade, anulação ou divórcio, seja possível ao cônjuge requerer a separação de corpos.

6.3.14. Eficácia do casamento (efeitos jurídicos do casamento válido – sociais, pessoais e patrimoniais)

Os arts. 1.565 a 1570 do Código Civil disciplinam os efeitos jurídicos do casamento (plano de eficácia).

Em primeiro lugar, é essencial o preenchimento do conjunto de fatos previstos na norma jurídica para que o casamento exista (é o plano da existência). Com a adequação dos fatos à norma, há o fato jurídico "casamento". Nesse momento, os fatos do "mundo da vida" passam para o "mundo do direito" e, em consequência, se tornam fatos jurídicos (casamento).

Após passar pela primeira barreira, o plano da existência, o fato jurídico, agora casamento, deve se submeter a uma segunda barreira, agora no plano jurídico (plano de validade). A lei exige alguns pressupostos mínimos para que o casamento seja válido e, em consequência, possa produzir efeitos jurídicos (plano da eficácia).

Embora seja possível, excepcionalmente, que o casamento inválido produza efeitos jurídicos, como regra, a invalidade impedirá que o casamento ingresse no plano da eficácia (efeitos jurídicos decorrentes deste ato). As invalidades e suas causas já foram devidamente analisadas no capítulo anterior.

O casamento, existente e válido (venceu os planos da existência – mundo dos fatos, bem como o plano da validade – mundo do direito), produz efeitos jurídicos.

O casamento tem três classes de efeitos: *sociais*, *pessoais* e *patrimoniais*. Tais consequências na vida pessoal, social e patrimonial dos cônjuges e destes em relação a terceiros são objeto de disciplina jurídica na lei civil e, principalmente, na Constituição Federal.

• **Sociais**

O casamento repercute na sociedade, assim como outras entidades familiares, uma vez que visa a constituição de família, que é a base da sociedade e possui tutela especial do Estado (art. 226, *caput*, da CF). Se o casamento é um dos meios de constituição de família, base da sociedade e que tem proteção especial do Estado, não há dúvida de que os efeitos sociais são os mais diversos.

Como exemplo, têm-se as diversas entidades sociais ligadas ao casamento em determinada sociedade, as crenças culturais, as solenidades relacionadas ao casamento em si, as leis que tutelam o casamento e seus efeitos jurídicos, como a legislação que trata do planejamento familiar.

O casamento é apenas um dos modelos possíveis de entidade familiar, mas não há dúvida de que é o mais tradicional e o que desperta maior interesse social, em especial quando comparado a outros modelos. A quantidade de normas sobre casamento, sua validade e efeitos é prova de sua relevância social.

Portanto, não há dúvida de que o principal efeito social do casamento é ser um dos principais, senão o principal modelo para constituição da família, pelo qual os cônjuges estabelecerão comunhão plena de vida (art. 1.511 do CC – solidariedade no casamento), sendo vedado a qualquer pessoa, de direito público ou privado, interferir nessa comunhão plena de vida que constitui a família pelo casamento (art. 1.513 do CC).

Como desdobramento desta comunhão, o art. 1.565, § 2º, da Lei Civil, que reproduz o § 7º do art. 226 da Constituição Federal, estabelece que o planejamento familiar, que irá repercutir na sociedade, é de livre decisão do casal e, como merece proteção especial do Estado, este tem o dever de propiciar recursos educacionais e financeiros para o exercício desse direito.

O fundamento do planejamento familiar são os princípios da dignidade da pessoa humana e da paternidade responsável.

O Código Civil reproduz a norma constitucional, sem referência aos princípios da dignidade da pessoa humana e da paternidade responsável.

A Lei n. 9.263/96, que regulamenta o art. 226, § 7º, da CF, restringe o planejamento familiar ao conjunto de ações de regulação da fecundidade que garanta direitos iguais de constituição, limitação ou aumento da prole pela mulher, pelo homem ou pelo casal (art. 2º). Por isso, a norma constitucional traz como premissa do planejamento familiar a paternidade responsável, com viés de proteção da saúde.

A lei civil disciplina o planejamento familiar de forma mais ampla e abrangente. Não há dúvida de que a paternidade responsável também integra o planejamento familiar garantido e tutelado pelo CC, mas tal pode envolver outras tomadas de decisões que não são restritas a questões relativas à paternidade.

Portanto, no âmbito da sociedade, pelo casamento, homem e mulher assumem mutuamente a condição de consortes, companheiros e responsáveis pelos encargos da família (art. 1.565, *caput*, do CC).

Como ressalta Tepedino[20], "por encargos da família devem-se entender aqueles necessários à habitação, alimentação, vestuário, higiene, educação, transporte, segurança e todos os demais necessários ao exercício da cidadania, devendo o Estado auxiliar os menos favorecidos e oferecer condições gerais de acessibilidade de todas as famílias a estes itens".

---

[20] TEPEDINO, Gustavo; BARBOSA, Heloísa Helena; BODIN, Maria Celina et al. *Código civil interpretado*. v. IV (Direito de Família. Sucessão em geral. Sucessão legítima e testamentária. Disposições finais e transitórias. Arts. 1.511 a 2.046), RJ-SP: Renovar, 2006, p. 117.

Ainda como efeitos sociais da família, diante da complexidade e dos problemas sociais que podem repercutir no núcleo familiar, no § 8º do art. 226, a CF estabelece que o Estado assegurará a assistência à família na pessoa de cada um dos que a integram, criando mecanismos para coibir a violência no âmbito de suas relações.

A violência doméstica ou no seio da família pode trazer consequências negativas para toda a sociedade, razão pela qual o Estado deve prestar assistência especial a todas as famílias, entre elas as constituídas por casamento.

O exemplo mais emblemático dessa assistência é a Lei Maria da Penha (Lei n. 11.340/2006), que completou dez anos, a qual cria mecanismos para coibir e prevenir a violência doméstica e familiar contra a mulher, nos termos do § 8º do art. 226 da Constituição Federal, da Convenção sobre a Eliminação de Todas as Formas de Violência contra a Mulher, da Convenção Interamericana para Prevenir, Punir e Erradicar a Violência contra a Mulher e de outros tratados internacionais ratificados pela República Federativa do Brasil, e estabelece medidas de assistência e proteção às mulheres em situação de violência doméstica e familiar.

Segundo o art. 2º da Lei Maria da Penha, toda mulher, independentemente de classe, raça, etnia, orientação sexual, renda, cultura, nível educacional, idade e religião, goza dos direitos fundamentais inerentes à pessoa humana, sendo-lhe asseguradas as oportunidades e facilidades para viver sem violência, preservar sua saúde física e mental, e se aperfeiçoar moral, intelectual e socialmente.

Por isso, serão asseguradas às mulheres as condições para o exercício efetivo dos direitos à vida, à segurança, à saúde, à alimentação, à educação, à cultura, à moradia, ao acesso à justiça, ao esporte, ao lazer, ao trabalho, à cidadania, à liberdade, à dignidade, ao respeito e à convivência familiar e comunitária. Caberá ao poder público desenvolver políticas que visem garantir os direitos humanos das mulheres no âmbito das relações domésticas e familiares, no sentido de resguardá-las de toda forma de negligência, discriminação, exploração, violência, crueldade e opressão (art. 3º, § 1º, da Lei).

A família constituída pelo casamento também repercute na questão relativa à tutela das crianças e adolescentes e dos idosos. Tal efeito social do casamento também tem previsão constitucional.

De acordo com o art. 227, *caput*, da CF, como efeito social, é dever de toda família, independentemente do seu modelo (entre eles o casamento), assegurar à criança, ao adolescente e ao jovem, com absoluta prioridade, o direito à vida, à saúde, à alimentação, à educação, ao lazer, à profissionalização, à cultura, à dignidade, ao respeito, à liberdade e à convivência familiar e comunitária, além de colocá-los a salvo de toda forma de negligência, discriminação, exploração, violência, crueldade e opressão.

A família também tem o dever social de amparar as pessoas idosas, assegurando sua participação na comunidade, defendendo sua dignidade e bem-estar e garantindo-lhes o direito à vida (art. 230 da CF e art. 3º do Estatuto do Idoso – Lei n. 10.741/2003).

Na preservação dos direitos fundamentais inerentes à pessoa do idoso, o estatuto impõe à família, entre outros deveres, a obrigação de prestar alimentos e conceder moradia digna ao idoso integrante do núcleo familiar.

A família constituída pelo casamento também torna possível a emancipação dos filhos menores de 18 anos, atribui o estado de casado (tal estado se projeta em relação a terceiros), estabelece presunções de paternidade (o vínculo de filiação constituído a partir do casamento é automático – presumem-se filhos os nascidos de pessoas casadas – *pater is est* – os filhos nascidos de pessoas não casadas dependem do reconhecimento, voluntário ou judicial, para a constituição da filiação), a serem estudadas em item próprio, torna os parentes do cônjuge seus parentes, por afinidade, o que impactará nos impedimentos patrimoniais, entre outros efeitos sociais.

• **Pessoais**

Os efeitos pessoais do casamento decorrem de um paradigma: a comunhão plena de vida com igualdade de direitos e deveres entre os cônjuges (art. 1.511 do CC). A comunhão plena de vida envolve parceria do casal, auxílio mútuo (material e moral), decisões refletidas e derivadas de diálogos, fidelidade, lealdade, respeito, consideração em todos os aspectos, compreensão, paciência, tolerância, a assunção da condição de amigos e companheiros, contribuição para educação da prole e assistência à família, ou seja, tudo o que é essencial para a manutenção de uma base familiar sólida.

Tais efeitos pessoais são pautados no princípio da dignidade da pessoa humana (o casal assume mutuamente a condição de consortes, companheiros e responsáveis pelos encargos da família – solidariedade recíproca e interação plena – art. 1.565 do CC). Em razão da isonomia, a direção da sociedade conjugal é conjunta e, ambos, na proporção dos seus recursos, deverão contribuir para a manutenção do lar e da família.

Ainda que a Lei Civil estabeleça alguns desses efeitos pessoais, todos têm como fundamento a denominada "comunhão plena de vida", que nada mais é do que a valorização do afeto em seu sentido mais amplo, como valor referência do casamento e da família. A cessação da comunhão plena de vida implica na extinção do casamento, o que se viabiliza pela separação de fato, morte ou divórcio.

As pessoas humanas que se casam possuem os mesmos direitos e deveres. Não há discriminação pelo gênero, sexo ou opção sexual.

Em tempos antigos, o papel da mulher no núcleo familiar era secundário e de submissão aos interesses do marido. A mulher era dominada pelo marido, que a recebia como filha e tinha sobre ela direito de vida e de morte. O Cristianismo conseguiu amenizar tal tratamento, pois prestigiou a mulher, mas não conseguiu abolir a ideia de sujeição. O direito anterior ao período dos Códigos, romanista e depois medieval, cogitava do poder marital e do dever de obediência da esposa.

O Código francês e o italiano ainda aludem ao poder marital. O CC/1916 não tratou do poder marital, mas cultivou a incapacidade jurídica da mulher casada, pois, com o casamento, deveria a mulher ser governada pelo marido.

Com a Lei n. 4.121/62, foi abolida a arcaica incapacidade e instituída a igualdade jurídica, tornando-se essa tendência irreversível. A CF/88, no § 5º do art. 226, consagrou a mais ampla igualdade/isonomia entre os cônjuges. Os arts. 1.567 a 1.569 são desdobramentos dessa igualdade.

Em relação aos principais efeitos pessoais do casamento, os arts. 1.565 a 1.570 do CC ressaltam a isonomia, a solidariedade recíproca, a direção conjunta da sociedade conjugal, os deveres comuns no âmbito existencial, a cooperação material e proporcional aos recursos e o respeito entre os integrantes do núcleo familiar formado pelo casamento. Na sequência, serão analisados, de forma detalhada, cada um destes:

• **Acréscimo do sobrenome do cônjuge**

Como desdobramento da igualdade constitucional de direitos e deveres entre homens e mulheres, com a superação, ao menos na legislação, do "chefe de família" e do modelo "patriarcal", o art. 1.565, § 1º, do Código Civil permite a qualquer dos nubentes acrescer ao seu o sobrenome do outro.

O nome é atributo e direito fundamental da personalidade da pessoa humana e, por isso, tem tutela especial do Estado (arts. 16 a 19 do CC). O direito de ser identificado na sociedade por meio do nome pode decorrer do acréscimo do sobrenome do outro cônjuge. A pessoa passará a ser identificada como parente e integrante do núcleo familiar do outro.

O acréscimo do sobrenome, em termos históricos, se dá pela mulher, que adota o sobrenome do marido, mas a igualdade de direitos permite agora que o marido adote o sobrenome da mulher. No caso, qualquer dos nubentes poderá apenas "acrescer" ou acrescentar ao seu nome o sobrenome do outro, mas não suprimir o sobrenome que o liga aos seus ancestrais e família de origem para substituí-lo pelo sobrenome do outro. No acréscimo, não pode haver qualquer prejuízo ao sobrenome original do outro.

Excepcionalmente, será permitida a supressão de algum dos elementos do nome quando este for muito extenso para se adotar o sobrenome do outro, desde que o nome suprimido não prejudique o vínculo do cônjuge com os seus ancestrais.

O acréscimo do sobrenome é permitido ao homem, à mulher ou a ambos, mas sem a substituição do sobrenome original, pois, como direito fundamental da personalidade, as pessoas não podem renunciar ao seu nome de família (art. 11 do CC).

Registramos que vários doutrinadores, como Maria Berenice Dias, Chaves e Rosenvald e Rolf Madaleno, admitem a possibilidade de exclusão de um dos patronímicos originários para acrescentar o do outro. O STJ condiciona a supressão de um patronímico à inexistência de prejuízo à ancestralidade, justamente porque o nome civil é direito da personalidade (REsp 662.799).

Com as modificações proporcionadas pela Lei n. 14.382/2022, o art. 57, II, da Lei de Registros Públicos, dispõe que a alteração posterior de sobrenome, para inclusão do sobrenome do cônjuge, poderá ser requerida pessoalmente perante oficial de registro civil, com a apresentação da certidão de casamento ou de outros documentos, para ser averbada no assento de nascimento ou casamento, independente de autorização judicial.

Por fim, como o nome se incorpora à personalidade da pessoa humana e é fator de identificação social, no caso de divórcio, a regra é manter o patronímico ou sobrenome adquirido em decorrência do casamento, o qual somente poderá retornar ao original se houver vontade do titular. A anuência do titular é essencial para que o sobrenome acrescentado possa ser suprimido no caso de divórcio.

É possível que na união estável qualquer dos companheiros também acrescente ao seu sobrenome o do outro. Nesse sentido, o § 2º do art. 57 da Lei de Registros Públicos, segundo o qual os conviventes em união estável devidamente registrada no registro civil de pessoas naturais poderão requerer a inclusão de sobrenome de seu companheiro, a qualquer tempo, bem como alterar seus sobrenomes nas mesmas hipóteses previstas para as pessoas casadas. Todavia, a união estável deverá estar registrada no ofício de registro civil.

O planejamento familiar é ressaltado pelo § 2º do art. 1.565 do CC, com reprodução da norma constitucional e, da mesma forma, se estende para as uniões estáveis. Nesse sentido o Enunciado 99 da I Jornada de Direito Civil: "Art. 1.565, § 2º: O art. 1.565, § 2º, do Código Civil não é norma destinada apenas às pessoas casadas, mas também aos casais que vivem em companheirismo, nos termos do art. 226, *caput*, §§ 3º e 7º, da Constituição Federal de 1988, e não revogou o disposto na Lei n. 9.263/96".

• **Direitos e deveres recíprocos entre os cônjuges (art. 1.566 do CC)**

1. Fidelidade recíproca: a fidelidade recíproca, como dever imposto aos cônjuges durante a sociedade conjugal, é desdobramento do "princípio" da monogamia. A perspectiva da "reciprocidade" enunciada pela norma retrata a concepção tradicional de fidelidade, com conotação sexual. As relações sexuais durante o casamento devem ser exclusivas entre os cônjuges. A família tradicional (matrimonial, hierarquizada, patriarcal e patrimonial) pauta o referido dever de caráter pessoal e existencial. A monogamia se converte aí em dever jurídico. Em releitura constitucional, a partir dos paradigmas da família contemporânea, a fidelidade não pode se associar apenas à exclusividade de relações sexuais. A fidelidade deve ser compreendida a partir dos conceitos modernos de respeito e consideração mútuo, a fim de concretizar a liberdade de autodeterminação do casal e a não intervenção do Estado nas relações privadas. Cabe exclusivamente aos cônjuges definir como será a parceria e os projetos de vida em comum, em especial no âmbito sexual.

A monogamia foi reafirmada pelo STF no Tema 529, quando firmou tese no sentido de que não é possível a existência de vínculos simultâneos. O fundamento da tese é o dever de fidelidade e a monogamia.

Neste sentido constitucionalizado, a fidelidade recíproca, imposta pela norma, não poderia obstar a possibilidade de relações extraconjugais, com o consentimento recíproco. A fidelidade, sob a nova perspectiva constitucionalizada, implica lealdade, honestidade, respeito e transparência, mas não necessariamente a obrigatoriedade de manter relações sexuais exclusivamente com o parceiro.

Embora o adultério não seja considerado ilícito penal, constitui grave violação dos deveres do casamento e quebra do dever jurídico de fidelidade. Todavia, com a EC n. 66/2010, que suprimiu qualquer requisito objetivo e subjetivo para o divórcio, a fidelidade deixou de ser considerada causa de separação judicial para ser apenas o fato que impulsiona o cônjuge a exercer o direito potestativo de se divorciar. O casamento tem como substrato material a comunhão plena de vida e não a exclusividade de relações sexuais. A comunhão plena de vida se concretiza com respeito, consideração mútua, lealdade recíproca e liberdade de autodeterminação da vida privada, inclusive sexual.

De acordo com a norma, a violação do dever jurídico de fidelidade implica a prática de relações sexuais do cônjuge com terceiro, do mesmo sexo ou de sexo diferente, bem como outros atos sexuais, ainda que seja consentida pelo parceiro, fato que se incompatibiliza com a concepção constitucional de família.

O outro exemplo da violação dos deveres do casamento é o que se convencionou denominar "adultério virtual", que, como enunciam Chaves e Rosenvald[21], denota a "possibilidade de práticas sexuais pela internet, o que, sem dúvida, pode violar o respeito e a lealdade esperados, naturalmente, nas relações afetivas. Esse relacionamento afetivo virtual motiva o imaginário da pessoa humana, rompendo a necessidade de contato físico para a troca de afetos". (*Curso de Direito Civil, Família*, p. 190).

A fidelidade recíproca está associada à monogamia, um dos pilares da concepção tradicional de família. A monogamia, no atual direito de família multifacetado, não pode mais ser considerada um princípio, com imposição de deveres jurídicos, mas um valor, fruto da liberdade de escolha daqueles que pretendem uma relação monogâmica. A monogamia não pode ser ato de imposição estatal, mas ato de liberdade dos cônjuges. Por esta razão, a fidelidade deve ser interpretada à luz destes valores sociais constitucionais, com respeito à privacidade, intimidade e liberdade dos cônjuges, que poderão planejar o seu relacionamento, de acordo com seus interesses. Nesse sentido, a fidelidade recíproca é sinônimo de lealdade e não de monogamia.

2. Vida em comum no domicílio conjugal: o art. 1.566, inciso II, da Lei Civil, impõe como deveres de ambos os cônjuges a manutenção da vida em comum, no domicílio conjugal (ideia clássica de coabitação). Tal regra, dia a dia, é superada pela alteração de valores da sociedade atual, complexa e multifacetada. Não são poucos os casais que mantêm vida conjugal e em comum, mas em domicílios diferentes, fato que não implica violação desse dever do casamento.

Em tal dever se inclui, ainda, a partir de perspectiva tradicional, o que se convencionou denominar "débito conjugal", a exigência e o dever de manter relações sexuais com o outro cônjuge. Como o casamento e as relações familiares são baseados no afeto, e como o principal paradigma das relações jurídicas privadas é o princípio da dignidade da pessoa humana, a vetusta ideia de "débito conjugal" perde o sentido. A liberdade sexual é um desdobramento da dignidade imposta no casamento e as relações sexuais não podem ser entendidas como dívida, mas sim como ato de afeto, carinho e amor.

É evidente que a liberdade de autodeterminação inclui os desejos sexuais, que devem ser expressão da autonomia, liberdade, respeito e observância de questões existenciais fundamentais, como privacidade e intimidade. A relação sexual não pode ser imposta, a pretexto de dever de coabitação, mas resultado da plena e absoluta liberdade de autodeterminação sexual do casal.

Portanto, a vida em comum no domicílio conjugal tem conotação e concepção absolutamente diversa da vida em comum do século XX. A sociedade mudou. O mundo mudou. As relações privadas mudaram. As relações entre as pessoas se tornaram mais dinâmicas e complexas.

A imposição de débito conjugal e coabitação não se coaduna mais com os preceitos de solidariedade e dignidade constitucional. A nova concepção de vida em comum no domicílio conjugal deve ser interpretada à luz desses novos valores constitucionais.

Com acerto, Maria Berenice Dias[22] faz crítica ao dispositivo ao enunciar que "a vida no domicílio conjugal é outra imposição que não se justifica, pois compete a ambos os cônjuges determinar onde e como vão morar. Necessário respeitar a vontade dos dois, sendo de todo descabido impor um lar comum".

O fracionamento de domicílios pode ser justificado por questões pessoais e profissionais. Não há sentido lógico-jurídico na obrigatoriedade de vida em comum sobre o mesmo teto. No âmbito da união estável, o STF já pronunciou que a vida em comum no domicílio conjugal não é exigível para a caracterização da união estável (Súmula 382). O afeto, parceria, carinho e amor entre duas pessoas não se mede pela distância ou pelo fato de residirem em locais diferentes, mas pela forma como mantêm a relação. O respeito à vontade dos cônjuges é fundamental.

Em sentido contemporâneo e pautado por valores constitucionais, a vida em comum no domicílio conjugal deve ser associada à comunhão plena de vida, com preservação da privacidade, autonomia, liberdade, ausência de dever jurídico quanto a questões sexuais e vida em comum dissociada da ideia de "mesmo teto".

Não cabe ao Estado interferir na relação privada dos cônjuges para impor um padrão de conduta, como condição para a preservação do casamento. As pessoas são diferentes, a sociedade é complexa e plural, os interesses são

---

[21] FARIAS, Cristiano Chaves de; ROSENVALD, Nelson. *Curso de direito civil, Famílias*. São Paulo: Atlas, 2015, p. 190.

[22] DIAS, Maria Berenice. *Manual de direito das famílias*. São Paulo: RT, 2007, p. 246.

os mais diversos e é odioso pensar que a ideia de vida em comum ainda se coaduna com obrigação ou débito conjugal, bem como com a necessidade de vida em comum no mesmo domicílio conjugal.

Por isso, estamos de acordo com Chaves e Rosenvald[23] quando destacam que "o sentido jurídico da expressão vida em comum no domicílio conjugal é outro, mais restrito, não invadindo a esfera da privacidade da pessoa humana. Esta, sim, a interpretação que emerge de uma análise detida à luz dos valores garantistas afirmados constitucionalmente".

3. Mútua assistência (na proporção dos recursos): tal dever, previsto no art. 1.566, III, do Código Civil, envolve a assistência de natureza patrimonial ou material, em especial com os recursos provenientes do trabalho exercido por cada um, bem como a assistência moral, sentimental, psicológica e afetiva. Tal assistência deve ser recíproca. Aqui a ideia de companheirismo é elevada ao seu grau extremo, o que implica comunhão plena e efetiva da vida do casal.

Tal dever é desdobramento do princípio constitucional da solidariedade (art. 3º, inciso I, da CF) no âmbito do casamento. A solidariedade recíproca e mútua impõe relação de parceria, amizade, afetividade e cumplicidade durante toda a relação.

No âmbito material e patrimonial, o art. 1.568 da Lei Civil dispõe que os cônjuges são obrigados a concorrer, na proporção de seus bens e dos rendimentos do trabalho, para o sustento da família, qualquer que seja o regime de bens. Portanto, no dever de mútua assistência material, cada um dos cônjuges deverá contribuir para a manutenção da família na proporção dos seus rendimentos.

Além de implicar o reconhecimento de solidariedade, tal dispositivo evidencia a igualdade de direitos e deveres no âmbito das relações familiares, com a superação do fenômeno patriarcal/provedor que vigorou na família, em especial quando constituída pelo casamento, por um longo período da história.

4. Sustento, guarda e educação dos filhos: os deveres de sustento, guarda e educação dos filhos também competem a ambos os cônjuges (ideia de paternidade e maternidade responsáveis), a teor do disposto no art. 1.566, IV, da Lei Civil. No sustento dos filhos, conforme o art. 1.568, cada um dos cônjuges contribuirá na proporção de seus recursos ou rendimentos, em especial no relacionado à educação, independentemente do regime de bens.

Os pais são os responsáveis pela educação, criação, sustento e guarda dos filhos, com todas as obrigações inerentes a tais deveres. O sustento implica assistência material, na proporção dos recursos e possibilidades de cada um dos genitores. A guarda envolve a tutela efetiva, a direção, o cuidado, a responsabilização, a proteção, vigilância e correção em relação ao filho.

O dever de guarda implica em multiplicidade de obrigações e deveres jurídicos quanto à pessoa dos filhos. A direção da sociedade conjugal, que é conjunta e cooperativa, deve também ser exercida no interesse dos filhos. A educação é o mais relevante desses deveres, pois implica disponibilizar ao filho, na medida das condições do casal, toda estrutura de que possa desfrutar para ter pleno desenvolvimento intelectual e completa inserção na sociedade.

5. Respeito e consideração mútuos: o inciso IV do art. 1.566 do CC estabelece o respeito e a consideração mútuos como deveres dos cônjuges no casamento. Tais expressões retratam conceitos jurídicos indeterminados e altamente subjetivos, que exigirão valoração do intérprete em cada caso concreto. A ideia de respeito e consideração é a mais ampla possível e, no caso, pode se relacionar a outros deveres como a fidelidade e mútua assistência, esta última no seu aspecto psicológico e sentimental.

A qualificação desses deveres deve ser realizada pelos cônjuges, a depender dos interesses, da vida social, intimidade, ambiente, cultura e tudo o mais que o casal compartilha. Não há como padronizar a ideia de respeito e consideração sem ter em conta a vida real, concreta e todo o contexto social em que o casal é inserido. As peculiaridades de cada casal, seus interesses pessoais, o modo de compartilhar a vida e a intimidade, entre outros inúmeros fatores, é que permitirão uma análise mais precisa sobre se houve violação desses deveres.

• **Igualdade na fixação do domicílio conjugal**

A igualdade de direitos e deveres entre os cônjuges no casamento, imposta constitucionalmente, reflete na legislação civil na fixação do domicílio conjugal.

De acordo com o art. 1.569 do CC: "O domicílio do casal será escolhido por ambos os cônjuges, mas um e outro podem ausentar-se do domicílio conjugal para atender a encargos públicos, ao exercício de sua profissão, ou a interesses particulares relevantes".

A fixação do domicílio conjugal não é prerrogativa do marido. A fixação e a escolha do local de morada serão objeto de deliberação conjunta, sem que a vontade de um prevaleça sobre a do outro. Como ressaltado, é desdobramento da igualdade de direitos entre os cônjuges, garantida constitucionalmente.

Nesse dispositivo, o CC abre exceção quanto ao dever de convivência sob o mesmo teto ou vida em comum (art. 1.566, II), ao permitir que um dos cônjuges se ausente do domicílio conjugal para atender a encargos de natureza pública, por motivos relacionados à profissão ou por interesses particulares relevantes. Esse último aspecto é mais um conceito jurídico indeterminado a ser valorado pelo intérprete à luz do caso concreto. Portanto, tais afastamentos são considerados justificados pelo Estado e, por isso, não haveria caracterização de violação dos deveres conjugais.

• **Igualdade na direção da sociedade conjugal (regra e exceção)**

Na mesma toada, como desdobramento do princípio da igualdade constitucional entre os cônjuges, dispõe o

---

[23] FARIAS, Cristiano Chaves de; ROSENVALD, Nelson. *Curso de direito civil, Famílias*. São Paulo: Atlas, 2015, p. 192.

art. 1.567 do CC que a direção da sociedade conjugal será exercida de maneira conjunta e em regime de colaboração, sempre no interesse da família, casal e filhos. No caso de divergência, a vontade de um não prevalecerá sobre a vontade do outro. Caberá ao juiz resolver o conflito de interesses entre os cônjuges no caso concreto.

Por fim, de acordo com o art. 1.570 do CC, se qualquer dos cônjuges estiver em lugar remoto ou não sabido, encarcerado por mais de cento e oitenta dias, interditado judicialmente ou privado, episodicamente, de consciência, em virtude de enfermidade ou de acidente, o outro exercerá com exclusividade a direção da família, cabendo-lhe a administração dos bens.

Portanto, embora a regra seja a direção conjunta e em colaboração da sociedade conjugal, tal direção poderá ser exclusiva, de forma excepcional, se um dos cônjuges estiver em local distante ou remoto (acesso difícil e informação deficiente), não sabido (ausente – arts. 22 a 39 do CC), preso por mais de 180 dias, interditado judicialmente ou privado, de forma esporádica, da consciência, em virtude de enfermidade ou acidente. Nesse caso, em especial em relação às obrigações de natureza patrimonial, o outro exercerá a direção da sociedade conjugal com exclusividade, assim como a administração de todos os bens.

• **Patrimoniais**

O casamento também gera efeitos jurídicos patrimoniais, além dos já citados sociais e pessoais. A comunhão plena de vida pelo casamento implica a possibilidade de formação de uma massa patrimonial objetiva. Por essa razão, o casamento tem um estatuto patrimonial, regulado e disciplinado pela "teoria do regime de bens".

Os regimes de bens terão por objetivo nortear a gestão patrimonial do casal. As relações jurídicas patrimoniais integram o casamento, e tal fato repercute no núcleo familiar.

Os cônjuges passam a ter uma comunhão de interesses econômicos e, diante da complexidade destes interesses e dos efeitos para a família e a sociedade, o Estado apresenta regras para disciplinar tais relações jurídicas econômicas da entidade familiar, nos arts. 1.639 a 1.688, quando trata dos regimes de bens.

O estatuto patrimonial dos cônjuges será objeto de análise a seguir.

6.4. ESTATUTO PATRIMONIAL DOS CÔNJUGES – PACTO ANTENUPCIAL E REGIME DE BENS

6.4.1. Teoria do direito patrimonial (regime de bens entre cônjuges): estatuto patrimonial do casamento

O casamento é fato jurídico com intensa repercussão social, pessoal e patrimonial. No âmbito patrimonial, as relações jurídicas decorrentes do casamento são disciplinadas pelo estatuto denominado "regime de bens". O estatuto patrimonial dos cônjuges é baseado em três paradigmas: autonomia privada/liberdade, variabilidade de regimes e mutabilidade motivada.

A matéria será sistematizada em três partes: Teoria Geral (disposições e princípios gerais – arts. 1.639 a 1.652); Pacto Antenupcial (arts. 1.653 a 1.657) e regras especiais sobre os regimes de bens (arts. 1.658 a 1.688).

As regras sobre regime de bens devem ser interpretadas à luz dos valores sociais constitucionais (dignidade da pessoa humana, solidariedade social e igualdade substancial).

Como bem ponderam Chaves e Rosenvald[24], "esse estatuto patrimonial do casamento dirá respeito, fundamentalmente, a todos os efeitos econômicos que podem defluir de uma relação afetiva, abarcando a afirmação da propriedade dos bens, a sua administração e disponibilidade, aos direitos e deveres obrigacionais comuns e a responsabilidade civil dos cônjuges perante terceiros. Enfim, concerne ao trânsito jurídico-econômico das relações casamentárias".

O estatuto patrimonial dos cônjuges, diante dessa nova perspectiva, deve ser funcionalizado para a concretização de situações existenciais daqueles que compõem o núcleo familiar. Não é possível analisar tais questões no âmbito patrimonial do casamento dissociado das situações e questões de natureza existencial, que dizem respeito a todos aqueles que integram o núcleo familiar. Por isso, a teoria do patrimônio mínimo fundamenta e justifica o regime patrimonial que regerá as relações patrimoniais no casamento.

No âmbito patrimonial, vigora o princípio da autonomia privada, segundo o qual os cônjuges, em regra, têm o direito de disciplinar e regulamentar todas as bases relativas à comunhão de interesses econômicos que irá vigorar durante e após o casamento, no caso de dissolução do vínculo matrimonial.

É o estatuto patrimonial dos cônjuges (regime de bens e relações patrimoniais ao qual estarão submetidos).

A autonomia privada em relação aos efeitos patrimoniais do casamento é materializada e viabilizada pelo pacto antenupcial, que pode contemplar regime misto de bens, de acordo com os interesses dos cônjuges, com a combinação de regras dos regimes previstos em lei.

A autonomia privada nada mais é que o poder de regular os próprios interesses ou a autodeterminação patrimonial, com a previsão de regras para disciplinar as relações privadas, no espaço permitido pela legislação, conforme art. 1.639 do CC (os cônjuges têm a liberdade de estabelecer o estatuto patrimonial de acordo com seus interesses, ou seja, como diz a lei – "o que lhes aprouver").

Portanto, o princípio que norteia o regime de bens e o estatuto patrimonial dos cônjuges é a autonomia privada (poder de autodeterminação). Tal princípio não é absoluto. O art. 1.641 do CC, que dispõe sobre as hipóteses de separação de bens (imposição legal deste regime), cujo item II foi flexibilizado pelo STF (Tema 1236), constitui exemplo clássico da exceção à autonomia privada.

---

[24] FARIAS, Cristiano Chaves de; ROSENVALD, Nelson. *Curso de direito civil, Famílias*. São Paulo: Atlas, 2015, p. 296.

Ademais, o art. 1.655 impõe restrições às disposições do pacto antenupcial, cujas cláusulas não podem contrariar normas de ordem pública. De acordo com a referida norma, será nula a convenção (totalidade) ou cláusula (desdobramento do princípio da conservação de atos e negócios jurídicos – redução, art. 184 do CC), dela que contravenha disposição absoluta de lei.

A autonomia privada permite a adoção de regime misto, com a conjugação de partes de regimes distintos (objeto de outro tópico). Em decorrência do princípio da autonomia privada, há vários regimes de bens que podem ser eleitos pelos cônjuges para regular as relações patrimoniais no casamento (comunhão universal, comunhão parcial de bens, separação convencional absoluta e regime da participação final dos aquestos).

A partir do Tema 1236, cuja tese foi definida pelo STF, há atualmente dois regimes supletivos: o da comunhão parcial para cônjuges menores de 70 anos e o da separação obrigatória para cônjuges maiores de 70 anos que não tiverem interesse em optar por qualquer regime ou realizar disposições de caráter patrimonial.

O primeiro regime supletivo é o da comunhão parcial, impropriamente, denominado "legal", pois, nos termos da lei, regerá as relações patrimoniais durante o casamento diante da ausência de manifestação explícita de vontade ou, ainda, nos casos de invalidade ou ineficácia da convenção (art. 1.640, *caput*). Embora seja considerado regime supletivo, o silêncio dos cônjuges, por vias transversas, implica exercício da autonomia privada. Se os cônjuges são cientes de que a ausência de pacto antenupcial os submete ao regime da comunhão parcial, ao optarem pela não formalização do pacto, escolhem o regime da comunhão parcial de bens.

Portanto, no regime da comunhão parcial, os cônjuges, pelo silêncio, concretizam a autonomia patrimonial. A comunhão parcial, como regime supletivo da vontade, acaba por estimular os cônjuges a não disporem, por pacto antenupcial, de regras sobre as relações patrimoniais durante o casamento. O regime da comunhão parcial é restritivo, incompatível com a liberdade, a autodeterminação e a autonomia privada. Os cônjuges devem eleger as regras que estão mais afinadas aos seus interesses.

É equivocada a menção a regime "legal", porque não há imposição de tal regime, como ocorre no regime da separação obrigatória de bens. O regime da comunhão parcial é de livre escolha dos cônjuges. Apenas se dispensa a formalidade do pacto antenupcial para sua eleição, embora não seja incompatível com o pacto, em especial para dispor sobre gestão patrimonial, como enuncia o art. 1.665 do CC.

Após a Tese 1236, fixada pelo STF, o regime da separação obrigatória passou a ser o regime supletivo para os cônjuges que casam com mais de 70 anos e não dispõe sobre as relações patrimoniais durante o casamento. De acordo com o Tema 1236, que flexibiliza apenas o item II do art. 1.641 do CC, "Nos casamentos e uniões estáveis envolvendo pessoa maior de 70 anos, o regime de separação de bens previsto no art. 1.641, II, do Código Civil,

pode ser afastado por expressa manifestação de vontade das partes mediante escritura pública". Portanto, no caso de pessoas maiores de 70 anos, é possível a escolha do regime patrimonial e, em caso de omissão, se submetem ao regime da separação obrigatória.

O pacto antenupcial permite a livre disposição sobre questões relevantes como direito de propriedade, gestão patrimonial de bens comuns e particulares, livre disposição de bens particulares ou comuns, móveis ou imóveis, direitos e deveres em relação a obrigações originadas de patrimônio comum ou particular, responsabilidade civil e por dívidas, entre outras questões. A comunhão parcial sugere uma justiça que não se realiza. Os bens particulares se submetem a intensas restrições e tal regime se torna obstáculo para a realização de atos e negócios relativos a tais bens.

É evidente que o estatuto patrimonial dos cônjuges não pode dispor sobre toda e qualquer relação econômica, como alimentos, direito sucessório, usufruto e administração dos bens de filhos menores, mas é instrumento relevante de cidadania, liberdade e autodeterminação. O regime de bens, em relação aos cônjuges, é indivisível e mutável: indivisível porque não pode haver fracionamento para cada cônjuge; mutável porque é possível a alteração do regime, após o casamento e durante a sociedade conjugal, desde que o pedido seja feito em conjunto, haja motivação e se submeta à apreciação judicial (art. 1.639, § 2º, CC).

Em razão da releitura das normas jurídicas de natureza civil à luz dos valores constitucionais, incide no regime de bens a teoria do patrimônio mínimo, com a finalidade de garantir o mínimo existencial material para preservar e tutelar a dignidade do núcleo familiar.

A proteção destinada ao bem de família pelo Código Civil, arts. 1.711 a 1.721, e a proteção conferida pela Lei n. 8.009/90 são exemplos que evidenciam a preservação do patrimônio mínimo necessário para resguardar a dignidade do núcleo familiar.

Além das hipóteses previstas em lei, a teoria do patrimônio mínimo pode ser invocada em qualquer relação jurídica material concreta em que se verifique a necessidade da preservação dos bens integrantes do patrimônio dos cônjuges para garantir o mínimo existencial material (dignidade) do núcleo familiar. Se a ausência de patrimônio no âmbito do núcleo familiar puder comprometer o mínimo existencial material e a dignidade dos integrantes do núcleo, a teoria do patrimônio mínimo poderá ser invocada para a tutela de seus integrantes. O patrimônio mínimo decorre da proteção integral, sob o aspecto material, da dignidade das pessoas.

Em relação à sistematização, a teoria do regime de bens, estatuto patrimonial dos cônjuges, é dividida no Código Civil da seguinte forma:

1. normas sobre disposições gerais e princípios;
2. normatização do pacto antenupcial;
3. regime da comunhão parcial de bens;

4. regime da comunhão universal;
5. regime da participação final dos aquestos; e
6. regime da separação convencional de bens.

Além do regime de bens, as relações jurídicas patrimoniais decorrentes do casamento também são disciplinadas em outros subtítulos como o usufruto e a administração dos bens de filhos menores, alimentos e bem de família.

O casamento gera, portanto, efeitos patrimoniais, e os mais relevantes estão relacionados ao seguinte: *regime de bens; usufruto e administração dos bens dos filhos menores; alimentos (relação de parentesco e poder familiar) e bem de família.*

Neste tópico será analisado o primeiro efeito patrimonial do casamento: regime de bens.

Assim, para melhor compreensão da matéria pelo leitor, a análise do estatuto patrimonial dos cônjuges (regime de bens) se sujeitará à sistematização da matéria no Código Civil.

Nesta toada, em primeiro lugar, serão analisados os princípios e regras gerais e, na sequência, as espécies de regime de bens.

6.4.2. Características do regime de bens e o princípio da liberdade de escolha

O regime de bens é baseado nos seguintes princípios: liberdade de escolha (autonomia privada); multiplicidade de regimes e mutabilidade do regime.

O dispositivo legal que inaugura a teoria do regime de bens é o art. 1.639 do Código Civil, o qual materializa o princípio da autonomia privada, com liberdade na escolha do estatuto patrimonial. Tal autonomia suporta restrições, como as situações que impõem o regime da separação obrigatória e as normas de observância obrigatória que não podem ser afastadas por ato de vontade.

O direito subjetivo de escolher o regime de bens e de estipular regras e cláusulas de acordo com os interesses dos cônjuges deve ser exercido por meio do pacto antenupcial (art. 1.653 do CC – o qual é a projeção da autonomia privada).

Como bem esclarece Caio Mário[25], "a liberdade de escolha tem essencialmente em conta a circunstância de que os próprios cônjuges são os melhores juízes na opção do modo como pretendem regular as relações econômicas a vigorarem durante o matrimônio".

De acordo com o § 1º do art. 1.639, o regime de bens entre os cônjuges começa a vigorar desde a data do casamento. O ato de celebração do casamento é o marco inicial da vigência do regime de bens escolhido pelos cônjuges, livremente, para regular as relações patrimoniais durante a sociedade conjugal.

Tal liberdade permite aos cônjuges não só eleger regime de bens disciplinado pelo Código Civil, bem como combinar elementos de regimes diversos ou até se omitirem (vontade privada por omissão), caso em que se submeterão ao regime legal de bens (comunhão parcial).

Tal autonomia privada, como já ressaltado, não é absoluta, pois será nula a convenção ou cláusula que viole disposição absoluta de lei (art. 1.655 do CC, que trata do conteúdo e dos limites do pacto antenupcial) ou, ainda, quando cria disposições submetidas a termo ou condição. O poder relacionado ao estatuto patrimonial encontra barreiras no próprio sistema legal. O casamento em qualquer das situações previstas no art. 1.641 também impõe o regime da separação obrigatória de bens.

O regime de bens trará os parâmetros das relações econômicas durante a sociedade conjugal e estabelecerá os limites dessas relações, como a comunicação ou não de bens já existentes por ocasião do casamento ou adquiridos na constância do casamento, bem como questões relativas à administração e responsabilidade por dívidas e obrigações.

A liberdade na escolha implica também a possibilidade de variação de regimes. Os nubentes podem estabelecer novos modelos e criar um regime de bens próprio e particularizado, sendo possível a combinação dos regimes existentes ou criação de novos tipos (Enunciado n. 331 das Jornadas de Direito Civil – a única restrição é o respeito a normas de ordem pública).

Como bem destaca Paulo Lôbo[26]: "Os nubentes podem fundir tipos, com elementos ou partes de cada um; podem modificar ou repelir normas dispositivas de determinado tipo escolhido; restringindo ou ampliando seus efeitos; podem até criar outro regime não previsto na lei, desde que não constitua expropriação, disfarçada de bens de um contra o outro, ou ameaça a crédito de terceiro, ou fraude à lei, ou contrariedade aos bons costumes".

6.4.3. Regime legal e regime convencional: a variedade de regimes e a combinação de elementos de regimes diferentes

Em regra, por força do princípio da autonomia privada, as partes podem escolher o regime que melhor lhes aprouver, criar regime novo ou ainda combinar elementos de regimes diferentes.

A variedade de regimes, ou ainda a criação de regime diverso daqueles previstos em lei, são decorrência do princípio da autonomia privada. O Código Civil disponibiliza aos nubentes quatro regimes de bens (comunhão parcial, comunhão universal, separação convencional e participação final dos aquestos).

Os nubentes podem eleger o regime que melhor lhes aprouver, como enuncia o art. 1.639, ou seja, aquele que melhor atenderá os interesses pessoais e as relações jurídicas econômicas do casal, em especial na questão relacionada à comunicação ou não de bens (particulares).

Todavia, além da liberdade de optar dentre os regimes legais, os cônjuges podem, por meio de pacto antenupcial, e desde que respeitadas as prescrições legais, criar regime jurídico próprio, particularizado e individualizado, inclu-

---

[25] PEREIRA, Caio Mário da Silva. *Instituições de direito civil. Direito de Família.* 17. ed. Rio de Janeiro: Forense, 2011. v. V. Atualizado por Tânia da Silva Pereira, p. 190.

[26] LÔBO, Paulo Luiz Netto. *Direito civil. Família.* São Paulo: Saraiva, 2015.

sive com a combinação de elementos dos diversos regimes jurídicos legais.

Nesse sentido é o Enunciado n. 331 da IV Jornada de Direito Civil: "O estatuto patrimonial do casal pode ser definido por escolha de regime de bens distinto daqueles tipificados no Código Civil (art. 1.639 e parágrafo único do art. 1.640), e, para fiel observância do disposto no art. 1.528 do Código Civil, cumpre certificação a respeito, nos autos do processo de habilitação".

Portanto, é possível criar regime jurídico novo ou regime de bens misto, com elementos dos regimes já existentes, que serão combinados. Por exemplo, poderá o casal, em relação aos bens móveis, adotar o regime da comunhão parcial de bens, e o regime da separação convencional em relação aos imóveis.

É o planejamento patrimonial que poderá ser realizado pelo casal no momento da escolha do regime de bens.

Como já ressaltado, a escolha do regime de bens se dá pelo pacto antenupcial, que deve ser formalizado em escritura pública, sob pena de nulidade. Em pactos antenupciais é vedado qualquer pacto ou a inserção de cláusula que trate de herança de pessoa viva (art. 426 do Código Civil), ou melhor, que estabeleça questões, regras ou efeitos para depois da morte. Seria nula a cláusula onde o cônjuge renunciasse ao direito à concorrência sucessória com descendentes ou ascendentes.

Tais negócios ou cláusulas serão nulos. O instrumento adequado para disposições *post mortem* é o testamento.

Por outro lado, de acordo com o art. 1.640 do Código Civil, se não houver qualquer convenção (inexistência de pacto antenupcial) ou se o pacto antenupcial for nulo ou ineficaz, os cônjuges se submeterão a regime supletivo para regular as relações patrimoniais (comunhão parcial de bens).

Tal regime presume o esforço comum quanto aos bens adquiridos onerosamente na constância do casamento – aquestos.

No processo de habilitação, poderão os nubentes optar por qualquer dos regimes que o Código Civil regula e disciplina, como já ressaltado. Entretanto, se o casamento se submeter ao regime da comunhão parcial, quanto à forma, basta a redução a termo da opção. Se os cônjuges optarem por qualquer outro regime de bens ou pretenderem um regime misto ou particularizado, a forma será o pacto antenupcial por escritura pública, nos termos da lei.

O regime da comunhão parcial de bens foi eleito pelo Estado para suprir a ausência de opção ou de escolha dos nubentes. Por meio de tal regime, preservam-se os bens particulares anteriores ao casamento, e todos os bens, com as exceções legais, adquiridos onerosamente na constância do casamento, integrarão um patrimônio comum.

É o regime mais comum na sociedade brasileira justamente por conta da preservação do patrimônio particular e da comunicação daqueles adquiridos durante o casamento, na esteira da comunhão plena de vida estabelecida pelo casamento, conforme art. 1.511 do CC. Há a presunção de esforço comum na aquisição dos bens, ainda que um dos cônjuges não exerça atividade laborativa. A partir da Lei do Divórcio, Lei n. 6.515/77, passou a ser o regime legal e supletivo, situação jurídica mantida pela atual codificação.

De qualquer forma, independentemente do regime de bens escolhido ou ainda que as partes se submetam ao regime supletivo legal da comunhão parcial, durante a sociedade conjugal, desde que observados alguns pressupostos, será possível a mutação do regime de bens.

6.4.4. Alteração do regime de bens durante a sociedade conjugal: Possibilidade? Motivação e intervenção judicial (requisitos questionáveis)

O regime de bens perde o caráter da imutabilidade com o Código Civil de 2002. A imutabilidade deixa de ser absoluta para ser relativa. O § 2º do art. 1.639 do CC permite a alteração do regime de bens durante a constância da sociedade conjugal.

O princípio que norteia o regime de bens é a autonomia privada. Tal autonomia se verifica no momento da escolha do regime que regulará as relações patrimoniais dos cônjuges durante o casamento, bem como durante a sociedade conjugal, se houver interesse na alteração ou mudança do regime. É relevante tal compreensão, uma vez que tal autonomia privada permitirá, inclusive, a retroatividade dos efeitos da sentença que homologa e autoriza esta alteração.

No Código Civil de 1916, o regime de bens, durante o casamento, era imutável. Tal imutabilidade se relacionava com a própria concepção de família retratada naquele diploma: família matrimonial, patriarcal, patrimonial, hierarquizada e submetida a rígido controle estatal. Após a Constituição de 1988, a família passa a ostentar novos valores e paradigmas que a fundamentam e justificam. A família se dissocia do matrimônio e passa a assumir caráter plural e instrumental, ou seja, meio para a concretização da dignidade dos membros que integram o núcleo familiar. A família contemporânea se constitui como núcleo de afetividade, é democrática, solidária e pautada em valores como ética e dignidade. Na esteira deste novo modelo de família, dinâmico e funcionalizado, submetida a valores constitucionais, o CC de 2002 passa a admitir, no art. 1.639, § 2º, a alteração do regime de bens durante a sociedade conjugal.

Todavia, tal mutabilidade deve ser motivada e é mitigada. A exigência de motivação e algumas restrições impostas para a alteração superveniente do regime de bens se justificariam para proteger o cônjuge e terceiros. Em relação a terceiros, a proteção é automática, porque a decisão judicial que admite a alteração do regime de bens não terá qualquer eficácia na esfera jurídica de terceiros, conforme enuncia a parte final do § 2º do art. 1.639 do CC.

Na contramão da desburocratização das relações familiares, o CC, no art. 1.639, § 2º, assim como o art. 734 do CPC, que disciplina o procedimento para alteração do regime de bens, impõem a chancela judicial. A necessidade de procedimento judicial é incompatível com a intervenção mínima do Estado nas relações familiares e com o dinamismo da família contemporânea. Se o próprio divórcio, que rompe o vínculo, pode ser extrajudicial, a alteração de regime de bens, que mantém o vínculo, não poderia ser submetida à autorização judicial. A alteração do regime de bens, no caso de plenitude da capacidade dos cônjuges, deveria ser extrajudicial. A formalizada da chancela judicial não se justifica.

A alteração de regime de bens depende de pedido conjunto, o que é óbvio, tendo em vista os interesses econômicos recíprocos. Em razão da necessidade de autorização judicial, haverá litisconsórcio ativo necessário entre os cônjuges, por imposição da lei. Aliás, neste caso, sequer há possibilidade de suprimento judicial do consentimento, pois não se pode constranger o outro a alteração de regime de bens. Como já mencionado, a questão é meramente econômica.

O processo judicial será de jurisdição voluntária e, por isso, não se submete à legalidade estrita, conforme art. 723, parágrafo único, do CPC. O processo tramitaria na Vara de Família do domicílio dos cônjuges. Nada justifica a intervenção obrigatória do MP, como enuncia o art. 734 do CPC. A intervenção do MP deve ser restrita às hipóteses legais, conforme art. 178 e 698, ambos do CPC, e não em qualquer procedimento de alteração de regimes, que tem cunho estritamente patrimonial. Ademais, a exigência de publicação de edital se revela formalidade incompatível, uma vez que a publicidade para preservar interesse de terceiro é desnecessária, pois, como ressaltado, os interesses destes sempre estarão resguardados. Por isso, não se compreende tal exigência. Como já mencionado, em relação a terceiros, jamais haverá retroatividade dos efeitos da decisão que altera o regime de bens. A retroatividade, se houver, será restrita aos cônjuges.

A exigência da exposição de motivos para alteração de regimes é contrária aos fundamentos constitucionais da família contemporânea, que tutela os direitos da personalidade, em especial privacidade e intimidade, daqueles que integram o núcleo familiar, razão pela qual seria inconstitucional. Todavia, para aqueles que consideram a motivação compatível com CF, não se poderá exigir detalhes ou explicações específicas para justificar a alteração de regime. A indicação pode e deve ser genérica, tudo para adequar ao princípio da intervenção mínima do Estado do núcleo familiar e, principalmente, para não violar a dignidade dos cônjuges. A autonomia privada sempre deverá ser prestigiada. Nesse sentido o Recurso Especial n. 1.119.462/MG, segundo o qual o princípio da intervenção mínima dispensa a exigência de explicações desnecessárias.

A sentença que admite a alteração do regime de bens, não está submetida à legalidade estrita. É possível juízo de equidade, com solução que considere a oportunidade e conveniência da alteração, com flexibilização inclusive de algumas exigências do art. 734 do CPC, como extrema formalidade da petição inicial e publicação de editais.

A grande polêmica relacionada à sentença judicial se refere aos efeitos da decisão que promove a alteração do regime de bens, ou seja, se terá ou não eficácia retroativa. A retroatividade ou não da sentença repercute no direito material e, por esta razão, deve ser decidida pelos cônjuges, quando formalizam o pedido. Não há impedimento legal para a retroatividade, porque é restrita aos cônjuges. A retroatividade jamais prejudicará terceiros, como enuncia a norma. Aliás, só há sentido lógico na regra que resguarda o interesse de terceiro se considerarmos a possibilidade de retroatividade.

Não há dúvida de que é essencial cautela na retroatividade. Se a alteração envolver a conversão de regime de menor comunicação (separação, por exemplo) para regime de maior comunicação (comunhão parcial ou universal), é natural o efeito *ex tunc*, ou seja, haverá eficácia retroativa, porque não haveria prejuízo para qualquer dos cônjuges e a comunhão de bens intensiva a interação entre os cônjuges. Se a alteração envolver a conversão de regime de maior comunicação (comunhão universal ou parcial) para menor comunicação (separação), o natural seria o efeito *ex nunc*, mas o casal poderia optar pela retroatividade, desde que fosse realizada a partilha, para preservar eventuais interesses patrimoniais de um deles. O fato é que apenas o caso concreto poderá denunciar se a retroatividade é ou não conveniente. A questão é que não há impedimento legal para que o casal opte pela retroatividade. A retificação pode ter efeito *ex nunc* ou *ex tunc* a depender da vontade dos cônjuges.

O STJ, no Recurso Especial n. 1.671.422/SP, paradigma sobre o tema, admitiu a retroatividade, desde que haja pedido dos cônjuges e que a alteração envolva regime mais ampliativo, ou seja, com maior comunicação[27].

A alteração de regime prevista no § 2º do art. 1.639 do CC também é permitida nos casamentos realizados antes da vigência do atual CC. É possível porque diz respeito à eficácia, não há validade do casamento (enunciado 260 das jornadas de direito civil).

Em resumo, o art. 1.639, § 2º, dispõe que: "É admissível alteração do regime de bens, mediante autorização judicial (1º requisito) em pedido motivado (2º requisito) de ambos os cônjuges (3º requisito – pedido conjunto), apurada a procedência das razões invocadas e ressalvados os direitos de terceiros (4º requisito – ausência de prejuízo)".

Tais requisitos e pressupostos estão consolidados no Enunciado n. 113 da III Jornada de Direito Civil: "É admissível a alteração do regime de bens entre os cônjuges, quando então o pedido, devidamente motivado e assinado por ambos os cônjuges, será objeto de autorização judicial, com ressalva dos direitos de terceiros, inclusive dos entes públicos, após perquirição de inexistência de dívida de qualquer natureza, exigida ampla publicidade".

6.4.5. Hipóteses legais do regime de separação (separação obrigatória e legal): exceção à liberdade de escolha do regime de bens

O princípio da autonomia privada que permite a liberdade de escolha em relação ao estatuto patrimonial dos

---

[27] A eficácia ordinária da modificação de regime de bens é *ex nunc*, valendo apenas para o futuro, permitindo-se a eficácia retroativa (*ex tunc*), a pedido dos interessados, se o novo regime adotado amplia as garantias patrimoniais, consolidando, ainda mais, a sociedade conjugal.

cônjuges suporta restrição e mitigação quando restarem caracterizadas quaisquer das causas ou hipóteses previstas no art. 1.641 do Código Civil.

O regime da separação de bens será obrigatório nos casos previstos em lei (art. 1.641). Há mitigação da autonomia privada, pois se os cônjuges estiverem submetidos a qualquer das hipóteses legais, há restrição à autonomia privada.

Registre-se que o regime da comunhão parcial de bens não é obrigatório, mas supletivo da vontade. Na comunhão parcial, os cônjuges poderiam exercer a autonomia privada, mas preferem se submeter àquele que dispensa formalidade, eleito pelo Estado. Todavia, a opção era possível. Não há obrigatoriedade, como nas hipóteses legais de separação legal. Ao não formalizar pacto antenupcial, que era possível, os cônjuges, de forma tácita, escolhem o regime da comunhão parcial de bens.

O regime da separação legal é obrigatório e impositivo. Não há como afastar o regime se os cônjuges estiverem em uma das situações previstas em lei. Todavia, o STF, no Tema 1236, flexibilizou a rigidez deste regime impositivo em apenas uma de suas hipóteses, casamento de pessoas maiores de 70 anos. Neste caso e apenas nesta hipótese, podem os cônjuges afastar, por escritura pública, o referido regime e definir aquele que melhor lhes aprouver. Todavia, se não houver opção ou desejo de afastar o regime, de forma supletiva, incide o regime da separação legal, com todas as suas consequências, inclusive sucessória.

O regime da separação legal e obrigatória de bens também sujeita os companheiros à sua observância, no âmbito da família constituída pela união estável. As causas suspensivas do casamento não impedem a caracterização da união estável, mas se aplicam à união estável, para impor o regime de separação legal e obrigatória. No caso de uniões estáveis constituídas por pessoas com mais de 70 anos, também incide o regime legal de separação de bens se não houver escritura pública o afastando, conforme Tema 1236 do STF. Aliás, o STJ, por meio da Súmula 655, consolidou tal entendimento: "Aplica-se à união estável contraída por septuagenário o regime da separação obrigatória de bens, comunicando-se os adquiridos na constância, quando comprovado o esforço comum". A Súmula 655 do STJ deve ser conciliada com o Tema 1236 do STF, pois os companheiros, por escritura pública, quando iniciam união estável com mais de 70 anos, podem afastar o regime da separação legal, caso em que não incidirá a Súmula 655 do STJ.

No regime da separação legal, os aquestos, bens adquiridos onerosamente durante a união estável se comunicam, desde que haja prova do esforço comum (que não é presumido). A comunicação dos aquestos com a prova do esforço comum, mediante a aplicação da Súmula 377 do STF, faz sentido nas hipóteses dos incisos I e III do art. 1.641, onde os cônjuges não têm a possibilidade e o poder de escolher o regime. A partir do Tema 1236, com tese definida pelo STF, não parece razoável admitir a aplicação da Súmula 377 do mesmo STF na hipótese do inciso II do art. 1.641. E a razão é simples: A justificativa para a Súmula 377 do STF era justamente a impossibilidade de opção. No caso do inciso II, os cônjuges ou companheiros podem optar pelo regime que desejarem, o que evidencia a ausência de causa razoável para a aplicação da Súmula 377 do STF.

Ademais, antes mesmo do Tema 1236, era possível que cônjuges que casaram ou companheiros que iniciaram união estável a partir dos 70 anos formalizassem pacto antenupcial ou contrato escrito para afastar os efeitos da Súmula 377 do STF, a fim de evitar a comunicação dos aquestos. A partir do Tema 1236, como há a possibilidade de escolha do regime, caso não haja opção, não incide a Súmula 377 na hipótese do inciso II, ou seja, como regime supletivo incidirá integralmente, sem comunicação de aquestos.

No regime da separação obrigatória de bens, nas hipóteses dos incisos I e III, incide a Súmula 377 do STF, segundo a qual os aquestos, bens adquiridos onerosamente durante o casamento (e a união estável), se comunicam. Todavia, a comunicação depende da prova do esforço comum, conforme decidido pelo STJ em sede de embargos de divergência (Recurso Especial n. 1.632.858/MG). Contudo, para assegurar maior proteção ao regime e impedir a comunicação destes aquestos, é perfeitamente possível pacto antenupcial (ou contrato escrito, no caso da união estável) para afastar a incidência da Súmula 377 do STF (Recurso Especial n. 1.922.347/PR e, ainda, Enunciado 634 das Jornadas de Direito Civil).

Como principais efeitos jurídicos patrimoniais desse regime da separação legal e obrigatória, não haverá partilha dos bens adquiridos durante a sociedade conjugal; os cônjuges não podem estabelecer sociedade entre si ou com terceiros (art. 977 do CC); os cônjuges não precisam de vênia conjugal para vender aos seus descendentes (art. 496 do CC); e, finalmente, haverá reflexo nos direitos sucessórios, porque o regime da separação obrigatória e legal de bens impede a concorrência sucessória (art. 1.829, inciso I, do CC) do cônjuge ou companheiro sobrevivente com descendentes (não impede a concorrência com ascendentes), ao contrário da separação convencional de bens, em que a concorrência sucessória do cônjuge/companheiro com descendentes (e ascendentes) estará preservada. Na concorrência sucessória com ascendentes, é irrelevante o regime de bens. Aliás, por conta deste efeito sucessório em impedir a concorrência com descendentes, certamente não haverá estímulo para afastar o regime da separação obrigatória no casamento de pessoas maiores de 70 anos.

Em resumo, as hipóteses de separação obrigatória e legal expostas nos incisos do art. 1.641 ostentam preocupação de ordem econômica. O objetivo da norma é impedir a comunhão de patrimônios, com a preservação dos bens particulares de cada cônjuge existentes antes e os adquiridos na constância do casamento e da união estável.

A primeira hipótese de incidência do regime da separação legal de bens, ocorrerá quando as pessoas contraírem casamento com inobservância das causas suspensivas (art. 1.641, I, do CC), previstas no art. 1.523 da Lei Civil. Se a pessoa se divorcia sem partilhar os bens (uma das causas suspensivas), caso venha a casar novamente ou constituir união estável, haverá a incidência do regime da separação legal de bens, como já decidiu o STJ. As causas suspensivas também podem impor o regime da separação de bens na união estável. As causas suspensivas não impedem a caracterização da união estável, mas podem impor o regime da separação legal aos conviventes, nas mesmas hipóteses do casamento. A única sanção civil para a violação das causas suspensivas é a imposição do regime da separação obrigatória (legal) de bens, no casamento e na união estável. Se a causa suspensiva cessar ou for superada durante a sociedade conjugal, os cônjuges, em conjunto, poderão requerer a alteração do regime de bens, com fundamento no art. 1.639, § 2º, do CC.

O objetivo da norma é tutelar os interesses patrimoniais dos filhos do falecido, do divorciado e do tutelado ou curatelado, ou seja, evitar confusão de patrimônio.

A segunda hipótese que implica restrição à liberdade de escolha do regime de bens, com imposição do regime da separação legal e obrigatória, é injustificável, discriminatória, ofensiva e inconstitucional. Não é por outro motivo que o STF, no Tema 1236, fixou tese onde permite que, por escritura pública, cônjuge ou companheiro, a partir dos 70 anos, possam afastar o regime e exercer a autonomia privada para dispor sobre as relações patrimoniais durante a união estável ou o casamento. Portanto, houve mitigação desta hipótese. Se não houver a opção, os cônjuges e companheiros, maiores de 70 anos, estarão submetidos ao regime da separação obrigatória, com todas as suas consequências, sem a possibilidade, neste caso, de incidência da Súmula 377 do mesmo STF.

O inciso II do art. 1.641 do CC impõe o regime da separação obrigatória no casamento de pessoas maiores de 70 anos (a norma foi alterada pela Lei n. 12.344/2010 – a redação original previa idade de 60 anos).

Tal dispositivo viola o princípio matriz das relações privadas, dignidade da pessoa humana, ante o seu caráter discriminatório, pois a idade avançada não é fato impeditivo para a tomada de decisões relevantes de natureza patrimonial. O dispositivo tem fins estritamente patrimonialistas, com o intuito de defender o patrimônio do idoso em favor dos herdeiros e não em favor do próprio idoso.

A norma em referência ainda atenta contra os princípios do Estatuto do Idoso (Lei n. 10.741/2001), que prega a proteção integral e prioritária a tais pessoas. A inconstitucionalidade do inciso II do art. 1.641 do CC é manifesta.

Na união estável não há previsão legal para o regime da separação legal/obrigatória, mas o STJ, em vários precedentes, determinou a extensão das causas de separação obrigatória à união estável, em especial nas uniões estáveis iniciadas por pessoas com idade superior a 70 anos. Tais precedentes foram consolidados na Súmula 655 (tal hipótese legal de separação obrigatória se aplica à união estável). Agora, a partir do Tema 1236, os companheiros podem, por escritura pública, afastar o regime da separação obrigatória e, no caso de omissão, a ele se sujeitarão.

No Recurso Especial n. 1.922.347-PR, como mencionado, o STJ foi além, para admitir que no contrato escrito, os companheiros, submetidos ao regime da separação legal em razão da idade superior a 70 anos, possam, com base na autonomia privada, deliberar que os aquestos não se comunicam, para afastar os efeitos da Súmula 377 do STF.

Todavia, se o casamento de pessoas maiores de 70 anos é precedido de união estável iniciado em idade anterior àquela prevista em lei, não se submetem ao regime da separação legal e obrigatória de bens. Neste sentido o Recurso Especial n. 1.318.281-PE e o Enunciado n. 261 na III Jornada de Direito Civil: "Art. 1.641: A obrigatoriedade do regime da separação de bens não se aplica a pessoa maior de sessenta anos, quando o casamento for precedido de união estável iniciada antes dessa idade".

A terceira hipótese de incidência do regime da separação obrigatória de bens se refere aos casos de casamentos em que qualquer dos cônjuges depende de suprimento judicial (art. 1.641, III, CC). É o caso de pessoas que conseguiram suprimento judicial para o casamento em razão de negativa arbitrária e abusiva dos genitores. O consentimento denegado injustamente pode ser suprido judicialmente (art. 1.519 do CC). Caberá ao juiz, diante das peculiaridades de cada caso, examinar a justiça ou injustiça da denegação, que pode violar o direito subjetivo dos nubentes.

Todavia, se o casamento ocorre com o suprimento judicial, impõe-se aos nubentes sanção patrimonial, o regime da separação obrigatória de bens.

Se os pais ou responsáveis autorizam o casamento, não haverá a imposição desse regime (os menores em idade núbil poderão livremente escolher o regime que melhor lhes aprouver), mas se os pais, de forma injusta, recusam o consentimento, o que leva à necessidade de suprimento judicial, haverá a imposição desse regime.

Nesse caso, os cônjuges acabam penalizados pela recusa abusiva e injusta dos pais, o que é uma contradição.

Após a superação da causa que determina a suspensão do regime da separação obrigatória, os cônjuges, na constância da sociedade conjugal, podem alterar o regime para aquele que melhor lhes aprouver, com fundamento no princípio da autonomia privada e no § 2º do art. 1.639 do Código Civil.

Não há alteração automática ou de pleno direito após a cessão da causa que impôs o regime legal da separação obrigatória. É essencial manifestação de vontade dos cônjuges, em pedido conjunto, que será analisado judicialmente. É essencial o controle judicial para verificação da superação da causa que impôs o regime da separação obrigatória, até por segurança jurídica.

6.4.5.1. O regime da separação obrigatória de bens e a Súmula 377 do STF (a possibilidade de pacto antenupcial e a questão do esforço comum em relação aos aquestos)

O objetivo da imposição do regime da separação obrigatória de bens é tornar os bens incomunicáveis.

Tal regime legal é alvo de ferozes críticas, todas justificáveis, uma vez que as causas que levam à imposição do regime da separação obrigatória não possuem qualquer razoabilidade. As causas suspensivas, previstas no art. 1.523, são facilmente superáveis. A imposição do regime ao casamento dos maiores de 70 anos é ofensiva, discriminatória e atentatória à dignidade das referidas pessoas, o que justificou o Tema 1236, com tese definida pelo STF, para abrandar tal regime impositivo na hipótese do inciso II do art. 1.641.

E, por fim, impor a separação obrigatória de bens para aqueles que necessitaram do suprimento judicial para casar é, no mínimo, incoerente, pois o suprimento judicial ocorrerá somente naquelas hipóteses em que a recusa do consentimento é abusiva e arbitrária. A pessoa suporta pena por ter sido vítima de ato abusivo. Não há lógica.

Em razão da fragilidade ética, moral e jurídica das hipóteses previstas em lei (art. 1.641 do CC) para a imposição do regime da separação obrigatória de bens, a jurisprudência, ao longo dos tempos, para evitar injustiças patrimoniais e pessoais, tentou contornar a rigidez do regime para admitir a comunicação dos bens adquiridos na constância do casamento das pessoas que se enquadram em qualquer das hipóteses legais.

O Supremo Tribunal Federal, por meio da Súmula 377, enunciou que "no regime de separação legal de bens comunicam-se os adquiridos na constância do casamento", que são os aquestos, bens adquiridos onerosamente na constância do casamento.

A Súmula 377 presume o esforço comum e tem por objetivo evitar o enriquecimento sem justa causa de um dos cônjuges que contribuiu, direta ou indiretamente, para aquisição dos aquestos. Todavia, na atualidade, a comunicação dos aquestos, bens adquiridos onerosamente na constância do casamento ou da união estável, submetidos ao regime da separação legal ou obrigatória de bens, depende da comprovação do esforço comum. Não mais se admite a presunção do esforço comum (como ocorre na comunhão parcial de bens, por exemplo).

O regime da separação legal e obrigatória não se confunde com o regime da separação convencional e facultativa, que pode ser adotado pelos cônjuges por meio de pacto antenupcial. A separação de bens é gênero, do qual são espécies a separação obrigatória (art. 1.641 do CC) e a separação convencional (arts. 1.687 e 1.688 do CC).

A Súmula 377 do STF somente tem aplicação ao regime da separação legal/obrigatória (que incide nas hipóteses do art. 1.641 do CC). Na separação convencional, que depende de pacto antenupcial, todos os bens serão particulares e não haverá comunicação de aquestos, mesmo que provado o esforço comum.

Portanto, ao contrário da separação convencional, na separação legal, por força da referida Súmula, a separação não é absoluta, e sim relativa.

Portanto, não há dúvida da vigência da Súmula 377, mais pela falta de razoabilidade e justificativa das causas que impõem o regime da separação obrigatória e menos até pelos princípios que a fundamentam.

O fato é que a solidariedade social, a proibição do enriquecimento sem causa justa, a dignidade da pessoa humana e a fragilidade das causas de imposição do regime levam ao reconhecimento da pertinência da súmula, que determina a comunhão dos aquestos, desde que, de acordo com jurisprudência atual, o esforço comum seja demonstrado

Em 2018, o STJ, em embargos de divergência, considerou que a comunicação/partilha dos bens adquiridos na constância do casamento submetido ao regime da separação legal de bens depende da comprovação do esforço comum na aquisição do acervo (EREsp n. 1.623.858/MG). O precedente do STJ (sem caráter vinculante – meramente persuasivo, que se espera que não venha a persuadir) passou a orientar todas as decisões posteriores do Superior Tribunal de Justiça em relação ao assunto. A prova do esforço comum não é tranquila, pois além da dificuldade de se determinar o que é "esforço comum", a necessidade desta prova poderá gerar distorções e injustiças. Neste caso, tendo em conta a complexidade das relações patrimoniais familiares, a manutenção da possibilidade de comunicação dos aquestos deveria, por consectário lógico, ser acompanhado da presunção do esforço comum. Ao se decidir pela prova do esforço comum como condição para comunicação dos aquestos, se estimulará disputas patrimoniais intermináveis em regime eleito pelo Estado. Por isso, o regime de bens deve sempre ser de livre decisão do casal, que podem definir as regras do estatuto patrimonial.

Na VIII Jornada de Direito Civil, realizada em abril de 2018, foi assegurado às pessoas sujeitas ao regime da separação obrigatória ou legal (que atrai a Súmula 377 do STF, segundo a qual os aquestos – bens adquiridos onerosamente se comunicam), o direito de estipularem, por pacto antenupcial (casamento) ou contrato de convivência (união estável), a separação absoluta de bens, justamente para afastar a incidência dos efeitos do referido verbete (Enunciado n. 634).

Eis o teor do enunciado: "É lícito aos que se enquadrem no rol de pessoas sujeitas ao regime de separação obrigatória de bens (art. 1.641, CC) estipular, por pacto antenupcial ou contrato de convivência, o regime de separação de bens, a fim de assegurar os efeitos de tal regime e afastar a incidência da Súmula 377 do STF". É a preponderância do princípio da autonomia privada. Tal entendimento foi reproduzido em recente decisão proferida pelo STJ no Recurso Especial n. 1.922.347-PR, segundo o qual, com base na autonomia privada, seja pactuada em pacto antenupcial ou contrato escrito, cláusula mais protetiva ao regime da separação legal, com o afastamento da Súmula 377 do STF e com total exclusão dos aquestos da comunhão.

Todavia, como mencionado, após a tese definida no Tema 1236, a incidência da Súmula 377 do STF, com a necessária prova do esforço comum, somente poderá ocorrer nas hipóteses dos incisos I e III do art. 1.641 do Código Civil. Na hipótese do inciso II, pessoas maiores de 70 anos, os cônjuges ou companheiros, por escritura pública, podem afastar o regime por expressa manifestação de vontade e deliberar, o que lhes aprouver, no que tange às relações patrimoniais durante o casamento ou a união estável. A justificativa para aplicação da Súmula 377, com a comunicação dos aquestos, era justamente a impossibilidade de exercer a autonomia privada. Agora, com a possibilidade de afastar tal regime, por completo, na hipótese do inciso II, do art. 1.641, não teria sentido lógico e jurídico defender a Súmula 377 se os cônjuges ou companheiros não desejarem afastar o regime. Neste caso, não haverá comunicação, inclusive de aquestos.

6.4.6. Atos de mera gestão ou administração: atos praticados pelos cônjuges durante a sociedade conjugal em relação aos bens que prescindem de vênia conjugal – relação com os regimes de bens e a desnecessidade de vênia conjugal

Na constância do casamento os cônjuges estão autorizados pela lei a realizar e praticar determinados atos de mera administração e disposição patrimonial independente de autorização do outro. Trata-se de atos de gestão ordinária. Além disso, em determinadas situações, os cônjuges, individualmente, podem questionar judicialmente a validade de atos e negócios praticados pelo outro.

O Código Civil, no art. 1.642, disciplina alguns atos que podem ser praticados pelos cônjuges isoladamente, em igualdade de condições, qualquer que seja o regime de bens, durante a sociedade conjugal.

São atos que podem ser realizados independentemente do consentimento do outro cônjuge (dispensa da vênia conjugal), com a finalidade de dinamizar a relação patrimonial durante o casamento, como meio de concretizar atos relacionados à simples administração e disponibilidade de bens relacionados à profissão, administração de bens próprios e gestão da economia doméstica.

Tais atos de administração (ou mera gestão patrimonial) dispensam a vênia conjugal, desde que a administração não implique a disposição patrimonial (salvo se relacionados à profissão), em especial de bens imóveis. A gestão ou administração, eventualmente, poderá implicar na disposição de bens, em relação àqueles essenciais ao exercício da profissão, desde que não sejam imóveis ou, no caso de bens móveis (de acordo com o inciso V do art. 1.642, o cônjuge, independente de vênia conjugal, pode praticar qualquer ato que não seja expressamente vedado, como é, em regra, disposição onerosa de bens móveis), em qualquer circunstância. Não há vedação para a livre disposição de bens móveis (independente de conexão com o exercício da profissão).

No caso dos bens imóveis, ainda que sejam essenciais ao exercício da profissão, a disposição onerosa destes dependerá de vênia conjugal (art. 1.642, inciso I), salvo no regime da separação convencional de bens e da participação final dos aquestos em relação a imóveis particulares, desde que haja previsão no pacto antenupcial (art. 1.656 do CC).

De acordo com o art. 1.642 do CC, qualquer que seja o regime de bens, tanto o marido quanto a mulher podem livremente:

I – praticar todos os atos de disposição e de administração necessários ao desempenho de sua profissão, com as limitações estabelecidas no inciso I do art. 1.647

Nesse caso, os atos de disposição e administração estão vinculados ao exercício da profissão, pois o cônjuge não pode depender da vênia do outro para atos relativos ao exercício da atividade profissional.

Os bens vinculados à atividade profissional, como os relativos ao comércio, não dependem de vênia conjugal. No entanto, a norma impõe limite, pois mesmo que os atos de disposição e administração estejam relacionados à profissão, se tais atos consistirem na alienação ou em gravar com ônus reais bens imóveis, será essencial a vênia conjugal.

Como regra, a vênia conjugal em relação à disposição de imóveis é necessária ainda que o bem seja privado ou exclusivo. No regime da separação convencional (ressalva no *caput* do art. 1.647) e na participação final dos aquestos, se houver convenção sobre a livre disposição dos imóveis próprios (art. 1.656 do CC), é dispensada a vênia conjugal.

II – administrar os bens próprios

Nesse caso, em relação aos bens próprios ou particulares, é dispensada a vênia conjugal para atos que se limitam à gestão administrativa. Não há possibilidade de atos de disposição sem outorga conjugal. Em relação aos bens próprios (os excluídos da comunhão), a administração pode ser individualizada. Todavia, é possível que, por meio de pacto antenupcial, o cônjuge transfira ao seu consorte o poder para administrar os bens próprios ou particulares. Por exemplo, de acordo com o art. 1.665 do CC, a administração de bens constitutivos de patrimônio particular compete ao cônjuge proprietário (regime da comunhão parcial de bens), salvo convenção diversa em pacto antenupcial. Aliás, tal dispositivo evidencia a possibilidade de pacto antenupcial no caso de adoção do regime da comunhão parcial de bens.

III – desobrigar ou reivindicar os imóveis que tenham sido gravados ou alienados sem o seu consentimento ou sem suprimento judicial

Nessa hipótese, há íntima conexão com o disposto no art. 1.647, I, do CC, segundo o qual é imprescindível a vênia conjugal ou, ao menos, o suprimento judicial no caso de recusa injusta do consentimento, para alienar ou gravar de ônus real os bens imóveis.

Se tais atos forem praticados sem a vênia conjugal, qualquer dos cônjuges (aquele que não exteriorizou o consentimento – art. 1.645), de forma isolada, poderá ajuizar ação para desobrigar os imóveis gravados e reivindicar aqueles alienados sem vênia conjugal ou suprimento judicial.

Se o imóvel for gravado sem outorga e sem suprimento judicial, poderá o cônjuge "desobrigar", ou seja, excluir o ônus ou gravame incidente sobre o imóvel. Nesta situação de ônus ou gravame, o cônjuge prejudicado, por meio de ação de invalidação, poderá desconstituir a garantia ou restrição, justamente com base na ausência de pressuposto de validade (legitimidade – ausência de outorga conjugal).

Por outro lado, se houver alienação ou ato de disposição imobiliária, poderá reivindicar (o fundamento da reivindicação será o direito de propriedade, no caso de bens comuns ou, direitos eventuais, no caso de bens particulares) o imóvel alienado sem consentimento ou desprovido de suprimento judicial do consentimento (art. 1.648 do CC).

Trata-se de dispositivo que confere a qualquer dos cônjuges, de forma isolada e autônoma, plena legitimidade para demandar em juízo contra atos de disposição imobiliária praticados pelo outro. A ação reivindicatória é para recuperar os poderes dominiais do proprietário (art. 1.228 do CC), cônjuge preterido, no caso de bens comuns. E, no caso de alienação de bem particular, a reivindicação é para proteger futura meação sobre benfeitorias, frutos ou acessões, que se comunicam. O terceiro prejudicado, nos termos do art. 1.646, terá ação regressiva contra o cônjuge que realizou o negócio jurídico sem a vênia conjugal ou contra os herdeiros. O direito de propriedade do cônjuge prejudicado prevalece sobre os interesses de terceiros, mesmo de boa-fé, para quem restará a possibilidade de reparação de eventuais danos.

Todavia, em razão da menção do art. 1.647 ao regime de bens da separação convencional, o inciso III do art. 1.642 do CC somente se aplica aos regimes da comunhão universal, comunhão parcial e participação final dos aquestos (desde que neste não haja convenção para a disposição dos imóveis particulares).

No regime da separação convencional e absoluta, os cônjuges podem livremente gravar e alienar os imóveis, independentemente de vênia conjugal (arts. 1647, *caput*, e 1.687 do CC).

IV – demandar a rescisão dos contratos de fiança e doação, ou a invalidação do aval, realizados pelo outro cônjuge com infração do disposto nos incisos III e IV do art. 1.647

O art. 1.647, incisos III e IV, do CC, exige autorização do cônjuge, exceto no regime da separação convencional absoluta de bens, para fiança, aval e doação de bens comuns, desde que não seja remuneratória ou dos que possam integrar futura meação. Portanto, se a referida norma exige a participação de ambos cônjuges (um deles por meio de autorização) para concessão de aval, fiança ou doação de bens comuns ou particulares que possam integrar futura meação e, se tais atos foram praticados sem a necessária outorga, a pretensão para invalidá-los poderá ser manejada, de forma isolada, apenas pelo cônjuge prejudicado ou seus herdeiros (art. 1.645 do CC), sob pena de se inviabilizar a proteção imposta pelo art. 1.647, III e IV, do CC.

Se o cônjuge realizar tais atos de garantia pessoal (fiança e aval) ou de disposição patrimonial (doação) sem o consentimento do outro (autorização ou vênia conjugal), aquele que foi preterido poderá e terá legitimidade para, isoladamente, demandar a rescisão (o termo é equivocado, pois como o vício é originário, ausência de legitimidade, não se trata de rescisão dos contratos de fiança e doação, mas de invalidação, submetida ao regime da anulação – interesse privado) de todo o contrato acessório de fiança, a invalidação do aval (por falta de legitimidade para realizar o ato sem vênia conjugal – a legitimidade é causa de invalidação) e do contrato de doação. Nesses casos, a invalidação repercutirá na integralidade destes negócios jurídicos. Nesse sentido, aliás, a Súmula 332 do STJ: "A fiança prestada sem autorização de um dos cônjuges implica a ineficácia total da garantia", que superou o Enunciado 114 da I Jornada de Direito Civil.

O pressuposto de validade exigido para o cônjuge casado praticar tais atos/negócios, legitimidade, visa tutela interesse privado daquele que deve exteriorizar o consentimento.

Portanto, há impropriedade da lei. Em razão da ausência de legitimidade contemporânea à formação dos contratos de fiança e aval, será possível a invalidação.

A rescisão/resolução só ocorre por fato superveniente à formação, o que não é o caso. Na situação jurídica em destaque, ausência de legitimidade, o vício é contemporâneo à formação. Por ocasião da fiança, do aval ou da exteriorização de vontade para formação da doação (que tem por objeto bens comuns ou particulares que possam integrar futura meação), o cônjuge se encontrava em posição jurídica que exigia habilitação específica para a prática do ato, vênia conjugal (legitimidade – pressuposto de validade). Portanto, o cônjuge preterido pleiteará, no prazo decadencial de 2 anos (art. 1.649 do CC), depois de terminada a sociedade conjugal, a invalidação dos contratos de doação, fiança e aval por ausência de consentimento, fator de legitimidade para a prática do ato.

Em caso de extinção desses contratos por ausência de legitimidade (invalidação), por ação judicial proposta pelo cônjuge que não autorizou tais negócios jurídicos, os terceiros de boa-fé, prejudicados ou que tiverem interesse ou bem jurídico relevante violado, terão direito à ação regressiva contra o cônjuge que praticou tais atos sem autorização dos demais. É o que dispõe o art. 1.646 do CC, segundo o qual o terceiro prejudicado terá direito regressivo contra o cônjuge que realizou o negócio ou seus herdeiros. Neste caso, entre o direito de propriedade do cônjuge preterido e os interesses de terceiro de boa-fé, prevalecerá a propriedade. Somente os bens particulares do cônjuge que praticou o ato sem outorga uxória serão vinculados a tal responsabilidade civil.

O objetivo da norma é proteger o acervo patrimonial da família. Na ponderação entre os interesses da família, quando adotado o modelo do casamento e os interesses do terceiro de boa-fé, sacrifica-se este último, que terá apenas direito de indenização pelos prejuízos causados pelo cônjuge que praticou os referidos atos sem autorização do outro ou desprovido de suprimento judicial.

V – reivindicar os bens comuns, móveis ou imóveis, doados ou transferidos pelo outro cônjuge ao concubino, desde que provado que os bens não foram adquiridos pelo esforço comum destes, se o casal estiver separado de fato por mais de cinco anos

Tal dispositivo demonstra a incoerência e ausência absoluta de qualquer técnica legislativa. Há conflito entre tal norma e as regras que disciplinam outro modelo de família, a união estável. A caracterização da união estável independe de prazos, como o exigia a Lei n. 8.971/94.

De acordo com o art. 1.723 do CC, é reconhecida como entidade familiar a união estável entre homem e mulher configurada em uma convivência pública, contínua e duradoura, que tem por objetivo a constituição de família. Não se exige prazo de separação de fato, para a constituição da união estável. Ademais, com a separação de fato, independente de prazo, não há mais comunhão plena de vida, substrato material de qualquer entidade familiar (art. 1.511 do CC, relativa ao casamento, cujo fundamento também poderá ser estendido à união estável).

Portanto, a partir da separação de fato, o cônjuge estará autorizado a constituir nova entidade familiar, sob o modelo da união estável e, nesse caso, os bens adquiridos durante essa união não se confundem com os bens do casamento anterior, razão pela qual não podem ser reivindicados como bens comuns. Importante registrar que a separação de fato, assim como a separação judicial, põe termo ao regime de bens, a teor do disposto no art. 1.576 do CC.

O casamento não é óbice à união estável, desde que o cônjuge esteja separado de fato do outro (§ 1º do art. 1.723 do CC). Por isso, a leitura do inciso V do art. 1.642 deve ser realizada em conformidade com as regras e princípios da união estável. A própria diferença entre união estável (art. 1.723) e concubinato (art. 1.727) impõe a inaplicabilidade da parte final do dispositivo.

O concubinato se caracteriza quando duas pessoas, impedidas de formalizarem casamento, passam a manter relações não eventuais. No entanto, o casamento anterior não é impedimento para a união estável (§ 1º do art. 1.723), desde que haja separação de fato (porque não haverá mais comunhão plena de vida, pressuposto material e substancial do casamento – art. 1.511 do CC).

Portanto, somente poderão ser reivindicados os bens comuns adquiridos na constância do casamento e que foram transferidos pelo cônjuge à terceira pessoa (que pode ser a concubina ou concubino), o que não impedirá a invalidação de doações, com base no art. 550, seja o bem comum ou particular, ou a reivindicação, com fundamento no art. 1.647, IV, em relação a bens comuns, neste último caso por ausência de outorga uxória, conforme explicação adiante.

Os bens adquiridos após a separação de fato, com esforço exclusivo de um dos cônjuges ou em conjunto com outro companheiro ou companheira, não estão abrangidos pela proteção legal. A separação de fato acarreta a incomunicabilidade de bens, pois haveria enriquecimento sem justa causa caso fosse possível a comunicação de bens durante os primeiros cinco anos de separação de fato.

A comunhão de bens pressupõe, por óbvio, colaboração recíproca, fato que não ocorre na separação de fato. Cessada a comunhão plena de vida, base de sustentação da entidade familiar, não há mais causa legítima para a aquisição em conjunto. A separação de fato faz desaparecer o pressuposto e o fundamento da comunhão.

No Código Civil, há três dispositivos que estão em aparente conflito no caso de doação em favor de concubino (arts. 550, 1.642, V, e 1.647, IV). O art. 550 da CC dispõe que a doação do cônjuge em favor do concubino pode ser invalidada (anulada) pelo outro no prazo de 2 anos, após o fim da sociedade conjugal. Se os cônjuges estiverem separados de fato no momento da doação, o contrato será válido, desde que a doação não envolva a meação ou bens particulares do outro. Portanto, é pressuposto que a doação ocorra durante a plena vigência da sociedade conjugal para fins de invalidação.

O art. 550, por força de lei, retira a legitimidade do cônjuge para tal doação. Se estiver nesta posição jurídica, não terá legitimidade para doar em favor da concubina. A legitimidade é requisito de validade e, por isso, a ausência desta leva à invalidação do ato. Para tal invalidade, é irrelevante o regime de bens e a natureza dos bens doados (comuns ou particulares).

O art. 1.642, inciso V, ora analisado, dispõe que o cônjuge pode reivindicar os bens comuns, móveis ou imóveis, doados pelo outro em favor do concubino. A reivindicação tem como fundamento o direito de propriedade, na condição de condômino (bens comuns doados, móveis ou imóveis). Ao contrário do que sugere a norma, a partir da separação de fato, não será mais possível a reivindicação, em relação aos bens adquiridos posteriormente, que podem ser livremente doados.

Por outro lado, o art. 1.647, inciso IV, exige autorização do cônjuge (legitimidade – pressuposto de validade) para doação de bens comuns (inclusive em favor de concubino, porque não há restrição). Neste caso, realizada a doação de bem comum sem outorga conjugal, o outro poderá requerer a anulação em até 2 anos após o fim da sociedade conjugal.

Diante deste aparente conflito de normas, qual a solução?

No caso de doação de bens particulares, móveis ou imóveis, realizada por um dos cônjuges, em favor do concubino, durante o casamento, somente é possível a invalidação do contrato de doação com base no art. 550 do CC. No caso de doação de bens comuns (integram a comunhão), móveis ou imóveis, em tese, é possível, no prazo legal, a invalidação com base no art. 550 (fundamento: favorecer concubino) ou com base no art. 1.649 (fundamento: ausência de autorização do cônjuge). Por fim, em relação aos bens comuns, doados para concubino, independente de prazo, é possível a reivindicação com base neste art. 1.642, V (fundamento: tutela da propriedade).

Registre-se que o concubino não pode ser beneficiário de seguro de vida (art. 793), testamento (art. 1.801, III), além de estar excluído da proteção do direito de família, como é o caso de alimentos.

VI – praticar todos os atos que não lhe forem vedados expressamente

Trata-se de norma residual, segundo a qual o que não está proibido de ser realizado de forma isolada, estará permitido (art. 5º, inciso II, da CF). É a regra nas relações privadas, pois ninguém é obrigado a fazer ou deixar de fazer nada senão em virtude de lei.

6.4.6.1. Os atos jurídicos que independem de autorização do cônjuge no âmbito doméstico (arts. 1.643 e 1.644 do CC)

Além dos atos previstos no art. 1.642 do Código Civil, cada um dos cônjuges, independentemente da autorização e consentimento do outro, qualquer que seja o regime de bens, poderá realizar compras (contrato de compra e venda) e firmar contratos de empréstimos (financiamentos) relativos a coisas necessárias à economia doméstica (conceito jurídico indeterminado).

É o que dispõe o art. 1.643 da Lei Civil.

Ainda que tais negócios jurídicos para aquisição de coisas indispensáveis à economia doméstica sejam realizados por apenas um dos cônjuges, o outro, por força de lei, estará solidariamente obrigado e responderá pelas dívidas contraídas para tal finalidade, na forma do art. 1.644 do CC. Trata-se de solidariedade legal (art. 265 do CC).

Por exemplo, se um dos cônjuges assina contrato e assume dívida para aquisição de coisa necessária para a economia doméstica, o outro, que não participou desse negócio, estará obrigado solidariamente a essa dívida, pelo simples fato de ser cônjuge. Há presunção de consentimento em relação a negócios essenciais para a manutenção da família, o que justifica a referida solidariedade legal.

A expressão "coisas indispensáveis para a economia doméstica" é conceito jurídico indeterminado. Caberá ao juiz, no caso concreto, integrá-las com juízo de valor para verificar se para determinado casal e dentro de um contexto social e econômico, poderá tal ou qual coisa ser considerada indispensável para a economia doméstica.

São bens indispensáveis ao consumo familiar, e cada cônjuge tem um contexto social e econômico que impedirá a padronização de entendimento para se impor solidariedade legal em relação às dívidas assumidas por um só dos cônjuges para a aquisição de coisas indispensáveis à economia doméstica.

Tal poder doméstico pode ser exercido por qualquer dos cônjuges, ainda que a norma, historicamente, fosse uma garantia de poder para a mulher em relação às coisas domésticas. A igualdade de direitos e deveres entre os cônjuges altera essa concepção.

Sobre a justificativa da norma, Tepedino[28] destaca que "a vida em família implica uma série de gastos comuns ordinários, como moradia, alimentação, estudo dos filhos, vestuário, lazer etc. Por força de lei, esses gastos presumem-se autorizados pelo cônjuge, assim como a obtenção de empréstimo para sua realização. Se assim não fosse e, necessária a outorga uxória ou marital para cada despesa do cotidiano da família, a vida conjugal se mostraria inviável. Trata-se de presunção legal absoluta – *iures et de iure* –, aplicável a todos os regimes de bens".

Há uma conexão entre o art. 1.644 e o disposto no art. 1.664, segundo o qual, no regime da comunhão parcial de bens "os bens da comunhão respondem pelas obrigações contraídas pelo marido ou pela mulher para atender aos encargos da família, às despesas de administração e às decorrentes de imposição legal".

6.4.6.2. Atos de disposição patrimonial: atos praticados pelo cônjuge que dependem de vênia (consentimento) conjugal

O Código Civil exige autorização (vênia conjugal ou outorga uxória/marital) do cônjuge em relação a determinados atos e negócios jurídicos, em razão da relevância social e das repercussões econômicas e materiais para o núcleo familiar. A lógica é exigir autorização do cônjuge para atos e negócios que não são rotineiros ou comuns. Ao contrário, são situações excepcionais, como a disposição de imóveis, concessão de fiança ou aval ou doação de bens comuns ou particulares que possam integrar futura meação.

Os arts. 1.642 a 1.644, como analisado anteriormente, apresentam relação de atos, fatos e até demandas que podem ser praticados ou ajuizados (no caso das ações de invalidação da fiança, aval, da reivindicação de imóveis alienados sem autorização, ou ação para desobrigar os imóveis gravados, entre outros) pelo cônjuge sem a necessidade de qualquer autorização do outro. E há conexão lógica entre alguns dispositivos que permitem a prática de atos que independem de vênia conjugal e outros que a exigem. Se é essencial outorga conjugal para gravar e dispor de imóveis, realizar doações, conceder fiança e aval, é óbvio que o outro cônjuge, preterido, de forma isolada, poderá questionar todos estes atos e negócios. Portanto, a maioria das situações em que o cônjuge não necessita de autorização se destina justamente à sua proteção contra atos e negócios realizados sem a sua autorização. É via de mão dupla.

O art. 1.647 do CC apresenta o rol de atos e negócios jurídicos que não podem ser praticados pelos cônjuges sem a devida autorização do outro. A autorização do consorte confere legitimidade para os referidos atos. A autorização para a prática de determinados atos é condição de validade: legitimação. A autorização ou vênia conjugal é legitimidade necessária para evitar vício e a eventual invalidade destes atos jurídicos. A ausência de legitimidade (que no caso, se dará com a vênia conjugal) pode invalidar atos e negócios jurídicos, a depender do interesse concreto do cônjuge preterido, que terá competência exclusiva para requerer a invalidação, no prazo de 2 anos, contados do término da sociedade conjugal (art. 1.649 do CC).

A vênia conjugal ou consentimento do cônjuge para os atos e negócios previstos no art. 1.647, do CC, é fator de legitimidade (fato objetivo, decorrente da condição de casado).

---

[28] TEPEDINO, Gustavo; BARBOSA, Heloísa Helena; BODIN, Maria Celina et al. *Código civil interpretado*. v. IV (Direito de Família. Sucessão em geral. Sucessão legítima e testamentária. Disposições finais e transitórias. Arts. 1.511 a 2.046), RJ-SP: Renovar, 2006, p. 276.

A validade dos atos e negócios jurídicos pressupõe sujeitos e agentes capazes (condição subjetiva que decorre da própria pessoa) e legitimados (condição objetiva).

A legitimação está relacionada a posição jurídica em que o sujeito de direito se encontra em relação a determinados atos e negócios.

Em certos casos, em função de impedimento circunstancial, o sujeito necessita de legitimação ou habilitação para a prática de certos atos e, no caso do casamento, tal legitimação é materializada em forma de autorização ou vênia conjugal.

O art. 1.647 do CC faz duas ressalvas quanto à necessidade de vênia conjugal para a prática dos atos e negócios ali referidos.

A *primeira* está relacionada ao art. 1.648 do Código Civil, segundo o qual o juiz poderá, em todas as hipóteses do art. 1.647, suprir a outorga ou a ausência de consentimento do cônjuge, quando tal recusa for imotivada e abusiva ou, ainda, em caso de impossibilidade de concedê-la, como na situação do cônjuge que está em coma ou é doente terminal e não tem condições de conferir a autorização ao seu consorte.

Nesses casos, por meio de procedimento de jurisdição voluntária, poderá o cônjuge requerer ao juiz o necessário suprimento do consentimento. Quanto à recusa imotivada ou abusiva, o suprimento judicial é desdobramento do princípio da boa-fé objetiva, o qual, entre outras funções, impõe limites ao exercício ou não exercício de direitos subjetivos e potestativos (abuso de direito pode ser por ação e por omissão – art. 187 do CC).

As declarações de vontade ou as recusas de consentimento devem ser justificadas e motivadas, sob pena de serem abusivas e violadoras do princípio da boa-fé objetiva.

A *segunda* ressalva tem relação com o regime de bens da "separação absoluta", como reza o art. 1.647. Se os cônjuges forem casados nesse regime de bens, os atos previstos no referido artigo podem o ser sem a necessidade de autorização conjugal. A dúvida a ser dirimida é se, ao mencionar "separação absoluta", o artigo está a se referir à separação convencional (escolhida pelos cônjuges), separação legal (imposta nas hipóteses do art. 1.641) ou a ambas.

Em relação ao regime da separação convencional, não há dúvida de que a expressão "separação absoluta" o abrange, tendo em vista que o art. 1.687 impõe separação total e absoluta entre os bens, ao declarar que os bens permanecem sob a administração exclusiva de cada um dos cônjuges, que os pode livremente alienar ou gravar de ônus real.

É plena a liberdade de disposição patrimonial dos bens particulares de cada cônjuge em tal regime, independentemente da natureza dos bens em si considerados.

E no regime da separação legal ou obrigatória de bens, haveria ou não necessidade de autorização do cônjuge?

Em que pese algumas divergências doutrinárias e, inclusive diante da possibilidade de comunicação de aquestos, desde que provado o esforço comum, nos termos da Súmula 377 do STF (com a ressalva do inciso II do art. 1.641 do CC – Tema 1236 do STF), a norma dispensa a vênia conjugal apenas no regime da separação convencional que, de fato e direito, é absoluta, a teor do disposto no art. 1.687 do CC.

Com exceção dessas duas ressalvas (previstas no art. 1.647, pois no regime da participação final dos aquestos é possível convencionar a livre disponibilidade dos imóveis, desde que particulares – art. 1.656 do CC), nenhum dos cônjuges pode, sem autorização do outro, praticar os seguintes atos e/ou negócios (art. 1.647 do CC):

I – alienar ou gravar de ônus real os bens imóveis

Os imóveis, pela sua natureza, ostentam proteção especial. Os móveis não estão abrangidos por essa norma, ainda que sejam de valor considerável. Com exceção do regime da separação convencional, ainda que o bem imóvel não integre a comunhão (por exemplo, no regime da comunhão parcial os bens adquiridos antes do casamento são particulares e por isso não se comunicam), haverá a necessidade de vênia conjugal para a alienação ou a imposição de ônus real.

Os bens particulares de cada cônjuge, com exceção no regime da separação convencional, não podem, portanto, ser alienados ou submetidos a ônus real sem autorização do outro. Portanto, ainda que a lei (art. 1.665 do CC), no regime da comunhão parcial de bens, disponha que a administração e a disposição dos bens que constituem o patrimônio particular competem ao cônjuge proprietário, a disposição do imóvel dependerá de autorização ou vênia conjugal (art. 1.647, I). Os dispositivos devem ser harmonizados.

No regime da comunhão parcial de bens e no regime da comunhão universal, ainda que os bens sejam particulares, haverá necessidade de vênia conjugal. A razão é simples: no regime da comunhão parcial entram na comunhão as benfeitorias particulares de cada cônjuge e os frutos dos bens particulares. O mesmo ocorre na comunhão universal em relação aos frutos (art. 1.669). Portanto, há interesse do cônjuge na disposição de imóveis, ainda que particulares ou exclusivos, ou, que não integrem a comunhão.

Por outro lado, no regime da participação final dos aquestos, desde que seja convencionado no pacto antenupcial, será possível a livre disposição de bens imóveis, independentemente de vênia conjugal, desde que sejam imóveis particulares (art. 1.656 do CC).

Para a livre disposição de imóveis nesse regime são essenciais três requisitos: 1 – adoção do regime da participação final dos aquestos por meio de pacto antenupcial; 2 – cláusula expressa que permite a livre disposição dos imóveis durante o referido regime; 3 – os imóveis devem ser particulares, ou seja, não podem ser bens que integram a comunhão ou o patrimônio comum. Nesse caso, será possível dispensar a autorização do outro cônjuge.

II – pleitear, como autor ou réu, acerca desses bens ou direitos

Trata-se de regra de natureza processual. O dispositivo impõe a formação de litisconsórcio ativo ou passivo entre os cônjuges nas ações reais imobiliárias, como as ações reivindicatórias, por exemplo.

O § 1º do art. 73 do CPC impõe a participação dos cônjuges nas ações que versem sobre direitos reais imobiliários, como ação reivindicatória.

A ressalva ao regime da separação absoluta de bens, que não existia na legislação processual anterior, afina o atual CPC com a ressalva do art. 1.647, *caput*, do CC.

No caso, também devem ser incluídos os bens particulares de cada um dos cônjuges.

Portanto, para compor o polo ativo, o cônjuge necessitará do consentimento do outro e, no polo passivo, obrigatoriamente, será formado litisconsórcio passivo necessário, nos termos do art. 114 do CPC.

III – prestar fiança ou aval

Tais garantias pessoais prestadas por pessoa casada dependerão de vênia conjugal, sob a pena de invalidação da totalidade dessas garantias, conforme Súmula 332 do STJ. Se não houver o consentimento de um dos cônjuges para a prestação da fiança, com o objetivo de garantir dívida, será possível a invalidação integral deste contrato acessório, bem como de eventual aval, cuja demanda para tal finalidade poderá ser promovida pelo cônjuge preterido, de forma isolada, conforme art. 1.642, inciso IV, do Código Civil. Ainda que a fiança seja em favor de cooperativa de crédito, é necessária a outorga conjugal (Recurso Especial n. 1.351.058-SP). O Enunciado n. 114 da I Jornada de Direito Civil é contrário à Súmula, pois adota a tese da ineficácia e, ainda, de forma parcial.

O fato é que a lei impõe a invalidação de toda a garantia, e ao terceiro prejudicado restará ação regressiva, de natureza indenizatória, contra o cônjuge que prestou a garantia sem a vênia conjugal para responder pelos prejuízos causados (art. 1.646 do CC).

Portanto, embora a garantia venha a ser invalidada, o terceiro de boa-fé terá direito de requerer indenização contra o cônjuge ou seus herdeiros que realizaram o negócio jurídico sem a devida habilitação (autorização do outro consorte).

O STJ, no Recurso Especial n. 1.526.560-MG, julgado em 16-3-2017, sem qualquer fundamento jurídico que justificasse tal decisão, considerou que o aval dado aos títulos de créditos nominados ou típicos, por força do art. 903 do Código Civil, prescinde de outorga uxória ou marital. O aval em títulos de crédito nominados, ainda que o avalista seja casado, em razão de fundamentos de direito cambiário, em especial a autonomia e a segurança jurídica na circulação de títulos, não necessita de vênia conjugal se o avalista for casado. Na referida decisão, o art. 1.647, III, ficou restrito aos títulos de crédito atípicos, regidos pelo próprio Código Civil. Com todo o respeito, a decisão é equivocada. O art. 1.647, III, do CC, não faz referência a aval em títulos de crédito típicos ou atípicos. Ademais, o aval é instituto de direito cambiário, seja o título de crédito típico ou atípico. A tese não se sustenta. A diferenciação levada a efeito, mais uma vez, faz com que a lei seja alterada por decisão judicial, a pretexto de uma interpretação que a norma não comporta.

O cônjuge do avalista, que autoriza o aval, não se torna avalista, razão pela qual não é litisconsorte necessário em ação promovida contra o avalista (Recurso Especial n. 1.475.257-MG). Basta a intimação do cônjuge que autorizou o aval para regularidade processual.

IV – fazer doação, não sendo remuneratória, de bens comuns, ou dos que possam integrar futura meação

Tal inciso proíbe que qualquer dos cônjuges, sem a vênia conjugal (condição de legitimidade e validade), faça doação de bens comuns ou daqueles que possam integrar futura meação. As doações remuneratórias (art. 540, CC), ou seja, em contraprestação a determinados serviços, independem de autorização. Isto ocorre porque a doação remuneratória, até o limite do valor do serviço prestado, não tem caráter de liberalidade. Tal doação, inclusive, não pode ser revogada por ingratidão do donatário e não está sujeita à colação, caso presentes os demais pressupostos da colação.

No entanto, a doação remuneratória não pode exceder o valor do serviço, pois o excesso não perderá o caráter de liberalidade e, por isso, dependerá de vênia conjugal. O importante a ser registrado é que o dispositivo legal restringe a doação aos bens comuns ou àqueles que possam integrar futura meação.

A proibição envolve bens móveis e imóveis, desde que comuns (no regime da comunhão parcial, são os adquiridos na constância do casamento, ressalvados os mencionados no art. 1.659; no regime da comunhão universal serão todos os bens, com exceção daqueles do art. 1.668) ou aqueles, ainda que particulares, que possam integrar futura meação, como é o caso do regime da participação final dos aquestos, que são os bens adquiridos na forma onerosa durante o casamento ou os bens particulares no regime da comunhão parcial, sobre os quais tenham sido realizadas benfeitorias ou gerem frutos, que integram a comunhão.

O parágrafo único do art. 1.647 do CC dispõe serem válidas as doações nupciais feitas aos filhos quando casarem ou estabelecerem economia separada, ainda que sejam realizadas por apenas um dos cônjuges. O objetivo é a tutela da família, pois permitirá que os pais prestem auxílio material aos filhos no início da vida. O motivo da doação já implica a dispensa de vênia conjugal.

6.4.6.3. Os atos praticados por um dos cônjuges sem autorização do outro e a tutela dos terceiros de boa-fé prejudicados pela invalidação destes negócios jurídicos

Os direitos de terceiro de boa-fé são preservados em relação àqueles atos praticados por qualquer dos cônjuges que dependam de autorização do outro e foram praticados sem a devida vênia conjugal.

No caso de alienação de imóveis ou se tais bens foram gravados por apenas um dos cônjuges sem a autorização do outro, ou ainda sem suprimento judicial (arts. 1.642, III, e 1.647, I, CC), ou se um dos cônjuges for fiador ou avalista de qualquer obrigação sem a vênia conjugal ou doar bens comuns (arts. 1.642, IV, e 1.647, II e IV, CC) para terceiros sem autorização do consorte, os terceiros de boa-fé, prejudicados por quaisquer desses negócios jurídicos, terão direito de indenização contra aquele cônjuge que realizou tais atos/negócios sem a devida autorização ou vênia conjugal.

A tutela em favor do terceiro é de natureza pecuniária, nos termos do art. 1.646 do CC.

Nesse caso, a preservação do interesse do terceiro de boa-fé prejudicado é restrita à indenização (direito regressivo de pedir perdas e danos), mas o negócio jurídico não será preservado. A ausência de autorização/vênia conjugal implicará vício de origem, justa causa para o pedido de anulação pelo cônjuge que não consentiu. No caso de falecimento do cônjuge, os herdeiros deste, nos limites de suas cotas hereditárias e respeitadas as forças da herança, serão responsabilizados por tal indenização.

A invalidade, como regra, terá efeito retroativo, com retorno dos bens ao acervo da família (arts. 182 e 1.649, ambos do CC). O terceiro de boa-fé apenas terá a prerrogativa de requerer a reparação dos danos. De acordo com o art. 1.646, o terceiro prejudicado terá ação regressiva contra o cônjuge e seus herdeiros.

No caso, entre os interesses do cônjuge que não consentiu e do terceiro, mesmo de boa-fé, prevalece o primeiro. Trata-se de norma que retrata o modelo tradicional de família, em seu viés patrimonial mais puro.

6.4.6.4. Legitimidade para as hipóteses previstas nos arts. 1.642, III, IV e V, e 1.647, III e IV, CC

O art. 1.642, incisos III, IV e V, autoriza o cônjuge, de forma isolada, a questionar a validade dos negócios que implique em onerar ou dispor de imóveis, prestar fiança ou aval, doar bens comuns ou particulares que possam integrar futura meação, por ausência de vênia conjugal (pressuposto de validade – legitimidade). Ademais, poderá reivindicar bens comuns, móveis ou imóveis, transferidos ao concubino.

As ações fundadas nos incisos III, IV e V do art. 1.642 do CC competem exclusivamente ao cônjuge prejudicado e a seus herdeiros, nos termos do disposto no art. 1.645 do CC.

Em caso de falecimento do cônjuge prejudicado com tais atos, a legitimidade passará para os herdeiros.

Tal legitimação é sucessiva, ou seja, os herdeiros somente poderão demandar se o cônjuge prejudicado for falecido, ausente ou, por algum motivo, estiver impedido ou impossibilitado de tomar a iniciativa dessas demandas.

Tal legitimidade exclusiva é reforçada pelo art. 1.650, segundo o qual a decretação de invalidade dos atos praticados sem outorga, sem consentimento, ou sem suprimento do juiz, só poderá ser demandada pelo cônjuge a quem cabia concedê-la, ou por seus herdeiros.

Portanto, embora tais atos dependam de consentimento do cônjuge, por razões óbvias, o questionamento da validade destes negócios poderá ser viabilizado apenas e tão somente pelo cônjuge prejudicado. Se houvesse necessidade de autorização para questionar a validade dos atos, não haveria sentido lógico jurídico na exigência da outorga conjugal pelo art. 1.647. A proteção em relação ao prejudicado implica demanda isolada deste.

6.4.6.5. Efeitos jurídicos da ausência do cônjuge quando necessária (anulação). A outorga e o suprimento de consentimento: a decretação da invalidade dos atos praticados sem outorga ou sem consentimento do juiz

O art. 1.647 do Código Civil, que deve ser interpretado em conjunto com o art. 1.642 (em especial os incisos III, IV e V), elenca as hipóteses em que nenhum dos cônjuges pode, sem autorização do outro, com exceção do regime da separação convencional de bens ou se houver suprimento judicial do consentimento, praticar determinados atos e negócios jurídicos.

A autorização do cônjuge para esses casos é condição de legitimidade dos atos e negócios jurídicos ali previstos. A legitimidade consiste em habilitação para a prática de atos e negócios jurídicos específicos em razão da posição jurídica dos sujeitos de direito.

A falta de autorização do cônjuge ou do suprimento judicial implicará na ausência de legitimação ou habilitação para a prática de qualquer daqueles atos e negócios e, em consequência, poderá levar a sua invalidade. É o que dispõe o art. 1.649 do CC.

De acordo com a norma jurídica em referência, a ausência de autorização ou suprimento judicial viola interesse meramente privado e, por essa razão, a sanção civil estabelecida é o regime jurídico das anulabilidades ou anulação.

Naqueles casos do art. 1.647, o cônjuge prejudicado poderá pedir a invalidação para anulação desses atos e negócios, no prazo, de natureza decadencial, de até dois anos do término da sociedade conjugal (que pode terminar pela morte, divórcio ou invalidação).

Se a demanda não for proposta no referido prazo, os atos e negócios praticados sem a vênia conjugal serão confirmados (ratificados) automaticamente e o vício convalescerá em definitivo. A confirmação importa na extinção da possibilidade de propor a ação de anulação (art. 175 do CC).

Nesse ponto, é essencial uma observação: o art. 1.649 sanciona com a invalidade a prática de qualquer dos atos e negócios previstos no art. 1.647 do CC sem autorização ou vênia conjugal. A sanção está correta, tendo em vista que o vício é originário, contemporâneo à formação desses atos e negócios, razão pela qual está inserido no plano de validade: ausência de legitimação. No momento da exteriorização desses atos e negócios, o cônjuge não está legitimado para praticá-los. Até este ponto a norma é compatível com a teoria da invalidade.

Por outro lado, o art. 1.642 do CC permite que o cônjuge, independentemente da autorização do outro, possa reivindicar os imóveis que tenham sido gravados ou alienados sem autorização e sem suprimento judicial, bem como demandar a rescisão da fiança e da doação, nas hipóteses dos incisos III e IV do art. 1.647.

Nesse ponto, verifica-se que a ausência de técnica legislativa é gritante. Se a pena para a infração dos atos e negócios previstos no art. 1.647 do CC, entre eles a realização de fiança e a doação sem vênia conjugal ou a reivindicação de imóvel gravado ou alienado sem autorização, é a invalidade (por falta de legitimidade contemporânea à formação desses atos e negócios), não há cogitar em rescisão de fiança ou da doação, tampouco "desobrigação".

A rescisão e a resolução de qualquer ato ou negócio jurídico somente podem ocorrer por fato superveniente à formação destes. Portanto, pressupõe atos e negócios válidos. A legitimação é causa de invalidade. A ausência de autorização ou vênia conjugal afeta a origem do ato ou negócio jurídico e, por isso, a barreira da validade não foi superada.

A ausência dessa habilitação (autorização ou vênia) conjugal torna tais atos ou negócios passíveis de invalidação (art. 1.649, CC). Assim, não há cogitar em rescisão da doação ou da fiança, mas em invalidação por ausência de legitimidade, que é pressuposto de validade de atos e negócios jurídicos.

No caso de alienação de imóveis sem a vênia conjugal, a reivindicação é consequência da invalidação da alienação. Em razão da anulação (art. 1.649, CC), o cônjuge prejudicado pode reivindicar o bem alienado ou gravado sem autorização do outro (art. 1.642, III, CC).

Tal diferenciação é fundamental, uma vez que a legitimação, pressuposto de validade, contamina o ato ou negócio em sua origem, razão pela qual a sanção civil é a invalidade (art. 1.649 do CC).

O regime da anulação restringe a legitimidade ao interessado (exemplo é o art. 1.645), impede que o MP requeira a invalidação e o juiz a reconheça de ofício. Ademais, é o ato ou negócio, mesmo viciado na origem, passível de convalidação.

De acordo com o art. 176 do Código Civil, quando a anulabilidade do ato resultar da falta de autorização de terceiro e, nesse caso, o terceiro é o cônjuge preterido, que não foi chamado para conferir autorização ou vênia conjugal, será validado o ato se tal autorização for dada posteriormente.

É caso de confirmação a posterior que valida o ato ou negócio realizado sem autorização ou vênia conjugal. O parágrafo único do art. 1.649 dispõe que tal aprovação torna válido o ato, desde que feita por instrumento público ou particular, e neste último caso deverá estar autenticada.

Há, assim, três modos de convalescer o vício. O primeiro é o decurso do prazo de dois anos sem o ajuizamento da ação anulatória. O segundo é a confirmação, que pode ser expressa ou tácita. O terceiro modo é a autorização posterior, na forma dos arts. 176 e 1.649, parágrafo único, do CC.

Como já ressaltado, a autorização ou vênia conjugal, quando necessária, poderá ser suprida judicialmente quando o cônjuge a denegue sem motivo (caso em que se caracteriza o abuso de direito – violação da boa-fé objetiva, pois todos os direitos devem ser justificados) ou não haja possibilidade de concedê-la por alguma razão, tudo nos termos do art. 1.648 do CC.

No mesmo sentido é o art. 74 do atual CPC.

Por fim, o art. 1.650 do Código Civil, no mesmo sentido do art. 1.645, restringe a legitimidade para a invalidação dos atos praticados pelo cônjuge sem autorização do outro ou sem suprimento judicial apenas à parte interessada, o cônjuge a quem cabia concedê-la, ou seus herdeiros, no caso de morte ou algum impedimento. A legitimidade é restrita: cônjuge que não foi prestou o consentimento.

O interesse, portanto, é meramente privado. Por isso, apenas o interessado poderá requerer a anulação e a decretação de invalidade (o cônjuge).

6.4.6.6. O art. 1.647, inciso I, e a Lei n. 14.118/2021 (Programa "Casa Verde e Amarela")

A Lei n. 14.118/2021, que instituiu o Programa Casa Verde e Amarela, com a finalidade de promover a moradia em favor de famílias residentes em áreas urbanas (renda mensal de até R$ 7.000,00) e rurais (renda anual de até R$ 84.000,00), nos arts. 13 a 15, subverte a teoria da propriedade, ao adotar modelo "cambiante/ambulatório" deste instituto e, interfere, de forma indevida, em regras relativas à disposição de imóveis, regime de bens e meação. Não se questiona a necessidade de criar programas em favor de famílias com o objetivo de concretizar o direito social e fundamental à moradia, essencial para a tutela da dignidade (mínimo existencial) da pessoa humana, bem como para proteger situações de gênero. Todavia, para alcançar tais objetivos, desnecessário subverter institutos de direito civil, inclusive com inapropriada associação entre propriedade e família.

O art. 13 da referida lei dispõe que os contratos (direito obrigacional) e os registros de imóveis consumados e efetivados no âmbito do Programa Casa Verde e Amarela serão formalizados, *preferencialmente* (sem obrigatoriedade), em nome da mulher (o que não seria nenhum problema, se a lei simplesmente não desconsiderasse as famílias homoafetivas – e aí?). Ademais, se a mulher for a chefe de família (expressão superada, retrógrada – que contraria a isonomia imposta pela CF), está autorizada a alienar o imóvel ou constituir direito real sobre o bem, independente de outorga conjugal (o art. 13 da lei afasta a exigência do 1.647, I, do CC, independe do regime de bens). A lei não esclarece se tal dispensa de outorga ocorrerá porque a propriedade do imóvel será exclusiva (bem particular que não se comunica) daquele que figurar no contrato ou registro, independente do regime de bens, mesmo que tenha ocorrido contribuição do outro para aquisição do bem. Se for exclusiva, independente do regime de bens, há clara violação ao direito de propriedade. Se não for exclusiva, ou seja, mantida a meação sobre o bem, não há razão lógico/jurídica para afastar regras de proteção do meeiro (homem ou mulher), cujo nome não consta no contrato/registro.

O art. 14 dispõe que no caso de dissolução de união estável, separação ou divórcio, o título de propriedade *ad-*

quirido, construído ou *regularizado* pelo programa na constância do casamento/união estável, será registrado em nome da mulher ou a ela transferido (ainda que inicialmente estivesse em nome do outro parceiro), independente do regime de bens. Todavia, se o casal tiver filhos e a guarda for atribuída exclusivamente ao homem (e se a guarda for compartilhada – regra geral, como ficaria a questão da titularidade?), o título de propriedade será em nome deste, mas poderá ser revertido para a mulher se posteriormente lhe for atribuída a guarda. O legislador conseguiu a proeza jurídica de justificar o direito de propriedade a partir da guarda unilateral (que passa ser causa de aquisição da propriedade). Não há dúvida de que será fomentada a disputa pela guarda unilateral para fins patrimoniais. Tal alteração e ambulação da propriedade a depender destes fatores é que se convencionou denominar propriedade cambiante/ambulatória.

O fato é que a referida lei dispensa a necessidade de outorga prevista no art. 1.647, I, no caso de imóveis que integram o referido Programa Casa Verde e Amarela.

6.4.7. União estável e exigência de outorga ou autorização para administração de bens ou atos de disposição patrimonial

As normas jurídicas que condicionam a prática de determinados atos jurídicos ao consentimento do outro parceiro, a princípio, se referem à entidade familiar constituída pelo "casamento".

Portanto, são regras para o casamento. A vênia conjugal ou autorização do cônjuge estão vinculadas a essa entidade familiar.

Por outro lado, não há dúvida de que a união estável também é entidade familiar tutelada pelo Estado. Entretanto, a união estável não se confunde com o casamento. São entidades familiares com modelos distintos e regras próprias.

A equiparação pretendida entre o casamento e a união estável é absolutamente equivocada, pois parte de falsa premissa. A união estável é entidade familiar reconhecida pela Constituição Federal, ou seja, modelo de família que o Estado tutela, assim como o casamento.

Entretanto, é um modelo de livre escolha do casal, que possui regras próprias. O fato de essas entidades familiares serem tuteladas pelo Estado não significa, necessariamente, que os efeitos jurídicos devem ser semelhantes ou coincidentes.

Por isso, em que pese opiniões em sentido contrário, as regras estabelecidas no art. 1.647 do CC, que condicionam determinados atos à autorização do parceiro, não se aplicam à união estável.

O companheiro não precisa da outorga do consorte para a prática de qualquer dos atos mencionados no art. 1.647 do CC. Nesse caso, o terceiro, que desconhece a existência de união estável, deve ter seu interesse tutelado. Resta ao companheiro prejudicado ação regressiva contra o parceiro que realizou o ato.

Portanto, prevalece a tutela do terceiro de boa-fé em detrimento do companheiro que não participou do ato.

Por outro lado, se a união estável é notória e o terceiro tem plena ciência da referida união, o companheiro que não participou do ato poderia invalidar o negócio em razão da má-fé do terceiro e não porque é indispensável a autorização do companheiro.

O STJ, em recente decisão, adotou uma posição intermediária para tutelar o terceiro de boa-fé e, no caso de má-fé, tutelar o companheiro prejudicado. Para a 3ª Turma do STJ, a regra do art. 1.647, I, do CC pode ser aplicada à união estável, desde que tenha sido dada publicidade aos eventuais adquirentes a respeito da existência dessa união estável.

Por exemplo, se um imóvel foi alienado pelo companheiro sem a anuência de sua companheira, a anulação dessa alienação somente será possível se, no registro de imóveis onde está inscrito o bem houver a averbação (uma espécie de anotação/observação feita no registro) de que o proprietário daquele imóvel vive em união estável. Se não houver essa averbação no registro imobiliário e se não existir nenhuma outra prova de que o adquirente do apartamento estava de má-fé, deve-se presumir que o comprador estava de boa-fé, preservando assim a alienação realizada, em nome da segurança jurídica e da proteção ao terceiro de boa-fé.

Assim, para o STJ, a invalidação da alienação de imóvel comum, fundada na falta de consentimento do companheiro, dependerá da publicidade conferida à união estável, mediante a averbação de contrato de convivência ou da decisão declaratória da existência de união estável no Ofício do Registro de Imóveis em que cadastrados os bens comuns, ou da demonstração de má-fé do adquirente (STJ, 3ª Turma, REsp 1.424.275/MT, Rel. Min. Paulo de Tarso Sanseverino, julgado em 4-12-2014).

O fato que determina a invalidação dos atos praticados sem o consentimento do companheiro é, logo, a eventual má-fé do terceiro. Se o terceiro estava de boa-fé, ou seja, não havia como ter ciência da união estável, não será possível invalidar o ato ou negócio realizado sem autorização do companheiro.

De uma forma ou de outra, o STJ, corretamente, adota posição no sentido de não submissão da união estável às regras previstas no art. 1.647 do CC. A tendência é tutelar o terceiro de boa-fé. O companheiro preterido poderá reclamar a sua meação do seu companheiro, mas não poderá pretender invalidar o ato ou negócio que este realizou com terceiro de boa-fé. Neste sentido, o Recurso Especial n. 1.706.745-MG, segundo o qual, para fins de invalidação de atos ou negócios praticados pelo companheiro sem autorização do outro, é essencial publicidade da união estável ou demonstração de má-fé do adquirente.

Por isso, para evitar prejuízos, os companheiros devem adotar a cautela de dar a maior publicidade possível à união estável e, no caso de imóveis, registrar o bem em nome de ambos, o que impedirá qualquer alegação do terceiro quanto ao desconhecimento da união estável.

Na hipótese, não há cogitar em alienação *a non domino*, pois a propriedade de um dos companheiros sobre a totalidade do bem é aparente, já que o terceiro confia e acredita que o alienante, por exemplo, é o proprietário de todo o bem, uma vez que este está apenas em seu nome. A meação do companheiro é tutelada por ação de indenização contra o outro parceiro.

A propriedade da cota-parte do companheiro que não participou do ato é sacrificada em favor do terceiro de boa-fé. E tal sacrifício não é novidade na legislação civil. Em algumas situações, haverá tensão entre direito de propriedade *versus* interesse de terceiro de boa-fé. Em algumas dessas situações, o direito de propriedade é sacrificado para prevalecer a boa-fé do terceiro. A propriedade aparente implicará a validação dos atos praticados por pessoas que verdadeiramente não possuem o direito de realizá-las, mas, aos olhos de todos, apresentam-se como se fossem proprietários. Há aparência de propriedade, por meio da qual a teoria da aparência, fundada no princípio da boa-fé objetiva, se incorpora ao direito de propriedade.

Na aquisição a *non domino*, terceiros adquirentes de boa-fé acreditam e confiam em uma aparente situação de propriedade e, com base nessa confiança, se investe na titularidade desse direito.

Os exemplos clássicos de propriedade aparente podem ser localizados na indignidade, quando trata do herdeiro aparente (art. 1.817 do CC), no pagamento indevido (art. 849, CC), na fraude contra credores (art. 161, CC), na simulação (§ 2º do art. 167, CC) e na união estável. Em todas essas hipóteses, a propriedade é sacrificada em favor do terceiro de boa-fé.

6.4.8. Impossibilidade do exercício da administração dos bens por um dos cônjuges e efeitos

A administração dos bens comuns compete ao casal, em igualdade de condições, e os bens particulares, em regra (em pacto antenupcial, a administração de bens particulares pode ser pactuada para ser exercida pelo casal), são administrados pelo cônjuge proprietário (art. 1.665 do CC).

Em caso de o cônjuge proprietário não poder administrar seus bens particulares, de acordo com o regime matrimonial escolhido, e se não houver pacto antenupcial, o outro cônjuge poderá, por força de lei, isoladamente, administrar os bens comuns e particulares daquele que não pode fazê-lo.

Além disso, o outro poderá alienar os bens móveis comuns e, ainda, alienar os imóveis comuns e os móveis e imóveis do cônjuge a que esses bens pertencem, mediante autorização judicial. É o que dispõe o art. 1.651 do Código Civil.

Portanto, constatada a impossibilidade física ou jurídica do cônjuge em administrar seus bens particulares, a gestão desses bens, assim como dos comuns, será exclusiva do outro consorte. Alguns atos mais relevantes, como alienação de imóveis comuns e alienação dos móveis e imóveis particulares do outro, que não pode gerir seu patrimônio, serão submetidas à apreciação judicial (inciso III do art. 1.651). Portanto, o Estado, de uma forma ou de outra, exerce controle sobre essa administração exclusiva, em relação aos atos mais relevantes, que impliquem disposição patrimonial. A autorização judicial será conferida em procedimento de jurisdição voluntária, com a participação do Ministério Público.

O art. 1.651 do CC traz um conceito jurídico indeterminado, pois a expressão "não puder exercer a administração dos bens que lhe incumbe" pode estar relacionada aos mais diversos fatos, como ausência, enfermidades, incapacidades transitórias, entre outros.

Em complemento, o art. 1.652 da Lei Civil dispõe que o cônjuge que estiver na posse dos bens particulares do outro será, para com este outro e seus herdeiros, responsável como usufrutuário, se o rendimento for comum, ou como mero depositário, se não for administrador, tampouco usufrutuário. Se tiver mandato expresso ou tácito para administrar os bens do outro, será responsabilizado como procurador.

Portanto, o referido artigo impõe obrigações ao cônjuge que está na posse e administração dos bens particulares do outro. Em primeiro lugar, se tiver mandato, responderá como mandatário (art. 653 e s.). Em caso contrário, dependerá se os rendimentos são comuns ou apenas do outro. Se forem comuns, aquele que está na posse e gerência será usufrutuário (arts. 1.391 e s.) e, se não for, será mero depositário (arts. 627 e s.). O cônjuge gestor será responsável pelos atos praticados, quando estiver na administração dos bens particulares do outro.

6.4.9. Pacto antenupcial: noções gerais, formalidades essenciais e questões especiais

O pacto antenupcial é o instrumento que materializa a vontade dos cônjuges quanto às regras relativas aos direitos patrimoniais que vigorarão na constância do casamento. O fundamento é a autonomia privada (poder de regular os próprios interesses).

As principais características do pacto antenupcial são: natureza contratual; caráter acessório em relação ao casamento; ato solene (escritura pública como condição de validade); caráter nitidamente patrimonial (a legislação brasileira não permite que questões existenciais sejam inseridas no pacto antenupcial); submetido a uma condição suspensiva (realização do casamento) e, essencialmente, norteado pelo princípio da autonomia privada.

O pacto antenupcial tem natureza contratual e, por essa razão, se submete aos pressupostos de existência e validade dos negócios jurídicos em geral. Os nubentes são livres para escolher o regime de bens que melhor atender aos seus interesses, com a possibilidade de misturar elementos dos mais diversos regimes. Nessa questão, diante do interesse patrimonial, prevalece, com exceções, o princípio da autonomia privada.

Como o pacto antenupcial é negócio jurídico, se submete aos pressupostos de validade deste, em especial à forma ou solenidade (art. 104, III, CC), sob pena de nulidade (art. 166, CC).

De acordo com o art. 1.653 do CC, é nulo o pacto antenupcial se não for materializado em escritura pública. É negócio jurídico formal ou solene, e a escritura pública condiciona sua validade.

Ainda que existente juridicamente, o pacto antenupcial que não observar a formalidade exigida pela lei poderá ser invalidado e, neste caso, se submeterá ao regime jurídico dos atos e negócios nulos (arts. 168 a 170 do CC).

A escritura pública é indispensável para a validade deste contrato acessório e a plena eficácia entre os cônjuges. Em relação a terceiros, o art. 1.657 do Código Civil dispõe que as convenções antenupciais não terão efeito senão depois de transcritas em livro especial, pelo Oficial do Registro de Imóveis do domicílio dos cônjuges.

A ausência de registro não impede a plena validade e eficácia desse contrato entre os cônjuges. Para a validade entre os cônjuges, basta a escritura pública e, para ser eficaz entre os cônjuges, é suficiente o casamento posterior (art. 1.653 do CC).

No entanto, para ser eficaz em relação a terceiros, é essencial o Registro no CRI, ainda que de pouca repercussão prática. Basta o registro no CRI do domicílio dos nubentes e, caso estes tenham imóveis em outra localidade, a regra será de pouquíssima ou quase nenhuma eficácia.

Por meio do pacto antenupcial, os cônjuges deliberam como serão a titularidade e a gestão patrimonial durante a sociedade conjugal, ou seja, por meio deste pacto acessório, serão disciplinadas as questões econômicas patrimoniais relativas ao casamento.

O pacto será nulo por desrespeito à formalidade (art. 166, IV e V, do CC), mas será ineficaz se o casamento, por qualquer motivo, não vier a ser realizado. O casamento é a condição suspensiva para que o pacto antenupcial produza eficácia. O efeito do pacto antenupcial é condicionado a evento futuro e incerto (casamento). Se não for realizado, não será implementada a condição e os contratantes não poderão invocar o pacto antenupcial no intuito de fazer incidir qualquer efeito jurídico.

Como o pacto antenupcial está atrelado ao contrato principal de casamento, tem natureza acessória e, por conta disso, a invalidade do casamento o contaminará. É desdobramento da regra de que a invalidade da obrigação principal repercute e invalida a acessória (art. 184, segunda parte do CC).

Nada impede, porém, que o casamento inválido, acompanhado de pacto antenupcial, produza efeitos, caso caracterizada a putatividade (art. 1.561 do CC), o que só poderá ocorrer em relação aos cônjuges de boa-fé. Por ser acessório, neste caso, os efeitos decorrentes do pacto também se aplicam ao caso de casamento putativo. A tutela da boa-fé prevalecerá sobre a invalidade (embora inválido, produzirá efeitos). Em razão disso, é possível que o contrato inválido produza efeitos, o que levará ao reconhecimento de efeitos do casamento, inclusive patrimoniais, até o reconhecimento da invalidade.

O pacto antenupcial só produzirá efeitos após a celebração e concretização do casamento, o que se dará com o preenchimento dos requisitos legais analisados. Não há prazo para a celebração do casamento após a assinatura do pacto antenupcial, embora haja doutrinadores que defendam que deva ser de no máximo 90 dias, tempo de eficácia do certificado de habilitação do casamento.

Como não há relação direta entre as formalidades do casamento e o pacto antenupcial, a tese dos 90 dias não tem qualquer sustentação.

Em resumo, sobre a natureza jurídica do pacto antenupcial, bem ponderam Cristiano Chaves e Rosenvald[29], sustentando que, "partindo de sua visível natureza negocial, há de ser reconhecida a prevalência da autonomia privada, característica basilar dos atos negociais. Dessa maneira, cuida-se de um negócio jurídico bilateral, de conteúdo patrimonial (salvo outras declarações nele contidas), acessório e subordinado a uma condição suspensiva (a realização do casamento)".

A autonomia privada ou o poder de regular os interesses dos cônjuges, em especial patrimoniais, no pacto antenupcial, possui restrições.

O art. 1.655 do Código Civil declara ser nulo o pacto antenupcial ou a cláusula do pacto que seja contrária à disposição absoluta de lei. Por exemplo, não poderá o pacto antenupcial adotar determinado regime e estabelecer regras contrárias a ele. Os cônjuges podem adotar um regime misto, mas não alterar regras de regime já predefinidas.

Ademais, os cônjuges não podem estabelecer normas que violem o dever de solidariedade entre eles, o princípio da isonomia quanto à administração dos bens, alterações relativas à ordem de vocação hereditária, entre outras que possam afetar interesses públicos e sociais relevantes que são indisponíveis.

Há divergências sobre o conteúdo do pacto antenupcial: limitação a questões patrimoniais ou à possibilidade de estabelecer convenções existenciais. Portanto, em relação às questões existenciais, não haveria possibilidade de tratar de questões como fidelidade, coabitação, colaboração moral, respeito, consideração, entre outros. O pacto, por ser o estatuto patrimonial dos cônjuges, deve estar limitado a questões patrimoniais. Por isso, na esteira do art. 1.655 do CC, é nulo o pacto antenupcial que trate de questões sucessórias, mesmo de natureza patrimonial, ante a vedação expressa do art. 426 do CC.

Todavia, em avanço considerável, na VIII Jornada de Direito Civil, realizada em abril de 2018, foi aprovado enunciado no sentido de que o pacto antenupcial e o contrato de convivência poderiam dispor sobre questões existenciais, o que tradicionalmente é repudiado pela doutrina mais conservadora e a jurisprudência.

De acordo com o enunciado, "o pacto antenupcial e o contrato de convivência podem conter cláusulas existenciais, desde que estas não violem os princípios da dignidade da pessoa humana, da igualdade entre os cônjuges e da solidariedade familiar". Tal enunciado rompe com tradição de não admitir questões existenciais no pacto antenupcial e, de certa forma, contraria ou, no mínimo, exigirá nova interpretação dos limites do disposto no art. 1.655 do CC.

---

[29] FARIAS, Cristiano Chaves de; ROSENVALD, Nelson. *Curso de direito civil, Famílias*. São Paulo: Atlas, 2015, p. 251.

Ainda serão nulas cláusulas que estabeleçam a administração exclusiva dos bens pelo marido ou aquela que adota um regime, mas afasta determinados dispositivos legais desse regime.

Em atenção ao princípio da conservação e redução do negócio jurídico, a eventual nulidade de uma cláusula não invalidará todo o pacto, conforme preceitua o art. 184 do CC. As demais cláusulas, não contaminadas pela nula, permanecerão inalteradas.

Pacto antenupcial realizado por menor

Os menores em idade núbil (a partir dos 16 anos) podem casar, desde que autorizados pelos seus respectivos assistentes legais (pais e tutores). Além disso, também pode casar o menor no caso de gravidez, mesmo antes da idade núbil, como ressalta o art. 1.520 do CC.

De acordo com o art. 1.654 do Código Civil, a eficácia do pacto antenupcial realizado por menor fica condicionada à aprovação de seus respectivos representantes legais. Cabe aos pais ou tutores conceder consentimento aos menores para o casamento. Os menores, relativa (art. 1.517, CC) ou absolutamente (art. 1.520, CC) incapazes, desde que autorizados, podem celebrar pacto antenupcial. A autorização para o pacto deverá ser específica. A autorização para o casamento não se confunde com a autorização para o pacto antenupcial.

Caso os responsáveis não autorizem o casamento por menor e houver necessidade de suprimento judicial, o casamento, com todas as mazelas já mencionadas, se submeterá ao regime da separação obrigatória de bens (art. 1.641, III, do CC). Portanto, o pacto antenupcial não produzirá efeitos quando o casamento é submetido ao regime da separação obrigatória de bens.

Pacto antenupcial no regime da participação final dos aquestos: regra específica

Em clara inovação quanto à ordem jurídica anterior, o Código Civil traz regra específica sobre o pacto antenupcial quando for adotado o regime da participação final dos aquestos.

No pacto antenupcial que adotar o referido regime de bens, os cônjuges podem convencionar livremente a plena disponibilidade dos bens imóveis, ou seja, independentemente de autorização ou outorga do outro, desde que sejam bens particulares, que não integrem a comunhão (art. 1.656 do CC).

O regime da participação final dos aquestos, embora misto, se submete à regra do art. 1.647 do CC, pela qual os bens imóveis, comuns ou particulares, somente podem ser alienados se o outro autorizar expressamente. No pacto antenupcial, os cônjuges poderão excepcionar a referida regra para dispensar a autorização do cônjuge quanto à alienação livre dos bens imóveis, desde que tal disposição patrimonial se relacione aos bens particulares. Não haverá, no caso, necessidade de outorga uxória ou marital.

Como regra, a dispensa da autorização do cônjuge somente ocorre em relação ao regime da separação convencional de bens. Como o regime da participação final dos aquestos é um misto de comunhão parcial e separação convencional, passa a ser permitida, por meio de pacto, a dispensa de autorização conjugal para disposição de imóveis particulares, se adotado o regime da participação final dos aquestos.

O pacto antenupcial e o art. 190 do CPC

O art. 190 do CPC insere em nosso sistema jurídico a figura do negócio processual. Trata-se de ato jurídico por meio do qual o sujeito de direito pode estabelecer a categoria jurídica ou estabelecer, dentro de alguns limites, situações jurídicas processuais. O *caput* do art. 190 admite a celebração entre as partes de negócios jurídicos bilaterais sobre procedimento. Tais convenções podem ser celebradas antes da propositura da demanda e, por isso, podem constar em contratos, embora alusivos ao modo de ser de um futuro e eventual processo.

Portanto, nada impediria que no pacto antenupcial, os cônjuges já estabelecessem procedimento ou disposição de ônus, deveres e faculdades processuais, para a eventual hipótese de litígio. Tal convenção no âmbito do pacto antenupcial seria possível em razão do caráter contratual do pacto e da expressa previsão legal. As partes, no pacto, podem estabelecer regras sobre procedimento que possam ser compatíveis com seus interesses

6.4.10. Espécies de regime de bens: variedade de regimes

O Código Civil disponibiliza aos cônjuges quatro modelos de regimes de bens, a fim de formar o estatuto patrimonial durante a sociedade conjugal. A opção por qualquer desses regimes, salvo a comunhão parcial, deve ser materializada em pacto antenupcial por escritura pública (parágrafo único do art. 1.640).

Como já ressaltado, os cônjuges têm plena liberdade de optar por qualquer dos regimes estabelecidos em lei (art. 1.639, *caput*), e tal regime terá vigência a contar da data do casamento. Os efeitos jurídicos patrimoniais durante o casamento estão diretamente relacionados ao regime de bens.

Se não houver a escolha de qualquer regime por meio de pacto antenupcial ou se o pacto for nulo ou ineficaz, vigorará, quanto aos bens entre os cônjuges, o regime da comunhão parcial (art. 1.640 do CC).

A única ressalva é o regime da separação legal e obrigatória, quando caracterizada qualquer das causas previstas no art. 1.641 do CC.

Os quatro regimes de bens que podem ser livremente escolhidos pelos cônjuges (princípio da autonomia privada) estão disciplinados nos arts. 1.658 a 1.688, todos do Código Civil.

No mais, como já mencionado, nada impede que os cônjuges criem regimes específicos para regular a relação patrimonial, com a mescla de elementos e regras dos já existentes, pois vigora quanto a esse aspecto o princípio da autonomia patrimonial. Assim, com a combinação das regras existentes, os cônjuges podem estabelecer outros regimes.

6.4.10.1. O regime da comunhão parcial de bens

O regime da comunhão parcial de bens, de longe o mais comum na sociedade brasileira, está disciplinado nos arts. 1.658 a 1.688 do Código Civil. É impropriamente denominado "regime legal" (impropriamente porque o regime legal é o da separação obrigatória, imposto nas hipóteses do art. 1.641) em razão do caráter supletivo. No regime da comunhão parcial, a opção pode ser materializada em termo no processo de habilitação, em pacto antenupcial (o pacto não é necessário neste regime, mas não é proibido – aliás, quando houver interesse de alterar regras dispositivas do regime, como administração de bens – art. 1.665, será necessário o pacto) ou por mera ausência de manifestação (neste caso, também haverá escolha, que se dará pela inexistência de vontade de se submeter a qualquer dos outros regimes).

O regime da comunhão parcial de bens, por dispensar formalidades, como o pacto antenupcial, é o modelo padrão que disciplina o estatuto patrimonial dos cônjuges.

Assim, o regime da comunhão parcial prevalecerá nos casos de silêncio ou desinteresse dos cônjuges quanto aos demais regimes e, também, na hipótese de invalidade do pacto antenupcial.

No regime da comunhão parcial, há divisão entre os bens particulares e bens comuns (com exceção das hipóteses legais, nem todos os bens adquiridos durante o casamento serão comuns). Os bens particulares não integram a comunhão, ao contrário dos bens comuns, que se comunicam entre os cônjuges. A natureza dos bens (particulares e comuns) interfere na administração e na eventual disposição destes. Em relação aos bens comuns, prevalece a presunção de esforço comum, ao contrário dos aquestos no regime da separação legal, cujo esforço comum deve ser provado, tanto no casamento quanto na união estável (Súmula 655 do STJ).

Segundo o art. 1.658 do CC, no regime da comunhão parcial, comunicam-se os bens que sobrevierem ao casal, na constância do casamento (bens comuns), com as exceções dos artigos seguintes. Em regra, todos os bens que sobrevierem ao casal, ou seja, forem incorporados ao patrimônio do casal, seja a que título for, durante o casamento, se comunicam (serão bens comuns). Haverá exceções, pois bens serão adquiridos por um dos cônjuges durante o casamento e não se comunicarão. Portanto, além dos bens anteriores ao casamento, também serão particulares aqueles descritos no art. 1.659 do CC.

Os bens adquiridos após o casamento e durante toda a sua vigência formarão o patrimônio comum e, por isso, se comunicam, ainda que adquiridos apenas por um dos cônjuges ou em nome de um deles. A comunicação implica na instituição de condomínio (mancomunhão) ou composse sobre todos os bens e direitos que sobrevierem ao casal na constância do casamento. Os bens adquiridos por cada cônjuge antes do casamento não integram a comunhão: serão considerados bens particulares e exclusivos de cada um.

Em relação aos comuns, com as ressalvas do art. 1.659, basta que os bens sejam adquiridos na constância do casamento. Há presunção de colaboração mútua e recíproca dos cônjuges na aquisição, ainda que o bem tenha sido adquirido apenas com recursos de um deles, desde que tal recurso não seja produto da alienação de bens particulares, caso em que não haverá comunicação, em razão da sub-rogação. O esforço comum e a colaboração são presumidos, sendo desnecessária qualquer prova desses fatos.

Portanto, no regime da comunhão parcial teremos duas categorias ou espécies de bens: bens particulares de cada cônjuge, que não se comunicam, e bens comuns, que serão divididos igualmente, porque integram o acervo comum do casal.

No entanto, nem todos os bens adquiridos na constância do casamento serão considerados comuns. O próprio art. 1.658 faz a ressalva. Há bens que, mesmo incorporados ao patrimônio de qualquer um dos cônjuges na constância do casamento, serão considerados bens particulares.

As exceções estão arroladas no art. 1.659 do CC.

Os bens arrolados no referido artigo, ainda que recebidos por qualquer dos cônjuges na constância do casamento, estão excluídos da comunhão e, por isso, integrarão apenas o acervo privado daquele que é beneficiado nas mencionadas hipóteses.

Os bens que o cônjuge possuía antes do casamento, assim como os que lhe sobrevierem a título gratuito, por doação ou sucessão, durante o casamento, estão excluídos da comunhão. Os bens sub-rogados são aqueles adquiridos com o produto de bens particulares, como é o caso dos bens anteriores ao casamento ou recebidos durante o casamento por sucessão ou doação e que são alienados para aquisição de outros bens. A sub-rogação ou substituição de bem particular por outro bem não integrará a comunhão, ainda que a substituição ocorra durante o casamento.

A sub-rogação é mencionada nos itens II e III. Os bens particulares adquiridos antes do casamento não se comunicam (art. 1.658 do CC) e, da mesma forma, os bens sub-rogados em seu lugar. Portanto, substituir bem particular por outro ou por parte de outro bem não integrará tal bem ao acervo comum, ainda que a sub-rogação ocorra durante o casamento.

Não se comunica o excesso. De acordo com Madaleno[30], "a sub-rogação só se dá até o limite do valor alcançado com o bem sub-rogado, comunicando-se o excesso. Desse modo, se o consorte possui um imóvel no valor de cem, e vende este bem por cem e com o produto da alienação compra outro por cento e vinte, buscando nas economias conjugais os vinte faltantes para interação do preço, a sub-rogação só se dá até o valor de cem, comunicando-se os vinte excedentes".

Neste regime, o bem sub-rogado (substituição objetiva ou real), em si considerado, não integra a comunhão e, portanto, não será considerado bem comum (art. 1.659, I e II, do CC). E se houver valorização ou variação patrimonial do bem sub-rogado?

---

[30] MADALENO, Rolf. *Curso de direito de família*. Forense, 2008, p. 549.

Exemplo: "A" e "B" são casados pelo regime da comunhão parcial de bens. O cônjuge "A", antes do casamento, era proprietário exclusivo do imóvel "X". Após o casamento, "A" vende o imóvel "X" e, com os recursos (que eram exclusivos) provenientes da venda, adquire o imóvel "Z", para residência do casal. O imóvel "Z" será bem sub-rogado.

A questão é: Se o imóvel "Z", bem sub-rogado, suportar valorização (novo preço de mercado) durante a sociedade conjugal, o cônjuge "B" terá direito à meação sobre o acréscimo patrimonial daí decorrente? Não há meação sobre a valorização de bem sub-rogado. Todavia, na prática, há confusão em razão de duas situações distintas:

1. se o bem sub-rogado ("Z") foi adquirido com recursos exclusivos e integralmente pertencentes a um dos cônjuges (que já os possuía antes do casamento), não há meação sobre eventual valorização: Exemplo: O imóvel "X" do cônjuge "A", que já possuía, foi vendido por R$ 200.000,00. O cônjuge "A", após a venda do imóvel "X", adquire, durante a sociedade conjugal, o imóvel "Y", pelo mesmo valor – 200 mil (ou preço menor). O imóvel "Z" será 100% produto de sub-rogação. Se o imóvel "Z" suportar valorização patrimonial durante o casamento e, no momento do divórcio, o preço de mercado é fixado em R$ 500.000,00, o cônjuge "B" *não* terá direito de meação algum sobre a valorização – diferença? Razão: para aquisição do imóvel "Z" durante o casamento, foi utilizado 100% de recursos provenientes de bens particulares de "A". A valorização é acessório integrante do bem sub-rogado.

2. por outro lado, se o bem sub-rogado "Y" foi adquirido, parte com recursos exclusivos (valores pertencentes ao cônjuge "A") e, parte com recursos originados durante a sociedade conjugal, haverá meação sobre a valorização do bem, *limitado* à porcentagem dos recursos de ambos, jamais sobre a valor associado à porcentagem da sub-rogação. Explico: o cálculo terá como referência porcentagem considerada no momento da aquisição que acompanha, proporcionalmente, a valorização. Exemplo: o cônjuge "A" vendeu imóvel "X" particular por R$ 200.000,00 e, durante o casamento, comprou o imóvel "Z" pelo preço de R$ 300.000,00. Assim, para aquisição do novo imóvel, foram utilizados R$ 200.000,00 de recursos particulares – parte sub-rogada no novo bem; o restante, R$ 100.000,00, foi pago com recursos comuns ou por financiamento assumido durante a sociedade conjugal: 2/3 (dois terços) do bem foi adquirido com recursos exclusivos e 1/3 (um terço) com recursos originados na constância do casamento. Por ocasião do divórcio, o imóvel "Z", adquirido por R$ 300.000,00, é avaliado em R$ 1.000.000,00. Haverá meação sobre a valorização da parte sub-rogada? *Não*. A meação será apenas sobre a valorização do excedente. Como é o cálculo? Com base na porcentagem vinculada à aquisição. Assim, 2/3 de 1 milhão serão destinados ao cônjuge "A" (sub-rogação e valorização desta parte exclusiva dele) e 1/3 de 1 milhão será objeto de meação (inclui os 100 mil e a valorização). O valor excedente à sub-rogação sempre será partilhado.

Observação 1 – não confundir eventual valorização da meação, com as benfeitorias realizadas que, mesmo incidentes sobre bens particulares, se realizadas durante o casamento, integram a comunhão (patrimônio comum), sobre a qual haverá meação (art. 1.660, IV).

De acordo com jurisprudência pacífica, a valorização patrimonial dos imóveis ou das cotas sociais de sociedade limitada, adquiridos antes do casamento ou da união estável, não deve integrar o patrimônio comum a ser partilhado quando do término do relacionamento, visto que essa valorização é decorrência de um fenômeno econômico que dispensa a comunhão de esforços do casal.

Observação 2 – não se pode confundir também com a possibilidade de exigir do ex-cônjuge, que permanece na posse exclusiva do bem, indenização (a título de aluguel) calculada sobre a cota-parte daquele que não está na posse (evitar enriquecimento sem causa – partilha de frutos de bens comuns, art. 1.660, V). O aluguel pode ser dispensado quando é considerado parte de alimentos *in natura*. (Neste sentido, aliás, o Recurso Especial n. 1.699.013/DF, que negou indenização em favor de ex-cônjuge condômino, porque o genitor residia no imóvel com a filha e a habitação foi considerada alimento *in natura* – alimentos ressarcitórios.)

Em outra decisão paradigmática, o STJ (Recurso Especial n. 1.966.556/SP), considerou descabido o arbitramento de aluguel, com base no art. 1.319 do CC, em desfavor do cônjuge coproprietário vítima de violência doméstica que, em razão de medida protetiva, é possuidor exclusivo do imóvel que também pertence ao agressor. As obrigações anteriores ao casamento e as provenientes de ato ilícito não se comunicam, salvo se na última hipótese houve reversão em proveito do casal. A regra é óbvia, uma vez que tais obrigações são de natureza pessoal e o casamento não é causa para a responsabilidade solidária do outro consorte.

O inciso VI do art. 1.659 é o mais incompreensível. Segundo esse dispositivo, estão excluídos da comunhão os proventos do trabalho pessoal de cada cônjuge. Se tais proventos não se comunicam, a conclusão é que nada se comunica, pois tudo o que é adquirido na constância do casamento é fruto do trabalho pessoal de cada cônjuge. Se o dispositivo for interpretado de forma liberal, nada se comunica no regime da comunhão parcial de bens. Por exemplo, se uma pessoa recebe R$ 20.000,00 por mês e a outra não trabalha, é óbvio que todos os bens adquiridos na constância do casamento serão em razão da sub-rogação do salário de um dos cônjuges e, portanto, tudo será bem particular. Tal regra na prática transformaria o regime da comunhão parcial em separação convencional. É a famosa "barbeiragem" legislativa! De qualquer forma, a regra está posta. Não como derrotá-la, de forma genérica. O argumento de que a referida norma descaracteriza a comunhão parcial não convence, pois o regime admite a comunicação nas mais diversas situações, como enuncia o art. 1.660.

E mais, de acordo com o inciso II do art. 1.659, os bens adquiridos com valores exclusivamente pertencentes a um dos cônjuges em sub-rogação dos bens particulares estão excluídos da comunhão. Portanto, na forma do art. 1.659, VI, os proventos do trabalho pessoal de cada cônjuge são bens particulares e, se outros bens forem adquiridos com esses bens particulares, estará caracterizada a sub-rogação, na forma do art. 1.659, II e, por isso, os sub-rogados serão bens particulares. Como tudo deve ser proveniente do trabalho, praticamente nada será considerado bem particular em razão das regras dos incisos II e VI do art. 1.659.

A única forma de contornar essa aberração legislativa é estabelecer, por meio de pacto antenupcial, cláusula em que os bens provenientes do trabalho e os sub-rogados são comunicáveis. Caso contrário, na prática, os operadores do direito terão de fazer esforço hercúleo para tentar resolver o dilema e a injustiça desse dispositivo que quebra o paradigma do regime da comunhão parcial de bens.

Em uma tentativa inglória e nada científica para tentar explicar o art. 1.659, VI, Tepedino[31] destaca que "o que se exclui da comunhão é o direito à remuneração decorrente do trabalho pessoal, pois, no momento em que ela ingressa no mundo financeiro, perderá as características originais, transformando-se em bens adquiridos na constância da sociedade conjugal e, dependendo do regime, tornando-se comunicáveis". Tal afirmação não convence, pois não há critério técnico-científico para lhe dar sustentação. A tese não se sustenta, porque se assim o fosse, na mesma lógica, os bens particulares anteriores ao casamento, ao ingressarem no mundo financeiro, perderiam sua característica original e não é o que ocorre.

Com todo o respeito, tal consideração distorce a regra legal. O art. 1.659, VI, é claro quando diz que se excluem da comunhão os proventos, e não o direito à remuneração. O que importa para fins de exclusão da comunhão é a causa da aquisição, jamais a consequência. Ademais, tais proventos do trabalho pessoal não se descaracterizam quando forem utilizados para aquisição de outros bens, porque seria a mesma lógica da sub-rogação de bens particulares existentes antes do casamento. Tais proventos (e não o mero direito, que é o mesmo que nada) estão, por expressa disposição legal, excluídos da comunhão e, como tais, se forem utilizados para aquisição de outros bens, haverá sub-rogação e, portanto, também não haverá comunicação (art. 1.659, II). O inciso II do art. 1.659 não faz distinção entre bens particulares antes ou durante a sociedade conjugal. Os proventos do trabalho são bens particulares e, quando utilizados para aquisição de outros bens, estes serão sub-rogados e, por isso, não se comunicam. Não há qualquer dificuldade de compreensão. É certo que por questão culturais e a adoção de concepção retrógrada, ultrapassada, tradicional e superada de família, se tenta distorcer, sem qualquer critério científico, previsão legal clara e objetiva.

A discussão também esbarra na comunhão ou não de indenizações trabalhistas, fundo de garantia por tempo de serviço, verbas previdenciárias e outras remunerações. O STJ pacificou o entendimento de que as indenizações trabalhistas correspondentes a direitos adquiridos na constância do vínculo conjugal, ainda que recebida após a dissolução do vínculo, se comunicam. Em relação ao FGTS, há entendimento de que se trata de fruto civil do trabalho e, como tal, por força do disposto no art. 1.660, entra na comunhão. Seriam partilhados o FGTS auferido durante a vigência da sociedade conjugal (integram a meação no regime da comunhão parcial ou universal – posição pacífica do STJ).

Em relação à previdência complementar privada e à possibilidade de comunicação e eventual partilha, é essencial dissociar a previdência complementar privada aberta da fechada. A pergunta é: Os valores vertidos por um dos cônjuges, durante a sociedade conjugal, em favor de previdência complementar privada, se comunicam no regime da comunhão universal e comunhão parcial de bens?

De acordo com os arts. 1.659, VII, e 1.668, V, ambos do CC, excluem-se da comunhão parcial e universal as pensões, meio soldos, montepios e outras rendas semelhantes. A previdência complementar privada, aberta ou fechada, se submete a tais regras que impedem a comunicação de bens e eventual partilha?

A previdência complementar privada pode ser aberta ou fechada. A previdência privada fechada é, de fato, fonte de renda que se assemelha às pensões, tem natureza personalíssima e, por isso, não se comunica. As entidades fechadas que disponibilizam plano de previdência (fundos de pensão) a restringem a grupo de pessoas vinculados a uma determinação empresa ou corporação. Não há que se cogitar em comunicação deste benefício em razão do caráter nitidamente previdenciário, cuja rentabilidade reverte ao plano e o princípio básico é o equilíbrio financeiro e atuarial. Tal verba não pode ser manejada pelo beneficiário de acordo com seus interesses, porque se submete a regime previdenciário e normas rígidas do plano. Eventual saque antecipado repercute negativamente no equilíbrio atuarial. O regime de casamento não é variável que integra o cálculo atuarial. Diante desta natureza previdenciária, as verbas vertidas para a previdência complementar privada fechada não se comunicam e, como consequência, não podem ser objeto de partilha no caso de divórcio ou dissolução da união estável. Nesse sentido, o Recurso Especial n. 1.477.937/MG.

A previdência privada aberta tem regime jurídico completamente distinto e, por isso, há enormes divergências na doutrina e jurisprudência quanto à comunicação ou não destes valores. A natureza jurídica desta é de segu-

---

[31] TEPEDINO, Gustavo; BARBOSA, Heloísa Helena; BODIN, Maria Celina et al. *Código civil interpretado*. v. IV (Direito de Família. Sucessão em geral. Sucessão legítima e testamentária. Disposições finais e transitórias. Arts. 1.511 a 2.046), RJ-SP: Renovar, 2006, p. 303.

ro, não previdenciária. O investidor tem ampla liberdade e flexibilidade para decidir sobre os destinos dos valores vertidos, inclusive com a possibilidade de resgate antecipado. É espécie do gênero aplicação financeira (PGBL e VGBL), o que justifica a divergência. Ainda que parte da doutrina defenda a incomunicabilidade em razão da finalidade do benefício (aposentadoria ou benefício para ser pago em razão de incapacidade), tem prevalecido a tese de que, como ativo financeiro, cujos valores são provenientes do esforço comum, se comunicam e, portanto, pode ser partilhada. Não pode ser reclamada na sucessão, porque é possível indicar o beneficiário. A natureza da previdência aberta é de seguro. Não há que se cogitar em pensão, até ser concretizada tal finalidade. Não há certeza se os valores converterão em renda, como pensão, ou serão sacados antecipadamente, o que é comum em tempos de crise. Apenas no caso de conversão em renda, com o recebimento do benefício, seria pensão e, portanto, incomunicável. Enquanto não convertido em renda, é mera aplicação financeira, porque o investidor poderá decidir, de acordo com seus interesses, como gerir e aplicar estes recursos, em especial com saques integrais antes da conversão em renda. Por conta desta natureza securitária, antes da conversão em renda, os valores vertidos em plano de previdência privada aberta, são equiparadas a mera aplicação financeira, jamais a pensão e, por isso, são comunicáveis e, podem, eventualmente, ser partilhados. Nesse sentido, o Recurso Especial n. 1.726.577.

Em relação aos proventos do trabalho, discordamos da posição do STJ. Em primeiro lugar, o art. 1.659, VI, é de clareza solar quando expressa que os proventos do trabalho de cada cônjuge estão excluídos da comunhão. Portanto, o STJ altera a regra e inova a ordem jurídica. A referida norma jurídica não faz qualquer referência temporal, pois o que interessa é a causa da aquisição. É surreal afirmar que há descaracterização da natureza dos proventos, quando vertido para a família, em especial para aquisição de outros bens, que seriam sub-rogados e, portanto, continuariam incomunicáveis (art. 1.659, II, do CC). A mesma lógica da incomunicabilidade deveria ostentar indenizações trabalhistas, verbas salariais em atraso e verbas previdenciárias, públicas ou privadas, pois têm como causa proventos do trabalho.

O argumento contrário não é jurídico, mas social: afirma o STJ que admitir a incomunicabilidade implicaria em distorção porque um dos cônjuges teria bens reservados frutos do trabalho e outros não!! Então, nesta perspectiva, o regime de separação convencional de bens não tem legitimidade para o STJ? Além disso, trata-se de visão tosca de que na família contemporânea o provedor é aquele cônjuge que ficará responsável pelas questões domésticas (quando avançaremos para superar o modelo tradicional de família??!!). As famílias mudaram, os arranjos familiares são múltiplos, os sujeitos que integram o núcleo familiar têm consciência de suas posições, direitos e deveres. Na família contemporânea, baseada no afeto, os parceiros decidem o destino do núcleo, há isonomia plena entre os membros. Trata-se de interferência indevida do Estado na família. Se as partes optam pelo regime da comunhão parcial de bens, têm ciência das regras relacionados à gestão e eventual condomínio dos bens adquiridos. A regra pode gerar distorções pontuais? Sim. Todavia, não é por meio de alteração da regra, com inovação na ordem jurídica, que se contorna tais distorções. A presunção do esforço comum no regime da comunhão parcial em relação a bens adquiridos onerosamente não se confunde com os bens que estão excluídos da comunhão.

A tese da descaracterização original não possui respaldo legal. A causa será sempre a mesma (frutos do trabalho). Os ganhos pessoais, provenientes do trabalho de cada cônjuge, nos termos do art. 1.659, VI, do CC, estão excluídos da comunhão. A regra é objetiva. Não pode ser alterada. Se gera distorções, o parlamento deverá aperfeiçoá-la. O modelo da família contemporânea não mais suporta tal ingerência estatal de qualquer forma, a jurisprudência, sem nenhum argumento jurídico relevante, segue em sentido oposto.

No entanto, os frutos desses bens particulares, como juros, aluguéis, entre outros, entram na comunhão, conforme o art. 1.660, V, do Código Civil, enquanto durar a sociedade conjugal. Aliás, nesse sentido, o STJ, em decisão recente (Recurso Especial n. 1.795.215/PR), decidiu que se comunicam os frutos de bens particulares percebidos durante a comunhão ou pendentes ao tempo em que cessa, seja qual for a causa que leva à extinção da sociedade (divórcio, separação de fato ou morte). O que autoriza a comunicabilidade dos frutos é a data da ocorrência do fato que dá ensejo à sua percepção, ou, em outros termos, o momento em que o titular adquiriu o direito ao seu recebimento. No caso, foram negados ao sobrevivente direito aos frutos civis (aluguéis) percebidos após o falecimento. Em resumo, de forma acertada e nos termos do art. 1.660, V, do CC, o montante recebido a título de aluguéis de imóvel particular do *de cujus* não se comunica à companheira (ou cônjuge) supérstite após a data da abertura da sucessão.

Os bens particulares não entram na comunhão, apenas os frutos, mas que foram gerados durante o período da plena comunhão de vida. Além dos frutos dos bens comuns ou dos particulares de cada cônjuge, também entram na comunhão as benfeitorias (seja de que natureza forem) realizadas sobre os bens particulares.

As pensões, meio-soldos e montepios têm caráter pessoal e, da mesma forma, ainda que adquiridos na constância do casamento, não entram na comunhão.

O art. 1.661 do CC dispõe que são incomunicáveis os bens cuja aquisição tiver por título causa anterior ao casamento. Nessa situação, o bem passa a integrar o patrimônio do casal durante o casamento, mas a causa da aquisição é anterior a ele.

A causa deve se iniciar e se completar até o casamento. A causa anterior afastará o bem da comunhão parcial. Por outro lado, se a causa é anterior ao casamento, mas ainda há projeção econômica durante o casamento, por exemplo, em financiamentos, deverão ser partilhados os efeitos econômicos projetados no período do casamento.

Os valores pagos a título de financiamento durante a constância do casamento devem ser objeto de meação (há presunção de esforço comum neste caso). Excluídos os valores relativos a bens particulares, que pertencem exclusivamente a um dos cônjuges, quando utilizados para compor parte do preço, o que caracterizará sub-rogação, a parte financiada, cujas prestações forem pagas durante a sociedade conjugal, será objeto de meação. Portanto, em relação aos bens financiados, basta verificar o que foi pago antes e durante o casamento (apenas os pagamentos realizados por qualquer dos cônjuges durante o casamento se comunicam).

Em relação aos móveis, há presunção, relativa, é verdade, de que os bens foram adquiridos na constância do casamento. Se houver prova de que foram adquiridos em data anterior, serão considerados bens particulares (art. 1.662). Aqui se observa o desprezo do legislador pela propriedade mobiliária. Os móveis têm relevante valor na sociedade atual e há móveis, como quadros, veículos, ações, entre outros, muito mais valorizados que imóveis.

O art. 1.660 do Código Civil, em sentido oposto, apresenta o rol dos bens que se comunicam na constância do casamento.

De acordo com o referido dispositivo, entram na comunhão os bens adquiridos na constância do casamento por título oneroso, ainda que só em nome de um dos cônjuges; os bens adquiridos por fato eventual, com ou sem o concurso de trabalho ou despesa anterior; os bens adquiridos por doação, herança ou legado, em favor de ambos os cônjuges; as benfeitorias em bens particulares de cada cônjuge; os frutos dos bens comuns ou dos particulares de cada cônjuge, percebidos na constância do casamento, ou pendentes no tempo de cessar a comunhão.

Em relação aos bens adquiridos onerosamente na constância do casamento, ainda que em nome de apenas um dos cônjuges, é essencial harmonizar o art. 1.660 com o disposto no art. 1.659, VI, pois se tais bens forem adquiridos com os proventos do trabalho pessoal haverá sub-rogação e, nesse caso, não se comunicam. A doutrina majoritária (se é que isso existe atualmente), como já ressaltado, interpreta (altera a regra, na verdade) o art. 1.659, VI, de forma a permitir a comunicação nesses casos. O STJ, sem qualquer fundamento jurídico, acolhe a tese de que os proventos do trabalho, quando vertidos para a família, se descaracterizam como tal e, nesta condição, se comunicam.

Os bens adquiridos em razão de fato eventual são os provenientes de jogos, loterias, entre outros.

Os frutos decorrentes dos bens particulares, como juros e aluguéis, também entram na comunhão. Por isso, é essencial dissociar os bens particulares de seus frutos, pois aqueles não se comunicam, ao passo que os últimos entram na comunhão. As benfeitorias nos bens particulares também entram na comunhão, independentemente da natureza (necessárias, úteis e voluptuárias).

Por fim, a doação, herança ou legado em favor do casal, por óbvio, integram o patrimônio comum.

Em relação à partilha de cotas sociais, art. 1.027 do CC, o valor econômico (não a cota de um deles) integra a meação (Recurso Especial n. 1.807.787). É possível, ainda, a partilha de direitos possessórios edificados em terreno irregular, durante o casamento (Recurso Especial n. 1.739.042), por conta de expressão econômica.

É descabido o arbitramento de aluguel, com base no art. 1.319 do CC, em desfavor do coproprietário vítima de violência doméstica, que em razão de medida protetiva de urgência, detém uso exclusivo do imóvel que também é do agressor, seja pela desproporcionalidade da medida, seja pela ausência de enriquecimento sem causa (Recurso Especial n. 1.966.556/SP).

O art. 1.663 do CC, como desdobramento da isonomia constitucional, dispõe que a administração do patrimônio comum compete a qualquer dos cônjuges. As dívidas contraídas no exercício da administração obrigam os bens comuns e particulares do cônjuge que os administra, e os do outro, na razão do proveito que houver auferido.

A anuência de ambos os cônjuges é necessária para os atos, a título gratuito, que impliquem cessão do uso ou gozo dos bens comuns. Em caso de malversação dos bens, o juiz poderá atribuir a administração a apenas um dos cônjuges.

Por outro lado, a administração e a disposição dos bens constitutivos do patrimônio particular competem ao cônjuge proprietário, salvo convenção diversa em pacto antenupcial (art. 1.665 do CC). Tal norma evidencia que o regime da comunhão parcial é compatível com o pacto antenupcial.

Os bens da comunhão respondem pelas obrigações contraídas pelo marido ou pela mulher para atender aos encargos da família, às despesas de administração e às decorrentes de imposição legal (art. 1.664, CC).

As dívidas contraídas por qualquer dos cônjuges na administração de seus bens particulares e em benefício destes não obrigam os bens comuns (art. 1.666, CC).

Após a dissolução do casamento, os bens comuns que permanecem sob a administração e uso exclusivo do outro, justificam indenização, salvo se o uso do imóvel constituir parcela *in natura* dos alimentos.

6.4.10.2. O regime da comunhão universal de bens

Há um mito em relação ao regime da comunhão universal de bens: acervo patrimonial único, independentemente do momento e da causa da aquisição.

Em regra, o regime da comunhão universal de bens importará a formação de patrimônio comum, com a comunicação de todos os bens presentes e futuros dos cônjuges e suas dívidas. No entanto, há muitas exceções legais, razão pela qual, mesmo no regime da comunhão universal de bens, haverá bens particulares. O art. 1.667 do Código Civil faz referência à exceção objeto do art. 1.668 do CC.

A regra está disposta no art. 1.667 do CC.

De acordo com o art. 1.668, estão excluídos da comunhão os bens doados ou herdados com a cláusula de incomunicabilidade e os sub-rogados em seu lugar (mesmo no regime da comunhão universal, os bens doados ou herdados com cláusula de incomunicabilidade e os sub-rogados em lugar destes estarão excluídos); os bens gravados de fideicomisso e o direito do herdeiro fideicomissário, antes de realizada a condição suspensiva (o fideicomisso é uma forma de substituição testamentária em que o fiduciário poderá ser substituído pela prole eventual, o fideicomissário. Antes de realizada a condição para que o herdeiro fideicomissário possa ser titular do bem, o fiduciário tem mera propriedade resolúvel – art. 1.952 do CC – e, por isso, não haverá comunicação); as dívidas anteriores ao casamento, salvo se provierem de despesas com seus aprestos, ou reverterem em proveito comum; as doações antenupciais feitas por um dos cônjuges ao outro com a cláusula de incomunicabilidade; os bens referidos nos incisos V a VII do art. 1.659, já analisados.

Em relação à cláusula de incomunicabilidade temporária, se houver a dissolução da sociedade conjugal antes do levantamento, não se comunica.

De acordo com o STJ, no Recurso Especial n. 1.760.281/TO, os bens doados ou herdados com cláusula de incomunicabilidade são particulares. Se temporária a incomunicabilidade, o bem só integrará o patrimônio após o término do prazo. No caso concreto, a separação de fato ocorreu na vigência da cláusula, de que o imóvel está excluído da comunhão, ainda que o divórcio tenha sido formalizado após o fim do prazo da cláusula restritiva. De acordo com o art. 1.669 e com base na mesma regra do art. 1.660, V, a incomunicabilidade dos bens enumerados no artigo antecedente não se estende aos frutos, quando se percebam ou vençam durante o casamento. Portanto, os frutos dos bens particulares (como aluguéis) serão integrados ao patrimônio comum e, por isso, se comunicarão.

Em relação à administração dos bens, o art. 1.670 remete para as disposições relativas ao regime da comunhão parcial de bens.

Por fim, de acordo com o art. 1.671 do CC, extinta a comunhão e efetuada a divisão do ativo e do passivo, cessará a responsabilidade de cada um dos cônjuges com os credores do outro.

6.4.10.3. O regime da separação convencional de bens

O regime da separação convencional de bens também pressupõe pacto antenupcial. A finalidade desse regime é evitar a comunicação de bens particulares existentes antes do casamento, bem como aqueles que forem amealhados por cada um dos cônjuges durante a vigência da sociedade conjugal. Tal regime não se confunde com o regime da separação legal e obrigatória, que disciplinará as relações econômicas entre os cônjuges nas hipóteses previstas no art. 1.641 do Código Civil.

É fundamental dissociar o regime da separação legal do regime da separação convencional, porque naquele a jurisprudência e doutrina admitem a comunicação dos aquestos adquiridos durante a sociedade conjugal, mediante a incidência dos efeitos da Súmula 377 do STF. No regime da separação convencional não há possibilidade de comunicação dos aquestos e não se cogita da aplicação da referida súmula.

No regime da separação convencional de bens, de acordo com o art. 1.687, os bens particulares permanecerão sob a administração exclusiva de cada um dos cônjuges, que os poderá livremente alienar ou gravar de ônus real. Portanto, os bens particulares serão administrados exclusivamente pelos respectivos donos (o cônjuge que o adquiriu ou que o recebeu por doação ou herança, por exemplo), sem que haja interferência do outro na referida administração. Cada cônjuge manterá seu patrimônio particular.

Em conexão com o art. 1.687 do Código Civil, o art. 1.647 permite que o cônjuge, no regime da separação convencional e absoluta, sem autorização do outro, possa alienar ou gravar de ônus real os imóveis, pleitear como autor ou réu acerca desses bens ou direitos, prestar fiança ou aval e fazer doação. Os bens não se comunicam, e por isso a disponibilidade, independentemente da anuência do outro, é plena.

De acordo com Chaves e Rosenvald[32], o regime da separação convencional de bens ostenta as seguintes características: "a administração particular dos bens por cada consorte; a liberdade de disposição patrimonial; a responsabilidade patrimonial individual pelas dívidas e obrigações assumidas".

Por outro lado, a separação de patrimônios não impede a necessidade do rateio das despesas para a manutenção do domicílio conjugal. Ainda que os cônjuges tenham adotado o regime da separação convencional de bens, ambos são obrigados, na proporção de seus recursos, a contribuir com as despesas do casal.

Nesse sentido é o art. 1.688 do Código Civil.

De acordo com o magistério de Paulo Nader[33], "a formação e permanência das economias próprias e separadas não exclui, entre os cônjuges, o dever de mútua assistência. Destarte, se um deles carece de recursos para o sustento próprio, ao outro impõe fornecê-los, e a hipótese não configura empréstimo, mas ato de solidariedade própria do casamento e essencial à comunhão de vida".

A contribuição para as despesas do lar na proporção dos recursos e dos bens é um desdobramento do princípio da solidariedade que norteia as mais diversas formas de família, entre elas as formadas a partir do casamento. Aquele que ostenta melhores condições financeiras e econômicas suportará o maior encargo e, como já ressaltado pelo professor, tal contribuição a maior não caracterizará empréstimo entre os cônjuges, pois decorre do dever pessoal de mútua assistência e colaboração entre ambos, que existe também no referido regime, inclusive no âmbito patrimonial.

---

[32] FARIAS, Cristiano Chaves de; ROSENVALD, Nelson. *Curso de direito civil, Famílias.* São Paulo: Atlas, 2015, p. 265.

[33] NADER, Paulo. *Curso de direito civil.* 2. ed. rev. Rio de Janeiro: Forense, 2004, p. 414.

Em razão do princípio da autonomia privada que define o regime, os cônjuges, no pacto antenupcial, podem dispor em sentido oposto à norma para que a contribuição com as despesas não seja proporcional aos rendimentos do trabalho ou dos bens particulares, ou ainda que a contribuição com tais despesas recaia apenas sobre a responsabilidade de apenas um dos cônjuges.

Entretanto, ainda que os cônjuges tenham a liberdade de dispor sobre as obrigações quanto à contribuição para as despesas do casal, nada impede que haja controle judicial caso verificada, *in casu*, a existência de abuso ou violação de princípios constitucionais que norteiam as relações familiares, em especial a solidariedade. Por isso, eventual invalidade de cláusula em pacto antenupcial que trate dessas questões deverá ser analisada à luz do caso concreto. Assim, a cláusula no pacto não poderá acarretar substancial desproporção financeira que traga onerosidade excessiva para um dos cônjuges.

6.4.10.4. O regime da participação final dos aquestos

O regime da participação final dos aquestos é mais uma entre as inúmeras futilidades legislativas que, no caso brasileiro, após mais de 12 anos de vigência do Código Civil, simplesmente "não pegou". Esse é o país das leis que "pegam" e que "não pegam". Infelizmente, é nossa triste e cruel realidade.

Tal regime apenas floreia o Código Civil e em nada contribui para que o estatuto patrimonial dos cônjuges seja justo e equilibrado. É um regime patrimonial misto ou híbrido, que mescla regras análogas à comunhão parcial de bens com regras semelhantes ao regime da separação convencional.

Em regra, durante sua vigência, o casamento fica submetido a um sistema análogo ao regime da separação convencional, com a separação do patrimônio particular de eventual patrimônio comum e, em caso de dissolução da sociedade conjugal, os aquestos, bens adquiridos na constância do casamento, que foram submetidos ao regime da separação convencional, agora serão partilhados ou participados de acordo com as regras da comunhão parcial de bens.

É o que enuncia o art. 1.672 do Código Civil.

Como destaca a norma, durante a sociedade conjugal cada cônjuge manterá patrimônio próprio ou os bens permanecerão como particulares. E, na época da dissolução, cada cônjuge terá direito à metade dos bens adquiridos onerosamente na constância do casamento, mesmo que nesta, tais bens fossem submetidos ao regime da separação.

O art. 1.673 do Código Civil esclarece e define o que e quais são esses bens que integram o patrimônio próprio. A administração desses bens próprios ou particulares é exclusiva de cada cônjuge, que os poderá livremente alienar, se forem móveis. Se forem imóveis, é essencial a outorga ou autorização do outro cônjuge, salvo se, no pacto antenupcial, as partes convencionaram a livre disposição dos imóveis, desde que qualificados de "particulares", tudo conforme o art. 1.656 do Código Civil. Assim, em regra, mesmo no regime da participação final dos aquestos, os imóveis somente podem ser alienados mediante autorização do outro cônjuge, salvo se houver autorização no pacto antenupcial para a livre alienação desses imóveis, desde que particulares. Os imóveis comuns somente podem ser alienados se houver autorização do outro, o que é uma obviedade.

Os bens a serem partilhados serão apurados apenas após a dissolução do casamento. O cálculo para fins dessa partilha é disciplinado pelo art. 1.674 do CC, segundo o qual, sobrevindo a dissolução da sociedade conjugal, apurar-se-á o montante dos aquestos, excluindo-se da soma dos patrimônios próprios os bens anteriores ao casamento e os que em seu lugar se sub-rogaram; os que sobrevieram a cada cônjuge por sucessão ou liberalidade e as dívidas relativas a esses bens. Portanto, os efeitos são assemelhados ao regime da comunhão parcial de bens quanto à partilha, e ainda em relação à presunção relativa dos móveis, que, salvo prova em contrário, presumem-se adquiridos durante o casamento.

Ao determinar o montante dos aquestos, computar-se-á o valor das doações feitas por um dos cônjuges, sem a necessária autorização do outro. Nesse caso, o bem poderá ser reivindicado pelo cônjuge prejudicado ou por seus herdeiros, ou declarado no monte partilhável, por valor equivalente ao da época da dissolução (art. 1.675, CC).

Incorpora-se ao monte o valor dos bens alienados em detrimento da meação, se não houver preferência do cônjuge lesado, ou de seus herdeiros, de os reivindicar. Pelas dívidas posteriores ao casamento, contraídas por um dos cônjuges, somente este responderá, salvo prova de terem revertido, parcial ou totalmente, em benefício do outro.

Se um dos cônjuges solveu uma dívida do outro com bens do seu patrimônio, o valor do pagamento deve ser atualizado e imputado, na data da dissolução, à meação do outro cônjuge. A dissolução pode ocorrer pelo divórcio, morte ou anulação do casamento, mas os aquestos devem ser calculados na data em que cessa a convivência (separação de fato ou morte), nos termos do art. 1.683. O valor do pagamento deve ser imputado à meação do outro, após o referido cálculo, pois, salvo se beneficiar a família, a dívida de um dos cônjuges não obriga ao outro ou seus herdeiros (arts. 1.678 e 1.686).

No caso de bens adquiridos pelo trabalho conjunto, terá cada um dos cônjuges uma cota igual no condomínio ou no crédito por aquele modo estabelecido. De acordo com Paulo Lôbo[34], "tal presunção só ocorre quando os cônjuges mantêm em conjunto atividades, empreendimentos ou pequenos negócios, cujo lucro permite adquirir ou ampliar o patrimônio familiar ou de ambos. Do mesmo modo, quando cada cônjuge, reunindo poupanças próprias, adquire determinado bem".

As coisas móveis, perante terceiros, presumem-se do domínio do cônjuge devedor, salvo se o bem for de uso pessoal do outro (art. 1.680 do CC).

---

[34] LÔBO, Paulo Luiz Neto. *Código civil comentado*. (Coord. Álvaro Villaça Azevedo). São Paulo: Atlas, 2003, p. 332.

Em relação aos imóveis, no regime da participação final dos aquestos, o art. 1.681 presume que o registro do imóvel no respectivo cartório é o indicativo da titularidade do bem. Portanto, a propriedade, com a prova dos imóveis se faz pelo registro, mas tal titularidade poderá ser impugnada e o cônjuge, que consta no registro como proprietário, poderá provar que o imóvel foi adquirido de forma regular. Deverá o cônjuge demonstrar, por exemplo, a origem dos recursos utilizados para aquisição do bem.

De acordo com o art. 1.682 do Código Civil, o direito à meação, na vigência desse regime matrimonial, não é passível de renúncia pelo cônjuge que a ele tem direito, cessão a qualquer título ou penhora. No entanto, a interpretação dessa regra deve ser adequada à natureza do regime. Como é um regime misto, enquanto subsistir a sociedade conjugal não há que se falar em meação ou patrimônio comum. Há apenas uma expectativa de direito à meação no caso de extinção ou dissolução do casamento. Assim, não poderia o direito à meação, que depende de fato futuro e incerto (fim do casamento), ser objeto de renúncia, cessão ou penhora. Tal norma evita que um dos cônjuges possa ceder a pressões do outro para, no pacto antenupcial, renunciar à futura e eventual meação ou ceder tal direito ao outro.

Após a dissolução do casamento, com a incorporação da meação a que faz jus de direito, e consolidado esse direito patrimonial, poderá seu titular renunciar, ceder e até submeter a meação ao regime de penhora por dívidas.

Os aquestos, metade dos bens adquiridos a título oneroso pelo casal na constância do casamento (art. 1.672 do CC), serão apurados na época da dissolução da sociedade conjugal, que ocorrerá com a data em que cessa a convivência (separação de fato ou óbito se ainda conviviam por ocasião do óbito), ainda que o divórcio (art. 1.683 do CC) ou o óbito (se já não estavam juntos) seja posterior à data da cessação da convivência. É a cessação da data da convivência que determina o cálculo do acervo efetivamente adquirido na constância do casamento.

Em relação ao cálculo do acervo, a fim de evitar a instituição de condomínio indesejado entre os consortes que já se separaram, o art. 1.684 dispõe que, se não for possível nem conveniente a divisão de todos os bens em natureza, calcular-se-á o valor de alguns ou de todos para reposição em dinheiro ao cônjuge não proprietário. Se não for possível a reposição em dinheiro, serão avaliados e, mediante autorização judicial, alienados tantos bens quantos bastarem para a referida adequação financeira.

A dissolução do casamento poderá ocorrer pelo divórcio e, também, pela morte. Na dissolução da sociedade conjugal por morte, verificar-se-á a meação do cônjuge sobrevivente da mesma forma como seria se a dissolução tivesse sido levada a efeito pelo divórcio, sem prejuízo do direito à herança, a ser estabelecida na forma do art. 1.829 do CC, no caso da sucessão legítima, ou de acordo com a vontade do testador falecido, no caso de sucessão testamentária (art. 1.685 do CC).

Aliás, no regime da participação final dos aquestos, o cônjuge sobrevivente concorre com descendentes e ascendentes.

Por fim, dispõe o art. 1.686 que as dívidas de um dos cônjuges, quando superiores à sua meação, não obrigam ao outro, ou a seus herdeiros. Tal artigo deve ser interpretado em consonância com o disposto nos arts. 1.674, 1.677 e 1.678 do CC.

De acordo com Tepedino[35]: "As dívidas contraídas por apenas um dos cônjuges não obrigam o monte partilhável, sejam anteriores ao casamento, ou posteriores, em relação aos bens particulares, salvo se seu produto for revertido em benefício da família. Neste último caso é que integram o montante dos aquestos, deduzindo o passivo da partilha. Portanto, se as dívidas pessoais dos cônjuges superarem o valor de sua meação, como elas não integram o monte partilhável, não obrigarão a meação do outro cônjuge ou de seus herdeiros, eis que não foram feitas em benefício da família".

6.5. DISSOLUÇÃO DA SOCIEDADE CONJUGAL E DO VÍNCULO MATRIMONIAL – CAUSAS SUPERVENIENTES AO CASAMENTO VÁLIDO

6.5.1. Noções gerais

As causas de dissolução da sociedade e do vínculo conjugal estão previstas no art. 1.571 do Código Civil, com disciplina específica nos arts. 1.572 a 1.582, que tratam da separação judicial e do divórcio.

De acordo com o art. 1.571 do CC, a sociedade conjugal termina com a morte de um dos cônjuges (inciso I – fim à sociedade e ao vínculo matrimonial – tal hipótese pressupõe casamento válido), pela nulidade ou anulação (inciso II – teoria da invalidade do casamento – plano de validade, o que é possível mesmo se houver divórcio), separação judicial (inciso III – fim aos deveres matrimoniais e ao regime de bens – sociedade conjugal, mas o vínculo matrimonial permanece) e divórcio (inciso IV – fim à sociedade e ao vínculo conjugal).

A nulidade e a anulação do casamento já foram analisadas em capítulo próprio. A morte, real ou presumida, capaz de dissolver o vínculo matrimonial, também foi objeto de análise.

A morte, real ou presumida, é causa de dissolução do vínculo matrimonial. Com a morte ocorre o fim da personalidade da pessoa natural (art. 6º) e, como consequência pessoal, se o falecido era casado, o vínculo matrimonial está encerrado. A morte real se prova por meio de provas diretas (exame do cadáver) ou provas indiretas (testemunhas), capazes de levar à certeza jurídica da morte.

A morte presumida é baseada em probabilidade. No caso da ausência, a probabilidade de morte é fundada no fator "tempo". Em decorrência do decurso considerável

---

[35] TEPEDINO, Gustavo; BARBOSA, Heloísa Helena; BODIN, Maria Celina et al. *Código civil interpretado*. v. IV (Direito de Família. Sucessão em geral. Sucessão legítima e testamentária. Disposições finais e transitórias. Arts. 1.511 a 2.046), RJ-SP: Renovar, 2006, p. 339-340.

de tempo, presume-se que a pessoa está falecida. Tal probabilidade é apurada no procedimento da ausência (art. 6º, segunda parte, e arts. 22 a 39 do CC). O art. 7º do CC também admite a presunção de morte baseada em probabilidade. No entanto, no caso, a probabilidade de morte é fundada no fator "risco". Portanto, a probabilidade de morte, no caso de morte presumida, pode se relacionar ao "fator tempo" ou ao "fator risco".

A discussão central desse capítulo envolve a separação judicial e o divórcio, causas supervenientes ao casamento, que podem levar à sua extinção.

O Código Civil, em evidente retrocesso, ao disciplinar o instituto da separação, admite a discussão da culpa no âmbito da separação sanção. Todavia, após a alteração do § 6º do art. 226, que dispensou qualquer pressuposto objetivo ou subjetivo para o divórcio, iniciou-se debate sobre a não recepção das normas do CC/2002 que disciplinam o instituto da separação judicial. Isto porque para o divórcio, que rompe o vínculo matrimonial, não se exige qualquer requisito e para a separação judicial, que apenas dissolve a sociedade conjugal, ainda era essencial a demonstração das causas previstas em lei.

O Código Civil de 2002 permite o divórcio direto, após comprovada separação de fato por mais de 2 (dois) anos (tal prazo é dispensável em razão da EC n. 66/2010) e o divórcio por conversão (para quem considerava que o instituto da separação judicial ainda sobrevivia).

Todavia, mesmo após a Emenda n. 66/2010, de acordo com entendimento majoritário da doutrina e precedentes do STJ, continuaram a conviver duas causas supervenientes de dissolução do casamento: 1 – separação judicial que encerrava a sociedade conjugal, mas não o vínculo matrimonial, e 2 – o divórcio, que dissolve a sociedade e o vínculo matrimonial.

A situação se altera no ano de 2023, quando o STF, no RE n. 1.167.478, em sede de repercussão geral, fixou tese no Tema 1.053, para definir que a separação judicial não subsiste como instituto jurídico autônomo no ordenamento jurídico. Portanto, de acordo com o STF, todas as regras que disciplinam a separação judicial no CC/2002 não foram recepcionadas pela EC n. 66/2010. Apenas o divórcio é causa de dissolução da sociedade e do vínculo matrimonial.

Antes da EC n. 66, o divórcio tinha duas modalidades: por conversão (no caso de prévia separação judicial) ou direto, no caso de separação de fato superior a dois anos (o requisito objetivo era suficiente).

Em razão de o divórcio exigir apenas requisito objetivo para dissolução do vínculo matrimonial, logo após a entrada em vigor do atual Código Civil, iniciou-se discussão na doutrina sobre a possibilidade de se debater culpa nas ações de separação judicial, pois, se no divórcio, que encerra o vínculo matrimonial, não havia tal possibilidade, na separação, que apenas encerra a sociedade conjugal e não o vínculo matrimonial, não seria razoável a discussão da culpa. E a invocação da culpa na separação também afrontava os princípios de família insculpidos no art. 226 da CF.

A partir da EC n. 66/2010, para o divórcio, basta a vontade unilateral de qualquer dos cônjuges. É mero direito potestativo, por meio do qual qualquer dos cônjuges poderá interferir na esfera jurídica do outro para o fim do vínculo matrimonial, sem a possibilidade de oposição. É possível litígio no divórcio relacionado a guarda de filhos, alimentos, regime de bens, mas não mais ao vínculo matrimonial, que não subsistirá após a declaração de vontade unilateral de qualquer dos cônjuges.

Com o fim do afeto e o fracasso da vida conjugal, o vínculo matrimonial poderá ser extinto, sem necessidade de demonstração de qualquer requisito objetivo ou subjetivo.

O divórcio não deixa de ser importante instrumento de concretização de direitos fundamentais, como a liberdade e a felicidade.

A liberdade de casar tem o contraponto necessário e fundamental da liberdade de não permanecer casado. Tal concepção de divórcio se associa com o modelo contemporâneo de família (plural, democrática, igual, existencial, não hierarquizada etc.).

Não há sentido em manter uma sociedade conjugal quando não há mais afeto, amor, parceria e companheirismo entre seus integrantes.

Como mencionado, a alteração no âmbito do divórcio acirrou os debates em torno da subsistência da separação judicial como instituto jurídico. Diante desse novo modelo constitucional de família e da ausência de pressupostos subjetivos e objetivos para o divórcio, não haveria mais espaço, na legislação infraconstitucional, para a vetusta separação judicial. Todavia, o STJ manteve o entendimento de que a separação judicial não foi abolida do sistema pela EC n. 66/2010, porque permite o restabelecimento do mesmo vínculo conjugal, ao passo que no caso de divórcio, a reconciliação dependeria de novo vínculo. A situação se altera com a decisão do STF, na tese fixada no Tema 1.053, quando definiu que a separação judicial não subsiste no sistema como instituto jurídico autônomo. Com essa nova orientação, os precedentes (não vinculantes) do STJ em sentido contrário perdem efeito.

O princípio da dignidade humana é a base dos valores constitucionais do casamento e, por conta disso, a liberdade de não permanecer casado é garantia constitucional que foi elevada a nível mais humano com o fim de qualquer requisito para a dissolução do vínculo matrimonial pelo divórcio.

Sobre essa liberdade, como aduzem Rosenvald e Chaves[36], a "separação e o divórcio exteriorizam, assim, o direito reconhecido a cada pessoa de promover a cessação de uma comunidade de vida (de um projeto afetivo comum que naufragou por motivos que não interessam a terceiros ou mesmo ao Estado – aliás, não sabemos mesmo se interessam a eles próprios). Por isso, toda e qualquer restrição à obtenção da ruptura da vida conjugal não fará mais do que convalidar estruturas familiares enfermas,

---

[36] FARIAS, Cristiano Chaves de; ROSENVALD, Nelson. *Curso de direito civil, Famílias*. São Paulo: Atlas, 2015, p. 276.

casamentos malogrados, convivências conjugais em crise, corrosivas e atentatórias às garantias de cada uma das pessoas envolvidas".

A força normativa da Constituição é uma realidade. O direito civil deve ser interpretado à luz e em consonância com os valores sociais estabelecidos na Constituição Federal. Não há mais espaço para discussões de questões que possam violar a intimidade e privacidade de casais sem qualquer repercussão prática, apenas para se imputar ao cônjuge o rótulo de culpado.

6.5.2. Causas supervenientes ao casamento válido: causas legais

O art. 1.571 do Código Civil estabelece as causas pelas quais o casamento pode ser extinto.

De acordo com o referido dispositivo legal, a sociedade conjugal termina com a morte de qualquer dos cônjuges, pela nulidade ou anulação do casamento, separação judicial e, finalmente, o divórcio.

Por outro lado, o vínculo matrimonial, que pressupõe casamento válido (por isso as hipóteses de invalidade – nulidade e anulação – não são citadas), somente se dissolve por duas causas: morte de um dos cônjuges e o divórcio.

A separação judicial (quando subsistia no ordenamento como instituto autônomo – antes da EC n. 66/2010 e da tese fixada no Tema 1.053 pelo STF), apenas encerrava a sociedade conjugal e põe termo aos deveres de coabitação, fidelidade recíproca e ao regime de bens, mas não extinguia o vínculo matrimonial, pois era lícito ao cônjuge, separado judicialmente, restabelecer, a qualquer tempo, a sociedade conjugal (reconciliação), independentemente de novo casamento (art. 1.577 do CC).

O divórcio extingue o vínculo matrimonial e, neste caso, o restabelecimento da sociedade conjugal dependerá de novo casamento, com todas as formalidades legais já previstas.

Em termos históricos, a Lei n. 6.515/1977 somente admitia o divórcio após prévia separação judicial que seria convertida após o decurso do prazo de 5 anos.

Com a Constituição de 1988, art. 226, § 6º, redação original, o divórcio por conversão passou a ser permitido após apenas um ano da separação judicial e foi instituída a possibilidade do divórcio direto, independentemente de prévia separação judicial, quando o casal já estava separado de fato há mais de dois anos. Portanto, bastava o requisito objetivo para o divórcio, independente de prévia separação judicial.

Com a EC n. 66/2010, o casamento civil passou a ser admitido pelo divórcio, independentemente de qualquer requisito objetivo ou subjetivo, em clara evolução do instituto desde o ano de 1977, quando aparece no sistema jurídico pela Lei n. 6.515/77.

A dissolução do casamento pelo divórcio passou a ser admitida como exercício do direito fundamental à liberdade e felicidade, como concretização do direito à vida humana digna (princípio da dignidade da pessoa humana). Atualmente, a ausência de afeto, por si só, é suficiente para a dissolução do vínculo matrimonial pelo divórcio.

Como destaca Tepedino[37]: "Constata-se, desse modo, a tendência de facilitação do divórcio, de todo condizente com a orientação constitucional de valorização da dignidade da pessoa humana, em especial mediante fortalecimento da autonomia existencial".

O exemplo clássico da viabilização do divórcio de forma mais eficaz foi a promulgação da Lei n. 11.441/2007, que permite o divórcio pela via administrativa (independentemente de homologação judicial), desde que presentes alguns requisitos.

Tal lei acrescentou ao CPC de 1973 o art. 1.124-A, segundo o qual o divórcio consensual, se não houver filhos menores ou incapazes, pode ser realizado por escritura pública e não depende de homologação judicial.

Tal regra, com poucas alterações, foi reproduzida no art. 733 do atual Código de Processo Civil. A base fundamental foi mantida.

No caso da morte, o § 1º do art. 1.571 do Código Civil destaca que deve ser aplicada a presunção estabelecida no Código Civil quanto ao ausente. Portanto, não só a morte real, com exame do cadáver ou que pode ser apurada por meio de provas indiretas, que levem a uma certeza jurídica da morte, mas a morte presumida, com ou sem procedimento da ausência, também é capaz de romper o vínculo matrimonial.

No que tange à presunção estabelecida pelo Código quanto ao ausente, de acordo com os arts. 6º e 22 a 39 do Código Civil, a pessoa somente é considerada morta, por presunção, com a abertura da sucessão definitiva. Após a fase da curadoria de bens e da sucessão provisória, nos termos do art. 37 do CC, abre-se a sucessão definitiva. A sucessão definitiva possui efeitos jurídicos patrimoniais e não patrimoniais.

O principal efeito jurídico extrapatrimonial da abertura da sucessão definitiva é o término da personalidade civil, pois, desde esse momento, a pessoa é considerada morta por presunção. É a morte presumida em razão da ausência (ausente é a pessoa que desaparece de seu domicílio ou domicílios sem deixar notícias de seu paradeiro e procurador para administrar os seus interesses – art. 22 do CC).

Tal morte presumida, de acordo com a última parte do art. 1.571, § 1º, do CC, também é causa de dissolução do vínculo matrimonial e equipara-se à morte real.

Com mais razão e, por se basear em juízo de alta probabilidade de morte, caracterizada qualquer das hipóteses do art. 7º do Código Civil (morte presumida sem a necessidade do procedimento da ausência), tal morte também será capaz de romper o vínculo matrimonial.

Em resumo, de acordo com o art. 1.571 do Código Civil, apenas a morte e o divórcio são capazes de colocar fim à sociedade conjugal e ao vínculo matrimonial. A separação judicial, se é que ainda persiste em nosso ordenamento jurídico, apenas põe termo à sociedade conjugal, mas não ao

---

[37] TEPEDINO, Gustavo; BARBOSA, Heloísa Helena; BODIN, Maria Celina et al. *Código civil interpretado*. v. IV (Direito de Família. Sucessão em geral. Sucessão legítima e testamentária. Disposições finais e transitórias. Arts. 1.511 a 2.046), RJ-SP: Renovar, 2006, p. 128.

vínculo matrimonial (na separação, é possível o restabelecimento do mesmo casamento – art. 1.577 do CC).

Por outro lado, na invalidação do casamento não há cogitar em dissolução do vínculo por causa superveniente, mas na desconstituição do vínculo matrimônio por vício de origem, como já analisado em tópico anterior.

6.5.3. Separação judicial e polêmicas sobre a subsistência deste instituto (Tema 1.053 do STF)

A separação judicial, como causa superveniente de dissolução da sociedade conjugal, foi esvaziada pela EC n. 66/2010, que passou a conferir nova concepção ao divórcio e, por isso, a manutenção do instituto no sistema jurídico passou a ser objeto de controvérsia doutrinária.

A redação conferida pela referida emenda constitucional, que suprimiu qualquer referência à separação judicial e dispensou a demonstração de requisitos objetivo e subjetivo para o divórcio, não teria recepcionado as normas da separação judicial.

Ainda antes da tese fixada no Tema 1.053 pelo STF, sempre defendemos que não havia finalidade, razão e fundamento para a subsistência da separação judicial como instituto jurídico autônomo.

Antes da fixação da tese no Tema 1.053, nas Jornadas de Direito Civil foi aprovado o Enunciado 514: "Art. 1.571: A Emenda Constitucional n. 66/2010 não extinguiu o instituto da separação judicial e extrajudicial."

O STJ, no Recurso Especial n. 1.247.098-MS, julgado em 14-3-2017, por maioria, no mesmo sentido, reconheceu que não ocorreu a revogação tácita da legislação infraconstitucional que versa sobre a separação judicial. Não se tratava de precedente vinculante. O fundamento principal para este entendimento foi a possibilidade do restabelecimento da sociedade conjugal (art. 1.577), o que não é possível no caso de divórcio.

No mesmo sentido o Enunciado 515, que tenta apenas adaptar a separação aos termos da emenda: "Art. 1.574, *caput*: Pela interpretação teleológica da Emenda Constitucional n. 66/2010, não há prazo mínimo de casamento para a separação consensual."

Todavia, com a decisão do STF no RE 1.167.478, em sede de repercussão geral, quando fixou tese no Tema 1.053, a separação judicial não mais subsiste no ordenamento jurídico como instituto jurídico autônomo. A tese de repercussão geral tem a seguinte redação: "Após a promulgação da Emenda Constitucional n. 66/2010, a separação judicial não é mais requisito para o divórcio, nem subsiste como figura autônoma no ordenamento jurídico. Sem prejuízo, preserva-se o estado civil das pessoas que já estão separadas por decisão judicial ou escritura pública, por se tratar de um ato jurídico perfeito".

Apenas para registro histórico, realizamos algumas referências ao instituto da separação judicial:

Na época do Código Civil de 1916, diante de uma sociedade conservadora e altamente influenciada pela Igreja, justificava-se o casamento como instituição indissolúvel. Tanto que, para viabilizar a Lei do Divórcio, foram feitas algumas concessões, por exemplo, a própria separação judicial, em que se dispensam os cônjuges dos deveres do casamento, mas não se dissolvem os laços sagrados do matrimônio.

Inicialmente, a Lei do Divórcio autorizava o rompimento do vínculo matrimonial apenas uma vez, e o chamado "divórcio direto" somente era admitido em caráter emergencial (requisitos: separação de fato há mais de 5 anos; prazo implementado antes de junho de 1977, e comprovação da causa da separação). Assim, nessa época, com essa ressalva, somente após a prévia separação de fato era possível obter o divórcio, ou seja, por meio do procedimento da conversão.

A jurisprudência acabou por abrandar a interpretação da lei e admitiu o divórcio, ainda que o prazo somente fosse implementado após 1977. Com a evolução da sociedade e a edição da Lei n. 7.841/89 (pós-Constituição de 1988), foi conferida nova redação ao art. 40 da Lei do Divórcio. Tal lei, além de subtrair a transitoriedade do divórcio direto, afastou a investigação da causa. Bastava a comprovação da ruptura da vida em comum por mais de 2 anos, com o que o divórcio foi consolidado como instituto autônomo.

Como já dito, a única "vantagem" atual da condição de separado é a possibilidade de reverter a separação mediante a reconciliação (art. 1.577, CC). Isso seria a cláusula de arrependimento (benefício insignificante, porque demandaria tempo, dinheiro e intervenção judicial). Em caso de novo vínculo, haveria mais eficiência e agilidade. No que tange ao patrimônio/regime de bens, situação dos filhos (guarda e visitas) e ou direito ao uso do nome, a demonstração de requisitos para a separação, como a culpa, por exemplo, não teria qualquer influência nessas questões. É certo que ainda remanesce alguns efeitos decorrentes do reconhecimento da culpa, como é o caso dos alimentos em favor do cônjuge culpado. Tais disposições devem ser interpretadas à luz dos novos valores sociais constitucionais.

A controvérsia sobre tais temas (institutos que possuem regime jurídico e efeitos próprios) são autônomas e independentes do divórcio ou de eventual separação judicial, para quem a admitia. Por isso, a causa da separação nunca pode repercutir nestas questões relacionadas à família (regime de bens, filiação, direito ao uso de nome, entre outros).

Se a investigação da causa da separação não teria qualquer reflexo no regime de bens, guarda dos filhos, direito de visitas, alimentos (nossa tese) e nome, qual a razão para submeter os cônjuges ao constrangimento de expor as fragilidades, angústias e intimidades do casal que não devem traspor as portas do domicílio conjugal? Não por outro motivo, o STF, no Tema 1.053, fixou tese de que a separação judicial não mais subsiste como instituto jurídico autônomo.

De qualquer forma, a separação judicial, que não mais subsiste no sistema como instituto jurídico autônomo, ainda está disciplinada no atual Código Civil, sob duas perspectivas: 1 – separação consensual ou por mútuo consenso; 2 – separação litigiosa.

Separação consensual (não recepcionado – Tema 1.053 do STF)

A separação por mútuo consenso decorria de mero acordo entre os cônjuges que desejavam pôr fim aos deveres do casamento. Tal separação poderia ser judicial (arts. 1.574 do CC e 731 do CPC) ou extrajudicial (art. 733 do CPC – escritura pública que deve observar os requisitos do art. 731 da mesma lei).

A homologação judicial do acordo de separação dependia da observância dos requisitos elencados no art. 731 do CPC.

Na separação consensual, judicial ou extrajudicial (se não houvesse filhos menores ou incapazes), não havia necessidade de apontar qualquer motivação.

A lei exige o requisito temporal objetivo de um ano.

Nada também justificava a cláusula de dureza do parágrafo único do art. 1.574.

No caso da referida cláusula de dureza, assim dispõe o Enunciado 516 da Jornada de Direito Civil: "Art. 1.574, parágrafo único: Na separação judicial por mútuo consentimento, o juiz só poderá intervir no limite da preservação do interesse dos incapazes ou de um dos cônjuges, permitida a cindibilidade dos pedidos com a concordância das partes, aplicando-se esse entendimento também ao divórcio".

Separação litigiosa

A separação litigiosa é disciplinada pelos arts. 1.572 e 1.573 do Código Civil, os quais declinavam as causas que autorizavam o pedido de separação e permitiam que fossem imputados ao cônjuge ato que importava grave violação dos deveres do casamento e tornasse insuportável a vida em comum. O *caput* do art. 1.572 autorizava o pedido de separação por grave violação dos deveres do casamento e vida em comum insuportável, e o art. 1.573, de forma exemplificativa, destacava algumas causas que podem caracterizar a impossibilidade de manutenção da vida em comum.

A separação litigiosa, em termos tradicionais, sempre foi tratada sob três aspectos: *separação sanção*, *separação falência* e *separação remédio*. A denominação está relacionada à causa ou motivo da separação.

Separação sanção (arts. 1.572, *caput*, e 1.573 do CC)

Na separação sanção, o cônjuge tinha que invocar e demonstrar a prática de atos que importassem grave violação dos deveres do casamento e, ainda, que tais posturas tornassem insuportável a vida em comum. Portanto, o objetivo era sancionar o culpado.

Nessa hipótese, o cônjuge "inocente" deveria descrever a conduta do culpado, especificar qual dos deveres do casamento foi violado e comprovar que a vida em comum tornou-se insuportável.

O art. 1.573 apresentava rol exemplificativo do que poderia caracterizar a culpa.

A questão é que a discussão da culpa sempre foi inócua. Não havia consequência relevante para o culpado que não fosse a própria separação judicial. A aferição da culpa viola direito fundamental à privacidade, intimidade e, em última análise, à dignidade do cônjuge.

Era tão incoerente a separação judicial fundada na violação de deveres do casamento que a ausência da prova da culpa levaria à improcedência da ação e o casamento de pessoas que expuseram todas as mágoas e ressentimentos no processo de separação seria mantido. De qualquer forma, o rótulo de culpado tinha prazo de duração, pois o § 1º do art. 1.572 permitia a separação judicial independentemente da invocação de culpa, com a mera ruptura da vida conjugal há mais de um ano.

De acordo com o Enunciado 254 da Jornada de Direito Civil: "Art. 1.573: Formulado o pedido de separação judicial com fundamento na culpa (art. 1.572 e/ou art. 1.573 e incisos), o juiz poderá decretar a separação do casal diante da constatação da insubsistência da comunhão plena de vida (art. 1.511) – que caracteriza hipótese de 'outros fatos que tornem evidente a impossibilidade da vida em comum' – sem atribuir culpa a nenhum dos cônjuges."

Nesse enunciado, os fundamentos dos arts. 1.572 e 1.573 são mitigados para permitir a extinta separação judicial pela mera insubsistência da comunhão plena de vida, independentemente da demonstração de culpa.

O art. 1.572 sempre foi vinculado a modelo tradicional de família já superado. O cônjuge imputará, indicará e apontará causa capaz de caracterizar grave violação dos deveres do casamento. O texto da norma era incompatível com a norma constitucional.

A "imputação" de qualquer fato apenas servia para acirrar as animosidades entre o casal e gerar novos e intermináveis conflitos. O fim da sociedade conjugal somente pode ter um fundamento: o fim do afeto entre o casal.

A norma em questão está em desacordo com os valores sociais constitucionais. O direito civil deve ser interpretado à luz desses valores, e não o contrário.

A separação não podia ser uma sanção, como sugere o art. 1.572, *caput*, do CC, mas apenas o fim de uma sociedade conjugal em que o afeto desapareceu. A separação devia ser a concretização do direito fundamental à liberdade de não estar vinculado a outra pessoa, e não pena ou sanção de natureza privada sem qualquer consequência jurídica efetiva.

A demonstração da violação dos deveres do casamento (culpa) não possuía efeito jurídico relevante. Em relação à guarda de filhos e eventual direito de visitas, prevalece o interesse da criança, independentemente das mazelas da relação conjugal. Os bens são divididos de acordo com o regime ou estatuto patrimonial eleito pelos cônjuges, independentemente da violação de deveres do casamento ou de culpa. Os alimentos são fundamentados na solidariedade familiar, necessidade e possibilidade. O uso do nome depende do interesse do cônjuge e da necessidade de manutenção para fins de vínculo de filiação ou trabalho. Portanto, qual o interesse jurídico em demonstrar que alguém foi culpado? Nenhum.

Não havia sentido ou qualquer razoabilidade jurídica em demonstrar qualquer das condutas do art. 1.573 (causas da separação sanção), cujo dispositivo, até mesmo em seu parágrafo único, deixava aberta a porta para que o casal pudesse discutir qualquer fato, por mais íntimo que fosse, para imputar ao outro grave violação dos deveres do casamento.

Ainda que aparentemente o próprio Código Civil viesse a sugerir, em duas situações, a existência de efeitos jurídicos materiais caso fosse demonstrada a culpa do outro, tais normas devem ser relidas à luz dos valores sociais constitucionais (art. 1.578 do Código Civil, perda do uso do direito ao sobrenome do outro, que foi acrescentado por ocasião do casamento, e a alteração da natureza dos alimentos a serem prestados ao cônjuge culpado – art.[38] 1.704, parágrafo único, do CC).

Em relação ao art. 1.578, a norma enuncia que o cônjuge culpado perde o direito de usar o sobrenome do outro. No entanto, a própria norma excepciona as hipóteses em que, mesmo culpado, não haverá perda desse direito (prejuízo para sua identificação, distinção entre seu nome de família e dos filhos e dano grave).

Tais exceções, interpretadas à luz da Constituição Federal, evidenciarão que a perda do nome não é uma consequência da demonstração de culpa, pois, ao incorporar o sobrenome do outro, passa a integrar o nome do cônjuge e, como direito fundamental da personalidade, somente poderá ser desincorporado por opção ou caso a pessoa que seja titular o esteja violando. Aliás, neste diapasão, o STJ, no Recurso Especial n. 1.873.918-SP, é admissível o retorno ao nome de solteiro do cônjuge na constância do vínculo conjugal.

Portanto, independe de qualquer demonstração de culpa. Como defendem Chaves e Rosenvald, "no que concerne ao uso do patronímico acrescido pelo matrimônio, o Código Civil não deve ser aplicado no caso concreto, garantido o tratamento da matéria a partir do viés constitucional, reconhecendo que a única regra que respeita a dignidade da pessoa humana é submeter a manutenção do nome à vontade do próprio consorte, por se tratar de um direito da personalidade".

Assim, mesmo se demonstrada a culpa, a regra é a manutenção do nome de casado, ao contrário do que sugere o *caput* do art. 1.578 do CC, que deve ser lido e interpretado à luz da Constituição Federal.

O outro, alteração do caráter dos alimentos (art. 1.704, parágrafo único), permite que sejam alterados a natureza dos alimentos, de civis para naturais ou necessários.

Separação falência

A separação falência tinha como causa a ruptura da vida em comum há mais de um ano e a impossibilidade de reconstituição do casamento. O nome "falência" decorre justamente do requisito objetivo que era exigido para tal separação (separação de fato por período superior a 1 ano), sem a necessidade de qualquer outro requisito de ordem subjetiva, como ocorre na separação como sanção.

Portanto, nessa separação, o primeiro requisito a ser demonstrado resultava da circunstância objetiva de os cônjuges estarem separados há mais de um ano. O segundo estava na motivação intencional (impossibilidade de reconstituição da vida conjugal).

Tal separação independia da prova de culpa de qualquer dos cônjuges, tanto que o cônjuge responsável pela separação de fato tinha legitimidade para pleiteá-la com fundamento nesses requisitos; e aquele que tomava a iniciativa da demanda não suportava qualquer espécie de sanção, como a supressão de direitos.

Separação remédio

A terceira e última modalidade de separação litigiosa era aquela relacionada a uma enfermidade, doença mental grave. De acordo com o § 2º do art. 1.572 do CC, o cônjuge podia pedir a separação judicial quando o outro estivesse acometido de doença mental grave.

No entanto, para que a separação pudesse ser fundamentada em doença mental grave, eram necessários alguns pressupostos. Em primeiro lugar, a doença mental devia ser preexistente ao casamento (anterior ao casamento). Segundo, embora a doença mental preexistisse ao casamento, somente se manifesta após o casamento. Em terceiro lugar, a doença preexistente manifestada após o casamento devia tornar impossível a continuação da vida em comum. E, finalmente, após dois anos de manifestação da doença, esta tinha sido reconhecida de cura improvável.

Tal separação já estava completamente esvaziada pela EC n. 66/2010, pois o divórcio, que rompe o vínculo matrimonial, pode ser requerido a qualquer tempo, independentemente da demonstração de requisitos objetivos e subjetivos. Com a tese fixada no Tema 1.053 a referida modalidade de separação deixa de subsistir no sistema jurídico.

Questões específicas sobre a separação judicial

De acordo com o art. 1.575 do Código Civil, a sentença de separação judicial importava a separação de corpos e a partilha de bens. No entanto, em que pese a referida disposição legal, a doutrina passou a defender a tese, até em analogia ao divórcio, de que a separação judicial poderia ser concretizada independentemente da prévia partilha de bens.

Nesse sentido, aliás, o Enunciado 255 da III Jornada de Direito Civil: "Art. 1.575: Não é obrigatória a partilha de bens na separação judicial". A separação de fato, por si só, desde que devidamente caracterizada, implicará separação de corpos. A separação de fato é até suficiente para colocar termo aos deveres de coabitação, fidelidade recíproca e, principalmente, ao regime de bens, ao contrário da odiosa redação do art. 1.576 do Código Civil.

O separado de fato pode, ainda, pela redação do art. 1.723, § 1º, do CC, constituir união estável. A separação de fato é diferente da separação jurídica ou de direito. A cessação da convivência implica a extinção da comunhão plena de vida (art. 1.511 do CC). A separação de fato implica perda de direitos hereditários (em que pese a redação do art. 1.830 do CC, a ser analisada posteriormente) e previdenciários.

Segundo o parágrafo único do art. 1.576 do CC, o procedimento judicial da separação cabia somente ao cônjuge (personalíssimo) e, no caso de incapacidade superveniente

---

[38] FARIAS, Cristiano Chaves de; ROSENVALD, Nelson. *Curso de direito civil, Famílias*. São Paulo: Atlas, 2015, p. 327.

ao casamento, seria representado pelo curador (se estiver interditado), ascendente ou irmão. Portanto, nessa hipótese excepcional, poderia ser a ação ajuizada por curador (desde que não fosse o próprio cônjuge, em razão do evidente conflito de interesses) ou pelos parentes mais próximos.

De acordo com o Enunciado 571, aprovado pela V Jornada de Direito Civil: "Se comprovada a resolução prévia e judicial de todas as questões referentes aos filhos menores ou incapazes, o tabelião de notas poderá lavrar escrituras públicas de dissolução conjugal". O enunciado se refere aos arts. 1.571 e 1.582 do CC c/c a Lei n. 11.441/2007.

6.5.4. Divórcio

6.5.4.1. Evolução histórica e fundamento constitucional

O instituto do "divórcio" passa por uma releitura após a EC n. 66/2010, segundo a qual "o casamento civil pode ser constituído pelo divórcio". Após a referida emenda constitucional, o único fundamento para o divórcio é o fim da comunhão plena de vida instituída pelo casamento. Não se exige qualquer requisito objetivo ou subjetivo, bastando, para tanto, a vontade e o desejo de não permanecer casado.

Trata-se do mais pleno exercício e concretização do direito fundamental à liberdade, no caso, de não permanecer casado. E, para tanto, o interessado no divórcio está dispensado de declinar os motivos, causas e fatos que o levaram a essa decisão.

O divórcio no Brasil sempre suportou resistências culturais, religiosas, sociais, filosóficas e antropológicas, tanto que o Código Civil de 1916 considerava o casamento vínculo indissolúvel, na esteira de preceitos religiosos que influenciaram a legislação da época.

Em nosso ordenamento jurídico, o divórcio aparece pela primeira vez em 1977, com a EC n. 9, que conferiu nova redação ao § 1º do art. 175, da Constituição Federal, posteriormente regulamentada pela famosa Lei n. 6.515/77, estigmatizada e rotulada como a "Lei do Divórcio".

A Lei n. 6.515/77, em sua redação original, continha inúmeros obstáculos para o divórcio.

O art. 40 previa que pessoas separadas de fato antes da lei em referência poderiam requerer o divórcio após cinco anos, desde que provada a separação de fato e sua causa.

O art. 40 foi posteriormente alterado pela Lei n. 7.841/89, que modificou o prazo de separação de fato e o reduziu para dois anos e, com isso, o adaptou à redação original do art. 226 da Constituição Federal de 1988. A referida lei ainda aboliu o limite de concessão de divórcio previsto no art. 38 da Lei n. 6.515/77, segundo o qual o pedido de divórcio somente poderia ser feito uma vez.

Esse era o divórcio direto, decorrente de separação de fato.

No caso do divórcio conversão, a Lei n. 6.515/77, no art. 25, em sua redação original, exigia o decurso do prazo de 3 anos contados da sentença da separação judicial ou da cautelar correspondente. O prazo de 3 anos foi reduzido para 1 ano, por força da Lei n. 8.408/92, embora o art. 36 da Lei n. 6.515/77, que tratava das causas e matérias que poderiam ser alegadas na contestação do divórcio por conversão, já tivesse sido alterado pela Lei n. 7.841/89, para considerar o prazo de 1 ano para conversão, de acordo com a redação original do art. 226 da Constituição Federal.

No ano de 1988, a Constituição Federal, no § 6º do art. 226, passou a prever que o "casamento civil pode ser dissolvido pelo divórcio, após prévia separação judicial por mais de um ano nos casos expressos em lei, ou comprovada separação de fato por mais de dois anos".

Portanto, a Constituição Federal, em sua redação original, manteve o divórcio direto (baseado na separação de fato) e o divórcio conversão (baseada em prévia separação judicial ou cautelar), cujas modalidades foram instituídas pela Lei n. 6.515/77. No entanto, a CF, na redação original daquele artigo, reduziu de 5 para 2 anos o prazo da separação de fato para o divórcio direto, e de 3 para 1 ano o prazo para conversão no divórcio conversão.

Em razão dessas alterações promovidas pela nova CF, foram promulgadas as leis (7.841/89 e 8.409/92), a fim de adaptar a Lei n. 6.515/77 ao comando constitucional.

Em 2002, com o novo e atual Código Civil, as bases constitucionais do divórcio e suas modalidades foram mantidas, nos termos art. 1.580 e §§ dessa legislação.

O Código Civil em nada inovou os parâmetros para o divórcio, pois se limitou a manter as referências traçadas pelo art. 226, § 6º, da CF.

Posteriormente, no ano de 2007, a Lei n. 11.441/2007 acrescentou ao Código de Processo Civil de 1973 o art. 1.124-A, para permitir o divórcio consensual, seja direto ou por conversão, por meio de escritura pública e independente de homologação judicial.

Por fim, como última etapa dessa evolução do divórcio, foi promulgada a Emenda Constitucional n. 66/2010, que alterou a redação do art. 226, § 6º, da Constituição Federal e, em um único golpe, aboliu do sistema jurídico o divórcio por conversão, qualquer requisito objetivo ou subjetivo para o divórcio direto e a separação judicial ou de direito. Nesse sentido a tese fixada pelo STF no Tema 1.053, segundo o qual a separação judicial não mais subsiste no sistema jurídico como instituto autônomo.

Em razão disso, foram derrogadas todas as normas, em especial da Lei n. 6.515/77 e do Código Civil de 2002 que tratam da separação judicial, do divórcio por conversão e aquelas que fazem qualquer exigência em termos de pressupostos, sejam objetivos ou subjetivos, para o divórcio.

O divórcio é um direito *potestativo*, meio de concretização do princípio da dignidade da pessoa humana e do direito fundamental à liberdade.

6.5.4.2. Requisitos gerais

Com a edição e a promulgação da EC n. 66/2010 (o casamento civil pode ser dissolvido pelo divórcio), restou, no sistema jurídico brasileiro, apenas o denominado "divórcio direto", em que não há necessidade de demonstrar qualquer pressuposto, seja objetivo (como separação de fato) ou subjetivo (motivos ou causas determinantes para a decisão). No mesmo sentido, a tese fixada pelo STF, em sede de repercussão geral, no Tema 1.053 (a separação judicial não subsiste mais no ordenamento jurídico como instituto jurídico autônomo).

A EC n. 66/2010 derrogou o art. 1.580 da Lei Civil, que previa o divórcio por conversão no seu *caput* e a prévia separação de fato, por 2 anos, para o divórcio direto. Atualmente, o divórcio direto independe de qualquer prazo de separação de fato.

É impossível a discussão de culpa na ação de divórcio ou qualquer outra causa relativa à intimidade do casal, deveres do casamento, entre outros. Tais questões são incompatíveis com o divórcio.

Como mencionado, a discussão do motivo ou de causas do divórcio não teria qualquer efeito jurídico prático para o divórcio em si, uso de sobrenome, alimentos, guarda de filhos, direito de visitas e partilha de bens. Cada uma dessas questões tem disciplina e princípios próprios. As mazelas do casamento devem ficar circunscritas à vida íntima do casal. O divórcio, como meio de concretização do direito fundamental à liberdade, não se compatibiliza ou se coaduna com qualquer causa ou motivo.

A referida emenda aboliu do sistema a separação judicial ou de direito. A força normativa da Constituição impõe essa nova concepção ao divórcio, que agora não possui mais modalidades ou categorias (como o direto e o por conversão), pois passará a ser simplesmente divórcio.

Portanto, não há mais qualquer requisito, geral ou específico, objetivo ou subjetivo, para o divórcio.

6.5.4.3. Aspectos processuais e materiais relevantes (natureza da demanda; intervenção obrigatória do MP; reconciliação do casal; foro privilegiado da mulher; sobrenome; e a questão da necessidade, ou não, de prévia partilha)

O divórcio possui algumas questões processuais de alta relevância e que podem repercutir nas regras e princípios de direito material e vice-versa.

Natureza da ação de divórcio

A ação de divórcio tem natureza personalíssima, pois é demanda privativa do cônjuge. Não há possibilidade de substituição processual, mesmo após a morte, uma vez que a morte já é causa de dissolução do vínculo matrimonial.

No entanto, excepcionalmente, se um dos cônjuges for incapaz, é possível que o divórcio seja requerido por um curador, caso esteja interditado, por ascendente ou irmão, em ordem preferencial, a teor do dispõe o art. 1.582 do CC.

Caso o curador seja o próprio cônjuge, em razão do evidente conflito de interesses, caberá a ação ao ascendente ou irmão, na qualidade de representantes processuais, e não como substitutos do incapaz.

Há controvérsia quanto à possibilidade ou não de o representante do incapaz formalizar acordo para o divórcio consensual. Como não haverá possibilidade de divórcio consensual administrativo no caso de incapacidade e, considerando que o MP intervém obrigatoriamente em processo que envolve interesse de incapaz, mesmo consensual, e que o acordo passará pelo crivo do juiz que o homologará se estiver de acordo com o interesse do incapaz e submetido às prescrições legais, não haveria óbice para que o incapaz formalizasse divórcio consensual.

Intervenção do Ministério Público

No Código de Processo Civil de 1973 havia controvérsia sobre a necessidade de intervenção do MP em ações de separação ou divórcio que não retratavam interesse de cônjuge ou filho incapaz. O art. 82, inciso II, do CPC impunha a participação do MP nas causas relativas a casamento, como fiscal da lei. Como desdobramento das atribuições constitucionais do MP, estabelecidas nos arts. 127 a 129 da CF, o atual Código de Processo Civil, em seu art. 178, não mais reproduz o inciso II do art. 82 da lei anterior. Portanto, a intervenção do MP em ações de divórcio só ocorrerá se qualquer dos cônjuges ou algum dos filhos for incapaz (art. 178, inciso II), não havendo cogitar na sua intervenção nos demais casos.

O art. 178 do atual CPC está afinado e conectado com a Constituição Federal e as atribuições do Ministério Público.

Ademais, de acordo com o art. 698 do CPC atual, nas ações de família, o Ministério Público somente intervirá quando houver interesse de incapaz e, nesse caso, deverá ser ouvido previamente à homologação de eventual acordo.

Audiência de conciliação (ações de família e novo CPC) e audiência de tentativa de reconciliação do casal

O art. 3º, § 2º, da Lei n. 6.515/77 dispõe que "o juiz deverá promover todos os meios para que as partes se reconciliem ou transijam, ouvindo pessoal e separadamente cada uma delas e, a seguir, reunindo-as em sua presença, se assim considerar necessário". Tal audiência, denominada "audiência de ratificação", também estava prevista no art. 1.122 do Código de Processo Civil de 1973. O objetivo da referida audiência era buscar a reconciliação do casal ou, em caso de impossibilidade, a conciliação entre as partes. Tal audiência passou a ser questionada, em especial após o advento da Constituição Federal de 1988, uma vez que o direito de família tem como valor referência o afeto, e o divórcio (ou a antiga separação) era o meio de concretização do direito fundamental à liberdade (liberdade de não mais permanecer casado). Não cabe ao Estado tentar convencer os cônjuges a se reconciliar. Tal decisão é livre do casal, após reflexões sobre a vida conjugal. Essa tentativa de reconciliação ainda era um resquício do direito canônico em nosso sistema. Ademais, com a Lei n. 11.441/2007, que permite a separação e o divórcio em sede administrativa, independentemente de qualquer audiência de ratificação, a exigência legal para a realização desse ato inócuo e ineficaz em sede judicial deixou de ser razoável.

Com o atual CPC, o divórcio consensual em sede administrativa foi mantido (art. 733 do CPC) e, quanto às ações contenciosas de família, há novo capítulo, arts. 693 a 699, cujo objetivo é a conciliação e a busca de uma solução consensual para a controvérsia, com auxílio de profissionais de outra área de conhecimento, mas sem previsão de qualquer tentativa de reconciliação do casal.

O objetivo é converter um processo contencioso e litigioso em consensual. Nesse caso, o juiz designará audiência de conciliação e mediação, que passa a ser obrigatória nas ações de família (art. 695 do CPC). Na referida audiência deverá ser viabilizada uma solução consensual para a demanda.

Ação de divórcio e a questão do foro competente

O art. 100, inciso I, do Código de Processo Civil de 1973 estabelecia que o foro de residência da mulher era considerado o competente para a ação de separação dos cônjuges e da conversão da separação em divórcio. Tal privilégio passou a ser questionado após a Constituição Federal de 1988, em decorrência da isonomia entre direitos e deveres entre os cônjuges (art. 226 da CF). Embora a regra retratasse competência relativa, a mulher poderia se opor a foro diverso do seu domicílio ou residência, por meio de exceção de incompetência.

Tal discussão perdeu o sentido com o atual Código de Processo Civil, que, na pegada da referida isonomia constitucional, retira o privilégio em favor da mulher, ao alterar o critério para determinar o foro competente na ação de divórcio.

Segundo o art. 53 do atual CPC, para a ação de divórcio é competente o foro de domicílio do guardião do filho incapaz ou do último domicílio do casal, se não houver filho incapaz. Por fim, será competente o foro do domicílio do réu da ação de divórcio, se nenhuma das partes residir no antigo domicílio do casal. Portanto, em sintonia com a isonomia de direitos e deveres entre cônjuges e companheiros, o mencionado dispositivo legal decretou o fim do foro privilegiado da residência da mulher para tais demandas. A guarda de filho incapaz passa a ser o critério preponderante para a fixação do foro competente, seja ela unilateral ou compartilhada. Se for compartilhada, deverá ser considerado o foro do guardião onde foi estabelecida cidade-base de morada.

Questão do sobrenome de casado

Os cônjuges, por ocasião da constituição do casamento, podem acrescer ao seu nome o sobrenome do outro, tudo nos termos do art. 1.565, § 1º, do CPC. Tal prerrogativa cabe tanto ao homem quanto à mulher. Para tanto, basta a declaração de vontade de qualquer deles no processo de habilitação para o casamento. Nesse ponto, em que pesem algumas posições em sentido contrário, a Lei Civil atual não admite, sob qualquer pretexto, a substituição do sobrenome de um dos cônjuges pelo sobrenome do outro, mas apenas o "acréscimo".

O sobrenome vincula a pessoa à sua família e aos seus ancestrais. Por esse motivo não pode ser substituído em razão do casamento, pois isso consiste em gravíssima violação desse direito decorrente da personalidade. A lei é clara nesse sentido quando trata da possibilidade de "acréscimo", jamais de substituição. A pessoa casada não pode perder os vínculos com seus parentes e familiares por conta do casamento.

Infelizmente, a jurisprudência admite a substituição ou supressão do patronímico do nubente que deseja usar o nome do futuro consorte. Tais decisões violam os direitos da personalidade, pois a pessoa humana não pode se desvincular de seus ancestrais ou gerações. Não há coerência em decisões do STJ como a do REsp 662.799/MG, de relatoria do Ministro Castro Filho, julgado em 8-11-2005, em que se admitiu a alteração do patronímico em razão do casamento, desde que não haja prejuízo à ancestralidade.

Ora, alterando-se e suprimindo-se o patronímico ou sobrenome, certamente haverá prejuízo à ancestralidade. Nesse caso, não haverá vinculação da pessoa com suas gerações familiares anteriores, o que torna incompreensíveis tais decisões.

Por isso, ousamos discordar do STJ diante da redação inequívoca do § 1º do art. 1.565 e, principalmente, em razão do prejuízo que tal alteração provoca na ancestralidade da pessoa, retirando direitos da sua personalidade, ou melhor, dispondo sobre um direito da personalidade por natureza indisponível. Espera-se, rapidamente, alteração na orientação, determinando-se ainda aos cartórios de registro civil a vedação a qualquer supressão de sobrenome em razão de casamento.

Ademais, defendemos a necessidade de a criança ostentar o sobrenome do pai e da mãe, vinculando-a a todos os seus parentes, seja na linha paterna ou materna. A jurisprudência, sem maiores resistências e até no intuito de preservar o vínculo familiar, valor fundamental protegido pelo Estado, admite a inclusão do sobrenome paterno ou materno no nome da pessoa. A possibilidade de acréscimo de sobrenome também se estende ao companheiro, não havendo motivos para qualquer discriminação, em razão da união estável ser considerada entidade familiar, nos termos do art. 226 da CF.

O Enunciado 99 da I Jornada de Direito Civil é nesse sentido: "O CC, art. 1.525, § 2º, não é norma destinada apenas às pessoas casadas, mas também aos casais que vivem em companheirismo, nos termos da CF 226, *caput* e §§ 3º e 7º, e não revogou o disposto na LPF".

Como consequência do casamento, obviamente, o sobrenome acrescentado ao nome do outro cônjuge poderá ser excluído em casos de separação, divórcio e anulação do casamento. A alteração do sobrenome nessas situações é regulada pelo art. 1.578 do Código Civil.

No entanto, em caso de dissolução do vínculo matrimonial pelo divórcio, em regra, o cônjuge mantém o sobrenome do outro, uma vez que o sobrenome integra o nome da pessoa humana e é elemento fundamental da personalidade desta.

Como atributo da personalidade, apenas por ato de vontade seria possível a exclusão do sobrenome do outro que foi acrescentado ao nome por ocasião da habilitação do casamento.

O art. 1.578 do Código Civil deve ser interpretado à luz da teoria dos direitos da personalidade da pessoa humana e dos valores sociais constitucionais, como dignidade e liberdade individual, uma vez que o referido dispositivo ainda faz referência à culpa, discussão incompatível com a nova concepção de família, e o art. 226, § 6º, da CF, que permite o divórcio independentemente de qualquer pressuposto ou requisito objetivo ou subjetivo.

Não se admite a discussão de culpa na ação de divórcio. Portanto, como regra, no caso de divórcio, o cônjuge manterá o nome de casado, até porque constitui atributo fundamental que integra a sua personalidade, ainda que o divórcio seja "litigioso" ou "contencioso". Caso não tenha mais interesse em manter o nome de casado, ou caso esse nome de casado esteja por algum motivo causando prejuízo a outros direitos fundamentais da personalidade do cônjuge, poderá, por desejo próprio e sem qualquer interferência estatal, voltar a usar o nome primitivo.

Aliás, de acordo com o Enunciado 124 da I Jornada de Direito Civil, os §§ do art. 1.578 devem ser considerados revogados, porque a questão do nome envolve o exercício da autonomia privada e o fato de constituir direito da personalidade em favor do cônjuge que o incorporou.

A necessidade, ou não, de partilha prévia

O divórcio dispensa a prévia partilha dos bens, cuja questão poderá ser resolvida em ação própria. O art. 1.581 do Código Civil é expresso sobre a questão. O próprio Superior Tribunal de Justiça já consolidou tal entendimento. O objetivo é impedir que discussões de natureza patrimonial possam inviabilizar o direito fundamental existencial à liberdade com o divórcio, o qual independe de qualquer causa objetiva ou subjetiva. Não é possível opor obstáculos ao divórcio por conta de questões patrimoniais. Tal norma jurídica retrata a concepção de que, no casamento, as relações de natureza existencial preponderam sobre as de caráter patrimonial.

De acordo com o Enunciado n. 602, com o trânsito em julgado da decisão que concede o divórcio, deve ser expedido mandado de averbação independente do julgamento da ação originária em que persiste a discussão dos aspectos decorrentes da dissolução do casamento.

6.5.4.4. Proteção dos filhos (guarda unilateral e guarda compartilhada)

O Código Civil disciplina a guarda nos arts. 1.583 e 1.584. A legislação civil admite duas espécies de guarda (unilateral – concedida a um só dos pais; e compartilhada – guarda conjunta ou concedida a ambos os genitores). Além destas espécies legais, a doutrina e a jurisprudência admitem outras duas espécies: guarda alternada (neste caso, cada um dos pais, em períodos específicos e, de forma alternada, passa a ter o direito de guarda exclusiva – o pai e a mãe se revezam em períodos exclusivos de guarda) e o aninhamento ou nidação (neste caso, o filho permanece no lar de referência e são os pais que se revezam no domicílio onde o filho menor está aninhado – é o contraponto da guarda alternada).

No entanto, a lei civil disciplina apenas a guarda unilateral e a compartilhada (regra).

A guarda parental, disciplinada no CC, não pode ser confundida com a guarda estatutária, disciplinada no ECA, que tem pressupostos e finalidade diversas. A guarda estatutária é meio de colocação da criança e do adolescente em família substituta, ainda que esteja submetida ao poder familiar (art. 28 do ECA). A guarda estatutária pode ser deferida, de forma incidental, nos processos de tutela e adoção, para regularizar a posse de fato ou, ainda, de forma excepcional, para atender situações peculiares ou suprir a falta eventual dos pais ou responsável (situações que evidenciam urgência). Portanto, os pressupostos para a guarda estatutária estão no art. 33 do ECA e a finalidade é a proteção integral da criança e do adolescente que está em situação de risco (§2º do art. 33) ou que já se encontra na posse de fato de futuros tutores ou responsáveis pela adoção (§ 1º do art. 33).

No Código Civil, a guarda parental se associa ao poder familiar (que os pais têm em relação aos filhos menores). Decorre e pressupõe poder familiar. Apenas os pais que detêm o poder familiar poderão exercer a guarda dos filhos menores.

A guarda dos filhos é apenas um dos aspectos do poder familiar. Por isso, o fato de a guarda ser concedida a terceiro, por exemplo, não significa destituição do poder familiar, pois é possível poder familiar sem que o pai tenha guarda. Em razão da manutenção do poder familiar, os pais, mesmo desprovidos da guarda, tem legitimidade para representar os filhos em juízo. Nesse sentido, já decidiu o STJ (Recurso Especial 1.761.274-DF). Além disso, o divórcio, a separação de fato, a separação judicial ou a dissolução da união estável, em nada altera ou modifica os direitos e deveres dos pais em relação aos filhos (art. 1.579 do Código Civil), ou seja, não interfere no vínculo de filiação e em qualquer dos efeitos jurídicos decorrentes desse vínculo, como é o caso da guarda.

Tal vínculo de filiação é autônomo e independente em relação ao casamento ou a qualquer outro modelo familiar.

Portanto, os pais permanecerão com os mesmos deveres e as mesmas obrigações em relação aos filhos, como auxílio moral, psicológico, sustento, educação, orientação, alimentos, se necessário, e guarda dos filhos (arts. 1.565 e 1.568 do CC).

No caso da guarda dos filhos menores ou maiores e incapazes, em razão da independência e autonomia entre o vínculo de filiação e a relação entre os genitores, a regra será a guarda compartilhada. No exercício do poder familiar, os genitores, em plena convivência ou não, compartilham a guarda.

A regra da guarda compartilhada tem três exceções previstas em leis (exceções abstratas) e outra que pode se apresentar diante das circunstâncias do caso concreto (exceção concreta). No caso das exceções abstratas à guarda compartilhada, prevê a lei que a guarda será unilateral quando um dos genitores não tenha interesse na guarda compartilhada, no caso de existência de elementos que evidenciem risco de violência doméstica e, finalmente, quando um dos genitores não está apto ao exercício do poder familiar, por ter decaído ou sido suspenso deste poder, por meio de decisão judicial, incidental ou definitiva (nesse sentido, Recurso Especial n. 1.629.994/RJ).

Por outro lado, além destas exceções abstratas, a guarda poderá ser unilateral se, à luz do caso concreto, o juiz verificar que a guarda unilateral é a mais compatível com o princípio do melhor interesse da criança. O princípio do melhor interesse da criança poderá, à luz do caso concreto, flexibilizar a guarda compartilhada, fora das hipóteses legais. A aplicação obrigatória da guarda compartilhada pode ser mitigada se ficar constatado que ela será prejudicial ao melhor interesse do menor (Recurso Especial n. 1.605.477/RS).

Passamos à análise da guarda compartilhada.

De acordo com o disposto no art. 1.634, inciso II, da Lei Civil, compete aos pais, quanto à pessoa dos filhos menores, tê-los em sua companhia e guarda. Esse dever de guarda decorrente do poder familiar deve ser compartilhado, em razão da igualdade de direitos e obrigações em relação aos filhos.

Com a edição da Lei n. 13.058/2014, que alterou a redação do art. 1.584 do Código Civil, se não houver acordo, a guarda deverá ser (e principalmente permanecer) compartilhada. Durante o casamento, a guarda é compartilhada e, como não é possível alterar a relação dos filhos com os pais, independentemente do vínculo entre eles, com o divórcio, salvo situações excepcionais, a guarda deve permanecer compartilhada. Não é por outro motivo que tal guarda é a regra com as recentes alterações legislativas na legislação civil. Há uma relação necessária entre os institutos da guarda, poder familiar (fundamento da guarda) e a teoria da filiação (a relação entre pais e filhos é dissociada e autônoma em comparação à relação entre os pais – o tipo de vínculo entre os pais não interfere no vínculo entre os pais e os filhos).

O § 1º do art. 1.583 do Código Civil define a guarda compartilhada como "a responsabilização conjunta e o exercício de direitos e deveres do pai e da mãe que não vivam sob o mesmo teto, concernentes ao poder familiar dos filhos comuns". Como se observa, a guarda compartilhada nada mais é do que o desdobramento do poder familiar, que compete a ambos os pais em igualdade de condições (art. 1.630 do CC).

A guarda compartilhada passa a ser a regra. Em razão das alterações legislativas, o Enunciado 101 da I Jornada de Direito Civil está superado: "Art. 1.583: Sem prejuízo dos deveres que compõem a esfera do poder familiar, a expressão 'guarda de filhos', à luz do art. 1.583, pode compreender tanto a guarda unilateral quanto a compartilhada, em atendimento ao princípio do melhor interesse da criança".

Na guarda compartilhada o tempo de convívio com os filhos deve ser dividido de forma equilibrada entre a mãe e o pai, sempre tendo em vista as condições fáticas e os interesses dos filhos. Nesse sentido, os Enunciados n. 603 e 604 da VII Jornada de Direito Civil.

Assim, apenas à luz do caso concreto e, tendo em conta o contexto social do casal, as condições fáticas da relação, local de habitação, logística e, principalmente, o interesse dos filhos, entre outros fatores, será possível equilibrar a guarda.

O que determinará a guarda é o princípio do melhor interesse do filho. Essa é a base normativa referencial para a discussão e apuração de qualquer questão relativa à guarda. Por isso, tal princípio, à luz do caso concreto, poderá flexibilizar as exceções legais sobre guarda compartilhada para que a guarda, no interesse da criança, seja unilateral.

É possível que os pais residam em cidades diferentes e, nesse caso, o "lar de referência" ou a cidade-base será aquela que melhor atende aos interesses da criança, de acordo com o disposto no § 3º do art. 1.584 do CC.

Guarda unilateral

Por outro lado, a guarda unilateral é aquela atribuída a um só dos genitores ou a alguém que o substitua (art. 1.584, § 5º), quando nenhum deles revelar condições para zelar pelos interesses dos filhos (art. 1.583 do CC).

A guarda unilateral obriga o pai ou a mãe que não a detenha a supervisionar os interesses dos filhos, e, para possibilitar tal supervisão, qualquer dos genitores sempre será parte legítima para solicitar informações e/ou prestação de contas, objetivas ou subjetivas, em assuntos ou situações que, direta ou indiretamente, afetem a saúde física e psicológica e a educação de seus filhos. Aquele que não é o guardião, no caso de guarda unilateral, tem o dever de fiscalizar a guarda do filho, sob pena de responder por tal omissão, tanto no âmbito penal quanto civil. Em relação a tal prestação de contas, no Recurso Especial 1.814.639-RS, o STJ considerou que "é cabível ação de exigir contas ajuizada pelo alimentante, em nome próprio, contra a genitora guardiã do alimentando para obtenção de informações sobre a destinação da pensão paga mensalmente, desde que proposta sem a finalidade de apurar a existência de eventual crédito".

A guarda unilateral se associa a duas questões relevantes: direito de visitas e o dever de supervisão em relação ao genitor que não ostenta a guarda.

Guarda compartilhada e unilateral – requerimento

Em termos de requerimento, a guarda, unilateral ou compartilhada, poderá ser: I – requerida, por consenso, pelo pai e pela mãe, ou por qualquer deles, em ação autônoma de separação, de divórcio, de dissolução de união estável ou em medida cautelar ou se não houver acordo; II – decretada pelo juiz, em atenção às necessidades específicas do filho, ou em razão da distribuição de tempo necessário ao convívio deste com o pai e com a mãe.

Na audiência de conciliação, o juiz informará ao pai e à mãe o significado da guarda compartilhada, a sua importância, a similitude de deveres e direitos atribuídos aos genitores e as sanções pelo descumprimento de suas cláusulas.

Guarda e questões relevantes

Como já ressaltado, se não houver acordo entre a mãe e o pai quanto à guarda do filho, encontrando-se ambos os genitores aptos a exercer o poder familiar, será aplicada a guarda compartilhada, salvo se um dos genitores declarar ao magistrado que não deseja a guarda do menor, se um deles não estiver apto para exercer a guarda (inaptidão reconhecida em decisão judicial), se houver elementos que evidenciem a probabilidade de risco de violência doméstica e familiar ou se, à luz do caso concreto, a guarda compartilhada for incompatível com o princípio do melhor interesse da criança (§ 2º do art. 1.584, com a redação da Lei n. 14.713/2023).

Por isso, o Enunciado 335 da IV Jornada de Direito Civil também está superado: "Art. 1.636: A guarda compartilhada deve ser estimulada, utilizando-se, sempre que possível, da mediação e da orientação de equipe interdisciplinar".

Nesse caso, para estabelecer as atribuições do pai e da mãe e os períodos de convivência sob guarda compartilhada, o juiz, de ofício ou a requerimento do Ministério Público, poderá basear-se em orientação técnico-profissional ou de equipe interdisciplinar, que deverá visar à divisão equilibrada do tempo com o pai e com a mãe.

A regra aplica-se a qualquer modelo de família, conforme Enunciados 336 e 518 das Jornadas de Direito Civil, e não apenas ao casamento.

A alteração não autorizada ou o descumprimento imotivado de cláusula de guarda unilateral ou compartilhada poderá implicar a redução de prerrogativas atribuídas ao seu detentor.

A guarda pode ser atribuída a terceiro se o juiz verificar o filho não deve permanecer sob a guarda do pai ou da mãe. Nesse caso, deferirá a guarda a pessoa que revele compatibilidade com a natureza da medida, considerados, de preferência, o grau de parentesco e as relações de afinidade e afetividade, nos termos do art. 1.586 do CC.

Segundo o § 6º do art. 1.584 do CC, "qualquer estabelecimento público ou privado é obrigado a prestar informações a qualquer dos genitores sobre os filhos destes, sob pena de multa de R$ 200,00 (duzentos reais) a R$ 500,00 (quinhentos reais) por dia pelo não atendimento da solicitação". Tal norma permite que qualquer dos pais, de forma efetiva, exerça e concretize o poder familiar e o dever de educação e cuidado em relação aos filhos.

No caso de invalidade do casamento e, se houver filhos comuns, observar-se-á o disposto nos arts. 1.584 e 1.586 (art. 1.587), fato que evidencia que mesmo o casamento inválido não repercute no vínculo de filiação.

O pai ou a mãe que contrair novas núpcias não perde o direito de ter consigo os filhos, que só lhe poderão ser retirados por mandado judicial, desde que provado que não são tratados convenientemente.

Em relação às novas núpcias do genitor, assim dispõem os Enunciados 337 e 338 das Jornadas de Direito Civil:

"337 – Art. 1.588: O fato de o pai ou a mãe constituírem nova união não repercute no direito de terem os filhos do leito anterior em sua companhia, salvo quando houver comprometimento da sadia formação e do integral desenvolvimento da personalidade destes".

"338 – Art. 1.588: A cláusula de não tratamento conveniente para a perda da guarda dirige-se a todos os que integram, de modo direto ou reflexo, as novas relações familiares".

O direito de visitas em favor daquele que não tem o filho em sua companhia está garantido. Aliás, tal direito de visita, após a edição da Lei n. 12.398/2011, se estende aos avós.

Diante do parágrafo único do art. 1.589, o Enunciado 333 restou superado: "Arts. 1.584 e 1.589: O direito de visita pode ser estendido aos avós e a pessoas com as quais a criança ou o adolescente mantenha vínculo afetivo, atendendo ao seu melhor interesse."

Por fim, as disposições relativas à guarda e prestação de alimentos aos filhos menores estendem-se aos maiores incapazes.

Em matéria de guarda, seja ela unilateral ou compartilhada, o princípio que prepondera é aquele que busca sempre o melhor interesse da criança.

Nesse sentido, alguns enunciados:

"102 – Art. 1.584: A expressão "melhores condições" no exercício da guarda, na hipótese do art. 1.584, significa atender ao melhor interesse da criança."

"334 – Art. 1.584: A guarda de fato pode ser reputada como consolidada diante da estabilidade da convivência familiar entre a criança ou o adolescente e o terceiro guardião, desde que seja atendido o princípio do melhor interesse."

"339 – A paternidade socioafetiva, calcada na vontade livre, não pode ser rompida em detrimento do melhor interesse do filho."

Sobre a guarda compartilhada, o STJ, no Recurso Especial 1.428.596/RS, também ressaltou o princípio do melhor interesse da criança. No mesmo sentido o Recurso Especial 1.251.000/MG.

Visitas e animas domésticos

É possível regulamentar visitas de animal de estimação após o fim da união estável/casamento?

No caso concreto, o STJ (Recurso Especial 1.713.167/SP), por maioria (cada voto apresenta teses e fundamentos diversos), considerou possível, sob o argumento de que os animais de companhia possuem valor subjetivo único e peculiar, aflorando sentimentos bastante íntimos em seus donos. Embora não seja sujeito de direito e pessoa, não pode ser tratado como mero direito de propriedade.

O Código Civil considera os animais, entre estes os de estimação ou companhia, como objeto de direito (semoventes – bens móveis). No Brasil há três correntes sobre a natureza jurídica destes animais: 1 – os animais devem ser equiparados a pessoas, com a atribuição de direitos da personalidade; 2 – os animais são sujeitos de direito sem personalidade; 3 – os animais de estimação são objeto de direito.

Os animais de companhia não podem ser considerados como sujeito de direito ou seres dotados de personalidade jurídica. Todavia, devido ao afeto e sentimentos existentes entre tais animais e a pessoa, também não é conveniente considerá-los apenas como mero instrumento de posse e propriedade. A relação de afeto existente nestas situações não pode alterar a natureza jurídica do animal de coisa para sujeito/pessoa.

O afeto não teria esse poder. Entretanto, mesmo no âmbito da posse e propriedade, como bem móvel, o animal de estimação pode e deve ser considerado bem *sui ge-*

neris, com qualidade e natureza especiais, digno de proteção e tutela diferenciada.

Em nossa visão, é possível, conveniente e pertinente estabelecer períodos de contatos entre a pessoa e o animal após o fim da união estável, mas sem utilizar os institutos da guarda e visitas, exclusivos para a relação entre pessoas (decorrência do poder familiar). A garantia do contato das pessoas que conviviam com o animal após o fim da união estável significa muito mais tutelar os sentimentos, o afeto e a dignidade da pessoa que do próprio animal. Por isso, o contato deve ser garantido, mas fora dos institutos da guarda e visitas decorrentes do poder familiar e da filiação. Não pode ser uma lide de direito de família, como enunciou o relator, mas uma lide que pode ser resolvida no âmbito dos direitos obrigacionais e reais, com as necessárias adaptações.

6.5.5. A morte real e a morte presumida como causas de dissolução do vínculo matrimonial

A personalidade civil da pessoa natural termina com a morte, pelo que dispõem os arts. 6º, 7º e 8º do CC. A morte, real ou presumida, é causa de extinção do vínculo matrimonial.

O art. 6º da Lei Civil, na primeira parte, dispõe que a existência da pessoa natural termina com a morte. Na segunda parte, o mesmo artigo dispõe que a morte será presumida, quanto aos ausentes, nos casos em que a lei autoriza a abertura da sucessão definitiva.

Portanto, a morte pode ser real ou presumida, esta última em relação aos ausentes ou nas duas hipóteses do art. 7º.

A morte presumida pode ser reconhecida em duas situações:

A primeira está relacionada ao ausente (art. 6.º, segunda parte, do CC): *"morte presumida após a abertura da sucessão definitiva do ausente"*.

A segunda hipótese de morte presumida está prevista no art. 7.º do CC: *"morte presumida após procedimento judicial que apure a probabilidade de morte de quem estava em perigo de vida ou o desaparecimento de prisioneiro de guerra"*. Neste último caso, não há necessidade do procedimento da ausência para a declaração de morte presumida, conforme se depreende do *caput* e do parágrafo único do art. 7.º do CC.

Como já ressaltado, nossa legislação não reconhece qualquer hipótese de morte civil ou perda da personalidade em vida.

Morte real

A morte real tem por principal efeito o término da personalidade jurídica da pessoa natural. Com ela, "termina a existência da pessoa natural" e, sem existência, não há mais personalidade civil.

A morte real ocorre com a paralisação das atividades cerebrais ou morte encefálica, conforme dispõe o art. 3º da Lei de Remoção de Órgãos (Lei n. 9.434/97). Prova-se tal morte com a certidão extraída do assento de óbito, nos termos do art. 77 da Lei n. 6.015/73 (Lei de Registros Públicos). O registro do óbito é obrigatório, nos termos do art. 9º, I, do CC.

O art. 79 da Lei de Registros Públicos dispõe sobre aqueles que são obrigados a fazer a declaração de óbito e, no seu art. 80, arrola todos os elementos ou requisitos que o assento ou registro de óbito deverá conter.

A morte real é apurada com o exame do corpo ou do cadáver e, diante da constatação da paralisação da atividade encefálica, declara-se o óbito.

Na ausência de atestado de óbito para comprovação da morte real, esta poderá ser provada por outros meios, como é a hipótese do art. 83 da Lei n. 6.015/73 (testemunhas que presenciaram o falecimento ou enterro).

A morte real também pode ser atestada por meio de um processo judicial de justificação de óbito (procedimento de jurisdição voluntária). O art. 88 da Lei n. 6.015/73 dispõe sobre uma dessas hipóteses de morte real por meio de justificação, em casos de pessoas desaparecidas em catástrofes, quando estiver provada sua presença no local da catástrofe e houver impossibilidade de encontro do cadáver para exame.

A questão da prova da morte real merece uma explicação: a morte real pode ser comprovada por meio de prova direta, quando se examina o próprio corpo ou cadáver e se constata a paralisação da atividade encefálica. Mas também pode ser comprovada por meio de provas indiretas, quando, embora não se tenha o cadáver, seja possível chegar à certeza jurídica da morte por meio de outras provas, como testemunhas, por exemplo.

Por que o termo "pode"? Porque se, em razão das provas, o juiz se convencer de que a pessoa desaparecida estava no local da catástrofe e, estando ali, seria impossível a sua sobrevivência, a morte dessa pessoa será real, pois haverá uma certeza jurídica da morte. No entanto, se as provas não levarem a essa certeza, mas apenas à conclusão de que havia uma alta probabilidade de que a pessoa desaparecida estivesse no local da catástrofe, o caso não é de morte real, mas sim de morte presumida. Ou seja, se as provas forem insuficientes para apurar a certeza jurídica da morte, esta não pode ser considerada real. É tudo questão de prova.

Por isso, a morte real deve ser comprovada por meio do exame do cadáver ou de qualquer outro meio de prova que possa dar certeza jurídica do óbito. Sem essa certeza, a morte é considerada presumida.

Qual a importância disso?

No caso de morte real, a existência da pessoa natural efetivamente termina ou cessa. O principal efeito da morte real é o fim da personalidade civil. A pessoa deixa de existir juridicamente, embora possa subsistir a sua vontade manifestada em testamento (art. 1.857 do CC) ou codicilo (art. 1.881 do CC). A morte real também acarreta a extinção do poder familiar, a dissolução do vínculo matrimonial (art. 1.571 do CC), determina a abertura da sucessão, põe fim aos contratos personalíssimos, extingue a obrigação de pagar alimentos, extingue o usufruto, entre outros efeitos específicos.

Sobre o assunto, Francisco Amaral[39] é preciso: "A morte extingue as situações jurídicas intransmissíveis, como ocorre com as de personalidade e as de família, e alguns patrimoniais, por exemplo, o usufruto (1.410), o uso (1.413), a habitação (1.416), o mandato (682, II). As transmissíveis, como é a maioria dos patrimoniais, passam aos herdeiros, por meio da sucessão legítima ou da testamentária".

É necessário ter cautela com essa questão da prova da morte, pois somente no caso da morte real haverá perda da personalidade civil. No caso de presunção de morte, seja do ausente, seja nas hipóteses do art. 7º do CC, a perda da personalidade é apenas presumida por não haver certeza jurídica da morte.

Nas hipóteses previstas no art. 7º do CC, há grande probabilidade de morte (juízo de probabilidade e não de certeza), mas não existe certeza, como na morte real. Em relação ao ausente, somente existe certeza do desaparecimento.

Não pode ser confundida a morte real, comprovada por meios indiretos, com a morte presumida, sem declaração de ausência, na qual as provas não levam à certeza jurídica da morte, mas apenas à existência de extrema probabilidade de que a pessoa tenha falecido. Juízos de certeza e probabilidade não se confundem.

Por isso, não concordamos com os professores Chaves e Rosenvald[40], quando argumentam que o art. 7º do CC "contempla hipóteses de morte real, sob a infeliz expressão de morte presumida sem decretação da ausência. Trata-se de caso típico de morte real, ocorrida em situações excepcionais, não englobadas no art. 88 da Lei de Registros Públicos".

O art. 7º do CC trata de morte presumida, pois, naquelas hipóteses, não se terá certeza jurídica da morte, mas apenas probabilidade. Se as provas levarem à certeza da morte, é óbvio que esta será real e, nesse caso, não se aplica o art. 7º. O próprio art. 88 da Lei n. 6.015/73, quando menciona a justificação de morte ocorrida em desastre, não trata necessariamente de morte real. Poderá ser real ou presumida, dependendo das provas sobre a certeza ou a mera probabilidade de morte.

Morte presumida sem decretação de ausência

Na morte presumida sem decretação de ausência existe a probabilidade extrema de morte, mas não certeza jurídica. Por isso, é morte por presunção. Tais hipóteses estão arroladas no art. 7º do CC e no art. 88 da Lei n. 6.015/73.

A morte presumida ocorrerá quando as provas do desastre não forem suficientes para se chegar à certeza jurídica da morte daquele que estava ou poderia estar no local do desastre.

O art. 7º do CC dispensa o procedimento da ausência, justamente porque aqui há uma probabilidade de morte, ao contrário da ausência, em que apenas existe certeza do desaparecimento da pessoa de seu domicílio, sem deixar procurador e notícias de seu paradeiro.

Desse modo, segundo o art. 7º do CC, pode ser declarada a morte presumida, sem decretação de ausência, nos seguintes casos:

I – se for extremamente provável a morte de quem estava em perigo de vida

Nessa primeira hipótese, exigem-se dois requisitos cumulativos: 1 – extrema probabilidade de morte; e 2 – estar a pessoa em situação de perigo de vida.

Como os termos são indeterminados, tal hipótese é muito abrangente. Em qualquer situação de perigo de vida (causa) e extrema probabilidade de morte (efeito) em decorrência desse perigo, é possível a declaração de morte presumida, por meio de um procedimento judicial, em que a sentença deverá fixar a data provável do óbito.

O termo "extrema probabilidade" evidencia a preocupação do Estado com a declaração de morte, sem o seguro e moroso procedimento da ausência. As provas relacionadas à situação de perigo de vida em que a pessoa natural estava inserida devem levar a um juízo de alta probabilidade a respeito do óbito.

Se as provas forem suficientes para se chegar a uma certeza do óbito, a morte será real. Mas se, ao contrário, houver apenas extrema probabilidade ou uma "quase certeza", é possível a declaração da morte presumida. É presumida, para todos os efeitos, gerando, inclusive, o fim da personalidade civil. O presumível morto pode reaparecer, o que é impossível no caso de morte real. Por isso, é fundamental saber distinguir a morte real da morte presumida.

O art. 88 da Lei n. 6.015/73 trata de uma hipótese específica de morte que, dependendo das provas no procedimento de justificação, poderá ser real ou presumida. Já o art. 7º, I, do CC traz uma hipótese genérica ou uma cláusula geral de morte presumida em caso de perigo de vida. Na Lei de Registros Públicos, a hipótese específica pode levar à probabilidade ou certeza da morte. No Código Civil a hipótese é de morte presumida.

Situação específica de morte presumida está também prevista na Lei n. 9.140/95, alterada pela Lei n. 10.536/2002, que, em seu art. 1º, reconhece como mortas, para todos os efeitos legais, as pessoas que tenham participado ou tenham sido acusadas de participação em atividades políticas, no período de 2-9-1961 a 5-10-1988, e que, por esse motivo, tenham sido detidas por agentes públicos, achando-se, desde então, desaparecidas, sem que delas haja notícias.

II – se alguém, desaparecido em campanha ou feito prisioneiro, não for encontrado até dois anos após o término da guerra.

Tal dispositivo tem aplicação para conflitos internacionais e internos, e se aplica a militares e civis. Se o inciso I traz hipótese genérica ou cláusula geral de morte presumida em qualquer situação envolvendo risco de vida, aqui

---

[39] AMARAL, Francisco. *Direito civil* – introdução, 6. ed. rev. e atual. Rio de Janeiro: Renovar, 2006.

[40] FARIAS, Cristiano Chaves de; ROSENVALD, Nelson. *Curso de direito civil – Teoria geral e contratos em espécie*. 4. ed. Salvador: JusPodivm, 2014. v. 4.

o Código Civil estabelece uma hipótese específica de morte presumida. Na verdade, esse dispositivo é plenamente dispensável. Explica-se: se alguém desapareceu em campanha ou foi feito prisioneiro, e dois anos após o término da guerra não foi encontrado, não há dúvida de que estava em perigo de vida e que é extremamente provável a sua morte.

Não há justificativa para esse dispositivo quando tal situação já está inserida na hipótese genérica do inciso I. A incoerência é tanta que, se imaginarmos uma pessoa desaparecida em campanha, passados apenas 1 ano e 10 meses do término da guerra, não será possível considerá-la morta por presunção. Não há dúvida de que, apenas pelo fato de estar na guerra, a pessoa já está em perigo de vida.

Por isso, se não for encontrada após o término da guerra, independentemente de qualquer prazo, é extremamente provável que esteja morta, razão pela qual pode ser declarada a morte presumida com fundamento no art. 7º, I, do CC.

Em relação à morte presumida sem decretação de ausência, resta apenas ressaltar o disposto no parágrafo único do art. 7º, segundo o qual a declaração da morte presumida, nos casos do mencionado artigo, somente poderá ser requerida depois de esgotadas as buscas e averiguações, devendo a sentença fixar a data provável do falecimento.

A morte presumida, nesses casos, exige cautela, justamente por conta dos vários efeitos jurídicos decorrentes do falecimento, tanto em termos pessoais ou existenciais quanto em termos patrimoniais.

Por isso, antes da declaração da morte, é necessário esgotar as buscas e averiguações, ou seja, é preciso exaurir todas as possibilidades de localizar provas para a declaração da morte real. Após todas as buscas e averiguações, não sendo possível acumular provas para atestar a morte real, pode ser requerida a morte presumida, desde que a situação se ajuste aos requisitos legais, caso em que o juiz, nesse procedimento de jurisdição voluntária, deverá fixar a data provável do falecimento.

Por fim, resta analisar a morte presumida em relação aos ausentes.

Tal hipótese está prevista na segunda parte do art. 6.º do CC, segundo o qual, em relação aos ausentes, a presunção de morte somente ocorrerá na última fase do procedimento da ausência, qual seja, abertura da sucessão definitiva. No procedimento da ausência, a probabilidade de morte é fundada no fator tempo. Com o decurso do tempo, se torna provável a morte de pessoa que desaparece do domicílio sem deixar notícias de seu paradeiro.

Sendo assim, somente após a última fase do procedimento da ausência, com a abertura da sucessão definitiva, a pessoa é considerada morta por presunção. Na morte presumida do ausente existe apenas uma certeza: a do desaparecimento da pessoa do domicílio ou domicílios, sem deixar notícias de seu paradeiro e procurador para defender seus interesses (art. 22 do CC).

O primeiro efeito extrapatrimonial da sentença que determina a abertura da sucessão definitiva é a morte presumida. Segundo dispõe o art. 6º do CC, presume-se a morte, quanto aos ausentes, nos casos em que a lei autoriza a abertura da sucessão definitiva. Aberta a sucessão definitiva, isso implicará o término da personalidade da pessoa humana ou da sua existência, sendo este, portanto, um efeito extrapatrimonial.

O segundo efeito extrapatrimonial decorrente da abertura da sucessão definitiva é justamente a dissolução da sociedade e do vínculo conjugal. As causas de dissolução da sociedade conjugal estão previstas no art. 1.571 do CC (morte de um dos cônjuges, nulidade ou anulação do casamento, separação judicial ou divórcio). Segundo o § 1º desse dispositivo, o casamento válido só se dissolve pela morte de um dos cônjuges ou pelo divórcio, aplicando-se a presunção estabelecida nesse Código quanto ao ausente. Ou seja, a morte presumida pela ausência passa a ser causa de dissolução do vínculo matrimonial.

A última parte do § 1º do art. 1.571 do CC, que diz "aplicando-se a presunção estabelecida neste Código quanto ao ausente", implica que a morte presumida pela ausência também poderá dissolver o matrimônio. Como a morte presumida pela ausência somente ocorrerá na abertura da sucessão definitiva, é este o momento a ser considerado para a dissolução do matrimônio.

6.6. ADOÇÃO

A Lei n. 12.010/2009, que dispõe sobre adoção, revogou expressamente os arts. 1.620 a 1.629 do Código Civil, a fim de ressuscitar a dicotomia quanto à adoção de criança e adolescentes e à adoção de pessoas maiores de 18 anos.

A adoção de criança e adolescente será regida exclusivamente pelas regras inseridas no Estatuto da Criança e do Adolescente, como enuncia o art. 1.618 do CC.

A adoção de maiores de 18 anos continua a ser regida pelo Código Civil, com a aplicação das regras do Estatuto da Criança e do Adolescente sempre que a Lei Civil for omissa e não houver incompatibilidade.

De acordo com o art. 1.619 do CC: "A adoção de maiores de 18 anos dependerá da assistência efetiva do poder público e de sentença constitutiva, aplicando-se, no que couber, as regras da Lei n. 8.069, de 13 de julho de 1990 – Estatuto da Criança e do Adolescente". Portanto, é essencial a efetiva participação do Poder Público e sentença judicial (adoção por procedimento judicial).

Como ressaltado, a Lei n. 12.010/2009 alterou, em aspectos substanciais, o regime jurídico da adoção, também com a revogação de vários artigos do Código Civil relativos à adoção. A lei ainda estabeleceu diretrizes para a colocação da criança e adolescente em família substituta, que fica condicionado ao esgotamento dos recursos de manutenção na família natural ou extensa (parentes próximos com os quais conviva ou mantenha vínculo de afinidade e afetividade). A adoção passa a ser medida excepcional (§ 1º do art. 39 do ECA) e, a partir da referida legislação, passa a ser disciplinada exclusivamente pelo Estatuto da Criança e do Adolescente (art. 39 do ECA).

A adoção por procuração continua vedada no atual sistema.

A adoção pressupõe alguns requisitos, a fim de preservar a integridade psicológica do adotado e, principalmente, para evitar adoções com finalidade diversa do instituto (colocação de pessoas em família substituta).

De acordo com o art. 40 do ECA, o adotando deve contar com, no máximo, 18 anos na data do pedido, salvo se já estiver sob a guarda ou tutela dos adotantes. Por outro lado, estão legitimados para requerer a adoção pessoas maiores de 18 anos, independentemente do seu estado civil.

No entanto, embora o maior de 18 anos tenha legitimidade e esteja habilitado para ser adotante, há algumas restrições. Em primeiro lugar, não é possível que o adotante seja ascendente ou irmão do adotado. Ademais, o adotante deve ser, pelo menos, dezesseis anos mais velho do que o adotando. Tais restrições visam conformar o instituto da adoção às suas concretas e reais finalidades. O tutor ou curador podem adotar o pupilo ou curatelado, após a devida prestação de contas de sua administração.

Terceiro, no caso de adoção conjunta, é indispensável que os adotantes sejam casados civilmente ou mantenham união estável, comprovada a estabilidade da família.

Por fim, ainda no âmbito das restrições à legitimidade para adoção, os §§ 4º e 5º do art. 42 do ECA disciplinam a situação de casais que desejam adotar em conjunto, mas estão separados de fato, divorciados ou não, mais convivem como companheiros.

Nesse caso, é possível a adoção conjunta, desde que presentes alguns requisitos: 1 – que haja acordo quanto à guarda, compartilhada ou unilateral e, neste último caso, regime de visitas (a guarda compartilhada somente será deferida quando ficar evidenciado que tal modalidade atende aos interesses do adotando); 2 – o estágio de convivência tenha sido iniciado na constância do período de convivência, pois, caso contrário, não há sentido na adoção conjunta com pessoa com quem não tem mais vínculo de família e que não conviveram em conjunto com o adotando; e 3 – a comprovação da existência de vínculos de afinidade e afetividade com aquele não detentor da guarda, no caso de guarda unilateral, que justifiquem a excepcionalidade da concessão.

A adoção depende do consentimento dos pais ou do representante legal do adotando. Tal consentimento será dispensado em relação à criança ou adolescente cujos pais sejam desconhecidos ou tenham sido destituídos do poder familiar. Se o adotando for maior de 12 anos de idade, será também necessário o seu consentimento, cuja exigência legal valoriza a vontade do adotando e concretiza o princípio da dignidade humana quanto à sua vinculação à família substituta.

Após disciplinar os requisitos e pressupostos subjetivos (capacidade e legitimidade do adotante e do adotando) e objetivos (diferença de idade entre adotante e adotado, período de convivência iniciada antes do fim do casamento ou da união estável, no caso de casais separados, divorciados ou que eram companheiros, entre outros), é essencial apurar os efeitos jurídicos da adoção.

Após a consumação da adoção, ela produz efeitos jurídicos. O principal efeito jurídico da adoção é atribuir a condição de filho ao adotado, com os mesmos direitos e deveres, inclusive sucessórios, desligando-o de qualquer vínculo com pais e parentes, salvo os impedimentos matrimoniais. O único vínculo remanescente com pais e parentes é para fins de impedimento para o matrimônio e a união estável (pois os impedimentos matrimoniais, salvo o de ser casado, se aplicam à união estável – art. 1.723 do CC).

Por outro lado, se um dos cônjuges ou companheiros adota o filho do outro, mantêm-se os vínculos de filiação entre o adotado e o cônjuge ou companheiro do adotante e os respectivos parentes.

Com a adoção, no âmbito sucessório, é recíproco o direito sucessório entre o adotado, seus descendentes, o adotante, seus ascendentes, descendentes e colaterais até o 4º grau, observada a ordem de vocação hereditária.

A adoção é fundada em dois princípios fundamentais: 1 – melhor interesse da criança ou adolescente adotando; e 2 – a adoção deve ser fundada e pautada em motivos legítimos. Em relação a este último princípio, o objetivo é evitar a adoção para finalidades perversas ou com total desvio de finalidade do instituto. Aliás, a exigência da diferença de idade entre adotante e adotado corrobora tal fundamento.

A adoção será precedida de um estágio de convivência com a criança ou adolescente, pelo prazo que a autoridade judiciária fixar, observadas as peculiaridades do caso. Tal estágio poderá ser dispensado se o adotando já estiver sob a tutela ou guarda legal do adotante durante tempo suficiente para que seja possível avaliar a conveniência da constituição do vínculo. A simples guarda de fato não autoriza, por si só, a dispensa da realização do estágio de convivência. Em caso de adoção por pessoa ou casal residente ou domiciliado fora do país, o estágio de convivência, cumprido no território nacional, será de, no mínimo, trinta dias.

De acordo com o § 4º do art. 46 do ECA: "O estágio de convivência será acompanhado pela equipe interprofissional a serviço da Justiça da Infância e da Juventude, preferencialmente com apoio dos técnicos responsáveis pela execução da política de garantia do direito à convivência familiar, que apresentarão relatório minucioso acerca da conveniência do deferimento da medida".

Quanto às formalidades, o vínculo da adoção constitui-se por sentença judicial, que será inscrita no registro civil mediante mandado do qual não se fornecerá certidão. A inscrição consignará o nome dos adotantes como pais, bem como o nome de seus ascendentes. O mandado judicial, que será arquivado, cancelará o registro original do adotado. A pedido do adotante, o novo registro poderá ser lavrado no Cartório do Registro Civil do Município de sua residência. Nenhuma observação sobre a origem do ato poderá constar nas certidões do registro.

Em relação ao nome, a sentença conferirá ao adotado o nome do adotante e, a pedido de qualquer deles, poderá determinar a modificação do prenome. Caso a modificação de prenome seja requerida pelo adotante, é obrigatória a oitiva do adotando, observado o disposto nos §§ 1º e 2º do art. 28 do ECA. A adoção produz seus efeitos a partir do trânsito em julgado da sentença constitutiva, exceto na hipótese prevista no § 6º do art. 42 do ECA, caso em que terá força retroativa à data do óbito.

O processo relativo à adoção, assim como outros a ele relacionados, será mantido em arquivo, admitindo-se seu armazenamento em microfilme ou por outros meios, garantida a sua conservação para consulta a qualquer tempo. Terão prioridade de tramitação os processos de adoção em que o adotando for criança ou adolescente com deficiência ou com doença crônica.

O adotado, com a consumação da adoção, tem direito à investigação da sua origem genética, por constituir direito fundamental da personalidade da pessoa humana. O direito à investigação da identidade genética, por óbvio, não gera vínculo de filiação (art. 48 do ECA).

Como a adoção é irrevogável, a morte dos adotantes não restabelece o poder familiar dos pais naturais.

Em relação ao registro de crianças para adoção e a formação de um cadastro, o art. 50 do ECA disciplina o assunto.

Regras sobre adoção internacional

Por fim, o ECA, no art. 51, apresenta regras sobre adoção internacional e apresenta definição para diferenciá-la da adoção nacional.

A adoção internacional é subsidiária e excepcional (apenas não admitida quando impossível a colocação da criança ou adolescente em família substituta brasileira). Os brasileiros residentes no exterior terão preferência em relação a estrangeiros. A adoção internacional observará o mesmo procedimento para as adoções nacionais, arts. 165 a 170 do ECA, com as adaptações previstas no art. 52 da mesma lei. A criança ou adolescente somente poderia deixar o território nacional após o trânsito em julgado da decisão que concedeu a adoção.

O ECA, no art. 52-A, proíbe, sob pena de responsabilidade e descredenciamento, o repasse de recursos provenientes de organismos estrangeiros encarregados de intermediar pedidos de adoção internacional a organismos nacionais ou a pessoas físicas. Eventuais repasses somente poderão ser efetuados via Fundo dos Direitos da Criança e do Adolescente e estarão sujeitos às deliberações do respectivo Conselho de Direitos da Criança e do Adolescente.

6.7. PODER FAMILIAR

6.7.1. Noções gerais

O poder familiar (denominado "pátrio poder" pelo sistema civil anterior) decorre justamente do vínculo de filiação, como sugere a redação do art. 1.630 do Código Civil. Os filhos menores estão sujeitos a este instituto protetivo (irrenunciável, intransferível, inalienável e imprescritível), exclusivo dos pais (art. 1.633 – qualquer problema com ambos ou um dos pais – *tutela*). A compreensão da dimensão do poder familiar envolve a seguinte premissa: o poder familiar independe do tipo de relação entre os genitores. Aliás, por este motivo é que, em regra, a guarda é compartilhada. Se os pais compartilham a guarda enquanto integram o mesmo núcleo familiar e, se a relação entre pais e filhos não se relaciona com o tipo de relação entre os genitores, a dissolução do núcleo não altera o poder familiar e, em consequência, continuarão a compartilhar a guarda.

Ademais, há isonomia no exercício do poder familiar, seja durante o casamento/união estável (art. 1.631) ou, ainda que estejam divorciados, separados de fato (art. 1.634 – "qualquer que seja a situação conjugal" e art. 1.632 – divórcio ou dissolução da união estável não altera relação entre pais e filhos).

Portanto, os filhos estão sujeitos ao poder familiar enquanto menores (art. 1.630). É o poder dos pais, em igualdade de condições, sobre a vida pessoal, patrimonial, afetiva e social dos filhos menores (incapazes por idade), com as devidas restrições. Tal poder não é absoluto e incondicionado.

O poder familiar é exercido pelos pais em relação aos filhos, salvo no caso de suspensão ou perda do referido poder, caso caracterizada quaisquer das hipóteses legais. O poder familiar passa por uma releitura a partir dos princípios e parâmetros estabelecidos na Constituição Federal em relação à nova concepção de família. Tal autoridade parental deve ser exercida sempre visando o melhor interesse dos filhos, e não o interesse dos pais. Portanto, o poder familiar deve estar vinculado a essa finalidade, por ser um meio de concretização de situações existenciais para o bem-estar dos filhos, e não servir como instrumento de opressão.

Assim, o poder familiar deve ser contextualizado nesse novo modelo constitucional de família, ou seja, democrática, plural, não patrimonial, solidária, afetiva, meio para a concretização de situações existenciais, não patriarcal e conecta aos mais diversos modelos de família (como a possibilidade de poder familiar no âmbito de família homoafetiva, com pessoas do mesmo sexo exercendo esse poder).

O poder familiar não pode ser analisado com base no modelo ultrapassado de família (matrimonial, patrimonial, hierarquizada e patriarcal). Aliás, em razão do modelo patriarcal de família, o instituto era denominado "pátrio" poder, ou seja, poder paterno. Na concepção moderna de família, a autoridade parental sempre deve visar o interesse dos filhos menores.

Sobre essa alteração de perspectiva, é precisa a observação do mestre Paulo Lôbo[41]: " com a implosão, social e jurídica, da família patriarcal, cujos últimos estertores deram-se antes do advento da Constituição Federal de 1.988, não faz sentido que seja reconstruído o instituto apenas deslocando o poder do pai (pátrio) para o poder compartilhado dos pais (familiar), pois a mudança foi muito mais intensa, na medida em que o interesse dos pais está condicionado ao interesse do filho, ou melhor, no interesse de sua realização como pessoa em formação".

---

[41] LÔBO, Paulo Luiz Neto. Do poder familiar, *Revista Síntese: Direito de Família*, São Paulo: IOB, 2010, p. 142.

O poder familiar compete aos pais, em conjunto e de forma compartilhada, independentemente da estrutura familiar constituída (pluralidade de modelos familiares) e sempre deve ser exercido tendo em conta o interesse dos filhos, sem qualquer distinção entre eles. Trata-se de um poder que deve ser exercido em favor do filho menor, irrenunciável (múnus público), personalíssimo (compete aos pais, que não podem delegar a terceiro), temporário (cessa nas hipóteses legais, como maioridade e emancipação) e imprescritível.

O art. 1.631 do Código Civil deve ser interpretado e analisado à luz dos valores sociais constitucionais, pois, não só durante a união estável e o casamento como até mesmo após o fim ou a extinção desses modelos familiares ou durante a vigência de outros modelos de família, o poder familiar compete aos pais em conjunto e, apenas na falta (morte, ausência, por exemplo) ou impedimento (suspensão, perda ou incapacidade por enfermidade) de um deles, o outro exercerá tal poder com exclusividade.

Nesse ponto, deve ser registrado que a guarda compartilhada, regra no caso de extinção da união estável ou da sociedade conjugal, nada mais é do que o prolongamento e a continuidade desse poder que não se altera com o divórcio ou a dissolução da união estável. O poder familiar é vínculo entre os pais e os filhos menores. Portanto, a extinção do casamento ou da união estável não interfere nesse vínculo (como, aliás, é expresso no art. 1.579 do CC).

Desse modo, se a guarda decorre do poder familiar, como este é exercido conjuntamente e, pelo fato de a extinção de qualquer modelo de família não interferir nas relações jurídicas e sociais entre pais e filhos menores, por óbvio que a guarda, mesmo após a extinção do casamento ou união estável, deve ser compartilhada.

É apenas a continuidade, que não se interrompe, das relações jurídica anteriores. Portanto, com a guarda compartilhada como regra, foi descoberto o óbvio (a guarda, como decorrência do poder familiar, independe da existência, vigência ou extinção de qualquer modelo familiar).

Por isso, não só durante o casamento e a união estável, mas também no caso de extinção desses modelos de família, compete o poder familiar aos pais e, na falta ou impedimento de um deles, o outro o exercerá com exclusividade (art. 1.631 do CC).

No caso de divergência entre os pais no exercício desse poder, em razão do princípio da igualdade constitucional, não prevalece a vontade de um sobre a do outro. É assegurado a qualquer deles recorrer ao juiz para a solução do desacordo, em procedimento de jurisdição voluntária, com a participação do Ministério Público e decisão judicial.

No mesmo sentido, o art. 21 do Estatuto da Criança e Adolescente, a que faz referência a Lei Civil.

O art. 1.632 do Código Civil reproduz a ideologia supramencionada de que a extinção do casamento, da união estável ou de qualquer modelo de família não interfere nas relações entre pais e filhos, razão pela qual, mesmo após tal extinção, a guarda, como regra, deve ser conjunta ou compartilhada, sem prejuízo de estabelecer um lar de referência, de acordo com os interesses do filho.

Mesmo após a extinção desses modelos familiares, os pais mantêm o direito irrenunciável à convivência familiar com os filhos menores, ou seja, como menciona o dispositivo, de "tê-los em sua companhia".

Além de garantir o convívio entre pais e filhos, busca-se a concretização dos direitos fundamentais dos filhos, em seu aspecto mais amplo. A relação parental, malgrado a extinção dos modelos familiares, não se altera.

O art. 1.633 do Código Civil nada mais é do que desdobramento do disposto no art. 1.631, ou seja, na falta de um dos pais, como é o caso de filho não reconhecido pelo pai, o outro, na hipótese, a mãe, deverá exercer o poder familiar com exclusividade. Entretanto, é possível que a mãe não seja conhecida (como é o caso de filhos abandonados ainda com tenra idade) ou não tenha capacidade para exercer o poder familiar.

No caso de falta do pai e da mãe, o poder familiar cede lugar para o instituto que substitui o poder familiar, a tutela. De acordo com o art. 1.728 do CC, estão sujeitos à tutela justamente os filhos menores, cujos pais faleceram, foram declarados ausentes ou que não podem ou não dispõem de poder familiar. Assim, os filhos menores são protegidos pelo poder familiar e, em caso de impossibilidade de exercício do poder familiar, será dado um tutor ao menor. A tutela substitui o poder familiar, razão pela qual são institutos incompatíveis entre si. Só há tutela se não houver poder familiar (art. 1.633 do CC).

O Estatuto da Criança e do Adolescente é mais abrangente quando os pais, por qualquer motivo, não podem, estão impedidos ou ausentes, o que impedirá o poder familiar. De acordo com o ECA, a substituição não é restrita à tutela, pois tal legislação menciona a possibilidade de colocar o menor em família substituta, como guarda, tutela e adoção, tudo visando ao melhor interesse da criança. A previsão de colocação em família substituta permite maior margem de possibilidades para os interesses da criança e do menor do que a Lei Civil, que restringe à tutela.

De acordo com o ECA, em seu art. 28, sempre que possível, a criança ou o adolescente será previamente ouvido por equipe interprofissional, respeitados seu estágio de desenvolvimento e grau de compreensão sobre as implicações da medida, e terá sua opinião devidamente considerada. Se a pessoa tiver mais de 12 anos de idade, será necessário seu consentimento, colhido em audiência. Na apreciação do pedido levar-se-á em conta o grau de parentesco e a relação de afinidade ou de afetividade, a fim de evitar ou minorar as consequências decorrentes da medida.

Os grupos de irmãos serão colocados sob adoção, tutela ou guarda da mesma família substituta, ressalvada a comprovada existência de risco de abuso ou outra situação que justifique plenamente a excepcionalidade de solução diversa, procurando-se, em qualquer caso, evitar o rompimento definitivo dos vínculos fraternais.

Em vários dispositivos (arts. 29, 31 e 32), o ECA desdobra questões relativas à colocação em família substituta e traz regras sobre a guarda, tutela e adoção, o que será analisado em tópico próprio.

6.7.2. Exercício do poder familiar

O exercício efetivo e as diretrizes para materialização do poder familiar no mundo da vida são pautados no art. 1.634 do Código Civil. Os pais, quanto à pessoa dos filhos menores, exercerão o poder familiar sempre tendo em conta os interesses do filho, uma vez que tal poder deve ser meio para a concretização de situações existenciais e patrimoniais dos filhos menores, e não instrumento de opressão.

Por essa razão, as diretrizes do referido dispositivo devem ser analisadas com base na concepção moderna de família (democrática, plural, não patrimonial, não patriarcal, solidária, afetiva etc.).

De acordo com o art. 1.634 do CC, alterado pela Lei n. 13.058/2014, o exercício do poder familiar compete a ambos os pais, qualquer que seja sua situação conjugal. A novidade da legislação que modificou a redação do artigo é desvincular a relação entre pais e filhos das relações entre os pais. Portanto, independentemente da situação dos pais, ambos exercerão o poder familiar de forma plena.

Quais são as formas de exercício deste poder?

I – dirigir-lhes a criação e a educação;

Tal poder consiste, primeiro, em dirigir a criação (orientação pessoal, social, auxílio afetivo, psicológico e material – alimentos) e educação (formação intelectual, moral para que se desenvolvam como cidadãos e pessoas) dos filhos menores. Os pais têm a obrigação de matricular o filho menor e, ainda, acompanhar a sua frequência, desenvolvimento e aproveitamento escolar. A omissão desse dever pode caracterizar abandono intelectual, tipificado como crime.

De acordo com o ECA, a criança e o adolescente têm direito à educação, visando ao pleno desenvolvimento de sua pessoa, preparo para o exercício da cidadania e qualificação para o trabalho (art. 53).

E o filho não pode ficar alheio a esse processo, em especial de educação. A sua vontade deve ser levada em consideração. Como ressalta Tepedino[42]: "Devem os filhos, na medida de sua maturidade, participar ativamente do processo educativo de formação de sua própria personalidade. A vontade do filho, compatível com seu discernimento e de acordo com a complexidade da situação, deverá ser considerada e privilegiada".

II – exercer a guarda unilateral ou compartilhada nos termos do art. 1.584;

A Lei n. 13.054/2014 substituiu o termo "tê-los em sua companhia e guarda" para o exercício da guarda, unilateral ou compartilhada.

A questão da guarda já foi objeto de análise em item próprio. Apenas deve ser registrado que a guarda, como desdobramento do poder familiar, independe da situação dos pais (se estão convivendo ou não). A relação entre os pais em nada altera sua relação com os filhos menores. Por conta dessa questão óbvia, a guarda, seja no casamento, na união estável ou em qualquer outro modelo familiar, seja após a extinção dessas formas de família, será, como regra, compartilhada, porque deve ser exercida pelos pais em conjunto, por ser um múnus público, intransferível, indelegável e irrenunciável, razão pela qual a guarda unilateral deve ser reservada para situações absolutamente excepcionais, como é o caso de falta ou impedimento de um dos pais.

III – conceder-lhes ou negar-lhes consentimento para casarem;

De acordo com o art. 1.517 do Código Civil, o homem e a mulher podem casar aos 16 anos. É a idade núbil. No entanto, até os 18 anos de idade os filhos necessitam do consentimento dos pais para o casamento, que pode ser concedido ou denegado. Se houver divergência entre os pais, como não há prevalência de vontades por força da isonomia constitucional, tal questão deve ser dirimida judicialmente, como já dito.

Se os pais negarem o consentimento e tal negativa for injusta e abusiva, o filho, que necessita do consentimento, poderá buscar o suprimento judicial, caso em que poderá casar (art. 1.519, CC), mas deverá adotar o regime da separação obrigatória e legal de bens (art. 1.641, III, CC). O casamento sem o consentimento dos pais é anulável (art. 1.550, II, CC).

IV – conceder-lhes ou negar-lhes consentimento para viajarem ao exterior;

Os pais devem autorizar a viagem dos filhos menores ao exterior quando estiverem desacompanhados de ambos ou de um deles. O consentimento para viagem ao exterior deve ser por procedimento judicial de jurisdição voluntária.

No entanto, mesmo em caso de viagem ao exterior, a autorização judicial é dispensável nos casos do art. 84 do ECA.

V – conceder-lhes ou negar-lhes consentimento para mudarem sua residência permanente para outro município;

VI – nomear-lhes tutor por testamento ou documento autêntico, se o outro dos pais não lhe sobreviver, ou o sobrevivo não puder exercer o poder familiar;

A tutela, como já ressaltado, é incompatível com o poder familiar. Estão sujeitos à tutela os filhos menores nas hipóteses em que não há poder familiar (art. 1.728 do CC). O inciso VI reproduz o art. 1.729 do CC, segundo o qual o direito de nomear tutor compete aos pais em conjunto, o que pode ser viabilizado por testamento ou qualquer outro documento autêntico. Para a validade da nomeação, é imprescindível que, no tempo da morte, aquele que fez a nomeação estivesse no pleno exercício do poder familiar (caso de nulidade da nomeação – art. 1.730).

---

[42] TEPEDINO, Gustavo; BARBOSA, Heloísa Helena; BODIN, Maria Celina et al. *Código civil interpretado*. v. IV (Direito de Família. Sucessão em geral. Sucessão legítima e testamentária. Disposições finais e transitórias. Arts. 1.511 a 2.046), RJ-SP: Renovar, 2006, p. 237.

Na ausência de tutor nomeado pelos pais, a tutela poderá ser legítima ou parental (art. 1.731 do CC) ou judicial ou dativa (art. 1.732 do CC).

A preocupação do legislador, no caso desse inciso, é a hipótese em que um dos pais já é falecido ou está impedido de exercer o poder familiar. Nesse caso, a nomeação do tutor poderá ser realizada por apenas um dos pais.

VII – representá-los judicial e extrajudicialmente até os 16 anos, nos atos da vida civil, e assisti-los, após essa idade, nos atos em que forem partes, suprindo-lhes o consentimento;

A representação e a assistência são formas de integração da capacidade e meio de proteção dos filhos menores.

VIII – reclamá-los de quem ilegalmente os detenha;

Tal fato é decorrência do direito dos pais quanto à guarda dos filhos. Os pais são os guardiões dos filhos e, por conta disso, podem requerer a busca e apreensão dos filhos quando estes, ilegal ou injustamente, estiverem em poder de terceiros. Como a busca e apreensão é medida drástica, que pode prejudicar o desenvolvimento intelectual e psicológico da criança, seu uso deve ser ponderado.

IX – exigir que lhes prestem obediência, respeito e os serviços próprios de sua idade e condição.

6.7.3. Causas de suspensão e extinção do poder familiar

O Código Civil, nos arts. 1.635 a 1.638, disciplina as causas de suspensão e extinção do poder familiar.

De acordo com o art. 1.635, o poder familiar poderá ser extinto por diversas causas.

Em primeiro lugar, a morte dos pais ou do filho menor (inciso I, art. 1.635) leva, inexoravelmente, à extinção do poder familiar. A personalidade civil termina com a morte (art. 6º do CC). Portanto, a morte extingue essa relação jurídica existencial. A extinção também ocorrerá no caso de morte presumida.

Segundo, como já ressaltado, os filhos menores podem ser emancipados (art. 5º do CC). A emancipação não antecipa a maioridade civil, mas os efeitos jurídicos da maioridade. A pessoa será, com a emancipação, menor e capaz. A emancipação, seja voluntária, judicial ou legal, é causa de extinção do poder familiar.

Terceiro, o poder familiar é extinto pela maioridade civil, que na atual legislação ocorrerá aos 18 anos completos.

A adoção (art. 1.635, IV), estudada em tópico próprio, é incompatível com o poder familiar, justamente porque é um dos modos de colocação da pessoa em família substituta. Se o filho menor é adotado, passará para o poder familiar dos adotantes e os vínculos com os pais primitivos serão extintos. No caso de adoção, os adotantes exercerão o poder familiar, simplesmente porque serão os pais.

De acordo com o art. 41 do ECA, "a adoção atribui a condição de filho ao adotado, com os mesmos direitos e deveres, inclusive sucessórios, desligando-o de qualquer vínculo com pais e parentes, salvo os impedimentos matrimoniais". Em razão da extinção do vínculo jurídico com os pais e parentes originários, o poder familiar, antes por eles exercido, agora o será pelos novos pais, adotantes.

Por fim, a extinção do poder familiar ocorrerá por força de decisão judicial, se restar caracterizada qualquer das hipóteses previstas no art. 1.638 do Código Civil.

De acordo com essa norma, perderá, por ato judicial, o poder familiar o pai ou a mãe que castigar imoderadamente o filho, que o abandonar, que praticar atos contrários à moral e aos bons costumes e que incidir reiteradamente nas faltas previstas no art. 1.637 (abuso de autoridade que autoriza a suspensão do poder familiar).

Tal sanção extrema depende de procedimento e decisão judiciais. Em caso de perda do poder familiar, o menor é colocado sob tutela (art. 1.728 do CC). No caso de castigo, este deve ser imoderado e, diante da subjetividade do conceito, apenas no caso concreto será possível apurar o referido abuso. No entanto, há casos em que tal imoderação é evidente, como pais que acorrentam filhos, outros que os torturam com agressões físicas e psicológicas, queimaduras, entre outras. Tais castigos podem também caracterizar o crime de maus-tratos.

O abandono pode ser moral ou material, sendo o contraponto dos deveres e obrigações dos pais em relação aos filhos menores. O cuidado, carinho, atenção, auxílio material e espiritual, e orientação para o desenvolvimento da personalidade são essenciais na relação paterno-materno-filial.

A prática de atos contrários à moral e aos bons costumes também é causa de perda do poder familiar. Em razão da alta subjetividade dos termos legais em referência, apenas no caso concreto será possível aferir, com precisão, se determinado ato é contrário à moral e aos bons costumes, e se tal ato é capaz de acarretar a perda da autoridade parental. Nesse ponto, há muitas variantes a serem consideradas, como questões culturais, sociais, históricas, econômicas, filosóficas, antropológicas e até biológicas para que determinado ato possa caracterizar atentatório à moral e aos bons costumes.

Em 22 de novembro de 2017, foi editada a Lei Federal n. 13.509, que acrescentou o inciso V ao art. 1.638 do Código Civil, com a finalidade de proteger o filho que seja entregue de forma irregular pelos pais para terceiros, para fins de adoção. O pai ou a mãe que entrega o filho de forma irregular a terceiros para fins de adoção, poderá perder o poder familiar por decisão judicial. A referida legislação alterou o Estatuto da Criança e do Adolescente para garantir que a entrega voluntária de filho para adoção, o acolhimento e o apadrinhamento da criança e do adolescente se efetive com pleno apoio institucional e social, por meio de equipes especializadas que atuam nas Varas de Infância e Juventude, com o que estará garantida e tutelada a dignidade da pessoa que será submetida ao procedimento de adoção.

Neste sentido, a entrega irregular de filho a terceiro, ou seja, sem observância de todas as regras que garantem à criança e ao adolescente apoio institucional, poderá ser causa para perda do poder familiar. As crianças e adolescentes serão inseridas em programa de acolhimento institucional e ainda poderão participar de programa de apadrinhamento, que estabelece e proporciona a estas vínculos externos à instituição para fins de convivência familiar e comunitária e colaboração com o seu desenvolvimento nos aspectos social, moral, físico, cognitivo, educacional e financeiro.

A Lei n. 13.715/2018 alterou o art. 1.638 do Código Civil, para lhe acrescentar parágrafo único, com a finalidade de dispor sobre fatos graves que também podem dar causa à perda do poder familiar. De acordo com a referida norma, perderá também por ato judicial o poder familiar aquele que praticar contra outrem igualmente titular do mesmo poder familiar homicídio, feminicídio ou lesão corporal de natureza grave ou seguida de morte, quando se tratar de crime doloso envolvendo violência doméstica e familiar ou menosprezo ou discriminação à condição de mulher ou ainda, estupro ou outro crime contra a dignidade sexual sujeito à pena de reclusão. No inciso I do novo parágrafo único, o objetivo é proteger o cotitular do poder familiar que é vítima de crimes graves que caracterizem violência doméstica ou que impliquem menosprezo ou discriminação à condição de mulher, se a vítima, nesta hipótese, for do sexo feminino.

O inciso II da mesma norma estabelece, ainda, que também haverá perda do poder familiar se o titular praticar contra filho, filha ou outro descendente homicídio, feminicídio ou lesão corporal de natureza grave ou seguida de morte, quando se tratar de crime doloso envolvendo violência doméstica e familiar ou menosprezo ou discriminação à condição de mulher ou, ainda crime de estupro, estupro de vulnerável ou outro crime contra a dignidade sexual sujeito à pena de reclusão. Neste inciso, o alvo de proteção é a pessoa humana que está sujeita ao poder familiar. As causas são absolutamente justas e razoáveis, para legitimarem a perda do poder familiar.

Além da extinção do poder familiar pela caracterização de quaisquer das hipóteses previstas no art. 1.635 do Código Civil, o poder familiar pode ser "apenas" suspenso por um período de tempo se configurada a situação prevista no art. 1.637 do CC ou, ainda, em caso de alienação parental, a critério do juiz.

Se houver abuso de autoridade, com violação dos deveres inerentes a essa autoridade ou má gestão dos bens dos filhos (os pais são administradores e usufrutuários dos bens dos filhos menores – art. 1.691 do CC), será possível a suspensão do poder familiar, a fim de preservar os interesses da criança (segurança ou integridade física e psicológica ou patrimonial no caso de má gestão).

A alienação parental é uma das formas de abuso de poder que podem levar à suspensão do poder familiar, como será analisado em tópico próprio.

Por fim, o art. 1.636 do Código Civil dispõe que o pai ou a mãe que contrai novas núpcias, ou estabelece união estável, não perde, quanto aos filhos do relacionamento anterior, os direitos ao poder familiar, exercendo-os sem qualquer interferência do novo cônjuge ou companheiro.

A extinção da sociedade conjugal ou a dissolução da união estável não interfere na relação entre pais e filhos, razão pela qual, como regra, a guarda será sempre compartilhada, mesmo após o fim da sociedade entre os pais.

O parágrafo único do art. 1.636 complementa, para dispor que igual preceito ao estabelecido neste artigo aplica-se ao pai ou à mãe solteiros, que casarem ou estabelecerem união estável.

Procedimento judicial para a perda e a suspensão do poder familiar

O Estatuto da Criança e do Adolescente (Lei n. 8.069/90 – arts. 155 a 163) trata do procedimento judicial que poderá levar à perda ou suspensão do poder familiar. Tais artigos foram recentemente alterados pela lei n. 13.509/2017.

O procedimento para a perda ou a suspensão do poder familiar terá início por provocação do Ministério Público ou de quem tenha legítimo interesse, como parentes próximos, assistentes sociais que acompanham a criança, conselhos tutelares, autoridades policiais especializadas no atendimento a menores vítimas de maus-tratos ou violência no seio da família, entre outros.

Os requisitos da petição inicial do pedido de perda ou suspensão do poder familiar são: a autoridade judiciária a que for dirigida; o nome, o estado civil, a profissão e a residência do requerente e do requerido, dispensada a qualificação em se tratando de pedido formulado por representante do Ministério Público ou de outra entidade pública que tenha interesse; a exposição sumária do fato e o pedido e as provas que serão produzidas, oferecendo, desde logo, o rol de testemunhas e documentos.

A autoridade judiciária, no caso de motivo grave, ouvido o Ministério Público, poderá decretar a suspensão do poder familiar, liminar ou incidentalmente (tutela de urgência), até o julgamento definitivo da causa, ficando a criança ou adolescente confiado a pessoa idônea, mediante termo de responsabilidade.

De acordo com o § 1º do art. 157 do ECA, acrescentado pelo Lei n. 13.509/2017, recebida a petição inicial, a autoridade judiciária determinará, concomitantemente ao despacho de citação e independentemente de requerimento do interessado, a realização de estudo social ou perícia por equipe interprofissional ou multidisciplinar para comprovar a presença de uma das causas de suspensão ou destituição do poder familiar, ressalvado o disposto no § 10 do art. 101 dessa lei, e observada a Lei n. 13.431, de 4 de abril de 2017. O procedimento da ação determina que o requerido será citado para, no prazo de dez dias, oferecer resposta escrita, indicando as provas a serem produzidas e oferecendo, desde logo, o rol de testemunhas e documentos. A citação será pessoal, salvo se esgotados todos os meios para a sua realização. O requerido privado de liberdade deverá ser citado pessoalmente (nesse caso, o oficial de justiça deverá perguntar se o requerido deseja a nomeação de defensor). Quando, por 2 (duas) vezes, o oficial de justiça houver procurado o citando em seu domicílio ou residência sem o encontrar, deverá, havendo suspeita de ocultação, informar qualquer pessoa da família ou, em sua falta, qualquer vizinho do dia útil em que voltará a fim de efetuar a citação, na hora que designar, nos termos do art. 252 e s. da Lei n. 13.105, de 16 de março de 2015 (Código de Processo Civil). Na hipótese de os genitores encontrarem-se em local incerto ou não sabido, serão citados por edital no prazo de 10 (dez) dias, em publicação única, dispensado o envio de ofícios para a localização.

Se o requerido não tiver possibilidade de constituir advogado, sem prejuízo do próprio sustento e de sua família, poderá requerer em cartório que lhe seja nomeado dativo, a quem incumbirá a apresentação de resposta, contando-se o prazo a partir da intimação do despacho de nomeação.

Se necessário, durante o procedimento judicial e com a finalidade de ter maiores subsídios para a decisão, a autoridade judiciária requisitará de qualquer repartição ou órgão público a apresentação de documento que interesse à causa, de ofício ou a requerimento das partes ou do Ministério Público.

Se não for contestado o pedido e tiver sido concluído o estudo social ou a perícia realizada por equipe interprofissional ou multidisciplinar, a autoridade judiciária dará vista dos autos ao Ministério Público, por 5 (cinco) dias, salvo quando este for o requerente, e decidirá em igual prazo. A autoridade judiciária, de ofício ou a requerimento das partes ou do Ministério Público, determinará a oitiva de testemunhas que comprovem a presença de uma das causas de suspensão ou destituição do poder familiar previstas nos arts. 1.637 e 1.638 da Lei n. 10.406, de 10 de janeiro de 2002 (Código Civil), ou no art. 24 desta lei.

Nesse caso, em sendo os pais oriundos de comunidades indígenas, é ainda obrigatória a intervenção, junto à equipe profissional ou multidisciplinar citada no § 1º do art. 24, de representantes do órgão federal responsável pela política indigenista, observado o disposto no § 6º do art. 28 do ECA.

Se o pedido importar em modificação de guarda, será obrigatória, desde que possível e razoável, a oitiva da criança ou adolescente, respeitado seu estágio de desenvolvimento e grau de compreensão sobre as implicações da medida. É obrigatória a oitiva dos pais sempre que eles forem identificados e estiverem em local conhecido, ressalvados os casos de não comparecimento perante a Justiça quando devidamente citados.

Se o pai ou a mãe estiverem privados de liberdade, a autoridade judicial requisitará sua apresentação para a oitiva.

Apresentada a resposta, a autoridade judiciária dará vista dos autos ao Ministério Público, por cinco dias, salvo quando este for o requerente, designando, desde logo, audiência de instrução e julgamento. Na audiência, presentes as partes e o Ministério Público, serão ouvidas as testemunhas, colhendo-se oralmente o parecer técnico, salvo quando apresentado por escrito, manifestando-se sucessivamente o requerente, o requerido e o Ministério Público, pelo tempo de 20 (vinte) minutos cada um, prorrogável por mais 10 (dez) minutos. A decisão será proferida na audiência, podendo a autoridade judiciária, excepcionalmente, designar data para sua leitura no prazo máximo de 5 (cinco) dias. Quando o procedimento de destituição de poder familiar for iniciado pelo Ministério Público, não haverá necessidade de nomeação de curador especial em favor da criança ou adolescente. O prazo máximo para conclusão do procedimento será de 120 (cento e vinte) dias, e caberá ao juiz, no caso de notória inviabilidade de manutenção do poder familiar, dirigir esforços para preparar a criança ou o adolescente com vistas à colocação em família substituta. A sentença que decretar a perda ou suspensão do poder familiar será averbada à margem do registro de nascimento da criança ou do adolescente.

6.7.4. Teoria da alienação parental – Lei n. 12.318/2010

A Lei Federal n. 12.318/2010 disciplina a alienação parental. Além de definir a alienação parental e sugerir condutas que a caracterizam, a legislação apresenta alguns aspectos processuais peculiares desta espécie de abuso do poder familiar.

A alienação parental é evidenciada pelo abuso do poder familiar, no que se refere à criação e educação dos filhos (art. 1.634, I, do CC). Na alienação parental, o alienador busca reduzir ou eliminar os vínculos afetivos com um dos genitores, com implantação de falsas memórias na criança ou adolescente, a real vítima deste ato repulsivo e abominável. Portanto, é espécie de abuso de direito que se concretizará durante o exercício das prerrogativas decorrentes do poder familiar. O exercício abusivo da autoridade parental que pode caracterizar alienação parental viola os princípios constitucionais da dignidade da pessoa humana, da paternidade responsável, do direito à convivência familiar saudável, da proteção integral da criança e do adolescente e da plena liberdade individual.

O dinamismo e o contexto social da família contemporânea, cujo objetivo é a concretização da dignidade dos membros que compõem os núcleos familiares, com intervenção mínima do Estado se, de um lado, atende aos anseios da sociedade contemporânea (família moderna, constitucionalizada, plural, aberta, democrática, solidária), de outro, acaba por potencializar os atos de alienação parental, em razão do aumento significativo do número de divórcios.

De qualquer forma, a ética da família contemporânea deve repudiar, com veemência, atos alienadores. Os filhos oriundos destas relações familiares devem ter a integridade moral e psicológica preservados. Por isso, a prevenção em relação a atos de alienação parental é fundamental, pois a consolidação de falsas memórias implantadas por pessoa que tem contato com a criança ou adolescente para que repudie, sem justificativa, um dos genitores, poderá ser irreversível. A perversidade da alienação parental impõe à coletividade, ao Estado, à família, aos profissionais da saúde que têm contato com crianças e adolescentes vítimas de atos de alienação parental, o dever de evitar, proteger e preservar a integridade psicológica e moral destes.

A Lei n. 12.318/2010, no art. 2º, define a alienação parental como a interferência na formação psicológica da criança ou do adolescente promovida ou induzida por um dos genitores, pelos avós ou pelos que tenham a criança ou adolescente sob a sua autoridade, guarda ou vigilância para que repudie genitor ou que cause prejuízo ao estabelecimento ou à manutenção de vínculos com este.

A lei brasileira é de vanguarda, pois basta que haja a interferência na formação psicológica da criança ou do adolescente para que repudie, sem justificativa, o genitor, mas não exige o repúdio. Ainda que os alienadores definidos em lei não tenham alcançado o objetivo de prejudicar o vínculo afetivo da criança com o genitor, haverá alienação parental. Portanto, basta que a interferência na formação psicológica tenha a potencialidade de levar ao repúdio injustificado. Diante disso, é complexa a identificação de ato de alienação parental, quando já existe a interferência psicológica, mas a criança ou o adolescente ainda não está repudiando o genitor. Esse o desafio dos profissionais que trabalham com crianças e adolescentes, identificar a referida interferência, com o objetivo de manipular a memória do filho, antes que este inicie o processo de repúdio. As falsas memórias implantadas pelo genitor ou outra pessoa definida em lei, como avós ou guardião, para repudiar o genitor, devem ser identificadas antes que a situação se torne irreversível.

O parágrafo único do art. 2º estabelece as formas de alienação parental, em rol exemplificativo, porque admite outros métodos de alienação, detectados por juiz ou constatados em perícia. Tais métodos de alienação podem ser praticados de forma direta ou com auxílio de terceiros. A lei enuncia os modos mais comuns de alienação: realizar campanha de desqualificação da conduta do genitor no exercício da paternidade ou maternidade (processo sistemático e reiterado para desqualificar o genitor, em especial quando há rancores oriundos de uma relação conjugal fracassada, o que serve como motivo para tal vingança); dificultar o exercício da autoridade parental (atos que buscam inviabilizar o exercício da autoridade parental, como incutir na criança ou adolescente a falsa crença de que o genitor poderia proporcionar melhores condições para o filho, mesmo ciente das dificuldades financeiras); dificultar contato de criança ou adolescente com genitor (não cumprir as obrigações assumidas com o genitor em relação a horários, matricular o filho em cursos e atividades todos os dias da semana, em tempo integral, com o objetivo de reduzir o tempo de contato com o genitor, a pretexto de que a criança tem que realizar determinadas atividades); dificultar o exercício do direito regulamentado de convivência familiar (não cumprir as determinações relacionadas à convivência, que foram estabelecidas por acordo); omitir deliberadamente a genitor informações pessoais relevantes sobre a criança ou adolescente, inclusive escolares, médicas e alterações de endereço; apresentar falsa denúncia contra genitor, contra familiares deste ou contra avós, para obstar ou dificultar a convivência deles com a criança ou adolescente (a falsa denúncia de abuso sexual é a mais grave e a que gera danos irreversíveis na criança/adolescente e no genitor alienado) ou, ainda, mudar o domicílio para local distante, sem justificativa, visando a dificultar a convivência da criança ou adolescente com o outro genitor, com familiares deste ou com avós.

A gravidade dos atos de alienação parental, de fato, como mencionado, viola direito fundamental de convivência familiar saudável, prejudica a realização de afeto nas relações com genitor e com o grupo familiar, constitui abuso moral contra a criança ou o adolescente e descumprimento dos deveres inerentes à autoridade parental ou decorrentes de tutela ou guarda, conforme art. 3º da legislação.

Por estes motivos, a prevenção de atos de alienação parental, com informações adequadas e suficientes, deve ser a prioridade. O objetivo da lei, sem dúvida, é concretizar a efetividade da igualdade parental e o direito de o filho conviver em ambiente propício para o desenvolvimento de sua personalidade, próximo ao par parental e, para tal, não é necessária qualquer alienação parental ou síndrome de alienação parental. Basta a tentativa de alienação parental. A lei brasileira trata dos atos de alienação parental, que devem ser reprimidos, independente da alienação parental já caracterizada, com a recusa injustificada da criança ou adolescente em relação ao seu genitor.

Nesse sentido preventivo, o art. 4º da Lei n. 12.318/2010 dispõe que declarado indício de ato de alienação parental (ou seja, basta o indício – muitas vezes apenas por meio de perícia especializada, com profissionais altamente qualificados, é possível perceber tais indícios, pois nada impede que a alienação parental ocorra, muitas vezes, de forma involuntária), deverão ser tomadas medidas provisórias para a preservação da integridade psicológica da criança ou do adolescente.

A declaração do indício de alienação parental pode ocorrer de ofício ou a requerimento de qualquer pessoa que conviva com a criança ou adolescente, MP, profissionais de educação ou de saúde, psicólogos, ou seja, ampla legitimidade para evitar a alienação parental. Neste caso, em qualquer momento processual, em ação autônoma ou incidentalmente, o processo terá tramitação prioritária. A alienação parental pode ser discutida em processo autônomo ou de forma incidental, como questão prejudicial, de outras demandas, como ação de guarda, por exemplo. A tramitação prioritária é essencial para a preservação da integridade psicológica da criança ou do adolescente. Todavia, é essencial conciliar tal celeridade com prudência e cautela, uma vez que medidas precipitadas, sem qualquer amparo técnico, poderão potencializar os danos na criança e no adolescente. Aliás, não é por outro motivo, que o CPC/2015, no art. 699, dispõe que quando o processo envolver discussão sobre fato relacionado a alienação parental, o juiz, ao tomar conhecimento do incapaz, deverá estar acompanhado por especialista.

No referido processo, autônomo ou incidental, que deverá ser célere e ostentar prioridade, após a oitiva do MP, poderão ser tomadas medidas provisórias suficientes e necessárias para preservação da integridade psicológica da criança ou do adolescente, inclusive para assegurar sua convivência com genitor ou viabilizar a efetiva reaproximação entre ambos, se for o caso.

O parágrafo único do art. 4º, inclusive, para não prejudicar o contato entre a criança/adolescente e o genitor responsável pelo ato de alienação, a qual pode ser desqualificada por perícia, será assegurado à criança ou adolescente e ao genitor garantia mínima de visitação assistida, no fórum em que tramita a ação ou em entidades conveniadas com a justiça, ressalvados os casos em que há iminente risco de prejuízo à integridade física ou psicológica da criança ou do adolescente, atestado por profissional eventualmente designado pelo juiz para acompanhamento das visitas.

Em processos incidentais ou autônomos, onde se discute alienação parental, a perícia é prova fundamental. Não se trata de mera perícia psicossocial, mas perícia capaz de identificar situações complexas, a realidade da interferência, se a "fala da criança" é dela ou a mera reprodução de uma manipulação. De acordo com o art. 5º da lei, se houver indício da prática de ato de alienação parental, em ação autônoma ou incidental, o juiz, se necessário, determinará perícia psicológica ou biopsicossocial. O laudo pericial terá base em ampla avaliação psicológica ou biopsicossocial, conforme o caso, compreendendo, inclusive, entrevista pessoal com as partes, exame de documentos dos autos, histórico do relacionamento do casal e da separação, cronologia de incidentes, avaliação da personalidade dos envolvidos e exame da forma como a criança ou adolescente se manifesta acerca de eventual acusação contra genitor. Portanto, não é qualquer perícia, mas uma análise detalhada e complexa da relação familiar.

E como a lei brasileira caracteriza com atos de alienação parental, antes da própria alienação parental, a perícia terá muita dificuldade para identificar a interferência psicológica destinada a tal alienação. Os profissionais da psicologia tendem a procurar a alienação parental já caracterizada (com a criança já recusando o genitor), quando a maioria das situações concretas envolvem atos de alienação parental com o potencial de provocar a recusa do filho em relação a um dos genitores, mas sem que tal situação de alienação esteja devidamente caracterizada.

A perícia será realizada por profissional ou equipe multidisciplinar habilitados, exigido, em qualquer caso, aptidão comprovada por histórico profissional ou acadêmico para diagnosticar atos de alienação parental. O perito ou equipe multidisciplinar designada para verificar a ocorrência de alienação parental terá prazo de 90 (noventa) dias para apresentação do laudo, prorrogável exclusivamente por autorização judicial baseada em justificativa circunstanciada.

Por fim, caracterizada a alienação parental ou qualquer conduta que dificulte a convivência de criança ou adolescente com genitor, na referida ação autônoma ou incidental, o juiz poderá, de forma cumulativa ou não, aplicar as medidas previstas no art. 6º. Tais medidas não impedem a responsabilidade civil ou criminal do responsável pela alienação, bem como a ampla utilização de instrumentos processuais que sejam aptos, eficientes e adequados para inibir ou atenuar os efeitos da alienação parental, como a mediação (a mediação ocorrerá justamente nos casos em que houver vínculo anterior entre as partes, porque auxilia os interessados a compreender as questões e os interesses em conflito para que possam restabelecer a comunicação e identificar soluções que gerem benefícios mútuos (art. 165, § 3º, do CPC). Tal mediação integra a fase inicial dos processos de família, como enunciam os arts. 694, 695 e 696, todos do CPC, inclusive com a possibilidade de ser extrajudicial.

De acordo com o art. 6º, a depender da gravidade do caso, poderão ser aplicadas algumas medidas, de forma cumulativa ou não, mais ou menos restritivas, com o objetivo primeiro de tutelar a integridade psicológica da criança ou adolescente. Entre as medidas previstas em lei estão: declarar a ocorrência de alienação parental e advertir o alienador; ampliar o regime de convivência familiar em favor do genitor alienado; estipular multa ao alienador; determinar acompanhamento psicológico e/ou biopsicossocial; determinar a alteração da guarda para guarda compartilhada ou sua inversão (neste caso, existe acesa discussão se a guarda compartilhada é meio eficaz para prevenir a alienação parental); determinar a fixação cautelar do domicílio da criança ou adolescente.

No caso de exercício abusivo da autoridade parental pela mudança de endereço (um dos modos de viabilização da alienação parental, conforme art. 2º, parágrafo único), com inviabilização ou obstrução à convivência familiar, o juiz também poderá inverter a obrigação de levar para ou retirar a criança ou adolescente da residência do genitor, por ocasião das alternâncias dos períodos de convivência familiar.

Na Lei de Alienação Parental, no art. 7º, foi incluída a norma designada por *friendly parent provision* ou cláusula do genitor amistoso, que consiste na busca daquele genitor que é mais generoso em permitir a relação da criança com o outro genitor, dando àquele genitor a preferência na guarda unilateral ou na residência principal do filho, pois esse genitor denotaria maturidade para colocar os interesses dos filhos acima dos seus. De acordo com o referido dispositivo, quando não for possível a guarda compartilhada, a atribuição ou alteração da guarda dar-se-á por preferência ao genitor que viabiliza a efetiva convivência da criança ou adolescente com o outro genitor.

Por fim, o art. 8º da lei dispõe que a alteração de domicílio da criança ou adolescente é irrelevante para a determinação da competência relacionada às ações fundadas em direito de convivência familiar, salvo se decorrente de consenso entre os genitores ou de decisão judicial.

De acordo com o art. 8º-A, a oitiva de crianças e adolescentes vítimas de alienação parental será por meio de depoimento especial, nos termos da Lei n. 13.431/2017, sob pena de nulidade.

Em síntese, a Lei Federal n. 12.318/2010 é instrumento relevante para controlar e prevenir atos de alienação parental, que tenham a possibilidade de provocar na criança ou adolescente sentimento de repulsa em relação a um dos genitores, sem qualquer justificativa, para viabilizar a convivência ampla, saudável e isonômica em relação aos genitores, porque a alienação parental é perversa e devastadora para a vítima de tais atos. Há discussões sobre a suficiência ou não dos instrumentos de controle para evitar a alienação parental, mas o fato é que a sociedade passou a debater esse mal que acomete as famílias e, somada a legislação vigente à melhor qualificação de profissionais que atuam nesta área, os atos de alienação parental tendem a serem minimizados.

6.8. FAMÍLIA E RELAÇÕES DE PARENTESCO

6.8.1. Relações de parentesco: disposições gerais

O vínculo de parentesco também passa por uma releitura a partir dos paradigmas traçados pelo modelo constitucional atual. Esse vínculo, em especial o civil, é elevado a outro nível a partir do valor afeto. A afetividade é capaz de criar vínculo de parentesco, o que representa uma revolução, tendo em vista os inúmeros efeitos jurídicos que tal relação provoca no âmbito existencial e patrimonial.

Em termos clássicos, o parentesco consiste na relação jurídica entre pessoas que descendem umas das outras, de forma direta (linha reta) ou que derivam de um ancestral ou tronco comum que as une (linha colateral). São ainda parentes aqueles ligados ao cônjuge do outro. Essa visão clássica é substituída por uma concepção renovada, constitucionalizada e contemporânea de parentesco.

O parentesco passa a ser uma relação jurídica mais complexa, aberta, plural, social e humana, para admitir como parentes pessoas que se vinculam por afetividade, adoção, fraternidade e até por amizade.

A amizade pode criar um vínculo de parentesco, a depender do amor, afeto, cumplicidade, parceria, irmandade, solidariedade e comunhão de vida entre amigos, independentemente da opção sexual deles. A questão é muito mais plural e complexa. Esse novo olhar para as relações humanas não pode manter tais relações aprisionadas em relações de sangue ou em questões pontuais, como a adoção.

A Lei Civil avança um pouco, pois já admite como parentes por afinidade as relações mantidas com os parentes do outro na união estável, e não apenas no casamento. A afinidade pode e deve ser estendida para os mais diversos modelos familiares.

O parentesco como vínculo jurídico se expande, decorre das mais diversas bases e origens, não tem fundamento definido, pode vincular as mais diversas pessoas, nas mais impensáveis situações e, como a caracterização do vínculo, poderá gerar os mais diversos efeitos jurídicos.

O Código Civil, no art. 1.593, adota uma concepção ampla de parentesco quando admite o parentesco civil, qualquer que seja a origem. Nesse ponto, a Lei Civil merece aplausos, pois não sufoca a concepção de parente nos laços de sangue, tampouco em um único modelo de parentesco civil, como a adoção. Ao contrário, permite considerar o parentesco civil ou parente civil duas pessoas ligadas por relações afetivas, independentemente da origem (afetividade, relações decorrentes de casamento, união estável, entre outros modelos familiares e situações jurídicas).

O parentesco pode, assim, decorrer de laços de sangue, mas também de outras situações e concepções de fatos tutelados pelo Estado, como a adoção, a afetividade, a afinidade, o parentesco por amizade, entre outras situações que poderão ser visualizadas na dinâmica das relações sociais.

No Enunciado 256 da III Jornada de Direito Civil, foi reconhecido que a posse do estado de filho, parentalidade socioafetiva, constitui modalidade de parentesco civil. No mesmo sentido o Enunciado 519 da V Jornada de Direito Civil: "O reconhecimento judicial do vínculo de parentesco em virtude de socioafetividade deve ocorrer a partir da relação entre pai e filho, com base na posse do estado de filho, para que produza efeitos pessoais e patrimoniais".

O Enunciado 103 da I Jornada de Direito Civil é ainda mais explícito ao mencionar que: "O Código Civil reconhece, no art. 1.593, outras espécies de parentesco civil além daquele decorrente da adoção, acolhendo, assim, a noção de que há também parentesco civil no vínculo parental proveniente quer das técnicas de reprodução assistida heteróloga relativamente ao pai (ou mãe) que não contribuiu com seu material fecundante, quer da paternidade socioafetiva, fundada na posse do estado de filho".

O parentesco é multifacetado, plural, democrático, social, e por isso não se aprisiona em modelos preestabelecidos, pois se pauta no dinamismo da vida das pessoas, seus sentimentos, emoções, relações e cumplicidades. Não cabe um conceito jurídico, social ou político, mas o reconhecimento de situações de fato capazes de merecer a tutela do Estado.

O vínculo de parentesco: as linhas (reta e colateral) e os graus

A novidade no atual Código Civil é que a união estável também gera vínculo de parentesco (art. 1.595, referente ao companheiro). As relações de parentesco podem decorrer de um vínculo biológico, natural ou civil (adoção, afinidade, afetividade, entre outros).

O parentesco, portanto, não é só uma relação de sangue, em que pessoas podem descender umas das outras (linha reta) ou descender de progenitor comum (colaterais). O parentesco pode decorrer não apenas de vínculo biológico, por exemplo, a adoção e a inseminação artificial, no caso de utilização de material genético de terceiro (reprodução heteróloga), ou ainda de afetividade, como já analisado.

O Código Civil, nos arts. 1.591 e 1.592, define a relação de parentesco de acordo com as linhas.

Na linha reta, são parentes as pessoas que estão umas para com as outras na relação de ascendentes e descendentes (art. 1.591 do CC). O parentesco em linha reta é *ilimitado*. Todas as pessoas, sob o prisma de sua ascendência, têm duas linhas de parentesco: materna e paterna.

Tal relação de parentesco na linha reta pode decorrer de vínculo biológico ou não. O adotado é parente em linha reta do seu pai, assim como do pai do adotante, avô do adotado. Na afetividade, também há parentesco na linha reta, a depender de com quem se caracteriza o afeto e em que condições.

Na linha colateral ou transversal são consideradas parentes pessoas até o quarto grau. Portanto, ao contrário da linha reta, na linha colateral há limitação de parentesco. Este decorre da descendência de um só tronco comum, mas não há relação de ascendência e descendência entre os parentes (art. 1.592 do CC). Os parentes em quarto grau na linha colateral são os primos, tio-avô e sobrinho-neto. Tal concepção é relevante para fins sucessórios (art. 1.839 do CC).

O Código Civil possui outras limitações na linha colateral, além da sucessão. Os impedimentos matrimoniais somente atingem os parentes até o terceiro grau na linha colateral (art. 1.521, CC). Os alimentos, entre colaterais, têm como limite o segundo grau (art. 1.697 do CC).

O grau de parentesco é o número de gerações que separa os parentes, conforme dispõe o art. 1.594 do CC. Na linha colateral, o parentesco também é contado pelo número de gerações, com a nuança de se procurar o ascendente comum e calcular a distância entre as gerações até este, para depois descer a outro parente com quem se pretende estabelecer o grau de parentesco. Na linha colateral, por conta dessa peculiaridade, a relação de parentesco se inicia no segundo grau. Não há parentes em primeiro grau na linha colateral.

No que se refere à afinidade, é espécie de parentesco civil. É o vínculo que se estabelece entre cada cônjuge e os parentes do outro. A afinidade somente decorre do casamento válido ou da união estável. O casamento putativo não gera afinidade, uma vez que a boa-fé somente produz efeitos em relação aos cônjuges e aos filhos, não alcançando terceiros. Afinidade é vínculo de ordem jurídica.

No sistema do CC/1916, a afinidade estava associada apenas ao casamento, ao passo que o atual CC, no art. 1.595, estendeu a afinidade aos parentes do companheiro. Como o vínculo da afinidade é estritamente pessoal, não há vínculo jurídico entre concunhados. A afinidade também comporta duas linhas: *reta* e *colateral*. Na linha reta, não há limitação de grau, e não se extingue nem mesmo com a dissolução do casamento ou da união estável (§ 2º do art. 1.595).

Na linha colateral, a afinidade se restringe aos cunhados e, portanto, não passa do segundo grau e só neste existe. A afinidade comporta extinção apenas no que diz respeito ao cunhadio, ou seja, na linha colateral.

As relações de parentesco e os efeitos jurídicos

O reconhecimento da relação de parentesco acarreta a incidência de inúmeros efeitos jurídicos, no âmbito existencial e patrimonial daqueles que são considerados legalmente parentes.

A relação de parentesco repercute até em regras processuais sobre competência, impedimentos e suspeição, no direito eleitoral e no direito penal. Portanto, determinar o vínculo de parentesco é de substancial relevância para questões de direito material (em qualquer de seus planos) e processual.

Os impedimentos matrimoniais dependem do vínculo de parentesco. Os alimentos são devidos entre parentes. A sucessão legítima protege e privilegia os parentes mais próximos (a herança está diretamente associada à relação de parentesco). No direito eleitoral, algumas causas de inelegibilidade estão relacionadas às relações de parentesco (art. 14, § 7º, da CF). No direito penal, o parentesco pode descaracterizar o crime (art. 181 do CP) e ainda agravar a pena. Portanto, é fundamental definir e precisar os limites de uma relação de parentesco em razão da repercussão desse vínculo.

Espécies de parentesco

A relação de parentesco suporta uma releitura a partir dos valores sociais constitucionais. A Lei Civil, no art. 1.593, estabelece que o parentesco é natural ou civil, conforme resulte de consanguinidade, no primeiro caso, ou outra origem, no segundo.

Em razão da isonomia constitucional, em especial na filiação, uma das principais relações de parentesco, não é possível definir filho a partir da origem. Não se adjetiva a filiação. A relação de filiação envolve relação de parentesco, mas não se pode agregar a essa relação a indicação da origem, natural ou civil, sob a pena de incorrer em discriminações (art. 227, § 6º, da CF).

Por essa razão, embora o Código Civil estabeleça espécies de parentesco como forma de gerar o referido vínculo, quando caracterizada a relação de parentesco, em algumas hipóteses, a indicação da origem deve ser descartada. É questionável, portanto, a qualificação dos parentes em civis ou naturais, como o faz o art. 1.593 do CC, como se houvesse categorias diferentes de parentes. A adjetivação ao parente não se compatibiliza com o comando constitucional.

Por isso, estamos de acordo com a posição de Rosenvald e Chaves[43], segundo os quais "a única terminologia a ser usada para fazer referência às pessoas humanas aqui tratadas é, simplesmente, parentes, sem adjetivações ou acréscimos classificatórios, já que todos eles são iguais e protegidos pelo mesmo regramento, independentemente da origem".

A distinção, portanto, é discriminatória, em especial em relação a algumas relações específicas de parentesco, como a relação de filiação.

Com essas ressalvas, o art. 1.593 do CC descreve que naturais ou consanguíneos são os parentes ligados por vínculos de sangue ou biológico (união decorrente de carga genética), podendo ser aqueles que descendem um dos outros (linha reta) ou vinculados por um ancestral comum (linha colateral).

Noutro giro, civil é o parentesco advindo de qualquer origem que não o vínculo biológico, como ocorre na adoção, na fecundação com técnicas de reprodução assistida (em especial a heteróloga), na paternidade socioafetiva, entre outras inúmeras hipóteses. O parentesco civil não está limitado pela legislação.

Trata-se de cláusula geral que permite o reconhecimento da relação de parentesco em qualquer circunstância, desde que haja uma causa justa capaz de criar um vínculo jurídico para receber o rótulo de parente, como no caso do parentesco decorrente da afetividade. Nesse sentido, o Enunciado 256 das Jornadas de Direito Civil dispõe que a posse do estado de filho (parentalidade socioafetiva) constitui modalidade de parentesco civil.

---

[43] FARIAS, Cristiano Chaves de; ROSENVALD, Nelson. *Curso de direito civil, Famílias*. São Paulo: Atlas, 2015, p. 460.

Parentesco civil: afinidade

A afinidade é vínculo ou nexo que se estabelece entre um cônjuge ou companheiro e os parentes do outro cônjuge ou companheiro.

Por isso, o parentesco por afinidade decorre do casamento e da união estável, como dispõe o art. 1.595 do CC. É o vínculo entre o cônjuge ou companheiro e os parentes do outro. Afinidade é vínculo de ordem jurídica. No sistema do CC/1916, a afinidade apenas estava associada ao casamento, ao passo que o atual CC, no art. 1.595, estendeu a afinidade aos parentes do companheiro. Como o vínculo da afinidade é estritamente pessoal, não há vínculo jurídico entre concunhados.

No entanto, ao contrário da relação de parentesco tradicional, seja natural ou civil, na afinidade os limites da linha colateral são diferentes. A afinidade também comporta duas linhas: *reta* e *colateral*. Na linha reta, não há limitação de grau, e não se extingue nem mesmo com a dissolução do casamento ou da união estável (§ 2º do art. 1.595).

Na linha colateral, a afinidade se restringe aos cunhados e, portanto, não passa do segundo grau e só existe nesse grau. Não há relação de parentesco no terceiro ou quarto graus por afinidade. Na relação de parentesco por afinidade, na linha colateral, o limite é o segundo grau.

Na linha reta, a relação de parentesco não se extingue. A afinidade comporta extinção apenas no que diz respeito ao cunhadio, ou seja, na linha colateral.

6.9. FAMÍLIA E TEORIA DA FILIAÇÃO

6.9.1. Noções gerais e o princípio da não discriminação

O vínculo de filiação é o laço de parentesco mais profundo, por constituir a forma primária de conexão do indivíduo com a sociedade. Os genitores são os principais responsáveis pela formação moral, ética e psicológica de seus filhos, no seio de uma família, seja qual for sua forma de composição.

Todavia, a família pode ser formada sem a presença de genitores ou ascendentes, como é o caso das famílias "anaparentais", compostas apenas por irmãos. É que a solidariedade familiar, sentimento comum àqueles que se identificam como parentes de primeiro grau, pode estar presente entre quaisquer indivíduos que se sintam abrigados entre si, em uma relação de cooperação e desenvolvimento mútuos, no âmago de um mesmo lar.

O vínculo de filiação envolve a principal relação de parentesco (entre pais e filhos).

Para o direito, nas palavras de Paulo Lôbo[44]: "Filiação é a relação de parentesco que se estabelece entre duas pessoas, uma das quais nascida da outra, ou adotada, ou vinculada mediante posse de estado de filiação ou por concepção derivada de inseminação artificial heteróloga".

O vínculo de filiação pode ser constituído pela presunção, quando o filho nasce de pessoas casadas, seja por meio de relações sexuais ou técnicas de reprodução assistida (art. 1.597 do CC) ou, ainda, pelo reconhecimento, extrajudicial ou judicial. A filiação, constituída pela presunção ou decorrente de reconhecimento pode ter como fundamento a afetividade e/ou vínculo biológico.

A nova ordem constitucional, fundada nos princípios precípuos da dignidade da pessoa humana, da liberdade e da igualdade, reconhece a família como meio de concretização das situações existenciais – a chamada família eudemonista. Nesse contexto, o principal fundamento ontológico para a composição familiar é a afetividade, o chamado *affectio familiar*. Não é por outro motivo que o afeto pode ser fundamento para a constituição do vínculo de filiação, em especial por meio do reconhecimento, extrajudicial ou judicial.

A partir da Constituição de 1988, de forma expressa, foram vedadas as desigualdades filiatórias, particularmente as discriminações dos filhos legítimos e ilegítimos, biológicos e adotivos.

O § 6º do art. 227 da Constituição Federal positivou o princípio da isonomia no âmbito da filiação, e o art. 1.596 do Código Civil o fez no âmbito infraconstitucional e, sem maiores hesitações, enterrou o antigo paradigma que sobrepunha o casamento acima da igualdade e da liberdade dos indivíduos e, por conseguinte, da própria dignidade humana.

Na concepção tradicional de família, a necessidade de conservação do patrimônio era mais importante que o reconhecimento de um filho, se este fosse "ilegítimo". A família tradicional, como unidade de produção e reprodução, e não como unidade afetiva, tinha nítido caráter patrimonial, inclusive em detrimento de vínculos de filiação fora do casamento. O filho "ilegítimo" não tinha direitos no âmbito do direito de família, uma vez que os pilares patrimonialistas desta eram mais relevantes que questões existenciais.

Por isso, a fim de preservar a unidade de produção e reprodução, o Código Civil de 1916 optava por privilegiar o filho fruto do casamento e até mesmo vedava o estabelecimento do vínculo paterno-filial aos filhos adulterinos, ainda que esses soubessem a identidade de seus pais biológicos.

Diante desse tratamento discriminatório no velho sistema, o texto constitucional de 1988 promoveu a total desvinculação entre a filiação e o tipo de relação mantida pelos genitores. É claro que não poderia persistir a imposição aos filhos do "fardo cultural" conferido à relação havida pelos pais, até porque já não se coaduna com uma ordem constitucional pautada pela liberdade e pela igualdade, a qualificação moral ou religiosa de qualquer relação afetiva. Filho é filho, proveniente de um casamento ou de uma relação eventual, não importa.

A filiação é garantia de dignidade, de identidade e de cidadania, e não pode ser submetido a valores morais.

Com essas ideias preliminares, nota-se que a filiação serve à concretização da identidade e ao desenvolvimento da dignidade dos indivíduos. Por isso, deve-se entender a patrimonialização das relações de filiação como mero efeito, e não como marca de sua essência, como antes se

---
[44] LÔBO, Paulo Luiz Netto. *Direito civil. Família*. São Paulo: Saraiva, 2015, p. 198.

postulava. Ademais, há plena autonomia entre o tipo de relação entre os genitores e a relação entre os genitores com seus filhos. A isonomia impõe a plena igualdade entre os filhos, independente da origem da filiação (adoção, posse de estado de filho, biológico, entre outros).

Em conclusão, a teoria da filiação tem como fundamentos estruturantes a igualdade entre filhos, independentemente da origem (art. 1.596 do CC), além da filiação como instrumento de desenvolvimento da personalidade humana e concretização da dignidade. O objetivo das normas jurídicas no âmbito da filiação é assegurar o pleno exercício do direito de filiação, a fim de proteger os filhos.

A filiação pode ter como fundamento a afetividade e o vínculo biológico e, como mencionado, ser constituída pela presunção ou reconhecimento. Não se deve confundir a constituição da filiação com o seu fundamento. O critério/fundamento biológico foi proporcionado pela precisão científica do exame de DNA, que permite aferir com 99,999% de certeza a paternidade ou a maternidade.

O fundamento afetivo, por outro lado, é estabelecido pela construção de um vínculo de amor, de cuidado e de criação dos pais com a criança, desde que presentes alguns pressupostos fáticos para a geração desse vínculo. A afetividade, para fins de paternidade, deve estar associada a pressupostos de fato (tratamento como filho, nome, reconhecimento social etc.), não sendo suficiente, por si só, para a caracterização do vínculo de filiação, conforme será demonstrado.

O afeto, como paradigma norteador das relações familiares, consubstancia a máxima valorização do indivíduo na liberdade de expressar seus sentimentos. Independentemente da força das relações amorosas, as pessoas sempre podem escolher, a todo momento, como querem viver, e nada prevalece sobre a livre determinação da felicidade de cada um.

Sob a vigência do modelo anterior, a necessidade de conservação e de transferência patrimonial (herança) sobrepunha-se à felicidade individual. A tradição exigia a renúncia constante às vontades, aos desejos e aos sonhos, "em nome da família". Era o modelo tradicional de família como unidade reprodutiva e não como unidade afetiva.

Para a proteção do matrimônio, mantinha-se uma legião de órfãos e bastardos, eternamente condenados a carregar o estigma da relação sexual "espúria" de seus pais. Dessa forma, o direito criava uma desigualdade de nascença, de estirpe, não bastasse a desassistência econômica a que, consequentemente, já eram submetidos.

Nessa nova ordem constitucional, são bases da filiação o caráter instrumental (filiação como meio para concretização da dignidade das pessoas que possuem tal vínculo), a prevalência de situações existenciais sobre questões patrimoniais, que são mero efeito e jamais causa e fundamento do vínculo de filiação e, principalmente, a necessidade de proteção dos filhos dissociada do tipo de vínculo entre os pais.

A teoria da filiação, embora com essa base constitucionalizada, ainda mantém resquícios da família tradicional no Código Civil de 1916. O exemplo é que a constituição da filiação pela presunção legal é restrita ao casamento, fato que ignora a pluralidade de modelos familiares. A constituição da filiação pela presunção legal, restrita ao casamento, decorre da concepção tradicional de família que a associava, necessariamente, ao matrimônio.

É nessa visão constitucionalizada e pós-positivista que a filiação, que pode ser definida como a relação de parentesco entre pessoas que estão no primeiro grau, em linha reta entre uma pessoa e aqueles que a geraram ou que a acolheram e criaram com base no afeto e na solidariedade, será analisada.

6.9.2. Filiação: modos de constituição do vínculo de filiação e fundamento biológico e afetivo

O vínculo de filiação é laço existencial primário formado pelo indivíduo com seu ascendente direto. Pela profunda afetividade envolvida, a filiação, por si só, é capaz de representar um núcleo familiar, mesmo que seja a única relação existente, como é o caso das famílias "monoparentais", formadas por pais solteiros e seus filhos.

A filiação, como relação originária do indivíduo com a sociedade, constitui meio de formação de identidade, de realização da personalidade e de concretização da existencialidade. Nesse sentido, compreende-se a importância da filiação pela própria valorização da dignidade da pessoa humana, que se determina no mundo a partir das relações de convivência mais íntimas.

Superado o paradigma patriarcal e matrimonialista que prevaleceu no direito de família no antigo regime (abolido, ao menos em termos legislativos, com a CF/88), acolhe-se a pluralidade filiatória, sem distinções. É que, na realidade fática, observa-se a criação da afeição maternal e paternal sob as mais distintas formas.

O ordenamento jurídico pátrio sintetizou os critérios/modos para a constituição da filiação: Presunção Legal – restrito a filhos nascidos de pessoas casadas, a partir de relações sexuais ou técnicas de reprodução assistida; e Reconhecimento, extrajudicial ou judicial – a filiação pode estar associada a dois fundamentos: vínculo biológico e afetividade. O critério biológico, centrado na determinação de um vínculo genético, por meio do exame de DNA; e o critério afetivo, que se constitui pelo laço de amor formado entre o pai ou a mãe e o filho, somado a outros pressupostos de fato.

Não cabe determinar, *a priori*, uma hierarquia entre os modos de constituição e seus fundamentos. Apenas a análise das relações estabelecidas entre os indivíduos, no plano concreto, e tendo em conta o contexto das pessoas envolvidas, é que poderá evidenciar como foi constituído o vínculo paterno-filial.

Em certas situações, o juiz determinará a prevalência do critério biológico (aferido pelo exame de DNA), que ocorre tipicamente quando o bebê nasce e o genitor logo recusa-se a assumir a paternidade ou assistir a criança de qualquer forma. Para o melhor interesse da criança, obriga-se o genitor a ser também pai e prestar todo tipo de cuidado que o filho necessite.

Em virtude do alto grau de certeza que se obtém pelo exame de DNA, a jurisprudência firmou entendimento no sentido de presumir a prova de filiação na hipótese de recusa injustificada da parte em se submeter ao exame.

Esse entendimento culminou com a edição do Enunciado Sumular 301 do Superior Tribunal de Justiça, com o seguinte teor: "Em ação investigatória, a recusa do suposto pai a submeter-se ao exame de DNA induz presunção juris tantum de paternidade". Ou seja, caso o pai se recuse injustificadamente a realizar o exame, presumir-se-á (presunção relativa) a paternidade. Entretanto, a recusa não implica sempre em um julgamento. Com base nela o juiz poderá utilizar outras provas ou critérios, caso entenda pertinente.

Já em outras hipóteses prevalecerá o critério/fundamento socioafetivo, quando for estabelecida uma ligação afetiva tipicamente filiatória, consolidada pelo transcurso do tempo (o que pode, inclusive, levar a constituição de filiação pelo reconhecimento judicial, com a desconstituição de filiação baseada apenas no vínculo biológico, a depender do contexto). São exemplos a "adoção à brasileira", em que o pai casa ou estabelece união estável com a mãe e registra como seu o filho dela, que sabe ser de outro, o filho de criação e a posse do estado de filho.

Nesses casos, muito comuns no Brasil, a jurisprudência consolidou-se no sentido de fazer prevalecer a filiação socioafetiva, em detrimento da biológica, negando ao pai que criou o pedido denegatório de paternidade.

A chamada "adoção à brasileira", muito embora expediente à margem do ordenamento pátrio, quando se fizer fonte de vínculo socioafetivo entre o pai de registro e o filho registrado, não consubstancia negócio jurídico vulgar sujeito a distrato por mera liberalidade, tampouco avença submetida a condição resolutiva consistente no término do relacionamento com a genitora.

Em conformidade com os princípios do Código Civil de 2002 e da Constituição Federal de 1988, o êxito em ação negatória de paternidade depende da demonstração, a um só tempo, da inexistência de origem biológica, o erro e, também, que não tenha sido constituído o estado de filiação pela afetividade, fortemente marcado pelas relações socioafetivas e edificado na convivência familiar.

"Vale dizer que a pretensão voltada à impugnação da paternidade não pode prosperar quando fundada apenas na origem genética, mas em aberto conflito com a paternidade socioafetiva" (STJ, 4ª Turma, REsp 1.352.529/SP, rel. Min. Luís Felipe Salomão, *DJe* 13-4-2015).

Como bem pontuado pelo Ministro Luís Felipe Salomão, apenas deve prosperar a ação denegatória de paternidade para desconstituir o registro de paternidade, caso o pai registral comprove erro, dolo (má-fé) ou coação no ato do registro e, ainda que não tenha sido formado o laço filial entre o pai e a criança, tendo em mente a absoluta prioridade dos interesses dos pequenos (CF, art. 227).

Dessa forma, mesmo que comprovada a ausência de liame biológico, uma vez consolidada a relação de paternidade-filiação, esta deve preponderar em detrimento do critério biológico.

O critério legal confere ao casamento o poder de determinar a filiação, independentemente da manifestação de vontade expressa dos indivíduos. Basta portar a certidão de casamento para que o cônjuge atribua uma relação filiatória ao outro.

Também é possível notar que o ordenamento pressupõe a monogamia no âmbito do casamento, isto é, que o dever de "fidelidade dos cônjuges" (art. 1.566, I, CC) seja necessariamente o dever de manter relações sexuais apenas entre si.

Além disso, a questão de a monogamia ser objeto de exigência (dever jurídico) denota o poder normativo desse valor social, tratado pela lei como princípio. Questiona-se, nesse ponto, se é legítima a imposição da monogamia como princípio (norma) no âmbito de um Estado laico, supostamente concebido sob os pilares da liberdade e da igualdade.

6.9.3. Multiparentalidade (pluralidade de vínculos)

A liberdade de constituição familiar, marcada pela dissolução e reconstituição de casamentos e uniões estáveis, gerou o fenômeno social, amplamente conhecido nestes tempos, das chamadas famílias mosaico, ou famílias recompostas, que ocorrem quando indivíduos se casam ou unem-se mais uma vez, levando filhos das relações anteriores para o novo lar.

Nesses contextos familiares nota-se uma flexibilização dos papéis parentais e do exercício do poder familiar, indicando a corrosão de mais um paradigma no direito de família: a biparentalidade cede lugar à multiparentalidade, situação propulsionada pelo estabelecimento de parentesco pela socioafetividade.

A multiparentalidade ou pluriparentalidade constitui-se no reconhecimento de mais de uma relação filial entre pais e filhos, possibilitando a existência de dois pais ou de duas mães para uma mesma pessoa. Essa concomitância de vínculos baseia-se nas situações de fato em que coexistem relações de paternidade com o compartilhamento da função paternal, quando a paternidade socioafetiva se consolida simultaneamente com a paternidade biológica, por exemplo.

Sobretudo nas famílias recompostas, em que pais e mães unem-se a outros companheiros, criando uma nova unidade familiar, observa-se uma formação múltipla de laços parentais, sem que o posterior anule o anterior. Não se trata de omissão ou recusa de um genitor em exercer o papel de pai ou mãe, mas sim da pluralidade de laços parentais que querem ser reconhecidos para produzir efeitos jurídicos.

A doutrina aprofundou o tema e criou a teoria tridimensional do direito de família, pela qual a compreensão de mundo do ser humano é formada essencialmente por sua carga genética, por seu modo de ser em família (afetividade primária) e pelo próprio modo de relacionar-se consigo (identificação ontológica).

Dessa forma, entende-se que o ser humano é, a um só tempo, biológico, afetivo e ontológico, de modo a existir uma trilogia familiar, o que, por consequência, possibilita o estabelecimento de três laços paternos e três maternos, a um só tempo. Entretanto, as normas brasileiras não abrangem essa possibilidade.

Como cediço, a lei prevê três tipos de presunções de filiação: a legal, decorrente do casamento, a biológica, obtida por meio da herança genética, e, por fim, a socioafetiva. Esta última permite que laços parentais sejam reconhecidos pelo direito, independentemente de vínculo genético com o pai, baseados na situação de fato. Aqui, podem ainda ser formados dois vínculos filiares, igualmente importantes para o filho, como um pai biológico e outro afetivo, dada a presença e a importância de dois pais.

Ocorre que não tutelar a pluriparentalidade, negando efeitos jurídicos às relações de fato existentes, configura forte afronta ao princípio do melhor interesse da criança, que formou sua personalidade com a presença de todas essas figuras. A tutela dessas relações permite que o menor possa garantir seus direitos fundamentais familiares, independentemente da sorte dos vínculos amorosos dos adultos. É dizer, admitir o reconhecimento jurídico de "mais de um pai" ou de "mais de uma mãe" garante que a criança preserve seus vínculos parentais, mesmo em caso de rompimento da convivência, protegendo o menor da desassistência existencial e material

O Supremo Tribunal Federal, em sede de repercussão geral, afetou a questão sob o Tema n. 622, assim identificado (RE 898.060/SC): "Prevalência da paternidade socioafetiva em detrimento da paternidade biológica". Em 22 de setembro de 2016, o Plenário do Supremo Tribunal Federal, por maioria e nos termos do voto do relator, Ministro Luiz Fux, fixou a tese de repercussão geral com a seguinte redação: "A paternidade socioafetiva, declarada ou não em registro público, não impede o reconhecimento do vínculo de filiação concomitante baseado na origem biológica, com os efeitos jurídicos próprios".

Portanto, com a decisão do STF, passou a ser admitida a tese da multiparentalidade, com repercussão geral.

Cumpre mencionar que o Conselho Nacional de Justiça, em seus Provimentos 2/2009 e 3/2009, ao fixar os modelos nacionais de certidão de nascimento e de óbito, não previu nos documentos limites para o número e gênero das filiações, o que sinaliza para a possibilidade de proceder com registros pluriparentais em famílias heteroafetivas.

Por derradeiro, impende registrar a problemática dos efeitos sucessórios do reconhecimento da multiparentalidade. Em regra, as linhas sucessórias são estabelecidas de acordo com os genitores. Com efeito, a multiplicidade de genitores implicará na multiplicidade de heranças. Essa situação ainda não encontra tutela no ordenamento jurídico pátrio, concebido sob o paradigma da biparentalidade.

Dessa forma, os filhos que tiverem múltiplos pais, em tese, beneficiar-se-ão em relação aos biparentais. Todavia, deve-se reconhecer que a ausência de regulação da pluriparentalidade e as dificuldades em tutelar seus efeitos patrimoniais não podem ser obstáculo à concretização da afetividade familiar desenvolvida pelos indivíduos. Situações novas sempre requerem respostas renovadoras do direito.

O isolamento do ordenamento jurídico, diante dos influxos sociais, torna-o letra morta, inservível a seus fins.

Em relação aos efeitos jurídicos da multiparentalidade, na VIII Jornada de Direito Civil, realizada em abril de 2018, foi aprovado enunciado no sentido de que o filho terá direito à participação na herança de todos os ascendentes com os quais passará a ter vínculo de filiação. De acordo com o Enunciado: "Nos casos de reconhecimento de multiparentalidade paterna ou materna o filho terá direito a participação na herança de todos os ascendentes reconhecidos".

Em outro enunciado, foi tratada a questão do efeito da multiparentalidade no caso de sucessão, quando os chamados são ascendentes, com os quais haja múltiplos vínculos de filiação. Neste caso, se houver igualdade em grau e diversidade em linha, a herança é dividida em tantas linhas quanto sejam os genitores: "Nas hipóteses de multiparentalidade, havendo o falecimento do descendente, com o chamamento de seus ascendentes à sucessão legítima, se houver igualdade em grau e diversidade em linha entre os ascendentes convocados a herdar, a herança deverá ser dividida em tantas linhas quantos sejam os genitores".

Aliás, existem movimentos legislativos na contramão da pluralidade familiar, por exemplo, o Projeto de Lei (PL) n. 6.583/2013, de autoria do deputado Anderson Ferreira (PR/PE), que dispõe sobre o Estatuto das Famílias. Segundo o projeto, família é apenas aquela constituída por uma mulher e um homem, casados ou em união estável.

Portanto, assim como a Corte Constitucional protegeu as famílias homoafetivas, o fez em relação às famílias multiparentais.

Gestação em substituição e dupla paternidade (multiparentalidade paterna)

A gestação em útero alheio é técnica que permite a fecundação do óvulo em útero de terceira pessoa. Não há vínculo biológico entre a doadora e a criança. Todavia, em casos de casais homossexuais é possível que o óvulo seja da própria doadora. Neste último caso, haverá vínculo biológico entre a criança e a doadora, mas não vínculo de filiação.

Em tempos recentes, o STJ analisou caso concreto em que casal homossexual, em conjunto com a irmã de um dos parceiros, conseguiram concretizar o desejo de filiação.

No Recurso Especial n. 1.608.005-SC, considerou que na gestação em substituição não há vínculo de parentesco entre a criança e o doador do material fecundante, razão pela qual não há necessidade de prévia adoção unilateral. No caso concreto, "A" e "B" convivem em união estável homoafetiva e desejaram ter um filho. Para tanto, procuraram clínica de fertilização na companhia de "C", irmã de "A", para viabilizar gestação em substituição ("barriga de aluguel"). A doadora "C" se submeteu à reprodução assistida com material genético de "B" (parceiro do irmão "A" e pai biológico). A gestante em substituição renunciou ao poder familiar. "A" e "B", companheiros em união estável, requereram o reconhecimento da dupla paternidade ("A" – pai biológico e "B" – pai afetivo) em relação à criança, sem qualquer referência à genitora nos registros (permanecem em branco).

É dispensável a adoção unilateral no caso, que tem previsão no ECA (art. 41, §1º). A razão é simples: Na gestação por substituição (mesmo que o óvulo seja da própria doadora do útero), cuja concepção decorreu de inseminação artificial heteróloga (o material genético é de terceiro – o óvulo é da doadora), não se constitui qualquer vínculo de filiação (e de parentesco – natural ou civil) entre a doadora gestante e a criança. Haverá vínculo biológico com a criança, jamais vínculo de filiação ou de parentesco (desde que reste devidamente caracterizada gestação em substituição, onde a doadora, por mero altruísmo e, sem qualquer interesse no estabelecimento de vínculo de filiação com a criança, se dispõe a ajudar casais homossexuais ou heterossexuais a concretizarem desejo tão nobre).

A cessão do útero é necessariamente gratuita e somente pode ser utilizado quando a doadora do óvulo não consegue finalizar a gestação ou em caso de união homoafetiva.

No âmbito da gestação em substituição, não há vínculo de parentesco entre a criança e a doadora (que não é mãe, porque tal qualificação pressupõe vínculo de filiação). Aliás, é dispensável, inclusive, a renúncia ao poder familiar da doadora em relação à criança por ocasião do nascimento. Se não há vínculo de filiação e parentesco entre a doadora da barriga (material fecundante) e a criança, o parceiro do pai biológico não precisa se submeter ao instituto da adoção unilateral que, além de constituir novo vínculo de filiação, extingue os vínculos com o parente de origem. Tal vínculo de origem, no caso, não existe.

Portanto, o parceiro do pai biológico (irmão da doadora), pode buscar, de forma direta, o reconhecimento da paternidade afetiva, o que implicará em dupla paternidade, biológica e afetiva, para fins de estabelecimento de múltiplo vínculo de filiação (multiparentalidade paterna), mantendo-se em branco os dados da genitora no registro (RE n. 898.060/SC – STF).

A paternidade afetiva é espécie do gênero parentesco civil (art. 1.593 do CC). A reprodução assistida heteróloga (foi utilizado material genético de terceiro, óvulo da própria doadora) apenas e tão somente viabilizou a dupla paternidade.

6.9.4. A filiação e o casamento: A constituição da filiação pela presunção legal

A presunção legal está diretamente relacionada à evolução do direito de família. O critério da presunção legal teve a sua relevância histórica e está intimamente vinculado à concepção clássica de família. A família tradicional é matrimonial e, por conta desse fato histórico, o critério da presunção legal cumpriu o seu papel ao estabelecer presunções de paternidade no âmbito do casamento. Como a família, em termos tradicionais, necessariamente, decorria do casamento, modelo exclusivo, logicamente os filhos que eram originários desta relação conjugal presumiam-se filhos do casal.

Nos incisos I e II do art. 1.597 do CC, a presunção legal é fundada em relações sexuais, capazes de gerar filhos. Nos incisos III a V, a presunção legal tem como fundamento a vontade, tendo em vista que o casal poderá, livremente, decidir se submeter a técnicas de reprodução assistida, homóloga ou heteróloga.

O direito historicamente se valeu de presunções para determinar a paternidade ou a maternidade no âmbito do casamento. É que, em tempos que não havia um exame científico com alto grau de precisão e confiabilidade, fazia-se necessário estabelecer na lei certos parâmetros para assegurar o vínculo filiatório.

Nesse contexto, nota-se que tais presunções legais, naturalmente, decorrem do modelo familiar hegemônico, da família patriarcal e matrimonializada, em que a fidelidade era faticamente imposta à mulher. A partir disso, essas presunções têm por finalidade fixar o momento da concepção para certificar a paternidade. Dessa forma, tradicionalmente estabeleceu-se:

1. a presunção *is pater est quem nuptiae demonstrant*, que estabelece ser o pai o marido da mãe;
2. a presunção *mater semper certa est*, a qual considera a maternidade sempre inequívoca;
3. a presunção de paternidade àquele que teve relações sexuais com a mãe no período da concepção;
4. a presunção de *exceptio plurium concubentium*, que põe dúvida à presunção anterior, quando a mãe manteve relações sexuais com mais de um homem no momento da concepção.

O Código Civil prevê, ainda, no art. 1.597, as presunções legais:

1. a presunção de paternidade do marido, para os filhos concebidos 180 dias após o início da convivência conjugal. Ressalta-se que o termo inicial é da efetiva convivência entre os cônjuges ou os companheiros, não da data da celebração do casamento ou do início da união estável;
2. a presunção de paternidade, para os filhos concebidos até 300 dias após a dissolução da sociedade conjugal, pela morte, separação judicial, nulidade e anulação do casamento. Em que pese o texto legal tenha falado em "dissolução da sociedade conjugal", leia-se "separação de fato", uma vez que é o fato que efetivamente sinaliza o fim da coabitação e, por conseguinte, faria presumir a ausência de relações sexuais; Em razão da presunção de paternidade, a lei só admite o casamento da mulher após dez meses da viuvez ou da dissolução da sociedade conjugal (CC, art. 1.523). É dispensado esse prazo apenas no caso de o filho nascer ou se se for comprovada a inexistência da gravidez (CC, art. 1.523, parágrafo único).

Se sobrevierem novas núpcias em período anterior aos dez meses e se o filho nascer antes dos trezentos dias, a presunção recairá sobre o ex-marido. A partir do trecentésimo primeiro dia, será a paternidade atribuída ao novo cônjuge (CC, art. 1.598). O confuso art. 1.598 é um complemento do art. 1.597, em especial o inciso II. Em resumo, se a mulher contrair novas núpcias antes dos 300 dias e nascer algum filho, duas situações podem ocorrer: 1 – presume-se que o filho é do primeiro marido, se nascer dentro dos 300 dias contados do falecimento deste; 2 – presume-se que o filho é do segundo marido, se o nascimento ocorrer após os 300 dias da primeira união e já decorrido o prazo de 180 dias do início do segundo casamento. As presunções são relativas e podem ser facilmente contestáveis por exame de DNA, o que retira a utilidade jurídica e prática dessas normas.

Fulmina a presunção de paternidade a impotência do varão na época da concepção (CC, art. 1.599). A impotência pode ser *coeundi*, que impossibilita a mantença de relações sexuais, ou *gerandi*, que inviabiliza a procriação. Notadamente, a possibilidade de utilização de inseminação artificial e as avançadas técnicas de fertilização atestam o descompasso desse dispositivo legal.

Ressalta-se que essas presunções legais não são afastadas com a confissão do adultério pela mãe (CC, art. 1.600), sendo totalmente descabido esse dispositivo. Poderia o legislador ter superado esses critérios que não mais se coadunam com a nova ordem constitucional, em que se buscam absolutas igualdade e liberdade.

A constituição da filiação pela presunção legal é alvo de severas críticas, porque é vinculado apenas a um modelo de família (casamento), enquanto a Constituição Federal tutela e reconhece os mais diversos modelos familiares. Além disso, estabelece uma diferença odiosa e injustificada em relação a filhos originários de núcleos familiares diversos do casamento, como a união estável, cuja presunção legal não é aplicada, o que viola o princípio constitucional da igualdade entre filhos. Ademais, tal critério é facilmente superável, pois a ciência moderna consegue apurar com grande segurança a filiação biológica, por meio de exame de DNA. E, na concepção constitucionalizada de família, o afeto aparece como valor fundamental, o que é desconsiderado pelo critério da presunção legal.

Portanto, o critério da presunção legal é vinculado ao casamento, na concepção de família tradicional e matrimonial. Tal critério, associado à família matrimonial como instituição, ainda submete a mulher a uma situação de inferioridade, na medida em que impõe a esta o dever de fidelidade, que o critério da presunção legal considera premissa para a caracterização do vínculo de filiação.

Em relação a terceiros, o critério da presunção legal é passível de contestação, em especial com fundamento na afetividade e no vínculo biológico. A ação para impugnação da paternidade pode ser utilizada por terceiros. A contestação da paternidade por terceiros, por meio de impugnação do vínculo de filiação, dissociado de seus fundamentos, vínculo biológico ou afetivo, não se confunde com a ação privativa dos genitores (art. 1.601 do CC).

Nas situações em que o vínculo afetivo já foi estabelecido, não cabe utilizar a análise genética para ilidir a paternidade.

Na esteira das críticas expostas, há a controvérsia a respeito da possibilidade de utilizar a presunção legal (*pater is est*) à união estável. Embora a Constituição tenha conferido à união estável o mesmo *status* familiar do casamento e de qualquer outra entidade familiar, contando com especial proteção do Estado, nos termos do *caput* do art. 226, o Código Civil fala da presunção *pater is est* apenas para o matrimônio.

Em virtude dessa omissão, o Código Civil é alvo de severas críticas da doutrina, vez que não se justifica conferir tratamento diferenciado ao casamento e à união estável nessa situação, pois o parâmetro da presunção legal é justamente a coabitação dos genitores, fato comum entre ambas as formas familiares.

A presunção *pater is est* advém da suposição de que se os cônjuges moram no mesmo lar, a mulher mantém relações sexuais apenas com o marido e, portanto, o filho seria dele. Sendo assim, não presumir o mesmo da *companheira* na união estável implica tratamento discriminatório.

6.9.5. A presunção *pater is est* nas técnicas de reprodução assistida: a filiação e os métodos de reprodução assistida

No âmbito da presunção legal de filiação, com a ressalva das críticas já expostas, o art. 1.597, nos incisos III a V, inova ao disciplinar as técnicas de reprodução assistida. A Lei Civil passou a prever figuras jurídicas como a concepção artificial homóloga, concepção artificial heteróloga e os embriões excedentários. O curioso é dispor sobre métodos de reprodução assistida no âmbito do critério mais criticado para estabelecer o vínculo de filiação, o da presunção legal.

A reprodução assistida pode ser realizada na forma da inseminação artificial e na fertilização *in vitro*. Na primeira, o médico prepara o material genético para implantá-lo no corpo da mulher, onde ocorrerá a fecundação e, portanto, a formação do embrião. Ao passo que, na segunda, a concepção é feita em laboratório, de forma que os embriões são implantados já fecundados no útero, aguardando apenas o processo de nidação (fixação do embrião na parede do útero).

Ambas as formas de reprodução assistida podem se dar de maneira homóloga, em que se utiliza o material genético do casal interessado, com expressa autorização de ambos, ou heteróloga, em que será utilizado material genético de um terceiro.

Impende registrar que a doutrina indica, no Enunciado 105 da Jornada de Direito Civil, que as expressões "fecundação artificial", "concepção artificial" e "inseminação artificial", constantes, respectivamente, dos incisos III, IV e V do art. 1.597 do CC, deverão ser interpretadas como "técnica de reprodução assistida".

A Lei Civil dispõe que se presumem concebidos na constância do casamento os filhos (CC, 1.597): "III – havidos por fecundação artificial homóloga, mesmo que falecido o marido; IV – havidos, a qualquer tempo, quando se tratar de embriões excedentários, decorrentes de concepção artificial homóloga; e V – havidos por inseminação artificial heteróloga, desde que prévia a autorização do marido".

Tais métodos de reprodução assistida serão objeto de análise neste tópico. Antes, porém, algumas considerações relevantes sobre embriões excedentários.

A destinação dos embriões excedentários, aqueles não implantados, é motivo de grande controvérsia. A potencialidade de vida humana da célula gera debates éticos e filosóficos, de modo que a solução ora acolhida pela Lei de Biossegurança (Lei n. 11.105/2005) é a de que o embrião deve ser conservado criogenizado (congelado) por três anos e, após esse prazo, o médico deverá notificar o casal para que declare a vontade de utilizá-lo. Caso não tenha mais interesse, o material será encaminhado para pesquisas com células-tronco. Tal questão foi objeto de debate na ADI 3.510, que tratou das pesquisas de células-tronco com embriões excedentários, nas condições restritas que a Lei de Biossegurança e admite.

A Resolução CFM n. 1.957/2010, do Conselho Federal de Medicina, estabeleceu que: "No momento da criopreservação, os cônjuges ou companheiros devem expressar sua vontade, por escrito, quanto ao destino que será dado aos pré-embriões criopreservados em caso de divórcio, doenças graves ou falecimento de um deles ou de ambos, e quando desejam doá-los".

Além dessa questão, desperta acirrado debate o reconhecimento ou não de direitos sucessórios ao filho cujo embrião foi implantado no útero da mãe após a morte de seu genitor. O art. 1.798 da Lei Civil estabelece a capacidade sucessória em favor "das pessoas nascidas ou já concebidas quando do falecimento do titular". Nos casos desses embriões, não haveria concepção uterina, o que polemiza o debate acerca dos efeitos patrimoniais dessa forma de filiação.

No âmbito da sucessão testamentária, vale lembrar que o regramento sucessório garante ao descendente desconhecido pelo testador na época de sua morte o direito de vindicar a legítima e a quebra do testamento produzido à sua revelia, conforme dispõe o art. 1.972 do Código Civil.

No mesmo sentido o art. 1.974. O testamento apenas subsistirá se o testador dispuser da sua metade, não contemplando os herdeiros necessários de cuja existência saiba, ou quando os exclua dessa parte (CC, art. 1.975).

Quanto à polêmica acerca da Lei de Biossegurança, nota-se que a doutrina civilista não enfrenta de forma adequada o debate acerca do direito à vida dos embriões, ao determinar que a vida começaria a partir da concepção uterina, e não da concepção em si (formação da célula embrionária). Por isso, o descarte do embrião para estudo com células-tronco não configuraria o crime de aborto, mas o descarte do embrião na barriga de uma mulher configuraria.

A Lei de Biossegurança prevê o uso científico dos embriões, possibilitando, portanto, o descarte da "vida" destes. O excedente de embriões decorre da fecundação de um número maior que o necessário para que a mulher engravide. Como o procedimento é de alto custo, fecunda-se uma quantidade superior à necessária para "garantir" que haja número suficiente para que ocorra uma fecundação uterina.

Sobressai nítida a mitigação do suposto "direito à vida" nessas situações, em detrimento do que ocorre quando se tem em colisão "o direito da mulher ao aborto" e o "direito à vida do embrião uterino". No primeiro caso, a expressão econômica do tratamento de fertilização se sobrepõe à "vida do embrião"; no segundo, o direito da mulher ao aborto é afastado.

Dessa forma, conclui-se que o sistema jurídico não é coerente na defesa do direito à vida do embrião, tendo em vista que aspectos econômicos são priorizados e sobrepostos em uma situação e, em outra, o direito à liberdade da mulher é mitigado, em suposta proteção absoluta à vida do embrião.

Por fim, assinala-se que, no caso de casais homossexuais, o Enunciado 40 do CNJ admite, "no registro de nascimento de indivíduo gerado por reprodução assistida, a inclusão do nome de duas pessoas do mesmo sexo como pais".

Os desdobramentos jurídicos da reprodução assistida variam de acordo com a origem do material genético utilizado para gerar o embrião, que pode ser de um casal (reprodução homóloga), ou de uma pessoa interessada e de um doador anônimo (reprodução heteróloga). A seguir, será detalhada a tutela jurídica de cada modalidade apresentada.

De acordo com enunciado aprovado na VIII Jornada de Direito Civil, realizada em abril de 2018 "É possível ao viúvo ou companheiro sobrevivente o acesso à técnica de reprodução assistida póstuma – por meio da maternidade de substituição – desde que haja expresso consentimento manifestado em vida pela sua esposa ou companheira".

6.9.5.1. Reprodução homóloga

A reprodução homóloga é aquela que envolve material genético dos próprios cônjuges.

Na reprodução homóloga, resultante de consentimento do casal, conforme dita o art. 1.597 do CC, presume-se o filho nascido de seus genitores. A norma fala, ainda, que essa presunção recai sobre o marido, mesmo que já falecido. Entretanto, não faz referência à necessidade de autorização prévia do marido para a utilização de seu material após sua morte, tampouco exige que a mulher se mantenha no estado de viuvez.

Diante dessas preocupações, foi consolidado o entendimento no Enunciado 106 da Jornada de Direito Civil no sentido de exigir, para a incidência de presunção de paternidade, que "a mulher, ao se submeter a uma das técnicas de reprodução assistida com o material genético do falecido, esteja ainda na condição de viúva, devendo haver ainda autorização escrita do marido para que se utilize seu material genético após sua morte". A ausência de prévia autorização do marido falecido apenas impedirá o reconhecimento da filiação pelo critério da presunção legal, mas a filiação poderá ser demonstrada por outro critério.

O STJ, no Recurso Especial 1.918.421/SP, por maioria, considerou que a autorização da pessoa falecida deve estar revestida de formalidade, testamento. A norma prevê autorização da pessoa falecida para a incidência da presunção, mas não a formalidade do testamento. Ademais, mesmo que a filiação não possa ser constituída pela presunção, seja por ausência de autorização ou, por inobservância de formalidade (que, repita-se, não é exigida pelo CC), nada impede que tal vínculo decorra do reconhecimento.

Tal previsão normativa do inciso III do art. 1.597 presume que o estado de viuvez seja capaz de impedir que a mulher mantenha relações sexuais com outrem. Ademais, ignora que a exigência de viuvez é evidentemente desnecessária ante a segurança que atesta o exame de DNA.

Entretanto, de acordo com a doutrina majoritária, essas determinações devem ser cumpridas para que incida a presunção *pater is est*. Descumpridas, o filho deverá ajuizar ação de investigação de paternidade *post mortem* para obter o reconhecimento de seu estado filiatório. Neste caso, a filiação será constituída pelo reconhecimento.

Ressalta-se, novamente, que a autorização do marido se presta para fins de caracterização apenas da presunção legal. Caso o marido não autorize, a filiação poderá ser constituída pelo reconhecimento judicial, com base no vínculo biológico, por exemplo, se for o caso.

Nota-se que, com a evolução das técnicas de reprodução assistida, surgiu a possibilidade do nascimento de um filho sem a direta responsabilidade dos genitores, ou seja, é possível que alguém utilize o material genético de outra pessoa para fecundar um embrião e gerar um indivíduo.

Nessa situação, pode ser que o genitor não tenha tido responsabilidade direta, isto é, não tenha dado causa à gravidez. Ainda assim, em razão do princípio da máxima prioridade às crianças, o genitor será obrigado a assistir o filho.

6.9.5.2. Reprodução heteróloga

Na reprodução heteróloga, a reprodução assistida é efetivada com material genético de terceiro (art. 1.597, V, CC).

Aqui, o material genético do doador será adquirido sempre a título gratuito (Resolução n. 2.121/2015, CFM, item IV, I) e, em regra, mantido o seu anonimato (Resolução n. 2.121/2015, CFM, item IV-2 e 3). Além disso, exige-se a autorização expressa (não necessariamente escrita) do marido ou companheiro, de forma que a criança que vier a nascer será, por presunção legal, filha do homem que autorizou o ato (CC, 1.597, IV), e não do doador.

A professora Maria Berenice Dias[45] assevera que se trata de uma "adoção antenatal" que resulta em uma presunção absoluta de paternidade socioafetiva.

Nota-se que, na reprodução heteróloga, o pressuposto fático da relação sexual é substituído pela vontade (ou eventualmente pelo risco da situação jurídica matrimonial) juridicamente qualificada, gerando a presunção absoluta ou relativa de paternidade no que tange ao marido da mãe da criança concebida, dependendo da manifestação expressa (ou implícita) da vontade no curso do casamento. Nesse sentido dispõe o Enunciado 104 da Jornada de Direito Civil.

Aliás, essa é a única hipótese de presunção absoluta de paternidade inserida no art. 1.597, não sendo passível de contraprova. Justamente por isso, não se admite a posterior impugnação da paternidade, com base no exame de DNA, vez que o vínculo paterno-filial é concebido no momento da aquiescência ao procedimento fertilizatório no cônjuge.

Nesse contexto, o Enunciado 258 da Jornada de Direito Civil determina o descabimento da "ação prevista no art. 1.601 do Código Civil se a filiação tiver origem em procriação assistida heteróloga, autorizada pelo marido nos termos do inciso V do art. 1.597, cuja paternidade configura presunção absoluta". Permitir a impugnação, após própria e legítima aquiescência, configura abuso de direito por *venire contra factum proprium*.

Ressalta-se que a fertilização assistida heteróloga não se confunde com a adoção. "Na adoção ocorre o desligamento dos vínculos entre o adotado e seus parentes consanguíneos; na reprodução assistida heteróloga sequer será estabelecido o vínculo de parentesco entre a criança e o doador do material fecundante", segundo dispõe o Enunciado 111 da Jornada de Direito Civil.

Caso a ex-esposa venha a utilizar-se de embrião excedentário, só poderá recair a presunção *pater is est* caso haja prévia autorização de seu ex-marido, por escrito. Essa foi a solução dada no Enunciado 107 da Jornada de Direito Civil, que assevera: "Finda a sociedade conjugal, na forma do art. 1.571, deste Código, a regra do inciso IV somente poderá ser aplicada se houver autorização prévia, por escrito, dos ex-cônjuges, para a utilização dos embriões excedentários, só podendo ser revogada até o início do procedimento de implantação dos embriões".

Entretanto, se a ex-cônjuge fizer uso dos embriões excedentários sem a anuência do ex-esposo, em que pese não haver incidência da presunção, a filiação poderá ser determinada pelo critério biológico, vez que a criança não poderá ficar sem pai. A má-fé da mãe pode ser reclamada pelo pai em juízo, apenas para fins de fixação de indenização por uso ilícito de embrião.

Outra questão polêmica é quanto à possibilidade de mulheres solteiras utilizarem a inseminação artificial. Afirma a doutrina que, por força do princípio do anonimato, veda-se a utilização da inseminação artificial heteróloga em mulheres não casadas e não conviventes, ao argumento de que a criança não poderia nascer sem um pai.

Esse entendimento, em claro descompasso com o atual paradigma do direito de família, desconsidera a legitimidade das famílias monoparentais ou homoafetivas. Evidentemente que a criação de uma criança deve ser responsável e provida do maior cuidado, mas limitar essa condição à presença de um pai é reduzir a filiação a uma situação fática específica.

Além disso, discute-se também a reprodução assistida heteróloga na união estável, tendo em vista que o Código

---

[45] DIAS, Maria Berenice. *Manual de direito das famílias*. São Paulo: RT, 2007, p. 403.

Civil de 2002 só tratou da técnica para o casamento (art. 1.597, V), omitindo-se da regulação na situação dos companheiros. Não havendo presunção de paternidade do companheiro em relação ao filho de sua companheira, ainda que ele manifeste prévio consentimento à técnica de reprodução assistida heteróloga, é preciso identificar um mecanismo de estabelecimento do vínculo paterno-filial.

A proposta trazida pelo Enunciado 570 da Jornada de Direito Civil foi a de admitir a manifestação de vontade do companheiro para formalizar (ou declarar) o vínculo, mas não de estabelecê-lo, como ocorre no casamento. A paternidade formalizar-se-á mediante o ato complexo consistente na manifestação volitiva do companheiro, autorizando a realização do procedimento de reprodução, e após, com o início da gravidez.

Assim, ainda que o companheiro venha a falecer depois de iniciada a gravidez, está garantido o vínculo paterno-filiatório. O Enunciado 570 possui o seguinte teor: "O reconhecimento de filho havido em união estável, fruto de técnica de reprodução assistida heteróloga *a patre*, consentida expressamente pelo companheiro, representa a formalização do vínculo jurídico de paternidade-filiação, cuja constituição se deu no momento do início da gravidez da companheira".

6.9.6. Legitimidade para contestar a paternidade

É direito daquele que foi presumido como pai contestar a paternidade, caso tenha dúvidas dessa condição. O marido pode questionar judicialmente a paternidade dos filhos nascidos de sua esposa, sendo a ação imprescritível (art. 1.601, CC). Ademais, contestada a filiação pelo pai, seus herdeiros poderão prosseguir com a ação, caso este fique impedido de fazê-lo (art. 1.601, parágrafo único, CC).

Trata-se da denominada ação negatória de paternidade.

Embora o Código Civil não contemple a possibilidade de a ação ser manejada pela mãe, a jurisprudência admite essa hipótese, nas mesmas condições exercidas pelo pai, em interpretação consonante com o princípio constitucional da igualdade entre cônjuges. Lembre-se dos casos em que há troca de bebês na maternidade ou de gestação em útero alheio, em que se pode provar que a mãe não foi a genitora.

Ressalte-se que não prevalecerá a negatória de paternidade nos casos em que já está consolidado o laço filiatório, mesmo que se comprove que o pai ou a mãe não tenham gerado o filho, em respeito à prevalência do melhor interesse da criança, mormente quando o pai sabe que não gerou a criança e, ainda assim, a registrou como filho. Essa crítica ao dispositivo legal é baseada na desconsideração da paternidade socioafetiva, que pode ser fundada na posse do estado de filho. Tal ação somente implicará em desconstituição de filiação quando houver erro ou engano justificável e ausência de afetividade caracterizada.

O entendimento predominante da doutrina, estampado no Enunciado 520 da Jornada de Direito Civil, atesta que o conhecimento da ausência de vínculo biológico (ciência do genitor de que não tem vínculo biológico quando promove o registro da filiação constituída pela presunção ou pelo próprio reconhecimento) e a posse do estado de filho obstam a contestação de paternidade. Trata-se de uma vedação ao abuso de direito do pai, que antes "reconheceu" como sua a criança, e depois contradita seu comportamento anterior, em evidente *venire contra factum proprium*.

O Código Civil dispõe, ainda, que não basta a confissão materna para excluir a paternidade (art. 1.602, CC). Tal comando faz sentido quando o relacionamento entre pai e filho já foi consolidado pelo amor e pelo tempo. Contudo, caso a mãe alegue que o filho é de um terceiro e não de seu marido, pode não traduzir o melhor interesse dos envolvidos a desconsideração da confissão da mulher nessa situação. Não basta a declaração da mãe para ilidir a presunção de paternidade; outras questões, fatos e provas podem ser considerados para a caracterização do vínculo de filiação, como são o exame genético e a afetividade.

6.9.7. Reconhecimento de filhos – introdução

O reconhecimento de filhos pode ser voluntário ou forçado (judicial) e ainda é essencial porque a presunção de filiação prevista no art. 1.597 do Código Civil é restrita aos filhos nascidos de pessoas casadas entre si. Portanto, nesta situação exclusiva, ou seja, filhos nascidos de pessoas casadas, é dispensável o reconhecimento da filiação, seja voluntário ou forçado.

Em conclusão, a filiação matrimonial decorre automaticamente de presunção legal e a filiação extramatrimonial se concretiza e depende do reconhecimento voluntário ou judicial, para a constituição desta relação de parentesco.

6.9.7.1. Reconhecimento voluntário dos filhos

Como cediço, a constituição da filiação pela presunção legal de paternidade (art. 1.597, CC), *pater is est*, aplica-se apenas aos filhos provenientes de uma relação matrimonial. Para todos os outros, a filiação depende de reconhecimento espontâneo dos pais ou de decisão judicial (reconhecimento judicial).

O reconhecimento voluntário é ato livre, personalíssimo, irrevogável, irretratável, insuscetível de submissão à condição, termo ou encargo, pelo qual o pai e a mãe declaram o vínculo filiatório. Possui eficácia declaratória e constitutiva em que se confessam a maternidade e a paternidade por meio de qualquer das formas previstas no art. 1.609 do CC (testamento, registro, declaração inequívoca de vontade).

Todavia, não será possível o reconhecimento extrajudicial se a pessoa já for registrada em nome de outrem. Neste caso, será necessária prévia desconstituição do registro e propositura de ação judicial para ser aferido qual vínculo filiatório, com fundamento na afetividade ou, ainda, em laços biológicos (desde que não haja vínculo biológico ou afetivo com aquele que figura como genitor no registro, ressalvada a multiparentalidade). Isso porque o registro goza de presunção de veracidade enquanto não for anulado ou retificado por ação judicial e, em caso de duplicidade, considera-se o mais antigo (arts. 1.603 e 1.604, CC).

Em que pese o ato de registro ser irrevogável e irretratável, admite-se sua invalidação quando a manifestação de vontade for viciada, por erro ou coação. Nesse caso, deve-se propor ação desconstitutiva (anulatória) no prazo decadencial de quatro anos (CC, art. 178).

Segundo a jurisprudência do Superior Tribunal de Justiça, "para que seja possível a anulação do registro é indispensável que fique provado que o pai registrou o filho enganado (induzido em erro), ou seja, é imprescindível que tenha havido vício de consentimento" (STJ, 3ª Turma, REsp 1.330.404/RS, rel. Min. Marco Aurélio Bellizze, julgado em 5-2-2015).

O relativamente incapaz poderá registrar seu filho, independentemente de assistência, vez que não se trata de negócio jurídico, mas de mera declaração (comunicação de um fato, confissão). Entretanto, no caso dos absolutamente incapazes, o reconhecimento do filho dependerá de decisão judicial, pois estes não dispõem do discernimento necessário para praticar o ato.

O reconhecimento voluntário, em regra, é unilateral. A exceção se dá em relação ao filho maior, que não pode ser reconhecido sem seu consentimento. Portanto, é bilateral.

De acordo com o art. 1.614 do CC, o filho maior não pode ser reconhecido sem o seu consentimento, e o menor pode impugnar o reconhecimento, nos quatro anos que se seguirem à maioridade, ou à emancipação (*não se exige a anuência do menor que foi reconhecido*, mas, após a maioridade ou emancipação, pode impugnar a filiação e *rejeitar o pai registral* no referido prazo decadencial – não há conflito com a previsão de imprescritibilidade para buscar o reconhecimento judicial de paternidade – art. 27 do ECA). Todavia, a imprescritibilidade da pretensão para investigação da parentalidade contra qualquer pessoa, poderá levar à impugnação do estado de filiação além do referido prazo (motivado), porque se for reconhecida a paternidade, o registro anterior deve ser desconstituído.

Nas situações de reconhecimento de adolescentes (entre 12 e 18 anos), fazemos coro à corrente doutrinária que defende a oitiva do menor para a formação do vínculo, em analogia ao que ocorre com a adoção (art. 45, § 2º, ECA). Tendo em vista o superior interesse da criança, se tem condições de expressar sua vontade, deve ser ouvida. Sendo assim, um reconhecimento entre os 12 e os 18 anos, tão tardio, tem de submeter-se à vontade do menor. Ademais, como acima mencionado, após a maioridade, poderá impugnar a filiação no mesmo prazo decadencial.

Outro ponto que merece críticas doutrinárias são as disposições do art. 1.611 do CC, determinando que o filho havido fora do casamento, reconhecido por um dos cônjuges, não poderá residir no lar conjugal sem o consentimento do outro. Os interesses da criança não podem submeter-se à anuência do cônjuge, porquanto, na condição de pessoa em desenvolvimento, merece especial proteção e prioridade.

Também é possível o reconhecimento voluntário de nascituro (ECA, art. 26, parágrafo único, e CC, art. 1.609, parágrafo único), em atenção às hipóteses em que os genitores tenham o receio de falecer antes do nascimento do bebê. Permite-se, da mesma forma, realizar o reconhecimento posterior ao óbito do filho, caso o falecido (filho) tenha deixado descendentes e o reconhecente não seja beneficiado com a herança legítima, evitando-se o uso do reconhecimento póstumo com a inidônea finalidade de adquirir direitos sucessórios.

Nota-se, ainda, que o reconhecimento de filho falecido, ainda que não gere direitos sucessórios, poderia beneficiar o reconhecente com o pedido de alimentos para os netos, por exemplo, ou ainda o direito de herdar dos netos. Dessa forma, a fim evitar qualquer possibilidade de um reconhecimento póstumo torpe, com intenção fraudulenta, defendemos que seja vedado qualquer tipo de ganho patrimonial para o reconhecente em decorrência desse reconhecimento.

Não fora isso, nos casos em que a criança é registrada apenas com o nome da mãe, a Lei n. 8.560/92, Lei de Investigação de Paternidade, prevê, no art. 2º, o procedimento de averiguação oficiosa de paternidade. Trata-se de procedimento administrativo, sem caráter judicial, mas com a presença do magistrado, iniciado pelo cartório de registro civil de pessoas naturais, com o fito de regularizar o registro dos menores em que não consta o nome do pai.

Nesse procedimento oficioso, o oficial de registro remete ao juiz a certidão de nascimento do menor, acompanhada dos dados de identificação daquele que seria o suposto pai. Ressalta-se que o procedimento é obrigatório para o oficial, mas a identificação do pai passa pela manifestação da mãe, que não pode ser obrigada a declarar quem é o pai. Dessa forma, o procedimento acaba condicionado à vontade da mãe.

O juízo competente para processar a averiguação oficiosa é a Vara de Registros Públicos, tendo em vista que a finalidade do procedimento é a complementação do registro paterno-filial, averbando-se o registro de nascimento com o nome do pai.

Iniciado o procedimento, notifica-se o suposto genitor, que poderá reconhecer espontaneamente a paternidade ou negá-la. Na primeira hipótese, o juiz mandará averbar o reconhecimento em cartório; na segunda, o juiz remeterá os autos ao Ministério Público, para que o promotor de justiça, entendendo cabível, ajuíze a ação declaratória ou instaure procedimento investigativo a fim de obter mais elementos probatórios que esbocem a possível identidade do genitor.

Por fim, na ausência de reconhecimento do suposto genitor, ou ainda na dúvida acerca da identidade deste, a medida cabível para atribuir a paternidade a alguém é a ação de investigação de paternidade.

6.9.7.2. Reconhecimento forçado dos filhos: ação de investigação de paternidade ou de maternidade

Trata-se de ação de estado, de natureza declaratória e imprescritível, fundada em direito personalíssimo e indisponível, nos termos do art. 27 do ECA.

Diante da abertura do direito de família para o acolhimento da pluralidade das relações familiares – que possui como norte o reconhecimento do afeto como valor jurídico precípuo para o laço familiar –, descabe reduzir o vínculo filiatório ao vínculo biológico. A filiação também pode constituir-se pelo amor, pela presença contínua e pela criação. Dessa forma, a ação de investigação de paternidade não se resume na busca de genitores, mas na identificação do pai e/ou da mãe.

Nesse sentido, devem-se levar em conta elementos probatórios diversos, não apenas o exame de DNA, mas aqueles que demonstram a quem a criança afeiçoou-se como filha, vez que se busca o reconhecimento do estado de filiação, como bem sintetiza a doutrina de Paulo Lôbo[46]: "A ação (de investigação de paternidade) não tem mais como finalidade atribuir a paternidade ou a maternidade ao genitor biológico. Este é apenas um elemento a ser levado em conta, mas deixou de ser determinante. O que se investiga é o estado de filiação, dada a sua natureza cultural, que pode ou não decorrer de origem genética. Do contrário seria mais rápido e fácil que os peritos ditassem a filiação".

Sendo assim, o exame genético apenas será determinante no caso de bebês e de crianças que não estabeleceram vínculo afetivo paterno/materno com outrem, impondo-se ao genitor a condição de pai e o dever de prover e criar seu filho.

As questões processuais relativas às ações de parentalidade merecem especial relevo, pois requerem tratamento próprio decorrente das particularidades que envolvem direitos tão íntimos e fundamentais. A seguir, será detalhado.

É possível o reconhecimento de maternidade afetiva *post mortem* em relação a filho falecido?

O STJ negou o direito ao reconhecimento de maternidade afetiva após a morte da pessoa com quem se pretendia estabelecer o vínculo de filiação, porque o art. 1.614 do CC exige o consentimento deste. Se aquele que se pretende filho já faleceu e era maior à data do óbito, não tinha como consentir. Para o STJ, o reconhecimento violaria a memória e imagem do morto.

O tema envolve uma das espécies do gênero parentesco civil. O art. 1.593 do CC traz uma cláusula geral porque admite o vínculo de parentesco civil de qualquer origem. A paternidade/maternidade socioafetiva é espécie de parentesco civil, que tem como origem e fundamento a afetividade.

De fato, o art. 1.614 do Código Civil dispõe que o filho maior não pode ser reconhecido sem o seu consentimento. Se o pretenso filho maior não consente com o reconhecimento, dificilmente haveria afeto/amor, a justificar o estabelecimento do vínculo de filiação. A norma, por óbvio, pressupõe que o pretenso filho esteja vivo (porque neste caso pode ou não consentir).

Se o pretenso filho já é falecido, parece precipitado negar o reconhecimento da maternidade afetiva, apenas porque não haveria possibilidade de consentimento (se a pessoa faleceu, não é possível presumir um não consentimento em detrimento de valores maiores, como um afeto provado e caracterizado). Não há dúvida que, em termos probatórios, se exigiria maior cautela se o pretende filho já faleceu. Todavia, se houver conjunto probatório robusto da relação de afetividade e da "posse do estado de filho" (e existia tal prova no caso), negar reconhecimento daquele que *não* pode mais consentir também poderia ser considerado uma violação à memória e dignidade do falecido.

Ademais, o próprio STJ considera que é possível o reconhecimento de paternidade *post mortem* quando o suposto filho é autor da ação. Alterar o registro neste caso então seria violação à memória do morto? Parece que não.

O objetivo da norma é proteger aquele que se pretende reconhecer (por isso, ainda que haja reconhecimento póstumo, poderia se negar efeitos patrimoniais decorrentes deste ato, como sucessão e alimentos de possíveis netos, mas não o reconhecimento em si). O reconhecimento de filho é ato unilateral, ainda que alguns defendam a bilateralidade no caso de pessoa maior (desde que vivo). O art. 1.614 deve ser interpretado à luz do princípio da dignidade da pessoa.

A alteração do registro civil do falecido, baseado em provas sólidas da afetividade com a pretensa mãe afetiva, favorece, potencializa, dignifica e enaltece a pessoa do morto. Se não pode consentir, não se pode presumir o não consentimento, se as provas da afetividade são robustas. O reconhecimento seria judicial, e não voluntário. Por isso, com a máxima vênia, discordamos da decisão.

6.9.8. O reconhecimento judicial: ações de filiação e questões processuais

O vínculo de filiação pode ser constituído e desconstituído por meio das mais diversas ações judiciais. A constituição do vínculo de filiação por meio de ações judiciais envolve pressupostos de direitos materiais e questões processuais.

As ações relacionadas à filiação (constituição e desconstituição do vínculo) podem ser subdivididas em três grupos, a depender do legitimado ativo: 1 – Ação de filiação proposta pelo filho; 2 – Ação de filiação proposta pelos genitores (pai ou mãe) e; 3 – Ação de filiação proposta por terceiro interessado (que visa impugnar a filiação).

Não há dúvida de que a principal ação de filiação é a que ostenta como legitimado ativo o filho.

• **Filho como legitimado ativo**

As ações de investigação de parentalidade, paternidade e maternidade, são pretensões jurídicas veiculadas pelos filhos com o objetivo de reconhecer e constituir o vínculo de filiação com os genitores, para produção de todos os efeitos no âmbito pessoal e patrimonial.

A legitimidade da ação de investigação de paternidade/maternidade é exclusiva do filho, direito personalíssimo, indisponível e imprescritível (art. 27 do ECA e Súmula 149 do STF).

A indisponibilidade visa impedir que sejam celebrados negócios jurídicos com o pai ou a mãe, sujeitos à investigação, para que o filho renuncie ao reconhecimento da filiação em troca de vantagens econômicas.

Tal ação de filiação está prevista no art. 1.606 do CC, segundo o qual a prova de filiação compete ao filho, enquanto vivo. Os herdeiros poderão substituir o filho e iniciar a ação se morrer menor ou incapaz. Se iniciada a ação pelo filho, os herdeiros poderão dar continuidade ao

---
[46] LÔBO, Paulo Luiz Netto. *Direito civil. Família.* São Paulo: Saraiva, 2015, p. 241.

processo. Tal ação é personalíssima, mas poderá ser proposta ou continuada pelos herdeiros para tutelar questões existenciais relacionadas à filiação.

Ainda que a pessoa já esteja registrada em nome de terceiro, poderá ajuizar ação de investigação de parentalidade, mas além do suposto pai, deve integrar o polo passivo aquele que consta no registro como genitor, porque haverá desconstituição de vínculo de filiação com o anterior e constituição de novo vínculo de filiação. É evidente que tal desconstituição em ação proposta pelo filho somente é possível se não houver nenhuma afetividade com o pai registral (filho foi abandonado, por exemplo, ainda que haja vínculo biológico).

Por fim, tal ação poderá ser proposta pelo filho também para impugnar o vínculo de filiação, na hipótese do art. 1.614, no prazo decadencial de 4 anos, a partir da maioridade ou emancipação, sem qualquer motivação, pois foi reconhecido voluntariamente enquanto menor. Após tal prazo, poderá desconstituir a filiação, mas de forma motivada.

No que toca ao consentimento do filho menor de 18 anos, quando vier a ser reconhecido após o registro de seu nascimento, poderá impugnar o reconhecimento quando atingir a maioridade, dentro do prazo de 4 anos (art. 1.614, CC). Esse prazo é decadencial e preclusivo. Por consequência, não pode ser suspenso ou interrompido. Além disso, o juiz pode conhecê-lo de ofício, conforme o comando do art. 210, CC.

Frise-se que o termo a *quo* para o prazo decadencial para a referida impugnação é a data em que se atinge a maioridade civil, que, segundo o art. 5º do Código Civil, pode se dar quando a pessoa chega aos 18 anos ou quando, com 16 incompletos ou mais, casa-se, assume emprego público efetivo, cola grau em curso de ensino superior, comprova relação de emprego ou mantenha atividade lucrativa por meio de estabelecimento civil ou comercial. Além dessas hipóteses, o menor pode obter capacidade civil plena pela emancipação concedida pelos pais mediante instrumento público ou por decisão judicial.

Essa impugnação do filho não será fundada em inexistência de vínculo genético, mas no direito do filho de impedir um laço filial que não lhe houver por constituído, vez que não se trata de impugnação da maternidade ou da paternidade em si, mas de impugnação do ato de reconhecimento realizado pelo genitor.

Por fim, mesmo que tenha ocorrido "adoção à brasileira", em que os pais socioafetivos registraram e criaram a criança, não se afasta o direito desta de buscar seu vínculo biológico, por meio da ação de investigação de paternidade. Não se pode conferir à prática ilícita da "adoção à brasileira" os mesmos efeitos jurídicos de uma adoção legítima, de forma que, caso seja interesse do filho estabelecer vínculos filiatórios com seus genitores, este pode fazer uso da referida ação, mesmo que não lhe "faltem" os pais socioafetivos, conforme o entendimento da jurisprudência do Superior Tribunal de Justiça, bem representado no REsp 1.167.993/R, de relatoria do Min. Luís Felipe Salomão.

• **Genitores/Pais como legitimados ativos**

Os genitores podem propor dois tipos de ações de filiação. A primeira para negar e desconstituir a filiação. Neste caso, o fundamento é o art. 1.601 do CC, segundo o qual qualquer dos genitores pode negar a filiação (negatória de paternidade ou maternidade). Tal ação é imprescritível e personalíssima. No caso de morte, os herdeiros não podem iniciar a ação. Se o genitor ajuíza a ação e falece no curso do processo, os herdeiros podem dar continuidade à ação.

Todavia, a filiação apenas será desconstituída por meio desta ação se os genitores demonstrarem erro ou engano justificável, ausência de vínculo biológico e de qualquer relação de afetividade. Os pais afetivos não terão êxito nesta ação, ainda que inexista vínculo biológico. De acordo com o art. 1.604, que se aplica a esta ação, ninguém poderá vindicar estado contrário ao que resulta do registro de nascimento, salvo prova de erro ou falsidade.

Em resumo, é possível a desconstituição da filiação constante no registro que está em desacordo com a verdade biológica, se houver erro (a pessoa foi induzida a erro ao registrar a criança, por exemplo) e desde que não tenha sido estabelecido vínculo de afetividade.

Além desta ação personalíssima, os pais, como terceiros, podem impugnar filiação registral de outrem, para buscar vínculo de filiação com o filho. Além dos pais/genitores, outros terceiros podem impugnar a filiação.

• **Terceiros em relação ao registro, inclusive os pais – legitimados**

De acordo com a lei civil, pode contestar a ação de investigação de paternidade ou maternidade "qualquer pessoa, que justo interesse tenha" (art. 1.615). A "contestação" tem sentido amplo, pois não se trata apenas de defesa, mas também de legitimidade ativa para ação e impugnação da filiação.

Portanto, qualquer terceiro poderá, por meio de ação, anulatória de registro por exemplo, impugnar o vínculo de filiação. Alguém que pretende, com base na afetividade e posse de estado de filho, constituir vínculo de filiação, pode contestar registro em nome de terceiro, sob o argumento de que não há vínculo biológico ou afetivo entre a criança e o pai registral ou, ainda que haja vínculo biológico, que não há qualquer afetividade para sustentar o vínculo de filiação.

O próprio genitor que não consta no registro poderá impugnar registro do filho em nome de outrem, ou seja, impugnar a filiação.

Além disso, outros terceiros podem impugnar e contestar, como réus, ação de filiação proposta por alguém que pretende o vínculo de filiação. Os cônjuges, irmãos, ascendentes ou quem tenha direito sucessório com o pretenso filho podem impugnar ação de filiação.

O próprio filho pode contestar seu vínculo de filiação. Se o filho tem pai registral, como já mencionado, poderá demandar contra aquele que consta no registro, para anulá-lo e, ao mesmo tempo, buscar a constituição de vínculo de filiação com outrem, com quem tem relação de afetividade.

Já os parentes colaterais, o que inclui os irmãos, não têm interesse jurídico para propor a ação de investigação de paternidade.

• **Reconhecimento Judicial e Sentença**

A sentença judicial que julga procedente a ação supre a falta do reconhecimento voluntário. Esta será averbada no registro de nascimento do filho, para o fim de provocar todos os direitos e deveres decorrentes da relação de filiação, com eficácia *ex-tunc*, com declaração do estado de filiação que se consubstanciou no momento do nascimento. É o que dispõe o art. 1.616 do CC, segundo o qual a sentença que julga procedente a ação de investigação produzirá os mesmos efeitos do reconhecimento.

• **Reconhecimento Judicial e questões processuais**

O juízo competente para julgar a ação de investigação de paternidade é o do foro de domicílio do réu, por se tratar de ação pessoal (art. 46, CPC/2015). Caso a ação de investigação de paternidade seja cumulada com ação de alimentos, poderá ser ajuizada no foro de domicílio ou residência do alimentando (art. 53, III, CPC/2015).

Registre-se que, de acordo com o novo regramento processual, inaugurado pela Lei n. 13.105/2015, "nas ações de família, todos os esforços devem ser empreendidos para a solução consensual da controvérsia, devendo o juiz dispor do auxílio de profissionais de outras áreas de conhecimento para a mediação e conciliação" (art. 694).

Nota-se o grande esforço do legislador em solucionar os conflitos familiares por meios pacificadores, sejam eles judiciais ou extrajudiciais, valendo-se de profissionais habilitados para lidar com as questões, a fim de evitar disputas acerca desses direitos.

Nesse sentido, o procedimento da tutela das ações de família sempre se inicia com uma audiência de mediação e conciliação. Além disso, o mandado de citação deverá conter apenas os dados necessários à audiência, desacompanhado da contrafé (art. 695, CP/2015). Essa medida visa facilitar a conciliação, pois a leitura prévia da petição inicial muitas vezes enraivece o réu e inviabiliza a conciliação.

A audiência de mediação e conciliação pode dividir-se em tantas sessões quantas forem necessárias para viabilizar a solução consensual. Se não houver acordo, se adota o procedimento comum (arts. 696 e 697, CPC/2015). Dessa forma, a elaboração da defesa e apresentação da contestação só ocorrerá após as tentativas de conciliação, no prazo de 15 dias da audiência.

Quanto aos pedidos, é possível cumular, na ação investigatória, diversos pedidos, ainda que entre eles não haja conexão, consoante permite o regramento processual (art. 327, CPC/2015). Assim, é possível deduzir o pedido investigatório cumulado com petição de herança, anulação de testamento e partilha, alimentos e outros.

Segundo a novel normatização instrumental, o Ministério Público somente deverá intervir nas ações de investigação quando houver interesse de incapaz (art. 698, CPC/2015).

O Ministério Público somente deverá intervir nas ações de investigação quando houver interesse de incapaz (art. 698, CPC/2015).

No que toca à legitimidade ativa do *Parquet*, a Lei de Investigação de Paternidade (Lei n. 8.560/92) a reconhece expressamente (§§ 4º, 5º e 6º, art. 2º). Nas situações em que o Ministério Público atuar como parte, no polo ativo, o fará como substituto processual do interessado, por legitimidade extraordinária. De acordo com o § 4º do art. 2º, dessa lei especial, se o suposto pai, no prazo de 30 dias, não atender a notificação judicial, os autos serão remetidos ao MP para que, se houver elementos suficientes, intente a ação de investigação de paternidade. Se a criança for encaminhada para adoção, o MP está dispensado de ajuizar ação de investigação de paternidade.

Neste caso, o Ministério Público não se despe da função de defensor da ordem jurídica, razão pela qual não será necessária a participação de outro órgão ministerial, na qualidade de *custos juris*.

Ademais, no caso da ação investigatória, a legitimidade conferida ao Ministério Público não prejudica a legitimidade do interessado, de forma que ambos podem até atuar em litisconsórcio ativo. A legitimidade do *Parquet* é concorrente com quem tenha legítimo interesse de intentar a investigação (§ 6º do art. 2º da Lei n. 8.560/92).

O Ministério Público poderá, ainda, promover a execução da ação investigatória, independentemente de quem tenha sido o autor da ação de conhecimento.

Por fim, de acordo com o art. 2º-A, alterado recentemente pela Lei Federal n. 14.138/2021, na ação de investigação de paternidade, todos os meios moralmente legítimos para comprovar o vínculo de filiação serão admissíveis. A recusa do réu em se submeter ao exame de DNA gera presunção relativa de paternidade, a ser analisada em conjunto com todo o contexto probatório. Se o suposto pai houver falecido ou não houver qualquer notícia de seu paradeiro, o juiz poderá determinar, a expensas do autor da ação, a realização de exame de pareamento genético (DNA) em parentes com consanguinidade (ao invés de realizar exame genético do suposto pai, será realizado em seus parentes próximos), com preferência aos de graus mais próximos (o que possibilitaria estabelecer vínculo genético) e, da mesma forma, a recusa destes parentes implica em presunção relativa de paternidade, que deverá ser apreciada em conjunto com todo o contexto probatório.

Admite-se, ainda, o litisconsórcio facultativo entre os filhos da mesma mãe na investigação de paternidade, desde que promovida contra o mesmo suposto genitor, a fim de facilitar a solução do litígio.

A legitimidade passiva para a causa atinge o suposto pai ou, se falecido, seus herdeiros. Ressalta-se que espólio não é parte legítima em virtude da natureza personalíssima da ação.

Quanto à possibilidade de litisconsórcio, nota-se que é cabível a existência deste, tanto no polo passivo quanto no polo ativo da relação jurídica processual.

Como já mencionamos, no polo ativo é possível a formação de litisconsórcio entre o interessado e o *Parquet*, por força da legitimidade concorrente deste para a propositura da ação (§ 6º do art. 2º da Lei n. 8.560/92). Além dessa hipótese, é possível a formação de litisconsórcio entre vários filhos que pretendam investigar a paternidade do mesmo pai, o que formará o litisconsórcio ativo facultativo.

De outra banda, vislumbra-se a possibilidade de litisconsórcio passivo na situação de a mãe ter se relacionado com mais de um homem quando da concepção. Na dúvida, ela chama todos os possíveis pais para investigar a paternidade.

Outra hipótese de litisconsórcio passivo, nesse caso necessário, é quando o filho já está registrado em nome de terceiro. O pai registral deverá ser citado, formando um litisconsórcio passivo com o suposto pai, sob pena de nulidade. Para que os efeitos da decisão possam incidir sobre a esfera privada do pai registral, este deve ter o direito de integrar a lide.

Em caso de revelia nas ações de investigação de paternidade, decorre da legislação processual (art. 345, CPC/2015) a incidência de presunção relativa dos fatos alegados pelo autor. O mesmo entendimento foi repetido na Súmula 301 do Superior Tribunal de Justiça. Não se trata de presunção de veracidade, o autor não ficará isento de produzir as devidas provas, mas apenas de presunção relativa que, corroborada com as demais provas, formará a opinião do juiz. No mesmo sentido, o art. 2º-A da Lei n. 8.560/92.

6.9.9. Ação de investigação de ancestralidade (origem genética) e de investigação avoenga

O conhecimento da origem ancestral compõe direito de personalidade dos indivíduos, por dizer respeito à carga genética, composição imutável e contingente da existência de todos os indivíduos. É claro que o ser humano não se reduz à expressão de seu genótipo, mas este é condição de vida que também o constitui, e, portanto, merece proteção jurídica.

Nessa esteira, uma pessoa pode querer perquirir suas origens biológicas, independentemente do desenvolvimento de relação de afeto, para buscar determinado tratamento médico, para conhecer as doenças que podem acometê-lo ou mesmo por necessidade psicológica.

A busca das origens, nesses casos, não coincide com a procura familiar, mas parte de uma necessidade de autoconhecimento. Dessa forma, a ação de investigação de origem genética funda-se no Direito de Personalidade, e visa tão somente o conhecimento da ancestralidade, e não o estabelecimento de vínculos de parentesco.

Trata-se de ação de natureza meramente declaratória, que não implicará efeitos patrimoniais ou sucessórios. Assim, eventual sentença procedente não será averbada no cartório de registro civil, porquanto não haverá alteração nas relações filiatórias e, por consectário, não acarretará o direito de o requerente reclamar alimentos ou herança.

O Estatuto da Criança e do Adolescente previu a possibilidade do exercício de conhecimento de origem biológica para os adotados, em seu art. 48.

Na mesma linha, a jurisprudência do Superior Tribunal de Justiça é assente no direito de investigar a ancestralidade, independentemente de configuração de vínculos de parentesco, conforme consignado no REsp 1.458.696/SP, de relatoria do Min. Moura Ribeiro.

A outro giro, a ação de investigação de parentalidade insere-se no rol das ações do direito de família e tem por escopo obter o reconhecimento de uma relação de parentesco ou um estado de filiação (*status filiae*), que é imprescritível e inalienável.

A ação de investigação avoenga não busca a constituição de vínculo de filiação, mas o reconhecimento de relação de parentesco com os avós, ainda que os pais, que não manifestaram interesse na filiação com os avós, estejam vivos.

De acordo com o Enunciado 521 das Jornadas de Direito Civil, qualquer descendente possui legitimidade, por direito próprio, para propor o reconhecimento do vínculo de parentesco em face dos avós ou de qualquer ascendente de grau superior, ainda que o pai não tenha iniciado a ação de prova da filiação em vida. Portanto, independentemente de qualquer iniciativa do pai (que não tem vínculo de filiação com o avô constituído), é possível ao neto buscar o reconhecimento de relação de parentesco com o avô.

Portanto, na ação avoenga, os netos buscam o reconhecimento da relação de parentesco com os avós.

Consoante prevê a jurisprudência do Superior Tribunal de Justiça, a ação avoenga pode ser cumulada com petição de herança. Por ocasião do julgamento do REsp 807.849/RJ, a Ministra Nancy Andrighi entendeu que é possível qualquer investigação sobre parentesco na linha reta, que é infinita, e também na linha colateral, limitada ao quarto grau, ressaltando ainda que a obtenção de efeitos patrimoniais dessa declaração de parentesco será limitada às hipóteses em que não estiver prescrita a pretensão sucessória (REsp 807.849/RJ, rel. Min. Nancy Andrighi).

6.9.10. Prova da filiação; possibilidade da posse do estado de filho e a paternidade socioafetiva

O art. 1.603 dispõe que a filiação deve ser comprovada pela certidão de nascimento registrada no Cartório de Registro Civil. Essa é a prova-padrão e regular.

Para o registro, não se requer prova genética do parentesco, justamente pela possibilidade de a filiação decorrer de outras origens. Nesse sentido, o registro deve ser interpretado como enunciação da prova conclusiva, mas que admite invalidação ou impugnação. Isso significa que não é possível afirmar que o registro é prova definitiva e exclusiva do vínculo de filiação, embora seja a prova por excelência, por ser pré-constituída e decorrer de exteriorização de vontade livre dos genitores.

O estado filiatório declarado no registro pode ser invalidado, mediante comprovação de ocorrência de erro ou falsidade (art. 1.604, CC), por exemplo. De acordo com esse dispositivo, ninguém pode vindicar estado contrário ao que resulta do registro de nascimento, salvo provando-se erro ou falsidade do registro. Portanto, o registro não é prova definitiva e pode ser impugnado nessas condições. No entanto, a parte final do dispositivo não se aplica se devidamente comprovados a afetividade e os demais requisitos essenciais para a caracterização da paternidade socioafetiva.

Isto porque a filiação pode ser comprovada pela posse do estado de filho, que tem como fundamento a afetividade.

O registro de nascimento, portanto, não é prova exclusiva da filiação. Na falta ou vício no termo de nascimento, o vínculo de filiação pode ser comprovado por outras provas supletivas (art. 1.605, CC).

O erro no registro é o equívoco não intencional da declaração do nascimento (erro material), que pode ser imputado ao próprio oficial de registro ou mesmo à pessoa do declarante que não informou corretamente a maternidade ou a paternidade. Ressalta-se que esse erro de declaração pode decorrer de outro erro, como no fato de a criança ter sido trocada na maternidade, o que possibilitaria a invalidação do estado de filiação tanto perante o pai quanto a mãe.

Já a falsidade registral é fruto de um desvio intencional da verdade, quando o declarante atribui a si ou a outrem a paternidade ou a maternidade do nascido, ou ainda quando declara nascimento inexistente. Aliás, o Código Penal (art. 241) tipifica esta última conduta, caso haja dolo, mas não admite o crime na modalidade culposa. Também é crime declarar como seu filho que sabe ser de outrem; entretanto, o juiz poderá deixar de aplicar a pena por motivo de reconhecida nobreza (art. 242, CP).

Vale esclarecer que não haverá falsidade registral na hipótese de o declarante afirmar paternidade socioafetiva, vez que é legítima a origem filiatória tanto quanto a biológica. Registra-se, que "no fato jurídico do nascimento, mencionado no art. 1.603, compreende-se, à luz do disposto no art. 1.593, a filiação consanguínea e também a socioafetiva" (I Jornada de Direito Civil, do Conselho da Justiça Federal, 2002).

De acordo com sistema de registro público, instituído pela Lei n. 6.015/73, o registro natal das pessoas físicas possui efeitos declaratórios, tornando o fato do nascimento público e inquestionável. Nesse sentido, o nascimento com vida confere personalidade jurídica à pessoa, que passa a ser portadora de direitos e deveres perante a sociedade, ressalvados os direitos do nascituro desde a concepção (art. 2º, CC).

Todo nascimento deve ser registrado no lugar em que tiver ocorrido o parto, dentro de 15 dias ou em até 3 meses, em locais distantes, até 30 quilômetros, do cartório mais próximo (art. 51, Lei n. 6.015/73). A lei atribuiu ao pai, em primeiro lugar, a responsabilidade de registrar seu filho. Na ausência ou impedimento deste, a mãe deve fazê-lo. Na falta ou impedimento desta, caberá ao parente mais próximo, prosseguindo o ônus sucessivamente até os administradores do hospital, os médicos e quem tenha assistido o parto.

A lei confere fé à declaração feita por essas pessoas, mas, caso o oficial de registro tenha dúvidas, poderá exigir atestado do médico ou da parteira, ou ainda ir até o local conferir a existência do rebento.

Se a mãe for casada, o registro consignará o nome do marido como pai, sem que seja necessária a anuência deste, por força da presunção *pater is est*, que somente poderá ser afastada por impugnação própria do cônjuge.

Caso o nascimento não seja fruto de uma relação conjugal, o nome do pai apenas constará do registro caso ele seja o declarante, isoladamente, ou ao lado da mãe, ressalvada a hipótese de reconhecimento voluntário posterior ou decorrente de ação de investigação de paternidade.

Em atenção ao comando constitucional que veda discriminações filiatórias, no registro de filhos havidos fora do casamento não constará o estado civil dos pais, tampouco a natureza da filiação. Naturalmente essas informações perderam o relevo ante a positivação da igualdade filiar.

A certidão de registro de nascimento é imprescindível e não pode ser substituída por qualquer outro documento ou prova. Ausente o registro, para se imputar a paternidade a alguém será necessária ação própria, que poderá ser a ação de prova de filiação ou a ação de investigação de paternidade.

A ação de prova de filiação difere da ação de investigação de paternidade. A primeira visa comprovar situação de fato, ou a posse do estado de filho, isto é, regularizando o registro. Por isso, não caberá prova que ateste o vínculo genético. Ao passo que a ação de investigação objetiva o reconhecimento compulsório do estado de filiação, a ser atestado independentemente de convivência familiar, pelo exame de DNA.

A ação de prova de filiação compete ao filho, enquanto viver, e se ele morrer na condição de menor ou de incapaz, seus herdeiros terão legitimidade para intentá-la. Se iniciada a ação pelo filho, seus herdeiros poderão continuá-la, salvo se for julgado extinto o processo (art. 1.606, CC). Ademais, esta ação não decai nem prescreve em tempo algum. O representante legal poderá ajuizá-la se o filho for menor, mas a legitimidade excepcional do Ministério Público para a ação de investigação de paternidade, autorizada pela Lei n. 8.560/92, não se estende à ação de prova de filiação.

Posse do estado de filho

Consoante expusemos, o fundamento da ação de prova de filiação é a posse do estado de filho, situação fática que consubstancia um legítimo vínculo filiatório pela convivência familiar que consolida os papéis sociais de pai/mãe e filho/filha, pelo efetivo cumprimento dos deveres de guarda, educação e sustento e, sobretudo, pelo amor maternal/paternal (*affectio filiae*).

Esses aspectos são avaliados pela doutrina pela presença de três fatores: nome, tratamento e fama. Assim, identifica-se o estado de filho quando há *tractus*: tratamento de pai/mãe e filho; *nomen*: adoção pelo filho do sobrenome de família dos pais; e *fama*: imagem ou reputação perante a sociedade que demonstra que a pessoa é reconhecida como filha pela família e pela comunidade.

Salienta-se que essa tese não está positivada. Não é necessário que essas características estejam presentes em conjunto e, em caso de dúvida, o estado de filiação deve ser favorecido.

A situação mais comum em que se intenta a ação de filiação ocorre quando os pais falecem ou se ausentam sem que tenha havido o efetivo registro da filiação. Por isso, a norma (art. 1.605, CC) exige, como um dos requisitos alternativos, que haja "começo de prova escrita, proveniente dos pais". Para tanto, admite-se todo tipo de provas documentais, periciais ou testemunhais. Considera-se começo de provas por escrito, declarações de imposto de renda ou de previdência social, cartas, autorizações ou mesmo anotações.

Tais provas devem ser complementares de dois pressupostos alternativos que a lei prevê: a existência de começo de prova por escrito dos pais ou presunções da filiação por fatos notórios e certos.

A tutela jurídica da posse do estado de filiação abrange os filhos de criação, as relações consolidadas pelo tempo e pela convivência, pela responsabilidade cativada, originada pelo amor recíproco, que atestam a "presunção de fatos notórios e certos".

Dessa forma, a filiação que resulta da posse do estado de filho constitui modalidade de parentesco civil de "outra origem", nos termos do art. 1.593, a origem afetiva, consagrada pelo atual paradigma do direito de família, pautado no afeto e na dignidade do indivíduo, como misteres.

A paternidade socioafetiva configura verdadeira "adoção de fato", que merece ser reconhecida e tutelada, em função do princípio da boa-fé, a fim de proteger o menor de possíveis comportamentos contraditórios dos pais.

Observa-se em muitos casos que, com o fim do relacionamento afetivo, os pais usam os filhos para descontar as frustrações do rompimento, para causar mágoa ao outro, seja fazendo alienação parental, seja negando o filho que antes reconhecera. Por infortúnio, os filhos são envolvidos nas consternações do casal.

Com base nisso, foi aprovado o Enunciado 339, na IV Jornada de Direito Civil: "A paternidade socioafetiva, calcada na vontade livre, não pode ser rompida em detrimento do melhor interesse do filho".

Com efeito, conclui-se que a instrumentalização do direito de família deve pautar-se por mecanismos que evitem que brigas conjugais afetem e envolvam os menores. Tendo em vista essa realidade, o CPC de 2015 priorizou as conciliações e os acordos, com o intuito de solucionar os conflitos de maneira menos traumática.

Sem dúvidas, a coabitação diária e a convivência conquistam a afeição familiar. Em virtude disso, as questões relativas à guarda dos filhos costumam ser objeto de litígio, tanto nos casos de separação e divórcio quanto no caso de filhos havidos fora do casamento.

6.9.11. Questões específicas do filho havido fora do casamento, lar conjugal e guarda

Não há muito tempo, o direito brasileiro não permitia que a pessoa casada reconhecesse um filho adulterino, ilegítimo. Com a evolução do direito de família, o Código Civil de 2002 pretendeu regular tal possibilidade, mas o fez ainda aquém do devido cuidado ao menor preconizado pela Constituição.

O art. 1.611 estabelece que o filho reconhecido por um dos cônjuges só poderá residir no lar conjugal, caso o outro consinta. Nota-se que o legislador priorizou a instituição do casamento em detrimento da criança. Esta pode ser excluída do lar conjugal, pelo fato de não ter sido advinda do matrimônio. Evidentemente discriminatória, essa regra deve ser interpretada em harmonia com os princípios que protegem a criança e o adolescente, mormente o que preconiza que deve prevalecer o melhor interesse da criança.

Assim, se a guarda for atribuída ao genitor casado, o menor deve com ele residir, independentemente de aquiescência do outro cônjuge. A filiação não pode estar submetida à sorte dos relacionamentos dos pais, de modo que o vínculo filiatório não se sujeita a relativizações e distratos.

O art. 1.612 dispõe que o filho reconhecido ficará sob a guarda exclusiva do genitor que o reconheceu. Se ambos reconhecerem, a guarda será objeto de acordo e, não havendo, será definida conforme o melhor interesse da criança. Por força do art. 227 da CF, essa norma deve ser interpretada de forma a priorizar a criança e o adolescente, prevalecendo sempre, independentemente de acordo, o melhor interesse do menor.

Atualmente, o regramento filiar prefere sempre a guarda compartilhada à unilateral. Apenas se aquela não representar o melhor interesse do menor é que deve ser substituída por esta. De fato, é a melhor solução. Não há razões para destituir um dos pais da guarda simplesmente porque o casal decidiu separar-se. As relações filiares devem ser preservadas, seja qual for o destino amoroso dos pais.

Outro ponto que merece destaque são os efeitos da nulidade do casamento sobre a filiação. Em princípio, o casamento nulo não gera nenhum efeito. Contudo, é necessário preservar os terceiros atingidos pelo matrimônio inoperante.

6.9.12. O casamento nulo e a filiação

Por consectário dos princípios do direito de família e da proteção absoluta da criança e do adolescente, anulado o casamento dos pais, os filhos sempre serão preservados. Com relação aos filhos, o casamento produz todos os efeitos, como se ato perfeito fosse.

Da mesma forma que o divórcio, dissolução do casamento, não altera o estado filiatório, a anulação também não o faz. Interpretação diversa violaria a atual vedação constitucional de discriminação filiatória. Assim, independentemente de ser reconhecido o casamento como putativo (art. 1.561, CC) ou não (art. 1.617, CC), a filiação é sempre válida e "legítima", nos termos anciãos.

Capítulo 6 • Família

A família é o núcleo social originário do indivíduo. Historicamente, a organização da sociedade em núcleos familiares presta-se a produzir, conservar e transferir o patrimônio gerado e acumulado pelos indivíduos. Para formar uma família, era necessário receber a bênção do matrimônio, condição inafastável para uma legítima entidade familiar.

As crianças nascidas de pessoas casadas são presumidamente filhas dos cônjuges, sendo desnecessária a manifestação, confissão ou prova biológica. A necessidade de preservação do eixo familiar é que enseja o estabelecimento das presunções de paternidade e de maternidade no âmago do casamento. Por esse motivo também o Código Civil de 1916 distinguia os filhos entre legítimos e espúrios, adulterinos ou incestuosos. Essa classificação prestava-se a diferenciar os direitos familiares e sucessórios das crianças, de acordo com a situação conjugal de seus pais.

Até mesmo os direitos de personalidade, como o nome, ou o direito a uma sobrevivência digna, como a percepção de alimentos, eram negados em função da natureza extraconjugal da relação dos genitores.

A nova ordem constitucional preconizada pela Constituição de 1988 priorizou a dignidade da pessoa humana e o direito à igualdade e à liberdade, proibindo assim qualquer designação ou discriminação relativa à filiação. A partir de então, a lei igualou o direito dos filhos, independentemente da relação havida pelos pais. Nesse compasso, os filhos adotivos também foram colocados no mesmo patamar dos demais.

O Código Civil de 2002 manteve traços do antigo regime familiar, como as presunções de paternidade. Permaneceram também as presunções de maternidade e foram acrescidas as novas hipóteses de filiação decorrentes de inseminação artificial, nas modalidades homóloga e heteróloga. Essa tutela presta-se à identificação da filiação na estrutura tradicional de família, isto é, contemplando apenas a origem filiar matrimonial e biológica.

Diante disso, mister o papel da doutrina e da jurisprudência em trazer a lume a proteção às diversas formas de família e aos vínculos filiatórios dela decorrentes, sobretudo o vínculo socioafetivo.

Com a pluralização das formas familiares que se podem evidenciar na modernidade, nota-se que o elemento substancial para a configuração das relações é o afeto familiar, o sentimento de amor e de solidariedade mútuos que "fundem as almas e confundem os patrimônios".

Diante dessa nova realidade, questionam-se também os vínculos parentais. O exame de DNA enseja prova quase que de certeza da paternidade, o que resultou primordialmente em uma busca implacável da verdade real, fazendo-a prevalecer sobre as situações fáticas consolidadas.

Com efeito, crianças já criadas por seus pais viam-se desassistidas pela ausência de vínculo biológico. Esse panorama motivou o reconhecimento de laço filiar na "adoção à brasileira", na "posse do estado de filho", concebido por filiação socioafetiva. Esse novo parâmetro mitigou a primazia da verdade genética em direção de uma paternidade mais responsável.

Dessa forma, constatou-se uma abertura do reconhecimento do vínculo filiatório para além das verdades biológicas e jurídicas, mas calcadas na realidade fática com que se constituem as famílias. O amor, verdadeiro amálgama entre as pessoas, tem sido reconhecido como critério para a tutela do Direito Familiar.

6.9.13. Resumo da teoria da filiação (temas relevantes)

O Código Civil, nos arts. 1.596 a 1.617, disciplina a filiação e seus efeitos jurídicos. Seguem as questões relevantes sobre filiação.

Fundamentos da filiação: 1 – igualdade substancial (independente da origem e da condição ou tipo de relacionamento entre os pais, os filhos têm os mesmos direitos e qualificações, vedada qualquer designação discriminatória) entre os filhos; 2 – caráter instrumental – filiação como meio para o pleno desenvolvimento da personalidade e a concretização da dignidade (a filiação se torna dinâmica, com possibilidade de alteração do vínculo); 3 – caráter existencial, pois o objetivo é o pleno exercício da filiação, conectado com valores humanos (dignidade, liberdade e igualdade) e, 4 – proteção dos filhos independe do tipo de relacionamento entre os genitores.

Critérios para se estabelecer o vínculo de filiação: presunção legal, que pode decorrer de relações sexuais (incisos I e II do art. 1.597) ou de ato de vontade – técnicas de reprodução assistida (incisos III a V do art. 1.597). Tal critério é restrito ao casamento, o que contraria a igualdade entre os filhos (a filiação extramatrimonial não é presumida – demanda reconhecimento voluntário ou judicial) e o princípio da pluralidade de arranjos familiares; afetividade (não basta o afeto – é essencial que, em termos concretos, se evidencie relação paterna/materna/filial) e biológico. Não há hierarquia entre os critérios, mas qualquer critério deve se basear no valor afetividade.

Multiparentalidade: múltiplos vínculos de filiação, com reflexos no direito de família e sucessório (STF – concomitância do vínculo de filiação). Exige-se afetividade em todos os múltiplos vínculos de filiação.

Ações: impugnação de paternidade/maternidade (qualquer legitimado, inclusive terceiro e o filho); investigação de parentalidade (filho – objetivo buscar o vínculo de filiação); investigação de ancestralidade (objetivo apenas conhecer a origem genética – fundamento: direitos da personalidade; negatória de paternidade/maternidade (privativa – pai e mãe).

Reconhecimento (apenas para filhos extramatrimoniais, pois os matrimoniais se presumem filhos): voluntário ou judicial. O reconhecimento é irrevogável, irretratável, personalíssimo, pode preceder ao nascimento ou ser posterior ao falecimento (desde que o filho tenha descendente, para evitar reconhecimento com objetivo patrimonial) e não pode ser submetido a condição ou termo. Se o filho for maior, deve consentir no reconhecimento. Se menor, poderá, nos quatros anos seguintes à maioridade, impugnar a filiação sem invocar motivo. De forma motivada, qualquer pessoa poderá impugnar o vínculo de filiação a qualquer tempo.

Posse do estado de filho: prova da filiação com base na afetividade e elementos concretos, como tratamento como filho, notoriedade (reputação) e atribuição de nome.

6.10. USUFRUTO E ADMINISTRAÇÃO DOS BENS DOS FILHOS MENORES

O poder familiar também repercute no aspecto patrimonial. Em decorrência de e com fundamento no poder familiar, o pai e a mãe, em igualdade de condições, são titulares de direitos em relação ao patrimônio que pertence e integra a esfera jurídica patrimonial dos filhos menores. Os filhos menores podem ser titulares de direitos patrimoniais e, nesse caso, em função da menoridade e a pretexto de conferir àqueles proteção, os pais serão usufrutuários e administradores dos bens dos filhos menores que estão sob sua autoridade.

O tema referente ao usufruto e à administração dos bens dos filhos menores, como desdobramento do poder familiar, está disciplinado no art. 1.689 do Código Civil.

No inciso I do referido artigo, está expresso que os pais são usufrutuários dos bens dos filhos menores. Trata-se de uma das espécies do gênero usufruto legal (decorre de previsão normativa, independentemente de convenção das partes). Entretanto, ainda que legal, tal usufruto, naquilo que for compatível, em especial à caracterização, direitos e deveres do usufrutuário, aplicam-se as regras do usufruto convencional, direito real previsto nos arts. 1.390 a 1.411 do Código Civil.

Os pais, na qualidade de usufrutuários dos bens, móveis e imóveis, materiais e imateriais dos filhos menores terão o direito à posse, uso, administração e percepção dos frutos (art. 1.394 do CC) relativos a tais bens de propriedade daqueles. Como o usufruto é legal, se o filho menor for titular de direitos sobre imóveis não haverá necessidade de registro no CRI, uma vez que é constituído diretamente pela lei, ao contrário do usufruto tradicional sobre imóvel, que depende desse registro para sua constituição.

Na realidade, a diferença fundamental entre o usufruto legal dos pais em relação aos bens dos filhos menores e o usufruto tradicional é a ausência de qualquer formalidade para a constituição do usufruto legal. No mais, quanto ao objeto, impossibilidade de alienação, direitos e deveres do usufrutuário e principais causas de extinção, não há diferenças substanciais.

O exercício desse direito real, usufruto, ainda e principalmente porque decorrente da lei e fundado no poder familiar, deve ser no interesse do filho menor, e não dos pais. A funcionalização desse direito tem por finalidade atender ao melhor interesse do filho menor.

Por outro lado, de acordo com o inciso II do art. 1.689, os pais, em igualdade de condições, são administradores ou gestores dos bens que integram o patrimônio dos filhos menores que estão sob a sua autoridade e guarda. A gestão deve ser eficiente, sob pena de responsabilidade civil. No entanto, os pais não precisam prestar contas, pois também são usufrutuários desses mesmos bens.

Os atos de administração não podem extrapolar os atos de mera gestão. O objetivo é preservar os bens até que o filho tenha maturidade e capacidade para administrá-los.

A tutela dos interesses econômicos dos filhos menores impede que os pais realizem atos de disposição patrimonial sem prévia autorização judicial e oitiva do Ministério Público. Nesse caso, o pedido de alienação deverá ser fundamentado em critérios objetivos e que atendam aos interesses dos filhos.

O princípio da isonomia constitucional entre os pais, que reflete nas decisões relativas ao poder familiar, é retratado no parágrafo único do art. 1.690 do CC.

No exercício de poder familiar, em caso de divergência dos pais sobre qualquer assunto, inclusive patrimonial, não há prevalência de vontades. O parágrafo único do art. 1.690 completa o parágrafo único do art. 1.631, ambos do Código Civil.

No *caput*, o art. 1.690 retrata o óbvio, também em complemento ao disposto no art. 1.634, V, do CC. De acordo com essa norma jurídica, compete aos pais, e na falta de um deles, ao outro, com exclusividade, representar os filhos menores de 16 (dezesseis) anos, bem como assisti-los até completarem a maioridade ou serem emancipados.

6.10.1. Atos de disposição patrimonial: limites dos poderes dos pais e intervenção judicial

Em decorrência do poder familiar, os pais, em relação aos bens que integram o patrimônio dos filhos menores, são usufrutuários e administradores/gestores. Em relação ao patrimônio dos filhos menores, o objetivo do usufruto e da administração é preservar esse acervo de bens até que os filhos sejam emancipados (quando o poder familiar, em que se fundam o usufruto e a administração, será extinto) ou atinjam a maioridade civil.

Por essa razão, os atos que ultrapassem a mera gestão patrimonial são vedados pela Lei Civil, por exemplo, aqueles que impliquem disposição patrimonial. Tal inalienabilidade dos bens dos filhos menores não é absoluta. Ao contrário, é relativa. Os pais podem, excepcionalmente, dispor desse patrimônio, desde que tal disponibilidade atenda aos interesses dos filhos, após oitiva do Ministério Público e autorização judicial, nos termos do art. 1.691 do CC.

A alienação ou a instituição de ônus real sobre imóvel depende de dois fundamentos, de forma alternada, e uma formalidade. Os fundamentos são a necessidade (ruína do imóvel; risco de desmoronamento) ou evidente interesse da prole (venda para tratamento de saúde da prole; venda para substituição por bem mais novo etc.). A formalidade é a necessidade de autorização judicial. Como regra, os bens de raiz devem ser preservados.

Embora a norma apenas se restrinja aos bens imobiliários, a alienação de bens móveis de valor considerável também depende de autorização judicial e da presença de um dos fundamentos indicados pela lei. Os bens mobiliários, na atualidade, muitas vezes possuem mais interesse para a prole que os bens imobiliários, em especial pela sua fácil liquidação.

Em caso de violação dessa exigência legal, a declaração de nulidade pode ser pleiteada pelos filhos, após a maioridade, pelos herdeiros ou prelo representante legal. Trata-se de legitimidade concorrente.

Por fim, se há conflito entre os pais e o interesse dos filhos em relação aos atos de gestão e até disposição, a requerimento do filho ou do Ministério Público, o juiz dará curador especial ao menor. Tal restrição se justifica porque a administração é toda no interesse dos filhos, titulares do patrimônio. A gestão patrimonial pelos pais deve estar conectada ao interesse dos filhos. Se houver divergência, o filho pode ser assistido por um curador nomeado pelo juiz (art. 1.692 do CC).

6.10.2. Hipóteses de exclusão do direito de administração dos bens dos pais

A legislação civil, com a finalidade de tutelar os interesses econômicos e existenciais dos filhos menores, exclui dos pais o direito de usufruto e administração dos bens daqueles em quatro hipóteses, todas especificadas no art. 1.693 do CC.

A primeira hipótese (inciso I do art. 1.693 do CC) está relacionada aos bens adquiridos pelo filho havido fora do casamento, antes do reconhecimento. No caso, a exclusão do usufruto e da administração dos pais é evitar que o reconhecimento de filho seja estimulado por questões econômicas. O reconhecimento de filho apenas para que o genitor tenha o direito de usufruir e administrar os seus bens atenta contra a moralidade e os interesses da prole. O reconhecimento da filiação não pode, sob qualquer pretexto, estar relacionada a questões patrimoniais. Por essa razão, nesse caso, em relação aos bens adquiridos pelos filhos menores antes do reconhecimento, os pais não têm direito ao usufruto e administração.

A segunda hipótese (inciso II do art. 1.693 do CC) se refere aos valores auferidos pelo filho maior de 16 anos, no exercício de atividade profissional, e os bens com tais recursos adquiridos. Nesse caso, como o filho já possui maturidade suficiente para exercer profissão, os valores auferidos com tal atividade e os bens adquiridos com esses recursos não são administrados pelos genitores, mas pelo próprio titular do patrimônio, o filho maior de 16 anos. Nesse caso, independentemente de emancipação, não haverá usufruto e administração desses bens. Não é o caso de emancipação, pois a emancipação extingue o poder familiar e, com a extinção do poder familiar, não há cogitar em usufruto e administração dos bens dos filhos menores. No caso, o exercício da atividade profissional não é capaz de gerar economia própria para fins de emancipação e, por isso, mesmo não emancipado, o patrimônio do filho não se submeterá ao regime jurídico do usufruto legal e da administração pelos pais.

A terceira hipótese (inciso III do art. 1.693 do CC) exclui do usufruto e da administração pelos pais os bens deixados ou doados ao filho, sob a condição de não serem usufruídos ou administrados pelos pais.

Nesse caso, o doador ou testador, por opção própria, impõe condição em relação aos bens doados ou deixados em herança para pessoas menores que estão sob o poder familiar: a condição é que tais bens não serão usufruídos ou administrados pelos genitores. Trata-se de opção subjetiva e sem necessidade de motivação, como ausência de confiança nos pais, entre outros fatores. Nessa hipótese, terá de ser nomeado um curador para administrar e gerir o patrimônio dos menores submetidos ao poder familiar dos pais, que não poderão usufruir e gerir esses bens doados ou testados.

A quarta e última hipótese (inciso IV do art. 1.693 do CC) tem por objetivo evitar que os pais, sancionados pela condição de indignos, sejam indiretamente beneficiados, por meio do usufruto e da administração dos bens que foram transferidos por herança aos filhos menores, justamente porque foram considerados indignos de recebê-la. Portanto, estão excluídos do usufruto e da administração os bens que aos filhos couberem na herança, quando os pais forem excluídos da sucessão. A exclusão da sucessão ocorrerá quando caracterizadas quaisquer das hipóteses previstas no art. 1.814 do Código Civil (indignidade). Os efeitos da exclusão da sucessão são pessoais e, por isso, os descendentes do herdeiro excluído sucedem, como se ele fosse morto, antes da abertura da sucessão. Se os descendentes forem menores, os herdeiros excluídos da sucessão por indignidade também ficam excluídos do usufruto e administração dessa mesma herança. Aqui, os pais não serão herdeiros e também não poderão se beneficiar da herança indiretamente por meio do usufruto legal e da gestão patrimonial desses bens.

6.11. A TEORIA DOS ALIMENTOS[47]

6.11.1. Noções gerais sobre alimentos no Código Civil e as espécies de alimentos

Os alimentos transcendem o direito das famílias. Os alimentos decorrentes de situações jurídicas familiares (fundamentados na solidariedade familiar – entre parentes e ex-cônjuges e ex-companheiros), que têm regime jurídico próprio, não se confundem com os alimentos convencionais, baseados na vontade humana, que podem ser pactuados em contratos (autonomia privada independente de vínculo afetivo ou parentesco entre os contratantes, com submissão à teoria contratual) ou em testamentos, como legados (art. 1.920) e, ainda, devem ser dissociados dos alimentos decorrentes de ato ilícito (que se conecta com a teoria da responsabilidade civil – como lucros cessantes suportados pela vítima que perde a fonte de renda, no caso de morte de parente próximo ou que tem a sua capacidade de trabalho comprometida, de forma total ou parcial, conforme os arts. 948, II – prestação de alimentos às pessoas a quem o morto os devia, e 950, incapacidade para o trabalho).

Portanto, os alimentos podem ter como causas situações jurídicas familiares, ato de vontade (manifestada em contrato ou testamento) e ato ilícito (compõe a indenização devida à vítima).

---

[47] Tema desenvolvido com a colaboração de Nathália Marcelino.

Os *alimentos voluntários* são pagos de forma espontânea. Aquele que presta alimentos voluntariamente não está obrigado por lei a fornecê-los, mas assim o faz por liberalidade. Esses alimentos podem decorrer tanto em razão da morte, sendo chamados de testamentários (art. 1.920), quanto serem prestados por declaração de vontade *inter vivos*, quando recebem o nome de obrigacionais. Os testamentários são próprios do direito sucessório, enquanto os obrigacionais estão previstos no direito das obrigações.

Os alimentos decorrentes de situações familiares (art. 1.694 do CC) e de ato ilícito são exceções à impenhorabilidade do bem de família, portanto, o bem de família não terá tal proteção contra os credores destes alimentos. Os alimentos convencionais não excepcionam a impenhorabilidade do bem de família.

Em que pese os alimentos ou obrigação alimentar puder estar relacionada às mais diversas causas, neste capítulo o objetivo será trabalhar com os alimentos decorrentes de situações familiares, devidos entre parentes, ex-cônjuges e ex-companheiros, conforme o art. 1.694 do CC.

No âmbito das situações familiares, os alimentos podem ser subdivididos em quatro espécies: 1 – Alimentos Civis (regra – são fixados de acordo com o padrão socioeconômico dos sujeitos da obrigação alimentar, ou seja, deve existir congruência entre a possibilidade de quem paga e a necessidade de quem reclama – por isso, são denominados côngruos; 2 – Alimentos Necessários ou Naturais – estes são desvinculados do padrão social da pessoa humana, pois destinados à sobrevivência de quem deles necessita – representam exceção, pois são devidos quando o credor é culpado. Os alimentos necessários estão previstos nos arts. 1.694, § 2º, e 1.704, parágrafo único. A culpa é a genérica, ou seja, será culpado o credor que, por sua exclusiva desídia, passou à condição de necessitado. Hoje, há discussão se é possível associar tais alimentos à discussão de culpa na separação judicial, conforme o art. 1.704, pois o STF, em tese firmada, considerou que a separação judicial (Tema 1053) não mais subsiste como instituto autônomo. Portanto, não haveria mais possibilidade de alimentos necessários com base no art. 1.704, que pressupõe discussão de culpa em separação judicial, instituto que não mais subsiste. Restaria, apenas, a discussão sobre culpa genérica, prevista no art. 1.694, § 2º (filho maior que teve oportunidade de estudo e trabalho, mas resolveu ficar no ócio – exemplo); 3 – Alimentos Compensatórios – Os alimentos compensatórios, ainda que tenham caráter indenizatório, não se confundem com os alimentos decorrentes de ato ilícito acima mencionado. A indenização envolve situação familiar e tais alimentos são devidos apenas entre ex-cônjuges e ex-companheiros, porque têm por objetivo evitar drástica redução do padrão de vida. Tais alimentos serão devidos quando estiverem presentes, de forma cumulativa, os seguintes pressupostos: houver abrupta quebra do padrão de vida, desequilíbrio manifesto na partilha de bens e razoável tempo de relacionamento para gerar expectativa de manutenção da vida em comum. Como estes alimentos têm fundamento e finalidade diversas dos alimentos civis e naturais, podem ser cumuláveis com estes (o credor, ex-cônjuge ou ex-companheiro, poderão cumular estes alimentos com os civis ou naturais). A fixação dos alimentos compensatórios dependerá da análise de caso, como apuração do modo de partilha, o comportamento do credor durante o casamento ou união estável no que se refere a trabalho, capacidade de trabalho, grau de abnegação, tudo para não estimular o ócio. Estes alimentos, ainda que decorram de relações familiares, não ensejam prisão civil, podem ser renunciados antecipadamente e não são exceções à impenhorabilidade do bem de família; 4 – Alimentos ressarcitórios ou verbas de antecipação de renda líquida de administração de bens comuns – O fundamento destes alimentos é evitar o enriquecimento sem causa, por isso geram pretensão restituitória (art. 884 do CC) e não indenizatória. Se ex-cônjuge ou ex-companheiro (únicos sujeitos destes alimentos) estiver na administração exclusiva de bem comum, deverá restituir ao outro a parte que lhe corresponde na renda líquida decorrente desta administração, salvo se este valor estiver contabilizado como alimentos *in natura* em favor do ex-cônjuge ou ex-companheiro ou de parente credor de alimentos. Podem ser cumulados com os civis e naturais, não ensejam prisão civil e não admitem revisão. O STJ, em precedente recente, fez referência a tais espécies de alimentos no Recurso Especial n. 1.954.452/SP.

Em resumo:

Os *alimentos civis* ou *côngruos* têm por objetivo estabelecer congruência entre o padrão social e econômico do alimentado e do alimentante, razão pela qual são fixados com base na proporcionalidade, necessidade e possibilidade. Tais alimentos são a regra e, além de garantir o mínimo existencial material, propiciam recursos para que o alimentado tenha padrão de vida adequado.

Os *alimentos naturais* ou *necessários* são os indispensáveis à sobrevivência, sem qualquer conexão com o padrão social e econômico dos sujeitos da obrigação alimentar. Tais alimentos são exceção e apenas são devidos nas hipóteses legais, em especial quando houver culpa (arts. 1.694, § 2º, e 1.704, parágrafo único, ambos do CC).

Os *alimentos ressarcitórios* se referem à renda líquida dos bens comuns, ou seja, quando um dos ex-cônjuges, de forma unilateral, administra os bens comuns, poderá ser compensado a título de alimentos *in natura*, justamente por usufruir de parte do patrimônio que não pertence ao outro.

Os *alimentos compensatórios*, resultado de construção doutrinária e jurisprudencial, fundados na teoria do abuso de direito e boa-fé objetiva, são devidos quando o rompimento da sociedade conjugal produz desequilíbrio econômico considerável em comparação ao padrão de vida experimentado durante a convivência matrimonial, e servirá para compensar tal desequilíbrio. O objetivo é corrigir desproporção existente no momento do rompimento do vínculo.

Por fim, é importante ressaltar que os alimentos se conectam com vários institutos de direito civil, pois podem ser fundamento para a revogação de doação (art. 557, IV, do CC) por ingratidão do donatário; justificam o pedido de restituição de mútuo em favor de menor (art. 589 do CC); podem se conectar com a gestão de negócios (art. 871

do CC); com a teoria da responsabilidade civil, quando a vítima pede pensão alimentícia (arts. 948 e 950, ambos do CC) e, ainda, com o instituto da colação, art. 2.010 do CC.

Em relação aos alimentos civis e naturais, decorrentes de situações familiares, se conectam com o princípio da solidariedade familiar. A família contemporânea é toda baseada em princípios e valores constitucionais, em especial a solidariedade social. Os integrantes do núcleo familiar devem ser solidários de forma recíproca e um dos desdobramentos desta solidariedade é a obrigação alimentar. O afeto, base de sustentação do núcleo familiar, reforça tal concepção solidarista.

As regras do Código Civil de 2002, que disciplinam o direito de família, são desdobramentos de alguns princípios constitucionais. A família-instituição é substituída pela família-instrumento (meio para a concretização da personalidade e da dignidade dos membros que a compõem).

Nesse sentido, o parâmetro norteador de todo o direito de família é o *princípio da dignidade da pessoa humana*, estampado na Constituição Federal de 1988, em seu art. 1º, inciso III. Não há como viver de forma digna na ausência de elementos essenciais para a sobrevivência humana, entre eles os alimentos.

Os alimentos civis e naturais nada mais são do que prestações para a satisfação das necessidades biológicas e psicológicas de quem não pode prove-las pela sua própria pessoa. Trata-se de assistência imposta pela lei, que se funda nos princípios da dignidade e solidariedade humanas. Os alimentos concretizam o mínimo existencial material.

Por isso, é relevante mencionar também, para a boa compreensão dos alimentos no direito de família, o *princípio da solidariedade social*, que tem como fundamento o auxílio recíproco entre os componentes da mesma família. A sociedade se fortalece quando a solidariedade social se volta à dignidade da pessoa humana, e isso acontece por meio da família. Esse princípio nasce para assegurar a reciprocidade entres os membros de uma família, seja em razão do parentesco familiar (biológico e/ou afetivo) ou em decorrência do casamento e união estável.

A solidariedade social promove a união dos membros de uma família, com o propósito de garantir todo o aparato necessário à obtenção do mínimo necessário à sobrevivência de cada um.

Como expressão jurídica da solidariedade, os alimentos são norteados pela cooperação, reciprocidade, isonomia, justiça social, afetividade, socialidade, que concretizarão a dignidade humana sob perspectiva material. A solidariedade familiar, recíproca e cooperativa, impõe entre os integrantes do núcleo a transferência de recursos indispensável para alimentação, educação, cultura, lazer, vestuário, medicamentos e tudo o mais necessário para vida materialmente digna.

Em consonância com os referidos princípios constitucionais, revela-se o direito aos alimentos como *questão de ordem pública*, pois extremamente necessários à garantia da sobrevivência do ser humano. Ademais, há que se destacar que a Carta Magna proclama os alimentos como direito fundamental social, em seu art. 6º.

Portanto, em termos gerais, os alimentos dizem respeito à quantia monetária despendida por quem está obrigado a fornecê-los àquele que não possui condições de prové-los por seus próprios meios (art. 1.695, CC) e, abrangem, de forma exemplificativa, os custos com o sustento alimentar, remédios, assistência médica, moradia, instrução e educação, lazer e vestuário (art. 1.920, CC), isto é, tudo que for imprescindível à sobrevivência humana. Servem substancialmente para a satisfação das necessidades vitais daquele que não tem conjuntura para se manter sozinho. Dessa forma, percebe-se que devem os alimentos suprir as necessidades físicas, psíquicas e intelectuais dos membros de uma família.

Em síntese, os alimentos civis e naturais representam prestações materiais essenciais para o suprimento de necessidades básicas de quem não pode suportá-las pelo próprio esforço ou trabalho. Os alimentos viabilizam meios materiais necessários e essenciais para a subsistência da pessoa humana.

Nos termos do *caput* do art. 1.694 do Código Civil de 2002, os parentes, assim como os cônjuges ou companheiros, podem pleitear, uns aos outros, alimentos civis (compatível com o padrão social dos sujeitos) ou necessários (destinados à sobrevivência).

Segundo Rolf Madaleno[48], no que se refere à questão dos gastos com instrução e educação do alimentando, os alimentos lhes são devidos mesmo quando ele já esteja fora do poder parental, conquanto digam respeito à continuação dos estudos necessários à sua formação profissional.

Sobre o tema, existe importante Enunciado, de n. 344, do CJF, que dispõe: "A obrigação alimentar originada do poder familiar, especialmente para atender às necessidades educacionais, pode não cessar com a maioridade".

• **Qual a causa dos alimentos?**

Em relação à causa jurídica, a obrigação alimentar pode decorrer de situações familiares, relação de parentesco (direito parental) ou em decorrência do fim do casamento ou da união estável (inclusive homoafetiva). Também, como mencionado, podem estar relacionados a disposição testamentária, ato ilícito, declaração de vontade (negócio jurídico autônomo) ou, ainda, em virtude do direito assistencial de amparo aos idosos (art. 230, CRFB, e Estatuto do Idoso).

Portanto, os alimentos e a respectiva obrigação, quanto à causa, podem ser legais, voluntários (negócio inter *vivos* ou *causa mortis*) e indenizatórios.

Os alimentos fundados na relação de parentesco têm como causa jurídica a lei (obrigação legal). Os parentes, a partir de regras legais de proximidade e reciprocidade, de-

---

[48] MADALENO, Rolf. *Obrigação, dever de assistência e alimentos transitórios*. Disponível em: http://www.rolfmadaleno.com.br/novosite/conteudo.php?id=37?& estado=2. Acesso: 13 ago. 2015.

vem alimentos entre si (o parentesco que gera a obrigação alimentar pode decorrer de vínculo biológico ou civil – afetividade, adoção, inseminação heteróloga). Todavia, nem toda relação de parentesco é fundamento para a obrigação legal de alimentos. O parentesco civil por afinidade (parentes dos parentes do cônjuge ou companheiro) não gera obrigação de alimentos. O único efeito do parentesco civil por afinidade é o impedimento matrimonial.

Em relação ao parentesco civil baseado na afetividade, o Enunciado 341 do CJF dispõe: "Para os fins do art. 1.696, a relação socioafetiva pode ser elemento gerador de obrigação alimentar".

Caso alguém não consiga se manter por seus próprios meios, em razão de incapacidade física, jurídica ou mental, é obrigação da família, imposta por lei, auxiliar a pessoa, sobretudo em razão da solidariedade social que rege o novo modelo familiar, que se origina da CF/88.

6.11.2. Natureza jurídica dos alimentos

A natureza jurídica dos alimentos é alvo de inúmeras controvérsias. Com efeito, a doutrina se divide em três correntes sobre o tema.

Inicialmente, *a primeira corrente* entende a obrigação alimentar como um *direito pessoal extrapatrimonial*, com fundamento no seu caráter ético-social. Assim, a obrigação alimentar tem como principal escopo suprir o direito personalíssimo à vida, de modo que não tem o credor dos alimentos interesse econômico no seu fornecimento, uma vez que sua prestação serve para ampliar seu acervo patrimonial. Além disso, não se prestam os alimentos à garantia dos credores.

Nessa linha entendem Chaves e Rosenvald[49] que "no tocante à sua natureza jurídica, convém pontuar que, se os alimentos se prestam à manutenção digna da pessoa humana, é de se concluir que a natureza é de *direito da personalidade*, pois destinam a assegurar a integridade física, psíquica e intelectual da pessoa humana".

Já a *segunda corrente*, em contraposição à primeira, sustenta que os alimentos possuem natureza jurídica de *direito patrimonial*, consubstanciado na prestação de um valor monetário. Esse segundo entendimento, portanto, filia-se à ideia de que a prestação alimentar possui caráter econômico.

Perfilham esse entendimento Renata Barbosa de Almeida e Walsir Edson Rodrigues Júnior[50], ao disporem que "[...] o caráter patrimonial *sui generis* dos alimentos deve ser estudado, já que a sua natureza é de cunho essencialmente assistencial, pois visa a proporcionar à pessoa necessitada as condições materiais para uma existência digna".

Finalmente, a *terceira corrente* atribui aos alimentos natureza jurídica mista. Isto é, a prestação alimentar possui *caráter patrimonial* e *finalidade pessoal*. Para aqueles que entendem nesse sentido, os alimentos referem-se a uma relação patrimonial de crédito-débito entre alimentante e alimentando, por dizerem respeito ao pagamento periódico de quantia (dinheiro) ou ao fornecimento de comida, vestuário, medicamentos, entres outros. Assim, um credor pode exigir do devedor determinada prestação econômica. Compartilham do mesmo entendimento Orlando Gomes e Maria Helena Diniz.

De acordo com Orlando Gomes[51], "mantida a posição clássica, que o enquadra no direito privado, a sua extrapatrimonialidade apresenta-se como uma das manifestações do direito à vida, que é *personalíssimo*, e, por isso mesmo, necessário e indisponível. A despeito dessas particularidades, não se pode negar a qualidade econômica da *prestação* própria da *obrigação alimentar*, pois consiste no pagamento periódico de soma de dinheiro ou no fornecimento de víveres, cura e roupas. Apresenta-se, consequentemente, como uma relação patrimonial de crédito-débito; há um credor que pode exigir de determinado devedor uma prestação econômica. A patrimonialidade do direito a alimentos é, desse modo, incontestável".

Maria Helena Diniz[52], na mesma linha de entendimento de Orlando Gomes, dispõe sobre a natureza jurídica do direito aos alimentos no seguinte sentido: "[...] com caráter especial, com *conteúdo patrimonial e finalidade pessoal*, conexa a um interesse superior familiar, apresentando-se como uma relação patrimonial de crédito-débito, uma vez que consiste no pagamento periódico de soma de dinheiro ou no fornecimento de víveres, remédios e roupas, feito pelo alimentante ao alimentado, havendo, portanto, um credor que pode exigir de determinado devedor uma prestação econômica".

Em que pesem tais divergências, em nosso entendimento os alimentos possuem natureza econômica, mas em razão dos valores existenciais a que estão atrelados e vinculados, não se submetem ao regime jurídico dos atos e negócios patrimoniais. É simples assim.

Trata-se de prestação pecuniária que se submete ao regime jurídico dos direitos de natureza existencial, como a impossibilidade de penhora, compensação e cessão. Em decorrência da finalidade a que estão vinculados (concretização e efetivação da dignidade – vida que deles necessita), seu regime jurídico coloca tal obrigação fora do comércio jurídico de direito privado.

6.11.3. Alimentos e a concretização do princípio da dignidade da pessoa humana

Os direitos sociais, entre eles os alimentos, dizem respeito às garantias fundamentais à concretização do princípio da dignidade da pessoa humana. São, em verdade, direitos socialmente imprescindíveis e necessários, garantidores de que qualquer pessoa viva de forma minimamente possível.

Nesse sentido, fala-se no conceito do mínimo existencial, que significa, basicamente, o ínfimo de garantias

---

[49] FARIAS, Cristiano Chaves de; ROSENVALD, Nelson. *Curso de direito civil, Famílias*. São Paulo: Atlas, 2015, p. 674.
[50] RODRIGUES JÚNIOR, Walsir Edson; ALMEIDA, Renata Barbosa de. *Direito civil: famílias*. 2. ed. São Paulo: Atlas, p. 389.
[51] GOMES, Orlando. *Direito de família*. 14. ed. Rio de Janeiro: Forense, 2002, p. 435-436.
[52] DINIZ, Maria Helena. *Curso de direito civil brasileiro – direito de família*. 36. ed. São Paulo: Saraiva, 2018, v. V.

que devem ser asseguradas a qualquer pessoa para a preservação da sua própria existência. Por isso que o rol dos direitos sociais, de segunda geração, previsto na Carta Magna em seu art. 6º, corresponde ao mínimo existencial, pois sem aqueles direitos lá estabelecidos não há como viver dignamente.

Com efeito, o direito à alimentação, contido no supracitado rol, revela-se vital à sobrevivência do ser humano. Em razão da relevância dos alimentos para a concretização do referido princípio, há uma ampla normatização da obrigação alimentar, que se encontra disciplinada em diversas normas legais, como na Constituição da República Federativa do Brasil de 1988 (arts. 6º e 227), no Código Civil (arts. 1.694 a 1.710, que se referem a tópico específico sobre alimentos, além de outros dispositivos esparsos), no Código de Processo Civil, na Lei n. 10.741/2003 (Estatuto do Idoso), na Lei n. 8.069/90 (Estatuto da Criança e do Adolescente), na Lei n. 5.478/58 (Lei de Alimentos), na Lei n. 11.804/2008 (Lei de Alimentos Gravídicos), na Lei n. 11.346/2006 (Lei do Sistema Nacional de Segurança Alimentar e Nutricional – SISAN), na Lei n. 8.971/94 (lei que regula o direito do companheiro a alimentos e à sucessão), na Lei n. 6.515/77 e na Lei n. 8.560/92. Além do direito positivo, os alimentos também são objeto de súmulas do STJ e do STF, de enunciados do Conselho de Justiça Federal e de Tratados e Convenções Internacionais.

Para a sobrevivência do ser humano são inegáveis os alimentos, essenciais às suas necessidades mais básicas e vitais. De forma geral, os alimentos abrangem não só a alimentação propriamente dita, mas os custos com moradia, assistência médica, vestuário, educação, lazer, entre outras despesas necessárias a uma vida digna.

No ponto, os alimentos revelam-se como uma das facetas da dignidade da pessoa humana. Do princípio da dignidade da pessoa humana advém uma série de direitos fundamentais, como o direito à vida, direito aos alimentos, direito à saúde, direito à educação etc.

Os indivíduos possuem uma quantidade mínima de direitos (fundamentais) que têm de ser respeitados. Observado esse mínimo de direitos, que não podem deixar de estar presentes na vida de cada indivíduo, vive-se de forma digna.

A dignidade humana, elencada de forma expressa como princípio fundamental no texto da Constituição brasileira de 1988, diz respeito a um dos fundamentos da República Federativa do Brasil.

Esse importante valor constitucional serve como referencial e suporte a todo o ordenamento jurídico, de modo que deve ser utilizado para compreender e interpretar as normas jurídicas constitucionais. Juntamente com os direitos fundamentais, a dignidade da pessoa humana auxilia na construção dos demais princípios e valores resguardados na Carta Magna.

Nesse sentido, o direito fundamental aos alimentos revela-se merecedor de especial atenção, devendo ser valorado à luz da dignidade da pessoa humana, pois indispensável à sobrevivência do indivíduo. Outrossim, é inquestionável que não há como alguém dispor dos demais direitos fundamentais se não restar assegurado seu imprescindível direito aos alimentos, cujo objetivo primordial é a garantia do mínimo existencial.

Ressalte-se que não havia no texto da Lei Maior a menção aos alimentos como direito fundamental, sendo tal lacuna posteriormente preenchida pela EC n. 64, de 2010, que introduziu expressamente, no art. 6º, a alimentação como um direito social.

Necessário frisar que a colocação do direito à alimentação no rol do art. 6º apenas formalizou no texto constitucional essa garantia, que já se encontrava no ordenamento jurídico brasileiro como direito fundamental, sobretudo em atenção ao disposto no art. 5º, § 2º, da CF/88.

Com efeito, a partir dessa importante inclusão, os alimentos expressamente se tornaram um dos compromissos do Estado, detentor do múnus de implementar tal direito fundamental aos cidadãos que não tenham condições de prover seu sustento por si próprios de forma digna ou cujos familiares também não tenham condições de ajudá-los.

Não poderia ser diferente; afinal, trata-se de verdadeira garantia imprescindível à concretização do basilar princípio da dignidade da pessoa humana.

Tendo em vista essa finalidade, preceitua o art. 2º, § 2º, da Lei n. 11.346/2006 que: "É dever do poder público respeitar, proteger, promover, prover, informar, monitorar, fiscalizar e avaliar a realização do direito humano à alimentação adequada, bem como garantir os mecanismos para sua exigibilidade".

É notória a realidade brasileira, em que várias crianças, que não possuem ambos os pais ou um deles, muitas vezes moradoras de rua, e em que diversos jovens ainda não possuem maturidade nem capacidade profissional, cujos pais, quando os têm, são humildes e não têm condições de lhes prover o sustento.

Nesse sentido destaca-se o art. 227, *caput*, da Constituição Federal, ao dispor que é dever tanto da família quanto da sociedade e do Estado garantir, com *absoluta prioridade*, o direito à vida, aos alimentos, à dignidade, entre outros direitos essenciais à existência da pessoa humana, à criança, ao adolescente e ao jovem.

O referido dispositivo demonstra a importância do controle estatal de políticas públicas destinadas a assegurar o acesso à apropriada alimentação às crianças e aos jovens, de forma a cumprir seu dever constitucional.

Há que ressaltar que as normas regentes da obrigação alimentícia são de ordem pública, motivo pelo qual há o inerente interesse do Estado na sua fiel observância e cumprimento. Os alimentos têm como fundamento essencial a preservação do bem jurídico mais valioso aos indivíduos, a vida humana.

No entanto, além da vida é preciso que se viva dignamente, e, para tanto, é imperioso ter assegurados os alimentos necessários e garantidores da sobrevivência do ser humano de forma compatível com sua condição social. Consequentemente, a ideia de prestar alimentos àqueles que não conseguem se manter sozinhos abrange não só os víveres, mas também vestuário, remédios, moradia, educação.

No âmbito internacional, a garantia dos alimentos como corolário da dignidade humana aparece de forma expressa na Declaração Universal dos Direito Humanos de 1948, da ONU, da qual o Brasil é signatário, em seu art. XXV.

Outra norma de âmbito externo que consagra o direito à alimentação como necessário a um nível de vida adequado é o art. 11 do Pacto Internacional sobre Direitos Econômicos, Sociais e Culturais, de 1992.

Em relação ao direito à alimentação, em âmbito internacional, o Protocolo adicional à Convenção Americana sobre Direitos Humanos em matéria de Direitos Econômicos, Sociais e Culturais, de 1988 (Protocolo de San Salvador), em seu art. 12, também disciplina a questão.

Nota-se, portanto, que por serem os alimentos algo vital à própria existência humana, essa garantia fundamental, intrinsecamente atrelada à dignidade humana e dela decorrente, tem sua proteção assegurada tanto em âmbito nacional quanto em âmbito internacional.

6.11.4. As principais características dos alimentos

A teoria dos alimentos deve ser compreendida a partir das características próprias da obrigação alimentar. A obrigação alimentar ostenta peculiaridades que a distinguem das demais obrigações civis, em especial aquelas constituídas por ato de vontade (autonomia privada é o fator de propulsão destas). Os parâmetros da obrigação alimentar decorrentes de situações familiares, fundado no parentesco ou no dever de assistência material entre ex-cônjuges e ex-companheiros (estes excepcionais), estão na legislação. A vinculação da obrigação legal de alimentos com a solidariedade social entre membros ou ex-membros do núcleo familiar e o princípio da dignidade da pessoa humana, a torna especial.

As características dos alimentos que merecem destaque estão relacionadas à finalidade social/existencial dessa obrigação legal, que os submete a regime jurídico diferenciado.

As principais características dos alimentos podem ser resumidas nos seguintes pontos, adiante delineados: direito personalíssimo, irrenunciável, atualidade, futuridade, imprescritibilidade, transmissibilidade, não solidariedade da obrigação alimentar, irrepetibilidade, incompensabilidade e impenhorabilidade.

Tais características serão analisadas de forma específica nos tópicos seguintes.

6.11.4.1. Personalíssimos

O direito aos alimentos é considerado *intuitu personae*, de modo que apenas aquela pessoa a quem serão destinados poderá deles se beneficiar. Isto é, os alimentos são imanentes à pessoa do alimentando, a partir de suas condições pessoais e sociais e necessidades materiais fundamentais. A lei predefine, com base em alguns critérios (proximidade e reciprocidade entre parentes), quem terá o direito de exigir e quem tem o dever de prestar alimentos (arts. 1.695 e 1.696 do CC).

Trata-se de obrigação personalíssima. O personalismo é retratado não só nos critérios para definir o dever alimentar entre parentes ou entre ex-cônjuges e ex-companheiros, como também na apuração do valor, uma vez que são levadas em conta a situação social, pessoal e econômica do credor e do devedor. São tais aspectos pessoais do credor e devedor que determinarão o valor da obrigação alimentar. As condições sociais, pessoais e econômicas concretas do credor e do devedor são os parâmetros da fixação do valor. Portanto, o personalismo tem duas vertentes: definição do dever jurídico de prestar alimentos e do valor dos alimentos.

Em razão do caráter personalíssimo, a obrigação de prestar os alimentos não é, em princípio, transferível a outras pessoas. Os alimentos são intransmissíveis, por negócio jurídico entre vivos ou, ainda, em razão de morte do devedor (em tópico próprio será analisado o art. 1.700 do CC, que trata da "transmissão" da obrigação de prestar alimentos). A definição do dever jurídico deverá observar as regras legais de proximidade e reciprocidade entre parentes e a condição de ex-cônjuge ou ex-companheiro. No caso de transferência da obrigação, o personalismo, imposto por tais normas (arts. 1.694 e 1.696 a 1.698 do CC), estaria violado.

Assim, só será reconhecido o direito aos alimentos a quem seja credor, e o dever de prestá-los para aquele considerado responsável e obrigado pelo Código Civil, a partir dos parâmetros legais, tanto para definição da obrigação como dos valores (necessidade e possibilidade).

O personalismo da obrigação alimentar se justifica a partir da finalidade de tal obrigação: preservar a subsistência material e a dignidade do credor. Em decorrência do vínculo pessoal entre credor e devedor de alimentos, seja por conta da relação de parentesco, ou de vínculo familiar, o direito a alimentos e o dever de prestá-los não pode ser cedido, transferido ou compensado. É nesse sentido que dispõem os arts. 373, inciso II, e 1.707, última parte, ambos do CC/2002. Aliás, a natureza personalíssima desta obrigação, impede a cessão do crédito alimentar (arts. 286 e 1.707, ambos do CC).

É verdade que há precedentes do STJ que determinam a compensação de dívida alimentícia em casos excepcionais, mormente em casos de flagrante enriquecimento sem causa do alimentado. Nesse sentido, o Recurso Especial n. 982.857/RJ.

Ademais, há que sublinhar que esse caráter personalíssimo repercute em outra característica dos alimentos, qual seja, a transmissibilidade no caso de falecimento do devedor, que será abordada adiante.

Decorre, ainda, do caráter personalíssimo dos alimentos a sua impenhorabilidade, característica que também será abordada posteriormente.

6.11.4.2. Transmissibilidade

A obrigação alimentícia, segundo o art. 1.700 do Código Civil de 2002, é transmissível aos herdeiros do devedor. A previsão legal que admite a transmissão da própria obrigação alimentar é absolutamente incompatível com a principal característica desta, o personalismo. Se os alimentos são personalíssimos, não é possível a transmissão desta obrigação, por negócio jurídico entre vivos ou *causa mortis*. Em razão do falecimento do devedor, caberá ao credor, com base nos critérios legais para definição da obrigação alimentar (parentesco: proximidade e reciprocidade – arts. 1.696 a 1.698), exigi-la de outro parente mais próximo (ascendentes, descendentes e irmão, nesta ordem). No caso de pluralidade de devedores obrigados, que estejam no mesmo grau de parentesco, os alimentos são divisíveis, ou seja, na proporção dos recursos de cada um (vários avós, irmãos etc.).

Os sucessores do devedor falecido, muito provavelmente não se ajustarão as regras legais que definem a proximidade e prioridade no dever legal de alimentos. É essencial se submeter à ordem de preferência estabelecida pelo Código Civil, que somente poderá ser superada em condições e situações absolutamente excepcionais.

Por essa razão, a interpretação desse dispositivo deve ser coerente com as demais regras e princípios que orientam a obrigação alimentar.

Segundo o dispositivo legal, a transmissão é da própria obrigação alimentar e não apenas das prestações vencidas (o que não seria alvo de controvérsia, porque estas seriam dívidas do falecido e, por óbvio, transmissíveis).

A questão a ser enfrentada é como compatibilizar o art. 1.700 do CC com o caráter personalíssimo da própria obrigação alimentar, pois as obrigações personalíssimas, em essência e na substância, não podem ser transmitidas, por negócio jurídico ou por força de morte. Não é por outro motivo que o STJ, nas primeiras decisões, restringiu o alcance desta norma, para admitir apenas e tão somente a transmissão das dívidas alimentares vencidas e não pagas pelo falecido, que serão dívidas do espólio e, por estas, respondem a herança, nos termos do art. 1.997. Neste caso, não haveria maiores indagações, pois as dívidas do falecido, independente da natureza, devem ser pagas com os bens que integram a herança, até o limite destas. E não seria diferente com a obrigação alimentar não paga pelo falecido em vida.

Ocorre que o art. 1.700 menciona "obrigação", e não dívida.

Em decisões mais recentes, o STJ passou a admitir, em caráter excepcional, a transmissão da obrigação alimentar se houver prévio acordo ou condenação a alimentos, o credor for herdeiro, limitado à partilha e nos limites das forças da herança. Ausentes quaisquer destes pressupostos, os alimentos devem ser devidos pelos parentes mais próximos. O STJ, para ajustar os alimentos de direito de família ao caráter personalíssimo, mantém firme a posição de que a obrigação alimentar não é transmissível com a herança, salvo na mencionada situação excepcional.

Admitir a transmissão da obrigação alimentar, em especial diante do dinamismo familiar atual, teríamos de conviver com situações inusitadas, como a possibilidade de viúvas pagarem pensão a ex-companheiras ou até mesmo na hipótese em que determinados irmãos pagariam alimentos a outro irmão que não morava com o falecido alimentante, de forma a acarretar diferenciação entre filhos, porquanto um deles receberia cota maior que os outros.

Portanto, excluída a possibilidade de transmissão da obrigação alimentar, salvo quando houver prévio acordo ou condenação e o credor for herdeiro, até a partilha e nos limites das forças da herança, prevalece o personalíssimo. Tal relação patrimonial não integra a herança.

Portanto, para que, excepcionalmente e de forma temporária, a transmissão da obrigação alimentar ocorra e se concretize, a regra prevista no art. 1.700 do CC somente pode incidir se houver prévia condenação judicial ou acordo antes da morte do devedor.

A obrigação alimentar deve estar materializada em título judicial (sentença ou acordo homologado) ou extrajudicial. A transmissão seria de obrigação predefinida e predeterminada. No entanto, o limite é a partilha. Finalizado o espólio e partilhados os quinhões, retorna-se à regra geral do caráter personalíssimo.

Se não houver prévio acordo ou condenação, não se transmite o dever jurídico de prestar alimentos, justamente em razão do seu caráter personalíssimo (a obrigação, nesse caso, seria até a partilha). O caráter personalíssimo impõe que a obrigação alimentar seja pretendida em razão daqueles sujeitos e por aqueles sujeitos previamente designados em lei, com base nos critérios da proporcionalidade e razoabilidade, necessidade e adequação. Se não houver acordo ou prévia condenação, a obrigação de alimentos estará prevista em lei e, nesse caso, não há sentido lógico-jurídico em transmitir a obrigação de prestar alimentos, em termos concretos, se a própria lei, em termos abstratos, impõe que os alimentos sejam pleiteados daqueles parentes mais próximos que têm capacidade para suportar o encargo.

A obrigação alimentar decorre da lei e, por isso, a transmissão somente é possível se tal obrigação foi previamente materializada em acordo ou sentença judicial.

Se o credor for herdeiro e desde que haja acordo ou sentença judicial reconhecendo e conferindo a essa pessoa direito aos alimentos, será possível que ela exija alimentos do espólio até a partilha, de modo que, feita a partilha, também cessa a obrigação alimentar. Se não houver prévio acordo ou condenação, seria possível demandar o espólio, também até a partilha.

Em vários precedentes, como no REsp 1.354.693/SP, o STJ ainda defende que apenas as dívidas vencidas seriam transmissíveis, nos limites das forças da herança, jamais a própria obrigação alimentar. Aliás, as dívidas vencidas, ainda que decorram de obrigação alimentar, devido à natureza patrimonial e não personalíssimas (as vencidas), são transmissíveis e, neste caso, devem ser pagas nos limites das forças da herança (art. 1.792 do CC). As dívidas vencidas não se confundem com a obrigação alimentar, ainda que decorram desta.

A obrigação alimentar, em razão do caráter personalíssimo, em nenhuma hipótese poderia ser transmitida a herdeiros do devedor. Não é por outra razão que a doutrina e a jurisprudência impõem restrições e limites objetivos para tal transmissão, tudo a fim de harmonizar a regra do art. 1.700 com o caráter personalíssimo.

Como se observa, a fim de compatibilizar a regra da transmissibilidade da obrigação alimentar com o caráter personalíssimo dos alimentos, o art. 1.700 do CC é interpretado de forma absolutamente restrita.

6.11.4.3. Irrenunciabilidade

Preceitua o art. 1.707 do Código Civil que é vedado ao credor renunciar a seu direito aos alimentos.

Tal norma legal também merece interpretação adequada para conferir coerência ao sistema. Em regra, os alimentos são irrenunciáveis, por conta da vinculação dessa obrigação a direitos fundamentais da pessoa humana, como a vida e a plena saúde. Todavia, tal irrenunciabilidade somente se justifica enquanto houver, entre obrigados, credores e devedores, vínculo de direito de família, como relação de parentesco.

A causa jurídica preponderante da obrigação alimentar é a necessidade.

Por essa razão, com relação a esse dispositivo, pertinente fazer a ressalva de que não é dado ao credor incapaz renunciar aos alimentos, ainda que representado pela mãe ou pelo pai. Até a maioridade os alimentos são fundamentados no poder familiar e, após, na relação de parentesco entre pais e filhos. No entanto, se o credor é capaz e, caso não haja vínculo de parentesco, a renúncia é possível.

Essa é a posição pacífica da doutrina e da jurisprudência. A tese consolidada na Súmula 379 do STF, que assevera que "no acordo de desquite não se admite renúncia aos alimentos, que poderão ser pleiteados ulteriormente, verificados os pressupostos legais", está superada.

Com efeito, quanto ao art. 1.707, na parte que trata da vedação da renúncia, o Enunciado 263 do CJF dispõe que: "O art. 1.707 do Código Civil não impede seja reconhecida válida e eficaz a renúncia manifestada por ocasião do divórcio (direto ou indireto) ou da dissolução da 'união estável'. A irrenunciabilidade do direito a alimentos somente é admitida enquanto subsista vínculo de direito de família".

Portanto, nota-se que o fator determinante da irrenunciabilidade dos alimentos é justamente a incapacidade ou capacidade do credor dos alimentos, bem como a manutenção do vínculo familiar, como ocorre nas relações de parentesco.

Não viola a irrenunciabilidade a realização de acordo de alimentos com a finalidade de exonerar o devedor do pagamento de alimentos devidos e não pagos, pois o art. 1.707 se refere à irrenunciabilidade dos alimentos presentes e futuros, mas não se aplica às prestações vencidas (mero direito patrimonial disponível, inclusive se o credor for incapaz – neste caso, por meio de seus representantes). Nesse sentido, o entendimento do STJ, no Recurso Especial 1.529.532-DF (9-6-2020).

O fundamento da possibilidade de alguém capaz renunciar aos alimentos, com a impossibilidade de os requerer novamente, é o princípio da boa-fé objetiva, da proibição de comportamento contraditório (nem *venire contra factum proprium*), também desdobramento da teoria do abuso de direito.

O credor capaz e que não tenha relação de parentesco com o devedor pode renunciar ao direito a alimentos e, nesse caso, ficaria vedado o pedido posterior.

Ora, se uma pessoa capaz renuncia ao seu direito aos alimentos, ela cria no devedor a expectativa de que eles não são mais necessários. Desse modo, se vier a posteriormente exigir alimentos daquele em favor de quem renunciou, estar-se-ia diante de um comportamento contraditório.

Dessa forma e diante desse modelo pós-positivista, os valores sociais constitucionais passam a interagir com o direito de família. A teoria do abuso de direito é fruto desse modelo pós-positivista e, como base nela, a irrenunciabilidade é restrita aos incapazes.

Por fim, necessário ainda registrar a Súmula 336 do STJ: "A mulher que renunciou aos alimentos na separação judicial tem direito à pensão previdenciária por morte do ex-marido, comprovada a necessidade econômica superveniente". O STJ, embora admita a validade e eficácia da renúncia do cônjuge ou companheiro em relação aos alimentos por ocasião do divórcio ou da dissolução da sociedade conjugal, de forma incoerente, mantém a Súmula 336, ou seja, a renúncia aos alimentos fundados no direito de família não repercute no eventual direito à pensão previdenciária, em caso de necessidade econômica superveniente. A incoerência é manifesta, mas tal entendimento vem sendo mantido.

6.11.4.4. Atualidade

Pela característica da atualidade, as prestações alimentícias, consideradas de trato sucessivo no tempo devem ser fixadas com base em índice oficial regularmente estabelecido, de modo a garantir um critério seguro de correção monetária diante dos efeitos drásticos da inflação.

Nesses termos, determina o art. 1.710 do *Codex* a atualização segundo índice oficial regularmente estabelecido.

Cumpre asseverar que, a despeito da vedação constitucional contida no art. 7º, inciso IV, de indexar qualquer obrigação ao salário mínimo, há entendimento na jurisprudência estabelecendo a adoção do salário mínimo para as obrigações de natureza alimentar, em não havendo a viabilidade de fixar os alimentos em percentual a ser abatido diretamente dos proventos do alimentante. Todavia, o entendimento firmado pelo STF é o de vedação a qualquer vinculação.

Cabe ressaltar ainda que a característica da atualidade das prestações alimentícias é objeto da Súmula 309 do STJ, no seguinte sentido: "O débito alimentar que autoriza prisão civil do alimentante é o que compreende as três prestações anteriores ao ajuizamento da execução e as que vencerem no curso do processo".

6.11.4.5. Futuridade

De acordo com a futuridade, os alimentos não podem ser cobrados retroativamente. A obrigação alimentícia é sempre para frente e se presta à satisfação do alimentado, quanto às suas necessidades presentes e futuras.

Diante disso, caso o direito aos alimentos só tenha sido exercido em certa idade (facultatividade), não pode o alimentando cobrar o crédito alimentar referente aos anos anteriores ao ajuizamento da ação ou anterior à data a partir da qual algum responsável legal passou a prestá-los espontaneamente.

Há que asseverar que essa qualidade atribuída aos alimentos não obsta a execução das parcelas alimentícias fixadas outrora pelo juiz e não pagas pelo alimentante, no prazo prescricional de dois anos, nos termos do § 2º do art. 206 do Código Reale.

6.11.4.6. Imprescritibilidade

O direito de requerer alimentos é uma faculdade apresentada ao alimentando, podendo o credor não exercer esse direito, se assim o desejar (art. 1.707, CC).

Se o alimentando não usufruiu e não exerce o direito fundamental aos alimentos de imediato, assim que surge a necessidade alimentar (presumida ou provada), não há empecilho a que essa garantia seja exercida a qualquer momento pelo seu detentor, uma vez que a obrigação alimentar (direito material) não prescreve.

O que prescreve são as prestações vencidas e, nos termos do art. 206, § 2º, do Código Civil, prescreve em dois anos, a partir do dia em que se vencerem, a pretensão para haver prestações alimentares. Cumpre lembrar que não corre prazo de prescrição das prestações vencidas contra o absolutamente incapaz (de 0 a 16 anos), nos termos do art. 198, I, do CC. Nesse caso, o prazo de dois anos só começa a correr quando o credor deixar de ser absolutamente incapaz.

O argumento por trás da imprescritibilidade dos alimentos é o de que a obrigação alimentar se renova a cada novo dia. Destarte, não há como a prescrição se operar, tendo em vista essa peculiaridade conferida aos alimentos, que se renovam diariamente.

6.11.4.7. Não solidariedade

Os alimentos são obrigações autônomas, divisíveis, independentes e não solidárias. Essa última característica diz respeito ao fato de a obrigação alimentar poder ser imputada a diversos devedores, sem que haja solidariedade entre eles. Aliás, a ausência de solidariedade é desdobramento lógico do caráter personalíssimo da obrigação alimentar. Se o personalismo se relaciona à definição dos obrigados e do valor, não haveria possibilidade de se reconhecer qualquer solidariedade. A solidariedade seria incompatível com o personalismo da obrigação alimentar.

A solidariedade, como dispõe o CC, não se presume. Resulta da lei ou da vontade das partes. A obrigação alimentar, fundada no direito de família e prevista em lei, tem caráter subsidiário e, eventualmente, complementar, porque se condiciona à possibilidade de cada um dos devedores. No caso de pluralidade de obrigados, ou seja, vários parentes devedores que estão no mesmo grau de parentesco (a partir das regras de proximidade e reciprocidade), cada um pagará alimentos na proporção dos seus recursos. A divisibilidade e o fracionamento da obrigação alimentar no caso de pluralidade de devedores são essenciais para compatibilizá-la com o caráter personalíssimo. O caráter personalíssimo dos alimentos, portanto, repercute, de forma direta, na vedação à solidariedade. Cada devedor/obrigado responderá, de forma autônoma, pela cota-parte correspondente à sua possibilidade.

É esse o entendimento pacífico na doutrina e jurisprudência, de modo que não existe tal previsão de solidariedade no Código Civil de 2002.

Como ressaltado, a solidariedade não se presume, nos conformes do que preceitua o art. 265 do *Codex*, devendo estar expressa na lei ou decorrer da vontade das partes. A obrigação de prestar alimentos, mesmo no caso de pluralidade de devedores, é divisível (art. 257 do CC). Os alimentos devem ser fixados na proporção da necessidade de quem pede e na possibilidade do obrigado a tal prestação.

Consoante determina o art. 1.698 do Código Civil, sendo várias as pessoas obrigadas a prestar alimentos, todas concorrerão na proporção das suas possibilidades financeiras. Assim, o encargo de pagar os alimentos pode ser repartido entre vários responsáveis, não solidários, que possuam condições financeiras capazes de cumprir tal obrigação, conforme a condição econômica de cada indivíduo considerado isoladamente.

O art. 1.698 do CC é de clareza solar quando prevê que, se várias forem as pessoas obrigadas, cada uma delas, de forma autônoma e independente, deve concorrer na proporção de seus recursos. A divisibilidade se conforma com o caráter personalíssimo da obrigação alimentar.

Em verdade, os alimentos poderão ser fixados, de forma fracionada, com cotas diferentes, entre os devedores. Em razão da divisibilidade, cada devedor somente responderá pela sua respectiva cota-parte. Revela-se aqui a peculiaridade referente à divisibilidade da obrigação alimentar, quando a norma enuncia que todos concorrerão "na proporção de suas possibilidades".

Como acima mencionado, o personalismo é retratado não só nos critérios para definir o dever alimentar entre parentes ou entre ex-cônjuges e ex-companheiros, como também na apuração do valor, uma vez que são levadas em conta a situação social, pessoal e econômica do credor e do devedor. São tais aspectos pessoais do credor e devedor que determinarão o valor da obrigação alimentar. Tal personalismo impõe a divisibilidade no caso de pluralidade de devedores. É consequência lógica e natural do personalismo.

Nesse sentido, se um pai paga alimentos a seu filho e o avô complementa o valor da pensão, na hipótese de o pai deixar de pagar a sua parte, não poderá o credor cobrar a dívida referente ao seu pai do seu avô, em virtude da não solidariedade.

De acordo com o art. 1.696 é recíproca entre pais e filhos a prestação alimentícia, sendo extensivo a todos os ascendentes, recaindo a obrigação nos mais próximos em grau, na falta de outros. O art. 1.697 dispõe que, na falta dos ascendentes, cabe aos descendentes a obrigação de pagar os alimentos, assegurada a ordem de sucessão e, na falta destes, aos irmãos, tanto germanos quanto unilaterais. Desses dispositivos nota-se a quem incumbe o dever alimentício e que há uma ordem legalmente fixada a ser seguida para a cobrança dos alimentos.

Importa, demais disso, chamar atenção ao regramento excepcional trazido pelo art. 12 do Estatuto do Idoso (Lei n. 10.741/2003), que dispõe ser solidária a obrigação alimentar devida aos idosos. Revela-se tal dispositivo como garantidor de especial proteção e atento à prioridade com a qual devem os anciãos ser tratados. Todavia, também é incompatível com o caráter personalíssimo da obrigação alimentar. As críticas ao dispositivo procedem.

Nessa linha de reflexão, asseveram Chaves e Rosenvald[53] que "sem dúvida o dispositivo é criticável – e não por poucos motivos. Com efeito, de modo a afastar-se das regras gerais norteadoras dos alimentos, o Estatuto do Idoso vulnera, frontalmente, o princípio da reciprocidade, uma vez que os alimentos pleiteados por uma criança ou adolescente em face de um idoso não contam com a característica da solidariedade. Ou seja, regras diferentes para pessoas que merecem idêntica proteção integral e prioritária".

À luz do que se expôs, necessário se faz atentar-se à peculiaridade referente à obrigação alimentar aos idosos ser solidária, conforme disciplinou a Lei n. 10.741/2003, para não fazer confusão com o regramento exposto pelo Código Civil, segundo o qual a obrigação alimentar é não solidária, o que gera como consequência tratamento diferenciado ao se comparar a obrigação alimentar prestada a uma criança ou adolescente com os alimentos prestados aos idosos.

Mister se faz acrescentar que a questão relativa à não solidariedade será melhor desenvolvida e aprofundada em tópico adiante, com observações sobre o chamamento à lide, que consta na parte final do art. 1.698 do CC/2002.

A parte final do art. 1.698 merece reflexão autônoma.

6.11.4.8. Irrepetibilidade

Como decorrência lógica da característica da irrepetibilidade, aquilo que foi pago em cumprimento a uma obrigação alimentar não será devolvido pelo alimentado, por se tratar de garantia constitucionalmente estabelecida para assegurar o mínimo existencial material.

Esse entendimento foi abraçado pelo STJ no REsp 1.440.777/SP.

Destarte, não há como pedir restituição do indébito alimentar, ainda que desconstituída a paternidade ou anulado o casamento. Nesse sentido, sempre se considerou a irrepetibilidade absoluta. Todavia, a doutrina vem discutindo se essa irrepetibilidade seria, na verdade, relativa. No ponto, seria relativa nos casos gravíssimos de dolo e de má-fé, como forma de indenização.

Em decisão recente, o STJ, no Recurso Especial 1.814.639, considerou que o genitor devedor poderia fiscalizar e acompanhar os gastos com o filho que não está sob sua guarda, a fim de apurar se os recursos estão sendo destinados ao atendimento das despesas básicas da criança ou adolescente. Tal poder de fiscalização somente é possível se houver indícios graves de malversação, o que poderia justificar a repetição.

Importa, demais disso, destacar que não há falar em exoneração automática dos alimentos, devendo tal situação decorrer somente após decisão judicial proferida nesse sentido nos autos de uma ação de exoneração de alimento, na qual tenham sido assegurados a ampla defesa e o contraditório ao alimentando, conforme regra bem conhecida por todos no art. 5º, inciso LV, da Carta Magna.

6.11.4.9. Incompensabilidade

Conforme esclarecido, não podem os alimentos ser compensados, em decorrência lógica do caráter personalíssimo atribuído a eles. Nessa trilha, não cabe compensação voluntária, compensação judicial, nem compensação legal. É o que dispõem os arts. 373, inciso II, e 1.707, últi-

---

[53] FARIAS, Cristiano Chaves de; ROSENVALD, Nelson. *Curso de direito civil, Famílias*. São Paulo: Atlas, 2015, p. 684.

ma parte, ambos referentes à Lei Civil. Nesse sentido, aliás, a Súmula 621 do STJ.

Vale sublinhar que, não obstante a regra expressamente imposta, que determina a impossibilidade de compensação dos alimentos, existem alguns precedentes do STJ permitindo a compensação de dívida alimentícia, por óbvio, em casos excepcionais, em se tratando de situações de flagrante enriquecimento sem causa do alimentando, quando se vislumbrar situações nas quais o credor tenha aferido certa parcela alimentícia em montante superior ao fixado judicialmente (REsp 1.287.950/RJ).

Portanto, apesar da vedação legal à compensação de crédito alimentar (art. 1707 do CC), tal regra não tem caráter absoluto. Em situações absolutamente excepcionais, com o objetivo de evitar o enriquecimento sem causa do alimentando (credor de alimentos), eventuais despesas *in natura* (habitação, plano de saúde, educação, desde que também não integrem a obrigação do devedor), podem ser deduzidas da pensão alimentícia fixada *exclusivamente* em pecúnia.

Salvo tal hipótese excepcional de se compensar dívida alimentícia, não há falar em compensação, mesmo nas situações nas quais o genitor ou responsável pelo débito proveniente de alimentos arque com alguma despesa supérflua voluntariamente paga ao alimentando, querendo cobrá-la posteriormente.

6.11.4.10. Impenhorabilidade

Revela-se impenhorável o crédito alimentar, como forma de resguardar a dignidade do alimentado e, consequentemente, a sua própria integridade. Não fosse assim, estaria sem proteção o beneficiário dos alimentos. Encontra-se referida garantia no parágrafo único do art. 813 do *Codex* e no art. 833, IV, do Código de Processo Civil de 2015.

Não poderia ser diferente, tendo em vista a peculiaridade atribuída aos alimentos, imprescindíveis à própria sobrevivência do credor da pensão. Em verdade, cumpre aos alimentos o propósito de assegurar a subsistência daqueles que não possuem condições de prové-los por si próprios, e não o de garantir aos credores do alimentando o cumprimento da dívida obtida por ele.

Merece ser destacado que, até em casos de pensões alimentícias de valores muito altos, não pode referida verba alimentícia ser penhorada, mesmo que em parte, mensalmente, até que seja quitada a dívida feita pelo alimentando. Isso tendo em vista que, se referido montante foi determinado judicialmente ou por meio de acordo, é porque foi essa a quantidade que se justificou para atender às necessidades do alimentado. É essa a linha de exposição preconizada por Rolf Madaleno[54].

Malgrado exista essa fundamental e importante característica atribuída aos alimentos, há que destacar que existem duas exceções. A primeira trata-se dos casos em que há a possibilidade de penhora dos alimentos para o pagamento de outra pensão alimentícia. Daí que decorre a possibilidade de se penhorarem os vencimentos dos professores, magistrados, funcionários públicos, quando se tratar de garantir a verba alimentar de outrem.

A outra exceção diz respeito à possibilidade de penhorar os bens provenientes da quantia advinda da pensão alimentícia, conquanto não sejam protegidos pela regra da impenhorabilidade contida na Lei do Bem de Família (Lei n. 8.009/90).

6.11.5. Os sujeitos ativo e passivo da obrigação alimentar (noções gerais – reciprocidade)

O sujeito ativo da obrigação alimentar também é denominado alimentando, alimentado, credor; enquanto o sujeito passivo também é denominado alimentante, devedor, entre outras denominações.

No ponto, primeiramente, é interessante compreender a distinção entre obrigação alimentar e dever alimentar. Preceitua o art. 229 da Carta Magna que: "Os pais têm o dever de assistir, criar e educar os filhos menores, e os filhos maiores têm o dever de ajudar e amparar os pais na velhice, na carência ou enfermidade".

Não há dúvida da reciprocidade da obrigação alimentar quando fundada no parentesco. O filho, que hoje é credor de alimentos, poderá futuramente se tornar devedor. Com o passar dos anos, as posições de devedor e credor poderão se inverter.

O devedor de alimentos dos pais em relação aos filhos menores tem como fundamento o poder familiar. Em relação aos filhos maiores, não há dever de alimentos, porque não há poder familiar. Todavia, com base na relação de parentesco, a partir dos critérios de reciprocidade e proximidade, há obrigação alimentar entre pais e filhos.

A obrigação alimentar pode advir não só de uma relação entre pais e filhos, mas também pode surgir em decorrência do casamento, da união estável ou de relação de parentesco mais distante, outros ascendentes, descendentes e irmãos. Cumpre ressaltar que a obrigação alimentícia é decorrência lógica do princípio constitucional da solidariedade social e familiar. Com efeito, a estipulação dos alimentos é norteada pela cooperação que deve existir entre os membros de uma família. Nessa linha, a reciprocidade se apresenta como consectário natural do caráter solidário dos alimentos.

---

[54] MADALENO, Rolf. *Curso de direito de família*. Rio de Janeiro: Forense, 2008, p. 966.

Da leitura dos arts. 1.696 e 1.697 do Código Civil, observa-se a reciprocidade da obrigação alimentar e sua extensão indefinida na linha reta, de modo que, na falta dos ascendentes em primeiro lugar e, em segundo lugar, dos descendentes, a solidariedade constitucional é buscada na linha colateral em segundo grau.

Diante de tal lógica, imperioso ressaltar que a existência de parentes mais próximos na linha reta exclui os mais remotos da obrigação de prestar os alimentos, de modo que a obrigação alimentícia é devida inicialmente pelos pais, na falta ou impossibilidade, pelos avós, e assim sucessivamente.

Em decorrência dessa ordem obrigatória, não cabe aos filhos requerer alimentos primeiramente de seus avós, se ambos os pais ou o genitor não guardião possuírem capacidade financeira para tanto, por mais que a capacidade econômica avoenga seja muito melhor que a dos seus genitores.

A respeito desse assunto existe importante Enunciado, de n. 342, do CJF, que dispõe: "Observadas suas condições pessoais e sociais, os avós somente serão obrigados a prestar alimentos aos netos em caráter exclusivo, sucessivo, complementar e não solidário quando os pais destes estiverem impossibilitados de fazê-lo, caso em que as necessidades básicas dos alimentandos serão aferidas, prioritariamente, segundo o nível econômico-financeiro de seus genitores".

Advirta-se que o STJ, no HC 38.314/MS, decidiu sobre a necessidade imperiosa de comprovação da impossibilidade financeira do genitor não guardião, ou de ambos os pais, de prestar alimentos a seu filho.

Outro ponto que merece ser destacado refere-se ao princípio da proporcionalidade, também decorrência do caráter personalíssimo.

Nos termos do § 1º do art. 1.694 do Código Civil de 2.002, os alimentos devem ser fixados na proporção das necessidades do credor e da possibilidade da pessoa obrigada a prestá-los, sendo esse o único critério estipulado em lei.

Ressalte-se que na apuração da possibilidade do alimentante serão observados os sinais exteriores de riqueza. Nesse sentido há o Enunciado 573 do CJF.

Ademais, o art. 1.695 do CC estabelece quando são devidos os alimentos, no sentido de que estes devem ser prestados nas hipóteses de insuficiência de bens por parte de quem os pleiteia ou quando o alimentando não puder prover sozinho seu sustento, por meio do trabalho, conjugando com o fato de que aquele de quem se pretende os alimentos possa prestá-los, sem desfalque do necessário ao seu sustento.

Por conseguinte, na fixação do valor da pensão alimentícia o juiz sempre levará em consideração referido binômio, parâmetro estipulado em lei para que não haja desconformidade entre aquele que será o beneficiário dos alimentos e aquele que os pagará.

Nessa lógica, não foi por outro motivo que o art. 1.699 do Código Civil determinou que podem os alimentos fixados ser exonerados, reduzidos ou majorados caso haja mudança na situação financeira de quem os supre ou na de quem os recebe.

6.11.6. A divisibilidade da obrigação alimentar e a natureza da intervenção subjetiva prevista no art. 1.698 do CC

Prima facie, necessário se faz relembrar que os alimentos têm como uma de suas características a divisibilidade, como decorrência lógica do personalismo da obrigação alimentar. Não há solidariedade entre os coobrigados. Trata-se de obrigação divisível.

Se houver mais de um devedor (os pais ou os avós), todos respondem pelos alimentos na proporção de seus recursos, a teor do disposto no art. 1.698 do Código Civil.

O STJ, no Recurso Especial 1.715.438/RS, de relatoria da nobre Ministra Nancy Andrighi, considerou que a natureza jurídica do mecanismo de integração posterior do polo passivo previsto no art. 1.698 do CC, é de litisconsórcio facultativo ulterior simples, que se forma por iniciativa exclusiva do autor, se for capaz, ou por iniciativa do autor, réu e MP, quando o credor dos alimentos for incapaz.

Como ressaltado, a obrigação alimentar não é solidária (ressalve-se a previsão no art. 12 do Estatuto do Idoso), mas divisível, em razão do caráter personalíssimo e das premissas fáticas e jurídicas desta obrigação. De acordo com o controvertido art. 1.698 do CC, se forem várias as pessoas obrigadas (ambos os pais vivos ou dois ou mais avós vivos), todas devem concorrer na proporção de seus respectivos recursos. Portanto, se houver multiplicidade de devedores que estão no mesmo grau de proximidade do credor, cada um deverá contribuir com a prestação alimentícia, de acordo com a sua possibilidade econômica. Assim, as obrigações dos coobrigados são autônomas e independentes, portanto, divisíveis (art. 257 do CC).

Nesta hipótese de multiplicidade de devedores, o mesmo art. 1.698, na parte final, dispõe que intentada a ação contra apenas uma dessas pessoas, poderão as demais ser chamadas a integrar a lide. Daí o problema: Qual a natureza jurídica dessa integração? Seria espécie de intervenção de terceiro (atípica ou anômala); litisconsórcio facultativo; litisconsórcio necessário ou chamamento ao processo?

De acordo com o STJ, no referido precedente persuasivo, litisconsórcio facultativo. E a legitimidade para promover a integração?

O STJ, no referido precedente, considerou que a legitimidade dependeria da capacidade ou incapacidade do credor de alimentos. Se capaz, apenas o credor poderia promover a integração do coobrigado ao processo. Se incapaz, qualquer das partes e o MP.

Em relação ao tema em debate, em nosso sentir, houve equívoco na decisão. A obrigação alimentar é dotada de inúmeras especificidades que a incompatibilizaria com o litisconsórcio (simples ou necessário) e o chamamento ao processo. Na realidade, somos adeptos da corrente de que se trata de intervenção anômala ou atípica, a ser instaurada por provocação de qualquer das partes. Autor e réu podem convocar os demais coobrigados para o processo, a depender das circunstâncias do caso concreto.

No caso do autor, embora tenha inicialmente optado em demandar apenas contra um réu, ao perceber que a capacidade econômica deste não é suficiente para suprir a sua necessidade, poderia integrar os demais coobrigados. Ainda que o réu possa convocar os demais coobrigados, por ser a obrigação alimentar divisível, tal integração não lhe traria qualquer benefício. Não seria o caso de chamamento ao processo, porque a obrigação alimentar não é solidária. A natureza jurídica da obrigação de alimentos (divisível e personalíssima) e a ausência de previsão legal afastam o litisconsórcio necessário. Não há como defender o litisconsórcio facultativo ulterior, pois o réu estaria por obrigar o autor a litigar contra quem não pretendeu, o que viola o princípio da demanda e contraria a lógica da facultatividade do litisconsórcio simples!!!

Não é possível resolver tão complexa questão com institutos de direito processual, como o litisconsórcio e o chamamento ao processo, que possuem limites que se incompatibilizam com a obrigação alimentar.

Em relação aos legitimados, não há fundamento jurídico e científico capaz de condicionar a legitimidade para provocar a intervenção à capacidade ou incapacidade do autor, como sugere a decisão judicial em comento. É, por isso, intervenção anômala, cuja integração posterior de coobrigado deve ser avaliada e apurada à luz de inúmeras circunstâncias objetivas e concretas.

Trata-se de intervenção de terceiros anômala, típica e exclusiva para a obrigação de alimentos, que pode ser provocada por qualquer das partes e o Ministério Público.

Nessa linha de ideias, há o Enunciado 523 do CJF, que assim dispõe: "O chamamento dos coobrigados para integrar a lide, na forma do art. 1.698 do Código Civil, pode ser requerido por qualquer das partes, bem como pelo Ministério Público, quando legitimado."

À luz do que se expôs e levando em conta o Enunciado 523, percebe-se que tanto o alimentando quanto os parentes coobrigados, bem como o Ministério Público, quando for legitimado, podem requerer o chamamento de todos que estejam no mesmo grau.

Há precedentes do STJ de que seria o caso de litisconsórcio passivo necessário (REsp 958.513/SP).

Ainda que o STJ tenha se inclinado inicialmente para a tese do litisconsórcio passivo necessário, boa parcela da doutrina, em especial processual, como Freitas Câmara[55] e, na recente decisão acima mencionada, passa-se à tese do litisconsórcio facultativo. O problema dessa tese é que a intervenção ficaria restrita a ser invocada pela parte autora, porque o réu não pode obrigar o autor a demandar contra quem não deseja.

6.11.7. Alimentos entre cônjuges, alimentos entre companheiros e alimentos decorrentes da relação de parentesco

Os alimentos, como direito fundamental assegurado constitucionalmente e em consonância com sua essencial necessidade para a própria sobrevivência humana, podem ser fixados em decorrência do vínculo matrimonial, do vínculo advindo de uma união estável e, especialmente, do vínculo derivado da relação de parentesco.

O Código Civil, em seu art. 1.694, afirma que os parentes, cônjuges e companheiros podem pedir reciprocamente os alimentos necessários a lhes proporcionar viver de modo compatível com sua condição social, inclusive com o fim de garantir as necessidades de sua educação.

Tratam-se os alimentos de um dever imposto por lei, de modo que devem os parentes prestar-se auxílio mutuamente. Da mesma forma, devem os cônjuges e companheiros ajudar-se na sua subsistência, durante o matrimônio e a união estável, ou na hipótese de um divórcio ou do fim da união.

Imperioso ressaltar que entre os cônjuges há os chamados alimentos compensatórios, devidos na ocorrência da ruptura do vínculo conjugal, em que fica caracterizado um desequilíbrio econômico na comparação com o estilo de vida vivido outrora, durante o casamento. Nesse sentido, os alimentos compensatórios vêm justamente amenizar a disparidade causada com o divórcio.

A partir de agora será feita a análise detida de cada uma das hipóteses supramencionadas.

6.11.7.1. Alimentos em razão da relação de parentesco (descendentes, ascendentes, nascituro, avoenga, guarda e tutela, irmãos e parentes colaterais)

Os alimentos baseados no parentesco têm como fundamento o princípio da solidariedade social e familiar. Eles são devidos entre os parentes, na linha reta (ascendentes e descendentes, pouco interessando aqui se os filhos são de origem biológica, adotiva ou provenientes de uma relação afetiva), sem limitação de grau, e, na linha colateral, apenas no segundo grau (irmãos). É o que estabelecem os arts. 1.694 e 1.697 do Código Civil.

Nessa linha de ideias, a Lei Civil não permite que se reclamem alimentos dos parentes consanguíneos que não sejam de segundo grau. Assim, não podem figurar como responsáveis alimentares tios, sobrinhos, primos, tios-avós, sobrinhos-netos. Da mesma forma, a lei não tolera que se reclamem alimentos dos parentes por afinidade, como os sogros, cunhados, genros e noras.

Preconiza o art. 1.696 do *Codex* que a obrigação alimentar é recíproca entre os parentes, sendo extensiva a todos os ascendentes. Assim, não há limites na linha reta de parentesco, preferindo-se os parentes mais próximos aos mais remotos.

---

[55] CÂMARA, Alexandre Freitas. *Lições de direito processual civil.* 21. ed. São Paulo: Atlas, 2014.

Com relação à obrigação civil alimentar devida aos descendentes, cumpre mencionar que ela pode ser prestada tanto aos incapazes (crianças e adolescentes) quanto aos capazes (maiores de 18 anos), com algumas particularidades.

Os alimentos prestados em favor do descendente menor têm como fundamento primordial o exercício do poder familiar, incumbido aos genitores. Ao observar as regras do poder familiar (art. 1.634 do CC), verifica-se no inciso I que compete aos pais dirigir a criação e a educação dos filhos menores. Nesse sentido, a prestação de alimentos é abrangida pela criação estipulada na lei.

É irrelevante a espécie do vínculo de filiação (biológico, em razão da adoção ou advindo de uma parentalidade afetiva), porquanto a obrigação alimentar será prestada pelos genitores da mesma maneira e na mesma proporção. Outrossim, mesmo que o descendente menor seja detentor de patrimônio, fruto do recebimento de herança ou doações, aos pais cumprirá a obrigação de lhes prestar alimentos.

Contudo, excepcionalmente, caso os genitores não tenham condições de suportar tal obrigação e na hipótese de seus filhos possuírem rendimentos ou abundante patrimônio, eles poderão vir a ficar desobrigados do encargo alimentício.

A despeito dessa excepcional situação, importante ressaltar que, por mais precária que seja a condição financeira do genitor, ela não modifica o dever de sustento dos filhos. Contudo, poderá ensejar, se for o caso, a redução do valor da pensão, nos ditames do art. 1.699 do CC.

Em decorrência da relação de parentesco há outros assuntos específicos a serem considerados no âmbito do poder familiar, no instituto da emancipação e na seara criminal.

Com efeito, necessário chamar atenção ao fato de que o descumprimento da obrigação de prestar alimentos ao filho incapaz pode acarretar a destituição do poder familiar, e, até mesmo, a configuração do crime de abandono material, tipificado no art. 244 do Código Penal.

Registre-se que, se ocorrer a destituição do poder familiar, os genitores não ficam desobrigados dos direitos e deveres dele decorrentes e, consequentemente, a obrigação alimentar prestada por eles aos filhos não desaparece. Isso em razão de não ter ocorrido a extinção do poder familiar, que gera como consequência a colocação do menor em família substituta, na modalidade adoção, mas a sua destituição. Não há o rompimento dos vínculos parentais com a destituição do poder familiar.

No que diz respeito à emancipação, a legislação civil dispõe no sentido de que a voluntária não desobriga os pais de prestar alimentos ao emancipado. No ponto, apenas a emancipação legal traz como consequência a exoneração dos pais do dever de prestar alimentos. Assim, o legalmente emancipado, havendo necessidade de subsistência, ainda assim poderá requerer alimentos de seus genitores, mas agora em razão apenas do parentesco e não mais em decorrência do poder familiar.

Outro aspecto de especial relevância diz respeito ao fundamental papel do Ministério Público quando o assunto é alimentos e incapazes. Constata-se a atribuição dessa instituição no arts. 178, inciso II, e 698, ambos do CPC.

No ponto, é o Estatuto da Criança e do Adolescente que traz, em seu art. 201, inciso III, atribuição específica ao MP, ao dispor que lhe compete promover e acompanhar as ações de alimentos. Assim, quando devidos alimentos aos incapazes, o Ministério Público poderá pleiteá-los (em substituição processual), caso os responsáveis pelo menor assim não o façam.

6.11.7.2. Os alimentos em favor do descendente maior e capaz

A obrigação alimentar também pode ser prestada aos descendentes maiores e capazes, quando estes necessitarem de ajuda para sua subsistência, por ainda não terem um emprego e caso estejam fazendo uma graduação. A partir dos 18 anos de idade, a pessoa se torna civilmente capaz, mas isso não afasta a obrigação dos pais de prestar alimentos, que passam a ser devidos com fundamento não mais no poder familiar, que cessou, mas sob o fundamento do parentesco, para a formação profissional.

Hoje, com o mercado de trabalho cada vez mais capacitado e competitivo, os jovens têm iniciado sua jornada laboral mais tarde, sobretudo depois de graduados ou pós-graduados.

Sobre o assunto, cabe expor as palavras bem colocadas por Rolf Madaleno[56]: "Os gastos dos filhos maiores de idade ou menores emancipados continuarão tendo de ser atendidos pelos pais com os quais convivem e dos quais dependem financeiramente enquanto complementam sua educação e formação necessários para que possam ter um futuro e uma carreira profissional, prolongando-se o vínculo de alimentos até que a prole alcance sua autossuficiência econômica, que nem sempre encerra com o fim dos estudos, devendo ser estabelecido um limite temporal de extinção dos alimentos para evitar excessos". Sem dúvidas, lhe assiste razão.

Existe o Enunciado 344 do CJF, que dispõe a respeito do supra-abordado: "A obrigação alimentar originada do poder familiar, especialmente para atender às necessidades educacionais, pode não cessar com a maioridade".

Conforme dito, não é porque se atingiu a maioridade civil que o filho passa a não mais necessitar de ajuda financeira para o seu sustento.

Imprescindível também salientar a existência da Súmula 358 do STJ que, com acerto, afirma: "O cancelamento de pensão alimentícia de filho que atingiu a maioridade está sujeito à decisão judicial, mediante contraditório, ainda que nos próprios autos". Deve o responsável alimentar ajuizar ação de exoneração ou formular pedido nos próprios autos da ação de alimentos, de modo que só após o trânsito em julgado do feito, respeitados o contra-

---

[56] MADALENO, Rolf. *Curso de direito de família*. Rio de Janeiro: Forense, 2008, p. 997.

ditório e o devido processo legal, ele se desobrigará de prestar os alimentos.

Necessário mencionar que uma das razões da imprescindibilidade do ajuizamento da ação de exoneração de alimentos é, conforme explicam Chaves e Rosenvald[57], "que seja reconhecida, no caso concreto, a desnecessidade da prestação alimentícia, ante uma cognição mínima, evidenciada, no caso concreto, a desnecessidade de receber ou a impossibilidade de prestar os alimentos". No ponto, deve-se ficar nitidamente caracterizado que o filho que atingiu a capacidade civil não necessita mais receber alimentos, dispondo de meios de prover a sua própria vida. Imperioso, ainda, colacionar o correto e sábio entendimento dos autores retromencionados, segundo os quais: "Sem dúvida, apesar do caráter irrepetível dos alimentos (o que implica em reconhecer que os alimentos pagos pelo devedor a um credor que deles não mais necessita serão irrestituíveis), mais grave (do que ensejar o recebimento de alimentos por quem deles não necessita) é privar alguém que, realmente, deles necessita".

Aliás, vale a ressalva de que a própria Codificação não estabelece prazo para o término da prestação alimentícia, apenas cuidando dos motivos que podem importar na cessação, deixando antever, com clareza meridiana, a possibilidade de alimentos em favor do filho capaz que não tem como se manter.

Conforme exposto, o Código Civil não indica prazo limite para a prestação de alimentos. Há entendimento no sentido de que a obrigação alimentar perduraria até os 24 anos, em analogia ao art. 20, § 3º, da Lei n. 1.474/51 (Legislação do Imposto sobre a Renda).

Ocorre que, por não haver no *Codex* dispositivo a respeito disso, cabe ao juiz analisar o caso em concreto e decidir se as circunstâncias levam a manter a pensão alimentícia do maior de idade, como estar frequentando curso de graduação, ou mesmo de pós-graduação, não tendo condições de trabalhar ou, se assim o fazendo, não auferir renda suficiente a ponto de conseguir se manter por si só.

6.11.7.3. Alimentos em favor de ascendentes: idosos e não idosos

A obrigação alimentar também pode ser prestada aos ascendentes, sejam eles idosos ou não idosos.

Conforme já ressaltado, em decorrência do caráter de solidariedade que reveste os alimentos, os descendentes maiores e capazes podem prestar alimentos aos seus ascendentes, também maiores e capazes, ainda não idosos, quando estes necessitem por algum motivo. Os fundamentos dessa obrigação encontram-se na Constituição Federal de 1988 e no Código Civil (art. 1.694).

A Constituição Federal determina, em seu art. 230, que é dever da família, do Estado e da sociedade amparar as pessoas idosas, de modo a defender sua dignidade e bem-estar, garantindo-lhes o direito à vida. Portanto, é corolário da família garantir o direito à vida das pessoas idosas que a compõem.

Assegura também a Carta Magna, em seu art. 229, que do mesmo modo que os pais têm o dever de criar e educar os filhos menores, aos filhos maiores compete o dever de ajudar e amparar seus pais na velhice. Nota-se claramente, neste último dispositivo constitucional, o caráter de reciprocidade que reveste os alimentos.

Em razão da vulnerabilidade característica dos idosos, o Estatuto do Idoso (Lei n. 10.741/2003) surgiu para proteger e garantir seus direitos. Entre vários deles encontra-se a alimentação, de modo que estabelece o art. 3º da referida lei que o direito à alimentação deve ser assegurado com absoluta prioridade, tamanha a importância desse direito fundamental a essas pessoas, merecedoras de uma proteção especial e maior.

O Estatuto do Idoso possui ainda capítulo no qual trata especificamente, em seus arts. 11 a 14, dos alimentos. No ponto, importante destacar sua particularidade, que diz respeito ao fato de a obrigação alimentar prestada ao idoso ser solidária, podendo este optar entre os prestadores, nos termos do art. 12.

No mais, o art. 11 da referida lei informa que os alimentos serão prestados ao idoso na forma da Lei Civil. Já o art. 13 explica que as transações referentes aos alimentos poderão ser celebradas diante do Promotor de Justiça ou do Defensor Público, passando a ter efeito de título executivo extrajudicial.

Por fim, o art. 14 do Estatuto traz a regra segundo a qual, em caso de idosos que não tenham condições econômicas de prover seu sustento e cujos familiares também não tenham como ajudar, fica a cargo do Poder Público esse provimento, no âmbito da assistência social.

Cabe salientar que também compete ao Ministério Público, da mesma forma que ocorre em relação às crianças e adolescentes, promover e acompanhar as ações de alimentos, nos ditames do art. 74, inciso II, da Lei n. 10.741/2003.

Importa, demais disso, sublinhar que comete a infração tipificada no art. 99 do Estatuto do Idoso, sujeita à pena de detenção de dois meses a um ano e multa, aquele que "expor a perigo a integridade e a saúde, física ou psíquica, do idoso, submetendo-o a condições desumanas ou degradantes ou privando-o de alimentos e cuidados indispensáveis, quando obrigado a fazê-lo, ou sujeitando-o a trabalho excessivo ou inadequado".

6.11.7.4. Alimentos avoengos

Os alimentos também podem ser prestados por parte dos avós aos netos, mas de forma subsidiária e complementar, quando os genitores do alimentando não tiverem condições econômicas de suportar sozinhos o encargo alimentar. São os chamados alimentos avoengos.

Conforme é sabido, a obrigação alimentar é dos pais, em primeiro lugar. Contudo, aos demais parentes na linha reta (sem limite), em razão da solidariedade social e familiar, também pertence a responsabilidade (subsidiária e complementar) de prover a subsistência dos entes da mes-

---

[57] FARIAS, Cristiano Chaves de; ROSENVALD, Nelson. *Curso de direito civil. Famílias*. São Paulo: Atlas, 2015, p. 712-713.

ma família. Em se tratando dos alimentos avoengos prestados, de maneira excepcional, a responsabilidade é dos quatro avós, quando vivos. No ponto, apenas se admite a cobrança dos avós quando os genitores não dispuserem de condições suficientes de prestar os alimentos integralmente aos seus filhos.

Importante assinalar que, por mais que as condições financeiras dos avós sejam muito melhores que as dos genitores, esse fato, por si só, não autoriza o alimentante a demandar alimentos de seus avós, se seus pais possuem condições de suportar sozinhos a obrigação alimentícia.

O Enunciado 342 do CJF esclarece que os avós somente se tornarão devedores alimentícios dos netos em caráter exclusivo, sucessivo, complementar e não solidário, na hipótese em que os genitores não estejam possibilitados de cumprir a obrigação alimentar, caso em que as necessidades básicas dos alimentandos serão aferidas, de forma prioritária, com base no nível econômico-financeiro de seus genitores.

Como no caso dos alimentos avoengos a responsabilidade é complementar, o parâmetro é a condição financeira dos pais do alimentando, e não dos avós. Pelo caráter subsidiário, sucessivo e complementar, os avós apenas têm de garantir o padrão de vida alimentar que os pais daquele que está pedindo alimentos poderiam lhe proporcionar. É esse o entendimento da doutrina e da jurisprudência.

Nos alimentos avoengos, deve ser evitada a prisão civil. Nesse sentido o Enunciado 599 da VII Jornada de Direito Civil, segundo o qual a medida coercitiva da prisão civil deve ser evitada ou substituída por prisão domiciliar, em atenção ao princípio da proteção dos idosos e garantia da vida.

O STJ consolidou o entendimento de que a obrigação alimentar dos avós é complementar e subsidiária. Nesse sentido a Súmula 596: "A obrigação alimentar dos avós tem natureza complementar e subsidiária, somente se configurando no caso de impossibilidade total ou parcial de seu cumprimento pelos pais".

6.11.7.5. Alimentos gravídicos

Os alimentos também podem ser prestados em favor do nascituro. Essa hipótese, cuja peculiaridade diz respeito à obrigação alimentar ser prestada antes do nascimento com vida, é denominada *alimentos gravídicos*. Seu fundamento encontra-se na imprescindível proteção da personalidade, que encontra guarida desde a concepção do ser humano (teoria da concepção).

Isso porquanto a lei põe a salvo, desde a concepção, os direitos do nascituro (CC, art. 2º), e, entre eles, encontra-se o direito aos alimentos.

Importante salientar que, embora o Código Civil tenha adotado como regra a teoria natalista, em vários de seus dispositivos percebe-se a adoção da teoria da concepção, que é o que ocorre no que se refere aos alimentos gravídicos ao nascituro.

A Lei n. 11.804, de 2008, disciplina o direito aos alimentos gravídicos e como será exercido. A mulher gestante tem, de forma inquestionável, direito de receber alimentos do futuro pai do seu filho, necessários para cobrir as despesas adicionais do período de gravidez e as dela decorrentes, da concepção ao parto, inclusive as referentes à alimentação especial, assistência médica e psicológica, exames complementares, internações, parto, medicamentos e demais prescrições preventivas e terapêuticas indispensáveis, a juízo do médico, ou outras que o juiz entenda pertinentes, nos termos do art. 2º da mencionada lei.

No ponto, da leitura do *caput* do art. 2º, parte final, da referida lei, fica evidenciado que o rol não é taxativo, mas exemplificativo, uma vez que poderá o juiz considerar pertinentes outras despesas.

Da mesma forma que a gestante contribuirá para assegurar que tudo ocorra bem com o seu filho ainda não nascido e com a sua saúde, por meio da realização de exames médicos, do pré-natal, dos gastos com os alimentos necessários e com medicamentos, entre outros, o pai presumido também deve prestar auxílio financeiro, na proporção dos seus recursos, como forma de assegurar que seu filho nasça bem e saudável. Isto é, as despesas serão prestadas por ambos os genitores do nascituro, levando-se em conta os recursos de cada um (Lei n. 11.804/2008, parágrafo único do art. 2º).

Arnaldo Rizzardo[58] registra, com precisão, o seguinte: "Justamente por existir um direito à personalidade, isto é, aos direitos do nascituro, há de se pôr a salvo certas necessidades para o bom desenvolvimento da pessoa intrauterina do ser humano. Para tanto, todo o ambiente propício para evoluir com normalidade o ser concebido deve assegurar-se à mãe. A ela cabe o direito a uma adequada assistência médica pré-natal, além de outros cuidados e providências, com o que não se poderá furtar em colaborar o pai da criança em formação".

De acordo com o art. 6º da Lei n. 11.804/2008, deve a gestante convencer o magistrado da existência de indícios da paternidade daquele de quem se pretende cobrar os alimentos gravídicos, ou seja, imprescindível se faz a presunção de veracidade.

Com efeito, a petição inicial deverá ser instruída com elementos de prova, como documentos aptos e capazes de evidenciar a convivência da mulher grávida e daquele de quem se está requerendo os alimentos, e, consequentemente, a possível paternidade.

Convencendo-se da provável paternidade, o juiz fixará os alimentos gravídicos até o nascimento da criança. Depois de nascida, os alimentos gravídicos convertem-se em pensão alimentícia em favor do menor, nos termos do parágrafo único do citado art. 6º. Não acaba a obrigação alimentar com o nascimento.

Todavia, se após o nascimento com vida for feito exame de DNA e este der negativo, aquele apontado como pai ficará desobrigado de continuar pagando pensão alimentícia, após decisão judicial determinando sua exoneração alimentar. Por outro lado, caso o exame dê positivo,

---

[58] RIZZARDO, Arnaldo. *Direito de família*. 9. ed. Rio de Janeiro: Forense, 2003, p. 687.

poderá ser requerido ao juiz que seja registrada a filiação da criança havida fora do casamento, com base na Lei n. 8.560/92.

Ademais, o foro competente para processar a ação de alimentos gravídicos é o do domicílio do alimentando, que é o da gestante.

Cumpre também mencionar que os alimentos são devidos desde o despacho da petição inicial pelo juiz, que já pode fixar, desde logo, os alimentos provisórios, de modo a assegurar a mais ampla proteção e resguardo do alimentando.

O réu, após sua citação, tem o prazo de 5 dias, e não de 15 dias, para apresentar contestação, segundo o art. 7º da Lei n. 11.804/2008.

Por fim, outra questão importante de ser mencionada diz respeito à aplicação subsidiária do Código de Processo Civil nos processos de alimentos gravídicos.

6.11.7.6. Alimentos em razão de guarda e tutela

No que tange aos alimentos em razão de guarda e de tutela, que substitui o poder familiar dos pais, cumpre dizer que ambas são mecanismos de inserção da criança ou do adolescente em família substituta.

A guarda prevista no direito de família não é a mesma daquela prevista no Estatuto da Criança e do Adolescente (ECA). No âmbito das famílias, a guarda surge quando os pais se divorciam ou deixam de conviver em união estável e o filho passa a morar com um dos pais, sob os seus cuidados. Já na esfera do ECA, a guarda é concedida a terceiro.

O detentor da guarda da criança e do adolescente tem o dever de lhe prestar assistência material, moral e educacional (art. 33 da Lei n. 8.069/90). Guarda e poder familiar não são institutos que se excluem, de modo que podem subsistir em uma mesma realidade. Desse modo, os alimentos prestados durante a guarda podem ser provenientes do guardião, dos pais ou de ambos.

Em contrapartida, na tutela há a perda ou destituição dos pais do poder familiar, que podem advir do falecimento dos genitores ou quando estes são julgados ausentes, e na hipótese de os pais decaírem do poder familiar, segundo afirma o art. 1.728 do Código Civil.

Ocorrendo alguma das hipóteses mencionadas, é concedido um tutor ao menor para que ele não fique desprotegido. Não é por menos que o art. 1.740 do Código Civil dispõe que incumbe ao tutor dirigir a educação, defender e prestar alimentos à pessoa do menor, conforme seus haveres e condições.

Convém alertar que, caso o menor seja detentor de patrimônio razoável, capaz de lhe proporcionar condições de prover sua própria subsistência e necessidades, não figura como razoável exigir do tutor alimentos, a teor do que dispõe o art. 1.746 do Código Civil. Contudo, em situação contrária, devem ser prestados alimentos ao tutelado.

6.11.7.7. Alimentos entre irmãos

Existe também a possibilidade de a obrigação alimentar se dar entre os irmãos (germanos e unilaterais), como forma de dever recíproco de ambos. Trata-se de obrigação subsidiária, somente vindo a se concretizar na hipótese de impossibilidade dos parentes em linha reta (ascendentes e, na falta deles, aos descendentes), conforme se observa do art. 1.697 do CC. Nota-se, portanto, que deve haver o respeito da ordem legalmente fixada para a cobrança dos alimentos.

Há que se mencionar que os alimentos prestados entre irmãos seguem as mesmas regras de qualquer obrigação alimentar, devendo ser prestados levando-se em consideração o binômio necessidade de quem os pleiteia e possibilidade daquele que os pagará, de modo que serão excluídos aqueles irmãos que não tenham capacidade financeira para tanto.

Importante registrar, por oportuno, que a obrigação alimentar existe mesmo na situação de irmãos adotados ou advindos de uma filiação socioafetiva.

Nesse sentido, Apelação Cível 2013.05.1.009537-3 do TJDFT.

Por fim, cumpre sublinhar que, nos termos do que estabelece o Código Civil, os parentes colaterais de terceiro grau em diante (sobrinhos, tios, primos, tios-avós) não têm obrigação legal de prestar alimentos entre si. Fácil notar, então, que na linha colateral a regra é diferente daquela visualizada na linha reta, em que não há limite de grau para requerer alimentos, visto se tratar de obrigação recíproca entre descendentes e ascendentes. Outrossim, não encontra guarida na lei a possibilidade de cobrar alimentos dos sogros, da nora, do genro, da cunhada ou do cunhado.

No ponto, malgrado o *Codex* permita que nas regras sucessórias os colaterais até o quarto grau possam ser herdeiros do parente falecido, caso não haja outros parentes mais próximos do *de cujus*, no que tange ao direito de família, as regras que determinam quem tem a obrigação de prestar alimentos não são extensivas, mas ao contrário, são taxativas.

6.11.7.8. Alimentos entre companheiros

Em razão dos vários modelos familiares existentes no ordenamento jurídico pátrio, a Carta Magna garante a qualquer um deles a especial proteção do Estado, nos termos do art. 236. Nesse mesmo dispositivo, em seu § 3º, o legislador constituinte estabeleceu o reconhecimento da união estável entre o homem e a mulher como entidade familiar, com a ressalva de que a lei facilitará a sua conversão em casamento.

Em que pese estar constitucionalmente assegurada a união estável como núcleo familiar, com a sua devida proteção, no que se refere às regras sobre alimentos percebe-se uma significativa disparidade de tratamento, quando comparada ao modelo tradicional de casamento.

A prova maior deve-se ao fato de haver pouquíssimas regras estabelecendo e assegurando alimentos àquele companheiro que necessita de proventos para sua subsistência quando do fim da convivência. Por outro lado, quando se trata de alimentos em razão de um divórcio, nota-se um número bem maior de dispositivos tratando dessa situação.

A esse assunto, o legislador primeiramente dedicou o art. 1º da Lei n. 8.971/94.

Dois anos depois, em 1996, a Lei n. 9.278 estipulou, em seu art. 7º, a assistência material prestada por um dos conviventes ao outro que dela necessitar com a dissolução da união estável.

Com o advento do Código Civil de 2002, na parte que trata sobre os alimentos, o legislador fez constar no seu art. 1.694 que os companheiros podem pedir uns aos outros os alimentos de que necessitem para viver de forma compatível com sua condição social. Importante esclarecer que, a despeito de o § 2º do referido dispositivo civil informar que os alimentos serão apenas os indispensáveis à subsistência, quando a situação de necessidade alimentícia advier de culpa de quem os pleiteia, esse parágrafo não mais se coaduna com a atual realidade vivenciada pela sociedade.

No ponto, a EC n. 66/2010 materializou o direito de se desfazer de uma relação conjugal sem precisar indicar nenhum motivo, nenhum requisito, nem subjetivo nem objetivo. Ora, se não cabe mais falar em culpa para qualquer efeito prático, não deve esse instituto ser utilizado a fim de balizar os alimentos. Aqui, cumpre ressaltar que o princípio que rege os alimentos é o da solidariedade. Assim, mesmo culpado, o outro companheiro ou cônjuge terá direito aos alimentos.

Outrossim, os alimentos decorrentes do fim da união estável servem, sobretudo, para resguardar aquele companheiro ou companheira que se dedicou exclusivamente à criação dos filhos e aos cuidados do outro, não trabalhando em razão disso. Em consequência, é inconcebível trazer a questão da culpa para fins de diminuir o percentual dos alimentos que o cônjuge financeiramente dependente, seja por se encontrar desempregado ou desamparado por outro motivo, deve auferir.

Nesse cenário, cumpre afirmar, ainda, como conclusão lógica e inarredável, que, apesar da ínfima quantidade de dispositivos tratando da questão dos alimentos ao companheiro, devem ser aplicadas as mesmas regras da dissolução do matrimonio, que serão abordadas no tópico seguinte.

6.11.7.9. Alimentos entre cônjuges

A comunhão plena de vida advinda do casamento implica igualdade de direitos e deveres entre os cônjuges (art. 1.511, CC). Assim sendo, ambos os consortes têm como compromisso a mútua assistência material e moral.

A assistência material diz respeito ao montante com o qual cada um dos cônjuges irá prover o sustento e as despesas do núcleo familiar, nas proporções da possibilidade de cada um. Com efeito, durante o convívio matrimonial não se fala em direito individual aos alimentos por parte de um dos cônjuges, justamente em razão da comunidade de vida derivada do casamento, que gera como consequência a assistência de ambos para a manutenção do lar.

Contudo, advindo o fim do casamento pela inexistência da comunhão plena de vida, seja qual for o motivo, cabe ao cônjuge financeiramente dependente pedir alimentos ao outro.

É necessário lembrar que a questão da existência ou não de culpa pelo fim do casamento é irrelevante na atual conjuntura em que a sociedade brasileira vive, pois a EC n. 66/2010 a retirou do cenário jurídico, trazendo a consequência de não gerar efeito jurídico prático algum, o que mostra que a culpa está totalmente fora do contexto das relações familiares, mesmo porque o fundamento essencial aqui é o caráter de solidariedade atribuído aos alimentos.

Em consequência disso, não subsiste razão em reduzir o percentual ou condicionar sua prestação à apuração de culpa daquele que os pleiteia, conforme sugerem o art. 1.694, § 2º, e *caput* do art. 1.704 e seu parágrafo único, ambos do CC.

No ponto, Rolf Madaleno[59] bem colocou que "foram justamente a doutrina e a jurisprudência brasileiras que encontraram uma maneira de suavizar o impacto da discussão da culpa pelo fim do casamento ao afastarem sua incidência dos processos litigiosos de separação e objetivarem o direito alimentar em sua integralidade diante da evidencia de dependência financeira".

Destarte, a culpa deixou de interferir nas decisões a respeito de alimentos, guarda e visita aos filhos, como nunca influenciou na partilha dos bens conjugais. Ora, o Código Civil, à vista do exposto, mostra-se incompatível, nessa parte, com a realidade estampada no ordenamento vigente, ao conceder ao cônjuge culpado os alimentos indispensáveis à sua sobrevivência e negar os recursos côngruos. Com efeito, a mudança trazida pela EC n. 66/2010 veio em boa hora.

Na sistemática do Código Civil de 1916, os alimentos entre os cônjuges eram aqueles prestados apenas pelo cônjuge varão ao cônjuge virago. Entrementes, o Código Civil de 2002, na vigência da nova ordem constitucional imposta pela Carta Magna de 1988, a qual estabeleceu expressamente a isonomia entre homens e mulheres, também acolheu a regra de isonomia constitucionalmente consagrada.

Em decorrência dessa isonomia, os alimentos deferidos em razão do divórcio são determinados em caráter transitório, aparecendo cada vez menos nas demandas judiciais. Ainda, regra constitucional de igualdade entre os cônjuges retira a presunção de necessidade da mulher aos alimentos, conforme outrora se entendia.

Afirma Rolf Madaleno[60] o seguinte: "É fato incontroverso que os alimentos entre esposos é direito cada vez mais escasso nas demandas judiciais, e nessa linha tem se direcionado o STJ considerando que, em regra, todos os alimentos entre cônjuges e conviventes são transitórios, especialmente em decorrência da propalada igualdade constitucional dos cônjuges e gêneros sexuais, reservada a pensão alimentícia para casos pontuais de real necessidade de alimentos, quando o cônjuge ou companheiro realmente não dispõe de condições financeiras e tampouco de oportunidades de trabalho, talvez devido à sua idade, ou por conta da sua falta de experiência, assim como faz

---

[59] MADALENO, Rolf. *Curso de direito de família*. Rio de Janeiro: Forense, 2008, p. 1.028.

[60] MADALENO, Rolf. *Curso de direito de família*. Rio de Janeiro: Forense, 2008, p. 1.029-1.030.

jus a alimentos quando os filhos ainda são pequenos e dependem da atenção materna".

No ponto, conforme bem esclarecido pelo mencionado autor, o STJ entende ser transitórios os alimentos entres cônjuges e entre companheiros. Esse entendimento foi abraçado no REsp 1.454.263/CE.

O fim do casamento não implica necessária e automaticamente a extinção do dever de prestar alimentos entre os ex-cônjuges. Nesse sentido, os alimentos são deferidos em situações excepcionais e peculiares, em que fique evidenciado não dispor o ex-cônjuge, que requer os alimentos, de idade suficiente a lhe possibilitar trabalhar, ou caso fique caracterizado que o ex-cônjuge não dispõe de saúde física ou mental para entrar no mercado de trabalho.

Em contrapartida, nos casos de ex-cônjuges que disponham de boa saúde física e mental e idade compatível com o mercado de trabalho, os alimentos podem ser deferidos, contudo de forma transitória, até que ele se insira no mercado de trabalho e consiga se manter por seus próprios meios. O STJ, em tempos recentes, voltou a tratar da questão e, no Recurso Especial 1.829.295-SC, considerou que a desoneração dos alimentos fixados entre ex-cônjuges deve considerar outras circunstâncias, além do binômio necessidade-possibilidade, tais como a capacidade potencial para o trabalho e o tempo de pensionamento.

Outro ponto a ser destacado diz respeito aos alimentos compensatórios entre os cônjuges, os quais têm como objetivo primordial preservar o equilíbrio financeiro quando do rompimento do vínculo matrimonial.

Notadamente seus fundamentos são diferentes daqueles da pensão alimentícia prestada entre os cônjuges ou companheiros.

Enquanto a finalidade dos alimentos prestados por um cônjuge ao outro, quando de um divórcio, é a de cobrir as necessidades de subsistência do alimentando, a exemplo do que ocorre com a pensão alimentícia prevista no art. 1.694 do *Codex*, o objetivo dos alimentos compensatórios é corrigir a disparidade existente no momento do fim da sociedade conjugal, quando o juiz compara o *status* econômico de ambos os cônjuges e nota o empobrecimento de um deles.

Então, os alimentos compensatórios, cuja natureza é indenizatória, são prestações pecuniárias prestadas periodicamente por um dos cônjuges ao outro, na ocorrência do rompimento do vínculo matrimonial, para que seja restabelecido o equilíbrio financeiro com o qual os cônjuges viviam durante o casamento.

Com efeito, deve ficar caracterizado o desequilíbrio econômico experimentado por um dos cônjuges, em comparação com o estilo de vida usufruído durante a convivência conjugal. Nota-se referido desequilíbrio mormente quando há a partilha desigual dos bens após o fim da sociedade conjugal.

Durante o casamento ou união estável, os cônjuges e companheiros estabelecem e vivenciam certo padrão de vida que esperam manter para sempre. No entanto, são várias as situações em que, quando do divórcio ou do término da união estável, um dos cônjuges ou companheiros encontra-se em desigualdade financeira, sobretudo quando apenas um deles trabalhava e o outro ficava cuidando dos deveres do lar e dos filhos.

Em razão dessa desigualdade experimentada por muitos ex-cônjuges e ex-companheiros, os alimentos compensatórios tomam lugar a fim de protegê-los em sua situação de desamparo, quando do fim do relacionamento conjugal ou da convivência.

Como procedimento para o pagamento dos alimentos compensatórios, o juiz poderá determinar que aquele cônjuge que se encontra em maior vantagem financeira pague ao outro, que empobreceu quando do fim do casamento, os referidos alimentos, de modo que a pensão compensatória consistirá em prestação única por determinado período ou em valores mensais prestados sem termo final previsto.

Sobre os alimentos compensatórios, o STJ, no REsp 1.290.313/AL, os conceitua da seguinte maneira: "5. Os chamados alimentos compensatórios, ou prestação compensatória, não têm por finalidade suprir as necessidades de subsistência do credor, tal como ocorre com a pensão alimentícia regulada pelo art. 1.694 do CC/2002, senão corrigir ou atenuar grave desequilíbrio econômico-financeiro ou abrupta alteração do padrão de vida do cônjuge desprovido de bens e de meação. 6. Os alimentos devidos entre ex-cônjuges devem, em regra, ser fixados com termo certo, assegurando-se ao alimentando tempo hábil para sua inserção, recolocação ou progressão no mercado de trabalho, que lhe possibilite manter, pelas próprias forças, o *status* social similar ao período do relacionamento".

Destarte, como consequência da dissolução de relações longas e afetivas advindas do matrimônio, os alimentos compensatórios encontram guarida no ordenamento jurídico, com o escopo de proteger o cônjuge que ficou em situação de pobreza ou latente disparidade financeira em razão da dedicação exclusiva ao lar e aos filhos durante o matrimônio. Importante mencionar também que o fundamento substancial dos alimentos compensatórios é o da vedação do enriquecimento sem causa, prevista no art. 884 do Código Civil.

Por fim, cumpre destacar que, no caso de o ex-cônjuge ou ex-companheiro, credor de alimentos, contrair novo casamento ou nova união estável, cessa por essa razão a obrigação do devedor lhe prestar alimentos, conforme bem elucida o *caput* do art. 1.708 do CC.

6.11.7.10. Critérios para a fixação do *quantum*

O § 1º do art. 1.694 do CC indica que os alimentos são fixados na proporção das necessidades do reclamante e dos recursos da pessoa obrigada a prestá-los.

Esse é o critério estabelecido para a fixação do valor dos alimentos em qualquer obrigação alimentar, seja entre os cônjuges, companheiros, ascendentes e descendentes, entre irmãos.

Sobre a fixação do *quantum*, é relevante lembrar o Enunciado 573 do CJF, o qual explica que, na verificação da possibilidade do alimentante, observar-se-ão os sinais comprovadores de seu patrimônio.

O critério da proporcionalidade permitirá ao juiz estabelecer prestação alimentícia racional, justa, equânime e equilibrada. Tal proporcionalidade pressupõe a existência de obrigação de alimentos e somente terá incidência para, diante das peculiaridades do caso concreto, fixar o valor mais adequado, de acordo com as necessidades do credor e a possibilidade ou capacidade econômica e financeira do devedor.

A proporcionalidade, na realidade, representa limite à fixação do valor dos alimentos, e tal critério somente poderá incidir no caso concreto.

6.11.8. Parentalidade alimentar

A parentalidade alimentar é a possibilidade de exigir alimentos daquele com quem se tenha vínculo biológico, mas não se tenha vínculo de filiação.

Assim, se determinada pessoa é reconhecida como pai de determinada criança, pelo vínculo biológico, ainda que ela não tenha vínculo de filiação, afetividade ou convívio como pai, poderá ser obrigada a pagar alimentos.

Em decorrência do caráter de subsistência e de mantença da vida atribuído aos alimentos, aqueles que geraram um ser serão obrigados a lhe prestar os alimentos indispensáveis à concretização de sua dignidade.

Desse modo, ainda que determinada criança conviva com sua mãe e seu padrasto, por exemplo, até mesmo tendo vínculo afetivo com este, ela poderá ajuizar ação de alimentos perante seu pai biológico, em razão do vínculo de DNA que os liga e que permite referida garantia.

Essa situação fica ainda mais evidente quando se trata de um padrasto que, a despeito do amor, carinho, educação e proteção prestados ao enteado, tratando-o como se filho biológico fosse, não disponha de boa condição econômica, sobretudo quando comparada à do pai biológico, capaz de ensejar a ajuda da subsistência e dos gastos do menor.

6.11.9. Revisão de alimentos

O art. 1.699 do Código Civil dispõe no sentido de que poderá o interessado reclamar do juiz, conforme as circunstâncias, a redução, a exoneração ou a majoração do valor fixado a título de alimentos, caso haja mudança na situação financeira daquele que os supre.

Nesse sentido, o Código Civil dá a possibilidade de os alimentos serem revistos quando ficar caracterizado que houve mudança na situação econômica do credor ou devedor alimentar.

O referido Código assim garante, uma vez que existe a possibilidade fática de que as necessidades do alimentando ou as possibilidades do alimentante se alterem ao longo do tempo, justamente por se tratar de prestações pagas continuamente (§ 1º do art. 1.694, CC).

Desse modo, levando-se em consideração o princípio da proporcionalidade, tais alterações ensejam a revisão alimentar.

Ressalte-se que o advento da maioridade civil não autoriza a exoneração automática do encargo, mas pode dar causa à revisão alimentar.

No que tange à impossibilidade de cessação do encargo alimentar automático com a maioridade, o STJ editou a Súmula 358, segundo a qual "o cancelamento de pensão alimentícia de filho que atingiu a maioridade está sujeito à decisão judicial, mediante contraditório, ainda que nos próprios autos".

A ação revisional de alimentos não é proposta com o fim de reduzir ou majorar os alimentos da maneira que melhor aprouver ao credor ou devedor, mas deve-se verificar, por meio de provas, que houve mudança no binômio possibilidade do devedor ou necessidade do credor.

Imperioso destacar que não há efeito retroativo à redução dos alimentos determinada na ação revisional. Outrossim, tanto os alimentos provisórios quanto os definitivos podem ser revistos por meio de demanda judicial. Se o pedido de revisão disser respeito à verba estipulada liminar ou incidentalmente, deve ser processada em apartado, nos termos do art. 13, § 1º, da Lei n. 5.478/68. Porém, se a revisão se referir aos alimentos definitivos, poderá ser formulada nos mesmos autos em que se fixaram os alimentos, em decorrência lógica do princípio da economia processual.

6.11.10. A questão do procedimento indigno do credor em relação ao devedor

Determina o parágrafo único do art. 1.708 do Código Civil o seguinte: "Com relação ao credor cessa, também, o direito a alimentos, se tiver procedimento indigno em relação ao devedor."

Percebe-se do referido dispositivo que a Lei Civil estabeleceu, com base na boa-fé objetiva, a imposição ao alimentando de que ele se comporte de modo correto e compatível com a solidariedade familiar, parâmetro que guia as obrigações alimentares.

No ponto, o procedimento indigno que autoriza a exoneração da obrigação alimentar não está previsto na lei, de modo que, em razão dessa ausência de previsão legal, deve-se fazer analogia com as causas de exclusão do herdeiro ou legatário por indignidade, previstas no art. 1.814 do Código Reale.

Nessa linha de raciocínio há o Enunciado 264 do CJF, segundo o qual: "Na interpretação do que seja procedimento indigno do credor, apto a fazer cessar o direito a alimentos, aplicam-se, por analogia, as hipóteses dos incisos I e II do art. 1.814 do Código Civil".

Chega-se, então, à derradeira conclusão de que é o caso concreto que evidenciará se deve haver o reconhecimento judicial do procedimento do indigno do credor de alimentos. Tais hipóteses, capazes de caracterizar a indignidade do credor de alimentos, dizem respeito a ofensas graves que atingem o alimentante.

Ao analisar as hipóteses do art. 1.814 do CC e transportá-las para a questão da indignidade do alimentando, percebe-se que tais hipóteses se verificarão nos casos de homicídio doloso, tentado ou consumado; nos casos em que o credor houver acusado caluniosamente, em juízo, o devedor dos alimentos ou incorrer em crime contra a sua honra ou de seu cônjuge ou companheiro; e nos casos em que praticar violência ou, por meios fraudulentos, inibir ou obstar o alimentante de dispor livremente de seus bens.

Ademais, mister se faz acentuar que a consequência gerada pelo reconhecimento do comportamento indigno do credor de alimentos é a de exonerar ou reduzir os alimentos fixados.

O fundamento se refere à proteção da dignidade do alimentando. Nesse sentido reconheceu o Enunciado 345 do CJF que: "O 'procedimento indigno' do credor em relação ao devedor, previsto no parágrafo único do art. 1.708 do Código Civil, pode ensejar a exoneração ou apenas a redução do valor da pensão alimentícia para quantia indispensável à sobrevivência do credor".

O credor indigno terá direito apenas à quantia indispensável à sua sobrevivência, ou, a depender da gravidade do ato por ele praticado, não terá mais direito à percepção dos alimentos por conta da sua extinção.

Frise-se que, caso seja a obrigação alimentar extinta, em razão do caráter irrepetível dos alimentos, não será necessária a devolução de nenhuma parcela já paga ao alimentando.

Por fim, mister se faz acrescentar que, quando o credor procede de forma indigna em relação ao devedor, pratica verdadeiro comportamento antiético, de modo a alcançar a incolumidade física deste, assim como a sua dignidade, o que é rechaçado pelo ordenamento civil positivado.

6.11.11. Aspectos processuais dos alimentos

O Código de Processo Civil (Lei n. 13.105/2015) trata dos alimentos em dispositivos espalhados pela lei, como no art. 53, inciso II, que trata da competência na ação de alimentos; no art. 189, inciso II, que aborda a questão de correrem em segredo de justiça as ações de alimentos; no art. 292, inciso III, que trata do valor da causa na ação de alimentos; no Capítulo VI, cujos arts. 523 a 533 dispõem acerca da execução de alimentos, entre outros.

Os aspectos processuais referentes aos alimentos também estão estampados na Lei n. 5.478/58. É importante assinalar que a Lei de Alimentos, como é chamada, informa, em seu art. 27, que o Código de Processo Civil será aplicado de forma supletiva aos processos regulados por ela, de modo a dar a entender que a lei processual civil aplica-se, de forma subsidiária, para completar aquilo que ela não tratar.

A seguir são mencionados alguns pontos relevantes de dispositivos da Lei de Alimentos, senão vejamos.

O art. 1º da Lei n. 5.478/58 explica que as ações de alimentos seguirão *rito especial*, independentemente de prévia distribuição e de anterior concessão do benefício de gratuidade.

O referido rito especial contempla procedimento célere e simplificado, tendo em vista os alimentos servirem à manutenção da própria vida daquele que os reclama.

Alude o art. 2º da mencionada lei que cabe ao credor dos alimentos se dirigir até o juiz competente, seja pessoalmente ou por intermédio de seu causídico, e lá deve se qualificar e expor suas necessidades, provando somente o parentesco ou a obrigação do devedor de lhe prestar alimentos. Esse mesmo dispositivo prossegue no sentido de que deve o credor indicar seu nome e sobrenome, residência ou local de trabalho, profissão e naturalidade, quanto ganha aproximadamente ou os recursos de que dispõe, para fins de comprovar sua real necessidade aos alimentos ora requeridos.

Com efeito, é de concluir da leitura do art. 2º que o credor poderá pessoalmente requerer os alimentos, de forma verbal, sem a necessidade de constituir advogado para tanto, com a posterior redução a termo do pedido pelo escrivão.

Contudo, deve o juiz designar advogado dativo para assistir o demandante ou encaminhá-lo à Defensoria Pública mais próxima dele, competindo a eles auxiliar o interessado processualmente.

Com relação ainda à legitimidade, cumpre acrescentar que o Órgão Ministerial também é legitimado a propor ação de alimentos em favor dos incapazes por idade (crianças e adolescentes) e de idosos.

Outrossim, os arts. 3º e 4º mencionam que o pedido de alimentos tem de ser apresentado por escrito, em três vias, e deve conter a indicação do juiz a quem for dirigido e o histórico dos fatos, de modo que o juiz, ao despachá-lo, fixará desde logo os alimentos provisórios que caberão ao devedor pagar, salvo no caso de o credor expressamente declarar que deles não necessita.

O parágrafo único do art. 4º traz regra referente aos alimentos provisórios requeridos pelo cônjuge casado pelo regime da comunhão universal de bens, de modo a dispor que, nesse caso, o juiz determinará igualmente que seja entregue ao credor, mensalmente, parte da renda líquida dos bens comuns, administrados pelo devedor.

Importante destacar que, ao ser marcada a audiência, o juiz oficiará ao empregador do réu, ou, se o devedor for funcionário público, ao responsável por sua repartição, solicitando o envio, no máximo até a data marcada para a audiência, de informações sobre o salário ou os vencimentos do devedor, nos termos do art. 5º, § 7º, da Lei n. 5.478/58.

O art. 6º da supracitada lei dispõe no sentido de que, na audiência de conciliação e julgamento, autor e réu deverão estar presentes, ainda que não haja intimação ou não compareçam seus representantes.

O art. 7º complementa o artigo anterior ao ressaltar que, no caso de não comparecer o autor, o pedido será arquivado; e, caso a ausência seja do réu, esta importará em revelia, além de confissão quanto à matéria de fato.

Tanto o autor quanto o réu poderão levar para a audiência até três testemunhas, conforme assevera o art. 8º da citada lei. A lei também esclarece, em seu art. 9º, que as ações de alimentos, nas quais inicialmente será proposta a conciliação, com a abertura da audiência, terão sempre a participação do representante do Ministério Público, que opinará.

O Código de Processo Civil de 2015 disciplina os casos de intervenção do Ministério Público, ao dispor em seu art. 698 que: "Nas ações de família, o Ministério Público somente intervirá quando houver interesse de incapaz e deverá ser ouvido previamente à homologação de acordo".

Destarte, caso haja acordo, será lavrado o respectivo termo, a ser assinado pelo juiz, escrivão, partes e representantes do Ministério Público, nos termos do § 1º do art. 9º da lei específica. Por outro lado, dispõe o § 2º do art. 9º que, na hipótese de não haver acordo, caberá ao juiz tomar o depoimento pessoal das partes e das testemunhas, ouvidos os peritos, se houver, podendo julgar o feito sem a mencionada produção de provas, se as partes concordarem.

É de notar que a participação do Ministério Público nas demandas relacionadas a alimentos é extremamente relevante, tendo em vista a alimentação ser um direito fundamental, necessário à própria sobrevivência do alimentando.

Outrossim, a própria Carta Magna menciona, em seu art. 127, o papel que o Ministério Público tem como instituição permanente e essencial aos interesses sociais e individuais indisponíveis. Assim, por se tratar de direito social, os alimentos devem ser assegurados pelo órgão ministerial.

Importa, demais disso, sublinhar que os alimentos provisórios estipulados na petição inicial pelo juiz poderão ser revistos sempre, caso haja a modificação na situação financeira das partes, mas o pedido será sempre processado em apartado (§ 1º, art. 13 da Lei n. 5.478/58).

De acordo com o § 2º do art. 13 da Lei n. 5.478/58, os alimentos fixados retroagem à data da citação e, de acordo com o § 3º do mesmo dispositivo, "os alimentos provisórios serão devidos até a decisão final, inclusive o julgamento do recurso extraordinário".

Conforme mencionado em outras oportunidades neste Capítulo, os alimentos podem ser revistos a qualquer tempo caso haja mudança na situação financeira do alimentando ou do alimentante. É o que dispõe o art. 15 da Lei n. 5.478/58.

O art. 16 da citada lei faz referência ao art. 734 do Código de Processo Civil, e ao seu parágrafo único, esclarecendo que esses dispositivos devem ser observados na execução da sentença ou do acordo nas ações de alimentos.

Segundo o art. 17 da Lei n. 5.478/58, caso não haja a possibilidade de efetivação executiva da sentença ou do acordo mediante desconto em folha, as prestações poderão ser cobradas de alugueres de prédios ou de quaisquer outros rendimentos do devedor, os quais serão recebidos diretamente e pelo alimentando ou por depositário nomeado pelo juiz.

Nos termos do art. 18 da Lei n. 5.478/58, caso ainda assim não seja possível a satisfação do débito, poderá o credor requerer a execução da sentença na forma do art. 911 do Código de Processo Civil.

A possibilidade de *decretação da prisão do devedor de alimentos* é medida de grande importância para o efetivo cumprimento da obrigação alimentar, positivado no art. 19 da Lei n. 5.478/58 e em seu § 1º. A previsão da prisão civil do devedor de alimentos também encontra guarida na Carta Magna, em seu art. 5º, inciso LXVII, e nos §§ do art. 528 do CPC.

Ademais, tendo em vista a imprescindibilidade e importância dos alimentos para a concretização da própria dignidade do ser humano e, consequentemente, para a vida humana, foi editada a Súmula 309 do STJ, de modo a uniformizar o entendimento desta alta Corte e com a finalidade de evitar prejuízos ao credor de alimentos.

Com fundamento na supracitada Súmula foi proferida decisão no RHC 3.328/AM.

À luz da referida súmula e do julgado acima contemplado, nota-se que apenas as parcelas vencidas nos três últimos meses autorizam e legitimam a prisão civil. Assim, no que tange às parcelas pretéritas, anteriores aos três últimos meses, estas devem ser buscadas por meio da coerção patrimonial do devedor. Importante ressaltar que o manejo da prisão deve ser medida excepcional, necessária a impedir que o credor seja prejudicado pelo não pagamento.

Nesse ponto, revela-se verdadeiramente a oposição de dois direitos: de um lado, o direito aos alimentos, como consectário da dignidade da pessoa humana e da solidariedade social; e, de outro, o direito à liberdade do devedor, garantia estampada na Constituição Federal.

Destarte, como não existe nenhum valor absoluto no ordenamento jurídico, com base na técnica de ponderação, entre o valor liberdade e o valor vida, logicamente este último prepondera, o que ocasiona a possibilidade de prisão civil do devedor de alimentos.

Percebe-se, portanto, diante do exposto, que os aspectos processuais relativos aos alimentos estão previstos tanto no Código de Processo Civil quanto em lei específica (Lei n. 5.478/58), devendo ser aplicado aquele supletivamente a esta.

Assim sendo, o Código de Processo Civil de 2015 mantém a Lei de Alimentos, conforme se verifica do parágrafo único do seu art. 693.

No ponto, malgrado haja essa referência na lei processual, o capítulo que trata sobre as ações de família aplica-se subsidiariamente à Lei n. 5.478/58.

Por fim, em consolidação de jurisprudência dominante, o STJ, por meio da Súmula 621, dispôs que os efeitos da sentença que reduz, majora ou exonera o alimentante do pagamento retroagem à data da citação, vedadas a compensação e a repetibilidade.

6.11.12. Procedimento da ação de alimentos e da ação de oferta de alimentos

O usual é que aquele que esteja necessitando dos alimentos ajuíze a ação de alimentos demandando o devedor, motivo pelo qual, normalmente, trata-se de uma demanda litigiosa. Com relação ao procedimento para ação de alimentos, este já foi abordado anteriormente.

Importante esclarecer que, quando é o devedor quem toma a iniciativa de ajuizar a demanda para prestar os alimentos, esta recebe o nome de oferta de alimentos.

Essa segunda situação está prevista no art. 24 da Lei de Alimentos.

Deve-se observar que, quando é o próprio alimentante quem ajuíza a ação de oferta de alimentos, ele estará, com esse ato, reconhecendo de pleno direito sua obrigação alimentar. Essa atitude previne o devedor de eventual demanda ajuizada pelo credor, cobrando valor a maior do que aquele com que ele possa arcar, com a necessidade de ter de impugnar judicialmente o percentual estipulado na demanda.

Ademais, há que ressaltar que é competente o domicílio do credor para a proposição da ação de oferta de alimentos (bem como para a ação de alimentos), conforme se verifica do art. 53, inciso II, do CPC. Outrossim, a oferta de alimentos poderá ser proposta seguindo as regras do rito especial contido na Lei de Alimentos, ou seguindo o procedimento comum do art. 318 do CPC.

6.11.13. Procedimento da execução dos alimentos (análise comparativa entre o CPC/73 e o CPC/2015)

O Código de Processo Civil de 1973 abordava especificadamente o processo de execução em seu Livro II, no Capítulo V, o qual tratava da execução de prestação alimentícia (arts. 732-735).

Consoante disciplina o art. 732 do CPC/73, *ipsis litteris*, a execução de sentença, que condena ao pagamento de prestação alimentícia, far-se-á conforme o disposto no Capítulo IV desse Título.

Nesse sentido, mencionado artigo determina que a execução de prestação alimentícia seja feita nos mesmos moldes das regras que tratam da execução por quantia certa contra devedor solvente (Capítulo IV).

Prossegue o art. 733 do CPC/73 da seguinte forma: "Na execução de sentença ou de decisão, que fixa os alimentos provisionais, o juiz mandará citar o devedor para, em 3 (três) dias, efetuar o pagamento, provar que o fez ou justificar a impossibilidade de efetuá-lo". Seus parágrafos contêm as seguintes redações: "§ 1º Se o devedor não pagar, nem se escusar, o juiz decretar-lhe-á a prisão pelo prazo de 1 (um) a 3 (três) meses. § 2º O cumprimento da pena não exime o devedor do pagamento das prestações vencidas e vincendas. § 3º Paga a prestação alimentícia, o juiz suspenderá o cumprimento da ordem de prisão".

Com efeito, aborda o referido art. 732 a respeito do rito da penhora, enquanto o art. 733 trata do rito da prisão, única forma física de coação que persiste até os dias de hoje.

Com relação ao citado dispositivo que contempla o rito da prisão, já abordado, faz-se necessário perceber que ele, em nenhum momento, exige que o credor demonstre situação de necessidade, uma vez que ela está implicitamente caracterizada. A norma permite a prisão pelo simples fato de se tratar de prestação alimentícia. Outrossim, apenas fazendo uma ligação ao exposto outrora, a possibilidade de prisão do devedor de alimentos também é prevista na Lei n. 5.478/68.

No novo Código de Processo Civil, os arts. 732 e 533 viraram o art. 528 e seus §§ 3º, 5º, 6º e 8º, com atenção aos §§ 1º, 2º, 4º 7º e 9º, que acrescentaram outros aspectos não contidos expressamente no antigo CPC.

Consoante o § 2º, foi dada ao devedor inadimplente a chance de comprovar a real impossibilidade de pagar os alimentos. Caso assim fique demonstrado, não restará motivo a ensejar a decretação da sua prisão.

O § 4º apresenta o regime a ser cumprido pelo devedor de alimentos, qual seja, o fechado, e acrescenta que ele ficará apartado dos presos comuns.

É de relevante importância notar que a Súmula 309 do STJ se materializou em norma, § 7º do art. 528 do atual CPC.

Finalmente, de acordo com o § 9º, foi dada a opção de o credor promover a execução dos alimentos no foro do seu domicílio.

Diante do assunto abordado neste tópico, o que se percebe é que a mudança ocorrida em relação aos famosos ritos da prisão e da penhora foi, basicamente, topográfica e não processual, com o acréscimo de mais alguns parágrafos ao art. 528, que contemplaram aspectos não abordados pela revogada lei processual.

Resumo da teoria dos alimentos

Na família eudemonista, funcionalizada e instrumental, que promove a personalidade e a dignidade dos seus membros, os alimentos, cujo fundamento é o princípio constitucional da solidariedade (reciprocidade desta obrigação é exemplo da solidariedade), são instrumentos para afirmação da dignidade humana, na garantia do mínimo existencial material (meios para o desenvolvimento existencial da pessoa humana).

Os alimentos civis (regra) ou côngruos são os suficientes para que a pessoa possa viver de modo compatível com a sua condição social (assegura a plenitude dos direitos da pessoa humana). Os alimentos naturais ou necessários (exceção: art. 1.694, § 2º, e art. 1704, parágrafo único) são restritos à subsistência.

A teoria dos alimentos é compreendida a partir de suas características: 1 – obrigação personalíssima: critérios subjetivos/pessoais, como a reciprocidade entre parentes para sua definição; 2 – irrenunciabilidade: art. 1.707: os alimentos são irrenunciáveis apenas quando houver vínculo de direito de família (parente incapaz) – Enunciado 263 (é válido e eficaz a renúncia de ex-cônjuge ou ex-companheiro); 3 – atualidade: art. 1.710: atualização do valor dos alimentos; 4 – futuridade: em razão da finalidade da obrigação alimentar, por lógica, só pode ser reconhecida para o futuro (prestações atrasadas e não pagas, por óbvio, podem ser cobradas); 5 – Imprescritibilidade: o direito aos alimentos não prescreve, mas a pretensão para cobrança de prestações vencidas e não pagas prescreve no prazo de 2 anos (art. 206, § 2º); 6 – transmissibilidade: o art. 1.700 diz que a obrigação de prestar alimentos transmite-se aos herdeiros, o que é incompatível com o caráter personalíssimo destes. Por isso, doutrina e jurisprudência restringem os efeitos desta norma (alguns defendem que apenas as prestações vencidas/não pagas se transmitem – a dívida; outros admitem a transmissão da obrigação, mas contra o espólio, até a partilha e desde que o herdeiro não seja credor); 7 – não solidariedade: a obrigação alimentar (art. 1.698) não é solidária (é divisível, quando houver mais de um obrigado, no mesmo grau e, subsidiária e complementar, quando os obrigados forem de grau diverso – pai e avô); 8 – os alimentos são irrepetíveis, salvo manifesta má-fé (evitar o enriquecimento sem causa), incompensáveis e impenhoráveis.

Na obrigação de prestar alimentos com base no poder familiar, a necessidade é presumida, ao passo que o dever alimentar em relação a cônjuge, companheiro ou outros parentes (fora do poder familiar), a necessidade deve ser demonstrada.

Alimentos entre cônjuges/companheiros: isonomia (independe da condição sexual do credor ou devedor) e, se houver capacidade para o trabalho, serão transitórios (há exceções: alimentos compensatórios – manter o padrão social e econômico de um dos parceiros em relações que se prolongam por muitos anos, com colaboração recíproca).

Alimentos e a culpa? A culpa ainda pode ser causa de exclusão de alimentos entre cônjuges (art. 1704 – civis), mas o culpado poderá ter direito a alimentos necessários/naturais (indispensável à sobrevivência) – arts. 1.694, § 2º, e 1.704, parágrafo único. A tendência é superar a discussão da culpa, pois incompatível com os paradigmas constitucionais da família contemporânea.

Alimentos em favor de filhos menores (dever de sustento que decorre do poder familiar) e em favor de filhos maiores (fundamento é o parentesco: filho maior e incapaz; filho maior capaz em formação escolar/universitária e, filho maior capaz em situação de necessidade excepcional – hipóteses que exigem prova da necessidade).

É possível alimentos entre avós e netos (de forma sucessiva, complementar e não solidária) e, na linha colateral, somente entre irmãos (limite na linha colateral). Não são devidos alimentos entre parentes por afinidade (parentes do cônjuge/companheiro).

Após a definição da obrigação alimentar, o *quantum* é fixado com base no princípio da proporcionalidade/razoabilidade: necessidade do credor e possibilidade financeira do devedor (art. 1.694, § 1º), com possibilidade de revisão futura (art. 1.699).

Indignidade do credor: o credor indigno perde o direito a alimentos (art. 1708). O CC não define tal indignidade, razão pela qual, por analogia, se aplica o art. 1.814, I e II. Todavia, a indignidade pode ter concepção mais ampla (análise do caso concreto).

6.12. BEM DE FAMÍLIA

6.12.1. Bem de família convencional: vinculação com a teoria do patrimônio mínimo

O instituto do "bem de família" foi deslocado da teoria dos bens jurídicos (parte geral) para o livro de família, em razão da funcionalização e da finalidade da constituição dessa categoria especial de bem. O bem de família tutela direito fundamental da pessoa humana e, por essa razão, é meio relevante para a concretização desses direitos existenciais, como moradia e vida digna.

A qualificação de determinado bem como "de família" o submete a um regime jurídico especial e diferenciado. Tal bem não se submeterá às obrigações do titular desse direito subjetivo patrimonial, no caso de inadimplemento. A proteção especial conferida ao bem de família o coloca a salvo de questões de natureza patrimonial, uma vez que sua finalidade é a salvaguarda de bens fundamentais existenciais.

O bem de família, disciplinado nos arts. 1.711 a 1.722 do Código Civil, não se confunde com o bem de família objeto da Lei n. 8.009/90. O bem de família convencional é constituído pelos cônjuges ou a entidade familiar, por meio de escritura pública ou testamento. Decorre de ato de vontade, com base no princípio da autonomia da vontade ou privada. A entidade familiar escolhe bem integrante do patrimônio geral para qualificá-lo, destiná-lo e afetá-lo para torná-lo de "de família", caso em que ficará imune a obrigações pecuniárias dos seus titulares, com as ressalvas da legislação civil.

O bem de família legal (Lei n. 8.009/90), ao contrário daquele disciplinado no Código Civil, independe de ato de vontade, justamente porque a proteção decorre diretamente da lei. O bem de família legal tem por objeto o imóvel, rural ou urbano, que constitui a moradia da família. Os bens de família legal (Lei n. 8.009/90) e voluntário/convencional (arts. 1.711 a 1.722 do Código Civil) coexistem de forma harmônica no ordenamento jurídico; o primeiro, tem como instituidor o próprio Estado e volta-se para o sujeito de direito (entidade familiar) com o propósito de resguardar-lhe a dignidade por meio da proteção do imóvel que lhe sirva de residência; já o segundo, decorre da vontade de seu instituidor (titular da propriedade) e objetiva a proteção do patrimônio eleito contra eventual execução forçada de dívidas do proprietário do bem.

O bem de família legal também é impenhorável, salvo as exceções da própria lei (art. 3º), independentemente da vontade dos membros que integram a entidade familiar. Diante da abrangência da proteção legal conferida ao bem de família involuntário ou legal, é rara a instituição, por ato de vontade, do bem de família convencional.

Por outro lado, a constituição do bem de família por ato de vontade é burocrática e possui custos consideráveis, ao passo que o bem de família legal não tem custo e é desprovido de qualquer burocracia. Ademais, o bem de família protegido pela lei, como regra, seria aquele normalmente eleito pela entidade familiar para se tornar indisponível por ato de vontade. A jurisprudência ainda ampliou a proteção ao bem de família disciplinado pela Lei n. 8.009/90, ao defender que ele abrange também o imóvel pertencente a pessoas solteiras, separadas e viúvas (Sumula 364 do STJ).

Por essas razões, na prática, não se visualiza interesse concreto na constituição de bem de família. A Lei n. 8.009/90 e a jurisprudência desestimularam a instituição do bem de família por ato de vontade.

De qualquer forma, o Código Civil, nos arts. 1.711 a 1.722, institui o denominado bem de família voluntário, cuja afetação decorre da vontade do instituidor, para que o bem não responda por dívidas dos integrantes do núcleo familiar, com as exceções legais.

6.12.2. Quem possui legitimidade para instituir o bem de família voluntário e qual a formalidade para tanto?

O bem de família voluntário deve ser constituído por ato de vontade da pessoa interessada.

O art. 1.711 do Código Civil dispõe sobre os legitimados para a instituição do bem de família, mediante escritura pública ou testamento, atos de afetação patrimonial. Não só os cônjuges, companheiros ou a entidade familiar possuem legitimidade para destinar parte do patrimônio com a finalidade de constituir bem de família, mas também terceiro, desde que, neste último caso, haja aceitação expressa dos cônjuges ou da entidade familiar beneficiada (parágrafo único do art. 1.711).

No caso do terceiro, a instituição poderá ser por doação ou testamento, mas a eficácia desses atos está condicionada à aceitação expressa dos interessados.

Se for instituído por terceiro por meio de doação, o bem somente poderá retornar ao patrimônio do doador no caso de existir cláusula de reversão, vinculada a qualquer hipótese legal que leve à extinção do bem de família. Assim, para que o bem retorne ao patrimônio do doador, são necessários dois requisitos: 1 – existência de cláusula de reversão; 2 – reversão em razão da extinção do bem de família pelas hipóteses legais de extinção.

No caso de testamento, seja pelos interessados, seja por terceiro, a eficácia da constituição do bem de família dependerá, por óbvio, da morte do testador. Antes da morte do testador, a disposição testamentária não tem eficácia jurídica.

O bem de família, quer seja instituído pelos cônjuges, companheiros, entidade familiar ou terceiro, somente se constitui pelo registro de seu título no Registro de Imóveis (art. 1.714 do CC). Trata-se de formalidade essencial para o ato que, se não observada, o bem não se submeterá a esse regime jurídico especial. A Lei de Registros Públicos disciplina o registro do bem de família voluntário nos arts. 260 a 265.

6.12.3. Limites da constituição do bem de família

O art. 1.711 da Lei Civil impõe limites para a constituição do bem de família voluntário. Os cônjuges, companheiros ou a entidade familiar que decidir afetar parte do patrimônio para submetê-lo ao regime jurídico especial do bem de família, deve se obrigar ao limite legal de um terço do patrimônio líquido (abatidas as dívidas), a ser apurado no tempo da instituição (data da formalização da escritura pública ou do testamento).

Tal limite imposto pela legislação esvazia demasiadamente o instituto, pois a massa substancial da população brasileira que possui patrimônio imobiliário ou mobiliário não terá acervo patrimonial suficiente para atender ao referido limite. Será raro alguma entidade familiar ser titular de bens capazes de comportar bem de família no referido limite legal. Tal fato evidencia a relevância social do bem de família legal, instituído pela Lei n. 8.009/90, o qual não impõe qualquer limitação para que o patrimônio que se destina à residência da família seja protegido pela impenhorabilidade.

O próprio art. 1.711, na parte final do *caput*, evidencia que as disposições da Lei n. 8.009/90 devem ser preservadas, o que leva à conclusão de que o bem de família legal e o voluntário convivem de forma harmônica no sistema jurídico pátrio, mas o regime jurídico do bem de família legal é bem mais flexível (não há formalidade para a constituição; não há limite legal relativo ao patrimônio; não há custo para a instituição, porque decorre da lei e a proteção é mais abrangente).

6.12.4. Objeto do bem de família voluntário. Que bem poderá ser considerado de família?

De acordo com o art. 1.712 do Código Civil, o bem de família consistirá em prédio residencial urbano ou rural, com suas pertenças e acessórios, destinando-se, em ambos os casos, a domicílio familiar, e poderá abranger valores mobiliários, cuja renda será aplicada na conservação do imóvel e no sustento da família.

Portanto, o bem de família deve ser um prédio, imóvel, urbano ou rural, destinado à residência da família. Assim, qualquer imóvel, independentemente da localização e, desde que destinado à residência da entidade familiar, pode ser afetado ou destinado a bem de família, para gozar da proteção especial em relação a dívidas.

No entanto, ao instituir o bem de família, que é um imóvel, tal instituição abrangerá ou poderá abranger suas pertenças e acessórios, bem como valores mobiliários, ações, por exemplo, desde que a renda desses valores seja toda destinada à conservação do bem de família e ao sustento da família.

O bem de família é necessariamente um imóvel, porque somente nesse tipo ou espécie de bem é possível fixar um domicílio familiar. Ao constituir tal bem de família imobiliário, a instituição envolverá as pertenças (art. 93 do CC) e os acessórios (benfeitorias, frutos, acessões etc.) que o integram (o acessório segue o principal) e que a ele se vinculam.

Em relação aos valores mobiliários, por extensão, a instituição do bem de família poderá alcançar tais bens, desde que haja conexão entre tais valores e o bem de família, pelo fato de que o bem de família precisa ser preservado e a família, sustentada. Dessa forma, se os valores mobiliários gerarem renda e tal renda for destinada e aplicada na conservação do imóvel e no sustento da família, a proteção do bem de família abrangerá tais valores mobiliários, que se submeterão ao regime jurídico do bem de família (por extensão, e não porque se trata de bem de família).

De acordo com o art. 1.713 do CC, os valores mobiliários, destinados aos fins previstos no art. 1.712, ou seja, renda utilizada para conservação do imóvel ou sustento da família, não poderão exceder o valor do prédio instituído em bem de família na época de sua instituição. Aqui, é imposto pela lei mais um limite, que condiciona a extensão da proteção do bem de família aos valores mobiliários. Por isso, estes devem ser devidamente individualizados no instrumento de instituição do bem de família.

Se os valores mobiliários forem títulos nominativos, sua instituição como bem de família deverá constar dos respectivos livros de registro.

O instituidor poderá determinar que a administração dos valores mobiliários seja confiada a instituição financeira, bem como disciplinar a forma de pagamento da respectiva renda aos beneficiários, caso em que a responsabilidade dos administradores obedecerá às regras do contrato de depósito (§ 3º do art. 1.713, CC).

Em complemento ao § 3º do art. 1.713 do CC, dispõe o art. 1.718 que "qualquer forma de liquidação da entidade administradora, a que se refere o § 3º do art. 1.713, não atingirá os valores a ela confiados, ordenando o juiz a sua transferência para outra instituição semelhante, obedecendo-se, no caso de falência, ao disposto sobre pedido de restituição".

Os valores mobiliários somente se submetem ao regime jurídico do bem de família se estiverem vinculados ao imóvel urbano ou rural instituído como bem de família. Isoladamente e sem a referida conexão, os valores mobiliários não integram a concepção de bem de família. Portanto, não são patrimônio independente, separado ou fundo isolado. No caso, são essenciais o vínculo e a conexão com o imóvel residencial destinado e afetado para servir como bem de família.

6.12.5. Isenções relativas ao bem de família e exceções à regra da impenhorabilidade do bem de família voluntário

Após a constituição do bem de família, com a observância dos pressupostos e formalidades legais, o imóvel, urbano ou rural, destinado à residência da entidade familiar passa a se submeter a regime jurídico especial: impenhorabilidade.

O bem de família é isento de execução por dívidas posteriores à sua instituição, salvo as que provierem de tributos relativos ao prédio, ou de despesas de condomínio (art. 1.715 do CC).

A regra é a impenhorabilidade do bem de família por dívidas supervenientes à sua instituição, mas a própria lei ressalva que os tributos relativos ao prédio, como IPTU, assim como as despesas de condomínio, por suas próprias naturezas, podem vincular o imóvel para fins de cobrança.

No caso de execução de dívidas fiscais ou despesas de condomínio, o saldo existente será aplicado em outro prédio, como bem de família, ou em títulos da dívida pública, para sustento familiar, salvo se motivos relevantes aconselharem outra solução, a critério do juiz.

A isenção ou impenhorabilidade (o regime de proteção especial) tem prazo de duração. O regime jurídico da impenhorabilidade durará enquanto os membros da entidade familiar estiverem vivos ou, na falta destes, até que os filhos completem a maioridade. O art. 1.716 merece uma interpretação à luz dos valores sociais constitucionais, em especial o direito social e fundamental de moradia, que concretiza a dignidade dos integrantes de determinada entidade familiar. A falta dos ascendentes e, se houver filhos, a maioridade destes, por si sós, não serão suficientes para a extinção do regime jurídico especial da impenhorabilidade, uma vez que tais filhos, ainda que maiores, poderão ser conceituados como entidade familiar e, por essa razão, gozarão da proteção legal. Nesse ponto, aliás, interessante relembrar o teor da Súmula 364 do STJ, que conferiu maior abrangência para a Lei n. 8.009/90, para estender a proteção para solteiros, viúvos e divorciados.

Se os filhos maiores forem incapazes, com maior razão a proteção permanece.

6.12.6. Desvio de finalidade do bem de família

O bem de família deve ter destinação específica, conforme enuncia o art. 1.712 do CC.

Como ressalta Tepedino[61], "a utilização residencial do imóvel e a aplicação da renda dos valores mobiliários na conservação do imóvel e no sustento da entidade familiar são requisitos essenciais para a caracterização do bem de família e, caso haja desvio desta função do bem, tornar-se-á ineficaz, não obstante os beneficiários possam se valor do disposto no art. 1.719, parte final, para resguardar seus interesses".

A alienação do bem de família depende de consentimento dos interessados, oitiva do Ministério Público, em procedimento próprio. Em caso de divergência, poderá a questão ser objeto de discussão no âmbito judicial.

6.12.7. Impossibilidade de manutenção do bem de família

O custo do bem de família pode inviabilizar sua manutenção. O bem de família gera encargos administrativos, tributários e civis. Em razão desses encargos, por ocasião de sua constituição, o bem de família pode abranger valores mobiliários, cuja renda será revertida e aplicada na conservação do imóvel ou prédio destinado à família (art. 1.712 do CC). A impossibilidade de manutenção do bem de família pode estar relacionada aos mais diversos fatores, como diminuição da renda da entidade familiar, excessivos encargos, alto custo de manutenção, entre outros.

No caso de impossibilidade de manutenção do bem de família, nas mesmas condições em que foi instituído, abrem-se aos interessados as seguintes alternativas: 1 – extinguir o bem de família, até pelo seu caráter temporário; ou 2 – promover a sub-rogação ou a substituição do bem de família por outro menos oneroso.

Em qualquer dessas hipóteses (extinção ou sub-rogação), será imprescindível procedimento judicial de jurisdição voluntária, com a participação do instituidor e do Ministério Público, tudo nos termos do art. 1.719 do Código Civil. O juiz analisará as razões dos interessados, que deverão ser motivadas, e determinará o levantamento do ônus junto ao CRI (no caso de extinção) ou a sub-rogação. Embora não haja previsão legal, entendemos que a afeta-

---

[61] TEPEDINO, Gustavo; BARBOSA, Heloísa Helena; BODIN, Maria Celina et al. *Código civil interpretado*. v. IV (Direito de Família. Sucessão em geral. Sucessão legítima e testamentária. Disposições finais e transitórias. Arts. 1.511 a 2.046), RJ-SP: Renovar, 2006, p. 420.

ção do bem de família impõe a exigência de autorização judicial para o caso de alienação.

Portanto, a inalienabilidade do bem de família é relativa. À luz do caso concreto será possível apurar se as razões dos interessados, de fato, são relevantes, para a instituição do bem de família.

6.12.8. Administração do bem de família, o bem de família e a dissolução da unidade familiar, e a extinção do bem de família

Em decorrência do princípio da isonomia constitucional (art. 226, § 5º, da CF) entre os cônjuges, a administração do bem de família compete a ambos os cônjuges ou companheiros que integram a entidade familiar. No caso de divergência, como a vontade de um não pode se sobrepor à do outro, será necessária a resolução da controvérsia via procedimento judicial, nos termos do art. 1.720 do CC.

A fim de dirimir controvérsias sobre a administração em caso de falecimento dos cônjuges ou companheiros que integram a entidade familiar, o parágrafo único do art. 1.720 dispõe que a administração passará ao filho mais velho, se for maior e, do contrário, ao seu tutor. No entanto, tal norma não tem caráter absoluto. No caso concreto, será possível apurar se, de fato, o filho maior mais velho é o que reúne as melhores condições para a gestão do bem de família. Portanto, a norma apenas sugere como se dará a administração, mas sem qualquer caráter de norma cogente ou impositiva.

Neste ponto, uma ressalva é relevante para dar coerência ao referido dispositivo legal. De acordo com o art. 1.722 do CC, o bem de família será extinto com a morte de ambos os cônjuges e com a maioridade de todos os filhos, desde que não sejam incapazes e, por isso, não estejam sujeitos à curatela. Assim, se os cônjuges falecerem e todos os filhos forem maiores e capazes, o bem de família será extinto.

Por isso, a administração do bem de família somente passará ao filho mais velho, no caso de falecimento de ambos os cônjuges, se houver um filho menor submetido à tutela, ou outro filho maior incapaz.

Por fim, a dissolução da sociedade conjugal não extingue o bem de família (art. 1.721 do CC). Na realidade, o referido dispositivo complementa o disposto no art. 1.716 do CC, segundo o qual o bem de família perdurará enquanto viver um dos cônjuges.

Se a causa de dissolução da sociedade conjugal for a morte de um dos cônjuges, o sobrevivente poderá pedir a extinção do bem de família, se for o único bem do casal.

6.12.9. A Lei n. 8.009/90 e o bem de família legal

A Lei n. 8.009/90 disciplina o bem de família legal, ou seja, a proteção e o regime jurídico especial a bem específico decorre de comando normativo, independentemente de ato de vontade. As vantagens e a abrangência da Lei n. 8.009/90 esvaziaram o bem de família voluntário. Não há custo para a instituição do bem de família legal, não há limitação de patrimônio e sua instituição, por decorrer diretamente da lei, independe de qualquer formalidade.

Ademais, a impenhorabilidade que decorre da Lei n. 8.009/90 é mais abrangente.

De acordo com o art. 1º da Lei n. 8.009/90, "o imóvel residencial próprio do casal, ou da entidade familiar, é impenhorável e não responderá por qualquer tipo de dívida civil, comercial, fiscal, previdenciária ou de outra natureza, contraída pelos cônjuges ou pelos pais ou filhos que sejam seus proprietários e nele residam, salvo nas hipóteses previstas nesta lei. Parágrafo único. A impenhorabilidade compreende o imóvel sobre o qual se assentam a construção, as plantações, as benfeitorias de qualquer natureza e todos os equipamentos, inclusive os de uso profissional, ou móveis que guarnecem a casa, desde que quitados".

Tal impenhorabilidade não é absoluta.

De acordo com o art. 2º da lei em referência, excluem-se da impenhorabilidade os veículos de transporte, obras de arte e adornos suntuosos.

O art. 3º impede também a oposição da impenhorabilidade pelo titular do crédito decorrente do financiamento destinado à construção ou à aquisição do imóvel, no limite dos créditos e acréscimos constituídos em função do respectivo contrato; pelo credor da pensão alimentícia, resguardados os direitos, sobre o bem, do seu coproprietário que, com o devedor, integre união estável ou conjugal, observadas as hipóteses em que ambos responderão pela dívida; para cobrança de impostos, predial ou territorial, taxas e contribuições devidas em função do imóvel familiar; para execução de hipoteca sobre o imóvel oferecido como garantia real pelo casal ou pela entidade familiar; por ter sido adquirido com produto de crime ou para execução de sentença penal condenatória a ressarcimento, indenização ou perdimento de bens e por obrigação decorrente de fiança concedida em contrato de locação.

O art. 4º da Lei n. 8.009/90 sanciona a má-fé.

Por fim, dispõe o art. 5º: "Para os efeitos de impenhorabilidade, de que trata esta lei, considera-se residência um único imóvel utilizado pelo casal ou pela entidade familiar para moradia permanente. Parágrafo único. Na hipótese de o casal, ou entidade familiar, ser possuidor de vários imóveis utilizados como residência, a impenhorabilidade recairá sobre o de menor valor, salvo se outro tiver sido registrado, para esse fim, no Registro de Imóveis e na forma do art. 70 do Código Civil".

O STJ já teve a oportunidade de definir várias questões relativas ao bem de família: 1 – os integrantes da entidade familiar residentes no imóvel protegido pela Lei n. 8.009/90 possuem legitimidade para questionarem a penhora do bem de família; 2 – a vaga de garagem que tem matrícula própria no registro de imóveis não constitui bem de família para efeito de penhora (Súmula 449); 3 – é impenhorável o único imóvel residencial do devedor que esteja locado a terceiros, desde que a renda obtida com a locação seja revertida para a subsistência ou a moradia da sua família (Súmula 486); 4 – é possível a penhora de bem de família para assegurar o pagamento de dívidas oriundas de despesas condominiais (mas a impenhorabilidade não pode ser afastada nas dívidas relacionadas a associação de moradores) do próprio bem, bem como de dívida relativa a contrato de compra e venda ou promessa de compra e venda relativa ao bem de família; 5 – o conceito de impenhorabilidade para o imóvel pertencente a pessoas solteiras, separadas e viúvas (Súmula 364); 6 – a proteção conferida ao bem de família pela Lei n. 8.009/90 não importa em sua inalienabilidade, revelando-se possível a disposição do imóvel pelo proprietário, inclusive no âmbito da alienação fiduciária; 7 – é válida a penhora de bem de família pertencente a fiador de contrato de locação (Súmula 549), seja a locação residencial ou comercial; 8 – para aplicação da exceção à impenhorabilidade do bem de família previsto no art. 3º, IV, da Lei n. 8.009/90, é preciso que o débito de natureza tributária seja proveniente do próprio imóvel que se pretende penhorar; 9 – é possível a penhora de bem de família dado em garantia hipotecária pelo casal quando os cônjuges forem os únicos sócios da pessoa jurídica devedora; 10 – a impenhorabilidade não pode ser oposta ao credor de alimentos, decorrente de vínculo familiar ou de ilícito; 11 – o fato de o terreno não estar edificado ou em construção, por si só, não impede a qualificação de bem de família porque a finalidade a ele atribuída deve ser analisada caso a caso; 12 – é impenhorável o bem de família oferecido como caução em contrato de locação residencial ou comercial, inclusive se pertencer a sociedade empresária de pequeno porte, utilizado como moradia do sócio ou da família; 13 – é impenhorável o bem de família que sirva de residência para os familiares do devedor, ainda que habite outro imóvel e é possível reconhecer como bem de família pluralidade de imóveis destinados a entidades familiares diversas decorrentes de divórcio ou separação; 14 – o falecimento do devedor não faz cessar automaticamente o bem de família, porque a proteção se estende aos integrantes da entidade familiar.

6.13. UNIÃO ESTÁVEL

6.13.1. Evolução histórica – de família "ilegítima" até ser considerada entidade familiar reconhecida e tutelada pelo Estado (art. 226 da CF/88)

A união estável é reconhecida como entidade familiar pela Constituição Federal de 1988 (art. 226, § 3º), e como tal se submete à tutela e proteção especial do Estado.

A família, base da sociedade, instituição que goza de proteção especial do Estado, deixou de se associar ao matrimônio (casamento). A Constituição Federal admite a pluralidade de modelos familiares e a união estável é apenas mais uma entre várias entidades familiares reconhecidas e tuteladas pelo Estado.

No entanto, até assumir a posição e o reconhecimento de entidade familiar ou modelo de família, tal união entre pessoas teve de superar barreiras culturais, sociais, religiosas, políticas e vencer preconceitos e resistências atreladas a uma concepção matrimonial de família.

A evolução da união estável como entidade familiar está diretamente relacionada à própria evolução e concepção de família ao longo da história e sempre foi marcada por preconceitos, que ainda se mantêm na sociedade, ainda que tal entidade esteja positivada na Constituição Federal, no capítulo que tutela a família.

Não é possível compreender a união estável sem analisar a evolução histórica da própria concepção de "família". Portanto, partiremos da análise histórica da concepção de família para compreender a união estável como entidade familiar.

Antes da Constituição de 1988, a família sempre foi associada ao matrimônio (casamento). A sociedade brasileira, ao longo da história, sempre repudiou conferir legitimidade às famílias que não estivessem vinculadas ao casamento.

Não há dúvida de que a Igreja Católica, por considerar o casamento dogma e sacralidade, abençoado por "Deus" e por toda a Igreja, contribuiu decisivamente para associar a família ao casamento. As famílias denominadas "legítimas" eram frutos de uniões entre pessoas que se submetiam a esse modelo único de família: o casamento.

A família cristã, tradicional, estruturada para a consecução de objetivos patrimoniais (unidade de produção e reprodução), era matrimonial (vinculada ao casamento), hierarquizada, patriarcal e patrimonial.

O repúdio social, cultural e religioso, fruto de preconceitos e hipocrisia de uma sociedade retrógrada, sem valores morais e éticos, como é a sociedade brasileira, levou a rotular qualquer união entre pessoas fora do casamento como tipos de família ilegítima, ou seja, sem tutela do Estado e fora do âmbito de proteção do direito de família. As relações e uniões entre pessoas fora do casamento não repercutiam no direito de família e em seus institutos, embora excepcionalmente pudessem gerar efeitos obrigacionais.

O Código Civil de 1916 é o retrato desse modelo tradicional de família vinculada e associada ao casamento. O CC/1916 materializa o domínio episcopal e religioso do matrimônio, com a imposição arbitrária de apenas um modelo de família, aquele baseado no casamento.

A Igreja Católica teve papel decisivo nesse depримente e triste momento da história ao "abençoar" apenas uniões entre pessoas, de sexos diferentes, que se submetiam ao controle do Estado: o casamento. Era, e sempre foi, muito conveniente esse acordo velado entre Igreja e Estado, ainda que formalmente tal separação tivesse ocorrido com a instituição da República. Interessa ao Estado e à Igreja manter a concepção de família baseada no matrimônio, uma vez que, por meio desse modelo, ambos podem exercer pleno controle (pela lei ou religião) da vida das pessoas.

Portanto, antes da Constituição de 1988, a sociedade brasileira, a legislação e os Tribunais não reconheciam qualquer modelo de família dissociado do casamento.

Em que pesem tais resistências legais, culturais e religiosas, as uniões entre pessoas e a constituição de famílias fora do casamento sempre foi uma realidade social.

E como tais famílias, constituídas à margem do casamento, estavam se avolumando, o Estado, de alguma forma, por alguma de suas instituições, ainda que a jurídica, tinha o dever de dar alguma resposta para esse fato e fenômeno social.

Qual foi a estratégia inicial?

Os tribunais passaram a reconhecer efeitos jurídicos a tais uniões entre pessoas de sexos diferentes, mas fora do contexto do direito de família. Os efeitos jurídicos eram meramente obrigacionais (direito das obrigações), mas não efeitos jurídicos de direito de família (alimentos, herança, nome, meação conforme regras de família, entre outros).

Tais uniões passaram a ser denominadas "concubinato", subdividido em concubinato puro (união de pessoas livres e sem qualquer impedimento) e concubinato impuro (união de pessoas com algum impedimento – exemplo clássico a pessoa casada que passava a ter uma relação extraconjugal – amante).

Para o concubinato puro, passaram a ser reconhecidos efeitos jurídicos no campo do Direito das Obrigações, como indenização pela prestação de serviços domésticos em favor de um dos concubinos e a possibilidade de divisão do patrimônio adquirido pelo esforço comum, o qual tinha de ser comprovado, nos termos da Súmula 380 do STF.

O STF passou a admitir o reconhecimento e a dissolução dessa sociedade de fato, com divisão dos bens adquiridos pelo esforço comum, mas no âmbito do direito obrigacional, a fim de evitar o enriquecimento sem justa causa de um dos companheiros/concubinos.

Ao concubinato impuro não se reconhecia qualquer efeito jurídico obrigacional. Tal concubinato era rechaçado pela sociedade e, portanto, era equiparado a um ato antijurídico.

A indenização por prestação de serviços domésticos (justificada no fato de os concubinos não fazerem jus aos alimentos) e a possibilidade de dividir os bens adquiridos pelo esforço comum foram a fórmula encontrada para reconhecer algum efeito jurídico para tais uniões, mas sempre à margem do direito de família. Tais questões eram resolvidas e discutidas no direito das obrigações.

Logo após a edição da Súmula 380 do STF ("Comprovada a existência de sociedade de fato entre os concubinos, é cabível a sua dissolução judicial, com a partilha do patrimônio adquirido pelo esforço comum"), foi editada, pelo mesmo Tribunal, a Súmula 382 (que não exige a coabitação para reconhecer os efeitos jurídicos obrigacionais no concubinato puro – "a vida em comum sob o mesmo teto, *more uxorio*, não é indispensável à caracterização do concubinato").

Tal situação humilhante para os concubinos (pessoas livres que constituíam comunhão plena de vida), cujas relações foram colocadas à margem do direito de família, perdurou até a Constituição Federal de 1988.

Em razão da realidade social latente, não mais compatível com o ordenamento jurídico até então vigente, a Constituição Federal de 1988 altera a concepção de família (ao menos em termos normativos) e incorpora as uniões entre pessoas livre ao direito de família. E, no art. 226, § 3º, passa a reconhecer a união estável entre homem e mulher como entidade familiar, e a submete à proteção especial do Estado.

A partir da Constituição Federal de 1988, a família, em termos normativos, deixa de ter um caráter matrimonial, patrimonial, hierárquico, patriarcal, fechado e é considerada um fim em si mesma, para ser plural, democrática, solidária, afetiva, aberta e concebida apenas como núcleo intermediário para o desenvolvimento da personalidade e da promoção da dignidade de seus integrantes.

Na evolução normativa da própria concepção de família, surge uma pluralidade de modelos familiares e, entre eles, a família constituída a partir de união estável entre homem e mulher. Trata-se de uma concepção instrumental da família.

O Estado não protege a família por si mesmo, mas para que, por meio dessa proteção, as pessoas ou os membros que a compõem sejam tutelados. A família é instrumento de promoção e tutela da pessoa humana. E a união estável, como entidade familiar, cumpre bem esse papel renovador e contemporâneo de família, na medida em que será núcleo fundamental para a tutela de seus membros.

Como bem ressaltam Rosenvald e Chaves[62]: "O que se deve proclamar é a especial proteção da vida em comum, através de uniões sem formalidades, com o propósito de proteger qualquer modo de constituição de família, independentemente de sua origem. Até porque, relembre-se à saciedade, a concepção familiar é instrumental, não se justificando protegê-la por si mesma, senão em função de seus componentes, deixando perceber que os companheiros merecem a mesma proteção conferida às pessoas casadas".

A união estável é mais um modelo de família. Não se equipara ao casamento. A equiparação da união estável ao casamento é uma forma de manter a concepção ultrapassada e tradicional de família matrimonial. E o casamento é apenas mais um modelo de família, que convive com outros modelos, autônomos, distintos e independentes, entre eles a união estável.

Embora diferentes, casamento e união estável possuem base constitucional, merecem proteção especial do Estado e, por isso, se submetem aos valores constitucionais que informam o direito de família.

Portanto, após a Constituição Federal de 1988, o casamento deixa de ser a única forma do que se convencionou denominar "família legítima". A família moderna deixa de estar associada ao casamento. Ela perde o caráter patrimonial. Outras formas de família, dissociadas do casamento, também serão "legítimas" e, como consequência, gerarão efeitos jurídicos de direito de família.

O até então denominado "concubinato puro" (unidade composta por pessoas livres que não haviam casado, mas mantinham vida em comum), foi elevado à condição de união estável e entidade familiar, com proteção especial do Estado. A união estável substitui o pejorativo termo "concubinato", que sempre foi um estigma para tais

---

[62] FARIAS, Cristiano Chaves de; ROSENVALD, Nelson. *Curso de direito civil, Famílias*. São Paulo: Atlas, 2015, p. 507.

pessoas que escolhiam, livremente, essa forma de relacionamento e convivência.

O concubinato, após a Constituição de 1988, ficou restrito ao que ficou conhecido como "impuro", adulterino ou incestuoso, que não mereceu proteção do Estado e não foi inserido como modelo de família. O próprio Código Civil vigente manteve a distinção atual entre união estável (art. 1.723 – antigo concubinato puro) e concubinato (art. 1.727 – não gera efeitos jurídicos de família, apenas eventuais direitos obrigacionais – antigo concubinato impuro).

O problema que surge logo após a Constituição de 1988 é a ausência de normas jurídicas que reconheçam efeitos jurídicos de família às uniões estáveis, novo modelo de família.

A Constituição Federal se restringiu a reconhecer a união estável como entidade familiar, mas não tratou dos efeitos jurídicos dessa nova entidade, como alimentos, herança, direito de habitação, meação, nome, parentesco, entre outros.

A fim de suprir esse vácuo ou lacuna legislativa quanto aos efeitos jurídicos de família da união estável, foram editadas as Leis n. 8.971/94 e 9.278/96. A primeira legislação disciplinou os alimentos, meação, a sucessão e o usufruto entre companheiros, e ainda impôs alguns requisitos objetivos para a caracterização da relação afetiva como união estável. Na sequência, a Lei n. 9.278/96, sem revogar ou se referir à legislação de 1994, passou a caracterizar a união estável a partir de outros elementos de fato (convivência pública, duradoura e contínua, com objetivo de constituir família, independentemente de tempo de convivência) e ainda tratou de alguns efeitos patrimoniais e pessoais entre companheiros, e positivou, em favor destes, o direito real de habitação.

No entanto, a lei de 1996 manteve as regras da lei de 1994 sobre alimentos, sucessão e usufruto entre companheiros. A única alteração promovida pela Lei de 1996 em relação à legislação de 1994 foi conferir novos elementos para a configuração e caracterização da união estável.

Em resumo, a Lei n. 8.871/94 disciplinou as seguintes matérias: *alimentos – sucessão, meação* e *usufruto viduaL*. Inicialmente, assegurou aos companheiros o direito a alimentos, desde que cumpridos vários requisitos (art. 1º). No entanto, para obter os efeitos da lei especial de alimentos, tornou-se necessária a prova pré-constituída dos seus requisitos ou da relação de fato.

Tal lei também tratava do direito sucessório, facultando ao companheiro participação na sucessão do falecido e, finalmente, reconhecia ao companheiro direito de usufruto, sem que houvesse limitação apenas aos bens adquiridos pelo esforço comum.

O art. 3º da lei em questão garantia ao companheiro o direito à meação (metade dos bens), desde que houvesse efetiva colaboração do companheiro sobrevivente.

A Lei n. 9.278/96, que apenas derrogou a Lei n. 8.971/94, tratou das seguintes matérias: *união estável* – nova caracterização – *regime de bens – direito real de habitação – rela-*

ções pessoais e *competência da vara de família* para as ações sobre união estável.

Portanto, essa lei fixou novos requisitos para a caracterização da união estável, conforme o art. 1º. Segundo, passou a mencionar o regime da comunhão parcial de bens e presunção de condomínio (os bens adquiridos na constância da união estável e a título oneroso são considerados frutos do trabalho e da colaboração comum e, por isso, passam a pertencer a ambos em partes iguais e em condomínio). Terceiro, foi reconhecido direito real de habitação, ainda que o imóvel residencial não tenha sido adquirido pelo esforço comum, mas desde que destinado à residência da família. Além disso, em seu art. 2º, a referida lei tratou das relações pessoais entre os companheiros e, no art. 9º, da competência da Vara de Família para as ações sobre união estável.

Na evolução legislativa da união estável, após a edição das Leis n. 8.971/94 e 9.278/96, a matéria foi objeto de normatização no Código Civil de 2002, nos arts. 1.723 a 1.727.

O Código Civil de 2002, embora tenha inovado em algumas questões pontuais, manteve os parâmetros e as orientações da Lei n. 9.278/96, em especial no que se refere aos elementos de fato para a caracterização da união estável e os efeitos pessoais e patrimoniais desse modelo de família. Além disso, o Código Civil de 2002 manteve a diferença entre união estável (art. 1.723 – antigo concubinato puro) e concubinato (art. 1.727 – antigo concubinato impuro).

Além dessas regras gerais sobre os elementos e os efeitos pessoais e patrimoniais da união estável, o Código Civil também disciplinou os alimentos entre companheiros no art. 1.694, e a sucessão (herança) no art. 1.790, com o que ficou praticamente derrogada a Lei n. 8.971/94, que disciplinou os alimentos, sucessão e usufruto entre companheiros. Todas as matérias objeto da Lei n. 8.971/94 foram incorporadas pelo Código Civil, embora esta legislação não tenha revogado expressamente aquela.

A inovação a ser ressaltada na Lei Civil é o fato de ser admitido o reconhecimento da união estável entre pessoas casadas, desde que separadas de fato (§ 1º do art. 1.723 do CC).

De acordo com o Código Civil, só é possível o reconhecimento de união estável entre homem e mulher (tal concepção ruiu com a decisão do STF que passou a admitir e reconhecer a união estável entre pessoas do mesmo sexo), que se caracteriza em convivência pública, contínua, duradoura, sem impedimentos para o matrimônio e com o objetivo de constituir família.

O Código Civil, com concepção mais moderna que a Lei n. 8.971/94, em cinco artigos apresenta os elementos essenciais para a caracterização da união estável (art. 1.723), trata dos efeitos pessoais (art. 1.724) e patrimoniais (art. 1.725) dessa entidade familiar, da diferença entre união estável e concubinato (art. 1.727), dos alimentos entre companheiros (art. 1.694) e, finalmente, do direito sucessório (art. 1.790).

Após o Código Civil de 2002, o Supremo Tribunal Federal, com fundamento nos valores da família contemporânea, moderna, democrática e plural estabelecidos como parâmetros na Constituição Federal, passou a admitir a união estável entre pessoas do mesmo sexo, como efeitos jurídicos de direito de família (denominadas relações homoafetivas).

Como se pode observar, a evolução da união entre pessoas livres acompanhou a própria evolução da família e suas novas facetas. A união estável, como entidade familiar, tutelada pelo Estado, merece proteção especial como modelo de família autônomo, independente e com efeitos jurídicos próprios.

Quais são esses efeitos jurídicos próprios? É o que será analisado nos tópicos seguintes.

6.13.2. Pressupostos para a caracterização da união estável como entidade familiar

A união estável decorre de uma situação de fato entre duas pessoas, ainda que do mesmo sexo. Portanto, a existência da união estável como entidade familiar depende do preenchimento de alguns pressupostos de fato, exigidos pela norma jurídica (Constituição Federal e Código Civil).

Para o fato (união entre pessoas), como condição para deslocar do mundo da vida e ingressar no mundo do direito, ou seja, para que um mero fato social se torne um fato jurídico, com a produção de efeitos jurídicos de direito de família, é essencial que tal convivência preencha os pressupostos de fato exigidos pela norma jurídica, que o qualificarão e o tornarão jurídico.

Por decorrer de situação fática, a existência da união estável como entidade familiar depende da prova de que tais pressupostos de fato estão presentes. E, na maioria das vezes, uma declaração dos conviventes, por meio de escritura pública, não é o meio adequado para demonstrar a existência desse fato jurídico, pois a existência da união estável depende da demonstração efetiva de questões fáticas, ao contrário do casamento, cuja existência se prova por uma certidão de casamento.

Nesse ponto, verifica-se que as Varas de Família, de forma absolutamente equivocada, estão por reconhecer a existência de união estáveis como entidades familiares, por meio de mera declaração dos interessados, muitas vezes materializadas em escrituras públicas. Trata-se de erro crasso, pois a união entre pessoas como fato social apenas se converterá em fato jurídico, com repercussão no direito de família, se os pressupostos de fato exigidos para sua caracterização forem demonstrados e efetivamente provados, e a declaração dos interessados, ainda que pública, não pode isoladamente servir como prova da união estável.

Ainda que as partes estejam de boa-fé, é possível que um elemento fático exigido pela norma não se faça presente naquela união e, diante de uma declaração pública, acaba por se admitir como união estável algo que é apenas união social, sem repercussão no direito de família.

A escritura pública formalizada pelos companheiros é apenas um início de prova, mas não a prova da união estável, que se analisa pela demonstração efetiva e plena dos elementos de fato exigidos pela norma (art. 1.723 do CC).

Em razão dessa admissão sem critérios da declaração pública como prova suficiente da união estável, o Estado, por meio do Poder Judiciário, está conferindo a meras relações eventuais, ou não eventuais, como namoros, o *status* de união estável, com todos os efeitos jurídicos de família daí decorrentes. Em decorrência dessa postura passiva, as fraudes se acumulam, com evidentes prejuízos a terceiros e ao Estado, tendo em vista que a união estável gera efeitos previdenciários, patrimoniais, sucessórios, alimentares, entre outros.

A conversão de uma situação de fato (fato social) em realidade jurídica, com efeitos de direito de família, depende do preenchimento dos pressupostos fáticos exigidos pelos arts. 1.723 do Código Civil e 226, § 3º, da Constituição Federal, normas jurídicas que devem ser harmonizadas.

Esses são os pressupostos e requisitos de fato exigidos pela norma para que determinada união entre pessoas, meramente social, se converta em união estável, fato jurídico com efeitos de direito de família.

Os elementos para a caracterização da união estável são: *estabilidade, publicidade, continuidade, ausência de impedimentos e ânimo de constituição de família (intuito familiae) – elemento subjetivo – critério preponderante* para distinguir de outras *relações afetivas*, sem repercussão no direito de família, como as relações de namoro.

A diversidade de sexos deixou de ser requisito essencial para o reconhecimento da união estável como entidade familiar. O principal elemento fático para a caracterização da união estável é o ânimo de constituir família, a intenção de viver como se casados fossem (*animus familiae*).

É esse elemento subjetivo que diferenciará a união estável de outras relações afetivas. Por exemplo, os namoros em geral são estáveis, públicos, contínuos e estabelecidos entre pessoas sem impedimento para casar. O que de fato distingue o namoro, união social sem efeito jurídico de família, da união estável, entidade familiar com efeito jurídico de família, é o *animus familiae*.

Quanto aos elementos de fato, a convivência deve ser pública (ostensiva – não pode ser clandestina, oculta, simulada, escondida). A convivência ostensiva se caracterizará pelo modo como os conviventes se comportam perante a sociedade em geral, tanto no âmbito privado como profissional. É a relação notória aos olhos de todos, com a plena aparência de afetividade.

Por isso, relações secretas, misteriosas e clandestinas não se caracterizam como união estável, espécie de família. Tal publicidade não significa, por óbvio, que os conviventes tenham de expor sua privacidade em público, uma vez que tal elemento não pode implicar a violação de direitos fundamentais da pessoa humana.

Além de pública, a convivência deve ser estável e contínua. A estabilidade deve ser interpretada de acordo com a complexidade da vida social na atualidade. Não há dúvida de que todo relacionamento humano passa por instabilidades episódicas e temporárias, o que não descaracterizará a estabilidade.

A estabilidade implica uma relação contínua, prolongada no tempo, ainda que permeada por pequenos e temporários atritos incapazes de romper a continuidade do relacionamento. Por isso, as relações afetivas não podem ser eventuais, esporádicas e momentâneas.

A união estável pressupõe duração no tempo, não eventualidade, não transitoriedade e inexistência de interrupções constantes. As rupturas constantes quebram a estabilidade, pois afetam a própria comunhão plena de vida ou vida em comum.

A relação afetiva, para se caracterizar como união estável, espécie de entidade familiar, com efeitos jurídicos de direito de família, além de estável, contínua e pública, deve ser estabelecida entre pessoas que não estão impedidas de casar.

Os impedimentos matrimoniais que geram a nulidade do casamento, arts. 1.521 e 1.548 do CC, se aplicam à união estável, com exceção de um: pessoas casadas, separadas de fato, podem constituir família por meio da união estável. Portanto, o casamento anterior não é óbice para a união estável, desde que o convivente esteja separado de fato do cônjuge ou ex-cônjuge nos termos do art. 1.723 do CC.

Os impedimentos matrimoniais, com exceção do previsto no art. 1.521, inciso VI, são óbices para a constituição da união estável. Não haverá união estável e efeitos jurídicos de família para a relação afetiva se os conviventes estiverem em qualquer das situações que gerem impedimento para o casamento.

No entanto, as causas suspensivas do casamento, previstas no art. 1.523 do CC, não impedem a caracterização da união estável, conforme o disposto no § 2º do art. 1.723 do CC.

O principal elemento para a caracterização da união estável é o ânimo de constituir uma família, que servirá como elemento fundamental para dissociar a união estável, entidade familiar, de outras relações afetivas sem repercussão no direito de família, como é o caso do namoro.

Nas precisas ponderações de Chaves e Rosenvald[63]: "O *animus familiae* é elemento subjetivo, dizendo respeito à intenção do casal de estar vivendo como se fossem casados. É o tratamento recíproco como esposos, integrantes de um mesmo núcleo familiar, com objetivos comuns a serem alcançados em conjunto. Assim sendo, ainda que os demais requisitos estejam presentes, se não havia *affectio maritalis* não haverá união estável".

Em concreto, a prova do ânimo de constituir família, elemento essencial para a caracterização da união estável, é tarefa árdua e complexa. A situação fática, real e concreta deverá ser avaliada com cautela e prudência para que o intérprete possa apurar a existência do referido elemento.

O que determina a natureza da relação afetiva não é o nome e o rótulo que as pessoas envolvidas conferem ao relacionamento, mas os aspectos de fato. Portanto, ainda que um casal rotule a relação de namoro, será união estável se, no caso concreto, estiverem presentes os elementos fáticos previstos na norma.

A união estável se caracterizará como tal quando, no mundo real e concreto da vida, for possível identificar todos os elementos fáticos exigidos pela norma legal, independentemente de rótulos, documentos, declarações ou juízos de valor. É a realidade da vida, o modo de comunhão de vida entre duas pessoas que determinará se a relação jurídica se configura como entidade familiar, união estável, com todos os seus efeitos jurídicos.

Por fim, cumpre destacar que o art. 1.723 eliminou a demarcação do tempo de convivência e admite que pessoas, ainda que no estado civil de casadas, mas separadas de fato, possam constituir união estável. Embora a Lei n. 9.278/96 tivesse ampliado a noção de união estável, não era clara quanto ao separado de fato, o que gerava discussões.

O Código Civil de 2002 encerra definitivamente tais discussões. O art. 1.723, em coerência com a Lei n. 9.278/96, exige que a união seja pública, contínua, duradoura e com objetivo de constituição de família. Ademais, como já ressaltado, os conviventes não podem se encontrar na situação que caracterize impedimento para o casamento (art. 1.521 do CC).

6.13.3. Relações pessoais entre companheiros

A união estável, assim como outros modelos de família, gera efeitos existenciais ou pessoais e patrimoniais. As relações pessoais entre companheiros se visualizam no art. 1.724 da Lei Civil, cujo dispositivo trata de questões relativas à vida em comum, comunhão plena de vida, direitos e deveres recíprocos no campo existencial e humano da relação.

De acordo com o art. 1.724 do CC, as relações pessoais entre os companheiros obedecerão aos deveres de lealdade, respeito e assistência, e de guarda, sustento e educação dos filhos. Os efeitos pessoais decorrentes da união estável em muito se assemelham àqueles previstos para outro modelo de família, o casamento, conforme art. 1.566 do mesmo Diploma Legal.

O dever de lealdade tem sentido amplo, pois implica cumplicidade, parceria, transparência de comportamento, ética e honestidade. É controvertida a inclusão ou não da fidelidade recíproca na concepção de lealdade.

A sociedade contemporânea é complexa e plural. Não se pode mais aprisionar modelos de família com base em concepções cristãs que possuem na fidelidade um de seus pilares. Tampouco se está a defender a infidelidade entre o casal. O fato é que a noção de fidelidade suporta transformação, pois ser leal é ser fiel. A fidelidade sempre esteve associada à monogamia, e o objetivo é dissociar a fidelidade da monogamia e conferir ao termo outra concepção.

Na atualidade, de forma excepcional, se admite a simultaneidade de núcleos familiares. Embora o tema seja controvertido, a admissão de múltiplos núcleos familiares com os mesmos personagens supera a concepção de fidelidade associada à monogamia. Se houver transparência nas relações simultâneas, ainda que um dos membros se relacione com várias pessoas simultaneamente, haverá fidelidade e lealdade, mesmo sem monogamia. É a situação

---

[63] FARIAS, Cristiano Chaves de; ROSENVALD, Nelson. *Curso de direito civil, Famílias*. São Paulo: Atlas, 2015, p. 532.

em que todos os envolvidos sabem da existência da relação afetiva concomitante e não lhe colocam qualquer objeção. Se há transparência, se todos aceitam, se todos são felizes, se os grupos familiares convivem de forma harmônica, ou seja, se há comunhão plena de vida entre os diferentes núcleos familiares, há lealdade e fidelidade, embora não haja monogamia.

Em resumo, como bem destaca Zeno Veloso[64]: "O dever de lealdade implica franqueza, consideração, sinceridade, informação, e, sem dúvida, fidelidade. Numa relação afetiva entre homem e mulher, necessariamente monogâmica, constitutiva de família, além de um dever jurídico, a fidelidade é requisito natural".

O respeito também é dever essencial nas relações pessoais entre os conviventes. Respeito é compreender as diferenças e, principalmente, observar os direitos existenciais relativos à personalidade do outro, como honra, imagem, intimidade, privacidade e integridade física. O respeito tem como referência a não violação de quaisquer dos direitos da personalidade, de natureza existencial.

A assistência recíproca deve ser material e moral. A assistência implica solidariedade, que pode ser visualizada nos alimentos (art. 1.694, CC) e, principalmente, no apoio mútuo, moral e material, durante toda a convivência.

Além desses efeitos pessoais insculpidos no art. 1.724, um dos companheiros tem o direito de usar o sobrenome do outro, de acordo com o art. 57 da Lei de Registros Públicos.

6.13.4. Estatuto patrimonial na união estável

O art. 1.725 do Código Civil disciplina o estatuto patrimonial da união estável. Na ausência de contrato escrito, aplica-se às relações patrimoniais entre os companheiros, no que for compatível com esse modelo de família, o regime da comunhão parcial de bens.

O Código Civil, de forma correta, eliminou a expressão "adquiridos pelo esforço comum", referência das Leis n. 8.971/94 e 9.278/96, com o que aproximou, em definitivo, a união estável do regime da comunhão parcial de bens. Por isso, não se exige a comprovação de que um dos companheiros tenha dado maior contribuição. Em relação aos efeitos patrimoniais da união estável, como já destacado, a partir da Constituição Federal as questões patrimoniais passaram a ser disciplinadas no direito de família, e não mais no campo obrigacional.

Antes da CF/88, os tribunais passaram a reconhecer a contribuição indireta como o suporte doméstico e emocional dado por uma parte à outra para trabalhar. Até a Lei n. 9.278/96, o esforço comum tinha de ser provado, a fim de justificar a meação. A partir dessa legislação, o esforço comum passou a ser presumido.

Com a entrada em vigor do CC, art. 1.725, não há mais justificativa para exigir a prova do esforço comum na aquisição do patrimônio. Nesse sentido, o Enunciado 115 da I Jornada de Direito Civil: "Há presunção de comunhão de aquestos na constância da união extramatrimonial mantida entre os companheiros, sendo desnecessária a prova do esforço comum para se verificar a comunhão dos bens".

Quanto ao contrato escrito (pacto de convivência), os companheiros têm liberdade para estabelecer, por contrato, suas relações patrimoniais. Da mesma forma que o pacto antenupcial, tal contrato pode disciplinar algumas questões de natureza existencial, ou seja, o contrato escrito pode versar sobre outros assuntos que não sejam meramente patrimoniais.

No entanto, tais disposições não podem violar normas de ordem pública e interesse social. Basta que o contrato seja escrito, razão pela qual poderá ser materializado em instrumento público ou particular. A separação de fato faz cessar o regime de bens e, a partir da separação de fato, não há mais comunicação ou comunhão de bens. Com a separação de fato, os bens adquiridos pelo esforço individual se tornam incomunicáveis.

Na constância da união estável é possível alterar o pacto antenupcial, inclusive e, em especial, para mudar o regime de bens, desde que não haja prejuízo a terceiro. No caso da união estável, é dispensável autorização judicial para alterar o regime de bens.

Há controvérsia quanto à aplicação do regime da separação obrigatória de bens à união estável para os maiores de 70 anos. A doutrina é dividida. Como a união estável é modelo de entidade familiar diversa do casamento, com efeitos jurídicos próprios, é incabível a interpretação analógica. No caso, deve prevalecer a autonomia privada, mesmo porque a regra é criticável no casamento, uma vez que retira de pessoas plenamente capazes a possibilidade de escolher, livremente, o regime de bens.

É tão frágil tal causa de separação obrigatória que a jurisprudência abranda os efeitos patrimoniais do regime para permitir a comunhão dos aquestos adquiridos na constância do casamento (Súmula 377 do STF, que continua a ser aplicada no regime da separação obrigatória de bens).

Na união estável, o regime dos bens será aquele legalmente estabelecido na data da aquisição de cada bem, salvo contrato escrito.

No entanto, tal contrato não pode ter efeito retroativo, somente poderá gerar efeitos futuros. O regime de bens a ser aplicado é o da norma vigente no tempo da aquisição de cada bem ou, no caso de contrato escrito, o regime estipulado pelos conviventes, mas sem efeitos retroativos.

O contrato escrito não pode tornar sem efeitos os direitos decorrentes da previsão normativa, mas apenas regular situações futuras.

O Superior Tribunal de Justiça, no REsp 1.383.624-MG, rel. Min. Moura Ribeiro, julgado em 2-6-2015, considerou que tal contrato não poderá ter efeitos retroativos.

Ainda no âmbito patrimonial, destaca-se a desnecessidade de outorga do companheiro para a alienação ou oneração de imóveis, bem como para fiança ou aval.

---

[64] VELOSO, Zeno. Comentários ao código civil: parte especial: do direito das sucessões, v. 21, arts. 1.857 a 2.027. Antônio Junqueira de Azevedo (coord.). São Paulo: Saraiva, 2003, p. 12.

Não é nula nem anulável a fiança prestada por fiador convivente em união estável sem a outorga uxória do outro companheiro (REsp 1.299.866/DF).

A união estável, ao contrário do casamento, é união de fato e, por isso, não pode produzir efeitos em relação a terceiros. Nesse caso, prevalece o interesse do terceiro de boa-fé em detrimento do companheiro prejudicado, a quem restará o direito de indenização contra seu companheiro.

O Superior Tribunal de Justiça, na análise do art. 1.647 do CC e na aplicação deste à união estável, vem por privilegiar o terceiro de boa-fé em detrimento do companheiro. Confira-se o REsp 1.424.275/MT, relatado pelo Ministro Paulo de Tarso Sanseverino.

Portanto, segundo o entendimento do STJ, o art. 1.647 do CC não é compatível com a união estável, salvo má-fé do terceiro.

Neste ponto, deve ser registrado que parcela considerável da doutrina (Álvaro Azevedo, Berenice Dias e Zeno Veloso) defende a exigibilidade da autorização do outro companheiro para a prática de atos que impliquem disposição patrimonial de bens, em especial a alienação de imóveis. A nosso sentir, a razão está com a posição sugerida pelo STJ.

A união estável é modalidade de família protegida e tutelada pelo Estado, mas não se equipara ao casamento quanto aos efeitos jurídicos patrimoniais, com exceção das previsões legais. As pessoas são livres para escolher o modelo de família que mais atenda aos seus interesses. Tal liberdade é assegurada. A opção por um modelo as submete aos efeitos jurídicos desse modelo. É como se duas pessoas celebrassem contrato de compra e venda e quisessem que tal contrato tivesse os efeitos de doação.

Se desejavam a doação, poderiam ter celebrado tal contrato. Não há justificativa ou causa jurídica legítima para equiparar os efeitos jurídicos de modelos familiares que o Estado reconhece, mas confere efeitos jurídicos diversos. O prejuízo do companheiro que não autorizou a alienação deve ser recomposto por meio de indenização no Direito das Obrigações, mas não no direito de família, com a invocação de regras do casamento.

Não bastasse tais argumentos, o sistema jurídico civil protege e tutela a boa-fé da pessoa, terceiro que eventualmente venha a adquirir bens sem ter ciência de que o alienante vive ou convive em união estável. Nessa hipótese, entre o interesse do companheiro prejudicado e do terceiro de boa-fé, o direito daquele é sacrificado e o deste preservado.

Aplica-se, aqui, a tese da propriedade aparente, fundada na boa-fé objetiva, para conferir legitimidade à disposição patrimonial sobre direito do companheiro que não autorizou o ato ou negócio jurídico. Restará ao companheiro requerer indenização por perdas e danos. A tensão entre propriedade e boa-fé existe no nosso sistema em várias situações, e não é incomum a propriedade ser sacrificada em detrimento da boa-fé objetiva, como já demonstramos no capítulo destinado aos direitos reais.

Em relação às relações patrimoniais, o contrato escrito somente pode tratar de questões patrimoniais, razão pela qual é vedado que, por meio de cláusulas desse contrato, se afaste proteção conferida aos companheiros por lei, no âmbito da família e do direito sucessório, em especial.

Finalmente, os companheiros podem estabelecer sociedade entre si ou com terceiros, salvo se no contrato escrito adotarem o regime da comunhão universal (art. 977 do CC com incidência no caso); os companheiros têm direito a alimentos recíprocos (art. 1.694 do CC); sucessão (art. 1.790); direito real de habitação (art. 7º da Lei n. 9.278/96, ainda em vigor) e direitos previdenciários.

6.13.5. União estável e concubinato

No primeiro item deste capítulo já tratamos da diferença entre união estável e concubinato na perspectiva do Código Civil. O legislador, no art. 1.727, pretendeu diferenciar a união estável do concubinato. É nítida a distinção entre um relacionamento estável que atenda aos requisitos do art. 1.723 (antigo concubinato puro) das relações não eventuais entre pessoas, impedidas de casar (antigo concubinato impuro – art. 1.727 do CC).

O objetivo do art. 1.727 do CC é diferenciar a união estável dos relacionamentos em que há impedimento para o casamento. A união estável é espécie de entidade familiar que gera efeitos jurídicos de direito de família, e o concubinato está fora da tutela de tal ramo do direito, embora, eventualmente, possa gerar efeitos patrimoniais (no âmbito do Direito das Obrigações).

Nesse sentido, destaca Tepedino[65] que "faz-se necessária breve reflexão acerca dos direitos patrimoniais cabíveis às uniões concubinárias, que por força da distinção feita no presente artigo não deve gerar efeitos próprios do direito de família. Desloca-se, assim, o tratamento da matéria para o direito das obrigações, passível o concubinato de reconhecimento como sociedade de fato. Nestes termos, o patrimônio adquirido na constância do concubinato deve ser dividido na medida da contribuição direta de cada um dos concubinos, de modo a evitar-se o enriquecimento sem causa".

Como ressaltado em tópico anterior, os primeiros julgados que impulsionaram a construção de uma doutrina concubinária são da década de 1960. De acordo com a Súmula 380 do STF: "Desde que os bens fossem adquiridos pelo esforço comum, devem ser partilhados". Tal súmula permitiu a divisão dos bens adquiridos por pessoas que se relacionavam, desde que pelo esforço comum, como uma sociedade de fato.

Na sequência, entra em cena a Súmula 382, que expressa não ser necessária a convivência sob o mesmo teto para a caracterização do concubinato.

O antigo concubinato não adulterino é a atual união estável, e o adulterino é o concubinato propriamente dito (art. 1.727 – mesmo no concubinato, é possível o reconhecimento de uma sociedade de fato com aplicações das re-

---

[65] TEPEDINO, Gustavo; BARBOSA, Heloísa Helena; BODIN, Maria Celina et al. *Código civil interpretado*. v. IV (Direito de Família. Sucessão em geral. Sucessão legítima e testamentária. Disposições finais e transitórias. Arts. 1.511 a 2.046), RJ-SP: Renovar, 2006, p. 446.

gras do contrato de sociedade, a fim de evitar o enriquecimento sem justa causa).

A união estável é o grupo familiar formado por pessoas que não têm impedimentos para o casamento, ou seja, pessoas que podem, mas não desejam contrair matrimônio. O concubinato é a união de pessoas que não podem casar porque há algum impedimento para o casamento.

Ao concubinato são reconhecidos apenas efeitos obrigacionais (sociedade de fato), fora do âmbito do direito de família. Por isso, não há, na relação entre concubinos, efeitos típicos de direito de família, como alimentos, herança, previdência, entre outros.

Como condição para a produção de efeitos obrigacionais é essencial a prova da efetiva e recíproca colaboração entre aqueles que vivem em concubinato, ainda que sejam impedidos de casar. Os efeitos obrigacionais do concubinato evitam o enriquecimento sem causa justa de um dos parceiros.

Na realidade, o principal obstáculo para o reconhecimento de efeitos de direito de família ao concubinato é o princípio da monogamia. As pessoas casadas não podem casar. Trata-se de impedimento matrimonial.

Portanto, a pessoa casada também não pode constituir união estável, salvo se estiver separada de fato (art. 1.723, § 1º). Entretanto, se a pessoa casada, mas não separada de fato, passar a conviver simultaneamente com outra pessoa, poderia ocorrer a existência de famílias simultâneas ou paralelas, o que repercutiria em um dos pilares da família tradicional, a monogamia.

Reconhecer efeitos de direito de família ao concubinato está diretamente relacionado ao problema das famílias simultâneas ou paralelas, e por isso ainda encontra resistência na doutrina e jurisprudência.

6.13.6. Alimentos e sucessão entre companheiros

Os alimentos entre companheiros atualmente são disciplinados no art. 1.694 do Código Civil, que trata da teoria geral dos alimentos entre parentes, cônjuges e companheiros. Os alimentos decorrem do dever pessoal de mútua assistência e do princípio constitucional da solidariedade familiar.

Os companheiros/conviventes passaram a ter direito a alimentos a partir do momento em que a união estável passou a ser reconhecida como entidade familiar. A pluralidade familiar adotada pela Constituição Federal garantiu à união estável o *status* de família, com efeitos jurídicos de direito de família, entre eles os alimentos.

A Lei n. 8.971/94 foi a primeira legislação a prever o direito a alimentos com efeito jurídico da união estável (art. 1º). Na sequência, a Lei n. 9.278/96 também assegurou o direito a alimentos, quando menciona o dever de recíproca assistência material e faz expressa referência aos alimentos, no caso de dissolução da união estável, em seu art. 7º.

No Código Civil, o direito a alimentos entre companheiros é disciplinado na teoria geral dos alimentos, em especial no art. 1.694 do CC, o que reforça o *status* da união estável como entidade familiar. Portanto, os alimentos entre parentes, cônjuges e companheiros são objeto da mesma teoria, regras e princípios; ao contrário do direito sucessório, em que a sucessão dos parentes e do cônjuge é diversa das regras da sucessão do companheiro.

Com relação aos alimentos entre os companheiros e os requisitos e pressupostos para a concretização deste direito, a questão é objeto de análise no tópico sobre alimentos.

Por outro lado, em relação à sucessão, na vigência concomitante do CC/1916 e das Leis n. 8.971/94 e 9.278/96, o companheiro sobrevivente podia cumular os direitos de usufruto e de habitação, ao passo que a viúva ou o viúvo (no casamento) teria um desses direitos ou outro, não podendo somá-los, a depender do regime de bens do casamento (§§ 1º e 2º do art. 1.611 do CC/1916). Assim, na época daquelas legislações, o usufruto legal e o direito real de habitação foram concedidos aos companheiros em maior amplitude.

O atual Código Civil alterou a situação do cônjuge nas regras que tratam da sucessão legítima, com considerável melhora em relação à legislação anterior.

O cônjuge é considerado herdeiro necessário (art. 1.845 do CC). A estes, diante dessa nova qualificação, segundo o art. 1.846, pertence a metade dos bens da herança. Além de herdeiro necessário, o cônjuge é herdeiro privilegiado pois, em algumas hipóteses (a depender do regime de bens) concorre com descendentes e, em qualquer hipótese, concorre com ascendentes. No entanto, para ser considerado herdeiro, deve observar a regra do art. 1.830 (deve ser cônjuge na data da abertura da sucessão).

A concorrência sucessória não se concretizará se o regime de bens for o da comunhão universal, da separação obrigatória ou, na comunhão parcial, se o autor da herança não houver deixado bens particulares. Tais questões serão objeto de análise no capítulo sobre sucessão.

A sucessão dos companheiros é disciplinada no art. 1.790 do Código Civil, alvo de justificadas críticas.

Tal artigo limita a sucessão aos bens adquiridos onerosamente na vigência da união estável. Quanto a estes bens, o companheiro já é meeiro. O meeiro já é dono de sua parte ideal antes da abertura da sucessão. A companheira ou companheiro de pessoa com recursos financeiros ficará desamparada se não houve aquisição de patrimônio na constância da união estável.

Na concorrência estabelecida pelo art. 1.790, a companheira, a depender do caso, pode ficar em situação privilegiada em relação ao cônjuge.

Ademais, não há fórmula matemática para conciliar uma eventual composição dos incisos I e II do art. 1.790, pois, em razão do princípio da igualdade, devem receber cotas hereditárias equivalentes.

Na remota hipótese de ocorrer a situação prevista no inciso IV, ou seja, não havendo parentes sucessíveis, o companheiro *só vai herdar os bens adquiridos onerosamente na vigência da união estável*. Se o *de cujus* possuía outros bens, adquiridos antes de iniciar a convivência, não integram a herança, mas passarão aos entes públicos, na forma do art. 1.844 do CC.

A lei diz que são chamados a suceder os colaterais até o quarto grau – regra desarrazoada do inciso III do art. 1.790, CC, que viola a dignidade da entidade familiar. Enquanto o cônjuge é considerado herdeiro privilegiado, o companheiro é herdeiro bisonho e tímido. Não há justificativa para que o companheiro sobrevivente concorra com colaterais até o quarto grau. Essa terça parte, na concorrência com colaterais, também é limitada aos bens onerosamente adquiridos na constância da união estável.

No Enunciado 525 da VI Jornada de Direito Civil restou consignado que: "Arts. 1.723, § 1º, 1.790, 1.829 e 1.830: Os arts. 1.723, § 1º, 1.790, 1.829 e 1.830 do Código Civil admitem a concorrência sucessória entre cônjuge e companheiro sobreviventes na sucessão legítima, quanto aos bens adquiridos onerosamente na união estável".

Ainda que não haja previsão no Código Civil, o companheiro terá o direito real de habitação, porque o parágrafo único do art. 7º da Lei n. 9.278/96 não foi derrogado. Portanto, persiste o direito real de habitação no âmbito da união estável.

Aliás, nesse sentido o Enunciado 117 da I Jornada de Direito Civil: "O direito real de habitação deve ser estendido ao companheiro, seja por não ter sido revogada a previsão da Lei n. 9.278/96, seja em razão da interpretação analógica do art. 1.831, informado pelo art. 6º, *caput*, da CF/88".

Por outro lado, o direito à herança, reconhecido no art. 1.790 em favor dos companheiros, afasta a incidência do usufruto vidual, cujo direito real sobre coisa alheia foi substituído por direito de propriedade.

6.14. TUTELA

6.14.1. Noções gerais

A tutela é instituto que visa a proteção de categoria específica de incapazes, os menores. É substitutivo do poder familiar e, por essa razão, com este incompatível. Só haverá tutela se não houver poder familiar. O tutor protegerá, defenderá e amparará os menores não submetidos ao poder familiar.

Em regra, os menores são protegidos pelo instituto do poder familiar, que compete aos pais, em conjunto ou, na falta ou impedimento de um deles, ao outro, que o exercerá com exclusividade (art. 1.631 do CC). Em caso de ausência ou impedimento dos pais, não haverá poder familiar e por essa razão a proteção dos menores ocorrerá por meio do instituto da tutela, que supre e substitui o poder familiar.

Portanto, a tutela é o conjunto de poderes e encargos conferidos pela lei a um terceiro, para proteger e zelar pela pessoa de um menor (não incapaz) que se encontra fora do poder familiar, e lhe administra os bens. É um múnus público, que substituirá o poder familiar quando este não puder ser exercido por qualquer dos pais pelos mais diferentes motivos.

O caráter substitutivo da tutela em relação ao poder familiar é evidenciado pelas hipóteses em que é possível a instituição da tutela. De acordo com o art. 1.728 do CC, os filhos menores são postos em tutela com o falecimento dos pais (não há poder familiar), ou se estes forem julgados ausentes (não há poder familiar) e, finalmente, em caso de os pais decaírem do poder familiar (também não há poder familiar). O falecimento, a ausência dos pais e a destituição do poder familiar são fundamentos da tutela.

Os filhos menores serão colocados no regime jurídico da tutela quando os pais não puderem, por qualquer motivo, exercer o poder familiar. A tutela terá por função primária proteger e amparar o menor. O tutor assumirá a representação e assistência do menor, com as restrições impostas pela Lei Civil, no exercício deste múnus público. A alienação ou oneração de bens do tutelado, por exemplo, dependerá de autorização judicial. O tutor não passa a ter poder familiar sobre os menores. Trata-se de institutos de alcances diferentes, embora o objetivo se assemelhe.

De acordo com o Estatuto da Criança e do Adolescente (arts. 36 a 38), a tutela é modalidade de colocação da criança em família substituta, com o que o tutor terá o poder jurídico de dirigir a pessoa e gerir os bens do menor incapaz, na falta ou impedimento dos titulares do poder familiar. O tutor deve primar para que o menor tenha pleno desenvolvimento intelectual, a fim de concretizar a sua dignidade.

6.14.2. Tutela por nomeação dos pais (documental e testamentária) e tutela legítima

O tutor pode ser escolhido e eleito pelos pais, em conjunto (poder familiar e isonomia) ou, em caso de omissão ou ausência de nomeação pelos pais, a lei o deferirá. Portanto, a tutela pode decorrer de nomeação dos pais ou decorrer de previsão legal (legítima). Essas são as modalidades de tutela.

De acordo com o art. 1.729 do CC, em regra, o direito de nomear tutor compete aos pais, em conjunto. Tal poder de nomeação decorre do poder familiar. O art. 1.634, inciso IV, do CC, dispõe que compete aos pais, quanto à pessoa dos filhos menores, nomear, em favor deles, tutor por testamento ou outro documento autêntico para o caso de sua ausência. A tutela, como ressaltado, é substitutiva do poder familiar.

A nomeação pelos pais poderá ser por documento autêntico, público ou particular, por meio da qual exteriorizam a vontade de indicar a pessoa que ficará responsável pelos filhos menores ou por testamento ou codicilo (parágrafo único do art. 1.729). Sobre o documento autêntico, Paulo Lôbo[66] defende que "não se restringe à escritura pública, mas é extensivo a todo e qualquer documento público ou particular (codicilo, testamento, escritura pública, escritos particulares, subscritos ou não por testemunhas), no qual se mostre evidente, estreme de dúvida, a real vontade dos pais quanto à nomeação e induvidosa a identificação da pessoa indicada, porquanto, como dito, a nomeação estará sempre sujeita ao crivo judicial, que atentará para os interesses do menor".

---

[66] LÔBO, Paulo Luiz Neto. *Código civil comentado*. (Coord. Álvaro Villaça Azevedo). São Paulo: Atlas, 2003, p. 1.914.

O testamento conjunto é nulo (art. 1.863 do CC). Nesse caso, cada um dos genitores terá de elaborar um testamento próprio com indicação do tutor.

Como a nomeação de tutor pelos pais pressupõe o pleno exercício do poder familiar (art. 1.634, IV, CC), será nula a nomeação de tutor pelo pai ou pela mãe que, no tempo de sua morte, não tinha o poder familiar (art. 1.730 do CC). A validade da nomeação de tutor pressupõe que, no momento da nomeação, os pais estejam investidos do poder familiar.

No entanto, como a norma fala "ao tempo da morte", a questão não envolve o plano de validade apenas, mas também o plano da eficácia. Assim, se, no momento da nomeação os pais exerciam plenamente o poder familiar, mas vêm a perdê-lo por fato superveniente, por ocasião da morte a nomeação será considerada ineficaz, embora fosse válida no momento da nomeação.

Como a tutela tem caráter substitutivo em relação ao poder familiar, quando feita por um dos pais, somente terá eficácia quando o outro for falecido ou, por algum motivo, estiver impedido de exercer o poder familiar. A nomeação pode ser feita em conjunto pelos pais ou isoladamente. A nomeação isolada poderá ocorrer quando o outro tiver decaído do poder familiar, por morte ou qualquer outra causa.

Na hipótese de nomeação conjunta, os pais devem estar de acordo quanto ao tutor nomeado. Em caso de divergência, caberá ao juiz decidir, como em todos os casos que envolvem poder familiar (parágrafo único do art. 1.631). A indicação do tutor é livre.

Entretanto, em qualquer hipótese, seja em conjunto ou isoladamente, para que a tutela tenha eficácia é essencial que ambos os pais estejam falecidos, ausentes ou impedidos de exercer o poder familiar (art. 1.728 do CC). O poder familiar é incompatível com a tutela.

Por outro lado, a tutela será legal ou legítima quando o tutor não for nomeado pelos pais. Nesse caso, o art. 1.731 do CC dispõe que a tutela incumbirá aos parentes consanguíneos do menor, em uma ordem de preferência que não é absoluta. Em primeiro lugar, serão tutores os ascendentes, preferindo o de grau mais próximo ao mais remoto. Na ausência de ascendentes, a tutela caberá aos colaterais até o terceiro grau, preferindo os mais próximos aos mais remotos, e, no mesmo grau, os mais velhos aos mais moços. Em qualquer dos casos, o juiz escolherá entre eles o mais apto a exercer a tutela em benefício do menor.

Portanto, a tutela sempre deverá atender ao princípio do melhor interesse do menor. Em razão desse princípio, a ordem de preferência legal não é absoluta e o juiz, na análise do caso concreto, mesmo em relação aos ascendentes, poderá escolher o mais apto para exercer esse múnus público.

6.14.3. Tutor nomeado pelo juiz (tutela dativa)

A tutela dativa decorre de decisão judicial, como modo de suprir a ausência de tutores nomeados ou legítimos. Por isso seu caráter eminentemente subsidiário, como enuncia o art. 1.732 do Código Civil.

A tutela dativa depende, portanto, da ausência de tutores nomeados ou legítimos ou, mesmo que existam, tenham sido excluídos do múnus público ou escusados da tutela. A remoção por idoneidade também será causa de nomeação de tutor dativo.

A tutela também será dativa quando o menor estiver em situação de abandono.

De acordo com Chaves e Rosenvald[67]: "Nessa hipótese, poderá o juiz optar entre a nomeação de um tutor ou o encaminhamento para o cadastro de adoção, com vistas à colocação em família substituta. Por evidente, a decisão do magistrado deve estar presidida pelo melhor interesse da criança ou adolescente, de acordo com as peculiaridades do caso concreto".

6.14.4. Tutela para irmãos órfãos

No caso de irmãos órfãos, a Lei Civil impõe a nomeação de um só tutor a fim de preservar o vínculo afetivo entre os irmãos. Ademais, a nomeação de apenas um tutor para irmãos órfãos facilita a administração dos bens e da vida pessoal desses menores, a teor do que dispõe o art. 1.733 do CC.

Por essa razão, no caso de ser nomeado mais de um tutor por disposição testamentária sem indicação de precedência ou preferência, entende-se que a tutela foi cometida ao primeiro, e que os outros lhe sucederão pela ordem de nomeação, se ocorrer morte, incapacidade, escusa ou qualquer outro impedimento. No entanto, diante de peculiaridades do caso concreto, nada impede a escolha do segundo tutor ou de terceiro, caso seja melhor para os interesses dos menores. Como já ressaltado, na tutela sempre prepondera o princípio do melhor interesse do menor.

De acordo com o § 2º do art. 1.733 do CC: "Quem institui um menor herdeiro, ou legatário seu, poderá nomear-lhe curador especial para os bens deixados, ainda que o beneficiário se encontre sob o poder familiar, ou tutela".

Nessa hipótese, ainda que o menor herdeiro ou legatário esteja sob o poder familiar dos pais ou no regime jurídico da tutela, nada impede que o testador nomeie um terceiro, curador especial, com a finalidade única de administrar e gerir os bens objeto da disposição de última vontade. A atuação desse curador especial é limitada aos bens objeto da herança ou legado e, por isso, tal curatela especial convive, de forma harmônica, com os institutos do poder familiar e da tutela.

Em que pese tal disposição, concordamos com Maria Berenice Dias[68], que defende a possibilidade de tutela compartilhada (há hoje previsão legal para a curatela compartilhada). Segundo a professora, "não há qualquer óbice para que sejam nomeadas duas pessoas para o desempenho do encargo. A concepção do ECA faz com que o critério tradicional seja revisto, até porque melhor atende aos interesses do tutelado passar a conviver com um

---

[67] FARIAS, Cristiano Chaves de; ROSENVALD, Nelson. *Curso de direito civil, Famílias*. São Paulo: Atlas, 2015, p. 985.

[68] DIAS, Maria Berenice. *Manual de direito das famílias*. São Paulo: RT, 2007, p. 548.

casal, sejam seus membros casados, vivam em união estável hétero ou homoafetiva".

A tese faz sentido, em especial quando os tutores são pessoas que convivem no mesmo núcleo familiar. Tal compartilhamento poderá até ser benéfico para os tutelados. Apenas no caso concreto será possível verificar a viabilidade da tutela compartilhada e sua compatibilidade com os interesses dos menores.

6.14.5. Ausência de legitimação para o exercício da tutela: impedidos de serem tutores

Os tutores, como ressaltado, poderão ser nomeados pelos pais, em conjunto ou isoladamente, em decorrência do poder familiar (tutela por nomeação), poderão ser indicados pela lei em caso de ausência de nomeação (tutela legítima) ou, finalmente, poderão ser nomeados pelo juiz (tutela dativa).

No entanto, no âmbito de qualquer das modalidades de tutela, é essencial que o tutor, além da capacidade para exercer esse múnus público, esteja devidamente legitimado ou habilitado para tal mister. Com a finalidade de proteger e preservar os interesses dos menores, a Lei Civil, em seu art. 1.735, impede que determinadas pessoas sejam tutoras ou, se forem, que sejam excluídas deste múnus públicos, por conta dos mais variados motivos. São os impedidos de exercer a tutela.

Como se verifica, alguns impedimentos são objetivos (incisos I, II, IV, e última parte do inciso III) e outros têm natureza subjetiva (inciso III, primeira parte – inimigos do menor; V – pessoas de mau procedimento ou falhas em probidade; e VI – quando, concretamente, o exercício de alguma função pública for incompatível com a tutela). A fim de atender ao melhor interesse da criança, na VIII Jornada de Direito Civil, realizada em abril de 2018, foi aprovado enunciado para mitigar o rigor de impedimento para a tutela: "O impedimento para o exercício da tutela do inciso IV, do art. 1.735 do Código Civil pode ser mitigado para atender ao princípio do melhor interesse da criança".

As hipóteses implicam impedimento ou ausência de legitimação, e não incapacidade. A idoneidade do tutor, nas hipóteses subjetivas, deve ser analisada com a devida cautela e prudência, com a garantia de que o tutor poderá, por meio do devido processo legal, apresentar suas razões para questionar e impugnar o impedimento contra o mesmo imputado.

6.14.6. A legítima escusa dos tutores

Os tutores, quando nomeados pelos pais, indicados pela lei ou eleitos pelo juiz, podem escusar-se da tutela, desde que tal recusa ou escusa seja devidamente justificada. A escusa não implica proibição. Ao contrário, nesse caso, o tutor tem plena capacidade e legitimidade para exercer o múnus público, mas, em razão de alguma situação específica de sua vida pessoal ou profissional, pode, de forma legítima, declinar do referido encargo.

A escusa decorre de ato de vontade do tutor que, habilitado para exercer o encargo, apresentará a justificativa ou razão para não assumir a tutela. As hipóteses em que o tutor poderá, de forma legítima, escusar-se da tutela, estão arroladas no art. 1.736 do Código Civil.

Portanto, podem escusar-se da tutela as mulheres casadas (tal escusa deve ser interpretada de acordo com a isonomia constitucional, pois ainda é resquício da concepção ultrapassada de família patriarcal, em que a mulher tinha o dever de zelar pelo marido – na atualidade, tal hipótese de escusa é questionável, pois o casamento, por si só, não seria justificativa razoável para a declinar do encargo); os maiores de 60 anos (outra hipótese questionável, pois a idade em referência apenas seria causa justa de escusa se, concretamente, estivesse associada a alguma condição pessoal, como problemas de saúde que impedissem o pleno exercício do encargo); aqueles que tiverem sob sua autoridade mais de três filhos (nesse caso, a escusa seria legítima, uma vez que a pessoa já teria inúmeras obrigações, em especial quanto à educação e assistência dos filhos, o que poderia prejudicar o tutelado); os impossibilitados por enfermidade (a escusa também é justa, pois não há como impor o difícil encargo da tutela a pessoas enfermas, desde que a enfermidade seja, de fato, incompatível com a tutela); aqueles que habitarem longe do lugar onde se haja de exercer a tutela; aqueles que já exercerem tutela ou curatela (aquele que já é tutor ou curador já está cumprindo seu dever social, não sendo razoável impor à pessoa mais um encargo, tendo em vista a difícil missão que é o exercício pleno e efetivo da tutela) e, finalmente, os militares em serviço (a incompatibilidade aqui é evidente).

Tais hipóteses não levam ao impedimento da tutela. Não se trata disso. Nas situações especificadas do art. 1.736 a pessoa pode ser tutora sem qualquer problema. No entanto, a lei faculta à pessoa, com base nos referidos motivos, caso seja seu interesse, escusar-se do encargo.

O art. 1.737 do CC apresenta outra possibilidade de escusa da tutela. De acordo com a norma em comento, "quem não for parente do menor não poderá ser obrigado a aceitar a tutela, se houver no lugar parente idôneo, consanguíneo ou afim, em condições de exercê-la". Portanto, a pessoa nomeada poderá rejeitar o encargo se houver um parente idôneo do tutelado em iguais condições para exercê-lo. Tal dispositivo evidencia que a tutela, em primeiro plano, é um encargo da família, e pessoas estranhas somente podem ser nomeadas tutoras caso os familiares, fundamentalmente, não puderem exercê-lo.

A escusa do tutor, motivada em qualquer das situações previstas e estabelecidas nos arts. 1.736 e 1.737, deve ser apresentada nos dez dias subsequentes à designação, sob pena de entender-se renunciado o direito de alegá-la (art. 1.738 do CC). A não observância do prazo em referência caracterizará renúncia. Nessa primeira situação, a escusa é apresentada antes da aceitação do encargo pelo tutor.

Por outro lado, é possível que o tutor aceite o encargo e, depois, apresente a escusa. Nessa hipótese (escusa após a aceitação do encargo), de acordo com a segunda parte do art. 1.738 do CC, os dez dias contar-se-ão da data em que o tutor tiver conhecimento da superveniência da causa que lhe faculta a escusa. Por exemplo, se o tutor, ao aceitar a tutela, tiver 59 anos e, durante o exercício da tutela, completa 60 anos ou é acometido de alguma enfermidade grave, a ocorrência superveniente à aceitação da causa de escusa prevista em lei legitima o pedido de renúncia do múnus público (desde que devidamente motivado e fundamentado). O prazo de 10 dias será contado da data da ocorrência do fato, com o conhecimento do tutor.

Após a apresentação da escusa, seja anterior ou posterior à aceitação, esta é submetida à análise judicial, a fim de que possam ser apuradas as razões e a procedência dos motivos para a manifestação contrária do tutor em relação ao exercício desse múnus público.

Nessa perspectiva, de acordo com o art. 1.739 do CC, se o juiz não admitir a escusa, exercerá o nomeado a tutela enquanto o recurso interposto não tiver provimento, e responderá, desde logo, pelas perdas e danos que o menor venha a sofrer. O tutor que tiver a escusa indeferida ficará obrigado a exercer o múnus público e ainda responderá civilmente pelos eventuais danos que o menor venha a sofrer por atos comissivos e omissivos do tutor, com dolo ou culpa, durante o exercício da tutela.

6.14.7. Exercício da tutela

Ao assumir o encargo (em decorrência de ato de vontade dos pais, da lei ou do juiz) e, se não houver impedimento (proibição de exercer a tutela) e não apresentada escusa, ou se esta for indeferida, o tutor passará a exercer a tutela (o múnus público). A Lei Civil estabelece alguns parâmetros para o exercício eficaz ou eficiente da tutela, com a imposição de sanções para o tutor que, de qualquer modo, não for diligente no exercício do encargo.

Portanto, a Lei Civil impõe obrigações e deveres ao tutor que, se não cumpridos, poderão acarretar responsabilidade. Em síntese, o exercício da tutela implicará a administração da vida pessoal e patrimonial do tutelado, ou seja, o tutor será responsável, assim como os pais o são, por questões de natureza existencial e patrimonial dos menores.

Em relação à pessoa do tutelado (questões existenciais), incumbe ao tutor dirigir-lhe a educação, defendê-lo e prestar-lhe alimentos, conforme seus haveres e condição; reclamar do juiz que providencie, como houver por bem, quando o menor haja mister correção e adimplir os demais deveres que normalmente cabem aos pais, ouvida a opinião do menor, se este já contar 12 anos de idade (art. 1.740 do CC).

Cabe ao tutor o dever de educar, prestar assistência material, orientar, corrigir (sem aplicação de castigos físicos), aconselhar e cumprir todos os deveres que normalmente caberiam aos pais em decorrência do poder familiar. O menor, quando já contar com 12 anos de idade, deve ser ouvido pelo tutor em relação a decisões que podem repercutir na sua vida pessoal e patrimonial, embora a opinião do tutelado não tenha caráter vinculante. É uma forma de valorar a vontade do menor, como forma de o tutor poder atender aos interesses do tutelado da forma mais eficiente possível.

Em relação às questões patrimoniais, incumbe ao tutor, sob a inspeção do juiz, administrar os bens do tutelado, em proveito deste, cumprindo seus deveres com zelo e boa-fé (art. 1.741, CC). O tutor administra o patrimônio do tutelado, da mesma forma que os pais no exercício do poder familiar (art. 1.689, II, do CC). O juiz supervisionará a referida gestão patrimonial. Para fiscalização dos atos do tutor, pode o juiz nomear um protutor (art. 1.742 do CC). O protutor será auxiliar do juízo em relação à fiscalização dos atos do tutor. Trate-se de auxiliar do juiz, e não auxiliar do tutor. A nomeação do protutor é facultativa. Apenas as circunstâncias do caso concreto poderão justificar a nomeação de um protutor (por exemplo, se o menor tiver considerável patrimônio ou se o tutor indicado pelos pais não for um bom gestor). A função fiscalizatória do protutor não impede que o juiz destitua o tutor, caso perceba que este está colocando em risco o patrimônio do menor. Como já ressaltado, o protutor fiscalizará os atos do tutor (não há cooperação com este) e prestará contas ao juiz sobre a gestão e a administração patrimonial exercida pelo tutor. Ao protutor poderá ser arbitrada remuneração (§ 1º do art. 1.752 do CC).

Se os bens e interesses administrativos de propriedade do menor exigirem conhecimentos técnicos, forem complexos, ou realizados em lugares distantes do domicílio do tutor, poderá este, mediante aprovação judicial, delegar a outras pessoas, físicas ou jurídicas, o exercício parcial da tutela.

Portanto, é possível delegar atos específicos relativos aos atos de gestão, quando fundadas razões objetivas a justificarem (art. 1.743 do CC). A delegação em questão é restrita a interesses meramente patrimoniais e administrativos do menor, pois, quanto à pessoa do menor (questões de natureza existencial), não há possibilidade de qualquer delegação deste múnus público.

Os bens do menor serão entregues ao tutor mediante termo especificado deles e seus valores, ainda que os pais o tenham dispensado. Antes do exercício da tutela, é essencial que se realize um inventário pormenorizado e detalhado dos bens do menor que ficarão sob a responsabilidade do tutor. No referido inventário deverá ser indicado o bem, natureza, localização, situação e valor.

De acordo com o parágrafo único do art. 1.745, se o patrimônio do menor for de valor considerável, poderá o juiz condicionar o exercício da tutela à prestação de caução bastante, podendo dispensá-la se o tutor for de reconhecida idoneidade. A prestação de caução pelo tutor é uma faculdade do juiz, a depender das circunstâncias objetivas do caso concreto, em especial a reconhecida idoneidade do tutor. Este não terá de prestar caução se for de reconhecida idoneidade. No caso, há na norma um conceito jurídico indeterminado: "patrimônio de valor considerável". Tal patrimônio "considerável", o que só pode ser analisado à luz do caso concreto, é que justificará a exigência de caução por parte do tutor. A Lei Civil atual, ao contrário do Código de 1916, dispensa a constituição de hipoteca legal dos bens do tutor. A caução, faculdade do juiz no caso de patrimônio considerável, pode ser real ou fidejussória.

O juiz deve ter cautela na eventual dispensa de caução por parte do tutor, pois, de acordo com o art. 1.744, II, do CC, poderá o juiz ser responsabilizado, de forma subsidiária, quando não tiver exigido a garantia legal do tutor, nos casos em que esta era possível e cabível. A responsabilidade primeira é do tutor, mas o juiz que não exige a garantia (caução real ou fidejussória), na hipótese do parágrafo único do art. 1.745 do CC, poderá ser responsabilizado de forma subsidiária.

Os bens do menor custearão seu sustento e educação, nos termos do art. 1.746 do CC.

No exercício da tutela, compete ao tutor a prática de atos que visam proteger a pessoa do menor e os seus bens ou patrimônio. Por isso, será seu representante ou assistente, a depender da idade, e responsável pela boa gestão patrimonial.

Assim, de acordo com o art. 1.747 do CC, compete ao tutor representar o menor até os 16 anos, nos atos da vida civil, e assisti-lo, após essa idade, nos atos em que for parte (proteção para os atos da vida civil, da mesma forma que os pais – art. 1.634, IV); receber as rendas e pensões do menor, e as quantias a ele devidas (decorrência do dever de administração do tutor); fazer-lhe as despesas de subsistência e educação, bem como as de administração, conservação e melhoramentos de seus bens (também decorrentes do dever de gestão patrimonial e pessoal); alienar os bens do menor destinados à venda (ou seja, aqueles bens que, por natureza, devem ser alienados, como safras, mercadorias de estabelecimento comercial para manutenção de empresa do tutelado etc. – os imóveis possuem disciplina própria –, art. 1.750), e finalmente promover-lhe, mediante preço conveniente, o arrendamento de bens de raiz (ato de gestão patrimonial).

Os atos supramencionados podem ser realizados pelo tutor sem necessidade de autorização judicial. No entanto, o tutor responderá pela boa gestão patrimonial e, no caso de dano ao patrimônio do menor, responderá pelo dolo ou culpa.

Compete ainda ao tutor, com autorização do juiz, pagar as dívidas do menor; aceitar por ele heranças, legados ou doações, ainda que com encargos; transigir; vender-lhe os bens móveis cuja conservação não convier, e os imóveis nos casos em que for permitido; e propor em juízo as ações, ou nelas assistir o menor, e promover todas as diligências a bem deste, assim como defendê-lo nos pleitos contra ele movidos. Nessas situações previstas no art. 1.748 do CC, na falta de autorização, a eficácia de ato do tutor depende da aprovação ulterior do juiz.

Em relação aos imóveis, a alienação depende de três requisitos: 1 – manifesta vantagem para o menor; 2 – prévia avaliação judicial; e 3 – aprovação ou autorização judicial (art. 1.750). No caso dos imóveis, os atos do tutor suportam enorme restrição, pois submetidos à intensa fiscalização do Judiciário e do Ministério Público. É dispensável a venda em hasta pública. Basta o cumprimento dos requisitos legais quanto à alienação de imóveis.

Com a finalidade de proteger o tutelado, o art. 1.749 impõe restrições aos atos do tutor, sob pena de nulidade.

Assim, o tutor está proibido de adquirir, por si ou por interposta pessoa, mediante contrato particular, bens móveis ou imóveis pertencentes ao menor; dispor dos bens do menor a título gratuito e constituir-se cessionário de crédito ou de direito, contra o menor.

Antes de assumir a tutela, o tutor declarará tudo o que o menor lhe deva, sob pena de não lhe poder cobrar, enquanto exerça a tutoria, salvo provando que não conhecia o débito quando a assumiu (art. 1.751 do CC).

Em caso de má gestão, o tutor responde pelos prejuízos que, por culpa ou dolo, causar ao tutelado. No entanto, o tutor tem direito a ser pago pelo que realmente despender no exercício da tutela, salvo no caso do art. 1.734 do CC, e a perceber remuneração proporcional à importância dos bens administrados. São solidariamente responsáveis pelos prejuízos causados às pessoas às quais competia fiscalizar a atividade do tutor, e às que concorreram para o dano. Trata-se de solidariedade legal (art. 265 do CC). O protutor também poderá ser responsabilizado solidariamente com as pessoas a quem competia fiscalizar a atividade do tutor, inclusive o juiz.

6.14.8. Os bens do tutelado

O Código Civil, a fim de conservar o patrimônio do tutelado, estabelece algumas diretrizes para a gestão administrativa a ser viabilizada pelo tutor, em especial quando tal administração envolver a posse de dinheiro.

Para atingir tal objetivo, dispõe o art. 1.753 do CC que os tutores não podem conservar em seu poder dinheiro dos tutelados, além do necessário para as despesas ordinárias com o seu sustento, a sua educação e a administração de seus bens. Tais despesas ordinárias estão especificadas na Lei Civil, como se visualiza, por exemplo, nos arts. 1.746 e 1.747, III, do CC.

Se houver necessidade, os objetos de ouro e prata, pedras preciosas e móveis serão avaliados por pessoa idônea e, após autorização judicial, alienados, e o seu produto convertido em títulos, obrigações e letras de responsabilidade direta ou indireta da União ou dos Estados, atendendo-se, preferencialmente, à rentabilidade e recolhidos ao estabelecimento bancário oficial ou aplicado na aquisição de imóveis, conforme for determinado pelo juiz. O mesmo destino terá o dinheiro proveniente de qualquer outra procedência.

O § 3º do art. 1.753 prevê sanção ao tutor no caso de retardamento injustificado na aplicação dos recursos em estabelecimento bancário oficial ou na aquisição de imóveis.

Os valores suprarreferidos, que estiverem à disposição e depositados em estabelecimentos bancários oficiais, somente poderão ser retirados e sacados pelo tutor mediante autorização judicial e desde que visem atender algumas finalidades previstas em lei, tais como: despesas com o sustento e educação do tutelado ou a administração de seus bens; compra de bens imóveis e títulos, obrigações ou letras, nas condições previstas no § 1º do art. 1.753; para se empregarem em conformidade com o disposto por quem os houver doado ou deixado, e para se entregarem aos órfãos, quando emancipados, ou maiores, ou, mortos eles, aos seus herdeiros.

6.14.9. Prestações de contas pelo tutor

Os tutores são gestores de patrimônio alheio e, nessa condição, devem prestar contas da administração desses bens. A prestação de contas é devida ainda que os pais do tutelado, por ocasião da nomeação do tutor, em ato autêntico ou testamento, tenham dispensado o tutor de tal encargo. Portanto, eventual cláusula que dispense o tutor de prestação de contas é absolutamente ineficaz, nos termos do art. 1.755 do CC.

De acordo com Milton Paulo de Carvalho[69], "a obrigação tem por finalidade proteger interesses econômicos do menor, ao mesmo tempo em que visa demonstrar correção e regularidade da administração do tutor, que será responsabilizado por eventuais prejuízos causados por ele ao patrimônio do tutelado. O tutor não poderá se eximir da obrigação de prestar contas, que deriva de norma cogente e absoluta, sendo, portanto, indisponível, pessoal, irrenunciável e periódica".

O art. 1.756 do CC estabelece a obrigatoriedade de o tutor, a cada ano, apresentar um balanço, que não se confunde com a prestação de contas. No final de cada ano, o tutor deverá apresentar um balanço respectivo que será submetido à análise.

A prestação de contas propriamente dita ocorrerá, em regra, a cada dois anos ou, a qualquer tempo, se o tutor, por qualquer motivo, deixar a tutela (ao deixar a tutela, mesmo antes dos dois anos, deverá prestar contas), e também sempre que o juiz, desde que devidamente justificado, entender que é conveniente (por exemplo, se antes dos dois anos houver suspeita de má-gestão dos recursos do menor que poderão lhe acarretar grave prejuízo econômico). No mesmo sentido é o § 2º do art. 763 do CPC, segundo o qual é indispensável a prestação de contas pelo tutor quando cessada sua função no final de dois anos (art. 1.765 do CC).

As contas, de acordo com o parágrafo único do art. 1.757 do CC, serão prestadas em juízo e julgadas depois da audiência dos interessados. Caberá ao tutor recolher imediatamente a estabelecimento bancário oficial os saldos, ou adquirir, com estes, bens imóveis, ou títulos, obrigações ou letras, na forma do § 1º do art. 1.753.

A emancipação e a maioridade são causas de extinção da tutela (art. 1.763, I, do CC). No entanto, mesmo com a extinção da tutela por essas causas, a quitação do menor não produzirá efeito antes de aprovadas as contas pelo juiz, subsistindo inteira, até então, a responsabilidade do tutor. A responsabilidade do tutor persiste até a aprovação das suas contas, ainda que cessada a tutela (art. 1.758, CC).

Nos casos de morte, ausência ou interdição do tutor, as contas serão prestadas por seus herdeiros ou representantes (art. 1.759, CC).

Por fim, serão levadas a crédito do tutor todas as despesas justificadas e reconhecidamente proveitosas ao menor (art. 1.760, CC). As despesas com a prestação das contas serão pagas pelo tutelado (art. 1.761, CC). O alcance do tutor, bem como o saldo contra o tutelado, são dívidas de valor e vencem juros desde o julgamento definitivo das contas (art. 1.762, CC).

6.14.10. Cessação da tutela

A tutela constitui múnus público transitório. A proteção, que visa substituir aquelas situações em que não há poder familiar, perderá o sentido e a razão de ser quando o tutelado deixar de ser menor ou quando estiver sob outra espécie de proteção.

De acordo com o art. 1.763 do Código Civil, cessa a condição de tutelado com a maioridade ou a emancipação do menor ou se o menor passar a se submeter a poder familiar, no caso de reconhecimento de filiação ou em função de adoção. A maioridade é causa de extinção da tutela, justamente porque o requisito da tutela, menoridade (art. 1.728 do CC – os menores estão sujeitos a tutela, não os maiores), deixa de existir. No caso da emancipação, a pessoa emancipada, embora se torne capaz para o exercício dos atos da vida civil, permanece na condição de menor. Todavia, a emancipação é justificada porque o tutelado já apresenta condições de maturidade suficiente para os atos da vida civil e, por isso, a proteção, razão da tutela, desaparece. Se não há necessidade de proteção, é dispensável o tutor para o menor emancipado entre 16 e 18 anos de idade. Recorde-se que a emancipação, nesse caso, ocorrerá em procedimento judicial, com a participação do Ministério Público, e o menor deverá ter, no mínimo, 16 anos de idade.

A tutela é incompatível com o poder familiar, uma vez que o substitui. Por isso, se o menor que não está sob o poder familiar de qualquer pessoa passa a estar porque foi reconhecido como filho ou porque foi adotado, a tutela cessa para dar lugar ao poder familiar dos pais que reconhecem ou adotam o menor.

O art. 1.764 do Código Civil dispõe que as funções de tutor cessam quando expira o prazo da tutela (dois anos, de acordo com o art. 1.765 do CC), a que estava obrigado a servir.

O tutor é obrigado a servir por um espaço de dois anos. No entanto, poderá o tutor continuar no exercício da tutela além do referido prazo se, diante das circunstâncias do caso concreto, o juiz julgar conveniente ao menor (parágrafo único do art. 1.765 do CC). Em razão desse prazo, o tutor é obrigado a prestar contas de dois em dois anos, conforme o art. 1.757 do CC. No final do exercício das funções de tutor, que é o prazo de dois anos, está obrigado a fazer um balanço da gestão com a prestação de contas.

De acordo com o art. 763 do CPC, ao cessar as funções do tutor pelo decurso do prazo, poderá requerer a exoneração do encargo e, caso não o faça no prazo de dez dias seguintes à expiração do tempo e o juiz entender conveniente, poderá ser reconduzido no cargo. Portanto, o art. 763 do CPC está em sintonia com o parágrafo único do art. 1.765 do CC, que autoriza o tutor a permanecer no cargo após o prazo se o juiz julgar conveniente ao menor.

As funções de tutor também cessam se sobrevier escusa legítima (inciso II do art. 1.764 do CC). O tutor po-

---

[69] CARVALHO FILHO, Milton Paulo de. In: PELUSO, Cezar. *Código civil comentado*: doutrina e jurisprudência – Lei n. 10.406, de 10.01.2002. 15. ed. São Paulo: Manole, 2005, p. 1.940.

derá escusar-se da tutela nas hipóteses previstas nos arts. 1.736 e 1.737 do CC. Se, por ocasião da assunção do encargo e, antes de assumir, estiver caracterizada qualquer dessas hipóteses, o tutor pode escusar-se. O art. 1.764, II, trata da escusa por fato superveniente à nomeação. Assim, se durante o exercício da tutela sobrevier ou surgir fato que caracterize escusa legítima, poderão cessar as funções de tutor, que terá de ser substituído.

A norma civil é complementada pelo disposto no art. 760 da Lei Processual, segundo a qual o tutor pode eximir-se do encargo e apresentar escusa ao juiz, no prazo de cinco dias se, depois de entrar em exercício, sobrevier o motivo da escusa. O prazo é contado do dia em que sobrevém o motivo da escusa. Se a escusa não for apresentada no referido prazo, considera-se que houve renúncia ao direito de alegá-la. O tutor deverá permanecer no encargo até que seja dispensado por sentença transitada em julgado.

Por fim, também cessam as funções de tutor quando este é removido, podendo a remoção ocorrer com fundamento em qualquer das hipóteses arroladas no art. 1.735 da Lei Civil (impedimentos para o exercício da tutela), bem como no rol meramente exemplificativo do art. 1.766.

A remoção do tutor poderá ser requerida pelo Ministério Público ou por qualquer pessoa que tenha legítimo interesse, conforme o art. 761 do CPC. O procedimento da remoção é o previsto na Lei Civil, com os acréscimos dos arts. 155 a 163 do ECA. O tutor será citado para contestar a arguição no prazo de cinco dias e, após seu esgotamento, seguir-se-á o procedimento comum (parágrafo único do art. 761).

Em caso de extrema gravidade, o juiz poderá suspender o tutor do exercício de suas funções e nomear substituto interino.

6.15. CURATELA

6.15.1. Noções gerais

O instituto da curatela também é múnus público destinado à proteção de outra categoria ou espécie de incapazes: os enfermos com discernimento reduzido (viciados em tóxicos, ébrios habituais, os que não puderem exprimir sua vontade por causa transitória ou permanente e os pródigos) e os portadores de deficiência (desde que a deficiência física ou mental exija a proteção de curador para ato específico de natureza patrimonial – Lei n. 13.146/2015).

Em relação aos enfermos com discernimento reduzido por causa diversa de deficiência física e mental, a curatela de tais pessoas é disciplinada pelo Código Civil, arts. 1.767 a 1.783. A curatela dos portadores de deficiência possui regime jurídico próprio, disciplinado pelo Estatuto das Pessoas com Deficiência, Lei n. 13.146/2015, com aplicação subsidiária das regras do Código Civil (em relação à curatela dos enfermos elencados nos arts. 4º e 1.767 do CC) e do Código de Processo Civil, quanto ao procedimento da interdição.

De acordo com a redação atual do art. 1.767 do Código Civil, alterada pela Lei n. 13.146/2015, estão sujeitos à curatela apenas os que, por causa transitória ou permanente, não puderem exprimir sua vontade; os ébrios habituais, os viciados em tóxico e os pródigos, que são as mesmas pessoas arroladas no art. 4º do Código Civil como relativamente incapazes.

As pessoas com deficiência, física ou mental, como regra, são capazes. Por essa razão, foram excluídos do rol de incapazes (arts. 3º e 4º do CC), bem como da relação de pessoas que podem se submeter à curatela (art. 1.767 do CC).

Se a deficiência física ou mental acarretar algum prejuízo ao discernimento, a proteção poderá se dar pelo instituto da curatela ou pelo instituto da tomada de decisão apoiada. Todavia, em relação às pessoas com deficiência, a curatela é disciplinada no estatuto e não no Código Civil, cujas regras passam a ter aplicação subsidiária em relação a eles (pessoas com deficiência que necessitarem da assistência ou proteção de curador).

A Lei n. 13.146/2015, que institui o estatuto e a inclusão da pessoa com deficiência (Estatuto da Pessoa com Deficiência), é destinada a assegurar e a promover, em condições de igualdade, o exercício dos direitos e das liberdades fundamentais por pessoas com deficiência, visando à sua inclusão social e cidadania.

A referida legislação alterou a redação original dos arts. 3º e 4º do Código Civil, com a finalidade de excluir o deficiente, físico ou mental, do rol de incapazes. Antes da Lei n. 13.146/2015, havia duas causas de incapacidade bem definidas: 1 – objetiva (incapacidade por idade) e; 2 – subjetiva (incapacidade com enfermidade, desde que esta afetasse o discernimento da pessoa – nesta causa estavam incluídas todas as enfermidades, como prodigalidade, viciados, ébrios e os deficientes mentais).

Após a edição da Lei n. 13.146/2015, as duas causas de incapacidade, objetiva e subjetiva, permanecem, mas, na causa subjetiva (incapacidade por enfermidade) está excluído o deficiente, em especial o mental, que passa a se submeter a regime jurídico próprio, estabelecido pela nova legislação.

Assim, as enfermidades que repercutem no discernimento, como os viciados em tóxicos ou álcool e os pródigos, continuam no rol de incapazes da Lei Civil, mas os deficientes físicos e mentais, ainda que a deficiência repercuta no discernimento da pessoa, estão excluídos do rol e da teoria geral da incapacidade do Código Civil e passam a se submeter a um regime jurídico próprio e especial, disciplinado pelo Estatuto do Deficiente.

De acordo com esse regime jurídico especial e próprio para o deficiente (inclusive mental), como regra, é capaz. A capacidade é a regra para os deficientes físicos e mentais, ainda que tal deficiência seja a causa de redução ou privação de discernimento, nos termos do art. 84 da referida lei. Esse é o regime jurídico de todo deficiente (capacidade como regra). A deficiência física ou mental não altera a capacidade do deficiente para questões de natureza existencial.

No entanto, a pessoa com deficiência pode se submeter à curatela, desde que necessária para atos exclusivamente patrimoniais e sempre de forma excepcional. A curatela em favor do deficiente será restrita e limitada (restrita a atos patrimoniais e limitada a atos incompatíveis com a deficiência).

A Lei n. 13.146/2015 disciplina a questão da curatela em favor dos deficientes. O art. 84 da legislação em referência ressalta que a curatela somente ocorrerá se necessário e, ainda, constitui medida protetiva extraordinária, proporcional às necessidades e às circunstâncias de cada caso, e durará o menor tempo possível.

Tal questão foi objeto de análise na parte geral, para a qual remetemos o leitor.

Quanto aos limites da curatela do deficiente, o art. 85 a limita para os atos relacionados aos direitos de natureza patrimonial e negocial. A curatela, de acordo com a lei, não alcança questões existenciais, como o direito ao próprio corpo, à sexualidade, ao matrimônio, à privacidade, à educação, à saúde, ao trabalho e ao voto.

O curador, de preferência, será pessoa que tenha vínculo familiar, afetivo ou comunitário com o deficiente. Em casos de relevância e urgência, e a fim de proteger os interesses da pessoa com deficiência em situação de curatela, será lícito ao juiz, ouvido o Ministério Público, de ofício ou a requerimento do interessado, nomear, desde logo, curador provisório.

Em relação ao Código Civil, a curatela tem por objetivo proteger os incapazes arrolados no art. 4º do CC (aqueles que, por causa transitória ou permanente, não puderem exprimir sua vontade, desde que tal causa transitória não seja uma deficiência; os ébrios habituais, viciados em tóxicos e os pródigos).

Tal incapacidade é de natureza subjetiva, pois está relacionada às condições físicas e patológicas de tais pessoas. No entanto, para que tenham a possibilidade de ser protegidas por curador, é essencial que quaisquer dessas enfermidades acarrete algum prejuízo ao discernimento.

Portanto, é a enfermidade (qualquer daquelas mencionadas no art. 4º do CPC, com a redação dada pela Lei n. 13.146/2015) associada ao prejuízo ao discernimento que justificará a proteção pelo instituto da curatela.

Ao contrário da tutela, que protege os incapazes por idade (causa objetiva), a curatela protege os incapazes que possuem enfermidade (que não se caracteriza como deficiência) que prejudique ou afete o discernimento (causa subjetiva). A curatela protege enfermos quando tais pessoas não possuem o completo discernimento para os atos da vida civil. A curatela será instituída por meio de procedimento especial de jurisdição voluntária, denominado interdição.

Quais são as pessoas que podem ser submetidas à curatela no Código Civil?

Atualmente, de acordo com a nova redação do art. 1.767 do CC, estão sujeitos à curatela aqueles que, por causa transitória ou permanente, não puderem exprimir a sua vontade, os ébrios habituais, viciados em tóxicos e, finalmente, os pródigos.

As pessoas com deficiência também podem ser submetidas à curatela, apenas quando houver a necessidade de proteção específica para atos patrimoniais, que sejam incompatíveis com a deficiência. Todavia, a curatela de tais pessoas é regida pela Lei n. 13.146/2015.

A Lei n. 13.146/2015, para manter a coerência entre esse novo microssistema e o Código Civil, revogou expressamente o art. 1.780 da Lei Civil, que tratava da curatela do enfermo e do portador de deficiência física. Tais pessoas são aquelas que estão em pleno gozo de suas faculdades mentais, mas, em razão de enfermidade ou deficiência física, estão impedidas de praticar atos da vida civil.

6.15.2. Interdição e legitimidade

A curatela em favor das pessoas arroladas nos arts. 4º e 1.767 do Código Civil depende do processo de interdição, por meio do qual será nomeado curador em favor da pessoa a ser protegida e decretada a sua interdição.

A análise da legitimidade e da atuação do MP na interdição envolve a discussão do Estatuto da Pessoa com Deficiência e do atual Código de Processo Civil.

Código Civil – de acordo com as alterações promovidas pelo Estatuto da Pessoa com Deficiência

O art. 1.768 do Código Civil, com redação alterada pela Lei n. 13.146/2015, elencava os legitimados para requerer a interdição da pessoa a ser submetida ao regime jurídico da curatela. O *caput* do referido artigo foi modificado para excluir qualquer referência à interdição. Em sua redação original, o art. 1.768 era expresso no sentido de que esse processo era a "interdição".

Após a Lei n. 13.146/2015, o art. 1.768, de forma genérica, apenas fazia referência ao "processo que define os termos da curatela", sem identificar o nome desse processo. Em razão do diálogo de fontes normativas (diálogo de coerência), direito material e processo, não há dúvida de que o processo que definirá os termos da curatela foi, é e continuará a ser a interdição, atualmente disciplinada nos arts. 747 a 758 do CPC. Há enorme identidade entre as regras do processo de interdição presentes na legislação processual e as regras sobre curatela dispostas no Código Civil.

De qualquer forma, os legitimados para o processo que definia os termos da curatela, a interdição, seriam os pais ou tutores; o cônjuge ou qualquer parente; o Ministério Público (de forma excepcional) e a própria pessoa. A única modificação no rol de legitimados, em comparação à redação original, foi a inclusão de outro legitimado, o próprio enfermo (o pródigo, o ébrio, o viciado e o que, por causa transitória ou permanente, não puder exprimir adequadamente sua vontade). Tal alteração era não só simbólica, mas representativa da valorização do ser humano quanto ao respeito à sua vontade e dignidade, ao permitir que a pessoa, por si própria, requeresse a proteção estatal por meio da curatela. Tratou-se de alteração significativa, que evidenciava a promoção da pessoa humana em sua concepção mais pura, com a finalidade de resguardar o núcleo essencial de sua dignidade. Portanto, a proteção a tais pessoais independia da vontade de terceiros. Bastava que o próprio interessado a requeresse.

Tais questões já foram objeto de análise na parte geral, no capítulo que trata da capacidade jurídica.

Código Civil, de acordo com as alterações promovidas pelo CPC (Lei n. 13.105/2015)

A Lei n. 13.146/2015, Estatuto da Pessoa com Deficiência, entrou em vigor em janeiro de 2016. No entanto, as alterações promovidas por tal estatuto, nos arts. 1.768 a 1.773 do CC, somente tiveram eficácia até março de 2016, data da entrada em vigor do CPC de 2015. Os arts. 1.768 a 1.773 do Código Civil foram revogados expressamente quando o atual CPC entrou em vigência (março de 2016), ainda que alterados pelo Estatuto da Pessoa com Deficiência.

Portanto, as normas que tratam de questões procedimentais sobre a curatela, por meio do processo de interdição, passam a ser privativas da legislação processual.

Assim, questões como legitimidade (art. 748 do CPC), hipótese única de intervenção do Ministério Público (art. 749 – doença mental grave, e mesmo assim em caráter supletivo e subsidiário) e todo o procedimento da interdição ficarão a cargo das normas processuais.

No caso de deficiência mental ou intelectual, a pessoa não mais se sujeita à curatela prevista e disciplinada no Código Civil, mas, excepcionalmente, à curatela objeto da Lei n. 13.146/2015 e, subsidiariamente, ao procedimento do CPC. A conclusão é que a curatela disciplina pelo Estatuto da Pessoa com Deficiência, nos arts. 84 a 87, naquilo em que houver compatibilidade, em especial no que tange a procedimento e legitimidade, se submete às regras da curatela do CPC.

Portanto, o Estatuto da Pessoa com Deficiência apresenta os pressupostos para sua curatela, define seus limites e extensão, mas o procedimento para a nomeação de curador ainda é o disciplinado pelo CPC, até porque o referido estatuto remete a alguns aspectos da curatela para outra legislação, quando diz "conforme a lei". E outra legislação é o CPC.

Em resumo, aspectos da curatela do deficiente, pressupostos, limites e extensão se submetem às regras do estatuto, mas o procedimento, inclusive a legitimidade, será exclusivo do CPC (as normas do CC sobre procedimento e legitimidade foram revogadas).

Portanto, a legitimidade supletiva ou subsidiária do Ministério Público somente incidirá em uma única hipótese: doença mental grave.

A última questão a ser resolvida é sobre o disposto no art. 1.770 do CC. Tal artigo foi expressamente revogado pelo inciso II do art. 1.072 do CPC, razão pela qual não há mais cogitar em defesa do curatelado pelo Ministério Público, o que contrariava suas atribuições institucionais. Tal defesa será promovida por defensor, privado ou público (curador especial), como está expresso no § 2º do art. 752 do CPC.

O interditando poderá constituir procurador particular e, caso não o faça, será nomeado curador especial para defendê-lo. O Ministério Público, corretamente, não terá mais essa atribuição. A revogação do art. 1.770 do CC encerra tal discussão.

O curador, excepcionalmente, poderá ter poderes para atos de natureza existencial, desde que haja especificação e a comprovação da necessidade para resguardar a dignidade do curatelado. Neste sentido foi aprovado o Enunciado 637 na VIII Jornada de Direito Civil: "Admite-se a possibilidade de outorga ao curador de poderes de representação para alguns atos da vida civil, inclusive de natureza existencial, e serão especificados na sentença, desde que comprovadamente necessários para proteção do curatelado em sua dignidade".

Para resguardar o melhor interesse do curatelado, na VIII Jornada de Direito Civil, realizada em abril de 2018, foi aprovado o seguinte enunciado: "A ordem de preferência de nomeação de curador do art. 1.775, do Código Civil deve ser observada quando atender ao melhor interesse do curatelado, considerando suas vontades e preferências, nos termos do art. 755, II, § 1º, do CPC".

6.15.3. Interdição e procedimento

O CPC atual, no art. 1.072, inciso II, revogou expressamente os arts. 1.768 a 1.773 do Código Civil, como dito.

Em consequência, o procedimento do processo de interdição que submeterá pessoas ao regime jurídico da curatela será aquele exclusivamente tratado no Código de Processo Civil (arts. 747 a 758). Apenas a Lei Processual Civil cuida do processo para nomeação de curador, sem qualquer interferência da Lei Civil.

A legitimidade para requerer a interdição (art. 747 do CPC) e a competência subsidiária e supletiva do MP para iniciar o procedimento (art. 748 do CPC – apenas no caso de doença mental grave) já foram objeto de análise no item anterior.

Em relação ao procedimento, o art. 749 do CPC impõe que a petição inicial de interdição apresente alguns requisitos específicos (demonstrar os fatos que evidenciam a incapacidade e o momento em que ela se revelou).

Em inovação que merece aplausos, com o reconhecimento do que já ocorria na prática judiciária, o CPC permite a nomeação de curador provisório para a prática de determinados atos da vida civil, desde que a urgência seja devidamente justificada. Trata-se de tutela específica de urgência no âmbito da interdição.

A inicial de interdição deverá vir acompanhada de laudo médico para demonstrar as alegações de incapacidade, como forma de impedir o exercício abusivo da ação de interdição para evitar constrangimentos a pessoas que não necessitem de qualquer proteção ou, caso não tenha laudo médico, apresentar justificativa relativa à impossibilidade de apresentar o referido documento.

A apresentação do documento (laudo médico) ou a justificativa sobre a impossibilidade dessa apresentação são condições para o recebimento da petição inicial. O objetivo é evitar o uso indevido do processo de interdição ou as denominadas lides temerárias, uma vez que submeter alguém a tal processo provoca repercussões em direitos essenciais da personalidade e na autonomia privada – o Estado precisa criar mecanismos para coibir o abuso de direito em relação a essa demanda. Por isso, a inovação é salutar (art. 750 do CPC).

Caso a petição inicial preencha os requisitos gerais e específicos (art. 749, CPC) e esteja acompanhada de laudo médico ou da devida justificativa sobre a impossibilidade de apresentar tal documento (art. 750, CPC), o juiz determinará a citação da pessoa para que seja submetida a entrevista pessoal perante o juízo.

Na entrevista pessoal, a pessoa comparecerá perante o juiz, que a questionará minuciosamente acerca de sua vida, negócios, bens, vontades, preferências e laços familiares e afetivos e sobre o que mais lhe parecer necessário para convencimento quanto à sua capacidade para praticar atos da vida civil, devendo ser reduzidas a termo as perguntas e respostas.

Se a pessoa não puder se deslocar, o juiz ouvirá a pessoa no local onde ela estiver (hipótese especial de inspeção judicial).

A novidade é a possibilidade de a entrevista ser acompanhada por especialistas, bem como a possibilidade do emprego de recursos tecnológicos capazes de permitir ou de auxiliar o interditando a expressar suas vontades e preferências, e a responder às perguntas formuladas.

A depender das circunstâncias do caso concreto, poderá ser requisitada a oitiva de parentes e pessoas próximas.

Após o encerramento da entrevista, inicia-se a fase do contraditório, manifestado mediante impugnação (art. 752 do CPC).

No prazo de 15 dias úteis contados da entrevista, a pessoa poderá impugnar o pedido de interdição, por meio de advogado constituído e, caso não o faça, por curador especial nomeado pelo juízo. O Ministério Público será ouvido, porque intervirá no processo como fiscal da ordem jurídica.

O § 3º do art. 752 permite que os familiares do interditando intervenham no processo como assistentes. Trata-se de assistência simples.

Decorrido o prazo para apresentação de defesa e, com apresentação desta, seguida da oitiva do Ministério Público, o juiz determinará a produção de prova pericial, fundamental para a avaliação da capacidade do interditando para praticar atos da vida civil.

A novidade em relação à perícia é a possibilidade de ser realizada por equipe composta por experts com formação multidisciplinar.

O laudo pericial deverá ser específico e minucioso. Não basta a resposta a perguntas genéricas sobre a incapacidade. Nesse caso, exigir-se-á alteração da postura de juízes e peritos na condução desses processos, tendo em vista que a interdição sempre será específica.

Após a apresentação do laudo, se houver necessidade, poderão ser produzidas outras provas, como oitiva de parentes, testemunhas ou especialistas na causa da incapacidade. O juiz ouvirá todos os interessados, o MP apresentará parecer final e, em seguida, será proferida sentença.

O art. 755 do Código de Processo Civil estabelece todos os requisitos que deve conter a sentença de interdição.

Em primeiro lugar, na sentença que determina a curatela, o juiz deverá nomear curador, que poderá ser o próprio autor do requerimento, desde que seja uma das pessoas arroladas no art. 1.775 do CC (aqueles que podem ser nomeados curadores). A nomeação do curador é o principal objetivo desse processo, que submeterá a pessoa, curatelada, a regime jurídico especial.

Segundo, na sentença de interdição o juiz deverá fixar os limites da curatela. Ao contrário da legislação anterior, a curatela não é mais genérica, mas específica. Caberá ao curador apenas assistir o curatelado em atos específicos, que sejam incompatíveis com o motivo ou a causa da curatela. Por isso, é relevante a fixação dos limites da curatela, de acordo com a especificação do perito que avaliará a pessoa (§ 2º do art. 753 do CPC). Os limites da curatela devem ser fixados de acordo com o estado e o desenvolvimento mental da pessoa a ser submetida a esse regime jurídico especial. O laudo pericial contribuirá para a determinação dos limites e da extensão da curatela. Tal imposição legal valoriza a pessoa, pois limita a proteção, por meio da curatela, apenas àqueles atos incompatíveis com a causa da curatela.

Ainda na sentença de interdição, o juiz deverá levar em consideração as condições subjetivas da pessoa a ser submetida à curatela, características pessoais, como potencialidades, habilidades, vontades e preferências. A consideração de tais aspectos subjetivos impedirá que o curador possa assistir à pessoa em relação a atos específicos em que ela não necessita de proteção. A curatela passa a ser específica, de acordo com as condições subjetivas da pessoa.

A sentença que submeterá a pessoa ao regime especial da curatela deverá ter a maior publicidade possível, a teor do que dispõe o § 3º do art. 755 do CPC.

A informação sobre os limites e a extensão da curatela deve constar dos atos que darão publicidade à sentença, a fim de tutelar interesses de terceiros que se relacionem com a pessoa curatelada.

A sentença que declara a interdição produz efeitos desde logo. Em relação à natureza jurídica, é importante ressaltar que não é a sentença de interdição que incapacita a pessoa para os atos da vida civil, e sim o fato ou a causa determinante prevista na lei (art. 4º do CC). Por isso, a sentença de interdição tem natureza meramente declaratória, pois reconhece um estado anterior ou situação fática preexistente. Tal sentença resolve uma crise de certeza (art. 19, I, do CPC). A incapacidade decorre de um fato previsto em lei ou de uma causa que a determina, e não da sentença de interdição. A causa da incapacidade é o fato previsto na lei.

Nesse sentido as lições de Caio Mário[70], que espelham a posição da ampla maioria da doutrina: "[...] no direito brasileiro a sentença proferida no processo de interdição tem efeito declaratório, e não constitutivo, não é o decreto de interdição que cria a incapacidade, e sim a alienação

---

[70] PEREIRA, Caio Mário da Silva. *Instituições de direito civil*. Parte geral. 20. ed. Rio de Janeiro: Forense, 2004. v. 1. Atualizado por Maria Celina Bodin de Moraes.

mental. Daí positivar-se que, enquanto não apurada a demência pela via legal, a enfermidade mental é uma circunstância de fato a ser apreciada em cada caso, e, verificada a participação do alienado em um negócio jurídico, poderá este ser declarado inválido".

Em relação à natureza da sentença de interdição, remetemos o leito à parte geral, no capítulo que disciplina a capacidade jurídica.

6.15.4. Curatela e as regras da tutela

A curatela e a tutela são institutos afins e ambas têm a finalidade de proteger pessoas que a lei considera incapazes (menores e enfermos – arts. 3º, 4º, 1.728 e 1.767, todos do Código Civil). Em razão da semelhança entre os institutos, não haveria razão jurídica relevante em reproduzir, no âmbito da curatela, regras jurídicas idênticas àquelas da tutela.

Por essa razão, a Lei Civil, no art. 1.774, dispõe que a curatela se submeterá às disposições concernentes à tutela, desde que haja compatibilidade e com as modificações que o próprio Código Civil sugere como específicas da curatela. Os artigos específicos da curatela são o 1.775 (quem pode ser curador), 1.776 (tratamento da curatelado), 1.777 (recolhimento de alguns curatelados em estabelecimentos adequados) e 1.778 (extensão da curatela às pessoas e aos bens dos filhos do curatelado).

Em decorrência do art. 1.774 do CC, aplicam-se à curatela as seguintes normas sobre a tutela: 1.735 (incapazes de exercer a tutela e curatela), 1.735 a 1.739 (escusa dos tutores e curadores), 1.745 a 1.750 (administração de bens do tutelado e curatelado, gestão patrimonial e prática de atos de disposição patrimonial que dependem de autorização judicial), 1.752 (responsabilidade civil por dolo ou culpa), 1.753 a 1.754 (conservação de dinheiro do tutelado e do curatelado para despesas e os investimentos), 1.755 a 1.762 (prestação de contas) e 1.765 a 1.766 (tempo da tutela e curatela e destituição do tutor e do curador negligente).

Ademais, de acordo com o art. 1.781 do CC, as regras sobre o exercício da tutela (arts. 1.740 a 1.744) também se aplicam à curatela.

Portanto, todas as regras jurídicas mencionadas, concernentes ao instituto da tutela, também serão aplicáveis ao instituto da curatela.

6.15.5. Legitimidade para ser curador (quem pode ser nomeado curador das pessoas que serão submetidas ao regime jurídico da curatela – art. 1.767 do CC)

O Código Civil, no art. 1.775, apresenta relação de pessoas, em ordem aparentemente preferencial, que podem ser nomeadas curadoras das pessoas arroladas no art. 1.767 da mesma legislação.

Tal ordem de preferência não é absoluta. Em razão de peculiaridades do caso concreto, é possível a nomeação de curadores em ordem diferente da estabelecida na lei, uma vez que sempre deve se atender ao interesse concreto do curatelado. Portanto, a lei presume que aquelas pessoas, naquela ordem, são as que melhor podem zelar pelos interesses do curatelado, mas tal presunção é relativa.

A novidade a ser ressaltada é o disposto no art. 1.775-A do CC, acrescentado pela Lei n. 13.146/2015 (Estatuto do Portador de Deficiência), o qual passa a permitir expressamente a denominada "curatela compartilhada".

Embora a nova norma legal restrinja a curatela compartilhada em favor da pessoa portadora de deficiência, é possível, no caso concreto, nomear vários curadores para qualquer das pessoas que podem ser submetidas à curatela, desde que haja critério no compartilhamento desse múnus público. É essencial que a curatela compartilhada seja justificada no melhor interesse do incapaz, na viabilidade do seu exercício compartilhado e na necessidade concreta.

Na ordem de preferência, será nomeado curador o cônjuge ou companheiro, desde que estejam em plena comunhão de vida com o curatelado. Na ausência desses parceiros, os parentes assumem o papel, pais e descendentes, entre esses os mais aptos e próximos. Essa é a denominada curatela legítima.

Em caso de inexistência de parceiro ou parente apto a exercer a curatela, esta será dativa, pois a escolha competirá ao juiz. Na escolha, o juiz não está vinculado a qualquer ordem legal de preferência, razão pela qual pode escolher e nomear a pessoa mais apta e idônea para exercer este encargo. Na curatela dativa, é possível até a nomeação de pessoas que não tenham vínculo de parentesco com o curatelado, desde que haja uma relação de afetividade, seja por amizade ou qualquer outra relação social.

O curador será responsável pela pessoa e os bens do curatelado naquilo que for necessário e essencial, tendo em vista que a curatela será limitada ao grau de capacidade ou incapacidade do curatelado. Nessa perspectiva, o curador apenas estará legitimado a representar ou assistir o curatelado naqueles atos que sejam incompatíveis com as causas que justificaram e motivaram a curatela.

Entre suas atribuições, o art. 1.776 do CC, antes da vigência da Lei n. 13.146/2015 (Estatuto do Portador de Deficiência), estabelecia que, se houver meios de recuperar o interditado, o curador deveria promover seu tratamento em estabelecimento adequado. Tal artigo foi expressamente revogado pelo art. 123, inciso VII, do Estatuto do Portador de Deficiência, lei retromencionada. Portanto, a partir da referida legislação, tal dispositivo não mais integra o sistema jurídico civil.

O art. 1.777 do CC, alterado pela Lei n. 13.146/2015, dispõe que "as pessoas referidas no inciso I do art. 1.767 receberão todo o apoio necessário para ter preservado o direito à convivência familiar e comunitária, sendo evitado o seu recolhimento em estabelecimento que os afaste desse convívio".

Quem são as pessoas referidas no inciso I do art. 1.767, com a nova redação da mesma legislação? É qualquer pessoa que, por uma causa transitória ou permanente, não puder exprimir a sua vontade, como é o caso de pessoas vítimas de acidente de trânsito e que estão em tratamento, em processo de coma. A norma impõe que tais pessoas recebam todo o apoio necessário para a manutenção de sua integração ao núcleo familiar, uma vez

Capítulo 6 • Família 1349

que uma das obrigações e deveres da família é zelar e proteger aqueles que integram o seu núcleo (art. 228 da CF). Tais pessoas não podem ser recolhidas em estabelecimentos que venham a prejudicar o convívio familiar.

A dignidade humana é a base valorativa da referida norma. A redação original do art. 1.777 dispunha que os interditados seriam recolhidos em atendimento adequado se não houvesse adaptação ao convívio doméstico. Agora a norma diz que deve ser evitado o recolhimento da pessoa em estabelecimento que o afaste do núcleo familiar.

Por fim, o art. 1.778 do CC dispõe que a autoridade do curador se estende à pessoa e aos bens do filho ou filhos menores do curatelado, observado o art. 5º (maioridade civil e possibilidade de emancipação). Ao completar a maioridade civil ou em casos de emancipação, os filhos do curatelado não mais se submeterão à autoridade do curador.

6.15.6. Curatela do nascituro, enfermo e deficiente físico

O art. 1.779 do Código Civil disciplina a curatela em favor do nascituro, ser humano em fase de gestação, que, pela teoria da concepção, é titular de direitos subjetivos (porque desde a concepção já possui personalidade) e, entre estes, o direito de ter um curador.

A curatela em favor do nascituro depende de alguns pressupostos de fato: o falecimento do pai durante o período de gestação, sem que a mulher grávida tenha o poder familiar. Nessas condições, a fim de ser protegido e tutelado, o nascituro terá direito a curador para zelar pelo seu patrimônio (caso tenha direito à herança do pai falecido ou tenha sido beneficiado com patrimônio, mesmo no útero da mãe), bem tutelar de sua condição existencial.

Ademais, o nascituro terá direito a curador não apenas em caso de falecimento do pai, mas também na hipótese de o pai não ser titular do poder familiar ou ser desconhecido, em caso de não reconhecimento.

Caso a mulher grávida esteja interditada, seu curador será o mesmo do nascituro (parágrafo único do art. 1.779 do CC).

O art. 1.780 do CC, que disciplinava a curatela em favor do enfermo ou portador de deficiência, foi expressamente revogado pelo Estatuto do Portador de Deficiência, justamente porque tais pessoas são objeto de tutela especial no referido microssistema. A curatela de tais seres humanos é objeto de disciplina jurídica diferenciada.

6.15.7. Exercício da curatela

O curador assume um múnus público: zelar pela vida e patrimônio do curatelado, em todas as suas dimensões. A fim de não reproduzir regras sobre a gestão da vida e do patrimônio das pessoas sob curatela, a Lei Civil, no art. 1.781, se limitou a delegar ao curador os mesmos poderes, direitos, garantias, deveres e impedimentos do tutor.

Portanto, as regras a respeito do exercício da tutela (arts. 1.740 a 1.752, CC) serão observadas pelo curador durante o exercício da curatela. As regras em comum se justificam pelo caráter protetivo dos institutos em relação a incapazes, embora de diferentes categorias. A tutela se destina a proteger os incapazes por idade (menores) e a curatela os incapazes que ostentam alguma enfermidade (viciados, ébrios habituais, pródigos e os que, por causa transitória, não podem exprimir a vontade, ou, em caso de deficiência física ou mental, a proteção se dará de acordo com as regras do Estatuto do Deficiente).

A ressalva ao art. 1.772 do CC se justifica em relação aos ébrios habituais e aos viciados em tóxicos, porque os deficientes mentais e os excepcionais sem desenvolvimento mental completo são objeto de tutela no Estatuto do Portador de Deficiência. Assim, no âmbito da Lei Civil, os limites da curatela deverão ser fixados nos casos dos viciados ou ébrios, pois a limitação da curatela (que também existe) em função de enfermidade mental é agora objeto de lei especial.

O art. 1.782 da Lei Civil determina que a interdição do pródigo, pelas próprias características dessa enfermidade, apenas o privará de atos de natureza patrimonial, que extrapolem a mera administração.

A prodigalidade, como já ressaltado, é consequência de enfermidade que afeta o discernimento da pessoa em relação aos atos de gestão patrimonial. Em decorrência dessa patologia, o pródigo é privado, pela interdição, de realizar atos patrimoniais que transcendam a mera administração ou gestão simples. O intuito da proteção é garantir ao pródigo o mínimo necessário existencial, no aspecto material, para preservação de sua dignidade. A proteção é em favor do pródigo (teoria do patrimônio mínimo) e não de seus eventuais herdeiros. A prova disso é que o Ministério Público tem legitimidade para requerer a interdição do pródigo. A dilapidação injustificada do patrimônio poderá repercutir na dignidade no pródigo, o que deve ser evitado.

A interdição do pródigo está sujeita às regras da Lei Civil, mas a curatela é de finalidade exclusivamente patrimonial. O curador assistirá o pródigo nos atos de disposição patrimonial, mas este último poderá livremente exercer atos relativos à sua profissão, fixar domicílio onde bem lhe aprouver, casar, viver em união estável, realizar atos de mera administração (desde que não sejam complexos) e qualquer ato de autonomia existencial. O curador protegerá o pródigo mediante assistência efetiva em relação a atos de disposição patrimonial.

Se o curador for o cônjuge do interditado e o regime for o da comunhão universal de bens, em regra, o curador estará desobrigado a prestar contas da sua curatela. A prestação de contas integra os deveres do curador, que é obrigado a prestar contas de sua administração (art. 1.755 do CC, c/c o art. 1.781). No entanto, se o curador for cônjuge e o regime de bens admitir, estará dispensado da prestação de contas.

Por outro lado, mesmo nessa hipótese, a depender das circunstâncias do caso concreto, o juiz poderá determinar ao curador/cônjuge, casado com o interditado no regime da comunhão universal de bens, a prestação de contas, nos termos do art. 1.783 do CC.

É necessário indício de malversação de bens para obrigar o curador casado com o curatelado deficiente no regime da comunhão universal de bens à prestação de contas?

No Recurso Especial 1.515.701/SP o STJ decidiu, com base no art. 1.783 do CC, que se houver indício ou dúvida de malversação dos bens do incapaz, a fim de resguardar o interesse do curatelado, pode ser determinada judicialmente a prestação de contas.

Os fundamentos da decisão estão equivocados. Em relação às pessoas com deficiência, física ou mental, como neste caso, é obrigatória a prestação de contas pelo curador, casado ou não com o curatelado e independente do vínculo ou do regime de bens do casamento. A razão é simples: os deficientes estão submetidos ao Estatuto da Pessoa com Deficiência e, se houver norma que discipline determinado assunto, não se aplica o CC.

Não há dúvida do que consta no art. 1.783 do CC, segundo o qual o curador casado com o curatelado no regime da comunhão universal de bens, em regra, não está obrigado a prestar contas. A exceção seria no caso de determinação judicial.

A lógica da regra civilista (dispensa de prestação de contas) é que o curatelado já estaria protegido pelas normas restritivas do próprio regime da comunhão universal de bens, em especial aquelas relativas à administração. De acordo com o art. 1.670, combinado com os arts. 1.663 e 1.664, da Lei Civil, a administração do patrimônio comum compete a qualquer dos cônjuges, as dívidas contraídas na administração obrigam os bens comuns, os bens da comunhão respondem pelas obrigações para atender aos encargos da família e, principalmente, a realização de qualquer ato a título gratuito (§ 2º do art. 1.663) e de alguns atos onerosos (art. 1.647), há necessidade de autorização do cônjuge no referido regime. E mais: Em caso de malversação dos bens daquele que administra o patrimônio comum, independente de curatela, poderá o juiz atribuir a administração a apenas um dos cônjuges (§ 3º do art. 1.663).

Portanto, o regime da comunhão universal, naturalmente, pelas suas próprias regras, já protege o cônjuge, independente da sua condição pessoal. A prestação de contas, neste caso, não se justificaria, até porque o cônjuge curador teria todo o interesse em bem administrar aqueles bens que também lhe pertencem, por força do referido regime (bens comuns). Registre-se que nem todos os bens no regime da comunhão universal são comuns (art. 1.668). No regime da comunhão universal pode haver bens particulares e, em razão deste fato, caso o não proprietário administre bens de terceiros, como o cônjuge curador que administra bem particular de outro cônjuge curatelado, pode haver a necessidade de prestação de contas, a depender do caso concreto. Por isso, a ressalva da norma.

Todavia, o art. 1.783 não poderia servir de fundamento para o caso.

Embora não se censure o resultado da decisão, com toda a vênia, as premissas do voto condutor estão equivocadas. O relator fez referência à Lei das Pessoas com Deficiência e aplicou regra do Código Civil. O curatelado é pessoa com deficiência e, por isso, se submete à referida lei especial. Qual a razão de tanta resistência em se aplicar o referido estatuto? Em relação à pessoa com deficiência, a prestação de contas pelo curador é obrigatória (art. 84, § 4º, da LPD), independente do tipo de vínculo pessoa entre curador e curatelado ou de eventual regime de bens. O art. 1.783 aplica-se apenas a pessoas submetidas à curatela, que *não* sejam deficientes.

A curatela das pessoas com deficiência não possui viés existencial, como se afirmou no voto. É justamente o contrário (é restrita a atos patrimoniais, justamente para preservar a dignidade existencial do deficiente). E mais, ao contrário do que afirmado no voto, em relação a pessoas com deficiência, a prestação de contas não está vinculada a malversação de bens ou indício desta, mas ao mero fato de ser administrador de bens do curatelado deficiente. É a única condição para a prestação de contas. A curatela do deficiente é excepcional, extraordinária e restrita. A nomeação de curador deve ser criteriosa, segundo o art. 1.772 do CC.

A prestação de contas tem por objetivo fiscalizar a gestão do curador e, se for o caso, impor sanções decorrentes de má gestão patrimonial.

6.15.8. Da tomada de decisão apoiada

O art. 116 da Lei n. 13.146/2015, denominada Estatuto do Portador de Deficiência, acrescenta ao Código Civil instituto novo, que passa a ser disciplinado no art. 1.783-A. É a "tomada de decisão apoiada".

A tomada de decisão apoiada é o processo pelo qual a pessoa com deficiência elege pelo menos duas pessoas idôneas, com as quais mantenha vínculos e que gozem de sua confiança, para prestar-lhe apoio na tomada de decisão sobre atos da vida civil, fornecendo-lhes os elementos e informações necessários para que possa exercer sua capacidade. Essa é a definição do novo instituto.

Em vez de ser tutelado por curador, o portador de deficiência tem a prerrogativa de eleger duas pessoas de sua confiança com a finalidade de lhe prestar apoio na tomada de decisões relevantes sobre atos da vida civil (por isso, tomada de decisão apoiada, ou seja, a decisão apoiada no conselho dos apoiadores eleitos pelo portador de deficiência). Tais conselheiros/apoiadores fornecerão ao portador de deficiência, física ou mental, todas as informações e elementos necessários para que possa exercer, de forma plena, os poderes de fato, mediante o exercício da sua capacidade.

A nomeação dos apoiadores ou conselheiros se dá por meio de processo judicial.

O pedido de tomada de decisão apoiada deve ser fundamentado e nele a pessoa com deficiência e os apoiadores devem apresentar termo em que constem os limites do apoio a ser oferecido e os compromissos dos apoiadores, inclusive o prazo de vigência do acordo e o respeito à vontade, aos direitos e aos interesses da pessoa que devem apoiar.

O pedido de tomada de decisão apoiada será requerido pela pessoa a ser apoiada, com indicação expressa das pessoas aptas a prestar o apoio previsto no *caput* deste artigo (§ 2º do art. 785-A).

No processo judicial de tomada de decisão apoiada, antes de se pronunciar sobre o pedido, o juiz, assistido por equipe multidisciplinar, após a oitiva do Ministério Público, ouvirá pessoalmente o requerente e as pessoas que lhe prestarão apoio.

Após a nomeação dos conselheiros/apoiadores, a decisão tomada por pessoa apoiada terá validade e efeitos sobre terceiros, sem restrições, desde que esteja inserida nos limites do apoio acordado. O terceiro com quem a pessoa apoiada mantenha relação negocial pode solicitar que os apoiadores contra-assinem o contrato ou acordo, especificando por escrito sua função em relação ao apoiado.

Os apoiadores/conselheiros serão responsáveis pelas decisões tomadas pelo portador de deficiência apoiada nas informações prestadas pelos apoiadores.

Em caso de negócio jurídico que possa trazer risco ou prejuízo relevante, havendo divergência de opiniões entre a pessoa apoiada e um dos apoiadores, deverá o juiz, ouvido o Ministério Público, decidir a questão.

A negligência do apoiador também é sancionada. Se o apoiador agir com negligência, exercer pressão indevida ou não adimplir as obrigações assumidas, poderá a pessoa apoiada, ou qualquer pessoa, apresentar denúncia ao Ministério Público ou ao juiz. Se procedente a denúncia, o juiz destituirá o apoiador e nomeará, ouvida a pessoa apoiada e se for de seu interesse, outra pessoa para prestação de apoio (§§ 7º e 8º do art. 785-A).

A pessoa apoiada pode, a qualquer tempo, solicitar o término de acordo firmado em processo de tomada de decisão apoiada. Por outro lado, o apoiador pode solicitar ao juiz a exclusão de sua participação do processo de tomada de decisão apoiada, sendo seu desligamento condicionado à manifestação do juiz sobre a matéria.

Por fim, o § 11 do art. 785-A dispõe que "aplicam-se à tomada de decisão apoiada, no que couber, as disposições referentes à prestação de contas na curatela".

Na VIII Jornada de Direito Civil, realizada em abril de 2018, foram aprovados dois enunciados sobre a tomada de decisão apoiada. No primeiro enunciado foi registrado que a opção pela medida é exclusiva da pessoa com deficiência e, no segundo, restou convencionado que a tomada de decisão apoiada somente é cabível se não for o caso de curatela.

Eis o teor dos dois enunciados:

"A opção pela tomada de decisão apoiada é de legitimidade exclusiva da pessoa com deficiência. A pessoa que requer o apoio pode manifestar antecipadamente sua vontade de que um ou ambos os apoiadores se tornem, em caso de curatela, seus curadores".

"A tomada de decisão apoiada não é cabível se a situação da pessoa exigir aplicação de curatela".

Capítulo 7
SUCESSÕES

Sumário 7.1. Noções Gerais: a Sucessão sob a Perspectiva Civil-Constitucional (Direito Fundamental à Herança) – **7.2.** Pressupostos Para Abertura da Sucessão: Morte Real ou Presumida – **7.3.** Conceito de Herança: Objeto (Diferença entre Meação e Herança) – **7.4.** Efeito Jurídico Decorrente da Abertura da Sucessão (*Saisine* e seus Efeitos) – **7.5.** Espécies de Herdeiros: Legítimos (Necessários e não Necessários) e Testamentários – **7.5.1.** Herdeiros Necessários e Direito à Legítima – **7.5.2.** Cálculo da Legítima (Direito dos Herdeiros Necessários) – **7.5.3.** A Justa Causa na Sucessão Testamentária como Requisito Necessário para a Inserção de Cláusula Restritiva (Inalienabilidade, Impenhorabilidade e Incomunicabilidade) sobre os Bens da Legítima – **7.5.4.** Herdeiro Necessário: Coexistência da Parte Disponível com a Legítima – **7.5.5.** Modo de Exclusão de Herdeiros Colaterais – **7.5.6.** Comoriência – **7.6.** O Direito de Representação (em Favor de Descendentes e Filhos de Irmãos): Exceção em que o Herdeiro mais Próximo Exclui o mais Remoto – **7.6.1.** Direito do Representante e a Partilha do Quinhão – **7.6.2.** O Renunciante à Herança de uma Pessoa não Perde o Direito de Representá-la na Sucessão de Outra – **7.7.** Lugar da Sucessão – **7.8.** Espécies de Sucessão: Legítima e Testamentária – **7.9.** A Sucessão Legítima e o seu Caráter Supletivo – a Coexistência de Sucessão Legítima e Testamentária – **7.10.** Sucessão Testamentária e Limites na Autonomia Privada do Testador (Proteção à Legítima) – **7.11.** Lei da Sucessão e Legítima Sucessória – **7.12.** Vocação Hereditária (Capacidade Sucessória – Legítima e Testamentária) – **7.12.1.** Noções Gerais – **7.12.2.** Capacidade Sucessória na Sucessão Legítima e na Testamentária: Peculiaridades – **7.12.3.** A Ausência de Legitimidade para Receber Herança na Sucessão Testamentária (Quem não Pode ser Nomeado Herdeiro nem Legatário) e a Sanção pela Inobservância da Regra Proibitiva – **7.12.4.** Sucessão Testamentária e Igualdade entre Filhos – **7.13.** Herança e Administração – **7.13.1.** Responsabilidade dos Herdeiros Quanto às Obrigações do Titular da Herança – **7.13.2.** Herança e Cessão de Direitos Hereditários: a Cessão dos Direitos Hereditários (Formalidade, Direito de Acrescer e Hipótese de Ineficácia) – **7.13.3.** A Cessão dos Direitos Hereditários e a Tutela do Direito de Preferência em Favor de Herdeiro – **7.14.** Da Aceitação e da Renúncia da Herança – **7.14.1.** Características da Aceitação da Herança – **7.14.2.** Falecimento de Herdeiro Antes de Aceitar a Herança: Consequências – **7.14.3.** Renúncia da Herança: Natureza Jurídica, Capacidade e Formalidade – **7.14.4.** Diferença entre Renúncia Abdicativa e Renúncia Translativa – **7.14.5.** Efeitos da Renúncia à Herança na Sucessão Legítima e na Sucessão Testamentária – **7.14.6.** Renúncia e Representação do Herdeiro do Renunciante – **7.14.7.** Ineficácia da Renúncia da Herança em Detrimento de Credores (Tutela do Crédito) – **7.15.** Dos Excluídos da Sucessão Legítima e Testamentária: Indignidade – **7.15.1.** Hipóteses de Indignidade – **7.15.2.** Modo de Exclusão do Indigno e Legitimidade para Requerer a Exclusão – **7.15.3.** Efeitos Pessoais da Exclusão e a Perda do Direito de Administração e Usufruto em Relação aos Filhos Menores – **7.15.4.** Os Atos de Disposição Patrimonial Praticados pelo Indigno Antes da Exclusão e a Tutela do Terceiro de Boa-Fé – **7.15.5.** A Possibilidade de Reabilitação do Indigno – **7.16.** Da Herança Jacente – **7.17.** Da Petição de Herança – **7.18.** Sucessão Legítima – **7.18.1.** Disposições Gerais: Noções e Fundamentos – **7.18.2.** A Ordem de Vocação Hereditária (Legal) – **7.18.3.** Hipóteses para a Incidência da Sucessão Legítima – **7.18.4.** A Sucessão dos Descendentes: Regras Gerais (Cabeça e Estirpe) e as Hipóteses de Concorrência com o Cônjuge – **7.18.5.** A Sucessão dos Ascendentes: Regras Gerais (Linhas) e a Necessária Concorrência com o Cônjuge – **7.18.6.** A Sucessão do Cônjuge: Pressupostos para ser herdeiro; o Instituto da Concorrência e o Direito de Concorrência Eventual com Descendentes – **7.18.7.** A Cota a que Tem Direito o Cônjuge e o companheiro (após a decisão do STF) no Caso de Concorrer com Descendentes – **7.18.8.** O direito de Concorrência Obrigatória com Ascendentes. A Cota a que Tem Direito o Cônjuge (e o companheiro – após a decisão do STF – RE 646.721-RS e RE 878.694-MG) no Caso de Concorrer com Ascendentes – **7.18.9.** A Sucessão do Cônjuge (e do companheiro) e o Direito Real de Habitação – **7.18.10.** A Sucessão dos Colaterais – **7.18.11.** A Ausência de Herdeiros Legítimos e Testamentários: Jacência e Vacância – **7.19.** Sucessão Testamentária: Regras Gerais sobre Testamento e Capacidade Testamentária – **7.19.1.** Limites à Vontade do Testador, Testamento, Legítima (Respeito à Legítima e a Possibilidade de Coexistência com a Sucessão Testamentária) e Disposição de Caráter Patrimonial – **7.19.2.** Espécies de Testamentos: Disposições Gerais e Regras sobre as Espécies Ordinárias – **7.20.** Codicilos – **7.21.** Testamentos Especiais: Disposições Gerais – **7.21.1.** Testamento Militar – **7.22.** Disposições Testamentárias – **7.22.1.** Noções Gerais – **7.22.2.** Cláusulas Testamentárias e Elementos Acidentais (Condição, Termo e Encargo) – **7.22.3.** Regra Geral de Interpretação das Disposições Testamentárias – **7.22.4.** Nulidade das Disposições Testamentárias: Hipóteses Legais – **7.22.5.** Disposições Testamentárias Especiais e Validade em Função da Causa – **7.22.6.** Disposições Testamentárias e Erro na Designação do

Herdeiro, do legatário ou do legado – **7.22.7.** Disposições Testamentárias e Regras Especiais – **7.22.8.** Disposições Testamentárias e Vícios de Consentimento – **7.22.9.** Disposições Testamentárias e Cláusulas Restritivas: Extensão – **7.22.10.** O instituto das "reduções" e a conexão com o testamento e a doação – **7.23.** Legado: Disposições Gerais – **7.23.1.** Legado e Encargo – **7.23.2.** Legado de Coisa que se Determina pelo Gênero – **7.23.3.** Legado de Coisa e Lugar – **7.23.4.** Legado de Crédito ou de Quitação de Dívida – **7.23.5.** Legado de Alimentos – **7.23.6.** Legado de Usufruto – **7.23.7.** Legado de Imóvel – **7.24.** Dos Efeitos do Legado – **7.24.1.** Efeitos e Litígio sobre Legado – **7.24.2.** Efeitos – Legado em Dinheiro e Renda Vitalícia – **7.24.3.** Legado em Prestações Periódicas – **7.24.4.** Legado Alternativo – **7.25.** Cumprimento dos Legados – **7.26.** Da Caducidade dos Legados – **7.27.** Direito de Acrescer entre Herdeiros e Legatários – **7.28.** Substituições Testamentárias: Vulgar e Recíproca – **7.29.** Da Deserdação e da Indignidade – **7.30.** Revogação do Testamento – **7.31.** Rompimento do Testamento – **7.31.1.** Testamenteiro – **7.32.** Inventário e Partilha – **7.33.** Sonegados – **7.34.** Do Pagamento das Dívidas – **7.35.** Da Colação – **7.35.1.** Cálculo da Legítima e Colação – **7.36.** Partilha – **7.36.1.** Garantia dos Quinhões Hereditários – **7.36.2.** Anulação da Partilha.

7.1. NOÇÕES GERAIS: A SUCESSÃO SOB A PERSPECTIVA CIVIL-CONSTITUCIONAL (DIREITO FUNDAMENTAL À HERANÇA)

O direito à herança constitui direito fundamental, art. 5º, incisos XXX e XXI, da Constituição Federal. Diante deste contexto normativo, a herança, necessariamente, se submete a valores constitucionais. O direito sucessório é consequência natural do direito de propriedade. Nesta perspectiva histórica e irreal, o direito sucessório viabiliza a utópica perpetuidade da propriedade. É relevante notar que a sucessão, ainda que envolva relações jurídicas patrimoniais, se submete a situações existenciais.

O pressuposto fático do direito à herança é a morte, real ou presumida.

Em relação à noção de sucessão, no vocabulário jurídico, toma-se a palavra na acepção própria de a pessoa inserir-se na titularidade de uma relação jurídica que lhe advém de outra pessoa, por ser a própria transferência de direitos entre pessoas decorrentes do fato morte. Na sucessão *causa mortis*, ocorre a substituição de titulares de relações jurídicas não personalíssimas (em sua maioria de caráter patrimonial), em que uma pessoa (sucessor) assume todas as obrigações e direitos de seu antecessor. O objeto é o mesmo, mas o sujeito, titular, é substituído. Portanto, ocorrerá mutação subjetiva em relação à titularidade de relações jurídicas não personalíssimas. Tal substituição em relação à titularidade destes direitos é consequência do princípio da *saisine* (art. 1.784 do CC).

Não há dúvida de que as relações jurídicas que integram a herança, em sua maioria, terão caráter patrimonial. Todavia, há relações jurídicas existenciais, que se conectam com questões patrimoniais, que não têm caráter personalíssimo e, por isso, são transmissíveis. Neste sentido, ao invés de estabelecer dicotomia ou separação entre relações jurídicas patrimoniais e existenciais para definir o que é herança, mais conveniente, em termos técnicos, considerar que a herança é constituída por relações jurídicas *não* personalíssimas, patrimoniais ou existenciais. As personalíssimas são extintas com a morte.

O direito das sucessões disciplina a substituição do sujeito em relação jurídica de natureza patrimonial (não personalíssima) porque o titular do direito (subjetivo ou potestativo) ou dever jurídico veio a óbito. Tal sub-rogação subjetiva (substituição de sujeitos) pressupõe a morte do titular.

Portanto, o direito das sucessões disciplina as relações jurídicas decorrentes do falecimento da pessoa (sucessão *causa mortis*). Na atualidade, tal direito deve ser interpretado a partir de uma perspectiva constitucional, com a submissão das regras e princípios estabelecidos na legislação civil aos valores sociais constitucionais, como dignidade da pessoa humana, solidariedade social, igualdade substancial, autonomia privada, função social e boa-fé objetiva das relações sucessórias.

A partir da morte (real ou presumida), abre-se a sucessão e, neste momento, ocorre a transmissão da herança (complexo de relações jurídicas não personalíssimas – universalidade de direito) para sucessores legítimos (herdeiros) e testamentários (herdeiros e legatários). Tal transmissão é automática e imediata, ou seja, independe de o sucessor (herdeiro legítimo/testamentário ou legatário) ter conhecimento da morte ou de sua qualidade para assumir a condição de titular dos direitos e obrigações que eram de titularidade do falecido.

A transmissão ocorre no exato instante da morte: é o efeito principal da *saisine: transmissão automática, sem solução de continuidade*.

A exceção deste efeito do princípio da *saisine* é a herança jacente, pois os bens que a compõem só passam ao domínio do Poder Público após a declaração de vacância, decorridos cinco anos da abertura da sucessão, conforme será analisado.

O direito sucessório é dinâmico e funcionalizado, se submete a situações existenciais e deve primar pela tutela integral do ser humana, ainda que tenha viés preponderantemente econômico. Como prova deste dinamismo, temos a decisão do STF que, em sede de repercussão geral, declarou a inconstitucionalidade da diferença do regime sucessório do cônjuge e do companheiro. Na VIII Jornada de Direito Civil, realizada em abril de 2018, foi aprovado enunciado sobre os limites e efeitos da decisão, para definir que a equiparação é limitada a questões de solidariedade.

Eis o teor do enunciado: "A decisão do Supremo Tribunal Federal que declarou a inconstitucionalidade do art. 1.790, do Código Civil, não importa equiparação absoluta entre o casamento e a união estável. Estendem-se à união estável apenas as regras aplicáveis ao casamento que tenham por fundamento a solidariedade familiar. Por outro lado, é constitucional a distinção entre os regimes quando baseada na solenidade do ato jurídico que funda o casamento, ausente na união estável".

O direito à herança se constitui como direito fundamental de alta relevância, porque se conecta com direitos existenciais e patrimoniais que são instrumentalizados para a concretização da dignidade da pessoa humana.

7.2. PRESSUPOSTOS PARA ABERTURA DA SUCESSÃO: MORTE REAL OU PRESUMIDA

O pressuposto para a abertura da sucessão é a morte. A sucessão tem relação direta com o término da personalidade civil da pessoa natural. A morte, além de encerrar a personalidade civil da pessoa humana (art. 6º do CC), abre a sucessão, que implica na transferência automática (sem interrupção de continuidade) de um conjunto de relações jurídicas do falecido para os herdeiros (legítimos e testamentários), conforme preceitua o art. 1.784 do CC.

A sucessão, nesse caso, é *causa mortis*, transmissão da herança de uma pessoa em razão do fato jurídico morte. A transmissão da herança aos herdeiros é um dos principais efeitos jurídicos da morte.

A morte, para fins de abertura da sucessão (*saisine*), pode ser real ou presumida. A morte presumida poderá ser considerada em caso de probabilidade de morte daquele que estava em risco de vida (art. 7º do CC) e, nesse caso, após procedimento judicial em que serão realizadas diligências para esgotar as buscas e averiguações, a pessoa é considerada morta, por presunção, com a fixação da data provável da morte.

Além disso, também é possível ser considerado morto por presunção o ausente – pessoa que desaparece de seu domicílio sem deixar notícias do paradeiro e procurador para administrar os seus interesses (art. 22 do CC) e, mesmo que deixe procurador, este não pode, não quer ou os poderes são insuficientes para a gestão do patrimônio do ausente (art. 23 do CC).

No caso da ausência, a pessoa somente é considerada morta por presunção após a abertura da sucessão definitiva (art. 6º do CC). A abertura da sucessão definitiva somente ocorrerá após a declaração e o reconhecimento da ausência, a fase da curadoria dos bens do ausente e o período de dez anos que marca a sucessão provisória (art. 37 do CC).

Aberta a sucessão, seja em razão de morte real ou presumida, a herança, como universalidade de bens, é transmitida automaticamente, sem interrupção de continuidade, aos herdeiros, legítimos e testamentários, nos termos do art. 1.784 do CC.

7.3. CONCEITO DE HERANÇA: OBJETO DA HERANÇA E DIFERENÇA ENTRE MEAÇÃO E HERANÇA E HERANÇA E ESPÓLIO

A herança, objeto da sucessão (é a herança que se transmite com a morte, como enuncia o art. 1.784 do CC), não se confunde com a meação. Em primeiro lugar, é fundamental compreender o que integra a herança e qual a sua natureza.

A herança é universalidade de direito (art. 91 do CC), ou seja, complexo de relações jurídicas, vinculadas a determinado sujeito, com caráter econômico, que se submete ao regime jurídico imobiliário (art. 80 do CC), que se mantém em situação de indivisibilidade até a partilha (definição do quinhão de cada um dos sucessores).

A herança (tal universalidade de direito) é integrada por relações jurídicas que não tenham caráter personalíssimo, patrimoniais ou existenciais. Os bens digitais do falecido, onde há íntima conexão entre situações existenciais e patrimoniais, de valor economicamente apreciável, também integral a herança. O patrimônio digital é integrado pelos mais diversos bens, como criptomoedas, bens imateriais em sentido amplo, direitos econômicos associados a redes sociais, entre outros. Portanto, é possível conectar situações jurídicas obrigacionais e reais ao direito sucessório, assim como situações existenciais, desde que não sejam personalíssimas. Há relações jurídicas obrigacionais, como contratos personalíssimos, que são extintos com a morte do titular e, por isso, não integram a herança. Por outro lado, também há direitos reais personalíssimos, como o usufruto, uso e direito real de habitação, cuja morte do titular é causa de extinção, motivo pelo qual não se conectam com o direito sucessório. Portanto, apenas as relações jurídicas não personalíssimas e transmissíveis se caracterizam como herança. O seguro de vida (art. 794) não se considera herança e também não é sujeita a dívidas do segurado, o que o torna excelente instrumento de planejamento sucessório. Da mesma forma, a obrigação alimentar, em razão do caráter personalíssimo, também não se transmite com a herança. Em que pese o disposto no art. 1.700 do CC, devido à natureza personalíssima da obrigação alimentar, já analisada no capítulo dos alimentos, não integra a herança.

Por razões óbvias, as relações jurídicas não patrimoniais, em sua maioria, por terem caráter personalíssimo, como direitos da personalidade, poder familiar, tutela, curatela, entre outros, não são transmissíveis com a morte e, portanto, não são herança. Ocorre que no âmbito dos bens digitais há situações em que a conexão entre direitos da personalidade e questões patrimoniais é intensa. As obrigações *propter rem*, vinculadas à titularidade de um bem, também são transferidas aos sucessores, pois em razão da saisine, serão os novos titulares (tais obrigações são devidas em razão do vínculo com a coisa, e não por ato de vontade). Ademais, haverá responsabilidade pelas dívidas vinculadas à titularidade anteriores, mas limitada ao valor do bem. A herança é universalidade imobiliária indivisível. Por isso, estabelece composse e condomínio dos bens integrantes do patrimônio transmitido.

Em relação à meação, a herança é instituto de direito sucessório e a meação de direito de família. A meação tem como causa o regime de bens no casamento ou do contrato escrito entre companheiros (ou, se inexistir contrato escrito, de determinação legal – art. 1.725 do CC). Portanto, para se cogitar em meação no direito sucessório há uma premissa: o falecido, no momento da abertura da sucessão, era casado, convivia em união estável ou mesmo que já separado de fato, não partilhou, em vida, o patrimônio comum (é possível meação decorrente de outras sociedades de fato, mas aqui restringiremos a estes modelos de família). Tal confusão é muito simples de ser dirimida.

A herança, como universalidade de direito, envolve relações não personalíssimas do falecido, entre estas, a meação dele. As relações patrimoniais não personalíssimas do morto que integram a sua meação, também integrarão a sua herança. Por outro lado, há relações jurídicas, mesmo de conteúdo econômico, que não podem ser transmitidas devido ao caráter personalíssimo destas e, mesmo que se relacionem com a meação, não serão herança.

Como universalidade de direito, a herança é composta dos bens particulares do falecido (ou seja, aqueles que não se comunicam e não integram a comunhão se for casado ou viver em união estável), assim como de sua meação. Neste ponto está a confusão.

Se o morto era casado, convivia em regime de união estável ou, mesmo separado de fato, sem partilha do patrimônio comum, no momento da abertura da sucessão, a meação, 50% do patrimônio comum mantido com o meeiro sobrevivente, integra o patrimônio sucessível do falecido e, portanto, a herança (as relações patrimoniais não personalíssimas da meação). A razão é simples: a meação *do falecido* é parte do seu patrimônio. No momento da abertura da sucessão, a meação do morto se converte em herança e passa a se submeter ao regime sucessório. Todavia, a meação convertida em herança, não se confunde com o "instituto" da meação, que é apurada e calculada com base nas regras jurídicas do direito de família. A meação, metade dos bens comuns existentes na constância de casamento ou união estável, apenas passa a interessar ao direito sucessório se estiverem presentes dois pressupostos: 1 – morte de alguém que, em vida, era titular do direito subjetivo à meação em razão das regras de direito de família; 2 – por ocasião da morte, o falecido era casado ou convivia em união estável com outra pessoa com quem mantinham patrimônio comum. A metade deste patrimônio comum é meação. No momento exato da abertura da sucessão, a meação de titularidade do morto passa a integrar e se converte em parte da herança e, em razão deste fato jurídico, se submete ao direito sucessório. A meação do cônjuge ou companheiro sobrevivente não tem qualquer relação com a herança do morto e será destinado àquele por força das regras de direito de família.

Atualmente, o cônjuge e o companheiro sobreviventes, além da meação, direito próprio patrimonial submetido ao direito de família, podem eventualmente participar da herança do cônjuge e do companheiro falecido, como herdeiros concorrentes (com descendentes e ascendentes) ou exclusivos (se não houver descendente ou ascendente) e, nesta qualidade, poderão fazer jus à parte do que é a meação do morto, não na condição de meeiros, mas de herdeiros necessários, porque a meação do morto será herança dele.

Em resumo, se o falecido era casado ou vivia em união estável, a herança será composta da: *meação do falecido* (que depende do regime de bens no casamento e da ausência, ou não, de contrato escrito na união estável) + *bens particulares* do falecido.

A meação do cônjuge ou companheiro sobrevivente não é herança, pois lhe pertence em razão do direito de família. A meação do falecido (as relações jurídicas não personalíssimas que a integram) será herança porque era o titular em vida e, com a morte, será transferida para os sucessores.

Na sucessão, apenas o sujeito, titular do direito, é substituído. O sucessor não continua a pessoa do falecido, mas assume todos os seus direitos e obrigações de natureza patrimonial, nos limites das forças da herança.

É importante também não confundir herança com testamento. O testamento é instrumento para viabilizar que a vontade tenha efeito após a morte. O testamento pode ter por objeto direitos hereditários (herança) ou outras disposições, de caráter patrimonial ou não, que não se confunde com herança. Portanto, a herança pode ser objeto de testamento, mas o testamento não se restringe a herança.

Como será analisado em momento próprio, no testamento são válidas disposições de caráter não patrimonial, ainda que somente a estas se refira (ex.: reconhecimento de filho, conforme art. 1.609 do CC).

Tal disposição testamentária de caráter não patrimonial não é herança. Ocorre que o Código Civil permite que o testamento disponha sobre questões não patrimoniais (é possível, por exemplo, reconhecer filho por testamento, instituir fundação etc.). O fato de estas disposições de caráter não patrimonial decorrerem de exteriorização de vontade em testamento não as torna herança. A herança se restringe a relações jurídicas ativas e passivas de natureza patrimonial, não personalíssimas. O testamento é instrumento para viabilizar que a vontade tenha eficácia *post mortem* e pode envolver como objeto herança ou outras disposições que não tenha nenhuma relação com direito hereditário.

• **Herança e espólio**

A herança também não se confunde com espólio. A herança (bem jurídico) é composta de relações jurídicas patrimoniais não personalíssimas, transmitidas pelo morto aos sucessores. O espólio é ente despersonalizado que representa a herança, ativa e passivamente e, por isso, pode ser titular de relações jurídicas específicas para viabilizar tal representação. Como a herança envolve apenas questões econômicas, o espólio é o legitimado, em termos processuais, ativo e passivo, para ações de cunho econômico. O espólio e a herança são transitórios, pois existem apenas entre a abertura da sucessão e a partilha. No que se refere a questões existenciais, que não têm conexão com herança, o espólio (consequência lógica) não tem legitimidade ativa e passiva. No âmbito das situações existenciais, ação de investigação de parentalidade *post mortem*, por exemplo, a legitimidade passiva é dos sucessores do falecido, jamais do espólio (a menos que haja petição de herança, caso em que o espólio será litisconsorte). O espólio representa a herança em questões estritamente patrimoniais.

Por tais motivos, o espólio tem legitimidade processual. De acordo com o art. 75, VII, do CPC, o espólio é representado em juízo, ativa e passivamente, pelo inventariante. No caso de inventariante dativo, os sucessores do falecido serão apenas intimados no processo em que o espólio é parte (§ 1º do art. 75 do CPC), embora possam integrar o processo como assistentes do inventariante dativo, na representação do espólio. Até a nomeação do inventariante, quem representa o espólio, judicial e extrajudicialmente, é o administrador provisório. Até a partilha, é o espólio que tem legitimidade para representar a herança em relação às dívidas (art. 1.997 do CC). Se as dívidas forem apuradas após a partilha, os sucessores responderão, na proporcionalidade de seus quinhões, sendo os legitimados para responder a tais demandas. Após a partilha, o espólio desaparece e a legitimidade é dos sucessores, inclusive em relação a questões patrimoniais, sempre nos limites das forças da herança (art. 1.792 do CC).

7.4. EFEITO JURÍDICO DECORRENTE DA ABERTURA DA SUCESSÃO (*SAISINE* E SEUS EFEITOS)

O principal efeito jurídico decorrente da abertura da sucessão se relaciona com o princípio da *saisine* (ficção jurídica). Tal princípio assegura a necessária continuidade das relações jurídicas patrimoniais não personalíssimas: a herança não fica sem titular nem por um segundo. A herança, no direito brasileiro, independe de aceitação no momento da morte. A "aceitação" posterior constitui apenas a ratificação e a consolidação desse efeito automático. A aceitação da herança consolida esse efeito da *saisine* e a renúncia (abdicativa) o neutraliza.

Há dois sistemas de transmissão de herança: o romano e o germânico (romano: no período compreendido entre a morte e a aceitação a herança é jacente; germânico: posse e propriedade imediata, mas apenas para os herdeiros legítimos).

Em nosso sistema legal, a *saisine* provoca a transmissão direta e imediata a todos os sucessores (herdeiros, legítimos e testamentários – no caso do legado, a posse é condicional – regime jurídico próprio em relação à posse: art. 1.923. O legatário, na abertura da sucessão, adquire o domínio da coisa certa existente no patrimônio do *de cujus*, mas a posse depende da verificação da solvência do espólio).

De acordo com o art. 1.784 do CC, aberta a sucessão, o que ocorrerá com a morte, a herança (a universalidade de direito submetida ao regime imobiliário e indivisível), transmite-se, desde logo (ou seja, de forma automática, sem solução de continuidade e independente de aceitação), aos herdeiros legítimos (ordem de vocação hereditária imposta pela lei) e testamentários (eleitos pelo falecido em testamento ou codicilo). Portanto, como efeito principal da *saisine*, ocorre a transmissão automática das relações jurídicas não personalíssimas do falecido, ativas e passivas.

Como já mencionado, não há conflito entre o principal efeito jurídico da *saisine*, previsto no art. 1.784 e o instituto da aceitação da herança. A substituição de titularidade ou mutação subjetiva provocada pela morte independe de aceitação. O sucessor se torna titular destas relações jurídicas não personalíssimas, ainda que não tenha conhecimento da morte do titular anterior. Todavia, como é possível a renúncia à herança, é essencial a confirmação do efeito jurídico da *saisine* pela aceitação. A aceitação consolida e ratifica o efeito previsto no art. 1.784, com efeito retroativo, de forma irrevogável (art. 1.812). Portanto, qualquer ato posterior à ratificação, se caracteriza como transferência de direitos hereditários. Se não houver aceitação ou ratificação do efeito da *saisine*, em razão de renúncia do sucessor, haverá neutralização do efeito da *saisine* (art. 1.784 do CC). A renúncia, que também é irrevogável, tem efeito retroativo à data da abertura da sucessão e, por isso, neutraliza o efeito da *saisine*.

Ademais, deve ser registrada a perfeita simetria entre o disposto no art. 1.784 do CC e os arts. 1.206 e 1.207 do Código Civil, os quais disciplinam a união de posses ou *sucessio possessionis por força do evento morte, caso em que o sucessor não pode optar pela união da sua posse com a de seu antecessor, tendo em vista que a junção de posses, neste caso, é automática e obrigatória.* A referência à universalidade no artigo envolve o herdeiro, que recebe a herança a título universal, bem como o legatário, que recebe a herança a título singular. Além do principal efeito da *saisine*, previsto no art. 1.784 do CC, quais os demais efeitos da *saisine*, que serão objeto de análise nos itens seguintes:

Os principais efeitos da *saisine*:

- *efeito n. 1* – transmissão de pleno direito e automática da herança, propriedade e posse, a todos herdeiros. legítimos e testamentários (a única exceção é a posse em favor do legatário – art. 1.923, CC);

- *efeito n. 2* – a *saisine* determina a lei aplicável à sucessão – art. 1.787, CC. A lei da sucessão é a lei vigente à data do óbito. No mesmo sentido é o art. 2.041 do CC (as disposições deste Código relativas à ordem da vocação hereditária (arts. 1.829 a 1.844) não se aplicam à sucessão aberta antes de sua vigência, prevalecendo o disposto na lei anterior). É irrelevante a data de abertura do inventário ou arrolamento, pois a sucessão será disciplinada integralmente, salvo norma de direito intertemporal ou ultratividade, pela lei vigente à data da abertura da sucessão. O art. 2.042 traz regra transitória na sucessão testamentária. Nesta, a legitimação para suceder também é regida pela lei do tempo da abertura da sucessão, mas a capacidade para testar é a do tempo do testamento (art. 1.861, CC).

- *efeito n. 3* – a *saisine* também terá o efeito de identificar os sucessores de forma precisa. A legitimidade para suceder também será disciplinada pela lei vigente à data da abertura da sucessão que, no caso do CC de 2002, envolve os arts. 1.798 a 1803.

A capacidade sucessória ou legitimidade para suceder (arts.. 1.798 a 1.803 do CC) é pautada pela *saisine* (lei vigente ao tempo da abertura da sucessão).

Os sucessores (herdeiros e legatários) podem herdar a título universal (herdeiro, legítimo ou testamentário) ou a título singular (legatário – figura exclusiva da sucessão testamentária). Os sucessores legítimos (título universal – porção indefinida da herança) se subdividem em herdeiros necessários (art. 1.845 do CC – descendentes, ascendentes e cônjuge/companheiro) e facultativos (colaterais). Os sucessores testamentários são eleitos pelo autor da herança. Tais sucessores podem herdar porção indefinida (porcentagem, por exemplo), caso em que serão herdeiros a título universal ou, ainda, receber porção definida ou bem determinado, quando recebem a denominação de legatários.

O art. 1.798, ainda analisado, disciplina a legitimidade para suceder tanto na legítima, como na testamentária (pessoas humanas e físicas, nascidas ou já concebidas no momento da abertura da sucessão). O art. 1.799 é exclusivo da sucessão testamentária, porque permite que além das pessoas naturais (art. 1.798), sejam nomeados como sucessores, a prole eventual e a pessoa jurídica.

7.5. ESPÉCIES DE SUCESSORES: LEGÍTIMOS (HERDEIROS NECESSÁRIOS E NÃO NECESSÁRIOS/FACULTATIVOS) E TESTAMENTÁRIOS (HERDEIROS OU LEGATÁRIOS)

Os sucessores são os titulares dos direitos subjetivos hereditários, que lhes serão transmitidos com a morte do autor da herança (art. 1.784 do CC). Aberta a sucessão, a herança é transmitida automaticamente aos herdeiros legítimos e testamentários, bem como aos legatários (exceto a posse).

Portanto, há duas categorias de sucessores, a depender da espécie de sucessão. Na sucessão legítima, ordem legal de vocação hereditária (art. 1.829 do CC), os sucessores são herdeiros denominados "herdeiros legítimos". Na sucessão testamentária, os sucessores indicados e nomeados pelo autor da herança, por meio de negócio jurídico (unilateral, quanto à formação, testamento ou codicilo – art. 1.881 do CC), podem ser herdeiros ou legatários, a depender do título como recebem a herança: herdeiros testamentários, quando recebem a herança a título universal (quando recebem uma fração sobre a herança) ou legatários, quando recebem a herança a título singular (são beneficiados com bens determinados e individualizados).

Os herdeiros legítimos (que integram a ordem de vocação hereditária na sucessão legítima) se subdividem em duas subcategorias: *herdeiros legítimos necessários* e *herdeiros legítimos facultativos*.

Os herdeiros legítimos necessários estão arrolados no art. 1.845 do CC (cônjuge, ascendentes e descendentes – o companheiro após a decisão do STF), os quais não podem ser excluídos da herança por vontade do autor da herança, salvo nos casos de deserdação previstos em lei.

Aos herdeiros necessários pertence a metade indisponível da herança, chamada de "legítima" (relação com os arts. 1.789 e 1.846, ambos do CC). A parte indisponível ou legítima equivale à metade do acervo (calculada de acordo com o art. 1.847 do CC – o cálculo é fixo), cota esta que será reservada aos herdeiros necessários discriminados no art. 1.845 (e, após a decisão do STF, ao companheiro). É o que dispõe o art. 1.846 do CC, segundo o qual pertence aos herdeiros necessários, de pleno direito (por força de lei), a metade dos bens da herança, a qual se caracteriza e se constitui como a legítima. Os herdeiros legítimos e necessários integram a ordem de vocação hereditária e tem direito à legítima (parte indisponível da herança).

O fundamento histórico da legítima é a proteção do patrimônio em favor de pessoas próximas ao autor da herança. Atualmente, surgem críticas a esta restrição incondicionada à liberdade de dispor dos bens, por meio de testamento, após a morte. O motivo é simples: Se os descendentes, ascendentes, cônjuge e companheiro são capazes, têm recursos suficientes para sua manutenção, plena capacidade física, mental e de trabalho, não teria motivo para restringir o direito do autor da herança. Por isso, em situações concretas, quando os herdeiros necessários não possuem qualquer vulnerabilidade e possuem completa independência econômica em relação ao autor da herança, a autonomia privada deve ser prestigiada em detrimento de regras que limitam a vontade do testador. Por isso, em cada caso concreto, seria essencial ponderar a autonomia privada com a viabilidade de se impor restrições à liberdade do autor da herança. A regra poderia, excepcionalmente, ser afastada.

Por outro lado, os herdeiros legítimos facultativos são representados pelos colaterais até o quarto grau (irmãos, tios, tios-avôs, sobrinhos, sobrinhos-netos e primos), cujas pessoas podem ser excluídas da herança por força de disposição de última vontade (testamento), conforme o art. 1.850 do Código Civil. Tais herdeiros legítimos facultativos não têm direito à denominada "legítima".

Se o herdeiro necessário for contemplado em testamento (na parte disponível da herança), não perde o direito à legítima, conforme o art. 1.849 do Código Civil.

Não se deve confundir a legítima, parte indisponível da herança, com a sucessão legítima, supletiva, cuja ordem de vocação hereditária é definida por lei. A sucessão legítima sempre será a título universal e o sucessor é aquele herdeiro indicado pela lei (art. 1.829 do CC – ordem de vocação hereditária). A sucessão testamentária pode ser a título universal ou singular, sendo sucessor, no primeiro caso, o herdeiro testamentário e, no segundo, o legatário (quem sucede a título universal é herdeiro – sucede no todo ou em uma porção indefinida, e quem sucede a título singular é legatário porque sucede em uma parte definida).

7.5.1. Herdeiros necessários e direito à legítima (proteção da legítima nas doações e testamentos)

De acordo com o art. 1.845 do Código Civil, são herdeiros necessários os descendentes, os ascendentes e o cônjuge. A inovação da legislação foi inserir o cônjuge no rol dos herdeiros necessários, que foi sempre restrito aos descendentes e ascendentes. Ademais, após a decisão do STF nos RE 646.721-RS e RE 878.694-MG, com repercussão geral, o companheiro passa a ser considerado herdeiro necessário e, nesta condição, passa a ter direito à legítima (embora na decisão, o STF não mencione, de forma explícita, tal situação relativa ao companheiro). Todavia, ao reconhecer a inconstitucionalidade da diferenciação do regime sucessório do cônjuge e do companheiro, é evidente que a condição de herdeiro necessário tem relação com o regime sucessório, pois como tal não poderá ser excluído da sucessão (porque tem direito à legítima), salvo nos casos de indignidade e deserdação.

Tais sucessores/herdeiros recebem a denominação "necessários" porque, de forma obrigatória (imposição da lei), possuem direito à parcela da herança que a eles será destinada. Essa parcela da herança, que pertence aos herdeiros "necessários", é denominada "legítima" (que não se confunde com sucessão legítima, que é espécie de sucessão – ordem legal de vocação hereditária) e corresponde à metade dos bens da herança. Tal metade se torna indisponível e é calculada no momento da abertura da sucessão.

Se o autor da herança tiver herdeiro necessário e resolver dispor de seus bens em testamento, não terá autonomia para dispor da parte que corresponde à legítima – metade da herança, a ser calculada no momento da abertura da sucessão. Todavia, se os próprios herdeiros necessários forem os sucessores testamentários, a legítima poderá ser incluída em testamento. A proibição da legítima em testamento tem por finalidade proteger herdeiros necessários e, se estes são os próprios sucessores testamentários, quando o testamento é utilizado como instrumento de planejamento sucessório, não há proibição. Se houver excesso do testador (não respeitar a legítima, ainda que de boa-fé), haverá redução da disposição testamentária (art. 1.967), até o limite legal. Portanto, o autor da herança não tem disponibilidade sobre a parte indisponível (salvo se beneficiar os próprios herdeiros necessários que teriam o direito a esta legítima), que pertence, de pleno direito, aos herdeiros necessários. Por isso, se houver herdeiro necessário e o autor da herança elaborar testamento, necessariamente, coexistirão as sucessões legítima e testamentária, pois parte da herança não poderá ser objeto do testamento e se submeterá às regras da sucessão legítima (será destinada aos herdeiros necessários de acordo com a ordem de vocação hereditária – art. 1.829 do CC).

Em resumo, a limitação à liberdade do testador e sua autonomia privada, será restrita à metade dos bens da herança, a teor do que dispõe o art. 1.846 do Código Civil. Como mencionado, a lei define a legítima: é a metade dos bens que compõem a herança (meação do falecido, se casado ou viver em união estável, + os bens particulares), a ser apurada no momento da abertura da sucessão. O cálculo desta metade será objeto de análise no próximo item.

Além do art. 1.846, a legítima também é protegida por outros dispositivos legais. De acordo com o art. 1.789 do CC, se houver herdeiros necessários, o testador só pode dispor da metade da herança, justamente porque a outra metade constitui a legítima (art. 1.846 do CC). No mesmo sentido é o art. 1.857, § 1º, do Código Civil, segundo o qual a legítima dos herdeiros necessários não pode ser incluída em testamento. Os arts. 1.789 e 1.857, § 1º, protegem a legítima em relação à vontade exteriorizada em testamento ou codicilo, cuja apuração será realizada apenas após a morte.

Por outro lado, a legítima também é objeto de proteção em relação a negócios jurídicos realizados em vida pelo autor da herança, de caráter gratuito (liberalidades), como a doação. O art. 549 do Código Civil considera nula a doação quanto à parte que exceder à que o doador, no momento da liberalidade, poderia dispor em testamento. Por ficção jurídica é como se o doador, ao realizar a doação, dispusesse de parte de seus bens em testamento. Como no testamento deve respeitar a legítima (art. 1.789 e 1.857, § 1º, ambos do CC), em razão da conexão da doação inoficiosa com o testamento, no momento da doação, somente poderá dispor da metade dos bens. A cota de que poderia livremente dispor em testamento, nos termos dos arts. 1.789 e 1.857, § 1º, é justamente a metade disponível. Portanto, para fins de proteção da legítima, em caso de doação, é essencial respeitar tal limite. Se tal limite não for respeitado, haverá nulidade do excesso.

O excesso de doação, que supera a metade disponível a ser calculada no momento da liberalidade, caracterizará doação inoficiosa e poderá ser discutida em ação de redução de doação inoficiosa (art. 2.007 do CC), que pode ser proposta durante a vida do doador, porque não envolverá discussão sobre herança de pessoa viva, mas de proteção de legítima prejudicada por contrato gratuito realizado em vida. A doação será considerada inoficiosa, com a nulidade do excesso, se estiverem presentes dois pressupostos: existência de herdeiro necessário e excesso em relação à parte disponível a ser apurada no momento da liberalidade. Neste caso, a legislação, de modo questionável, resolveu conciliar a autonomia privada e o poder de autodeterminação com os interesses do núcleo familiar, o que evidencia a nefasta conexão do direito sucessório com o modelo tradicional e ultrapassado de família (de caráter patrimonialista, matrimonial, patriarcal e hierárquica).

Na doação inoficiosa, a autonomia privada também é restringida, porque o doador não pode dispor, em vida, de bens que ultrapassem a metade disponível (a mesma parcela que poderia dispor em testamento), cuja base de referência é o patrimônio do doador no momento da liberalidade (por isso, o patrimônio do doador tem relevância para fins de apuração de doação inoficiosa). Se houver respeito à metade disponível no momento da liberalidade, a legítima será respeitada. Na doação inoficiosa, a nulidade é restrita ao excesso. A doação relativa à parte disponível é válida. A doação inoficiosa somente será nula se não for colacionável (em favor de donatário mencionado no art. 544, que participe da sucessão, e que não tenha sido dispensado da colação). Caso o donatário seja uma daquelas pessoas mencionadas no art. 544 do CC e venha a participar da sucessão do doador, incide a regra deste dispositivo (art. 544 do CC), com o que se caracterizará o adiantamento de legítima.

Neste momento é fundamental diferenciar a doação inoficiosa da doação colacionável. A proteção da legítima em cada uma destas doações ocorre em dimensões e momentos diversos. Na doação inoficiosa, o único momento para apurar o respeito à legítima é aquele em que a doação é realizada. Se houver qualquer variação patrimonial no patrimônio do doador após a doação, para mais ou para menos, não afeta a validade da doação, desde que tenha se limitado à metade do patrimônio do doador. Portanto, quando da abertura da sucessão, não se retroage para discutir tal doação realizada em vida, desde que tenha respeitado a legítima quando foi realizada. A doação colacionável será conferida no momento da abertura da sucessão. Portanto, as variações patrimoniais do doador após tal doação repercutirá na doação colacionável (assim, no caso da doação colacionável, não interessa o patrimônio do doador no momento da doação, mas no momento da abertura da sucessão). No momento da abertura da sucessão, tal doação é trazida à colação, ou seja, é apresentada na sucessão para conferência e, a partir do patrimônio existente no momento da abertura da sucessão, é que se verificará se o donatário teria que destinar ou não parte do bem doado aos demais herdeiros necessários, porque o objetivo desta é justamente igualar as legítimas. Portanto, a doação colacionável depende do patrimônio do doador no momento da abertura da sucessão, ao contrário da doação inoficiosa, que tem como parâmetro o patrimônio do doador no momento da liberalidade. E quando a doação será colacionável? Se o donatário é descendente, cônjuge ou companheiro do doador (apenas estes donatários), se tal donatário específico vier a participar da sucessão do autor da herança, por direito próprio ou representação e, por fim, se tal donatário não foi dispensado da colação no momento da liberalidade ou em ato posterior ou pela própria lei (há situações em que a própria lei dispensa o donatário da colação, como é o caso da doação remuneratória ou os recursos destinados para uma das finalidades previstas no art. 2.010, em relação a filhos menores). Ademais, para colação, é essencial que o donatário concorra com alguém, pois se for sucessor único, nada justifica a colação das doações.

No caso da doação inoficiosa, para fins de calcular a legítima e apurar se houve excesso, o parâmetro é o momento da liberalidade, ou seja, da doação.

Portanto, o cálculo da metade disponível, que nem sempre é simples, deve ser realizado no momento da liberalidade (doação) e não no momento da abertura da sucessão. A regra faz sentido porque se trata de ato entre pessoas vivas. As variações patrimoniais do doador, para mais ou para menos, após a liberalidade, não interferem no cálculo da legítima, que sempre será os bens existentes ao tempo e no momento da doação. Na hipótese em comento, a legítima é preservada nos atos entre vivos por meio da proibição da doação inoficiosa. Nos atos *causa mortis*, testamento, por exemplo, a garantia se dá com a proteção da mesma metade dos bens, com a diferença de que a apuração de excesso não é a data do testamento, mas da abertura da sucessão.

A doação inoficiosa, art. 549 do CC, e a proibição de, por meio de testamento, dispor da metade dos bens da herança (direito à legítima), arts. 1.789 e 1.857, § 1º, caminham lado a lado nesta cruzada para proteger herdeiros necessários, independente da condição destes.

Por outro lado, como mencionado acima, se a doação é em favor de descendentes ou entre cônjuges e companheiros, herdeiros necessários que venham a participar efetivamente da sucessão do doador, por direito próprio ou por representação, não será observada a regra do art. 549 do CC, porque os bens doados serão levados à colação pelo donatário, em razão da previsão do art. 544 do CC, que considera tais doações como adiantamento de legítima (desde que não haja dispensa convencional ou legal da colação).

Importante, como mencionamos linhas atrás: para ser considerado como adiantamento de legítima, não basta ser herdeiro necessário. É essencial que o herdeiro necessário donatário seja descendente, cônjuge ou compa-

nheiro do doador (1º requisito), que participe da sucessão do autor da herança, por direito próprio ou por representação (2º requisito) no momento da doação (segundo o parágrafo único do art. 2.005 do CC, presume-se imputada na parte disponível a liberalidade feita a descendente que, no momento da liberalidade, não seria chamado à sucessão) e, que não tenha sido dispensado da colação pelo próprio doador ou por disposição legal (3º requisito). Então, por exemplo, se o avô doa determinado bem para o neto, embora seja doação de ascendente em favor de descendente, com a morte do avô, se o pai do donatário estiver vivo no momento da doação (art. 2005, parágrafo único), o neto não tem o dever de colação. Portanto, a doação do avô para o neto não é adiantamento de legítima, motivo pelo qual deverá ser analisada à luz do art. 549, ou seja, se foi ou não inoficiosa. É necessário apenas apurar, nesta hipótese, se por ocasião da doação para o neto, o avô respeitou o limite legal, parte disponível no momento da liberalidade. Não se trata de doação colacionável. Ademais, também não será adiantamento de legítima se a doação for de descendente para ascendente, porque somente a doação de ascendente em favor de descendente é que poderá caracterizar adiantamento de legítima.

Em resumo, para que a doação se caracterize como adiantamento de legítima e obrigue o donatário à colação, é essencial os seguintes pressupostos, cumulados: 1 – O donatário é herdeiro necessário descendente ou cônjuge/companheiro; 2 – o donatário descendente ou cônjuge/companheiro deverá ser chamado a participar da sucessão do doador, por direito próprio ou representação e já estava nesta condição no momento da doação, sob pena de presunção de que está doando a parte disponível (parágrafo único do art. 2.005); 3 – O doador é ascendente ou cônjuge do donatário e 4 – a lei ou o doador não dispensou o donatário da colação. Ausente qualquer destes requisitos, a doação será submetida ao art. 549 do CC, ou seja, deverá respeitar o limite legal, parte disponível.

Se for caracterizado o adiantamento de legítima, na forma do art. 544 do Código Civil, o donatário beneficiário (descendente ou cônjuge), ao ser chamado à sucessão do doador, deverá colacionar os bens que recebeu a título de doação, com a finalidade de igualar as legítimas (art. 2.003, parágrafo único, do CC). Tal questão será analisada em detalhes no capítulo que trata da colação. Se o donatário ainda estiver na posse e proprietário do bem doado, a colação será pelo valor do bem ao tempo da abertura da sucessão. Se não mais dispõe do bem doado, será considerado o valor do bem no momento da liberalidade (doação), com a devida correção até a data da abertura da sucessão.

7.5.2. Cálculo da legítima (direito dos herdeiros necessários)

Os herdeiros necessários têm direito à metade dos bens da herança, cuja parte constitui a legítima. O cálculo da legítima pode ser simples ou complexo a depender do contexto fático de cada situação concreta. Apurar a metade indisponível poderá exigir perícia e balanços complexos. Não é tarefa fácil definir, com absoluta precisão e exatidão, tais parâmetros.

O art. 1.847 do Código Civil é a norma referência para o cálculo da legítima, a fim de apurar se o autor da herança respeitou a metade indisponível na materialização do ato de última vontade. Segundo o dispositivo legal em referência, o cálculo da legítima ocorre sobre o valor dos bens, materiais e imateriais, corpóreos e incorpóreos, existentes na abertura da sucessão, abatidas as dívidas e as despesas de funeral, adicionando-se, em seguida, o valor dos bens sujeitos à colação.

A base de referência para o cálculo da legítima é considerar o valor exato dos bens do falecido, que integrarão a herança, no momento exato da abertura da sucessão (morte). A legítima ou a metade indisponível dos bens da herança será calculada no momento da morte do autor da herança (abertura da sucessão – art. 1.784, CC).

Os bens existentes neste momento (morte) devem ser considerados para fins de calcular a legítima. É irrelevante qualquer variação patrimonial anterior ou posterior à morte para o cálculo da legítima.

O primeiro passo para o cálculo da legítima é definir exatamente quais serão os bens que integrarão a herança. Se o falecido era casado ou convivia em união estável, por ocasião da morte, deve ser excluído do cálculo a meação do cônjuge ou companheiro sobrevivente. A meação do cônjuge/companheiro sobrevivente não integra a herança. A meação do morto (se for casado ou viver em união estável), somada aos seus bens particulares, que se relacionem apenas às relações jurídicas patrimoniais não personalíssimas, será a herança.

Após definir a herança, a universalidade de bens que a compõe, o passo seguinte é abater as dívidas, com a inclusão das despesas do funeral (que também será considerado dívida a ser paga pelo espólio). O saldo positivo remanescente, se houver, será a herança e a base de cálculo para a legítima.

Abatidas as dívidas, incluídas nestas as despesas de funeral, chegar-se-á à herança líquida. Desta herança líquida, metade é a parte disponível (autonomia privada – plena liberdade para dispor em favor de qualquer pessoa, inclusive herdeiros necessários – a única restrição é o concubino – art. 1.802, inciso III) e, a outra metade, constitui a legítima, parte indisponível, que pertence, de pleno direito e por imposição da lei, aos herdeiros necessários.

Por fim, após a definição das metades (disponível e indisponível), o 1.847 do CC, em sua parte final, dispõe que deve ser adicionado o valor dos bens sujeitos à colação. A questão é: Adicionar as doações que serão colacionadas à parte disponível ou à parte indisponível? Se a finalidade da colação é igualar as legítimas, é evidente que as doações recebidas em vida pelos donatários descendentes ou cônjuges que participarão e serão chamados à sucessão, devem ser adicionadas à parte indisponível (arts. 2.002 e s. do CC). A colação será objeto de análise em capítulo próprio.

A finalidade da colação é justamente igualar as legítimas em razão de doações realizadas em vida pelo autor da herança em favor de descendente ou cônjuge que participará da sucessão. A doação de ascendente para descendentes ou de um cônjuge a outro (e de companheiro a outro) caracteriza adiantamento de legítima (art. 544 do CC), desde que estes donatários participem ou sejam chamados à sucessão (e não tenham sido dispensados, pelo doador ou pela lei, da colação). Todavia, para não prejudicar outros herdeiros necessários, que possuem direito à legítima, o donatário descendente ou cônjuge que participa da sucessão deverá levar os bens que recebeu em doação à colação. Com isso, a partir destas colações, será possível igualar as cotas da parte relativa à legítima.

Por isso, para proteger o direito à igualdade na legítima, tais bens doados devem ser levados à colação (art. 2.002, CC) pelo herdeiro (descendente ou cônjuge) necessário beneficiado. O objetivo da colação não é igualar a herança, mas a legítima. Nesta toada, de acordo com o parágrafo único do art. 2002 do CC, para cálculo da legítima, o valor dos bens conferidos (que foram doados àquelas pessoas do art. 544) será computado na parte indisponível, sem alterar a parte disponível.

A última parte do art. 1.847 do CC deve ser interpretada em conjunto com o parágrafo único do art. 2002 da mesma lei, que o complementa. São normas complementares.

Assim, para igualar as legítimas e proteger os interesses sucessórios de herdeiros necessários, o valor dos bens doados será computado apenas na parte indisponível. O valor da parte disponível, que pode ser objeto de ato de disposição de última vontade (testamento), é calculado segundo o patrimônio do morto no momento da abertura da sucessão. As doações feitas em vida a descendentes ou ao cônjuge não são consideradas no cálculo da parte disponível, mas no da parte indisponível.

A parte disponível, a ser apurada no momento da abertura da sucessão, é o resultado da metade da herança líquida existente no exato instante da morte, já descontados os bens doados em vida, as dívidas e as despesas de funeral.

Por exemplo: o sujeito "A" é casado com "B" pelo regime da comunhão parcial de bens e possui três filhos. O patrimônio do casal, no valor de R$ 1.000.000,00 (um milhão de reais) foi todo constituído durante a constância do casamento. Portanto, o valor integra a comunhão (tal patrimônio é comunicável).

Em vida, "A" doa a um dos filhos R$ 50.000,00 (cinquenta mil reais). Por ocasião da morte de "A", o cálculo da legítima será da seguinte forma: em primeiro lugar é excluída a meação de "B" (R$ 500.000,00), que não integra a herança. Todavia, em razão da doação, sobraram R$ 950.000,00 e, desse valor, a meação de "B" equivale a R$ 475.000,00. Os outros R$ 475.000,00 são a herança de "A", valor existente no momento da morte. Se "A" tinha dívidas de R$ 20.000,00 e as despesas de funeral são o equivalente a R$ 5.000,00, tais valores devem ser abatidos da herança. Com isso, sobra o saldo positivo remanescente de R$ 450.000,00. Desse valor, metade constitui a legítima (R$ 225.000,00) e a outra metade (R$ 225.000,00) é a parte disponível. Essa parte disponível não se altera.

E a doação de R$ 50.000,00 em vida? Como o filho donatário é descendente e participa da sucessão, tal doação se caracteriza como adiantamento de legítima (art. 544 do CC). Agora, por força do parágrafo único do art. 2002 do CC, para o cálculo da legítima, o valor de

R$ 50.000,00 será computado na parte indisponível (R$ 225.000,00), que passará para R$ 275.000,00. Este valor (R$ 275.000,00) será dividido igualmente entre os herdeiros, de acordo com as regras de sucessão. Se a cota do herdeiro que recebeu a doação não ultrapassar os R$ 50.000,00, ele terá de repassar a diferença para os demais. Se superar, ele terá direito à diferença, e se a cota de cada um for R$ 50.000,00, ele nada receberá. No caso, altera-se a cota da parte indisponível, e a cota da parte disponível não se altera.

De acordo com o parágrafo único do art. 2.003 do CC se, computados os valores das doações feitas em adiantamento de legítima, não houver no acervo bens suficientes para igualar as legítimas dos descendentes e do cônjuge, os bens assim doados serão conferidos em espécie ou, se o donatário não mais os tiver, pelo valor no tempo da liberalidade.

Assim, a colação se faz pelo valor do bem no momento da liberalidade (art. 2.004, CC). Se o acervo for insuficiente para igualar as legítimas, confere-se o próprio bem doado, pelo seu valor no momento da abertura da sucessão ou, se inexistir o bem, o valor da doação, considerada no tempo da liberalidade ou da própria doação (parágrafo único do art. 2.003 do CC).

Em regra, a colação é feita pelo valor dos bens doados no tempo da liberalidade (primeira parte do parágrafo único do art. 2.003). Deve ser considerado o valor do bem no momento da liberalidade (art. 2.004 do CC) se o acervo for suficiente para igualar as legítimas, após descontar a doação.

Caso contrário, se a doação for muito elevada e não houver bens suficientes no acervo hereditário para igualar as legítimas, o donatário deverá integrar o bem doado ao monte partível, para parcelá-lo com os demais e igualar as legítimas ou, se o bem não mais pertencer ao donatário, será este obrigado a integrar no monte o valor do bem doado no tempo da liberalidade (parágrafo único do art. 2.003 do CC).

Por fim, as doações feitas em vida podem ser dispensadas da colação se o doador, no ato da liberalidade ou em testamento (art. 2.006, CC), determinar que o bem doado integrará a sua parte disponível (art. 2.005, CC). O bem não pode exceder a parte disponível e o valor para o cálculo do bem doado será aquele no tempo da doação (art. 2.005 do CC).

Se a doação não exceder a parte disponível, e o autor da herança, na doação ou em testamento, declarar expressamente que tal bem está sendo retirado da parte disponível, o donatário está liberado da colação. O excesso deve ser objeto de colação. As regras sobre colação serão analisadas oportunamente.

Resumo do cálculo da legítima: 1 – primeiro, apurar os bens existentes no momento da abertura da sucessão (definir a herança); 2 – apuração das dívidas do falecido, incluídas as despesas de funeral; 3 – o resultado será a herança líquida; 4 – se houver testamento e herdeiro necessário, verificar se o autor da herança respeitou a metade disponível, pois o excesso será objeto de redução; 5 – as doações realizadas em vida em favor de descendentes ou cônjuges que participaram da sucessão (apenas essas doações) devem ser trazidas à colação; 6 – adicionar os bens colacionados e computá-los na parte indisponível, sem aumentar a disponível, a fim de igualar as legítimas.

7.5.3. A justa causa na sucessão testamentária como requisito necessário para a inserção de cláusula restritiva (inalienabilidade, impenhorabilidade e incomunicabilidade) sobre os bens da legítima

Os herdeiros necessários assim são denominados porque, necessariamente, recebem uma parte da herança. Aos mesmos pertence, de pleno direito, a metade dos bens da herança, que constitui a legítima (art. 1.846, CC). A outra metade pode ser objeto de livre disposição testamentária.

Portanto, em relação à metade disponível, há possibilidade de disposição ou imposição de restrições.

Na sucessão testamentária, que decorre de disposição de última vontade (testamento), o testador, quanto à parte disponível da herança (que pode ser apenas a metade se houver herdeiros necessários), pode gravá-la com cláusula de inalienabilidade, incomunicabilidade e impenhorabilidade. Para impor tais restrições, o testador não precisa apresentar qualquer justificativa, pois, se pode o mais (que é dispor da parte disponível da herança sem invocação de causa), pode o menos (imposição de restrições). Se não existirem herdeiros necessários, toda a herança será disponível e, por isso, qualquer ato de disposição ou imposição de restrições independerá de indicação de causa.

Por outro lado, a existência de herdeiros necessários implica o reconhecimento da legítima. Em relação aos bens ou fração da herança que integre a legítima ou parte indisponível, em regra, é vedado ao testador estabelecer restrições por meio das cláusulas de incomunicabilidade, impenhorabilidade e indisponibilidade. Os bens que integram a legítima possuem proteção especial e não podem ser gravados com tais cláusulas.

No entanto, há uma exceção a essa regra. O titular da herança poderá estabelecer tais cláusulas (incomunicabilidade, impenhorabilidade e indisponibilidade) sobre os bens da legítima se indicar uma "justa causa", que deve estar expressa e declarada no testamento, nos termos do art. 1.848 do CC.

A indicação de justa causa em testamento é requisito fundamental para legitimar tais restrições. O termo "justa causa" é conceito jurídico indeterminado, que exigirá valoração do intérprete no caso concreto. A indicação da causa deve ser precisa, específica e objetiva. Não é possível a indicação de causa genérica ou subjetiva (como ausência de confiança no herdeiro). O fato é que a validade da referida cláusula será passível de controle judicial.

A incomunicabilidade, impenhorabilidade e inalienabilidade somente podem subsistir durante uma geração. Os frutos e rendimentos dos bens clausulados não suportam qualquer restrição.

O § 1º do art. 1.848 da Lei Civil proíbe o testador de conversão dos bens da legítima em outros, de espécie diversa. O § 2º do mesmo artigo permite a sub-rogação do vínculo. Mediante autorização judicial e havendo justa causa, podem ser alienados os bens gravados, convertendo-se o produto em outros bens, que ficarão sub-rogados nos ônus dos primeiros. Se houver justa causa e, mediante autorização judicial, em procedimento de jurisdição voluntária, os bens gravados podem ser alienados, e o resultado desse negócio jurídico deverá ser utilizado para aquisição de outros bens, em substituição aos primeiros que constituíam a legítima, os quais passarão a estar restringidos e limitados pelos mesmos ônus.

O art. 2.042 do CC traz uma regra de transição entre o diploma civil de 1916 e o atual Código. Se o testamento foi feito na vigência do Código Civil de 1916, quando não se exigia justa causa, se aberta a sucessão no prazo de um ano após a entrada em vigor do CC atual, aplica-se o art. 1.848, *caput*, do CC. O mesmo prazo de um ano, após a entrada em vigor do atual CC, possui o testador para declarar a justa causa. Portanto, se não houve aditamento e o testador falece no prazo de um ano, as restrições são válidas, ainda que omisso o testador. Se passou um ano da vigência do atual CC e o testador não aditou o testamento para incluir a justa causa, as cláusulas não terão eficácia e o herdeiro será titular da herança sem qualquer restrição.

7.5.4. Herdeiro necessário: coexistência da parte disponível com a legítima

O herdeiro necessário, como já ressaltado, faz jus de pleno direito à legítima, que é a metade dos bens da herança (art. 1.846 do CC).

Todavia, tal herdeiro também poderá ser beneficiado na sucessão testamentária. O fato de ter direito à legítima não retira do herdeiro necessário a possibilidade de receber, por testamento, uma cota da parte disponível da herança, em declaração de última vontade (testamento ou codicilo). É possível, portanto, a coexistência, em favor do herdeiro necessário, das sucessões legítima ou testamentária, como reza o art. 1.849 do CC.

A única restrição é que a disposição em testamento em favor do herdeiro necessário não pode superar a metade disponível, fato que pode ensejar a redução da disposição testamentária (arts. 1.966 a 1.968 do CC).

7.5.5. Modo de exclusão de herdeiros colaterais

Os herdeiros colaterais não são herdeiros necessários e, portanto, não possuem direito subjetivo a qualquer parte da herança. Nessa condição, a exclusão desses herdeiros da herança independe de causa ou motivo. Basta que o testador disponha da totalidade da herança sem os contemplar, ou seja, sem destinar aos colaterais qualquer bem que integre a herança, nos termos do art. 1.850 do CC.

Não é por outra razão que o art. 1.961 do CC, que disciplina a deserdação, que somente pode ocorrer por testamento, com expressa declaração de causa (art. 1.964, CC), não faz qualquer referência aos herdeiros facultativos, colaterais. Para excluir os colaterais da herança, não há necessidade de indicação de motivo ou causa. Basta dispor do testamento, sem qualquer referência a eles, pois não fazem jus à legítima.

7.5.6. Comoriência

A comoriência ou presunção simultânea de morte está disciplinada no art. 8º do Código Civil. A comoriência reflete no direito das sucessões se houver vínculo sucessório entre os comorientes. Isto porque o principal efeito da comoriência é impedir ou fazer cessar os direitos sucessórios entre os comorientes. Os comorientes não podem suceder uns aos outros.

Portanto, somente haverá comoriência entre pessoas que sucedem entre si ou que, entre elas, estabeleceram alguma relação jurídica que envolve a transmissão de direitos.

7.6. O DIREITO DE REPRESENTAÇÃO (EM FAVOR DE DESCENDENTES E FILHOS DE IRMÃOS): EXCEÇÃO EM QUE O HERDEIRO MAIS PRÓXIMO EXCLUI O MAIS REMOTO

O direito de representação é instituto exclusivo da sucessão legítima (*ab intestato*), mas será objeto de análise na teoria geral do direito sucessório em razão de sua repercussão.

Na sucessão legítima, identificada a classe de herdeiros que participará da sucessão (classe dos descendentes, ascendentes, cônjuge/companheiro ou colaterais), no interior da classe, existe ordem de preferência interna, onde o mais próximo do autor da herança exclui o mais remoto. O direito de representação excepciona a regra de que o mais próximo exclui o mais remoto, mas apenas na sucessão dos descendentes e, na linha colateral, em favor de filho de irmão (sobrinho).

O direito de representação é incompatível com a sucessão testamentária, pois nesta o autor da herança escolhe ou elege os sucessores e, no caso de impossibilidade de chamamento do sucessor eleito, salvo substituição testamentária (nomeação de substituto), a cota será submetida às regras da sucessão legítima. Portanto, na sucessão testamentária, em caso de ausência do nomeado, incidirá a substituição testamentária, caso tenha ocorrido indicação, ou, se não houve indicação, poderá ocorrer o direito de acrescer (apenas na hipótese do art. 1.943 do CC), se a indicação era conjunta e, em última hipótese, a cota será destinada aos sucessores legítimos, de acordo com a ordem de vocação hereditária.

Na sucessão legítima, há duas ordens de preferência. A primeira é a preferência externa entre classes de herdeiros (art. 1.829, CC). Nesta, não há direito de representação. A existência de sucessor nas classes precedentes, exclui da sucessão todos os das demais classes. A segunda ordem de preferência é interna, ou seja, identificada a classe (descendentes, ascendentes, colaterais), haverá, dentro da classe, nova ordem de preferência, de acordo com o grau de parentesco (regra de proximidade).

De acordo com esse critério (grau de parentesco), dentro da classe, o herdeiro mais próximo exclui o mais remoto. Portanto, se o falecido tiver filhos, netos e irmãos, os descendentes (filhos e netos) têm preferência (classe) em relação aos colaterais. Na classe dos descendentes, o critério para a preferência interna é a proximidade do grau de parentesco. O parente mais próximo (filho) excluirá o mais remoto (neto).

O direito de representação excepciona, em duas hipóteses, a regra de preferência interna (dentro da classe) de que o mais próximo exclui o mais remoto e, nesse caso, permitirá que herdeiro, que não é o mais próximo, participe da sucessão. No caso, são convocados herdeiros de graus diferentes (nessa hipótese, alguns herdeiros herdam por cabeça e outros por estirpe).

O direito de representação depende da presença de três pressupostos: 1 – a existência de mais de um herdeiro do mesmo grau (porque se houver herdeiro único no referido grau não há representação, mas sucessão por direito próprio ou cabeça); 2 – é essencial que um dos herdeiros do mesmo grau tenha morrido antes da abertura da sucessão, tenha sido excluído como indigno ou deserdado, casos em que é considerado morto. Portanto, as hipóteses que podem ensejar a representação são pré-morte, indignidade ou deserdação do herdeiro, que será representado; e 3 – o herdeiro excluído (indignidade ou deserdação) ou pré-morto tenha deixado descendentes (diversidade de graus entre eles). Para que haja representação, é necessário diversidade de graus, sob pena da sucessão ser por cabeça (se todos forem do mesmo grau).

O representado deve ter falecido antes do autor da herança, mas também é admitida a representação em favor de descendentes de herdeiro excluído por indignidade ou deserdação.

Em relação ao terceiro pressuposto, é exigido porque o direito de representação somente ocorre na linha reta em favor dos descendentes, jamais de ascendentes, conforme estabelece o art. 1.852 do CC. Portanto, o representante sempre será descendente de herdeiro pré-morto, deserdado ou excluído da sucessão por indignidade.

Nos termos da lei civil, o direito de representação em favor dos descendentes, dar-se-á quando a lei os chama (como parentes do falecido) a suceder em todos os direitos em que o herdeiro sucederia, se vivo fosse (art. 1.851 do CC).

Na linha colateral ou transversal só há uma hipótese em que é admitida a representação: em favor de filho de irmão falecido (sobrinho). Como há limitação expressa na linha colateral, neto de irmão falecido não poderá representar irmão. Na linha colateral, apenas o sobrinho, descendente e filho do irmão pré-morto, indigno ou deserdado poderá representar. É essencial tal observação, ou seja, na linha transversal, a representação é limitada ao filho de irmão, e não a descendentes de irmão falecido ou pré-morto. O neto de irmão pré-morto não tem direito de representação, segundo o art. 1.853 do CC.

Nesse caso, a partilha será feita por cabeça (em favor dos irmãos vivos) e por estirpe ou representação (em favor dos filhos de irmãos pré-mortos), nos termos do art. 1.835 do CC. Registre-se que os sobrinhos excluem os tios quando chamados a suceder por direito próprio, embora tios e sobrinhos sejam parentes de terceiro grau do autor da herança (art. 1.843 do CC).

Em resumo, os representantes sub-rogam-se nos direitos do herdeiro pré-morto, indigno ou deserdado: Sucessão por representação ou indireta. Nesse caso, preserva-se integralmente o direito dos demais herdeiros na proporção original. A partilha em favor dos representantes se faz por estirpe, e não por cabeça, pois a divisão da herança em favor deles se faz de forma desigual, e recebem exclusivamente a parcela que o representado teria o direito próprio de adquirir.

O direito de representação é restrito às hipóteses legais, somente cabendo na linha descendente e em favor de irmãos do autor da herança (arts. 1.852 e 1853, CC). A representação pressupõe sempre que ao menos um herdeiro do grau preferencial sobreviva ao autor da herança. Portanto, *somente haverá sucessão por representação se as pessoas forem da mesma classe, mas de graus diferentes.*

7.6.1. Direito do representante e a partilha do quinhão

O representante, que recebe a herança ou cota do representado, herdará exatamente o que o representado herdaria ou receberia, se vivo fosse (art. 1.854 do CC).

A cota-parte do representado é o limite do direito do representante. Se o representado tiver mais de um representante, a sua cota será partida e dividida em partes iguais entre os representantes.

Como já ressaltado, a representação pressupõe diversidade de graus entre os herdeiros, pois se todos estiverem no mesmo grau, a herança é por cabeça ou direito próprio. Se houver diversidade entre graus, os representantes do representado receberão como se fossem uma só pessoa, independentemente do número de representantes.

Por exemplo: "A" tem três filhos, "B", "C" e "D", e dois netos, filhos de "D" (netos "G" e "H"). A herança de "A" é R$ 90.000,00 (noventa mil reais). "D" faleceu antes de "A", herdeiro pré-morto. Na data do falecimento de "A", ele deixará dois filhos vivos, "B" e "C", e outros dois netos vivos, "G" e "H", que são filhos de "D", herdeiro pré-morto.

Nessa hipótese, identificada a classe (descendentes), será distribuída a herança de acordo com a ordem de preferência interna (graus de parentesco), em que o mais próximo exclui o mais remoto. Os parentes mais próximos são os filhos, razão pela qual os netos estariam excluídos da sucessão. No entanto, a regra de que o mais próximo exclui o mais remoto é excetuada na sucessão dos descendentes, pela possibilidade de representação. Os filhos e os netos estão em graus diferentes. Os filhos vivos receberão por direito próprio, porque recolherão herança da qual são os titulares. Os netos receberão por estirpe ou representação, porque receberão herança de outrem, do representado.

A herança será dividida em três partes: R$ 30.000,00 para o filho "B"; R$ 30.000,00 para o filho "C" e R$ 30.000,00, que é a cota do representado "D" pré-morto. Os filhos vivos receberão a sua própria herança (direito próprio). A cota do herdeiro pré-morto é dividida em partes iguais entre os representantes, os netos do falecido, que receberão, de acordo com a regra do art. 1.855 do CC, R$ 15.000,00 cada um. A divisão igualitária em favor dos representantes não se dá em relação à herança, mas em relação à cota do representante. É essa cota que é dividida em partes iguais, independentemente do número de representantes.

Os representantes devem receber exatamente o que receberia o representado e nada mais do que isso. O direito do representante ou dos representantes é limitado à cota do representado. Os representantes também ficam sujeitos a eventuais restrições em relação ao direito do representado, como dever de colação para compor a legítima. O representante teria o dever de colação, mesmo que o falecido não tenha repassado nada. Isso ocorre justamente porque o representante recebe cota de outrem, age juridicamente em nome de outrem, e não por direito próprio.

7.6.2. O renunciante à herança de uma pessoa não perde o direito de representá-la na sucessão de outra (a renúncia não é sanção civil, ao contrário da indignidade e da deserdação)

O art. 1.856 do Código Civil é um desdobramento da autonomia das heranças: "O renunciante à herança de uma pessoa poderá representá-la na sucessão de outra."

O herdeiro pode renunciar à herança, de forma expressa, vontade a ser materializada em instrumento público ou termo judicial. A renúncia impede a representação em favor de descendentes do renunciante, porque implica a inexistência do herdeiro (parágrafo único do art. 1.804 do CC). Nesse sentido é o art. 1.811 do CC, que impede a representação em favor de herdeiro renunciante. Por isso, a renúncia não é hipótese de representação. A representação sucessória pressupõe herdeiro pré-morto, indignidade ou deserdação (em todos esses casos, considera-se que o herdeiro existiu). Na renúncia, considera-se que o herdeiro jamais existiu, e se o herdeiro nunca existiu, seria impossível que tivesse descendentes, razão pela qual é impossível a representação.

A parte do renunciante, em razão da vedação da representação, acresce à cota dos outros herdeiros da mesma classe ou, sendo ele o único desta, devolve-se aos da classe subsequente (art. 1.810 do CC) – direito de acrescer ou devolução – sucessão legítima. Na sucessão testamentária, a renúncia se relaciona com a substituição testamentária. Os efeitos da renúncia serão objeto de análise em item específico (aceitação e renúncia da herança).

No entanto, o herdeiro que renuncia à herança de uma pessoa não perde o direito de representá-la na sucessão de outra. O próprio herdeiro renunciante poderá representar a pessoa que era titular da herança renunciada, quando tal pessoa recebe essa herança de outra.

Exemplo: "A" tem três filhos: "B", "C" e "D", e dois netos, filhos de "D" (netos "G" e "H"). A herança de "A" é de R$ 90.000,00. Se "A" falece, sua herança é dividida em partes iguais entre os três filhos, R$ 30.000,00. Se o filho "D" renuncia à sua cota-parte, os filhos de "D", netos do falecido, não poderão representá-lo. Não existe representação na renúncia. Nesse caso, a cota do renunciante "D", por força do art. 1.810 da Lei Civil, é acrescida à dos outros filhos (na sucessão legítima). Assim, "B" receberá 30 mais 15 do renunciante e "C" receberá 30 mais 15 do renunciante. Portanto, "D" renunciou à herança de "A", seu pai. Imagine que "A" tenha outros dois irmãos e um pai que seria avô de "B", "C" e "D". Se o pai de "A" falece, a cota-parte que caberia a "A" deve ser rateada entre os filhos dele. Nesse caso, o renunciante da herança de "A", "D", poderá representar "A" para receber a herança do avô.

A renúncia não alcança sucessões futuras. É restrita à herança renunciada, o que não impede o renunciante de uma pessoa de representá-la na sucessão de outra pessoa. As heranças e os respectivos direitos são autônomos e independentes. No exemplo, a pessoa renunciou à herança do pai, mas poderá representá-lo para receber a herança do avô que a ele caberia (são heranças independentes e a renúncia a uma não afeta ou alcança a outra).

7.7. LUGAR DA SUCESSÃO

O lugar de abertura da sucessão é o do último domicílio do autor da herança, nos termos do art. 1.785 do CC.

A referida regra repercute no processo para efetivação e concretização dos atos sucessórios. De acordo com o art. 48 do CPC, o foro de domicílio do autor da herança, no Brasil, é o competente para o inventário, a partilha, a arrecadação e o cumprimento das disposições testamentárias, assim como para impugnação ou anulação de partilha extrajudicial e para todas as ações de que o espólio for parte, ainda que o óbito tenha ocorrido no estrangeiro.

Portanto, a noção de domicílio é fundamental para determinar o local da abertura da sucessão e, de acordo com o art. 70 do CC, é o lugar onde a pessoa estabelece residência com ânimo definitivo. Se o autor da herança não possuía domicílio certo, nos termos do parágrafo único do art. 48 do CPC, será competente para as referidas ações o foro de situação dos bens imóveis ou, se houver imóveis em foro diferente, o lugar de qualquer deles e, finalmente, em caso de ausência de imóveis, o foro do local de qualquer dos bens do espólio.

A competência para as referidas ações é territorial e, portanto, relativa. O fato é que há conexão e coerência entre os arts. 1.785 do CC e 48 do CPC.

7.8. ESPÉCIES DE SUCESSÃO: LEGÍTIMA E TESTAMENTÁRIA

A sucessão (transmissão de direitos relativos à herança) pressupõe morte (sucessão *causa mortis*). Aberta a sucessão (com a morte, real ou presumida), a herança (universalidade de bens) transmite-se, sem interrupção ou solução de continuidade, aos herdeiros legítimos (sucessão legítima) ou testamentários (sucessão testamentária).

Com a morte, os bens são transferidos aos herdeiros. Quais herdeiros? Aqueles eleitos pelo autor da herança por meio de disposição de última vontade (testamento) ou, subsidiariamente, os especificados em lei (ordem de vocação hereditária – sucessão legítima).

Portanto, a transferência do acervo de bens que compõem a herança pode decorrer de negócio jurídico (testamento) ou por força de lei (sucessão legítima).

Ao contrário do que muitos pensam, em regra, a sucessão é testamentária, justamente porque permite que o autor da herança eleja seus herdeiros.

É fato que há restrições na sucessão testamentária, como a legítima dos herdeiros necessários (art. 1.845 do CC), mas o autor da herança, por força desse negócio jurídico denominado testamento, poderá destinar seus bens de acordo com suas preferências pessoais, mesmo que o eleito não seja seu parente.

7.9. A SUCESSÃO LEGÍTIMA E O SEU CARÁTER SUPLETIVO – A COEXISTÊNCIA DE SUCESSÃO LEGÍTIMA E TESTAMENTÁRIA

A sucessão legítima é subsidiária ou supletiva da vontade do autor da herança, porque as regras legais somente incidirão no caso de ausência de testamento ou invalidade ou caducidade deste. A sucessão pode ocorrer por força de lei ou testamento, como dispõe o art. 1.786 do CC.

A sucessão, em regra, decorre de disposição de última vontade (manifestada em testamento ou codicilo). No testamento, o autor da herança pode designar herdeiro a título universal, denominado herdeiro testamentário, ou a título específico ou singular, caso em que será qualificado como legatário. Portanto, na sucessão testamentária, a herança pode ser a título universal (transfere-se a totalidade da herança ou parte indeterminada dela, como porcentagem) ou singular (transferência de bens certos e determinados – legados).

Se a pessoa morrer sem testamento, a herança será transmitida aos herdeiros legítimos (necessários e facultativos), nos termos do art. 1.788 do CC, primeira parte (*ab intestato*). Tal dispositivo evidencia o caráter subsidiário da sucessão legítima.

Ao contrário da sucessão testamentária, a sucessão legítima ou legal ocorrerá necessariamente sempre a título universal. A sucessão legítima obedecerá a ordem de vocação hereditária estabelecida pelo art. 1.829 do CC, cujo dispositivo dispõe sobre a ordem de preferência entre herdeiros de classes diferentes.

A sucessão legítima ou legal, portanto, depende da ausência de testamento. No entanto, mesmo se houver testamento será possível a incidência das regras sobre sucessão legítima.

Tal fato (sucessão legítima mesmo com testamento) ocorrerá em três hipóteses: 1 – se o testamento, por qualquer motivo, for invalidado por causa capaz de levar à sua nulidade. Como o testamento é negócio jurídico, todas as disposições legais sobre invalidade ou nulidade de negócio jurídico a ele se aplicam, por óbvio; 2 – também incidirão as regras da sucessão legítima se o testamento caducar (quando o testamento perde a eficácia, como na hipótese de caducidade de legados, art. 1.939 do CC); e 3 – finalmente, quando o testador não incluir no testamento todos os bens que integram seu patrimônio. Dessa forma, quanto aos bens não compreendidos no testamento, a sucessão será orientada pelas regras legais.

Nesta última hipótese, verifica-se a possibilidade de, na mesma sucessão, coexistirem a sucessão legítima com a testamentária, e tal coexistência ocorrerá justamente quando o autor da herança, ao realizar disposição de última vontade em testamento, não incluir todos os bens que integram o seu patrimônio. Em relação aos bens não compreendidos, a sucessão será legítima.

O fato é que a sucessão legal suprirá a vontade do autor da herança em relação aos bens que serão transmitidos aos herdeiros, seja por ausência de testamento, seja por problemas de validade ou caducidade do testamento ou se o autor da herança não inserir no testamento todo seu patrimônio ou não puder dispor de todo ele (caso tenha herdeiros necessários). A sucessão legítima é supletiva, a teor do que dispõe o art. 1.788 do CC.

O testamento, como será analisado em tópico próprio, é negócio jurídico e, como tal, está sujeito aos pressupostos e plano de validade de todo e qualquer negócio jurídico. Por isso, é possível cogitar em invalidação de testamento devido a algum vício de origem. Se for invalidado o testamento, a sucessão será pelas regras legais, art. 1.829 do CC, sucessão legítima. Além da possível invalidação do testamento em decorrência de vícios contemporâneos à sua formação, o testamento também poderá caducar por fatos supervenientes à exteriorização de vontade do testador, por exemplo, nas hipóteses previstas no art. 1.939 do CC. Em qualquer desses casos, caducidade ou invalidade, a sucessão será legítima. Por isso, o caráter supletivo dessa espécie de sucessão.

7.10. SUCESSÃO TESTAMENTÁRIA E LIMITES NA AUTONOMIA PRIVADA DO TESTADOR (PROTEÇÃO À LEGÍTIMA)

A sucessão testamentária, como ressaltado, pode ser a título universal ou singular. O negócio jurídico testamento não pode violar direitos fundamentais garantidos aos herdeiros necessários (art. 1.845 do CC), como a legítima.

Portanto, se o autor da herança tiver herdeiro necessário e resolver realizar disposição de última vontade, haverá a coexistência de sucessão legítima e testamentária. Isso ocorrerá porque o testamento não pode ter por objeto os bens que integram a legítima. A liberdade de testar não é absoluta e limita-se pelo art. 1.789 do CC.

Portanto, a metade da herança, que constitui a legítima, pertence obrigatoriamente aos herdeiros necessários. Se houver testamento, esse negócio jurídico não pode alcançar os bens da legítima, sob pena de redução das disposições testamentárias, nos termos do art. 1.967 do CC. A metade da herança é reservada aos herdeiros necessários, descendentes, ascendentes e cônjuge. Se não houver herdeiros necessários, a liberdade de testar é absoluta.

O herdeiro legítimo pode ser necessário (tem direito à legítima) e facultativo (colaterais – não têm direito à legítima). Os facultativos podem ser excluídos da sucessão por testamento, bastando que o testador disponha de todo o seu patrimônio sem os contemplar (art. 1.850 do

CC). Portanto, pelo testamento, é possível excluir de qualquer sucessão os herdeiros facultativos, colaterais. A legítima é direito apenas dos herdeiros legítimos necessários. Tal legítima é intangível.

Todavia, como o objetivo da proibição é justamente proteger o interesse de herdeiros necessários, caso os sucessores testamentários sejam os próprios herdeiros necessários, a legítima pode ser incluída no testamento. A lógica é apurar a finalidade da proibição.

Por isso, embora o art. 1.857, § 1º, do CC, enuncie que a legítima não pode ser incluída no testamento, não há óbice para que a parte indisponível destinada aos herdeiros necessários conste no testamento, desde que estes não sejam privados dessa parte da herança, o que ocorrerá quando os herdeiros necessários são os sucessores eleitos no testamento. Isto pode ocorrer porque o testamento pode ser utilizado como instrumento de planejamento sucessório, para fins de partilha da herança em vida, conforme autoriza o art. 2.018 do CC. Desde que os herdeiros necessários não sejam privados da legítima, nada impede que a legítima seja incluída no testamento. Nesse sentido, aliás, o Recurso Especial n. 2.039.541-SP.

7.11. LEI DA SUCESSÃO E LEGÍTIMA SUCESSÓRIA

A legitimidade sucessória e a sucessão em geral dependem da lei vigente no tempo da abertura da sucessão (que ocorre com a morte).

De acordo com o art. 1.787 do CC, regula a sucessão e a legitimação para suceder a lei vigente no tempo da abertura daquela. A lei civil de 2002 apresenta regra de transição entre o sistema antigo e o atual para dispor, em seu art. 2.041, que as disposições do Código Civil de 2002, relativas à ordem de vocação hereditária (sucessão legítima – arts. 1.829 a 1.844), não se aplicam à sucessão aberta ou à morte ocorrida antes do início de vigência do atual CC e, por isso, se submeterá ao disposto na lei anterior. A morte deve ocorrer na vigência do atual Código Civil para submissão às regras da ordem de vocação hereditária previstas nos arts. 1.829 a 1.844 do CC.

Portanto, a norma que disciplina a sucessão é aquela vigente ao tempo da abertura, o que se dá com a morte do autor da herança.

Nas palavras precisas de Rosenvald e Chaves[1] "a aplicação da norma material vigente na data da abertura da sucessão enseja uma efetiva possibilidade de ultratividade da norma sucessória. Isso porque a imperiosa aplicação da norma sucessória vigente no tempo da abertura da sucessão pode resultar na aplicação de uma norma já revogada, mesmo após a sua revogação".

O art. 2.041 não faz qualquer referência à sucessão testamentária, mas apenas à sucessão legítima. E a razão é simples. O testamento é negócio jurídico. Nessa condição, se submete a outra regra de transição, aquela prevista no art. 2.035 do CC, que trata da validade dos atos e negócios jurídicos. Segundo a norma em referência, a validade dos negócios e demais atos jurídicos, como é o testamento (espécie de negócio jurídico), constituídos antes da entrada em vigor do Código atual, obedece ao disposto na lei anterior.

Assim, o testamento formalizado na vigência do CC/1916 se submeterá aos pressupostos de validade do referido diploma. Por outro lado, os efeitos jurídicos do testamento se submeterão às disposições do novo Código se a morte do testador ocorrer após a vigência deste. Portanto, no plano da validade, aplica-se a lei vigente na data da realização do testamento e, no plano da eficácia, a lei vigente na data da morte.

A sucessão fica submetida à norma jurídica vigente no momento da morte, data da abertura da sucessão, independentemente de quando será iniciado o inventário, por conta do efeito da *saisine*. Tal regra é relevante. Apenas como exemplo, na vigência do CC/1916 o cônjuge não era herdeiro necessário e não concorria na herança com descendentes e ascendentes. No atual sistema, além do direito à legítima, o cônjuge sobrevivente concorre com descendentes (a depender do regime de bens) e com ascendentes do falecido (independentemente de qualquer regime).

Além da fixação da norma jurídica que regerá a sucessão, o art. 1.787 também dispõe que a legitimidade sucessória dos herdeiros e legatários é consequência das disposições da lei vigente no tempo da abertura da sucessão, como já ressaltado.

7.12. VOCAÇÃO HEREDITÁRIA (CAPACIDADE SUCESSÓRIA - SUCESSÃO LEGÍTIMA E TESTAMENTÁRIA)

7.12.1. Noções gerais

A vocação hereditária e a legitimidade para sucessão envolvem a denominada capacidade sucessória (passiva, ou seja, quem pode ser considerado sucessor). O Código Civil, por meio de regras objetivas, disciplina as condições de fato para que os sucessores sejam devidamente identificados, para fins de legitimidade sucessória. Além da pessoa natural/humana, também poderá ser considerado sucessor a pessoa jurídica e a prole eventual (estas últimas apenas no âmbito da sucessão testamentária). A titularidade da herança e a consequente legitimidade para suceder será determinada pela lei vigente ao tempo da abertura da sucessão a qual, desde 2002, corresponde aos arts. 1.798 a 1.803 do Código Civil. A legitimação sucessória de herdeiros e legatários é apurada no momento da abertura da sucessão (morte), de acordo com a lei vigente neste momento (art. 1.787, segunda parte). É efeito do princípio da *saisine*.

No caso da sucessão testamentária, não deve ser confundida a capacidade para a realização e materialização deste negócio jurídico, que é aferida (plano de validade – questão originária) no momento da elaboração, com a legitimidade do sucessor escolhido, herdeiro ou legatário, determinada pela lei vigente ao tempo da abertura da sucessão. Portanto, não se confunde a capacidade para o

---

[1] FARIAS, Cristiano Chaves de; ROSENVALD, Nelson. *Curso de direito civil. Sucessões*. 3. ed. Salvador: JusPodivm, 2016, p. 118.

testamento (relativa ao testador – plano de validade deste negócio jurídico), com a legitimidade para ser sucessor, herdeiro/legatário, testamentário (relativa ao beneficiário pela disposição testamentária).

A legitimidade sucessória nada mais é do que a aptidão para ser sucessor (herdeiro ou legatário), seja legítimo ou testamentário. As disposições sobre legitimidade e capacidade sucessória não possuem relação com as regras sobre capacidade em geral. As normas jurídicas sobre o tema se submetem a regime jurídico próprio.

O sucessor poderá ser pessoa natural e, neste caso, tanto na sucessão legítima, quanto na testamentária, a legitimidade sucessória é definida pelo art. 1.798 do CC. O sucessor poderá, ainda, ser pessoa jurídica ou prole eventual e, nesta hipótese, exclusiva da sucessão testamentária, a legitimidade sucessória é justificada pelos incisos I e II do art. 1.799 do CC.

O art. 1.798, que disciplina a legitimidade sucessória da pessoa natural, é se refere tanto à sucessão legítima, quanto à testamentária (legitimidade passiva). Segundo a norma em referência, para ser sucessor (herdeiro/legatário), legítimo ou testamentário, basta que, no momento da abertura da sucessão, a pessoa humana designada pela lei na ordem de vocação hereditária (legítima) ou pelo testador (testamentária) já tenha nascido, ou ao menos, sido concebida. É o princípio da coexistência. De acordo com a norma, estão legitimados a suceder as pessoas naturais/humanas nascidas ou já concebidas (embrião e nascituro) no momento da abertura da sucessão.

Os sucessores pessoas naturais, herdeiros/legatário, legítimos e testamentários, devem ter capacidade sucessória. Tal capacidade ou legitimidade é aferida no momento da abertura da sucessão. Terão legitimidade se já forem nascidos (nascimento com vida) e estiverem vivas ou, embora não nascidos, já houve a concepção intra ou extrauterina, no momento da abertura da sucessão. Nesse momento, o sucessor deve estar vivo, se nasceu ou ao menos se foi concebido.

Como diz Gomes[2], "a existência de um herdeiro sucessível é antes um pressuposto da sucessão hereditária do que uma causa de incapacidade".

A existência real e fática do sucessor pessoa natural, herdeiro/legatário, no momento da abertura da sucessão, é pressuposto para o reconhecimento da legitimidade (art. 1.798 do CC).

A capacidade sucessória ou a legitimidade para a sucessão possui peculiaridades, a depender da espécie de sucessão: legítima ou testamentária.

7.12.2. Capacidade sucessória na sucessão legítima e na testamentária: peculiaridades

A legitimidade para ser sucessor, que é a aptidão para receber os bens deixados pelo falecido (e que não se confunde com a capacidade civil), depende de pressuposto de fato, tanto na sucessão legítima quanto na testamentária: a existência do sucessor legítimo ou testamentário no momento da abertura da sucessão (é o princípio da coexistência). Tal pressuposto estará preenchido com o nascimento ou a concepção, de acordo com a redação do art. 1.798 do CC.

No entanto, como a sucessão testamentária decorre de negócio jurídico (testamento), por meio dessa sucessão, é possível contemplar sucessores, herdeiros ou legatários, que podem não existir no momento da abertura da sucessão (prole eventual) ou, ainda, pessoas jurídicas, devidamente constituídas.

Em resumo: na sucessão legítima, apenas pessoas naturais e existentes no momento da abertura da sucessão terão aptidão para receber a herança ou legitimidade sucessória. Na sucessão testamentária, que decorre de disposição de última vontade, além de pessoas naturais existentes no momento da abertura da sucessão, também podem ser nomeados herdeiros ou legatários a prole eventual e a pessoa jurídica (art. 1.799, I e II, do CC).

Os animais e seres inanimados estão afastados da sucessão legítima e testamentária. No entanto, é possível, por testamento, designar alguém para receber bens e utilizá-los no cuidado e manutenção de animais.

Quanto ao nascituro, o art. 1.798 lhe confere legitimidade sucessória ou capacidade para suceder, cujo direito patrimonial evidencia que já é pessoa e, portanto, tem personalidade jurídica. Em nossa perspectiva, o art. 1.798 do CC reforça a teoria da concepção, ou seja, de que a personalidade civil tem início com a concepção. O nascituro pode ser titular de direito à herança, na condição de ser humano personalizado. O fundamento da personalidade jurídica é a própria condição existencial. Se é ser humano, há personalidade e, como consequência, pessoa. Para nós, ainda que natimorto, fará jus ao direito à herança, se estava concebido e vivo no momento da abertura da sucessão. Isto porque o art. 1.798 do CC não condiciona a legitimidade sucessória do ente concebido com o nascimento com vida. A concepção é necessária e suficiente para justificar o direito à herança, ainda que natimorto.

Todavia, a doutrina majoritária, mesmo os que defendem a teoria da concepção em relação à personalidade jurídica da pessoa humana, negam direito à herança ao natimorto, sob o argumento de que os direitos patrimoniais, como a herança, somente se consolidam com o nascimento com vida. Portanto, a legitimidade do nascituro é condicionada ao nascimento com vida e, se natimorto, não será titular de direitos sucessórios (legitimidade condicionada). É a tese de que o nascituro e o embrião possuem personalidade jurídica formal (no âmbito de direitos existenciais), mas não personalidade jurídica material (direitos patrimoniais), que somente será adquirida após o nascimento com vida. As questões que envolvem a personalidade jurídica do nascituro são objeto de análise na parte geral deste manual.

A grande discussão está relacionada à concepção laboratorial (fora do útero materno). Nesse caso, o embrião que ainda não foi implantado, mas já está concebido, teria direito sucessório? Pode ser considerado concebido para

---

[2] GOMES, Orlando. *Sucessões*. 17. ed. Atualizado por Mario Roberto Carvalho de Faria. Edvaldo Brito (coord.). Rio de Janeiro: Forense, 2019, p.29.

fins sucessórios, mesmo que ainda não implantada, a partir de técnicas de reprodução assistida? O art. 1.798 do Código Civil não faz distinção entre concepção intrauterina e extrauterina. As técnicas modernas de reprodução assistida permitem a concepção de embrião, ainda que fora do útero materno e, muitas vezes, com mais eficácia.

O Enunciado 267 das Jornadas de Direito Civil acolhe a tese da legitimidade sucessória em favor do embrião que ainda não foi implantado, mas já concebido.

Tal enunciado está em sintonia com a teoria da concepção, a renovada ideia de personalidade jurídica e aquisição da personalidade e, principalmente, com o princípio da dignidade da pessoa humana. Os embriões formados mediante técnicas de reprodução assistida estão legitimados para a sucessão, mas, assim como o nascituro, a legitimidade é condicional (após a implantação, somente terão consolidados o direito sucessório se nascer com vida). Portanto, se o embrião, após implantado, não vingar ou vingar temporariamente e for natimorto, não terá direito sucessório. Na realidade, a tese da legitimidade condicional consiste em variação dissimulada da teoria da natalidade.

Em síntese, pela redação do art. 1.798 do CC, é possível afirmar que o embrião não implantado no útero da mãe, como já pode ser considerado concebido, tem legitimidade sucessória.

Todavia, outra questão desafia o direito sucessório, ainda no âmbito das técnicas de reprodução assistida. É o caso da fecundação *post mortem*, com a utilização de material genético do falecido, sem que houvesse embrião concebido. Neste caso, ao contrário do embrião concebido no momento da abertura da sucessão, apenas existe o material genético do falecido congelado. Portanto, não há ente nascido ou concebido (ainda não existe nascituro e embrião).

A técnica de reprodução assistida será levada a efeito após a morte do autor da herança. Portanto, no momento da abertura da sucessão não havia o pressuposto para a legitimidade sucessória exigida pelo art. 1.798: ente nascido ou já concebido. A concepção será *post mortem*. Nesse caso, o concebido após a abertura da sucessão, por meio de técnicas de reprodução assistida, teria legitimidade sucessória?

Na regra fria do art. 1.798 a resposta seria negativa, ou seja, não há sintonia na própria lei civil entre a previsão e admissão das técnicas de reprodução assistida para servir de parâmetro para a constituição do vínculo de filiação e a legitimidade sucessória. Neste caso, o vínculo de filiação se constituiria *post mortem*, mas como não havia concepção no momento da abertura da sucessão, não haveria direito à herança. É o filho não herdeiro, uma das "contribuições" da sucessão atrelada ao modelo tradicional de família. É evidente que a questão da herança na concepção *post mortem*, cujo vínculo de filiação também é constituído *post mortem*, deve ser solucionado a partir da filiação e os princípios que a fundamentam, como a isonomia entre filhos, independente da origem. Neste caso, a isonomia estaria violada, pois a filiação *post mortem* não geraria direito à herança, embora o vínculo de filiação tivesse sido legitimamente constituído, inclusive com a autorização do genitor falecido em relação a uso do material genético *post mortem*.

A maioria da doutrina nega ao filho concebido *post mortem*, a partir de técnicas de reprodução assistida, direito sucessório, em razão do disposto no art. 1.798 do CC (concepção deve existir no momento da abertura da sucessão e não *post mortem*). É claro que, se houver testamento em favor deste que seria concebido *post mortem*, na condição de prole eventual, a situação do concebido poderia ter solução na disposição de última vontade. Se não houver testamento, como garantir direito sucessório ao concebido após a morte?

No caso, a única forma de solucionar a questão é considerar valores que fundamentam o direito sucessório. A herança é direito fundamental e, de acordo com a Constituição Federal, não pode existir diferença entre filhos, inclusive no âmbito sucessório. Assim, o art. 1.798 do CC deve ser interpretado à luz e em conformidade com esses valores sociais constitucionais, como forma de garantir ao ente concebido após a morte direito sucessório. O direito personalíssimo do estado de filho (com repercussão sucessória) deve ser preservado, mesmo que a concepção seja *post mortem*. Um dos efeitos da filiação é o direito à herança. A herança, direito fundamental patrimonial, se submete a valores e situações jurídicas existenciais. Se já havia concepção no momento da abertura da sucessão, o direito sucessório deverá ser reconhecido ao embrião, mesmo que não tenha sido implantado (a concepção é o único requisito legal). Se não havia concepção, mas apenas material genético, que é utilizado após a morte do autor da herança, apenas no caso concreto será possível solucionar a questão. Se houver outros filhos, é razoável que seja garantida a herança àquele concebido em momento superveniente à abertura da sucessão, em razão do princípio constitucional da igualdade entre filhos (que não podem ser discriminados em função da origem).

É diversa a situação daqueles que já são nascidos ou já foram concebidos no momento da abertura da sucessão, mas a filiação é constituída *post mortem*. Na adoção póstuma (o que pretende adotar falece antes da finalização da adoção, quando será constituído o vínculo de filiação) e na investigação de parentalidade socioafetiva *post mortem*, o vínculo de filiação é constituído *post mortem*, mas já eram pessoas naturais que já estavam nascidas ou ao menos já concebidas no momento da abertura da sucessão. Portanto, nestes casos, é possível o reconhecimento do direito de herança, porque a filiação *post mortem*, de pessoa que já existia no momento da abertura da sucessão, é compatível com o art. 1.798 do CC. Na inseminação artificial *post mortem*, quando não há embrião concebido, mas apenas a utilização de material genético, não só a filiação é *post mortem* como a própria concepção. Como é a concepção ou existência da pessoa natural (e não a filiação, que pode ser a posteriori) que determina a legitimidade sucessória, na inseminação *post mortem* com a utilização de material genético (que não seja embrião criogenizado, porque aí estaria concebido) da pessoa falecida, não há compatibilidade com o art. 1.798 do CC.

Em síntese: Concepção e Filiação *post mortem*: não há legitimidade sucessória; se houver apenas a filiação *post mortem*: há legitimidade sucessória. Na sucessão testamentária, é possível a transmissão da herança ou direito sucessório para quem ainda não existe no momento da abertura da sucessão. De acordo com o art. 1.799 do CC, exclusivamente na sucessão testamentária, podem ser chamados a suceder a prole eventual e as pessoas jurídicas.

Prole eventual (art. 1.799, I do CC): "Na sucessão testamentária podem ainda ser chamados a suceder: I – os filhos, ainda não concebidos, de pessoas indicadas pelo testador, desde que vivas estas ao abrir-se a sucessão."

Na sucessão da prole eventual há duas questões que devem ser dissociadas. Em primeiro lugar, é fundamental apurar se a prole eventual tem legitimidade sucessória. A legitimidade sucessória da prole eventual depende do preenchimento dos pressupostos definidos no art. 1.799, I, do CC: A prole deve ser filha da pessoa ou pessoas indicadas pelo testador e a pessoa (ou pessoas) indicada pelo testador, que gerará a prole, deve estar viva no momento da abertura da sucessão.

Após a definição da legitimidade sucessória da prole eventual, cabe apurar qual o regime jurídico a que será submetida tal sucessão: 1 – Regime Jurídico do art. 1.800, onde a prole eventual é beneficiária diretamente e, até a concepção os bens ficam confiados a um curador, que será mero gestor; ou 2 – Regime Jurídico da Substituição Fideicomissária, onde a prole eventual é beneficiária indireta, pois os bens são destinados primeiro ao substituto, fiduciário, proprietário resolúvel e, apenas após a extinção ou resolução desta propriedade, com a causa indicada pelo testador, os bens serão transferidos à prole eventual. Portanto, há dois regimes jurídicos distintos a que a prole eventual poderá ser submetida, com ou sem substituição fideicomissária. Para evitar a caducidade do testamento, no regime do art. 1.800, caso a prole não seja concebida em até dois anos, poderá o testador nomear um substituto simples. É possível a substituição simples também no âmbito da substituição fideicomissária, tanto para evitar a caducidade do testamento (no caso de renúncia do fiduciário ou pré-morte deste antes da existência da prole eventual) ou para evitar a caducidade do fideicomisso (pré-morte do fideicomissário antes da resolução da propriedade do fiduciário ou renúncia – no caso de caducidade do fideicomisso, a propriedade do fiduciário se consolida.

Com estas observações, os filhos ainda não concebidos de pessoas indicadas pelo testador podem ser chamados à sucessão. Para tanto, é essencial que as pessoas indicadas, que gerarão o filho, estejam vivas no momento da abertura da sucessão (a prole eventual, beneficiária da herança, pode existir ou não no momento da abertura da sucessão). E a razão é óbvia: se, no momento da abertura da sucessão, aqueles que poderiam conceber o filho já faleceram, será impossível a existência da prole eventual (salvo por meio de técnicas de reprodução assistida *post mortem*, o que não é aceito pela doutrina, porque é norma que a pessoa ou pessoas indicadas estejam vivas quando da abertura da sucessão).

Por isso, se a pessoa (ou pessoas) designada pelo testador, que iria gerar o filho, falecer antes que o testador (e sem que o filho dela tenha nascido), a cláusula testamentária sobre a prole eventual perde eficácia (causa de caducidade do testamento). A norma exige que estas pessoas estejam vivas no momento da abertura da sucessão, o que, numa visão formal/positivista, impediria a utilização de material genético delas após o óbito.

Nesta toada, não há possibilidade de a prole eventual ser considerada sucessora, quando gerada a partir de inseminação artificial (*post mortem*), caso as pessoas indicadas pelo testador já não estejam vivas no momento da abertura da sucessão. A lei exige que as pessoas indicadas pelo testador (os genitores da futura prole) estejam vivas quando da abertura da sucessão. Por isso, se utilizado o material genético de pessoas indicadas pelo testador, que não estavam vivas no momento da abertura da sucessão, para a concepção do beneficiário do testamento (a prole eventual), esta não teria direito à herança.

A prole eventual é o filho que determinada pessoa (ou pessoas) poderá vir a ter no futuro (portanto, ainda não foi concebido – não se confunde com o nascituro e com o embrião, que já estão concebidos por ocasião da morte). Para plena eficácia da cláusula testamentária que institui prole eventual como herdeiro, é essencial que as pessoas (ou pessoa) indicadas pelo testador (que será o genitor ou genitores – a prole eventual pode se relacionar a uma pessoa ou a um casal determinado ou indicado pelo testador) estejam vivas no momento da abertura da sucessão. É condição para eficácia da disposição testamentária.

A prole eventual deve ser concebida no prazo de dois anos, a contar da abertura da sucessão (prazo de concepção, não do nascimento). Se não for concebida no prazo pela pessoa ou pessoas indicadas pelo testador, os bens que seriam destinados à prole eventual poderão ir para o substituto indicado pelo testador ou, se não houve indicação de substituto, para os herdeiros legítimos (facultativos e necessários), em razão da incidência das regras da sucessão supletiva (*ab intestato*), de acordo com a ordem legal de vocação hereditária.

Portanto, na omissão do testador sobre substituto da prole eventual, caso não haja a concepção em até dois anos, os bens reservados para a prole eventual serão destinados aos herdeiros legítimos, de acordo com a ordem de vocação hereditária (art. 1.829 do CC).

Há discussão se a prole eventual, no prazo de 2 (dois) anos, pode ser filho adotivo. A questão é polêmica porque a norma restringe a sucessão para aqueles que teriam vínculo biológico com a pessoa indicada ou as pessoas indicadas pelo testador. Em razão do princípio constitucional da não discriminação, da dignidade da pessoa humana, da igualdade entre filhos, da família ampliada e, em especial, tendo em conta o caráter instrumental da filiação e da sucessão, é possível refletir sobre essa tese. Se não é possível a discriminação dos filhos em função da origem, seria irrelevante se a prole eventual é fruto de concepção biológica ou de adoção. A adoção é meio legal para a constituição de vínculo de filiação e, em função da isonomia constitucional, poderia ser a "prole eventual" para fins sucessórios, com base no art. 1.799, I, do Código Civil.

A norma legal (art. 1.799, I) sugere que a prole eventual tenha origem biológica, o que impediria que o adotado assumisse tal condição. Todavia, o direito civil contemporâneo, constitucional, deve ser interpretado em consonância com valores e princípios constitucionais. Em razão da proibição de qualquer discriminação em relação à origem da prole; da igualdade substancial entre filhos; preservação e tutela da dignidade dos genitores e da prole; finalidade e objetivo da sucessão testamentária e, finalmente, a afetividade que orienta, fundamenta e justifica as relações familiares, não há dúvida de que deve ser admitido que a prole eventual seja fruto de adoção, desde que respeitado o "prazo de espera" de dois anos, exigido pela norma civil (art. 1.800, § 4º), salvo se houver restrição do testador (porque se trata de negócio jurídico).

Além do regime jurídico do art. 1.800 do CC, a sucessão da prole eventual pode ser submetida ao regime jurídico da substituição fideicomissária.

A sucessão testamentária em favor da prole eventual (de forma direta), não se confunde com a substituição fideicomissária (fideicomisso), instituto que favorece a prole eventual. As pessoas associam, de forma equivocada, a sucessão testamentária em favor da prole eventual (art. 1799, I e 1.800), com a substituição fideicomissária, objeto de sucessão testamentária, cujo beneficiário também só pode ser a prole eventual (art. 1.952).

• **Substituição fideicomissária e prole eventual**

Na substituição fideicomissária, o testador institui herdeiro/legatário que assumirá a posição de sucessor do testador (é o fiduciário). O fiduciário indicado terá a propriedade resolúvel da herança ou legado. Resolúvel porque a propriedade do fiduciário é temporária: a propriedade será resolvida com a morte do fiduciário, após determinado tempo ou quando implementada determinada condição (é o testador que escolherá a causa de resolução da propriedade do fiduciário). Com a resolução da propriedade, quem se beneficia? O fideicomissário (que, de acordo com o CC, só pode ser a prole eventual). Os herdeiros/legatários são nomeados em ordem sucessiva. O testador (fideicomitente) deixa herança/legado para determinado herdeiro/legatário (fiduciário) que terá a propriedade resolúvel e, resolvida esta, a herança/legado é transmitida em ordem sucessiva ao fideicomissário.

A substituição fideicomissária somente é permitida em favor dos não concebidos (prole eventual) ao tempo da abertura da sucessão. É a única hipótese de fideicomisso. Todavia, o testamento com substituição fideicomissária, não se confunde com a mera deixa testamentária que pode beneficiar a prole eventual, nos termos do art. 1.799, I, cuja concepção deve ocorrer no prazo previsto no art. 1.800, prazo este que não se aplica ao instituto da substituição fideicomissária.

"A", testador, deixa herança/legado para "B", fiduciário (este não precisa ser parente do testador ou da futura prole – pode ser qualquer pessoa). "B", será proprietário da herança/legado como qualquer sucessor. Todavia, tal propriedade é resolúvel porque está vinculada a fideicomisso. No momento da morte do fiduciário, decurso do prazo ou implemento da condição (a causa é escolhida pelo testador), a propriedade de "B" se resolve, é extinta, e os bens são transmitidos para "C" (prole eventual – o fideicomissário). O fideicomisso é transferência sucessiva, não substituição.

Neste ponto, duas questões fundamentais: 1 – se no momento da abertura da sucessão do testador, aquele que seria a prole eventual (fideicomissário) já tiver nascido, a propriedade da herança/legado irá diretamente para o fideicomissário. O fiduciário, nesta hipótese, terá apenas direito real de usufruto destes bens (regras do usufruto) – não há propriedade resolúvel do fiduciário; 2 – no momento da abertura da sucessão, a prole eventual ainda não nasceu. Neste caso, a herança ou legado será integralmente destinada ao fiduciário, que terá a propriedade resolúvel, até que ocorra a causa extintiva definida pelo testador, quando os bens serão transferidos para o fideicomissário. Neste caso, são duas liberalidades sucessivas, a primeira em favor do fiduciário, de titularidade temporária e a segunda, em proveito do fideicomissário, de titularidade definitiva.

E se no momento da resolução da propriedade do fiduciário (causa extintiva – morte, prazo ou condição), o fideicomissário (prole eventual) ainda não existir? A propriedade do fiduciário se resolve, mas a prole ainda não existe, qual a consequência? Aplica-se o art. 1.800, com nomeação de curador e aguarda-se o prazo de dois anos para a concepção ou os bens irão para os herdeiros legítimos? Nem uma coisa nem outra. O art. 1.800 trata de outra modalidade de benefício testamentário (fora do instituto da substituição). O testador pode favorecer prole eventual, mas não necessariamente sob a forma de substituição fideicomissária. Essa a confusão. Qual a solução? Caso não tenha o fideicomissário sido concebido até o momento da resolução do direito de propriedade do fiduciário, o fideicomisso caduca e a propriedade do fiduciário, que era resolúvel, se torna plena e definitiva (a única possibilidade seria o próprio testador estabelecer prazo de espera para a concepção do fideicomissário). O fideicomisso também caduca se o fideicomissário renunciar à herança ou legado, se morrer antes que o fiduciário ou morrer antes do termo ou da condição. No caso de caducidade, a propriedade do fiduciário se torna plena (salvo disposição em contrário no testamento – sempre se respeita a vontade do testador).

Na sucessão testamentária em favor da prole eventual (art. 1.799, III – de forma direta, ou seja, fora do âmbito da substituição fideicomissária), até o nascimento do filho das pessoas indicadas pelo testador (o que deverá ocorrer no prazo de 2 anos – § 4º do art. 1.800 do CC), os bens a ele (prole eventual) reservados na herança serão confiados, após a liquidação ou partilha, a curador nomeado pelo juiz (art. 1.800 do CC).

Neste caso de testamento que beneficie diretamente a prole eventual, é possível que o testamento indique o curador. Em caso de omissão, a curatela caberá à pessoa cujo filho o testador esperava ter por herdeiro e, sucessivamente, às pessoas indicadas no art. 1.775 do CC. Os poderes, deveres e responsabilidades do curador, assim nomeado, regem-se pelas disposições concernentes à curatela dos incapazes, no que couber.

Se a prole eventual ou herdeiro esperado nascer com vida, ser-lhe-á deferida a sucessão, com os frutos e rendimentos relativos à deixa, a partir da morte do testador (§ 3º do art. 1.800 do CC).

De acordo com o Enunciado 268 das Jornadas de Direito Civil: "Nos termos do inciso I do art. 1.799, pode o testador beneficiar filhos de determinada origem, não devendo ser interpretada extensivamente a cláusula testamentária respectiva". É um desdobramento da cláusula constitucional de que não pode haver discriminação entre filhos em função da origem.

A pessoa indicada pelo testador pode ser apenas uma ("deixo o bem x para o futuro filho da minha prima") ou pode ser o filho de duas pessoas ("deixo o bem x para os filhos da minha prima que ela tiver com a pessoa específica"). Se a pessoa ou as pessoas determinadas não existirem no momento da abertura da sucessão, a deixa testamentária caduca, como já mencionado.

Pessoa Jurídica (art. 1.799, II, do CC): "Na sucessão testamentária podem ainda ser chamados a suceder: II – as pessoas jurídicas."

A pessoa jurídica somente tem legitimidade ou capacidade para suceder na sucessão testamentária. No entanto, para que tenha legitimidade, a pessoa jurídica deve existir no momento da abertura da sucessão. Se já foi extinta por qualquer causa, deixa de ter legitimidade sucessória.

Ainda no âmbito da pessoa jurídica, o inciso III do art. 1.799 trata de outra exceção ao art. 1.798, ou seja, a possibilidade de beneficiar pessoa jurídica que ainda não existe, mas cuja organização tenha sido determinada pelo testador sob a forma de fundação. O art. 62 do CC permite a dotação de bens para criação de fundação privada por meio de testamento e, no art. 1.799, III, fica evidente que os bens destinados pelo testador irão beneficiar pessoa jurídica que ainda não existe, mas que será constituída.

7.12.3. A ausência de legitimidade para receber herança na sucessão testamentária (quem não pode ser nomeado herdeiro nem legatário) e a sanção pela inobservância da regra proibitiva

O art. 1.801 do CC dispõe sobre as pessoas que não possuem legitimidade na sucessão por ato de disposição de última vontade (testamento).

As pessoas descritas e caracterizadas no referido dispositivo legal não podem ser nomeadas herdeiras (sucessão a título universal) ou legatárias (sucessão a título singular). Tais pessoas não têm legitimidade para suceder por testamento. Salvo o impedimento relacionado ao concubino, as demais restrições visam preservar a liberdade e o poder de autodeterminação do testador. O testador deve exteriorizar vontade para ter efeito *post mortem* sem qualquer influência, em especial daqueles que direta ou indiretamente participam da elaboração ou de atos relacionados ao testamento.

De acordo com o inciso I do art. 1.801, não terá legitimidade para receber herança na sucessão testamentária a pessoa que, a rogo, escreveu o testamento, nem seu cônjuge ou companheiro ou seus ascendentes e irmãos. O objetivo da norma é evitar que o testador não seja vítima de fraude ou dolo daquele que, a rogo, foi o responsável pelo testamento. Também não possuem legitimidade os parentes próximos ou cônjuge e companheiro da referida pessoa. O testamento a rogo assim o será quando o testador, por algum motivo, não puder assinar, por sua própria mão. É o caso do cego, analfabeto ou aquele que não pode, por alguma enfermidade, escrever.

De acordo com o inciso II do art. 1.801, não terão legitimidade para receber herança na sucessão testamentária as testemunhas do testamento. O testamento exigirá testemunhas. Trata-se de solenidade essencial desse negócio jurídico. O objetivo é impedir que as testemunhas, de alguma forma, possam influenciar a vontade do testador para obter algum benefício. Os parentes das testemunhas também não possuem legitimidade porque presume-se que seriam interpostas pessoas, por meio das quais a testemunha poderia se beneficiar (art. 1.802, parágrafo único, CC).

De acordo com o inciso III do art. 1.801, não terá legitimidade para receber herança na sucessão testamentária o concubino do testador casado, salvo se este, sem culpa sua, estiver separado de fato do cônjuge há mais de cinco anos. Essa, sem dúvida, é a restrição mais polêmica. O testador casado, que esteja separado de fato, pode constituir união estável (art. 1.723, § 1º, do CC). O casamento não é impedimento para a união estável, desde que a pessoa casada esteja separada de fato. E não se exige qualquer prazo para a separação de fato para legitimar a união estável de pessoa casada.

Portanto, o dispositivo está em absoluto descompasso com as regras da união estável. Não há justificativa para manter a restrição pelo período de cinco anos se o testador já estiver separado de fato. E mais, o retrocesso é ainda mais evidente quando o dispositivo exige que não basta o prazo de cinco anos para legitimar o companheiro a receber na sucessão testamentária, pois é essencial que a separação de fato não decorra de culpa do testador.

Por isso, em repúdio as exigências da norma, foi aprovado o Enunciado 269 da III Jornada de Direito Civil: "A vedação do art. 1.801, inciso III, do Código Civil, não se aplica à união estável, independente do período de separação de fato (art. 1.723, § 1º)".

A simples separação de fato é suficiente para legitimar a companheira ou o companheiro a receber a herança ou legado em sucessão testamentária. Nesse sentido é o entendimento do STJ, externado no Recurso especial n. 1.338.220/SP.

Atualmente, o Código Civil distingue união estável, modelo de família reconhecido pela Constituição Federal e que, por isso, gera efeitos jurídicos de direito de família, e concubinato (art. 1.727 do CC), a partir dos impedimentos matrimoniais A união estável pode ser constituída com a separação de fato de pessoa casada, independentemente do prazo de separação. Basta a separação de fato. Se a separação de fato legitima a constituição de novo núcleo familiar, não há justificativa para que o art. 1.801, III, considere a relação como concubinato. Se não é concubinato, em razão da separação de fato, é legítima a deixa testamentária, independente do prazo da separação. O concubinato somente se caracteriza se houver impedimento matrimonial entre as pessoas, como a situação de alguém que é casado e não está separado de fato. Neste caso, a relação com outra pessoa não constituirá união estável, mas mero concubinato. Nesta situação, em tese, a restrição seria viável. Em tese, porque nada justifica a restrição à autonomia privada do testador, mesmo se pretende dispor de seus bens em favor do concubino. A razão é simples: trata-se de disposição da cota disponível!! O testador poderá, em relação à cota disponível, dispor de parte dos bens para qualquer pessoa, por mais estranha que seja, mas está impedida de dispor da parte disponível em favor do concubino!! Nada justifica essa restrição à autonomia privada. A regra apenas evidencia o preconceito e o vínculo do direito sucessório com o modelo tradicional de família. Trata-se de regra preconceituosa, de duvidosa moralidade e, incompatível com a autonomia privada, porque não se pode ignorar que a parte disponível é de livre disposição.

Independente destas questões, se o concubino beneficiário estiver de boa-fé (desconhece o impedimento do parceiro que, por exemplo, é casado e não está separado de fato), poderia se caracterizar união estável putativa em relação ao "concubino", com plena eficácia da disposição testamentária. Registre-se que o STJ ainda não reconhece a união estável putativa e a trata como concubinato, motivo pelo qual a nulidade permaneceria (Recurso Especial 1.147.046/RJ).

Por fim, de acordo com o inciso IV do art. 1.801, não terá legitimidade para receber herança na sucessão testamentária o tabelião, civil ou militar, ou o comandante ou escrivão, perante quem se fizer, assim como o que fizer ou aprovar o testamento. A fim de evitar fraude ou dolo dessas pessoas que participam diretamente da elaboração do testamento, a restrição é pertinente.

A proibição para suceder é estendida quando as pessoas mencionadas no art. 1.801 são favorecidas mediante a simulação de contratos onerosos ou quando as disposições testamentárias que os favorecem são realizadas por interposta pessoa, nos termos do art. 1.802 do CC.

O parágrafo único do mesmo dispositivo presume como pessoas interpostas parentes, cônjuge ou companheira de qualquer daquelas mencionadas no art. 1.801.

Tal presunção é absoluta. No caso da fraude ou simulação por meio de contratos onerosos, cabe ao interessado comprová-la.

Assim, são nulas as disposições testamentárias em que qualquer das pessoas não legitimadas a suceder (art. 1.801, CC), por meio de algum artifício, simulam contrato oneroso ou se beneficiam por meio de pessoa interposta. Tal disposição testamentária é considerada fraude à lei e, portanto, passível de invalidação ou anulação.

Como bem destacam Rosenvald e Chaves[3]: "Trata-se, às escancaras, de uma norma abrangente e genérica, com o fito de coibir uma transmissão astuciosa do patrimônio, com o escopo de driblar a vedação legal, através de manobras artificiosas e fraudulentas. Assim, é estabelecida a nulidade da disposição patrimonial em favor das pessoas aludidas no dispositivo legal, em razão de uma presunção de simulação".

Por fim, a sanção pela violação das regras previstas nos arts. 1.801 e 1.802, por estar relacionada à disposição testamentária, está expressa no art. 1.900, V, do CC: nulidade da disposição testamentária. Segundo o inciso V do art. 1.900, é nula a disposição testamentária que favoreça as pessoas a que se referem os arts. 1.801 e 1802 do Código Civil. Portanto, haverá nulidade da disposição testamentária e não do testamento. É caso típico de redução do negócio jurídico ou invalidade parcial (art. 184 do Código Civil).

7.12.4. Sucessão testamentária e igualdade entre filhos

A Constituição Federal proíbe qualquer distinção entre filhos, independentemente da origem. Foi assegurada a plena e absoluta igualdade no âmbito da filiação.

Como desdobramento desse princípio constitucional (art. 227, § 6º, do CC), é lícita e legítima a deixa testamentária ao filho do concubino (não há restrição quanto ao companheiro), desde que também seja filho do testador. É essencial que o beneficiado seja também filho do testador, uma vez que, não o sendo, haverá nulidade pela presunção absoluta de interposição, prevista no parágrafo único do art. 1.802 do CC, conforme reza o art. 1.803 do CC.

7.13. HERANÇA E ADMINISTRAÇÃO

A herança é uma universalidade de direito (complexo de relações jurídicas, dotadas de valor econômico – art. 91 do CC), deferida como um todo unitário e indivisível, cuja indivisibilidade perdurará até a partilha. O acervo hereditário, até a partilha, é indivisível por determinação legal (art. 88 do CC). O direito à sucessão aberta é considerado imóvel, para fins legais (art. 80 do CC). Portanto, os negócios jurídicos cujo objeto seja cota de direito hereditário, se submetem ao regime jurídico imobiliário. Não é por outro motivo que a cessão de direitos hereditários deve ser formalizada em escritura pública (art. 1.793 do CC).

A indivisibilidade da herança é retratada no art. 1.791 do CC. A herança é universalidade de direito e os bens e direitos arrecadados são considerados indivisíveis (ainda que por natureza, sejam divisíveis) até a partilha. De acordo com o parágrafo único do art. 1.791, o direito dos herdeiros, quanto à propriedade e posse da herança, regular-se-á pelas normas relativas ao condomínio.

Em razão da indivisibilidade desse condomínio, cada sucessor, herdeiro ou legatário, individualmente, tem o direito de reclamar qualquer dos bens que compõem a herança de quem injustamente os possua, o que beneficiará os outros herdeiros, em razão da aplicação as regras do

---

[3] FARIAS, Cristiano Chaves de; ROSENVALD, Nelson. *Curso de direito civil. Sucessões.* 3. ed. Salvador: JusPodivm, 2016, p. 95.

condomínio (art. 1.314 do CC). Os sucessores, de forma individualizada, podem defender a posse (por meio de interditos possessórios) e a propriedade dos bens que integram a totalidade da herança em relação a terceiro. A defesa de toda a herança, por qualquer sucessor, de forma individual, até a partilha, poderá ocorrer no âmbito possessório ou petitório. Entre os sucessores, caso um deles pretenda excluir o outro da posse dos bens, cabe ação possessória contra o outro, mas como todos são proprietários, não caberá ação reivindicatória, petitória, entre eles.

Por se sujeitar às regras do condomínio, como efeito da indivisibilidade, a cada coerdeiro só será permitido ceder a sua cota-parte da herança que corresponde à fração ideal e abstrata, o que impossibilita a negociação isolada de um bem determinado ou singularizado.

Trata-se de condomínio *pro indiviso*, ou seja, que permanece em estado de *indivisão* até a partilha. Tal indivisibilidade é essencial para viabilização das providências relacionadas ao inventário, pagamento de dívidas, levantamento de créditos e direitos e definição dos quinhões. Cada um dos herdeiros não pode excluir a posse e a titularidade do outro, mas cada um, independente do seu quinhão, poderá, isoladamente, como qualquer condômino, defender toda a herança em relação a terceiros.

Portanto, até a partilha a herança será regulada e disciplinada pelas regras relativas ao condomínio (*pro indiviso*). Neste cenário, relevantes algumas considerações sobre o instituto do condomínio.

O condomínio se caracteriza pela indivisibilidade do objeto e pela divisibilidade dos sujeitos. Haverá direito ideal sobre a coisa que se reparte entre diversas pessoas. Encarada sob o aspecto objetivo (em relação à coisa – a indivisão é o estado em que se encontra a coisa sobre a qual várias pessoas possuem direitos concorrentes, que é justamente o que ocorre com a herança até a partilha), indiviso. Sob o aspecto subjetivo (em relação aos sujeitos – herdeiros), denomina-se comunhão de interesses.

Na comunhão haverá concorrência e simultaneidade de direitos iguais sobre a mesma coisa. A comunhão pode ser voluntária e legal. A voluntária pode resultar de ato bilateral (contrato) ou unilateral (testamento). A legal subdivide-se em comunhão forçada e fortuita. A forçada (paredes, cercas, muros, valas, pastagens, formação de ilhas, comissão, confusão e adjunção, e tesouro) é imposta pelo inevitável estado de indivisão, e a fortuita (herança) resulta das circunstâncias de fato. Portanto, a herança é comunhão forçada que decorre de previsão legal (art. 1.791 do CC).

Sobre a natureza jurídica do condomínio, há duas correntes: individualista e coletivista.

- *Individualista:* pelo fato de a propriedade ser um direito exclusivo e, a fim de explicar que várias pessoas podem ter simultaneamente o domínio da mesma coisa, essa teoria divide idealmente a coisa, atribuindo a cada sujeito o direito de propriedade sobre a parte abstrata resultante da divisão legal. Assim, nessa situação provisória, o domínio recai sobre a parte ideal. Para essa teoria a *indivisão* é excepcional.

- *Coletivista:* para essa teoria, existe na comunhão um só direito, tendo como sujeito a coletividade instituída pelos interessados. Não há titulares individuais, sendo a coisa comum. Em uma palavra, a propriedade é coletiva. O bem não pertence a várias pessoas, cada qual tendo a sua parte, mas a todos os comunheiros em conjunto.

As legislações em geral seguem a orientação individualista, admitindo a existência da sociedade dividida em parte ideais, em nome do condomínio.

No condomínio e na herança, até a partilha, os herdeiros serão titulares de "parte ideal". A parte ideal é a fração que, na coisa *indivisa*, corresponde a cada condômino/herdeiro, mas a pessoa é dona da coisa comum em sua integralidade, pois seu direito não se circunscreve à fração ideal, estendendo-se a toda a coisa.

Assim, os condôminos/herdeiros têm direitos e deveres sobre a cota-parte e a coisa comum. O CC, como novidade, no art. 1.316, passou a permitir que o condômino, para se eximir do pagamento de despesas e dívidas, renuncie à parte ideal que lhe é cabível, o que também pode ocorrer na herança, em relação ao herdeiro renunciante.

O condômino/sucessor tem autonomia e poder de autodeterminação para alienar sua parte ideal, a título oneroso ou gratuito, gravá-la de ônus real e reivindicá-la. Até a partilha, eventual disposição de direitos hereditários será instrumentalizado por negócio jurídico "cessão de direitos hereditários". Como o direito à sucessão aberta é indivisível e as quotas são representadas por frações ideais até a partilha, não haverá possibilidade de individualizar ou destacar bem determinado (art. 1.793 do CC).

Em relação à coisa comum, direitos hereditários, os sucessores podem praticar atos que dependam, em sua maioria, do consentimento dos outros. Assiste-lhes o direito de usar e fruir a coisa comum sem lhe mudar a destinação e sem ferir o igual direito dos outros condôminos. Em relação à coisa comum, o condômino/herdeiro tem o dever de concorrer com as despesas comuns.

Portanto, o condomínio é o exercício do direito dominial por mais de um dono, simultaneamente, cabendo a cada um deles igual direito, idealmente, sobre o todo e cada uma de suas partes. Tal comunhão e indivisibilidade permanecerão até a partilha, de acordo com o parágrafo único do art. 1.791 do CC.

O poder jurídico é atribuído a cada condômino sobre a integralidade do bem. Cada condômino tem uma cota ou fração ideal da coisa, e não uma parcela material desta. Por essa razão, todos os condôminos têm direitos sobre a totalidade do bem.

As principais regras do condomínio, que também podem ser aplicadas à herança, são as seguintes: 1 – cada herdeiro pode usar livremente a coisa, exercendo os direitos de forma compatível com o estado de indivisão; 2 – cada herdeiro pode ceder a sua parte ideal ou gravá-la, respeitando o direito preferencial dos demais para a sua aquisição, tanto por tanto (arts. 1.793 a 1.794 do CC); 3 – cada herdeiro pode reivindicar de terceiro a coisa comum, independentemente da anuência dos demais, pois, nesse caso, não se individualiza a parte de cada um para fins de reivindicação. Há também a possibilidade de defender a posse contra outrem; 4 – dever de concorrer para as despesas comuns, sob as penas do art. 1.316 do CC; 5 – regras sobre assunção de dívidas (arts. 1.317 e 1.318, CC) e frutos (art. 1.319, CC); e 6 – administração (arts. 1.323 a 1.326, CC).

Embora a indivisibilidade e o condomínio forçado se encerrem com a partilha da herança, é lícito aos sucessores/condôminos, mediante acordo, pactuarem que os bens que integram a herança permaneçam em situação de indivisão. Com a partilha, ainda que vários sucessores se tornem condôminos dos bens partilhados, neste caso, tal condomínio posterior à partilha se submete às regras gerais do condomínio voluntário, motivo pelo qual se divisível, poderá ser requerida a divisão a qualquer tempo e, se a coisa for indivisível, poderá ser requerida a alienação judicial com a partilha dos resultados. Se houver acordo para a manutenção de indivisibilidade em relação a determinados bens, haverá limitação temporal, prazo máximo de cinco anos, ressalva aos condôminos/herdeiros o direito de pedir prorrogação. Com essa ressalva, qualquer condômino/herdeiro, a qualquer tempo, pode exigir a divisão da coisa comum, se divisível ou a alienação judicial, se indivisível.

Se, independente de acordo, por efeito da própria partilha, os herdeiros se mantiverem condôminos de coisa divisível, com direito de propriedade sobre o mesmo bem, poderão, a qualquer tempo, requerer a divisão da coisa comum. Se a coisa sobre a qual recai a herança, após a partilha, for indivisível, e não houver interesse na divisão do condomínio, aplica-se a regra do art. 1.322 do CC.

Em relação à administração da herança, os arts. 1.796 e 1.797 do Código Civil disciplinam, respectivamente, o prazo para abertura do inventário e a gestão da herança até a nomeação de inventariante.

O prazo de trinta dias para a abertura da sucessão não é peremptório e é contado da abertura da sucessão, óbito. Caso o prazo em questão não seja respeitado, é possível a cobrança de multa.

De qualquer modo, o prazo de trinta dias previsto no art. 1.796 do CC conflita com o prazo de dois meses consignado no art. 611 do CPC, que trata da mesma matéria.

Por ser lei posterior e disciplinar a mesma matéria, prevalecerá o prazo de dois meses previsto no art. 611 do CPC, como aquele máximo para abertura do inventário, o qual somente é exigido se houver testamento a ser cumprido, herdeiro incapaz ou desacordo entre herdeiros capazes. Nessas hipóteses, o inventário será judicial (art. 610, CPC). Se os herdeiros forem capazes e houver acordo, é dispensável o inventário judicial, pois será possível a partilha em cartório, por escritura pública.

No caso de inventário judicial, até a nomeação ou compromisso do inventariante, a gestão patrimonial da herança ficará sob a responsabilidade do administrador provisório (art. 613, CPC). O administrador provisório, de acordo com o art. 1.797 do Código Civil, poderá ser o cônjuge ou companheiro, se com o outro convivia no tempo da abertura da sucessão; o herdeiro que estiver na posse e administração dos bens, e, se houver mais de um nessas condições, ao mais velho; ao testamenteiro e, na falta, escusa ou impedimento das pessoas mencionadas, será administrador provisório a pessoa de confiança do juiz. A pessoa de confiança do juiz somente será indicada como administradora provisória na falta ou escusa das demais retromencionadas ou quando tiverem de ser afastadas por motivo grave levado ao conhecimento do juiz (inciso IV).

O administrador provisório implica gestão transitória, porque, necessariamente, será substituído pelo inventariante. A fim de preservar a herança, até o compromisso do inventariante, a gestão patrimonial ficará sob a responsabilidade de pessoa próxima do falecido ou dos bens a serem inventariados.

Caberá ao administrador provisório, segundo o art. 614 do CPC, o dever de representar, ativa e passivamente, o espólio, bem como ser obrigado a trazer ao acervo os frutos que desde a abertura da sucessão percebeu e, ainda, terá direito ao reembolso das despesas necessárias e úteis que fez e, finalmente, responderá pelo dano a que, por dolo ou culpa, der causa.

Desde a assinatura do compromisso até a definição da partilha, a administração da herança será do inventariante (art. 1.991 do CC). Até a assinatura do compromisso, a administração da herança caberá ao administrador provisório. As obrigações e os deveres do inventariante estão expressos nos arts. 618 e 619 do CPC.

O rol de administradores provisórios do art. 1.797 do CC é meramente exemplificativo e, ainda que a norma apresente uma ordem de preferência, de forma sucessiva, no caso concreto, tal ordem pode ser invertida, caso necessário para a melhor gestão da herança até o compromisso do inventariante.

7.13.1. Responsabilidade dos herdeiros quanto às obrigações do titular da herança

O herdeiro não responde por encargo superior às forças da herança. Os herdeiros respondem pelas dívidas do falecido somente até os limites da herança e de forma proporcional às suas cotas, segundo regra o art. 1.792 do CC.

A prova do excesso é de responsabilidade do herdeiro. Cabe ao herdeiro provar que os bens da herança não são suficientes para pagar as dívidas do falecido. No entanto, se o inventário demonstrar, com clareza e precisão, o valor dos bens, desnecessária a prova do excesso pelo herdeiro.

O art. 1.792 do CC retrata a máxima *intra vires hereditatis*, de modo que não há responsabilidade pessoal pelas dívidas do falecido.

7.13.2. Herança e a cessão de direitos hereditários (pressupostos objetivos, temporal e subjetivos). A cessão de direitos hereditários e os bens jurídicos individualizados (ineficácia). A cessão de direitos hereditários e o direito de acrescer e a substituição.

O direito à sucessão aberta é bem jurídico dotado de valor econômico. Trata-se de direito patrimonial, suscetível de valoração econômica. E, nessa condição, está no comércio jurídico de direito privado e, portanto, passível de transferência por meio de cessão. Como a herança e o direito à sucessão aberta são direitos imateriais ou incorpóreos, sua transferência ocorrerá por meio de cessão de direitos. É o negócio jurídico denominado: "cessão de direito hereditários".

Tal direito à sucessão aberta é considerado bem imóvel, por força de lei (art. 80, II, do CC) e, por isso, se submete ao regime jurídico imobiliário, o que lhe confere maior segurança jurídica.

Após a abertura da sucessão, como efeito direto da *saisine*, art. 1.784, a herança é transmitida automaticamente a todos os sucessores. Na condição de titulares de direitos econômicos (a herança é composta por relações jurídicas patrimoniais não personalíssimas), os sucessores, antes da partilha, poderão submeter suas respectivas cotas hereditárias a negócio jurídico de disposição de direitos.

A cessão de direitos hereditários é justamente o negócio jurídico translativo de parte ideal da herança, da quota hereditária, transmitida aos sucessores, com a abertura da sucessão. A cessão de direito hereditários somente poderá ter por objeto fração da herança, porque esta é transmitida como um todo unitário e indivisível. Em razão do caráter indivisível, a cessão não pode ter por objeto bens determinados ou singularizados, mas apenas fração ideal ou direito imaterial, correspondente à parcela da herança.

O negócio jurídico cessão de direitos hereditários é espécie de contrato que tem por objeto a integralidade (se for sucessor único) ou parte da herança (se houver pluralidade de sucessores).

A cessão de direitos hereditários, em razão do seu objeto (herança), se submete a determinados pressupostos: em primeiro lugar, tal negócio jurídico somente poderá ser levado a efeito em determino período (aspecto temporal), porque o direito à sucessão aberta somente existe juridicamente entre a abertura da sucessão e a partilha. Segundo, como o direito à sucessão aberta é considerado imóvel para fins legais (art. 80 do CC), a cessão de direitos hereditários é negócio jurídico formal ou solene (aspecto formal), conforme art. 1.793 do CC. Terceiro, o objeto deste negócio jurídico é bem jurídico imaterial, fração indeterminada da herança, porque até a partilha, limite para a realização de cessão de direitos hereditários, não há definição dos bens que serão de titularidade de determinado sucessor (aspecto objetivo). Por este motivo, a lei civil proíbe que a cessão de direitos hereditários tenha por objeto bens singulares, específicos ou individualizados. Por fim, como qualquer negócio jurídico, o titular do direito à integralidade ou a fração da herança deverá ostentar capacidade e legitimidade para efetivar tal transferência de direitos patrimoniais (aspecto subjetivo), a título oneroso ou gratuito.

É importante registrar que no âmbito da sucessão testamentária, é possível que o testador restrinja a disponibilidade de parte dos bens da herança, por meio de cláusulas restritivas, como a inalienabilidade (art. 1.911). Por isso, a cessão de direitos hereditários, pressupõe a inexistência de tal cláusula restritiva que envolve a disponibilidade dos bens.

É fundamental compreender que a cessão de direitos hereditários jamais transferirá ao cessionário a qualidade de herdeiro ou legatário, mas apenas a titularidade das relações jurídicas patrimoniais objeto da transferência ou da cessão (cessionário se sub/roga nos direitos do cedente, mas não assume a condição de sucessor). A condição de herdeiro é intransmissível.

Não é por outro motivo que, nos termos do art. 1.793, § 1º, direitos supervenientes (posteriores à cessão) decorrentes de substituição (na sucessão testamentária – o sucessor nomeado é pré-morto, renúncia, é excluído por indignidade ou *deserdação* etc.) ou de direito de acrescer, não estará abrangida pela cessão de direitos hereditários que é realizada antes destas situações jurídicas e que a elas não faz qualquer referência. Portanto, como a cessão de direitos hereditários não transmite a qualidade de herdeiro, não estão incluídos nesse negócio jurídico eventuais direitos conferidos ao herdeiro ou legatário por fato superveniente à cessão, em consequência de substituição de sucessores (na sucessão testamentária) ou de direito de acrescer (sucessão legítima ou testamentária). É essencial a contemporaneidade entre o momento da cessão e os bens conhecidos até este negócio jurídico. O objeto da cessão de direitos hereditários é o direito sobre a herança transmitida existente no momento deste negócio jurídico.

Tais direitos supervenientes presumem-se não abrangidos pela cessão feita anteriormente (§ 1º do art. 1.793 do CC).

Como acima mencionado, a cessão de direitos hereditários deve ser realizada entre a data da abertura da sucessão e a partilha. Esse é o período em que tal negócio jurídico pode ser realizado. Antes da abertura da sucessão não há herança e, por isso, qualquer disposição de direitos sobre herança se a pessoa está viva é causa de nulidade do negócio (art. 426, CC). Ademais, após a partilha, as cotas hereditárias já estarão devidamente individualizadas e, neste caso, não há que se cogitar de cessão de direitos abstratos e imateriais como a herança, mas de negócios jurídicos que têm por objeto bens determinados, específicos e individualizados (o quinhão pertencente ao herdeiro), ainda que em regime de condomínio.

A cessão de direitos hereditários, como registrado, deverá observar os pressupostos subjetivos (capacidade e legitimação, por exemplo) e objetivos de validade de todo e qualquer negócio jurídico, pois esta é a sua natureza jurídica.

Com relação à capacidade, o sucessor cedente deve ter plena disponibilidade e poder para dispor de seus direitos econômicos. Se incapaz, o negócio jurídico poderá ser viabilizado por meio de representante legal (pais e tutores, no caso de menor ou curador, no caso de curatelado). Todavia, será fundamental prévia autorização judicial, em procedimento de jurisdição voluntária, com a participação do Ministério Público. No caso dos menores submetidos ao poder familiar, por exemplo, a vedação consta no art. 1.691 (não é possível alienar imóveis dos filhos sem prévia autorização judicial – recorde-se que o direito à sucessão aberta é imóvel). A inobservância desta formalidade será causa de nulidade da cessão de direitos hereditários. No caso do menor sob tutela, o art. 1.748, inciso IV, do CC, apenas admite a venda de imóveis dos menores tutelados com autorização judicial.

Se o sucessor for casado, como o direito à sucessão aberta é imóvel (art. 80, II, CC), será essencial a outorga conjugal, sob pena de anulação (art. 1.649 – trata-se de condição de legitimidade), salvo se o regime for o da separação absoluta de bens, conforme art. 1.647, *caput*, do CC. Na união estável, desnecessária a outorga do companheiro, por ausência de previsão legal.

A cessão de direitos hereditários, necessariamente, deverá ter por objeto a própria universalidade de bens ou fração abstrata e ideal (decorrente da indivisibilidade). Será ineficaz a cessão, pelo coerdeiro, de seu direito hereditário sobre qualquer bem da herança considerado singularmente (§ 2º do art. 1.793 do CC).

A cessão que tenha por objeto bens individualizados não tem qualquer eficácia (ineficaz a cessão da herança sobre bem considerado singularmente).

O STJ, no Recurso Especial n. 1.809.548-SP, embora tenha reconhecido tal ineficácia em relação aos demais herdeiros, considerou que tal negócio jurídico é válido. Se apenas a eficácia é suspensa, a cessão de direitos hereditários sobre bem singular viabiliza a transmissão da posse, que poderá ser objeto de tutela específica, por meio de ações possessórias e embargos de terceiro. O objetivo foi considerar que a transmissão de posse pela cessão de direitos hereditários cujo objeto seja bem singular é legítima para a tutela e proteção da posse em relação a este bem que integra a cessão.

Até a partilha, os bens são indivisíveis e submetidos às regras do condomínio. No condomínio há frações ideais e imateriais e, diante da impossibilidade de se definir qual é o quinhão específico de cada herdeiro, impossível a cessão de bens individualizados. Se correria o risco de envolver bens de outros herdeiros. A cessão de bens singulares e individualizados é ineficaz.

Por fim, de acordo com o § 3º do art. 1.793 do CC, ineficaz é a disposição, sem prévia autorização do juiz da sucessão, por qualquer herdeiro, de bem componente do acervo hereditário, pendente a indivisibilidade. Para tal disposição, de forma individualizada, é essencial prévia autorização judicial, com pedido motivado. Após o fim da indivisibilidade jurídica e do condomínio forçado, cessa a restrição.

Em resumo, a cessão de direitos hereditários deverá ser viabilizada entre a abertura da sucessão e a partilha do patrimônio adquirido, por meio de escritura pública, por sujeito capaz e legitimado, tendo por objeto porção ideal da cota hereditária, jamais sobre bens certos, determinados e individualizados (salvo se houver consenso de todos os herdeiros). Por esta razão, o § 3º do art. 1.793 do Código Civil, considera ineficaz a cessão de direitos hereditários sobre bens determinados em relação aos demais herdeiros (porque o sujeito ainda não é titular de bem específico e, então, seria caso de alienação *a non domino*).

Em razão da indeterminação do objeto, a cessão de direitos hereditários é negócio jurídico aleatório. O cedente, salvo cláusula expressa, não assume a responsabilidade pela extensão da herança cedida. Antes da partilha, não há como definir os bens exatos que integraram o patrimônio do sucessor cedente. Até a partilha podem surgir dívidas e outras obrigações, inexistentes no momento da cessão, que podem reduzir a fração da cota hereditária transferida. O cessionário assume a posição jurídica do cedente e, como consequência, responde pelas dívidas do espólio até o limite do valor do quinhão, nos termos do art. 1.792 do Código Civil. O cessionário se torna responsável pelas obrigações do espólio nos limites da fração transferida.

Como a cessão de direitos hereditários tem caráter aleatório e pelo fato de o objeto ser fração ideal, o cedente não responde pelos riscos da evicção ou vícios redibitórios. Não há como ter certeza jurídica em relação à parcela da herança que caberá a cada sucessor. O cessionário assume risco em relação à extensão da herança e, por isso, poderá receber valor inferior. Se o sucessor não assumir a responsabilidade pela quantidade objeto da cessão, ou seja, que garante ao cessionário a quota efetivamente transferida, o que dependerá de cláusula expressa, não responderá ao cessionário se a fração efetivamente recebida for inferior ao bem jurídico, objeto da cessão de direitos hereditários.

7.13.3. A cessão dos direitos hereditários e a tutela do direito de preferência em favor de herdeiro

No caso de cessão de direitos hereditários, como o regime jurídico da indivisibilidade da herança se submete às regras do condomínio, os demais herdeiros terão direito de preferência em relação a estranhos, conforme art. 1.794 do CC. Portanto, o direito de preferência legal é desdobramento lógico do condomínio forçado e indivisível, que mantém essa situação jurídica até a partilha.

Segundo o art. 1.794 do CC: "O coerdeiro não poderá ceder a sua quota hereditária a pessoa estranha à sucessão, se outro coerdeiro a quiser, tanto por tanto". Tal direito de preferência pressupõe a onerosidade da cessão de direitos hereditários. Na impede que a cessão de direitos hereditários seja realizada a título gratuito (impropriamente denominada de renúncia translativa). Não haverá direito de preferência em caso de disposição gratuita de direitos hereditários.

Por outro lado, o direito de preferência se relaciona à situação de indivisibilidade de condomínio forçado em relação à herança, que até a partilha é massa indefinida de bens. Tal registro é fundamental porque o direito de preferência não deve ser observado no caso de cessão de direitos hereditários que envolve legado, porque não há condomínio com outros sucessores. É óbvio que se houver condomínio em relação ao próprio bem legado, ou seja, no caso de legado em favor de duas ou mais pessoas, haverá direito de preferência entre os colegatários. No entanto, se o legado envolver apenas um legatário e, como a sucessão deste é a título singular, poderá ceder os direitos hereditários do legado sem a necessidade de observar preferência. O próprio art. 1.794 exclui o legado, quando menciona quota hereditária e herdeiro.

O art. 1.795 é a sanção ao herdeiro que, ao realizar a cessão de direitos hereditários, não observa o referido direito de preferência. De acordo com a norma em referência, "o coerdeiro, a quem não se der conhecimento da cessão, poderá, depositado o preço, haver para si a quota cedida a estranho, se o requerer até cento e oitenta dias após a transmissão". A violação do direito de preferência permitirá ao herdeiro preterido o direito de reaver a quota cedida, mediante depósito do preço.

O prazo de decadência previsto no dispositivo deve ter início a partir do momento em que o titular do direito violado, o herdeiro preterido, toma ciência da cessão de direitos hereditários, e não da data da cessão de direitos hereditários.

O direito de preferência, quando estabelecido por lei, têm por objetivo evitar conflitos de interesses e, no caso do condomínio, é meio para iniciar a extinção desta propriedade plural, com a concentração dos poderes no mínimo de titularidades possíveis.

O art. 1.794 do CC, portanto, é desdobramento lógico da regra prevista no art. 504 do CC, que disciplina a preferência dos condôminos em relação a terceiros (não há preferência entre os próprios condôminos). Se a herança, entre a abertura da sucessão e a partilha, está em regime de condomínio, no caso forçado, se submete às regras do condomínio, como a preferência imposta pela lei. A presença de estranhos certamente poderá ser fonte de conflitos no referido condomínio. Os herdeiros devem ser previamente notificados, para exercerem o direito de preferência.

A inobservância ou violação do direito de preferência gera ineficácia relativa em relação aos herdeiros preteridos e não invalidade do ato/negócio jurídico cessão.

Se houver concorrência entre herdeiros na cessão de direitos hereditários a estranhos, ao contrário do parágrafo único do art. 504 do CC, que trata da preferência entre condôminos, o parágrafo único do art. 1.795 do CC distribuirá o quinhão cedido, de forma proporcional, a todas as cotas hereditárias que se interessarem pela parte ideal da herança objeto da cessão a estranhos ou a outro herdeiro sem que os demais tivessem pleno conhecimento ("Art. 1.795, parágrafo único, do CC: Sendo vários os coerdeiros a exercer a preferência, entre eles se distribuirá o quinhão cedido, na proporção das respectivas quotas hereditárias"). Portanto, se a preferência for garantida a vários herdeiros interessados, como a cessão é de fração ideal, o quinhão cedido será distribuído entre eles de forma proporcional.

7.14. DA ACEITAÇÃO E DA RENÚNCIA DA HERANÇA

Aberta a sucessão, a herança se transmite, desde logo, sem solução de continuidade, aos herdeiros legítimos e testamentários, conforme dicção do art. 1.784 do Código Civil (princípio da *saisine*). Tal situação é denominada devolução hereditária. Tal efeito da *saisine* repercute nas regras sobre aceitação e renúncia da herança, uma vez que, de acordo com a previsão legal, a transferência do acervo patrimonial é automática e de pleno direito e, no caso, ocorrerá mesmo que o sucessor não tenha ciência do óbito do autor da herança.

Portanto, a *saisine* impede que a herança permaneça sem titular ainda que por um instante. Se assim o é, ou seja, se a transferência das relações jurídicas não personalíssimas em favor dos sucessores é automática, independente de aceitação, qual a razão para a existência regras sobre aceitação de herança?

O conflito entre o principal efeito da *saisine* (art. 1.784 do CC) e as regras sobre aceitação da herança é apenas aparente. A aceitação consolidará tal efeito da *saisine*. Na medida em que o ato de aceitar herança é irrevogável, qualquer disposição de direitos pelo sucessor, relacionada à quota hereditária de que é titular, posterior à aceitação, a título oneroso ou gratuito, caracterizará cessão ou transferência de direitos hereditários. Assim, a aceitação consolida o efeito da *saisine* previsto no art. 1.784. Por outro lado, a transmissão automática da herança aos titulares sucessores é condicionada à não renúncia. A renúncia, que também é irrevogável e que, necessariamente deverá ser manifestada antes da aceitação, neutraliza os efeitos jurídicos da *saisine*, previstos no art. 1.784 do CC, em relação ao sucessor renunciante.

A renúncia implicaria rejeição à herança, motivo pelo qual o efeito da *saisine* é neutralizado, com eficácia retroativa, ou seja, desde a abertura da sucessão, com tal ato.

A aceitação e a renúncia da herança são compatíveis com o efeito da *saisine*, que impõe a transmissão automática e imediata desta massa patrimonial. Na realidade, a aceitação se justifica em razão da renúncia, porque ninguém pode ser constrangido a ser titular de relações patrimoniais. O herdeiro deve ter a prerrogativa de rejeitar a herança. É a renúncia que justifica a aceitação e que lhe dá sentido lógico jurídico. A aceitação, que consolida o efeito da *saisine*, impede a renúncia (abdicativa). Ademais, aceitação e renúncia são atos irrevogáveis (art. 1.812 do CC), motivo pelo qual se caracterizada a aceitação, não é mais possível a renúncia e vice-versa. Ainda que o sucessor resolva "renunciar" à sua quota hereditária após a caracterização da aceitação, tal ato será transmissão de direitos hereditários, com todos os efeitos daí decorrentes, impropriamente denominada de renúncia translativa, que não tem natureza jurídica de renúncia.

7.14.1. Características da aceitação da herança

Por força do efeito da *saisine* (art. 1.784 do CC), a aceitação nada mais é do que ato de confirmação de fato preexistente (transmissão da titularidade de relações jurídicas patrimoniais não personalíssimas como consequência automática da abertura da sucessão). É só a confirmação e ratificação de fato preexistente, mas sem efeito constitutivo. A causa de aquisição da herança é a morte, não a aceitação. A aceitação apenas ratifica, com efeito declaratório, a transferência já operada com a morte. É mera confirmação da transmissão operada pela morte do autor da herança, nos termos do art. 1.784 do CC.

A aceitação é ato unilateral, declaração não receptícia de vontade, que confirma e ratifica o efeito jurídico da transmissão da herança decorrente da *saisine*, para torná-lo definitivo. A natureza da aceitação é de ato jurídico em sentido estrito, pois os efeitos jurídicos já estão predeterminados na lei. Como qualquer ato jurídico em sentido estrito, é passível de invalidade por vício de consentimento em relação à vontade exteriorizada pelo sucessor aceitante.

Portanto, nos termos do art. 1.804 do CC, aceitação é a confirmação da transmissão dos direitos hereditários, com efeito retroativo à data da abertura da sucessão. A aceitação é apenas ato unilateral de confirmação ou ratificação do sucessor, herdeiro ou legatário, pois já lhe foi deferida a herança automaticamente com a abertura da sucessão, como efeito da *saisine*.

Ao aceitar a herança, a responsabilidade patrimonial do herdeiro em relação aos débitos do falecido é limitada à herança transmitida. É o que se convencionou denominar "aceitação com benefício de inventário". As dívidas que excederem os limites da herança não podem ser imputadas aos sucessores. Tal limitação de responsabilidade patrimonial é fundamental para a continuidade das relações patrimoniais do falecido agora com os sucessores. Se os bens do espólio forem insuficientes para pagamento das dívidas, haverá insolvência civil. As dívidas do falecido até a partilha serão pagas pelo espólio e as supervenientes à partilha pelos herdeiros, na proporção das cotas recebidas, com a observância dos limites legais (art. 1.997 do CC).

De acordo com a segunda parte do art. 1.792 do CC, se houver inventário, judicial ou extrajudicial, a fim de determinar o ativo e passivo do falecido, em especial as dívidas existentes, o sucessor não terá de provar o excesso, ou seja, que as dívidas são superiores ao patrimônio transmitido. O inventário é meio legítimo de prova do excesso. Se não houver inventário, caberá ao sucessor interessado o ônus de provar o excesso de dívidas em relação ao patrimônio transmitido.

De acordo com o art. 1.812 do CC, o ato de aceitação é irrevogável e irretratável. Portanto, após a confirmação e ratificação da aceitação, qualquer disposição da herança deverá ocorrer por meio de cessão de direitos hereditários, a título oneroso ou gratuito, desde que não haja cláusula que restrinja tal possibilidade (art. 1.911 do CC). Em razão disso, qualquer ato posterior à aceitação caracterizará transferência ou cessão de direitos hereditários (art. 1.812, CC).

• **Aceitação e integralidade**

Por ser ato jurídico em sentido estrito, a aceitação da herança deverá ser integral e plena, pura e simples. Como qualquer ato jurídico, pode ser invalidada por vício de consentimento (erro, dolo ou coação). A herança será aceita sem condições e sem a possibilidade de vinculação a termo, devido ao caráter universal e indivisível.

De acordo com o art. 1.808 do CC, a aceitação da herança não pode ser fracionada (em partes), e tampouco estar sujeita a condição ou a termo certo imposta pelo sucessor. Tais elementos acidentais são incompatíveis com a aceitação, cujos efeitos estão previamente definidos em lei. A herança é universalidade de direito, indivisível até a partilha. A aceitação parcial ou fracionada violaria tal indivisibilidade. A aceitação ou a renúncia devem ser plenas e integrais. É o princípio da integralidade da herança.

No entanto, tal regra que proíbe a aceitação da herança sob condição ou a termo deve ser analisada sob a perspectiva do sucessor. É o sucessor que não pode condicionar a aceitação.

O sucessor, na sucessão legítima (herdeiro – título universal) ou na sucessão testamentária (herdeiro/título universal ou legatário/título singular), não poderá impor condição para aceitar a herança, ou seja, não pode aceitar sob condição, que seria ou é por ele sucessor imposta. É o sentido do art. 1.808, quando proíbe que o sucessor aceite sob condição.

Tal regra não se conflita com o art. 1.897 do CC, segundo a qual, na sucessão testamentária, a nomeação de herdeiro ou legatário pode ser sob condição. Isto porque, neste caso, é o testador que insere a condição. O sucessor não participou desta condição. O testamento é negócio jurídico e, quanto à formação, unilateral. Isso significa que o testador pode impor condições ao sucessor, para ter direito à herança ou ao bem legado. Neste caso, o sucessor, herdeiro ou legatário, não aceitará sob condição, mas *com* condição, que foi imposta pelo testador. Não é o sucessor que estará por condicionar a aceitação da herança. Trata-se de herança ou legado que já está submetida a condição e, neste caso, a aceitação será com a condição imposta pelo testador. Portanto, como não é o sucessor que aceita sob condição, mas com condição imposta pelo testador, há perfeita harmonia entre os arts. 1.808 e 1.897, ambos do CC. A condição imposta pelo testador atingirá a eficácia da cláusula testamentária. Se suspensiva, o herdeiro ou legatário terá de cumpri-la, adquirir e exercer o direito subjetivo à herança ou ao bem legado. Se resolutiva, poderão adquirir e exercer os direitos até o implemento da condição.

Por outro lado, se a herança estiver fundada em títulos diversos, será possível a aceitação baseada em um título, com a renúncia do outro. De acordo com o § 1º do art. 1.808, o herdeiro, a quem se testarem legados, pode aceitá-los, renunciando a herança; ou, aceitando-a, repudiá-los. No caso, o mesmo sucessor, em sucessão testamentária é beneficiado por legado e, ainda, receberá cota na herança. No legado, a herança é recebida a título singular e, na sucessão legítima ou testamentária, a herança é recebida a título universal. Neste caso, o herdeiro a que se testarem legados pode aceitar apenas o legado e renunciar ou repudiar a herança, assim como poderá aceitar a herança e repudiar o legado. Nesse caso, diante da individualização do legado é possível dissociá-lo do restante da herança e, por conta dessa especialização, poderá o herdeiro aceitar um e repudiar outro e vice-versa. O título da sucessão por legado é singular, e o título da sucessão da herança é universal. Como a vocação hereditária seria dupla, seria possível a aceitação de um e a renúncia do outro título.

Da mesma forma, com exceção à indivisibilidade, quando o herdeiro é chamado à mesma sucessão sob títulos sucessórios diversos (por exemplo, será herdeiro testamentário e legítimo na mesma sucessão), poderá livremente deliberar quanto ao título que aceita e aquele a que renuncia. Como há duas massas de bens distintas e independentes, é possível aceitar a sucessão legítima e renunciar à condição de herdeiro testamentário e vice-versa, sem que a aceitação ou renúncia de um título ou de outro interfira na sucessão hereditária.

Nesse sentido é a regra do § 2º do art. 1.808: "O herdeiro, chamado, na mesma sucessão, a mais de um quinhão hereditário, sob títulos sucessórios diversos, pode livremente deliberar quanto aos quinhões que aceita e aos que renuncia". Não se trata de aceitação parcial, porque os títulos sucessórios são autônomos e independentes e, no caso, a aceitação ou renúncia de um ou outro, será na integralidade. Cada título sucessório será aceito ou renunciado na integralidade.

Se o sucessor é casado, a aceitação independe da anuência do cônjuge, porque não se caracteriza tal ato como de disposição de patrimônio. Ao contrário, haverá incorporação de direitos patrimoniais e, se houver dívidas superiores às forças da herança, a responsabilidade é limitada. Portanto, a aceitação em nenhuma hipótese repercutirá negativamente no patrimônio da família.

A aceitação direta pode ainda ser realizada pelo representante legal, no caso de incapacidade e, inclusive, por representante voluntário, investido em poderes pelo sucessor para tal finalidade. Se o incapaz está submetido a tutela, o tutor somente poderá aceitar a herança ou determinado bem legado, com autorização judicial (art. 1.748, II, do CC). O mesmo ocorre em relação à curatela, em razão do disposto nos arts. 1.774 e 1.781, ambos do CC.

• **Modo (ou formas) de aceitação**

Em relação à forma ou modo de aceitação, pode ser expressa, tácita ou presumida. A forma de aceitação assume relevância, tendo em vista o caráter irrevogável e irretratável da aceitação. Após a caracterização do ato como aceitação, qualquer disponibilidade posterior de direitos hereditários, a título oneroso ou gratuito e, independente da formalidade ou modo, terá natureza de cessão de direitos hereditários.

A aceitação será expressa quando o sucessor exterioriza o desejo de aceitar a herança, por meio de palavras ou expressões inequívocas, que deve estar materializada em documento escrito, conforme primeira parte do art. 1.805 do Código Civil. Portanto, não basta a exteriorização de vontade. É essencial que seja cumprida a formalidade prevista em lei, por escrito. Tal formalidade em relação à aceitação expressa (deve ser por escrito) é incompreensível, pois uma das formas de aceitação é a tácita, aliás, a mais comum, que independe de qualquer formalidade.

A aceitação tácita decorre de comportamento do sucessor ou da prática de atos típicos daquele que deseja assumir a titularidade de direitos hereditários, como a tomada de posse dos bens e sua consequente administração, a abertura de inventário e a formulação de requerimentos que se caracterizem como atos próprios de sucessor (qualquer ato concreto e objetivo incompatível com a vontade de renunciar à herança). Alguns atos oficiosos não se caracterizam como aceitação tácita, o que apenas diante do contexto concreto será possível apurar.

De acordo com o art. 1.805 do CC, será tácita a aceitação quando "resulta tão somente de atos próprios da qualidade de herdeiro".

O Código Civil, como mencionado, exclui da condição de aceitação tácita alguns atos praticados por aquele que pode ser sucessor, nos termos do § 1º do art. 1.805 do CC.

A preparação do funeral, a prática de atos meramente conservatórios de bens da herança, para evitar ruína ou deterioração, assim como meros e simples atos de administração, não caracterizam aceitação. Tais atos altruístas decorrem do espírito de solidariedade e cooperação que inspiram, ou deveriam inspirar, as relações entre pessoas próximas. É comum que após a morte de ente querido haja toda uma preparação do funeral, providências preliminares relacionadas aos bens deixados, para fins de conservação e simples administração que, por si sós, não evidencia aceitação tácita.

De acordo com o § 2º do art. 1.805, também não caracteriza aceitação a cessão gratuita, pura e simples, da herança aos demais coerdeiros. Nesse caso, a cessão gratuita, de forma pura, sem qualquer condição, em favor dos demais herdeiros, terá efeito jurídico de renúncia abdicativa ou própria. No entanto, é essencial que tal "cessão", que terá natureza jurídica de renúncia, seja em benefício de todos os herdeiros indistintamente. Portanto, se o sucessor, sem qualquer especificação, individualização ou definição, transfere os direitos hereditários em favor de todos os demais sucessores, tal cessão terá efeito e natureza de renúncia abdicativa, ou seja, o efeito da *saisine* em relação a este sucessor estará neutralizado. O § 2º do art. 1.805 do CC é desdobramento do § 2º do art. 1.791 do CC, segundo o qual a herança defere-se como um todo unitário e indivisível até a partilha.

Por outro lado, se a "renúncia", denominada impropriamente "cessão", for feita somente a algum ou apenas alguns coerdeiros ou em benefício de outra pessoa qualquer, estará caracterizada a aceitação, com a consequente transmissão de direitos hereditários. Neste último caso, a renúncia é translativa ou *imprópria*. A renúncia translativa tem natureza jurídica de cessão de direito hereditário e, como tal, se submete às regras da cessão do art. 1.793 do CC (o direito à sucessão aberta pode ser objeto de escritura pública). Se a renúncia é em favor de alguém, haverá transferência, que pressupõe anterior aceitação. Para a caracterização da renúncia própria ou abdicativa, que é a renúncia propriamente dita, a cessão deve ser indistinta e indeterminada, para favorecer todos os demais sucessores que foram chamados ou que participarão daquela sucessão (§ 2º, do art. 1.805, CC). Tal cessão de direitos hereditários, incondicional, integral e indistinta (em favor do monte), caracterizará repúdio ou renúncia da herança.

Por fim, a última espécie é a aceitação presumida. A aceitação presumida ocorrerá quando, após notificado sobre a aceitação, o sucessor permanece em silêncio quanto à herança e, algum terceiro interessado na quota hereditário, provoca o sucessor. Portanto, a aceitação presumida decorre de provocação de terceiro interessado na aceitação, como o credor do sucessor, que depende daqueles direitos hereditários para satisfação do crédito. Tal terceiro interessado provoca ou força, por medida judicial, a aceitação.

Portanto, a aceitação presumida decorre da inércia do sucessor, herdeiro ou legatário, após ser instado ou provocado a se manifestar, como ocorre na hipótese prevista no art. 1.807 do CC. O interessado poderá, 20 dias após a abertura da sucessão (prazo de reflexão para aceitação), requerer ao juiz, prazo razoável, não maior de 30 dias, para nele se pronunciar o sucessor, herdeiro ou legatário, sob pena de se haver a herança por aceita. Portanto, no caso de silêncio do sucessor, presume-se a aceitação, nos termos do art. 111 do CC (teoria do silêncio circunstanciado). Tanto o credor do sucessor, assim como da própria herança, teria interesse no requerimento para provocar a aceitação. Portanto, qualquer interessado direto na aceitação terá legitimidade na aceitação do sucessor.

Nesse caso, após ser notificado por pessoa interessada na aceitação, credor, por exemplo, em hipótese de silêncio, presume-se a aceitação. A aceitação pode ser presumida, ao contrário da renúncia, que sempre será expressa. Outros interessados podem ser coerdeiros.

Por fim, importante registrar que, após a abertura da sucessão, a condição de sucessor, confirmada pela aceitação, o legitima à cessão de direito hereditários até a partilha. Após a partilha, não se cogita mais de cessão de direitos hereditários, mas da alienação do próprio bem do herdeiro/sucessor. A herança ou o direito à sucessão aberta é um estado transitório definido entre a abertura da sucessão e a partilha.

7.14.2. Falecimento de sucessor (herdeiro/legatário) antes de aceitar a herança: consequências

O art. 1.809 do CC constitui regra especial sobre aceitação da herança, para disciplinar a situação em que o sucessor legitimado falece antes de declarar a aceitação em relação à cota hereditária. Segundo a norma, neste caso, o poder de aceitação é transferido aos herdeiros daquele que faleceu antes de aceitar herança.

Por exemplo, "A" falece e deixa como sucessores "B" e "C". Antes de "B" aceitar a herança de "A", ele (B) falece. Neste caso, os sucessores de "B" terão o poder de aceitar a herança, como se fosse "B".

Em regra, a aceitação da herança deverá ocorrer pelo próprio titular do direito a ser transmitido. Todavia, o titular pode falecer antes da aceitação e, nesta hipótese, o direito de aceitar é transmitido.

Portanto, se o sucessor falecer antes de aceitar a herança, a titularidade do "direito subjetivo de aceitação", ou seja, o direito de aceitar (e não a herança) é transmitido a seus herdeiros e, neste ponto, considerar-se-á o pronunciamento destes últimos como se daquele partisse (aceitação em nome do falecido).

Ocorrerá o que se convencionou denominar sucessão hereditária do direito de aceitar a herança. Essa regra confirma a transferência aos herdeiros não só dos bens, como também de direitos incorpóreos, como é o direito de aceitar a herança.

De acordo com a segunda parte do *caput* do art. 1.809, caso a vocação (a herança transmitida) esteja vinculada à condição suspensiva, a aceitação somente poderá ocorrer após o implemento ou a verificação da condição dessa natureza (art. 125 do CC). A condição suspensiva obsta não só o exercício, mas a própria aquisição do direito, no caso, hereditário. Tal exceção, prevista na norma, somente pode estar relacionada à sucessão testamentária, em que é possível, na esteira do art. 1.897 do CC, a nomeação de herdeiro ou legatário sob condição. A condição, no caso, seria imposta pelo testador. Se a condição suspensiva, aposta em testamento, que condiciona a aquisição da cota hereditária, não se verificou, não há cogitar em transmissão do direito de aceitação em favor dos herdeiros daquele que faleceu antes da aceitação e da implementação da condição. Nessa hipótese, a disposição testamentária se torna ineficaz e, salvo cláusula de substituição ou outra disposição testamentária, a parte que caberia ao falecido será transmitida aos herdeiros legítimos, de acordo com a ordem de vocação hereditária. Isso porque a condição suspensiva subordina a própria aquisição do direito a evento futuro e incerto. O direito não é adquirido e, se não foi adquirido, não se pode transmitir o direito de aceitar um direito que não foi incorporado no patrimônio daquele que seria herdeiro se a condição suspensiva tivesse sido implementada, mas que não foi.

Nesse ponto, é precisa a observação de Tepedino[4]: "Consideram indispensáveis duas condições para a transmissão do direito de aceitar: que aquele a favor de quem a herança é aberta esteja na posse definitiva do direito de aceitar no momento de sua morte, ou seja, que a herança lhe tenha sido deferida incondicionalmente ou ter sido a condição a que fora subordinada verificada ainda em vida; e que haja aceitação da herança por parte dos sucessores do herdeiro que faleceu antes de aceitá-la".

O parágrafo único do art. 1.809 do CC explicita a diferença entre o direito de aceitar a herança e o direito à herança propriamente dita: "Os chamados à sucessão do herdeiro falecido antes da aceitação, desde que concordem em receber a segunda herança, poderão aceitar ou renunciar a primeira".

O exemplo é mais elucidativo. Se "A" tem dois filhos, "B" e "C", e três netos, sendo um neto o filho de "B" e outros dois netos filhos de "C", a situação seria a seguinte: em acidente de trânsito, "A" falece imediatamente e seus herdeiros são "B" e "C", filhos. Se "B", que também estava no veículo, falece dois dias depois da morte de "A", faleceu sem ter a oportunidade de aceitar a herança de "A". Nesse caso, de acordo com a regra do art. 1.809, *caput*, o direito de aceitar a herança de "A" passa para os herdeiros de "B", que é filho deste e neto de "A". Nessa situação, há duas heranças em jogo, a de "A" (do avô) e a de "B" (do pai). Para que o herdeiro de "B" (filho deste e neto de A)

---

[4] TEPEDINO, Gustavo; BARBOSA, Heloísa Helena; BODIN, Maria Celina et al. *Código civil interpretado*. v. IV (Direito de Família. Sucessão em geral. Sucessão legítima e testamentária. Disposições finais e transitórias. Arts. 1.511 a 2.046), RJ-SP: Renovar, 2006, p. 588.

possa aceitar, em nome de "B", a herança de "A", em primeiro lugar, o herdeiro de "B" deve aceitar a herança de seu pai "B", pois é nesta que está o direito de aceitação da herança de seu avô.

A herança do avô "A" seria a primeira herança e a herança do pai "B", a segunda. Portanto, para ter direito de aceitar a herança de "A" em nome do pai, "B", por óbvio, o filho de "B" deve em primeiro lugar aceitar a herança de seu pai "B", pois ao aceitar a herança de seu pai "B", junto com ela estará por aceitar o direito de aceitar a herança de seu avô "A". Por isso, para aceitar ou renunciar à herança do avô "A", primeiro o neto precisa aceitar a herança de seu pai "B" para se legitimar na aceitação ou renúncia da herança do avô. O direito de aceitar a herança de "A" integra a herança de "B", razão pela qual, se não for aceita a herança de "B", o herdeiro não seria titular do direito de aceitar a herança de "A".

Como enuncia Tepedino[5]: "Se Maria falece antes de se manifestar sobre a aceitação da herança deixada por seu pai João, os seus filhos, netos de João, somente poderão aceitar ou renunciar a herança do avô, se aceitarem previamente a herança de Maria".

Em resumo, os netos somente podem aceitar ou renunciar à herança do avô se previamente aceitarem a herança do pai, porque o direito de aceitação ou renúncia da herança do avô integra a herança do pai. Simples assim.

7.14.3. Renúncia da herança: natureza jurídica, capacidade e formalidade

A renúncia constitui ato jurídico unilateral (basta a vontade exteriorizada pelo renunciante), de caráter personalíssimo, pelo qual o sucessor, herdeiro ou legatário, declara não aceitar a herança. Portanto, o sucessor repudia a herança. A possibilidade de renúncia está diretamente relacionada ao fato de a herança envolver direito patrimonial. Os direitos patrimoniais, como a herança, são disponíveis e passíveis de renúncia. Ninguém pode ser compelido a assumir qualquer direito de natureza patrimonial. A renúncia é desdobramento lógico do caráter patrimonial da herança.

Na renúncia, a pessoa chamada à sucessão rejeita a herança, independente da espécie de sucessão da qual se origine, legítima ou testamentária. Se o sucessor é chamado à sucessão por estar na ordem de vocação hereditária (legal) ou porque foi escolhido pelo autor da herança (testamentária), poderá renunciar a tal direito econômico em qualquer destas hipóteses.

Os efeitos da renúncia retroagem à data da abertura da sucessão (*ex tunc*), motivo pelo qual tal ato jurídico neutraliza o principal efeito da *saisine* em relação ao renunciante (art. 1.784 do CC – transmissão automática da herança). O sucessor que renuncia é como se jamais tivesse existido, ou seja, não é equiparado ou considerado pré--morto. Não há transmissão de qualquer direito patrimonial relacionado à herança para o renunciante.

Como é desconsiderada a própria existência do renunciante para fins sucessórios, não é possível a representação dos herdeiros do renunciante (a representação pressupõe pré-morte de herdeiro, o que não ocorre na renúncia, causa de inexistência jurídica). A renúncia impede e neutraliza qualquer possibilidade de representação, nos casos e hipóteses em que esta é possível (na linha reta, em favor de descendentes, e na linha colateral, apenas em favor de filhos de irmãos).

Por estes motivos, o renunciante não tem legitimidade para pleitear invalidação de negócio jurídico que envolva os bens que integram o patrimônio do *de cujus*. A renúncia o desqualifica, juridicamente, para qualquer pretensão no âmbito sucessório. Nesse sentido, a decisão do STJ, Recurso Especial n. 1.433.650-GO.

A renúncia propriamente dita, que tem tal natureza jurídica, recebe o nome de abdicativa. Não deveria ser adjetivada, porque renúncia tem efeito próprio. No entanto, em razão do que se convencionou denominar renúncia translativa (que não existe), a renúncia, verdadeira e legítima, recebe o rótulo de abdicativa. A renúncia translativa pressupõe previa aceitação, motivo pelo qual sua natureza é de cessão de direitos hereditários, conforme se verá. Por isso, renunciar em favor de alguém não é renunciar, mas aceitar a herança para realizar posterior transferência: dois atos em sequência – aceitação e transferência.

A renúncia é irrevogável, assim como a aceitação (art. 1.812 do CC), indivisível (não se pode renunciar em parte – art. 1.808 do CC) e incondicional (não é possível renunciar sob condição ou a termo). A renúncia abdicativa deve ser pura e simples.

A renúncia (ato volitivo decorrente da autonomia privada) gera efeitos jurídicos independentemente do conhecimento daqueles que podem se beneficiar com tais atos. Trata-se, portanto, de declaração não receptícia de vontade. É de natureza não receptícia, porque dispensa comunicação a qualquer pessoa ou destinatário, de acordo com o parágrafo único do art. 1.804 do CC (a transmissão tem-se por não verificada quando o herdeiro renuncia à herança).

• **Pressupostos (subjetivos e objetivos) e requisitos para a eficácia da renúncia**

Em relação aos pressupostos subjetivos, é essencial apurar a condição pessoal do renunciante, ou seja, se tem capacidade e legitimidade para realizar ato que implicará disposição de direito patrimonial.

O sucessor que renuncia à herança deverá ostentar a necessária capacidade em relação a atos de disposição patrimonial.

No caso de menores incapazes, é essencial verificar se está submetido ao poder familiar ou ao instituto da tutela. Caso submetido ao poder familiar, o menor incapaz é representado por seus genitores e, neste caso, serão representados pelos pais no caso de renúncia. Todavia, como a renúncia ultrapassa os limites da simples gestão ou administração (art. 1.691 do CC), será necessário autorização

---

[5] TEPEDINO, Gustavo; BARBOSA, Heloísa Helena; BODIN, Maria Celina et al. *Código civil interpretado*. v. IV (Direito de Família. Sucessão em geral. Sucessão legítima e testamentária. Disposições finais e transitórias. Arts. 1.511 a 2.046), RJ-SP: Renovar, 2006, p. 589.

judicial para que os pais possam renunciar representando filhos menores.

No caso de tutela, o tutor também somente poderá renunciar à herança com autorização judicial, porque dispondo dos bens do menor a título gratuito. No caso do curatelado, eventual renúncia de herança pelo representante legal, curador, depende de autorização judicial, em processo de jurisdição voluntária. Em todos os casos de autorização judicial para renúncia da herança como representantes ou assistentes de incapazes, o Ministério Público deve ser ouvido. Será apurado no processo judicial se a renúncia é de interesse para o incapaz.

Além da capacidade para a renúncia, é essencial estar legitimado para o ato (estar em posição jurídica que lhe permita renunciar). A legitimidade não se confunde com a renúncia.

A questão que se coloca é simples: Se o sucessor é casado e, como o direito à sucessão aberta é considerado imóvel (art. 80), a renúncia ao direito à sucessão aberta deve contar com a anuência do cônjuge?

Se casado no regime da separação absoluta e convencional de bens (arts. 1.647, I, CC), a resposta é óbvia: claro que não. A própria lei dispensa tal anuência neste regime. E se o casamento for nos demais regimes de bens?

Não há dúvida de que a renúncia é ato de disposição patrimonial. Tal questão é objeto de divergência, porque renúncia é diferente dos atos de "alienação" ou "gravar", o que afastaria tal exigência para a renúncia de pessoa casada. O termo "renúncia" não é utilizado pelo art. 1.647, I, do CC.

No caso, é essencial compatibilizar a renúncia da herança formalizada por pessoa casada com as regras especiais dos regimes de bens, a fim de apurar eventual necessidade de outorga conjugal no ato de renúncia. A depender do regime de bens adotado, como na comunhão parcial e no regime da participação final dos aquestos (na separação absoluta e convencional, como mencionado, a própria lei, no art. 1.647, I, faz a ressalva), a herança não se comunica com o cônjuge do sucessor. Ora, se a herança não se comunica ao cônjuge nestes regimes, não haveria motivo para outorga conjugal no ato de renúncia. Não há interesse econômico e jurídico que justifique a outorga conjugal, porque os bens que integram a herança serão bens particulares e, portanto, não se comunicam. Por outro lado, mesmo como bens particulares, caso a herança seja aceita, posterior alienação dependeria de vênia conjugal nestes regimes. Ocorre que a renúncia impede a incorporação e, portanto, não há integralização de patrimônio. Se não se comunica, não há interesse direto ou indireto nesta herança a justificar a outorga conjugal. É diferente no regime da comunhão universal, porque os bens recebidos por um dos cônjuges a título de herança, em regra, se comunicam. Neste caso, portanto, a renúncia prejudicaria o cônjuge/companheiro do sucessor renunciante, motivo pelo qual é legitima a exigência de outorga conjugal neste regime.

A doutrina majoritária exige a outorga conjugal no caso renúncia em todos os regimes, como exceção da separação convencional de bens, mas cabe a reflexão, porque o cônjuge, naqueles regimes em que a herança não se comunica, não tem interesse econômico nos bens que são objeto de renúncia.

Se não houver outorga conjugal nos casos em que é necessária, a renúncia seria passível de invalidação, por ausência de legitimidade, no prazo decadencial de dois anos (art. 1.649 do CC). Se a recusa do cônjuge do renunciante for abusiva ou injusta, poderá ser obtido suprimento judicial.

Portanto, além da capacidade para renunciar, é essencial legitimidade em algumas situações (por exemplo, o consentimento do cônjuge do renunciante). No que se refere à união estável, por decorrente de elementos fáticos, protege-se o terceiro de boa-fé em detrimento do companheiro, com a ressalva de ação regressiva em favor deste. É dispensável a autorização do companheiro para a renúncia da herança, por ausência de previsão legal. Além disso, no caso de união estável, como mencionado, os interesses do terceiro de boa-fé prevalecem sobre os do companheiro..

Em relação aos pressupostos objetivos, a renúncia, em razão da sua relevância e efeitos, é revestida de formalidades. Portanto, quanto à *forma*, a renúncia é ato jurídico solene ou formal. De acordo com o art. 1.806 do CC, deve ser expressa (vontade exteriorizada) e se materializar em instrumento público ou termo judicial. Não se admite a renúncia tácita, tampouco a informal, como a verbal. Tal segurança jurídica na renúncia se justifica porque é ato de disposição de direitos que a lei considera imóvel (art. 80, II, CC). O direito à sucessão aberta é considerado imóvel para fins legais e, por isso, qualquer ato relacionado a tal direito é submetido ao regime jurídico dos imóveis, fato que justifica as formalidades impostas pelo art. 1.806 para a renúncia.

Se não observada a formalidade prevista em lei, tal ato é nulo (art. 166, inciso IV, do CC). A renúncia somente poderá ser efetivada após a abertura da sucessão, pois se anterior estar-se-ia por violar o art. 426 do CC, que veda em vida qualquer disposição cujo objeto seja herança de pessoa viva.

A formalidade exigida pelo art. 1.806, instrumento público ou termo judicial, além de garantir a necessária segurança jurídica, submete ato ao controle de outros atores, como o tabelião ou aqueles que participam do processo judicial.

Como adiante analisado, a renúncia propriamente dita, que implica repúdio ou não aceitação da herança, é denominada renúncia abdicativa, que não se confunde com a renúncia impropriamente denominada translativa, a ser analisada em tópico próprio. Por isso, a renúncia deve ser pura e simples. A renúncia em favor de alguém não é renúncia, mas aceitação com posterior ato de transmissão, o que se convencionou denominar renúncia translativa. Por outro lado, a "cessão" gratuita, pura e simples, em favor do monte e sem especificação dos beneficiários (a beneficio de todos os herdeiros de forma indistinta), caracteriza renúncia abdicativa (§ 2º do art. 1.805 do CC).

Em resumo, a renúncia pressupõe abertura da sucessão, possui efeitos retroativos à abertura da sucessão, deve ser pura e simples, indivisível, incondicional, irrevogável, formal e expressa (não é possível a renúncia tácita) e levada a efeito por pessoa capaz e legitimada.

7.14.4. Diferença entre renúncia abdicativa e renúncia translativa

A renúncia propriamente dita, que impede a transmissão da herança e neutraliza a transmissão em favor do renunciante (parágrafo único do art. 1.804 do CC), é a renúncia abdicativa.

A abdicativa tem natureza jurídica de renúncia. É a renúncia pura e simples. Tal renúncia se expressa com o termo "renuncio à herança". Não há referência a outros herdeiros ou pessoas estranhas à herança. É renúncia que implica repúdio puro à herança, sem qualquer indicação de beneficiário.

Por outro lado, a impropriamente denominada "renúncia translativa" não tem natureza jurídica de renúncia. Tal "renúncia" é aquela em favor ou em benefício de pessoas ou pessoa determinada. Nessa situação, há duas declarações de vontade, disfarçadas sob o rótulo de renúncia. Na primeira, o herdeiro aceita a herança e logo em seguida transfere, por cessão, os direitos hereditários para pessoa ou pessoas determinadas. É comumente caracterizada quando se diz: "Renuncio em favor de X". Isso não é renúncia, mas aceitação seguida de transmissão ou cessão de direitos hereditários, duas declarações jurídicas autônomas, independentes e inconfundíveis. Na renúncia propriamente dita, o herdeiro não escolhe quem ficará com seu direito de herança. Não há como escolher o beneficiário. Se quiser transmitir a herança em favor de alguém, é porque a aceitou e, após a aceitação, está retransmitindo (cessão).

Portanto, a "renúncia translativa" se caracteriza pela aceitação da herança e, em ato posterior, a transferência da cota "renunciada" (na realidade aceita) ao beneficiário.

7.14.5. Efeitos da renúncia à herança na sucessão legítima e na sucessão testamentária

A renúncia (que é sempre abdicativa para ser considerada como tal) pode estar relacionada a direito à sucessão aberta decorrente de sucessão legítima (lei) ou testamentária (disposição de última vontade – testamento ou codicilo). A renúncia tem efeito retroativo à data da abertura da sucessão e, por isso, neutraliza o efeito jurídico da *saisine*, previsto no art. 1.784 do CC (transmissão automática dos bens).

A depender da espécie de sucessão, os efeitos da renúncia terão consequências diversas.

A renúncia, na sucessão legítima, provoca o direito de acrescer em favor dos outros herdeiros da mesma classe. Se o renunciante for o único da classe, a herança devolve-se aos da subsequente. Nesse caso, como os da classe subsequente estarão no mesmo grau, todos receberão por direito próprio, isto porque não há possibilidade de representar herdeiro renunciante, conforme dispõe o art. 1.810 do CC: "Na sucessão legítima, a parte do renunciante acresce à dos outros herdeiros da mesma classe e, sendo ele o único desta, devolve-se aos da subsequente".

A título de exemplo, se o falecido tem três filhos, "A", "B" e "C", e dois netos, filhos de "C", caso o filho "C" renuncie à herança, sua parte será acrescida de forma igual aos outros herdeiros da classe do renunciante ("A" e "B"), como se "C" jamais tivesse existido. Basta considerar, por ficção, a inexistência jurídica do renunciante, que é fácil a compreensão do direito de acrescer na sucessão legítima. Nesse caso, os netos do falecido, filhos do renunciante "C", não poderão representá-lo, pois não há representação de herdeiro renunciante.

No entanto, no mesmo exemplo, se os filhos "A" e "B" já eram falecidos, como "C" passou a ser o único da classe, caso renuncie à herança, não há direito de acrescer, pois a herança, em sua integralidade, é devolvida para os netos, filhos de "C", que vão herdar por direito próprio, não por representação. A norma é absolutamente clara. Portanto, não é possível confundir o direito de acrescer, que pressupõe outros herdeiros na mesma classe e grau do renunciante, com a devolução, quando o renunciante é o único da sua classe e grau. A renúncia é incompatível com o direito de representação.

Portanto, os efeitos da renúncia, na sucessão legítima, estão previstos no art. 1.810 do CC: direito de acrescer – se houver outros herdeiros na mesma classe e do mesmo grau do renunciante; ou devolução da herança para os da classe subsequente, se o renunciante for o único de sua classe e grau.

Como consequência lógica do direito de acrescer (se o renunciante não for o único da classe), o art. 1.811 do CC proíbe a sucessão por representação dos descendentes ou filhos de irmãos do renunciante ("ninguém pode suceder, representando herdeiro renunciante"). No entanto, se o renunciante for o único da classe ou se todos da classe e grau renunciarem, poderão os filhos sucedê-los por direito próprio (cabeça – ou seja, serão os filhos os titulares da herança, em partes iguais), jamais por representação (a representação só ocorrerá no caso de herdeiro pré-morto, indignidade e deserdação). Como regra, os descendentes ou sucessores do renunciante não herdam nada. Se todos da classe e grau renunciam, ou se o único da classe renunciar, ocorre a devolução para que os da subsequente (os próximos na ordem de vocação hereditária) recebam por direito próprio ou cabeça.

O art. 1.811 é desdobramento da previsão contida no art. 1.810.

A renúncia, na sucessão testamentária, tem efeitos diversos. Não é por acaso que o art. 1.810 se refere apenas e tão somente aos efeitos da renúncia na sucessão legítima. E o motivo é simples: o testamento é negócio jurídico e, por isso, no caso de renúncia, o testador poderá de antemão substituir o renunciante por outro herdeiro. É o que dispõe o art. 1.947 do CC, segundo o qual o testador pode indicar substituto caso o herdeiro ou legatário nomeado não queira aceitar a herança, ou seja, renuncie à herança. Nesta hipótese, o substituto indicado assumirá o lugar do renunciante.

Ocorre que na sucessão testamentária também será possível o direito de acrescer, desde que vários herdeiros, na mesma disposição testamentária sejam conjuntamente chamados à herança, em quinhão não determinado e qualquer deles não queira aceitar (renuncie). Neste caso, a parte do renunciante acrescerá à dos coerdeiros chamados conjuntamente, salvo se o testador indicou substituto (arts. 1.941 e 1.947, analisados em conjunto).

Se os herdeiros foram nomeados de forma conjunta (a instituição do beneficiário se dá de forma conjunta – a conjunta ocorrerá quando os herdeiros são chamados de forma indistinta sem especificação do quinhão de cada um), haverá o direito de acrescer, nos termos do art. 1.941 do CC, salvo direito do substituto que houver sido indicado pelo testador. Por se tratar de sucessão testamentária, mesmo na nomeação de herdeiros conjuntamente, o testador poderá afastar o direito de acrescer por cláusula testamentária que permite a substituição do herdeiro renunciante por outro.

Se não há nomeação conjunta, como na hipótese do art. 1.941 e o testador não indica substituto ao renunciante, a disposição testamentária caduca, ou seja, perde a eficácia, caso em que tal parte da herança será submetida à sucessão supletiva, legítima, de acordo com a ordem de vocação hereditária (art. 1.829 do CC).

Assim, se a sucessão testamentária é individual, não há direito de acrescer e, nesse caso, se houver renúncia, a nomeação é ineficaz. Haverá caducidade do testamento em razão da renúncia. No entanto, também é possível ao testador indicar substituto ao herdeiro nomeado para o caso de renúncia (art. 1.947, CC). Em caso contrário, a disposição testamentária perde a eficácia e a cota do renunciante será objeto de transferência, segundo as regras da sucessão legítima. Portanto, na sucessão testamentária, não haverá jamais o direito de acrescer se a nomeação for de herdeiro ou legatário, de forma individualizada.

7.14.6. Renúncia e representação do herdeiro do renunciante

O art. 1.811 do CC ratifica o princípio de que o renunciante é equiparado a herdeiro inexistente e, por conta dessa ficção jurídica, ninguém poderá suceder por representação herdeiro que renuncia.

Por outro lado, se o renunciante for o único herdeiro da sua classe (exemplo, o único filho do autor da herança) ou se forem vários herdeiros da mesma classe (por exemplo, três filhos do autor da herança) e todos renunciarem, poderão os filhos do renunciante ou dos renunciantes receber a herança, mas não por representação, mas por direito próprio ou cabeça. Não há representação ou sucessão por estirpe no caso de renúncia, mas como o renunciante é considerado inexistente, com a renúncia, se for o único da classe ou se todos da mesma classe renunciarem, todos os filhos do renunciante são chamados à sucessão para receber por direito próprio.

Por exemplo, o falecido "A" deixou três filhos: João, José e Pedro. João tem dois filhos, Mário e Júlio; José tem três filhos: Guilherme, Gabriel e Gustavo; e Pedro tem um filho: Joaquim. Portanto, o falecido tem três filhos e seis netos. Se um dos filhos de "A" renunciar à herança, os filhos do renunciante não poderão representá-lo. Nesse caso, a parte do renunciante acresce à dos demais filhos (art. 1.810 do CC). Isso porque não há representação em caso de renúncia.

No entanto, se os três filhos de "A", João, José e Pedro, renunciarem às suas heranças (como todos os renunciantes são da mesma classe), os netos do falecido poderão vir à sucessão, mas nesse caso por direito próprio. Por esse motivo, como a herança será dividida por cabeça ou direito próprio, será dividida em seis partes rigorosamente iguais. Na sucessão por direito próprio, o herdeiro é o próprio titular da herança. Assim, a divisão é igual. Os filhos serão chamados à sucessão por serem os parentes mais próximos do autor da herança, com o que será desconsiderada a existência do herdeiro ou herdeiros renunciantes.

O sujeito que renuncia poderá, eventualmente, se relacionar com a herança que renuncia. Poderá o renunciante administrar e usufruir dos bens que, devido à sua renúncia, foram destinados aos filhos menores (diferente do que ocorre com a indignidade, por exemplo). Ademais, o renunciante poderá ter direito sucessório sobre os bens que renunciou, caso seus descendentes, que receberam por direito próprio, não tiverem deixado outros descendentes, caso em que a herança destes será destinada para o seu ascendente, renunciante. Para ter como exemplo: "A" falece e deixa apenas um descendente, "B" (filho de A). "B" tem dois filhos "D" e "E", que são netos de "A". Se "B" renuncia à herança, os filhos dele, "D" e "E" receberam a herança por direito próprio (como se fossem os primeiros descendentes de "A", por força do disposto no art. 1.811). Se "D" e "E" forem menores, mesmo "A" tendo renunciado à herança, poderá ser o administrador e usufrutuário da herança que renunciou. Se "D" e "E" falecem sem deixar descendentes, "A" será herdeiro e receberá a herança a que havia renunciado, e que foi recebida por direito próprio por seus filhos. Portanto, a renúncia não impede que o renunciante, como administrador, usufrutuário, ou mesmo herdeiro, tenha relação jurídica com a herança que renunciou.

Portanto, ao contrário da indignidade, o renunciante poderá ser administrador e usufrutuário do mesmo patrimônio que renunciou, se forem beneficiados seus filhos menores (no caso de devolução, por exemplo, porque não há representação na renúncia). A condição de administrador e usufrutuário não é prejudicada pela renúncia, caso os descendentes do renunciante que, venham receber a herança por direito próprio em função deste ato unilateral. Neste caso, o pai e renunciante, poderá administrar e exercer como usufrutuário direito sobre os bens da herança que renunciou (art. 1.689 do CC).

Além disso, no caso de falecimento das pessoas que receberam a herança em função da renúncia, caso o renunciante seja sucessor dos beneficiados pela renúncia, poderá receber a herança. A renúncia não incompatibiliza o renunciante com o patrimônio transmitido, na condição de gestor e usufrutuário ou sucessor daquele que foi beneficiado com a renúncia.

Por fim, de acordo com o art. 1.856 do CC, o renunciante à herança de uma pessoa, poderá representá-la na sucessão de outra. Não há representação na renúncia em favor de descendentes do renunciante. Todavia, se a pessoa renuncia à herança de uma pessoa, poderá representá-la quando ela sucede outra. Isto ocorre porque são heranças diferentes. Por exemplo, o filho pode renunciar à herança que receberia de seu pai. Todavia, quando o avô paterno falecer (herança diversa daquela do seu pai), poderá o renunciante representar o seu pai (herdeiro pré-morto de seu avô) na sucessão do seu avô e aceitar essa herança. A renúncia da herança do pai não impede que o represente na herança de seu avô.

7.14.7. Ineficácia da renúncia da herança em detrimento de credores (tutela do crédito)

A renúncia à herança não pode ser maliciosa, ou seja, levada a efeito para prejudicar terceiros interessados no acervo patrimonial que seria recebido pelo herdeiro renunciante.

O patrimônio do devedor é a garantia de seus credores. Trata-se do princípio geral da responsabilidade patrimonial. Por isso, a renúncia somente pode ser realizada se tal ato não comprometer a referida garantia. Se o renunciante tiver bens suficientes para garantia de seus credores, não haverá impedimento para a renúncia. Todavia, se a renúncia prejudica a garantia dos credores, será ineficaz em relação a eles. Portanto, é caso de ineficácia, não de invalidade.

O art. 1.813 do CC dispõe sobre regra que protege e tutela os interesses econômicos dos credores do herdeiro renunciante, tudo a fim de evitar fraude e preservar a garantia patrimonial dele.

Trata-se de hipótese de aceitação presumida pela legislação. Os credores podem aceitar a herança em nome do renunciante, tudo a fim de satisfazer seus créditos (aceitação indireta). O objetivo do pedido dos credores é suspender, temporariamente, os efeitos da renúncia da herança, até o valor suficiente para a satisfação do crédito. A habilitação dos credores do renunciante deverá ocorrer no prazo de trinta dias seguintes ao conhecimento do fato.

Tal pedido formalizado pelos credores poderá ser de forma incidental em ação de inventário ou em ação autônoma, submetida ao procedimento comum.

Após o pagamento de todas as dívidas, se sobrar saldo da herança renunciada, a renúncia prevalecerá quanto à essa diferença ou remanescente, com a devolução aos demais herdeiros, com todos os efeitos da renúncia já analisados (§ 2º do art. 1.813, CC).

7.15. DOS EXCLUÍDOS DA SUCESSÃO LEGÍTIMA E TESTAMENTÁRIA: INDIGNIDADE

A indignidade é causa de exclusão da herança, seja a sucessão legítima ou testamentária. O indigno, embora tivesse legitimado para receber a herança, será excluído da sucessão em razão de condutas graves, que a lei define como atos de indignidade. Portanto, perderá a legitimidade sucessória. O objetivo é punir o sucessor, herdeiro ou legatário, que praticou conduta contrária a preceitos éticos, morais e à integridade física, psicológica e intelectual do autor da herança ou de pessoas próximas a ele. É o repúdio à transmissão da herança para aquele que passa a ser considerado indigno.

O indigno é o não digno, ou seja, aquele sem dignidade suficiente para receber a herança. Ao contrário do sucessor que renuncia à herança, o indigno é considerado como se morto fosse (herdeiro pré-morto). Por isso, os descendentes do indigno poderão representá-lo na herança do falecido na sucessão legítima (pois o instituto da representação é exclusivo desta espécie de sucessão). Na renúncia, o renunciante é considerado sucessor, herdeiro ou legatário, inexistente (a renúncia não se compatibiliza com o instituto da representação).

A indignidade, como ressaltado, pode se relacionar a todos os tipos de sucessores: herdeiros legítimos e testamentários e legatários. No caso do legado, a indignidade é causa de caducidade do legado, conforme o art. 1.939, IV, do Código Civil. Por óbvio, a pena do indigno não se aplica à meação do cônjuge sobrevivente, em razão do caráter pessoal da sanção e de sua vinculação à herança (meação do sobrevivente não é herança, mas instituto de direito de família, conectado ao regime de bens). A indignidade está relacionada ao direito sucessório e, por isso, só afeta a herança do falecido.

A exclusão do indigno da sucessão pressupõe sentença (civil ou penal, art. 1.815-A) com trânsito em julgado. Como já mencionado, os efeitos desta sentença são pessoais, pois afetam apenas o indigno, conforme será analisado em item específico.

O sucessor (apenas o herdeiro necessário) também pode ser excluído da herança por deserdação. Embora sejam institutos semelhantes, há diferenças fundamentais.

A exclusão por indignidade pode ocorrer em qualquer sucessão, legítima ou testamentária. A deserdação é instituto exclusivo da sucessão testamentária. A exclusão do indigno ocorrerá quando restar caracterizada hipótese prevista em lei. A deserdação depende da indicação de causa definida em lei em testamento. Os atos que caracterizam indignidade podem ser anteriores ou posteriores à abertura da sucessão. Os atos que podem levar à deserdação, necessariamente, são anteriores (lógica: a deserdação é por meio de testamento, razão pela qual o autor da herança, no momento do testamento, faz referência a fato pretérito). A indignidade se instrumentaliza por meio de ação judicial e a deserdação, por testamento, com posterior confirmação judicial da causa indicada pelo testador. A indignidade afeta qualquer espécie de sucessor, inclusive os legítimos facultativos (colaterais). A deserdação tem finalidade específica: privar o herdeiro necessário da legítima ou da parte indisponível (por isso, a deserdação é causa de exclusão relacionada à sucessão testamentária).

O sucessor que não é herdeiro necessário não precisa ser deserdado. A explicação é simples: na sucessão testamentária, para excluir o herdeiro não necessário (facultativo – colateral por exemplo), basta não o contemplar no testamento (art. 1.850, CC). Se o herdeiro facultativo pode ser excluído apenas pelo fato de não ter sido contemplado, desnecessária qualquer indicação de causa para deserdá-lo. Como o herdeiro necessário tem direito à legítima, a qual não pode ser objeto de testamento (salvo se o próprio herdeiro necessário for o sucessor testamentário beneficiado), sua exclusão somente poderá ocorrer por indignidade ou, em testamento, pela deserdação.

Por isso, na deserdação, a sanção civil é específica para herdeiros necessários, e somente pode ser ordenada em testamento e com expressa declaração de causa. É necessário provar a causa da deserdação, em ação judicial. Portanto, não decorre da lei, como a indignidade (embora também dependa de ação judicial), mas da expressa declaração do autor da herança em testamento.

Por fim, a doutrina se divide quanto à natureza jurídica da indignidade. No entanto, a indignidade mais se afina com a concepção de impedimento, que tem natureza objetiva. É sanção civil.

7.15.1. Hipóteses de indignidade

O Código Civil elenca as hipóteses que autorizam a declaração de indignidade. A enumeração legal é taxativa (*numerus clausus*), segundo doutrina majoritária, embora também haja corrente de pensamento que defende tese ampliativa, a partir de análise finalística. É o caso da instigação ou auxílio ao suicídio, que também poderia ser caso de indignidade, em interpretação mais ampla do art. 1.814, I. Assim, seria possível, a partir da finalidade da norma, considerar condutas assemelhadas àquelas previstas em lei. Os fatos que autorizam a exclusão da sucessão por indignidade estão previstos no art. 1.814 do CC.

Inciso I – Art. 1.814

A primeira hipótese ocorrerá quando herdeiros ou legatários tiverem sido autores, coautores ou partícipes de homicídio doloso, ou tentativa deste, contra a pessoa de cuja sucessão se tratar, seu cônjuge, companheiro, ascendente ou descendente. O homicídio deve ser doloso e pode ser consumado ou tentado. É essencial a prova da prática do delito, mas não é exigida a prévia condenação criminal do autor em relação a este fato definido como crime (autonomia entre as instâncias). O art. 1.815-A, introduzido pela Lei n. 14.661/2023, não altera esse entendimento. A norma apenas admite a exclusão da sucessão por indignidade como efeito de sentença penal condenatória, mas não impede que a indignidade seja objeto de ação civil, independente de condenação criminal. A prova do homicídio doloso pode ser realizada na própria ação civil de indignidade. Após a nova lei, a exclusão da herança por indignidade pode decorrer do trânsito em julgado de ação civil, cujo objetivo é a indignidade ou de qualquer ação penal que tenha por objeto um dos crimes definidos em lei como suficientes para caracterizar a indignidade. Evidente que se houver prejudicialidade entre a ação civil de indignidade por homicídio e a ação penal pelo mesmo crime, será possível a suspensão do processo civil, pelo prazo máximo previsto em lei, para evitar decisões contraditórias (art. 313 do CPC).

Trata-se de causa de intensa reprovação social, ética e moral, tanto que a norma estende a sanção civil para a conduta praticada em relação a pessoas próximas do autor da herança, com evidente extensão do alcance da indignidade. A eutanásia, em tese, poderia ser considerada causa de indignidade. Todavia, apenas diante do caso concreto, será possível apurar a intenção, finalidade, contexto social e moral, enfim, a situação fática para se defender a exclusão da sucessão por indignidade decorrente de eutanásia.

A partir de interpretação conforme a tipicidade finalística da norma (finalidade pretendida pelo tipo legal), ainda que o rol do art. 1.814 seja taxativo, o ato infracional análogo ao homicídio, praticado pelo filho, que atenta contra a vida dos pais, pode excluí-lo da sucessão por indignidade. A conduta do herdeiro menor é equiparada ao conteúdo e a essência do comando normativo em questão, se ajusta à finalidade protetiva do art. 1.814, I (Recurso Especial n. 1.943.848-PR).

Inciso II – Art. 1.814

A segunda hipótese ocorrerá quando herdeiros ou legatários tiverem acusado caluniosamente, em juízo, o autor da herança, ou incorrerem em crime contra sua honra, de seu cônjuge ou companheiro. O inciso II faz referência a denunciação caluniosa (acusação) e crimes contra a honra: calúnia, difamação e injúria, que podem até ser praticados após a morte, como a calúnia contra os mortos (art. 138, § 2º, do CP).

Em relação à primeira parte do dispositivo, para quem defende que a referência legal é o crime de denunciação caluniosa, neste caso, seria necessária prévia condenação criminal para, em seguida, se cogitar de exclusão da sucessão por indignidade. Neste caso, não haveria ação civil, pois como essa pressupõe condenação criminal, a indignidade já seria efeito da condenação criminal transitada em julgado (não haveria interesse na ação civil). Agora, para aqueles que consideram que a denunciação caluniosa, independente de prévia condenação em ação, pode ser objeto de ação civil de indignidade, da mesma forma que o homicídio, poderia ocorrer a exclusão em tal ação de indignidade.

A segunda parte do artigo faz referência expressa a crime contra a honra do autor da herança, seu cônjuge ou companheiro. Por isso, é essencial prévia condenação criminal do sucessor, até porque são crimes de ação penal privada, de iniciativa da vítima, autor da herança. Se a vítima não teve interesse na ação penal, não é razoável admitir a exclusão do sucessor da herança por indignidade. Por isso, em relação aos crimes contra a honra, a exclusão por indignidade somente poderá ocorrer no âmbito de ação penal transitada em julgado, a partir do art. 1.815-A.

Com a sentença penal, haverá exclusão automática, o que dispensa ação civil. Assim, antes do art. 1.815-A, como a ação civil dependia, para esta hipótese, de prévia condenação criminal, não há mais possibilidade de exclusão por indignado por conta de crime contra a honra no âmbito de ação civil.

Em razão da menor gravidade destes crimes, a norma restringe o rol de vítimas, pois, além do autor da herança, apenas atos contra seu cônjuge ou companheiro poderiam justificar a indignidade por denunciação caluniosa e crimes contra a honra.

Inciso III – Art. 1.814

A terceira hipótese ocorrerá no caso em que herdeiros ou legatários, por violência ou meios fraudulentos, inibirem ou obstarem o autor da herança de dispor livremente de seus bens por ato de última vontade. Seja por violência física ou psicológica, o autor da herança teve a sua vontade influenciada no momento da elaboração do testamento ou codicilo. A interferência na vontade do autor da herança, seja por qualquer meio, será causa de exclusão.

No caso, haveria comprometimento da liberdade de autodeterminação do testador. A violência ou a fraude deve ter a potencialidade para influenciar a vontade. O objetivo é apenas proteger a liberdade do autor da herança. Não há necessidade de prévia condenação criminal. A norma utiliza, de forma genérica, a expressão "meios fraudulentos", o que confere ampla margem para proteger o autor da herança. Neste caso, diante da indeterminação da norma, a exclusão por indignidade, com base nesta hipótese, basicamente, somente poderia ocorrer por meio de ação civil. Isto porque a norma não faz menção a crime, mas a fraude civil. O objetivo da norma é proteger a vontade do testador e sua liberdade. Aquele que consegue, por qualquer meio, influenciar a vontade do testador, poderá ser excluído da sucessão testamentária.

7.15.2. Modo de exclusão do indigno e legitimidade para requerer a exclusão

A exclusão do indigno, provada qualquer das hipóteses previstas no art. 1.814 do CC, necessariamente, deve ocorrer por meio de sentença transitada em julgado. Até a introdução do art. 1.815-A, pela Lei n. 14.661/2023, era necessário sentença cível, ainda que houvesse condenação criminal transitada em julgada. A partir da nova legislação, a indignidade passa a ser efeito de sentença penal condenatória transitada em julgado, nos casos em que especifica. De qualquer modo, o reconhecimento da indignidade deve ser judicial, em ação penal (crime contra a honra), ação cível (fraude para influenciar a vontade do testador) ou em ambas (homicídio doloso ou denunciação caluniosa).

De acordo com o art. 1.815-A, em qualquer dos casos de indignidade previstos no art. 1.814, o trânsito em julgado da sentença penal condenatória acarretará a imediata exclusão do herdeiro ou legatário indigno, independentemente da sentença prevista no *caput* do art. 1.815 deste Código. Portanto, a indignidade passa a ser efeito de sentença penal condenatória transitada em julgado. Se houver sentença penal condenatória, é dispensável a sentença cível. Todavia, nada impede o ajuizamento da ação civil de indignidade independente da ação penal. Apenas se dispensa a sentença cível se houver sentença penal condenatória transitada em julgado, nos casos em que a hipótese de indignidade seja compatível com a ação penal (hipóteses dos incisos I e II). No caso do inciso III, que não trata de crime, a exclusão teria que ocorrer por meio de ação civil.

Tal sanção civil exclui o herdeiro da sucessão e neutraliza o efeito da *saisine*. O sucessor passa a ser equiparado pré-morto. Os demais sucessores terão legitimidade para demandar a exclusão.

Na I Jornada de Direito Civil foi aprovado o Enunciado 116, que confere ao MP legitimidade excepcional, caso haja interesse público: "O Ministério Público, por força do art. 1.815, desde que presente o interesse público, tem legitimidade para promover ação visando à declaração da indignidade de herdeiro ou legatário". A Lei Federal n. 13.532/2017 alterou a redação do art. 1.815 para transformar o parágrafo único em § 1º e acrescentar o § 2º, que trata justamente da legitimidade do Ministério Público para demandar a exclusão de herdeiro ou legatário. Segundo o referido dispositivo, na hipótese do inciso I do art. 1.814, o Ministério Público tem legitimidade para demandar a exclusão do indigno. Tal legitimidade é concorrente com os demais herdeiros. O MP também se submete ao prazo decadencial de 4 (quatro) anos. Todavia, como o MP é o titular da ação penal e o art. 1.815-A admite a indignidade como efeito da sentença penal condenatória transitada em julgado, por via indireta, a legitimidade do MP, por meio da ação penal, acaba ampliada.

De acordo com o *caput* do art. 1.815: "A exclusão do herdeiro ou legatário, em qualquer desses casos de indignidade, será declarada por sentença".

A sentença deve decorrer de procedimento comum e a indignidade somente restará consumada com o trânsito em julgado da sentença cível ou de sentença penal condenatória. Só haverá interesse na ação cível, quando a hipótese de indignidade dispensar a prévia condenação criminal. Se a hipótese de indignidade pressupor o reconhecimento do crime na esfera penal, não haverá interesse na ação civil, porque a exclusão por indignidade já será efeito direto e automático da ação penal.

A sentença cível tem natureza constitutiva negativa, com efeito retroativo à data da abertura da sucessão. Tal efeito retroativo também ocorrerá quando a exclusão por indignidade resultar de ação penal transitada em julgado. O direito de demandar a exclusão de herdeiro é sujeito a prazo de decadência, qual seja, quatro anos, contados da abertura da sucessão (§ 1º do art. 1.815 do CC) Se o ato de indignidade é posterior à abertura da sucessão, o prazo de decadência tem início a partir da plena ciência da conduta prevista no art. 1.814. Se anterior, conta-se da data da abertura da sucessão, conforme a norma legal.

A ação civil de exclusão da herança por indignidade somente pode ser proposta após a morte. Não pode ser ajuizada em vida, pela proibição de qualquer situação que envolva herança de pessoa viva, art. 426 do CC. Todavia, nas hipóteses de condenação criminal com trânsito em julgado, a exclusão por indignidade será efeito direto e imediato da herança, ainda que antes do falecimento da vítima, com a possibilidade de reabilitação do indigno. O próprio autor da herança jamais terá legitimidade para a ação civil, porque esta pressupõe o óbito do autor da herança.

Neste caso, se o ofensor for herdeiro necessário, a vítima, caso viva, poderá deserdá-lo por testamento. Se não for herdeiro necessário, bastará à vítima formalizar testamento, sem contemplar o ofensor.

Há controvérsia se a pessoa jurídica poderia ser ré em ação de indignidade. A pessoa jurídica pode ser beneficiada como herdeira no âmbito de sucessão testamentária (art. 1.799 do CC). A resposta a tal indagação dependerá da teoria adotada para se determinar a natureza jurídica deste ente. Para os formalistas, que defendem que a pessoa jurídica não passa de um conceito, abstração ou mera ficção (a teoria da ficção é a principal teoria desta corrente), não há como defender a indignidade. Para os realistas, que defendem que a pessoa jurídica é realidade viva, estrutura orgânica equiparada à pessoa natural ou pessoa real com personalidade e vontade própria (teorias da realidade orgânica ou técnica), é defensável a indignidade da pessoa jurídica, caso seja sucessora testamentária e venha a praticar, contra o autor da herança, qualquer dos atos previstos no art. 1.814 do CC.

7.15.3. Efeitos pessoais da exclusão e a perda do direito de administração e usufruto em relação aos filhos menores

Com a declaração da indignidade por sentença, civil ou penal, o sucessor fica excluído da sucessão. A herança será devolvida aos demais herdeiros em sua integralidade, salvo direito de representação.

A pena civil para o indigno é pessoal. É equiparado a herdeiro pré-morto, razão pela qual seus descendentes podem eventualmente representá-lo, como se morto fosse. Ao contrário da renúncia, que considera o herdeiro inexistente, na indignidade o herdeiro é tido como pré-morto. Os efeitos, portanto, são pessoais, de acordo com o art. 1.816 do CC.

O indigno não pode ser beneficiado diretamente (como herdeiro ou legatário), tampouco indiretamente, como administrador ou usufrutuário desses bens. Por isso, de acordo com o parágrafo único do art. 1.816, o excluído da sucessão não terá direito ao usufruto ou à administração dos bens que a seus sucessores couberem na herança, nem à sucessão eventual desses bens. Não poderá ser herdeiro daqueles que receberam a herança no seu lugar. Nada impede que venham a suceder os seus parentes em relação a outros bens sem qualquer vínculo com estes objetos da indignidade.

No mesmo sentido é o art. 1.693, IV, do CC, que trata da impossibilidade de os pais administrarem ou serem usufrutuários dos bens dos filhos menores.

7.15.4. Os atos de disposição patrimonial praticados pelo indigno antes da exclusão e a tutela do terceiro de boa-fé

No âmbito da indignidade, há tensão entre a boa-fé do terceiro que adquire bens hereditários do indigno e o direito de propriedade dos demais herdeiros a serem beneficiados pela indignidade.

O Código Civil sacrifica os interesses e o direito de propriedade dos herdeiros que seriam beneficiados com a indignidade do herdeiro ou legatário, para tutelar a boa-fé do terceiro, segundo determina o art. 1.817 do CC. É típico caso da teoria da propriedade aparente no direito sucessório. Antes do trânsito em julgado da sentença civil que reconhece a indignidade, aquele imputado indigno tem plena disponibilidade de sua cota hereditária. Neste caso, diante da aparência de propriedade, será tutelado os interesses de terceiro de boa-fé nos atos de disposição de caráter oneroso.

Restará aos herdeiros prejudicados o direito de reclamar indenização. No caso, mais uma norma que tutela a boa-fé de terceiros em detrimento do direito de propriedade, que os demais sucessores passaram a ostentar como efeito da indignidade. Ainda que a sentença tenha efeito retroativo, não pode violar interesses e direitos de terceiros de boa-fé.

O excluído da sucessão é obrigado a restituir os frutos e rendimentos que dos bens da herança houver percebido, mas tem direito a ser indenizado das despesas com a conservação deles, tudo para evitar o enriquecimento sem causa. O indigno é equiparado a possuidor de má-fé, pois terá de restituir todos os frutos e rendimentos, como qualquer possuidor de má-fé, mas tem de ser indenizado pelas despesas de conservação.

Por isso, até o trânsito em julgado da sentença de indignidade, o que pode demorar, as alienações efetuadas pelo indigno, a título oneroso, são válidas. É desdobramento da regra privada de justiça da tutela simplificada do agraciado, pois apenas terceiros envolvidos em negócios onerosos ostentam tal proteção, os agraciados por atos de liberalidade, como doação, ainda que de boa-fé, não.

De acordo com o art. 1.817: "São válidas as alienações onerosas de bens hereditários a terceiros de boa-fé, e os atos de administração legalmente praticados pelo herdeiro, antes da sentença de exclusão; mas aos herdeiros subsiste, quando prejudicados, o direito de demandar-lhe perdas e danos".

Em complemento, o parágrafo único: "O excluído da sucessão é obrigado a restituir os frutos e rendimentos que dos bens da herança houver percebido (como o possuidor de má-fé), mas tem direito a ser indenizado das despesas com a conservação deles (em razão dos efeitos retroativos da sentença)".

A fim de evitar o prejuízo aos herdeiros e neutralizar a alegação de boa-fé de terceiros, no caso de imóveis, por exemplo, é possível determinar a averbação de informação de que há contra aquele herdeiro ação de indignidade. Nesse caso, se quiser adquirir o bem, o terceiro assumirá o risco pela sua existência no futuro, pois terá ciência de que está adquirindo bem litigioso (art. 457 do CC).

A regra do art. 1.817 não se aplica às doações e transferências gratuitas. Ainda que os beneficiários estejam de boa-fé, os atos de liberalidade não subsistem.

7.15.5. A reabilitação do indigno

O art. 1.818 do CC permite a reabilitação do indigno, desde que o próprio ofendido o faça.

O ofendido, como pressuposto para a reabilitação, deve perdoar o indigno, de forma expressa, em testamento ou outro ato autêntico, como codicilo. A reabilitação, por meio do perdão, independe de qualquer motivação. A reabilitação é ato personalíssimo, exclusivo do autor da herança e independe de homologação judicial. A reabilitação neutraliza os efeitos da indignidade. O perdão somente é possível para atos praticados até a abertura da sucessão. O ato é irretratável e irrevogável. É necessário que o testamento seja válido para o perdão ter eficácia. A reabilitação poderá ocorrer mesmo que o ofensor tenha praticado crime objeto de ação penal transitada em julgado.

Se não houve reabilitação expressa, o indigno, contemplado em testamento do ofendido, quando o testador, ao testar, já conhecia a causa da indignidade, pode suceder no limite da disposição testamentária. Neste caso, como não houve reabilitação expressa, pode ser requerida a exclusão do indigno da sucessão legítima. No entanto, não perderá o direito de receber a disposição testamentária deixada pelo testador, se o testamento foi elaborado após o testador ter ciência do ato de indignidade.

Se o testamento foi elaborado antes do ato de indignidade, por óbvio, é possível a exclusão também da herança relativa à disposição testamentária.

A reabilitação não pode ser tácita. Todavia, nos termos do parágrafo único do art. 1.818 do Código Civil, no caso de disposição testamentária em favor do indigno, elaborado pelo autor da herança, ciente do ato de indignidade, poderá o indigno receber a parcela da herança que é objeto do testamento, sem que tal benefício caracterize reabilitação. Por este motivo, estará excluído da sucessão legítima.

7.16. DA HERANÇA JACENTE E A DECLARAÇÃO DE VACÂNCIA

A herança, integrada por relações jurídicas não personalíssimas (em regra, patrimoniais), poderá, eventualmente, por determinado período, ficar sem titular. No caso de inexistência de sucessor conhecido, a herança será considerada "jacente" e, durante período determinado, não terá vínculo jurídico com qualquer sujeito de direito. Além da inexistência de sucessor conhecido, a herança pode ser jacente a partir de renúncia coletiva.

Neste sentido, a herança poderá se caracterizar como jacente em duas hipóteses bem definidas pelo Código Civil: 1 – ausência de herdeiros, legítimos ou testamentários, ou sucessores desconhecidos. Nenhum sucessor se habilita para receber a herança. Tal causa de herança jacente pode decorrer do fato de inexistir sucessor ou, eventual sucessor que exista, jamais ser conhecido (art. 1.819 do CC – inexistência ou desconhecidos); 2 – repúdio/renúncia à herança por todos os herdeiros conhecidos (art. 1.823, CC). Neste caso, há sucessores conhecidos, eleitos em testamento ou submetidos à ordem de vocação hereditária, mas todos renunciam à herança. Portanto, a renúncia também poderá acarretar a *jacência* da herança.

Todavia, no caso de renúncia de todos os chamados à sucessão, não haverá necessidade de observar a primeira fase do procedimento da herança jacente, pois o art. 1.823 autoriza, desde logo, a declaração de vacância nesta hipótese.

Nesta segunda hipótese, a condição de "herança jacente" decorrente de renúncia leva automaticamente à declaração de vacância. Não haveria sentido na primeira fase do procedimento, cuja finalidade é justamente localizar sucessores legitimados a se habilitarem. Durante o período de busca por sucessores, há providências para preservação dos bens que integram a herança. Se todos os sucessores renunciam, a primeira fase não se justifica.

Na primeira hipótese (art. 1.819 do CC), não há testamento ou qualquer sucessor (herdeiro legítimo, necessário ou facultativo) notoriamente conhecido.

Na segunda hipótese, ocorre renúncia coletiva dos sucessores conhecidos e chamados à sucessão, legítima e/ou testamentária. As causas da herança jacente estão previstas no Código Civil que, ao lado do Código de Processo Civil, também estabelece algumas regras procedimentos para a administração e gestão da herança até a entrega a algum sucessor que venha a se habilitar ou à declaração de vacância (quando os bens serão considerados vagos, sem titular e, após determinado período, serão transferidos ao Poder Público). O procedimento para arrecadação dos bens, a administração e as providências administrativas a serem tomadas são essenciais para tentar localizar algum herdeiro. Frustrada a tentativa de localizar sucessor, os bens que integram a herança, após a declaração de vacância, passam ao domínio público.

No caso de herdeiros desconhecidos ou inexistentes (arts. 1.819 do CC), o juiz do local em que o falecido era domiciliado, a pedido de pessoa interessada (Fazenda Pública, MP ou credores), procederá à arrecadação dos bens (arts. 738 do CPC e 1.819, segunda parte, do CC). A redação do art. 738 do CPC sugere que o juiz, de ofício, também possa determinar a arrecadação dos bens da herança nas hipóteses legais, tese com a qual concordamos (tal exceção à inércia da jurisdição se justifica em razão do interesse público eventual na herança jacente).

A herança jacente será uma massa de bens sem personalidade jurídica. Durante o período de herança jacente, não há sucessor que dela seja titular, ou seja, a herança permanecerá sem titular. A herança jacente é um estado transitório (perdura até a entrega ao sucessor habilitado ou até a declaração de vacância). Nada impede que a situação de "herança jacente" coexista com a sucessão testamentária, em relação à parte da herança que não integrou o testamento. Se o autor da herança formaliza testamento, mas não dispõe de toda a herança, aqueles bens que não integram o testamento seriam destinados aos herdeiros legítimos, de acordo com a ordem de vocação hereditária. Todavia, é possível que o autor da herança não tenha deixado nenhum descendente, ascendente, cônjuge/companheiro ou colateral sucessível. Neste caso, a parte da herança que não integrou o testamento será considerado herança jacente e se submete ao regime jurídico desta.

É importante registrar que o princípio da *saisine* não se aplica ao Poder Público. Por esta razão, se não houver herdeiro habilitado ou se todos os herdeiros repudiam à herança, antes da transferência dos bens ao Poder Público, a herança é jacente (herança sem titular). Aliás, justamente por não ter titular, até a declaração de vacância os bens estão sujeitos a usucapião. Após a declaração de vacância e, transcorrido o prazo legal, os bens são transferidos ao Poder Público em definitivo. Logo após a declaração de vacância, antes do prazo legal de 5 anos, o Poder Público já ostenta a propriedade resolúvel dos bens. Por este motivo (são bens públicos), não há possibilidade de usucapião após este momento (declaração de vacância). Antes da declaração de vacância, o bem não integra o domínio público.

Qual o procedimento até a possível transferência dos bens ao Poder Público?.

O procedimento da herança jacente é bifásico na hipótese do art. 1.819: Fase 1 – Reconhecimento da *jacência* e providências para localizar sucessores e preservar os bens que integram a herança; Fase 2 – Declaração de *vacância*.

No caso de renúncia de todos os chamados à sucessão (art. 1.823 do CC), desde logo, ou seja, independente da primeira fase, a herança será declarada vacante, com todas as consequências do art. 1.822 e seu parágrafo único.

Fase 1 – Reconhecimento da *jacência* e providências direcionadas à localização de sucessor e preservação de bens que integram a herança (tal fase existe apenas na hipótese do art. 1.819 do CC).

A primeira providência após o reconhecimento de que a herança é jacente (hipóteses dos arts. 1.819 e 1.823) será a arrecadação dos bens, em processo judicial no local em que tiver domicílio o falecido, a ser determinado pelo juízo, de ofício ou a requerimento do interessado, tudo conforme art. 738 do CPC. São legitimados para dar início a este procedimento judicial a Fazenda Pública, interessados na herança, como credores e, para uma parcela da doutrina, o Ministério Público (em razão do interesse público).

Na primeira fase, durante o período de *jacência*, a herança ficará sob a guarda, a conservação e a administração de um curador, o qual será o gestor deste patrimônio, com deveres e obrigações, conforme § 1º do art. 739 do CPC (o art. 1.819 do CC também faz referência ao curador). Na gestão dos bens que integram a herança jacente, incumbe ao curador representar a herança em juízo ou fora dele, com intervenção do MP, guardar e conservar os bens, executar medias conservatórias do direito à herança, apresentar balanços mensais de receita e despesa e, ao final da gestão, prestar contas da administração. O curador poderá ser afastado caso evidenciada má-gestão, fraude, suspeição, impedimento ou qualquer ato que comprometa a finalidade desta curatela.

As atribuições do curador irão até a entrega a eventual sucessor que se habilite ou à declaração de vacância (marcos finais da curatela).

Até a nomeação do curador, os bens serão conservados e guardados por depositário nomeado por juiz, mediante termo de compromisso nos autos, conforme art. 740, § 3º, do CPC.

Ainda durante a arrecadação, principal ato nesta primeira fase, o juiz ordenará que o oficial de justiça, acompanhado do curador, arrole e descreva os bens para, em seguida, especificá-los em auto circunstanciado.

A arrecadação (arrolamento de bens) será presidida pelo juiz ou por autoridade policial, caso o juiz não possa comparecer ao local onde os bens se encontram. A arrecadação será acompanhada por duas testemunhas.

De acordo com o § 3º do art. 740, durante a arrecadação, o *juiz ou a autoridade policial inquirirá os moradores da casa e da vizinhança sobre a qualificação do falecido, o paradeiro de seus sucessores e a existência* de outros bens, lavrando-se tudo em auto de inquirição e informação, ou seja, a arrecadação é ato de investigação pormenorizada para localizar não só os bens, mas eventuais sucessores do falecido ou notícia destes. Se houver bens em outro local, serão expedidas carta precatória para tal finalidade.

A arrecadação não será realizada ou se iniciada, será suspensa, se algum herdeiro, cônjuge, companheiro ou testamenteiro comparecer para reclamar a herança e não houver oposição motivada do curador, de qualquer interessado, do Ministério Público ou do representante da Fazenda Pública (§ 6º do art. 740 do CPC). E a razão é simples: nestas hipóteses, o pressuposto da herança jacente, inexistência de sucessor, deixa de existir. Se houver qualquer indício de que o falecido deixou sucessor conhecido, em especial neste caso em que reclamam a herança, a arrecadação deverá ser suspensa e encerrada, quando será convertida em inventário ou arrolamento de bens, como qualquer herança.

Se não houver qualquer pessoa que reclame a herança, encerrada a arrecadação, serão expedidos editais, para ampla publicidade e eventual habilitação de herdeiros (art. 741 do CPC). O art. 1.820 do CC também faz referência à publicação de editais, o que, segunda a norma, deverá ocorrer na "forma da lei processual". Por isso, incide as regras do art. 741: "Ultimada a arrecadação, o juiz mandará expedir edital, que será publicado na rede mundial de computadores, no sítio do tribunal a que estiver vinculado o juízo e na plataforma de editais do Conselho Nacional de Justiça, onde permanecerá por 3 (três) meses, ou, não havendo sítio, no órgão oficial e na imprensa da comarca, por 3 (três) vezes com intervalos de 1 (um) mês, para que os sucessores do falecido venham a habilitar-se no prazo de 6 (seis) meses contado da primeira publicação".

Aqueles sucessores e herdeiros que estiverem em lugar certo, devem ser citados pessoalmente, sem prejuízo da publicação do edital (art. 741, § 1º).

De acordo com o art. 1.820 do CC e art. 743 do CPC, decorrido 1 (um) ano da primeira publicação do edital e, se não houver habilitação no referido prazo ou habilitação pendente de análise, será a herança declarada vacante.

Se após a publicação dos editais, alguma pessoa requerer a habilitação como herdeiro, a habilitação deverá ser julgada antes da declaração de vacância. Se houver habilitação pendente, a vacância poderá ser declarada na mesma decisão que rejeitar ou julgar improcedente a habilitação. Se houver várias habilitações pendentes, a vacância somente será reconhecida após o julgamento da última. Portanto, antes do julgamento de todas as habilitações, não é possível a declaração de vacância. Se no julgamento da habilitação, for reconhecido a qualidade de herdeiro, a condição de cônjuge/companheiro ou a legitimidade do testamenteiro, a arrecadação será convertida em inventário.

De acordo com o art. 743 do CPC, passado 1 (um) ano da primeira publicação do edital e, caso não tenha ocorrido qualquer habilitação ou se as habilitações foram analisadas e rejeitadas, a herança será declarada vacante. A declaração de vacância somente poderá ocorrer após o julgamento e a rejeição de todas as habilitações pendentes. O julgamento das habilitações pendentes é questão prejudicial à declaração de vacância. De acordo com o § 1º do art. 743: "Pendendo habilitação, a vacância será declarada pela mesma sentença que a julgar improcedente, aguardando-se, no caso de serem diversas as habilitações, o julgamento da última".

A transitoriedade da herança jacente, na hipótese do art. 1.819, portanto, é evidente. A herança deixa de ser jacente em duas hipóteses: 1 – se houver habilitação de algum herdeiro, que tem o direito reconhecido; 2 – decorrido o prazo de 1 (um) ano da primeira publicação do edital sem que haja herdeiro habilitado ou habilitação pendente (art. 743, *caput*, do CPC). Somente após o referido prazo de 1 (um) ano, previsto nos arts. 1.820 do CC e 743, *caput*, do CPC, a herança será declarada vacante.

No primeiro caso, como mencionado, se for deferida a habilitação de algum herdeiro, a arrecadação e a jacência se convertem em inventário (art. 741, § 3º, do CPC). No segundo caso, declarada a vacância, a fase de jacência é encerrada. O curador nomeado para administrar os bens vagos manterá sua gestão até a entrega para eventual herdeiro habilitado (no primeiro caso) ou até a declaração de vacância (no segundo caso), conforme art. 739, *caput*, do CPC.

Fase 2 – Declaração de Vacância (tal fase existe na hipótese do art. 1.819 do CC, como consequência da primeira fase e, também, na hipótese do art. 1.823, renúncia coletiva, como fase única)

Em regra, a habilitação de herdeiros deverá ser realizada até a declaração de vacância. Após a declaração de vacância, que pressupõe o transcurso do prazo de 1 (um) ano do primeiro edital publicado e o julgamento de todas as habilitações pendentes (com rejeição de todas), os bens da herança são considerados vagos, sem titular.

Todavia, a declaração de vacância não impede a habilitação dos herdeiros necessários (descendentes, ascendentes e cônjuge/companheiro). Como enuncia a primeira parte do art. 1.822 do CC, os herdeiros necessários podem fazer a habilitação mesmo após a declaração de vacância, desde que antes do prazo legal de cinco anos, contados da abertura da sucessão. Os herdeiros não necessários (colaterais) deverão requerer a habilitação até a declaração de vacância, sob pena de perda do direito à herança. Após a declaração de vacância, não será possível a habilitação dos herdeiros não necessários (facultativos – colaterais), conforme parágrafo único do art. 1822: "Não se habilitando até a declaração de vacância, os colaterais ficarão excluídos da sucessão".

Como os herdeiros necessários podem se habilitar mesmo após a declaração de vacância, desde que respeitado o prazo legal, a propriedade dos bens pelo Poder Público até o prazo final de 5 anos é resolúvel.

Portanto, caso não haja habilitação de qualquer herdeiro, se eventuais habilitações forem rejeitadas ou se a habilitação não respeitar o prazo legal (com a ressalva de que os herdeiros necessários podem se habilitar mesmo após a declaração de vacância), a herança é declarada vacante (bem vago e sem dono). Como ressaltado, a declaração de vacância não prejudica os herdeiros necessários que se habilitarem legalmente.

Após a declaração de vacância, a propriedade do Poder Público é resolúvel (nos termos do art. 1.359 do CC), pois somente passará ao domínio definitivo após o quinquídio legal, contado da abertura da sucessão. Após o decurso do referido prazo, os bens se incorporam em definitivo ao patrimônio público. De acordo com o art. 1.822 do CC, decorridos 5 (cinco) anos da abertura da sucessão (morte), os bens arrecadados passarão ao domínio do Município ou do Distrito Federal, a depender do local da localização dos bens.

A incorporação em favor da União Federal somente se dará se os bens estiverem situados em território federal, o que é impossível na atualidade, em razão da inexistência de Território no Brasil.

A situação em que a herança é jacente e a declaração de vacância não impedem aos credores o direito de pedir o pagamento das dívidas reconhecidas, nos limites das forças da herança (art. 741, § 4º, e art. 743, § 2º, ambos do CPC). De acordo com o § 4º do art. 741 do CPC, os credores da herança poderão habilitar-se como nos inventários ou propor ação de cobrança. O excesso, ou seja, a parte da herança que não for consumida pelas dívidas com os credores, será submetido ao regime jurídico da *jacência*, ou seja, será considerado herança jacente e tais bens serão declarados vagos.

Se os sucessores renunciam à herança para prejudicar os credores e, não houver outros além dos renunciantes, a herança será jacente (art. 1.823 do CC). Todavia, como a renúncia prejudicou credores, estes poderão aceitar a herança em nome do renunciante, art. 1813, até o valor suficiente para a satisfação dos créditos. O excesso, em função da renúncia, será considerado herança jacente.

7.17. DA PETIÇÃO DE HERANÇA

O herdeiro preterido pode, em ação de petição de herança, demandar o reconhecimento de seu direito sucessório para obter a restituição da herança ou de parte dela, contra quem, na qualidade de herdeiro, ou mesmo sem título, a possua.

É o que dispõe o art. 1.824 do Código Civil. É possível que, eventualmente, a herança seja transmitida para pessoas que não possuam título sucessório (que não é herdeiro) ou para herdeiro que recebeu parte que é de outro herdeiro. Portanto, a petição de herança se destina a beneficiar o real sucessor (herdeiro preterido) contra quem não é herdeiro ou, contra quem, embora seja herdeiro, recebeu porção que caberia a outro herdeiro. Embora o principal efeito da *saisine*, art. 1.784, implique na transmissão automática da herança a todos os sucessores, imediatamente após a abertura da sucessão, ainda que estes não tenham conhecimento do falecimento ou que são sucessores, por vários motivos (filho ainda não reconhecido, por exemplo) determinada pessoa, legítima sucessora, pode ser preterida. A petição de herança é o meio para que o herdeiro preterido possa vindicar seu direito.

A pessoa que foi excluída indevidamente da sucessão terá tutela estatal para obter a sua fração na herança. Na petição de herança, o herdeiro preterido terá reconhecida a sua qualidade de herdeiro e ainda receberá a sua fração na herança. É a dupla função (finalidade) da petição de herança. Reclamar a cota hereditária daquele que não é o legítimo titular. Trata-se de medida judicial para permitir àquele que foi excluído sem causa legítima da herança, ou seja, que não foi beneficiado pela transmissão automática da titularidade dos direitos hereditários, que busque o reconhecimento de sua condição e a cota hereditária a que tem direito.

O caso clássico de petição de herança ocorre na hipótese de sujeito não registrado pelo falecido, que é seu pai e, após o óbito, por meio de ação de reconhecimento de paternidade *post mortem*, cumulada com petição de herança, obtém êxito no reconhecimento da paternidade e no direito à cota hereditária (será reconhecido a qualidade de herdeiro e terá uma fração da herança).

Se o herdeiro preterido consegue se habilitar no inventário, porque teve êxito na comprovação de sua qualidade diante dos elementos de que dispõe, desnecessária a ação autônoma de petição de herança. Tal situação somente é possível se no caso de habilitação em inventário, judicial ou extrajudicial, não houver qualquer impugnação. Por isso, é essencial provas mínimas da qualidade de herdeiro. Se não houver prova suficiente para habilitação direta no inventário judicial ou extrajudicial, terá que ajuizar petição de herança.

• **A ação de petição de herança: características, oportunidade, legitimidade e prazo de prescrição**

A ação de petição de herança pode ser ajuizada antes ou depois da partilha. Como o herdeiro preterido não integrou o inventário, a partilha e seus efeitos não atingem a esfera jurídica daquele. Por isso, a ação de petição de herança pode ser ajuizada posteriormente à partilha, que não teve eficácia em relação ao herdeiro preterido.

O momento e a oportunidade para o ajuizamento da ação de petição de herança poderão repercutir no juízo competente. A petição da herança ajuizada antes da partilha deve o ser no juízo do inventário, competente para processar e julgá-la. Encerrada a partilha, a ação deverá ser ajuizada no foro em que os réus legitimados são domiciliados e, se não houver domicílio certo, no local da situação dos bens ou do óbito. Na ação de petição de herança cumulada com investigação de paternidade, o foro competente é do autor da ação.

Em relação à natureza jurídica da petição de herança, prevalece a tese de que se trata de ação real imobiliária, porque a herança é considerada bem imóvel (art. 80, II, do CC). Ademais, é ação de caráter universal, porque a herança é universalidade de direito (complexo de relações jurídicas dotada de valor econômico).

O art. 1.825, de forma expressa, reconhece que a petição de herança poderá compreender todos os bens hereditários: "A ação de petição de herança, ainda que exercida por um só dos herdeiros, poderá compreender todos os bens hereditários". Tal fato decorre da universalidade de direito que é a herança. Em especial antes da partilha, quando não há definição dos quinhões, será factível e pertinente que a petição de herança envolva todos os bens hereditários. Por ter natureza imobiliária, se o herdeiro ou terceiro réu for casado, o cônjuge, como litisconsorte necessário, deverá integrar o polo passivo desta ação (art. 73, § 1º, I, do CPC). Se o autor da ação, herdeiro preterido, for casado, salvo no regime da separação absoluta de bens (convencional), terá de ter o consentimento do cônjuge (não se trata de litisconsórcio ativo).

Portanto, em termos de legitimidade, no polo ativo da ação de petição de herança, deverá figurar aquele que afirma ser herdeiro e, por isso, pretende o reconhecimento do direito à uma fração ou à totalidade (se for herdeiro único) da herança. O sucessor do herdeiro (que poderia representá-lo) preterido, o substituto do herdeiro testamentário na sucessão testamentária e, no caso de inexistência de herdeiros legitimados, que levaria a vacância, o Poder Público, neste caso, também teria legitimidade ativa.

O legitimado passivo é quem está na posse da herança. O possuidor dos bens pretendidos será o réu da ação de petição da herança. Tal possuidor pode ser herdeiro, que recebeu a cota do herdeiro preterido (aqueles sucessores conhecidos do falecido) ou terceiro (que pode estar na posse dos bens a qualquer título ou, ainda, sem título). Os cessionários de direitos hereditários, além daquele que recebeu a cota do preterido por representação, também pode figurar no polo passivo da ação de petição de herança. Haverá litisconsórcio passivo necessário entre todos aqueles que se relacionam com a cota hereditária do herdeiro preterido. Na petição de herança cumulada com investigação de paternidade, no polo passivo, estarão, além do atual possuidor dos bens hereditários, os herdeiros e sucessores do falecido, em caso típico de litisconsórcio passivo necessário.

De acordo com o art. 1.827, mesmo quem não é herdeiro e, por qualquer razão, está na posse dos bens, também é legitimado. De acordo com a norma em referência, o herdeiro pode demandar os bens da herança, mesmo em poder de terceiros, sem prejuízo da responsabilidade do possuidor originário pelo valor dos bens alienados.

Na amplitude da legitimidade passiva, Rosenvald e Chaves: "Também poderá ser sujeito passivo da ação o cessionário de direitos hereditários, bem como aquele que herdou por representação nos casos de indignidade, deserdação e pré-morte. Aliás, não é demais ressaltar que se a herança tiver sido objeto de cessão de direitos hereditários, os beneficiários ou adquirentes comporão, necessariamente, o polo passivo da relação jurídica processual, em caso típico de litisconsórcio passivo necessário". Como analisado, o art. 1.827 é expresso no sentido de que a petição de herança pode ser direcionada contra terceiro adquirente dos bens, seja tal aquisição onerosa ou gratuita (parágrafo único, nas alienações onerosas em favor de terceiro, se este estiver de boa-fé, será tutelado em detrimento do herdeiro preterido).

Em relação ao prazo para propositura da ação, prevalece o entendimento de que é o de dez anos, previsto no art. 205 do CC. O fato de a petição de herança se submeter a prazo prescricional já foi reconhecido pelo STF (Súmula 149). As Turmas do STJ divergiam sobre o tema relativo ao início do prazo prescricional, ou seja, adoção do viés objetivo (art. 189 – violação do direito – abertura da sucessão) ou subjetivo (ciência da filiação – trânsito em julgado da ação de investigação de parentalidade, quando não havia sido reconhecido) da *actio nata*.

A Terceira Turma do STJ firmou entendimento de que o termo inicial do prazo prescricional da ação de petição de herança é a data do trânsito em julgado da ação investigatória de paternidade. Para a Quarta Turma, o termo inicial da ação de petição de herança é contado da abertura da sucessão. A Segunda Seção, no EAREsp 1.260.418/MG, julgado em 26-10-2022, definiu a divergência para firmar o entendimento no sentido de que o prazo prescricional para propor a ação de petição de herança conta-se da abertura da sucessão. No caso, prevaleceu a regra geral, viés objetivo da *actio nata*. A questão, atualmente, é objeto de discussão, para definição de tese, para definir o início do prazo no caso de investigação *post mortem*.

Tal entendimento é retrocesso, porque o filho que nunca foi reconhecido e que não tem ciência do vínculo biológico, certamente perderá a possibilidade de pleitear herança. Antes do conhecimento da violação ou lesão ao direito subjetivo pelo titular, não pode ter início o prazo prescricional em casos desta natureza. Aliás, a violação do direito, nesta situação, ocorreria com a abertura da sucessão? Neste caso, o princípio da *saisine* o tornaria sucessor, independente de aceitação e ainda que desconhecesse tal condição. A violação do direito ocorreria, no máximo, quando a sua cota-parte fosse distribuída a outros sucessores.

• **Efeitos da procedência da petição de herança e a questão da teoria da aparência**

Se a ação de petição de herança for julgada procedente, ou seja, com o reconhecimento da condição de herdeiro do autor da ação (herdeiro preterido), o possuidor da herança está obrigado à restituição dos bens do acervo em favor do autor da demanda (herdeiro que teve a sua condição e direito reconhecidos). Aplica-se ao possuidor dos bens do herdeiro preterido as regras relativas à posse de boa-fé e má-fé, arts. 1.214 a 1.222 da Lei Civil.

De acordo com o art. 1.826 do CC, o possuidor da herança está obrigado à restituição dos bens do acervo e, em relação aos efeitos jurídicos da posse, em especial indenização por benfeitorias, direito a frutos, produtos e responsabilidade civil por danos, aplicam-se no caso as regras do CC, que disciplinam os efeitos jurídicos da posse, a depender da boa ou má-fé do possuidor. Os efeitos jurídicos da posse variam a depender da boa ou má-fé do possuidor e, por isso, no caso, os arts. 1.214 a 1.222 do CC aplicam-se ao possuidor dos bens do herdeiro preterido.

A partir da citação na ação de petição de herança, a responsabilidade do possuidor será aferida pelas regras concernentes à posse de má-fé e à mora (parágrafo único do art. 1.826 do CC). Trata-se de questão objetiva, para determinar o marco temporal da posse de má-fé e seus efeitos.

O Código Civil, ao disciplinar a petição de herança, faz referência ao herdeiro aparente. O herdeiro será aparente quando, ao serem reconhecidas a condição de herdeiro e o direito à herança, aquele que estava na posse dos bens é excluído da sucessão. Por exemplo, se a pessoa falece sem descendentes conhecidos, a herança será destinada aos ascendentes. Se um filho não reconhecido consegue obter tal reconhecimento com o autor da herança, o ascendente do morto, que estava na posse dos bens, era herdeiro aparente, porque antes do reconhecimento do filho, era o destinatário natural da herança. A pessoa aparenta ser herdeiro, ostenta condições objetivas para ser herdeiro e, se apresenta para todos como herdeiro. São diversas as situações de herdeiro aparente.

O parágrafo único do art. 1.827 do CC disciplina a situação do herdeiro aparente, para fins de proteger o terceiro de boa-fé que confiou e acreditou nesta condição.

De acordo com o parágrafo único do art. 1.827, são eficazes as alienações feitas, a título oneroso, pelo herdeiro aparente, a terceiro de boa-fé. O herdeiro aparente é aquele que, diante de circunstância objetivas, concretas e fáticas, aparenta ser herdeiro. Aquele que contrata com herdeiro aparente, se estiver de boa-fé, terá proteção legal.

Portanto, caso o herdeiro aparente tenha realizado negócios jurídicos com terceiros, nos termos do parágrafo único do art. 1.827, são eficazes as alienações feitas, a título oneroso, pelo herdeiro aparente, desde que o terceiro seja de boa-fé. Entre o direito de propriedade do herdeiro legítimo e a tutela do terceiro de boa-fé, no âmbito da petição de herança, tutela-se a boa-fé do terceiro. Restaria ao herdeiro legítimo prejudicado direito à indenização. É a aplicação da teoria da aparência no âmbito sucessório.

O herdeiro aparente que de boa-fé, houver pagado um legado não está obrigado a prestar o equivalente ao verdadeiro sucessor, ressalvado a este o direito de proceder contra quem o recebeu (art. 1.828 do CC). Tal regra protege o herdeiro aparente que não está obrigado a restituir o legado pago de boa-fé, pois, neste caso, apenas concretiza a vontade do titular da herança, que a exteriorizou por meio de testamento.

7.18. SUCESSÃO LEGÍTIMA

7.18.1. Disposições gerais: noções e fundamentos

A sucessão legítima é a transmissão *causa mortis* deferida às pessoas indicadas na lei como herdeiros do autor da herança. Tal indicação legal se dá por meio da chamada ordem de vocação hereditária, estabelecida no art. 1.829 do Código Civil, em cujo dispositivo a sucessão é estabelecida segundo ordem preferencial de classes de herdeiros. Em cada classe, é instituída nova preferência entre graus de proximidade com o autor da herança.

A sucessão legítima também é denominada sucessão "*ab intestato*" (sem testamento). Tal sucessão decorre diretamente da lei. A sucessão "*ab intestato*" é obrigatória quando o autor da herança tiver herdeiros necessários. Por isso, as regras da sucessão limitam a vontade do falecido, caso deseje manifestar sua vontade em testamento ou codicilo. A porção que pertence aos herdeiros necessários é denominada legítima, por meio da qual se garante uma porção da herança ao núcleo familiar. A autonomia privada, liberdade de dispor dos bens para depois da morte, é limitada pela legítima (que é direito legal em favor de herdeiros necessários). O objetivo é conciliar autonomia privada e proteção do núcleo familiar (solidariedade social e familiar é a causa que justifica a legítima).

A ordem de vocação hereditária é a referência da sucessão *ab intestato*.

A regra base da sucessão legal é o art. 1.829 do CC. Em tal dispositivo legal, fundamento da sucessão *ab intestato*, há duas ordens de preferência, em ordem sucessiva: 1 – preferência externa (classe de herdeiros); e 2 – preferência interna (no interior da classe, preferência pelo grau de parentesco).

A primeira ordem de preferência envolve "classe de herdeiros".

A existência de herdeiro em determinada classe exclui da herança os integrantes das classes subsequentes. Se o falecido deixou descendentes, estarão automaticamente excluídos da sucessão os ascendentes, o cônjuge/companheiro (com a ressalva da concorrência sucessória, porque podem eventualmente figurar na primeira classe) e todos os colaterais.

No interior da classe é estabelecida nova regra de preferência: interna (preferência de graus). Definida a classe, será sucessor legitimado o herdeiro que, no interior da classe, for o mais próximo do autor da herança. É a regra da proximidade: na preferência interna da classe, o mais próximo, como regra (há exceções), exclui o mais remoto. Se o autor da herança tiver filhos e netos, como os filhos são mais próximos, embora os netos estejam na mesma classe dos descendentes, serão excluídos da sucessão, salvo direito de representação.

Portanto, em primeiro lugar, deve ser identificada a classe a que pertence o herdeiro (classe dos descendentes, ascendentes, cônjuge e colaterais). Após a identificação da classe, deve ser considerado herdeiro aquele que está em grau mais próximo do autor da herança. É a preferência em graus com base no vínculo de parentesco.

No interior da classe, a preferência se relaciona ao grau que ostenta regra geral e duas exceções.

Em regra, na preferência entre graus, os mais próximos excluem os mais remotos (regra geral – se na classe dos descendentes houver filhos e netos, como o filho está no grau mais próximo, embora o neto também seja descendente, será excluído da sucessão).

A regra da preferência interna com base na proximidade tem duas exceções: 1 – *direito de representação entre os descendentes* e; 2 – na linha colateral, em favor de *filhos de irmãos* (pré-morto ou excluído da sucessão por indignidade) do *autor da herança*. Tais questões serão detalhadas adiante.

A sucessão *ab intestato* e a ordem de vocação hereditária suportaram modificações relevantes em comparação à legislação civil anterior. O usufruto viduai (usufruto legal decorrente da viuvez), fonte de conflitos, devido à pluralidade de modelos familiares, em especial a recomposição familiar (família recomposta), foi substituído por direito de propriedade sobre parte da herança (a denominada concorrência sucessória), em favor do cônjuge e do companheiro. Tal substituição permite que cada herdeiro tenha uma parcela da herança sem qualquer ônus, fato que reduz os conflitos. O cônjuge e o companheiro perderam o usufruto viduai, mas passam a ter direito a uma parte da herança, em concorrência com descendentes e ascendentes (desde que presentes os requisitos legais para tais concorrências).

Portanto, a novidade a ser ressaltada é a ampliação da proteção do cônjuge/companheiro no direito sucessório como decorrência lógica dos novos arranjos familiares. Em razão da pluralidade de modelos familiares, é comum que o cônjuge ou companheiro não seja o ascendente dos descendentes que estão recebendo a herança, o que o tornava vulnerável. O cônjuge sempre foi preterido em relação a descendentes e ascendentes. Em um primeiro momento, teve o benefício do usufruto viduai (usufruto decorrente da viuvez) e o direito a gestão patrimonial sobre parte da herança. Todavia, em razão dos novos arranjos familiares, onde pessoas se unem e levam para o novo núcleo familiar membros de núcleo que não mais existem, o usufruto viduai se transformou em inesgotável fonte de conflitos. Não por outro motivo, o usufruto viduai foi substituído pelo direito de propriedade de uma parte da herança, em favor do cônjuge, denominada concorrência sucessória, na mesma classe dos descendentes e dos ascendentes.

Em síntese, o cônjuge (e o companheiro) passam a ter direito a uma fração da herança na primeira e segunda classes, não como usufrutuário, mas como proprietário, em concorrência com descendentes (a depender do regime de bens) e ascendentes (independente do regime de bens). Ademais, até a decisão do STF no início do ano de 2017, não havia paridade sucessória entre o cônjuge e o companheiro. Com base nos princípios da não discriminação, da dignidade da pessoa humana e da igualdade, o STF, por maioria, nos Recursos Extraordinários 646.721-RS e 878.694-MG, com repercussão geral, considerou inconstitucional a diferenciação de regime sucessório entre o cônjuge e o companheiro. Em capítulo sobre a sucessão do companheiro, voltaremos ao tema para demonstrar que houve retrocesso histórico. Todavia, já é possível adiantar que o regime sucessório do companheiro será o mesmo do cônjuge.

Portanto, assim como o cônjuge, o companheiro concorrerá com descendentes nos moldes do art. 1.829, I, do CC (a depender do regime de bens adotado ou não por contrato escrito na união estável), com ascendentes (de acordo com o art. 1.829, II, ou seja, independente do regime de bens) e, se não houver descendentes e ascendentes, assim como o cônjuge, o companheiro recolherá a integralidade da herança. O companheiro se submeterá ao regime sucessório do cônjuge após a decisão do STF, com repercussão geral. A concorrência do companheiro com descendentes se dará na mesma cota daquele que sucede por cabeça (seja filho exclusivo ou não) e o companheiro também terá direito à reserva da quarta parte da herança quanto todos os descendentes forem comuns (filhos do companheiro sobrevivente e do falecido). Na concorrência do companheiro com ascendentes, concorrerá sobre a totalidade da herança (bens particulares e comuns), na mesma cota do cônjuge (art. 1.837 do CC). O companheiro não concorre mais com colaterais. Na ausência de ascendentes e descendentes, o companheiro receberá a totalidade da herança (bens particulares e comuns). Neste caso, não se aplica mais o critério da aquisição onerosa do art. 1.790, em razão da reconhecida inconstitucionalidade.

Por fim, a Fazenda Pública deixa o rol de herdeiros e somente receberá a herança após ela se tornar jacente com declaração de vacância.

Na mesma linha da legislação anterior, não há direito sucessório em favor dos parentes por afinidade (vínculo aos parentes de uma pessoa em razão de casamento ou união estável – art. 1.595 do CC). Apenas o parentesco comum, consanguíneo ou civil, gera efeitos sucessórios.

- **Sucessão *ab intestato*** – direito próprio (cabeça) e representação (estirpe)

Na sucessão por direito próprio, o sucessor é o próprio titular da herança. O sucessor terá o direito subjetivo à herança. Não se pode confundir o direito próprio com o modo de se promover a divisão entre os titulares da herança. A divisão pode ocorrer por cabeça, dividindo-se em tantas partes iguais quantos forem os sucessores (exceto o cônjuge/companheiro sobrevivente quando concorre com descendentes comuns, sua cabeça corresponde a 25%, independente da quota dos descendentes) ou por linha.

Na sucessão legítima, por exemplo, se o título hereditário for idêntico entre os herdeiros (todos os filhos ou netos, por exemplo), receberão, em princípio, *por cabeça*, dividindo-se em tantas partes iguais quantos forem os herdeiros. Na sucessão por direito próprio, com divisão por cabeça ("cabeça" é o modo de divisão ou partilha entre os titulares da herança), o herdeiro recebe exatamente a herança que lhe pertence. Em síntese: é o titular do direito subjetivo à herança. Caso todos os sucessores da mesma classe sejam do mesmo grau, a sucessão é por direito próprio.

Todavia, na sucessão por direito próprio, a divisão pode ocorrer, ainda, por linha e não por cabeça. A divisão por linha no direito próprio somente ocorrerá em uma hipótese: na sucessão dos ascendentes, quando chamados à sucessão parentes do mesmo grau, mas de linhas diferentes. Será por direito próprio, mas a divisão é por linha. Por isso, embora seja por direito próprio, as partes não são necessariamente iguais.

Na sucessão por estirpe ou representação, os sucessores estarão na mesma classe, mas em graus diferentes. O sucessor não receberá herança própria, mas direito sucessório de outrem. É exceção à regra de que o mais próximo exclui o mais remoto. Os descendentes do pré-morto ou filho de irmão pré-morto na linha colateral, recolhem a herança. Portanto, se a sucessão se opera por representação (*estirpe*), os herdeiros, nessa condição, recebem o que o representado, por cabeça, receberia, partilhando em quinhões iguais essa parcela da herança.

Neste caso da sucessão por estirpe, os herdeiros (descendentes de herdeiro pré-morto ou excluído da sucessão por indignidade ou deserdação, bem como filhos de irmãos pré-mortos ou excluídos da herança por indignidade) estão na mesma classe, mas em graus diferentes. Os que estão mais próximos sucedem por cabeça e os mais remotos, por representação. A sucessão por representação apenas se dá em duas hipóteses: na linha reta descendente e na linha colateral em favor de filho de irmão (arts. 1.852 e 1.853 do CC). É restrita a estes casos previstos em lei. O sucessor de grau mais distante participa da sucessão, em representação do herdeiro pré-morto (que faleceu antes do autor da herança, assim como do indigno e do deserdado, que são equiparados a herdeiro pré-morto). Na sucessão por estirpe, duas regras são excepcionadas (a de que o grau mais próximo exclui o mais remoto e a de que o sucessor tem que estar vivo por ocasião da abertura da sucessão).

As regras de representação são exclusivas da sucessão legítima. É restrita aos descendentes do pré-morto, do indigno e do deserdado. O representado deve ser herdeiro pré-morto, indigno ou deserdado. É essencial que haja relação de descendência entre representante e representado e continuidade dos parentes na sequência de graus, pois o neto não poderia saltar o pai vivo para representar o avô na herança do bisavô. Apenas o pai poderia representar o avô. Na sucessão por representação, os herdeiros estarão em graus diferentes. Remetemos o leitor ao capítulo da representação.

Por direito próprio, o herdeiro herda e recebe a sua herança e, por representação, recebe a quota do representado, herdeiro pré-morto ao autor da herança, nos limites da cota deste.

Portanto, na ordem legal de *vocação hereditária* – art. 1.829 do CC –, a distribuição legal é feita por classes de preferências, ou seja, se existir herdeiro da primeira classe, os integrantes das demais classes estão excluídos da sucessão.

Para a preferência interna na convocação entre as pessoas da mesma classe, é conjugada a ideia de grau de parentesco, de forma que os mais próximos excluem os mais remotos, com as duas exceções retromencionadas (direito de representação em favor de descendentes e do filho ou filhos de irmão pré-morto).

Na sucessão legítima, os herdeiros podem suceder por direito próprio (divisão se dá por *cabeça* ou, no caso, dos ascendentes, por *linha*) ou representação (*estirpe*).

Em regra, os sucessores da mesma classe e do mesmo grau sucedem por direito próprio. Excepcionalmente, se existirem pessoas da mesma classe, porém de graus diferentes, a depender da categoria a que pertençam (descendentes, por exemplo – pois não há representação na linha ascendente), a maneira de partilhar é diferente.

Se houver direito de representação ou sucessão por estirpe, os chamados a suceder no lugar de herdeiro pré-morto (falecido, excluídos da sucessão por indignidade e deserdação) da mesma classe recebem a cota hereditária que o representado receberia por cabeça, se fosse vivo, com a partilha desde quinhão entre os representantes em idêntica proporção.

Em conclusão, a sucessão legítima se faz por direito próprio ou por representação, e a forma de divisão ou promoção da partilha será por cabeça ou linha (direito próprio) ou por estirpe (representação).

Quais são os critérios da sucessão legítima? Os laços familiares dos herdeiros com o falecido. Na sucessão legítima, são chamados a suceder os colaterais até o quarto grau, na forma do previsto no art. 1.839 do CC (ex.: primos).

Como já mencionado, embora na linha reta e na transversal ou oblíqua exista vínculo de afinidade, resultante da relação do cônjuge ou companheiro de uma pessoa com os parentes consanguíneos de outro, a sucessão hereditária não alcança os parentes por afinidade.

7.18.2. A ordem de vocação hereditária (legal)

A ordem de vocação hereditária nada mais é que uma relação de preferência de classes de herdeiros estabelecida pela lei. Na sucessão legítima, herdeiros são aqueles definidos pela norma jurídica por meio de uma ordem de preferência (a ordem de vocação hereditária) que, em um primeiro momento, é externa (classe de herdeiros) e, na sequência, interna (grau de parentesco).

Em razão da relação de preferência estabelecida e dividida em classes, a existência de um único herdeiro em uma das classes automaticamente excluirá da herança os herdeiros que constam nas classes subsequentes. Por exemplo, se houver um único descendente vivo do autor da herança, ainda que o morto tenha deixado ascendentes e colaterais, estes estarão excluídos da sucessão.

Após a definição da classe, de acordo com a ordem de preferência legal, em cada classe, internamente, haverá outra ordem de preferência, agora estabelecida em função dos graus de parentesco. Nessa segunda ordem de preferência (graus), o critério para se determinar o sucessor é estabelecido pelas regras especiais de cada classe. Entre a classe dos descendentes, ascendentes e colaterais, nas regras que determinam preferência interna, o critério é a proximidade. Nestas classes, internamente, herdará aquele que for o mais próximo do autor da herança. O descendente, ascendente ou colateral mais próximo excluirá o mais remoto. Tal critério de proximidade tem duas exceções: 1 – na sucessão dos descendentes é possível o direito de representação quando um dos descendentes estiver em grau diferente, em razão de pré-morte, indignidade ou deserdação daquele que seria o titular da herança; 2 – na sucessão dos colaterais, é possível o direito de representação apenas em favor de filho de irmão (sobrinho), quando concorre com irmãos do falecido.

Portanto, na ordem de vocação hereditária serão realizadas duas operações: 1 – Ordem externa de preferência: primeiro deverá ser identificada a classe dos herdeiros que serão chamados à sucessão (neste caso, incide a ordem de vocação hereditária prevista no art. 1.829 do CC – Na preferência externa, os descendentes preferem aos ascendentes, que preferem ao cônjuge/companheiro como sucessor exclusivo que preferem os colaterais); 2 – ordem interna de preferência: após a identificação da classe, de acordo com a ordem de preferência legal (art. 1.829 do CC), deverá ser apurada, no interior da classe, a partir das regras sucessórias de cada uma destas, qual o critério de preferência interna. O critério de preferência interna é a proximidade com o autor da herança, baseada no grau de parentesco, salvo direito de representação na classe dos descendentes e, na classe dos colaterais, em favor de filho de irmão (sobrinho).

Se o sujeito falecer e deixar três filhos vivos, dois netos, mãe, quatro irmãos e dez primos e, se não tiver cônjuge ou companheiro (nesse momento não será tratada a concorrência sucessória), em primeiro lugar, deve ser apurada a classe de preferência. No caso, os descendentes, filhos e netos, preferem à ascendente (mãe) e aos colaterais (irmãos e primos). A sucessão será submetida integralmente à classe dos descendentes. O ascendente e os colaterais, por pertencerem a classes subsequentes, estão excluídos da sucessão. Após identificar a classe, dentro desta (descendentes), deve ser apurada a preferência baseada no grau de parentesco. Como os três filhos vivos estão mais próximos do autor da herança, ainda que os netos pertençam à classe dos descendentes, nada receberão. Os mais próximos, dentro da classe, em regra, excluirão da sucessão os mais remotos.

A ordem de vocação hereditária, parâmetro da sucessão legítima, é objeto do art. 1.829 do Código Civil.

A sucessão legítima é deferida de acordo com a ordem de preferência estabelecida pelo mesmo artigo.

Em razão da alteração dos valores da sociedade e da nova concepção de família, que implica significativas rupturas com paradigmas clássicos, o direito sucessório, no campo da sucessão legítima, não ficou alheio a estas transformações, como já mencionado no item anterior.

Em razão da posição do cônjuge na ordem de vocação hereditária na legislação anterior, a depender do regime de bens, o sobrevivente/viúvo ficava desamparado em muitas situações. Para contornar esse problema, o art. 1.611 (Código Civil de 1916), alterado pela Lei n. 4.121/62, que incluiu dois parágrafos no referido dispositivo, passou a garantir ao cônjuge sobrevivente ou viúvo direito real de usufruto, também conhecido como "usufruto vidual" (decorrente da viuvez). Para ser usufrutuário, o cônjuge não poderia estar casado sob o regime da comunhão universal de bens. Tal regime excluía o direito ao usufruto. Deve-se recordar que até a Lei do Divórcio (Lei n. 6.515/77), o regime legal ou supletivo era o da comunhão universal de bens. Portanto, até 1977 o cônjuge sobrevivente dificilmente faria jus ao usufruto sobre os bens da herança, uma vez que estava casado sob o regime da comunhão universal de bens.

As hipóteses de usufruto vidual se intensificaram a partir da Lei do Divórcio, quando o regime legal de bens passou a ser o da comunhão parcial.

Tal usufruto da "viuvez" somente perdurava durante o período desta. Enquanto estivesse na condição de viúvo, o cônjuge sobrevivente/viúvo teria direito ao usufruto da quarta parte dos bens da herança, se o falecido tivesse filho ou se houvesse filhos do casal. O direito real de usufruto, decorrente da viuvez, passava para a metade dos bens se não existissem filhos, ainda que o falecido tivesse deixado ascendentes vivos. Portanto, passou a ser garantido ao cônjuge direito real sobre coisa alheia, usufruto, que conferia ao cônjuge viúvo, durante o período da viuvez, o direito de administrar uma parcela (um quarto ou metade) dos bens da herança.

Além disso, o § 2º do art. 1.611 do CC/1916 passou a garantir ao cônjuge sobrevivente, desde que casado sob o regime da comunhão universal de bens, outro direito real: o direito real de habitação em relação ao imóvel destinado à residência da família, desde que fosse o único daquela natureza a ser inventariado.

Na legislação civil revogada, o cônjuge era ainda considerado herdeiro facultativo e, por isso, poderia ser excluído da sucessão por ato de disposição de última vontade (testamento).

Tal situação do cônjuge perdurou até a entrada em vigor do atual Código Civil.

O cônjuge sobrevivente passou a ostentar maior proteção no âmbito sucessório, pois o direito real de usufruto, em razão da viuvez, foi substituído por direito de propriedade sobre os bens da herança (a denominada concorrência sucessória), passando o cônjuge de herdeiro facultativo para herdeiro necessário (art. 1.845 do CC), o que lhe garante a legítima. Cumpre destacar, ainda, que o direito real de habitação não está mais condicionado ao regime de bens e à manutenção do estado de viúvo.

Em relação ao instituto da "concorrência sucessória", o cônjuge sobrevivente e o companheiro passaram de usufrutuários para proprietários, na medida em que passaram a integrar as classes privilegiadas de herdeiros (descendentes e ascendentes), nas quais irão concorrer no direito à herança, obviamente sem prejuízo à sua meação, que não é herança.

O cônjuge sobrevivente (e o companheiro – após a decisão do STF – RE 646.721-RS e RE 878.694-MG) concorrerá, em algumas hipóteses (quando não estiver protegido pelo direito de família, a depender do regime de bens), com descendentes e, em qualquer hipótese, independentemente do regime de bens, com os ascendentes. É a concorrência sucessória, que nada mais é do que o reconhecimento do direito de propriedade sobre parcela da herança. Com isso, o usufruto em razão da viuvez desaparece do sistema jurídico.

Por outro lado, o "direito real de habitação" foi mantido, mas houve aperfeiçoamento desse direito. O Código Civil de 1916 somente garantia o direito real de habitação ao cônjuge sobrevivente se fosse casado no regime da comunhão universal de bens. O atual Código Civil, no art. 1.831, manteve o direito real de habitação, sem prejuízo da participação pertencente ao cônjuge sobrevivente na herança, qualquer que seja o regime de bens. É, na realidade, a principal garantia ao cônjuge ou companheiro sobrevivente no direito sucessório. Tal direito real sobre coisa alheia independe do regime de bens e do sobrevivente constituir nova família. Portanto, tal direito real de habitação não é vidual, pois independe da permanência do estado de viuvez, que era imposição da legislação anterior para manter esse direito real sobre coisa alheia. O direito real de habitação será fonte de inesgotáveis conflitos e muitas injustiças, em especial por conta do dinamismo da família contemporânea. Por exemplo, se "A", divorciado, tem dois filhos com que reside, um de 2 anos e outro de 4 anos e resolve constituir em imóvel residencial própria nova família com "C", caso "A" venha a falecer (ainda que alguns meses após o início do casamento ou convivência), "C" terá direito real de habitação vitalício sobre a integralidade do imóvel de "A", onde residia com seus filhos. E "C", caso constitua nova família com "E", terá direito de permanecer no imóvel, independente do regime de bens do casamento com a "A", do direito de propriedade sobre o bem em relação aos filhos de "A" e da participação que "C" teria na herança de "A". Não há dúvida de que tal situação pode ocorrer, gerará conflito entre "C" e os filhos menores de "A", que não terão acesso à residência, que inclusive poderão ficar desamparados em relação a habitação.

No que tange à nova qualificação (herdeiro necessário), o cônjuge passou a ostentar o rol privilegiado de herdeiro necessário, ao lado dos ascendentes e descendentes (art. 1.845 do CC) e, em razão desse fato, passou a ter direito à legítima (cota indisponível da herança – art. 1.846, CC), motivo pelo qual não poderá ser excluído da sucessão por testamento (art. 1.850, CC). Apenas os colaterais e o companheiro são herdeiros facultativos no atual sistema.

A concorrência sucessória do cônjuge, a condição de herdeiro necessário e a remodelação do direito real de habitação são as grandes novidades da ordem de vocação hereditária e suas consequências.

Nos itens seguintes, a concorrência do cônjuge será analisada em detalhes.

De acordo com o art. 1.829 do Código Civil, com base na presunção de afeto entre os familiares, possuem preferência os parentes em linha reta. Primeiro os descendentes e, na classe seguinte, os ascendentes. Os descendentes, já na primeira classe, podem concorrer com o cônjuge, e os ascendentes, que estão na classe seguinte, necessariamente concorrerão com o cônjuge. Tais herdeiros são necessários e têm direito à legítima, que é a eles destinada.

Os herdeiros legítimos facultativos (colaterais), embora sejam herdeiros legítimos (porque estão na ordem de vocação hereditária, não porque tem direito à legítima), não são necessários, e por isso não possuem direito à legítima. O direito de concorrência do cônjuge, a ser analisado em detalhes no tópico seguinte, excepciona a regra de que os parentes mais próximos excluem os mais distantes. Os colaterais, na qualidade de herdeiros facultativos, somente receberão a herança se não houver herdeiros necessários (nenhum descendente, ascendente ou cônjuge).

A ordem de sucessão legítima é privativa e somente nesta incide (arts. 1.829 a 1.856 do CC). A ordem de vocação hereditária do art. 1.829 não se aplica à sucessão testamentária. E como é a atual ordem?

- *1ª Classe:* descendentes: filhos, netos, bisnetos e assim sucessivamente, sem limite. De acordo com Maria Berenice Dias[6], "esse conceito de descendentes abriga todas as espécies de filiação: consanguínea ou natural, que tem origem na verdade biológica; civil, quando decorre da adoção; socioafetivo, que se constitui a partir da posse de estado de filho e social, quando decorre de técnicas de reprodução assistida e a concepção ocorre *in vitro*, inclusive com o uso de material genético de outra pessoa".

- *2ª Classe:* ascendentes: tais herdeiros somente serão chamados se inexistirem descendentes. Também são herdeiros necessários e têm direito à legítima. Não há limites. São pais, avós, bisavós e assim até o infinito. O mais próximo também excluirá o mais remoto.

- *3ª Classe:* cônjuge, que poderá concorrer com descendentes e, necessariamente, concorrerá com os ascendentes nas classes anteriores, também é herdeiro necessário.

- *4ª Classe:* por fim, os herdeiros legítimos facultativos, que não são necessários, limitados ao quarto grau: Colaterais: irmãos, tios, sobrinhos, tio-avô, sobrinho-neto e primos.

Portanto, como destacam os professores Francisco Cahali e Giselda Hironaka[7], "A ordem de vocação hereditária é uma relação preferencial, estabelecida pela lei, das pessoas que são chamadas a suceder ao finado". A lei escolhe os chamados a herdar e os coloca em uma sequência preferencial.

---

[6] DIAS, Maria Berenice. *Manual das sucessões*. 3. ed. São Paulo: Revista dos Tribunais, 2013, p. 128.

[7] CAHALI, Francisco José; HIRONAKA, Giselda Maria Fernandes Novaes. Direito das sucessões. 5. ed. São Paulo: Revista dos Tribunais, 2014, p. 120.

7.18.3. Hipóteses para a incidência da sucessão legítima

A sucessão legítima é supletiva ou residual. Em razão do princípio da autonomia privada, o autor da herança poderá dispor de todo seu patrimônio por meio do negócio jurídico denominado "testamento". No testamento, o autor da herança materializa a vontade de dispor de seu patrimônio para quem quiser. Todavia, em caso de ausência de testamento ou qualquer vício no testamento ou, finalmente, se existirem herdeiros necessários, incidirão as regras da sucessão legítima.

Em resumo, a sucessão legítima incidirá nas seguintes hipóteses, em que a tal espécie de sucessão é impositiva: 1 – ausência de testamento (manifestação tácita – o autor da herança, em vida, não realizou qualquer ato de disposição de última vontade); 2 – testamento caduco ou nulo; 3 – o autor da herança tem herdeiros necessários (sucessão legítima limita a vontade do testador) e 4 – testamento que não contempla a integralidade dos bens (nessa hipótese, os herdeiros legítimos, necessários ou facultativos, receberão a parte da herança que não integrou o testamento – coexistirá aqui também sucessão legítima e testamentária).

Nesse sentido são os arts. 1.788 e 1.789, ambos do CC:

Art. 1.788 do CC: "Morrendo a pessoa sem testamento (1ª hipótese), transmite a herança aos herdeiros legítimos (de acordo com a ordem de vocação hereditária do art. 1.829 do CC); o mesmo ocorrerá quanto aos bens que não forem compreendidos no testamento (2ª hipótese); e subsiste a sucessão legítima se o testamento caducar, ou for julgado nulo (3ª hipótese)".

Os herdeiros necessários não podem ser afastados da sucessão pela vontade do autor da herança (possuem direito à metade da herança – art. 1.846 – legítima). É justamente a 4ª hipótese: Art. 1.789: "Havendo herdeiros necessários (4ª hipótese), o testador só poderá dispor da metade da herança". Como estes têm direito à legítima, necessariamente, participam da herança e, portanto, haverá sucessão legítima, ainda que exista testamento válido (é possível a coexistência de sucessão legítima e testamentária).

7.18.4. A sucessão dos descendentes: regras gerais (cabeça e estirpe) e as hipóteses de concorrência com o cônjuge

A sucessão dos descendentes é disciplina pelos arts. 1.829, inciso I, e 1.833 a 1.835, todos do Código Civil.

Na classe dos descendentes, há duas premissas a serem observadas: 1 – absoluta igualdade entre os descendentes: Em razão da necessária igualdade substancial, para fins sucessórios, impossível qualquer diferença entre filhos relacionado à origem (É o que dispõe o art. 1.834 do CC, segundo o qual os descendentes da mesma classe têm os mesmos direitos à sucessão de seus ascendentes: a origem pode ser biológica, afetiva, civil/adoção.); 2 – a regra de que o mais próximo exclui o mais remoto, conforme art. 1.833, salvo o direito de representação. O instituto da representação flexibiliza a referida regra em favor de descendentes de herdeiro pré-morto, declarado indigno ou deserdado. O instituto da representação, na linha colateral, também favorecerá filhos de irmãos pré-morto ou declarado indigno.

Os descendentes estão na primeira classe da ordem da vocação hereditária (art. 1.829, I, CC). São herdeiros legítimos necessários (art. 1.845, CC) e, nessa condição, têm direito à legítima (objeto de análise em tópico próprio). Se o autor da herança tiver descendente, todos os herdeiros das demais classes (ascendentes e colaterais) estarão excluídos, automaticamente, da sucessão.

Em relação à sucessão dos descendentes, o STF reconheceu a possibilidade de pluriparentalidade, concomitância de filiação biológica com filiação afetiva (RE 898.060/SC – Tema 622). Nesta toada, o descendente terá direito à herança de todos os ascendentes, com quem mantém vínculo de filiação, independente de restrições, a fim de preservar a regra da isonomia substancial de natureza constitucional. No âmbito da sucessão dos descendentes, tal questão dos efeitos sucessórios da pluriparentalidade ou multiparentalidade ainda suscita debates. Como afirma Chaves e Rosenvald[8]: "No âmbito sucessório, o efeito decorrente é a pluri-hereditariedade. O filho que possui dois, ou mais, pais ou duas, ou mais, mães terá direito à herança de todos eles, sem qualquer restrição indevida, que afrontaria a isonomia constitucional".

Em relação à isonomia substancial, os descendentes não podem ser discriminados em razão da origem (adoção, descendentes de núcleos diferentes etc.). A isonomia não impede que o autor da herança disponha da metade de seu patrimônio, por testamento, para quem desejar, mesmo em favor de apenas um descendente. A isonomia ou igualdade ocorrerá em relação à legítima ou à toda herança, se não houver testamento. Se houver testamento, em relação à parte disponível que não integrou o testamento, também haverá o necessário respeito à isonomia A isonomia entre filhos não pode neutralizar o poder de autodeterminação ou a autonomia de vontade do testador. É modo de conciliar a igualdade substancial com a autonomia privada.

No que tange à regra da proximidade, na linha reta descendente, no interior da própria classe, há outra ordem de preferência: determinada pelo grau de parentesco. Os descendentes que estiverem mais próximos do falecido no grau de parentesco excluem os mais remotos, salvo direito de representação (descendentes da mesma classe, mas de graus diferentes). A representação entre os descendentes somente é possível quando há dois ou mais herdeiros no mesmo grau e um deles é pré-morto (falecido antes da abertura da sucessão), declarado indigno ou deserdado. Aqui, os sucessores do herdeiro falecido/pré-morto ou excluído recolhem o quinhão que caberia a ele (por meio da representação).

Na linha descendente, a sucessão pode ser por direito próprio (divisão por cabeça) ou por estirpe (representação). Na sucessão por direito próprio e cabeça, o herdeiro recebe sua própria cota hereditária. O herdeiro é o titular da herança. Os descendentes herdam por direito próprio/cabeça quando são chamados na sua própria vez. Se todos os descendentes estiverem no mesmo grau de parentesco, herdam por cabeça e recebem cotas absolutamente iguais. A cabeça é modo de divisão no direito próprio, onde cada sucessor é cabeça de uma fração igual da herança da qual é titular. De acordo com o art. 1.835, os filhos sempre sucedem por cabeça (porque é o grau de parentesco mais próximo) e os demais descendentes, por cabeça ou estirpe, caso se achem ou não no mesmo grau.

Na linha descendente, também é possível a sucessão por estirpe, que ocorrerá entre descendentes de graus diferentes. Entretanto, como os mais próximos excluem os mais remotos dentro da classe, a sucessão por estirpe só acontecerá por meio da representação dos sucessores de herdeiro pré-morto ou excluído da sucessão por indignidade ou deserdação. Em caso de graus diferentes, uns sucederão por cabeça e outros por estirpe. Na representação, os representantes dividem, em partes iguais, a cota que caberia ao representado.

Por exemplo: "A", viúvo, tem três filhos, "B", "C" e "D", e um patrimônio de R$ 900.000,00 (novecentos mil reais). Além dos filhos, "A" tem dois netos, "F" e "G", que são filhos de "D". Se, por ocasião da morte de "A", todos os três filhos estiverem vivos, todos receberão por cabeça uma cota igual: R$ 300.000,00 para cada. Nesse caso, os filhos são os titulares da herança, pois estão a herdar na sua vez de chamamento. Os netos, filhos de "D", nada recebem. Aqui é aplicada a regra de que os mais próximos (filhos) excluem os mais remotos (netos).

No entanto, se no momento da morte de "A" seu filho "D" já era falecido (ou seja, o filho "D" faleceu antes do pai "A"), os filhos "B" e "C" receberão por cabeça, ou seja, a cota que a eles pertencem (R$ 300.000,00 cada um). Os netos de "A", embora mais remotos que os filhos "B" e "C", por estar em outro grau, mais distante, não serão excluídos da sucessão, pois, na qualidade de sucessores de "D", herdarão a cota deste (R$ 300.000,00) por estirpe e a dividirão, entre ambos, em partes iguais (R$ 150.000,00 para cada um). É o direito de representação, que ocorre quando a lei chama certos parentes do falecido a sucedê-lo em todos os direitos em que ele sucederia se vivo fosse (art. 1.851 do CC), e os representantes só podem herdar aquilo e nos limites que o representado herdaria (no exemplo, R$ 300.000,00), conforme o art. 1.854 do CC. Tal quinhão do representado será dividido igualmente entre os representantes (art. 1.855 do CC).

O direito de representação, na linha reta, somente ocorre entre os descendentes. Como já mencionado, a representação em favor de alguns descendentes é exceção à regra de que, na mesma classe, o mais próximo exclui o mais remoto, a teor do que dispõe o art. 1.833 do CC.

Os filhos sempre sucederão por direito próprio e cabeça, justamente porque serão sempre os mais próximos

---

[8] FARIAS, Cristiano Chaves de; ROSENVALD, Nelson. *Curso de direito civil. Sucessões.* 3. ed. Salvador: JusPodivm, 2016, p. 294.

do autor da herança (1º grau na linha reta). Os demais descendentes, netos, bisnetos etc., podem suceder por direito próprio/cabeça se todos os descendentes estiverem no mesmo grau, ou por estirpe, nos termos do art. 1.835 do CC.

A diferença em relação à lei civil anterior é concorrência sucessória dos descendentes com o cônjuge (e o companheiro – após a decisão do STF – RE 646.721-RS e RE 878.694-MG). Separada a cota-parte do cônjuge (a concorrência do cônjuge com descendentes depende de alguns pressupostos – condição de cônjuge por ocasião da abertura da sucessão e compatibilidade com regime de bens), a divisão entre os descendentes é absolutamente igual.

7.18.5. A sucessão dos ascendentes: regras internas de preferência (direito próprio e divisão por linhas) e a necessária concorrência com o cônjuge

A sucessão dos ascendentes é disciplinada pelos arts. 1.829, inciso II, 1.836 e 1.837, todos do Código Civil.

Se não houver herdeiro na classe dos descendentes, que estão na primeira classe (ordem de preferência) da ordem da vocação hereditária (art. 1.829, I, CC), os ascendentes são chamados à sucessão. Os ascendentes estão na segunda classe da ordem de vocação hereditária (art. 1.829, II, CC). Estes são herdeiros legítimos necessários (art. 1.845, CC) e, nessa condição, têm direito à legítima (metade dos bens da herança – art. 1.846 do CC). Se o autor da herança não tiver descendente, mas possuir ascendentes, os herdeiros colaterais (e o cônjuge, apenas na condição de herdeiro exclusivo) estão excluídos da sucessão.

Na sucessão dos ascendentes, há duas regras: isonomia em relação aos ascendentes que estão no mesmo grau e preferência dos ascendentes mais próximos.

Na classe dos ascendentes, há outra ordem de preferência (interna): os ascendentes mais próximos do falecido no grau de parentesco excluem os mais remotos, sem distinção de linhas (paterna e materna). Assim, se os mais próximos estiverem na mesma linha, os mais remotos da outra linha estão excluídos da sucessão. Portanto, independente da linha, se houver diversidade de graus, o ascendente mais próximo excluirá o mais remoto. Ao contrário dos descendentes, na linha reta ascendente não há direito de representação (§ 1º do art. 1.836 do CC). Essa é a razão da norma mencionar "sem distinção de linhas".

Portanto, os ascendentes somente recebem por direito próprio. O ascendente mais próximo em grau exclui o mais remoto, sem distinção de linhas, ou seja, ainda que a pessoa tenha o pai vivo, a mãe falecida e os avós maternos vivos, o pai receberá a integralidade da herança.

Todavia, se houver pluralidade de ascendentes, no mesmo grau, mas em linhas diferentes, a divisão é por linha. A linha paterna receberá metade da herança e a linha materna a outra metade (é irrelevante a quantidade de ascendentes em cada linha).

Portanto, se houver igualdade de grau e diversidade de linhas, cada linha receberá metade da herança, independente de quantos sujeitos integrem a referida linha. Por exemplo, se o falecido deixa um avô materno e, dois (avós) paternos, metade da herança irá para o avô materno (linha materna) e a outra metade para os paternos (linha paterna). No caso, há igualdade de graus e linhas diversas. É o que dispõe o § 2º do art. 1.836 do CC "havendo igualdade em grau e diversidade em linha, os ascendentes da linha paterna herdam a metade, cabendo a outra aos da linha materna". É essencial que os ascendentes vivos sejam do mesmo grau e de linhas diferentes.

Se houver desigualdade de graus e linhas diversas, a herança será na integralidade para uma única linha. Se todos do grau mais próximo estiverem na mesma linha, a herança caberá a todos os ascendentes de mesmo grau dessa linha. Por exemplo, se o falecido deixou apenas o pai vivo e os dois avós maternos (a mãe é pré-morta), como o pai é parente em primeiro grau e os avós em segundo grau, há diversidade de graus, nesse caso, a linha paterna, representada pelo pai, receberá a integralidade da herança. Na linha ascendente, o grau mais próximo exclui o mais remoto (§ 1º do art. 1.836 do CC) e não há direito de representação. É a aplicação da regra da proximidade de graus.

E o contrário da situação anterior: se houver igualdade de graus e diversidade de linhas, cada linha, independentemente do número de herdeiros que a integram, receberá metade da herança.

Os ascendentes concorrem com o cônjuge sobrevivente (e o companheiro – após a decisão do STF – RE 646.721-RS e RE 878.694-MG). Portanto, na classe dos ascendentes, haverá concorrência sucessória. Ao contrário dos descendentes, a concorrência dos ascendentes com o cônjuge sobrevivente (e o companheiro) independe do regime de bens. Assim, a concorrência do cônjuge sobrevivente (e do companheiro) com os ascendentes se dará em qualquer hipótese. Basta ser cônjuge ou companheiro por ocasião da abertura da sucessão. O art. 1.837 do CC disciplina o quinhão de cada ascendente no caso de concorrência com cônjuge sobrevivente e companheiro. Se concorrer com ascendente em primeiro grau, ao cônjuge (e o companheiro – após a decisão do STF – RE 646.721-RS e RE 878.694-MG) tocará um terço da herança.

Os ascendentes terão direito apenas à metade da herança se houver um só ascendente (só o pai ou só a mãe) ou se maior for o grau (avós, bisavós etc.). Portanto, na concorrência com ascendentes, o cônjuge (e o companheiro) somente não terá direito à metade se pai e mãe estiverem vivos (neste caso, a divisão é 1/3 para o cônjuge e o restante será dividido entre os ascendentes de acordo com as regras de sucessão). Em qualquer outra hipótese, o cônjuge sobrevivente (e o companheiro) tem direito à metade da herança.

É o que enuncia o art. 1.837 do CC: "Concorrendo com ascendente em primeiro grau, ao cônjuge tocará 1/3 da herança; caber-lhe-á a metade desta se houver um só ascendente, ou se maior for aquele grau".

7.18.6. A sucessão do cônjuge: pressupostos para ser herdeiro; o instituto da concorrência e o direito de concorrência eventual com descendentes

O cônjuge também integra a ordem de vocação hereditária nas três primeiras classes (art. 1.829, I, II e III, CC). A depender do regime de bens, poderá concorrer com descendentes, sempre concorrerá com os ascendentes (independente do regime de bens) e, na falta de descendentes e ascendentes, recolherá a integralidade da herança e será exclusivo na sucessão, a teor do que dispõe o art. 1.838 do CC.

Além disso, como herdeiro necessário (art. 1.845 do CC), terá direito à legítima, instituto já estudado em tópicos anteriores.

Na sucessão do cônjuge, a novidade está por conta do instituto da "concorrência sucessória" que, respeitados determinados pressupostos legais, permitirá ao cônjuge participar da herança do falecido juntamente com os herdeiros das classes anteriores, descendentes e ascendentes. Daí o nome "concorrência sucessória". É direito de propriedade sobre parte da herança. O cônjuge concorre por ter direito a uma parcela da herança, em algumas hipóteses com os descendentes (depende do regime de bens) e em qualquer hipótese com ascendentes.

Tal direito de concorrência não tem qualquer relação com o direito à meação. A meação decorre do regime de bens adotado por ocasião do casamento (instituto de família). A concorrência incide sobre a herança, bens que integravam o patrimônio do falecido, seus bens particulares e a sua meação, se era casado ou vivia em união estável (instituto sucessório). É direito subjetivo de propriedade sobre parcela da herança.

A concorrência sucessória amplia, consideravelmente, a proteção do cônjuge sobrevivente, porque transcende o direito de meação, para torná-lo herdeiro, mesmo se o autor da herança tiver deixado descendentes e ascendentes. O direito de concorrência é o próprio direito a uma parcela da herança. É considerar alguém herdeiro, juntamente com outros de classes mais privilegiadas e que estão mais próximos do autor da herança. É discutível a conveniência da concorrência sucessória, em decorrência da pluralidade de modelos familiares e da recomposição familiar. Tal modelo serve à concepção clássica de família, não à família contemporânea e constitucionalizada.

Na legislação atual, o direito de concorrência poderá beneficiar o cônjuge (art. 1.829, I e II, CC) e o companheiro (art. 1.790, CC), embora os critérios do casamento e da união estável, para fins de concorrência sucessória, por força da lei, sejam diferentes. Todavia, o STF, como já ressaltado, nos Recursos Extraordinários 646.721-RS e 878.694-MG, ambos com repercussão geral, declarou ser inconstitucional a distinção de regimes sucessórios entre cônjuge e companheiro. Em razão desta decisão, a união estável e o casamento se submeterão ao mesmo dispositivo legal (art. 1.829 do CC), ou seja, às mesmas regras legais de concorrência sucessória.

O cônjuge (e agora, também o companheiro) poderá concorrer com descendentes e ascendentes. Nas duas hipóteses de concorrência sucessória, incisos I e II do art. 1.829, necessariamente deve estar presente determinado pressuposto, previsto no art. 1.830 do CC (o cônjuge e o companheiro, por ocasião da abertura da sucessão, devem ser cônjuge ou companheiro, ou seja, não podem estar separados judicialmente (no caso do cônjuge) nem de fato (no caso do cônjuge e do companheiro) do autor da herança – o companheiro deve estar nesta condição, ou seja, não pode estar separado de fato ou ter dissolvida a união estável por ocasião da abertura da sucessão).

• **1ª condição e pressuposto para ser herdeiro concorrente (com os descendentes e com os ascendentes)**: não estar divorciado ou separado de fato por ocasião da abertura da sucessão.

É essencial que no momento da abertura da sucessão, o cônjuge ou o companheiro estejam vivenciando plenamente esta condição (de cônjuge e de companheiro), como pressuposto para o direito subjetivo à concorrência com descendentes e ascendentes. Se já estiverem separados de fato no momento da abertura da sucessão, não terão capacidade sucessória e legitimidade para reclamar parte da herança ou até a integralidade, na ausência de descendentes e ascendentes.

De acordo com a redação do art. 1.830 do CC, o vínculo do casamento, para fins sucessórios, é mantido, mesmo com a separação de fato. Se o casal estiver separado de fato há até dois anos e um deles falecer nesse período, é mantido o direito sucessório, tanto para concorrer na herança com descendentes e ascendentes, quanto para receber a herança exclusivamente (caso não haja descendentes e ascendentes).

Tal artigo é alvo de duras críticas, justificadas, porque o dispositivo permite que o cônjuge mantenha a condição de herdeiro e o direito sucessório mesmo se já estiver separado de fato do autor da herança, por ocasião do falecimento deste.

E mais, além de manter tal regra incompatível com a nova configuração das famílias contemporâneas, o art. 1.830 ainda permite que a situação de cônjuge para fins sucessórios seja mantida mesmo que já estejam separados de fato há mais de dois anos, desde que seja provado que a convivência se tornou impossível por culpa do morto. O Código Civil não só permite que a manutenção do direito sucessório permaneça após dois anos da separação de fato, mas autoriza a macabra situação de se buscar culpar um morto que não poderá se defender. Portanto, de acordo com essa regra odiosa, se, ao tempo da abertura da sucessão, estavam separados de fato há mais de dois anos, cessa o direito sucessório. Essa é a regra. Contudo, excepcionalmente, o cônjuge sobrevivente poderá manter esse direito se provar que o cadáver foi o culpado pela separação de fato. Em tempos de superação da discussão sobre conduta culposa e dos valores fundamentais constitucionais que orientam a família e o direito sucessório, impossível considerar tal regra compatível com o diploma que confere unidade ao direito civil contemporâneo: Constituição Federal.

Em razão dos valores sociais constitucionais, parâmetro para o direito de família contemporâneo, o caráter solidário e multifacetado da família e todos os princípios que a inspiram, a separação de fato implica ausência de afeto e cessação da comunhão plena de vida (art. 1.511 do CC). Se não há comunhão plena de vida, não há afeto e, se não há afeto, não há casamento. Em síntese, a separação de fato, por si só, deve ser suficiente para excluir o cônjuge sobrevivente da sucessão.

O STJ segue tal orientação no sentido de que a simples separação de fato, independente de prazo, é suficiente para fazer cessar a produção de todo e qualquer efeito do casamento. Não se pode manter a capacidade sucessória com o rompimento definitivo dos laços afetivos, valor que fundamenta a família contemporânea. Se o núcleo familiar é desprovido de afeto, não há família.

Com relação à separação judicial, em que pesem as divergências, advogamos a tese de que, com a EC n. 66/2010, ela desaparece do sistema (inconstitucionalidade material da separação judicial com a referida emenda, que não a recepcionou). Após a Emenda n. 66/2010, o divórcio é possível a qualquer tempo e sem a indagação de motivo. Se não há discussão de qualquer requisito subjetivo ou objetivo (trata-se de direito potestativo) para o divórcio, não há razoabilidade em admitir a discussão da culpa de um cadáver para manutenção do direito sucessório após dois anos de separação de fato.

Como resume Maria Berenice Dias[9]: "Como a lei mantém os efeitos patrimoniais do casamento mesmo depois da separação de fato, o viúvo preserva o direito à herança e sua condição de herdeiro concorrente, ainda que culpado pela separação. Na hipótese de ter decorrido mais de dois anos entre o fim da vida em comum e o falecimento, comprovado que o viúvo não foi culpado, preserva o direito de concorrência independente do tempo da separação".

Tal regra da separação de fato, prevista no art. 1.830 do CC, não se aplica à união estável. Com a separação de fato dos companheiros, cessa o direito de herança destes. A decisão do STF, em repercussão geral, sobre a inconstitucionalidade da diferenciação de regime sucessório entre cônjuge e companheiro não interfere nesta questão, uma vez que a separação de fato, seja para o casamento, seja para a união estável, deve ser suficiente para a perda da capacidade sucessório do cônjuge.

A possibilidade de manter o vínculo de casamento para fins sucessórios, mesmo após a separação de fato não se compatibiliza com o próprio Código Civil que, no § 1º do art. 1.723, permite que o cônjuge separado de fato constitua união estável, independentemente do período da separação. Como poderá uma pessoa, já em regime de união estável, ser considerada herdeira de outra, porque o tempo de separação de fato não é superior a dois anos ou, se superior, por que não foi a culpada pela separação de fato? Qual a justificativa dessa regra? Como coexistir a possibilidade de união estável pelo separado de fato com a regra do art. 1.830 do CC? É claro que, com o início da união estável, cessará o direito sucessório do cônjuge, e se o parceiro morrer quando o sobrevivente já vivia em união estável não terá direito à sucessão.

Ainda que abstratamente pareça possível (nesse sentido o Enunciado 525 da Jornada de Direito Civil), não há como admitir a concorrência sucessória entre cônjuge e companheiro se o falecido estiver em união estável quando vem a óbito e separado de fato há menos de 2 anos. A separação de fato, por si só, faz cessar a capacidade sucessória do cônjuge, fato que evitaria a concorrência sucessória entre cônjuge e companheiro.

Em nossa opinião, como já destacado, com a mera separação de fato não há mais que se qualificar o sujeito de cônjuge. O casamento pressupõe comunhão plena de vida, como aduz o art. 1.511 do CC. A separação de fato impede que pessoas mantenham qualquer comunhão de vida e interesses. Nesse sentido é o PL 508/2007, segundo o qual cessa o direito sucessório a partir da mera separação de fato.

Portanto, se o cônjuge (e o companheiro – após a decisão do STF – RE 646.721-RS e RE 878.694-MG) não estiver separado judicialmente nem de fato (art. 1.830, CC), tampouco divorciado do autor da herança no tempo da abertura da sucessão, terá reconhecido o direito sucessório. No caso de invalidade do casamento (por nulidade ou anulação), o cônjuge não terá direito no âmbito sucessório, porque perde a condição com a desconstituição deste ato jurídico na origem. A ressalva é a possibilidade de ser reconhecida a putatividade. Se a morte ocorre antes da invalidação do casamento, o reconhecimento da putatividade em relação ao cônjuge de boa-fé permitirá que este se beneficie dos direitos sucessórios (art. 1561). A putatividade só gera efeitos em relação ao cônjuge de boa-fé.

Na concorrência com os ascendentes, como pressuposto da capacidade sucessória do cônjuge e do companheiro, é suficiente o preenchimento deste pressuposto comum: não estar separado de fato, judicialmente, divorciado ou ter sido dissolvida a união estável no momento da abertura da sucessão.

Em relação aos descendentes, além do requisito comum (estar na condição de cônjuge ou companheiro por ocasião da abertura da sucessão), é essencial que o regime de bens adotado pelos cônjuges (e o companheiro – após a decisão do STF – RE 646.721-RS e RE 878.694-MG) seja compatível com as regras de sucessão.

Portanto, em relação aos descendentes, são dois os pressupostos para garantir o direito de concorrência: 1 – não estar divorciado e tampouco separado de fato por ocasião da abertura da sucessão – art. 1.830 do CC (no caso do companheiro, não estar separado de fato e não ter dissolvido a união estável por ocasião da abertura da sucessão); e 2 – o regime de bens deve ser compatível com a concorrência com os descendentes (o regime de bens do

---

[9] DIAS, Maria Berenice. *Manual das sucessões*. 3. ed. São Paulo: Revista dos Tribunais, 2013, 141.

companheiro é estabelecido por contrato escrito e, no caso de omissão, a união estável se submete ao regime da comunhão parcial de bens).

Em razão de serem dois os pressupostos para concorrer com descendentes, o cônjuge e o companheiro em algumas hipóteses (a depender do regime de bens) concorrem com descendentes e, em qualquer hipótese (não se exige compatibilidade de regime de bens), concorrem com ascendentes.

Como mencionado, a concorrência com descendentes dependerá da compatibilidade do regime de bens adotado pelo cônjuge (e o companheiro – após a decisão do STF – RE 646.721-RS e RE 878.694-MG) no casamento com qualquer daqueles previstos no inciso I do art. 1.829 do CC, cuja redação é inexplicavelmente confusa.

• **2ª condição e pressuposto para a concorrência do cônjuge com descendentes: Regime de bens compatível com a concorrência (art. 1.829, I, do CC).**

Em relação à compatibilidade do regime de bens com a concorrência sucessória, assim dispõe o art. 1.829, I, do CC: "A sucessão legítima defere-se na seguinte ordem: I – aos descendentes, em concorrência com o cônjuge sobrevivente, salvo se casado este com o falecido no regime da comunhão universal, ou no da separação obrigatória de bens (art. 1.640, parágrafo único); ou se, no regime da comunhão parcial, o autor da herança não tiver deixado bens particulares".

O cônjuge (e o companheiro – após a decisão do STF – RE 646.721-RS e RE 878.694-MG) somente concorrerá com os descendentes se houver compatibilidade com o regime de bens adotado ainda em vida por ocasião do casamento.

O problema é que a redação do inciso I do art. 1.829 é truncada e suscita inúmeras divergências, em especial em relação ao regime da comunhão parcial de bens que, por ser o regime legal atual (se não houver pacto antenupcial, incidem as regras do regime da comunhão parcial de bens), é o mais adotado pelos casais.

O objetivo da concorrência com descendentes é tutelar o cônjuge (e o companheiro – após a decisão do STF – RE 646.721-RS e RE 878.694-MG) que não terá direito à meação (por isso, a intenção do legislador é permitir a concorrência em relação àqueles regimes que têm bens particulares, sobre os quais não há meação – ou seja, embora não haja meação sobre bens particulares, haverá concorrência sucessória).

Se o cônjuge (e o companheiro) não teve proteção no direito de família pelo regime de bens, terá tutela econômica no direito sucessório, com uma parcela da herança. Essa seria a lógica da regra: se o cônjuge sobrevivente tivesse direito à meação, não teria direito à herança – se há meação, não há herança.

O exemplo é o regime da comunhão universal de bens, em que há meação e, por isso, é incompatível com a concorrência sucessória. Como tal regime garante a meação de todo patrimônio durante o casamento, não há motivo para tutelar o cônjuge com parcela da herança. O direito de família, pelo regime de bens, já é o suficiente para protegê-lo.

Todavia, em que pese a intenção do legislador (conferir direito à herança em relação a bens particulares do falecido, ou seja, bens que não têm direito à meação pelo direito de família), o critério adotado desqualifica a pretendida lógica. Explico.

Em relação à concorrência sucessória com descendentes, o art. 1.829, I, adota dois critérios distintos para admitir ou não a concorrência:

1 – critério do próprio regime (há determinados regimes que, independente da natureza dos bens, permitem ou não a concorrência; a concorrência ou não é em razão do regime). Se o regime for da comunhão universal ou da separação legal de bens, não há concorrência sucessória e, se o regime de bens for o da separação convencional ou da participação final dos aquestos, haverá concorrência sucessória. É o regime de bens que determinará a concorrência ou não, independente da natureza dos bens que integram o regime, comuns ou particulares. O problema deste critério é desconsiderar o óbvio, ou seja, a possibilidade de bens de natureza diversa em cada um destes regimes, salvo da separação convencional (onde todos os bens são particulares). Por exemplo, em regra, na comunhão universal os bens se comunicam, são comuns, mas o próprio CC prevê a possibilidade de alguns bens não integrarem a comunhão, ou seja, podemos ter bens particulares no regime da comunhão universal (art. 1.668, que trata dos bens excluídos da comunhão universal, o que torna estes bens particulares).

Se a lógica era impedir a concorrência sucessória no regime da comunhão universal, porque os bens se comunicam, são comuns e há meação e proteção pelo direito de família, pode ser que todos os bens da comunhão universal sejam particulares, desde que estejam no rol do art. 1.668 e, neste caso, não haverá meação e tampouco sucessão, porque o regime é excluído pelo art. 1.829, I. O critério "do regime" é inadequado, porque não leva em conta a natureza dos bens;

2 – critério da natureza (tal critério foi adotado em relação ao regime da comunhão parcial). Neste regime, a concorrência sucessória não se relaciona com o regime, mas com a natureza dos bens. No regime da comunhão parcial, a concorrência sucessória será em relação aos bens particulares. Este deveria ter sido o critério adotado para todos os regimes. O Código deveria admitir a concorrência sucessória, independente do regime de bens, sobre os bens particulares, em relação àquele que não teve meação. Seria mais simples e justo. Todavia, tal critério da natureza dos bens é adotado apenas em relação ao regime da comunhão parcial.

O inciso I do art. 1.829 do CC indica quais são os regimes de bens em que o cônjuge não concorre: comunhão universal, separação obrigatória de bens (também conhecida como separação legal, que difere da convencional) e comunhão parcial, se o autor da herança não deixou bens particulares (porque se os bens forem comuns, há meação). Observe-se que os critérios são diversos.

Em contrapartida, a concorrência sucessória se daria no regime da participação final dos aquestos, no regime da separação convencional de bens e no regime da comunhão parcial se o autor da herança deixou bens particulares (porque nestes regimes, não haveria meação suficiente para proteger o cônjuge – não há meação sobre bens particulares).

O regime da comunhão parcial poderá ou não ser compatível com a concorrência sucessória, a depender da existência ou não de bens particulares do autor da herança, falecido.

Os problemas da concorrência sucessória não estão restritos ao regime da comunhão parcial de bens, em razão da confusa redação do art. 1.829, I, mas ainda e também à possibilidade da adoção, pelos cônjuges, de um regime híbrido de bens, com a mistura de elementos dos regimes existentes, o que é possível diante da liberdade que vigora em relação ao estatuto patrimonial dos cônjuges.

7.18.6.1. Comunhão universal e concorrência sucessória

No regime da comunhão universal de bens (arts. 1.667 a 1.671, CC) não há concorrência sucessória com descendentes, porque ocorrerá comunicação de todos os bens presentes e futuros dos cônjuges e dívidas passivas, com as ressalvas legais (art. 1.668 do CC).

Na sucessão com descendentes, aqui segue a máxima: onde há meação, não há herança. A exclusão ocorre em razão da adoção do critério do regime. Todavia, é possível que na comunhão universal todos os bens sejam particulares (art. 1.668). Neste caso, não haverá meação e, por força do art. 1.829, I, tampouco herança.

A meação é o direito de cada sócio na sociedade conjugal, que consiste na metade dos bens que integram o patrimônio comum. Tal metade ou meação está fundada no direito de família e já pertencia a cada um dos cônjuges antes do falecimento do autor da herança. Na comunhão universal, o cônjuge sobrevivente terá direito à metade dos bens e, por isso, não necessitará de parcela da herança para ter uma vida digna. O direito de família já tutela o cônjuge sobrevivente pelo regime de bens. É dispensável potencializar tal proteção no direito sucessório.

No entanto, tal proteção pode não ocorrer, como mencionado.

A regra (proteção do sobrevivente nesse regime) não é absoluta, porque, embora essa tenha sido a intenção, em alguns casos se estará por retirar do cônjuge o direito à concorrência sucessória sobre bens particulares, apenas porque o regime é excluído do art. 1.829 do CC. Explica-se: o art. 1.829 declara que não haverá concorrência sucessória no regime da comunhão universal de bens. No entanto, é possível que, na comunhão universal de bens, o patrimônio seja todo formado por bens particulares, pois há bens que não entram na comunhão, mesmo nesse regime. Aqui, o cônjuge sobrevivente não terá direito à meação (não há meação sobre bens particulares, independentemente do regime) nem à herança (porque o regime da comunhão universal é excluído da concorrência sucessória de forma expressa).

A herança, ao contrário da meação, é o patrimônio deixado pelo falecido, que pode consistir na junção da meação que lhe pertencia em vida com outros bens particulares, que não integram o patrimônio comum.

Portanto, o nobre legislador brasileiro se esqueceu da possibilidade (não rara) de existirem bens particulares no regime da comunhão universal de bens. O art. 1.668 relaciona os bens excluídos da comunhão universal (serão bens particulares – bens adquiridos por doação ou herança, com cláusula de incomunicabilidade, bens de uso pessoal, entre outros). Neste caso, não haverá direito de meação e tampouco concorrência sucessória.

O STJ, no Recurso Especial n. 1.552.553/RJ, decidiu que a cláusula de incomunicabilidade (independentemente do regime de bens) apenas impede que o bem entre na comunhão em razão e durante o casamento e união estável, mas tal cláusula não avança no direito hereditário. Em razão desta decisão, o bem seria privado/particular, mas passível do direito sucessório. Neste caso, em sintonia com o art. 1.829, I, do CC, tal bem gravado com cláusula de incomunicabilidade seria bem particular e haveria concorrência sucessória se o regime de bens for o da comunhão parcial. No caso da comunhão universal, é o regime que é excluído da concorrência sucessória e não a natureza do bem (comum ou particular) como na comunhão parcial.

7.18.6.2. Separação obrigatória e separação convencional (relação destes regimes com a concorrência sucessória)

A separação de bens é gênero do qual são espécies a separação obrigatória ou legal e a separação convencional de bens.

A separação obrigatória é uma sanção civil imposta aos cônjuges, nas hipóteses do art. 1.641 do Código Civil, já devidamente analisada no item que trata do regime de bens, o que torna desnecessária nova explicação.

Tal regime é alvo de ácidas críticas, justamente pela ausência de razoabilidade das causas de incidência desse regime e em razão da pena imposta. De qualquer forma, tal regime de bens deve ser flexibilizado para permitir a comunhão dos aquestos (comunicação dos bens adquiridos na constância do casamento), em aplicação à antiga Súmula 377 do STF.

O art. 1.829, I, CC, sob o falso pretexto de manter coerência entre o regime da separação legal/obrigatória e o direito sucessório, de forma expressa, excluiu tal regime de bens da concorrência sucessória.

Em que pese o erro de redação do art. 1.829, I, uma vez que a separação obrigatória é prevista no art. 1.641, e não no art. 1.640 (o art. 1.641 sequer possui parágrafo único), as pessoas que se submetem a tal regime não terão direito à concorrência sucessória.

Por outro lado, o regime da separação convencional de bens (fundado no princípio da autonomia privada e na liberdade de escolher o regime) é aquele adotado pelos cônjuges por meio de pacto antenupcial (o fundamento é a autonomia privada). Estipulada a separação convencional de bens, cada bem permanecerá sob a administração exclusiva de cada cônjuge, que os poderá livremente gravar e alienar (art. 1.687 do CC). Nesse caso, como o cônjuge não terá direito a uma parte do patrimônio constituído durante a sociedade conjugal, pois todos os bens permanecerão particulares, tal regime será compatível com a concorrência sucessória.

A mesma finalidade que inspira a concorrência com descendentes se faz presente: onde não há meação, e aqui não há meação, haverá herança.

Portanto, o art. 1.829, I, exclui da concorrência sucessória apenas o regime da separação obrigatória/legal de bens, jamais o regime da separação convencional. Neste, como não houve proteção no Direito de Família, haverá proteção no direito sucessório. Como veremos adiante, o Superior Tribunal de Justiça, em alguns precedentes, vem defender a tese de que tal regime (separação convencional) estaria abrangido pela expressão "separação obrigatória" e, por isso, seria incompatível com a concorrência sucessória.

Se tal entendimento prevalecesse, a lógica de que onde há meação, não há herança e onde não há meação, há herança, desaparece. De qualquer forma, o STJ já unificou o entendimento de que o art. 1.829, I, do CC apenas exclui da concorrência sucessória o regime da separação obrigatória e legal, jamais o regime da separação convencional de bens.

No recurso Especial n. 1.472.945/RJ, o STJ destacou que "a atual jurisprudência desta Corte está sedimentada no sentido de que o cônjuge sobrevivente casado sob o regime de separação convencional de bens ostenta a condição de herdeiro necessário e concorre com os descendentes do falecido, a teor do que dispõe o art. 1.829, I, do CC/2002, e de que a exceção recai somente na hipótese de separação legal de bens fundada no art. 1.641 do CC/2002". Esse é o entendimento que prevalece na referida Corte na atualidade.

No regime da participação final dos aquestos também haverá meação (porque pode haver bens comuns) e a norma não exclui tal regime da concorrência sucessória. Portanto, onde há meação, às vezes poderá haver herança, e onde não há meação pode não haver herança (regime da comunhão universal, se os bens forem os arrolados no art. 1.668 do CC).

Antes da uniformização da jurisprudência, o STJ, no REsp 992.749/MS, teve a pretensão de inaugurar uma quarta corrente de pensamento para inverter a lógica do dispositivo em relação ao regime da separação convencional de bens. Segundo a decisão do referido recurso especial, ao se referir à separação de bens, o art. 1.829, I, estaria por abranger não apenas a separação obrigatória, mas também a separação convencional.

O STJ se dividiu em relação ao tema. Nos REsp 992.749/MS e 689.703/AM, não reconheceu a concorrência sucessória em relação aos dois regimes de separação, convencional e legal. Por sua vez, nos REsp 1.472.945/RJ e 1.430.763/SP, o STJ expressamente reconhece a concorrência sucessória em relação ao regime da separação convencional de bens.

Em resumo, o STJ unificou o entendimento de que o art. 1.829, I, apenas exclui da concorrência sucessória o regime da separação obrigatória/legal de bens, mas não o regime da separação convencional (Recurso Especial n. 1.382.170/SP e n. 1.472.945/RJ).

Portanto, a tendência é que o art. 1.829, I, permaneça restrito apenas ao regime da separação obrigatória ou legal de bens. No regime da separação convencional de bens haverá concorrência sucessória do cônjuge e do companheiro com os descendentes.

7.18.6.3. Concorrência sucessória com descendente e o regime da comunhão parcial de bens

O regime da comunhão parcial de bens é o mais comum na sociedade brasileira, porque é o atual regime legal para o caso de inexistência, invalidade ou ineficácia de pacto antenupcial (art. 1.640 do CC), e é o regime que suscita as maiores controvérsias no art. 1.829, I, justamente pela confusa redação, que pode sugerir as mais diversas interpretações.

A concorrência do cônjuge (e o companheiro – após a decisão do STF – RE 646.721-RS e RE 878.694-MG) no regime da comunhão parcial de bens dependerá, segundo a norma, da existência ou não de bens particulares. O critério adotado não é do regime, mas da natureza dos bens. Diz a norma legal que a sucessão legítima é deferida aos descendentes, em concorrência com o cônjuge sobrevivente, salvo nos regimes que especifica, em que não haverá concorrência (a comunhão universal e separação obrigatória e legal), "ou se, no regime da comunhão parcial, o autor da herança não houver deixado bens particulares".

Se o autor da herança não houver deixado bens particulares, não haverá concorrência do sobrevivente e, se houver, haverá concorrência sucessória. Essa é a primeira observação.

A segunda observação é que se o autor da herança deixar bens particulares, e na prática sempre deixará, pois qualquer objeto que não integra a comunhão é considerado bem particular e, por óbvio, ainda que seja algo de pequeno valor, algum item particular o autor da herança haverá de deixar. Fica a dúvida: se houver bens particulares, a concorrência sucessória incidirá sobre toda a herança, apenas sobre os bens particulares ou sobre os bens comuns? Tal dúvida gerou algumas correntes.

A *primeira corrente* defende que, no regime da comunhão parcial de bens, se houver bens particulares, a concorrência somente sobre estes incidirá (na lógica de que em relação aos bens particulares não haverá meação – portanto, se não for meeiro, será herdeiro – quando o cônjuge é meeiro não é herdeiro, e quando é herdeiro não é meeiro). Essa posição é a mais coerente com o sistema e a mais justa. Na comunhão universal, a lei exclui a concorrência sucessória porque o cônjuge sobrevivente será meeiro (ainda que na comunhão universal possam existir bens particulares – art. 1.668 do CC).

Portanto, para essa corrente, se o autor da herança deixar bens particulares, e sempre haverá de deixar, a concorrência sucessória somente se dará em relação a tais bens.

Nesse sentido, o Enunciado 270 da III Jornada de Direito Civil: "O art. 1.829, inciso I, só assegura ao cônjuge sobrevivente o direito de concorrência com os descendentes do autor da herança quando casados no regime da separação convencional de bens ou, se casados nos regimes da comunhão parcial ou participação final nos aquestos, o falecido possuísse bens particulares, hipóteses em que a concorrência se restringe a tais bens, devendo os bens comuns (meação) ser partilhados exclusivamente entre os descendentes".

Os bens comuns deixados pelo autor da herança serão partilhados apenas entre os descendentes. A concorrência sucessória se restringe aos bens particulares.

Na primeira corrente estão Rolf Madaleno, Rodrigo da Cunha Pereira, Zeno Veloso, Giselda Hironaka, José Fernando Simão, entre outros.

A *segunda corrente* defende a tese de que, se o autor da herança tiver deixado bens particulares, a concorrência sucessória incidirá em relação tanto aos bens particulares quanto aos bens comuns. Ainda que a norma não sugira tal interpretação, pois apenas ressalta que a concorrência sucessória existirá em tal regime se houver bens particulares, mas não faz qualquer menção à base de cálculo ou a quais bens se darão tal concorrência, autores como Maria Helena Diniz e Guilherme Nogueira Gama defendem tal posição. Não há justificativa para tal interpretação, que vai além da norma e contra a lógica de que onde há meação, não há herança.

Portanto, para tal corrente, se o autor da herança tiver deixado um único bem particular (uma bicicleta velha, por exemplo), no valor de R$ 50,00 (cinquenta reais), e um patrimônio comum de R$ 1.000.000,00 (um milhão de reais), por conta daquele bem particular, o cônjuge terá direito a concorrer com os descendentes em relação a todos os bens da herança. Tal posição é absolutamente desarrazoada. A norma não sugere tal interpretação.

A *terceira corrente*, defendida quase isoladamente por Maria Berenice Dias, é ainda mais ilógica e incoerente que a segunda corrente, pois, para a referida professora, a concorrência sucessória apenas incidiria sobre os bens comuns. Portanto, se não houver bens particulares, haverá concorrência e, nesse caso, sobre os bens comuns. Se houver bens particulares, para ela, não haverá concorrência nenhuma.

Segundo a professora[10]: "[...] o direito à concorrência só pode ser deferido se não houver bens particulares. Outra não pode ser a leitura deste artigo. Não há como contrabandear para o momento em que é tratado o regime da comunhão parcial a expressão 'salvo se', utilizada exclusivamente para excluir a concorrência nas duas primeiras modalidades: o regime da comunhão e o da separação obrigatória. Não existe dupla negativa no dispositivo legal, pois, na parte final – após o ponto e vírgula –, passa a lei a tratar de hipótese diversa, ou seja, o regime da comunhão parcial, oportunidade em que é feita a distinção quanto à existência ou não de bens particulares. Essa diferenciação nem cabe nos regimes antecedentes, daí a divisão levada a efeito por meio do ponto e vírgula. Isso inverte totalmente o sentido da norma, pois afasta o direito de concorrência na hipótese de o de cujus possuir patrimônio particular. Exclusivamente no caso de não haver bens particulares é que o cônjuge concorre com os herdeiros".

Portanto, para a professora, os bens particulares não integrariam a concorrência sucessória. A interpretação invertida não convence. É um esforço hercúleo para, com base em uma suposta técnica legislativa, imaginar que a concorrência depende da inexistência de bens particulares, ou seja, ao contrário do que diz a norma. Além disso, a professora parte de uma premissa equivocada, de que, no regime da comunhão universal, excluído pela norma, não há bens particulares, o que é desmentido pelo art. 1.668 do CC.

O Superior Tribunal de Justiça, infelizmente, em precedente recente, adotou a posição defendida por Maria Berenice Dias no REsp 1.117.563/SP, de relatoria da Min. Nancy Andrighi, em que menciona que, "ao contemplar o cônjuge sobrevivente com o direito à meação, além da concorrência hereditária sobre os bens comuns, mesmo que haja bens particulares, os quais, em qualquer hipótese, são partilhados apenas entre os descendentes".

Resumo

REGIME DA COMUNHÃO PARCIAL DE BENS E A POLÊMICA QUESTÃO DOS BENS PARTICULARES

PREMISSA 1: SE HOUVER BENS PARTICULARES HÁ CONCORRÊNCIA SUCESSÓRIA E, EM CASO CONTRÁRIO, NÃO HÁ CONCORRÊNCIA SUCESSÓRIA	PREMISSA 2: SE NÃO HOUVER BENS PARTICULARES, HAVERÁ CONCORRÊNCIA SUCESSÓRIA
1ª solução: concorrência se dará apenas sobre os bens particulares – bens comuns são partilhados apenas entre descendentes. Enunciado 270 das Jornadas de Direito Civil.	Solução defendida exclusivamente pela professora Maria Berenice Dias: concorrência será sobre todos os bens comuns. Havendo bens particulares não haverá concorrência alguma.
2ª solução: havendo qualquer bem particular, concorrência se dará sobre toda a herança – cônjuge concorrerá com descendentes mesmo depois da meação.	
3ª solução: se houver bens particulares, haverá concorrência sucessória apenas sobre bens comuns, dos quais já retirou a meação; sobre particulares não há herança. Posição recentemente adotada pelo STJ.	

---

[10] DIAS, Maria Berenice. *Manual das sucessões*. 3. ed. São Paulo: Revista dos Tribunais, 2013, p. 160.

Portanto, na concorrência com descendentes, o cônjuge sobrevivente terá direito a uma fração ou cota da herança, desde que preenchidos os pressupostos (ser cônjuge por ocasião da abertura da sucessão e compatibilidade do regime de bens – arts. 1.829, I, e 1.830, ambos do CC). O legislador resolveu vincular a concorrência sucessória do cônjuge sobrevivente com descendentes ao regime de bens e, ao fazê-lo, gerou dúvidas e distorções no sistema.

Se o objetivo da relação entre o regime de bens com a concorrência sucessória com descendentes era tutelar o cônjuge sobrevivente em relação àqueles bens aos quais não teria direito na meação, os denominados bens particulares, seria muito mais inteligente, para dizer o mínimo, vincular a concorrência sucessória com descendentes não ao regime de bens do matrimônio, mas à natureza jurídica dos bens (comuns e particulares), independentemente do regime. Em todos os regimes, com exceção da separação convencional, haverá bens comuns e particulares. Na comunhão universal também há bens particulares, pois a lei exclui determinados bens da comunhão. Os bens excluídos da comunhão universal serão bens particulares.

O equívoco do legislador foi vincular a concorrência sucessória do cônjuge (e do companheiro – após a decisão do STF – RE 646.721-RS e RE 878.694-MG) com descendentes ao regime de bens, quando deveria fazê-lo com base na natureza jurídica dos bens, independentemente do regime adotado. Bastava o art. 1.829, I, do CC mencionar que, na primeira classe de preferência estão os descendentes, em concorrência com o cônjuge sobrevivente, cuja concorrência sucessória se dará apenas em relação aos bens particulares (em que não há meação), independentemente do regime de bens adotado no casamento. Não haveria qualquer divergência doutrinária, correntes inúteis de pensamento, defesas de teses injustificáveis, argumentos tolos, contorcionismos interpretativos, invenções dogmáticas despropositadas, entre outras discussões desnecessárias. Bastaria verificar se o bem era particular, ou seja, se sobre ele não houve meação. Nesse caso, haveria concorrência sucessória. Simples. A simplicidade não é característica do nosso Parlamento, da nossa comunidade acadêmica e da sociedade, infelizmente. É difícil ser simples.

7.18.7. A cota a que tem direito o cônjuge e o companheiro (após a decisão do STF) no caso de concorrer com descendentes

O art. 1.829, I, do CC trata da base de cálculo da concorrência sucessória, ou seja, sobre quais bens jurídicos haverá a concorrência do cônjuge sobrevivente. Como ressaltamos, tal concorrência dependerá da compatibilidade do regime de bens adotado no casamento.

Após determinar a base de cálculo, deve-se buscar uma alíquota, ou seja, a porcentagem ou cota da concorrência. Ela é disciplinada por outro dispositivo legal, o art. 1.832 do Código Civil, em cuja norma, mais uma vez, o nobre legislador conseguiu inviabilizar a matemática.

A pergunta é: Na concorrência com descendentes, qual é a cota a que tem direito o cônjuge sobrevivente e o companheiro? A resposta é dada pelo art. 1.832 do Código Civil.

Em regra, na concorrência com descendentes, o quinhão ou cota do cônjuge (e o companheiro – após a decisão do STF – RE 646.721-RS e RE 878.694-MG) deve ser igual ao quinhão dos descendentes que sucederem por cabeça ou direito próprio. Se o falecido deixar três descendentes/filhos, na parte da herança em que estes concorrerem com o cônjuge sobrevivente, a herança é dividida em quatro partes iguais.

Tal regra comporta uma exceção, que está na segunda parte do artigo. Se o cônjuge sobrevivente for ascendente dos descendentes com quem estiver concorrendo, ou seja, se houver vínculo de parentesco (se for a mãe/pai ou avó/avô dos descendentes do morto), o cônjuge tem garantida uma cota mínima, que não poderá ser inferior a um quarto (25%) da herança.

Por exemplo, se João e Maria têm quatro filhos, Pedro, Renata, Bruna e Jorge, e todos são filhos de João e Maria, caso João venha a falecer e, por ocasião da abertura da sucessão, o regime de bens for compatível, Maria vai concorrer com os filhos na herança de João. Se a parte da herança em que incidirá a concorrência for 100, como Maria é ascendente dos herdeiros com quem concorre, ou seja, é mãe de todos eles, terá direito a uma cota mínima de 25 ou um quarto, correspondente a 25% da herança. Os outros 75% serão divididos em partes iguais entre os quatro filhos. Em razão da cota mínima garantida a Maria, cada filho receberá cota inferior à da mãe.

A cota mínima somente incidirá se forem quatro ou mais descendentes, pois até três descendentes sempre o cônjuge terá garantida a sua quarta parte.

No mesmo exemplo, se os quatro filhos são exclusivos de João (Maria não é mãe de nenhum deles), a cota de concorrência será pela regra geral, ou seja, terá ela direito à cota igual à dos filhos. No caso, a herança será dividida em cinco cotas de 20.

Para ter direito à cota mínima de um quarto, são necessários dois pressupostos: 1 – a existência de quatro ou mais descendentes (menos de quatro, a cota mínima estará naturalmente garantida); e 2 – o cônjuge sobrevivente deve ser ascendente dos herdeiros com quem concorre (filiação comum, por exemplo). A reserva legal da quarta parte depende desses pressupostos.

No entanto, não há solução legal para o caso de filiação híbrida ou descendência híbrida. No exemplo, se Maria é mãe apenas de Bruna e Jorge, a regra legal não esclarece se o cônjuge sobrevivente terá ou não direito à reserva da quarta parte da herança. Nessa situação, se for garantida a reserva legal, os herdeiros que são apenas filhos do morto serão prejudicados, porque receberão cota menor. Se não for garantida a reserva legal, o prejuízo será do cônjuge sobrevivente, que não terá direito à reserva.

Como solucionar esse problema: **1ª hipótese:** *considera todos os descendentes comuns – resguarda-se a cota-parte* (problema: lesão aos direitos dos herdeiros exclusivos *do autor* da herança, que terão a cota diminuída – a cota seria maior se não fossem equiparados aos herdeiros comuns); **2ª hipó-**

tese: *considera todos os descendentes exclusivos* – *não se resguarda a cota-parte* (problema: o cônjuge sobrevivente será lesado, pois sua cota-parte será menor).

No caso, qual seria a melhor solução? Não há resposta segura. Apenas diante do caso concreto será possível verificar a solução mais adequada. Há ainda quem, com base em critérios matemáticos, tente fazer um ajuste para garantia do direito de todos, mas o cálculo é complexo e os valores seriam por aproximação, porque nem a matemática consegue ajustar a situação. O problema dessa terceira proposta é como justificar descendentes que vão receber cotas diferentes, tendo em vista o princípio constitucional da plena igualdade entre filhos (art. 227, § 6º, da CF).

Por conta dessa igualdade constitucional, foi aprovado o Enunciado 527 da Jornada de Direito Civil: "Art. 1.832: Na concorrência entre o cônjuge e os herdeiros do *de cujus*, não será reservada a quarta parte da herança para o sobrevivente no caso de filiação híbrida".

7.18.8. O direito de concorrência obrigatória com ascendentes. A cota a que tem direito o cônjuge (e o companheiro – após a decisão do STF – RE 646.721-RS e RE 878.694-MG) no caso de concorrer com ascendentes

Em qualquer hipótese, o cônjuge sobrevivente (e o companheiro – após a decisão do STF – RE 646.721-RS e RE 878.694-MG) concorre com ascendentes. Ao contrário da concorrência com os descendentes, nesta basta um único pressuposto: ser cônjuge ou companheiro por ocasião da abertura da sucessão. A concorrência do cônjuge e do companheiro com ascendentes independe do regime de bens.

Portanto, o pressuposto comum, exigido tanto na concorrência com os descendentes quanto na concorrência com ascendentes, é o único a ser observado na concorrência sucessória com estes últimos. O cônjuge não pode estar separado de fato, tampouco divorciado, como já analisado (art. 1.830 do CC).

Na concorrência com ascendentes, qual a cota a que tem direito o cônjuge sobrevivente e o companheiro? A resposta é dada pelo art. 1.837 do CC.

Tal dispositivo legal disciplina o quinhão de cada ascendente no caso de concorrência com cônjuge sobrevivente. Se concorrer com ascendente em primeiro grau, ao cônjuge e ao companheiro tocarão um terço da herança. Os ascendentes terão direito apenas à metade da herança se houver um só ascendente (só o pai ou só a mãe) ou se maior for o grau (avós, bisavós etc.).

Portanto, na concorrência com ascendentes, o cônjuge (e o companheiro – após a decisão do STF – RE 646.721-RS e RE 878.694-MG) somente não terá direito à metade se pai e mãe estiverem vivos. Em qualquer outra hipótese, o cônjuge sobrevivente tem direito à metade da herança.

7.18.9. A sucessão do cônjuge (e do companheiro) e o direito real de habitação

O direito real de habitação é autônomo em relação ao direito eventual do cônjuge à herança e à meação, e consiste em direito real sobre coisa alheia, que decorre diretamente da lei.

De acordo com o art. 1.831 do Código Civil, independentemente do regime de bens (meação) e da parte que lhe caiba na herança (herança), o cônjuge sobrevivente (e o companheiro – após a decisão do STF – RE 646.721-RS e RE 878.694-MG) tem direito real de habitação sobre o imóvel destinado à residência da família, desde que seja o único dessa natureza a inventariar. No caso, tal norma reproduz a teoria do patrimônio mínimo no direito sucessório, para garantir ao cônjuge o direito de habitar o imóvel da família. A única condição é que seja o único bem dessa natureza, ou seja, destinado à residência da família, a ser inventariado. Tal direito real de habitação será reconhecido, ainda que haja muitos bens a serem inventariados. O fato que condiciona o reconhecimento do direito é que seja o único dessa natureza a inventariar, e não o único bem a inventariar.

O direito real de habitação é passível de renúncia, nos termos do Enunciado 271 da III Jornada de Direito Civil: "Art. 1.831. O cônjuge pode renunciar ao direito real de habitação nos autos do inventário ou por escritura pública, sem prejuízo de sua participação na herança."

Tal direito real de habitação terá intensa repercussão no âmbito das famílias recompostas, pois é possível que pessoas que passem a conviver possuam o mesmo direito em relação a relacionamentos anteriores, e surgirá a discussão sobre a possibilidade de extinção de um dos direitos.

No casamento, tal direito é vitalício (ou seja, não há prazo para tal direito real) e incondicionado (ainda que o cônjuge titular do direito venha a contrair nova união, seja qual for o modelo familiar, não haverá extinção do direito). No entanto, é possível a extinção do direito real de habitação caso ele perca a finalidade de bem de família.

No caso de condomínio do falecido com terceiro, não se reconhece o direito real de habitação. O STJ já se pronunciou sobre o tema, nos embargos em Recurso Especial n. 1.520.294/SP. A existência de copropriedade anterior à abertura da sucessão (condomínio), inclusive com herdeiros de relação anterior (que também podem ser condôminos), não se reconhece o direito real de habitação. É essencial que o falecido seja proprietário exclusivo ou o bem integre o patrimônio comum com o cônjuge ou companheiro sobrevivente, no momento da abertura da sucessão. Assim, para preservar o direito dos demais condôminos, que não têm qualquer relação com o cônjuge ou companheiro sobrevivente, não há nesta hipótese direito real de habitação.

O titular do direito real de habitação não pode celebrar contrato de comodato ou locação com terceiro (Recurso Especial n. 1.654.060-RJ).

Da mesma forma, o STJ também se manifestou sobre o direito real de habitação em relação a bem em usufruto (REsp 1.273.222/SP).

O direito real de habitação também é reconhecido em favor do companheiro, mas na união estável o direito é vitalício, porém condicionado, pois a constituição de nova família será causa de sua extinção. No entanto, o STJ já conferiu tratamento igual ao cônjuge em relação ao companheiro (REsp 1.249.227/SC). Agora, com a decisão do STF (RE 646.721-RS e RE 878.694-MG), não há mais dúvida do tratamento paritário entre o cônjuge e o companheiro no âmbito do direito real de habitação.

O reconhecimento do direito real de habitação *não* pressupõe a inexistência de outros bens no patrimônio do cônjuge/companheiro sobrevivente (Recurso Especial n. 1.582.178/RJ).

A discussão se relaciona com os arts. 1.831 do CC (cônjuge) e 7º, parágrafo único, da Lei n. 9.278/96 (companheiro). Trata-se de direito real de habitação por força de lei, que difere, quanto ao modo de constituição, do direito real de habitação por convenção das partes (arts. 1.414 a 1.416 do CC). O direito real de habitação, em favor do cônjuge sobrevivente, independe do regime de bens, da meação e da sua eventual participação na herança.

No âmbito sucessório, é direito supraqualificado, porque pode ser cumulado com a herança e o regime de bens não interfere no seu reconhecimento. O direito real de habitação incide sobre o imóvel destinado à residência da família. A única condição é que o bem seja o único *desta natureza* na herança. A herança pode ser composta por outros bens, mas se apenas um for destinado à residência da família, haverá direito real de habitação. Apenas não haverá o direito real de habitação se o casal possuir vários bens destinados à residência da família (finalidade específica), o que é improvável.

Portanto, é possível que haja multiplicidade de bens a inventariar, inclusive imóveis, o que não impedirá o direito real de habitação. O cônjuge terá direito real de habitação sobre o imóvel destinado à residência da família, mesmo que pelo regime de bens não seja meeiro e, pelo direito sucessório, não tenha direito a qualquer parcela deste bem a título de herança. Trata-se de direito real sobre coisa alheia, autônomo e independente, que se submete às regras do usufruto (art. 1.416). Portanto, é vitalício e personalíssimo.

O direito real de habitação se tornou tema relevante no âmbito de famílias recompostas (mosaico), em que o titular do direito pode não ser ascendente dos herdeiros, o que gera conflitos. No casamento, tal direito é vitalício e incondicionado (mesmo no caso de nova união ou casamento se mantém). Na união estável é vitalício e condicionado (nova união ou casamento leva à sua extinção), mas o STJ e, após a inconstitucionalidade da diferenciação do regime sucessório entre cônjuge e companheiro reconhecido pelo STF, é hoje reconhecido o seu caráter incondicional.

7.18.10. A sucessão dos colaterais (regras internas de preferência)

Os colaterais são herdeiros legítimos, mas não necessários. Podem ser excluídos da herança pela mera vontade do titular da herança (art. 1.850 do CC), pois não têm direito à legítima. Os colaterais estão na quarta e última classe da ordem legal de vocação hereditária, conforme preceitua o art. 1.829, IV, do CC. A relação de parentesco, na linha colateral, para fins de sucessão, se estende até o quarto grau. Quem são os colaterais? Irmãos (2º grau), sobrinhos, tios, sobrinhos-netos, tios-avós (3º grau) e primos (quarto grau).

Segundo estabelece o art. 1.839 do CC, não havendo descendentes, ascendentes e cônjuge, serão chamados a suceder os colaterais até o quarto grau.

Na classe dos colaterais, há também outra ordem interna de preferência, baseada no grau de parentesco: os mais próximos excluem os mais remotos, salvo o direito de representação concedido aos filhos de irmãos. Apenas filhos de irmãos (sobrinhos), quando concorrem com irmãos do falecido, poderão representar irmão pré-morto ou excluído da sucessão. O direito de representação é limitado e restrito (por exemplo, se o falecido deixou apenas sobrinhos e um é pré-morto, o filho deste, na condição de sobrinho neto do falecido, não tem direito de representação).

De acordo com o art. 1.841 do CC, se concorrerem à herança do falecido irmãos bilaterais com irmãos unilaterais, cada um destes herdará metade do que cada um daqueles herdar. E, se não concorrerem à herança irmão bilateral, herdarão, em partes iguais, os unilaterais.

Portanto, de acordo com o grau de parentesco, na linha colateral, os mais próximos são os irmãos. Se houver um único irmão, todos os demais colaterais estarão excluídos da sucessão. Todavia, no caso de pluralidade de irmãos e um pré-morto, o filho deste, sobrinho do falecido, poderá representá-lo.

Na linha colateral há regra de preferência em relação aos parentes de terceiro grau (sobrinhos e tios). Neste caso, o sobrinho tem preferência sobre os tios, mesmo que estejam no mesmo grau de parentesco na linha colateral. De acordo com a norma, na falta de irmãos, herdarão os filhos destes, sobrinhos do falecido. Se não houver sobrinho, herdarão os tios. Como se percebe, ainda que sobrinhos e tios sejam parentes na linha colateral no mesmo grau, a lei confere preferência aos sobrinhos em detrimento dos tios. Os tios somente herdarão se não houver nenhum sobrinho. O sobrinho, filho de irmão, poderá herdar por direito próprio ou por representação. Se concorrerem à herança somente filhos de irmãos falecidos, herdarão por direito próprio e cabeça. Se concorrem filhos de irmãos bilaterais com filhos de irmãos unilaterais, cada um destes herdará a metade do que herdar cada um daqueles. Se todos forem filhos de irmãos bilaterais, ou todos de irmãos unilaterais, herdarão por igual.

Se não houver sobrinho e tio, serão chamados os sobrinhos-netos, os tios-avós e, finalmente, os primos.

7.18.11. A ausência de herdeiros legítimos e testamentários: jacência e vacância

Por fim, se não sobreviver cônjuge ou companheiro e qualquer parente sucessível ou se todos renunciaram à herança, haverá a caracterização de "jacência". Ocorre a jacência quando não se conhece o herdeiro, não se tem certeza a respeito da sua existência, não há habilitação de herdeiros ou, finalmente, no caso de herança repudiada (todos os herdeiros renunciam à herança).

A referida situação jurídica já foi objeto de análise. O art. 1.844 do CC apenas complementa os arts. 1.819 a 1.823 do mesmo diploma legal. Neste caso, após a declaração de vacância e obedecidos os prazos e procedimentos legais, os bens são transferidos ao Poder Público.

Nesse sentido o art. 1.844 do CC: "Não sobrevivendo cônjuge, ou companheiro, nem parente algum sucessível, ou tendo eles renunciado a herança, esta se devolve ao Município ou ao Distrito Federal, se localizada nas respectivas circunscrições, ou à União, quando situada em território federal".

7.18.11.1. Sucessão do companheiro

A sucessão do companheiro, positivada no art. 1.790 do CC, alvo de inúmeras críticas da doutrina e jurisprudência em razão das restrições impostas ao companheiro, da diferença em relação à sucessão do cônjuge e do critério adotado para a sua sucessão (de acordo com o art. 1.790 sucede apenas em relação aos bens adquiridos onerosamente na constância da união estável), se submete a novos parâmetros normativos após a decisão do STF nos RE 646.721-RS e RE 878.694-MG, com repercussão geral, onde foi reconhecida a inconstitucionalidade da diferenciação do regime sucessório do cônjuge e do companheiro. Após a referida decisão do STF, com repercussão geral, o companheiro se submeterá às mesmas regras para a sucessão do cônjuge (art. 1.829), tanto como herdeiro concorrente (com descendentes e ascendentes) quanto como herdeiro exclusivo (terceira classe – se não houver descendentes e ascendentes).

Em razão desta decisão, o companheiro passa à condição de herdeiro necessário.

Na concorrência com descendentes, não há mais diferença de cota no caso de filho comum ou exclusivo. O companheiro terá direito a cota igual ao do descendente que sucede por cabeça e, ainda, a direito à quarta parte da herança, caso todos os descendentes sejam comuns.

O critério da sucessão do companheiro não é mais dos bens adquiridos onerosamente durante a união estável (art. 1.790 do CC), mas o da compatibilidade de regimes, quando concorrer com descendentes (art. 1.829, I) ou o simples fato de ser companheiro, por ocasião da abertura da sucessão, quando concorrer com ascendentes. Na ausência de descendentes e ascendentes, o companheiro não concorre com colaterais, como na redação do art. 1.790. O companheiro receberá a totalidade da herança, seja qual for a natureza dos bens da herança e o modo de aquisição em vida.

Portanto, como já ressaltado, o regime sucessório do companheiro será o mesmo do cônjuge sobrevivente.

Antes, porém, da histórica e controvertida decisão do STF, a sucessão do companheiro, em termos históricos, com o reconhecimento da união estável como entidade familiar na Constituição de 1988.

Após a Constituição Federal de 1988, no ano de 1994, foi editada a primeira lei que tratou do direito sucessório do companheiro, Lei n. 8.971/94. Tal lei, em seu art. 2º, dispõe: "As pessoas referidas no artigo anterior participarão da sucessão do(a) companheiro(a) nas seguintes condições: I – o(a) companheiro(a) sobrevivente terá direito enquanto não constituir nova união, ao usufruto de quarta parte dos bens do de cujus, se houver filhos ou comuns; II – o(a) companheiro(a) sobrevivente terá direito, enquanto não constituir nova união, ao usufruto da metade dos bens do de cujus, se não houver filhos, embora sobrevivam ascendentes; III – na falta de descendentes e de ascendentes, o(a) companheiro(a) sobrevivente terá direito à totalidade da herança".

Não houve previsão de concorrência sucessória na referida legislação. O companheiro tinha direito ao usufruto vidual, se o companheiro falecido tivesse ascendentes ou descendentes e, na falta destes, teria direito à totalidade da herança. Portanto, o companheiro apenas era considerado herdeiro exclusivo e, por isso, recebia a totalidade da herança, na ausência de ascendentes e descendentes.

O art. 1.790 do CC retrocedeu o direito do companheiro em matéria de sucessão. De acordo com a referida norma (declarada inconstitucional pelo STF), o companheiro sobrevivente somente teria direito aos bens adquiridos onerosamente durante a união estável, e não mais à totalidade da herança. Além disso, somente teria direito à totalidade dos bens adquiridos onerosamente (e não de toda a herança) se não houver nenhum parente, pois o art. 1.790 impunha a concorrência do companheiro com qualquer parente sucessível, inclusive colaterais.

Houve evidente retrocesso social, que já era identificado pela doutrinada. Em razão do *Princípio da Proibição do Retrocesso Social* – veto de evolução reacionária defendido por J. J. Gomes Canotilho –, seria possível manter os direitos sociais e sucessórios já concretizados e consolidados em favor do companheiro na Lei de 1994.

Antes da declaração da inconstitucionalidade do art. 1.790 pelo STF, a sucessão do companheiro, de acordo com o art. 1.790 do CC, dependia da presença de dois pressupostos: 1 – ser companheiro no momento da abertura da sucessão; e 2 – existência de bens que tenham como origem aquisição onerosa na vigência da união estável (aquestos).

Ausente qualquer desses pressupostos, não haveria sucessão do companheiro.

O companheiro, seja como herdeiro concorrente, seja como herdeiro único, somente tinha direito aos bens adquiridos onerosamente durante a união estável. E ainda tinha de concorrer com colaterais, o que nunca aconteceu com o cônjuge.

Ao contrário do cônjuge, o direito de concorrência do companheiro com qualquer parente independia do regime de bens adotado no contrato escrito, porque o critério é diverso. O companheiro tinha direito à herança, como herdeiro concorrente e exclusivo, em relação aos bens adquiridos onerosamente durante a união estável, independentemente da existência de contrato escrito. A base de cálculo para herança do companheiro eram (antes da decisão do STF – RE 646.721-RS e RE 878.694-MG) os bens adquiridos onerosamente durante a união estável. O contrato escrito apenas interferiria na meação, jamais na herança. O contrato escrito entre companheiros não tinha qualquer interferência no direito sucessório deles.

Em conclusão, o companheiro concorria apenas em relação aos bens adquiridos, onerosamente, na vigência da união estável (art. 1.790, *caput*, CC). Tal fato não se confundia com meação (ex.: bens adquiridos a título gratuito não se comunicam entre companheiros para fins de sucessão, mas podem integrar a meação, a depender do contrato escrito).

Em relação a bens particulares, não havia herança, mas eventual meação sobre estes bens dependia de contrato escrito (art. 1.725 do CC).

Como ressaltado, o contrato escrito eventual entre os companheiros era e é importante para regular efeitos jurídicos durante a união estável, mas não repercutia no direito sucessório. Tal contrato escrito não pode, ainda, ter efeito retroativo (confira-se, nesse sentido, o REsp 1.383.624/MG).

Com a decisão do STF, a sucessão do companheiro se submete às regras da sucessão do cônjuge, inclusive no que tange ao direito real de habitação.

De acordo com o art. 1.790 retromencionado, o companheiro tinha direito hereditário, em concorrência com os descendentes e outros parentes sucessíveis, inclusive colaterais, em relação aos bens onerosos adquiridos na constância da união estável, ou seja, *sobre os mesmos bens sobre os quais já tinha direito à meação*. Segue-se a máxima: onde houve meação, também há herança. Não havia concorrência sobre bens particulares.

A título de exemplo, em relação ao *companheiro*, no que tange aos bens adquiridos onerosamente na constância da união estável, tinha ele direito a 50% desses bens como meeiro, ou seja, a título de meação e, em relação aos outros 50%, que seria a meação do outro companheiro, em caso de morte deste, o companheiro concorria com os descendentes e outros parentes sucessíveis nesta herança, na forma do art. 1.790 do CC.

Em relação ao direito de concorrência do companheiro (direito de propriedade sobre parte da herança)com descendentes, se concorresse com filhos comuns, teria direito à cota igual a que por lei fosse atribuída ao filho. Se concorresse só com filhos do autor da herança, teria direito à metade da cota a que teria direito o filho exclusivo.

7.19. SUCESSÃO TESTAMENTÁRIA: REGRAS GERAIS SOBRE TESTAMENTO E CAPACIDADE TESTAMENTÁRIA

A sucessão por disposição de última vontade tem o objetivo de preservar a autonomia privada do titular de relações jurídicas patrimoniais em relação ao destino destes bens (que podem integrar a herança), para depois da morte. O testamento viabiliza que a vontade exteriorizada, para fins patrimoniais, repercuta após a morte.

As premissas para compreender a sucessão testamentária se relacionam a duas questões: 1 – O testamento é negócio jurídico e, como tal, tem como fundamento a vontade do testador (autonomia privada), que escolhe os seus sucessores e define os efeitos da sucessão, nos limites da autonomia privada. Como negócio jurídico, se submete aos planos da existência, validade (capacidade, licitude do objeto, formalidades do testamento, vícios de consentimento) e eficácia (produz efeitos de acordo com a vontade do testador); 2 – O objetivo das normas que disciplinam o testamento é proteger a vontade do testador, para que possa exteriorizá-la de forma livre (as disposições testamentárias devem retratar exatamente o desejo do testador em relação aos bens e sucessores). Em razão desta proteção, o testamento tem caráter personalíssimo (sequer admite procuração); não pode ser realizado de forma conjuntiva (preservar a liberdade); exige formalidades, as quais servem para evitar que a vontade esteja influenciada e, na mesma lógica, no caso de revogação, salvo o testamento cerrado, o testamento revogador também tem que ser formal (para evitar que haja influência para a revogação do testamento); se permite a substituição do sucessor por outros, no caso daquele eleito não puder ou não querer aceitar a herança ou legado – é a vontade que determinará a sucessão testamentária, não a lei; pessoas que participam do testamento estão impedidas de serem beneficiadas (art. 1.801 do CC), justamente para preservar a liberdade de testar; se alguém, por fraude ou violência, interferir na vontade do testador poderá ser excluído da sucessão por indignidade (art. 1.814, III); a possibilidade do testador incluir cláusulas restritivas (art. 1.911); as previsões de invalidade por vício de consentimento é para preservar a vontade do testador; no caso de invasão da legítima, a ineficácia é apenas do excesso, com a redução das disposições testamentárias ao limite da parte disponível, mas se mantém o testamento na parte que não afeta a legítima (art. 1.967 do CC), também para preservar a vontade do testador; a preservação do testamento no caso de inobservância de formalidades mínimas, que não comprometem a vontade do testador, também se conecta com tal premissa; a interpretação do testamento, que sempre deverá ser no sentido de privilegiar a vontade do testador (art. 1.899 do CC), entre outras. Portanto, é fácil perceber que todo o sistema é voltado para a proteção e tutela da vontade e da liberdade de testar.

A partir destas duas premissas, é possível compreender integralmente a sucessão testamentária.

É importante ressaltar que o testamento é instrumento da autonomia privada, para que a vontade exteriorizada repercuta, em termos de eficácia, após a morte, mas não se confunde com a herança (relações patrimoniais não personalíssimas). O testamento pode ter por objeto herança, mas também relações patrimoniais que não se confundem com a herança e, ainda, relações de caráter não patrimonial (existenciais). Tal fato evidencia que mais do que meio para destinar bens a sucessores eleitos, o testamento tem a principal função de permitir que a vontade do testador no âmbito patrimonial ou existencial, tenha eficácia *post mortem*. A autonomia privada está integralmente associada a tal negócio jurídico.

O fundamento do testamento é a autonomia privada, pois permite a exteriorização de vontade com a finalidade de definir os sucessores. Ademais, o testamento consolida os poderes relacionados à propriedade privada, instituto conexo ao direito sucessório. Como se sabe, um dos principais poderes inerentes à propriedade privada é a disposição (material ou jurídica) e o testamento permitirá que o proprietário materialize o poder de disposição de seus bens, para ter efeito depois da morte. Aliás, o poder de disposição, inerente à propriedade privada, figura no art. 1.857 do CC, que inaugura a sucessão testamentária, segundo o qual toda pessoa capaz pode "dispor", por testamento, da totalidade de seus bens, ou de parte deles, para depois da morte. Portanto, o testamento também viabiliza o exercício de poderes inerentes à propriedade privada.

O testamento é negócio jurídico unilateral quanto à formação (se constitui com a declaração de um único sujeito – testador), personalíssimo (não se admite testamento por procuração), revogável (até a morte, pois só produzirá efeitos jurídicos com a abertura da sucessão), gratuito/benéfico (não há contraprestação ou vantagem em favor do testador) e revestido de solenidades (para que tenha o mínimo de segurança jurídica). Tais características, pressuposto para compreensão do testamento, serão analisadas adiante.

O testamento é negócio jurídico unilateral (quanto à formação, pois se constitui com a exteriorização de vontade de pessoa única, o testador) por meio do qual a pessoa humana, a partir dos 16 anos (capacidade ativa para testar), realiza atos de disposição patrimonial (ou existencial), em relação à totalidade ou parte de seus bens, para ter efeito após a morte. Nem todas as relações patrimoniais que integram o testamento se caracterizam como herança, assim como é possível que o testamento tenha por objeto apenas questões existenciais (filho pode ser reconhecido por testamento).

O fundamento da sucessão por disposição de última vontade, de fato, é o princípio da autonomia privada (poder de autodeterminação).

No que se refere às relações jurídicas patrimoniais que caracterizam a herança, houve a tentativa de conciliar a autonomia privada com a proteção da família (proteção da legítima, como garantia a herdeiros necessários, que não pode integrar o testamento). O testador não terá poder absoluto e ilimitado para dispor de seus bens para depois da morte, pois suportará restrições relacionadas à preservação da legítima, que não pode ser incluída no testamento (§ 1º do art. 1.857 do CC). A autonomia para realizar disposições patrimoniais ostenta limitações. A legítima corresponde à metade dos bens, cujo cálculo se submete ao disposto no art. 1.847 do CC (herança líquida, existente no momento da abertura da sucessão).

Portanto, se o autor da herança tiver sucessores qualificados como herdeiros necessários, não poderá dispor, em testamento, da legítima (parte indisponível que pertence, de pleno direito, aos herdeiros necessários – arts. 1.846 e 1.857, § 1º, ambos do CC). Todavia, se os próprios herdeiros necessários forem os sucessores testamentários, respeitada a legítima destes no testamento, será possível incluir tal cota neste ato de disposição de última vontade. Se houver violação da legítima, não será o caso de invalidação do testamento, mas de redução das disposições testamentárias, aos limites legais, de forma proporcional, de acordo com o disposto nos arts. 1.967 e 1.968 do CC (que disciplinam a redução das disposições testamentárias – espécie de invalidade parcial).

Como mencionado, uma das premissas lógicas do testamento se relaciona ao fato de ser espécie de negócio jurídico. Por este motivo, se submete ao plano de validade, pode ser invalidado se inobservados os pressupostos de validade, há possibilidade de nomeação de substitutos aos sucessores eleitos, caso anteveja a possibilidade de renúncia ou impossibilidade de aceitação da herança por pré-morte, indignidade ou deserdação, se submete a regras de interpretação que são destinadas a valorizar a vontade do testador e, para preservar a liberdade do testador e a segurança jurídica do ato, têm caráter personalíssimo. Por fim, tal negócio jurídico é revestido de solenidades destinadas a garantir e preservar a liberdade do testador.

A sucessão por disposição de última vontade, que se viabiliza principalmente pelo testamento é a regra, justamente porque o autor da herança decide, delibera, escolhe e destina seus bens para depois da morte, para quem o desejar (obedecidas algumas restrições). A sucessão legítima é subsidiária e supletiva.

Todavia, haverá situações em que necessariamente a sucessão legítima e a testamentária coexistirão: se houver herdeiros necessários, a legítima se submeterá às regras legais de vocação hereditária (art. 1.829 do CC) ou, ainda que não haja herdeiros necessários, se o autor da herança não dispuser da totalidade dos bens, o remanescente será destinado aos sucessores, de acordo com as regras da sucessão legítima (art. 1.966 do CC).

O testamento, além de negócio jurídico unilateral, tem como características fundamentais o caráter personalíssimo e a revogabilidade a qualquer tempo, até a abertura da sucessão, conforme enuncia o art. 1.858 do CC ("O testamento é ato personalíssimo, podendo ser mudado a qualquer tempo"). O caráter personalíssimo do testamento impede que a vontade seja exteriorizada por intermédio de procurador (poder exclusivo do testador, razão pela qual é incompatível com o contrato de mandato). A vontade não pode ser exteriorizada por representante legal ou convencional, mesmo que o instrumento seja público e com poderes especiais. O personalismo visa proteger a vontade e a liberdade do testador. É a mesma lógica que proíbe o testamento conjuntivo (art. 1.863 do CC) – proteção.

O testamento, em relação às disposições de caráter patrimonial, é revogável a qualquer tempo, até a abertura da sucessão (declaração não receptícia de vontade). Todavia, se tiver como objeto situações existenciais ou de caráter não patrimonial, por conta da natureza do interesse, excepcionalmente, não pelo testamento em si, mas em razão da natureza da disposição, não haverá possibilidade de revogação. A clássica exceção à irrevogabilidade, que se refere a declaração de fato, é o reconhecimento de filho. Segundo o art. 1.610 "o reconhecimento não pode ser revogado, nem mesmo quando feito em testamento". A irrevogabilidade decorre da indisponibilidade da filiação, e não do testamento. O testamento é negócio jurídico que transcende o direito sucessório, porque pode ter por objeto disposições de caráter não patrimonial, que serão válidas, ainda que o testamento exclusivamente a elas tenha se limitado (art. 1.857, § 2º).

Em razão do caráter personalíssimo e para preservar a possibilidade de revogação (o testamento em conjunto poderia torná-lo irrevogável caso um dos testadores se recusasse a revogá-lo), é expressamente proibido o testamento em conjunto ou conjuntivo. A proibição do testamento conjuntivo implicará nulidade deste negócio jurídico, no caso de violação desta norma. Embora o art. 1.863 não faça qualquer referência à nulidade como sanção pela violação da norma, a nulidade é extraída do art. 166, inciso VII, segundo o qual o negócio jurídico é nulo quando houver proibição legal (como no caso), sem cominar sanção.

De acordo com o art. 1.863, é proibido o testamento conjuntivo ("de mão comum"), seja *simultâneo* (disposição conjunta em favor de terceira pessoa), *recíproco* (benefícios mútuos – o que sobreviver sucede ao patrimônio do outro) ou *correspectivo* (disposição em retribuição de outras correspondentes)".

O testamento será conjuntivo, quando realizado por duas ou mais pessoas, no mesmo documento, em proveito recíproco ou de terceiros. Se realizado ao mesmo tempo, mas em documentos diferentes, não há que se cogitar em testamento conjuntivo.

Em resumo, o testamento ostenta as seguintes características:

O testamento é negócio jurídico (autonomia privada), de caráter *personalíssimo*, *unilateral* (quanto à formação – a vontade do testador é suficiente para formação deste NJ), *gratuito* (interpretação restrita – não há vantagem ao testador); *solene* (as espécies de testamentos, comuns/ordinários e especiais, evidenciam tais formalidades – Como enuncia Zeno Veloso[11]: "A validade do testamento está condicionada a formas e tipos prescritos minuciosamente na lei. As formas exigidas não são apenas *ad probationem*, mas *ad solemnitatem*. Nesse negócio jurídico, vontade e forma se integram e se fundem, resultando um todo indivisível. A vontade do testador só pode valer se exteriorizada por uma das formas previstas em lei. E não basta seguir a forma admitida, é necessário, ainda, cumprir rigorosamente as formalidades ou solenidades prescritas para cada forma, sob pena de nulidade") e *revogável*.

• **Revogação de testamento (causa extintiva fundada na vontade)**

Como se revoga testamento?

A revogação é causa de extinção do testamento (ao lado de outras causas adiante estudadas, como o cumprimento do testamento, a invalidade do testamento, a caducidade e o rompimento do testamento) que tem como fundamento ato de vontade. Portanto, a revogação pressupõe a vontade do testador, cuja consequência é a perda da eficácia do testamento revogado (revogação atua no plano da eficácia, porque a eficácia do testamento é condicionada ao fato morte). Se é revogado, o testamento ingressa e deixa o mundo jurídico sem ter produzido efeitos.

Em relação à revogabilidade, de acordo com o art. 1.969, o testamento pode ser revogado pelo mesmo modo e forma como pode ser feito. A revogação do testamento, portanto, é ato solene, pois deve ser realizado com a elaboração de outro testamento. O tipo ou espécie do testamento revogador não precisa coincidir com a espécie do testamento revogado. O testamento público pode revogar testamento privado e vice-versa. Todavia, de acordo com a norma, o testamento revogador tem que ter os mesmos requisitos e pressupostos de um testamento não revogador. O testamento revogador público deverá ter os mesmos requisitos formais de um testamento comum (não revogador) público.

Neste diapasão, é possível que o testamento tenha como único objetivo revogar outro testamento. Os requisitos, pressupostos e solenidades do testamento revogador (destinado a revogar outro testamento) são os mesmos de qualquer testamento. Esse o sentido da norma, quando enuncia "como pode ser feito".

Todavia, há exceção em relação ao modo de revogação: o testamento cerrado que for dilacerado pelo testador ou aberto ou dilacerado com seu consentimento será considerado revogado, conforme art. 1.972 do CC (lógica do testamento cerrado).

De acordo com este dispositivo, "o testamento cerrado que o testador abrir ou dilacerar, ou for aberto ou dilacerado com seu consentimento, haver-se-á como revogado". Tal fato ocorrerá pela própria natureza do testamento cerrado, cuja principal qualidade é o sigilo. Se for aberto ou dilacerado pelo testador ou por terceiro com anuência do testador, significa que pretende revogar o testamento. Ao dar publicidade ao conteúdo com a abertura ou dilaceração se neutraliza a razão de existir do testamento cerrado. Se terceiro abrir ou dilacerar testamento cerrado sem a anuência ou consentimento do testador, o negócio jurídico poderá, eventualmente, ser preservado, a depender das circunstâncias concretas.

A revogação pode ser total ou parcial (art. 1.970). Se a revogação for parcial, ou se o testamento posterior não tiver cláusula revogatória expressa, o anterior subsiste, é válido e eficaz em tudo que não for contrário ao anterior. Portanto, a revogação pode decorrer de declaração expressa ou de incompatibilidade das disposições testamentárias entre o testamento anterior e o posterior. A incompatibilidade entre cláusulas testamentárias do testamento

---

[11] VELOSO, Zeno. *Comentários ao código civil*: parte especial: do direito das sucessões, v. 21, arts. 1.857 a 2.027. Antônio Junqueira de Azevedo (coord.). São Paulo: Saraiva, 2003.

anterior e do posterior acarreta revogação (tácita). Nesse sentido o parágrafo único do art. 1.970: "Se parcial, ou se o testamento posterior não contiver cláusula revogatória expressa, o anterior subsiste em tudo que não for contrário ao posterior".

A revogação do testamento revogador ou a eventual caducidade deste, não restabelece os efeitos do testamento revogado. A caducidade do testamento revogador pode ocorrer por exclusão, incapacidade ou renúncia do herdeiro nele nomeado. Tal caducidade não restaura o testamento por ele revogado (plano da eficácia – o testamento revogador pode nomear outros sucessores e eventual caducidade não retira o efeito da revogação do anterior).

Todavia, de acordo com a segunda parte do art. 1.971 do CC, a revogação não terá efeito se o testamento revogatório for anulado por omissão ou infração de solenidades essenciais ou por vícios intrínsecos. É desdobramento lógico do art. 1.969, segundo o qual o testamento revogador deve cumprir e observar as solenidades (modo e forma) como qualquer testamento, que não tenha conteúdo revogador. Portanto, no caso de invalidade (plano de validade) do testamento revogador, não terá o poder de revogar o testamento anterior.

Nada impede que a pessoa elabore multiplicidade de testamentos e, desde que no conteúdo sejam compatíveis entre si, são válidos e eficazes. Todavia, se testamento posterior trata total ou parcialmente do mesmo conteúdo do anterior, nesta parte incompatível, haverá revogação do anterior (regra da anterioridade lógica).

• **Objeto do testamento**

O testamento pode ter por objeto relações jurídicas de caráter patrimonial ou de caráter não patrimonial: Em regra, o testamento, no seu conteúdo, ostenta disposições de caráter patrimonial (herança ou outras disposições patrimoniais que não serão caracterizadas como herança). Excepcionalmente, pode conter disposições de caráter *não* patrimonial e, neste caso, ainda que o testamento tenha apenas este objeto, será válido.

De acordo com o art. 1.857, § 2º: "São válidas as disposições testamentárias de caráter não patrimonial, ainda que o testador somente a elas se tenha limitado".

Portanto, o testamento pode materializar disposições de última vontade que não se confundem com a herança, de natureza patrimonial (constituição de fundação privada, bem de família, constituição de condomínio edilício, servidão predial, substituição de beneficiário de seguro de pessoas – seguro de vida não integra a herança) ou de caráter não patrimonial ou existencial (nomeação de tutor, disposições de parte do corpo para após a morte, reconhecimento de filho, destinação de material genético para reprodução assistida *post mortem*, deserdação, reabilitação de indigno, nomeação de testamenteiro, sufrágio por alma do falecido, dispensa de colação etc.).

• **Testamento e validade (capacidade ativa e legitimidade passiva)**

No plano de validade, a capacidade testamentária ativa segue a regra geral da teoria da capacidade para qualquer negócio jurídico. Segundo o art. 1.857 do CC, toda pessoa capaz pode dispor, por testamento, da totalidade dos seus bens ou parte deles, para depois de sua morte. Todavia, o testamento, como negócio jurídico que ostenta peculiaridades, no âmbito da capacidade testamentária ativa, flexibiliza as regras gerais sobre capacidade, para conferir tal poder ou capacidade aos maiores de 16 anos, independentemente de assistência de pais ou tutores, conforme preceitua o art. 1.860, parágrafo único, do CC.

A capacidade testamentária ativa é exclusiva das pessoas humanas.

Os incapazes não podem testar (art. 1.860, *caput*, CC). Mas quem é considerado incapaz para o testamento? Incapazes são os menores de 16 anos, atualmente os únicos absolutamente incapazes (art. 3º do CC), assim como todos os sujeitos arrolados no art. 4º do CC (aqueles que por causa permanente ou transitória não podem exprimir vontade, os ébrios habituais e viciados em tóxicos), que são relativamente incapazes, com exceção dos pródigos. Tais pessoas, por não terem o pleno discernimento, não possuem capacidade testamentária ativa (art. 1.860 do CC). Os pródigos têm capacidade testamentária ativa. Isto porque o objetivo da restrição à autonomia privada e patrimonial do pródigo é a tutela da sua dignidade material. Como o testamento somente terá eficácia após a morte, tal negócio jurídico não seria capaz de comprometer a dignidade material do pródigo. Por isso, mesmo submetido a curatela e interditado, o pródigo tem capacidade testamentária ativa.

Com a edição da Lei n. 11.346/2015, que alterou os arts. 3º e 4º do Código Civil, com a finalidade de disciplinar novas situações de capacidade jurídica, inclusive com a exclusão das pessoas com deficiência do rol de incapazes, há intenso debate sobre a legitimidade ativa para o testamento em relação aos deficientes. De acordo com o art. 6º da referida lei, a pessoa com deficiência é capaz e, no mesmo sentido, o art. 84 dispõe que a pessoa com deficiência tem assegurado o direito ao exercício de sua capacidade legal em igualdade de condições com as demais pessoas, embora possa ser submetida à curatela em relação a atos de natureza patrimonial. A deficiência, por si só, não obsta a capacidade testamentária. Todavia, se a deficiência prejudica, consideravelmente, o discernimento, não haverá legitimidade para o testamento.

Portanto, se a pessoa com deficiência física ou mental não tiver comprometido o pleno, poderá testar livremente (art. 1.860 do CC). Não é a enfermidade em si que gera a incapacidade testamentária ativa, mas a eventual privação ou redução no discernimento da pessoa que tal enfermidade provoca.

Por outro lado, se a pessoa com deficiência física ou mental tiver comprometido seu discernimento por conta dessas enfermidades, não terá capacidade para testar, porque o citado art. 1.860 proíbe o testamento daqueles que não têm pleno discernimento. A Lei n. 11.346/2015 restringe o exercício de direitos em relação às pessoas com deficiência física ou mental e que necessitem de curador, para atos de natureza patrimonial (arts. 6, 84 e 85 da lei).

O testamento, embora admita disposições de caráter não patrimonial (§ 2º do art. 1.857, CC), terá, essencialmente, como objeto, bens e interesses de natureza patrimonial. A Lei n. 13.146/2015, no que se refere a atos patrimoniais, permite que a pessoa com deficiência física ou mental seja amparada por curador ou apoiador (tomada de decisão apoiada). Ocorre que o testamento é ato personalíssimo. Somente pode emanar, única e exclusivamente, de sua vontade. É ato pessoal, não passível de delegação a terceiros, e por isso não se admite a manifestação de vontade por meio de procuradores ou representantes legais.

Assim, no caso das pessoas com deficiência física ou mental, é essencial apurar o grau de intensidade de prejuízo ao discernimento para permitir ou não que o testador, no ato de testar, receba ajuda ou auxílio, sem que tal colaboração comprometa o caráter personalíssimo do testamento. As pessoas com deficiência poderão testar, desde que a deficiência não comprometa a capacidade de discernimento a ponto de o testador não ter compreensão do negócio jurídico.

Portanto, para que o testador, pessoa com deficiência física ou mental, possa testar, tal negócio jurídico deve se revestir de intensa formalidade (o testamento deve ser público, em analogia ao art. 1.867 do CC) e não pode ter o discernimento comprometido.

Em resumo, de acordo com o art. 1.860 do CC, podem testar todos aqueles que, no ato de testar, estão em pleno gozo do discernimento, ainda que menores entre 16 e 18 anos. Aqueles que a lei declara incapazes, com exceção dos menores entre 16 e 18 anos e dos pródigos, não podem testar. Em relação aos deficientes, como possuem plena capacidade em igualdade de condições, em regra, não estão impedidos de testar, salvo se restar comprovado que a deficiência prejudica o discernimento para fins de testamento.

A capacidade testamentária ativa, como mencionado, é restrita às pessoas naturais. As pessoas jurídicas não possuem capacidade testamentária ativa, embora possuam capacidade testamentária passiva (art. 1.799, II, do CC). As pessoas jurídicas podem ser nomeadas herdeiras ou legatárias, mas não podem testar.

A capacidade testamentária ativa deve ser apurada no momento da formação do testamento, ou seja, por ocasião da exteriorização de vontade para constituição desse negócio jurídico.

A capacidade testamentária se constitui como pressuposto de validade e, por isso, deve ser apurada no momento da formação do testamento. Não é por outra razão que o art. 1.861 do CC dispõe que a incapacidade superveniente do testador não invalida o testamento e, da mesma forma, o testamento elaborado por incapaz não se convalida com eventual capacidade superveniente.

O contraponto da capacidade testamentária ativa é a capacidade (legitimidade) testamentária passiva. A capacidade testamentária passiva é ampla. Além das pessoas naturais nascidas ou já concebidas no momento da abertura da sucessão (art. 1.798, CC), também podem ser chamadas a suceder, por testamento, a prole eventual, as pessoas jurídicas e as pessoas jurídicas cuja organização for determinada pelo testador sob a forma de fundação (art. 1.799 do CC).

Tal tema já foi objeto de análise, quando foi abordado na teoria geral a legitimidade sucessória.

7.19.1. Limites à vontade do testador, testamento, legítima (respeito à legítima e a possibilidade de coexistência com a sucessão testamentária) e disposição de caráter patrimonial

A autonomia privada, no âmbito do testamento, não é absoluta. A lei impõe algumas restrições, em especial para proteger herdeiros com direito à legítima.

De acordo com o § 1º do art. 1.857 da Lei Civil, a legítima dos herdeiros necessários não pode ser incluída no testamento. Neste mesmo livro, já tratamos dos herdeiros necessários e do cálculo da legítima.

O direito dos herdeiros necessários limita a vontade do testador. Além do § 1º do art. 1.857, tal restrição é reproduzida pelos arts. 1.789 e 1.846 do CC (pertence aos herdeiros necessários, de pleno direito, a metade dos bens da herança, constituindo a legítima). Caso não se respeite a legítima, haverá redução das disposições testamentárias, na forma dos arts. 1.966 a 1.968 do CC. As regras sobre redução das disposições testamentárias têm por objetivo preservar a legítima.

Assim, se houver herdeiro necessário e o autor da herança pretender elaborar testamento, coexistirão as sucessões legítima e testamentária. A existência de herdeiros necessários impõe a coexistência das duas espécies de sucessões, caso haja testamento.

Se a disposição testamentária invade a legítima, o testamento não se submeterá ao instituto das reduções (arts. 1.966 a 1.968, CC – da redução das disposições testamentárias). Há divergência se a redução do excesso implica invalidade parcial ou ineficácia. A redução das disposições testamentárias, para fins de recomposição da metade indisponível, se conecta com o princípio da preservação do negócio jurídico e com a premissa de preservar a vontade do testador. Apenas o excesso será neutralizado. Para quem defende que se trata de invalidade parcial, há associação com o instituto da redução geral, prevista no art. 184 do CC, que também retrata a preservação de atos e negócios, quando puder sobreviver com a parte válida.

Ocorre que como a proibição de inclusão da legítima no testamento visa proteger interesses econômicos de herdeiros necessários, caso estes sejam os próprios beneficiados na sucessão testamentária, cujo testamento é utilizado como instrumento de planejamento sucessório, não haverá redução. E a razão é simples: Os sujeitos que o instituto pretendeu proteger serão os próprios beneficiados com a inclusão da legítima no testamento.

Portanto, a legítima pode ser incluída no testamento para estruturação da herança, desde que não haja prejuízo aos herdeiros necessários. Nesse sentido, o Recurso Especial n. 2.039.541/SP.

Em regra, o testamento deve ter por objeto bens e interesses de natureza e conteúdo patrimonial. Todavia,

Capítulo 7 • Sucessões

são válidas disposições testamentárias de caráter não patrimonial, ainda que o testador somente a elas se tenha limitado (art. 1.857, § 2º, do CC). O CC possui inúmeros dispositivos em que há previsão de testamento para questões que não possuem natureza patrimonial (arts. 14; 62; 438, parágrafo único; 791; 1.332; 1.609, III; 1.634, IV, e 1.729, parágrafo único; 1.969; 1.711; 1.818; 1.848; 1.911; 1.964; 1.976; 1.998 e 2.006). Todos estes arts. tratam de questões de natureza não patrimonial que podem ser objeto de disposição testamentária, como já enunciado.

Em evidente inovação, o art. 1.859 do CC passou a prever prazo de decadência de cinco anos para impugnação da validade do testamento, contado o prazo da data de seu registro.

Há acirradas controvérsias se o testamento se submete a regime próprio de invalidade ou se também dialoga com a teoria geral da invalidade.

A parte da doutrina que defende que o testamento ostenta regime próprio de invalidade defende que o art. 1.859 do CC se aplica tanto para hipóteses de nulidade (interesse público) como anulação (interesse privado), com a ressalva das regras especiais existentes na própria sucessão testamentária, como é o caso do art. 1.909 do CC, em relação a vícios de consentimento, erro, dolo e coação. Para estes, o prazo para impugnar a validade de testamento será extinto após 5 anos, contado o prazo da data do seu registro, que é o que ocorre no processo de jurisdição voluntária, por ordem judicial, logo após a abertura da sucessão. Portanto, o art. 1.859 do CC trata de situações de nulidade e anulação (regime próprio, que excepciona a teoria geral).

Há outra corrente que defende que o art. 1.859 do CC deve ser conciliado com a teoria geral de invalidade e, por este motivo, no caso de nulidade, não se sujeitaria a prazo de prescrição ou decadência (art. 169 do CC). O art. 1.859 do CC, para esta linha de pensamento, se restringe a situações de anulação que não tem regra especial na sucessão testamentária. O fato é que o sistema de invalidade do testamento tem por objetivo principal a proteção da vontade do testador.

7.19.1.1. Testamento vital

O testamento vital ou *living will*, também conhecido como diretiva antecipada da vontade, é o direito de a pessoa dispor, por meio de testamento, sobre questões que envolvam o uso de terapias para prolongar, de forma artificial, o processo natural de morte. O testamento vital viabiliza a morte digna, em respeito à vontade do paciente, que pode definir os limites terapêuticos a serem adotados em seu tratamento de saúde. Sobre o assunto, a Resolução n. 1.995, de 9-8-2012.

As diretivas antecipadas se contrapõem à distanásia, que é o prolongamento artificial do processo de morte. O testamento vital não se confunde com a eutanásia, que é proibida. A eutanásia antecipa o processo natural de morte. Pelo testamento vital, não se prolonga de forma artificial o processo de morte. A fim de evitar sofrimento em casos de doenças terminais e irreversíveis, a pessoa pode, por meio de testamento, se recusar a ser submetida a procedimentos terapêuticos paliativos, para prolongar por alguns dias, de forma artificial, o processo natural de morte.

O testamento vital tem conexão com a dignidade humana, porque projeta essa dignidade também para o momento da morte. Aliás, o próprio art. 15 do CC proíbe qualquer intervenção médica sem autorização do paciente. O testamento vital seria o não consentimento prévio para intervenções médicas paliativas com o fim de prolongar de forma artificial o processo natural de morte.

O próprio § 2º do art. 1.857 do CC permite que no testamento constem disposições de natureza não patrimonial.

Tal disposição é válida. Nesse sentido, o Enunciado 529 das Jornadas de Direito Civil: "Arts. 1.729, parágrafo único, e 1.857: É válida a declaração de vontade expressa em documento autêntico, também chamado 'testamento vital', em que a pessoa estabelece disposições sobre o tipo de tratamento de saúde, ou não tratamento, que deseja no caso de se encontrar sem condições de manifestar a sua vontade".

7.19.2. Espécies de testamento: disposições gerais e regras sobre as espécies ordinárias

O testamento é negócio jurídico unilateral (quanto à formação), personalíssimo, gratuito, revogável e solene (se submete a formalidades, que são pressupostos de validade). Os testamentos ordinários, que são obrigatórios em situações de normalidade, assim como os testamentos especiais ou extraordinários, que se justificam a partir de circunstâncias fáticas especiais, se submetem a formalidades. Por isso, qualquer que seja o testamento, será solene.

De acordo com o Código Civil, são testamentos ordinários: I – o público; II – o cerrado e III – o particular (art. 1.862 do CC). O testamento ordinário se constitui a partir de solenidades e, por isso, deve se submeter a inúmeras formalidades impostas pela legislação. As solenidades ou formalidades do testamento visam conferir a necessária segurança para que o testador possa exteriorizar a sua vontade de forma livre, ou seja, sem qualquer interferência. É garantia para a liberdade de testar. As formalidades impostas pela lei a cada uma das espécies permitirão o controle em relação a atos ou fatos que possam comprometer a liberdade e a autonomia do testador.

No geral, o testador tem a liberdade de optar entre quaisquer das espécies de testamento ordinário previstas em lei. As diferenças em relação às espécies de testamento ordinário não se referem ao conteúdo ou substância, mas às formalidades (questão externa). Há liberdade para escolha do testamento ordinário, pois todos admitem qualquer conteúdo. Em termos de conteúdo, não há diferença (intrinsecamente todos os modelos são compatíveis com qualquer conteúdo). A depender da espécie de testamento ordinário, o testador terá maior ou menor segurança, mais ou menos sigilo em relação ao conteúdo.

Por outro lado, há situações especiais, como é o caso do cego, que não possui liberdade de escolha da espécie de testamento ordinário. O cego que pretenda testar, necessariamente, terá de se submeter ao testamento público (art. 1.867 do CC), pois as formalidades deste conferem maior proteção a pessoa que ostenta deficiência visual.

Além dos testamentos ordinários, é possível também a disposição de última vontade por meio de testamentos especiais, que se justificam em razão de circunstâncias extraordinárias ou especiais: testamento militar, aeronáutico e marítimo. Todavia, não é possível a escolha destas espécies sem que estejam presentes as circunstâncias extraordinárias que as justifiquem.

Por ser negócio jurídico formal e restrito, não se admite outros tipos ou espécies de testamentos. O rol previsto em lei é taxativo. O sujeito deve escolher uma das espécies e, se submeter às formalidades da espécie escolhida. Os diversos tipos ou espécies de testamento se justificam pelas formalidades ou solenidades (aspecto externo do testamento). Em regra, a inobservância de formalidade é causa de nulidade do testamento (formalidade como pressuposto de validade), mas o testamento deverá ser preservado quando a inobservância de formalidade não essencial ou irrelevante não comprometer a liberdade e a vontade do testador. Nesse sentido, o STJ está a mitigar a inobservância de pequenas formalidades para privilegiar a vontade do testador e o princípio da autonomia privada (Recursos Especiais 1.073.860/PR e 1.001.674/SC).

O testamento ordinário, seja qual for sua forma, não pode ser conjuntivo, conforme prescreve o art. 1.863 do CC. O testamento conjuntivo, em conjunto ou de mão comum, é elaborado por duas ou mais pessoas, por intermédio do mesmo documento, em proveito recíproco ou de terceiros. É vedado o testamento conjuntivo, seja ele simultâneo (duas ou mais pessoas testam, conjuntamente, em benefício de terceiro – em um único ato contemplam outra pessoa), recíproco (os testadores se instituem reciprocamente como herdeiros, com proveito recíproco, sendo que um sucederá o patrimônio do outro àquele que sobreviver) e correspectivo (instituições testamentárias que visam a retribuição de outras disposições testamentárias entre os mesmos testadores – institui alguém como herdeiro por ter sido contemplado por ele).

O testamento conjuntivo é nulo, porque viola duas das principais características do testamento, o caráter personalíssimo (não pode ser conjuntivo para que a vontade do testador não seja influenciada) e a revogabilidade (se for conjuntivo, a revogação, causa de extinção do testamento fundado na vontade, que é unilateral, seria inviabilizada, pois dependeria da anuência do cotestador). Embora a norma proíba o testamento conjuntivo, sem cominar sanção, nestes casos, é situação de nulidade, conforme art. 166, inciso VII, do CC.

7.19.2.1. Testamento público

É o testamento por excelência, mais comum e que possui a maior segurança jurídica. O testamento público é um ato notarial, escritura pública formalizada por notário. O art. 1.864 do CC disciplina os requisitos essenciais do testamento público: I – ser escrito por tabelião ou por seu substituto legal em seu livro de notas, de acordo com as declarações do testador, podendo este servir-se de minuta, notas ou apontamentos; II – lavrado o instrumento, deve ser lido em voz alta pelo tabelião ao testador e a duas testemunhas, a um só tempo; ou pelo testador, se o quiser, na presença destas e do oficial; e III – ser o instrumento, em seguida à leitura, assinado pelo testador, pelas testemunhas e pelo tabelião. As testemunhas do testamento não podem ser herdeiras, tampouco legatárias (art. 1.801, III, CC). Tais requisitos evidenciam o caráter solene do testamento e, caso não observados, tal negócio jurídico poderá ser invalidado por vício de forma.

O tabelião deve se ater à vontade real do testador e à sua vontade. Não pode, sob qualquer pretexto, ocorrer interferência, mesmo do tabelião. O testamento não é ato do notário, mas do testador. As testemunhas devem estar presentes no momento da leitura do testamento.

O testamento público pode ser escrito manual ou mecanicamente, e ser feito pela inserção da declaração de vontade em partes impressas de livro de notas, desde que rubricadas todas as páginas pelo testador, se mais de uma.

Se o testador não souber (analfabeto) ou não puder assinar, tal fato será declarado pelo tabelião. Nesse caso, quem assinará pelo testador será uma das testemunhas instrumentárias (art. 1.865 do CC).

Os arts. 1.866 e 1.867 do Código Civil disciplinam formalidades especiais para o testamento do surdo e do cego. Além dos requisitos do art. 1.864, em relação a essas pessoas, há outros requisitos específicos.

A pessoa surda poderá declarar a sua vontade ao tabelião. Se souber ler, deverá ler o seu testamento. Se não souber, designará quem faça a leitura, na presença das testemunhas.

Se a pessoa, além de surda, também tiver deficiência auditiva (muda), poderá também optar pelo testamento público, mas tem a possibilidade de testar de forma cerrada, conforme o art. 1.873 do CC. Se o art. 1.873, que confere menos proteção em termos de segurança, expressamente, admite que o testador seja surdo-mudo, evidente que poderá também optar pelo testamento público, ante a ausência de qualquer restrição legal.

Por outro lado, ao cego é permitido apenas o testamento público. O cego não pode utilizar o cerrado e o particular. O testamento público do cego possui peculiaridade: a dupla leitura, uma realizada pelo tabelião ou seu substituto e outra por uma das testemunhas. Isto porque pelas demais formas, cerrado ou particular, poderia ser influenciado pelas testemunhas ou terceiros. Assim, a restrição imposta pelo art. 1.867 tem a finalidade exclusiva de proteger o cego. A dupla leitura deve constar expressamente no testamento, sob pena de invalidade. A assinatura do cego, neste caso, é suprida pela declaração do tabelião, que tem fé pública.

Da mesma forma, o analfabeto somente pode testar publicamente (art. 1.872 do CC). De acordo com este dispositivo, não pode dispor dos bens em testamento cerrado quem não saiba ou não possa ler.

O testamento público tem a vantagem da segurança, em especial a conservação, uma vez que a qualquer tempo pode ser requerida certidão ao notário sobre o testamento. Por outro lado, o testamento público expõe a pessoa, tanto em relação a parentes não contemplados quanto a terceiros, o que pode representar inconvenientes e riscos para o testador.

7.19.2.2. Testamento cerrado ou místico

O testamento cerrado, também conhecido como secreto ou místico, é aquele escrito pelo testador ou por outra pessoa a seu rogo, e será válido se aprovado pelo tabelião ou seu substituto legal.

Tal testamento também se submete a formalidades e compõe-se de duas partes: a cédula ou carta testamentária, com as disposições do testador, e o auto de aprovação, redigido pelo tabelião. Há formalidades para cada uma das partes, conforme disposto no CC. A cédula testamentária privada e o instrumento público de aprovação formam o testamento cerrado.

Em relação à cédula testamentária, o art. 1.868 do CC impõe que o testador a entregue ao tabelião na presença de duas testemunhas; que o testador declare que aquele é o seu testamento e quer que seja aprovado; que o tabelião lavre, desde logo, o auto de aprovação, na presença de duas testemunhas, e o leia em seguida ao testador e testemunhas; e que o auto de aprovação seja assinado pelo tabelião, pelas testemunhas e pelo testador. O testamento cerrado pode ser escrito mecanicamente pelo testador, desde que rubrique todas as páginas.

Como mencionado, o testamento cerrado se compõe de duas fases, autônomas e independentes: cédula testamentária particular escrita pelo testador (etapa inicial: autonomia privada) e auto de aprovação público (segunda etapa: entrega para a autoridade notarial, na presença de testemunhas – auto de aprovação – cerrar e coser o instrumento aprovado).

Em relação ao auto de aprovação, o tabelião deve começar a elaborá-lo imediatamente depois da última palavra do testador e declarar que este lhe entregou para ser aprovado na presença das testemunhas. Em seguida, passará a cerrar e coser o instrumento aprovado. Se não houver espaço na última folha do testamento para início da aprovação, o tabelião aporá nele seu sinal público, mencionando a circunstância no auto. Tal sinal público do tabelião é requisito essencial.

O art. 1.870 do CC permite que o tabelião escreva o testamento a rogo do testador (assim, o testador poderá conhecer o conteúdo do testamento que aprova) e, na sequência, o aprove. Ao escrever o testamento a pedido do testador, o tabelião age como pessoa privada. O testamento pode ser escrito em língua nacional ou estrangeira, pelo próprio testador ou por outrem, a seu rogo.

Não pode dispor de seus bens em testamento cerrado quem não saiba ou não possa ler. O analfabeto, embora tenha capacidade testamentária ativa, não pode testar por esse meio de testamento. O analfabeto e o cego podem apenas testar pela forma pública.

O testamento cerrado não é a única forma que o surdo-mudo pode utilizar, em que pese a previsão do art. 1.872 (também poderá pela forma pública). O surdo-mudo deve escrever todo o testamento e assiná-lo. Não se permite a escrita a rogo no caso de testamento do surdo-mudo. Somente o próprio testador poderá escrevê-lo. Após redigir a cédula testamentária, o surdo-mudo deve entregá-lo ao tabelião, na presença de duas testemunhas, para que inicie o auto de aprovação.

Em resumo, o cego e o analfabeto estão proibidos de testar por este meio (art. 1.872). Não pode dispor de seus bens em testamento cerrado quem não saiba (*analfabeto*) ou não possa ler (*cego*). O surdo-mudo pode, desde que saiba ler e o assine. Nesse sentido o art. 1.873: "Pode fazer testamento cerrado o surdo-mudo, contanto que o escreva todo, e o assine de sua mão, e que, ao entregá-lo ao oficial público, ante as duas testemunhas, escreva, na face externa do papel ou do envoltório, que aquele é o seu testamento, cuja aprovação lhe pede".

Encerrada a solenidade, deverá o tabelião cerrar, fechar e costurar o testamento. O testamento deve ser lacrado. Depois de aprovado e cerrado, será o testamento entregue ao testador e o tabelião lançará, no seu livro, nota do lugar, dia, mês e ano em que foi aprovado e entregue.

Ao contrário do público, que fica arquivado, o testamento cerrado é entregue ao testador, o que possibilitaria eventual extravio e até deterioração capaz de inutilizá-lo. A vantagem é que as declarações de vontade do testador permanecerão em sigilo e somente virão a público quando do seu falecimento.

Aliás, falecido o testador, o testamento será apresentado ao juiz, que o abrirá e o fará registrar, ordenando seja cumprido, se não achar vício externo que o torne eivado de nulidade ou suspeito de falsidade (art. 1.875, CC).

7.19.2.3. Testamento particular ou hológrafo

O testamento particular é ato de disposição de última vontade, escrito de próprio punho ou mediante processo mecânico, assinado pelo testador e deve ser lido na presença de três testemunhas. Também é denominado testamento hológrafo.

Se escrito de próprio punho, são requisitos essenciais à sua validade que seja lido e assinado por quem o escreveu, na presença de pelo menos três testemunhas, que o devem subscrever. Se elaborado por processo mecânico, não pode conter rasuras ou espaços em branco, devendo ser assinado pelo testador, depois de o ter lido na presença de pelo menos três testemunhas, que o subscreverão.

O testamento particular não pode ser escrito a rogo. O testador deve escrevê-lo de próprio punho ou mecanicamente. O STJ, na tendência de preservar a vontade do testador e flexibilizar as formalidades do testamento, no Recurso Especial n. 1.633.254-MG, considerou "válido o testamento particular que, a despeito de não ter sido assinado de próprio punho pela testadora, contou com a sua impressão digital". No caso concreto, a testadora possuía limitações físicas, mas não apresentava restrição cognitiva. O testador deve redigi-lo e fazer a leitura do escrito a três testemunhas.

Após a morte do testador, publicar-se-á, em juízo, o testamento, com citação dos herdeiros legítimos. Se as testemunhas forem contestes sobre o fato da disposição, ou ao menos sobre sua leitura perante elas, e se reconhecerem as próprias assinaturas, assim como a do testador, o testamento será confirmado.

Por outro lado, se faltarem testemunhas, por morte ou ausência, e, se pelo menos uma delas o reconhecer, o testamento poderá ser confirmado, se, a critério do juiz, houver prova suficiente de sua veracidade. Essa é a grande inovação do testamento particular. A ausência de testemunhas, por morte ou qualquer motivo, não impedirá a confirmação do testamento, bastando que apenas uma testemunha o reconheça.

O testamento particular, assim como o cerrado, pode ser escrito em língua estrangeira, desde que as testemunhas a compreendam.

Em circunstâncias excepcionais, declaradas na cédula, o testamento particular de próprio punho e assinado pelo testador, sem testemunhas, poderá ser confirmado, a critério do juiz, conforme estabelece o art. 1.879 do CC. O testamento particular, em circunstâncias especiais (conceito jurídico indeterminado a ser apurado no caso concreto), escrito de próprio punho (e não mecanicamente) e assinado pelo testador, poderá ser confirmado caso o juiz, no caso concreto, perceba que é autêntico e retrate a vontade do testador. Para tanto, são necessários dois requisitos: 1 – uma circunstância especial; e 2 – escrito de próprio punho (não pode ser mecânico, embora o testamento particular possa ser escrito mecanicamente). Tal disposição legal não existia no Código Civil de 1916.

7.20. CODICILOS

O codicilo é negócio jurídico unilateral, utilizado para a disposição de bens de pouca monta ou de valor sentimental. O codicilo não é espécie de testamento, mas instrumento autônomo que legitima vontades exteriorizadas para ter efeito após a morte (*post mortem*). A diferença fundamental em relação ao testamento se dá no objeto: o codicilo não admite qualquer objeto. É possível que o codicilo tenha por objeto questões patrimoniais ou existenciais, mas será restrito e limitado. O conteúdo do codicilo é limitado pelo próprio Código Civil. Não ostenta as mesmas formalidades do testamento, justamente porque seu objeto é mais restrito (de menor relevância).

Assim, quando o sujeito dispõe de partes do corpo para depois da morte (art. 14 do CC) ou faz disposições sobre seu enterro, tais situações existenciais são compatíveis com o codicilo. Por outro lado, é possível legar móveis, roupas ou joias, por meio de codicilo, desde que tais bens sejam de pequeno valor e de uso pessoal (requisitos cumulativos).

É o que enuncia a norma matriz que disciplina o codicilo, art. 1.881 do CC: Toda pessoa capaz de testar poderá (há correlação entre a capacidade testamentária ativa do testamento e do codicilo), mediante escrito particular seu, datado e assinado, fazer disposições especiais sobre seu enterro, esmolas de pouca monta a certas e determinadas pessoas ou, indeterminadamente, aos pobres de certo lugar, assim como legar móveis, roupas ou joias de pouco valor, de seu uso pessoal.

O instrumento que tem como conteúdo tais objetos ou quando se realiza disposições para determinadas finalidades, pode ser caracterizado como codicilo.

Além do objeto restrito, o codicilo se diferencia do testamento em relação às formalidades. O codicilo, para fins de validade, dispensa as formalidades exigidas para todas as espécies ordinárias de testamento. Embora o codicilo tenha que ser escrito, para existir juridicamente como tal, é negócio jurídico informal ou não solene, o que facilitará e dinamizará pequenas disposições..

Trata-se, portanto, de pequeno escrito, por meio do qual é possível ato de disposição de última vontade. O conteúdo é limitado pelo art. 1.881 do CC, entre outras normas do CC, como aquela que admite a nomeação e substituição de testamenteiros (art. 1.883, CC) ou quando se ordena despesas por sufrágio de alma (art. 1.998, CC). A perfilhação, pela disposição do art. 1.609, II, do CC, pode ser feita por codicilo. O reconhecimento de filho pode ser viabilizado por qualquer instrumento particular, desde que se evidencie inequívoca a intenção dirigida a tal finalidade.

De acordo com o art. 1.882, os atos previstos no art. 1.881 retromencionado, salvo direito de terceiro, valerão como codicilos, deixe ou não testamento o autor. Portanto, o codicilo pode coexistir com testamento, o que inclusive evidencia a autonomia deste instrumento em relação ao testamento.

O codicilo pode ser revogado por outro codicilo (de forma expressa ou tácita – dispor dos bens ou formalizar novo instrumento com finalidade diversa) ou por testamento posterior que o modifique ou altere.

Não basta novo codicilo para a revogação do anterior. É possível a simultaneidade de codicilos, desde que o posterior não modifique de forma expressa ou tácita o conteúdo ou as disposições do anterior. Portanto, é suficiente que o objeto do primeiro codicilo não esteja incluído no segundo e posterior codicilo, para que possam coexistir.

Não há dúvida de que testamento posterior pode revogar codicilo antecedente, de forma total ou parcial, em razão da relevância, formalidades e maior extensão do testamento. Aliás, o art. 1.884 do CC é expresso neste sentido, quando afirma que os codicilos se consideram revogados por testamento posterior, de qualquer natureza, quando não confirme o codicilo ou o revogue.

E o codicilo poderia revogar testamento?

A tendência é considerar que o codicilo não revoga testamento. De fato, pela redação do art. 1.884, apenas testamento posterior poderia revogar codicilo antecedente. Todavia, não há vedação legal. O codicilo pode revogar testamento, desde que haja compatibilidades de conteúdo, ou seja, se o testamento tem por objeto disposição que é compatível com o codicilo, este pode revogar aquele testamento, que ostenta o mesmo conteúdo que poderia ser disposto em codicilo. Para que o codicilo revogue testamento anterior ou parte deste, é essencial que a parte ou o testamento que se pretende revogar tenha o mesmo conteúdo que é compatível com codicilo. Todavia, se o testamento traz conteúdo que não poderia ser objeto de codicilo, este não pode revogar aquele. Em resumo, há parcela da doutrina que admite que codicilo revogue testamento quando o testamento possui conteúdo inteiramente compatível com o codicilo.

Se estiver fechado o codicilo, abrir-se-á do mesmo modo que o testamento cerrado (art. 1.885 do CC).

7.21. TESTAMENTOS ESPECIAIS: DISPOSIÇÕES GERAIS

Além dos testamentos ordinários, público, cerrado e particular, bem como do codicilo, o Código Civil admite três formas de testamentos especiais: I – o marítimo; II – o aeronáutico; e III – o militar. O art. 1.887 do CC proíbe outros testamentos especiais além desses previstos na lei civil.

Os testamentos marítimo e aeronáutico estão disciplinados nas mesmas normas jurídicas (arts. 1.888 a 1.892 do CC).

Aquele que estiver em viagem, a bordo de navio nacional, de guerra ou mercante, pode testar perante o comandante, na presença de duas testemunhas, por forma que corresponda ao testamento público ou ao cerrado. O registro do testamento será feito no diário de bordo. O comandante faz as vezes do tabelião.

Aquele que estiver em viagem, a bordo de aeronave militar ou comercial, pode testar perante pessoa designada pelo comandante, também na presença de duas testemunhas e na forma de testamento público ou cerrado. O testamento marítimo ou aeronáutico ficará sob a guarda do comandante, que o entregará às autoridades administrativas do primeiro porto ou aeroporto nacional, contra recibo averbado no diário de bordo.

Caducará o testamento marítimo ou aeronáutico se o testador não morrer na viagem, nem nos noventa dias subsequentes ao seu desembarque em terra, onde possa fazer, na forma ordinária, outro testamento. Portanto, trata-se de testamento temporário e transitório, pois somente terá eficácia se o testador morrer durante a viagem.

Não valerá o testamento marítimo, ainda que feito no curso de uma viagem, se, no tempo em que se fez, o navio estava em porto onde o testador pudesse desembarcar e testar na forma ordinária (art. 1.882 do CC).

Tal dispositivo legal permite que alguém que esteja em viagem possa testar. É testamento especial para permitir o exercício desse direito em razão dessa peculiaridade.

7.21.1. Testamento militar

O testamento dos militares e demais pessoas a serviço das Forças Armadas em campanha, dentro do país ou fora dele, assim como em praça sitiada ou que esteja com comunicações interrompidas, poderá fazer-se, não havendo tabelião ou seu substituto legal, ante duas ou três testemunhas, se o testador não puder ou não souber assinar, caso em que assinará por ele uma delas. Se o testador pertencer a corpo ou seção de corpo destacado, o testamento será escrito pelo respectivo comandante, ainda que de graduação ou posto inferior. Se o testador estiver em tratamento em hospital, o testamento será escrito pelo respectivo oficial de saúde ou pelo diretor do estabelecimento. Se o testador for o oficial mais graduado, o testamento será escrito por aquele que o substituir.

Se o testador souber escrever, poderá fazer o testamento de seu punho, contanto que o date e assine por extenso, e o apresente aberto ou cerrado, na presença de duas testemunhas ao auditor ou ao oficial de patente que lhe faça as vezes nesse mister. O auditor ou o oficial a quem o testamento se apresente notará, em qualquer parte dele, lugar, dia, mês e ano em que lhe for apresentado, nota esta a ser assinada por ele e pelas testemunhas.

Caduca o testamento militar desde que, depois dele, o testador esteja, noventa dias seguidos, em lugar onde possa testar na forma ordinária, salvo se esse testamento apresentar as solenidades prescritas no parágrafo único do artigo antecedente.

As pessoas designadas no art. 1.893 do CC, estando empenhadas em combate ou feridas, podem testar oralmente, confiando a sua última vontade a duas testemunhas. Não terá efeito o testamento se o testador não morrer na guerra ou convalescer do ferimento.

7.22. DISPOSIÇÕES TESTAMENTÁRIAS

7.22.1. Noções gerais

O Código Civil, nos arts. 1.897 a 1.911, disciplina o conteúdo dos testamentos, ou seja, os aspectos relativos à parte substancial (não formal) desse negócio jurídico.

Em relação ao aspecto externo, formal ou exógeno, a matéria é tratada nas espécies de testamento, em especial os ordinários (público, particular e cerrado). No que se refere ao aspecto interno, material, substancial e endógeno, a disciplina jurídica envolve a análise dos artigos mencionados.

Portanto, os arts. 1.864 a 1.896 disciplinam os aspectos formais do testamento, solenidades que justificam a divisão destes em espécies (objetivo é proteger a vontade do testador), ao passo que os arts. 1.897 a 1.911 regulam os aspectos materiais (conteúdo do testamento).

Em termos gerais, disposições testamentárias são as cláusulas que integram o conteúdo do testamento, isto é, o objeto (indicação de sucessores e disposições patrimoniais ou existenciais). A cláusula testamentária é o meio pelo qual o autor da herança ou simplesmente testador manifesta sua derradeira vontade, que terá efeitos depois de sua morte (evento futuro).

Com efeito, é por meio das cláusulas do testamento que os desejos e vontades do falecido se materializam. Tais cláusulas podem ostentar disposições patrimoniais ou meramente existenciais (o objeto do testamento é amplo). Apenas a legítima (que pertence aos herdeiros necessários) não poderá ser objeto de testamento.

Os arts. 1.897 e 1.898 do Código Civil relacionam as cláusulas testamentárias com elementos que podem repercutir no plano da eficácia (condição ou encargo) do testamento. O termo, embora elemento acidental do negócio jurídico, é incompatível com a disposição testamentária, razão pela qual considera-se não escrito.

Por meio da cláusula testamentária, o testador exterioriza vontade para destinar o patrimônio a sucessores que elege, herdeiros ou legatários, ou realiza outras disposições de vontade de caráter econômico, que não se confundem com a herança, ou disposições de caráter existencial.

Neste ponto, como já mencionados, o art. 1.857, § 2º, do Código Civil assevera, de forma expressa, a possibilidade das disposições testamentárias de caráter não patrimonial, ainda que o testamento a elas se restrinja. O conteúdo não patrimonial atribuível às cláusulas do testamento pode ser considerado avanço ao se comparar com o revogado Código Civil de 1916, que trazia no bojo do seu art. 1.626 apenas o caráter patrimonial do testamento.

Cumpre ressaltar que, em razão de o testamento ser negócio jurídico revestido de preceitos, as disposições testamentárias devem seguir suas formalidades específicas contidas na lei, sob pena de nulidade. É relevante também salientar que a regra das disposições testamentárias é a da separabilidade. As cláusulas de um testamento têm vida própria, porquanto o vício de uma não invalida as demais, a menos que uma delas tenha relação direta com a outra, conforme será visto adiante (art. 1.910 do CC).

7.22.2. Cláusulas testamentárias e elementos acidentais (condição, termo e encargo)

As cláusulas testamentárias podem ser puras ou conter elementos acidentais que repercutem na eficácia da disposição testamentária ou de todo o testamento.

Em regra, a nomeação dos sucessores, herdeiros e legatários, é pura e simples, ou seja, a cláusula testamentária não está vinculada a qualquer elemento acidental do negócio jurídico, os quais dependem exclusivamente de ato de vontade. Portanto, neste caso (primeira parte do art. 1.897 do CC), com a abertura da sucessão, o efeito da disposição testamentária é imediato.

Excepcionalmente e, a depender da vontade do testador, a instituição de sucessores pode repercutir na eficácia da disposição testamentária, em razão de condição, encargo/modo ou termo (este último válido apenas na substituição fideicomissária).

"Art. 1.897. A nomeação de herdeiro, ou legatário, pode fazer-se pura e simplesmente, sob condição (*a morte do beneficiário antes da condição leva à caducidade, pois o direito hereditário ainda não foi adquirido*), para certo fim ou modo [*encargo, salvo se inserido como condição, não afeta a validade no caso de inadimplemento*], ou por certo motivo."

"Art. 1.898. A designação do tempo em que deva começar ou cessar o direito do herdeiro (*restrito a herdeiro*), salvo nas disposições fideicomissárias [*além do fideicomisso é possível o legado a termo – art. 1.924*], ter-se-á por não escrita [*princípio da preservação e do aproveitamento (contraria o princípio da perpetuidade do título e o caráter irrevogável da aceitação da herança)*]."

O autor da herança, em regra, pode instituir livremente beneficiários em testamento, herdeiro ou legatário, por meio das disposições testamentárias, vez que não existe forma fixada na lei para tanto. A regra, conforme o art. 1.897, é que a disposição testamentária seja pura e simples, ou seja, tenha plena eficácia com a abertura da sucessão.

As disposições testamentárias *puras e simples* são aquelas nas quais o testador não impõe nenhum tipo de condição, não motiva a deixa testamentária ou, ainda, não declara a razão da disposição. Será pura e simples ainda quando o testador não submete a cláusula testamentária a qualquer encargo. O testador, neste caso, simplesmente institui certa pessoa como herdeiro ou legatário. Exemplo: "nomeio herdeiros Fulano, Beltrano e Sicrano". Não há condição ou encargo, para assunção plena da titularidade de direitos hereditários.

Por outro lado, as disposições testamentárias podem ser *condicionais*, nas quais o testador impõe condição para que o instituído tenha acesso à herança ou legado que lhe foi deixado. Tais condições tornam a disposição testamentária subordinada a evento futuro e incerto (art. 121 do CC). Com efeito, essas disposições testamentais condicionais devem obedecer às mesmas regras atinentes aos negócios jurídicos sobre condições (a condição deve ser possível, não deve ser ilícita etc.).

As disposições testamentárias condicionais podem ser *suspensivas* ou *resolutivas*.

Nas *suspensivas*, o direito do herdeiro ou legatário fica suspenso, até o efetivo implemento da condição. Exemplo: "Deixo a casa de praia para Fulano, desde que ele case com a Beltrana". A aquisição do direito à herança depende do implemento da condição. Não há produção de efeito enquanto não for materializada a condição. Enquanto não ocorrer esse evento futuro e incerto, o sucessor terá mero direito eventual, mas pode praticar atos de conservação desse direito (art. 130 do CC).

Por outro lado, nas condições *resolutivas*, o herdeiro ou legatário adquire o direito subjetivo à herança e o exerce plenamente até o implemento da condição. É o que enuncia o art. 127: "Se for resolutiva a condição, enquanto esta se não realizar, vigorará o negócio jurídico (*no caso, a cláusula testamentária*), podendo exercer-se desde a conclusão deste o direito por ele estabelecido".

Como já mencionado, a condição é imposta pelo testador, ou seja, não há incompatibilidade com o disposto no art. 1.808 do CC. Esta regra proíbe que o herdeiro ou legatário aceite ou renuncie a herança sob condição e não com condição que foi incluída no testamento.

Nessa hipótese, a disposição testamentária será extinta caso a condição venha a ser concretizada. Antes do implemento da condição, suspensiva ou resolutiva, não há eficácia em qualquer ato de disposição patrimonial. No caso da condição resolutiva, se houver boa-fé, aquele contra quem o direito foi desconstituído, teria direito aos frutos e rendimentos. Os herdeiros beneficiados pela resolução podem exigir caução muciana do herdeiro ou legatário, para garantia da restituição.

No ponto, imprescindível se faz ressaltar que a imposição de condição não macula a característica de *gratuidade* do testamento, visto que a condição, elemento acidental que afeta a eficácia do testamento, não trará qualquer vantagem patrimonial ao testador (é mera restrição a liberalidade).

Nessa linha de ideias, a instituição de herdeiro ou legatário como beneficiário até poderá envolver contraprestação de cunho pecuniário. Apesar disso, não haverá a mácula do quesito *gratuidade*, atribuível ao testamento. O que não se permite é que o testador, de forma antecipada, exija contraprestação, como condição para instituir determinada pessoa como seu sucessor.

No mais, nas cláusulas *finais ou modais*, o testador estabelece a forma pela qual sua vontade deverá ser cumprida. Não há impedimento algum em estabelecer o modo pelo qual o testamento deverá ser cumprido. É possível a instituição de encargo, obrigação acessória imposta a herdeiro ou legatário. O encargo é compatível com as disposições testamentárias, mas não podem repercutir sobre os bens da legítima (parte indisponível da herança), salvo justa causa (art. 1.848 do CC). No caso de encargo, o bem é adquirido pelo herdeiro ou legatário desde a abertura da sucessão e se submete às regras dos arts. 136 e 137 (por exemplo, se o encargo for condição suspensiva, a aquisição do direito dependerá do implemento da condição – ou seja, o cumprimento do encargo condiciona a aquisição do direito hereditário).

Por outro lado, nas cláusulas *motivadas (por certo motivo)*, o testador declara o motivo pelo qual ele está por realizar determinada disposição testamentária. Exemplo: "Deixo a Fulano 30% da minha herança, em razão de ter sido ele quem salvou minha filha de um acidente". O motivo é expresso como a razão da disposição testamentária e, caso seja a razão determinante, se for falso, a disposição poderá ser invalidada (art. 140 do CC). O motivo evidencia certo caráter compensatório na deixa testamentária.

Desta forma, se o motivo não for autêntico, a cláusula será tida como *anulável*, de modo que poderá ser invalidada em razão do vício. Portanto, a declaração do motivo restringe a transmissão da herança ou legado à pessoa que lhe diga respeito.

E o termo, é compatível com o testamento?

O art. 1.898 da Lei Civil dispõe, *ipsis litteris*, que: "A designação do tempo em que deva começar ou cessar o direito do herdeiro, salvo nas disposições fideicomissárias, ter-se-á por não escrita".

Primeiramente, deve-se frisar que esse dispositivo remete à ideia do *princípio de saisine*, segundo o qual, desde o momento da abertura da sucessão, os herdeiros (legítimos e testamentários) têm direito à herança, motivo pelo qual não se pode impor termo de início ou de término do seu direito. Assim, disposição testamentária a termo para herdeiro instituído é tida como não escrita. A exceção é o termo no caso de fideicomisso e o legado.

Todavia, essa regra não se aplica ao legatário, para o qual poderá ser estabelecido termo de início ou de término do seu direito subjetivo à herança. O legatário não se beneficia de um dos efeitos da herança, a transmissão da posse. O legado a termo tem previsão no art. 1.924. Segundo tal dispositivo, o direito de pedir o legado não se exercerá, enquanto se litigue sobre a validade do testamento e, nos legados condicionais, ou a prazo (termo), enquanto esteja pendente a condição ou o prazo não se vença. A eficácia do legado pode estar condicionada a termo. A exigibilidade do legado dependerá do vencimento do termo/prazo. O termo é compatível com o legado, pois envolve bem específico (título singular) e determinado, além do fato de a posse ser postergada para momento posterior à abertura da sucessão (§ 1º do art. 1.923).

O termo contraria o caráter irrevogável da aceitação. Se a aceitação da herança é irrevogável (art. 1.812), o termo final implicaria em espécie de revogabilidade, pois o sucessor deixaria tal condição com o advento do termo. Ademais, é essencial preservar a segurança e estabilidade das relações jurídicas patrimoniais transmitidas, com a plena continuidade da titularidade. O herdeiro a termo não se compatibiliza com o testamento, salvo no fideicomisso.

7.22.3. Regra geral de interpretação das disposições testamentárias

O testamento deve ser cumprido de acordo com a vontade do testador. No entanto, é possível que a cláusula testamentária seja suscetível de interpretações diferentes.

Assim, por ocasião do cumprimento do testamento, é essencial que este retrate a vontade do testador. As disposições testamentárias (conteúdo do testamento) devem ser concretizadas de acordo com a vontade do testador. Todavia, é possível que tais disposições apresentem imperfeições, ambiguidades, obscuridades, pequenas contradições ou dúvidas pontuais sobre a vontade efetiva do testador.

Em tais situações, a interpretação deverá ser sempre no sentido da preservação da real vontade do testador. Nesse sentido, a regra geral prevista no art. 1.899 do *Codex*, que assim dispõe: "Quando a cláusula testamentária for suscetível de interpretações diferentes, prevalecerá a que melhor assegure a observância da vontade do testador".

Conforme preconiza o dispositivo, as cláusulas do testamento devem sempre ser interpretadas levando-se em consideração a real intenção do testador. Portanto, antes de eventual invalidação ou ineficácia de qualquer disposição testamentária, é essencial buscar preservá-la, de acordo com a vontade do testador.

Tal dispositivo é desdobramento da regra geral de interpretação dos negócios jurídicos, prevista no art. 112 do CC, segundo o qual, nas declarações de vontade, deve se buscar mais a intenção consubstanciada na declaração do que seu sentido literal. A vontade do testador deverá ser buscada a partir da cláusula contratual exteriorizada. É a aplicação, em sede de testamento, até por coerência com as regras gerais de interpretação de todo negócio jurídico, da teoria objetiva da declaração. Apurar a vontade real do testador consubstanciada na declaração, ou seja, sua vontade real a partir de análise da declaração.

No ponto, caso determinada disposição testamentária gere interpretações dúbias, cabe ao intérprete cumpri-la de modo a preservar a real e verdadeira vontade do *de cujus*.

7.22.4. Nulidade das disposições testamentárias: hipóteses legais

As nulidades das disposições testamentárias se encontram no rol taxativo previsto no art. 1.900 do CC. A sanção da nulidade submete tal dispositivo ao regime jurídico das nulidades dos atos e negócios jurídicos em geral.

Considera-se cláusula testamentária nula aquela inquinada de vício insanável, motivo pelo qual pode ser declarada, a qualquer tempo, de ofício e por qualquer pessoa, independentemente de provocação. Com efeito, a invalidade não se convalida, mesmo com o decurso do tempo (ou seja, pretensão perpétua – não se submete a prazo de prescrição ou decadência). A nulidade do testamento se submete ao disposto nos arts. 168 e 169, ambos do CC.

De acordo com o inciso I do art. 1.900 do CC, é nula a disposição testamentária que "institua herdeiro ou legatário sob a condição captatória de que este disponha, também por testamento, em benefício do testador, ou de terceiro".

Entende-se por condição captatória a conquista da benquerença do outro, de forma fraudulenta, com o objetivo de que o instituidor da herança determine certa pessoa como seu beneficiário em testamento. O testador, diante dessa disposição legal, não poderá condicionar disposição testamentária ao fato de herdeiro ou legatário vir a beneficiá-lo ou a terceiros, quando vierem a fazer seus próprios testamentos. Tal fato é proibido pelo ordenamento jurídico brasileiro. Não é por outro motivo que, consoante dispõe o art. 426 do CC, não se admite que seja objeto de contrato a herança de pessoa viva. É a vedação à *pacta corvina*. Por exemplo, não poderá o testador "Z" beneficiar o sujeito "X", sob a condição de que o beneficiário, ao elaborar o seu próprio testamento, venha a beneficiar o testamento "Z". No caso, se busca cooptar a vontade alheia com a promessa ou oferta de vantagem. A disposição testamentária será nula, o que pode ser reconhecido a qualquer tempo (não há prazo) A nulidade visa preservar a vontade dos testadores que se pretendeu cooptar.

O inciso II do referido dispositivo dispõe que é nula a disposição testamentária a qual "se refira a pessoa incerta, cuja identidade não se possa averiguar".

Então, deve o beneficiário ser pessoa determinada ou determinável. A incerteza ou indeterminação absoluta acerca do sucessor anula a disposição testamentária, de modo que ela não terá eficácia. Não há como cumprir disposição testamentária pela qual não é possível identificar o herdeiro. Tal vedação visa preservar o caráter personalíssimo do testamento.

O inciso III determina que é nula a disposição testamentária segundo a qual "favoreça a pessoa incerta, cometendo a determinação de sua identidade a terceiro".

Não é permitido conferir a terceira pessoa o direito de escolher o herdeiro do testador. Essa cláusula é considerada nula por também violar o princípio da pessoalidade. O testamento tem caráter personalíssimo, razão pela qual o testador não pode delegar a terceiro a função de nomear e identificar o beneficiário. Por ser ato personalíssimo, o art. 1.858 do CC estabelece ser impossível, inclusive, qualquer ato de representação para elaboração do testamento. Tratar-se-ia de violação expressa ao caráter personalíssimo do testamento.

Contudo, essa regra contempla uma exceção, prevista no inciso I do art. 1.901 do Código Civil, que prevê o seguinte: "Valerá a disposição: I – em favor de pessoa incerta que deva ser determinada por terceiro, dentre duas ou mais pessoas mencionadas pelo testador, ou pertencentes a uma família, ou a um corpo coletivo, ou a um estabelecimento por ele designado".

Em conformidade com esse dispositivo, se a pessoa que escolher quem será o herdeiro do testador pertencer a um grupo, a uma família ou a uma instituição, a disposição testamentária será considerada válida. Nesse caso, o universo de beneficiários é restrito.

Pode-se citar, como exemplo, o caso em que uma pessoa estipula, em determinada disposição testamentária, que deixará um percentual de sua herança para algum dos seus sobrinhos, filhos da sua única irmã, a ser escolhido por ela própria.

Com efeito, tendo em vista que o sucessor dessa pessoa, a ser escolhido por um terceiro (sua única irmã), pertence à sua família, aquela disposição testamentária será tida como válida.

Ademais, conforme reza o inciso IV do art. 1.900, será nula a disposição testamentária que "deixe a arbítrio do herdeiro, ou de outrem, fixar o valor do legado".

Assim, caso o testador disponha, em testamento, que deixará certo legado para alguém, cujo valor deverá ser determinado por sua filha, por exemplo, essa disposição será tida como inválida em razão da expressa vedação nesse sentido. De novo, tal vedação busca preservar o caráter personalíssimo do testamento.

Tal regra comporta exceção, contida no inciso II do art. 1.901 do CC, segundo o qual "Valerá a disposição: II – em remuneração de serviços prestados ao testador, por ocasião da moléstia de que faleceu, ainda que fique ao arbítrio do herdeiro ou de outrem determinar o valor do legado".

A disposição testamentária será válida se esse legado, fixado por outrem, tiver como causa recompensa pelo cuidado que a pessoa tiver com o testador na fase da doença que ocasionou seu falecimento ou pelos serviços despendidos ao testador durante a enfermidade.

Como exemplo, pode-se citar a situação da enfermeira que tenha cuidado do testador, durante sua enfermidade até sua morte. Nessa situação, caso o testador a beneficie com alguma gratificação pelos serviços por ela prestados, essa disposição testamentária será válida.

Finalmente, preceitua o inciso V que será nula a disposição testamentária que "favoreça as pessoas a que se referem os arts. 1.801 e 1.802 (pessoas que não têm legitimidade sucessória, justamente para proteger a liberdade e vontade do testador".

Em consequência da previsão dos referidos artigos, o inciso V do art. 1.900, veda a estipulação de benefícios em favor daquele que escreveu o testamento, assim como de seu cônjuge, companheiro, ascendentes, descendentes, irmãos, em favor das testemunhas do testamento, da concubina do testador casado (a não ser que esse, sem culpa, esteja separado de fato do cônjuge há mais de cinco anos), do tabelião (civil ou militar), bem como em favor de terceiro interposto, para simular, por meio de contrato oneroso, qualquer situação que não corresponde com a realidade.

7.22.5. Disposições testamentárias especiais e validade em função da causa

O art. 1.901 do CC tem por objetivo flexibilizar algumas questões que poderiam levar à invalidade das disposições testamentárias.

Conforme assinalado no item anterior, segundo o art. 1.901, inciso I, do CC, é válida a disposição testamentária que institua pessoa incerta como herdeira, desde que seja alguém conhecido pelo testador e escolhido por ele ou desde que pertença a um grupo de conhecimento do testador, à sua família ou a um estabelecimento por ele designado.

A incerteza é relativa e não absoluta. A incerteza absoluta é causa de nulidade da disposição testamentária (inciso III do art. 1.900, CC) A incerteza relativa não invalida a cláusula testamentária. O terceiro, eleito pelo testador, poderá designar, entre duas ou mais pessoas, certas e determinadas, escolhidas pelo testador, que podem pertencer a uma família, corpo coletivo ou estabelecimento. Os poderes do terceiro estão limitados pela vontade do testador. A margem de discricionariedade do terceiro é reduzida ao âmbito de pessoas previamente escolhidas pelo testador. O universo de pessoas é restrito e, apenas sobre esse universo, previamente definido pelo testador, o herdeiro poderá ser escolhido pelo terceiro designado.

No caso, se trata de exceção à regra segundo a qual é proibida a atribuição, à terceira pessoa, da escolha de quem será herdeiro do testador, pois cláusulas nesse sentido ferem o princípio da pessoalidade deste negócio jurídico.

Por outro lado, também foi apontada a exceção contida no inciso II do mesmo dispositivo, o qual consagra ser válida a disposição em remuneração de serviços realizados ao falecido testador, por ocasião da mazela de que faleceu, mesmo que a escolha do valor do legado fique a cargo do herdeiro ou de outrem.

Nessa situação, o terceiro que age por delegação do testador poderá, de forma arbitrária, estabelecer e definir o montante do legado. A extensão do legado não é definida pelo testador, mas pelo terceiro que recebe a delegação. O terceiro deve estipular valor compatível com o serviço prestado, sob pena de abuso de direito. Isto porque o valor do legado repercutirá na extensão do direito dos demais herdeiros.

Na sequência do *Codex*, o art. 1.902 disciplina que, quando o testador dispuser em favor dos pobres, tanto de estabelecimentos particulares quanto de estabelecimentos de assistência pública de caridade, deve-se inferir que ele se referia àqueles relativos ao lugar do seu domicílio quando da sua morte, a não ser que tenha expressamente citado na cláusula testamentária referência a estabelecimentos filantrópicos de outro local.

Trata-se de regra de natureza puramente interpretativa. A disposição geral em favor de pessoas pobres ou estabelecimentos poderá gerar dificuldades para o cumprimento da disposição testamentária. Por isso, tal regra tem a finalidade de esclarecer o real destinatário beneficiado com a disposição testamentária, quando esta for genérica. Em caso de omissão do testador, têm preferência os locais e as pessoas do seu domicílio.

De acordo com regra expressa no parágrafo único do art. 1.902, se o testador for omisso quanto à natureza das entidades a serem beneficiadas, públicas ou privadas, estas têm preferência em relação àquelas.

7.22.6. Disposições testamentárias e erro na designação do herdeiro, do legatário ou do legado

O erro é um dos defeitos do negócio jurídico, em que alguém exterioriza uma vontade diversa da desejada, em razão de percepção equivocada da realidade. Trata-se de verdadeiro vício de consentimento, em que há descompasso entre a vontade real e a que foi declarada. É o equívoco espontâneo que gera divergência manifesta entre a vontade real, desejada, e a vontade declarada ou exteriorizada, conforme reza o art. 1.903 do Código Civil.

De acordo com esse dispositivo, é inválida a disposição na qual o testador erra quanto à pessoa do herdeiro, do legatário ou quanto à coisa legada. Portanto, em regra, o erro em relação à pessoa do sucessor, herdeiro ou legatário ou, no caso de legado, à própria coisa legada, é causa de invalidade (fundada no erro).

Tal erro, que vicia o testamento, segundo art. 1.909 do CC, torna a disposição testamentária meramente anulável, no prazo decadencial de quatro anos.

Todavia, é possível preservar o testamento e a vontade do testador. De acordo com a ressalva do art. 1.903, o erro não anulará a disposição testamentária caso se possa identificar a pessoa ou a coisa a que o testador fazia alusão por outros documentos ou fatos inequívocos. O erro acidental, portanto, não é causa de invalidação do testamento. Trata-se de desdobramento, no âmbito do testamento, do princípio da preservação do negócio jurídico. A preservação do ato ou negócio jurídico visa conferir concretude à disposição de última vontade. Todavia, apenas é possível preservar o testamento se for possível, à luz do caso concreto, identificar a pessoa ou a coisa a que o testador se referia. Será considerado erro meramente acidental, incapaz de invalidar o testamento.

Trata-se de hipótese de *anulabilidade*, conforme o disposto no art. 1.909 do CC, os casos de configuração desse vício no âmbito das disposições testamentárias. Portanto, são *anuláveis* as disposições testamentárias em que o testador erra na indicação do beneficiário ou na delimitação da coisa legada.

Por se tratar de hipótese de *anulabilidade*, não cabe ao juiz dela conhecer de ofício. O regime jurídico é privado.

O professor Carlos Roberto Gonçalves[12] apresenta análise interessante quanto a esse assunto, nos seguintes termos: "Desse modo, se o testador, por exemplo, deseja beneficiar o legatário com o prédio A, mas por engano lhe atribui o imóvel B, ocorre erro sobre o objeto principal da declaração (CC, art. 139, II). Todavia, se o erro vem a ser meramente acidental, relativo a circunstância de somenos importância e que não acarreta efetivo prejuízo, não ocorrerá a anulação. Assim, se o testador deixa um legado ao

---

[12] GONÇALVES, Carlos Roberto. *Direito civil brasileiro*. Direito de família. São Paulo: Saraiva, 2008. v. VI, p. 221.

único filho de seu irmão, mas se equivoca ao declinar o nome exato do sobrinho, ou lhe atribui a qualidade de engenheiro, quando é arquiteto, a disposição não é invalidada, porque tais enganos têm natureza secundária e não afetam a eficácia da nomeação".

Então, pode-se fazer uma diferenciação entre erro substancial e erro acidental, de modo que naquele, em razão da gravidade do erro, anula-se a disposição, enquanto neste, por ser o erro de menor importância, não há falar em anulação.

7.22.7. Disposições testamentárias e regras especiais

O *de cujus* pode instituir herdeiros ou legatários de forma singular ou coletiva. Não há uma obrigatoriedade para que o testador distribua previamente os quinhões, de modo que ele pode já deixar estabelecida a cota-parte que caberá a cada um dos seus sucessores (indivíduos/grupos) ou não deixar estipulado, de forma expressa, o *quantum* que caberá a cada um deles.

Com efeito, nas situações em que não há a distribuição de forma expressa dos quinhões, o legislador civilista traz algumas regras.

A primeira delas encontra-se contemplada no art. 1.904 do CC, segundo o qual, quando o testador nomear dois ou mais indivíduos como herdeiros ou legatários, sem estabelecer o percentual que caberá a cada um deles, o valor disponível será distribuído entre tantos quantos forem esses herdeiros ou legatários. A partilha será em porções absolutamente iguais, salvo se o testador discriminar a parte que cabe a cada um. A norma é supletiva quanto à omissão do testador sobre a porção de herdeiros ou legatários nomeados conjuntamente. Tal norma é de natureza interpretativa e integrativa, a teor do que dispõe o art. 1.904 da Lei Civil.

No mesmo sentido de suprir omissão do testador é a norma do art. 1.905 do CC, a qual prevê que, na hipótese de o testador nomear indivíduos ou grupos, distribuindo previamente o quinhão de uns, mas não de outros, devem-se repartir os quinhões previamente estabelecidos pelo testador, e o remanescente será dividido igualitariamente entre os demais indivíduos ou grupos.

Se o testador designa alguns herdeiros individualmente e outros em grupo, a divisão será de acordo com os indivíduos e os grupos. Por exemplo, se o testador deixa sua herança para X, Y e para o grupo composto por D, F e R, a herança será dividida em três partes iguais, uma para X, outra para Y e a terceira para o grupo, considerado um herdeiro individualmente. No grupo, não importa quantos o integram. O grupo será considerado herdeiro individual.

Na sequência do *Codex* encontra-se a regra do art. 1.906, determinando que, na hipótese em que tenham sido instituídas previamente as cotas pelo testador aos seus sucessores, que não abarquem 100% do que ele poderia dispor, entregam-se a eles as suas cotas-partes respectivas e o remanescente é destinado aos herdeiros legítimos, de modo que esse restante será distribuído segundo a ordem de vocação hereditária na sucessão legítima. A regra é óbvia, uma vez que a sucessão legítima poderá conviver com a sucessão testamentária e, uma dessas hipóteses é justamente quando a totalidade dos bens não integra o testamento. É uma repetição da regra que já consta no art. 1.788 do CC.

No art. 1.907, o Código Civil dispõe que, determinados os quinhões de uns e não os de outros herdeiros, distribuir-se-á por igual a estes últimos o que restar, depois de completadas as porções hereditárias dos primeiros.

Nota-se da referida norma que o legislador civilista quis que os quinhões já determinados fossem respeitados em primeiro lugar, justamente para facilitar a distribuição da cota remanescente entre os demais herdeiros.

Ademais, cumpre esclarecer que, no caso de não sobrar nada a ser partilhado entre os herdeiros sem cota determinada, não há nada o que ser feito, porquanto seu direito de receber alguma coisa é residual.

O art. 1.908 da codificação civil diz respeito ao objeto remanescente que o *de cujus* não deseja atribuir ao herdeiro instituído. Esse dispositivo encontra solução no art. 1.906, que determina caber aos herdeiros legítimos, nos conformes da ordem de vocação hereditária, referido bem.

7.22.8. Disposições testamentárias e vícios de consentimento

O testamento é negócio jurídico e, por esta razão, também se submete ao plano de validade. Se, por ocasião da manifestação de vontade do testador, este estiver sob influência de causas que possam desvirtuar essa vontade, o testamento é passível de anulação. Após constatada a validade, tal negócio jurídico se encontrará apto a produzir efeitos jurídicos ou, se está eivado de vícios de consentimento, poderá ser reconhecido nulo ou anulado.

Além dos pressupostos de validade comuns a todos os negócios jurídicos, com algumas peculiaridades, o Código Civil, no art. 1.909, reproduz vícios já disciplinados na parte geral.

O testamento válido pressupõe, portanto, o preenchimento dos pressupostos de validade, em especial aqueles do art. 104 do Código Civil, que também devem estar presentes: "A validade do negócio jurídico requer: I – agente capaz; II – objeto lícito, possível, determinado ou determinável; III – forma prescrita ou não defesa em lei".

Conclusão lógica e inarredável é a de que, se houver algum vício na exteriorização da vontade do testador, será o caso de sua *anulabilidade* ou *nulidade*, a depender da gravidade do ato praticado.

Nessa linha de ideias, preceitua o *caput* do art. 1.909 do CC: "São anuláveis as disposições testamentárias inquinadas de erro, dolo ou coação".

Testamento *anulável* é aquele em que, muito embora a forma esteja correta, houve vício na exteriorização da vontade, ou seja, a motivação pela qual a pessoa testou foi viciada, em decorrência de erro, dolo ou coação. Trata-se de anulabilidade do conteúdo da disposição testamentária.

Determinada disposição testamentária é *anulável* caso contenha algum vício de consentimento (erro, dolo ou coação) na escolha do herdeiro ou legatário ou, ainda, em relação ao objeto do testamento. Com efeito, o vício encontra-se na cláusula testamentária, e não na forma ou no instrumento.

Como exemplo, pode-se citar a hipótese em que alguém institua em determinada cláusula testamentária que deixará certa porcentagem da herança para a pessoa que tenha salvado seu filho em determinada situação. Se, posteriormente, for constatado que o testador instituiu aquela porcentagem à "Fulano", mas na verdade foi "Beltrano" quem havia salvado seu filho, há um erro em razão da pessoa, o que reveste a cláusula de vício, sendo, portanto, passível de *anulação* por provocação da parte interessada nessa disposição testamentária.

Em seguida, o parágrafo único do mesmo dispositivo traz o seguinte: "Extingue-se em quatro anos o direito de anular a disposição, contados de quando o interessado tiver conhecimento do vício".

Com efeito, a invalidade da disposição testamentária anulável tem prazo para ser iniciada, que é de quatro anos, contados do momento em que a parte interessada teve conhecimento do vício. Tal prazo tem natureza decadencial. O prazo tem início da ciência do vício (viés subjetivo da teoria da *actio nata*). O interessado é o legitimado para requerer a invalidação do testamento. O ônus da prova do vício é do interessado que alega. A convalidação do vício pode ocorrer quando, por exemplo, nos termos da segunda parte do art. 1.903, for possível identificar a pessoa ou a coisa na hipótese de erro. A convalidação também poderá ocorrer pelo decurso do prazo de 4 anos, sem qualquer formalização do pedido de invalidade pelo interessado.

Ressalte-se que, para se invalidar o testamento, nos casos de anulabilidade, o prazo é de cinco anos, contados do registro do testamento.

Na sequência, o art. 1.910 do *Codex* contempla a denominada regra da separabilidade, nos seguintes termos: "A ineficácia de uma disposição testamentária importa a das outras que, sem aquela, não teriam sido determinadas pelo testador". A autonomia das disposições testamentárias é realçada por este dispositivo legal. A invalidade ou ineficácia parcial do testamento não o prejudica na parte válida, desde que separável (princípio da redução, art. 184 do CC). Se a disposição testamentária estiver conectada a outra, com relação de dependência, a invalidade ou ineficácia de uma acarreta a invalidade ou ineficácia da outra. O objetivo é preservar o negócio jurídico e a vontade do testador em relação às disposições testamentárias autônomas, que não têm conexão com as viciadas ou ineficazes. Todavia, não basta analisar a separabilidade objetiva, mas também subjetiva, ou seja, sob a perspectiva do testador, ou seja, com a exclusão de disposição ineficaz ou inválida, talvez o testador não teria realizado a disposição que é objetivamente válida e eficaz. Por isso, a ressalva no final da norma no sentido de ser respeitada a perspectiva do testador.

7.22.9. Disposições testamentárias e cláusulas restritivas: extensão

As cláusulas de inalienabilidade, impenhorabilidade e incomunicabilidade importam em restrições impostas pelo testador aos bens que compõem a herança. Registre-se que o art. 1.848 veda a inserção dessas cláusulas restritivas sobre os bens da legítima, salvo justa causa declarada em testamento.

Tais cláusulas restritivas estão disciplinadas no art. 1.911 do CC.

As disposições testamentárias podem conter cláusulas restritivas de inalienabilidade (impede a disponibilidade dos bens), impenhorabilidade (os bens não podem ser penhorados pelos credores do beneficiário – não impede a penhora pelos credores do próprio testador, mesmo após a morte, quanto ao pagamento de dívidas) e, finalmente, incomunicabilidade (caso o beneficiário seja casado ou viva em união estável, os bens da herança não integram a comunhão – serão bens particulares do sucessor beneficiário). Portanto, tais cláusulas limitam o exercício do direito do beneficiário, legatário ou herdeiro.

A principal cláusula restritiva é a inalienabilidade. Neste caso, o herdeiro ou legatário ficará impossibilitado de alienar (realizar atos de disposição patrimonial, oneroso ou gratuito) o legado ou os bens que constituem aquele percentual que ele recebeu durante toda a vida. A indisponibilidade está limitada a uma geração e não se estende aos frutos dos bens clausulados.

A inalienabilidade impede a disponibilidade, a título oneroso ou gratuito, e pode ser temporária ou vitalícia, genérica ou específica. Por exemplo: "Deixo o meu único apartamento para Fulano. Todavia, ele não poderá aliená-lo".

Há restrição de inalienabilidade (restrição ao direito de dispor daquilo que foi herdado).

O CC de 1916 apenas previa a cláusula de inalienabilidade, porque o regime de bens era o da comunhão universal. O problema se dava com a dissolução da sociedade conjugal e partilha deste bem, pois a cláusula o acompanhava. A fim de evitar restrições ao cônjuge do herdeiro ou legatário beneficiário o STF sumulou o tema (Enunciado n. 49): "A cláusula de inalienabilidade inclui a incomunicabilidade dos bens".

Essa súmula determina que, se o bem for revestido com a cláusula de inalienabilidade, importará também a incomunicabilidade, independentemente previsão.

O Código Civil de 2002, no art. 1.911, acabou por incorporar tal entendimento: "A cláusula de inalienabilidade, imposta aos bens por ato de liberalidade, implica impenhorabilidade e incomunicabilidade".

A impenhorabilidade é a impossibilidade de o bem se submeter à constrição judicial. A incomunicabilidade evita que o bem, no caso de casamento ou união estável, venha a pertencer ao outro cônjuge ou companheiro (o bem recebido por herança será bem particular, independente do regime de bens).

Há autonomia entre as cláusulas de inalienabilidade, impenhorabilidade e incomunicabilidade? Tal tema foi objeto de discussão no âmbito do STJ, que analisou os limites do art. 1.911.

O STJ (Recurso Especial n. 1.155.547/MG), embora tenha reconhecido a autonomia entre as cláusulas restritivas, admitiu uma exceção à luz do art. 1.911 do CC: se o gravame for o da inalienabilidade, por ser mais ampla, pressupõe-se, automaticamente, a incomunicabilidade e a impenhorabilidade, ainda que estas não estejam previstas. A recíproca não ocorre. A aposição isolada do gravame da incomunicabilidade ou impenhorabilidade não pressupõe a de qualquer outra de forma automática.

As cláusulas de inalienabilidade (restrição da faculdade de alienação), incomunicabilidade (afastar a participação do cônjuge/companheiro) e impenhorabilidade (afastar a responsabilidade por dívidas) são restrições voluntárias apostas em atos de liberalidade, como doação e testamento (todavia, salvo justa causa declarada em testamento, tais cláusulas não podem gravar os bens que integram a legítima – parte indisponível da herança – art. 1.848).

Tais cláusulas restringem o direito de propriedade do beneficiário (ônus real que limita o direito de propriedade), mas não tem caráter absoluto.

Obs.: as cláusulas restritivas, por óbvio, apenas restringem direito dos beneficiários, donatários ou sucessores. Assim, tais cláusulas não podem prejudicar interesses de credores dos doadores ou autores da herança que, por meio destas cláusulas, pretendam se eximir de responsabilidades patrimoniais. Se terceiro adquirir bem clausurado por usucapião, por ser modo originário de aquisição da propriedade, as restrições serão extintas. As despesas condominiais, por serem obrigações *propter rem*, também se sobrepõem às cláusulas de impenhorabilidade e inalienabilidade. A cláusula de incomunicabilidade não impede o direito sucessório do cônjuge/companheiro sobre o bem gravado (a incomunicabilidade é questão de direito de família e não sucessório – se divorcia, não comunica, mas se falece, pode ser herdeiro deste bem gravado).

A duração desta restrição é de uma geração se for vitalícia (prevalece até a morte do beneficiário – que o transmitirá sem qualquer gravame), mas pode ser temporária (autonomia privada). Os frutos dos bens clausulados não são alcançados pelas restrições.

7.22.10. O instituto das "reduções" e a conexão com o testamento e a doação

A compreensão do instituto das "reduções" envolve dois negócios jurídicos: o contrato de doação e o testamento. O objetivo do instituto da redução é preservar (a injustificável) a legítima (parte do patrimônio que não pode ser retirada de herdeiros necessários por meio de negócios gratuitos ou liberalidades, como a doação e o testamento). Os interesses patrimoniais de herdeiros necessários se sobrepõem a interesses econômicos dos beneficiados destas liberalidades (donatários ou herdeiros/legatários). Portanto, se por ocasião de doação (*inter vivos*) ou testamento (*causa mortis*) houver excesso (superação da metade disponível), entra em cena o instituto da redução. Não só as disposições testamentárias se submetem à redução (arts. 1.966 a 1.968), assim como as doações (art. 2.007), que são denominadas inoficiosas (art. 549).

É a qualidade do beneficiário que determina a incidência do instituto da redução (esse o ponto-chave). Se o beneficiário da doação ou do testamento for herdeiro necessário, poderá haver compensação (os bens existentes no momento da abertura da sucessão devem ser suficientes para igualar as legítimas – é por isso, também, que algumas doações em vida, por caracterizarem adiantamento de legítima, devem ser levadas à colação – esta é meio de compensação) ou redução (caso os bens existentes no momento da abertura da sucessão, com a exclusão dos doados ou testados, não sejam suficientes para igualar as legítimas).

A colação não se confunde com a redução. A colação é mera conferência para igualar legítima. A redução visa apurar excessos que violem a legítima, com ou sem colação. Se os bens doados em vida, após a colação, não forem suficientes para igualar as legítimas, haverá redução contra o beneficiado pela doação (para preservar a parte indisponível). Então, a redução pode ser "consequência" da colação (doação inoficiosa: o excesso é apurado no momento da liberalidade; testamento: excesso apurado no momento da abertura da sucessão). O excesso somente poderá ser apurado após o cálculo da legítima (art. 1.847 do CC).

Se o beneficiário for qualquer pessoa que não seja herdeiro necessário e que não participe da sucessão (ou seja, não é doação colacionável), não há compensação, mas apenas a possibilidade de redução se a doação ou os bens testados superaram a parte disponível (tal limitação patrimonial somente existirá se houver herdeiro necessário). Não se cogita de redução se não houver herdeiro necessário, porque o instituto tem por fim justamente preservar a legítima deste.

Se a legítima do herdeiro necessário é prejudicada pela doação ou testamento, poderá buscar o complemento da legítima pela ação de redução (não se pede a invalidade do testamento ou da doação, mas apenas do excesso – qual a dificuldade para entender isso??), que apenas aproveitará o autor da demanda. Os efeitos são pessoais em favor do herdeiro necessário demandante. Não aproveita aos demais. Se os demais nada reclamarem, presume-se que desejam respeitar a vontade do doador/testador e não haverá redução.

Na doação ou no testamento, em caso de excesso, a *nulidade* é apenas do *excesso*, ou da parte inoficiosa. É hipótese de invalidade parcial, redução do negócio jurídico, cujo fundamento é o art. 184 do CC.

É possível evitar a redução? Para evitar conflitos e questionamentos, basta que o testador ou o doador disponham de porcentagens (20, 30 ou 50% – oscilações econômicas não afetam o acervo) ou partes indefinidas do patrimônio. A doação de bens determinados ou o testamento de legados, em especial por conta das questões econômicas e variações patrimoniais, é que poderá justificar a redução.

7.23. LEGADO: DISPOSIÇÕES GERAIS

O legado consiste em bem específico, determinado e individualizado, destinado pelo testador a beneficiário que se denomina "legatário". O legatário se torna proprietário da coisa certa legada por ocasião da abertura da sucessão. Os sucessores testamentários podem ser universais (quando não há individualização do bem: herdeiros) e singulares (disposição de coisa certa: legatários). Os legatários são herdeiros testamentários singulares e assumem a propriedade da coisa legada com a abertura da sucessão, por efeito da *saisine* (art. 1.784, CC).

A transmissão da propriedade em favor do legatário impõe que o bem legado integre o patrimônio do testador no momento da abertura da sucessão. O bem legado, por ocasião da abertura da sucessão, deve pertencer ao testador, sob pena de ineficácia do legado (art. 1.912). O legado é o bem identificado e individualizado no testamento. Não se confunde com a herança (objeto de testamento ou submetida a regras da sucessão legítima), universalidade de bens. O legatário sucede a título singular e o herdeiro a título universal (fração ideal). O herdeiro universal e o legatário são escolhidos e eleitos no testamento e neste instrumento são contemplados com a parte disponível do patrimônio do testador.

O legatário é o beneficiado pelo legado, que pode ser qualquer pessoa estranha à sucessão ou até mesmo herdeiros descritos como legítimos (art. 1.829), necessários ou facultativos. Isto porque o objeto legado deverá, necessariamente, sair da parte disponível da herança. Nesse sentido, qualquer pessoa pode ser legatária. Ademais, a mesma pessoa, desde que respeitada a parte disponível, pode ser, no testamento, nomeada como herdeira ou legatária.

Se o herdeiro necessário for contemplado com legado, é essencial que o testador mencione que tal bem se refere à sua parte disponível, a fim de que não seja abatido de sua legítima e não tenha a obrigação de colação.

O legatário deve estar vivo no momento da abertura da sucessão, sob pena de caducidade do legado (art. 1.939, V).

A eleição do legatário é personalíssima, pois a lei civil proíbe que o testador delegue a terceiro o encargo de escolher o legatário ou fixar o valor do legado (art. 1.900, incisos III e IV).

O legatário não terá direito contra terceiro que, após a elaboração do testamento, recebeu a coisa do testador por ato *inter vivos*. Nesse sentido, se o testador, após indicar o legado, por meio de contrato de compra e venda, aliena o bem para terceiro, o legatário nada poderá reclamar, porque a coisa legada não pertencia ao testador no momento da abertura da sucessão. A eficácia do legado (dessa disposição testamentária) é condicionada ao fato de o bem legado, por ocasião da abertura da sucessão, integrar o patrimônio do testador. Aliás, caso não integre o patrimônio do testador no momento da abertura da sucessão, ocorrerá a caducidade do legado (art. 1.939, II, CC), que leva à ineficácia dessa disposição testamentária (art. 1.912 do CC).

• **Eficácia do legado (coisa própria e alheia)**

Regra: segundo o art. 1.912 do CC, é ineficaz o legado de coisa certa que não pertença ao testador no momento da abertura da sucessão (regra óbvia de que a pessoa só pode transferir o que possui). Assim, se após o testamento, o testador aliena a coisa legada, o legado caduca. Por ocasião da morte do testador, o legado não figurará mais como parte integrante do seu patrimônio.

Tal regra tem exceções.

Há situações em que é eficaz o legado, mesmo que não integre os bens do testador, no momento da abertura da sucessão:

1ª exceção: legado de coisas fungíveis – Se o legado for de coisas que se determine pelo gênero, será o mesmo cumprido, ainda que tal coisa não exista entre os bens deixados pelo testador (art. 1.915 do CC). Neste caso, como o objeto legado é bem fungível, que pode ser substituído por outro da mesma espécie, qualidade e quantidade e, como o gênero não perece, a titularidade do testador não é pressuposto da eficácia do legado, que será individualizado posteriormente à abertura da sucessão. É modo de evitar a caducidade do legado. Cabe ao onerado escolhido (aquele eleito para cumprir o legado) adquirir o objeto do legado e entregar ao legatário. Neste caso, de acordo com o art. 1.929, que trata do pagamento de coisa legada pelo gênero, a escolha compete ao herdeiro (não ao legatário), que deve guardar o meio-termo entre as congêneres da melhor e pior qualidade (boa-fé objetiva – escolha não abusiva). É possível que o testador retire tal prerrogativa de escolha do herdeiro e transfira o dever a terceiro que, se não quiser ou não puder, o juiz, com base no critério do meio-termo, fará a escolha (art. 1.930). Ademais, a opção poderá ser deixada ao próprio legatário que, de acordo com o art. 1.931, poderá escolher, do gênero determinado, a melhor coisa que houver na herança e, se nesta não existir coisa de tal gênero, dar-lhe-á de outra congênere o herdeiro, que também deverá observar a regra do meio-termo (parte final do art. 1.929).

2ª exceção: legado de coisa alheia no caso de sublegado – Tal exceção se justifica porque o bem legado integra o patrimônio do beneficiário, não do testador. Explico: de acordo com o art. 1.913, se o testador ordenar que o herdeiro ou legatário entregue coisa de sua propriedade a outrem e, se não cumprir, entender-se-á que renunciou à herança ou legado. Neste caso, o legado não pertence ao testador e sim ao herdeiro ou legatário. É o sublegado (bem alheio que será entregue ao sublegatário). O exemplo permitirá a compreensão desta exceção: O testador "A", por meio de testamento, institui "B" como seu herdeiro (título universal – terá direito a fração da herança) ou legatário (título singular – terá direito ao bem "x") – Neste caso, o herdeiro instituído não é necessariamente legatário. Pode ser herdeiro ou legatário. Todavia, para ter direito à herança ou ao legado, o beneficiário "B" terá de cumprir um encargo (modal), admitido na sucessão testamentária pelo art. 1.897 do CC. Qual encargo? Deverá ele "B" retirar do seu patrimônio, bem determinado e individualizado (sublegado – bem "z") e entregá-lo ao sublegatário "C". O sublegatário "C", eleito pelo testador "A", somente terá direito ao legado "z", que integra o patrimônio de "B", se este cumprir o encargo. Portanto, o direito de "C" ao legado está sob condição suspensiva, pois depende que "B" cumpra o encargo imposto pelo testador "A" (qual? Entregar o bem "z" ao sublegatário "C"). O beneficiário "B", para ter direito à herança ou ao legado "x" (que não se confunde com o legado "z" que deve entregar para "C" que sairá do patrimônio dele "B"), terá que cumprir o encargo (o encargo não suspende a aquisição e o exercício do direito, salvo quando é revestido de condição suspensiva – art. 136 do CC – no caso, o encargo de "B" é um encargo/condição suspensiva), ou seja, retirar do seu próprio patrimônio o bem "z" e entregar para "C". Caso o beneficiário "B" não cumpra o encargo, ou seja, não entregue o bem próprio e individualizado "z" para "C", por força de lei, tal inadimplemento implicará renúncia à herança ou ao legado que receberia, com retroatividade à data da abertura da sucessão. No caso, salvo cláusula de substituição, os bens "renunciados" serão divididos entre os herdeiros legítimos, segundo a ordem de vocação hereditária (art. 1.829 do CC). O inadimplemento de "B" também afasta "C" da sucessão, que não terá poderes para requerer o cumprimento deste encargo. A renúncia pelo inadimplemento do encargo não retira do beneficiário "B" eventual direito à legítima (se for herdeiro necessário com direito à herança), porque a "renúncia" decorrente de disposição legal é restrita à sucessão testamentária, em relação à qual seria beneficiário se cumprisse o encargo, o que não se confunde com o outro título sucessório, relacionado à sucessão legítima. A renúncia que afeta um título não interfere no outro, conforme §§ 1º e 2º do art. 1.808.

Neste caso, de acordo com o art. 1.935, por óbvio, o cumprimento do encargo incumbirá exclusivamente ao herdeiro ou legado beneficiário (art. 1.913 – encargo é personalíssimo). Se o testador incumbir a mais de um beneficiário tal encargo de transferir bem ao legatário "C" e um deles cumprir, terá direito de regresso contra os demais, pela quota de cada um, para reembolsar o que despendeu para adquirir ou retirar do patrimônio próprio o bem que deveria entregar para o sublegatário "C", salvo se o testador dispôs de forma diversa (por exemplo: se forem vários os beneficiários, e se apenas um cumprir o encargo, terá direito à totalidade da herança ou legado – neste caso, não há regresso, porque o que cumpriu o encargo não terá que dividir o legado ou herança com o outro beneficiário – tudo dependerá do que dispuser o testador).

Entretanto, caso a coisa legada pertença apenas em parte ao testador (regra do art. 1.912), por ocasião da abertura da sucessão ou, no caso de encargo ao herdeiro ou legatário para favorecer sublegatário (exceção do art. 1.913), pertence em parte ao beneficiário, o legado valerá quanto a essa parte. O legado é ineficaz quanto à parte inexistente e eficaz quanto à parte remanescente integrante do patrimônio do testador. É o legado parcial objeto do art. 1.914 do CC.

No mesmo sentido é o art. 1.916 do CC, que, com outros termos, acaba simplesmente por reproduzir o conteúdo dos arts. 1.912 e 1.914. A eficácia do legado depende da existência do bem legado entre os bens da herança ou ao menos parte dele, por ocasião da abertura da sucessão. Trata-se de norma dispensável, devido à sua redundância. De acordo com o art. 1.916: "Se o testador legar coisa sua, singularizando-a, só terá eficácia o legado se, ao tempo do seu falecimento, ela se achava entre os bens da herança; se a coisa legada existir entre os bens do testador, mas em quantidade inferior à do legado, este será eficaz apenas quanto à existente".

7.23.1. Legado e encargo (exceção de que a coisa deve pertencer ao testador no momento da abertura da sucessão)

De acordo com o art. 1.897 do CC, o testador pode impor encargo ao herdeiro ou legatário. O encargo pode implicar mera restrição, onde o legatário estará obrigado a uma contrapartida ou o encargo pode se revestir de condição suspensiva (art. 136 do CC). Qual a diferença?

No legado com mero encargo (que não se torna também condição suspensiva), o inadimplemento do encargo não implica ineficácia ou caducidade automática do legado. O legatário terá direito ao legado, mesmo que não cumpra o encargo. Todavia, nesta hipótese, o beneficiário da contrapartida, pessoa indicada pelo testador, qualquer legitimado ou o próprio MP poderá requerer a execução e o cumprimento do encargo, como ocorre nas doações com encargo. Aliás, de acordo com o art. 1.938 do CC, nos legados com encargo, aplica-se ao legatário o disposto no Código quanto às disposições de igual natureza (doação com encargo). O descumprimento do encargo na doação não leva à perda automática do bem doado pelo donatário, mas este se submeterá às consequências do inadimplemento do encargo, como a possibilidade de os legitimados exigirem o cumprimento do encargo ou, ainda, se submeter ao pedido de revogação da doação pelo inadimplemento do encargo. O mesmo ocorre com o encargo no legado. O legatário se submeterá ao cumprimento do encargo, a pedido dos legitimados e a eventual revogação do legado, caso em que o bem legado, salvo disposição em contrário do testador, será transferido aos sucessores legítimos, de acordo com a ordem de vocação hereditária. Portanto, de acordo com o art. 1.938 do CC, o legado com encargo pode ser revogado no caso de inadimplemento do legatário e caso haja pedido do legitimado.

No legado cujo encargo se reveste de condição suspensiva, o legado somente será adquirido e transferido ao legatário com o cumprimento do encargo, que é o próprio implemento da condição (art. 136 do CC), como é a hipótese do art. 1.913, já analisado no item anterior e que será mencionado no próximo parágrafo.

O encargo pode, de acordo com o art. 1.913, consistir na obrigação do herdeiro ou legatário de entregar coisa de sua propriedade a outrem como condição para receber a herança ou o legado. Se o herdeiro ou legatário não entregar a coisa, móvel ou imóvel, de sua propriedade à pessoa designada pelo testador, presume-se a renúncia do herdeiro ou legatário em relação à herança ou legado. A sanção pelo não cumprimento do encargo é a renúncia. Trata-se de renúncia legal. Tal questão já foi objeto de análise no item anterior.

O beneficiado com a coisa que pertence ao próprio herdeiro ou legatário é denominado sublegatário. O encargo pode implicar a entrega de bem do herdeiro ou legatário a terceiro, que será o sublegatário, como condição de estes receberem a herança ou legado.

Nesse caso, de acordo com o art. 1.935 do CC, somente o herdeiro ou legatário poderão cumprir o encargo, mas terão direito de regresso perante os demais coerdeiros, na proporção da cota de cada um, salvo se o testador, em cláusula testamentária, afastar o direito de regresso, caso em que o herdeiro ou legatário suportará o encargo sozinho ou isoladamente, nos termos do art. 1.935 do CC.

Como já explicado, os arts. 1.913 e 1.935 não se aplicam à legítima dos herdeiros necessários, que se submete aos efeitos da sucessão legal, legítima ou *ab intestado*. A renúncia legal pelo descumprimento do encargo é restrita aos bens que integram a sucessão testamentária.

7.23.2. Legado de coisa que se determina pelo gênero (exceção de que a coisa legada não precisa pertencer ao patrimônio do testador no momento da abertura da sucessão)

A coisa legada deve ser certa, mas não necessariamente determinada. O bem legado pode ser certo e determinado ou certo e determinável. A diferença é que, se o legado for de coisa que se determine pelo gênero, será cumprido, ainda que tal coisa não exista entre os bens deixados pelo testador (art. 1.915 do CC). O gênero não perece e, por isso, não há como deixar de cumprir o legado, desde que respeitados os limites da herança. O único limite ao legatário é o do patrimônio do falecido.

Além do art. 1.915, os arts. 1.929, 1.930 e 1.931 disciplinam a forma de cumprimento e concretização do legado de coisa determinada apenas pelo gênero. Tais artigos resolvem o problema do cumprimento do legado consistente em coisa determinada pelo gênero. A quem compete cumprir este legado:

1. qualquer herdeiro (art. 1.929) – o testador escolherá, entre qualquer herdeiro, aquele que tocará ou ficará responsável pela escolha/cumprimento do legado. Neste caso, o escolhido não pode ser o próprio legatário beneficiário, pois há regra específica para ele. Se o herdeiro indicado falecer antes de exercer o encargo, ou seja, cumprir o legado, o poder passará aos seus herdeiros (art. 1.933 do CC). A escolha, neste caso, é pela média, nem a pior e nem a melhor. Tal regra é simétrica ao disposto no art. 244 do CC, que trata da escolha de prestação genérica (fundamento da escolha pela média é o princípio da boa-fé objetiva);
2. terceiro estranho (art. 1.930) – a escolha da coisa determinada pelo gênero poderá competir, por decisão do testador, a terceiro estranho. Se o terceiro escolhido não puder ou não quiser exercer tal função, cabe ao juiz fazê-la e, neste caso, também está obrigado a escolher e especificar a coisa, converter a obrigação genérica em específica, pela média;
3. o legatário (art. 1.931) – a opção de escolha pode ser deixada pelo testador ao próprio beneficiário, o legatário. Neste caso, do gênero determinado, poderá escolher a melhor coisa que houver na herança e, se a herança não tiver nada do mesmo gênero, poderá escolher outra semelhante/congênere, hipótese última que deverá observar a regra da média da última parte do art. 1.929, ou seja, não poderá escolher nem a pior e nem a melhor.

A escolha pelo "meio-termo", imposta ao herdeiro, ao terceiro, juiz e ao legatário quando o gênero não integrar a herança, compatibiliza o exercício desse direito com a teoria do abuso de direito, fundada na boa-fé objetiva (art. 187 do CC). A escolha pela média impede o abuso de direito.

7.23.3. Legado de coisa e lugar

A disposição testamentária deverá indicar o lugar onde se encontra a coisa legada, quando o legado puder ser identificado apenas pelo local onde se encontra. Se a coisa legada não estiver no local indicado, a deixa testamentária é ineficaz, salvo se a remoção foi transitória.

Se a coisa legada não se encontrar no local indicado pelo testador, ou seja, se não for achada a coisa, o legado não terá eficácia, salvo se removida a título transitório (art. 1.917, CC). Na remoção transitória não há prejuízo ao legado, pois retornará ao local indicado pelo testador.

7.23.4. Legado de crédito ou de quitação de dívida

A legislação civil admite o legado de crédito ou de quitação de dívida que o beneficiário tenha com o testador. O legatário receberá o crédito (bem que integra a herança) e assumirá a titularidade do direito subjetivo (se tornará credor). O legado de crédito será eficaz até a importância do crédito, ao tempo da morte do testador. Na quitação, o testador confere remissão ao legatário, desde que a dívida esteja pendente por ocasião da morte do testador.

O legado de crédito e de quitação de dívida se viabiliza mediante a entrega do título. No legado de crédito, o título é entregue ao próprio legatário, que se tornará credor da pessoa que devia ao testador, em evidente cessão de crédito. No caso de cessão de crédito, há intenso debate sobre o momento exato da transferência, o que repercutirá nos acessórios do crédito, juros e correção monetária. Se o testador nada mencionar, não há dúvida de que todos os acessórios, vencidos antes ou depois da morte do testador, devem ser entregues ao legatário (art. 287 do CC).

Na quitação de dívida, o título é entregue ao próprio legatário, que é devedor do testador. De acordo com o § 1º do art. 1.918: "Cumpre-se o legado, entregando o herdeiro ao legatário o título respectivo". Com a entrega do título extingue-se o débito do devedor para com o testador. Em complemento, dispõe o § 2º que esse legado não compreende as dívidas posteriores à data do testamento. A remissão ou perdão são limitados às dívidas do legatário anteriores ao testamento. Por ser negócio jurídico, fundado no princípio da autonomia privada, nada impede que o perdão se estenda às dívidas posteriores ao testamento, até a data da abertura da sucessão.

Se o testador, ainda vivo, receber o crédito (o devedor paga a dívida), com a abertura da sucessão não haverá mais crédito. Neste caso, ocorrerá a caducidade do legado, pois o bem legado (o crédito) não mais integra o patrimônio do testador no momento da abertura da sucessão. A ausência de cobrança judicial pelo testador não torna ineficaz o legado, porque o crédito, na abertura da sucessão, existia, mesmo que vencido antes da morte.

O art. 1.919 do CC trata da situação em que, no legado de crédito, o legatário também seja credor do testador, o que poderia provocar compensação de débitos e créditos, com a consequente extinção da obrigação. Tal compensação somente será possível por declaração expressa do testador. Se não houver tal declaração, a dívida do testador não poderá ser compensada com o legado. O legado de crédito somente pode ser compensado com a dívida do testador com o legatário, se for expressamente autorizada e declarada no testamento tal possibilidade. Todavia, tratar-se-ia de compensação convencional, onde o legatário anuiria à vontade do testador. Nada impede que, independentemente de qualquer declaração do testador, se presentes os requisitos dos arts. 368 e 369 do CC (personalismo, dívidas liquidas, vencidas e de coisas fungíveis entre si), não seja possível a compensação legal, que é automática, o que implicará a extinção das obrigações recíprocas até onde se compensarem.

No parágrafo único do mesmo art. 1.919 está disposto que "subsistirá integralmente o legado, se a dívida lhe foi posterior, e o testador a solveu antes de morrer". Se a dívida é posterior ao testamento e o testador solvê-la antes de falecer, é óbvio que o legado subsistirá integralmente, uma vez que não há o que ser compensado. Ademais, por ser posterior ao testamento, a dívida não terá qualquer relação com o legado.

7.23.5. Legado de alimentos

O legado pode se referir a alimentos. É o denominado "legado de alimentos", conforme determina o art. 1.920 do CC.

O legatário não precisa ser parente do testador. O beneficiário pode, portanto, ser qualquer pessoa, o que evidencia que a obrigação alimentar não é seu pressuposto. O legado deve ser suficiente para cobrir as despesas previstas no referido dispositivo: "sustento, cura, vestuário, casa, enquanto viver e educação, enquanto menor". Os alimentos devem ser destinados a atender as necessidades básicas. Em relação ao pagamento, as prestações pagar-se-ão no começo de cada período, sempre que outro prazo não tenha sido determinado pelo testador, conforme enuncia o art. 1.928, parágrafo único, do CC.

Tal legado de alimentos é impenhorável, inalienável e intransmissível, ainda que o art. 1.700 disponha que a obrigação alimentar se transmite. O legado de alimentos não é obrigação, mas ato de liberalidade, sendo incompatível com o disposto no art. 1.700 do CC. É possível estabelecer termo certo para o legado ou até a vida do legatário. É o testador quem definirá o limite temporal do legado, com a ressalva de que deverá respeitar as forças da herança e o limite da parte disponível. Com o exaurimento de um ou outro, extingue-se o legado e dever pelo pagamento. O cumprimento deste legado compete àquele escolhido pelo testador (denominado onerado) e, no caso de omissão, aplica-se a regra geral do art. 1.934 do CC (o adimplemento será feito pelos herdeiros legítimos contemplados na herança, na proporção do respectivo quinhão). Se houver testamenteiro, caberá a ele cumprir o encargo. Tais alimentos são devidos desde a morte do testador, ainda antes da partilha, em razão da sua finalidade. O beneficiário deste tipo de legado deve ter legitimidade para ser beneficiário testamentário. Se não for definido o valor, aquele que tem o encargo de pagar deverá fixá-lo de acordo com a regra da proporcionalidade, nos termos do art. 1.694, § 1º.

Portanto, o próprio testador poderá determinar o valor do legado e, em caso de omissão, o onerado e, em caso de divergência, ao juiz, em ação própria. O testador deverá indicar também de qual dos bens sairá a renda para o pagamento desse legado e, caso não o faça, o juiz suprirá a omissão.

7.23.6. Legado de usufruto

O legado poderá consistir em usufruto vitalício ou por prazo determinado. Se fixado sem determinação de prazo, presume-se vitalício. Segundo o art. 1.921 do CC: "O legado de usufruto, sem fixação de tempo, entende-se deixado ao legatário por toda a sua vida". Neste caso, o testador deverá indicar quem é o beneficiário da nua-propriedade, que gozará da propriedade plena, com a extinção do usufruto. Se o legado é restrito ao usufruto, a nua propriedade será destinada em favor dos herdeiros legítimos, de acordo com a ordem de vocação hereditária.

Extingue-se o usufruto vitalício, direito real constituído por legado, com a morte do legatário/usufrutuário, com o que a propriedade plena será consolidada em favor do nu-proprietário. É proibido o usufruto sucessivo e, por isso, o usufrutuário não poderá legar o direito de usufruto. O usufruto decorrente de legado se submete a todas as regras que disciplinam este instituto, arts. 1.390 a 1.411 do CC.

7.23.7. Legado de imóvel

O art. 1.922 do CC trata de questões relativas ao legado quando a coisa certa e determinada for imóvel.

Nessa situação, se houver o legado de imóvel, novas aquisições, ainda que contíguas ao imóvel legado, não o integram, salvo expressa declaração em contrário do testador. O legado de imóvel interpreta-se de forma restrita. Não pode abranger outros bens que venham a se incorporar ao imóvel, salvo as benfeitorias. A transmissão do imóvel legado ocorrerá no momento da abertura da sucessão.

De acordo com o parágrafo único do art. 1.922, a vedação não se aplica às benfeitorias necessárias, úteis ou voluptuárias feitas no prédio legado. O legado se estende às benfeitorias, independentemente de sua natureza, ainda que venham a se incorporar ao imóvel após o testamento. As benfeitorias, mesmo realizadas posteriormente ao testamento, se incorporam no imóvel, pois, como acessórios, acompanham a coisa principal. Trata-se de regra de que o acessório segue o principal. As acessões realizadas depois da formalização do testamento, mas antes da abertura da sucessão, também integrarão o imóvel.

7.24. DOS EFEITOS DO LEGADO

Os arts. 1.923 a 1.938 do CC disciplinam os efeitos jurídicos dos legados, além do modo do pagamento. Os arts. 1.929, 1.930, 1.931 e 1.935, por se relacionarem a outras questões já mencionadas, foram analisados anteriormente.

Em desdobramento específico do princípio da *saisine*, expresso no art. 1.784 do CC, o art. 1.923 dispõe que, desde a abertura da sucessão, o legado de coisa certa e determinada pertence ao legatário.

A ressalva é se o legado estiver sob condição suspensiva, uma vez que, no testamento, é possível o legado sob condição, conforme preceitua o art. 1.897 do CC. A condição suspensiva impede a aquisição do direito. Enquanto não implementada a condição, o legatário não poderá se considerar titular da coisa legada. É exemplo o legado de coisa em favor do sublegatário (art. 1.913) com a condição de o herdeiro ou legatário entregar bem do seu patrimônio ao sublegatário. O encargo imposto ao herdeiro ou legatário é encargo/condição suspensiva (art. 136 do CC), que impede a aquisição do direito. Cumprido o encargo condição, ou seja, com a entrega do bem que integra o seu patrimônio ao sublegatário, adquirirá o direito à herança ou legado.

O legado submetido à condição suspensiva somente se transfere com o implemento da condição (art. 125 – condição suspensiva). Frustrada a condição, o legado será transferido ao substituto testamentário (se houver (art. 1.947), ao fideicomissário (art. 1.951 do CC se a substituição visa beneficiar a prole eventual) ou, finalmente, aos herdeiros legítimos (art. 1.788, como sucessão supletiva).

Por este motivo, o art. 1.924, segunda parte, dispõe que nos legados condicionais, o direito de pedir o cumprimento do legado somente se exercerá com o implemento da condição suspensiva. O mesmo ocorre no legado a prazo, quando o cumprimento e o direito de pedir depende do vencimento do prazo. É por isso que o art. 1.923 impede a transferência da propriedade da coisa legada no momento da abertura da sucessão, quando o direito subjetivo ao legado estiver submetido a condição suspensiva. Há casos em que o encargo imposto ao legatário impede a aquisição do direito subjetivo e, nesta situação (art. 136), será encargo/condição, ou seja, a transferência do legado depende do cumprimento do encargo que é a própria condição suspensiva.

Portanto, por ocasião da abertura da sucessão, a propriedade do legado é transmitida ao legatário, com a ressalva dos legados condicionais.

Por outro lado, no que tange à posse direta do legado, o § 1º do art. 1.923 a restringe. A posse é postergada, justamente porque o legado envolve coisa específica, individualizada e determinada e, neste sentido, é essencial apurar se a herança tem condições de pagar e cumprir o legado, o que justifica a prorrogação da posse. A posse somente será transferida ao legatário por aquele que tem o dever de executar e cumprir o legado, na forma do art. 1.934 do CC. A posse, portanto, depende de ato posterior à abertura da sucessão, entrega da coisa pelo indicado a cumprir o legado. A posse não decorre diretamente da abertura da sucessão, mas de ato do onerado (indicado pelo testador a cumprir o legado).

A razão é simples. Nas sucessões legítima e testamentária em geral, a herança será a título universal, e apenas após o pagamento das dívidas do espólio os bens serão partilhados entre os herdeiros. No caso do legado, o bem é individualizado, certo e determinado. No entanto, é possível que o bem legado seja utilizado para o pagamento de dívida, e eventual posse do legatário antes da liquidação das dívidas poderia implicar em obstáculo para o cumprimento das obrigações do falecido com seus credores.

Além disso, no legado de alimentos, no legado de coisa que se determine pelo gênero e no legado sob condição suspensiva, é essencial apurar se os bens da herança suportam o pagamento do legado.

De acordo com o § 2º, "o legado de coisa certa existente na herança transfere também ao legatário os frutos que produzir, desde a morte do testador, exceto se dependente de condição suspensiva, ou de termo inicial". Os frutos da coisa legada integram o legado desde a morte do testador, salvo se dependente de condição suspensiva ou termo inicial (a condição suspensiva impede a aquisição do direito, pois sujeita a evento futuro e incerto). O legado subordinado a termo inicial ou condição suspensiva obsta que os frutos sejam adquiridos. É desdobramento básico e elementar da regra de que o acessório (frutos) segue o principal (legado). Trata-se de norma supletiva, porque o testador poderá dispor em sentido contrário e inverter a regra de que o acessório seguirá o principal.

7.24.1. Efeitos e litígio sobre legado

É possível que haja litígio em torno da validade do testamento onde foi realizada a disposição de legado. O testamento é negócio jurídico, cujo elemento nuclear é a vontade do testador e, por isso, se submete ao plano de validade. É possível a existência de vício no momento da formação deste negócio jurídico, capaz de invalidá-lo. Nesse caso, o direito de pedir o legado não se exercerá enquanto se litigue sobre a validade do testamento. O litígio em torno da validade do testamento impede que se postule o cumprimento do legado. É o que dispõe a primeira parte do art. 1.924 do CC, segundo o qual "o direito de pedir o legado não se exercerá, enquanto se litigue sobre a validade do testamento". O eventual abuso de direito no pedido de invalidade de testamento apenas para retardar o pagamento de legado poderá ser corrigido pelo juiz, no caso concreto.

O princípio da boa-fé objetiva, paradigma da eticidade, impõe comportamento legal e honesto de todos aqueles envolvidos na sucessão, a fim de que não se litigue sem fundamento, apenas para impedir que seja cumprida a vontade do testador, com a entrega do legado ao legatário. O abuso de direito, art. 187, será objeto de apuração em relação a pedidos injustificados de invalidade de testamento. Assim, evidenciado o abuso de direito, poderá ser permitida a posse do legado mesmo antes de se decidir sobre a invalidade do testamento.

7.24.2. Efeitos – legado em dinheiro e renda vitalícia

O legado de dinheiro também é possível. Os juros dependem da constituição em mora da pessoa obrigada a prestá-lo, nos termos do art. 1.925 do CC: "O legado em dinheiro só vence juros, desde o dia em que se constituir em mora a pessoa obrigada a prestá-lo".

Tal legado em dinheiro é exigível desde a abertura da sucessão. Os rendimentos, acessórios deste legado, pertencem ao legatário desde a morte do testador. Aliás, em relação aos acessórios, no legado de dinheiro, deve ser observado o disposto no art. 1.937 do CC, segundo o qual a coisa legada entregar-se-á, com seus acessórios, no lugar e estado em que se achava ao falecer o testador e, por isso, passará ao legatário com todos os encargos que a oneraram (acessório segue o principal). Em relação aos juros de mora, somente são devidos quando o onerado, responsável e indicado a cumprir o encargo, é constituído em mora. Portanto, neste caso, o Código Civil impõe que o onerado seja interpelado e constituído em mora, na forma do art. 397, parágrafo único, da lei civil (trata-se de mora *ex-personae*). Portanto, os encargos decorrentes do inadimplemento do legado em dinheiro, como juros de mora, serão imputados exclusivamente ao onerado. Não se transfere tal responsabilidade por perdas e danos decorrentes deste inadimplemento aos demais herdeiros. Isso evidencia a relevância na definição do onerado, ou seja, aquele responsável, indicado e eleito pelo testador, a cumprir o encargo. No caso de omissão do testador em relação ao onerado, aplica-se a regra supletiva do art. 1.934 do CC.

No legado em renda vitalícia ou pensão periódica, esta ou aquela correrá da morte do testador. Tal legado, de acordo com o art. 1.926 do CC, depende da morte do testador, quando o testamento passa a ter eficácia. Deverá o testador esclarecer de quais bens será extraída a renda vitalícia ou a pensão. Tal legado também é devido desde a abertura da sucessão. Tal legado não necessariamente tem caráter alimentar. É possível que a renda vitalícia ou a prestação periódica recaia sobre aluguéis, lucros e dividendos, aplicações financeiras, o que impõe aos herdeiros responsáveis ao cumprimento deste legado a obrigação de preservar a fonte desta renda vitalícia ou da prestação periódica.

7.24.3. Legado em prestações periódicas

Os arts. 1.927 e 1.928 do Código Civil tratam do pagamento do legado de quantidade certa em prestações periódicas. Salvo convenção em contrário do testador, o primeiro período começa ou tem início com sua morte. Com a abertura da sucessão, o legatário terá o direito de exigir o cumprimento do legado.

O legatário passará a ter direito, por inteiro, a cada prestação, uma vez encetado cada um dos períodos sucessivos, ainda que venha a falecer antes do termo dele (art. 1.927, segunda parte).

O legatário, no entanto, somente poderá exigir o valor relativo ao legado no vencimento do período, conforme dispõe o art. 1.928: "Sendo periódicas as prestações, só no termo de cada período se poderão exigir". Ainda que, para exigir, seja necessário o término do período, o direito à prestação é adquirido no início do período, conforme estabelece o art. 1.927 da Lei Civil.

E se o legatário falecer antes do vencimento do prazo? O legado não será extinto. Nesta situação, o legado passará aos sucessores do legatário, porque se trata de herança que integrou o patrimônio deste. Os sucessores do legatário terão direito de crédito em relação às prestações futuras.

O parágrafo único do art. 1.928, conforme já analisado, excepciona o termo no caso de legado de alimentos. No legado de alimentos, as prestações pagar-se-ão no começo de cada período (vencimento antecipado, o que se justifica pela finalidade deste legado), sempre que outra coisa não tenha disposto o testador. Todas essas normas são supletivas da vontade do testador, que poderá dispor em sentido contrário.

7.24.4. Legado alternativo

No testamento em que o testador disponha que o legado recairá sobre uma ou outra coisa que deverá ser escolhida, a opção, em regra, caberá ao herdeiro, a teor do que dispõe o art. 1.932 do CC.

Trata-se de norma dispositiva porque o testador poderá dispor em sentido contrário. Em caso de omissão, a escolha será do herdeiro.

No legado alternativo, também se aplica o disposto no art. 1.933. Se o herdeiro ou legatário a quem couber a opção falecer antes de exercê-la, passará esse poder a seus herdeiros. É a transmissibilidade do direito de escolha. O direito de escolha é transmissível aos herdeiros e sucessores daquele beneficiado pela herança ou legado. Os sucessores do herdeiro optante é que poderão exercer esse direito de escolha.

No final, nos termos do art. 1.940, do CC, se o legado for de duas ou mais coisas, alternativamente, e algumas delas perecerem, subsistirá quanto às restantes. Se perecer parte de uma, valerá, quanto ao seu remanescente, o legado. É a mesma lógica das obrigações com prestações alternativas. Se houver o perecimento de um dos legados alternativos, a disposição testamentária se concentrará na remanescente, como se o legado não fosse alternativo. Se o perecimento de um dos legados for parcial, o legado, quanto ao remanescente da coisa legada que perece, é válido e eficaz.

7.25. CUMPRIMENTO DOS LEGADOS

Os legados devem ser entregues aos legatários. O legado, coisa certa, determinada e individualizada, deve ser cumprido, logo após a morte do testador (salvo os legados condicionais), com a entrega da coisa ao legatário. Como será o cumprimento do legado?

O art. 1.934 do CC disciplina como será o cumprimento do legado, no caso de omissão do testador. Em primeiro lugar, prevalece a vontade do testador, que poderá eleger e escolher quem será o responsável pelo cumprimento do legado. O onerado é o sujeito que recebe tal incumbência e, normalmente, também é herdeiro sucessível.

Se o testamento for silente em relação ao onerado, de forma supletiva, o art. 1.934, impõe tal dever de cumprimento do legado aos herdeiros e, se inexistir herdeiro, ao próprio legatário ou legatários, na proporção das respectivas heranças. O testamento é negócio jurídico e, como tal, como regra, prevalece o princípio da autonomia privada. Se o testamento não dispõe de questões sobre cumprimento do legado, há normas que suprem a omissão do testador.

Portanto, no silêncio do testamento, o cumprimento dos legados incumbe aos herdeiros e, não os havendo, aos legatários, na proporção do que herdaram. O cumprimento deverá ser efetivado pelos herdeiros, na proporção de suas respectivas cotas. Os herdeiros necessários não podem ser onerados com legados que superem a parte disponível. Caso não se respeite esse limite, como no legado de dinheiro, o herdeiro poderá requerer a redução das disposições testamentárias.

No mais, há possibilidade de o testador indicar de forma específica o herdeiro ou legatário que cumprirá e pagará o legado.

O encargo de cumprir o legado, caso não haja disposição testamentária em sentido contrário, caberá ao herdeiro ou legatário incumbido pelo testador da sua execução (regra de que o onerado que cumprirá o encargo é aquele escolhido pelo testador). Se houver pluralidade de indicados, os onerados dividirão entre si o ônus, na proporção do que recebam da herança. É o que dispõe o art. 1.934, parágrafo único do CC.

As despesas e os riscos da entrega do legado correm à conta do legatário, se não dispuser diversamente o testador. O art. 1.936 da Lei Civil traz mais uma regra dispositiva, que suprirá eventual omissão do testador. O legatário deverá suportar as despesas com o pagamento do legado. Os riscos da entrega também são do legatário.

O legatário tem direito aos frutos da coisa legada desde a morte do testador (art. 1.923, § 2º, do CC). Os acessórios desse legado são parte integrante e pertencem ao legatário por ocasião da abertura da sucessão. Nesse sentido, o art. 1.937 do CC dispõe que a coisa legada entregar-se-á, com seus acessórios, no lugar e estado em que se achava ao falecer o testador, e passará ao legatário com todos os encargos que a onerarem.

Por fim, o art. 1.938 do *Codex* dispõe que as normas sobre doação sobre encargo devem ser aplicadas ao legado.

7.26. DA CADUCIDADE DOS LEGADOS

O direito subjetivo à herança ou ao legado depende da morte do testador. A caducidade significa a ineficácia da disposição testamentária por conta da ocorrência de algumas das situações fáticas previstas em lei. No caso dos legados, o art. 1.939 dispõe sobre situações e hipóteses em que a disposição testamentária que envolve legado não será eficaz. A caducidade se relaciona ao plano da eficácia (não tem qualquer relação com a invalidade, plano de validade). O testamento, no momento de sua formação e elaboração, se submete a todos os pressupostos e requisitos de validade. Todavia, após a confecção do testamento, algum fato superveniente pode comprometer a eficácia da disposição testamentária. A ineficácia pode envolver todo o testamento ou apenas determinada cláusula testamentária, como aquele que cuida especificamente do legado. A caducidade de apenas uma cláusula testamentária não implicará ineficácia de todo o testamento. No caso de caducidade por ato do legatário (falecimento antes do testador), a ineficácia pode ser neutralizada caso o testador tenha indicado um substituto ao legatário beneficiado (art. 1.947 do CC) ou se incidir o direito de acrescer (arts. 1.941 a 1.946 do CC).

A caducidade do legado é a ineficácia da disposição testamentária em razão de causa superveniente à formação ou constituição do testamento.

Os arts. 1.939 e 1.940, embora se refiram a situações que levam à caducidade do legado, também podem ser aplicados ao testamento como um todo. Diante da caducidade, o legado, ressalvados a substituição e o direito de acrescer, será dividido aos herdeiros legítimos (necessários e facultativos), de acordo com a ordem de vocação hereditária (art. 1.788 do CC).

De acordo com o art. 1.939, o legado poderá se tornar ineficaz e caducar nas seguintes hipóteses:

I – se, depois do testamento, o testador modificar a coisa legada, a ponto de já não ter a forma nem lhe caber a denominação que possuía;

A alteração substancial do legado pelo próprio testador, após a sua instituição por testamento, esvazia a disposição testamentária. Se após o testamento o testador alterar a coisa legada, transformando-a em outra ou a modificando, ou realizar disposição na coisa que torne incompatível o reconhecimento do legado, haverá caducidade. A modificação da coisa legada deverá ser substancial e promovida por ato de vontade do testador (o perecimento em virtude de fortuito ou força maior não altera o direito ao legado). A modificação deve ser substancial, a ponto de descaracterizar a sua concepção primitiva. Tal alteração substancial só não prejudicará o legado se o testador fizer a ressalva no testamento, ou seja, de que pretende converter a coisa legada e outra diversa, típico caso de sub-rogação real. Portanto, por ato de vontade do testador, a coisa legada deve suportar transformação substancial, com perda das características originárias e não poder mais ser identificada pela forma original.

II – se o testador, por qualquer título, alienar no todo ou em parte a coisa legada; nesse caso, caducará até onde ela deixou de pertencer ao testador;

Nessa hipótese, após o testamento o testador aliena o todo ou parte da coisa legada. Se houver alienação total não haverá legado. Se a alienação for parcial a caducidade é restrita à parte que deixou de pertencer ao testador. Tal hipótese de caducidade é desdobramento da regra geral prevista no art. 1.912 no sentido de que é ineficaz o legado de coisa certa que não pertence ao testador no momento da abertura da sucessão. A transferência do legado, por ato de disposição gratuita ou onerosa, pelo próprio testador, após a formalização do testamento, significa que não mais tem interesse em beneficiar o legatário. A disposição do legado após o testamento leva à presunção de que o testador modificou sua vontade e não há necessidade de se investigar a causa da disposição (o interesse pode ser do próprio testador ou de terceiros). Há discussão na doutrina se a reaquisição da mesma coisa alienada pelo testador restauraria o legado. No caso, deve ser investigado o motivo e a causa da reaquisição, pois se não tem relação com o legado, não se mantém a deixa testamentária, por ausência de previsão legal. Se a disposição é involuntária, como no caso de desapropriação, haverá sub-rogação do legado no preço. A invalidade do negócio jurídico levado a efeito pelo testador que tem por objeto o legado apenas mantém a integridade do legado se a causa da anulação for questão relacionada ao consentimento ou à capacidade, tudo para preservar a vontade do testador. Se a causa da invalidade é questão formal, mesmo que o negócio jurídico realizado pelo testador seja invalidado, o legado caduca (pois não tinha interesse em manter o legado).

III – se a coisa perecer ou for evicta, vivo ou morto o testador, sem culpa do herdeiro ou legatário incumbido do seu cumprimento;

Se a coisa perecer (destruição total) ou for perdida para terceiro por força de evicção (arts. 447 a 457 do CC), ainda que depois da morte do testador, sem culpa do responsável pelo cumprimento do legado (o onerado), haverá caducidade. O perecimento do legado, para caracterizar caducidade, deve ser anterior à morte do testador. Caso o perecimento seja posterior à morte, não é causa de caducidade, pois a propriedade do legado foi transferida ao legatário com a abertura da sucessão.

O legatário, como proprietário, perde coisa própria que perece em seu poder. Se a coisa perecer por culpa daquele responsável pelo cumprimento do legado, por óbvio terá de indenizar o legatário, pelas regras gerais de responsabilidade civil. No caso de evicção, a caducidade envolve ausência de poder de disposição do testador sobre o legado. A coisa legada pertence a terceiro, legítimo proprietário e, por isso, conforme art. 1.912, é ineficaz o legado que não pertence ao testador no momento da abertura da sucessão. O legado de coisa alheia, em regra, é ineficaz. As exceções legais, em especial a do art. 1.913, já foi estudada, mas não tem qualquer relação com evicção.

IV – e o legatário for excluído da sucessão, nos termos do art. 1.815;

Caduca o legado se o legatário for excluído da sucessão por sentença judicial em casos de indignidade (art. 1.814 do CC). Não apenas o legatário, mas qualquer herdeiro pode ser excluído da sucessão por atos que caracterizam indignidade (art. 1.814 do CC). Reconhecida por sentença a indignidade, o legado caduca e, como não há direito de representação na sucessão testamentária, ainda que os efeitos da indignidade sejam pessoais, haverá caducidade, com a destinação do legado aos herdeiros legítimos (art. 1.788 do CC).

V – se o legatário falecer antes do testador.

Não há dúvida de que o falecimento do legatário antes do testador será causa de caducidade do legado, pois a disposição testamentária é feita em favor de determinada pessoa e não há, nesse tipo de sucessão, direito de representação. É possível, por outro lado, a nomeação de substituto ao legatário, no caso de pré-morte deste, por meio de cláusula de substituição constante no testamento (art. 1.947 do CC). O inciso trata da premoriência do legatário, ou seja, que falece antes do testador. A caducidade ocorre justamente porque na sucessão testamentária não há direito de representação. Neste caso, o bem legado retorna ao acervo, para ser dividido entre os herdeiros legítimos, de acordo com a ordem de vocação hereditária (art. 1.788 do CC).

Por fim, de acordo com o art. 1.940, se o legado for de duas ou mais coisas alternativamente e algumas delas perecerem, subsistirá quanto às restantes. É o caso do legado alternativo, já analisado.

Se o legado é condicional, não implementada a condição suspensiva, também haverá caducidade do legado.

7.27. DIREITO DE ACRESCER ENTRE HERDEIROS E LEGATÁRIOS

Os arts. 1.941 a 1.946 do Código Civil disciplinam o direito de acrescer na sucessão testamentária (o direito de acrescer na sucessão legítima tem outro fundamento – renúncia: art. 1.810 do CC), que nada mais é do que o direito de herdeiros ou legatários terem um acréscimo ou aumento em seus quinhões, quando forem conjuntamente chamados à herança para porções ou quinhões não determinados.

Portanto, o direito de acrescer pressupõe herdeiros (coerdeiros) ou legatários (colegatários) chamados em conjunto à herança ou ao legado em quinhões não determinados. O direito de acrescer ocorrerá quando o coerdeiro ou colegatário recolhe o quinhão ou o legado do outro que não pode (faleceu antes, excluído por indignidade) ou não quis (renúncia) aceitar a herança ou o legado. O coerdeiro ou colegatário terá o direito de receber o quinhão que inicialmente era destinado a outro coerdeiro ou colegatário, que não quis ou não teve a possibilidade de receber.

Na sucessão testamentária, o direito de acrescer tem como fundamento e justificativa a autonomia privada, pois é possível, por exteriorização de vontade expressa do testador, neutralizar o direito de acrescer. Neste caso, se presume a vontade do testador.

O quinhão será acrescido do quinhão dos outros coerdeiros ou colegatários. O direito de acrescer, portanto, é mero aumento do quinhão, porque o quinhão de outro passa a integrar o quinhão daquele que tem esse direito.

O direito de acrescer depende do preenchimento de alguns requisitos:

1. o primeiro deles é a designação conjunta de herdeiros, testamentários ou legatários, sem especificar a cota-parte de cada (cláusula conjuntiva). Por-

tanto, nomeação plural de herdeiros ou legatários na mesma cláusula testamentária, os quais serão beneficiados pelo mesmo bem (no caso de legado) ou a quota hereditária (herdeiros);

2. não há especificação das cotas ou dos bens a serem recolhidos por cada um deles. É o que dispõe a primeira parte do art. 1.941 do CC: "Quando vários herdeiros, pela mesma disposição testamentária, forem conjuntamente chamados à herança em quinhões não determinados". Portanto, vários herdeiros ou legatários, nomeados em conjunto pela mesma disposição testamentária, em cotas não determinadas.

Por exemplo, o testador deixa em favor de X e Y determinada fazenda em legado (no caso de legado) ou o testador deixa em favor de X e Y, 20% da totalidade de seu patrimônio (herdeiros universais sobre uma parte em cota não determinada). Nos dois casos, não se discrimina a cota-parte de cada um no quinhão, seja no legado ou na herança Se houver especificação ou individualização do quinhão, não há o direito de acrescer, porque não preenchido o pressuposto legal "quinhões não determinados".

3. O terceiro pressuposto ou requisito está na parte final do art. 1.941. A sucessão testamentária é negócio jurídico e, por conta disso, o testador poderá dispor de seus bens para depois de sua morte, de acordo com seus interesses. Se o testador deseja nomear herdeiros ou legatários de forma conjunta, sem especificar o quinhão de cada um, mas deseja evitar o direito de acrescer, basta nomear substituto. As substituições testamentárias podem ocorrer, entre outras hipóteses, quando se quer evitar o direito de acrescer na sucessão testamentária (art. 1.947 do CC). Portanto, a nomeação de substituto para o coerdeiro ou colegatário que não quis ou não pode aceitar neutraliza o direito de acrescer. O direito de acrescer é incompatível com a substituição testamentária.

Portanto, preenchidos os pressupostos específicos previstos no art. 1.941 do CC, haverá o direito de acrescer.

O art. 1.941 faz referência aos herdeiros chamados à herança conjuntamente em quinhões não determinados pela mesma disposição testamentária. Por outro lado, o art. 1.942 trata do direito de acrescer entre os colegatários, a partir dos mesmos requisitos previstos no art. 1.941.

De acordo com o art. 1.942 do CC, "o direito de acrescer competirá aos colegatários, quando nomeados conjuntamente a respeito de uma só coisa, determinada e certa, ou quando o objeto do legado não puder ser dividido sem risco de desvalorização". Os legatários, por óbvio, não tem direito de acrescer sobre a herança, mas apenas sobre o bem legado, quando vários legatários forem nomeados conjuntamente, relativos ao mesmo bem, sem a especificação da quota de cada um ou do quinhão de cada. Por isso, no legado, o direito de acrescer é restrito ao bem legado. Também não haverá direito de acrescer se houver substituição do colegatário, por previsão do testador, caso não possa ou não queira aceitar.

De acordo com o art. 1.941 do CC, os coerdeiros devem ser indicados em quinhões não determinados, na mesma disposição testamentária. Por outro lado, nos termos do art. 1.942, basta que os colegatários sejam indicados ou contemplados de forma conjunta em relação à mesma coisa, determinada e certa, ainda que em disposições testamentárias diferentes. O direito de acrescer, no caso de legado, também ocorrerá se a divisão da coisa puder levar a considerável desvalorização. O risco da desvalorização será apurado no caso concreto.

O art. 1.943 dispõe sobre as situações em que haverá o direito de acrescer no âmbito da sucessão testamentária, em complemento aos artigos anteriores (arts. 1.941 e 1.942). Ao final, a norma trata dos efeitos e consequências do direito de acrescer: "Se um dos coerdeiros ou colegatários, nas condições do artigo antecedente, morrer antes do testador (premoriência); se renunciar a herança ou legado (renúncia abdicativa), ou destes for excluído (exclusão por indignidade de atos contra o testador), e, se a condição sob a qual foi instituído não se verificar (não implemento de condição suspensiva em relação a um dos coerdeiros ou colegatários – a condição é compatível com a sucessão testamentária, conforme art. 1.897 do CC), acrescerá o seu quinhão (direito de acrescer em favor dos demais), salvo o direito do substituto (parte final do art. 1.941 – o direito de acrescer pode ser neutralizado por cláusula de substituição), à parte (estes terão aumento do quinhão com o direito de acrescer, salvo substituição) dos coerdeiros ou colegatários conjuntos".

Quanto aos efeitos do direito de acrescer, os coerdeiros ou colegatários, aos quais acresceu o quinhão daquele que não quis ou não pôde suceder, ficam sujeitos às obrigações ou encargos que o oneravam.

Se não preenchidos os pressupostos legais (art. 1.941, CC), não há direito de acrescer. Nesse caso, transmite-se aos herdeiros legítimos (necessários e facultativos) a cota vaga do nomeado (art. 1.944, CC), de acordo com a ordem de vocação hereditária. O direito de acrescer pode não se concretizar se todos renunciaram, foram excluídos ou faleceram antes do testador ou, ainda, se no caso de nomeação conjunta, os quinhões foram determinados (a determinação das cotas ou dos bens impede o direito de acrescer). Nestes casos, salvo substituição, transmite-se aos herdeiros legítimos o legado ou a cota da herança destinada aos nomeados. Se não existir o direito de acrescer entre os colegatários, a cota do que faltar acresce ao herdeiro ou ao legatário incumbido de satisfazer esse legado (o onerado – responsável pelo cumprimento do legado), ou a todos os herdeiros, na proporção dos seus quinhões, se o legado se deduziu da herança.

Por fim, dispõe o art. 1.945 do CC que: "Não pode o beneficiário do acréscimo repudiá-lo separadamente da herança ou legado que lhe caiba, salvo se o acréscimo comportar encargos especiais impostos pelo testador; nesse caso, uma vez repudiado, reverte o acréscimo para a pessoa a favor de quem os encargos foram instituídos". Tal dispositivo proíbe ao herdeiro ou legatário repudiar o acréscimo se quiser ficar com a herança ou legado que tinha antes do direito de acrescer. Só poderá renunciar ou aceitar a herança como um todo, salvo se o acréscimo vier onerado com encargos especiais. A regra é que a renúncia deve ser total, conforme aliás regra geral do art. 1.808, *caput*. Não se pode renunciar à herança ou legado em parte. A renúncia será total. Na única exceção em que é possível repudiar o acréscimo decorrente do direito de acrescer (existência de encargos especiais instituídos pelo testador), esta parte repudiada reverterá e será destinada em favor da pessoa que seria favorecida com os encargos instituídos. O encargo especial incidente sobre o direito de acrescer é justa causa para a renúncia, que somente terá efeito sobre o direito de acrescer, ou seja, não abrange a parte originalmente destinada ao herdeiro ou legatário renunciante.

O art. 1.946, por fim, traz regra especial sobre o legado de usufruto: "Legado um só usufruto conjuntamente a duas ou mais pessoas (*nomeação conjunta*), a parte da que faltar (*na medida em que cada colegatário do usufruto falece*) acresce aos colegatários (*a parte do falecido será acrescida à parte dos sobreviventes*). Parágrafo único. Se não houver conjunção entre os colegatários, ou se, apesar de conjuntos, só lhes foi legada certa parte do usufruto, consolidar-se-ão na propriedade as quotas dos que faltarem, à medida que eles forem faltando". Neste caso do parágrafo único, não haverá o direito de acrescer o usufruto, ou porque o testador não instituiu o usufruto de forma conjunta ou apenas legou parte específica, caso em que consolidará a propriedade das quotas daqueles que forem falecendo, ou seja, não há direito de acrescer.

7.28. SUBSTITUIÇÕES TESTAMENTÁRIAS: VULGAR E RECÍPROCA

O testamento é negócio jurídico unilateral (quanto à formação) e, como tal, tem como fundamento o princípio da autonomia privada.

O testador poderá, em testamento, chamar para a sucessão, no lugar do herdeiro ou legatário, outra pessoa, denominada "substituto". O substituto é o designado pelo testador para suceder e assumir o lugar do herdeiro ou legatário nomeado. O primeiro herdeiro ou legatário é o substituído. O sucessor é o substituto (salvo na substituição fideicomissária, quando há inversão, pois o substituto é chamado antes do substituído). O substituto assumirá o lugar do substituído caso o nomeado não possa aceitar a herança ou legado, ou não tenha interesse em ambos (renúncia). A substituição é subsidiária, pois somente se concretizará se o sucessor eleito não quiser ou não puder aceitar a herança ou legado.

A substituição, em suas diversas espécies (comum e recíproca), se justifica em razão de renúncia do sucessor eleito ou impossibilidade de aceitação (pré-morte, indignidade, deserdação ou ausência de legitimidade do beneficiário). Nestas hipóteses, haveria caducidade da deixa testamentária e, como consequência, a herança objeto do testamento seria submetida às regras da sucessão legítima. Portanto, o objetivo principal da substituição testamentária é evitar a caducidade da deixa testamentária.

Na disposição testamentária disjuntiva (não são nomeados em conjunto – as cotas e os bens de cada herdeiro ou legatário são especificados), se não houver indicação de substituto, ocorre a caducidade. Na disposição testamentária conjuntiva, ou seja, quando os sucessores são nomeados em conjunto, sem discriminar a parte de cada um na cota (herdeiro) ou no bem (legado), salvo convenção em contrário, na ausência de substituto, há o direito de acrescer por força de lei, nos termos dos arts. 1.941 a 1.946 do Código Civil.

Na disposição testamentária disjuntiva, com a cláusula de substituição, evita-se, portanto, a caducidade. O substituto assume o lugar do substituído e a herança não será destinada aos sucessores legítimos (ordem legal de vocação hereditária).

O substituto somente é convocado se o substituído não aceitar a herança ou estiver impossibilitado de aceitar a herança pelas razões retromencionadas.

O instituto da substituição é restrito à sucessão testamentária e somente pode se referir à parte disponível da herança. A parte indisponível pertence aos herdeiros legítimos, razão pela qual não há possibilidade de substituição testamentária em relação à legítima (justamente porque a legítima não pode ser incluída no testamento). Nesse caso, incidirão as regras da sucessão legítima, de acordo com a ordem de vocação hereditária (art. 1.829 do CC). A substituição testamentária poderá ser vulgar/comum, recíproca ou fideicomissária.

• **Substituição vulgar e recíproca**

A substituição testamentária vulgar é negócio jurídico condicional, porque a substituição somente ocorrerá se o herdeiro ou legatário nomeado em primeiro lugar não aceitar ou não puder aceitar a herança ou o legado. Trata-se de condição suspensiva, que depende da implementação de evento futuro e incerto (art. 121 do CC). É o que dispõe o art. 1.947 do CC.

A substituição vulgar ocorrerá justamente quando o testador nomear terceiro substituto para assumir a posição de herdeiro ou legatário, caso implementada qualquer das condições suspensivas previstas no art. 1.947 do CC. Na substituição, se estabelece em testamento a possibilidade de alguém assumir a posição jurídica de outra nomeada originariamente herdeira ou legatária. O substituto sucederá no lugar do primeiro instituído, quando este não puder ou não quiser aceitar a herança. Na substituição comum presume-se que o substituto é indicado alternativamente: ainda que se refira apenas a uma hipótese, ocorrerá se o substituído *não quis* ou *não pode* aceitar a herança ou o legado.

"Art. 1.947. O testador pode substituir outra pessoa ao herdeiro ou ao legatário nomeado, para o caso de um ou outro não querer (renúncia) ou não poder (pré-morte, indignidade, deserdação, ausência de legitimidade) aceitar a herança ou o legado, presumindo-se que a substituição foi determinada para as duas alternativas, ainda que o testador só a uma se refira."

Em síntese, para a substituição vulgar, são essenciais dois pressupostos: 1 – ausência do herdeiro ou legatário instituído em primeiro lugar; e, 2 – existência do substituto.

O substituto não passa de um suplente. Se o testador designar vários substitutos, estes podem ser chamados de forma simultânea (vários substitutos vão assumir a posição do instituído originariamente) ou sucessiva (de acordo com ordem estabelecida pelo testador, onde um substituto sucede o outro, no caso de falta, de modo que o segundo substituto somente será chamado se o primeiro não puder ou não quiser aceitar a herança ou legado). Não há limites de graus na substituição vulgar sucessiva. É a denominada substituição vulgar coletiva (simultânea ou sucessiva)

É possível, ainda, a caducidade da própria substituição vulgar, como aceitação da herança ou do legado pelo primeiro instituído como herdeiro ou legatário, falecimento do substituto antes do testador, falta de legitimidade do substituto na sucessão testamentária, renúncia do substituto à herança ou ao legado, verificação de não ocorrência absoluta da condição suspensiva imposta à substituição testamentária, entre outros.

Na substituição, também é lícito ao testador substituir muitas pessoas por uma só ou vice-versa, e ainda substituir com ou sem reciprocidade. A substituição vulgar pode ser simples (art. 1.947, CC – um só é o substituto), coletiva (art. 1.948, CC – há dois ou mais substitutos) e recíproca (art. 1.948, CC – herdeiros ou legatários se substituem uns aos outros, há reciprocidade entre o substituto e o substituído).

Na substituição vulgar recíproca, caso os herdeiros ou legatários tenham sido instituídos em partes iguais, os substitutos receberão as partes iguais no quinhão vago.

Se, todavia, entre muitos herdeiros ou legatários de partes desiguais, for estabelecida substituição recíproca, a proporção dos quinhões fixada na primeira disposição entender-se-á mantida na segunda. Neste caso, como apenas os instituídos são substitutos recíprocos, mas com quinhões ou partes desiguais na herança ou legado, adota-se o princípio da proporcionalidade para manter a proporção na parte atingida pela substituição. Se, com as outras anteriormente nomeadas for incluída mais alguma pessoa na substituição, o quinhão vago pertencerá, em partes iguais, aos substitutos. Nesta última hipótese, além dos primeiros instituídos como substitutos recíprocos, há a inclusão de outra pessoa como substituto, não instituída originariamente. Adota-se, neste caso, o princípio da igualdade. A divisão das quotas se dá em partes iguais.

É o que dispõe o art. 1.950 do CC: "Se, entre muitos coerdeiros ou legatários de partes desiguais, for estabelecida substituição recíproca, a proporção dos quinhões fixada na primeira disposição entender-se-á mantida na segunda; se, com as outras anteriormente nomeadas, for incluída mais alguma pessoa na substituição, o quinhão vago pertencerá em partes iguais aos substitutos".

Como já analisado, na sucessão legítima não há substituição. Na sucessão legítima, caso o herdeiro não aceite ou não possa aceitar a herança, o bem retorna ao acervo para ser atribuído aos herdeiros legítimos, salvo direito de representação (exclusivo da sucessão legítima).

O substituto fica sujeito à condição ou encargo imposto ao substituído, quando não for diversa a intenção manifestada pelo testador ou não resultar outra coisa da natureza da condição ou do encargo (art. 1.949 do CC). O substituto assume as vantagens e os encargos do substituído. A transferência do encargo depende da natureza. Não pode ser personalíssima e nada impede que o testador libere o substituto do encargo ou da condição no próprio testamento. O não cumprimento da condição ou encargo pelo substituto implica em caducidade da cláusula testamentária, salvo a existência de outros substitutos.

• **Substituição fideicomissária**

A substituição de herdeiros/legatários tem por objetivo resguardar a última vontade do autor da sucessão. É instituto típico da sucessão testamentária. O testamento permitirá que o testador indique pessoa (substituto) que, eventualmente, venha a assumir a posição jurídica de outra (substituída) originariamente nomeada herdeira ou legatária (autonomia privada). Se, em razão de alguma circunstância, o herdeiro/legatário nomeado e indicado em primeiro lugar não queira ou não possa aceitar a herança/legado, outra pessoa, previamente indicada pelo testador, o substituirá. O substituto, que poderá suceder o testador, no lugar do primeiro nomeado, é espécie de "suplente" (só assumirá a posição de herdeiro/legatária se houver algum problema com o originário – o substituto é indicado alternativamente). Esta é a substituição direta, simples, que pode ser vulgar (art. 1.947) ou recíproca (arts. 1.948 a 1.950).

A última modalidade de instituição de herdeiro/legatário por meio deste instituto (substituição) é a fideicomissária ou fideicomisso (a dinâmica desta é diversa da substituição direta). Na fideicomissária, o testador institui herdeiro/legatário que assumirá a posição de sucessor do testador (é o fiduciário). O substituto (fiduciário) assume a titularidade temporária da herança ou legado antes do substituído (fideicomissário). O fiduciário indicado terá a propriedade resolúvel da herança ou legado. Resolúvel porque a propriedade do fiduciário é temporária: a propriedade será resolvida com a morte do fiduciário, após determinado tempo ou quando implementada determinada condição (é o testador que escolherá a causa de resolução da propriedade do fiduciário). Com a resolução da propriedade, quem se beneficia? O fideicomissário (que, de acordo com o CC, só pode ser a prole eventual). Os herdeiros/legatários são nomeados em ordem sucessiva. O testador (fideicomitente) deixa herança/legado para determinado herdeiro/legatário (fiduciário) que terá a propriedade resolúvel e, resolvida esta, a herança/legado é transmitida em ordem sucessiva ao fideicomissário.

A substituição fideicomissária somente é permitida em favor dos não concebidos (prole eventual) ao tempo da abertura da sucessão. É a única hipótese de fideicomisso.

Por exemplo, "A", testador, deixa herança/legado para "B", fiduciário (este não precisa ser parente do testador ou da futura prole – pode ser qualquer pessoa). "B", será proprietário da herança/legado como qualquer sucessor. Todavia, tal propriedade é resolúvel porque está vinculada a fideicomisso. No momento da morte do fiduciário, decurso do prazo ou implemento da condição (a causa escolhida pelo testador), a propriedade de "B" se resolve, é extinta, e os bens são transmitidos para "C" (prole eventual – o fideicomissário). O fideicomisso é transferência sucessiva, não substituição.

Neste ponto, duas questões fundamentais: 1 – se no momento da abertura da sucessão do testador, aquele que seria a prole eventual (fideicomissário) já tiver nascido, a propriedade da herança/legado irá diretamente para o fideicomissário. O fiduciário, nesta hipótese, terá apenas direito real de usufruto destes bens (regras do usufruto) – não há propriedade resolúvel do fiduciário; 2 – no momento da abertura da sucessão, a prole eventual ainda não nasceu. Neste caso, a herança ou legado será integralmente destinada ao fiduciário, que terá a propriedade resolúvel, até que ocorra a causa extintiva definida pelo testador, quando os bens serão transferidos para o fideicomissário. Neste caso, são duas liberalidades sucessivas, a primeira em favor do fiduciário, de titularidade temporária e a segunda, em proveito do fideicomissário, de titularidade definitiva.

E se no momento da resolução da propriedade do fiduciário (causa extintiva – morte, prazo ou condição), o fideicomissário (prole eventual) ainda não existir? A propriedade do fiduciário se resolve, mas a prole ainda não existe. Aplica-se o art. 1.800, com nomeação de curador e aguarde-se o prazo de dois anos para a concepção ou os bens irão para os herdeiros legítimos? Nem uma coisa nem outra. O art. 1.800 trata de outra modalidade de benefício testamentário (fora do instituto da substituição). O testador pode favorecer prole eventual, mas não necessariamente sob a forma de substituição fideicomissária. Essa a confusão. A solução é a seguinte: caso não tenha o fideicomissário sido concebido até o momento da resolução do direito de propriedade do fiduciário, o fideicomisso caduca e a propriedade do fiduciário, que era resolúvel, se torna plena e definitiva (a única possibilidade seria o próprio testador estabelecer prazo de espera para a concepção do fideicomissário – justamente porque é negócio jurídico).

O fideicomisso também caduca se o fideicomissário renunciar à herança ou legado, se morrer antes que o fiduciário ou morrer antes do termo ou da condição. No caso de caducidade, a propriedade do fiduciário se torna plena (salvo disposição em contrário no testamento – sempre se respeita a vontade do testador).

Na substituição fideicomissária, o objetivo é que o fiduciário conserve a herança, que no final será destinada à prole eventual (fideicomissário).

A propriedade do fiduciário poderá se resolver por sua morte, em determinado tempo (se foi previsto prazo) ou sob certa condição. A resolução se operará em favor de pessoa que se qualifica como fideicomissária (prole eventual), conforme art. 1.953. A regra prevista no art. 1.359 do CC, que trata da propriedade resolúvel, se aplica à substituição fideicomissária, por ser uma espécie do gênero propriedade resolúvel.

Portanto, o testador institui herdeiro ou legatário, que é o fiduciário. Com a morte do testador, a herança ou legado se transmite para esse herdeiro ou legatário, que terá a propriedade dos bens que integram a herança. Tal propriedade é resolúvel. Perdurará até a morte do fiduciário, do tempo ou do implemento da condição, quando os bens passarão para o fideicomissário, prole eventual. É o que dispõe o art. 1.951 do Código Civil. De acordo com o Enunciado 529 das Jornadas de Direito Civil: "Art. 1.951: O fideicomisso, previsto no art. 1.951 do Código Civil, somente pode ser instituído por testamento".

Para que a substituição fideicomissária tenha eficácia, é imprescindível que, quando da morte do testador, o fideicomissário não tenha sido concebido ou nascido. Se o fideicomissário, por ocasião da morte do testador, não havia sequer sido concebido (ou seja, é prole eventual), os bens serão transferidos ao fiduciário, que terá a propriedade resolúvel e restrita, a ser resolvida futuramente em favor da prole eventual, fideicomissária.

O fiduciário é obrigado a proceder ao inventário dos bens gravados e a prestar caução de restituí-los, se o exigir o fideicomissário.

No entanto, se, por ocasião da morte do testador, o fideicomissário já tiver nascido, como ele é destinatário principal da herança, a propriedade dos bens é para ele diretamente, que deixou a condição de prole eventual. O fiduciário, nesse caso, não terá direito à propriedade dos bens da herança. O direito de propriedade resolúvel do fiduciário se converte em usufruto e, portanto, segue as regras desse direito real sobre coisa alheia (usufruto legal). O fiduciário será usufrutuário, e o fideicomissário, nu-proprietário dos bens da herança, a teor do que dispõe o parágrafo único do art. 1.952 do CC.

Salvo cláusula de substituição, se o fiduciário renunciar à herança ou ao legado, defere-se ao fideicomissário o poder de aceitar.

O fideicomissário pode renunciar à herança ou ao legado, e, nesse caso, o fideicomisso caduca, deixando de ser resolúvel a propriedade do fiduciário se não houver disposição contrária do testador. A renúncia do fideicomissário é causa de caducidade da herança ou legado. A propriedade dos bens do fiduciário deixa de ser resolúvel e passa a ser plena. Com a plenitude da propriedade, em caso de morte do fiduciário, os bens são destinados a seus herdeiros. No entanto, poderá o testador, em cláusula testamentária, dispor em sentido contrário, com a nomeação de substituto, por exemplo, para assumir o lugar do fideicomissário renunciante.

Se o fideicomissário aceitar a herança ou o legado, terá direito à parte que ao fiduciário, em qualquer tempo, acrescer. Ao sobrevir a sucessão, o fideicomissário responde pelos encargos da herança que ainda restarem.

Além da renúncia do fideicomissário, o fideicomisso caduca se o fideicomissário morrer antes do fiduciário ou antes de realizar-se a condição resolutiva do direito de propriedade do fiduciário. Nessas hipóteses, a propriedade se consolida em favor do fiduciário. É o que dispõe o art. 1.958 do CC.

O fideicomisso tem limites. O art. 1.959 do CC dispõe serem nulos os fideicomissos além do segundo grau. Perante o testador, o fiduciário, que terá a propriedade resolúvel, é o herdeiro ou legatário em primeiro grau, e o fideicomissário (pessoa designada para receber a herança) é o herdeiro ou legatário em segundo grau. O fideicomisso não pode ir além do fideicomissário. Não há como estabelecer cláusula de substituição fideicomissária além do fideicomissário (prole eventual). Portanto, não poderia o testador impor, por exemplo, ao fideicomissário a obrigação de entregar a herança a outra pessoa, um terceiro. Portanto, a cláusula que prevê substituição fideicomissária é limitada ao segundo grau.

Por isso, a nulidade da substituição ilegal, além do segundo grau, não prejudica a instituição da substituição fideicomissária, que valerá sem o encargo resolutório.

7.29. DA DESERDAÇÃO E DA INDIGNIDADE

A deserdação é o meio pelo qual o autor da herança afasta herdeiros específicos (necessários) da sucessão hereditária.

A deserdação é instituto exclusivo da sucessão testamentária, com a finalidade exclusiva de excluir da herança herdeiros (necessários), a quem pertence a legítima (metade disponível da herança). Somente é possível deserdar por testamento. E a finalidade da deserdação é excluir da herança, por ato de vontade, a partir de indicação de causas previstas em lei, herdeiros necessários.

Se o sucessor não for necessário (colateral), desnecessária a deserdação. E a razão é simples: neste caso, como não possuem direito à legítima, basta dispor de todos os bens, por testamento, sem os contemplar (art. 1.850 do CC). Se não houver herdeiro necessário, a liberdade de testar é ampla e irrestrita. Por outro lado, como os herdeiros necessários têm direito à legítima e não podem ser excluídos da sucessão sem motivo, o instituto da deserdação somente a eles se destina.

A finalidade da deserdação é privar o herdeiro necessário da legítima ou da parte indisponível (por isso, a deserdação é causa de exclusão relacionada à sucessão testamentária). O art. 1.961 da Lei Civil estabelece que a deserdação é sanção civil para os herdeiros necessários, desde que haja expressa declaração de causa no testamento, as quais estão previstas em lei. Tais herdeiros podem ser deserdados nas mesmas hipóteses em que podem ser excluídos da sucessão por indignidade e, também, em situações específicas para a deserdação (arts. 1.962 e 1.963, ambos do CC). Tais normas específicas simplesmente omitem o cônjuge e o companheiro, que também são herdeiros necessários. Por isso, o cônjuge e o companheiro somente podem ser excluídos da sucessão, pela deserdação, nas hipóteses de indignidade (art. 1.814 do CC).

Na exclusão da herança por indignidade, ao contrário da deserdação, qualquer herdeiro, inclusive os colaterais, poderão ser excluídos da sucessão. A deserdação é sanção civil para o herdeiro necessário, que perderá o direito à legítima. É sanção civil específica para herdeiros necessários que somente pode ser ordenada em testamento e com expressa declaração de causa (art. 1.964 do CC).

E quem seriam os herdeiros necessários? Os descendentes, ascendentes e o cônjuge (art. 1.845 do CC). O companheiro, após a declaração de inconstitucionalidade pelo STF da diferenciação do regime sucessório em relação ao cônjuge, também pode ser considerado herdeiro necessário e, por isso, poderia ser deserdado.

É necessário que o testamento, destinado à deserdação, indique expressamente a causa desta. Não basta a indicação da causa. É essencial a prova da veracidade da causa alegada pelo testador, ou seja, a deserdação não pode ser arbitrária ou abusiva. Portanto, a deserdação não decorre da lei, mas da expressa declaração do autor da herança em testamento, a ser confirmada após a morte por meio de processo judicial, nos termos do disposto nos arts. 1.964 e 1965 do CC.

Ao herdeiro instituído ou àquele a quem aproveite a deserdação incumbe provar a veracidade da causa alegada pelo testador.

O direito de provar a causa de deserdação está submetido a prazo decadencial de quatro anos, a contar da data da abertura do testamento (como o testamento particular e público já são abertos, para estes o prazo seria desde a data da abertura da sucessão; portanto, a norma seria restrita ao testamento cerrado), nos termos do art. 1.965, parágrafo único, do CC. A ação de deserdação deve ser proposta após homologação judicial do testamento. A ação, necessariamente, deve ser proposta após a abertura da sucessão. O autor da herança apenas declara a causa no testamento. Em relação às causas, além daquelas que servem de fundamento para a indignidade, art. 1.814, que também justificarão a deserdação, há outras específicas, previstas nos arts. 1.962 e 1.963, ambos do CC.

Em relação aos atos que também caracterizam indignidade, art. 1.814, todos os herdeiros necessários podem ser excluídos da sucessão, pelo instituto da deserdação.

Todavia, em relação às causas específicas da deserdação, arts. 1.962 e 1.963, em razão da restrição da norma, "ascendentes" e "descendentes", não podem ser estendidas ao cônjuge ou ao companheiro, ainda que sejam herdeiros necessários. Ao cônjuge somente são aplicadas as hipóteses previstas no art. 1.814. Registre-se que autores como Maria Berenice Dias e Rosenvald e Chaves[13], por meio de interpretação finalística, defendem que as condutas tipificadas para a deserdação de descendentes e ascendentes também são extensíveis ao cônjuge.

Quais são as causas específicas?

Autorizam a deserdação dos descendentes por seus ascendentes: I – ofensa física; II – injúria grave; III – relações ilícitas com a madrasta ou com o padrasto; IV – desamparo do ascendente em alienação mental ou grave enfermidade. Autorizam a deserdação dos ascendentes pelos descendentes: I – ofensa física (qualquer forma de agressão contra o corpo da vítima); II – injúria grave (atitude eticamente reprovável – expressões depreciativas contra o autor da herança, com violação da dignidade deste – deve ser grave e intolerável, capaz de afetar o núcleo essencial da dignidade – não é extensivo ao cônjuge ou ao

---

[13] FARIAS, Cristiano Chaves de; ROSENVALD, Nelson. *Curso de direito civil. Sucessões.* 3. ed. Salvador: JusPodivm, 2016, p. 187.

companheiro, como na violação da honra, para fins de indignidade – art. 1.814, II); III – relações ilícitas com a mulher ou companheira do filho ou do neto, ou com o marido ou companheiro da filha ou da neta (evitar o incesto, relações sexuais e outros comportamentos lascivos em relação a tais pessoas – neste ponto, a lei civil não observa a realidade, porque no incesto entre pais e filhos não haveria deserdação, não se autoriza a deserdação do cônjuge e não alcança netos e netas que venham a manter relações sexuais com o esposo ou a companheira do avô ou avó); e IV – desamparo do filho ou neto com deficiência mental ou grave enfermidade (preservar a solidariedade familiar).

Como se observa, todos os herdeiros necessários podem ser privados da legítima nas mesmas hipóteses em que podem ser excluídos da sucessão por indignidade. Todavia, em relação às causas específicas da deserdação, apenas os descendentes e ascendentes podem ser deserdados.

Quanto aos efeitos, é possível a representação dos descendentes dos deserdados, porque os efeitos são pessoais, da mesma forma que ocorre com a exclusão da herança pela indignidade. O deserdado deve receber o mesmo tratamento como se pré-morto fosse. Se o deserdado não tiver filhos, ocorrerá o direito de acrescer dos demais herdeiros do mesmo grau. A reconciliação e o perdão não neutralizam os efeitos da desedação. Apenas se houver manifestação expressa em outro testamento é que os efeitos serão afastados.

Em conclusão, são pressupostos para a desedação: testamento válido; declaração expressa da causa de desedação no testamento e prova judicial da causa por herdeiro instituído ou outra a quem a herança pode aproveitar.

A desedação *"bona mente"* não se confunde com a desedação propriamente dita. O objetivo da *"bona mente"* é proteger o herdeiro que está sendo deserdado, por meio da inclusão de cláusulas restritivas, como inalienabilidade, incomunicabilidade e impenhorabilidade. A legítima do herdeiro necessário é onerada. Todavia, em relação à legítima, é essencial a indicação de justa causa, nos termos do art. 1.848 do CC.

Resumo

O indigno e o deserdado podem ser afastados da sucessão e, por isso, são equiparados a herdeiro pré-morto, o que permite a sucessão por representação (estirpe) dos descendentes do indigno e do deserdado. A indignidade e a desedação representam sanções civis no âmbito sucessório. Os efeitos da exclusão da sucessão são pessoais.

Resumo das diferenças fundamentais entre desedação e indignidade: 1 – a exclusão por indignidade pode ocorrer em qualquer sucessão, legítima ou testamentária. A desedação é instituto exclusivo da sucessão testamentária (por causa de seu objetivo); 2 – qualquer herdeiro (legítimo – facultativo ou necessário; testamentário) pode ser declarado indigno enquanto somente os herdeiros necessários podem ser deserdados – O objetivo da desedação é privar o herdeiro necessário da parte indisponível da herança. Como a desedação é privativa da sucessão testamentária, em relação aos herdeiros não necessários (cola- terais), basta dispor de todos os bens em testamento sem os contemplar (art. 1.850). Por isso, desnecessária a desedação destes; 3 – a indignidade pode se relacionar a fatos e causas anteriores e posteriores à abertura da sucessão, ao passo que na desedação, os fatos são necessariamente anteriores; 4 – a exclusão do indigno ocorrerá quando restar caracterizada hipótese prevista em lei – decorre diretamente da lei (art. 1.814 – atos contra a vida, honra, liberdade e integridade física do autor da herança). A desedação depende da indicação de causa (previstas em lei – as mesmas causas da indignidade e outras específicas) em testamento; 5 – a exclusão do indigno será declarada por sentença civil, cujo direito de demandar decai em quatro anos contados da abertura da sucessão ou por efeito de sentença penal condenatória transitada em julgado. Na desedação, não basta o testador declarar, de forma expressa, a causa no testamento, pois deverá ser provada em juízo a veracidade da causa da desedação alegada pelo testador (prazo decadência de 4 anos, contado da abertura do testamento). A nulidade do testamento ou a revogação por outro testamento posterior, afasta a possibilidade de desedação.

Obs. (perdão): o indigno pode ser admitido a suceder se, por testamento ou outro ato autêntico, aquele que foi ofendido o reabilitar expressamente (tal reabilitação é compatível com a desedação). Todavia, se não houve reabilitação expressa do indigno e o ofendido, ao testar, já conhecia a causa da indignidade, poderá o indigno ser sucessor testamentário (desta parte objeto do testamento), mas a indignidade o privará dos bens que receberia na sucessão legítima.

• **Redução das disposições testamentárias**

O testador não é obrigado a dispor da totalidade dos bens disponíveis da herança. A parte indisponível não pode ser objeto de testamento, porque pertence aos herdeiros necessários. Em relação à parte disponível, se o testador só em parte dispuser dessa cota, o remanescente pertencerá aos herdeiros legítimos (necessários e facultativos), de acordo com a ordem de vocação hereditária da sucessão legítima.

Os herdeiros necessários têm direito à metade da herança, que constitui a legítima. Se houver herdeiro necessário (art. 1.845 do CC), o testador só pode dispor da metade dos bens. Se o testador exceder esse teto, que é disponível, a lei impõe a redução das cotas que beneficiaram herdeiros. A parte indisponível não pode ser incluída no testamento (art. 1.857, § 1º, CC). Por isso, há redução quando houver invasão da parte indisponível. A redução é direito dos herdeiros necessários.

Se o herdeiro testamentário é contemplado com a integralidade da cota disponível, não haverá redução, porque não houve individualização de bens. No caso, caberá apenas identificar a parte disponível, que é fração da herança, para garantir o direito desse herdeiro testamentário.

O art. 1.967 do Código Civil impõe uma ordem para proceder à redução que excedeu o limite legal.

Se houver herdeiro testamentário (universal) e legatário (singular), primeiro se reduz a cota do herdeiro testamentário. Se houver vários herdeiros testamentários, a redução é proporcional.

Em relação a esse dispositivo, foi aprovado o Enunciado 118 da I Jornada de Direito Civil: "Art. 1.967, *caput* e § 1º: O testamento anterior à vigência do novo Código Civil se submeterá à redução prevista no § 1º do art. 1.967 naquilo que atingir a porção reservada ao cônjuge sobrevivente, elevado que foi à condição de herdeiro necessário". O objetivo do enunciado é adequar a condição de herdeiro necessário conferida ao cônjuge sobrevivente pela nova legislação com as disposições que tratam da redução testamentária.

Os legados somente são objeto de redução se a parte dos herdeiros que recebe em porcentagem não for suficiente para preservar a legítima. A ordem é reduzir a cota dos herdeiros testamentários, em seguida a dos legatários e, por fim, as doações realizadas em favor de terceiros.

Nada impede que o próprio testador inverta a ordem legal e estabeleça uma ordem de preferência, quando já anteveja que pode ter excedido a parte disponível. É o que dispõe o § 2º do art. 1.967 do CC.

Se o legado sujeito a redução for prédio divisível, a divisão será realizada proporcionalmente. Se a divisão for impossível, a lei estabelece alguns critérios baseados na quantidade. Se o excesso do legado montar a mais de um quarto do valor do prédio, o legatário deixará inteiro na herança o imóvel legado, ficando com o direito de pedir aos herdeiros o valor que couber na parte disponível (nesse caso, se for superior a 25%, terá direito a uma fração). Se o excesso não for de mais de um quarto, aos herdeiros fará tornar em dinheiro o legatário, que ficará com o prédio (se o excesso for menor que 25%, o legatário ficará com o prédio, mas tem de indenizar os herdeiros do excesso).

Se o legatário for ao mesmo tempo herdeiro necessário, poderá inteirar sua legítima no mesmo imóvel, de preferência aos outros, sempre que ela e a parte subsistente do legado lhe absorverem o valor. O legatário, que também é herdeiro necessário, tem direito de preferência na aquisição do bem. O eventual excesso pode ser abatido da parte a que faz jus (o valor do legado somado ao valor da sua legítima pode alcançar o valor do imóvel, caso em que terá preferência).

7.30. REVOGAÇÃO DO TESTAMENTO

O testamento é negócio jurídico unilateral e revogável (art. 1.858 do CC). A revogação, ao contrário da caducidade (fatos alheios à vontade do testador) e do rompimento (decorre da lei), é causa extintiva que depende da vontade do testador. Todavia, há regras para a revogação do testamento.

O testamento pode ser revogado pelo mesmo modo e forma como pode ser feito (art. 1.969 do CC). O tipo ou espécie do testamento revogador não precisa coincidir com a espécie do testamento revogado, ou seja, testamento público pode revogar testamento privado e vice-versa. Todavia, o testamento revogador tem que ter os mesmos requisitos e pressupostos de um testamento não revogador. Se o testamento revogador for público, deve se submeter às regras formais de qualquer testamento público.

A exceção é o testamento cerrado. Em relação ao modo de revogação, o testamento cerrado se submete a regra especial: o testamento cerrado que for dilacerado pelo testador ou aberto ou dilacerado com seu consentimento será considerado revogado – art. 1.972 do CC (lógica do testamento cerrado).

A revogação do testamento pode ser total ou parcial. Se parcial ou se o testamento posterior não contiver cláusula revogatória expressa, o anterior subsiste em tudo que não for contrário ao posterior.

De acordo com o art. 1.971 do Código Civil, a revogação produzirá seus efeitos, ainda quando o testamento que a encerra vier a caducar por exclusão, incapacidade ou renúncia do herdeiro nele nomeado; não valerá se o testamento revogatório for anulado por omissão ou infração de solenidades essenciais ou por vícios intrínsecos.

O art. 1.971 do Código Civil é emblemático porque diferencia a invalidade do testamento posterior (revogador) da caducidade do testamento posterior (revogador).

1. **invalidade e efeitos**: a invalidade ocorre por conta de vícios de origem (plano da validade), como na hipótese de não terem sido observadas as formalidades legais exigidas para a validade do testamento. Tais vícios comprometem a validade do testamento e o desconstitui como negócio jurídico. Neste caso, não produzirá nenhum efeito, razão pela qual não "valerá", ou melhor, não haverá revogação do testamento anterior. O testamento posterior inválido não revoga testamento anterior. Não tem relevância a causa da invalidade (omissão ou infração de solenidades ou vícios intrínsecos).

2. **caducidade e efeitos**: por outro lado, se houver a caducidade do testamento posterior (revogador), independente da causa, produzirá o efeito de revogar o testamento anterior. A lógica se dá em razão do fato de a caducidade atuar no plano da eficácia e se relacionar a fatos vinculados aos sucessores (pré-morte, exclusão por indignidade ou renúncia da herança). Nestes casos, o testamento posterior revogador caducará, porque os sucessores eleitos não poderão incorporar as disposições testamentárias. Todavia, mesmo caduco, porque será válido, embora ineficaz, produz o efeito revogador. O testador poderá evitar a caducidade, por meio do instituto da substituição testamentária, já analisado.

7.31. ROMPIMENTO DO TESTAMENTO

O testamento poderá ser rompido se sobrevier descendente sucessível ao testador, que não o tinha ou não o conhecia quando testou.

Nesse caso, rompe-se o testamento em todas as suas disposições, se esse descendente sobreviver ao testador. É o que enuncia o art. 1.973 do CC: "Sobrevindo descendente sucessível ao testador, que não o tinha ou não o conhecia quando testou, rompe-se o testamento em todas as suas disposições, se esse descendente sobreviver ao testador". Trata-se de norma protetiva. O rompimento é total nesta hipótese, mas segundo a doutrina majoritária, se já possuir descendentes, a sobrevinda de mais um, não teria o condão de romper o testamento.

Caso o descendente (que não existia ou não era conhecido) venha a falecer antes do testador, não haverá rompimento do testamento.

O testamento também se romperá quando feito na ignorância de existirem outros herdeiros necessários. Os herdeiros necessários têm direito à legítima e, caso o testador desconsidere, por ignorância, a existência de herdeiros necessários, como ascendentes, este poderá se romper na totalidade, de acordo com o art. 1.974. Tal previsão legal é mero desdobramento do art. 1.973 do CC.

No entanto, se houver herdeiros necessários e o testador dispuser da sua metade disponível, não contemplando os herdeiros necessários de cuja existência saiba, ou quando os exclua dessa parte, não há rompimento do testamento. E o motivo é simples: nessa hipótese, houve respeito ao direito da legítima dos herdeiros necessários: "Art. 1.975. Não se rompe o testamento, se o testador dispuser da sua metade, não contemplando os herdeiros necessários de cuja existência saiba, ou quando os exclua dessa parte". Em resumo, o Código Civil, nos arts. 1.973 a 1.975, disciplina o instituto do "rompimento" do testamento. O rompimento é causa de extinção do testamento que atua no plano da eficácia deste negócio jurídico. O rompimento ocorrerá por força de *lei* em duas hipóteses: inexistência (1.ª) e/ou desconhecimento da existência (2.ª) de herdeiros necessários no momento da elaboração do testamento. Tal herdeiro que sobrevêm ao testamento pode surgir antes ou após a morte do testador.

Portanto, por força de lei (independente da vontade do testador), caso sobrevenha herdeiro necessário, que não existia e/ou era desconhecido no momento do testamento, este NJ, na integralidade, estará "roto", rompido ou destruído. Qual a lógica? A presunção (relativa e tosca) de que se o testador tivesse ou soubesse da existência de herdeiro necessário quando testou, teria disposto de outro modo. Objetivo da norma: preservar a vontade do testador (que poderia ser diferente) e os interesses do herdeiro ignorado/inexistente que sobrevêm após o testamento. Em razão do efeito drástico do rompimento (a integralidade das disposições testamentárias é considerada ineficaz caso sobrevenha herdeiro necessário sucessível desconhecido ou inexistente no momento do testamento) e, para preservar a vontade do testador (base da interpretação das regras do testamento – art. 1.899 do CC), a doutrina e a jurisprudência restringem (de forma questionável) o alcance do instituto. Qual o entendimento atual?

A ruptura/rompimento do testamento só ocorrerá se, quando formalizado o testamento, não havia ou não se sabia da existência de *nenhum* herdeiro necessário e, após este NJ, sobrevêm algum (ex.: filho nascido após o testamento ou filho que existia, mas não havia sido reconhecido). Em qualquer outra situação, não haverá rompimento do testamento.

Assim, se o testador já possuía herdeiro necessário quando testou (um filho) e, após o testamento, *surge* outro que não existia (ex.: filho nascido posteriormente) ou que era ignorado/desconhecido (ex.: filho reconhecido posteriormente), *não* haverá ruptura do testamento. A existência de herdeiro necessário ou o mero conhecimento da existência no momento do testamento, é suficiente para afastar o rompimento. Isto porque "quebra" a lógica do rompimento (presunção tosca acima). Da mesma forma, o herdeiro ignorado no momento do testamento (filho não reconhecido), *não* poderá requerer o rompimento do testamento, se o testador já tivesse outros herdeiros necessários (descendentes, por exemplo) quando elaborou o ato. Claro que terá direito à herança (legítima), por ser herdeiro necessário (pode questionar se foi respeitada a legítima, sob pena de redução), mas jamais requerer o rompimento do testamento. Tal entendimento restritivo é ancorado na preservação da vontade do testador. Se já tinha herdeiros necessários (ou sabia da existência destes) e fez testamento, presume-se (presunção tosca) que teria realizado o testamento de qualquer modo (portanto, o herdeiro necessário era indiferente ao testador). O rompimento, então, por implicar na ineficácia *total* do testamento, é medida excepcional. Se o testador sabia da existência do herdeiro (ignorado) e não o contempla no testamento, também não há rompimento, mas a legítima deste deve ser respeitada, sob pena de redução da disposição testamentária. Também se defende a tese de que o rompimento é afastado se o testador, mesmo não tendo herdeiro necessário ou desconhecendo a existência de algum, se limita a testar a parte disponível (entendimento contrário à norma).

Exemplos para compreensão: de acordo com esse entendimento restritivo: 1 – se no momento do testamento não existia ou não conhecia *nenhum* herdeiro necessário, que surge posteriormente, haverá o rompimento da totalidade do testamento; 2 – se o testador já tinha herdeiro quando testou e surge outro (que não existia ou que era desconhecido), seja por nascimento, adoção, reconhecimento etc., não se rompe (porque já tinha um herdeiro quando testou), mas deve ser respeitada a legítima; 3 – se o testador sabe que tem herdeiro que não quis reconhecer (filho que se recusa a reconhecer) e faz testamento, ainda que não tenha outro herdeiro no momento do testamento, não haverá rompimento (porque sabia da existência e não o contemplou – afasta-se a norma), mas tem direito à legítima; e 4 – se desconhece que tinha um filho quando testou (que não foi reconhecido) e, se não tinha nenhum herdeiro necessário conhecido no momento do testamento, neste caso, aquele filho, se reconhecido, antes ou após a morte do testador, provocará o rompimento total do testamento (veja que, neste caso, se o testador tivesse um único herdeiro necessário que fosse quando testou, esse que foi reconhecido posteriormente teria direito à sua parte na legítima, mas não haveria rompimento do testamento).

Na VIII Jornada de Direito Civil foi aprovado enunciado para limitar o efeito jurídico do rompimento do testamento a questões patrimoniais: "o rompimento do testamento (art. 1.973) se refere exclusivamente às disposições de caráter patrimonial, mantendo-se válidas e eficazes as de caráter extrapatrimonial, como o reconhecimento de filho e o perdão ao indigno".

7.31.1. Testamenteiro

O testamenteiro será o responsável pelo cumprimento das disposições de última vontade do testador. O testamenteiro age no interesse do testador. Deve velar pela realização plena do conteúdo do testamento, em respeito estrito à vontade manifestada pelo testador. O testamenteiro é figura indispensável na sucessão testamentária e não se confunde com o inventariante (embora, excepcionalmente, o inventariante e o testamenteiro possam se confundir na mesma pessoa). O fiel e exato cumprimento das disposições testamentárias é a principal função a ser desempenhada pelo testamenteiro.

É a pessoa nomeada pelo testador, com a missão de executar e fazer cumprir o testamento. O poder de escolher o testamenteiro é desdobramento da autonomia privada, inerente ao negócio jurídico testamento. O testador pode nomear qualquer pessoa como testamenteiro, mas não é obrigado a tal nomeação. Todavia, como o testamenteiro é personagem indispensável para a execução de qualquer testamento, tenha conteúdo econômico ou não, no caso de omissão, será testamenteiro aquele indicado pela lei (art. 1.984, de forma a suprimir a omissão do testador).

O testador pode nomear um ou mais testamenteiros, conjuntos ou separados, para dar cumprimento às disposições de sua última vontade (art. 1.976 do CC). Tal nomeação, como mencionamos, é faculdade do testador, mas no caso de omissão (se o testador não nomear testamenteiro), a execução das disposições testamentárias competirá a um dos cônjuges e, na falta deste, a qualquer outro herdeiro nomeado pelo juiz (art. 1.984). Portanto, a norma supre eventual omissão do testador em relação à nomeação de testamenteiro.

A nomeação pode ser feita por testamento ou codicilo.

Na nomeação, o testador pode conceder ao testamenteiro a posse e a administração da herança, ou de parte dela, não havendo cônjuge ou herdeiros necessários (art. 1.977 do CC). Nesse caso, a posse e administração será do cônjuge e/ou dos herdeiros necessários. Se o testamenteiro estiver na posse e administração dos bens, deve requerer inventário e cumprir o testamento, nos termos do art. 1.979 do CC. Tal determinação decorre do fato de que o possuidor e administrador tem melhores condições de apurar a oportunidade para o inventário. O cumprimento do testamento é a função principal do testamenteiro, esteja ou não na posse e administração dos bens.

Qualquer herdeiro pode requerer partilha imediata ou devolução da herança, habilitando o testamenteiro com os meios necessários para o cumprimento dos legados ou dando caução de prestá-los.

O testamenteiro nomeado ou qualquer parte interessada pode requerer, assim como o juiz pode ordenar, de ofício, ao detentor do testamento, que o leve a registro.

O testamenteiro exerce função relevante. Por isso, é obrigado a cumprir as disposições testamentárias no prazo marcado pelo testador, e a dar contas do que recebeu e despendeu, subsistindo sua responsabilidade enquanto durar a execução do testamento. Compete ao testamenteiro, com ou sem o concurso do inventariante e dos herdeiros instituídos, defender a validade do testamento.

Se o testador não conceder prazo maior, cumprirá o testamenteiro o testamento e prestará contas em 180 dias contados da aceitação da testamentaria. Pode esse prazo ser prorrogado se houver motivo suficiente.

O testamenteiro não pode delegar o múnus. Trata-se de ato personalíssimo, que não se transmite aos herdeiros do testamenteiro, nem é delegável. Tal caráter personalíssimo não impede o testamenteiro de poder fazer-se representar, em juízo e fora dele, mediante mandatário com poderes especiais.

Se houver simultaneamente mais de um testamenteiro que tenha aceitado o cargo (é possível a nomeação conjunta, nos termos do art. 1.976 do CC), poderá cada qual exercê-lo, na falta dos outros. Todavia, todos ficam solidariamente obrigados a dar conta dos bens que lhes forem confiados, salvo se cada um tiver, pelo testamento, funções distintas e a elas se limitar.

O testamenteiro deve ser remunerado, desde que não seja herdeiro ou legatário. Se o testador não houver fixado o valor do prêmio, será de 1% a 5%, arbitrado pelo juiz, sobre a herança líquida, conforme a importância dela e maior ou menor dificuldade na execução do testamento. O prêmio arbitrado será pago à conta da parte disponível, quando houver herdeiro necessário. De acordo com o art. 1.988 do CC, o herdeiro ou o legatário nomeado testamenteiro poderá preferir o prêmio à herança ou ao legado. Nesse caso, para ter direito à remuneração ou prêmio, o herdeiro ou legatário deverá renunciar à herança. O herdeiro ou legatário que exerce a função de testamenteiro não tem direito ao prêmio ou remuneração pelo exercício deste encargo.

O testamenteiro que for removido ou não cumprir o testamento perderá o prêmio, cujo valor reverterá à herança.

Por fim, se o testador tiver distribuído toda a herança em legados, exercerá o testamenteiro as funções de inventariante. Tal hipótese é uma imposição legal. Todavia, quando o testamenteiro tiver a posse e administração dos bens, também poderá ser nomeado inventariante. Ademais, se herdeiro ou legatário, poderá também ser inventariante e testamenteiro. Não há qualquer impedimento para que a mesma pessoa acumule as funções de testamenteiro e inventariante.

7.31.2. Resumo da teoria geral do testamento (questões relevantes)

O testamento é NJ que permite a pessoa (humana) capaz (ativa – a partir de 16 anos; legitimidade passiva/sucessor testamentário: pessoa natural, prole eventual e pessoa jurídica) exteriorizar vontade para dispor da totalidade ou parte dos bens, para ter efeito após a morte, em favor de sucessores que elege (herdeiros/fração indefinida ou legatários/fração determinada).

Objeto do testamento: relações jurídicas patrimoniais que integram a herança, patrimoniais que não se caracterizam como herança (fundação privada, bem de família, constituição de condomínio, servidão predial etc.) ou, ainda, relações existenciais (reconhecimento de filho, disposições de parte do corpo, nomeação de tutor, deserdação, testamento vital/morte digna etc.) e, será válido/eficaz, ainda que seu objeto trate exclusivamente de questões *não* patrimoniais.

Para conciliar autonomia privada (testamento) e proteção da família (legítima), se o testador tiver herdeiro necessário, a parte indisponível não pode ser incluída no testamento (violada a legítima, haverá redução da disposição testamentária – art. 1.967). Se houver herdeiro necessário ou se o testador não dispuser da totalidade dos bens, coexistirão sucessão testamentária e legítima.

A lógica do testamento decorre de duas premissas (negócio jurídico e preservação da vontade do testador), que justificam suas características fundamentais: é NJ (autonomia privada – se submete à teoria do NJ), *unilateral* (formação – a vontade do testador é suficiente para validade e eficácia), *gratuito*, *solene* (testamentos ordinários/comuns: público, cerrado/místico e particular/hológrafo se diferenciam quanto ao aspecto externo/formalidades, que conferem maior/público ou menor/privado segurança – o cego e o analfabeto só podem fazer testamento público – o surdo, público e cerrado; o conteúdo/disposições do testador pode ser o mesmo em todas as espécies), *personalíssimo* (por isso, não admite procuração; é nulo o testamento conjuntivo – de mão comum, seja simultâneo, recíproco ou correspectivo – a ideia é preservar a liberdade/autonomia; é nulo quando favoreça pessoa incerta, cuja nomeação é conferida a terceiro etc.) e *revogável* (o testamento revogador pode ser de espécie diversa do revogado, mas o revogador deve se submeter à mesma formalidade como qualquer testamento, com exceção do cerrado que se revoga se for dilacerado; a revogação pode ser total/parcial e, o revogador não pode ter vícios intrínsecos ou omissões formais, sob pena de não ter eficácia revogatória. Excepcionalmente, algumas disposições de vontade em testamento, devido à natureza destas, não são revogáveis, como o reconhecimento de filho (motivo é a filiação).

O codicilo é ato de disposição de última vontade autônoma (próprio punho, em escrito particular/público), com objeto mais restrito que o testamento – desvinculado de formalidades – pode conter disposições patrimoniais de pequena monta ou não patrimoniais – art. 1.881.

Por ser NJ (lógica), o testamento pode ter elementos acidentais (condição, termo e encargo), que afetam sua eficácia. Regra: a nomeação de sucessores é pura e simples – efeito imediato com a abertura da sucessão. Exceção: é possível a instituição de sucessores sob condição ou com encargo (o inadimplemento do encargo não invalida o testamento, salvo se for inserido como condição). Em relação ao termo, é vedado, salvo: disposições fideicomissárias ou legado a termo.

Causas de extinção do testamento: 1 – cumprimento (execução regular); 2 – invalidade (é NJ e, por isso, pode ser invalidado por vícios anteriores ou contemporâneos à formação – assim, nos termos do art. 1.861, a incapacidade superveniente não invalida o testamento); 3 – revogação (extinção por ato de vontade); 4 – caducidade (perda da eficácia, por força da lei, em razão de fato superveniente que esvazia o seu conteúdo – pré-morte, renúncia etc.); e, 5 – rompimento (causa posterior à formação, que ocorrerá quando sobrevier descendente que não tinha ou não conhecia no momento do testamento ou, quando realizado na ignorância de herdeiros necessários – nestes casos rompe-se todas as disposições, salvo previsão em contrário do testador).

As regras sobre interpretação do testamento seguem a lógica da preservação da vontade do testador e de que a sucessão legítima tem caráter supletivo e subsidiário (arts. 1.903-1.908).

O testador, para evitar a caducidade e, antevendo possível renúncia ou impossibilidade do sucessor em aceitar a herança ou legado (pré-morte, indignidade, deserdação ou ausência de legitimidade), pode indicar substituto para estas hipóteses. A substituição simples difere da substituição fideicomissária (finalidade desta é favorecer a prole eventual). Nesta, a disposição testamentária é transferida a várias pessoas, de forma sucessiva – *fiduciário*, que terá a propriedade resolúvel e, em seguida, o *fideicomissário*, beneficiário/prole eventual. O substituto (fiduciário) é chamado antes do substituído (beneficiário). Se, no momento da abertura da sucessão, o fideicomissário já tiver nascido, será o proprietário e o direito do fiduciário se converte em usufruto (usufruto legal, que se submete às regras do usufruto).

7.32. INVENTÁRIO E PARTILHA

O procedimento do inventário é disciplinado pelo Código de Processo Civil, e tem início com o requerimento de abertura a ser formulado por aquele que está na posse ou na administração dos bens do espólio (art. 615 do CPC – por isso que se o testamenteiro está na posse e administração dos bens da herança, terá legitimidade para requerer a abertura de inventário) ou pelos demais legitimados concorrentes (art. 616 do CPC – o cônjuge ou companheiro supérstite; qualquer herdeiro; o legatário; o testamenteiro; o cessionário do herdeiro ou do legatário; o credor do herdeiro, do legatário ou do autor da herança; o Ministério Público, havendo herdeiros incapazes; a Fazenda Pública, quando tiver interesse; e o administrador judicial da falência do herdeiro, do legatário, do autor da herança ou do cônjuge ou companheiro supérstite), no prazo de 2 meses, a contar da abertura da sucessão. Assim, a legitimidade está diretamente relacionada aos interesses dos legitimados na herança, diretos ou indiretos (neste último caso, como acontece com o MP). O requerimento deve ser instruído com a certidão de óbito do autor da herança.

O inventário poderá ser judicial ou extrajudicial. Será extrajudicial (requisitos cumulativos), se não houver testamento, todos os herdeiros forem capazes e estiverem de acordo com a partilha dos bens (§ 1º do art. 610 do CPC). Caso algum herdeiro seja incapaz e/ou houver litígio sobre os bens da herança e/ou tiver testamento a ser cumprido, o inventário será judicial (requisitos alternativos).

O objetivo do inventário é identificar o patrimônio que compõe o acervo hereditário para viabilizar a segunda etapa, a partilha entre os sucessores. Portanto, o inventário é procedimento administrativo ou judicial destinado a levantar e discriminar de forma individualizada as relações patrimoniais (ativas e passivas) que são transmitidas pelo falecido. Após o pagamento das dívidas e recolhido o tributo, o saldo remanescente é partilhado entre os sucessores. Se houver testamento, o inventário judicial é obrigatório (art. 610 do CPC), salvo se o valor dos bens for inferior a 1.000 SM.

Em alternativa ao inventário, é possível o arrolamento sumário (art. 659 do CPC), caso haja consenso sobre a partilha e se todos os herdeiros forem capazes (independentemente do valor do patrimônio) ou o arrolamento comum (art. 664 do CPC). No arrolamento comum, a questão preponderante é o valor dos bens do espólio. Se igual ou inferior a 1.000 (mil salários mínimos), poderá ser processado pelo arrolamento comum, ainda que haja testamento ou litígio entre os herdeiros. Se houver incapaz, somente será possível processar o inventário pelo procedimento do arrolamento comum se todos os herdeiros e o MP estiverem de acordo, conforme art. 665.

No caso de herdeiro incapaz, a regra é o inventário judicial. Todavia se a herança for inferior a 1.000 salários mínimos e todos as partes e o MP acordarem, poderá o inventário ser processado na forma de arrolamento comum (processo mais simplificado).

Em resumo, o arrolamento comum depende do valor dos bens do espólio e, eventualmente, da anuência de todas as partes e MP, se houver herdeiro incapaz. Se todos forem capazes e não houver acordo, poderá o inventário ser processado pelo arrolamento comum, porque neste caso o acordo não é requisito para este arrolamento, ao contrário do sumário (art. 659 do CPC).

Entre a abertura da sucessão e a prestação do compromisso do inventariante, há considerável lapso temporal, período em que a herança será administrada por um "administrador provisório" (já está na administração, por ocasião da abertura da sucessão, motivo pelo qual não é nomeado por decisão judicial). O administrador provisório será o responsável pela gestão dos bens, até o compromisso do inventariante.

De acordo com o art. 614 do CPC, o administrador provisório representa ativa e passivamente o espólio e, por isso, tem o dever de incorporar ao acervo os frutos que desde a abertura da sucessão percebeu, com direito a reembolso das despesas úteis e necessárias. Ademais, responde, de forma subjetiva, pelos danos a que der causa.

Após o requerimento para abertura do inventário a ser formalizado pelos legitimados (administrador provisório ou as pessoas arroladas no art. 616 do CPC), cabe ao juiz a nomeação de inventariante, de acordo com a ordem do art. 617 do CPC, sujeito responsável pela gestão e administração do inventário. O inventariante nomeado prestará o compromisso de fiel e bem desempenhar o encargo ou função, de alta relevância (parágrafo único do art. 617 do CPC). A ordem de preferência do art. 617, como regra, deve ser observada pelo juiz. Todavia, não se trata de ordem absoluta de preferência, pois, de forma excepcional e desde que justificado, poderá o juiz desprezar a ordem para nomear sujeito que melhor cumprirá tal função. É possível, aliás, a inventariança dativa, quando é nomeada pessoa estranha ao acervo.

Os arts. 618 e 619 do CPC, assim como o art. 1.991 do Código Civil, dispõem sobre as obrigações do inventariante. O art. 618 do CPC trata de situações que envolvem a gestão ordinária, inerentes às funções da inventariança (representação e administração do espólio, prestação de declarações, exibição dos documentos relativos ao espólio, juntar a certidão de testamento, se houver, prestar contas). O art. 619 dispõe sobre atribuições do inventariante, que dependem de autorização judicial, como alienação de bens, transigir em juízo ou fora dele, pagamento de dívidas e realizar despesas para a conservação ou melhoramento dos bens do espólio). Tais atribuições evidenciam que o inventariante é um gestor).

De acordo com o art. 1.991 do CC: "Desde a assinatura do compromisso até a homologação da partilha, a administração da herança será exercida pelo inventariante". E como será essa administração? A gestão será de acordo com o disposto nos arts. 618 e 619 do CPC.

O inventariante, na administração da herança, tem o dever de: representar o espólio ativa e passivamente, em juízo ou fora dele; administrar o espólio, velando-lhe os bens com a mesma diligência que teria se seus fossem; prestar as primeiras e as últimas declarações, pessoalmente ou por procurador com poderes especiais; exibir em cartório, a qualquer tempo, para exame das partes, os documentos relativos ao espólio; juntar aos autos certidão do testamento, se houver; trazer à colação os bens recebidos pelo herdeiro ausente, renunciante ou excluído; prestar contas de sua gestão ao deixar o cargo ou sempre que o juiz lhe determinar; e requerer a declaração de insolvência. Tais atribuições são atos de gestão e independem de autorização judicial.

Por outro lado, após ouvir os interessados e com a indispensável autorização judicial, incumbe ainda ao inventariante alienar bens de qualquer espécie; transigir em juízo ou fora dele; pagar dívidas do espólio e fazer as despesas necessárias para a conservação e o melhoramento dos bens do espólio.

Portanto, o inventariante é responsável pela administração da herança, a defesa da massa patrimonial e a realização de todos os atos indispensáveis à preservação e à tutela do direito dos herdeiros para se alcançar a partilha, com a distribuição dos quinhões aos respectivos titulares da herança.

No prazo de 20 (vinte) dias após prestar compromisso, o inventariante apresentará as primeiras declarações, com descrição precisa sobre os bens do espólio, a natureza destes, condição, localização e, também com informações sobre o autor da herança, seu eventual cônjuge ou companheiro e de todos os herdeiros, legítimos e testamentários, sob pena de ser removido (art. 622, I, do CPC). O inventariante deverá ser bom gestor, prestar contas, zelar pelos bens do espólio e em nenhuma hipótese poderá sonegar, ocultar ou desviar bens do espólio, fatos que poderão acarretar a sua remoção do encargo.

A sonegação somente poderá ser arguida depois de encerrar a descrição dos bens, com a declaração expressa de que não há outros bens a serem inventariados. A ação de sonegados tem procedimento comum e será objeto de análise adiante. A sonegação (art. 621) também implicará na remoção do inventariante (art. 622, VI, do CPC).

Após as primeiras declarações, os interessados serão citados (cônjuge, companheiro, herdeiros e legatários), e a Fazenda Pública e o MP (este, apenas se houver incapaz ou herdeiro ausente) intimados para que, no prazo comum de 15 dias, se manifestem sobre as primeiras declarações (se houver testamento a ser cumprido, o testamenteiro também deverá ser intimado), cuja impugnação pode se relacionar a erros, omissões e sonegação de bens (se acolhida essa impugnação, as primeiras declarações serão retificadas), reclamação contra a nomeação de inventariante (se acolhida essa impugnação, o inventariante será substituído) ou contestação da qualidade de quem foi incluído como herdeiro (art. 627 do CPC). Na hipótese de impugnar a qualidade de sujeito incluído como herdeiro, se a prova documental não for suficiente para resolver a controvérsia, as partes serão encaminhadas para as vias ordinárias. A Fazenda Pública se manifestará em 15 dias, após o final do prazo de 15 dias para os herdeiros e demais interessados (art. 629 do CC).

Se não houver impugnação ou decididas as impugnações, será nomeado perito para avaliação dos bens do espólio, cuja avaliação pode ser dispensada se todos estiverem de acordo com o valor atribuído nas primeiras declarações e não houver oposição da Fazenda Pública (art. 633 do CPC). Após a avaliação, as partes se manifestam no prazo de 15 dias e, aceito o laudo ou resolvidas as impugnações sobre as avaliações, o inventariante apresentará as últimas declarações, quando poderá emendar, aditar ou completar as primeiras.

As partes, no prazo de 15 dias serão ouvidas em relação às últimas declarações e, em seguida, será realizado o cálculo para pagamento do imposto.

Na sequência, será realizado o pagamento de credores habilitados e a partilha dos bens, o que será analisado em tópico separado.

7.33. SONEGADOS

Os arts. 1.992 a 1.996 do Código Civil disciplinam o instituto da "sonegação" (ocultar bens ou deixar de colacionar doações) e seus efeitos jurídicos (sanção civil ao sonegador).

Os bens que integram a herança devem ser destinados aos sucessores definidos em lei (ordem de vocação hereditária – sucessão legítima) ou a sucessores escolhidos e eleitos pelo *de cujus* em testamento (sucessão testamentária). A sonegação visa preservar a vontade do testador, as regras legais de sucessão e, em última análise, os interesses daqueles que seriam beneficiados de forma legítima pelos bens que foram ocultados.

Por isso, todos os bens devem ser apresentados no inventário. O que é a sonegação e quando se caracteriza?

A sonegação consiste na ocultação de bens que integram o patrimônio objeto da herança, que estejam em poder de herdeiro ou de outra pessoa (neste último caso, com o conhecimento do herdeiro). Tal ocultação poderá ser realizada em dois momentos: na descrição dos bens no inventário ou no momento da colação (a que os deva levar ou teria de restituir). A não descrição dos bens no inventário ou a omissão na colação deve ser dolosa, deliberada e intencional.

As duas hipóteses estão bem delineadas no art. 1.992 do CC: "O herdeiro que sonegar bens da herança, não os descrevendo no inventário quando estejam em seu poder, ou, com o seu conhecimento, no de outrem, ou que os omitir na colação, a que os deva levar, ou que deixar de restituí-los, perderá o direito que sobre eles lhe caiba".

Portanto, o requisito objetivo da sonegação é a ocultação de bem que deveria ser levado no inventário do falecido e, diante do caráter punitivo, exige-se o elemento subjetivo, dolo direcionado à ocultação.

Tal pena tem caráter personalíssimo, razão pela qual não será aplicada se o sonegador falecer no curso da ação de bens sonegados. O ônus da prova do dolo é daquele que ingressa com a ação para demonstrar a sonegação.

Se restar caracteriza a sonegação, a pena será a perda do direito do herdeiro em relação à parte do bem que lhe cabia, nos termos do art. 1.992, parte final, do CC. Os bens sonegados podem ser questionados diretamente nos autos do inventário e, se não houver prova pré-constituída, como documental, a questão poderá ser remetida para as vias ordinárias. De acordo com o art. 612 do CPC, sempre que a resolução de qualquer controvérsia depender de produção de prova, que não seja documento, não caberá ao juízo do inventário e partilha a decisão sobre questões fundadas em provas não documentadas, como ocorre com a sonegação que dependerá de prova testemunhal ou pericial, por exemplo. A ação de sonegados, que depende de outras provas, terá procedimento comum e será de competência do juízo das sucessões (mesmo juízo onde tramitou o inventário).

Os legitimados para a ação ordinária de sonegados estão especificados no art. 1.994 do Código Civil, herdeiros ou credores da herança, ou seja, sujeitos que, de fato, têm interesse na perda do direito do sonegador sobre o bem.

Portanto, a pena civil da sonegação (perda do direito à cota que caberia ao herdeiro em relação ao bem) somente poderá ser aplicada em ação própria, a ser movida pelos herdeiros ou credores da herança. Portanto não se trata de legitimidade exclusiva de herdeiro. Na ação de "sonegados", o sonegar se submete à seguinte pena civil: restituir ao espólio o bem sonegado ou pagar o valor correspondente, acrescido de perdas e danos, se já não estiver em seu poder (caso já esteja de forma legítima em poder de terceiro); perda de direito hereditário em relação aos bens sonegados e, se o sonegador for inventariante, a remoção deste cargo.

Caso o bem sonegado já tenha sido alienado para terceiro, preserva-se o interesse do terceiro. O sonegador terá de pagar a importância dos valores que ocultou relativos ao bem, sem prejuízo das perdas e danos, conforme enuncia o art. 1.995 do CC. A tutela da boa-fé do terceiro, a partir da teoria da propriedade aparente, prepondera sobre o interesse econômico dos herdeiros ou credores prejudicados. O direito à integração do bem sonegado ao acervo se converte em indenização.

A sentença de sonegados beneficia outros interessados que não foram parte no processo. De acordo com o parágrafo único do art. 1.994 do CC, a sentença que se proferir na ação de sonegados, movida por qualquer dos herdeiros ou credores, aproveita aos demais interessados. O prazo prescricional da ação de sonegados é de 10 (dez) anos, cujo termo inicial é o encerramento do inventário, trânsito em julgado da sentença de partilha, se judicial ou lavratura, no caso de inventário extrajudicial.

Além da perda do direito à parte no bem sonegado que cabia ao herdeiro, se o sonegador for o próprio inventariante, a sonegação implicará na sua remoção, conforme arts. 1.993 do CC e 622, VI, do CPC. De acordo com este último dispositivo processual, o inventariante será removido, de ofício ou a requerimento, se sonegar, ocultar ou desviar bens do espólio.

A sonegação somente se caracteriza quando o herdeiro encerra a etapa para descrição dos bens. Enquanto houver a possibilidade de relacionar e descrever bens no inventário, não há cogitar em sonegação. Com a declaração do herdeiro/inventariante de que não há bens a serem relacionados, se houver omissão dolosa, caracterizar-se-á a sonegação, nos termos do art. 1.996 do CC.

A sonegação, em relação ao inventariante, somente se caracteriza após encerrada a descrição dos bens, com a declaração, por ele feita, de não existirem outros por inventariar e partilhar. No que tange à sonegação por herdeiro qualquer, ocorrerá quando declarar, no inventário, que não possui bens em seu poder ou a serem colacionados (parte final do art. 1.996 do CC).

7.34. DO PAGAMENTO DAS DÍVIDAS

Na sucessão *causa mortis* são transmitidos aos herdeiros o ativo e o passivo vinculados à herança. Os direitos de natureza patrimonial, com raras exceções, não são extintos com a morte. Tais direitos e deveres patrimoniais são transmitidos aos herdeiros do falecido e a herança responderá pelo pagamento de suas dívidas, conforme preceitua a primeira parte do art. 1.997 do CC.

Até a partilha, é o espólio, massa de bens, que responderá pelas dívidas do falecido. O espólio não se confunde com a herança. A herança é o bem jurídico, universalidade de relações jurídicas patrimoniais não personalíssimas, transmitidas pelo morto. O espólio é o ente despersonalizado que representa a herança.

De acordo com o art. 1.997 do CC, a herança responde pelo pagamento das dívidas do falecido. Por isso, os sucessores têm direito à herança líquida, ou seja, após o abatimento das dívidas.

Com a partilha definida não há mais herança e espólio. Os sucessores assumem a titularidade dos bens que integravam a herança, após o pagamento das dívidas que surgiram até a partilha. Ocorre que é possível o surgimento de dívidas posteriores à partilha, quando não mais existe herança. Neste caso, a responsabilidade por dívidas supervenientes à partilha será do sucessor, mas na proporção da parte que lhe caiba na herança e, sempre a benefício de inventário, ou seja, nos limites das forças da herança (art. 1.792 do CC). É o que enuncia a parte final do art. 1.997 do CC: "(...) mas, feita a partilha, só respondem os herdeiros, cada qual em proporção da parte que na herança lhe coube". Não há responsabilidade pessoal dos sucessores por débitos do falecido.

Aliás, as cláusulas de impenhorabilidade e inalienabilidade apenas restringem os quinhões dos herdeiros, razão pela qual não têm qualquer efeito sobre a constrição dos bens para pagamento dos encargos do espólio.

Antes da partilha, os credores do espólio poderão requerer ao juízo de inventário o pagamento das dívidas vencidas e exigíveis.

A forma e o modo de pagamento é objeto dos arts. 1.997, § 1º, do CC e arts. 642 e s. do CPC. De acordo com o art. 642 da Lei Adjetiva Civil, antes da partilha poderão os credores do espólio requerer ao juízo do inventário o pagamento das dívidas vencidas e exigíveis. A petição, acompanhada de prova literal da dívida, será distribuída por dependência e autuada em apenso aos autos do processo de inventário.

Se não houver impugnação, o juiz declarará o credor habilitado e mandará que se faça a separação de dinheiro ou, em sua falta, de bens suficientes para o pagamento. Separados os bens, tantos quantos forem necessários para o pagamento dos credores habilitados, o juiz mandará aliená-los. O credor também poderá requerer a adjudicação dos bens reservados, e o pedido será deferido se houver concordância de todos interessados (§§ 3º e 4º do art. 642 do CPC).

É possível ainda a adjudicação de bens reservados, em favor do credor, para fins de liquidação da dívida, desde que haja concordância de todas as partes.

E se houver impugnação?

Segundo o CC, quando, antes da partilha, for requerido no inventário o pagamento de dívidas constantes de documentos, revestidos de formalidades legais, constituindo prova bastante da obrigação, e houver impugnação, que não se funde na alegação de pagamento, acompanhada de prova valiosa, o juiz mandará reservar, em poder do inventariante, bens suficientes para solução do débito, sobre os quais venha a recair oportunamente a execução. Portanto, se houver impugnação, desde que não se funde em prova de pagamento, será determinada a reserva de bens.

No mesmo sentido é o art. 643 do CPC: "O juiz mandará, porém, reservar, em poder do inventariante, bens suficientes para pagar o credor quando a dívida constar de documento que comprove suficientemente a obrigação e a impugnação não se fundar em quitação". O Código Civil denomina a prova suficiente da obrigação de "prova valiosa".

A discussão sobre o crédito controvertido será remetida para as vias ordinárias (art. 643, *caput*, do CPC). O credor tem 30 dias para iniciar o processo de cobrança, conforme § 2º do art. 1.997 do CC.

O procedimento para o pagamento de dívidas é disciplinado pelo CPC.

Como ressaltado, há sintonia entre o § 1º do art. 1.997 do CC e o art. 643, parágrafo único, do CPC. Se não houver acordo de todas as partes sobre o pedido de pagamento, o pedido será remetido para as vias ordinárias, mas será realizada a reserva de bens suficientes para pagar o credor, desde que a impugnação não esteja fundada em pagamento ou quitação da dívida.

O credor de dívida líquida e certa, ainda não vencida, pode requerer habilitação no inventário. Se todos concordarem, ao considerar habilitado o crédito, será determinada a separação de bens para futuro pagamento (art. 644 do CPC). O legatário tem legitimidade para se manifestar sobre as dívidas do espólio, quando toda a herança for dividida em legados ou quando o reconhecimento das dívidas importar redução dos legados.

As despesas funerárias são dívidas da herança, mas as despesas com o sufrágio da alma somente serão pagas por aquele que quiser prestar esta homenagem ao falecido, conforme reza o art. 1.998 do CC: "As despesas funerárias, haja ou não herdeiros legítimos, sairão do monte da herança; mas as de sufrágios por alma do falecido só obrigarão a herança quando ordenadas em testamento ou codicilo".

No caso de ação regressiva de uns contra outros herdeiros, como no caso de um herdeiro pagar sozinho dívida que caberia ao falecido, a parte do coerdeiro insolvente dividir-se-á em proporção entre os demais. Portanto, a cota do insolvente é rateada entre os herdeiros solventes. Há regra semelhante nas disposições sobre solidariedade passiva, arts. 283 e 284 do Código Civil. A cota-parte do insolvente será rateada entre os sucessores solventes.

É importante não confundir as dívidas do espólio com as dívidas do herdeiro/sucessor. Toda a herança responde pela dívida do espólio/falecido, inclusive bens voluntariamente restringidos. Em relação às dívidas pessoais do herdeiro, é a fração deste na herança que responde pelas dívidas. Por este motivo, o credor do herdeiro pode pedir a identificação do quinhão de seu devedor.

É possível que haja concurso entre os credores do espólio e os credores do herdeiro. Os credores do espólio, por óbvio, terão preferência, sobre os credores do herdeiro. Por este motivo, o art. 2.000 permite ao legatário e credores da herança a possibilidade de exigir que do patrimônio do falecido se discrimine o do herdeiro, e, em concurso com os credores deste, ser-lhes-ão preferidos no pagamento. A preferência dos credores do espólio, em relação aos bens do espólio, em comparação com os credores dos herdeiros, no que se refere aos mesmos bens, é evidente. Isto porque os credores do herdeiro somente têm direito à herança líquida, abatidas as dívidas do espólio. É, portanto, a herança líquida, que se destina à partilha entre os sucessores e, sobre tais bens, responderão junto aos seus credores pessoais.

O legatário também terá preferência. O legado, em regra, não responde pelas dívidas do espólio. Deve ser pago ao legatário na integralidade. O legatário somente responderá se toda a herança for dividida em legados ou quando o valor da dívida superar o acervo sucessório, que implicará na redução dos legados. Não é por outro motivo, que apenas nestas duas hipóteses, o legatário tem legitimidade para se manifestar sobre as dívidas do espólio (art. 645 do CPC).

Herdeiro que é devedor

É possível que um herdeiro seja devedor do espólio. Neste caso, de acordo com o art. 2.001, a dívida será partilhada entre os demais, ou seja, o crédito do espólio com herdeiro específico é dividido entre os outros. O herdeiro que devia ao falecido, passa a dever a todos os sucessores, de forma proporcional ao quinhão de cada um. Tal regra pode ser excepcionada se a maioria consentir que a dívida seja imputada integralmente no quinhão do devedor, como espécie de compensação. A dívida simplesmente é imputada no quinhão dele, com a respectiva compensação, ou seja, receberá valor inferior. A dívida será liquidada com seu próprio crédito.

7.35. DA COLAÇÃO

A colação é ato de conferência, imposto a determinados donatários. A colação é o ato pelo qual o descendente, que concorre com outros descendentes à sucessão de ascendente comum ou com o cônjuge/companheiro do falecido, bem como o cônjuge sobrevivente que participará da sucessão, quando concorre com descendentes, confere o valor das doações que do autor da herança recebeu em vida.

A colação significa conferência. Trata-se de dever jurídico imposto a donatários específicos (descendente, cônjuge ou companheiro) que participem da sucessão do doador. Há presunção (relativa, é verdade) de que os bens doados, nestas circunstâncias, foram retirados da metade indisponível, legítima, que pertence aos herdeiros necessários. Por isso, a colação busca igualar a legítima, não a herança como um todo. É instituto que visa proteger a legítima.

O instituto da colação somente se justifica em função da legítima (parte indisponível da herança que pertence, de pleno direito, aos herdeiros necessários). Há premissas para compreensão da colação. Em primeiro lugar, é essencial apurar os pressupostos para o dever de colação, pois nem todas as doações são colacionáveis. Para que a doação seja colacionável, é essencial a presença de alguns pressupostos (qualidade especial do donatário, descendente, cônjuge ou companheiro; o donatário, no momento da doação, deverá ter legitimidade sucessória; e o donatário não pode ter sido dispensado da colação). Segundo, é essencial compreender as regras de como será a conferência dos bens doados, ou seja, como calcular os bens doados para fins de colação (pois a regra é que a conferência é realizada pelo valor e, excepcionalmente, se não for suficiente para caber na quota indisponível do donatário, será conferido em espécie – todavia, se o bem não mais existe, é essencial apurar qual valor a ser considerado, o valor do bem ao tempo da doação ou da abertura da sucessão?). Terceiro, é necessário conectar a doação colacionável com a doação inoficiosa, isto porque caso não estejam presentes os pressupostos para o dever de colação, a legítima apenas será passível de controle pela inoficiosidade, caso em que deverá ser comparado o valor do bem doado com o patrimônio do doador, no momento da liberalidade e, neste caso, variações patrimoniais posteriores no patrimônio do doador não terão qualquer relevância (arts. 549 e 2.007 do CC). Por fim, não se pode perder de perspectiva que o objetivo da colação é proteger a legítima, por isso os bens doados serão conferidos na parte indisponível da herança, calculada no momento da abertura da sucessão, de acordo com o art. 1.847 do CC.

A partir destas premissas, é possível compreender a colação.

O descendente/donatário que participará da herança, por direito próprio, tem o dever jurídico de indicar e relacionar, no inventário, o valor das doações recebidas durante a vida do autor da herança (doador), com a finalidade de igualar as legítimas. O mesmo dever terá o cônjuge ou companheiro donatário, quando participar da herança (sempre por direito próprio), na concorrência com descendentes.

O cônjuge e o companheiro sobrevivente somente terão o dever de colação quando concorrem com descendentes, comuns ou exclusivos, do autor da herança. Tal concorrência sucessória do cônjuge depende do regime de bens. Se não concorrer com descendentes, nas hipóteses legais, não tem o dever de colação. Se o cônjuge não tiver o dever de colação e apenas o terá quando presentes os pressupostos para o dever de colação, tal doação será submetida ao controle pela inoficiosidade (art. 549 do CC), que também visa proteger a legítima, mas com regime jurídico diverso da colação.

Os donatários, obrigados à colação, devem conferir o valor dos bens doados, com exclusão das benfeitorias acrescidas que pertencem aos sucessores donatários (art. 2.004, § 2º, do CC). É a adoção da teoria da estimação como regra. Tal valor é o certo ou estimado, que constar no ato de liberalidade. Caso os valores colacionados não sejam suficientes para igualar as legítimas dos descendentes e do cônjuge/companheiro, os bens doados devem ser conferidos em espécie (teoria da substanciação) ou, se deles não mais dispor o donatário, pelo valor ao tempo da liberalidade (art. 2.003, parágrafo único).

O objetivo da colação é igualar as legítimas (parte indisponível que pertence aos herdeiros necessários – art. 1.845 do CC), não a herança (pois a herança é composta da legítima e de outra parte disponível). A violação desse dever jurídico imposto ao descendente/donatário (que recebe por direito próprio) e ao cônjuge e ao companheiro sobrevivente, quando concorre com descendentes, implicará em sanção civil, sonegação, conforme já analisado nos arts. 1.992 a 1.996 do CC. O herdeiro que omite na colação bens recebidos em doação, além de perder o direito de herança sobre o bem sonegado, deverá restituí-lo ou seu valor, sem prejuízo de perdas e danos (pena civil decorrente da sonegação).

Em relação ao cônjuge ou companheiro sobrevivente, só haverá o dever de colação quando concorrer com descendentes (se concorrer com ascendentes, não haverá dever de colação, porque o ascendente/donatário não tem dever de colação e tal concorrência não se enquadra na "ascendência" comum) comuns ou exclusivos. Ademais, por razões óbvias, se for herdeiro exclusivo não há motivo para a colação. Não teria sentido em igualar a legítima, se é sucessor exclusivo.

• **Colação do descendente**

De acordo com o art. 2.002 do CC, os descendentes que concorrem (entre si ou com cônjuge ou companheiro) à sucessão do ascendente comum são obrigados, para igualar as legítimas, a conferir o valor das doações que dele em vida receberam, sob pena de sonegação.

O art. 2.002 apresenta o objetivo da colação (igualar a legítima), bem como as condições para a colação (descendentes que concorrem com outros descendentes, e que receberam em vida doação do ascendente comum, titular da herança). Aliás, tal regra está em absoluta conexão com o disposto no art. 544 do CC, segundo o qual a doação de ascendente para descendente, ou de um cônjuge a outro, importa adiantamento do que lhes cabe por herança, ou seja, adiantamento da legítima, o que será conferido pelo instituto da colação.

Não é qualquer descendente que tem o dever de colação, mas apenas aquele que participará da sucessão, por direito próprio. O descendente que participa da sucessão por representação apenas tem o dever de colacionar as doações recebidas pelo representado, como ocorre quando neto representa o pai na sucessão do avô (art. 2.009 do CC). As doações recebidas se conectam com direito próprio. O próprio donatário tem o dever de colacionar. Se representa algum descendente pré-morto ou excluído, terá de colacionar os bens doados em favor do representado, não as doações que ele próprio representante recebeu do falecido. É nesse sentido o art. 2.009 do CC.

A doação realizada pelo falecido quando vivo, a depender do beneficiário/donatário, poderá importar adiantamento de legítima e, neste caso, obriga à colação (art. 544 – de ascendente em favor de descendente ou de cônjuge a outro – disputa entre estes), ou obrigará à redução do excesso da parte disponível (outro beneficiário – doação não pode ser inoficiosa – art. 549).

O descendente estará obrigado à colação se concorrerem os seguintes pressupostos: 1 – doador é ascendente; 2 – donatário é descendente que participará da sucessão, fato conhecido desde o momento da doação (caso do filho, descendente em 1º grau); 3 – o descendente donatário, na sucessão do ascendente doador, concorrerá com outros descendentes; 4 – o descendente donatário participará da sucessão do ascendente comum, em concorrência com outros descendentes, por direito próprio; e 5 – o descendente donatário não pode ter sido dispensado da colação pelo próprio doador ou pela lei (há situações em que a própria lei dispensa a colação). Só haverá dever de colação em relação ao descendente, se presentes todos estes pressupostos.

Os ascendentes, colaterais, herdeiros testamentários, legatários, quem renunciou à herança ou foi dela excluído (descendente que preencher aqueles pressupostos e renunciar ou for excluído da herança, terá o dever de colação – art. 2.008 do CC), ou qualquer outra pessoa estranha, beneficiados com doações, não estão obrigados à colação. Como mencionado, não é todo descendente que está obrigado à colação, mas apenas aquele que participará da herança, por direito próprio.

A doação não colacionável (de descendente em favor de ascendente ou de ascendente em favor de descendente que não participará da herança – exemplo: doação em favor de neto que não participará da sucessão, porque todos os filhos do autor da herança são vivos – regra de proximidade), somente é passível de controle na parte inoficiosa (não há adiantamento de legítima – o excesso, que supere a parte disponível, deve ser reduzido/restituído por qualquer beneficiário). Portanto, resolve-se pelo instituto da redução do excesso (art. 549 – excesso/nulo – redução), não pela colação.

A distinção entre colação e redução das doações em excesso é necessária.

A premissa básica é não confundir o dever de colação (finalidade é igualar as legítimas) com o dever de reduzir a liberalidade (doação) em relação à parte inoficiosa (que supera a parte disponível): a doação poderá impor ao beneficiário o dever de colação ou apenas submeterá o beneficiário à redução da liberalidade se for inoficiosa (neste caso, o donatário terá de restituir o excesso ao monte que compõe a herança). A submissão ao instituto da colação ou da redução da parte inoficiosa de bens doados, dependerá de quem é o beneficiário da liberalidade (lógica), bem como das premissas fáticas da doação.

Se o donatário (que recebeu bens do falecido) não for descendente ou cônjuge/companheiro, nada precisará conferir quando do falecimento do doador. Neste caso, o controle e a proteção da legítima ocorrem pela proibição da doação inoficiosa (art. 549 – nulidade do excesso). E o controle é realizado apenas no momento da liberalidade, independente de variações patrimoniais no patrimônio do doador, para mais ou para menos após a doação.

No caso do descendente donatário, só haverá o dever de colação se presentes os pressupostos mencionados e, como o fim é igualar a legítima, se for sucessor único, não haverá colação, pois não há com quem igualar.

• **O neto e as colações de doações recebidas do avô**

Ao contrário dos filhos/donatários (descendentes de 1º grau) que, salvo dispensa do doador ou da lei (situações legais em que não há necessidade de colação), terão o dever e a obrigação de conferir as doações recebidas durante a vida do ascendente comum (autor da herança), para fim de igualar a parte indisponível da herança (legítima), os netos/donatários (descendentes de 2º grau), embora sejam descendentes e herdeiros necessários, apenas excepcionalmente terão o dever de colacionar doações.

Se um avô celebra contrato de doação em favor de neto, embora seja doação de ascendente para descendente, apenas haverá dever de colação se, no momento da doação, o avô já tinha ciência de que o neto participaria de sua sucessão (por exemplo: esse avô não tinha mais filho vivo, apenas netos). Se a doação é realizada para o neto quando há filhos vivos, presume-se que o bem doado ao neto integra a parte disponível (parágrafo único do art. 2.005) e, por isso, independente de dispensa expressa pelo avô, o neto não precisa colacionar. Ainda que o neto participe da herança do avô, por direito de representação de seu pai pré-morto, neste caso, só está obrigado a trazer à colação as doações recebidas por seu pai (art. 2.009), mas não as doações que ele neto recebeu diretamente do avô. Isto porque, na representação, o objetivo é igualar a legítima do seu pai pré-morto com os tios vivos (descendentes que concorrem à herança do ascendente comum).

Em síntese, o *neto* somente deverá colacionar as doações recebidas do avô em uma única hipótese: se, no momento da doação realizada pelo avô, este não tinha nenhum filho vivo e os próximos a serem chamados à sucessão, por direito próprio, seriam os netos, que teriam direito a quotas iguais, na concorrência de netos com o avô, ascendente comum, sem que o avô tenha, de forma expressa, dispensado o *neto/donatário* da colação.

Em qualquer outra situação, a doação de avô em favor de neto só é controlável pelo instituto da redução, caso a doação seja inoficiosa, ou seja, excede a parte disponível.

O neto, quando representa o pai pré-morto ou excluído da sucessão, deve colacionar as doações recebidas pelo representado, jamais as doações recebidas por ele neto, que somente são controláveis pela inoficiosidade.

Neste sentido é o art. 2.009 do CC, segundo o qual, quando os netos, representando os pais, participam da sucessão dos avós, serão obrigados à colação, ainda que não hajam herdado (quando os pais faleceram), as doações que os pais receberam dos avós e que teriam de conferir se estivessem vivos. Por exemplo, o pai de "X" faleceu. Em vida, o pai de "X" recebeu do avô de "X" uma doação. O beneficiário da doação foi o pai de "X". Por ocasião da morte do pai, "X" não recebeu o bem doado, porque seu pai já havia transferido para terceiro, também em vida. Todavia, o neto "X" deverá levar esse bem à colação na sucessão do avô, ainda que não tenha herdado na sucessão de seu pai.

"Art. 2.009. Quando os netos, representando os seus pais, sucederem aos avós, serão obrigados a trazer à colação, ainda que não o hajam herdado, o que os pais teriam de conferir."

Tal finalidade da colação é reforçada pelo art. 2.003 do CC: "A colação tem por fim igualar, na proporção estabelecida neste Código, as legítimas dos descendentes e do cônjuge sobrevivente, obrigando também os donatários que, ao tempo do falecimento do doador, já não possuírem os bens doados". Tal artigo ressalta a finalidade da colação (igualar legítima, o que pressupõe concorrência) e destaca que o dever de colação existirá mesmo que o donatário, por ocasião da abertura da sucessão, não mais disponha dos bens doados. O fato de ter transferido para terceiro o bem doado não exclui o dever de colação.

Se houver bens no acervo suficientes para compensar as doações, ou seja, para igualar as legítimas, os demais herdeiros recebem a diferença com o próprio acervo. Todavia, se não houver no acervo bens suficientes para igualar as legítimas dos descendentes e do cônjuge, os bens doados serão conferidos em espécie (para fins de redução da doação) ou, caso o donatário não mais disponha dele, pelo seu valor ao tempo da liberalidade (parágrafo único do art. 2.003 do CC).

Neste caso, o sucessor/donatário ou restitui parte do bem doado ou paga a diferença. Portanto, se o acervo da herança não é suficiente para igualar as legítimas, a doação restará comprometida.

Se o donatário que está obrigado à colação (depende dos pressupostos mencionados), tiver renunciado à herança ou dela foi excluído (por indignidade, por exemplo), deverá conferir as doações recebidas para repor o que eventualmente excedeu a parte disponível. Em caso contrário, poderá o sucessor donatário, por meio da renúncia, evitar a colação, o que caracterizaria fraude. Neste sentido, o art. 2.008 do CC. O bem doado que será levado à colação nas hipóteses do art. 544, para conferência (igualá-las) das legítimas, se submeterá a cálculo diverso do bem doado que apenas se submete à redução da parte inoficiosa: *bem doado* e *colação*: se o bem doado ainda existir, a colação se fará com base no valor que o bem doado ostentar na época da abertura da sucessão (art. 639 do CPC). Se o bem doado não mais integra o patrimônio do donatário, a colação é efetuada com base no valor do bem à época da doação (art. 2.004 do CC), com a devida correção monetária até a data da abertura da sucessão; *doação inoficiosa*: o valor do bem doado que se submeterá ao instituto da redução (doação inoficiosa) é aquele apurado no momento da liberalidade (respeito à parte disponível neste momento – se desconsidera qualquer variação patrimonial – mais ou menos – após a doação: acréscimos patrimoniais posteriores, por exemplo, não afastam o caráter inoficioso da liberalidade).

Resumo do cálculo: hipótese 1 – *doação* em favor de qualquer pessoa (exceto os beneficiários do art. 544): a apuração do respeito à parte disponível (não pode ser inoficiosa) tem como parâmetro o valor do bem doado no momento da liberalidade, com desprezo de qualquer variação patrimonial posterior; hipótese 2 – *doação* em favor de descendente que participará da sucessão e cônjuge (adiantamento de legítima) – para fins de colação, o cálculo da legítima leva em conta o valor do bem doado ao tempo da abertura da sucessão, se ainda existir, ou do momento da doação, corrigido, se o donatário não o tiver mais no seu patrimônio.

Tal obrigação de conferência pode ser relativizada pelo próprio doador, no ato da liberalidade ou em ato posterior, caso em que o donatário estará dispensado da colação (art. 2.005, *caput*, e 2.006, ambos do CC). Para tanto, o doador deve declarar que os bens doados integram sua parte disponível. De acordo com o art. 2.005 do CC, são dispensadas da colação as doações que o doador determinar saiam da parte disponível, contanto que não a excedam, computado o seu valor ao tempo da doação (neste caso, o controle do excesso ocorre apenas com a comparação do patrimônio do doador no momento da doação – se submete às regras da doação inoficiosa). Tal dispensa da colação pode ser outorgada pelo doador no próprio título de liberalidade ou em testamento, conforme art. 2.006.

Portanto, no ato da doação em favor de donatário que estaria obrigado à colação, há duas possibilidades: 1 – se o doador declara (na própria doação ou em ato posterior) que os bens doados devem ser extraídos da parte disponível, o donatário herdeiro está dispensado da colação; 2 – todavia, se o doador silencia ou expressa que o bem doado não está relacionado à parte disponível, tais bens doados devem ser levados à colação, a fim de igualar as legítimas (art. 544 do CC).

Como a conferência dos bens doados em vida tem por finalidade igualar as legítimas, é essencial fazer o cálculo da legítima.

Tal cálculo, para essa finalidade, conforme já mencionado, é operação relativamente complexa. De acordo com o parágrafo único do art. 2.002, o valor dos bens conferidos será computado na parte indisponível, sem aumentar a disponível. O que isso significa?

Por exemplo, em uma herança no valor de R$ 1.000.000,00 (um milhão de reais), valor apurado no momento da abertura da sucessão, deverá ser separada a parte disponível (R$ 500.000,00) da parte indisponível (R$ 500.000,00). Se um dos descendentes, em vida, recebeu a quantia de R$ 100.000,00, essa doação será acrescentada à parte indisponível, que passará para R$ 600.000,00, sem aumento da parte disponível, que se mantém em R$ 500.000,00.

O valor da parte disponível é calculado no tempo da abertura da sucessão. De acordo com o art. 1.847, que complementa o art. 2002, ambos do CC, o cálculo da legítima é realizado sobre o valor dos bens existentes no momento da abertura da sucessão, abatidas as dívidas e as despesas de funeral. Diante do patrimônio líquido, adiciona-se os bens sujeitos à colação (os bens doados) à parte indisponível, sem alterar a disponível.

• **Colação e ascendentes e colação e cônjuge/companheiro**

O ascendente, embora seja herdeiro necessário, não tem o dever de conferir doações recebidas de descendentes ou de terceiros (colaterais ou estranhos). Por isso, para fins de colação, o donatário, necessariamente, deve ser descendente ou cônjuge/companheiro. A doação de descendente ao ascendente não obriga este último à colação.

Em relação ao companheiro/cônjuge, embora o art. 2.002 somente faça referência aos descendentes, cujo objetivo da colação seria igualar a legítima na concorrência com outros descendentes e o cônjuge/companheiro, o art. 544 do CC dispõe que a doação de um cônjuge a outro também é caracterizado como adiantamento de legítima. A doação recíproca não é proibida pelo sistema. Portanto, o dever de conferência ou de colacionar surgirá quando o cônjuge ou companheiro for herdeiro em concorrência com descendentes comuns ou particulares. A doação entre cônjuges é admitida pelo Código Civil, mas desde que se trate de bens particulares. Isto porque, em relação aos bens comuns, o condomínio será o germânico, mancomunhão, os cônjuges são titulares de 100% dos bens comuns. A doação de bem comum implicaria em doar algo para si mesmo ou em favor de quem já é proprietário do bem doado. Por isso, a doação entre cônjuges é restrita a bens particulares. O STJ tem posição consolidada no sentido de que, no regime da comunhão universal, a doação entre cônjuges é inválida. Tal entendimento se relaciona ao fato de que em tal regime os bens são comuns. Ocorre que, mesmo no regime da comunhão universal, há bens particulares, os quais poderiam ser objeto de doação entre os cônjuges.

Se já estavam divorciados, quando da doação, não há dever de colação. Se na abertura da sucessão já estavam separados de fato ou divorciados (não havia mais comunhão plena de vida), também não há dever de colação, porque não participará da sucessão, como herdeiro concorrente. Para ser herdeiro, é essencial que no momento da abertura da sucessão, esteja na condição de cônjuge ou companheiro (art. 1.830 do CC). É extremamente complexo o cálculo das doações conferidas pelo cônjuge. Não só pelo fato de que a concorrência com descendentes depende do regime de bens, como pela própria dificuldade de se identificar, por ocasião da sociedade conjugal, o que de fato é doação. Ademais, caso não esteja obrigada à colação, porque não participa da sucessão do cônjuge/companheiro (independente do motivo), as doações recebidas são controladas pela regra da doação inoficiosa (art. 549 do CC), como mencionado.

7.35.1. Cálculo da legítima e colação

- *1º passo:* separar a eventual (porque o falecido pode não ter cônjuge ou companheiro) meação do cônjuge ou companheiro sobrevivente, pois meação não é herança. A herança é composta da meação do falecido somada aos seus bens particulares;
- *2º passo:* destacada e identificada a herança, abatem-se do valor da herança as dívidas do falecido e as despesas de funeral – sobrará a denominada "herança líquida" (já descontadas as dívidas e despesas com o morto);
- *3º passo:* em seguida, a herança líquida é dividida ao meio: 50% correspondem à parte disponível e 50% é a legítima ou parte indisponível;
- *4º passo:* o acréscimo dos bens sujeitos à colação (bens doados em vida) será realizado de acordo com o disposto no parágrafo único do art. 2.002, ou seja, sobre o valor da legítima (parte indisponível), sem aumentar ou alterar o valor da parte disponível. Portanto, no quarto passo, não se adicionam os bens sujeitos à colação sobre a totalidade da herança líquida, composta de parte disponível e indisponível, mas apenas sobre o valor da parte indisponível.
- *5º passo:* como o valor dos bens sujeitos à colação (doados em vida) aumenta somente a parte da legítima, com o acréscimo, a parte da legítima será necessariamente maior que a parte disponível.

Assim, chega-se ao valor dos bens que integram a legítima, parte indisponível da herança (resultado da parte indisponível da herança + os bens colacionados).

A colação tem por finalidade igualar essa cota ou parte indisponível. A legítima leva em conta o valor dos bens existentes no momento da abertura da sucessão (art. 1.847 do CC). Portanto, neste momento, por força da *saisine*, a legítima e seu cálculo possuem como parâmetro o valor dos bens existentes quando da morte.

Não há dúvida de que a legítima é calculada com base no valor dos bens existentes ao tempo da abertura da sucessão. E a razão é óbvia: será herança apenas os bens que integram o patrimônio do falecido no momento da abertura da sucessão.

Todavia, não pode ser confundido o momento do cálculo da legítima (abertura da sucessão) com o momento do cálculo dos bens que serão levados à colação (os bens doados em vida pelo morto). Esse o problema.

As doações colacionáveis serão confrontadas com o patrimônio do doador no momento da abertura da sucessão, porque o objetivo é igualar as legítimas e, no caso, o valor desta é apurado no momento da abertura da sucessão. Questão diversa é qual o valor dos bens doados que será considerado para fins de colação: o valor ao tempo da doação ou o valor dos bens doados no momento da abertura da sucessão? Por outro lado, as doações inoficiosas apenas levam em consideração o patrimônio do doador no momento da liberalidade. Não interessa o patrimônio no momento da abertura da sucessão.

Em relação aos bens colacionados, qual valor a ser considerado? O valor da época da doação ou o valor do bem por ocasião da abertura da sucessão? E se o bem doado, que deve ser colacionado, não mais existir por ocasião da abertura da sucessão? A questão é revestida de relativa complexidade, porque a depender do momento do cálculo, pode interferir no valor da legítima.

De acordo com o art. 2.003 do CC, a colação tem por fim igualar, na proporção estabelecida no Código Civil, as legítimas dos descendentes e do cônjuge sobrevivente. Essa é a finalidade da colação: igualar as legítimas. E a colação também obriga os donatários que, no tempo do falecimento do doador, já não possuírem os bens doados. O que isso significa?

O donatário que recebeu determinado bem em doação do falecido ainda pode ter o bem no momento da abertura da sucessão ou não. Ainda que o donatário, no momento da abertura da sucessão do doador, não mais possua o bem doado, estará obrigado à colação. Portanto, a obrigação da colação independe do fato de o donatário estar ou não na posse e propriedade do bem doado no momento da abertura da sucessão. Essa a primeira questão (última parte do art. 2.003, *caput*).

Segundo, em relação aos bens doados, o art. 2.002 impõe que a colação seja realizada com base no "valor dos bens conferidos".

Se no momento da abertura da sucessão, o donatário ainda estiver na posse do bem doado, basta apurar o valor atual do bem doado, antes de levá-lo à colação.

Em caso contrário, embora também esteja obrigado à colação (art. 2.003, *caput*), qual valor será considerado para fins de colação? O valor do tempo da doação? Se sim, com ou sem atualização? O valor atual de mercado do bem, mesmo que não mais esteja na posse e propriedade do donatário?

O art. 2.004 dispõe que o valor de colação dos bens doados é aquele, certo ou estimado, que lhes atribuir o ato de liberalidade e, caso não conste valor, o cálculo é pelo valor do bem doado ao tempo da liberalidade. Ainda que o doador tenha mencionado que o bem doado saísse de sua parte disponível, o que dispensa a colação (art. 2.005), para apuração se a colação respeitou a parte disponível, o valor a ser considerado é o do tempo da doação.

Para apurar excesso de doação, o art. 2.007 também considera o valor do bem doado ao tempo da liberalidade. Portanto, claramente, o Código Civil fez a opção de considerar o valor do bem doado, que deve ser colacionado, aquele ao tempo da doação e não o valor do bem doado no momento da abertura da sucessão.

Todavia, o parágrafo único do art. 639 do CPC ressalta que os bens doados a serem considerados na partilha, para fins de colação, serão calculados pelo valor que tiverem ao tempo da abertura da sucessão.

Em resumo, para o CC (arts. 2.002 e 2.005), o valor das doações a serem consideradas é o valor do bem doado do tempo da doação e, para o CPC (parágrafo único do art. 639), o valor do bem doado é o que este tiver ao tempo da abertura da sucessão.

O Enunciado 119 da I Jornada de Direito Civil tentou colocar um fim na controvérsia ao dispor que: "Para evitar o enriquecimento sem causa, a colação será efetuada com base no valor da época da doação, nos termos do CC 2.004, *caput*, exclusivamente na hipótese em que o bem doado não mais pertença ao patrimônio do donatário. Se, ao contrário, o bem ainda integrar seu patrimônio, a colação se fará com base no valor do bem na época da abertura da sucessão, nos termos do CPC 1.014, de modo a preservar a quantia que efetivamente integrará a legítima quando esta se constituiu, ou seja, na data do óbito.

O enunciado tinha como referência o art. 1.014 do CPC/73, cuja redação é reproduzida pelo art. 639, parágrafo único. Se o bem doado não mais existe, o valor é o do tempo da doação. Se existe, para evitar enriquecimento sem causa, será o valor do bem à época da abertura da sucessão. Esse o sentido do enunciado.

De acordo com o art. 639 e seu parágrafo único, concluídas as citações, no prazo comum de quinze dias, o herdeiro obrigado à colação conferirá, por termo nos autos ou por petição à qual o termo se reportará, os bens que recebeu ou, se já não os possuir, trar-lhes-á o valor. A regra do art. 639, *caput*, do CPC está em coerência com tal enunciado. Se o bem existir, o cálculo terá como parâmetro o valor do bem ao tempo da abertura da sucessão.

Se o bem não mais existir, haverá contradição entre o art. 2.004 do CC e o art. 639, parágrafo único, do CPC. O art. 2.004 estabelece que o valor dos bens é o do momento do ato da liberalidade e a regra processual é o valor dos bens a serem conferidos ao tempo da abertura da sucessão. Embora discutível, o Enunciado 119 da I Jornada optou pelo art. 2.004 do CC, caso o bem doado não mais exista por ocasião da abertura da sucessão.

O § 1º do art. 2.004 reforça que a colação deve considerar o valor do bem no tempo da liberalidade.

O § 2º do art. 2.004 conflita com o parágrafo único do art. 639 do CPC. A colação, para a norma civil, é limitada aos bens doados. As benfeitorias acrescidas pertencerão ao herdeiro donatário. O parágrafo único do art. 639 impõe que as benfeitorias e acessões também sejam conferidas nas colações. Portanto, há uma contradição entre as normas de direito material e processual, mas como a colação é instituto de direito material, prevalece a regra de direito civil, embora no caso concreto seja possível, eventualmente, excluir a colação das benfeitorias se houve indício ou possibilidade de enriquecimento sem causa. Apenas diante do caso concreto será possível verificar se as benfeitorias e acessões devem ou não integrar o cálculo da colação.

Para tentar solucionar a questão, de acordo com enunciado aprovado na VIII Jornada de Direito Civil, realizada em abril de 2018, "os arts. 2.003 e 2.004 do Código Civil e o art. 639, do CPC/2015 devem ser interpretados de modo a garantir a igualdade das legítimas e a coerência do ordenamento. O bem doado em adiantamento de legítima será colacionado de acordo com seu valor atual na data da abertura da sucessão se ainda integrar o patrimônio do donatário. Se o donatário já não mais possuir o bem doado, este será colacionado pelo valor do tempo de sua alienação, atualizado monetariamente".

A diferença entre este último enunciado e o Enunciado 119 é que se o donatário não mais possuir o bem doado, o valor da colação será o valor do bem doado ao tempo da liberalidade, mas com correção monetária.

De acordo com o parágrafo único do art. 2.003, os bens doados devem ser conferidos em espécie se os valores do acervo não forem suficientes para igualar as legítimas ou, caso o donatário não disponha mais desses bens doados.

Como regra, buscam-se valores relativos aos bens doados que devem ser pagos pelo acervo. Se não houver valores suficientes no acervo para igualar as legítimas, confere-se o próprio bem doado em espécie ou, se não existir, o valor do próprio bem doado.

O seguinte exemplo esclarecerá a questão: a herança corresponde a R$ 200.000,00 e o *de cujus* tem dois filhos. Não há cônjuge concorrente, tampouco testamento. Cada filho tem direito a R$ 100.000,00 (cem mil reais). Um dos filhos recebeu em vida um imóvel no valor de

R$ 40.000,00. Ao ser colacionado, tal bem a ser partilhado passa para R$ 240.000,00. Nesse caso, o filho não donatário receberá R$ 120.000,00 e o outro receberá R$ 80.000,00 em razão da doação que recebeu em adiantamento de legítima. Nessa hipótese, como o acervo tinha condições de igualar as legítimas, a colação se deu pelo valor da doação feita.

Se, no mesmo caso, a doação foi de um bem de R$ 250.000,00, com a colação o valor será de R$ 450.000,00, portanto, R$ 225.000,00 para cada filho. O acervo só tem R$ 200.000,00. O valor não é suficiente. Nesse caso, o donatário será obrigado a conferir o bem em espécie ou, se não houver mais o bem, em valores, tendo de pagar mais R$ 25.000,00 para o herdeiro não donatário.

O art. 2.005 do CC permite ao doador dispensar o donatário da colação, desde que tal ato de vontade seja manifestado em testamento ou no próprio título da liberalidade. Nesse caso, haverá dispensa da colação porque o doador dispôs de sua cota disponível, em relação à qual tem ampla liberalidade.

Tais bens não precisam ser colacionados. No entanto, para que a colação seja dispensada são necessários dois pressupostos: 1 – exteriorização de vontade em testamento ou no ato da liberalidade – art. 2.006 do CC; e 2 – respeito aos limites da cota disponível – não pode haver excesso.

Nesse caso, haverá presunção de que a doação integra a parte disponível, quando feita em favor de descendente que não é chamado à sucessão como herdeiro necessário, porque há herdeiros da mesma classe que estão em grau mais próximo.

Se o doador, por ocasião das doações, não respeitar a parte disponível, haverá redução quanto ao excesso. Tal tema é objeto de disciplina do art. 2.007 do CC.

O herdeiro que renunciou à herança ou dela foi excluído, por indignidade, por exemplo, deve conferir as doações recebidas, para o fim de repor o que exceder o disponível (art. 2.008 do CC). No atual CPC há regra semelhante. De acordo com o art. 640 do CPC, o herdeiro que renunciou à herança ou que dela foi excluído não se exime, pelo fato da renúncia ou da exclusão, de conferir, para o efeito de repor a parte inoficiosa, as liberalidades que obteve do doador.

O donatário pode escolher entre os bens doados, tantos quantos bastem para perfazer a legítima e a metade disponível. Se a parte inoficiosa da doação recair sobre bem imóvel indivisível, haverá determinação judicial de licitação entre os herdeiros. É possível que seja instaurado litígio relativo a essa questão caso o herdeiro negue ter recebido os bens ou a obrigação de os conferir (art. 641 do CPC).

Não virão à colação os gastos ordinários do ascendente com o descendente, enquanto menor, na sua educação, estudos, sustento, vestuário, tratamento nas enfermidades, enxoval, assim como as despesas de casamento ou as feitas no interesse de sua defesa em processo-crime (art. 2.010 do CC).

As doações remuneratórias de serviços feitas ao ascendente também não estão sujeitas à colação. Por fim, se a doação é realizada por ambos os cônjuges, no inventário de cada um será conferido pela metade (art. 2.012).

7.36. PARTILHA

Os arts. 2.013 a 2.022 do Código Civil, disciplinam a partilha dos bens, pois o estado de indivisibilidade da herança deve ser transitório. Por meio da partilha, cessa a comunhão dos bens recebidos pelos sucessores, legítimos e testamentários.

O sucessor, qualquer que seja sua condição, ainda que haja proibição em testamento, terá legitimidade para requerer a partilha dos bens. Igual direito é concedido aos cessionários e credores (art. 2.013 do CC). A partilha é o objetivo da sucessão, por meio da qual se obtém certeza sobre o fim do estado de comunhão. Como a partilha faz cessar a comunhão, não há como ser cumprida disposição de última vontade do testador que, eventualmente, a proibir. A proibição de partilha pelo testador não tem qualquer eficácia.

Encerrada a fase de procedimento relativa ao inventário, inicia-se a partilha, que deverá também observar o disposto nos arts. 647 a 658 do CPC. Ao final do inventário, pagas as dívidas, as partes serão intimadas para que, no prazo comum de 15 (quinze) dias, formulem o pedido de quinhão, para que seja proferida a decisão sobre a partilha (o juiz resolverá "os pedidos das partes e designará os bens que devem constituir o quinhão de cada herdeiro e legatário").

A partilha se submete a regras objetivas: máxima igualdade possível quanto ao valor, à natureza e à qualidade dos bens; realizada de forma a prevenir litígios futuros entre os sucessores, como evitar condomínio de bens entre herdeiros em conflito e, por fim, a máxima comodidade, para que os sucessores possam extrair utilidades ou evitar que desocupem bens que já residem (por exemplo). Tais regras estão definidas no art. 648 do CPC. A máxima igualdade em relação à partilha também é imposta pelo art. 2.017 do CC.

Por isso, o art. 2.014 do CC impõe ao testador que, na partilha realizada em testamento, o valor dos bens deve corresponder às quotas estabelecidas, para preservar a igualdade (conexão com o inciso I do art. 648 do CPC). Portanto, é direito do testador distribuir os bens entre os aquinhoados, com o que estará ele próprio por deliberar a partilha. No entanto, se o valor dos bens não corresponder às cotas estabelecidas, com prejuízo a outros herdeiros, inclusive necessários, a partilha sugerida pelo testador poderá ser retificada (art. 2.014 do CC). O testador tem o direito de definir a partilha e distribuir os quinhões da forma que lhe aprouver, desde que respeite a legítima dos herdeiros necessários e a máxima igualdade (quanto pretende estabelece correlação entre valor dos bens e cotas hereditárias).

A partilha amigável pode ser judicial, por termo nos autos do inventário ou escrito particular (neste caso, o escrito deve ser homologado posteriormente pelo juiz) ou extrajudicial (escritura pública), a qual deverá ser levada a registro público, independente de homologação judicial. A partilha amigável ou de comum acordo também é prevista no CPC.

A partilha amigável, judicial ou extrajudicial, somente pode ser viabilizada se todas as partes forem capazes e maiores, houver acordo em relação ao inventário e aos termos da partilha e não houver testamento a ser cumprido (art. 2.015 do CC). De acordo com o art. 657 do CPC: "A partilha amigável, lavrada em instrumento público, reduzida a termo dos autos do inventário ou constante de escrito particular homologada pelo juiz(...)". Ademais, no art. 659 do CPC também há exigência de que a partilha amigável e judicial seja celebrada entre partes capazes. Neste caso, será em procedimento de arrolamento sumário. A partilha amigável extrajudicial é prevista no art. 610, *caput* e § 1º, do CPC. Se todos os herdeiros forem capazes de concordar, a partilha poderá ser extrajudicial, por escritura pública. Em caso de divergência entre os herdeiros ou se houver interessado incapaz, o inventário será judicial.

A partilha será sempre judicial se os herdeiros divergirem (não houver acordo) e/ou algum deles for incapaz e/ou houver testamento a ser cumprido (art. 2.016). Se um dos herdeiros for incapaz e/ou houver divergência entre os herdeiros, a partilha será sempre judicial.

Se houver testamento a ser cumprido, a partilha também será judicial.

Como mencionado, a partilha deve ser justa e equânime. Para que se concretize uma partilha justa, o art. 2.017 do CC impõe sejam observados o valor, a natureza e a qualidade dos bens, a fim de atingir a maior igualdade possível (no mesmo sentido o art. 648, I, do CPC). Tal dispositivo tem aplicação em relação a bens divisíveis, pois em relação a bens indivisíveis, nos termos do art. 2.019 do CC, haverá alienação judicial e divisão dos valores, caso em que é possível cálculo matemático justo e preciso.

É válida a partilha feita por ascendente, por ato entre vivos ou de última vontade, contanto que não prejudique a legítima dos herdeiros necessários. Se a distribuição for equânime e não houver prejuízo a herdeiros, é dispensável a colação. A partilha em vida não se confunde com o contrato sobre herança de pessoa viva, proibido pelo art. 426 do CC. É relevante instrumento de planejamento sucessório. O ato depende de prévia anuência de todos os sucessores, razão pela qual é denominada partilha-doação, porque realizada em vida, quando os bens já são transferidos por ato *inter vivos* (doação) ou partilha testamento, quando a partilha é realizada por ato de última vontade. É o que dispõe o art. 2.018 do CC.

Os bens insuscetíveis de divisão cômoda, que não couberem na meação do cônjuge sobrevivente ou no quinhão de um só herdeiro, serão vendidos judicialmente, partilhando-se o valor apurado, a não ser que haja acordo para serem adjudicados a todos. Não se fará a venda judicial se o cônjuge sobrevivente ou um ou mais herdeiros requererem lhes seja adjudicado o bem, repondo aos outros, em dinheiro, a diferença, após avaliação atualizada. Se a adjudicação for requerida por mais de um herdeiro, observar-se-á o processo da licitação. Em relação aos bens que não comportam divisão cômoda, é instituído condomínio entre os herdeiros. Tal condomínio é posterior à partilha e não se confunde com o estado de indivisibilidade da herança até a partilha, ainda que todos os bens sejam divisíveis. Após a partilha, os herdeiros poderão permanecer em condomínio sobre bens partilhados, com quinhões definidos e que não admitem divisão cômoda. Nesse caso, o condomínio poderá ser extinto com a venda judicial ou adjudicação a um dos herdeiros (art. 2.019, CC). O art. 649 do CPC tem regra semelhante.

Os herdeiros em posse dos bens da herança, o cônjuge sobrevivente e o inventariante são obrigados a trazer ao acervo os frutos que perceberam desde a abertura da sucessão. No entanto, a fim de evitar o enriquecimento sem justa causa de outros herdeiros que terão direito a uma parte desses bens, eles terão direito ao reembolso das despesas necessárias e úteis que fizeram, e respondem pelo dano a que, por dolo ou culpa, deram causa.

Se parte da herança consistir em bens remotos do lugar do inventário, litigiosos, ou de liquidação morosa ou difícil, poderá proceder-se, no prazo legal, à partilha dos outros, reservando-se aqueles para uma ou mais sobrepartilhas, sob a guarda e a administração do mesmo ou diverso inventariante, e consentimento da maioria dos herdeiros. No mais, ficam sujeitos à sobrepartilha os bens sonegados e quaisquer outros bens da herança de que se tiver ciência após a partilha (art. 2.022 do CC).

O CPC, nos arts. 647 a 657, apresenta regras legais para viabilização da partilha dos bens. Na partilha judicial, o partidor organizará o esboço da partilha de acordo com a decisão judicial, observando nos pagamentos a seguinte ordem: I – dívidas atendidas; II – meação do cônjuge; III – meação disponível; e IV – quinhões hereditários, a começar pelo coerdeiro mais velho. Após o esboço, as partes podem se manifestar. A partilha constará de auto de orçamento, que mencionará os nomes do autor da herança, do inventariante, do cônjuge ou companheiro supérstite, dos herdeiros, dos legatários e dos credores admitidos; o ativo, o passivo e o líquido partível, com as necessárias especificações e o valor de cada quinhão; bem como de folha de pagamento para cada parte, declarando a cota a pagar-lhe, a razão do pagamento e a relação dos bens que lhe compõem o quinhão, as características que os individualizam e os ônus que os gravam. O auto e cada uma das folhas serão assinados pelo juiz e pelo escrivão. Pago o imposto de transmissão a título de morte e juntada aos autos certidão ou informação negativa de dívida para com a Fazenda Pública, o juiz julgará a partilha por sentença. Com o trânsito em julgado, é expedido o formal de partilha, com os documentos previstos no art. 655 do CPC.

De acordo com o parágrafo único do art. 647 do CPC, é possível a antecipação dos direitos de uso e fruição a qualquer dos herdeiros, não da propriedade. A condição de tal antecipação é que tal bem integre, ao fim do inventário, a cota deste herdeiro, que terá todos os ônus e bônus deste exercício antecipado de direito, desde a data do deferimento do pedido.

7.36.1. Garantia dos quinhões hereditários

Após a sentença que define a partilha, fica o direito de cada um dos herdeiros circunscritos aos bens do seu quinhão. A responsabilidade e eventual perda ou deterioração a partir da definição do quinhão será de cada herdeiro.

A partilha individualiza o direito subjetivo de propriedade de cada herdeiro. Não há mais herança ou comunhão.

Salvo convenção em contrário e culpa do herdeiro em relação à perda de algum bem, os demais herdeiros, de forma recíproca, são obrigados a indenizar-se no caso de evicção dos bens aquinhoados. Como a partilha define o quinhão, se a perda do bem for posterior à partilha, não há obrigação de indenização recíproca (arts. 2.024 e 2.025 do CC). A perda de bem já partilhado por evicção implicará em perda para todos, sob pena de desequilíbrio na divisão da herança

O art. 2.026 do CC dispõe sobre a forma de indenização em favor do evicto. A responsabilidade será proporcional em relação ao que cada herdeiro recebeu. Se entre os herdeiros houver um insolvente, responderão os demais na mesma proporção, pela parte deste, menos a cota que corresponderia ao indenizado. Portanto, a indenização, além de seguir a proporção das cotas, ainda implica solidariedade caso um deles seja insolvente. A cota do insolvente é dividida entre os solventes, salvo se a cota for do próprio indenizado.

7.36.2. Anulação da partilha

O art. 1.068 do CPC alterou a redação do art. 2.027 do CC. Esse dispositivo, em sua redação original, disciplinava que: "A partilha, uma vez feita e julgada, só é anulável pelos vícios e defeitos que invalidam, em geral, os negócios jurídicos. Parágrafo único. Extingue-se em um ano o direito de anular a partilha".

Após a alteração legislativa, o art. 2.027 passou a ter a seguinte redação: "A partilha é anulável pelos vícios e defeitos que invalidam, em geral, os negócios jurídicos". O CPC alterou o *caput*, mas manteve o parágrafo único, que prevê o prazo de um ano de decadência para anulação da partilha pelos vícios em geral que invalidam qualquer negócio jurídico, como erro, dolo, coação, entre outros.

Como se observa, o art. 1.068 do CPC excluiu da redação do *caput* do art. 2.027 a expressão "uma vez feita e julgada". A supressão é pertinente, porque a partilha julgada não pode ser anulada, devendo ser objeto de ação rescisória, conforme o art. 658 do CPC.

A anulação a que faz referência o art. 2.027, com a redação renovada, é da partilha amigável, seja extrajudicial, seja homologada pelo juiz. Nesses casos, não há sentença ou julgamento propriamente dito, embora a homologação judicial seja uma sentença. O art. 2.017 do CC se conecta com o disposto no art. 657 do CPC.

A partilha amigável, extrajudicial, pode ser anulada. A partilha julgada pode ser rescindida por ação rescisória. A partilha amigável judicial e homologada pode ser anulada até o trânsito em julgado, pois após o trânsito em julgado a partilha amigável e homologada não pode ser anulada, mas pode se submeter à rescisória prevista no art. 658 do CPC.

REFERÊNCIAS BIBLIOGRÁFICAS

ABREU FILHO, José. *O negócio jurídico e sua teoria geral*. 5. ed. São Paulo: Saraiva, 2003.

AGUIAR JÚNIOR, Ruy Rosado de. Extinção dos contratos por incumprimento do devedor. 2. ed. Rio de Janeiro: Aide, 2004.

ALEIXO, Celso Quintella. Pagamento (arts. 304 a 314 e arts. 319 a 333). In: TEPEDINO, Gustavo (coord.). *Obrigações:* estudos na perspectiva civil-constitucional. Rio de Janeiro: Renovar, 2005.

ALEXANDRE, Ricardo. *Direito tributário esquematizado*. São Paulo: Método, 2008.

ALEXY, Robert. *Teoria dos direitos fundamentais*. São Paulo: Malheiros, 2008.

ALMEIDA COSTA, Mário Júlio. *Noções fundamentais de direito civil*. 4. ed. Almedina: Coimbra, 2001.

ALMEIDA DE ARAÚJO, Bárbara. *A parte geral do novo código civil*: estudos na perspectiva civil constitucional (A ausência: Análise do Instituto sob a perspectiva civil constitucional – artigos 22 a 39). Rio de Janeiro/São Paulo: Renovar, 2002. Obra Coletiva (Coord. Gustavo Tepedino).

ALMEIDA, Silmara J. A. Chinelato e. *Tutela civil do nascituro*. São Paulo: Saraiva, 2000.

ALVES, José Carlos Moreira. *Posse:* evolução histórica e estudo dogmático. v. I; v. II. Rio de Janeiro: Forense, 1999.

ALVES, Vilson Rodrigues. *Da prescrição e da decadência no novo código civil*. Campinas: Bookseller, 2003.

ALVIM, Agostinho. *Da inexecução das obrigações e suas consequências*. 2. ed. São Paulo: Saraiva, 1995.

ARRUDA ALVIM, José Manuel de. Breves anotações para uma teoria geral dos direitos reais. In: CAHALI, Yussef Said (org.). *Posse e propriedade:* doutrina e jurisprudência. São Paulo: Revista dos Tribunais, 1987.

AMARAL, Francisco. *Direito civil* – introdução, 6. ed. rev. e atual. Rio de Janeiro: Renovar, 2006.

ARAÚJO, Bárbara Almeida de. As obrigações *propter rem*. In: TEPEDINO, Gustavo (coord.). *Obrigações:* estudos na perspectiva civil-constitucional. Rio de Janeiro: Renovar, 2005.

ARAÚJO, Luiz Alberto David; NUNES, Vidal Serrano. *A proteção constitucional do transexual*. São Paulo: Saraiva, 2000.

_____; _____. *Curso de direito constitucional*. 3. ed. São Paulo: Saraiva, 1999.

ARRUDA ALVIM. Da prescrição intercorrente. In: *Da prescrição no código civil*: uma análise interdisciplinar. CIANCI, Mirna (coord.) 4. ed. Belo Horizonte/São Paulo: Editora D'Plácido, 2020.

ASCENSÃO, José de Oliveira. *Direito civil*: teoria geral, relações e situações jurídicas. v. III Coimbra: Coimbra Editora, 2002.

ASSIS NETO, Sebastião; JESUS, Marcelo de; MELO, Maria Isabel. *Manual de direito civil – Volume único*. 2. ed. Salvador: JusPodivm, 2014.

AZEVEDO, Álvaro Villaça. *Comentários ao código civil* (coord. Antônio Junqueira de Azevedo). v. 19 (artigos 1.711 a 1.783). São Paulo: Saraiva, 2003.

_____. *Curso de direito civil. Teoria geral dos contratos típicos e atípicos*. São Paulo: Atlas, 2002.

_____. *Teoria geral das obrigações*. São Paulo: Revista dos Tribunais, 2000.

_____; VENOSA, Sílvio de Salvo. *Código civil anotado e legislação complementar*. São Paulo: Atlas, 2004.

AZEVEDO, Antônio Junqueira. *Negócio jurídico*: existência, validade e eficácia. São Paulo: Editora Saraiva, 2010.

AZEVEDO, Fábio de Oliveira. *Direito civil*: introdução e teoria geral. Rio de Janeiro: Lumen Juris, 2009.

BALBINO FILHO, Nicolau. *Direito imobiliário registral*. São Paulo: Saraiva, 2001.

BARROSO, Luís Roberto. *Interpretação e aplicação da Constituição*. 7. ed. São Paulo: Saraiva, 2009.

_____. *Temas de direito constitucional*. Rio de Janeiro/São Paulo: Renovar, 2009.

BASTOS, Celso Ribeiro. *Curso de direito constitucional.* 21. ed. São Paulo: Saraiva, 2000.

BDINE JR., Hamid Charaf. Arts. 233 a 420. In: PELUSO, Cezar (coord.). *Código civil comentado.* 2. ed. Barueri: Manole, 2008.

BECKER, Anelise. *Teoria geral da lesão nos contratos.* São Paulo: Saraiva, 2000.

BENJAMIN, Antonio Herman V.; MARQUES, Claudia Lima; BESSA, Leonardo Roscoe. *Manual de direito do consumidor.* 7. ed. São Paulo: Revista dos Tribunais, 2016.

BETTI, Emílio. *Teoria geral do negócio jurídico.* Trad. Fernando de Miranda. Coimbra: Coimbra Editora, 1969.

BEVILÁCQUA, Clóvis. *Direito das coisas.* Brasília, Senado Federal, Conselho Editorial, 2003. v. 1, 2003.

_____. *Teoria geral do direito civil.* 2. ed. Rio de Janeiro: Rio, 1976.

_____. *Theoria geral do direito civil.* 2. ed. Rio de Janeiro: Francisco Alves, 1929.

BIRENBAUM, Gustavo. Classificação: obrigações de dar, fazer e não fazer (arts. 233 a 251). In: TEPEDINO, Gustavo (coord.). *Obrigações.* Rio de Janeiro: Renovar, 2005.

BITTAR, Carlos Alberto. *Os direitos da personalidade.* 4. ed. rev. e atual. por Eduardo Carlos Bianca Bittar. Rio de Janeiro: Forense Universitária, 2000.

_____. *Teoria geral do direito civil.* 2. ed. Rio de Janeiro: Forense Universitária, 2007.

BOLZAN, Fabrício. *Direito do consumidor esquematizado.* 5. ed. São Paulo: Saraiva, 2017.

BORGES, Roxana Cardoso Brasileiro. *Direitos da personalidade e autonomia privada.* 2. ed. São Paulo: Saraiva, 2007.

_____. Dos direitos de personalidade – arts. 11 a 21. In: LOTUFO, Renan; NANNI, Giovanni Ettore. *Teoria geral de direito civil.* São Paulo: Atlas, 2008.

_____. *Teoria geral de direito civil.* LOTUFO, Renan; NANNI, Giovanni Ettore (Coords.). São Paulo: Atlas, 2008.

BRANCO, Paulo; COELHO, Inocêncio. MENDES, Gilmar. *Curso de direito constitucional,* 1. ed. São Paulo, Editora Saraiva, 2007.

BRITO, Maria Helena. *Direito do comércio internacional.* Coimbra: Almedina, 2004.

BRITO, Rodrigo Toscano de. Equivalência material dos contratos: civis, empresariais e de consumo. São Paulo: Saraiva, 2012.

CAHALI, Francisco José; HIRONAKA, Giselda Maria Fernandes Novaes. Direito das sucessões. 5. ed. São Paulo: Revista dos Tribunais, 2014.

CALIXTO, Marcelo Junqueira. *A parte geral do novo código civil*: estudos na perspectiva civil constitucional (dos bens – artigos 79 a 103). Rio de Janeiro/São Paulo: Renovar, 2002. Obra Coletiva (Coord. Gustavo Tepedino).

CÂMARA, Alexandre Freitas. *Lições de direito processual civil.* 21. ed. São Paulo: Atlas, 2014.

CÂMARA LEAL, Antônio Luis da. *Da prescrição e da decadência.* 4. ed. Rio de Janeiro: Forense, 1982.

CAMBLER, Everaldo Augusto. *Curso avançado de direito civil – Parte geral.* São Paulo: Ed. Revista dos Tribunais, 2002. v. 1 (coleção coordenada por Everaldo Augusto Cambler).

CANOTILHO, José Joaquim Gomes. *Direito constitucional.* 5. ed. Coimbra: Almedina, 1991.

_____. Gomes. *Direito constitucional e teoria da Constituição.* 6. ed. Coimbra: Almedina, 1993.

CAPEZ, Fernando. *Curso de direito penal.* 11. ed. São Paulo: Saraiva, 2007.

CARPENA, Heloísa. *A parte geral do novo código civil*: estudos na perspectiva civil constitucional (O abuso de direito no Código Civil de 2002 - artigo 187). Rio de Janeiro/São Paulo: Renovar, 2002. Obra Coletiva (Coord. Gustavo Tepedino).

_____. O abuso de direito no Código Civil de 2002. In: TEPEDINO, Gustavo (coord.). *A parte geral do novo Código Civil*: estudos na perspectiva civil constitucional. Rio de Janeiro: Renovar, 2002.

CARVALHO FILHO, José dos Santos. *Comentários ao estatuto da cidade.* 5. ed. São Paulo: Atlas, 2013.

_____. *Manual de direito administrativo.* 22. ed. Rio de Janeiro: Lumen Juris, 2009.

CARVALHO FILHO, Milton Paulo de. In: PELUSO, Cezar. *Código civil comentado:* doutrina e jurisprudência – Lei n. 10.406, de 10.01.2002. 15. ed. São Paulo: Manole, 2005.

CARVALHO SANTOS, João Manoel. *Código civil brasileiro interpretado*. 10. ed. Rio de Janeiro: Freitas Bastos, 1986.

CARVALHO, Luiz Paulo Vieira de. *Direito civil:* questões fundamentais e controvérsias na parte geral, no direito de família e no direito das sucessões. Rio de Janeiro: Lumen Juris. 2008

CASSETTARI, Christiano. *Multa contratual – Teoria e prática da cláusula penal*. São Paulo: Revista dos Tribunais, 2013.

CAVALIERI, Sérgio. *Programa de responsabilidade civil*. 6. ed. São Paulo: Malheiros, 2006.

CENEVIVA, Walter. *Lei dos registros públicos comentada*. 8. ed. São Paulo: Saraiva, 1993.

_____. *Lei dos registros públicos comentada*. 20. ed. São Paulo: Saraiva, 2010.

COELHO, Fábio Ulhôa. *Curso de direito civil*. Obrigações. 6. ed. São Paulo: Saraiva, 2013. v. II.

COSTA, Judith Martins. Contratos. Conceito e evolução. In: LOTUFO, Renan; NANNI, Giovanni Ettore (Orgs.). *Teoria geral dos contratos*. São Paulo: Atlas, 2011.

_____. *Comentários ao novo código civil*. 2. ed. Rio de Janeiro: Forense, 2009. v. V, t. I.

_____. (Org.). *Das propriedades à propriedade*. São Paulo: Revista dos Tribunais, 2002.

COSTA, Mário Júlio de Almeida. *Direito das obrigações*. 3. ed. Coimbra: Almedina, 1998.

COUTO E SILVA, Clóvis do. *A obrigação como processo*, São Paulo, Bushatsky, 1976.

CRUZ, Gisela Sampaio da. As excludentes de ilicitude no Código Civil de 2002 – Art. 188. In: TEPEDINO, Gustavo (coord.). *A parte geral do novo Código Civil*: estudos sob a perspectiva civil-constitucional. 2. ed. Rio de Janeiro: Renovar, 2003.

_____. *Obrigações*. Rio de Janeiro: Renovar, 2005.

DANTAS, San Tiago. *Programa de direito civil*: teoria geral. 3. ed. Rio de Janeiro: Forense, 2001.

DE CUPIS, Adriano. *Os direitos da personalidade*. Lisboa: Morais, 1961.

DENARI, Zelmo et al. Código Brasileiro de Defesa do Consumidor comentado pelos autores do anteprojeto. 13. ed. Rio de Janeiro: Forense, 2018.

DI PIETRO, Maria Sylvia Zanella. *Direito administrativo*. 20. ed. São Paulo: Atlas, 2007.

DIAS, José de Aguiar. *Da responsabilidade civil*. 7. ed. Rio de Janeiro: Forense, 1983.

DIAS, Maria Berenice. *Conversando sobre o direito das famílias*. Porto Alegre: Livraria do Advogado, 2004.

_____. *Da separação ao divórcio. Direito de família e o novo código civil*. 3. ed. Belo Horizonte: Del Rey.

_____. *Manual das sucessões*. 3. ed. São Paulo: Revista dos Tribunais, 2013.

_____. *Manual de direito das famílias*. São Paulo: Revista dos Tribunais, 2007.

DINIZ, Maria Helena. *Código civil anotado*. 10. ed. São Paulo: Saraiva, 2004.

_____. *Curso de direito civil brasileiro: direito das coisas*. 25. ed. São Paulo: Saraiva, 2010. v. IV.

_____. *Curso de direito civil brasileiro – direito de família*. 36. ed. São Paulo: Saraiva, 2018, v. V.

_____. *Curso de direito civil brasileiro – parte geral*. 18. ed. São Paulo: Saraiva, 2002.

_____. *Curso de direito civil brasileiro – Teoria geral das obrigações*. 39. ed. São Paulo: Saraiva, 2024, v. II.

_____. *O estado atual do biodireito*. 5. ed. São Paulo: Saraiva, 2008.

DONEDA, Danilo. *A parte geral do novo código civil*: estudos na perspectiva civil constitucional (os direitos da personalidade no novo código civil - artigos 11 a 21). Rio de Janeiro/São Paulo: Renovar, 2002. Obra Coletiva (Coord. Gustavo Tepedino).

_____. Os direitos da personalidade no novo Código Civil – arts. 11 a 21. In: TEPEDINO, Gustavo (coord.). *A parte geral do novo Código Civil*: estudos na perspectiva civil constitucional. Rio de Janeiro: Renovar, 2002.

DOTTI, René Ariel. *Curso de direito penal*. São Paulo: Revista dos Tribunais, 2018.

DUARTE, Leonardo; PITHAN, Horácio Vanderlei. *Teoria geral de direito civil*. São Paulo: Atlas, 2008. Renan Lotufo (coord.).

ESPÍNOLA, Eduardo. *Sistema do direito civil brasileiro*. 2. v., 4. ed. Parte Geral do Direito Civil – Estrutura do Direito. Rio de Janeiro: Conquista, 1960.

_____; ESPÍNOLA FILHO, Eduardo. *Tratado de direito civil brasileiro*. Rio de Janeiro/São Paulo: Freitas Bastos, 1939/1943. 10 v, 12 t.

FACHIN, Luiz Edson. *Elementos críticos do direito de família*, edição atualizada de acordo com o novo Código Civil brasileiro. Rio de Janeiro: Renovar, 2002.

_____. *Estatuto jurídico do patrimônio mínimo*. 2. ed. Rio de Janeiro: Renovar, 2006.

_____. *Teoria crítica do direito civil*. 3.e. Rio de Janeiro/São Paulo: Renovar, 2012.

FARIAS, Cristiano Chaves de. *Escritos de direito de família*. Rio de Janeiro: Lumen Juris, 2007.

_____; ROSENVALD, Nelson. *Curso de direito civil. Contratos*. 8. ed. Salvador: JusPodivm, 2018.

_____; _____. *Curso de direito civil*. 11. ed. Salvador: JusPodivm, 2013.

_____; _____. *Curso de direito civil. Famílias*. São Paulo: Atlas, 2015.

_____; _____. *Curso de direito civil. Sucessões*. 3. ed. Salvador: JusPodivm, 2016.

_____; _____. *Curso de direito civil – Teoria geral e contratos em espécie*. 4. ed. Salvador: JusPodivm, 2014. v. 4.

_____; _____. *Direito civil*: teoria geral. 8. ed. Rio de Janeiro: Lumen Juris, 2009.

_____; _____. *Direito das obrigações*. 4. ed. Rio de Janeiro: Lumen Juris, 2010.

_____; _____. *Direito dos contratos*. Rio de Janeiro: Lumen Juris, 2011. v. IV.

_____; _____. *Direito reais*. 7. ed. Rio de Janeiro: Lumen Juris, 2011.

_____; _____. *Curso de direito civil. Direito reais*. 10. ed. Salvador: JusPodivm, 2014. v. V.

FERNANDES, Bernardo Gonçalves. *Curso de direito constitucional*. 12. ed. Salvador: JusPodivm, 2020.

FERRARA, Francesco. *Interpretação e aplicação das leis*. 4. ed. Trad. Manuel A. Domingues de Andrade. Coimbra: Armênio Amado, 1987.

FERRAZ JR., Tércio Sampaio. *Introdução ao estudo do direito*: técnica, decisão, dominação. 3. ed. São Paulo: Atlas, 2001.

FERREIRA FILHO, Manoel Gonçalves. *Do processo legislativo*. 5. ed. São Paulo: Saraiva, 2002.

FINK, Daniel Roberto et al. *Código Brasileiro de Defesa do Consumidor comentado pelos autores do anteprojeto*. 13. ed. Rio de Janeiro: Forense, 2018.

FLORENCE, Tatiana Magalhães. Aspectos pontuais da cláusula penal (arts. 408 a 416). In: TEPEDINO, Gustavo (coord.). *Obrigações*: estudos na perspectiva civil constitucional. Rio de Janeiro: Renovar, 2005.

FRADERA, Vera Maria Jacob de. Pode o credor ser instado a diminuir o próprio prejuízo? *Revista trimestral de direito civil*, v. 19, Rio de Janeiro: Padma, jul.-set. 2004, p. 109-119.

FRANÇA, Rubens Limongi. *Instituições de direito civil*. 5. ed. São Paulo: Saraiva, 1999.

_____. *Manual de direito civil*. v. 1. São Paulo: Revista dos Tribunais, 1969.

_____. *Questões práticas de direito civil*. São Paulo: Saraiva, 1982.

_____. *Teoria e prática da cláusula penal*. São Paulo: Saraiva, 1988.

GAGLIANO, Pablo Stolze; PAMPLONA FILHO, Rodolfo. *Novo curso de direito civil*. 4. ed. São Paulo: Saraiva, 2003.

GAMA, Guilherme Calmon Nogueira. *Direito civil*: Obrigações. São Paulo: Atlas, 2008.

GARBI, Carlos Alberto. *Relação jurídica de direito real e usufruto*. São Paulo: Método, 2007.

GASPARINI, Diogenes. *Direito administrativo*. 14. ed. São Paulo: Saraiva, 2009.

GLIOCHE, Lúcia Mothê. *O novo código civil*. Do direito de família. Rio de Janeiro. Freitas Bastos, 2002.

GOMES, Orlando. *Contratos*. 26. ed. Rio de Janeiro: Forense, 2008.

_____. *Direito de família*. 14. ed. Rio de Janeiro: Forense, 2002.

_____. *Direitos reais*. 19. ed. atualizada. Rio de Janeiro: Forense, 2007.

_____. *Introdução ao direito civil*. 19. ed. rev. e atual. Rio de Janeiro: Forense, 2008.

_____. *Novos temas de direito civil*. Rio de Janeiro: Forense, 1983.

_____. *Obrigações*. 16. ed. Rio de Janeiro: Forense, 2005.

_____. *Obrigações*. 17. ed. (atualizada por Edvaldo Brito – coord.). Rio de Janeiro: Forense, 2007.

_____. *Sucessões*. 17. ed. Atualizado por Mario Roberto Carvalho de Faria. Edvaldo Brito (coord.). Rio de Janeiro: Forense, 2019.

GONÇALVES, Carlos Roberto. Artigos 927 a 965. In: AZEVEDO, Antônio Junqueira de. *Comentários ao código civil*. São Paulo: Saraiva, 2003. v. 11.

_____. *Direito civil brasileiro*. Direito das coisas. São Paulo: Saraiva, 2008. v. V.

_____. *Direito civil brasileiro:* direito das coisas. v. V. São Paulo: Saraiva, 2010.

_____. *Direito civil brasileiro*. v. VI. Direito de família. São Paulo: Saraiva, 2008.

_____. *Direito civil brasileiro*. São Paulo: Editora Saraiva, 2018. v. II.

_____. *Direito civil brasileiro*. 7. ed. São Paulo: Saraiva, 2009. v. I.

_____. *Direito civil esquematizado*. São Paulo: Saraiva, 2013. v. I.

GONDINHO, André Osório. *Função social da propriedade. Problemas de direito civil-constitucional*. Gustavo Tepedino (coord.). Rio de Janeiro: Renovar, 2000.

JABUR, Gilberto Haddad. Classificação dos contratos. In: Renan Lotufo; Giovanni Ettori Nanni. (Org.). *Teoria geral dos contratos*. São Paulo: Editora Atlas, 2011. v. I.

LARENZ, Karl. Derecho civil: parte general. Trad. Miguel Izquierdo e Macias-Picavea. Madrid: *Revista de Derecho Privado*, 1978.

_____. *Derecho de obligaciones*. Tradução Jasime Santos-Briz. Madrid: *Revista de Derecho privado*, 1958.

_____. *Derecho justo*. Trad. Luiz Diez-Picazo. Madrid: Civitas, 1978.

_____. Sistema aberto e princípios na ordem jurídica e na metódica constitucional. *Revista da Faculdade de Direito Cândido Mendes*, Rio de Janeiro, Faculdade de Direito Candido Mendes, 1975.

LEITE, Eduardo de Oliveira. *Comentários ao novo código civil*. 1. ed. v. XXI. Rio de Janeiro: Forense, 2003.

LEAL, Antônio Luís da Câmara. *Da prescrição e da decadência: teoria geral do direito civil*. Rio de Janeiro: Forense, 1982.

LENZA, Pedro. *Direito constitucional esquematizado*. 12. ed. São Paulo: Saraiva.

LEWICKI, Bruno. *A parte geral do novo código civil*: estudos na perspectiva civil constitucional (O domicílio no Código Civil de 2002 - artigos 70 a 78). Rio de Janeiro/São Paulo: Renovar, 2002. Obra Coletiva (Coord. Gustavo Tepedino).

_____. O domicílio no Código Civil de 2002 – Artigos 70 a 78. In: TEPEDINO, Gustavo (coord.). *A parte geral do novo Código Civil*: estudos na perspectiva civil constitucional. Rio de Janeiro: Renovar, 2002.

LIRA, Ricardo Pereira. *A obrigação alternativa e a obrigação acompanhada de prestação facultativa*: dúvidas e soluções em face do Código Civil brasileiro, Tese de Livre Docência em Direito Civil, Rio de Janeiro, 1970.

_____. O direito de superfície e o novo código civil, *Revista Forense*, v. 98, n. 364, p. 251–266, nov./dez., 2002.

LÔBO, Paulo Luiz Neto. Arts. 481 a 564. In: AZEVEDO, Antônio Junqueira de. *Comentários ao código civil*. São Paulo: Saraiva, 2003. v. 6.

_____. *Código civil comentado*. (Coord. Álvaro Villaça Azevedo). São Paulo: Atlas, 2003.

_____. *Comentários ao código civil* (Coord. Antônio Junqueira de Azevedo), v. 6 (artigos 481 a 564). São Paulo: Saraiva, 2003.

_____. *Constitucionalização do direito civil*. Brasília a. 36 n. 141 jan./mar. 1999.

_____. *Contratos*. São Paulo: Saraiva, 2010 (col. Direito Civil).

_____. *Direito civil. Família*. São Paulo: Saraiva, 2015.

_____. *Direito civil. Parte geral*. 10. ed. São Paulo: Saraiva, 2021.

_____. *Direito civil. Sucessões*. São Paulo: Saraiva, 2016.

_____. Do poder familiar, *Revista Síntese: Direito de Família*, São Paulo: IOB, 2010.

_____. Entidades familiares constitucionalizadas, *Revista Brasileira de Direito de Família*, Instituto Brasileiro de Direito de Família (IBDFAM), Porto Alegre, Síntese, v. 3, n. 12, p. 40-55, jan./mar., 2002.

_____. Princípios sociais dos contratos no CDC e no novo CC. *Revista de Direito do Consumidor*, 2002, p. 192.

_____. *Teoria geral das obrigações*. São Paulo: Saraiva, 2005.

LOPES DE OLIVEIRA, J. M. Leoni. *Novo código civil anotado – Parte geral*. 2. ed. Rio de Janeiro: Lumen Juris, 2006. v. 1.

LOPES, João Batista. *Condomínio*. 8. ed. São Paulo: Revista dos Tribunais, 2003.

LOPES, Miguel Maria de Serpa. *Curso de direito civil*: introdução, parte geral e teoria dos negócios jurídicos. 9. ed. Rio de Janeiro: Freitas Bastos, 2000.

LOPEZ, Teresa Ancona. *O negócio jurídico concluído em estado de perigo*: estudos em homenagem ao Professor Silvio Rodrigues. São Paulo: Saraiva, 1989.

LOTUFO, Maria Alice. Das pessoas naturais – Arts. 1.º a 10. In: LOTUFO, Renan; NANNI, Giovanni Ettore (coords.) *Teoria geral do direito civil*. São Paulo: Atlas, 2008.

_____. *Teoria geral do direito civil*. São Paulo: Atlas.

LOTUFO, Renan. *Código civil comentado*. São Paulo: Editora Atlas, 2004. v. 2.

_____. *Código civil comentado*. 2. ed. São Paulo: Saraiva, 2004, v. I (artigos 1º ao 232).

_____. *Curso avançado de direito civil* (Coord. Everaldo Augusto Cambler), v. 1, Parte Geral. São Paulo: Revista dos Tribunais, 2002.

_____. *Teoria geral do direito civil*. São Paulo: Atlas, 2008.

_____; NANNI, Giovanni Ettore (coords.). *Teoria geral do direito civil*. São Paulo: Atlas, 2008.

LOUREIRO, Francisco Eduardo. Arts. 1.196 a 1.510-E – Coisas. In: PELUSO, Cezar (coord.). *Código civil comentado*. 2. ed. Barueri: Manole, 2008.

LOUREIRO, Luiz Guilherme. *Contratos – Teoria geral e contratos em espécie*. 3. ed. São Paulo: Método, 2008.

MACEDO JR., Roberto Porto. *Contratos relacionais e defesa do consumidor*. 2. ed. São Paulo: Revista dos Tribunais, 2006.

MADALENO, Rolf. *Curso de direito de família*. Rio de Janeiro: Forense, 2008.

_____. *Obrigação, dever de assistência e alimentos transitórios*. Disponível em: http://www.rolfmadaleno.com.br/novosite/conteudo.php?id=37?&estado=2. Acesso: 13 ago. 2015.

MALUF, Carlos Alberto Dabus. *Limitações ao direito de propriedade*. 2. ed. São Paulo: Revista dos Tribunais, 2005.

MARCATO, Antonio Carlos. *Procedimentos especiais*. 8. ed. São Paulo: Malheiros, 1999.

MARINANGELO, Rafael. Subcontrato. In: LOTUFO, Renan; NANNI, Giovanni Ettore (coords.) *Teoria geral do direito civil*. São Paulo: Atlas, 2008.

MARQUES, Cláudia Lima. *Comentários ao código de defesa do consumidor*. 7. ed. São Paulo: Revista dos Tribunais, 2021.

MARQUES, Márcio Antero Motta. *O condomínio edilício*. 3. ed. São Paulo: Saraiva, 2009.

MARTINS COSTA, Judith H. *Comentários ao novo código civil*. Rio de Janeiro: Forense, 2004, v. V, t. 1.

_____. *Da boa-fé no direito privado*. São Paulo: Revista dos Tribunais, 2000.

_____. *Diretrizes teóricas do novo código civil brasileiro*: São Paulo: Saraiva, 2002.

MARTINS, Fernando Rodrigues. *Teoria geral do direito civil*. (Coord. Renan Lotufo e Nanni). São Paulo: Atlas, 2008.

MASSON, Cleber. *Direito penal esquematizado*. 19. ed. São Paulo: Método, 2019.

MATTIETTO, Leonardo de Andrade. *A parte geral do novo código civil*: estudos na perspectiva civil constitucional (Invalidade dos Atos e Negócios Jurídicos - artigos 166 a 184). Rio de Janeiro/São Paulo: Renovar, 2002. Obra Coletiva (Coord. Gustavo Tepedino).

_____. Invalidade dos atos e negócios jurídicos (arts. 166 a 184). In: TEPEDINO, Gustavo (coord.). *A parte geral do novo Código Civil:* estudos sob a perspectiva civil-constitucional. 2. ed. Rio de Janeiro: Renovar, 2003.

MELO, Marco Aurélio Bezerra de. *Direito das coisas*. 5. ed. Rio de Janeiro: Lumen Juris, 2011.

_____. *Novo código civil anotado. Direito das coisas*. 2. ed. Rio de Janeiro: Lumen Juris, 2003. v. V.

MELLO, Celso Antônio Bandeira de. *Curso de direito administrativo*. 26. ed. São Paulo: Malheiros, 2009.

MELLO, Marcos Bernardes de. *Teoria do fato jurídico*: plano da existência. 15. ed. São Paulo: Saraiva, 2008.
MENDES, Gilmar; COELHO, Inocêncio; BRANCO, Paulo Gonet. *Curso de direito constitucional*. 4. ed. São Paulo: Saraiva, 2009.
MENEZES CORDEIRO, Antônio. *Tratado de direito civil português*. Coimbra: Almedina. 2004. v. I, t. III.
MESSINEO, Francesco. *Manuale di diritto civile e commerciale*. 9. ed. Milano: Giuffre, 1957.
MIRANDA, Jorge. *Manual de direito constitucional*. Tomo IV – direitos fundamentais. Coimbra: Coimbra;
MONTEIRO, Jorge Vianna. *Como funciona o Governo*. São Paulo: FGV, 2007.
MONTEIRO, Washington de Barros; MALUF, Carlos Alberto Dabus. *Curso de direito civil*: direito das coisas. 42. ed. São Paulo: Saraiva, 2012. v. 3.
_____. *Curso de direito civil – Direito das obrigações*. 35. ed. São Paulo: Saraiva, 2004.
_____. *Curso de direito civil*. v. I (Parte Geral). 37. ed. (atualizada por Ana Cristina de Barros Monteiro França Pinto). São Paulo: Saraiva, 2000.
MORAES, Alexandre. *Constituição do Brasil interpretada*. 6. ed. São Paulo: Atlas, 2007.
MORAES, Maria Celina Bodin. *A família democrática*. Anais do V Congresso Brasileiro de Direito de Família, 29-10-2005.
_____. *Danos à pessoa humana*: uma leitura civil constitucional dos danos morais. Rio de Janeiro: Renovar, 2007.
MORATO, Antonio Carlos. Comentários ao Livro III (Do Direito das Coisas) - arts. 1.196 a 1.276. In: Antonio Cláudio Costa Machado; Silmara Juny Chinellato. (Org.). *Código civil interpretado*: artigo por artigo, parágrafo por parágrafo. 5 ed. Barueri: Manole, 2012.
MOREIRA ALVES, José Carlos. *A parte geral do projeto de código civil brasileiro*. (Subsídios Históricos para o novo Código Civil Brasileiro). 2. ed. aumentada. São Paulo: Saraiva, 2003.
_____. *Direito romano*. 2 vs. 13. ed. Rio de Janeiro: Forense, v. 1, 2002; v. II, 6. ed., 1997.
MULLER NEVES, Gustavo Kloh. *A parte geral do novo código civil*: estudos na perspectiva civil constitucional (Prescrição e Decadência no novo Código Civil - artigos 189 a 211). Rio de Janeiro/São Paulo: Renovar, 2002. Obra Coletiva (Coord. Gustavo Tepedino).
_____. Prescrição e decadência no novo Código Civil – Arts. 189 a 211. In: TEPEDINO, Gustavo (coord.). *A parte geral do novo Código Civil: estudos sob a perspectiva civil-constitucional*. 2. ed. Rio de Janeiro: Renovar, 2003.
NADER, Paulo. *Curso de direito civil – Contratos*. 9. ed. Rio de Janeiro: Forense, 2018. v. III.
_____. *Curso de direito civil – Obrigações*. 9. ed. Rio de Janeiro: Forense, 2019. v. II.
NADER, Paulo. *Curso de direito civil*. 2. ed. rev. Rio de Janeiro: Forense, 2004.
NANNI, Giovanni Ettore; LOTUFO, Renan (coords.) *Teoria geral do direito civil*. São Paulo: Atlas, 2008.
NEGREIROS, Teresa. *Teoria do contrato*: novos paradigmas. Rio de Janeiro: Renovar, 2008.
NERY, Nelson; NERY, Rosa Maria de Andrade. *Código civil anotado e legislação extravagante*. 2. ed. São Paulo: Revista dos Tribunais, 2003.
_____; NERY, Rosa Maria de Andrade. *Código civil comentado*. 6. ed. São Paulo: Revista dos Tribunais, 2008.
NERY JUNIOR, Nelson; NERY, Rosa Maria de Andrade. *Código civil comentado*. 8. ed. São Paulo: Revista dos Tribunais, 2011.
_____; NERY, Rosa Maria de Andrade. *Código de processo civil comentado*. 10. ed. São Paulo: Revista dos Tribunais, 2013.
NERY, Rosa Maria Barreto Borriello de Andrade. *Função do direito privado no atual momento histórico* (Coord.). São Paulo: Revista dos Tribunais, 2006.
_____. *Noções preliminares de direito civil*. São Paulo: Revista dos Tribunais, 2002.
NEVARES, Ana Luiza Maia. *A parte geral do novo código civil*: estudos na perspectiva civil constitucional (O erro, o dolo, a lesão e o estado de perigo no novo Código Civil - artigos 138 a 150, 156 e 157). Rio de Janeiro/São Paulo: Renovar, 2002. Obra Coletiva (Coord. Gustavo Tepedino).

_____. Extinção das obrigações sem pagamento: novação, compensação, confusão e remissão (arts. 360 a 388). In: TEPEDINO, Gustavo (coord.). *Obrigações:* estudos na perspectiva civil-constitucional. Rio de Janeiro: Renovar, 2005.

NEVES, Daniel Assumpção Amorim. *Manual de direito processual civil.* 2. ed. São Paulo: Método, 2014.

NEVES, José Roberto de Castro. *A parte geral do novo código civil*: estudos na perspectiva civil constitucional (Coação e Fraude contra credores no Código Civil de 2002 – artigos 151 a 155 e 158 a 165). Rio de Janeiro/São Paulo: Renovar, 2002. Obra Coletiva (Coord. Gustavo Tepedino).

NONATO, Orosimbo. *Curso das obrigações.* Rio de Janeiro: Forense, 1959. v. I.

NORONHA, Fernando. *Direito das obrigações.* São Paulo: Saraiva, 2003.

_____. *O direito dos contratos e seus princípios fundamentais.* São Paulo: Saraiva, 1996.

OLIVEIRA, Carlos Santos de. *A parte geral do novo código civil*: estudos na perspectiva civil constitucional (da prova nos negócios jurídicos - artigos 212 a 232). Rio de Janeiro/São Paulo: Renovar, 2002. Obra Coletiva (Coord. Gustavo Tepedino).

_____. Da prova nos negócios jurídicos (arts. 212 a 232). In: TEPEDINO, Gustavo (coord.). *A parte geral do novo Código Civil:* estudos sob a perspectiva civil-constitucional. 2. ed. Rio de Janeiro: Renovar, 2003.

PAGE, Henri de. *Traité élémentaire de droit civil belge.* 3. ed. Bruxelas: Émile Bruylant, 1962. t. 1.

PANTOJA, Teresa Cristina G. O domicílio no Código Civil de 2002 (arts. 70 a 78). In: TEPEDINO, Gustavo (coord.). *A parte geral do novo Código Civil:* estudos sob a perspectiva civil-constitucional. 2. ed. Rio de Janeiro: Renovar, 2003.

PEREIRA, Caio Mário da Silva. *Instituições de direito civil:* Contratos. 11. ed. Rio de Janeiro: Forense, 2004. v. III.

_____. *Instituições de direito civil. Direito de Família.* 17. ed. Rio de Janeiro: Forense, 2011. v. V. Atualizado por Tânia da Silva Pereira.

_____. *Instituições de direito civil. Direitos reais* - posse, propriedade, direitos reais de fruição, garantia e aquisição. 26. ed. Rio de Janeiro: Forense, 2018. v. IV.

_____. Instituições de direito civil: Introdução ao direito civil. Teoria geral de direito civil. 20. ed. Atualizado por Maria Celina Bodin de Moraes. Rio de Janeiro: Forense, 2004. v. 1.

_____. *Instituições de direito civil.* 20. ed. Teoria geral das obrigações. Rio de Janeiro: Forense, 2004. v. II.

_____. *Obrigações e contratos - pareceres de acordo com o Código Civil de 2002.* Rio de Janeiro: Forense, 2010.

PEREIRA, Rodrigo da Cunha e DIAS, Maria Berenice. *Direito de família e o novo código civil.* Belo Horizonte: Del Rey, 2005

PERLINGIERI, Pietro. *Manuale di diritto civile.* Napoli: Edizione Scientifiche Italiane, 1997.

_____. *Perfis do direito civil*: introdução ao direito constitucional. 3. ed. Trad. Maria Cristina de Cicco. Rio de Janeiro: Renovar, 2007.

PINTO, Carlos Alberto da Mota. *Teoria geral do direito civil.* 3. ed. atual. Coimbra: Coimbra, 1996.

PONTES DE MIRANDA, Francisco Cavalcanti. *Tratado de direito privado.* 60 v., t. I a XVII. 4. ed. 1983; t. XVIII a LX, 3. ed. São Paulo: Revista dos Tribunais, 1983/1984.

PRADO, Luiz Régis. *Curso de direito penal brasileiro.* 16. ed. São Paulo: Revista dos Tribunais, 2018.

PRATA, Ana. *A tutela constitucional da autonomia privada.* Coimbra: Almedina, 1982.

REALE, Miguel; REALE JÚNIOR, Miguel. *Questões atuais de direito.* Belo Horizonte: Del Rey, 2000.

_____. *Filosofia do direito.* 3. ed. São Paulo: Saraiva, 1962.

_____. *História do novo código civil.* São Paulo: Revista dos Tribunais, 2005.

_____. *O projeto do novo código civil*: situação atual e seus problemas fundamentais. 2. ed. São Paulo: Saraiva, 1999.

RIZZARDO, Arnaldo. *Direito de família.* 9. ed. Rio de Janeiro: Forense, 2003.

_____. *Parte geral do código civil.* 2. ed. Rio de Janeiro: Forense, 2014.

ROCHA, José Dionízio. Das arras ou sinal. In: TEPEDINO, Gustavo (coord.). *Obrigações:* estudos na perspectiva civil-constitucional. Rio de Janeiro: Renovar, 2005.

RODRIGUES, Rafael Garcia. A pessoa e o ser humano no novo Código Civil – Arts. 1.º a 10. In: TEPEDINO, Gustavo (coord.). *A parte geral do novo código civil:* estudos sob a perspectiva civil-constitucional. 2. ed. Rio de Janeiro: Renovar, 2003.

_____. *Direito civil – dos contratos e das declarações unilaterais de vontade.* 30. ed. São Paulo: Saraiva, 2016. v. III.

_____. *Direito civil:* direito das coisas. 28. ed. São Paulo: Saraiva, 2003. v. V.

_____. *Direito civil – Parte geral das obrigações.* 30. ed. São Paulo: Saraiva, 2007. v. II.

_____. *Direito civil – Parte geral.* 34. ed. São Paulo: Saraiva, 2003. v. I.

_____. *Direito civil –* v. VI. São Paulo: Saraiva. 2008.

RODRIGUES JÚNIOR, Walsir Edson; ALMEIDA, Renata Barbosa de. *Direito civil:* famílias. 2. ed. São Paulo: Atlas.

ROSENVALD, Nelson. *Dignidade humana e boa-fé no código civil.* São Paulo: Saraiva.

_____; FARIAS, Cristiano Chaves de; BRAGA NETTO, Felipe. *Manual de direito civil.* 7. ed. v. único. Salvador: JusPodivm, 2022.

RUGGIERO, Roberto de. *Instituições de direito civil.* 3 v. Campinas: Bookseller, 1999.

_____. *Instituições de direito civil.* 3. ed. Trad. da 6. ed. italiana por Ary dos Santos, adaptada por Antônio Chaves e Fábio Maria de Mattia, 3 v., São Paulo: Saraiva, 1973.

SANTORO PASSARELI, Francesco. *Teoria geral do direito civil.* Trad. Manoel Alarcão. Coimbra: Atlântica, 1967.

SANTOS, Antônio Jeová. *Função social do contrato.* 2. ed. São Paulo: Método, 2004.

SARLET, Ingo Wolfgang. Dignidade da pessoa humana e direitos fundamentais na Constituição Federal de 1988. 10. ed. Porto Alegre: Livr. do Advogado, 2019.

SARMENTO, Daniel. *Direitos fundamentais e relações privadas.* 2. ed. Rio de Janeiro: Lumen Juris, 2008.

SAVI, Sérgio. Inadimplemento das obrigações, mora e perdas e danos (arts. 389 a 405). In: TEPEDINO, Gustavo (coord.). *Obrigações:* estudos na perspectiva civil-constitucional. Rio de Janeiro: Renovar, 2005.

SHECAIRA, Sérgio Salomão. *Responsabilidade penal da pessoa jurídica.* 2. ed. São Paulo: Método, 2003.

SCHREIBER, Anderson. *A parte geral do novo código civil*: estudos na perspectiva civil constitucional (A representação no novo código civil - artigos 115 a 120). Rio de Janeiro/São Paulo: Renovar, 2002. Obra Coletiva (Coord. Gustavo Tepedino).

_____. *A proibição de comportamento contraditório.* Rio de Janeiro: Renovar, 2005.

_____. A representação no novo código civil – Arts. 115 a 120. In: TEPEDINO, Gustavo (coord.). *A parte geral do novo Código Civil:* estudos sob a perspectiva civil-constitucional. 2. ed. Rio de Janeiro: Renovar, 2003.

SERPA LOPES, Miguel Maria de. *Curso de direito civil:* direito das coisas. 7. ed. Rio de Janeiro: Freitas Bastos Editora, 2000. v. VI.

_____.. *Curso de direito civil:* obrigações em geral. 9. ed. Rio de Janeiro: Freitas Bastos Editora, 2000.

SILVA, Clóvis do Couto e. *A obrigação como processo.* São Paulo: José Bushatski, 1976.

SOARES, Alice dos Santos. Pagamento indireto ou especial. In: TEPEDINO, Gustavo (org.). *Obrigações:* estudos na perspectiva civil-constitucional. Rio de Janeiro: Renovar, 2005.

SUNDFELD, Carlos Ari; SALAMA, Bruno Meyerhof, apud ANDRADE, Vitor Morais de. A Lei de Introdução às Normas do Direito Brasileiro e as sanções administrativas impostas pelos Procons. *Migalhas*, n. 5.790. Disponível em: https://www.migalhas.com.br/depeso/281304/a-lei-de-introducao-as-normas-do-direito-brasileiro-e-as-sancoes-administrativas-impostas-pelos-procons.

TABET, Gabriela. Obrigações pecuniárias e revisão obrigacional (arts. 315 a 318). In: TEPEDINO, Gustavo (coord.). *Obrigações:* estudos na perspectiva civil-constitucional. Rio de Janeiro: Renovar, 2005.

TALAVERA, Glauber Moreno; CAMILLO, Carlos Eduardo Nicoletti; FUJITA, Jorge Shiguemitsu; SCAVONE JUNIOR, Luiz Antonio (coords.). *Comentários ao código civil – artigo por artigo.* 2. ed. São Paulo: Ed. Revista dos Tribunais, 2009.

TARTUCE, Flavio. A boa-fé objetiva e a mitigação do prejuízo pelo credor. Esboço do tema e primeira abordagem, 2005, disponível em: https://fdocuments.net/document/a-boa-fe-objetiva-e- a-mitigacao-do-prejuizo-pelo-credor-esboco-do-569d69a 081429.html?page=1.

_____. *Manual de direito civil*. 2. ed. São Paulo: Método, 2012. Volume único.

TELLES, Inocêncio Galvão. *Direito das obrigações*. 7. ed. Coimbra: Coimbra, 1997.

_____. *Manual dos contratos em geral*. Lisboa: Coimbra Ed., 1965.

TEMER, Michel. *Elementos de direito constitucional*. 15. ed. São Paulo: Malheiros, 1999.

TEPEDINO, Gustavo. *A parte geral do novo código civil*: estudos na perspectiva civil constitucional (Introdução: Crise de fontes normativas e técnica legislativa na parte geral do Código Civil de 2002). Rio de Janeiro/São Paulo: Renovar, 2002. Obra Coletiva (Coord. Gustavo Tepedino).

_____. *Multipropriedade Imobiliária*. São Paulo: Saraiva, 1993.

_____. *Temas de direito civil*. 4. ed. Rio de Janeiro: Renovar, 2008.

_____; BARBOSA, Heloísa Helena; BODIN, Maria Celina et al. *Código civil interpretado*. v. I (Parte geral e Obrigações - artigos 1º a 420). Rio de Janeiro/São Paulo: Renovar, 2004.

_____; BARBOSA, Heloísa Helena; BODIN, Maria Celina et al. *Código civil interpretado*. v. II (teoria geral dos contratos, contratos em espécie, atos unilaterais, títulos de crédito, responsabilidade civil, preferências e privilégios creditórios - artigos 421-965), RJ-SP: Renovar, 2006.

_____; BARBOSA, Heloísa Helena; BODIN, Maria Celina et al. *Código civil interpretado*. v. IV (Direito de Família. Sucessão em geral. Sucessão legítima e testamentária. Disposições finais e transitórias. Arts. 1.511 a 2.046), RJ-SP: Renovar, 2006.

_____; BARBOZA, Heloisa Helena; MORAES, Maria Celina Bodin de. *Código civil interpretado conforme a Constituição da República*. 2. ed. Rio de Janeiro: Renovar, 2007. v. I.

_____; BARBOZA, Heloisa Helena; MORAES, Maria Celina Bodin de. *Código civil interpretado conforme a Constituição da República*. Rio de Janeiro: Renovar, 2011. v. II.

_____; BARBOZA, Heloisa Helena; MORAES, Maria Celina Bodin de. *Código civil interpretado conforme a Constituição da República*. Direito de Empresa. Direito das coisas. 2. ed. Rio de Janeiro: Renovar, 2011. v. III.

THEODORO JÚNIOR, Humberto. *Comentários ao novo código civil*. Rio de janeiro: Forense, 2003. t. 1., v. 3.

TOLOMEI, Carlos Young. *A parte geral do novo código civil*: estudos na perspectiva civil constitucional (A noção de ato ilícito e a teoria do risco na perspectiva do novo Código Civil - artigos 186 a 188). Rio de Janeiro/São Paulo: Renovar, 2002. Obra Coletiva (Coord. Gustavo Tepedino).

TOMAZETTE, Marlon. *Curso de direito empresarial*. São Paulo: Atlas, 2009.

TRABUCCHI, Alberto. *Intituciones de derecho civil*. Trad. Luis Martinez-Calcerrada. Madrid: Editorial revista de Derecho Privado, 1967.

VARELA, João de Matos Antunes. *Código civil português anotado*. Coimbra: Coimbra, 1965.

_____. *Das obrigações em geral*. 7. ed. Coimbra: Almedina, 1997. v. II.

VARELA, Laura Beck; LUDWIG, Marcos de Campos. *Da propriedade às propriedades: função social e reconstrução de um direito*. In: COSTA, Judith Martins (Org.). *Das propriedades à propriedade*. São Paulo: revista dos Tribunais, 2002.

VELOSO, Zeno. *Comentários ao código civil:* parte especial: do direito das sucessões, v. 21, arts. 1.857 a 2.027. Antônio Junqueira de Azevedo (coord.). São Paulo: Saraiva, 2003.

_____. Fato Jurídico: ato jurídico – negócio jurídico. *Revista de Direito Civil, Imobiliário, Agrário, Empresarial*. São Paulo, v. 19, p. 84-94, 1995.

_____. O domicílio. *Revista de Direito Civil, São Paulo:* Revista dos Tribunais, 1977.

VENCESLAU, Rose Melo. O negócio jurídico e as suas modalidades – Arts. 104 a 114 e 121 a 137. In: TEPEDINO, Gustavo (coord.). *A parte geral do novo código civil:* estudos sob a perspectiva civil-constitucional. 2. ed. Rio de Janeiro: Renovar, 2003.

VENOSA, Sílvio de Salvo. *Direito civil*: direitos reais. v. 5. 12. ed. São Paulo: Atlas, 2012.

_____. *Direito civil – Parte geral*. 3. ed. São Paulo: Atlas, 2003. v. I.

_____. *Direito civil – Teoria geral das obrigações e teoria geral dos contratos*. 3. ed. São Paulo: Atlas, 2003. v. II.

_____. *Direito civil* – v. VI. São Paulo: Atlas. 2008.

_____. *Direito civil*. 7 v., 3. ed. São Paulo: Atlas, 2003 (v. I – Parte Geral).

VIANA, Marco Aurélio S. *Comentários ao novo código civil (arts. 1.225 a 1.510). Dos direitos reais*. 4. ed. Rio de Janeiro: Forense, 2013, v. XVI.

WALD, Arnold. *Direito civil 1:* introdução e parte geral. 11. ed. São Paulo: Saraiva, 2009.

_____. *Obrigações e contratos*. 17. ed. São Paulo: Saraiva, 2006.

ZANGEROLAME, Flávia. *Obrigações*. Rio de Janeiro: Renovar.

_____. Obrigações divisíveis e indivisíveis e obrigações solidárias (arts. 257 a 285). In: TEPEDINO, Gustavo (coord.). *Obrigações:* estudos na perspectiva civil-constitucional. Rio de Janeiro: Renovar, 2005.

ZULIANI, Ênio Santarelli. Resolução do contrato por onerosidade excessiva. *Revista Magister de Direito Civil e Processual Civil*, Porto Alegre, v. 7, n. 40, p. 27-47, jan./fev. 2011.